Kapellmann/Messerschmidt
VOB Teile A und B, VgV

Beck'sche Kurz-Kommentare

Band 58

VOB

Teile A und B

Vergabe- und Vertragsordnung für Bauleistungen mit Vergabeverordnung (VgV)

Herausgegeben von

Prof. Dr. Klaus Kapellmann
Rechtsanwalt in Mönchengladbach
Fachanwalt für Bau- und Architektenrecht

Dr. Burkhard Messerschmidt
Rechtsanwalt in Bonn
Fachanwalt für Bau- und Architektenrecht

Verlag C.H. Beck München 2007

Zitiervorschlag:
Kapellmann/Messerschmidt – (mit jeweiligem Bearbeiter) z.B.
Kapellmann/Messerschmidt-Dähne

Verlag C.H. Beck im Internet:
beck.de

ISBN 13 978 3 406 55444 5
ISBN 10 3 406 55444 X

Wilhelmstraße 9, 80801 München

Druck: Druckerei C.H. Beck
(Adresse wie Verlag)

Satz: Fotosatz H. Buck
Zweikirchener Str. 7, 84036 Kumhausen

Gedruckt auf säurefreiem, alterungsbeständigem Papier
(hergestellt aus chlorfrei gebleichtem Zellstoff)

Bearbeiterverzeichnis

Prof. Dr. Klaus Dieter Kapellmann
Honorarprofessor an der Rheinisch-Westfälischen Technischen Hochschule Aachen
Rechtsanwalt in Mönchengladbach
Fachanwalt für Bau- und Architektenrecht

Dr. Burkhard Messerschmidt
Lehrbeauftragter an den Fachhochschulen Wiesbaden und Bochum
Rechtsanwalt in Bonn
Fachanwalt für Bau- und Architektenrecht

Dr. Horst Dähne
Lehrbeauftragter an der Georg-Simon-Ohm-Fachhochschule Nürnberg
Leitender Regierungsdirektor a.D. in Nürnberg

Dr. Heike Glahs
Rechtsanwältin in Bonn

Dr. Martin Havers
Lehrbeauftragter an der Bauhaus-Universität Weimar
Rechtsanwalt in Frankfurt am Main

Dr. Axel Kallmayer
Rechtsanwalt in Mönchengladbach

Jürgen Kühnen
Richter am Oberlandesgericht Düsseldorf

Dr. Werner Langen
Lehrbeauftragter an der Universität Köln
Rechtsanwalt in Mönchengladbach
Fachanwalt für Bau- und Architektenrecht

Dr. Maximilian Lederer
Lehrbeauftragter an der Universität Leipzig
Rechtsanwalt in Düsseldorf
Fachanwalt für Bau- und Architektenrecht

Dr. Christine Maimann
Richterin am Oberlandesgericht Düsseldorf

Dieter Merkens
Lehrbeauftragter an der Universität Marburg
Rechtsanwalt in Bonn
Fachanwalt für Bau- und Architektenrecht

Dr. Markus Planker
Rechtsanwalt in Frankfurt

Dr. Claus von Rintelen
Rechtsanwalt in Düsseldorf
Fachanwalt für Bau- und Architektenrecht

Dr. Thomas Stickler
Rechtsanwalt in Leipzig
Fachanwalt für Bau- und Architektenrecht

Thomas Thierau
Lehrbeauftragter an der Fachhochschule Münster
Rechtsanwalt in Bonn
Fachanwalt für Bau- und Architektenrecht

Dr. Friedhelm Weyer
Vorsitzender Richter am OLG Düsseldorf a.D.

Vorwort

Anlass zur Herausgabe der 1. Auflage dieses Kommentars war das Inkrafttreten einer veränderten „VOB 2002" zum 15.3.2003 im Anschluss an die ab 1.1.2002 geltende Schuldrechtsreform. Die Manuskripte zu dieser 2. Auflage lagen seit längerem vor, aber diesmal mussten die „VOB 2006" und die neue VergabeVO abgewartet werden, die alle im November 2006 in Kraft getreten sind. Die VOB/A ist wesentlich in Anpassung an die EU-Koordinierungsrichtlinie geändert worden, die Vergabeverordnung ebenfalls, die VOB/B schließlich mehr im Wege der Anpassung.

Wir haben uns entschlossen, zukünftig auch die VergabeVO zu kommentieren; diese Aufgabe haben Frau Richterin am OLG Dr. Maimann, Herr Richter am OLG Kühnen und Herr Rechtsanwalt Dr. Kallmayer übernommen.

Ausgeschieden ist Herr Dr. Külpmann infolge beruflichen Wechsels, neu hinzugekommen ist Herr Rechtsanwalt Dr. Stickler.

Wir haben uns weiter um eine enge Verzahnung von „Vergaberecht" und „Baurecht" bemüht und um die ebenso enge Verzahnung von wissenschaftlicher Durchdringung und Einbringung praktischer Erfahrung.

Schließlich haben wir versucht, die erdrückende Fülle neuer Rechtsprechung und Literatur zu bewältigen.

Für zukünftige Auflagen braucht uns nicht bange zu sein: Am 28.6.2006 hat das Bundeskabinett – die neue VergabeVO und die neue VOB waren noch gar nicht in Kraft! – neue „Leitlinien für eine Vereinfachung und Modernisierung sämtlicher Vergabeverfahren" beschlossen. Ziel soll ein transparentes und mittelstandsfreundlicheres Vergaberecht sein.

Kritik und Hinweise sind uns wie bisher willkommen.

Die Kommentierung ist auf dem Stand September 2006.

Mönchengladbach/Bonn im Oktober 2006

Prof. Dr. Klaus D. Kapellmann
Rechtsanwalt in Mönchengladbach
Fachanwalt für Bau- und Architektenrecht
Honorarprofessor an der Rheinisch-Westfälischen-Technischen Hochschule Aachen

Dr. Burkhard Messerschmidt
Rechtsanwalt in Bonn
Fachanwalt für Bau- und Architektenrecht
Lehrbeauftragter an den Fachhochschulen
Wiesbaden und Bochum

Inhaltsverzeichnis

Inhalt

2. Teil
Vergabeverordnung

3. Teil
VOB Teil B

Literaturverzeichnis

Anwaltskommentar BGB	Anwaltskommentar BGB, Band 2 Teilband 2, 2005
Ax/Schneider/Nette	Ax/Schneider/Nette, Handbuch Vergaberecht 2002
Bamberger/Roth	Bamberger/Roth, Kommentar zum Bürgerlichen Gesetzbuch, Band 2, 2003
Baumbach/Lauterbach/Albert/Hartmann	Baumbach/Lauterbach/Albert/Hartmann, ZPO, 64. Auflage 2006
Baumgärtel	Baumgärtel, Beweislast, Handbuch der Beweislast im Privatrecht, Band 1, 2. Auflage 1991
Bechtold	Bechtold, GWB, 3. Auflage 2002
Beck'scher VOB-Kommentar/Teil A	Beck'scher VOB-Kommentar, Teil A, 2001
Beck'scher VOB-Kommentar/Teil B	Beck'scher VOB-Kommentar, Teil B, 1997
Beck'scher VOB-Kommentar/Teil C	Beck'scher VOB-Kommentar, Teil C, 2003
Boesen	Boesen, Vergaberecht, 2000
Byok/Jaeger	Byok/Jaeger, Kommentar zum Vergaberecht, 2. Auflage 2005
Dähne/Schelle	Dähne/Schelle, VOB von A – Z, 3. Auflage 2001
Daub/Eberstein	Daub/Eberstein, VOL/A, 5. Auflage 2000
Daub/Piel/Soergel	Daub/Piel/Soergel, Kommentar zur VOB Teil A, 1981
Daub/Piel/Soergel/Steffani	Daub/Piel/Soergel/Steffani, Kommentar zur VOB Teil B, 1976
Englert/Grauvogl/Maurer	Englert/Grauvogl/Maurer, Handbuch des Baugrund- und Tiefbaurechts, 3. Auflage 2004
Franke/Kemper/Zanner/Grünhagen	Franke/Kemper/Zanner/Grünhagen, VOB-Kommentar, Bauvergabe, Bauvertragsrecht, 2. Auflage 2005
Gauch	Gauch, Der Werkvertrag, 4. Auflage 1996 (Schweiz)
Heiermann/Riedl/Rusam	Heiermann/Riedl/Rusam, Handkommentar zur VOB Teile A und B, 10. Auflage 2003
Hereth/Ludwig/Naschold	Hereth/Ludwig/Nachold, Kommentar zur VOB, Band II, 1954
Hertwig	Hertwig, Praxis der öffentlichen Auftragsvergabe, 3. Auflage 2005
Immenga/Mestmäcker	Immenga/Mestmäcker, GWB, 3. Auflage 2001
Ingenstau/Korbion	Ingenstau/Korbion, VOB Teile A und B, 15. Auflage 2004
Jestaedt/Kemper/Marx/Prieß	Jestaedt/Kemper/Marx/Prieß, Das Recht der Auftragsvergabe 1999
Kaiser, Mängelhaftung	Kaiser, Das Mängelhaftungsrecht in Baupraxis und Bauprozess, 7. Auflage 1992
Kapellmann	Kapellmann, Schlüsselfertiges Bauen, 2. Auflage 2004
Kapellmann/Langen	Kapellmann/Langen, Einführung in die VOB/B, 15. Auflage 2006
Kapellmann/Schiffers	Kapellmann/Schiffers, Vergütung, Nachträge und Behinderungsfolgen beim Bauvertrag, Band 1: Einheitspreisvertrag, 5. Auflage 2006
Kapellmann/Schiffers	Kapellmann/Schiffers, Vergütung, Nachträge und Behinderungsfolgen beim Bauvertrag, Band 2: Pauschalvertrag einschließlich Schlüsselfertigbau, 4. Auflage 2006
Kulartz/Kus/Portz	Kulartz/Kus/Portz, Kommentar zum GWB-Vergaberecht, 2006
Kulartz/Marx/Portz/Prieß	Kulartz/Marx/Portz/Prieß, Kommentar zum VgV-Vergaberecht 2006
Kleine-Möller/Merl	Kleine-Möller/Merl, Handbuch des privaten Baurechts, 3. Auflage 2005
Kniffka	Kniffka, Online-Kommentar, §§ 631 ff. BGB
Kniffka/Koeble	Kniffka/Koeble, Kompendium des Baurechts, 2. Auflage 2004

Literatur

Korbion/Hochstein/Keldungs .... Korbion/Hochstein/Keldungs, VOB-Vertrag, Handbuch zum System der VOB-Vertragsbedingungen, 8. Auflage 2002

Korbion/Locher/Sienz .... Korbion/Locher/Sienz, AGB-Gesetz und Bauerrichtungsverträge, 4. Auflage 2006

Kuß .... Kuß, Verdingungsordnung für Bauleistungen (VOB) Teile A und B, 3. Auflage 2002

Lampe-Helbig/Wörmann .... Lampe-Helbig/Wörmann, Handbuch der Bauvergabe, 2. Auflage 1995

Langen/Schiffers .... Langen/Schiffers, Bauplanung und Bauausführung, 2005

Leinemann .... Leinemann, VOB/B, Kommentar, 2. Auflage 2005

Leinemann .... Leinemann, Die Vergabe öffentlicher Aufträge, 3. Auflage 2004

Locher/Koeble/Frik .... Locher/Koeble/Frik, Kommentar zur HOAI, 9. Auflage 2005

Markus/Kaiser/Kapellmann .... Markus/Kaiser/Kapellmann, AGB-Handbuch Bauvertragsklauseln, 2004

Müller-Wrede .... Müller-Wrede, Verdingungsordnungen für Leistungen, 1. Auflage 2001

Münchener Kommentar zum BGB ...... Münchener Kommentar zum BGB, Band 3 Besonderer Teil 1, 4. Auflage 2004

Noch .... Noch, Vergaberecht kompakt, 3. Auflage 2005

Palandt .... Palandt, Bürgerliches Gesetzbuch, 65. Auflage 2006

Prieß .... Prieß, Handbuch des Europäischen Vergaberechts, 3. Auflage 2005

Reidt/Stickler/Glahs .... Reidt/Stickler/Glahs, Vergaberecht, 2. Auflage 2003

RGRK Reichsgerichtsrätekommentar .... RGRK Reichsgerichtsrätekommentar, BGB Band II 4. Teil, 12. Auflage 1978

Siegburg .... Siegburg, Verjährung im Baurecht, 1993

Staudinger .... Staudinger, BGB §§ 631–651, Neubearbeitung 2003

Ulmer/Brandner/Hensen .... Ulmer/Brandner/Hensen, AGB-Recht, Kommentar, 10. Auflage 2006

Vygen .... Vygen, Bauvertragsrecht nach VOB und BGB, 3. Auflage 1997

Vygen/Schuberg/Lang .... Vygen/Schubert/Lang, Bauverzögerung und Leistungsänderung, 4. Auflage 2002

Werner/Pastor .... Werner/Pastor, Der Bauprozess, 11. Auflage 2005

Weyand .... Weyand, Praxiskommentar Vergaberecht 2004

Wolf/Horn/Lindacher .... Wolf/Horn/Lindacher, AGB-Gesetz, 4. Auflage 1999

Vergabe- und Vertragsordnung für Bauleistungen (VOB)

1. Teil

Teil A
Allgemeine Bestimmung für die Vergabe von Bauleistungen

Ausgabe 2006

In der Fassung der Bekanntmachung vom 18. Mai 2006 (BAnz. Nr. 94 a)

Einleitung

Übersicht

I. Entwicklung des Vergaberechts in der jüngeren Vergangenheit[1]

Die jüngere Historie des Vergaberechts in der Bundesrepublik ist maßgebend durch das europäische Recht beeinflusst worden. Jenes hat insbesondere dazu geführt, dass den Unternehmen, die an dem zur Vergabe anstehenden Auftrag interessiert sind, ein einklagbarer Anspruch auf Einhaltung der einschlägigen Vergaberegeln zusteht, ferner die Beachtung des Vergaberechts zur Überprüfung unabhängiger Kontrollinstanzen gestellt werden kann und in diesem Rahmen schließlich ein effektiver Primärrechtsschutz gewährleistet ist. 1

1. Die rechtliche Ausgangslage in der Bundesrepublik

Bis in die 90er Jahre des letzten Jahrhunderts hinein waren die Regeln, nach denen die Öffentliche Hand ihren Beschaffungsbedarf zu decken und zu diesem Zweck Bau-, Liefer- oder 2

[1] Ausführlich zur Historie: Glahs in der Voraufl., VOB/A Einleitung Rdnr. 1 ff.

Dienstleistungsaufträge zu vergeben hatte, als **reines Innenrecht** des handelnden Rechtsträgers ausgestaltet. Die Auftragsvergabe war dem Grundsatz der sparsamen Haushaltsführung unterstellt (vgl. § 55 BHO, § 55 LHO NW, § 31 GemHVO NW), wobei die zur Erreichung dieses Ziels einzuhaltenden Einzelheiten der Auftragsvergabe in Rechtsverordnungen des Bundes[2] und der Länder oder in bloßen Verwaltungsvorschriften der Länder[3] normiert waren. Dort war insbesondere bestimmt, bei welchen Aufträgen der öffentliche Auftraggeber welche Verdingungsordnung anzuwenden hatte. Gekennzeichnet war das gesamte damalige Regelwerk dadurch, dass es alleine der Sicherstellung einer sparsamen und wirtschaftlichen Haushaltsführung der Öffentlichen Hand und nicht auch dem Schutz des einzelnen Bieters diente. Diesem stand folglich **kein** (einklagbares) **Recht auf Einhaltung der Vergaberegeln** zu. Wollte der übergangene Bieter die Nichteinhaltung der Vergaberegeln geltend machen, war er auf den Weg der Fach- und Rechtsaufsicht oder auf die Dienstaufsichtsbeschwerde verwiesen. Ein wirksamer Primärrechtsschutz war damit regelmäßig nicht verbunden. Oftmals war der Auftrag nämlich bereits erteilt und die Öffentliche Hand damit zivilrechtlich gebunden, bevor über die Eingabe entschieden war. Selbst berechtigte Beanstandungen blieben deshalb in der Sache letztlich erfolglos. Der übergangene Bieter war in diesen Fällen auf einen Schadensersatzanspruch wegen Verhandlungsverschuldens (jetzt: § 311 Abs. 2 BGB) verwiesen. Dieser Anspruch war freilich in aller Regel auf den Ersatz der vergeblichen Aufwendungen beschränkt und umfasste nicht darüber hinaus auch den entgangenen Gewinn.

2. Die europäische Rechtslage der 90 er Jahre

3 Einen grundlegenden Wandel im deutschen Vergaberecht haben die **EG-Vergaberichtlinien** – die das Vergaberecht für Aufträge, deren Volumen näher bezeichnete Schwellenwerte erreicht oder überschreitet, kodifizieren – eingeleitet. Bereits in den 70er Jahren hatte der Rat Richtlinien über die Koordinierung der Verfahren zur Vergabe öffentlicher Bauaufträge[4] und öffentlicher Lieferaufträge[5] erlassen. Beide Richtlinien wurden zu Beginn der 90er Jahre grundlegend geändert und konkretisiert[6] sowie durch die Dienstleistungsrichtlinie[7] – welche die Geltung des Vergaberechts auf die Vergabe von Dienstleistungsaufträgen oberhalb bestimmter Schwellenwerte erweiterte – und die Sektorenrichtlinie[8] – die privatrechtlich organisierte Unternehmen, die im Bereich der Wasser-, Energie- und Verkehrsversorgung sowie der Telekommunikation tätig sind und an denen die Öffentliche Hand nicht beteiligt ist, als öffentliche Auftraggeber qualifizierte und den Vergaberechtsregeln unterwarf – ergänzt. Im Gegensatz zum deutschen Rechtszustand war das europäische Vergaberegelwerk allerdings nicht bloß intern wirkendes Haushaltsrecht, sondern **begründete subjektive Rechte** der Bieter[9]. Flankiert wurde der Bieterschutz auf der europäischen Rechtsebene durch zwei Rechtsmittelrichtlinien[10]. Sie verpflichteten die Mitglieds-

[2] Vergabeverordnung des Bundes vom 22.2.1994, BGBl. I. S. 321.

[3] Vgl. in NRW z.B. für Bauleistungen den Rd.Erl. vom 5.12.1975 (SMBl. NW 233) und vom 15.3.1993 (SMBl. NW 233) sowie für alle anderen Leistungen den Rd.Erl. vom 21.3.1989 (SMBl. NW 6410).

[4] Richtlinie 71/305/EWG des Rates vom 26.7.1971, abgedr. in ABl. L 185 vom 16.8.1971 S. 5.

[5] Richtlinie 77/62/EWG des Rates vom 21.12.1976, abgedr. in ABl. L 13 vom 15.1.1977 S. 1.

[6] Richtlinie 93/37/EWG des Rates vom 14.6.1993 über die Koordinierung der Verfahren zur Vergabe öffentlicher Bauaufträge, abgedr. in ABl. L 199 vom 9.8.1993 S. 54; Richtlinie 93/36/EWG des Rates vom 14.6.1993 über die Koordinierung der Verfahren zur Vergabe öffentlicher Lieferaufträge, abgedr. in ABl. L 199 vom 9.8.1993 S. 1.

[7] Richtlinie 92/50/EWG des Rates vom 18.6.1992 über die Koordinierung der Verfahren zur Vergabe öffentlicher Dienstleistungsaufträge, abgedr. in ABl. L 209 vom 24.7.1992 S. 1.

[8] Richtlinie 90/531/EWG des Rates vom 17.9.1990 über die Auftragsvergabe durch Auftraggeber im Bereich der Wasser-, Energie- und Verkehrsunternehmen sowie im Telekommunikationssektor, abgedr. in ABl. L 297 vom 29.10.1990 S. 1.

[9] Vgl. zu Allem nur: Rudolf in Byok/Jaeger, Kommentar zum Vergaberecht, 2. Aufl., Einführung, Rdnr. 16–21 m.w.N.

[10] Richtlinie 89/665/EWG des Rates vom 21.12.1989 zur Koordinierung der Rechts- und Verwaltungsvorschriften für die Anwendung der Nachprüfungsverfahren im Rahmen der Vergabe öffentlicher Liefer- und Bauaufträge, abgedr. in ABl. L 395 vom 30.12.1989 S. 33, **sowie** Richtlinie 92/13/EWG des Rates vom 25.2.1992 zur Koordinierung der Rechts- und Verwaltungsvorschriften für die Anwendung der

staaten zur Schaffung eines **formellen Nachprüfungsverfahrens**, in dem die Einhaltung der Regeln für die Vergabe öffentlicher Aufträge zur Überprüfung gestellt werden kann. Als Mindeststandards dieses Nachprüfungsverfahrens forderten die Richtlinien in Art. 2 Abs. 1 (u.a.) die Gewährung eines einstweiligen Rechtsschutzes, die Möglichkeit der Aufhebung rechtswidriger Vergabeentscheidungen sowie die Zubilligung von Schadensersatz für denjenigen, zu dessen Nachteil die Vergaberegeln verletzt worden sind. Die Einrichtung und Ausgestaltung eines Instanzenzugs war demgegenüber ebenso in das Ermessen der einzelnen Mitgliedsstaaten gestellt wie die Anordnung, ob die Einleitung des Nachprüfungsverfahrens mit einem Suspensiveffekt verbunden ist (Art. 2 Abs. 3 und 4).

3. Die EG-Vergaberichtlinien vom 31. März 2004

Durch die EG-Vergaberichtlinien vom 31.März 2004, in Kraft getreten am 30. April 2004, 4
ist das europäische materielle Vergaberecht neu geordnet und in zwei Regelwerken zusammengefasst worden.

Die **Basisrichtlinie** 2004/18/EG[11] überführt die sog. klassischen Vergaberichtlinien – d.h. die Baukoordinierungsrichtlinie, die Lieferkoordinierungsrichtlinie und die Dienstleistungsrichtlinie – in einen einheitlichen Gesetzestext. Die **Sektorenrichtlinie**[12] ersetzt ihren Vorläufer, die Richtlinie betreffend die Vergabe öffentlicher Aufträge in den Bereichen der Wasser-, Energie- und Verkehrsversorgung sowie der Telekommunikation. Sachlich haben die neuen Vergaberichtlinien zahlreiche Änderungen und Neuerungen mit sich gebracht. Die **Schwellenwerte** wurden deutlich **angehoben**. Sie liegen nunmehr bei 162.000 € für Liefer- und Dienstleistungsaufträge von zentralen Regulierungsbehörden, bei 249.000 € für alle anderen Liefer- und Dienstleistungsaufträge sowie bei 6.242.000 € für Bauaufträge (vgl. Art. 7 der Basisrichtlinie) und im Sektorenbereich bei 499.000 € für Liefer- und Dienstleistungsaufträge und bei 6.242.000 € für Bauaufträge (vgl. Art. 16 der Sektorenrichtlinie). Ferner wurde der Bereich der **Telekommunikation** aus dem Geltungsbereich des Vergaberechts, und zwar sowohl der Basisrichtlinie (vgl. Art. 13 der Basisrichtlinie) als auch der Sektorenrichtlinie (vgl. Art. 2 Abs. 2 i.V.m. Art. 3 bis 7 sowie Erwägungsgrund 5 der Sektorenrichtlinie) herausgenommen, ferner die Vergabe von Postdienstleistungen der Sektorenrichtlinie unterstellt (Art. 6 der Sektorenrichtlinie) sowie geregelt, dass sich die Auftragsvergabe bei **gemischten Aufträgen** nach dem Regelwerk für diejenige Tätigkeit richtet, die den Hauptgegenstand des Vertrages ausmacht (vgl. Art. 9 der Sektorenrichtlinie). Erweitert worden ist zudem das **Konzernprivileg**, also die Befreiung vom Vergaberecht für Aufträge, die ein öffentlicher Auftraggeber an ein verbundenes Unternehmen erteilt. Während bislang lediglich Dienstleistungsaufträge im Sektorenbereich privilegiert waren (vgl. Art. 13 der alten Sektorenrichtlinie), gilt das Konzernprivileg gemäß Art. 23 Abs. 2 und 3 der neuen Sektorenrichtlinie nunmehr für alle Auftragsarten im Sektorenbereich. Darüber hinaus sind nunmehr generell solche Aufträge vom Vergaberecht freigestellt, die entweder ein von mehreren Auftraggebern zur Durchführung einer Sektorentätigkeit gegründetes gemeinsames Unternehmen an einen dieser Auftraggeber vergibt oder die ein solcher Auftraggeber dem gemeinsamen Unternehmen überträgt, sofern das gemeinsame Unternehmen errichtet worden ist, um die betreffende Tätigkeit mindestens 3 Jahre durchzuführen und ferner in dem Gründungsakt des Unternehmens eine mindestens dreijährige Zugehörigkeit der Auftraggeber zu jenem gemeinsamen Unternehmen vorgeschrieben ist (Art. 23 Abs. 4 der Sektorenrichtlinie).

Gemeinschaftsvorschriften über die Auftragsvergabe durch Auftraggeber im Bereich der Wasser-, Energie- und Verkehrsversorgung sowie im Telekommunikationssektor, abgedr. in ABl. L 76 vom 23.3.1992 S. 14.

[11] Richtlinie 2004/18/EG des Europäischen Parlaments und des Rates vom 31. März 2004 über die Koordinierung der Verfahren zur Vergabe öffentlicher Bauaufträge, Lieferaufträge und Dienstleistungsaufträge, abgedr. in Abl. L 2004 vom 30.4.2004 S. 1 ff.

[12] Richtlinie 2004/17/EG des Europäischen Parlaments und des Rates vom 31. März 2004 zur Koordinierung der Zuschlagserteilung durch Auftraggeber im Bereich der Wasser-, Energie- und Verkehrsversorgung sowie der Postdienste, abgedr. in Abl. L 2004 vom 30.4.2004 S. 1 ff.

Die zugelassenen Vergabeverfahren sind überdies um den **„wettbewerblichen Dialog"** erweitert worden (vgl. Art. 1 Abs. 11 lit. c), Art. 29 der Basisrichtlinie). Es handelt sich um ein Verfahren zur Vergabe komplexer Aufträge, bei dem der öffentliche Auftraggeber in freien Verhandlungen mit den Bietern zunächst eine oder mehrere seinen Bedürfnissen entsprechende Lösungen herausarbeiten lässt, um auf deren Basis die ausgewählten Bewerber zur Angebotsabgabe aufzufordern. Die Einführung dieser neuen Vergabeart ist den Mitgliedsstaaten freigestellt. Neu ist ferner die Möglichkeit der **elektronischen Auktion** (vgl. Art. 54 der Basisrichtlinie und Art. 56 der Sektorenrichtlinie) sowie die Regelung, dass die **„Umwelteigenschaften"** des Auftragsgegenstands als Zuschlagskriterium berücksichtigt werden dürfen (vgl. Art. 53 Abs. 1 lit. a) der Basisrichtlinie und Art. 55 Abs. 1 lit. a) der Sektorenrichtlinie).

4. Das geltende bundesdeutsche Vergaberecht

5 Das geltende bundesdeutsche Vergaberecht ist in zwei Etappen entstanden:

6 **a) Das Zweite Gesetz zur Änderung des Haushaltsgrundsätzegesetzes.** Der bundesdeutsche Gesetzgeber hat die vergaberechtlichen EG-Richtlinien der Jahre 1989 bis 1992 zunächst nur unzureichend umgesetzt. Das **Zweite Gesetz zur Änderung des Haushaltsgrundsätzegesetzes** vom 26.11.1993 (HGrG)[13] führte zur Einfügung der §§ 57 a bis 57 c HGrG. § 57 a HGrG definierte den Begriff des öffentlichen Auftraggebers und ermächtigte die Bundesregierung zum Erlass einer Vergabeverordnung. Mit der „Verordnung über die Vergabebestimmungen für öffentliche Aufträge" vom 22. Februar 1994 (VgV)[14] ist von dieser Ermächtigung Gebrauch gemacht worden. Die Vergabeverordnung verwies in den §§ 1 und 2 wegen der bei der Vergabe öffentlicher Aufträge einzuhaltenden Regeln vollumfänglich auf die Bestimmungen der VOB/A und der VOL/A. Jene Regelwerke waren bereits zuvor dem europäischen Vergaberecht angepasst worden. Daneben wurde die Verdingungsordnung für freiberufliche Leistungen (VOF) erlassen, die fortan kodifizierte, nach welchen Regeln die Öffentliche Hand freiberufliche Leistungen zu beschaffen hatte. Zwecks Umsetzung der EG-Rechtsmittelrichtlinien regelten die §§ 57 b und 57 c HGrG das Verfahren zur Nachprüfung der öffentlichen Auftragsvergabe. Danach waren als erstinstanzliche Kontrollorgane die Vergabeprüfstellen bei den Rechtsaufsichtsbehörden und als zweitinstanzliche Kontrollorgane die Vergabeüberwachungsausschüsse beim Bundeskartellamt und geeigneten Landesbehörden vorgesehen. Ungeachtet dieser Angleichung an das europäische Recht blieb der materiellrechtliche Schutzzweck des bundesdeutschen Vergaberechts unverändert. Das deutsche Recht hielt ausdrücklich an der **haushaltsrechtlichen Lösung** – also daran, dass das Vergaberecht alleine der Sparsamkeit und Wirtschaftlichkeit staatlichen Handeln und nicht auch dem Schutz der an dem öffentlichen Auftrag interessierten Unternehmen dient – fest. Ausweislich der Begründung des Regierungsentwurfs war es das erklärte Ziel des Gesetzgebers, keine einklagbaren subjektiven Bieterrechte zu schaffen[15]. Damit blieb eine zentrale Forderung des europäischen Rechts unerfüllt. Das bestätigte der EuGH in dem gegen die Bundesrepublik Deutschland geführten Vertragsverletzungsverfahren. In dem dort ergangenen Urteil[16] – welches die durch das Zweite Gesetz zur Änderung des Haushaltsgrundsätzegesetzes geschaffene Rechtslage freilich unberücksichtigt ließ – führte der EuGH aus, dass die EG-Vergaberichtlinien nur dann vollständig umgesetzt seien, wenn die Bieter ihre sich aus den Richtlinien ergebenden Rechte vor den nationalen Gerichten geltend machen könnten.

7 **b) Das Vergaberechtsänderungsgesetz.** Der nationale Gesetzgeber war somit zu einer erneuten Korrektur der vergaberechtlichen Rechtslage gezwungen. Sie erfolgte mit dem am 1. Januar 1999 in Kraft getretenen **Vergaberechtsänderungsgesetz**[17]. Zentraler Bestandteil dieser Reform

---

[13] BGBl. I S. 1928.

[14] BGBl. 1994 I S. 321, geändert durch die erste Verordnung zur Änderung der Vergabeverordnung vom 29.9.1997.

[15] BT-Drucks. 12/4636 S. 12 und BR-Drucks. 5/93 S. 21.

[16] Vom 11.8.1995 – Rs. C-433/93 i.d. Rs. Kommission/Bundesrepublik Deutschland, Slg. 1995 I S. 2311 ff.

[17] Gesetz zur Änderung der Rechtsgrundlagen für die Vergabe öffentlicher Aufträge vom 26.8.1998, BGBl. I S. 2512; vgl. zu Allem auch Marx, VergabeR 2005, 763 m.w.N.

sind die als **§§ 97 bis 129 GWB** in das Kartellgesetz neu eingefügten Vergaberechtsbestimmungen, insbesondere die Regelungen über den subjektiven und objektiven Geltungsbereich des deutschen Vergaberechts (§§ 98 bis 100 GWB), die wesentlichen Grundsätze der Auftragsvergabe (§ 97 Abs. 1 bis 5 GWB), den Rechtsschutz (§§ 97 Abs. 7, 107 bis 124 GWB) sowie den Schadensersatz bei Verletzung der vergaberechtlichen Regeln (§§ 125, 126 GWB). Hervorzuheben ist in diesem Zusammenhang Dreierlei:

Erstens stellt § 97 Abs. 7 GWB nunmehr ausdrücklich klar, dass die Unternehmen einen **Anspruch auf Einhaltung der vergaberechtlichen Bestimmungen** haben. Damit ist der Forderung des europäischen Rechts nach der Schaffung subjektiver Bieterrechte entsprochen worden.

Zweitens gewährleisten die zitierten Rechtsschutznormen in Verbindung mit § 13 der am 1. Februar 2001 in Kraft getretenen (neuen) Vergabeverordnung (VgV)[18] einen **lückenlosen Primärrechtsschutz** des Bieters. Nach deutschem Recht bewirkt der Zuschlag das Zustandekommen eines Vertrages mit dem betreffenden Bieter. Der Zuschlag ist die auf Annahme des Vertragsangebots des ausgewählten Bieters gerichtete Willenserklärung des öffentlichen Auftraggebers, die – sofern die Voraussetzungen der §§ 145 ff. BGB erfüllt sind, d.h. namentlich der Zuschlag innerhalb der Annahmefrist und ohne Abänderungen oder Abweichungen vom Angebot erfolgt ist – rechtswirksam den Vertrag zustande bringt. Das wirft Probleme im Hinblick auf die Sicherstellung des Primärrechtsschutzes auf, zumal §§ 114 Abs. 2 Satz 1, 123 Satz 4 GWB anordnen, dass ein aufgrund Zuschlagserteilung geschlossener Vertrag im Vergabenachprüfungsverfahren nicht mehr aufgehoben werden kann. Die **§§ 115 Abs. 1, 118 Abs. 1 GWB** sichern den Primärrechtsschutz im Vergabenachprüfungsverfahren. Gemäß § 115 Abs. 1 GWB hat die Zustellung des Vergabenachprüfungsantrags an den Auftraggeber zur Folge, dass dieser einstweilen den Zuschlag nicht erteilen darf. Es handelt sich nach der amtlichen Begründung der Norm[19] um ein gesetzliches Verbot im Sinne von § 134 BGB, so dass ein gleichwohl erteilter Zuschlag nichtig ist. Das Zuschlagverbot des § 115 Abs. 1 GWB gilt für die Dauer des Nachprüfungsverfahrens vor der Vergabekammer und darüber hinaus bis zum Ablauf der zweiwöchigen Beschwerdefrist des § 117 Abs. 1 GWB. Legt der vor der Vergabekammer unterlegene Antragsteller Beschwerde ein, so verlängert sich das Zuschlagverbot gemäß § 118 Abs. 1 Satz 1 GWB bis zwei Wochen nach Ablauf der Beschwerdefrist. Nach diesen weiteren zwei Wochen endet der kraft Gesetzes bestehende Suspensiveffekt; damit gerät automatisch auch das Zuschlagverbot in Fortfall. Will der im Nachprüfungsverfahren vor der Vergabekammer unterlegene Antragsteller seine Chancen auf den Zuschlag wahren, muss er eine Fortdauer des Zuschlagverbots bis zum Abschluss des Beschwerdeverfahrens erreichen. Den passenden Rechtsbehelf dafür bietet **§ 118 Abs. 1 Satz 3 GWB**. Danach kann das Beschwerdegericht auf Antrag die Suspensivwirkung der Beschwerde – und damit zugleich auch das Zuschlagsverbot des § 115 Abs. 1 GWB – bis zur Entscheidung über den Rechtsbehelf verlängern. **§ 13 VgV** ergänzt diese Normlage und gewährleistet den Primärrechtsschutz auch im Vergabeverfahren. Durch die Verpflichtung des Auftraggebers, die nicht berücksichtigten Bieter über den beabsichtigten Zuschlag zu informieren, wird für jene die Möglichkeit eröffnet, die getroffene Auswahlentscheidung im Wege eines Nachprüfungsverfahrens – und mit der rechtlichen Konsequenz des Zuschlagsverbots nach § 115 Abs. 1 GWB – anzufechten. Die in § 13 VgV normierte Informationspflicht des öffentlichen Auftraggebers, das während der vierzehntägigen Wartefrist geltende Zuschlagsverbot und die Nichtigkeit eines gleichwohl erteilten Zuschlags führen dabei in der Zusammenschau zu einem lückenlosen Primärrechtsschutz[20].

---

[18] 2. Verordnung über die Vergabe öffentlicher Aufträge, neugefasst durch Bekanntmachung vom 11.2.2003, BGBl. I S. 169.

[19] Vgl. BT-Drucks. 13/9340 vom 3.12.1997 S. 20.

[20] Portz, VergabeR 2002, 211, 212 m.w.N.; Erdl, VergabeR 2001, 10, 12; Müller-Wrede/Kaeble, VergabeR 2002, 1; Hailbronner, NZBau 2002, 474, 476; vgl. zu Allem auch: Kühnen in Byok/Jaeger, Kommentar zum Vergaberecht, 2. Aufl., § 13 VgV Rdnr. 1563.

Drittens steht schließlich ein **Rechtsschutzverfahren** zur Verfügung, in dem der Bieter seine Rechte durchsetzen kann. Der bundesdeutsche Gesetzgeber hat sich dabei für einen zweizügigen Instanzenzug entschieden. Über den Nachprüfungsantrag entscheidet in erster Instanz die Vergabekammer (§§ 104, 107 GWB) und im zweiten Rechtszug das Oberlandesgericht als Beschwerdegericht (§§ 116 GWB). Daneben – und unabhängig hiervon – können sog. Vergabeprüfstellen (§ 103 GWB) angerufen werden. Für Bund und Länder ist ihre Einrichtung freilich fakultativ, und derzeit existieren nur für einige Bundesressorts und in drei Bundesländern (Bremen, Rheinland-Pfalz und Schleswig-Holstein) solche Vergabeprüfstellen. Sie sind als beratende und schlichtende Stelle gedacht und gemäß § 103 Abs. 2 GWB befugt, dem öffentlichen Auftraggeber die Aufhebung rechtswidriger Maßnahmen aufzugeben sowie durch Anordnungen Einfluss auf den weiteren Fortgang des Vergabeverfahrens nehmen[21]. Unbenommen bleibt es dem Bieter überdies, die Aufsichtsbehörden der vergebenden Stelle anzurufen, um im Wege der Rechts- oder Fachaufsicht eine Korrektur des Vergabeverfahrens zu erreichen.

8 **c) Die Dritte Verordnung zur Änderung der Vergabeverordnung.** Durch die Dritte Verordnung zur Änderung der Vergabeverordnung, die nunmehr auf die – zwischenzeitlich an das geltende Gemeinschaftsvergaberecht angepassten – Verdingungsordnungen verweisen, sind die EG-Vergaberichtlinien vom 31. März 2004 mittlerweile umgesetzt worden. Allerdings ist die Umsetzung erst mit knapp einjähriger Verspätung erfolgt; die Umsetzungsfrist endete bereits am 31. Januar 2006 (vgl. Art. 80 Abs. 1 Satz 1 der Basisrichtlinie, Art. 71 Abs. 1 Satz 1 der Sektorenrichtlinie).

Das wirft für die Vergabeverfahren vor Inkrafttreten der Dritten Vergabeverordnung die Frage nach der unmittelbaren Geltung der Richtlinienbestimmungen auf. Insoweit gilt: Ein Bieter kann sich nur insoweit auf die neuen Bestimmungen der Vergaberichtlinien berufen, wie diese im Bundesgebiet bereits vor ihrer Umsetzung durch die Dritte Vergabeverordnung unmittelbare Geltung entfalten haben. Nach der Rechtsprechung des EuGH[22] setzt die **unmittelbare Wirkung einer Richtlinienbestimmung** im Mitgliedsstaat voraus, dass (1) die Bestimmung der Richtlinie vom nationalen Gesetzgeber nicht fristgemäß oder nur unzulänglich umgesetzt worden ist und (2) die betreffende Vorschrift der Richtlinie hinreichend genau und unbedingt ist, d.h. sich aus ihr konkrete Maßnahmen und nicht bloß allgemeine Ziele ablesen lassen, sie ferner vorbehaltlos und bedingungslos ist sowie ihrem Wesen nach keiner weiteren Maßnahme der Gemeinschaft oder der Mitgliedsstaaten bedarf. Zur Verhinderung einer Popularklage darf der Mitgliedsstaat allerdings ein verfahrensrechtliches Interesse oder eine Betroffenheit desjenigen, der im Mitgliedsstaat unmittelbar Rechte aus einer Richtliniennorm herleiten will, fordern[23]. Im bundesdeutschen Vergaberecht ist diese zulässige Hürde in § 107 Abs. 2 GWB normiert, der die Zulässigkeit eines Vergabenachprüfungsantrags von der Antragsbefugnis der antragstellenden Partei abhängig macht. Zu beachten ist schließlich, dass die unmittelbare Anwendung von Richtlinien zu Lasten des Einzelnen, der sich andernfalls mit Ansprüchen oder Sanktionen konfrontiert sähe, ausscheidet[24]. Nach diesen Rechtsgrundsätzen ist für jede einzelne Bestimmung der Vergaberichtlinien zu entscheiden, ob sie schon vor ihrer Umsetzung im Inland rechtliche Wirkungen entfaltet. Dies trifft – wie sich aus der Untersuchung von Müller-Wrede[25] zur Basisrichtlinie ergibt – im Ergebnis nur auf wenige Bestimmungen zu. Keine unmittelbare Wirkung haben beispielsweise die Richtlinienbestimmungen zur Anhebung der Schwellenwerte oder zur Ausweitung des Konzernprivilegs für Sektorenauftraggeber auf Bau- und Lieferaufträge. In beiden Fällen würde die direkte Richtliniengeltung nämlich dazu führen, dass das vergaberechtsfreundlichere bundesdeutsche Recht durch das die Geltung des Vergaberechts einschränkende europäische Recht ersetzt würde. Indes ist der nationale Gesetzgeber dann, wenn das Europarecht – wie in den

[21] Zu weiteren Einzelheiten vgl. Noch in Byok/Jaeger, Kommentar zum Vergaberecht, 2. Aufl., § 103 Rdnr. 787 ff. m.w.N.

[22] Aus jüngerer Zeit: EuZW 2004, 691, 695 m.w.N. – *Pfeiffer u.a./DRK.*

[23] EuGH, NJW 1998, 129, 130 – *Daihatsu.*

[24] EuGH, Urt. V. 26.9.1995, Slg. 1996 I –4705 – *Arcaro.*

[25] VergabeR 2005,693 ff.; vgl. auch Rüthig, NZBau 2006, 208.

beiden Beispielsfällen – bloße Mindeststandards aufstellt, an weitergehenden – d.h. die Geltung des Vergaberechts oder den Vergaberechtsschutz erweiternden – Regelungen nicht gehindert[26]. Vor diesem Hintergrund ist es auch unbedenklich, dass der deutsche Verordnungsgeber in § 2 der Dritten Vergabeverordnung die Schwellenwerte in geringerem Umfang angehoben hat als die EG-Vergaberichtlinien vom 31. März 2004, nämlich für Liefer- und Dienstleistungsaufträge von zentralen Regulierungsbehörden statt 162.000 € nur 137.000 €, für alle anderen Liefer- und Dienstleistungsaufträge statt 249.000 € lediglich 211.000 €, ferner für Bauaufträge statt 6.242.000 € nur 5.278.000 € und schließlich für Dienstleistungs- und Lieferaufträge im Sektorenbereich statt 499.000 € lediglich 422.000 € als Schwellenwert festschreibt.

Die Dritte Verordnung zur Änderung der Vergabeverordnung tritt am ersten Tag des auf die Verkündung folgenden Kalendermonats in Kraft. Dies dürfte der 1.11.2006 sein. Bei Redaktionsschluss war die Verkündung noch nicht erfolgt.

II. Normative Bestandteile des deutschen Vergaberechts

1. Das Kaskadenprinzip

Das geltende bundesdeutsche Vergaberecht ist durch das sog. **Kaskadenprinzip** gekennzeichnet. 9
Der Begriff bezeichnet die Tatsache, dass das bei Beschaffungen im Schwellenwertbereich geltende Vergaberecht nicht in einem einzigen Regelwerk kodifiziert ist, sondern (1) § 97 Abs. 6 GWB die Bundesregierung ermächtigt, durch Rechtsverordnung nähere Bestimmungen über das Vergabeverfahren zu erlassen, (2) die Bundesregierung mit Schaffung der Vergabeverordnung von dieser Ermächtigung Gebrauch gemacht hat und (3) die Vergabeverordnung die Details des Vergabeverfahrens weitgehend nicht selbst regelt, sondern ihrerseits mit einer starren Verweisung auf die jeweils anzuwendende Verdingungsordnung arbeitet. In der Gesamtschau stellt sich die vergaberechtliche Normlage folgendermaßen dar:

2. Die wesentlichen Grundlagen des Kartellvergaberechts

Der Gesetzgeber selbst hat im **4. Teil des GWB** (§§ 97 bis 129) nur die wesentlichen Grund- 10
lagen des Vergaberechts normiert, nämlich

- den objektiven Geltungsbereich des Vergaberechts in § 100 GWB, wonach das Vergaberecht für öffentliche Aufträge i.S.v. § 99 GWB gilt, deren Auftragswert den jeweils einschlägigen Schwellenwert erreicht oder übersteigt (§ 100 Abs. 1 GWB) und die nicht unter eine der Bereichsausnahmen des § 100 Abs. 2 GWB fallen,
- den subjektiven Geltungsbereich des Vergaberechts in § 98 GWB, wonach dem Vergaberechtsregime nur die dort näher bezeichneten öffentlichen Auftraggeber unterliegen,
- die Vergabegrundsätze in § 97 GWB, insbesondere das Wettbewerbs- und Transparenzprinzip (Abs. 1), den Gleichbehandlungsgrundsatz (Abs. 2), das Gebot der Beauftragung fachkundiger, leistungsfähiger und zuverlässiger Unternehmen (Abs. 4) sowie den Grundsatz, dass der Zuschlag auf das wirtschaftlichste Angebot zu erteilen ist (Abs. 5),
- die Festlegung der Vergabearten (offenes Verfahren, nicht offenes Verfahren, Verhandlungsverfahren) in § 101 GWB mit dem grundsätzlichen Vorrang des offenen Verfahrens; als weitere Vergabeart ist in Anlehnung an das europäische Recht der wettbewerbliche Dialog, eingeführt durch das ÖPP-Beschleunigungsgesetz[27], in das deutsche Recht eingefügt worden (§ 6 a VgV, § 3 a Nr. 1 lit. c, Nr. 4 VOB/A)

---

[26] EuGH, Slg. 1996 I Seite 5806 Rdnr. 16f., Seite 5807 Rdnr. 42 und Seite 5811 Rdnr. 56 – *Arbeitszeit-Richtlinie*.

[27] Gesetz zur Beschleunigung der Umsetzung von Öffentlich Privaten Partnerschaften und zur Verbesserung gesetzlicher Rahmenbedingungen für Öffentlich Private Partnerschaften, abgedr. in BGBl. 2005 I S. 2676.

– die Ausgestaltung des Nachprüfungsverfahrens vor den Vergabekammern und dem Oberlandesgericht in den §§ 104 bis 124 GWB,
– die Schadensersatzverpflichtung der das Nachprüfungsverfahren betreibenden Partei bei Rechtsmissbrauch (§ 125 GWB) sowie die Ersatzhaftung des öffentlichen Auftraggebers im Falle der Verletzung bieterschützender Vergabebestimmungen (§ 126 GWB) nebst der Bindungswirkung der im Nachprüfungsverfahren unanfechtbar ergangenen Entscheidungen für den nachfolgenden Schadensersatzprozess (§ 124 Abs. 1 GWB).

3. Die Vergabeverordnung

11 Gestützt auf die Ermächtigung in §§ 97 Abs. 6, 127 GWB hat die Bundesregierung für die öffentlichen Aufträge im Schwellenwertbereich die **Vergabeverordnung** erlassen. Sie regelt in Umsetzung des europäischen Rechts die jeweiligen Schwellenwerte (§ 2) und die Grundsätze der Schätzung des Auftragswertes (§ 3). Ferner normiert sie die Einzelheiten des vom Auftraggeber einzuhaltenden Vergabeverfahrens. Die Vergabeverordnung trifft dazu allerdings kaum eigene Anordnungen. Sie arbeitet vielmehr im Wesentlichen mit einer starren Verweisung auf die jeweils einschlägige Verdingungsordnung (§§ 4 bis 12). Hierdurch erhalten die Regelungen der Verdingungsordnungen die Qualität eines verbindlichen Außenrechts, auf dessen Einhaltung der Bieter gemäß § 97 Abs. 7 GWB einen einklagbaren Anspruch hat. In der Vergabeverordnung unmittelbar geregelt sind (u.a.) die Pflicht des öffentlichen Auftraggebers zur Bieterinformation (§ 13) sowie der Kreis der von der Mitwirkung an einem Vergabeverfahren ausgeschlossenen Personen (§ 16).

Darüber hinaus war in § 15 der Zweiten Vergabeverordnung[28] auch die elektronische Angebotsabgabe geregelt. Die Vorschrift ist mit der Dritten Vergabeverordnung aufgehoben worden. Sie findet allerdings auf alle Altfälle – d.h. auf Vergabeverfahren, die bei Inkrafttreten der neuen Vergabeverordnung noch nicht abgeschlossen sind – weiterhin Anwendung. Aus diesem Grund ist die Vorschrift in einem Anhang zur VgV kommentiert worden.

III. Aufbau und Anwendungsbereich der VOB/A

Die VOB/A gliedert sich in 4 Abschnitte.

1. Abschnitt 1

12 Abschnitt 1 umfasst die **Basisparagraphen**. Sie gelten für Auftragsvergaben mit einem Auftragsvolumen unterhalb des jeweiligen Schwellenwertes und sind das Regelwerk, das der öffentliche Auftraggeber haushaltsrechtsrechtlich zu beachten hat.

Der **persönliche Geltungsbereich** des 1. Abschnitts umfasst die sog. klassischen öffentlichen Auftraggeber, also diejenigen Stellen, die nach der Bundeshaushaltsordnung, den Landeshaushaltsordnungen und den Gemeindehaushaltsverordnungen zur Anwendung der VOB verpflichtet sind. Zu ihnen zählen die Bundesrepublik Deutschland, die Länder, die Bezirke, die Landkreise, die Gemeinden, die kommunalen Verbände sowie die kommunalen und kommunal verwalteten Stiftungen. Grundsätzlich nicht erfasst werden demgegenüber die juristischen Personen des Privatrechts, und zwar auch dann nicht, wenn die Öffentliche Hand an ihnen beteiligt ist. Allerdings können aufgrund besonderer Bestimmung auch andere als die klassischen öffentlichen Auftraggeber zur Anwendung der Basisparagraphen verpflichtet sein. In Betracht kommt dies insbesondere bei öffentlich geförderten Bauvorhaben. Im Zuwendungsrecht wird regelmäßig vorgesehen, dass der Zuwendungsempfänger die Vergaberegeln der VOB/A einzuhalten hat.

[28] 2. Verordnung über die Vergabe öffentlicher Aufträge, neugefasst durch Bekanntmachung vom 11.2.2003, BGBl. I S. 169.

2. Abschnitt 2

Abschnitt 2 der VOB/A enthält neben den Basisparagraphen als sog. **a-Paragraphen** die zusätzlichen Bestimmungen der EG-Baukoordinierungsrichtlinie. 13

Anwendung findet der 2. Abschnitt auf die Vergabe von Bauaufträgen und Baukonzessionen, die den maßgeblichen **Schwellenwert** erreichen oder übersteigen (und damit dem Vergaberecht unterliegen). Nach § 2 Nr. 4 und 7 VgV gilt insoweit: Bauaufträge, deren Gesamtauftragswert 5.278.000 Euro erreicht oder übersteigt, unterfallen dem Kartellvergaberecht (§ 2 Nr. 4 VgV). Wird ein derartiger Bauauftrag losweise ausgeschrieben, unterliegt auch die Vergabe all derjenigen Einzellose, deren Nettoauftragswert mindestens 1 Million Euro beträgt, dem Vergaberecht (§ 2 Nr. 7 VgV). Alle Einzellose, die den Schwellenwert von 1 Million Euro nicht erreichen, sind demgegenüber grundsätzlich vergaberechtsfrei. Das gilt allerdings nur, soweit der Auftragswert dieser Einzellose in der Summe 20 % des Auftragswertes des gesamten Bauauftrags nicht erreicht (§ 2 Nr. 7 VgV). Der öffentliche Auftraggeber darf also so viele Einzellose mit einem Auftragswert unterhalb von 1 Million Euro national ausschreiben, solange der Gesamtwert dieser Einzellose unterhalb von 20 % des Auftragswertes des gesamten Bauauftrags liegt. Ist die 20 %-Grenze erreicht, muss der Auftraggeber alle weiteren Einzellose europaweit ausschreiben, und zwar ohne Rücksicht darauf, ob der Auftragswert dieser Einzellose 1 Million Euro erreicht oder nicht. Im Ergebnis unterliegt also unabhängig von der Anzahl und dem Auftragswert der einzelnen Lose zumindest ein Kontingent von 80 % des gesamten Bauauftrags dem Vergaberecht.

Verpflichtet zur Anwendung des 2. Abschnitts der VOB/A sind in persönlicher Hinsicht die öffentlichen Auftraggeber im Sinne von § 98 Nr. 1 bis 3, 5 und 6 GWB. Hierzu zählen insbesondere Bund, Länder und Gemeinden als die klassischen öffentlichen Auftraggeber, bundes-, landes- oder gemeindeunmittelbare juristische Personen, Beteiligungsgesellschaften der Öffentlichen Hand im Bereich der Daseinsvorsorge, kommunale Zweckverbände sowie private Auftraggeber bei der Durchführung von Bauvorhaben, die im Allgemeininteresse liegen und überwiegend mit öffentlichen Mitteln gefördert werden.

3. Abschnitt 3

Abschnitt 3 enthält neben den Basisparagraphen als **b-Paragraphen** die zusätzlichen Bestimmungen der EG-Sektorenrichtlinie. 14

Geltung beansprucht der 3. Abschnitt der VOB/A nur für die Vergabe von Bauaufträgen, deren Volumen den maßgeblichen **Schwellenwert** erreicht oder übersteigt. Wegen der Einzelheiten dieses Schwellenwertes kann auf die vorstehenden Ausführungen zum Anwendungsbereich des 2. Abschnitts verweisen werden; sie gelten hier gleichermaßen.

Was den **persönlichen Geltungsbereich** betrifft, unterliegen die öffentlichen Auftraggeber im Sinne von § 98 Nr. 1 bis 3 GWB, die auf dem Gebiet der Trinkwasserversorgung tätig sind oder im Verkehrsbereich entweder See- oder Binnenhäfen oder Netze des Schienen- oder öffentlichen Personenverkehrs betreiben, den Bestimmungen des 3. Abschnitt der VOB/A (vgl. § 7 Abs. 1 Nr. 2 VgV). Erfasst werden damit insbesondere Bund, Länder und Gemeinden, bundes-, landes- oder gemeindeunmittelbare juristische Personen, Beteiligungsgesellschaften der Öffentlichen Hand im Bereich der Daseinsvorsorge und kommunale Zweckverbände, sofern sie auf den genannten Sektorenbereichen tätig sind[29]. Geltung und Anwendungsbereich des 3. Abschnitts sind eine Besonderheit des deutschen Rechts und haben keine Entsprechung im Gemeinschaftsrecht. Vielmehr unterstellt das europäische Recht[30] die Auftragsvergaben in den Sektorenbereichen einheitlich – d.h. ohne eine Differenzierung zwischen den in § 98 Nr. 1 bis 3 GWB genannten öffentlichen Auftraggebern einerseits und den in § 98 Nr. 4 GWB aufgeführten Auftraggebern andererseits

[29] Vgl. zu den Einzelheiten die Kommentierung zu §§ 7, 8 VgV.

[30] Vgl. Art. 3 ff. der Richtlinie 2004/17/EG des Europäischen Parlaments und des Rates vom 31. März 2004 zur Koordinierung der Zuschlagserteilung durch Auftraggeber im Bereich der Wasser-, Energie- und Verkehrsversorgung sowie der Postdienste, abgedr. in Abl. L 2004 vom 30.4.2004 S. 1 ff.

– den Bestimmungen der Sektorenrichtlinie, wie sie vom bundesdeutschen Normgeber in Abschnitt 4 der VOB/A umgesetzt worden sind[31].

4. Abschnitt 4

15 Abschnitt 4 der VOB/A umfasst – anders als die vorausgehenden Abschnitte – die **Basisparagraphen nicht**. Er erschöpft sich vielmehr in den Regelungen der EG-Sektorenrichtlinie und räumt dem öffentlichen Auftraggeber **weitergehende Freiheiten** ein. So ist dieser in der Wahl der Vergabeart frei. Außerdem fehlt im 4. Abschnitt die Vorgabe einer losweisen Vergabe, ferner der Grundsatz des Einheitspreisvertrages, die Verpflichtung, die Teile B und C der VOB zum Bestandteil des Bauvertrages zu machen, Regelungen zur Zuschlags- und Bindefrist, die Verpflichtung zur Abhaltung eines Eröffnungstermins, Festlegungen zur Angebotsprüfung sowie Bestimmungen zur Aufhebung der Ausschreibung.

Der 4. Abschnitt beansprucht – ebenso wie die Abschnitte 2 und 3 – nur Geltung für Bauaufträge im **Schwellenwertbereich**.

In **persönlicher Hinsicht** haben gemäß § 7 Abs. 2 Nr. 2 VgV folgende Auftraggeber den 4. Abschnitt der VOB/A anzuwenden: Verpflichtet sind zum einen die öffentlichen Auftraggeber im Sinne von § 98 Nr. 1 bis 3 GWB (also namentlich Bund, Länder und Gemeinden, bundes-, landes- oder gemeindeunmittelbare juristische Personen, Beteiligungsgesellschaften der Öffentlichen Hand im Bereich der Daseinsvorsorge und kommunale Zweckverbände), sofern sie auf dem Sektor der Elektrizitäts- und Gasversorgung, der Wärmeversorgung und dem Betrieb von Flughäfen tätig sind, sowie zum anderen die öffentlichen Auftraggeber nach § 98 Nr. 4 GWB (d.h. insbesondere private Unternehmen, die entweder von der Öffentlichen Hand beherrscht werden oder die Tätigkeiten aufgrund von behördlich eingeräumten besonderen Rechten ausüben), und zwar ohne eine Differenzierung nach einzelnen Sektorenbereichen[32].

IV. Rechtsschutz unterhalb der Schwellenwerte

Die Rechtsschutzmöglichkeiten bei Auftragsvergaben im Schwellenbereich einerseits und unterhalb der einschlägigen Schwellenwerte andererseits unterscheiden sich grundlegend:

1. Rechtsschutz im Schwellenwertbereich

16 **Erreicht oder übersteigt** der Wert eines Bauvertrages den maßgeblichen **Schwellenwert** (§ 2 Nr. 4 und 7 VgV) und liegen auch die sonstigen (persönlichen und sachlichen) Voraussetzungen für die Geltung des Vergaberechts vor (§§ 98 bis 100 GWB), hat der Bieter gemäß § 97 Abs. 7 GWB ein subjektives Recht auf Einhaltung der Vergabebestimmungen. Dieses Recht kann er im Nachprüfungsverfahren vor der Vergabekammer als dem erstinstanzlichen Kontrollorgan und dem zuständigen Oberlandesgericht als Beschwerdegericht durchsetzen. Die nähere Ausgestaltung des Verfahrens (Zuschlagsverbot nach § 115 Abs. 1 GWB, Suspensiveffekt der Beschwerde nach § 118 Abs. 1 Satz 1 GWB) in Verbindung mit der Pflicht des öffentlichen Auftraggebers, die nicht zum Zuge kommenden Bieter 14 Kalendertage vor Erteilung des Zuschlags über die beabsichtigte Zuschlagsentscheidung zu unterrichten (§ 13 VgV), gewährleistet dabei einen wirksamen Primärrechtsschutz um den zu vergebenden Auftrag. Daneben tritt der Sekündärrechtsschutz des Bieters. Gemäß § 126 Satz 1 GWB kann bei der Verletzung von bieterschützenden Normen,

[31] Der Entwurf des Bundeswirtschaftsministeriums zur Änderung der Vergabeverordnung vom 8. Mai 2006 sah zwecks Angleichung der nationalen Rechtslage an das Gemeinschaftsrecht noch die Abschaffung des 3. Abschnitts der Verdingungsordnungen vor. § 7 VgV-E sollte dahin geändert werden, dass „die in § 98 Nrn. 1 bis 4 GWB genannten Auftraggeber, die eine Tätigkeit nach § 8 ausüben“, den 4. Abschnitt der jeweiligen Verdingungsordnung anzuwenden haben; die Dritte Verordnung zur Änderung der Vergabeverordnung hat davon aber Abstand genommen und es bei der bisherigen Rechtslage belassen.

[32] Vgl. zu den Einzelheiten die Kommentierung zu §§ 7, 8 VgV.

die zugleich die Zuschlagschancen des betreffenden Unternehmens beeinträchtigt hat, der Ersatz der nutzlos getätigten Aufwendungen beansprucht werden. Darüber hinaus kommt im Einzelfall eine Haftung des öffentlichen Auftraggebers auf das positive Interesse (unter Einschluss des entgangenen Gewinns) in Frage. Mögliche Anspruchsnormen sind §§ 311 Abs. 2, 241 Abs. 2, 280 Abs. 1 BGB (Verhandlungsverschulden), § 823 Abs. 1 BGB (Eingriff in den eingerichteten und ausgeübten Gewerbebetrieb), § 823 Abs. 2 i.V.m. einer bieterschützenden Vergabebestimmung, in Einzelfällen auch § 826 BGB sowie ferner kartellrechtliche Ansprüche gemäß §§ 33 Abs. 1 und 3, 20 GWB[33].

2. Rechtsschutz unterhalb der Schwellenwerte

Bei Auftragsvergaben unterhalb der Schwellenwerte stehen dem Bieter demgegenüber nur eingeschränkte Rechtsschutzmöglichkeiten offen. 17

a) Analoge Anwendung des Kartellvergaberechts. Eine analoge Anwendung der Bestimmungen des Kartellvergaberechts scheidet aus. Der Bundesgesetzgeber hat für Auftragsvergaben unterhalb der Schwellenwerte an der haushaltsrechtlichen Lösung festgehalten. In Umsetzung der EG-Vergaberichtlinien hat er subjektive Bieterrechte ausschließlich für die Beschaffungsvorgänge im Schwellenwertbereich normiert. Lediglich für jene Beschaffungsvorgänge hat er auch das Nachprüfungsverfahren bereitgestellt. Diese bewusste gesetzgeberische Entscheidung schließt es aus, die Bestimmungen des Vergaberechts analog auf Auftragsvergaben unterhalb der Schwellenwerte anzuwenden[34]. Verfassungsrechtliche Bedenken gegen diese Zweiteilung des Rechtsschutzes, insbesondere mit Blick auf den Gleichbehandlungsgrundsatz des Art. 3 Abs. 1 GG und die Rechtsweggarantie des Art. 19 Abs. 4 GG, bestehen nach der herrschenden Ansicht nicht[35]. 18

b) Sonstige Rechtsschutzmöglichkeiten. Im Beschaffungsbereich unterhalb der Schwellenwerte verfügt der übergangene Bieter deshalb nur über beschränkte Rechtsschutzmöglichkeiten: 19

aa) Primärrechtsschutz. Ein **zivilgerichtlicher Primärrechtsschutz** mit dem Ziel, dem öffentlichen Auftraggeber die beabsichtigte Zuschlagserteilung untersagen und/oder ihn zur Beachtung der bieterschützenden Bestimmungen über das Vergabeverfahren verurteilen zu lassen, wird zwar durch die §§ 107 ff. GWB nicht ausgeschlossen[36], kommt praktisch aber nicht in Betracht. Lauterkeitsrechtliche Ansprüche (insbesondere aus § 1 UWG) scheitern regelmäßig daran, dass die Vergabestelle bei der Bedarfsdeckung nicht zu Zwecken des Wettbewerbs handelt[37]. Kartellrechtliche Ansprüche (namentlich aus §§ 33 Abs. 1 und 3, 19, 20 GWB) bleiben in der Regel erfolglos, weil die beschaffende Stelle als Nachfrager keine marktbeherrschende oder marktstarke Stellung innehat. Ansprüchen aus § 823 Abs. 2 BGB i.V.m. den Bestimmungen der jeweils einschlägigen Verdingungsordnung steht entgegen, dass bei Auftragsvergaben unterhalb der Schwellenwerte die Regelungen in den Verdingungsordnungen keinen bieterschützenden 20

[33] Vgl. zu den Einzelheiten: Willenbruch in Byok/Jaeger, Kommentar zum Vergaberecht, 2. Aufl., § 126 Rdnr. 1316 ff. m.w.N.; Heuvels, NZBau 2005, 570, 572.

[34] Zutreffend: Rudolf in Byok/Jaeger, Kommentar zum Vergaberecht, 2. Aufl., Einführung Rdnr. 73; Gallwas, VergabeR 2001, 2, 6; Heuvels, NZBau 2005, 570; Irmer, VergabeR 2006, 159, 171; vgl. auch BGH, NJW 1992, 827 m.w.N.

[35] OLG Stuttgart, NZBau 2002, 395; OLG Saarbrücken, NZBau 2003, 462 (gegen die Entscheidung ist Verfassungsbeschwerde – Az.: BvR 1160/03 – eingelegt, über die noch nicht entschieden worden ist); vgl. dazu im Einzelnen auch: Glahs in der Voraufl., VOB/A Einleitung Rdnr. 59 ff. m.w.N.; Heuvels, NZBau 2005, 570; Dreher, NZBau 2002, 419, 424 f.; Pietzcker, NJW 2005, 2281, 2284; vgl. auch Prieß/Hölzl, NZBau 2005, 411; Malmendier, DVBl. 2000, 963, 968; Losch, VergabeR 2006, 298, 302 ff.; Irmer, VergabeR 2006, 308 ff.

[36] LG Heilbronn, NZBau 2002, 239; Köster, NZBau 2006, 540 ff.

[37] OLG Stuttgart, IBR 2002, 266; vgl. auch LG Mannheim, VergabeR 2005, 765, 767 mit Anm. Sura, VergabeR 2005, 767 ff.

Charakter haben und sie deshalb auch nicht Schutzgesetze im Sinne des § 823 Abs. 2 BGB sind[38]. Den Verdingungsordnungen kann auch nicht unter dem Gesichtspunkt der Grundrechtsbindung des öffentlichen Auftraggebers über Art. 3 GG oder die Grundsätze der Selbstbindung der Verwaltung Außenwirkung beigemessen werden. Nach der zivilgerichtlichen Rechtsprechung besteht eine Fiskalgeltung der Grundrechte nur dann, wenn die Öffentliche Hand mit den Mitteln des Privatrechts unmittelbar öffentliche Zwecke verfolgt oder öffentliche Aufgaben erfüllt[39]. Auch ein Anspruch aus § 823 Abs. 1 BGB kommt nur ausnahmsweise in Frage. Ein Eingriff des öffentlichen Auftraggebers in den eingerichteten und ausgeübten Gewerbebetrieb des Bieters – und nur diese Fallgruppe ist ernsthaft zu erwägen – liegt mit Blick auf das Tatbestandsmerkmal des „betriebsbezogenen" Eingriffs im Allgemeinen nur im Falle einer Auftragssperre, also dann vor, wenn ein Unternehmen systematisch von den Aufträgen des betreffenden öffentlichen Auftraggebers ausgeschlossen wird[40]. Ansprüche aus dem Gesichtspunkt des Verhandlungsverschuldens (§§ 311 Abs. 2, 241 Abs. 2, 280 Abs. 1 BGB) scheiden für einen Primärrechtsschutz schließlich schon von ihrer möglichen Rechtsfolge her aus, weil im Rahmen dieser Haftung kein Anspruch auf Naturalrestitution nach § 249 Abs. 1 BGB besteht[41].

Ob im Bereich der Auftragsvergaben unterhalb der Schwellenwerte **Primärrechtsschutz vor den Verwaltungsgerichten** in Anspruch genommen werden kann, wird kontrovers beantwortet. Zum Teil wird aus dem Gebot des Art. 19 Abs. 4 GG – wonach jedem, der durch die öffentliche Gewalt in seinen Rechten verletzt wird, der Rechtsweg offen steht – ein verwaltungsgerichtlicher Rechtsschutz hergeleitet. Die staatliche Auftragsvergabe – so wird argumentiert – unterfalle nicht insgesamt dem Privatrecht. Vielmehr sei nach der Zweistufentheorie zwischen der Auswahlentscheidung des öffentlichen Auftraggebers, welcher Bieter beauftragt werden solle (erste Stufe), und dem Abschluss des Beschaffungsvertrages durch Zuschlagserteilung (zweite Stufe) zu unterscheiden. Die erste Stufe unterfalle dem öffentlichen Recht, die zweite Stufe dem Zivilrecht. Aus der Rechtsweggarantie des Art. 19 Abs. 4 GG sei abzuleiten, dass der unterlegene Bieter gegen die zu seinen Lasten gefallene Auswahlentscheidung verwaltungsgerichtlichen Rechtsschutz in Anspruch nehmen könne. Zur Überprüfung gestellt werden könne, ob der Auftraggeber seiner sich aus dem Haushaltsrecht (z.B. § 55 Abs. 2 BHO) ergebenden Pflicht nachgekommen sei, bei der Auftragsvergabe nach einheitlichen Richtlinien (namentlich nach den Regeln der Verdingungsordnungen) zu verfahren. Die Verpflichtung zur Einhaltung der haushaltsrechtlichen Vorgaben sei nicht bloßes Binnenrecht, sondern entfalte über den Gleichheitsgrundsatz des Art. 3 GG auch Rechtswirkung nach außen[42].

21 **bb) Sekundärrechtsschutz.** Zentrale Anspruchsnorm für den Sekundärrechtsschutz des Bieters auf Ersatz seiner nutzlos getätigten Aufwendungen (negatives Interesse) – sowie gegebenenfalls weitergehend auf Ersatz des entgangenen Gewinns (positives Interesse)[43] – sind die §§ 311 Abs. 2, 241 Abs. 2, 280 Abs. 1 BGB. Auch im Bereich der Auftragsvergaben unterhalb der Schwellenwerte gilt, dass durch die Ausschreibung des öffentlichen Auftraggebers ein vertragsähn-

---

[38] Ebenso: Glahs in der Voraufl., VOB/A Einleitung Rdnr. 42, 56; Rudolf in Byok/Jaeger, Kommentar zum Vergaberecht, 2. Aufl., Einführung Rdnr. 83, 102 m.w.N.

[39] BGH, BGHZ 29, 76, 80; 33, 230, 233; 52, 325, 327 ff.; 65, 284, 287; a.A. OVG Koblenz, NZBau 2005, 411; Rudolf in Byok/Jaeger, Kommentar zum Vergaberecht, 2. Aufl., Einführung Rdnr. 77 f. m.w.N.

[40] BGH, NJW 1977, 628, 630; OLG Karlsruhe, VersR 1989, 732; Rudolf in Byok/Jaeger, Kommentar zum Vergaberecht, 2. Aufl., Einführung Rdnr. 102 m.w.N.; Glahs in der Voraufl., VOB/A Einleitung Rdnr. 44.

[41] Vgl. nur Heinrichs in Palandt, Bürgerliches Gesetzbuch, 64. Aufl., § 311 Rdnr. 58 m.w.N.

[42] OVG Rheinland-Pfalz, VergabeR 2005, 478 f. mit zust. Anm. Hellriegel, VergabeR 2005, 479 ff.; Sächsisches OVG, VergabeR 2006, 348, 349; VG Neustadt/Weinstraße, VergabeR 2006, 78, 351; dahin tendierend auch OVG NW, WuW/E Verg 1147; Tomerius/Kiser, VergabeR 2005, 551 ff.; a.A. VG Leipzig, WuW/E Verg 1149; VG Potsdam, VergabeR 2006, 83; Dörr, DÖV 2001, 1014, 1024; Portz in Ingenstau/Korbion, VOB, 15. Aufl., § 28 VOB/A Rdnr. 1 und 5; Marx, VergabeR 2005, 763, 764 f.; Gröning, ZWeR 2005, 276 ff.; Ruthig, NZBau 2005, 497 ff.; Irmer, VergabeR 2006, 159, 163 ff.; wohl auch Heuvels, NZBau 2005, 570 ff.; vgl. zu Allem auch Bungenberg, WuW 2005, 899 ff.

[43] Vgl. zum Umfang des Schadensersatzanspruchs im Einzelnen: Rudolf in Byok/Jaeger, Kommentar zum Vergaberecht, 2. Aufl., Einführung Rdnr. 96–99 m.w.N.

liches Vertrauensverhältnis zu den an der Auftragsvergabe teilnehmenden Unternehmen zustande kommt, welches beide Seiten zu gegenseitiger Rücksichtnahme verpflichtet und Sorgfaltspflichten entstehen lässt. Zu dem Verhaltenspflichten des öffentlichen Auftraggebers gehört es regelmäßig, keinen Bewerber zu diskriminieren[44], die Ausschreibung nicht grundlos aufzuheben[45] und bei einer Ausschreibung nach der VOB/A oder VOL/A die Regeln der betreffenden Verdingungsordnung einzuhalten[46]. Daneben kommen unter den zum Primärrechtsschutz geschilderten engen Tatbestandsvoraussetzungen lauterkeits- und kartellrechtliche sowie deliktische Ansprüche (§ 823 Abs. 1 BGB, § 826 BGB) in Betracht.

§ 1 Bauleistungen

Bauleistungen sind Arbeiten jeder Art, durch die eine bauliche Anlage hergestellt, instand gehalten, geändert oder beseitigt wird.

Schrifttum: *Dreher* Der Anwendungsbereich des Kartellvergaberechts DB 1998, 2579 – *Jasper* Entwicklung des Vergaberechts DB 1997, 915 – *Eschenbruch/Niebuhr* Immobilienleasing und öffentliche Vergabe BB 1996, 2417 – *Korbion* Vergaberechtsänderungsgesetz 1999 – *Kulartz/Niebuhr* Anwendungsbereich und wesentliche Grundsätze des materiellen GWB-Vergaberechts, NZ Bau 2000, 6 – *Lampe-Helbich/Wörmann* Handbuch der Bauvergabe 2. Auflage 1995 – *Prieß* Handbuch des europäischen Vergaberechts, 3. Auflage 2005 – *Vygen* Nachträge bei verändertem Baugrund rechtliche Grundlagen und Anforderungen Jahrbuch Baurecht 1999, S. 46.

Übersicht

I. „Bauleistungen" und „Bauaufträge": Existieren inhaltliche Unterschiede?

Der **sachliche** Anwendungsbereich der VOB wird in § 1 VOB/A durch die Verwendung des Begriffs **Bauleistungen** geregelt. Sachlich gilt die VOB damit nur für Bauleistungen und z.B. nicht für Dienstleistungsaufträge, für die die VOL/A gilt. 1

Nicht in der VOB geregelt ist demgegenüber der **personelle** Anwendungsbereich. Die Frage, von wem die Abschnitte 1–4 der VOB/A anzuwenden sind, beantwortet sich für die Basisparagraphen (erster Abschnitt der VOB/A) anhand der Bundeshaushaltsordnung, der Landeshaushaltsordnungen und der Gemeindehaushaltsordnungen, so weit es sich um die klassischen öffentlichen Auftraggeber (Bundesrepublik Deutschland, die Länder, die Gemeinden und Landkreise, Gebietskörperschaften und die bundes-, landes- und gemeindeunmittelbaren juristischen Personen des öffentlichen Rechts) handelt. 2

Hinsichtlich der Abschnitte 2–4 der VOB/A gilt folgendes: Zum 1.1.1999 ist das die europäischen Vergaberichtlinien in nationales Recht umsetzende Vergaberechtsänderungsgesetz in Kraft getreten und findet sich nun in den §§ 97 bis 129 GWB wieder. In § 97 Abs. 7 GWB ist geregelt, dass die Unternehmer einen Anspruch darauf haben, dass der öffentliche Auftraggeber, der seinerseits in § 98 GWB definiert ist, auf den wiederum in § 1 a Nr. 1 Abs. 1 VOB/A verwiesen 3

[44] BGH, NJW 1985, 1466; OLG Düsseldorf, NJW-RR 1990, 1046, 1047.
[45] BGH, NJW 1981, 1673; BGHZ 139, 259; NJW 2000, 661; 2001, 3698.
[46] BGH, BGHZ 120, 281, 284; 124, 64; 139, 273; NJW 1998, 3640; OLG Düsseldorf, NJW-RR 1990, 1046, 1047.

wird, die Bestimmungen über das Vergabeverfahren einhält. Aus der neuen Vergabeverordnung (VgV), die zum 1.2.2001 erstmals in Kraft getreten ist und zu deren Erlass die Bundesregierung gemäß § 97 Abs. 6 GWB ermächtigt wurde, ergibt sich schließlich gemäß § 6 VgV, dass öffentliche Auftraggeber nach § 98 Nr. 1 bis 3, 5 und 6 GWB bei der Vergabe von Bauaufträgen und Baukonzessionen die Bestimmung des zweiten Abschnittes des Teils A der Verdingungsordnung für Bauleistungen (VOB/A) in der Fassung der Bekanntmachung vom 30.5.2000 anzuwenden haben. Für die in § 98 Nr. 6 GWB genannten Auftraggeber gilt dies nur hinsichtlich der Bestimmung, die auf diese Auftraggeber Bezug nehmen. § 7 VgV regelt letztlich die Anwendungsverpflichtung des dritten Abschnittes des Teils A der VOB/A in § 7 Abs. 1 Nr. 2 VgV und des vierten Abschnittes der VOB/A in § 7 Abs. 2 Nr. 2 VgV. Mit Inkrafttreten gilt nunmehr die 3. Verordnung zur Änderung der Vergabeordnung, die der Umsetzung der Richtlinie 2004/17/EG des Europäischen Parlaments und des Rates vom 31.3.2004 zur Koordinierung der Zuschlagserteilung durch Auftraggeber im Bereich der Wasser-, Energie- und Verkehrsversorgung sowie der Postdienste (ABl.EU Nr. L 134 S. 1) und der Richtlinie 2004/18/EG des Europäischen Parlaments und des Rates vom 31.3.2004 über die Koordinierung der Verfahren zur Vergabe öffentlicher Bauaufträge, Lieferaufträge und Dienstleistungsaufträge (ABl.EU Nr. L 134 S. 114) in deutsches Recht dient.

4 Daneben wird (auch) in § 99 GWB der **sachliche** Anwendungsbereich zur Klärung der Frage, was öffentliche Aufträge überhaupt sind, geregelt. § 99 Abs. 1 GWB bestimmt, dass öffentliche Aufträge entgeltliche Verträge zwischen öffentlichen Auftraggebern und Unternehmen sind, die u.a. Bauleistungen zum Gegenstand haben. § 99 Abs. 3 GWB schließlich definiert, was das Gesetz unter Bauleistungen versteht, wie folgt:

„**Bauaufträge** sind Verträge entweder über die Ausführung oder die gleichzeitige Planung und Ausführung eines Bauvorhabens oder eines Bauwerks, das Ergebnis von Tief- oder Hochbauarbeiten ist und eine wirtschaftliche oder technische Funktion erfüllen soll, oder einer Bauleistung durch Dritte gemäß den vom Auftraggeber genannten Erfordernissen."

§ 1 a Nr. 1 Abs. 1 Satz 3 VOB/A wiederholt diesen Gesetzestext und ergänzt ihn am Ende durch den Klammerzusatz: „(z.B. Bauträgervertrag, Mietkauf- oder Leasingvertrag)."

5 Dieses „großartige" Normenwirrwarr wirft die Frage auf, ob der in § 1 VOB/A definierte Begriff der **Bauleistungen anders** zu verstehen ist, als der in § 1 a Nr. 1 Abs. 1 Satz 3 VOB/A respektive § 99 Abs. 3 GWB verwendete Begriff der **Bauaufträge**. Wir verneinen diese Frage im Ergebnis: Der Gesetzgeber verwendet den Begriff der Bauleistungen synonym zu dem Begriff der Bauaufträge in § 99 GWB. Für die Abschnitte 2 bis 4 der VOB/A kann deshalb der durch den Begriff Bauleistungen definierte sachliche Anwendungsbereich nicht weiter und auch nicht enger ausgelegt werden als der durch den Begriff Bauaufträge umfasste Bereich.

6 Gleiches muss auch für die Basisparagraphen gelten, da sich die Begriffe in ihrer sachlichen Bedeutung decken. Das heißt: **Alles, was unter Bauaufträge fällt, ist gleichzeitig Bauleistung und umgekehrt.**[1] Das von *Prieß*[2] herangezogene Beispiel der Installationsarbeiten von Heizungs- und Belüftungsarbeiten, die nach Position 503.3 des Anhang II der Baukoordinierungsrichtlinie[3] zu den Bauaufträgen zählen, ist gerade kein taugliches Beispiel, um eine unterschiedliche Definition für Bauleistungen gemäß § 1 VOB/A und Bauaufträge gemäß § 98 Abs. 3 GWB zu belegen. Nach der jetzigen textlichen Fassung in § 1 VOB/A gehört neben der Herstellung auch die Instandhaltung einer baulichen Anlage zu den Bauleistungen, so dass auch bauwerkliche Maßnahmen, die durch bloßes Ab- und Anschrauben wieder beseitigt werden können, zu Bauleistungen im Sinne des § 1 VOB/A zählen.[4] Der reine Austausch eines Heizkessels bei bereits vorhandener Heizungsanlage ist nach der jetzigen textlichen Regelung der VOB/A zu den Bauleistungen

[1] *Lampe-Helbich/Wörmann*, Rdn. 45; *Korbion* Vergaberechtsänderungsgesetz GWB § 99, Rdn. 5; anderer Ansicht *Prieß* S. 129; Beck'scher VOB-Kommentar/*Messerschmidt* VOB/A § 1, Rdn. 1.

[2] *Prieß*, S. 129.

[3] Abgedruckt in *Ingenstau/Korbion/Korbion* VOB/A § 1, Rdn. 10.

[4] Anderer Ansicht *Ingenstau/Korbion/Korbion* VOB/A § 1, Rdn. 65, der sich damit in Widerspruch setzt zu seinen Ausführungen unter VOB/A § 1, Rdn. 29.

zu zählen. Im Ergebnis folgen wir damit der Auffassung von *Korbion*,[5] wonach § 1 VOB/A zur Auslegung des § 99 GWB heranzuziehen ist.

7 Die Definition des Begriffes Bauwerk in § 99 Abs. 3 GWB als Ergebnis von Tief- oder Hochbauarbeiten, das eine wirtschaftliche oder technische Funktion erfüllen soll, ist gleichermaßen heranzuziehen zur Definition der **„baulichen Anlage"** in § 1 VOB/A. Die Tatsache, dass der VOB/A-Text nicht den Begriff Bauwerk verwendet, hat allein mit der gesetzlichen Differenzierung zwischen Arbeiten an einem Grundstück und solchen bei Bauwerken in § 638 Abs. 1 BGB a.F. zu tun. Dadurch, dass man den Begriff bauliche Anlage in § 1 VOB/A verwendet, wird klargestellt, dass zu den Bauleistungen im Sinne der VOB auch diejenigen Arbeiten gehören, die Arbeiten am Grundstück darstellen.[6] Hieraus kann aber ebenso wenig wie aus dem Umstand, dass zur Ermittlung des Begriffes „Bauvorhaben" in § 99 Abs. 3 GWB auf das Tätigkeitsverzeichnis in Anhang 2 der Baurichtlinie zurückgegriffen werden kann, geschlussfolgert werden, der Begriff „Bauaufträge" sei oberhalb und unterhalb der Schwellenwerte jeweils unterschiedlich definiert,[7] was auch ein geradezu abwegiges Ergebnis wäre.

II. Bauliche Anlage

8 Wie bereits oben ausgeführt[8] wird in § 1 VOB/A zur Definition der Bauleistungen der Begriff **„bauliche Anlage"** herangezogen. Der Begriff der baulichen Anlage geht auf die Musterbauordnung zurück, die Grundlage der Länderbauordnungen geworden ist. § 2 Abs. 2 der Musterbauordnung bezeichnet als bauliche Anlagen „mit dem Erdboden verbundene, aus Baustoffen und Bauteilen hergestellte Anlagen". Allerdings geht das heutige Verständnis des Begriffes bauliche Anlagen in § 1 VOB/A über den gemäß der Musterbauordnung hinaus, da Arbeiten an einer baulichen Anlage danach auch Arbeiten an einem Grundstück sind.[9]

9 Bis zur VOB in der Fassung September 1988 wurde der Begriff der Bauleistungen durch „Bauarbeiten jeder Art mit und ohne Lieferung von Stoffen oder Bauteilen" definiert. Erstmals in der VOB-Fassung der Ausgabe Juli 1990 findet sich in § 1 Nr. 1 VOB/A die jetzige Formulierung wieder, allerdings mit der Einschränkung in § 1 Nr. 2 VOB/A, die seit der Fassung 1992 ersatzlos gestrichen wurde, wonach Lieferung oder Montage maschineller Einrichtungen, die der Instandhaltung oder Änderung einer baulichen Anlage dienen, keine Bauleistungen sind. Damit ist klargestellt, dass nunmehr auch die Lieferungen und Montage maschineller Einrichtungen, so weit sie der Instandhaltung oder Änderung einer baulichen Anlage dienen, Bauleistungen darstellen.

10 Unter dem Begriff der baulichen Anlage lassen sich nach heutigem Verständnis i.ü. subsumieren:

- alle Arten von Gebäude, Türme, Schornsteine und Masten,[10]
- alle Straßen und Straßenbauwerke,[11]
- alle Arbeiten an einem Grundstück, wie z.B. Garten- und Landschaftsgestaltung, das Nachziehen eines Bachbettes, Ausschachtungsarbeiten, Aufschüttung und Dränagen, auch so weit sie nicht der Errichtung eines Hauses oder sonstigen Bauwerks dienen,[12]
- maschinelle und elektrotechnische Anlagen, die zur funktionellen Einheit einer baulichen Anlage gehören unabhängig davon, ob sie wesentlicher Bestandteil des Bauwerks werden oder ob es

[5] *Korbion* Vergaberechtsänderungsgesetz GWB § 99, Rdn. 5.
[6] *Lampe-Helbich/Wörmann*, Rdn. 45; *Ingenstau/Korbion/Korbion* VOB/A § 1, Rdn. 4, 26.
[7] So aber *Prieß*, S. 129.
[8] Siehe Rdn. 7.
[9] *Lampe-Helbich/Wörmann* Rdn. 39, 45; *Ingenstau/Korbion/Korbion* VOB/A § 1, Rdn. 4, Beck'scher VOB-Kommentar/*Messerschmidt* VOB/A § 1, Rdn. 44.
[10] Beck'scher VOB-Kommentar/*Messerschmidt* VOB/A § 1, Rdn. 47.
[11] *Heiermann/Riedl/Rusam* VOB/A § 1, Rdn. 12; Beck'scher VOB-Kommentar/*Messerschmidt* VOB/A § 1, Rdn. 48.
[12] *Lampe-Helbich/Wörmann*, Rdn. 45; *Ingenstau/Korbion/Korbion* VOB/A § 1, Rdn. 4.

um die Erneuerung solcher Anlagen in bereits bestehenden Gebäuden geht, so weit sie nur der Funktion der baulichen Anlage dienen (z.B. Rollsteige, Aufzüge, Telekommunikationsanlagen und Notstromaggregate in Gebäuden[13]; Signalanlagen und Leiteinrichtungen einschließlich deren Wartungsarbeiten sowie selbst Baumpflegearbeiten bei Verkehrsanlagen[14]).

- Versorgungs-, Abwasserbehandlungs- und Abfallverwertungsanlagen wie auch Müllheizkraftwerke,[15]
- Gerüstarbeiten, so weit sie der Erstellung eines Bauwerks oder den Arbeiten an einem Grundstück dienen,[16]
- die Lieferung von Stoffen und Bauteilen unabhängig davon, wie hoch der wertmäßige Anteil der Stoffe und Bauteile an der Gesamtleistung ist;[17] lediglich dann, wenn die Lieferung nicht durch den das Bauwerk erstellenden Auftragnehmer erfolgt, sondern durch einen Dritten und es sich bei den gelieferten Gegenständen um vertretbare Sachen handelt, liegen keine Bauleistungen vor, sondern ist die VOL/A anzuwenden,[18]
- die Bereitstellung von Baumaschinen und – geräten nur dann, wenn diese zusammen mit den eigentlichen Bauarbeiten an den Auftragnehmer vergeben werden.[19]

1. Herstellung baulicher Anlagen

11 Der **Herstellung** baulicher Anlagen dienen alle Verträge, die zum Zwecke der Errichtung einer baulichen Anlage oder Teilen hiervon abgeschlossen werden.[20] Hiervon ausgenommen sind lediglich die reinen Planer- und Ingenieurverträge. Diese werden von der VOB/A nur dann erfasst, wenn der Vertrag mit dem Auftragnehmer neben der **Planung auch** die Bauausführung zum Gegenstand hat[21] oder so weit es sich um Planungsleistungen handelt, die ausdrücklich Regelungsgegenstand der VOB/C sind.[22] Dies ergibt sich bereits unmittelbar aus der gesetzlichen Regelung in § 99 Abs. 3 GWB[23] zum Begriff „Bauaufträge“, der, wie bereits oben ausgeführt,[24] inhaltsgleich mit dem Begriff der Bauleistung in § 1 VOB/A zu verstehen ist. Demzufolge sind alle Planungsleistungen, die **isoliert** an Planer und Ingenieure sowie Gutachter vergeben werden, **nicht** Bauleistungen und müssen demgemäß auch nicht nach der VOB/A ausgeschrieben werden. Vielmehr unterfallen diese Leistungen der VOF oder der VOL/A.[25] Hingegen unterliegen Baubetreuungs- und Generalüber- wie -unternehmerverträge der Ausschreibungsverpflichtung nach VOB/A.

12 Dadurch, dass § 99 Abs. 3 GWB auch die Bauausführung durch Dritte zu den Bauaufträgen zählt, ist mittlerweile klargestellt, dass selbst **gemischte Vertragstypen,** wie sie Bauträger- und Leasingvergaben zugrunde liegen, unter den Regelungsbereich der VOB/A fallen, während die für die **Leasing-** und **Betreibermodellkonstellationen** gegründeten Objektgesellschaften ihrerseits grundsätzlich nicht ausschreibungspflichtig hinsichtlich der vergebenen Subunternehmerleistungen sind. Beim Immobilienleasing lässt der Auftraggeber die bauliche Anlage durch den Leasinggeber erstellen und sichert sich die langjährige aber befristete Nutzung des Leasingobjektes durch einen entsprechenden Mietvertrag. Betrieben und finanziert wird das erstellte Objekt allerdings durch den Leasinggeber, der das Leasingobjekt in der Regel auf einem

[13] *Franke/Kemper/Zanner/Grünhagen* VOB/A § 1, Rdn. 5.
[14] OLG Düsseldorf ZVgR 1999, 160; BayObLG Vergaberechts-Report 5/2000, 2.
[15] *Heiermann/Riedl/Rusam* VOB/A § 1, Rdn. 34.
[16] *Heiermann/Riedl/Rusam* VOB/A § 1, Rdn. 21.
[17] *Heiermann/Riedl/Rusam* VOB/A § 1, Rdn. 24.
[18] *Ingenstau/Korbion/Korbion* VOB/A § 1, Rdn. 43.
[19] *Heiermann/Riedl/Rusam* VOB/A § 1, Rdn. 29.
[20] Beck'scher Kommentar/*Messerschmidt* VOB/A § 1, Rdn. 47, 50.
[21] *Franke/Kemper/Zanner/Grünhagen* VOB/A § 1, Rdn. 11.
[22] *Heiermann/Riedl/Rusam* VOB/A § 1, Rdn. 9.
[23] „Bauaufträge sind Verträge entweder über die Ausführung **oder die gleichzeitige Planung und Ausführung** eines Bauvorhabens …“
[24] Siehe Rdn. 5.
[25] *Korbion* Vergabeänderungsgesetz § 99, Rdn. 4; *Immenga/Mestmäcker/Dreher* GWB § 99, Rdn. 48.

dem öffentlichen Auftraggeber gehörenden Grundstück erstellt hat, nachdem dieser ihm zuvor an dem Leasingobjekt ein Erbbaurecht eingeräumt hat. Nach Ablauf der Grundmietzeit regelt das Heimfallrecht des Erbbaurechtsvertrages, wann und unter welchen Voraussetzungen das Erbbaurecht auf den Grundstückseigentümer übergeht. Bis dahin zahlt der öffentliche Auftraggeber lediglich die vereinbarten monatlichen Leasingraten. Durch den reinen Grundstücksverkauf und dessen anschließender Anmietung (sale and lease back) können die Ausschreibungspflichten nicht umgangen werden.[26] Selbstverständlich gehört auch der **Mietkauf** zu einem der VOB/A unterliegenden, der Herstellung baulicher Anlagen dienenden Vertrag, da sich der öffentliche Auftraggeber bei diesem Vertragstypus verpflichtet, nach Ablauf der Mietzeit das Bauwerk zu erwerben, wobei ganz oder teilweise die gezahlte Miete auf den Kaufpreis angerechnet wird.[27] Auch die so genannten Bauträgerverträge, bei denen der öffentliche Auftraggeber die bauliche Anlage von einem Dritten errichten lässt, der selber Bauherr ist, weil er das wirtschaftliche Risiko der Bauwerkserrichtung trägt, fällt unter die Ausschreibungsverpflichtung.

Bei den so genannten **Betreibermodellen**, wo neben der Bauerrichtung der Betrieb der zu errichtenden Anlage ausgeschrieben wird, stellt sich die Frage, ob es sich um Bauleistungen im Sinne der VOB/A oder um Lieferungsverträge im Sinne der VOL/A handelt. Hier wird von der herrschenden Meinung auf den den typengemischten Vertrag charakterisierenden Schwerpunkt abgestellt, was regelmäßig zur Anwendung der VOB/A führt.[28]

2. Instandhaltung einer baulichen Anlage

Neben der Herstellung ist auch die **Instandhaltung** einer baulichen Anlage eine Bauleistung. 13
Eine Differenzierung zwischen Instandsetzungen und reinen Instandhaltungsmaßnahmen zum Zwecke der Differenzierung zwischen bauwerks- und grundstücksbezogenen Arbeiten ist bedeutungslos, weil auch die grundstücksbezogenen Arbeiten Bauleistungen sind.[29]

Arbeiten an einer baulichen Anlage dienen (zunächst) dann deren Instandhaltung, wenn sie 14
für den Bestand der baulichen Anlage wesentlich sind.[30] So weit mit Hinblick auf den bis 1988 geltenden Text der VOB/A immer noch die Meinung vertreten wird, dass Arbeiten, die für die Erneuerung und den Bestand der baulichen Anlage nicht von wesentlicher Bedeutung sind, also reine Ausbesserungs- und Instandhaltungsarbeiten sowie Wartungs- oder Störungsbeseitigungsarbeiten, nicht zu den Bauleistungen zählen,[31] wird übersehen, dass nach der textlichen Neufassung der VOB/A seit 1990 Grundstücksarbeiten zu den Bauleistungen zählen. Auch wenn Instandhaltungsmaßnahmen für das Bauwerk nicht von wesentlicher Bedeutung sind, so stellen sie doch im allgemeinen Arbeiten an einem Grundstück dar und fallen deshalb unter die Bauleistungen gemäß § 1 VOB/A.[32]

3. Änderung einer baulichen Anlage

Nach dem Text der VOB/A zählt auch die **Änderung** einer baulichen Anlage zu den Bauleis- 15
tungen. Hierunter versteht man allgemein Arbeiten, die sich auf Umbauten oder die Ergänzung baulicher Anlagen erstrecken.[33]

Auch hier wird in Verkennung des Umstandes, dass auch grundstückbezogene Arbeiten Bauleistungen darstellen z.T. nach wie vor für nötig gehalten, dass die Ergänzungsteile fest mit der

---

[26] *Eschenbruch/Niebuhr* BB 1996, 2417; *Franke/Kemper/Zanner/Grünhagen* VOB/A § 1 a, Rdn. 17.

[27] *Franke/Kemper/Zanner/Grünhagen* VOB/A § 1 a, Rdn. 16.

[28] *Dreher* DB 1998, 2579; *Jasper* DB 1997, 915; *Daub/Eberstein/Möller* VOL/A § 1 a, Rdn. 58; *Immenga/Mest-mäcker/Dreher* GWB § 99, Rdn. 41.

[29] Dies übersieht Beck'scher VOB-Kommentar/*Messerschmidt* VOB/A § 1, Rdn. 52.

[30] BGH BauR 1987, 439; OLG Hamm NJW-RR 1989, 1048; *Ingenstau/Korbion* VOB/A § 1, Rdn. 16 m.w.N.

[31] So *Franke/Kemper/Zanner/Grünhagen* VOB/A § 1, Rdn. 8; *Heiermann/Riedl/Rusam* VOB/A § 1, Rdn. 19; unklar Beck'scher VOB-Kommentar/*Messerschmidt* VOB/A § 1, Rdn. 56.

[32] So zu Recht *Ingenstau/Korbion/Korbion* VOB/A § 1, Rdn. 25.

[33] Beck'scher VOB-Kommentar/*Messerschmidt* VOB/A § 1, Rdn. 62.

baulichen Anlage verbunden werden und für den Bestand der baulichen Anlage von wesentlicher Bedeutung sein müssen.[34] Sind Änderungsarbeiten für den Bestand einer baulichen Anlage nicht von wesentlicher Bedeutung, können sie indes gleichwohl Bauleistungen darstellen, so weit es sich um Arbeiten an einem Grundstück handelt. Da Arbeiten an einem Grundstück unabhängig davon vorliegen können, ob sie eine feste Verbindung mit der baulichen Anlage eingehen, fällt auch dieses Kriterium letztlich weg.[35]

16 Selbst Arbeiten, die keine feste Verbindung mit einer baulichen Anlage zum Ergebnis haben noch Arbeiten an einem Grundstück betreffen, können Bauleistungen sein, so z.B. die nachträgliche Verlegung eines jederzeit wieder entfernbaren Teppichbodens.[36] Lediglich bei Werklieferungsverträgen über vertretbare Sachen, bei denen es nicht um die Herstellung oder Bearbeitung einer beweglichen Sache für oder in einem bestimmten Bauwerk geht, liegt keine Bauleistung vor.[37]

4. Beseitigung einer baulichen Anlage

17 Der Text der VOB/A führt die **Beseitigung** baulicher Anlagen als Bauleistung ausdrücklich auf, womit klargestellt wird, dass auch der Rückbau von Gebäuden respektive Abbrucharbeiten zu Bauleistungen zählen.[38] Abbrucharbeiten zählen deshalb zu baulichen Leistungen, weil sie jedenfalls Arbeiten an einem Grundstück betreffen, weshalb auch die im Zusammenhang mit Abbrucharbeiten stehenden Ausschachtungs- und Aushubarbeiten ebenso wie sonstige Baugrundarbeiten unter Bauleistungen subsumiert werden können und müssen.[39]

§1a Verpflichtung zur Anwendung der a-Paragraphen

1. (1) Die Bestimmungen der a-Paragraphen sind zusätzlich zu den Basisparagraphen von Auftraggebern im Sinne von §98 Nr. 1 bis 3, 5 und 6 des Gesetzes gegen Wettbewerbsbeschränkungen für Bauaufträge anzuwenden, bei denen der geschätzte Gesamtauftragswert der Baumaßnahme bzw. des Bauwerks (alle Bauaufträge für eine bauliche Anlage) mindestens dem in §2 Nr. 4 Vergabeordnung (VgV) genannten Schwellenwert ohne Umsatzsteuer entspricht. Der Gesamtauftragswert umfasst auch den geschätzten Wert der vom Auftraggeber beigestellten Stoffe, Bauteile und Leistungen. Als Bauaufträge gelten Verträge entweder über die Ausführung oder die gleichzeitige Planung und Ausführung eines Bauvorhabens oder eines Bauwerks, das Ergebnis von Tief- oder Hochbauarbeiten ist und eine wirtschaftliche oder technische Funktion erfüllen soll, oder einer Bauleistung durch Dritte gemäß den vom Auftraggeber genannten Erfordernissen (z.B. Bauträgervertrag, Mietkauf- oder Leasing-Vertrag).
(2) Werden die Bauaufträge im Sinne von Abs. 1 für eine bauliche Anlage in Losen vergeben, sind die Bestimmungen der a-Paragraphen anzuwenden
- **bei jedem Los mit einem geschätzten Auftragswert von 1 Mio. Euro und mehr,**
- **unabhängig davon für alle Bauaufträge, bis mindestens 80% des geschätzten Gesamtauftragswertes aller Bauaufträge für die bauliche Anlagen erreicht sind.**

2. Die Bestimmungen der a)-Paragraphen sind auch anzuwenden,
- **von den im Anhang IV der Richtlinie 2004/18/EG genannten Beschaffungsstellen, wenn eine Baumaßnahme aus nur einem Bauauftrag mit mindestens einem Auftragswert nach §2 Nr. 2 VgV ohne Umsatzsteuer besteht,**
- **von allen übrigen Auftraggebern, wenn eine Baumaßnahme aus nur einem Bauauftrag mit mindestens einem Auftragswert nach §2 Nr. 3 VgV ohne Umsatzsteuer besteht,**

[34] *Franke/Kemper/Zanner/Grünhagen* VOB/A §1, Rdn. 9; Beck'scher VOB-Kommentar/*Messerschmidt* VOB/A §1, Rdn. 63.
[35] *Ingenstau/Korbion/Korbion* VOB/A §1, Rdn. 26.
[36] *Ingenstau/Korbion/Korbion* VOB/A §1, Rdn. 29.
[37] *Ingenstau/Korbion/Korbion* VOB/A §1, Rdn. 30.
[38] Beck'scher VOB-Kommentar/*Messerschmidt* VOB/A §1, Rdn. 65.
[39] *Vygen* Jahrbuch BauR 1999, 46; Beck'scher VOB-Kommentar/*Messerschmidt* VOB/A §1, Rdn. 66.

und bei dem die Lieferung so überwiegt, dass das Verlegen und Anbringen lediglich eine Nebenarbeit darstellt.

3. Maßgebender Zeitpunkt für die Schätzung des Gesamtauftragswerts ist die Einleitung des ersten Vergabeverfahrens für die bauliche Anlage.

4. Eine bauliche Anlage darf für die Schwellenwertermittlung nicht in der Absicht aufgeteilt werden, sie der Anwendung der a-Paragraphen zu entziehen.

Schrifttum: *Dreher* Der Anwendungsbereich des Kartellvergaberechts DB 1998, 2579 – *Kulartz/Niebuhr* Anwendungsbereich und wesentliche Grundsätze des materiellen GWB-Vergaberechts, NZ Bau 2000, 6 – *Loewenich* Die Schwellenwerte im Lichte des Verfassungsrechts ZVgR 1999, 34 – *Mader* Entwicklungslinien in der neueren EuGH-Rechtsprechung zum materiellen Recht im öffentlichen Auftragswesen EuZW 1999, 331.

Übersicht

I. Rechtsgrundlagen für die Anwendung der a-Paragraphen

1 Die Verpflichtung zur Einhaltung dessen, was in den so genannten a-Paragraphen (§§ 1 a, 3 a, 8 a, 9 a, 10 a, 17 a, 18 a, 25 a, 26 a, 27 a, 28 a, 31 a, 32 a, 33 a VOB/A) geregelt ist, entstammt der EG-Baukoordinierungsrichtlinie 93/37/EWG vom 14.6.1993.[1] In Umsetzung dieser EG-Baukoordinierungsrichtlinie bestimmt § 6 Vergabeverordnung (VgV), dessen Ermächtigungsgrundlage sich seinerseits in § 97 Abs. 6 GWB wieder findet, im wesentlichen gleich lautend zu § 1 a Nr. 1 Abs. 1 Satz 1 VOB/A, dass Auftraggeber nach § 98 Nr. 1 bis 3, 5 und 6 GWB bei der Vergabe von Bauaufträgen und Baukonzessionen die Bestimmung des zweiten Abschnittes des Teiles A der Verdingungsordnung für Bauleistungen (VOB/A) in der Fassung der Bekanntmachung vom 30.5.2000 anzuwenden haben.

Der Verweis in der Vergabeverordnung auf den zweiten Abschnitt der VOB/A ist ein Verweis auf den dort sachlich geregelten Anwendungsbereich, wonach gemäß § 1 a Nr. 1 Abs. 1 Satz 1 VOB/A nicht nur die a-Paragraphen, sondern die a-Paragraphen zusätzlich zu den Basispara-

[1] Abl. Nr. L 199 vom 9.8.1993, geändert durch die Richtlinie 97/52/EG des Europäischen Parlamentes und des Rates vom 13.10.1997, Abl. Nr. L 328 vom 28.11.1997.

graphen durch die vorgenannten Auftraggeber anzuwenden sind. Dabei gehen die a-Paragraphen den Basisparagraphen vor, so weit sich dies aus dem Regelungszweck ergibt.[2]

II. § 1 a Nr. 1 Abs. 1 Satz 1 1. Halbs. VOB/A – Auftraggeber im Sinne von § 98 Nr. 1 bis 3, 5 und 6 GWB

2 Die Verpflichtung, die a-Paragraphen zusätzlich zu den Basisparagraphen anzuwenden, trifft nach § 1 a Nr. 1 Abs. 1 Satz 1 1. Halbs. VOB/A nur die Auftraggeber im Sinne von § 98 Nr. 1 bis 3, 5 und 6 GWB.

1. Auftraggeber im Sinne von § 98 Nr. 1 GWB

3 § 98 Nr. 1 GWB definiert als öffentliche Auftraggeber zunächst die Gebietskörperschaften sowie deren Sondervermögen. Zu den **Gebietskörperschaften** gehören der Bund, die Länder, die Landkreise und die Gemeinden sowie Selbstverwaltungseinheiten auf Landes- und Kommunalebene, die als öffentlich-rechtliche Körperschaft konstituiert sind.[3] Unbeachtlich ist, wie die Gebietskörperschaft auftritt, ob sie sich durch ihre Behörden oder durch Dritte vertreten lässt.[4]

4 Nicht unter die Gebietskörperschaften, wohl aber unter deren **Sondervermögen,** fallen die Eigenbetriebe der Gebietskörperschaften und sonstige Einheiten dieser Körperschaften, sowie kommunale nicht-rechtsfähige Stiftungen, denen alle gemein ist, dass es sich um nicht rechtsfähige dekonzentrierte Verwaltungsstellen handelt, die haushaltsrechtlich und organisatorisch verselbständigt sind.[5] Der auf der Grundlage von § 98 GWB verpflichtete öffentliche Auftraggeber ist damit nicht der unselbständige Eigenbetrieb, sondern die dahinter stehende Gebietskörperschaft.[6]

5 Werden Eigenbetriebe mehrerer Gebietskörperschaften verwaltungsorganisatorisch in **Konsortien** zusammengefasst, ohne dass sie rechtlich verselbständigt werden, bleibt es bei der unselbständigen Verwaltungseinheit, die wiederum den Gebietskörperschaften zugerechnet werden muss, auf die § 98 Nr. 1 GWB Anwendung findet.[7] Selbst dann, wenn im Rahmen einer Organisationsprivatisierung diese Konsortien eine selbständige rechtliche Einheit bilden, berührt dies regelmäßig die Verpflichtung zur Beachtung der vergaberechtlichen Vorschriften nicht. Derartige Gestaltungsformen sind nach Maßgabe von § 10 VgV vom Anwendungsbereich des Vergaberechts freigestellt.[8] Von dieser Regel gibt es zwei gewichtige Ausnahmen:

6 Ausnahmefall 1: Interkommunale Kooperationen sind dem Vergaberecht dann unterworfen, wenn im Rahmen dieser Kooperationen eine Gebietskörperschaft als Nachfragerin in den Wettbewerb um öffentliche Aufträge eintritt. Beispiel: Zwei benachbarte Gemeinden schließen eine Vereinbarung ab, wonach die der einen Gemeinde obliegenden Abfallentsorgungsaufgaben von der Nachbargemeinde entgeltlich übernommen werden. In diesem Fall handelt es sich nicht um einen reinen verwaltungsinternen Vorgang, sondern um eine vergabepflichtige Dienstleistung, da die Nachbargemeinde mit der Erbringung von Entsorgungsaufgaben außerhalb ihres eigenen Gemeindegebietes ihren eigenen hoheitlichen Zuständigkeitsbereich verlässt und entgeltliche Leistungen am Markt anbietet. Die die Abfallentsorgungsaufgaben übertragende Gemeinde ist damit Auftraggeberin nach § 98 Nr. 1 GWB; die Nachbargemeinde ist mit Bezug auf die von ihr durchzuführenden Aufgaben als Unternehmen anzusehen.[9]

---

[2] Z.B. bestimmt § 3a Nr. 1 c VOB/A, dass an Stelle der freihändigen Vergabe des § 3 Nr. 1 Abs. 3 VOB/A das Verhandlungsverfahren stattzufinden hat.

[3] *Byok/Jaeger/Werner* GWB § 98, Rdn. 300.

[4] *Byok/Jaeger/Werner* GWB § 98, Rdn. 302.

[5] *Byok/Jaeger/Werner* GWB § 98, Rdn. 303; Immenga/Mestmäcker/Dreher GWB § 98, Rdn. 11.

[6] *Boyk/Jaeger/Werner* GWB § 98, Rdn. 304

[7] *Byok/Jaeger/Werner* GWB § 98, Rdn. 305.

[8] *Kulartz/Niebuhr* NZ Bau 2000, 6; *Byok/Jaeger/Werner* GWB § 98, Rdn. 306.

[9] So OLG Düsseldorf, Beschluss vom 5.5.2004 – Verg 78/03, WuW/E Verg. 960/961; *Boyk/Jaeger/Werner* GWB § 98, Rdn. 306.

Ausnahmefall 2: Die Auftraggeberschaft einer Gebietskörperschaft nach § 98 Nr. 1 GWB ist dann zu bejahen, wenn sie mit einer Einrichtung einen entgeltlichen Vertrag beabsichtigt abzuschließen, die rechtlich selbständig organisiert ist und über die die Gebietskörperschaft keine den eigenen Dienststellen vergleichbare Kontrollmacht besitzt. Sobald ein Privatunternehmen (sei es auch nur mit 1 %) am Gesellschaftskapital dieses rechtlich selbständigen Rechtssubjektes beteiligt ist, kann es nicht mehr als Teil eines öffentlichen Auftraggebers angesehen werden, so dass entgeltliche Verträge, die die Gebietskörperschaft beabsichtigt mit diesem Rechtssubjekt abzuschließen, keine vergaberechtsfreien **Inhouse-Geschäfte** darstellen, sondern als Auftragsvergabe dem Vergaberecht unterliegen.[10] 7

Die **Deutsche Bundesbahn** sowie die **Deutsche Bundespost** zählten bis zu ihrer Privatisierung zu den Sondervermögen des Bundes.[11] Nach § 98 Nr. 1 GWB kommt eine Ausschreibungspflicht jetzt nur noch in Betracht, so weit das Bundeseisenbahnvermögen, welches nur noch begrenzte Aufgaben im Verwaltungsbereich hat, auf dem ihm zugewiesenen engen Aufgabenbereich tätig wird.[12] Der gesamte unternehmerische Bereich, der der Deutschen Bahn AG obliegt und die infolge ihrer Sonderfinanzierung begründete Sonderposition führen allerdings dazu, dass die Kategorien des § 98 Nr. 2 GWB erfüllt sind.[13] 8

2. Andere juristische Personen des öffentlichen und des privaten Rechts gemäß § 98 Nr. 2 GWB

Nach § 98 Nr. 2 GWB gehören juristische Personen des öffentlichen oder des privaten Rechts, die nicht bereits unter § 98 Nr. 1 GWB zu subsumieren sind, dann zu den öffentlichen Auftraggebern wenn ihr Gründungszweck im Allgemeininteresse liegende Aufgaben nicht gewerblicher Art umfasst und die von ihrer Rechtspersönlichkeit selbständige juristische Person überwiegend finanziert oder beherrscht wird durch einen der klassischen staatlichen Auftraggeber, was eine besondere Staatsgebundenheit zur Folge hat.[14] § 98 Nr. 2 GWB ist Ausdruck der Wandlung vom institutionellen zum **funktionellen Auftraggeberbegriff**, mit dem das Ziel verfolgt wird, auch in privatrechtlicher Form durchgeführte staatliche Aufgaben dem Vergaberecht zu unterwerfen, um auf diese Weise den zunehmenden Privatisierungstendenzen erfolgreich begegnen zu können.[15] 9

a) Selbständige Rechtspersönlichkeit. Dadurch, dass § 98 Nr. 2 GWB eine juristische Person des öffentlichen oder des privaten Rechts verlangt, wird dem Kriterium der selbständigen Rechtspersönlichkeit Rechnung getragen. In Anhang I der Baukoordinierungsrichtlinie sind beispielhaft die juristischen Personen des öffentlichen und des privaten Rechts aufgezählt. Danach sind in Deutschland als „Einrichtungen des öffentlichen und des privaten Rechts" anzusehen: 10

Juristische Personen des öffentlichen Rechts

Die bundes-, landes- und gemeindeunmittelbaren Körperschaften, Anstalten und Stiftungen des öffentlichen Rechts, insbesondere in folgenden Bereichen:

Körperschaften

– Wissenschaftliche Hochschulen und verfasste Studentenschaften,
– Berufsständische Vereinigungen (Rechtsanwalts-, Notar-, Steuerberater-, Wirtschaftsprüfer-, Architekten-, Ärzte- und Apothekerkammern),
– Wirtschaftsvereinigungen (Landwirtschafts-, Handwerks-, Industrie- und Handelskammern, Handwerksinnungen, Handwerkerschaften),

[10] EuGH, Urteil vom 10.11.2005 – Rs. C-29/05; EuGH, Urteil vom 11.1.2005 – Rs. C-26/03; *Boyk/Jaeger/Werner* GWB § 98, Rdn. 307.
[11] *Byok/Jaeger/Werner* GWB § 98, Rdn. 308.
[12] *Byok/Jaeger/Werner* a.a.O; vgl. auch *Immenga/Mestmäcker/Dreher* GWB § 98, Rdn. 62.
[13] Siehe hierzu näher unter VOB/A § 1 b, Rdn. 3
[14] *Dreher* DB 1998, 2579.
[15] *Byok/Jaeger/Werner* GWB § 98, Rdn. 310.

- Sozialversicherungen (Krankenkasse, Unfall- und Rentenversicherungsträger),
- Kassenärztliche Vereinigungen,
- Genossenschaften und Verbände,

Anstalten und Stiftungen
Die der staatlichen Kontrolle unterliegenden und im Allgemeininteresse tätig werdenden Einrichtungen nichtgewerblicher Art, insbesondere in folgenden Bereichen:

- Rechtsfähige Bundesanstalten,
- Versorgungsanstalten und Studentenhilfswerke,
- Kultur-, Wohlfahrts- und Hilfsstiftungen.

Juristische Personen des Privatrechts
Die der staatlichen Kontrolle unterliegenden und im Allgemeininteresse tätig werdenden Einrichtungen nichtgewerblicher Art, einschließlich der kommunalen Versorgungsunternehmen:

- Gesundheitswesen (Krankenhäuser, Kurmittelbetriebe, medizinische Forschungseinrichtungen, Untersuchungs- und Tierkörperbeseitigungsanstalten),
- Kultur (öffentliche Bühnen, Orchester, Museen, Bibliotheken, Archive, zoologische und botanische Gärten),
- Soziales (Kindergärten, Kindertagesheime, Erholungseinrichtungen, Kinder- und Jugendheime, Freizeiteinrichtungen, Gemeinschafts- und Bürgerhäuser, Frauenhäuser, Altersheime, Odachlosenunterkünfte),
- Sport (Schwimmbäder, Sportanlagen und -einrichtungen),
- Sicherheit (Feuerwehren, Rettungsdienste),
- Bildung (Umschulungs-, Aus-, Fort- und Weiterbildungseinrichtungen, Volkshochschulen),
- Wissenschaft, Forschung und Entwicklung (Großforschungseinrichtungen, wissenschaftliche Gesellschaften und Vereine, Wissenschaftsförderung),
- Entsorgung (Straßenreinigung, Abfall- und Abwasserbeseitigung),
- Bauwesen und Wohnungswirtschaft (Stadtplanung, Stadtentwicklung, Wohnungsunternehmen, Wohnraumvermittlung),
- Wirtschaft (Wirtschaftsförderungsgesellschaften),
- Friedhofs- und Bestattungswesen,
- Zusammenarbeit mit den Entwicklungsländern (Finanzierung, technische Zusammenarbeit, Entwicklungshilfe, Ausbildung).

Den Einzelkriterien des § 98 Nr. 2 GWB kommt neben dieser beispielhaften Aufzählung besondere Bedeutung zu, weil einzelfallbezogen zu prüfen ist,

> „ob ein Auftraggeber privaten Rechts zu dem besonderen Zweck gegründet wurde, im Allgemeininteresse liegende Aufgaben nichtgewerblicher Art zu erfüllen."[16]

11 Wegen der gebotenen weiten Auslegung wird man auch bei der unechten Vor-GmbH bzw. Vorgründungsgesellschaft im Ergebnis von einer eigenen Rechtspersönlichkeit zur Bejahung dieses Tatbestandsmerkals in § 98 Nr. 2 GWB ausgehen, da ansonsten der Umgehung des Vergaberechts „Tür und Tor geöffnet" wären.[17] Das Gleiche gilt in Bezug auf BGB-Gesellschaften oder einer Europäischen Wirtschaftlichen Vereinigung, zumal der Bundesgerichtshof in seinem Urteil vom 29.1.2001[18] entschieden hat, dass die BGB-Gesellschaft eine eigene Rechtsfähigkeit besitzt, soweit sie durch Teilnahme am Rechtsverkehr eigene Rechte und Pflichten begründet. Sie ist damit der OHG vergleichbar, die zwar ebenfalls keine eigene Rechtspersönlichkeit besitzt, jedoch ebenso von § 98 GWB erfasst wird.[19]

---

[16] Begründung des Regierungsentwurfes zum Vergaberechtsänderungsgesetz, BT-Drucks. 13/9340, 15.
[17] So bereits *Dreher*, DB 1998, 2579 f.
[18] BGHZ 146, 341.
[19] *Boyk/Jaeger/Werner* GWB § 98, Rdn. 326.

b) Gründungszweck: Erfüllung einer im Allgemeininteresse liegenden Aufgabe nichtgewerblicher Art. Gemäß dem in der Satzung dokumentierten Gründungszweck der selbständigen Rechtsperson muss diese ursprünglich zum Zwecke der Durchführung im Allgemeininteresse dienender Aufgaben gegründet worden sein. Ohne Einfluss auf die Subsumtion unter § 98 Nr. 2 GWB ist es in diesem Zusammenhang, wenn trotz des in der Satzung dokumentierten auf das Allgemeininteresse ausgerichteten Gründungszwecks eine hiervon abweichende Tätigkeit im Einzelfall ausgeübt wird.[20] Erhält die selbständige Rechtspersönlichkeit durch nachträgliche Zweckbestimmung eine der Durchführung im Allgemeininteresse dienende Zwecksetzung, so fällt sie ab diesem Zeitpunkt ebenfalls unter § 98 Nr. 2 GWB.[21] 12

Im **Allgemeininteresse** liegende Aufgaben verfolgt eine selbständige Rechtspersönlichkeit dann, wenn die wahrgenommenen Aufgaben eng mit der öffentlichen Ordnung und dem institutionellen Funktionieren des Staates verknüpft sind.[22] Es reicht dabei aus, dass der Auftraggeber **auch** aber nicht zwingend ausschließlich, im Allgemeininteresse liegenden Aufgaben nicht gewerblicher Art zu erfüllen hat.[23] Das Tatbestandsmerkmal der **Nichtgewerblichkeit** dient nach der Rechtsprechung des Europäischen Gerichtshofs als konkretisierendes Merkmal für die Verfolgung von Allgemeininteressen.[24] Das Merkmal der Nichtgewerblichkeit ist meist dann erfüllt, wenn die von der selbständigen Rechtspersönlichkeit verfolgte Tätigkeit nicht der Absicht der Gewinnerzielung dient.[25] An der Absicht der Gewinnerzielung mangelt es regelmäßig dann, wenn das betreffende Unternehmen nicht demselben Wettbewerbsdruck wie ein Privatunternehmen ausgesetzt ist und es somit eine stattlich herbeigeführte Sonderstellung inne hat.[26] 13

c) Beherrschung durch einen klassischen staatlichen Auftraggeber. § 98 Nr. 2 GWB verlangt schließlich zur Annahme eines öffentlichen Auftraggebers, dass die selbständige Rechtspersönlichkeit durch den klassischen staatlichen Auftraggeber, der unter § 98 Nr. 1 oder 3 GWB fällt, überwiegend finanziert wird oder durch Leitung und Aufsicht über die Rechtsperson deren Handeln beherrscht. 14

Eine **überwiegende Finanzierung** liegt vor, wenn die betreffende Rechtspersönlichkeit von den vorgenannten öffentlichen Auftraggebern zu mehr als 50% finanziert wird, wobei es egal ist, auf welche Weise die Finanzierung erfolgt, sei es durch direkte Bereitstellung von Geldern oder mittelbare Beteiligung durch Aktien oder die Bereitstellung von anderen Material- und/oder Sachleistungen.[27] Die überwiegende Finanzierung muss sich aber auf die selbständige Rechtspersönlichkeit als solche und nicht lediglich auf einzelne staatliche Aufgaben beziehen.[28] 15

Eine **staatliche Beherrschung** bzw. **staatliche Leitung** ist nach dem Gesetzestext in § 98 Nr. 2 GWB dann anzunehmen, wenn der öffentliche Auftraggeber nach § 98 Nr. 1 oder 3 GWB die Aufsicht über ihre Leitung ausübt oder mehr als die Hälfte der Mitglieder eines ihrer zur Geschäftsführung oder zur Aufsicht bestimmten Organe bestimmt haben. Entsprechend einer **richtlinienkonformen weiten Auslegung** der vergaberechtlichen Vorschriften reicht es, dass ein öffentlicher Auftraggeber die selbständige Rechtspersönlichkeit mitbeherrscht. Der Regelungszweck des § 98 Nr. 2 GWB lässt bereits die Möglichkeit einer beherrschenden Einflussnahme genügen, weshalb ein Rückgriff auf den Beherrschungsbegriff des § 17 AktG geboten ist.[29] Von einem mitbeherrschenden öffentlichen Auftraggeber, der den Gesamtbetrieb des privatrechtlichen 16

---

[20] EuGH, Rs. C/44–96, *Mannesmann/Strohal*, Slg. 1998, I–73; *Byok/Jaeger/Werner* GWB § 98, Rdn. 331.

[21] *Byok/Jaeger/Werner* GWB § 98, Rdn. 328; *Franke/Kemper/Zanner/Grünhagen* VOB/A § 1 a, Rdn. 6 e; *Immenga/Mestmäcker/Dreher* GWB § 98, Rdn. 24.

[22] Mader, EuZW 1999, 331.

[23] EuGH, Rs. C/44–99, *Mannesmann/Strohal*, Slg. 1998/I–73.

[24] EuGH, Rs. C/44–99, *Mannesmann/Strohal*, Slg. 1998/I–73.

[25] *Byok/Jaeger/Werner* GWB § 98, Rdn. 345.

[26] EuGH, BFI Holding/Gemeente Arnheim, Slg. 1998/I, 6821, Tz. 32.

[27] *Byok/Jaeger/Werner* GWB § 98, Rdn. 351.

[28] *Dreher* DB 1998, 2579; *Byok/Jaeger/Werner* GWB § 98, Rdn. 352.

[29] VÜA Bund WuW Entsch. VergAB 27 „Kraftwerkskomponenten"; *Byok/Jaeger/Werner* GWB § 98, Rdn. 354, 357; kritisch: *Dreher* DB 1998, 2579; a.A. *Boesen* GWB § 98, Rdn. 68.

Unternehmens „infiziert", wird man dann sprechen müssen, wenn dieser die Möglichkeit hat, gegen Entscheidungen, die wesentlich für das strategische Wirtschaftsverhalten des Unternehmens sind, ein „Veto" einzulegen, z.B. wegen etwaiger Zustimmungserfordernisse zum Budget.[30]

17 Nach der Entscheidungspraxis des Vergabeüberwachungsausschusses des Bundes gehören die **Deutsche Post AG**[31] und die **Bundesanstalt für vereinigungsbedingte Sonderaufgaben**[32] zu den öffentlichen Auftraggebern gemäß § 98 Nr. 2 GWB.

3. Verbände gemäß § 98 Nr. 3 GWB

18 In § 98 Nr. 3 GWB heißt es, dass Verbände, deren Mitglieder unter § 98 Nr. 1 oder 2 GWB fallen, als öffentliche Auftraggeber zu qualifizieren sind. Damit kommen Verbände der Gebietskörperschaften sowie der juristischen Personen des öffentlichen und des privaten Rechts in Betracht, sofern diese Verbände Aufgaben erfüllen, die ihre Mitglieder als öffentliche Auftraggeber wahrzunehmen haben. Auf die Rechtsform des jeweiligen Verbandes kommt es nicht an.

Zu Verbänden im Sinne des § 98 Nr. 3 GWB zählen z.B. Kommunal-, Schul-, Zweck-, Caritas-, Arbeitgeberverbände und -gewerkschaften.[33]

4. Staatlich subventionierte Auftraggeber gemäß § 98 Nr. 5 GWB

19 § 98 Nr. 5 GWB regelt, dass natürliche oder juristische Personen des privaten Rechts, die von öffentlichen Auftraggebern gemäß § 98 Nr. 1 bis 3 GWB Mittel erhalten, mit denen sie die in § 98 Nr. 5 GWB im Einzelnen aufgeführten Baumaßnahmen (Tiefbaumaßnahmen, Errichtung von Krankenhäusern, Sport-, Erholungs- oder Freizeiteinrichtungen, Schul-, Hochschul- oder Verwaltungsgebäuden oder damit in Verbindung stehende Dienstleistungen und Auslobungsverfahren) zu mehr als 50 % finanziert werden, zu den öffentlichen Auftraggebern zu zählen sind. Bei der Ermittlung der Finanzierungshöhe ist auf die Gesamtprojektkosten aller Subventionen oder subventionsähnlichen Mittel abzustellen.[34] Die Auftraggebereigenschaft ist hier also jeweils vorhabenbezogen zu prüfen. Sie ist abhängig neben der vorerwähnten mehr als 50 %-igen vorhabenbezogenen Finanzierung davon, dass die im Gesetz aufgezählten Bauvorhaben ausgeführt werden. Für andere Bauvorhaben, wie z.B. Museen oder Opernhäuser gilt § 98 Nr. 5 GWB also nicht.[35]

20 Da Artikel 2 Abs. 1 Baukoordinierungsrichtlinie eine direkte Subventionierung durch öffentliche Auftraggeber verlangt, findet § 98 Nr. 5 GWB auf eine indirekte Subventionierung durch Bürgschaften, Abweichungen von Marktpreisen bei Grundstücksverkäufen etc. im übrigen keine Anwendung.[36]

5. Baukonzessionäre gemäß § 98 Nr. 6 GWB

21 § 98 Nr. 6 GWB bestimmt, dass natürliche oder juristische Personen des privaten Rechts, die mit öffentlichen Auftraggebern gemäß § 98 Nr. 1 bis 3 GWB einen Vertrag über die Erbringung von Bauleistungen abschließen, bei denen die Gegenleistung statt in einer Vergütung in dem Recht auf Nutzung der baulichen Anlage ggf. zuzüglich der Zahlung eines Preises als öffentliche Auftraggeber zu qualifizieren sind. In § 98 Nr. 6 GWB findet sich die Legaldefinition der „Baukonzession", die inhaltsgleich in § 32 VOB/A übernommen ist. § 32 Nr. 2 VOB/A bestimmt, dass für die Vergabe von Baukonzessionen die §§ 1 bis 31 VOB/A sinngemäß anzuwenden sind. Für die a-Paragraphen gilt dies gemäß § 32 a Nr. 1 VOB/A nur eingeschränkt.

---

[30] *Byok/Jaeger/Werner* GWB § 98, Rdn. 357.

[31] VÜA Bund vom 24.4.1998, 1 VÜ 15/98; ebenso *Immenga/Mestmäcker/Dreher* GWB § 98, Rdn. 63.

[32] VÜA Bund WuW/E, VergAB 27 „Kraftwerkskomponenten"; *Immenga/Mestmäcker/Dreher* GWB § 98, Rdn. 61.

[33] *Byok/Jaeger/Werner* GWB § 98, Rdn. 367.

[34] EuGH NZ Bau 2001, 281; *Byok/Jaeger/Werner* GWB § 98, Rdn. 384.

[35] *Byok/Jaeger/Werner* GWB § 98, Rdn. 385.

[36] *Immenga/Mestmäcker/Dreher* GWB § 98, Rdn. 118.

III. § 1 a Nr. 1 Abs. 1 Satz 1 und 3 VOB/A – Bauaufträge

Die Anwendungsverpflichtung der a-Paragraphen zusätzlich zu den Basisparagraphen gilt nur für **Bauaufträge**, bei denen der geschätzte Gesamtauftragswert der Baumaßnahme mindestens dem Gegenwert von **5.278.000,00 €** – ohne Umsatzsteuer entspricht (§ 1 a Nr. 1 Abs. 1 Satz 1 VOB/A). Mit Inkrafttreten der 3. Verordnung zur Änderung der VgV wurde der ursprüngliche Schwellenwert von 5 Mio. Euro auf vorgenannte 5.278.000,00 € erhöht, was sich nunmehr aus der Verweisung auf § 2 Nr. 4 der VgV ergibt. Die Änderung der Schwellenwerte in § 2 VgV erfolgte in Umsetzung der Verordnung (EG) Nr. 2083/2005 der Kommission vom 19.12.2005 zur Änderung der Richtlinien 2004/17/EG und 2004/18/EG des Europäischen Parlaments und des Rates im Hinblick auf die Schwellenwerte für die Anwendung auf Verfahren zur Auftragsvergabe (ABl.EU Nr. L 333 S. 28). Die Schwellenwerte wurden von der Europäischen Kommission neu festgesetzt, um für den Zeitraum 1. Januar 2006 bis 31. Dezember 2007 eine Übereinstimmung der Richtlinie mit dem WTO-Beschaffungsübereinkommen hinsichtlich der Auftragswerte zu erreichen. Die Werte sind im WTO-Beschaffungsübereinkommen in Sonderziehungsrechte ausgedrückt und müssen zweijährlich hinsichtlich der Gegenwerte in Euro überprüft und ggf. angepasst werden. Die Definition dessen, was als Bauaufträge zu gelten hat, findet sich in § 1 a Nr. 1 Abs. 1 Satz 3 VOB/A, wonach als Bauaufträge diejenigen Verträge gelten, die entweder über die Ausführung oder die gleichzeitige Planung und Ausführung eines Bauvorhabens oder eines Bauwerks, das Ergebnis von Tief- oder Hochbauarbeiten ist und eine wirtschaftliche oder technische Funktion erfüllen soll oder einer Bauleistung durch Dritte gemäß den vom Auftraggeber genannten Erfordernissen z.B. Bauträgervertrag, Mietkauf- oder Leasingverträgen. Damit entspricht diese Definition dem, was im § 99 Abs. 3 GWB geregelt ist. 22

Wir haben zu § 1 VOB/A bereits dargelegt, dass der dort verwendete Begriff der Bauleistungen mit dem hier verwendeten Begriff Bauaufträge inhaltlich deckungsgleich ist, weshalb wir auf die Kommentierung in § 1 VOB/A zum Begriff Bauleistungen verweisen können.[37]

IV. § 1 a Nr. 1 Abs. 1 Satz 1 bis Nr. 3 VOB/A – Schwellenwerte

§ 1 a Nr. 1 Abs. 1 Satz 1 bis Nr. 3 VOB/A bestimmt die ergänzende Anwendung der a-Paragraphen für die dort genannten öffentlichen Auftraggeber bei Bauaufträgen, deren geschätzter Gesamtauftragswert der Baumaßnahme bzw. des Bauwerks, d.h. aller Bauaufträge für eine bauliche Anlage, mindestens den in § 2 Nr. 4 Vergabeverordnung (VgV) genannten Schwellenwert von derzeit 5.278.000,00 € ohne Umsatzsteuer entspricht. Wird dieser **Schwellenwert** unterschritten, so gelten lediglich die Basisparagraphen. Die §§ 1 a Nr. 1 Abs. 2, Nr. 2 und Nr. 3 VOB/A regeln dann vertiefend die Ermittlung des Gesamtauftragwertes, was die Fälle der Losvergaben, der Bauleistungen mit überwiegendem Lieferanteil und den maßgeblichen Zeitpunkt für die Schätzung des Gesamtauftragswertes anbelangt. 23

1. § 1 a Nr. 1 Abs. 1 Satz 1 VOB/A – Gesamtauftragswert der Baumaßnahme

Unter Gesamtauftragswert einer Baumaßnahme ist der summierte Gegenwert aller Bauaufträge einschließlich etwaiger Prämien oder Zahlungen an Bewerber oder Bieter für eine bauliche Anlage zu verstehen, wie sich dies auch bereits aus § 3 Abs. 1 der VgV ergibt.[38] 24

Gemäß § 1 a Nr. 1 Abs. 1 Satz 2 VOB/A umfasst der Gesamtauftragswert auch den geschätzten Wert der vom Auftraggeber beigestellten Stoffe, Bauteile und Leistungen, was dem § 3 Abs. 7 VgV entspricht. Unabhängig davon, ob der Auftraggeber Baustoffe, Baumaschinen und/oder

[37] Siehe VOB/A § 1, Rdn. 1 ff.

[38] Locher/Korbion/Müller-Wrede VOB/A § 1 a, Rdn. 3; Franke/Kemper/Zanner/Grünhagen VOB/A § 1 a, Rdn. 25.

Dienstleistungen bereitstellt oder ein von ihm beauftragter Dritter, ist deren Gegenwert bei dem Gesamtauftragswert zu berücksichtigen.[39] Wie sich aus § 1 a Nr. 1 Abs. 1 Satz 3 VOB/A ergibt, gehören zu den Bauaufträgen Planungsleistungen nur dann, wenn Sie gleichzeitig mit der Bauausführung vergeben werden. Folglich sind die Planungskosten dann, wenn die Planung separat vergeben wird, nicht zum Gesamtauftragswert zu zählen.[40] Ebenfalls nicht zum Gesamtauftragswert zählen der Grundstückswert und die sonstigen Nebenkosten.[41]

25 Ausgehend von der Einleitung des ersten Vergabeverfahrens für den Gesamtauftrag ist sachlich der Auftragswert für solche Leistungen zu berücksichtigen, die der Auftraggeber im Rahmen des Gesamtauftrages bereits **konkret** ins Auge gefasst hat, wobei nicht notwendig ist, dass die Durchführung bereits im Detail ausgeformt ist.[42] Im Ergebnis kommt es demzufolge auf den Gesamtauftragswert zum **Zeitpunkt der Einleitung des ersten Vergabeverfahrens** an, in dem Maße wie deren sachlicher Umfang bei der Vergabe schon konkret absehbar ist.

26 Räumlich sind vom Gesamtauftragswert alle Teile des gemäß § 99 Abs. 3 GWB definierten Bauwerks zu berücksichtigen. Dabei ist auf den wirtschaftlich-funktionalen Zusammenhang abzustellen.[43] Problematisch sind die Fälle, in denen eine Baumaßnahme im Zusammenhang mit Erschließungsmaßnahmen durchgeführt wird. Kommt der Erschließungsmaßnahme z.B. einer Straße neben dem Hochbauwerk eine eigene Funktion zu, weil von dieser Straße aus auch andere Grundstücke zugleich erschlossen werden, so stellt sie eine eigenständige bauliche Anlage dar und ist bei der Hochbaumaßnahme nicht wertmäßig mit zu berücksichtigen. Gleiches gilt, wenn eine Erschließungsmaßnahme in einzelne in sich abgeschlossene Bauabschnitte unterteilt wird, es sei denn, diese Aufteilung erfolgt nur zum Zwecke der Umgehung der Anwendungsverpflichtung der a-Paragraphen § 1 a Nr. 4 VOB/A.

27 Die Wertberechnung des Gesamtauftrages der Baumaßnahme hat nach dem ausdrücklichen Wortlaut des § 1 a Nr. 1 Abs. 1 Satz 1 VOB/A durch Schätzung zu erfolgen (vgl. auch § 3 Abs. 1 VgV). Hierbei ist nicht auf den tatsächlichen Wert, sondern auf den Verkehrswert, also den Marktpreis abzustellen.[44] Die Schätzung als Prognose des künftigen Auftragswertes muss zum Zwecke der Vermeidung eines Missbrauchs nach objektiv richtigen, die wesentlichen Erkenntisquellen ausschöpfenden, Erkenntnismöglichkeiten erfolgen.[45] Alle für den Auftraggeber verfügbaren Berechnungsgrundlagen sind heranzuziehen und mit der gebotenen Sorgfalt zu prüfen.[46]

2. § 1 a Nr. 1 Abs. 2 VOB/A – Losvergaben

28 Bei Losvergaben für eine bauliche Anlage regelt § 1 a Nr. 1 Abs. 2 VOB/A, dass die a-Paragraphen „bei jedem Los mit einem Auftragswert von 1 Mio. Euro und mehr" anzuwenden sind. Liegt der Auftragswert unter 1 Mio. Euro, so muss der öffentliche Auftraggeber 80 % des geschätzten Gesamtauftragswertes nach den a-Paragraphen auch dann vergeben, wenn die einzelnen Lose den Schwellenwert von 1 Mio. Euro nicht erreichen.

29 Kraft der einleitenden Erklärung in § 1 a Nr. 1 Abs. 2 VOB/A, wonach diese Regelung nur für Bauaufträge im Sinne von Abs. 1 gelten, wird klargestellt, dass auch bei der Losvergabe der Gesamtauftragswert (also der Wert aller Lose) den Schwellenwert von 5 Mio. Euro erreichen muss.[47] Ohne Bedeutung ist es, ob es sich um eine Vergabe nach Teillosen gemäß § 4 Nr. 2 VOB/A oder einer Vergabe nach Fachlosen gemäß § 4 Nr. 3 VOB/A handelt.[48]

---

[39] Beck'scher VOB-Kommentar/*Kemper* VOB/A § 1 a, Rdn. 49.
[40] *Heiermann/Riedl/Rusam* VOB/A § 1 a, Rdn. 13; *Franke/Kemper/Zanner/Grünhagen* VOB/A § 1 a, Rdn. 26.
[41] *Heiermann/Riedel/Rusam* VOB/A § 1 a, Rdn. 12.
[42] Beck'scher VOB-Kommentar/*Kemper* VOB/A § 1 a, Rdn. 33.
[43] Beck'scher VOB-Kommentar/*Kemper* VOB/A § 1 a, Rdn. 40.
[44] *Lampe/Helbig/Wörmann*, Rdn. 60; *Heiermann/Riedl/Rusam* VOB/A § 1 a, Rdn. 14; Beck'scher VOB-Kommentar/Kemper VOB/A § 1 a, Rdn. 42, 53.
[45] *Lowenich* ZVgR 1999, 34; Beck'scher VOB-Kommentar/*Kemper* VOB/A § 1 a, Rdn. 45.
[46] BGH ZVgR 1998, 567.
[47] *Loewenich* ZVgR 1999, 34; *Franke/Kemper/Zanner/Grünhagen* VOB/A § 1 a, Rdn. 29.
[48] *Heiermann/Riedl/Rusam* VOB/A § 1 a, Rdn. 17.

3. § 1 a Nr. 2 VOB/A – Bauleistungen mit überwiegendem Lieferanteil

30 Handelt es sich um eine Baumaßnahme und besteht diese Baumaßnahme aus **nur einem** Bauauftrag, so nimmt § 1 a Nr. 2 VOB/A eine erhebliche Reduzierung bei den Schwellenwerten vor, wenn der wertmäßige Anteil der Lieferung bei dem Bauauftrag so überwiegt, dass das Verlegen und Anbringen lediglich eine Nebenarbeit darstellt. Wird das Verlegen und Anbringen nicht zugleich mitbeauftragt, findet folglich nicht die VOB, sondern die VOL Anwendung.

31 Mit einer Baumaßnahme im Sinne von § 1 a Nr. 2 VOB/A kann wegen der in Bezug genommenen Arbeiten „Verlegen und Anbringen" lediglich die Instandhaltung oder Änderung einer baulichen Anlage, nicht aber deren Herstellung oder Beseitigung gemeint sein.[49] Unabhängig davon, ob die Baumaßnahme losweise vergeben wird liegt ein Bauauftrag im Sinne von § 1 a Nr. 2 VOB/A vor, so lange die Baumaßnahme aus einem Gewerk besteht.[50]

32 Die Schwellenwerte, ab denen die a-Paragraphen anzuwenden sind, sind unterschiedlich geregelt, je nach dem welcher öffentliche Auftraggeber ausschreibt. Für die im Anhang I der Richtlinie 93/63/EWG[51] muss der Auftragswert mit Inkrafttreten der 3. Verordnung zur Änderung der Vergabeverordnung mindestens 137.000 Euro ohne Umsatzsteuer betragen.[52] Der Schwellenwert von 211.000,00 Euro (§ 2 Nr. 3 VgV) ist von allen übrigen öffentlichen Auftraggebern zu beachten, die nach § 3 VgV zur Anwendung des Abschnitts 2 der VOB/A verpflichtet sind.[53]

33 Ein überwiegender Lieferanteil ist dann anzunehmen, wenn der wertmäßige Anteil der Lieferung etwa 3⁄4 des geschätzten Wertes der Gesamtleistung ausmacht.[54]

4. § 1 a Nr. 3 VOB/A – Maßgebender Zeitpunkt für die Schätzung des Gesamtauftragswertes

34 Wie bereits oben ausgeführt[55] stellt die Einleitung des ersten Vergabeverfahrens den maßgeblichen Schätzungszeitpunkt für den Gesamtauftragswert dar. § 1 a Nr. 3 VOB/A regelt dies klarstellungshalber ausdrücklich und ist damit gleich lautend mit der Regelung in § 3 Abs. 10 VgV. Nach § 17a Nr. 2 VOB/A bestimmt sich, wann von einer Einleitung des ersten Vergabeverfahrens auszugehen ist. Wir können auf die dortige Kommentierung insoweit verweisen. Vergibt der öffentliche Auftraggeber nach Losen, so ist entscheidend auf den Zeitpunkt der einzelnen Losvergaben abzustellen.[56]

---

[49] Beck'scher VOB-Kommentar/*Kemper* VOB/A § 1 a, Rdn. 130; *Franke/Kemper/Zanner/Grünhagen* VOB/A § 1 a, Rdn. 34.

[50] Beck'scher VOB-Kommentar/*Kemper* VOB/A § 1 a, Rdn. 131.

[51] Richtlinie des Rates vom 14.6.1993, ABl 1993 Nr. L 199/16 vom 9.8.1993, geändert durch die Richtlinie 97/52/EG des Europäischen Parlaments und des Rates vom 13.10.1997, ABl Nr. L 328 vom 28.11.1997.

[52] Zu dem von Anhang I der Lieferrichtlinie genannten Auftraggebern gehören die zentralen Regierungsstellen. In Deutschland sind dies: Das Auswärtig Amt, das Bundesministerium für Arbeit und Sozialordnung, das Bundesministerium für Bildung und Wirtschaft, das Bundesministerium für Ernährung, Landwirtschaft und Forsten, das Bundesministerium für Finanzen, das Bundesministerium für Wirtschaft und Technologie, das Bundesministerium des Innern, das Bundesministerium für Gesundheit, das Bundesministerium für Frauen und Jugend, das Bundesministerium für Familien und Senioren, das Bundesministerium für Justiz, das Bundesministerium für Raumordnung, Raumwesen und Städtebau, das Bundesministerium für Post und Telekommunikation, das Bundesministerium für Wirtschaft und wirtschaftliche Zusammenarbeit, das Bundesministerium der Verteidigung, das Bundesministerium für Umwelt, Naturschutz und Reaktorsicherheit und das Bundesministerium für Verkehr. Beim Bundesministerium des Innern ist nur das Zivilmaterial erfasst. Beim Bundesministerium für Post und Telekommunikation sind Güter im Bereich der Telekommunikation ausgenommen. Beim Bundesministerium der Wirtschaft sind lediglich die im Anhang II der Richtlinien enthaltenen nichtmilitärischen Materialien erfasst.

[53] Beck'scher VOB-Kommentar/*Kemper* VOB/A § 1 a, Rdn. 142.

[54] Heiermann/Riedl/Rusam VOB/A § 1 a, Rdn. 22; Franke/Kemper/Zanner/Grünhagen VOB/A § 1 a, Rdn. 37.

[55] Siehe Rdn. 20.

[56] *Heiermann/Riedl/Rusam* VOB/A § 1 a, Rdn. 38.

V. § 1 a Nr. 4 VOB/A – Umgehungsverbot

35 In § 1 a Nr. 4 VOB/A wird gleich lautend zu § 3 Abs. 2 VgV geregelt, dass eine bauliche Anlage für die Schwellenermittlung nicht in der Absicht aufgeteilt werden darf, sie der Anwendung der a-Paragraphen zu entziehen. Durch dieses Umgehungsverbot soll verhindert werden, dass der öffentliche Auftraggeber eine sachlich nicht indizierte, d.h. künstliche Aufteilung einer Baumaßnahme in zeitlicher und/oder technischer Hinsicht vornimmt, in der Absicht, die Schwellenwerte zu unterschreiten.

36 Die Regelung verlangt eine Umgehungsabsicht. Diese setzt das Bewusstsein und den Willen des öffentlichen Auftraggebers voraus, die Anwendung der a-Paragraphen zu umgehen. Die Umgehungsabsicht muss jedoch nicht alleiniger Zweck der Aufteilung sein. Es reicht aus, dass er diese Absicht mitverfolgt.[57]

37 Ist die Aufteilung der Baumaßnahme aus sachlich nachvollziehbaren Gründen indiziert, weil beispielsweise für die Gesamtbaumaßnahme das Geld noch nicht zur Verfügung steht, so liegt kein Verstoß gegen das Umgehungsverbot vor. Hat der öffentliche Auftraggeber in vorwerfbarer Art und Weise die Mengen der ausgeschriebenen Leistung fehlerhaft ermittelt ohne damit zugleich die Absicht zu verfolgen, auf diese Weise der Anwendung der a-Paragraphen zu entgehen, so ist das Umgehungsverbot ebenfalls nicht anzuwenden.[58]

§ 1 b Verpflichtung zur Anwendung der b-Paragraphen

1. (1) Die Bestimmungen der b)-Paragraphen sind zusätzlich zu den Basisparagraphen von Sektorenauftraggebern für Bauaufträge anzuwenden, bei denen der geschätzte Gesamtauftragswert der Baumaßnahme bzw. des Bauwerks (alle Bauaufträge für eine bauliche Anlage) mindestens dem in § 2 Nr. 4 Vergabeverordnung (VgV) genannten Schwellenwert ohne Umsatzsteuer entspricht. Der Gesamtauftragswert umfasst auch den geschätzten Wert der vom Auftraggeber beigestellten Stoffe, Bauteile und Leistungen.

(2) Werden die Bauaufträge im Sinne von Abs. 1 für eine bauliche Anlange in Losen vergeben, sind die Bestimmungen der b)-Paragraphen anzuwenden
- **bei jedem Los mit einem geschätzten Auftragswert von 1 Mio. Euro und mehr,**
- **unabhängig davon für alle Bauaufträge, bis mindestens 80 % des geschätzten Gesamtauftragswertes aller Bauaufträge für die bauliche Anlage erreicht sind.**

2. Eine bauliche Anlage darf für die Schwellenwertermittlung nicht in der Absicht aufgeteilt werden, sie der Anwendung der b)-Paragraphen zu entziehen.

3. Lieferungen, die nicht zur Ausführung der baulichen Anlage erforderlich sind, dürfen dann nicht mit einem Bauauftrag vergeben werden, wenn dadurch für sie die Anwendung der für Lieferleistungen geltenden EG-Vergabebestimmungen umgegangen wird.

4. Der Wert einer Rahmenvereinbarung (§ 5 b) wird auf der Grundlage des geschätzten Höchstwertes aller für den Zeitraum ihrer Geltung geplanten Aufträge berechnet.

5. Maßgebender Zeitpunkt für die Schätzung des Gesamtauftragswertes ist die Einleitung des ersten Vergabeverfahrens für die bauliche Anlage.

Schrifttum: *Heiermann* Die Auftraggebereigenschaft der DB-Netz AG im Sinne des § 98 GWB ZVgR 1999, 173.

---

[57] Anderer Ansicht: *Franke/Kemper/Zanner/Grünhagen* VOB/A § 1 a, Rdn. 39.

[58] Beck'scher VOB-Kommentar/*Kemper* VOB/A § 1 a, Rdn. 181.

Übersicht

I. Rechtsgrundlagen für die Anwendung der b-Paragraphen

§ 1 b VOB/A, der vergleichbar mit § 1 a VOB/A aufgebaut ist, regelt die Anwendung der b-Paragraphen zusätzlich zu den Basisparagraphen für die **Sektorenauftraggeber**, so weit sie Bauaufträge vergeben. Dabei lässt der VOB-Text im Dunkeln, wer unter die so genannten Sektorenauftraggeber fällt. Hierzu bedarf es der Heranziehung von § 7 Abs. 1 Nr. 2 der Vergabeverordnung (VgV) i.V.m. § 8 Nr. 1, Nr. 4 b und Nr. 4 c VgV. So weit es sich danach um Sektorenauftraggeber handelt und diese Bauaufträge oberhalb der Schwellenwerte beabsichtigen auszuschreiben, müssen die b-Paragraphen zusätzlich mit den Basisparagraphen angewendet werden. 1

II. § 1 b Nr. 1 Abs. 1 Satz 1 1. Halbs. VOB/A – Sektorenauftraggeber

Wer zu den Sektorenauftraggebern zählt wird nicht in der VOB/A definiert, sondern erschließt sich ausschließlich über die Vergabeverordnung. Dort ist in § 7 Abs. 1 Nr. 2 VgV geregelt, dass die in § 98 Nr. 1 bis 3 GWB genannten Auftraggeber, die eine Tätigkeit nach § 8 Nr. 1, Nr. 4 b oder Nr. 4 c VgV ausüben, bei der Vergabe von Bauaufträgen die Bestimmung des Dritten Abschnitts des Teils A der Verdingungsordnungen für Bauleistungen (VOB/A) anzuwenden haben.[1] Die eigentliche Definition des Sektorenauftraggebers erfolgt im vorerwähnten § 8 VgV über die Tätigkeitsbeschreibung im Sektorenbereich. 2

§ 8 Nr. 1 VgV definiert die Tätigkeit im Sektorenbereich **Trinkwasserversorgung** als

> die Bereitstellung und das Betreiben fester Netze zur Versorgung der Öffentlichkeit im Zusammenhang mit der Gewinnung, dem Transport oder der Verteilung von Trinkwasser sowie die Versorgung dieser Netze mit Trinkwasser; dies gilt auch, wenn diese Tätigkeit mit der Ableitung und Klärung von Abwässern oder mit Wasser-Bauvorhaben sowie Vorhaben auf dem Gebiet der Bewässerung und der Entwässerung im Zusammenhang steht, sofern die zur Trinkwasserversorgung bestimmte Wassermengen mehr als 20 v.H. der mit dem Vorhaben der Bewässerungs- oder Entwässerungsanlagen zur Verfügung gestellten Gesamtwassermenge ausmacht.

§ 8 Nr. 4 b VgV betrifft die Tätigkeit im Sektorenbereich **Verkehrsbereich** und ist definiert als

> die Nutzung eines geographisch abgegrenzten Gebietes zum Zwecke der Versorgung von Beförderungsunternehmen im See- oder Binnenschiffverkehr mit Häfen und anderen Verkehrsendeinrichtigungen.

§ 8 Nr. 4 c VgV erwähnt schließlich aus dem Verkehrsbereich noch

> das Betreiben von Netzen zur Versorgung der Öffentlichkeit im Eisenbahn-, Straßenbahn- oder sonstigen Schienenverkehr, im öffentlichen Personenverkehr auch mit Kraftomnibussen und Ober-

[1] Dazu, wer zu den öffentlichen Auftraggebern im Sinne von § 98 Nr. 1 bis 3 GWB zählt, siehe die Kommentierung zu VOB/A § 1 a, Rdn. 2 f.

leitungsbussen, mit Seilbahnen sowie mit automatischen Systemen. Im Verkehrsbereich ist ein Netz auch vorhanden, wenn die Verkehrsleistungen aufgrund einer behördlichen Auflage erbracht werden; dazu gehören die Festlegung der Strecken, Transportkapazitäten oder Fahrplänen.

3 Streitig ist, ob die **Deutsche Bahn AG** unter die Anwendungsverpflichtung der b-Paragraphen fällt oder ob sie nach Abschnitt 4 der VOB/A-SKR auszuschreiben hat.[2] Gestritten wird darum, ob die Deutsche Bahn AG unter § 98 Nr. 2 GWB fällt oder ob sie als öffentlicher Auftraggeber unter § 98 Nr. 4 zweite Alternative GWB zu subsumieren ist.[3] Nachdem die Deutsche Bahn AG im Zuge der Bahnreform II seit dem 1.1.1999 zur Holding-Gesellschaft umstrukturiert wurde, währenddessen das operative Geschäft von den 5 Tochtergesellschaften, der DB-Reise- und Touristik AG, der DB-Regio AG, der DB-Cargo AG, der DB-Netz AG und der DB-Station und Service AG betrieben wird, ist für jede einzelne Gesellschaft zu untersuchen, ob sie Aufgaben im Allgemeininteresse nichtgewerblicher Art wahrnimmt oder nicht. Werner[4] verneint eine Auftraggebereigenschaft gemäß § 98 Nr. 2 GWB[5] für die DB-Netz AG wegen der aktuellen Marktverhältnisse. Diese Ansicht überzeugt nicht, da sie unberücksichtigt lässt, dass die DB-Netz AG eine maßgeblich mit öffentlichen Mitteln finanzierte Infrastruktur unterhält und vermarktet. Die DB-Netz AG ist folglich öffentlicher Auftraggeber gemäß § 98 Nr. 2 GWB.[6]

III. § 1 b Nr. 1 Abs. 1 VOB/A – Bauaufträge und Schwellenwert

4 Der Begriff der Bauaufträge ist inhaltlich gleich lautend mit der Regelung in § 1 a VOB/A, so dass wir auf die dortige Kommentierung verweisen. Gleiches gilt in Bezug auf den Schwellenwert des Gesamtauftrages in Höhe von 5 Mio. Euro ohne Umsatzsteuer.

IV. § 1 b Nr. 1 Abs. 2 VOB/A – Losvergaben

5 Die besondere Regelung bei Vergabe von Bauaufträgen in Losen in Bezug auf deren Berücksichtigung bei der Ermittlung der Schwellenwerte ist inhaltlich gleich lautend mit der Regelung in § 1 a Nr. 1 Abs. 2 VOB/A, weshalb wir auf die dortige Kommentierung verweisen.

V. § 1 b Nr. 2 VOB/A – Umgehungsverbot

6 Die Regelung des Umgehungsverbotes in § 1 b Nr. 2 VOB/A entspricht der Regelung des § 1 a Nr. 4 VOB/A. Wir verweisen auf die dortige Kommentierung.

VI. § 1 b Nr. 3 VOB/A – Besonderes Umgehungsverbot wegen Vergabezusammen mit einem Bauauftrag

7 Leistungen und Lieferungen, die für die Ausführung einer baulichen Anlage notwendig sind, gelten als Bauleistungen und werden zusammen mit diesen ausgeschrieben.[7] Für sie gilt folglich § 1 a VOB/A, wenn die Schwellenwerte erreicht werden. Da nach der EG-Lieferungskoordinierungsrichtlinie Lieferungsaufträge europaweit auszuschreiben sind, wenn der Gesamtauftrag der

---

[2] Vgl. hierzu *Byok/Jaeger/Werner* GWB § 98 Rdn. 427.
[3] Vgl. *Immenga/Mestmäcker/Dreher* GWB § 98, Rdn. 62.
[4] *Byok/Jaeger/Werner* GWB § 98, Rdn. 429.
[5] Ebenso *Heiermann* ZVgR 1999, 173; *Franke/Kemper/Zanner/Grünhagen* VOB/A § 1 b, Rdn. 5.
[6] Ebenso *Immenga/Mestmäcker/Dreher* GWB § 98, Rdn. 62.
[7] Siehe VOB/A § 1, Rdn. 10.

Lieferung bei den Sektorenauftraggebern einen Schwellenwert von 400.000 Euro erreicht, besteht selbstverständlich die Gefahr, zur Umgehung dieser bereits früh einsetzenden europaweiten Ausschreibungsverpflichtung Lieferungsaufträge zusammen mit Bauaufträgen zu vergeben.

Dem wirkt die Regelung in § 1 b Nr. 3 VOB/A entgegen, indem das Verbot aufgenommen worden ist,

> Lieferungen, die nicht zur Ausführung der baulichen Anlage erforderlich sind, dann nicht mit einem Bauauftrag zu vergeben, wenn dadurch für sie die Anwendung der für Lieferleistungen geltenden EG-Vergabebestimmungen, mithin die Regelung der VOL/A, umgangen werden.

Das Umgehungsverbot greift also nur in den Fällen, wo es sich um Lieferungen handelt, die nicht zur Ausführung der baulichen Anlage erforderlich sind. Mit Ausführung einer baulichen Anlage ist gemäß § 1 VOB/A deren Herstellung, Instandhaltung, Änderung oder Beseitigung gemeint. Ist die Lieferung für die Herstellung, Instandhaltung, Änderung oder Beseitigung der baulichen Anlage notwendig, weil andernfalls die bauliche Anlage nicht hergestellt (instand gehalten, geändert oder beseitigt) werden kann, greift das Umgehungsverbot also nicht. In diesem Falle können die Lieferungen zusammen mit dem Bauauftrag ausgeschrieben werden.[8] 8

Das Umgehungsverbot greift aber nur dann ein, wenn der Lieferauftrag den Schwellenwert von 400.000 Euro (bei Lieferaufträgen im Bereich der Trinkwasser- oder Energieversorgung oder im Verkehrsbereich beträgt der Schwellenwert gemäß § 2 Nr. 1 VgV 400.000 Euro und nicht lediglich 200.000 Euro) erreicht. Wird der Schwellenwert nicht erreicht, können folglich Lieferaufträge auch dann, wenn sie für die bauliche Anlage nicht notwendig sind, zusammen mit dieser vergeben werden.[9] 9

VII. § 1 b Nr. 4 VOB/A – Wertberechnung bei Rahmenvereinbarungen

Vereinbarungen mit einem oder mehreren Unternehmern, in der die Bedingungen für die Bauaufträge festgelegt werden, die im Laufe eines bestimmten Zeitraums vergeben werden sollen (Rahmenvereinbarungen gemäß § 5 b Nr. 1 VOB/A), werden gemäß § 1 b Nr. 4 VOB/A auf der Grundlage des geschätzten **Höchstwertes** aller für den Zeitraum ihrer Geltung geplanten Aufträge berechnet. Der Auftraggeber muss also **schätzen,** wie hoch die Vergütung unter Berücksichtigung der voraussichtlichen Anzahl zu erteilende Aufträge und deren Vergütungshöhe einschließlich der Preisentwicklung in der vertraglich vereinbarten Mindestlaufzeit der Rahmenvereinbarung **höchstens** sein wird. 10

VIII. § 1 b Nr. 5 VOB/A – Zeitpunkt der Schätzung

Die Regelung zum maßgebenden Zeitpunkt für die Schätzung des Gesamtauftragswertes ist wortgleich mit der Regelung in § 1 Nr. 3 VOB/A. Wir verweisen auf die dortige Kommentierung. 11

§ 2 Grundsätze der Vergabe

1. **Bauleistungen sind an fachkundige, leistungsfähige und zuverlässige Unternehmer zu angemessenen Preisen zu vergeben. Der Wettbewerb soll die Regel sein. Ungesunde Begleiterscheinungen, wie z.B. wettbewerbsbeschränkende Verhaltensweisen, sind zu bekämpfen.**
2. **Bei der Vergabe von Bauleistungen darf kein Unternehmer diskriminiert werden.**
3. **Es ist anzustreben, die Aufträge so zu erteilen, dass die ganzjährige Bautätigkeit gefördert wird.**

---

[8] *Franke/Kemper/Zanner/Grünhagen* VOB/A § 1 b, Rdn. 10.
[9] *Ingenstau/Korbion/Müller-Wrede* VOB/A § 1 b, Rdn. 9.

Schrifttum: *Leimkühler* VergabeR 2001, 356 – *Prieß*, EuZW 1996, 357 – *Paetzold* VergabeR 6/97 – *Keil/Martinsen* Einführung in die Kostenrechnung für Bauingenieure, 5. Aufl., Düsseldorf 1995 – *Pause/Schmieder* Baupreis und Baupreiskalkulation, Düsseldorf/Köln, 2. Aufl., 1989 – *Aurnhammer* BauR 1981, 139 – *Jebe* BauR 1978, 88 – *Dippel/Zeis* NZBau 2002, 376 – *Dreher* Vergabefremde Aspekte und Beihilferecht, Schriftenreihe des Forum-Vergabe (angekündigt).

Übersicht

A. Allgemeines

1 § 2 VOB/A stellt die **vergaberechtliche Generalklausel** der VOB/A dar[1]. § 2 VOB/A legt vier Grundsätze für das gesamte Verfahren zur Vergabe von Bauleistungen verbindlich fest, wobei die vier Grundsätze an anderen Stellen der VOB/A vertieft und ergänzt werden. Es handelt sich um das **Wettbewerbsprinzip** (§ 2 Nr. 1 Satz 2 und 3 VOB/A), das **Gleichbehandlungsprinzip** (§ 3 Nr. 2 VOB/A), das **Eignungsprinzip** (§ 2 Nr. 1 Satz 1 Halbs. 1 VOB/A) sowie das **Angemessenheitsprinzip** (§ 2 Nr. 1 Satz 1 Halbs. 2 VOB/A).

2 Die in § 2 VOB/A aufgestellten Grundsätze werden in anderen Vorschriften der VOB/A konkretisiert. Das Wettbewerbsprinzip und das Gleichbehandlungsgebot werden in § 3 Nr. 1 Abs. 1 und Nr. 2 VOB/A und in den §§ 8 und 9 VOB/A wiederholt und dergestalt konkretisiert, dass Öffentliche Aufträge grundsätzlich auszuschreiben sind und Diskriminierungen einzelner Bewerber und Bieter verboten sind. Die Prüfung der Eignung eines Bieters nach § 2 Nr. 1 Satz 1 VOB/A steht in unmittelbarem Zusammenhang mit der Vorschrift über die Teilnahme am Wettbewerb (§ 8 Nr. 3 VOB/A) und der Vorschrift über die Wertung der Angebote (§ 25 Nr. 2 VOB/A). Das Angemessenheitsprinzip wird in § 25 Nr. 3 VOB/A wiederholt bzw. konkretisiert. Soweit diese Vorschriften der VOB/A die inhaltlichen Anforderungen des § 2 näher bestimmen, sind sie **lex specialis** und gehen § 2 VOB/A vor. Andererseits müssen bei der Auslegung der

[1] VÜA Bund 1 VÜ 6/96 „Regale" WuW 1997, 277, 281; *Heiermann/Riedl/Rusam* VOB/A 9. Aufl. § 2 Rdn. 1.

speziellеren Vorschriften die in § 2 VOB/A niedergelegten Grundprinzipien berücksichtigt und für die Auslegung herangezogen werden[2].

Von der Frage, wie sich der Auftraggeber aufgrund § 2 VOB/A und seiner internen Bindung zu verhalten hat, ist die Frage zu unterscheiden, ob § 2 VOB/A und die dort niedergelegten Grundprinzipien **Außenwirkung** entfalten. Während oberhalb der Schwellenwerte außer Frage steht, dass die Vergabevorschriften und damit auch § 2 VOB/A bindendes Außenrecht darstellen[3], war dies unterhalb der Schwellenwerte lange ungeklärt. Streitig war, ob der – bei Vergaben unterhalb der Schwellenwerte allein anwendbare – Abschnitt 1 der VOB/A und damit auch § 2 VOB/A, wenn schon nicht direkt, so doch über das EG- sowie Verfassungsrecht, insbesondere Art. 12 EGV n.F. (Art. 6 EGV a.F.) und Art. 3 Abs. 1 GG Außenwirkung entfaltet[4]. Verneint wurde die Außenwirkung unterhalb der Schwellenwerte vorgeblich mit zwei Argumenten. Zum einen wurde die Ansicht vertreten, die Verdingungsordnungen dienten vor allem dem Erfordernis sparsamer Haushaltsführung durch den öffentlichen Auftraggeber und damit nicht dem Schutz der einzelnen Bieter[5]. Die Vorschriften seien daher haushaltsrechtlich einzuordnen mit der Folge, dass einzelne Bieter jedenfalls unmittelbar keine Rechte aus ihnen herleiten könnten. Eine mittelbare Außenwirkung über Art. 3 GG in Verbindung mit der Selbstbindung der Verwaltung oder über die Grundfreiheiten des EG-Vertrages wurde weiterhin teilweise mit der Begründung abgelehnt, dass bei rein fiskalen Tätigkeiten des Staates die Grundrechte nicht gelten würden. Der Staat trete bei seinen Beschaffungen wie ein Privatunternehmen auf und müsse sowohl auf dem Markt als auch vor dem Gesetz wie eine Privatperson behandelt werden[6]. Während diesen Argumenten seitens der Literatur bereits seit längerem entgegen getreten wird[7], war es nahezu einhellige Ansicht sowohl der Literatur als auch der Rechtsprechung, dass unterhalb der Schwellenwerte jedenfalls kein effektiver Primärrechtsschutz erlangt werden konnte[8]. Das Oberverwaltungsgericht Rheinland-Pfalz hat in einer – mittlerweile aus prozessualen Gründen aufgehobenen – Entscheidung vom 25.5.2005 entschieden, dass entgegen der bisherigen Ansicht der Verwaltungsrechtsweg bei Vergabeverfahren unterhalb der Schwellenwerte eröffnet ist, sowie dass die Verdingungsordnungen generell unterhalb der Schwellenwerte Außenwirkung über Art. 3 GG in Verbindung mit der Selbstbindung der Verwaltung entfalten. Nunmehr hat die Europäische Kommission in einem „Entwurf der auslegenden Mitteilung“ vom 11.10.2005 zu dieser Frage Stellung genommen. Auf Basis der EuGH-Rechtsprechung zu Transparenz und zur Nichtdiskriminierung der öffentlichen Auftragsvergabe auch außerhalb des Anwendungsbereichs der Richtlinien gibt diese Stellungnahme Standards für die Vergabe öffentlicher Aufträge vor, die sich direkt aus dem Gemeinschaftsrecht, insbesondere aus dem Recht auf freien Warenverkehr (Art. 28 EG), dem Recht auf freie Niederlassung (Art. 43 EG), dem Diskriminierungsverbot und dem Transparenzgrundsatz herleiten lassen. Danach ist es erforderlich, grundlegende Anforderungen an Transparenz und Nichtdiskriminierung prinzipiell für alle Fälle einer Auftragsvergabe durch einen öffentlichen Auftraggeber, auch für solche außerhalb der EU-Richtlinien einzuhalten. Die Kommission schreibt sowohl vor, dass gewisse Mindestanforderungen hinsichtlich der Art und Weise der Bekanntmachung einer Ausschreibung sowie der Vergabeentscheidung eingehalten werden müssen, als auch, dass es dem einzelnen Bieter möglich sein muss, die Entscheidungen des Auftraggebers überprüfen zu können. Der Rechtsschutz müsse zwar nicht identisch mit dem Rechtsschutz nach den Vergaberichtlinien sein, jedoch bestehe nach der EuGH-Rechtsprechung ein Anspruch auf angemessenen Rechtsschutz für die aus dem Gemeinschaftsrecht abgeleiteten 3

[2] Beck'scher VOB-Kommentar/*Prieß* VOB/A § 2 Rdn. 10.
[3] Siehe Einleitung VOB/A Rdn. 38.
[4] Siehe Einleitung VOB/A Rdn. 40 ff.
[5] *Ingenstau/Korbion/Vygen*, VOB-Kommentar, 15. Auflage 2003, Einleitung Rn. 43 ff.
[6] Vgl. die Nachweise *Byok/Jaeger/Rudolf*, Vergaberecht, 2. Auflage 2005, Einführung Rn. 85.
[7] Beck'scher VOB-Kommentar/*Prieß/Hausmann*, VOB/A § 8 Rn. 4; *Müller-Wrede*, VOL/A 1. Auflage 2001 Einleitung Rn. 16 ff.; VÜA Nordrhein-Westfalen Az. 415–84–43–1/95 001 K „Notstromaggregat“ S. 5
[8] So die traditionelle Auffassung: BGHZ 36, 91, 95; *Eberstein* in: Daub/Eberstein VOL/A Einführung Rdn. 83.

Rechte, der von den Mitgliedsstaaten garantiert werden müsse. Die Rechtsschutzmittel dürfen nicht weniger effektiv sein als die bei inländischen Streitigkeiten (Prinzip der Gleichwertigkeit). Weiterhin müssten sie praktikabel sein (Prinzip der Effektivität).

4 Die Feststellung, dass die VOB/A und damit § 2 auch unterhalb der Schwellenwerte Außenwirkung entfaltet, besagt allerdings nicht, dass jeder Verstoß gegen die VOB/A bzw. § 2 VOB/A bieter- bzw. **drittschützend** ist. Denn es ist zweifelsfrei, dass nicht alle Vorschriften der VOB/A Drittschutz begründen. Bei reinen Verfahrensvorschriften etwa wird ein drittschützender Charakter nicht angenommen, während die Vorschriften, die darauf zielen, einen gerechten und fairen Wettbewerb zu garantieren, grundsätzlich als drittschützend angesehen werden. Auch bei § 2 ist somit hinsichtlich jedes einzelnen Grundsatzes zu prüfen, ob und inwieweit er drittschützend ist.

B. Die Eignung der Bewerber/Bieter

5 Bauleistungen sollen an fachkundige, leistungsfähige und zuverlässige Unternehmer vergeben werden[9]. Es handelt sich um eine **„Mussvorschrift"**. Die Vergabestelle muss deshalb prüfen und **feststellen**, ob der Bieter geeignet ist. Grundsätzlich nicht zulässig ist es jedoch, bei der Bewertung mehrerer geeigneter Bieter auf ein **„Mehr an Eignung"** eines Bieters abzustellen oder es im Rahmen der Wertung als ausschlaggebend anzusehen[10], dass ein Bieter mehr Referenzprojekte vorweisen kann als ein anderer. Wird die grundsätzliche Eignung eines Bieters bejaht bzw. die maßgebliche Eignungsschwelle erfüllt, kann das Eignungskriterium bei der weiteren Wertung keine Rolle mehr spielen, mag ein anderer Bieter auch mehr Referenzprojekte vorweisen. Eine Ausnahme soll lediglich in Ausnahmefällen dann bestehen, wenn die besondere Eigenart des Auftrags die Verwendung von Eignungskriterien bei der Zuschlagsentscheidung rechtfertigt[11]. Die Eignung ist nicht abstrakt, sondern **konkret** im Hinblick auf das zu vergebende Bauprojekt zu prüfen. Der Grundsatz der Eignung kehrt in **§ 8 Nr. 2 Abs. 2 VOB/A** sowie in **§ 25 Nr. 2 VOB/A** wieder und wird dort konkretisiert.

I. Eignungskriterien

1. Fachkunde

6 Fachkundig ist der Bewerber, der über die in dem betreffenden Fachgebiet notwendigen technischen Kenntnisse verfügt, um die jeweils ausgeschriebene Leistung ordnungsgemäß erbringen zu können[12]. Welcher **Maßstab** für die Fachkunde anzulegen ist, hängt von der zu erbringenden Bauleistung ab. Bei einem einfachen Bauvorhaben kann der Nachweis der Meisterprüfung ausreichen, während bei einem besonders schwierigen technischen Bauvorhaben selbst ein an einer technischen Universität erworbenes Diplom möglicherweise nicht ausreicht, um die Fachkunde zu bejahen.

7 Bei schwierigen Bauaufgaben ist es zulässig, die Fachkunde nur zu bejahen, wenn der Bewerber **vergleichbare Projekte** in der Vergangenheit bereits verwirklicht hat[13]. Gerade die Forderung, Nachweise über die Verwirklichung vergleichbarer Projekte zu erbringen, bzw. die Fachkunde nur zu bejahen, wenn der Erwerber bereits vergleichbare Projekte verwirklicht hat, stellt verga-

---

[9] Siehe hierzu auch die Kommentierung zu §§ 8, 8 a, 8 b.

[10] BGH BauR 1998, 1246; BGH NZBau 2002, 107 ff.; *Leinemann* Die Vergabe öffentlicher Aufträge 2. Auflage Rdn. 452.

[11] OLG Düsseldorf, Beschluss vom 25.2.2004, Verg 77/03, „Berliner Teltowkanal"; Vergabekammer Lüneburg, Beschluss vom 15.11.2005, VgK-48/2005, „förmliche Zustellungen"; a.A. Vergabekammer Baden-Württemberg, Beschluss vom 7.10.2005, 1 VK 56/05.

[12] VÜA Bund 1 VÜ 7/96 „Wohnbaukomplex Moskau" WuW 1997, 282, 285; VÜA Bund 1 VÜ 23/97 „Offiziersschule", S. 7; *Heiermann/Riedl/Rusam* VOB/A § 2 Rdn. 5.

[13] VÜA Sachsen-Anhalt 1 VÜ 0/95 „Kläranlage"; Beck'scher VOB-Kommentar/*Prieß* VOB/A § 2 Rdn. 29.

berechtlich allerdings eine Schnittstelle dar, bei der der Auftraggeber sorgfältig zu prüfen hat, ob die Eignung tatsächlich nur bejaht werden kann, wenn bereits vergleichbare Projekte verwirklicht wurden. Es besteht die Gefahr, dass das „Hoflieferantentum", das durch die Vergabevorschriften gerade verhindert werden soll, gefördert wird[14]. Denn wird der Nachweis von Referenzprojekten verlangt und zur Grundlage für die Entscheidung der Fachkunde gemacht, haben Unternehmen, die auf dem Markt erst Fuß fassen wollen, praktisch keine Chance. In jedem Fall unzulässig ist es, den Nachweis „gleichartiger Projekte" zu verlangen[15]. Der Auftraggeber sollte deshalb genau prüfen, ob er die Fachkunde eines Unternehmens aus sachlichen Gründen nur bejahen kann, wenn es bereits vergleichbare Projekte verwirklicht hat. Die Begründung sollte er in den Vergabeunterlagen dokumentieren.

2. Leistungsfähigkeit

Bei der Leistungsfähigkeit wird weniger auf die „Person" des Bewerbers, als vielmehr auf die Leistungsfähigkeit des Unternehmens in sach- bzw. betriebsbezogener Sicht abgestellt. Leistungsfähig ist ein Unternehmen, wenn sein Betrieb in technischer, kaufmännischer, personeller und finanzieller Hinsicht so ausgestattet ist, dass es die Gewähr für die ordnungsgemäße Erbringung der geforderten Bauleistungen innerhalb der Vertragsfrist bietet[16]. 8

Technische Leistungsfähigkeit setzt in der Regel voraus, dass eine der geforderten Bauleistung entsprechende **Ausstattung** mit Maschinen, Geräten und Werkzeugen gewährleistet ist. Allerdings kann nicht verlangt werden, dass der Bewerber Eigentümer der Geräte oder Maschinen ist. Denn kann der Bewerber die Geräte und Maschinen **mieten**, so kann seine Leistungsfähigkeit nicht deshalb verneint werden, weil er bei Angebotsabgabe noch nicht über die entsprechenden Maschinen und Geräte verfügt. Der Auftraggeber muss dann bei der Prüfung der Leistungsfähigkeit sorgfältig prüfen, ob der Bieter nach der voraussichtlichen Marktlage die notwendigen Anmietungen wird vornehmen können. Gleiches gilt, wenn der Bieter im Rahmen zwischenbetrieblicher Kooperationen beispielsweise einem **Gerätepool** angehört. Zulässig ist es allerdings, dass der Öffentliche Auftraggeber von einem Bieter vorab den Nachweis verlangt, dass die notwendigen Geräte zur Verfügung stehen werden, er kann also z.B. die Vorlage von Miet- oder Mietvorverträgen verlangen[17]. 9

Die **kaufmännische** Leistungsfähigkeit des Bewerbers ist zu bejahen, wenn der Betrieb ordnungsgemäß nach kaufmännischen Grundsätzen im Sinne der gesetzlichen Bestimmungen geführt wird[18]. 10

Die **personelle** Leistungsfähigkeit ist zu bejahen, wenn der Betrieb sowohl zahlenmäßig als auch hinsichtlich der Ausbildung über das erforderliche Personal verfügt, um die Leistung zu erbringen[19]. 11

Bei der **finanziellen** Leistungsfähigkeit muss die Größe, die Kapitalausstattung sowie der Bestand an sofort verfügbaren Mitteln in einem angemessenen Verhältnis zur Größe der zu erbringenden Bauleistung stehen[20]. Das Unternehmen muss über ausreichend finanzielle Mittel verfügen, die es ihm ermöglichen, seinen laufenden Verpflichtungen gegenüber seinem Personal, dem Staat und sonstigen Gläubigern nachzukommen[21]. Dabei ist auf die finanzielle Leistungsfähigkeit im Einzelfall abzustellen[22]. 12

---

[14] Vgl. VÜA Thüringen 2 VÜ 2/98 „geriatrische Fachklinik", S. 7 f.; Beck'scher VOB-Kommentar/*Prieß* VOB/A § 2 Rdn. 31.

[15] VÜA Sachsen-Anhalt 1 VÜ 0/95 „Kläranlage"; Beck'scher VOB-Kommentar/*Prieß* VOB/A § 2 Rdn. 29.

[16] VÜA Bayern VÜA 9/96 „Bettenhaus", S. 5–6; Beck'scher VOB-Kommentar/*Prieß* VOB/A § 2 Rdn. 31; *Heiermann/Riedl/Rusam* VOB/A § 2 Rdn. 6.

[17] *Heiermann/Riedl/Rusam* VOB/A § 2 Rdn. 6.

[18] Zur Zurechnung von Eignungskriterien Dritter: § 2 Rdn. 18 f.

[19] Zur Zurechnung von Eignungskriterien Dritter: § 2 Rdn. 18 f.

[20] *Heiermann/Riedl/Rusam* VOB/A § 2 Rdn. 6; Beck'scher VOB-Kommentar/*Prieß* VOB/A § 2 Rdn. 33.

[21] Oberlandesgericht Düsseldorf, Beschluss vom 9.6.2004, Verg 11/04; 1. Vergabekammer des Bundes beim Bundeskartellamt, Beschluss vom 20.4.2005, VK 1–23/05.

[22] 2. Vergabekammer des Bundes beim Bundeskartellamt, Beschluss vom 10.2.2004, VK 2–150/03.

3. Zuverlässigkeit

13 Bei der Zuverlässigkeit eines Bewerbers ist zu prüfen, ob er seinen gesetzlichen Verpflichtungen, auch zur Entrichtung von Steuern und sonstigen Abgaben, nachkommt und ob er eine sorgfältige und einwandfreie Ausführung der ausgeschriebenen Bauleistungen entsprechend den rechtlichen und technischen Normen einschließlich Gewährleistung erwarten lässt[23]. Bei der Prüfung der Zuverlässigkeit bietet neben der vergaberechtlichen Rechtsprechung die Rechtsprechung zur Zuverlässigkeit bei **§35 GewO** Anhaltspunkte dafür, wann die Zuverlässigkeit gegeben ist[24]. Die Zuverlässigkeit ist insbesondere bei Bewerbern, bei denen einer der in **§8 Nr. 5 Abs. 1 VOB/A** genannten Gründe vorliegt, zu verneinen[25]. Im übrigen kann von der Zuverlässigkeit eines Bewerbers ausgegangen werden, wenn er in seiner Person und nach seinem Verhalten im Berufsleben die Gewähr dafür bietet, in der notwendigen sorgfältigen Weise die verlangte Bauleistung zu erbringen.

14 Teils wird die Ansicht vertreten, unzuverlässig sei ein Bieter, der sich **nicht rechtstreu** verhalte und Rechtsverstöße begehe[26]. In dieser Allgemeinheit ist der Satz aber sicher nicht haltbar. Eine solche schematische Feststellung entspricht nicht § 2 Nr. 1 Satz 1 VOB/A. Dies zeigen auch die Rechtsprechung zu § 35 GewO und die bislang ergangenen Entscheidungen im Vergaberecht, die jeweils entweder auf schwere Verfehlungen oder aber auf Verfehlungen abstellen, die im Hinblick auf das konkrete Vorhaben bedeutsam sind. Der Rechtsverstoß muss von **„einigem Gewicht"** sein, nicht jeder Rechtsverstoß führt zur Unzuverlässigkeit[27]. Verneint wurde die Zuverlässigkeit u.a. in folgenden Fällen, wobei jeweils auf den konkreten Einzelfall und den konkreten Verstoß in seiner Schwere abgestellt wurde: Einsatz unerlaubter und unsachlicher Mittel, um den Auftrag zu erhalten; Bestehen schwer wiegender Korruptionsvorwürfe gegen den Bieter; fachtechnisch mangelhafte Bauausführung in der Vergangenheit; schwer wiegende Verstöße gegen das UWG; illegale Beschäftigung von Arbeitnehmern; schwere Verfehlung aufgrund eines auf den Geschäftsverkehr bezogenen Verstoßes gegen strafrechtliche Bestimmungen; Einsatz von Nachunternehmern, obwohl der Betrieb des Erwerbers auf diese Arbeiten eingestellt war[28]. Art. 45 Abs. 1 VKR und § 8 a, § 8 b, § 5 SLR sehen nunmehr vor, dass Bewerber oder Bieter, die aus einem der dort aufgeführten Gründe (Beteiligung an einer kriminellen Vereinigung, Bestechung, Betrug, Geldwäsche) rechtskräftig verurteilt worden sind, vom Vergabeverfahren zwingend auszuschließen sind. Hinsichtlich der explizit genannten Straftatbestände ist der Auftraggeber also gebunden, ein Angebot wegen mangelnder Zuverlässigkeit des Bieters auszuschließen. Bezüglich anderer Straftatbestände oder anderer Umstände, aus denen sich eine Unzuverlässigkeit ergeben könnte, liegt die Entscheidung nach wie vor im Ermessen des Auftraggebers.

15 Auch aus dem Verhalten des Bieters im Vergabeverfahren kann auf seine Unzuverlässigkeit geschlossen werden. So sollen bewusste **Manipulationsversuche** eines Bieters in einem Aufklärungsgespräch gemäß § 24 Nr. 1 VOB/A ausreichen, um seine Unzuverlässigkeit zu begründen. Dies soll insbesondere bei vorsätzlichen Versuchen eines Bieters gelten, im Aufklärungsgespräch das Nachverhandlungsverbot des § 24 Nr. 3 VOB/A zu umgehen[29]. Streitig ist weiter, ob ein Bieter, der von sich aus nach Abgabe des Angebotes einen **Preisnachlass anbietet**, schon aus diesem Grunde als unzuverlässig anzusehen ist. Vorstehendes Verhalten kann aber nur im Einzelfall, bei einem vorsätzlichen und bewussten Verstoß gegen die Obliegenheiten des Bieters im Vergabeverfahren zu Unzuverlässigkeit führen. Insbesondere dann, wenn er erst auf ein Ansinnen des Auftraggebers, einen Preisnachlass zu vereinbaren, auf dieses Angebot eingeht und einen Preisnachlass akzeptiert, liegt keine Unzuverlässigkeit vor. Gleiches muss gelten, wenn dem

---

[23] OLG Düsseldorf Beschluss v. 10.5.2000, Verg 5/00, S. 5 f.; *Heiermann/Riedl/Rusam* VOB/A § 2 Rdn. 7.
[24] *Heiermann/Riedl/Rusam* VOB/A § 2 Rdn. 7.
[25] Siehe hierzu § 8 Rdn. 50 ff.
[26] Beck'scher VOB-Kommentar/*Prieß* VOB/A § 2 Rdn. 34.
[27] so auch Weyand, Kommentar zum Vergaberecht, § 97 GWB Rn. 251.
[28] Vgl.: BGH BauR 1994, 98 ff.; VÜA Bund 1 VÜ 19/97 „Detlev-Rohwedder-Haus 2", S. 7.
[29] Beck'scher VOB-Kommentar/*Brinker/Ohler* VOB/A § 25 Rdn. 40; VÜA Brandenburg, VÜA 12/96, WuW/E Verg 4, 6 „Gymnasium Velten".

Bieter nicht nachgewiesen werden kann, dass er vorsätzlich gegen das Nachverhandlungsverbot verstoßen hat. Denn auch heute besteht sowohl auf Auftraggeber- als auch auf Auftragnehmerseite noch durchaus Unsicherheit, was genau Inhalt eines Aufklärungsgesprächs sein kann. Diese Unsicherheit darf nicht zulasten des Bieters gehen.

Ähnliches gilt, wenn der Bieter bei der Berechnung von Einheits- und Positionspreisen Fehler 16 begeht. Wer bei einem Vergabeverfahren seine Angebotspreise durch bewusste **Additionsfehler** vorsätzlich erhöht, ist nicht zuverlässig[30]. Allerdings kann allein die Tatsache, dass das Angebot eines Bieters einen Rechenfehler enthält, nicht zur Unzuverlässigkeit des Bieters führen; Unzuverlässigkeit kann nur bejaht werden, wenn dem Bieter nachzuweisen ist, dass er vorsätzlich falsch gerechnet hat, um hieraus einen Vorteil zu erzielen, oder wenn die Häufung von Rechenfehlern zu einer Vermutung der Unzuverlässigkeit führt[31].

Fraglich ist, ob unzuverlässig auch eine öffentlich-rechtliche Körperschaft oder eine Toch- 17 tergesellschaft einer öffentlich-rechtlichen Körperschaft ist, wenn sie sich um einen Auftrag bemüht, dessen Erfüllung ihr **kommunalrechtlich untersagt** ist[32]. In der Vergangenheit haben sich verschiedene Vergabekammern und Vergabesenate mit der Frage beschäftigt, ob und inwieweit sich Gemeinden bzw. Gemeindeverbände selbst oder über ihre Tochtergesellschaften an Ausschreibungsverfahren beteiligen dürfen, wobei es insbesondere um die Auslegung der kommunalrechtlichen Vorschriften zur wirtschaftlichen und nichtwirtschaftlichen Betätigung von Gemeinden ging. Ansatzpunkt in diesen Entscheidungen war vorrangig die Prüfung eines Verstoßes gegen § 2 Nr. 1 Satz 3 VOB/A bzw. die entsprechenden Vorschriften der VOL/A[33]. Die Frage, ob ein Verstoß gegen die kommunalrechtlichen Vorschriften über die wirtschaftliche oder nichtwirtschaftliche Betätigung von Gemeinden oder Gemeindeverbänden auch dazu führt, dass der Bieter unzuverlässig ist, wurde nicht abschließend entschieden. Bedenkt man, dass zuverlässig nur ein Bieter ist, der die sorgfältige und einwandfreie Ausführung der ausgeschriebenen Leistung erwarten lässt, ist die Annahme, ein Bieter, der gegen kommunalrechtliche Vorschriften verstößt, sei unzuverlässig, nahe liegend. Denn wenn der Auftraggeber befürchten muss, dass die **Kommunalaufsicht** die Betätigung des Bieters beanstandet und anschließend untersagt oder die Betätigung durch ein Gericht untersagt wird, besteht keine Gewähr mehr dafür, dass der Bieter den Auftrag ordnungsgemäß ausführt[34]. Die Zuverlässigkeit ist dann nicht mehr gegeben[35]. Allerdings kann die Vertragserfüllung nach wirksamem Vertragsschluss nicht mehr mit kommunalaufsichtsrechtlichen Mitteln untersagt werden. U.E. kann ein solches Angebot deshalb nicht wegen Unzuverlässigkeit, sondern allenfalls aus anderen Gründen ausgeschlossen werden[36].

4. Zurechnung von Eignungskriterien Dritter? Einsatz von Nachunternehmern

In Vergabeverfahren stellt sich häufiger die Frage, ob sich ein Bewerber zum Nachweis sei- 18 ner Eignung auch auf die Leistungsfähigkeit und Fachkunde eines Dritten, insbesondere eines Konzernunternehmens, berufen kann. § 8 Nr. 2 VOB/A sieht vor, dass sich die Bieter gewerbsfähig mit der Ausführung von Bauleistungen beschäftigen müssen. Dies ist unabhängig von der Art des Vergabeverfahrens Voraussetzung für jede Teilnahme an einem Vergabeverfahren für Bauaufträge. Gewerbsmäßig befasst sich derjenige mit einer Leistung, der sich selbständig und nachhaltig am allgemeinen wirtschaftlichen Verkehr mit der Absicht beteiligt, Gewinn zu

---

[30] BGH BauR 1994, 98, 99.

[31] OLG Düsseldorf NJW RR 1997, 1452, 1453; Beck'scher VOB-Kommentar/*Brinker/Ohler* VOB/A § 25 Rdn. 43 ff.; OLG Düsseldorf BauR 1989, 195, 198.

[32] Offengelassen von OLG Celle NZBau 2001, 648; vgl. auch OLG Düsseldorf NZBau 2000, 157 („Awista").

[33] OLG Düsseldorf NZBau 2000, 157 („Awista"); OLG Celle NZ Bau 2001, 648; OLG Düsseldorf Vergabe R 2002, 471.

[34] *Leimkühler* VergabeR 2001 356, 372.

[35] *Leimkühler* VergabeR 2001, 356, 372, der allerdings Unzuverlässigkeit nur bei offensichtlicher Unzulässigkeit der Tätigkeit annehmen will.

[36] *Glahs/Külpmann* VergabeR 2002, 555 ff.; vgl. auch OLG Düsseldorf VergabeR 2002, 471.

erzielen. Gewerbsmäßig bedeutet auch, dass der Bewerber alle für seine Tätigkeit erforderlichen, nationalen gewerberechtlichen Voraussetzungen erfüllen muss.

Die gewerbsmäßige Betätigung muss sich außerdem auf „Leistungen der ausgeschriebenen Art" beziehen, d.h. auf Arbeiten jeder Art, durch die eine bauliche Anlage hergestellt, instandgehalten, geändert oder beseitigt wird. Bedeutsam ist im Hinblick auf das Tatbestandsmerkmal „Leistungen der ausgeschriebenen Art" § 5 der Handwerksordnung. Denn nach § 5 der Handwerksordnung darf, wer ein bestimmtes Handwerk betreibt, nur die mit diesem Handwerk technisch und fachlich zusammenhängenden Arbeiten in anderen Handwerken ausführen. Das kommt also praktisch nur in Betracht, wenn solche weiteren Arbeiten im Einzelfall im Verhältnis zu einer zu einem bestimmten Handwerkszweig zugehörigen Hauptleistung lediglich von untergeordneter Bedeutung sind, so dass sich nach der berechtigten Sicht des Auftraggebers die Vergabe in einem Auftrag mehr oder weniger zwangsläufig anbietet[37]. Liegt ein solcher Zusammenhang nicht vor, folgt aus dem Tatbestandsmerkmal der „Ausführung von Leistungen der ausgeschriebenen Art", dass nur solche Bewerber berücksichtigt werden können, die ihrer gewerblichen Betätigung nach demjenigen Bereich angehören, zu dem die betreffende Bauleistung, insbesondere aufgeteilt nach den entsprechenden Gewerken, konkret gehört. Im Hinblick auf das Tatbestandsmerkmal „gewerbsmäßig mit der Ausführung von Leistungen der ausgeschriebenen Art befassen" wird überwiegend gefolgert, dass sich Generalübernehmer und Totalübernehmer nicht an einem Vergabeverfahren nach der VOB/A beteiligen können[38]. Wenn der Generalübernehmer die Leistungen nicht selbst ausführen könne, sondern nur als Vermittler auftrete, der alle Leistungen an Nachunternehmer weitervergebe, erfülle er die Voraussetzung nicht. Ferner werde auch aus § 8 Nr. 3 VOB/A deutlich, daß nur solche Bewerber die erforderliche Eignung haben, die die Bauleistungen auch selbst erbringen können.

Nur wenn sich der Bieter gewerbsmäßig mit der Ausführung von Leistungen der ausgeschriebenen Art befasst, prüft die Vergabestelle weiter, ob durch die Übertragung an Nachunternehmer die Fachkunde, Leistungsfähigkeit und Zuverlässigkeit des Bieters beeinträchtigt wird und ob er wirtschaftlich, technisch und organisatorisch noch die Gewähr für die ordnungsgemäße Vertragserfüllung, insbesondere für eine einwandfreie Koordinierung und Aufsicht, bietet[39].

Der EuGH hat in seinem Urteil vom 18. März 2004[40] für den Bereich der VOL/A entschieden, dass sich sowohl aus dem Zweck als auch aus dem Wortlaut der der VOL/A zugrunde liegenden Richtlinie ergäbe, dass eine Person nicht allein deshalb vom Verfahren zur Vergabe eines öffentlichen Dienstleistungsauftrags ausgeschlossen werden kann, weil sie zur Ausführung des Auftrags Mittel einzusetzen beabsichtigt, die sie nicht selbst besitzt, sondern die einer oder mehreren anderen Einrichtungen gehören. Demnach steht es einem Dienstleistungserbringer, der nicht selbst die für die Teilnahme an dem Verfahren zur Vergabe eines Dienstleistungsauftrags erforderlichen Mindestvoraussetzungen erfüllt, frei, sich gegenüber dem Auftraggeber auf die Leistungsfähigkeit Dritter zu berufen, die er in Anspruch nehmen will, wenn ihm der Zuschlag erteilt wird. Ein generelles Verbot der Subvergabe sei daher mit der Richtlinie nicht in Einklang zu bringen. Oberhalb der Schwellenwerte kann daher nicht mehr von der Unzulässigkeit der Vergabe an General- bzw. Totalunternehmer ausgegangen werden[41]; unterhalb der Schwellenwerte der Baurichtlinie, im Bereich des Abschnitts 1 der VOB/A, ist dies nach wie vor herrschende Meinung[42].

Ähnliches gilt, wenn es um die Leistungsfähigkeit im Hinblick auf die erforderlichen Maschinen, Geräte und Materialien sowie die notwendigen Betriebsabteilungen geht. Wenn der Bewerber nachweisen kann, dass er bei Auftragserteilung über die erforderlichen Maschinen, Geräte und

---

[37] *Schranner*, in: Ingenstau/Korbion, VOB, 15. Aufl., 2003, § 8 VOB/A Rdnr. 25.

[38] VÜA Bayern VÜA 14/96 „Kläranlage", S. 8; VÜA Brandenburg 1 VÜA 3/96 „Heizkraftwerk Cottbus", WuW/E VergAL 39/47; *Schranner*, in: Ingenstau/Korbion, VOB, 15. Aufl., 2003, § 8 VOB/A Rdnr. 17.

[39] Vergabehandbuch für die Durchführung von Bauaufgaben des Bundes im Zuständigkeitsbereich der Finanzbauverwaltung, Ausgabe 2005, § 25 VOB/A, Ziffer 1.3.3.

[40] Rs. C-314/01.

[41] Art. 47 VKR sieht dies für das neue Vergaberecht nunmehr auch ausdrücklich vor.

[42] *Prieß/Hausmann*, in: Beck'scher VOB-Kommentar, VOB/A, § 8 Rdnr. 52 am Ende.

Anlagen verfügen kann, sei es durch Konzernunternehmen, sei es durch die Anmietung von Geräten und Anlagen, kann die Leistungsfähigkeit nicht aus diesem Grunde versagt werden. Inzwischen hat auch das OLG Frankfurt festgestellt, dass der in einen Konzern eingebundene Bieter nicht als ungeeignet angesehen werden kann, wenn er zu einem Konzern gehört und der Konzern alle wesentlichen Bauleistungen ausführen und das gesamte Leistungsspektrum für die Ausführung des Bauauftrags abdecken kann[43]. Der Bieter muss aber unaufgefordert den Nachweis erbringen, dass er auf die Mittel der Konzerngesellschaft zurückgreifen kann. Mit dem ÖPP-Beschleunigungsgesetz, das zum 8.9.2005 in Kraft trat, hat der deutsche Gesetzgeber nunmehr das Vergaberecht oberhalb der Schwellenwerte an die oben zitierte Rechtsprechung des EuGH angepasst. § 6 Abs. 2 Nr. 2 VgV n.F. legt fest, dass bei der Vergabe von Bauleistungen ein Bieter sich bei der Erfüllung seiner Leistung der Fähigkeiten anderer Unternehmen bedienen darf[44]. Allerdings gilt die VgV nur oberhalb der Schwellenwerte, so dass es für Vergabeverfahren unterhalb der Schwellenwerte bei der bisherigen Regelung bleibt.

Wenn ein Bieter einen Teil des Auftrags an Nachunternehmer vergeben will, beeinträchtigt dies seine Leistungsfähigkeit jedenfalls dann, wenn der Nachunternehmer selbst nicht leistungsfähig ist. Bei einem Nachunternehmereinsatz ist der Auftraggeber also gehalten, auch die Eignung des Nachunternehmers zu prüfen.

5. Eignungskriterien und Drittschutz

In der Literatur wird zum Teil die Ansicht vertreten, das Eignungsprinzip des § 2 Nr. 1 Satz 1 VOB/A sei ausschließlich eine Schutzvorschrift zugunsten des Öffentlichen Auftraggebers, d.h. andere Bieter könnten sich auf fehlende Eignung eines Bieters nicht berufen. Überwiegend wird jedoch die Ansicht vertreten, das Eignungsprinzip habe auch den Zweck sicherzustellen, dass ein geeigneter Bieter sich darauf verlassen könne, dass er sich nur dem Wettbewerb mit geeigneten Bietern stellen muss und dass unter Ausschluss sog. vergabefremder Zwecke nur sachlich-fachliche Anforderungen gestellt werden, die sich auf die konkret zu erbringende Leistung beziehen, wie sie in den Verdingungsunterlagen gefordert wird[45]. Letzterer Ansicht ist grundsätzlich zuzustimmen. Denn ein Unternehmen, das seine gesetzlichen Verpflichtungen erfüllt und alle fachlichen Voraussetzungen schafft, muss sich darauf verlassen können, dass es nur in Konkurrenz zu anderen Unternehmen tritt, die diese Verpflichtungen ebenfalls erfüllen. Gerade die Nichteinhaltung derartiger Vorgaben ermöglicht eine günstige Kalkulation des Angebots und damit eine Verfälschung des gerechten und fairen Wettbewerbs[46]. Fraglich ist allerdings, ob der Drittschutz auch dann zu bejahen ist, wenn die Zuverlässigkeit des Bieters nur verneint wird, weil er z.B. gegen kommunalrechtliche Vorschriften verstößt und sich in einem Bereich betätigt, der ihm an sich verschlossen ist[47]. Denn die gesamte öffentlich-rechtliche und zivilrechtliche Rechtsprechung zur Frage, ob die kommunalrechtlichen Vorschriften über die wirtschaftliche und nichtwirtschaftliche Betätigung von Unternehmen drittschützend sind, wäre dann für den Bereich des Vergaberechts obsolet. Mangels Zuverlässigkeit müsste der Bieter jeweils ausgeschlossen werden[48]. Da die Regelung drittschützend ist, könnte sich auch ein anderer Bieter auf die Bestimmung berufen. 19

II. Verfahren zur Prüfung der Eignung

1. Zeitpunkt

Bei der Öffentlichen Ausschreibung sowie der Ausschreibung im Offenen Verfahren erfolgt die Eignungsprüfung im Rahmen der Angebotswertung gemäß § 25 VOB/A, nicht schon bei 20

[43] OLG Frankfurt, NZBau 2002, 162 ff.
[44] § 4 Abs. 4 VgV trifft eine gleichlautende Regelung für die Vergabe von Liefer- und Dienstleistungen.
[45] OLG Frankfurt BauR 1990, 91, 93; Beck'scher VOB-Kommentar/*Prieß* VOB/A § 2 Rdn. 15.
[46] Beck'scher VOB-Kommentar/*Prieß* VOB/A § 2 Rdn. 15.
[47] Siehe § 2 Rdn. 17.
[48] Siehe § 2 Rdn. 17.

der Anforderung der Verdingungsunterlagen. Bei Beschränkter Ausschreibung und Freihändiger Vergabe dagegen sind die Fachkunde, Leistungsfähigkeit und Zuverlässigkeit schon bei der Auswahl der Bewerber zu prüfen[49].

2. Verfahren

21 Die Prüfung der Eignung ist in der VOB/A nur bezüglich einzelner Aspekte geregelt. Die Eignungsprüfung kann weitgehend **formlos** erfolgen, weil der Auftraggeber in der Entscheidung darüber, ob, in welcher Weise und durch welche Auskunftsmittel er sich Gewissheit über die Eignung des Bewerbers verschaffen will, weitgehend frei ist[50]. Das geht so weit, dass der Auftraggeber bei Bewerbern, die ihm bekannt sind, von der Einreichung von Eignungsnachweisen gänzlich absehen kann. Entscheidend soll sein, dass der Auftraggeber „im Ergebnis die notwendige Feststellung treffen kann, dass der betreffende Bewerber unter den gegebenen Umständen voraussichtlich in der Lage sein wird, die geplante Bauleistung zu erbringen“[51]. Sofern der Bieter dem Auftraggeber als geeignet **bekannt ist**, kann der Auftraggeber auf jede weitere Prüfung verzichten. Nur dann, wenn ihm der Bieter unbekannt ist oder Zweifel an seiner Eignung bestehen, ist er gehalten, die erforderlichen Nachweise anzufordern sowie zu prüfen, ob der Bieter geeignet ist. Hierzu kann die Vergabestelle Auskünfte und Nachweise des Bieters verlangen und auch selbst Auskünfte einholen[52]. Der Auftraggeber darf sich nicht darauf beschränken, nur solche Bieter als geeignet anzusehen, die ihm entweder bekannt sind oder deren Eignung außer Frage steht. Bestehen noch Aufklärungsmöglichkeiten und sind die betroffenen Bieter ihren Mitwirkungsobliegenheiten ordnungsgemäß nachgekommen, ist die Vergabestelle gehalten, etwaig noch bestehende Zweifel aufzuklären. Nur wenn dies nicht möglich ist, kann sie den Bieter als ungeeignet ansehen.

3. Eignungsnachweise

22 Art und Umfang der Nachweise, die der Auftraggeber zur Eignungsprüfung vom Bieter verlangen kann, sind in § 8 Nr. 3 VOB/A festgelegt.[53]

4. Beurteilungs- und Ermessensspielraum

23 Der Vergabestelle steht im Rahmen der Eignungsprüfung ein Beurteilungs- und Ermessensspielraum zu[54]. Dieser Beurteilungsspielraum der Vergabestelle soll nur beschränkt nachprüfbar sein. Er beinhaltet objektiv die Feststellung, dass der Bewerber aus der Sicht eines dritten fachkundigen und an der Vergabe nicht interessierten Bauherrn die Eignungsanforderungen für das konkrete Projekt erfüllt und nachgewiesen hat. Die Grenzen des Beurteilungsspielraums verletzt die Vergabestelle dann, wenn sie entweder ein vorgeschriebenes Verfahren nicht einhält, wenn sie von einem unzutreffenden oder unvollständigen Sachverhalt ausgeht, wenn sachwidrige Erwägungen für die Entscheidung verantwortlich waren oder wenn bei der Entscheidung ein sich sowohl im Rahmen des Gesetzes als auch im Rahmen der Beurteilungsermächtigung haltender Beurteilungsmaßstab nicht zutreffend angewandt wurde[55]. Kein Ermessensspielraum besteht allerdings dann, wenn ein Bieter in seinem Angebot die vom Auftraggeber in den Verdingungsunterlagen geforderten Unterlagen nicht einreicht. In diesem Fall ist sein Angebot zwingend

---

[49] Siehe hierzu § 8 Rdn. 37 f.

[50] BKartA VK 1–27/99 „Konvertierung“, S. 4.

[51] VÜA Bund 1 VÜ 7/96 „Wohnkomplex Moskau“ WuW 1997, 282, 285; BKartA VK 1–27/99 „Konvertierung alphabetischer Katalog“, S. 4.

[52] Siehe § 8 Rdn. 42 f.

[53] Siehe zu § 8 Rdn. 42 ff.

[54] OLG Düsseldorf BauR 1996, 98, 101; VÜA Bund 2 VÜ 16/98 „Hilfsaufseher“ S. 4; VÜA Bayern, VÜA 1/95 „Erweiterung der Kläranlage“; WuW 1996, 153, 160; BKartA VKA 9/99, NZBau 2000, 107; OLG Frankfurt BauR 1990, 91.

[55] VÜA Bund 2 VÜ 16/98, S. 4; VÜA Bayern VÜA 1/95 „Erweiterung der Kläranlage“ WuW 1996, 153, 160.

von der Wertung auszuschließen. Dies ergibt sich aus § 25 Nr. 2 Abs. 1 VOB/A, wonach anhand der vorgelegten Nachweise die Angebote der Bieter auszuwählen sind, deren Eignung die für die Erfüllung der vertraglichen Verpflichtungen notwendigen Sicherheiten bietet[56]. Die Beweislast sowohl für die Vollständigkeit des eigenen wie auch die Unvollständigkeit eines im Nachprüfungsverfahren angegriffenen Angebots eines Dritten trägt jeweils der Bieter[57].

5. Darlegungs- und Beweislast

Nach dem Sinn und Zweck sowie dem Wortlaut des § 2 Nr. 1 Satz 1 VOB/A trägt die **objektive Beweislast** für die Eignung des Bieters bei einem non liquet der Bieter. Denn es kann dem Auftraggeber nicht zugemutet werden, den Auftrag an einen Bieter zu vergeben, von dem er nicht weiß, ob er die Bauleistung ordnungsgemäß erbringen wird. Allerdings wird man bzgl. solcher Aspekte und Tatbestandsmerkmale, die in § 8 Ziffer 5 Abs. 1 VOB/A genannt sind, eine Ausnahme machen. Unter Berufung auf § 8 Ziffer 5 Abs. 1 VOB/A kann die Zuverlässigkeit nur dann verneint werden, wenn die dort genannten Tatbestände nachgewiesen sind, so dass bei einem non liquet der Auftraggeber die objektive Beweislast trägt. 24

Nicht zulässig ist es aber, die Eignung zu verneinen, obwohl nur **Zweifel** an der Eignung bestehen und eine weitere Aufklärung durch den Auftraggeber möglich ist[58]. Dann ist der Auftraggeber verpflichtet, zunächst den weiteren **Aufklärungsmöglichkeiten** nachzugehen. Etwas anderes gilt nur dann, wenn der Bieter seinen Nachweis- oder Aufklärungsobliegenheiten nicht nachgekommen ist[59]. Im übrigen kann die Eignung nur dann verneint werden, wenn entweder feststeht, dass der Bieter nicht geeignet ist, oder wenn ohne weitere Aufklärungsmöglichkeiten Zweifel an der Eignung verbleiben. Auch im letzteren Fall kann von der fehlenden Eignung ausgegangen werden. 25

C. Angemessenheit der Preise

I. Die Angemessenheit

Gemäß § 2 Nr. 1 Satz 1 VOB/A sollen Bauleistungen zu angemessenen Preisen vergeben werden, d.h. der Preis soll weder unangemessen hoch noch unangemessen niedrig sein[60]. Einigkeit besteht, dass unangemessen ein Preis ist, der gegen gesetzliche Vorschriften, die Ober- oder Untergrenzen für die Preisgestaltung festlegen, verstößt. Dabei ist an das Verbot des Wuchers (§ 138 BGB), an den Gesichtspunkt von Treu und Glauben (§ 242 BGB), an Spezialvorschriften gegen zu niedrige Preise im UWG sowie im GWB zu denken[61]. Von erheblich größerer Bedeutung war früher das Baupreisrecht in Form der Baupreisverordnung VO PR Nr. 1/72[62]. Diese Verordnung stellte eine Höchstpreisvorschrift dar und hatte zur Folge, dass höhere Preise nicht gefordert, versprochen, angenommen oder gewährt werden durften. Die Baupreisverordnung ist allerdings durch Verordnung vom 16.6.1999[63] mit Wirkung zum 1.7.1999 aufgehoben worden. 26

---

[56] Weyand, Vergaberecht, § 25 VOB/A Rn. 4387.

[57] Oberlandesgericht Düsseldorf, Beschluss vom 16.11.2003 – Az.: **Verg 47/03**; 3. Vergabekammer des Bundes beim Bundeskartellamt, Beschluss vom 29.7.2005 – Az.: **VK 3–76/05**; Beschluss vom 22.11.2004 – Az.: VK 3–203/04

[58] VÜA Bund 1 VÜ 11/98, S. 7; Beck'scher VOB-Kommentar/*Brinker/Ohler* VOB/A § 25 Rdn. 25.

[59] VÜA Baden-Württemberg 1 VÜ 1/97; Beck'scher VOB-Kommentar/*Brinker/Ohler* VOB/A § 25 Rdn. 25.

[60] Beck'scher VOB-Kommentar/*Brinker/Ohler* VOB/A § 25 Rdn. 58; vgl. auch EuGH Rs. C-285/99 NZBau 2002, 101 ff.

[61] *Ingenstau/Korbion/Schranner* VOB/A 5. Aufl., § 2 Nr. 1 Rdn. 30; Beck'scher VOB-Kommentar/*Prieß* VOB/A § 2 Rdn. 41 f.

[62] BGBl. I 1972, 293 in der Fassung der VO PR Nr. 1/89 vom 13.6.1989, BGBl. I 1989, 1094.

[63] BGBl. I S. 1419.

27 Bei der Prüfung der Angemessenheit des Preises geht es um die Gegenleistung des Auftraggebers und damit um den **Endbetrag** des Angebots, unabhängig davon, ob das Angebot sich auf die Gesamtbauleistung oder etwa auf einzelne Lose bezieht. Die Angemessenheit der Preise bezieht sich daher nicht auf Einheits- und Positionspreise oder in sich abgeschlossene Teile eines Angebotes. Vom Bieter genannte unangemessene Einzel-, Positions- oder Teillospreise führen deshalb nicht zur Unangemessenheit des Entgelts, wenn sie sich nicht auf den Gesamtpreis auswirken[64]. Unangemessen hohe oder niedrige Einzel-, Positions- oder Teillospreise können allerdings Zweifel an der sachgerechten Kalkulation und der Leistungsfähigkeit und Zuverlässigkeit des Unternehmers begründen, so dass der Auftraggeber regelmäßig dennoch um Aufklärung bemüht sein muss und diesen Aspekt prüfen muss[65].

28 Allerdings sind nicht alle Preise, die nicht gegen ein gesetzliches Verbot verstoßen, angemessen im Sinn des § 2 Nr. 1 Satz 1 VOB/A[66]. In der Literatur wird die Ansicht vertreten, dass der angemessene Preis mit dem **üblichen Preis im Sinn von § 632 BGB** weitgehend gleichzusetzen sei[67]. Üblich im Sinn von § 632 BGB ist der Preis, der zur Zeit des Vertragsschlusses für nach Art, Güte und Umfang gleiche Leistungen nach allgemeiner Auffassung der beteiligten Kreise am Ort der Werkleistung gewährt zu werden pflegt[68]. Diese Auffassung ist zu eng. Sowohl nach dem Wortlaut (angemessen statt üblich) als auch unter dem Gesichtspunkt des Wettbewerbsprinzips, das der VOB/A zugrunde liegt, kann der Begriff der angemessenen Vergütung mit der üblichen Vergütung nicht gleich gesetzt werden, weil die Spanne einer angemessenen Vergütung weiter ist als die übliche Vergütung und weil die Wettbewerbskomponente bei dieser Definition nicht ausreichend berücksichtigt wird[69]. *Prieß* und *Franke/Grünhagen* definieren den angemessenen Preis als den **Marktpreis**, der aus einer konkreten Wettbewerbssituation resultiert, wettbewerblich vernünftig ist und sich darüber hinaus als ein Preis darstellt, der im Sinne des § 25 Nr. 3 VOB/A eine einwandfreie Ausführung einschließlich Gewährleistung erwarten lässt[70].

29 Diese Definition dürfte, so wie umgekehrt die Definition des üblichen Entgelts als zu eng angesehen wird, zu weit sein. Dies gilt jedenfalls dann, wenn es um unangemessen **hohe Preise** geht. Denn es mag durchaus aufgrund einer konkreten Wettbewerbssituation und aus wettbewerblich vernünftigen Gründen zu einem bestimmten Zeitpunkt ein besonders hoher Preis gefordert werden, ohne dass ein solches Angebot unter kartellrechtlichen Gesichtspunkten diskriminierend und missbräuchlich ist. In diesem Fall muss der Öffentliche Auftraggeber aber die Möglichkeit haben, den Zuschlag mangels „Angemessenheit" auf dieses Angebot nicht zu erteilen. Unangemessen hoch ist deshalb ein Preis, der deutlich von der üblichen Vergütung des § 632 BGB abweicht, ohne dass es für diese Abweichung im Hinblick auf den Leistungsumfang Gründe gibt. Hinsichtlich der unangemessen **niedrigen Preise** sollte es bei der auch von *Prieß* und *Schranner* befürworteten Definition bleiben, wobei der Prüfung, ob der Angebotspreis eine einwandfreie Ausführung einschließlich Gewährleistung erwarten lässt, besondere Bedeutung zukommt.

30 Fraglich ist, ob bei einer solchen Definition des angemessenen Preises die Preiskalkulation, deren Offenlegung in § 24 Nr. 1 Abs. 1 VOB/A ausdrücklich vorgesehen ist, überhaupt noch Bedeutung hat. Dies ist dennoch der Fall, und zwar insbesondere dann, wenn sich das übliche bzw. richtiger: angemessene Entgelt nicht anhand von allgemeinen Vergleichszahlen ermitteln lässt. Dann bleibt nur der Weg, die Angemessenheit der Vergütung daran zu messen, ob das ge-

---

[64] VÜA Bayern VÜA 12/95 „Metallbauarbeiten" S. 9; VÜA Nordrhein-Westfalen, Az. 132–84–41–26/98 „FTS-System", S. 11.

[65] VÜA Bayern VÜA 12/95 „Metallbauarbeiten" S. 9; VÜA Nordrhein-Westfalen, Az. 132–84–41–26/98 „FTS-System", S. 11; Beck'scher VOB-Kommentar/*Prieß* VOB/A § 2 Rdn. 39.

[66] *Ingenstau/Korbion/Schranner* VOB/A 14. Aufl. § 2 Nr. 1 Rdn. 19, 20; *Heiermann/Riedl/Rusam* VOB/A 9. Aufl., § 2 Rdn. 15; wohl auch: Beck'scher VOB-Kommentar/*Prieß* VOB/A § 2 Rdn. 44.

[67] *Ingenstau/Korbion* VOB/A § 2 Nr. 1 Rdn. 20; *Heiermann/Riedl/Rusam* VOB/A 9. Aufl. § 2 Rdn. 15.

[68] BGH NJW 2001, 151; *Palandt/Sprau* BGB 61. Aufl. § 632 Rdn. 8.

[69] *Franke/Kemper/Zanner/Grünhagen* VOB/A, 2002 § 2 Rdn. 8; Beck'scher VOB-Kommentar/*Prieß* VOB/A § 2 Rdn. 43.

[70] *Franke/Kemper/Zanner/Grünhagen* VOB/A 2002 § 2 Rdn. 8; Beck'scher VOB-Kommentar/*Prieß* VOB/A § 2 Rdn. 43.

forderte Entgelt im Hinblick auf die Aufwendungen des Unternehmers und den Gewinnaufschlag angemessen ist. Hilfe zur Überprüfung der Kalkulation können die Schriften von *Keil/Martinsen*[71] sowie von *Pause/Schmieder*[72] bieten[73].

Zu dem ersten Teil, den Aufwendungen des Unternehmers, gehört, was als Selbstkosten bezeichnet wird. In der Regel gehören dazu Einzelkosten der Teilleistungen, Gemeinkosten der Baustelle, die allgemeinen Geschäftskosten, der Kapitaldienst als Zwischenfinanzierung für die Baustelle und das Wagnis sowie die allgemeinen Verwaltungskosten. Bei dem zweiten Teil, dem Gewinn, handelt es sich um den Zuschlag, den der Unternehmer für Wagnis und Gewinn erhält. Dieser ist angemessen, wenn nach den geforderten Preisen unter Berücksichtigung der Eigenaufwendungen und aller voraussehbaren Risiken am Ende zugunsten des eigenen Vermögens des Bieters ein Betrag übrig bleibt, der nach allgemeinen wirtschaftlichen Gesichtpunkten einer aufbauenden Fortführung des Betriebes unter Beachtung der Prinzipien vernünftigen Gewinnstrebens annehmbar ist[74]. 31

II. Drittschützende Wirkung?

Streitig ist, ob das Gebot der Vergabe zu angemessenen Preisen nur Ausfluss des haushaltsrechtlichen Gebots sparsamen Wirtschaftens ist und **keine Schutzwirkung** zugunsten der Bieter entfaltet, und zwar auch nicht bei unangemessen niedrigen Preisen[75]. Nach wohl überwiegender Ansicht schließt dies allerdings nicht aus, dass die speziellen Ausprägungen des allgemeinen Grundsatzes in § 25 Nr. 3 Abs. 1 und Abs. 3 VOB/A, die die allgemeinen Vorgaben konkretisieren, drittschützend sein können[76]. Das OLG Düsseldorf hat in dem Beschluss vom 19. Dezember 2000[77] offengelassen, ob § 25 Nr. 3 VOB/A bieterschützenden Charakter hat. Es führte allerdings aus, dass ein Bieterschutz jedenfalls dann angenommen werden müsste, wenn der Ausschluss eines Angebots unter Einstandspreis zur Durchsetzung einer anderen bieterschützenden Bestimmung, wie z.B. § 2 Nr. 1 Satz 3 VOL/A geboten wäre[78]. Nach dieser Vorschrift seien ungesunde Begleiterscheinungen, wie z.B. wettbewerbsbeschränkende Verhaltensweisen, zu bekämpfen. Es kämen zwei Konstellationen in Betracht[79]: Ein anderer Bieter könne ein Unterangebot als vergaberechtswidrig beanstanden, wenn das Unterangebot vom Bieter in der zielgerichteten Absicht abgegeben oder zumindest die Gefahr begründe, einen oder mehrere bestimmte Mitbewerber **vom Markt zu verdrängen**. Gleiches gelte, wenn das Unterangebot den Bieter selbst in **wirtschaftliche Schwierigkeiten** bringe, so dass dieser den Auftrag nicht vertragsgerecht erfüllen könne. Denn dann könne die Situation eintreten, dass Konkurrenzbieter den Auftrag zu einem Zeitpunkt nicht erhielten, zu dem sie den Auftrag hätten erfüllen können. Nachdem sich herausgestellt habe, dass der Bieter des Unterangebots den Auftrag nicht erfüllen könne, könnten sie dann unter Umständen – z.B. aus innerbetrieblichen Gründen – diesen Auftrag nicht mehr übernehmen. Konsequenz einer Wertung des Unterangebots wäre somit in diesem Fall, dass Bieter um ihre Chance auf den Zuschlag für den ursprünglich ausgeschriebenen Auftrag gebracht würden. 32

---

[71] *Keil/Martinsen* Einführung in die Kostenrechnung für Bauingenieure 5. Aufl. Düsseldorf 1995.

[72] Baupreis und Baupreiskalkulation Düsseldorf/Köln, 2. Aufl., 1989.

[73] *Aurnhammer* BauR 1981, 139; *Jebe* BauR 1978, 88.

[74] *Ingenstau/Korbion/Schranner* VOB/A 15. Aufl. § 2 Nr. 1 Rdn. 26.

[75] Verneinend: BayOblG VergabeR 2001, 65, 69; bejahend: OLG Celle NZBau 2000, 105; Thüringer OLG BauR 2000, 396, 401 f.

[76] OLG Düsseldorf NZBau 2002, 112 (Leitsatz) = VergabeR 2001, 128 f.; Beck'scher VOB-Kommentar/*Prieß/Hausmann* VOB/A § 2 Rdn. 16; VK Düsseldorf Beschluss v. 15.3.2002 (VK-2/2002-L, zur VOL/A,); VK Bund Beschluss v. 30.6.1999, VK A 12/99; NZBau 2000, 165.

[77] OLG Düsseldorf NZBau 2002, 112 (Leitsatz) = VergabeR 2001, 128 f.

[78] OLG Düsseldorf NZBau 2002, 112 (Leitsatz) = VergabeR 2001, 128 f.; OLG Düsseldorf Beschluss v. 22.5.2002, Verg 18/02.

[79] OLG Düsseldorf Beschluss vom 19.12.2000, Verg 28/00; OLG Düsseldorf Beschluss v. 22.5.2002, Verg 18/02 VergabeR 2002, 471.

D. Wettbewerbsprinzip (§ 2 Nr. 1 Satz 2 und 3)

I. Der Wettbewerb

33 Gemäß § 2 Nr. 1 Satz 2 VOB/A soll der Wettbewerb die Regel sein. § 2 Nr. 1 Satz 2 VOB/A wird durch eine Vielzahl weiterer Vorschriften der VOB/A ergänzt und konkretisiert, so unter anderem: § 3 Nr. 1 Abs. 2 und § 8 Nr. 2 Abs. 2 VOB/A; § 3 Nr. 2 VOB/A; § 8 Nr. 1 Satz 2 VOB/A; § 2 Nr. 1 Satz 1 i.V.m. § 8 Nr. 4 und § 25 Nr. 2 Abs. 1 VOB/A; § 8 Nr. 5 Abs. 1 lit. e) VOB/A; § 9 Nr. 1 VOB/A, § 10 VOB/A, § 21 VOB/A, § 22 VOB/A, § 24 Nr. 1 Abs. 1 i.V.m. Nr. 3 und Nr. 1 Abs. 2 VOB/A; § 25 Nr. 1 Abs. 1 lit. c) VOB/A. Soweit diese Vorschriften Regelungen enthalten, sind sie **lex specialis** und gehen § 2 VOB/A vor. Anderseits muss bei der Auslegung dieser Bestimmungen das in § 2 VOB/A niedergelegte Grundprinzip berücksichtigt werden.

34 Obwohl § 2 Nr. 1 Satz 2 VOB/A als „Sollformvorschrift" formuliert ist, handelt es sich um eine „Mußregelung", von der nur in Ausnahmefällen abgewichen werden kann[80]. So kann sich aus Gründen der Eigenart der nachgefragten Leistung oder aus der konkreten Situation des Öffentlichen Auftraggebers eine Beschränkung des Wettbewerbs ergeben oder gar ganz wegfallen. Es müssen dann aber stets besondere Gründe, wie z.B. Patentschutz oder besondere Spezialerfahrung, dringende Eilfälle, geheimhaltungsbedürftiges Vorhaben u.ä., vorliegen.

35 Aus dem Grundsatz, dass Vergabe im Wettbewerb die Regel sein soll, folgt auch, dass innerhalb der jeweiligen Vergabeart, die zulässigerweise gewählt worden ist, der Wettbewerbsgrundsatz eingehalten werden muss. D.h., auch bei einer Beschränkten Ausschreibung oder einem Verhandlungsverfahren müssen, soweit nicht ausdrücklich Ausnahmen vorgesehen sind, die Wettbewerbsgrundsätze eingehalten werden[81].

Umgekehrt hat der Hauptverband der deutschen Bauindustrie Wettbewerbsregeln für die Unternehmen in der Bauindustrie aufgestellt, die in das Register für Wettbewerbsregeln beim Bundeskartellamt eingetragen sind und durch Beschluss des Kartellsenats des BGH vom 30.6.1966 bestätigt worden sind. Diese Wettbewerbsregeln sollen ebenfalls ein nach den Grundsätzen des lauteren Wettbewerbs ausgerichtetes Verhalten der Unternehmen fördern[82].

36 Unter dem Gesichtspunkt des lauteren Wettbewerbs wird auch der Grundsatz des Geheimwettbewerbs verstanden. Danach müssen Angebote von der Wertung ausgeschlossen werden, wenn sie gegen den Grundsatz des Geheimwettbewerbs verstoßen[83]. Ein Verstoß gegen Geheimwettbewerb liegt im Fall einer sog. Doppelbewerbung vor, d.h. dann, wenn sich ein Bieter sowohl allein oder auch als Mitglied einer Bietergemeinschaft an einem Vergabeverfahren beteiligt, so dass ihm wesentliche Teile des Angebotes eines anderen Bieters bekannt sind. Nicht ausreichend soll allerdings der bloße Umstand sein, dass ein Bieter ein eigenes Angebot zum Vergabeverfahren eingereicht hat und daneben von einem Dritten als Nachunternehmen bei der Auslieferung von Zustellungen eingesetzt werden soll[84]. Zur Begründung führt das OLG Düsseldorf aus, dass weder nach dem gewöhnlichen Verlauf der Dinge noch im vorliegenden Einzelfall allein aufgrund dieser Konstellation eine Kenntnis vom Angebot des Dritten oder wesentlicher Grundlagen des Angebotes des Dritten verbunden sei.

---

[80] VÜA Thüringen 2 VÜ 1/96 „Tragkraftspritzen", S. 12; Beck'scher VOB-Kommentar/*Prieß* VOB/A § 2 Rdn. 50.

[81] *Ingenstau/Korbion/Schranner* VOB/A 15. Aufl. § 2 Nr. 1 Rdn. 31; Beck'scher VOB-Kommentar/*Prieß* VOB/A § 2 Rdn. 55/56.

[82] Abgedruckt in: *Heiermann/Riedl/Rusam* VOB/A § 2 Rdn. 22.

[83] OLG Düsseldorf, Beschluss vom 13.9.2004, VI-W 24/04, VergabeR 2005, 117; OLG Düsseldorf, Beschluss vom 16.9.2003, Verg 52/03, VergabeR 2003, 690.

[84] OLG Düsseldorf, Beschluss vom 13.4.2006, VII–Verg 10/06

II. Bekämpfung ungesunder Begleiterscheinungen

§ 2 Nr. 1 Satz 3 VOB/A, der dem Auftraggeber aufgibt, ungesunde Begleiterscheinungen, wie z.B. wettbewerbsbeschränkende Verhaltensweisen, zu bekämpfen, stellt wiederum eine Generalklausel dar, die in anderen Vorschriften der VOB/A ergänzt wird[85]. Bekämpft werden sollen Tatbestände und Verhaltensweisen, die einem **fairen** und **uneingeschränkten Wettbewerb** zuwider laufen oder gegen gesetzliche Bestimmungen verstoßen und damit die Ausschreibung ihrer Funktion als Auswahlverfahren zur Ermittlung des annehmbarsten Angebots berauben, und die Mitbewerber um ihre Chance bringen, im Leistungswettbewerb um den Auftrag zu kämpfen[86]. § 2 Nr. 1 Satz 3 VOB/A verpflichtet den Öffentlichen Auftraggeber, ungesunde Begleiterscheinungen zu bekämpfen. Diese Verpflichtung, die der Sicherung des Wettbewerbs dient, ist wegen der Wettbewerbsbezogenheit **drittschützend**[87]. Allerdings gibt § 2 Nr. 1 Satz 3 VOB/A dem Auftraggeber nicht vor, in welcher Form er die ungesunden Begleiterscheinungen bekämpfen soll. Hier steht dem Auftraggeber ein Ermessensspielraum zu. **37**

Da § 2 Nr. 1 Satz 3 VOB/A als Generalklausel ausgestaltet ist, werden nicht nur Verstöße gegen Rechtsvorschriften als ungesunde Begleiterscheinungen im Sinne der Vorschrift angesehen, sondern alle Arten von Handlungen, durch die der uneingeschränkte und faire Wettbewerb behindert wird[88]. Hauptfälle der „ungesunden Begleiterscheinungen" sind aber die schon in der VOB/A beispielhaft aufgeführten wettbewerbsbeschränkenden Verhaltensweisen der Bewerber gegenüber dem Auftraggeber sowie der Bewerber untereinander. **38**

Diese wettbewerbsbeschränkenden Handlungen können nicht mit kartellrechtlich zu beanstandendem Verhalten gleich gesetzt werden, vielmehr kann ein kartellrechtlich noch zulässiges Verhalten eine wettbewerbsbeschränkende Handlung darstellen[89]. Denn der Wettbewerbsgrundsatz im Vergaberecht ist selbständig und folgt nicht zwingend den kartell- und UWG-rechtlichen Vorgaben[90]. **39**

Zu den ungesunden Begleiterscheinungen können Verstöße gegen das **GWB** gehören. In Betracht kommen zunächst Verstöße gegen das Verbot wettbewerbsbeschränkender Vereinbarungen nach § 1 GWB, insbesondere Submissionskartelle. Zu beachten ist, dass auch Bietergemeinschaften und Arbeitsgemeinschaften, die in der VOB/A grundsätzlich als zulässige Anbietervarianten vorgesehen sind, gegen das Verbot wettbewerbsbeschränkender Vereinbarungen gemäß § 1 GWB verstoßen können, weil mit der Gründung der Bieter- bzw. Arbeitsgemeinschaft regelmäßig die Verpflichtung einhergeht, eigene, selbstständige Angebote nicht abzugeben. Solche Bieter bzw. Arbeitsgemeinschaften verstoßen aber jedenfalls dann nicht gegen § 1 GWB, wenn sie im konkreten Fall tatsächlich nicht im Wettbewerb stehen, entweder weil sie isoliert betrachtet zu dieser Zeit nicht über die erforderliche Kapazität zur Ausführung des Auftrags verfügen oder weil zwar die erforderliche Kapazität vorhanden ist, aber erst die Arbeitsgemeinschaft die Beteiligten in die Lage versetzt, ein Erfolg versprechendes Angebot abzugeben[91]. **40**

Neben Verstößen gegen das GWB kommen als ungesunde Begleiterscheinungen auch Verstöße gegen das **UWG** in Betracht. Zu denken ist an die von der Rechtsprechung zu § 1 und § 3 UWG entwickelten Fallgruppen. Neben den allgemein bekannten Fallgruppen geht es hier auch um die Frage, ob ein Tätigwerden von Unternehmen, die ihrerseits von einer Gemeinde oder **41**

---

[85] *Heiermann/Riedl/Rusam* VOB/A § 2 Rdn. 23.

[86] VÜA Bund 1 VÜ 26/96 „Detlev-Rohwedder-Haus", S. 8; Beck'scher VOB-Kommentar/*Prieß* VOB/A § 2 Rdn. 57.

[87] Vgl. VÜA Sachen-Anhalt 1 VÜ 6/96 „Wäschevollversorgung".

[88] VÜA Hessen VÜA 5/96 „Verkehrszeichen", S. 12; VÜA Bund 2 VÜ 32/98 „ÜAZ Cottbus", S. 11; VÜA Bund 1 VÜ 26/96 „Detlev-Rohwedder-Haus", S. 8.

[89] VÜA Bund 1 VÜ 26/96 „Detlev-Rohwedder-Haus", S. 8; Beck'scher VOB-Kommentar/*Prieß* VOB/A § 2 Rdn. 61.

[90] OLG Düsseldorf VergabeR 2002, 471; *Glahs/Külpmann* VergabeR 2002, 555 ff.

[91] BKartA Kooperationsfibel 1996, Nr. 3.4; VÜA Hessen VÜA 5/96 „Verkehrszeichen", S. 12; VÜA Bund 1 VÜ 12/97 „Deutsche Welle" ZVgR 1998, 357, 358.

Gebietskörperschaft beherrscht werden und ihre kommunalrechtlichen Zuständigkeitsgrenzen überschreiten, sich wettbewerbswidrig verhalten[92].

42 Neben dem Verstoß gegen nationale Wettbewerbsvorschriften kommen auch Verstöße gegen die Wettbewerbsvorschriften des EGV (Art. 81, 82 EGV n.F.) sowie gegen die **Beihilferegelungen** des EGV (Art. 87 EGV n.F.) in Betracht. Allerdings kann ein Bieter, dem **genehmigte staatliche Beihilfen** zur Verfügung gestellt worden sind, nicht aus dem Vergabeverfahren ausgeschlossen werden. Es liegt weder eine ungesunde Begleiterscheinung des Wettbewerbs noch ein Verstoß gegen das Gleichbehandlungsgebot vor. In einer Entscheidung vom 7.12.2000[93] stellte der EuGH fest, dass der Grundsatz der Gleichbehandlung der Bieter nicht schon dadurch verletzt ist, dass ein Öffentlicher Auftraggeber zu einem Vergabeverfahren auch Einrichtungen zulässt, die entweder von ihm selbst oder von anderen Öffentlichen Auftraggebern Zuwendungen, gleich welcher Form, erhalten, die es ihnen ermöglichen, zu Preisen anzubieten, die erheblich unter denen ihrer Mitbewerber liegen, die keine solche Zuwendungen erhalten. Der EuGH stellte klar, dabei handele es sich weder um eine versteckte Diskriminierung noch eine mit Art. 49 EGV unvereinbare Beschränkung. Der EuGH begründet seine Entscheidung schlicht damit, dass der Gleichbehandlungsgrundsatz nicht verletzt sei, weil die Vergabebestimmungen gerade nicht vorsehen, dass sich Bieter, die Subventionen erhalten, an Vergabeverfahren nicht beteiligen dürfen.

Allerdings führt der EuGH auch aus, dass die Richtlinie den Auftraggeber im Einzelfall sehr wohl verpflichten könne, Bieter auszuschließen, die Zuwendungen, und zwar insbesondere **nicht vertragskonforme Beihilfen**, erhalten. Daraus ist geschlossen worden, dass eine ungesunde Begleiterscheinung im Sinn von § 2 Nr. 1 Abs. 3 VOB/A vorliegt, wenn die Kommission entweder entschieden hat, dass die Beihilfe nicht mit dem gemeinsamen Markt vereinbar ist, also materiell rechtswidrig ist, als auch dann, wenn die Beihilfe nicht im Verfahren nach Art. 88 EGV n.F. von der Kommission genehmigt und notifiziert worden ist, also formell rechtswidrig ist[94]. Die Vergabekammer Düsseldorf[95] hat daraus gefolgert, der Öffentliche Auftraggeber sei gehalten, den Sachverhalt näher aufzuklären und von dem Bieter ggf. den Nachweis zu verlangen, dass die Beihilfe im Verfahren nach Art. 88 EGV n.F. von der Kommission genehmigt worden sei, wenn Anhaltspunkte dafür vorliegen, dass eine nichtgenehmigte staatliche Beihilfe vorliegt. Dem hat der Vergabesenat des OLG Düsseldorf[96] widersprochen. Nach Meinung des Vergabesenats lässt sich weder dem deutschen noch dem europäischen Vergaberecht die Pflicht des Auftraggebers entnehmen, die Angebotspreise um formell europarechtswidrig erhaltene Beihilfen zu bereinigen. Auch § 97 GWB umfasse nicht die Pflicht, ohne Rücksicht auf eine Wettbewerbswidrigkeit die Gewährung staatlicher Fördermittel auf ihre Rechtmäßigkeit hin zu überprüfen und im Falle der Europarechtswidrigkeit das Angebot von der Wertung auszuschließen oder die Beihilfegewährung durch eine Erhöhung des Angebotspreises zu korrigieren.

43 Nichtvertragskonforme Beihilfen, die im Vergabeverfahren zu berücksichtigen sind, können auch durch die Berücksichtigung vergabefremder Aspekte bei der Wertungsentscheidung verwirklicht werden[97].

44 Weiter kann auch der Verstoß gegen sonstige **zivil- und arbeitsrechtliche** Vorschriften eine ungesunde Begleiterscheinung darstellen. Zu nennen sind unzulässige Schmiergeldzahlungen, Verstöße gegen arbeits- und arbeitsmarktrechtliche Vorschriften, das Verbot der Schwarzarbeit und ähnliches.

---

[92] Vgl. insoweit die Entscheidungen OLG Düsseldorf v. 17.6.2002 (Verg 18/02) VergabeR 2002, 471; BGH Urt. v. 25.4.2002 (I ZR 250/00) VergabeR 2002, 467.

[93] Rs. C-94/99-ARGE Gewässerschutz gegen Bundesministerium für Land- und Forstwirtschaft WuW Verg 390.

[94] Beck'scher VOB-Kommentar/*Prieß* VOB/A § 2 Rdn. 71.

[95] VK Düsseldorf Beschluss v. 18.4.2002, VK 5/2002-L.

[96] Beschluss v. 26.7.2002 (Verg 22/02).

[97] *Dippel/Zeiss* NZBau 2002, 376 ff.; *Dreher* Vergabefremde Aspekte und Beihilferecht, Schriftenreihe des Forum-Vergabe (angekündigt); VK Düsseldorf, Beschluss v. 18.4.2002, VK 5/2002-L.

Ferner dürften auch **tarifvertragliche** Verstöße, jedenfalls wenn sie gezielt und in größerem Umfang begangen werden, eine „ungesunde Begleiterscheinung" darstellen[98]. 45

Schließlich kann die Beteiligung von sog. Projektanten, d.h. Unternehmen, die für den Auftraggeber Vorarbeiten für das Bauvorhaben oder die Ausschreibung geleistet haben und sich an der Ausschreibung beteiligen, eine ungesunde Begleiterscheinung sein[99]. Die Kommission hatte in ihrem Umsetzungsvorschlag zum revidierten GATT-Kodex eine Ergänzung der Baurichtlinie durch Anfügung eines Art. 10 Abs. 7 vorgesehen, wonach der Öffentliche Auftraggeber keinen Rat suchen oder annehmen dürfe, wenn technische Spezifikationen und Verdingungsunterlagen mit Hilfe eines Unternehmens angefertigt werden, das ein geschäftliches Interesse an dem Auftrag hat, für den die Unterlagen bestimmt sind[100]. Die Vorschrift ist allerdings später gestrichen worden und findet sich in der Umsetzungsrichtlinie 97/52/EG nicht mehr[101]. 46

E. Diskriminierungsverbot

Nach § 2 Nr. 2 VOB/A darf bei der Auftragsvergabe kein Unternehmer diskriminiert werden. Das Diskriminierungsverbot ist nicht nur eines der Grundprinzipien der VOB/A, das in vielen Bestimmungen zum Ausdruck kommt, sondern auch einer der wichtigsten Grundsätze aller EG-Rechtsvorschriften. Der übergeordnete Grundsatz lautet, dass alle Teilnehmer **gleich zu behandeln** sind, d.h. gleiche Tatbestände dürfen nicht ohne sachlichen Grund ungleichbehandelt werden, und ungleiche Tatbestände dürfen nicht ohne sachlichen Grund gleichbehandelt werden. Eine auf sachfremden Erwägungen beruhende ungerechtfertigte Differenzierung liegt vor, wenn sich ein vernünftiger, aus der Natur der Sache folgender oder sonst sachlicher Grund für eine unterschiedliche Behandlung im Hinblick auf den Sinn und Zweck der Bestimmungen nicht finden lässt[102]. § 2 Nr. 2 VOB/A enthält wiederum die Generalklausel des Diskriminierungsverbots. Aber auch andere Bestimmungen der VOB/A enthalten Regelungen, in denen für den jeweiligen Anwendungsbereich der Sonderregelung ein Verstoß gegen den Gleichheitssatz untersagt wird. Zu nennen sind: § 8 Nr. 1 Satz 1 und Satz 2 VOB/A, § 9 Nr. 1 VOB/A; § 9 Nr. 4 Abs. 2 VOB/A, § 9 Nr. 5 Abs. 2 VOB/A, § 17 Nr. 4 Abs. 2 VOB/A, § 17 Nr. 7 Abs. 2 VOB/A, § 20 Nr. 2 Abs. 1 VOB/A, § 24 VOB/A, § 17 a Nr. 2 Abs. 5 VOB/A, § 25 a VOB/A, § 8 b Nr. 1 Abs. 1 VOB/A, § 25 b VOB/A sowie § 2 Nr. 1 VOB/A-SKR. 47

Aufgrund des Diskriminierungsverbotes ist es dem Auftraggeber grundsätzlich untersagt, Bewerber bzw. Bieter wegen ihrer Herkunft bzw. Ansässigkeit unterschiedlich zu behandeln[103]. Einen Verstoß gegen das Diskriminierungsverbot stellt es weiter dar, wenn Bewerber oder Bieter von der Vergabestelle unterschiedlich informiert werden oder unter Verstoß gegen Vergaberegeln Informationen erhalten, die sie nicht hätten erhalten dürfen[104]. 48

Problematisch ist auch die Beteiligung sog. **Projektanten**[105]. 49

Gegen den Gleichbehandlungsgrundsatz verstößt der Auftraggeber ferner, wenn er im Vergabeverfahren unterschiedliche **Fristen** setzt. Gesetzte Fristen und Termine müssen für alle Bieter und Bewerber einheitlich gelten[106]. 50

---

[98] Offen gelassen in BKartA „Tariftreueerklärung" WuW/e Verg 7/13; bejahend wohl: VÜA Sachsen-Anhalt 1 VÜ 15/98 „Berufsschulzentrum", S. 5.

[99] Siehe § 8 Rdn. 19 f.

[100] KOM-Dok. KOM (95) 107 endg. v. 29.3.1995.

[101] ABl. 1997 Nr.L 328/1.

[102] Vgl. BverfGE 1, 14; 2, 172.

[103] VOB/A § 8 Rdn. 4 ff.

[104] VÜA Bund, 1 VÜ 4/95 „Schleusenneubau" WuW 1996, 146, 152; VÜA Bund, 1 VÜ 2/96 „Kanalbrücken" WuW 1997, 265, 272; VÜA Brandenburg, 1 VÜA 1/95 „Leitstellen" WuW/e VergAL 29; *Heiermann/Riedl/Rusam* VOB/A § 2 Rdn. 38.

[105] Siehe hierzu VOB/A, § 8 Rdn. 19 ff.

[106] VÜA Bund, 1 VÜ 3 und 4/97 „Tarnkleidung", S. 7; VK Sachsen 1/SVK/4–00 „Neubau Verwaltungsgebäude", S. 9; OLG Dresden WVerg 0001/00 „Neubau Verwaltungsgebäude", S. 12.

51 Einen Verstoß gegen das Diskriminierungsverbot stellt es auch dar, wenn durch die Ausgestaltung der Vergabebedingungen bestimmte Fabrikate oder Hersteller bevorzugt werden. Die Nennung bestimmter Marken in der Ausschreibung ist nur zulässig, wenn hierfür besondere Gründe bestehen und eine andere Form der Leistungsbeschreibung nicht möglich ist. Auch dann muss aber in der Leistungsbeschreibung in jedem Fall der Zusatz „oder gleichwertige Arten" hinzugefügt werden[107]. Dies ist in der Rechtsprechung bzw. Entscheidungspraxis der Vergabeüberwachungsausschüsse und Vergabekammern anerkannt[108].

52 Einen Verstoß gegen das Diskriminierungsverbot stellt es schließlich dar, wenn in einem Verhandlungsverfahren vom Auftraggeber Fristen gesetzt werden, wenn der Bieter die Frist nicht einhält, die Vergabestelle das Fristversäumnis aber ohne Folgen lässt und das Angebot in der geänderten Fassung berücksichtigt[109]. Etwas anderes gilt nur dann, wenn aus eben jenem Gleichbehandlungsgrundsatz gerade umgekehrt zu folgern ist, dass das Fristversäumnis ohne Folgen bleiben muss[110].

F. Forderung einer ganzjährigen Bautätigkeit

53 § 2 Nr. 3 VOB/A ist ein Programmsatz, aus dem keine unmittelbaren rechtlichen Verpflichtungen folgen, und hält den Auftraggeber an, die Aufträge möglichst so zu erteilen, dass eine ganzjährige Bautätigkeit gefördert wird.

§ 2b Schutz der Vertraulichkeit

1. Die Übermittlung technischer Spezifikation für interessierte Unternehmen, die Prüfung und Auswahl von Unternehmen und die Auftragsvergabe können die Auftraggeber mit Auflagen zum Schutz der Vertraulichkeit verbinden.
2. Das Recht der Unternehmer, von einem Auftraggeber in Übereinstimmung mit innerstaatlichen Rechtsvorschriften die Vertraulichkeit der von ihnen zur Verfügung gestellten Informationen zu verlangen, wird nicht eingeschränkt.

Übersicht

A. Allgemeines

1 § 2b VOB/A bestimmt für Bauvergaben im Wirkungskreis der EG-Sektorenrichtlinie ausdrücklich den Schutz der Vertraulichkeit und ergänzt damit die Vergabegrundsätze von § 2 VOB/A. Gemäß § 2b VOB/A kann einerseits der Auftraggeber verlangen, dass der Unternehmer mit vom Auftraggeber übermittelten Unterlagen vertraulich umgeht, umgekehrt kann der Unternehmer verlangen, dass von ihm gegebene Informationen vom Auftraggeber vertraulich behandelt werden, wobei letzterer Grundsatz des § 2b VOB/A nicht ausdrücklich geregelt, sondern nur angerissen ist.

[107] Vgl. § 9 Nr. 5 Abs. 2 VOB/A, dort Rdn. 53, 54.
[108] VÜA Bund, 1 VÜ 6/96 „Regale", S. 5 bis 6; VÜA Bund, 1 VÜ 9/97 „Lesesaal", S. 8; VÜA Bayern, VÜA 37/98 „Trockenbauarbeiten", S. 7; VÜA Brandenburg, VÜA 3/96 „Heizkraftwerk Cottbus", WuW 1996, 853, 863; VK Brandenburg, 1 VÜA 11/98 „Einrichtung Rathaus", S. 3f.
[109] OLG Düsseldorf VergabeR 2002, 169ff.
[110] OLG Düsseldorf VergabeR 2002, 169ff.

B. Schutz der Vertraulichkeit

I. Anspruch und Auflage der Vergabestelle zum Schutz der Vertraulichkeit

§ 2 b Nr. 1 VOB/A gestattet es dem Auftraggeber hinsichtlich von vier Punkten Auflagen zum Schutz der Vertraulichkeit zu machen, d.h. insbesondere, den Bieter, dem die Informationen erteilt werden, noch einmal ausdrücklich zur Verschwiegenheit zu verpflichten. Werden die Auflagen nicht befolgt, kann der Auftraggeber berechtigt sein, das betroffene Unternehmen von der Auftragserteilung auszuschließen, wenn der Vertrauensbruch dem Auftraggeber vorher bekannt wird. Anderenfalls kann der Auftraggeber von dem das Vertrauen missbrauchenden Bieter Schadensersatz aus culpa in contrahendo oder – je nach Fallgestaltung – aus unerlaubter Handlung verlangen[1]. 2

Bei der Übermittlung technischer Spezifikationen wird es im Allgemeinen um Auflagen gehen, die sich auf ein bestimmtes Erzeugnis, die Angabe von Liefermöglichkeiten, erforderliche Verfahrenstechniken, Eigenschaften von bestimmten zur Ausführung notwendigen Produkten sowie die vertrauliche Behandlung von Zeichnungen oder Berechnungen beziehen. Hinsichtlich solcher technischen Spezifikationen kann die der Vertraulichkeit dienende Auflage mit der Übermittlung der Spezifikation verbunden werden. 3

Bei der Mitteilung, wie bei der Prüfung und Auswahl der Bewerber verfahren wird, können ebenfalls Auflagen hinsichtlich der Vertraulichkeit gemacht werden, in Betracht kommen insbesondere Auflagen hinsichtlich der in § 8 festgelegten Kriterien, nach denen der Auftraggeber die Bewerber für die Teilnahme auswählt.

Auch die Auftragsvergabe selbst kann der Auftraggeber mit Auflagen zum Schutz der Vertraulichkeit verbinden, er kann z.B. fordern, dass der Auftragnehmer bestimmte Kenntnisse, die er im Rahmen des Auftrags erhält, nicht an Dritte weitergibt[2]. 4

II. Anspruch der Bieter auf Vertraulichkeit

Der Auftragnehmer bzw. Bieter hat grundsätzlich einen Anspruch auf Vertraulichkeit hinsichtlich der von ihm gegebenen Informationen[3]. Wichtig ist dieser Schutz der Vertraulichkeit vor allem bei urheberrechtlich relevanten Informationen. Bei solchen Informationen kann der Unternehmer z.B. verlangen, dass die Kenntnis seines Angebots und der darin enthaltenen Unterlagen auf die unmittelbar mit der Sache Befassten auf Seiten des Auftraggebers beschränkt bleibt und andere Bedienstete des Auftraggebers sowie Dritte davon nicht erfahren[4]. 5

§ 3 Arten der Vergabe

1. (1) **Bei Öffentlicher Ausschreibung werden Bauleistungen im vorgeschriebenen Verfahren nach öffentlicher Aufforderung einer unbeschränkten Zahl von Unternehmern zur Einreichung von Angeboten vergeben.**
   (2) **Bei Beschränkter Ausschreibung werden Bauleistungen im vorgeschriebenen Verfahren nach Aufforderung einer beschränkten Zahl von Unternehmern zur Einreichung von Angeboten vergeben, gegebenenfalls nach öffentlicher Aufforderung, Teilnahmeanträge zu stellen (Beschränkte Ausschreibung nach Öffentlichem Teilnahmewettbewerb).**
   (3) **Bei Freihändiger Vergabe werden Bauleistungen ohne ein förmliches Verfahren vergeben.**

---

[1] *Ingenstau/Korbion/Schranner* VOB/A 15. Aufl. § 2 b Nr. 1 Rdn. 7.
[2] *Heiermann/Riedl/Rusam* Handkommentar zu VOB/A, § 2 b Rdn. 2.
[3] *Heiermann/Riedl/Rusam* Handkommentar zu VOB/A 9. Aufl. § 2 b Rdn. 3; *Ingenstau/Korbion/Müller-Wrede* VOB/A 15. Aufl. § 2 b Rdn. 8.
[4] *Heiermann/Riedl/Rusam* VOB/A 9. Aufl. § 2 b Rdn. 3.

2. Öffentliche Ausschreibung muss stattfinden, wenn nicht die Eigenart der Leistung oder besondere Umstände eine Abweichung rechtfertigen.

3. (1) Beschränkte Ausschreibung ist zulässig,

a) wenn die Öffentliche Ausschreibung für den Auftraggeber oder die Bewerber einen Aufwand verursachen würde, der zu dem erreichbaren Vorteil oder dem Wert der Leistung im Missverhältnis stehen würde,

b) wenn eine Öffentliche Ausschreibung kein annehmbares Ergebnis gehabt hat,

c) wenn die Öffentliche Ausschreibung aus anderen Gründen (z.B. Dringlichkeit, Geheimhaltung) unzweckmäßig ist.

(2) Beschränkte Ausschreibung nach Öffentlichem Teilnahmewettbewerb ist zulässig,

a) wenn die Leistung nach ihrer Eigenart nur von einem beschränkten Kreis von Unternehmern in geeigneter Weise ausgeführt werden kann, besonders wenn außergewöhnliche Zuverlässigkeit oder Leistungsfähigkeit (z.B. Erfahrung, technische Einrichtungen oder fachkundige Arbeitskräfte) erforderlich ist,

b) wenn die Bearbeitung des Angebots wegen der Eigenart der Leistung einen außergewöhnlich hohen Aufwand erfordert.

4. Freihändige Vergabe ist zulässig, wenn die Öffentliche Ausschreibung oder Beschränkte Ausschreibung unzweckmäßig ist, besonders

a) weil für die Leistung aus besonderen Gründen (z.B. Patentschutz, besondere Erfahrung oder Geräte) nur ein bestimmter Unternehmer in Betracht kommt,

b) weil die Leistung nach Art und Umfang vor der Vergabe nicht eindeutig und erschöpfend festgelegt werden kann,

c) weil sich eine kleine Leistung von einer vergebenen größeren Leistung nicht ohne Nachteil trennen lässt,

d) weil die Leistung besonders dringlich ist,

e) weil nach Aufhebung einer Öffentlichen Ausschreibung oder Beschränkten Ausschreibung eine erneute Ausschreibung kein annehmbares Ergebnis verspricht,

f) weil die auszuführende Leistung Geheimhaltungsvorschriften unterworfen ist.

Schrifttum: *App* Kurzüberblick über den Einfluss der Verdingungsordnung für Bauleistungen auf gemeindliche Bauvorhaben, Gemeindehaushalt 2003, 156 – *Birgel* Öffentliche Aufträge, PdR Gruppe 3/138, 1 (1/1993) – *ders.* Vergabe öffentlicher Aufträge – Erleichterungen für die neuen Bundesländer, PdR Gruppe 16, 153 (4/1992) – *ders.* Öffentliche Aufträge – Erleichterungen für die neuen Bundesländer, PdR Gruppe 16, 153 (4/1991) – *Boesen* Gerichtliche Überprüfbarkeit von Vergabeverfahren öffentlicher Auftraggeber (f), WiB 1997, 1267 – *Byok/Jansen* Durchbruch für das A-Modell im Fernstraßenausbau? NZBau 2005, 241 – *Dreher* in: Immenga/Mestmäcker, GWB, 3. Aufl., 2001 – *ders.* Zur Berücksichtigung eines „Mehr an Eignung" bei der Vergabe öffentlicher Aufträge (f), EWiR 1999, 139 – *Geiger* Vergabe von Bauaufträgen in öffentlichen Sitzungen, BayVBl 1985, 359 – *Greeve* § 298 StGB und private Vergaben, BauRB 2004, 31 – *Höß* Das 20%-Kontingent des Auftraggebers, VergabeR 2002, 19 – *Jasper* EuGH – Unzulässige Auftragsvergabe im Verhandlungsverfahren, WiB 1996, 915 – *Jennert* Die Rückforderung von Zuwendungen bei Vergabeverstößen, KommJur 2006, 286–289 – *Kulartz* in: Niebuhr/Kulartz/Kus/Portz, Kommentar zum Vergaberecht, 2000 – *ders.* Ausschreibungspflichten in der Abfallwirtschaft (Teil 1), AbfallPrax 1999, 169 – *Lambert* Freihändige Vergabe – restriktive Ausnahmeregelung oder Chance für interessengerechtes Vorgehen? BrBp 2005, 360 – *Lampe-Helbig/Wörmann* Handbuch der Bauvergabe, 2. Aufl., 1995, Rdn. 150 ff.; vgl. auch die Kommentare zu § 101 GWB, insb.: *Boesen* Vergaberecht, 2000 – *Meißner* Die VOB – für öffentliche Auftraggeber Hindernis oder Notwendigkeit? – *Quilisch* Das Verhandlungsverfahren – Ein Irrgarten? NZBau 2003, 249 – *Reidt* in: Reidt/Stickler/Glahs, Vergaberecht, 2000 – *Ruh* Mittelstandsbeteiligung an öffentlichen Aufträgen, VergabeR 2005, 718 – Schaetzell Vergabe von Bauleistungen, BlGBW 1981, 224 – *Schaller* VOB- und VOL-Verträge – Ausschreibungs- und Vergabearten im nationalen Bereich, ZKF 2005, 8 – *ders.* Verhinderung von Manipulationen bei der Auftragsvergabe der öffentlichen Hand, KommunalPraxis MO 2004, 205 – *ders.* Maßnahmen zur Verhütung und Bekämpfung von Korruption, RiA 2004, 267 – *ders.* Die Wahl der zutreffenden Vergabeart – Von der Freihändigen Vergabe bis zur Öffentlichen Ausschreibung, FiWi 2003, 73 – *ders.* Verhütung von Manipulationen im öffentlcihen Verdingungswesen, RiA 1997, 5 – *Terner* Zur weiteren Diskussion – Europaweite Ausschreibungspflicht nach Wegfall eines Auftragnehmers? VergabeR 2003, 136 – *Thieme* in: Langen/Bunte, Kommentar zum deutschen und europäischem Kartellrecht, 9. Aufl., 2001 – *Werner* in: Byok/Jaeger, Kommentar zum Vergaberecht, 2000.

Übersicht

A. Anwendungsbereich

§ 3 VOB/A gilt für alle **Auftraggeber**, die den **1. Abschnitt** der VOB/A anzuwenden haben. 1
Im Anwendungsbereich des Abschnittes 2 und des Abschnittes 3 tritt § 3 VOB/A ergänzend neben §§ 3 a, 3 b VOB/A, soweit diese keine spezielleren Regelungen enthalten.[1] Lediglich im Bereich von § 3 VOB/A-SKR wird für die Sektorenauftraggeber, die den 4. Abschnitt anzuwenden haben, § 3 VOB/A verdrängt. Diese Sektorenauftraggeber sind damit insbesondere nicht an die Rangfolge der einzelnen Vergabearten gebunden (vgl. auch § 101 Abs. 6 Satz 2 GWB).

§ 3 VOB/A hat durch die **VOB/A 2006 keine Änderungen** erfahren. 2

Private Auftraggeber sind an § 3 VOB/A nicht gebunden. Bei öffentlicher Förderung eines 3
privaten Bauvorhabens wird dem privaten Auftraggeber allerdings häufig aufgegeben, die VOB/A anzuwenden.[2] Diese Verpflichtung besteht lediglich im Innenverhältnis zur Fördermittel gebenden Stelle. Bewerber und Bieter können hieraus keine Rechte auf Einhaltung der Vorschriften des 1. Abschnitts herleiten oder bei deren Verletzung Schadensersatzansprüche geltend machen.[3]

[1] Beck'scher VOB-Kommentar/*Jasper* VOB/A § 3, Rdn. 3; *Ingenstau/Korbion/Müller-Wrede* VOB/A § 3, Rdn. 1.

[2] Beck'scher VOB-Kommentar/*Jasper VOB/*A § 3, Rdn. 4; *Franke/Kemper/Zanner/Grünhagen* VOB/A § 3, Rdn. 7; *Heiermann/Riedl/Rusam* VOB/A § 3, Rdn. 5.

[3] *Ingenstau/Korbion/Müller-Wrede* VOB/A § 3, Rdn. 1; a.A. *Heiermann/Riedl/Rusam* VOB/A § 3, Rdn. 5.

Anders ist dies zu beurteilen, wenn sich der Auftraggeber – sei es aufgrund der korrespondierenden Bestimmung eines Fördermittelbescheids oder aus freien Stücken – gegenüber den Bewerbern und Bietern verpflichtet, den 1. Abschnitt zu beachten oder den Eindruck erweckt, er werde dies tun, etwa indem er erklärt, nach VOB/A auszuschreiben. In diesen Fällen entsteht zwischen Auftraggeber und Bewerber bzw. Bieter ein vorvertragliches Vertrauensverhältnis, dessen Verletzung zu Schadensersatzansprüchen aus culpa in contrahendo (§§ 280 ff. BGB i.V.m. § 311 Abs. 2 Nr. 1 BGB) führen kann.[4] Primäransprüche auf Einhaltung der vergaberechtlichen Vorschriften stehen den Bewerbern und Bietern gegenüber dem privaten Auftraggeber hingegen nicht zu.

B. Vergabearten (§ 3 Nr. 1 VOB/A)

4 § 3 Nr. 1 VOB/A bezeichnet die **möglichen Vergabearten**: Öffentliche Ausschreibung, Beschränkte Ausschreibung (ggf. nach öffentlichem Teilnahmewettbewerb) und Freihändige Vergabe. Der **Wettbewerbliche Dialog** (§ 101 Abs. 5 GWB, § 6 a VgV)[5] findet nur auf Vergaben oberhalb der Schwellenwerte Anwendung und steht für Ausschreibungen nach dem 1. Abschnitt nicht zur Verfügung.[6] Die Vergabearten unterscheiden sich nach der Zahl der beteiligten Bieter sowie nach der Formalisierung des Verfahrens:[7] Die **Zahl der Bieter** ist bei der Öffentlichen Ausschreibung unbegrenzt. Jeder an dem Auftrag Interessierte kann ein Angebot abgeben. Bei den anderen Vergabearten hingegen ist die Zahl der Bieter begrenzt. Die Beschränkte Ausschreibung nach Öffentlichem Teilnahmewettbewerb lässt eine beliebige Anzahl an Bewerbern, aber nur eine beschränkte Zahl an Bietern zu. Bei der Beschränkten Ausschreibung ohne Öffentlichen Teilnahmewettbewerb und der Freihändigen Vergabe ist die Zahl der Bieter beschränkt. Schließlich sind die Öffentliche und die Beschränkte Ausschreibung **formalisiert**, während die Freihändige Vergabe weitgehend ohne förmliches Verfahren stattfindet.

5 Den **Grundsätzen des Vergaberechts** (Wettbewerb, Transparenz, Gleichbehandlungsgebot, vgl. § 2 VOB/A Rdn. 1 ff.) wird am besten durch die Öffentliche Ausschreibung Rechnung getragen.[8] Am wenigsten wird die Freihändige Vergabe diesen Grundsätzen gerecht. Dem trägt die Vorrangregelung des § 3 Nr. 2 VOB/A Rechnung. Dennoch gelten die **allgemeinen Regeln** der VOB/A für alle Vergabeverfahren, unabhängig von der gewählten Vergabeart. Eine Reihe von Vorschriften ist ausweislich ihres Wortlauts auf eine oder mehrere Vergabearten beschränkt.

I. Öffentliche Ausschreibung (§ 3 Nr. 1 Abs. 1 VOB/A)

6 Die Öffentliche Ausschreibung entspricht dem Offenen Verfahren oberhalb der Schwellenwerte (§ 3 a Nr. 1 lit. a) VOB/A). Sie hat nach § 3 Nr. 2 VOB/A regelmäßig Vorrang.

7 Die öffentliche Ausschreibung beginnt mit einer **öffentlichen Bekanntmachung** (zu den Einzelheiten vgl. § 17 Nr. 1 VOB/A). Deren Ziel ist es, alle interessierte Unternehmen von der beabsichtigten Auftragsvergabe zu unterrichten und ihnen die Abgabe eines Angebots zu ermöglichen. Zulässig ist, dass der Auftraggeber einzelne Unternehmen auf die Bekanntmachung hinweist und zur Teilnahme auffordert, solange er ihnen keine Informationen zur Verfügung stellt, die den übrigen Interessenten nicht oder zu einem späteren Zeitpunkt zugänglich sind.[9]

---

[4] BGH NZBau 2006, 456; Beck'scher VOB-Kommentar/*Jasper* VOB/A § 3, Rdn. 4; *Heiermann/Riedl/Rusam* VOB/A § 3, Rdn. 5; *Ingenstau/Korbion/Müller-Wrede* VOB/A § 3, Rdn. 1.

[5] Vgl. § 3 a VOB/A Rdn. 14 ff.

[6] *Knauff* NZBau 2005, 443.

[7] Beck'scher VOB-Kommentar/*Jasper* VOB/A § 3, Rdn. 8 f.; *Ingenstau/Korbion/Müller-Wrede* VOB/A § 3, Rdn. 2.

[8] Beck'scher VOB-Kommentar/*Jasper* VOB/A § 3, Rdn. 5 ff.; *Ingenstau/Korbion/Müller-Wrede* VOB/A § 3, Rdn. 7.

[9] OLG Schleswig NZBau 2000, 207; Beck'scher VOB-Kommentar/*Jasper* VOB/A § 3, Rdn. 12; *Heiermann/Riedl/Rusam* VOB/A § 3, Rdn. 15; *Ingenstau/Korbion/Müller-Wrede* VOB/A § 3, Rdn. 9.

Nach der öffentlichen Aufforderung zur Einreichung von Angeboten folgt das **vorgeschriebene Verfahren**. Der Ablauf einer Öffentlichen Ausschreibung stellt sich im Wesentlichen wie folgt dar: 8

- Erstellung der Vergabeunterlagen (§§ 9, 10 VOB/A)
- Bekanntmachung (§ 17 Nr. 1 VOB/A)
- Versand der Vergabeunterlagen (§ 17 Nr. 4 VOB/A)
- gegebenenfalls Auskünfte an die Bewerber (§ 17 Nr. 7 VOB/A)
- Einreichung der Angebote (§ 18 VOB/A)
- Eröffnungstermin (§ 22 VOB/A)
- formale Angebotsprüfung – 1. Wertungsstufe (§ 25 Nr. 1 VOB/A)
- gegebenenfalls Aufklärung des Angebotsinhalts (§ 24 VOB/A)
- Eignungsprüfung – 2. Wertungsstufe (§ 25 Nr. 2 Abs. 1 VOB/A)
- Prüfung der Angemessenheit des Preises – 3. Wertungsstufe (§ 25 Nr. 3 Abs. 1 VOB/A)
- Auswahl des wirtschaftlichsten Angebots – 4. Wertungsstufe (§ 25 Nr. 3 Abs. 3 VOB/A)
- Zuschlag (§ 28 VOB/A) oder
- Aufhebung der Ausschreibung (§ 26 VOB/A)
- Benachrichtigung der Bieter (§ 27 VOB/A).

II. Beschränkte Ausschreibung (§ 3 Nr. 1 Abs. 2 VOB/A)

Ebenso in einem formalisierten Verfahren, aber mit einem beschränkten Bieterkreis, findet die **Beschränkte Ausschreibung** statt, ggf. nach Öffentlichem Teilnahmewettbewerb. Die **Beschränkte Ausschreibung nach Öffentlichem Teilnahmewettbewerb** entspricht dem Nichtoffenen Verfahren nach § 3 a Nr. 1 lit. b) VOB/A. 9

1. Allgemeine Regelungen

Bei Beschränkter Ausschreibung werden die Bauleistungen nach **Aufforderung an eine beschränkte Zahl von Unternehmern** zur Abgabe von Angeboten vergeben. Es findet ein **zweistufiges Verfahren** statt.[10] Die **erste Stufe** umfasst die Auswahl der Bieter, die zur Angebotsabgabe aufgefordert werden. Hierunter fällt auch die Eignungsprüfung (2. Wertungsstufe),[11] da nur geeignete Unternehmen aufgefordert werden dürfen (§ 8 Nr. 2 Abs. 2 Satz 1 VOB/A). Anders als bei der Öffentlichen Ausschreibung erfolgt die Eignungsprüfung zu einem Zeitpunkt, in dem noch keine Angebote vorliegen (§ 8 Nr. 4 Satz 1 VOB/A). Zu der **zweiten Stufe** zählen Abgabe und Wertung der Angebote sowie die Zuschlagserteilung. Sie entspricht der Öffentlichen Ausschreibung ab dem Zeitpunkt des Eingangs der Angebote (oben Rdn. 8). Allerdings ist eine Eignungsprüfung nicht mehr erforderlich. Eine Ausnahme gilt nur dann, wenn während der zweiten Stufe neue Tatsachen eintreten oder bekannt werden, die Zweifel an der Eignung eines Bieters begründen. In diesen Fällen muss der Auftraggeber erneut in die Eignungsprüfung eintreten, da die Eignung auch noch zum Zeitpunkt der Zuschlagserteilung vorliegen muss (§ 25 Nr. 2 Abs. 2 VOB/A). Entfällt sie während des Ausschreibungsverfahrens, ist das betroffene Unternehmen auszuschließen. 10

Die Teilnehmer an der ersten Stufe einer Beschränkten Ausschreibung werden als **„Bewerber"** bezeichnet, in der zweiten Stufe spricht man von **„Bietern"**. Die Öffentliche Ausschreibung kennt lediglich Bieter, keine Bewerber. Der Vorteil der Beschränkten gegenüber der Öffentlichen Ausschreibung liegt darin, dass der Aufwand des Auftraggebers für die Auswertung der Angebote deutlich geringer ist.[12] Das gleiche gilt für die Zahl der Bieter, die erfolglos Zeit auf die Angebotserstellung verwendet haben. Nachteilig kann sich auswirken, dass weniger Unternehmen die 11

[10] Beck'scher VOB-Kommentar/*Jasper* VOB/A § 3, Rdn. 17; *Ingenstau/Korbion/Müller-Wrede* VOB/A § 3, Rdn. 15.
[11] *Heiermann/Riedl/Rusam* VOB/A § 3, Rdn. 20; *Ingenstau/Korbion/Müller-Wrede* VOB/A § 3, Rdn. 16.
[12] *Ingenstau/Korbion/Müller-Wrede* VOB/A § 3, Rdn. 15.

Möglichkeit erhalten, durch Angebotsabgabe ihre Wirtschaftlichkeit unter Beweis zu stellen. Es besteht zumindest die Gefahr, dass bei Öffentlicher Ausschreibung wirtschaftlichere Angebote eingegangen wären. Schließlich kann die Beschränkte Ausschreibung für junge Unternehmen den Zugang zum Markt erschweren.

2. Beschränkte Ausschreibung nach Öffentlichem Teilnahmewettbewerb

12 Die VOB/A kennt die Beschränkte Ausschreibung ohne und nach Öffentlichem Teilnahmewettbewerb. Beide Varianten unterscheiden sich ausschließlich hinsichtlich der **ersten Stufe**, also der Auswahl der Bieter. Hinsichtlich der zweiten Stufe bestehen keine Unterschiede. Die Beschränkte Ausschreibung nach Öffentlichem Teilnahmewettbewerb stellt das formstrengere Verfahren dar. Sie steht zwischen der Öffentlichen Ausschreibung und der Beschränkten Ausschreibung.

13 Bei der Beschränkten Ausschreibung nach Öffentlichem Teilnahmewettbewerb erfolgt die Auswahl der Bieter in einem **förmlichen Verfahren**. Die Zahl der Bieter ist begrenzt, die Zahl der Bewerber aber unbegrenzt. Der öffentliche Teilnahmewettbewerb wird durch eine Bekanntmachung gem. § 17 Nr. 2 VOB/A eingeleitet (im einzelnen: § 17 VOB/A Rdn. 34). Jedes interessierte Unternehmen hat die Möglichkeit, einen Teilnahmeantrag zu stellen und seine Eignung nachzuweisen. Der Öffentliche Teilnahmewettbewerb ist nicht Teil des „vorgeschriebenen Verfahrens“ nach § 3 Nr. 1 Abs. 2 VOB/A, sondern ein selbstständiger förmlicher Teil des Vergabeverfahrens.[13] Das Vergabeverfahren beginnt mit dem Öffentlichen Teilnahmewettbewerb. Der Auftraggeber prüft die eingegangenen Teilnahmeanträge zunächst unter formalen Gesichtpunkten (1. Wertungsstufe). Im Anschluss folgt die Eignungsprüfung (2. Wertungsstufe) nach § 8 Nr. 4 VOB/A. Die Eignungsprüfung richtet sich nach den gleichen Grundsätzen wie bei der Öffentlichen Ausschreibung.

14 Zur Angebotsabgabe sollen nur 3 bis 8 geeignete Bewerber aufgefordert werden (§ 8 Nr. 2 Abs. 2 Satz 1 VOB/A). Stellt sich heraus, dass nur zwei Bewerber die Eignungsanforderungen erfüllen, kann die Beschränkte Ausschreibung fortgesetzt werden. Es ist nicht nötig die Ausschreibung aufzuheben und solange neu auszuschreiben, bis sich mindestens drei geeignete Bewerber beteiligen (§ 8 VOB/A Rdn. 28).

15 Während es bei der Öffentlichen Ausschreibung genügt, die Eignung eines Bieters zu bejahen oder zu verneinen, kann es bei der Beschränkten Ausschreibung erforderlich werden zu entscheiden, welche Bewerber trotz erfolgtem Eignungsnachweis **nicht zur Angebotsabgabe aufgefordert** werden. Dies ist der Fall, wenn eine größere Zahl an Bewerbern ihre Eignung nachgewiesen haben, als zur Angebotsabgabe aufgefordert werden sollen. Der Auftraggeber ist nicht verpflichtet, alle geeigneten Bewerber aufzufordern. Die Auswahl unter den geeigneten Unternehmen muss nach objektiven, diskriminierungsfreien Kriterien erfolgen.[14] Unter mehreren geeigneten Bewerbern müssen diejenigen ermitteln werden, die besser als die Übrigen zur Auftragsdurchführung geeignet sind. Die Auswahl erfolgt anhand der Kriterien des § 2 Nr. 1 Satz 1 VOB/A und der nach § 8 Nr. 3 VOB/A verlangten Unterlagen.[15] Die Rechtsprechung, wonach ein **„Mehr an Eignung“** keine Berücksichtigung finden darf,[16] gilt hier nicht. Sie stellt auf die Auswahl des wirtschaftlichsten Angebots in der 4. Wertungsstufe ab (§ 25 Nr. 3 Abs. 3 Satz 2 VOB/A). Dort dürfen Kriterien der Eignungsprüfung keine Rolle mehr spielen.

16 Wenn eine sachgerechte Auswahl wegen der Vielzahl der in Frage kommenden Bieter ausnahmsweise nicht möglich erscheint, ist die Zahl der zur Angebotsabgabe aufzufordernden Bewerber zu erhöhen. Die zahlenmäßige Beschränkung des § 8 Nr. 2 Abs. 2 VOB/A tritt dann hinter grundsätzliche Erwägungen des Vergaberechts zurück.[17]

---

[13] *Heiermann/Riedl/Rusam* VOB/A § 3, Rdn. 18.
[14] Beck'scher VOB-Kommentar/*Jasper* VOB/A § 3, Rdn. 22.
[15] *Jasper* NZBau 2005, 494 (496) zum Verhandlungsverfahren.
[16] BGH NJW 1998, 3644, 3645; BGH VergabeR 2002, 42, 43.
[17] *Franke/Kemper/Zanner/Grünhagen* VOB/A § 3, Rdn. 13; Beck'scher VOB-Kommentar/*Jasper* VOB/A § 3, Rdn. 21; *Ingenstau/Korbion/Müller-Wrede* VOB/A § 3, Rdn. 17.

§ 8 Nr. 2 Abs. 3 VOB/A, wonach **unter den Bewerbern möglichst gewechselt werden** soll, kann lediglich bei der Beschränkten Ausschreibung ohne Öffentlichen Teilnahmewettbewerb Anwendung finden. Es wäre sachlich nicht gerechtfertig, einen Bewerber, der im Rahmen eines Öffentlichen Teilnahmewettbewerbs nachgewiesen hat, besser als andere zur Auftragsdurchführung in der Lage zu sein, nur deshalb vom weiteren Verfahren auszuschließen, weil er bereits in anderen Ausschreibungen zur Angebotsaufgabe aufgefordert worden war. Bei der Beschränkten Ausschreibung ohne Öffentlichen Teilnahmewettbewerb hingegen findet auf der ersten Stufe kein uneingeschränkter Wettbewerb zwischen den Bewerbern statt. Folglich muss verhindert werden, dass der Wettbewerb durch einseitige Auswahlentscheidungen des Auftraggebers völlig ausgeschaltet wird. Diesem Ziel dient § 8 Nr. 2 Abs. 3 VOB/A. 17

Die Auffassung, wonach unter den geeigneten Bewerbern **proportional** näher und ferner liegende sowie größere und kleinere Unternehmen zur Angebotsabgabe aufgefordert werden müssen,[18] stellt auf Kriterien ab, die sich nicht in § 2 VOB/A wiederfinden und muss daher abgelehnt werden.[19] Aus den gleichen Gründen verbietet sich ein Losverfahren.[20] 18

Es ist zulässig, dass der Auftraggeber Unternehmen auf den Öffentlichen Teilnahmewettbewerb hinweist. Hingegen darf er keine Unternehmen zur Angebotsabgabe auffordern, die sich an dem Teilnahmewettbewerb nicht beteiligt haben, da er deren Eignung nicht prüfen konnte.[21] 19

Unterhalb der Schwellenwerte besteht kein Anspruch der Bieter darauf, zur Angebotsabgabe aufgefordert zu werden.[22] Allerdings kann sich der Auftraggeber schadensersatzpflichtig machen, wenn er die Bewerber, die zur Angebotsabgabe aufgefordert werden, nicht anhand objektiver, diskriminierungsfreier Kriterien auswählt. 20

3. Beschränkte Ausschreibung ohne Öffentlichen Teilnahmewettbewerb

Die Beschränkte Ausschreibung ohne Öffentlichen Teilnahmewettbewerb findet ausschließlich unterhalb der Schwellenwerte Anwendung. Dem Nichtoffenen Verfahren des § 3 a Nr. 1 lit. b) VOB/A geht stets eine Öffentliche Vergabebekanntmachung voraus. 21

Bei der Beschränkten Ausschreibung ohne Öffentlichen Teilnahmewettbewerb erfolgt die Auswahl der Bieter auf der ersten Verfahrensstufe weitgehend **formfrei**.[23] Der Auftraggeber wendet sich an Unternehmen, die er zur Angebotsabgabe auffordert. Es besteht die Gefahr, dass er ausschließlich auf ihn bekannte Unternehmen abstellt und eine Marktabschottung entsteht. Dem versucht § 8 Nr. 2 Abs. 3 VOB/A vorzubeugen, wonach unter den Bewerbern möglichst gewechselt werden soll. Vor Angebotsaufforderung muss der Auftraggeber die Eignung der Bewerber prüfen (§ 8 Nr. 4 Satz 1 VOB/A). Soweit er die Eignung nicht aufgrund von Unterlagen aus vorangegangenen, aktuellen Ausschreibungen oder aufgrund sonstiger Kenntnis verlässlich beurteilen kann, muss der Auftraggeber die Bewerber zunächst auffordern, entsprechende Nachweise vorzulegen (§ 8 Nr. 3 VOB/A).[24] Im Anschluss erfolgt die Aufforderung zur Angebotsabgabe. Die Zahl der aufzufordernden Bewerber soll zwischen drei und acht liegen (§ 8 Nr. 2 Abs. 2 Satz 1 VOB/A). Für der Auswahl der Bewerber gelten die allgemeinen Vergabegrundsätze, insbesondere § 2 VOB/A.[25] 22

---

[18] *Heiermann/Riedl/Rusam* VOB/A § 3, Rdn. 20.

[19] Beck'scher VOB-Kommentar/*Jasper* VOB/A § 3, Rdn. 21; *Ingenstau/Korbion/Müller-Wrede* VOB/A § 3, Rdn. 17.

[20] *Jasper* NZBau 2005, 494 (496) zum Verhandlungsverfahren; a.A. für Ausnahmefälle, bei denen aufgrund der Vielzahl der geeigneten Bewerber eine Auswahl nach objektiven Kriterien unmöglich erschient OLG Rostock VergabeR 2004, 240 (241 f.).

[21] Beck'scher VOB-Kommentar/*Jasper* VOB/A § 3, Rdn. 23; *Heiermann/Riedl/Rusam* VOB/A § 3, Rdn. 22.

[22] *Heiermann/Riedl/Rusam* VOB/A § 3, Rdn. 20; *Ingenstau/Korbion/Müller-Wrede* VOB/A § 3, Rdn. 15.

[23] Beck'scher VOB-Kommentar/*Jasper* VOB/A § 3, Rdn. 17; *Ingenstau/Korbion/Müller-Wrede* VOB/A § 3, Rdn. 15.

[24] Beck'scher VOB-Kommentar/*Prieß/Hausmann* VOB/A § 8, Rdn. 94; *Heiermann/Riedl/Rusam* VOB/A § 8, Rdn. 48; *Ingenstau/Korbion/Schranner* VOB/A § 8, Rdn. 69.

[25] Beck'scher VOB-Kommentar/*Jasper* VOB/A § 3, Rdn. 20.

23 Das weitere Verfahren ab Aufforderung zur Angebotsabgabe unterscheidet sich nicht von der Beschränkten Ausschreibung nach Öffentlichem Teilnahmewettbewerb.

III. Freihändige Vergabe (§ 3 Nr. 1 Abs. 3 VOB/A)

24 Die Freihändige Vergabe nach § 3 Nr. 1 Abs. 3 VOB/A ist ein nicht formalisiertes Verfahren mit einer begrenzten Bieterzahl. Die Kombination dieser Eigenschaften macht das Verfahren für eine Verletzung vergaberechtlicher Grundsätze besonders anfällig. Wegen seiner Flexibilität, insbesondere der Möglichkeit von Verhandlungen, ist das Verfahren für Auftraggeber besonders attraktiv. Die VOB/A bezeichnet die Freihändige Vergabe nicht als „Ausschreibung". Die explizit nur für Ausschreibungen geltenden Normen der VOB/A findet auf die Freihändige Vergabe keine Anwendung. Oberhalb der Schwellenwerte tritt nach § 3 a Nr. 1 lit. d) VOB/A das Verhandlungsverfahren an die Stelle der Freihändigen Vergabe (vgl. § 3 a VOB/A Rdn. 62).

25 Auch bei Freihändiger Vergabe sind **Mindestregelungen** zu beachten. So erklärt die VOB/A ausdrücklich folgende Bestimmungen für anwendbar: § 8 Nr. 2 Abs. 3 VOB/A (Wechsel unter den Bewerbern), § 8 Nr. 4 VOB/A (Prüfung der Eignung der Bewerber vor Aufforderung zur Angebotsabgabe), § 14 Nr. 1 Satz 2 VOB/A (in der Regel keine Sicherheitsleistung), § 19 Nr. 4 VOB/A (Zuschlags- und Bindefrist), § 20 Nr. 1 Abs. 2 VOB/A (Unentgeltliche Abgabe der Unterlagen), § 20 Nr. 2 Abs. 2 VOB/A (Entschädigung für die Bearbeitung des Angebots), § 22 Nr. 8 VOB/A (Verwahrung und Geheimhaltung der Angebote und ihrer Anlagen), § 23 Nr. 3 Abs. 3 VOB/A (Prüfung der Angebote bei Rechenfehlern), § 25 Abs. 2 Nr. 2 VOB/A (Berücksichtigung von Umständen, die nach Aufforderung zur Angebotsabgabe Zweifel an der Eignung des Bieters begründen), § 25 Nr. 7 VOB/A (Entsprechende Anwendung von Vorschriften über die Wertung von Angeboten). Die Durchführung eines **Öffentlichen Teilnahmewettbewerbs** ist nicht vorgeschrieben, aber zulässig, beispielsweise um die Marktkenntnis des Auftraggebers zu vergrößern.[26]

26 Daneben hat der Auftraggeber auch bei Freihändiger Vergabe die **Grundsätze des Vergaberechts** (Wettbewerb, Transparenz, Gleichbehandlungsgebot) zu beachten.[27] So ist er beispielsweise verpflichtet, allen Bietern die gleichen Informationen zur Verfügung zu stellen und im Falle von Fristsetzungen alle Unternehmen gleich zu behandeln. Keinesfalls darf er einem Bieter die Preise der Konkurrenzunternehmen mitteilen, um ihn in die Lage zu versetzen, das wirtschaftlichste Angebot abzugeben.[28] Auch unrichtige Angaben sind unzulässig. Zur Sicherstellung eines echten Wettbewerbs sind regelmäßig mit mehreren Bietern Verhandlungen zu führen.[29] Innerhalb dieses Rahmens bestimmt der Auftraggeber den Verfahrensablauf weitgehend selbst.[30] Er entscheidet, ob und zu welchem Zeitpunkt er Vertragsunterlagen zum Gegenstand der Verhandlungen macht und ob den Bietern Fristen gesetzt werden. Auch kann er den Kreis der Bieter im Laufe der Verhandlungen begrenzen, indem er weniger geeignete Bieter oder weniger wirtschaftliche Angebote Stück für Stück vom weiteren Verfahren ausschließt. Soweit der Auftraggeber das Verfahren vorgibt, ist er hieran gebunden. Die Bieter können darauf vertrauen, dass der Auftraggeber den von ihm selbst formulierten Verfahrensablauf einhält.

27 Der wesentliche Vorteil der Freihändigen Vergabe liegt darin, dass das **Verhandlungsverbot** des § 24 Nr. 3 VOB/A nicht gilt. Mit den Bietern kann über den Angebotsinhalt und über die angebotenen Preise verhandelt werden. Zur Wahrung des Wettbewerbs darf der Verhandlungsrahmen nicht unbegrenzt ausgedehnt werden. Zulässig ist es, mit den Bietern über Änderungen

[26] Beck'scher VOB-Kommentar/*Jasper* VOB/A § 3, Rdn. 31; *Ingenstau/Korbion/Müller-Wrede* VOB/A § 3, Rdn. 34.
[27] Beck'scher VOB-Kommentar/*Jasper* VOB/A § 3, Rdn. 29; *Ingenstau/Korbion/Müller-Wrede* VOB/A § 3, Rdn. 32.
[28] Beck'scher VOB-Kommentar/*Jasper* VOB/A § 3, Rdn. 29; *Ingenstau/Korbion/Müller-Wrede* VOB/A § 3, Rdn. 33.
[29] OLG Düsseldorf VergabeR 2005, 503 (507).
[30] *Ingenstau/Korbion/Müller-Wrede* VOB/A § 3, Rdn. 31.

des Leistungsverzeichnisses zu verhandeln. Dies darf jedoch nicht dazu führen, dass eine völlig andere, als die Leistung vergeben wird, für welche alle anderen Bieter Angebote abgegeben hatten. Der Auftraggeber muss sicherstellen, dass der Zuschlag auf ein Angebot erteilt wird, das Gegenstand eines Wettbewerbs zwischen mehreren Anbietern war.

Kein Fall der Freihändigen Vergabe ist die **Nachtragsvereinbarung nach § 2 Nr. 5 und 6 VOB/B:** Dem Auftraggeber bleibt nach § 1 Nr. 3 VOB/B vorbehalten, Änderungen des Bauentwurfs anzuordnen. Auch nicht vereinbarte Leistungen, die zur Ausführung der vertraglichen Leistung erforderlich werden, hat der Auftragnehmer auf Verlangen des Auftraggebers auszuführen, außer wenn sein Betrieb auf derartige Leistungen nicht eingerichtet ist (§ 1 Nr. 4 Satz 1 VOB/B). Der Bauvertrag enthält somit bereits Regelungen über die Beauftragung dieser Leistungen; einer Vergabe bedarf es nicht.[31] Für Leistungen, die nicht Gegenstand des Bauvertrages sind, ist ein Anschlussauftrag zu erteilen. Für diesen ist gesondert die richtige Vergabeart zu wählen; eine Freihändige Vergabe kommt also nur unter den Bedingungen des § 3 Nr. 4 VOB/A in Betracht. 28

C. Zulässigkeit der einzelnen Vergabearten

Die Vergabearten stehen in einem Hierarchieverhältnis. Im Interesse eines funktionierenden Wettbewerbs hat die Öffentliche Ausschreibung grundsätzlich **Vorrang** vor den anderen Vergabearten.[32] Nach § 3 Nr. 2 VOB/A muss eine Öffentliche Ausschreibung stattfinden, wenn nicht die Eigenart der Leistung oder besondere Umstände eine Abweichung rechtfertigen. Die Beschränkte Ausschreibung geht der Freihändigen Vergabe vor. Wann die Beschränkte Ausschreibung oder die Freihändige Vergabe ausnahmsweise zulässig sind, regeln § 3 Nr. 3 und Nr. 4 VOB/A. Der jeweilige **Auftragswert** ist für die Wahl der Vergabeart ohne Bedeutung, sieht man von ausdrücklichen Normierungen (insb.: § 3 Nr. 3 Abs. 1 lit. a) VOB/A) ab (vgl. Rdn. 40 und 82).[33] 29

§ 30 Nr. 1 VOB/A verpflichtet den Auftraggeber, die Wahl der jeweiligen Vergabeart und die hierbei angenommenen Gründe zu **dokumentieren**. Dadurch wird gewährleistet, dass der Auftraggeber sein Vorgehen bei eventuellen Schadensersatzprozessen darlegen kann. Ebenso kann ein solcher Vermerk über die Wahl der Vergabeart dazu dienen, die zuständige Aufsichtsbehörde über die Gründe für die Entscheidung des Auftraggebers für eine bestimmte Vergabeart in Kenntnis zu setzen. 30

I. Vorrang der Öffentlichen Ausschreibung (§ 3 Nr. 2 VOB/A)

Die Öffentliche Ausschreibung hat Vorrang vor den anderen Vergabearten, weil sie die **vergaberechtlichen Grundsätze** in besonders hervorgehobener Weise verwirklicht. Grundsätzlich bewertet die VOB/A die Verwirklichung dieser Grundsätze höher als den mit einer Öffentlichen Ausschreibung regelmäßig für die Bieter und den Auftraggeber verbundenen Aufwand. Nach § 3 Nr. 2 VOB/A muss die Öffentliche Ausschreibung stattfinden, wenn nicht die Eigenart der Leistung oder besondere Umstände eine Abweichung rechtfertigen. Wann dies der Fall ist, wird in § 3 Nr. 3 und Nr. 4 VOB/A geregelt. § 3 Nr. 2 VOB/A kommt nur insoweit eigenständige Bedeutung zu, als diese Vorschrift bei der Auslegung der Ausnahmetatbestände der Nr. 3 und 4 heranzuziehen ist.[34] 31

Fehlt es im Einzelfall an einer Verpflichtung zur Durchführung einer Öffentlichen Ausschreibung, so ist der Auftraggeber dennoch berechtigt, diese Vergabeart zu wählen. Nach dieser 32

[31] *Heiermann/Riedl/Rusam* VOB/A § 3, Rdn. 36; *Reidt/Stickler/Glahs* § 99, Rdn. 4 c.

[32] Beck'scher VOB-Kommentar/*Jasper* VOB/A § 3, Rdn. 35; *Heiermann/Riedl/Rusam* VOB/A § 3, Rdn. 12; *Ingenstau/Korbion/Müller-Wrede* VOB/A § 3, Rdn. 5.

[33] *Franke/Kemper/Zanner/Grünhagen* VOB/A § 3, Rdn. 6.

[34] *Ingenstau/Korbion/Müller-Wrede* VOB/A § 3, Rdn. 14.

Entscheidung ist der Auftraggeber gezwungen, alle Vorgaben für die Öffentliche Ausschreibung zu beachten. Dies fordert der **Vertrauensschutz** der Bieter.[35]

II. Zulässigkeit der Beschränkten Ausschreibung (§ 3 Nr. 3 Abs. 1 VOB/A)

33 § 3 Nr. 3 Abs. 1 VOB/A regelt die Zulässigkeit einer Beschränkten Ausschreibung. Die Regelung ist nur beispielhaft, wie sich aus § 3 Nr. 3 Abs. 1 lit. c) VOB/A („z.B.") ergibt. Die Unzweckmäßigkeit einer Öffentlichen Ausschreibung kann sich also auch aus anderen als den hier genannten Gründen ergeben (näher Rdn. 56).[36]

1. § 3 Nr. 3 Abs. 1 lit. a) VOB/A: Missverhältnis zwischen Aufwand und Ertrag

34 Eine Beschränkte Ausschreibung ist nach § 3 Nr. 3 Abs. 1 lit. a) VOB/A zulässig, wenn die Öffentliche Ausschreibung für den Auftraggeber oder die Bewerber einen Aufwand verursachen würde, der zu dem erreichbaren Vorteil oder dem Wert der Leistung im Missverhältnis stehen würde. Ein Missverhältnis, das eine Beschränkte Ausschreibung rechtfertigt, kann also bestehen in **folgenden Verhältnissen:** Der Aufwand des Auftraggebers bei einer Öffentlichen Ausschreibung steht im Missverhältnis zu dem erreichbaren Vorteil (1) oder zu dem Wert der Leistung (2). Der Aufwand des Bewerbers bei einer Öffentlichen Ausschreibung lässt sich angesichts des erreichbaren Vorteils (3) oder des Werts der Leistung (4) nicht rechtfertigen. Sofern *eines* der zuvor beschriebenen denkbaren Missverhältnisse vorliegt, ist die Beschränkte Ausschreibung zulässig.[37]

35 Die Vorschrift trägt gleichermaßen den **Interessen des Auftraggebers und der Bieter** Rechnung: Der mit einer Öffentlichen Ausschreibung verbundene Aufwand des Auftraggebers soll nur dann erbracht werden müssen, wenn ein Vorteil durch diesen Aufwand erreichbar scheint und der (oftmals erhebliche) Mehraufwand sich angesichts des Werts der Leistung tatsächlich „lohnt". Mit der Beachtung des bei den Bewerbern entstehenden Aufwandes trägt die VOB/A Bedenken gegen einen überspannten Wettbewerb Rechnung. Den Bewerbern soll nicht zugemutet werden, umfangreiche und teure Vorarbeiten bei der Angebotserstellung leisten zu müssen, wenn der Auftraggeber nur einen geringen Vorteil erlangt oder der Aufwand mit Blick auf den Wert der Leistung nicht akzeptabel erscheint.

36 Der **Aufwand des Auftraggebers** besteht regelmäßig in dem Erstellen der Leistungsbeschreibung sowie der Prüfung und Wertung der Angebote. Ein außergewöhnlich hoher Aufwand kann insbesondere entstehen, wenn eine Vielzahl von Einzelpositionen vergeben werden soll, mit einer nicht mehr zu bewältigenden Zahl an Bietern oder, wie beispielsweise oftmals bei einer Leistungsbeschreibung mit Leistungsprogramm (§ 9 Nr. 15 bis Nr. 17 VOB/A), mit sehr umfangreichen Angeboten zu rechnen ist.[38] Auch der Umstand, dass bei komplexen Öffentlichen Ausschreibungen an zahlreiche Bieter eine Entschädigung nach § 20 Nr. 2 Abs. 1 Satz 2 VOB/A zu zahlen ist, kann für den Auftraggeber einen außergewöhnlich hohen Aufwand darstellen.[39]

37 Der **Aufwand der Bewerber** ist insbesondere die Erstellung der Angebotsunterlagen. Bei Leistungsbeschreibung mit Leistungsprogramm kann es notwendig sein, eine Vielzahl von Un-

---

[35] VÜA Bayern, Beschluss v. 20.10.1999, VÜA 8/99 S. 9 = *Fischer/Noch* EzEG-VergabeR, II 65, S. 12; Beck'scher VOB-Kommentar/*Jasper* VOB/A § 3, Rdn. 33.

[36] Beck'scher VOB-Kommentar/*Jasper* VOB/A § 3, Rdn. 37; *Heiermann/Riedl/Rusam* VOB/A § 3, Rdn. 26; *Ingenstau/Korbion/Müller-Wrede* VOB/A § 3, Rdn. 27; **anderer Ansicht:** *Franke/Kemper/Zanner/Grünhagen* VOB/A § 3, Rdn. 30.

[37] **Anderer Ansicht:** *Franke/Kemper/Zanner/Grünhagen* VOB/A § 3, Rdn. 35 f.; *Ingenstau/Korbion/Müller-Wrede* VOB/A § 3, Rdn. 20 f.; *Heiermann/Riedl/Rusam* VOB/A § 3, Rdn. 27 f., die nur ein mögliches Missverhältnis zwischen dem Aufwand des Auftraggebers und dem erreichbaren Vorteil einerseits sowie zwischen dem Aufwand des Bieters und dem Wert der Leistung andererseits als maßgeblich ansehen; wie hier dagegen Beck'scher VOB-Kommentar/*Jasper* VOB/A § 3, Rdn. 40.

[38] Beck'scher VOB-Kommentar/*Jasper* VOB/A § 3, Rdn. 43.

[39] Beck'scher VOB-Kommentar/*Jasper* VOB/A § 3, Rdn. 47.

terlagen auszuarbeiten, etwa Entwurfspläne, Berechnungen usw. In solchen Fällen soll ein unverhältnismäßiger Aufwand vermieden werden, wenn dies zu dem Wert der Leistung in keinem Verhältnis steht oder der von dem Auftraggeber erreichbare Vorteil gering erscheint.[40] Dabei ist allerdings zu beachten, dass in diesen Fällen den Bewerbern für die Bearbeitung der Angebotsunterlagen nach § 20 Nr. 2 Abs. 1 Satz 2 VOB/A regelmäßig eine Entschädigung gewährt wird. Ist der Aufwand der Bewerber zwar hoch, steht aber noch in einem angemessenen Verhältnis zu dem erreichbaren Vorteil oder dem Wert der Leistung, kann nach § 3 Nr. 3 Abs. 2 lit. b) VOB/A eine Beschränkten Ausschreibung nach Öffentlichem Teilnahmewettbewerb in Betracht kommen (§ 3 VOB/A Rdn. 62).

Für den **erreichbaren Vorteil** ist die Sicht des öffentlichen Auftraggebers maßgeblich. Dieser wird sich regelmäßig von Öffentlichen Ausschreibungen den Schutz vor Preisabsprachen sowie kostengünstige Angebote erhoffen. Die Erwartung von attraktiven Nebenangeboten kann ebenso ein erreichbarer Vorteil sein.[41] Eine Ausschreibung für vergabefremde Zwecke ist allerdings unzulässig (vgl. § 16 VOB/A Rdn. 20). 38

Für den **Wert der Leistung** kommt es nicht allein auf die Sicht der Bewerber an.[42] Abzustellen ist nicht auf den möglichen Vermögenszuwachs beim Auftragnehmer. Denn die Entscheidung über die Vergabeart muss am Beginn des Vergabeverfahrens stehen. Zu diesem Zeitpunkt liegt dem Auftraggeber regelmäßig nur eine Schätzung vor, welchen Wert der Auftrag haben wird. Mit welchem Gewinn ein einzelner Bewerber bei Erfolg rechnen kann, ist dem Auftraggeber unbekannt, da er die Kalkulation der Bieter und deren Grundlagen nicht kennt. Daher muss der vom Auftraggeber zu Beginn der Auftragsvergabe geschätzte Gesamtwert (Nettobetrag des Werklohnes) entscheidend sein.[43] 39

Da es auf das Verhältnis von Aufwand und erreichbaren Vorteilen für Auftraggeber und Bewerber ankommt, kann eine feste **Wertgrenze** für die Anwendung des § 3 Nr. 3 Abs. 1 lit. a) VOB/A nicht benannt werden. Teilweise finden sich jedoch im **Landesrecht** Regelungen zu Wertgrenzen. In Bayern ist beispielsweise die Beschränkte Ausschreibung bis zu 75.000€ brutto bei Ausbaugewerken, 150.000€ brutto bei Rohbauarbeiten und 300.000€ brutto bei Tiefbauarbeiten ohne weitere Einzelbegründung zulässig.[44] 40

Auch eine genaue **Prozentzahl** für das Vorliegen eines Missverhältnisses kann nicht angegeben werden. Der Aufwand für die Erstellung der Verdingungsunterlagen, die Prüfung und Wertung der Angebote sowie der Aufwand für die Erstellung der Angebote steigt in der Regel mit der Komplexität des Auftrages. Regelmäßig steigt damit aber zugleich der Wert der Leistung und der mit einer Öffentlichen Ausschreibung erreichbare Vorteil. Angesichts des Fehlens genauer Grenzen kann der Maßstab für einen erhöhten Aufwand regelmäßig nur der Vergleich mit dem Üblichen sein.[45] 41

2. § 3 Nr. 3 Abs. 1 lit. b) VOB/A: Öffentliche Ausschreibung ohne annehmbares Ergebnis

Eine Beschränkte Ausschreibung ist nach § 3 Nr. 3 Abs. 1 lit. b) VOB/A zulässig, wenn eine Öffentliche Ausschreibung kein annehmbares Ergebnis gehabt hat. 42

Ein **annehmbares Ergebnis** fehlt, wenn kein Angebot eingegangen ist, das den **Ausschreibungsbedingungen entsprach** und die Ausschreibung deswegen aufgehoben wurde (§ 26 Nr. 1 lit. a) VOB/A). Den Ausschreibungsbedingungen widersprechen Angebote, die aus formalen 43

---

[40] Beck'scher VOB-Kommentar/*Jasper* VOB/A § 3, Rdn. 44.

[41] Beck'scher VOB-Kommentar/*Jasper* VOB/A § 3, Rdn. 45; *Heiermann/Riedl/Rusam* VOB/A § 3, Rdn. 28.

[42] Beck'scher VOB-Kommentar/*Jasper* VOB/A § 3, Rdn. 46; a.A. *Ingenstau/Korbion/Müller-Wrede* VOB/A § 3, Rdn. 20.

[43] *Franke/Kemper/Zanner/Grünhagen* VOB/A § 3, Rdn. 37; Beck'scher VOB-Kommentar/*Jasper* VOB/A § 3, Rdn. 46; *Heiermann/Riedl/Rusam* VOB/A § 3, Rdn. 27; dagegen *Ingenstau/Korbion/Müller-Wrede* VOB/A § 3, Rdn. 20, der auf den Vermögenszuwachs bei dem erfolgreichen Bieter abstellen will.

[44] Bekanntmachung des Bayerischen Staatsministeriums des Inneren vom 14.10.2005 (AllMBl. Nr. 11/05 vom 31.10.2005, S. 424).

[45] Beck'scher VOB-Kommentar/*Jasper* VOB/A § 3, Rdn. 47.

Gründen (1. Wertungsstufe – § 25 Nr. 1 VOB/A) oder fehlender Eignung des Bieters (2. Wertungsstufe – § 25 Nr. 2 Abs. 1 VOB/A) ausgeschlossen wurden.[46]

44 Unterschiedlich wird die Frage beantwortet, ob auch Angebote mit **unangemessenen Preisen** (3. Wertungsstufe – § 25 Nr. 3 Abs. 1 VOB/A) den Ausschreibungsbedingungen widersprechen und eine Aufhebung nach § 26 Nr. 1 lit. a) VOB/A rechtfertigen.[47] Soweit dies verneint wird, wird eine Aufhebung wegen unangemessener Preise mit dem Vorliegen anderer schwer wiegender Gründe im Sinne des § 26 Nr. 1 lit. c) VOB/A begründet.[48] Für die Anwendbarkeit des § 3 Nr. 3 Abs. 1 lit. b) VOB/A spielt diese Diskussion keine Rolle. Während § 26 Nr. 1 lit. a) VOB/A darauf abstellt, ob die Angebote den Ausschreibungsbedingungen entsprechen, greift § 3 Nr. 3 Abs. 1 lit. b) VOB/A bei Vorliegen eines nicht annehmbaren Ergebnisses ein. Dieser Begriff ist weiter zu verstehen und umfasst auch die Aufhebung wegen unangemessener Preise, unabhängig davon, nach welcher Alternative des § 26 Nr. 1 VOB/A sie erfolgen darf.[49]

45 Eine Aufhebung aus sonstigen Gründen berechtigt nicht zum Übergang in die Beschränkte Ausschreibung. Dies gilt für die Aufhebung nach **§ 26 Nr. 1 lit. b) VOB/A**[50] (grundlegende Veränderung der Verdingungsunterlagen) oder nach **§ 26 Nr. 1 lit. c) VOB/A** (andere schwer wiegende Gründe), soweit die Aufhebung nicht wegen unangemessener Preise erfolgt (oben Rdn. 44). Der Auftraggeber ist nicht zur Erteilung des Zuschlags verpflichtet.[51] Hebt er ohne Vorliegen eines der in § 26 Nr. 1 VOB/A genannten Gründe die Ausschreibung auf, kommt ein Übergang in die Beschränkte Ausschreibung ebenfalls nicht in Betracht.

46 § 3 Nr. 3 Abs. 1 lit. b) VOB/A ist nicht anwendbar, wenn das Scheitern der vorangegangenen Öffentlichen Ausschreibung dem Auftraggeber **zuzurechnen** ist, etwa weil die von ihm zu verantwortenden Ausschreibungsbedingungen die Erfüllung des ausgeschriebenen Auftrags derart erschwerten, dass keine ausschreibungskonformen Angebote eingegangen sind.[52]

47 Voraussetzung einer Beschränkten Ausschreibung ist, dass die vorangegangene Öffentliche Ausschreibung **wirksam aufgehoben** wurde.[53] Ein formloser Übergang von der Öffentlichen Ausschreibung in die Beschränkte Ausschreibung ist unzulässig.

48 Weiterhin müssen **alle** Angebote einem Ausschlussgrund unterliegen. Liegt auch nur ein wertbares Angebot vor, scheidet eine Aufhebung aus.[54]

49 Umstritten ist, ob der Auftraggeber eine Beschränkte Ausschreibung durchführen darf, wenn ihm die auf die Öffentliche Ausschreibung eingegangenen **Angebote insgesamt zu teuer** erscheinen. Zum Teil wird angenommen, ein unannehmbares Ergebnis der Öffentlichen Ausschreibung liege jedenfalls dann nicht vor, wenn die angebotenen Entgelte das Budget des Auftraggebers überschritten, weil dieser die Kosten schuldhaft zu niedrig kalkuliert habe.[55] Demgegenüber wird auch vertreten, das Ergebnis einer Ausschreibung sei bereits dann unannehmbar, wenn die Preise über den üblicherweise zu erwartenden und zuzubilligenden Spielraum hinausgingen. Bei der Ermittlung dieses Spielraums seien nur Angebote zu berücksichtigen, deren Preise unter Berücksichtigung rationellen Baubetriebes und sparsamer Wirtschaftsführung eine einwandfreie Ausführung einschließlich Mängelhaftung erwarten ließen.[56]

---

[46] *Ingenstau/Korbion/Müller-Wrede* VOB/A § 3, Rdn. 23; *Heiermann/Riedl/Rusam* VOB/A § 3, Rdn. 30.

[47] In diesem Sinne: § 26 VOB/A Rdn. 7; *Ingenstau/Korbion/Portz* VOB/A § 26, Rdn. 14.

[48] OLG Frankfurt a.M. VergabeR 2006, 131. 135; *Heiermann/Riedl/Rusam* VOB/A § 26, Rdn. 9; offen gelassen in: Beck'scher VOB-Kommentar/*Jasper* VOB/A § 26, Rdn. 20.

[49] Beck'scher VOB-Kommentar/*Jasper* VOB/A § 3, Rdn. 48; *Ingenstau/Korbion/Müller-Wrede* VOB/A § 3, Rdn. 23; *Heiermann/Riedl/Rusam* VOB/A § 3, Rdn. 30; OLG Jena VergabeR 2005, 492 (501) zu der gleich lautenden Vorschrift des § 3 a Nr. 6 lit. a) VOB/A.

[50] *Franke/Kemper/Zanner/Grünhagen* VOB/A § 3, Rdn. 43.

[51] BGH NJW 1998, 3640 (3643); BGH VergabeR 2003, 163 (165).

[52] BGHZ 139, 259 (263) = NJW 1998, 3636 (3637); Beck'scher VOB-Kommentar/*Jasper* VOB/A § 3, Rdn. 49; *Ingenstau/Korbion/Portz* VOB/A § 26, Rdn. 14.

[53] *Ingenstau/Korbion/Müller-Wrede* VOB/A § 3, Rdn. 24.

[54] Beck'scher VOB-Kommentar/*Jasper* VOB/A § 3, Rdn. 48; *Ingenstau/Korbion/Müller-Wrede* VOB/A § 3, Rdn. 23.

[55] Beck'scher VOB-Kommentar/*Jasper* VOB/A § 3, Rdn. 49.

[56] So *Ingenstau/Korbion/Müller-Wrede* VOB/A § 3, Rdn. 23.

Richtigerweise ist die Unannehmbarkeit der Preise nach den Maßstäben des § 25 Nr. 3 Abs. 1 VOB/A zu beurteilen (vgl. § 25 VOB/A Rdn. 51 ff.). Kann auf die eingegangenen Angebote entsprechend § 25 Nr. 3 Abs. 1 VOB/A der Zuschlag nicht erteilt werden, liegt ein Fall des unannehmbaren Ergebnisses im Sinne von § 3 Nr. 3 Abs. 1 lit. b) VOB/A vor. Übersteigen die Preise lediglich das vom Auftraggeber prognostizierte Niveau, so ist der Auftraggeber **zur Erteilung eines Auftrages nicht verpflichtet** (oben Rdn. 45). Es steht ihm also frei, erneut mit einem reduzierten Auftragsvolumen auszuschreiben. Diese Ausschreibung muss nach der Rangfolge gem. § 3 Nr. 2 VOB/A aber im Wege Öffentlicher Ausschreibung erfolgen. 50

Hat die Öffentliche Ausschreibung kein annehmbares Ergebnis gebracht, muss sich der Auftraggeber **entscheiden**, ob er den Weg einer Beschränkten Ausschreibung oder einer Freihändigen Vergabe wählt. Nach § 3 Nr. 4 lit. e) VOB/A ist die Freihändige Vergabe zulässig, wenn nach Aufhebung einer Öffentlichen Ausschreibung oder Beschränkten Ausschreibung eine erneute Ausschreibung kein annehmbares Ergebnis verspricht. Der Auftraggeber muss damit prognostizieren, ob die Beschränkte Ausschreibung ein annehmbares Ergebnis erwarten lässt, nachdem dieses Ziel bei der Öffentlichen Ausschreibung verfehlt wurde. Bei dieser Entscheidung hat der Auftraggeber den grundsätzlichen Vorrang der Beschränkten Ausschreibung vor der freihändigen Vergabe zu beachten.[57] Die Freihändige Vergabe kommt insbesondere in Betracht, wenn nur ein Bieter nach der Öffentlichen Ausschreibung in Frage kommt. 51

3. § 3 Nr. 3 Abs. 1 lit. c) VOB/A: Unzweckmäßigkeit

Die Beschränkte Ausschreibung ist nach § 3 Nr. 3 Abs. 1 lit. c) VOB/A zulässig, wenn die Öffentliche Ausschreibung aus anderen Gründen (z.B. Dringlichkeit, Geheimhaltung) **unzweckmäßig** ist. Die Aufzählung ist nicht abschließend. 52

a) Dringlichkeit. Die Dringlichkeit im Sinne von § 3 Nr. 3 Abs. 1 lit. c) VOB/A liegt nur vor, wenn diese objektiv gegeben ist. Die subjektive Vorstellung des Auftraggebers, die Leistung sei dringlich, ist unbeachtlich.[58] Die Dringlichkeit darf nicht vom Auftraggeber verursacht sein. Der Auftraggeber hätte es sonst in der Hand, durch eine Verzögerung von Vorbereitungsarbeiten eine an sich gebotene Öffentliche Ausschreibung zu vermeiden (vgl. § 3 a VOB/A Rdn. 128 f. mit Einzelfällen). 53

Liegt Dringlichkeit in diesem Sinne vor, kann auch eine Freihändige Vergabe nach § 3 Nr. 4 lit. d) VOB/A zulässig sein. Eine **Freihändige Vergabe** kommt wegen des Vorrangs der Beschränkten Ausschreibung nur in Betracht, wenn eine Beschränkte Ausschreibung aufgrund der Dringlichkeit der Ausschreibung unzweckmäßig erscheint, die Leistung also „besonders dringlich" ist.[59] 54

b) Geheimhaltung. Für die als Beispiel für die Unzweckmäßigkeit einer Öffentlichen Ausschreibung genannte Geheimhaltung gilt dasselbe. Das Geheimhaltungsbedürfnis muss objektiv gegeben sein und sich aus der Eigenart der Leistung ergeben. Geheimhaltungsbedürftig sind insbesondere militärische Anlagen. Fälle von Geheimhaltungsbedürftigkeit sind aber auch in anderen sicherheitsrelevanten Bereichen denkbar.[60] 55

c) Sonstiges. Die Fälle der Dringlichkeit und der Geheimhaltungsbedürftigkeit sind nur beispielhaft aufgezählt. Für andere Fälle der Unzweckmäßigkeit einer Öffentlichen Ausschreibung gelten dieselben Maßstäbe wie oben genannt: An das Vorliegen von Unzweckmäßigkeit sind hohe Anforderungen zu stellen. Diese muss sich objektiv aus der Eigenart der Leistung ergeben. Die bloße Vorstellung des Auftraggebers, eine Öffentliche Ausschreibung sei unzweckmäßig, ist 56

[57] Zutreffend Beck'scher VOB-Kommentar/*Jasper* VOB/A § 3, Rdn. 50.
[58] VÜA Bund ZVgR 1999, 76 (79) = *Fischer/Noch*, EzEG-VergabeR, I 58, S. 11; Beck'scher VOB-Kommentar/*Jasper* VOB/A § 3, Rdn. 53; *Ingenstau/Korbion/Müller-Wrede* VOB/A § 3, Rdn. 28.
[59] *Ingenstau/Korbion/Müller-Wrede* VOB/A § 3, Rdn. 42: „echte Ausnahmefälle".
[60] Beck'scher VOB-Kommentar/*Jasper* VOB/A § 3, Rdn. 54; *Heiermann/Riedl/Rusam* VOB/A § 3, Rdn. 31.

unbeachtlich. Bei der Prüfung, ob Unzweckmäßigkeit vorliegt, ist § 3 Nr. 2 VOB/A zu beachten (oben § 3 Rdn. 31).

III. Zulässigkeit der Beschränkten Ausschreibung nach Öffentlichem Teilnahmewettbewerb (§ 3 Nr. 3 Abs. 2 VOB/A)

57 § 3 Nr. 3 Abs. 2 VOB/A regelt die Zulässigkeit der Beschränkten Ausschreibung nach Öffentlichem Teilnahmewettbewerb. Sie ist insbesondere dann zulässig, wenn die Eigenart der Leistung eine unbeschränkte Zahl an Bietern nicht zulässt, zugleich aber die Vorteile eines Öffentlichen Teilnahmewettbewerbs genutzt werden können und müssen. Die Beschränkte Ausschreibung nach Öffentlichem Teilnahmewettbewerb stellt gegenüber der einfachen Beschränkten Ausschreibung nach § 3 Nr. 3 Abs. 1 VOB/A das formstrengere Verfahren dar. Liegen die Voraussetzungen für eine Beschränkte Ausschreibung nach Öffentlichem Teilnahmewettbewerb vor, kann der Auftraggeber nicht stattdessen im Wege der einfachen Beschränkten Ausschreibung vergeben.[61] Jedoch ist ihm unbenommen, anstelle der einfachen Beschränkten Ausschreibung eine Beschränkte Ausschreibung nach Öffentlichem Teilnahmewettbewerb durchzuführen.

1. § 3 Nr. 3 Abs. 2 lit. a) VOB/A: Beschränkter Unternehmerkreis

58 Die Beschränkte Ausschreibung nach Öffentlichem Teilnahmewettbewerb ist gem. § 3 Nr. 3 Abs. 2 lit. a) VOB/A zulässig, wenn die Leistung nach ihrer Eigenart nur von einem beschränkten Kreis von Unternehmern in geeigneter Weise ausgeführt werden kann, besonders wenn außergewöhnliche Zuverlässigkeit oder Leistungsfähigkeit erforderlich ist. Ob solche besonderen Anforderungen gestellt werden müssen, ist objektiv zu beurteilen.[62] Vergleichsmaßstab ist das Übliche; besondere Anforderungen liegen also dann vor, wenn die im Rahmen der normalen Ausbildungsgänge vermittelten Kenntnisse nicht ausreichen, um die in Rede stehende Bauleistung zu erbringen.[63] Gedacht ist insbesondere an technisch anspruchsvolle Bauten, die eine besondere Erfahrung erfordern. Die Anforderungen müssen dergestalt sein, dass eine Öffentliche Ausschreibung wegen ihres besonderen Aufwandes und der Zahl der zu erwartenden Angebote nicht zweckmäßig erscheint.

59 **Bejaht** wurde das Vorliegen der Voraussetzungen des 3 Nr. 3 Abs. 2 lit. a) VOB/A etwa für eine Rauchgasentschwefelungsanlage mit Notstromaggregat,[64] eine Abfallbehandlungsanlage[65] oder einen mautpflichtigen Tunnel (Herrentunnel Lübeck).[66]

60 Nicht ausreichend ist regelmäßig eine Beschränkung in **territorialer Hinsicht**. Es ist grundsätzlich Sache der Bieter zu entscheiden, ob sie sich an einer Ausschreibung außerhalb ihres angestammten Gebiets beteiligen und sich so ein (räumlich) neues Geschäftsfeld erschließen wollen. Eine Beschränkte Ausschreibung ist nur dann zulässig, wenn der Auftraggeber aufgrund aktueller Marktkenntnis ausschließen kann, dass sich über den eingeschränkten Kreis regionaler Unternehmen hinaus weitere Bieter beteiligen werden.

61 Kommt lediglich ein Unternehmer in Betracht, ist die Freihändige Vergabe nach § 3 Nr. 4 lit. a) VOB/A zulässig.

2. § 3 Nr. 3 Abs. 2 lit. b) VOB/A: Außergewöhnlicher Leistungsaufwand

62 Nach § 3 Nr. 3 Abs. 2 lit. b) VOB/A ist die Beschränkte Ausschreibung nach Öffentlichem Teilnahmewettbewerb auch zulässig, wenn die Bearbeitung des Angebots wegen der Eigenart der

---

[61] Beck'scher VOB-Kommentar/*Jasper* VOB/A § 3, Rdn. 56.
[62] Beck'scher VOB-Kommentar/*Jasper* VOB/A § 3, Rdn. 58.
[63] Zutreffend *Ingenstau/Korbion/Müller-Wrede* VOB/A § 3, Rdn. 30.
[64] VÜA Nordrhein-Westfalen, Beschluss v. 18.3.1996, Az.: 1/95 1 K, ZVgR 1997, 309 (310).
[65] VK Münster Beschluss v. 14.10.1999, VK 1/99.
[66] OLG Schleswig NZBau 2000, 100 (103).

Leistung einen **außergewöhnlich hohen Aufwand** erfordert. Der Bieter soll in einem solchen Fall die hohen Kosten für eine Angebotserstellung nur tragen müssen, wenn er zugleich wegen der überschaubaren Konkurrenz eine größere Chance auf Zuschlagserteilung hat. Daneben wird der Auftraggeber vor unkalkulierbaren Entschädigungsforderungen nach § 20 Nr. 2 Abs. 1 Satz 2 VOB/A geschützt. Denn die Anzahl der Entschädigungsleistungen ist hier von vornherein auf die Bieter beschränkt, die nach dem Öffentlichen Teilnahmewettbewerb zur Angebotsabgabe aufgefordert werden.[67]

Abzugrenzen ist § 3 Nr. 3 Abs. 2 lit. b) VOB/A von § 3 Nr. 3 Abs. 1 lit. a) VOB/A. § 3 Nr. 3 Abs. 2 lit. b) VOB/A stellt auf den absolut gesehen „außergewöhnlich" hohen Aufwand ab, ohne diesen in Beziehung zu dem erreichbaren Vorteil oder dem Wert der Leistung zu setzen. § 3 Nr. 3 Abs. 2 lit. b) VOB/A wird also regelmäßig Anwendung finden, wenn bei technischen Großprojekten eine Öffentliche Ausschreibung nicht zweckmäßig ist, zugleich aber der Angebotsaufwand und der Wert der Leistung in einem angemessenen Verhältnis stehen. Liegt dagegen ein Missverhältnis zwischen Aufwand und erreichbarem Vorteil bzw. Wert der Leistung vor, kann nach § 3 Nr. 3 Abs. 1 lit. a) VOB/A auf einen öffentlichen Teilnahmewettbewerb verzichtet werden.[68] 63

Die Voraussetzung des § 3 Nr. 3 Abs. 2 lit. b) VOB/A wurde **bejaht** bei einer mechanisch-biologischen Restabfallbehandlungsanlage,[69] im Fall der Travequerung Lübeck[70] oder beim Bau eines langen Tunnelbauwerkes.[71] § 3 Nr. 3 Abs. 2 lit. b) VOB/A ist häufig bei Ausschreibungen nach § 9 Nr. 15 bis 17 VOB/A anzunehmen.[72] 64

IV. Zulässigkeit Freihändiger Vergabe (§ 3 Nr. 4 VOB/A)

§ 3 Nr. 4 VOB/A regelt die **Zulässigkeit** der Freihändigen Vergabe. Die Aufzählung ist nicht abschließend (vgl. Rdn. 82). 65

1. § 3 Nr. 4 lit. a) VOB/A: Beschränkter Unternehmerkreis

Freihändige Vergabe ist nach § 3 Nr. 4 lit. a) VOB/A zulässig, wenn für die Leistung aus besonderen Gründen nur **ein bestimmter Unternehmer** in Betracht kommt. Ein solcher Fall ist gegeben, wenn ein Unternehmer Inhaber eines Ausschließlichkeitsrechtes ist, das für die jeweilige Leistung benötigt wird. Solche Ausschließlichkeitsrechte können Warenzeichen, Vertriebslizenzen, Patente, Urheberrechte und sonstige gewerbliche Schutzrechte darstellen.[73] Auch das Eigentum an einem Grundstück kann ein solches ausschließliches Recht sein. Zumindest denkbar ist weiterhin, dass nur ein Unternehmer über die zur Leistungserbringung erforderlichen Geräte verfügt.[74] Eine produktbezogene Ausschreibung ist unzulässig (§ 9 VOB/A Rdn. 54) und vermag eine Freihändige Vergabe nach § 3 Nr. 4 lit. a) VOB/A nicht zu rechtfertigen. Allerdings obliegt die Festlegung des Leistungsgegenstands dem Auftraggeber. Entscheidet er sich aus sachlich nachvollziehbaren Gründen für die Beschaffung einer Leistung, die nur ein Unternehmen erbringen kann, ist eine Freihändige Vergabe zulässig.[75] 66

Eine Freihändige Vergabe kann nach § 3 Nr. 4 lit. a) VOB/A zulässig sein, wenn für eine bestimmte Aufgabe nur ein **Unternehmer in der Region** in Betracht kommt und angesichts des Umfangs der Aufgabe mit einer Beteiligung auswärtiger Unternehmen schlechterdings nicht 67

---

[67] Beck'scher VOB-Kommentar/*Jasper* VOB/A § 3, Rdn. 59.

[68] Beck'scher VOB-Kommentar/*Jasper* VOB/A § 3, Rdn. 60; *Ingenstau/Korbion/Müller-Wrede* VOB/A § 3, Rdn. 31.

[69] VK Münster Beschluss v. 14.10.1999, VK 1/99.

[70] OLG Schleswig NZBau 2000, 100 (103).

[71] VÜA Bayern Beschluss v. 12.7.1999, VÜA 15/97 = *Fischer/Noch* EzEG-VergabeR II 65.

[72] VOB/A § 9 Rdn. 81; Beck'scher VOB-Kommentar/*Jasper* VOB/A § 3, Rdn. 61.

[73] *Müller-Wrede/Fett* VOL/A § 3, Rdn. 88 Fn. 25.

[74] *Heiermann/Riedl/Rusam* VOB/A § 3, Rdn. 40; *Ingenstau/Korbion/Müller-Wrede* VOB/A § 3, Rdn. 38.

[75] OLG Düsseldorf, VergabeR 2005, 513 zum Verhandlungsverfahren nach § 3 a Nr. 2 lit. c) VOL/A.

zu rechnen ist.[76] Ein solches Vorgehen im Wege Freihändiger Vergabe ist nur zulässig, wenn der Auftraggeber aktuelle Marktkenntnis hat, die ausschließt, dass sich weitere Bieter beteiligen werden. Unzulässig ist die Freihändige Vergabe mit der Begründung, es sei eine Betriebsstätte des Auftragnehmers in der Nähe des Leistungsorts erforderlich, die nur ein Unternehmen unterhalte. Es ist nicht auszuschließen, dass andere Unternehmen im Fall der Auftragserteilung bereit sind, eine derartige Betriebsstätte zu gründen.[77] Eine solche Forderung kann in den Verdingungsunterlagen aufgestellt werden, wenn dies zur Auftragsdurchführung erforderlich ist.

68 Die Erwägung, Freihändige Vergabe nach § 3 Nr. 4 lit. a) VOB/A sei auch bei **zwei möglichen Bietern** zulässig, weil bei Beschränkter Ausschreibung im allgemeinen drei geeignete Bewerber aufgefordert werden sollten, ist unzutreffend.[78] Da § 8 Nr. 2 Abs. 2 VOB/A nur eine Sollvorschrift ist, fehlt es bereits an einer planwidrigen Regelungslücke. Zudem fordert der Ausnahmecharakter des § 3 Nr. 4 lit. a) VOB/A eine restriktive Auslegung. Eine analoge Anwendung des § 3 Nr. 4 lit. a) VOB/A auf den Fall von zwei in Frage kommenden Bietern hat daher zu unterbleiben.

2. § 3 Nr. 4 lit. b) VOB/A: Keine eindeutige Leistungsfestlegung

69 Die Freihändige Vergabe ist nach § 3 Nr. 4 lit. b) VOB/A zulässig, wenn die Leistung nach Art und Umfang vor der Vergabe **nicht eindeutig und erschöpfend festgelegt** werden kann. In einem solchen Fall ist eine (Öffentliche oder Beschränkte) Ausschreibung ohnehin nach § 16 Nr. 1 VOB/A und § 9 Nr. 1 Satz 1 VOB/A nicht möglich. Denn der Auftraggeber soll nach § 16 Nr. 1 VOB/A erst ausschreiben, wenn alle Verdingungsunterlagen fertig gestellt sind. In diesen Unterlagen ist nach § 9 Nr. 1 VOB/A die Leistung so eindeutig und erschöpfend zu beschreiben, dass alle Bewerber die Beschreibung im gleichen Sinne verstehen müssen und ihre Preise sicher und ohne umfangreiche Vorarbeiten berechnen können. Ist eine solche Beschreibung nicht möglich, kommt keine Ausschreibung in Betracht. Es bleibt nur die Freihändige Vergabe. Die Leistungsbeschreibung mit Leistungsprogramm (§ 9 Nr. 15 bis 17 VOB/A) stellt eine eindeutige und erschöpfende Leistungsfestlegung dar und rechtfertigt keine Freihändige Vergabe,[79] sondern allenfalls eine Beschränkte Ausschreibung (§ 3 VOB/A Rdn. 36).

70 Wichtigster Fall des § 3 Nr. 4 lit. b) VOB/A sind **neuartige und komplexe Bauvorhaben,** deren genauer Umfang bei Auftragserteilung noch nicht absehbar ist, sei es, weil dieses Wissen objektiv noch nicht vorliegt, sei es, weil dem Auftraggeber das notwendige Wissen hierfür fehlt. Die Freihändige Vergabe dient hier dazu, den Auftraggeber mit den notwendigen Informationen zu versorgen.[80]

71 § 3 Nr. 4 lit. b) VOB/A kann auch gegeben sein, wenn der erste Auftragnehmer im Zuge eines Bauauftrages wegen **Insolvenz** ausfällt. Da oftmals nicht erkennbar sein wird, ob das Bauwerk bei Ausfall des ersten Auftragnehmers mangelfrei ist, ist für den Auftraggeber nicht beschreibbar, welche Leistung zu erbringen ist. Auch eine Preiskalkulation der Bieter ist wesentlich erschwert, wenn sie etwaige Mängelhaftungsansprüche nicht absehen können.[81]

3. § 3 Nr. 4 lit. c) VOB/A: Mangelnde Trennbarkeit der Leistung

72 Die Freihändige Vergabe ist nach § 3 Nr. 4 lit. c) VOB/A zulässig, wenn sich eine kleine Leistung von einer vergebenen größeren Leistung nicht ohne Nachteil trennen lässt. Voraussetzung ist, dass zwischen Haupt- und Anschlussauftrag ein objektiver und unmittelbarer Zusammenhang

---

[76] *Ingenstau/Korbion/Müller-Wrede* VOB/A § 3, Rdn. 39.

[77] OLG Düsseldorf, VergabeR 2002, 665 (667) zu § 3 a Nr. 2 lit. c) VOL/A; zur Zulässigkeit der Ortsnähe als Wertungskriterium vgl. *Müller-Wrede* VergabeR 2005, 32.

[78] Beck'scher VOB-Kommentar/*Jasper* VOB/A § 3, Rdn. 65; *Ingenstau/Korbion/Müller-Wrede* VOB/A § 3, Rdn. 39.

[79] *Ingenstau/Korbion/Müller-Wrede* VOB/A § 3, Rdn. 40.

[80] OLG Hamm NJW-RR 1993, 541 zu § 3 Nr. 4 VOL/A; Beck'scher VOB-Kommentar/*Jasper* VOB/A § 3, Rdn. 67.

[81] Beck'scher VOB-Kommentar/*Jasper* VOB/A § 3, Rdn. 68; *Heiermann/Riedl/Rusam* VOB/A § 3, Rdn. 41; *Ingenstau/Korbion/Müller-Wrede* VOB/A § 3, Rdn. 40.

besteht.[82] Die **Wertgrenze** für den Anschlussauftrag ist sehr niedrig anzusetzen, da der der VOB/A innewohnende Wettbewerbsgedanke nicht gefährdet werden soll. Zum Teil wird angenommen, ein Orientierungswert sei § 3 a Nr. 6 lit. e) VOB/A, wonach die geschätzte Vergütung für die zusätzlichen Leistungen die Hälfte der Vergütung der Leistung nach dem Hauptauftrag nicht überschreiten darf.[83] Dies ist im Ergebnis unzutreffend, da § 3 a Nr. 6 lit. e) VOB/A neben dem Verhältnis von Haupt- und Nebenleistung eine Reihe weiterer Voraussetzungen aufstellt, die in § 3 Nr. 4 lit. c) VOB/A fehlen.

§ 3 Nr. 4 lit. c) VOB/A ist abzugrenzen von § 1 Nr. 3 und Nr. 4 VOB/B. Bei diesen Ände- 73
rungsvorbehalten handelt es sich um solche Leistungen, die im Grundsatz bereits in dem **ursprünglichen Vertrag** angelegt sind, so dass es einer erneuten Vergabe nicht bedarf (§ 3 VOB/A Rdn. 28).

4. § 3 Nr. 4 lit. d) VOB/A: Dringlichkeit der Leistung

Eine Freihändige Vergabe ist nach § 3 Nr. 4 lit. d) VOB/A zulässig, wenn die Leistung besonders 74
dringlich ist. Die *besondere* Dringlichkeit unterscheidet § 3 Nr. 4 lit. d) VOB/A von § 3 Nr. 3 Abs. 1 lit. c) VOB/A. Die Dringlichkeit muss also auch eine Beschränkte Ausschreibung als unzweckmäßig erscheinen lassen. § 3 Nr. 4 lit. d) VOB/A ist als **Ausnahmeregelung** eng auszulegen, gedacht ist insbesondere an die Behebung von Katastrophenschäden.[84] Wie im Fall des § 3 Nr. 3 Abs. 1 lit. c) VOB/A darf die besondere Dringlichkeit nicht vom Auftraggeber verursacht sein.

Wann eine besondere Dringlichkeit im Sinne von § 3 Nr. 4 lit. d) VOB/A vorliegt, ist nach Sinn 75
und Zweck der Vorschrift zu bestimmen. Die besondere Dringlichkeit wird nur dann vorliegen, wenn eine Beschränkte Ausschreibung aus **Fristgründen** ausscheidet. Maßstab hierfür sind § 18 Nr. 1 Satz 1 VOB/A (Angebotsfrist nicht unter 10 Kalendertagen) und § 18 Nr. 4 VOB/A (ausreichende Bewerbungsfrist bei Öffentlichem Teilnahmewettbewerb). Solange diese Fristen gewahrt bleiben können, liegt ein Fall besonderer Dringlichkeit nicht vor (vgl. auch die entsprechende Regelung in § 3 a Nr. 6 lit. d) VOB/A).[85]

5. § 3 Nr. 4 lit. e) VOB/A: Ineffektivität eines neuen Ausschreibungsverfahrens

Die Freihändige Vergabe ist gemäß § 3 Nr. 4 lit. e) VOB/A weiterhin zulässig, wenn nach 76
Aufhebung einer Öffentlichen Ausschreibung oder Beschränkten Ausschreibung eine erneute Ausschreibung kein annehmbares Ergebnis verspricht. Die Vorschrift knüpft an § 3 Nr. 3 Abs. 1 lit. b) VOB/A an.

Voraussetzung ist die Aufhebung einer Öffentlichen oder Beschränkten Ausschreibung nach 77
§ 26 Nr. 1 lit. a) oder c) VOB/A. Die Aufhebung muss nach diesen Vorschriften zulässig gewesen sein.[86] Denn der öffentliche Auftraggeber soll sich nicht durch einen ungerechtfertigten Abbruch eines Ausschreibungsverfahrens in den Stand setzen, eine Freihändige Vergabe durchführen zu können. Anders als § 3 Nr. 3 Abs. 1 lit. b) VOB/A ist § 3 Nr. 4 lit. e) VOB/A nicht allein an den Aufhebungsgrund des § 26 Nr. 1 lit a) VOB/A und den Fall des Vorliegens unangemessener Preise nach § 25 Nr. 3 Abs. 1 VOB/A geknüpft (oben Rdn. 43 f.).

Die Aufhebung der Ausschreibung nach **§ 26 Nr. 1 lit. b) VOB/A** berechtigt dagegen nicht 78
zur Durchführung einer Freihändigen Vergabe nach § 3 Nr. 4 lit. e) VOB/A, weil nach einer grundlegenden Änderung der Verdingungsunterlagen eine erneute (Öffentliche oder Beschränkte) Ausschreibung stattfinden muss.[87] Zum Teil wird angenommen, der Auftraggeber sei nach einer „gescheiterten" Ausschreibung verpflichtet, sein Angebot zu überprüfen, ggf. nachzubessern und

---

[82] *Ingenstau/Korbion/Müller-Wrede* VOB/A § 3, Rdn. 41.

[83] So *Ingenstau/Korbion/Müller-Wrede* VOB/A § 3, Rdn. 41.

[84] *Ingenstau/Korbion/Müller-Wrede* VOB/A § 3, Rdn. 42; *Franke/Kemper/Zanner/Grünhagen* VOB/A § 3, Rdn. 96.

[85] In diese Richtung auch *Ingenstau/Korbion/Müller-Wrede* VOB/A § 3, Rdn. 42.

[86] OLG Düsseldorf BauR 1999, 741.

[87] Anders etwa Beck'scher VOB-Kommentar/*Jasper* VOB/A § 3, Rdn. 74; *Ingenstau/Korbion/Müller-Wrede* VOB/A § 3, Rdn. 43; *Franke/Kemper/Zanner/Grünhagen* VOB/A § 3, Rdn. 100.

dann erneut eine Ausschreibung vorzunehmen.[88] In dieser Allgemeinheit ist dies unzutreffend. Der Auftraggeber ist berechtigt, das von ihm wirtschaftlich und technisch Gewollte ggf. auch in einer Freihändigen Vergabe durchzusetzen, wenn dies im Wege einer Ausschreibung nicht möglich war. Eine **Pflicht zur Nachbesserung** der Verdingungsunterlagen kann daher nur insoweit bestehen, als das Projekt im Kern unverändert bleibt.

79 Der Auftraggeber muss die **Prognose** erstellen, dass eine erneute Öffentliche oder Beschränkte Ausschreibung kein annehmbares Ergebnis verspricht. Hierzu muss er eine pflichtgemäße Prüfung vornehmen. Die gerichtliche Prüfung muss sich darauf beschränken, ob der Auftraggeber ausgehend von einem zutreffenden Sachverhalt methodisch eine zutreffende Prognose erstellt hat. Entscheidend ist die Sicht *ex ante*.[89] Häufig wird § 3 Nr. 4 lit. e) VOB/A Anwendung finden, wenn das Ergebnis einer vorhergehenden Ausschreibung bekannt geworden ist und ein echter Wettbewerb nicht mehr erwartet werden kann,[90] oder wenn nur noch ein Bieter in Betracht kommt.

6. § 3 Nr. 4 lit. f) VOB/A: Geheimhaltungsbedürftigkeit

80 Freihändige Vergabe ist nach § 3 Nr. 4 lit. f) VOB/A zulässig, wenn die auszuführende Leistung Geheimhaltungsvorschriften unterworfen ist. Der Vorrang einer Beschränkten Ausschreibung vor der Freihändigen Vergabe verpflichtet den Auftraggeber, zunächst zu prüfen, ob dem bestehenden Geheimhaltungsbedürfnis durch eine Beschränkte Ausschreibung nach § 3 Nr. 3 Abs. 1 lit. c) VOB/A hinreichend Rechnung getragen werden kann. Ist dies der Fall, darf eine Freihändige Vergabe nicht stattfinden.

81 § 3 Nr. 4 lit. f) VOB/A fordert weiter das Vorliegen von Geheimhaltungs**vorschriften.** Dies geht über ein bloßes Geheimhaltungsbedürfnis, wie in § 3 Nr. 3 Abs. 1 lit. c) VOB/A genannt, hinaus. Erforderlich ist das Bestehen hoheitlicher Geheimhaltungsvorschriften. Betriebliche Geheimhaltungsinteressen des Auftraggebers oder der Bieter genügen nicht.[91]

7. Sonstige Gründe

82 Die Aufzählung der Gründe in § 3 Nr. 4 VOB/A, die eine Freihändige Vergabe rechtfertigen, ist **nicht abschließend**, sondern nur beispielhaft („besonders"). An die Zulässigkeit der Freihändigen Vergabe außerhalb der in § 3 Nr. 4 VOB/A genannten Voraussetzungen sind hohe Anforderungen zu stellen. Es muss sich um vergleichbare Ausnahmefälle handeln. Freihändige Vergabe kommt insbesondere in Betracht, wenn der **Auftragswert** den Aufwand einer Öffentlichen oder Beschränkten Ausschreibung nicht rechtfertigt. Das **Landesrecht** sieht hierfür oftmals feste Wertgrenzen vor. In Bayern beträgt dieser Wert beispielsweise 30.000€, in Sachsen 25.000€ netto.[92]

D. Fehlerfolgen

83 Hinsichtlich der **Fehlerfolgen** bei einem Verstoß gegen § 3 VOB/A ist danach zu unterscheiden, ob die maßgeblichen Schwellenwerte nach §§ 100 Abs. 1 GWB, 2 VgV überschritten werden. Unterhalb des Schwellenwertes findet ein Vergabenachprüfungsverfahren nicht statt (§ 100 Abs. 1 GWB). Zu dem Primärrechtsschutz unterhalb der Schwellenwerte s. VOB/A Einl. Rdn. 16 ff.

84 Ansprüche auf Primärrechtsschutz bestehen, wenn die Schwellenwerte überschritten sind, der Auftraggeber aber dennoch allein auf Grundlage des 1.Abschnitts der VOB/A ausschreibt.[93]

---

[88] Beck'scher VOB-Kommentar/*Jasper* VOB/A § 3, Rdn. 75; *Ingenstau/Korbion/Müller-Wrede* VOB/A § 3, Rdn. 44.

[89] Vgl. hierzu die verwaltungsgerichtliche Rechtsprechung zur Kontrolle von Prognoseentscheidungen: BVerwGE 72, 282 (286); 82, 295 (300); NVwZ-RR 1991, 129 (131).

[90] Beck'scher VOB-Kommentar/*Jasper* VOB/A § 3, Rdn. 76; *Heiermann/Riedl/Rusam* VOB/A § 3, Rdn. 44.

[91] *Ingenstau/Korbion/Müller-Wrede* VOB/A § 3, Rdn. 45.

[92] Bayern: Bekanntmachung des Bayerischen Staatsministeriums des Inneren vom 14.10.2005 (AllMBl. Nr. 11/05 vom 31.10.2005, S. 424); Sachsen: § 1 Abs. 2 Satz 3 SächsVergabeDVO.

[93] *Ingenstau/Korbion/Müller-Wrede* VOB/A § 3, Rdn. 47.

Auf der Sekundärebene sind **Schadensersatzansprüche** aus vorvertraglichem Schuldverhältnis (§ 311 Abs. 2 BGB) denkbar. Durch die Ausschreibung und die Beteiligung der Bieter an einem Vergabeverfahren entsteht ein vorvertragliches Schuldverhältnis, aus dem gegenseitige Rücksichtsnahmepflichten entstehen. Die Bieter haben einen Anspruch auf Ersatz des Schadens, der durch eine schuldhafte Pflichtverletzung des Auftraggebers verursacht wird. 85

Ein vorvertragliches Schuldverhältnis kann nicht entstehen, wenn ein Interessent an einem Vergabeverfahren **nicht beteiligt wird.**[94] So kann ein Unternehmen, das an einer Beschränkten Ausschreibung oder Freihändigen Vergabe nicht beteiligt wurde, keine Schadensersatzansprüche mit der Begründung geltend machen, dass eine Öffentliche Ausschreibung hätte stattfinden müssen. Auch aus Sicht der Bieter, die an einem Vergabeverfahren teilnehmen, scheiden Schadensersatzansprüche wegen einer fehlerhaften Wahl der Vergabeart regelmäßig aus, weil die Entscheidung für eine bestimmte Vergabeart bereits vor Begründung des vorvertraglichen Vertrauensverhältnisses getroffen wird. 86

Daneben wird es bei der bloßen Wahl einer **fehlerhaften Vergabeart** an einem hierauf beruhenden Schaden der Bieter fehlen.[95] Ein Schadensersatzanspruch wird regelmäßig nur gegeben sein, wenn neben die Wahl einer fehlerhaften Vergabeart ein weiterer Vergabeverstoß tritt, so etwa wenn während einer Ausschreibung unter Verstoß gegen § 26 VOB/A auf eine Freihändige Vergabe umgestellt wird.[96] 87

Der Schadensersatzanspruch geht **in der Regel auf das negative Interesse**. Geschuldet werden die Kosten für die Angebotserstellung.[97] Ausnahmsweise ist der Ersatz des positiven Interesses denkbar, wenn ein Bieter beweisen kann, dass er den Zuschlag erhalten hätte, wäre der Vergabeverstoß unterblieben.[98] Bei einem bloßen Verstoß gegen § 3 VOB/A ist dies regelmäßig nicht denkbar, wohl aber, wenn etwa ein Bieter in Öffentlicher Ausschreibung gewonnen hätte, der Auftraggeber aber rechtswidrig in die Freihändige Vergabe übergeht.[99] 88

Insbesondere im Bereich der VOL/A ist schließlich entschieden, dass Fehler in Vergabeverfahren zur **Unzulässigkeit einer Gebührenerhebung** führen können, etwa wenn ein Abgabenschuldner geltend macht, die von ihm geschuldete Abgabe sei zu hoch, da eine Vergabe nicht stattgefunden habe.[100] Auch im Bereich der VOB/A sind solche gebührenrechtlichen Folgen denkbar.[101] 89

E. Parallelvorschriften in der VOL/A und der VOF

§ 3 VOL/A ist stark an § 3 VOB/A angelehnt. Die VOL/A kennt als zusätzliches Verfahren die Freihändige Vergabe mit Öffentlichem Teilnahmewettbewerb (§ 3 Nr. 1 Abs. 4 VOL/A). Der Öffentliche Teilnahmewettbewerb ist gefordert, so weit es zweckmäßig ist. Darüber hinaus regelt die VOL/A in § 3 Abs. 5 VOL/A eine **zusätzliche Dokumentationspflicht** des Auftraggebers. Dieser muss nach § 3 Nr. 5 VOL/A aktenkundig machen, weshalb von einer Öffentlichen oder Beschränkten Ausschreibung abgesehen worden ist. Diese Pflicht trifft den Auftraggeber aus Gründen der Transparenz auch im Verfahren nach der VOB/A (s.o. Rdn. 30 und § 30 Nr. 1 VOB/A). 90

Die VOF kennt eine Vorschrift wie § 3 VOB/A nicht. Denn nach § 5 Abs. 1 VOF werden Aufträge über **freiberufliche Leistungen** immer im Verhandlungsverfahren vergeben. § 5 Abs. 2 VOF regelt die Fälle, in denen einem Verhandlungsverfahren eine vorherige Vergabebekanntmachung nicht vorausgehen muss. 91

---

[94] Zutreffend Beck'scher VOB-Kommentar/*Jasper* VOB/A § 3, Rdn. 79.

[95] *Franke/Kemper/Zanner/Grünhagen* VOB/A § 3, Rdn. 130.

[96] OLG Düsseldorf BauR 1999, 741.

[97] Vgl. BGHZ 139, 259 (261) = NJW 1998, 3636 (3637); BGH NJW 1998, 3640 (3643 f.); OLG Düsseldorf VergabeR 2001, 345.

[98] BGHZ 139, 259 (268) = NJW 1998, 3636 (3638); BGH NZBau 2004, 283.

[99] OLG Düsseldorf BauR 1999, 741; OLG Düsseldorf VergabeR 2002, 326

[100] OVG Koblenz NVwZ-RR 1998, 327; OVG Münster NWVBl. 1994, 428.

[101] Beck'scher VOB-Kommentar/*Jasper* VOB/A § 3, Rdn. 81.

§3a Arten der Vergabe

1. Bauaufträge im Sinne von §1a werden vergeben:
   a) im Offenen Verfahren, das der Öffentlichen Ausschreibung (§3 Nr. 1 Abs. 1) entspricht,
   b) im Nichtoffenen Verfahren, das der Beschränkten Ausschreibung nach Öffentlichem Teilnahmewettbewerb (§3 Nr. 1 Abs. 2) entspricht,
   c) im Wettberwerblichen Dialog; ein Wettbewerblicher Dialog ist ein Verfahren zur Vergabe besonders komplexer Aufträge. In diesem Verfahren erfolgen eine Aufforderung zur Teilnahme und anschließend Verhandlungen mit ausgewählten Unternehmen über alle Einzelheiten des Auftrags,
   d) im Verhandlungsverfahren, das an die Stelle der Freihändigen Vergabe (§3 Nr. 1 Abs. 3) tritt. Beim Verhandlungsverfahren wendet sich der Auftraggeber an ausgewählte Unternehmer und verhandelt mit einem oder mehreren dieser Unternehmer über den Auftragsinhalt, gegebenenfalls nach Öffentlicher Vergabebekanntmachung.
2. Das Offene Verfahren muss angewendet werden, wenn die Voraussetzungen des §3 Nr. 2 vorliegen.
3. Das Nichtoffene Verfahren ist zulässig, wenn die Voraussetzungen des §3 Nr. 3 vorliegen sowie nach Aufhebung eines Offenen Verfahrens oder Nichtoffenen Verfahrens, sofern nicht das Verhandlungsverfahren zulässig ist.
4. (1) Der Wettbewerbliche Dialog ist zulässig, wenn der Auftraggeber objektiv nicht in der Lage ist,
   a) die technischen Mittel anzugeben, mit denen seine Bedürfnisse und Ziele erfüllt werden können oder
   b) die rechtlichen oder finanziellen Bedingungen des Vorhabens anzugeben.

   (2) Der Auftraggeber hat seine Bedürfnisse und Anforderungen bekannt zu machen; die Erläuterung dieser Anforderungen erfolgt in der Bekanntmachung oder in einer Beschreibung.

   (3) Mit den im Anschluss an die Bekanntmachung nach Absatz 2 ausgewählten Unternehmen ist ein Dialog zu eröffnen, in dem der Auftraggeber ermittelt und festlegt, wie seine Bedürfnisse am besten erfüllt werden können. Bei diesem Dialog kann er mit den ausgewählten Unternehmen alle Einzelheiten des Auftrags erörtern. Der Auftraggeber hat dafür zu sorgen, dass alle Unternehmen bei dem Dialog gleich behandelt werden. Insbesondere darf er nicht Informationen so weitergeben, dass bestimmte Unternehmen begünstigt werden könnten. Der Auftraggeber darf Lösungsvorschläge oder vertrauliche Informationen eines Unternehmens nicht ohne dessen Zustimmung an die anderen Unternehmen weitergeben und diese nur im Rahmen des Vergabeverfahrens verwenden.

   (4) Der Auftraggeber kann vorsehen, dass der Dialog in verschiedenen aufeinander folgenden Phasen abgewickelt wird, um die Zahl der in der Dialogphase zu erörternden Lösungen anhand der in der Bekanntmachung oder in den Vergabeunterlagen angegebenen Zuschlagskriterien zu verringern. Der Auftraggeber hat die Unternehmen, deren Lösungen nicht für die nächstfolgende Dialogphase vorgesehen sind, darüber zu informieren. In der Schlussphase müssen noch so viele Angebote vorliegen, dass ein echter Wettbewerb gewährleistet ist.

   (5) Der Auftraggeber hat den Dialog für abgeschlossen zu erklären, wenn
   a) eine Lösung gefunden worden ist, die seine Bedürfnisse erfüllt oder
   b) erkennbar ist, dass keine Lösung gefunden werden kann;

   er hat die Unternehmen darüber zu informieren. Im Fall von Buchstabe a hat er die Unternehmen aufzufordern, auf der Grundlage der eingereichten und in der Dialogphase näher ausgeführten Lösungen ihr endgültiges Angebot vorzulegen. Die Angebote müssen alle zur Ausführung des Projekts erforderlichen Einzelheiten enthalten. Der Auftraggeber kann verlangen, dass Präzisierungen, Klarstellungen und Ergänzungen zu diesen Angeboten gemacht werden. Diese Präzisierungen, Klarstellungen oder Ergänzungen dürfen jedoch keine Änderung der grundlegenden Elemente des Angebots oder der Ausschreibung zur Folge haben, die den Wettbewerb verfälschen oder diskriminierend wirken könnte.

(6) Der Auftraggeber hat die Angebote aufgrund der in der Bekanntmachung oder in der Beschreibung festgelegten Zuschlagskriterien zu bewerten und das wirtschaftlichste Angebot auszuwählen. Der Auftraggeber darf das Unternehmen, dessen Angebot als das wirtschaftlichste ermittelt wurde, auffordern, bestimmte Einzelheiten des Angebots näher zu erläutern oder im Angebot enthaltene Zusagen zu bestätigen. Dies darf nicht dazu führen, dass wesentliche Aspekte des Angebots oder der Ausschreibung geändert werden, und dass der Wettbewerb verzerrt wird oder andere am Verfahren beteiligte Unternehmen diskriminiert werden.

(7) Verlangt der Auftraggeber, dass die am Wettbewerblichen Dialog teilnehmenden Unternehmen Entwürfe, Pläne, Zeichnungen, Berechnungen oder andere Unterlagen ausarbeiten, muss er einheitlich für alle Unternehmen, die die geforderte Unterlage rechtzeitig vorgelegt haben, eine angemessene Kostenerstattung hierfür gewähren.

5. Das Verhandlungsverfahren ist zulässig nach Öffentlicher Vergabebekanntmachung,

a) wenn bei einem Offenen Verfahren oder Nichtoffenen Verfahren keine annehmbaren Angebote abgegeben worden sind, sofern die ursprünglichen Verdingungsunterlagen nicht grundlegend geändert werden,

b) wenn die betroffenen Bauvorhaben nur zu Forschungs-, Versuchs- oder Entwicklungszwecken und nicht mit dem Ziel der Rentabilität oder der Deckung der Entwicklungskosten durchgeführt werden,

c) wenn im Ausnahmefall die Leistung nach Art und Umfang oder wegen der damit verbundenen Wagnisse nicht eindeutig und so erschöpfend beschrieben werden kann, dass eine einwandfreie Preisermittlung zwecks Vereinbarung einer festen Vergütung möglich ist.

6. Das Verhandlungsverfahren ist zulässig ohne Öffentliche Vergabebekanntmachung,

a) wenn bei einem Offenen Verfahren oder Nichtoffenen Verfahren keine annehmbaren Angebote abgegeben worden sind, sofern die ursprünglichen Verdingungsunterlagen nicht grundlegend geändert werden und in das Verhandlungsverfahren alle Bieter aus dem vorausgegangenen Verfahren einbezogen werden, die fachkundig, zuverlässig und leistungsfähig sind,

b) wenn bei einem Offenen Verfahren oder Nichtoffenen Verfahren keine oder nur nach § 25 Nr. 1 auszuschließende Angebote abgegeben worden sind, sofern die ursprünglichen Verdingungsunterlagen nicht grundlegend geändert werden (wegen der Berichtspflicht siehe § 33 a),

c) wenn die Arbeiten aus technischen oder künstlerischen Gründen oder aufgrund des Schutzes von Ausschließlichkeitsrechten nur von einem bestimmten Unternehmer ausgeführt werden können,

d) weil wegen der Dringlichkeit der Leistung aus zwingenden Gründen infolge von Ereignissen, die der Auftraggeber nicht verursacht hat und nicht voraussehen konnte, die in § 18 a Nr. 1, 2 und 3 vorgeschriebenen Fristen nicht eingehalten werden können,

e) wenn an einen Auftragnehmer zusätzliche Leistungen vergeben werden sollen, die weder in seinem Vertrag noch in dem ihm zugrunde liegenden Entwurf enthalten sind, jedoch wegen eines unvorhergesehenen Ereignisses zur Ausführung der im Hauptauftrag beschriebenen Leistung erforderlich sind, sofern diese Leistungen

– sich entweder aus technischen oder wirtschaftlichen Gründen nicht ohne wesentliche Nachteile für den Auftraggeber vom Hauptauftrag trennen lassen oder

– für die Vollendung der im Hauptauftrag beschriebenen Leistung unbedingt erforderlich sind, auch wenn sie getrennt vergeben werden könnten,

vorausgesetzt, dass die geschätzte Vergütung für alle solche zusätzlichen Leistungen die Hälfte der Vergütung der Leistung nach dem Hauptauftrag nicht überschreitet,

f) wenn gleichartige Bauleistungen wiederholt werden, die durch denselben Auftraggeber an den Auftragnehmer vergeben werden, der den ersten Auftrag erhalten hat, sofern sie einem Grundentwurf entsprechen und dieser Entwurf Gegenstand des ersten Auftrags war, der nach den in § 3 a genannten Verfahren vergeben wurde. Die Möglichkeit der Anwendung dieses Verfahrens muss bereits bei der Ausschreibung des ersten Bauabschnitts angegeben werden; der für die Fortsetzung der Bauarbeiten in Aussicht genommene Gesamtauftragswert wird vom öffentlichen Auftraggeber bei

der Anwendung von § 1 a berücksichtigt. Dieses Verfahren darf jedoch nur binnen drei Jahren nach Abschluss des ersten Auftrags angewandt werden.

g) bei zusätzlichen Leistungen des ursprünglichen Auftragnehmers, die zur teilweisen Erneuerung von gelieferten Waren oder Einrichtungen zur laufenden Benutzung oder zur Erweiterung von Lieferungen oder bestehenden Einrichtungen bestimmt sind, wenn ein Wechsel des Unternehmers dazu führen würde, dass der Auftraggeber Waren mit unterschiedlichen technischen Merkmalen kaufen müsste und dies eine technische Unvereinbarkeit oder unverhältnismäßige technische Schwierigkeiten bei Gebrauch, Betrieb oder Wartung mit sich bringen würde. Die Laufzeit dieser Aufträge darf in der Regel drei Jahre nicht überschreiten.

Die Fälle der Buchstaben e und f finden nur Anwendung bei der Vergabe von Aufträgen mit einem Schwellenwert nach § 1 a Nr. 1 Abs. 2. Der Fall des Buchstaben g findet nur Anwendung bei der Vergabe von Aufträgen mit einem Schwellenwert nach § 1 a Nr. 2.

7. (1) Der Auftraggeber enthält sich beim Verhandlungsverfahren jeder diskriminierenden Weitergabe von Informationen, durch die bestimmte Bieter gegenüber anderen begünstigt werden können.

(2) Der Auftraggeber kann vorsehen, dass das Verhandlungsverfahren in verschiedenen aufeinander folgenden Phasen abgewickelt wird, um so die Zahl der Angebote, über die verhandelt wird, anhand der in der Bekanntmachung oder in den Verdingungsunterlagen angegebenen Zuschlagskriterien zu verringern. In der Schlussphase müssen noch so viele Angebote vorliegen, dass ein echter Wettbewerb gewährleistet ist.

Schrifttum: *Bomheim/Stockmann* Die neuen Vergabevorschriften – Sind auch private Auftraggeber zur europaweiten öffentlichen Vergabe von Bauaufträgen verpflichtet? BauR 1994, 677 – *Freitag* „Wettbewerblicher Dialog" – Vorschlag für eine neue Form des Verhandlungsverfahrens, NZBau 2000, 551 – *Heiermann* Der Wettbewerbliche Dialog, ZfBR 2005, 766 – *Horn* Nichtoffenes Verfahren: Auswahlkriterien und Beurteilungsspielraum (f), VergabeR 2005, 537 – *Jaeger* Die Rechtsprechung der OLG-Vergabesenate im Jahre 2000 – Teil 3: Einzelfragen zu materiell-rechtlichen Vergabevorschriften, NZBau 2001, 427 – *Jasper* EuGH – Unzulässige Auftragsvergabe im Verhandlungsverfahren, WiB 1996, 915 – *Knauff* Im wettbewerblichen Dialog zur Public Private Partnership? NZBau 2005, 249 – *Knauff* Neues europäisches Vergabeverfahrensrecht: Der wettbewerbliche Dialog, VergabeR 2004, 287 – *Koman* Das Grünbuch der Kommission über Public Private Partnerships: Ein weiterer Schritt auf dem Weg zu größerer Rechtssicherheit? ZfBR 2004, 763 – *Kulartz* Ausschreibungspflichten in der Abfallwirtschaft (Teil 1), AbfallPrax 1999, 169 – *Kus* Die richtige Verfahrensart bei PPP-Modellen, insbesondere Verhandlungsverfahren und Wettbewerblicher Dialog, Tagungsband des 7. Düsseldorfer Vergaberechtstages, im Erscheinen – *Lindner* Das Verhandlungsverfahren und seine praktische Anwendung, RPA 2001, 215 – *Müller/Veil* Wettbewerblicher Dialog und Verhandlungsverfahren im Vergleich, NZBau 2006, im Erscheinen – *Noch* Aufhebung der Aufhebung im Nachprüfungsverfahren? VergabeR2001, 242 – *Ollmann* Wettbewerblicher Dialog eingeführt, VergabeR 2005, 685 – *Opitz* Wie funktioniert der wettbewerbliche Dialog? – Rechtliche und praktische Probleme, VergabeR 2006, 451– *Otting* Anmerkung zu OLG Dresden, Beschl. v. 16.10.2001 – WVerg 0007/01, VergabeR 2002, 142 – *Paetzold* Der wettbewerbliche Dialog, ZVgR 2000, 191 – *Paetzold* Der wettbewerbliche Dialog, ZVgR 2000, 191 – *Pooth* Investorenwettbewerbe für die Kombination von privaten und öffentlichen Bauprojekten, VergabrR 2006, 608 – *Pünder/Franzius* Auftragsvergabe im wettbewerblichen Dialog, ZfBR 2006, 20 – *Rechten* Die Novelle des EU-Vergaberechts, NZBau 2004, 366 – *ders.* Wettbewerblicher Dialog – Anwendungsbereich, Verfahrensregeln, in: forum vergabe 2000, Badenweiler Gespräche, 143 – *Schabel/Zellmeier-Neunteufel* Aktuelle Rechtsprechung des Europäischen Gerichtshofs zum Vergaberecht und zur Bauprodukterichtlinie, VergabeR 2001, 79 – *Schaller* Maßnahmen zur Verhütung und Bekämpfung von Korruption, RiA 2004, 267 – *Schröder* Voraussetzungen, Strukturen und Verfahrensabläufe des Wettbewerblichen Dialogs in der Vergabepraxis, NZBau 2006, im Erscheinen – *Temer* Zur weiteren Diskussion – Europaweite Ausschreibungspflicht nach Wegfall eines Auftragnehmers? VergabeR 2003, 136 – *Werner/Freitag* „Wettbewerblicher Dialog" – Vorschlag für eine neue Form des Verhandlungsverfahrens, NZBau 2000, 551 – *Zourek* Wettbewerblicher Dialog – Anwendungsbereich, Verfahrensregeln, in: forum vergabe 2000, Badenweiler Gespräche, 153 ff.; vgl. im übrigen die Literaturangaben bei § 3 VOB/A.

Übersicht

A. Einführung/Änderungen

1 § 3 a VOB/A greift die Terminologie von Art. 1 Abs. 11 VKR (RL 2004/18/EG) (ehemals Art. 1 lit. e) bis g) BKR – RL 93/37/EWG) auf und regelt **die Vergabearten** der Bauauftragsvergabe im Offenen Verfahren (§ 101 Abs. 2 GWB), im Nichtoffenen Verfahren (§ 101 Abs. 3 GWB), im Wettbewerblichen Dialog (§ 101 Abs. 5 GWB) und im Verhandlungsverfahren (§ 101 Abs. 4 GWB). Entgegen Art. 28 UA. 2 Satz 1 VKR (RL 2004/18/EG) (ehemals Art. 7 Abs. 4 BKR) ordnen § 101 Abs. 6 Satz 1 GWB und § 3 a Nr. 2 VOB/A den Vorrang des Offenen Verfahrens vor dem Nichtoffenen Verfahren an. Die hierin liegende verbesserte Umsetzung des Wettbewerbsgedankens ist europarechtlich zulässig.[1] § 3 a VOB/A tritt oberhalb der Schwellenwerte neben § 3VOB/A, verdrängt diesen aber nicht völlig (§ 3 VOB/A Rdn. 1).

2 Die VOB/A 2006 hat § 3 a gegenüber seiner bisherigen Fassung **geändert**. In § 3 a Nr. 1 lit. c) VOB/A wird nunmehr der **Wettbewerbliche Dialog** erwähnt, der bislang nur in dem GWB und der VgV geregelt war. Einzelheiten zum Wettbewerblichen Dialog finden sich in dem neuen § 3 a Nr. 4 VOB/A. Die bisherige Nr. 4 wurde Nr. 5, die bisherige Nr. 5 zu Nr. 6 des § 3 a VOB/A. Zusätzlich eingefügt wurde § 3 a Nr. 7 VOB/A, der Neuregelungen der VKR (RL 2004/18/EG) zum **Verhandlungsverfahren** enthält. Schließlich erfolgte eine Anpassung des § 3 a Nr. 6 lit. e) VOB/A an den Wortlaut der VKR (RL 2004/18/EG).

B. Anwendungsbereich

3 § 3 a VOB/A bindet **öffentliche Auftraggeber** i.S.d. § 98 GWB, die keine Sektorenauftraggeber sind, soweit sie Bauaufträge (vgl. § 1 VOB/A Rdn. 4 ff.) oberhalb der Schwellenwerte ausschreiben (vgl. § 1 a VOB/A Rdn. 23 ff.); vgl. auch § 6 Abs. 1 Satz 1 VgV, wonach Auftraggeber nach § 98 Nr. 1 bis 3, 5 und 6 GWB die Bestimmungen des 2. Abschnittes der VOB/A anzuwenden haben. Sektorenauftraggeber haben § 3 b VOB/A bzw. § 3 VOB/A-SKR zu beachten (vgl. § 3 b VOB/A Rdn. 3.; § 3 VOB/A-SKR Rdn. 1 f.).

4 **Private Auftraggeber** sind ebenso wie öffentliche Auftraggeber bei Bauaufträgen unterhalb der Schwellenwerte nicht verpflichtet, § 3 a VOB/A zu beachten. Sie können aber nach § 3 a VOB/A vorgehen. Tun sie dies, sind sie an diese Entscheidung gebunden und den Bewerbern und Bietern gegenüber verpflichtet, die Vergabe entsprechend der VOB/A durchzuführen (vgl. § 3 VOB/A Rdn. 3).[2]

C. Die einzelnen Vergabearten (§ 3 a Nr. 1 VOB/A)

5 Die in § 3 a VOB/A geregelten Vergabearten **nehmen die Vergabearten nach § 3 Nr. 1 VOB/A in Bezug** (vgl. § 3 VOB/A Rdn. 4 ff.). Das Offene Verfahren entspricht der Öffentlichen Ausschreibung im Sinne von § 3 Nr. 1 Abs. 1 VOB/A, das Nichtoffene Verfahren der Beschränkten Ausschreibung nach Öffentlichem Teilnahmewettbewerb. Im Verhandlungsverfahren nach § 3 a Nr. 1 lit. d) VOB/A wird entgegen § 3 Nr. 1 Abs. 3 VOB/A nach Verhandlungsverfahren mit oder ohne Öffentliche Vergabebekanntmachung unterschieden. Die wesentlichen Unterschiede zwischen den Vergabearten sind in VOB/A § 3 Rdn. 4 dargestellt.

6 **Keine Entsprechung** existiert zu der Beschränkten Ausschreibung ohne Teilnahmewettbewerb nach § 3 Nr. 1 Abs. 2 1. Alt. VOB/A. Denn nach Art. 35 Abs. 2 VKR (RL 2004/18/EG) (ehemals Art. 11 Abs. 2 BKR) geht einem Nichtoffenen Verfahren die Bekanntmachung der Absicht voraus, einen Bauauftrag zu vergeben.[3] Daher verstieße die Einführung eines Nichtoffenen Verfahrens

---

[1] *Boesen* Vergaberecht § 101 GWB, Rdn. 55; *Immenga/Mestmäcker/Dreher* GWB § 101, Rdn. 18.

[2] Beck'scher VOB-Kommentar/*Jasper* VOB/A § 3 a, Rdn. 3.

[3] Beck'scher VOB-Kommentar/*Jasper* VOB/A § 3 a, Rdn. 14; *Immenga/Mestmäcker/Dreher* GWB § 101, Rdn. 11; unzutreffend *Bechtold* GWB § 101, Rdn. 5.

ohne Öffentliche Vergabebekanntmachung gegen europäisches Recht. Auch § 101 Abs. 3 GWB ordnet für das Kartellvergaberecht die Aufforderung zur Teilnahme an. Der Wettbewerbliche Dialog findet in Verfahren unterhalb der Schwellenwerte ebenfalls keine Entsprechung.

I. Offenes Verfahren (§ 3 a Nr. 1 lit. a) VOB/A)

Das Offene Verfahren entspricht der Öffentlichen Ausschreibung nach § 3 Nr. 1 Abs. 1 VOB/A. 7
Die Bauleistungen werden in einem streng formalisierten Verfahren („vorgeschriebenen Verfahren") nach öffentlicher Aufforderung einer unbeschränkten Zahl von Unternehmen zur Einreichung von Angeboten vergeben. Das Offene Verfahren setzt damit am besten die Vergaberechtsgrundsätze – Wettbewerb, Transparenz, Gleichbehandlungsgebot – um. Es beugt am besten diskriminierendem Vergabeverhalten vor, entspricht dem Wettbewerbsgrundsatz am weitest gehenden und ist damit auch für den Auftraggeber in der Regel am wirtschaftlichsten.[4]

Der Ablauf eines Offenen Verfahrens entspricht weitest gehend der Öffentlichen Ausschrei- 8
bung. Neben die Vorschriften des 1. Abschnitts der VOB/A (vgl. § 3 VOB/A Rdn. 8) treten die **besonderen Anforderungen der a-Paragraphen**. Insbesondere sind zu nennen: § 8 a VOB/A (Eignungsprüfung), § 10 a VOB/A (besondere Anforderungen an den Inhalt der Aufforderung zur Angebotsabgabe), § 17 a Nr. 1 VOB/A (Vorinformation), § 17 a Nr. 2 bis Nr. 4 VOB/A (Vergabebekanntmachung im Amtsblatt der EG), § 17 a Nr. 5 VOB/A (Zusendung der Vergabeunterlagen innerhalb von 6 Tagen), § 17 a Nr. 6 VOB/A (Erteilung von Auskünften), § 18 a Nr. 1 VOB/A (Angebotsfrist), § 25 a VOB/A (Wertung der Angebote), § 26 a VOB/A (Mitteilung der Aufhebung der Ausschreibung), § 27 a VOB/A (Information nichtberücksichtigter Bieter), § 28 a VOB/A (Bekanntmachung der Auftragserteilung), § 30 a VOB/A (Vergabevermerk), § 31 a VOB/A (Nachprüfungsbehörde), § 33 a VOB/A (Melde- und Berichtspflichten). Daneben sind die Vorschriften des 4. Teils des GWB und der VgV zu beachten. Hierzu zählen insbesondere § 13 VgV (Informationspflicht) und § 16 VgV (Ausgeschlossene Personen).

§ 17 a Nr. 2 Abs. 2 VOB/A fordert die Bekanntmachung im Amtsblatt der Europäischen 9
Gemeinschaften. Nach § 17 a Nr. 2 Abs. 4 Satz 2 sind die wichtigsten Angaben in den übrigen Amtssprachen der Gemeinschaften zusammenzufassen. Diese Sicherung einer europaweiten Ausschreibung, die neben die inländische Vergabebekanntmachung tritt (§ 17 a Nr. 2 Abs. 5 VOB/A), gewährleistet optimal die Durchführung eines **europaweiten Wettbewerbs**[5] und dient damit dem grundsätzlichen Anliegen der VKR (RL 2004/18/EG). Zulässig ist es, dass der Auftraggeber einzelne Unternehmen auf die Bekanntmachung hinweist und zur Teilnahme auffordert, solange er ihnen keine Informationen zur Verfügung stellt, die den übrigen Interessenten nicht oder zu einem späteren Zeitpunkt zugänglich sind (vgl. § 3 VOB/A Rdn. 7).[6]

II. Nichtoffenes Verfahren (§ 3 a Nr. 1 lit. b) VOB/A)

Das Nichtoffene Verfahren entspricht nach § 3 a Nr. 1 lit. b) VOB/A der Beschränkten Aus- 10
schreibung nach Öffentlichem Teilnahmewettbewerb. Diese Verfahrensart steht gleichsam zwischen dem Offenen Verfahren und dem Verhandlungsverfahren.

Bei diesem **zweistufigen Verfahren** wird zunächst europaweit ein Öffentlicher Teilnahme- 11
wettbewerb durchgeführt, welcher der Auswahl geeigneter Bieter (2. Wertungsstufe) dient (vgl. § 3 VOB/A Rdn. 10). Der Teilnahmewettbewerb ist Teil des Vergabeverfahrens und unterliegt bieterschützenden Bestimmungen.[7] Das Vergabeverfahren beginnt mit dem Teilnahmewettbe-

[4] *Müller-Wrede/Fett* VOL/A § 3 a, Rdn. 30; *Niebuhr/Kulartz/Kus/Portz* Kommentar zum Vergaberecht § 101 GWB, Rdn. 4; *Byok/Jaeger/Werner* Kommentar zum Vergaberecht § 101 GWB, Rdn. 594.
[5] Beck'scher VOB-Kommentar/*Jasper* VOB/A § 3 a, Rdn. 12; *Heiermann/Riedl/Rusam* VOB/A § 3 a, Rdn. 2.
[6] Beck'scher VOB-Kommentar/*Jasper* VOB/A § 3 a, Rdn. 12.
[7] OLG Brandenburg VergabeR 2003, 168 (169) zum Verhandlungsverfahren.

werb.[8] Nach Prüfung der Eignung werden aus dem Kreis der Bewerber mindestens 5 geeignete Bewerber aufgefordert, ein Angebot abzugeben (§ 8 a Nr. 3 Satz 1 VOB/A) und sich damit als Bieter an dem Nichtoffenen Verfahren zu beteiligen. In der Bekanntmachung kann eine höhere Mindestzahl oder eine Höchstzahl (§ 8 a Nr. 6 VOB/A) angegeben werden. Die Entscheidung über die Anzahl der aufzufordernden Bieter muss auf nachvollziehbaren, diskriminierungsfreien Kriterien beruhen.[9] Wie sich aus Art. 44 Abs. 3 UA.3 Satz 2 VKR (RL 2004/18/EG) ergibt, kann die Mindestzahl unterschritten werden, wenn sich an dem Teilnahmewettbewerb weniger geeignete Bewerber als angegeben beteiligen (vgl. auch § 3 VOB/A Rdn. 14). Gibt der Auftraggeber keine Höchstzahl an, ist der trotz allem nicht verpflichtet, alle geeigneten Bewerber zur Angebotsabgabe aufzufordern.[10]

12 Auch bei Eignung eines Bewerbers besteht kein Rechtsanspruch auf Aufforderung zur Angebotsabgabe, allerdings auf ermessensfehlerfreie Auswahl der Bewerber, die aufgefordert werden.[11] Zur Auswahl der Bieter vgl. § 3 VOB/A Rdn. 15–19. Der Auftraggeber hat bei der Auswahl die Grundsätze der Gleichbehandlung und der Transparenz zu beachten.[12] Die Kriterien, nach denen der Auftraggeber unter den geeigneten Bewerbern diejenigen bestimmt, die zur Angebotsabgabe aufgefordert werden, sind in der Bekanntmachung anzugeben (§ 8 a Nr. 6 VOB/A).

13 Der Ablauf des Nichtoffenen Verfahrens entspricht weitest gehend der Beschränkten Ausschreibung nach Öffentlichem Teilnahmewettbewerb (VOB/A § 3 Rdn. 12 ff.). Neben die Basisparagraphen treten bei dem Nichtoffenen Verfahren die **besonderen Anforderungen** der a-Paragraphen. Besonders hingewiesen sei auf: § 8 a Nr. 3 VOB/A (Aufforderung von mindestens 5 geeigneten Bewerbern), § 8 a Nr. 6 VOB/A (Bekanntmachung von Angaben zum Teilnahmewettbewerb), § 10 a VOB/A (Vergabeunterlagen), § 16 a VOB/A (Teilnahmeanträge), § 17 a Nr. 1 VOB/A (Vorinformation), § 17 a Nr. 2 bis Nr. 4 VOB/A (Vergabebekanntmachung im Amtsblatt der EG), § 17 a Nr. 6 VOB/A (Erteilung von Auskünften), § 18 a Nr. 2 Abs. 1 VOB/A (Bewerbungsfrist mindestens 37 Kalendertage), § 18 a Nr. 2 Abs. 3 VOB/A (Angebotsfrist mindestens 40 Kalendertage), § 28 a VOB/A (Bekanntmachung der Auftragserteilung).

III. Wettbewerblicher Dialog (§ 3 a Nr. 1 lit. c, Nr. 4 VOB/A)

1. Entstehung und Ziel des Wettbewerblichen Dialogs

14 Das Vergaberecht ging bisher von der Prämisse aus, dass die Beschreibung des **Leistungsgegenstands** grundsätzlich Sache des Auftraggebers ist, an der die Bieter nur begrenzt mitwirken können, in erster Linie durch Abgabe von Nebenangeboten oder durch Modifikation des Leistungsgegenstands im Verhandlungsverfahren. Es zeigte sich aber, dass bei besonders komplexen und innovativen Vorhaben der Auftraggeber häufig nicht über das erforderliche Wissen verfügt, um seinen Bedarf und damit den Leistungsgegenstand hinreichend genau zu ermitteln. Dies gilt insbesondere bei technisch komplexen Vorhaben sowie bei ÖPP-Modellen mit komplizierten rechtlichen und finanziellen Strukturen. Die Förderung von ÖPP-Projekten ist ein erklärtes Ziel der Gemeinschaft.[13]

---

[8] OLG Düsseldorf NZBau 2003, 349 (350 f.) zum Verhandlungsverfahren.

[9] BayObLG VergabeR 2005, 532 (535).

[10] BayObLG VergabeR 2005, 532 (534).

[11] OLG Naumburg ZfBR 2002, 301 (302); OLG Bremen VergabeR 2005, 537 (540 f.) zum Verhandlungsverfahren; BayObLG VergabeR 2005, 532 (534); in diesem Sinne wohl auch: OLG Düsseldorf BauR 1999, 241 (245).

[12] EuGH Urteil v. 12.12.2002, Rs. C-470/99, Slg. 2002 I–11617 = VergabeR 2003, 141, Tz. 93 – „Universale Bau".

[13] *Europäische Kommission*, Mitteilung zu öffentlich-privaten Partnerschaften und den gemeinschaftlichen Rechtsvorschriften für das öffentliche Beschaffungswesen und Konzessionen, KOM(2005) 569 endg. vom 15.11.2005; *dies.*, Grünbuch zu öffentlich-privaten Partnerschaften und den gemeinschaftlichen Rechtsvorschriften für öffentliche Aufträge und Konzessionen, KOM(2004) 327 endg. vom 30.4.2004; hierzu *Koman*, ZfBR 2004, 763; *Knauff*, NZBau 2005, 249, 253.

Vor diesem Hintergrund nahm die Europäische Kommission in ihren Vorschlag[14] für die **Vergabekoordinierungsrichtlinie (VKR)** ein neues Verfahren auf, bei dem der Auftraggeber den Leistungsgegenstand erst im Laufe des Verfahrens und gemeinsam mit den Bewerbern[15] festlegt. Dieses Verfahren ist der Wettbewerbliche Dialog, der in Art. 29 VKR normiert wurde. Die Europäische Kommission hat hierzu Erläuterungen veröffentlicht.[16] Die Bestimmungen der VKR sind zur Auslegung der nachfolgend beschriebenen deutschen Regelung heranzuziehen.[17] Die Erläuterungen der Europäischen Kommission können ebenfalls zur Auslegung herangezogen werden.[18] 15

Art. 29 VKR stellt es den Mitgliedstaaten frei, ob sie den Wettbewerblichen Dialog in ihr nationales Vergaberecht übernehmen. Der deutsche Gesetzgeber hat dies durch das am 8.9.2005 in Kraft getretene erste **ÖPP-Beschleunigungsgesetz**[19] getan, durch das er – entgegen dem vergaberechtlichen Kaskadenprinzip[20] – in die VgV den neuen § 6 a und in § 101 GWB einen Abs. 5[21] einfügte. Seit diesem Zeitpunkt kann der Wettbewerbliche Dialog in Deutschland angewendet werden. Im Zuge der Vergaberechtsnovelle 2006 wurde in § 3 a VOB/A die Nr. 4 eingefügt. Dies ist sachgerecht, da in § 3 a VOB/A auch die anderen Vergabeverfahren geregelt werden. Die VOL/A verweist hingegen in § 3 a Nr. 1 Abs. 1 lediglich auf § 6 a VgV. Die VOF sieht den Wettbewerblichen Dialog nicht vor. § 3 a Nr. 4 VOB/A weicht an einigen Stellen vom Text des § 6 a VgV ab. Hierauf wird nachfolgend jeweils hingewiesen. 16

2. Verfahrensablauf

a) Bekanntmachung (Abs. 2 1. HS), Auswahl- und Zuschlagskriterien. Das Verfahren beginnt mit der Veröffentlichung einer Bekanntmachung, für die das allgemeine europäische Bekanntmachungsformular[22] zu verwenden ist. Die Bewerbungsfrist hat mindestens 37 Tage zu betragen, bei elektronischer Bekanntmachung kann sie um sieben Tage verkürzt werden.[23] In der Bewerbung hat der Auftraggeber seine Bedürfnisse und Anforderungen an die Leistung (einschließlich Rahmenbedingungen wie Finanzierung) bekanntzumachen, zu erläutern sind sie erst in der Beschreibung. Hier reicht daher eine Kurzbeschreibung aus. Daneben hat der Auftraggeber wie bei einem Teilnahmewettbewerb die **Auswahlkriterien** für die Bewerber mitzuteilen. Die Auswahl der Bewerber hat aufgrund objektiver, nicht diskriminierender und auftragsbezogener Kriterien zu erfolgen. Wenn es sich um Mindestanforderungen (Ausschlusskriterien) handelt, muss er dies in der Bekanntmachung angeben.[24] Die Gewichtung der Kriterien muss in der Bekanntmachung hingegen noch nicht mitgeteilt werden.[25] 17

---

[14] Vorschlag für eine Richtlinie des Europäischen Parlaments und des Rates über die Koordinierung der Verfahren zur Vergabe öffentlicher Lieferaufträge, Dienstleistungsaufträge und Bauaufträge, KOM 2000 275 endg. vom 11.7.2000.

[15] Art. 1 Abs. 2 lit. d Ziff. 8 VKR sieht vor, dass die Teilnehmer eines Wettbewerblichen Dialogs als Bewerber und nicht als Bieter bezeichnet werden.

[16] Dokument CC/2005/04_rev1 vom 5.10.2005, veröffentlicht unter www.europa.eu.

[17] So auch *Pünder/Franzius*, ZfBR 2006, 20, 21; grundsätzlich zur Pflicht zur richtlinienkonformen Auslegung des mitgliedstaatlichen Umsetzungsrechts EuGH Rs. 14/83, *von Colson und Kamann/Land NRW*, Slg. 1984, 1891, Rdn. 15, seither st. Rspr.

[18] Hierbei ist zu beachten, dass die VKR zwar wie alle EU-Richtlinien auf einen Vorschlag der Europäischen Kommission zurückgeht, aber vom Rat und vom Europäischen Parlament beschlossen wurde. Die nachträgliche Erläuterung der Europäischen Kommission ist daher keine amtliche Begründung des Normgebers, sondern nur eine rechtlich nicht bindende Stellungnahme eines der beteiligten Organe.

[19] Gesetz zur Beschleunigung der Umsetzung von Öffentlich-Privaten Partnerschaften und zur Verbesserung gesetzlicher Rahmenbedingungen für Öffentlich-Private Partnerschaften vom 1.9.2005, BGBl. I S. 2676; hierzu *Uechtritz/Otting*, NVwZ 2005, 1105.

[20] So zu Recht *Ollmann*, VergabeR 2005, 685, 686; Detailregelungen zu den übrigen Verfahren finden sich in den Verdingungsordnungen, nicht in der VgV.

[21] Hierzu *Kulartz* in: Kulartz/Kus/Portz (Hrsg.), § 101, Rdn. 45 ff.

[22] Erhältlich unter www.simap.eu.

[23] § 18 a Nr. 3, Nr. 2 Abs. 1 Satz 1, Abs. 2 VOB/A.

[24] Art. 44 Abs. 2 UAbs. 3 VKR.

[25] ErwG 40 Satz 3 VKR; *Europäische Kommission*, Erläuterungen zum Wettbewerblichen Dialog, Dokument CC/2005/04_rev1 vom 5.10.2005, Ziff. 3.1.

18 Der Auftraggeber kann die **Anzahl** der Bewerber begrenzen, mit denen er den Dialog führen möchte. Er muss dies jedoch mit mindestens drei Bewerbern tun und sicherstellen, dass ein Wettbewerb gewährleistet ist.[26] Die Mindestzahl und ggf. auch die Höchstzahl der Bewerber, mit denen der Dialog geführt werden soll, sind in der Bekanntmachung anzugeben.[27] Für den Auftraggeber und auch für die Bewerber ist der Dialog mit einigem Aufwand verbunden. Es empfiehlt sich daher, die Zahl der Bewerber, mit denen der Dialog geführt werden soll, von vorne herein auf eine Höchstzahl zu begrenzen.

19 Vor diesem Hintergrund empfiehlt es sich auch, die Dialogphase wie in Abs. 4 vorgesehen als **abgestuften Dialog** zu gestalten, in dessen Verlauf die Zahl der Lösungen (nicht notwendigerweise auch die Zahl der Bewerber) sukzessive verringert wird. Die Abstufung des Dialogs muss nach Art. 29 Abs. 4 VKR in der Bekanntmachung oder in der Beschreibung festgelegt werden. Dies schreibt auch § 6 a Abs. 4 Satz 2 VgV vor, § 3 a Nr. 4 VOB/A enthält diese Regelung indes nicht. Er ist aber im Lichte der VKR und der VgV entsprechend auszulegen.

20 Der Zuschlag ist nach Abs. 6 Satz 1 auf das wirtschaftlichste Angebot zu erteilen. Eine Wertung alleine nach dem niedrigsten Preis wäre daher unzulässig. Der Auftraggeber hat somit **Zuschlagskriterien** zu definieren. Er hat nach Abs. 4 die Wahl, ob er sie den Bewerbern in der Bekanntmachung oder erst in der Beschreibung[28] mitteilt. Die **Gewichtung** der Kriterien kann auch erst in der Aufforderung zum Dialog mitgeteilt werden. Wenn der Auftraggeber aus nachvollziehbaren Gründen die Gewichtung der Kriterien nicht angeben kann, darf er sich darauf beschränken, die Kriterien in der absteigenden Reihenfolge ihrer Bedeutung anzugeben.[29] Dies ist bei den komplexen Aufträgen, die im Wettbewerblichen Dialog vergeben werden dürfen, regelmäßig der Fall.[30] Die Transparenz- und Gleichbehandlungsgrundsätze verpflichten den Auftraggeber aber, die vollständigen Zuschlagskriterien (einschließlich der Gewichtung) vor Abgabe zu wertender Angebote mitzuteilen.[31] Wenn ein abgestufter Dialog i.S.d. Abs. 4 durchgeführt wird, sind dies auch die Angebote, die über das Vorrücken eines Bewerbers in die nächste Dialogphase entscheiden. Wenn der Auftraggeber die Gewichtung jeweils rechtzeitig mitteilt, dürfte es zulässig sein, die Gewichtung während der Dialogphase zu **verändern**, sofern dies nicht zu einer gezielten Benachteiligung einzelner Bewerber führt.[32] Unter diesen Voraussetzungen dürfte während der Dialogphase auch die Präzisierung der Zuschlagskriterien durch **Unterkriterien** zulässig sein.[33] Ziel des Wettbewerblichen Dialogs ist, dass der Auftraggeber zusätzliches Wissen erwirbt, das ihm eine zielgenauere und damit wirtschaftlichere Vergabe ermöglicht. Die Änderung der Gewichtung und die Festlegung von Unterkriterien sind erforderlich, damit der Auftraggeber sein während der Dialogphase gewonnenes Wissen zur Optimierung der Zuschlagskriterien einsetzen und so wirtschaftlicher vergeben kann. Bindet man den Auftraggeber im Sinne der zu den herkömmlichen Vergabeverfahren ergangenen Rechtsprechung zu strikt an seine vor Verfahrensbeginn festgelegten Wertungskriterien, ist er u.U. gezwungen, sehenden Auges ein Angebot zu bezuschlagen, das nach seinem neuen Kenntnisstand nicht das wirtschaftlichste ist.

[26] § 8 a Nr. 4 VOB/A; Art. 44 Abs. 3 UAbs. 2 VKR.

[27] § 8 a Nr. 4 und 6 VOB/A; Art. 44 Abs. 3 UAbs. 1 VKR.

[28] Abs. 4 spricht von „Vergabeunterlagen“, hierbei dürfte es sich aber um ein Redaktionsversehen handeln, da dem Sinn nach die Beschreibung gemeint ist.

[29] Art. 40 Abs. 5 lit. e, Art. 53 Abs. 2, ErwG 46 Abs. 2 und Anhang VII Teil A Nr. 23 VKR; hierzu *Kus* in: Kulartz/Kus/Portz (Hrsg.), § 97, Rdn. 43.

[30] So auch *Europäische Kommission*, Erläuterungen zum Wettbewerblichen Dialog, Dokument CC/2005/04_rev1 vom 5.10.2005, Ziff. 3.1.; *Heiermann*, ZfBR 2005, 766, 771.

[31] Vgl. für das Verhandlungsverfahren VK Bund, Beschluss VK 1 53/05 vom 6.7.2005; ähnlich *Heiermann*, ZfBR 2005, 766, 771.

[32] So auch *Opitz*, VergabeR 2006, 451, 462; aA wohl *Europäische Kommission*, Erläuterungen zum Wettbewerblichen Dialog, Dokument CC/2005/04_rev1 vom 5.10.2005, Ziff. 3.1, Fn. 14.

[33] *Kus*, Die richtige Verfahrensart bei PPP-Modellen, insbesondere Verhandlungsverfahren und Wettbewerblicher Dialog, Tagungsband des 7. Düsseldorfer Vergaberechtstags, im Erscheinen, unter Verweis auf EuGH *ATI La Linea* NZBau 2006, 193; aA *Paetzold* ZVgR 2000, 191, 193; *Werner/Freitag*, NZBau 2000, 551, 552.

Dies widerspräche dem Ziel der Richtlinien- und Gesetzgeber bei der Einführung des Wettbewerblichen Dialogs, auch für besonders komplexe Vorhaben eine möglichst wirtschaftliche Vergabe zu erreichen. Den Interessen der Bieter ist durch die strikte Beachtung des Transparenz- und des Gleichbehandlungsgrundsatzes Rechnung zu tragen.

Aus Sicht des Auftraggebers bedeutet dies für die **praktische Durchführung** eines Wettbewerblichen Dialogs folgendes: Die Formulierung der Zuschlagskriterien für Wettbewerbliche Dialoge ist für den Auftraggeber schwierig, da den Angeboten sehr unterschiedliche Lösungsansätze zugrunde liegen können.[34] Auftraggeber werden am Ende der Dialogphase häufig keine Verdingungsunterlagen erstellen, auf die die Bewerber ihre Angebote einheitlich auszurichten haben. Stattdessen können sie auf den (oft heterogenen) Dialogstand verweisen. Dies führt zu einer erheblichen Streuung der Angebote, was den Vergleich und damit die Wertung erschwert. Dies sollte der Auftraggeber bereits bei der Festlegung der Zuschlagskriterien berücksichtigen, indem er sie zunächst eher offen formuliert und im Laufe des Dialogs durch Unterkriterien präzisiert. Die Gewichtung der einzelnen Kriterien kann er im Laufe des Dialogs verändern. Mit Blick auf das Transparenzgebot sollte sich der Auftraggeber beides in der Bekanntmachung oder der Beschreibung **vorbehalten**. 21

Zugleich sollte der Auftraggeber die für ihn wesentlichen Eckpunkte der zu beschaffenden Leistung als **Ausschlusskriterien** festlegen. Der Leistungsgegenstand wird im Wettbewerblichen Dialog weitgehend durch die dem Auftraggeber wissensmäßig überlegenen Bewerber festgelegt. Dies birgt die Gefahr, dass dem Auftraggeber nur Leistungen angeboten werden, die zwar seine Bedürfnisse erfüllen, aber in wesentlichen Punkten für ihn nachteilig sind, z.B. bei der Haftung der Auftragnehmer.[35] Um zu verhindern, dass solche Angebote abgegeben werden und u.U. bezuschlagt werden müssen, sollten die wesentlichen Anforderungen als Ausschlusskriterien definiert werden. 22

Dem Auftraggeber ist es untersagt, **grundlegende Elemente** der Bekanntmachung oder der Beschreibung im Laufe des Verfahrens zu ändern oder dem letztlich ausgewählten Bewerber neue wesentliche Elemente aufzuerlegen.[36] 23

b) Beschreibung (Abs. 2 2. HS.). Die Beschreibung entspricht in ihrer Funktion den Verdingungsunterlagen. Sie kann aber **weniger detailliert** und präskriptiv sein und weniger Vorgaben enthalten, da die Beschreibung des Leistungsgegenstands erst in der Dialogphase durch die Bewerber und den Auftraggeber gemeinsam erfolgt.[37] Dies wird auch aus der Verwendung des allgemeinen Begriffs „Anforderungen" deutlich. Anders als bei einer funktionalen Leistungsbeschreibung nach § 9 Nr. 16 VOB/A muss die Beschreibung kein Leistungsprogramm mit Beschreibung der Bauaufgabe enthalten. Die Beschreibung kann aber für Leistungsbereiche, deren Inhalte bereits feststehen und nicht erst im Dialog ermittelt werden sollen, konkrete Anforderungen enthalten. Dies gilt insbesondere für technisch weniger komplexe Vorhaben, bei denen allein die rechtliche oder wirtschaftliche Komplexität den Wettbewerblichen Dialog rechtfertigt (z.B. ÖPP-Vorhaben), oder umgekehrt.[38] 24

Für den Auftraggeber empfiehlt es sich dennoch, zur Verringerung des Risikos von Nachprüfungsverfahren bereits in der Bekanntmachung bzw. der Beschreibung möglichst **umfassende Sachverhaltsangaben** zu veröffentlichen, insbesondere die Tatsachen, die die Vergabe im Wettbewerblichen Dialog rechtfertigen. Auch der wesentliche Verfahrensablauf sollte den Bewerbern möglichst früh mitgeteilt werden. Hierdurch kann der Auftraggeber erreichen, dass Bewerber vermeintliche Rechtsverstöße bereits in einem frühen Verfahrensstadium rügen müssen oder andernfalls einen Nachprüfungsantrag nicht hierauf stützen können. Zudem sind Fehler in einem frühen Verfahrensstadium erfahrungsgemäß leichter zu beheben. 25

---

[34] So auch *Schröder*, NZBau 2006, im Erscheinen.

[35] *Opitz*, VergabeR 2006, 451, 460.

[36] Siehe Rdn. 27.

[37] *Europäische Kommission*, Erläuterungen zum Wettbewerblichen Dialog, Dokument CC/2005/04_rev1 vom 5.10.2005, Fn. 9.

[38] So auch *Opitz*, VergabeR 2006, 451, 452.

26 Die Beschreibung ist ihrem Inhalt nach keine Leistungsbeschreibung, so dass nach dem Wortlaut des **§9 Nr. 1 bis 4 VOB/A** die dort festgelegten allgemeinen Regeln für sie nicht gelten. Diese Regeln konkretisieren aber weitgehend lediglich die allgemeinen vergaberechtlichen Grundsätze der Gleichbehandlung, der Transparenz und des Wettbewerbs, die auch für den Wettbewerblichen Dialog gelten.[39] Daher sind die allgemeinen Regeln analog anzuwenden, soweit sie auf den Wettbewerblichen Dialog übertragbar sind. Im Einzelnen:

– Die Gebote der **eindeutigen** und möglichst **erschöpfenden** Beschreibung des § 9 Nr. 1 VOB/A[40] gelten für die Beschreibung insoweit, als Leistungen beschrieben werden, deren Inhalt bereits weitgehend feststeht.[41] Leistungen, die erst im Dialog mit den Bewerbern ermittelt werden sollen, kann der Auftraggeber nicht eindeutig und erschöpfend beschreiben.
– Das allgemeine Verbot des § 9 Nr. 2 VOB/A, dem Auftragnehmer ein **ungewöhnliches Wagnis** aufzubürden,[42] gilt im Wettbewerblichen Dialog grundsätzlich analog. Hier ist aber zu beachten, dass im Wettbewerblichen Dialog das Planungsrisiko zulässigerweise weitgehend auf die Bewerber übertragen wird. Hinzu kommt, dass die besonders komplexen Vorhaben, für die der Wettbewerbliche Dialog statthaft ist, in aller Regel mit besonderen Risiken verbunden sind, die zulässigerweise auf die Bewerber übertragen werden können. Dies gilt insbesondere für die Übertragung von Einnahmerisiken im Rahmen von ÖPP-Modellen, z.B. von Verkehrsmengenrisiken bei ÖPP-Modellen im Fernstraßenbau.
– Zahlreiche **preisbeeinflussende Umstände** i.S.d. § 9 Nr. 3 Abs. 1 VOB/A[43] wird der Auftraggeber auch dann angeben können, wenn er keine Leistungsbeschreibung erstellen kann und daher einen Wettbewerblichen Dialog durchführt. Z.B. hindert die wirtschaftliche Komplexität eines ÖPP-Projekts den Auftraggeber nicht daran, die Bodenverhältnisse des Baugeländes anzugeben. § 9 Nr. 3 Abs. 1 VOB/A ist daher analog anzuwenden.
– Die Pflichten des Auftraggebers aus § 9 Nr. 3 Abs. 2 bis 4 VOB/A (**Zweck und Beanspruchung der Leistung, Baustellenverhältnisse, Abschnitt 0 ATV**)[44] gelten grundsätzlich unabhängig von der Verfahrensart und sind daher auf den Wettbewerblichen Dialog analog anzuwenden, soweit der Auftraggeber sie trotz seines eingeschränkten Wissens über die zu beschaffende Leistung erfüllen kann.

27 Dem Auftraggeber ist es nach den Transparenz- und Wettbewerbsgrundsätzen untersagt, **grundlegende Elemente** der Bekanntmachung oder der Beschreibung im Laufe des Verfahrens zu ändern oder dem letztlich ausgewählten Bewerber neue wesentliche Elemente aufzuerlegen.[45] Diese Pflicht reicht nicht so weit wie die für die anderen Verfahrensarten geltende Pflicht zur Wahrung der Identität des Beschaffungsgegenstands, da sie sich nur auf „grundlegende" Elemente bezieht. Dies sind z.B. die Zulässigkeit von Nebenangeboten und die an sie zu stellenden Mindestanforderungen, die Aufteilung in Lose, der Einsatz von Unterauftragnehmern, Eventualpositionen und die Zuschlagskriterien.[46] Die Beschreibung des Leistungsgegenstandes sollte der Auftraggeber daher so formulieren, dass er Änderungsvorschläge der Bewerber in der Dialogphase aufgreifen kann, ohne sich dem Vorwurf auszusetzen, er ändere grundlegende Elemente.

28 Den **Zeitpunkt** der Veröffentlichung der Beschreibung kann der Auftraggeber frei wählen. Sie ist aber nach § 10a lit. e VOB/A, Art. 40 Abs. 2 1. Spstr. VKR spätestens mit den Aufforderungsschreiben zum Dialog den ausgewählten Bewerbern zur Verfügung zu stellen.

29 **c) Auswahlphase (Abs. 3 Satz 1):** Die Auswahlphase beginnt nach Ablauf der Bewerbungsfrist. Sie ähnelt dem Öffentlichen Teilnahmewettbewerb bzw. dem Verfahren der Öffentlichen

---

[39] ErwG 39 VKR.
[40] Siehe Kommentierung zu § 9 Rdn. 8ff.
[41] Siehe Rdn. 24.
[42] Siehe Kommentierung zu § 9 Rdn. 21ff.
[43] Siehe Kommentierung zu § 9 Rdn. 30ff.
[44] Siehe Kommentierung zu § 9 Rdn. 36ff.
[45] ErwG 31 VKR, siehe auch § 3a Nr. 5 Abs. 5 Satz 5 und Abs. 6 Satz 3 VOB/A.
[46] *Europäische Kommission*, Erläuterungen zum Wettbewerblichen Dialog, Dokument CC/2005/04_rev1 vom 5.10.2005, Ziff. 3.1, Fn. 14; zur Änderung der Gewichtung der Zuschlagskriterien siehe Rdn. 20.

Vergabebekanntmachung.[47] Anders als diese ist sie aber kein selbständiges (Vor-)Verfahren, sondern integraler Bestandteil des Wettbewerblichen Dialogs. Der Auftraggeber prüft anhand der in der Bekanntmachung mitgeteilten Auswahlkriterien die **Eignung** der Bewerber. Er kann die Anzahl der Bewerber, mit denen er den Dialog führen möchte, begrenzen, wenn er dies in der Bekanntmachung angegeben hat.[48]

Anschließend fordert der Auftraggeber die ausgewählten Bewerber durch zeit- und inhaltsgleiche Schreiben zum Dialog auf. Die Aufforderung muss den Anforderungen der §§ 10, 10 a lit. e VOB/A genügen. Sofern der Auftraggeber die Beschreibung noch nicht zur Verfügung gestellt hat, fügt er sie bei oder ermöglicht den Bewerbern den elektronischen Zugriff. An die nicht ausgewählten Bewerber sind Absageschreiben zu versenden. 30

Für den Auftraggeber empfiehlt sich folgende **Vorgehensweise**: 31

(1) Prüfung der Mindestanforderungen (Ausschlusskriterien) und Ausschluss der nichterfüllenden Bewerber
(2) Prüfung der Auswahlkriterien mit entsprechender Gewichtung
(3) Erstellung einer Rangliste der Bewerber nach Geeignetheit
(4) Versand der Aufforderung zum Dialog an die vorher festgelegte Anzahl von Bewerbern, Versand der Absageschreiben an die restlichen Bewerber

d) Dialogphase (Abs. 3 bis 5). Ziel der Dialogphase ist die inhaltliche Konzeptionierung des Auftrags. Hierin liegt ein wesentlicher Unterschied zu den drei klassischen Verfahren, bei denen der Auftraggeber die Projektklärung weitgehend alleine zu leisten hat. Der Auftraggeber ermittelt im Austausch mit den Bewerbern, wie seine Bedürfnisse am besten erfüllt werden können. Hierbei ist es zulässig und gewollt, dass der Auftraggeber Anregungen der Bewerber aufnimmt und den **Beschaffungsgegenstand modifiziert**. Insbesondere bei ÖPP-Vorhaben schlagen die Bewerber häufig eine optimierte Risikoverteilung vor, die einen niedrigeren Gesamtpreis ermöglicht. Auf solche Anregungen kann der Auftraggeber stärker eingehen als in den herkömmlichen Verfahren, da er im Wettbewerblichen Dialog nicht streng die Identität des Vergabegegenstands wahren[49] muss, sondern nur an die grundlegenden Elemente der Bekanntmachung und der Beschreibung gebunden ist.[50] 32

Der Auftraggeber kann mit den Bewerbern gemäß Abs. 3 Satz 2 „alle Einzelheiten des Auftrags erörtern". Die Regelung der VKR ist so auszulegen, dass sich der Dialog „auch auf wirtschaftliche (Preis, Kosten, Einkünfte usw.) oder rechtliche Aspekte (Risikoverteilung und -begrenzung, Garantien, mögliche Schaffung von ‚Zweckgesellschaften' (Special Purpose Vehicles) usw.) erstreckt".[51] Der Auftraggeber kann den Bewerbern daher jedenfalls sein **Budget** erläutern und mitteilen, wie er die Unter- oder Überschreitung des Budgets werten wird.[52] Zudem kann er in der Dialogphase die Gewichtung des Preiskriteriums verändern und es durch Unterkriterien präzisieren.[53] Die Frage, ob in der Dialogphase förmliche Preisverhandlungen zulässig sind, ist daher theoretisch. In der Angebots- und in der Wertungsphase sind – anders als im Verhandlungsverfahren – keine Preisverhandlungen zulässig. 33

Bewerber können parallel mehrere Lösungsvorschläge unterbreiten, die u.U. andere **Lösungswege** verfolgen. Der Auftraggeber ist nicht verpflichtet, die von den Bewerbern vorgeschlagenen Lösungen zur Konvergenz zu bringen. Dies wäre ihm aufgrund seiner Vertraulichkeitspflicht[54] 34

---

[47] § 3 Nr. 3 Abs. 2, § 3 a Nr. 1 lit. b VOB/A.
[48] § 8 a Nr. 4 und 6 VOB/A; Art. 44 Abs. 3 UAbs. 1 VKR.
[49] Vgl. OLG Dresden Beschluss vom 3.12.2003 WVerg 15/03.
[50] Siehe Abs. 5 Satz 5 und Abs. 6 Satz 3.
[51] *Europäische Kommission*, Erläuterungen zum Wettbewerblichen Dialog, Dokument CC/2005/04_rev1 vom 5.10.2005, Ziff. 3.2.
[52] *Kus*, Die richtige Verfahrensart bei PPP-Modellen, insbesondere Verhandlungsverfahren und Wettbewerblicher Dialog, Tagungsband des 7. Düsseldorfer Vergaberechtstags, im Erscheinen; weiter *Knauff*, VergabeR 2004, 287, 293.
[53] Siehe Rdn. 20.
[54] Siehe Rdn. 44.

auch kaum möglich. Er kann mit den einzelnen Bewerbern unterschiedliche Lösungswege verfolgen, solange er sich nicht widersprüchlich äußert, da dies dem Gleichbehandlungsgebot widerspräche. Wenn der Auftraggeber mehrere Lösungswege erkunden möchte, die Bewerber aber alle auf eine ähnliche Lösung zusteuern, darf der Auftraggeber daher nicht einige Bewerber in eine andere Richtung lenken als den Rest der Bewerber. In diesem Fall hat er alle Bewerber einheitlich aufzufordern, auch andere Lösungswege zu beschreiten. Es steht den Bewerbern frei, ob sie hierauf eingehen.

35 Um den Dialog zu strukturieren bietet es sich an, dass der Auftraggeber die Bewerber zur Abgabe von **Angeboten** auffordert. Alle in der Dialogphase abgegebenen Angebote sind nicht bindend (indikativ). Der Auftraggeber kann auf sie nicht den Zuschlag erteilen, sondern diskutiert sie mit den Bewerbern, um seine Bedürfnisse und die Angebote der Bewerber soweit als möglich zur Deckung zu bringen. Bei indikativen Angeboten steht der wirtschaftliche und technische Angebotsinhalt im Vordergrund, formale Kriterien spielen eine wesentlich geringere Rolle als bei verbindlichen Angeboten. Die strengen formalen Anforderungen der Rechtsprechung z.B. mit Blick auf die Vollständigkeit dürfen daher nicht ohne weiteres auf indikative Angebote übertragen werden. Hierfür spricht auch, dass die strenge Anforderung des Abs. 5 Satz 3 („Angebote müssen alle zur Ausführung des Projekts erforderlichen Einzelheiten enthalten") nach Wortlaut und systematischer Stellung nur für endgültige Angebote gelten. Der Auftraggeber sollte seinerseits die formalen Anforderungen auf das absolut Notwendige begrenzen um zu verhindern, dass inhaltlich interessante indikative Angebote aufgrund formaler Fehler (z.B. Unvollständigkeit in unwesentlichen Punkten) auszuschließen sind. Erst in der Angebotsphase geben die Bewerber verbindliche Angebote ab.

36 Wie im Verhandlungsverfahren kann der Auftraggeber mangels gesetzlicher Vorgaben den verfahrensmäßigen Ablauf und die Fristen der Dialogphase weitgehend frei festlegen.[55] Folgender **Verfahrensablauf**[56] hat sich bewährt: Zu Beginn führt der Auftraggeber mit den Bewerbern getrennte Eröffnungsgespräche, in denen er anhand der Beschreibung seine Vorstellungen erläutert und Fragen der Bewerber beantwortet. Wie im Verhandlungsverfahren[57] hat er zur Wahrung des Transparenzgebots den Bewerbern den Ablauf des weiteren Verfahrens mitzuteilen.[58] Dazu bietet es sich an, einen **Ablaufplan** zu erstellen und den Bewerbern auszuhändigen. Er enthält u.a. eine Frist, innerhalb derer die Bewerber ein erstes indikatives Angebot vorzulegen haben, das sie dem Auftraggeber im Rahmen einer Präsentation erläutern. Der Auftraggeber diskutiert mit den einzelnen Bewerbern ihre Angebote, um sie leistungs- und kostenseitig für seine Bedürfnisse zu optimieren. Er modifiziert ggf. seine Anforderungen, wenn er aus der Diskussion neue Erkenntnisse erhält. Der Abgabe des indikativen Angebots kann eine Präsentation der Zwischenergebnisse der Bewerber vorgeschaltet werden. Dies gibt dem Auftraggeber die Möglichkeit, auf die Abgabe von Angeboten hinzuwirken, die seinen Bedürfnissen möglichst weitgehend entsprechen.

37 Die Dialogphase kann nach Abs. 4 als **abgestufter Dialog** gestaltet werden, in dessen Verlauf die Zahl der Lösungen (nicht notwendigerweise der Bewerber) sukzessive verringert wird. Bewerber können durch Haupt- und Nebenangebote mehrere Lösungen anbieten. Diese Lösungen können sich grundlegend voneinander unterscheiden. Bei einem abgestuften Dialog verringert der Auftraggeber die Zahl der Lösungen und damit in der Regel auch die Zahl der Bewerber, die weiter am Dialog teilnehmen. Dies hat anhand der zuvor mitgeteilten Zuschlagskriterien und Gewichtung zu erfolgen.[59] Ein Ausschluss aus anderen Gründen verstieße gegen das Transparenzgebot und wäre daher unzulässig. Der Auftraggeber hat die Ausschlussentscheidung im Rahmen seiner Dokumentationspflicht im Vergabevermerk sorgfältig zu begründen. Abs. 4 Satz 3 übernimmt die – in § 6 a Abs. 4 VgV fehlende – Regelung des Art. 44 Abs. 4 VKR. Danach

---

[55] So auch *Pünder/Franzius*, ZfBR 2006, 20, 23.

[56] Hierzu anhand eines konkreten Falles *Kus*, Tagungsband des Düsseldorfer Vergaberechtstags 2006, im Erscheinen.

[57] Hierzu *Kulartz* in Kulartz/Kus/Portz (Hrsg.), § 101, Rdn. 22 f.

[58] *Pünder/Franzius* ZfBR 2006, 20, 23.

[59] Zu Zuschlagskriterien, Unterkriterien und Gewichtung siehe Rdn. 20.

müssen auch in der Schlussphase des Dialogs noch so viele Angebote vorliegen, dass ein echter Wettbewerb gewährleistet ist. Art. 44 Abs. 4 VKR stellt zusätzlich klar, dass dies nur gilt, wenn eine ausreichende Zahl von Lösungen oder geeigneten Bewerbern vorliegt. Der Auftraggeber darf die Zahl der Bewerber also auch in der Schlussphase des Dialogs nicht auf weniger als zwei reduzieren. Ein Dialog mit nur einem Bewerber ähnlich dem – mittlerweile mit Blick auf Art. 44 Abs. 4 VKR umstrittenen[60] – preferred bidder-Ansatz im Verhandlungsverfahren, ist nach § 3 a Nr. 4 Abs. 4 Satz 3 VOB/A und Art. 44 Abs. 4 VKR nicht zulässig.[61]

Ein abgestufter Dialog kann dazu führen, dass Bewerber ihr erstes Angebot für den Auftraggeber besonders attraktiv gestalten, um in die zweite Dialogphase vorzurücken. Dort geben sie dann ein verbindliches Angebot ab, das leistungsmäßig oder preislich **unattraktiver** ist als ihr Vorangebot und als Angebote von Bewerbern, die nicht in die zweite Dialogphase vorgerückt sind. Dies führt dazu, dass der Auftraggeber bei der Zuschlagserteilung nicht zwischen den wirtschaftlichsten Angeboten wählen kann, was dem gesetzgeberischen Ziel einer möglichst wirtschaftlichen Vergabe im fairen Wettbewerb widerspricht. Das Verhalten des Bewerbers widerspricht auch Abs. 5 Satz 2, wonach die Bewerber ihr endgültiges Angebot „auf der Grundlage der eingereichten und in der Dialogphase näher ausgeführten Lösungen" vorzulegen haben. 38

Dieser Konstruktionsfehler des abgestuften Dialogs kann behoben werden, wenn man dem Auftraggeber das Recht zuerkennt, einen vorgerückten Bewerber durch einen nach der ersten Dialogphase ausgeschiedenen Bewerber zu ersetzten, wenn das endgültige Angebot des vorgerückten Bewerbers unwirtschaftlicher ist als Angebot des ausgeschiedenen Bewerbers. **Nachzurücken** hat der ausgeschiedene Bewerber mit dem wirtschaftlichsten Angebot. Beim Vergleich der Angebote des vorgerückten und des ausgeschiedenen Bewerbers ist aber zu berücksichtigen, dass die Angebote aus unterschiedlichen Dialogphasen stammen. Der Vergleich und damit ein Nachrücken sind aus Gleichbehandlungsgründen nur möglich, wenn die Angebote in ihrer Detaillierung etc. vergleichbar sind. Das Instrument des Nachrückens entspricht den vergaberechtlichen Wettbewerbs- und Wirtschaftlichkeitsgrundsätzen (§ 97 Abs. 1 und 5 GWB). Abs. 4 steht nicht entgegen: Die in Satz 1 vorgesehene Verringerung der Zahl der Bewerber erfolgt. Satz 2 spricht davon, dass Lösungen „nicht für die nächste Dialogphase vorgesehen" werden, nicht hingegen von einem endgültigen Ausscheiden aus dem Verfahren. Satz 3 fordert einen echten Wettbewerb in der Schlussphase. Dies wird durch das Auswechseln unwirtschaftlich anbietender Bewerber erreicht. Für die Zulässigkeit des Nachrückens spricht schließlich, dass ein öffentlicher Auftraggeber durch das haushaltsrechtliche Wirtschaftlichkeitsgebot gehalten ist zu verhindern, dass er sich am Ende der Dialogphase vor die Wahl gestellt sieht, entweder den Zuschlag auf ein Angebot zu erteilen, das nicht das wirtschaftlichste ist, oder das Verfahren aufzuheben. Das Transparenzgebot erfordert allerdings, dass sich der Auftraggeber die Möglichkeit des Nachrückens vor Beginn der Dialogphase ausdrücklich **vorbehalten** muss, spätestens im Ablaufplan.[62] 39

Im weiteren Verlauf der Dialogphase erörtert der Auftraggeber mit den (verbliebenen) Bewerbern weitere Optimierungen und fordert sie ggf. zur Abgabe weiterer indikativer Angebote auf. Nach Abs. 5 hat er die Dialogphase für **abgeschlossen** zu erklären, wenn „eine Lösung gefunden worden ist, die seine Bedürfnisse erfüllt oder … erkennbar ist, dass keine Lösung gefunden werden kann". Der Wortlaut deutet darauf hin, dass hier ein objektiver Maßstab anzulegen ist, so dass dem Auftraggeber kein Beurteilungsspielraum zusteht. 40

Während des gesamten Dialogs haben die Bewerber die Möglichkeit, **Fragen** an den Auftraggeber zu richten. Er hat darauf zu achten, durch seine Antworten keine Angebotsinhalte anderer 41

---

[60] Näher *Kus*, Die richtige Verfahrensart bei PPP-Modellen, insbesondere Verhandlungsverfahren und Wettbewerblicher Dialog, Tagungsband des 7. Düsseldorfer Vergaberechtstags, im Erscheinen.

[61] So auch *Opitz* VergabeR 2006, 451, 459; anders *Europäische Kommission*, Erläuterungen zum Wettbewerblichen Dialog, Dokument CC/2005/04_rev1 vom 5.10.2005, Ziff. 3.2.1, ihre Erläuterungen sind jedoch rechtlich unverbindlich (insb. keine amtliche Begründung der VKR) und können den insoweit klaren Inhalt des Art. 44 Abs. 4 VKR nicht ändern; ähnlich wie die Europäische Kommission *Pünder/Franzius*, ZfBR 2006, 20, 23.

[62] Siehe Rdn. 36.

Bewerber preis zu geben. Fragen, die nur für einen Bewerber relevant sind, weil sie sich auf spezifische Elemente seines Angebots beziehen, beantwortet der Auftraggeber daher nur gegenüber diesem Bewerber. Alle anderen Fragen beantwortet er in Form von Bewerberinformationen zeit- und inhaltsgleich gegenüber allen Bewerbern.

42 Die (abgestufte) Dialogphase kann wie folgt gegliedert werden, wobei die Gespräche mit jedem Bewerber getrennt zu führen sind:

(1) Eröffnungsgespräche mit Erläuterung der Beschreibung und des Verfahrensablaufs (Ablaufplan) durch den Auftraggeber, Fragen der Bewerber
(2) Präsentation der Zwischenergebnisse durch die Bewerber und Diskussion mit dem Auftraggeber
(3) Abgabe und ggf. Erläuterung der ersten indikativen Angebote durch die Bewerber
(4) Wertung der indikativen Angebote, Auswahl der obsiegenden Bewerber, Einladungsschreiben zur nächsten Dialogphase und Absageschreiben
(5) Eröffnungsbesprechung mit Diskussion des jeweiligen indikativen Angebots aus der ersten Dialogphase
(6) Präsentation der Zwischenergebnisse durch die Bewerber und Diskussion mit dem Auftraggeber
(7) Abgabe und ggf. Erläuterung der zweiten indikativen Angebote durch die Bewerber
(8) Auswahl der geeigneten Lösung(en) durch den Auftraggeber
(9) Erklärung der Dialogphase für abgeschlossen, Aufforderung zur Angebotsabgabe

43 Der Auftraggeber kann den verfahrensmäßigen Ablauf und die Fristen wie im Verhandlungsverfahren frei festlegen,[63] hat aber die vergaberechtlichen Grundsätze des § 97 GWB zu beachten, insbesondere das Gebot der **Gleichbehandlung**, dem nach Abs. 3 Satz 3 und 4 besondere Bedeutung zukommt. Insbesondere hat er Informationen allen Bewerbern zeit- und inhaltsgleich zur Verfügung zu stellen. Er muss den Dialog mit allen Bewerbern gleich intensiv führen. Diese Pflichten entsprechen denen des Verhandlungsverfahrens, dies gilt auch hinsichtlich der **Dokumentationspflicht**.

44 Besondere Bedeutung kommt der Wahrung der **Vertraulichkeit** durch den Auftraggeber zu.[64] Nach Abs. 3 Satz 5 darf er vertrauliche Informationen eines Bewerbers, insbesondere Lösungsvorschläge oder Angebotsinhalte, nicht an andere Bewerber weitergeben oder für andere Zwecke als das Vergabeverfahren verwenden. Das erste Verbot der direkten oder indirekten Weitergabe von Lösungsvorschlägen oder Angebotsinhalten an andere Bewerber ist für das Gelingen des wettbewerblichen Dialogs von zentraler Bedeutung. Bewerber bringen ihr Know-how und ihre Kreativität nur dann in den Dialog ein, wenn sie davon ausgehen können, dass ihnen dies einen Wettbewerbsvorsprung vor den anderen Bewerbern verschafft. Der Auftraggeber hat den Dialog mit den einzelnen Bewerbern daher strikt getrennt zu führen. Sollte der Auftraggeber seine Vertraulichkeitspflicht verletzen, können den Bewerbern Schadensersatzansprüche aus culpa in contrahendo zustehen. Hier werden sich aber häufig Beweisprobleme[65] ergeben.

45 Nach Abs. 3 S. 5 können die Bewerber **zustimmen**, dass der Auftraggeber ihre Lösungsvorschläge und vertraulichen Informationen den anderen Bewerbern zur Verfügung stellt. Dies ist unter dem Gesichtspunkt des kartell- und vergaberechtlich gebotenen Schutzes des Geheimwettbewerbs[66] (§§ 1, 97 Abs. 1 GWB und Art. 81 Abs. 1 EGV) problematisch. Die Zustimmungsmöglichkeit ist daher einschränkend dahingehend auszulegen, dass der Auftraggeber die

[63] *Pünder/Franzius,* ZfBR 2006, 20, 23.

[64] Vgl. *Europäische Kommission*, Mitteilung zu öffentlich-privaten Partnerschaften und den gemeinschaftlichen Rechtsvorschriften für das öffentliche Beschaffungswesen und Konzessionen, KOM(2005) 569 endg. vom 15.11.2005, Ziff. 2.2; sowie *Werner/Freitag*, NZBau 2000, 551, 552.

[65] *Knauff*, VergabeR 2004, 287, 298.

[66] Hierzu *Kus* in Kulartz/Kus/Portz (Hrsg.), § 97, Rdn. 37. Der Wettbewerb ist ein Gemeingut, in dessen Verletzung der Auftraggeber und die Auftragnehmer nicht wirksam einwilligen können, da es nicht zu ihrer Disposition steht.

Zustimmung nur wirksam einholen kann, wenn dies durch sachliche Gründe gerechtfertigt ist, die den Verlust an Wettbewerb zwischen den Bewerbern ausgleichen. Daher wäre es unzulässig, wenn der Auftraggeber die Teilnahme am Dialog von der generellen Zustimmung zur Weitergabe vertraulicher Angaben abhängig machte.[67] Hierfür sprich auch die Formulierung des Art. 29 Abs. 3 UAbs. 3 VKR, nach der die Zustimmung des bereits „teilnehmenden Bewerbers" erforderlich ist. Schließlich verweist Art. 29 Abs. 3 UAbs. 1 VKR auf die Auswahl der Bewerber „nach den einschlägigen Bestimmungen der Art. 44 bis 52", die keine Zustimmung zur Informationsweitergabe vorsehen.[68] Die Zustimmung kann sich nach der eindeutigen Formulierung des Abs. 3 S. 5 auch nur auf die Weitergabe von Informationen „an die anderen Unternehmen" (Bewerber) beziehen, nicht auf die Verwendung dieser Informationen durch den Auftraggeber außerhalb des Vergabeverfahrens.[69] Die Bewerber sollen davor geschützt werden, vom Auftraggeber in der entscheidenden Phase des Verfahrens unter Druck gesetzt zu werden, der vergütungsfreien Nutzung ihres Know-hows außerhalb des Vergabeverfahrens zuzustimmen.

Neben der vergaberechtlichen Vertraulichkeitspflicht ist das **Immaterialgüterrecht** zu beachten, insbesondere der Schutz des **Urheberrechts**. Auch wenn Bewerber der Weitergabe vertraulicher Informationen zustimmen, ist die urheberrechtliche Situation gesondert zu prüfen. Wenn der Auftraggeber die Zustimmung der Bewerber zur Weitergabe von Informationen einholt, sollte er zugleich eine urheberrechtliche Vereinbarung mit den Bewerbern schließen.[70] 46

e) Angebotsphase (Abs. 5). Die Angebotsphase ähnelt stark einem Nichtoffenen Verfahren. Der Auftraggeber fordert die verbliebenen Bewerber unter Setzung einer angemessenen Frist[71] zur Abgabe endgültiger Angebote auf. Die Angebote sind „auf der Grundlage der eingereichten und in der Dialogphase näher ausgeführten Lösungen" vorzulegen, d.h. sie sind aus den zuvor abgegebenen indikativen Angeboten unter Berücksichtigung der Stellungnahmen des Auftraggebers zu entwickeln.[72] Der Auftraggeber muss seine ursprüngliche Beschreibung grundsätzlich nicht fortschreiben oder hieraus **Verdingungsunterlagen** erstellen. Sofern er keine neuen Vorgaben gibt, ist es ausreichend, wenn er auf die letzten indikativen Angebote und den protokollierten Stand des Dialogs Bezug nimmt.[73] So vermeidet er auch die Schwierigkeit, Verdingungsunterlagen (nun mit Leistungsbeschreibung) erstellen zu müssen, ohne Lösungsansätze einzelner Bewerber offenbaren zu dürfen. Es muss allerdings sichergestellt sein, dass alle Bewerber über den gleichen Wissenstand verfügen. Wenn hier Zweifel bestehen, sollte der Auftraggeber den rechtsichereren wenn auch aufwendigeren Weg wählen und Verdingungsunterlagen erstellen. Dies hat auch den Vorteil, dass die Angebote inhaltlich ähnlicher ausfallen und daher einfacher zu werten sind. 47

Die Angebote müssen nach Abs. 5 Satz 3 „alle zur Ausführung des Projekts erforderlichen Einzelheiten" enthalten, d.h. mit Blick auf ihre **Vollständigkeit** und Eindeutigkeit den Ansprüchen genügen, die auch in den anderen Vergabeverfahren an bezuschlagungsfähige Angebote gestellt werden.[74] 48

[67] So aber ohne Begründung *Europäische Kommission*, Erläuterungen zum Wettbewerblichen Dialog, Dokument CC/2005/04_rev1 vom 5.10.2005, Fn. 22.

[68] *Opitz*, VergabeR 2006, 451, 458, der zudem zu Recht auf die Entstehungsgeschichte des Art. 29 VKR verweist, hierzu auch *Werner/Freitag*, NZBau 2000, 551.

[69] AA für § 6 a Abs. 3 VgV *Pünder/Franzius*, ZfBR 2006, 20, 25.

[70] *Ollmann*, VergabeR 2005, 685, 689.

[71] *Pünder/Franzius*, ZfBR 2006, 20, 23, gehen in entsprechender Anwendung des Art. 38 Abs. 8 VKR von einer Mindestfrist von 10 Tagen aus. Entscheidendes Kriterium dürfte aber sein, dass die Frist ausreichend bemessen ist, um unter dem Gesichtspunkt der Gleichbehandlung allen Bewerbern die Angebotserstellung zu ermöglichen.

[72] Zur Problematik des Abweichens von vorherigen indikativen Angeboten zu Lasten des Auftraggebers siehe Rdn. 38 f.

[73] So auch die *Europäische Kommission*, Erläuterungen zum Wettbewerblichen Dialog, Dokument CC/2005/04_rev1 vom 5.10.2005, Ziff. 3.3.

[74] Insbesondere §§ 21, 23, 25 VOB/A; zu den geringeren Anforderungen an indikative Angebote siehe Rdn. 35.

49 Der Auftraggeber kann Präzisierungen und Klarstellungen des Angebotsinhalts verlangen. Dies entspricht seinem Aufklärungsrecht aus § 24 Abs. 1 VOB/A. Darüber hinaus kann er Ergänzungen der Angebote verlangen, was ihm einen weiten Spielraum zu eröffnen scheint. Die Präzisierungen, Klarstellungen und Ergänzungen dürfen nach Abs. 5 Satz 5 aber keine Änderungen der grundlegenden Elemente des Angebots oder der „Ausschreibung" (gemeint ist: der Bekanntmachung und der Beschreibung) zur Folge haben, die den Wettbewerb verfälschen oder diskriminierend wirken „könnten". Schon die Möglichkeit der Wettbewerbsverfälschung oder Diskriminierung soll eine Veränderung des Angebotsinhalts unzulässig machen. Der Auftraggeber hat daher im Sinne einer **Feinabstimmung** nur einen geringen Spielraum um den Inhalt der Angebote zu beeinflussen. Anders als im Verhandlungsverfahren sind insbesondere Preisverhandlungen unzulässig. Der Hauptanwendungsfall einer Angebotsergänzung dürfte das Beibringen von Genehmigungen oder Bestätigungen Dritter (z.B. Banken, Versicherungen) sein, die Bewerber aus Zeit- oder Kostengründen sinnvoller Weise erst einholen können, wenn sie wissen, dass sie den Zuschlag erhalten werden.[75] Kann der wertungsmäßig führende Bewerber eine Zusage nicht erfüllen, hat der Auftraggeber die Möglichkeit, den nächstplatzierten Bewerber zu bezuschlagen.[76]

50 Der Wettbewerbliche Dialog **scheitert**, wenn in der Dialogphase keine Lösung gefunden werden kann, die den Bedürfnissen des Auftraggebers entspricht. Abs. 5 lit. b geht als lex specialis § 26 VOB/A vor. Der Auftraggeber kann das Scheitern einseitig feststellen und muss die Bewerber hierüber lediglich „informieren", ohne an die Voraussetzungen des § 26 VOB/A gebunden zu sein. Falls zwar eine Lösung gefunden wurde, aber kein annehmbares Angebot eingegangen ist, gilt Abs. 5 lit. b nicht, so dass eine Aufhebung nur unter den Voraussetzungen des § 26 VOB/A möglich ist. Art. 30 Abs. 1 lit. a VKR sieht vor, dass im Falle des Scheiterns eines Wettbewerblichen Dialogs ein Verhandlungsverfahren durchgeführt werden kann. Diese Regelung ist sachgerecht, wurde aber nicht in deutsches Recht umgesetzt. Nr. 6 lit. a ist daher richtlinienkonform dahingehend auszulegen, dass das Erstverfahren auch ein Wettbewerblicher Dialog sein kann.[77] Wenn der Auftraggeber ein neues Verfahren einleiten möchte und die Voraussetzungen des Abs. 1 noch vorliegen, müsste er sonst wegen des grundsätzlichen Vorrangs des Wettbewerblichen Dialogs erneut einen solchen durchführen. In solchen Fällen würde aber in der Regel begründet werden können, dass ein Verhandlungsverfahren die Ziele des § 97 GWB mindestens im gleichen Umfang verwirklicht, so dass auch unabhängig von der richtlinienkonformen Auslegung der Nr. 6 lit. a dieses Verfahren gewählt werden könnte.[78] Den Bewerbern steht auch im Fall des Scheiterns des Dialogs ein Kostenerstattungsanspruch nach Abs. 7 zu.

51 **f) Wertungsphase (Abs. 6).** Die Wertungsphase entspricht der Schlussphase eines **Nichtoffenen Verfahrens**. Der Auftraggeber hat das wirtschaftlichste Angebot auszuwählen. Er wertet die Angebote aufgrund der Zuschlagskriterien, die er in der Bekanntmachung und der Beschreibung festgelegt hat, sowie der ggf. später festgelegten Unterkriterien und Gewichtung.[79] Wenn der Auftraggeber am Ende der Dialogphase keine Verdingungsunterlagen erstellt hat, sondern nur auf den Dialogstand verwiesen hat, können die Angebote inhaltlich erheblich voneinander abweichen, was die Wertung erschweren kann.[80]

52 Verhandlungen zwischen dem Auftraggeber und dem Bewerber sind nicht zulässig.[81] Hierin liegt ein wesentlicher und aus Sicht des Auftraggebers nachteiliger Unterschied zum Verhandlungsverfahren. Der Auftraggeber darf den führenden Bewerber zwar auffordern, Einzelheiten des Angebots näher zu erläutern oder im Angebot enthaltene Zusagen zu bestätigen. Dies darf aber nicht dazu

---

[75] *Europäische Kommission*, Erläuterungen zum Wettbewerblichen Dialog, Dokument CC/2005/04_rev1 vom 5.10.2005, Ziff. 3.3.

[76] *Opitz*, VergabeR 2006, 451, 456.

[77] Siehe Rdn. 114; aA *Ollmann*, VergabeR 2005, 685, 690.

[78] Siehe Rdn. 91.

[79] Siehe Rdn. 20.

[80] *Kulartz* in: Kulartz/Kus/Portz (Hrsg.), § 101, Rdn. 59; sowie oben Rdn. 21.

[81] So auch *Europäische Kommission*, Erläuterungen zum Wettbewerblichen Dialog, Dokument CC/2005/04_rev1 vom 5.10.2005, Ziff. 3.3.

führen, dass wesentliche Aspekte des Angebots oder der „Ausschreibung" (gemeint ist wie in Abs. 5 Satz 5 die Bekanntmachung und die Beschreibung) geändert werden, und dass der Wettbewerb verzerrt wird oder andere Bewerber diskriminiert werden. Anders als bei der Angebotsaufklärung und -ergänzung nach Abs. 5 Satz 5 muss hier nicht jede Möglichkeit einer Wettbewerbsbeschränkung oder Diskriminierung („wirken könnte") ausgeschlossen werden. Entscheidend ist, dass es im Ergebnis nicht zu einer Wettbewerbsbeschränkung oder Diskriminierung kommt. Dies gibt dem Auftraggeber die Möglichkeit zur inhaltlichen **Endabstimmung** des zu bezuschlagenden Angebots. Die wesentlichen (d.h. wertungsrelevanten) Sachverhalte müssen jedoch unverändert bleiben. Die Endabstimmung kann in der 14-tägigen Wartefrist des § 13 VgV stattfinden.

Abs. 6 geht als lex specialis **§ 21 VOB/A** vor. Soweit Unklarheiten im Angebot sich im Wege der Endabstimmung zulässiger Weise beseitigen lassen, führen sie daher nicht zum Ausschluss des Angebots. 53

Mit **Zusagen** sind nicht die (in der Regel wertungsrelevanten und daher nicht mehr veränderbaren) vertraglichen Zusagen der Bewerber gemeint, sondern die Zusagen Dritter, insbesondere von Kreditinstituten.[82] Bei ÖPP-Projekten sind Kreditinstitute erfahrungsgemäß erst in einem späten Verfahrensstadium bereit, verbindliche Finanzierungszusagen abzugeben, da sie ihre Mittel nicht während der gesamten Verfahrensdauer binden möchten. 54

Die Wertungsphase und der Wettbewerbliche Dialog enden wie die herkömmlichen Vergabeverfahren mit dem **Zuschlag**. 55

g) Kostenerstattung für Bewerber (Abs. 7). Die Angebotserstellung erfordert in aller Regel die Ausarbeitung umfangreicher Unterlagen. Anders als Art. 29 Abs. 8 VKR, der nur die Möglichkeit einer Vergütung für die Bewerber vorsieht, verpflichtet Abs. 7 den Auftraggeber, allen Bewerbern, die die geforderten Unterlagen rechtzeitig (und damit für das Verfahren relevant) vorgelegt haben, eine einheitliche und angemessene Kostenerstattung zu gewähren. Auch hier gilt das Gebot der Gleichbehandlung. Bei einem **abgestuften Dialog** ist daher auch die Kostenerstattung abzustufen, da früher ausgeschiedenen Bewerbern grundsätzlich geringerer Aufwand entsteht. Dem obsiegenden Bewerber steht keine Kostenerstattung zu, da er eine Vergütung aus dem Auftrag erhält. Eine detaillierte Kostenabrechung mit jedem einzelnen Bewerber[83] würde indes einen zum Erstattungsbetrag unverhältnismäßigen Aufwand bedeuten, so dass Pauschalbeträge zulässig sind. 56

Für die **Höhe** der Erstattung sind die Kosten zugrunde zu legen, die den Bewerbern durch die Beteiligung am Verfahren entstehen. Sie kann unter den Sätzen der HOAI liegen, da diese auch Gewinn enthalten.[84] Es sind nur die Kosten zu berücksichtigen, die den Bewerbern durch ihre eigene Tätigkeit entstehen, nicht die Kosten für die Unterstützung durch Dritte, da diese den Gewinn der Dritten enthalten. Wenn Bewerber solche Unterstützung benötigen, z.B. durch Sonderfachleute, haben sie die Möglichkeit, mit ihnen Bietergemeinschaften zu bilden und sie so am Akquisitionsrisiko zu beteiligen. 57

Zur **Streitvermeidung** sollte die Höhe der Vergütung den Bewerbern frühzeitig verbindlich mitgeteilt werden, spätestens bei der Aufforderung zum Dialog. Der Auftraggeber kann die Teilnahme am Dialog davon abhängig machen, dass die (in der Höhe angemessene) Vergütung akzeptiert wird.[85] 58

3. Berücksichtigung mittelständischer Interessen

Mittelständische Bewerber stehen dem Wettbewerblichen Dialog gelegentlich mit der Begründung kritisch gegenüber, der Aufwand in der Dialogphase sei so groß, dass Großunternehmen 59

---

[82] *Europäische Kommission*, a.a.O.

[83] Dies fordert *Ollmann* VergabeR 2005, 685, 689.

[84] *Kus* Die richtige Verfahrensart bei PPP-Modellen, insbesondere Verhandlungsverfahren und Wettbewerblicher Dialog, Tagungsband des 7. Düsseldorfer Vergaberechtstags, im Erscheinen; ähnlich *Schröder*, NZBau 2006, im Erscheinen; aA *Ollmann*, VergabeR 2005, 685, 689.

[85] *Opitz* VergabeR 2006, 451, 454.

einen Vorteil gegenüber kleineren Bewerbern hätten. Hiergegen wir von Auftraggeberseite argumentiert, der Aufwand sei nicht größer als bei einem Verhandlungsverfahren mit funktionaler Leistungsbeschreibung. Unabhängig davon ist richtig, dass dem Gebot der Mittelstandsfreundlichkeit des § 97 Abs. 3 GWB[86] auch im Wettbewerblichen Dialog Rechnung zu tragen ist. Bei komplexen Leistungen hängen die Gestaltungen der einzelnen Leistungsteile in der Regel so stark voneinander ab, dass eine Vergabe in Teil- oder Fachlosen gemäß § 4 Abs. Nr. 2 und 3 VOB/A nicht in Betracht kommt. Mittelständischen Interessen kann aber Rechnung getragen werden, in dem neben Arbeitsgemeinschaften, deren Mitglieder dem Auftraggeber gesamtschuldnerisch haften, Konsortien zugelassen werden, in denen jeder Konsorte dem Auftraggeber nur **teilschuldnerisch** haftet. Falls der Auftraggeber dies nicht wünscht, können Haftungseinheiten gebildet werden, z.B. für die Bereiche Planung und Bauausführung, innerhalb derer gesamtschuldnerisch gehaftet wird. Dies erleichtert mittelständischen Unternehmen, insbesondere Planungsbüros, die Bewerbung um Projekte, deren Gesamtvolumen die Deckungssumme der regelmäßig vom Auftraggeber geforderten Haftpflichtversicherung übersteigt. Mittelständischen Interessen ist auch durch eine angemessene **Kostenerstattung** nach Abs. 7 Rechnung zu tragen. Schließlich ist für mittelständische Unternehmen grundsätzlich die Durchführung eines **abgestuften Dialogs** günstig, da dies den Aufwand der Bewerber[87] insgesamt reduziert.

4. Besonderheiten bei ÖPP-Vergaben und Dienstleistungskonzessionen

60 ÖPP-Strukturen sind für die öffentliche Hand nur sinnvoll, wenn die Parameter Risikoverteilung, Sicherung des öffentlichen Einflusses und Haushaltsentlastung so gewählt werden, dass sich gegenüber einer klassischen Beschaffung insgesamt eine Entlastung ergibt. Die öffentliche Hand kann erfahrungsgemäß im Vorhinein oft nicht mit Sicherheit einschätzen, welche Projektgestaltung marktfähig ist. Die genannten Parameter sind daher im Dialog mit den Beteiligten festzulegen. Dies zu ermöglichen ist aus Sicht des Gesetzgebers eine **wesentliche Funktion** des Wettbewerblichen Dialogs.[88]

61 Wenn der Auftraggeber wesentliche wirtschaftliche Risiken auf den Auftragnehmer überträgt und neben Bauleistungen in erheblichem Umfang auch Dienstleistungen erbracht werden sollen, z.B. in der Betriebsphase eines Projekts, kann eine **Dienstleistungskonzession**[89] vorliegen.[90] Die Erteilung von Dienstleistungskonzessionen unterliegt nur eingeschränkt dem Vergaberecht.[91] Häufig ergibt sich erst in den Verhandlungen mit den Bewerbern, welche wirtschaftlichen Risiken übertragen (Abgrenzung Konzession/Auftrag) und in welchem Umfang Dienstleistungen erbracht werden sollen (Abgrenzung Bau/Dienstleistung). Dies kann dazu führen, dass ein ursprünglich als – dem Vergaberecht nur eingeschränkt unterliegende – Dienstleistungskonzession konzipiertes Vorhaben sich zu einer Baukonzession oder einem Bau- oder Dienstleistungsauftrag entwickelt und damit in vollem Umfang dem Vergaberecht unterliegt. Der Auftraggeber steht dann vor der

---

[86] Hierzu und den weiteren mittelstandsschützenden Vorschriften des Vergaberechts umfassend *Kus* in Kulartz/Kus/Portz (Hrsg.), § 97, Rdn. 45 ff., m.w.N.

[87] Vgl. *Europäische Kommission*, Mitteilung zu öffentlich-privaten Partnerschaften und den gemeinschaftlichen Rechtsvorschriften für das öffentliche Beschaffungswesen und Konzessionen, KOM(2005) 569 endg. vom 15.11.2005, Ziff. 2.2.

[88] Vgl. *Europäische Kommission*, a.a.O.; *dies.*, Grünbuch zu öffentlich-privaten Partnerschaften und den gemeinschaftlichen Rechtsvorschriften für öffentliche Aufträge und Konzessionen, KOM(2004) 327 endg. vom 30.4.2004, Ziff. 13, 25 f.; hierzu *Koman*, ZfBR 2004, 763; *Knauff*, NZBau 2005, 249, 253.

[89] Näher zum Begriff der Dienstleistungskonzession *Eschenbruch* in Kulartz/Kus/Portz (Hrsg.), § 99, Rdn. 209 ff.

[90] *Europäische Kommission*, Grünbuch zu öffentlich-privaten Partnerschaften und den gemeinschaftlichen Rechtsvorschriften für öffentliche Aufträge und Konzessionen, KOM(2004) 327 endg. vom 30.4.2004, Ziff. 21 ff., 28 ff.

[91] Auch für die Erteilung von Dienstleistungskonzessionen gelten aber die Grundsätze der Gleichbehandlung, Transparenz und des Wettbewerbs, die sich unmittelbar aus dem EU-Primärrecht ergeben, siehe insb. EuGH *Telaustria* NZBau 2001, 148, 150 f.; *Co.Na.Me.* NZBau 2005, 592, 593; *Parking Brixen* NZBau 2005, 644.

Wahl, entweder eine wirtschaftlich für ihn nicht optimale Dienstleistungskonzession zu erteilen oder das Erteilungsverfahren abzubrechen und ein Vergabeverfahren einzuleiten. Dies kann er vermeiden, indem er von vorne herein einen Wettbewerblichen Dialog durchführt. Der Wettbewerbliche Dialog erfüllt die Anforderungen des Vergaberechts und damit auch die geringeren Anforderungen[92] an die Erteilungen von Dienstleistungskonzessionen.[93] Dies gilt auch für das Verhandlungsverfahren.

IV. Verhandlungsverfahren (§ 3 a Nr. 1 lit. d), Nr. 7 VOB/A)

Das Verhandlungsverfahren tritt nach § 3 a Nr. 1 lit. d) VOB/A an die Stelle der Freihändigen Vergabe nach § 3 Nr. 1 Abs. 3 VOB/A. Mit der Formulierung, das Verhandlungsverfahren *trete an die Stelle* der Freihändigen Vergabe wird deutlich, dass die Anwendungsfälle der Freihändigen Vergabe und des Verhandlungsverfahrens stark differieren und zudem die Zulässigkeit des Verhandlungsverfahrens in § 3 a Nr. 5, 6 VOB/A *abschließend* geregelt sind.[94] 62

1. Allgemeine Charakteristik

Bei dem Verhandlungsverfahren wendet sich der Auftraggeber an ausgewählte Unternehmer und verhandelt mit einem oder mehreren dieser Unternehmer über den Auftragsinhalt. Es findet ein **zweistufiges Verfahren** statt.[95] Die erste Stufe umfasst die Auswahl der Bieter, mit denen verhandelt wird. Zu der zweiten Stufe zählen die Verhandlungen und die Zuschlagserteilung. 63

In der ersten Stufe erfolgt die **Eignungsprüfung**. Für das Verhandlungsverfahren nach Öffentlicher Vergabebekanntmachung ergibt sich dies aus § 8 a Nr. 4 VOB/A, wonach nur geeignete Bieter zu Verhandlungen aufgefordert werden dürfen (näher unten Rdn. 70 ff.). Für das Verhandlungsverfahren **ohne Öffentliche Vergabebekanntmachung** gilt § 8 a Nr. 5 i.V.m. § 8 Nr. 4 Satz 1 VOB/A. Die Eignungsprüfung erfolgt hier formfrei. Der Auftraggeber wendet sich an Unternehmer, deren Eignung er aufgrund vorangegangener aktueller Ausschreibungen oder sonstiger Kenntnis verlässlich beurteilen kann. Ist ihm dies nicht möglich, hat er die Unternehmer zunächst aufzufordern, ihre Eignung nachzuweisen. Hierfür kann er nur die in § 8 Nr. 3 VOB/A genannten Unterlagen fordern (§ 8 a Nr. 5 VOB/A). § 8 Nr. 2 Abs. 3 VOB/A, wonach zwischen den Bewerbern möglichst zu wechseln ist, gilt im Verhandlungsverfahren mangels Verweisung in § 8 a Nr. 5 VOB/A nicht. Beim Verhandlungsverfahren nach Öffentlicher Vergabebekanntmachung müssen zumindest drei Bewerber zu Verhandlungen aufgefordert werden (§ 8 a Nr. 4 VOB/A). Verhandlungen mit lediglich einem Bieter, wie dies § 3 a Nr. 1 lit. d) VOB/A vorsieht, kommen nur im Verhandlungsverfahren ohne Öffentliche Vergabebekanntmachung in Betracht. 64

Das Verhandlungsverfahren bietet öffentlichen Auftraggebern den Vorteil, über das Angebot und die Preise[96] **verhandeln** zu können. § 24 VOB/A findet keine Anwendung. Zudem sind die öffentlichen Auftraggeber nicht gezwungen, Art und Umfang der Leistung vor Beginn der Ausschreibung genau zu beschreiben.[97] Ziel der Verhandlungen ist die Anpassung der Angebote entsprechend den in der Bekanntmachung, den Verdingungsunterlagen und etwaigen zusätzlichen Unterlagen angegebenen Anforderungen, um das wirtschaftlichste Angebot zu ermitteln (Art. 30 65

---

92 EuGH a.a.O.; *Eschenbruch* a.a.O., Rdn. 220; *Gröning* VergabeR 2002, 24, 30.

93 So auch *Europäische Kommission*, Erläuterungen zum Wettbewerblichen Dialog, Dokument CC/2005/04_rev1 vom 5.10.2005, Ziff. 2.3; *Kus*, Die richtige Verfahrensart bei PPP-Modellen, insbesondere Verhandlungsverfahren und Wettbewerblicher Dialog, Tagungsband des 7. Düsseldorfer Vergaberechtstags, im Erscheinen.

94 *Franke/Kemper/Zanner/Grünhagen* VOB/A § 3 a, Rdn. 13; *Ingenstau/Korbion/Müller-Wrede* VOB/A § 3 a, Rdn. 13; *Heiermann/Riedl/Rusam* VOB/A § 3 a, Rdn. 4.

95 *Ingenstau/Korbion/Müller-Wrede* VOB/A § 3 a, Rdn. 14.

96 OLG Frankfurt a.M. VergabeR 2001, 299 (302); OLG Celle VergabeR 2002, 299 (301); OLG Dresden VergabeR 2005, 646 (650 f.); OLG Dresden VergabeR 2006, 249 (255); *Boesen* Vergaberecht § 101 GWB, Rdn. 43; *Heiermann/Riedl/Rusam* VOB/A § 3 a, Rdn. 8.

97 OLG Celle VergabeR 2002, 299 (301).

Abs. 2 VKR – RL 2004/18/EG). Der Verhandlungsspielraum ist daher nicht unbegrenzt. Es darf nicht eine völlig andere, als die angekündigte Leistung vergeben werden.[98] Optimierungen des Leistungsinhalts im Rahmen der Verhandlungen sind zulässig, sie müssen sich jedoch im Rahmen des ursprünglichen Leistungsziels bewegen, das durch die von dem Auftraggeber vorgegebenen Unterlagen definiert ist.

66 Das Verhandlungsverfahren ist grundsätzlich ein **nicht-förmliches Verfahren**.[99] Dem Auftraggeber steht es frei, zusätzliche formalisierende Elemente einzuführen. Er kann sich selbst an bestimmte Formen und Fristen binden, ist hierzu jedoch nicht verpflichtet. So bedarf es etwa keiner Bestimmung eines Termins zur Öffnung der Angebote.[100] Wenn der Auftraggeber Fristen setzt oder sonstige Vorgaben bekannt gibt, ist er hieran gebunden. Der Gleichbehandlungsgrundsatz gebietet, Bieter, die Frist- oder Formvorgaben nicht einhalten, vom weiteren Verfahren auszuschließen.[101]

2. Geltung der allgemeinen Grundsätze (insbesondere § 3 a Nr. 7 Abs. 1 VOB/A)

67 Die Durchführung des Verhandlungsverfahrens stellt den Auftraggeber materiell nicht von den Anforderungen des Vergaberechts frei. Insbesondere gelten die **allgemeinen Grundsätze des Vergaberechts** (Wettbewerb, Transparenz, Gleichbehandlung) nach § 97 Abs. 1 und 2 GWB, § 2 VOB/A.[102] Der Auftraggeber muss alle Bieter gleichbehandeln. Einen besonderen Ausfluss des Gleichbehandlungsgrundsatzes regelt § 3 a Nr. 7 Abs. 1 VOB/A. Danach muss sich der Auftraggeber jeder **diskriminierenden Weitergabe von Informationen** enthalten, durch die bestimmte Bieter gegenüber anderen begünstigt werden können. Der Auftraggeber muss allen Bewerbern und Bietern gleiche Fristen setzen. Weder darf er einzelnen Bietern die Preise oder sonstige Angebotsinhalte der Wettbewerber mitteilen, noch durch falsche Informationen Verhandlungsdruck aufbauen.[103]

68 Da das Verhandlungsverfahren nach § 3 a Nr. 1 lit. d) VOB/A „an die Stelle" der Freihändigen Vergabe tritt, sind die **Vorschriften über die Freihändige Vergabe nicht ergänzend anwendbar**. Es gelten ausschließlich die Regelungen über das Verhandlungsverfahren nach den a-Paragraphen.[104] Weiterhin finden im Verhandlungsverfahren mit und ohne Vergabebekanntmachung die Bestimmungen der VgV, insbesondere § 13 VgV[105] und § 16 VgV Anwendung.

3. Gliederung in Phasen (§ 3 a Nr. 7 Abs. 2 VOB/A)

69 Zulässig ist es, die Verhandlungen in verschiedene **Phasen** zu gliedern und sukzessive auf immer weniger Bieter zu beschränken. Diese Möglichkeit war bereits bisher anerkannt[106] und ist jetzt in § 3 a Nr. 7 Abs. 2 Satz 1 VOB/A ausdrücklich geregelt. Voraussetzung ist, dass auf die Absicht, das Verhandlungsverfahren in Phasen zu gliedern, in der Bekanntmachung oder der Aufforderung zur Angebotsabgabe hingewiesen wurde. Dies ergibt sich aus § 10 a lit. d) VOB/A, der auf Art. 30 Abs. 4 Satz 2 VKR (RL 2004/18/EG) beruht. Hierbei handelt es sich um eine

---

[98] OLG Celle VergabeR 2002, 299 (301); OLG Dresden, VergabeR 2004, 225 (229); BayObLG VergabeR 2005, 74 (77); OLG Dresden VergabeR 2006, 249 (255).

[99] *Boesen* Vergaberecht § 101 GWB, Rdn. 43.

[100] Beck'scher VOB-Kommentar/*Jasper* VOB/A § 3 a, Rdn. 21.

[101] EuG Urteil v. 28.11.2002, T-40/01, WuW/E Verg 685 = WuW 2003, 97; OLG Düsseldorf VergabeR 2002, 169 (170); OLG Frankfurt a.M. VergabeR 2004, 754 (760); BayObLG VergabeR 2005, 74 (76).

[102] OLG Celle VergabeR 2002, 299 (301); BayObLG VergabeR 2003, 186 (189); OLG München VergabeR 2005, 802 (805); Beck'scher VOB-Kommentar/*Jasper* VOB/A § 3 a, Rdn. 20; *Heiermann/Riedl/Rusam* VOB/A § 3 a, Rdn. 8.

[103] Beck'scher VOB-Kommentar/*Jasper* VOB/A § 3 a, Rdn. 20; *Ingenstau/Korbion/Müller-Wrede* VOB/A § 3 a, Rdn. 16.

[104] *Ingenstau/Korbion/Müller-Wrede* VOB/A § 3 a, Rdn. 13.

[105] OLG Dresden VergabeR 2002, 142 (144); OLG Düsseldorf VergabeR 2003, 435 (443); OLG Düsseldorf, VergabeR 2005, 508 (509); *Ingenstau/Korbion/Müller-Wrede* VOB/A § 3 a, Rdn. 17.

[106] OLG Frankfurt a.M. VergabeR 2001, 299 (302); OLG Celle VergabeR 2002, 299 (301); *Kramer* NZBau 2005, 138 (140).

neue Regelung. Bislang war es nicht erforderlich, die Gliederung der Verhandlungen in Phasen bereits in der Bekanntmachung mitzuteilen. Die Auswahl der Bieter, mit denen die Verhandlungen fortgesetzt werden, erfolgt anhand der Zuschlagskriterien (Art. 44 Abs. 4 Satz 1 VKR). Es scheiden die jeweils weniger wirtschaftlichen Angebote aus. Auch in der letzten Phase müssen noch so viele Angebote vorliegen, dass ein echter Wettbewerb gewährleistet ist (§ 3 a Nr. 7 Abs. 2 Satz 2 VOB/A). Die Verhandlungen dürfen nicht vorschnell auf einen Bieter beschränkt werden. Detailverhandlungen mit dem best Platzierten dürfen die Reihenfolge der Angebotsbewertung nicht in Frage stellen.[107]

4. Öffentliche Vergabebekanntmachung

Die VOB/A fordert nach § 3 a Nr. 5 vorrangig die Durchführung eines Verhandlungsverfahrens nach Öffentlicher Vergabebekanntmachung, ein Verhandlungsverfahren ohne Öffentliche Vergabebekanntmachung ist dagegen nur in den Fällen des § 3 a Nr. 6 VOB/A zulässig. Die Voraussetzungen für die Zulässigkeit des Verhandlungsverfahrens folgen dabei den Vorgaben von Art. 30 Abs. 1 lit. a), b), d) und Art. 31 Nr. 1 und Nr. 4 VKR (RL 2004/18/EG) (ehemals Art. 7 Abs. 2 und Abs. 3 BKR – RL 93/37/EWG). Der Vorrang des Verhandlungsverfahrens nach Öffentlicher Vergabebekanntmachung trägt zugleich den vergaberechtlichen Grundsätzen – Transparenz, Wettbewerb, Gleichbehandlungsgebot – Rechnung. 70

Die **Vergabebekanntmachung** nach § 17 a Nr. 2 Abs. 1 VOB/A bringt ein zusätzliches förmliches Element in das Verhandlungsverfahren hinein und steigert die Transparenz des Verfahrens. Die Öffentliche Vergabebekanntmachung entspricht strukturell dem Öffentlichen Teilnahmewettbewerb bei der Beschränkten Ausschreibung (vgl. § 3 VOB/A Rdn. 12 ff.). Sie eröffnet potentiellen Bietern die Möglichkeit, sich um eine Teilnahme an dem Vergabeverfahren zu bewerben.[108] Der Auftraggeber ist im Fall des Verhandlungsverfahrens nach Öffentlicher Vergabebekanntmachung verpflichtet, seine Verhandlungspartner aus dem Kreis der Interessenten, die sich auf die Vergabebekanntmachung hin beworben haben, zu wählen (Art. 44 Abs. 3 UA.3 Satz 3 VKR – RL 2004/18/EG).[109] Es sind zumindest 3 geeignete Bewerber zu Verhandlungen aufzufordern (§ 8 a Nr. 4 Satz 1 VOB/A). Hinsichtlich der Auswahl der Bieter, der Angabe von Mindest- und Höchstzahlen und der Bekanntgabe der Auswahlkriterien gelten die Ausführungen zum Nichtoffenen Verfahren entsprechend (oben Rdn. 11 f.). Der Teilnahmewettbewerb ist Teil des Vergabeverfahrens und unterliegt bieterschützenden Vorschriften.[110] Das Vergabeverfahren beginnt mit dem Teilnahmewettbewerb.[111] 71

Die VOB/A trifft für das Verhandlungsverfahren nach Öffentlicher Vergabebekanntmachung eine Reihe **weiterer Regelungen**. Hingewiesen sei auf: § 8 a Nr. 4 VOB/A (Verhandlungen mit mindestens 3 Bewerbern), § 8 a Nr. 6 VOB/A (Bekanntmachung von Angaben zum Teilnahmewettbewerb), § 10 a VOB/A (Vergabeunterlagen), § 17 a Nr. 2 VOB/A (Bekanntmachung im Amtsblatt der Europäischen Gemeinschaften), § 17 a Nr. 4 Abs. 1 VOB/A (Bekanntmachung nach Muster), § 18 a Nr. 3 VOB/A (Bewerbungsfrist grundsätzlich mindestens 37 Kalendertage), § 27 a Nr. 2 VOB/A (Information nicht berücksichtigter Bewerber und Bieter), § 28 a VOB/A (Bekanntmachung der Auftragserteilung). 72

D. Zulässigkeit der einzelnen Vergabearten

§ 3 a Nr. 2 bis 3, Nr. 4 Abs. 1 und Nr. 5 bis 6 VOB/A regelt die Zulässigkeit der einzelnen Vergabearten. Das Regelungssystem entspricht im wesentlichen § 3 Nr. 2 bis 4 VOB/A (vgl. § 3 VOB/A Rdn. 31 ff.). 73

[107] *Kramer* NZBau 2005, 138 (140).
[108] *Heiermann/Riedl/Rusam* VOB/A § 3 a, Rdn. 8.
[109] *Ingenstau/Korbion/Müller-Wrede* VOB/A § 3 a, Rdn. 14.
[110] OLG Brandenburg VergabeR 2003, 168 (169).
[111] OLG Düsseldorf NZBau 2003, 349 (350 f.).

I. Offenes Verfahren (§ 3 a Nr. 2 VOB/A)

74 Das Offene Verfahren muss nach § 3 a Nr. 2 VOB/A angewendet werden, wenn die Voraussetzungen des § 3 Nr. 2 VOB/A vorliegen. Das Offene Verfahren ist damit verpflichtend, wenn nicht die Eigenart der Leistung oder besondere Umstände eine Abweichung rechtfertigen. Abweichend von Art. 28 UA. 2 Satz 1 VKR (RL 2004/18/EG) ordnet das deutsche Vergaberecht also den Vorrang des Offenen Verfahrens vor dem Nichtoffenen Verfahren an (zur Zulässigkeit dieser Regelung s. bereits oben Rdn. 1). Damit wird der Vorrang der Vergabeart bestimmt, die die Grundsätze des Vergaberechts am besten umsetzt (s. oben Rdn. 7). Wann die Eigenart der Leistung oder besondere Umstände eine Abweichung vom Offenen Verfahren rechtfertigen, ist **abschließend** in § 3 a Nr. 3 bis 6 VOB/A geregelt. § 3 Nr. 2 VOB/A kommt nur insoweit Bedeutung zu, als er bei Auslegung dieser Ausnahmetatbestände heranzuziehen ist.

75 Der Auftraggeber ist auch bei Vorliegen der Voraussetzungen des § 3 a Nr. 3 bis 6 VOB/A **berechtigt, das Offene Verfahren** zu wählen. Hier gilt nichts anderes als bei § 3 Nr. 2 VOB/A (vgl. § 3 VOB/A Rdn. 32).

II. Nichtoffenes Verfahren (§ 3 a Nr. 3 VOB/A)

76 § 3 a Nr. 3 VOB/A regelt die **Zulässigkeit** des Nichtoffenen Verfahrens. Nach § 3 a Nr. 3 VOB/A ist das Nichtoffene Verfahren zulässig, wenn die Voraussetzungen des § 3 Nr. 3 VOB/A vorliegen (1. Alternative) sowie nach Aufhebung eines Offenen Verfahrens oder Nichtoffenen Verfahrens, sofern nicht das Verhandlungsverfahren zulässig ist (2. Alternative).

77 Die **erste Alternative** des § 3 a Nr. 3 VOB/A verweist auf die Zulässigkeitsvoraussetzungen für eine Beschränkte Ausschreibung nach § 3 Nr. 3 VOB/A. Da das Nichtoffene Verfahren stets einen Öffentlichen Teilnahmewettbewerb fordert (§ 3 a Nr. 1 lit. b) VOB/A), ist die Unterscheidung nach § 3 Nr. 3 Abs. 1 und 2 VOB/A für den Verweis aus § 3 a Nr. 3 VOB/A bedeutungslos. Auch in den Fällen des § 3 Nr. 3 Abs. 1 VOB/A ist das Nichtoffene Verfahren zulässig. Ein Nichtoffenes Verfahren ist damit nach §§ 3 a Nr. 3 1. Alt. VOB/A i.V.m. 3 Nr. 3 VOB/A zulässig bei:

- Missverhältnis von Aufwand und dem erreichbaren Vorteil oder dem Wert der Leistung (§ 3 Nr. 3 Abs. 1 lit. a) VOB/A) (vgl. § 3 VOB/A Rdn. 34)
- Offener Ausschreibung ohne annehmbares Ergebnis (§ 3 Nr. 3 Abs. 1 lit. b) VOB/A) (vgl. § 3 VOB/A Rdn. 42)
- Unzweckmäßigkeit aus anderen Gründen (§ 3 Nr. 3 Abs. 1 lit. c) VOB/A) (vgl. § 3 VOB/A Rdn. 52)
- beschränktem Kreis von Unternehmen (§ 3 Nr. 3 Abs. 2 lit. a) VOB/A) (vgl. § 3 VOB/A Rdn. 58)
- außergewöhnlich hohem Aufwand für die Bearbeitung des Angebots (§ 3 Nr. 3 Abs. 2 lit. b) VOB/A) (vgl. § 3 VOB/A Rdn. 62).

78 Die **zweite Alternative** des § 3 a Nr. 3 VOB/A hat **keine selbständige Bedeutung**. Den Fall einer Aufhebung eines Offenen Verfahrens (einer Öffentlichen Ausschreibung) regelt bereits § 3 a Nr. 3 i.V.m. § 3 Nr. 3 Abs. 1 lit. b) VOB/A (zu deren Voraussetzungen s. § 3 VOB/A Rdn. 42 ff.), so dass die zweite Alternative von der ersten Alternative umfasst ist.[112] Irreführend ist der Halbsatz, das Nichtoffene Verfahren sei nur zulässig, wenn nicht das Verhandlungsverfahren zulässig sei. Trotz des missverständlichen Wortlauts regelt § 3 a Nr. 3 VOB/A a.E. keine Abweichung des Vorrangs des Nichtoffenen Verfahrens vor dem Verhandlungsverfahren.[113] Dies zeigt der systematische Zusammenhang zu § 3 a Nr. 5 lit. a) VOB/A und § 3 a Nr. 6 lit. a), b) VOB/A, die

---

[112] Beck'scher VOB-Kommentar/*Jasper* VOB/A § 3 a, Rdn. 28; *Heiermann/Riedl/Rusam* VOB/A § 3 a, Rdn. 7; unklar *Ingenstau/Korbion/Müller-Wrede* VOB/A § 3 a, Rdn. 12.

[113] Beck'scher VOB-Kommentar/*Jasper* VOB/A § 3 a, Rdn. 28; *Heiermann/Riedl/Rusam* VOB/A § 3 a, Rdn. 7; unklar *Ingenstau/Korbion/Müller-Wrede* VOB/A § 3 a, Rdn. 12.

an die Zulässigkeit eines Verhandlungsverfahrens nach Durchführung eines Offenen Verfahrens oder eines Nichtoffenen Verfahrens besondere Voraussetzungen stellen. Zudem wäre ein Vorrang des Verhandlungsverfahrens vor dem Nichtoffenen Verfahren mit Art. 28 UA. 2 Satz 3 VKR (RL 2004/18/EG) nicht vereinbar.

III. Wettbewerblicher Dialog (§ 3 a Nr. 4 Abs. 1 VOB/A)

1. Auftrag eines staatlichen Auftraggebers oberhalb der Schwellenwerte

Die Vergaberichtlinien der EU und § 6 a VgV sehen den Wettbewerblichen Dialogs nur für **staatliche Auftraggeber** vor, nicht im Sektorenbereich.[114] § 101 Abs. 6 Satz 2 GWB regelt, dass Auftraggeber, die nur unter § 98 Abs. 4 GWB fallen (d.h. nicht auch unter § 98 Abs. 1 bis 3 GWB, nichtstaatliche Sektorenauftraggeber), auf die drei herkömmlichen Vergabeverfahren beschränkt sind. Ihnen steht der Wettbewerbliche Dialog nicht zur Verfügung. Das deutsche Recht regelt nicht, ob Sektorenauftraggeber nach § 98 Abs. 4 GWB, die zugleich unter einen Absatz des § 98 Abs. 1 bis 3 GWB fallen (staatliche Sektorenauftraggeber), Wettbewerbliche Dialoge durchführen dürfen. Dies ist mit Blick auf den numerus clausus der Verfahren in der SKR abzulehnen.[115] Die Europäische Kommission weist aber darauf hin, dass (staatliche und nichtstaatliche) Sektorenauftraggeber die Möglichkeit haben, ein Verhandlungsverfahren mit vorherigem Teilnahmewettbewerb durchzuführen, das sie nach dem Vorbild des Wettbewerblichen Dialogs strukturieren können.[116] 79

§ 3 a Nr. 4 VOB/A gilt wie § 6 a Abs. 1 VgV nur **oberhalb der EU-Schwellenwerte.** Bei Aufträgen unterhalb der Schwellenwerte werden Auftraggeber eine freihändige Vergabe nach § 3 Nr. 4 lit. b VOB/A anstreben, die sie nach dem Vorbild des Wettbewerblichen Dialogs strukturieren können.

2. Besondere technische, wirtschaftliche oder rechtliche Komplexität des Auftrags

a) **Besondere Komplexität.** § 3 a Nr. 1 lit. c VOB/A sieht den Wettbewerblichen Dialog „zur Vergabe besonders komplexer Aufträge“ vor. Nr. 4 Abs. 1 präzisiert das Erfordernis der besonderen Komplexität dahingehend, dass der Auftraggeber objektiv nicht in der Lage sein darf, die technischen Mittel für die Erfüllung seiner Bedürfnisse und Ziele oder die rechtlichen und finanziellen Bedingungen des Vorhabens anzugeben. Art. 29 Abs. 1 VKR sieht den Wettbewerblichen Dialog vor, wenn wegen der besonderen Komplexität ein offenes oder nichtoffenes Verfahren nicht möglich ist. Diese beiden Verfahren setzen nach § 9 Nr. 1 VOB/A voraus, dass der Auftraggeber die Leistung eindeutig und so erschöpfend beschreiben kann, dass alle Bewerber die Beschreibung im gleichen Sinn verstehen müssen und ihre Preise sicher berechnen können. Hieran fehlt es, wenn für den Auftraggeber offen ist, welche Lösungsmöglichkeiten bestehen oder für ihn geeignet sind (Lösungsoffenheit).[117] Wenn der Auftraggeber die zu beschaffende Leistung so eindeutig und erschöpfend beschreiben kann, dass er eine – zumindest funktionale[118] – **Leistungsbeschreibung** erstellen kann, die den Anforderungen des § 9 Nr. 1 VOB/A genügt, ist kein Wettbewerblicher Dialog zulässig.[119] Wenn er hierzu nicht in der Lage ist, kann er einen Wettbewerblichen Dialog durchführen, in dem er die Leistungsbeschreibung mit den Bewerbern gemeinsam erarbeitet. 80

[114] Anders als die VKR sieht die Richtlinie 2004/17/EG zur Koordinierung der Zuschlagserteilung durch Auftraggeber im Bereich der Wasser-, Energie- und Verkehrsversorgung sowie der Postdienste vom 31.3.2004 (SKR) den Wettbewerblichen Dialog nicht vor.

[115] Hierzu näher die Kommentierung zu § 3 b VOB/A, Rdn. 13 f.; so auch *Kulartz* in: Kulartz/Kus/Portz (Hrsg.), § 101, Rdn. 64; vgl. hierzu auch *Ollmann*, VergabeR 2005, 685, 687.

[116] Erläuterungen zum Wettbewerblichen Dialog, Dokument CC/2005/04_rev1 vom 5.10.2005, Fn. 2.

[117] *Kulartz* in: Kulartz/Kus/Portz (Hrsg.), § 101, Rdn. 49.

[118] Siehe § 9 Nr. 10 VOB/A.

[119] *Pünder/Franzius*, ZfBR 2006, 20, 21.

81 Zur Vorbereitung der Vergabe hat der Auftraggeber soweit erforderlich eine Markterkundung durchzuführen und **externe Fachleute** hinzuzuziehen, deren Wissen ihm zuzurechnen ist. Dies ergibt sich aus folgender Überlegung: Die wenigsten Auftraggeber sind in der Lage, Bauleistungen ohne Beratung durch externe Fachleute (z.B. geotechnische Gutachter) hinreichend genau zu beschreiben (§ 9 Nr. 1 VOB/A). Wollte man nur auf das beim Auftraggeber selbst vorhandene Wissen abstellen,[120] wären auch Bauleistungen von geringer Komplexität regelmäßig im Wettbewerblichen Dialog zu vergeben. Dies würde dem erklärten Willen der Richtlinien- und Gesetzgeber widersprechen, die den Wettbewerblichen Dialog nur für besonders komplexe Vorhaben vorsehen.

82 Praktisch stellt sich die Frage, welcher **Beratungsaufwand** vom Auftraggeber gefordert werden kann. Bei der Erörterung der VKR wurde vorgeschlagen, den Wettbewerblichen Dialog auf Fälle zu beschränken, in denen es dem öffentlichen Auftraggeber nicht einmal nach Durchführung eines Wettbewerbs oder nach Beauftragung einer vorbereitenden Studie möglich wäre, eine Leistungsbeschreibung zu erstellen. Diese hohen Anforderungen wurden bewusst nicht in Art. 29 VKR aufgenommen und gelten daher nicht.[121] Dies ist sachgerecht, da die vorherige Vergabe und Erstellung einer Machbarkeitsstudie unter zeitlichen Gesichtspunkten häufig nicht möglich ist. Außerdem wäre der Gutachter als Projektant von der Vergabe des Hauptauftrags auszuschließen, es sei denn sein Wissensvorsprung gegenüber anderen Bewerbern könnte nachweislich ausgeglichen werden.[122] Dadurch würde sich der Wettbewerb bei Projekten in Spezialgebieten, für die ohnehin nur wenige geeignete Bewerber zur Verfügung stehen, weiter verringern.[123] Hieraus ergibt sich, dass der Auftraggeber nur in dem Umfang zur Hinzuziehung externer Fachleute verpflichtet ist, der mit Blick auf den Zeitrahmen möglich und mit Blick auf den Auftragswert verhältnismäßig ist.[124]

83 Der Auftraggeber darf **objektiv** nicht in der Lage sein, die technischen Mittel bzw. die rechtlichen oder finanziellen Bedingungen zur Erfüllung seiner Bedürfnisse anzugeben. Diese Formulierung ist missverständlich. Gemeint ist, dass es dem Auftraggeber unmöglich ist, den Auftragsgegenstand hinreichend genau zu beschreiben und dass diese (subjektive) Unmöglichkeit objektiv nachgewiesen werden kann. Es ist eine Situation gemeint, „die dem öffentlichen Auftraggeber nicht anzulasten ist. Mit anderen Worten: Der Auftraggeber hat eine Sorgfaltspflicht. Wäre er mit zumutbarem Aufwand in der Lage, die erforderlichen technischen Mittel bzw. die rechtlich/finanzielle Konstruktion festzulegen, darf er nicht auf den Wettbewerblichen Dialog zurückgreifen".[125] Es kommt also nicht auf die Selbsteinschätzung[126] des Auftraggebers an, sondern auf seine objektiv vorhandenen Möglichkeiten. Der Auftraggeber hat daher keinen Beurteilungsspielraum, sondern die Frage der Unmöglichkeit unterliegt der Kontrolle der Vergabekammern und Gerichte.[127]

---

[120] So *Müller/Veil*, NZBau 2006, im Erscheinen.

[121] So auch *Europäische Kommission*, Erläuterungen zum Wettbewerblichen Dialog, Dokument CC/2005/04_rev1 vom 5.10.2005, S. 2; *Schröder*, NZBau 2006, im Erscheinen.

[122] Siehe § 4 Abs. 5 VgV sowie §§ 7 Nr. 1 lit. a, 8 a Abs. 9 VOB/A.

[123] *Europäische Kommission*, a.a.O., S. 2; vgl. auch *Müller-Wrede*, ZfBR 2006, 327, 329; *Opitz*, VergabeR 2006, 451, 460.

[124] Ähnlich *Europäische Kommission* a.a.O. („mit zumutbarem Aufwand"); *Kulartz* in: Kulartz/Kus/Portz (Hrsg.), § 101, Rdn. 50 (Vertretbarkeit des Aufwands); *Kus*, Die richtige Verfahrensart bei PPP-Modellen, insbesondere Verhandlungsverfahren und Wettbewerblicher Dialog, Tagungsband des 7. Düsseldorfer Vergaberechtstags, im Erscheinen (übliche Markterkundung); *Pünder/Franzius*, ZfBR 2006, 20, 22 (Kosten der Aufgabenerstellung müssen nicht mehr als 10 % des Auftragsvolumens betragen); aA *Knauff*, VergabeR 2004, 287, 290 und NZBau 2005, 249, 254, der grundsätzlich die Einholung von Sachverständigengutachten verlangt.

[125] Erläuterungen zum Wettbewerblichen Dialog vom 5.10.2005, Dokument CC/2005/04_rev1, S. 2; ähnlich ErwG 31 VKR.

[126] Art. 29 Abs. 1 VKR stellt neben der objektiven Komplexität des Auftrags zusätzlich auf die subjektive Überzeugung des Auftraggebers („seines Erachtens") ab. Diese subjektive Tatsache wäre dem Beweis im Nachprüfungsverfahren kaum zugänglich und wurde vom deutschen Gesetzgeber sinnvoller Weise nicht in das deutsche Recht übernommen.

[127] *Kulartz* in: Kulartz/Kus/Portz (Hrsg.), § 101, Rdn. 50; *Pünder/Franzius*, ZfBR 2006, S. 20, 22.

Die Voraussetzungen des Wettbewerblichen Dialogs werden oft nur für einige **Leistungsteile** vorliegen. Grundsätzlich dürfen nur diese Teile im Wettbewerblichen Dialog vergeben werden. Der Wettbewerbliche Dialog kann aber zusätzliche Leistungsteile umfassen, wenn die Voraussetzungen für eine zusammengefasste Vergabe vorliegen, z.B. nach § 4 Nr. 1 VOB/A. Bei ÖPP-Projekten wird dies regelmäßig für alle Leistungen gelten, da sie eine wirtschaftliche Einheit bilden und daher zusammen zu vergeben sind. 84

b) Technische Komplexität (Abs. 1 lit. a). Die Unmöglichkeit kann sich auf die Angabe der technischen Mittel beziehen, mit denen die Bedürfnisse und Ziele des Auftraggebers erfüllt werden können. Der Begriff der technischen Mittel wird in erster Linie zur Abgrenzung gegenüber den rechtlichen und finanziellen Bedingungen in lit. b verwendet. Er ist daher weit auszulegen und umfasst **alle technischen Aspekte** eines Vorhabens, einschließlich des Bauablaufs. 85

Die Unmöglichkeit kann sich daraus ergeben, dass der öffentliche Auftraggeber die technischen Mittel nicht **spezifizieren** kann, die zur Erreichung des vorgeschriebenen Ziels zu verwenden sind, oder dass er nicht bestimmen kann, welche der in Frage kommenden Lösungen seinen Bedürfnissen **am besten** gerecht wird.[128] Der erste Fall dürfte eher selten auftreten, da der Auftraggeber die Möglichkeit hat, eine funktionale Leistungsbeschreibung zu erstellen und die Spezifizierung der technischen Mittel weitgehend den Bietern zu überlassen.[129] Häufiger dürfte der zweite Fall sein, dass dem Auftraggeber mehrere technische Lösungsmöglichkeiten bekannt sind, die er auch in einer Leistungsbeschreibung vergabereif darlegen könnte, er aber nicht einschätzen kann, welche Lösungsmöglichkeit für ihn die geeignetste ist. Auf diesen Fall beziehen sich die vom europäischen[130] und deutschen[131] Normgeber genannten Beispiele der integrierten Infrastrukturprojekte und der Schaffung großer Computernetzwerke. 86

c) Rechtliche oder finanzielle Komplexität (Abs. 1 lit. b). Die Begriffe der rechtlichen und finanziellen Bedingungen eines Vorhabens dienen in erster Linie zur Abgrenzung von den technischen Mitteln des lit. a. Sie sind daher ebenfalls weit auszulegen dahingehend, dass sie **alle rechtlichen und wirtschaftlichen Aspekte** des Vorhabens umfassen. Der Richtliniengeber hatte hier vor allem Vorhaben mit einer komplex strukturierten Finanzierung im Blick, deren finanzielle und rechtliche Konstruktion nicht im Voraus festgeschrieben werden kann.[132] Diese Situation ergibt sich „sehr, sehr häufig bei öffentlich-privaten Partnerschaften".[133] Die höhere Effizienz von **ÖPP-Vorhaben** gegenüber der herkömmlichen Beschaffung hängt entscheidend davon ab, dass die einzelnen mit dem Vorhaben verbundenen Risiken jeweils dem Partner zugeordnet werden, der sie am besten beherrschen kann (Prinzip des cheapest cost avoider). Der Auftraggeber kann die wirtschaftlich sinnvollste Risikoverteilung erfahrungsgemäß nicht alleine ermitteln, sondern nur im Dialog mit seinen privaten Partnern. Weitere Optimierungsmöglichkeiten bestehen beim Leistungsumfang (z.B. Rolle der Auftragnehmer in der Betriebsphase)[134] und bei der Gegenleistung der öffentlichen Hand (z.B. Einbringung öffentlicher Grundstücke). Ähnliche Fragen können sich bei **Privatisierungen** ergeben. Aber auch außerhalb der Bereiche ÖPP und Privatisierungen sind rechtliche und finanzielle Gestaltungen denkbar, die der Auftraggeber nur im Dialog mit Bewerbern erarbeiten kann, z.B. bei herkömmlichen Beschaffungen, die mit einer komplex strukturierten **Finanzierung** verbunden werden.[135] 87

[128] So auch die *Europäische Kommission* Erläuterungen zum Wettbewerblichen Dialog, Dokument CC/2005/04_rev1 vom 5.10.2005, Ziff. 2.2; ähnlich *Knauff*, NZBau 2005, 249, 254.

[129] *Europäische Kommission*, a.a.O.; *Pünder/Franzius*, ZfBR 2006, 20, 24.

[130] ErwG 31 VKR.

[131] Begründung zum Gesetzentwurf vom 14.6.2005, BT-Drs. 15/5668, S. 2.

[132] ErwG 31 VKR.

[133] *Europäische Kommission*, a.a.O., Ziff. 2.3; ähnlich *dies.*, Grünbuch zu öffentlich-privaten Partnerschaften und den gemeinschaftlichen Rechtsvorschriften für öffentliche Aufträge und Konzessionen, KOM(2004) 327 endg. vom 30.4.2004, Ziff. 13, 25.

[134] *Europäische Kommission*, a.a.O., Ziff. 2.3.

[135] *Europäische Kommission*, a.a.O.

3. Verhältnis zu anderen Vergabeverfahren, insbesondere zum Verhandlungsverfahren

88 Der Wettbewerbliche Dialog ist ein eigenständiges Verfahren, das neben die drei klassischen Verfahren tritt.[136] Er ist nur zulässig, wenn der Auftraggeber nicht in der Lage ist, zumindest eine funktionale Leistungsbeschreibung zu erstellen, die Voraussetzung für ein **Offenes oder Nichtoffenes Verfahren** wäre. Die Anwendungsbereiche des Wettbewerblichen Dialogs einerseits und des Offenen und des Nichtoffenen Verfahrens andererseits überschneiden sich somit nicht.

89 Der Anwendungsbereich des Wettbewerblichen Dialogs (besondere technische, finanzielle oder rechtliche Komplexität) überschneidet sich aber mit dem des **Verhandlungsverfahrens** nach § 3 a Abs. 5 und 6 VOB/A (z.B. Leistung vorab nicht eindeutig und erschöpfend beschreibbar).[137] Wenn ein Vorhaben die Voraussetzungen des Wettbewerblichen Dialogs und zugleich die Voraussetzungen des Verhandlungsverfahrens erfüllt, stellt sich die Frage, ob eines der Verfahren Vorrang genießt oder ob dem Auftraggeber ein Wahlrecht zwischen den Verfahren zusteht.

Teilweise wird der Wettbewerbliche Dialog als spezielle Variante des Verhandlungsverfahrens angesehen,[138] die nach dem Spezialitätsprinzip Vorrang vor dem „allgemeinen" Verhandlungsverfahren genießt. Der Wettbewerbliche Dialog unterscheidet sich aber in mehreren Punkten deutlich vom Verhandlungsverfahren, insbesondere mit Blick auf den Zeitraum innerhalb des Verfahrens, in dem Verhandlungen zulässig sind, und auf die Möglichkeit von Verhandlungen nach Angebotsabgabe. Er ist daher ein **eigenständiges** viertes Verfahren, keine spezielle und damit vorrangige Variante des Verhandlungsverfahrens.[139]

90 Aus dem Wortlaut der VKR und des deutschen Vergaberechts ergibt sich zur Rangfrage nichts. Systematisch betrachtet fällt auf, dass Art. 29 ff. VKR und § 3 a VOB/A den Wettbewerblichen Dialog jeweils vor dem Verhandlungsverfahren regeln. Hieraus allein ergibt sich aber noch kein Vorrang des Wettbewerblichen Dialogs, insbesondere weil § 101 GWB die beiden Verfahren in der umgekehrten Reihenfolge nennt. Nach Art. 30 Abs. 1 lit. a VKR kann ein Verhandlungsverfahren stattfinden, wenn ein Wettbewerblicher Dialog gescheitert ist. Hieraus ergibt sich ein Vorrang gegenüber dem Verhandlungsverfahren als Auffangverfahren, nicht aber gegenüber dem Verhandlungsverfahren als Erstverfahren für die Vergabe nicht beschreibbarer Leistungen. Maßgeblich für die Rangfrage sind somit die historische und teleologische Auslegung. Die Richtlinien- und Gesetzgeber haben den Wettbewerblichen Dialog geschaffen, weil sie für bestimmte Fallgruppen (technisch, finanziell oder rechtlich besonders komplexe Vorhaben) das Verhandlungsverfahren als nicht ausreichend ansahen. Das spricht dafür, dass für diese Fallgruppen vorrangig der aus Sicht der Normgeber besser geeignete Wettbewerbliche Dialog anzuwenden ist, nicht das nach Auffassung der Normgeber weniger geeignete Verhandlungsverfahren. Im Anwendungsbereich des Wettbewerblichen Dialogs nach Nr. 4 Abs. 1 genießt er daher **grundsätzlich Vorrang** vor dem Verhandlungsverfahren.[140] Dem steht nicht entgegen, dass der Richtliniengeber die Umsetzung des Art. 29 VKR in nationales Recht freigestellt hat.[141] Wenn ein Mitgliedstaat den Wettbewerblichen Dialog nicht einführt, stellt sich die Vorrangfrage nicht. Entscheidet er sich aber wie der deutsche Gesetzgeber für die Einführung, weil er wie der Richtliniengeber das

---

[136] *Pünder/Franzius* ZfBR 2006, 20; vgl. *Europäische Kommission*, Erläuterungen vom 5.10.2005, Ziff. 1; *Kulartz* in: Kulartz/Kus/Portz (Hrsg.), § 101, Rdn. 53.

[137] AA *Pünder/Franzius* ZfBR 2006, 20, 24; *Schröder*, NZBau 2006, im Erscheinen, die von einem Aliudverhältnis ausgehen, hierbei aber wohl den Anwendungsbereich des Verhandlungsverfahrens zu eng begrenzen.

[138] *Werner/Freitag* NZBau 2000, 551, 552.

[139] Mittlerweile hM, siehe *Kulartz* in: Kulartz/Kus/Portz (Hrsg.), § 101, Rdn. 53; *Müller/Veil*, NZBau 2006, im Erscheinen; *Schröder*, NZBau 2006, im Erscheinen.

[140] So auch *Knauff*, VergabeR 2004, 287, 289; *ders.*, NZBau 2005, 249, 250; sowie *Stickler*, Rdn. 95 der vorliegenden Kommentierung; ähnlich *Schenke/Klimpel*, NZBau 2006, im Erscheinen. *Kus*, Die richtige Verfahrensart bei PPP-Modellen, insbesondere Verhandlungsverfahren und Wettbewerblicher Dialog, Tagungsband des 7. Düsseldorfer Vergaberechtstags, im Erscheinen; *Opitz* VergabeR 2006, 451, 452, und *Ollmann* VergabeR 2005, 685, 688, gehen hingegen von der Gleichrangigkeit beider Verfahren und einer freien Wahlmöglichkeit des Auftraggebers aus.

[141] Anders *Müller/Veil*, NZBau 2006, im Erscheinen.

Verhandlungsverfahren für bestimmte Fallgruppen als nicht ausreichend ansieht, ist von einem Vorrang des Wettbewerblichen Dialogs auszugehen.

Aus diesem Willen der Normgeber ergibt sich zugleich eine **Ausnahme** vom grundsätzlichen Vorrang des Wettbewerblichen Dialogs. Wenn der Auftraggeber darlegen kann, dass für einen Auftrag die Ziele des Vergaberechts i.S.d. § 97 GWB im Verhandlungsverfahren ebenso gut oder besser erreicht werden als im Wettbewerblichen Dialog, besteht kein Grund, dem Wettbewerblichen Dialog Vorrang einzuräumen.[142] Dies kann z.B. der Fall sein, wenn eine Vergabe im Wettbewerblichen Dialog gescheitert ist und ein neues Verfahren eingeleitet werden soll. In diesen Fällen kann der Auftraggeber ein Verhandlungsverfahren durchführen.[143] 91

Das Verhältnis von Wettbewerblichem Dialog und Verhandlungsverfahren ist in der Literatur umstritten und wird voraussichtlich erst durch die Rechtsprechung entschieden werden. Bis dahin besteht für Auftraggeber, die Vergaben im gemeinsamen Anwendungsbereich von Wettbewerblichem Dialog und Verhandlungsverfahren durchführen, eine gewisse **Rechtsunsicherheit**. Sie sollten daher im Vergabevermerk die Wahl des Vergabeverfahrens sorgfältig begründen[144] und den Bewerbern möglichst früh alle Tatsachen mitteilen, auf die sie ihre Wahl stützen. Die Rügepflicht des § 107 Abs. 3 GWB führt dann dazu, dass der Auftraggeber schnell Klarheit darüber hat, ob gegen seine Verfahrenswahl beachtliche Einwände erhoben werden und ob sie möglicherweise Gegenstand eines Nachprüfungsverfahrens wird. 92

IV. Verhandlungsverfahren nach Öffentlicher Vergabebekanntmachung (§ 3 a Nr. 5 VOB/A)

§ 3 a Nr. 5 VOB/A regelt die **Zulässigkeit** des Verhandlungsverfahrens nach Öffentlicher Vergabebekanntmachung. Die Vorschrift entspricht dem bisherigen § 3 a Nr. 4 VOB/A. Sie erhielt durch die VOB/A 2006 eine **neue Nummerierung**. Die Aufzählung der Nr. 5 lit. a) bis c) VOB/A ist abschließend.[145] Sie entspricht Art. 30 Abs. 1 lit. a), b) und d) VKR (RL 2004/18/EG). Dem Auftraggeber ist es untersagt, ergänzend auf die Voraussetzungen des § 3 Nr. 4 VOB/A zurückzugreifen.[146] Da das Verhandlungsverfahren nach Öffentlicher Vergabebekanntmachung den Wettbewerbsgedanken besser umsetzt als das Verhandlungsverfahren ohne eine solche Bekanntmachung, ist der Auftraggeber auch unter den Voraussetzungen des § 3 a Nr. 6 VOB/A zur Durchführung eines Verhandlungsverfahrens nach Öffentlicher Vergabebekanntmachung befugt.[147] 93

Die Regelung des § 3 a Nr. 5 VOB/A ist eine **Ausnahmevorschrift** und daher eng auszulegen.[148] Die Beweislast für das Vorliegen eines Falles von § 3 a Nr. 5 VOB/A trägt der Auftraggeber.[149] Er ist gehalten, in einem Vergabevermerk die Gründe für die Wahl des Verhandlungsverfahrens niederzulegen (§ 30 a lit. i) VOB/A).[150] 94

---

142 Im Ergebnis ebenso *Müller/Veil*, NZBau 2006, im Erscheinen, die von einem intendierten Ermessen des Auftraggebers ausgehen, das im Regelfall zugunsten des Wettbewerblichen Dialogs auszuüben ist.

143 Zur richtlinienkonformen Auslegung der Nr. 6 lit. a siehe Rdn. 114.

144 So zu Recht *Knauff*, NZBau 2005, 249, 254.

145 EuGH Urteil v. 13.1.2005, Rs. C-84/03, Slg. 2005 I–139 = VergabeR 2005, 176, Tz. 47.

146 Beck'scher VOB-Kommentar/*Jasper* VOB/A § 3 a, Rdn. 30; *Ingenstau/Korbion/Müller-Wrede* VOB/A § 3 a Rdn. 18; *Heiermann/Riedl/Rusam* VOB/A § 3 a, Rdn. 9.

147 Beck'scher VOB-Kommentar/*Jasper* VOB/A § 3 a, Rdn. 30.

148 EuGH Urteil v. 18.5.1995, Rs. C 57/94, Slg. 1995, I–1249, Tz. 23; EuGH Urteil v. 28.3.1996, Rs. C-318/94, Slg. 1996 I–1949, Tz. 13; EuGH Urteil v. 18.11.2004, Rs. C-126/03, Slg. 2004 I–11197 = VergabeR 2005, 57, Tz. 23; EuGH Urteil v. 13.1.2005, Rs. C-84/03, Slg. 2005 I–139 = VergabeR 2005, 176, Tz. 48; EuGH Urteil v. 2.6.2005, Rs. C-394/02, Slg. 2005 I–4713 = VergabeR 2005, 467, Tz. 33; *Boesen* Vergaberecht § 101 GWB, Rdn. 78.

149 EuGH Urteil v. 18.5.1995, Rs. C 57/94, Slg. 1995, I–1249, Tz. 24; EuGH Urteil v. 28.3.1996, Rs. C-318/94, Slg. 1996 I–1949, Tz. 13; EuGH Urteil v. 18.11.2004, Rs. C-126/03, Slg. 2004 I–11197 = VergabeR 2005, 57, Tz. 23; EuGH Urteil v. 2.6.2005, Rs. C-394/02, Slg. 2005 I–4713 = VergabeR 2005, 467, Tz. 33.

150 *Ingenstau/Korbion/Müller-Wrede* VOB/A § 3 a, Rdn. 18.

95 Der Anwendungsbereich des § 3 a Nr. 5 VOB/A überschneidet sich teilweise mit den Voraussetzungen, bei deren Vorliegen ein **Wettbewerblicher Dialog** zulässig ist. Dies gilt insbesondere im Fall des § 3 a Nr. 5 lit. c) VOB/A.[151] Liegen sowohl die Voraussetzungen für die Durchführung eines Wettbewerblichen Dialogs als auch eines Verhandlungsverfahrens vor, muss ein Wettbewerblicher Dialog durchgeführt werden.[152]

1. § 3 a Nr. 5 lit. a) VOB/A: Fehlen annehmbarer Angebote

96 Das Verhandlungsverfahren ist **nach § 3 a Nr. 5 lit. a) VOB/A zulässig** nach Öffentlicher Vergabebekanntmachung, wenn bei einem Offenen Verfahren oder Nichtoffenen Verfahren keine annehmbaren Angebote abgegeben worden sind, sofern die ursprünglichen Verdingungsunterlagen nicht grundlegend geändert werden. Die Vorschrift entspricht Art. 30 Abs. 1 lit. a) VKR (RL 2004/18/EG) (ehemals Art. 7 Abs. 2 lit. a) S. 1 BKR – RL 93/37/EWG). Unter den genannten Voraussetzungen lässt die VKR das Verhandlungsverfahren auch nach einem erfolglosen **Wettbewerblichen Dialog** zu. § 3 a Nr. 5 lit. a) VOB/A ist richtlinienkonform in diesem Sinn auszulegen.

97 **a) Voraussetzungen.** Es dürfen keine annehmbaren Angebote abgegeben worden sein. Dies ist der Fall, wenn entweder überhaupt kein Angebot eingeht oder alle Angebote ausgeschlossen werden müssen, das heißt kein Angebot in die vierte Wertungsstufe gelangt.[153] Während § 3 Nr. 3 Abs. 1 lit. b) VOB/A darauf abstellt, dass eine Öffentliche Ausschreibung kein annehmbares **Ergebnis** gehabt hat, fordert § 3 a Nr. 5 lit. a) VOB/A, dass keine annehmbaren **Angebote** abgegeben worden sind. Trotz dieses unterschiedlichen Wortlauts sind beide Bestimmungen inhaltsgleich. Es kann daher auf die Ausführungen zu § 3 VOB/A Rdn. 43 f. verwiesen werden.

98 Das Offene Verfahren, das Nichtoffene Verfahren oder der Wettbewerbliche Dialog muss formell **aufgehoben** worden sein; ein formloser Wechsel in das Verhandlungsverfahren ist nicht möglich.[154] Weiterhin muss die Aufhebung wirksam sein.[155]

99 Als **Aufhebungsgrund** kommt nur § 26 Nr. 1 lit. a) VOB/A in Betracht. Soweit sich die Aufhebung bei Vorliegen von Angeboten mit **unangemessenen Preisen** im Sinne des § 25 Nr. 3 Abs. 1 VOB/A auf § 26 Nr. 1 lit. c) VOB/A stützt, vermag auch diese Norm den Übergang in das Verhandlungsverfahren nach Öffentlicher Vergabebekanntmachung zu rechtfertigen (hierzu § 3 VOB/A Rdn. 44). **§ 26 Nr. 1 lit. b) VOB/A** setzt dagegen voraus, dass die Verdingungsunterlagen grundlegend geändert werden müssen. § 3 a Nr. 5 lit. a) VOB/A erfasst diesen Fall ausweislich des letzten Halbsatzes („sofern …") nicht.[156] Auch wenn ein Fall des § 26 Nr. 1 VOB/A nicht vorliegt, ist der öffentliche Auftraggeber **nicht verpflichtet, einen Zuschlag zu erteilen.**[157] Hebt der Auftraggeber in einem solchen Fall die Ausschreibung auf, so scheidet der Übergang in ein Verhandlungsverfahren nach § 3 a Nr. 5 lit. a) VOB/A aus. Will der Auftraggeber seinen Bedarf weiterhin decken, muss er erneut im Offenen oder Nichtoffenen Verfahren ausschreiben.

100 § 3 a Nr. 5 lit. a) VOB/A ist auch dann nicht anwendbar, wenn das Scheitern des vorangegangenen Offenen oder Nichtoffenen Verfahrens oder des Wettbewerblichen Dialogs **dem Auftraggeber zuzurechnen** ist, etwa weil die von ihm zu verantwortenden Ausschreibungsbedingungen

---

[151] **Anderer Ansicht** *Pünder/Franzius ZfBR* 2006, 20 (24).

[152] Siehe oben Rdn. 90; ebenso *Knauff* VergabeR 2004, 287 (289); *Knauff* NZBau 2005, 249 (250); **anderer Ansicht** wohl *Kronberg* VergabeR 2005, 685 (688).

[153] *Franke/Kemper/Zanner/Grünhagen* VOB/A § 3 a, Rdn. 33.

[154] OLG Jena VergabeR 2005, 492 (501) zu der Parallelvorschrift des § 3 b Nr. 2 lit. a) VOB/A; Beck'scher VOB-Kommentar/*Jasper* VOB/A § 3 a, Rdn. 36.

[155] *Ingenstau/Korbion/Müller-Wrede* VOB/A § 3 a, Rdn. 20.

[156] Beck'scher VOB-Kommentar/*Jasper* VOB/A § 3 a, Rdn. 36.

[157] EuGH Urteil vom 16.9.1999, Rs. C-27/98, Slg. 1999 I–5697 = NZBau 2000, 153 – „Metalmeccania"; EuGH Urteil vom 18.6.2002, Rs. C-92/00, Slg. 2002 I–5553 = VergabeR 2002, 361 Tz. 40 – „Hospital Ingenieure"; BGH NJW 1998, 3640 (3643); BGH VergabeR 2003, 163 (165); BGH VergabeR 2003, 313 (317); OLG München VergabeR 2005, 802 (804); zur Überprüfbarkeit der Aufhebung vgl. § 26 VOB/A Rdn. 33.

die Erfüllung des ausgeschriebenen Auftrags bis an die Grenze der Unmöglichkeit erschwerten und deshalb keine Angebote eingegangen sind.[158] Dem Auftraggeber muss es verwehrt sein, durch die Wahl „unerfüllbarer" Angebotsbedingungen das Scheitern eines Ausschreibungsverfahrens zu provozieren, um danach im Verhandlungsverfahren einen Auftrag zu vergeben.

Die Aufhebung setzt voraus, dass **alle** Angebote einem Ausschließungsgrund unterliegen. Liegt auch nur ein wertbares Angebot vor, scheidet ein Übergang in das Verhandlungsverfahren aus. **101**

Zur Frage, ob ein Verhandlungsverfahren zulässig ist, wenn dem Auftraggeber die eingegangenen **Angebote zu teuer** erscheinen vgl. § 3 VOB/A Rdn. 49 f. **102**

Die Verdingungsunterlagen dürfen **nicht grundlegend geändert** worden sein. Denn anderenfalls besteht zumindest die Möglichkeit, dass eine erneute Ausschreibung im Offenen Verfahren, im Nichtoffenen Verfahren oder im Wettbewerblichen Dialog zu annehmbaren Angeboten führt. Eine Änderung der Verdingungsunterlagen ist insbesondere dann grundlegend, wenn der potentielle Bieterkreis ein anderer ist.[159] Die **Verdingungsunterlagen** sind nach § 10 Nr. 1 Abs. 1 lit. b) VOB/A Bestandteil der Vergabeunterlagen. Sie bestehen aus der Leistungsbeschreibung nach § 9 VOB/A sowie den Angaben nach § 10 Nr. 1 Abs. 2 und Nr. 2 bis 4 VOB/A. Daher können sowohl Änderungen der Leistungsbeschreibung als auch Änderungen der rechtlichen Rahmenbedingungen, insbesondere der Allgemeinen Technischen Vertragsbedingungen (ATV), der Besonderen Vertragsbedingungen (BVB), der Zusätzlichen Vertragsbedingungen (ZVB) und der Zusätzlichen Technischen Vertragsbedingungen (ZTV) eine Änderung der Verdingungsunterlagen sein.[160] Entscheidend ist die Änderung der Leistungsanforderung. Ob eine Änderung grundlegend ist, bestimmt sich nach den konkreten Umständen des Einzelfalls. **Beispiele:** Die Änderung des Finanzierungskonzeptes (Bauauftrag statt Baukonzession) ist eine grundlegende Änderung der Verdingungsunterlagen und berechtigt daher nicht zum Übergang zum Verhandlungsverfahren;[161] die Änderung einer Gesamtplattenstärke bei der Ausschreibung von Tischlerarbeiten (Schränke) ist nicht grundlegend;[162] eine quantitative Veränderung der Leistungsbeschreibung um 30 % soll grundlegend sein;[163] Einzellose statt Ausschreibung eines Generalunternehmervertrages ist eine grundlegende Änderung;[164] das gleiche gilt für eine Änderung der Zuschlagskriterien.[165] **103**

Die Frage, ob eine grundlegende Änderung der Verdingungsunterlagen vorliegt, ist nicht nach den Maßstäben des nach dem Wortlaut identischen **§ 26 Nr. 1 lit. b) VOB/A** zu bestimmen.[166] Dies ergibt sich aus den **unterschiedlichen Schutzzwecken** der Normen. Wegen des Ausnahmecharakters des § 3 a Nr. 5 lit. a) VOB/A sind an das Vorliegen einer grundlegenden Änderung der Verdingungsunterlagen geringe Anforderungen zu stellen, um dem Vorrang des Offenen und des Nichtoffenen Verfahrens Rechnung zu tragen. Dagegen sind bei § 26 Nr. 1 lit. b) VOB/A hohe Anforderungen – etwa im Sinne des Vorliegens von Gründen einigen Gewichts[167] – zu stellen, da die grundlegende Änderung der Verdingungsunterlagen den anderen „schwer wiegenden Gründen" nach § 26 Nr. 1 lit. c) VOB/A entsprechen muss. Die Frage, **ob eine grundlegende Änderung der Verdingungsunterlagen** vorliegt, ist eine **Rechtsfrage** und unterliegt voller gerichtlicher Überprüfung.[168] **104**

---

[158] So OLG Dresden VergabeR 2002, 142 (145) zu der entsprechenden Vorschrift des § 3 a Nr. 2 lit. a) VOL/A.

[159] *Boesen* Vergaberecht § 101 GWB, Rdn. 80; Beck'scher VOB-Kommentar/*Jasper* VOB/A § 3 a, Rdn. 37.

[160] *Ingenstau/Korbion/Müller-Wrede* VOB/A § 3 a, Rdn. 21.

[161] VK Berlin IBR 2000, 401.

[162] VÜA Bayern Beschluss v. 3.3.1999, VÜA 4/98 = *Fischer/Noch*, EzEG VergabeR, IV 1.40, S. 9.

[163] *Müller-Wrede/Fett* VOL § 3 a, Rdn. 87.

[164] VÜA Nordrhein-Westfalen Beschluss v. 9.11.1998, Az.: 132–84–41–26/98 = *Fischer/Noch* EzEG-VergabeR, IV 10.18, S. 8 f.

[165] OLG Brandenburg VergabeR 2005, 660 (665).

[166] Unzutreffend daher *Müller-Wrede/Fett* VOL/A § 3 a, Rdn. 83 ff.

[167] § 26 VOB/A Rdn. 9; Beck'scher VOB-Kommentar/*Jasper* VOB/A § 26, Rdn. 24; *Ingenstau/Korbion/Portz* VOB/A § 26, Rdn. 10 f.

[168] Dagegen Beck'scher VOB-Kommentar/*Jasper* VOB/A § 3 a, Rdn. 37.

105 **b) Abgrenzung zur Zulässigkeit des Nichtoffenen Verfahrens.** Abzugrenzen ist das Vorgehen nach § 3 a Nr. 5 lit. a) VOB/A von dem Nichtoffenen Verfahren nach § 3 a Nr. 3 i.V.m. § 3 Nr. 3 Abs. 1 lit. b) VOB/A. Nach den letztgenannten Vorschriften ist das Nichtoffene Verfahren zulässig, wenn ein Offenes Verfahren kein annehmbares Ergebnis gehabt hat. Die Abgrenzung erfolgt anhand von drei Bedingungen: (1) Ist dem neuen Verfahren ein Nichtoffenes Verfahren vorausgegangen, so ist § 3 a Nr. 5 lit. a) VOB/A einschlägig. (2) Ist dem neuen Vergabeverfahren ein Offenes Verfahren vorausgegangen, so hat der Auftraggeber vorrangig nach § 3 a Nr. 3 VOB/A i.V.m. § 3 Nr. 3 Abs. 1 lit. b) VOB/A vorzugehen. Dies fordert die grundsätzliche Hierarchie der Vergabearten. (3) Erscheint das Nichtoffene Verfahren nach der ermessensfehlerfreien Prognose des Auftraggebers als unzweckmäßig, steht die Wahl des Verhandlungsverfahrens nach Öffentlicher Vergabebekanntmachung nach § 3 a Nr. 5 lit. a) VOB/A offen.[169]

106 **c) Abgrenzung zu § 3 a Nr. 6 lit. a) VOB/A.** Abzugrenzen ist § 3 a Nr. 5 lit. a) VOB/A auch von § 3 a Nr. 6 lit. a) VOB/A. Die letztgenannte Vorschrift gestattet dem Auftraggeber die Durchführung eines Verhandlungsverfahrens **ohne Öffentliche Vergabebekanntmachung**, wenn bei Vorliegen der Voraussetzungen des § 3 a Nr. 5 lit. a) VOB/A in das Verhandlungsverfahren alle Bieter aus dem vorangegangenen Verfahren einbezogen werden, die fachkundig, zuverlässig und leistungsfähig sind. Einer Vergabebekanntmachung bedarf es in diesem Fall nicht, weil alle Bieter, die sich bisher an dem Verfahren auf die Vergabebekanntmachung beteiligt haben, in das Verhandlungsverfahren einbezogen werden. Liegen die Voraussetzungen des § 3 a Nr. 6 lit. a) VOB/A vor, genießt der Auftraggeber zwischen den Verfahren nach § 3 a Nr. 5 lit. a) VOB/A und § 3 a Nr. 6 lit. a) VOB/A Wahlfreiheit.[170]

107 **d) Abgrenzung zu § 3 a Nr. 6 lit. b) VOB/A.** § 3 a Nr. 6 lit. b) VOB/A gestattet das Verhandlungsverfahren ohne Öffentliche Vergabebekanntmachung, wenn bei einem Offenen Verfahren oder Nichtoffenen Verfahren keine oder nur nach § 25 Nr. 1 VOB/A auszuschließende Angebote abgegeben worden sind, sofern die ursprünglichen Verdingungsunterlagen nicht grundlegend geändert werden. Bei Vorliegen dieser Voraussetzungen hat der Auftraggeber ein Wahlrecht zwischen den Verfahren nach § 3 a Nr. 5 lit. a) VOB/A und § 3 a Nr. 6 lit. b) VOB/A. Gehen hingegen ein oder mehrere Angebote ein, die sämtlich aus anderen als den in § 25 Nr. 1 VOB/A genannten Gründen ausgeschlossen werden, kommt nur ein Verhandlungsverfahren nach § 3 a Nr. 5 lit. a) VOB/A oder § 3 a Nr. 6 lit. a) VOB/A in Betracht.

2. § 3 a Nr. 5 lit. b) VOB/A: Forschungs- und Entwicklungsvorhaben

108 Ein Verhandlungsverfahren ist zulässig nach Öffentlicher Vergabebekanntmachung nach § 3 a Nr. 5 lit. b) VOB/A, wenn die betroffenen Bauvorhaben nur zu Forschungs-, Versuchs- oder Entwicklungszwecken und nicht mit dem Ziel der Rentabilität oder der Deckung der Entwicklungskosten durchgeführt werden. Die Vorschrift greift Art. 30 Abs. 1 lit. d) VKR (RL 2004/18/EG) (ehemals Art. 7 Abs. 2 lit. b) BKR – RL 93/37/EWG) auf. Sie hat kaum praktische Relevanz.[171] Denn die Zweckbestimmung nach § 3 a Nr. 5 lit. b) VOB/A muss ausschließlich verfolgt werden. Das Ziel der Rentabilität oder der Kostendeckung darf nicht einmal einen Nebenzweck bilden. Solche Bauvorhaben dürften praktisch nicht vorkommen.

3. § 3 a Nr. 5 lit. c) VOB/A: Unmöglichkeit erschöpfender Beschreibung

109 Schließlich gestattet § 3 a Nr. 5 lit. c) VOB/A das Verhandlungsverfahren nach Öffentlicher Vergabebekanntmachung, wenn im Ausnahmefall die Leistung nach Art und Umfang oder wegen der damit verbundenen Wagnisse **nicht eindeutig** und so erschöpfend beschrieben werden kann,

[169] Beck'scher VOB-Kommentar/*Jasper* VOB/A § 3 a, Rdn. 33.

[170] Beck'scher VOB-Kommentar/*Jasper* VOB/A § 3 a, Rdn. 38; *Ingenstau/Korbion/Müller-Wrede* VOB, VOB/A § 3 a, Rdn. 19; *Heiermann/Riedl/Rusam* VOB/A § 3 a, Rdn. 10.

[171] Beck'scher VOB-Kommentar/*Jasper* VOB/A § 3 a, Rdn. 39; *Heiermann/Riedl/Rusam* VOB/A § 3 a, Rdn. 11.

dass eine einwandfreie Preisermittlung zwecks Vereinbarung einer festen Vergütung möglich ist. Die Vorschrift beruht auf 30 Abs. 1 lit. b) VKR (RL 2004/18/EG) (ehemals Art. 7 Abs. 2 lit. c) BKR – RL 93/37/EWG), wo von der Unmöglichkeit einer *„vorherigen globalen Preisgestaltung"* gesprochen wird.

110 § 3 a Nr. 5 lit. c) VOB/A **entspricht § 3 Nr. 4 lit. b) VOB/A**, der die Freihändige Vergabe zulässt, wenn die Leistung nach Art und Umfang vor der Vergabe nicht eindeutig und erschöpfend festgelegt werden kann. Die materiellen Voraussetzungen beider Vorschriften sind identisch (s. dazu oben § 3 VOB/A Rdn. 69 ff.). § 3 a Nr. 5 lit. c) VOB/A nennt allerdings die **Schutzzwecke** der Norm, anhand derer zu beurteilen ist, ob eine hinreichend eindeutige und erschöpfende Leistungsfestlegung erfolgen kann. Geschützt werden sollen einerseits die Bieter vor den mit einer Leistung verbundenen Wagnissen; insbesondere ungewöhnliche Wagnisse dürfen ihnen nicht aufgebürdet werden (§ 9 Nr. 2 VOB/A). Andererseits sollen die Bieter **und** der Auftraggeber vor einer unzureichenden Preisvereinbarung geschützt werden. Kann die Leistung nicht eindeutig und erschöpfend beschrieben werden, ist nicht zu erwarten, dass vergleichbare Angebote eingehen, so dass nur die Möglichkeit des Verhandlungsverfahrens verbleibt.[172]

111 Wie bei § 3 Nr. 4 lit. b) VOB/A sind **Anwendungsfälle** insbesondere komplexe und innovative Bauvorhaben. Für diese kommt auch ein **Wettbewerblicher Dialog** nach § 3 a Nr. 4 VOB/A in Betracht. Dieser hat gegenüber dem Verhandlungsverfahren den Vorteil, dass der Auftraggeber die bauliche, technische, rechtliche oder finanzielle Lösung für seine Problemstellung im Dialog mit ausgewählten Unternehmen ermitteln kann. Im Anschluss werden Angebote auf eine konkrete Lösung abgegeben. Der Spielraum des Auftraggebers ist weiter als im Verhandlungsverfahren, das den Verhandlungsrahmen auf die konkreten Vorgaben des Auftraggebers beschränkt (vgl. oben Rdn. 65). § 3 a Nr. 5 lit. c) VOB/A erfasst auch Fälle, in denen der Leistungsumfang – etwa hinsichtlich bestehender Mängelhaftungsansprüche – **nicht übersehbar** ist. Dies kann etwa der Fall sein, wenn ein Bauunternehmer einspringt, nachdem der ursprüngliche Auftragnehmer den Auftrag wegen Insolvenz nicht zu Ende führen konnte.[173]

112 Der Maßstab für die eindeutige und erschöpfende Beschreibbarkeit der Leistung ist **objektiv** zu bestimmen. Der Auftraggeber hat alles ihm Zumutbare zu tun, um die Leistung eindeutig und erschöpfend zu beschreiben.[174]

V. Verhandlungsverfahren ohne Öffentliche Vergabebekanntmachung (§ 3 a Nr. 6 VOB/A)

113 § 3 a Nr. 6 VOB/A regelt in Anlehnung an Art. 31 Nr. 1 und Nr. 4 VKR (RL 2004/18/EG) (ehemals Art. 7 Abs. 3 BKR – RL 37/93/EWG) **abschließend** die **Zulässigkeit eines Verhandlungsverfahrens ohne Öffentliche Vergabebekanntmachung.**[175] Die Vorschrift entspricht dem bisherigen § 3 a Nr. 5 VOB/A. Sie erhielt durch die VOB/A 2006 eine **neue Nummerierung**. Daneben wurde § 3 a Nr. 6 lit. e) VOB/A geändert. Die beiden letzten Sätze des § 3 a Nr. 6 VOB/A wurden redaktionell überarbeitet. Die in § 3 a Nr. 6 lit. a) bis g) VOB/A aufgeführten Tatbestandsmerkmale müssen objektiv vorliegen. Die Vorschrift ist als Ausnahmeregelung eng auszulegen.[176] Die **Beweislast** für das Vorliegen eines Ausnahmefalls nach § 3 a Nr. 6 VOB/A

---

[172] *Ingenstau/Korbion/Müller-Wrede* VOB/A § 3 a, Rdn. 23.

[173] Beck'scher VOB-Kommentar/*Jasper* VOB/A § 3 a, Rdn. 41.

[174] *Ingenstau/Korbion/Müller-Wrede* VOB/A § 3 a, Rdn. 23.

[175] EuGH Urteil v. 13.1.2005, Rs. C-84/03, Slg. 2005 I–139 = VergabeR 2005, 176, Tz. 47; *Franke/Kemper/Zanner/Grünhagen* VOB/A § 3 a, Rdn. 50; Beck'scher VOB-Kommentar/*Jasper* VOB/A § 3 a, Rdn. 43; *Heiermann/Riedl/Rusam* VOB/A § 3 a, Rdn. 13.

[176] EuGH Urteil v. 10.4.2003, Rs. C-20/01 und C-28/01, Slg. 2003 I–3609 = NZBau 2003, 393 Tz. 58 – „Braunschweig" zu Art. 11 Abs. 3 DKR (jetzt Art. 31 VKR); EuGH Urteil v. 18.11.2004, Rs. C-126/03, Slg. 2004 I–11197 = VergabeR 2005, 57, Tz. 23; EuGH Urteil v. 13.1.2005, Rs. C-84/03, Slg. 2005 I–139 = VergabeR 2005, 176, Tz. 48; EuGH Urteil v. 2.6.2005, Rs. C-394/02, Slg. 2005 I–4713 = VergabeR 2005, 467, Tz. 33; Beck'scher VOB-Kommentar/*Jasper* VOB/A § 3 a, Rdn. 44.

trägt der Auftraggeber.[177] Zum Verhältnis zwischen dem Verhandlungsverfahren ohne Öffentliche Vergabebekanntmachung und dem **Wettbewerblichen Dialog** vgl. oben Rdn. 88 ff.

1. § 3 a Nr. 6 lit. a) VOB/A: Unannehmbare Angebote

114 § 3 a Nr. 6 lit. a) VOB/A gestattet im Anschluss an Art. 30 Abs. 1 lit. a) 2.UA VKR (RL 2004/18/EG) (ehemals Art. 7 Abs. 2 lit a) 2. Satz BKR – RL 93/37/EWG) das Verhandlungsverfahren ohne Öffentliche Vergabebekanntmachung, wenn bei einem Offenen Verfahren oder Nichtoffenen Verfahren (1) keine annehmbaren Angebote abgegeben worden sind (2), sofern die ursprünglichen Verdingungsunterlagen nicht grundlegend geändert werden (3) und in das Verhandlungsverfahren alle Bieter aus dem vorausgegangenen Verfahren einbezogen werden, die fachkundig, zuverlässig und leistungsfähig sind (4). Die Voraussetzungen (1) bis (3) (Abschluss eines Offenen oder Nichtoffenen Verfahrens, Fehlen annehmbarer Angebote, keine grundlegende Änderung der Verdingungsunterlagen) **entsprechen den Voraussetzungen des § 3 a Nr. 5 lit. a) VOB/A.**[178] Auf die entsprechenden Erläuterungen wird verwiesen (oben Rdn. 96 ff.). § 3 a Nr. 6 lit. a) VOB/A ist richtlinienkonform dahin gehend auszulegen, dass Erstverfahren, an das sich ein Verhandlungsverfahren anschließt, auch ein Wettbewerblicher Dialog sein kann (oben Rdn. 96).

115 Der Auftraggeber muss nach § 3 a Nr. 6 lit. a) VOB/A **alle Bieter** aus dem vorangegangenen Verfahren einbeziehen, die fachkundig, zuverlässig und leistungsfähig und somit geeignet im Sinne des § 97 Abs. 4 1.Halbsatz GWB, § 2 Nr. 1 Satz 1 VOB/A sind. Nach herrschender Auffassung sind auch Teilnehmer einzubeziehen, deren Angebot aus **formalen Gründen**, etwa nach § 25 Nr. 1 Abs. 1 VOB/A ausgeschlossen worden sind, solange sie die geforderte Eignung aufweisen.[179] Dies widerspricht dem Wortlauf des Art. 30 Abs. 1 lit. a) 2.UA VKR (RL 2004/18/EG). Danach sind alle die Bieter und nur die Bieter einzubeziehen, die die Eignungskriterien erfüllen (Art. 46 bis 52 VKR) und die im Verlauf des vorangegangenen Offenen oder Nichtoffenen Verfahrens oder Wettbewerblichen Dialogs Angebote eingereicht haben, die den formalen Voraussetzungen für das Vergabeverfahren entsprechen. Mit den „formalen Voraussetzungen" ist die erste Prüfungsstufe (§ 3 VOB/A Rdn. 8) angesprochen. Dies entspricht dem Ablauf der Angebotswertung. Angebote, die formale Fehler aufweisen, scheiden aus und werden nicht auf die Eignung der Bieter (2.Wertungsstufe) geprüft. In das Verhandlungsverfahren sind demnach nur Angebote einzubeziehen, die im Erstverfahren weder in der ersten Wertungsstufe (formale Prüfung) noch in der zweiten Wertungsstufe (Eignungsprüfung) ausgeschlossen wurden. Die **Einbeziehung anderer Bieter** ist unzulässig. Art. 30 Abs. 1 lit. a) 2.UA VKR (RL 2004/18/EG) spricht ausdrücklich davon, dass „nur" die Bieter einbezogen werden dürfen, deren Angebote die formalen Anforderungen und die Eignungskriterien erfüllen. Dies trifft nur auf solche Bieter zu, die sich an dem Erstverfahren beteiligt hatten.

116 Der Auftraggeber ist nach Einholung der Angebote aller Bieter berechtigt, die **Nachverhandlungen mit dem günstigsten Bieter** zu beginnen und auf diesen zu beschränken.[180] § 8 a Nr. 4 VOB/A gilt für das Verhandlungsverfahren ohne Öffentliche Vergabebekanntmachung nicht. Mit Einholung aller Angebote hat der Auftraggeber den Bieterkreis des vorhergehenden Verfahrens „ausgeschöpft". Bei den Nachverhandlungen darf er wie sonst auch in Verhandlungsverfahren zwischen den Bietern unter Beachtung des Wirtschaftlichkeitsgrundsatzes wählen.

---

[177] EuGH Urteil v. 18.5.1995, Rs. C 57/94, Slg. 1995, I–1249, Tz. 24; EuGH Urteil v. 28.3.1996, Rs. C-318/94, Slg. 1996 I–1949, Tz. 13; EuGH Urteil v. 10.4.2003, Rs. C-20/01 und C-28/01, Slg. 2003 I–3609 = NZBau 2003, 393 Tz. 58 – „Braunschweig" zu Art. 11 Abs. 3 DKR (jetzt Art. 31 VKR); EuGH Urteil v. 18.11.2004, Rs. C-126/03, Slg. 2004 I–11197 = VergabeR 2005, 57, Tz. 23; EuGH Urteil v. 2.6.2005, Rs. C-394/02, Slg. 2005 I–4713 = VergabeR 2005, 467, Tz. 33.

[178] Beck'scher VOB-Kommentar/*Jasper* VOB/A § 3 a, Rdn. 45; *Ingenstau/Korbion/Müller-Wrede* VOB/A § 3 a, Rdn. 25.

[179] Beck'scher VOB-Kommentar/*Jasper* VOB/A § 3 a, Rdn. 46; *Franke/Kemper/Zanner/Grünhagen* VOB/A § 3 a, Rdn. 55; *Ingenstau/Korbion/Müller-Wrede* VOB/A § 3 a, Rdn. 25; *Heiermann/Riedl/Rusam* VOB/A § 3 a, Rdn. 14.

[180] VÜA Bund WuW 1998, 427 = WuW/E Verg 55; *Heiermann/Riedl/Rusam* VOB/A § 3 a, Rdn. 14; dagegen *Franke/Kemper/Zanner/Grünhagen* VOB/A § 3 a, Rdn. 55.

2. § 3 a Nr. 6 lit. b) VOB/A: Keine oder auszuschließende Angebote

§ 3 a Nr. 6 lit. b) VOB/A gestattet in Entsprechung zu Art. 31 Nr. 1 lit. a) VKR (RL 2004/18/EG) (ehemals Art. 7 Abs. 3 lit. a) BKR – RL 93/37/EWG) die Durchführung eines Verhandlungsverfahrens ohne Öffentliche Vergabebekanntmachung, wenn bei einem Offenen Verfahren oder Nichtoffenen Verfahren (1) keine oder nur nach § 25 Nr. 1 VOB/A auszuschließende Angebote abgegeben worden sind (2), sofern die ursprünglichen Verdingungsunterlagen nicht grundlegend geändert werden (3). Zu der Voraussetzung (1) (Abschluss eines Offenen oder Nichtoffenen Verfahrens) kann auf die Erläuterungen zu § 3 a Nr. 5 lit. a) VOB/A verwiesen werden (s.o. Rdn. 96). Allerdings kann, anders als bei § 3 a Nr. 5 lit. a) VOB/A, ein **Wettbewerblicher Dialog** kein Erstverfahren sein, an das sich ein Verhandlungsverfahren anschließt, da der Wettbewerbliche Dialog in Art. 31 Nr. 1 lit. a) VKR (RL 2004/18/EG) nicht genannt ist. Hinsichtlich der Voraussetzung (3) (keine grundlegende Änderung der Verdingungsunterlagen) wird auf Rdn. 103 f. verwiesen. 117

Mit der Voraussetzung (2) regelt § 3 a Nr. 6 lit. b) VOB/A einen **Sonderfall gegenüber § 3 a Nr. 5 lit. a) VOB/A und § 3 a Nr. 6 lit. a) VOB/A**. Es dürfen nach § 3 a Nr. 6 lit. b) VOB/A **keine** Angebote eingegangen sein oder diese müssen aus den Gründen des **§ 25 Nr. 1 VOB/A** ausgeschlossen worden sein. Der Ausschluss muss auf der ersten Wertungsstufe (formale Prüfung) (§ 3 VOB/A Rdn. 8) erfolgt sein. § 3 a Nr. 6 lit. b) VOB/A stellt sowohl auf zwingende (§ 25 Nr. 1 Abs. 1 VOB/A) wie fakultative (§ 25 Nr. 1 Abs. 2 VOB/A) Ausschlussgründe ab.[181] Anders als § 3 a Nr. 6 lit. a) gestattet § 3 a Nr. 6 lit. b) VOB/A die Durchführung des Verhandlungsverfahrens ohne Öffentliche Bekanntmachung auch dann, wenn **nicht alle Bieter** aus dem vorhergehenden Verfahren **einbezogen** werden.[182] Ein Anspruch der Bieter des vorangegangenen Verfahrens auf Einbeziehung besteht nicht.[183] Der Auftraggeber kann auch Unternehmen einbeziehen, die sich an dem aufgehobenen Erstverfahren nicht beteiligt haben. Nach § 25 Nr. 1 VOB/A auszuschließende Angebote sind zugleich im Sinne von § 3 a Nr. 5 lit. a) VOB/A und § 3 a Nr. 6 lit. a) VOB/A nicht annehmbar (vgl. oben Rdn. 97). Zur Abgrenzung dieser Vorschriften vgl. Rdn. 107. 118

§ 3 a Nr. 6 lit. b) VOB/A verweist auf die Berichtspflicht nach § 33 a Nr. 1 in Verbindung mit § 30 a lit. i) VOB/A. 119

3. § 3 a Nr. 6 lit. c) VOB/A: Nur ein bestimmter Auftragnehmer kommt in Betracht

Wenn Arbeiten aus technischen oder künstlerischen Gründen oder aufgrund des Schutzes von Ausschließlichkeitsrechten nur von einem bestimmten Unternehmer ausgeführt werden können, ist ein Verhandlungsverfahren ohne Öffentliche Vergabebekanntmachung nach § 3 a Nr. 6 lit. c) VOB/A zulässig. Dies entspricht Art. 31 Nr. 1 lit. b) VKR (RL 2004/18/EG) (ehemals Art. 7 Abs. 3 lit. b) BKR – RL93/37/EWG). Die Vorschrift stimmt inhaltlich mit § 3 Nr. 4 lit. a) VOB/A überein, obwohl die Formulierung abweicht (vgl. im einzelnen § 3 VOB/A Rdn. 66), ist aber im Sinne der VKR auszulegen. 120

Im Rahmen der Grenzen des § 9 VOB/A obliegt es dem Auftraggeber, den Vertragsgegenstand zu bestimmen. Entscheidet er sich aus sachlich nachvollziehbaren Gründen für die Beschaffung einer Leistung, die nur ein Unternehmer erbringen kann, ist der Anwendungsbereich des § 3 a Nr. 6 lit. c) VOB/A eröffnet.[184] Nicht ausreichend ist es nach dem Wortlaut des § 3 a Nr. 6 lit. c) VOB/A, wenn **zwei Bieter** in Betracht kommen.[185] 121

Technische Gründe liegen vor, wenn zwingend besondere Befähigungen oder spezielle Ausrüstungen zur Leistungserbringung erforderlich sind, über die nur ein Unternehmer verfügt.[186] 122

---

[181] *Ingenstau/Korbion/Müller-Wrede* VOB/A § 3 a, Rdn. 26.
[182] Beck'scher VOB-Kommentar/*Jasper* VOB/A § 3 a, Rdn. 47.
[183] OLG Jena VergabeR 2005, 492 (501) zu der Parallelvorschrift des § 3 b Nr. 2 lit. a) VOB/A; *Müller-Wrede/Schade* VergabeR 2005, 460 (462).
[184] OLG Düsseldorf VergabeR 2005, 513 zu § 3 a Nr. 2 lit. c) VOL/A.
[185] A.A. Beck'scher VOB-Kommentar/*Jasper* VOB/A § 3 a, Rdn. 49.
[186] *Ingenstau/Korbion/Müller-Wrede* VOB/A § 3 a, Rdn. 27.

Diese können sich auch aus technischen Umweltschutzanforderungen ergeben.[187] Produktbezogene Ausschreibungen sind unzulässig (§ 9 VOB/A Rdn. 54) und können ein Verhandlungsverfahren nicht rechtfertigen. Allein die Nähe eines Auftragnehmers zum Ort der Leistungserbringung ist nicht ausreichend.[188] Unzulässig ist das Verhandlungsverfahren mit der Begründung, es sei eine Betriebsstätte des Auftragnehmers in der Nähe des Leistungsorts erforderlich, die nur ein Unternehmen unterhalte. Es ist nicht auszuschließen, dass andere Unternehmen im Fall der Auftragserteilung bereit sind, eine derartige Betriebsstätte zu gründen.[189] Eine solche Forderung kann in den Verdingungsunterlagen aufgestellt werden, wenn dies zur Auftragsdurchführung erforderlich ist.

123 Für das Vorliegen **künstlerischer Gründe** genügt eine bloße geschmackliche Präferenz nicht.[190] Vielmehr müssen objektive Tatsachen bestehen. Es dürfte sich um einen eng begrenzten Ausnahmetatbestand handeln. Er kann vorliegen, wenn nur ein Künstler in der Lage ist, ein bestimmtes Verfahren anzuwenden oder zwingend die „Handschrift" eines Künstlers erkennbar sein muss.

124 **Ausschließlichkeitsrechte** können Warenzeichen, Vertriebslizenzen, Patente, Urheberrechte und sonstige gewerbliche Schutzrechte darstellen.[191] Auch das Eigentum an einem Grundstück oder schuldrechtliche Ansprüche[192] (z.B. das Vorkaufsrecht auf ein Grundstück)[193] können ein solches ausschließliches Recht sein.

4. § 3 a Nr. 6 lit. d) VOB/A: Dringlichkeit der Leistung

125 § 3 a Nr. 6 lit. d) VOB/A gestattet entsprechend Art. 31 Nr. 1 lit. c) VKR (RL 2004/18/EG) (ehemals Art. 7 Abs. 3 lit. c) BKR – RL 93/37/EWG) die Durchführung eines Verhandlungsverfahrens ohne Öffentliche Vergabebekanntmachung, wenn wegen der Dringlichkeit der Leistung aus zwingenden Gründen (1) infolge (3) von Ereignissen, die der Auftraggeber nicht verursacht hat und nicht voraussehen konnte (2), die in § 18 a Nr. 1, 2 und 3 VOB/A vorgeschriebenen Fristen nicht eingehalten werden können. Die Vorschrift ähnelt damit § 3 Nr. 4 lit. d) VOB/A und § 3 Nr. 3 Abs. 1 lit. c) VOB/A, ist aber durch den Bezug auf die maßgeblichen Fristen der einzelnen Vergabearten hinsichtlich des Grades der Dringlichkeit präziser.

126 Die **Dringlichkeit** (1) muss **objektiv** gegeben sein. An das Vorliegen von Dringlichkeit werden hohe Anforderungen gestellt: Die Erledigung der Bauleistung darf nach den Umständen des Einzelfalles keinen Aufschub dulden, zu denken ist an akute Gefahrensituationen oder Katastrophenfälle.[194] Der Verlust von Fördermitteln soll keine Dringlichkeit begründen.[195] Dies trifft zu, wenn die Dringlichkeit dem Auftraggeber zuzuschreiben ist, etwa weil er die Mittel zu spät beantragt. Anderenfalls vermag der drohende Verfall von Fördermitteln die Dringlichkeit zu begründen, beispielsweise wenn nach unverschuldeter Aufhebung der Ausschreibung eine Neuausschreibung die Bauzeit derart verschieben würde, dass Fördermittel verfallen würden (unten Rdn. 129).

---

[187] EuGH Urteil v. 10.4.2003, Rs. C-20/01 und C-28/01, Slg. 2003 I–3609 = NZBau 2003, 393 Tz. 61 – „Braunschweig" zu Art. 11 Abs. 3 lit. b) DKR (jetzt Art. 31 Nr. 1 lit. b) VKR).

[188] EuGH Urteil v. 10.4.2003, Rs. C-20/01 und C-28/01, Slg. 2003 I–3609 = NZBau 2003, 393 Tz. 66 – „Braunschweig" zu Art. 11 Abs. 3 lit. b) DKR (jetzt Art. 31 Nr. 1 lit. b) VKR).

[189] OLG Düsseldorf, VergabeR 2002, 665 (667) zu § 3 a Nr. 2 lit. c) VOL/A; zur Zulässigkeit der Ortsnähe als Wertungskriterium vgl. *Müller-Wrede* VergabeR 2005, 32; vgl. hierzu auch EuGH Urteil v. 27.10.2005, Rs. C-234/03, Slg. 2005 I–9315 = VergabeR 2006, 63, Tz. 41 ff.

[190] *Ingenstau/Korbion/Müller-Wrede* VOB/A § 3 a, Rdn. 27.

[191] *Müller-Wrede/Fett* VOL/A § 3, Rdn. 88 Fn. 25.

[192] Offen gelassen von: EuGH Urteil v. 14.9.2004, Rs. C-385/02, Slg. 2004 I–8121 = VergabeR 2004, 710, Tz. 23.

[193] Vgl. Beck'scher VOB-Kommentar/*Jasper* VOB/A § 3 a, Rdn. 49.

[194] *Boesen* Vergaberecht § 101 GWB, Rdn. 107; *Ingenstau/Korbion/Müller-Wrede* VOB/A § 3 a, Rdn. 29; vgl. auch *Müller-Wrede/Fett* VOL/A § 3 a, Rdn. 130 mit dem Verweis auf einen unverschuldeten Notstand in der Daseinsvorsorge, etwa bei der Abfallbeseitigung.

[195] VK Nordrhein-Westfalen (BR Düsseldorf) IBR 2001, 79.

Der **Bezug auf die Fristen des § 18 a Nr. 1, 2 und 3 VOB/A** qualifiziert die Dringlichkeit der Leistung. Beim Offenen Verfahren beträgt die Angebotsfrist mindestens 52 Kalendertage, die Frist kann unter bestimmten Voraussetzungen verkürzt werden. 22 Kalendertage darf sie nicht unterschreiten (§ 18 a Nr. 1 VOB/A). Beim Nichtoffenen Verfahren beträgt die Bewerbungsfrist mindestens 37 Kalendertage, sie kann auf 15 Kalendertage verkürzt werden. Die Angebotsfrist beträgt mindestens 40 Kalendertage, unter bestimmten Voraussetzungen kann sie auf 26 Kalendertage, aus Gründen der Dringlichkeit bis auf 10 Kalendertage reduziert werden (§ 18 a Nr. 2 VOB/A). Beim Verhandlungsverfahren mit Öffentlicher Vergabebekanntmachung und beim Wettbewerblichen Dialog beträgt die Bewerbungsfrist mindestens 37 Kalendertage, aus Gründen der Dringlichkeit kann sie beim Verhandlungsverfahren auf 15 Kalendertage verkürzt werden (§ 18 a Nr. 3 i.V.m. Nr. 2 Abs. 1 VOB/A). Kürzere Fristen gelten bei elektronischer Bekanntmachung. Die besondere Dringlichkeit des § 3 a Nr. 6 lit. d) VOB/A kann also nur dann gegeben sein, wenn selbst die Ausschöpfung aller Verkürzungsmöglichkeiten nach § 18 a VOB/A objektiv nicht ausreicht.[196] Die Rechtsprechung nimmt nur in Ausnahmefällen Dringlichkeit an.[197] 127

Die Dringlichkeit darf vom Auftraggeber **weder verursacht** worden **noch vorhersehbar** gewesen sein (2), sie darf ihm also nicht zuzurechnen (vgl. Art. 31 Nr. 1 lit. c) VKR – RL 2004/18/EG „zuzuschreiben“) sein. Dies soll verhindern, dass ein Fehlverhalten des Auftraggebers den Weg zu einem Verhandlungsverfahren ohne Öffentliche Vergabebekanntmachung eröffnet (vgl. zu einem ähnlichen Gedanken bei § 3 a Nr. 5 lit. a) VOB/A o. Rdn. 41). Ein Verschulden des Auftraggebers ist nicht erforderlich.[198] An der Verursachung und der Vorhersehbarkeit fehlt es etwa bei witterungsbedingten Beschädigungen, Sturm- oder Brandschäden oder anderen Katastrophenfällen.[199] Die Insolvenz eines Auftragnehmers *kann* unvorhersehbar sein, wenn die Arbeiten zunächst termingerecht ausgeführt und danach plötzlich und „völlig überraschend“ eingestellt werden.[200] 128

Die Aufhebung eines Vergabeverfahrens kann zur Dringlichkeit einer Auftragserteilung führen, wenn anderenfalls eine termingerechte Fertigstellung der Bauleistung nicht mehr möglich erscheint[201] oder bereits gewährte Fördermittel wegen Zeitablaufs verfallen würden (oben Rdn. 67). Nicht vom Auftraggeber verursacht ist es, wenn alle Angebote nach § 25 Nr. 1 VOB/A ausgeschlossen werden müssen. Ein Verhandlungsverfahren ohne Öffentliche Vergabebekanntmachung kommt aber nicht in Betracht, wenn der Auftraggeber das Scheitern der Ausschreibung verursacht hat, etwa weil die Ausschreibungsunterlagen ein annehmbares Angebot nicht zuließen (vgl. o. zu § 3 a Nr. 5 lit. a) VOB/A Rdn. 100). 129

Vorhersehbar ist eine Dringlichkeit aufgrund von Verzögerungen, die sich bei behördlichen Genehmigungsverfahren ergeben können. Es ist Sache des Auftraggebers, rechtzeitig zu planen und etwaig notwendige Genehmigungen zu beantragen. In einem Planfeststellungsverfahren ist es vorhersehbar, dass eine Behörde, deren Zustimmung zu einem Vorhaben erforderlich ist, bis zum Ablauf der Einwendungsfrist Einwendungen aus Gründen erhebt, zu deren Geltendmachung sie berechtigt ist.[202] Auch die Dringlichkeit bei saisonal auftretenden Gefahren (Lawinengefahr) ist vorhersehbar.[203] 130

---

[196] Vgl. Beck'scher VOB-Kommentar/*Jasper* VOB/A § 3 a, Rdn. 50.

[197] EuGH Urt. v. 18.3.1992, Rs. C-24/91, Slg. 1992, I–1989, Tz 13 ff.; EuGH Urt. v. 2.8.1993, Rs. C-107/92, Slg. 1993, I–4655; für den Fall einer Lieferung EuGH Urt. v. 3.5.1994, Rs. C-328/92, Slg. 1994, I–1569, Tz. 18; EuGH Urteil v. 18.11.2004, Rs. C-126/03, Slg. 2004 I–11197 = VergabeR 2005, 57.

[198] Beck'scher VOB-Kommentar/*Jasper* VOB/A § 3 a, Rdn. 51.

[199] Beck'scher VOB-Kommentar/*Jasper* VOB/A § 3 a, Rdn. 52; *Ingenstau/Korbion/Müller-Wrede* VOB/A § 3 a, Rdn. 29.

[200] VK Bund Beschluss v. 29.6.2005 – VK3–52/05; VÜA Bayern IBR 1999, 561; *Franke/Kemper/Zanner/Grünhagen* VOB/A § 3 a, Rdn. 63.

[201] *Heiermann/Riedl/Rusam* VOB/A § 3 a, Rdn. 17.

[202] EuGH Urteil vom 28.3.1996, Rs. C-318/94, Slg. 1996, I–1949, Tz. 19; kritisch zu dieser Entscheidung *Schabel/Zellmeier-Neunteufel*, VergabeR 2001, 79.

[203] EuGH Urt. v. 2.8.1993, Rs. C-107/92, Slg. 1993, I–4655.

131 Die Ereignisse, auf die sich der Auftraggeber beruft, müssen für die Dringlichkeit der Leistung **kausal** gewesen sein (3).[204] Haben andere Ereignisse, die der Auftraggeber verursacht hat oder voraussehen konnte, zur Dringlichkeit geführt, scheidet ein Verhandlungsverfahren ohne Öffentliche Vergabebekanntmachung nach § 3 a Nr. 6 lit. d) VOB/A aus.

5. § 3 a Nr. 6 lit. e) VOB/A: Zusätzliche Leistungen

132 § 3 a Nr. 6 lit. e) VOB/A greift Art. 31 Nr. 4 lit. a) VKR (RL 2004/18/EG) (ehemals Art. 7 Abs. 3 lit. d) BKR – RL 93/37/EWG) auf und gestattet die Durchführung eines Verhandlungsverfahrens ohne Öffentliche Vergabebekanntmachung bei bestimmten zusätzlichen Leistungen. Voraussetzungen für dieses Vorgehen sind: das Bestehen eines Vertrages mit dem Auftragnehmer (1), die Zusätzlichkeit der Leistung, die weder in dem Vertrag noch in dem ihm zugrunde liegenden Entwurf enthalten sein darf (2), die Unvorhersehbarkeit der Erforderlichkeit (3), die fehlende Trennbarkeit von der Hauptleistung oder die Erforderlichkeit zur Vollendung der Hauptleistung (4) sowie die Begrenzung des Umfangs der zusätzlichen Leistung auf 50 % des Hauptauftrages (5).

133 Die Leistung muss **zusätzlich neben die bisher durch Vertrag (1) vereinbarte** Leistung treten (2). § 3 a Nr. 6 lit. e) VOB/A findet daher keine Anwendung, wenn die Leistung zumindest als Wahl- oder Bedarfsposition in dem Vertrag enthalten ist. Ebenso scheidet § 3 a Nr. 6 lit. e) VOB/A aus, wenn die Leistung dem Auftragnehmer nach § 1 Nr. 3 VOB/B oder § 1 Nr. 4 Satz 1 VOB/B aufgegeben werden kann. Denn in diesem Fall ist eine neue Vergabe nicht notwendig, da die Leistungsanpassung auf vertraglicher Grundlage erfolgt.[205] Ob eine zusätzliche Beauftragung vorliegt, ist im jeweiligen Einzelfall nach dem Inhalt des Hauptvertrages zu bestimmen. Maßgeblich sind dabei sowohl die rechtlichen als auch die technischen Bedingungen.[206]

134 Die Erforderlichkeit der zusätzlichen Leistung muss auf einem **unvorhergesehen** Ereignis beruhen (3). Hat der Auftraggeber bei der Vergabe bereits die Notwendigkeit des weiteren Leistungsumfanges erkannt, ist er verpflichtet, auch insoweit eine Ausschreibung durchzuführen, um dem Vorrang des Offenen Verfahrens nach § 3 a Nr. 2 VOB/A Rechnung zu tragen. Vorhergesehen sind auch solche Positionen, die als Wahl- oder Bedarfspositionen in die Leistungsbeschreibung aufgenommen werden konnten.[207] In Übereinstimmung mit Art. 31 Nr. 4 lit. a) VKR (RL 2004/18/EG) stellt der Wortlaut der Vorschrift nicht darauf ab, ob das Ereignis, auf dem die Erforderlichkeit der zusätzlichen Leistung beruht, „unvorhersehbar" war, sondern ob es „vorhergesehen" wurde (französische Fassung: „circonstance imprévue", englische Fassung: „unforseen circumstances"). Demnach kommt es auf ein **Verschulden des Auftraggebers nicht an**. Entscheidend ist nicht, ob die Erforderlichkeit der zusätzlichen Leistung vorhergesehen wurde, sondern ob dies für das Ereignis gilt, welches zur Erforderlichkeit der zusätzlichen Leistung führt.

135 Als weitere Voraussetzung (4) fordert § 3 a Nr. 6 lit. e) VOB/A alternativ die **fehlende Trennbarkeit aus technischen oder wirtschaftlichen Gründen** oder die **unbedingte Erforderlichkeit** für die **Vollendung** der im Hauptauftrag beschriebenen Leistung.

136 **Technische Gründe**, die gegen eine Trennung von Haupt- und Zusatzleistung sprechen, sind Schwierigkeiten beim Ineinandergreifen verschiedener Leistungen, insbesondere hinsichtlich des Bauablaufs; ebenso spricht gegen eine Trennung von Haupt- und Zusatzleistung, wenn die gleichen Spezialgeräte für Haupt- und Nebenleistung benötigt werden.[208] **Wirtschaftliche Gründe** für die fehlende Trennbarkeit können insbesondere Fragen des Sachmängelrechts sein, wenn für

---

[204] EuGH Urt. v. 2.8.1993, Rs. C-107/92, Slg. 1993, I–4655, Tz. 12; EuGH Urteil v. 28.3.1996, Rs. C-318/94, Slg. 1996, I–1949, Tz. 14; EuGH Urteil v. 2.6.2005, Rs. C-394/02, Slg. 2005 I–4713 = VergabeR 2005, 467, Tz. 40; *Ingenstau/Korbion/Müller-Wrede* VOB/A § 3 a, Rdn. 28.

[205] *Reidt/Stickler/Glahs* § 99, Rdn. 4c; Beck'scher VOB-Kommentar/*Jasper* VOB/A § 3 a, Rdn. 55; a. A. aber *Franke/Kemper/Zanner/Grünhagen* VOB/A § 3 a, Rdn. 70.

[206] *Boesen* Vergaberecht § 101 GWB, Rdn. 114; *Ingenstau/Korbion/Müller-Wrede* VOB/A § 3 a, Rdn. 30.

[207] Vgl. Beck'scher VOB-Kommentar/*Jasper* VOB/A § 3 a, Rdn. 56; *Ingenstau/Korbion/Müller-Wrede* VOB/A § 3 a, Rdn. 30.

[208] *Franke/Kemper/Zanner/Grünhagen* VOB/A § 3 a, Rdn. 71; Beck'scher VOB-Kommentar/*Jasper* VOB/A § 3 a, Rdn. 57; *Ingenstau/Korbion/Müller-Wrede* VOB/A § 3 a, Rdn. 31.

den Auftraggeber nicht mehr hinreichend erkennbar ist, welchem Auftragnehmer gegenüber er gegebenenfalls Ansprüche wegen Sachmängeln geltend machen kann.[209] Wirtschaftliche Gründe können sich auch aus Synergieeffekten, etwa aus der einheitlichen Baudurchführung und Baubetreuung, ergeben.[210] Die Trennung von Haupt- und Zusatzleistung müsste zu **wesentlichen Nachteilen** für den Auftraggeber führen. So sind bloße Erschwernisse bei Abrechnungs- und Zahlungsverkehr, wie sie bei der Beauftragung mehrerer Unternehmen in der Regel entstehen, nicht ausreichend.[211]

Alternativ zu der vorgenannten Voraussetzung kommt § 3 a Nr. 6 lit. e) VOB/A in Betracht, wenn die zusätzliche Leistung **zur Vollendung** der im Hauptauftrag beschriebenen Leistung **unbedingt erforderlich** ist, auch wenn sie getrennt vergeben werden können. Die VOB/A 2002 stellte anstatt auf die „Vollendung" auf die „Verbesserung" der im Hauptauftrag beschriebenen Leistung ab. Dieser Begriff basierte auf Art. 7 Abs. 3 lit. d) BKR (RL 93/37/EWG). Art. 31 Nr. 4 lit. a) VKR (RL 2004/18/EG) lässt demgegenüber das Verhandlungsverfahren nur zu, wenn die zusätzliche Leistung für die **„Vollendung"** des Hauptauftrags unbedingt erforderlich ist. Es handelt es sich um eine Einengung des Ausnahmetatbestands, die durch die Neufassung des § 3 a Nr. 6 lit. e) VOB/A Berücksichtigung findet. Eine bloße Verbesserung der Hauptleistung genügt somit nicht. Erforderlich ist vielmehr, dass die zusätzliche Leistung unbedingt erforderlich ist, um die **Funktionalität** der Hauptleistung sicher zu stellen. 137

Schließlich darf die geschätzte Vergütung für alle zusätzlichen Leistungen **die Hälfte der Vergütung der Leistung nach dem Hauptauftrag** nicht überschreiten (5). Diese 50 %-Grenze dürfte höher liegen als das Verhältnis von kleiner zu einer größeren Leistung nach § 3 Nr. 4 lit. c) VOB/A (zu dem dortigen Wertverhältnis s. § 3 VOB/A Rdn. 72); die Grenze von 50 % stellt sicher, dass der zusätzliche Auftrag gegenüber dem Hauptauftrag von untergeordneter Bedeutung bleibt. 138

§ 3 a Nr. 6 lit. e) VOB/A findet gemäß der Vorgabe des § 3 a Nr. 6 letzter Absatz Satz 1 VOB/A nur Anwendung bei der Vergabe von Aufträgen mit einem **Schwellenwert** nach § 1 a Nr. 1 Abs. 2 VOB/A. Diese Vorschrift regelt die gesonderten Schwellenwerte für Lose. § 3 a Nr. 6 letzter Absatz Satz 1 VOB/A ist, soweit er sich auf § 3 a Nr. 6 lit. e) VOB/A bezieht, **unbeachtlich**.[212] Bei zusätzlichen Leistungen handelt es sich **nicht** um Lose eines Gesamtauftrags, sondern um eigenständige Bauleistungen.[213] Sie stehen zwar im funktionalen Zusammenhang mit dem Hauptauftrag, waren bei dessen Vergabe jedoch nicht vorhergesehen (vgl. § 1 a VOB/A Rdn. 24 ff.). Anderenfalls läge kein Fall des § 3 a Nr. 6 lit. e) VOB/A vor. Die zusätzlichen Leistungen konnte der Auftraggeber bei Berechnung des Schwellenwerts für den Hauptauftrag nicht berücksichtigen. Folglich finden die Schwellenwerte für Lose auf zusätzliche Leistungen keine Anwendung. Es wäre zwar zulässig, wenn das deutsche Recht den Schwellenwert für zusätzliche Leistungen niedriger ansetzen würde als europarechtlich erforderlich, der Anwendungsbereich des 2.Abschnitts der VOB/A ist jedoch abschließend im 4.Teil des GWB und der VgV geregelt und kann nicht durch eine Vorschrift der VOB/A erweitert werden. Der Geltungsbereich des § 3 a Nr. 6 lit. e) VOB/A ist demnach nur eröffnet, wenn die zusätzlichen Leistungen den Schwellenwert von 5.278.000 € des § 2 Nr. 4 VgV erreichen oder übersteigen. Liegen diese Voraussetzungen nicht vor, richtet sich die Auftragsvergabe nach § 3 VOB/A.[214] 139

6. § 3 a Nr. 6 lit. f) VOB/A: Wiederholende Vergabe

§ 3 a Nr. 6 lit. f) VOB/A geht auf Art. 31 Nr. 4 lit. b) VKR (RL 2004/18/EG) (ehemals Art. 7 Abs. 3 lit. e) BKR – RL 93/37/EWG) zurück. Die Vorschrift knüpft wie § 3 a Nr. 6 lit. e) VOB/A 140

[209] Beck'scher VOB-Kommentar/*Jasper* A § 3 a, Rdn. 57; *Franke/Kemper/Zanner/Grünhagen* VOB/A § 3 a, Rdn. 71, die allerdings fälschlich das Bedürfnis nach einer einheitlichen Mängelhaftung als technischen Grund ansehen.
[210] *Ingenstau/Korbion/Müller-Wrede* VOB/A § 3 a, Rdn. 31.
[211] *Boesen* Vergaberecht § 101 GWB, Rdn. 115.
[212] *Ingenstau/Korbion/Müller-Wrede* VOB/A § 3 a, Rdn. 32.
[213] § 1 a VOB/A Rdn. 25; *Ingenstau/Korbion/Müller-Wrede* VOB/A § 3 a, Rdn. 32 Fn. 2.
[214] Beck'scher VOB-Kommentar/*Jasper* VOB/A § 3 a, Rdn. 54.

an einen zwischen dem jeweiligen Auftraggeber und dem jeweiligen Auftragnehmer bereits bestehenden Vertrag an. Während § 3 a Nr. 6 lit. e) VOB/A die Vergabe einer ergänzenden Leistung zum Gegenstand hat, regelt § 3 a Nr. 6 lit. f) VOB/A die Vergabe einer **wiederholenden Leistung**.

Nach dieser Vorschrift ist das Verhandlungsverfahren ohne Öffentliche Vergabebekanntmachung unter folgenden **Voraussetzungen** zulässig: Gleichartige Bauleistungen (1) werden an den Auftragnehmer vergeben, der den ersten Auftrag erhalten hat (2), die Bauleistungen entsprechen einem Grundentwurf, der Gegenstand des ersten Auftrages war und in einem nach § 3 a VOB/A zulässigen Vergabeverfahren vergeben worden war (3); bei dieser Vergabe hatte der Auftraggeber auf die Möglichkeit einer wiederholenden Vergabe nach § 3 a Nr. 6 lit. f) VOB/A hingewiesen (4). Nach Abschluss des ersten Auftrages sind nicht mehr als 3 Jahre vergangen (5).

141 Die Bauleistungen müssen **gleichartig** sein (1) mit den Leistungen, die Gegenstand des ersten Auftrages waren (2). Identität im Sinne eines „sklavischen Nachbaus" ist nicht gefordert („Grundentwurf").[215] Geringere technische oder nutzungsbezogene Änderungen schließen die Vergabe in einem Verhandlungsverfahren ohne Öffentliche Vergabebekanntmachung nicht aus. Ob eine gleichartige Bauleistung vorliegt, ist nach den Zwecken des Vergaberechts zu bestimmen. § 3 a Nr. 6 lit. f) VOB/A kann Anwendung finden, wenn ausgeschlossen erscheint, dass ein anderer Bieter in einem neuen Ausschreibungsverfahren den Zuschlag erhalten würde, die Änderungen sich also auf den Wettbewerb nicht auswirken. In diesem Fall ist dem Wettbewerbsgedanken durch die erste Ausschreibung genügt.[216] Ausgeschlossen ist ein Vorgehen nach § 3 a Nr. 6 lit. f) VOB/A dagegen jedenfalls immer dann, wenn die Änderungen „grundlegend" im Sinne von § 3 a Nr. 5 lit. a) VOB/A sind (oben Rdn. 103 f.).

142 Der Grundentwurf muss **Gegenstand des ersten Auftrags** gewesen sein (3). Dieser muss nach einem der in § 3 a VOB/A genannten Verfahren vergeben worden sein. Nach dem Wortlaut des § 3 a Nr. 6 lit. f) VOB/A wäre es demnach möglich, dass der ursprüngliche Auftrag im Verhandlungsverfahren vergeben wurde. Dies widerspricht Art. 31 Nr. 4 lit. b) VKR (RL 2004/18/EG). Danach muss es sich bei der ersten Ausschreibung um ein Offenes oder ein Nichtoffenes Verfahren gehandelt haben. § 3 a Nr. 6 lit. f) VOB/A ist richtlinienkonform dahin gehend auszulegen, dass ein Verhandlungsverfahren nicht Ausgangspunkt für eine wiederholende Vergabe sein kann. Das gleiche gilt für den Wettbewerblichen Dialog. Auch dieser ist in Art. 31 Nr. 4 lit. b) VKR (RL 2004/18/EG) nicht als mögliches Erstverfahren genannt.

143 Der Auftraggeber muss in der ersten Ausschreibung auf die Möglichkeit einer wiederholenden Vergabe nach § 3 a Nr. 6 lit. f) VOB/A **hingewiesen** haben (4). Beschließt der Auftraggeber erst nach Durchführung der ersten Ausschreibung, eine „wiederholende" Vergabe vorzunehmen, so kann er sich auf § 3 a Nr. 6 lit. f) VOB/A nicht berufen.[217] Die Notwendigkeit eines Hinweises hat zwei Funktionen: Die Bieter erkennen die Möglichkeit einer wiederholenden Vergabe und erhalten so Klarheit über den wirtschaftlichen Umfang des Auftrags. Zugleich ist der Auftraggeber gezwungen, sich bereits bei der ersten Ausschreibung zu entscheiden, ob er eventuell eine wiederholende Beauftragung nach § 3 a Nr. 6 lit. f) VOB/A durchführen will. Dieser Zwang besteht für den Auftraggeber auch deshalb, weil bei einer ins Auge gefassten wiederholenden Beauftragung der Schwellenwert nach § 1 a VOB/A nach dem in Aussicht genommenen Gesamtauftragswert zu berechnen ist.[218]

144 Zeitlich ist das Verfahren nach § 3 a Nr. 6 lit. f) VOB/A auf drei Jahre beschränkt. Maßgeblicher Zeitpunkt für den **Fristbeginn ist die Auftragserteilung bzw. der Zuschlag,** nicht der Abschluss der Bauarbeiten des ersten Auftrags.[219] Dies belegen die weiteren Fassungen des Art. 31

---

[215] *Ingenstau/Korbion/Müller-Wrede* VOB/A § 3 a, Rdn. 33.

[216] Beck'scher VOB-Kommentar/*Jasper* VOB/A § 3 a, Rdn. 61; *Ingenstau/Korbion/Müller-Wrede* VOB/A § 3 a, Rdn. 33.

[217] Beck'scher VOB-Kommentar/*Jasper* VOB/A § 3 a, Rdn. 62; vgl. auch *Müller-Wrede/Fett* VOL/A § 3 a, Rdn. 159.

[218] *Ingenstau/Korbion/Müller-Wrede* VOB/A § 3 a, Rdn. 33.

[219] EuGH Urteil v. 14.9.2004, Rs. C-385/02, Slg. 2004 I–8121 = VergabeR 2004, 710, Tz. 34; *Ingenstau/Korbion/Müller-Wrede* VOB/A § 3 a, Rdn. 33.

Nr. 4 lit. b) VKR (RL 2004/18/EG) („the conclusion of the original contract"; „la conclusion du marché initial").[220] Abzustellen ist allein auf den ersten Abschluss, ein „wiederholender" Abschluss nach § 3 a Nr. 6 lit. f) VOB/A setzt die Frist nicht erneut in Lauf. So wird sichergestellt, dass der Auftrag nach drei Jahren erneut im Wettbewerb vergeben werden muss.

§ 3 a Nr. 6 letzter Absatz, Satz1 VOB/A verweist auf den **Schwellenwert** nach § 1 a Nr. 1 Abs. 2 VOB/A (1 Mio. €). Diese Regelung ist missverständlich formuliert. Sie lässt offen, ob auch die Kontingent-Regelung des § 1 a Nr. 1 Abs. 2 2.Alt. VOB/A in Bezug genommen wird und welche Rolle der Schwellenwert von 5.278.000 € nach § 1 a Nr. 1 Abs. 1 Satz1 VOB/A in Verbindung mit § 2 Nr. 4 VgV spielt. § 3 a Nr. 6 letzter Absatz, Satz 1 VOB/A kommt lediglich Hinweisfunktion auf ohnehin geltende Regelungen zu. Die gleichartigen Bauleistungen behandelt § 3 a Nr. 6 lit. f) Satz2 2. Halbs. VOB/A zutreffend stets als Lose eines Gesamtauftrags (§ 1 a VOB/A Rdn. 25). Sie sind bei der Berechnung des Schwellenwerts für den Gesamtauftrag zu berücksichtigen. Als Lose unterfallen wiederholende Leistungen den a-Paragraphen, wenn die Voraussetzungen des § 1 a Nr. 1 Abs. 2 1. Alt. (Schwellenwert € 1 Mio.) **oder** 2.Alt. (80 %-Kontingent) VOB/A erfüllt sind.[221] In beiden Fällen ist weitere Voraussetzung, dass der Gesamtauftrag den Schwellenwert nach § 1 a Nr. 1 Abs. 1 S. 1 VOB/A in Verbindung mit § 2 Nr. 4 VgV (€ 5.278.000) erreicht oder übersteigt. Liegen diese Voraussetzungen nicht vor, richtet sich die Auftragsvergabe nach § 3 VOB/A.[222] 145

7. § 3 a Nr. 6 lit. g) VOB/A: Zusätzliche Leistungen

Nach § 3 a Nr. 6 lit. g) VOB/A ist das Verhandlungsverfahren ohne Öffentliche Vergabebekanntmachung zulässig bei zusätzlichen Leistungen des ursprünglichen Auftragnehmers (1), die zur teilweisen **Erneuerung von gelieferten Waren oder Einrichtungen zur laufenden Benutzung** oder **zur Erweiterung von Lieferungen oder bestehenden Einrichtungen** bestimmt sind (2), wenn ein Wechsel des Unternehmers dazu führen würde, dass der Auftraggeber Waren mit unterschiedlichen technischen Merkmalen kaufen müsste und dies eine technische Unvereinbarkeit oder unverhältnismäßige technische Schwierigkeiten bei Gebrauch, Betrieb oder Wartung mit sich bringen würde (3). Die Vorschrift beruht auf Art. 31 Nr. 2 lit. b) VKR (RL 2004/18/EG) (ehemals Art. 6 Abs. 3 lit. e) LKR – RL 93/36/EWG), der ausschließlich auf Lieferaufträge Anwendung findet. Sie wurde trotz allem in die VOB/A aufgenommen, weil § 1 a Nr. 2 VOB/A bestimmte Lieferaufträge dem Anwendungsbereich der VOB/A unterwirft (§ 1 a VOB/A Rdn. 30 ff.). 146

Bei den **„Leistungen"** des bisherigen Auftragnehmers (1) muss es sich um Bauleistungen im Sinne des § 1 a Nr. 2 VOB/A handeln (2). Dies sind gemischte Verträge, die Elemente eines Liefer- und eines Bauauftrags aufweisen, bei denen der Lieferanteil so überwiegt, dass das Verlegen und Anbringen lediglich eine Nebenarbeit darstellt. Europarechtlich handelt es sich in diesen Fällen um eine Lieferleistung (Art. 1 Abs. 2 lit. c) UA. 2 VKR – RL 2004/18/EG). Bauleistungen nach § 3 a Nr. 6 lit. g) VOB/A sind insbesondere die Lieferung und Montage von Ersatzteilen oder die Erneuerung von Einrichtungen, die der Auftragnehmer im Bereich einer Bauleistung zuvor erbracht oder angebracht hat. § 3 a Nr. 6 lit. g) VOB/A erfasst damit u.a. Wartungsverträge. In diesen Fällen werden regelmäßig **Bauaufträge mit einem überwiegenden Lieferanteil** nach § 1 a Nr. 2 VOB/A vorliegen.[223] Überwiegt der Bauanteil des gemischten Vertrags, findet § 3 a Nr. 6 lit. g) VOB/A keine Anwendung, da die VKR keine entsprechende Ausnahmevorschrift für Bauaufträge vorsieht. Die Leistungen müssen entweder der **teilweisen Erneuerung** bereits gelieferter Waren oder Einrichtungen oder der **Erweiterung** von Lieferungen oder bestehender Einrichtungen dienen. Es muss ein unmittelbarer Zusammenhang zwischen dem schon vergebenen Auftrag und den zusätzlichen Leistungen bestehen.[224] 147

---

[220] Beck'scher VOB-Kommentar/*Jasper* VOB/A § 3 a, Rdn. 63.
[221] A.A.: *Ingenstau/Korbion/Müller-Wrede* VOB/A § 3 a, Rdn. 33.
[222] Beck'scher VOB-Kommentar/*Jasper* VOB/A § 3 a, Rdn. 60.
[223] *Ingenstau/Korbion/Müller-Wrede* VOB/A § 3 a, Rdn. 34.
[224] *Müller-Wrede/Fett* VOL/A § 3 a, Rdn. 141 zu der Parallelvorschrift in § 3 a Nr. 2 lit. e) VOL/A.

148 Ein Wechsel des Unternehmers müsste zu **Schwierigkeiten für den Auftraggeber** führen (3). Als solche Schwierigkeiten benennt § 3 a Nr. 6 lit. g) VOB/A die Unterschiedlichkeit der technischen Merkmale sowie die daraus folgende technische Unvereinbarkeit oder unverhältnismäßige technische Schwierigkeiten. Dies ist beispielsweise der Fall, wenn nur der ursprüngliche Auftragnehmer über Ersatzteile oder das zur Erneuerung erforderliche Know-how verfügt.[225]

149 Um den Eingriff in den Wettbewerb zu beschränken, ist die Laufzeit von Verträgen nach § 3 a Nr. 6 lit. g) VOB/A **in der Regel auf drei Jahre** beschränkt.

150 § 3 a Nr. 6 lit. g) VOB/A findet nach § 3 a Nr. 6 letzter Absatz Satz2 VOB/A nur Anwendung, wenn der **Schwellenwert** des § 1 a Nr. 2 VOB/A in Verbindung mit § 2 Nr. 2 bzw. 3 VgV in Höhe von 137.000 € für oberste und obere Bundesbehörden sowie vergleichbare Bundeseinrichtungen bzw. 211.000 € für alle anderen Auftraggeber erreicht oder überschritten wird. Da europarechtlich ein Lieferauftrag vorliegt, muss auf die niedrigen Schwellenwerte für Lieferaufträge abgestellt werden. Unterhalb der Schwellenwerte gilt § 3 VOB/A.

E. Fehlerfolgen

I. Primärer Rechtsschutz

151 § 3 a VOB/A ist bieterschützend.[226] Die Unternehmen haben nach § 97 Abs. 7 GWB einen Anspruch darauf, dass der Auftraggeber die richtige Vergabeart wählt. Diesen Anspruch können die Unternehmen im Wege des primären **Vergaberechtsschutzes** nach den §§ 107 ff. GWB, 116 ff. GWB geltend machen. Ein Nachprüfungsantrag ist aber nur zulässig, wenn der Bieter schlüssig darlegt, durch die Wahl der Vergabeart in seinen Chancen auf Erteilung des Zuschlags beeinträchtigt worden zu sein.[227] Da sich die Wahl der Vergabeart und damit auch ein hierin liegender Vergabefehler bereits aus der Bekanntmachung ergibt, ist bei der Obliegenheit zur Rüge § 107 Abs. 3 Satz2 GWB zu beachten. Die Rüge ist also spätestens bis zum Ablauf der in der Bekanntmachung benannten Frist zur Angebotsabgabe oder zur Bewerbung gegenüber dem Auftraggeber zu erheben.[228]

II. Sekundärer Rechtsschutz

152 Hinsichtlich möglicher sekundärer **Schadensersatzansprüche** nach Abschluss des Vergabeverfahrens gilt das zu § 3 VOB/A Gesagte (vgl. § 3 VOB/A Rdn. 85). Dies gilt auch hinsichtlich weiterer Fehlerfolgen.

F. Parallelvorschriften in der VOL/A und in der VOF

I. VOL/A

153 § **3 a VOL/A** entspricht grundsätzlich § 3 a VOB/A. § 3 a VOL/A ordnet in Nr. 1 Abs. 1 Satz 1 den Vorrang des Offenen Verfahrens an, nur in begründeten Fällen darf das Nichtoffene Verfahren gewählt werden. Die Fälle einer zulässigen Vergabe im Verhandlungsverfahren werden in § 3 a Nr. 1 Abs. 5 VOL/A (mit Öffentlicher Vergabebekanntmachung) und § 3 a Nr. 2 VOL/A (ohne vorherige Öffentliche Vergabebekanntmachung) geregelt. Hinsichtlich des Wettbewerblichen Di-

[225] Beck'scher VOB-Kommentar/*Jasper* VOB/A § 3 a, Rdn. 67; vgl. auch OLG Düsseldorf NZBau 2004, 175 (176).

[226] OLG Düsseldorf BauR 1999, 751 (759); KG NZBau 2003, 338; *Boesen* Vergaberecht, § 97 GWB Rdn. 205; *Reidt/Stickler/Glahs* § 97 Rdn. 44.

[227] OLG Düsseldorf VergabeR 2002, 607 (609).

[228] OLG Stuttgart NZBau 2000, 301 (303); KG NZBau 2003, 338.

alogs verweist § 3 a Nr. 1 Abs. 1 Satz3 VOL/A auf § 6a VgV. Unterschiede zwischen § 3 a VOB/A und § 3 a VOL/A folgen zumeist aus den Unterschieden zwischen Bau- und Dienstleistungen. Zu weiteren Einzelheiten muss auf die Kommentierung zur VOL verwiesen werden.[229]

II. VOF

Die **VOF** kennt **keine § 3 a VOB/A entsprechende Vorschrift**. Nach § 5 Abs. 1 VOF werden Aufträge über freiberufliche Leistungen grundsätzlich im Verhandlungsverfahren vergeben. § 5 Abs. 2 VOF regelt die Fälle, in denen die Aufträge im Verhandlungsverfahren ohne vorherige Vergabebekanntmachung vergeben werden. Eine Regelung wie § 3 a VOB/A zur Hierarchie der Vergabearten enthält die VOF nicht. **154**

§ 3 b Arten der Vergabe

1. Bauaufträge im Sinne von § 1 b werden vergeben:
a) im Offenen Verfahren, das der Öffentlichen Ausschreibung (§ 3 Nr. 1 Abs. 1) entspricht,
b) im Nichtoffenen Verfahren, das der Beschränkten Ausschreibung nach Öffentlichem Teilnahmewettbewerb (§ 3 Nr. 1 Abs. 2) oder einem anderen Aufruf zum Wettbewerb (§ 17 b Nr. 1 Abs. 1 Buchstaben b und c) entspricht,
c) im Verhandlungsverfahren, das an die Stelle der Freihändigen Vergabe (§ 3 Nr. 1 Abs. 3) tritt. Beim Verhandlungsverfahren wendet sich der Auftraggeber an ausgewählte Unternehmer und verhandelt mit einem oder mehreren dieser Unternehmer über den Auftragsinhalt, gegebenenfalls nach Aufruf zum Wettbewerb (§ 17 b Nr. 1 Abs. 1).

2. Ein Verfahren ohne vorherigen Aufruf zum Wettbewerb kann durchgeführt werden,
a) wenn im Rahmen eines Verfahrens mit vorherigem Aufruf zum Wettbewerb keine oder keine geeigneten Angebote oder keine Bewerbungen abgegeben worden sind, sofern die ursprünglichen Bedingungen des Auftrags nicht grundlegend geändert werden,
b) wenn ein Auftrag nur zum Zweck von Forschungen, Versuchen, Untersuchungen oder Entwicklungen und nicht mit dem Ziel der Gewinnerzielung oder der Deckung der Forschungs- und Entwicklungskosten vergeben wird sofern die Vergabe eines derartigen Auftrags einer wettbewerblichen Vergabe von Folgeaufträgen, die insbesondere diese Ziele verfolgen, nicht vorgreift,
c) wenn der Auftrag wegen seiner technischen oder künstlerischen Besonderheiten oder aufgrund des Schutzes von Ausschließlichkeitsrechten nur von einem bestimmten Unternehmer durchgeführt werden kann,
d) wenn dringliche Gründe im Zusammenhang mit Ereignissen, die der Auftraggeber nicht voraussehen konnte, es nicht zulassen, die in den Offenen Verfahren, Nichtoffenen Verfahren oder Verhandlungsverfahren vorgesehenen Fristen einzuhalten,
e) bei zusätzlichen Bauarbeiten, die weder in dem der Vergabe zugrunde liegenden Entwurf noch im zuerst vergebenen Auftrag vorgesehen sind, die aber wegen eines unvorhergesehenen Ereignisses zur Ausführung dieses Auftrags erforderlich sind, sofern der Auftrag an den Unternehmer vergeben wird, der den ersten Auftrag ausführt,
– wenn sich diese zusätzlichen Arbeiten in technischer oder wirtschaftlicher Hinsicht nicht ohne wesentlichen Nachteil für den Auftraggeber vom Hauptauftrag trennen lassen oder
– wenn diese zusätzlichen Arbeiten zwar von der Ausführung des ersten Auftrags getrennt werden können, aber für dessen weitere Ausführungsstufen unbedingt erforderlich sind,
f) bei neuen Bauarbeiten, die in der Wiederholung gleichartiger Arbeiten bestehen, die vom selben Auftraggeber an den Unternehmer vergeben werden, der den ersten

[229] Vgl. *Müller-Wrede/Fett* VOL/A § 3 a, Rdn. 2 f.; *Daub/Eberstein/Müller* VOL/A § 3 a, Rdn. 2 ff.

Auftrag erhalten hat, sofern sie einem Grundentwurf entsprechen und dieser Entwurf Gegenstand eines ersten Auftrags war, der nach einem Aufruf zum Wettbewerb vergeben wurde. Die Möglichkeit der Anwendung dieses Verfahrens muss bereits bei der Bekanntmachung des ersten Bauauftrags des ersten Bauabschnitts angegeben werden; der für die Fortsetzung der Bauarbeiten in Aussicht genommene Gesamtauftragswert wird vom Auftraggeber für die Anwendung von § 1 b berücksichtigt,

g) bei Aufträgen, die aufgrund einer Rahmenvereinbarung vergeben werden sollen, sofern die in § 5 b Nr. 2 genannte Bedingung erfüllt ist.

Schrifttum: Vgl. die Angaben zu § 3 VOB/A und § 3 a VOB/A.

Übersicht

A. Einführung/Änderungen

1 § 3 b VOB/A definiert im Anschluss an Art. 1 Abs. 9 RL 2004/17/EG (SKR) (ehemals Art. 1 Nr. 7 lit. a) bis c) RL 93/38/EWG) die **Vergabearten** für die Bauaufträge im Bereich des Abschnittes 3 der VOB/A als Offene, Nichtoffene und Verhandlungsverfahren. Anders als § 3 VOB/A und § 3 a VOB/A ordnet § 3 b VOB/A in Übereinstimmung mit Art. 40 Abs. 2 RL 2004/17/EG (SKR) (ehemals Art. 20 Abs. 1 RL 93/38/EWG) keine Hierarchie der Vergabearten an. Da § 3 b VOB/A aber gemäß § 1 b Nr. 1 Abs. 1 Satz 1 VOB/A nur ergänzend neben § 3 VOB/A tritt, sind die öffentlichen Auftraggeber im Anwendungsbereich des Abschnittes 3 weiter an die **in § 3 VOB/A geregelte Hierarchie** der Vergabearten gebunden.[1] Der Vorrang des Offenen Verfahrens ergibt sich zudem aus § 101 Abs. 6 Satz 1 GWB.[2] Das deutsche Recht weicht hier erheblich von den gemeinschaftsrechtlichen Vorgaben ab, die den Auftraggebern im Sektorenbereich ein

[1] Beck'scher VOB-Kommentar/*Jasper* VOB/A § 3 b, Rdn. 1; *Franke/Kemper/Zanner/Grünhagen* VOB/A § 3 b, Rdn. 5; *Heiermann/Riedl/Rusam* VOB/A § 3 b, Rdn. 1; *Ingenstau/Korbion/Müller-Wrede* VOB/A § 3 b, Rdn. 2.

[2] Beck'scher VOB-Kommentar/*Marx* § 101 GWB, Rdn. 14; *Boesen* § 101, Rdn. 59; *Ingenstau/Korbion/Müller-Wrede* § 101 GWB, Rdn. 19; *Reidt/Stickler/Glahs* § 101, Rdn. 11.

Wahlrecht zwischen den Vergabearten zugestehen. Diese nationale Regelung ist europarechtlich zulässig, da sie dem Auftraggeber weniger Spielraum lässt, als die SKR (RL 2004/17/EG) (vgl. § 3 a VOB/A Rdn. 1). Für Sektorenauftraggeber, die den 4. Abschnitt der VOB/A anzuwenden haben, existiert in Übereinstimmung mit Art. 40 Abs. 2 RL 2004/17/EG (SKR) hingegen keine Hierarchie der Vergabearten.

Die VOB/A 2006 hat § 3 b an die RL 2004/17/EG angepasst. **Änderungen** finden sich in § 3 b Nr. 2 lit. a), b) c), e) und f) VOB/A. Hinsichtlich des Inhalts der Änderungen wird auf die folgende Kommentierung dieser Vorschriften verwiesen. Die Absicht der Bundesregierung, durch Änderung der Verweisungsnorm des § 7 VgV den 3. Abschnitt nicht mehr für anwendbar zu erklären und alle Sektorenauftraggeber allein dem 4. Abschnitt zu unterwerfen, wurde zunächst nicht weiter verfolgt. 2

B. Anwendungsbereich

Zur Anwendung des § 3 b VOB/A sind nach § 7 Abs. 1 Nr. 2 VgV bestimmte öffentliche Auftraggeber („Sektorenauftraggeber") im Fall der Vergabe von Bauaufträgen verpflichtet. § 3 b VOB/A ist von öffentlichen Auftraggebern anzuwenden, die eine Tätigkeit im Bereich der Trinkwasserversorgung (§ 8 Nr. 1 VgV), der Versorgung von Beförderungsunternehmen im See- oder Binnenschiffverkehr mit Häfen oder anderen Verkehrsendeinrichtungen (§ 8 Nr. 4 lit. b) VgV) oder des Betriebens eines Schienen- oder eines Omnibusnetzes (§ 8 Nr. 4 lit. c) VgV) ausüben. Weitere Voraussetzung ist, dass diese Auftraggeber gleichzeitig § 98 Nr. 1 bis 3 GWB unterfallen (zu den Einzelheiten s. o. § 1 b Rdn. 2 ff.). Der Wert des Bauauftrages muss die **Schwellenwerte** des § 1 b Nr. 1 VOB/A erreichen oder überschreiten. 3

Dem **weder zur Anwendung des § 3 b VOB/A noch des § 3 VOB/A verpflichteten Auftraggeber** steht es frei, ein Vergabeverfahren nach den Vorschriften des Abschnittes 3 der VOB/A durchzuführen.[3] Entscheiden sich solche Auftraggeber für dieses Vorgehen, sind sie nicht gehalten, ergänzend § 3 VOB/A (Hierarchie der Vergabearten!) zu beachten.[4] An ihre Entscheidung, § 3 b VOB/A (und evtl. § 3 VOB/A) anzuwenden, sind die Auftraggeber gebunden, auch wenn sie nicht verpflichtet waren, die VOB/A zu beachten.[5] 4

C. Die einzelnen Vergabearten (§ 3 b Nr. 1 VOB/A)

§ 3 b Nr. 1 lit. a) und b) VOB/A folgt dem **Regelungsmodell** des § 3 a VOB/A und definiert das Offene und das Nichtoffene Verfahren unter Bezugnahme auf § 3 Nr. 1 Abs. 1 und 2 VOB/A. Das Verhandlungsverfahren wird in § 3 b Nr. 1 lit. c) VOB/A in Übereinstimmung mit § 3 a Nr. 1 lit. d) VOB/A eigenständig beschrieben. 5

I. Offenes Verfahren (§ 3 b Nr. 1 lit. a) VOB/A)

Das Offene Verfahren entspricht gem. § 3 b Nr. 1 lit. a) VOB/A der Öffentlichen Ausschreibung im Sinne von § 3 Nr. 1 Abs. 1 VOB/A. Nach Art. 1 Abs. 9 lit. a) RL 2004/17/EG (SKR) (ehemals Art. 1 Nr. 7 lit. a) RL 93/38/EWG) handelt es sich um ein Verfahren, in dem alle interessierten Wirtschaftsteilnehmer ein Angebot abgeben können. Nach der Definition des § 101 Abs. 2 GWB sind Offene Verfahren solche Verfahren, in denen eine unbeschränkte Anzahl von Unternehmen öffentlich zur Abgabe von Angeboten aufgefordert wird. Diese Form des Verfahrens verwirklicht in besonderer Weise die Ziele des Vergaberechts – das Transparenzgebot, das Wettbewerbsgebot und das Gleichbehandlungsgebot (vgl. § 3 a VOB/A Rdn. 8). 6

[3] So *Heiermann/Riedl/Rusam* VOB/A § 3 b, Rdn. 1.

[4] Beck'scher VOB-Kommentar/*Jasper* VOB/A § 3 b, Rdn. 2; *Heiermann/Riedl/Rusam* VOB/A § 3 b, Rdn. 1.

[5] EuGH Urteil vom 25.4.1996, Rs. C-87/94, Slg. 1996 I–2043, Tz. 55 zur Wahl eines Offenen Verfahrens; Beck'scher VOB-Kommentar/*Jasper* VOB/A § 3 b, Rdn. 2; *Heiermann/Riedl/Rusam* VOB/A § 3 b, Rdn. 1.

7 Das Offene Verfahren ist ein förmliches Verfahren. Gemäß § 3 b Nr. 1 lit. a) VOB/A in Verbindung mit § 3 Nr. 1 Abs. 1 VOB/A ist das **„vorgeschriebene Verfahren"** zu beachten. Die einzelnen Verfahrensvorschriften ergeben sich aus den Regelungen der Basisparagraphen über die Öffentliche Ausschreibung (hierzu bereits oben § 3 VOB/A Rdn. 8) in Verbindung mit den Sonderregelungen der b-Paragraphen. Zu letzteren gehören insbesondere: Die Möglichkeit zum Abschluss von Rahmenvereinbarungen nach § 5 b Nr. 2 Abs. 1 VOB/A, § 9 b VOB/A (Beschreibung der Leistung), § 10 b (Vergabeunterlagen), § 17 b Nr. 6 VOB/A (Zusendung der Vertragsunterlagen innerhalb von 6 Kalendertagen), § 17 b Nr. 7 VOB/A (Auskunftspflicht gegenüber den Bietern), § 18 b Nr. 1 VOB/A (Fristen), § 25 b VOB/A (Wertung der Angebote), § 27 b VOB/A (Mitteilungspflichten), § 28 b VOB/A (Bekanntmachung der Auftragserteilung), § 33 b VOB/A (Aufbewahrungs- und Berichtspflichten). Daneben sind die Vorschriften des 4.Teils des GWB und der VgV zu beachten. Hierzu zählen insbesondere § 13 VgV (Informationspflicht) und § 16 VgV (Ausgeschlossene Personen).

8 Wesentliches Merkmal des Offenen Verfahrens ist **eine Bekanntmachung nach § 17 b Nr. 1 Abs. 1 lit. a) VOB/A** im Amtsblatt der EG. Andere Aufrufe zum Wettbewerb, wie sie § 17 b Nr. 1 Abs. 1 lit. b) und c) VOB/A regelt, gelten nur für das Nichtoffene Verfahren sowie das Verhandlungsverfahren, nicht aber für das Offene Verfahren.[6] Ein Offenes Verfahren ohne vorherige Bekanntmachung ist begrifflich nicht möglich, da nur die Bekanntmachung „alle interessierten Wirtschaftsteilnehmer" in die Lage versetzt, ein Angebot abzugeben.[7]

II. Nichtoffenes Verfahren (§ 3 b Nr. 1 lit. b) VOB/A)

9 Das Nichtoffene Verfahren nach § 3 b Nr. 1 lit. b) VOB/A entspricht der Beschränkten Ausschreibung nach Öffentlichem Teilnahmewettbewerb gemäß § 3 Nr. 1 Abs. 2 VOB/A oder einem anderen Aufruf zum Wettbewerb.

10 Das **vorgeschriebene Verfahren** nach § 3 b Nr. 1 lit. b) VOB/A i. V. m. § 3 Nr. 1 Abs. 2 VOB/A ergibt sich aus den Basisparagraphen (hierzu bereits oben § 3 VOB/A Rdn. 10) und den b-Paragraphen. Sonderregelungen zum Nichtoffenen Verfahren enthalten insbesondere folgende b-Paragraphen: § 8 b Nr. 2 bis Nr. 6 VOB/A (Auswahl der Bewerber an einem Nichtoffenen Verfahren), § 8 b Nr. 9 VOB/A (Präqualifikationsverfahren), § 10 b VOB/A (Vergabeunterlagen), § 16 b VOB/A (Anforderung an Teilnahmeanträge), § 17 b Nr. 1 VOB/A (Aufruf zum Wettbewerb), § 17 b Nr. 2 Abs. 5 VOB/A (Anforderungen an die regelmäßige nichtverbindliche Bekanntmachung), § 17 b Nr. 3 VOB/A (Anforderungen an die Bekanntmachung über das Bestehen eines Prüfsystems), § 17 b Nr. 8 VOB/A (gleichzeitige Absendung der Vergabeunterlagen), § 18 b Nr. 2 VOB/A (Fristen für das Nichtoffene Verfahren).

11 Im Nichtoffenen Verfahren nach § 3 b Nr. 1 lit. b) VOB/A kann der Aufruf zum Wettbewerb nach § 17 b Abs. 1 Nr. 1 lit. a) VOB/A durch **Veröffentlichung einer Bekanntmachung** im Amtsblatt der EG erfolgen. Daneben sind **weitere Formen des Aufrufs zum Wettbewerb** zulässig. Nach § 17 b Nr. 1 Abs. 1 lit. b) VOB/A genügt die Veröffentlichung einer regelmäßigen nichtverbindlichen Bekanntmachung gemäß § 17 b Nr. 2 VOB/A. Ebenso kommt die Veröffentlichung einer Bekanntmachung über das **Bestehen eines Prüfsystems** nach § 8 b Nr. 9 VOB/A (§ 17 b Nr. 1 Abs. 1 lit. c) VOB/A) in Betracht. Die Gestaltungsmöglichkeiten für das Nichtoffene Verfahren sind damit für die öffentlichen Auftraggeber im Sektorenbereich gegenüber den Möglichkeiten der sonstigen öffentlichen Auftraggeber im Nichtoffenen Verfahren erweitert worden.[8] Unterbleiben kann der Aufruf zum Wettbewerb nur unter den Voraussetzungen des § 3 b Nr. 2 VOB/A (dazu unten Rdn. 20 ff.).

[6] Beck'scher VOB-Kommentar/*Jasper* VOB/A § 3 b, Rdn. 9; *Ingenstau/Korbion/Kratzenberg* VOB/A § 17 b, Rdn. 3 f.

[7] Beck'scher VOB-Kommentar/*Jasper* VOB/A § 3 b, Rdn. 27; *Ingenstau/Korbion/Müller-Wrede* VOB/A § 3 b, Rdn. 9.

[8] Beck'scher VOB-Kommentar/*Jasper* VOB/A § 3 b, Rdn. 13; *Franke/Kemper/Zanner/Grünhagen* VOB/A § 3 b, Rdn. 3; *Ingenstau/Korbion/Müller-Wrede* VOB/A § 3 b, Rdn. 3.

III. Wettbewerblicher Dialog

Die RL 2004/17/EG (SKR) und § 3 b VOB/A erwähnen den Wettbewerblichen Dialog nicht.[9] 12
Grundsätzlich steht diese Vergabeart **Sektorenauftraggebern nicht zur Verfügung**.

Unklar ist, ob das deutsche Recht den Wettbewerblichen Dialog dessen ungeachtet auch auf 13
Sektorenauftraggeber für anwendbar erklärt. Für Sektorenauftraggeber, die **nur unter § 98 Nr. 4 GWB fallen**, enthält § 101 Abs. 6 Satz 2 GWB eine eindeutige Regelung. Diesen Auftraggebern stehen lediglich das Offene Verfahren, das Nichtoffene Verfahren und das Verhandlungsverfahren zur Verfügung. Die Durchführung eines Wettbewerblichen Dialogs ist ausgeschlossen.[10] Nur unter § 98 Nr. 4 GWB fallen öffentliche Auftraggeber, auf die nicht zugleich § 98 Nr. 1 bis3 GWB Anwendung findet. Der Ausschluss von der Anwendbarkeit des Wettbewerblichen Dialogs gilt somit insbesondere für privat beherrschte und finanzierte Sektorenauftraggeber, die auf der Grundlage von besonderen oder ausschließlichen Rechten tätig werden.[11]

Sektorenauftraggeber, die **zugleich § 98 Nr. 1 bis3 GWB unterfallen**, werden in § 101 14
Abs. 6 Satz 2 GWB nicht erwähnt. Auf sie könnte § 6 a Abs. 1 VgV Anwendung finden. Danach steht der Wettbewerbliche Dialog **„staatlichen Auftraggebern"** offen. Der Begriff „staatlicher Auftraggeber" ist dem deutschen Vergaberecht im Übrigen fremd und wird in § 6 a VgV nicht definiert. Er wird dahin gehend verstanden, dass er alle öffentlichen Auftraggeber nach § 98 Nr. 1 bis 3 GWB umfasst.[12] Demnach stünde der Wettbewerbliche Dialog auch Sektorenauftraggebern im Sinne des § 98 Nr. 4 GWB offen, die gleichzeitig § 98 Nr. 1 bis 3 GWB unterfallen. Eine derartige Auslegung des Begriffs des „staatlichen Auftraggebers" würde jedoch **gegen die RL 2004/17/EG (SKR) verstoßen**, die den Wettbewerblichen Dialog im Sektorenbereich nicht vorsieht. Die Aufzählung der Vergabearten in Art. 40 Abs. 2 in Verbindung mit Art. 1 Abs. 9 RL 2004/17/EG (SKR) stellt einen numerus clausus dar, der von dem nationalen Gesetzgeber nicht erweitert werden darf. Folgerichtig wird der Wettbewerbliche Dialog in § 3 b VOB/A nicht genannt. Sektorenauftraggeber können somit keine Aufträge im Wege des Wettbewerblichen Dialogs vergeben.[13]

IV. Verhandlungsverfahren (§ 3 b Nr. 1 lit. c) VOB/A)

Das **Verhandlungsverfahren** tritt nach § 3 b Nr. 1 lit. c) VOB/A an die Stelle der Freihändigen 15
Vergabe. Insoweit entspricht die Vorschrift § 3 a Nr. 1 lit. d) VOB/A (siehe oben § 3 a VOB/A Rdn. 62). Das Verhandlungsverfahren wird definiert als Verfahren, in dem sich der Auftraggeber an ausgewählte Unternehmen wendet und mit einem oder mehreren dieser Unternehmer über den Auftragsinhalt verhandelt. Diese Definition folgt Art. 1 Abs. 9 lit. c) RL 2004/17/EG (SKR) (ehemals Art. 1 Nr. 7 lit. c) RL 93/38/EWG). Danach sind Verhandlungsverfahren solche Verfahren, in denen der Auftraggeber sich an Wirtschaftsteilnehmer seiner Wahl wendet und mit einem oder mehreren von ihnen über die Auftragsbedingungen verhandelt.

Das Verhandlungsverfahren ist grundsätzlich ein **nicht-förmliches Verfahren**. Der Auftrag- 16
geber bleibt bei der Wahl dieses Verfahrens materiell an die **vergaberechtlichen Grundsätze** gebunden. Er muss das Gleichbehandlungsgebot, das Transparenzgebot und das Wettbewerbsgebot beachten.[14] Bei der Auswahl der Teilnehmer an einem Verhandlungsverfahren hat der Auftraggeber

---

[9] *Heiermann* ZfBR 2005, 766 (769); *Pünder/Franzius* ZfBR 2006, 20 (21).

[10] *Kronberg* VergabeR 2005, 685 (687).

[11] Vgl. hierzu *Reidt/Stickler/Glahs* § 98, Rdn. 53 ff.

[12] *Heiermann* ZfBR 2005, 766 (769); *Kronberg* VergabeR 2005, 685 (687); *Pünder/Franzius* ZfBR 2006, 20 (21).

[13] § 3 a VOB/A, Rdn.79; *Kronberg* VergabeR 2005, 685 (687); **anderer Ansicht** *Heiermann* ZfBR 2005, 766 (769).

[14] So ausdrücklich für das Verhandlungsverfahren im Sektorenbereich: OLG München VergabeR 2005, 802 (805).

gemäß § 8 b Nr. 2 Abs. 1 VOB/A nach objektiven Regeln und Kriterien vorzugehen. Regelmäßig ist der Auftraggeber verpflichtet, mit mehreren Bietern zu verhandeln[15] und seine Entscheidung für das Verhandlungsverfahren zu dokumentieren und zu begründen (vgl. im Einzelnen § 3 a VOB/A Rdn. 63 ff.).

17 Grundsätzlich geht dem Verhandlungsverfahren ein **Aufruf zum Wettbewerb** voraus. Dieser Aufruf kann nach § 17 b Nr. 1 Abs. 1 lit. a) VOB/A durch Veröffentlichung einer Bekanntmachung im Amtsblatt der EG erfolgen. Ausreichend als Aufruf zum Wettbewerb ist auch die Veröffentlichung einer regelmäßigen nichtverbindlichen Bekanntmachung nach § 17 b Nr. 1 Abs. 1 lit. b) VOB/A oder die Bekanntmachung über das Bestehen eines Prüfsystems nach § 8 b Nr. 9 VOB/A in Verbindung mit § 17 b Nr. 1 Abs. 1 lit. c) VOB/A. Die Formulierung in § 3 b Nr. 1 lit. c) VOB/A, dem Verhandlungsverfahren gehe „gegebenenfalls" ein Aufruf zum Wettbewerb voraus, ist missverständlich. Entfallen kann der Aufruf zum Wettbewerb nur unter den Voraussetzungen des § 3 b Nr. 2 VOB/A (s.a. unten Rdn. 20 ff.).

D. Zulässigkeit der Vergabearten

I. Grundsätze

18 § 3 b Nr. 1 VOB/A ordnet keinen Vorrang einer Vergabeart an. Dies entspricht Art. 40 Abs. 2 RL 2004/17/EG (SKR) (ehemals Art. 20 Abs. 1 RL 93/38/EWG), wonach die Auftraggeber jedes Vergabeverfahren wählen können. Da § 3 b VOB/A neben § 3 VOB/A tritt, diesen aber nicht verdrängt (§ 1 b Nr. 1 Abs. 1 Satz 1 VOB/A), haben die öffentlichen Auftraggeber die Vorrangregelung des § 3 Nr. 2 bis 4 VOB/A zu beachten (zu den Einzelheiten s.o. § 3 VOB/A Rdn. 31). Zudem sind sie nach § 101 Abs. 6 Satz 1 GWB verpflichtet, das Offene Verfahren anzuwenden, wenn nicht etwas anderes gestattet ist. Die öffentlichen Auftraggeber haben damit auch **im Sektorenbereich des 3. Abschnitts der VOB/A eine Hierarchie von Vergabearten** zu beachten.

19 Wie bei § 3 VOB/A (siehe oben § 3 VOB/A Rdn. 32) und § 3 a VOB/A (siehe oben § 3 a VOB/A Rdn. 75) ist dem öffentlichen Auftraggeber auch bei § 3 b VOB/A gestattet, bei Vorliegen der Voraussetzungen einer bestimmten Vergabeart eine andere **Vergabeart zu wählen, die die Grundsätze des Vergaberechts besser umsetzt**. Insbesondere ist er bei Vorliegen eines Falles nach § 3 b Nr. 2 VOB/A nicht gehindert, ein Verfahren mit Aufruf zum öffentlichen Wettbewerb durchzuführen.[16]

II. Verfahren ohne Aufruf zum Wettbewerb (§ 3 b Nr. 2 VOB/A)

20 § 3 b Nr. 2 VOB/A regelt **abschließend**, wann ein **Verfahren ohne vorherigen Aufruf zum Wettbewerb** durchgeführt werden kann. Die Formulierung, einem Verhandlungsverfahren könne „gegebenenfalls" ein Aufruf zum Wettbewerb vorangehen (§ 3 b Nr. 1 lit. c) VOB/A), ist missverständlich. Ein Aufruf zum Wettbewerb muss erfolgen, wenn nicht ein Fall des § 3 b Nr. 2 VOB/A vorliegt.[17] Die Regelungen des § 3 b Nr. 2 lit. a) bis g) VOB/A folgen dem Vorbild des Art. 40 Abs. 3 lit. a) bis d), f), g) und i) RL 2004/17/EG (SKR) (ehemals Art. 20 Abs. 2 lit. a) bis d), f), g) und i) RL 93/38/EWG).

21 § 3 b Nr. 2 VOB/A spricht von „Verfahren ohne vorherigen Aufruf zum Wettbewerb". Da das Offene Verfahren *per definitionem* eine Bekanntmachung erfordert, kommen als Verfahren im

[15] Vgl. Beck'scher VOB-Kommentar/*Jasper* VOB/A § 3 b, Rdn. 18; *Heiermann/Riedl/Rusam* VOB/A § 3 b, Rdn. 9.

[16] Beck'scher VOB-Kommentar/*Jasper* VOB/A § 3 b, Rdn. 17.

[17] Beck'scher VOB-Kommentar/*Jasper* VOB/A § 3 b, Rdn. 26; *Ingenstau/Korbion/Müller-Wrede* VOB/A § 3 b, Rdn. 9.

Sinne von § 3 b Nr. 2 VOB/A **nur das Nichtoffene Verfahren und das Verhandlungsverfahren** in Betracht.[18] § 3 b Nr. 2 VOB/A ist **nicht analogiefähig** und als Ausnahmevorschrift eng auszulegen.[19] Ihre Voraussetzungen müssen **objektiv** vorliegen. Auf die subjektive Sicht des Auftraggebers kommt es nicht an. Der Auftraggeber trägt die **Beweislast** für das Vorliegen einer Ausnahme nach § 3 b Nr. 2 VOB/A. Er hat sachdienliche Unterlagen über die Auftragsvergabe nach **§ 33 b Nr. 1 Abs. 1 lit. b) VOB/A** aufzubewahren, die es zu einem späteren Zeitpunkt ermöglichen, den Rückgriff auf ein Verfahren ohne vorherigen Aufruf zum Wettbewerb zu begründen (siehe § 33 b VOB/A Rdn. 2).

1. § 3 b Nr. 2 lit. a) VOB/A: Fehlen annehmbarer Angebote

Nach § 3 b Nr. 2 lit. a) VOB/A kann ein Verfahren ohne vorherigen Aufruf zum Wettbewerb durchgeführt werden, wenn im Rahmen eines Verfahrens mit vorherigem Aufruf zum Wettbewerb (1) **keine oder keine geeigneten Angebote oder keine Bewerbungen** abgegeben worden sind (2), sofern die ursprünglichen Bedingungen des Auftrags nicht grundlegend geändert werden (3). Die Vorschrift fasst die Regelungen des § 3 a Nr. 5 lit. a), Nr. 6 lit. a), b) VOB/A zusammen (zu Einzelheiten s.o. § 3 a VOB/A Rdn. 96 ff.; 114 ff.) und entspricht Art. 40 Abs. 3 lit. a) SKR (RL 2004/17/EG). 22

§ 3 b Nr. 2 lit. a) VOB/A setzt voraus, dass das **vorangegangene Verfahren** förmlich aufgehoben worden ist (1). Ein „formloser" Übergang in das Verfahren ohne Aufruf zum Wettbewerb ist unzulässig.[20] 23

Kein geeignetes Angebot (2) liegt vor, wenn auf keines der eingegangenen Angebote ein Zuschlag erteilt werden kann. Dies ist der Fall, wenn alle Angebote nach § 25 Nr. 1 VOB/A auszuschließen sind oder auf sie wegen unangemessener Preise nach § 25 Nr. 3 VOB/A kein Zuschlag erfolgen darf (zu den Einzelheiten s. § 3 VOB/A Rdn. 43 ff.). Ein Verfahren ohne Aufruf zum Wettbewerb ist auch zulässig, wenn im Falle der Durchführung eines Nichtoffenen oder eines Verhandlungsverfahrens **keine Bewerbung** eingegangen ist. Diese Alternative wurde aufgrund der Regelung in Art. 40 Abs. 3 lit. a) RL 2004/17/EG durch die VOB/A 2006 neu eingefügt. 24

Die ursprünglichen Bedingungen des Auftrags dürfen **nicht grundlegend geändert** worden sein (3). Die ursprünglichen Bedingungen des Auftrags entsprechen der Formulierung der „ursprünglichen Verdingungsunterlagen" in § 3 a Nr. 5 lit. a), Nr. 6 lit. a), b) VOB/A. Auch der Begriff der grundlegenden Änderung ist wie in § 3 a Nr. 5 lit. a), Nr. 6 lit. a), b) VOB/A zu bestimmen (vgl. § 3 a VOB/A Rdn. 103 f.). Es kommt auf den jeweiligen Einzelfall an. Maßgebend ist, ob die Durchführung eines Verfahrens ohne vorherigen Aufruf zum Wettbewerb gegenüber bestimmten Bietern diskriminierend wirken würde.[21] 25

2. § 3 b Nr. 2 lit. b) VOB/A: Forschungs- und Entwicklungsvorhaben

§ 3 b Nr. 2 lit. b) VOB/A gestattet entsprechend Art. 40 Abs. 3 lit. b) SKR (RL 2004/17/EG) die Durchführung eines Verfahrens ohne vorherigen Aufruf zum Wettbewerb, wenn ein Auftrag nur zum Zwecke von **Forschungen, Versuchen,** Untersuchungen oder Entwicklungen und nicht mit dem Ziel der Gewinnerzielung oder der Deckung der Forschungs- und Entwicklungskosten vergeben wird und sofern die Vergabe eines derartigen Auftrages einer wettbewerblichen Vergabe von Folgeaufträgen, die insbesondere diese Ziele verfolgen, nicht vorgreift. Die Vorschrift des § 3 b Nr. 2 lit. b) VOB/A entspricht weit gehend § 3 a Nr. 5 lit. b) VOB/A, ihr Anwendungsbereich ist gering (vgl. im einzelnen § 3 a VOB/A Rdn. 108). Gegenüber § 3 a Nr. 5 lit. b) VOB/A enthält § 3 b Nr. 2 lit. b) VOB/A die weitere Voraussetzung, dass die Vergabe des Auftrages 26

---

[18] Beck'scher VOB-Kommentar/*Jasper* VOB/A § 3 b, Rdn. 27; *Ingenstau/Korbion/Müller-Wrede* VOB/A § 3 b, Rdn. 9.

[19] Beck'scher VOB-Kommentar/*Jasper* VOB/A § 3 b, Rdn. 26; *Heiermann/Riedl/Rusam* VOB/A § 3 b, Rdn. 11; *Ingenstau/Korbion/Müller-Wrede* VOB/A § 3 b, Rdn. 9.

[20] Beck'scher VOB-Kommentar/*Jasper* VOB/A § 3 b, Rdn. 30.

[21] Beck'scher VOB-Kommentar/*Jasper* VOB/A § 3 b, Rdn. 31.

einer wettbewerblichen **Vergabe von Folgeaufträgen**, die insbesondere diese Ziele, also die Gewinnerzielung oder die Deckung der Forschungs- und Entwicklungskosten, verfolgen, nicht vorgreift. Dieser Zusatz findet sich erstmals in der VOB/A 2006 und beruht auf Art. 40 Abs. 3 lit. b) SKR (RL 2004/17/EG). Er soll verhindern, dass Forschungsaufträge der Erteilung von gewinnorientierten Folgeaufträgen mit der Absicht vorangestellt werden, einen Aufruf zum Wettbewerb zu umgehen.

3. § 3 b Nr. 2 lit. c) VOB/A: Nur ein bestimmter Auftragnehmer kommt in Betracht

27 Nach § 3 b Nr. 2 lit. c) VOB/A ist ein Verfahren ohne vorherigen Aufruf zum Wettbewerb zulässig, wenn der Auftrag wegen seiner **technischen oder künstlerischen Besonderheiten** oder aufgrund des Schutzes von Ausschließlichkeitsrechten nur von einem bestimmten Unternehmer durchgeführt werden kann. Die Vorschrift folgt Art. 40 Abs. 3 lit. c) SKR (RL 2004/17/EG) und entspricht grundsätzlich § 3 Nr. 4 lit. a) VOB/A und § 3 a Nr. 6 lit. c) VOB/A (vgl. § 3 VOB/A Rdn. 66 ff., § 3 a Rdn. 120 ff.).

28 § 3 b Nr. 2 lit. c) VOB/A in der Fassung der VOB/A 2002 erlaubte ein Verfahren ohne vorherigen Aufruf zum Wettbewerb auch, wenn **mehrere Unternehmer** in Betracht kamen. Diese Regelung basierte noch auf Art. 20 Abs. 2 lit. c) RL 93/38/EWG. Die VOB/A 2006 hat den Wortlaut an Art. 40 Abs. 3 lit. c) SKR (RL 2004/17/EG) angepasst. Nunmehr darf ein Aufruf zum Wettbewerb **nicht unterbleiben, wenn mehrere Unternehmer in Betracht kommen.**

4. § 3 b Nr. 2 lit. d) VOB/A: Dringlichkeit der Leistung

29 § 3 b Nr. 2 lit. d) VOB/A gestattet die Durchführung eines Verfahrens ohne vorherigen Aufruf zum Wettbewerb, wenn **dringliche** Gründe (1) im Zusammenhang mit Ereignissen, die der Auftraggeber nicht voraussehen konnte (2) es nicht zulassen, die in den Offenen Verfahren, Nichtoffenen Verfahren oder Verhandlungsverfahren vorgesehenen Fristen einzuhalten. Die Vorschrift geht auf Art. 40 Abs. 3 lit. d) SKR (RL 2004/17/EG) zurück und entspricht § 3 a Nr. 6 lit. d) VOB/A (vgl. o. § 3 a VOB/A Rdn. 125 ff.).

30 Zu den Anforderungen an die Dringlichkeit (1) kann auf die Erläuterungen zu § 3 a Nr. 6 lit. d) VOB/A verwiesen werden (s.o. § 3 a VOB/A Rdn. 126). Die Dringlichkeit der Leistung ist erst gegeben, wenn die verkürzten Fristen nach §§ 18, 18 b VOB/A nicht ausreichend sind.[22] Die Angebotsfrist beträgt beim Offenen Verfahren mindestens 52 Kalendertage, sie darf 15 Kalendertage nicht unterschreiten (§ 18 b Nr. 1 VOB/A). Bei dem Nichtoffenen Verfahren und dem Verhandlungsverfahren beträgt die Bewerbungsfrist 37 Kalendertage, sie kann auf bis zu 15 Kalendertage verkürzt werden (§ 18 b Nr. 2 lit. a) VOB/A). Die Angebotsfrist beträgt in diesen Verfahren mindestens 24 Kalendertage, sie kann auf bis zu 10 Kalendertage verkürzt werden (§ 18 b Nr. 2 lit. d) VOB/A). Nach dem Wortlaut des Art. 40 Abs. 3 lit. d) SKR (RL 2004/17/EG) muss das Absehen vom Aufruf zum Wettbewerb bei **„äußerster Dringlichkeit" „zwingend"** erforderlich sein. Dies verdeutlicht, dass es sich um einen eng begrenzten Ausnahmefall handelt.

31 Zur **Vorhersehbarkeit** der Gründe für die Dringlichkeit (2) vgl. § 3 a VOB/A Rdn. 128 f. Die Voraussetzungen des § 3 b Nr. 2 lit. d) VOB/A sind nach dem Vorhergesagten selten gegeben, zu denken ist an Naturkatastrophen oder die unvorhergesehene Insolvenz eines Bauunternehmers.

5. § 3 b Nr. 2 lit. e) VOB/A: Zusätzliche Leistungen

32 Ein Verfahren ohne vorherigen Aufruf zum Wettbewerb kann nach § 3 b Nr. 2 lit. e) VOB/A durchgeführt werden bei **zusätzlichen Bauarbeiten**, die weder in dem der Vergabe zugrunde liegenden Entwurf noch im zuerst vergebenen Auftrag vorgesehen sind (2), die aber wegen eines unvorhergesehenen Ereignisses zur Ausführung dieses Auftrags erforderlich sind (3), sofern der

[22] Beck'scher VOB-Kommentar/*Jasper* VOB/A § 3 b, Rdn. 35.

Auftrag an den Unternehmer vergeben wird, der den ersten Auftrag ausführt (1), wenn sich diese zusätzlichen Arbeiten in technischer oder wirtschaftlicher Hinsicht nicht ohne wesentlichen Nachteil für den Auftraggeber vom Hauptauftrag trennen lassen oder wenn diese zusätzlichen Arbeiten zwar von der Ausführung des ersten Auftrags getrennt werden können, aber für dessen weitere Ausführungsstufen unbedingt erforderlich sind (4). § 3 b Nr. 2 lit. e) VOB/A folgt Art. 40 Abs. 3 lit. f) SKR (RL 2004/17/EG). Trotz des in Einzelheiten abweichenden Wortlauts entspricht § 3 b Nr. 2 lit. e) VOB/A grundsätzlich § 3 a Nr. 6 lit. e) VOB/A (zu den einzelnen Voraussetzungen § 3 a VOB/A Rdn. 132 ff.). Anstelle des Begriffs der **„weiteren Ausführungsstufen"**, der durch die VOB/A 2006 aufgenommen wurde, wird in § 3 a Nr. 6 lit. e) VOB/A von der unbedingten Erforderlichkeit der zusätzlichen Arbeiten für die „Vollendung der im Hauptauftrag beschriebenen Leistungen" gesprochen. Der Wortlaut des § 3 b Nr. 2 lit. e) VOB/A ist weniger restriktiv und eröffnet einen weiteren Anwendungsbereich der Ausnahmevorschrift.

Anders als bei § 3 a Nr. 6 lit. e) VOB/A darf die Vergütung für den zusätzlichen Auftrag nach 33
§ 3 b Nr. 2 lit. e) VOB/A auch die **Hälfte der Vergütung der Leistung nach dem Hauptauftrag überschreiten**.

6. § 3 b Nr. 2 lit. f) VOB/A: Wiederholende Vergabe

§ 3 b Nr. 2 lit. f) VOB/A gestattet ein Verfahren ohne vorherigen Aufruf zum Wettbewerb 34
bei neuen Bauarbeiten, die in der **Wiederholung gleichartiger Arbeiten** bestehen (1), die vom selben Auftraggeber an den Unternehmer vergeben werden, der den ersten Auftrag erhalten hat (2), sofern sie einem Grundentwurf entsprechen (3) und dieser Entwurf Gegenstand eines ersten Auftrags war, der nach einem Aufruf zum Wettbewerb vergeben wurde (4). Die Möglichkeit der Anwendung dieses Verfahrens muss bereits bei der Bekanntmachung des ersten Bauauftrags des ersten Bauabschnitts angegeben werden (5). Für die Frage, ob die b-Paragraphen anwendbar sind, ist auf den in Aussicht genommenen Gesamtauftragswert abzustellen. Die Vorschrift entspricht § 3 a Nr. 6 lit. f) VOB/A (dazu oben § 3 a VOB/A Rdn. 140 ff.) und Art. 40 Abs. 3 lit. g) SKR (RL 2004/17/EG).

Im Anwendungsbereich des § 3 b VOB/A fehlt – anders als in § 3 a Nr. 6 lit. f) VOB/A – eine 35
zeitliche Beschränkung. Der Sektorenauftraggeber kann also unbegrenzt „wiederholende" Vergaben durchführen, ohne vorher erneut zum Wettbewerb aufgerufen zu haben.[23] Entsprechend den allgemeinen Regelungen setzt § 3 b Nr. 2 lit. f) VOB/A voraus, dass der **Schwellenwert** des § 1 b Nr. 1 Abs. 2 VOB/A für Lose erreicht ist. Daneben muss der Gesamtauftragswert inklusive der wiederholenden Leistungen den Schwellenwert des § 1 b Nr. 1 Abs. 1 Satz 1 VOB/A in Verbindung mit § 2 Nr. 4 VgV (5.278.000 €) erreichen. Anderenfalls ist eine Vergabe nach dem 3.Abschnitt nicht erforderlich. Allerdings ist ggf. § 3 VOB/A zu beachten.

7. § 3 b Nr. 2 lit. g) VOB/A: Einzelauftrag innerhalb einer Rahmenvereinbarung

Ein Verfahren ohne vorherigen Aufruf zum Wettbewerb ist schließlich nach § 3 b Nr. 2 lit. g) 36
VOB/A zulässig bei Aufträgen, die aufgrund einer Rahmenvereinbarung vergeben werden sollen, sofern die in § 5 b Nr. 2 VOB/A genannte Bedingung erfüllt ist. § 3 b Nr. 2 lit. g) VOB/A folgt Art. 40 Abs. 3 lit. i) SKR (RL 2004/17/EG). In Abschnitt 2 der VOB/A existiert keine parallele Vorschrift.

Nach § 5 b Nr. 2 Abs. 2 VOB/A kann ein Einzelauftrag ohne Aufruf zum Wettbewerb nur ver- 37
geben werden, wenn die **Rahmenvereinbarung in einem Verfahren nach § 3 b Nr. 1 VOB/A** abgeschlossen worden ist. Der Vergabe der Rahmenvereinbarung muss also ein Aufruf zum Wettbewerb vorausgegangen sein.[24] Nicht notwendig ist, dass bei der Vergabe der Rahmenvereinbarung die Hierarchie der Vergabearten nach § 3 Nr. 2 bis 4 VOB/A beachtet worden ist.

[23] Beck'scher VOB-Kommentar/*Jasper* VOB/A § 3 b, Rdn. 42.

[24] Beck'scher VOB-Kommentar/*Jasper* VOB/A § 3 b, Rdn. 43; *Ingenstau/Korbion/Müller-Wrede* VOB/A § 3 b, Rdn. 17.

Denn § 5 b Nr. 2 Abs. 2 VOB/A verweist allein auf § 3 b Nr. 1 VOB/A, nicht aber auf § 3 Nr. 2 bis 4 VOB/A.[25]

38 § 3 b Nr. 2 lit. g) VOB/A ist **nicht analogiefähig**, insbesondere gilt die Vorschrift nicht im Bereich des Abschnittes 2.[26]

E. Fehlerfolgen

39 Hinsichtlich der Fehlerfolgen **gilt das zu § 3 a VOB/A** Gesagte (siehe dort Rdn. 151 f.).

F. Parallelvorschriften in der VOL/A und der VOF

40 **§ 3 b VOL/A entspricht** grundsätzlich § 3 b VOB/A. Allerdings lässt § 3 b VOB/A **weitere Ausnahmen** vom Grundsatz eines vorhergehenden Aufrufs zum Wettbewerb zu. So gestatten § 3 b Nr. 2 lit. h), i) und k) VOL/A den Kauf von Waren, die an Rohstoffbörsen notiert und gekauft werden, Gelegenheitskäufe und Käufe zu anderen besonders günstigen Bedingungen ohne vorhergehenden Aufruf zum Wettbewerb. Auch § 3 b Nr. 2 lit. f) VOL/A (zusätzliche Lieferungen) und § 3 b Nr. 2 lit. l) VOL/A (Vergabe im Anschluss an einen Wettbewerb) haben in § 3 b Nr. 2 VOB/A keine Entsprechung. Die Unterschiede zwischen § 3 b Nr. 2 VOB/A und § 3 b Nr. 2 VOL/A beruhen auf den besonderen Regelungen der SKR im Hinblick auf Liefer- und Dienstleistungsaufträge (vgl. Art. 40 Abs. 3 lit. e), h), j), k) und l) RL 2004/17/EG).

41 Die **VOF** findet auf Sektorenauftraggeber keine Anwendung (§ 5 Satz 3 VgV).

§ 4 Einheitliche Vergabe, Vergabe nach Losen

1. Bauleistungen sollen so vergeben werden, dass eine einheitliche Ausführung und zweifelsfreie umfassende Haftung für Mängelansprüche erreicht wird; sie sollen daher in der Regel mit den zur Leistung gehörigen Lieferungen vergeben werden.

2. Umfangreiche Bauleistungen sollen möglichst in Lose geteilt und nach Losen vergeben werden (Teillose).

3. Bauleistungen verschiedener Handwerks- oder Gewerbezweige sind in der Regel nach Fachgebieten oder Gewerbezweigen getrennt zu vergeben (Fachlose). Aus wirtschaftlichen oder technischen Gründen dürfen mehrere Fachlose zusammen vergeben werden.

Schrifttum: *Antweiler* Die Berücksichtigung von Mittelstandsinteressen im Vergabeverfahren – Rechtliche Rahmenbedingungen, VergabeR 2006, 637 – *Ax* Anm. zu VÜA Bayern, Beschl. v. 3.5.1996 – VÜA 5/96, BauR 1997, 120 – *ders.* Vergabeüberwachungsausschusses des Freistaates Bayern vom 3. Mai 1996, VÜA 5/98, BauR 1997, 115, BauR 1997, 120 – *Ax/Höfler* Fallstudie zur rechtlichen Durchsetzung von Unternehmensinteressen im öffentlichen Auftragswesen, WiB 1996, 759 – *Ax/Sattler* Schutzmechanismen für den Mittelstand im deutschen Vergaberecht, ZVgR 1999, 231 – *Bartosch* Vergabefremde Kriterien und Art. 87 Abs. 1 EG: Sitzt das öffentliche Beschaffungswesen auf einem Pulverfass?, EuZW 2001, 229 – *Benedict* „Vergabefremde" Aspekte nach Beentjes und Nord-Pas-de-Calais: Europarechtliche Vorgaben für die Anwendung des § 97 IV GWB, NJW 2001, 947 – *Burgi* Vergabefremde Aspekte und Verfassungsrecht, NZBau 2001, 64 – *Dreher* Anm. zu EuGH v. 26.9.2000 – Rs. C-225/98, JZ 2001, 140 – *Erdl* Unklare Leistungsbeschreibung des öffentlichen Auftraggebers im Vergabe- und im Nachprüfungsverfahren, BauR 2004, 166 – *Gehardt/Sehlin* Public Private Partnership – ein Modell für Kommunen?, VBlBW 2005, 90 – *Höß* Das 20%-Kontingent des Auftraggebers, VergabeR 2002, 19 – *Jagenburg* Die Entwicklung des privaten Bauvertragsrechts seit 1996 – VOB Teil A, NJW 1998, 2398 – *Jacobi* Hinweise für das öffentliche Auftragswesen, KommunalPraxis MO 2002, 278 – *Johannes* Mittelstandsförderung im Konflikt zwischen Wirtschaftlichkeit

[25] **Anderer Ansicht:** Beck'scher VOB-Kommentar/*Jasper* VOB/A § 3 b, Rdn. 43; *Ingenstau/Korbion/Müller-Wrede* VOB/A § 3 b, Rdn. 17.

[26] So zu der Parallelvorschrift des § 3 b Nr. 2 lit. e) VOL/A: KG NZBau 2001, 161 (162).

und Wettbewerbsfreiheit – zur Berücksichtigung mittelständischer Interessen im neuen Vergabeverfahren, ZVgR 1999, 187 – *Kraus* Die Rechtsprechung zum Bauvergaberecht seit 1.1.1999, BauR Sonderausgabe 2000, 1545 – *Kulartz/Schilder* Rückforderung von Zuwendungen wegen Vergaberechtsverstößen, NZBau 2005, 552 – *Leinemann* Funktionale Ausschreibung; Anforderungen an Leistungsbeschreibung; Änderung der Verdingungsunterlagen; Nachunternehmereinsatz, VergabeR 2004, 78 – *ders.* Transparenz- und Gleichbehandlungsgebot im Verhandlungsverfahren; Wertungskriterien bei funktionaler Ausschreibung; Leistungsfähigkeit von Konzernunternehmen ..., VergabeR 2001, 309 – *Martin-Ehlers* Die Unzulässigkeit vergabefremder Kriterien, WuW 1999, 685 – *Meinert* Das Verhältnis Generalunternehmer/Subunternehmer unter Berücksichtigung des französischen Rechts, BauR 1978, 13 – *Müller-Wrede* Grundsätze der Losvergabe unter dem Einfluss mittelständischer Interessen, NZBau 2004, 643 – *Noch* LG Hannover – Aussetzung eines Vergabeverfahrens per einstweiliger Verfügung, WiB 1997, 944 – *Opitz* Der Wirtschaftlichkeitsbegriff des Kartellvergaberechts, NZBau 2001, 12 – *Otting* Zur Zulässigkeit beschaffungsfremder Vergabekriterien, StG 1996, 461 – *Portz* Zulässigkeit der Parallelausschreibungen, KommJur 2004, 90 – *Reffken* Alternative Vergabe – Wunsch und Wirklichkeit, NdsVBl 2002, 206 – *Robbe* Vergaberechtliche Beurteilung der Privilegierung kleinerer und mittlerer sowie ortsansässiger Unternehmen im Rahmen öffentlicher Auftragsvergaben, VR 2005, 325 – *Robl* Mittelstandspolitik im Rahmen der Vergabepraxis bei öffentlichen Aufträgen, in: forum vergabe (Hrsg.), Forum '96, Öffentliches Auftragswesen, 1997, S. 97 ff. – *Schneevogl* Generalübernehmervergabe – Paradigmenwechsel im Vergaberecht, NZBau 2004, 418 – *Schulz* Das Vielzahlkriterium nach § 1 AGBG und die Ausschreibung unter dem Vorbehalt der Vergabe nach Teillosen, NZBau 2000, 317 – *Wagner* Anm. zu BayObLG, Beschl. v. 21.12.2000 – Verg 13/00, VergabeR 2001, 133 – *Ziekow* Vergabefremde Zwecke und Europarecht, NZBau 2001, 72 – *o.A.*, DVA-Papier Fach- und Teillose, NZBau 2000, 555.

Übersicht

A. Einführung

I. Regelungszweck

1 §4 VOB/A fasst mit §4 Nr. 1 VOB/A einerseits und §4 Nr. 2 und 3 VOB/A andererseits zwei Regelungen mit unterschiedlichen Zielen zusammen. Der Grundsatz einheitlicher Vergabe nach §4 Nr. 1 VOB/A dient einer **zweifelsfreien, umfassenden Mängelhaftung** und berücksichtigt so die Interessen des Auftraggebers. §4 Nr. 2 und 3 VOB/A ordnen grundsätzlich die **Vergabe nach Losen** an. Diese Vorschrift dient den Interessen mittelständischer Unternehmen und versucht, der wirtschaftlichen Struktur der deutschen Bauwirtschaft Rechnung zu tragen. Dementsprechend verpflichtet §97 Abs. 3 GWB den Auftraggeber im Bereich des Kartellvergaberechts, mittelständische Interessen durch Teilung der Aufträge in Fach- und Teillose angemessen zu berücksichtigen.

2 Zwischen §4 Nr. 1 VOB/A und §4 Nr. 2 und 3 VOB/A besteht **kein Widerspruch.** Der öffentliche Auftraggeber hat zunächst anhand des §4 Nr. 2 und 3 VOB/A zu entscheiden, ob und in welcher Form er die Vergabe nach Losen durchführt. Erst nach dieser Entscheidung hat der Auftraggeber den Grundsatz des §4 Nr. 1 VOB/A zu beachten. Diejenigen Bauleistungen, die ihrer Art und Struktur nach zu einem Handwerks- oder Gewerbezweig gehören und daher in einem Fachlos vergeben werden, sollen nach §4 Nr. 1 VOB/A einheitlich zugeteilt werden. Durch dieses Verfahren soll eine zweifelsfreie umfassende Haftung für Mängelansprüche erreicht werden. Der Vorrang der Teil- und Fachlosvergabe nach §4 Nr. 2 und 3 VOB/A wird daher nicht durch das Gebot der einheitlichen Ausführung in §4 Nr. 1 VOB/A eingeschränkt.[1]

3 Der Vorrang der losweisen Vergabe nach §4 Nr. 2 und Nr. 3 VOB/A wird durch die nur eingeschränkte Zulässigkeit der **Vergabe an Generalunternehmer und Generalübernehmer** bestätigt (vgl. unten §8 Rdn. 23 ff.).

4 §4 VOB/A hat durch die **VOB/A 2006 keine Änderungen** erfahren.

II. Europarechtliche und verfassungsrechtliche Würdigung

5 Nach §97 Abs. 3 GWB sollen mittelständische Interessen vornehmlich durch Teilung der Aufträge in Fach- und Teillose angemessen berücksichtigt werden. Die Vereinbarkeit der Mittelstandsförderung mit Art. 53 Abs. 1 VKR (RL 2004/18/EG) (ehemals Art. 30 Abs. 1 BKR – RL 93/37/EWG) ist bezweifelt worden. Nach dieser Vorschrift hat der öffentliche Auftraggeber bei Erteilung des Zuschlags entweder ausschließlich das Kriterium des niedrigsten Preises oder das wirtschaftlich günstigste Angebot zu berücksichtigen. Eine Verpflichtung, Aufträge in Lose zu teilen, kennt die VKR (RL 2004/18/EG) nicht.[2] Angesichts dieser europarechtlichen Regelungen ist die Mittelstandsförderung ein **vergabefremder Aspekt.**[3] Sie ist politisch und nicht leistungsbezogen motiviert.[4] Allerdings kann die Pflicht zur Losvergabe den Wettbewerb fördern.

6 **Europarechtliche** Bedenken gegen §4 VOB/A bestehen nicht. Die Berücksichtigung vergabefremder Aspekte in Form von Bedingungen für die Ausführung des Auftrags ist nach Art. 26 VKR (RL 2004/18/EG) zulässig, sofern diese mit dem Gemeinschaftsrecht vereinbar sind und in der Bekanntmachung oder in den Verdingungsunterlagen angegeben werden.[5] Allerdings enthält

---

[1] *Franke/Kemper/Zanner/Grünhagen* VOB/A §4, Rdn. 1.

[2] Beck'scher VOB-Kommentar/*Hertwig* VOB/A §4, Rdn. 1.

[3] BGH BauR 1999, 736 (740); Beck'scher VOB-Kommentar/*Hertwig* VOB/A §4, Rdn. 1; *Byok/Jaeger* §97, Rdn. 219; *Immenga/Mestmäcker/Dreher* §97, Rdn. 76; *Ingenstau/Korbion/Schranner* VOB/A §4, Rdn. 1; *Reidt/Stickler/Glahs* §97, Rdn. 11; **anderer Ansicht:** *Niebuhr/Kulartz/Kus/Portz* §97, Rdn. 139; Beck'scher VOB-Kommentar/*Marx* GWB §97, Rdn. 27.

[4] *Dreher* NZBau 2005, 427.

[5] Vgl. hierzu die Rechtsprechung des EuGH, auf der Art. 26 VKR beruht: EuGH Urteil v. 20.9.1988,

§ 4 Nr. 2 und 3 VOB/A keine Ausführungsbedingungen, sondern regelt den Zugang zu einem Vergabeverfahren. Art. 26 VKR (RL 2004/18/EG) kann somit nicht als Rechtfertigung für die Pflicht zur Losvergabe angesehen werden. Vielmehr ergibt sich aus dem 32. Erwägungsgrund zur VKR (RL 2004/18/EG), dass die Förderung mittelständischer Interessen mit dem europäischen Vergaberecht vereinbar ist.[6] Der 32. Erwägungsgrund nennt zwar als Mittel zur Förderung mittelständischer Interessen ausschließlich Bestimmungen über Unteraufträge, auch andere Formen der Mittelstandsförderung sind jedoch zulässig, solange sie nicht ausdrücklichen gemeinschaftsrechtlichen Bestimmungen widersprechen. Unzulässig wäre danach die Auftragserteilung an ein kleines oder mittelständisches Unternehmen, obwohl dieses nicht das wirtschaftlichste Angebot abgegeben hat.[7] § 97 Abs. 3 GWB verstößt auch nicht gegen das Diskriminierungsverbot des Art. 2 Abs. 1 VKR (RL 2004/18/EG), denn große Unternehmen werden durch eine Losvergabe nicht benachteiligt. Sie können sich wie Mittelständler um die Lose bewerben.[8]

Der Vorrang der Vergabe nach Fach- und Teillosen darf nicht dazu benutzt werden, ortsansässige Unternehmen zu bevorzugen. Eine solche Vergabepraxis verstößt gegen § 8 Nr. 1 Satz 2 VOB/A. Die Ausschreibung regionaler Produkte kann zudem gegen das Verbot produktneutraler Ausschreibungen nach § 9 Nr. 10 VOB/A verstoßen.[9] 7

Aus **verfassungsrechtlicher Sicht** bestehen weder Bedenken gegen die Regelung des § 97 Abs. 3 GWB noch gegen die des § 4 VOB/A. Die Förderung des Mittelstandes[10] ist ein legitimes wirtschaftspolitisches Ziel, das den Gesetzgeber berechtigt, zugunsten kleiner und mittlerer Unternehmen den Zuschnitt der zu vergebenden Lose zu regeln. 8

III. Anwendungsbereich

§ 4 VOB/A findet sich in den Abschnitten 1, 2 und 3 VOB/A. Der 4. Abschnitt der VOB/A, der von den in § 7 Abs. 2 VgV genannten Sektorenauftraggebern anzuwenden ist, enthält keine vergleichbare Regelung. Hier gilt das Gebot, Aufträge in Fach- und Teillose zu teilen, unmittelbar über § 97 Abs. 3 GWB.[11] 9

B. Gebot der einheitlichen Vergabe (§ 4 Nr. 1 VOB/A)

Nach § 4 Nr. 1 VOB/A sollen Bauleistungen so vergeben werden, dass eine **einheitliche Ausführung und zweifelsfreie umfassende Haftung für Mängelansprüche** erreicht wird; die Bauleistungen sollen daher in der Regel mit den zur Leistung gehörigen Lieferungen vergeben werden. Der zweite Halbsatz der Regelung konkretisiert für einen Teilbereich – die Kombination von Bau- und Lieferleistung – den Grundsatz des § 4 Nr. 1 1.Halbsatz VOB/A. 10

I. Sachliche Reichweite

Die Anordnung einer **einheitlichen Vergabe** nach § 4 Nr. 1 VOB/A steht nicht im Widerspruch zu § 4 Nr. 2 und 3 VOB/A (s.o. Rdn. 2). Unter der einheitlichen Ausführung im Sinne dieser Vorschrift ist nicht die Vergabe aller zu einem Bauwerk gehörenden Leistungen an 11

Rs. 31/87, Slg. 1988, 4675 – „Beentjes"; EuGH v. 26.9.2000, Rs. C-225/98, Slg. 2000 I–7471 – „Nord-Pas-de-Calais"; EuGH v. 17.9.2002, Rs. C-513/99, Slg. 2002 I–7213 = VergabeR 2002, 593 – „Concordia"; EuGH v. 4.12.2003, Rs. C-448/01, Slg. 2003 I–14527 = VergabeR 2004, 36 – „Wienstrom".

[6] *Dreher* NZBau 2005, 427.

[7] BGH BauR 1999, 736 (740); *Immenga/Mestmäcker/Dreher* § 97, Rdn. 76; *Ingenstau/Korbion/Schranner* VOB/A § 4, Rdn. 1; *Kling* Die Zulässigkeit vergabefremder Regelungen, 2000, S. 686.

[8] OLG Düsseldorf VergabeR 2005, 107 (109).

[9] *Franke/Kemper/Zanner/Grünhagen* VOB/A § 4, Rdn. 21.

[10] Vgl. BVerfG NJW 1961, 2011 (2015).

[11] Beck'scher VOB-Kommentar/*Hertwig* VOB/A § 4, Rdn. 6.

einen einzelnen Auftragnehmer zu verstehen.[12] Vielmehr ist damit die Zusammenfassung der Bauleistungen, die ein Teil- oder Fachlos bilden, gemeint. Der Auftraggeber hat zunächst §4 Nr. 3 VOB/A zu beachten. Zwischen §4 Nr. 1 und Nr. 2 VOB/A besteht hingegen eine Wechselbeziehung (unten Rdn. 30). Die aufgrund §4 Nr. 2 und 3 VOB/A gebildeten Lose sind jeweils einheitlich an einen Auftragnehmer zu vergeben. Dieser Grundsatz wird auch gewahrt, wenn eine Bietergemeinschaft den Zuschlag erhält, da deren Mitglieder gesamtschuldnerisch haften (§25 VOB/A Rdn. 107).

12 Die einheitliche Ausführung bietet neben dem schon im Text des §4 Nr. 1 VOB/A angesprochenen Vorteil einer zweifelsfreien und umfassenden Mängelhaftung den weiteren Vorzug, dass **Schnittstellen zwischen Unternehmen gleicher Branchen vermieden** werden. Damit sinkt der Koordinierungsaufwand und zugleich wird die Bauzeit verkürzt, weil zeit- und arbeitsaufwändige Abstimmungen entfallen. Die Koordinierung der Fristen und Termine liegt für das jeweilige Los in einer Hand.[13]

II. Ziel umfassender Haftung für Mängelansprüche

13 Ziel der einheitlichen Vergabe ist nach §4 Nr. 1 VOB/A die zweifelsfreie umfassende **Haftung für Mängelansprüche**. Angesprochen ist damit die Mängelhaftung nach **§13 VOB/B.** Eine darüber hinausgehende Mängelhaftung, etwa in Form einer Garantie, wird von §4 Nr. 1 VOB/A nicht angestrebt.[14] Nach §13 VOB/B haftet der Auftragnehmer gegenüber dem Auftraggeber dafür, dass seine Leistung zum Zeitpunkt der Abnahme frei von Sachmängeln ist (vgl. zu den Einzelheiten §13 VOB/B Rdn. 13ff.). Durch §4 Nr. 1 VOB/A soll Klarheit über den jeweils zur Mängelhaftung Verpflichteten hergestellt werden. Abgrenzungsschwierigkeiten, die bei der Frage der Verantwortlichkeit der beteiligten Unternehmen für einen Mangel auftreten können, sollen weitest gehend vermieden werden.[15]

III. Vergabe mit den zugehörigen Lieferungen (§4 Nr. 1 2. Halbsatz VOB/A)

14 §4 Nr. 1 2. Halbsatz VOB/A konkretisiert die Vorgabe des §4 Nr. 1 1. Halbsatz VOB/A hinsichtlich der zur Leistung gehörigen Lieferungen. Diese sollen einheitlich mit der Bauleistung vergeben werden. Wieder aufgenommen wird diese Regelung in Ziffer 2.1.1 der DIN 18 299 (VOB/C). Danach umfassen die Leistungen auch die Lieferung der dazugehörigen Stoffe und Bauteile, einschließlich Abladen und Lagern auf der Baustelle.

1. Grundsatz einheitlicher Vergabe

15 Durch §4 Nr. 1 2. Halbsatz VOB/A wird erreicht, dass der Auftragnehmer auch für Mängel der von ihm eingebauten Stoffe und Bauteile haftet. Der Auftraggeber muss nicht prüfen, ob ein Beschaffenheits- oder ein Montagemangel vorliegt. Auch greift die Rügeobliegenheit der §§377, 378 HGB nicht.[16]

16 §4 Nr. 1 VOB/A ist auch bei der **Auslegung von Bauverträgen** zu berücksichtigen. Die Lieferung von Stoffen und Bauteilen ist mitbeauftragt, solange nicht etwas Abweichendes geregelt wird. Die Lieferungen gehören damit zugleich zu den zu vergütenden Leistungen nach §2 Nr. 1 VOB/B.[17]

[12] *Heiermann/Riedl/Rusam* VOB/A §4, Rdn. 2; *Ingenstau/Korbion/Schranner* VOB/A §4, Rdn. 3.
[13] Vgl. *Heiermann/Riedl/Rusam* VOB/A §4, Rdn. 2; *Ingenstau/Korbion/Schranner* VOB/A §4, Rdn. 2.
[14] *Heiermann/Riedl/Rusam* VOB/A §4, Rdn. 3; *Ingenstau/Korbion/Schranner* VOB/A §4, Rdn. 4.
[15] *Heiermann/Riedl/Rusam* VOB/A §4, Rdn. 3; *Ingenstau/Korbion/Schranner* VOB/A §4, Rdn. 4.
[16] Beck'scher VOB-Kommentar/*Hertwig* VOB/A §4, Rdn. 5.
[17] *Heiermann/Riedl/Rusam* VOB/A §4, Rdn. 5.

Die Regelung des § 4 Nr. 1 2. Halbsatz VOB/A ist **wirtschaftlich angemessen.** Denn sie bürdet dem Bauunternehmer die Prüfung der von seinen Lieferanten gelieferten Materialien auf. Hierzu ist der Bauunternehmer regelmäßig besser in der Lage als der öffentliche Auftraggeber.[18] 17

2. Ausnahmen, insbesondere: Beistellung durch den Auftraggeber

Nach dem VHB 2002 darf von der Regel, dass Bauleistungen mit den zur Leistung gehörigen Lieferungen vergeben werden, nur abgewichen werden, wenn die **Abweichung** technisch oder wirtschaftlich begründet (1.) oder die Beistellung der Stoffe und Bauteile orts- oder gewerbeüblich ist (2.) (VHB 2002 § 4 VOB/A Anm. 1). 18

Technische Gründe liegen etwa vor, wenn das gelieferte Material technisch so komplex ist, dass eine Mängelhaftung des Lieferanten aus technischer Sicht sinnvoll erscheint.[19] Aus **wirtschaftlicher Sicht** ist eine Trennung der Leistung von der Lieferung dann zu erwägen, wenn die Lieferung wirtschaftlich in einer Weise überwiegt, dass dem Bauunternehmer nicht zugemutet werden kann, hinsichtlich des Entgelts für die Lieferung vorzuleisten.[20] Aus der Sicht des Auftraggebers liegt auch dann ein **wirtschaftlicher Grund** vor, wenn er bereits Eigentümer der einzubauenden Gegenstände ist, so dass insoweit eine Vergabe ganz entfallen kann. 19

Sofern die Beistellung der Stoffe und Bauteile **orts- oder gewerbeüblich** ist, ist sie ebenfalls zulässig. Hierüber ist ggf. eine Stellungnahme der örtlichen Industrie- und Handelskammer einzuholen.[21] 20

Nach dem VHB 2002 (§ 4 VOB/A Anm. 1) sind in der **Leistungsbeschreibung** alle erforderlichen Einzelheiten anzugeben, welche Stoffe und Bauteile beigestellt werden. Ziel dieser Regelung ist es, eine zweifelsfreie umfassende Mängelhaftung nicht zu gefährden und zugleich dem Auftragnehmer Klarheit über den Umfang der Baumaßnahme und Art und Beschaffenheit der beigestellten Materialien zu geben. Zudem ist die im VHB getroffene Anordnung auch notwendig, weil die Beistellung durch den Auftraggeber Einfluss auf den Umfang der beauftragten Leistung sowie das zu zahlende Entgelt hat (s.o. Rdn. 16). 21

Stellt der Auftraggeber Stoffe oder Bauteile bei, entfällt nach § 13 Nr. 3 VOB/B die Mängelhaftung des Auftragnehmers, wenn er seiner Hinweispflicht gemäß § 4 Nr. 3 VOB/B nachgekommen ist (§ 13 VOB/B Rdn. 70 ff.). 22

3. Verhältnis zu § 1 b Nr. 3 VOB/A

Rechtliche Grenzen hinsichtlich einer einheitlichen Ausschreibung von Bauleistungen und Lieferungen ergeben sich aus § 1 b Nr. 3 VOB/A und § 1 Nr. 4 SKR. Danach dürfen Lieferungen, die nicht zur Ausführung der baulichen Anlage erforderlich sind, nicht mit einem Bauauftrag vergeben werden, wenn dadurch für sie die Anwendung der für Lieferaufträge geltenden EG-Vergabebestimmungen umgangen wird. § 1 b Nr. 3 VOB/A und § 1 Nr. 4 SKR finden gemäß § 7 VgV auf Sektorenauftraggeber Anwendung. Bei den „für Lieferaufträge geltenden EG-Vergabebestimmungen" handelt es sich um Abschnitte3 und 4 der VOL/A. Durch § 1 b Nr. 3 VOB/A und § 1 Nr. 4 SKR soll verhindert werden, dass Sektorenauftraggeber den niedrigeren Schwellenwert für Lieferungen von 422.000 € (§ 2 Nr. 1 VgV) umgehen. Sie sind eine Ausprägung des allgemeinen **Umgehungsverbots**. 23

Das Verbot der §§ 1 b Nr. 3 VOB/A und 1 Nr. 4 SKR greift nur ein, wenn die Lieferung für die Herstellung, Instandhaltung oder Beseitigung der baulichen Anlage **nicht erforderlich** ist. In diesem Fall findet § 4 Nr. 1 VOB/A regelmäßig keine Anwendung, da er voraussetzt, dass die 24

[18] *Ingenstau/Korbion/Schranner* VOB/A § 4, Rdn. 5.
[19] *Ingenstau/Korbion/Schranner* VOB/A § 4, Rdn. 5.
[20] *Franke/Kemper/Zanner/Grünhagen* VOB/A § 4, Rdn. 4; Beck'scher VOB-Kommentar/*Hertwig* VOB/A § 4, Rdn. 8.
[21] *Ingenstau/Korbion/Schranner* VOB/A § 4, Rdn. 5.

Lieferung zu der Bauleistung „gehört“. Ein Widerspruch zwischen beiden Vorschriften besteht somit nicht.

C. Die Vergabe nach Teil- und Fachlosen (§ 4 Nr. 2 und 3 VOB/A)

25 § 4 Nr. 2 und § 4 Nr. 3 VOB/A regeln die Vergabe von Teil- oder Fachlosen.

I. Begriffe

1. Abgrenzung zwischen Auftrag und Los

26 Alle **gleichartigen** Leistungen, die in einem **funktionalen, räumlichen und zeitlichen Zusammenhang** stehen, bilden einen eigenständigen Auftrag. Vergibt der Auftraggeber zwei oder mehrere funktional, räumlich und zeitlich unabhängige Bauleistungen, liegen mehrere selbstständige Bauaufträge und nicht etwa Lose eines Gesamtauftrags vor. § 4 Nr. 2 und 3 VOB/A sind nicht einschlägig. Der Schwellenwert ist für jeden dieser Aufträge isoliert zu berechnen. Vgl. hierzu im einzelnen § 1 a VOB/A Rdn. 24 ff.

2. Teillose (§ 4 Nr. 2 VOB/A)

27 Nach § 4 Nr. 2 VOB/A sollen umfangreiche Bauleistungen möglichst in Lose geteilt und nach Losen vergeben werden.

28 **Teillose** unterteilen die Gesamtleistung mengenmäßig oder räumlich. Die Teilung des Vorhabens erfolgt also nicht nach der Art der zu beauftragenden Tätigkeit, sondern knüpft an äußere Gesichtspunkte an, etwa an die Vergabe einzelner Autobahnabschnitte oder einzelner Bauwerke.[22]

29 Ob eine **umfangreiche Bauleistung** vorliegt, muss in jedem Einzelfall bestimmt werden. Typische umfangreiche Bauleistungen sind etwa große Straßenbauarbeiten, U-Bahn-Bauten und S-Bahn-Bauten. Im Hochbau sind umfangreiche Bauleistungen etwa gegeben, wenn eine große Zahl an Gebäuden, auch gleichartiger Natur, errichtet werden soll und diese einen einheitlichen Bauauftrag bilden.[23] Zur Abgrenzung zwischen mehreren Aufträgen vgl. § 1 a VOB/A Rdn. 24 ff. Es ist darauf abzustellen, ob die jeweilige Bauleistung angesichts der Leistungsfähigkeit der konkret in Betracht kommenden Bieter als umfangreich anzusehen ist. Dies kann etwa dann der Fall sein, wenn nur eine Minderheit der Bieter überhaupt in der Lage ist, die gesamte Bauleistung zu erbringen.[24]

30 Weiter muss bei der Aufteilung nach Teillosen das Ziel zweifelsfreier umfassender Mängelhaftung nach § 4 Nr. 1 VOB/A beachtet werden. Eine Trennung nach Teillosen kommt nicht in Betracht, wenn sich die einzelnen Teilleistungen hinsichtlich der möglichen Mängelhaftungsansprüche nicht **hinreichend klar voneinander trennen lassen.** Droht eine Verunklarung hinsichtlich der Mängelhaftungsansprüche, ist nach § 4 Nr. 1 VOB/A am Gebot einheitlicher Vergabe festzuhalten.[25]

3. Fachlose (§ 4 Nr. 3 VOB/A)

31 **a) Begriff des Fachloses.** Bauleistungen verschiedener Handwerks- oder Gewerbezweige sind nach § 4 Nr. 3 Satz 1 VOB/A in der Regel **getrennt nach Fachgebieten oder Gewerbezweigen** zu vergeben. Welche Leistungen zu einem Fachlos gehören, ist gemäß VHB 2002 § 4

---

[22] Vgl. *Heiermann/Riedl/Rusam* VOB/A § 4, Rdn. 10; *Ingenstau/Korbion/Schranner* VOB/A § 4, Rdn. 8.

[23] *Heiermann/Riedl/Rusam* VOB/A § 4, Rdn. 10.

[24] Vgl. *Franke/Kemper/Zanner/Grünhagen* VOB/A § 4, Rdn. 12; Beck'scher VOB-Kommentar/*Hertwig* VOB/A § 4, Rdn. 11; *Dreher* NZBau 2005, 427 (429).

[25] In diese Richtung auch *Ingenstau/Korbion/Schranner* VOB/A § 4, Rdn. 7.

Anm. 3 nach den gewerberechtlichen Vorschriften und der allgemein oder regional üblichen Abgrenzung zu bestimmen.

Der **DVA** bestimmt den Begriff des Fachloses wie Folgt: „In einem Fachlos werden jene Bauarbeiten zusammengefasst, die von einem baugewerblichen bzw. einem maschinen- oder elektrotechnischen Zweig ausgeführt werden, unabhängig davon, in welchen Allgemeinen Technischen Vertragsbedingungen (ATV) des Teils C der VOB diese Arbeiten behandelt werden.“[26] Ähnliche Formulierungen verwandte der DVA bereits in den Erwägungsgründen zu § 4 VOB/A: „Zu § 4 Nr. 3 wird noch darauf hingewiesen, dass der Begriff ‚Fachlose‘ im Zusammenhang mit der Verdingung, d.h. mit dem Vergabeverfahren zu sehen ist, er ist demgemäß ein wirtschaftlicher Begriff. In einem ‚Fachlos‘ werden jeweils jene Bauarbeiten zusammengefasst, die von einem baugewerblichen Fachzweig ausgeführt werden, und zwar ohne Rücksicht darauf, in welcher Allgemeinen Technischen Vorschrift (ATV) des Teils C der VOB diese Arbeiten behandelt werden; ein Fachlos umfasst deshalb meist Arbeiten, die ganz oder teilweise in den Bereich verschiedener ATV fallen, wie auch Arbeiten darin erfasst sein können, die bislang in einer ATV überhaupt nicht geregelt sind. Der Bereich des ‚Fachloses‘ kann – im Gegensatz zu den nach Leistungsbereichen gegliederten ATV – regional und lokal verschieden abgegrenzt sein; er ist auch nicht auf Dauer festgelegt, sondern kann Veränderung in der Zeit unterliegen, die in der Entwicklung der baugewerblichen Strukturen begründet sind. Anders gesagt: Die objektbezogenen Leistungsbeschreibungen werden nach ‚Fachlosen‘ und nicht nach ATV gegliedert“.[27] 32

Die **Abgrenzung der Fachlose** kann also nur im jeweiligen Einzelfall erfolgen. Dabei sind gleichermaßen normative wie tatsächliche Vorgaben zu berücksichtigen. Im Handwerksrecht kann Anlage A zur Handwerksordnung als Indiz dienen.[28] Hinzu tritt die allgemeine oder regionale Üblichkeit der Fachlosvergabe, welche Veränderungen unterliegt. 33

b) Fachlosgruppen. Die Aufteilung nach Fachlosen schließt nicht etwa eine **kumulative Aufteilung nach Teillosen** aus. Ein Fachlos kann in mehrere Teillose geteilt werden (etwa: mengenmäßige Abgrenzung von Dachdeckerarbeiten), ebenso kann ein Teillos in mehrere Fachlose aufgeteilt werden (Beispiel: Bau eines Autobahnabschnittes).[29] 34

Zu trennen von der Vergabe nach Fachlosen ist die **Vergabe nach Fachlosgruppen**. Bei dieser Vergabe werden an sich unterschiedliche Fachlose zu einer Fachlosgruppe zusammengefasst. Zu denken ist etwa an die Zusammenfassung der Erd-, Mauer- und Betonarbeiten, der Heizungs- und sanitären Installationsarbeiten, der Elektro- und Lüftungsarbeiten usw., soweit es sich hierbei, etwa auf Grund der Ortsüblichkeit dieser Zusammenfassung, nicht ohnehin lediglich um ein Los handelt.[30] Die Vergabe nach Fachlosgruppen ist keine Vergabe nach Fachlosen, sondern nach § 4 Nr. 3 Satz 2 VOB/A nur aus wirtschaftlichen oder technischen Gründen zulässig (vgl. VHB 2002 § 4 Anm. 4).[31] Hierzu unten Rdn. 40 ff. Die Vergabe einer Fachlosgruppe kann nur an einen Auftragnehmer erfolgen, der in der Lage ist, die Ausführung der in der Fachlosgruppe zusammengefassten Leistungen zu erbringen. 35

c) Generalunternehmer. Der Vergabe nach Fachlosen steht die Vergabe an einen **Generalunternehmer** gegenüber. Als Generalunternehmer wird derjenige Hauptunternehmer bezeichnet, der sämtliche für die Herstellung einer baulichen Anlage erforderlichen Bauleistungen zu erbringen hat und wesentliche Teile hiervon selbst ausführt (VHB 2002, § 8 VOB/A Anm. 3.1 (im einzelnen: § 8 VOB/A Rdn. 25 ff.)). Die Vergabe an einen Generalunternehmer steht einer Vergabe von Fachlosgruppen gleich und ist nur bei Vorliegen der Voraussetzungen des § 4 Nr. 3 Satz 2 VOB/A zulässig (unten Rdn. 40 ff.). 36

---

[26] DVA NZBau 2000, 555 (556).

[27] DVA, zit. nach: *Heiermann/Riedl/Rusam* VOB/A § 4, Rdn. 15.

[28] Vgl. Beck'scher VOB-Kommentar/*Hertwig* VOB/A § 4, Rdn. 16.

[29] Beck'scher VOB-Kommentar/*Hertwig* VOB/A § 4, Rdn. 15; *Ingenstau/Korbion/Schranner* VOB/A § 4, Rdn. 15.

[30] In diesem Sinne: Beck'scher VOB-Kommentar/*Hertwig* VOB/A § 4, Rdn. 16.

[31] *Ingenstau/Korbion/Schranner* VOB/A § 4, Rdn. 20; dagegen *Heiermann/Riedl/Rusam* VOB/A § 4, Rdn. 17, der dem Regelfall der Fachlosvergabe auch die Vergabe einer Fachlosgruppe zuordnen will.

II. Zulässigkeit der Losvergabe

1. Losvergabe als Regel

37 Die Gesamtvergabe nach § 4 Nr. 3 Satz 2 VOB/A ist nur aus wirtschaftlichen oder technischen Gründen möglich. **Fachlosvergabe** und Gesamtvergabe stehen damit in einem Regel-Ausnahme-Verhältnis, das der Auftraggeber zu berücksichtigen hat.[32]

38 Während § 4 Nr. 2 VOB/A vorsieht, dass Bauleistungen „möglichst" in Lose geteilt werden „sollen", bestimmt § 4 Nr. 3 Satz 1 VOB/A, dass Bauleistungen „in der Regel" nach Fachlosen getrennt zu vergeben „sind". Aus diesen unterschiedlichen Formulierungen wurde geschlossen, dass dem Auftraggeber bei der Frage, ob **Teillose** zu bilden sind, anders als bei Fachlosen, ein weiter Ermessensspielraum zustehe.[33] Diese Auffassung ist abzulehnen, da sie nicht mit § 97 Abs. 3 GWB in Einklang zu bringen ist. Danach sind mittelständische Interessen „vornehmlich" durch Teilung der Aufträge in Fach- und Teillose angemessen zu berücksichtigen. Ein weites Ermessen wird dem Auftraggeber nicht eingeräumt. Hieraus folgt, dass Teillose ebenso wie Fachlose zumindest **oberhalb der Schwellenwerte** grundsätzlich gebildet werden müssen, soweit dies nach § 4 VOB/A möglich ist.[34] Das Argument, mittelständische Unternehmen könnten Bietergemeinschaften bilden, um sich an ungeteilten Aufträgen zu bewerben, wird den Anforderungen des § 97 Abs. 3 GWB nicht gerecht.[35]

39 In Vergabeverfahren **unterhalb der Schwellenwerte** kann § 97 Abs. 3 GWB nicht als Auslegungsmaßstab herangezogen werden. Auch hier widerspricht die Einräumung eines weiten Ermessensspielraums bei der Bildung von Teillosen zugunsten des Auftraggebers jedoch der Intention des § 4 Nr. 2 und 3 VOB/A, den Mittelstand durch Losbildung zu fördern.

2. Gesamtvergabe

40 **a) Überwiegende Gründe.** Nach § 4 Nr. 3 Satz 2 VOB/A kann von der Bildung von Fachlosen aus **wirtschaftlichen oder technischen Gründen** abgesehen werden. Die herrschende Meinung nimmt dies nur an, wenn **überwiegende Gründe**[36] für eine Gesamtvergabe sprechen und wendet diese Abgrenzung auch auf die Teillosvergabe an. Demgegenüber vertritt das OLG Schleswig die Auffassung, dass die Zusammenfassung von Fachlosen nach § 4 Nr. 3 Satz 2 VOB/A keiner zwingenden oder überwiegenden Gründe bedürfe. Dem Auftraggeber stünde ein Ermessensspielraum zu. Vertretbare Gründe seien ausreichend.[37] Dies widerspricht § 97 Abs. 3 GWB, der die Losvergabe als Regelfall normiert.

41 Allein aus wirtschaftlichen oder technischen Gründen bestehende Schwierigkeiten, die nach Art und Ausmaß **typischerweise mit der Vergabe nach Fachlosen** verbunden sind, **reichen nicht** für eine Gesamtvergabe nach § 4 Nr. 3 Satz 2 VOB/A aus.[38] An sich plausible Gründe, wie etwa die Entlastung des Auftraggebers von der Koordinierung, der Vorzug, nur einen Vertragspartner zu haben, oder die einfachere Durchsetzung von Mängelhaftungsansprüchen sind noch nicht geeignet, einen Ausnahmefall nach § 4 Nr. 3 Satz 2 VOB/A zu begründen. Andernfalls würde § 4 Nr. 3 Satz 1 VOB/A leer laufen, wenn zur Begründung einer Gesamtvergabe die Benennung solcher Schwierigkeiten ausreichte, die mehr oder weniger bei jeder losweisen Ausschreibung

---

[32] *Heiermann/Riedl/Rusam* VOB/A § 4, Rdn. 16; *Ingenstau/Korbion/Schranner* VOB/A § 4, Rdn. 15.

[33] *Müller-Wrede* NZBau 2004, 643 (645).

[34] Beck'scher VOB-Kommentar/*Hertwig* VOB/A § 4, Rdn. 17; *Immenga/Mestmäcker/Dreher* § 97, Rdn. 79; *Dreher* NZBau 2005, 427 (429).

[35] OLG Düsseldorf VergabeR 2004, 511 (513); OLG Düsseldorf VergabeR 2005, 107 (110).

[36] OLG Düsseldorf VergabeR 2005, 107 (110); *Byok/Jaeger* § 97, Rdn. 222; *Dreher* NZBau 2005, 427 (430); vgl. auch *Heiermann/Riedl/Rusam* VOB/A § 4, Rdn. 18: „besondere Gründe des Einzelfalls".

[37] OLG Schleswig v. 14.8.2000, 6 Verg 2/2000, OLGR 2000, 470.

[38] OLG Düsseldorf VergabeR 2005, 107 (110); *Heiermann/Riedl/Rusam* VOB/A § 4, Rdn. 18; *Ingenstau/Korbion/Schranner* VOB/A § 4, Rdn. 16.

auftreten mögen. Diese Belastungen hat der Auftraggeber nach dem Konzept der VOB aus mittelstands- und wettbewerbspolitischen Gründen hinzunehmen.[39]

Ein **Spannungsverhältnis** besteht zwischen § 4 Nr. 2 und 3 VOB/A und der Möglichkeit des 42
§ 9 Nr. 15 ff. VOB/A, der eine **Funktionalausschreibung** erlaubt. Bei einer solchen Vergabe gibt der Auftraggeber nur den Rahmen oder das Programm der gewünschten Bauleistung an. Es ist Sache der Bieter, bei der Bearbeitung des Angebots diesen Rahmen oder das Programm der gewünschten Bauleistung auszugestalten.[40] Der Auftraggeber kann eine Aufteilung in Teil- oder Fachlose nicht vornehmen, da er noch nicht absehen kann, in welcher Weise der Auftragnehmer das vorgegebene Programm ausführen wird. Daher kann eine Vergabe von Teil- oder Fachlosen bei Funktionalausschreibungen nicht stattfinden[41]. Auch der **Wettbewerbliche Dialog** nach § 6 a VgV steht einer Vergabe von Losen entgegen, da der Gegenstand der späteren Beauftragung im Zeitpunkt des Beginns des Vergabeverfahrens noch nicht feststeht.

b) Beurteilungsspielraum. Bei der Entscheidung, ob überwiegende Gründe für eine Gesamt- 43
vergabe sprechen, steht dem Auftraggeber ein Beurteilungsspielraum zu.[42]

Überwiegende Gründe für eine Gesamtlosvergabe liegen beispielsweise vor, wenn anderenfalls 44
unverhältnismäßige Kostennachteile oder starke Verzögerungen drohen.[43] **Unverhältnismäßige Kostennachteile,** die eine Gesamtvergabe rechtfertigen, wurden bei Mehrkosten von 14 % bejaht.[44] Die Grenze der hinnehmbaren Mehrkosten wird mit 6 % beziffert.[45]

Eine Gesamtvergabe wegen drohender **starker Verzögerungen** wurde bei einem sehr stark 45
belasteten Autobahnabschnitt für zulässig erachtet, für dessen Fertigstellung **besondere zeitliche Zwänge** bestanden und die Gesamtvergabe eine schnellere Aufgabenerfüllung erwarten ließ.[46]

Auch das Ziel einer **einheitlichen Mängelhaftung** kann ausnahmsweise für eine Gesamtver- 46
gabe streiten, wenn ein besonders hohes Schadensrisiko droht und die Zuordnung der Verantwortlichkeiten in besonderer Weise erschwert ist.[47] Eine einzelne Lieferung ohne Montage wird daher – in Übereinstimmung mit § 4 Nr. 1 2. Halbsatz VOB/A – nur einheitlich vergeben werden können, um dem Ziel einer einheitlichen Mängelhaftung gerecht zu werden.[48] Eine Fachlosvergabe ist aus technischen Gründen nicht durchzuführen, wenn die Aufteilung nach Fachlosen zur Entstehung **nicht mehr funktionsfähiger Auftragseinheiten** führt. Auch das Erfordernis einer engen **logistischen Kooperation** (Abtransport von Erdmassen bei einem Tunnelbau) kann eine Gesamtvergabe rechtfertigen.

Der **DVA**[49] hat als maßgebliche Kriterien für eine Gesamtlosvergabe genannt: das Ziel einer 47
einheitlichen Gewährleistung, die Verkehrssicherheit, bestimmte, kurz bemessene Ausführungsfristen, der Koordinierungsaufwand des Auftraggebers, Forderungen nach Kostensicherheit und ein geringes Auftragsvolumen. Auf diese Gesichtspunkte darf sich der Auftraggeber aber nicht pauschal berufen, es bedarf vielmehr einer Begründung im Einzelfall.

c) Beweislast. Die Beweislast für das Vorliegen der Voraussetzungen einer Gesamtvergabe trägt 48
der Auftraggeber.[50] Er ist gehalten, die Entscheidung für die Gesamtvergabe zu dokumentieren

---

[39] *Heiermann/Riedl/Rusam* VOB/A § 4, Rdn. 18.

[40] Einzelheiten bei § 9 VOB/A Rdn. 76–105.

[41] Beck'scher VOB-Kommentar/*Hertwig* V0B/A § 4, Rdn. 2; *Ingenstau/Korbion/Schranner* VOB/A § 4, Rdn. 17.

[42] OLG Düsseldorf VergabeR 2005, 107 (109); *Heiermann/Riedl/Rusam* VOB/A § 4, Rdn. 9; **anderer Ansicht:** *Immenga/Mestmäcker/Dreher* § 97, Rdn. 77.

[43] VK Bund VergabeR 2001, 143 (145); OLG Düsseldorf VergabeR 2005, 107 (109); *Byok/Jaeger* § 97, Rdn. 222; *Heiermann/Riedl/Rusam* VOB/A § 4, Rdn. 18; *Dreher* NZBau 2005, 427 (430).

[44] VK Sachsen Beschluss v. 2.11.1999, 1 SVK/19–1999, IBR 2000, 302.

[45] *Ax/Sattler* ZVgR 1999, 231 (233).

[46] VK Arnsberg Beschluss v. 13.8.1999, VK 11/99, IBR 2000, 402.

[47] VK Bund VergabeR 2001, 143 (145); DVA BauR 2000, 1793 (1797); *Franke/Kemper/Zanner/Grünhagen* VOB/A § 4, Rdn. 47.

[48] VK Sachsen-Anhalt Beschluss v. 24.2.2000, VK Hal 02/00, IBR 2000, 259.

[49] NZBau 2000, 555 (557 f.).

[50] OLG Düsseldorf VergabeR 2005, 107 (110).

und für den jeweiligen Einzelfall zu begründen.[51] Allgemeine Ausführungen wie der Verweis auf mögliche Verzögerungen oder den Koordinierungsaufwand reichen hierzu nicht aus.

3. Gestaltung der Verdingungsunterlagen

49 Der Auftraggeber hat in den **Ausschreibungsunterlagen** auf die geplante Vergabe nach Teil- oder Fachlosen hinzuweisen. Nach § 10 Nr. 5 Abs. 2 lit. o) VOB/A ist in der Aufforderung zur Angebotsabgabe insbesondere anzugeben, wenn Vorbehalte wegen der Teilung der Lose und der Vergabe der Lose an verschiedene Bieter bestehen. Bei der Öffentlichen Vergabebekanntmachung ist nach § 17 Nr. 1 Abs. 2 lit. f) VOB/A anzugeben, ob die bauliche Anlage oder der Auftrag in mehrere Lose aufgeteilt ist. Zudem sind Art und Umfang der einzelnen Lose und die Möglichkeit, Angebote für eines, mehrere oder alle Lose einzureichen, anzugeben. Entsprechendes ordnet § 17 Nr. 2 Abs. 2 lit. f) VOB/A für die Bekanntmachung bei der Beschränkten Ausschreibung nach Öffentlichem Teilnahmewettbewerb an. Erst diese Angabe ermöglicht den Bietern eine ordnungsgemäße Kalkulation, die notwendigerweise nach dem wirtschaftlichen Umfang des Bauauftrages differieren wird.[52] Damit folgt das Erfordernis, auf die Vergabe nach Losen hinzuweisen, bereits aus der Anforderung des § 9 Nr. 1 VOB/A. Danach ist die Leistung so eindeutig und erschöpfend zu beschreiben, dass die Bewerber ihre Preise sicher berechnen können. Dieser Befund kann ebenso der Regelung des § 9 Nr. 3 Abs. 1 VOB/A entnommen werden, wonach alle die Preisermittlung beeinflussenden Umstände festzustellen und in den Verdingungsunterlagen anzugeben sind.

50 Lässt sich der Bekanntmachung und den Verdingungsunterlagen nicht eindeutig entnehmen, ob eine losweise Vergabe beabsichtigt ist, so dürfen die Bieter darauf **vertrauen, dass eine Gesamtlosvergabe** erfolgen wird. Es ist Sache des Auftraggebers, hinreichend klar zu formulieren. Die bloße Aufteilung des Leistungsverzeichnisses in Titel genügt diesen Anforderungen nicht.[53]

51 Zur Zulässigkeit einer **Parallelausschreibung,** bei der sich der Auftraggeber in den Verdingungsunterlagen hinsichtlich der **losweisen Vergabe ein Wahlrecht vorbehält** vgl. § 16 VOB/A Rdn. 23 ff.

4. Loslimitierung

52 Sieht der Auftraggeber vor, dass jeder Bieter Angebote nicht auf alle, sondern **nur auf eine bestimmte Anzahl** von Teil- oder Fachlosen abgeben darf, wird von Loslimitierung gesprochen. Sie ist grundsätzlich zulässig, da sie dem Schutz mittelständischer Interessen dient. Daneben vermindert sie die wirtschaftliche Abhängigkeit des Auftraggebers von dem Auftragnehmer.[54] Die Loslimitierung stellt eine freiwillige Maßnahme des Auftraggebers dar, denn anders als die Aufteilung in Lose ist sie in § 97 Abs. 3 GWB nicht ausdrücklich erwähnt.[55] Die Absicht, eine Loslimitierung vorzunehmen, muss bereits in der Bekanntmachung mitgeteilt werden (§ 17 Nr. 1 Abs. 2 lit. f) VOB/A). Unzulässig ist es, wenn die Loslimitierung zur unwirtschaftlichen Zersplitterung des Auftrags führt. Dann steht das Gebot der Zuschlagserteilung an das wirtschaftlichste Angebot (§ 97 Abs. 5 GWB) dem Schutz mittelständischer Interessen entgegen.[56]

5. Lose und §§ 305 ff. BGB

53 Zumindest wenn eine Teilung in drei oder mehr Lose erfolgt, denen der Auftraggeber einheitliche Vertragsbedingungen zugrunde legt, sind diese Vertragsbedingungen für eine Vielzahl

---

[51] OLG Düsseldorf VergabeR 2004, 513 (514).

[52] Beck'scher VOB-Kommentar/*Hertwig* VOB/A § 4, Rdn. 12; *Heiermann/Riedl/Rusam* VOB/A § 4, Rdn. 11; *Ingenstau/Korbion/Schranner* VOB/A § 4, Rdn. 9.

[53] VOB-Stelle Sachsen-Anhalt, Fall 203 v. 27.10.1996, IBR 1997, 490; *Franke/Kemper/Zanner/Grünhagen* VOB/A § 4, Rdn. 15.

[54] OLG Düsseldorf NZBau 2000, 440 (441); *Müller-Wrede* NZBau 2004, 643 (647).

[55] *Müller-Wrede* NZBau 2004, 643 (645); *Dreher* NZBau 2005, 427 (431).

[56] *Dreher* NZBau 2005, 427 (431).

von Verträgen vorformuliert und unterliegen der **Inhaltskontrolle nach den §§ 305 ff. BGB.** Diese Inhaltskontrolle findet auch statt, wenn der Auftraggeber alle Lose an nur einen Bieter vergibt. Denn für die Frage, ob Vertragsbedingungen für eine Vielzahl von Verträgen vorformuliert sind, ist eine *ex-ante-Betrachtung* vorzunehmen.[57] Zur Frage, ob Vertragsbedingungen, die in einer öffentlichen Ausschreibung verwendet werden, stets Allgemeine Geschäftsbedingungen darstellen vgl. § 2 VOB/B Rdn. 51.

6. Schwellenwerte

Für die Vergabe von Teil- und Fachlosen gelten die besonderen Schwellenwerte des 2 Nr. 7 54
VgV, § 1 a Nr. 1 Abs. 2 VOB/A (§ 1 a VOB/A Rdn. 28 ff.).

D. Fehlerfolgen

§ 4 Nr. 2 und 3 VOB/A sind **bieterschützend** im Sinne von § 97 Abs. 7 GWB. Bei Vergaben 55
oberhalb der Schwellenwerte kann ein Bieter ein Nachprüfungsverfahren einleiten mit der Begründung, dass die notwendige Aufteilung in Teil- oder Fachlose nicht erfolgt und ihm deshalb die Beteiligung an dem Vergabeverfahren unmöglich gemacht worden sei.[58] Auf einen Verstoß gegen § 97 Abs. 3 GWB können sich nur mittelständische Unternehmen berufen.[59] Eine Definition des Begriffs des Mittelstands fehlt bisher. Als Auslegungshilfe kann die „Empfehlung betreffend die Definition der Kleinstunternehmen sowie der kleinen und mittleren Unternehmen" der EG-Kommission[60] herangezogen werden.[61]

Beruft sich ein Unternehmen darauf, dass ihm die Durchführung des Gesamtauftrags aufgrund 56
der fehlenden oder fehlerhaften Einteilung in Lose nicht möglich war, liegt Antragsbefugnis nach § 107 Abs. 2 GWB vor, auch wenn kein Angebot abgegeben wurde.[62]

Falls die bauliche Anlage oder der Auftrag in mehrere Lose aufgeteilt ist, so ist bereits in der 57
Bekanntmachung nach § 17 Nr. 1 Abs. 2 lit. f) VOB/A hierauf hinzuweisen. Ergibt sich der Verstoß gegen § 4 Nr. 2, 3 VOB/A demnach bereits aus der Bekanntmachung, hat der Bieter nach **§ 107 Abs. 3 Satz 2 GWB** diesen Verstoß **spätestens bis zum Ablauf der in der Bekanntmachung benannten Frist zur Angebotsabgabe** oder zur Bewerbung gegenüber dem Auftraggeber zu rügen. Genügt er dieser strengen Rügepflicht nicht, ist ein Nachprüfungsantrag unzulässig.[63]

Die Annahme, in einem Verstoß gegen § 4 Nr. 3 VOB/A liege zugleich ein **Verstoß gegen** 58
§ 20 GWB[64], ist unzutreffend.[65] Denn bei der Gesamtvergabe entfällt zwar die öffentliche Hand als Nachfrager, an ihre Stelle tritt aber der Generalunternehmer, der als Nachfrager am Markt auftritt. Der Bieter hat keinen Anspruch darauf, gerade die öffentliche Hand als Vertragspartner zu erhalten. Zudem ist der wohl aus Rechtsschutzgründen gesuchte Weg über § 20 GWB, der die Möglichkeit einer einstweiligen Verfügung vorsieht,[66] seit Einführung des vergaberechtlichen Primärrechtsschutzes jedenfalls oberhalb der Schwellenwerte entbehrlich.

Bei einem Verstoß gegen § 4 Nr. 2, 3 VOB/A ist grundsätzlich auch ein **Schadensersatzan-** 59
spruch wegen Verschuldens bei Vertragsverhandlungen denkbar.[67]

---

[57] BGH NJW 1997, 135 (136) = BauR 1997, 123 (124); BGH BauR 2001, 1895; Münchener Kommentar zum BGB/*Basedow* § 305, Rdn. 18.

[58] VK Bund VergabeR 2001, 143 (144 f.); OLG Düsseldorf VergabeR 2005, 107 (110); Beck'scher VOB-Kommentar/*Hertwig* VOB/A § 4, Rdn. 18; *Byok/Jaeger* § 97, Rdn. 219

[59] OLG Düsseldorf VergabeR 2005, 107 (110).

[60] Empfehlung der EG-Kommission 2003/361/EG v. 6.5.2003, ABlEU Nr. L 124, 36.

[61] OLG Düsseldorf VergabeR 2005, 107 (110); *Dreher* NZBau 2005, 427 (428); vgl. auch *Immenga/Mestmäcker/Dreher* § 97, Rdn. 78.

[62] OLG Düsseldorf VergabeR 2005, 107 (108).

[63] KG BauR 2000, 1620; *Franke/Kemper/Zanner/Grünhagen* VOB/A § 4, Rdn. 76.

[64] So LG Hannover EuZW 1997, 638 (640).

[65] Vgl. Beck'scher VOB-Kommentar/*Hertwig* VOB/A § 4, Rdn. 19.

[66] So wohl LG Hannover EuZW 1997, 638.

[67] Beck'scher VOB-Kommentar/*Hertwig* VOB/A § 4, Rdn. 4.

E. Parallelvorschriften in der VOL/A und der VOF

60 Nach **§ 5 Nr. 1 VOL/A** hat der Auftraggeber in jedem Falle, in dem dies nach Art und Umfang der Leistung zweckmäßig ist, diese – z.B. nach Menge, Art – in Lose zu zerlegen, damit sich auch kleine und mittlere Unternehmen um Lose bewerben können. Die einzelnen Lose müssen so bemessen sein, dass eine unwirtschaftliche Zersplitterung vermieden wird. Der Auftraggeber nach der VOL/A hat also grundsätzlich eine Teilung nach Losen vorzunehmen, so weit dies nicht unwirtschaftlich ist.[68]

61 Die VOF enthält keine Vorschrift, die § 4 VOB/A entspricht. Allerdings sollen nach **§ 4 Abs. 5 VOF** kleinere Büroorganisationen und Berufsanfänger angemessen beteiligt werden.

§ 5 Leistungsvertrag, Stundenlohnvertrag, Selbstkostenerstattungsvertrag

1. Bauleistungen sollen so vergeben werden, dass die Vergütung nach Leistung bemessen wird (Leistungsvertrag), und zwar:
a) in der Regel zu Einheitspreisen für technisch und wirtschaftlich einheitliche Teilleistungen, deren Menge nach Maß, Gewicht oder Stückzahl vom Auftraggeber in den Verdingungsunterlagen anzugeben ist (Einheitspreisvertrag),
b) in geeigneten Fällen für eine Pauschalsumme, wenn die Leistung nach Ausführungsart und Umfang genau bestimmt ist und mit einer Änderung bei der Ausführung nicht zu rechnen ist (Pauschalvertrag).

2. Bauleistungen geringeren Umfangs, die überwiegend Lohnkosten verursachen, dürfen im Stundenlohn vergeben werden (Stundenlohnvertrag).

3. (1) **Bauleistungen größeren Umfangs dürfen ausnahmsweise nach Selbstkosten vergeben werden, wenn sie vor der Vergabe nicht eindeutig und so erschöpfend bestimmt werden können, dass eine einwandfreie Preisermittlung möglich ist (Selbstkostenerstattungsvertrag).**
(2) **Bei der Vergabe ist festzulegen, wie Löhne, Stoffe, Gerätevorhaltung und andere Kosten einschließlich der Gemeinkosten zu vergüten sind und der Gewinn zu bemessen ist.**
(3) **Wird während der Bauausführung eine einwandfreie Preisermittlung möglich, so soll ein Leistungsvertrag abgeschlossen werden. Wird das bereits Geleistete nicht in den Leistungsvertrag einbezogen, so ist auf klare Leistungsabgrenzung zu achten.**

Schrifttum: *Kapellmann* Die Berechnung der Vergütung nach Kündigung des Bau- oder Architektenvertrages durch den Auftraggeber, Jahrbuch Baurecht 1998, Seite 35 – *Kniffka* Rechtliche Probleme des Generalunternehmers, in: Seminar ARGE (Generalunternehmer) Subunternehmer, 1992, Seite 46

Übersicht

[68] Beck'scher VOB-Kommentar/*Hertwig* VOB/A § 4, Rdn. 24.

A. Regelungsgehalt und Funktion

I. Struktur

1 § 5 VOB/A benennt (unvollständig) die Vergütungsgrundsätze, auf denen die VOB in ihren 3 Teilen A, B und C aufbaut; an die Vergütungstypen knüpft sie Bauvertragstypen. Sie suggeriert damit unzutreffend, dass die Definition der Vergütungsberechnung, also der Vergütungstyp, allein den Vertragstyp kennzeichnet. Richtigerweise definiert sich ein Vertragstyp aber einmal nach der Methode der Leistungsdefinition (Feststellung des Bausolls[1]), also z.B. detailliert, global, funktional oder nach Leistungsbestimmungsrecht des Vertragsgegners oder eines Dritten, zum anderen nach der Methode der Vergütungsermittlung z.B. nach Berechnung je technischer Leistungseinheit, nach Zeit, nach Aufwand oder pauschal. Diese terminologische Unschärfe der VOB hat insbesondere bei der Charakterisierung der Leistungsseite von Pauschalverträgen in der Vergangenheit viel Verwirrung gestiftet. Selbstverständlich kann und will die VOB nicht alle generell denkbaren Vertragstypen benennen. Sie greift vielmehr in § 5 als Basisnorm (wiederum unvollständig) die Typen heraus, die der Adressat der VOB/A[2], der öffentliche Auftraggeber, für Vergaben verwaltungsintern (unterhalb der Schwellenwerte) oder mit Außenwirkung (oberhalb der Schwellenwerte, § 97 Abs. 6 GWB, §§ 2, 3 VergabeVO) wählen muss (vgl. Rdn. 4).

2 § 5 unterscheidet als Oberbegriff **Leistungsverträge** mit den Unterbegriffen Einheitspreisvertrag und Pauschalvertrag (letzteren aber nur in der Form des Detail-Pauschalvertrages), Stundenlohnverträge und Selbstkostenerstattungsverträge. Bei Leistungsverträgen wird die Vergütung (im Prinzip) bemessen nach der erbrachten Leistung, was für den Werkvertrag, bei dem der Auftragnehmer einen Erfolg und nicht bestimmte Mühen oder einen bestimmen Aufwand schuldet, typisch ist. Sowohl beim Stundenlohnvertrag wie beim Selbstkostenerstattungsvertrag wird die Vergütung dagegen nach Aufwand (Kosten)[3] ermittelt, was natürlich ungeachtet der Erfolgsbezogenheit möglich ist. Es ist deshalb sachgerecht, Stundenlohnvertrag und Selbstkostenerstattungsvertrag unter dem Oberbegriff „Aufwandsvertrag"[4] zusammenzufassen.

3 Damit ergibt sich für die Einteilung der Vertragstypen gemäß § 5 folgendes Schema:

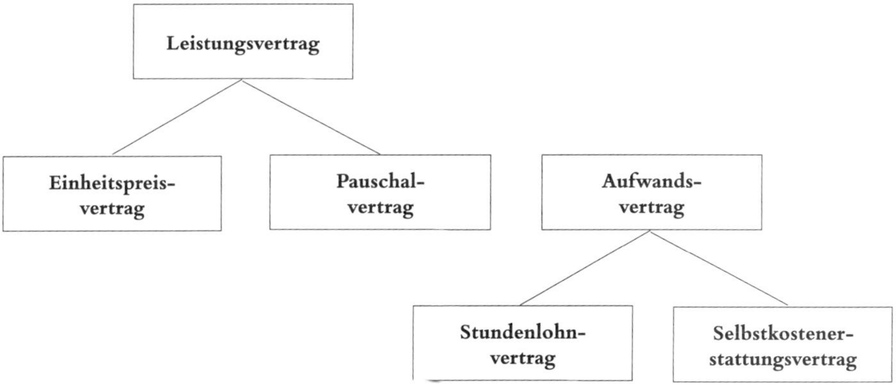

[1] Zum Begriff Bausoll Teil B § 2 Rdn. 26 ff.
[2] Näher zur Rechtsnatur derVOB/A Einleitung VOB/A, Rdn. 25 ff.
[3] Die VOB unterscheidet nicht zwischen Aufwand und Kosten; das BGB aber auch nicht, Einzelheiten *Kapellmann* Jahrbuch Baurecht 1998, Seite 35, Fn. 1.
[4] Nach Beck'scher VOB-Kommentar/*Motzke* VOB/A § 5 Rdn. 2.

4 Obwohl die VOB/A in § 5 offensichtlich **die** VOB-gerechten Vergütungs- bzw. Vertragstypen nennen will, ist ihr das nicht vollständig gelungen. Einmal nennt sie in § 5 Nr. 1 b als Pauschalvertrag nur den Vertrag mit genauer Bestimmung von Ausführungsart und -umfang, also den Detail-Pauschalvertrag (dazu Rdn. 28), lässt aber in § 9 Nr. 15–17 b VOB/A gerade den Prototyp eines Global-Pauschalvertrages zu, nämlich einen Bauvertrag auf der Basis eines Leistungsprogramms, also die Verbindung von Planen und Bauen in einer Hand; die Zwischenform, also die teil-funktionale Ausschreibung, ist damit jedenfalls durch § 5 VOB/A nicht ausgeschlossen (näher Rdn. 32). Zum anderen enthält § 32 VOB/A einen eigenen Vertragstyp, den Konzessionsvertrag. Schließlich kennen § 5 b VOB/A und § 4 SKR Rahmenvereinbarungen, die dann, wenn der Rahmen nur unverbindlich ist, einen eigenen Vertragstyp darstellen. Außerhalb des Geltungsbereichs der Sektorenrichtlinie finden sich solche Rahmenvereinbarungen insbesondere als **„Zeitverträge“**, z.B. für laufende Erhaltungsarbeiten;[5] obwohl in der VOB/A Abschnitt 1, 2 nicht erwähnt, sind sie auch dort zulässig.[6]

5 Letzteres macht schon deutlich, dass jedenfalls § 5 VOB/A keine **Verbotsnorm** dahin ist, dass der öffentliche Auftraggeber generell nicht auch andere Vertragstypen oder Mischtypen wählen dürfte. Vergaberechtlich ist § 5 nur relevant als Gebot des Vorrangs des Leistungsvertrages und als teilweises Verbot des Global-Pauschalvertrages.[7] § 5 VOB/A ist keine gesetzliche Verbotsnorm, die über § 134 BGB zur Nichtigkeit eines von einem öffentlich-rechtlichen Auftraggeber geschlossenen Vertrages wegen abweichender Typologie führen könnte.[8] Vergaberechtlich ist die Typologie allerdings insoweit zwingend, als ein als Einheitspreisvertrag ausgeschriebener Vertrag nicht nachträglich im Vergabeverfahren in einen Pauschalvertrag umgeändert werden darf, § 24 Nr. 3 VOB/A.[9] Umgekehrt ist das schon vergabetechnisch praktisch nicht möglich.

Ob allerdings nicht praktisch das Vergabegebot des § 9 Nr. 11, 15–17 VOB/B als Sperre für viele Vertragstypen wirkt, ist eine andere Frage (dazu näher → § 9 VOB/A, Rdn. 93 ff.).

6 **Festpreisverträge** bilden keine eigene Vergütungs- oder Vertragskategorie. Vereinbarte Preise sind immer fest und nicht variabel, gleichgültig, um welchen Vertragstyp es sich handelt;[10] beim Einheitspreisvertrag gibt es davon in § 2 Nr. 3 VOB/B bei einer Größenordnung von mehr als 10 % Mengenabweichung Ausnahmen. Leider werden oft Festpreis und Pauschalpreis verwechselt, so dass es bei der Verwendung des Begriffes „Festpreis“ sehr oft der Prüfung bedarf, ob die Parteien nicht Pauschalpreis gemeint haben.[11] Soll kein Festpreis gelten, können Gleitklauseln vereinbart werden, § 15 VOB/A.

7 Systematisch lässt sich ein eventueller Definitionsgehalt von § 5 VOB/A nur im Kontext mit § 2 VOB/B erschließen; dort ist der Einheitspreisvertrag in § 2 Nr. 2 sowie Nr. 3–6 ausführlich behandelt, der Pauschalvertrag rudimentär in § 2 Nr. 2 und Nr. 7, der Stundenlohnvertrag in § 2 Nr. 10, § 15, der Selbstkostenerstattungsvertrag allerdings gar nicht.

II. Vorrang des Leistungsvertrages, Einheitspreisvertrag als Regel?

8 Die VOB stellt Vergaberegeln auf; in der Regel soll nach Einheitspreisen vergeben werden, in geeigneten Fällen gegen Pauschalvergütung. Ausnahmsweise dürfen Bauleistungen größeren

[5] Siehe VOB/A § 5 b, Rdn. 1; Beck'scher VOB-Kommentar/*Motzke* VOB/A § 5, Rdn. 174–178.

[6] Näher *Graef*, NZBau 2006, 561; Beck'scher VOB-Kommentar/*Sterner* VOB/A § 5 b, Rdn. 7–11; Beck'scher VOB-Kommentar/*Sterner* VOB/A § 4 SKR, Rdn. 5–7. Das Vergabehandbuch des Bundes im Zuständigkeitsbereich der Finanzbauverwaltung enthält dazu eine ganze Formularsammlung unter EVM-Z. Siehe auch VOB/A § 5 b Rdn. 1.

[7] Dazu Rdn. 8 und Rdn. 28.

[8] Beck'scher VOB-Kommentar/*Motzke* VOB/A § 5, Rdn. 21. Der Vertrag als solcher ist nicht verboten; ob im Einzelfall der Auftraggeber sein Ermessen bei der Wahl des Vertragstyps vergaberechtlich richtig ausgeübt hat, ist nicht Gegenstand der Sanktion des § 134 BGB, dazu näher VOB/B § 2, Rdn. 114.

[9] OLG Celle BauR 1996, 860; Beck'scher VOB-Kommentar/*Motzke* VOB/A § 5, Rdn. 11; *Ingenstau/Korbion/Kratzenberg* VOB/A § 24, Rdn. 20; a.A. *Heiermann/Riedl/Rusam* VOB/A § 24, Rdn. 36.

[10] Näher VOB/B § 2, Rdn. 6.

[11] VOB/B § 2, Rdn. 239; näher *Kapellmann/Schiffers* Band 2, Rdn. 76–82.

Umfangs nach Selbstkosten vergeben werden; Bauleistungen geringeren Umfangs, die überwiegend Lohnkosten verursachen, dürfen nach Stundenlohn vergeben werden. Daraus und aus dem Zusammenhang mit § 2 VOB/B wird deutlich, dass die VOB vorrangig eine Vergabe als Leistungsvertrag verlangt, so dass also die Vergabe als Aufwandsvertrag nur in atypischen Fällen gestattet ist,[12] oder anders ausgedrückt: Ein Bieter kann im Nachprüfungsverfahren einwenden, dass die Ausschreibung als Aufwandsvertrag nicht vergabegerecht war – was allerdings reine Theorie ist.

Aus dieser Einstufung in ein Regel-Ausnahmeverhältnis als Vergabeprinzip folgt aber ebenso 9
wenig wie aus § 2 VOB/B ein Regel-Ausnahmeverhältnis zwischen Einheitspreis- und Pauschalvertrag im Sinne einer Beweislastregel oder auch nur einer Vermutung dahingehend, dass einer dieser Vertragstypen „im Zweifel" vorrangig sei.[13]

B.

I. Einheitspreisvertrag

1. Einzelelemente

Beim Einheitspreisvertrag wird die Vergütung bemessen „zu Einheitspreisen für technisch 10
und wirtschaftlich einheitliche Teilleistungen, deren Menge nach Maß, Gewicht oder Stückzahl vom Auftraggeber in den Verdingungsunterlagen anzugeben ist", § 5 Nr. 1 a. Das Wichtigste, nämlich das Charakteristikum des Einheitspreisvertrages in Abgrenzung zum Pauschalvertrag, fehlt, nämlich, dass die Vergütung abgerechnet wird nicht nach ausgeschriebener, sondern nach ausgeführter Menge, so § 2 Nr. 2 VOB/B, was keineswegs selbstverständlich ist.[14]

Beim Einheitspreisvertrag zerlegt der Auftraggeber (mit Hilfe seines Architekten als seinem Erfüllungsgehilfen, der dafür gemäß § 15 Nr. 2 Phase 6 HOAI vergütet wird) das zu errichtende Werk in einem von ihm formulierten Blanketttext – in den der Bieter Preise einsetzt und den er als sein Angebot dem Auftraggeber vorlegt – nach Fertigungsgesichtspunkten in isolierte, nicht unbedingt funktional zusammenhängende Produktionsschritte; die VOB/A nennt sie in § 5 Nr. 1 a und in § 9 Nr. 11 **Teilleistungen**, die in einem **Leistungsverzeichnis** nach Ordnungszahlen (in der VOB/A **Position** genannt, § 21 Nr. 1 Abs. 3 VOB/A) zusammengefasst sind.

Beispiel:

Position 2:	400 m²	Oberboden nach DIN 18 300 abtragen und seitlich lagern	6,00 €/m²	=	2.400,00 €
(1)	(2)	(3)	(4)		(5)

(1) ist die Ordnungsnummer (**Position**). 11

(2) ist die Mengenangabe, der so genannte **Vordersatz**. Er ist unabdingbar für die Kalkulation,[15] aber er ist nicht die Abrechnungsmenge. Vergütet wird die durch Aufmaß – näher VOB/B § 14 – festzustellende **ausgeführte** Menge, nicht die ausgeschriebene Menge.

(3) ist der **Leistungsbeschrieb**. Von der Idee her soll die technische Teilleistung so detailliert wie möglich und nötig beschrieben werden, so dass für den Bieter eindeutig ist, was zu bauen und zu kalkulieren ist. Dessen ungeachtet kann der Leistungsbeschrieb so global gefasst sein oder es können so ungewöhnliche Teilleistungen als Bezugsgröße ausgesucht werden, dass der Sinn der Ausschreibungsmethode „Einheitspreisvertrag" gefährdet wird oder verloren geht,[16] aber solange

[12] Beck'scher VOB-Kommentar/*Motzke* VOB/A System III, Rdn. 218 unter Hinweis auf BGH BauR 1998, 1232. Vgl. dazu auch Rdn. 37.

[13] Einzelheiten VOB/B § 2, Rdn. 132.

[14] Näher VOB/B § 2, Rdn. 136, 141, 233; hier Rdn. 28.

[15] Näher VOB/B § 2, Rdn. 141.

[16] „Global-Einheitspreisvertrag", Einzelheiten und Beispiele *Kapellmann/Schiffers* Band 2, Rdn. 87–89.

ein „Beschrieb" preislich mit einer Maßeinheit nach Maß, Gewicht oder Stückzahl verknüpft ist, bleibt der Vertrag Einheitspreisvertrag. Übrigens zeigt sich hier besonders deutlich, dass der **strukturelle** Unterschied zwischen Einheitspreis- und Pauschalvertrag nicht auf der Ebene des Leistungsbeschriebs zu suchen ist, sondern **nur** in vorhandener oder fehlender Verknüpfung von ausgeführter Menge und Vergütung.

Der Leistungsbeschrieb ist sowohl beim Einheitspreisvertrag wie beim Pauschalvertrag eine unveränderliche Größe. Er bestimmt – gegebenenfalls im Zusammenwirken mit anderen Vertragsbestandteilen – das Bausoll sowohl nach Bauinhalt wie nach Bauumständen.[17] Weicht das Bausoll aus Gründen, die nicht im Risikobereich des Auftragnehmers liegen, hiervon ab, so ist die Bausoll/Bauist-Abweichung Ausgangspunkt für Nachträge, § 2 Nr. 5, 6, 7 Abs. 2, 8, 9 VOB/B.

12 (4) – vgl. das Beispiel Rdn. 10 am Ende – ist der **Einheitspreis**, also der Preis für eine Maßeinheit des Vordersatzes, hier also 1 m^2. Die Vergütung wird ermittelt aus der Multiplikation der ausgeführten Menge, bemessen nach der vorgenannten Maßeinheit, mit dem Einheitspreis.

Der Einheitspreis kann nur dann richtig kalkuliert werden, wenn die auszuführende Menge richtig genannt ist. Da aber nicht nach Vordersatzmenge, sondern nach ausgeführter Menge abgerechnet wird, ist es folgerichtig, dass ab gewissen Mengendifferenzen (nämlich 10 %) zwischen Vordersatz und ausgeführter Menge der Einheitspreis an die ausgeführten Mengen angepasst wird; das regelt § 2 Nr. 3 VOB/B.[18] Dieser Anpassungsmechanismus ist konstitutiv für einen Einheitspreisvertrag der VOB; es ist deshalb systemwidrig, Vergabeverstoß und Verstoß gegen AGB-Recht (§ 307 BGB), wenn ein (öffentlicher) Auftraggeber die Anwendung dieses Anpassungsmechanismus des § 2 Nr. 3 in Allgemeinen Geschäftsbedingungen ausschließt.[19]

(5) ist das Produkt von (2) und (4). Dieser „Positionspreis" hat keine eigenständige definitorische Bedeutung für den Einheitspreisvertrag, er dient der Ermittlung des Angebotspreises.

2. Einzelne Positionsarten

13 **a) Grundpositionen. Grundposition** ist die Standard-Position des Leistungsverzeichnisses. Sie wird mit Vertragsschluss Bausoll, wenn nicht eine Alternativ-Position (dazu Rdn. 14) ausgeschrieben ist und statt der Grundposition beauftragt wird.

14 **b) Alternativpositionen (Wahlpositionen). Alternativpositionen** werden in der VOB nicht erwähnt. Sie sind solche Positionen im Angebotsblankett, die Leistungen betreffen, die der Auftraggeber **anstelle** von ebenfalls ausgeschriebenen **Grundpositionen** angeboten haben will. Grundposition und Alternativposition stehen also im Entweder-/Oder-Verhältnis. Der Auftraggeber behält sich die Wahl vor, die eine **oder** die andere Position zu beauftragen, wobei aber sowohl die eine wie die andere Position inhaltlich bestimmt ist und (im Regelfall) einen Vordersatz hat. Alternativpositionen werden auch als **Wahlposition** bezeichnet (§ 262 BGB). Bei Alternativpositionen hat allerdings entgegen der Auslegungsregel des § 262 BGB der Auftraggeber das Wahlrecht. Zu den davon abweichenden Auswahlpositionen siehe Rdn. 25. Der Auftraggeber **muss** bei Wahlpositionen die Wahl **bei** Vertragsschluss, also Angebotsannahme, treffen. Nimmt der Auftraggeber das Angebot des Auftragnehmers an, ohne ausdrücklich eine Wahlposition zu beauftragen, kommt der Vertrag auf der Basis der Grundpositionen zustande, die nicht angenommenen Alternativpositionen werden gegenstandslos. In Allgemeinen Geschäftsbedingungen von Auftraggebern findet sich gelegentlich die Klausel, dass die Auswahlentscheidung auch noch nach Vertragsschluss getroffen werden kann.[20] Diese Klausel verstößt nicht gegen § 308 Nr. 1 BGB, sie erlegt dem Bieter nicht eine unangemessen lange Bindefrist auf. Wenn nämlich der Auftraggeber auf der Basis einer solchen Klausel vergibt, ohne sich für Grund- oder

---

[17] Zum Begriff Bausoll VOB/B § 2, Rdn. 26 ff.

[18] Dazu VOB/B § 2, Rdn. 137–169.

[19] Für die Zulässigkeit eines solchen Ausschlusses in AGB aber der BGH BauR 1993, 723. Zur Begründung unseres abweichenden Standpunktes näher VOB/B § 2, Rdn. 142.

[20] Vgl. z.B. Vergabehandbuch des Bundes im Zuständigkeitsbereich der Finanzbauverwaltungen, Ausgabe 2002, Stand Februar 2006, Erläuterung Nr. 2.1 zu § 28 VOB/A.

Alternativposition festzulegen, so wird tatsächlich doch eine Position beauftragt, nämlich die „Entweder-/Oder-Position", die typisch für ein Wahlschuldverhältnis ist. Gemäß § 264 Abs. 2 BGB gilt: „Ist der wahlberechtigte Gläubiger (Auftraggeber) in Verzug, so kann der Schuldner (Auftragnehmer) ihn unter Bestimmung einer angemessenen Frist zur Vornahme der Wahl auffordern. Mit dem Ablauf der Frist geht das Wahlrecht auf den Schuldner über, wenn nicht der Gläubiger rechtzeitig die Wahl vornimmt."[21] Wenn der Auftraggeber verspätet entscheidet, so kann der Schuldner ihn nicht nur (bei Verzug) unter Bestimmung einer angemessenen Frist zur Vornahme der Wahl auffordern, die verspätete Wahl kann auch wie jede verspätete Mitwirkungshandlung des Auftraggebers Behinderung sein (Anzeige gemäß § 6 Nr. 1 VOB/B erforderlich) und Ansprüche auf Fristverlängerung (§ 6 Nr. 2 VOB/B) oder unter entsprechenden weiteren Voraussetzungen auf Schadensersatz (§ 6 Nr. 6 Satz 1 VOB/B) oder auf Entschädigung (§ 6 Nr. 6 Satz 2 VOB/B, § 642 BGB) auslösen.

Alternativpositionen muss der Auftraggeber mit einem richtigen Vordersatz ausschreiben, so zutreffend auch das Vergabehandbuch des Bundes, Stand Februar 2006, Nr. 4 zu § 9 VOB/A. Schreibt der Auftraggeber einen Vordersatz „0" oder „1" aus, ist dem Bieter zu empfehlen, in seinem Anschreiben zum Angebot anzugeben, welche „kalkulatorischen Vordersätze" er für die Preisermittlung der Alternativposition anstelle der vom Auftraggeber vorgegebenen Vordersätze „0" oder „1" angesetzt hat. Unterlässt ein Bieter das, so stehen ihm dennoch je nach eigener Kalkulation Ansprüche gegen den Auftraggeber aus „Verschulden bei Vertragsschluss" (§ 311 BGB) zu, weil der Auftraggeber durch die Angabe des Vordersatzes „0" oder „1" systemwidrig ausgeschrieben hat und den Bieter zu einer unrichtigen bzw. unbrauchbaren Kalkulation verleitet hat. 15

Durch eine Vielzahl von Alternativpositionen in der Ausschreibung kann der Auftraggeber eine solche Intransparenz schaffen, dass Manipulationen Tür und Tor geöffnet ist. Was die VOB heute für Eventualpositionen vorschreibt – § 9 Nr. 1 Satz 2 VOB/A –, dass sie nämlich nur ausnahmsweise in die Leistungsbeschreibung aufgenommen werden dürfen, gilt genauso für Alternativpositionen. Eine verwirrende Ausschreibung mit einer Häufung von Alternativpositionen ist also ein Verstoß gegen das Gebot der eindeutigen und erschöpfenden Leistungsbeschreibung (§ 9 Nr. 1 VOB/A); bei Vergaben über den Schwellenwerten unterliegt also deren unzulässige Verwendung der Prüfung im Nachprüfungsverfahren.[22] Dem Auftragnehmer selbst stehen je nach Fallgestaltung auch hier Schadensersatzansprüche aus Verschulden bei Vertragsschluss (§ 311 BGB) zu.[23]

Ist die Alternativposition einmal beauftragt, so bildet sie allein das Bausoll. Auf Alternativpositionen ist deshalb uneingeschränkt § 2 Nr. 3 VOB/B anzuwenden. Hat ein Auftraggeber zuerst eine Grundposition beauftragt und entscheidet er sich nachträglich für eine Alternativposition, ist das eine Leistungsänderung, die nach § 2 Nr. 5, 6 VOB/B zu behandeln ist. Da die Alternativposition mangels Beauftragung vollständig „entfallen" war, spielt die Angebotskalkulation der ursprünglich angebotenen Alternativposition für die jetzige Preisfindung der „Anstatt-Leistung" keine Rolle mehr.[24] 16

c) Eventualpositionen (Bedarfspositionen). Eventualpositionen werden in § 9 Nr. 1 Satz 2 VOB/A erwähnt, nicht in der VOB/B. Eventualpositionen sind solche Positionen im Angebotsblankett, die Leistungen betreffen, deren Anordnung sich der Auftraggeber noch vorbehalten möchte, für die er aber schon jetzt einen Preis festgelegt wissen möchte. Eventualpositionen sind also nichts anderes als vorweggenommene Vergütungen für künftige geänderte oder zusätzliche Leistungen. Sie treten folglich auch nicht – anders als Alternativpositionen – an die Stelle von Grundpositionen. Auch die auf der Basis von Eventualpositionen zu vergütende Leistung muss 17

[21] Näher *Kapellmann/Schiffers* Band 1, Rdn. 572. Für Unwirksamkeit *Vygen/Schubert/Lang* Rdn. 200.

[22] OLG Saarbrücken NZBau 2000, 158; OLG Schleswig NZBau 2000, 207; *Ingenstau/Korbion/Kratzenberg* VOB/A § 9, Rdn. 17.

[23] *Heiermann/Riedl/Rusam* VOB/A § 9, Rdn. 133.

[24] KG BauR 2004, 1779, Nichtzulassungsbeschwerde vom BGH zurückgewiesen; *Kapellmann/Schiffers* Band 1, Rdn. 577; *Vygen/Schubert/Lang* Rdn. 199.

der Auftraggeber anordnen; wenn also die „Eventual-Situation" eintritt, ist der Auftraggeber immer noch frei, ob er zu deren Bewältigung diese Eventual-Leistung anordnet oder ob er sich jetzt anders entscheidet.[25] Strukturell sind Eventual-Positionen Preisangebote des Bieters für künftige geänderte oder zusätzliche Leistungen, wobei für dieses Angebot eine unbestimmt lange Bindefrist gilt.

18 Diese kann unter zwei Aspekten unwirksam sein: Auftraggeber, die die VOB/A Abschnitt 1, 2 anwenden, erklären, dass sie so ausschreiben, wie es über die VOB/A bestimmt ist.[26] Also erklären sie auch, dass sie gemäß § 19 Nr. 2, 3 VOB/A verfahren sind. Danach „soll die Zuschlagsfrist so kurz wie möglich und nicht länger bemessen werden, als der Auftraggeber für eine zügige Prüfung und Wertung der Angebote (§§ 23–25) benötigt. Sie soll nicht mehr als 30 Kalendertage betragen; eine längere Zuschlagsfrist soll in begründeten Fällen festgelegt werden. Das Ende der Zuschlagsfrist ist durch Angabe des Kalendertages zu bezeichnen." Längere Bindefristen als 30 Kalendertage darf ein solcher Auftraggeber **nur** aus „hinreichenden und gegebenenfalls nachprüfbaren Gründen vorsehen". Im Ergebnis bedeutet das, dass **keinesfalls** unangemessene Fristen vorgesehen werden dürfen – sie sind nach der Grundsatzentscheidung des BGH „Bindefrist" gemäß § 242 BGB nichtig.[27] Die Entscheidung gilt nur für den Zuschlag, also das Zustandebringen des gesamten Vertrages auf ein Angebot mit übermäßig langer Bindefrist. Aber sinngemäß muss sie auch für das nachträgliche Zustandebringen einzelner Vertragsbereiche gelten, also für Eventual-"Angebote".

Hinreichende Gründe können nur Gründe **objektiver** Art sein, also z.B. die, dass trotz ausreichender geotechnischer Erkundungen keine Klarheit in allen Punkten über die Baugrundbeschaffenheit gewonnen werden konnte. Folglich darf ein Auftraggeber, der vor der Ausschreibung gar keine entsprechenden Erkundungen betrieben hat – zu der er nach § 9 Nr. 3 Abs. 3 VOB/A verpflichtet ist – seinen Ausschreibungsfehler auch nicht durch Eventualpositionen kaschieren, solche Eventualpositionen sind nichtig. Hat der Auftraggeber sachliche objektive Gründe für eine Eventualposition, so **müssen** die behaupteten Gründe nachprüfbar sein, was bedeutet, dass sie in den Vergabeunterlagen genannt sein müssen.[28] Dabei spielt eine ergänzende Rolle, dass die Vergütung auf der Basis einer Eventualposition unter Umständen dem Bieter entgegen § 9 Abs. 2 VOB/A ein ungewöhnliches und unkalkulierbares Wagnis auferlegt. Ein solches ungewöhnliches Wagnis wird erst gar nicht Bausoll.[29] Es liegt auf der Hand, dass z.B. die zeitlichen Auswirkungen bei der Kalkulation einer Eventualposition nur annähernd berücksichtigt werden können; wird die Leistung, zu deren Vergütung die Eventualposition vorgesehen ist, sehr spät, in einem ungünstigen Ablaufzusammenhang oder auf dem kritischen Weg abgerufen, so entstehen z.B. zeitabhängige Kosten, die kalkulatorisch vorher nicht erfassbar waren. Deshalb hat ein Auftragnehmer auch bei wirksam vereinbarter Eventualposition je nach Fallgestaltung Anspruch auf Bauzeitverlängerung und Anspruch auf Berücksichtigung erhöhter Kosten, insbesondere höherer Lohn- oder Materialkosten und zusätzlicher zeitabhängiger Kosten.[30] Diese Konsequenzen sind für den Auftraggeber, der die VOB/A Abschnitt 1, 2 anwendet, zwingend, unabhängig davon, ob sich die Ausschreibungsbedingungen als „Allgemeine Geschäftsbedingungen" darstellen.

19 Für Auftraggeber, die nicht die VOB/A Abschnitt 1, 2 anwenden und deren Ausschreibung sich als Allgemeine Geschäftsbedingungen darstellt, ist § 308 Nr. 1 BGB einschlägig; danach sind Klauseln verboten, durch die sich der Auftraggeber in Allgemeinen Geschäftsbedingungen

---

[25] BGH „NEP-Position" NZBau 2003, 376; *Kapellmann/Schiffers* Band 1, Rdn. 581; *Markus*, in: *Markus/Kaiser/Kapellmann* AGB-Handbuch Bauvertragsklauseln, Rdn. 295; unzutreffend *Heiermann/Riedl/Rusam* VOB/B § 2, Rdn. 58 c und Vygen, in: *Vygen/Schubert/Lang* Rdn. 208; demgegenüber wie hier Schubert, in: *Vygen/Schubert/Lang* Rdn. 517.

[26] Zu diesem Argumentationsgang grundsätzlich BGH „Wasserhaltung II" BauR 1994, 236 und näher VOB/B § 2, Rdn. 114–117.

[27] BGH „Bindefrist" BauR 1992, 221.

[28] *Kapellmann/Schiffers* Band 1, Rdn. 583; *Ingenstau/Korbion/Kratzenberg* VOB/A § 19, Rdn. 18.

[29] Grundsätzlich BGH „Wasserhaltung II" und mit allen Nachweisen VOB/B § 2, Rdn. 114–117.

[30] Einzelheiten *Kapellmann/Schiffers* Band 1, Rdn. 585; *Ingenstau/Korbion/Kratzenberg* VOB/A § 9, Rdn. 18; im Ergebnis *Vygen/Schubert/Lang* Rdn. 218, 219, 209; *Kniffka* Seminar ARGE Seite 46, 57.

„unangemessen lange oder nicht hinreichend bestimmte Fristen für die Annahme oder Ablehnung eines Angebots vorbehält." **Unangemessen** ist die Frist dann, wenn sie nicht objektiver Art ist und wenn sie nicht nachprüfbar ist. Es gelten also im Ergebnis die vorgenannten Regeln. Ebenso bleibt es dabei, dass auch in diesen Fällen die preisliche Einordnung einer geänderten oder zusätzlichen Leistung unter eine Eventualposition die Geltendmachung weiterer Kosten je nach Fallgestaltung nicht ausschließt.

Dass demnach in sehr vielen Fällen ausgeschriebene Eventualpositionen **nicht** den verbindlichen Preis für eine angeordnete oder zusätzliche Leistung, die unter den Leistungsbeschrieb der Eventualposition fallen, bilden, ist kein ernsthafter Nachteil für den Auftraggeber: Solche modifizierten Leistungen werden eben nach den allgemeinen Maßstäben des § 2 Nr. 5, 6 oder 8 vergütet und nicht mit dem Eventualpreis. 20

Unabhängig davon, ob eine Eventualposition wirksam ausgeschrieben worden ist oder nicht, braucht der Auftragnehmer auch dann, wenn es sich um eine zusätzliche Leistung handelt, den Anspruch auf die zusätzliche Vergütung nicht gemäß § 2 Nr. 6 VOB/B vor Ausführung anzukündigen; der Auftraggeber hat durch die Ausschreibung als Eventualposition die Vergütungspflichtigkeit der entsprechenden Eventualleistung erkannt und braucht nicht mehr gewarnt zu werden.[31] 21

Ebenso wie bei Alternativpositionen (Rdn. 15) kann der Auftraggeber auch durch eine Häufung von Eventualpositionen eine Ausschreibung so intransparent machen, dass Vergabemanipulationen leicht möglich sind. In § 9 Nr. 1 Satz 2 VOB/A ist deshalb sachgerecht geregelt, dass Eventualpositionen nur ausnahmsweise in die Leistungsbeschreibung aufgenommen werden dürfen[32]; das unterliegt bei Vergaben oberhalb des Schwellenwerts der Prüfung im Nachprüfungsverfahren. Bei einer unzulässigen Häufung kann der Auftragnehmer, wenn nicht ohnehin schon eine ordnungsgemäße Kostendeckung nach den in Rdn. 18 erläuterten Grundsätzen erfolgt, aus Verschulden bei Vertragsschluss (§ 311 BGB) eine Anpassung der Nachtragsvergütung veränderter Direkter Kosten oder Baustellengemeinkosten z.B. dann verlangen, wenn § 2 Nr. 3 VOB/B nicht eingreift, weil als Menge „0" oder „1" ausgeschrieben ist – dazu Rdn. 23 – oder weil die Kosten der Baustelleneinrichtung nicht zuverlässig kalkuliert werden konnten.[33] 22

Ist bei Eventualpositionen ein konkreter Vordersatz genannt, ist § 2 Nr. 3 VOB/B anwendbar.[34] Wegen des ohnehin hohen Kalkulationsrisikos bei Eventualpositionen gilt das selbst dann, wenn die Anwendbarkeit des § 2 Nr. 3 VOB/B in Allgemeinen Geschäftsbedingungen des Auftraggebers ausgeschlossen worden ist.[35] Fehlt ein Vordersatz oder ist an Menge „1" genannt, so ist § 2 Nr. 3 VOB/B nicht anwendbar,[36] aber der Auftragnehmer hat wie bei Alternativpositionen (oben Rdn. 15) Ansprüche aus Verschulden bei Vertragsschluss (§ 311 BGB) gegen den Auftraggeber. 23

Bei Eventualpositionen wird ein Bieter leicht spekulieren. Aber der Auftraggeber kann den Vertragsinhalt gewordenen Eventualpreis nicht nachträglich ändern, weil er spekulativ überhöht sei; Grenze ist nur die Sittenwidrigkeit des ganzen Vertrages wegen Wuchers (§ 138 BGB), was nie vorkommt.[37] 24

d) Auswahlpositionen. Während bei einer Wahlposition (Alternativposition) die Grundposition und die Alternativposition im Leistungsverzeichnis mit einem definierten Leistungsbe- 25

[31] Näher *Kapellmann/Schiffers* Band 1, Rdn. 593.

[32] Näher VOB/A § 9 Rdn. 14–19.

[33] *Vygen/Schubert/Lang* Rdn. 219; *Kapellmann/Schiffers* Band 1, Rdn. 590.

[34] *Vygen/Schubert/Lang* Rdn. 208; *Heiermann/Riedl/Rusam* VOB/B § 2, Rdn. 58c.

[35] OLG München IBR 1994, 143; Beck'scher VOB-Kommentar/*Jagenburg* VOB/B § 2 Nr. 1, Rdn. 14; *Kapellmann/Schiffers* Band 1, Rdn. 594; anderer Ansicht *Heiermann/Riedl/Rusam* VOB/B § 2, Rdn. 58c. Zur generellen Frage, ob § 2 Nr. 3 VOB/B überhaupt in AGB des Auftraggebers ausgeschlossen werden kann siehe VOB/B § 2, Rdn. 141–143.

[36] OLG Hamm BauR 1991, 532.

[37] LG Bamberg BauR 1999, 386; *Heiermann/Riedl/Rusam* VOB/A § 9, Rdn. 134; VOB/B § 2 Rdn. 116 i.V.m. Rdn. 87.

Zum generellen Prinzip bei Nachtragsvergütungen VOB/B § 2, Rdn. 213, 162 mit Nachweisen.

schrieb enthalten sind und der Auftraggeber die Entweder-/Oder-Auswahl hat (oben Rdn. 14), ist bei **Auswahlpositionen** (Beispiel: Farbe nach Wahl des Auftraggebers) zum Zeitpunkt des Vertragsschlusses das Bausoll im Detail noch offen; die konkrete Leistung wird erst durch die Auswahlentscheidung des Auftraggebers festgelegt. Es gibt in zahlreichen Fällen auch Auswahlrechte des Auftragnehmers, insbesondere in vielen VOB/C-Regelungen.[38]

Die wahlberechtigte Partei darf grundsätzlich unbeschränkt wählen, also auch eine nicht alltägliche Wahl treffen, aber die Wahl muss sich immer im Rahmen der „Marktgängigkeit" halten, wenn aus dem Text der Position selbst nicht das Gegenteil folgt; eine Wahl des Auftraggebers außerhalb dieses Standards ist Bausoll-Bauist-Abweichung und begründet Nachtragsansprüche.[39] Der öffentliche Auftraggeber darf durch die Wahl dem Auftragnehmer auch kein „ungewöhnliches Wagnis" auferlegen.[40] Schließlich muss der Wahlberechtigte seine Wahl „billig" (§ 315 BGB) treffen.[41]

26 e) **Zulagepositionen. Zulagepositionen** sind Positionen, in denen eine Variante zur Grundposition ausgeschrieben wird, so dass nach Meinung des Ausschreibenden kostenkalkulatorisch die entsprechende Leistung vergütet wird mit einem unverändert bleibenden Preis für die Grundposition plus dem Zulagepreis für die „Zusatzleistung". Es erscheint dem Ausschreibenden abrechnungstechnisch einfacher, die veränderte Leistung gegenüber der Grundposition nur zu ergänzen durch Grundposition plus Zulage statt die Veränderung in einer neuen Grund- oder Eventualposition zu erfassen. Zulagepositionen sind folglich nicht immer auch Eventualpositionen, oder anders ausgedrückt: Nur scheinbar sind Zulagepositionen eine abrechnungstechnische Vereinbarung für solche Leistungen, die sich nur als **eventuelle** Erschwerung einer Grundleistung darstellen.[42] Die richtige Einordnung ist bedeutsam für die Beurteilung der Frage, ob der Nichteintritt der Zulagenleistung, also das Nichteingreifen der Zulageposition, vergütungsmäßig folgenlos bleibt oder ob der Wegfall als konkludente freie Teilkündigung der Zulageleistung mit der Folge zu bewerten ist, dass der Auftraggeber die vereinbarte Vergütung für die Zulageleistung plus die entsprechende Grundleistung minus ersparter Aufwendungen bezahlen muss.[43] Die Einstufung der Zulageposition als nur abrechnungstechnisch vereinfachte Teil-Grundposition oder als Eventualposition hängt von der konkreten Vertragsgestaltung ab. Wird beispielsweise der Abbruch von Betonwänden d = 40 cm ausgeschrieben und enthält das LV eine Zulageposition d = 50 cm, so kommt es darauf an, ob z.B. die Ausführungspläne ausweisen, dass Betonwände d = 50 cm vorkommen werden. Wenn ja, ist der Entfall der Zulageposition (plus Grundposition) als freie Teilkündigung gemäß § 8 Nr. 1 VOB/B zu behandeln.

27 f) **Sammelpositionen (Mischpositionen).** Eine Sammelposition fasst in einer Position verschiedene **ungleichartige** Leistungen zusammen. Für den öffentlichen Auftraggeber ist eine solche Ausschreibung nur zulässig, wenn eine Teilleistung gegenüber einer anderen für die Bildung eines Durchschnittspreises ohne nennenswerten Einfluss ist, § 9 Nr. 14 VOB/A. Zu den damit zusammenhängenden Problemen VOB/A § 9, Rdn. 73.

---

[38] Beispiel Abschnitt 3.2.1 DIN 18 303: „Die Wahl der Verbauart bleibt dem Auftragnehmer überlassen." Oder Abschnitt 2.2 DIN 18 299: „Stoffe oder Bauteile, die der Auftraggeber nur vorzuhalten hat, also nicht in das Bauwerk eingehen, dürfen nach Wahl des Auftragnehmers neu oder gebraucht sein." Weiteres Beispiel VOB/A § 9, Rdn. 54.

[39] OLG Köln mit Nichtannahmebeschluss des BGH „Sonderfarben II" BauR 1998, 1096. Zum ganzen Themenkreis *Kapellmann/Schiffers* Band 1, Rdn. 849–858.

[40] BGH „Wasserhaltung II" BauR 1994, 236; BGH „Auflockerungsfaktor" BauR 1997, 466; näher VOB/B § 2, Rdn. 114.

[41] BGH „Sonderfarben II" BauR 1993, 595; zur Bestimmung der Billigkeit *Kapellmann/Schiffers* Band 2, Rdn. 670–676.

[42] So aber *Ingenstau/Korbion/Kratzenberg* VOB/A § 9, Rdn. 18; Beck'scher VOB-Kommentar/*Motzke* VOB/A § 5, Rdn. 85–87.

[43] „Nullpositionen", dazu OLG Oldenburg BauR 2000, 897; hier VOB/A § 9, Rdn. 57.

II. Pauschalvertrag

1. Bauvertragliche oder vergaberechtliche Relevanz, bieterschützende Normen

Gemäß § 5 Nr. 1 b VOB/A sollen Bauleistungen so vergeben werden, dass die Vergütung nach Leistung bemessen wird, in „geeigneten Fällen für eine Pauschalsumme, wenn die Leistung nach Ausführungsart und – umfang genau bestimmt ist und mit einer Änderung bei der Ausführung nicht zu rechnen ist". Bedeutung für eine vertragliche Definition des Pauschalvertrages oder wenigstens eines VOB-Pauschalvertrages hat die Vorschrift nicht. Der Pauschalvertragstyp, den sie beschreibt – „Leistung nach Ausführungsart und -umfang genau bestimmt", ist der **Detail-Pauschalvertrag**, bei dem also die Leistungsseite – oft, aber nicht notwendigerweise durch ein LV, sonst z.B. durch eine detaillierte Ausführungsplanung des Auftraggebers –, mithin das Bausoll, detailliert festliegt.[44] Daneben gibt es aber genauso den Pauschalvertrag, bei dem der Auftraggeber nur wenige Details vorgibt und ansonsten teil-funktional oder völlig funktional ausschreibt, also in der Leistungsbeschreibung Globalelemente verwendet und die Funktion „Ausfüllung dieser Globalelemente" (= Planung) dem Auftragnehmer in unterschiedlichstem Ausmaß überlässt, eben den **Global-Pauschalvertrag.**[45] Dazwischen gibt es zahlreiche Mischformen. **Den** Pauschalvertrag charakterisiert nur, dass nicht nach ausgeführter Menge abgerechnet wird,[46] also trägt die Vorschrift des § 5 Nr. 1 b VOB/A zur Begriffsklärung nichts bei. Schon deshalb kann man *Motzke* nicht zustimmen, der die Frage, ob ein Bieter sich im Vergabenachprüfungsverfahren darauf berufen kann, § 5 Nr. 1 b sei verletzt, verneint auf der Basis einer Einteilung der Vergabevorschriften der VOB/A in Vergabeverfahrensrecht, auf dessen Verletzung sich ein Bieter berufen könne und in bauvertraglichen Normen sowie Ordnungsvorschriften, auf deren Verletzung sich ein Bieter nicht berufen könne; § 5 Nr. 1 b gehöre vergaberechtlich zum nicht relevanten Bauvertragsrecht.[47] Ob man dieser grundsätzlichen Dreiteilung folgen soll – was auch nicht zu bejahen ist, vgl. Rdn. 29 – kann hier dahinstehen; § 5 Nr. 1 b gehört jedenfalls nicht zu relevanten Bauvertragsnormen, wie gezeigt: Die Bestimmung hat überhaupt keinen **bauvertraglich** relevanten Inhalt. 28

Zudem: Vergaberechtlich relevant sind oberhalb der Schwellenwerte grundsätzlich **alle** Normen der Vergabeordnungen, ausgenommen solche, die reine Ordnungs- oder Definitionsnormen sind oder solche, durch die der Bieter in seinen berechtigten Belangen nicht verletzt sein **kann,**[48] eine Unterscheidung einzelner Normen nach vergabeverfahrensrechtlichen und bauvertragsrechtlichen Normen wird dem „vergaberegelnden" Charakter der VOB/A nicht gerecht und ist darüber hinaus auch praktisch kaum hinreichend bestimmbar. Zweifelsfrei diente die Vergabevorschrift des § 5 Nr. 1 b ursprünglich nicht den Belangen des Bieters, sondern des Auftraggebers: Er sollte davor bewahrt werden, bei „ungenauen" Pauschalverträgen Nachträgen ausgesetzt zu sein, die – aus der verfehlten Sicht der VOB/B, vgl. Rdn. 31 – unkontrollierbar wären. Durch die Inkorporierung in § 97 Abs. 7 GWB und die Vergabeverordnung ist die VOB/A aber gesetzliche Vergabeordnung geworden und muss jetzt im Licht der europäischen Richtlinien unter Zielsetzung des § 97 Abs. 2, 3 GWB interpretiert werden. Dann ergibt sich aber ohne weiteres, dass die Beschränkung des Pauschalvertrags auf „nach Art und Umfang genau bestimmte Leistungen" den „kleinen" Bieter begünstigt, dem es vielleicht schwer fällt, die z.B. bei einer globalen Beschreibung notwendige eigene Ausführungsplanung zu erbringen. Das reicht jedenfalls dafür aus, § 5 Nr. 1 b VOB/A mindestens auch als „bieterschützende Norm" anzusehen;[49] ob eine solche Beschränkung vergabepolitisch sinnvoll ist, ist eine andere Frage. 29

---

[44] Zum Vertragstyp Detail-Pauschalvertrag VOB/B § 2, Rdn. 233, 242 ff.

[45] Zum Vertragstyp Global-Pauschalvertrag VOB/B § 2, Rdn. 233, 246 ff.

[46] Oben Rdn. 10, VOB/B § 2, Rdn. 136, 233.

[47] Beck'scher VOB-Kommentar/*Motzke* VOB/A System III, Rdn. 81, 86, 116, 124, 133; § 5, Rdn. 20.

[48] OLG Düsseldorf NZBau 2000, 440 m.w.N.; *Immenga/Mestmäcker/Dreher* GWB § 97 Rdn. 187–196; *Ingenstau/Korbion/Müller-Wrede* GWB § 97, Rdn. 37.

[49] Ebenso ausdrücklich 2. Vergabekammer beim Wirtschaftsministerium Mecklenburg-Vorpommern, Beschluss vom 27.11.2001, 2 VK 15/01; Vergabekammer beim Regierungspräsidium Halle, Beschluss vom

30 Unter diesem Aspekt ist auch das Gebot des § 5 VOB/A, Bauleistungen nur im Ausnahmefall auf Stundenlohnbasis oder gegen Selbstkostenerstattung zu vergeben, „bieterschützend“;[50] dann ist es allerdings nicht überzeugend, wenn *Motzke* diesen „bieterschützenden“ Charakter bejaht, den der Pauschalvertragsvorschrift des § 5 Nr. 1 b aber nicht.[51]

2. Nach Art und Umfang bestimmte Leistungen

31 Die Vergabe als Pauschalvertrag ist zulässig „in geeigneten Fällen, wenn die Leistung nach Art und Umfang **genau** bestimmt ist und mit Änderungen nicht zu rechnen ist.“ Die Jahrzehnte alte Regelung ist inhaltlich regelrecht verkorkst, am Vergabe- und Vertragsausschuss ist die moderne Erfassung der Struktur von Pauschalverträgen spurlos vorübergegangen. Eine Leistung ist – so die Intention des § 5 Nr. 1 – nach Art (qualitatives Bausoll) und Umfang (quantitatives Bausoll) dann **genau** bestimmt, wenn zum Zeitpunkt der Vergabe praktisch alle Detailentscheidungen getroffen sind, also nach dem Abschluss des Bauvertrages nichts mehr zu bestimmen ist. Das ist nur möglich, wenn eine fertige Ausführungsplanung vorliegt, also nach Vertragsschluss weder der Auftraggeber erst eine Ausführungsplanung vorlegen darf noch der Auftragnehmer vertraglich berechtigt sein darf, die Ausführungsplanung zu erstellen oder dadurch Leistungsdetails zu bestimmen. Würde man das wortwörtlich nehmen, wäre es der Tod jeder funktionalen oder teil-funktionalen Leistungsbeschreibung. Damit wäre gleichzeitig die rein funktionale Ausschreibungsmethode „nach Leistungsprogramm“ des § 9 Nr. 15–17 VOB/A gar nicht möglich; § 9 Nr. 15 versucht das dadurch zu retten, dass er vom Bieter verlangt, im Rahmen des Angebots eine eingehende zweckmäßig gegliederte Beschreibung der Leistung – gegebenenfalls mit Mengen- und Preisangaben für Teile der Leistungen – vorzulegen. Mengen- und Preisangaben für Teile der Leistung sind nichts anderes als ein bepreistes Leistungsverzeichnis, dessen Erstellung eine fertige Ausführungsplanung voraussetzt. Im Rahmen einer Totalunternehmerausschreibung gemäß § 9 Nr. 15–17 ist das völlig unpraktisch, dauert zu lange, kostet zu viel und hat wenig Erkenntniswert. Niemand wird das machen. Was „gegebenenfalls“ ist, weiß ohnehin niemand. Immerhin ist es aber wegen des Wortlauts „gegebenenfalls“ nicht unzulässig, ein solches Angebot auch ohne Fertigung des Leistungsverzeichnisses zu verlangen. Dann aber wäre wieder bei strikter Anwendung des § 5 Nr. 1 b die Zulassung eines solchen Angebots auszuschließen, denn die Leistung ist dann wieder weder nach Art noch nach Umfang (schon) **genau** beschrieben. Die VOB/A enthält also einen unauflöslichen Widerspruch. Offensichtlich ist es aber so, dass dann, wenn die VOB/A die Ausschreibung nach Leistungsprogramm in § 9 Nr. 15–17 ausdrücklich zulässt, § 5 Nr. 1 b VOB/A dem nicht im Wege stehen darf. Also muss die Vorschrift anders interpretiert werden, wobei eben das Kernproblem aller teil-funktionalen oder funktionalen Leistungsbeschreibungen nicht die Ungenauigkeit kraft dieser Methode ist: Wenn beispielsweise dem Auftragnehmer die Ausführungsplanung übertragen ist und der Auftraggeber sich darüber im Klaren ist, dass er damit die Entscheidungshoheit über die Ausführungsdetails an den Auftragnehmer weitergegeben hat,[52] kann es darüber, wie die Leistung genau zu bestimmen ist (auch wenn sie noch nicht bestimmt ist), wenig Diskussion geben. Probleme entstehen dadurch, dass die Leistungsbeschreibung die Schnittstellen nicht genau benennt, unklare Regelungen schafft, in sich widersprüchlich ist oder dass der Auftraggeber die von ihm selbst gewählte Methode nicht akzeptieren will, also glaubt, trotz Funktionsverschiebung seine Funktionen als Entscheider und Planer (ohne Vergütungsveränderung!) behalten zu können.

32 Demzufolge muss man die „genaue Bestimmtheit nach Art und Umfang“ so definieren, dass sie zu § 9 Nr. 15–17 passt, d.h., die Genauigkeit bestimmt sich nicht nur nach Detail-Pauschalmaßstäben im Sinne eines Einheitspreis-Leistungsverzeichnisses. **Die Genauigkeit bestimmt sich**

25.4.2001, VK Hal 04/01; ebenso ohne Begründung *Franke/*Mertens in: *Franke/Kemper/Zanner/Grünhagen* VOB/A § 5, Rdn. 16; anderer Ansicht *Motzke,* siehe Rdn. 28, Fn. 47.

[50] Siehe oben Rdn. 8.

[51] Siehe Fn. 12 einerseits, Fn. 47 andererseits.

[52] Näher VOB/B § 2, Rdn. 262.

vielmehr danach, was der Auftraggeber an Genauigkeit verlangt: Der Auftraggeber muss zuerst definieren, wie genau er die Leistungen im Augenblick des Vertragsschlusses definiert haben will, welches Maß an Genauigkeit er also verlangt. Genügt ihm beispielsweise bei einem Zweckbau wie bei einer Schule oder einem Verwaltungsgebäude, nur verbal seine Leistungsanforderungen zu benennen, so ist eine solche Ausschreibung nicht ungenau, sondern im Sinne der Leistungsabgrenzung bei ordnungsgemäßer Formulierung genau definiert; das Leistungsbestimmungsrecht sowohl hinsichtlich der Entwurfsplanung wie aller Ausführungsdetails hat der Auftragnehmer. Das ist der Prototyp des „Totalunternehmervertrages" (**Leistungsbeschreibung mit Leistungsprogramm**). Ungenau wäre die Ausschreibung, wenn sie unklar ließe, welche Planungsleistungen genau der Bieter zu erbringen hätte. Genauso ist eine Leistungsdefinition genau, die die Entwurfsplanung dem Auftraggeber belässt, aber dem Auftragnehmer im Rahmen einer von ihm zu erbringenden Ausführungsplanung die Ausführungsdetails. Das ist der Prototyp des **„Schlüsselfertigen Bauens"**. Ungenau wäre hier dann die Leistungsbeschreibung, wenn sie den Stand der erbrachten, den Vertragsinhalt bestimmenden auftraggeberseitigen Planung unvollständig beschriebe oder wenn sie dem Auftragnehmer scheinbar die Ausführungsplanung übertrüge, dem Auftraggeber aber alle Detail-Auswahlentscheidungen ohne Vergütungsänderungen vorbehielte. Abgesehen davon bedarf es jedenfalls außer bei künstlerisch-gestalterisch besonders anspruchsvollen Bauten zur Genauigkeitsbestimmung „keines nach Positionen untergliederten Leistungsverzeichnisses, um die Leistungen eines Leistungsbereichs **ausreichend** zu dokumentieren. Zumeist reicht ein charakterisierender Globalbeschrieb durch eine (oder mehrere) Leitpositionen".[53] Dem Auftraggeber steht es frei, beim „Schlüsselfertigbau" den Genauigkeitsgrad ungeachtet der dem Auftragnehmer übertragenen Ausführungsplanung noch zu vertiefen, z.B. durch Festlegung von Leitdetails; was als „Detail näher bestimmt ist", bleibt auch beim Global-Pauschalvertrag maßgebend und bestimmt das Bausoll.[54] Der Auftraggeber darf nur nicht so weit gehen, „typenverkehrt" auszuschreiben, also z.B. sich selbst die Nachlieferung der Ausführungsplanung vorzubehalten und dennoch dem Bieter ein „schlüsselfertiges" Werk abzuverlangen, also ihm eine Verantwortung für Funktionstauglichkeit und Vollständigkeit zuschieben zu wollen, obwohl er selbst alle Details der Ausführungsplanung festgelegt hat,[55] schon deshalb, weil er dem Bieter gemäß § 9 Nr. 2 VOB/A kein „außergewöhnliches Wagnis" auferlegen darf.[56] Zusammenfassend bedeutet Genauigkeit nur, dass „zwischen Auftraggeber und Bieter völlige Klarheit herrscht, in welcher Art und Weise und wie das Bauvorhaben und seine Einzelheiten auszuführen sind".[57] Die Genauigkeitsanforderung sollte der Auftraggeber in den Vergabevermerk (§ 30 VOB/A) aufnehmen.

§ 4 VOB/A und § 9 Nr. 15–17 VOB/A stehen ihrerseits nicht grundsätzlich einer Vergabe aufgrund einer **teil**-funktionalen Ausschreibung („Schlüsselfertigbau") entgegen;[58] dass die **total**-funktionale Ausschreibung (Leistungsbeschreibung und Leistungsprogramm) zulässig ist, ergibt sich unmittelbar aus § 9 Nr. 15–17 VOB/A.

3. Mit einer Änderung bei der Ausführung nicht zu rechnen

Zweite Voraussetzung ist, dass mit einer Änderung bei der Ausführung nicht zu rechnen ist, 33
dass also die Leistung voraussichtlich richtig definiert ist. Änderungen können nur 3 Ursachen haben, nämlich unvorhergesehene äußere Verhältnisse (z.B. Grundwasser), fehlerhafte, deshalb zu korrigierende Planung oder nachträgliche neue Entscheidungen des Auftraggebers. Die fehlerhafte Planung ist in diesem Zusammenhang irrelevant; sie ist ja bei Vergabe nicht bekannt, sonst wäre

[53] *Kapellmann/Schiffers* Band 2, Rdn. 872 – dort Rdn. 860–945 zur richtigen Leistungsbeschreibung und Kalkulation beim Global-Pauschalvertrag.

[54] VOB/B § 2, Rdn. 259

[55] Dazu VOB/A § 9 Rdn. 101; VOB/B § 2, Rdn. 270, 267, 268. Das ist also **vergabewidrig**.

[56] Siehe VOB/A § 9, Rdn. 21, VOB/B § 2, Rdn. 114–118.

[57] *Ingenstau/Korbion/Keldungs* VOB/A § 5, Rdn. 16; dort auch: „was im Übrigen auch für die Vergabe aufgrund funktionaler Leistungsbeschreibung gilt"; *Dähne/Schelle* VOB von A–Z, Seite 987. Vgl. auch VOB/A § 9, Rdn. 7.

[58] **Im Einzelnen VOB/A § 9 Rdn. 93 ff. Siehe weiter dazu auch** die nachfolgende Rdn. 34.

sie korrigiert, sie ist also auch kein Vergabekriterium. Änderungen wegen unvorhergesehener oder unvorhersehbarer Baugrund- oder Wasserverhältnisse gibt es aus der Natur der Sache heraus häufiger, auch trotz geotechnischer Untersuchungen. Deshalb ist es bei einigermaßen komplizierten Baugrund- und/oder Wasserverhältnissen unzulässig, die Wasserhaltung, die Erdarbeiten und die Gründungspositionen pauschal auszuschreiben, weil hier nicht auszuschließen ist, dass mit Änderungen zu rechnen ist.[59] Dasselbe gilt für Umbauarbeiten oder – je nach Fall – überhaupt für Arbeiten im Bestand.

34 Dass sich die Vergabevorschrift nicht auf die potentielle Undiszipliniertheit des Auftraggebers bezieht, liegt auf der Hand; die Pauschalvergabe wird nicht dadurch unzulässig, dass sich ein Auftraggeber nachträglich Änderungen einfallen lassen kann. Folglich kann sich das „mit einer Änderung bei der Ausführung nicht zu rechnen" in § 5 Nr. 1 b nur auf die Mengenentwicklung beziehen. Wenn der Auftraggeber seiner Erkundigungspflicht aus § 9 VOB/A richtig nachkommt und auf der Basis dieser Erkundigungen eine Ausführungsplanung erstellt, ist – ausgenommen von den unter Rdn. 33 erörterten Fällen – mit relevanten Mengenänderungen nicht zu rechnen. Dabei wird nämlich leicht übersehen, dass es beim Pauschalvertrag überhaupt nicht auf die Mengenänderungen ankommt, sondern darauf, ob die Mengenänderung Vergütungsansprüche auslöst. Das ist aber gerade dann nicht der Fall, wenn der Auftragnehmer anhand der Entwurfsplanung und einer sachgerechten Leistungsbeschreibung selbst die Ausführungsplanung übernimmt; dann trägt er das Mengenermittlungsrisiko,[60] er ermittelt also die vergütungsrelevante Menge; irrt er sich und ist die Menge anders als von ihm ermittelt, so ist das sein Risiko, der Pauschalpreis ändert sich nicht. Demzufolge ist es egal, ob die Menge dem Umfang nach genau bestimmt war, weil mit Änderungen (zwar der Menge, aber nicht des Preises) nicht zu rechnen ist. § 5 Nr. 1 b verlangt, sinnvoll ausgelegt, aber nur, dass die Mengen hinreichend genau bestimmt werden können, dass es also nicht zu **unvorhersehbaren** Überraschungen für die eine oder die andere Seite kommt; die Vorschrift schließt aber nicht aus, dass der Bieter selbst in eigener Verantwortung (auf der Basis ordnungsgemäßer auftraggeberseitiger Parameter) die Menge ermittelt.[61] Deshalb schließt jedenfalls § 5 Nr. 1 b auch unter diesem Aspekt teil-funktionale Ausschreibungen und insbesondere die typische **schlüsselfertige Vergabe** mit auftragnehmerseitiger Ausführungsplanung **nicht** aus.[62]

35 Für eine Pauschalierung eignen sich nicht Eventualpositionen und jedenfalls nicht solche Alternativpositionen, bei denen der Auftraggeber auch noch nach Vertragsschluss Entscheidungen treffen darf.[63] Der Auftraggeber kann das Problem dadurch lösen, dass er Eventualpositionen, zu denen auch so genannte angehängte Stundenlohnarbeiten (Rdn. 37) gehören, von der Pauschalierung ausnimmt.[64]

4. In geeigneten Fällen

36 „In geeigneten Fällen" dürfen Pauschalverträge geschlossen werden. Diesem Merkmal kommt keine selbständige Bedeutung zu, es ist vielmehr definiert durch die nachfolgenden beiden Voraussetzungen „nach Art und Umfang genau bestimmt", „mit Änderungen nicht zu rechnen".

III. Stundenlohnvertrag

37 „Bauleistungen geringeren Umfangs, die überwiegend Lohnkosten verursachen, dürfen im Stundenlohn vergeben werden (Stundenlohnvertrag)", § 5 Nr. 2 VOB/A. Beim Stundenlohnvertrag wird der Auftragnehmer (nach zeitlichem Aufwand), nicht nach Leistung bezahlt. Der

[59] *Dähne/Schelle* VOB von A–Z, Seite 989; *Ingenstau/Korbion/Keldungs* VOB/A § 5, Rdn. 16.
[60] Näher VOB/B § 2, Rdn. 233–237.
[61] Ebenso *Dähne/Schelle* VOB von A–Z, Seite 987.
[62] So ausdrücklich für das schlüsselfertige Bauen in Zusammenhang mit § 4 VOB/A *Ingenstau/Korbion/Schranner* VOB/A § 4, Rdn. 17; im Ergebnis auch *Dähne/Schelle* VOB von A–Z, Seite 987. **Im Einzelnen VOB/A § 9, Rdn. 93 ff.**
[63] Oben Rdn. 14.
[64] Ebenso *Dähne/Schelle* VOB von A–Z, Seite 987.

Leistungsvertrag ist vorrangig, der Aufwandsvertrag, also auch der Stundenlohnvertrag, die Ausnahme. Bieter können im Nachprüfungsverfahren rügen, die Vergabestelle habe diesen Vorrang verkannt.[65]

Die Vergaberegeln gelten sowohl für selbständige Stundenlohnarbeiten – das sind Leistungen, bei denen kein Zusammenhang mit auf der Basis von Leistungsverträgen vergebenen Leistungen besteht – wie für unselbständige Stundenlohnarbeiten – das sind Leistungen, die im Zusammenhang mit Leistungsverträgen ausgeschrieben werden, gewissermaßen als „Anhängsel"; sie werden gemäß § 9 Nr. 1 Satz 3 VOB/A nur in den unbedingt erforderlichen Umfängen in die Leistungsbeschreibung aufgenommen.

Wann Bauleistungen „geringeren Umfang" haben, ist nicht definiert. Für angehängte Stun- 38
denlohnarbeiten bilden die im Vertrag ansonsten vorgesehenen „Hauptleistungen" den Bewertungsmaßstab. Für selbständige Stundenlohnarbeiten ergibt der Sinnzusammenhang mit Nr. 1 als Maßstab, dass ein Stundenlohnvertrag insbesondere dann in Betracht kommt, wenn der „Umfang der zu vergebenden Bauleistung die Vergabe im Leistungsvertrag nicht lohnt, wenn er vor allem die Unternehmer nicht reizen kann, ein Angebot mit Einheitspreisen oder Pauschalpreisen abzugeben."[66] Die Vorschrift in § 5 Nr. 3 VOB/A stimmt mit § 11 der aufgehobenen Baupreisverordnung (siehe VOB/B § 2, Rdn. 5) überein. Man kann daher durchaus noch die amtliche Begründung zum aufgehobenen § 11 Baupreisverordnung zur Definition heranziehen; danach kommen Stundenlohnarbeiten im Wesentlichen in Betracht „bei Instandsetzungs-, Aufräumungs-, Abbruch- oder sonstigen kleineren Bauarbeiten, die einfacherer Art sind."

Weitere Voraussetzung ist, dass die Bauleistungen überwiegend Lohnkosten verursachen. Das 39
bedarf keiner Erläuterung.

Die bauvertraglichen Regelungen zum Stundenlohnvertrag finden sich in der VOB/B § 2 40
Nr. 10 und § 15.

IV. Der Selbstkostenerstattungsvertrag

Der Selbstkostenerstattungsvertrag ist ebenso wie der Stundenlohnvertrag ein Aufwandsver- 41
trag; Leistungen dürfen als Selbstkostenerstattungsvertrag **ausnahmsweise** dann vergeben werden, wenn Bauleistungen größeren Umfangs vor der Vergabe nicht eindeutig und so erschöpfend bestimmt werden können, dass eine einwandfreie Preisermittlung möglich ist.

Diese Ausnahme ist vergaberechtlich nachprüfbar.[67] Es liegt auf der Hand, dass beim Selbstkostenerstattungsvertrag die Kostenentwicklung für den Auftraggeber nahezu unkontrollierbar ist. Deshalb schreibt die VOB/A mit Recht vor, dass ein solcher Selbstkostenerstattungsvertrag eine seltene Ausnahme bleiben muss; in der Praxis kommt er so gut wie nie vor.

Voraussetzung ist, dass es sich um Bauleistungen größeren Umfangs handelt (also das Ge- 42
genteil zu Bauleistungen geringeren Umfangs beim Stundenlohnvertrag, vgl. Rdn. 38) und dass eine einwandfreie Preisermittlung nicht möglich ist. Der Auftraggeber muss also alle – ohnehin geschuldeten, § 9 VOB/A – Erkundigungsmöglichkeiten einsetzen; dann wird sich nur in den seltensten Fällen ergeben, dass eine Preisermittlung nicht möglich ist.

§ 5 Nr. 3 Abs. 3 Satz 1 VOB/A regelt, dass nachträglich ein Leistungsvertrag abgeschlossen 43
werden soll, wenn während der Bauausführung eine einwandfreie Preisermittlung möglich wird. Eine solche nachträgliche Vertragsänderung kann der Auftraggeber aber nur erzwingen, wenn er bereits in die Vergabeunterlagen die rechtliche Verpflichtung des Auftragnehmers aufgenommen hat, sich mit einer solchen Umwandlung einverstanden zu erklären, wenn die Voraussetzungen des § 5 Nr. 3 Abs. 3 Satz 1 eintreten sollten. Auch diese Regelung hat keine praktische Bedeutung.

Was „Selbstkosten" sind, bestimmt die VOB nicht, sie regelt auch an keiner anderen Stelle den 44
Selbstkostenerstattungsvertrag. Nach § 5 Nr. 3 Abs. 2 soll allerdings bei der Vergabe festgelegt

---

[65] Oben Rdn. 8.
[66] *Hereth/Ludwig/Naschold* Kommentar zur VOB, Band 1 VOB/A Ez.5.26.
[67] Oben Rdn. 8.

werden, wie Löhne, Stoffe, Gerätevorhaltung und andere Kosten einschließlich der Gemeinkosten zu vergüten sind und der Gewinn zu bemessen ist. Diese mehr als vage Kostengliederung reicht nicht aus; den Parteien ist dringendst zu empfehlen, klare, ausführliche Regelungen zu treffen. Dabei können als Anhaltspunkt die „Leitsätze für die Ermittlung von Preisen für Bauleistungen aufgrund von Selbstkosten (LSP-Bau)" dienen, die auf Selbstkostenerstattungsverträge gemäß §§ 10 Nr. 1, 14 der aufgehobenen Preisverordnung anwendbar waren.

§ 5 b Rahmenvereinbarung

1. Eine Rahmenvereinbarung ist eine Vereinbarung mit einem oder mehreren Unternehmern, in der die Bedingungen für die Aufträge festgelegt werden, die im Laufe eines bestimmten Zeitraums vergeben werden sollen, insbesondere über den in Aussicht genommenen Preis und gegebenenfalls die in Aussicht genommene Menge.

2. (1) **Rahmenvereinbarungen können als Auftrag im Sinne dieser Vergabebestimmungen angesehen werden und aufgrund eines Verfahrens nach § 3 b Nr. 1 abgeschlossen werden.**
(2) **Ist eine Rahmenvereinbarung in einem Verfahren nach § 3 b Nr. 1 abgeschlossen worden, so kann ein Einzelauftrag aufgrund dieser Rahmenvereinbarung nach § 3 b Nr. 2, Buchstabe g ohne vorherigen Aufruf zum Wettbewerb vergeben werden.**
(3) **Ist eine Rahmenvereinbarung nicht in einem Verfahren nach § 3 b Nr. 1 abgeschlossen worden, so muss der Vergabe des Einzelauftrags ein Aufruf zum Wettbewerb vorausgehen.**

3. Rahmenvereinbarungen dürfen nicht dazu missbraucht werden, den Wettbewerb zu verhindern, einzuschränken oder zu verfälschen.

Schrifttum: *Graef* Rahmenvereinbarungen bei der Vergabe von öffentlichen Auftraggebern de lege lata und de lege ferenda, NZBau 2005, 561 – *Gröning* Das Konzept der neuen Koordinierungsrichtlinie für die Beschaffung durch Rahmenvereinbarungen, VergabeR 2005, 156 – *Haak/Degen* Rahmenvereinbarungen nach dem neuen Vergaberecht, VergabeR 2005, 164

1 „Eine Rahmenvereinbarung ist eine Vereinbarung mit einem oder mehreren Unternehmern, in der die Bedingungen für die Aufträge festgelegt werden, die im Laufe eines bestimmten Zeitraums vergeben werden sollen, insbesondere über den in Aussicht genommenen Preis und gegebenenfalls die in Aussicht genommene Menge", so § 5 b Nr. 1 VOB/A. Wörtlich gleich ist § 4 Nr. 1 SKR.

Die Vorschrift ist aus sich heraus verständlich. Der Abschluss von Rahmenverträgen war bisher gemäß Art. 4 der Sektorenrichtlinie nur für Sektorenauftraggeber vorgesehen. Die Koordinierungsrichtlinie eröffnet weitere Anwendungsbereiche.[1] Rahmenverträge sind aber auch bisher schon außerhalb des Sektorenbereichs geschlossen und dementsprechend vergaberechtlich abgewickelt worden.[2] Ein Beispiel im Anwendungsbereich der VOB sind „Zeitverträge", nämlich Rahmenverträge, die den Auftragnehmer verpflichten, definierte Leistungen auf Abruf (Einzelauftrag) zu den im Rahmenvertrag festgelegten Bedingungen auszuführen (so die Erläuterung im Vergabehandbuch zu § 6 VOB/A); typisch dafür sind Unterhaltungsarbeiten. Ein anderer möglicher, aber seltener Anwendungsbereich sind Bauleistungen, die nicht in einem Zuge fertig gestellt werden können, sondern nur abschnittsweise. Bei ihnen wird der Rahmen festgelegt, zu dem die einzelnen Abschnitte in Auftrag gegeben werden können.

2 Rahmenvereinbarungen geben dem Auftragnehmer **keinen Anspruch** auf den einzelnen Auftrag. Will der Auftraggeber Verträge schließen, die schon jetzt Verpflichtungen und Ansprüche des Auftragnehmers zum Gegenstand haben (z.B. Wartung alle 3 Monate), sind das gewöhnliche, im Wettbewerb zu vergebende Bauaufträge im Sinne von § 1 VOB/A.

3 „Rahmenvereinbarung **können** als Auftrag im Sinne dieser Vergabebestimmungen angesehen werden und aufgrund eines Verfahrens nach § 3 b Nr. 1 abgeschlossen werden", so § 5 b Nr. 2

[1] Näher *Gröning* VergabeR 2005, 156; *Haak/Degen* VergabeR 2005, 164; *Graef* NZBau 2005, 561.
[2] Dazu *Dreher*, in: *Immenga/Mertmäcker* GWB, § 99 Rdn. 10; *Eschenbruch*, in: *Kulartz/Kus/Portz* GWB-Vergaberecht, § 99 Rdn. 142.

Abs. 1 VOB/A. Dem Auftraggeber steht es also **frei**, eine Rahmenvereinbarung in dem förmlichen Vergabeverfahren des § 3 b Nr. 1 VOB/A (Offenes Verfahren, Nichtoffenes Verfahren mit Aufruf zum Wettbewerb, Verhandlungsverfahren mit Aufruf zum Wettbewerb) durchzuführen. Tut er das nicht, wählt er also den Weg des Verhandlungsverfahrens ohne vorangegangenen Aufruf im Wettbewerb, obwohl die Schwellenwerte gemäß § 1 b Nr. 1, Nr. 4 VOB/A überschritten sind, muss dem zu vergebenden Einzelauftrag ein Aufruf zum Wettbewerb vorangehen, so § 5 b Nr. 2 Abs. 3. Das ist unpraktisch. Hält sich umgekehrt der Auftraggeber schon bei der Vergabe der Rahmenvereinbarung an das Verfahren gemäß § 3 b Nr. 1 VOB/A, kann er die Einzelaufträge gemäß § 5 b Nr. 2 Abs. 2 ohne vorherigen Aufruf zum Wettbewerb vergeben; hier ist dann also das bloße Verhandlungsverfahren zulässig.

§ 5 b Nr. 3 VOB/A regelt, dass „Rahmenvereinbarungen nicht dazu missbraucht werden 4
dürfen, den Wettbewerb zu verhindern, einzuschränken oder zu verfälschen". Das ist nur eine Verdeutlichung, der Grundsatz ergibt sich schon aus § 5 b Nr. 2. Das Verbot gilt in doppelter Hinsicht: Einmal dürfen Rahmenvereinbarungen nicht dazu dienen, den Wettbewerb langfristig auszuschließen, was es im Regelfall verbietet, längere Laufzeiten als 1 bis maximal 2 Jahre zu vereinbaren.[3] Zum anderen dürfen Rahmenvereinbarungen keine den Bieter benachteiligenden Regelungen enthalten; insbesondere muss die Leistungsbeschreibung so genau sein, dass der Bieter hinreichend sicher kalkulieren kann.[4] Dem Bieter darf auch kein ungewöhnliches Wagnis im Sinne von § 9 Abs. 2 VOB/A auferlegt werden.[5]

Die Vergaberegeln des § 5 b VOB/A einschließlich der Publizitätsbestimmungen sind „bieter- 5
schützend",[6] ein Bieter kann sich also im Nachprüfungsverfahren auf ihre Verletzung berufen.

Zivilrechtlich können dem Auftragnehmer aus einer Rahmenvereinbarung Schadensersatzan- 6
sprüche aus c.i.c. (§ 311 Abs. 2 BGB) zustehen, wenn der Auftraggeber beispielsweise die Pflicht verletzt hat, so genaue Angaben zu machen, dass der Bieter hinreichend sicher kalkulieren kann. Die Rechtslage ist insoweit vergleichbar mit der bei Eventualpositionen.[7]

Wird im Rahmen einer öffentlichen Ausschreibung nach der VOL/A der Zuschlag nicht fristgerecht erteilt und erteilt der Ausschreibende später Einzelaufträge zu höheren Einheitspreisen, so kann er von den Lieferanten nicht Rückzahlung vermeintlicher Überzahlungen verlangen.[8]

§ 6 Angebotsverfahren

1. **Das Angebotsverfahren ist darauf abzustellen, dass der Bewerber die Preise, die er für seine Leistungen fordert, in die Leistungsbeschreibung einzusetzen oder in anderer Weise im Angebot anzugeben hat.**
2. **Das Auf- und Abgebotsverfahren, bei dem vom Auftraggeber angegebene Preise dem Auf- und Abgebot der Bieter unterstellt werden, soll nur ausnahmsweise bei regelmäßig wiederkehrenden Unterhaltungsarbeiten, deren Umfang möglichst zu umgrenzen ist, angewandt werden.**

Schrifttum: *Berg* Beitrag zur Gestaltung der Vergütung von Bauleistungen im Einheitspreisvertrag, 1972 – *Jebe* Preisermittlung von Bauleistungen, 1974 – *Kiehne* Das System Zeitvertrag, Die Bauverwaltung 1976, 431/432 und 475 – *Hereth/Naschold* Kommentar zur VOB, Teil A, 2. Aufl., 1960.

[3] *Ingenstau/Korbion/Keldungs* VOB/A § 5 b, Rdn. 9; Beck'scher VOB-Kommentar/*Sterner* VOB/A § 5 b, Rdn. 35. Laut Art. 32 Abs. 2 Unterabs. 4 VRR soll die Laufzeit **vier** Jahre nicht überschreiten, es sei denn, der Auftragsgegenstand oder andere besondere Umstände rechtfertigen eine Ausnahme. Die Frist ist im Anwendungsbereich der VOB lang, dazu aber *Eschenbruch,* in: *Kulartz/Kus/Portz* GWB-Vergaberecht, § 99 Rdn. 73. Eine Laufzeit von 25 Jahren (!) ist auch im Rahmen einer Teilprivatisierung zu lang (*VK Arnsberg*, nicht bestandskräftig, NZBau 2006, 332).

[4] Beck'scher VOB-Kommentar/*Sterner* VOB/A § 5 b, Rdn. 35; *Graef* NZBau 2005, 561.

[5] Näher *Graef* NZBau 2005, 561, 564 zur VOL/A.

[6] Zu dieser Formulierung oben VOB/A § 5, Rdn. 29.

[7] Dazu VOB/A § 5, Rdn. 18, 20, 22, 23.

[8] OLG Saarbrücken, NZBau 2006, 462.

Übersicht

A. Regelungsgegenstand

1 § 6 VOB/A steht in engem Zusammenhang mit § 5 und § 9 VOB/A und bestimmt neben diesen Vorschriften den Inhalt der Verdingungsunterlagen je nach Art des vom Ausschreibenden gewählten Verfahrens. Das Angebot des Bieters besteht bei einem **Angebotsverfahren** aus den in der Leistungsbeschreibung als Verdingungsunterlage beschriebenen Bauleistungen und dem dazugehörigen Angebotspreis. Das **Auf- und Abgebotsverfahren** ist gegenüber dem Angebotsverfahren nach Ziffer 1 nachrangig. Auch hier besteht das Angebot des Bieters aus den in der Leistungsbeschreibung als Verdingungsunterlage beschriebenen Bauleistungen, jedoch hat der Unternehmer hier die weitere Aufgabe, sich mit dem vom Auftraggeber bereits angegebenen Preis auseinander zu setzen, und zwar diesen zu akzeptieren, zu unterbieten oder zu überbieten.

B. Allgemeine Anforderung zum Angebotsverfahren sowie zum Auf- und Abgebotsverfahren

2 Sowohl eine Ausschreibung mit Angebotsverfahren als auch eine Ausschreibung im Auf- und Abgebotsverfahren setzt voraus, dass der Öffentliche Auftraggeber eine Leistungsbeschreibung erstellt. Nach Maßgabe dieser Leistungsbeschreibung bietet der Unternehmer die Bauleistung an. Während bei dem Angebotsverfahren nach Ziffer 1 sowohl eine Leistungsbeschreibung mit Leistungsverzeichnis als auch eine Leistungsbeschreibung mit Leistungsprogramm in Betracht kommen, kommt bei dem Auf- und Abgebotsverfahren nur eine Leistungsbeschreibung mit Leistungsverzeichnis in Betracht[1]. Leistungsbeschreibungen mit Leistungsprogramm sind bei einem Verfahren nach § 6 Nr. 2 VOB/A ausgeschlossen, weil hier dem Bieter nach § 9 Nr. 12 VOB/A angedient wird, eine Leistungsbeschreibung ggf. mit Mengen- und Preisangaben zu erarbeiten, so dass in diesem Fall zwingend Preisangaben des Ausschreibenden nicht möglich sind. Dies ist aber gerade Inhalt des Auf- und Abgebotsverfahrens.

C. Angebotsverfahren

3 Das Angebotsverfahren kann bei sämtlichen in § 5 VOB/A genannten Bauvertragstypen angewandt werden. Es ist nicht auf einen bestimmten Bauvertrag beschränkt.

4 Beim Angebotsverfahren erstellt, wie dargelegt, der Auftraggeber die Leistungsbeschreibung. Der Bieter hat entsprechend dem ausgeschriebenen Bauvertragstyp Preise für seine Leistungen einzusetzen. Das sind Einheitspreise beim Einheitspreisvertrag, Pauschalpreise im Fall eines Pauschalvertrages, Stundenlohnverrechnungssätze bei einem Stundenlohnvertrag und Selbstkostenerstattungspreise bei einem Selbstkostenerstattungsvertrag.

---

[1] Beck'scher VOB-Kommentar/*Motzke* VOB/A § 6 Rdn. 8, Rdn. 29 f.

D. Auf- und Abgebotsverfahren

Das Auf- und Abgebotsverfahren kommt gemäß § 6 Nr. 2 VOB/A regelmäßig nur bei wiederkehrenden Unterhaltungsarbeiten in Betracht, wie sich aus dem Wort „soll" ergibt. 5

Unterhaltungsarbeiten sind Bauleistungen, die nicht eine Errichtung, sondern den Fortbestand eines errichteten Bauwerks zum Inhalt haben und die zur Erreichung dieses Zieles regelmäßig wiederkehrend notwendig sind[2]. Der Auftraggeber gibt bei diesem Verfahren neben der Leistungsbeschreibung auch die Entgelte an. Für den Bieter besteht nun die Möglichkeit, das Angebot mit den vom Auftraggeber eingesetzten Preisen abzugeben oder andere Preise einzusetzen und damit die Angaben des Auftraggebers zu überbieten oder zu unterbieten. 6

§ 7 Mitwirkung von Sachverständigen

1. Ist die Mitwirkung von besonderen Sachverständigen zweckmäßig, um
a) die Vergabe, insbesondere die Verdingungsunterlagen, vorzubereiten oder
b) die geforderten Preise einschließlich der Vergütungen für Stundenlohnarbeiten (Stundenlohnzuschläge, Verrechnungssätze) zu beurteilen oder
c) die vertragsgemäße Ausführung der Leistung zu begutachten,
so sollen die Sachverständigen von den Berufsvertretungen vorgeschlagen werden; diese Sachverständigen dürfen weder unmittelbar noch mittelbar an der betreffenden Vergabe beteiligt sein.

2. Sachverständige im Sinne von Nummer 1 sollen in geeigneten Fällen auf Antrag der Berufsvertretungen gehört werden, wenn dem Auftraggeber dadurch keine Kosten entstehen.

Schrifttum: *Bartl* Angebote von Generalunternehmern in Vergabeverfahren – EU – rechtswidrige nationale Praxis, NZBau 2005, 195 – *Kamphausen* Die Quotierung der Mangel- und Schadensverantwortlichkeit Baubeteiligter durch technische Sachverständige, BauR 1996, 174 – *Kniffka* Das Gesetz zur Beschleunigung fälliger Zahlungen – Neuregelung des Bauvertragsrechts und seine Folgen, ZfBR 2000, 227 – *Motzke* Die Sachverständige und die Rechtsfrage FS *Vygen*, S. 416 – *Pause* „Der unabhängige Sachverständige", NJW 1985, 2576 – *Peters* Das Gesetz zur Beschleunigung fälliger Zahlungen, NZBau 2000, 169 – *Reuber* Kein allgemeines Bewerbungsverbot wegen Vorbefassung, VergabeR 2005, 271 – *Schranner* Zur Frage der Bewertung von Angeboten im Vergabeverfahren durch Einsatz von externen Beratern, VergabeR 2005, 801 – *Schranner* Ausschluss eines bei der Durchführung oder Vorbereitung eines Vergabeverfahrens beauftragten Sachverständigen als Bieter in dem selben Vergabeverfahren; VergabeR 2004, 238 – *Schulte* Schlanker Staat: Privatisierung der Bauaufsicht durch Indienstnahme von Bauingenieuren und Architekten als staatlich anerkannte Sachverständige, BauR 1998, 249 – *Schweda* Nebenangebote im Vergaberecht, VergabeR 2003, 268.

Übersicht

[2] *Ingenstau/Korbion/Schranner* VOB/A § 6 Rdn. 7; Beck'scher VOB-Kommentar/*Motzke* VOB/A § 6 Rdn. 22 ff.

A. Allgemeines

1 § 7 VOB/A behandelt die Einschaltung von Sachverständigen. Geregelt wird nicht nur die Tätigkeit des Sachverständigen **im Vergabeverfahren**, sondern auch bei der **Abwicklung** der Bauleistung, so dass § 7 VOB/A über den vertraglichen Raum hinaus wirkt[1]. Der Sachverständige ist kein am Vergabeverfahren Beteiligter. Er ist fachkundiger, begutachtender Außenstehender. Im vorvertraglichen Raum bereitet er die Ausschreibung und damit die Vergabeentscheidung zwar vor, ist mit der eigentlichen Vergabe aber nicht befasst[2].

2 Die Bedeutung der Vorschrift ist gering, weil die Befugnisse von Auftraggeber und Auftragnehmer durch § 7 VOB/A nicht eingeschränkt werden[3]. Den Beteiligten steht es frei, Verdingungsunterlagen vorzubereiten, zu erstellen, Preise zu prüfen, die vertragsgemäße Ausführung der Leistung zu begutachten und dazu Sachverständige **eigener Wahl** hinzuzuziehen. Demgegenüber ist das Aufgabenfeld für den Sachverständigen, der auf der Grundlage von § 7 VOB/A tätig wird, dort **abschließend** beschrieben. Der Sachverständige kann die Verdingungsunterlagen und/oder die Vergabe vorbereiten (§ 7 Nr. 1 a) VOB/A). Er kann beauftragt werden, die geforderten Preise einschließlich der Vergütungen für Stundenlohnarbeiten zu beurteilen (§ 7 Nr. 1 b) VOB/A). Schließlich ist vorgesehen, dass der Sachverständige die vertragsgemäße Ausführung der Leistung begutachtet, also im Erfüllungsstadium tätig wird (§ 7 Nr. 1 c) VOB/A). Dies sind die Auftragsverhältnisse, in denen der Sachverständige von der ausschreibenden Stelle beauftragt wird. § 7 Nr. 2 VOB/A regelt die Beauftragung von Sachverständigen im Sinne von Nr. 1 auf Antrag der Berufsvertretungen, wobei dem Auftraggeber dadurch keine Kosten entstehen dürfen.

3 Diese Aufgabenfelder sind strikt von der Tätigkeit des Sachverständigen in anderen Bereichen zu unterscheiden. So beschreibt § 7 Nr. 1 c) VOB/A die Tätigkeit des Sachverständigen im **Ausführungsstadium** (Begutachtung der vertragsgemäßen Ausführung der Leistung). Streitigkeiten im Ausführungsstadium sind umfassend in § 18 VOB/B geregelt. Die im Rahmen von § 18 VOB/B getroffenen Feststellungen sind für die Parteien als Schiedsgutachten verbindlich[4]. Dies gilt für Feststellungen/Erkenntnisse, die der Sachverständige nach § 7 Nr. 1 c) trifft, nicht. Erstattet der Sachverständige ein Gutachten, handelt es sich um ein Privatgutachten mit **eingeschränktem Beweiswert**[5]. Im Erfüllungsstadium kann ein Sachverständiger auch zur Erstellung der „Fertigstellungsbescheinigung“ nach § 641 a BGB beauftragt werden. Wird das dort vorgesehene Verfahren[6] eingehalten, trifft der Sachverständige insoweit für beide Parteien verbindliche Feststellungen zur Herbeiführung der Abnahmewirkung. Weiter werden Sachverständige im Rahmen von selbständigen gerichtlichen Beweisverfahren (§ 485 ff. ZPO) tätig. Tatsachenfeststellungen des Sachverständigen in diesem Verfahren stehen im Prozess einer Beweisaufnahme vor dem Prozessgericht (§ 493 Abs. 1 ZPO) gleich, entfalten also auch Bindungswirkung für die Prozessparteien und für das erkennende Gericht. Zu nennen ist schließlich die Möglichkeit der Vertragsparteien, Meinungsverschiedenheiten mit verbindlicher Wirkung durch einen Sachverständigen auf der Grundlage einer **Schiedsgutachtenvereinbarung** beizulegen.

---

[1] Beck'scher VOB-Kommentar/*Motzke* VOB/A § 7 Rdn. 55; *Heiermann/Riedl/Rusam* VOB/A § 7 Rdn. 1; *Herig* VOB/A § 7 Rdn. 1.
[2] OLG München VergabeR 2005, 799 m. Anm. *Schranner*; *Franke/Kemper/Zanner/Grünhagen* VOB/A § 7 Rdn. 1.
[3] Beck'scher VOB-Kommentar/*Motzke* VOB/A § 7 Rdn. 1.
[4] Siehe VOB/B § 18 Rdn. 37.
[5] Beck'scher VOB-Kommentar/*Motzke* VOB/A § 7 Rdn. 45; *Heiermann/Riedl/Rusam* VOB/A § 7 Rdn. 2.
[6] Dazu *Palandt/Sprau* Ergänzungsband zur 61. Auflage, § 641 a Rdn. 11; *Merkens* BauR 2001, 515.

B. Erörterung

I. Zweckmäßigkeit der Mitwirkung von besonderen Sachverständigen (Nr. 1)

Nr. 1 regelt die Tätigkeit von Sachverständigen **im Auftrag der ausschreibenden Stelle.** 4
Eine Verpflichtung der ausschreibenden Stelle, Sachverständige hinzuzuziehen, besteht auch dann nicht, wenn dies zweckmäßig in diesem Sinne sein sollte. Die allgemeinen Befugnisse der ausschreibenden Stelle, nach eigener Entscheidung Sachverständige hinzuzuziehen, wird durch § 7 Nr. 1 VOB/A auch nicht eingeschränkt[7]. Geregelt werden in Nr. 1 verschiedene Bereiche der Tätigkeit des Sachverständigen. Diese Bereiche betreffen nicht nur die Vorbereitung der Vergabe, sondern teilweise auch das Erfüllungsstadium. Behandelt wird nur die **Mitwirkung** des Sachverständigen, während sich Nr. 2 mit der **Anhörung** befasst[8].

1. Der besondere Sachverständige

Geregelt ist die Mitwirkung von **besonderen** Sachverständigen. Sachverständiger in diesem 5
Sinne ist eine Person, die auf einem bestimmten Sachgebiet aufgrund ihrer Ausbildung, Erfahrung und ihres herausragenden Wissens geeignet und in der Lage ist, Zweifelsfragen zu erkennen und objektiv sowie weitgehend zutreffend zu beurteilen[9]. Zu beachten ist, dass an sich geeignete („besondere") Sachverständige ausgeschlossen sein können (vgl. § 7 Nr. 1 c) zweiter Halbsatz VOB/A).

Es ist nicht erforderlich, dass es sich um einen Gutachter handelt, der durch eine Industrie- und 6
Handelskammer, Handwerkskammer, Architektenkammer oder Ingenieurkammer öffentlich bestellt und vereidigt ist (vgl. § 641 a Absatz 2 Nr. 2 BGB für die Fertigstellungsbescheinigung). Entscheidend sind allein die geforderten besonderen Qualitäten des Sachverständigen. Hintergrund dessen ist, dass die am Verfahren Beteiligten ohnehin grundsätzlich sachkundig sind[10].

Der besondere Sachverständige soll eingesetzt werden, wenn dies **zweckmäßig** ist. Wann 7
dies der Fall ist, liegt im Ermessen der ausschreibenden Stelle. Verfügt diese nicht über den ausreichenden Sachverstand, besteht eine Verpflichtung zur Hinzuziehung des besonderen Sachverständigen, um die ordnungsgemäße Durchführung des Vergabeverfahrens zu gewährleisten[11]. Die Einschaltung von Planungs- oder Projektsteuerungsbüros zur Unterstützung der öffentlichen Auftraggeber hat sich bei mittleren/größeren Bauvorhaben etabliert[12].

Die Auswahl des besonderen Sachverständigen soll in den in § 7 VOB/A genannten Fällen durch 8
die Berufsvertretung erfolgen. Der im Rahmen von Nr. 1 tätige Sachverständige wird von der Berufsvertretung vorgeschlagen. In den Fällen des Nr. 2 wird der Sachverständige auf Antrag der Berufsvertretungen gehört. Gemeint sind die Berufsvertretungen der Bieter-/Unternehmerseite. Dazu gehören auch die Wirtschaftsverbände, öffentlich-rechtlichen Organisationen (Kammern) und sonstigen Vereinigungen von Unternehmern der gleichen fachlichen Wirtschaftszweige[13]. Zweck der Beteiligung der Berufsvertretungen ist, den Berufsvertretungen ihre Aufgabe zu ermöglichen, die angeschlossenen Unternehmer in ihren Interessen zu vertreten, andererseits aber auch in Ausübung der jeweiligen Tätigkeit zu überwachen[14].

a) Vorbereitung der Vergabe/Verdingungsunterlagen. Nach § 7 Nr. 1 a) VOB/A kann 9
der Sachverständige **bei der Vergabe** mitwirken. Genannt sind namentlich die Vorbereitung der

---

[7] Beck'scher VOB-Kommentar/*Motzke* VOB/A § 7 Rdn. 1.
[8] Beck'scher VOB-Kommentar/*Motzke* VOB/A § 7 Rdn. 21.
[9] *Pause* NJW 1985, 2576; *Ingenstau/Korbion/Schranner* VOB/A § 7 Rdn. 7.
[10] Beck'scher VOB-Kommentar/*Motzke* VOB/A § 7 Rdn. 35; *Ingenstau/Korbion/Schranner* VOB/B § 7 Rdn. 8; *Franke/Kemper/Zanner/Grünhagen* VOB/A § 7 Rdn. 5.
[11] OLG Naumburg IBR 2000, 104.
[12] OLG München VergabeR 2005, 799.
[13] Beck'scher VOB-Kommentar/*Motzke* VOB/A § 7 Rdn. 37.
[14] *Ingenstau/Korbion/Schranner* VOB/A § 7 Rdn. 3.

Vergabe insbesondere die der Verdingungsunterlagen. Durch die Formulierung „insbesondere" wird das mögliche Tätigkeitsfeld weit gefasst. Der Sachverständige kann beauftragt werden, alle anstehenden technischen, kaufmännischen oder juristischen Fragen des laufenden Vergabeverfahren zu bearbeiten. Zu nennen sind etwa

- Bedarfsfeststellung
- Finanzierungsfragen (Fördermittel)
- Zusammenstellung der Verdingungsunterlagen nach Maßgabe von § 10 VOB/A mit Einbeziehung der VOB/B, AVB, ZVB, ATV etc.
- Beschreibung der Leistung (§§ 9, 9 a VOB/A).

Die **Wertungsentscheidung** darf der Sachverständige nicht selber treffen. Dies bleibt Verpflichtung des Auftraggebers. Der Sachverständige darf nur zur Unterstützung des öffentlichen Auftraggebers eingesetzt werden. Er kann also den zugrunde liegenden Sachverhalt kaufmännisch, technisch oder juristisch aufbereiten und die Wertungsentscheidung vorbereiten[15].

10 Besteht nach der Ermessensentscheidung der ausschreibenden Stelle Anlass zur Mitwirkung des besonderen Sachverständigen, sollen durch die Tätigkeit des besonderen Sachverständigen in diesem frühen Stadium Streit verhütet und klärungsbedürftige Fragen gelöst werden[16].

11 **b) Beurteilung der geforderten Preise.** Nach § 7 Nr. 1 b) VOB/A kann der besondere Sachverständige die geforderten Preise einschließlich der Vergütungen für Stundenlohnarbeiten (Stundenlohnzuschläge, Verrechnung etc.) beurteilen. Es geht um die Beurteilung der Preise vor dem Zuschlag. Die Hinzuziehung des Sachverständigen dazu ist in Zusammenhang mit der Prüfung und Bewertung und Wertung der Angebote durch den Architekten (§ 15 Absatz 2 Nr. 7 HOAI) zu sehen, wobei der Sachverständige im Verhältnis zu dem verantwortlichen Architekten nicht zum fachlich Beteiligten wird. Der Sachverständige gibt lediglich eine gutachterliche Bewertung der Preise ab. Wesentlich ist diese Hilfestellung bei einer Wertung von Angeboten nach § 25 Nr. 3 VOB/A[17].

12 **c) Begutachtung der vertragsgemäßen Ausführung der Leistung.** § 7 Nr. 1 c) VOB/A behandelt die Tätigkeit des besonderen Sachverständigen bei der Begutachtung der **vertragsgemäßen Ausführung der Leistung**. Geregelt wird also die Tätigkeit des Sachverständigen **nach Beauftragung** des Auftragnehmers. Der besondere Sachverständige kann hier während des Ausführungsstadiums bis hin zur Abnahme, aber auch noch danach begutachtend tätig werden. Davon zu unterscheiden ist die Befugnis beider Parteien, Meinungsverschiedenheiten über die Eigenschaft von Stoffen und Bauteilen oder über die Zulässigkeit oder Zuverlässigkeit der bei der Prüfung verwendeten Maschinen oder angewendeten Prüfungsverfahren gemäß § 18 Nr. 3 VOB/B verbindlich zu klären. Davon zu unterscheiden ist weiter die Tätigkeit des im Auftrag des Auftraggebers mit der fachtechnischen Abnahme (§ 15 Absatz 2 Nr. 8 HOAI) beauftragten Architekten, der aufgrund seines Vertragsverhältnisses zu dem Auftragnehmer verpflichtet ist, die Werkleistung umfassend auf ihre Vertragsgemäßheit zu prüfen[18].

13 Entgegen dem Wortlaut („vertragsgemäße Ausführung der Leistung") betrifft die Tätigkeit des besonderen Sachverständigen hier auch das Vergabestadium. Der Sachverständige kann im Rahmen dessen schon die zu erwartende einwandfreie Ausführung einschließlich der Gewährleistung der angebotenen Leistung begutachten, was namentlich bei Ausschreibung mit Leistungsprogramm (§ 9 Nr. 10 VOB/A), Änderungsvorschlägen und Nebenangeboten notwendig sein kann. Es besteht ein enger Zusammenhang zu der Prüfung der Angebote und der Aufklärung des Angebotsinhalts (§§ 23, 24 VOB/A)[19]. Im Ausführungsstadium (bis zur Abnahme) wird der

[15] OLG München VergabeR 2005, 799; OLG Naumburg IBR 2004, 218; *Ingenstau/Korbion/Schranner* VOB/A § 7 Rdn. 27.

[16] Beck'scher VOB-Kommentar/*Motzke* VOB/A § 7 Rdn. 52.

[17] Beck'scher VOB-Kommentar/*Motzke* VOB/A § 7 Rdn. 53.

[18] *Locher/Koeble/Frik* HOAI 8. Auflage § 15 Rdn. 147; *Jochem* HOAI 4. Auflage 1998 § 15 Rdn. 69.

[19] *Franke/Kemper/Zanner/Grünhagen* VOB/A § 7 Rdn. 12.

besondere Gutachter in diesem Rahmen tätig, um den Auftraggeber in die Lage zu versetzen, eine Entscheidung über die **rechtsgeschäftliche** Abnahme zu treffen, weil die technische Abnahme Sache des beauftragten Architekten ist. Die Vorlage eines Gutachtens an den Auftraggeber ist ein rein **interner** Vorgang. Die Entscheidung über die rechtsgeschäftliche Abnahme trifft allein der Auftraggeber. Das Gutachten ist auch nicht mit der Fertigstellungsbescheinigung nach § 641 a BGB gleichzustellen, da diese Bescheinigung im Auftrag des Auftragnehmers durch den Sachverständigen zum Zwecke der Herbeiführung der Wirkung der rechtsgeschäftlichen Abnahme beauftragt wird[20].

2. Vorschlag durch die Berufsvertretungen

Die besonderen Sachverständigen **sollen** von den Berufsvertretungen vorgeschlagen werden. 14
Dies bedeutet nicht, dass die Initiative dafür dem Auftragnehmer oder gar den Berufsvertretungen obliegt. Aus der Zweckbestimmung von § 7 VOB/A folgt zum einen, dass es Sache der ausschreibenden Stelle ist, zunächst eine Ermessensentscheidung dahingehend zu treffen, ob überhaupt ein besonderer Sachverständiger (und wenn ja in welchem Umfang) tätig werden soll. Über die Zweckmäßigkeit entscheidet der Auftraggeber, den § 7 VOB/A **nicht verpflichtet**, überhaupt besondere Sachverständige hinzuzuziehen. Entscheidet sich die ausschreibende Stelle für die Mitwirkung des besonderen Sachverständigen, ist den Berufsvertretungen Gelegenheit zu geben, geeignete besondere Sachverständige vorzuschlagen. Ob die ausschreibende Stelle verpflichtet ist, einem Vorschlag der Berufsvertretung zu folgen, regelt § 7 VOB/A nicht. Die Frage ist zu verneinen. § 7 VOB/A dient nur dem Zweck, dem Auftraggeber Entscheidungsgrundlagen zu verschaffen. Im Rahmen seines Ermessens hat der Auftraggeber darüber zu entscheiden, ob von Berufsvertretungen vorgeschlagene Sachverständige beauftragt werden. Verstöße gegen § 7 VOB/A (etwa durch Beauftragung eines nicht von einer Berufsvertretung vorgeschlagenen Sachverständigen) bleiben ohne Folgen[21].

Ebenso wenig verpflichtet § 7 VOB/A die Berufsvertretungen und/oder den vorgeschla- 15
genen besonderen Sachverständigen zum Tätigwerden. Rechtspflichten zum Tätigwerden für Berufsvertretungen können sich aus deren internen Statuten ergeben. Für Sachverständige kann entsprechendes gelten; diese sind häufig kraft ihrer Bestellung grundsätzlich verpflichtet, Gutachtenaufträge abzuarbeiten.

3. Neutralitätsgebot

§ 7 Nr. 1 c) zweiter Halbsatz VOB/A regelt schließlich, das besondere Sachverständige weder 16
unmittelbar noch mittelbar an der betreffenden **Vergabe beteiligt** sein dürfen. Diese Einschränkung gilt für alle in § 7 Nr. 1 VOB/A geregelten Fallgruppen. Unmittelbar an der Vergabe ist zunächst der Architekt, der die Vergabe vorbereitet (§ 15 Absatz 2 Nr. 6 HOAI), beteiligt. Zu diesem Personenkreis gehört auch der Tragwerksplaner, so weit er einen Beitrag zur Vorbereitung der Vergabe leistet (§ 64 Absatz 3 Nr. 6 HOAI). Auch die Fachplaner und Ingenieure sind ausgeschlossen, wenn diese mit der Vorbereitung der Vergabe befasst sind (§§ 51, 55; 68, 73 HOAI). Eine **mittelbare Beteiligung** ist anzunehmen, wenn der Personenkreis in einem früheren Stadium (bis zur Ausführungsplanung) mit dem Objekt befasst war[22]. Der Begriff Beteiligung ist weit auszulegen. Der Ausschlusstatbestand liegt schon dann vor, wenn der Bieter die Vergabestelle bei der Vorbereitung oder der Durchführung des Vergabeverfahrens nur unterstützt hat, z.B. durch die Erstellung eine Leistungsverzeichnisses[23]. Die Voraussetzungen liegen auch dann vor, wenn eine Bietergemeinschaft auftritt, bei der der Geschäftsführer eines angehörenden

[20] Beck'scher VOB-Kommentar/*Motzke* VOB/A § 7 Rdn. 55; *Ingenstau/Korbion/Schranner* VOB/A § 7 Rdn. 27.
[21] Beck'scher VOB-Kommentar/*Motzke* VOB/A § 7 Rdn. 25 ff.
[22] Beck'scher VOB-Kommentar/*Motzke* VOB/A § 7 Rdn. 33; *Ingenstau/Korbion/Schranner* VOB/A § 7 Rdn. 5.
[23] OLG Düsseldorf BauR 2004, 889 = VergabeR 2004, 236; *Schranner* BauR 2004, 238.

Bauunternehmens zugleich für das die Vergabestelle unterstützende Ingenieurbüro tätig war. Die Gerichte stellen darauf ab, dass schon der „böse Schein" einer Wettbewerbsbeeinträchtigung ausgeschlossen werden muss[24].

17 Oberhalb der Schwellenwerte ist die am 1.2.2001 in kraft getretene Vergabeverordnung (VgV)[25] zu beachten. § 16 VgV verbietet die Bevorzugung einzelner Bieter durch voreingenommene Personen. Dass diese Grundsätze auch für die Vergabeverfahren unterhalb der Schwellenwerte gelten, ist selbstverständlich, vgl. A § 2 Ziff. 2 des VHB.

18 Das umfassende Neutralitätsgebot soll Wettbewerbsverzerrungen verhindern. Die Objektivität aller am Vergabeverfahren beteiligter Entscheidungsträger soll sichergestellt werden. Diese Grundsätze gelten deshalb auch für die Mitwirkung des besonderen Sachverständigen, da dieser Entscheidungsgrundlagen für die ausschreibende Stelle schaffen soll, auch wenn er an der Entscheidung und dem Vergabeverfahren selbst nicht beteiligt werden darf.

19 § 16 VgV schließt all die Personen aus, die in wirtschaftlicher Abhängigkeit oder in einem gesellschafts- bzw. arbeitsrechtsrechtlichen Abhängigkeitsverhältnis zu einem Beteiligten stehen. Ausdrücklich normiert sind auch familiäre Verbindungen, § 16 Absatz 2 VGV. Die Frage, wann diese Personen als „voreingenommen" gelten, wird in § 16 Absatz 2 VGV indirekt beantwortet. Hinsichtlich der genannten natürlichen Personen gilt insoweit eine Vermutung, ohne dass es auf eine Tätigkeit der Personen überhaupt ankommt. Verboten sind alle Äußerungen (schriftlich, mündlich etc.) oder sonstigen Handlungen, die in irgendeinem Zusammenhang mit der Meinungsbildung der Vergabestelle stehen können, vor allem für Entscheidungen im Vergabeverfahren (vgl. das VHB, A § 2 Ziffer 2):

- Festlegung der Vergabeart
- Teilnahme am Wettbewerb
- Entscheidungen zu Inhalten der Leistungsbeschreibung
- Prüfung, Wertung der Angebote und Zuschlagserteilung
- Aufklärung des Angebotsinhalts
- Entscheidung über die Aufhebung der Ausschreibung.

II. Anhörung auf Antrag der Berufsvertretungen (Nr. 2)

20 Nach § 7 Nr. 2 VOB/A sollen Sachverständige im Sinne von § 7 Nr. 1 VOB/A in geeigneten Fällen **auf Antrag** der Berufsvertretungen gehört werden. Dem Auftraggeber dürfen dadurch keine Kosten entstehen. Nr. 2 regelt ein Initiativrecht der Berufsvertretungen. Häufig wird darauf abgestellt, betroffene Bieter müssten befürchten, dass dann, wenn sie Anregungen/Bedenken vortragen, Repressalien erfolgen, deshalb die Berufsvertretung als „Ventil" wirken soll, um Bieterrechte durchzusetzen[26]. Dieser Ansatz geht von der unzutreffenden Bewertung aus, diese Furcht der „betroffenen" Bieter sei begründet. Dies schon deshalb nicht, weil Nr. 2 voraussetzt, dass die Voraussetzungen von Nr. 1 vorliegen, also die Mitwirkung besonderer Sachverständiger zweckmäßig ist. In diesen Fällen fehlt es an der Sachkunde der ausschreibenden Stelle, so dass diese im Interesse einer ordnungsgemäßen Ausschreibung/Vergabe den besonderen Sachverständigen von sich aus hinzuziehen wird. Folgerichtig stellt Nr. 2 auf Fälle ab, die „geeignet" sein müssen, ohne dies näher zu regeln. Die Eignung liegt immer dann vor, wenn die in Nr. 1 genannten Punkte zweifelhaft sind und die Beanstandungen eine sachverständige Tätigkeit und die damit einhergehenden Verzögerungen für das Vergabeverfahren rechtfertigen[27].

21 Es ist Verpflichtung des Auftraggebers, den Sachverständigen dann anzuhören. Im Rahmen dieser Pflicht ist die ausschreibende Stelle auch verpflichtet, dem Sachverständigen alle Unterla-

[24] OLG Düsseldorf BauR 2004, 889 = VergabeR 2004, 236; OLG Jena IBR 2003, 325; *Bolz* IBR 2004, 88.

[25] BGBl. I v. 18.1.2001, S. 110.

[26] Beck'scher VOB-Kommentar/*Motzke* VOB/A § 7 Rdn. 59.

[27] *Heiermann/Rusam/Riedl* VOB/A § 7 Rdn. 5.

gen/Informationen zur Verfügung zu stellen, die erforderlich sind, um das Gutachten abzugeben, wobei das Geheimhaltungsgebot aus § 22 Nr. 8 VOB/A zu beachten ist. So weit Sachverständige nicht kraft Bestellung zur Verschwiegenheit verpflichtet sind (vgl. § 15 der Mustersachverständigenordnung), kann die ausschreibende Stelle verlangen, dass sich der besondere Sachverständige entsprechend verpflichtet.

Der Sachverständige ist von dem Auftraggeber nur „anzuhören". Es besteht keine Verpflichtung, auf der Grundlage dieser Anhörung tätig zu werden. Es bleibt Sache des Auftraggebers, über die Vergabeunterlagen und den weiteren Ablauf der Vergabe eigenverantwortlich zu bestimmen[28]. 22

III. Kosten/Nichtbeteiligung des Sachverständigen an der Vergabe/Wertung des Gutachtens

1. Kostentragung

In den Fällen, in denen der Sachverständige für den Auftraggeber unmittelbar tätig wird (§ 7 Nr. 1 VOB/A) trägt der Auftraggeber die damit entstehenden Kosten. Diese Vergütungsverpflichtung ergibt sich aus dem in der Regel vorliegenden Vertragsverhältnis zwischen Auftraggeber und besonderen Sachverständigen, der als Privatgutachter für den Auftraggeber tätig wird. Wird über die Höhe der Vergütung keine Vereinbarung getroffen, ist gemäß § 632 Absatz2 BGB die übliche Vergütung als vereinbart anzusehen[29]. § 7 Nr. 2 VOB/A sieht ausdrücklich vor, dass dem Auftraggeber **keine Kosten** entstehen dürfen, was selbstverständlich ist, da der Sachverständige in diesem Fall auf Antrag der Berufsvertretung tätig werden soll. Da der Auftraggeber in diesen Fällen in aller Regel kein Interesse an der Tätigkeit eines Außenstehenden hat (anderenfalls hätte er nach § 7 Nr. 1 VOB/A selbst den besonderen Sachverständigen schon beauftragt), ist es aus Sicht des Auftraggebers auch gleichgültig, wer die Kosten des im Rahmen von Nr. 2 tätigen Sachverständigen trägt. Es kommt kein Vertragsverhältnis zwischen Auftraggeber und Sachverständigen zustande[30]. Wird der Sachverständige auf Initiative der Berufsvertretung tätig, schuldet diese im Zweifel dem Sachverständigen die vereinbarte, für den Fall der fehlenden Vereinbarung die übliche Vergütung[31]. 23

2. Nichtbeteiligung an der Vergabe

Aus § 7 Nr. 1 VOB/A zweiter Halbsatz ergibt sich, dass „diese Sachverständigen" weder unmittelbar noch mittelbar an der betreffenden Vergabe beteiligt sein dürfen. Gemeint sind damit die besonderen Sachverständigen. Dass diese aufgrund ihrer Tätigkeit und der Verpflichtung zur Objektivität und Unabhängigkeit an der Vergabe selbst nicht beteiligt sein dürfen, ist selbstverständlich. 24

3. Wertung des Gutachtens

Die von dem Sachverständigen nach Nr. 1 oder 2 vorgelegten Gutachten, Stellungnahmen oder Äußerungen sind **nicht verbindlich**. Der im Rahmen von Nr. 1 tätige Sachverständige hat die Aufgabe, Entscheidungsgrundlagen für den Auftraggeber zu schaffen. Es ist Sache des Auftraggebers, eigenverantwortlich auf dieser Grundlage seine Entscheidungen zu treffen. Eine Verpflichtung für den Auftraggeber, Empfehlungen/Gutachten des Sachverständigen zu folgen, besteht nicht[32]. 25

---

[28] Beck'scher VOB Kommentar/*Motzke* VOB/A § 7 Rdn. 45; *Heiermann/Riedl/Rusam* VOB/A § 7 Rdn. 5.

[29] *Ingenstau/Korbion/Schranner* VOB/A § 7 Rdn. 19; *Heiermann/Riedl/Rusam* VOB/A § 7 Rdn. 7.

[30] *Ingenstau/Korbion/Schranner* VOB/A § 7 Rdn. 26.

[31] Beck'scher VOB-Kommentar/*Motzke* VOB/A § 7 Rdn. 43; *Ingenstau/Korbion/Schranner* VOB/A § 7 Rdn. 26.

[32] Beck'scher VOB-Kommentar/*Motzke* VOB/A § 7 Rdn. 46; *Ingenstau/Korbion/Schranner* VOB/A § 7 Rdn. 27; *Heiermann/Riedl/Rusam* VOB/A § 7 Rdn. 10.

26 Die „Anhörung“ im Rahmen von Nr. 2 ist für den Auftraggeber ebenfalls nicht verbindlich. Es handelt sich lediglich um Anregungen, die der Auftraggeber bei seinen Verdingungsunterlagen oder dem Fortgang des Verfahrens berücksichtigen kann, aber nicht muss. Im VHB ist ausdrücklich geregelt, dass die Mitwirkung von Sachverständigen das Bauamt nicht davon entbindet, Entscheidungen in eigener Verantwortung zu treffen.

§ 8 Teilnehmer am Wettbewerb

1. Alle Bewerber oder Bieter sind gleich zu behandeln. Der Wettbewerb darf insbesondere nicht auf Bewerber beschränkt werden, die in bestimmten Regionen oder Orten ansässig sind.

2. (1) Bei Öffentlicher Ausschreibung sind die Unterlagen an alle Bewerber abzugeben, die sich gewerbsmäßig mit der Ausführung von Leistungen der ausgeschriebenen Art befassen.

(2) Bei Beschränkter Ausschreibung sollen im Allgemeinen nur 3 bis 8 geeignete Bewerber aufgefordert werden. Werden von den Bewerbern umfangreiche Vorarbeiten verlangt, die einen besonderen Aufwand erfordern, so soll die Zahl der Bewerber möglichst eingeschränkt werden.

(3) Bei Beschränkter Ausschreibung und Freihändiger Vergabe soll unter den Bewerbern möglichst gewechselt werden.

3. (1) Von den Bewerbern oder Bietern dürfen zum Nachweis ihrer Eignung (Fachkunde, Leistungsfähigkeit und Zuverlässigkeit) Angaben verlangt werden über:

a) den Umsatz des Unternehmers in den letzten drei abgeschlossenen Geschäftsjahren, so weit er Bauleistungen und andere Leistungen betrifft, die mit der zu vergebenden Leistung vergleichbar sind, unter Einschluss des Anteils bei gemeinsam mit anderen Unternehmen ausgeführten Aufträgen,

b) die Ausführung von Leistungen in den letzten drei abgeschlossenen Geschäftsjahren, die mit der zu vergebenden Leistung vergleichbar sind,

c) die Zahl der in den letzten drei abgeschlossenen Geschäftsjahren jahresdurchschnittlich beschäftigten Arbeitskräfte, gegliedert nach Berufsgruppen,

d) die dem Unternehmer für die Ausführung der zu vergebenden Leistung zur Verfügung stehende technische Ausrüstung,

e) das für die Leitung und Aufsicht vorgesehene technische Personal,

f) die Eintragung in das Berufsregister ihre Sitzes oder Wohnsitzes,

g) andere, insbesondere für die Prüfung der Fachkunde geeignete Nachweise.

Als Nachweise nach Buchstaben a), c) und f) sind auch von der zuständigen Stelle ausgestellte Bescheinigungen zulässig, aus denen hervorgeht, dass der Unternehmer in einer amtlichen Liste in einer Gruppe geführt wird, die den genannten Leistungsmerkmalen entspricht.

(2) Als Nachweis der Eignung (Fachkunde, Leistungsfähigkeit und Zuverlässigkeit) ist insbesondere auch die vom Auftraggeber direkt abrufbare Eintragung in die allgemein zugängliche Liste des Vereins für die Präqualifikation von Bauunternehmen e.V. (Präqualifikationsverzeichnis) zulässig. Auf den konkreten Auftrag bezogene zusätzliche Nachweise können verlangt werden.

(3) Der Auftraggeber wird andere ihm geeignet erscheinende Nachweise der wirtschaftlichen und finanziellen Leistungsfähigkeit zulassen, wenn er feststellt, dass stichhaltige Gründe dafür bestehen.

(4) Bei Öffentlicher Ausschreibung sind in der Aufforderung zur Angebotsabgabe die Nachweise zu bezeichnen, deren Vorlage mit dem Angebot verlangt oder deren spätere Anforderung vorbehalten wird. Bei Beschränkter Ausschreibung nach Öffentlichem Teilnahmewettbewerb ist zu verlangen, dass die Nachweise bereits mit dem Teilnahmeantrag vorgelegt werden.

4. Bei Beschränkter Ausschreibung und Freihändiger Vergabe ist vor der Aufforderung zur Angebotsabgabe die Eignung der Bewerber zu prüfen. Dabei sind die Bewerber auszuwählen, deren Eignung die für die Erfüllung der vertraglichen Verpflichtungen notwendige Sicherheit bietet; dies bedeutet, dass sie die erforderliche Fachkunde,

Leistungsfähigkeit und Zuverlässigkeit besitzen und über ausreichende technische und wirtschaftliche Mittel verfügen.

5. (1) Von der Teilnahme am Wettbewerb dürfen Unternehmer ausgeschlossen werden,
a) über deren Vermögen das Insolvenzverfahren oder ein vergleichbares gesetzlich geregeltes Verfahren eröffnet oder die Eröffnung beantragt worden ist oder der Antrag mangels Masse abgelehnt wurde,
b) deren Unternehmen sich in Liquidation befinden,
c) die nachweislich eine schwere Verfehlung begangen haben, die ihre Zuverlässigkeit als Bewerber in Frage stellt,
d) die ihre Verpflichtung zur Zahlung von Steuern und Abgaben sowie der Beiträge zur gesetzlichen Sozialversicherung nicht ordnungsgemäß erfüllt haben,
e) die im Vergabeverfahren vorsätzlich unzutreffende Erklärungen in Bezug auf ihre Fachkunde, Leistungsfähigkeit und Zuverlässigkeit abgegeben haben,
f) die sich nicht bei der Berufsgenossenschaft angemeldet haben.
(2) Der Auftraggeber darf von den Bewerbern oder Bietern entsprechende Bescheinigungen der zuständigen Stelle oder Erklärungen verlangen.
(3) Der Nachweis, dass Ausschlussgründe im Sinne von Absatz 1 nicht vorliegen, kann auch durch die Bescheinigung nach Nummer 3 Abs. 2 geführt werden, es sei denn, dass dies widerlegt wird.

6. Justizvollzugsanstalten, Einrichtungen der Jugendhilfe, Aus- und Fortbildungsstätten und ähnliche Einrichtungen sowie Betriebe der öffentlichen Hand und Verwaltungen sind zum Wettbewerb mit gewerblichen Unternehmern nicht zuzulassen.

Schrifttum: *Scharf/Schütte*, VergabeR 205, 448, *Schima* NZBau 2002, 1 – Grünbuch der Kommission, Das öffentliche Auftragswesen in der Europäischen Union: Überlegungen für die Zukunft, 1996 – *Rust* EuZW 1999, 453 – *Byok/Jäger* Kommentar zum Vergaberecht. 2. Auflage 2005; Erlass des Bundesministeriums für Raumordnung, Bauwesen und Städtebau an die Oberfinanzdirektion und die Bundesbaudirektion vom 17. Juli 1997, ZVgR 55/97, 47 – *Prieß/Pitschas* ZVgR 1999, 144 – *Hertwig* Praxis der öffentlichen Auftragsvergabe, 2. Aufl. – *Niebuhr/Kulartz/Kus/Portz* Kommentar zum Vergaberecht 2000 – *Mestmäcker/Bremer* BB 1995, Beilage 19 zu Heft 50 – *Kummer/Gisberts* NVwZ 1996, 1166 – *Möschel* WuW 1997, 120 – *Müller-Wrede* ZVgR 1998, 375 – *Kulartz/Kus/Portz* Kommentar zum GWB-Vergaberecht 2006 – Grabitz/Hilf, Das Recht der Europäischen Union, 2003 – Zielkow NZBau 2001, 72.

Übersicht

A. Allgemeines

1 § 8 VOB/A regelt in Ergänzung zu § 2 VOB/A, wer als Teilnehmer am Wettbewerb zu den Vergabeverfahren zugelassen werden muss. Begrifflich unterscheidet § 8 VOB/A zwischen den Teilnehmern, die noch kein Angebot abgegeben haben (Bewerbern), und denen, die dem Auftraggeber ein Angebot unterbreitet haben (Bieter). Der Oberbegriff des **Teilnehmers** wird nur in der Überschrift verwendet.

2 § 8 VOB/A stellt keine systematische Regelung bestimmter Sachfragen dar, sondern behandelt eine Reihe von Einzelaspekten, die sich mit der Teilnahme am Wettbewerb befassen und allesamt auf das **Diskriminierungsverbot**, das schon in § 2 angesprochen ist, zurückzuführen sind. So regelt § 8 VOB/A, welche Teilnehmer an dem Vergabeverfahren zu beteiligen sind, welche Teilnahmevoraussetzungen vorliegen müssen, welche Eignungsnachweise verlangt werden können und wer von der Teilnahme ausgeschlossen werden kann.

3 Im Zusammenhang damit regelt § 8 VOB/A auch, in welchem **Zeitpunkt** des Vergabeverfahrens die Eignung der Teilnehmer zu prüfen ist. Die Eignung der Teilnehmer wird nur bei der Öffentlichen Ausschreibung **erst** im Rahmen der Angebotswertung geprüft, bei der Beschränkten Ausschreibung und Freihändigen Vergabe wird die Eignung bereits **vor** Aufforderung des Bewerbers zur Abgabe eines Angebotes geprüft. Wurde ein Bewerber bei einer Beschränkten Ausschreibung oder einem Freihändigen Vergabeverfahren zur Angebotsabgabe aufgefordert,

kann seine Eignung nachträglich grundsätzlich nicht mehr in Zweifel gezogen werden, es sei denn, es haben sich neue Tatsachen ergeben, die bei der ursprünglichen Eignungsprüfung nicht bekannt waren und nicht bekannt sein konnten[1]. Darüber hinaus wird häufig nicht beachtet, dass zwischen der Eignungsprüfung und der Angebotswertung im engeren Sinne streng unterschieden werden muss und insbesondere ein **„Mehr an Eignung"** nicht zu einem Zuschlagskriterium gemacht werden kann[2]. In der Rechtsprechung wird allerdings die Ansicht vertreten, dass dann, wenn solche Zuschlagkriterien vergaberechtswidrig benannt worden sind, dieser Fehler nicht bei der Wertung dadurch beseitigt werden kann, dass die Eignungskriterien im Rahmen der Angebotswertung unberücksichtigt bleiben; vielmehr müsse sich der Auftraggeber an die bekannt gemachten Kriterien halten[3].

B. Gleichbehandlungsgrundsatz (Nr. 1)

I. Diskriminierungsverbot

Das in § 8 Nr. 1 VOB/A enthaltene Diskriminierungsverbot mit seinen verschiedenen Ausprägungen stellt für alle Vergabearten allgemein gültige Grundregeln auf, die der Auftraggeber in seinem Verhalten gegenüber den Teilnehmern im personellen Bereich zu beachten hat. Der übergeordnete **Grundsatz** lautet, dass alle Teilnehmer gleich zu behandeln sind; d.h. gleiche Tatbestände dürfen nicht ohne **sachlichen Grund** ungleich behandelt werden, ungleiche Tatbestände dürfen nicht ohne sachlichen Grund gleich behandelt werden. Eine auf sachfremden Erwägungen beruhende ungerechtfertigte Differenzierung liegt vor, wenn sich ein vernünftiger, aus der Natur der Sache folgender oder sonst sachlicher Grund für eine unterschiedliche Behandlung im Hinblick auf den Sinn und Zweck der Bestimmungen nicht finden lässt[4]. 4

Der Gleichbehandlungsgrundsatz ist unmittelbarer Ausdruck von Art. 3 GG und Art. 12 EGV und damit fundamentaler Prinzipien des Verfassungsrechts und des europäischen Gemeinschaftsrechts. Im einzelnen müssen daher die Bieter sowohl zu dem Zeitpunkt, zu dem sie ihre Angebote vorbereiten, als auch zu dem Zeitpunkt, zu dem diese vom Auftraggeber beurteilt werden, gleichbehandelt werden[5]. Der europarechtliche Gleichbehandlungsgrundsatz gilt sowohl oberhalb als auch unterhalb der Schwellenwerte. **Oberhalb** der Schwellenwerte folgt die Pflicht zur Gleichbehandlung der Bieter aus dem Wesen der EU-Vergaberichtlinien sowie den Grundfreiheiten. **Unterhalb** der Schwellenwerte gilt der europarechtliche Gleichheitsgrundsatz ebenfalls. Der EuGH hat mehrfach entschieden, dass die Grundfreiheiten und damit die Pflicht zur Gleichbehandlung und Diskriminierungsfreiheit auch unterhalb der Schwellenwerte gelten[6]. Die EU-Kommission hat inzwischen auch den Entwurf einer Mitteilung zur Vergabe öffentlicher Aufträge unterhalb der Schwellenwerte veröffentlicht. Mit dem Entwurf will die Europäische Kommission die Rechtsprechung des Europäischen Gerichtshofes zur Anwendung des EG-Vertrages auf Verträge außerhalb des Anwendungsbereichs der EG-Vergaberichtlinien in konkrete Leitlinien für die Ausgestaltung von Bekanntmachungen, Verfahren, Rechtsschutz etc. umsetzen. Für Auftragsvergaben unterhalb der Schwellenwerte gilt deshalb, dass auch bei diesen der europarechtliche Gleichbehandlungsgrundsatz eingehalten werden muss. 5

---

[1] Rn. 38 ff.

[2] BGHZ 139, 273 ff.; VK Bund, Beschluss v. 30.8.2000, VK 1–25/00; VK Sachsen Beschluss v. 16.6.2000, 1 VK 50/00; VK Düsseldorf, Beschluss vom 11.1.2006, VK 50/2005-L.

[3] OLG Düsseldorf Beschluss vom 25. Februar 2004 Verg 77/03, VergabeR 4/2004, 537.

[4] Vgl. BverfGE 1, 14; 2, 172.

[5] EuGH vom 18.10.2001, Rs. C-19/00 (SEAC Constuction), Slg. 2001, I–7725, Tz. 33; *Byok/Jaeger/Hailbronner*, Kommentar zum Vergaberecht, § 97, Rdn. 203.

[6] EuGH, Urteil vom 20.10.2005, Rs. C-264/03, VergabeR 1/2006, 54, WuW 3/2006, 335; EuGH, Urteil vom 21.7.2005, Rs. C-231/05, NZBau 2005, 592, VergabeR 5/2005, 609.

II. Verbot der Beschränkung des Wettbewerbs auf Bewerber aus bestimmten Regionen (Nr. 1 Satz 2)

6 Nr. 1 Satz 2 wiederholt das Gleichbehandlungsgebot für einen besonders wichtigen Fall und stellt klar, dass Motive, wie zusätzliche Gewerbesteuer-Einnahmen, die Beschäftigung einheimischer Arbeitskräfte oder die lokale Konjunkturbelebung, grundsätzlich keinen sachlichen Grund zur Ungleichbehandlung und zur bevorzugten Beauftragung ortsansässiger Unternehmen darstellen[7]. Eine solche unzulässige Beschränkung des Bewerberkreises kann sich nicht nur daraus ergeben, dass nicht ortsansässige Unternehmen nicht zur Angebotsabgabe aufgefordert werden, sondern auch daraus, dass das Vergabeverfahren nur in einer kleineren Lokalzeitung bekannt gemacht wird und dadurch zwangsläufig nur ein regional begrenzter Bewerberkreis Kenntnis erlangt[8]. Der Auftraggeber hat deshalb darauf zu achten, dass er sich – jedenfalls dann, wenn es sich um ein Auftragsvolumen handelt, bei dem die Beteiligung eines breiteren Bewerberkreises zu erwarten ist – bei der Wahl einer Tageszeitung nicht um eine in der Auflagenzahl zu kleine, gebietlich zu sehr eingeschränkte Tageszeitung handelt[9].

Trotz des Verbots der Beschränkung des Wettbewerbs auf in bestimmten Regionen oder Orten ansässige Bewerber ist es im Rahmen der Angebotswertung aber nicht zu beanstanden, wenn aus sachlichen Gründen, die in unmittelbarem Zusammenhang mit der vertraglich zu erbringenden Leistung stehen, einem **ortsansässigen** oder vor Ort vertretenen Bieter der Vorzug vor nicht ortsansässigen Bietern gegeben wird[10]. In solchen Fällen muss aber besonders streng geprüft werden, ob der konkrete Leistungsinhalt es im Hinblick auf die Qualität der Leistungserbringung erfordert oder sinnvoll macht, ortsansässige Bewerber zu bevorzugen. Dies soll z.B. der Fall sein, wenn ein Bewerber bei Störfällen und dringenden Notfällen direkt mit eigenem Wartungspersonal vor Ort verfügbar sein muss und ein besonderes Bedürfnis für einen solchen Notfalldienst im Hinblick auf die konkrete Leistung besteht. Aber auch dann ist es nicht erforderlich, nur ortsansässige Bieter aufzufordern, vielmehr genügt es, einen vor Ort ansässigen Notdienst zu fordern.

III. Vergabefremde Aspekte

7 Es hat sich in der Vergangenheit immer wieder gezeigt, dass Öffentliche Auftraggeber versuchen, bei der Auswahl der Teilnehmer und/oder bei der Zuschlagerteilung sog. vergabefremde Aspekte zu berücksichtigen, also Zwecke zu berücksichtigen, die sozialpolitischen Zielen oder anderen nicht unmittelbar mit der Vergabe zusammenhängenden Zwecken dienen.

8 Dem Auftraggeber stehen drei Wege zur Verfügung, um vergabefremde Aspekte im Vergabeverfahren zu berücksichtigen. Bei der Auswahl der Teilnehmer am Vergabeverfahren können vergabefremde Aspekte berücksichtigt werden, indem der Auftraggeber Bieter als ungeeignet ansieht oder ausschließt, die bestimmte Vorgaben nicht erfüllen. Die Vorgabe eines Auftraggebers, dass der Bieter bei der Ausführung der Leistung bestimmte Anforderungen zu erfüllen hat, z.B. Langzeitarbeitslose einzustellen oder Tariflöhne an die eingesetzten Mitarbeiter zu zahlen hat, ist kein **bieterbezogenes Kriterium**, weil jeder Teilnehmer diese Anforderungen im Rahmen der Auftragsdurchführung erfüllen kann. Ein bieterbezogenes Kriterium liegt vor, wenn z.B. Unternehmen, die der Scientology-Sekte nahestehen, ausgeschlossen werden, weil diese Unternehmen dann von vorneherein ausgeschlossen werden. Vergabefremde Kriterien können

---

[7] VK Brandenburg Beschluss vom 18.7.2001 1 VK 55/01; VÜA Bund 1 VÜ 3/94 „Rohbauarbeiten" WuW/E VergAB 9/13; VÜA Baden-Württemberg 1 VÜ 3/96 „Siedlungsabfälle"; Beck'scher VOB-Kommentar/*Prieß/Hausmann* VOB/A § 8, Rdn. 6.

[8] OVG Schleswig, Urteil vom 23. August 2001, 4 L 5/01, ZfBR 2002, 305 bis 307.

[9] OVG Schleswig, Urteil vom 23. August 2001, 4 L 5/01, ZfBR 2002, 305 bis 307; *Ingenstau/Korbion/Schranner*, VOB/A, § 8, Rdn. 12.

[10] VÜA Niedersachsen Tgb.-Nr. 1/96 „Container-Portalkran" WuW/E Verg 97/98; *Ingenstau/Korbion/Schranner* VOB/A § 8, Rdn. 11.

daneben auch als **Zuschlagkriterium** berücksichtigt werden, indem vergabefremde Gesichtspunkte, wie z.B. die Frauenförderung oder ähnliches, in die Bewertung einfließen. Schließlich kann der Auftraggeber vergabefremde Aspekte im Zusammenhang mit der Ausführung des Auftrags berücksichtigen, indem er den erfolgreichen Bieter verpflichtet, bei der Durchführung des Auftrags bestimmte Auflagen zu erfüllen[11]. Nicht geklärt ist, ob die Verpflichtung, bei der Durchführung des Auftrags bestimmte Auflagen zu erfüllen, eine selbständige Kategorie ist oder als Zuschlagkriterium einzuordnen ist[12].

Für die rechtliche Zulässigkeit der Berücksichtigung vergabefremder Aspekte muss danach unterschieden werden, um welche der drei vorgenannten Arten es sich handelt. Denn an bieterbezogene Ausschlusskriterien werden strengere Anforderungen gestellt als an Zuschlagkriterien und Vorgaben im Zusammenhang mit der Durchführung des Auftrags.

1. Bieterbezogene vergabefremde Aspekte

Die rechtliche Zulässigkeit von bieterbezogenen vergabefremden Kriterien richtet sich **oberhalb** der Schwellenwerte nach den Vergaberichtlinien, nach dem primären Gemeinschaftsrecht, insbesondere Art. 12, Art. 30 und Art. 49 EGV, sowie nach § 8VOB/A und Art. 3 GG. Die rechtliche Zulässigkeit **unterhalb der Schwellenwerte** richtet sich mit Ausnahme der Vergaberichtlinien nach den selben Vorschriften. 9

Trotz aller Unklarheiten im einzelnen wird man davon ausgehen müssen, dass **oberhalb der Schwellenwerte** vergabefremde Kriterien für die Beurteilung der Eignung von Bietern und Bewerbern grundsätzlich unzulässig sind und nur in wenigen sachlich begründeten Ausnahmefällen Sonderanforderungen an Teilnehmer möglich sind[13]. Inhaltlich müssen nämlich alle verlangten Eignungsnachweise einen Bezug zur Leistungsfähigkeit für den jeweiligen Auftrag haben, so dass vergabefremde Kriterien auf dieser Stufe nur dann berücksichtigt werden können, wenn sich aus ihrer Nichterfüllung die fehlende Leistungsfähigkeit des Bieter ergibt. Zwar wird in der Literatur teils die Ansicht vertreten, vergabefremde Aspekte könnten auch als Eignungskriterien berücksichtigt werden[14]. Dies ist aber unzutreffend, weil nicht ausreichend zwischen vergabefremden Eignungskriterien und Kriterien unterschieden wird, von denen die Vergabe des Auftrags abhängig gemacht wird, die aber alle Teilnehmer erfüllen können[15]. Der EuGH hat mehrfach entschieden, dass die Kataloge der bieterbezogenen Kriterien der Ausschlussgründe und Eignungsnachweise in den Vergaberichtlinien abschließend sind, so dass die Mitgliedstaaten keine weiteren Teilnahmebedingungen einführen dürfen[16].

Unterhalb der Schwellenwerte ergibt sich aus den Vergaberichtlinien kein Verbot vergabefremder Eignungskriterien. Allerdings bestimmen auch § 8 und § 2 VOB/A, dass Aufträge an geeignete, d.h. Bieter mit der erforderlichen Fachkunde, Leistungsfähigkeit und Zuverlässigkeit vergeben werden sollen. Sofern also unterhalb der Schwellenwerte keine Ausnahmen von § 8 und § 2 VOB/A vorgesehen sind, gilt das zuvor Gesagte entsprechend.

2. Vergabefremde Aspekte als Zuschlagkriterium

Noch nicht abschließend geklärt ist, ob und unter welchen Voraussetzungen vergabefremde Kriterien als Zuschlagkriterium bzw. Auflage im Zusammenhang mit der Durchführung des Auftrags verlangt werden können. Jedenfalls aus den Vergaberichtlinien und § 8 VOB/A ergibt sich 10

[11] Vgl. *Grabitz/Hilf/Burgi*, Das Recht der Europäischen Union, Fall IV, 2003, B 13 Rdn. 20ff.; *Ziekow* NZBau 2001, 72ff.

[12] Vgl. *Grabitz/Hilf/Burgi* Das Recht der Europäischen Union Teil IV B 13 Rn 26ff., 31; *Ziekow* NZBau 2001, 72, 76.

[13] *Ziekow* NZBau 2001, 72, 76ff.; *Grabitz/Hilf/Burgi*, Das Recht der Europäischen Union Teil IV, B 13 Rdn. 37ff.

[14] *Benedict* EWS 2000, 514f.; derselbe NJW 2001, 947, 948; *Rust* NJ 2001, 113, 116.

[15] *Grabitz/Hilf/Burgi*, Das Recht der Europäischen Union Teil IV, B 13 Rdn. 37ff.; *Ziekow* NZBau 2001, 72, 76.

[16] EuGH, Slg. 1992, I–3401 Rdn. 20f.; EuGH, Slg. 1994, I–1409 Rdn. 35; *Ziekow* NZBau 2001, 72, 74

kein Verbot solcher Kriterien, weil es sich nicht um Eignungskriterien handelt. Die Zulässigkeit ist deshalb an den Grundfreiheiten des EG-Vertrages und den Vorschriften zur Zuschlagerteilung zu messen. Zunächst stellte der EuGH für Verfahren oberhalb der Schwellenwerte fest, dass außer den in den Richtlinien genannten Kriterien keine anderen Kriterien maßgebend für die Zuschlagerteilung sein dürften[17]. In dem sog. Beentjes-Urteil des EuGH[18] hat es der EuGH dann aber für zulässig gehalten, dass „das beschäftigte Personal sich zumindest zu 70 % aus Langzeitarbeitslosen zusammensetzen muss, die von der örtlichen Arbeitsbeschaffungsstelle vermittelt wurden". Zur Begründung führt der EuGH aus, das zusätzliche, über Art. 30 Baukoordinierungsrichtlinie hinausgehende Zuschlagkriterium behindere den freien Dienstleistungsverkehr nicht, weil ausländische Bieter nicht diskriminiert würden. Jedenfalls theoretisch seien auch diese in der Lage, das Zusatzkriterium zu erfüllen. Ob der EuGH damit vergabefremde Aspekte weitgehend zulässt, wenn sie nicht dazu führen, dass örtliche Bewerber bevorzugt werden, ist unklar und wird in der Literatur unterschiedlich beurteilt[19].

Richtig dürfte sein, dass der EuGH vergabefremde Aspekte dann als Zuschlagkriterium zulässt, wenn sie als zusätzliches Zuschlagkriterium formuliert sind, wenn sie in der Bekanntmachung angegeben werden und wenn die wesentlichen Grundsätze des Gemeinschaftsrecht, insbesondere das Diskriminierungsverbot eingehalten werden[20].

3. Einzelfälle

11 Die Richtlinien für die **Berücksichtigung bevorzugter Bewerber** bei der Vergabe öffentlicher Aufträge (Werkstätten für Behinderte und Blindenwerkstätten) in Teil IV des Vergabehandbuchs und in übereinstimmenden Richtlinien der Länder[21] sehen die bevorzugte Behandlung dieser Gruppen in einem Vergabeverfahren vor. Die Richtlinie behandelt allerdings keine eignungsbezogene Bevorzugung solcher Unternehmen, weil sich die Bevorzugung auf die Zuschlagerteilung bezieht. Ist das Angebot eines bevorzugten Bewerbers ebenso annehmbar wie das eines anderen Bewerbers, der nicht bevorzugt ist, so soll dem bevorzugten Bieter der Zuschlag erteilt werden. Die Vorgabe wird oberhalb der Schwellenwerte als bedenklich angesehen, unterhalb der Schwellenwerte jedoch für zulässig gehalten[22].

12 Die **Mittelstandsförderung** wird bereits in der VOB/A und in einer Reihe von Bestimmungen der Länder sowie in § 97 Abs. 3 GWB angesprochen und für zulässig erachtet. In Richtlinien und Mittelstandsförderungsgesetzen werden zum Teil die mittelstandsfreundlichen Regelungen derVOB/A, wie z.B. der in § 4 Nr. 2 und Nr. 3 Satz 1 VOB/A niedergelegte Grundsatz der Teil- und Fachlosvergabe, die Zulassung von Angeboten von Arbeitsgemeinschaften, die Forderung von Sicherheitsleistung nur unter den Voraussetzungen des § 14 VOB/A unter ausdrücklicher Bezugnahme auf das Ziel der Mittelstandsförderung wiederholt. Darüber hinaus wird vorgesehen, dass auch kleine und mittlere Unternehmen in angemessenem Umfang bei Beschränkter Ausschreibung und Freihändiger Vergabe zur Angebotsabgabe aufzufordern sind. Solche Vorgaben sind sowohl oberhalb als auch unterhalb der Schwellenwerte nicht zu beanstanden, weil die Mittelstandsförderung in den Richtlinien selbst und auch in den deutschen Vergabebestimmungen angelegt ist[23].

13 Abgesehen von Sachsen-Anhalt sehen die Bundesländer keine Präferenzrichtlinien mehr zugunsten von Unternehmen aus **strukturschwachen Gebieten** vor, weil die europäische Kommis-

[17] EuGH Kommission gegen Italien Rs 274/83, Slg. 1985, 1077, 1091.

[18] EuGH Beentjes gegen Niederlande Slg. 1988, 4635/4657 Rdn. 17; EuGH „Concordia Bus Finland" Vergabe R 2002, 593 ff.

[19] Vgl. *Schima* NZBau 2002, 1 ff.; Beck'scher VOB-Kommentar/*Prieß/Hausmann* TeilVOB/A § 8, Rdn. 19.

[20] *Ziekow* NZBau 2001, 72, 76.

[21] Vgl. Beck'scher VOB-Kommentar/*Prieß/Hausmann* VOB/A § 8, Rdn. 24.

[22] Vgl. Grünbuch der Kommission Das öffentliche Auftragswesen in der europäischen Union: Überlegungen für die Zukunft, 1996, S. 50 Nr. 5.43; Beck'scher VOB-Kommentar/*Prieß/Hausmann* VOB/A § 8, Rdn. 26.

[23] *Müller-Wrede/Noch* VOL/A § 3 25, Rdn. 102.

sion Bedenken hinsichtlich der Vereinbarkeit dieser Regelungen mit dem Diskriminierungsverbot geäußert hatte. Eine entsprechende Regelung dürfte auch unzulässig sein[24], und zwar sowohl oberhalb als auch unterhalb der Schwellenwerte. Denn § 8 Nr. 1 Satz 2 VOL/A bestimmt gerade, dass der Wettbewerb nicht auf Bewerber beschränkt werden darf, die in bestimmten Regionen oder Orten ansässig sind.

Als eignungsbezogenes Kriterium, z.B. zur Angebotsabgabe werden nur Unternehmen mit einer bestimmten Frauenquote aufgefordert, sind Maßnahmen zur Frauenförderung unzulässig. Als Zuschlagkriterium kann die **Frauenförderung** je nach konkreter Ausgestaltung aber zulässig sein[25]. 14

Oberhalb der Schwellenwerte des gemeinschaftsrechtlichen Vergaberechts ist eine Bevorzugung von **Lehrlingsausbildungsbetrieben** nach zutreffender Auffassung der Kommission unzulässig[26]. Auch unterhalb der Schwellenwerte führt die Berücksichtigung der Lehrlingsausbildung zu einer mittelbaren Diskriminierung und damit zur Unzulässigkeit der entsprechenden Regelung[27]. 15

Ohne gesetzliche Grundlage besteht keine Möglichkeit, von den Bietern eine **Tariftreueerklärung** zu verlangen, d.h. eine Erklärung, in der sich der Bieter verpflichtet, den eingesetzten Mitarbeitern mindestens den vor Ort üblichen Tariflohn zu zahlen. Der BGH hat schon im Jahr 2000 entschieden, dass ein solches Verlangen zu einer willkürlichen Ungleichbehandlung führt und diskriminierend ist, weil die nichttarifgebundenen Bieter ihren zulässigen Wettbewerbsvorteil durch niedrigere Löhne verlieren. Dies ist aus Sicht des BGH diskriminierend und stellt einen Verstoß gegen die negative Koalitionsfreiheit, die in Art. 9 GG niedergelegt ist, dar. 16

Tariftreueerklärungen können also zulässig nur verlangt werden, wenn sie auf einer gesetzlichen Ermächtigungsgrundlage beruhen. § 97 GWB erlaubt eine Ungleichbehandlung der Bieter, wenn diese durch das Gesetz selbst ausdrücklich gestattet wird. Vor diesem Hintergrund ist frühzeitig diskutiert worden, ob es jedenfalls dann, wenn ein Gesetz die Abgabe von Tariftreueerklärungen erlaubt, eine solche Möglichkeit besteht.

Der Bundestag hat im Jahre 2002 ein Tariftreuegesetz erlassen. Danach konnte in einem Vergabeverfahren von den Bietern verlangt werden, dass sie ihren Mitarbeitern mindestens die Tariflöhne zahlen. Das Gesetz ist aber im Bundesrat gescheitert und dann nicht weiterverfolgt worden. Auch derzeit bestehen keine Pläne, ein solches Gesetz erneut zu erlassen.

Anders als der Bund haben aber u.a. Hamburg, Nordrhein-Westfalen[28], Bayern, Niedersachsen, Saarland, Sachsen, Schleswig-Holstein, Bremen, Sachsen-Anhalt, Berlin Gesetze erlassen, die die Auftraggeber berechtigen, von den Bietern Tariftreueerklärungen zu verlangen.

Bei der verfassungs- und europarechtlichen Beurteilung der Gesetze wurde deutlich, dass sich eine einheitliche Meinung zur Zulässigkeit oder Unzulässigkeit eines Tariftreuegesetzes noch immer nicht gebildet hat. Die Rechtsansichten variieren vom „klaren Verstoß gegen die Dienstleistungsfreiheit und die grundgesetzlich verankerte negative Koalitionsfreiheit" bis zu „rechtlich unbedenklich"[29].

Die EU-Kommission hat Bedenken gegen das Tariftreuegesetz NRW geäußert, weil das Gesetz zu einer mittelbaren oder unmittelbaren Diskriminierung führen könne[30]. Die Kommission stellt darauf ab, dass es für Bieter aus anderen Mitgliedsstaaten nicht ohne weiteres möglich sei, die einschlägigen Tarifverträge und die sich daraus ergebenden Pflichten zu ermitteln. Die Tariftreueerklärungen sind im übrigen auch deshalb rechtlich problematisch, weil sie mit dem sozialen

---

[24] VÜA Bund Beschluss v. 23.4.1994, 1 VÜ 3/94.

[25] *Grabitz/Hilf/Burgi*, Das Recht der Europäischen Union Teil IV, B 13 Rdn. 56.; *Ziekow*, NZBau 2001, 72, 77 f.

[26] Beck'scher VOB-Kommentar/*Prieß/Hausmann* VOB/A § 8, Rdn. 33; *Byok/Jaeger/Hailbronner*, Kommentar zum Vergaberecht § 97 Rdn. 179; *Müller-Wrede/Noch* VOL/A, § 25, Rdn. 114.

[27] Beck'scher VOB-Kommentar/*Prieß/Hausmann* VOB/A § 8, Rdn. 33; *Müller-Wrede/Noch* VOL/A § 25, Rdn. 114.

[28] TariftreueG NRW soll aufgehoben werden.

[29] Vgl. Monatsinfo 2/2002, Forum Vergabe e.V., S. 21.

[30] Schreiben der EU-Kommission vom 14.12.2004, c (2004)4930

Schutz der Arbeitnehmer nicht ohne weiteres gerechtfertigt werden können. Ein solcher Schutz wird nämlich bereits durch Mindestlöhne gewährt, wohingegen der jeweils geltende Tarifvertrag vor allem der Optimierung der Lohnsituation dient. Jedoch wird möglicherweise der Schutz von Arbeitslosigkeit und mithin auch der Schutz der inländischen Sozialkassen als ein gewichtiges Allgemeininteresse gesehen werden können, das eine Beschränkung der Grundfreiheiten grundsätzlich rechtfertigen kann. Der EuGH scheint in seiner neuesten Rechtsprechung von seiner ursprünglichen Auffassung abzurücken, die nur eine Festsetzung von Mindestlöhnen zuließ. In seinem Urteil *Finalarte*[31] hatte sich der Gerichtshof zwar nur mit Urlaubsregelungen zu befassen. Hierzu stellt er allerdings fest, dass diese sich an tarifrechtlichen Bestimmungen orientieren könnten. Auf den Lohnsektor übertragen könnte dies bedeuten, dass der EuGH der Verpflichtung, ausländischen Arbeitnehmern Tariflöhne zu zahlen, nicht gänzlich ablehnend gegenüber steht[32]. Der EuGH wird sich alsbald mit dieser Frage befassen, weil das OLG Celle (Beschluss vom 3.8.2006, 13 U 72/06) die Regelungen des niedersächsischen Gesetzes dem EuGH vorgelegt hat.

17 Bei den sog. **Scientology**-Erklärungen verlangt der Auftraggeber von den Bietern die Zusicherung, dass der Bieter in keinem Zusammenhang mit der Scientology-Sekte steht. Eine solche Klausel wird überwiegend und in der Mehrzahl der Fälle als unzulässig angesehen. Anders soll es nur sein, wenn bei der konkret nachgefragten Leistung die Gefahr der Beeinflussung besteht, so z.B. bei der Nachfrage von Beratungs- und Schulungsleistungen sowie Software[33].

18 Sollen Kriterien des **Umweltschutzes** im Rahmen eines Vergabeverfahrens berücksichtigt werden, ist zunächst zu prüfen, ob die Umweltkriterien direkt mit dem Produkt bzw. Leistungseigenschaften verbunden sind oder ob Firmen gefördert werden sollen, die sich generell umweltgerecht verhalten, beispielsweise umweltfreundliche Rohstoffe verwenden oder umweltschonende Produktionsmethoden verfolgen.

Wird das Umweltkriterium bieterbezogen in das Vergabeverfahren eingeführt, handelt es sich grundsätzlich um einen vergabefremden Aspekt, der unzulässig ist[34]. Wird das Umweltkriterium leistungsbezogen in das Vergabeverfahren eingeführt, handelt es sich um ein objektives Leistungsmerkmal der Leistungsbeschreibung und ist grundsätzlich zulässig[35]. Inzwischen erlauben aber sowohl die Vergaberichtlinie der EU als auch § 8 a Nr. 11 die Berücksichtigung von Qualitätsmanagement- und Umweltmanagementsystemen.

IV. Beteiligung von Projektanten

19 Fraglich ist, ob ein Unternehmen, das als sog. **Projektant** für den Aufraggeber Vorarbeiten für ein Bauvorhaben geleistet hat, sich an der Ausschreibung für die Bauleistung beteiligen darf. Dies ist insbesondere problematisch, wenn der Projektant die Ausführungsplanung erstellt und die Verdingungsunterlagen ausgearbeitet hat[36]. Denn wegen der Kenntnis der Einzelheiten des Projektes hat der Projektant häufig gegenüber den anderen Bewerbern um die Bauausführung einen **Informationsvorsprung**. Das Vergabehandbuch lehnt die Beteiligung von Projektanten am Wettbewerb für die Bauleistungen in Nr. 1.3 zu § 8 VOB/A grundsätzlich ab:

> „Unternehmen, die mit der Planung und/oder Ausarbeitung der Verdingungsunterlagen beauftragt waren, dürfen grundsätzlich nicht am Wettbewerb um die Vergabe von Bauleistungen beteiligt werden."

Oberhalb der Schwellenwerte ist ein genereller Ausschluss eines Bieters als Projektant unzulässig. Der europäische Gerichtshof hat in einem Urteil vom 3. März 2005[37] entschieden, dass

---

[31] EuGH, Rs. C-49/98, C-50/98, C-52/98 bis C-54/98, Slg. 2001, I–8731.

[32] *Bayreuther* EuZW 2001, 764, 765 im Anschluss an die Finalarte-Rechtsprechung des EuGH.

[33] *Müller-Wrede/Noch* VOL/A § 25, Rdn. 111 f.; *Prieß/Pitschas* ZVgR 1999, 144, 152

[34] Vgl. allerdings Art. 48 Abs. 2 lit f) und Art. 50 der Richtlinie 2004/18/EG.

[35] EuGH „Concordia Bus Finland" Vergabe R 2002, 593 ff.

[36] Vgl. zu dieser Problematik: *Müller-Wrede* VOL/A § 7, Rdn. 56 f.; VK Rheinland-Pfalz, Beschluss v. 22.3.2000, VK 2/00, S. 16.

[37] EuGH, Urteil vom 3.3.2005, Rs. C 34/03, NZBau 2005, 351, VergabeR 3/2005, 319.

ein mit Forschungs-, Erprobungs-, Planungs- oder Entwicklungsarbeiten für Bauleistungen, Lieferung oder Dienstleistungen hinsichtlich eines öffentlichen Auftrags durch den öffentlichen Auftraggeber betrautes Unternehmen zwar grundsätzlich zur Einreichung eines Teilnahmeantrags bzw. eines Angebots zuzulassen sei, dass aber ein Ausschluss des Unternehmens erforderlich sei, wenn es ihm nicht möglich ist zu beweisen, dass nach den Umständen des Einzelfalls die von dem Unternehmen erworbene Erfahrung den Wettbewerb nicht hat verfälschen können. Der deutsche Gesetzgeber hat aus der Entscheidung die Konsequenzen gezogen. § 4 Abs. 5 VgV und § 8 a Nr. 9 VOB/A bestimmen, dass ein sog. Projektant nicht generell vom Vergabeverfahren ausgeschlossen werden kann.

Hat ein Bieter oder Bewerber vor Einleitung des Vergabeverfahrens den Auftraggeber beraten oder sonst unterstützt, so ist sicherzustellen, dass der Wettbewerb durch die Teilnahme des Betroffenen nicht verfälscht wird. Der Informationsvorsprung des Projektanten muss ausgeglichen werden, indem alle Informationen, die der Projektant hat, auch den anderen Bietern zugänglich gemacht werden.[38]

Auch **unterhalb** der Schwellenwerte besteht Einigkeit, dass in Ausnahmefällen eine Beteiligung 20 von Projektanten zweckmässig oder, wenn sich sonst kein geeigneter Projektant finden lässt, sogar notwendig ist. Dies ist insbesondere der Fall, wenn sich **kein Unternehmen bereit** findet, die Planungsarbeiten zu übernehmen, **weil und so weit es sich nicht an der Ausschreibung** für die Bauleistung **selbst beteiligen** darf. In diesem Fall muss zumindest sichergestellt werden, dass der im Ausgangspunkt vorhandene Informationsvorsprung des Projektanten dadurch ausgeglichen wird, dass den anderen Bewerbern die **gleichen Informationen** zugänglich gemacht werden, die auch der **Projektant** hat[39].

Nicht abschließend geklärt ist, ob ein anderer Bieter den **Ausschluss** eines Projektanten vom Vergabeverfahren verlangen kann. Dies ist unseres Erachtens nicht der Fall, weil es keine gesetzliche Bestimmung gibt, die den Ausschluss des Projektanten generell erlaubt und es sich um eine Diskriminierung des Projektanten handeln kann, wenn dieser ausgeschlossen wird. Verlangt werden kann nur, dass jeder Informationsvorsprung des Projektanten ausgeglichen wird und sichergestellt wird, dass es nicht im Rahmen des Verfahrens zu Wettbewerbsbeeinträchtigungen kommt. Entscheidend ist also nicht die formelle Stellung des Bewerbers, sondern, ob konkrete Anhaltspunkte für eine Beeinträchtigung des Wettbewerbs vorliegen[40]. Insoweit gilt unterhalb der Schwellenwerte nichts anderes als oberhalb der Schwellenwerte.

Die Beteiligung von Projektanten am Ausschreibungsverfahren begründet aber stets die Gefahr eines wettbewerbswidrigen Verfahrens und birgt das Risiko langwieriger Nachprüfungsverfahren. Es kann deshalb aus Sicht des Auftraggebers angeraten sein, mit dem Projektanten von vorneherein zu vereinbaren, dass er sich an dem späteren Ausschreibungsverfahren über die Bauleistung nicht beteiligen kann[41].

C. Teilnehmer am Wettbewerb (Nr. 2)

I. Teilnehmer am Wettbewerb bei Öffentlicher Ausschreibung (Nr. 2 Abs. 1)

1. Grundsatz

Gemäß § 8 Nr. 2 Abs. 1 sind die Vergabeunterlagen allen Bewerbern auszuhändigen, die die 21 Teilnahmevoraussetzungen erfüllen, d.h. sich gewerbsmässig mit der Ausführung von Leistungen der ausgeschriebenen Art befassen[42].

[38] OLG Düsseldorf, Beschluss vom 25.10.2005, Verg 67/05, NZBau 7/2006, 466, VergabeR 1/2006, 137; VK Arnsberg, Beschluss vom 13.6.2006, VK 10/06.

[39] Vgl. VK Bund VÜA Thüringen Beschluss v. 11.5.1998, 1 VÜ 4/97; *Müller-Wrede* VOL/A § 7, Rdn. 56.

[40] VÜA Bayern ZVgR 1998, 346; VÜA Thüringen ZVgR 1998, 488; *Heiermann/Riedl/Rusam* VOB/A § 25, Rdn. 142.

[41] *Müller-Wrede* VOL/A § 7, Rdn. 56 f.

[42] *Heiermann/Riedl/Rusam* VOB/A § 8, Rdn. 17.

2. Voraussetzungen der Teilnahme am Wettbewerb

22 **a) Teilnahmevoraussetzungen.** Nach § 8 Nr. 2 Abs. 1 VOB/A ist bei Öffentlicher Ausschreibung Teilnahmevoraussetzung nur, dass sich der Teilnehmer gewerbsmäßig mit der Ausführung von Bauleistungen der ausgeschriebenen Art befasst.

Die **gewerbsmäßige Ausführung von Bauleistungen** ist unabhängig von der Art des Vergabeverfahrens Voraussetzung für jede Teilnahme an einem Vergabeverfahren für Bauaufträge. Nach Nr. 1.1 Abs. 2 des VHB zu § 8 VOB/A befasst sich derjenige **gewerbsmäßig** mit einer Leistung, der sich selbständig und nachhaltig am allgemeinen wirtschaftlichen Verkehr mit der Absicht beteiligt, einen Gewinn zu erzielen. Gewerbsmäßig bedeutet auch, dass der Bewerber alle für seine Tätigkeit erforderlichen, nationalen **gewerberechtlichen** Voraussetzungen erfüllen muss. Im Baubereich, d.h. mit Bauleistungen im Sinn von § 1 VOB/A darf sich folglich nur der Unternehmer befassen, der im Hinblick auf die auszuführenden Leistungen die öffentlich-rechtlichen Zulassungsvoraussetzungen erfüllt, d.h. in der Handwerksrolle eingetragen ist oder der Industrie- und Handelskammer angehört. Die gewerbsmäßige Betätigung muss sich außerdem auf **„Leistungen der ausgeschriebenen Art"** beziehen. Unter „Leistung" werden grundsätzlich Bauleistungen im Sinn des § 1 VOB/A verstanden. Das sind Arbeiten jeder Art, durch die eine bauliche Anlage hergestellt, instand gehalten, geändert oder beseitigt wird. Bedeutsam ist im Hinblick auf das Tatbestandsmerkmal „Leistungen der ausgeschriebenen Art" § 5 der Handwerksordnung. Denn nach § 5 der Handwerksordnung darf, wer ein bestimmtes Handwerk betreibt, nur die mit diesem Handwerk technisch und fachlich zusammenhängenden Arbeiten in anderen Handwerken ausführen. Das kommt also praktisch nur in Betracht, wenn solche weiteren Arbeiten im Einzelfall im Verhältnis zu einer zu einem bestimmten Handwerkszweig zugehörigen Hauptleistung lediglich von untergeordneter Bedeutung sind, so dass sich nach der berechtigten Sicht des Auftraggebers die Vergabe in einem Auftrag mehr oder weniger zwangsläufig anbietet[43]. Liegt ein solcher Zusammenhang nicht vor, folgt aus dem Tatbestandsmerkmal der „Ausführung von Leistungen der ausgeschriebenen Art", dass nur solche Bewerber berücksichtigt werden können, die ihrer gewerblichen Betätigung nach demjenigen Bereich angehören, zu dem die betreffende Bauleistung, insbesondere aufgeteilt nach den entsprechenden Gewerken, konkret gehört.

23 **b) Unternehmereinsatzformen und ihr Verhältnis zur VOB/A.** Im Hinblick auf das Tatbestandsmerkmal „gewerbsmäßig mit der Ausführung von Leistungen der ausgeschriebenen Art befassen" wurde überwiegend gefolgert, dass sich **Generalübernehmer** und **Totalübernehmer** nicht an einem Vergabeverfahren nach der VOB/A beteiligen können[44]. Wenn der Generalübernehmer die Leistungen nicht selbst ausführen könne, sondern nur als Vermittler auftrete, der alle Leistungen an Nachunternehmer weitervergebe, erfülle er die Voraussetzung nicht. Ferner werde auch aus § 8 Nr. 3 VOB/A deutlich, dass nur solche Bewerber die erforderliche Eignung haben, die die Bauleistungen auch selbst erbringen können.

24 **Oberhalb der Schwellenwerte** hatte der EuGH entschieden, dass die verpflichtende Vorgabe eines Eigenleistungsanteils nicht mit den Vorgaben des Gemeinschaftsrechts vereinbar sei. Vielmehr können Bieter sich bei der Auftragsvergabe auf die Leistungsfähigkeit eines Dritten berufen, soweit sie den Nachweis erbringen, dass sie über die Mittel dieses leistungsfähigen Dritten verbindlich verfügen können[45]. Der EuGH folgert dies aus den Vergaberichtlinien, die den Einsatz von Subunternehmern ausdrücklich zulassen. Durch § 6 Abs. 2 Ziffer 2 VgV wird das deutsche Vergaberecht nunmehr an die Rechtsprechung des EuGH angepasst. § 6 Abs. 2 Ziffer 2 VgV stellt klar, dass § 8 Ziffer 2 Abs. 1 VOB/A bei Auftragsvergaben oberhalb der Schwellenwerte zwar gilt, dass sich aber Unternehmen auch der Fähigkeiten Dritter bedienen können. Es kann sich somit ein Unternehmen bei der Erfüllung eines Auftrags der Kapazitäten anderer Unternehmen

---

[43] *Ingenstau/Korbion/Schranner* VOB/A § 8, Rdn. 30.

[44] VÜA Bayern VÜA 14/96 „Kläranlage", S. 8; VÜA Brandenburg 1 VÜA 3/96 „Heizkraftwerk Cottbus". WuW/E VergAL 39/47; *Ingenstau/Korbion/Schranner* VOB/A § 8, Rdn. 17.

[45] EuGH, Urteil vom 18.3.2004, Rs. C-314/01 („Siemens und ARGE Telekom & Partner"), Rdn. 42 ff., NZBau 6/2004, 340, VergabeR 4/2004, 465.

bedienen, soweit es nachweisen kann, über die Mittel dieses leistungsfähigen Dritten verbindlich verfügen zu können. Dementsprechend können sich nunmehr auch Generalübernehmer und Generalunternehmer oberhalb der Schwellenwerte an Vergabeverfahren beteiligen (vgl. auch: § 8 a Nr. 2 und Nr. 10 VOB/A).

Wenn sich ein Generalunternehmer oder Generalübernehmer an dem Vergabeverfahren beteiligt, muss das Unternehmen unaufgefordert nachweisen, dass es über die sachlichen, personellen und finanziellen Mittel, die es zur Ausführung des Auftrags benötigt, verfügen kann. Nach Ansicht der VK Schleswig-Holstein[46] folgt daraus, dass ein Generalübernehmer seine „Nachunternehmer" stets unaufgefordert benennen muss, und zwar selbst dann, wenn die Nachunternehmer nach den Verdingungsunterlagen nicht zu benennen sind. Der Bieter muss die Namen der Dritten angeben und nachweisen, dass er über deren Mittel verfügen kann und diese die aufgestellten Eignungskriterien erfüllen.

Unterhalb der Schwellenwerte, im Bereich des Abschnitts 1 der VOB/A, ist es nach wie vor herrschende Meinung, dass die Vergabe an General- bzw. Totalübernehmer unzulässig ist[47]. Das Urteil des EuGH vom 18.3.2004[48] steht dieser Ansicht nicht entgegen, weil der EuGH sein Urteil nicht auf die Grundfreiheiten des EG-Vertrages, sondern auf die Vergaberichtlinie gestützt hat, die unterhalb der Schwellenwerte nicht gilt.

Bei den **Generalunternehmern** gilt oberhalb der Schwellenwerte das zuvor Gesagte. Bei 25
Aufträgen unterhalb der Schwellenwerte wird unterschieden. Die Einsatzform des Generalunternehmers soll der des Generalübernehmers gleichzustellen sein, wenn der Anteil des Generalunternehmers an der Bauleistung selbst lediglich von untergeordneter Bedeutung ist und er insoweit eher einem Generalübernehmer als einem Hauptunternehmer nahe steht. Sind die Leistungen, die der Generalunternehmer erbringt, dagegen von übergeordneter Bedeutung, kann er sich auch unterhalb der Schwellenwerte an einem Vergabeverfahren beteiligen[49]. Das OLG Frankfurt[50] hat als eine Art Richtschnur einen Eigenanteil von einem Drittel als ausreichend angesehen, um sich an einem Ausschreibungsverfahren zu beteiligen. Die Abgrenzung kann im Einzelfall schwierig sein. Durch klare Vorgaben in den Verdingungsunterlagen, insbesondere hinsichtlich des vom Bewerber zu erbringenden Eigenanteils, können diese Probleme weitgehend vermieden, jedenfalls entschärft werden. Dabei empfiehlt es sich auch, anzugeben, wie sich der Eigenleistungsanteil konkret berechnet (z.B. nach Angebotssummen).

Im übrigen kommen als Teilnehmer am Wettbewerb sowohl Einzelunternehmer als auch 26
Hauptunternehmer mit Nachunternehmern sowie **Arbeitsgemeinschaften** und **Bietergemeinschaften** in Betracht. Zu den Teilnahmevoraussetzungen, der Auswahl der Bewerber sowie den besonderen Unternehmereinsatzformen enthält die Richtlinie unter 1 bis 3.3 zu TeilA § 8 des VHB entsprechende Hinweise.

3. Aushändigung der Verdingungsunterlagen

Die Verdingungsunterlagen sind **allen** interessierten Teilnehmern **auszuhändigen**, die sich mit 27
der Ausführung der ausgeschriebenen Leistung befassen[51]. Bei der Öffentlichen Ausschreibung erfolgt somit anders als bei der Beschränkten Ausschreibung und der Freihändigen Vergabe die Eignungsprüfung nicht vor Aushändigung der Verdingungsunterlagen, sondern im Rahmen der Angebotswertung selbst. Einem Teilnehmer darf die Aushändigung der Unterlagen nicht mit der Begründung verweigert werden, er sei nicht geeignet. Nur dann, wenn Gründe zum **Ausschluss** von Teilnehmern am Wettbewerb gemäß § 8 Nr. 5 VOB/A vorliegen, wird die Ansicht vertreten,

---

[46] VK Schleswig-Holstein (Beschluss vom 31.1.2006) VK-SH 33/05.

[47] Beck'scher VOB-Kommentar/*Prieß/Hausmann* VOB/A § 8, Rdn. 52 am Ende.

[48] EuGH, Urteil vom 18.3.2004, Rs. C-314/01 („Siemens und ARGE Telekom & Partner"), Rdn. 42 ff., NZBau 6/2004, 340, VergabeR 4/2004, 465.

[49] VK Bund Beschluss v. 1.3.2002, VK 1–3/02, NZBau 2002, 463; *Ingenstau/Korbion/Schranner* VOB/A § 8, Rdn. 17.

[50] OLG Frankfurt NZBau 2001, 101.

[51] *Heiermann/Riedl/Rusam* VOB/A § 8, Rdn. 17.

die Verdingungsunterlagen müssten dem betroffenen Teilnehmer nicht übersandt werden[52]. Aber selbst diese Ansicht ist streitig und höchstrichterlich nicht geklärt. Der Auftraggeber sollte die Unterlagen im Zweifel aushändigen. Beschränkungen des Bewerberkreises sind bei der Öffentlichen Ausschreibung unzulässig.

II. Teilnehmer am Wettbewerb bei Beschränkter Ausschreibung (Nr. 2 Abs. 2)

1. Zahl der Bewerber

28 Gemäß § 8 Nr. 2 Abs. 2 VOB/A sollen bei der Beschränkten Ausschreibung grundsätzlich nur drei bis acht geeignete Bewerber zur Angebotsabgabe aufgefordert werden. Nach § 8 a Nr. 3 VOB/A und damit **oberhalb der** Schwellenwerte müssen aber mindestens fünf Bewerber zur Angebotsabgabe aufgefordert werden. Dies schließt nicht aus, dass im Einzelfall mehr als acht Bewerber zur Angebotsabgabe aufgefordert werden. Insbesondere dann, wenn der Beschränkten Ausschreibung ein öffentlicher Teilnahmewettbewerb vorausgegangen war, mag es sein, dass mehr Bewerber zur Angebotsabgabe aufgefordert werden. Umgekehrt schließt § 8 Nr. 2 Abs. 2 VOB/A auch nicht aus, dass bei richtiger Ausübung des Auswahlermessens weniger als drei bzw. fünf Teilnehmer zur Angebotsabgabe aufgefordert werden, weil nicht mehr geeignete Bewerber vorhanden sind.

29 Eine besondere Regel zur Bestimmung der **Zahl** der aufzufordernden Bewerber enthält § 8 Nr. 2 Abs. 2 Satz 2 VOB/A. Sind umfangreiche Vorarbeiten zur Angebotserstellung erforderlich, die zu einem besonderen Aufwand beim Bieter führen, soll die Zahl der Bewerber möglichst eingeschränkt werden. Andererseits erlaubt § 20 Nr. 2 Abs. 1 VOB/A dem Auftraggeber, Bewerbern für besondere Vorarbeiten eine Entschädigung zu zahlen. Bei der Abwägung, ob nur ein eng begrenzter Bewerberkreis zur Angebotsabgabe aufgefordert wird oder eine Entschädigung gemäß § 20 Nr. 2 Abs. 1 VOB/A für die Vorarbeiten vorgesehen wird, hat der Öffentliche Auftraggeber sein Ermessen auszuüben und ermessensfehlerfrei zu entscheiden, welchen Weg er geht. Dabei hat er insbesondere zu berücksichtigen, ob durch einen möglichst weit gefassten Kreis konkurrierender Bewerber ein besseres Ergebnis erzielt werden kann.

2. Eignungskriterien

30 Zur Angebotsabgabe sollen gemäß § 8 Nr. 2 Abs. 2 Satz 1 VOB/A nur geeignete Bewerber aufgefordert werden. **Geeignet** sind gemäß § 2 VOB/A fachkundige, leistungsfähige und zuverlässige Bewerber. Aus § 8 Nr. 2 Abs. 2 VOB/A folgt somit, dass die Eignungsprüfung, die grundsätzlich erst im Rahmen der Angebotswertung gemäß § 25 erfolgt, bei der Beschränkten Ausschreibung und der Freihändigen Vergabe **vor** der Aufforderung zur Angebotsabgabe zu überprüfen ist. Die Einholung von Angeboten bei Bewerbern, die diese Voraussetzungen nicht erfüllen, kann Schadensersatzansprüche wegen Verschuldens bei Vertragsverhandlungen auslösen oder gar dazu führen, dass der Öffentliche Auftraggeber mit dem entsprechenden Einwand präkludiert ist, d.h. nachträglich die Eignung nicht mehr in Abrede stellen kann[53]. Etwas anderes gilt selbstverständlich dann, wenn neue Tatsachen bekannt werden. Zulässig wird es aber sein, bei Zweifeln an der Eignung eines Teilnehmers die Frage offenzulassen, wenn aufgrund der genannten Auswahlkriterien zweifelsfrei ist, dass dieser Teilnehmer unter Berücksichtigung der Auswahlkriterien selbst dann nicht zur Angebotsabgabe aufgefordert würde, wenn er geeignet ist.

3. Auswahl der Bewerber

31 Zur Angebotsabgabe aufgefordert werden können **nur** Bewerber, die die Eignungskriterien erfüllen. Ferner bestimmt § 8 Nr. 2 Abs. 3 VOB/A, dass bei Beschränkter Ausschreibung und Freihändiger Vergabe unter den (geeigneten) Bewerbern möglichst gewechselt werden soll.

---

[52] *Heiermann/Riedl/Rusam* VOB/A § 8, Rdn. 17; *Ingenstau/Korbion/Schranner* VOB/A § 8, Rdn. 33.
[53] Siehe sogleich Rdn. 39 f.

Der Auftraggeber ist **nicht** verpflichtet, alle als geeignet eingestuften Bewerber zur Angebotsabgabe aufzufordern. Aus dem Antrag auf Teilnahme am Wettbewerb oder der Aufforderung Eignungsnachweise vorzulegen, ergibt sich auch für die als geeignet angesehenen Bewerber **kein Anspruch** auf Aufforderung zur Angebotsabgabe[54]. 32

Gibt es einen sachlichen Grund, nicht alle geeigneten Bewerber zur Angebotsabgabe aufzufordern, kann und muss der Auftraggeber eine weitere Vorauswahl zwischen den geeigneten Bewerbern treffen[55]. Bei der Auswahl der aufzufordernden Bewerber steht dem öffentlichen Auftraggeber ein weiter **Beurteilungsspielraum** zu. Im Hinblick auf das Diskriminierungsverbot ist der Auftraggeber allerdings gehalten, auch bei der Auswahl zwischen den geeigneten Teilnehmern beurteilungsfehlerfrei zu entscheiden[56].

Oberhalb der Schwellenwerte muss der Auftraggeber die Auswahlkriterien bekannt machen (§ 8 a Nr. 6 VOB/A). Es muss sich um nicht diskriminierende, auftragsbezogene Kriterien handeln. **Unterhalb** der Schwellenwerte besteht keine Pflicht, die Auswahlkriterien bekannt zu machen. Allerdings gilt auch unterhalb der Schwellenwerte das Diskriminierungsverbot und das Transparenzgebot. Das OLG Düsseldorf[57] folgert aus diesen Grundsätzen für Auftragsvergaben oberhalb der Schwellenwerte, dass die Gewichtung von Wertungskriterien oder die Erstellung eines Wertungsleitfadens und die Erstellung einer Bewertungsmatrix für die Auswahl der Bewerber, die nach altem Recht nicht erstellt oder bekannt gegeben werden mussten, dennoch bekannt zu machen sind, wenn sie vor Ablauf der Angebotsfrist oder Frist für Teilnahmeanträge bereits erstellt waren. Diese Rechtsprechung bedeutet übertragen auf die Auswahlkriterien, dass diese auch unterhalb der Schwellenwerte den Teilnehmern bekannt gemacht werden müssen, wenn sie vor Ablauf der Frist für Teilnahmeanträge aufgestellt worden waren.

Bislang gingen Rechtsprechung und Literatur einhellig davon aus, dass die Auswahl der Bieter auch aufgrund eines „Mehr an Eignung“ bestimmt werden kann[58]. Typische Auswahlkriterien waren: Unterschiede in der finanziellen Leistungsfähigkeit (Solidität des Unternehmens, z.B. Eigenkapitalquote u.ä.), besondere Fachkunde (insbesondere Zahl der Referenzen etc.). **Oberhalb der Schwellenwerte** bestimmt § 8 a Nr. 6 VOB/A nun, dass es sich um nicht diskriminierende, auftragsbezogene Kriterien handeln müsse. Ein „Mehr an Eignung“ ist aber kein auftragsbezogenes, sondern ein bieterbezogenes Kriterium, so dass fraglich ist, ob künftig ein Mehr an Eignung bei der Auswahl berücksichtigt werden kann. **Unterhalb** der Schwellenwerte sind solche Auswahlkriterien aber nach wie vor zulässig, weil sie nicht gegen die Grundfreiheiten des EGV verstoßen und nach § 8 VOB/A nicht ausgeschlossen sind.

4. Änderungen in der Person des Teilnehmers nach Auswahl der Bewerber

In der Praxis kommt es häufig vor, dass Bieter nach Aufforderung zur Angebotsabgabe den Wunsch haben, sich in anderer Form an dem weiteren Verfahren zu beteiligen, sei es, dass zwei aufgeforderte Bieter sich zu einer Bietergemeinschaft zusammenschließen wollen, sei es, dass die Mitglieder einer als Bietergemeinschaft aufgeforderten Gemeinschaft sich einzeln beteiligen wollen, sei es, dass die Mitglieder der Bietergemeinschaft wechseln u.ä. Dies ist – wenn ein Teilnahmewettbewerb vorausgegangen ist – unzulässig, weil der Auftraggeber die Bieter in einer konkreten Zusammensetzung auffordert, so dass nachträgliche Änderungen unzulässig sind[59]. Dies 33

[54] Nr. 2.2 VHB zu § 8 VOB/A; VÜA NW 8/96, ZVgR 1997, 313; *Hertwig* Praxis der öffentlichen Auftragsvergabe Rdn. 69.

[55] *Daub/Eberstein/Zdzieblo* VOL/A § 7 a, Rdn. 50.

[56] VÜA des Landes Brandenburg Beschluss v. 27.1.1999 1 VÜA 16/96 (zu § 31 a VOL/A); *Daub/Eberstein/Zdzieblo* VOL/A § 7 a, Rdn. 50; vgl. auch *Niebuhr/Kulartz/Kus/Portz* Kommentar zum Vergaberecht § 101, Rdn. 13.

[57] OLG Düsseldorf, Beschluss vom 23.3.2005, VII–Verg 77/04; für Auswahlkriterien im VOF-Verfahren: OLG Düsseldorf Beschluss vom 29.10.2003, Verg 43/03, VergabeR 1/2004, 100; EuGH, Urteil vom 12.12.2002 Rs. C 470/99, NZBau 3/2003, 162, VergabeR 2003, 141, 152 f.

[58] OLG Düsseldorf Beschluss vom 29.10.2003 Verg 43/03, VergabeR 1/2004, 100

[59] VK Brandenburg Beschluss vom 18.7.2001 1 VK 55/01; a.A. *Ingenstau/Korbion/Schranner VOB 15. Auflage § 8 Rn. 48* .

gilt nicht nur, wenn es für eine Änderung an der Zustimmung des Auftraggebers fehlt, sondern auch dann, wenn er die Zustimmung erteilen wollte. Es verstößt gegen den Gleichbehandlungs- und Transparenzgrundsatz, wenn nach Ablauf der Frist für den Teilnahmeantrag ein weiterer bzw. anderer Teilnehmer zur Angebotsabgabe aufgefordert wird. Denn die in der Rechtsprechung allgemein vertretene Ansicht, dass Änderungen der Bietergemeinschaft, zu denen es zwischen Angebotsabgabe und Zuschlagerteilung kommt, unzulässig sind, gilt u.E. aus oben genannten Gründen auch für Änderungen nach Aufforderung zur Angebotsabgabe. Dies gilt selbst dann, wenn eine GmbH & Co KG auf ihre Komplementär-GmbH verschmolzen wird[60] oder sich die Zusammensetzung einer Bietergemeinschaft ändert[61].

III. Teilnehmer am Wettbewerb bei Freihändiger Vergabe

1. Eignungskriterien

34 Hinsichtlich der Eignungskriterien gilt das zur Beschränkten Ausschreibung Gesagte entsprechend. Auch bei der Freihändigen Vergabe muss der Öffentliche Auftraggeber vor Aufforderung zum Führen von Verhandlungen prüfen, ob der potentielle Bieter die Eignungskriterien erfüllt. Zulässig wird es aber, ebenso wie bei der beschränkten Ausschreibung, sein, bei Zweifeln an der Eignung eines Teilnehmers die Frage offenzulassen, wenn aufgrund der genannten Auswahlkriterien zweifelsfrei ist, dass dieser Bieter unter Berücksichtigung der Auswahlkriterien selbst dann nicht zur Angebotsabgabe aufgefordert würde, wenn er geeignet ist.

2. Auswahl

35 Für die Freihändige Vergabe sieht die VOB/A eine Mindestzahl der zur Angebotsabgabe aufzufordernden Bewerber nicht vor. **Oberhalb der Schwellenwerte sind** jedoch gemäß § 8 a Nr. 4 VOB/A mindestens **drei** Bewerber auszuwählen, und es müssen so viele Bewerber ausgewählt werden, dass ein Wettbewerb gewährleistet ist. Auch im Anwendungsbereich des Abschnitts 1 verlangt das Diskriminierungs- und Gleichbehandlungsgebot grundsätzlich, dass nicht nur mit einem Bewerber verhandelt wird. Etwas anderes gilt nur dann, wenn, wie in § 3 Nr. 4 lit. a VOB/A vorgesehen, für die ausgeschriebene Leistung aus besonderen Gründen nur ein bestimmtes Unternehmen in Betracht kommt. Für alle anderen Fälle gilt jedoch ebenso wie für die Öffentliche Ausschreibung und die Beschränkte Ausschreibung das Wettbewerbsprinzip, d.h. die Aufforderung mehrerer geeigneter Bewerber. Darüber hinaus gilt die Regelung des § 8 Nr. 2 Abs. 3 VOB/A, wonach zwischen den Teilnehmern gewechselt werden soll, auch für die Freihändige Vergabe.

D. Nachweis der Eignung

I. Eignungskriterien (Nr. 4 Satz 2)

36 Gemäß § 8 Nr. 4 Satz 2 VOB/A sollen nur solche Bewerber ausgewählt werden, deren Eignung die für die Erfüllung der vertraglichen Verpflichtungen notwendige Sicherheit bieten, d.h. solche, die die erforderliche Fachkunde, Leistungsfähigkeit und Zuverlässigkeit besitzen und über ausreichende technische und wirtschaftliche Mittel verfügen. § 8 Nr. 4 Satz 2 VOB/A wiederholt schon den in § 2 Ziffer1 VOB/A enthaltenen allgemeinen Grundsatz, dass Bauleistungen an fachkundige, leistungsfähige und zuverlässige Unternehmer zu vergeben sind[62]. Bei

[60] Vgl. für die Zeit nach Ablauf der Angebotsfrist: OLG Düsseldorf, Beschluss vom 16.11.2005, VII–Verg 56/05, VergabeR 3/2006, 411.
[61] Vgl. für die Zeit nach Ablauf der Angebotsfrist: OLG Düsseldorf Beschluss vom 26.1.2005 Verg 45/04, NZBau 2005, 354, VergabeR 3/2005, 374.
[62] Die Kommentierung der Eignungskriterien erfolgt bei VOB/A § 2, Rdn. 6 ff.

der Prüfung der Eignung steht dem Auftraggeber ein Beurteilungsspielraum zu. Er muss prüfen, ob der betreffende Bewerber unter den gegebenen Umständen voraussichtlich in der Lage sein wird, die geplante Bauleistung aufgrund seiner Fachkunde, Leistungsfähigkeit und Zuverlässigkeit zu erbringen[63].

II. Zeitpunkt der Eignungsprüfung (Nr. 4 Satz 1)

1. Bei Öffentlicher Ausschreibung

Bei der Öffentlichen Ausschreibung müssen die Eignungsnachweise entweder mit dem Angebot oder zu einem späteren, vom Auftraggeber bestimmten Zeitpunkt vorgelegt werden. Die Eignungsprüfung erfolgt sodann als ein Schritt **bei der Wertung** der Angebote. Daraus folgt, dass grundsätzlich jedem interessierten Bewerber die Verdingungsunterlagen zur Abgabe eines Angebotes übermittelt werden müssen und der Öffentliche Auftraggeber grundsätzlich nicht schon antizipiert aufgrund anderer Kenntnisse, die er hat, die Übersendung der Verdingungsunterlagen verweigern kann. Eine andere Frage ist, ob Interessenten, die gemäß § 8 Nr. 5 VOB/A von der Teilnahme am Wettbewerb ausgeschlossen werden dürfen, verlangen können, dass ihnen die Verdingungsunterlagen übersandt werden[64]. 37

Grundsätzlich erfolgt die Prüfung der Eignung auf der zweiten in § 25 VOB/A vorgesehenen Wertungsstufen. Aufgrund der Entscheidung des BGH[65] und des Wortlauts gilt der Grundsatz, dass die Wertungsstufen streng zu trennen sind und die Eignungsprüfung vor Prüfung der Wirtschaftlichkeit der Angebote abzuschließen ist. Dies kann im Einzelfall bei einer Vielzahl von Angeboten zu einem erheblichen Verwaltungsaufwand führen. Die VK Düsseldorf hat deshalb zurecht entschieden, dass es unter Wahrung der Wettbewerbsgrundsätze zulässig ist, bei Vorliegen sehr vieler Angebote zunächst die 10 preisgünstigsten Angebote auf formale Korrektheit, Eignung und Wirtschaftlichkeit zu überprüfen, sofern nur die strikte inhaltliche Trennung der Wertungsstufen eingehalten wird[66].

2. Bei Beschränkter Ausschreibung und Freihändiger Vergabe

Sowohl bei der Beschränkten Ausschreibung als auch bei der Freihändigen Vergabe erfolgt die Eignungsprüfung nicht erst im Rahmen der Angebotswertung, sondern schon vor der Aufforderung des Bewerbers zur Abgabe eines Angebotes[67]. Bei der Beschränkten Ausschreibung nach Öffentlichem Teilnahmewettbewerb können sich die Bewerber an dem Öffentlichen Teilnahmewettbewerb beteiligen. Schon im Rahmen der Beteiligung an dem Teilnahmewettbewerb haben die Bieter die geforderten Nachweise zur Eignungsprüfung beizubringen. Nachdem die Teilnahmeanträge der Bieter vorliegen, prüft der Öffentliche Auftraggeber die Eignung der Bieter und fordert die Bieter, die er als nicht geeignet ansieht, nicht zur Angebotsabgabe auf. Auch bei der Freihändigen Vergabe und der Beschränkten Ausschreibung ohne vorhergehenden öffentlichen Teilnahmewettbewerb wird die Eignung der Bewerber vor der Aufforderung zur Angebotsabgabe überprüft[68]. 38

3. Verspätete Eignungsprüfung und neue Erkenntnisse des Auftraggebers

Hat der Öffentliche Auftraggeber die Eignungsprüfung vor Aufforderung zur Angebotsabgabe unterlassen und einen Bewerber zur Angebotsabgabe aufgefordert, der für den Auftrag nicht 39

[63] Zur ermessensfehlerfreien Prüfung der Eignung siehe § 2, Rdn. 25.

[64] Siehe hierzu die Kommentierung zu § 8 Ziffer 5, Rdn. 51.

[65] BGHZ 139, 273 ff.; VK Bund, Beschluss v. 30.8.2000, VK 1–25/00; VK Sachsen Beschluss v. 16.6.2000, 1 SVK 50/00.

[66] VK Düsseldorf, Beschluss vom 11.1.2006, VK 50/2005-L

[67] VÜA Nordrhein-Westfalen 424–84–41–8/96 „Dachdeckerarbeiten“ ZVgR 1997, 313; *Ingenstau/Korbion/Schranner* VOB/A § 8, Rdn. 63.

[68] *Ingenstau/Korbion/Schranner* VOB/A § 8, Rdn. 64; *Heiermann/Riedl/Rusam* VOB/A § 8, Rdn. 48.

geeignet ist, kann sich der Auftraggeber gegenüber dem Bewerber **schadensersatzpflichtig** machen. Entstehen dem Bieter für die Vorbereitung seines Angebots Aufwendungen, obwohl schon vor Angebotsabgabe hätte festgestellt werden können, dass er wegen mangelnder Eignung keine Aussicht auf den Auftrag hat, so stellen die Aufwendungen des Bieters den vom Auftraggeber zu ersetzenden Schaden dar, den er aufgrund der unterlassenen Eignungsprüfung verursacht hat und den er nach den Grundsätzen der **culpa in contrahendo** (§ 311 Abs. 2 BGB n.F.) zu ersetzen hat.

40 Allerdings führt die unterlassene Eignungsprüfung des Öffentlichen Auftraggebers nicht unbedingt dazu, dass er dem erst später als ungeeignet erkannten Bewerber den Zuschlag erteilen muss. Der Auftraggeber ist nicht gehindert, nicht geeigneten Bewerbern den Zuschlag auch dann nicht zu erteilen, wenn sich ihre fehlende Eignung erst nachträglich herausstellt.

Dies gilt selbstverständlich dann, wenn dem öffentlichen Auftraggeber ohne schuldhaftes Verhalten erst später Umstände bekannt werden, aus denen sich die fehlende Eignung des Bieters ergibt. In diesem Fall ist der Öffentliche Auftraggeber weder verpflichtet, dem betroffenen Bieter den Zuschlag zu erteilen, noch macht er sich in diesem Fall schadensersatzpflichtig, weil sein Verhalten nicht schuldhaft war. Dies gilt auch, wenn der Öffentliche Auftraggeber es schuldhaft versäumt hat, die erforderlichen Eignungsnachweise rechtzeitig anzufordern und deshalb der Auftraggeber die erheblichen Umstände nicht kannte[69].

41 Es bleibt noch die Frage zu beantworten, was gilt, wenn einem Auftraggeber vor der Aufforderung zur Abgabe von Angeboten bestimmte Tatsachen bekannt waren, er die betroffenen Bieter dennoch zur Angebotsabgabe aufgefordert hat, ihnen aber nunmehr aufgrund der schon früher bekannten Tatsachen den Zuschlag wegen mangelnder Eignung nicht erteilen will. Insoweit ist auf **§ 25 Nr. 2 Abs. 2 VOB/A** hinzuweisen. Danach sind bei Beschränkter Ausschreibung und Freihändiger Vergabe bei der Angebotswertung nur solche Umstände zu berücksichtigen, die nach Aufforderung zur Angebotsabgabe Zweifel an der Eignung des Bieters begründen. Das bedeutet, dass der Öffentliche Auftraggeber sich bei Beschränkten Ausschreibungen und Freihändigen Vergaben im Wertungsverfahren nicht darauf berufen kann, der betreffende Bieter sei unzuverlässig oder ungeeignet, wenn ihm die Unzuverlässigkeitsgründe oder die Ungeeignetheitsgründe bereits vor Aufforderung zur Angebotsabgabe bekannt waren. Da es auf die Einzelentscheidung des Auftraggebers im jeweiligen konkreten Vergabeverfahren ankommt, kann der Öffentliche Auftraggeber sich im Wertungsverfahren auch auf solche Gründe berufen, die objektiv zwar bereits vor der Aufforderung zur Angebotsabgabe vorlagen, ihm konkret aber erst danach bekannt wurden[70]. Wegen § 25 Nr. 2 Abs. 2 VOB/A sollte der Öffentliche Auftraggeber genau und im einzelnen prüfen, ob Zweifel an der Eignung bestehen. Denn hält er bestimmte Tatsachen, die ihm schon vor der Aufforderung zur Angebotsabgabe bekannt sind, für im Hinblick auf die Eignungsprüfung nicht erheblich, und stellt er nachträglich fest, dass sie doch erheblich sind, besteht für ihn die Gefahr, dass er mit solchen Kriterien **präkludiert** ist. Teils wird allerdings die Ansicht vertreten, dass Präklusion nur eintreten kann, wenn das Angebot nicht zwingend wegen fehlender Eignung ausgeschlossen werden muss, sondern dies im Beurteilungsspielraum der Vergabestelle liegt[71].

III. Eignungsprüfung

1. Grundsätzliches

42 § 8 Nr. 3 VOB/A bestimmt, welche Nachweise die Vergabestelle von den Bewerbern im Rahmen der Eignungsprüfung verlangen darf, nicht verlangen muss. Die Eignungsprüfung ist in

---

[69] OLG Düsseldorf BauR 1993, 597, 599; OLG Düsseldorf BauR 1992, 70, 71; Beck'scher VOB-Kommentar/*Brinker/Ohler* VOB/A § 25, Rdn. 54.

[70] *Ingenstau/Korbion/Schranner* VOB/A § 25, Rdn. 47; Beck'scher VOB-Kommentar/*Brinker/Ohler* VOB/A § 25, Rdn. 53 f.

[71] OLG Frankfurt, Beschluss vom 20.7.2004, 11 Verg 6/04, VergabeR 5/2004, S. 642; VK Schleswig-Holstein Beschluss vom 31.1.2006 VK SH 33/05.

der VOB/A nur bezüglich einzelner Aspekte geregelt. Die **Eignungsprüfung** kann weitgehend **formlos** erfolgen, weil der Auftraggeber in der Entscheidung darüber, ob, in welcher Weise und durch welche Auskunftsmittel er sich Gewissheit über die Eignung des Bewerbers verschaffen will, weitgehend frei ist[72]. Die Formlosigkeit des Verfahrens bedeutet aber nicht, dass der Auftraggeber bei seiner Entscheidung, ob der Bewerber geeignet ist oder nicht, frei ist. Entscheidend ist, dass der Auftraggeber „im Ergebnis die notwendige Feststellung treffen kann, dass der betreffende Bewerber unter den gegebenen Umständen voraussichtlich **in der Lage sein wird**, die geplante Bauleistung aufgrund seiner Sachkunde, Leistungsfähigkeit und Zuverlässigkeit zu erbringen“[73]. Die Vergabestelle muss die Eignung des Bewerbers beurteilungsfehlerfrei prüfen und sie im Hinblick auf das Gebot der Transparenz des Vergabeverfahrens möglichst detailliert dokumentieren.

Bei der Eignungsprüfung ist die Vergabestelle auch nicht auf die von dem Bewerber vorgelegten 43
Nachweise beschränkt. Hat sie trotz der vorgelegten Nachweise sachlich gerechtfertigte Gründe, an der Eignung des Bewerbers zu zweifeln, kann sie **weitere Informationen** einholen, und zwar sowohl bei dem Bewerber als auch bei anderen Stellen. Es ist ihr so u.a. möglich, Informationen bei anderen Vergabestellen einzuholen. Will die Vergabestelle allerdings Informationen, die sie nicht von dem Bewerber selbst erhalten hat, bei der Eignungsprüfung negativ berücksichtigen, so muss sie dem Bewerber die Möglichkeit zur Stellungnahme geben und bei Zweifeln über das Zustandekommen etwaiger Erklärungen und Empfehlungen weitere Sachverhaltsermittlungen anstellen[74].

Insgesamt steht der Vergabestelle bei der Frage nach dem Umfang der zu fordernden Eignungs- 44
nachweise und bei der Frage nach den Folgen nicht ausreichender Nachweise ein weiter **Ermessens- bzw. Beurteilungsspielraum** zu. Eine Ermessensgrenze besteht erst dort, wo ein objektiv gebotenes, sachliches Informationsbedürfnis der Vergabestelle nicht mehr erkennbar ist.

Welche Eignungsnachweise die Vergabestelle verlangen kann, hängt von dem konkret zu vergebenden Auftrag ab, wobei der Vergabestelle ein weiter Beurteilungsspielraum eingeräumt wird. Die Vergabenachprüfungsinstanzen haben das dem Auftraggeber bei der Festlegung und Gewichtung der für maßgebend erachteten Eignungsmerkmale zustehende Ermessen lediglich in beschränktem Umfang zu kontrollieren. Sie prüfen die Entscheidung nur auf Beurteilungs bzw. Ermessensfehler hin[75]. Werden besonders hohe Anforderungen an die Eignung gestellt, kann dies durch die die Bauleistung als erschwerend kennzeichnenden Leistungsmerkmale und technische Besonderheiten gerechtfertigt sein. Ist dies der Fall, tritt das Ziel des Vergabeverfahrens, Wettbewerb zu eröffnen, zurück, so dass es auch zulässig ist, durch eine solche Vorgabe „Newcomer“ vom Markt auszuschließen[76].

Der weite Handlungsspielraum der Vergabestelle beim **Fehlen von Eignungsnachweisen** wird allerdings dann erheblich eingeschränkt, wenn sie im Rahmen eines Teilnahmewettbewerbs bestimmte Nachweise verlangt hat und der Bieter sie innerhalb der Frist zur Einreichung des Teilnahmenantrags nicht eingereicht hat. Werden geforderte Eignungsnachweise innerhalb der gesetzten Frist nicht vorgelegt, führt dies zwingend zum Ausschluss, selbst wenn es sich um Erklärungen handelt, die ohne weiteres nachgereicht werden können, oder wenn die Vergabestelle aus anderen Projekten die Eignung positiv kennt[77].

§ 8 Nr. 3 Abs. 1 und Abs. 2 VOB/A nennen die Angaben, die die Vergabestelle von den Be- 45
werbern und Bietern zum Nachweis ihrer Eignung verlangen kann. Die Aufzählung ist nicht zwingend. Weder muss die Vergabestelle alle dort genannten Nachweise verlangen, noch ist es ihr untersagt, weitere Nachweise zu fordern. Dies zeigen Buchstabe g) und Abs. 2.

---

[72] 54BKartA VK 1–27/99 „Konvertierung“, S. 4.

[73] VÜA Bund 1 VÜ 7/96 „Wohnbaukomplex Moskau“ WuW/E VergAB 96/99; VÜA Bayern VÜA 15/98 „Naturwerksteinarbeiten“ ZVgR 1999, 135.

[74] VÜA Bund 1 12/98 „Schutzbügel“ ZVgR 1999, 76, 82.

[75] OLG Düsseldorf, Beschluss vom 5.10.2005, Verg 55/05.

[76] OLG Düsseldorf Beschluss vom 22.9.2005, Verg 49/05 und 50/05; OLG Düsseldorf Beschluss vom 5.10.2005 Verg 55/05.

[77] Vgl. nur OLG Schleswig, Beschluss vom 22.5.2006, 1 Verg 05/06, im einzelnen Rn. 49.

Die Information dazu, wann der Bieter als geeignet angesehen werden kann, und über den Zeitpunkt der Vorlage der Nachweise ist in den dafür vorgesehenen Unterlagen unmissverständlich und vollständig mitzuteilen. Die Vergabestelle ist aber im Rahmen der Bekanntmachung nicht gezwungen, Eignungsnachweise ihrer Art nach in der Bekanntmachung **konkret zu benennen**. Sie kann auch formulieren: geforderte Nachweise: z.B. Vorlage von Bilanzen oder Erklärungen über den Gesamtumsatz der letzten drei abgeschlossenen Geschäftsjahre. Der Bieter hat dann die Wahl, ob er Bilanzen oder Umsätze oder sonstige Erklärungen (z.B. Bankerklärung) vorlegen will. Der Bieter muss aber eigenverantwortlich entscheiden, welche Nachweise aus seiner Sicht ausreichend sind[78].

Enthält schon die Vergabebekanntmachung Informationen über die dem Angebot beizufügenden Nachweise und weichen die im Anschreiben nach § 10 Abs. 1 Nr. 1 a VOB/A geforderten Unterlagen von der Vergabebekanntmachung ab, so gehen hieraus entstehende Unklarheiten über die tatsächlich zu erbringenden Nachweise nach Ansicht des OLG Düsseldorf[79] zulasten des Bieters. Um einen Ausschluss des Angebotes zu vermeiden, müssen alle in der Bekanntmachung verlangten Nachweise vorgelegt werden, selbst wenn der Auftraggeber die Nachweise im Rahmen des weiteren Verfahrens (z.B. im Schreiben mit dem zur Angebotsabgabe aufgefordert wird) einschränkt. U.E. ist diese Ansicht unzutreffend, weil nach allgemeinen Grundsätzen Unklarheiten in den Verdingungsunterlagen zu Lasten des Auftraggebers gehen. Mit einem solchen widersprüchlichen Verhalten schafft der Auftraggeber einen Vertrauenstatbestand zugunsten des Bieters, so dass die Abweichung nicht zum Nachteil des Bieters gereichen darf.

2. Auskunftsmittel

46 Nach § 8 Nr. 3 Abs. 1 a) VOB/A kann die Vergabestelle Angaben über den Umsatz des Unternehmers in den letzten drei abgeschlossenen Geschäftsjahren verlangen, soweit er Bauleistungen und andere Leistungen betrifft, die mit der zu vergebenden Leistung vergleichbar sind. Dieses Auskunftsmittel dient in erster Linie der Prüfung der finanziellen und wirtschaftlichen Leistungsfähigkeit.

Gemäß § 8 Nr. 3 Abs. 1 b) VOB/A können weiter Angaben über die Ausführung von Leistungen in den letzten drei abgeschlossen Geschäftsjahren, die mit der zu vergebenden Leistung vergleichbar sind, verlangt werden. Mit diesem Nachweis soll die Prüfung der Leistungsfähigkeit ermöglicht werden.

Gemäß § 8 Nr. 3 Abs. 1 c) VOB/A können Angaben über die Zahl der in den letzten drei abgeschlossenen Geschäftsjahren im Jahresdurchschnitt beschäftigen Arbeitskräfte verlangt werden.

Zum Nachweis der technischen Leistungsfähigkeit dürfen vom dem Bewerber bzw. Bieter gemäß § 8 Nr. 3 Abs. 1 d) VOB/A Angaben über die ihm für die Ausführung der zu vergebenden Leistung zur Verfügung stehende technische Ausrüstung verlangt werden. Entscheidend ist, ob der Bewerber bzw. Bieter über die für den konkreten Bauauftrag erforderliche Gerätschaft tatsächlich verfügt.

Gemäß § 8 Nr. 3 Abs. 1e) VOB/A können Angaben über das für die Leistung und Aufsicht vorgesehene technische Personal verlangt werden.

Schließlich kann gemäß § 8 Nr. 3 Abs. 1 f.) VOB/A die Vorlage der Eintragung in das Berufsregister am Sitz oder Wohnsitz des Bewerbers bzw. Bieters verlangt werden. Für Deutschland sind dies Nachweise aus dem Handelsregister, der Handwerksrolle sowie des Mitgliederverzeichnisses der IHK zu entnehmen.

Darüber hinaus kann die Vergabestelle gemäß § 8 Nr. 3 Abs. 1 g) VOB/A andere, insbesondere für die Prüfung der Fachkunde geeignete Nachweise fordern. Streitig und nicht abschließend geklärt war, ob die Vergabestelle als Eignungsnachweis auch die Zertifizierung nach **DIN EN ISO 9000 bis 9004** verlangen kann[80]. Inzwischen erlaubt § 8 a Nr. 11 VOB/A für Vergaben oberhalb

---

[78] OLG Düsseldorf Beschluss vom 1.2.2006 Verg 83/05.
[79] OLG Düsseldorf Beschluss vom 25.11.2002 Verg 56/02 IBR 2003, 217.
[80] Thüringer OLG VergabeR 2002, 160 ff.

der Schwellenwerte ausdrücklich, dass sowohl der Nachweis von Zertifikaten über Qualitätssicherungssysteme als auch über Umweltschutzssysteme verlangt werden kann. Unterhalb der Schwellenwerte gilt nichts anderes.

3. Bescheinigungen einer zuständigen Stelle

§ 8 Nr. 3 Abs. 1 Satz 2 VOB/A bestimmt, dass für die Nachweise Umsatz, Zahl der in den 47
letzten drei Jahren jahresdurchschnittlich beschäftigten Arbeitskräfte und für die Eintragung in das Berufsregister auch von einer zuständigen Stelle ausgestellte Bescheinigungen zulässig sind, aus denen hervorgeht, dass der Unternehmer in einer amtlichen Liste in einer Gruppe geführt wird, die den genannten Leistungsmerkmalen entspricht. Derartige Listen werden in **Belgien, Italien und Spanien** und inzwischen auch in **Deutschland**[81] geführt. Ist das Unternehmen in die Liste eingetragen, begründet die Vorlage der Bescheinigung beim öffentlichen Auftraggeber die Vermutung, dass das Unternehmen die Eignungsanforderungen der Richtlinie, die Voraussetzung für die Eintragung in der Liste sind, erfüllt. Der EuGH hat allerdings festgestellt, der Öffentliche Auftraggeber könne trotz der Eintragung in solche Listen selbst ermessensfehlerfrei entscheiden, welchem Standard die wirtschaftliche und finanzielle Leistungsfähigkeit sowie die technische Leistungsfähigkeit entsprechen müssten, damit eine Teilnahme an einem bestimmten Vergabeverfahren in Betracht komme[82].

4. Andere Nachweise

Nach § 8 Nr. 3 Abs. 2 VOB/A muss der Auftraggeber andere ihm geeignet erscheinende Nachweise für die wirtschaftliche und finanzielle Leistungsfähigkeit zulassen, wenn er feststellt, dass hierfür stichhaltige Gründe bestehen. Die Bestimmung ist als „Härtefallklausel" zu verstehen, die dem Bewerber ermöglichen soll, seine Eignung auf andere Weise nachzuweisen. Erforderlich ist aber ein stichhaltiger Grund, über dessen Vorliegen der Auftraggeber im Rahmen seines Beurteilungsspielsraums entscheidet.

5. Präqualifikationsverfahren

In § 8VOB/A und damit auch bei Vergabeverfahren unterhalb der Schwellenwerte ist nun 48
die Präqualifikation als Nachweis der Eignung vorgesehen. Unter Präqualifikationsverfahren ist eine vorgelagerte, auftragsunabhängige Prüfung der Eignungsnachweise auf der Basis der in § 8 VOB/A definierten Anforderungen und ggf. zusätzlicher Kriterien zu verstehen. Weist ein Unternehmen seine auftragsunabhängige Eignung mittels eines Verweises auf die Eintragung in die Liste des Vereins für die Präqualifikation von Bauunternehmen nach, so sind mit dieser Eintragung bestimmte Eignungskriterien erfüllt. Im Rahmen der rechtlichen Zuverlässigkeit gelten als erfüllt: der Nachweis, dass die in § 8 Nr. 5 Abs. 1 a–d genannten Ausschlussgründe nicht vorliegen; Nachweis der ordnungsgemäßen Gewerbeanmeldung und Eintragung im Handelsregister und im Berufsregister des Firmensitzes nach § 8 Nr. 3 Abs. 10 und Abs. 2 VOB/A; Nachweis, dass keine Eintragung im Gewerbezentralregister nach § 150 a GewO vorliegen, die z.B. einen Ausschluss nach § 21 Schwarzarbeitsgesetz oder nach § 5 Abs. 1 oder 2 Arbeitnehmerentsendegesetz rechtfertigen; Nachweis der Verpflichtung zur Zahlung des Mindestlohnes, soweit diese Verpflichtung besteht; Nachweis, dass keine Eintragung im Landeskorruptionsregister vorliegt; Nachweis der Verpflichtung, nur Nachunternehmer einzusetzen, die ihrerseits präqualifiziert sind oder per Einzelnachweis belegen können, dass alle Präqualifikationskriterien erfüllt sind. Im Rahmen der Leistungsfähigkeit und Fachkunde werden folgende Nachweise ersetzt: Nachweis des Gesamtumsatzes für Bauleistungen des Unternehmers in den letzten drei abgeschlossenen Geschäftsjahren; Nachweis der auftragsgemäßen Ausführung von im eigenen Betrieb erbrach-

[81] Siehe unten zum Präqualifikationsverfahren Rdn. 48.

[82] EuGH Rs. 27–29/86, CEI u.a. gegen Association Intercommunale Pour Les Autoroutes Des Ardennes, Slg. 1987, S. 3347/3375 Rdn. 26, 27.

ten Leistungen in den letzten drei abgeschlossenen Geschäftsjahren, für eine oder mehrere zu qualifizierende Einzelleistung und/oder Komplettleistung; Nachweis der in den letzten drei abgeschlossenen Geschäftsjahren jahresdurchschnittlich beschäftigten Arbeitskräfte, gegliedert nach Lohngruppen mit extra ausgewiesenem technischen Leitungspersonal[83].

Klargestellt wird, dass auf den konkreten Auftrag bezogene, zusätzliche Nachweise verlangt werden dürfen, so dass im Einzelfall auch weitergehende und spezielle Anforderungen gestellt werden können, die im Rahmen der Präqualifikation nicht abgeprüft wurden. Die Berücksichtigung besonderer Eignungsanforderungen ist zulässig, wo die Arbeiten besondere Kenntnisse und Erfahrungen voraussetzen. Bieter ohne Präqualifikation können diese durch andere Nachweise ersetzen.

6. Folgen bei unzureichender Vorlage von Eignungsnachweisen

49 Das OLG Düsseldorf vertritt sowohl für den Bau- als auch den Dienstleistungsbereich in ständiger Rechtsprechung, dass Angebote, denen die nach dem Bekanntmachungstext geforderten „Eignungsnachweise" nicht beigefügt sind, **zwingend** gemäß § 25 Nr. 2 Abs. 1 VOB/A bzw. § 25 Nr. 2 Abs. 1 VOL/A vom weiteren Vergabeverfahren **auszuschließen** sind[84], und zwar selbst dann, wenn die Vergabestelle aus anderen Verfahren die Eignung des Bieters beurteilen und bejahen kann.

Die zum Nachweis der Eignung geforderten Belege unterfallen nach Ansicht des OLG Düsseldorf nicht dem Begriff der „Erklärungen" in § 21 Nr. 1 Abs. 1 Satz 3 VOB/A, vielmehr folgt der Ausschluss bei Fehlen solcher Belege aus § 25 Nr. 2 Abs. 1 VOB/A. Zur Begründung führt das OLG Düsseldorf aus, dass eine Änderung der Anforderungen oder Nachforderungen aus Transparenz- und Gleichbehandlungsgrundsätzen nicht möglich sei. Die Mehrzahl der Oberlandesgerichte ist im Bereich der VOB/A gleicher Ansicht[85].

Diese Rechtsprechung ist insbesondere deshalb problematisch[86], weil sie dazu führt, dass geforderte Eignungsnachweise regelmäßig auch Mindestkriterien für den Erhalt des Auftrags sind. Werden beispielsweise Referenzen oder der Nachweis des Umsatzes über vergleichbare Leistungen in den letzten drei Jahren gefordert, bedeutet dies nach Ansicht des OLG Düsseldorf, dass ein Unternehmen, das in diesem Bereich noch nicht tätig war oder nur in einem Jahr nicht tätig war, den Zuschlag nicht erhalten kann. Das OLG Düsseldorf legt also jeden geforderten Eignungsnachweis im Zweifel als eine Mindestbedingung aus. Dem ist das OLG Celle[87] entgegengetreten. Das OLG Celle meint, jedenfalls dann, wenn sich aus der Vergabebekanntmachung nicht eindeutige ergebe, dass es sich um eine Mindestbedingung handele, führe das Verlangen, Referenzen vorzulegen, nicht dazu, dass Unternehmen, die keine Referenzen haben, zwingend vom Verfahren ausgeschlossen werden müssen.

Die Vergabestelle sollte deshalb in der Vergabebekanntmachung deutlich machen, ob es sich um eine Mindestbedingung handelt oder ob ggf. trotz fehlender Referenzen die Eignung bejaht werden kann. Dann ist die geforderte Referenzliste nämlich nur ein Mittel der Eignungsprüfung. Sie kann sich ferner vorbehalten, fehlende Eignungsnachweise nachzufordern, oder sie macht bekannt, dass bestimmte Unterlagen nur auf Anforderung der Vergabestelle vorgelegt werden müssen.

Wenn sich ein Konzernunternehmen oder ein Generalübernehmer auf die sachlichen, personellen und sonstigen Mittel eines Dritten berufen will, muss er stets prüfen, ob er auch die entspre-

---

[83] Einführungserlass des Bundesministeriums für Verkehr, Bau- und Stadtentwicklung vom 16. Januar 2006 (B 15–0 1082–102/11).

[84] OLG Düsseldorf, Beschluss vom 25.11.2002, Verg 56/02; Beschluss vom 30.7.2003, VII Verg 81/04; Beschluss vom 19.11.2003, Verg 47/03; Beschluss vom 22.12.2004, Verg 81/04, VergabeR 2/2005, 222.

[85] OLG Schleswig-Holstein, Beschluss vom 22.5.2006, 1 Verg 5/06 für den fehlenden Gewerbezentralregisterauszug; OLG München, Beschluss vom 15.3.2005, Verg 02/05.

[86] zur Rechtsprechung und ihren Konsequenzen im einzelnen: *Scharf/Schütte* VergabeR 2005, 448 ff.

[87] Beschluss vom 24.2.2004, 13 Verg 3/04; offengelassen von OLG Schleswig-Holstein, Beschluss vom 22.5.2006, 1 Verg 5/06.

chenden Nachweise der Konzernunternehmen oder Dritten beibringen muss. Nach Ansicht der VK Schleswig-Holstein kann eine Vergabestelle darauf verzichten, dass ihr die Nachunternehmer schon im Rahmen des Teilnahmeantrags mitgeteilt werden, so dass auch keine Eignungsnachweise für die Nachunternehmer vorgelegt werden müssen[88]. Die VK Schleswig-Holstein[89] ist aber der Ansicht, dass im Falle eines Angebotes eines Generalübernehmers dieser die „Nachunternehmer" doch benennen muss, auch wenn die Nachunternehmer nach den Verdingungsunterlagen nicht benannt werden müssen, weil sonst die Eignung des Bieters nicht geprüft werden könne. Der Bieter muss die Namen der Nachunternehmer angeben und nachweisen, dass er über die Mittel der Nachunternehmer verfügen kann und dass diese die aufgestellten Eignungskriterien erfüllen.

E. Ausschluss von der Teilnahme am Wettbewerb (Nr. 5)

I. Grundsatz

§ 8 Nr. 5 VOB/A nennt die Tatbestände, die zum Ausschluss eines Unternehmens vom Vergabewettbewerb führen können. Liegt einer der in Nr. 5 genannten Ausschlussgründe vor, ist die Vergabestelle **berechtigt**, grundsätzlich jedoch **nicht verpflichtet**, den Unternehmer von der Teilnahme auszuschließen. Dies gilt bei Auftragsvergaben oberhalb der Schwellenwerte aber nicht mehr unbegrenzt (**§ 8 a Nr. 1 VOB/A**). Die Vergabestelle verfügt – außerhalb des Anwendungsbereichs von § 8 a Nr. 1 VOB/A – auf der Tatbestandseite über einen Beurteilungsspielraum bei der Einschätzung, ob der Unternehmer trotz des Vorliegens eines Ausschlussgrundes noch die erforderliche Eignung aufweist, und bei der Entscheidung über den Ausschluss (Rechtsfolgenseite) über einen Ermessensspielraum[90]. Es gelten deshalb auf der Rechtsfolgenseite die allgemeinen Ermessensgrenzen, wobei sich das Ermessen im Einzelfall auf null reduzieren kann mit der Folge, dass eine Pflicht zum Ausschluss besteht[91]. Kommt die Vergabestelle zu der Einschätzung, ein Bewerber sei gemäß § 8 Nr. 5 VOB/A auszuschließen, stellt sich bei einer Öffentlichen Ausschreibung die Frage, ob dem Bewerber die Verdingungsunterlagen noch übersandt werden müssen. 50

Es wird die Ansicht vertreten, dass dies nicht erforderlich sei, weil die Zuverlässigkeitsprüfung bereits in diesem frühen Stadium durchgeführt werden müsse und es sinnlos wäre, einem Bewerber oder Bieter Verdingungsunterlagen zu übermitteln, der die grundlegenden Voraussetzungen nicht erfüllt[92]. Es dürfte allerdings zu berücksichtigen sein, dass § 8 Nr. 5 VOB/A einen Beurteilungs- und Ermessensspielraum enthält, also keiner Automatik entspricht. Berücksichtigt man weiter, dass im konkreten Vergabeverfahren auch evtl. veränderte Umstände des Bewerbers, die sich auf seine Eignung auswirken, angemessen berücksichtigt werden müssen, spricht manches dafür, dass eine Verweigerungsmöglichkeit der Herausgabe von Ausschreibungsunterlagen bei Öffentlichen Ausschreibungen unter Berufung auf die vermeintliche Unzuverlässigkeit des Unternehmers nicht besteht. 51

II. Die einzelnen Ausschlussgründe

Neben der Insolvenz des Bewerbers (lit. a) und der Liquidation des Bewerbers (lit. b) liegt ein Ausschlussgrund insbesondere vor, wenn ein Teilnehmer nachweislich eine schwere Verfehlung begangen hat, die seine Zuverlässigkeit als Bewerber in Frage stellt (lit. c). 52

Der Begriff „schwere Verfehlung" stellt einen unbestimmten, tatbestandlichen Rechtsbegriff dar, bei dem dem Auftraggeber ein **Beurteilungsspielraum** zusteht. 53

---

[88] Beschluss vom 17.1.2006, VK-SH 32/05.
[89] Beschluss vom 17.1.2006, VK-SH 32/05.
[90] Beck'scher VOB-Kommentar/*Prieß/Hausmann* VOB/A § 8, Rdn. 97.
[91] VÜA Hessen VÜA 2/99 „Kläranlage" S. 9.
[92] *Ingenstau/Korbion/Schranner* VOB/A § 8 Rn. 33.

Als „schwere Verfehlung" in Betracht kommen vor allem auf den Geschäftsverkehr bezogene Verstöße gegen strafrechtliche Bestimmungen oder schwerwiegende Rechtsverstöße gegen Normen, die grundlegende Prinzipien des Vergaberechts schützen, wie Wettbewerb, Gleichbehandlung etc. Vergabehandbücher von Bund, Land und Kommunen nennen als Beispiele für Verfehlungen im Sinne von § 8 Nr. 5 c VOB/A: vollendete oder versuchte Beamtenbestechung, Vorteilsgewährung sowie schwerwiegende Straftaten, die im Geschäftsverkehr begangen worden sind, insbesondere Diebstahl, Unterschlagung, Erpressung, Betrug, Untreue und Urkundenfälschung; Verstöße gegen das Gesetz gegen Wettbewerbsbeschränkungen, u.a. die Beteiligung an Absprachen über Preise oder Preisbestandteile, verbotene Preisempfehlungen, die Beteiligung an Empfehlungen oder Absprachen über die Art der Nichtabgabe von Angeboten, über die Aufrechnung von Ausfallentschädigungen sowie über Gewinnbeteiligungen und Abgaben an andere Bewerber.

Daneben kommen insbesondere Verstöße gegen zivil- und arbeitsrechtliche Vorschriften in Betracht. Hierzu gehören die Zahlung von Schmiergeldern[93]; Verstöße gegen das Gesetz zur Bekämpfung von Schwarzarbeit[94]; Verstoß gegen die arbeitsrechtlichen Bestimmungen, die die illegale Vermittlung oder Beschäftigung ausländischer Arbeitnehmer betreffen[95].

Dagegen können schuldhafte, fahrlässige Vertragsbrüche nur ausnahmsweise eine schwere Verfehlung darstellen[96]. Einen zulässigen Ausschlussgrund stellt ein solches Verhalten nur dar, wenn feststeht, dass die Vertragsverletzung aufgrund einseitigen Verschuldens des Auftragnehmers eingetreten ist und der Auftragnehmer durch sein Verhalten das erneute Eingehen einer Vertragsbeziehung für den Auftraggeber unzumutbar gemacht hat; keine Verfehlung stellt es dagegen dar, wenn der Auftragnehmer in einem früheren Auftragsverhältnis seine vertraglichen Rechte geltend gemacht und eine rechtlich vertretbare Rechtsposition angenommen hat.

54 Die Verfehlung muss **schwer** sein und die Zuverlässigkeit des Bewerbers in Frage stellen, d.h. der Auftraggeber muss im Rahmen seiner Prüfung eine Zukunftsprognose anstellen und prüfen, ob der Teilnehmer aufgrund seines Verhaltens nicht mehr die Gewähr dafür bietet, die verlangte Bauleistung in der geforderten Weise zu erbringen. Bei dieser in die Zukunft gerichteten Prüfung hat der Auftraggeber zu berücksichtigen, ob der Bewerber selbst glaubwürdige und erfolgversprechende Maßnahmen ergriffen hat, um die in der Vergangenheit vorgekommenen Rechtsverletzungen für die Zukunft auszuschließen[97]. In diesem Zusammenhang bedeutsam wird die Frage, ob die Zuverlässigkeit noch in Frage gestellt werden kann, wenn die handelnden Mitarbeiter des Unternehmens oder gar die gesetzlichen Vertreter ausgetauscht worden sind, und was gilt, wenn nur einzelnen Mitarbeitern des Unternehmens ein Fehlverhalten vorgeworfen werden kann. Der Auftraggeber muss in diesem Zusammenhang stets prüfen, ob das Fehlverhalten des Mitarbeiters dem Unternehmen zugerechnet werden kann und, falls ja, ob der entsprechende Mitarbeiter von den maßgeblichen Aufgaben inzwischen entbunden worden ist.

55 Der Ausschluss setzt den **Nachweis** der schweren Verfehlung voraus, bloße Verdächtigungen und spezifizierte Vorwürfe, vage Verdachtsmomente genügen nicht, andererseits ist aber auch nicht stets eine rechtkräftig festgestellte Verfehlung erforderlich. Selbst für den Bereich strafrechtlich relevanter Unzuverlässigkeit wird das Vorliegen eines rechtskräftigen Urteils, das die Erfüllung des Straftatbestandes feststellt, nicht verlangt. Im Hinblick auf die Unschuldsvermutung ist allerdings fraglich, wie anders als durch ein rechtskräftiges Urteil eine strafrechtliche Verfehlung nachgewiesen werden kann.

---

[93] BGH NJW 1962, 1099.

[94] Vgl. die Bekanntmachung der Neufassung des Gesetzes zur Bekämpfung der Schwarzarbeit v. 6.2.1995 (BGBl. 1995 I, 165 f.).

[95] Vgl. § 5 des Gesetzes zur Bekämpfung von Schwarzarbeit; Art. 1 Nr. 6 des Gesetzes zur Änderung des Gesetzes zur Bekämpfung von Schwarzarbeit und anderer Gesetze v. 26.7.1994 i.V.m. § 229 Abs. 1 Nr. 2 ASG, § 227, § 227 a ASG sowie Art. 1 §§ 15, 15 a, 16 Abs. 1 Nr. 1 und Nr. 2 AÜG.

[96] OLG Frankfurt WuW/E OLG 5767/5778 „koordinierte Auftragssperre".

[97] VÜA Bund 1VÜ 3/97 und 4/97 „Tarnkleidung" WuW/E Verg 39/40; VÜA Bund 1 VÜ 19/97 „Detlev-Rohwedder-Haus 2" WuW/E Verg 74/77.

Daneben kommt ein Ausschluss bei Nichterfüllung steuerlicher und sozialer Pflichten (lit. d) sowie bei vorsätzlich unzutreffenden Erklärungen im Vergabeverfahren und der Nichtanmeldung bei der Berufsgenossenschaft in Betracht. 56

III. Feststellung und Nachweis von Ausschlussgründen

1. Feststellung des Ausschlusses

Verfahrensrechtliche Regelungen zum Ausschluss eines Bieters enthält die VOB/A nicht. Allerdings müssen im Hinblick auf das Rechtsstaatsprinzip bestimmte verfahrensrechtliche Schritte eingehalten werden. Der Teilnehmer ist insbesondere über die getroffene Feststellung zu informieren, ihm ist innerhalb einer angemessenen Frist rechtliches Gehör zu gewähren[98]. Sodann sollte die Entscheidung schriftlich ergehen, begründet werden und in den Vergabevermerk (§ 30 Nr. 1 VOB/A) aufgenommen werden. 57

2. Darlegungs- und Beweislast

Die Darlegungs- und Beweislast für das Vorliegen eines Ausschlussgrundes gemäß § 8 Nr. 5 VOB/A trägt der Auftraggeber[99]. Weigert sich der Bieter allerdings, eine geforderte Auskunft, die sachlich gerechtfertigt und nicht willkürlich ist, zu erteilen, so verletzt der Bieter seine Mitwirkungspflichten. Dies kann den Auftraggeber zum Ausschluss berechtigen, wenn aufgrund der fehlenden Mitwirkung für ihn unklar bleibt, ob ein Ausschlussgrund vorliegt. 58

3. Bescheinigungen und Erklärungen gemäß § 8 Nr. 5 Abs. 2 VOB/A

Der Auftraggeber darf von den Bewerbern oder Bietern Bescheinigungen der zuständigen Stelle oder Erklärungen verlangen, aus denen sich ergibt, dass die Ausschlussgründe gemäß § 8 Nr. 5 Abs. 1 VOB/A nicht vorliegen. 59

Die „zuständige Stelle" ergibt sich aus dem jeweils in Rede stehenden Ausschlussgrund. Dass ein Insolvenzverfahren weder eröffnet noch beantragt oder mangels Masse abgelehnt worden ist, kann das für die Eröffnung des Insolvenzverfahrens örtlich zuständige Amtsgericht als zuständige Stelle bescheinigen. Dass das Unternehmen sich nicht in Liquidation befindet, kann das Handelsregister des Unternehmens, also das zuständige Amtsgericht (Handelsregister) bescheinigen. 60

Eine Bescheinigung, dass das Unternehmen seiner Verpflichtung zur Zahlung von Steuern und Abgaben sowie der Beiträge zur gesetzlichen Sozialversicherung ordnungsgemäß nachgekommen ist, kann der zuständige Rentenversicherungsträger sowie das für den Teilnehmer zuständige Finanzamt ausstellen. Die Anmeldung zur Berufsgenossenschaft kann von der zuständigen Berufsgenossenschaft bestätigt werden.

Neben den Bescheinigungen der zuständigen Stelle kann der Auftraggeber auch Erklärungen von dem Teilnehmer selbst oder von einem Dritten verlangen. Die Möglichkeit, anstelle der Bescheinigungen, Erklärungen zu verlangen, steht grundsätzlich alternativ neben der Vorlage von Bescheinigungen. Insbesondere im Hinblick auf das Nichtvorliegen einer schweren Verfehlung werden häufig sog. Eigenerklärungen des Bieter verlangt. 61

4. Bescheinigungen gemäß § 8 Ziffer 5 Abs. 3 VOB/A

Der Verweis in § 8 Ziffer 5 Abs. 3 VOB/A ist nicht eindeutig. Einerseits wird von Bescheinigung gesprochen, was darauf hindeutet, es werde auf § 8 Ziffer 3 Abs. 1 Satz 2 VOB/A verwiesen[100], 62

[98] Beck'scher VOB-Kommentar/*Prieß/Hausmann* VOB/A § 8, Rdn. 132.
[99] *Ingenstau/Korbion/Schranner* VOB/A § 8, Rdn. 84.
[100] *Heiermann/Riedl/Rusam* VOB/A § 8, Rdn. 51.

andererseits wird ausdrücklich Bezug genommen auf § 8 Ziffer 3 Abs. 2, wobei dort aber nicht von „Bescheinigung", sondern von „Nachweis" die Rede ist[101].

IV. Koordinierte Auftragssperren

1. Liste über Koordinierte Auftragssperren sowie Informationstellen

63 Der Bund[102] und verschiedene Bundesländer (u.a. Hessen, Berlin, Rheinland-Pfalz, Baden-Württemberg und Nordrhein-Westfalen)[103] haben durch Gesetze bzw. Verwaltungsvorschriften zentrale Informations- und Meldestellen eingeführt, die sog. „schwarze Listen" über Unternehmen führen, für die Auftragssperren gelten bzw. gelten sollen. In der Liste werden Unternehmen geführt, die sich nachgewiesenermaßen einer schweren Verfehlung schuldig gemacht haben und die deshalb von der Teilnahme an künftigen Vergaben Öffentlicher Auftraggeber im Geltungsbereich der Regelung für einen bestimmten Zeitraum gesperrt werden sollen.

64 In NRW wurde im Dezember 2004 ein Korrumptionsbekämpfungsgesetz erlassen. So wird u.a. beim Finanzministerium des Landes Nordrhein-Westfalen eine Informationsstelle für Vergabeausschlüsse eingerichtet, die die Liste über auszuschließende Unternehmen führt. In dieser Liste sind folgende Angaben enthalten: meldende Stelle, Datum, Aktenzeichen, Name und Telefonnummer der Ansprechpartner, Ausschlussfrist, betroffenes Unternehmen, Gewerbezweig/Branche, Anschrift und ggf. Handelsregister-Nummer. Die gebundenen Stellen sind einerseits verpflichtet, Tatbestände, die ihnen bekannt werden, der Informationsstelle mitzuteilen, sie sind andererseits vor Erteilung des Zuschlags verpflichtet, die Informationsstelle anzufragen. Letzeres gilt in NRW ab einem Auftragswert von € 50.000 bei Bauaufträgen; unterhalb dieses Schwellenwertes steht es im Ermessen der Vergabestelle.

2. Verfahren zur Eintragung in und zur Löschung aus der Liste

65 Wenn die Vergabestelle einen Unternehmer wegen einer nachweislich schweren Verfehlung von einem Vergabeverfahren ausschließt, kann sie weiter entscheiden, das Unternehmen bei der zuständigen Melde- und Informationsstelle als ein Unternehmen, das auch künftig von Vergaben ausgeschlossen werden sollte, zu melden. Vor der Entscheidung ist dem betroffenen Unternehmen Gelegenheit zur Stellungnahme zu geben.

Nach Ablauf der Ausschlussfrist oder auf Verlangen der Vergabestelle, die den Ausschluss gemeldet hat, werden die einschlägigen Daten in der Liste wieder gelöscht. Darüber hinaus kann auch eine vorzeitige Löschung durch die Vergabestelle auf schriftlichen Antrag eines Bewerbers oder Bieters veranlasst werden. In Nordrhein-Westfalen soll dies allgemein davon abhängig sein, dass der Bieter durch geeignete organisatorische und personelle Maßnahmen Vorsorge gegen die Wiederholung der Verfehlung getroffen hat und der Schaden ersetzt wurde oder eine verbindliche Anerkennung der Schadensersatzverpflichtung dem Grunde und der Höhe nach vorliegt sowie ggf. verbunden mit der Vereinbarung eines Zahlungsplanes.

[101] Beck'scher VOB-Kommentar/*Prieß/Hausmann* VOB/A § 8, Rdn. 122.

[102] Vgl. den Erlass des Bundesministeriums für Raumordnung, Bauwesen und Städtebau betreffend den Ausschluss von Unternehmen wegen Korruption und Preisabsprachen v. 9.9.1997, GMBl. 1997, 563, sowie gemeinsame Regelung des BMBau, BMBi, BMVg, BMV und BMPT für den Ausschluss von Unternehmen von der Vergabe öffentlicher Bauaufträge bei illegaler Beschäftigung von Arbeitskräften v. 22.3.1994, GMBl. 1994, 478.

[103] Gemeinsamer Runderlass der Hessischen Landesregierung über Vergabesperren zur Korruptionsbekämpfung v. 29.7.1997, Staatsanzeiger für das Land Hessen v. 1.9.1997, 2590 ff.; Verwaltungsvorschrift der Landesregierung zur Bekämpfung der Korruption in der öffentlichen Verwaltung v. 29.10.1996, Ministerialblatt der Landesregierung von Rheinland-Pfalz v. 27.2.1997, S. 160; Verwaltungsvorschrift der Landesregierung und des Innenministeriums zur Verhütung unrechtmäßiger und unlauterer Einwirkungen auf das Verwaltungshandeln und zur Verfolgung damit zusammenhängender Straf- und Dienstvergehen v. 21.7.1997, GABl. v. 30.9.1997, S. 487 (Baden-Württemberg).

3. Abfrage und Folgen für das konkrete Vergabeverfahren

Die von der Informationsstelle aufbereiteten Daten können allen mit der Durchführung von Vergabeverfahren befassten Dienststellen sowie den Zuwendungsempfängern für das konkrete Vergabeverfahren übermittelt werden. Jede Auskunft ist dabei zu dokumentieren. Die Erlasse betreffend die Führung der schwarzen Liste gelten grundsätzlich für die Behörden, Einrichtungen und sonstigen öffentlichen Stellen des Bundes bzw. des jeweiligen Landes. 66

Sofern die Anfrage nicht verpflichtend ist, kann von den Bietern auch keine Eigenerklärung verlangt werden. In dieser Erklärung versichert der Bieter, dass keine Verfehlungen vorliegen, die seinen Ausschluss von der Teilnahme am Wettbewerb rechtfertigen könnten. Er versichert ferner, dass ihm bekannt sei, dass die Unrichtigkeit vorstehender Erklärungen zu seinem Ausschluss vom Vergabeverfahren sowie zur fristlosen Kündigung eines etwaigen Auftrages wegen Verletzung einer vertraglichen Nebenpflicht aus wichtigem Grund führen und eine Meldung des Ausschlusses und der Ausschlussdauer an die Informationsstelle für Vergabeausschlüsse nach sich ziehen kann. Der Bieter soll sich ferner verpflichten, die vorstehende Erklärung auch von Nachunternehmern zu fordern und vor Vertragsschluss bzw. spätestens vor Zustimmung des Auftraggebers zur Weiterbeauftragung vorzulegen. 67

4. Rechtliche Zulässigkeit

Die Zulässigkeit von schwarzen Listen bzw. koordinierten Auftragsperren ist in der Literatur umstritten[104].Überwiegend werden solche Listen aber als zulässig angesehen, wenn bestimmte sich aus dem Vergaberecht ergebende Grenzen eingehalten werden. Zu diesen Grenzen gehört insbesondere der Verhältnismäßigkeitsgrundsatz, die Verpflichtung zum ermessensfehlerfreien Entscheiden sowie das sog. Übermaßverbot[105]. 68

F. Ausgeschlossene Bewerber: Öffentliche Betriebe (Nr. 6)

Gemäß § 8 Ziffer 6 sind Justizvollzugsanstalten, Einrichtungen der Jugendhilfe, Aus- und Fortbildungsstätten und ähnliche Einrichtungen sowie Betriebe der öffentlichen Hand und Verwaltungen zum Wettbewerb mit gewerblichen Unternehmen nicht zuzulassen. Der Sinn und Zweck der Verbotsklausel besteht darin, Wettbewerbsverzerrungen, die entstehen würden, wenn sich Einrichtungen der öffentlichen Hand am Wettbewerb beteiligen, zu vermeiden. Denn in der Regel werden solche Betriebe oder Einrichtungen der öffentlichen Hand und Verwaltungen günstiger kalkulieren können als gewerbliche Unternehmen, sei es, weil sie keine oder geringere Steuern zahlen, sei es, weil sie wesentliche Kostenanteile in Bezug auf die Bauleistungen nicht in ihr Entgelt kalkulieren müssen, sondern in den allgemeinen Haushaltskosten berücksichtigen können[106]. Neben den ausdrücklich genannten Justizvollzugsanstalten, Einrichtungen der Jugendhilfe und Aus- und Fortbildungsstätten sind auch Betriebe der öffentlichen Hand und Verwaltungen vom Wettbewerb ausgeschlossen. Zu den Betrieben der öffentlichen Hand gehören auch sog. Regie- und Eigenbetriebe des Staates und der Kommunen. Hierher gehören ferner alle juristischen Personen des öffentlichen Rechts. Dagegen werden erwerbswirtschaftlich tätige Unternehmen, die von der öffentlichen Hand in Privatrechtsform betrieben werden, die sog. formal privatisierten Unternehmen, überwiegend nicht zu den ausgeschlossen Betrieben der öffentlichen Hand im Sinn des § 8 Nr. 6 VOB/A gezählt, auch wenn Alleingesellschafter des Unternehmens eine Gebietskörperschaft ist[107]. Teilweise wird allerdings die Ansicht vertreten, 69

[104] Vgl. *Mestmäcker/Bremer* BB 1995, Beilage 19 zu Heft 50; ohne Verfasser, Vergabe News 1996, S. 2, 1997, S. 25, S. 33; *Daub/Eberstein/Zdzieblo* VOL/A § 7, Rdn. 70.

[105] Vgl. Beck'scher VOB-Kommentar/*Prieß/Hausmann* VOB/A § 8, Rdn. 126 ff.

[106] Beck'scher VOB-Kommentar/*Prieß/Hausmann* VOB/A § 8, Rdn. 135; *Heiermann/Riedl/Rusam* VOB/A § 8, Rdn. 67.

[107] Vgl. *Kummer/Giesberts* NVwZ 1996, 1166; *Möschel* WuW 1997, 120, 121; *Heiermann/Riedl/Rusam* VOB/A § 8, Rdn. 70.

dass grundsätzlich auch von der Unzulässigkeit der Teilnahme formal privatisierter Unternehmen der öffentlichen Hand auszugehen sei[108]. Zur Begründung wird angeführt, von gleichen Wettbewerbsbedingungen könne nicht die Rede sein, wenn insbesondere kommunale Eigengesellschaften sich nicht wie private Wettbewerber verhalten, sondern zur Kapazitätsauslastung im Interesse der Daseinsvorsorge oder sonstigen wirtschafts- oder sozialpolitischen Indienststellung Angebote kalkulierten. Dieser öffentliche Zweck und nicht wettbewerbliche Zwänge bestimmten das Verhalten dieser Unternehmen.

70 Streitig ist, ob der in § 8 Nr. 6 VOB/A vorgesehene Ausschluss der genannten Einrichtungen vom Wettbewerb mit gewerblichen Unternehmen den Ausschluss von jeglicher Auftragserteilung im Rahmen eines Vergabeverfahrens begründet oder im Rahmen einer Freihändigen Vergabe statthaft ist[109]. Richtig dürfte es sein, dass nicht jegliche Freihändige Vergabe an eine solche Einrichtung unzulässig sein soll, weil es durchaus Fälle geben mag, in denen keine Konkurrenz mit Unternehmen der gewerblichen Wirtschaft besteht oder ausnahmsweise ein besonderer Grund vorliegt, um den Vertrag mit einer solchen öffentlichen Einrichtung zu schließen. Voraussetzung ist aber, dass sich ein Abgehen von den Grundsätzen der Ausschreibung und des Wettbewerbs hinreichend begründen lässt[110].

§ 8 a Teilnehmer am Wettbewerb

1. (1) Ein Unternehmen ist von der Teilnahme an einem Vergabeverfahren wegen Unzuverlässigkeit auszuschließen, wenn der Auftraggeber Kenntnis davon hat, dass eine Person, deren Verhalten dem Unternehmen zuzurechnen ist, rechtskräftig wegen Verstoßes gegen eine der folgenden Vorschriften verurteilt worden ist:

a) § 129 des Strafgesetzbuches (Bildung krimineller Vereinigungen), § 129 a des Strafgesetzbuches (Bildung terroristischer Vereinigungen), § 129 b des Strafgesetzbuches (kriminelle und terroristische Vereinigungen im Ausland),

b) § 261 des Strafgesetzbuches (Geldwäsche, Verschleierung unrechtmäßig erlangter Vermögenswerte),

c) § 263 des Strafgesetzbuches (Betrug), soweit sich die Straftat gegen den Haushalt der EG oder gegen Haushalte richtet, die von der EG oder in ihrem Auftrag verwaltet werden,

d) § 264 des Strafgesetzbuches (Subventionsbetrug), soweit sich die Straftat gegen den Haushalt der EG oder gegen Haushalte richtet, die von der EG oder in ihrem Auftrag verwaltet werden,

e) § 334 des Strafgesetzbuches (Bestechung), auch in Verbindung mit Artikel 2 des EU-Bestechungsgesetzes, Artikel 2 § 1 des Gesetzes zur Bekämpfung internationaler Bestechung, Artikel 7 Abs. 2 Nr. 10 des Vierten Strafrechtsänderungsgesetzes und § 2 des Gesetzes über das Ruhen der Verfolgungsverjährung und die Gleichstellung der Richter und Bediensteten des Internationalen Strafgerichtshofes,

f) Artikel 2 § 2 des Gesetzes zur Bekämpfung internationaler Bestechung (Bestechung ausländischer Abgeordneter im Zusammenhang mit internationalem Geschäftsverkehr),

g) § 370 Abgabenordnung, auch i.V.m. § 12 des Gesetzes zur Durchführung der gemeinsamen Marktorganisationen und der Direktzahlungen (MOG), soweit sich die Straftat gegen den Haushalt der EG oder gegen Haushalte richtet, die von der EG oder in ihrem Auftrag verwaltet werden.

Einem Verstoß gegen diese Vorschrift gleichgesetzt sind Verstöße gegen entsprechende Strafnormen anderer Staaten. Ein Verhalten ist einem Unternehmen zuzurechnen, wenn eine für dieses Unternehmen für die Führung der Geschäfte verantwortlich handelnde Person selbst gehandelt hat oder ein Aufsichts- oder Organisationsverschulden

[108] Beck'scher VOB-Kommentar/*Prieß/Hausmann* VOB/A § 8, Rdn. 138; vgl. auch: *Müller-Wrede* ZVgR 1998, 375 f.

[109] Vgl. *Ingenstau/Korbion/Schranner* VOB § 8, Rdn. 24; *Heiermann/Riedl/Rusam* VOB/A § 8, Rdn. 68; Beck'scher VOB-Kommentar/*Prieß/Hausmann* VOB/A § 8, Rdn. 139.

[110] *Heiermann/Riedl/Rusam* VOB/A § 8, Rdn. 68.

gemäß § 130 OWiG dieser Person im Hinblick auf das Verhalten einer anderen für den Bewerber handelnden Person vorliegt.

(2) Als Nachweis, dass die Kenntnis nach Absatz 1 unrichtig ist, akzeptiert der Auftraggeber eine Urkunde einer zuständigen Gerichts- oder Verwaltungsbehörde des Herkunftslands. Wenn eine Urkunde oder Bescheinigung vom Herkunftsland nicht ausgestellt oder nicht vollständig alle vorgesehenen Fälle erwähnt, kann dies durch eine eidesstattliche Erklärung oder eine förmliche Erklärung vor einer zuständigen Gerichts- oder Verwaltungsbehörde, einem Notar oder einer dafür qualifizierten Berufsorganisation des Herkunftslands ersetzt werden.

(3) Von einem Ausschluss nach Absatz 1 kann nur abgesehen werden, wenn zwingende Gründe des Allgemeininteresses vorliegen und andere die Leistung nicht angemessen erbringen können oder wenn aufgrund besonderer Umstände des Einzelfalls der Verstoß die Zuverlässigkeit des Unternehmens nicht in Frage stellt.

2. **Beim Offenen Verfahren gilt § 8 Nr. 2 Abs. 1.**
3. **Beim Nichtoffenen Verfahren müssen mindestens 5 geeignete Bewerber aufgefordert werden. § 8 Nr. 2 Abs. 2 Satz 1 gilt nicht. Auf jeden Fall muss die Zahl der aufgeforderten Bewerber einen echten Wettbewerb sicherstellen. Die Eignung ist anhand der mit dem Teilnahmeantrag vorgelegten Nachweise zu prüfen.**
4. **Beim Verhandlungsverfahren mit Vergabebekanntmachung und beim Wettbewerblichen Dialog darf bei einer hinreichenden Anzahl geeigneter Bewerber die Zahl der zu Verhandlungen aufzufordernden Bewerber nicht unter drei liegen. Es sind jedoch so viele Bewerber zu berücksichtigen, dass ein Wettbewerb gewährleistet ist.**
5. **Beim Verhandlungsverfahren gilt § 8 Nr. 3 bis 5.**
6. **Will der Auftraggeber im Nichtoffenen Verfahren, im Wettbewerblichen Dialog oder im Verhandlungsverfahren die Zahl der Teilnehmer begrenzen, so gibt er in der Bekanntmachung die von ihm vorgesehenen objektiven und nicht diskriminierenden, auftragsbezogenen Kriterien, die vorgesehene Mindestzahl und gegebenenfalls auch die Höchstzahl an einzuladenden Bewerbern an.**
7. **Kann ein Unternehmer aus einem berechtigten Grund die geforderten Nachweise nicht beibringen, so kann er den Nachweis seiner Eignung durch Vorlage jedes anderen vom Auftraggeber als geeignet erachteten Belegs erbringen.**
8. **Der Auftraggeber kann von Bietergemeinschaften die Annahme einer bestimmten Rechtsform nur für den Fall der Auftragserteilung verlangen und sofern dies für die ordnungsgemäße Durchführung des Auftrages notwendig ist.**
9. **Hat ein Bieter oder Bewerber vor Einleitung des Vergabeverfahrens den Auftraggeber beraten oder sonst unterstützt, so hat der Auftraggeber sicherzustellen, dass der Wettbewerb durch die Teilnahme des Bieters oder Bewerbers nicht verfälscht wird.**
10. **Ein Bieter kann sich, ggf. auch als Mitglied einer Bietergemeinschaft, bei der Erfüllung eines Auftrags der Fähigkeiten anderer Unternehmen bedienen, ungeachtet des rechtlichen Charakters der zwischen ihm und diesen Unternehmen bestehenden Verbindungen. Er muss in diesem Fall dem Auftraggeber gegenüber nachweisen, dass ihm die erforderlichen Mittel zur Verfügung stehen, indem er beispielsweise eine entsprechende Verpflichtungserklärung dieser Unternehmen vorlegt.**
11. **(1) Auftraggeber können zusätzlich Angaben über Umweltmanagementverfahren verlangen, die der Bewerber oder Bieter bei der Ausführung des Auftrags gegebenenfalls anwenden will. In diesen Fällen kann der Auftraggeber zum Nachweis dafür, dass der Bewerber oder Bieter bestimmte Normen für das Umweltmanagement erfüllt, die Vorlage von Bescheinigungen unabhängiger Stellen verlangen. In diesen Fällen nehmen sie auf das Gemeinschaftssystem für das Umweltmanagement und die Umweltbetriebsprüfung (EMAS) oder auf Normen für das Umweltmanagement Bezug, die auf den einschlägigen europäischen oder internationalen Normen beruhen und von entsprechenden Stellen zertifiziert sind, die dem Gemeinschaftsrecht oder einschlägigen europäischen oder internationalen Zertifizierungsnormen entsprechen. Gleichwertige Bescheinigungen von Stellen in anderen Mitgliedstaaten sind anzuerkennen. Die Auftraggeber erkennen auch andere Nachweise für gleichwertige Umweltmanagement-Maßnahmen an, die von Bewerbern oder Bietern vorgelegt werden.**

(2) Auftraggeber können zum Nachweis dafür, dass der Bewerber oder Bieter bestimmte Qualitätssicherungsnormen erfüllt, die Vorlage von Bescheinigungen unabhängiger Stellen verlangen. In diesen Fällen nehmen sie auf Qualitätssicherungsverfahren Bezug, die den einschlägigen europäischen Normen genügen und von entsprechenden Stellen zertifiziert sind, die den europäischen Zertifizierungsnormen entsprechen. Gleichwertige Bescheinigungen von Stellen aus anderen Mitgliedstaaten sind anzuerkennen. Die Auftraggeber erkennen auch andere gleichwertige Nachweise für Qualitätssicherungsmaßnahmen an.

Übersicht

A. Allgemeines

I. Anwendungsbereich

1 § 8 a ist im Abschnitt 2 der VOB/A enthalten. Ebenso wie die sonstigen zusätzlichen Regelungen im Abschnitt 2, d.h. die sog. a)-Paragraphen gilt § 8 a, wenn es sich um eine Vergabe oberhalb der Schwellenwerte handelt (§ 1 a VOB/A, §§ 2, 3 Vergabeverordnung).

II. Inhalt

2 § 8 a befasst sich ebenso wie § 8 mit der Frage, welcher Personenkreis am Wettbewerb zu beteiligen ist. § 8 a dient der Umsetzung der europarechtlichen Vorgaben aus der Richtlinie 2004/18/EG.

III. Verhältnis von § 8 und § 8 a

Ebenso wie für die sonstigen sog. a)-Paragraphen gilt auch für § 8 a, dass er die Basisparagraphen des ersten Abschnitts, dort § 8, ergänzt und ggf. abändert, dass aber – soweit § 8 a die allgemeine Regelung nicht abändert –, diese auch bei Vergaben oberhalb der Schwellenwerte weiterhin neben § 8 a anwendbar sind. 3

B. Ausschluss vom Wettbewerb wegen des Begehens einer Straftat

Gemäß § 8 a Nr. 1 müssen bestimmte Unternehmen bei Auftragsvergaben oberhalb der Schwellenwerte zwingend ausgeschlossen werden, wenn einer ihrer Mitarbeiter zurechenbar bestimmte Straftaten begangen hat. § 8 a Nr. 1 ergänzt insoweit § 8 Nr. 5 und geht über diesen hinaus, weil bei § 8 Nr. 5 Abs. 1 lit. c) der Ausschluss im Ermessen steht, während er nach § 8 a Nr. 1 zwingend ist. Das Unternehmen muss, wenn die Voraussetzungen vorliegen, zwingend wegen Unzuverlässigkeit vom Verfahren ausgeschlossen werden. 4

I. Straftatbestände

Der zwingende Ausschlussgrund besteht nur, wenn der Mitarbeiter des Unternehmens **rechtskräftig** verurteilt worden ist. Wenn nur ein Ermittlungsverfahren geführt wird oder ein Urteil noch nicht rechtskräftig ist, bleibt es bei der Regelung in § 8 Nr. 5. Eine wegen der in § 8 a Nr. 1 Abs. 1 lit. a) bis lit. g) genannten Straftaten erfolgte Verurteilung führt zum Ausschluss. Aus den Bestimmungen des StGB werden genannt: die Bildung krimineller oder terroristischer Vereinigungen, Verstöße gegen das Geldwäschegesetz, Betrug, Subventionsbetrug und Bestechung. Unter § 8 a Nr. 1 fällt nicht die Vorteilsgewährung. Und die Straftatbestände des Betruges und des Subventionsbetruges fallen nur unter § 8 a Nr. 1, wenn sie gegen den Haushalt der EG bzw. gegen Haushalte gerichtet sind, die von der EG oder in ihrem Auftrag verwaltet werden. Straftaten, die sich ausschließlich gegen nationale Haushalte richten, werden nicht erfasst, so dass es bei § 8 Nr. 5 bleibt. 5

Neben den im StGB geregelten Straftatbeständen werden folgende weitere Straftatbestände bzw. Ergänzungen genannt: Art. 2 des EU-Bestechungsgesetzes[1]; das Gesetz zur Bekämpfung internationaler Bestechung (Bestechung ausländischer Abgeordneter im Zusammenhang mit internationalem Geschäftsverkehr)[2]; Art. 7 Abs. 2 Nr. 10 des Vierten Strafrechtsänderungsgesetzes[3]; Gesetz über das Ruhen der Verfolgungsverjährung und die Gleichstellung der Richter und Bediensteten des internationalen Strafgerichtshofes vom 21. Juni 2002[4]; Gesetz zur Durchführung der gemeinsamen Marktorganisationen und Direktzahlungen[5]. Diese Gesetze ergänzen aber im wesentlichen nur die bereits genannten Straftatbestände und Sachverhalte, die ganz oder teilweise im Ausland spielen. 6

Daneben wird § 370 AO genannt. Allerdings liegt ein Ausschlusstatbestand nur vor, wenn sich die Straftat gegen den Haushalt der EG oder gegen Haushalte richtet, die von der EG oder in ihrem Auftrag verwaltet werden. 7

Einem Verstoß gegen diese Vorschriften gleichgesetzt sind Verstöße gegen entsprechende Strafnormen anderer Staaten, wobei es selbstverständlich dabei bleibt, dass dann, wenn es nur um Straftaten geht, die sich gegen den EG-Haushalt richten müssen, auch nur solche ausländischen Straftatbestände in Betracht kommen. 8

---

[1] BGBl. II 1998, 2340.
[2] BGBl. II 1998, 2327.
[3] BGBl. I 1957, 597.
[4] BGBl. I 2002, 2144, 2162.
[5] BGBl. I 2005, 1847; BGBl. I 2006, 855.

II. Zurechnung der Verfehlung

9 Das Verhalten eines Mitarbeiters des Unternehmens ist dem Unternehmen zuzurechnen, wenn der Mitarbeiter eine für dieses Unternehmen für die Führung der Geschäfte verantwortlich handelnde Person ist oder wenn ein Aufsichts- oder Organisationsverschulden gemäß § 130 OWiG einer solchen Person im Hinblick auf das Verhalten einer anderen für den Bewerber handelnden Person vorliegt.

10 Für die Führung der Geschäfte verantwortlich sind die gesetzlichen Vertreter des Unternehmens, also insbesondere Vorstände, Geschäftsführer, geschäftsführende Gesellschafter etc. Im übrigen ist unklar, wer die für die Führung der Geschäfte verantwortlich handelnde Person ist. Am ehesten wird man auf die Rechtsprechung und Kommentierung zu § 14 StGB und § 9 OWiG zurückgreifen können. Dort werden gesetzlichen Vertretern die Personen gleichgestellt, die beauftragt sind, den Betrieb ganz oder teilweise zu leiten, oder ausdrücklich beauftragt sind, in eigener Verantwortung Aufgaben wahrzunehmen, die dem Inhaber des Betriebes obliegen.

11 Ein Aufsichts- oder Organisationsverschulden i.S.v. § 130 OWiG liegt vor, wenn der Inhaber eines Betriebes oder Unternehmens vorsätzlich oder fahrlässig die Aufsichtsmaßnahmen unterlässt, die erforderlich sind, um in dem Betrieb oder Unternehmen Zuwiderhandlungen gegen Pflichten zu verhindern, die den Inhaber als solchen treffen und deren Verletzung mit Strafe oder Geldbuße bedroht ist, vorausgesetzt, dass eine solche Zuwiderhandlung begangen wird, die durch gehörige Aufsicht verhindert oder wesentlich erschwert worden wäre. Hierzu gehört auch die Bestellung, sorgfältige Auswahl und Überwachung von Aufsichtspersonen.

III. Ausnahme von der Ausschlussfolge

12 Gemäß § 8 a Nr. 1 Abs. 3 kann von einem Ausschluss gemäß Abs. 1 nur abgesehen werden, wenn zwingende Gründe des Allgemeininteresses vorliegen und andere die Leistung nicht angemessen erbringen können oder wenn aufgrund besonderer Umstände des Einzelfalls der Verstoß die Zuverlässigkeit des Unternehmens nicht in Frage stellt. Letzteres ist insbesondere der Fall, wenn das Unternehmen eine „Selbstreinigung“ vorgenommen hat und die handelnden Personen z.B. entlassen hat und besondere Regeln aufgestellt hat, um ein solches Handeln in der Zukunft zu verhindern.

C. Anforderungen an die Bieter

13 Neben § 8 a gelten die Grundsätze gemäß § 8[6].

I. Bietergemeinschaft

14 Gemäß § 8 a Ziff. 8 darf der Auftraggeber nur für den Fall der Auftragserteilung verlangen, dass die Bietergemeinschaft eine bestimmte Rechtsform annimmt. Er darf dies außerdem nur verlangen, wenn es für die ordnungsgemäße Durchführung des Auftrages notwendig ist.

II. Projektant

15 § 8 a Nr. 9 bestimmt ausdrücklich, dass bei der Projektantenstellung eines Bieters oder Bewerbers der Auftraggeber sicherstellen muss, dass der Wettbewerb durch die Teilnahme des Bieters oder Bewerbers nicht verfälscht wird[7].

---

[6] Auf die dortige Kommentierung wird verwiesen.
[7] § 8 Rdn. 19.

III. Nachweis der Eignung/Zurechnung der Eignung Dritter

§ 8 a Ziff. 10 stellt klar, dass sich ein Bieter bei der Erfüllung des Auftrags auch der Fähigkeiten anderer Unternehmen bedienen kann. Es wird aber auch bestimmt, dass der Unternehmer in diesem Fall dem Auftraggeber nachweisen muss, dass ihm die erforderlichen Mittel zur Verfügung stehen, indem er beispielweise eine entsprechende Verpflichtungserklärung dieser Unternehmen vorlegt[8]. 16

D. Bewerber im Offenen Verfahren

§ 8 a Nr. 2 verweist für das Offene Verfahren insgesamt auf § 8 Nr. 2 Abs. 1 VOB/A (Öffentliche Ausschreibung). Der Verweis erfolgt uneingeschränkt und zwingend, ohne dass § 8 a zusätzliche Anforderungen stellt. Deshalb gilt hinsichtlich der Regelungen über die Teilnehmer am Wettbewerb beim Offenen Verfahren nichts anderes als bei einer Öffentlichen Ausschreibung unterhalb der Schwellenwerte[9]. 17

Allerdings sind anders als nach den Vorschriften des ersten Abschnitts Generalunternehmer und auch Generalübernehmer nicht in jedem Fall wegen mangelnder Eignung vom Vergabeverfahren auszuschließen. Dies ergibt sich aus § 8 a Nr. 10[10]. 18

E. Bewerber im Nichtoffenen Verfahren

§ 8 a Nr. 2 befasst sich mit einer Ausschreibung im Nichtoffenen Verfahren, das gemäß § 3 a Nr. 1 lit b i.V.m. § 3 Nr. 1 VOB/A der Beschränkten Ausschreibung nach Öffentlichem Teilnahmewettbewerb entspricht. Ob und wann ein solches Verfahren zulässig ist, richtet sich nach § 3 a Nr. 3 VOB/A. 19

I. Zahl der zur Angebotsabgabe aufzufordernden Unternehmen

1. Mindestteilnehmerzahl

Während § 8 Nr. 2 Abs. 2 nur fordert, dass bei der Beschränkten Ausschreibung im Allgemeinen drei bis acht geeignete Bewerber aufgefordert werden sollen, bestimmt § 8 a Ziffer 3, dass mindestens fünf geeignete Bewerber aufgefordert werden müssen und dass § 8 Nr. 2 Abs. 2 Satz 1 nicht gilt. 20

Bewerben sich weniger als fünf Bewerber oder sind weniger als fünf Bewerber geeignet, folgt aus § 8 Nr. 2 allerdings nicht, dass das Nichtoffene Verfahren nicht durchgeführt werden kann oder gar aufgehoben werden kann oder muss[11]. Dies ergibt sich sowohl aus dem Wortlaut des § 8 a Nr. 2 (mindestens fünf geeignete Bewerber) als auch aus § 26 Nr. 1 lit a VOB/A. Gemäß § 26 Nr. 1 lit a VOB/A kann die Ausschreibung nur aufgehoben werden, wenn **kein** Angebot eingegangen ist, das den Ausschreibungsbedingungen entspricht. Daraus folgt im Umkehrschluss, dass § 26 VOB/A keinen Aufhebungsgrund vorsieht, wenn weniger als fünf oder gar nur ein geeigneter Bewerber einen Teilnahmeantrag gestellt hat. 21

Allerdings hat der EuGH in seinem Urteil vom 16.9.1999[12] die Bestimmung des § 52 Abs. 2 des Österreichischen Bundesvergabegesetzes für richtlinienkonform erklärt und es für zulässig erachtet, dass die Ausschreibung aufgehoben werden kann, wenn nur ein Bieter – etwa wegen 22

---

[8] § 8 Rdn. 24

[9] Siehe im einzelnen § 8 Rdn. 21 ff.

[10] Siehe im einzelnen § 8 Rn. Rn 23 ff.

[11] Beck'scher VOBKommentar/*Prieß* VOB/A § 8 a Rdn. 11.

[12] Rs. C-27/98, NZ Bau 2000, 153, 154.

mangelnder Eignung sämtlicher Konkurrenten – übrig bleibt. Daraus ist allerdings nicht zu folgern, dass in einer derartigen Konstellation die Ausschreibung auch nach deutschem Vergaberecht zwingend aufzuheben wäre. Zum einen regelt § 26 Nr. 1 a VOB/A die Aufhebungsgründe anders als das österreichische Recht, da nach deutschem Recht ein verbleibendes Angebot kein Aufhebungsgrund nach Nr. 1 a darstellt, sondern die Aufhebung erst erfolgen soll, wenn überhaupt kein ausschreibungskonformes Angebot vorliegt. Zum zweiten hat der EuGH nur die EU-Konformität einer in Österreich schärferen Aufhebungsregelung betont. Die deutsche Regelung in § 26 Nr. 1 a hält sich aber noch im Rahmen des Umsetzungsspielraums, den die Mitgliedsstaaten haben[13]. Sollte das einzig verbliebene Angebot unwirtschaftlich sein oder sollten andere schwerwiegende Aufhebungsgründe bestehen, kann die ermessensgebundene Aufhebung auch nach deutschem Recht über die weiteren Regelungen in § 26 erfolgen. Ein anderslautender Umkehrschluss (der unbedingten Aufhebung bei nur einem wertbaren Angebot) ist nicht zwingend, da der verbliebene Bieter nicht für rein formale Mängel seines Konkurrenten bestraft werden kann[14]. Auch aus § 8 a Nr. 3 Satz 2 ergibt sich nichts anderes. Zwar bestimmt § 8 a Nr. 3, dass auf jeden Fall die Zahl der aufgeforderten Bewerber einen echten Wettbewerb sicherstellen muss, diese Bestimmung ist aber in Verbindung mit den Aufhebungsgründen gemäß § 26 VOL/A auszulegen. Auch § 8 a Nr. 2 Satz 2 greift deshalb nur, wenn ausreichend geeignete Bewerber vorhanden sind.

2. Eingrenzung der Zahl der einzuholenden Angebote

23 § 8 a Nr. 6 sieht nun ausdrücklich vor, dass nicht alle geeigneten Teilnehmer des Teilnahmewettbewerbs zur Angebotsabgabe aufgefordert werden müssen, sondern dass die Zahl weiter eingegrenzt werden kann. Der Auftraggeber muss dann aber in der Bekanntmachung die von ihm vorgesehenen objektiven und nichtdiskriminierenden, auftragsbezogenen Kriterien, die vorgesehene Mindestzahl und ggf. auch die Höchstzahl an einzuladenden Bewerbern angeben. Dem Auftraggeber steht hinsichtlich der Zahl der aufzufordernden Bewerber ein Beurteilungsspielraum zu, der durch § 8 a Nr. 3 und § 8 a Nr. 6 eingeschränkt wird[15].

II. Auswahl der zur Angebotsabgabe aufzufordernden Bewerber

24 Zur Angebotsabgabe aufgefordert werden dürfen nur Unternehmen, die über die erforderliche Fachkunde, Leistungsfähigkeit und Zuverlässigkeit verfügen, d.h. die zur Auftragsdurchführung geeignet sind. Gemäß § 8 a Nr. 3 ist die Eignung der Bewerber anhand der mit dem Teilnahmeantrag vorgelegten Nachweise zu prüfen. Nach Eingang der Interessenbekundungsanträge hat die Vergabestelle also zunächst die Eignung der Unternehmen zu prüfen, insbesondere kann sie einmal zum Wettbewerb zugelassene Unternehmen grundsätzlich später nicht mehr wegen mangelnder Eignung ausschließen[16].

25 Gemäß § 8 a Nr. 6 wird klargestellt, dass die Vergabestelle aber nicht verpflichtet ist, alle als geeignet eingestuften Bewerber zur Angebotsabgabe aufzufordern, vielmehr kann sie den Kreis weiter einschränken. Die Kriterien zur Einschränkung der Zahl der Bewerber muss gemäß § 8 a Nr. 6 bekannt gemacht werden und sie muss auf objektiven und nicht diskriminierenden, auftragsbezogenen Kriterien beruhen[17].

---

[13] Vgl. für die VOL/A: *Müller-Wrede/Fett*, VOL/A, 1. Aufl., 2001, § 26 Rdn. 29 ff.
[14] VÜA Bund, Beschluß vom 11.10.1996, 1 VÜ 15/96; *Fischer/Noch*, EzEG – Vergaberecht III Nr. 25; *Müller-Wrede/Fett*, VOL/A, 1. Aufl., 2001, § 26 Rdn. 31
[15] hinsichtlich der Zahl der aufzufordernden Bewerber siehe im einzelnen § 8 Rdn. 28 ff.
[16] Vgl. § 8 Rdn. 37 ff.
[17] Siehe § 8 Rdn. 31 ff.

F. Verhandlungsverfahren mit Vergabebekanntmachung/ ohne Vergabebekanntmachung/Wettbewerblicher Dialog

Wann ein Verhandlungsverfahren mit Vergabebekanntmachung zulässig ist, ergibt sich aus § 3 a Nr. 4 VOB/A. Das Verhandlungsverfahren nach öffentlicher Vergabebekanntmachung entspricht im wesentlichen der freihändigen Vergabe, wenn zuvor ein Teilnahmewettbewerb durchgeführt wird, wie er z.B. in der VOL/A vorgesehen ist. Gemäß § 8 a Nr. 3 darf bei einer hinreichenden Anzahl geeigneter Bewerber die Zahl der zu Verhandlungen aufzufordernden Bewerber nicht unter drei liegen. Wie gesagt, setzt die Pflicht, drei Bewerber aufzufordern, aber wiederum voraus, dass mindestens drei geeignete Bewerber vorhanden sind. Es gilt insoweit das zum Nichtoffenen Verfahren Gesagte entsprechend. **26**

Ob und wann ein Verhandlungsverfahren ohne Vergabebekanntmachung zulässig ist, richtet sich nach § 3 a Nr. 5 VOB/A. Hinsichtlich der Bewerber, mit denen verhandelt werden muss, enthält § 8 a keine zusätzlichen Bestimmungen, sondern verweist nur allgemein auf § 8 Nr. 3 bis 5 VOB/A. **27**

G. Umweltmanagementverfahren/Qualitätssicherungsverfahren

§ 8 Nr. 10 und 11 erlauben nun ausdrücklich, Angaben über Umweltmanagementverfahren und Qualitätssicherungsverfahren zu verlangen. Es wird jedoch ausdrücklich klargestellt, dass auch zu den geforderten Bescheinigungen gleichwertige Bescheinigungen von Stellen in anderen Mitgliedsstaaten und anstelle des Zertifikats andere Nachweise über gleichwertige Maßnahmen anzuerkennen sind. **28**

§ 8 b Teilnehmer am Wettbewerb

1. (1) Ein Unternehmen ist von der Teilnahme an einem Vergabeverfahren wegen Unzuverlässigkeit auszuschließen, wenn der Auftraggeber Kenntnis davon hat, dass eine Person, deren Verhalten dem Unternehmen zuzurechnen ist, rechtskräftig wegen Verstoßes gegen eine der folgenden Vorschriften verurteilt worden ist:

a) § 129 des Strafgesetzbuches (Bildung krimineller Vereinigungen), § 129 a des Strafgesetzbuches (Bildung terroristischer Vereinigungen), § 129 b des Strafgesetzbuches (kriminelle und terroristische Vereinigungen im Ausland),

b) § 261 des Strafgesetzbuches (Geldwäsche, Verschleierung unrechtmäßig erlangter Vermögenswerte),

c) § 263 des Strafgesetzbuches (Betrug), soweit sich die Straftat gegen den Haushalt der EG oder gegen Haushalte richtet, die von der EG oder in ihrem Auftrag verwaltet werden,

d) § 264 des Strafgesetzbuches (Subventionsbetrug), soweit sich die Straftat gegen den Haushalt der EG oder gegen Haushalte richtet, die von der EG oder in ihrem Auftrag verwaltet werden,

e) § 334 des Strafgesetzbuches (Bestechung), auch in Verbindung mit Artikel 2 des EU-Bestechungsgesetzes, Artikel 2 § 1 des Gesetzes zur Bekämpfung internationaler Bestechung, Artikel 7 Abs. 2 Nr. 10 des Vierten Strafrechtsänderungsgesetzes und § 2 des Gesetzes über das Ruhen der Verfolgungsverjährung und die Gleichstellung der Richter und Bediensteten des Internationalen Strafgerichtshofes,

f) Artikel 2 § 2 des Gesetzes zur Bekämpfung internationaler Bestechung (Bestechung ausländischer Abgeordneter im Zusammenhang mit internationalem Geschäftsverkehr),

g) § 370 Abgabenordnung, auch i.V.m. § 12 des Gesetzes zur Durchführung der gemeinsamen Marktorganisationen und der Direktzahlungen (MOG), soweit sich die Straftat gegen den Haushalt der EG oder gegen Haushalte richtet, die von der EG oder in ihrem Auftrag verwaltet werden.

Einem Verstoß gegen diese Vorschriften gleichgesetzt sind Verstöße gegen entsprechende Strafnormen anderer Staaten. Ein Verhalten ist einem Unternehmen zuzurechnen, wenn eine für dieses Unternehmen für die Führung der Geschäfte verantwortlich handelnde Person selbst gehandelt hat oder ein Aufsichts- oder Organisationsverschulden gemäß § 130 OWiG dieser Person im Hinblick auf das Verhalten einer anderen für den Bewerber handelnden Person vorliegt.

(2) **Als Nachweis, dass die Kenntnis nach Absatz 1 unrichtig ist, akzeptiert der Auftraggeber eine Urkunde einer zuständigen Gerichts- oder Verwaltungsbehörde des Herkunftslands. Wenn eine Urkunde oder Bescheinigung vom Herkunftsland nicht ausgestellt oder nicht vollständig alle vorgesehenen Fälle erwähnt, kann dies durch eine eidesstattliche Erklärung oder eine förmliche Erklärung vor einer zuständigen Gerichts- oder Verwaltungsbehörde, einem Notar oder einer dafür qualifizierten Berufsorganisation des Herkunftslands ersetzt werden.**

(3) **Von einem Ausschluss nach Absatz 1 kann nur abgesehen werden, wenn zwingende Gründe des Allgemeininteresses vorliegen und andere die Leistung nicht angemessen erbringen können oder wenn aufgrund besonderer Umstände des Einzelfalls der Verstoß die Zuverlässigkeit des Bewerbers nicht in Frage stellt.**

2. (1) **Auftraggeber, die Bewerber für die Teilnahme an einem Nichtoffenen Verfahren oder an einem Verhandlungsverfahren auswählen, richten sich dabei nach objektiven Regeln und Kriterien. Diese Regeln und Kriterien legen sie schriftlich fest und stellen sie interessierten Unternehmen zur Verfügung.**

   (2) **Kriterien im Sinne des Absatzes 1 sind insbesondere Fachkunde, Leistungsfähigkeit und Zuverlässigkeit. Zu deren Nachweis können z.B. Angaben nach § 8 Nr. 3 verlangt werden.**

3. **Kriterien nach Nummer 1 können auch Ausschließungsgründe nach § 8 Nr. 5 Abs. 1 sein.**

4. **Ein Kriterium kann auch die objektive Notwendigkeit sein, die Zahl der Bewerber so weit zu verringern, dass ein angemessenes Verhältnis zwischen den besonderen Merkmalen des Vergabeverfahrens und dem zur Durchführung notwendigen Aufwand sichergestellt ist. Es sind jedoch so viele Bewerber zu berücksichtigen, dass ein Wettbewerb gewährleistet ist.**

5. **Von Bietergemeinschaften kann nicht verlangt werden, dass sie zwecks Einreichung eines Angebotes oder für das Verhandlungsverfahren eine bestimmte Rechtsform annehmen; von der den Zuschlag erhaltenden Gemeinschaft kann dies jedoch verlangt werden, sofern es für die ordnungsgemäße Durchführung des Auftrags notwendig ist.**

6. **Bei der Auswahl der Teilnehmer an einem Nichtoffenen Verfahren oder Verhandlungsverfahren sowie bei der Entscheidung über die Qualifikation sowie bei der Überarbeitung der Prüfungskriterien und -regeln dürfen die Auftraggeber nicht**
   - **bestimmten Unternehmen administrative, technische oder finanzielle Verpflichtungen auferlegen, die sie anderen Unternehmen nicht auferlegt hätten,**
   - **Prüfungen und Nachweise verlangen, die sich mit bereits vorliegenden objektiven Nachweisen überschneiden.**

7. **Ein Bieter kann sich, gegebenenfalls auch als Mitglied einer Bietergemeinschaft, bei der Erfüllung eines Auftrags der Fähigkeiten anderer Unternehmen bedienen, ungeachtet des rechtlichen Charakters der zwischen ihm und diesen Unternehmen bestehenden Verbindung. Er muss in diesem Fall dem Auftraggeber gegenüber nachweisen, dass ihm die erforderlichen Mittel zur Verfügung stehen, indem er beispielsweise eine entsprechende Verpflichtungserklärung dieser Unternehmen vorlegt.**

8. (1) **Auftraggeber können zusätzlich Angaben über Umweltmanagement verlangen, die der Bewerber oder Bieter bei der Ausführung des Auftrags gegebenenfalls anwenden will. In diesen Fällen kann der Auftraggeber zum Nachweis dafür, dass der Bewerber oder Bieter bestimmte Normen für das Umweltmanagement erfüllt, die Vorlage von Bescheinigungen unabhängiger Stellen verlangen. In diesen Fällen nehmen sie auf das Gemeinschaftssystem für das Umweltmanagement und die Umweltbetriebsprüfung (EMAS) oder auf Normen für das Umweltmanagement Bezug, die auf den einschlägigen europäischen oder internationalen Normen beruhen und von entsprechenden Stellen zertifiziert sind, die dem Gemeinschaftsrecht oder einschlägigen europäischen oder internationalen Zertifizierungsnormen entsprechen. Gleichwertige Bescheini-**

gungen von Stellen in anderen Mitgliedstaaten sind anzuerkennen. Die Auftraggeber erkennen auch andere Nachweise für gleichwertige Umweltmanagement-Maßnahmen an, die von Bewerbern oder Bietern vorgelegt werden.

(2) **Auftraggeber können zum Nachweis dafür, dass der Bewerber oder Bieter bestimmte Qualitätssicherungsnormen erfüllt, die Vorlage von Bescheinigungen unabhängiger Stellen verlangen. In diesen Fällen nehmen sie auf Qualitätssicherungsverfahren Bezug, die den einschlägigen europäischen Normen genügen und von entsprechenden Stellen zertifiziert sind, die den europäischen Zertifizierungsnormen entsprechen. Gleichwertige Bescheinigungen von Stellen aus anderen Mitgliedstaten sind anzuerkennen. Die Auftraggeber erkennen auch andere gleichwertige Nachweise für Qualitätssicherungsmaßnahmen an.**

9. (1) **Auftraggeber können ein System zur Prüfung von Unternehmen (Präqualifikationsverfahren) einrichten und anwenden. Sie sorgen dann dafür, dass sich Unternehmen jederzeit einer Prüfung unterziehen können.**

(2) **Das System kann mehrere Qualifikationsstufen umfassen. Es wird auf der Grundlage der vom Auftraggeber aufgestellten objektiven Regeln und Kriterien gehandhabt. Der Auftraggeber nimmt dabei auf geeignete europäische Normen über die Qualifizierung von Unternehmen Bezug. Diese Kriterien und Regeln können erforderlichenfalls auf den neuesten Stand gebracht werden.**

(3) **Auf Verlangen werden diese Qualifizierungsregeln und -kriterien sowie deren Fortschreibung interessierten Unternehmen übermittelt. Bezieht sich der Auftraggeber auf das Qualitätszertifizierungssystem einer anderen Einrichtung, so teilt er deren Namen mit.**

(4) **Enthalten die Qualifizierungsregeln Anforderungen an die wirtschaftlichen und finanziellen sowie technischen und/oder beruflichen Fähigkeiten des Unternehmens, kann sich dieses gegebenenfalls auf die Fähigkeit anderer Unternehmen stützen, unabhängig von dem Rechtsverhältnis, in dem es zu diesem Unternehmen steht. In diesem Fall muss es dem Auftraggeber nachweisen, dass es während der gesamten Gültigkeit des Prüfsystems über diese Ressourcen verfügt, beispielsweise durch die entsprechende Verpflichtungserklärung dieser Unternehmen.**

10. **Die Auftraggeber unterrichten die Antragsteller innerhalb von 6 Monaten über die Entscheidung zu deren Qualifikation. Kann diese Entscheidung nicht innerhalb von 4 Monaten nach Eingang des Prüfungsantrags getroffen werden, hat der Auftraggeber dem Antragsteller spätestens zwei Monate nach Eingang des Antrags die Gründe für eine längere Bearbeitungszeit mitzuteilen und anzugeben, wann über die Annahme oder die Ablehnung seines Antrags entschieden wird.**

11. **Negative Entscheidungen über die Qualifikation werden unverzüglich, spätestens jedoch innerhalb von 15 Kalendertagen nach der Entscheidung den Antragstellern unter Angabe der Gründe mitgeteilt. Die Gründe müssen sich auf die in Nummer 9 erwähnten Prüfungskriterien beziehen.**

12. **Die als qualifiziert anerkannten Unternehmer sind in ein Verzeichnis aufzunehmen. Dabei ist eine Untergliederung nach Fachgebieten möglich.**

13. **Die Auftraggeber können einem Unternehmer die Qualifikation nur aus Gründen aberkennen, die auf den in Nummer 9 erwähnten Kriterien beruhen. Die beabsichtigte Aberkennung muss dem betroffenen Unternehmer mindestens 15 Kalendertage vor dem für die Aberkennung vorgesehenen Termin schriftlich unter Angabe der Gründe mitgeteilt werden.**

Schrifttum: *Appel*, Präqualifikationsverfahren in den Sektoren, 1999; *Flamme/Flamme*, Lapanoplie des directives marchès publics se complète, RMC 1991, 346 ff.; *Jackson*, Prequalification and Qualification: Discouragement fo New Comptetitors, PCLJ 1990, 702 ff.; *Klockhaus*, Erfahrungen mit der Produktbewertung nach der EG-Sektorenrichtlinie, Elektrizitätswirtschaft 1993, 1243 ff.; *Ludendorff*, Effects of the European Community Directives on Public Procurement, 1997, 1 PPLR 35 ff.; *Niemand*, Möglichkeiten und Grenzen der Gestaltung des Präqualifikationsverfahrens für die Sektoren, in: Forum 1996, Öffentliches Auftragswesen, Schriftenreihe des Forum Öffentliches Auftragswesen e.V, Heft 3, 71 ff.; *Otto*, Möglichkeiten und Grenzen der Gestaltung des Präqualifikationsverfahrens für die Sektoren – Die Einführung des Präqualifikationsverfahrens bei den Stadtwerken München, in: Forum 1996, Öffentliches Auftragswesen, Schriftenreihe des Forum Öffentliches Auftragswesen e.V, Heft 3, 79 ff.

Übersicht

A. Allgemeines

I. Anwendungsbereich

1 § 8 b VOB/A enthält nähere Bestimmungen über die Teilnehmer am Wettbewerb bei Vergabeverfahren, die durch Auftraggeber im Bereich der Wasser-, Energie- und Verkehrsversorgung sowie der Postdienste vergeben werden. § 8 b VOB/A geht auf die sog. Sektorenrichtlinien zurück[1].

II. Inhalt

2 § 8 b VOB/A befasst sich mit Einzelfragen zu den **Teilnehmern** am Wettbewerb. **§ 8 b Nr. 1** befasst sich mit dem Ausschluss von Teilnehmern wegen der Begehung einer Straftat. **§ 8 b Nr. 2 bis 8 VOB/A** enthält Regeln über die Teilnehmer am Wettbewerb in einem Nichtoffenen Verfahren oder einem Verhandlungsverfahren.

3 **§ 8 b Nr. 9 bis 13 VOB/A** regelt das sog. **Präqualifikationsverfahren**, das im Grundsatz die Durchführung einer Eignungsprüfung ohne Bezug auf konkret anstehende Vergabeverfahren erlaubt und inzwischen auch in § 8 a VOB/A vorgesehen ist.

[1] Richtlinie 2004/17/EG des Europäischen Parlaments und des Rates vom 31.3.2004

§ 8 b VOB/A ergänzt die Basisvorschrift des § 8 VOB/A, wobei bei widerstreitenden Regelungsaussagen § 8 b VOB/A den Basisparagraphen vorgeht[2]. 4

III. Drittschützende Wirkung von § 8 b VOB/A

Durch § 8 b VOB/A soll ebenso wie durch § 8 und § 8 a VOB/A das Wettbewerbsprinzip bzw. das Gleichbehandlungsgebot bei der Entscheidung über die Teilnehmer am Wettbewerb abgesichert werden. Die Bieter haben deshalb über § 97 Abs. 7 GWB sowie die allgemeinen europarechtlichen Vorgaben gegenüber der Vergabestelle einen Anspruch auf Einhaltung **der sie schützenden** Bestimmung des § 8 b VOB/A[3]. 5

B. Ausschluss vom Wettbewerb wegen des Begehens einer Straftat

Die Regelung in § 8 b Ziffer 1 Abs. 1 bis 3 entspricht der in § 8 a Ziffer 1 VOB/A[4]. 6

C. Auswahl der Teilnehmer (§ 8 b Nr. 2–8)

I. Anwendungsbereich

§ 8 b Ziffer 2 bis 8 VOB/A enthalten anders als § 8 und § 8 a VOB/A nur Maßstäbe für die Bewerberauswahl im **Nichtoffenen Verfahren** und im **Verhandlungsverfahren**. Für das offene Verfahren bleibt es deshalb bei den Regelungen der §§ 8, 8 b Ziffer 1, 25 und 25 b VOB/A. 7

II. Zeitpunkt der Bewerberauswahl

Sowohl bei der Ausschreibung im Nichtoffenen Verfahren als auch im Verhandlungsverfahren erfolgt die Eignungsprüfung nicht erst im Rahmen der Angebotswertung, sondern **schon vor der Aufforderung** des Bewerbers zur Abgabe eines Angebotes. Dies ergibt sich aus § 8 Ziffer 4 und § 25 Ziffer 2 Abs. 2 VOB/A. Nachdem die Teilnahmeanträge der Bieter vorliegen, prüft der Öffentliche Auftraggeber die Eignung der Bieter und fordert die Bieter, die er als nicht geeignet ansieht, nicht zur Angebotsabgabe auf[5]. 8

III. Gebot objektiver Auswahlkriterien

§ 8 b Nr. 1 VOB/A verpflichtet den Auftraggeber, bei der Auswahl von Verhandlungspartnern nur objektive Regeln und Kriterien festzulegen. Die Bestimmung ist Ausprägung des allgemeinen gemeinschaftsrechtlichen Diskriminierungsverbots[6]. Der Begriff „objektiv" ist deshalb unter Berücksichtigung der Rechtsprechung des EuGH, wonach die Grundfreiheiten als Diskriminierungsverbote anzusehen sind, auszulegen. Objektiv meint dann, dass jede **unmittelbare oder mittelbare Diskriminierung** untersagt ist. Untersagt sind nicht nur Regelungen, die direkt 9

[2] Beck'scher VOB Kommentar/*Prieß* VOB/A § 8 b Rdn. 1.
[3] Beck'scher VOB-Kommentar/*Prieß* VOB/A § 8 b Rdn. 4; EuGH Rs. C-433/93 Kommission gegen Deutschland, Slg. 1995, I–2303/2317 Rdn. 18 f.; EuGH Rs. 76/91 Transporoute, Slg. 1982, 417/428 Rdn. 17.
[4] Auf die Kommentierung zu § 8 a Rdn. 2 wird verwiesen.
[5] Wegen der Einzelheiten vgl. VOB/A, § 8 Rdn. 38 ff.
[6] Beck'scher VOB-Kommentar/*Prieß* VOB/A § 8 b Rdn. 7.

diskriminieren, sondern auch Regelungen bzw. Auswahlkriterien, die nur de facto in bestimmter Hinsicht eine diskriminierende Wirkung entfalten[7].

10 Innerhalb dieses Rahmens sind die Sektorenauftraggeber aber in der Bestimmung der für die konkrete Vergabe maßgeblichen Auswahlkriterien frei. Anders als bei § 8 und § 8 a VOB/A wird der Auftraggeber in § 8 b VOB/A nicht auf die Kriterien der Fachkunde, Leistungsfähigkeit und Zuverlässigkeit festgelegt. Es ist ihm möglich, neben den drei genannten Kriterien weitere Kriterien aufzustellen[8]. Dies kann den Formulierungen „kann" bzw. „können" sowie dem Wort „insbesondere" entnommen werden[9].

11 Mit **„Regeln"** im Sinn des § 8 b Nr. 2 Abs. 1 VOB/A sind die verfahrensrechtlichen Grundsätze für die Eignungsprüfung gemeint, mit den **„Kriterien"** die Eignungsanforderungen.

12 Gemäß § 8 b Nr. 2 Abs. 1 Satz 2 VOB/A ist der Auftraggeber verpflichtet, die Regeln (Verfahrensgrundsätze) sowie Kriterien (Eignungskriterien) schriftlich festzulegen und sie allen interessierten Unternehmern zur Verfügung zu stellen. Der Auftraggeber muss also vor Beginn des Ausschreibungsverfahrens schriftlich festlegen, nach welchen Kriterien er entscheiden will, welche Bieter zur Angebotsabgabe aufgefordert werden. Er muss weiter schriftlich festlegen, welches Verfahren er bei der Prüfung der Kriterien anwenden will.

13 Der Auftraggeber ist bei der Entscheidung darüber, ob, in welcher Weise und durch welche Auskunftsmittel er sich Gewissheit darüber verschaffen will, ob der Bewerber geeignet ist, weitgehend frei. Entscheidend ist, dass der Auftraggeber im Ergebnis die notwendige Feststellung treffen kann, dass der betreffende Bewerber unter den gegebenen Umständen voraussichtlich in der Lage sein wird, die geplante Leistung zu erbringen[10]. Bei § 8 b VOB/A wird aber von dem Auftraggeber ausdrücklich verlangt, dass er sich über das Verfahren, das weitgehend in seinem Ermessen steht, Klarheit verschafft, es schriftlich niederlegt und sich sodann auch an dieses selbst gegebene Verfahren hält.

14 Das **Schriftformerfordernis** dient der Transparenz des Vergabeverfahrens und ist keine bloße Formvorschrift, sondern eine Ordnungsvorschrift zur Verwirklichung der Chancengleichheit und des Wettbewerbs. Die Verletzung der Vorschrift wird deshalb regelmäßig die Rechtswidrigkeit der Vergabeentscheidung begründen und betroffene Bieter in ihren Rechten verletzen, so dass ein **Nachprüfungsverfahren** durchgeführt werden kann[11].

15 Die Regeln und Kriterien, die schriftlich festgelegt worden sind, sind interessierten Unternehmern zur Verfügung zu stellen. Die Pflicht, die Regeln und Kriterien interessierten Unternehmen **mitzuteilen**, setzt ein entsprechendes Verlangen eines bestimmten Unternehmens voraus. Der Begriff des „interessierten Unternehmers" ist weit auszulegen[12]. Nicht erforderlich ist es, dass der betreffende Unternehmer wegen seines eigenen Tätigkeitsbereichs ein rechtlich schutzwürdiges Interesse hat[13]. Könnte von dem Unternehmen ein rechtlich schutzwürdiges Interesse gefordert werden, würde die Regelung in § 8 b Nr. 1 Abs. 1 Satz 2 VOB/A unangemessen eingeschränkt, wofür der Wortlaut der Bestimmung keinen Anhaltspunkt gibt. Allenfalls wenn offensichtlich ist, dass das Unternehmen kein Interesse an dem Auftrag hat, müssen die Regeln und Kriterien nicht bekanntgegeben werden.

16 Werden die Regeln und Kriterien einem interessierten Unternehmen trotz Bitte um Mitteilung nicht mitgeteilt, liegt ein diskriminierendes Verhalten und eine Rechtsverletzung im Sinn des § 97 Abs. 7 GWB vor, die im Nachprüfungsverfahren geltend gemacht werden kann[14].

---

[7] EuGH Rs. 31/87 Beentjes, Slg. 1988, 4635/4659 Rdn. 30.

[8] *Ingenstau/Korbion/Schranner*, VOB/A, § 8 b Rdn. 5; Beck'scher VOB-Kommentar/*Prieß* VOB/A, § 8 b Rdn. 5; vgl. auch: EG-Dok. COM (88) 377 final SYN 153 vom 11.10.1988 sowie EG-Dok. COM (88) 378 final SYN 154 vom 11.10.1988 Seite 29 Nr. 75 Abs. 2 und 3.

[9] Siehe hierzu unten Rdn. 17.

[10] Siehe VOB/A, § 8 Rdn. 42.

[11] Vgl. VÜA Bund 1/94 „Rollbehälter" WuW/e Verg AB 1/6; *Ingenstau/Korbion/Schranner*, VOB/A, § 8 b Rdn. 4; Beck'scher VOB-Kommentar/*Prieß*, VOB/A, § 8 b Rdn. 13.

[12] Beck'scher VOB-Kommentar/*Prieß* VOB/A § 8 b Rdn. 15.

[13] So aber: *Ingenstau/Korbion/Schranner*, VOB/A, § 8 b Rdn. 4.

[14] *Ingenstau/Korbion/Schranner*, VOB/A, § 8 b Rdn. 4.

IV. Einzelkriterien

1. Fachkunde, Leistungsfähigkeit und Zuverlässigkeit

§ 8 b Nr. 1 Abs. 2 VOB/A nennt zunächst die klassischen Eignungskriterien Fachkunde, Leistungsfähigkeit und Zuverlässigkeit[15]. Diese drei Kriterien sind für das deutsche Vergaberecht Standard. Diese Umsetzung der gemeinschaftsrechtlich vorgegebenen „objektiven Regeln und Kriterien" ist inhaltlich nicht zu beanstanden, auch wenn die Sektorenrichtlinie konkrete Vorgaben nach der Art der anderen Richtlinien, in denen einheitlich auf die technische, finanzielle und wirtschaftliche Leistungsfähigkeit abgestellt wird, nicht enthält[16]. 17

2. Sonstige Kriterien

Aus dem Wort „insbesondere" in § 8 b Nr. 1 Abs. 2 VOB/A folgt, dass der Auftraggeber nicht gezwungen ist, nur auf die Kriterien Fachkunde, Leistungsfähigkeit und Zuverlässigkeit zurückzugreifen, sondern dass er weitere Kriterien zur Prüfung der Teilnahmevoraussetzungen aufstellen kann. Da diese Kriterien aber objektiv und diskriminierungsfrei sein müssen, müssen auch diese Kriterien **einen Bezug zu** der Frage enthalten, ob sie erforderlich oder bedeutsam sind, um festzustellen, dass der betroffene Bieter in der Lage ist, den zu vergebenden Auftrag ordnungsgemäß auszuführen[17]. 18

3. Ausschließungsgründe

Gemäß § 8 b Nr. 2 VOB/A können die Ausschlusstatbestände des § 8 Nr. 5 Abs. 1 VOB/A zulässige **negative Auswahlkriterien** sein. Wie sich aus § 8 b Nr. 2 VOB/A ergibt, steht es im Ermessen des Auftraggebers, ob er die Ausschließungsgründe nach § 8 Nr. 5 Abs. 1 VOB/A zu einem Auswahlkriterium macht. Daraus folgt weiter, dass der Auftraggeber dieses Kriterium ebenfalls schriftlich festlegen muss, wenn er es im Verfahren anwenden will, wobei der allgemeine Hinweis auf **§ 8 Nr. 5 Abs. 1 VOB/A** als schriftliche Festlegung ausreicht[18]. Bei der Festlegung muss der Auftraggeber auch bestimmen, ob bei Vorliegen eines negativen Auswahlkriteriums gemäß § 8 Nr. 5 Abs. 1 VOB/A der Bewerber zwingend auszuschließen ist oder ob dies im Ermessen des Auftraggebers liegen soll. 19

4. Nachweise/Zurechnung der Eignung Dritter

Gemäß § 8 b Nr. 1 Abs. 2 Satz 2 VOB/A kann der Auftraggeber zum Nachweis der Eignungskriterien Angaben nach **§ 8 Nr. 3 VOB/A** verlangen[19]. 20

V. Notwendigkeit zur Verringerung der Zahl der Teilnehmer

§ 8 b Nr. 3 VOB/A erlaubt als weiteres zulässiges Kriterium zur Teilnahme am Wettbewerb die Zahl der zur Angebotsabgabe aufzufordernden Bieter zu beschränken, wenn und soweit dies erforderlich ist, um ein angemessenes Verhältnis zwischen dem besonderen Merkmal des Vergabeverfahrens und dem zur Durchführung notwendigen Aufwand sicherzustellen. 21

§ 8 b Nr. 3 VOB/A bestimmt deshalb, dass die Beschränkung des Teilnehmerkreises nicht im freien Ermessen des Auftraggebers liegt, sondern dass sachliche Gründe für die Beschränkung 22

---

[15] zu deren Auslegung vgl. VOB/A, § 2 Rdn. 6 ff.

[16] Beck'scher VOB-Kommentar/*Prieß*, VOB/A, § 8 b Rdn. 17.

[17] *Ingenstau/Korbion/Schranner*, VOB/A, § 8 b Rdn. 5; Beck'scher VOB-Kommentar/*Prieß* VOB/A, § 8 b Rdn. 18.

[18] *Ingenstau/Korbion/Schranner*, VOB/A, § 8 b Rdn. 5; Beck'scher VOB-Kommentar/*Prieß*, VOB/A, § 8 b Rdn. 22; a.A. *Heiermann/Müller/Franke*, VOB/A-SKR, § 5 Rdn. 31.

[19] zu den Eignungsnachweisen vgl. VOB/A, § 8 Rdn. 36, Rdn. 42 ff.

des Teilnehmerkreises vorliegen müssen. Der Auftraggeber sollte deshalb stets kritisch prüfen, ob es sachliche Gründe dafür gibt, die Zahl der Teilnehmer zu beschränken. Die entsprechenden Überlegungen sollte er in der Vergabeakte dokumentieren.

23 Zur Feststellung, ob ein solcher sachlicher Grund vorliegt, kann u.a. auf **§3 Nr. 1 Abs. 2** und **§3 Nr. 3 Abs. 2 VOB/A** zurückgegriffen werden, wonach eine beschränkte Ausschreibung nach Öffentlichem Teilnahmewettbewerb dann zulässig ist, wenn die Leistung nach ihrer Eigenart nur von einem beschränkten Kreis von Unternehmern in geeigneter Weise ausgeführt werden kann oder wenn die Bearbeitung der Angebote einen außergewöhnlich hohen Aufwand erfordert. Die dort genannten Anhaltspunkte können auch im Rahmen des §8b Nr. 3 VOB/A herangezogen werden. Hat der Auftraggeber ein solches Kriterium aufgestellt, ist er nicht verpflichtet, alle als geeignet eingestuften Bewerber zur Angebotsabgabe aufzufordern, wenn ihre Zahl die von ihm festgelegte Zahl übersteigt. Aus dem Antrag auf Teilnahme am Wettbewerb ergibt sich auch für die als geeignet angesehenen Bewerber **kein Anspruch auf eine Aufforderung** zur Angebotsabgabe. Gibt es einen sachlichen Grund, nicht alle geeigneten Bewerber zur Angebotsabgabe aufzufordern, kann und muss der Auftraggeber eine weitere Vorauswahl zwischen den geeigneten Bewerbern treffen. Bei der Auswahl der aufzufordernden Bewerber steht dem Öffentlichen Auftraggeber dann ein weiter Ermessensspielraum zu[20].

24 In jedem Fall muss der Auftraggeber aber gemäß §8b Nr. 3 VOB/A trotz der Möglichkeit, den Bewerberkreis zu reduzieren, immer so viele Bewerber als Teilnehmer am Wettbewerb berücksichtigen, dass ein Wettbewerb gewährleistet ist.

VI. Bietergemeinschaften als Bewerber (§8b Nr. 4)

25 Gemäß §8b Nr. 4 VOB/A kann von Bietergemeinschaften nicht verlangt werden, dass sie sich schon vor Zuschlagerteilung zu einer bestimmten Rechtsform zusammenschließen. Erst von der den Zuschlag erhaltenden Gemeinschaft kann dies verlangt werden, wenn und soweit es für die ordnungsgemäße Durchführung des Auftrags notwendig ist.

26 Aus §8b Nr. 4 VOB/A folgt also einerseits, dass sich Bietergemeinschaften an Vergabeverfahren beteiligen können, und andererseits, dass es bis zur Zuschlagerteilung ausreicht, wenn eines der Mitglieder der künftigen Bietergemeinschaft als bevollmächtigter Vertreter auftritt.

D. Präqualifikationsverfahren

I. Allgemeines

27 Das Präqualifikationsverfahren dient ebenfalls der **Eignungsprüfung**, ist aber nicht auf ein bestimmtes Vergabeverfahren bezogen, sondern ermöglicht es, vorab und allgemein zu prüfen und festzustellen, ob bestimmte Unternehmen als geeignet angesehen werden können[21].

28 Hintergrund der Regelung ist, dass die Prüfung der Eignung in den einzelnen EG-Mitgliedsstaaten unterschiedlich geregelt ist. In der Bundesrepublik Deutschland wird die Eignung grundsätzlich jeweils im Einzelfall im konkreten Vergabeverfahren geprüft, soweit Zweifel an der Eignung bestehen. In anderen Ländern bestehen teilweise amtliche Qualifikationslisten, in die geeignete Unternehmer eingetragen werden und die damit „präqualifiziert" sind, d.h. ohne weitere Einzelfall bezogene Eignungsprüfung für bestimmte Bauaufträge je nach Art der Präqualifikation als geeignet angesehen werden[22]. §8b Nr. 5 Abs. 1 Satz 1 VOB/A erlaubt nun auch Auftraggebern in der Bundesrepublik Deutschland ein Präqualifikationsverfahren, d.h. ein Verfahren zur Vorprüfung der Eignung von Unternehmen einzurichten und anzuwenden.

[20] siehe auch VOB/A, §8 Rdn. 31ff.
[21] *Appel*, Seite 3f.
[22] *Heiermann/Riedl/Rusam*, VOB/A, §8b Rdn. 9.

Die Möglichkeit eines Präqualifikationsverfahrens war ursprünglich **nur in Abschnitt 3 und 4 (SKR)** geregelt, ist aber inzwischen auch in Abschnitt 2 der VOB/A (§ 8 a) vorgesehen. 29

In der Praxis ist das Interesse der Unternehmen, an Präqualifikationsverfahren teilzunehmen, recht unterschiedlich[23]. 30

II. Gang des Präqualifikationsverfahrens

Das Präqualifikationsverfahren beginnt mit einer **Veröffentlichung** des Auftraggebers im Amtsblatt der Europäischen Gemeinschaften, dass er zu einem bestimmten Auftragsgegenstand ein Präqualifikationsverfahren durchführen will. Damit kommt der Auftraggeber seiner Pflicht zum **Aufruf zum Wettbewerb** hinsichtlich aller Aufträge nach, die er später auf der Basis des Präqualifikationsverfahrens vergeben wird, wie sich aus **§ 17 b Nr. 1 Abs. 1 lit. c) VOB/A** ergibt. Dort ist bestimmt, dass auch durch die Veröffentlichung einer Bekanntmachung über das Bestehen eines Prüfsystems, also eines Präqualifikationsverfahrens ein Aufruf zum Wettbewerb erfolgen kann. 31

Auf die Bekanntmachung hin können dann Unternehmen, die an der Präqualifikation interessiert sind, beim Auftraggeber einen **Antrag** auf Präqualifikation stellen. Die Antragstellung ist zeitlich **unbefristet möglich**. 32

Der Auftraggeber **prüft** die Präqualifikation des Antragstellers. Er kann das Präqualifikationsverfahren in mehreren Qualifikationsstufen durchführen. Er muss allerdings sicherstellen, dass er jedem Antragsteller regelmäßig innerhalb von **sechs Monaten** ab dem Zeitpunkt der Antragstellung sein Präqualifikationsergebnis mitteilen kann. 33

Hat das antragstellende Unternehmen alle Qualifikationsstufen der Präqualifikation erfolgreich durchlaufen, nimmt der Auftraggeber das Unternehmen in ein **Verzeichnis** auf. War das Unternehmen nicht erfolgreich, hat ihm der Auftraggeber die Gründe für die Ablehnung der Präqualifikation mitzuteilen. 34

Steht später eine **konkrete Auftragsvergabe** an, kann der Auftraggeber nunmehr die Bieter in einem Nichtoffenen Verfahren bzw. die Teilnehmer an einem Verhandlungsverfahren aus dem Verzeichnis der qualifizierten Unternehmen auswählen. Eines weiteren **Aufrufs zum Wettbewerb** bedarf es nicht (§ 17 b Nr. 1 Abs. 1 lit. c) VOB/A). 35

III. Präqualifikationsverfahren und Ausschreibung im Offenen bzw. Nichtoffenen Verfahren sowie im Verhandlungsverfahren

Teilweise wird in der Literatur die Ansicht vertreten, die konkrete Auftragsvergabe auf Grundlage eines Präqualifikationsverfahrens sei nur im Nichtoffenen oder Verhandlungsverfahren, nicht aber im **Offenen Verfahren** möglich[24]. Diese Ansicht ist unzutreffend, jedenfalls irreführend. Denn der besondere Vorteil eines Präqualifikationsverfahrens für den Auftraggeber liegt darin, dass er in den nachfolgenden Vergabeverfahren bei den präqualifizierten Unternehmern **keine Eignungsprüfung** mehr durchführen muss[25]. Selbstverständlich muss bei einem Offenen Verfahren allen interessierten Bietern die Möglichkeit gegeben werden, sich an dem Ausschreibungsverfahren zu beteiligen. Bei den Bietern, die nicht präqualifiziert sind, muss die Eignungsprüfung durchgeführt werden; bei den Bietern, die bereits präqualifiziert sind, kann die erneute Eignungsprüfung entfallen. **Streitig** ist, ob es zulässig ist, die präqualifizierten Unternehmen über die Einleitung des Offenen Verfahrens zu informieren[26]. U.E. ist dies zulässig. 36

[23] *Appel*, Seite 188.

[24] Beck'scher VOB-Kommentar/*Prieß*, VOB/A, § 8 b Rdn. 76.

[25] *Appel*, Seite 122 f.; *Ingenstau/Korbion/Schranner*, VOB/A, § 8 b Rdn. 13; *Heiermann/Riedl/Rusam*, VOB/A, § 8 b Rdn. 9.

[26] für Unzulässigkeit: *Appel*, Seite 123; für Zulässigkeit: *Flamme/Flamme*, RMC 1991, 369 f.

37 Bei einem **Nichtoffenen Verfahren** oder in einem **Verhandlungsverfahren** entfällt die Eignungsprüfung ebenfalls. Darüber hinaus kann die Bekanntmachung über das Bestehen eines Präqualifikationssystems zudem den Aufruf zum Wettbewerb ersetzen (§ 17 b Nr. 3 VOB/A).

IV. Anspruch auf Prüfung der Präqualifikation (Abs. 1 Satz 2)

38 Besteht ein Prüfsystem, muss der Auftraggeber nach § 8 b Nr. 5 Abs. 1 Satz 2 VOB/A sicherstellen, dass interessierte Unternehmer, die sich entweder an früheren Prüfungen nicht beteiligt haben oder damals aus Gründen abgelehnt wurden, die heute nicht mehr bestehen, sich jederzeit einer Prüfung unterziehen können[27]. Der Auftraggeber muss einen entsprechenden Antrag jederzeit entgegennehmen und innerhalb angemessener Zeit eine Entscheidung treffen. Hierdurch soll der Wettbewerb gesichert werden. Es sollte vermieden werden, dass der Auftraggeber nur noch Verträge mit bis zu einem bestimmten Zeitpunkt präqualifizierten Unternehmen schließt.

V. Qualifikationskriterien und -stufen

39 Ebenso wie in § 8 b Nr. 1 VOB/A sind Grundlage des Präqualifikationssystems die vom Auftraggeber festzulegenden und schriftlich zu dokumentierenden **„objektiven Regeln und Kriterien“**, d.h. auch im Präqualifikationsverfahren muss der Auftraggeber die Kriterien bestimmen und schriftlich festlegen. Mit **„Regeln“** im Sinne des § 8 b Nr. 1 Abs. 1 b VOB/A sind die verfahrensrechtlichen Grundsätze für die Eignungsprüfung gemeint, mit den „**Kriterien**“ die Eignungsanforderungen selbst.

40 Der Begriff **„objektiv“** ist unter Berücksichtigung der Rechtsprechung des EuGH, dass die Grundfreiheiten als Diskriminierungsverbote anzusehen sind, auszulegen. Objektiv meint dann, dass jede **unmittelbare oder mittelbare Diskriminierung** untersagt ist. Untersagt sind nicht nur Regelungen, die direkt diskriminieren, sondern auch Regelungen bzw. Auswahlkriterien, die nur de facto in bestimmter Hinsicht eine diskriminierende Wirkung entfalten[28]. Daraus folgt auch, dass **vergabefremde** Kriterien für die Beurteilung der Eignung von Bietern und Bewerbern auch im Bereich des § 8 b grundsätzlich unzulässig sind und nur in wenigen sachlich begründeten Ausnahmefällen Sonderanforderungen an Teilnehmer möglich sind[29].

41 Zu den Eignungskriterien gehören insbesondere die notwendige Fachkunde, Leistungsfähigkeit und Zuverlässigkeit, wobei der Auftraggeber auch bei der Präqualifikation zusätzliche Kriterien festlegen kann[30]. Auf geeignete europäische Normen über die Qualifizierung kann Bezug genommen werden.

42 Gem. § 8 b Nr. 5 Abs. 2 Satz 1 VOB/A kann das Präqualifikationssystem mehrere Qualifikationsstufen umfassen. Diese **gestufte Qualifizierung** ermöglicht es, den unterschiedlichen Eignungsanforderungen bezüglich der verschiedenartigen Bauleistungen Rechnung zu tragen, so dass innerhalb des einheitlichen Systems die Eignung für verschiedene Bauleistungen unterschiedlich beantwortet werden kann.

43 Schließlich kann der Auftraggeber die Kriterien und Regeln erforderlichenfalls anpassen und fortschreiben. Eine Verpflichtung zur **Anpassung** und Fortschreibung besteht nicht zwingend, vielmehr steht dem Auftraggeber ein Ermessensspielraum zu[31]. Für die Fortschreibung des Prüfsystems besteht keine Bekanntmachungspflicht. Dies kann zur Folge haben, dass sich Unternehmen, die sich aufgrund der Bekanntmachung erfolglos um Aufnahme in das Prüfungssystem bemüht

---

27 Beck'scher VOB-Kommentar/*Kemper*, VOB/A, § 8 b Rn 104 ff.; vgl. auch *Appel*, Seite 87.

28 EuGH Rs. 31/87 Beentjes, Slg. 1988, 4635/4659 Rdn. 30; Beck'scher VOB-Kommentar/*Prieß*, VOB/A, § 8 b Rdn. 8.

29 siehe hierzu VOB/A, § 8 Rdn. 7 ff.

30 *Appel*, Seite 54 f.

31 *Appel*, Seite 82; a.A. *Ingenstau/Korbion/Schranner*, VOB/A, § 8 b Nr. 5 Rdn. 8 (zwingende Pflicht zur Anpassung)

haben, von der Änderung des Prüfsystems nichts erfahren und von der Chance, nunmehr präqualifiziert zu werden, keinen Gebrauch machen[32].

Interessierte Unternehmen haben einen Anspruch darauf, dass ihnen die Qualifizierungsregeln und Kriterien zugänglich gemacht werden.

VI. Entscheidung über die Qualifikation

Gem. § 8 b) Nr. 7 VOB/A muss der Auftraggeber innerhalb einer angemessenen Frist über den Präqualifikationsantrag entscheiden und die Entscheidung über die Qualifikation dem antragstellenden Unternehmen bekannt geben. 44

Welche Frist angemessen ist, bestimmt sich nach den Umständen des Einzelfalls. Dem Auftraggeber muss ausreichend Zeit gegeben werden, die entsprechenden Prüfungen vorzunehmen, um eine sachgerechte Entscheidung treffen zu können, wobei er dann aber zügig arbeiten und entscheiden muss. Regelmäßig soll die Prüfung in spätestens **6 Monaten** abgeschlossen sein. Dauert die Prüfung mehr als 6 Monate, ist der Auftraggeber verpflichtet, dem Unternehmen spätestens 2 Monate nach Eingang seines Prüfungsantrags die Gründe für die längere Bearbeitungszeit mitzuteilen und anzugeben, wann über die Annahme oder Ablehnung entschieden wird. 45

Wird der Antrag auf Präqualifikation im Ergebnis **negativ entschieden**, hat der Auftraggeber den Antragsteller unter Angabe von Gründen hierüber zu unterrichten. Die Begründung soll den Antragsteller in die Lage versetzen, die Gründe zu erfahren, um ggf. Abhilfe zu schaffen und zum anderen, um zu entscheiden, ob er gem. § 31 b) VOB/A i.V.m. § 102 ff. GWB ein Nachprüfungsverfahren einleitet[33]. Der Auftraggeber hat die von ihm als qualifiziert anerkannten Unternehmen in ein **Verzeichnis** aufzunehmen. 46

VII. Rechtsschutz gegen die ablehnende Entscheidung

Nach zutreffender Ansicht kann das Präqualifikationsverfahren in einem Nachprüfungsverfahren gemäß §§ 102 ff. GWB überprüft werden[34]. Zwar ist ein Nachprüfungsverfahren erst zulässig, wenn ein Vergabeverfahren eingeleitet worden ist, d.h. wenn der Auftraggeber planvoll Schritte zum Abschluss eines öffentlichen Auftrags eingeleitet hat; hierunter lässt sich aber zwanglos auch das Präqualifikationsverfahren subsumieren[35]. 47

VIII. Aberkennung der Qualifikation

Gem. § 8 b) Nr. 10 VOB/A kann die Qualifikation vom Auftraggeber aberkannt werden, wobei die Entscheidung nur auf die Gründe gem. § 8 b) Nr. 5 VOB/A bzw. die dort festgelegten Kriterien gestützt werden kann. 48

IX. Bekanntmachung des Prüfsystems

Nach § 8 b) Nr. 11 VOB/A muss der Auftraggeber das von ihm festgelegte Prüfsystem im Amtsblatt der Europäischen Gemeinschaften bekannt machen. Die Bekanntmachungen dienen dazu, an den Vergaben des betreffenden Auftraggebers interessierte Unternehmer aus dem EU-Bereich vorab zu informieren, welche Qualifikationserfordernisse gestellt werden, um sich hierauf einrichten zu können. 49

---

[32] *Appel*, Seite 82
[33] Siehe sogleich Rn 47
[34] *Appel*, Seite 135 ff.; *Kuß*, VOB/A, § 8 b Rn 24 a; *Ingenstau/Korbion/Schranner*, VOB/A, § 8 b Rdn. 22
[35] *Appel*, Seite 135, 138

§9 Beschreibung der Leistung

Allgemeines

1. Die Leistung ist eindeutig und so erschöpfend zu beschreiben, dass alle Bewerber die Beschreibung im gleichen Sinne verstehen müssen und ihre Preise sicher und ohne umfangreiche Vorarbeiten berechnen können. Bedarfspositionen (Eventualpositionen) dürfen nur ausnahmsweise in die Leistungsbeschreibung aufgenommen werden. Angehängte Stundenlohnarbeiten dürfen nur in dem unbedingt erforderlichen Umfang in die Leistungsbeschreibung aufgenommen werden.
2. Dem Auftragnehmer darf kein ungewöhnliches Wagnis aufgebürdet werden für Umstände und Ereignisse, auf die er keinen Einfluss hat und deren Einwirkung auf die Preise und Fristen er nicht im Voraus schätzen kann.
3. (1) Um eine einwandfreie Preisermittlung zu ermöglichen, sind alle sie beeinflussenden Umstände festzustellen und in den Verdingungsunterlagen anzugeben.
(2) Erforderlichenfalls sind auch der Zweck und die vorgesehene Beanspruchung der fertigen Leistung anzugeben.
(3) Die für die Ausführung der Leistung wesentlichen Verhältnisse der Baustelle, z.B. Boden- und Wasserverhältnisse, sind so zu beschreiben, dass der Bewerber ihre Auswirkungen auf die bauliche Anlage und die Bauausführung hinreichend beurteilen kann.
(4) Die „Hinweise für das Aufstellen der Leistungsbeschreibung" in Abschnitt 0 der Allgemeinen Technischen Vertragsbedingungen für Bauleistungen, DIN 18 299 ff., sind zu beachten.
4. Bei der Beschreibung der Leistung sind die verkehrsüblichen Bezeichnungen zu beachten.

Technische Spezifikationen

5. Die technischen Anforderungen (Spezifikationen – siehe Anhang TS Nr. 1) an den Auftragsgegenstand müssen allen Bietern gleichermaßen zugänglich sein und dürfen den Wettbewerb nicht in unzulässiger Weise behindern.
6. Die technischen Spezifikationen sind in den Verdingungsunterlagen zu formulieren:
(1) entweder unter Bezugnahme auf die in Anhang TS definierten technischen Spezifikationen in der Rangfolge
a) nationale Normen, mit denen europäische Normen umgesetzt werden,
b) europäische technische Zulassungen,
c) gemeinsame technische Spezifikationen,
d) internationale Normen und andere technische Bezugsysteme, die von den europäischen Normungsgremien erarbeitet wurden oder,
e) falls solche Normen und Spezifikationen fehlen, nationale Normen, nationale technische Zulassungen oder nationale technische Spezifikationen für die Planung, Berechnung und Ausführung von Bauwerken und den Einsatz von Produkten.
Jede Bezugnahme ist mit dem Zusatz „oder gleichwertig" zu versehen;
(2) oder in Form von Leistungs- oder Funktionsanforderungen, die so genau zu fassen sind, dass sie den Unternehmen ein klares Bild vom Auftragsgegenstand vermitteln und dem Auftraggeber die Erteilung des Zuschlags ermöglichen;
(3) oder in Kombination von Absatz 1 und Absatz 2, d.h.
a) in Form von Leistungs- oder Funktionsanforderungen unter Bezugnahme auf die Spezifikationen gemäß Absatz 1 als Mittel zur Vermutung der Konformität mit diesen Leistungs- oder Funktionsanforderungen;
b) oder mit Bezugnahme auf die Spezifikationen gemäß Absatz 1 hinsichtlich bestimmter Merkmale und mit Bezugnahme auf die Leistungs- oder Funktionsanforderungen gemäß Nummer 2 hinsichtlich anderer Merkmale.
7. Verweist der Auftraggeber in der Leistungsbeschreibung auf die in Nummer 6 Absatz 1 Buchstabe a genannten Spezifikationen, so darf er ein Angebot nicht mit der Begründung ablehnen, die angebotene Leistung entspräche nicht den herangezogenen Spezifikationen, sofern der Bieter in seinem Angebot dem Auftraggeber nachweist,

dass die von ihm vorgeschlagenen Lösungen den Anforderungen der technischen Spezifikation, auf die Bezug genommen wurde, gleichermaßen entsprechen. Als geeignetes Mittel kann eine technische Beschreibung des Herstellers oder ein Prüfbericht einer anerkannten Stelle gelten.

8. **Legt der Auftraggeber die technischen Spezifikationen in Form von Leistungs- oder Funktionsanforderungen fest, so darf er ein Angebot, das einer nationalen Norm entspricht, mit der eine europäische Norm umgesetzt wird, oder einer europäischen technischen Zulassung, einer gemeinsamen technischen Spezifikation, einer internationalen Norm oder einem technischen Bezugssystem, das von den europäischen Normungsgremien erarbeitet wurde, entspricht, nicht zurückweisen, wenn diese Spezifikationen die geforderten Leistungs- oder Funktionsanforderungen betreffen. Der Bieter muss in seinem Angebot mit geeigneten Mitteln dem Auftraggeber nachweisen, dass die der Norm entsprechende jeweilige Leistung den Leistungs- oder Funktionsanforderungen des Auftraggebers entspricht. Als geeignetes Mittel kann eine technische Beschreibung des Herstellers oder ein Prüfbericht einer anerkannten Stelle gelten.**
9. **Schreibt der Auftraggeber Umwelteigenschaften in Form von Leistungs- oder Funktionsanforderungen vor, so kann er die Spezifikationen verwenden, die in europäischen, multinationalen oder anderen Umweltgütezeichen definiert sind, wenn**
   a) sie sich zur Definition der Merkmale des Auftragsgegenstands eignen,
   b) die Anforderungen des Umweltgütezeichens auf Grundlage von wissenschaftlich abgesicherten Informationen ausgearbeitet werden;
   c) die Umweltgütezeichen im Rahmen eines Verfahrens erlassen werden, an dem interessierte Kreise – wie z.B. staatliche Stellen, Verbraucher, Hersteller, Händler und Umweltorganisationen – teilnehmen können, und
   d) wenn das Umweltgütezeichen für alle Betroffenen zugänglich und verfügbar ist.
   Der Auftraggeber kann in den Vergabeunterlagen angeben, dass bei Leistungen, die mit einem Umweltgütezeichen ausgestattet sind, vermutet wird, dass sie den in der Leistungsbeschreibung festgelegten technischen Spezifikationen genügen. Der Auftraggeber muss jedoch auch jedes andere geeignete Beweismittel, wie technische Unterlagen des Herstellers oder Prüfberichte anerkannter Stellen, akzeptieren. Anerkannte Stellen sind die Prüf- und Eichlaboratorien sowie die Inspektions- und Zertifizierungsstellen, die mit den anwendbaren europäischen Normen übereinstimmen. Der Auftraggeber erkennt Bescheinigungen von in anderen Mitgliedstaaten ansässigen anerkannten Stellen an.
10. **Soweit es nicht durch den Auftragsgegenstand gerechtfertigt ist, darf in technischen Spezifikationen nicht auf eine bestimmte Produktion oder Herkunft oder ein besonderes Verfahren oder auf Marken, Patente, Typen eines bestimmten Ursprungs oder einer bestimmten Produktion verwiesen werden, wenn dadurch bestimmte Unternehmen oder bestimmte Produkte begünstigt oder ausgeschlossen werden. Solche Verweise sind jedoch ausnahmsweise zulässig, wenn der Auftragsgegenstand nicht hinreichend genau und allgemein verständlich beschrieben werden kann; solche Verweise sind mit dem Zusatz „oder gleichwertig“ zu versehen.**

Leistungsbeschreibung mit Leistungsverzeichnis

11. **Die Leistung soll in der Regel durch eine allgemeine Darstellung der Bauaufgabe (Baubeschreibung) und ein in Teilleistungen gegliedertes Leistungsverzeichnis beschrieben werden.**
12. **Erforderlichenfalls ist die Leistung auch zeichnerisch oder durch Probestücke darzustellen oder anders zu erklären, z.B. durch Hinweise auf ähnliche Leistungen, durch Mengen- oder statische Berechnungen, Zeichnungen und Proben, die für die Ausführung maßgebend sein sollen, sind eindeutig zu bezeichnen.**
13. **Leistungen, die nach den Vertragsbedingungen, den Technischen Vertragsbedingungen oder der gewerblichen Verkehrssitte zu der geforderten Leistung gehören (§ 2 Nr. 1 VOB/B), brauchen nicht besonders aufgeführt zu werden.**
14. **Im Leistungsverzeichnis ist die Leistung derart aufzugliedern, dass unter einer Ordnungszahl (Position) nur solche Leistungen aufgenommen werden, die nach ihrer**

technischen Beschaffenheit und für die Preisbildung als in sich gleichartig anzusehen sind. Ungleichartige Leistungen sollen unter einer Ordnungszahl (Sammelposition) nur zusammengefasst werden, wenn eine Teilleistung gegenüber einer anderen für die Bildung eines Durchschnittspreises ohne nennenswerten Einfluss ist.

Leistungsbeschreibung mit Leistungsprogramm

15. Wenn es nach Abwägen aller Umstände zweckmäßig ist, abweichend von Nummer 6 zusammen mit der Bauausführung auch den Entwurf für die Leistung dem Wettbewerb zu unterstellen, um die technisch, wirtschaftlich und gestalterisch beste sowie funktionsgerechte Lösung der Bauaufgabe zu ermitteln, kann die Leistung durch ein Leistungsprogramm dargestellt werden.

16. (1) Das Leistungsprogramm umfasst eine Beschreibung der Bauaufgabe, aus der die Bewerber alle für die Entwurfsbearbeitung und ihr Angebot maßgebenden Bedingungen und Umstände erkennen können und in der sowohl der Zweck der fertigen Leistung als auch die an sie gestellten technischen, wirtschaftlichen, gestalterischen und funktionsbedingten Anforderungen angegeben sind, sowie gegebenenfalls ein Musterleistungsverzeichnis, in dem die Mengenangaben ganz oder teilweise offen gelassen sind.
(2) Die Nummern 12–14 gelten sinngemäß.

17. Von dem Bieter ist ein Angebot zu verlangen, das außer der Ausführung der Leistung den Entwurf nebst eingehender Erläuterungen und eine Darstellung der Bauausführung sowie eine eingehende und zweckmäßig gegliederte Beschreibung der Leistung – gegebenenfalls mit Mengen- und Preisangaben für Teile der Leistung – umfasst. Bei Beschreibung der Leistung mit Mengen- und Preisangaben ist vom Bieter zu verlangen, dass er
a) die Vollständigkeit seiner Angaben, insbesondere die von ihm selbst ermittelten Mengen, entweder ohne Einschränkung oder im Rahmen einer in den Verdingungsunterlagen anzugebenden Mengentoleranz vertritt, und dass er
b) etwaige Annahmen, zu denen er in besonderen Fällen gezwungen ist, weil zum Zeitpunkt der Angebotsabgabe einzelne Teilleistungen nach Art und Menge noch nicht bestimmt werden können (z.B. Aushub-, Abbruch- oder Wasserhaltungsarbeiten) – erforderlichenfalls anhand von Plänen und Mengenermittlungen – begründet.

Schrifttum: *Cadez* Risikowertanalyse als Entscheidungshilfe zur Wahl des optimalen Bauvertrages, VDI Reihe 4 Nr. 149, 1998 – *Dausner* Hat der AN bei der Ausführung „oder gleichwertig" ein Wahlrecht und ist die Einschränkung dieses Rechts AGB-widrig?, BauR 1999, S. 715 –*Fischer/Noch* Entscheidungssammlung Europäisches Vergaberecht – *Kapellmann/Ziegler* Störfallkataloge bei Bauverträgen im Tunnelbau mit Schildvortrieb, NZBau 2005, 65 – *Langen/Schiffers*, Leistungs-, Prüfungs- und Hinweispflichten des Auftragnehmers bei konventioneller und zieldefinierter Baudurchführung, Festschrift Jagenburg, S. 435 – *Lederer/Niebuhr* Ist ein Verstoß gegen § 9 VOB/A nach Angebotserteilung sanktionslos? Welche zivilrechtlichen Ansprüche hat der Auftragnehmer bei einem offensichtlichen Verstoß gegen § 9 Nr. 1oder Nr. 2 VOB/B?, Festschrift Jagenburg, S. 455 – *Oepen/Paulsen* Baukostenindex, Kostenentwicklung und allgemeine Entwicklung des Baumarkts in Deutschland, Jahrbuch Baurecht 2006, 409 – *Prieß* Die Leistungsbeschreibung – Kernbereich des Vergabeverfahrens, NZBau 2004, 20, 87 – *Roth* Die Risikoverteilung bei Öffentlich Privaten Partnerschaften (ÖPP) aus vergaberechtlicher Sicht, NZBau 2006, 84 – *Schottke* Die Bedeutung des ungewöhnlichen Wagnisses bei der Nachtragskalkulation, Festschrift Thode 2005, S. 155 – *Schubert/Reister* Ist in der Baukalkulation der gesonderte Ausweis des Wagnisses in Abgrenzung zum Gewinn angemessen?, Jahrbuch Baurecht 1999, S. 253 – *Weber* Zulässigkeit und Grenzen von Leistungsbeschreibungen nach europäischem Vergaberecht, NZBau2002, S. 194.

Übersicht

B. Allgemeine Vorschriften

C. Leistungsbeschreibung mit Leistungsverzeichnis

D. Leistungsbeschreibung mit Leistungsprogramm

A. Vergaberechtliche und baurechtliche Relevanz – Grundsätze

I. Vergaberechtliche Relevanz

1 § 9 VOB/A enthält unter der Überschrift „Beschreibung der Leistung" eine Regelung dazu, wie der Auftraggeber im Geltungsbereich der VOB/A Leistungen beschreiben muss, wie also der Auftraggeber die zu erstellende Bauleistung, das „Bausoll", nach Bauinhalt und Bauumständen[1] zu beschreiben hat; durch die entsprechenden Gebote oder Verbote enthält § 9 damit (auch) Regelungen dazu, welche Risiken dem Auftragnehmer auferlegt werden dürfen und welche nicht. § 9 enthält damit „Vergaberecht in Reinkultur", das heißt, die Vorschrift hat „bieterschützenden" Charakter.[2] Der Bieter kann – und muss – „unverzüglich", § 107 Abs. 3 GWB, entsprechende Mängel der Ausschreibung rügen und sie im Nachprüfungsverfahren verfolgen.[3] § 9 VOB/A hat somit in der Ausschreibungsphase in allen Einzelheiten Relevanz, die Vorschriften sind vergaberechtlich zwingend.[4]

Durch die VOB 2006 ist die Vorschrift erweitert worden. Die Nummern 1 bis 3 sowie 4 (Abs. 1) sind unverändert; der neue Abschnitt „Technische Spezifikationen" mit den Nummer 5 bis 10 ersetzt die bisherigen Nr. 4 Abs. 2–4 und 5; die Neufassung greift auf die EU-Koordinierungsrichtlinie zurück. Die bisherigen Nummern 6 bis 12 sind unverändert jetzt Nr. 11 bis 17.

[1] Zu dem Begriff Bausoll VOB/B § 2, Rdn. 26–41, zur Bausollbestimmung § 2, Rdn. 45–129.

[2] Zur grundsätzlichen Problematik VOB/A § 5, Rdn. 29 mit Nachweisen; zum „bieterschützenden" Charakter von § 9 VOB/A OLG Brandenburg „Flughafen Schönefeld" NZBau 2000, 39 = BauR 1999, 1175; OLG Dresden BauR 2000, 582; *Ingenstau/Korbion/Kratzenberg* VOB/A § 9, Rdn. 11; *Lederer/Niebuhr* Festschrift Jagenburg 2002, Seite 455.

[3] Laut *Prieß* NZBau 2004, 20, 3 unter Zitat Vergabekammer Lüneburg Beschluss vom 12.4.2002 203 – VgK – 05/02 und OLG Dresden BauR 2000, 1582 ist dann, wenn eine Ausschreibung so unklar ist, dass eine Auslegung nicht mehr möglich ist, der Mangel nicht heilbar, gemäß § 110 Abs. 1 GWB habe das von Amts wegen die Aufhebung der Ausschreibung zur Folge; dazu auch OLG Celle NZBau 2005, 52.

[4] BGH BauR 1999, 736 schon zu einem Fall vor Inkrafttreten des Vergaberechtsänderungsgesetzes.

II. Bauvertragliche Relevanz

Ist der Vertrag einmal – wenn auch unter Verstoß gegen Vergaberegeln des § 9 VOB/A – geschlossen, so beurteilen sich die Folgen eines Verstoßes jetzt ausschließlich nach dem Bauvertragsregiment, also der VOB/B und dem BGB, nicht mehr nach der VOB/A; systematisch besprechen wir deshalb die **bauvertragliche** Relevanz von Verstößen gegen § 9 VOB/A im Einzelnen bei § 2 VOB/B, daher hier nur zusammengefasst: Die Normen des § 9 VOB/A wirken **nicht unmittelbar auf** das Bausoll des geschlossenen Vertrages ein;[5] der Verstoß gegen sie führt nicht über § 134 BGB zur Nichtigkeit wegen Verstoßes gegen ein gesetzliches Verbot;[6] einzelne Vertragsklauseln können allerdings inhaltlich – wie jede andere Klausel eines privaten Auftraggebers ebenso – unwirksam sein wegen eines Verstoßes gegen die AGB-rechtlichen Bestimmungen der §§ 305 ff. BGB. Zur Vertragsmethodik des öffentlichen Auftraggebers generell verweisen wir auf § 10 VOB/A sowie auf VOB/B § 2 Rdn. 22 mit dem dort abgedruckten Formblatt „Aufforderung zur Abgabe eines Angebots". 2

Sofern eine Vertragsbestimmung unklar oder widersprüchlich ist, kann die Auslegung dieser Bestimmung davon ausgehen, dass der öffentliche Auftraggeber die VOB/A anwenden muss und dadurch, dass er seine Ausschreibung ausschließlich der VOB/A unterstellt, auch den Bietern erklärt, sie beachtet zu haben. Deshalb darf ein Bieter/Auftragnehmer darauf vertrauen, dass der Auftraggeber VOB/A-konform ausgeschrieben hat, Bieter dürfen deshalb einen mehrdeutigen Text so auslegen und verstehen, wie er zu verstehen wäre, wenn der Auftraggeber „VOB/A-konform" ausgeschrieben hätte;[7] auf dieser Basis ist das Bausoll zu bestimmen. Abweichungen davon sind Bausoll-Bauist-Abweichungen, sie führen zu **Vergütungs**ansprüchen nach § 2 Nr. 5, 6, 8 VOB/B. Weil der Auftragnehmer Vergütung erhält, hat er keinen Schaden. Schon deshalb, aber auch aus systematischen Gründen, hat ein Auftragnehmer bei Verstößen des Auftraggebers gegen § 9 VOB/A, von seltensten Ausnahmen abgesehen, folglich **keinen** Schadensersatzanspruch aus c.i.c. (§ 311 Abs. 2 BGB); in der Literatur wird die überholte gegenteilige Meinung leider oft noch unreflektiert weitergeschleppt.[8] 3

Eine VOB-konforme Auslegung setzt voraus, dass eine Vertragsklausel mehrdeutig oder widersprüchlich ist. Ist dagegen die Vertragsklausel eindeutig, indem sie z.B. dem Bieter das Risiko aufbürdet, selbst eine Statik zu erstellen und erst daraus den notwendigen Stahlverbrauch zu ermitteln, so sind **zivilrechtlich** dennoch die Klauseln und damit der ganze Vertrag wirksam – so mit Recht der BGH in der Entscheidung „Kammerschleuse".[9] Ausnahmen können sich auch hier daraus ergeben, dass im Einzelfall eine Klausel AGB-rechtlich unwirksam ist. Im Extremfall kann auch eine „Störung der Geschäftsgrundlage" (§ 313 BGB) in Betracht kommen.[10] 4

Wegen der Auslegungsmöglichkeiten – siehe Rdn. 3, 4 – wird eine Schadensersatzverpflichtung des Auftraggebers wegen Verstoßes gegen § 9 VOB/A mangels Schaden nur selten in Betracht kommen. Daran scheitern Ansprüche aus c.i.c. (§ 311 Abs. 2 BGB),[11] und aus demselben Grund ist es auch eine fast theoretische Streitfrage, ob nicht auch deliktische Schadensersatzansprüche – bei Verschulden des Auftraggebers! – aus § 823 Abs. 2 BGB wegen Verletzung eines Schutzgesetzes bestehen. 5

---

[5] Dazu VOB/B § 2, Rdn. 114.

[6] Näher VOB/B § 2, Rdn. 114.

[7] Zum Grundsatz VOB/B § 2, Rdn. 116.
Zum Auslegungsergebnis für § 9 Nr. 2 VOB/A näher VOB/B § 2, Rdn. 115, 116.
Zum Auslegungsergebnis für § 9 Nr. 3 Abs. 4 VOB/A näher VOB/B § 2, Rdn. 119.
Zum Auslegungsergebnis für § 9 Nr. 7 VOB/A näher VOB/B § 2, Rdn. 120.
Zum Auslegungsergebnis für § 9 Nr. 9 VOB/A näher VOB/B § 2, Rdn. 121.

[8] Einzelheiten VOB/B § 2, Rdn. 114–121, 124.

[9] BGH „Kammerschleuse" BauR 1997, 126. Zur vergaberechtlichen Beurteilung hier Rdn. 23, zur zivilrechtlichen Beurteilung näher VOB/B § 2, Rdn. 118.

[10] Dazu VOB/B § 2, Rdn. 277, 291.

[11] Dazu in Einzelheiten VOB/B § 2 Rdn. 124, BGH „Wasserhaltung II" BauR 1994, 236.

Zweifelsfrei hat § 9 VOB/A bieterschützenden Charakter (oben Rdn. 1), aber ebenso sicher verfolgen die vergaberechtlichen Regeln auch den Schutz des Auftraggebers. Letzteres schadet aber nicht; es genügt für die Annahme des Schutzgesetzcharakters der Norm, dass sie **auch** Individualinteressen schützt,[12] deshalb ist § 9 VOB/A Schutzgesetz;[13] die Haftung erstreckt sich aber nur auf das negative Interesse.[14]

6 Für Verträge **privater** Auftraggeber ist § 9 VOB/A insofern von Bedeutung, als die Vorschrift allgemein-methodische Hinweise zur sachgerechten Ausschreibung von Einheitspreisverträgen und von Verträgen auf der Basis einer Ausschreibung nach Leistungsprogramm enthält; sie erläutert damit gleichzeitig die Zuweisung von Risiken und ist deshalb mit Ausnahme von § 9 Nr. 2 als Auslegungshilfe auch bei solchen Verträgen heranzuziehen.[15]

B. Allgemeine Vorschriften

I. § 9 Nr. 1–3: Geltung für alle Arten von Leistungsbeschreibung

7 Unter der Zwischenüberschrift „Allgemeines" enthält § 9 in den Nr. 1–4 Vergabevorschriften, die **für alle Arten** von **Leistungsbeschreibungen**[16] gelten, also nicht, wie aus den Überschriften zu Nr. 11–14 und Nr. 15–17 zu schließen sein könnte, Vorschriften nur für eine „Leistungsbeschreibung mit Leistungsverzeichnis" oder eine „Leistungsbeschreibung mit Leistungsprogramm", sondern auch für **teil**-funktionale Leistungsbeschreibungen, für Konzessionsverträge oder für Zeitverträge,[17] und zwar unmittelbar und zwingend, nicht nur „entsprechend"; bei richtigem Verständnis des Begriffs „eindeutig" (dazu Rdn. 8 ff.) „passen" sie auch ohne Einschränkung auf funktionale Ausschreibungen.[18] Ebenso wenig wie § 5 Nr. 1 b VOB/A ist also die Aufteilung des § 9 VOB/A in einen allgemeinen Teil, einen Spezifikationsteil und zwei besondere Formen der Leistungsbeschreibung als vergaberechtliche Verbotsnorm dahin zu verstehen, dass nur diese Typen von Leistungsbeschreibung vergaberechtlich zulässig wären.[19] Umgekehrt darf bei dem Verständnis der Nr. 1–4 der Blick nicht dafür verloren gehen, dass die Regelungen auch für eine Leistungsbeschreibung mit Leistungsprogramm gelten, also **nicht** nach dem Muster des Einheitspreisvertrags interpretiert werden dürfen.

Die Nr. 12–14, die unter der Überschrift „Leistungsbeschreibung mit Leistungsverzeichnis" erfasst sind, gelten ungeachtet dieser Einordnung gemäß Nr. 16 Absatz 2 „sinngemäß" auch für eine Leistungsbeschreibung mit Leistungsprogramm, so dass von der Einteilung in zwei unterschiedliche Anwendungsbereiche nicht viel übrig bleibt.

II. § 9 Nr. 1

1. § 9 Nr. 1 Satz 1 – Eindeutige Leistungsbeschreibung

8 **a) Eindeutige und erschöpfende Beschreibung.** „Die Leistung ist eindeutig und so erschöpfend zu beschreiben, dass alle Bewerber die Beschreibung im gleichen Sinn verstehen müssen und ihre Preise sicher und ohne umfangreiche Vorarbeiten berechnen können." Nr. 1 Satz 1 verlangt

[12] BGH in ständiger Rechtsprechung, z.B. BGHZ 106, 204, 206; Münchener Kommentar/*Wagner* BGB § 823, Rdn. 340.

[13] Für Schutzgesetzcharakter *Kleine-Möller/Merl* Handbuch, § 5 Rdn. 280 ff.; *Vygen,* in: *Ingenstau/Korbion* VOB, Einleitung Rdn. 85; *Lederer/Niebuhr*, Festschrift Jagenburg, S. 455; *Oppler* Prozessformularbuch Privates Baurecht, S. 161; offengelassen bei *Kniffka*, in: *Kniffka/Koeble*, Kompendium Teil 5, Rdn. 99.

[14] *Kniffka* a.a.O.

[15] Einzelheiten VOB/B § 2, Rdn. 122.

[16] **Zum Begriff „Leistungsbeschreibung" siehe Rdn. 56.**

[17] Siehe VOB/A § 5, Rdn. 4, 5. Zu teil-funktionalen Leistungsbeschreibungen näher Rdn. 93 ff.

[18] Deshalb insoweit unzutreffend *Prieß* NZBau 2004, 20, 23.

[19] Zu einzelnen Typen der funktionalen Leistungsbeschreibung näher hier Rdn. 76 ff., Rdn. 93 ff. sowie insbesondere VOB/B § 2, Rdn. 249–255.

mit Recht, dass die Leistung **„eindeutig und erschöpfend“** beschrieben ist. Das ist nahezu identisch mit der Forderung für die Vergabe auf Pauschalvertragsbasis in § 5 Nr. 1 b VOB/A, wonach die Leistung „nach Ausführungsart und -umfang **genau** bestimmt“ sein muss.

Vorweg bedeutet „Eindeutigkeit“ nicht, dass jedes Detail der Leistung beschrieben sein muss. Das ergibt sich schon daraus, dass die allgemeine Vorschrift des § 9 Nr. 1 Satz 1 auch für die Leistungsbeschreibung mit Leistungsprogramm in Nr. 15–17 gilt; bei ihr ist es aber im Regelfall weder sinnvoll noch möglich, im Vergabezeitpunkt schon alle Einzelheiten der Ausführung festzulegen. Die „Eindeutigkeit“ kann sich also nicht auf eine möglichst tiefgegliederte Detaillierung beziehen. Sie muss vielmehr auf der Ebene der **Leistungsabgrenzung** ansetzen, das heißt, sie muss präzise die Schnittstellen, die „Definitionsverantwortlichkeit“ definieren. Der Bieter muss eindeutig erkennen können, ob a) der Auftrag**geber** die Details der Ausschreibung festlegt, dann müssen diese Details genau und unzweideutig sein, oder ob b) der Auftrag**nehmer** die auszuführende Leistung **sowohl** im Entwurf **wie** in den Details (wie – je nach Vertrag – bei der funktionalen Leistungsbeschreibung in Reinkultur, der „Leistungsbeschreibung mit Leistungsprogramm“, § 9 Nr. 15–17 VOB/A) bestimmt oder ob er die auszuführende Leistung jedenfalls in den Ausführungsdetails bestimmt (wie – je nach Vertrag – bei der teil-funktionalen Leistungsbeschreibung, z.B. dem typischen „Schlüsselfertigbau“[20]); in beiden Fällen müssen die auftraggeberseitigen Parameter eindeutig sein, vgl. z.B. für die Ausschreibung mit Leistungsprogramm die Regelungen des Vergabehandbuchs (Rdn. 90). Der Auftraggeber muss also, um eindeutig auszuschreiben, keineswegs bei globalem Vertragstyp Details ausschreiben, aber der Bieter muss genau erkennen können, ob und ggf. welche Details er selbst zu erarbeiten hat.[21] Nicht eindeutig sind Leistungsbeschreibungen, in denen die jeweiligen Verantwortlichkeiten nicht klar zugeteilt sind. Insbesondere bei (teil-)funktionalen Leistungsbeschreibungen muss aus der Leistungsbeschreibung hervorgehen, **welche** (Teil-) Planungsleistungen der Auftragnehmer erbringen soll oder, welchen Stand die erbrachte, den Vertragsinhalt bestimmende auftraggeberseitige Planung hat. Auch bei detaillierter Leistungsbeschreibung bedeutet „Eindeutigkeit“ nicht, das das winzigste Detail beschrieben sein muss; Selbstverständlichkeiten bedürfen keiner Benennung.[22]

Zur „Eindeutigkeit“ gehört, dass es bei dem Ausschreibungsinhalt verbleibt. Ohne entsprechenden ausdrücklichen Vorbehalt darf der Auftraggeber deshalb nicht nachträglich einzelne Teile oder Teilbereiche weglassen und bei der Bewertung der vorgelegten Angebote unberücksichtigt lassen.[23]

Zur Eindeutigkeit gehört weiter, dass die Einzelformulierungen bzw. –beschreibungen nicht 9
mehrdeutig, widerspruchsvoll oder überhaupt unklar sind. In derartigen Fällen muss aus Bietersicht[24] die Ausschreibung **ausgelegt** werden. Ist das Ergebnis eine eindeutige Aussage im Sinne erforderlicher Bestimmbarkeit, so ist dies ausreichend – auch wenn natürlich eine Ausschreibung grundsätzlich eine Auslegungsnotwendigkeit vermeiden muss. Die Auslegung der Leistungsbeschreibung im weiteren Sinne[25] erfolgt im Vergabeverfahren nach denselben Grundsätzen wie bei bereits geschlossenem Vertrag. Es ist auffällig, dass dieser Grundsatz in der Vergabepraxis, der Vergabeliteratur und der Vergaberechtsprechung nicht geläufig ist und schon lange gefestigte Auslegungsgrundsätze aus der Vertragsebene in der Vergabeebene, wenn überhaupt, nur rudimentär bekannt sind, was auch an der bedauerlichen Spezialisierung in „Vergaberechtsexperten“ und „Baurechtsexperten“ liegt.

[20] Vergaberechtlich zur teil-funktionalen Leistungsbeschreibung hier Rdn. 93 ff. sowie VOB/A § 5, Rdn. 31. Zum Leistungsbeschreibungsrecht des Auftrag**nehmers** hinsichtlich nicht geregelter Details VOB/B § 2, Rdn. 262.

[21] Dazu weiter § 5 Rdn. 32.

[22] *Kapelllmann/Schiffers* Band 2, Rdn. 208; *Franke/Zanner/Kemper/Grünhagen* § 9 VOB/A, Rdn. 14.

[23] Zutreffend *Prieß* NZBau 2004, 20, 21.

[24] „Empfängerhorizont **der** Bieter“, maßgebend ist der „Horizont des angesprochenen Empfängerkreises“; BGH „Wasserhaltung II“ 1994, 236; OLG Nürnberg IBR 2001, 409; *Dreher*, in: *Immenga/Mestmäcker* GWB, § 97 Rdn. 15; näher VOB/B § 2, Rdn. 10.

[25] Dazu Rdn. 56.

Anerkannte Auslegungsgrundsätze sind insbesondere:

- Der Wortlaut ist maßgeblich; er darf weder einschränkend noch erweiternd ausgelegt werden.[26]
- Der Wortlaut ist entsprechend technischem Verständnis auszulegen. Da es sich (oft) um „technisch spezialisierte Texte handelt, die für technische Fachleute formuliert werden, ist als Wortlaut das allgemeine sprachliche Verständnis der Aussagen jedenfalls dann nicht von Bedeutung, wenn die verwendete Formulierung von den angesprochenen Fachleuten in einem spezifischen technischen Sinn verstanden wird (§ 133 BGB) oder wenn für bestimmte Aussagen Bezeichnungen verwendet werden, die in den maßgebenden Fachkreisen verkehrsüblich sind oder für deren Verständnis und Verwendung es gebräuchliche technische Regeln (z.B. DIN-Norm) gibt (§ 157 BGB)".[27]
- Speziell geht vor allgemein, § 1 Nr. 2 VOB/B ist maßgebend.
  Die speziellere Regelung geht der allgemeineren auch in der Leistungsbeschreibung im weiteren Sinn vor, wobei „der Vertrag als sinnvolles Ganzes" auszulegen ist.[28]
- Bei jeder Ausschreibung gilt zugunsten des Bieters eine Vermutung der Richtigkeit, bei detaillierter Ausschreibung auch eine Vermutung der Vollständigkeit[29] (dazu auch Rdn. 11); der Bieter muss technische Vorgaben auch nicht selbst untersuchen.[30]
- Kann ein mehrdeutiger Text sinnvoll so ausgelegt werden, dass er den Anforderungen der vergaberechtlichen Vorschriften, hier also insbesondere der VOB/BA entspricht, so darf der Bieter ihn so verstehen.[31]

Der Bieter muss die Vertragsunterlagen „mit gehöriger Sorgfalt prüfen", aber die Anforderungen an die Erkenntnismöglichkeiten des Bieters sind kalkulationsbezogen zu beurteilen, was bedeutet, dass unter normalen Umständen nur unübersehbare, auf der Hand liegende Widersprüche den Bieter zu Rückfragen veranlassen müssen.[32]

Nach diesen Maßstäben sind z.B. **Leistungsbeschreibungen** unklar und deshalb vergaberechtlich unzulässig:

- die die „Technischen Mindestanforderungen" einer funktionalen Leistungsbeschreibung zweideutig festlegen[33]
- die eine „Wohnfläche" ohne nähere Definition zugrunde legen[34]
- die den Bieter unausgesprochen zwingen, **Annahmen** ohne tragfähige Basis über die Beschaffenheit von Baugrund, Vorleistungen oder zu bearbeitenden Materialien zu machen, also etwa die Beschaffenheit von abzubrechendem Beton als B 25 kennzeichnen, ohne zu erläutern, ob damit die Festigkeit zum Herstellungszeitpunkt oder zum Abbruchzeitpunkt gemeint ist[35]
- die eine unklare Einordnung einer Position als Eventual- oder Alternativposition enthalten[36]
- die ungenaue Mengenangaben bei detaillierter Ausschreibung enthalten.[37]

---

[26] BGH „Sonderfarben I" BauR 1993, 595; BGH „Wasserhaltung II" BauR 1994, 236; OLG Saarbrücken NZBau 2002, 576: „Hat eine Willenserklärung einen eindeutigen Wortlaut, so ist für eine Auslegung kein Raum"; Einzelheiten VOB/B § 2, Rdn. 95–98 mit Beispielen. Vgl. auch *Prieß* a.a.O., S. 24 und OLG Düsseldorf NZBau 2002, 287 („LKW Maut").

[27] BGH „Spanngarnituren" BauR 1994, 625; näher VOB/B § 2, Rdn. 98–100 mit Beispielen.

[28] BGH „Eisenbahnbrücke" BauR 1999, 897 (dazu auch hier Rdn. 56); *Kniffka/Koeble* Kompendium, Teil 5, Rdn. 91; näher VOB/B § 2, Rdn. 101–104.

[29] Einzelheiten VOB/B § 2, Rdn. 105–108.

[30] Näher dazu Rdn. 12.

[31] Grundsatz der „VOB-konformen Auslegung", BGH „Auflockerungsfaktor" BauR 1997, 466; *Kniffka*, in: *Kniffka/Koeble* Kompendium, Teil 5, Rdn. 97; Beck'scher VOB-Kommentar/*Hertwig* VOB/A, § 9 Rdn. 4; näher VOB/B § 2, Rdn. 117, 118.

[32] Einzelheiten VOB/B § 2 Rdn. 111, 112; siehe auch *Prieß* NZBau 2004, 87.

[33] OLG Brandenburg „Flughafen Schönefeld" NZBau 2000, S. 39 = BauR 1999, 1175.

[34] VOB/B § 2, Rdn. 100.

[35] VOB/B § 2, Rdn. 41 mit Fn. 72, Rdn. **116**, siehe auch Rdn. 23, 25, 33.

[36] OLG Dresden BauR 2000, 1582.

[37] OLG Saarbrücken BauRB 2003, 177 (VOL/A).

„Eindeutig" darf nicht mit „richtig" verwechselt werden. Eine Leistungsbeschreibung kann eindeutig, aber falsch sein, so etwa, wenn die angegebene Bodenklasse sich als unzutreffend erweist. Vergaberechtlich ist nichts zu beanstanden; der Ausgleich erfolgt über § 2 Nr. 5, 6, 8 VOB/B. 10

Die Leistungsbeschreibung muss nicht nur eindeutig, sondern auch **erschöpfend** sein, wobei offen bleiben kann, ob sich der erschöpfende Charakter nicht ohnehin aus der Eindeutigkeit ergibt. Vergaberechtlich bedeutet das jedenfalls, dass der Zuschlagsentscheidung nicht Kriterien zugrunde liegen dürfen, die in der Ausschreibung gar nicht genannt sind.[38] Durch eine Erweiterung des Kriterienkataloges abweichend von den Angaben in der Leistungsbeschreibung würde die Vergleichbarkeit der Angebote untereinander wie auch die Preisermittlung nachhaltig beeinflusst; die Unvollständigkeit der Leistungsbeschreibung – oder die nachträgliche Erweiterung der Vergabekriterien – würde dazu führen, dass die Bieter „der Willkür der Vergabestelle" ausgeliefert wären.[39] Erschöpfend ist eine Leistungsbeschreibung dann, wenn sie keine (ernsthaften) Fragen offen lässt. Das Risiko der Unvollständigkeit darf der Auftraggeber auch nicht durch Vertragsklauseln gleich welcher Art auf den Bieter abwälzen; alle derartigen Bestätigungs- oder Vorkenntnisklauseln sind vergaberechtlich unzulässig; dass sie darüber hinaus auch gegen die AGB-rechtlichen Vorschriften der §§ 305 ff. BGB verstoßen und ohnehin unwirksam sind, ändert an der vergaberechtlichen Unzulässigkeit nichts.[40] 11

Bei der Beschreibung der Leistung sind auch die Vorgaben des europäischen Vergaberechts von Bedeutung. Zum Beispiel darf der Auftraggeber nicht „offen diskriminierend" ausschreiben („Der Bieter muss in größtmöglichem Umfang inländisches Material verwenden") oder er darf nicht an Produkte binden, die (nur) nationale Normen erfüllen,[41] vgl. dazu die Nummer 5–10.

b) Keine umfangreichen Vorarbeiten. Schließlich darf die Ausschreibung dem Bieter nicht „umfangreiche Vorarbeiten" abverlangen. Die Ausschreibung muss selbst die Informationen enthalten, die der Bieter für seine Kalkulation benötigt. Der Bieter darf schon deshalb – aber erst recht wegen § 9 Nr. 3 Abs. 3 VOB/A – nicht gezwungen sein, die „für die Ausführung der Leistungen wesentlichen Verhältnisse der Baustelle, z.B. Boden- und Wasserverhältnisse" selbst zu erkunden,[42] dazu auch → VOB/B § 2 Rdn. 106. Der Auftraggeber muss den notwendigen finanziellen Aufwand z.B. für die Einschaltung von Gutachten erbringen; er kann sich nicht mit dem Argument, der Erkundungsaufwand sei unverhältnismäßig, vor der notwendigen Sachaufklärung drücken. Ist ausnahmsweise eine notwendige Aufklärung erst im Zuge der Baumaßnahme möglich, muss der Auftraggeber durch entsprechende Gestaltung des Leistungsverzeichnisses, z.B. Abrechnung nach ausgeführter Menge, Vergütungspositionen für die auftragnehmerseitige Erkundung (vgl. VOB/C DIN 18999 Abschnitt 4.2.8, 4.2.15) oder Eventualpositionen dafür sorgen, dass der Bieter vertragsgemäß vergütet wird. Der Bieter darf nicht auf (möglicherweise auch noch nur beschränkt zugängliche) Unterlagen Dritter verwiesen werden. Die Ausschreibung muss deshalb auch funktional systemgerecht sein, das heißt, sie darf beispielsweise nicht auf der Basis eines Leistungsverzeichnisses (Nr. 11–14) ausschreiben und dennoch die Mengenermittlung dem Bieter überlassen. Umgekehrt hindert § 9 Nr. 1 nicht daran, dem Bieter Planungsaufgaben zu übertragen und ihn auf dieser Basis selbst die auszuführende Leistung bestimmen und ermitteln zu lassen; das zeigt schon die total-funktionale Leistungsbeschreibung mit Leistungsprogramm (Nr. 15–17); hier schafft die Verpflichtung, gemäß § 20 Nr. 2 VOB/A für die Angebotsbearbeitung eine angemessene Entschädigung zu gewähren, einen Ausgleich für die notwendige „umfangreiche Vorarbeit". Schreibt die Vergabestelle teil-funktional aus, überträgt sie dem Bieter 12

[38] So zur Rechtslage schon vor Inkrafttreten des Vergaberechtsänderungsgesetzes BGH BauR 1999, 736; zur heutigen Rechtslage, insbesondere auch unter Einbezug von § 10 a VOB/A, OLG Frankfurt „Waldstadion" NZBau 2002, 16; vgl. § 25 a VOB/B und VOB/A § 10, Rdn. 5.

[39] BGH BauR 1999, 736.

[40] Zu solchen Klauseln VOB/B § 2, Rdn. 29.

[41] Einzelheiten *Weber* NZBau 2002, 194 mit Nachweisen der Rechtsprechung des EuGH.

[42] OLG Frankfurt NJW-RR 1986, 245; *Ingenstau/Korbion/Kratzenberg* VOB/A § 9 Rdn. 46; *Franke/Kemper/Zanner/Grünhagen* VOB/A § 9 Rdn. 75; unrichtig Beck'scher Kommentar/*Hertwig* VOB/A § 9 Rdn. 17.

also nicht die ganze Planung, sondern (z.B. nur) die Ausführungsplanung wie beim typischen „schlüsselfertigen Bauen",[43] so ist im Regelfall die Kalkulation eines Angebots auf der Basis von Leitpositionen möglich,[44] ohne dass der Bieter schon eine Ausführungsplanung erstellen muss (was er auch schon zeitlich gar nicht könnte); deshalb sind auch hier die Vorarbeiten noch nicht unsachgemäß „umfangreich".

13 **c) Vom Auftraggeber verschwiegene Erkenntnisse.** Der Auftraggeber muss alle ihm bekannten, relevanten Erkenntnisse in die Ausschreibung aufnehmen. Wenn er solche Kenntnisse verschweigt, ist das vergabewidrig.[45] Dennoch wird ein solches Verhalten in den seltensten Fällen vergaberechtliche Konsequenzen haben, weil der Bieter ja nicht merken kann, dass der Auftraggeber Erkenntnisse verschwiegen hat. Die Lösung ist also hier auf zivilrechtlicher Ebene zu suchen; in diesen Fällen hat der Auftragnehmer ausnahmsweise einen Schadensersatzanspruch aus c.i.c, § 311 Abs. 2 BGB; statt dessen kommt auch eine entsprechende Auslegung des Bausolls in Betracht und die Gewährung von Vergütungsansprüchen aus § 2 Nr. 8 Abs. 3 VOB/B.[46] Jedenfalls erhält der Auftragnehmer „Ausgleich".

2. § 9 Nr. 1 Satz 2 – Eventualpositionen

14 Die Eindeutigkeit der Leistungsbeschreibung würde entscheidend beeinträchtigt, wenn der Auftraggeber in größerem oder sogar großem Umfang Bedarfspositionen (Eventualpositionen) in die Ausschreibung aufnehmen dürfte. Eventualpositionen sind Vergütungsregeln für künftige geänderte oder zusätzliche Leistungen, deren Anordnung sich der Auftraggeber noch vorbehält.[47] Bei ihnen steht also nicht fest, ob die zugrunde liegenden modifizierten Leistungen kommen, aber wohl wie sie vergütet werden, wenn sie angeordnet werden. Es liegt auf der Hand, dass ein Auftraggeber durch eine Häufung von Eventualpositionen eine Ausschreibung völlig intransparent machen kann und so Manipulationen Tür und Tor geöffnet ist. Im Rahmen der VOB 2000 ist deshalb § 9 Nr. 1 sachgerecht um den Satz ergänzt worden, dass **„Eventualpositionen nur ausnahmsweise in die Leistungsbeschreibung aufgenommen werden dürfen"**. Ein Bieter kann bei Vergaben oberhalb der Schwellenwerte die fehlerhafte Aufnahme von Eventualpositionen im Nachprüfungsverfahren verfolgen. Die vergaberechtliche Unzulässigkeit ist hier ausnahmsweise mit der zivilrechtlichen Unwirksamkeit der Eventualpositions-Klausel in Teilbereichen untrennbar verbunden: Eine Eventualposition ist ja nichts anderes als ein Preisangebot des Bieters/Auftragnehmers für künftige Leistungen, also ein Angebot mit unbestimmt langer Bindefrist. Beim öffentlichen Auftraggeber führt nach der Grundsatzentscheidung „Bindefrist" des BGH eine Überschreitung der Angebotsbindefrist des § 19 Nr. 2, 3 VOB/A von 30 Kalendertagen in den Vergabebedingungen zur Nichtigkeit dieser Bestimmung und im Ergebnis zum Ende der Angebotsbindefrist, wenn nicht hinreichende und gegebenenfalls nachprüfbare Gründe eine angemessene längere Bindung ausnahmsweise rechtfertigen.[48] Da wegen der unbestimmt langen Bindefrist eine Eventualposition überhaupt nur „ausnahmsweise" wirksam begründet werden kann, deckt sich das teilweise mit der Vergabebestimmung des § 9, wonach Eventualpositionen nur ausnahmsweise in die Ausschreibung aufgenommen werden dürfen, wenn auch bei der Bewertung nach § 19 Nr. 2, 3 VOB/A das Gewicht auf der möglicherweise zu langen Dauer der Bindefrist liegt, während § 9 Nr. 1 Satz 2 VOB/A das generelle „Ob" von Eventualpositionen behandelt.

---

[43] Zur vergaberechtlichen Zulässigkeit näher Rdn. 93 ff.

[44] *Kapellmann/Schiffers* Band 2, Rdn. 872.

[45] Es verstößt gegen das Transparenzgebot, wenn der Auftraggeber nur pauschal auf die Möglichkeit von Belastungsabweichungen hinweist, obwohl er außergewöhnliche Bodenbelastungen positiv kannte, OLG Naumburg, NZBau 2006, 267 (nur Leitsatz) = VergabeR 2006, 278 m.Anm. *Quack*.

[46] BGH „Schlüsselfertigbau" BauR 1984, 395; Einzelheiten *Kapellmann/Schiffers* Band 1, Rdn. 245, 252; Band 2, Rdn. 509, 539, 541, 561, 621. Im Einzelfall kommen sogar deliktsrechtliche Ansprüche in Betracht. Vgl. auch Rdn. 33 sowie VOB/B § 2, Rdn. 126.

[47] Zum Begriff näher VOB/A § 5, Rdn. 17.

[48] BGH „Bindefrist" BauR 1992, 221; zum Problem **näher** VOB/A § 5, Rdn. 18.

„Ausnahmsweise“ bedeutet als erstes, dass es **objektive** Gründe für die Annahme geben muss, die Notwendigkeit der Leistung könne noch nicht hinreichend sicher beurteilt werden, auf der anderen Seite spreche aber eine gewisse Wahrscheinlichkeit für deren Auftreten und damit dafür, sie nicht im Rahmen des allgemeinen Systems von Nachvergütungen, sondern mit einem konkreten Preis schon jetzt zu bewerten. Objektive Gründe können nie aus eigenen Versäumnissen des Auftraggebers resultieren: Wenn also der Auftraggeber z.B. im Zusammenhang mit Gründungsarbeiten Eventualpositionen ausschreibt, weil keine Sicherheit bezüglich der Baugrundbeschaffenheit besteht, so ist das nur dann objektiver Grund, wenn der Auftraggeber die Bodenverhältnisse sachgerecht hat untersuchen lassen (§ 9 Nr. 3 Abs. 3 VOB/A) und trotz des geotechnischen Gutachtens Unsicherheitsfaktoren verbleiben; Eventualpositionen dürfen also nicht dazu dienen, schlampige Erkundung oder Planung des Auftraggebers zu überdecken.[49] 15

Ebenso wenig darf über die Einfügung von Eventualpositionen das Verbot des § 9 Nr. 2 VOB/A umgangen werden, dem Bieter ein ungewöhnliches Wagnis aufzubürden.

Weiter ist zu berücksichtigen, dass die Kalkulation von Leistungen, von denen unbekannt ist, **wann** sie auszuführen sind und **in welcher Menge** sie auszuführen sind, sachgerecht nicht möglich ist. Deshalb ist **vergaberechtlich** jedenfalls die Ausschreibung von Eventualpositionen ohne **Vordersätze** unzulässig, im Gegenteil sind möglichst genaue Mengenansätze anzugeben.[50] 16

Der Ausnahmecharakter von Eventualpositionen verbietet es, einen (potentiell) hohen Anteil, sei es mengenmäßig, sei es wertmäßig, der Gesamtleistung über Eventualpositionen auszuschreiben. Die im Vergabehandbuch des Bundes im Zuständigkeitsbereich der Finanzbauverwaltungen 2002 Fassung Februar 2006 in der Erläuterung 4.2 zu § 9 VOB/A genannte Grenze, dass „in der Regel **10 %** des geschätzten Auftragswertes nicht überschritten werden darf“, ist **viel zu hoch** – bei einer solchen Größenordnung wird jedenfalls die Absicht, Manipulationen möglichst auszuschließen, eindeutig verfehlt.[51] 17

Wie Eventualpositionen zu werten sind, erläutern wir unter VOB/A § 25, Rdn. 72–74. 18

3. Alternativpositionen

Alternativpositionen[52] sind nur zulässig, „wenn ein berechtigtes Interesse des Auftraggebers besteht, die zu beauftragende Leistung in den betreffenden Punkten einstweilen offen zu halten“. Der Auftraggeber muss dem Bieter **vorab** die Kriterien bekannt geben, die für die Inanspruchnahme der ausgeschriebenen Wahlposition maßgebend sein sollen. Im entschiedenen Fall verlangte das OLG die Bekanntgabe einzelner Kriterien, nämlich Preis (begrenzte Haushaltsmittel), bevorzugte Ausführungsvariante, Reihenfolge der Varianten.[53] 19

4. § 9 Nr. 1 Satz 3 – angehängte Stundenlohnpositionen

Nach § 9 Nr. 1 Satz 3 VOB/A dürfen „angehängte Stundenlohnarbeiten nur in dem unbedingt erforderlichen Umfang in die Leistungsbeschreibung aufgenommen werden“. Das korrespondiert mit § 5 Nr. 2 VOB/A, wonach „Bauleistungen geringeren Umfangs, die überwiegend Lohnkosten verursachen“, im Stundenlohn vergeben werden dürfen. Generell dürfen also nur Bauleistungen „geringeren Umfangs“[54] im Stundenlohn vergeben werden. Handelt es sich um angehängte Stundenlohnarbeiten, so dürfen auch „Bauleistungen geringeren Umfangs“ nur in dem unbe- 20

[49] OLG Saarbrücken NZBau 2003, 158; OLG Saarbrücken NZBau 2003, 625.

[50] Die Meinungen der Vergabekammern schwanken zwischen 5 % und 10 % als absolute Grenze oder nur als Anhaltspunkt, Nachweise bei *Prieß* NZBau 2004, 20, 27. *Prieß* selbst hält 10 % für einen Anhaltspunkt, 15 % dagegen für eine absolute Obergrenze. Maßstab muss sein, ab welcher Größenordnung Eventualpositionen geradezu zu Manipulationen einladen – und da sind selbst 5 %, wenn es sich nicht um ganz besondere Ausnahmefälle handelt, schon kritisch.

[51] *Franke/Grünhagen*, in: *Franke/Zanner/Kemper/Grünhagen* VOB/A § 9, Rdn. 40, 50; *Ingenstau/Korbion/Kratzenberg* VOB/A § 9, Rdn. 18.

[52] Zum Begriff VOB/A § 5, Rdn. 14–16.

[53] OLG Düsseldorf NZBau 2004, 463.

[54] Dazu VOB/A § 5, Rdn. 38.

dingt erforderlichen Umfang" ausgeschrieben werden. Angehängte Stundenlohnarbeiten sind solche, die im Zusammenhang mit Leistungsverträgen ausgeschrieben werden. Die Aufnahme von angehängten Stundenlohnarbeiten in größerem Umfang ist ein Zeichen dafür, dass die Leistungsbeschreibung ungenau ist, gerade das ist aber vergaberechtlich unzulässig.

III. § 9 Nr. 2 – Kein ungewöhnliches Wagnis

1. Vergaberechtliche Bedeutung

21 § 9 Nr. 2 VOB/A bestimmt, dass „dem Auftragnehmer kein ungewöhnliches Wagnis aufgebürdet werden darf für Umstände und Ereignisse, auf die er keinen Einfluss hat und deren Einwirkung auf die Preise und Fristen er nicht im Voraus schätzen kann." Die Vorschrift gilt für alle Ausschreibungsformen, auch z.B. für Baukonzessionen im ÖPP-Modell.[55]

Das ist – wie § 9 VOB/A insgesamt – eine vergaberechtliche Regel; was **vergaberechtlich** für den öffentlichen Auftraggeber verboten ist („... darf kein"), lässt die Wirksamkeit des Vertrages unberührt, im Verhältnis zwischen privatem Auftraggeber und Auftragnehmer ohnehin – vgl. Rdn. 28 –, sowieso bei einem Individualvertrag; beim Vertrag mit einem öffentlichen Auftraggeber wirkt allerdings § 9 Nr. 2 VOB/A als Auslegungsmaßstab zu dessen Lasten (s. Rdn. 27). Es ist also nicht richtig, dass § 9 Nr. 2 VOB/A eine Generalklausel des Bauvertragsrechts sei, um die Lauterkeit des Rechtsverkehrs zu wahren.[56]

Die VOB/A gibt unmittelbar keinerlei Erläuterung dazu, was sie unter „Wagnis" und unter gewöhnlichem und ungewöhnlichem Wagnis versteht. Ein Ansatzpunkt könnte der herkömmliche – wenn auch verfehlte[57] – Begriff „Wagnis" bei Kalkulationen (Zuschlag von „Wagnis und Gewinn") sein. Kalkulatorisch soll damit aber das „allgemeine Unternehmensrisiko" erfasst werden, also die Wagnisse, die nicht objektspezifisch bewertbar sind, was offensichtlich hier nicht passt. Kostenkalkulatorisch in Form eines Risikozuschlags werden dagegen Risiken dieses konkreten Bauprojekts erfasst, z.B. ein Hochwasserrisiko oder eine Kostenveränderung bei lang laufender Baustelle. Aber auch das bleibt problematisch. Wirklich „ungewöhnliche Risiken" sind auch per Risikozuschlag mangels Quantifizierbarkeit nicht sachgerecht zu erfassen; darüber hinaus werden Angebote unvergleichbar. Jedenfalls helfen solche kalkulatorischen Überlegungen nicht ernsthaft weiter bei der Auslegung des Begriffs „ungewöhnliches Wagnis".

Die Unterscheidung muss daher nach anderen Kriterien getroffen werden: Maßgebend sind einmal die grundsätzlichen Vergabekriterien des GWB – Wettbewerbsprinzip, Gleichheitsgebot, Transparenz, aber wegen § 97 Abs. 3 GWB auch der Schutz mittelständischer Interessen –, zum anderen die Funktions- und Risikozuteilung der VOB/A; ein Anhaltspunkt ist auch § 6 Nr. 2 a VOB/B, der bei Umständen „aus dem Risikobereich des Auftraggebers" Fristverlängerung gewährt.[58]

Dabei müssen aber diese Kriterien demnach alle **kalkulationsbezogen** geprüft werden; das Risiko muss so beschaffen sein, dass es nicht im Voraus (hinreichend sicher) erfassbar ist.[59] Anders ausgedrückt: **Ungewöhnliches Wagnis** im Sinne von § 9 Nr. 2 VOB/A ist ein Risiko, das **kalkulatorisch** a) wegen des Grades seiner Ungewissheit und der unbekannten Größenordnung **erhebliche** finanzielle oder zeitliche, letztlich unkalkulierbare Auswirkungen haben kann **und** b) das von der im Gesetz oder in der VOB vorgesehenen Risikoverteilung zwischen (öffentlichem) Auftraggeber und Auftragnehmer **abweicht**. Ungewöhnlich wird ein kalkulatorisches Risiko dann, wenn sich eine Eintrittswahrscheinlichkeit nicht hinreichend sicher voraussehen lässt und wenn sich das resultierende Kostenrisiko nicht qualifizieren lässt. Beispielsweise führt der Auftraggeber bei der Ausschreibung der Munitionsräumung auf einem Truppenübungsplatz die Vorerkundung auf Testfeldern nicht vollständig durch und verschweigt sogar Vorerkundungs-

[55] Näher *Roth* NZBau 2006, 84.
[56] So aber *Ingenstau/Korbion/Kratzenberg* VOB/A § 9, Rdn. 28.
[57] Näher VOB/B § 2, Rdn. 139; *Schubert/Reister* Jahrbuch Baurecht 1999, 253.
[58] Zu letzterem VOB/B § 6, Rdn. 18–22.
[59] Selbstverständlich, ebenso z.B. *Prieß* NZBau 2004, 87.

ergebnisse aus einem besonders hoch belasteten Testfeld.[60] Der Auftragnehmer kann den Eintritt des Risikos weder voraussagen noch der Höhe nach berechnen, er kann auch den Eintritt oder die Eintrittswahrscheinlichkeit nicht beinflussen.[61] Selbst wenn eine „worst case"-Kalkulation möglich wäre – und mit einem theoretisch errechenbaren Risikozuschlag bewertet werden könnte – ist das kein realer, einer kaufmännischen Kostenkalkulation zugrundezulegender Faktor, das Risiko bleibt „ungewöhnlich":[62] Deshalb ist es z.B. ungewöhnliches Wagnis, dem Bieter das Setzungsrisiko einer Mülldeponie aufzuerlegen.[63] Dass das Risiko „ungewöhnlich" ist, reicht aus; keineswegs muss „**jedes** bei Vertragsschluss voraussehbare Maß" überschritten werden[64], die potentiellen Folgen müssen nur „schwerwiegend" sein; der Maßstab ist geringer als bei der Beurteilung der „Störung der Geschäftsgrundlage". Die Überlegung, ungewöhnlich sei ein Wagnis nicht, wenn die potentiellen Folgen durch eine „besonders hohe Vergütung" kompensiert würden[65], überzeugt nicht. Ein unkalkulierbares Risiko kann man vorab durch eine besonders hohe Vergütung vielleicht mildern, aber nicht ausgleichen. Vor allem aber: Es geht um einen Bieterwettbewerb – wie soll der Bieter Gewissheit haben, dass er „mit einem besonders hohen Vergütungsangebot" überhaupt den Zuschlag erhält?

Was zum „Risikobereich" des Auftraggebers gehört (siehe § 6 Nr. 2 Abs. 1 lit a VOB/B), darf 22
dieser nicht auf den Auftragnehmer abwälzen. Als erstes muss demgemäß der Auftraggeber sein **Investitionsrisiko** selber tragen. Der Auftraggeber trägt z.B. selbst das Risiko der Veränderung von Finanzierungsbedingungen, das (finanzielle) Risiko der Änderung von Gesetzen oder anerkannten Regeln der Technik nach Vertragsabschluss, das (zeitliche und finanzielle) Risiko, dass eine Verlängerung der ausgeschriebenen Bauzeit notwendig wird, weil ein Mitbieter ein (erfolgloses) Nachprüfungsverfahren betrieben hat (dazu VOB/A § 19, Rdn. 21–25), das Risiko der (generellen) Zugänglichkeit der Baustelle oder nachträglichen Veränderung der Zugänglichkeit, das Risiko der Beschaffung und Richtigkeit von Beschaffenheitsangaben, z.B. zum Baugrund, das Risiko der rechtzeitigen und mangelfreien Bereitstellung des Baugrundstückes,[66] das Risiko behördlichen (unvorhersehbaren) Eingreifens. Umgekehrt begründen die werkvertraglichen typischen Risiken des Auftragnehmers kein ungewöhnliches Wagnis.

Der Auftraggeber muss weiter **funktionsgerecht** ausschreiben, was bedeutet, dass sich die 23
Bestimmung eines ungewöhnlichen Risikos nach dem Vertragstyp richtet. Schreibt der Auftraggeber mit Leistungsverzeichnis als Einheitspreisvertrag aus, so ist z.B. die Beibringung der Baugenehmigung sein Risiko (§ 4 Nr. 1 Satz 2 VOB/B), ebenso die rechtzeitige Übergabe der zur Ausführung notwendigen Unterlagen (§ 3 Nr. 1 VOB/B). Schreibt dagegen der Auftraggeber im Rahmen einer (zulässigen) funktionalen Leistungsbeschreibung, z.B. nach Leistungsprogramm, aus, so kann die Beschaffung der Baugenehmigung jedenfalls beim Totalunternehmervertrag[67] durchaus Sache des Auftragnehmers sein, erst recht hat der Auftragnehmer seine Pläne beizubringen. Bei dieser funktionalen Ausschreibung, bei der der Auftragnehmer selbst (auch) die Ausführungsplanung zu liefern hat, ist es kein ungewöhnliches Risiko, sondern selbstverständliche Folge, dass der Auftragnehmer selbst die zu leistende Menge ermitteln muss. Beim Pauschalvertrag ist diese auftragnehmerseitige Mengenermittlung ebenfalls dann selbstverständlich, also kein ungewöhnliches Risiko, wenn der Auftraggeber Mengenermittlungsparameter liefert. Wenn aber der Auftraggeber die Ausführungsplanung schuldet, aber sie zur Zeit der Ausschreibung noch

---

[60] OLG Naumburg NZBau 2006, 267, nur Leitsatz-VergabeR 2006, 276 mit Anm. Quade und schon Urteil vom 22.1.2002, BauR 2002, 833.

[61] Dazu auch Roth NZBau 2006, 84; weiter *Schottke* Festschrift Thode, S. 155.

[62] Zutreffend 1. Vergabekammer Bund, Beschluss vom 26.10.2004, VK1–120/04; OLG Düsseldorf, Beschluss vom 5.10.2001, Verg 28/01.

[63] Vgl. OLG München NZBau 2004, 274.

[64] So aber *Franke/Zanner/Kemper/Grünhagen* VOB/B § 2, Rdn. 62.

[65] Dazu *Prieß* NZBau 2004, 87, mit Nachweisen.

[66] Für das zeitliche Risiko unbestritten, vgl. BGH „Schurmannbau/Hagedorn II" BauR 1997, 1021, BGH BauR 1990, 210; zum finanziellen Risiko vgl. VOB/B § 6, Rdn. 61–63.

[67] Der Totalunternehmer erbringt aus einer Hand Planung einschließlich Genehmigungsplanung und Ausführung; s. auch Rdn. 80.

nicht vorlegt, wenn der Auftragnehmer beim Pauschalvertrag also endgültige Mengen nicht ermitteln kann, ist die Überwälzung dieses Risikos **jedenfalls dann** ungewöhnliches Wagnis, wenn er auf der Basis der der Ausschreibung zugrunde liegenden Pläne Mengen auch nicht annähernd ermitteln kann. Danach ist auch die **vergaberechtliche** Zulässigkeit der Ausschreibung im BGH-Fall **„Kammerschleuse"** zu beurteilen: Der Auftragnehmer hatte für die Bemessung einer Zwangsbeanspruchung eine Flächenbewehrung bei einer Schleuse zu erstellen; für den daraus zu ermittelnden Stahlverbrauch war ein Pauschalpreis vorgesehen, die ausgeschriebene Mindestbewehrung erwies sich als zu gering. Auch wenn der Bieter den Stahlverbrauch nicht genau kennen konnte, so ist das überbürdete Risiko nicht ungewöhnlich, **solange** es als Erfahrungswissen **Bandbreiten** des Stahlverbrauches gab, sein Preisrisiko lag **dann** innerhalb dieser Bandbreiten; die Ausschreibung war nur **dann** funktionsgerecht und überbürdete nur **dann** dem Bieter kein ungewöhnliches Risiko.[68] Ob das im BGH-Fall so war, lässt sich ohne weitere Kenntnis des Sachverhalts nicht beurteilen.

24 Nicht funktionsgerecht und damit ungewöhnliches Risiko ist jegliche **Freizeichnung** für die **Richtigkeit** eigener auftraggeberseitiger Planung oder Unterlagen oder des vom Auftraggeber selbst vorgeschriebenen Bauverfahrens. Das gilt entsprechend auch für Komplettheitsklauseln, z.B. eine Schlüsselfertigklausel dann, wenn der Auftraggeber die vollständige Ausführungsplanung selbst erbracht hat (näher VOB/B § 2 Rdn. 270, 267, 268).

25 Weiter sind ungewöhnliches Risiko **Mengen-** bzw. **Preisberechnungsklauseln**, die für den Auftragnehmer in Wirklichkeit **unberechenbar** sind, Beispiel: BGH „Auflockerungsfaktor"[69] oder Beschaffenheitsangaben, die keine konkrete Aussage enthalten, sondern vom Bieter unlösbare Berechnungen verlangen (z.B. Abbrucharbeiten an „B 35 zum Herstellungszeitpunkt").[70]

26 Bei länger dauernden Bauvorhaben ist nach § 15 VOB/A unter bestimmten Voraussetzungen eine **Gleitklausel** zu vereinbaren. Zur vergaberechtlichen Beurteilung kommt es auf die Voraussetzungen dieser Spezialvorschrift an.

2. Bauvertragliche Bedeutung

27 § 9 Nr. 2 VOB/A hat für den öffentlichen Auftraggeber oft zivilrechtliche Konsequenzen: Einmal sind im Zweifel Vertragsvereinbarungen des **öffentlichen** Auftraggebers dahin auszulegen, dass er „VOB-konform" ausgeschrieben hat, also im Zweifel dem Auftragnehmer gerade kein ungewöhnliches Wagnis aufbürden wollte.[71] Treten Sachverhalte doch ein, die sich als außergewöhnliches Wagnis darstellen, ist diese Situation nicht vom Bausoll umfasst, sondern Bausoll-Bauist-Abweichung, begründet also Nachtragsansprüche des Auftragnehmers.[72]

28 Gegenüber dem **privaten** Auftraggeber gilt § 9 Nr. 2 VOB/A nicht, es kommen höchstens Ansprüche wegen Störung der Geschäftsgrundlage in Betracht.[73]

29 Ein Verstoß gegen § 9 Nr. 2 VOB/A indiziert oft auch einen Verstoß gegen AGB-rechtliche Bestimmungen. Entsprechende Klauseln in Allgemeinen Geschäftsbedingungen eines öffentlichen wie privaten Auftraggebers sind deshalb häufig unwirksam.[74]

---

[68] BGH „Kammerschleuse", BauR 1997, 126; *Leinemann* VOB/B § 2 Rdn. 270; *Kapellmann/Ziegler* NZBau 2005, 65, 67; zur zivilrechtlichen Beurteilung VOB/B § 2, Rdn. 29, 249. Siehe auch Rdn. 86. Im Fall OLG Köln IBR 2002, 347, Revision vom BGH nicht angenommen, waren **„leichte Spundbohlen"** ausgeschrieben, sofern „nicht aus statischen Gründen größere Profile erforderlich werden"; die statische Berechnung war dem Auftragnehmer (Bieter) übertragen. Tatsächlich wurden schwere Spundbohlen erforderlich, die um das Zehnfache teuerer waren. **Vergaberechtlich** war die Bandbreite überschritten, die Ausschreibung also unzulässig (was wenig nützt, weil man das zu spät merkt). Zur zivilrechtlichen Beurteilung VOB/B § 2, Rdn. 116, 249.

[69] BauR 1997, 466. Ebenso beinhaltet eine Ausschreibung vergaberechtswidrig ein „ungewöhnliches Wagnis", wenn eine Leistungsbeschreibung unklar lässt, ob die zu erbringende Leistung 10 % über oder unter der veranschlagten Gesamtzahl liegen könnte, OLG Saarbrücken, BauRB 2003, 177.

[70] Näher VOB/B § 2, Rdn. 41, Fn. 72, Rdn. 116; siehe auch Rdn. 8, 33.

[71] **Einzelheiten** VOB/B § 2, Rdn. 117, 118 und oben Rdn. 3, 4.

[72] Dazu alle Einzelheiten VOB/B § 2, Rdn. 114–116 und oben Rdn. 3, 4.

[73] Dazu VOB/B § 2, Rdn. 122.

[74] Beispiele VOB/B § 2, Rdn. 61, 82.

IV. § 9 Nr. 3 – Angabe aller für eine einwandfreie Preisermittlung notwendigen Umstände

1. § 9 Nr. 3 Abs. 1 – Angabe aller Umstände – vergaberechtliche Bedeutung

§ 9 Nr. 3 ist eine Präzisierung der allgemeinen Vergabevorschrift des § 9 Nr. 1, wonach die Leistung eindeutig und erschöpfend beschrieben werden muss. Besonders hinzuweisen ist darauf, dass die Regelung des § 9 Nr. 3 noch unter der Überschrift „Allgemeines" steht, dass sie somit für alle Arten von Leistungsbeschreibungen gilt, auch für die Ausschreibung nach Leistungsprogramm gemäß § 9 Nr. 15–17 VOB/A. 30

Für eine einwandfreie Preisermittlung notwendige Umstände kann der Auftraggeber nur angeben, wenn er sie **kennt**. Der Auftraggeber muss also zuerst solche Umstände **ermitteln**. § 9 Nr. 3 bestimmt in den Absätzen 2–4 beispielhaft, welche Umstände das immer sind bzw. sein können. Welche **weiteren** Umstände er ermitteln muss, hängt vom Einzelfall, aber auch insbesondere vom gewählten Vertragstyp ab – offensichtlich erfordert eine Leistungsbeschreibung mit Leistungsverzeichnis andere und mehr Ermittlungen und Vorgaben als eine Leistungsbeschreibung mit Leistungsprogramm. Der Vertragstyp bestimmt auch, welche Risiken und/oder Leistungen der Auftraggeber VOB-gerecht dem Auftragnehmer aufbürden darf. Dazu enthalten auch die Vorschriften der VOB/B Anhaltspunkte: Bei der Ausschreibung mit Leistungsverzeichnis muss der Auftraggeber beispielsweise selbst die baurechtliche Zulässigkeit des Bauvorhabens aufklären, denn er muss die Baugenehmigung beibringen (§ 4 Nr. 1 Abs. 1 Satz 2 VOB/B); er muss folglich alle Anforderungen aus der Baugenehmigung in die Leistungsbeschreibung aufnehmen (vgl. oben Rdn. 23). 31

Zu **ermitteln** hat der Auftraggeber alle **für die Kalkulation** des Bieters notwendigen, konkret projektbezogenen Umstände. **Welche** das im Einzelfall sind, ist fachlich-technische Frage. **Wie** der Auftraggeber die relevanten Umstände ermittelt, ist seine Sache. Ermitteln bedeutet jedenfalls, dass der Auftraggeber sich nicht auf Vermutungen beschränken darf, sondern eigene Prüfungen und gegebenenfalls Untersuchungen vornehmen muss. 32

Diese für die Preisermittlung notwendigen Umstände muss der Auftraggeber sodann in den Ausschreibungsunterlagen auch **angeben**. Der Auftraggeber darf insbesondere ihm bekannte, relevante Erkenntnisse **nicht verschweigen**[75] oder – unerklärt – eine riskantere und billigere Lösung wählen.[76] Insbesondere darf er – mindestens dann – nicht allgemeine Beschreibungen verwenden, die auf Standardverhältnisse schließen lassen, wenn er die vom Standard abweichenden Sonderverhältnisse kennt. Beispiel: Der Auftraggeber schreibt Abbrucharbeiten an Betonwänden aus. Er hat durch Probebohrungen festgestellt, dass der 10 Jahre alte Beton heute eine Festigkeit entsprechend einem B 65 bis einem B 80 hat. In der Ausschreibung bezeichnet der Auftraggeber die abzubrechenden Wände mit „aus B 35" wobei er (zu Unrecht) meint, damit sei klar, dass die Betonfestigkeit zum Herstellzeitpunkt gemeint sei;[77] selbst wenn das richtig wäre, wäre die Ausschreibung dennoch vergabewidrig, weil die für die Abbruchmethoden **maßgebende** Festigkeit des Betons nicht angegeben, im Beispielsfall sogar verschwiegen, wäre; es ist nämlich nicht möglich, die Festigkeit eines solchen Betons zum Abbruchzeitpunkt mit hinreichender Genauigkeit theoretisch zu ermitteln. Wenn Details besonders schadensträchtig sind, muss der Auftraggeber sie auch besonders genau planen und in einer jedes Risiko ausschließenden Weise deutlich machen.[78] 33

Die Beschreibungspflicht gilt nicht nur für die Leistung als solche, sondern auch für die die Ausführung der Leistung beeinflussenden äußeren Umstände, die „Beschaffenheitsangaben".[79]

---

[75] Dazu auch oben Rdn. 13, 21.

[76] Vertragsrechtlich begründet das Mehrvergütungsansprüche des Auftragnehmers; im Einzelfall kommen sogar deliktische Ansprüche in Betracht. Vgl. dazu näher oben Rdn. 13.

[77] Vgl. oben Rdn. 11, 25; VOB/B § 2 Rdn. 41, Fn. 72, Rdn. 116.

[78] OLG Düsseldorf BauR 2002, 652.

[79] Zum Begriff näher VOB/B § 2, Rdn. 41 ff., 48. Zur Beschreibung der Baugrund- und Wasserverhält-

34 **Wie** und **wo** die Bezeichnung in den Ausschreibungsunterlagen erfolgen muss, ergibt sich aus dem Einzelfall. Allgemein gilt: Die Beschreibung muss dokumentiert sein (Schriftform oder Datenträger); sie muss sich **in** den Ausschreibungsunterlagen finden und nicht bei Dritten;[80] sie muss klar formuliert sein und vor allem dem Bieter nicht eigene Untersuchungen oder Berechnungen aufbürden (ausgenommen bei total-funktionaler Ausschreibung), wobei auch zu beachten ist, dass solche Untersuchungen als Besondere Leistung ausgeschrieben werden können und vergütet werden müssen, aber nicht in der Form, dass der Bieter sich die Beschreibung seiner Leistung selbst erarbeiten muss.[81] Eine maßgebende Aussage darf **auch nicht versteckt** und/oder an ungeeigneter Stelle gemacht werden; insoweit lässt sich die für die Leistungsbeschreibung mit Leistungsverzeichnis hinsichtlich der „ergänzenden" Pläne in § 9 Nr. 12 Satz 2 VOB/A getroffene Regelung, dass solche maßgebenden Pläne „eindeutig bezeichnet" sein müssen, verallgemeinern. Ebenso darf der Auftraggeber allgemeine Vertragsaussagen nicht in technischen Aussagen oder gar in Positionstexten verstecken.[82]

35 Je nach Einzelfall und je nach der angesprochenen Ebene allgemeiner Vertragsaussage oder konkreter Einzelbeschreibung kann in Betracht kommen, dass Ausschreibungen, die den Anforderungen des § 9 Nr. 3 Abs. 1 nicht genügen, AGB-rechtlich (§§ 305 ff. BGB) wegen Verstoßes gegen das Transparenzgebot oder die allgemeine Klausel des § 307 BGB unwirksam sind.[83] Die Unwirksamkeit ändert aber nichts an dem entsprechenden **vergaberechtlichen** Verbot unklarer Ausschreibung.

2. § 9 Nr. 3 Abs. 2 – Zweck und Beanspruchung der Leistung

36 „Erforderlichenfalls sind auch der Zweck und die vorgesehene Beanspruchung der Leistung anzugeben", § 9 Nr. 3 Abs. 2. Erforderlichenfalls, das heißt, dass dann, wenn es für das Verständnis der Leistungsbeschreibung und die Richtigkeit der Kalkulation im Einzelfall notwendig ist, Zweck und/oder Beanspruchung der Leistung genannt werden müssen. Beispiel: Eine Leistungsbeschreibung für ein Hochregallager muss benennen, ob auch Gabelstapler auf Kleinrollen eingesetzt werden, weil daraus eine besondere punktförmige Belastung resultiert. In erster Linie wendet sich die Vorschrift intern an den ausschreibenden Auftraggeber; wenn nämlich die entsprechenden notwendigen Angaben fehlen, hat der Auftraggeber je nach Fall keine Mängelansprüche gegen den Auftragnehmer. Sekundär dient die Vorschrift auch dem Schutz des Bieters: Er soll davor bewahrt werden, sich einer im Ausgang möglicherweise zweifelhaften Auseinandersetzung über seine Mängelverantwortung ausgesetzt zu sehen.

3. § 9 Nr. 3 Abs. 2 – Verhältnisse der Baustelle

37 **a) Vergaberechtliche Bedeutung.** „Die für die Ausführung der Leistung **wesentlichen Verhältnisse der Baustelle**, z.B. Boden- und Wasserverhältnisse, sind so zu beschreiben, dass der Bewerber ihre Auswirkungen auf die bauliche Anlage und die Bauausführung hinreichend beurteilen kann", § 9 Nr. 3 Abs. 3. Welche Angaben insbesondere, also beispielhaft, erforderlich sind, wird generell in Abschnitt 0 der DIN 18 299 mit der Aufgliederung „0.1 **Angaben zur Baustelle** (0.1.1–0.1.20)" und „0.2 **Angaben zur Ausführung** (0.2.1–0.2.21)" genannt. Für jedes Einzelgewerk enthält die entsprechende Fach-DIN ebenfalls in Abschnitt 0 entsprechende gewerkespezifische Angaben. Die Pflicht, auch diese Hinweise zu beachten, betont die VOB/A in § 9 Nr. 3 Abs. 4 noch einmal besonders, also nicht nur die Pflicht zur Beschreibung der Baustelle.

---

nisse Rdn. 37. Zur Bedeutung der „0"-Abschnitte der VOB/C Rdn. 41. Zur Verwendung verkehrsüblicher Bezeichnungen Rdn. 44.

[80] Zur vertragsrechtlichen Auslegung, wenn der Text doch auf „einsehbare Unterlagen" verweist VOB/B § 2, Rdn. 70–72.

[81] Zur vertragsrechtlichen Betrachtung VOB/B § 2, Rdn. 106, 107. Zur vergaberechtlichen Zulässigkeit ergänzend auch Rdn. 23.

[82] Zur entsprechenden AGB-rechtlichen Problematik VOB/B § 2, Rdn. 56.

[83] Näher VOB/B § 2, Rdn. 50 ff.

Die für den Auftraggeber zwingenden „Hinweise“, die er „nach den Erfordernissen des Einzelfalles“ beachten muss, lauten:

DIN 18 299 [nach Fassung Dezember 2002]

0.1 Angaben zur Baustelle

0.1.1 Lage der Baustelle, Umgebungsbedingungen, Zufahrtsmöglichkeiten und Beschaffenheit der Zufahrt sowie etwaige Einschränkungen bei ihrer Benutzung.

0.1.2 Art und Lage der baulichen Anlagen, z.B. auch Anzahl und Höhe der Geschosse.

0.1.3 Verkehrsverhältnisse auf der Baustelle, insbesondere Verkehrsbeschränkungen.

0.1.4 Für den Verkehr freizuhaltende Flächen.

0.1.5 Lage, Art, Anschlusswert und Bedingungen für das Überlassen von Anschlüssen für Wasser, Energie und Abwasser.

0.1.6 Lage und Ausmaß der dem Auftragnehmer für die Ausführung seiner Leistungen zur Benutzung oder Mitbenutzung überlassenen Flächen, Räume.

0.1.7 Bodenverhältnisse, Baugrund und seine Tragfähigkeit. Ergebnisse von Bodenuntersuchungen.

0.1.8 Hydrologische Werte von Grundwasser und Gewässern. Art, Lage, Abfluss, Abflussvermögen und Hochwasserverhältnisse von Vorflutern. Ergebnisse von Wasseranalysen.

0.1.9 Besondere umweltrechtliche Vorschriften.

0.1.10 Besondere Vorgaben für die Entsorgung, z.B. besondere Beschränkungen für die Beseitigung von Abwasser und Abfall.

0.1.11 Schutzgebiete oder Schutzzeiten im Bereich der Baustelle, z.B. wegen Forderungen des Gewässer-, Boden-, Natur-, Landschafts- oder Immissionsschutzes, vorliegende Fachgutachten o.Ä.

0.1.12 Art und Umfang des Schutzes von Bäumen, Pflanzenbeständen, Vegetationsflächen, Verkehrsflächen, Bauteilen, Bauwerken, Grenzsteinen u.Ä. im Bereich der Baustelle.

0.1.13 Im Baugelände vorhandene Anlagen, insbesondere Abwasser- und Versorgungsleitungen.

0.1.14 Bekannte oder vermutete Hindernisse im Bereich der Baustelle, z.B. Leitungen, Kabel, Dräne, Kanäle, Bauwerksreste und, so weit bekannt, deren Eigentümer.

0.1.15 Vermutete Kampfmittel im Bereich der Baustelle, Ergebnisse vor Erkundungs- oder Beräumungsmaßnahmen.

0.1.16 Gegebenenfalls gemäß der Baustellenverordnung getroffene Maßnahmen.

0.1.17 Besondere Anordnungen, Vorschriften und Maßnahmen der Eigentümer (oder der anderen Weisungsberechtigten) von Leitungen, Kabeln, Dränen, Kanälen, Straßen, Wegen, Gewässern, Gleisen, Zäunen und dergleichen im Bereich der Baustelle.

0.1.18 Art und Umfang von Schadstoffbelastungen, z.B. des Bodens, der Gewässer, der Luft, der Stoffe und Bauteile; vorliegende Fachgutachten o.Ä.

0.1.19 Art und Zeit der vom Auftraggeber veranlassten Vorarbeiten.

0.1.20 Arbeiten anderer Unternehmer auf der Baustelle.

0.2 Angaben zur Ausführung

0.2.1 Vorgesehene Arbeitsabschnitte, Arbeitsunterbrechungen und -beschränkungen nach Art, Ort und Zeit sowie Abhängigkeit von Leistungen anderer.

0.2.2 Besondere Erschwernisse während der Ausführung, z.B. Arbeiten in Räumen, in denen der Betrieb weiterläuft, Arbeiten im Bereich von Verkehrswegen, oder bei außergewöhnlichen äußeren Einflüssen.

0.2.3 Besondere Anforderungen für Arbeiten in kontaminierten Bereichen, gegebenenfalls besondere Anordnungen für Schutz- und Sicherheitsmaßnahmen.

0.2.4 Besondere Anforderungen an die Baustelleneinrichtung und Entsorgungseinrichtungen, z.B. Behälter für die getrennte Erfassung.

0.2.5 Besonderheiten der Regelung und Sicherung des Verkehrs, gegebenenfalls auch, wieweit der Auftraggeber die Durchführung der erforderlichen Maßnahmen übernimmt.

0.2.6 Auf- und Abbauen sowie Vorhalten der Gerüste, die nicht Nebenleistung sind.

0.2.7 *Mitbenutzung fremder Gerüste, Hebezeuge, Aufzüge, Aufenthalts- und Lagerräume, Einrichtungen und dergleichen durch den Auftragnehmer.*

0.2.8 *Wie lange, für welche Arbeiten und gegebenenfalls für welche Beanspruchung der Auftragnehmer seine Gerüste, Hebezeuge, Aufzüge, Aufenthalts- und Lagerräume, Einrichtungen und dergleichen für andere Unternehmer vorzuhalten hat.*

0.2.9 *Verwendung oder Mitverwendung von wieder aufbereiteten (Recycling-) Stoffen.*

0.2.10 *Anforderungen an wieder aufbereitete (Recycling-) Stoffe und an nicht genormte Stoffe und Bauteile.*

0.2.11 *Besondere Anforderungen an Art, Güte und Umweltverträglichkeit der Stoffe und Bauteile, auch z.B. an die schnelle biologische Abbaubarkeit von Hilfsstoffen.*

0.2.12 *Art und Umfang der vom Auftraggeber verlangten Eignungs- und Gütenachweise.*

0.2.13 *Unter welchen Bedingungen auf der Baustelle gewonnene Stoffe verwendet werden dürfen bzw. müssen oder einer anderen Verwertung zuzuführen sind.*

0.2.14 *Art, Zusammensetzung und Menge der aus dem Bereich des Auftraggebers zu entsorgenden Böden, Stoffe und Bauteile; Art der Verwertung bzw. bei Abfall die Entsorgungsanlage; Anforderungen an die Nachweise über Transporte, Entsorgung und die vom Auftraggeber zu tragenden Entsorgungskosten.*

0.2.15 *Art, Menge, Gewicht der Stoffe und Bauteile, die vom Auftraggeber beigestellt werden, sowie Art, Ort (genaue Bezeichnung) und Zeit ihrer Übergabe.*

0.2.16 *In welchem Umfang der Auftraggeber Abladen, Lagern und Transport von Stoffen und Bauteilen übernimmt oder dafür dem Auftragnehmer Geräte oder Arbeitskräfte zur Verfügung stellt.*

0.2.17 *Leistungen für andere Unternehmer.*

0.2.18 *Mitwirken beim Einstellen von Anlageteilen und bei der Inbetriebnahme von Anlagen im Zusammenwirken mit anderen Beteiligten, z.B. mit dem Auftragnehmer für die Gebäudeautomation.*

0.2.19 *Benutzung von Teilen der Leistung vor der Abnahme.*

0.2.20 *Übertragung der Wartung während der Dauer der Verjährungsfrist für die Gewährleistungsansprüche für maschinelle und elektrotechnische/elektronische Anlagen oder Teile davon, bei denen die Wartung Einfluss auf die Sicherheit und die Funktionsfähigkeit hat (vergleiche § 13 Nr. 4 Abs. 2 VOB/B), durch einen besonderen Wartungsvertrag.*

0.2.21 *Abrechnung nach bestimmten Zeichnungen oder Tabellen.*

38 Der Auftraggeber muss sich die nötigen Kenntnisse erforderlichenfalls durch eigene Untersuchungen oder Ermittlungen verschaffen – siehe oben Rdn. 32.

39 Der Auftraggeber darf sich nicht darauf beschränken, notwendige „Beschaffenheitsangaben“[84] unausgewertet den Ausschreibungsunterlagen beizufügen, er muss die relevanten Verhältnisse vielmehr so **beschreiben**, dass der Bewerber ihre Auswirkungen auf die bauliche Anlage und die Bauausführung hinreichend beurteilen kann. Deshalb genügt z.B. die Beifügung eines **geotechnischen Gutachtens** (Baugrundgutachten, Gutachten zur Beschaffenheit des Ausbruchs beim Tunnelbau) in der Regel allein nicht; der Auftraggeber muss vielmehr – wenn nicht ausdrücklich etwas anderes vereinbart ist – das Gutachten auswerten in Form der Angaben in der Leistungsbeschreibung. Das Baugrundgutachten wendet sich nämlich in erster Linie nicht an den ausführenden Unternehmer, sondern an den Tragwerkplaner des Auftraggebers und gibt ihm Angaben, die **dieser** – und damit der Auftraggeber – baukonstruktiv-planerisch umsetzen muss.[85] Aus dem Baugrundgutachten allein ergeben sich jedenfalls für einen Bieter nur in sehr eingeschränktem Maß Detailangaben. Umgekehrt darf ein Bieter unübersehbare konkrete Hinweise in einem solchen Gutachten nicht ignorieren. Auf die Auswertungspflicht weist mit vollem Recht das Vergabehandbuch des Bundes für den Zuständigkeitsbereich der Finanzbauverwaltungen Ausgabe 2002, Stand Februar 2006 in 6.2 zu § 9 VOB/A ebenfalls hin.

[84] Zum Begriff VOB/A § 2, Rdn. 41 ff., 48.
[85] *Kapellmann/Schiffers* Band 1, Rdn. 200, 733.

Im Einzelfall sind auch die zu beachtenden wasserrechtlichen Vorschriften zu benennen, zumal der Auftraggeber – wenn nichts anderes vereinbart ist – gegebenenfalls erforderliche wasserrechtliche Genehmigungen (VOB/B § 4 Nr. 1 Abs. 1 Satz 2) einholen muss.[86]

b) Bauvertragliche Bedeutung. Ausschreibungsinhalte, die gegen die Beschreibungspflicht des § 9 Nr. 3 Abs. 1 – Abs. 3 VOB/A verstoßen, können im Einzelfall unwirksam wegen unzulässigen Inhalts als AGB sein.[87] 40

Der vergaberechtliche Verstoß führt nicht zur Nichtigkeit des Vertrages gemäß § 134 BGB.[88] Der Bieter hat auch keine Schadensersatzansprüche aus c.i.c., § 311 Abs. 2 BGB.[89] Die Muss-Bestimmung des § 9, hier des § 9 Nr. 3 Abs. 3 VOB/A, kann aber generell zur Auslegung des Bausolls herangezogen werden und ohnehin in Kombination mit dem Verbot des § 9 Nr. 2, dem Bieter ein ungewöhnliches Wagnis aufzuerlegen, dazu führen, dass bestimmte, nicht genannte Beschaffenheiten gar nicht Bausoll werden und der Auftragnehmer deshalb bei deren Eintritt Ansprüche auf Mehrvergütung hat.[90]

4. § 9 Nr. 3 Abs. 4 – Hinweise für das Aufstellen der Leistungsbeschreibung in Abschnitt 0 der DIN 18 299 ff.

a) Vergaberechtliche Bedeutung. Ein Hilfsmittel, die Leistung im Sinne des § 9 Nr. 1 VOB/A eindeutig und erschöpfend zu beschreiben, ist die Beachtung der „Hinweise für das Aufstellen der Leistungsbeschreibung“ im jeweiligen Abschnitt 0 der DIN 18 299 ff., also der VOB/C; das schreibt § 9 Nr. 3 Abs. 4 **zwingend** vor. Beim schon geschlossenen Vertrag ergibt sich – z.B. für Zusatzleistungen – die entsprechende Vertragspflicht des Auftraggebers aus der Verweisung in § 1 Nr. 1 Satz 2 VOB/B auf die Geltung der VOB/C. Einzelheiten hinsichtlich der gebotenen Hinweise zur Beschreibungspflicht der Baustelle und der Ausführung allgemeiner Art gemäß Abschnitt der DIN 18 299 sind in Rdn. 37 abgedruckt. Vergaberechtlich ist die Vorschrift einfach und eindeutig. 41

Gemäß dem jeweiligen Abschnitt 0 sind **insbesondere** die jeweiligen Angaben zu machen. Damit wird verdeutlicht, dass die Hinweise in Abschnitt 0 nicht abschließend sind; das allgemeine Gebot des § 9 Nr. 1 VOB/A, die Leistung eindeutig und erschöpfend zu beschreiben, wird also nicht etwa eingeschränkt. Die entsprechenden Angaben sind „nach den Erfordernissen des Einzelfalls“ zu machen. Wenn also das in Abschnitt 0 angesprochene Thema für dieses Bauvorhaben nicht relevant ist oder die Antwort selbstverständlich ist, ist auch keine gesonderte Angabe in der Leistungsbeschreibung erforderlich.

Zum Inhalt und zur allgemeinen **Bedeutung** der **VOB/C** verweisen wir auf die Ausführungen in Teil B § 1, Rdn. 17–25 und § 2, Rdn. 77–88.

b) Bauvertragliche Bedeutung. Die bauvertragliche Bedeutung von § 9 Nr. 3 Abs. 4 VOB/A ist höher als die vergaberechtliche. Für den Vertrag zwischen einem **öffentlichen** Auftraggeber und seinen Auftragnehmern ist die Beachtung der Hinweise zur Leistungsbeschreibung im jeweiligen Abschnitt „0“ von wesentlicher Bedeutung für die Auslegung des Bausolls. Enthalten die Hinweise Ja/Nein-Alternativen (Beispiel: Wenn in vorhandenen Räumen gearbeitet werden muss, muss der Auftraggeber gemäß DIN 18 299 Abschnitt 0.2.2 angeben, ob der Betrieb weiterläuft. Antwort also: Ja/Nein. Enthält die Ausschreibung keine Angaben, darf der Bieter von „Nein“ ausgehen.).[91] Enthalten die Hinweise nur allgemeine Aufforderungen zur Beschreibung, aus deren Fehlen aber kein konkreter Schluss auf bestimmte Beschaffenheiten gezogen werden kann, helfen diese fehlenden Angaben bei der Auslegung nicht weiter. Hier kommen **ausnahmsweise** 42

---

[86] *Ingenstau/Korbion/Kratzenberg* VOB/A § 9, Rdn. 56.

[87] Vgl. Rdn. 35.

[88] Oben Rdn. 3.

[89] Oben Rdn. 3, wohl aber möglicherweise aus § 823 Abs. 2 BGB, oben Rdn. 5.

[90] Rdn. 27, 3, 4 und dazu in allen Einzelheiten VOB/B § 2, Rdn. 7983 und Rdn. 114–116.

[91] Zu den Folgen VOB/B § 2, Rdn. 81; weitere Beispiele *Kapellmann/Schiffers* Band 1, Rdn. 127, 729–731, Band 2, Rdn. 617.

Schadensersatzansprüche des Bieters aus Verschulden bei Vertragsschluss, § 311 Abs. 2 BGB, in Betracht.[92]

43 Für das Vertragsverhältnis zwischen **privatem** Auftraggeber und Auftragnehmer gilt mittelbar dasselbe.[93]

V. § 9 Nr. 4 – Verkehrsübliche Bezeichnung

44 **a) Vergaberechtliche Bedeutung.** § 9 Nr. 4 VOB/A 2006 entspricht wörtlich dem bisherigen § 9 Nr. 4 Abs. 1 VOB/A. Bei der Beschreibung der Leistung sind die verkehrsüblichen Bezeichnungen zu beachten, § 9 Nr. 4. Im Interesse des allgemeinen Gebots der Eindeutigkeit, § 9 Nr. 1 VOB/A, muss der Auftraggeber „verkehrsübliche" Bezeichnungen verwenden, um ein für alle Bieter gleiches – und generell ein den Bietern sichere Beurteilung überhaupt ermöglichendes – Verständnis zu sichern. „Da es sich bei Leistungsbeschreibungen ... um technisch spezialisierte Texte handelt, die für technische Fachleute formuliert werden, ist als Wortlaut das **allgemeine sprachliche Verständnis** der Aussagen jedenfalls dann **nicht** von Bedeutung, wenn die verwendete Formulierung von den angesprochenen Fachleuten in einem spezifischen technischen Sinn verstanden wird (§ 133 BGB) oder wenn für bestimmte Aussagen Bezeichnungen verwendet werden, die in den maßgeblichen Fachkreisen **verkehrsüblich** sind oder für deren **Verständnis** und Verwendung es gebräuchliche technische Regeln (z.B. DIN-Normen) gibt (§ 157 BGB)."[94]

45 Aus den vorgenannten Gründen dürfen (und müssen) auch Begriffe verwandt werden, die sich nicht unmittelbar aus einer Fach-DIN ergeben, die aber als verkehrsübliche Bezeichnung einem einheitlichen Begriffverständnis der Fachleute dienen; dazu zählen auch DIN-Normen außerhalb der VOB/C, insbesondere beispielsweise die DIN 276, obwohl sie „nur" Kostengliederungsnorm ist.

Aus der Verwendung einer verkehrsüblichen Bezeichnung dürfen Bieter auch berechtigtermaßen den Schluss ziehen, dass ein in DIN-Normen verwendeter Begriff auch entsprechend dieser DIN-Bezeichnung zu verstehen ist. Wenn deshalb ein Leistungsverzeichnis im Zusammenhang mit Abbruch- und Betonerhaltungsarbeiten bestimmte, dass Betonabbrucharbeiten per „Hochdruckwasserstrahl" auszuführen sind, bedeutet das gemäß DIN 18 349 Abschnitt 0.2.2.1.2 (Ausgabe Dezember 2000), dass entsprechend der dortigen Definition Drücke bis zu 800 bar ausreichend sind und dass ein höherer Druck nicht notwendig ist; letzteres wäre nach der entsprechenden DIN-Definition nämlich „Höchstdruckwasserstrahl".

46 **b) Bauvertragliche Bedeutung.** § 9 Nr. 4 VOB/A spielt zivilrechtlich indirekt eine Rolle für die Auslegung des Bausolls. Bei einem Vertrag mit einem öffentlichen Auftraggeber sind im Zweifel Begriffe „VOB-konform" auszulegen.[95]

VI. § 9 Nr. 5–10 – Technische Spezifikationen

47 **a) Die vergaberechtliche Bedeutung.** § 9 Nrn. 5–10 VOB/A 2006 ersetzen die bisherigen § 9 Nr. 4 Abs. 2–4, Nr. 5 VOB/A. Dabei entspricht – bis auf geringfügige redaktionelle Änderungen – die neue Nr. 5 der Regelung in Art. 3 Nr. 1, 2 der Koordinierungsrichtlinie, Nr. 6 entspricht

[92] Siehe dazu VOB/B § 2, Rdn. 81. Vgl. in VOB/B § 2, Rdn. 86 auch die Kommentierung der Entscheidung BGH **„Konsoltraggerüste"** NZBau 2002, 324 = BauR 2002, 935. **Vergaberechtlich** hätte der Auftraggeber die Konsoltraggerüste ausschreiben müssen (DIN 18299 Abschnitt 0.4.1 wegen der „erheblichen Bedeutung der Kosten").

[93] VOB/B § 2, Rdn. 80, 122.

[94] BGH „Spanngarnituren" BauR 1994, 625; *Kniffka/Koeble* Kompendium Teil 6, Rdn. 106; *Kapellmann/Schiffers* Band 2, Rdn. 599, Band 1, Rdn. 177.

Dazu, dass eine entsprechende Beurteilung auch „nach der gewerblichen Verkehrssitte" geboten ist, vgl. VOB/B § 2, Rdn. 98.

[95] VOB/B § 2, Rdn. 117, 118.

Art. 23 Nr. 3, Nr. 7 Art. 23 Nr. 4, Nr. 8 Art. 23 Nr. 6, Nr. 9 Art. 23 Nr. 6, 7, Nr. 10 (die bisherige Nr. 5) Art. 23 Nr. 8 der Koordinierungsrichtlinie.

Die „technischen Anforderungen" = Spezifikationen als solche sind in Anhang TS Nr. 1 definiert, übernommen aus Anhang VI der Koordinierungsrichtlinie. Gemäß Anhang TS Nr. 1 sind „technische Spezifikationen" sämtliche, in den Verdingungsunterlagen enthaltenen technischen Anforderungen an eine Bauleistung, ein Material, ein Erzeugnis oder eine Lieferung, mit deren Hilfe die Bauleistung, das Material, das Erzeugnis oder die Lieferung so bezeichnet werden können, dass sie ihren durch den öffentlichen Auftraggeber festgelegten Verwendungszweck erfüllen. Es folgen dann Ergänzungen, was alles zu diesen technischen Anforderungen gehört. „Technische Spezifikationen" sind also alle dort genannten technischen Anforderungen.

Diese technischen Spezifikationen müssen gemäß **Nr. 5** „allen Bietern gleichermaßen zugänglich sein und dürfen den Wettbewerb nicht in unzulässiger Weise behindern". Dies entspricht den in den Erwägungsgründen Nr. 2 der Koordinierungsrichtlinie u.a. zitierten allgemeinen Grundsätzen des „freien Warenverkehrs", der „Gleichbehandlung", der „Nichtdiskriminierung" und der „Transparenz". 48

Nr. 6 enthält drei Kategorien möglicher Formulierungsmöglichkeiten für „technische Spezifikationen" in den Vertragsunterlagen. 49

Die **erste** Kategorie bilden gemäß Abs. 1 Formulierungen unter Bezugnahme auf die in Anhang TS definierten technischen Spezifikationen in der Rangfolge

a) nationale Normen, mit denen europäische Normen umgesetzt werden (siehe Anhang TS Nr. 1.3). Was „Normen" sind, ist in Anhang TS Nr. 1.2 wie folgt definiert: „Technische Spezifikationen, die von einer anerkannten Normenorganisation zur wiederholten oder ständigen Anwendung angenommen wurden, deren Einhaltung grundsätzlich nicht zwingend vorgeschrieben ist." Damit ist wohl gemeint, dass deren Anwendung nicht unmittelbar durch den Gesetzgeber zwingend vorgeschrieben ist. „Europäische Normen" sind laut Anhang TS Nr. 1.3 die von dem Europäischen Komitee für Normung (CEN) oder dem Europäischen Komitee für elektrotechnische Normung (CENELEC) gemäß deren gemeinsamen Regeln als Europäische Norm (EN) oder Harmonisierungsdokumente (HD) angenommene Normen. Die baurelevanten, in innerstaatlichen Normen übernommenen Vorschriften werden als DIN EN gekennzeichnet;
b) europäische technische Zulassungen (Anhang TS Nr. 1.4). Gemäß der dortigen Definition ist eine solche Zulassung eine „positive technische Beurteilung der Brauchbarkeit eines Produkts hinsichtlich der Erfüllung der wesentlichen Anforderungen an bauliche Anlagen; sie erfolgt aufgrund der spezifischen Merkmale des Produkts und der festgelegten Anwendungs- und Verwendungsbedingungen. Die europäische technische Zulassung wird von einer zu diesem Zweck vom Mitgliedsstaat zugelassene Organisation ausgestellt.";
c) gemeinsame technische Spezifikationen (Anhang TS Nr. 1.5). Gemäß der dortigen Definition sind das solche technischen Spezifikationen, die „nach einem von den Mitgliedsstaaten anerkannten Verfahren erarbeitet wurden, um die einheitliche Anwendung in allen Mitgliedsstaaten sicherzustellen, und die im Amtsblatt der Europäischen Gemeinschaften veröffentlicht worden sind.";
d) internationale Normen und andere technische Bezugssysteme, die von den europäischen Normungsgremien erarbeitet wurden;
e) falls solche Normen und Spezifikationen **fehlen,** nationale Normen, nationale technische Zulassungen oder nationale technische Spezifikationen für die Planung, Berechnung und Ausführung von Bauwerk und den Einsatz von Produkten;
Im Fall von e) sind aber Bezugnahmen auf nationale deutsche Normen zulässig. Unberücksichtigt bleibt, dass DIN-Normen dann nicht maßgebend sind, wenn sie nicht (mehr) den „anerkannten Regeln der Technik" entsprechen.[96]
In allen Fällen a) c) muss jede Bezugnahme mit dem Zusatz „oder gleichwertig" versehen werden.

[96] Dazu VOB/B § 4, Rdn. 54.

50 Die **zweite** alternative Kategorie bilden gemäß Abs. 2 Leistungs- und Funktionsanforderungen, die so genau zu fassen sind, dass sie den Unternehmen ein klares Bild vom Auftragsgegenstand vermitteln und dem Auftraggeber die Erteilung des Zuschlags ermöglichen.

Das ist nichts anderes als eine Paraphrase zu § 9 Nr. 1 Satz 1 VOB/A, nämlich das Gebot „eindeutiger Leistungsbeschreibung". Deshalb kann auf die obigen Ausführungen[97] verwiesen werden.

51 Die **dritte** alternative Kategorie bildet gemäß Abs. 3 eine Kombination der Kategorien 1 und 2; wegen der Einzelheiten kann auf den Text verwiesen werden.

52 **Nr. 7** und **Nr. 8** enthalten die Regelung, dass der Auftraggeber nicht Angebote ausschließen darf, die nachweisen, dass die vorgeschlagenen Lösungen den Spezifikationen gemäß Nr. 6 Abs. 1 Buchstabe a) und gemäß Abs. 2 entsprechen. Als Mittel eines solchen Nachweises können eine technische Beschreibung des Herstellers oder ein Prüfbericht einer anerkannten Stelle gelten. Das „kann" ist missverständlich. Wenn der Bieter einen entsprechenden Nachweis vorlegt, hat der Auftraggeber kein Ermessen, er muss das Angebot insoweit zulassen.

53 **Nr. 9** beschäftigt sich mit Umwelteigenschaften in Form von Leistungs- oder Funktionsanforderungen. Der Text ist aus sich heraus verständlich.

54 **Nr. 10** entspricht inhaltlich – in abweichender Formulierung – der bisherigen Nr. 5. **Vergaberechtliche Bedeutung:** Zu technischen Spezifikationen darf auf eine bestimmte Produktion oder Herkunft oder ein besonderes Verfahren oder auf Marken, Partente, Typen eines bestimmten Ursprungs oder einer bestimmten Produktion nicht verwiesen werden, wenn dadurch bestimmte Unternehmen oder bestimmte Produkte begünstigt oder ausgeschlossen werden, ausgenommen, dies ist durch den Auftragsgegenstand gerechtfertigt. Eine zu enge Detaillierung der Leistungsbeschreibung auf bestimmte Erzeugnisse oder Hersteller nimmt dem Bieter die ihm werkvertraglich zustehende „Dispositionsfreiheit" (zum Begriff → VOB/B § 2 Rdn. 37 mit Fn. 63) und verletzt damit einen Kernbereich des Vergaberechts, den Wettbewerbsgrundsatz (§ 97 Abs. 1 GWB).[98] Die Vergabestelle hat bei der Auswahl eines von mehreren möglichen Verfahren zu prüfen und positiv festzustellen, warum eine durch die technischen Vorgaben des Leistungsverzeichnisses ausgeschlossene Lösungsvariante zur Verwirklichung des Beschaffungszwecks nicht geeignet erscheint.[99]

Grundsätzlich bestimmt der Auftragnehmer (Bieter), welche Erzeugnisse oder Verfahren er verwendet oder von wo er bezieht. Ausnahmsweise darf der Auftraggeber bestimmte Erzeugnisse usw. vorschreiben, aber nur dann, wenn dies durch die Art der geforderten Leistung gerechtfertigt ist; also genügen andere Gründe nicht, z.B. günstigere Bezugsquellen des Auftraggebers. Das „Standardleistungsbuch" sieht Texte für die Leistungsbeschreibung vor, die den aufgeführten Anforderungen entsprechen.

Bezeichnungen für bestimmte Erzeugnisse oder Verfahren (z.B. Markennamen, Warenzeichen, Patente) dürfen jedoch verwendet werden, wenn eine Beschreibung durch hinreichend genaue, allgemein verständliche Bezeichnung nicht möglich ist; dann muss aber der Zusatz „oder gleichwertiger Art" hinzugefügt werden. Wenn ausnahmsweise bestimmte Bezeichnungen verwendet werden sollen, ist das zweckmäßigerweise in den Vergabeunterlagen **zu begründen**, denn der Auftraggeber muss beweisen, dass er die entsprechenden **Sachüberlegungen vor** der Ausschreibung angestellt hat und nicht nur nachträglich Gründe nachschiebt.[100] Immer muss die Ausschreibung aber dem Bieter die Auswahl[101] überlassen, ein gleichwertiges Erzeugnis zu verwenden. Diese

---

[97] Rdn. 7–19.

[98] *Dreher*, in: *Immenga/Mestmäcker* GWB § 97, Rdn. 19, 62 mit Nachweisen; *Prieß,* in: Beck'scher VOB-Kommentar VOB/C § 2, Rdn. 49.

[99] OLG Jena Beschluss vom 26.6.2006, 9 Verg 2/06 (wird veröffentlicht in Heft 11, NZBau 2006).

[100] Zur Rechtfertigung bedarf es objektiven, in der Sache selbst liegender Gründe, wobei eine kaufmännische Entscheidung des Auftraggebers, welche Leistung mit welchen Merkmalen beschafft werden soll, möglich bleibt, OLG Düsseldorf NZBau 2005, 532; OLG Düsseldorf NZBau 2005, 169; vgl. auch OLG Jena (Fn. 99).

[101] Zur Rechtsnatur einer solchen Auswahlposition VOB/A § 5, Rdn. 25. Zu vergaberechtlichen Konsequenzen VOB/A § 2, Rdn. 53.

Wahl muss der Bieter, wenn die Verdingungsunterlagen nichts anderes regeln, nicht schon im Angebot treffen.[102] Trifft er im Angebot schon eine Wahl für ein gleichwertiges Erzeugnis, so ist das kein Nebenangebot. Die Gleichwertigkeit eines angebotenen oder gewählten Erzeugnisses hat der Bieter/Auftragnehmer nachzuweisen. Weicht der Auftraggeber zulässigerweise gemäß § 9 Nr. 10 vom Gebot der Produktneutralität ab, so ist der Hersteller oder Lieferant dieses Produkts nicht vom Vergabeverfahren ausgeschlossen.[103] Ergänzend ist auf die sachgerechte Regelung in 6.3, Vergabehandbuch des Bundes im Zuständigkeitsbereich der Finanzbauverwaltungen Fassung 2002, Stand Februar 2006, zu § 9 VOB/A hinzuweisen: „Bei der Festlegung von Art und Umfang verlangter Eignungs- und Gütenachweise im Sinne von Abschnitt 0 der Allgemeinen Technischen Vertragsbedingungen (ATV) ist darauf zu achten, dass der Wettbewerb nicht durch die Forderung eines bestimmten Güte- oder Überwachungszeichens – bei sonst gleichwertigen Stoffen und Bauteilen – beschränkt wird ...“.

b) Bauvertragliche Bedeutung. Die zivilrechtliche Bedeutung ist bei § 13 Nr. 3 VOB/B 55
behandelt.

C. Leistungsbeschreibung mit Leistungsverzeichnis

I. § 9 Nr. 11

1. Vergaberechtliche Bedeutung

**a) Leistungsbeschreibung, Rangreihenfolge der Bestandteile der Leistungsbeschrei- 56
bung.** Die VOB kennt unterschiedliche Ausschreibungsmethoden (dazu VOB/A § 5 Rdn. 1–5), und zwar unterschieden nach dem Ausmaß der vom Auftraggeber jeweils zu erbringenden Planungsleistung. Bei jeder möglichen Ausschreibungsmethode muss die **Leistungspflicht** des Auftragnehmers, das **Bausoll**[104], **definiert** werden; die VOB nennt das „die Leistungsbeschreibung“;[105] wobei in diesem Sinn **„Leistungsbeschreibung“ ein weiterer Begriff** ist als „Leistungsbeschreibung“ in der Formulierung der Überschriften über § 9 Nr. 11–17, wie sogleich zu erläutern; § 13 Nr. 3 VOB/B legt auch diesen weiteren Begriff zugrunde. Das Bausoll wird je nach wahrzunehmender Planungsfunktion unterschiedlich definiert, z.B. so, dass die vom Auftragnehmer zu erbringende Leistung ganz detailliert beschrieben wird oder funktional, dass demzufolge der Auftragnehmer keine, geringe oder umfassende Planungspflichten (und Entscheidungsbefugnisse) hat. Laut § 9 Nr. 11 ist für den öffentlichen Auftraggeber **die Methodik der detaillierten Leistungsbeschreibung**, d.h. die auftrag**geberseitige Detailplanung** ohne eigene Planungsverpflichtung des Auftragnehmers, die Regel. Wählt der Auftraggeber in der Ausschreibung folglich die „Regelmethode“ der detaillierten Ausschreibung, so braucht er das vergaberechtlich nicht besonders zu begründen; vergütungsrechtlich kann die Folge ein Einheitspreisvertrag oder ein Detail-Pauschalvertrag sein (siehe Rdn. 58).

Die **detaillierte Leistungsbeschreibung** im engeren Sinn besteht laut § 9 Nr. 11 VOB/A 2006 (früher Nr. 6) aus 2 Teilen, nämlich einer **allgemeinen Darstellung** der Bauaufgabe, **der Baubeschreibung**, und einem in Teilleistungen gegliederten **Leistungsverzeichnis** (LV). Tatsächlich kommt so gut wie immer ein dritter Teil dazu, nämlich Pläne, diese allerdings gemäß § 9 Nr. 12 VOB/B nur „erforderlichenfalls“, also zur Ergänzung insbesondere einzelner Positionen des LV. Innerhalb dieser drei Bestandteile der Leistungsbeschreibung oder sogar weiterer, z.B. Proben, statische Berechnungen, geotechnische Gutachten oder Erklärung in anderer Weise, z.B. also auch Zusätzliche Technische Vertragsbedingungen, die, wie sich schon aus § 9 Nr. 13 VOB/A eindeutig ergibt, alle Bestandteile der Leistungsbeschreibung im weiteren Sinne sind, regelt die

---

[102] *Dausner* BauR 1999, 719.
[103] OLG Saarbrücken NZBau 2004, 117.
[104] Zum Begriff VOB/B § 2, Rdn. 26 ff.
[105] Zum Begriff Leistungsbeschreibung siehe ergänzend auch VOB/B § 2, Rdn. 23, 65. Allgemein zur Methode des öffentlichen Auftraggebers, Bauverträge abzufassen, vgl. VOB/A § 10 und VOB/B § 2, Rdn. 22.

VOB/B kein Rangverhältnis; innerhalb der Rangkategorien des § 1 Nr. 2 VOB/B ist „die Leistungsbeschreibung", also der Oberbegriff, **eine** Kategorie. Die VOB behandelt also (scheinbar) die zwei, drei oder mehr Teile der Leistungsbeschreibung als gleichrangig, jedenfalls enthält die VOB keine explizite Lösung über eine Reihenfolgeregelung, ausgenommen die Zusätzlichen Technischen Vertragsbedingungen, die zutreffend als allgemeinere Kategorie Nachrang hinter der speziellen Kategorie der Leistungsbeschreibung im engeren Sinn – vgl. § 10 Nr. 3 Satz 3 VOB/A – haben, § 1 Nr. 2 VOB/B. Die Auslegung ergibt jedoch, dass die „ergänzenden" Pläne (§ 9 Nr. 12) als die speziellere Definition der Baubeschreibung und dem LV (nur) **dann** vorgehen, **wenn sie eindeutig als maßgebend bezeichnet sind** und an der **richtigen Stelle**, also im Text der Position oder unmissverständlich in passenden technischen Vorbemerkungen, als „leistungsbestimmend" in Bezug genommen sind.[106] Der unspezifische Hinweis des Auftraggebers auf „einsehbare Pläne" ist demgegenüber unbeachtlich.[107] Ansonsten gilt im Regelfall, dass im Zweifel der Text den Plänen vorgeht; Ausnahmen gelten nur dann, wenn sich die Diskrepanz dem „mit durchschnittlicher Sorgfalt" prüfenden Bieter geradezu aufdrängt.[108]

Bei Widerspruch zwischen Baubeschreibung und Leistungsverzeichnis gilt: Grundsätzlich ist der Positionstext spezieller als die Vorbemerkungen, beide sind je spezieller als die Baubeschreibung. Auch davon kann es Ausnahmen geben, zur Beurteilung kommt es nämlich „auf den Vertrag als sinnvolles Ganzes an".[109]

57 **b) Vorangehende Ausführungsplanung des Auftraggebers notwendig.** Die Leistungsbeschreibung mit LV ist, wie erörtert, eine der möglichen Methoden der Definition des Bausolls, hier also eine Methode mit auftraggeberseitiger Detaillierung der Leistungsseite; sie besagt nichts über Detaillierung oder Pauschalierung der Vergütung. Die Methode der auftraggeberseitigen Detailplanung und deren Umsetzung in ein Leistungsverzeichnis setzt zwingend eine bestimmte organisatorisch-funktionale Abwicklung voraus: Der Auftraggeber **muss** zuerst (durch Planer als seine Erfüllungsgehilfen) das Bauwerk **im Detail** planen, d.h. er muss – gesprochen in den Leistungsphasen der HOAI – eine **Ausführungs**planung (§ 15 Abs. 2 Phase Nr. 5, sie führt zur „Ausführungsreife") erstellen lassen, die dann in die Vergabeunterlagen, also das detaillierte Leistungsverzeichnis, umgesetzt wird; das ist – wiederum gesprochen in den Phasen der HOAI – die Leistungsphase 6. Es ist technisch **nicht möglich**, ein zutreffendes LV zu formulieren, solange die Ausführungsplanung nicht erstellt ist. Deswegen sagt das Vergabehandbuch des Bundes im Zuständigkeitsbereich der Finanzbauverwaltungen (2002, Stand Februar 2006) sachgerecht und zwingend in Nr. 2.1 zu § 9 VOB/A: **„Vor** dem Aufstellen der Leistungsbeschreibung **müssen** die Pläne, insbesondere die Ausführungsunterlagen, so weit sie nicht vom Auftragnehmer zu beschaffen sind, und die Mengenberechnungen **rechtzeitig vorliegen"**.[110] **Dagegen sündigt der**

---

[106] Näher Rdn. 69.

[107] Näher VOB/B § 2, Rdn. 120, 122 sowie Rdn. 70–72.

[108] Näher VOB/B § 2, Rdn. 120.

[109] Der BGH formuliert allerdings **zu apodiktisch**: „Im Ansatz verfehlt ist die Auffassung des Berufungsgerichts, das Leistungsverzeichnis gehe als klarere Regelung den Vorbemerkungen vor. Es gibt innerhalb der Leistungsbeschreibung (§ 1 Nr. 2 a VOB/B) keinen grundsätzlichen Vorrang. Zur Leistungsbeschreibung gehören sowohl die Vorbemerkungen als auch die einzelnen Positionen des Leistungsverzeichnisses (vgl. auch § 9 Nr. 6 VOB/A). In aller Regel enthalten die Vorbemerkungen wesentliche Angaben, die zum Verständnis der Bauaufgabe und zur Preisermittlung erforderlich sind. Diese Angaben sind in Verbindung mit dem Leistungsverzeichnis und auch anderen vertraglichen Unterlagen als sinnvolles Ganzes auszulegen", so BGH „Eisenbahnbrücke" BauR 1999, 897. Der BGH lässt außer Acht, dass es zur Bestimmung des Vorranges nicht nur Rangreihenfolgeregelungen gibt, etwa die des § 1 Nr. 2 a VOB/B, sondern auch allgemeine Auslegungsgrundsätze. Nach allgemeinen Auslegungsgrundsätzen geht **generell** der speziellere Text dem allgemeineren Text vor. Der Sache nach ist dem BGH aber zuzustimmen, denn selbstverständlich müssen Vorbemerkungen und LV als sinnvolles Ganzes ausgelegt werden. Wenn aber die Auslegung zu unauflöslichen Widersprüchen führt, muss eine Lösung gefunden werden – und **dann** geht doch wieder die Einzelposition als die speziellere Lösung der Vorbemerkung als der allgemeineren Aussage vor.

Siehe dazu auch VOB/B § 2, Rdn. 103 mit einem Beispiel.

[110] Diese zwingende Notwendigkeit wird allgemein auch zutreffend betont, siehe beispielsweise *Ingenstau/*

öffentliche Auftraggeber leider sehr oft und in grobem Ausmaß. Wenn, wie beispielsweise bei der Ausführung einzelner Lose des „berüchtigten" Schürmann-Baus, von ca. 700 ausgeschriebenen Positionen ca. 300 gar nicht vorkommen, also nicht ausgeführt werden, so ist das unsachgerechte Ausschreibung im Sinne des § 9 Nr. 11 VOB/B. Eine solche Ausschreibung ist vergaberechtlich unzulässig, was allerdings für den Bieter im Vorhinein praktisch nicht zu erkennen ist. Abgesehen davon schadet sich der öffentliche Auftraggeber auch selbst: Die nicht ausgeführten Positionen verschwinden bei der Abrechnung nicht etwa, wie es der Handhabung vieler Auftraggeber entspricht, sie werden vertragsrechtlich vielmehr als so genannte „Null-Positionen" behandelt wie vom Auftraggeber „frei gekündigt", was bedeutet, dass der Auftraggeber gemäß § 8 Nr. 1 VOB/B darauf (mindestens) die entfallenden Deckungsbeiträge zahlen muss.[111]

In der Praxis gibt es alle Erscheinungsformen: das Leistungsverzeichnis als „Ausführungsprognose", ohne dass überhaupt schon eine Ausführungsplanung existiert; weiter das Leistungsverzeichnis, das parallel mit der Ausführungsplanung „entsteht", aber nicht koordiniert ist; schließlich das Leistungsverzeichnis in schlicht fehlerhafter Umsetzung der Ausführungsplanung. Vergaberechtlich setzt ein ordnungsgemäßes Leistungsverzeichnis beim Einheitspreisvertrag jedenfalls voraus, dass die „Teilleistungen" (= Details vgl. Rdn. 60), die beschrieben werden müssen, schon hinreichend genau bekannt sind.

c) Geltung für Einheitspreisverträge und Detail-Pauschalverträge. Da § 9 Nr. 11 nur die Anforderung an die Leistungsbeschreibung, also die Definition der Leistungsseite (Bausoll) betrifft (Rdn. 57), gilt die Vorschrift für jeden Vertragstyp, bei dem auf der Basis auftraggeberseitiger Detailplanung das Bausoll detailliert bestimmt wird, dies unabhängig davon, wie die Vergütungsseite geregelt ist. Die Vorschrift gilt demzufolge sowohl für Einheitspreisverträge wie für Detail-Pauschalverträge.[112] Vergaberechtlich richtet sich die Zulässigkeit eines Detailpauschalvertrages nicht nach § 9 Nr. 11, sondern nach § 5 Nr. 1 b VOB/A.[113] 58

d) Baubeschreibung. Die Aufgabe der (allgemeinen) Baubeschreibung charakterisiert 2.2.1 des Vergabehandbuchs des Bundes im Zuständigkeitsbereich der Finanzbauverwaltung (2002, Stand Februar 2006) sachgerecht wie folgt: „In der Baubeschreibung sind die allgemeinen Angaben zu machen, die zum Verständnis der Bauaufgabe und zur Preisermittlung erforderlich sind und die sich nicht aus der Beschreibung der einzelnen Teilleistungen unmittelbar ergeben. Hierzu gehören – abhängig von den Erfordernissen des Einzelfalles – z.B. Angaben über 59

- Zweck, Art und Nutzung des Bauwerks bzw. der technischen Anlage,
- ausgeführte Vorarbeiten und Leistungen,
- gleichzeitig laufende Arbeiten,
- Lage und örtliche Gegebenheiten, Verkehrsverhältnisse,
- Konstruktion des Bauwerks bzw. Konzept der technischen Anlage."

e) Leistungsverzeichnis. Das Leistungsverzeichnis (LV) enthält eine „in Teilleistungen gegliederte" Aufgliederung des Bauprojektes, aber nicht nach funktionalen Einheiten, sondern nach produktionstechnisch gegliederten Teilleistungen, eben „Positionen", vgl. § 21 Nr. 1 Abs. 3 VOB/A. Ohne Plan vermitteln die Positionen eines Leistungsverzeichnisses keine hinreichenden Informationen darüber, was für ein Bauwerk überhaupt konkret errichtet wird. Wie eine „Position" aufgebaut ist und welche Funktionen die einzelnen Bestandteile haben, ist bereits in **VOB/A § 5 Rdn. 10–12** am Beispiel des Einheitspreises-Vertrages erläutert. Es gibt unterschiedliche **Arten** von **Positionen**, u.a. Grundpositionen, Alternativpositionen (Wahlpositionen), Eventualpositionen (Bedarfspositionen), Auswahlpositionen oder Sammelpositionen (Mischpositionen), die alle ebenfalls bei VOB/A **§ 5** unter Rdn. 13–27 einzeln erläutert sind. 60

Korbion/Kratzenberg VOB/A § 9, Rdn. 87. Zur Struktur dieser Art der Ausschreibung näher *Langen/Schiffers,* Festschrift Jagenburg, S. 435 ff.

[111] OLG Oldenburg BauR 2000, 897; VOB/B § 8, Rdn. 22.

[112] Zum Vertragstyp Detail-Pauschalvertrag siehe VOB/B § 2, Rdn. 233, 242 ff., auch VOB/A § 5, Rdn. 28.

[113] Zu dessen Zulässigkeit Einzelheiten VOB/A § 5, Rdn. 31–36.

61 Darüber hinaus enthält ein Leistungsverzeichnis normalerweise vorangehende allgemeinere Erläuterungen, z.B. Vorbemerkungen. Zur Rangreihenfolge zwischen Vorbemerkung und Position siehe oben Rdn. 56.

62 Den Inhalt eines Leistungsverzeichnisses bezeichnet 2.2.2 des Vergabehandbuches des Bundes im Zuständigkeitsbereich der Finanzbauverwaltungen (2002, Stand Februar 2006) zu § 9 VOB/A sachgerecht wie folgt:

„Im Leistungsverzeichnis sind **ausschließlich** Art und Umfang der zu erbringenden Leistungen sowie **alle** die Ausführung der Leistung beeinflussenden Umstände zu beschreiben. Allgemeine für die Ausführung wichtige Angaben, z.B. Ausführungsfristen, Preisführung, Zahlungsweise, Sicherheitsleistung, etwaige Gleitklauseln, Gewährleistung (Mängelhaftung) sind in den Besonderen Vertragsbedingungen zu machen.

In die **Vorbemerkungen** zum Leistungsverzeichnis dürfen nur Regelungen und technische Inhalte aufgenommen werden, die **einheitlich** für alle beschriebenen Leistungen gelten. Wiederholungen oder Abweichungen von Allgemeinen und Zusätzlichen Technischen Vertragsbedingungen sind zu vermeiden.

Die technischen Anforderungen gemäß Anhang TS (§ 9 Nr. 5–10 VOB/A) werden in den Verdingungsunterlagen zutreffend festgelegt, wenn die Texte für die Leistungsbeschreibung dem Standardleistungsbuch entnommen werden. Im übrigen darf auf deutsche Normen oder andere deutsche Regelwerke nur noch unter den dort genannten Voraussetzungen Bezug genommen werden. Die Ausführung der Leistung beeinflussende Umstände, beispielsweise technische Vorschriften, Angaben zur Baustelle, zur Ausführung oder zu Arbeitserschwernissen, sind grundsätzlich bei der Ordnungszahl (Position) anzugeben. Nur wenn sie einheitlich für einen Abschnitt gelten oder für alle Leistungen, sind sie dem Abschnitt bzw. dem Leistungsverzeichnis in den Vorbemerkungen voranzustellen. Bei der Aufgliederung der Leistung in Teilleistungen dürfen unter einer Ordnungszahl nur Leistungen erfasst werden, die technisch gleichartig sind und unter den gleichen Umständen ausgeführt werden, damit deren Preis auf einheitlicher Grundlage ermittelt werden kann. Bei der Ordnungszahl sind insbesondere anzugeben:

- die Mengen aufgrund genauer Mengenberechnungen,
- die Art der Leistungen mit den erforderlichen Erläuterungen über Konstruktion und -Baustoffe,
- die einzuhaltenden Maße mit den gegebenenfalls zulässigen Abweichungen (Festmaße, Mindestmaße, Höchstmaße),
- besondere technische und bauphysikalische Forderungen wie Lastannahmen, Mindestwerte der Wärmedämmung und des Schallschutzes, Mindestinnentemperaturen bei bestimmter Außentemperatur, andere wesentliche, durch den Zweck der baulichen Anlage (Gebäude, Bauwerk) bestimmte Daten,
- besonders örtliche Gegebenheiten, z.B. Baugrund, Wasserverhältnisse, Altlasten,
- andere als die in den Allgemeinen Technischen Vertragsbedingungen vorgesehenen Anforderungen an die Leistung,
- besondere Anforderungen an die Qualitätssicherung,
- die zutreffende Abrechnungseinheit entsprechend den Vorgaben im Abschnitt 05 der jeweiligen Allgemeinen Technischen Vertragsbedingungen (ATV),
- besondere Abrechnungsbestimmungen, so weit in VOB/C keine Regelung vorhanden ist.“

2. Bauvertragliche Bedeutung

63 § 9 Nr. 11 hat keine praktische unmittelbare zivilrechtliche Bedeutung. Zwar stellen sich im Zusammenhang mit der Zusammensetzung der Leistungsbeschreibung – nämlich Baubeschreibung, Leistungsverzeichnis gegebenenfalls Pläne usw. – Auslegungsprobleme (Rangfolgenprobleme),[114] ebenso stellt sich die Frage, ob eine Leistungsbeschreibung AGB-kontrollfrei ist,[115] aber zu deren Lösung trägt § 9 Nr. 11 VOB/A nichts bei.

[114] Dazu oben Rdn. 56 und VOB/B § 2, Rdn. 120, 122 sowie Rdn. 70–72.
[115] Dazu VOB/B § 2, Rdn. 56.

II. § 9 Nr. 12

1. Vergaberechtliche Bedeutung

a) Ergänzende Leistungsbeschreibung. „**Erforderlichenfalls** ist die Leistung (in einer Leistungsbeschreibung mit Leistungsverzeichnis) auch zeichnerisch oder durch Probestücke darzustellen oder anders zu erklären, z.B. durch Hinweise auf ähnliche Leistungen, durch Mengen- oder statische Berechnungen. Zeichnungen und Proben, die für die Ausführung maßgebend sein sollen, sind eindeutig zu bezeichnen", § 9 Nr. 12 VOB/A 2006 (früher Nr. 7). Das ist eine zentrale Regelung, die die **Leistungsbeschreibung mit Leistungsverzeichnis** charakterisiert. Zwar muss jede Art der Leistungsbeschreibung eindeutig und erschöpfend sein, § 9 Nr. 1. Aber wenn der Auftraggeber den Typus Leistungsbeschreibung mit Leistungsverzeichnis wählt, so muss er system- und funktionsgerecht ausschreiben, d.h., er muss dann **seine** Pflicht zur Erarbeitung der Ausführungsplanung und deren Umsetzung in ein detailliertes Leistungsverzeichnis (oben Rdn. 57) ernst nehmen und die Leistung **detailliert** so beschreiben, dass ein Bieter/Auftragnehmer **mit seinen Mitteln** (also ohne umfassende Vorarbeiten, § 9 Nr. 1) und **ohne** Zuhilfenahme eigener zusätzlicher planerischer oder konstruktiver Ermittlungen, Berechnungen oder Prüfungen die geforderte Leistung „sicher", § 9 Nr. 1, erkennen (und kalkulieren) kann. Gerade wenn und weil die „detaillierte" Beschreibung der Leistung konstituierend für dieses Ausschreibungssystem ist, muss der Auftraggeber (gerade auch unter vergaberechtlichen Gesichtspunkten) die Leistung eindeutig **verbal**, nämlich an der richtigen Stelle, im Leistungsverzeichnis, definieren, d.h., **er** muss die Planinhalte in die gewählte Angebotssprache, hier das Leistungsverzeichnis, umsetzen.[116] Nur dann, wenn eine eindeutige verbale Definition nicht möglich ist, also nur „erforderlichenfalls", sind **Ergänzung**smittel heranzuziehen, also z.B. Zeichnungen oder Proben. Weil sie nur **Ergänzung**smittel sind, hat bei Widersprüchen zwischen Text und Zeichnung der Text in der Regel Vorrang.[117] 64

b) Für die Ausführung nicht maßgebliche Pläne. 65
Vorweg ist es ganz eindeutig, dass es im Rahmen einer Leistungsbeschreibung mit Leistungsverzeichnis zwei „Klassen" von Zeichnungen (Plänen) gibt, was die VOB genauso sieht: Gemäß § 9 Nr. 12 Satz 2 VOB/A gibt es Zeichnungen (und Proben), **die für die Ausführung maßgeblich sein sollen,** diese müssen dann entsprechend „eindeutig bezeichnet werden". Also muss es auch Zeichnungen geben, die nicht eindeutig bezeichnet sind und deshalb für die Ausführung nicht maßgebend sind oder die für die Ausführung nicht maßgebend und die deshalb nicht eindeutig als „ausführungsmaßgeblich" gekennzeichnet sind. Solche gibt es offensichtlich: Ein Lageplan 1:500 ist im Regelfall nicht ausführungsmaßgeblich, eine Ansicht 1:100 ebenso wenig. Es gibt also durchaus sinnvoll beigefügte Pläne, die eine (allgemeine) Objektinformation liefern, die aber keine **„Ausführungsmaßgeblichkeit"** haben. Dieser Unterschied kann nicht klar genug betont werden: Auftraggeber verweisen häufig unbestimmt auf beigefügte – oder noch schlechter: auf einsehbare[118] – Unterlagen. Das ist nicht a priori vergabewidrig, aber jedenfalls nicht bausollbestimmend. Dasselbe gilt für Proben.

c) ... „oder anders zu erklären"

aa) Hinweise auf ähnliche Leistungen. Grundsätzlich ist es einleuchtend, dass eine Definition des Bausolls in Form der Detaillierung sich nicht auf Zeichnungen (Pläne) oder Proben beschränkt. Zur Präzisierung können auch andere Mittel eingesetzt werden, aber auch sie bleiben **Ergänzungsmittel** („erforderlichenfalls"), was bedeutet, dass auch bei ihnen im Falle des Widerspruchs zwischen Text und Ergänzungsmittel in der Regel der Text vorgeht (oben Rdn. 64). 66

[116] Prototypisch: Der Polier vor Ort muss mit seinen Mitteln die gewünschte Leistung verstehen und umsetzen können, so erläutert am Beispiel von Einmessungsleistungen (z.B. keine Erarbeitung eines eigenen Koordinatensystems) bei *Kapellmann/Schiffers* Band 1, Rdn. 1152, ergänzend Rdn. 200.
[117] Näher oben Rdn. 56; ebenso *Ingenstau/Korbion/Kratzenberg* VOB/A § 9, Rdn. 96.
[118] Zu einsehbaren Zeichnungen oben Rdn. 34, 23 sowie VOB/B § 2, Rdn. 70–72.

Als ein Ergänzungsmittel benennt § 9 Nr. 12 den Hinweis auf „ähnliche Leistungen". Diese Formulierung ist völlig **missglückt** und gibt, wörtlich genommen, Anlass zu erheblichen Bedenken bzw. Auslegungsstreitigkeiten. Wenn der Auftraggeber zwecks Detaillierung auf nur „ähnliche" Leistungen verweist, so ist damit gerade nicht die herzustellende neue Leistung definiert: Da die „Musterleistung" der neuen Leistung nur **ähnlich** sein soll, ist Zweifeln Tür und Tor geöffnet. Wie groß muss der Grad der Ähnlichkeit der neu herzustellenden Leistung sein? Welche Abweichungen sind gestattet und welche nicht? Wenn man schon den Hinweis des Auftraggeber auf Vergleichsobjekte zulassen will, müssen gleichartige Objekte in Bezug genommen werden. Einen derartigen Bezug auf Vergleichsobjekte gibt es oft bei Global-Pauschalverträgen, was dort oft ein Zeichen von Faulheit des Auftraggebers ist; er hat sich nicht die Mühe gemacht, seine Funktionsvorgaben oder Gestaltungswünsche näher zu definieren, das Vergleichsobjekt passt sehr oft doch nicht oder es bleiben unklärbare Detail-Zweifelsfragen offen.[119] Von einem Hinweis auf „ähnliche Objekte" ist also, wenn nicht wirklich eindeutig ist, was konkret als bausollbestimmend zum Vergleich herangezogen werden soll, dringend abzuraten.

67 **bb) Mengenberechnungen.** Der Hinweis auf „Mengenberechnungen" als Ergänzungsmittel trifft den Fall, dass der Auftraggeber den Weg erläutern will, der zu den Vordersätzen, also dem Ergebnis der Mengenberechnungen,[120] geführt hat.

68 **cc) Statische Berechnungen.** Dass statische Berechnungen **grundsätzlich** Ergänzungsmittel sein **können**, liegt auf der Hand. Das darf aber nicht zu dem Missverständnis führen, als ob eine auftraggeberseitig unkommentierte und unausgewertete **Tragwerksplanung bausollbestimmend** („für die Ausführung maßgebend") sei. Die Tragwerksplanung **als solche ist keine** für den Bieter/Auftragnehmer ohne weiteres aus sich heraus aussagekräftige Ergänzung der Leistungsbeschreibung. Sie muss vielmehr umgesetzt werden in die Ausführungsplanung, also das Anfertigen der Tragwerkausführungszeichnungen (§ 64 Abs. 2 Nr. 5 HOAI), d.h. der Schal- und Bewehrungspläne. Sie sind für den Auftragnehmer ohne Erläuterung oder eigene statische Berechnung (vgl. dazu oben Rdn. 64) brauchbar; bei der Leistungsbeschreibung mit Leistungsverzeichnis, also bei auftraggeberseitiger Detailplanung, schuldet der Auftraggeber also solche in dieser Form brauchbaren Unterlagen.[121] Eine unkommentierte Statik ist nur in dem Ausnahmefall von Bedeutung, dass sich eine bestimmte Detailaussage aus der Statik unübersehbar aufdrängt,[122] oder dass sie eine notwendige Aussage zum System der Tragwerksplanung macht. Gerade **vergaberechtlich ist es unzulässig**, durch eine unkommentierte Verweisung auf eine in ihrer technischen Umsetzung nicht ohne weiteres „lesbare" Statik unausgesprochen den Wettbewerb auf Bieter mit entsprechendem technischen Büro einzuschränken. Demzufolge waren die Anforderungen, die der BGH in der lange zurückliegenden Entscheidung „Universitätsbibliothek" insoweit hinsichtlich der Prüfpflicht von Bietern gestellt hatte, erheblich überzogen.[123]

69 **d) Für die Ausführung maßgebende Pläne oder Proben.** Wenn Pläne oder Proben nicht nur unverbindlich-informativen Charakter (dazu oben Rdn. 65) haben sollen, sondern wenn sie das Bausoll bestimmen sollen („für die Ausführung maßgeblich sein sollen"), so müssen sie **eindeutig bezeichnet** sein. Eindeutig bedeutet zweierlei: Einmal muss der Verweis auf den maßgebenden Plan selbst eindeutig sein, d.h., er muss sich an der richtigen Stelle befinden, d.h., **an der Stelle** der Leistungsbeschreibung, an der die betreffende Detaillierung definiert wird; das ist nur in einem Positionstext des Leistungsverzeichnisses oder konkret in Vorbemerkungen zu mehreren Positionen eines Leistungsverzeichnisses sachgerecht.[124] Zum anderen muss der Plan selbst

[119] Zur bauvertraglichen Bedeutung einer solchen Klausel beim Global-Pauschalvertrag auch *Kapellmann/Schiffers* Band 2, Rdn. 488.

[120] VOB/A § 5, Rdn. 11.

[121] Näher *Kapellmann/Schiffers* Band 1, Rdn. 201–205.

[122] *Kapellmann/Schiffers* Band 1, Rdn. 204, 210; *Englert/Grauvogl/Maurer* Rdn. 388, 399.

[123] BGH „Universitätsbibliothek" BauR 1987, 683; Erläuterungen dazu *Kapellmann/Schiffers* Band 1, Rdn. 171, 198, 204, 207, 212, 214, 216, 246, 868.

[124] *Kapellmann/Schiffers* Band 1, Rdn. 203; im Ergebnis *Ingenstau/Korbion/Kratzenberg* VOB/A § 9, Rdn. 99.

eindeutig als maßgeblich erkennbar sein, darf also z.B. nicht allgemeine Systemzeichnung ohne irgend einen konkreten Bezug zur Detailleistung sein. Sofern der Auftraggeber einmal Pläne so sachgerecht als für die Ausführung maßgeblich bezeichnet hat, sind sie auch allein maßgeblich;[125] andere, beigefügte Pläne ohne diesen Hinweis sind bei widersprüchlichem Inhalt unbeachtlich. Auch für diese für die Ausführung maßgeblichen Pläne bleibt es aber dabei, dass bei Widerspruch zwischen Plan und Text der Text vorgeht (oben Rdn. 64).

2. Bauvertragliche Bedeutung

§ 9 Nr. 12 ist nicht spezifische Anweisung an den öffentlichen Auftraggeber, sondern sachlogische Schlussfolgerung aus der Ausschreibungsmethodik „Leistungsbeschreibung mit Leistungsverzeichnis“. Für die Auslegung von Verträgen sowohl mit öffentlichen wie mit privaten Auftraggeber kann deshalb auf die zu § 9 Nr. 12 VOB/A entwickelten Darlegungen zurückgegriffen werden.[126] 70

III. § 9 Nr. 13

„Leistungen, die nach den Vertragsbedingungen, den technischen Vertragsbedingungen oder der gewerblichen Verkehrssitte zu der geforderten Leistung gehören (§ 2 Nr. 1 VOB/B), brauchen nicht gesondert aufgeführt zu werden“, § 9 Nr. 13 VOB/A 2006 (früher Nr. 8). Im Interesse der Klarheit und Eindeutigkeit ist es sinnvoll, überflüssige Bezeichnungen wegzulassen. Was sich sowieso schon aus den (konkreten) Vertragsbedingungen oder den Technischen Vertragsbedingungen (zum Begriff § 10 Nr. 1–4 VOB/A) ergibt, braucht nicht wiederholt zu werden. Jedenfalls gehören insbesondere auch Zusätzliche Technische Vertragsbedingungen zur Leistungsbeschreibung (im weiteren Sinn, vgl. oben Rdn. 56) Wie näher aus § 10 VOB/A zu entnehmen ist, gehören zu auch die Allgemeinen Vertragsbedingungen, also die VOB/B, sowie die Allgemeinen Technischen Vertragsbedingungen, also die VOB/C die Leistungsbeschreibung im weiteren Sinn. Damit wird insbesondere durch die Bezugnahme auf DIN 18 299 Abschnitt 4 sowie auf Abschnitt 4 der jeweiligen Fachnormen sichergestellt, dass die Unterscheidung zwischen **Nebenleistungen** und **Besonderen Leistungen**[127] vergaberechtlich relevant ist. 71

Es ist auch richtig, dass Leistungen, die ohnehin nach der gewerblichen Verkehrssitte zur geforderten Leistung gehören, nicht besonders erwähnt werden müssen. Tatsächlich brauchen Selbstverständlichkeiten nicht genannt zu werden, aber der Umfang dessen, was nach der gewerblichen Verkehrssitte unerwähnt dazu gehört[128], ist im Randbereich oft zweifelhaft. Der Auftraggeber sollte hier lieber, wenn es ernsthafte Zweifel geben kann, verbal für Klarheit sorgen. 72

IV. § 9 Nr. 14

1. Vergaberechtliche Bedeutung

§ 9 Nr. 14 VOB/A 2006 (früher Nr. 9) enthält ein eingeschränktes Verbot von Mischpositionen (Sammelpositionen); unter **eine** Ordnungszahl (Position) sollen nämlich nur solche Leistungen aufgenommen werden, die nach ihrer technischen Beschaffenheit und für die Preisbildung als in sich gleichrangig anzusehen sind. Ungleichartige Leistungen sollen (das ist vergaberechtlich zu verstehen als: dürfen **nur dann**[129]) unter einer Ordnungszahl (Sammelposition) zusammengefasst werden, wenn eine Teilleistung gegenüber einer anderen für die Bildung eines Durchschnittspreises ohne nennenswerte Bedeutung ist. 73

---

[125] *Kapellmann/Schiffers* Band 1, Rdn. 203; *Korbion/Locher* AGB-Gesetz, I Rdn. 115.
[126] Einzelheiten ergänzend VOB/B § 2, Rdn. 120, 122.
[127] Dazu VOB/B § 2, Rdn. 86, 87.
[128] Im Einzelnen dazu VOB/B § 2, Rdn. 89.
[129] Im Ergebnis ebenso *Heiermann/Riedl/Rusam* VOB/A § 9, Rdn. 136 („grundsätzlich unzulässig“).

74 Die Vorschrift bestimmt vorab, nach welchen Kriterien überhaupt technische Teilleistungen unter eigener Ordnungszahl (Position) im Leistungsverzeichnis aufgeführt werden sollen; maßgebend ist, dass in der einzelnen Position jeweils nur ein solches „Teilstück der Leistung" aufgeführt ist, dass es sich einheitlich – und sicher, § 9 Nr. 1 – kalkulieren lässt. Für Differenzierungen gibt es genug Positionsformen, wir verweisen auf Grundpositionen, Alternativpositionen, Eventualpositionen usw., alles **erläutert** in **VOB/A § 5, Rdn. 13–27**.

Das Verbot, ungleichartige Leistungen unter einer Position zusammenzufassen, wenn eine Teilleistung gegenüber einer anderen für die Bildung eines Durchschnittspreises von Bedeutung ist, ist vergaberechtlich äußerst wichtig. Fasst nämlich der Auftraggeber ungleichartige Leistungen unter einer Position und damit unter einem Preis zusammen, ist eine ordnungsgemäße Kalkulation unmöglich. Darüber hinaus ist Manipulationen Tor und Tür geöffnet. Ein Bieter darf demgemäß davon ausgehen, dass entweder unterschiedliche Leistungen, wenn sie vorkommen, annähernd gleichartige Kosten verursachen oder, dass kostenmäßig teurere Einzelleistungen mengenmäßig nicht in einer nennenswerten Größenordnung und deshalb kalkulatorisch nicht ins Gewicht fallen; erst recht darf die „teurere" Leistung nicht nahezu gleichhäufig oder sogar überwiegend sein. Der Bieter darf, wenn sich für die Mengenverteilung keine Angaben aus dem Leistungsverzeichnis entnehmen lassen, entsprechende Annahmen in einem Anschreiben zum Angebot zur Grundlage machen.[130] Beispiel: Bei Rohrleitungen enthält eine Position alle Formstücke, ausgeführt werden aber zu 90 % besonders aufwändige Formstücke.

Natürlich ist Voraussetzung, dass eine Trennung technisch möglich ist. Wenn sich bei Bodenaushub Boden der Klasse 3 und der Klasse 4 in einer Gemengelage befinden, kann der Auftraggeber bestenfalls ungefähre Mengenverteilungen angeben, aber mehr nicht.

2. Bauvertragliche Folgen

75 Zivilrechtlich darf ein Bieter sowohl beim öffentlichen Auftraggeber wie beim privaten Auftraggeber davon ausgehen, dass entsprechend § 9 Nr. 14 VOB/A bei einer Mischposition die Voraussetzungen richtiger Ausschreibung (oben Rdn. 75) beachtet sind. Ist also z.B. eine „teurere Leistung" überproportional vertreten, so ist das Bausoll-Bauist-Abweichung und löst Mehrvergütungsansprüche des Auftragnehmers aus.[131]

D. Leistungsbeschreibung mit Leistungsprogramm

I. § 9 Nr. 15–17 nur Regelung der total-funktionalen Leistungsbeschreibung; Geltungsbereich

1. Geltungsbereich

76 Die „Leistungsbeschreibung mit Leistungsprogramm" ist in § 9 Nr. 15–17 VOB/A 2006 (früher Nr. 10–12 b) geregelt. Die Überschrift „mit Leistungsprogramm" ist wörtlich zu nehmen. Die VOB-Regelung bezieht sich **ausschließlich** auf eine total-funktionale Leistungsbeschreibung, d.h., eine Leistungsbeschreibung, in der der Auftraggeber **verbal** die von ihm an das Bauwerk gestellten Anforderungen (Funktionen) definiert, **ohne** dass er diese Anforderungen in eigene Planungen umsetzt oder umgesetzt hat.[132] Das ist schon angesichts des Wortlauts „Leistungsprogramm" nahe liegend, angesichts des weiteren Wortlauts der Vorschriften selbst aber auch eindeutig. Nr. 15 spricht nämlich davon, dass zusammen mit der Bauausführung **auch der Entwurf** dem Wettbewerb unterstellt wird, um u.a. die gestalterisch beste sowie funktionsgerechte Lösung der Bauaufgabe zu **ermitteln**. Das Leistungsprogramm umfasst nach Nr. 16 (nur) die

[130] *Kapellmann/Schiffers* Band 1, Rdn. 860.
[131] Näher *Kapellmann/Schiffers* Band 1, Rdn. 860; unzutreffend OLG Köln IBR 1992, 230.
[132] Zur Struktur einer solchen „zielorientierten" Ausschreibung näher *Langen/Schiffers*, Festschrift Jagenburg, S. 435.

Beschreibung der Bau**aufgabe**, aus der die Bewerber **alle** für die **Entwurfs**bearbeitung ... maßgebenden Bedingungen und Umstände erkennen können. Gemäß Nr. 17 ist vom Bieter ein Angebot zu verlangen, das außer der Ausführung der Leistung den **Entwurf** ... umfasst. Der Begriff „Entwurf" ist in der VOB nicht definiert. In Anknüpfung an § 9 Nr. 4 VOB/A ist für das Verständnis die verkehrsübliche Bezeichnung zugrunde zu legen. „Entwurf" ist gemäß § 15 Abs. 2 Nr. 3 HOAI das „Durcharbeiten des Planungskonzepts, die Integrierung der Leistung anderer an der Planung fachlich Beteiligter ..., die zeichnerische Darstellung des Gesamtentwurfs ...", also die „Entwurfsplanung". Dabei sind nicht zwingend alle Einzelleistungen gemäß HOAI Leistungsphase3 eingeschlossen. Wesentlich ist die zeichnerische Darstellung, die, wenn der Auftraggeber das akzeptiert, auch in Form der Vorplanung gemäß Leistungsphase 2 ausreichend sein kann. Demzufolge umfasst § 9 Nr. 15–17 eindeutig **nur** die Leistung eines so genannten Totalunternehmers (oder auch Totalübernehmers, dazu VOB/A § 8, Rdn. 24), also den Vertrag, bei dem der Auftraggeber nicht etwa in Stufen, sondern sofort **Entwurf** und **Ausführung** in eine Hand gibt, wobei die Ausführung (intern) auch eine Ausführungsplanung voraussetzt.

Umgekehrt ergibt sich daraus zwingend, dass § 9 Nr. 15–17 **nicht** die **teil**-funktionale Leistungsbeschreibung (zum Begriff Rdn. 93) erfasst, d.h. eine Leistungsbeschreibung, bei der der Auftraggeber die Entwurfsplanung ganz oder größtenteils selbst erstellt und **nur** die **Ausführungsplanung** ganz oder größtenteils sowie die Ausführung dem Auftragnehmer überträgt; § 9 Nr. 15–17 regelt also insbesondere **nicht den typischen „Schlüsselfertigbau"**. So weit das Vergabehandbuch des Bundes (2002) Stand Februar 2006 unter 7.1.1 zu § 9 VOB/A definiert, dass bei der Leistungsbeschreibung mit Leistungsprogramm von den Bietern als Planungsleistungen Entwurfs- **und/*oder*** Ausführungsunterlagen gefordert werden, und so weit dem einzelne Autoren folgen,[133] ist das unrichtig; wenn **nur** Ausführungspläne gefordert werden, ist das eben kein „Entwurf". Das gilt nicht nur, weil die Definition des Entwurfs in Nr. 15–17 des § 9 genau das Gegenteil aussagt, sondern auch, weil bei einer teil-funktionalen Leistungsbeschreibung die Anforderungen des § 9 Nr. 15 **niemals** erfüllt werden könnten: Wenn einem Bieter **nur** die Ausführungsplanung und nicht die Entwurfsplanung übertragen ist, kann er nicht die **gestalterisch** beste (sowie funktionsgerechte) Lösung der Bauaufgabe anbieten, weil die entsprechenden Entscheidungen durch die Vorplanung und die Entwurfsplanung längst gefallen sind. 77

Dass teil-funktionale Leistungsbeschreibungen nicht von § 9 Nr. 15–17 erfasst werden, heißt **nicht**, dass sie vergaberechtlich unzulässig seien, im Gegenteil: Wenn schon so extreme Formen der Funktionsverlagerung von Auftraggeber auf Auftragnehmer wie die Totalunternehmer-Ausschreibung gemäß Nr. 15–17 zulässig sind, müssen erst recht die für Bieter viel weniger problematischen, viel weniger „radikalen" Vertragsformen wie die teil-funktionale Leistungsbeschreibung zulässig sein.[134] 78

2. Einführung der Nr. 10–12 b durch die VOB 1973

Die VOB 1952 und die unveränderte VOB 1965 enthielten **keine** Regelungen über irgendeine Art einer Leistungsbeschreibung mit Leistungsprogramm oder über funktionale oder teil-funktionale Leistungsbeschreibungen. Erstmals 1973 führte der damalige Verdingungsausschuss für einen praktisch winzigen Teilbereich der funktionalen Ausschreibung eine Regelung ein, nämlich für den Extremfall der Totalunternehmer-Ausschreibung. Den ganzen „normalen" Bereich (also den „normalen" Schlüsselfertigbau, siehe Rdn. 76, 77) ließ er ungeregelt; eine Analyse der überhaupt vorkommenden Formen funktionaler Vergabe nahm er gar nicht vor. In der Kommentierung hieß es, für die entsprechende Ausschreibungsart gäbe es nur Erfahrungen aus dem konstruktiven Ingenieurbau, insbesondere dem Brückenbau, für den Bereich des Hochbaus lägen 79

[133] So aber und also unrichtig *Heiermann/Riedl/Rusam* VOB/A § 9, Rdn. 139; wohl auch Beck'scher VOB-Kommentar/*Hertwig* VOB/A § 9, Rdn. 55, 61 mit der unzutreffenden Definition, die Leistungsbeschreibung mit Leistungsprogramm unterscheide sich von der Leistungsbeschreibung mit Leistungsverzeichnis durch das Fehlen von Massenangaben (!).

[134] **Zur Zulässigkeit der teil-funktionalen Leistungsbeschreibung („Schlüsselfertigbau") im Einzelnen Rdn. 93 ff.**

nur sehr begrenzte Erfahrungen vor.[135] Der Verdingungsausschuss wolle durch die Einfügung der damaligen Nr. 10–12 b der Tatsache Rechnung tragen, dass in der Praxis zunehmend Auftraggeber Leistungsbeschreibungen nach Art von Leistungsprogrammen anzuwenden suchten – das war für den Verdingungsausschuss der entscheidende Anstoß, „dieser Beschreibungsform in § 9 VOB/A möglichst feste Regeln zu geben. Es ging dabei **nicht** darum, zur **vermehrten** Anwendung dieser Beschreibungsform anzuregen, sondern die an eine einwandfreie programmatische Beschreibung zu stellenden Anforderungen zu formulieren und so Fehler und **Missgriffe** nach Möglichkeiten zu **steuern**; denn Fehler und Missgriffe können nur geeignet sein, ein an sich zweckmäßiges Instrumental in Misskredit zu bringen."[136] Bei der Einführung dieser Neuregelung war eindeutig, dass **Planung**, **Entwurf** und Ausführung eng miteinander verkoppelt werden sollten und in den Wettbewerb Planung und **Entwurf** einbezogen werden sollten.[137] Offensichtlich war es also Ziel, die an sich jedenfalls im Hochbau eher noch unbekannte Vergabeform des Extremfalls „Totalunternehmervergabe" zu „kanalisieren". Dass der Verdingungsausschuss sich ausgerechnet auf die seltenste Erscheinungsform konzentrierte, ist nur mit dieser damals noch fehlenden praktischen Erfahrung zu erklären. Damals sah der Verdingungsausschuss offensichtlich keinen weiteren vergaberechtlichen Regelungsbedarf, wollte aber ebenso offensichtlich durch § 9 Nr. 10–12 andere Formen der (teil-) funktionalen Leistungsbeschreibung nicht etwa für vergaberechtlich unzulässig erklären, was ja auch wenig Sinn ergeben hätte. Eine Entscheidung, die 1973 auf dem Hintergrund fehlender Erfahrung vielleicht noch verständlich war, ist allerdings heute nicht mehr vertretbar; dass der jetzige Vergabe- und Vertragsausschuss sich der Situation nicht angenommen hat, ist schwer zu verstehen.

3. Leistungsbeschreibung mit Leistungsprogramm – eine seltene Erscheinungsform

80 Bei der Leistungsbeschreibung mit Leistungsprogramm, also der **Total**unternehmerausschreibung, muss der Auftraggeber sich wohl überlegen, ob er wirklich einem Auftragnehmer einen Auftrag über Planung und Bauen erteilen will, also letztlich auf gestalterische eigene Entscheidungen nahezu vollständig verzichtet. Umgekehrt muss sich ein Bieter überlegen, ob er den riesigen Angebotsbearbeitungsaufwand, d.h. komplette Entwurfsplanung und jedenfalls Grundzüge der Ausführungsplanung, wirtschaftlich riskieren will, da er ja keine Gewähr hat, einen Auftrag zu bekommen. Vom privaten Auftraggeber erhält der Bieter in der Regel keine oder jedenfalls bestimmt keine kostendeckende Entschädigung für die Angebotsbearbeitung; er wird sich also an einer solchen Bearbeitung nur dann beteiligen, wenn ganz wenig Bieter gefragt werden und wenn seine Angebotschance hoch ist, darüber hinaus das Objekt äußerst verlockend ist. Der öffentliche Auftraggeber muss dagegen gemäß § 20 Abs. 2 VOB/A eine angemessene Entschädigung ausschreiben, was bei richtiger Berechnung ein solches Vorhaben allein schon deshalb ganz erheblich verteuern kann und was bei der Überprüfung der wirtschaftlichen Vorteilhaftigkeit mit zu berücksichtigen ist (Rdn. 82).

Der Umfang der literarischen Befassung mit den Nr. 15–17 steht im umgekehrten Verhältnis zu deren praktischer Bedeutung. Tatsächlich spielt die Leistungsbeschreibung mit Leistungsprogramm beim öffentlichen Auftraggeber nur dort eine Rolle, wo die Funktion total im Vordergrund steht und gestalterische Aspekte von der Preishoffnung des Auftraggebers – die Realisierung der Hoffnung ist schwer verifizierbar! – und seinen beschränkten Mitteln völlig überwogen werden. Praktische (und sinnvolle) Beispiele aus neuerer Zeit sind z.B. Fußballstadien.

4. Beschränkte Ausschreibung

81 Angesichts der Anforderungen liegt auf der Hand, dass nur eine beschränkte Ausschreibung (§ 3 Nr. 3 Abs. 2 a und b VOB/A) in Betracht kommt.

---

[135] *Daub/Piel/Soergel* VOB/A ErlZ A 9.206.
[136] *Daub/Piel/Soergel* VOB/A ErlZ A 9.184.
[137] *Daub/Piel/Soergel* VOB/A ErlZ A 9.185 und 9.186.

II. Die Einzelbestimmungen

1. § 9 Nr. 15

Vergaberechtliche Voraussetzung für die Ausschreibung mit Leistungsprogramm ist, dass es „nach Abwägen aller Umstände" zweckmäßig ist, zusammen mit der Bauausführung auch den **Entwurf** für die Leistung dem Wettbewerb zu unterstellen,[138] um die **technisch**, **wirtschaftlich** und **gestalterisch beste** sowie **funktionsgerechte** Lösung der Bauaufgabe zu ermitteln. Es ist nochmals festzuhalten, dass damit nur die komplette planerische Lösung und bauliche Realisierung erfasst wird, nicht eine teil-funktionale Ausschreibung (oben Rdn. 76). Wenn der Auftraggeber schon so weitgehend seine gestalterische Einflussnahme aus der Hand gibt und wenn er letztendlich zu einem sehr frühen Zeitpunkt **auch** eine Entscheidung über die Realisierungsmodalitäten trifft, so muss er für eine solche außergewöhnliche Handlungsweise nachvollziehbare, gewissermaßen „handfeste" Gründe haben. Demzufolge verlangt § 9 Nr. 15–17 für diese Form der Ausschreibung zutreffend **kumulativ**[139] technische, wirtschaftliche, gestalterische und funktionale Gründe, ein entsprechendes Know How von Bietern abzufragen, das der Auftraggeber auch bei Einsatz eigener Planer nicht hat oder nachvollziehbar nicht zu haben glaubt. Die Anforderung des bieterseitigen Know Hows muss also nicht nur bequem oder scheinbar kostengünstig sein, die Anforderung muss erforderlich sein, der Auftraggeber muss sein Informationsinteresse mit eigenen Mitteln (eigenen Planern!) nicht oder nur substantiell schlechter befriedigen können.[140] Dass ein Bieter besonderes technisches und wirtschaftliches Know How im Sinne der Einbringung von Fertigungs-Know-how hat, lässt sich ohne weiteres nachvollziehen; dass er überlegene gestalterische Fähigkeiten hat, wird nicht gerade die Regel sein. Man darf allerdings innerhalb der einzelnen Gesichtspunkte gewichten und muss den gestalterischen Aspekten dabei einen geringeren Rang einräumen als den technischen, wirtschaftlichen und funktionalen, das schon deshalb, weil sich diese Ausschreibungsmethode ohnehin nur dann anbietet, wenn der gestalterische Aspekt nicht der bestimmende ist. Bei den wirtschaftlichen Überlegungen muss der Auftraggeber einbeziehen, dass er für die Angebotsbearbeitung gemäß § 20 Nr. 2 VOB/A eine Entschädigung für die Angebotsbearbeitung zahlen muss.[141] 82

Der Bund benennt in 7.1.3 des Vergabehandbuchs im Zuständigkeitsbereich der Finanzbauverwaltungen (2002) zu § 9 sachgerecht zwei Beispiele: Bei Fertigteilbauten kann es notwendig sein, wegen der Verschiedenartigkeit von Systemen eine funktionale Ausschreibung zu wählen. Oder für ein Projekt sind im Einzelfall mehrere technische Lösungen (**diese** stehen also im Vordergrund, nicht die Gestaltung) möglich, die nicht im Einzelnen neutral beschrieben werden können. Als Beispiel für die zweite Alternative kommen Fußballstadien in Betracht, bei denen technisch-konstruktive Lösungen, Funktion, Gestalt und Wirtschaftlichkeit untrennbar miteinander zusammenhängen, aber ihrerseits von gestalterischen Grundkonzeptionen – für die die Fertigungserfahrung des Bieters umgekehrt eine ausschlaggebende Rolle spielt – stärkstens beeinflusst werden. 83

Dennoch macht schon das Beispiel deutlich, wie selten diese Vergabeform ist.

Ingesamt muss die Ausschreibung den Bietern einen notwendigen **Spielraum** lassen, um unterschiedliche Problemlösungen auf der Basis des jeweils ihnen zugänglichen Know How anbieten zu können.[142] 84

---

[138] Laut OLG Brandenburg IBR 2003, 687 muss der Bieter mit dem Angebot nur dann eine förmliche Entwurfsplanung vorlegen, wenn das ausdrücklich gefordert ist.

[139] Beck'scher VOB-Kommentar/*Hertwig* VOB/A § 9, Rdn. 55; *Ingenstau/Korbion/Kratzenberg* VOB/A § 9, Rdn. 129.

[140] *Ingenstau/Korbion/Kratzenberg* VOB/A § 9, Rdn. 131.

[141] Dazu VÜA Rheinland Pfalz vom 20.9.1997, VÜ 2/97, in: *Fischer/Noch* Entscheidungssammlung Europäisches Vergaberecht, VII 11.7, S. 11; *Ingenstau/Korbion/Kratzenberg* § 9, Rdn. 135; *Dähne/Schelle* S. 781.

[142] VK Bund 26.7.2000, VK 2–16/00, *Fischer/Noch* Entscheidungssammlung Europäisches Vergaberecht, VII 30, S. 20.

85 Der Auftraggeber hat zur Beurteilung der kumulativen Voraussetzungen einen Ermessensspielraum.[143] Er muss aber seine Gründe prüfbar im Vergabevermerk niederlegen.

2. § 9 Nr. 16

86 § 9 Nr. 16 beschreibt, welche Anforderungen an das vom Auftraggeber aufzustellende Leistungsprogramm zu stellen sind, wobei besonders hervorzuheben ist, dass dafür auch die Nr. 12–14 sinngemäß gelten; die allgemeinen Vorschriften des § 9 Nr. 1–4 gelten ohnehin. Dabei darf allerdings das Verbot der Auferlegung eines ungewöhnlichen Wagnisses gemäß § 9 Nr. 2 hier nicht missverstanden werden: Ungewöhnlich ist das Wagnis dann, wenn der Auftraggeber seiner Beschreibungspflicht nicht nachkommt; ungewöhnlich ist nicht das aus der Funktionsverlagerung resultierende Risiko, dass also beispielsweise der Bieter selbst planen und bauen und deshalb auch grob errechnen und kalkulieren muss; entscheidend ist hier nur, dass der Auftraggeber funktionsgerecht ausschreibt.[144]

87 Wieso Nr. 16 „gegebenenfalls" ein Musterleistungsverzeichnis als Bestandteil des Leistungsprogramms verlangt, ist rätselhaft. Ein „Leistungsverzeichnis" **kann** der Auftraggeber erst dann fertigen, wenn **er** die Ausführungsplanung abgeschlossen hat (oben Rdn. 60). Wie der Auftraggeber bei einer Leistungsbeschreibung mit Leistungsprogramm an dieses Musterleistungsverzeichnis kommen will, ist demgemäß nicht nachzuvollziehen. Angeblich soll sich die Bestimmung auf die besonderen Verhältnisse im Brückenbau beziehen.[145] Der Text macht trotz der Einschränkung „gegebenenfalls" deutlich, dass sich der Verdingungsausschuss 1973 nicht ausreichend mit den Erscheinungsformen funktionaler Leistungsbeschreibungen befasst hat oder vielleicht noch nicht befassen konnte (oben Rdn. 79).

88 Die Anforderungen an das Leistungsprogramm bestimmen sich insbesondere auch danach, dass nur eine Beschreibung nach eindeutigen Kriterien die **Vergleichbarkeit** der unterschiedlichen Angebote mindestens annähernd möglich macht und nur so überhaupt einen sinnvollen Wettbewerb in Gang setzen kann.

89 Eine Leistungsbeschreibung mit Leistungsprogramm kann sich auch auf Teile eines Bauwerks beziehen, immer vorausgesetzt, dass auch insoweit ein Entwurf verlangt wird.

90 Sachgerecht beschreibt das Vergabehandbuch des Bundes im Zuständigkeitsbereich der Finanzbauverwaltungen (2002) Stand Februar 2006 unter 7.2 zu § 9 VOB/A:

7.2.1 Eine Leistungsbeschreibung mit Leistungsprogramm stellt besonders hohe Anforderungen an die Sorgfalt der Bearbeitung. Die Beschreibung muss eine einwandfreie Angebotsbearbeitung durch die Bieter ermöglichen und gewährleisten, dass die zu erwartenden Angebote vergleichbar sind. Bevor das Leistungsprogramm aufgestellt werden darf, müssen ein vollständiges Raumprogramm, das nachträglich nicht mehr geändert werden darf, und eine genehmigte Haushaltsunterlage – Bau – vorliegen.
Außerdem müssen sämtliche für das Bauvorhaben bedeutsamen öffentlich-rechtlichen Forderungen (städtebaulicher und bauaufsichtlicher Art) geklärt sein.

7.2.2 Bei der Aufstellung des Leistungsprogramms ist besonders darauf zu achten, dass die in § 9 Nr. 3 bis 5 VOB/A geforderten Angaben eindeutig und vollständig gemacht werden.

7.2.3 Als Anhalt für Angaben zum Leistungsprogramm und deren Gliederung kann die nachfolgende Aufstellung dienen. Dabei ist jeweils im Einzelfall zu prüfen, welche dieser Angaben für eine genaue Beschreibung erforderlich sind.

---

[143] Vgl. OLG Schleswig OLGR 2000, 470; OLG Schleswig IBR 2001, 38.

[144] Vgl. BGH „Kammerschleuse" BauR 1997, 126; zur vergaberechtlichen Bedeutung dieser Entscheidung **näher** Rdn. 23, zur zivilrechtlichen Bedeutung VOB/B § 2, Rdn. 29, 249.

[145] *Daub/Piel/Soergel* VOB/A § 9, ErlZ A 9.191; auch beim Brückenbau setzt aber ein **auftraggeber**seitiges Musterleistungsverzeichnis voraus, dass die Planungsaufgaben gelöst **sind** – wie soll dann „eine Leistungsbeschreibung mit Leistungsprogramm" funktionieren?

7.2.3.1 Angaben des Auftraggebers für die Ausführung:
Beschreibung des Bauwerks/der Teile des Bauwerks
Allgemeine Beschreibung des Gegenstandes der Leistung nach Art, Zweck und Lage Beschreibung der örtlichen Gegebenheiten wie z.B. Klimazone, Baugrund, Zufahrtswege, Anschlüsse, Versorgungseinrichtungen
Beschreibung der Anforderungen an die Leistung
Flächen- und Raumprogramm, z.B. Größenangaben, Nutz- und Nebenflächen, Zuordnungen, Orientierung
Art der Nutzung, z.B. Funktion, Betriebsabläufe, Beanspruchung Konstruktion: ggf. bestimmte grundsätzliche Forderungen, z.B. Stahl oder Stahlbeton, statisches System, Einzelangaben zur Ausführung, z.B.
- Rastermaße, zulässige Toleranzen, Flexibilität
- Tragfähigkeit, Belastbarkeit
- Akustik (Schallerzeugung, -dämmung, -dämpfung)
- Klima (Wärmedämmung, Heizung, Lüftungs- und Klimatechnik)
- Licht- und Installationstechnik, Aufzüge
- hygienische Anforderungen
- besondere physikalische Anforderungen (Elastizität, Rutschfestigkeit, elektrostatisches Verhalten)
- sonstige Eigenschaften und Qualitätsmerkmale
- vorgeschriebene Baustoffe und Bauteile
- Anforderungen an die Gestaltung (Dachform, Fassadengestaltung, Farbgebung, Formgebung).

Abgrenzung zu Vor- und Folgeleistungen
Normen oder etwaige Richtlinien der nutzenden Verwaltung, die zusätzlich zu beachten sind
öffentlich-rechtliche Anforderungen, z.B. spezielle planungsrechtliche, bauordnungsrechtliche, wasser- oder gewerberechtliche Bestimmungen oder Auflagen.

7.2.3.2 Unterlagen, die der Auftraggeber zur Verfügung stellt:
Dem Leistungsprogramm sind als Anlage beizufügen z.B. das Raumprogramm, Pläne, Erläuterungsberichte, Baugrundgutachten, besondere Richtlinien der nutzenden Verwaltung.
Die mit der Ausführung von Vor- und Folgeleistungen beauftragten Unternehmer sind zu benennen.
Die Einzelheiten über deren Leistungen sind anzugeben, so weit sie für die Angebotsbearbeitung und die Ausführung von Bedeutung sind, z.B.
- Belastbarkeit der vorhandenen Konstruktionen
- Baufristen
- Vorhaltung von Gerüsten und Versorgungseinrichtungen.

7.2.3.3 Ergänzende Angaben des Bieters:
So weit im Einzelfall erforderlich, kann der Bieter z.B. zur Abgabe folgender Erklärungen oder zur Einreichung folgender Unterlagen aufgefordert werden:
- Angaben zur Baustelleneinrichtung, z.B. Platzbedarf, Art der Fertigung
- Angaben über eine für die Bauausführung erforderliche Mitwirkung oder Zustimmung des Auftraggebers
- Baufristenplan, u.U. auch weitere Pläne abweichend von der vorgeschriebenen Bauzeit
- Zahlungsplan, wenn die Bestimmung der Zahlungsbedingungen dem Bieter überlassen werden soll
- Erklärung, dass und wie die nach dem öffentlichen Recht erforderlichen Genehmigungen usw. beigebracht werden können
- Wirtschaftlichkeitsberechnung unter Einbeziehung der Folgekosten, unterteilt in Betriebskosten und Unterhaltungskosten, so weit im Einzelfall erforderlich.

7.2.3.4 Besondere Bewertungskriterien:

Gegebenenfalls ist anzugeben, nach welchen Gesichtspunkten – auch hinsichtlich ihrer Rangfolge – der Auftraggeber die angebotenen Leistungen zu werten beabsichtigt.

3. § 9 Nr. 17

91 § 9 Nr. 17 regelt die Anforderungen an das Angebot der Bieter. Der Zweck der Vorschrift ist wie der der Nr. 16 (vgl. Rdn. 88), möglichst vergleichbare Angebote zu erhalten. Der Text ist aus sich heraus verständlich. Satz 2 a, wonach bei Beschreibung der Leistung mit Mengen- und Preisangaben vom Bieter zu verlangen ist, dass er die Vollständigkeit seiner Angaben, insbesondere die von ihm selbst ermittelten Mengen, entweder ohne Einschränkung oder im Rahmen einer in den Verdingungsunterlagen anzugebenden Mengentoleranz vertritt, ist nicht sehr praktisch. Eine total-funktionale Ausschreibung wird immer mit einem Pauschalpreis enden, so dass sich das angesprochene Thema erledigt. Dagegen ist die Einschränkung zu Satz 2 b sinnvoll: Um preistreibende Risikio-Zuschläge in der Kalkulation zu vermeiden, ist es sinnvoll, dass der Bieter etwaige Annahmen, zu denen er gezwungen ist, weil zum Zeitpunkt der Angebotsabgabe einzelne Teilleistungen nach Art und Menge noch nicht bestimmt werden können (z.B. Aushub-, Abbruch- oder Wasserhaltungsarbeiten), angibt, also Risikobegrenzung betreibt.

92 Auch zu den Anforderungen an das Angebot des Bieters enthält das Vergabehandbuch des Bundes unter 7.3 sachgerechte Anforderungen.

E. Teil-funktionale Leistungsbeschreibung

I. Erscheinungsformen

1. Begriff, Verbreitung

93 Während die total-funktionale Leistungsbeschreibung (die Leistungsbeschreibung mit Leistungsprogramm gemäß § 9 Nr. 15–17, vgl. Rdn. 79) selten ist, ist die teil-funktionale Leistungsbeschreibung, prototypisch als „Schlüsselfertigbau" jedenfalls bei privaten Auftraggebern **sehr weit verbreitet** und hat zumindest bei größeren Projekten Verträge nach Einheitspreismuster (Leistungsbeschreibung mit Leistungsverzeichnis) weitgehend verdrängt, insbesondere auch bei Verkehrs-Großprojekten.[146] Nach der letzten statistischen Erfassung des Betriebswirtschaftlichen Instituts der Bauindustrie entfielen z.B. in NRW auf Unternehmer mit Schwerpunkt im Hochbau einschließlich Wohnungsbau in den letzten Jahren **annähernd 60 %** der Jahresbauleistung auf „Schlüsselfertigbau".

Mit teil-funktionaler Leistungsbeschreibung ist nicht gemeint, dass ein Teil des Bauwerks nach dem Muster „Leistungsbeschreibung mit Leistungsprogramm" ausgeschrieben wird, also einschließlich Entwurf, sondern, dass der Auftraggeber wesentliche planerische Vorarbeiten selbst leistet bzw. durch seine Planer leisten lässt, insbesondere also den **Entwurf selbst erstellt** und im Regelfall auch die Baugenehmigung entweder selbst herbeiführt oder weitestgehend vorbereitet und dann auf dieser Basis teil-funktional ausschreibt, also dem Auftragnehmer entweder ganz oder zu definierten erheblichen Teilen die Ausführungsplanung überträgt und ihn sodann mit der schlüsselfertigen Errichtung auf der Basis der eigenen Ausführungsplanung beauftragt.

2. Struktur des prototypischen Schlüsselfertigbaus

94 „Schlüsselfertigbau" tritt naturgemäß in allen Varianten teil-funktionaler Leistungsbeschreibung auf.[147] Der Schlüsselfertig-Vertrag enthält jedenfalls 3 Strukturelemente, wovon 2 engstens zusammengehören:

---

[146] *Kapellmann* Schlüsselfertiges Bauen, Rdn. 1; *Oepen/Paulsen* Jahrbuch Baurecht 2006, Seite 426.
[147] Einzelheiten *Kapellmann/Schiffers* Band 2, Rdn. 426–440.

Element „Komplettheit“, verkörpert im Begriff „Schlüsselfertig“[148] – das ist eine globale Leistungsbeschreibung auf der Basis einer teil-funktionalen Ausschreibung; immer erbringt also der Bieter einzelne (aber eben nur einzelne) Planungsleistungen selbst; vergaberechtlich ist dieses Problem bei der Frage angesiedelt, ob § 9 Nr. 15–17 VOB/A eine solche Ausschreibungsmethode ausschließt.

Element „Leistung aus einer Hand“, also Erbringung durch einen Generalunternehmer (oder Generalübernehmer); vergaberechtlich bemisst sich das nach § 4 Nr. 3 VOB/A bzw. § 8 VOB/A.

Element „Pauschalpreis“; vergaberechtlich bemisst sich die Zulässigkeit der Pauschalpreisvereinbarung nach § 5 Nr. 1 b VOB/A.

II. Zulässigkeit nach VOB/A

1. Keine Regelung in § 9 Nr. 15–17

Die „Leistungsbeschreibung mit Leistungsprogramm“ in § 9 Nr. 15–17 VOB/A regelt **nur** die total-funktionale Leistungsbeschreibung (oben Rdn. 76), also die Leistungsbeschreibung, bei der der Auftraggeber auch schon den Entwurf durch den Bieter erstellen lassen will, nicht die teil-funktionale Ausschreibung. Die VOB/A enthält auch keinen Numerus Clausus dahingehend, dass nur die in § 5 und § 9 VOB/A einzeln aufgeführten Vertragsformen und Ausschreibungsmethoden zulässig seien.[149] Die VOB/A hat auch schon vor Einführung des § 9 Nr. 15–17 funktionale Leistungsbeschreibung gekannt und hat durch die Regelung eines sehr extremen Sonderfalls nicht zum Ausdruck gebracht, dass alle anderen Ausschreibungsformen vergaberechtlich unzulässig seien.[150] 95

Es wäre auch **unverständlich**, wenn die VOB/A, vertragstypisch betrachtet, die **beiden Extreme regeln** würde, also einmal die „Leistungsbeschreibung mit Leistungsverzeichnis“, die tradierte Form detailliertester Leistungsbeschreibung durch den Auftraggeber und auf der anderen Seite die total-funktionale Leistungsbeschreibung mit Leistungsprogramm, also den äußersten Sonderfall totaler Übertragung aller Planungsleistungen auf den Auftragnehmer als eine von zahlreichen anderen Möglichkeiten funktionaler Ausschreibung, das breite „**Mittel**feld“ aber verbieten würde. Dass insoweit andere Ausschreibungsformen möglich sind, ergibt sich schon aus dem Wortlaut des § 9 Nr. 11, wenn die Leistungsbeschreibung mit Leistungsverzeichnis nur „in der Regel“ gewählt werden soll, so dass es also schon deshalb auch andere Formen geben muss; die „Leistungsbeschreibung mit Leistungsprogramm“ beurteilt § 9 Nr. 15 sodann **ausschließlich nach Zweckmäßigkeitsgesichtspunkten**, was sachgerecht und vernünftig ist. Wenn also für andere Ausschreibungsformen **andere Zweckmäßigkeitsgesichtspunkte** sprechen, ist vergaberechtlich nichts einzuwenden.[151] Zutreffend vermerkt *Kratzenberg*, dass die Leistungsbeschreibung mit Leistungsverzeichnis „eine der möglichen Formen der Leistungsbeschreibung darstellt, also auch in Einzelfällen andere und möglicherweise zweckmäßigere Beschreibungsarten denkbar sind, wie **z.B.** die auch in Teil A § 9 geregelte Leistungsbeschreibung mit Leistungsprogramm (Nr. 15–17).“[152] Demzufolge besteht Einigkeit darüber, dass eine Ausschreibung in Form des „Schlüsselfertigbaus“, also eine teil-funktionale Ausschreibung, vergaberechtlich zulässig ist.

---

[148] Zum Begriff näher VOB/B § 2, Rdn. 250.

[149] Näher VOB/A § 5 Rdn. 5; Beck'scher VOB-Kommentar/*Motzke* VOB/A § 5, Rdn. 21.

[150] Dazu auch oben Rdn. 79.

[151] *Ingenstau/Korbion/Kratzenberg* VOB/A § 9, Rdn. 87 unter Zitat des Vergabehandbuchs („so weit die Ausführungszeichnungen nicht vom Auftragnehmer zu beschaffen sind“); Beck'scher VOB-Kommentar/*Hertwig* VOB/A § 9, Rdn. 55; *Franke/Mertens* in: *Franke/Kemper/Zanner/Grünhagen* VOB/A § 4, Rdn. 65; *Dähne/Schelle* S. 1210, 1211; für Zulässigkeit auch *Heiermann/Riedl/Rusam* VOB/A § 9, Rdn. 139, aber in der Annahme, Nr. 10–12 (bisherige Fassung) regelten diesen Sachverhalt (vgl. oben Rdn. 77, Fn. 133). Dasselbe gilt für das Vergabehandbuch, wie dort näher erläutert.

[152] *Ingenstau/Korbion/Kratzenberg* VOB/A § 9, Rdn. 86.

2. Keine sonstigen entgegenstehenden Regelungen in der VOB/A

96 **a) § 4 Nr. 3 VOB/A.** § 4 VOB/A mit dem Gebot losweiser Vergabe (dazu auch § 97 Nr. 3 GWB) steht nicht entgegen. § 4 Nr. 3 VOB/A schließt nur aus, mehrere Fachlose einfach zu addieren, ohne dass es dafür einen übergreifenden Grund gibt. Wenn aber schlüsselfertig gebaut wird, wenn es also eine Ausführungsplanung geben muss und eine damit einhergehende Koordinierung der in der Ausführungsplanung erfassten Gewerke, so ist eine Einzellosvergabe unmöglich; d.h., weil und wenn schlüsselfertig ausgeschrieben wird, gilt das Verbot des § 4 Nr. 3 nicht.[153] Darüber hinaus erlaubt § 4 Nr. 3 VOB/A bei „wirtschaftlichen Gründen" eine Gewerkezusammenfassung.

97 **b) § 5 VOB/A.** § 5 VOB/A steht ebenfalls nicht entgegen. Danach sind auch Global-Pauschalverträge, die hier immer in Betracht kommen, zulässig, vorausgesetzt, bei der Vergabe als Pauschalvertrag ist die Leistung „nach Art und Umfang genau bestimmt". Diese genaue Bestimmung hat etwas mit Leistungsabgrenzung zu tun, aber nicht mit Leistungsbestimmung durch Detail. Eine Schnittstellen ordnungsgemäß berücksichtigende Ausschreibung entspricht den Erfordernissen des § 5 ohne weiteres.[154]

98 **c) § 8 VOB/A.** Ein Verstoß gegen § 8 VOB/A kommt ebenfalls nicht in Betracht. Für die Fragestellung, ob eine teil-funktionale Leistungsbeschreibung vergaberechtlich zulässig ist oder nicht, kommt es nur darauf an, ob eine Generalunternehmervergabe zulässig ist; das ist sie aus den Gründen, die auch bei § 4 erörtert sind: Wenn eine einheitliche Ausführungsplanung vorhanden ist und Leistungen einheitlich koordiniert werden müssen, geht das nur über einen Unternehmer, einen Generalunternehmer.

Ob der Generalunternehmer eine bestimmte Größenordnung der Leistung selbst übernehmen muss oder ob es auf diese Größenordnung nicht näher ankommt und ob nicht auch ein Generalübernehmer generell zulässig ist, ist eine heute überholte Sonderfrage, die mit dem generellen Thema „Schlüsselfertigvergabe" nichts zu tun hat.[155]

99 **d) § 16 VOB/A.** § 16 VOB/A steht ebenfalls nicht entgegen; die Vorschrift verlangt „fertige Verdingungsunterlagen". Bei teil-funktionaler Ausschreibung müssen bei Angebotsabgabe aber die Ausführungspläne nicht fertig sein; die Ausschreibungsunterlagen sind mit der Funktionsbeschreibung „Schlüsselfertigbau" und den bauseits vorgegebenen Plänen fertiggestellt.[156]

100 **e) § 20 Nr. 2 VOB/A.** Bei einer Ausschreibung von „Schlüsselfertigbau" ist der Auftraggeber auch nicht verpflichtet, eine Entschädigung für die Angebotsbearbeitung festzusetzen, weil der Auftraggeber keine Entwürfe verlangt und jedenfalls keine Pläne schon für die Angebotsvorlage. Im Übrigen ist es ganz unüblich, dass ein Bieter für sein Angebot auf der Basis einer Schlüsselfertig-Ausschreibung Vergütung für die Angebotsbearbeitung erhält; es besteht auch kein wirklicher Bedarf, zumal Bieter im Regelfall „nach Leitpositionen" kalkulieren.[157]

3. Einzelne Vergabeanforderungen?

101 **a) Voraussetzung: Kein typenverkehrtes Angebot.** Der Auftraggeber muss bei einer Schlüsselfertig-Ausschreibung vorweg die Leistung so definieren, dass die sachliche Notwendigkeit für Schlüsselfertigbau auch wirklich gewahrt ist, d.h., dass der Bieter eigenverantwortlich ganz oder teilweise eine Ausführungsplanung erstellt und das, was er selbst plant, auch bauen muss. Der Auftraggeber darf nicht mit dem Begriff „Schlüsselfertig" Etikettenschwindel treiben, also „typenverkehrt" ausschreiben; wenn der Auftraggeber selbst die vollständige Ausführungspla-

---

[153] Dazu VOB/A § 4, Rdn. 45 sowie *Ingenstau/Korbion/Schranner* VOB/A § 4, Rdn. 17; *Franke/Mertens* in: *Franke/Kemper/Zanner/Grünhagen* VOB/A § 4, Rdn. 65.

[154] Einzelheiten VOB/A § 5, Rdn. 32, 34; *Dähne/Schelle* S. 987.

[155] Siehe dazu VOB/A § 8, Rdn. 24, 25.

[156] Zutreffend Beck'scher VOB-Kommentar/*Hertwig* VOB/A § 9, Rdn. 55; *Ingenstau/Korbion/Kratzenberg* VOB/A § 9, Rdn. 87.

[157] *Kapellmann/Schiffers* Band 2, Rdn. 872.

nung gestellt hat und dennoch dem Bieter ein schlüsselfertiges Werk abverlangt, so nimmt er ihm jeden Spielraum für eigene Entscheidungen und will nur seine eigene Verantwortung für richtige Planung abschieben; das ist vergabewidrig.[158]

b) Anlehnung an § 9 Nr. 15–17? Jedenfalls dann, wenn die Voraussetzungen des § 9 Nr. 15–17 gewahrt wären, wäre erst recht die für den Bieter viel weniger „belastende" Schlüsselfertig-Ausschreibung zulässig. Dabei ist zu berücksichtigen, dass das Risiko für den Bieter wesentlich geringer ist, so dass die Mittelstandsfreundlichkeit (§ 4 Nr. 3 VOB/A, § 97 Nr. 3 GWB) wesentlich höher ist als die bei dem ja grundsätzlich zulässigen Verfahren nach § 9 Nr. 15–17; die Schlüsselfertig-Ausschreibung bringt also eine Verbesserung des Mittelstandsschutzes gegenüber der total-funktionalen Ausschreibung. Überhaupt eröffnet erst der Schlüsselfertigbau vielen mittelständischen Unternehmen, sich entsprechend der Nachfrage am Markt zu behaupten; der weit überwiegende Teil der Schlüsselfertigleistungen wird von mittelständischen Unternehmen erbracht. Diesen würde man den Markt der öffentlichen Aufträge ganz verschließen, weil viele von ihnen infolge ihrer marktorientierten Spezialisierung gar nicht mehr gewerkeweise anbieten können. 102

Der Auftraggeber muss abwägen, ob die Schlüsselfertig-Ausschreibung **zweckmäßig** ist. Dabei können wie bei § 9 Nr. 15–17 die Aspekte „**technische** und **wirtschaftliche** Lösung der Bauaufgabe" eine entscheidende Rolle spielen. Wenn dem Bieter technische Gestaltungsfreiheit auf der Ausführungsebene überlassen bleibt, kann er optimale, d.h. technisch und wirtschaftlich günstige Lösungen, vorschlagen. In sehr eingeschränktem Maße gilt das auch noch für funktionsgerechte Lösungen: So weit z.B. Entscheidungen im Rahmen der technischen Gebäudeausrüstung erst bei der Ausführungsplanung fallen, kann der Bieter funktionsgerechte Überlegungen – z.B. im Zusammenhang mit Lebenszyklusbetrachtungen – einbringen, für die er möglicherweise technisches Know How beibringt.

Typische technische Zulässigkeitsaspekte wären z.B., dass die Baustelle sich in einer sehr beengten logistischen Situation befindet, dass demzufolge die Koordinierung aller Gewerke von besonderer Bedeutung ist und der Verkehrsfluss gesichert sein muss.

Ein anderes technisches Argument wäre z.B., dass relativ neuartige Formen der technischen Gebäudeausrüstung eingesetzt werden, bei denen vielfältige Gewerke miteinander verzahnt und in einer Ausführungsplanung abgestimmt werden müssen.[159]

Eine Schlüsselfertig-Vergabe wird im Regelfall auch dann zweckmäßig – genauer: unabdingbar – sein, wenn der Auftragnehmer das zu errichtende Gebäude selbst eine lange Zeit auch betreiben soll und bestimmte Einnahmen erreicht werden müssen bzw. „garantiert" werden müssen. Dann wird in der Regel der Auftragnehmer im „integriertem System" bauen wollen, dessen Planung und Realisierung er unter Risikogesichtspunkten selbst vollständig in der Hand haben muss.[160]

Schließlich gibt es ein Argument, das man nicht einfach vom Tisch wischen darf: Wenn der öffentliche Auftraggeber im Zuge wirtschaftlicher Überlegungen sein **Fachpersonal reduziert**, so kann man nicht gleichzeitig von ihm verlangen, dass er dieselben fachtechnischen Kontroll- und Überwachungsausgaben ausfüllt wie früher mit wesentlichem erhöhtem Personalbestand. Für die Personalreduzierung kann es sinnvoll eine Kompensation dahin geben, dass Koordinationsaufgaben einem Unternehmer übertragen werden; zu betonen ist, dass dies natürlich nur für den Schlüsselfertigbau gilt, bei dem der Auftragnehmer auch echte Koordinationsaufgaben hat, nicht für den puren Generalunternehmerbau in der bloßen Addition von Gewerken ohne echte übergreifende Planungs- und Koordinationsfunktionen. Wenn demzufolge der öffentliche Auftraggeber darlegen kann, dass sein Personal beispielsweise mit anderen Projekten bereits ausgelastet ist, erscheint die Überlegung, durch Schlüsselfertigvergabe einen Ausgleich zu schaffen, legitim.[161]

---

[158] Zu einer solchen typenverkehrten Ausschreibung VOB/B § 2, Rdn. 270, 267, 268.
[159] *Kus* in: *Kulartz/Kus/Portz* Kommentar zum GWB, § 97 Rdn. 71.
[160] *Kus*, a.a.O., Rdn. 73.
[161] Dazu *Dähne/Schelle* VOB von A–Z, Seite 1211.

103 Zusammengefasst muss der Auftraggeber diese **oder andere Zweckmäßigkeitserwägungen** im Vergabevermerk darlegen. Auch hier hat er aber einen **Ermessensspielraum.**[162] Die Maßstäbe können auf keinen Fall so streng gesetzt werden wie bei § 9 Nr. 15–17. Konkrete ganzheitliche Betrachtungen des Bauobjekts dürfen durchaus eine Rolle spielen. Untersuchungen insbesondere einzelner Rechnungshöfen, dass Schlüsselfertigvergaben generell unwirtschaftlicher seien, dürften durchaus auf einer verkürzten Beurteilung beruhen: Einzubeziehen in eine gebotene wirtschaftliche Gesamtbetrachtung sind einheitliche Mängelhaftung, einheitliche Terminsicherheit und eine relative Herabsenkung der Mängelrisiken durch Einengung von Schnittstellen. Immerhin sollte es zu denken geben, dass die Privatwirtschaft ganz überwiegend heute schlüsselfertig baut. Man wird kaum davon ausgehen dürfen, dass sie grundsätzlich bevorzugt, unwirtschaftlich zu handeln.[163]

104 Aus den vorgenannten Aspekten beurteilt sich insgesamt auch die Zulässigkeiten anderer Formen teil-funktionaler Leistungsbeschreibung, z.B. von **Construction Management-Verträgen.**[164] Mindestens ist sie jedenfalls dann zu bejahen, wenn die Voraussetzungen Freihändiger Vergabe gemäß VOB/A § 3 Nr. 4 lit b zu bejahen sind, wenn also z.B. von technischen Normen abgewichen werden darf (soll). Wenn die Voraussetzungen des § 6 a Abs. 1 VgV im Einzelfall zu bejahen sind, können Vertragsformen ähnlich dem „Construction Management" im Verfahren des wettbewerblichen Dialogs vergeben werden. Es gibt schon jetzt dazu einzelne positive Praxiserfahrungen.

105 Es ist dringend angezeigt, in der Praxis längst bewährte Vergabe- und Ausführungsformen (oben Rdn. 93) in der VOB/A eindeutig zu regeln und nicht den Stand von 1973 (oben Rdn. 79) mit Scheinargumenten aufrecht zu erhalten.

Anhang TS
Technische Spezifikationen

Begriffsbestimmungen

1. „Technische Spezifikationen" sind sämtliche, insbesondere die in den Verdingungsunterlagen enthaltenen technischen Anforderungen an eine Bauleistung, ein Material, ein Erzeugnis oder eine Lieferung, mit deren Hilfe die Bauleistung, das Material, das Erzeugnis oder die Lieferung so bezeichnet werden können, dass sie ihren durch den Auftraggeber festgelegten Verwendungszweck erfüllen. Zu diesen technischen Anforderungen gehören Umweltleistungsstufen, die Konzeption für alle Verwendungsarten („Design for all") (einschließlich des Zugangs von Behinderten) sowie Konformitätsbewertung, die Gebrauchstauglichkeit, Sicherheit oder Abmessungen, einschließlich Konformitätsbewertungsverfahren, Terminologie, Symbole, Versuchs- und Prüfmethoden, Verpackung, Kennzeichnung und Beschriftung sowie Produktionsprozesse und –methoden. Außerdem gehören dazu auch die Vorschriften für die Planung und die Berechnung von Bauwerken, die Bedingungen für die Prüfung, Inspektion und Abnahme von Bauwerken, die Konstruktionsmethoden oder –verfahren und alle anderen technischen Anforderungen, die der Auftraggeber für fertige Bauwerke oder dazu notwendige Materialien oder Teile durch allgemeine und spezielle Vorschriften anzugeben in der Lage ist;

2. „Norm" ist eine technische Spezifikation, die von einem anerkannten Normungsgremium zur wiederholten oder ständigen Anwendung angenommen wurde, deren Einhaltung jedoch nicht zwingend vorgeschrieben ist und die unter eine der nachstehenden Kategorien fällt:

– internationale Norm: Norm, die von einem internationalen Normungsgremium angenommen wird und der Öffentlichkeit zugänglich ist;

---

[162] Vgl. oben Rdn. 85.

[163] Zu den einzelnen Abwägungskriterien und zu deren richtiger Erfassung und Bewertung *Cadez* Risikowertanalyse als Entscheidungshilfe zur Wahl des optimalen Bauvertrages, 1998.

[164] Zur Charakterisierung VOB/B § 2, Rdn. 251.

- europäische Norm: Norm, die von einem europäischen Normungsgremium angenommen wird und der Öffentlichkeit zugänglich ist;
- nationale Norm: Norm, die von einem nationalen Normungsgremium angenommen wird und der Öffentlichkeit zugänglich ist.

3. „Europäische technische Zulassung" ist eine positive technische Beurteilung der Brauchbarkeit eines Produkts hinsichtlich der Erfüllung der wesentlichen Anforderung an bauliche Anlagen; sie erfolgt aufgrund der spezifischen Merkmale des Produkts und der festgelegten Anwendungs- und Verwendungsbedingungen. Die europäische technische Zulassung wird von einem zu diesem Zweck in einem Mitgliedstaat zugelassenen Gremium ausgestellt.

4. „Gemeinsame technische Spezifikationen" sind technische Spezifikationen, die nach einem von den Mitgliedstaaten anerkannten Verfahren erarbeitet und die im Amtsblatt der Europäischen Union veröffentlicht wurden.

5. „Technische Bezugsgröße" ist jeder Bezugsrahmen, der keine offizielle Norm ist und der von den europäischen Normungsgremien nach den an die Bedürfnisse des Marktes angepassten Verfahren erarbeitet wurde.

§ 9 b Beschreibung der Leistung

Die Auftraggeber teilen dem an einem Auftrag interessierten Unternehmer auf Anfrage die technischen Spezifikationen mit, die regelmäßig in ihren Bauaufträgen genannt werden oder die sie bei Beschaffungen im Zusammenhang mit regelmäßigen nichtverbindlichen Bekanntmachungen gemäß § 17 b Nr. 2 benutzen. Soweit sich solche technischen Spezifikationen aus Unterlagen ergeben, die interessierten Unternehmen zur Verfügung stehen, genügt eine Bezugnahme auf diese Unterlagen.

Schrifttum: siehe Verzeichnis zu § 9 VOB/A

Übersicht

I. Überblick

1 § 9 b Nr. 1–5 VOB/A a.F. enthielt bislang für Sektorenauftraggeber, die zur Anwendung des 3. Abschnitts der VOB/A verpflichtet waren, eine Sonderregelung über zusätzliche technische Spezifikationen, Abweichungen von gemeinschaftsrechtlichen technischen Spezifikationen usw., die nunmehr einheitlich für die Abschnitte 1–3 der VOB/A in § 9 Nr. 5–10 VOB/A enthalten ist (→ näher A § 9 Rdn. 47 ff.). Als Sonderregelung im 3. Abschnitt der VOB/A ist lediglich die bisherige Regelung aus § 9 b Nr. 5 VOB/A erhalten geblieben. § 9 b VOB/A entspricht inhaltlich vollständig Art. 35 der Sektorenkoordinierungsrichtlinie.[1]

II. Mitteilungspflicht bezüglich auftraggebertypischer Spezifikationen

2 Stellen Sektorenauftraggeber, die zur Anwendung des 3. Abschnitts der VOB/A verpflichtet sind, auftragsspezifische technische Anforderungen, so steht dem an einem Auftrag interessierten

[1] Richtlinie 2004/17/EG des Europäischen Parlaments und des Rates vom 31.3.2004 zur Koordinierung der Zuschlagserteilung durch Auftraggeber im Bereich der Wasser-, Energie- und Verkehrsversorgung sowie Postdienste (ABl. EU Nr. L 134 vom 30.4.2004).

Unternehmer[2] ein Auskunftsanspruch hinsichtlich dieser regelmäßig vom Auftraggeber verwendeten, besonderen Spezifikationen zu. Das Gleiche gilt gemäß § 9 b Satz 1 2. Halbsatz VOB/A für solche technischen Spezifikationen, die der Auftraggeber bei Beschaffungen im Zusammenhang mit regelmäßigen Bekanntmachungen gemäß § 17 b Nr. 2 VOB/A benutzt (→ näher A § 17 b Rdn. 5 ff.). In beiden Fällen dient die Auskunftspflicht des Sektoren-Auftraggebers der Transparenz und damit letztlich einem funktionierenden Wettbewerb im Rahmen der öffentlichen (Sektoren-) Auftragsvergabe. Allerdings besteht die Auskunftspflicht nicht „von Amts wegen", sondern nur „auf Anfrage" des Bewerbers bzw. Bieters, der sein Interesse an der Bekanntgabe der auftraggebertypischen Spezifikationen darlegen muss.

3 Besteht im konkreten Fall kein Auskunftsinteresse, weil dem Bewerber bzw. Bieter die auftraggebertypischen technischen Spezifikationen bereits zur Verfügung stehen, so genügt gemäß § 9 b Satz 2 VOB/A eine Bezugnahme auf diese dem Bewerber/Bieter bereits zur Verfügung stehenden Unterlagen.

§ 10 Vergabeunterlagen

1. (1) Die Vergabeunterlagen bestehen aus
a) dem Anschreiben (Aufforderung zur Angebotsabgabe), gegebenenfalls Bewerbungsbedingungen (§ 10 Nr. 5) und
b) den Verdingungsunterlagen (§§ 9 und 10 Nr. 1 Abs. 2 und Nr. 2 bis 4).
(2) In den Verdingungsunterlagen ist vorzuschreiben, dass die Allgemeinen Vertragsbedingungen für die Ausführung von Bauleistungen (VOB/B) und die Allgemeinen Technischen Vertragsbedingungen für Bauleistungen (VOB/C) Bestandteile des Vertrags werden. Das gilt auch für etwaige Zusätzliche Vertragsbedingungen und etwaige Zusätzliche Technische Vertragsbedingungen, so weit sie Bestandteile des Vertrags werden sollen.

2. (1) Die Allgemeinen Vertragsbedingungen bleiben grundsätzlich unverändert. Sie dürfen von Auftraggebern, die ständig Bauleistungen vergeben, für die bei ihnen allgemein gegebenen Verhältnisse durch Zusätzliche Vertragsbedingungen ergänzt werden. Diese dürfen den Allgemeinen Vertragsbedingungen nicht widersprechen.
(2) Für die Erfordernisse des Einzelfalles sind die Allgemeinen Vertragsbedingungen und etwaige Zusätzliche Vertragsbedingungen durch Besondere Vertragsbedingungen zu ergänzen. In diesen sollen sich Abweichungen von den Allgemeinen Vertragsbedingungen auf die Fälle beschränken, in denen dort besondere Vereinbarungen ausdrücklich vorgesehen sind und auch nur so weit es die Eigenart der Leistung und ihre Ausführung erfordern.

3. Die Allgemeinen Technischen Vertragsbedingungen bleiben grundsätzlich unverändert. Sie dürfen von Auftraggebern, die ständig Bauleistungen vergeben, für die bei ihnen allgemein gegebenen Verhältnisse durch Zusätzliche Technische Vertragbedingungen ergänzt werden. Für die Erfordernisse des Einzelfalles sind Ergänzungen und Änderungen in der Leistungsbeschreibung festzulegen.

4. (1) In den Zusätzlichen Vertragsbedingungen oder in den Besonderen Vertragsbedingungen sollen, so weit erforderlich, folgende Punkte geregelt werden:
a) Unterlagen (§ 20 Nr. 3, § 3 Nr. 5 und 6 VOB/B),
b) Benutzung von Lager- und Arbeitsplätzen, Zufahrtswegen, Anschlussgleisen, Wasser- und Energieanschlüssen (§ 4 Nr. 4 VOB/B),
c) Weitervergabe an Nachunternehmer (§ 4 Nr. 8 VOB/B),
d) Ausführungsfristen (§ 11, § 5 VOB/B),
e) Haftung (§ 10 Nr. 2 VOB/B),
f) Vertragsstrafen und Beschleunigungsvergütungen (§ 12, § 11 VOB/B),
g) Abnahme (§ 12 VOB/B),
h) Vertragsart (§ 5), Abrechnung (§ 14 VOB/B),
i) Stundenlohnarbeiten (§ 15 VOB/B),
j) Zahlungen, Vorauszahlungen (§ 16 VOB/B),

[2] Also einem Bewerber bzw. Bieter, vgl. *Ingenstau/Korbion-Kratzenberg* VOB/A § 9 b Rdn. 10.

k) Sicherheitsleistung (§ 14, § 17 VOB/B),
l) Gerichtsstand (§ 18 Nr. 1 VOB/B),
m) Lohn- und Gehaltsnebenkosten,
n) Änderung der Vertragspreise (§ 15).

(2) Im Einzelfall erforderliche besondere Vereinbarungen über die Mängelansprüche sowie deren Verjährung (§ 13, § 13 Nr. 1, 4 und 7 VOB/B) und über die Verteilung der Gefahr bei Schäden, die durch Hochwasser, Sturmfluten, Grundwasser, Wind, Schnee, Eis und dergleichen entstehen können (§ 7 VOB/B), sind in den Besonderen Vertragsbedingungen zu treffen. Sind für bestimmte Bauleistungen gleichgelagerte Voraussetzungen im Sinne von § 13 gegeben, so dürfen die besonderen Vereinbarungen auch in Zusätzlichen Technischen Vertragsbedingungen vorgesehen werden.

5. (1) Für die Versendung der Verdingungsunterlagen (§ 17 Nr. 3) ist ein Anschreiben (Aufforderung zur Angebotsabgabe) zu verfassen, das alle Angaben enthält, die außer den Verdingungsunterlagen für den Entschluss zur Abgabe eines Angebots notwendig sind.

(2) In dem Anschreiben sind insbesondere anzugeben:
a) Art und Umfang der Leistung sowie der Ausführungsort,
b) etwaige Bestimmungen über die Ausführungszeit,
c) Bezeichnung (Anschrift) der zur Angebotsabgabe auffordernden Stelle und der den Zuschlag erteilenden Stelle,
d) Name und Anschrift der Stelle, bei der zusätzliche Unterlagen angefordert und eingesehen werden können,
e) gegebenenfalls Höhe und Einzelheiten der Zahlungen des Entgelts für die Übersendung dieser Unterlagen,
f) Art der Vergabe (§ 3),
g) etwaige Ortsbesichtigungen,
h) gegebenenfalls Zulassung von digitalen Angeboten und Verfahren zu ihrer Ver- und Entschlüsselung,
i) genaue Aufschrift der schriftlichen Angebote oder Bezeichnung der digitalen Angebote,
j) gegebenenfalls auch Anschrift, an die digitale Angebote zu richten sind,
k) Ort und Zeit des Eröffnungstermins (Ablauf der Angebotsfrist, § 18 Nr. 2) sowie Angabe, welche Personen zum Eröffnungstermin zugelassen sind (§ 22 Nr. 1 Satz 1),
l) etwa vom Auftraggeber zur Vorlage für die Beurteilung der Eignung des Bieters verlangte Unterlagen (§ 8 Nr. 3 und 4),
m) die Höhe etwa geforderter Sicherheitsleistungen,
n) Nebenangebote (vgl. Absatz 4),
o) etwaige Vorbehalte wegen der Teilung in Lose und Vergabe der Lose an verschiedene Bieter,
p) Zuschlags- und Bindefrist (§ 19),
q) sonstige Erfordernisse, die die Bewerber bei der Bearbeitung ihrer Angebote beachten müssen,
r) die wesentlichen Zahlungsbedingungen oder Angabe der Unterlagen, in denen sie enthalten sind (z.B. B § 16 VOB/B),
s) die Stelle, an die sich der Bewerber oder Bieter zur Nachprüfung behaupteter Verstöße gegen die Vergabebestimmungen wenden kann.

(3) Der Auftraggeber kann die Bieter auffordern, in ihrem Angebot die Leistungen anzugeben, die sie an Nachunternehmer zu vergeben beabsichtigen.

(4) Wenn der Auftraggeber Nebenangebote wünscht oder nicht zulassen will, so ist dies anzugeben; ebenso ist anzugeben, wenn Nebenangebote ohne gleichzeitige Abgabe eines Hauptangebots ausnahmsweise ausgeschlossen werden. Von Bietern, die eine Leistung anbieten, deren Ausführung nicht in Allgemeinen Technischen Vertragsbedingungen oder in den Verdingungsunterlagen geregelt ist, sind im Angebot entsprechende Angaben über Ausführung und Beschaffenheit dieser Leistung zu verlangen.

(5) Auftraggeber, die ständig Bauleistungen vergeben, sollen die Erfordernisse, die die Bewerber bei der Bearbeitung ihrer Angebote beachten müssen, in den Bewerbungsbedingungen zusammenfassen und dem Anschreiben beifügen.

6. Sollen Streitigkeiten aus dem Vertrag unter Ausschluss des ordentlichen Rechtswegs im schiedsrichterlichen Verfahren ausgetragen werden, so ist es in besonderer, nur das Schiedsverfahren betreffender Urkunde zu vereinbaren, so weit nicht § 1031 Absatz 2 Zivilprozessordnung auch eine andere Form der Vereinbarung zulässt.

Schrifttum: *Fischer* Die Regeln der Technik im Bauvertrag 1985 – *Höfler* Die elektronische Vergabe öffentlicher Aufträge, NZBau 2000, 449 – *Hofmann* Vergaberechtliche und vertragsrechtliche Fragen bei Nebenangeboten im Bauwesen, ZfBR 1984, 259 – *Kalinowsky* Der Anspruch des Bieters auf Einhaltung des Vergaberechts nach § 97 Abs. 7 GWB, 2000 – *Kratzenberg* Was ist neu in der Ausgabe 2000 der Verdingungsordnung für Bauleistungen (VOB)?, VOB-aktuell 2/2000, S. 18 – *Joussen/Schranner* VOB 2000: Die beschlossenen Änderungen der VOB/A – Abschnitt 1: Basisparagraphen, BauR 2000, 625 – *Möllenkamp* Ausschluss unvollständiger Angebote, NZBau 2005, 557 – *Roth:* Änderung der Zusammensetzung von Bietergemeinschaften und Austausch von Nachunternehmern im laufenden Vergabeverfahren, NZBau 2005, 316 – *Schweda* Nebenangebote im Vergaberecht, VergabeR 2003, 268 – *Waldner* Bieterschutz im Vergaberecht unter Berücksichtigung der europäischen Vorgaben, 2000 – *Weyand* Die elektronische Ausschreibung und Vergabe von Bauaufträgen – ein Statusbericht, ZVgR 2001, 51 – *Wirner* Nebenangebote und Änderungsvorschläge bei der Vergabe öffentlicher Bauaufträge in der Entscheidungspraxis der Vergabekammern und Oberlandesgerichte, ZfBR 2005, 152.

Übersicht

A. Einführung: Vergabeunterlagen und Verdingungsunterlagen (§ 10 Nr. 1 VOB/A)

1 Ursprünglich kannte die VOB nur den Begriff der Verdingungsunterlagen, mit dem § 10 VOB/A überschrieben war. Mit der Novelle 1990 sind dann die Regelungen über Anschreiben und Bewerbungsbedingungen aus § 17 VOB/A in § 10 übernommen worden. Gleichzeitig ist § 10 um Nr. 1 als bloße Definitionsbestimmung erweitert worden, der mit der VOB-Novelle 2000 seine gegenwärtige Fassung erhalten hat.

2 Die **Verdingungsunterlagen** gemäß Nr. 1 Abs. 1 lit. b), Nr. 1 Abs. 2 sind die **Gesamtheit aller Unterlagen**, d.h. die technischen und wirtschaftlichen sowie rechtlichen Bedingungen, aus denen sich der **ausgeschriebene Vertrag zusammensetzt**. Es handelt sich rechtlich noch nicht um Vertragserklärungen, sondern um die Vorformulierung der von den Bietern durch deren Vervollständigung abzugebenden Angebote, die dann unmittelbar mittels Zuschlag (Annahme) seitens der Vergabestelle angenommen werden können. Im Rahmen von bislang nicht umgesetzten Novellierungsbemühen ist beabsichtigt, den etwas veralteten Begriff der Verdingungsunterlagen durch den verständlicheren Begriff **„Vertragsunterlagen"** zu ersetzten. Obligatorische Bestandteile der Verdingungsunterlagen sind

– nach Nr. 1 Abs. 1 die **Leistungsbeschreibung** gemäß § 9 VOB/A sowie
– nach Nr. 1 Abs. 2 die **VOB/B** und **VOB/C**.

Fakultative Bestandteile der Verdingungsunterlagen sind

– Zusätzliche Vertragsbedingungen (Nr. 2 Abs. 1 und Nr. 4),
– Besondere Vertragsbedingungen (Nr. 2 Abs. 2 und Nr. 4),
– Zusätzliche Technische Vertragsbedingungen (Nr. 3) und
– Besondere Technische Vertragsbedingungen als Teil (Vorbemerkung) der Leistungsbeschreibung (Nr. 3 S. 3).

2 a Neben dem vorbereiteten Angebotsunterlagen benötigt der Bieter weitere i.d.R. verfahrensbezogene Informationen, um ein ordnungsgemäßes Angebot abzugeben. Diese Informationen sollen in das Anschreiben oder ggf. die Bewerbungsbedingungen aufgenommen werden. Das Anschreiben (Nr. 5 Abs. 1 und 2) ist die eigentliche Aufforderung zur Angebotsabgabe, mit der die Verdingungsunterlagen an die Bewerber versandt werden. Die Bewerbungsbedingungen (Nr. 5 Abs. 5) enthalten Anforderungen, die die Bewerber bei der Bearbeitung und Abgabe ihrer Angebote berücksichtigen müssen.

3 Anschreiben sowie ggf. Bewerbungsbedingungen bilden zusammen mit der Gesamtheit der Verdingungsunterlagen die **Vergabeunterlagen**. Da Anschreiben und Bewerbungsbedingungen nur für das Vergabeverfahren selbst Bedeutung haben, sollen sie nach der VOB allerdings **nicht**

Vertragsbestandteile des späteren Vertrages werden.[1] Zu trennen ist der Begriff der Vergabeunterlagen von dem der den Vergabevorgang dokumentierenden Vergabeakte, die in der Praxis auch als Vergabeunterlagen bezeichnet werden.

B. Verdingungsunterlagen

4 § 10 Nr. 1 Abs. 2 VOB/A unterscheidet zwischen obligatorischen und fakultativen Verdingungsunterlagen. Als zwingende Verdingungsunterlagen werden die VOB/B und VOB/C vorgeschrieben. Daneben kann der Auftraggeber Zusätzliche Vertragsbedingungen, Zusätzliche Technische Vertragsbedingungen oder Besondere Vertragsbedingungen in die Verdingungsunterlagen aufnehmen.

I. Obligatorische Verdingungsunterlagen (Nr. 1 Abs. 2 Satz 1)

5 Wichtigster Teil der Verdingungsunterlagen ist zunächst die **Leistungsbeschreibung** gemäß § 9 VOB/A. Das wird als Selbstverständlichkeit – ohne Bestimmbarkeit des Bausolls kann ein Vertrag nicht wirksam geschlossen werden – nicht ausdrücklich wiederholt, ergibt sich im Übrigen aus Nr. 1 Abs. 1 lit. b) und § 17 Nr. 5 VOB/A. Gemäß Nr. 1 Abs. 2 ist in den Verdingungsunterlagen vorzuschreiben, dass die **VOB/B und VOB/C** Vertragsbestandteile werden, und zwar **grundsätzlich unverändert** wie Nr. 2 Abs. 1 und Nr. 3 ausdrücklich anordnen (vgl. Rdn. 10 f., 18 ff.). Die an die VOB/A gebundenen Auftraggeber dürfen also Bauverträge nur auf der Grundlage der VOB/B und VOB/C schließen.

6 Hierzu müssen die VOB/B und VOB/C den Bietern allerdings **nicht mitübersandt** werden. Bauunternehmer sind nach der Novellierung des HGB einerseits Kaufleute (§ 1 Abs. 2 HGB), andererseits Unternehmer im Sinne des § 14 BGB. Ihnen gegenüber reicht für die wirksame Einbeziehung damit ein bloßer **Hinweis in den Verdingungsunterlagen** aus, § 310 Abs. 1 BGB. Die für die Einbeziehung verwandte Formulierung „vorzuschreiben" in Nr. 1 Abs. 2 stellt keine weitergehenden formellen Anforderungen auf. Sie beruht auf einer aus 1926 stammenden Diktion, die lediglich – weit vor Inkrafttreten des AGBG (heute §§ 305 ff. BGB) – eine auftraggeberseitig gesetzte Rechtsordnung suggeriert, bedeutet allerdings nichts anderes als eine ausdrückliche Einbeziehung.[2] Auch § 17 Nr. 5 VOB/A schreibt lediglich die Versendung der für die Preisermittlung wesentlichen Unterlagen vor, wozu die VOB/B und VOB/C nicht gehören.

7 Der für die Einbeziehung notwendige Hinweis auf die Geltung der VOB/B und VOB/C sollte entweder in die Vorbemerkungen des Leistungsverzeichnisses, in die Zusätzlichen Vertragsbedingungen oder in den Vordruck des Angebotsschreibens des Bieters aufgenommen werden. Ein **Hinweis in dem Anschreiben** reicht nach Nr. 1 Abs. 2 nicht aus, da das Anschreiben gerade nicht zu den Verdingungsunterlagen gehört. Dennoch kann ein Hinweis im Anschreiben zivilrechtlich für die Einbeziehung ausreichen. Denn gegenüber Unternehmern können Allgemeine Geschäftsbedingungen auch dadurch in den Vertrag einbezogen werden, dass während der Vertragsverhandlungen auf sie konkret hingewiesen wird und der Unternehmer der Einbeziehung nicht widerspricht.[3] Zivilrechtlich würde sogar ein Hinweis auf die VOB/B allein genügen, da die VOB/B ihrerseits im Wege der Staffelverweisung gemäß § 1 Nr. 1 VOB/B die VOB/C in den Bauvertrag einbezieht (vgl. VOB/B § 1 Rdn. 17 ff.).

II. Fakultative Verdingungsunterlagen (Nr. 1 Abs. 2 Satz 2)

8 Nach Nr. 1 Abs. 2 Satz 2 VOB/A ist in den Verdingungsunterlagen weiter „vorzuschreiben", dass **Zusätzliche Vertragsbedingungen** (ZVB) oder **Zusätzliche Technische Vertragsbedin-**

[1] *Ingenstau/Korbion/Kratzenberg* VOB/A § 10, Rdn. 4; *Daub/Eberstein/Zdzieblo* § 9, Rdn. 28 u. 31 zur VOL/A.
[2] Vgl. *Ingenstau/Korbion/Kratzenberg* VOB/A § 10, Rdn. 14.
[3] *Palandt/Heinrichs* § 305 BGB Rdn. 52; vgl. auch *Ulmer/Brandner/Hensen* AGBG § 2 Rdn. 80 a.

gungen (ZTVB) Vertragsbestandteil werden, soweit deren Geltung vom Auftraggeber beabsichtigt ist. Bei den ZVB oder ZTVB handelt es sich ebenfalls um **Allgemeine Geschäftsbedingungen**. Zivilrechtlich ausreichend für die wirksame Einbeziehung in den späteren Bauvertrag ist wiederum ein unwidersprochener Hinweis an den Unternehmer (vgl. Rdn. 7). Eine Übergabe ist **zivilrechtlich** grundsätzlich nicht erforderlich[4]; es reicht aus, dass der Auftragnehmer in zumutbarer Weise von den ZVB oder ZTVB Kenntnis erlangen kann. Dies kann entweder dadurch geschehen, dass ihm der Auftraggeber auf Anforderung die zusätzlichen Bedingungswerke überlässt oder zumindest Einsicht in sie gewährt.[5] Allerdings wird **vergaberechtlich** immer dann eine Überlassung geboten sein, wenn die Bedingungswerke nicht so veröffentlicht sind, dass der Bewerber hiervon ohne Schwierigkeiten Kenntnis nehmen kann.[6] Denn nach § 17 Nr. 4 sind zumindest alle preisrelevanten Vergabeunterlagen zu übermitteln. Nur wenn von Unterlagen keine Vervielfältigungen abgegeben werden können, sind sie in ausreichender Weise zur Einsicht auszulegen (§ 17 Nr. 5 Satz 2). Eine unterbliebene Überlassung ist während des Verfahrens zu rügen. Eine bloß vergaberechtlich gebotene, aber tatsächlich unterbliebene Überlassung hätten nach dem Zuschlag auf den zivilrechtlich zu bestimmenden Vertragsinhalt keine Auswirkungen.[7]

Weitere fakultative Verdingungsunterlagen sind die **Besonderen Vertragsbedingungen** 9
(BVB). Diese sollen **Individualregelungen** sein und sind deshalb in jedem Fall den Verdingungsunterlagen beizufügen (vgl. Rdn. 12 f.).

Die öffentlichen Auftraggeber verwenden für die Vergabeunterlagen in der Regel Muster 9 a
aus den **Vergabehandbüchern**. Auf der Ebene des Bundes gibt es zwei Vergabehandbücher, nämlich das „Vergabehandbuch für die Durchführung von Bauaufgaben des Bundes im Zuständigkeitsbereich der Finanzbauverwaltungen" (**VHB**)[8] sowie das „Handbuch für die Vergabe und Ausführung von Bauleistungen im Straßen- und Brückenbau" (**HVA B-StB**). Herausgegeben werden beide Vergabehandbücher vom Bundesministerium für Verkehr, Bau- und Wohnungswesen. Erarbeitet und fortgeschrieben werden sie von **Bund-Länder-Arbeitsgruppen**, beim HVA B-StB von einem gemischten Bund/Länder „Hauptausschuss Verdingungswesen im Straßen- und Brückenbau". Rechtlich handelt es sich um interne Dienstanweisungen, die durch Erlasse auf Bundesebene und parallel auch auf Länderebene, ggf. ergänzt um landesspezifische Regelungen wie z.B. beim VHB Bayern, verbindlich sind. Die Kommunen sind grundsätzlich frei, ob sie eigene Formulare oder welche Vergabehandbücher sie zur Erleichterung der Vergabe verwenden. In einigen Ländern bestehen **kommunale Vergabehandbücher**. Erstellt werden sie i.d.R. von den kommunalen Spitzenverbänden auf Basis des VHB , z.B. K VHB NRW oder KVHB-Bau Baden-Württemberg. Sie haben nur Empfehlungscharakter. Die Vergabehandbücher sollen eine leichte und rechtssichere Vergabe ermöglichen. Allerdings wird die aktuelle Rechtssprechung teilweise nur verzögert eingearbeitet, weshalb die Muster auch vergabewidrig seien können. In aller Regel sind sie allerdings besser und AGB-konformer als Vertragsmuster von Architekten und Ingenieure, auf die kleinere Kommunen häufiger zurückgreifen.

1. Zusätzliche und Besondere Vertragsbedingungen (Nr. 2, Nr. 4)

a) Verbot der Abweichung von der VOB/B. Nr. 2 Abs. 1 Satz 1 VOB/A stellt das Gebot auf, 10
dass die Regelungen der VOB/B grundsätzlich unverändert bleiben. Sie dürfen durch Zusätzliche Vertragsbedingungen lediglich „ergänzt" werden, ohne dass diese Ergänzungen aber der VOB/B widersprechen dürfen, Nr. 2 Abs. 1 Satz 3. Erreicht wird hierdurch eine Standardisierung des Vertragsinhalts, was nicht nur für Bieter die Teilnahme an Vergaben erleichtert, sondern auch eine Vertragsgerechtigkeit gewährleistet, da Verhandlungen über den Vertragsinhalt in den meisten Vergabearten nicht zulässig sind. Nur für Besonderheiten des konkreten Bauvorhabens sollen

[4] BGH NJW-RR 2002, 160.
[5] *Palandt/Heinrichs* AGBG § 2 Rdn. 26 m.w.N.
[6] *Ingenstau/Korbion/Kratzenberg* VOB/A § 10, Rdn. 14.
[7] BGH NJW-RR 2002, 160.
[8] Unter www.bmvbw.de zugänglich.

gewisse Abweichungen in engen Grenzen durch Besondere Vertragsbedingungen zulässig sein, Nr. 2 Abs. 2 Satz 2. Diese Gebote überraschen denjenigen, der zuerst die Bauvertragspraxis der öffentlichen Auftraggeber kennen lernt[9] und anschließend auf die Regelungen des § 10 VOB/A stößt. Die pauschale Vereinbarung einer fünfjährigen Verjährungsfrist für alle Gewerke und alle Aufträge in ZVB ist wegen Verstoßes gegen § 10 Nr. 2 Abs. 1 und § 13 VOB/A vergaberechtlich unzulässig.[10] Mit der Verlängerung der Gewährleistungsfristen des § 13 Nr. 4 VOB/B durch die Novelle 2002 werden die Verstöße wohl zurückgehen. Zur Frage, ob und welche Rechtsfolgen sich hieraus ergeben, vgl. Rdn. 13, 68 ff.

11 **b) Zusätzliche Vertragsbedingungen.** Die Zusätzlichen Vertragsbedingungen sind Allgemeine Geschäftsbedingungen **von Auftraggebern, die ständig Bauleistungen vergeben**. Mit Hilfe der ZVB dürfen diese die VOB/B-Regelungen für ihre persönlichen Verhältnisse **ergänzen**. Die verschiedenen Vergabehandbücher enthalten Muster, z.B. das Vergabehandbuch des Bundes das Muster EVM (B) ZVB/E 215. Die Ergänzungen dürfen aber den VOB/B-Regelungen **nicht widersprechen**. Nimmt man dieses Gebot ernst, verbleibt nur ein geringer Regelungsbereich von praktischer Relevanz. Zunächst können in den ZVB Regelungen über Sicherheitsleistungen getroffen werden, da insoweit § 17 VOB/B eine ergänzende Vereinbarung gerade voraussetzt. Das gilt auch für Vertragsstrafen, so weit die Voraussetzungen des § 12 Nr. 1 VOB/A beim Auftraggeber im Regelfall vorliegen. Schon die Fälle, bei denen die VOB/B-Regelung nur eingreifen, „wenn nicht etwas anderes vereinbart ist", sind nach Abs. 2 Nr. 2 den Besonderen Vertragsbedingungen zugewiesen (vgl. Rdn. 16 f.). Schließlich können zusätzliche Ablaufsregelungen, Hinweise auf Zuständigkeiten und Vertretungsregelungen, Besonderheiten des Aufmaßes oder der Rechnungsstellung enthalten sein.

12 **c) Besondere Vertragsbedingungen.** Die Besonderen Vertragsbedingungen sind nach der Systematik der VOB/A **Einzelfallregelungen** für das jeweilige Bauvorhaben. Sie wären damit idealiter keine Allgemeine Geschäftsbedingungen, sondern einseitig vorgegebene Individualregelungen.[11] Da sich eine Vorformulierung im Vergabeverfahren aber nicht vermeiden lässt und Verhandlungen über die Bedingung nach § 24 VOB/A ausgeschlossen sind, werden die BVB bei Auftraggebern, die ständig Bauleistungen vergeben, tatsächlich in der Regel **Allgemeine Geschäftsbedingungen** sein. Für diese Einordnung ist bekanntlich nicht auf das gesamte Bedingungswerk abzustellen, sondern jeweils auf die einzelne Klausel.[12] Diese erlangt den Charakter einer Allgemeinen Geschäftsbedingung schon durch die Absicht zur dreifachen Verwendung[13], die bereits bei einer losweisen Vergabe erfüllt sein kann.[14] Allgemeine Geschäftsbedingungen sind insbesondere die im Vergabehandbuch veröffentlichten Muster für BVB, z.B. VHB 2002 EVM (B) BVB 214. Die bloß einmalige Verwendung eines allgemeinen Vertragsmusters verhindert ebenso wenig dessen Charakter als Allgemeine Geschäftsbedingungen[15] wie ausfüllungsbedürftige Leerstellen.[16]

13 Der Rahmen der nach der VOB/A zulässigen Regelungen in BVB ist weiter als in ZVB, wie die Gegenüberstellung von Nr. 2 Abs. 2 zu Nr. 2 Abs. 1 zeigt. Danach sind Abweichungen zur VOB/B nur in BVB zulässig. Diese sollen sich aber auf die Fälle beschränken, in denen erstens die VOB/B entsprechende besondere Vereinbarungen ausdrücklich vorsieht und zweitens die Eigenart der Leistung und ihre Ausführung die **Abweichung tatsächlich erfordern**. „Erfordern" setzt eigentlich eine objektive Notwendigkeit voraus.[17] In diesem engen wörtlichen Sinn

---

[9] Vgl. auch *Nicklisch/Weick* VOB/B § 1, Rdn. 17.

[10] Beck'scher VOB-Kommentar/*Motzke* VOB/B § 13, Rdn. 10.

[11] *Ingenstau/Korbion/Keldungs* VOB/B § 1, Nr. 2 Rdn. 6; Beck'scher VOB-Kommentar/*Jagenburg* VOB/B § 1, Rdn. 21.

[12] BGH NJW 1998, 2600; BGH NJW 1997, 135 m.w.N.

[13] BGH NJW 1998, 2286; *Wolf/Horn/Lindacher* AGBG § 1, Rdn. 14.

[14] Vgl. BGH NZBau 2004, 215 zur Mehrfachverwendung ggü. demselben Vertragspartner.

[15] BGH NZBau 2005, 590=ZFIR 2005, 633; BGH NJW 1987, 2373; BGH NJW 1992, 2162.

[16] BGH ZIP 1991, 997.

[17] Vgl. z.B. Definition bei § 227, § 228 BGB in *Palandt/Heinrichs* BGB § 227, Rdn. 7, § 228, Rdn. 7; Duden, Das große Wörterbuch der Deutschen Sprache, 3. Aufl., Stichwort erforderlich.

wird die Regelung aber wohl nicht verstanden werden dürfen, wenn die Öffnungsklauseln der VOB/B nicht faktisch leer laufen sollen. Wann ist schon die Vereinbarung eines abweichenden Gerichtsstandes (§ 18 Nr. 1 VOB/B) oder eine besondere Art der Hinterlegung (§ 17 Nr. 2 VOB/B) objektiv notwendig? „Erfordern" wird deshalb „sachlich geboten" meinen. Erforderlich in diesem Sinne müssen erst recht Änderungen von der VOB/B sein, die sich nicht auf die Öffnungsklauseln beschränken. Letztlich erlangt diese Vorgabe aber deshalb keine Bedeutung, weil es sich nur um eine vergaberechtliche Sollvorschrift handelt.[18] Darüber hinausgehende Änderungen werden grundsätzlich wirksame Vertragsbestandteile. Eine Unwirksamkeit ergibt sich nicht aus dem Verstoß gegen § 10 VOB/A, sondern allenfalls aus einem Verstoß gegen §§ 305 ff. BGB. Weitere Folge vergaberechtswidriger Änderungen wird häufig sein, dass die VOB/B nicht mehr „als Ganzes" in den Bauvertrag einbezogen wird (vgl. Einleitung zu Teil B Rdn. 75 ff.).

d) Abgrenzung ZVB zu BVB. Nr. 4 Abs. 1 VOB/A zählt Punkte auf, in denen es heißt, dass sie in ZVB oder in BVB zu regeln sind. Diese Aufzählung ist nicht abschließend („sollen"), sondern nur beispielhaft.[19] 14

Die Nennung von BVB und ZVB bedeutet keineswegs, dass der Auftraggeber frei wählen kann, wo er die angesprochenen Punkte regeln will. Er muss im Einzelfall prüfen, ob die verbindlichen Vorgaben der Nr. 2 für ZVB oder BVB vorliegen. So sind Regelungen über den Innenausgleich (lit. e) nach § 10 Nr. 2 VOB/B nur „im Einzelfall" zulässig, dürfen also nur in BVB erfolgen. Eine Sicherheit kann demgegenüber grundsätzlich in ZVB gefordert werden; soll von der in § 17 Nr. 2 VOB/B vorgesehenen Art der Sicherheitsleistung abgewichen werden, muss dies indes in BVB geregelt werden. 15

Aus Nr. 2 Abs. 2 Satz 2 ergibt sich, dass die **Ausfüllung der Öffnungsklauseln** in der VOB/B **den BVB vorbehalten** ist. Sie dürfen Abweichungen von der VOB/B in den Fällen enthalten, „in denen dort besondere Vereinbarungen ausdrücklich vorgesehen sind". Die VOB/B verwendet zwar den Begriff der „besonderen Vereinbarungen" an keiner Stelle. Stattdessen heißt es vielfach, dass eine Regelung nur gelten soll, „wenn nichts anderes vereinbart ist" (§§ 2 Nr. 2, 4, 7 Abs. 2, 4 Nr. 4, 14 Nr. 3, 15 Nr. 3, 17 Nr. 2, 18 Nr. 1 VOB/B). Nach § 10 Nr. 2 VOB/B erfolgt der Innenausgleich in Haftungsfällen nach den gesetzlichen Bestimmungen „soweit im Einzelfall nichts anderes vereinbart ist". Nach § 12 Nr. 1 VOB/B kann für die Abnahme „eine andere Frist vereinbart werden". Gemäß § 13 Nr. 4 VOB/B sollen die VOB-Gewährleistungsfristen gelten, wenn „für die Mängelansprüche keine Verjährungsfrist im Vertrag vereinbart" ist. Nach § 13 Nr. 7 Abs. 5 VOB/B können „Einschränkungen oder Erweiterungen der Haftung ... in begründeten Sonderfällen vereinbart werden." Einzelfristen gelten nach § 5 Nr. 1 VOB/B dann als Vertragsfristen, „wenn dies im Vertrag ausdrücklich vereinbart ist". Mangels Alternative kann sich der Verweis in Nr. 2 Abs. 2 nur auf diese Fälle als Regelungsgegenstand für besondere Vereinbarungen beziehen. Aus Nr. 2 Abs. 2 ergibt sich weiter, dass diese vorbehaltenen Vereinbarungen als **„Abweichungen"** von der VOB/B anzusehen sind. Das führt nach Wortlaut und Systematik der Nr. 2 Abs. 1 und Abs. 2 zwingend dazu, dass diese „Abweichungen" entgegen gängiger Praxis vergaberechtlich nicht durch ZVB regelbar sind[20], weil sie in diesem Sinne der VOB/B „widersprechen", diese nicht nur „ergänzen".[21] 16

Bestätigt wird das durch Nr. 4 Abs. 2. Besondere **Vereinbarungen über Mängelansprüche** (§ 13 Nr. 1, 4 und 7 VOB/B) und über die **Gefahrverteilung** (§ 7 VOB/B) sollen **in BVB** geregelt werden, weil es sich um nur im Einzelfall erforderliche besondere Vereinbarungen handelt. 17

---

[18] *Ingenstau/Korbion/Kratzenberg* VOB/A § 10, Rdn. 28.

[19] *Ingenstau/Korbion/Kratzenberg* VOB/A § 10, Rdn. 33; *Franke/Kemper/Zanner/Grünhagen* VOB/A § 10, Rdn. 8; **Anderer Ansicht:** *Daub/Piel/Soergel* ErlZ. A 10.90.

[20] **Anderer Ansicht:** *Ingenstau/Korbion/Kratzenberg* VOB/A § 10, Rdn. 25; dass entgegen dieser Auffassung abweichende Gewährleistungsfristen nicht in ZVB geregelt werden dürfen, ergibt sich unmittelbar aus Nr. 4 Abs. 2.

[21] Demgegenüber werden diese Abweichungen im Rahmen der Vertragsauslegung nicht als Widerspruch zur VOB/B verstanden, vgl. z.B. *Ingenstau/Korbion/Keldungs* VOB/B § 1 Nr. 2 VOB/B Rdn. 9; Beck'scher VOB-Kommentar/*Jagenburg* VOB/B § 1 Nr. 2, Rdn. 4.

Liegen demgegenüber für bestimmte Bauleistungen gleichgelagerte Voraussetzungen vor, können die gleichen Regelungen auch in Zusätzliche **Technische** Vertragsbedingungen aufgenommen werden, nicht aber in ZVB, wo sie systematisch einzuordnen wären. Maßgebend hierfür dürfte gewesen sein, dass Nr. 4 Abs. 2 nicht auf die allgemeinen Verhältnisse des jeweiligen Auftraggebers abstellt, sondern generelle Regelungen über Mängelansprüche nur für bestimmte Arten von Bauleistungen zulässt.

2. Zusätzliche Technische Vertragsbedingungen (Nr. 3)

18 **a) Zweck der ZTVB.** Hinsichtlich der technischen Vertragsbedingungen gilt dieselbe Systematik wie bei den (rechtlichen) Vertragsbedingungen. Die VOB/C ist obligatorischer Bestandteil der Verdingungsunterlagen (Nr. 1 Abs. 2). Deren Regelung sollen – ebenso wie die der VOB/B – grundsätzlich unverändert bleiben (Nr. 3 Satz 1). **Auftraggeber, die ständig Bauleistungen vergeben**, dürfen nicht nur die VOB/B durch ZVB, sondern auch die VOB/C durch ZTVB „ergänzen". Notwendige Regelungen für das einzelne Bauvorhaben, gewissermaßen besondere technische Vertragsbedingungen, sind in die Leistungsbeschreibung aufzunehmen.

19 **b) Rechtscharakter.** Auch die technischen Vertragsbedingungen sind **rechtliche Vertragsbedingungen**. Sie heißen deshalb heute auch nicht mehr technische Vorschriften, sondern ausdrücklich Vertragsbedingungen. Rein technische Regelungen, die im Idealfall, d.h. so weit die einschlägigen DIN nicht veraltet sind, die Allgemeinen Regeln der Technik wiedergeben, enthalten sowieso nur die Abschnitte 2 und 3 der jeweiligen DIN-Vorschriften. Die Vergütungsregelungen in den jeweiligen Abschnitten 4 sowie die Abrechnungsvorschrift in den Abschnitten 5 der jeweiligen DIN sind ausschließlich vertragsrechtlicher Natur.[22] Da aber auch die Abschnitte 2 und 3 Vertragsregelungen enthalten und auch technische Regelungen Vertragsbedingungen sind, handelt es sich insgesamt um Allgemeine Geschäftsbedingungen.[23]

20 **c) Inhalt.** Nr. 3 Satz 2 gestattet dem ständig Bauleistungen vergebenden Auftraggeber, diese **technischen** und rechtlichen **Regelungen** zu **„ergänzen"**. Dabei fällt zunächst auf, dass ein Nr. 2 Abs. 1 Satz 3 entsprechendes Verbot des Widerspruchs zu der VOB/C nicht formuliert ist. Hieraus kann nicht im Gegenschluss gefolgert werden, dass auch Abänderungen in einem nicht näher festgelegten Rahmen zulässig sein sollen.[24] Denn anderenfalls würde der Begriff „ergänzen" in Nr. 3 eine andere Bedeutung erlangen als in Nr. 2 Abs. 1.

21 Ausgangspunkt für Ergänzungen ist das **primäre Gebot der grundsätzlichen Unveränderbarkeit der VOB/C** (Nr. 3 Satz 1). Ergänzungen sind zulässig für die „allgemein gegebenen Verhältnisse" des Auftraggebers. Gemeint sind damit zunächst technische Regelungen für die von der VOB/C gar nicht erfassten Gewerke. Die VOB/C deckt zwar immer mehr Gewerke ab; zurzeit besteht sie aus 58 DIN-Vorschriften. Als die Regelung der Nr. 3 1952 geschaffen wurde, waren es allerdings nur 24, wobei nur eine den Tiefbau betraf.[25] Auch heute werden noch zahlreiche Spezialmaterien nicht oder nur unvollständig erfasst. Insbesondere im Tiefbau und im Brückenbau besteht ergänzendes Regelungsbedürfnis durch ZTVB.[26] Darüber hinaus werden von der VOB/C nur technische Durchschnittsanforderungen für Normalausführungen aufgestellt.[27] Über das Normalmaß hinausgehende Anforderungen spezieller Bauvorhaben bedürfen damit ergänzender Regelungen.

22 Weiter wird dem Auftraggeber durch ZTVB die Möglichkeit gegeben, möglicherweise veraltete **DIN-Vorschriften selbst fortzuschreiben** und an die weiterentwickelten Allgemeinen Regeln

[22] Vgl. VOB/B § 1, Rdn. 19.
[23] Vgl. näher VOB/B § 1 Rdn. 19 a.
[24] Unklar insoweit *Ingenstau/Korbion/Kratzenberg* VOB/A § 10, Rdn. 45.
[25] Die Technischen Vorschriften für Bauleistungen im Tiefbau waren kurzzeitig die VOB Teil D und bestanden nur aus der DIN 4135 – Einbau von Stadtentwässerungsleistungen aus dem Jahre 1941.
[26] *Heiermann/Riedl/Rusam* VOB/A § 10, Rdn. 4.
[27] *Fischer* S. 105 m.w.N.

der Technik anzupassen.[28] Dies führt dann zwar zu Abweichungen von der VOB/C. Dennoch sind sie lediglich klarstellend, da nach herrschender Meinung die Allgemeinen Regeln der Technik eventuell veralteten Vorschriften der VOB/C vorgehen.[29] **Nicht zulässige Ergänzungen** sind die in der Praxis weit verbreiteten Erweiterungen der **Nebenleistungskataloge**, durch die Besondere Leistungen als im Vertragspreis enthalten gelten sollen.[30] Die grundsätzliche Abbedingung der Vergütungspflicht für Besondere Leistungen, z.B. für Gerüste über 2 m Höhe, wird schon nicht durch die „allgemein gegebenen Verhältnisse" des Auftraggebers gerechtfertigt. Hinzu kommt, dass es sich um eine im unmittelbaren Widerspruch zur VOB/C stehende Änderung handelt, nicht aber um eine „Ergänzung". „Änderungen" können jedoch, wie sich aus Satz 3 ergibt, nur im Leistungsverzeichnis vorgegeben werden. Generelle Änderungen der VOB/C in ZTVB sind damit vergaberechtlich unzulässig.

d) Einzelfallregelungen. Nach Nr. 3 Satz 3 können für den konkreten Einzelfall **Ergänzungen**, aber auch **Änderungen in die Leistungsbeschreibung** aufgenommen werden. Hier ist 23
der Auftraggeber also freier gestellt. Änderungen sind allerdings nur zulässig für die „Erfordernisse des Einzelfalls". Der Begriff des Erfordernisses belegt, dass jedenfalls beliebige Änderungen der VOB/C selbst für den Einzelfall in der Leistungsbeschreibung nicht zulässig sind. An einen auf der Basis vergaberechtlich unzulässiger Änderungen der VOB/C geschlossenen Bauvertrag ist der Auftragnehmer dennoch in der Regel gebunden (vgl. Rdn. 69 ff.). Hier ist regelmäßig nicht einmal eine AGB-Kontrolle möglich, da diese Änderungen den Leistungsbereich betreffen und deshalb einer Inhaltskontrolle nach § 307 Abs. 3 BGB entzogen sind. Eine Unwirksamkeit wegen Intransparenz (§ 307 Abs. 3 Satz 2 BGB) wird bei einer Vorgabe unmittelbar in der Leistungsbeschreibung praktisch ausscheiden.

C. Vergabeunterlagen

I. Das Anschreiben (Nr. 5)

1. Allgemeine Anforderungen (Nr. 5 Abs. 1 VOB/A)

a) Zweck und Inhalt des Anschreibens. Das Anschreiben dient zum einen der Versendung 24
der Verdingungsunterlagen. Inhaltlich beschränkt es sich insoweit auf die Aufforderung zur Angebotsabgabe. Sind für das Vergabeverfahren über die Regelung der VOB/A für die Angebotsabgabe von den Bietern Besonderheiten zu beachten, so sind diese in die Bewerbungsbedingungen aufzunehmen und dem Anschreiben beizufügen (Nr. 5 Abs. 5). Zum anderen dient das Anschreiben der Mitteilung weitergehender Informationen, die für die Angebotsabgabe von Bedeutung sind. Die Informationen über den abzuschließenden Vertrag sollen sich zunächst aus den dem Anschreiben beigefügten Verdingungsunterlagen ergeben. Mit dem Anschreiben soll dem Bewerber aber schon ein zusammenfassender Überblick über wichtige Aspekte, wie Art und Umfang der Leistungen, Zahlungsbedingungen etc. gegeben werden (vgl. Nr. 5 Abs. 2 lit. a), b), r). Darüber hinaus enthält das Anschreiben alle wichtigen Informationen zum Vergabeverfahren selbst. Die Informationen „sollen" gemäß § 17 Nr. 1 VOB/A bereits weitestgehend in der Bekanntmachung enthalten sein. Lediglich die Angabe zu etwaigen Ortsterminen (lit. g) ist neu. Dafür sind erstaunlicherweise die Angaben zur Rechtsform der Bietergemeinschaften (§ 17 Nr. 1 Abs. 2 lit. r) sowie zur Sprache des Angebots (§ 17 Nr. 1 Abs. 2 lit. m) entfallen. Letztere findet sich allerdings für Vergaben oberhalb der Schwellenwerte in den §§ 10 a und 10 b Nr. 1 VOB/A wieder.

---

[28] *Ingenstau/Korbion/Kratzenberg* VOB/A § 10, Rdn. 45.

[29] *Ingenstau/Korbion/Oppler* VOB/B § 4 Nr. 2 Rdn. 44; *Siegburg* Gewährleistung Rdn. 97 ff., m.w.N.; **anderer Ansicht** Beck'scher VOB-Kommentar/*Motzke* VOB/B Einl. I Rdn. 79 unter Berufung auf § 1 Nr. 1 lit. e und f VOB/B.

[30] Vgl. OLG Celle OLGR 1995, 21; OLG München BauR 1986, 579.

24 a **b) Verhältnis zur Bekanntmachung.** Bei den meisten Angaben im Anschreiben handelt es sich damit nur um eine Wiederholung der Angaben aus der Bekanntmachung. Die Wiederholung ist zwingend, auch wenn viele Angaben, wie sich aus § 7 Nr. 2 SKR ergibt (vgl. § 7 SKR Rdn. 6), nicht zum Entschluss zur Angebotsabgabe notwendig sind. Erstaunlich ist weiter, dass bei Vergaben oberhalb der Schwellenwerte nach §§ 10 a und 10 b VOB/A die **Wertungskriterien nur alternativ** in der Bekanntmachung oder im Anschreiben angegeben werden müssen. Offensichtlich handelt es sich in den Augen des DVA um den bedeutungslosesten Punkt überhaupt, der entgegen den sonst zwingenden Anforderungen nicht zu wiederholen ist.[31]

25 Normativ ist eine stringente Linie zunehmender Informationen von der Bekanntmachung zum Anschreiben nicht zu erkennen. Im Wesentlichen können sich die Angaben im Anschreiben auch hinsichtlich ihrer Detaillierung auf das beschränken, was dem Bewerber bereits in der Bekanntmachung mitgeteilt wurde. Die Abweichungen beschränken sich auf Ausnahmen. So sind im Anschreiben nicht nur die Ausführungsfrist (§ 17 Nr. 1 Abs. 2 lit. h VOB/A) anzugeben, sondern auch etwaige Bestimmungen über die Ausführungszeit.[32] Andererseits sind jedenfalls die Angaben in der Bekanntmachung über allgemeine Merkmale der baulichen Anlage oder über ihren Zweck, so weit Planungsleistungen gefordert werden (§ 17 Nr. 1 Abs. 2 lit. e) und g)), entfallen. Gleiches gilt für Anforderungen an Bietergemeinschaften (§ 17 Nr. 1 Abs. 2 lit. r).

26 Problematisch ist das **Verhältnis der Vergabeunterlagen zur Bekanntmachung**. Da die Vergabeunterlagen nachfolgen und in der Praxis auch detaillierter sind, gebührt ihnen grundsätzlich der Vorrang.[33] Bei sich widersprechenden Angaben dürfen sich die Bieter auf die Anforderungen der Vergabeunterlagen verlassen. Eine hiervon zu trennende Frage ist, ob die Vergabestelle in der Bekanntmachung geforderte Eignungsnachweise verändern oder ergänzen darf. Da § 7 a Nr. 2 Abs. 3 VOL/A für Vergaben oberhalb der Schwellenwerte für die Eignungsnachweise eine Angabe bereits in der Bekanntmachung fordert, soll die Vergabestelle sie nachträglich nicht mehr verändern dürfen.[34] Das gilt für die öffentliche Ausschreibung nach § 8 Nr. 3 Abs. 3 VOB/A gerade nicht, so dass ein Rechtsgrund für eine Bindung hier nicht erkennbar ist.[35] Zu den Wertungskriterien vgl. VOB/A, § 10 a Rdn. 5 ff.

26 a **c) Auslegung der Vergabeunterlagen.** Die Verdingungsunterlagen als wesentlicher Teil der Vergabeunterlagen sind nach Zustandekommen des Vertrages entsprechend den allgemeinen zivilrechtlichen Regelungen auszulegen (dazu näher Rdn. 72 und VOB/B § 1 Rdn. 26 ff., § 2 Rdn. 90 ff.). Die Grundsätze von Gleichbehandlung und Transparenz (§ 97 Abs. 1 und 2 GWB) führen während des Vergabeverfahrens zu erhöhten Anforderungen an **Eindeutigkeit und Klarheit** aller vom Auftraggeber für die Eignung von Bewerbern/Bietern oder die Wertung von Angeboten aufgestellten Anforderungen. Entscheidend für die Auslegung sind schon allgemein nicht die Vorstellungen des Auftraggebers, sondern die Verständnismöglichkeiten des angesprochenen Bieterkreises.[36] Bei nicht eindeutigen Vorgaben prüft die Rechtsprechung für die Zulässigkeit eines Angebotes aber nicht, ob der Bieter – wie möglicherweise andere auch – die Anforderungen des Auftraggebers hätte erkennen können, sondern ob sein engeres Verständnis noch vertretbar war.[37] Denn werden Anforderungen nicht eindeutig und klar bezeichnet und reicht ein Bieter auf Grund missverständlicher Formulierungen unzureichende Unterlagen ein, darf das im Vergabeverfahren nicht zu seinen Lasten gehen (vgl. auch Rdn. 42 ff.).

---

[31] Vgl. VOB/A § 10 a, Rdn. 4.
[32] Vielfach werden diese Angaben aber auch bereits für die Bekanntmachung gefordert, vgl. *Heiermann/Riedl/Rusam* VOB/A § 17, Rdn. 14; *Franke/Kemper/Zanner/Grünhagen* VOB/A § 17, Rdn. 25.
[33] *Weyand* ibr-online-Kommentar § 10 Rdn. 3543 m.w.N.
[34] OLG Düsseldorf IBR 2003, 1017.
[35] Auch OLG Jena v. 5.12.2001 – 6 Verg 3/01 (veris) geht von einer Ergänzbarkeit aus.
[36] OLG Düsseldorf ZfBR 2003, 721.
[37] Vgl. z.B. OLG Düsseldorf v. 7.7.2005 – VII Verg 22/05 (ibr-online); VK Münster v. 9.3.2004 – VK 2/04 (veris).

2. Notwendiger Inhalt (Nr. 5 Abs. 2)

Der Katalog des Nr. 5 Abs. 2 VOB/A enthält die **Regelanforderungen** („insbesondere") an den Inhalt des **Anschreibens**. Sind sonstige Angaben für das Vergabeverfahren oder die Angebotsabgabe von Relevanz, so sind sie ebenfalls in das Anschreiben aufzunehmen, so weit sie sich nicht bereits aus den Verdingungsunterlagen oder den Bewerbungsbedingungen ergeben. 27

Dabei brauchen Angaben, die sich standardisieren lassen, nicht im Anschreiben selbst enthalten zu sein. Sie dürfen stattdessen auch in die **Bewerbungsbedingungen** nach Nr. 5 Abs. 5 ausgelagert werden, die gewissermaßen Teil des Anschreibens im weiteren Sinn werden (vgl. Rdn. 64).[38] 28

a) Art und Umfang der Leistung. Art und Umfang der Leistung sowie der Ausführungsort sind bereits in der Bekanntmachung enthalten (§ 17 Nr. 1 lit. c), d), e), g) VOB/A). Im Regelfall genügt, dass sie im Anschreiben wiederholt werden, da sich der Bewerber vertiefend durch die Leistungsbeschreibung informieren kann.[39] Diese soll nach § 9 Nr. 6 und 11 bereits eine allgemeine Darstellung der Bauaufgabe enthalten. 29

b) Ausführungszeit. Anzugeben sind weiter „etwaige Bestimmungen über die Ausführungszeit". Will der Auftraggeber Vertragsfristen (§ 5 Nr. 1 VOB/B) vereinbaren, wobei er § 11 VOB/A zu beachten hat[40], muss er diese bereits in die Verdingungsunterlagen aufnehmen, da der Auftrag durch bloße Annahme des Bieterangebots zu Stande kommt. Die Bestimmung der Vertragsfristen erfolgt gemäß Nr. 4 Abs. 1 lit. d) in den ZVB oder BVB. Hierauf wäre dann zu verweisen. Soll die Ausführung erst nach Abruf (§ 5 Nr. 2 VOB/B) beginnen, so ist auch darauf zu verweisen. Fraglich ist, welche Angaben hinsichtlich der **voraussichtlichen kalendermäßigen Ausführungszeit** zu machen sind. Es kann keinem Zweifel unterliegen, dass diese Angaben für den Bewerber von maßgeblicher Bedeutung sind. Zum einen kann der Bewerber nur so abschätzen, ob er zur fraglichen Ausführungszeit überhaupt über die notwendigen Kapazitäten verfügt. Zum anderen hat die Bauzeit unmittelbare Auswirkungen auf die zu kalkulierenden Kosten (Winterbau, Lohnerhöhung). In der Literatur wird deshalb die Angabe eines konkreten Ausführungszeitraumes gefordert.[41] Dieser Auffassung ist einzuräumen, dass die tatsächliche Ausführungszeit für den Entschluss zur Abgabe eines Angebotes von Bedeutung im Sinne der Nr. 5 Abs. 1 ist. Nr. 5 Abs. 2 lit. b) fordert aber nur die Angabe „etwaiger" Bestimmungen über die Ausführungszeit. Ist die Ausführungszeit tatsächlich noch offen, können und brauchen keine konkreten Angaben gemacht zu werden. Es ist dann allerdings darauf hinzuweisen, dass die Ausführungszeit noch nicht feststeht.[42] Zur Forderung eines Bauzeitenplans durch den Auftraggeber vgl. Rdn. 47. 30

c) Anschrift Vergabestelle. Das Anschreiben muss die zum Angebot auffordernde Stelle, also den Absender, genauso angeben wie eine eventuell hiervon abweichende Zuschlagsstelle. 31

d) Einsichtsstelle. Angegeben werden muss des Weiteren die Stelle, bei der zusätzliche Unterlagen angefordert oder eingesehen werden können. Betroffen sind zunächst die Verdingungsunterlagen, die nach § 17 Nr. 5 VOB/A nicht vervielfältigt und deshalb nicht mitgeschickt werden können, wie z.B. Probestücke, Muster etc. oder aber großformatige Pläne, umfangreiche Gutachten. Bei letzteren wird es sich aber regelmäßig nicht um Teile der Verdingungsunterlagen selbst handeln, sondern um zusätzliche Informationen, die nur auf Anforderung oder gegen Entgelt herausgegeben bzw. zur Einsicht bereitgehalten werden. Bei der Einsichtsstelle darf es sich, wie der Wortlaut ausweist, nur um **eine Stelle** handeln, bei der dann alle weiteren Unterlagen insgesamt zur Einsicht bereit gehalten werden müssen. Die Gegenauffassung[43] übersieht, dass 32

[38] OLG Nürnberg OLGR 2002, 433 = IBR 2002, 504.

[39] *Ingenstau/Korbion/Kratzenberg* VOB/A § 10, Rdn. 53; Beck'scher VOB-Kommentar/*Hertwig* VOB/A § 10, Rdn. 12; *Franke/Kemper/Zanner/Grünhagen* VOB/A § 10, Rdn. 12; tendenziell weiter *Heiermann/Riedl/Rusam* VOB/A § 10, Rdn. 7.

[40] Vgl. VOB/A § 11, Rdn. 7 f.

[41] *Heiermann/Riedl/Rusam* VOB/A § 10, Rdn. 8; *Franke/Kemper/Zanner/Grünhagen* VOB/A § 10, Rdn. 14.

[42] Beck'scher VOB-Kommentar/*Sterner* VOB/A § 17, Rdn. 21.

[43] *Heiermann/Riedl/Rusam* VOB/A § 10, Rdn. 10; *Ingenstau/Korbion/Kratzenberg* VOB/A § 10, Rdn. 57.

die ursprünglich bewusst gewählte Pluralform[44] nunmehr durch eine Einzahl ersetzt worden ist. Zulässig und ggf. sogar geboten ist demgegenüber, zur Erleichterung für die Bieter, alle Unterlagen jeweils an zwei oder mehreren Stellen zur Einsicht bereit zu halten, wie § 17 Nr. 5, VOB/A zeigt. Die Einsichtsstelle muss auch nicht identisch mit der Vergabestelle sein. Zwar spricht § 17 Nr. 1 Abs. 2 lit. i) VOB/A hinsichtlich der Bekanntmachung von „der Stelle, bei der Verdingungsunterlagen und zusätzliche Unterlagen angefordert und eingesehen werden können". Hieraus lässt sich allerdings nicht schlussfolgern, dass es sich insoweit um eine einzige Stelle handeln müsse.[45] Denn die Gegenüberstellung von § 10 Nr. 5 Abs. 2 lit. c) und d) VOB/A belegt eindeutig, dass zwei verschiedene Stellen zulässig sind, da ansonsten die Angaben zweier unterschiedlicher Adressen ersichtlich nicht notwendig wäre.

33 Die Einsichtsstelle muss auch keineswegs eine **„Dienststelle"** des öffentlichen Auftraggebers sein.[46] Der zwischenzeitlich in § 17 und § 10 der VOB/A 1992 verwandte Begriff der Dienststelle ist mit den Änderungen 2000 wieder in den ursprünglichen Begriff der „Stelle" zurückverwandelt worden.[47] Das beruhte wohl auch darauf, dass nicht nur Behörden an die VOB/A gebunden sind, sondern auch Private, wenn sie die Anforderungen des § 98 GWB erfüllen.[48] Warum ein Caritasverband, der ein Krankenhaus mit überwiegend öffentlichen Mitteln baut, derartige Unterlagen nicht bei von ihm eingeschalteten Architekten, Projektsteuerern oder Ingenieuren auslegen können soll, ist auch nicht einzusehen. Für das Vergabeverfahren kommt es allein darauf an, dass Einsicht ordnungsgemäß gewährt wird, aber nicht durch wen.

34 **e) Entgelt für Unterlagen.** So weit für die zusätzlichen Unterlagen nach lit. d) ein Entgelt gefordert wird, was nach § 20 Nr. 1 VOB/A allerdings nur bei öffentlicher Ausschreibung zulässig ist, sind Höhe und Einzelheiten der Zahlung anzugeben. Das Entgelt ist bereits in der Bekanntmachung anzugeben (§ 20 Nr. 1 Abs. 1, § 17 Nr. 1 Abs. 2 lit. j VOB/A). Demgegenüber braucht das Entgelt für die Verdingungsunterlagen selbst nicht noch einmal wiederholt zu werden, da die Verdingungsunterlagen üblicherweise nur gegen Vorauszahlung abgegeben werden.[49]

35 **f) Art der Vergabe.** Weiter muss der Auftraggeber die Art der Vergabe angeben. Wie bereits in der Bekanntmachung genügt die Bezeichnung, ob eine öffentliche Ausschreibung, eine beschränkte Ausschreibung oder freihändige Vergabe bzw. das entsprechende Verfahren für Vergaben oberhalb der Schwellenwerte durchgeführt wird. Die Gründe für die gewählte Vergabeart müssen nicht dargelegt werden.[50]

36 **g) Ortsbesichtigungen.** Insbesondere bei größeren Baumaßnahmen bzw. bei Auswirkungen der örtlichen Verhältnisse auf die Kalkulation sind Ortsbesichtigungen geboten, um die Leistungsanforderung zu verdeutlichen. Üblicherweise wird der Auftraggeber hier die zuständige Stelle angeben, mit der der Bewerber Ortsbesichtigungen vereinbaren kann. Die Angabe von Sammelterminen in dem Anschreiben wird demgegenüber nicht möglich sein[51], weil die Durchführung von Sammelterminen gegen die Verpflichtung verstößt, die Namen der Bewerber bis zum Eröffnungstermin geheim zu halten (§ 17 Nr. 6 VOB/A).[52]

37 **h) Digitale Angebote.** Bereits mit der Bekanntmachung ist anzugeben, ob der Auftraggeber von der Möglichkeit des § 21 Nr. 1 Abs. 1 Satz 2 VOB/A Gebrauch macht[53] und deshalb Angebote

---

[44] § 17 Nr. 4 Abs. 1 lit. d) VOB 1973 sprach von „Stellen", dazu *Daub/Piel/Soergel* Erl.Z A 17.30.

[45] So aber Beck'scher VOB-Kommentar/*Sterner* VOB/A § 17, Rdn. 23.

[46] So aber Beck'scher VOB-Kommentar/*Sterner* VOB/A § 17, Rdn. 23; *Heiermann/Riedl/Rusam* VOB/A § 10, Rdn. 10 (genau gegenteilig aber § 17, Rdn. 15); *Franke/Kemper/Zanner/Grünhagen* VOB/A § 10, Rdn. 16 (anders aber § 17, Rdn. 29).

[47] Vgl. *Joussen/Schranner* BauR 2000, 625, 626.

[48] So auch *Joussen/Schranner* BauR 2000, 625, 627; die offiziellen „Hinweise" enthalten insoweit keine Begründung.

[49] Vgl. VHB-Form EFB-Bek A.

[50] *Ingenstau/Korbion/Kratzenberg* VOB/A § 10, Rdn. 59; *Heiermann/Riedl/Rusam* VOB/A § 10, Rdn. 11.

[51] So aber *Ingenstau/Korbion/Kratzenberg* VOB/A § 10, Rdn. 60.

[52] So zutreffend *Heiermann/Riedl/Rusam* VOB/A § 10, Rdn. 12, § 17 Rdn. 36.

[53] Vgl. VOB/A § 21, Rdn. 7 ff.

digital abgegeben werden können (§ 17 Nr. 1 Abs. 2 lit. i und l).[54] Im Anschreiben muss, wenn diese Möglichkeit zugelassen werden soll, das Verfahren zu Ver- und Entschlüsselung angegeben werden. Angabebedürftig dürften in der Regel noch mehr Einzelheiten werden. Sinnvollerweise werden alle Informationen in die Bewerbungsbedingungen aufgenommen (vgl. Rdn. 64).

i) Aufschrift/Bezeichnung der Angebote. Die Angebote, auch die digitalen Angebote, müssen nach § 22 VOB/A bis zum Eröffnungstermin ungeöffnet verwahrt werden. Um dies sicher zu stellen, müssen sie durch eine Aufschrift oder eine Bezeichnung entsprechend gekennzeichnet werden, die im Anschreiben anzugeben ist. Das Vergabehandbuch sieht hierzu die Verwendung von Klebezetteln vor, die auch auf dem Angebotsumschlag anzubringen sind.[55] 38

j) Anschrift für digitale Angebote. Die Notwendigkeit der Angabe der Anschrift für digitale Angebote ergibt sich bei deren Zulassung eigentlich bereits aus lit. c). 39

k) Eröffnungstermin und Teilnahme. Ort und Zeit des Eröffnungstermins sind anzugeben, damit die Bieter an der Eröffnung teilnehmen können und wissen, bis wann Angebote abgegeben werden können (§ 18 Nr. 2 VOB/A). Die Angabe der Adresse reicht aus, wenn auch ortsunkundige Personen durch Wegweiser oder Pförtner den entsprechenden Raum sicher finden könne.[56] Eine Gegenauffassung fordert zu Unrecht generell auch die Angabe der Raumnummer.[57] 40

Angegeben werden müssen weiter die Personen, die bei der Eröffnung zugelassen sind, d.h. die Bieter und ihre Bevollmächtigten (§ 22 Nr. 1 Satz 1). Die einheitlichen Verdingungsmuster des Vergabehandbuchs enthalten hierzu allerdings keine Angaben.[58] 41

l) Eignungsnachweise. Welche Eignungsnachweise gefordert werden dürfen, ergibt sich aus § 8 Nr. 3 VOB/A. Alle vom Auftraggeber für die Bewertung der Fachkunde, Leistungsfähigkeit oder Zuverlässigkeit der Bieter nach § 8 Nr. 3 VOB/A geforderten Unterlagen sind **eindeutig und klar**[59] zu bezeichnen. Reicht ein Bieter auf Grund missverständlicher Formulierungen unzureichende Unterlagen ein, darf das nicht zu seinen Lasten gehen. Ohne ergänzende Anforderungen reicht es bei zeitlich befristeten Bescheinigungen aus, dass ihre Gültigkeit die Angebotsabgabefrist – und nicht die Zuschlagsfrist – erreichen.[60] Die Anforderungen von „Nachweisen" ist auch im Sinne von „Beleg" zu verstehen und deckt dann Fremd- wie Eigenbelege ab.[61] Die Anforderung der Eignungsnachweise muss im Anschreiben selbst bzw. den Bewerbungsbedingungen erfolgen. Eine Anforderung lediglich in der Leistungsbeschreibung reicht nicht aus und bleibt bei der Wertung unberücksichtigt.[62] Grundsätzlich ist die Tendenz festzustellen, dass zu viele und unnötige Nachweise gefordert werden. Fehlen nur irgendwelche, so wird das Angebot nach der strengen vergabenrechtlichen Rechtssprechung i.d.R. ohne Nachbesserungsmöglichkeit auszuschließen sein, da Eignungsnachweise unter §§ 21 Nr. 1 Abs. 1, 25 Nr. 1 Abs. 1 VOB/A fallen.[63] Inwieweit hier zur Rettung preisgünstiger Angebote Bagatellgrenzen und Wettbewerbsrelevanz berücksichtigt werden können, ist streitig.[64] Wenn unbedacht z.B. **Handelsregisterauszüge** nicht älter als zwei Monate gefordert werden, werden viele Angebote an formellen Fehlern scheitern, ohne dass die formgerechten Unterlagen für die Vergabestelle irgendeinen Erkenntnisgewinn bedeutet 42

[54] Vgl. dazu *Höfler* NZBau 2000, 449; *Weyand*, ZVgR 2001, S. 51 ff.

[55] VHB EVM (B) A, Ziff. 6.

[56] *Franke/Kemper/Zanner/Grünhagen* VOB/A § 10, Rdn. 23.

[57] *Ingenstau/Korbion/Kratzenberg* VOB/A § 10 Rdn. 64; *Heiermann/Zeiss/Kullack/Blaufuß/Laumen* VOB/A § 10 Rdn. 96.

[58] Vgl. EVM (B) A bzw. EVM (B) A EG sowie EVM (B) BwB/E.

[59] VÜA Brandenburg IBR 1998, 280; Beck'scher VOB-Kommentar/*Prieß/Hausmann* VOB/A § 8, Rdn. 72.

[60] OLG Düsseldorf v. 9.6.2004 – Verg 11/04 (ibr-online).

[61] OLG Düsseldorf v. 6.7.2005 – Verg 22/05 (ibr-online); vgl. auch OLG Düsseldorf v. 9.6.2004 – Verg 11/04 (ibr-online).

[62] OLG Jena v. 5.12.2001–6 Verg 3/01(veris); BayObLG VergabeR 2003, 675.

[63] OLG Düsseldorf v. 9.11.2003 – Verg 47/03 (veris);OLG Düsseldorf IBR 2003, 1017; VK Münster v. 21.10.3003 – VK 19/03.

[64] Vgl. *Möllenkamp* NZBau 2005, 557 m.w.N.

hätten. Handelsregisterauszüge sind ein bloß formelles Eignungskriterium und sollen verlässlich Auskunft über die Existenz und wichtige Rechtsverhältnisse des Bieters geben. Vielfach ist ein großer Teil der Bieter aber bereits bekannt. Bestehen Zweifel, lassen sich Angaben besser im Einzelfall nachfordern. Werden bestimmte Anforderungen an die Art des Nachweises gestellt, sind diese deutlich zu machen; ansonsten genügt auch ein selbst aufgerufener Ausdruck aus dem elektronischen Handelsregister.[65]

42a Gegen das Gebot der Eindeutigkeit und Klarheit der Anforderung wird häufig verstoßen. So werden in der Praxis gerne **„Referenzen"** gefordert, ohne klarzustellen, ob Eigenerklärungen der Bieter zu den Referenzleistungen genügen oder eine Referenz des damaligen Auftraggebers gefordert wird. Nach der unrichtigen Auffassung der VK Halle soll unter dem Begriff der Referenz nur eine Empfehlung eines Dritten zu verstehen sein; die bloße Eigenbenennung vergleichbarer Arbeiten soll die Pflicht zur Vorlage von Referenzen nicht genügen.[66]Demgegenüber geht das OLG Düsseldorf davon aus, dass der Begriff „Nachweis" im Sinne von Beleg zu verstehen ist und deshalb ohne nähere Bestimmung sowohl Fremd- wie auch Eigenbelege erfassen kann.[67] Wird ohne nähere Angaben eine Referenzliste gefordert, ist es in das Belieben der Bieter gestellt, die Referenzliste nach eigenen Vorstellungen zu gestalten.[68]Da grundsätzlich die Ersetzung von (eindeutig) geforderten Fremdnachweisen durch bloße Eigenerklärungen eines Bieters nicht zulässig ist,[69]ist besondere Sorgfalt bei der Aufstellung unmissverständlicher Anforderung geboten.

42b Häufig werden entsprechend dem Wortlaut des § 8 Nr. 3 Abs. 1 VOB/A **Bilanzen** „in den letzten drei abgeschlossenen Geschäftsjahre" verlangt. Das birgt zwei Probleme in sich: Zum einem liegen bei einigen Bietern die Bilanzen für die „abgeschlossenen" Geschäftsjahre noch nicht vor, zum anderen wird der Wortlaut von den Bietern durchaus so verstanden, dass nur eine oder zwei Bilanzen aus diesem Zeitraum vorzulegen sind. Ausreichend erscheint für den Regelfall die Vorlage des letzten festgestellten Jahresabschlusses sowie ggf. der Umsatzangaben der vorausgegangen Geschäftsjahre. Für die Beurteilung der finanziellen Leistungsfähigkeit ist bei Ergebnisabführungsverträgen die Bilanz der Bieterin weniger interessant als die der zum möglichen Verlustausgleich verpflichteten Mutter.

42c Der **„Nachweis einer Betriebshaftpflichtversicherung"** erfordert nicht zwingend eine Bescheinigung der Versicherung, jedenfalls dann nicht, wenn das Angebotsschreiben ausfüllungsbedürftige Freistellen für eine Eigenerklärung beinhaltet und eine Bestätigung der Versicherung nicht unter den vorzulegenden Anlagen aufgeführt ist.[70]

42d Wenig hilfreich für die Bieter ist – in bloß wörtlicher Wiederholung des § 8 Nr. 3 Abs. 1 lit. e VOB/A – die Forderung nach **„Angaben über das für die Leitung und Aufsicht vorgesehene technische Personal"**. Wer hier wertbare und vergleichbare Angaben erstrebt, sollte klarstellen, welche konkreten Angaben hinsichtlich welcher näher bezeichneten Personen gewünscht werden.

43 **m) Sicherheitsleistungen.** Wird eine Sicherheit gefordert, wobei § 14 VOB/A zu beachten ist, so ist dies nach dem klaren Wortlaut des lit. m) zusätzlich zu den Verdingungsunterlagen im Anschreiben anzugeben. Die Formschreiben des Vergabehandbuchs sehen entsprechende Angaben allerdings nicht vor.[71] Dass Regelungen über Sicherheitsleistungen in den beigefügten BVB oder ZVB[72] enthalten sein müssen, versteht sich vertragsrechtlich von selbst, ersetzt aber nicht die nach Nr. 5 Abs. 2 geforderte Angabe im Anschreiben.

44 **n) Änderungsvorschläge und Nebenangebote.** Vgl. hierzu Rdn. 53 ff.

---

[65] OLG Düsseldorf v. 9.6.2004 – Verg 11/04 (ibr-online).
[66] VK Halle v. 10.11.2003 – VKHal 20/03 (ibr-online); tendenziell OLG Naumburg VergR 2004, 387.
[67] OLG Düsseldorf 6.7.2005 – Verg 22/05 (ibr-online).
[68] VK Rheinland-Pfalz v. 9.7.2004 – VK 07/04 (ibr-online).
[69] OLG NaumburgVergR 2004, 387; VK Nordbayern v. 19.7.2002 – 320.VK-3194–20/02 (ibr-online).
[70] OLG Düsseldorf v. 9.6.2004 – Verg 11/04 (ibr-online).
[71] EVM (B) A bzw. EVM (B) A EG.
[72] Vgl. EVM (B) BVB Ziff. 5; EVM (B) ZVB E Ziff. 29.

o) Vorbehalt der losweisen Vergaben. Will sich der Auftraggeber offen halten, die ausgeschriebene Leistung in Lose gemäß § 4 VOB/A zu teilen und getrennt zu vergeben, muss er die Lose für die jeweiligen Teilleistungen in den Verdingungsunterlagen klar abgrenzen. In dem Anschreiben ist der Vorbehalt der Losaufteilung aufzunehmen.[73] Denn der potentielle Auftragsumfang ist für die Kalkulation der Bieter von erheblicher Bedeutung. Ohne einen ausdrücklichen Vorbehalt können die (einheitlichen) Angebote nur insgesamt beauftragt werden. Nicht geht es hier darum, Fälle zu erfassen, in denen der Auftraggeber noch keine klare Entscheidung getroffen hat, ob der Zuschlag möglicherweise nur auf einen Teil der angebotenen Leistungen erfolgt.[74] Das ist mit dem Ausdruck ‚Vorbehalte' nicht gemeint. Eine Ausschreibung ohne Vergabeabsicht ist ebenso wenig zulässig wie grundsätzlich ein modifizierter Zuschlag. Die Angebote können nur so angenommen werden, wie sie abgegebenen wurden. 45

p) Zuschlags- und Bindefrist. Die Zuschlags- und Bindefrist[75] ist anzugeben. Ein Hinweis darauf, dass der Bieter während der Frist an sein Angebot gebunden ist (§ 19 Nr. 3 VOB/A), ist nicht notwendig. Die Formulare des Vergabehandbuchs sehen eine entsprechende Erklärung des Bieters erst in dem Angebotsschreiben vor.[76] Ohne Erklärung hierzu ist der Bieter regelmäßig nur an einen kürzeren üblichen Annahmezeitraum gebunden.[77] 46

q) Sonstige Erfordernisse. Weiter sind auch sonstige Erfordernisse anzugeben, die die Bewerber bei der Bearbeitung ihrer Angebote berücksichtigen müssen. Trotz des weiten Wortlautes sind hier nur Besonderheiten gemeint, die das Vergabeverfahren betreffen, d.h. wenn der Auftraggeber zulässigerweise von Regelungen der VOB/A oder seinen eigenen Bewerbungsbedingungen abweichen oder diese ergänzen will. Auf die sich aus den Verdingungsunterlagen ergebenden Punkte braucht nicht noch einmal hingewiesen werden, wie sich bereits aus Nr. 5 Abs. 1 VOB/A ergibt. 47

Werden von den Bieter jedoch über die von § 8 Nr. 3 Abs. 1 VOB/A geforderten Erklärungen weitere Angaben verlangt, müssen diese im Anschreiben (oder in den Bewerbungsbedingungen) ausdrücklich aufgenommen werden. Das dient der Transparenz des Verfahrens und der Informationen des Bieters über die für das Angebot erforderlichen Bedingungen und den mit dem Angebot zu erwartenden Aufwand. Das gilt insbesondere für die häufiger erhobene Forderung nach einem **Bauzeitenplan** bereits mit Angebotsabgabe.[78] Dieser wird i.d.R. nicht als Eignungsnachweis verlangt, sondern zur Übersicht und Kontrolle. 47 a

Gleiches gilt für die Forderung nach einer **Vertraulichkeitserklärung**, wie sie i.d.R. unter Vertragsstrafeversprechen bei Verhandlungsverfahren vor der Überlassung vertraulicher Informationen gefordert wird, z.B. beim IT-Outsourcing.[79] 47 b

Angabebedürftig sind des Weiteren, die häufig in den Bewerbungsbedingungen enthalten[80], etwaige **Anforderungen an Bietergemeinschaften**. § 25 Nr. 6 VOB/A stellt Bietergemeinschaften Einzelbietern gleich, ohne materielle Zulassungskriterien aufzustellen.[81] Nach § 6 Abs. 2 Nr. 1 VgV in der Fassung des ÖPP-Beschleunigungsgesetzes darf der Auftraggeben nur für den Fall der Auftragsvergabe die Annahme eine bestimmten Rechtsform verlangen, sofern dies für die ordnungsgemäße Durchführung des Auftrages notwendig ist. In der Bekanntmachung sind etwaige Anforderungen anzugeben (§ 17 Nr. 1 Abs. 2 lit. r VOB/A). Erstaunlicherweise ist dieser Punkt der Bekanntmachung als einziger[82] nicht in den Katalog der Nr. 5 Abs. 2 übernommen worden. 47 c

---

[73] VOB-Stelle Sachsen-Anhalt IBR 1997, 490.
[74] So aber *Ingenstau/Korbion/Kratzenberg* VOB/A § 10 Rdn. 68.
[75] Vgl. VOB/A § 19 Rdn. 9 ff.
[76] Vgl. EVM (Z) Ang. 1, Ziff. 6.
[77] Vgl. OLG Düsseldorf BauR 1980, 65.
[78] BayObLG VergR 2003, 675=IBR 2003, 492; vgl. auch VK Nordbayern v. 1.4.2003 – 320.VK-3194–08/03 (juris).
[79] VK Darmstadt v. 7.8.2003 – 69 d VK-26/2003 (veris); VK Baden-Württemberg v. 12.7.2001 – Az.: 1 VK 12/01.
[80] EVM (B) BwB E Ziff. 5.
[81] VÜA Bund BauR 1998, 326.
[82] Der Punkt Sprache ist in §§ 10 a und 10 b übernommen.

47 d Nicht angabebedürftig sind bei Vergaben unter den Schwellenwerte die Wertungskriterien. Die förmliche Angabe einschließlich Gewichtung ist zwingend nur für Vergaben nach den Abschnitten 2 bis 4 (vgl. näher VOB/A § 10 a Rdn. 5 ff. und SKR § 7 Rdn. 14). Für Vergaben unter den Schwellenwerten reicht es aus, dass die Anforderungen des Auftraggebers aus den Verdingungsunterlagen deutlich werden.[83]

48 **r) Wesentliche Zahlungsbedingungen.** Obwohl alle Zahlungsbedingungen sich aus den Verdingungsunterlagen ergeben, sollen die wesentlichen Zahlungsbedingungen in dem Anschreiben angegeben bzw. auf die sie enthaltenden Unterlagen verwiesen werden. In der Praxis wird dies offensichtlich dahin verstanden, dass nur von § 16 VOB/B abweichende Zahlungsbedingungen anzugeben sind.[84] Tatsächlich erfordert lit. r) zumindest einen Verweis auf § 16 VOB/B.[85] Konkrete Angaben, zu welchen Terminen welche Zahlungen verlangt werden können, müssen sich aus dem Anschreiben selbst allerdings nicht ergeben.[86]

49 **s) Nachprüfstelle.** Diese Angabe setzt die Vorgabe des § 31 um (vgl. näher VOB/A § 31 Rdn. 3 ff. und § 31 a Rdn. 3 ff.).

3. Nachunternehmereinsatz (Nr. 5 Abs. 3)

50 Bei der Prüfung der Eignung der Bieter muss für die Teile, die durch Nachunternehmer erbracht werden sollen, auch deren Eignung überprüft werden.[87] Hier bleibt § 10 Nr. 5 Abs. 3 VOB/A allerdings auf halbem Wege stehen, indem die Bieter nur aufgefordert werden, die **Leistungen** anzugeben, die sie einem **Nachunternehmer** zu vergeben beabsichtigen. Nachunternehmer ist nur, wer selbst einen werkvertraglichen Erfolg schuldet, nicht wer lediglich Material oder Gerät liefert oder Dienstleistungen bzw. Arbeit schuldet.[88] Nach dem Wortlaut der Nr. 5 Abs. 3 bezieht sich die **Nachunternehmererklärung** lediglich auf die zu übertragenden Leistungsteile, nicht aber auf die ggf. zu beauftragenden Nachunternehmer. Dementsprechend sehen die Muster der Vergabehandbücher nur „Verzeichnisse der Nachunternehmerleistungen" vor, in denen die zu übertragenden Leistungen nach Art und Umfang einzutragen sind. **Zulässig** sind aber auch die Forderung nach **Angabe der Nachunternehmer selbst**.[89] Die Formblätter des Vergabehandbuchs sehen hierfür Eintragungsmöglichkeiten bereits vor. Auch in diesem Fall bleiben die Angaben nur begrenzt aussagekräftig. Eine allgemeine Aufforderung, hinsichtlich der Nachunternehmer, die bereits feststehen, ebenfalls die für den Bieter angeforderten Eignungsunterlagen vorzulegen, stellt die VOB/A nicht auf. Sie geht von dem Grundsatz der Selbstausführung des Auftrages (§ 4 Nr. 8 VOB/B) aus. Eignungsnachweise für die einzusetzenden Nachunternehmer können allerdings verlangt werden.[90] Für Vergaben oberhalb der Schwellenwerte muss der Bieter, der sich der Fähigkeiten eines anderen Unternehmens bedienen will, durch Verpflichtungserklärungen des Nachunternehmers nachweisen, dass ihm dessen Mittel zur Verfügung stehen.[91]

51 Demgegenüber können die Bieter **nicht generell** mit dem Anschreiben aufgefordert werden, auch die **Preise und Vertragsbedingungen** der Nachunternehmerverträge vorzulegen.[92] Ein Preiskontrollrecht des Auftraggebers gemäß § 24 Nr. 1 besteht nicht generell und präventiv,

---

[83] OLG Naumburg OLGR 2003, 462.

[84] Vgl. EVM (B) A u. EVM (B) A EG enthalten keinen Verweis auf § 16.

[85] Beck'scher VOB-Kommentar/*Hertwig* VOB/A § 10, Rdn. 14; *Heiermann/Riedl/Rusam* VOB/A § 10, Rdn. 21.

[86] Zu weitgehend *Franke/Kemper/Zanner/Grünhagen* VOB/A § 10, Rdn. 30.

[87] *Heiermann/Riedl/Rusam* VOB/A § 25, Rdn. 36; Beck'scher VOB-Kommentar/*Brinker/Ohler* VOB/A § 25, Rdn. 47.

[88] VK Bund v. 18.3.2004 – VK 2–152/03 (ibr-online).

[89] OLG Düsseldorf v. 5.4.2004 – Verg 10/04 (ibr-online); VK Sachsen-Anhalt vom 30.11.2005, IBR 2005, 45; Gemäß Ziff. 6 der EVM (B) BwB/E müssen die Nachunternehmer nur auf Verlangen benannt werden.

[90] OLG Düsseldorf IBR 2005, 113; VÜA Bund 1 VÜ 3/97 bei *Fischer/Noch* III. 44.

[91] EVM (L) BwB EG 232 EG (Stand 1.2.06) und EFB U EG 317.

[92] So aber *Franke/Kemper/Zanner/Grünhagen* VOB/A § 10, Rdn. 34; *Heiermann/Riedl/Rusam* VOB/A § 10, Rdn. 23.

sondern nur im Ausnahmefall, wenn die Angemessenheit der Preise fraglich ist und dies nicht anders kontrolliert werden kann.[93] Das Abfragen von Vertragsbedingungen zwischen den Bietern und Nachunternehmen erübrigt sich, da Verträge nur in Ausnahmefällen (bedingt abgeschlossen) vorliegen werden; im Übrigen enthält § 4 Nr. 8 Abs. 2 VOB/B hinsichtlich der Vertragsbedingungen klare Vorgaben.

Die **formellen Anforderungen** an eine **Nachunternehmererklärung** sind heute streng. Art und Umfang der vom Nachunternehmer auszuführenden Leistungen müssen vom Bieter schon mit dem Angebot konkret angeben werden, i.d.R. unter **Angabe der Ordnungsziffer** des Leistungsverzeichnisses.[94] Andere „schlagwortartige" Angaben reichen nur, wenn sie eine eindeutige Zuordnung der Leistungsbereiche – ggf. im Wege der Auslegung – ermöglichen.[95] Werden im Anschreiben oder den Bewerbungsbedingungen Angaben zum Nachunternehmereinsatz gefordert, die üblichen Vordrucke allerdings von der Vergabestelle nicht beigefügt, so werden einige Bieter die Erklärung nicht abgeben; ihre Angebote müssen als unvollständig ausgeschlossen werden.[96] Ein Verlangen der Vergabestelle nach namentlicher Nachunternehmerbenennung soll sich bereits inzidenter aus der Beifügung eines Formblattes mit einer Spalte „Vorgesehener Nachunternehmer" ergeben.[97] Da die Bieter solche Anforderungen gerne verkennen und die Vordrucke des Vergabehandbuchs in der Praxis immer wieder zu Missverständnissen führen [98], ist eine Vergabestelle gut beraten, wenn sie die wesentlichen Anforderungen an die geforderten Angaben in einem **vorbereiteten Erklärungsformular** für die Bieter **mit klaren Hinweisen** aufnimmt. 51 a

Grundsätzlich sollten **möglichst wenige Angaben** in Nachunternehmererklärungen bereits mit Angebotsabgabe gefordert werden. Je mehr Angaben gefordert werden, desto höher ist das **Risiko**, dass preislich attraktive Angebote wegen **unvollständiger Angaben** ausgeschlossen werden müssen. Die vergaberechtliche Rechtsprechung fordert heute bei fast jedem formellen Fehler den Ausschluss des betroffenen Angebots, jedenfalls dann, wenn nicht nur ein geringfügiger Anteil der Gesamtleistung betroffen ist.[99] Eine Nachforderung/Nachholung oder Vervollständigung im Wege des § 24 VOB/A ist dann nicht zulässig. Die Benennung des konkreten Nachunternehmers in den Angebotsunterlagen sollte nur gefordert werden, soweit wirklich kritische Leistungsteile betroffen sind. Denn zum einem haben die Bieter i.d.R. den Nachunternehmer noch nicht gebunden, zum anderen darf ein benannter Nachunternehmer nicht ausgetauscht werden, so dass bei dessen Wegfall das Angebot ausgeschlossen werden muss.[100] Da ein „Mehr an Eignung" bei der Wertung wegen der Trennung von Eignungs- und Zuschlagskriterien grundsätzlich nicht berücksichtigt werden kann[101] sind die abgefragten Angabe häufig auch nicht relevant. Viel sinnvoller und die Angebotsprüfung erleichternd ist es demgegenüber, ggf. notwendige **Angaben** nur hinsichtlich der in die engere Wahl kommenden Bieter **nachzufordern**. Eine hohe Selbstausführungsquote lässt sich durch unnötige Abfragen auch nicht erreichen. 51 b

---

[93] Beck'scher VOB-Kommentar/*Jaspers* VOB/A § 24, Rdn. 32; *Ingenstau/Korbion/Kratzenberg* VOB/A § 24, Rdn. 12 f.

[94] VK Rheinland-Pfalz v. 10.10.2003 – VK 18/03 (veris); VK Schleswig-Holstein v. 6.10.2005 – VK-SH 27/05 (ibr-online).

[95] OLG Schleswig v. 10.3.2006–1(6) Verg 13/05; enger noch OLG Schleswig v. 8.12.2005- 6 Verg 12/05 (ibr-online); VK Schleswig-Holstein v. 6.10.2005 – VK-SH 27/05 (ibr-online).

[96] BayObLG v. 28.8.2002, VergR 2003, 76; OLG Jena NZBau 2003, 638.

[97] So – aber sehr zweifelhaft – VK Sachsen v. 11.3.2005 – 1/SVK/009–05 (ibr-online); anderer Ansicht VK Hannover v. 30.8.2004–26045-VgK 08/2004 (ibr-online).

[98] Fehlerträchtig sind schon die Ankreuzmöglichkeiten im EVM (B) Ang unter Ziff. 5, vgl. OLG Dresden IBR 2003, 319 (*Wittchen*).

[99] OLG Koblenz NZBau 2004, 571: mehr als 20 % nicht mehr geringfügig; OLG Jena NZBau 2003, 638; OLG Schleswig v. 8.12.2005 – 6 Verg 12/05 (ibr-online); OLG Naumburg v. 25.10.2005 IBR 2006, 43; OLG Dresden OLGR 2003, 268: Ausnahmen nur in Sonderfällen; OLG Celle VergabeR 2002, 176: Anteile unter 20 % nicht wesentlich.

[100] OLG Düsseldorf v. 5.5.2004 – Verg 10//04 = IBR 2004, 381; anderer Ansicht OLG Bremen BauR 2001, 94; vgl näher *Roth* NZBau 2005, 316.

[101] BGH NZBau 2002, 107=BauR 2002, 308; zu Ausnahmen vgl. OLG Düsseldorf IBR 2004, 270.

52 Wünscht der Auftraggeber eine möglichst weitgehende Selbstausführung, so sollte er eine Nachunternehmerliste gar nicht abfragen. Der Zuschlag nach Vorlage einer entsprechenden Liste bedeutet eine **Zustimmung zum angekündigten Nachunternehmereinsatz** gemäß § 4 Nr. 8 Abs. 1 VOB/B.[102] Ohne Ankündigung des Nachunternehmereinsatzes ist der Auftraggeber bei der später erforderlich werdenden Zustimmung grundsätzlich frei. Der Auftragnehmer hat keinen Anspruch auf Zustimmung.[103]

52 a Nach der Neufassung des §6 Abs.2 Nr. 3 VgV durch das ÖPP-Beschleunigungsgesetz gilt §10 Nr. 5 Abs.3 VOB/A mit der Maßgabe, dass der Auftragnehmer bei der Weitervergabe von Bauleistungen nur die Bestimmungen des Teiles B der Vergabe- und Vertragsleistungen für Bauleistungen (VOB/B) zugrunde zu legen hat. Durch diese Regelung wird an falscher Stelle klargestellt, dass die Verpflichtung des §4 Nr. 8 Abs.2 VOB/B, bei der Weitervergabe von Bauleistungen „die Vergabe- und Vertragsordnung für Bauleistungen zugrunde zu legen", sich nicht auf die Ausschreibungspflichten des Teil A, sondern nur auf den Teil B – und damit über § 1 Nr. 2 VOB/B auch auf den Teil C – bezieht. Weiter verzichtet der neu eingeführte § 4 Abs. 4 VgV auf das bisherige grundsätzliche Eigenleistungserfordernis, was auch Auswirkungen auf die angeforderten Erklärungen haben wird.

4. Nebenangebote (Nr. 5 Abs. 4)

53 a) **Begriff.** Bislang unterschied die VOB/A zwischen **Änderungsvorschlägen und Nebenangeboten.** Beide betrafen Abweichungen von dem in den Verdingungsunterlagen ausgeschriebenen Vertragsinhalt. Da die VOB/A die Begriffe ohne eigene Definition verwandte, herrschte über die Abgrenzung Unklarheit.[104] Die herrschende Auffassung differenzierte nach Art und Umfang der Abweichung. Ein Nebenangebot lag danach vor, wenn es sich um eine Änderung entweder des gesamten ausgeschriebenen Leistungsinhalts oder jedenfalls um grundlegende Änderungen oder Umgestaltungen wesentlicher Leistungsteile handelte. Änderungsvorschläge beschränkten sich demgegenüber auf begrenzte Teile der ausgeschriebenen Leistung, insb. einzelnen Leistungsverzeichnispositionen.[105] Andere nahmen eine formelle Abgrenzung vor: Nebenangebote seien selbstständig, d.h. werden ohne Hauptangebot abgegeben, während Änderungsvorschläge begrifflich ohne Abgabe eines Hauptangebotes nicht denkbar seien.[106] Schließlich negierten andere jede Unterscheidung und behandeln die beiden Begriffe – wie es bereits die VOL/A getan hat – synonym.[107]

54 Die begriffliche Auseinandersetzung war eher akademischer Natur, da die VOB/A Änderungsvorschläge und Nebenangebote weitgehend, nämlich in § 21 Nr. 3, § 22 Nr. 3 Abs. 2, § 24 Nr. 1 Abs. 1, § 25 Nr. 5 gleichbehandelt hat und lediglich in § 10 Nr. 5 Abs. 4 VOB/A eine Differenzierung vornahm, wonach Nebenangebote grundsätzlich auch ohne gleichzeitige Abgabe eines Hauptangebotes zulässig waren, Änderungsvorschläge aber nicht.[108] Diese Unterscheidung hat sich durch das Sofortpaket erledigt. Der Begriff des Änderungsvorschlages ist insgesamt aufgegeben worden. Unabhängig von der Wesentlichkeit gibt es nunmehr nur noch Nebenangebote.

---

[102] BayObLG v. 25.9.2003 – Verg 14/03= IBR 2004, 36 (*Wittchen*); *Ingenstau/Korbion/Oppler* VOB/B § 4 Nr. 8 Rdn. 9; Beck'scher VOB-Kommentar/*Hertwig* VOB/A § 10, Rdn. 15.

[103] Beck'scher VOB-Kommentar/*Hofmann* VOB/B § 4, Nr. 8 Rdn. 16; wohl auch *Ingenstau/Korbion/Oppler* VOB/B § 4 Nr. 8, Rdn. 2,6; **anderer Ansicht:** *Heiermann/Riedl/Rusam* VOB/A § 10 Rdn. 23; die in Bezug genommene Stelle der EVM (B) ZVB E bezieht sich aber nur auf Leistungen, auf die der Betrieb des AN nicht eingerichtet ist.

[104] Vgl. Beck'scher VOB-Kommentar/*Hertwig* VOB/A § 10, Rdn. 17 ff. m.w.N.

[105] Wirner ZfBR 2005, 152; Hofmann ZfBR 1984, 259, 260; Beck'scher VOB-Kommentar/Brinker/Ohler VOB/A § 25, Rdn. 132 f.; Daub/Piel/Soergel ErlZ. A 17.101; Ingenstau/Korbion/Kratzenberg VOB/A § 10, Rdn. 79.

[106] Beck'scher VOB-Kommentar/*Hertwig* VOB/A § 10, Rdn. 18 f.

[107] Vgl. VOB/A § 23 Rdn. 33; *Franke/Kemper/Zanner/Grünhagen* VOB/A § 25, Rdn. 651; *Schweda* VergabeR 2003, 268, 269; wohl auch OLG Celle NZBau 2000, 105 = BauR 2000, 405.

[108] *Ingenstau/Korbion/Kratzenberg* VOB/A; vgl. zu dieser Unterscheidung *Daub/Piel/Soergel* ErlZ. A 17.107; *Wirner* ZfBR 2005, 152.

Das erscheint sinnvoll, da die Abgrenzung von Nebenangeboten und Änderungsvorschlägen im Einzelfall schwierig war[109] und für eine Differenzierung kein hinreichender Grund bestand, zumal auch die europäischen Richtlinien abweichenden Bieterangebote einheitlich als **Varianten** bezeichnen, vgl. Art. 24 VKR.

b) Wahlmöglichkeiten des Auftraggebers. Hinsichtlich von Nebenangeboten hat der Auftraggeber folgende Optionen: 55

- ausdrücklich wünschen,
- zulassen,
- ausdrücklich nicht zulassen,
- sich gar nicht äußern,
- Mindestbedingungen aufstellen.

Weiter kann er zwischen Nebenangeboten **differenzieren**, z.B. nur technische oder nur kaufmännische Nebenangebote zulassen bzw. diese auf bestimmte Teile der Leistung oder der Vertragsbedingungen beschränken. Notwendig ist allerdings immer eine ausreichende begriffliche Klarstellung. Denn ausdrücklich nicht zugelassene Nebenangebote dürfen nicht gewertet werden (§ 25 Nr. 1 Abs. 1 lit. d VOB/A)[110], während nicht ausdrücklich ausgeschlossene Nebenangebote gewertet werden müssen. Wird ein Ausschluss nicht aus der maßgeblichen Sicht der Bieter deutlich, sind Nebenangebote zulässig. 56

Zwischen diesen Möglichkeiten hat der Auftraggeber grundsätzlich die **freie Wahl**; seine Entscheidung kann in einem Nachprüfungsverfahren nur auf Willkür überprüft werden.[111] An seine einmal getroffene Entscheidung ist der Auftraggeber allerdings gebunden.[112]

aa) Wünschen von Nebenangeboten. Wünscht der Auftraggeber ausdrücklich Nebenangebote, wird er die entsprechende Ausarbeitungsbereitschaft bei den Bietern fördern, da sie damit rechnen dürfen, dass er zu einer ernsthaften Änderung des „Amtsvorschlages" bereit ist. 57

Teilweise wird die Auffassung vertreten, dass der Auftraggeber Nebenangebote auch **verlangen kann.**[113] Verlangt er Nebenangebote zu einzelnen Leistungsverzeichnispositionen wären dies Alternativpositionen. Diese kann er in gewissen Grenzen ausschreiben.[114] Anders stellt sich die Situation bei vom Bieter selbst zu erstellenden Nebenangeboten dar. Die VOB/A kennt nur „gewünschte" oder „zugelassene", nicht aber „geforderte" Nebenangebote.[115] Es wäre auch nicht verständlich, warum Bieter, die ein Nebenangebot nicht abgeben können oder wollen, auch mit dem – vom Auftraggeber gewünschten und ausgeschriebenen – Hauptangebot ausgeschlossen sein sollen. Dem Auftraggeber bleibt es frei, ob er ein Hauptangebot oder ein freiwillig abgegebenes Nebenangebot beauftragen will. Die Einschränkung des Bewerberkreises durch eine zwingende Kopplung widerspricht sowohl den Auftraggeberinteressen an einer möglichst preisgünstigen Vergabe wie auch den Bieterinteressen. **Ein Zwang zur Abgabe von Nebenangeboten ist deshalb vergaberechtlich unzulässig.**[116] 58

Nicht zugestimmt werden kann deshalb einer Entscheidung des VÜA Bund.[117] Dort hatte der Auftraggeber für dieselben Leistungen Einheitspreis- und Pauschalpreisangebote gefordert und in den Bewerbungsbedingungen festgeschrieben, dass nur Angebote nach beiden Kalkulationsarten gewertet werden. Der VÜA Bund hielt die Verpflichtung zur Abgabe eines Nebenangebotes 59

---

[109] So auch *Hofmann* ZfBR 1984, 259, 260; *Daub/Piel/Soergel* ErlZ. A 17.101; *Heiermann/Riedl/Rusam* VOB/A § 25, Rdn. 76.

[110] VÜA Bayern BauR 1999, 791; *Franke/Kemper/Zanner/Grünhagen* VOB/A § 25, Rdn. 262, 281.

[111] OLG Koblenz VergabeR 2002, 618; *Schweda* VergabeR 2003, 268, 274; enger Beck'scher VOB-Kommentar/*Hertwig*, VOB/A § 10 Rdn. 20.

[112] OLG Saarbrücken ZVgR 2000, 181; *Schweda* VergabeR 2003, 268, 275.

[113] Beck'scher VOB-Kommentar/*Brinker/Ohler* VOB/A § 25, Rdn. 135.

[114] Vgl. VOB/A § 5, Rdn. 15.

[115] So bereits früher § 25 Nr. 3 VOB/A 1973.

[116] *Daub/Piel/Soergel*, ErlZ. A 17.107.

[117] VÜA Bund v. 19.11.1998, 1 VÜ 11/98, bei *Fischer/Noch* III 63.

für zulässig. Wenn ein Auftraggeber nach § 10 Abs. 4 VOB/A einen Bieter ausnahmsweise ausschließen könne, wenn er ein Nebenangebot ohne Hauptangebot abgebe, folge hieraus, dass auch ein Nebenangebot zum Hauptangebot gefordert werden könne. Dieser Umkehrschluss ist nicht möglich. Aus einer möglichen Einschränkung für fakultative Nebenangebote kann nicht gefolgert werden, dass Nebenangebote obligatorisch vorgegeben werden können. Im Ergebnis hat der VÜA allerdings die Ausschlussklausel in den Bewerbungsbedingungen für rechtswidrig gehalten, so dass das Einzelangebot als Nebenangebot zu werten war. Auch seiner Auffassung nach ist ein Zwang zum Nebenangebot nur ausnahmsweise bei Vorliegen besonderer Gründe zulässig.

60 **bb) Zugelassene Nebenangebote.** Werden Nebenangebote zugelassen, müssen sie gewertet werden. Gleiches gilt grundsätzlich aber auch, falls der Auftraggeber sich zu Nebenangeboten gar nicht äußert. Auch in diesem Fall sind sie zulässig und müssen gewertet werden (§ 25 Nr. 5 VOB/A). Es empfiehlt sich, dass der Auftraggeber sich in den Vergabeunterlagen ausdrücklich zur Zulassung äußert. Das wird nach den neuen Anforderungen zur Angabe von Mindestbedingungen (dazu Rdn. 62) jedenfalls oberhalb der Schwellenwerte unvermeidlich sein.

61 **cc) Ausschluss von Nebenangeboten.** Nebenangebote sind unzulässig, wenn sie ausdrücklich ausgeschlossen wurden. Sie dürfen dann nicht gewertet werden (§ 25 Nr. 1 Abs. 1 lit. d VOB/A) und zwar auch dann nicht, wenn sie das annehmbarste Angebot wären. Der Auftraggeber hat weiter zu beachten, dass er Nebenangebote auch **konkludent ausschließen** kann, indem er Festlegungen in der Leistungsbeschreibung für verbindlich erklärt („in jedem Fall ist", „muss", „darf nicht", o.ä.).[118] Das kann manchmal auch ungewollt geschehen[119], da es für den Ausschluss nicht auf die Absicht des Auftraggebers, sondern auf den Empfängerhorizont aller angesprochenen Bieter ankommt.[120] Selbst wenn generell Nebenangebote zugelassen sind, führt eine die Ausschließlichkeit einer Festlegung der Leistungsbeschreibung betonende Diktion zum Ausschluss von Nebenangeboten hinsichtlich dieses Punktes.[121] Bestimmt die Vergabestelle, dass Nebenangebote nur bei gleichzeitiger Abgabe eines Hauptangebotes zulässig sind, so muss das Hauptangebot zumindest wertungsfähig sein. Ist dies nicht der Fall, so ist das Nebenangebot ebenfalls von der Wertung auszuschließen.[122]

62 **dd) Mindestanforderungen aufstellen.** Der Auftraggeber braucht nicht Nebenangebote nur insgesamt zuzulassen oder auszuschließen. Er kann, wie dargelegt, auch bestimmte Vorgaben für verbindlich erklären und insoweit Nebenangebote ausschließen.[123] Darüber hinaus kann er aber auch Mindestanforderungen anderer Art aufstellen, wie das in § 10 b Nr. 2 VOB/A ausdrücklich festgehalten ist bzw. in § 10 Nr. 4 Abs. 2 VOB/A-SKR vorausgesetzt Diese Möglichkeit gilt nicht nur für Sektorenauftraggeber, sondern unstreitig allgemein.[124] Denn das Recht zur Aufstellung von Mindestbedingungen ist als Weniger im Recht auf Ausschluss enthalten.[125]

62 a Während das Aufstellen von Mindestbedingungen nach den VOB-Regelungen – und damit für Vergaben **unterhalb der Schwellenwerte – freiwillig** ist, bestimmen Art. 24 Abs. 3 der Vergabekoordinierungsrichtlinie und § 10 a lit. f VOB/A für europaweite Vergaben **oberhalb der Schwellenwerte**, dass der Auftraggeber die Mindestanforderungen für Nebenangebote nennen muss. Welche Anforderungen an die Nennung von Mindestanforderungen aufzustellen sind, ist allerdings umstritten und nicht abschließend geklärt (vgl. näher VOB/A § 10 a Rdn. 23 ff.). Nach der wohl überwiegenden Auffassung reichen die bisherigen allgemeinen Gleichwertigkeitsanfor-

---

[118] VÜA Bayern v. 17.2.1995, VÜA 1/95 bei *Fischer/Noch* IV 1.1; VÜA NRW IBR 1998, 509; *Heiermann/Riedl/Rusam* VOB/A § 25, Rdn. 87; *Daub/Eberstein/Kulartz* § 25 VOL/A Rdn. 50.
[119] OLG Düsseldorf v. 31.1.2001 – U (Kart) 9/00 –; VK Südbayern v. 20.4.2001–07–03/01.
[120] BGH BauR 1993, 595; BGH BauR 1994, 236.
[121] OLG Düsseldorf v. 31.1.2001 – U (Kart) 9/00 –.
[122] VK Schleswig-Holstein v. 18.10.2000 – VK-SH 11/00 (veris).
[123] *Wirner* ZfBR 2005, 152, ; *Daub/Eberstein/Kulartz* § 25 VOL/A Rdn. 50.
[124] *Daub/Eberstein/Kulartz* § 25 VOL/A Rdn. 50; VK Schleswig-Holstein v. 21.6.2000 – VK – SH 3/00.
[125] Vgl. VOB/A § 10 b, Rdn. 8.

derungen in den Bewerbungsbedingungen der Vergabehandbücher nicht aus.[126] Gefordert werden **technische Mindestanforderungen**, ohne dass diese allerdings bislang positiv konkretisiert worden wären. Da der Auftraggeber die mit den Nebenangeboten vorgeschlagenen Ausführungsvarianten nicht kennt, kann er für diese allerdings keine vergleichbaren Anforderungen aufstellen wie im Leistungsverzeichnis für den Amtsentwurf.[127] Eine derartige Konkretisierung wird nach Sinn und Zweck der Vorschrift auch nicht gefordert. Die Angabe von Mindestbedingungen soll es dem Bieter ermöglichen zu beurteilen, welche Nebenangebote zulässig und wettbewerbsfähig sind.

Hierzu reicht es aus, dass sich die Mindestbedingungen durch Auslegung der Verdingungsun- 62 b
terlagen ergeben, insbesondere sie sich den Anforderungen der Leistungsbeschreibung entnehmen lassen.[128] Bei umfangreichen Anforderungen in der Leistungsbeschreibung kann der allgemeine Hinweis „Das Nebenangebot muss den Konstruktionsprinzipien und den vom Auftraggeber vorgesehenen Planungsvorgaben entsprechen" genügen, wenn für einen verständigen Bieter erkennbar ist, welchen baulichen und konstruktiven Anforderungen ein Nebenangebot zu entsprechen hat.[129] Darüber hinaus werden konkrete Mindestanforderungen da erforderlich, wo diese nicht schon aus dem Zusammenhang der Verdingungsunterlagen bestimmbar sind. Bei einer detaillierten Beschreibung der Leistung kann der Bieter regelmäßig auch ohne ausdrückliche Festlegung von Mindestanforderungen erkennen, wie sein Nebenangebot mindestens beschaffen sein muss, um als objektiv gleichwertig angesehen werden zu können. Bei einer funktionalen Ausschreibung wird eine Bestimmung konkreter Mindestanforderungen dagegen häufiger erforderlich, insbesondere wenn grundsätzlich unterschiedliche Lösungsmöglichkeiten in Betracht kommen. Auch hier werden die Angaben aber immer relativ abstrakt bleiben dürfen, da weder der Auftraggeber kraft Gesetzes Prophet sein muss noch wirtschaftliche Lösungen vergaberechtlich ausgeschlossen werden sollen, nur weil sie der Bieter, nicht aber der Auftraggeber erkannt hat. Immer ist darauf zu achten, dass die Mindestbedingungen sachgerechte und nicht diskriminierende Anforderungen an die zu erbringende Leistung stellen.

d) Beschreibung von Nebenangeboten (Nr. 5 Abs. 4 Satz 2). Die Bewerber sind im An- 63
schreiben oder (regelmäßig) in den Bewerbungsbedingungen[130] aufzufordern, die angebotene Leistung eindeutig zu beschreiben. Um ein Nebenangebot werten zu können, muss die Beschreibung des Nebenangebotes idealiter den Anforderungen des § 9 VOB/A entsprechen.[131] Im Rahmen des § 24 VOB/A sind zwar noch Aufklärungen möglich, aber nur hinsichtlich zweifelhafter Punkte eines feststehenden Sachverhalts. Der Angebotsinhalt darf nicht verändert oder weiterentwickelt werden. Dessen hinreichende Konkretisierung muss bereits mit dem Angebot erfolgt sein.[132] Ein besonderer Beschreibungsbedarf besteht immer dann, wenn die angebotene Leistung ihrer Art nach nicht den Verdingungsunterlagen oder der VOB/C entspricht. Hier sollten die Bieter klar und detailliert zu umfassenden Angaben über Ausführung und Beschaffenheit aufgefordert werden, wenn man an wertbaren Nebenangeboten interessiert ist.

---

[126] Ausdrücklich VK Brandenburg v. 28.2.2005 – VK2/05 (ibr-online) und BayObLG NZBau 2004, 626; ebenso z.B. OLG München ZfBR 2005, 722; OLG Rostock v. 24.11.2004 – 17 Verg 6/040=IBR 2005, 107; OLG Düsseldorf VergabeR 2005, 483.

[127] VK Baden-Württemberg v. 11.5.2004 – 1 VK 24/04; VK Lüneburg v 11.1.2005 – 203-VgK-55/2004; VK Lüneburg v. 6.12.2004 – 203-VgK-50/2004; VK Schleswig-Holstein v. 03.11.2004 – VK-SH 28/04; (jeweils ibr-online).

[128] So etwa OLG Schleswig v. 15.2.2005 – 6 Verg 6/04; VK Bund v. 14.12.2004 – VK2–208/04; (jeweils ibr-online); vgl. auch VOB/A § 21 Rdn. 33.

[129] VK Bund v. 14.7.2005 – VK 1–50/05 (www.bundeskartellamt.de); *Weyand*, ibr-online-Kommentar Vergaberecht § 25 VOB/A Rdn. 4574/4 ff.

[130] Vgl. EVM (B) BwB/E, Ziff. 4.2.

[131] OLG Koblenz VergabeR 2002, 72; Beck'scher VOB-Kommentar/*Brinker/Ohler* VOB/A § 25 Rdn. 139; *Schweda* VergabeR 2003, 268, 276; *Wirner* ZfBR 2005, 152.

[132] Vgl. OLG Düsseldorf VergabeR 2001, 226; *Wirner* ZfBR 2005, 152 m.w.N.; Beck'scher VOB-Kommentar/*Jasper* VOB/A § 24, Rdn. 27; *Franke/Kemper/Zanner/Grünhagen* VOB/A § 24, Rdn. 65; weitergehend *Ingenstau/Korbion/Kratzenberg* VOB/A § 24, Rdn. 8.

II. Bewerbungsbedingungen (Nr. 5 Abs. 5 VOB/A)

64 Auftraggeber, **die ständig Bauleistungen vergeben**, sollen die Anforderungen an die Angebotsbearbeitungen in Bewerbungsbedingungen zusammenfassen. In die Bewerbungsbedingungen gehören alle Regelungen und Angaben zum Vergabeverfahren, die standardisiert werden können. Dies gilt auch für diejenigen Punkte, die nach Nr. 5 Abs. 2 grundsätzlich im Anschreiben enthalten sein sollen.[133] Dies ergibt sich zum einen daraus, dass bei einer zwingenden Angabe sämtlicher Punkte der Nr. 5 Abs. 2 im Anschreiben für die Bewerbungsbedingungen schon wegen der Generalklausel der Nr. 5 Abs. 2 lit. q) kein Inhalt mehr verbliebe, zum anderen aber auch aus Sinn und Zweck der Bewerbungsbedingungen: Der beabsichtigte Rationalisierungszweck[134] lässt sich nicht erreichen, wenn letztlich alle Angaben in dem Anschreiben im engeren Sinne enthalten sein müssen. Die Bewerbungsbedingungen sind nach der Systematik der Nr. 5 gewissermaßen **Teil des Anschreibens**, dem sie nach Nr. 5 Abs. 5 auch beigefügt sein müssen.[135]

65 Die Bewerbungsbedingungen gehören wie das Anschreiben nicht zu den Verdingungsunterlagen, werden also nicht Bestandteil des späteren Bauvertrages. Es ist deshalb verfehlt, Vertragsbedingungen, die in ZVB gehören, mit den Bewerbungsbedingungen zu vermischen, wie es in der Praxis aber geschieht.[136] Trotz ihrer Geltung nur für das Vergabeverfahren sind die Bewerbungsbedingungen, so weit sie vertragliche Regelungen enthalten, z.B. für Bietersicherheiten, über Bindefrist etc., vorvertraglich vereinbarte **Allgemeine Geschäftsbedingungen**.[137] Üblicherweise enthalten sie nähere Bestimmungen zur Angebotserstellung, zur Bindefrist, zur Zulassung und Anforderung an Nebenangebote und Änderungsvorschläge, zum Nachunternehmereinsatz, weiteren Eignungsnachweisen, zu Anforderungen an Bietergemeinschaften etc.[138] So weit die Bewerbungsbedingungen vergaberechtlich unzulässige Anforderungen stellen, dürfen diese bei den Entscheidungen über Ausschluss von Angeboten und der Wertung nicht berücksichtigt werden.[139] Wirksame Anforderungen bleiben demgegenüber bindend, selbst wenn sie gar nicht gewollt waren, sondern nur versehentlich nicht gestrichen wurden. Die Voraussetzungen für eine Aufhebung werden in derartigen Fällen i.d.R. nicht vorliegen.[140]

D. Schiedsvereinbarung (Nr. 6 VOB/A)

66 Soll eine Schiedsvereinbarung getroffen werden, wird sie Teil der Verdingungsunterlagen. Allerdings waren nach § 1027 ZPO in der bis zum 31.12.1997 geltenden Fassung besondere Anforderungen an die Form einer Schiedsvereinbarung gestellt. So weit Auftraggeber und Auftragnehmer nicht beide Vollkaufleute waren, bedurfte es einer gesonderten Urkunde, die nur die Schiedsvereinbarung selbst enthielt.

67 Dem DVA war es bei der Novelle 2000 entgangen, dass die Formanforderung an die Schiedsvereinbarung nunmehr in § 1031 ZPO geregelt und erheblich modifiziert wurde. Der früher nur für Kaufleute mögliche Abschluss eines Schiedsvertrages auch durch Allgemeine Geschäftsbedingungen ist nunmehr grundsätzlich zulässig, so weit kein Verbraucher beteiligt ist, § 1031 Abs. 3,

[133] Ebenso *Daub/Piel/Soergel* ErlZ. A 17.93.
[134] So z.B. *Ingenstau/Korbion/Kratzenberg* VOB/A § 10 Rdn. 87; *Heiermann/Riedl/Rusam* VOB/A § 10 Rdn. 26 a.
[135] So sind auch nach den Verdingungsmustern des VHB die Angaben zu Nr. 5 Abs. 2 lit. n) und Nr. 5 Abs. 3 sowie nach § 10 a VOB/A dritter Spiegelstrich in den EVM (B) BwB-E (2001) enthalten, nicht aber in dem Anschreiben.
[136] *Daub/Piel/Soergel* ErlZ. A 17.92.
[137] OLG Koblenz NZBau *2004, 571; Heiermann/Riedl/Rusam* VOB/A § 10 Rdn. 26 a; *Horn/Wolf/Lindacher* AGBG § 23 Rdn. 240 zur VOB/A; **anderer Ansicht** *Daub/Eberstein-Zdzieblo* § 9 VOL/A Rdn. 31.
[138] Vgl. EVM (B) BwB/E.
[139] VÜA Bund v. 19.11.1998 – 1 VÜ 11/98 –, bei *Fischer/Noch* III 63.
[140] VK Südbayern v. 13.1.2003 – 52–11/02 (veris).

5 ZPO. Erforderlich ist nur, dass der Vertrag, der entweder schriftlich, durch Schriftwechsel oder auch durch kaufmännisches Bestätigungsschreiben zu Stande kommen kann, seinerseits auf die Allgemeinen Geschäftsbedingungen Bezug nimmt. Ein besonderer Hinweis in den die vertragliche Vereinbarung wiedergebenden Schriftstücken darauf, dass die Allgemeinen Geschäftsbedingungen eine Schiedsvereinbarung enthalten, ist nicht erforderlich.[141] Die **Schiedsvereinbarung** kann deshalb heute, so weit gewünscht, **auch in ZVB oder BVB** aufgenommen werden. Das gilt erst recht für eine Schiedsgutachtenvereinbarung.

Mit der Novelle 2002 hat der DVA die Verweisung aktualisiert. Die Vorschrift hätte allerdings auch gestrichen werden können, da die besonderen Formerfordernisse nur in dem **nicht relevanten Fall** eingreifen, wenn Vergabestelle eine natürliche Person[142] ist und die Bauleistungen nicht zu gewerblichen oder selbständigen beruflichen Zwecken erfolgt, das heißt zu persönlichen, privaten oder familiären Zwecken.[143] 68

E. Folgen von Verstößen gegen § 10 VOB/A

Nach hergebrachter Dogmatik kam der VOB/A als bloßer Verwaltungsvorschrift keine unmittelbare Außenwirkung zu.[144] Mit dem Vergaberechtsänderungsgesetz haben jedoch für Vergaben oberhalb der Schwellenwerte die Bestimmungen über das Vergabeverfahren über die Ermächtigungsnorm des § 97 Abs. 6 GWB und § 6 VgV Rechtsnormqualität erhalten; nach § 97 Abs. 7 GWB haben die Bieter einen Anspruch auf deren Einhaltung, so weit sie ihren Schutz bezwecken. Welche Auswirkungen das auf die Regelungen der VOB/A hat, die (auch) Aussagen über den späteren Inhalt des Bauvertrages (§§ 9, 10 Abs. 2 Nr. 2–4, 11 ff.) treffen, bleibt bislang weitgehend unerörtert[145]; auch im Übrigen besteht Uneinigkeit. 69

Nach einer Auffassung erfassen die § 97 Abs. 6 und 7 GWB insgesamt nicht das in VOB/A geregelte Bauvertragsrecht.[146] Denn schon die Ermächtigung auf Grundlage des § 97 Abs. 6 GWB decke nur Regelungen vergabe**verfahrensrechtlichen** Inhalts. Nur diese erlangen deshalb durch die Inbezugnahme Rechtsnormqualität.[147] Auch § 97 Abs. 7 GWB gewährt nur Ansprüche auf die Einhaltung des Vergabe**verfahrens**rechts, nicht aber des Vergabevertragsrechts.[148] Demgegenüber wird hier mit der wohl überwiegenden Auffassung vertreten, dass die Vorschrift des § 97 Abs. 7 GWB zur Wahrung der vergaberechtlichen Prinzipien weit auszulegen ist.[149] **Vergaberechtlich** relevant sind damit oberhalb der Schwellenwerte grundsätzlich alle Normen, die **bieterschützende Funktionen** haben, z.B. indem sie den Bieter vor Übernahme bestimmter Risiken, wie Vertragsstrafen, schützen oder ihm erst die Teilnahme am Wettbewerb, z.B. durch auskömmliche Ausführungsfristen, ermöglichen. Damit können die Bieter oberhalb der Schwellenwerte insoweit auch den bauvertraglichen Inhalt der Verdingungsunterlagen im Rahmen eines Nachprüfungsverfahrens überprüfen lassen. 70

Keine Auswirkungen hat dieser Meinungsstreit für Verstöße gegen die Regelung über das Anschreiben (Nr. 5). Diese sind eindeutig vergabeverfahrensrechtlicher Art. Ihre Verletzung kann das Vergabeverfahren rechtsfehlerhaft machen, wenn die Transparenz über die Vergabe öffentlicher Ausschreibungen beeinträchtigt ist.[150] Das gilt immer dann, wenn die Bieter auf 71

---

[141] *Zöller/Geimer* ZPO, § 1031 Rdn. 10.

[142] Was in den Fällen des §§ 98 Nr. 4 bis 5 GWB möglich ist.

[143] Vgl. *Palandt/Heinrichs* BGB § 13, Rdn. 3; Münchener Kommentar/*Micklitz* BGB § 13, Rdn. 27 ff.

[144] BGH BauR 1992, 221; BGH BauR 1997, 126.

[145] Vgl. *Reidt/Stickler/Glahs-Stickler* § 97 Rdn. 44; *Byok/Jaeger/Werner* § 97, Rdn. 197 f.; *Boesen* § 97, Rdn. 200 ff., der jedoch ein subjektives Recht auf Einhaltung des § 9 VOB/A bejaht; *Immenga/Mestmäcker/Dreher*, § 97, Rdn. 191 ff., 196; *Kalinowsky* S. 252 ff.

[146] Beck'scher VOB-Kommentar/*Motzke* Syst. III Rdn. 68 f., 80 ff.; *Waldner* S. 67.

[147] Beck'scher VOB-Kommentar/*Motzke* Syst. III Rdn. 68 f., 80 ff.

[148] Beck'scher VOB-Kommentar/*Motzke* Syst. III Rdn. 84 ff.

[149] Vgl. z.B. VOB/A § 5 Rdn. 29, § 11 Rdn. 8 m.w.N.

[150] VÜA Bund WuW/E VergAB 1 ff.; VÜA Bund ZVgR 1997, 29.

Grund unrichtiger oder unvollständiger Angaben ordnungsgemäße Angebote nicht oder nicht rechtzeitig abgeben konnten. Es ist aber insbesondere die Rügeobliegenheit des § 107 Abs. 3 Satz 2 GWB zu beachten. So muss das Fehlen von Mindestanforderungen für Nebenangebote i.d.R. bis zum Ablauf der Frist zur Angebotangabe gerügt werden.[151]

72 Derartige vergaberechtliche Verstöße wirken sich **vertragsrechtlich** allerdings nur beschränkt aus. Auch Bauverträge mit vergaberechtswidrigem Inhalt sind zivilrechtlich grundsätzlich wirksam. Allerdings führen jegliche Änderungen an der VOB/B dazu, dass alle Regelungen einer ABG-rechtlichen **Klauselkontrolle** unterliegen.[152] Die vergaberechtlichen Regelungen bezwecken nur die Sicherstellung der Vergabeprinzipien – Wettbewerbsprinzip, Gleichheitsgebot, Transparenz – und bezwecken deshalb schon nach Sinn und Zweck keine Einschränkung der Vertragsinhaltsfreiheit über die allgemein bürgerlich-rechtlichen Regelungen hinaus. Hinzu kommt, dass sich die Gebote nur einseitig an die Vergabestelle richten; Verstöße gegen nur einseitige Verbotsgesetze machen Geschäfte in der Regel gerade nicht unwirksam.[153] Vergaberechtswidrige Vertragsbedingungen können allerdings nach § 305 ff. BGB unwirksam sein, insbesondere wenn sie zu einer unangemessenen Benachteiligung des Auftragnehmers führen. Weiter kommt ein Verstoß gegen das Transparenzgebot (§ 307 Abs. 3 BGB) in Betracht, insbesondere wenn einzelne Bedingungen in den Verdingungsunterlagen systematisch so falsch eingeordnet sind, dass mit den Klausel an dieser Stelle nicht gerechnet zu werden brauchte.[154] Daneben kommen grundsätzlich Ansprüche aus **culpa in contrahendo** (§ 311 Abs. 2 BGB) in Betracht. Diese setzen jedoch ein berechtigtes und schutzwürdiges Vertrauen voraus. Die Schutzwürdigkeit des Vertrauens eines Bieters entfällt aber bereits, wenn er bei der ihm im jeweiligen Fall zumutbaren Prüfung erkannt hat oder hätte erkennen müssen, dass der Auftraggeber von den für ihn geltenden Regeln abweicht. Darüber hinaus verdient sein Vertrauen auch dann keinen Schutz, wenn sich ihm die ernsthafte Gefahr eines Regelverstoßes des Auftraggebers aufdrängen muss, ohne dass die Abweichung schon sicher erscheint.[155] In der Praxis greift diese Anspruchsgrundlage damit höchst selten.

§ 10 a Vergabeunterlagen

Bei Bauaufträgen im Sinne von § 1 a muss das Anschreiben (Aufforderung zur Angebotsabgabe) außer den Angaben nach § 10 Nr. 5 Abs. 2 folgendes enthalten:

a) Die maßgebenden Wertungskriterien im Sinne von § 25 Nr. 3, sofern nicht in der Bekanntmachung angegeben (§ 17 a Nr. 2 bis 4). Dabei ist die Gewichtung der einzelnen Kriterien anzugeben. Kann die Gewichtung aus nachvollziehbaren Gründen nicht angegeben werden, sind in der Aufforderung zur Angebotsabgabe die Kriterien in der absteigenden Reihenfolge ihrer Bedeutung zu nennen.

b) Die Angabe, dass die Angebote in deutscher Sprache abzufassen sind.

c) Einen Hinweis auf die Bekanntmachung nach § 17 a Nr. 3 beim Nichtoffenen Verfahren und beim Verhandlungsverfahren.

d) Die Angabe, ob beabsichtigt ist, ein Verhandlungsverfahren oder einen wettbewerblichen Dialog in verschiedenen, aufeinander folgenden Phasen abzuwickeln, um hierbei die Zahl der Angebote zu begrenzen.

e) Bei Nichtoffenen Verfahren, bei Verhandlungsverfahren mit vorheriger europaweiter Bekanntmachung und beim wettbewerblichen Dialog die gleichzeitige Aufforderung in Textform an die ausgewählten Bewerber ihre Angebote einzureichen, zu verhandeln oder am wettbewerblichen Dialog teilzunehmen. Die Aufforderung enthält entweder die Verdingungsunterlagen bzw. Beschreibung und zusätzliche Unterlagen oder die Angabe des Zugriffs auf die Verdingungsunterlagen, wenn diese auf elektronischem Wege unmittelbar zugänglich gemacht werden.

---

[151] OLG Schleswig IBR 2005, 342; VK Münster IBR 2005, 343.
[152] Vgl. näher VOB/B Einleitung Rdn. 47 ff.
[153] BGH NJW 2002, 3015 BGH NJW 2000, 1186; *Palandt/Heinrichs* BGB § 134, Rdn. 9.
[154] Vgl. VOB/B § 1, Rdn. 38 ff.
[155] BGH NZBau 2001, 637; BGH NZBau 2004, 517.

f) Die Nennung von Mindestanforderungen für Nebenangebote, sofern diese nicht ausgeschlossen sind.
g) Beim Wettbewerblichen Dialog die Nennung von Termin und Ort des Beginns der Konsultationsphase.

Übersicht

I. Überblick

Bei Vergaben oberhalb der Schwellenwerte des § 1 a VOB/A gilt zunächst § 10 VOB/A uneingeschränkt. § 10 a verändert § 10 nicht, sondern ergänzt lediglich für das Anschreiben gemäß § 10 Nr. 5 dessen notwendigen Inhalt um nun sieben (statt bisher drei) weitere zwingende („muss") Erfordernisse.[1] 1

Der DVA hatte geglaubt, bereits mit der bisherigen Fassung die Anforderung der Baukoordinierungsrichtlinie (BKR) umgesetzt zu haben. Der Anforderungskatalog des § 10 a war allerdings **unsystematisch und sinnwidrig**. Die drei zusätzlichen Vorgaben im Vergleich zu § 10 VOB/A entsprachen Art. 13 Abs. 2 lit. b) c) u. e.) BKR. Artikel 13 Abs. 2 BKR stellte allerdings Anforderungen nur für das Anschreiben im nichtoffenen Verfahren und dem Verhandlungsverfahren auf. Diese Einschränkung des Anwendungsbereichs hat § 10 a allerdings lediglich für die dritte Angabe, den Hinweis auf die Bekanntmachung, übernommen. Konsequenterweise hätte man entweder das offene Verfahren von diesen Anforderung insgesamt ausnehmen müssen oder, weil man die Anforderungen generell als sinnvoll erachtet, insgesamt für alle Vergabearten einheitlich aufstellen sollen, wie dies auch bei § 10 b Nr. 1 lit. c) VOB/A geschehen ist. Eine vergleichbare Inkonsequenz galt für die Angaben von Mindestanforderungen für Änderungsvorschläge. Insoweit bestimmte Art. 19 Abs. 2 BKR bzw. Art. 34 Abs. 3 der Sektorenrichtlinie, dass die Mindestanforderungen an Änderungsvorschläge in den Verdingungsunterlagen/Auftragsunterlagen erläutert werden müssen. Diese Vorgabe war – allerdings nicht als Gebot, sondern nur als Möglichkeit – zwar in § 10 b Nr. 2 VOB/A übernommen worden, nicht aber in § 10 a. 2

Mit der **Umsetzung der Vergabekoordinierungsrichtlinie** (VKR) durch das Sofortpaket ist § 10 a nunmehr um die Vorgabe der Nennung der Mindestanforderungen für Änderungsvorschläge nachgebessert worden (lit. f). Diese Vorgabe galt allerdings auch bislang trotz fehlender Umsetzung ins deutsche Vergaberecht. Noch für die BKR hat der EuGH mit Urteil vom 16.10.2003 „Traunfellner" klargestellt, dass ein öffentlicher Auftraggeber, der Nebenangebote/Änderungsvorschläge nicht ausgeschlossen hat, verpflichtet ist, in den Verdingungsunterlagen die Mindestanforderungen zu erläutern[2] (vgl. näher Rdn. 24 f.). Des Weiteren ist § 10 a um die verschärften Anforderungen zur Angabe der Gewichtung von Wertungskriterien in lit. a sowie um zusätzliche Angaben für die neuen bzw. modifizierten Vergabearten (lit. d, e und g) ergänzt 3

[1] VK Südbayern v. 21.7.2003, Az.: 26–06/03 zu § 9 a VOL/A (ibr-online).
[2] EuGH NZBau 2004, 279.

worden. Die fehlende Systematik für die Aufteilung von Angaben zwischen Bekanntmachung und Anschreiben besteht fort. Anders als Art. 13 Abs. 2 BKR gelten nun die Anforderungen des Art. 40 Abs. 5 VKR für alle Vergabearten. Der DVA hat bei der Novellierung übersehen, dass damit seine Begrenzung des Hinweiserfordernisses auf die Bekanntmachung in lit. c nur für nichtoffenes und Verhandlungsverfahren überholt und nicht richtlinienkonform ist.

4 Nicht wirklich einleuchten will es, warum nach nationalem Recht (§ 10 Nr. 5 VOB/A) auch wenig bedeutsame Angaben der Bekanntmachung in dem Anschreiben wiederholt werden müssen, z.B. über zum Eröffnungstermin zugelassene Personen, während – entsprechend den europäischen Vorgaben – die Wertungskriterien nach § 10 a lit. a nur alternativ in Bekanntmachung oder Anschreiben angegeben werden müssen. Es ist ein offensichtlicher Wertungswiderspruch, diese besonders wichtige Angabe in dem Anschreiben nicht zwingend zu wiederholen. Hinzu kommt, dass nach der Richtlinie der fehlende Zwang zur Wiederholung von Angaben aus der Bekanntmachung durch einen Verweis in dem Anschreiben auf die Bekanntmachung kompensiert werden soll. Für das offene Verfahren sieht § 10 a – anders als § 10 b VOB/A – einen derartigen Verweis allerdings gar nicht vor (dazu Rdn. 16).

5 Die fehlende Systematik zeigt sich auch an der unterschiedlichen Behandlung des Angabeerfordernisses des Tages, bis zu dem zusätzliche Unterlagen angefordert werden können. Es erstaunt, dass die gleich lautende Regelung von Art. 39 Abs. 2 der Vergabekoordinierungsrichtlinie und Art. 46 Abs. 2 der Sektorenrichtlinie durch das Sofortpaket zur Anpassung der VOB/A nur in § 10 b VOB/B – wie bereits ursprünglich in § 7 Nr. 2 Abs. 2 SKR – aufgenommen worden ist, nicht aber in § 10 a VOB/A.[3]

II. Angabe der Wertungskriterien (lit. a)

6 Nach § 25 a VOB/A dürfen bei der Wertung nur Kriterien berücksichtigt werden, die in der Bekanntmachung oder in den Vergabeunterlagen genannt worden sind. Zur Frage, welche Wertungskriterien zulässig sind, wird auf die Kommentierungen zu § 97 Abs. 5 GWB verwiesen. **Unterlässt** der Auftraggeber die Angabe der Wertungskriterien insgesamt, so muss der Zuschlag dem Angebot mit **dem niedrigsten Preis** erteilt werden.[4] Dies ist Konsequenz des Systems der Richtlinien, wonach der Zuschlag entweder auf den niedrigsten Preis oder das wirtschaftlich günstigste Angebot zu erteilen ist, dessen Wertungskriterien aber bekannt zu machen sind. Eine Wertung auf der Basis **nachträglich ergänzter oder ausgewechselter Wertungskriterien** ist grundsätzlich unzulässig.[5] Sind die Wertungskriterien nicht vollständig oder unrichtig bekannt gemacht geworden, ist das Verfahren in den Stand vor Angebotsangabe zurückzusetzen (vgl. Rdn. 13). Der Auftraggeber muss deshalb im besonderen Maße daran interessiert sein, die für seine Wertung maßgeblichen Kriterien vollständig den Bewerbern bekannt zu geben.

7 Nach dem bisherigen Wortlaut des § 10 a VOB/A sollen die Wertungskriterien **„möglichst" in der Reihenfolge** der ihr zuerkannten Bedeutung angegeben werden. Das Musteranschreiben des Vergabehandbuchs sah allerdings bis 2005 vor, dass die textlich vorgegebenen Wertungskriterien nur anzukreuzen waren.[6] Eine solche bloß generelle Angabe der Wertungskriterien ohne Reihenfolge, die für weite Bereiche der öffentlichen Auftraggeber verbindlich ist[7], verstieß bereits nach der bisherigen Fassung gegen § 10 a VOB/A. Wenn die Reihenfolge „möglichst" anzugeben ist, bedeutet das, dass dies in der Regel der Fall sein soll und nur in Ausnahmefällen unterbleiben kann, nämlich wenn die Angabe der Reihenfolge nicht möglich ist. Demgegenüber wollten sich die öffentlichen Auftraggeber durch die generelle Nichtangabe der Reihenfolge weitergehende

---

[3] Vgl. SKR § 7 Rdn. 6.

[4] BGH NJW 2000, 137 = BauR 1999, 736 (Rechtslage vor Inkrafttreten des Vergaberechtsänderungsgesetzes); KG VergabeR 2003, 84; BayObLG v. 3.7.2002 – Verg 13/02 (ibr-online).

[5] BGH BauR 1998, 1246; siehe VOB/A § 5, Rdn. 11.

[6] Vgl. EVM (B) A EG (Stand 1.4.2005).

[7] *Heiermann/Müller/Franke* § 7 SKR Rdn. 25.

Wertungsmöglichkeiten offen halten. Das widerspricht jedoch zwingenden vergaberechtlichen Grundprinzipien.

8 Diese Anforderungen an die Angabe der Wertungskriterien werden durch die Ergänzung von lit. a) durch das Sofortpaket zur Anpassung der VOB/A bestätigt und verschärft. Danach muss nunmehr sogar die **Gewichtung** der einzelnen Kriterien angegeben werden. Nur wenn die Gewichtung aus nachvollziehbaren Gründen nicht angegeben werden kann, müssen die Kriterien zumindest in der absteigenden Reihenfolge ihrer Bedeutung genannt werden. Diese erhöhten Anforderungen sind nötig, um den Anforderungen des Art. 53 Abs. 2 der Vergabekoordinierungsrichtlinie zu genügen. Sie bezwecken, die potentiellen Bieter vor Erstellung ihrer Angebote nicht nur über die Zuschlagskriterien, sondern auch über die relative Bedeutung dieser Kriterien zu informieren, um so die Beachtung der Grundsätze der Gleichbehandlung der Bieter und der Transparenz zu gewährleisten.[8] Diese Gewichtung kann gemäß Artikel 53 Abs. 2 der EU-Vergabekoordinierungsrichtlinie auch **mittels einer Marge** angegeben werden, deren größte Bandbreite angemessen sein muss. Die Gewichtungsmethode muss dabei eine Gesamtwürdigung der Wertungskriterien ermöglichen.[9] Diese Erleichterung wird in § 10 a lit. a VOB/A der Neufassung nicht wiederholt. Gefordert wird die Angabe der Gewichtung, so dass bei Auslegung nur nach dem allgemeinen Sprachverständnis die Angabe von Margen für Vergaben nach dem zweiten Abschnitt eigentlich nicht genügen dürfte, zumal der nationale Verordnungsgeber auch strengere Anforderungen aufstellen kann. Allerdings lässt sich der Entstehungsgeschichte eine bewusste Einschränkung gegenüber den Richtlinienvorgaben nicht entnehmen, so dass auch die Angabe einer Marge bei weitem Begriffsverständnis noch als Angabe der Gewichtung angesehen werden kann. Empfehlenswert ist in jedem Fall die **konkrete Angabe** der Gewichtung, zumal nach der Vergaberechtssprechung die Gewichtung sowieso nicht erst in Kenntnis der Angebote erstellt werden darf. [10]

9 Bei der Festlegung der **Gewichtung** ist der Auftraggeber **grundsätzlich frei**. Einen verbindlichen Grundsatz, dass der Preis zumindest mit 30 % zu gewichten ist[11], gibt es nicht; das wäre nicht mehr als eine willkürliche Festlegung ohne Rechtsgrundlage. Tatsächlich wird der **Preis** schon wegen des Gebotes sparsamer Haushaltsführung **in der Regel besonderes Gewicht** haben. Auch darf der Zuschlag auf das „wirtschaftlichste Angebot" nicht unabhängig von preislichen Überlegungen erteilt werden; der Preis ist angemessen unter Beachtung der Gebote der Gleichbehandlung, der Transparenz und des Wettbewerbs in die Wertung einzubeziehen.[12]

10 **Nachvollziehbare Gründe für** die Angabe bloß der **absteigenden Reihenfolge** liegen vor, wenn aufgrund der Komplexität des Auftrages die Kriterien nicht abschließend im Vornherein gewichtet werden können[13]; das kann der Fall sein, wenn z.B. beim wettbewerblichen Dialog noch nicht feststeht, mit welchen Mitteln die Aufgabe gelöst werden soll. Der Begriff der „nachvollziehbaren Gründe" beinhaltet einen Beurteilungsspielraum hinsichtlich der Möglichkeit der abschließenden Gewichtung im Vornherein, erlaubt aber kein Absehen von einer tatsächlich möglichen Festlegung der Gewichtung aus sonstigen Gründen. Liegt eine Leistungsbeschreibung vor, müssen auch die Wertungskriterien konkret gewichtet werden.

11 Die Wertungskriterien müssen **klar und eindeutig** angegeben werden.[14] Die Pflicht zur Bekanntmachung soll es den Bietern ermöglichen, die Kriterien der Auswahlentscheidung gleichermaßen zu erkennen und ihre Angebote entsprechend und vergleichbar zu gestalten. Ein nur missverständlich formuliertes Vergabekriterium ist nicht hinreichend bekannt gemacht und darf deshalb bei der Wertung nicht berücksichtigt werden.[15] Daneben soll die Bekanntmachung aber

---

[8] Vgl. Erwägungsgrund 46 der Richtlinie und EuGH VergabeR 2003, 141, 152 f.
[9] EuGH VergabeR 2004, 36, 42.
[10] Vgl. z.B. OLG Bremen v. 14.4.2005, VergabeR 2005, 537.
[11] So OLG Dresden v. 05.1.2001 – WVerg 11/00.
[12] OLG Düsseldorf v. 29.11.2001 – Verg 22/01.
[13] Vgl. Erwägungsgrund 46 der Vergabekoordinierungs-Richtlinie.
[14] OLG Frankfurt NZBau 2002, 161.
[15] BGH NZBau 2004, 517=VergabeR 2004, 604.

auch Manipulationsmöglichkeiten vorbeugen. Eine Bekanntgabe verhindert, dass der Auftraggeber die Kriterien nachträglich in Kenntnis der Angebote zur Begründung einer beabsichtigten Entscheidung ändert oder erst zielorientiert aufstellt.

12 Streitig ist, in welcher Tiefe die Kriterien anzugeben sind. Nach einer Auffassung müssen auch alle **Unterkriterien** angeben werden. Eine nachträgliche Spezifizierung sehr allgemeiner Kriterien soll nicht zulässig sein. Der Entscheidung des EuGH „Universal–Bau"[16], wonach den potenziellen Bietern zum Zeitpunkt der Vorbereitung ihrer Angebote „alle" Kriterien, die vom öffentlichen Auftraggeber bei der Wertung berücksichtigt werden, bekannt sein müssen, wird teilweise im engen Wortsinn dahin ausgelegt, dass auch sämtliche Unterkriterien bekannt gegeben werden müssten.[17] Allerdings hat der EuGH in der nachfolgenden Entscheidung vom 24.11.2005 festgestellt, dass es grundsätzlich zulässig ist, die Gewichtung von Zuschlagskriterien nachträglich in Unterkriterien aufzuteilen, wenn sich (1) die Zuschlagskriterien nicht verändern, (2) die Untergewichtung nichts enthält, was die Angebotsvorbereitung hätte beeinflussen können und (3) die Untergewichtung nicht auf bestimmte Bieter diskriminierenden Umständen beruht.[18] Damit ist eine nachträgliche kriterienkonforme Aufteilung der Zuschlagskriterien grundsätzlich möglich.[19] Ein Verbot wäre auch wenig sinnvoll, da die Unterkriterien ja einer Verobjektivierung der Wertung dienen sollen und eine stattdessen erfolgende Wertung ohne die Unterkriterien viel eher subjektiv und manipulierbar ist. Sind die **Unterkriterien** und ggf. eine **Bewertungsmatrix** allerdings bereits **im Voraus aufgestellt** worden, müssen sie aus Gründen der Transparenz auch bekannt gemacht werden.[20]

13 An die angegebene Gewichtung bzw. Reihenfolge ist der Auftraggeber bei der Wertung gebunden. Eine nachträgliche Änderung der Gewichtung ist grundsätzlich unzulässig.[21] Fraglich ist, was bei **Widersprüchen zwischen Bekanntmachung und Vergabeunterlagen** gelten soll. Grundsätzlich gebührt den nachfolgenden und detaillierteren Vergabeunterlagen zwar der Vorrang.[22] Hinsichtlich der Zuschlagskriterien wird allerdings teilweise angenommen, dass ihre Angabe in der Bekanntmachung Entscheidungsgrundlage für den Bewerber hinsichtlich seiner Teilnahme sei und deshalb die dortigen Angaben maßgeblich bleiben.[23] Da die Bewerber/Bieter allerdings weder einen Anspruch auf Angabe in der Bekanntmachung, noch auf eine bestimmte Ausschreibung oder gar den Auftrag haben, ist es nicht einsichtig, warum Fehler nicht korrigiert oder bessere Erkenntnisse nicht umgesetzt werden können. Entscheidend nach der Richtlinie ist, dass vor Angebotserstellung die anzuwendenden Wertungskriterien den Bietern bekannt gemacht worden sind. **In Ausnahmefällen** ist sogar nach Angebotsabgabe statt Aufhebung eine **Änderung zulässig**, wenn den Bietern Gelegenheit zur Anpassung ihrer Angebote gegeben wird.[24] Das ist beispielsweise dann der Fall, wenn der Zuschlag auf das wirtschaftlichste Angebot erfolgen sollte, die Wertungskriterien aber unzureichend bekannt gegeben wurden oder ein unzulässiges Wertungskriterium bekannt gegeben wurde. Hier ist das Verfahren in den

---

[16] EuGH NZBau 2003, 162=VergabeR 2003, 141.

[17] So wohl OLG Düsseldorf VergabeR 2005, 624 (für § 9 a VOL/A); VK Südbayern v. 1.9.2004, Az.: 120.3–3194.1–53–08/04 (veris); *Franke/Kemper/Zanner/Grünhagen,* VOB/A § 10 a Rdn. 4.

[18] EuGH v. 24.11.2005 – Rs. C-331/04.

[19] Vgl. OLG Dresden v. 6.4.2004 – WVerg 1/04; *Weyand*, ibr-online-Kommentar VergabeR § 10 VOB/A Rdn. 3622/0.2.

[20] OLG Düsseldorf VergabeR 2005, 624 VK Münster v. 13.01–2004 – VK 22/03 (ibr-online); VK Brandenburg v. 27.1.2005 – VK 79/04 – (ibr-online).

[21] BGH NJW 2000, 137=BauR 1999, 736; VK Sachsen v. 15.8.2002–1/SVK/075–02 (veris); nach VK Bund v. 05.9.2002 – VK 2–68/02 – soll wegen der wahlweisen Angabe in Bekanntmachung oder Vergabeunterlagen eine Ergänzung um zusätzliche Kriterien zulässig sein. Eine bloße Ergänzung ohne Einfluss auf die Gewichtung käme aber nur bei Angabe lediglich der Gewichtungsreihenfolge und Verlängerung derselben um zwei nachrangige Kriterien in Betracht.

[22] Vgl. VOB/A § 10 Rdn. 26 a.

[23] VK Schleswig-Holstein v. 12.7.2005 – VK-SH 14/05 (ibr-online).

[24] Vgl. VK Südbayern v. 18.3.2002 – 04–02/02 (veris); *Daub/Eberstein/Zdzieblo*, VOL/A § 9 a Rdn. 11; *Weyand*, ibr-online-Kommentar Vergaberecht VOB/A § 25 a Rdn. 4671.

Stand vor Angebotsabgabe zurück zu versetzen. Es besteht keine Pflicht zum Zuschlag auf das preisgünstigste Angebot.[25]

14 Da eine nachträgliche Veränderung der Kriterien jedenfalls problematisch ist, sollten die Kriterien erst in den Vergabeunterlagen bekannt gemacht werden. Insoweit hat der Auftraggeber ein **Wahlrecht für die Bekanntgabe** der Zuschlagskriterien in Anschreiben oder Vergabebekanntmachung.[26] Kriterien und Unterkriterien sollten jedenfalls erst bekannt gemacht und damit auch nicht vorher endgültig aufgestellt werden, bis der Auftraggeber seine Vergabevorstellungen abgeschlossen und seine Wertungskriterien anhand von Beispielswertungen auch erprobt hat.

III. Sprache (lit. b)

15 In allen Bekanntmachungen, d.h. auch unterhalb der Schwellenwerte, ist die Sprache anzugeben, in der die Angebote abgefasst sein müssen (§ 17 Nr. 1 Abs. 2 lit. m, Nr. 2 Abs. 2 lit. l VOB/A). Die Übernahme dieser Angabe der Bekanntmachung in das Anschreiben ist allerdings in § 10 Nr. 5 VOB/A für nationale Ausschreibungen nicht vorgesehen, sondern bleibt den europaweiten Vergaben oberhalb der Schwellenwerte vorbehalten. Das ist im Hinblick auf die Umsetzungspflicht ausreichend. Dennoch hätte es sich systematisch angeboten, die Anforderungen für Bekanntmachung und Anschreiben aufeinander abzustimmen, also immer in die Basisparagrafen oder in den zweiten Abschnitt aufzunehmen. Die juristische Patchworkmethode des DVA zeigt sich auch an einer weiteren subtilen Differenzierung zwischen Bekanntmachung und Anschreiben: In der Bekanntmachung ist die vom Auftraggeber gewählte Sprache anzugeben, während § 10 a lit. b für das Anschreiben zwingend **Deutsch als Angebotssprache** vorgibt.

16 Die Anforderung der Angabe der Sprache gilt auch für die Dialogsphase des **wettbewerblichen Dialogs**. Dieser ist als neue, eigenständige Vergabevariante mit Elementen eines Ausschreibungs- und Verhandlungsverfahrens durch die VKR eingeführt worden. Nach Art. 40 Abs. 5 lit. c VKR ist/sind „die verwendete(n) Sprache(n)" bereits für die Dialogphase – und nicht erst für die Angebotsphase anzugeben. Während die übrigen Vorgaben des Art. 40 Abs. 5 lit. c VKR der DVA unter lit. g umgesetzt hat, hat er vergessen, den Wortlaut von lit. b entsprechend zu erweitern.

IV. Hinweis auf Bekanntmachung (lit. c)

17 Es ist bereits unter Rdn. 4 darauf hingewiesen worden, dass die Vorgabe des Hinweises auf die Bekanntmachung nur für das nichtoffene Verfahren und das Verhandlungsverfahren nicht richtlinienkonform ist und auch im Widerspruch zu § 10 b Nr. 1 lit. c) VOB/A steht. Entsprechend den Anforderungen des Art. 40 Abs. 5 lit. a VKR muss **auch im offenen Verfahren** ein Hinweis auf die Veröffentlichung der Bekanntmachung erfolgen. Das gilt insbesondere, wenn der Auftraggeber von der Möglichkeit Gebrauch machen sollte, bereits bekannt gemachte Wertungskriterien nicht mehr im Anschreiben zu wiederholen. Anzugeben ist die genaue Fundstelle.

V. Angaben zum Ablauf des Verhandlungsverfahren (lit. d)

18 In Umsetzung von Art. 30 Abs. 4 Satz 1VKR bestimmt nunmehr § 3 a Nr. 7 Abs. 2 VOB/A ausdrücklich, dass der Auftraggeber vorsehen kann, dass das Verhandlungsverfahren oder ein wettbewerblicher Dialog in verschiedenen **aufeinander folgenden Phasen** abgewickelt wird, um so die Zahl der Angebote, über die verhandelt wird, zu verringern. Art. 30 Abs. 4 Satz 2 VKR bestimmt weiter, dass der Auftraggeber, wenn er von dieser **Möglichkeit zur Abschichtung**

[25] OLG Düsseldorf v. 16.2.2005 – VII Verg 74/04; VK Bund v. 24.5.2006 – VK 1–31/06 (jeweils ibr-online); **anderer Ansicht:** *Prieß in Pünder/Prieß*, Vergaberecht im Umbruch, 2005, 117, 127.

[26] Vgl. VK Südbayern v. 18.3.2002 – 04–02/02 (veris); *Weyand*, ibr-online-Kommentar Vergaberecht VOB/A § 10 a Rdn. 3619; einschränkend VK Sachsen v. 29.11.2001 – 1/SVK/110/01 zur VOL/A (ibr-online).

Gebrauch machen will, dieses in der Bekanntmachung oder den Verdingungsunterlagen angeben muss, damit sich die Bieter hierauf entsprechend einstellen können. Der DVA hat sich bei der Umsetzung entschlossen, diese Angabe zwingend für das Anschreiben (lit. d) zu fordern. § 17 a VOB/A sieht eine alternative Angabe in der Bekanntmachung nicht vor. Eine Abschichtung ist beim **wettbewerblichen Dialog** bereits während der Dialogphase möglich, auch wenn noch keine Angebote vorliegen. Der ungenaue Wortlaut erklärt sich damit, dass die entsprechende Regelung in der ursprünglichen Fassung des Sofortpakets[27] zunächst in § 3 a Nr. 4 Abs. 4 VOB/A enthalten war und erst später sprachlich verkürzt in § 10 a VOB/A übernommen wurde.

19 Die Zulässigkeit eines derartigen Konzentrationsprozesses war für das Verhandlungsverfahren auch nach bisherigen Recht anerkannt, solange die Grundsätze des Wettbewerbs, der Gleichbehandlung und der Transparenz nicht beeinträchtigt werden.[28] Effizienz- und Kostengesichtspunkte lassen häufig Parallelverhandlungen mit z.B. fünf oder mehr Bietern nicht zu. Eine Abschichtung ist deshalb vielfach geboten, wobei der Auftraggeber aber berücksichtigen sollte, dass bei Verhandlungen mit nur einem **„preferred bidder“**[29] der **Verhandlungsdruck** deutlich nachlässt. Der Hinweis, weitere Bieter wieder in die Verhandlungen einzubeziehen, ist bei fortgeschrittenem Verhandlungsstadium häufig keine ernst zu nehmende Drohung. Für den Regelfall bietet es sich deshalb an, nach einer ersten Verhandlungsrunde mit nur noch wenigen aussichtsreichen Bietern weiter zu verhandeln und die Schlussverhandlungen auf zwei Bieter zu begrenzen.

20 Eine **beabsichtigte Abschichtung** muss in dem Anschreiben **angekündigt** werden. Dabei empfiehlt es sich nicht, einen festgezurrten Plan vorzugeben, da der Auftraggeber sich damit nur selbst bindet und den Verhandlungsplan nicht mehr der konkreten Verhandlungssituation anpassen kann. Da der Auftraggeber weder sicher vorhersehen kann, wie viele aufgeforderte Bewerber wirklich (wertbare) Angebote abgeben und in welchem Verhältnis diese zueinander stehen, sollte nicht mehr als ein allgemeiner Rahmen unter dem Vorbehalt der Anpassung an die konkreten Angebote angegeben werden. Denn gefordert wird nach lit. d lediglich die Angabe, **ob** der Auftraggeber ein zwei- oder mehrstufiges Verfahren **beabsichtigt**, **nicht** aber **wie** er es konkret ausgestalten wird. Die Bieter haben nur Anspruch darauf zu wissen, dass bereits in einer frühen Phase weniger wirtschaftliche Angebote abgeschichtet werden, so dass ein (zu) großer Preisspielraum zur Aussonderung führen kann. Ob die Weiterverhandlung mit fünf, drei, zwei oder nur einem Bieter erfolgen soll, kann für den Bieter keine schutzwürdige Bedeutung haben, da er sich mit den anderen Angeboten in einem Geheimwettbewerb befindet.

21 Es reicht deshalb aus, wenn der Auftraggeber formuliert, dass er beabsichtige – sofort oder nach einer ersten Runde[30] –, die Verhandlungen auf die aussichtsreichsten Bieter zu beschränken. Dementsprechend sieht auch das VHB EVM (B) A EG 211EG lediglich das Ankreuzen einer Absicht zur Abwicklung in verschiedenen Phasen ohne nähere Detaillierungen vor. Will der Auftraggeber nähere Angaben machen, sollte er diese **flexibel formulieren**: „Für den Regelfall sind Verhandlungen zunächst mit den zwei bis ca. vier Bestbietern beabsichtigt. Sofern ein größerer Abstand zwischen den Angeboten besteht oder nach einer ersten Verhandlungsphase behält sich der Auftraggeber vor, die Verhandlungen auf den (oder die) aussichtsreichsten Bieter zu beschränken.“ Bei lediglich allgemeinen Angaben im Anschreiben folgt allerdings aus dem Transparenzgebot die Anforderung, dann während der Verhandlungen das konkretisierte Vorgehen jeweils vorab offen zu legen, damit die (verbliebenen) Bieter sich hierauf einstellen können.

---

[27] „Sofortpaket“, Fassung vom. 29.11.2005.

[28] OLG Dresden VergabeR 2002, 142; OLG Celle VergabeR 2002, 299; *Kramer* NZBau 2005, 138, 140.

[29] Vgl. dazu OLG Frankfurt NZBau 2002, 161; *Kramer* NZBau 2005, 138, 140.

[30] Ob zunächst mit allen Bieter zumindest eine Runde verhandelt werden muss, ist streitig, vgl. *Ebert*, Möglichkeiten und Grenzen des Verhandlungsverfahrens, S. 111 ff. Ein derartiger Anspruch der Bieter ist zu verneinen. Grundsätzlich handelt ein Bieter auf eigenes Risiko, wenn er zunächst teuer kalkuliert und auf spätere Verhandlungen setzt, vgl. VK Baden-Württemberg v. 14.8.2003 – 1 VK 33–35/03.

VI. Angaben nach lit. e

Die Vorgaben unter lit. e sind regelungstechnisch missglückt. Es werden Regelungen zu den formellen Anforderungen an die Aufforderung (Textform), zu verschiedenen Vergabeverfahren, zur Gleichbehandlung (gleichzeitig) mit in das Anschreiben gehörenden Hinweisen vermischt. 22

Im offenen Verfahren erhalten die Bieter die Vergabeunterlagen spätestens sechs Tage nach Eingang ihres Antrages. Die übrigen Verfahren sind demgegenüber zweistufig ausgebildet. Zunächst werden die Teilnehmer ausgewählt und anschließend werden sie – wie nunmehr ausdrücklich hervorgehoben – **gleichzeitig** zur Angebotsabgabe, zu Verhandlungen oder zur Teilnahme am Dialog **aufgefordert**. Diese sich aus dem Gleichbehandlungsgebot ergebende Anforderung der Gleichzeitigkeit galt auch bislang.[31] Nachdem sie in Art. 40 Abs. 1 VKR ausdrücklich hervorgehoben wurde, ist sie versteckt und systematisch verfehlt in eine Aufzählung zum Inhalt des Anschreibens aufgenommen worden anstatt in § 8 a Nr. 3 und 4 VOB/A, wo die Aufforderung geregelt wird. Auch stellt sich die Frage, warum eine entsprechende Klarstellung in den Basisparagrafen fehlt und warum diese Gleichbehandlung nicht für ein Verhandlungsverfahren ohne europaweite Bekanntmachung gelten soll. Auch dieses kann sich an mehrere Bieter richten. 23

Überflüssig ist der Hinweis auf die **Textform** der Aufforderung. Nach Art. 1 Abs. 12 VKR werden elektronisch übermittelte Informationen als schriftlich qualifiziert, was der Textform des § 126 b BGB entspricht. Diese Vorgabe ist aber bereits in § 16 Nr. 3 VOB/A generell umgesetzt wurde. Die erleichterte Form gilt nach Art. 42 Abs. 1 VKR nur für Mitteilungen des Auftraggebers bzw. nach § 16 Nr. 3 VOB/A für Informationen, nicht aber für Angebote. Nach Art. 42 Abs. 5 lit. a i.V.m. Anhang X lit. a VKR müssen Angebote der Richtlinie 1999/93/EG (Signatur-Richtlinie) entsprechen, wobei die Mitgliedstaaten nach Art. 42 Abs. 5 lit. b VKR auch eine fortgeschrittene elektronische Signatur zulassen können. Nach. § 21 Nr. 1 Abs. 1 VOB/A kann der Auftraggeber nunmehr zwischen diesen Anforderungen wählen. 24

Die eigentliche Anforderung zum Inhalt der Vergabeunterlagen enthält S. 2 von lit. e. Danach sind dem Anschreiben die **Verdingungsunterlagen** beizufügen oder es ist im Anschreiben anzugeben, wo die Verdingungsunterlagen **auf elektronischem Wege** unmittelbar zugänglich sind. Zur Beschleunigung und Kosteneinsparung fördert die VKR und § 16 Nr. 3 VOB/A elektronische Vergaben und elektronische Kommunikationen. Wenn der Auftraggeber die Informationen auf elektronischem Wege zur Verfügung stellt, kann er von der Möglichkeit Gebrauch machen, die Angebotsfristen zu verkürzen (vgl. § 18 a Nr. 2 Abs. 5 VOB/A). Anstelle des Mitversandes tritt die Angabe des Zugriffs. Es ist die **Internetadresse** anzugeben, unter der die Unterlagen **frei, direkt und vollständig** verfügbar gemacht werden. 24 a

Das **Erfordernis der Vollständigkeit** bezieht sich nach Art. 38 Abs. 6 VKR nur auf die Verdingungsunterlagen, die ansonsten schriftlich versandt werden. Wenn diese vollständig auf elektronischem Wege zur Verfügung gestellt werden, hat der Auftraggeber nach Art. 38 Abs. 6 VKR die Möglichkeit zur Fristverkürzung. Unklar bleibt nach dem Wortlaut der deutschen Umsetzung, ob der Auftraggeber, wenn er sich für den elektronischem Weg entscheidet, auch zusätzliche Informationen über die Verdingungsunterlagen hinaus, insbesondere zusätzliche Unterlagen gem. § 10 Nr. 2 Abs. 5 VOB/A, auf diesem Weg zur Verfügung stellen muss. Eine Aufteilung zwischen Versand und elektronischem Weg als solches sollte zulässig sein, da alle Kommunikationswege vergaberechtlich grundsätzlich zulässig sind. Unberührt von dem Vollständigkeitsgebot müssten im Übrigen jedenfalls Unterlagen bleiben, die aus Gründen der Vertraulichkeit lediglich zur Einsicht bei einer Einsichtsstelle zur Verfügung gestellt werden oder die als Probe- oder Musterstücke weder auf dem einen noch auf dem anderen Wege zur Verfügung gestellt werden können. Eine Aufteilung würde allerdings nicht zur Verkürzung der Angebotsfristen führen, da dies nach § 18 a Nr. 2 Abs. 5 VOB/A voraussetzt, dass auch **alle zusätzlichen Unterlagen** auf elektronischem Wege zur Verfügung gestellt werden. 24 b

[31] Vgl. OLG Düsseldorf v. 30.5.2001 – Verg 23/00 – (veris).

VII. Mindestanforderungen für Nebenangebote (lit. f)

25 Die sich bereits aus der BKR ergebende Verpflichtung, **Mindestbedingungen für Nebenangebote** anzugeben, war bislang nicht als verbindliche Vorgabe erkannt und deshalb nicht in den zweiten Abschnitt der VOB/A übernommen worden, sondern lediglich als Möglichkeit in § 10 b Abs. 2 VOB/A und § 7 Nr. 2 Abs. 3 SKR erwähnt. Der EuGH hat mit Urteil vom 16.10.2003 „Traunfellner" klargestellt, das ein öffentlicher Auftraggeber, der Nebenangebote/Änderungsvorschläge nicht ausgeschlossen hat, verpflichtet ist, in den Verdingungsunterlagen die Mindestanforderungen zu erläutern: „*Denn nur eine Erläuterung in den Verdingungsunterlagen ermöglicht den Bietern in gleicher Weise die Kenntnis von den Mindestanforderungen, die ihre Änderungsvorschläge erfüllen müssen, um vom Auftraggeber berücksichtigt werden zu können. Es geht dabei um eine Verpflichtung zur Transparenz, die die Beachtung des Grundsatzes der Gleichbehandlung der Bieter gewährleisten soll, der bei jedem von der Richtlinie erfassten Vergabeverfahren für Aufträge einzuhalten ist.*"[32] Die Ausschreibung, die Gegenstand des EuGH-Urteils war, ließ Alternativangebote zu, ohne ausdrücklich Festlegungen in Bezug auf technische Mindestanforderungen für Alternativangebote zu treffen. Es hieß darin lediglich, dass Alternativangebote nur angenommen würden, wenn zusätzlich ein vollständiges ausschreibungskonformes Leistungsverzeichnis (Hauptangebot) ausgefüllt worden sei. In der Ausschreibung wurde nicht festgelegt, dass Alternativangebote eine der Amtsvariante gleichwertige Leistungserbringung sicherstellen müssen. Die Verdingungsunterlagen beschränkten sich vielmehr auf einen **Verweis** auf eine Vorschrift des österreichischen Bundesvergabegesetzes. Der EuGH sah bereits in dem Verweis auf nicht beigefügte Vorschriften einen Richtlinienverstoß und hat entschieden, dass ein öffentlicher Auftraggeber Änderungsvorschläge (auch dann, wenn sie nicht von ihm ausgeschlossen wurden) grundsätzlich nicht berücksichtigen darf, wenn er entgegen der Anforderung der Richtlinie in den Verdingungsunterlagen selbst keine Angaben zu Mindestanforderungen gemacht hat.

26 Art. 24 Abs. 3 VKR bestimmt nun deutlicher als die BKR: „Lassen die öffentlichen Auftraggeber Varianten zu, so nennen sie in den Verdingungsunterlagen die Mindestanforderungen, die Varianten erfüllen müssen, und geben an in welcher Art und Weise sie einzureichen sind." Diese Verpflichtung zur Angabe von Mindestbedingungen für Nebenangebote ist nun unter lit. f. umgesetzt. Ungeklärt bleibt aber die bislang schon streitige Frage, **wie konkret** die **„Nennung von Mindestanforderungen"** erfolgen muss. Nach der wohl überwiegenden Auffassung reichen die bisherigen allgemeinen Gleichwertigkeitsanforderungen in den Bewerbungsbedingungen der Vergabehandbücher nicht aus.[33] Gefordert werden teilweise technische Mindestanforderungen, ohne dass diese allerdings bislang positiv konkretisiert worden wären. Derartige Anforderungen strenggenommen würden letztlich dazu führen, dass entgegen dem Grundsatz der Richtlinien und der VOB/A Nebenangebote praktisch ausgeschlossen würden. Da der Auftraggeber die mit den Nebenangeboten vorgeschlagenen Ausführungsvarianten nicht kennt, kann er für diese schlechterdings nicht vergleichbare Anforderungen stellen wie im Leistungsverzeichnis für den Amtsentwurf.[34] Das erfordert auch nicht der Zweck dieser Pflichtangabe. Der Bieter soll durch die Angabe von Mindestanforderungen beurteilen können, welche Nebenangebote zulässig und wettbewerbsfähig sind. Das wäre aber bereits mit einer Gleichwertigkeitsanforderung möglich. Das Problem eines undifferenzierten Gleichwertigkeitserfordernis ist, dass es im Gegenteil zu streng ist und den Wettbewerb nicht fördert. Eine alternativ wegen des günstigeren Preises angebotene abweichende Leistung wird nicht in jeder Hinsicht mit der ausgeschriebenen Leistung gleichwertig oder besser sein, sondern in aller Regel nur insgesamt gewertet gleichwertig oder

---

[32] EuGH NZBau 2004, 279.

[33] Ausdrücklich VK Brandenburg v. 28.2.2005 – VK2/05 (ibr-online) und BayObLG NZBau 2004, 626: ebenso z.B. OLG München ZfBR 2005, 722; OLG Rostock v. 24.11.2004 – 17 Verg 6/04=IBR 2005, 107; OLG Düsseldorf VergabeR 2005, 483.

[34] VK Baden-Württemberg v. 11.5.2004 – 1 VK 24/04; VK Lüneburg v 11.1.2005 – 203-VgK-55/2004; VK Lüneburg v. 6.12.2004; VK Schleswig-Holstein v. 03.11.2004 – VK-SH 28/04; (jeweils ibr-online).

besser sein. Für diese Fälle muss der Auftraggeber deshalb angeben, auf welche Eigenschaften es ihm ankommt. Das kann sich aber bereits aus der Leistungsbeschreibung ergeben, mit der der Auftraggeber für den Bieter erkennbar die für ihn wesentlichen Leistungsmerkmale bezeichnet.[35] Abweichungen in Bezug auf andere Merkmale sind dann unschädlich.

Damit müssen die Mindestanforderungen aber nicht in einem Anforderungskatalog explizit aufgelistet werden, sondern es reicht aus, dass sich diese durch Auslegung der Verdingungsunterlagen erschließen bzw. den Anforderungen der Leistungsbeschreibung zu entnehmen sind.[36] Bei umfangreichen Anforderungen in der Leistungsbeschreibung soll auch der allgemeine Hinweis „Der Änderungsvorschlag/das Nebenangebot muss den Konstruktionsprinzipien und den vom Auftraggeber vorgesehenen Planungsvorgaben entsprechen" genügen, wenn für einen verständigen Bieter **erkennbar** ist, **welchen baulichen und konstruktiven Anforderungen ein Nebenangebot zu entsprechen hat.**[37] **Konkrete Mindestanforderungen** werden nur da erforderlich, wo diese nicht schon aus dem Zusammenhang der Verdingungsunterlagen bestimmbar sind. Bei einer detaillierten Beschreibung der Leistung kann der Bieter häufig auch ohne ausdrückliche Festlegung von Mindestanforderungen erkennen, wie sein Nebenangebot mindestens beschaffen sein muss, um als objektiv gleichwertig angesehen werden zu können. Ansonsten müssen Mindestanforderungen z.B. durch funktionale Anforderungen aufgestellt werden. Bei einer funktionalen Ausschreibung ist eine Bestimmung konkreter Mindestanforderungen innerhalb des ausgeschriebenen Leistungsziels gar nicht erforderlich, da alle die Ziele erreichende Angebote Hauptangebote sind. Hier gibt es jedoch häufig zusätzliche nicht funktionale Festlegungen in der Leistungsbeschreibung, die wie detaillierte Leistungsbestimmungen auf ihren Festlegungsgehalt untersucht werden müssen. Kommen grundsätzlich unterschiedliche Lösungsmöglichkeiten in Betracht, müssen den Bieter die Mindestanforderungen in der Regel wiederum funktional deutlich gemacht werden. Dabei werden die Angaben immer relativ abstrakt bleiben dürfen, da weder der Auftraggeber kraft Gesetzes Prophet sein muss noch wirtschaftliche Lösungen vergaberechtlich ausgeschlossen werden sollen, weil sie nur ein Bieter, nicht aber der Auftraggeber erkannt hat. Immer ist darauf zu achten, dass die Mindestbedingungen sachgerechte und nicht diskriminierende Anforderungen an die zu erbringende Leistung stellen. 27

Von **eher abstrakt gehaltenen Hinweisen** geht offenbar auch die Richtlinie selbst aus. Nach Art. 24 Abs. 2 VKR dürfen Auftraggeber zugelassene Änderungsvorschläge nicht allein deshalb zurückweisen, wenn sie zur Umwandlung eines Dienstleistungsauftrages in einen Lieferauftrag führen würde. Das wäre bei sehr spezifizierten Vorgaben gar nicht möglich. Auch der deutsche Verordnungsgeber ging zunächst in seinem ersten Umsetzungsversuch von eher allgemeinen Hinweisen aus. In dem aufgrund der vorgezogenen Neuwahl 2005 gestoppten Entwurf einer neuen Vergabeverordnung (Stand 18.3.2005) hieß es: *„Die Auftraggeber sollen in der Regel zuzulassen, dass Unternehmen von der Leistungs- oder Aufgabenbeschreibung abweichende Angebote (Nebenangebote) abgeben. Dazu müssen die Auftraggeber in der Bekanntmachung Mindestanforderungen angeben."* Schon wegen des verbindlich vorgegebenen geringen Raums der Bekanntmachung insgesamt (650 Worte) kann eine solche Vorgabe nur geringe Anforderungen an die Spezifikation von Mindestanforderungen stellen Das neue **Vergabehandbuch** (Stand 1.2.2006) geht grundsätzlich davon aus, dass die Mindestanforderungen durch transparente Angaben in der Baubeschreibung, funktionale Anmerkungen in der Leistungsbeschreibung oder durch das Formblatt EVM Erg EG Neb 247 angeben werden.[38] Die Praxistauglichkeit des Formblatt EVM Erg EG Neb 247 muss allerdings 28

[35] BayObLG v. 29.4.2002 – Verg 10/02, VergabeR 2002, 504; VK Lüneburg v. 22.3.2006 – VgK 05/06 (ibr-online).

[36] So etwa OLG Schleswig v. 15.2.2005 – 6 Verg 6/04; VK Lüneburg v. 22.3.2006 – VgK 05/06; VK Bund v. 14.12.2004 – VK2–208/04; (jeweils ibr-online); *Weyand*, ibr-online-Kommentar § 25 VOB/A Rdn. 4547/3 ff.; *Raufeisen in Ax/Schneider/Bischoff*, Vergaberecht 2006, § 15 VgV Rdn. 30 ff.; vgl. auch VOB/A § 21 Rdn. 33.

[37] VK Bund v. 14.7.2005 – VK 1–50/05 (www.bundeskartellamt.de); *Weyand* ibr-online-Kommentar Vergaberecht § 25 VOB/A Rdn. 4574/4 ff.

[38] Vgl. Richtlinie zu § 9 a VOB/A und Erlassschreiben vom 31.1.2006-B 15-O1080–114 S. 5.

bezweifelt werden. Ein Zwang zur Benutzung würde nur dazu führen, dass Nebenangebote faktisch weitgehend ausgeschlossen werden. Diesen Weg ebnet das Anschreiben EVM (B) A EG 211 EG bereits dadurch, dass nach dessen Ziff. 5.2 Nebenangebote nur noch für enumerativ aufgezählte Teilleistungen zugelassen werden sollen. Das ist letztlich nichts anderes als eine Kapitulation vor angeblichen europäischen Vorgaben; für Vergaben unterhalb der Schwellenwerte geht das VHB davon aus, dass die absolut abstrakten Vorgabe der qualitativen und quantitative Gleichwertigkeit ausreichend sind.[39]

VIII. Termin und Ort für Konsultationsphase

29 In Umsetzung der Vergabekoordinierungsrichtlinie ist durch das Sofortpaket der wettbewerbliche Dialog in die VOB/A als neue Vergabeart aufgenommen worden, vgl. § 3 a Nr. 1 c, Nr. 4 VOB/A. Zulässig ist er, wenn der öffentliche Auftrag so komplex ist, dass der Auftraggeber die Leistungen oder die rechtlichen und technischen Bedingungen nicht vorab angeben kann, vgl. § 3 a Nr. 4 Abs. 1 VOB/A. In der Bekanntmachung veröffentlicht der Auftraggeber deshalb zunächst nur die grundlegenden Bedürfnisse und Anforderungen. Lösungskonzepte sollen dann in einer anschließenden Dialogphase mit den ausgewählten Bewerbern erarbeitet werden. Anstatt zum Angebot fordert der Auftraggeber deshalb die ausgewählten Bewerber zur Teilnahme am Dialog auf (vgl. auch lit. e). Nach Art. 40 Abs. 5 lit. c VKR sind Termin und Ort des Beginns der Konsultationsphase sowie die verwendete(n) Sprache(n) anzugeben. Hierzu sind nicht so konkretisierte Angaben wie hinsichtlich Ort und Zeit des Eröffnungstermin gem. § 10 Nr. 5 Abs. 2 lit. KVB/A erforderlich.[40] Anzugeben sind lediglich Ort – nicht Gebäude oder Raum – und der Termin für den Beginn der Konsultationsphase.

IX. Folgen bei Verstößen gegen § 10 a

30 Die Vorgaben von § 10 a sind vergabeverfahrensrechtlicher Art und bieterschützend.[41]

31 Werden **Wertungskriterien** gar nicht angegeben, so muss der Zuschlag auf das Angebot mit dem niedrigsten Preis erfolgen, sofern der Auftraggeber nicht zur Aufhebung berechtigt ist.[42] Werden dem Gegenüber vergaberechtswidrige Zuschlagskriterien angegeben, so muss das Vergabeverfahren aufgehoben werden. Es ist nicht möglich, lediglich das vergaberechtswidrige Kriterium zu streichen und die Vergabeentscheidung auf die übrigen Kriterien zu stützen, da dies auf eine Änderung bekannt gemachter Zuschlagskriterien hinausliefe.[43]

32 Vergisst der Auftraggeber vorzugeben, dass die Angebote in deutscher **Sprache** abzufassen sind, muss er auch fremdsprachige Angebote akzeptieren.

33 Teilt der Auftraggeber seine **Absicht**, Verhandlungen in **mehreren Phasen** abzuwickeln, nicht mit, so muss er jedenfalls vor jeglicher Abschichtung den Bietern die Möglichkeit zu geänderten Angeboten geben. Demgegenüber erfordert der Bieterschutz es nicht, dass der Auftraggeber bis zum Zuschlag Parallelverhandlungen mit allen Bietern führt. Denn die Bieter haben lediglich einen Anspruch auf Transparenz, nicht aber einen Anspruch auf Teilnahme am Verhandlungsverfahren bis zum Ende.

34 Hat der Auftraggeber **Nebenangebote** nicht ausgeschlossen, aber keine ausreichenden Mindestanforderungen im Anschreiben oder den Verdingungsunterlagen genannt, so können Nebenangebote nicht gewertet werden.[44] Bieter, die Nebenangebote angeben möchten, müssen die fehlenden Nennungen von Mindestkriterien vor dem Ablauf der Angebotsfrist rügen.[45]

---

[39] Erlassschreiben vom 31.1.2006 – B 15-O1080–114 – S. 5.
[40] Vgl. dazu VOB/A § 10 Rdn. 14.
[41] Vgl. näher VOB/A § 10 Rdn. 70 f.
[42] KG VergabeR 2003, 84; BayObLG v. 3.7.2003 – Verg 13/03 (ib-online).
[43] EuGH IBR 2004, 84.
[44] EuGH VergabeR 2004, 50; BayObLG VergabeR 2004, 654; OLG München VergabeR 2006, 119.
[45] OLG Düsseldorf v. 7.1.2005 – Verg 106/04; OLG München VergabeR 2006, 119.

§ 10 b Vergabeunterlagen

1. Bei Bauaufträgen im Sinne von § 1 b muss das Anschreiben (Aufforderung zur Angebotsabgabe) außer den Angaben nach § 10 Nr. 5 Abs. 2 Folgendes enthalten:

a) sofern nicht in der Bekanntmachung, der Aufforderung zur Interessenbestätigung (§ 17 b Nr. 2 Abs. 4 c), der Aufforderung zur Verhandlung oder den Verdingungsunterlagen angegeben (§ 17 b Nr. 1 Abs. 1 Buchstabe a), die maßgebenden Wertungskriterien im Sinne von § 25 Nr. 3. Dabei ist die Gewichtung der einzelnen Kriterien anzugeben. Kann die Gewichtung aus nachvollziehbaren Gründen nicht angegeben werden, sind die Kriterien in der absteigenden Reihenfolge ihrer Bedeutung zu nennen.

b) die Angabe, dass die Angebote in deutscher Sprache abzufassen sind,

c) der Hinweis auf die Veröffentlichung der Bekanntmachung,

d) gegebenenfalls der Tag bis zu dem die zusätzlichen Unterlagen angefordert werden können,

e) die Angabe der Unterlagen, die gegebenenfalls beizufügen sind.

2. Der Auftraggeber benennt die Mindestanforderungen für Nebenangebote, sofern er diese nicht ausgeschlossen hat.

Übersicht

I. Überblick

Für staatliche Sektorenauftraggeber aus den Bereichen Trinkwasserversorgung und Häfen gilt hinsichtlich der Vergabeunterlagen zunächst § 10 VOB/A uneingeschränkt. § 10 b verändert § 10 nicht, sondern ergänzt lediglich das Anschreiben nach § 10 Nr. 5 um weitere Punkte, die zwingend enthalten sein müssen. Dabei entsprachen § 10 b Nr. 1 a bis c bislang weitgehend § 10 a. Durch das **Sofortpaket zur Anpassung der VOB/A** ist allerdings § 10 a weitergehend ergänzt worden, insbesondere im Hinblick auf Angaben zu einem wettbewerblichen Dialog, den die Sektorenrichtlinie nicht kennt. § 10 b VOB/A ist nur um die verschärften Vorgaben zur Angabe der Gewichtung der Wertungskriterien und um die Angabe des Zeitpunktes für die nachträgliche Anforderung zusätzlicher Unterlagen ergänzt wird. Letztere Anforderung wurde in § 10 a VOB/A nicht aufgenommen, obwohl die Richtlinien insoweit kongruent sind. Da § 10 b VOB/A in Nr. 2 immer schon Regelungen über die Aufstellung von Mindestanforderungen an Nebenangebote enthielt, sind diese textlich nur an die Neuregelung in § 10 a lit. f VOB/A angepasst worden. Die Abstimmung von § 10 b und 10 a untereinander, zu den Basisparagrafen und den Bekanntmachungsvorschriften bleibt weiter verbesserungsfähig (vgl. VOB/A § 10 a Rdn. 2 ff.). 1

II. Ergänzter Inhalt des Anschreibens

1. Angabe der Wertungskriterien

Nach § 25 b Nr. 1 VOB/A dürfen bei der Wertung nur Kriterien berücksichtigt werden, die in der Bekanntmachung oder in den Vergabeunterlagen genannt sind. **Unterlässt** der Auftraggeber die Angabe der Wertungskriterien insgesamt, so **muss** der Zuschlag dem Angebot mit dem nied- 2 rigsten Preis erteilt werden.[1] Eine nachträgliche Ergänzung oder Auswechslung der Kriterien ist grundsätzlich unzulässig (vgl. aber VOB/A § 10 a Rdn. 12).[2] Der Auftraggeber muss deshalb im besonderen Maße daran interessiert sein, die für seine Wertung maßgeblichen Kriterien vollständig den Bewerbern bekannt zu geben.

3 Nach dem bisherigen Wortlaut des § 10 b VOB/A sollen die Wertungskriterien „möglichst" in der Reihenfolge der ihnen zuerkannten Bedeutung angegeben werden. Danach brauchte der Auftraggeber nur die Reihenfolge als relative Gewichtung und nicht die konkrete Gewichtung, z.B. durch Prozentangaben, mitzuteilen.[3] Da die Reihenfolge „möglichst" anzugeben ist, durfte die Angabe der Reihenfolge allerdings nur in Ausnahmefällen unterbleiben, nämlich dann, wenn eine Angabe der Reihenfolge (noch) nicht möglich war. Ein bewusstes Offenhalten der Wertungskriterien durch Nichtangabe der Reihenfolge war vergaberechtlich unzulässig (vgl. VOB/A § 10 a Rdn. 8).

4 Diese Anforderungen werden durch die Ergänzung von lit. a) durch das Sofortpaket zur Anpassung der VOB/A bestätigt und verschärft. Danach muss zukünftig sogar die **konkrete Gewichtung** der einzelnen Kriterien angegeben werden. Nur wenn die Gewichtung aus nachvollziehbaren Gründen nicht angegeben werden kann, müssen die Kriterien in der absteigenden Reihenfolge ihrer Bedeutung genannt werden. Die Regelung entspricht fast wortwörtlich § 7 Nr. 2 lit. 1 SKR und inhaltlich auch § 10 a lit. a. VOB/A. Wegen der Einzelheiten kann deshalb vor allem auf die umfassendere Kommentierung bei VOB/A § 10 a Rdn, 6 ff. verwiesen werden.

2. Sprache

5 Nach § 10 b Nr. 1 b VOB/A sind die Bewerber zwingend darauf hinzuweisen, dass die Angebote in deutscher Sprache abzufassen sind. Das entspricht wortwörtlich § 10 a Spiegelstrich 2 VOB/A (vgl. VOB/A § 10 a Rdn. 7).

3. Hinweis auf Bekanntmachung

6 Im Gegensatz zu dem die Richtlinie nur unvollständig umsetzenden § 10 a Spiegelstrich 3 VOB/A (vgl. VOB/A § 10 a Rdn. 8), bestimmt § 10 b Nr. 1 lit. c VOB/A zutreffend, dass muss bei allen Vergabearten, d.h. auch beim offenen Verfahren, ein Hinweis auf die Veröffentlichung der Bekanntmachung erfolgen muss. Anzugeben ist die eindeutige Fundstelle.

4. Datum für Anforderung zusätzlicher Unterlagen

7 Neu eingefügt durch das Sofortpaket zur Anpassung der VOB/A ist das Erfordernis der Angabe des Tages, bis zu dem zusätzliche Unterlagen angefordert werden können. Die Angabe von Name und Anschrift der Einsichtsstelle gehört bereits zu dem Grundkatalog des § 10 Nr. 5 Abs. 2, dort lit. d (vgl. VOB/A § 10 Rdn. 32 f.). Art. 39 Abs. 2 der Vergabekoordinierungsrichtlinie und Art. 46 Abs. 2 der Sektorenrichtlinie bestimmen wortgleich, dass im offenen Verfahren zusätzliche Auskünfte spätestens 6 Tage vor Ablauf der Angebotsfrist zu erteilen sind, wenn sie rechtzeitig angefordert wurden. Art. 40 Abs. 3 der Vergabekoordinierungsrichtlinie und Art. 47 Abs. 3 der Sektorenrichtlinie bestimmen für das nichtoffene Verfahren und das Verhandlungsverfahren wortgleich, dass wenn eine andere Stelle als die Vergabestelle zusätzliche Unterlagen bereit hält, diese zu benennen ist *„und gegebenenfalls der Termin, bis zu dem sie angefordert werden können"* anzugeben ist. Das ermöglicht dem Auftraggeber, für die Anforderung der Unterlagen eine kürzere Frist als die Angebotsfrist zu setzen. Es erstaunt, dass diese gleich lautende Anforderung nunmehr nur in § 10 b VOB/B – wie bereits in § 7 Nr. 2 Abs. 2 SKR – aufgenommen worden sind, nicht aber in § 10 a VOB/A. Welche tiefgehende Überlegungen dieser Differenzierung zugrunde liegen, ist nicht ersichtlich. Möglicherweise ist auch in Vergessenheit geraten, dass § 10 Nr. 5 Abs. 2 lit. d

---

[1] BGH NJW 2000, 137 = BauR 1999, 736.
[2] BGH BauR 1998, 1246.
[3] *Heiermann/Müller/Franke* Anm. zu § 7 SKR Rdn. 25.

VOB/A ursprünglich eine gleich lautende Regelung enthielt, die aber mit der Novelle 2000 abgeschafft wurde, um den Bietern möglichst lange die Möglichkeit zur Anforderung bzw. Einsichtnahme zu ermöglichen.

Notwendig wird die Angabe eines Datums nur dann, wenn eine **kürzere Frist** für die Anforderung bzw. Einsichtnahme als die Angebotsfrist gesetzt werden soll. Ansonsten sind die Unterlagen bis zum Ablauf der Angebotsfrist zur Verfügung zu halten. Da die Bieter nach den Richtlinien grundsätzlich die Möglichkeit zu Auskünften während der gesamten Angebotsfrist haben sollen (vgl. auch § 17 b Nr. 9 VOB/A), sollte eine Verkürzung der Frist zur Anforderung bzw. Einsichtnahme über die in Art. 40 Abs. 4/Art. 47 Abs. 4 der Richtlinien genannten 6 Tage (bzw. 4 Tage bei beschleunigtem Verfahren) nur bei sachlichen Gründen erfolgen. 8

5. Weitere Unterlagen

Nach den Basisparagrafen braucht der Bieter zum Nachweis der Eignung nur die Eignungsnachweise nach § 8 Nr. 3 (und 4) VOB/A vorzulegen. Dementsprechend sieht § 10 Nr. 5 Abs. 2 lit. l VOB/A auch die Angabe lediglich dieser Unterlagen im Anschreiben vor. Die Sektorenauftraggeber können im Rahmen des Wettbewerbs oder zum Zwecke der Präqualifikation nach § 8 b Nr. 1 Abs. 2 S. 2 und Nr. 6 VOB/A zusätzlich weitere und andere Eignungsnachweise nach ihrem Ermessen anfordern. Diese müssen dann im Anschreiben nach lit. d konkret angegeben werden. Zu den Anforderungen an die Bestimmtheit vgl. VOB/A § 10 Rdn. 42. 9

III. Nebenangebote

Die bislang sehr viel ausführliche Nr. 2 wiederholte hinsichtlich der Nebenangebote weitgehend nur Regelungen, die ohnehin bereits nach § 10 Nr. 5 Abs. 4 VOB/A gelten. Die Formulierung war allerdings sprachlich abweichend, zumal anders als in § 10 Nr. 5 Abs. 4 VOB/A a.F. Änderungsvorschläge und Nebenangebote gleich gestellt waren. Nun ist mit dem Sofortpaket die Unterscheidung zwischen Nebenangeboten und Änderungsvorschlägen aufgegeben worden und der Begriff des Änderungsvorschlages insgesamt entfallen (vgl. VOB/A § 10 Rdn. 53 f.). Dies hat auch zur redaktionellen Änderung und vor allem zur Kürzung des § 10 b VOB/A geführt. 10

Die neue und stark gekürzte Fassung beschränkt sich wie die Neuregelung des § 10 a lit. f VOB/A auf die Verpflichtung, für Nebenangebote **Mindestanforderungen zu benennen**, soweit der Auftraggeber sie nicht ausschließt. Die Angabe von Mindestanforderung ermöglicht es einerseits dem Auftraggeber, Nebenangebote besser zu steuern, um so die Vergleichbarkeit der Angebote zu erhöhen und die Wertung zu vereinfachen.[4] Auf der anderen Seite ist die Angabe von Mindestanforderungen für die Bieter wichtig, um die Gleichbehandlung untereinander zu sichern und Aufwand nur in für den Auftraggeber annehmbare Nebenangebote zu investieren. Nebenangebote, die die Mindestanforderungen nicht erfüllen, dürfen nicht gewertet werden, § 25 b Nr. 3 VOB/A. 11

Zu den weiteren Einzelheiten wird auf die Kommentierung des inhaltlich gleichlautenden § 10 a lit. f VOB/A verwiesen, vgl. VOB/A § 10 a Rdn. 26 f.

§ 11 Ausführungsfristen

1. (1) Die Ausführungsfristen sind ausreichend zu bemessen; Jahreszeit, Arbeitsbedingungen und etwaige besondere Schwierigkeiten sind zu berücksichtigen. Für die Bauvorbereitung ist dem Auftragnehmer genügend Zeit zu gewähren.
(2) Außergewöhnlich kurze Fristen sind nur bei besonderer Dringlichkeit vorzusehen.
(3) Soll vereinbart werden, dass mit der Ausführung erst nach Aufforderung zu beginnen ist (§ 5 Nr. 2 VOB/B), so muss die Frist, innerhalb derer die Aufforderung ausgesprochen

[4] *Ingenstau/Korbion/Kratzenberg* VOB/A § 10 b Rdn. 7.

werden kann, unter billiger Berücksichtigung der für die Ausführung maßgebenden Verhältnisse zumutbar sein; sie ist in den Verdingungsunterlagen festzulegen.

2. (1) **Wenn es ein erhebliches Interesse des Auftraggebers erfordert, sind Einzelfristen für in sich abgeschlossene Teile der Leistung zu bestimmen.**
(2) **Wird ein Bauzeitenplan aufgestellt, damit die Leistungen aller Unternehmer sicher ineinander greifen, so sollen nur die für den Fortgang der Gesamtarbeit besonders wichtigen Einzelfristen als vertraglich verbindliche Fristen (Vertragsfristen) bezeichnet werden.**

3. Ist für die Einhaltung von Ausführungsfristen die Übergabe von Zeichnungen oder anderen Unterlagen wichtig, so soll hierfür ebenfalls eine Frist festgelegt werden.

4. Der Auftraggeber darf in den Verdingungsunterlagen eine Pauschalierung des Verzugsschadens (§ 5 Nr. 4 VOB/B) vorsehen; sie soll 5 v.H. der Auftragssumme nicht überschreiten. Der Nachweis eines geringeren Schadens ist zuzulassen.

Schrifttum: *Kreickenbohm* Verzug des Bauunternehmers im Werkvertragsrecht, BauR 1993, 647 – *Lang* Baubetrieblicher Nachweis von Behinderungen/Störungen und Nachweis der daraus resultierenden Bauzeitverzögerungen, Festschrift Vygen 1999, 220 ff. – *Langen* Die Pönalisierung von Einzelfristen im Bauvertrag Festschrift Schiffers 2001, 143 ff. – *Mechnig* Die Anpassungsfähigkeit der baubetrieblichen Produktionsplanung und -steuerung an interne und externe Einflüsse, Dissertation Dortmund 1998 – *Olshausen* Planung und Steuerung als Grundlage für einen zusätzlichen Vergütungsanspruch bei gestörtem Bauablauf, Festschrift Korbion, 1986, 323 ff. – *Roquette* Praktische Erwägungen zur Bauzeit bei Vertragsgestaltung und baubegleitende Beratung, Jahrbuch BauR 2002, 33 ff. – *Rösel* Baumanagement, Grundlagen, Technik und Praxis, 3. Auflage 1994 – *Schiffers* Ausführungsfristen– ihre Festlegung und ihre Fortschreibung bei auftraggeberseitig zu vertretenden Behinderungen Jahrbuch BauR 1998, 275 ff. – *Schiffers* Terminplanung und -steuerung, Eine Bestandsaufnahme und noch ausstehende Aufgaben, Festschrift Leimböck1996, 232 ff. – *Vygen* Behinderungen des Auftragnehmers und ihre Auswirkungen auf die vereinbarte Bauzeit, BauR 1983, 210 – *Ziekow/Siegel* Zulassung von Nachverhandlungen im Vergabeverfahren? – Rechtliche Rahmenbedingungen und erste Zwischenergebnisse des Zweiten Modellversuchs des Landes Nordrhein-Westfalen, NZBau 2005, 22 ff.

Übersicht

I. Überblick über den Regelungsinhalt von § 11 VOB/A

§ 11 VOB/A enthält für VOB/A-gebundene Auftraggeber Vorgaben über die Bemessung und die Festlegung der Ausführungsfristen in den Vergabeunterlagen. Die Bestimmungen sind teilweise zwingend („sind ... zu bemessen; ist ... zu gewähren"), teilweise aber auch als Soll-Vorschriften gestaltet („so sollen nur ... bezeichnet werden; so soll ... festgelegt werden"). Die vertragsrechtliche Parallelvorschrift enthält § 5 VOB/B. 1

§ 11 Nr. 1 Abs. 1 und 2 VOB/A befasst sich mit der **Bemessung der Ausführungsfristen**. § 11 Nr. 1 Abs. 1 erster Halbsatz bestimmt hierzu grundlegend, dass die Ausführungsfristen ausreichend zu bemessen sind. Bei ihrer Festlegung sind die Jahreszeit, in der die Arbeiten ausgeführt werden müssen, die Arbeitsbedingungen und etwaige besondere Schwierigkeiten zu berücksichtigen. Auch für die Bauvorbereitung muss dem Auftragnehmer genügend Zeit eingeräumt werden, § 11 Nr. 1 Abs. 1 Satz 2 VOB/A. Außergewöhnlich kurze Fristen dürfen nur bei besonderer Dringlichkeit vorgesehen werden, § 11 Nr. 1 Abs. 2 VOB/A. 2

Einen Sonderfall, nämlich die Frist für den Leistungsabruf gemäß § 5 Nr. 2 VOB/B (→ § 5 VOB/B, Rdn. 62 ff.), regelt § 11 Nr. 1 Abs. 3 VOB/A. Soll der Auftragnehmer mit der Ausführung der Arbeiten nach Abruf (§ 5 Nr. 2 VOB/B) beginnen, so muss die Frist, innerhalb derer die Aufforderung ausgesprochen werden kann, unter billiger Berücksichtigung der für die Ausführung maßgebenden Verhältnisse zumutbar sein. Diese Frist zur Erklärung des Abrufs muss bereits in den Verdingungsunterlagen[1] enthalten sein, um dem Auftragnehmer eine ordnungsgemäße Angebotskalkulation zu ermöglichen. 3

Eine schwer verständliche und auch unvollständige Bestimmung für **Einzelfristen** des Bauablaufs enthält § 11 Nr. 2 VOB/A. Gemäß § 11 Nr. 2 Abs. 1 VOB/A sind Einzelfristen für in sich abgeschlossene Teile der Leistung zu bestimmen, wenn es ein erhebliches Interesse des Auftraggebers erfordert. Zur Qualifizierung dieser Einzelfristen für in sich abgeschlossene Teile der Leistung als Vertragsfristen oder als bloße Kontrollfristen (näher dazu Rdn. 14) enthält § 11 Nr. 2 Abs. 1 VOB/A keine ausdrücklichen Vorgaben. § 11 Nr. 2 Abs. 2 VOB/A befasst sich sodann mit Einzelfristen für fortgangswichtige Teile der Gesamtleistung, wenn ein Bauzeitenplan aufgestellt wird. Diese Einzelfristen für fortgangswichtige Teile der Leistung sollen als **Vertragsfristen** vereinbart werden. Zu sonstigen Einzelfristen enthält § 11 Nr. 2 VOB/A keine Regelung. 4

Ein in der Praxis überaus wichtiger Fall, nämlich die Bestimmung von **auftraggeberseitigen Mitwirkungsfristen**, wird ausschnittsweise durch § 11 Nr. 3 VOB/A angesprochen. Ist hiernach für die Einhaltung von Ausführungsfristen die Übergabe von Zeichnungen oder anderen 5

[1] Näher definiert in § 10 Nr. 1 Abs. 1 VOB/A.

Unterlagen wichtig, so soll hierüber ebenfalls bereits in den Verdingungsunterlagen eine Frist festgelegt werden.

§ 11 Nr. 4 VOB/A wurde durch die VOB 1992 neu hinzugefügt. Hiernach darf der Auftraggeber eine **Pauschalierung** des möglichen **Verzugsschadens** (§ 5 Nr. 4 VOB/B) bereits in den Vergabeunterlagen vorsehen, die allerdings 5 % der Auftragssumme nicht überschreiten soll. Der Nachweis eines geringeren Schadens muss in den Vergabeunterlagen zugelassen werden.

6 § 11 VOB/A kommt in seiner Gesamtheit im Bereich der **privaten Auftragsvergabe Empfehlungscharakter** zu.

II. Vergaberechtliche und vertragsrechtliche Bedeutung von § 11 VOB/A

1. Vergaberechtliche Bedeutung

7 Soweit § 11 VOB/A als **„Muss-Vorschrift"** formuliert ist (§ 11 Nr. 1 und Nr. 2 Abs. 1 VOB/A), besteht am zwingenden vergaberechtlichen Charakter der Vorschrift kein Zweifel. Der VOB/A-gebundene Auftraggeber muss insoweit die vergaberechtlichen Vorgaben des § 11 VOB/A beachten, um eine ordnungsgemäße Vergabe hinsichtlich der Ausführungsfristen durchzuführen.

Soweit die Vorschrift **Soll-Bestimmungen** enthält (§ 11 Nr. 2 Abs. 2 sowie Nr. 3 und Nr. 4 VOB/A) bedeutet dies, dass der öffentliche Auftraggeber auch diese Bestimmungen **im Regelfall einzuhalten hat** und nur in begründeten Ausnahmefällen, die in einem Vergabevermerk nachvollziehbar dokumentiert werden müssen,[2] hiervon abweichen darf.

8 Die vergaberechtliche Verbindlichkeit von § 11 VOB/A für den öffentlichen Auftraggeber bedeutet aber nicht automatisch, dass der Vorschrift auch bieterschützender Charakter zukommt und die Verletzung des § 11 VOB/A vom Bieter im Nachprüfungsverfahren gerügt werden kann. *Motzke* vertritt den Standpunkt, § 11 VOB/A sei kein bieterschützender Charakter beizumessen, die Verletzung von § 11 VOB/A könne vom Bieter auch bei europaweiten Vergaben nach den Abschnitten 2 und 3 der VOB/A nicht als Verletzung des zu beachtenden Vergabeverfahrens gerügt werden.[3] *Motzke* begründet seine Einstufung von § 11 VOB/A als „materiell-rechtlicher Ordnungsvorschrift" zwar sehr differenziert, letztlich aber nicht überzeugend. Bei Vergaben oberhalb der Schwellenwerte von § 2 VgV kommt den Bestimmungen der VOB/A über § 97 Abs. 6 GWB in Verbindung mit den Vorschriften der VgV Gesetzescharakter zu, woraus sich gemäß § 97 Abs. 7 GWB ein subjektives Recht des Bieters auf Einhaltung nicht nur der Verfahrensbestimmungen der VOB/A, sondern auch der materiell-rechtlichen Vergabebestimmungen selbst ergibt.[4] Bei europaweiten Vergaben kann der Bieter also nicht nur den Verstoß der Vergabestelle gegen § 4 VOB/A[5] oder gegen § 9 VOB/A[6] im Nachprüfungsverfahren beanstanden, sondern auch einen Verstoß gegen § 11 VOB/A.[7] § 11 VOB/A hat damit, wie übrigens auch § 12 VOB/A (→ näher A § 12, Rdn. 4 f.), bei Vergaben oberhalb der Schwellenwerte gemäß § 2 VgV **bieterschützenden Charakter.**[8]

2. Vertragsrechtliche Bedeutung

9 Ist der Vertrag mit dem Bieter zustande gekommen, so wirkt sich ein Verstoß der Vergabestelle gegen § 11 VOB/A nur noch vertragsrechtlich aus, was bedeutet:

---

[2] Dazu *Franke/Kemper/Zanner/Grünhagen* VOB/A § 11, Rdn. 16.

[3] Beck'scher VOB-Kommentar/*Motzke* VOB/A § 11, Rdn. 4 ff.

[4] Vgl. dazu die Kommentierung zu § 5 VOB/A, Rdn. 29.

[5] Vgl. dazu die Entscheidung des OLG Düsseldorf NZBau 2000, 440 = BauR 2000, 1603 (Euro-Münzplättchen III) zur Parallelvorschrift des § 5 VOL/A.

[6] Vgl. OLG Brandenburg NZBau 2000, 39, 44; *Niebuhr/Kulartz/Kus/Portz* GWB, § 97 Rdn. 282 ff.; näher vgl. die Kommentierung zu § 9 VOB/A, Rdn. 1.

[7] So ausdrücklich OLG Naumburg NJOZ 2004, 1366 ff. = ZfBR 2003, 622.

[8] KG Berlin BauR 2000, 1579, 1580 zur Parallelvorschrift des § 11 VOL/A; ebenso *Niebuhr u.a.* § 97 GWB, Rdn. 278 ff. m.w.N; *Franke/Kemper/Zanner/Grünhagen* VOB/A § 11, Rdn. 17; *Ingenstau/Korbion/Döring* VOB/A § 11, Rdn. 2.

§ 11 VOB/A stellt auch insoweit **keine Verbotsnorm** im Sinne von **§ 134 BGB** dar, als die Vorschrift zwingend und nicht nur als Soll-Vorschrift formuliert ist.[9] Soweit der VOB/A-gebundene Auftraggeber in den Vergabeunterlagen also keine ausreichenden Ausführungsfristen vorsieht (Verstoß gegen § 11 Nr. 1 Abs. 1 VOB/A), ohne besonderen Grund außergewöhnlich kurze Fristen vorgibt (Verstoß gegen § 11 Nr. 1 Abs. 2 VOB/A) oder in Abweichung von § 11 Nr. 2 VOB/A sonstige Einzelfristen als Vertragsfristen bestimmt, so sind diese Fristabsprachen zwar VOB-widrig, stellen aber keinen Verstoß gegen eine Verbotsnorm im Sinne von § 134 BGB dar und sind jedenfalls nicht aus diesem Grund unwirksam.[10] 10

Die Geltendmachung von Ansprüchen, die aus gegen § 11 VOB/A verstoßenden Fristabsprachen herrühren, stellt auch keine Verletzung der Grundsätze von **Treu und Glauben** (§ 242 BGB) dar. Die Rechtsprechung hat zwar im Einzelfall die vergaberechtlichen Bestimmungen der VOB/A als Ausprägung des Grundsatzes von Treu und Glauben verstanden.[11] Diese Entscheidungen sind jedoch **abzulehnen**, weil sie zu einer unzulässigen Vermengung vergaberechtlicher Vorgaben mit zivilrechtlichen Auswirkungen führen würden.[12] Die Treuwidrigkeit einer Rechtsausübung richtet sich nach dem konkreten Inhalt des abgeschlossenen Vertrages und nicht danach, was (vergaberechtlich) Inhalt des Vertrages hätte werden sollen. 11

Schließlich führt der Verstoß des öffentlichen Auftraggebers gegen § 11 VOB/A auch **nicht** generell **zu einer unangemessenen Benachteiligung** des Auftragnehmers im Sinne von § 307 Abs. 1 BGB mit der Folge der Unwirksamkeit der entsprechenden Fristvereinbarung.[13] Die AGB-rechtliche Wirksamkeit von Fristvereinbarungen ist ausschließlich zivilrechtlich danach zu beurteilen, ob die Fristabsprache einerseits den Bestimmungen der §§ 305 ff. BGB unterliegt und ob andererseits mit der Fristvereinbarung eine unangemessene, die Gebote von Treu und Glauben verletzende Benachteiligung des Auftragnehmers verbunden ist.[14] Der Verstoß des öffentlichen Auftraggebers gegen § 11 VOB/A führt als solcher also noch nicht zu einer unangemessenen Benachteiligung des Auftragnehmers mit der Folge der Unwirksamkeit der entsprechenden Fristabsprache.[15] 12

III. Die Ausführungsfristen gemäß § 11 VOB/A als Bestandteil der Fristenregelung in VOB und BGB

§ 11 VOB/A enthält einerseits für den VOB/A-gebundenen Auftraggeber vergaberechtliche Vorgaben über die Bemessung und die sonstige Bestimmung der Ausführungsfristen in Bauverträgen. Andererseits verwendet § 11 VOB/A auch vertragsrechtlich relevante Begriffe wie „Ausführungsfristen", „Ausführungsbeginn", „Einzelfristen" und „Verzug". Das vergaberechtliche Verständnis dieser Begriffe setzt die Kenntnis ihrer vertragsrechtlichen Bedeutung voraus. Hierzu wird auf die ausführliche und zusammenhängende Darstellung in der Kommentierung zu § 5 VOB/B, Rdn. 9 ff. verwiesen. An dieser Stelle erfolgt ein zusammenfassender Überblick über das Recht der Ausführungsfristen in VOB und BGB: 13

1. Vertragsfristen

Die Vertragsfrist ist ein zentraler Begriff in der VOB, der sowohl in § 11 Nr. 2 Abs. 2 Teil A als auch in § 5 Nr. 1 Satz 1 Teil B definiert wird. Hiernach handelt es sich bei der Vertragsfrist 14

[9] Vgl. *Heiermann/Riedl/Rusam* VOB/A § 11, Rdn. 4; wohl auch Beck'scher VOB-Kommentar/*Motzke* VOB/A § 11, Rdn. 18: anderer Auffassung *Niebuhr/Kulartz/Kus/Portz* GWB § 97, Rdn. 295 ff.; *Niebuhr/Lederer* Festschrift Jagenburg; vgl. auch VOB/A § 5, Rdn. 5 und § 12, Rdn. 7.

[10] Zu einem möglichen AGB-Verstoß gemäß § 307 BGB vgl. Rdn. 62 ff.

[11] BGH BauR 1992, 221 zu § 19 VOB/A und OLG Jena BauR 2001, 1446 zu § 12 Nr. 1 VOB/A.

[12] Näher dazu A § 12, Rdn. 8.

[13] Anderer Auffassung *Niebuhr/Kulartz/Kus/Portz* GWB, § 97 Rdn. 293 f.

[14] Hierzu sei ausführlich auf die Kommentierung zu § 5 VOB/B verwiesen, dort beispielsweise Rdn. 71 zu der Frage, ob AGB-rechtlich die Abkürzung der Abruffrist von 12 Werktagen gemäß § 5 Nr. 2 VOB/B zulässig ist.

[15] Zur Parallelproblematik des § 12 VOB/A vgl. dort Rdn. 9.

um eine **verbindliche Frist**. Die Verbindlichkeit der Frist bedeutet, dass deren Nichteinhaltung eine Pflichtverletzung des Auftragnehmers im Sinne von § 280 Abs. 1 BGB darstellt. Gleichzeitig stellt § 280 Abs. 2 BGB allerdings klar, dass die bloße Pflichtverletzung des Auftragnehmers hinsichtlich der Leistungszeit, also die Überschreitung vereinbarter Vertragsfristen, noch nicht zu einem Schadensersatzanspruch des Auftraggebers führt. Ein solcher Schadensersatzanspruch des Auftraggebers setzt gemäß § 280 Abs. 2 BGB in Verbindung mit § 286 BGB vielmehr **Verzug** des Auftragnehmers voraus (dazu Rdn. 18).

Wenn die VOB in § 11 Nr. 2 Abs. 2 Teil A und § 5 Nr. 1 Satz 1 Teil B Vertragsfristen als verbindliche Fristen definiert, so bedeutet dies gleichzeitig, dass zwischen den Parteien auch unverbindliche Fristen vereinbart werden können. Ein Beispiel hierzu enthält § 5 Nr. 1 Satz 2 VOB/B für die im Bauzeitenplan enthaltenen Einzelfristen, die nicht als Vertragsfristen vereinbart worden sind. Diese unverbindlichen Einzelfristen (Kontrollfristen) erlangen vertragsrechtliche Bedeutung (nur) über das Abhilferecht des Auftraggebers gemäß § 5 Nr. 3 VOB/B (→ B § 5, Rdn. 78 ff.).

2. Ausführungsfristen

15 § 11 VOB/A trägt ebenso wie § 5 VOB/B die Überschrift „Ausführungsfristen". Sprachlich sind darunter alle Fristen zu verstehen, die die Ausführung der entsprechenden Bauleistung regeln, also die Frist für den Ausführungsbeginn ebenso wie Einzelfristen des Bauablaufs als auch schließlich die Ausführungsfrist als Gesamtfrist der Bauausführung (Fertigstellungsfrist). Dabei ist unter einer **Frist** ein Zeitraum zu verstehen, unter einem **Termin** ein Zeitpunkt (→ B § 5, Rdn. 9 ff.). Auch wenn die VOB nur von Fristen spricht, gelten deren Regelungen sinngemäß auch für Termine.

Aus dem Gesamtzusammenhang ergibt sich allerdings, dass unter den **Ausführungsfristen** im Sinne von § 11 VOB/A und § 5 VOB/B **nur Vertragsfristen** zu verstehen sind, nicht hingegen unverbindliche Kontrollfristen, wie sie beispielsweise von § 5 Nr. 1 Satz 2 VOB/B erfasst werden[16] (→ näher B § 5, Rdn. 83 f.).

3. Einzelfristen

16 Einzelfristen (auch Zwischenfristen genannt) sind Fristen, die nicht für die Fertigstellung der Gesamtleistung des Auftragnehmers vereinbart werden, sondern für Teile der Leistung. § 11 Nr. 2 VOB/B hebt unter vergaberechtlichen Aspekten zwei Formen von Einzelfristen besonders hervor, und zwar Einzelfristen für in sich abgeschlossene Teile der Leistung (§ 11 Nr. 2 Abs. 1 VOB/A) und Einzelfristen für fortgangswichtige Teile der Leistung, wenn ein Bauzeitenplan aufgestellt wird, um das Ineinandergreifen der Leistungen verschiedener Auftragnehmer zu koordinieren (§ 11 Nr. 2 Abs. 2 VOB/A). Diese beiden durch § 11 Nr. 2 VOB/A hervorgehobenen Einzelfristen sollen nach der Vorstellung der VOB als verbindliche Fristen und damit als Vertragsfristen vereinbart werden. Sonstige Einzelfristen, insbesondere Einzelfristen zu einer kontinuierlichen Kontrolle des zeitgerechten Bauablaufs (Kontrollfristen), sind vergaberechtlich in § 11 Nr. 2 VOB/A nicht vorgesehen, werden aber in § 5 Nr. 1 Satz 2 VOB/B als unverbindliche Fristen des Bauzeitenplans (dazu nachstehend Rdn. 17) hervorgehoben und spielen insbesondere im Rahmen der Abhilfepflicht des Auftragnehmers gemäß § 5 Nr. 3 VOB/B eine große Rolle (→ B § 5, Rdn. 78 ff.).

4. Bauzeitenplan

17 Die VOB regelt den Bauzeitenplan in § 11 Nr. 2 Abs. 2 Teil A und in § 5 Nr. 1 Satz 2 Teil B, ohne allerdings zu definieren, was unter einem Bauzeitenplan zu verstehen ist. Ein Bauzeitenplan

[16] Anderer Auffassung Beck'scher VOB-Kommentar/*Motzke* VOB/A § 11, Rdn. 25 f., wonach auch unverbindliche Kontrollfristen zu den Ausführungsfristen im Sinne von § 11 VOB/A gehören, anders aber wiederum unter Rdn. 49, wo die Begriffe „Ausführungsfrist" und „Vertragsfrist" synonym verwendet werden.

im Sinne der VOB ist ein Terminplan, den die Parteien ausdrücklich oder stillschweigend als so genannten **Vertragsterminplan** (anfänglich oder nachträglich) dem Bauvertrag zugrunde gelegt haben und der für die vom Auftragnehmer zu erbringenden Leistungen, ggf. aber auch für die auftraggeberseitigen Mitwirkungshandlungen, verbindliche Fristen (Vertragsfristen) enthält, darüber hinaus aber auch unverbindliche Kontrollfristen für Teile der Leistung enthalten kann. Intern gebliebene Ablaufpläne des Auftraggebers wie auch des Auftragnehmers stellen deshalb keinen Bauzeitenplan im Sinne der VOB dar. Auch die Darstellungsform des Bauzeitenplans (Balkenterminplan, Netzplan usw.) ist unerheblich (→ näher B § 5, Rdn. 29 ff.).

Wenn § 11 Nr. 2 Abs. 2 VOB/A den Bauzeitenplan nur im Zusammenhang mit der Koordination der Leistungsbereiche verschiedener Auftragnehmer untereinander erwähnt, so ist diese Sichtweise zu eng und nicht mehr zeitgemäß (dazu näher Rdn. 40 ff.).

5. Verzug

Der Terminverzug des Auftragnehmers wird vergaberechtlich lediglich in § 11 Nr. 4 VOB/A kurz angesprochen, und zwar im Zusammenhang mit der Schadenspauschalierung. Die in der Praxis überaus bedeutsame Frage, ob und unter welchen Voraussetzungen ein Auftragnehmer mit der Ausführung seiner Leistungen in Verzug gerät, unter welchen Voraussetzungen der Verzug ggf. verhindert wird und zu welchen Rechtsfolgen ein Terminverzug führt, wird grundsätzlich in § 286 BGB und ergänzend in § 5 Nr. 4 VOB/B geregelt. Zusammengefasst: 18

Verzug des Auftragnehmers setzt gemäß § 286 BGB

- Fälligkeit der jeweiligen Bauleistung,
- die Mahnung des Auftraggebers nach der Fälligkeit (wenn nicht die Mahnung gemäß § 286 Abs. 2 BGB ausnahmsweise entbehrlich ist) **und**
- Verschulden des Auftragnehmers voraus.

Fälligkeit setzt die verbindliche Verpflichtung des Auftragnehmers voraus, eine bestimmte Leistung gerade zu einem bestimmten Zeitpunkt (bzw. innerhalb einer bestimmten Frist) zu erbringen. Diese Verbindlichkeit wird bei Bauverträgen bestimmt durch die Vereinbarung einer **Vertragsfrist**. Die Vertragsfrist führt also zur Fälligkeit der entsprechenden Leistung (Ausführungsbeginn, Einhaltung von Einzelfristen, die als Vertragsfristen vereinbart sind oder auch Fertigstellung der Gesamtleistung).

Die Fälligkeit der Leistung kann sich verschieben, wobei in der Baupraxis zwei Fälle besonders bedeutsam sind: Zum einen können **Bauablaufstörungen** im Risikobereich des Auftraggebers (§ 6 Nr. 2 Abs. 1 a VOB/B) oder aus den sonstigen Gründen des § 6 Nr. 2 Abs. 1 b und c VOB/B zu einer Fristverlängerung und damit zu einer **Verschiebung der Fälligkeit** führen (→ B § 5, Rdn. 49 ff.). Zum anderen können bestehende Leistungsverweigerungsrechte des Auftragnehmers (z.B. das Recht zur Arbeitseinstellung bei ausbleibenden Zahlungen des Auftraggebers gemäß § 16 Nr. 5 Abs. 5 VOB/B) zu einer Aufhebung der Fälligkeit der auftragnehmerseitigen Leistungsverpflichtung führen (→ näher B § 5, Rdn. 52). In beiden Fällen kann der Auftragnehmer so lange nicht in Verzug geraten, so lange die Fälligkeit nicht (wieder) eingetreten ist.

Nach Eintritt der Fälligkeit muss der Auftraggeber gemäß § 286 Abs. 1 BGB die ausstehende Leistung **anmahnen**, um Verzug des Auftragnehmers zu begründen (→ näher B § 5, Rdn. 39 ff.). Die **Mahnung** ist nur **ausnahmsweise entbehrlich** unter den Voraussetzungen des § 286 Abs. 2 BGB, insbesondere dann, wenn eine Vertragsfrist als kalendermäßig bestimmte oder bestimmbare Frist im Sinne von § 286 Abs. 2 Nr. 1 oder Nr. 2 BGB vereinbart ist (→ näher B § 5, Rdn. 42 ff.).

Trotz Fälligkeit und Mahnung (oder ausnahmsweiser Entbehrlichkeit der Mahnung) gerät der Auftragnehmer gemäß § 286 Abs. 4 BGB nicht in Verzug, wenn er die Gründe für das Ausbleiben der Leistung nicht **zu vertreten**, also nicht vorsätzlich oder fahrlässig zu verantworten hat (→ näher B § 5, Rdn. 48).

IV. § 11 Nr. 1 Abs. 1 und 2 VOB/A – Die Bemessung der Ausführungsfristen

1. Bemessung der Ausführungsfristen und Terminplanung

19 **a) Generelles zur Terminplanung.** Wenn § 11 Nr. 1 Abs. 1 und 2 VOB/A bestimmt, dass die Ausführungsfristen ausreichend zu bemessen sind, dem Auftragnehmer für die Bauvorbereitung genügend Zeit zu gewähren ist und außergewöhnlich kurze Fristen nur bei besonderer Dringlichkeit vorgesehen werden dürfen, dann beruhen diese vergaberechtlichen Vorgaben auf der schlichten Überlegung, dass die entsprechende Bemessung der Ausführungsfristen das Ergebnis einer vorangegangenen **Terminplanung** ist und auch sein muss. Der öffentliche Auftraggeber muss also **vor** der Erstellung der Vergabeunterlagen entweder selbst oder – typischerweise – durch einen von ihm beauftragten Architekten oder Ingenieur[17] eine Planung der Ausführungsfristen (Terminplanung) vornehmen, um den in § 11 VOB/A für die Bemessung der Ausführungsfristen festgelegten Kriterien genügen zu können.

20 Bei der Terminplanung ist zunächst zwischen der **projektorientierten** und der **produktionsorientierten Terminplanung** zu unterscheiden.[18] Bei der projektorientierten Terminplanung steht die Koordination der verschiedenen an der Bauplanung und -ausführung beteiligten Organisationen (Büros, Firmen usw.) im Vordergrund. Hier geht es um die terminliche Abstimmung für das Bauvorhaben als Ganzes. Die projektorientierte Terminplanung und spätere -steuerung ist deshalb eine typische Aufgabe des Auftraggebers.[19] Die produktionsorientierte Terminplanung regelt demgegenüber mehr oder weniger detailliert die einzelnen Planungs- und Ausführungsvorgänge. Sie erfasst also nicht mehr das Projekt als Ganzes, sondern die einzelnen Projektbeteiligten, also z.B. den Auftragnehmer eines bestimmten Leistungsbereichs bei der konventionellen Baudurchführung. Bei ihr geht es um die Abstimmung der Kapazitäten für die einzelnen Herstellvorgänge.[20]

21 Hinsichtlich des **Detaillierungsgrades** unterscheidet man bei der Terminplanung zwischen

- dem Grobterminplan,
- dem mittelfeinen Terminplan und
- dem Feinterminplan.[21]

Der Grobterminplan dient der Absteckung des Zeitrahmens; er verzichtet auf die Erfassung von Einzelzielen und Einzelaufgaben.

Der mittelfeine Terminplan ist noch auf das Gesamtbauvorhaben ausgerichtet, beinhaltet aber schon Einzelziele und Einzelaufgaben, die produktionsorientiert auf die einzelnen Leistungsbereiche der späteren Auftragnehmer ausgerichtet sind.

Die Feinterminplanung berücksichtigt alle terminrelevanten Einzelziele und Einzelaufgaben, ist also zwangsläufig produktionsorientiert und wird typischerweise vom (späteren) Auftragnehmer zur Disposition und Kontrolle seiner Kapazitätseinsätze vorgenommen.

22 Inhaltlich geht es bei der Terminplanung um die **zeitliche Bestimmung von Vorgangsdauern.**[22] Diese erfolgt durch

- die Quantifizierung der jeweiligen Leistungskategorien,[23]
- die Zuordnung von Zeitverbrauchsparametern zu den Leistungskategorien[24] und

---

[17] Im Regelfall den Objektplaner gemäß § 15 bzw. § 55 HOAI, vgl. dazu Beck'scher VOB-Kommentar/*Motzke* VOB/A § 11, Rdn. 30.

[18] Vgl. *Schiffers* Festschrift Leimböck, Seite 237; *Langen/Schiffers* Bauplanung und Bauausführung, Rdn. 44.

[19] Vgl. *Schiffers* Jahrbuch BauR 1998, Seite 275 und *Langen/Schiffers*, Rdn. 44.

[20] Der produktionsorientierte Terminplan wird in der Regel vom Auftraggeber nur als grober oder mittelfeiner Terminplan aufgestellt, während die Feinterminplanung produktionsorientiert typischerweise durch den Auftragnehmer erfolgt, vgl. auch Beck'scher VOB- Kommentar/*Motzke* VOB/A § 11, Rdn. 41.

[21] Näher *Langen/Schiffers*, Rdn. 43.

[22] Dazu *Langen/Schiffers*, Rdn. 32 ff.

[23] Auch Arbeitsvolumen genannt.

[24] Aufwandswerte.

– die Berücksichtigung der einzusetzenden Arbeitskräfte oder sonstiger Kapazitäten und ihrer täglichen Arbeitszeit.[25]

Die **Strukturierung einer Terminplanung** ergibt sich 23

– aus allgemeinen Naturgesetzen,[26]
– aus den konkreten Bauinhalten[27] und
– aus ablaufplanungstechnischen Vorgaben.[28]

Die **Darstellungsform** des Terminplans hat mit der Frage, ob es sich um einen projekt- oder produktionsorientierten oder um einen groben, mittelfeinen oder feinen Terminplan handelt, nichts zu tun. Die häufigsten Darstellungsformen[29] sind 24

– der Balkenplan,[30]
– die Terminliste,[31]
– das Volumen-/Zeitdiagramm,[32]
– der Netzplan.[33]

b) Die Bemessung der Ausführungsfristen auf der Grundlage auftraggeberseitiger Terminplanung. Um beurteilen zu können, ob die Ausführungsfristen unter Berücksichtigung der Jahreszeit, der Arbeitsbedingungen, der besonderen Schwierigkeiten usw. ausreichend bemessen sind, ob eine besondere Dringlichkeit für außergewöhnlich kurze Fristen vorhanden ist usw., muss bei der öffentlichen Auftragsvergabe die Terminplanung des Auftraggebers so weit vorangeschritten sein, dass die Vorgaben aus § 11 Nr. 1 VOB/A (und hinsichtlich etwaiger Einzelfristen aus § 11 Nr. 2 VOB/A) beachtet werden können. Daraus ergibt sich zweierlei: 25

Zum einen muss den an § 11 VOB/A zu messenden Terminvorgaben des Auftraggebers eine auftraggeberseitige Terminplanung zugrunde liegen. Der Auftraggeber muss also entweder selbst oder über von ihm beauftragte (Termin-)Planer den notwendigen Zeitbedarf unter Berücksichtigung der Jahreszeit usw. ermittelt und in den Vergabeunterlagen festgelegt haben. Es ist vergaberechtlich unzulässig, im Vergabestadium diese auftraggeberseitige Terminplanung durch eine auftragnehmerseitige Terminplanung zu ersetzen. Eine (produktionsorientierte) Feinterminplanung des Auftragnehmers darf – und zwar auf der Basis der auftraggeberseitig vorgegebenen, ausreichend bemessenen Ausführungsfristen – erst erfolgen, wenn der Vertrag zwischen den Parteien zustande gekommen ist.

Zum anderen ergibt sich aus § 11 Nr. 1 VOB/A, dass die Festlegung der Ausführungsfristen in den Vergabeunterlagen das Ergebnis einer vorherigen auftraggeberseitigen Terminplanung ist, nicht umgekehrt. Das bedeutet: Der öffentliche Auftraggeber muss **vor** der Anfertigung der Vergabeunterlagen die Terminplanung im vorgeschriebenen Sinn vornehmen. Als Ergebnis dieser Terminplanung sind die – ausreichend bemessenen – Ausführungsfristen in den Vergabeunterlagen festzulegen.

Bei privaten Bauverträgen wird häufig anders verfahren: Hier folgt oftmals die Terminplanung den vorherigen Terminfestlegungen, die sich z.B. daraus ergeben, dass der Auftraggeber 26

---

[25] Vgl. *Langen/Schiffers*, a.a.O.

[26] Z.B. der vorherigen Erstellung der Tragkonstruktion, um Beläge und Bekleidungen anbringen zu können, auch hydraulische Abbindeprozesse wie das Abtrocknen von Nassputz- und Estricharbeiten, vgl. *Langen/Schiffers*, Rdn. 35.

[27] Z.B. die alternative Verwendung von Nassputz mit entsprechenden Austrocknungszeiten und Trockenputz ohne entsprechende Austrocknungszeiten.

[28] Wobei zwischen terminbestimmenden/terminkritischen Vorgängen, die unmittelbar den Endtermin beeinflussen, und nicht terminbestimmenden (schwimmenden) Vorgängen zu unterscheiden ist, die wiederum innerhalb der Ausführungsfrist verschoben werden können, ohne für den Endtermin relevant zu werden, vgl. *Langen/Schiffers*, Rdn. 35 a.E.

[29] Dazu näher *Mechnig*, Seite 10 ff.

[30] Vgl. *Langen/Schiffers*, Rdn. 39 und Abb. 9.

[31] Vgl. *Langen/Schiffers*, Rdn. 41 und Abb. 11.

[32] Vgl. *Langen/Schiffers*, Rdn. 42 und Abb. 12.

[33] Vgl. *Langen/Schiffers*, Rdn. 40.

seinerseits von seinem Auftraggeber (bei nachgeschalteten Vertragsverhältnissen) Terminvorgaben erhalten hat, die nicht zur Disposition stehen. In diesem Fall findet jedenfalls im Verhältnis des Auftraggebers zum Auftragnehmer keine Terminplanung mit anschließender Bemessung der Ausführungsfristen statt, sondern die Ausführungsfristen sind vorgegeben und die Terminplanung der Parteien hat sich an diesen Zeitvorgaben zu orientieren. Dieser speziell im Schlüsselfertigbau häufig zu beobachtende Fall[34] ist bei der öffentlichen Auftragsvergabe gemäß § 11 Nr. 1 VOB/A unzulässig.

2. Ausreichende Bemessung der Ausführungsfristen

27 **a) Ausreichende Bemessung unter Berücksichtigung von Jahreszeit, Arbeitsbedingungen und besonderen Schwierigkeiten – § 11 Nr. 1 Abs. 1 Satz 1 VOB/A.** Die in § 11 Nr. 1 Abs. 1 erster Halbsatz VOB/A verankerte **Grundregel** besagt, dass Ausführungsfristen **ausreichend zu bemessen** sind. Die im zweiten Halbsatz genannten, dabei zu berücksichtigenden Kriterien wie Jahreszeit, Arbeitsbedingungen und etwaige besondere Schwierigkeiten der Arbeitsausführung sind nur exemplarischer Art. Weitere Hinweise dazu, welche Kriterien bei der Bemessung einer angemessenen Ausführungsfrist zu berücksichtigen sind, enthält Ziffer 1.3 VHB[35] zu § 11 VOB/A. Hiernach ist bei der Bemessung (angemessener) Ausführungsfristen ferner zu berücksichtigen,

- welche zeitliche Abhängigkeit von vorausgehenden und nachfolgenden Leistungen besteht,
- zu welchem Zeitpunkt die zur Ausführung erforderlichen Unterlagen vom Auftraggeber zur Verfügung gestellt werden können,
- in welchem Umfang arbeitsfreie Tage – Samstage, Sonn- und Feiertage – in die vorgesehene Frist fallen und
- inwieweit mit Ausfalltagen durch Witterungseinflüsse während der Ausführungszeit normalerweise gerechnet werden muss.

Ergänzend bestimmt Ziffer 2 VHB zu § 11 VOB/A, dass auch die zeitlichen Auswirkungen etwaiger Wahl- und Bedarfspositionen im Rahmen der Leistungsbeschreibung bei der Bemessung der Ausführungsfrist berücksichtigt werden müssen.

28 Alle in § 11 Nr. 1 Abs. 1 Satz 1 VOB/A und ergänzend in Ziffern 1.3 und 2 VHB zu § 11 VOB/A benannten Einzelkriterien sollen sicherstellen, die der Ausschreibung und Vergabe vorangehende Terminplanung des Auftraggebers (dazu oben Rdn. 25) daran auszurichten, dass dem jeweiligen Auftragnehmer[36] eine für diese Arbeiten angemessene Frist zur Verfügung steht und deshalb auch eine kosten- und qualitätssichernde Ausführung ermöglicht wird. Denn unnötiger Zeitdruck führt bekanntlich häufig entweder zu Qualitätsbeeinträchtigungen oder zu höheren Kosten, um trotz der zu knappen Zeit die Leistung dennoch (einigermaßen) vertragsgerecht ausführen zu können.[37] Beides ist bei der öffentlichen Auftragsvergabe nicht nur unerwünscht, sondern durch § 11 Nr. 1 Satz 1 VOB/A untersagt.

29 Die Bemessung einer ausreichenden Ausführungsfrist im Sinne von § 11 Nr. 1 Abs. 1 Satz 1 VOB/A setzt terminplanerisch voraus, dass so genannte **Zeitpuffer** schon in der auftraggeberseitigen Terminplanung enthalten sind, und zwar sowohl an der Schnittstelle mehrerer Leistungsbereiche zueinander als auch innerhalb eines Leistungsbereichs.[38] Das Erfordernis von Zeitpuffern sowohl im Verhältnis zu anderen Leistungsbereichen als auch innerhalb des zu beauftragenden

---

[34] Insbesondere im Verhältnis des bereits beauftragten Nachunternehmers zu weiteren Nachunternehmern.

[35] Vergabehandbuch für die Durchführung von Bauaufgaben des Bundes im Zuständigkeitsbereich der Finanzbauverwaltungen (2002).

[36] Und zwar unabhängig davon, ob ein einzelner Leistungsbereich oder im Rahmen des Schlüsselfertigbaus eine Gesamtbauleistung beauftragt werden soll.

[37] Vgl. *Ingenstau/Korbion/Döring* VOB/A § 11, Rdn. 15.

[38] *Kapellmann/Schiffers* Band 1, Rdn. 1296 und Rdn. 1483 ff.; Beck'scher VOB-Kommentar/*Motzke* VOB/A § 11, Rdn. 77.

Leistungsbereichs ergibt sich daraus, dass unabhängig vom Verschulden bzw. der Verantwortlichkeit einer Partei im rechtlichen Sinne keine optimalen, im normalen Bauablauf nicht realisierbaren Abläufe unterstellt werden können.[39] Nicht optimale Arbeitsabläufe, Krankheiten, fehlende oder mangelhafte Pläne, Lieferschwierigkeiten usw. müssen in einem begrenzten, dem Erfahrungswissen des Terminplaners zuzurechnenden Umfang in die auftraggeberseitige Ablaufplanung[40] eingestellt werden, um solche üblichen und normalerweise nicht ganz zu vermeidenden Bauablaufstörungen jedenfalls im Wesentlichen auffangen zu können und damit eine komplette Neuplanung der Termine schon bei der kleinsten Störung zu verhindern.

Wie bereits ausgeführt,[41] sind unter den Ausführungsfristen im Sinne von § 11 Nr. 1 VOB/A nur die für den Auftragnehmer verbindlichen Fristen, also **Vertragsfristen**, zu verstehen. § 11 Nr. 1 Satz 1 VOB/A bezieht sich im Übrigen sowohl auf die Ausführungsfrist der Gesamtleistung **(Gesamtfrist)** als auch auf die durch § 11 Nr. 2 VOB/A noch einmal gesondert geregelten **Einzelfristen** des Bauablaufs.[42]

b) Angemessene Frist zur Bauvorbereitung – § 11 Nr. 1 Abs. 1 Satz 2 VOB/A. Der 30
öffentliche Auftraggeber hat gemäß § 11 Nr. 1 Abs. 1 VOB/A nicht nur die Ausführungsfristen selbst ausreichend zu bemessen, sondern dem Auftragnehmer gemäß Satz 2 auch genügend Zeit für die Bauvorbereitung zu gewähren.

Die Bauvorbereitungszeit ist der Zeitraum, den der Auftragnehmer für seine innerbetrieblichen Dispositionen und Arbeitsvorbereitungen[43] benötigt, um den **Baubeginn** fristgerecht vornehmen zu können. Dabei ist die Grenzziehung zwischen den Leistungen des Auftragnehmers, die noch der Bauvorbereitung im Sinne von § 11 Nr. 1 Abs. 1 Satz 2 VOB/A zuzurechnen sind und dem eigentlichen Baubeginn im Sinne von § 5 Nr. 2 VOB/B oftmals schwierig (→ dazu näher B § 5, Rdn. 56 ff.).

Vereinbaren die Parteien den Ausführungsbeginn des Auftragnehmers zu einem bestimmten 31
Zeitpunkt[44] oder innerhalb einer bestimmten Frist,[45] so kommt es für die ausreichende Bemessung der Bauvorbereitungszeit im Sinne von § 11 Nr. 1 Abs. 1 Satz 2 VOB/A darauf an, ob der Zeitraum zwischen dem (vorgesehenen) Vertragsabschluss und dem (vereinbarten) Baubeginn unter Berücksichtigung der für die konkreten Leistungen erforderlichen Vorbereitungszeit als ausreichend und angemessen anzusehen ist. Verschiebt sich die Auftragserteilung in diesem Fall,[46] so hat der Bieter **vergaberechtlich** gemäß § 11 Nr. 1 Abs. 1 Satz 2 VOB/A Anspruch auf Verschiebung des vereinbarten Baubeginns, um die vorgesehene Bauvorbereitungsfrist in Anspruch nehmen zu können.

Ist für den Baubeginn des Auftragnehmers in den Vergabeunterlagen kein Termin bzw. keine 32
Frist vorgesehen, so richtet sich die Bauvorbereitungsfrist nach § 5 Nr. 2 Satz 2 VOB/B. Hiernach muss der Auftragnehmer binnen 12 Werktagen nach Abruf des Auftraggebers mit den Bauleistungen beginnen, d.h. die standardmäßige Bauvorbereitungsfrist bei VOB-Bauverträgen beträgt mangels abweichender Vereinbarung 12 Werktage.[47] Die standardisierte Bauvorbereitungsfrist von 12 Werktagen gemäß § 5 Nr. 2 Satz 2 VOB/B wird allgemein als **zu starr** empfunden; sie kann bei nur geringfügigen Arbeitsvorbereitungsmaßnahmen des Auftragnehmers zu lang, bei

---

[39] OLG Köln BauR 1986, 582.

[40] Gleichermaßen auch in die anschließende Feinterminplanung des Auftragnehmers.

[41] Dazu oben Rdn. 15.

[42] Vgl. Beck'scher VOB-Kommentar/*Motzke* VOB/A § 11, Rdn. 71.

[43] Wie z.B. die Bereitstellung der zur Ausführung vorgesehenen Mitarbeiter, Anmietung der notwendigen Geräte, Bestellung der notwendigen Materialien, Beauftragung vorgesehener Nachunternehmer, Anfertigung und ggf. auftraggeberseitige Freigabe von Werkstatt- und Montagezeichnungen usw.

[44] Beispiel: Baubeginn am 15.3.2003.

[45] Beispiel: Baubeginn innerhalb von drei Wochen nach Auftragserteilung.

[46] Z.B. wegen der Aussetzung des Zuschlages im laufenden Nachprüfungsverfahren gemäß § 115 Abs. 1 GWB.

[47] Vgl. dazu Beck'scher VOB-Kommentar/*Motzke* VOB/A § 11, Rdn. 81; *Heiermann/Riedl/Rusam* VOB/A § 11, Rdn. 9; *Ingenstau/Korbion/Döring* VOB/A § 11, Rdn. 9.

umfangreichen Vorbereitungsmaßnahmen aber auch deutlich zu kurz sein.[48] Der öffentliche Auftraggeber ist deshalb berechtigt, im Rahmen der Vergabeunterlagen eine von § 5 Nr. 2 Satz 2 VOB/B abweichende, kürzere oder längere Abruffrist als 12 Werktage vorzusehen, und zwar auch durch Allgemeine Geschäftsbedingungen, sofern der Auftragnehmer hierdurch nicht unangemessen benachteiligt wird.[49]

33 **c) Außergewöhnlich kurze Fristen nur bei besonderer Dringlichkeit – § 11 Nr. 1 Abs. 2 VOB/A.** § 11 Nr. 1 Abs. 2 VOB/A enthält eine Ausnahmebestimmung zu § 11 Nr. 1 Abs. 1 Satz 1 VOB/A. Hiernach dürfen **außergewöhnlich kurze Fristen** nur bei **besonderer Dringlichkeit** der auszuführenden Leistung vereinbart werden.

Die besondere Dringlichkeit kann sich zum einen aus der Unaufschiebbarkeit der anstehenden Bauleistung ergeben (z.B. Reparatur eines Wasserrohrbruchs, einer defekten Heizungsanlage im Winter, einer undichten Gasleitung usw.),[50] zum anderen aber auch daraus, dass durch die anstehenden Bauarbeiten schützenswerte Interessen des Auftraggebers oder auch der Allgemeinheit im geringst möglichen Umfang beeinträchtigt werden sollen (z.B. bei verkehrsbehindernden Arbeiten an Autobahnen, Bahnstrecken usw.). Kein Fall einer besonderen Dringlichkeit liegt vor, wenn durch sehr knapp bemessene Ausführungsfristen bezweckt werden soll, (angeblich) besonders leistungsfähige Bieter herauszukristallisieren.[51]

Die Zulässigkeit außergewöhnlich kurzer Fristen aufgrund besonderer Dringlichkeit der Bauarbeiten muss im Streitfall vom öffentlichen Auftraggeber anhand eines entsprechenden Vergabevermerks nachgewiesen werden.[52]

Auch ohne in § 11 Nr. 1 Abs. 2 VOB/A besonders erwähnt zu werden, versteht es sich von selbst, dass bei besonderer Dringlichkeit der anstehenden Arbeiten auch die in § 11 Nr. 1 Abs. 1 Satz 2 VOB/A angesprochene Bauvorbereitungsfrist auf das unumgängliche Maß abgekürzt werden kann.

34 **d) Die Bestimmung der Ausführungsfristen in den Vergabeunterlagen.** § 11 Nr. 1 Abs. 1 und 2 VOB/A regelt lediglich, wie die Bauvorbereitungs- und Ausführungsfristen zu bemessen sind, aber nicht, wie diese Fristen in den Vergabeunterlagen vorgesehen werden.

Ziffer 1.1 und 1.2 VHB zu § 11 VOB/A bestimmt hierzu, dass Ausführungsfristen bemessen werden können **entweder** durch die Angabe eines Anfangs- und/oder eines Endzeitpunktes (Datum) **oder** nach Zeiteinheiten (Werktage oder Wochen).[53]

Die Fristbestimmung durch die Angabe von **Daten** soll nur dann gewählt werden, wenn der Auftraggeber den Beginn der Ausführung verbindlich festlegen kann **und** ein bestimmter Endtermin eingehalten werden muss. Auch bei Fristbemessung nach **Zeiteinheiten** soll der Beginn der Ausführung möglichst genau genannt werden. Treten vor Zuschlagserteilung die Voraussetzungen für eine nach Daten zu bestimmende Frist ein, sind die Daten, der vorgesehenen Ausführungsfrist entsprechend, im Auftragsschreiben festzulegen.[54]

Diesen Bestimmungen des VHB zur Vorgabe von Ausführungsfristen und -terminen in den Vergabeunterlagen ist nichts hinzuzufügen. Es empfiehlt sich, sie auch bei privaten Auftragsvergaben zu berücksichtigen.

---

[48] *Ingenstau/Korbion/Döring* VOB/A § 11, Rdn. 9; Beck'scher VOB-Kommentar/*Motzke* VOB/A § 11, Rdn. 82; *Franke/Kemper/Zanner/Grünhagen* VOB/A § 11, Rdn. 10.

[49] Vgl. dazu auch Ziffer 1.1 EVM (B) BVB, wonach die Abruffrist auftragsspezifisch vom Auftraggeber vorgegeben wird; näher zum Thema vgl. auch B § 5, Rdn. 71.

[50] Dazu Beck'scher VOB-Kommentar/*Motzke* VOB/A § 11, Rdn. 78.

[51] So zutreffend KG Berlin BauR 2000, 1579, 1580 zur Parallelvorschrift des § 11 Nr. 1 VOL/A; dazu auch *Franke/Kemper/Zanner/Grünhagen* VOB/A § 11, Rdn. 11.

[52] Zutreffend *Franke/Kemper/Zanner/Grünhagen* VOB/A § 11, Rdn. 16.

[53] Werktage sind alle Kalendertage mit Ausnahme von Sonn- und Feiertagen, also auch Samstage, dazu näher B § 11, Rdn. 40f.

[54] Siehe dazu Ziffer 1.4 EVM (B) BVB.

3. Die vergaberechtliche Bedeutung der Vorgabe von Ausführungsfristen durch den Auftraggeber

Die „Bestimmung" der Ausführungsfristen durch den Auftraggeber im Rahmen der Vergabeunterlagen bedeutet, dass der (jeweilige) Bieter auch diese Vorgaben des Auftraggebers zum Bestandteil seines Angebots machen muss, um ein vollständiges und damit wertbares Angebot im Sinne der §§ 21 Nr. 1 Abs. 1 und 25 Nr. 1 Abs. 1 b VOB/A vorzulegen. Hält der Bieter also beispielsweise die Ausführungsfristen insgesamt für zu kurz bemessen, den Ausführungszeitraum (z.B. Winter) für ungünstig oder die vom Auftraggeber vorgegebenen Einzelfristen (dazu nachstehend Rdn. 38 ff.) für nicht einhaltbar, so muss er entweder versuchen, den Auftraggeber generell zu einer Änderung der Vergabeunterlagen gegenüber allen Bietern zu bewegen oder neben seinem Hauptangebot, in dem er die auftraggeberseitigen Vorgaben akzeptiert, ein Nebenangebot hinsichtlich der aus seiner Sicht einhaltbaren Fristen vorlegen. Die – auch teilweise – Nichtakzeptanz der auftraggeberseitigen Fristbestimmungen durch den Bieter führt ansonsten zum Ausschluss des Angebots aus der Wertung.[55] Verhandlungen zwischen dem öffentlichen Auftraggeber und dem einzelnen Bieter über Vorschläge des Bieters zur anderweitigen Bestimmung der Ausführungsfristen sind gemäß § 24 Nr. 1 und Nr. 3 VOB/A nicht zulässig.[56] Hat der Bieter die Vorgaben des Auftraggebers zu den Ausführungsfristen durch die Unterbreitung seines Angebotes also akzeptiert, dann sind Abweichungen hierzu, z.B. die Verschiebung des Ausführungsbeginns, die Verlängerung der Ausführungsfrist oder der Verzicht des Auftraggebers auf bestimmte Einzelfristen als Vertragsfristen, im Rahmen des Aufklärungsgesprächs gemäß § 24 VOB/A unzulässig.[57] 35

Der öffentliche Auftraggeber muss sich bei der Vorgabe der Ausführungsfristen und insbesondere auch bei der Vorgabe der Einzelfristen als Vertragsfristen gemäß § 11 Nr. 2 VOB/A also genau überlegen, inwieweit diese Fristen den Bieterwettbewerb beeinflussen und möglicherweise geeignete Bieter von der Abgabe eines Angebotes bzw. der Wertung ihrer unvollständig abgegebenen Angebote ausschließen.[58] Vor diesem vergaberechtlichen Hintergrund ist der öffentliche Auftraggeber also gut beraten, der die Vorgaben des § 11 VOB/A zur Bestimmung angemessener Ausführungsfristen und zum zurückhaltenden Umgang mit der Vorgabe von Einzelfristen als Vertragsfristen ernst nimmt.

V. § 11 Nr. 1 Abs. 3 VOB/A – Aufforderungsfrist

§ 11 Nr. 1 Abs. 3 VOB/A enthält eine auf den ersten Blick komplizierte, in Zusammenhang mit § 5 Nr. 2 Satz 1 VOB/B allerdings verständliche Regelung folgender Konstellation: Der **Beginn der Ausführung** durch den Auftragnehmer ist in den Vergabeunterlagen nicht zu einem bestimmten Zeitpunkt oder innerhalb einer bestimmten Ausführungsfrist festgelegt,[59] sondern **nach Abruf** durch den Auftraggeber. Dieser Abruf des Auftraggebers, der mangels anderweitiger Vereinbarung der Parteien gemäß § 5 Nr. 2 Satz 2 VOB/B eine Beginnpflicht des Auftragnehmers binnen zwölf Werktagen auslöst (dazu näher B § 5, Rdn. 68 ff.), kann vom Auftraggeber theoretisch zu einem beliebigen Zeitpunkt ausgesprochen werden. Da der Preiskalkulation des Bieters aber einerseits eine Kostenermittlung innerhalb einer bestimmten Kostenperiode, andererseits eine bestimmte Kapazitätsplanung für Personal, Gerät usw. zugrunde liegt, würde sich der beliebige Zeitpunkt des Abrufs durch den Auftraggeber für den Bieter als ungewöhnliches Wagnis im Sinne von § 9 Nr. 2 VOB/A und damit als Vergabeverstoß darstellen.[60] Gemäß § 5 Nr. 2 Satz 1 VOB/B hat der 36

[55] Dazu OLG Naumburg NJOZ 2004, 1366, 1369.
[56] OLG Naumburg, a.a.O., S. 1368; *Ziekow/Siegel* NZBau 2005, 22, 24 f.
[57] OLG Naumburg, a.a.O.
[58] OLG Naumburg, a.a.O.
[59] Dazu oben Rdn. 32.
[60] Ebenso Beck'scher VOB-Kommentar/*Motzke* VOB/A § 11, Rdn. 110; *Ingenstau/Korbion/Döring* VOB/A § 11, Rdn. 18; *Heiermann/Riedl/Rusam* VOB/A § 11, Rdn. 13.

Auftraggeber dem Auftragnehmer deshalb auf Verlangen Auskunft über den voraussichtlichen Ausführungsbeginn zu erteilen. Aus einer Verletzung dieser Auskunftsverpflichtung können sich Ansprüche des Auftragnehmers auf Fristverlängerung, Schadensersatz usw. ergeben (→ B § 5, Rdn. 63 ff.). Vergaberechtlich ergänzt (nicht: ersetzt) wird die vertragsrechtliche Regelung aus § 5 Nr. 2 Satz 1 VOB/B nun durch § 11 Nr. 1 Abs. 3 VOB/A. Hiernach **muss** der öffentliche Auftraggeber die Frist, innerhalb derer die Aufforderung zum Ausführungsbeginn ausgesprochen werden kann, unter billiger Berücksichtigung der für die Ausführung maßgebenden Verhältnisse zumutbar festlegen. Diese Frist **muss** in den Vergabeunterlagen angegeben werden.

37 § 11 Nr. 1 Abs. 3 VOB/A verpflichtet den öffentlichen Auftraggeber vergaberechtlich also zu zweierlei: Zum einen muss eine billige, die konkreten Verhältnisse angemessen berücksichtigende Aufforderungsfrist bestimmt werden, die zum anderen in den Verdingungsunterlagen angegeben werden muss.[61] Welche Frist unter billiger Berücksichtigung der für die Ausführung maßgebenden Verhältnisse als angemessen bzw. zumutbar anzusehen ist, hängt von den konkreten Umständen des Einzelfalles ab. Im Normalfall dürfte eine Frist von wenigen Wochen ausreichen, ausnahmsweise kann auch eine Frist von bis zu vier Monaten noch als zumutbar und damit zulässig im Sinne von § 11 Nr. 1 Abs. 3 VOB/A angesehen werden, wenn die Gründe für diese ungewöhnlich lange Aufforderungsfrist im Vergabevermerk nachvollziehbar dargelegt sind.[62] Ist der Zeitpunkt des Abrufs zum Ausführungsbeginn bei Ausschreibung und Vergabe so ungewiss, dass auch innerhalb dieser Frist von einigen Monaten der Zeitpunkt nicht bestimmt werden kann, so muss die Vereinbarung einer Preisgleitklausel im Sinne von § 15 VOB/A geprüft werden.[63]

VI. § 11 Nr. 2 VOB/A – Einzelfristen

1. § 11 Nr. 2 Abs. 1 VOB/A – Einzelfristen für in sich abgeschlossene Teile der Leistung

38 Gemäß § 11 Nr. 2 Abs. 1 VOB/A sollen Einzelfristen für in sich abgeschlossene Teile der Leistung bestimmt werden, wenn ein erhebliches Interesse des Auftraggebers dies erfordert. **In sich abgeschlossene Teile der Leistung** liegen vor, wenn sie nach allgemeiner Verkehrsauffassung als selbstständig und von den übrigen Teilleistungen aus demselben Bauvertrag unabhängig anzusehen sind, sie sich also in ihrer Gebrauchsfähigkeit abschließend für sich beurteilen lassen, und zwar sowohl in ihrer technischen Funktionsfähigkeit als auch im Hinblick auf die vorgesehene Nutzung.[64]

§ 11 Nr. 2 Abs. 1 VOB/A verwendet damit dieselbe Formulierung wie § 12 Nr. 2 VOB/B zur (echten) Teilabnahme,[65] d.h. nach § 11 Nr. 2 Abs. 1 VOB/A sollen bei erheblichem Interesse des Auftraggebers Einzelfristen nur für solche Teilleistungen vereinbart werden, die im Sinne von § 12 Nr. 2 VOB/B auch teilabnahmefähig sind.

Nach der Auffassung von *Motzke*[66] liegen in sich abgeschlossene Teile von Leistungen z.B. bei **Fachlosen** vor, wenn ein Auftragnehmer mit mehreren Fachlosen beauftragt worden ist. Bei

[61] Vgl. dazu Ziffer 1.1 EVM (B) BVB, wonach der Abruf durch den öffentlichen Auftraggeber spätestens binnen … Werktagen nach Auftragserteilung erfolgen muss.

[62] *Heiermann/Riedl/Rusam* VOB/A § 11, Rdn. 13 hält eine Beginnpflicht von zwei Monaten nach Zuschlagserteilung für angemessen, woraus sich unter Berücksichtigung der Abruffrist von zwölf Werktagen eine Aufforderungsfrist von etwa sechs Wochen ergeben würde. Nach *Ingenstau/Korbion/Döring* VOB/A § 11, Rdn. 18 reichen unter normalen Umständen einige Wochen oder „höchstens wenige Monate" aus. Beck'scher VOB-Kommentar/*Motzke* VOB/A § 11, Rdn. 113 weist darauf hin, dass § 11 Nr. 1 AGB-Gesetz (jetzt: § 309 Nr. 1 BGB) der Rechtsgedanke einer maximal viermonatigen Preisbindung entnommen werden kann, was auf den Parallelfall des § 11 Nr. 1 Abs. 3 VOB/A übertragbar sei.

[63] Beck'scher VOB-Kommentar/*Motzke* VOB/A § 11, Rdn. 110.

[64] Vgl. *Ingenstau/Korbion/Oppler* VOB/B § 12 Nr. 2, Rdn. 6.

[65] Vgl. auch die ähnliche Formulierung in § 632 a BGB zu Abschlagszahlungen beim BGB-Werkvertrag für „in sich abgeschlossene Teile des Werks".

[66] Beck'scher VOB-Kommentar/*Motzke* VOB/A § 11, Rdn. 92.

der Beauftragung nur mit einem Fachlos komme es auf technische Aspekte an.[67] Losgelöst von solchen Einzelfällen ist allerdings zu differenzieren:

39 Bei der **konventionellen Baudurchführung**, also der Beauftragung eines Auftragnehmers mit einem einzelnen oder einigen wenigen Leistungsbereichen/Gewerken,[68] kommt es darauf an, ob innerhalb des beauftragten Leistungsbereichs/Gewerks eine selbstständig funktionierende Teilleistung erstellt wird. Bei dem von *Motzke* gewählten Beispiel der Rohinstallation einer technischen Anlage ist dies eher nicht der Fall. Wird aber beispielsweise ein Auftragnehmer mit der Erstellung der Heizungsarbeiten für ein mehrgeschossiges Büroobjekt beauftragt, wobei einzelne Geschosse vorzeitig in Benutzung genommen werden sollen, so liegen – bezogen auf diese Geschosse –, in sich funktionsfähige Teilleistungen vor. Allgemein kann hierzu auf die recht umfangreiche Kasuistik zu § 12 Nr. 2 VOB/B verwiesen werden.[69]

40 Bei der zielorientierten Baudurchführung,[70] insbesondere beim **Schlüsselfertigbau**, kann hingegen jedenfalls nach der Vorgabe des § 11 Nr. 2 Abs. 1 VOB/A nicht auf einzelne Leistungsbereiche/Gewerke abgestellt werden. Denn der Schlüsselfertigbau unterscheidet sich von der konventionellen Baudurchführung ja insbesondere dadurch, dass der mit der schlüsselfertigen Erstellung beauftragte Auftragnehmer (SF-Unternehmer) gerade nicht einzelne Leistungsbereiche/Gewerke oder eine Summe von Einzelgewerken schuldet, sondern eine zielorientiert definierte Leistung, meist eine schlüsselfertige, funktionsfähige Gesamtleistung wie z.B. die Erstellung einer Wohnanlage, eines Klärwerks oder einer Bahnstrecke. Nach der Vorgabe von § 11 Nr. 2 Abs. 1 VOB/A sind beim Schlüsselfertigbau Einzelfristen also nur dann und insoweit zulässig, als innerhalb der zielorientiert definierten Gesamtleistung selbstständige Funktionsabschnitte (im Sinne in sich abgeschlossener Teile der Leistung) erstellt werden, also z.B. einzelne Wohnungen der Gesamtwohnanlage vorzeitig übergeben werden sollen, ein Teil der betriebsbereit zu erstellenden Bahnstrecke (z.B. als Verbindung zwischen zwei vorhandenen Bahnstrecken) vorzeitig in Betrieb gehen soll usw. Die einzelnen Leistungsbereiche/Gewerke im Sinne der DIN18300 ff. als solche stellen beim Schlüsselfertigbau hingegen keine in sich abgeschlossenen Teile der Leistung dar, für deren Erstellung im Sinne von § 11 Nr. 2 Abs. 1 VOB/A Einzelfristen vorgegeben werden dürfen.

41 Unabhängig von konventioneller oder schlüsselfertiger Baudurchführung: Der öffentliche Auftraggeber darf Einzelfristen für solche in sich abgeschlossenen Teile der Leistung nur bestimmen, wenn dies ein **erhebliches Interesse** seinerseits erfordert. Der Grund für diese einschränkende Voraussetzung des § 11 Nr. 2 Abs. 1 VOB/A besteht darin, dass die Feinterminplanung des Bauablaufs gemäß § 4 Nr. 2 VOB/B grundsätzlich der Dispositionsfreiheit des Auftragnehmers unterliegt, die Bestimmung verbindlicher Einzelfristen zwischen dem Ausführungsbeginn und der Gesamtfertigstellung also diese Dispositionsfreiheit und folglich auch die ablauforientierten Optimierungsmöglichkeiten des Auftragnehmers beeinträchtigt.[71] Ein erhebliches Interesse, das eine Einschränkung der Dispositionsfreiheit des Auftragnehmers gemäß § 4 Nr. 2 VOB/B rechtfertigt, kann folglich nur angenommen werden, wenn der öffentliche Auftraggeber über das allgemeine Interesse jedes Auftraggebers an einem zügigen Baufortschritt hinaus nachweisen kann, dass gerade für bestimmte, in sich abgeschlossene Teilleistungen die Vereinbarung einer verbindlichen Ausführungsfrist als Vertragsfrist gerechtfertigt erscheint. Dies kann beispielsweise der Fall sein aus Gründen des Allgemeinwohls (Behinderung des fließenden Verkehrs auf Autobahnen und Bahnstrecken) wie auch aus ökologischen (teilweise Inbetriebnahme einer Kläranlage) und sonstigen Gründen, wobei das erhebliche Interesse im Sinne von § 11 Nr. 2 Abs. 1 VOB/A im Vergabevermerk dokumentiert sein muss.

---

[67] So sei beispielsweise die Rohinstallation ein in sich abgeschlossener Teil einer insgesamt geschuldeten Installationsleistung, vgl. Beck'scher VOB-Kommentar/*Motzke* VOB/A § 11, Rdn. 92.

[68] Im Sinne der DIN18300 ff. vgl. dazu ausführlich *Langen/Schiffers*, Rdn. 136 ff.

[69] Dazu § 12 VOB/B, Rdn. 72 ff.; *Ingenstau/Korbion/Oppler* VOB/B § 12 Nr. 2, Rdn. 6 ff. m.w.N.; *Heiermann/Riedl/Rusam* VOB/B § 12, Rdn. 28 mit weiteren Nachweisen.

[70] Dazu *Langen Schiffers*, Rdn. 141 ff.

[71] So auch Beck'scher VOB-Kommentar/*Motzke* VOB/A § 11, Rdn. 54; *Heiermann/Riedl/Rusam* VOB/A § 11, Rdn. 14; *Franke/Kemper/Zanner/Grünhagen* VOB/A § 11, Rdn. 13.

42 Wenn die Voraussetzungen von § 11 Nr. 2 Abs. 1 VOB/A vorliegen, erlaubt § 11 Nr. 2 Abs. 1 VOB/A die Festlegung der Einzelfristen für in sich abgeschlossene Teile der Leistung als **Vertragsfristen** und damit verbindliche Fristen. Ein vergaberechtlicher Regelungsbedarf für unverbindliche Einzelfristen (Kontrollfristen), die sich auf in sich abgeschlossene Teile der Leistung beziehen, besteht nicht.

2. § 11 Nr. 2 Abs. 2 VOB/A – Einzelfristen für fortgangswichtige Teile der Leistung

43 Über den sehr eingeschränkten Anwendungsbereich von § 11 Nr. 2 Abs. 1 VOB/A hinaus lässt § 11 Nr. 2 Abs. 2 VOB/A die Vereinbarung von für den Fortgang der Gesamtarbeit besonders wichtigen Einzelfristen als Vertragsfristen zu, wenn ein Bauzeitenplan aufgestellt wird, damit die Leistungen aller Unternehmer sicher ineinander greifen.

§ 11 Nr. 2 Abs. 2 VOB/A hat damit – zumindest vornehmlich – den von § 4 Nr. 3 VOB/A präferierten Fall der Fachlosvergabe vor Augen, bei der der (öffentliche) Auftraggeber Bauleistungen verschiedener Handwerks- oder Gewerbezweige (Leistungsbereiche bzw. Gewerke im Sinne der DIN18300 ff.) in Fachlosen an verschiedene Fachunternehmer vergibt. Ist zur Koordination dieser Fachunternehmer die Aufstellung eines Bauzeitenplans erforderlich, so sollen nur die für den Fortgang der Gesamtarbeit besonders wichtigen Einzelfristen als Vertragsfristen vereinbart werden.[72] Bei dem in § 11 Nr. 2 Abs. 2 VOB/A angesprochenen **Bauzeitenplan** handelt es sich typischerweise um einen projektbezogenen,[73] zumindest mittelfeinen[74]Terminplan, der das zeitliche Ineinandergreifen verschiedener parallel zueinander ausgeführter Bauleistungen zeitlich darstellt und aus dem folglich auch die zeitlichen Abhängigkeiten einer oder mehrerer Leistungen von einer oder mehreren anderen Leistungen ableitbar sind. Die terminbestimmenden Vorgänge der einzelnen Leistungsbereiche, von deren zeitgerechter Erstellung Beginn oder Ausführung weiterer Leistungen abhängen, dürfen gemäß § 11 Nr. 2 Abs. 2 VOB/A dann (ausnahmsweise) als Vertragsfristen bezeichnet (d.h. in den Vergabeunterlagen vorgegeben) werden, wenn es sich hierbei um für den Fortgang der Gesamtarbeit besonders wichtige Einzelfristen handelt.

44 § 11 Nr. 2 Abs. 2 VOB/A lässt sich damit als **Grundsatz** entnehmen, dass **Einzelfristen** des Bauzeitenplans, die sich nicht auf in sich abgeschlossene Teile von Leistungen beziehen (§ 11 Nr. 2 Abs. 1 VOB/A), **nur ausnahmsweise als Vertragsfristen** bezeichnet (und vereinbart) werden dürfen, und zwar dann, wenn sie so genannte fortgangwichtige Teile der beauftragten Leistung betreffen. Damit korrespondiert § 5 Nr. 1 Satz 2 VOB/B, wonach „normale" Einzelfristen des Bauzeitenplans als unverbindliche Kontrollfristen anzusehen sind, die nur über das Abhilferecht des Auftraggebers gemäß § 5 Nr. 3 VOB/B sanktioniert werden können (→ dazu näher B § 5, Rdn. 78 ff.).

45 § 11 Nr. 2 Abs. 2 VOB/A ist, wie schon erwähnt, sprachlich wie inhaltlich nur auf den Fall der **konventionellen Baudurchführung** anwendbar, bei der der Auftraggeber verschiedene Fachunternehmer mit einzelnen Leistungsbereichen des Gesamtwerks beauftragt. Wird hingegen – wie beim **Schlüsselfertigbau** üblich – ein einziger Auftragnehmer mit der schlüsselfertigen bzw. betriebsbereiten Gesamtleistung beauftragt, so ist § 11 Nr. 2 Abs. 2 VOB/A a priori nicht einschlägig, weil das durch § 11 Nr. 2 VOB/A geregelte Ineinandergreifen der Leistungsbereiche mehrerer Auftragnehmer **nicht** im Verhältnis des (öffentlichen) Auftraggebers zum SF-Unternehmer, sondern **nur** im Verhältnis des SF-Unternehmers zu seinen Nachunternehmern (Fachunternehmer) vorliegt.

3. Sonstige Einzelfristen

46 Bei der **konventionellen Baudurchführung** ist die für den öffentlichen Auftraggeber durch § 11 Nr. 2 VOB/A vergaberechtlich geschaffene Möglichkeit, Einzelfristen für in sich abgeschlossene Teilleistungen sowie für fortgangswichtige Teile einer Gesamtleistung zu vereinbaren, grund-

---

[72] Dazu im Einzelnen Beck'scher VOB-Kommentar/*Motzke* VOB/A § 11, Rdn. 95 ff.; *Franke/Kemper/Zanner/Grünhagen* VOB/A § 11, Rdn. 13.

[73] Dazu oben Rdn. 20.

[74] Dazu oben Rdn. 21.

sätzlich ausreichend. Will der öffentliche Auftraggeber darüber hinaus – insbesondere in einem Bauzeitenplan – Einzelfristen vereinbaren, so sind diese vergaberechtlich nur als unverbindliche, allein der Baufortschrittskontrolle dienende Fristen zulässig. Diese bloßen Kontrollfristen erlauben dem Auftragnehmer einerseits, innerhalb der verbindlichen Vertragsfristen Umstellungen und Ablaufoptimierungen vorzunehmen (§ 4 Nr. 2 VOB/B), andererseits kann der Auftraggeber bei unzureichendem Baufortschritt sein Abhilferecht gemäß § 5 Nr. 3 VOB/B ausüben, wenn die Überschreitung der unverbindlichen Kontrollfristen den Schluss auf eine offenbare Gefährdung der Vertragsfristen zulässt.[75]

Beim **Schlüsselfertigbau** reicht das durch § 11 Nr. 2 VOB/A vergaberechtlich zur Verfügung gestellte Instrumentarium hingegen nicht aus. Einerseits beträgt die Ausführungszeit für Schlüsselfertigbauvorhaben oftmals ein Jahr oder mehr, je nach Größe und Schwierigkeit des Bauvorhabens. Würde der öffentliche Auftraggeber mit dem SF-Unternehmer hier allein an § 11 Nr. 2 VOB/A zu messende Einzelfristen als Vertragsfristen vereinbaren, dann würde dieses Unterfangen weitgehend scheitern. Denn beim Schlüsselfertigbau liegen regelmäßig weder in sich abgeschlossene Teilleistungen im Sinne von § 11 Nr. 2 Abs. 1 VOB/A vor noch muss hier das Ineinandergreifen mehrerer Leistungsbereiche verschiedener Auftragnehmer im Rahmen eines Terminplans im Sinne von § 11 Nr. 2 Abs. 2 VOB/A koordiniert werden. Lässt man aber – richtigerweise – Schlüsselfertigaufträge der öffentlichen Hand auch über den sehr engen, durch § 9 Nr. 15–17 VOB/A geregelten Rahmen hinaus zu (→ dazu näher A § 9, Rdn. 95 ff.), dann muss das Vergaberecht auch terminrechtliche Instrumente zur Verfügung stellen, die über die an der konventionellen Baudurchführung orientierten Regelung des § 11 Nr. 2 VOB/A hinausgehen. Dem öffentlichen Auftraggeber, der zulässigerweise eine Bauleistung schlüsselfertig beauftragt, muss es also vergaberechtlich gestattet sein, für diese zu vergebende Gesamtleistung verbindliche Einzelfristen als Vertragsfristen auch außerhalb des unmittelbaren Anwendungsbereichs von § 11 Nr. 2 VOB/A in den Vergabeunterlagen vorzusehen. Beim Schlüsselfertigbau bietet sich dabei nach dem Rechtsgedanken von § 11 Nr. 2 Abs. 1 und 2 VOB/A an, für **fortgangswichtige Teilabschnitte der Gesamtleistung** Einzelfristen als Vertragsfristen vorzusehen, beispielsweise für die Fertigstellung der Gründung bei schwierigen Gründungsmaßnahmen, die Fertigstellung der Rohbauarbeiten, die Fertigstellung von Fassadenarbeiten, um im Gebäudeinneren die witterungsabhängigen Innenausbauarbeiten ausführen zu können usw. Einzelfristen als Vertragsfristen sind dabei insbesondere für solche fortgangswichtigen Teile der Gesamtleistung zulässig, bei denen die Voraussetzungen des § 11 Nr. 2 Abs. 2 VOB/A vorliegen würden, wenn das gleiche Bauvorhaben in konventioneller Bauweise errichtet würde. Dem entspricht im Übrigen auch die Praxis der Finanzbauverwaltungen des Bundes und der Länder, soweit diese Finanzbauverwaltungen Bauvorhaben schlüsselfertig abwickeln. 47

Losgelöst von der Frage, ob der öffentliche Auftraggeber eine Bauleistung konventionell oder schlüsselfertig ausführen lässt, sei klargestellt: Soweit der öffentliche Auftraggeber unter Verstoß gegen § 11 Nr. 2 VOB/A (einschließlich der erweiternden Anwendung beim Schlüsselfertigbau) Einzelfristen als Vertragsfristen vereinbart, so besteht an der vertragsrechtlichen Verbindlichkeit solcher vergaberechtswidrigen Einzelfristen kein Zweifel. Selbst durch formularmäßige Vereinbarung kann der – öffentliche wie private – Auftraggeber **alle** im Bauvertrag oder im zugrunde liegenden Bauzeitenplan vorgesehenen **Einzelfristen als Vertragsfristen** und damit für den Auftragnehmer verbindliche Fristen qualifizieren.[76] Eine solche undifferenzierte Qualifizierung zahlreicher oder gar aller Einzelfristen als Vertragsfristen erscheint jedoch sinnlos und geradezu schädlich, weil durch ein solches enges, weder projekt- noch produktionsorientiertes Termingeflecht dem Auftragnehmer (auch und gerade beim Schlüsselfertigbau) die Möglichkeit genommen wird, durch Kapazitätsanpassungen, tägliche oder wöchentliche Arbeitszeitanpassungen und ggf. auch durch Kapazitätsaustausch auf Ablaufstörungen zu reagieren.[77] 48

[75] Vgl. *Schiffers* Jahrbuch BauR 1998, 275 ff., 286; näher § 5 VOB/B, Rdn. 78 ff.

[76] BGH BauR 1999, 645, 646; näher dazu § 5 VOB/B, Rdn. 28.

[77] Vgl. *Schiffers* Jahrbuch BauR 1998, 275 ff., 285; zustimmend Beck'scher VOB-Kommentar/*Motzke* VOB/A § 11, Rdn. 42.

VII. § 11 Nr. 3 VOB/A – Planlieferfristen

1. Mitwirkungspflichten des Auftraggebers

49 § 11 Nr. 3 VOB/A enthält eine vergaberechtliche Fristenregelung für bestimmte auftraggeberseitige Mitwirkungspflichten. Ist hiernach für die Einhaltung von Ausführungsfristen die Übergabe von Zeichnungen oder anderen Unterlagen wichtig, so soll hierfür ebenfalls in den Vergabeunterlagen eine Frist festgelegt werden. Mit der Benennung von für die Ausführung maßgebenden Zeichnungen und anderen Unterlagen erfasst § 11 Nr. 3 VOB/A nur einen Teil der wesentlich weitergehenden auftraggeberseitigen Mitwirkungspflichten.[78]

50 **a) Zeichnungen oder andere Unterlagen.** Die vergaberechtliche Benennung der zur Einhaltung der Ausführungsfristen erforderlichen Zeichnungen oder anderen Unterlagen in § 11 Nr. 3 VOB/A korrespondiert mit der vertragsrechtlichen Bestimmung des § 3 Nr. 1 VOB/B. Hiernach hat der Auftraggeber dem Auftragnehmer **rechtzeitig** und **unentgeltlich** alle für die Ausführung **nötigen Unterlagen** zu übergeben, wenn im Vertrag nichts anderes vereinbart ist.[79] Es sind nun grundsätzlich zwei Fälle denkbar: Im ersten Fall geht der (öffentliche) Auftraggeber in der Reihenfolge der Leistungsphasen der HOAI vor. Dann hat er (bzw. sein Planer) in der Leistungsphase 5 (Ausführungsplanung) bereits alle Ausführungsfestlegungen für die entsprechende Bauleistung getroffen (insbesondere die Ausführungszeichnungen erstellt), wenn in den Leistungsphasen 6 und 7 die Vergabe der entsprechenden Leistungen an den Auftragnehmer erfolgt. In diesem Fall liegen zwangsläufig schon zum Zeitpunkt der Ausschreibung und Vergabe die Ausführungsunterlagen vor, sie werden (regelmäßig) Grundlage der Ausschreibung, Vertragsgegenstand und einer besonderen Festlegung der Planvorlagefristen in den Vergabeunterlagen bedarf es nicht. Im zweiten Fall weicht der Auftraggeber von der Reihenfolge der HOAI-Leistungsphasen ab und vergibt die Bauleistungen bereits zu einem Zeitpunkt, in dem die Ausführungsplanung im Sinne der Leistungsphase 5 der HOAI noch nicht (vollständig) erstellt worden ist. In diesem in der Praxis viel häufigeren Fall verbleibt es – selbstverständlich – bei der Verpflichtung des Auftraggebers gemäß § 3 Nr. 1 VOB/B, diese – zum Zeitpunkt der Vergabe noch fehlenden – Ausführungsunterlagen rechtzeitig und unentgeltlich vorzulegen. Oftmals wird die Ausführungsplanung dann „baubegleitend" erstellt.[80]

Nur für diesen zweiten Fall (Erstellung der Ausführungsplanung **nach** der Vergabe) ist die Fristenregelung des § 11 Nr. 3 VOB/A bedeutsam, um für beide Vertragspartner in zeitlicher Hinsicht festzulegen, wann der Auftraggeber die entsprechenden Ausführungsunterlagen vorlegen muss, um dem Auftragnehmer seinerseits die Einhaltung der Ausführungsfristen zu ermöglichen.

51 Zu den in § 11 Nr. 3 VOB/A geregelten „Zeichnungen oder anderen Unterlagen" gehören alle Ausführungsunterlagen im Sinne von § 3 Nr. 1 VOB/B,[81] also insbesondere die so genannten **Ausführungszeichnungen** (Ausführungspläne), die im Rahmen der Leistungsphase 5 des jeweils einschlägigen Leistungsbildes der HOAI[82] zu erstellen sind. Dazu gehören hauptsächlich

- die Werkzeichnungen und Detailzeichnungen der Objektplanung (Architektur);[83]
- Aussparungspläne für die Lage und Maße von Aussparungen, Durchbrüchen, Schlitzen usw.;
- die Ausführungspläne der Tragwerksplanung (Positionspläne, Schal- und Bewehrungspläne);[84]
- ggf. weitere Ausführungsunterlagen nach Erfordernis des Einzelfalles.[85]

---

[78] So zutreffend Beck'scher VOB-Kommentar/*Motzke* VOB/A § 11, Rdn. 114.

[79] Etwas anderes ist insbesondere dann vereinbart, wenn der Auftragnehmer – wie beim Schlüsselfertigbau üblich – die Ausführungszeichnungen selbst erstellt.

[80] Zur Zulässigkeit einer Leistungsbeschreibung gemäß § 9 VOB/A, der noch keine Ausführungsplanung des Auftraggebers zugrunde liegt, vgl. die Kommentierung zu § 9 VOB/A, Rdn. 57.

[81] So zutreffend Beck'scher VOB-Kommentar/*Motzke* VOB/A § 11, Rdn. 115; *Ingenstau/Korbion/Döring* VOB/A § 11, Rdn. 17.

[82] Objektplanung, Tragwerksplanung, Planung der Technischen Ausrüstung.

[83] Vgl. DIN1356-1, Abschnitt 2.4.

[84] Vgl. DIN1356-1, Abschnitt 3.

[85] Vgl. auch Beck'scher VOB-Kommentar/*Motzke* VOB/A § 11, Rdn. 115.

b) Sonstige Mitwirkungspflichten des Auftraggebers. Außerhalb der von § 11 Nr. 3 VOB/A und § 3 Nr. 1 VOB/B erfassten Ausführungsunterlagen obliegen dem Auftraggeber zahlreiche weitere Mitwirkungspflichten, ohne deren (rechtzeitige) Erfüllung dem Auftragnehmer die (fristgerechte) Erstellung der Bauleistung nicht möglich ist. Dazu gehören beispielsweise 52

- die Beschaffung einer bestandskräftigen Baugenehmigung, § 4 Nr. 1 Abs. 1 Satz 2 VOB/B;
- die Überlassung notwendiger Lager- und Arbeitsplätze, vorhandener Zufahrtswege und Anschlussgleise, vorhandener Anschlüsse für Wasser und Energie gemäß § 4 Nr. 4 VOB/B;
- Auswahlentscheidungen wie Bemusterungen;
- ggf. Beistellung von Material und Geräten usw.[86]

Soweit die rechtzeitige Erfüllung solcher (sonstiger) Mitwirkungspflichten durch den Auftraggeber für die Einhaltung der Ausführungsfristen durch den Auftragnehmer von Bedeutung ist, gilt die Regelung des § 11 Nr. 3 VOB/A entsprechend. In solchen Fällen soll der öffentliche Auftraggeber also nicht nur etwaige Planlieferfristen, sondern auch Fristen für seine sonstigen, ausführungsfristrelevanten Mitwirkungspflichten in den Vergabeunterlagen regeln.

2. Die Fristbestimmung für die auftraggeberseitigen Mitwirkungspflichten

§ 11 Nr. 3 VOB/A regelt nicht, welche Fristen für die Übergabe von Zeichnungen oder anderen Unterlagen (sowie die Erbringung sonstiger Mitwirkungspflichten des Auftraggebers) in den Vergabeunterlagen bestimmt werden sollen. Eine generelle Fristbestimmung in der VOB/A oder in den entsprechenden Vergaberichtlinien wäre auch untunlich, da die entsprechende Vorlaufzeit vertragsspezifisch fixiert werden muss. **Orientierungsfristen** sind dabei: 53

- Vorabzüge von Schalplänen – sechs Wochen vor Inangriffnahme des Bauabschnitts, um der Arbeitsvorbereitung einen ausreichenden Dispositionszeitraum für den Einsatz von Elementschalungen zu ermöglichen;[87]
- Schalpläne für Ortbetonarbeiten an Hochbauten – drei Wochen;[88]
- Bewehrungspläne – drei Wochen bis 25 Arbeitstage;[89]
- Ausspatungspläne – fünf Arbeitstage.[90]

Diese Orientierungsfristen für auftraggeberseitige Planlieferungen im Sinne von § 11 Nr. 3 VOB/A gelten im Sinne üblicher Vorlauffristen auch dann, wenn abweichend von § 11 Nr. 3 VOB/A keine entsprechenden Planlieferfristen in den Vergabeunterlagen bestimmt sind. Denn auch ohne ausdrückliche Fixierung dieser Planlieferfristen in den Vergabe- bzw. Vertragsunterlagen hat der Auftragnehmer Anspruch auf rechtzeitige (§ 3 Nr. 1 VOB/B) Zurverfügungstellung der entsprechenden Ausführungsunterlagen durch den Auftraggeber.[91] 54

Bei der Fixierung der Planlieferfristen gemäß § 11 Nr. 3 VOB/A ist auch wichtig, dass die Reihenfolge der Planlieferungen auf den vom Auftraggeber vorgegebenen Bauablauf abgestimmt ist. Ansonsten besteht die Gefahr, dass der Auftraggeber zwar entsprechend den Planlieferterminen Ausführungspläne liefert, aber nicht in der Reihenfolge, die durch die weiteren vom Auftraggeber vorgegebenen Ausführungsfristen einschließlich vertraglicher Einzelfristen vorgesehen ist. Dies hat dann Störungen des Bauablaufs, Umsetzung von Kapazitäten usw. zur Folge.[92] 55

3. Planlieferfrist als Vertragsfrist

Dem (öffentlichen) Auftraggeber stehen mehrere Möglichkeiten zur Verfügung, Planlieferfristen gemäß § 11 Nr. 3 VOB/A mit dem Auftragnehmer zu vereinbaren. 56

---

[86] Näher dazu § 6 VOB/B, Rdn. 18 mit Nachweisen.
[87] *Vygen/Schubert/Lang*, Rdn. 357.
[88] *Vygen/Schubert/Lang*, a.a.O.; *Kapellmann/Schiffers* Band 1, Rdn. 1314.
[89] *Kapellmann/Schiffers* a.a.O.
[90] *Rösel* Baumanagement, Seite 293.
[91] Zutreffend Beck'scher VOB-Kommentar/*Motzke* VOB/A § 11, Rdn. 120.
[92] Vgl. *Kapellmann/Schiffers* Band 1, Rdn. 1304.

Im Normalfall genügt der öffentliche Auftraggeber der Bestimmung des § 11 Nr. 3 VOB/A bereits dadurch, dass in den Vergabeunterlagen eine generelle (abstrakte) Frist zur Planvorlage bestimmt wird. Beispiel: „Die Frist zur Vorlage der Schalpläne beträgt vier Wochen, diejenige zur Vorlage der Bewehrungspläne drei Wochen vor dem Beginn der jeweiligen Betonierabschnitte." Sind die entsprechenden Betonierabschnitte typischerweise nicht als verbindliche Einzelfristen (Vertragsfristen) bestimmt, sondern – wenn überhaupt – bloße Kontrollfristen des Bauzeitenplans, dann sind die entsprechenden Planlieferfristen des Auftraggebers (zunächst) keine Vertragsfristen. Die Planlieferverpflichtung wird vielmehr in jedem Einzelfall erst durch den **Planabruf** des Auftragnehmers verbindlich, ähnlich der Beginnpflicht des Auftragnehmers nach Abruf durch den Auftraggeber gemäß § 5 Nr. 2 VOB/B.[93] Der Abruf des Auftragnehmers hat in diesem Fall mangels anderweitiger Vereinbarung ca. eine Woche vorher zu erfolgen, um dem Auftraggeber die rechtzeitige Beistellung der jeweiligen Ausführungspläne zu ermöglichen.[94] In diesem (Normal-)Fall ist die abstrakt bestimmte Planlieferfrist des Auftraggebers also eine durch den Abruf des Auftragnehmers **bedingte Vertragsfrist**.

Knüpft die Planlieferfrist (oder seine sonstige Mitwirkungsfrist, dazu oben Rdn. 52) hingegen an konkrete Ausführungsfristen des Auftragnehmers an, insbesondere an Vertragsfristen des Auftragnehmers (z.B. durch entsprechende Vorlauffristen für Ausführungspläne, die im Bauzeitenplan den jeweiligen Ausführungsfristen des Auftragnehmers zugeordnet sind), so bedarf es keines vorherigen (und nochmaligen) Abrufs der Planlieferung (oder der sonstigen Mitwirkungshandlung). In diesem Fall handelt es sich bei der Planlieferfrist um eine **unbedingte Vertragsfrist**.[95]

Unabhängig von der Frage, ob die Planlieferverpflichtung als (bedingte oder unbedingte) Vertragsfrist oder als Haupt- bzw. Nebenleistungspflicht anzusehen ist, gerät der Auftraggeber zumindest nach entsprechendem Abruf und entsprechender Behinderungsanzeige des Auftragnehmers gemäß § 6 Nr. 1 VOB/B in Verzug, wenn er seiner Planlieferverpflichtung (oder seiner sonstigen Mitwirkungsverpflichtung) nicht (rechtzeitig) genügt.[96]

VIII. § 11 Nr. 4 VOB/A – Pauschalierung des Verzugsschadens

1. Problematik und Abgrenzung zur Vertragsstrafe

57 Gemäß § 11 Nr. 4 VOB/A darf der Auftraggeber in den Verdingungsunterlagen eine Pauschalierung des Verzugsschadens (§ 5 Nr. 4 VOB/B) vorsehen, die 5 % der Auftragssumme nicht überschreiten soll. Der Nachweis eines geringeren Schadens ist zuzulassen.

Diese durch die VOB 1992 neu eingeführte Vergabevorschrift spielt in der Vergabepraxis der öffentlichen Hand praktisch keine Rolle, und zwar aus zwei Gründen: Zum einen enthält § 11 Nr. 4 VOB/A – entgegen dem äußeren Anschein – nicht etwa eine zusätzliche vergaberechtliche Gestaltungsmöglichkeit für den öffentlichen Auftraggeber, sondern im Gegenteil eine Beschränkung seiner Befugnis, eine Pauschalierung möglicher Schadensersatzansprüche aus Verzug des Auftragnehmers vorzunehmen. Zum anderen weist die durch § 11 Nr. 4 VOB/A eröffnete Möglichkeit deutliche Nachteile gegenüber der Vereinbarung einer Vertragsstrafe gemäß § 12 Nr. 1 VOB/A auf.

[93] Die Frage, ob es sich bei den Planlieferfristen des Auftraggebers um Vertragsfristen handelt, ist streitig; bejahend Ingenstau/Korbion/Döring VOB/A § 11, Rdn. 15 (ohne nähere Begründung); differenzierend Beck'scher VOB-Kommentar/*Motzke* VOB/A § 11, Rdn. 116.

[94] Vgl. *Kapellmann/Schiffers* Band 1, Rdn. 1304.

[95] Nach *Kapellmann/Schiffers* Band 1, Rdn. 1287 führt eine solche fest vereinbarte Planbeistellfrist zu einer Hauptleistungspflicht des Auftraggebers (im Sinne der bis zum 31.12.2001 gültigen Terminologie des BGB) mit der Konsequenz, dass der Auftraggeber unbedingt für deren Erfüllung einzustehen hat und folglich auch für Dritte haftet, die nach der BGH-Rechtsprechung nicht als Erfüllungsgehilfen im Sinne des § 278 BGB anzusehen sind; vgl. dazu auch BGH NZBau 2000, 187, 188 (Vorunternehmer II). Zum Ganzen VOB/B § 6, Rdn. 38.

[96] Dazu Beck'scher VOB-Kommentar/*Motzke* VOB/A § 11, Rdn. 118 f.

a) Problematik. Der DVA hat die Einführung von § 11 Nr. 4 VOB/A durch die VOB 1992 wie folgt begründet: Die Pauschalierung des Verzugsschadens solle in den Fällen vereinbart werden, in denen die branchenüblichen Allgemeinen Geschäftsbedingungen des jeweiligen Fachbereichs eine Begrenzung des Verzugsschadens der Höhe nach vorsehen würden. Derartige Allgemeine Geschäftsbedingungen gebe es z.B. in der elektrotechnischen Industrie und im Bereich des Maschinen- und Anlagenbaus.[97] 58

Ohne inhaltlich von dieser Begründung abzuweichen, heißt es in Ziffer 3 VHB zu § 11 VOB/A allerdings einschränkend, dass unter diesen Voraussetzungen eine Pauschalierung des Verzugsschadens vereinbart werden **kann** (nicht: **soll**).[98] Die Einschränkung in Ziffer 3 VHB zu § 11 VOB/A, eine Schadenspauschalierung gegenüber Auftragnehmern bestimmter Branchen zwar zuzulassen („kann"), abweichend von der Begründung des DVA aber nicht als Regelfall zu fordern („soll"), ist zweifelsohne richtig. Denn die vom DVA gewünschte, regelmäßige Vereinbarung einer Haftungsbegrenzung gegenüber Auftragnehmern bestimmter Branchen verletzt einerseits die Interessen des öffentlichen Auftraggebers und führt andererseits zu einer ungerechtfertigten Bevorteilung von Auftragnehmern bestimmter Branchen. Dies sei am Beispiel von Ziffer III.7 der VDMA-Bedingungen[99] verdeutlicht, die auszugsweise lautet: „Kommt der Lieferer in Verzug und erwächst dem Besteller hieraus ein Schaden, so ist er berechtigt, eine pauschale Verzugsentschädigung zu verlangen. Sie beträgt für jede volle Woche der Verspätung 0,5 %, im Ganzen aber höchstens 5 % vom Wert desjenigen Teils der Gesamtlieferung, der infolge der Verspätung nicht rechtzeitig oder nicht vertragsgemäß genutzt werden kann".

Die Begrenzung des Verzugsschadensersatzanspruchs des Auftraggebers/Bestellers auf 0,5 % pro Woche, maximal 5 %, (bezogen auf den Wert des verspäteten bzw. nicht nutzbaren Teils der Gesamtlieferung) in Ziffer III.7 der VDMA-Bedingungen ist AGB-rechtlich unwirksam.[100] Sieht der öffentliche Auftraggeber nun seinerseits eine entsprechende Haftungsbegrenzung seines (künftigen) Auftragnehmers vor, so verhilft er solchen Klauseln zur AGB-Wirksamkeit, da nun er selbst Verwender der entsprechenden, an sich unwirksamen Klausel ist. Ein Schutz des Auftraggebers gegen ihn selbst benachteiligende Klauseln besteht aber nicht. Hinzu kommt, dass die vergaberechtliche Privilegierung einzelner Branchen, denen es durch nachhaltige Verbandsarbeit gelungen ist, branchentypische Allgemeine Geschäftsbedingungen mit entsprechenden Haftungsbegrenzungsklauseln zu entwickeln, gegenüber allen anderen Branchen, die mangels entsprechender Geschäftsbedingungen bei Verzug gesetzeskonform uneingeschränkt haften, durch nichts gerechtfertigt ist. Dementsprechend machen die meisten öffentlichen Auftraggeber von der durch § 11 Nr. 4 VOB/A eröffneten Möglichkeit einer auftragnehmerschützenden Haftungsbegrenzungsvereinbarung (in Übereinstimmung mit der Kann-Bestimmung gemäß Ziffer 3 VHB zu § 11 VOB/A) zu Recht nur sehr einschränkend Gebrauch.

b) Abgrenzung zur Vertragsstrafe. Ein Vergleich zwischen der Schadenspauschale gemäß § 11 Nr. 4 VOB/A und der Vertragsstrafe gemäß § 12 Nr. 1 VOB/A bestätigt, dass die Vereinbarung einer Vertragsstrafe für den öffentlichen (wie auch für den privaten) Auftraggeber ein wesentlich probateres Terminsicherungsinstrument als die Vereinbarung einer Schadenspauschale darstellt. Dem entspricht die überragende Bedeutung, die der Vereinbarung von Vertragsstrafen für Terminüberschreitungen in Bauverträgen gegenüber der **völlig untergeordneten Bedeutung vereinbarter Schadenspauschalen** zukommt: 59

Haben die Parteien eine Pauschalierung des Verzugsschadens im Sinne von § 11 Nr. 4 VOB/A vereinbart, dann setzt die Geltendmachung der Schadenspauschale durch den (öffentlichen)

[97] Die Begründung des DVA ist wörtlich abgedruckt bei *Ingenstau/Korbion/Döring* VOB/A § 11, Rdn. 32 und bei Beck'scher VOB-Kommentar/*Motzke* VOB/A § 11, Rdn. 121.

[98] Dazu *Ingenstau/Korbion/Döring* VOB/A § 11, Rdn. 32.

[99] Stand 03/2002.

[100] Vgl. *von Westphalen*. Vertragsrecht und AGB-Klauselwerke, X, Rdn. 90 und im Einzelnen Rdn. 15 ff. zu den VDMA-Bedingungen.

Auftraggeber voraus, dass sich der Auftragnehmer zum einen in Terminverzug befand[101] und dass dem Auftraggeber zum anderen hieraus tatsächlich ein Schaden – in welcher Höhe auch immer – entstanden ist. Kann der Auftragnehmer also nachweisen, dass dem (öffentlichen) Auftraggeber aus dem Verzug entweder gar kein oder jedenfalls ein gegenüber der Pauschale geringerer Schaden entstanden ist, dann reduziert sich die pauschale Schadensersatzforderung des Auftraggebers entsprechend – bis auf Null. Hinzu kommt, dass der durch § 11 Nr. 4 VOB/A erfasste **Verzugsschaden** (dazu unten Rdn. 61) typischerweise **zeitabhängig** ist, d.h. er ist um so größer, je länger der Auftragnehmer sich in Verzug befindet. Diesem Umstand kann also nur eine Schadenspauschale Rechnung tragen, die Teilpauschalen je Verzugseinheit vorsieht, wie dies z.B. – allerdings im Interesse des Auftragnehmers – bei Ziffer III.7 der VDMA-Bedingungen der Fall ist.[102]

60 Die **Vertragsstrafe** setzt demgegenüber keinen tatsächlich eingetretenen Schaden voraus, kann also auch dann verlangt werden, wenn dem Auftraggeber nachweislich kein Schaden entstanden ist.[103] Ihr kommt damit – anders als der Schadenspauschale – zusätzlich eine **terminsichernde Druckfunktion** und nicht nur eine **Ausgleichsfunktion** bei eingetretenem Schaden zu. Gerät der Auftragnehmer in Terminverzug, so kann der Auftraggeber die Vertragsstrafe als Mindestbetrag des Schadens fordern, unabhängig davon, ob ihm kein oder ein geringerer Schaden entstanden ist. Ist der tatsächliche Schaden höher als die Pönale, so kann auch dieser höhere Schaden – anders als bei der Schadenspauschale – verlangt werden, § 340 Abs. 2 Satz 2 BGB. Hinzu kommt schließlich, dass an den Terminverzug des Auftragnehmers anknüpfende Vertragsstrafen typischerweise zeitabhängig vereinbart werden (z.B. 0,2 % der Auftragssumme pro Werktag, maximal 5 %), so dass der Umfang des auftragnehmerseitigen Terminverzuges unmittelbar Einfluss auf die Höhe der verwirkten Vertragsstrafe hat. Bei der öffentlichen Auftragsvergabe ist hinsichtlich etwaiger Vertragsstrafenvereinbarungen lediglich § 12 Nr. 1 VOB/A zu beachten (→ dazu näher A § 12, Rdn. 22 ff.).

Zur Abgrenzung der Schadenspauschale von der Vertragsstrafe und ähnlichen Instituten wird im Übrigen auf die Kommentierung zu § 11 VOB/B, Rdn. 6 ff. verwiesen.

2. Die Voraussetzungen von § 11 Nr. 4 VOB/A im Einzelnen

61 **a) Pauschalierung des Verzugsschadens gemäß § 5 Nr. 4 VOB/B.** Gemäß § 11 Nr. 4 Satz 1 VOB/A darf der Auftraggeber in den Vergabeunterlagen eine **Pauschalierung des Verzugsschadens** (§ 5 Nr. 4 VOB/B) vorsehen. Aus der Formulierung „Pauschalierung des Verzugsschadens" sowie der Verweisung auf § 5 Nr. 4 VOB/B ergibt sich, dass damit **nur** der Anspruch des Auftraggebers auf **Ersatz der Verzögerungsschäden** gemäß §§ 5 Nr. 4, 6 Nr. 6 VOB/B erfasst ist, also auf Ersatz der Verspätungsschäden, die dem Auftraggeber durch die verzögerte Bauausführung des Auftragnehmers entstehen.[104] Dieser Anspruch des Auftraggebers auf Ersatz der Verzögerungsschäden gemäß §§ 5 Nr. 4, 6 Nr. 6 VOB/B bleibt auch dann unberührt, wenn der Auftraggeber verzugsbedingt im weiteren Verlauf den Vertrag aus wichtigem Grund kündigt, § 8 Nr. 3 Abs. 2 Satz 1 VOB/B.[105] Auch auf diesen, nach einer Kündigung aus wichtigem Grund fortbestehenden Anspruch auf Ersatz des Verzugsschadens ist § 11 Nr. 4 VOB/A also anwendbar. **Nicht anwendbar** ist § 11 Nr. 4 VOB/A hingegen auf den **Schadensersatzanspruch statt der Erfüllung** (§ 8 Nr. 3 Abs. 2 Satz 2 VOB/B) oder auf den Kostenerstattungsanspruch gemäß § 8 Nr. 3 Abs. 2 Satz 1 VOB/B, wenn der Auftraggeber den Bauvertrag verzugsbedingt aus wichtigem Grund kündigt.[106] AGB-rechtlicher Prüfungsmaßstab für vom Auftraggeber vorformulierte

[101] Dazu näher § 5 VOB/B, Rdn. 35.
[102] Dazu oben Rdn. 58.
[103] Näher dazu B § 11, Rdn. 10 mit weiteren Nachweisen.
[104] Dazu näher § 5 VOB/B, Rdn. 102.
[105] Vgl. Beck'scher VOB/Kommentar/*Motzke* VOB/A § 11, Rdn. 122; näher § 5 VOB/B, Rdn. 102.
[106] So zutreffend Beck'scher VOB/Kommentar/*Motzke* VOB/A § 11, Rdn. 122; anderer Auffassung *Ingenstau/Korbion/Döring* VOB/A § 11, Rdn. 36.

Schadenspauschalen im Sinne von § 11 Nr. 4 VOB/A ist deshalb lediglich § 309 Nr. 5 BGB, nicht aber § 308 Nr. 7 BGB.[107]

b) Pauschalierung im Regelfall nicht mehr als 5 % der Auftragssumme. Gemäß § 11 Nr. 4 Satz 1, zweiter Halbsatz soll die Pauschalierung des Verzugsschadens 5 % der Auftragssumme nicht überschreiten. Aus der Formulierung als „Soll-Vorschrift" ergibt sich zweierlei: Liegen keine gewichtigen Gründe vor, die der öffentliche Auftraggeber im Vergabevermerk niederlegen und im Vergabestreitfall nachweisen muss, dann bedeuten 5 % der Auftragssumme die Obergrenze der zulässigen Schadenspauschalierung.[108] Aus der Negativformulierung des § 11 Nr. 4 Satz 1, zweiter Halbsatz VOB/A ergibt sich aber umgekehrt, dass eine Unterschreitung der Regel-Obergrenze von 5 % je nach Einzelfall, insbesondere nach der Höhe des im Einzelfall zu erwartenden Schadens, vergaberechtlich unbedenklich ist. 62

Entscheidet der öffentliche Auftraggeber sich also trotz der in Rdn. 58 erörterten Bedenken, in den Vergabeunterlagen eine Pauschalierung seines Anspruchs auf Ersatz des Verzugsschadens gemäß §§ 5 Nr. 4, 6 Nr. 6 VOB/B vorzusehen, so muss der Auftraggeber abwägen, welche Schäden konkret im Fall des Verzugs des Auftragnehmers zu erwarten sind und in welchem Verhältnis diese zu erwartenden Schäden zur Auftragssumme stehen, welchem Prozentsatz der Auftragssumme sie also voraussichtlich entsprechen.[109] Nur für den Fall, dass der Verzug des Auftragnehmers voraussichtlich zu einem bestimmten, bereits jetzt zu quantifizierenden Schaden führen wird, dessen Höhe durch die Verzugsdauer voraussichtlich nicht überschritten wird, empfiehlt sich deshalb die Schadenspauschalierung in Höhe eines bestimmten Prozentsatzes der Auftragssumme, und zwar entweder insgesamt oder aber pro Zeiteinheit.[110] Dies dürfte in der Bauvertragspraxis der Ausnahmefall sein, während der Regelfall darin besteht, dass die Schadenshöhe von der Verzugsdauer abhängt, sodass das probate Sanktionsmittel die Vereinbarung einer Vertragsstrafe und nicht die Vereinbarung einer Schadenspauschale darstellt.[111]

Das **Vergabehandbuch** verweist in den Richtlinien zu A § 10 Nr. 8 auf vorformulierte „Weitere Besondere Vertragsbedingungen", wonach im Fall des § 11 Nr. 4 VOB/A der Verzugsschaden nach § 5 Nr. 4 VOB/B starr auf 5 % der Auftragssumme einschließlich aller Nachträge pauschaliert werden soll, es sei denn, dass ein geringerer Schaden nachgewiesen werde.[112] Diese starre Pauschalierung des Verzugsschadens auf 5 % der Auftragssumme (einschließlich der Nachträge) entspricht weder dem Wortlaut noch dem Sinn und Zweck von § 11 Nr. 4 VOB/A, eine auftragsspezifische Prognoseentscheidung hinsichtlich drohender Verzugsschäden zu treffen. Sie ist deshalb **abzulehnen**. 63

Unter **„Auftragssumme"** im Sinne von § 11 Nr. 4 Satz 1, zweiter Halbsatz VOB/A ist die Netto-Summe[113] zu verstehen, zu der der Auftrag an den Auftragnehmer vergeben wird. Beim Pauschalauftrag ist dies die Pauschalsumme, beim Einheitspreis-Auftrag die Netto-Angebotssumme abzüglich eingeräumter Nachlässe. Vergütungsansprüche des Auftragnehmers wegen geänderter oder zusätzlicher Leistungen gemäß § 2 Nr. 5, Nr. 6 oder Nr. 8 VOB/B (so genannte Nachträge) führen zu einer Erhöhung oder Ermäßigung der Auftragssumme und sind deshalb ebenfalls einzubeziehen.[114] 64

---

[107] Zutreffend Beck'scher VOB/Kommentar/*Motzke* VOB/A § 11, Rdn. 124; *Heiermann/Riedl/Rusam* VOB/A § 11, Rdn. 19; *Franke/Kemper/Zanner/Grünhagen* VOB/A § 11, Rdn. 15; anderer Auffassung *Ingenstau/Korbion/Döring* VOB/A § 11, Rdn. 30, 36.

[108] Dazu auch Beck'scher VOB/Kommentar/*Motzke* VOB/A § 11, Rdn. 131.

[109] So zutreffend Beck'scher VOB/Kommentar/*Motzke* VOB/A § 11, Rdn. 129.

[110] Beispiel: 0,5 % der Netto-Auftragssumme pro Woche, insgesamt maximal 5 %, vgl. auch Ziffer IV.4 der VDMA-Bedingungen und dazu oben Rdn. 58.

[111] Ebenso Beck'scher VOB/Kommentar/*Motzke* VOB/A § 11, Rdn. 130; näher oben Rdn. 59.

[112] VHB zu § 10 VOB/A unter Ziffer T2, Nr. 34.

[113] Zutreffend Beck'scher VOB/Kommentar/*Motzke* VOB/A § 11, Rdn. 131.

[114] Vgl. Beck'scher VOB/Kommentar/*Motzke* VOB/A § 11, Rdn. 131; insoweit auch zutreffend die Festlegung im VHB zu § 10 VOB/A, Ziffer T2, Nr. 34 (Weitere Besondere Vertragsbedingungen), wonach die Nachträge zur Auftragssumme gehören. Zur Auftragssumme bei **Stundenlohnverträgen** vgl. *Ingenstau/Korbion/Döring* VOB/A § 11, Rdn. 35.

65 **c) Nachweis eines geringeren Schadens.** Gemäß § 11 Nr. 4 Satz 2 VOB/A ist der Nachweis eines geringeren Schadens in den Vergabeunterlagen zuzulassen. Diese vergaberechtlich zwingende Bestimmung ist unter zwei Aspekten bedeutsam:

Zum einen führt der zwingend zuzulassende Nachweis eines geringeren Schadens dazu, dass die Schadenspauschale letztlich nicht zu einer endgültigen Pauschalierung eines möglichen Verzugsschadens führt, sondern nur zu einer vorläufigen Pauschalierung im Sinne einer Haftungsbegrenzung, die aber vom Auftragnehmer durch den Nachweis eines geringeren Schadens entkräftet werden kann.[115]

Zum anderen geht § 11 Nr. 4 Satz 2 VOB/A über die Anforderungen von § 309 Nr. 5 b) BGB (dazu Rdn. 66 ff.) deutlich hinaus. Denn bei einer Schadenspauschalierung, die den AGB- Bestimmungen der §§ 305 ff. BGB unterliegt, muss der Verwender lediglich den Nachweis zulassen, ein Schaden (oder eine Wertminderung) sei überhaupt nicht entstanden oder **wesentlich niedriger** als die Pauschale, § 309 Nr. 5 b) BGB. § 11 Nr. 4 Satz 2 VOB/A verpflichtet den öffentlichen Auftraggeber aber vergaberechtlich, **jeden** Nachweis eines niedrigeren Schadens im Zusammenhang mit der Schadenspauschalierung zuzulassen,[116] und zwar selbst dann, wenn die Schadenspauschale (ausnahmsweise) nicht in vorformulierten Vertragsbedingungen vorgesehen wird.

3. Verhältnis von § 11 Nr. 4 VOB/A zu § 309 Nr. 5 BGB

66 Soweit der öffentliche Auftraggeber von der in § 11 Nr. 4 VOB/A eröffneten Möglichkeit einer Schadenspauschale Gebrauch macht, unterliegt diese Regelung durch die Verwendung vorformulierter Besonderer oder Zusätzlicher Vertragsbedingungen in aller Regel den AGB-Bestimmungen der §§ 305 ff. BGB. § 309 Nr. 5 BGB enthält einen Wirksamkeitsmaßstab für Schadenspauschalierungen in AGBs, der gemäß § 307 BGB auch im Verkehr unter Kaufleuten gilt.[117] Für das Verhältnis von § 11 Nr. 4 VOB/A zu § 309 Nr. 5 BGB gilt:

67 § 11 Nr. 4 VOB/A enthält keine eigenständige, § 309 Nr. 5 BGB verdrängende Legitimationsgrundlage für Schadenspauschalierungen des öffentlichen Auftraggebers. § 11 Nr. 4 VOB/A regelt vielmehr die vergaberechtlichen Voraussetzungen, unter denen ein öffentlicher Auftraggeber eine Pauschalierung des Verzugsschadens vereinbaren soll bzw. darf. Handelt es sich hierbei um eine AGB-Vereinbarung, so muss diese vertragsrechtlich zusätzlich den Anforderungen von § 309 Nr. 5 BGB genügen, um wirksam zu sein.[118]

68 § 309 Nr. 5 a) BGB setzt voraus, dass die Pauschale den in den geregelten Fällen nach dem gewöhnlichen Lauf der Dinge zu erwartenden Schaden nicht übersteigt. § 309 Nr. 5 a) BGB setzt also eine Prognose des typischerweise zu erwartenden Schadens voraus, an dem die AGB-mäßige Pauschalierung zu messen ist. Der **Schadensersatz statt Erfüllung** ist – auch bei Bauverträgen – in aller Regel zumindest typisiert vorhersehbar und deshalb auch im Sinne von § 309 Nr. 5 a) BGB prognostizierbar,[119] während der durch § 11 Nr. 4 VOB/A erfasste **Verzögerungsschaden** typischerweise vom Umfang des Verzuges abhängt und deshalb zumindest nicht als Pauschale vorhersehbar ist.[120] Schon unter diesem Aspekt bestehen also gegen eine AGB-mäßige Pauschalierung eines Verzögerungsschadens erhebliche Bedenken gemäß § 309 Nr. 5 a) BGB.[121]

---

[115] Dazu schon oben Rdn. 59.

[116] Ebenso *Ingenstau/Korbion/Döring* VOB/A § 11, Rdn. 33.

[117] BGHZ 67, 312; 113, 61; BGH-NJW 1994, 1068. Die in § 309 Nr. 5 b) BGB geforderte ausdrückliche Zulassung des Gegenbeweises eines geringeren Schadens ist im Rechtsverkehr unter Kaufleuten allerdings nicht erforderlich; ausreichend ist, dass der Gegenbeweis nicht ausgeschlossen ist, BGH-NJW 1984, 2941; 1994, 1068.

[118] So zutreffend Beck'scher VOB/Kommentar/*Motzke* VOB/A § 11, Rdn. 126; *Ingenstau/Korbion/Döring* VOB/A § 11, Rdn. 30; *Heiermann/Riedl/Rusam* VOB/A § 11, Rdn. 19; *Franke/Kemper/Zanner/Grünhagen* VOB/A § 11, Rdn. 15.

[119] Zu Einzelfällen vgl. *Palandt/Heinrichs* BGB, § 309 Rdn. 27.

[120] Dazu näher oben Rdn. 59.

[121] Nicht zu folgen ist allerdings Beck'scher VOB/Kommentar/*Motzke* VOB/A § 11, Rdn. 129, wonach auch die Höhe des Verzugsschadens gemäß § 6 Nr. 6 VOB/B, je nachdem, ob der Auftragnehmer leicht

Gemäß § 309 Nr. 5 b) BGB muss dem anderen Vertragsteil ausdrücklich der Nachweis gestattet sein, ein Schaden (oder eine Wertminderung) sei entweder überhaupt nicht entstanden oder jedenfalls wesentlich niedriger als die Pauschale. Als „wesentlich" wird nach allgemeiner Auffassung eine Abweichung von mindestens 10 % gefordert.[122] Wie bereits erwähnt (vgl. oben Rdn. 65) ist der öffentliche Auftraggeber vergaberechtlich verpflichtet, gemäß § 11 Nr. 4 Satz 2 VOB/A jedweden Nachweis eines geringeren Schadens (und damit auch eines überhaupt nicht eingetretenen Schadens) zuzulassen. Durch die unterschiedliche Formulierung von § 11 Nr. 4 Satz 2 VOB/A einerseits und § 309 Nr. 5 b) BGB andererseits sind also theoretisch Fälle denkbar, in denen die Schadenspauschale vergaberechtlich unzulässig, AGB-rechtlich aber zulässig ist. Von nennenswerter praktischer Bedeutung ist die Frage allerdings nicht. 69

§ 12 Vertragsstrafen und Beschleunigungsvergütungen

1. Vertragsstrafen für die Überschreitung von Vertragsfristen sind nur auszubedingen, wenn die Überschreitung erhebliche Nachteile verursachen kann. Die Strafe ist in angemessenen Grenzen zu halten.
2. Beschleunigungsvergütungen (Prämien) sind nur vorzusehen, wenn die Fertigstellung vor Ablauf der Vertragsfristen erhebliche Vorteile bringt.

Schrifttum: *Bschorr/Zanner* Die Vertragsstrafe im Bauwesen, 2003 – Cuypers Die Vertragsstrafe beim Bauen, ZfBR 1998, 272 – *Kapellmann/Langen* Bemessung von Vertragsstrafen für verzögerte Baufertigstellung in AGB, BB 1987, 560 – *Kemper* Die Vereinbarung von Vertragsstrafe bei Fristüberschreitung in Allgemeinen Geschäftsbedingungen, BauR 2001, 1015 – *Keßler* Der Vertragsstrafenanspruch nach § 11 VOB/B, WiB 1996, 886 – *Kleine-Möller* Die Vertragsstrafe im Bauvertrag, BB 1976, 442 – *Knacke* Die Vertragsstrafe im Baurecht, Baurechtliche Schriften Band 14, 1988 – *Langen* Die Pönalisierung von Einzelfristen im Bauvertrag, Festschrift Schiffers, S. 143 ff. – *Leinemann* Vertragsstrafe – Der einzig sichere Weg zum Gewinn am Bau?, BauR 2001, 1472 – *Oberhauser* Vertragsstrafe – ihre Durchsetzung und Abwehr, 2003 – *Schlünder* Vertragsstrafenklauseln in Bauverträgen, ZfBR 1995, 281 – *Weyer* Verteidigungsmöglichkeiten des Unternehmers gegenüber einer unangemessen hohen Vertragsstrafe, BauR 1988, 28.

Übersicht

fahrlässig oder grob fahrlässig/vorsätzlich handelt, Einfluss auf die AGB-rechtliche Beurteilung einer entsprechenden Schadenspauschale hat. Die ihrerseits AGB-kritische Regelung des § 6 Nr. 6 VOB/B stellt keinen relevanten Beurteilungsmaßstab im Sinne von § 309 Nr. 5 bzw. § 307 BGB dar.

[122] *Palandt/Heinrichs* BGB, § 309 Rdn. 31; *Ingenstau/Korbion/Döring* VOB/A § 11, Rdn. 33.

I. Überblick über den Regelungsinhalt von § 12 VOB/A

1 § 12 VOB/A enthält für VOB/A-gebundene Auftraggeber zwingende Vorgaben über die Vereinbarung von Vertragsstrafen (§ 12 Nr. 1 VOB/A) und von Beschleunigungsvergütungen bzw. Prämien (§ 12 Nr. 2 VOB/A). Die Vorschrift ist durch die VOB 1992 von einer „Soll-Bestimmung" („... sollen nur ...") in eine „Muss-Bestimmung" („... sind nur ...") geändert worden, um den verbindlichen Charakter der Vorschrift zu unterstreichen.[1]

2 § 12 Nr. 1 VOB/A befasst sich mit **Vertragsstrafen**, deren vertragsrechtliche Abwicklung in § 11 VOB/B und ergänzend in §§ 339 bis 345 BGB ausführlich geregelt ist. Allerdings enthält § 12 Nr. 1 VOB/A eine vergaberechtliche Regelung nur für einen bestimmten, wenngleich den mit Abstand wichtigsten Typus eines Strafversprechens, nämlich die Vertragsstrafe, die vom Auftragnehmer für die **Überschreitung von Vertragsfristen** versprochen wird. Eine solche Vertragsstrafe darf der VOB/A-gebundene Auftraggeber nur ausbedingen (also in den Vergabeunterlagen vorsehen und im Fall des Zuschlags mit dem Auftragnehmer vereinbaren), wenn die Überschreitung der sanktionierten Vertragsfristen erhebliche Nachteile verursachen kann. Sind diese Voraussetzungen gegeben, dann muss die Strafe gemäß § 12 Nr. 1 Satz 2 VOB/A in angemessenen Grenzen gehalten werden.

3 Das Gegenteil einer Vertragsstrafe, nämlich eine **Beschleunigungsvergütung** (Prämie), regelt § 12 Nr. 2 VOB/A. Zu einer Vergütung (meist einer Geldzahlung) an den Auftragnehmer darf sich der VOB/A-gebundene Auftraggeber nur dann verpflichten, wenn die Unterschreitung vereinbarter Vertragsfristen erhebliche Vorteile bringt. Anders als bei der Vertragsstrafe in § 12 Nr. 1 Satz 2 VOB/A ist bei der Beschleunigungsvergütung in § 12 Nr. 2 VOB/A allerdings nichts zur zulässigen Höhe einer solchen Beschleunigungsvergütung geregelt. Auffällig ist auch, dass die Beschleunigungsvergütung, im Gegensatz zur Vertragsstrafe, kein vergütungsrechtliches Pendant in Teil B der VOB erfährt. Die VOB belässt es also bei der vergaberechtlichen Regelung solcher Beschleunigungsvergütungen.

II. Vergaberechtliche und vertragsrechtliche Bedeutung von § 12 VOB/A

1. Vergaberechtliche Bedeutung

4 Die Umformulierung von § 12 VOB/A durch die VOB 1992 von einer „Soll-Bestimmung" in eine „Muss-Bestimmung" bedeutet, dass die jeweilige Vergabestelle § 12 VOB/A zwingend zu beachten hat. Vertragsstrafen für die Überschreitung von Vertragsfristen **dürfen nur** ausbedungen werden, wenn die Überschreitung erhebliche Nachteile verursachen kann. Beschleunigungsvergütungen **dürfen nur** vorgesehen bzw. vereinbart werden, wenn die Fertigstellung vor Ablauf der Vertragsfristen erhebliche Vorteile bringt. Der **zwingende vergaberechtliche Charakter** von § 12 Nr. 1 und Nr. 2 VOB/A kann damit nicht angezweifelt werden.[2]

5 Die Verbindlichkeit von § 12 VOB/A für die Vergabestelle bedeutet aber nicht gleichzeitig, dass der Vorschrift bieterschützender Charakter im Sinne von § 97 Abs. 7 GWB zukommt, ein Bieter im Vergabeverfahren oberhalb der Schwellenwerte von § 2 VgV also den Verstoß der Vergabestelle

[1] Vgl. *Oberhauser* Rdn. 221.
[2] *Ingenstau/Korbion/Döring* VOB/A § 12, Rdn. 1; Beck'scher VOB-Kommentar/*Motzke* VOB/A § 12, Rdn. 8.

gegen § 12 VOB/A geltend machen kann. *Motzke* vertritt die Auffassung, § 12 VOB/A stelle nur eine „materiell-rechtliche Ordnungsvorschrift" dar, der auch bei europaweiten Vergaben nach den Abschnitten 2 und 3 der VOB/A kein bieterschützender Charakter zukomme.[3] Indes muss differenziert werden: Bei Vergaben **unterhalb der Schwellenwerte** von § 2 VgV[4] kann der Bieter den von ihm behaupteten Verstoß der Vergabestelle gegen § 12 VOB/A (oder gegen andere Vorschriften des Vergaberechts) grundsätzlich nicht durch gerichtlichen Unterlassungsanspruch geltend machen.[5] § 12 VOB/A kommt hier – wie auch den anderen Bestimmungen der VOB/A – nur der Charakter einer innerdienstlichen Verwaltungsvorschrift zu, die keine unmittelbaren Rechtwirkungen im Außenverhältnis begründen kann.[6] Bei **europaweiten Vergaben** kommt den Bestimmungen der VOB/A über § 97 Abs. 6 GWB in Verbindung mit den Vorschriften der VgV aber Gesetzescharakter zu, woraus sich gemäß § 97 Abs. 7 GWB ein subjektives Recht des Bieters auf Einhaltung nicht nur der Verfahrensbestimmungen der VOB/A, sondern auch der materiell-rechtlichen Vergabebestimmungen (und insoweit abweichend von *Motzke* auch der materiell-rechtlichen Ordnungsvorschriften der VOB/A) ergibt.[7] Bei europaweiten Vergaben kann der Bieter also nicht nur den Verstoß gegen § 9 VOB/A[8] oder gegen § 11 VOB/A[9] im Nachprüfungsverfahren beanstanden, sondern auch einen Verstoß der Vergabestelle gegen § 12 VOB/A. § 12 VOB/A hat damit bei Vergaben oberhalb der Schwellenwerte **bieterschützenden Charakter.**[10]

2. Vertragsrechtliche Bedeutung

Ist der Zuschlag von der Vergabestelle erteilt worden und damit der Vertrag mit dem Bieter zustande gekommen, so wirkt sich ein etwaiger Verstoß der Vergabestelle gegen § 12 VOB/A ausschließlich vertragsrechtlich aus. Das bedeutet: 6

Trotz ihrer Formulierung als Muss-Vorschrift und trotz ihres bieterschützenden Charakters bei europaweiten Vergaben gemäß § 97 Abs. 7 GWB (dazu vorstehend Rdn. 5) stellt § 12 VOB/A keine Verbotsnorm im Sinne des **§ 134 BGB** dar, deren Verletzung zur Nichtigkeit des Vertrages oder zur Teilnichtigkeit hinsichtlich des Strafversprechens führen würde.[11] 7

Die Geltendmachung einer Vertragsstrafe, die der öffentliche Auftraggeber unter **Verstoß gegen § 12 VOB/A** vereinbart hat, **widerspricht** auch grundsätzlich **nicht** den Geboten von **Treu und Glauben** (§ 242 BGB), wie der BGH durch Urteil vom 30.3.2006[12] nunmehr klargestellt hat. Der Grundsatzentscheidung des BGH vom 30.3.2006 war eine vom OLG Jena[13] eingeleitete Diskussion vorangegangen, wonach ein öffentlicher Auftraggeber nach Treu und Glauben gehindert sei, sich auf eine Vertragsstrafenvereinbarung zu berufen, wenn ihm aus der Überschreitung der pönalisierten Vertragsfrist tatsächlich keine erheblichen Nachteile entstanden seien.[14] Andere Oberlandesgericht legten keine ex-post-, sondern eine ex-ante-Betrachtung an 8

[3] Beck'scher VOB-Kommentar/*Motzke* VOB/A § 12, Rdn. 8 und Rdn. 11.

[4] Die Schwellenwerte für Bauleistungen belaufen sich gemäß § 2 Nr. 4 VgV nun auf 5.278.000,00 €.

[5] Vgl. aber OLG Stuttgart NZBau 2002, 395, wonach etwas anderes ausnahmsweise bei vorsätzlichen oder willkürlichen Rechtsverstößen der Vergabestelle gelten könne.

[6] BGH Urteil vom 30.3.2006 – VII ZR 44/05 –, BauR 2006, 1128 zu § 12 VOB/A; BGH BauR 1992, 221 = BGHZ 116, 149 zu § 19 VOB/A.

[7] Vgl. dazu die Kommentierung zu § 5 VOB/A, Rdn. 29.

[8] Vgl. OLG Brandenburg NZBau 2000, 39, 44; *Niebuhr/Kulartz/Kus/Portz* GWB § 97, Rdn. 282 ff.; näher die Kommentierung zu § 9 VOB/A, Rdn. 1.

[9] Vgl. OLG Naumburg NJOZ 2004, 1366 ff. = ZfBR 2003, 622.

[10] Vgl. *Niebuhr/Kulartz/Kus/Portz* GWB § 97, Rdn. 278 ff. m.w.N; *Franke/Kemper/Zanner/Grünhagen* VOB/A § 12, Rdn. 11.

[11] Vgl. Beck'scher VOB-Kommentar/*Motzke* VOB/A § 12, Rdn. 12; *Heiermann/Riedl/Rusam* VOB/A § 12, Rdn. 2; anderer Auffassung *Niebuhr/Kulartz/Kus/Portz* GWB § 97, Rdn. 295 ff.; *Oberhauser*, Rdn. 222; vertiefend *Lederer/Niebuhr* FS Jagenburg, Seite 455 ff.; vgl. auch § 5 VOB/A, Rdn. 5.

[12] BGH, Urteil vom 30.3.2006 – VII ZR 44/05 –, BauR 2006, 1128.

[13] OLG Jena BauR 2001, 1446; ebenso LG Lüneburg IBR 2001, 106.

[14] Zustimmend wohl auch *Ingenstau/Korbion-Döring* § 12 VOB/A, Rdn. 15; *Franke/Kemper/Zanner/Grünhagen* § 12 VOB/A, Rdn. 5; auch *Leinemann* BauR 2001, 1472 f.

und stellten darauf ab, ob – entsprechend dem Wortlaut von § 12 Nr. 1 VOB/A – zum Zeitpunkt der Vereinbarung der Vertragsstrafe die zumindest abstrakte Gefahr bestanden hatte, dass die Überschreitung der pönalisierten Vertragsfristen erhebliche Nachteile verursachen konnte. War dies zu bejahen, dann sollte es nicht darauf ankommen, ob – ex-post – solche erheblichen Nachteile tatsächlich eingetreten waren oder nicht.[15]

Durch Urteil vom 30.3.2006 hat der BGH nun klargestellt, dass es weder auf eine ex-post- noch auf eine ex-ante-Betrachtung ankomme. Ein Verstoß des öffentlichen Auftraggebers gegen § 12 Nr. 1 Satz 1 VOB/A stehe der Geltendmachung der Vertragsstrafe nach den Grundsätzen von Treu und Glauben vielmehr nur entgegen, wenn der Auftragnehmer das Verhalten des Auftraggebers bei Abgabe des Angebots als widersprüchlich werten durfte **und** er in seinem schutzwürdigen Vertrauen darauf, dass der Auftraggeber sich an die Regelung des § 12 Nr. 1 Satz 1 VOB/A halten werde, enttäuscht worden sei. Allein der Umstand, dass eine Vertragsstrafe vereinbart worden sei, ohne dass die Voraussetzungen des § 12 Nr. 1 Satz 1 VOB/A (ex-ante-Betrachtung) objektiv vorlagen, rechtfertige es nicht, der vereinbarten Vertragsstrafe ihre Wirkung zu nehmen. Das – nur ausnahmsweise – vorliegende treuwidrige Verhalten des öffentlichen Auftraggebers bei der Geltendmachung der Vertragsstrafe sei vom Auftragnehmer darzulegen und zu beweisen und scheide schon dann aus, wenn (auch) der Auftragnehmer genau wusste, dass aus der Überschreitung der pönalisierten Vertragsfristen keine erheblichen Nachteile zu befürchten waren.[16] Der Entscheidung des BGH ist zuzustimmen, da sich die Treuwidrigkeit einer Rechtsausübung nach dem konkreten Inhalt des abgeschlossenen Vertrages richtet und nicht danach, was (vergaberechtlich) Inhalt des Vertrages hätte werden sollen.[17] Ein vergaberechtlicher Verstoß gegen § 12 Nr. 1 S. 1 VOB/A wirkt sich also vertragsrechtlich grundsätzlich nicht aus.

9 Schließlich führt der Verstoß des öffentlichen Auftraggebers gegen § 12 VOB/A auch **nicht** generell **zu einer unangemessenen Benachteiligung des Auftragnehmers im Sinne von § 307 Abs. 1 BGB.**[18] Die AGB-rechtliche Wirksamkeit eines Strafversprechens ist zivilrechtlich ausschließlich danach zu beurteilen, ob der Auftragnehmer durch das vom Auftraggeber vorformulierte Strafversprechen bezüglich der sanktionierten Vertragspflicht und hinsichtlich der Höhe der drohenden Vertragsstrafe unangemessen benachteiligt wird.[19] Der Verstoß des öffentlichen Auftraggebers gegen § 12 Nr. 1 VOB/A als solcher führt noch nicht zu einer unangemessenen Benachteiligung des Auftragnehmers.[20]

III. § 12 Nr. 1 VOB/A – Vertragsstrafen

1. Zivilrechtliche Anforderungen an eine Vertragsstrafenvereinbarung im VOB-Vertrag

10 Die zivilrechtlichen Anforderungen an eine Vertragsstrafenvereinbarung im VOB-Vertrag gemäß § 11 VOB/B und ergänzend gemäß §§ 339 bis 345 BGB, auf die § 11 Nr. 1 VOB/B verweist, sind ausführlich in der Kommentierung zu § 11 VOB/B erläutert. An dieser Stelle werden nur die wichtigsten, zum Verständnis von § 12 Nr. 1 VOB/A erforderlichen Ergebnisse zusammengefasst:

---

[15] Vgl. OLG Naumburg IBR 2002, 6; OLG Celle BauR 2003, 1413 = IBR 2002, 472; KG IBR 2003, 124; ebenso *Oberhauser* Vertragsstrafe, Rdn. 223 m.w.N.

[16] Der BGH-Entscheidung vom 30.3.2006 lag der Auftrag zur Herstellung von Straßen- und Gehwegen sowie der Errichtung von Trinkwasser- und Schmutzwasserleitungen zur inneren Erschließung eines Wohngebietes zugrunde, aus deren verspäteter Ausführung nach eigenem Vorbringen des Auftragnehmers in der Revision keine erheblichen Nachteile zu befürchten waren.

[17] Vgl. dazu näher die Kommentierung zu § 11 VOB/B, Rdn. 63 bis 65.

[18] So ausdrücklich BGH BauR 2006, 1128; anderer Auffassung *Niebuhr/Kulartz/Kus/Portz* GWB § 97, Rdn. 293 f.

[19] Dazu ausführlich VOB/B § 11, Rdn. 48 ff.

[20] Näher VOB/B § 11, Rdn. 65.

a) Wesen und Inhalt der Vertragsstrafe – Akzessorietät. Durch das Strafversprechen verpflichtet sich der Auftragnehmer zu einer bestimmten Leistung (meist einer Geldzahlung) an den Auftraggeber für den Fall, dass er eine Verpflichtung aus dem Bauvertrag nicht oder nicht in gehöriger Weise (insbesondere: verspätet) erfüllt. Die Vertragsstrafe verfolgt dabei einen doppelten Zweck. Sie übt einerseits Druck auf den Auftragnehmer aus, die vereinbarte Verpflichtung überhaupt bzw. in der vereinbarten Art und Weise zu erfüllen **(Druckfunktion)**. Andererseits soll sie dem Auftraggeber bei der Verletzung der sanktionierten Pflicht durch den Auftragnehmer die Schadloshaltung erleichtern **(Ausgleichsfunktion)**. 11

Ein wirksames Strafversprechen setzt eine wirksame Hauptverbindlichkeit zwischen den Vertragsparteien voraus, d.h. die Vertragsstrafe ist **akzessorisch** zu der von ihr gesicherten Hauptverbindlichkeit (näher → B § 11, Rdn. 3 bis 5). 12

b) Vereinbarung und Form der Vertragsstrafe. Eine Vertragsstrafe bedarf – auch beim VOB-Bauvertrag – stets einer gesonderten Vereinbarung der Parteien, die beim öffentlichen Auftraggeber gemäß § 10 Nr. 4 f. VOB/A im Regelfall im Rahmen der Zusätzlichen oder Besonderen Vertragsbedingungen erfolgt. Ausnahmsweise kann einer Partei (im Regelfall dem Auftraggeber) ein Leistungsbestimmungsrecht gemäß § 315 BGB zur „Festsetzung" einer Vertragsstrafe eingeräumt werden (näher → B § 11, Rdn. 11 f.). Das Strafversprechen ist grundsätzlich formfrei wirksam, aufgrund der Akzessorietät aber dann formbedürftig, wenn die zu sichernde Hauptverbindlichkeit der Form bedarf (→ B § 11, Rdn. 13). 13

c) Individual- oder AGB-Vereinbarung. Eine individualvertragliche Strafvereinbarung stellt in der Baupraxis die Ausnahme dar. Meist ist die Vertragsstrafenvereinbarung in den vom Auftraggeber mit Mehrfachverwendungsabsicht vorformulierten Vertragsbedingungen vorgesehen und unterliegt damit einer AGB-Kontrolle gemäß §§ 305 ff. BGB. Dies gilt für den öffentlichen Auftraggeber insbesondere dann, wenn dieser gemäß § 10 Nr. 4 f. VOB/A das Strafversprechen des Auftragnehmers bereits in den der Ausschreibung zugrunde gelegten Besonderen oder Zusätzlichen Vertragsbedingungen vorgesehen hat. 14

Gegen die Wirksamkeit eines AGB-Strafversprechens als solchem bestehen grundsätzlich keine Bedenken. Es unterliegt allerdings einer intensiven, durch umfangreiche Judikatur geprägten Inhaltskontrolle (dazu Rdn. 17 und ausführlich B § 11, Rdn. 48 ff.).

d) Vertragsstrafe wegen nicht gehöriger, insbesondere verspäteter Vertragserfüllung durch den Auftragnehmer. Das Gesetz unterscheidet in §§ 339 bis 345 BGB zwischen dem Strafversprechen für die Nichterfüllung (§ 340 BGB) und dem Strafversprechen für die nicht gehörige Erfüllung (§ 341 BGB). Hauptanwendungsfall eines Strafversprechens für die nicht gehörige Erfüllung ist in der Bauvertragspraxis die Vertragsstrafe, die an die verspätete Bauausführung durch den Auftragnehmer anknüpft. (Nur) mit diesem Fall befasst sich § 11 VOB/B und auch (nur) diesen Fall regelt § 12 Nr. 1 VOB/A. 15

aa) Vertragsstrafe wegen verzögerter Bauausführung des Auftragnehmers. (1) Individualvertraglich können die Vertragsparteien eine vom Auftragnehmer für den Fall der verspäteten Bauausführung geschuldete Vertragsstrafe nahezu beliebig ausgestalten. Ob die Verwirkung der Vertragsstrafe Verzug des Auftragnehmers im Sinne von § 286 BGB voraussetzt (dazu B § 11, Rdn. 15 ff. und ergänzend B § 5, Rdn. 35 ff.) oder ob der Auftragnehmer bereits bei der bloßen (schuldhaften) Überschreitung von Vertragsfristen zur Zahlung einer Vertragsstrafe verpflichtet ist, unterliegt der individualvertraglichen Disposition der Parteien. Beim VOB-Vertrag ist allerdings zu beachten, dass eine an die bloße Fristüberschreitung anknüpfende Strafvereinbarung regelmäßig durch § 11 Nr. 2 VOB/B ergänzt wird, wonach auch in diesem Fall die Verwirkung der Strafe Verzug des Auftragnehmers voraussetzt (→ näher B § 11, Rdn. 35 f.). 16

Ist die aufgrund einer Individualvereinbarung verwirkte Vertragsstrafe unangemessen hoch, so kann der Auftragnehmer gemäß § 343 BGB (notfalls gerichtlich) die Herabsetzung der Strafe auf ein angemessenes Maß verlangen. Diese Herabsetzungsmöglichkeit besteht gemäß § 348

HGB allerdings nur dann, wenn der Auftragnehmer (ausnahmsweise) nicht Kaufmann im Sinne des HGB ist (→ B § 11, Rdn. 46 f.).

17 (2) Zu **AGB-Vertragsstrafen**, die an die verspätete Bauausführung des Auftragnehmers anknüpfen, hat sich umfangreiche Kasuistik gebildet, die im Einzelnen in der Kommentierung zu § 11 VOB/B, Rdn. 48 ff. erläutert ist. Zusammenfassend:

- Eine AGB-Strafklausel verstößt nicht gegen das **Überraschungsverbot** des § 305 c BGB, wenn sie im textlichen Zusammenhang mit der sanktionierten Pflicht (in der Regel also der Fristvereinbarung) geregelt wird (→ B § 11, Rdn. 49).
- AGB-Strafklauseln müssen dem **Transparenzgebot** gemäß § 307 Abs. 1 Satz 2 BGB entsprechen. Dies ist beispielsweise bei Vorratsklauseln, wonach auch später vereinbarte oder gar vom Auftraggeber einseitig festgelegte Termine pönalisiert sein sollen, nicht der Fall (→ B § 11, Rdn. 57).
- Ein AGB-Strafversprechen muss gemäß § 307 Abs. 2 Nr. 1 BGB an den **Verzug des Auftragnehmers** anknüpfen. Knüpft das AGB-Strafversprechen also an die bloße Fristüberschreitung oder auch an die lediglich schuldhafte Fristüberschreitung durch den Auftragnehmer an, so ist das Strafversprechen unwirksam (→ näher B § 11, Rdn. 58 ff.).
- Die durch AGB versprochene Vertragsstrafe muss **angemessen begrenzt** sein, und zwar sowohl hinsichtlich der versprochenen Strafe pro Zeiteinheit (z.B. Werktag) des Verzugs als auch hinsichtlich der Obergrenze, die insgesamt maximal verwirkt werden kann. Obergerichtlich gebilligt ist für den **Verzug** des Auftragnehmers mit der **Fertigstellung** ein Strafversprechen in Höhe von 0,3 % der Auftrags- oder Abrechnungssumme pro Werktag, insgesamt maximal 5 %. Knüpft das Strafversprechen an verbindliche Einzelfristen an, so muss die Einzelstrafe niedriger sein als bei der Fertigstellung der Leistung. Außerdem ist das **Kumulationsverbot** zu beachten (→ näher B § 11, Rdn. 66 ff.).

18 **bb) Vertragsstrafe wegen sonstiger nicht gehöriger Erfüllung des Auftragnehmers.** Eine Vertragsstrafenvereinbarung wegen sonstiger nicht gehöriger Erfüllung des Auftragnehmers kann beispielsweise einen unzulässigen Nachunternehmereinsatz des Auftragnehmers (→ B § 11, Rdn. 19), unzulässige Wettbewerbsabreden der Bieter während der Ausschreibung (→ B § 11, Rdn. 20) oder sonstige Vertragspflichtverletzungen des Auftragnehmers sanktionieren (→ B § 11, Rdn. 21 f.).

19 **e) Vertragsstrafe wegen Nichterfüllung des Auftragnehmers.** Das (individualvertragliche oder formularmäßige) Strafversprechen des Auftragnehmers kann (ausnahmsweise) auch an die Nichterfüllung seiner bauvertraglichen Verpflichtungen anknüpfen. Dieser Fall ist in der Baupraxis jedoch höchst selten (→ B § 11, Rdn. 23).

20 **f) Verwirkung der Vertragsstrafe.** Die vereinbarte Vertragsstrafe ist im Sinne von § 339 Satz 1 BGB verwirkt, wenn die Voraussetzungen eingetreten sind, die den Auftraggeber berechtigen, die Vertragsstrafe vom Auftragnehmer zu fordern. Knüpft die Vertragsstrafe an die Einhaltung der Ausführungsfristen an, so ist sie beim VOB-Vertrag verwirkt, wenn der Auftragnehmer mit der Einhaltung der entsprechenden Frist in Verzug gerät, § 11 Nr. 2 VOB/B. Der Verzug setzt die Fälligkeit der jeweiligen Leistung, die Anmahnung der fälligen Leistung[21] und Verschulden des Auftragnehmers voraus. Der Verzug kann insbesondere bei Bauablaufstörungen unter den Voraussetzungen des § 6 Nr. 2 VOB/B, aber auch bei einem bestehenden Leistungsverweigerungsrecht des Auftragnehmers, ausgeschlossen sein (→ B § 5, Rdn. 49 ff.). Nach der Rechtsprechung des BGH kann die Vertragsstrafe auch entfallen, wenn die Bauablaufstörungen eine **grundlegende Neuordnung der Terminplanung** erfordern (→ näher B § 11, Rdn. 25 ff.).

21 **g) Vorbehalt der Vertragsstrafe.** Sowohl gemäß § 341 Abs. 3 BGB als auch gemäß § 11 Nr. 4 VOB/B kann der Auftraggeber die an die nicht gehörige, insbesondere verspätete Vertragserfül-

[21] Wenn nicht die Mahnung ausnahmsweise gemäß § 286 Abs. 2 BGB entbehrlich ist, dazu VOB/B § 5, Rdn. 42 ff.

lung anknüpfende Vertragsstrafe nur fordern, wenn er dies bei der Abnahme vorbehalten hat. Der Strafvorbehalt ist nur ausnahmsweise entbehrlich (→ B § 11, Rdn. 108 ff.), kann aber – auch durch eine AGB-Vereinbarung – dergestalt modifiziert werden, dass die Geltendmachung der Vertragsstrafe noch bis zur Schlusszahlung zulässig ist (→ B § 11, Rdn. 115 ff.).

2. Ausbedingung einer Vertragsstrafe für die Überschreitung von Vertragsfristen gemäß § 12 Nr. 1 VOB/A

a) Vertragsstrafe für die Überschreitung von Vertragsfristen. § 12 Nr. 1 Satz 1 VOB/A regelt nur **Vertragsstrafen für die Überschreitung von Vertragsfristen**, damit zwar den wichtigsten, aber nur *einen* Fall der nicht gehörigen Vertragserfüllung durch den Auftragnehmer im Sinne von § 341 BGB.[22] Die Vorschrift des § 12 Nr. 1 VOB/A gilt aber sinngemäß auch für sonstige Fälle der nicht gehörigen Erfüllung (dazu oben Rdn. 18) oder auch der Nichterfüllung (dazu oben Rdn. 19), für die ebenfalls die Vereinbarung einer Vertragsstrafe infrage kommt.[23] 22

Wenn § 12 Nr. 1 Satz 1 VOB/B von der Ausbedingung von Vertragsstrafen für die (bloße) **Überschreitung von Vertragsfristen** spricht, dann bedeutet dies nicht, dass vergaberechtlich die Vereinbarung einer verzugsunabhängigen Vertragsstrafe zulässig wäre. Zwar deutet der Wortlaut von § 12 Nr. 1 Satz 1 VOB/A hierauf hin, weil darin der Verzug des Auftragnehmers als Anspruchsvoraussetzung nicht genannt wird. § 11 Nr. 2 VOB/B (und ergänzend auch die über § 11 Nr. 1 VOB/B anwendbare Vorschrift des § 339 Satz 1 BGB) stellt aber klar, dass die an die Überschreitung von Vertragsfristen anknüpfende Vertragsstrafe beim VOB-Vertrag nur verwirkt wird, wenn der Auftragnehmer in Verzug gerät (→ dazu näher B § 5, Rdn. 35 ff.). Vergaberechtlich bedeutet dies, dass der VOB/A-gebundene Auftraggeber trotz des abweichenden Wortlauts von § 12 Nr. 1 Satz 1 VOB/A eine Vertragsstrafe für die Überschreitung von Vertragsfristen nur ausbedingen darf, wenn der Auftragnehmer in Verzug gerät. Die Ausbedingung einer verzugsunabhängigen Vertragsstrafe durch den öffentlichen Auftraggeber wäre also – trotz des anders lautenden Wortlauts von § 12 Nr. 1 Satz 1 VOB/A – vergaberechtswidrig.[24] 23

Unter Vertragsfristen im Sinne von § 12 Nr. 1 Satz 1 VOB/A sind gemäß § 11 Nr. 2 Abs. 2 VOB/A und § 5 Nr. 1 Satz 1 VOB/B nur **verbindliche Fristen** zu verstehen, zu deren Einhaltung der Auftragnehmer verpflichtet ist. Die Verbindlichkeit einer Ausführungsfrist führt zur Fälligkeit der entsprechenden Leistung im Sinne von § 286 Abs. 1 BGB, ist aber noch nicht gleichbedeutend mit Verzug des Auftragnehmers. Verzug setzt neben der Fälligkeit der Leistung die anschließende Mahnung durch den Auftraggeber[25] und darüber hinaus Verschulden des Auftragnehmers voraus. 24

Die Parteien können im Sinne von § 12 Nr. 1 Satz 1 VOB/A pönalisierte Vertragsfristen

- für den Ausführungsbeginn (→ näher B § 5, Rdn. 56 ff.),
- für Einzelfristen des Bauablaufs (→ näher B § 5, Rdn. 77 ff.) und
- für die Fertigstellung (→ näher B § 5, Rdn. 95 ff.)

vereinbaren. Will der (öffentliche) Auftraggeber Einzelfristen des Bauablaufs mit einer Vertragsstrafe belegen, so ist § 5 Nr. 1 Satz 2 VOB/B zu beachten, wonach in einem Bauzeitenplan (→ zu Begriff und Inhalt näher B § 5, Rdn. 29 ff.) enthaltene Einzelfristen nur dann als (pönalisierbare) Vertragsfristen gelten, wenn die Einzelfristen als verbindliche Fristen vereinbart sind.[26]

---

[22] Vgl. auch *Ingenstau/Korbion/Döring* VOB/A § 12, Rdn. 9; *Knacke* Seite 7.

[23] *Ingenstau/Korbion/Döring* VOB/A § 12, Rdn. 9; Beck'scher VOB-Kommentar/*Motzke* VOB/A § 12, Rdn. 48.

[24] Zutreffend knüpft Ziffer 2 EVM (B) BVB im Vergabehandbuch für die Durchführung von Bauaufgaben des Bundes im Zuständigkeitsbereich der Finanzbauverwaltungen (VHB) die Vertragsstrafe für die Überschreitung von Vertragsfristen zwischenzeitlich ausdrücklich an den **Verzug** des Auftragnehmers.

[25] Wenn nicht die Mahnung gemäß § 286 Abs. 2 BGB ausnahmsweise entbehrlich ist.

[26] Zur Problematik der Pönalisierung von Einzelfristen durch ein formularmäßiges Strafversprechen vgl. die Kommentierung zu § 11 VOB/B, Rdn. 77 ff.

25 **b) Möglichkeit erheblicher Nachteile bei der Überschreitung von Vertragsfristen.** Vertragsstrafen für die Überschreitung von Vertragsfristen dürfen gemäß § 12 Nr. 1 Satz 1 VOB/A nur ausbedungen werden, wenn die **Überschreitung erhebliche Nachteile verursachen kann**.

Zwingende vergaberechtliche Voraussetzung für den öffentlichen Auftraggeber, eine Vertragsstrafe für die Überschreitung von Vertragsfristen ausbedingen zu dürfen, ist also die Möglichkeit, dass durch die Fristüberschreitung erhebliche Nachteile entstehen können. Da es sich bei § 12 Nr. 1 VOB/A um eine Vergabevorschrift handelt, ist also zunächst einmal unzweifelhaft, dass es hier auf eine **Prognoseentscheidung** des Auftraggebers ankommt.[27] Zum Zeitpunkt der Ausschreibung und Vergabe muss die Möglichkeit erheblicher Nachteile aufgrund der Fristüberschreitung bestehen.[28] Bestand zum Zeitpunkt der Ausschreibung und Vergabe die Möglichkeit erheblicher Nachteile, ist es retrospektiv aber trotz Fristüberschreitung des Auftragnehmers nicht zu (erheblichen) Nachteilen gekommen, dann ändert diese tatsächliche Entwicklung nichts an der vergaberechtlichen Zulässigkeit der Strafvereinbarung[29] und auch nichts an der vertragsrechtlichen Durchsetzbarkeit der verwirkten Vertragsstrafe.[30]

Umgekehrt reicht allerdings eine lediglich abstrakte Möglichkeit, dass die Fristüberschreitung des Auftragnehmers erhebliche Nachteile verursachen kann, nicht aus, weil eine solche Möglichkeit erheblicher Nachteile grundsätzlich niemals auszuschließen ist.[31] Erforderlich ist vielmehr die **konkrete Möglichkeit**, dass gerade bei dem hier zur Vergabe anstehenden Auftrag die Fristüberschreitung durch den Auftragnehmer erhebliche Nachteile verursachen kann. Diese konkrete Möglichkeit erheblicher Nachteile muss im Streitfall der (öffentliche) Auftraggeber darlegen und beweisen.[32]

26 § 12 Nr. 1 Satz 1 VOB/A lässt offen, was unter **erheblichen Nachteilen** zu verstehen ist, die die Ausbedingung einer Vertragsstrafe rechtfertigen. Unstreitig fallen hierunter alle Formen von **Vermögensnachteilen**, die dem öffentlichen Auftraggeber aus der verspäteten Erstellung von Bauleistungen entstehen können.[33] Insbesondere bei **rentierlichen Investitionen** der öffentlichen Hand besteht – wie bei entsprechenden Investitionen eines privaten Auftraggebers – eine Vermutung dafür, dass die verspätete Ausführung zu (erheblichen) Vermögensnachteilen des Auftraggebers führt, das heißt in solchen Fällen ist die Ausbedingung einer Vertragsstrafe vergaberechtlich immer zulässig. Beispiele für solche rentierlichen Investitionen der öffentlichen Hand sind (teil-)vermietete Verwaltungsgebäude, mautpflichtige Straßen, Tunnel und Brücken, zu Abwassereinnahmen führende Kläranlagen usw., und zwar unabhängig davon, ob die mit der Investition verbundenen Einnahmen die Finanzierungs- und Betriebskosten der jeweiligen Einrichtung decken. In solchen Fällen kommt die Doppelfunktion der Vertragsstrafe, einerseits Druck auf den Auftragnehmer zur Einhaltung der Vertragsfristen auszuüben, andererseits dem Auftraggeber bei Überschreitung der Vertragsfristen die Schadloshaltung zu erleichtern,[34] voll zum Tragen.

Bei Bauleistungen, die **nicht** oder nur indirekt **vermögensrechtliche Interessen** des öffentlichen Auftraggebers berühren wie z.B. der normale Straßenbau, Bauleistungen in öffentlichen

[27] So auch zutreffend BGH Urteil vom 30.3.2006, BauR 2006, 1128; OLG Naumburg IBR 2002, 6; OLG Celle BauR 2003, 1413 = IBR 2002, 472; KG Berlin IBR 2003, 124; *Oberhauser* Vertragsstrafe, Rdn. 223; dazu auch oben Rdn. 8.

[28] Beck'scher VOB-Kommentar/*Motzke* VOB/A § 12, Rdn. 42; *Ingenstau/Korbion/Döring* VOB/A § 12, Rdn. 15; *Franke/Kemper/Zanner/Grünhagen* VOB/A § 12, Rdn. 4.

[29] Beck'scher VOB-Kommentar/*Motzke* a.a.O.; *Oberhauser* Rdn. 223.

[30] Näher siehe oben Rdn. 8.

[31] Anders OLG Naumburg IBR 2002, 6, wonach bereits die abstrakte Möglichkeit eines erheblichen Nachteils auszieht; wie hier *Ingenstau/Korbion-Döring* § 12 VOB/A, Rdn. 15.

[32] OLG Jena BauR 2001, 1446, 1447: *Ingenstau/Korbion-Döring* § 12 VOB/A, Rdn. 15; wendet der Auftragnehmer allerdings ein, der Auftraggeber dürfe die unter Verstoß gegen § 12 VOB/A vereinbarte Vertragsstrafe nach Treu und Glauben nicht verlangen, so muss *er* diese Voraussetzungen darlegen und beweisen, vgl. BGH BauR 2006, 1128 und näher dazu oben Rdn. 8.

[33] Vgl. Beck'scher VOB-Kommentar/*Motzke* VOB/A § 12, Rdn. 42; *Franke/Kemper/Zanner/Grünhagen* VOB/A § 12, Rdn. 4.

[34] Vgl. oben Rdn. 11 und näher VOB/B § 11, Rdn. 5.

Parks, an Schulen usw., kommt es darauf an, ob ein berechtigtes und schützenswertes Interesse des öffentlichen Auftraggebers besteht, durch die Vereinbarung einer Vertragsstrafe Druck auf den Auftragnehmer zur Einhaltung der Vertragsfristen ausüben zu können, auch wenn aus einer möglichen Terminüberschreitung keine oder jedenfalls keine nachweisbaren (Vermögens-)Schäden resultieren. Dies ist immer dann der Fall, wenn über die ohnehin bestehende Verbindlichkeit der vereinbarten Vertragsfristen hinaus ein zusätzliches Interesse des öffentlichen Auftraggebers oder der Allgemeinheit besteht bzw. bestehen kann, durch die drohende Vertragsstrafe Druck auf den Auftragnehmer zur Termineinhaltung ausüben zu können. Dies gilt beispielsweise bei allen Bauleistungen, die Verkehrsbeschränkungen zur Folge haben wie z.B. Spurreduzierungen bei Bauarbeiten an Autobahnen, (Teil-)Sperrungen bei innerstädtischen Durchfahrten usw.[35] Auch sonstige schützenswerte allgemeine Interessen wie z.B. an Aus- und Weiterbildung,[36] kulturelle Interessen[37] usw. rechtfertigen unter dem Blickwinkel der Druckfunktion die Vereinbarung einer Vertragsstrafe, auch wenn die Ausgleichsfunktion einer Vertragsstrafe mangels eines drohenden Vermögensschadens in solchen Fällen nicht zum Tragen kommen kann.

Zu eng erscheinen die Vorgaben gemäß **Ziffer 1 und 2 VHB zu § 12 VOB/A**. Gemäß Ziffer 1 ist bei der Bemessung von Vertragsstrafen zu berücksichtigen, dass der Bieter die damit verbundene Erhöhung des Wagnisses in den Angebotspreis einkalkulieren wird. Das VHB geht also davon aus, dass die Ausbedingung einer Vertragsstrafe als Wagniserhöhung in die Kalkulation des Bieters einfließt und folglich zu einer Erhöhung des Angebotspreises führt.[38] Diese Aussage des VHB ist jedoch nur abstrakt richtig und empirisch keineswegs erwiesen. 27

Ziffer 2 VHB zu § 12 VOB/A bestimmt, dass bei Vertragsstrafen für Einzelfristen nur die Überschreitung solcher Einzelfristen für in sich abgeschlossene Teile der Leistung unter Strafe zu stellen ist, von denen der Baufortschritt entscheidend abhängt.[39] Richtig an der Empfehlung aus Ziffer 2 VHB zu § 12 VOB/A ist zwar, dass die unterschiedslose Pönalisierung aller als verbindlich vereinbarter Einzelfristen sinnlos erscheint und die Wirksamkeit solcher in der Regel formularmäßiger Strafversprechen häufig am so genannten Kumulationsverbot scheitert (→ dazu näher B § 11, Rdn. 77 ff.). Umgekehrt besteht aber kein Grund, nur eine Pönaliserung der in § 11 Nr. 2 Abs. 1 VOB/A geregelten Einzelfristen für in sich abgeschlossene Teile der Leistung zuzulassen, während die in § 11 Nr. 2 Abs. 2 VOB/A geregelten Einzelfristen für fortgangswichtige Teile der Leistung nicht pönalisiert werden dürfen. Gerade bei verbindlichen Einzelfristen für fortgangswichtige Teile der Leistung, durch die das reibungslose Ineinander greifen der einzelnen Leistungsbereiche verschiedener Auftragnehmer geregelt werden soll, besteht oftmals ein berechtigtes Interesse auch des öffentlichen Auftraggebers, die rechtzeitige und mängelfreie Erstellung der Vorleistungen als Grundlage der nachfolgenden Auftragnehmer durch eine Vertragsstrafe sicherzustellen.[40] Dabei ist besonders zu berücksichtigen, dass der BGH durch die Entscheidung „Vorunternehmer II“[41] dem behinderten nachfolgenden Auftragnehmer zumindest Entschädigungsansprüche gegen den Auftraggeber gemäß § 642 BGB zubilligt. Dem Auftraggeber droht also bei nicht rechtzeitiger oder mangelhafter Fertigstellung der Vorleistungen aufgrund der berechtigten Entschädigungsansprüche der behinderten nachfolgenden Unternehmer ein Schaden, der auch bei fortgangswichtigen Einzelfristen im Sinne von § 11 Nr. 2 Abs. 2 VOB/A die Vereinbarung einer Vertragsstrafe rechtfertigen kann.

Hat der öffentliche Auftraggeber eine **falsche Prognoseentscheidung** im Sinne von § 12 28
Nr. 1 VOB/A getroffen, weil die Überschreitung der vereinbarten Vertragsfristen entweder von Anfang an keine erheblichen Nachteile verursachen konnte oder erhebliche Nachteile jedenfalls

[35] Ähnlich Beck'scher VOB-Kommentar/*Motzke* VOB/A § 12, Rdn. 42; *Oberhauser* Rdn. 223; anderer Auffassung OLG Jena BauR 2001, 1446.
[36] Beispiel: Neubau einer Schule oder einer Universität.
[37] Beispiel: Instandsetzungsarbeiten an einem Theater während der spielfreien Zeit.
[38] Dazu *Ingenstau/Korbion-Döring* § 12 VOB/A, Rdn. 15.
[39] Zustimmend *Ingenstau/Korbion/Döring* VOB/A § 12, Rdn. 15.
[40] Zutreffend *Heiermann/Riedl/Rusam* VOB/A § 12, Rdn. 1.
[41] BGH NZBau 2000, 187 = BauR 2000, 722.

tatsächlich nicht eingetreten sind, so ist die mit dem Auftragnehmer getroffene Strafvereinbarung gleichwohl wirksam. Der öffentliche Auftraggeber ist in diesem Fall nicht nur berechtigt,[42] sondern zur Vermeidung von Wettbewerbsverzerrungen auch verpflichtet, die vom Auftragnehmer verwirkte Vertragsstrafe geltend zu machen.[43]

29 **c) Angemessene Grenze der Vertragsstrafe.** Gemäß § 12 Nr. 1 Satz 2 VOB/A ist die Vertragsstrafe in angemessenen Grenzen zu halten. Auch hier ergibt sich aus der Formulierung der Vorschrift deren zwingender vergaberechtlicher Charakter (dazu schon oben Rdn. 4). Dem Beurteilungsspielraum der Vergabestelle unterliegt allerdings die Frage, was angesichts des konkret auszuschreibenden Bauvertrages als „angemessene Grenze" der Vertragsstrafe anzusehen ist.

Ziffer 3 VHB zu § 12 VOB/A bestimmt hierzu, dass die Höhe der Vertragsstrafe 0,1 % je Werktag, insgesamt jedoch 5 % der Auftragssumme, nicht überschreiten soll. Allerdings ist zu differenzieren:

30 Vereinbart der öffentliche Auftraggeber mit dem Auftragnehmer die Vertragsstrafe (ausnahmsweise) **individuell**, so kann die Vertragsstrafe bis zur Grenze der Sittenwidrigkeit (§ 138 BGB)[44] grundsätzlich in beliebiger Höhe vereinbart werden. In diesem Fall ist der öffentliche Auftraggeber lediglich vergaberechtlich gehalten, von dem zivilrechtlich gegebenen Spielraum nur in angemessener Höhe Gebrauch zu machen. Wird dennoch eine unangemessen hohe Vertragsstrafe vereinbart, so ist diese Vereinbarung wirksam. Wird eine unverhältnismäßig hohe Strafe verwirkt, so kann (nur) der nicht kaufmännische Auftragnehmer gemäß § 343 Abs. 1 BGB eine Herabsetzung der Strafe auf ein angemessenes Maß verlangen.[45]

31 In der Regel unterliegen Vertragsstrafenvereinbarungen des öffentlichen Auftraggebers den **AGB-Vorschriften der §§ 305 ff. BGB** (dazu schon oben Rdn. 17). In diesem Standard-Fall geht die vergaberechtliche Bestimmung des § 12 Nr. 1 Abs. 2 VOB/A konform mit den Anforderungen des § 307 Abs. 1 BGB, wonach eine unangemessene, den Geboten von Treu und Glauben zuwider laufende Vertragsstrafe als unwirksam anzusehen ist. Das vergaberechtliche Gebot des § 12 Nr. 1 Satz 2 VOB/A, die Vertragsstrafe in angemessenen Grenzen zu halten, wird in diesem (Standard-)Fall also durch die AGB-Kontrolle gemäß § 307 Abs. 1 BGB sanktioniert.[46]

Zu den AGB-rechtlichen Anforderungen der §§ 305 ff. BGB an formularmäßige Vertragsstrafevereinbarungen sei auf die Zusammenfassung in Rdn. 17 und ergänzend auf die Kommentierung zu § 11 VOB/B, Rdn. 48 ff. verwiesen.

IV. § 12 Nr. 2 VOB/A – Beschleunigungsvergütungen

1. Generelles

32 Die Beschleunigungsvergütung (Prämie) ist sowohl nach der Konzeption des § 12 Nr. 2 VOB/A als auch in der Rechtspraxis das Gegenteil einer Vertragsstrafe. Der Auftragnehmer erhält für die **vorzeitige Vertragserfüllung**, also die Unterschreitung der vereinbarten Vertragsfristen, eine zusätzliche (Beschleunigungs-)Vergütung.

Während jedoch die Vertragsstrafe vergaberechtlich in § 12 Nr. 1 VOB/A und vertragsrechtlich in § 11 VOB/B und ergänzend in §§ 339 bis 345 BGB ausführlich geregelt und in der Baupraxis von enormer Bedeutung ist, findet die Beschleunigungsvergütung nur vergaberechtlich in § 12 Nr. 2 VOB/A Erwähnung; eine vertragsrechtliche Parallelregelung zu § 11 VOB/B fehlt.

---

[42] Dazu oben Rdn. 6 ff.

[43] Vgl. *Heiermann/Riedl/Rusam* VOB/A § 12, Rdn. 2.

[44] Vom OLG Celle BauR 2001, 1108 bejaht bei einer Vertragsstrafe in Höhe von 15 % der vereinbarten Vergütung, wenn bereits bei Abschluss der Vereinbarung deren Verwirkung mit hoher Wahrscheinlichkeit zu erwarten ist.

[45] Vgl. dazu näher VOB/B § 11, Rdn. 46 f.; beim kaufmännischen Auftragnehmer ist die Herabsetzung gemäß § 348 HGB ausgeschlossen.

[46] Ebenso *Franke/Kemper/Zanner/Grünhagen* VOB/A § 12, Rdn. 6.

Beschleunigungsmaßnahmen kommen in der Baupraxis unter drei Aspekten vor: 33

- Der Auftragnehmer ergreift von sich aus oder auf entsprechende Aufforderung des Auftraggebers[47] Beschleunigungsmaßnahmen, um die bislang zu geringe Produktivität zu erhöhen und einen Terminrückstand entweder zu vermeiden oder aber so gering wie möglich zu halten. Eine solche verzugsverhindernde oder -vermindernde Beschleunigungsmaßnahme entspricht der Schadensminderungspflicht des Auftragnehmers, führt also nicht zu Vergütungsansprüchen und hat mit der in § 12 Nr. 2 VOB/A geregelten Beschleunigungsvergütung nichts zu tun.[48]
- Der Bauablauf hat sich aus Umständen im Risikobereich des Auftraggebers (§ 6 Nr. 2 Abs. 1 a VOB/B), z.B. aufgrund fehlender oder mangelhafter Ausführungspläne, fehlender oder mangelhafter Vorleistungen anderer Auftragnehmer usw. verzögert. Der Auftraggeber „ordnet" nunmehr eine Beschleunigung gegenüber dem Auftragnehmer „an", um die gemäß §§ 6 Nr. 2 und Nr. 4 VOB/B eintretende Fristverlängerung abzukürzen und damit die ursprünglich vereinbarten Fristen doch noch einzuhalten oder zumindest die Fristüberschreitung zu verringern. In diesem Fall kann der Auftragnehmer vom Auftraggeber (auch vom öffentlichen Auftraggeber) eine frei kalkulierte Beschleunigungsvergütung fordern, ohne deren Akzeptanz durch den Auftraggeber er nicht zur Durchführung der Beschleunigungsmaßnahmen verpflichtet ist.[49] Solche nachträglichen, insbesondere bei gestörten Bauabläufen häufiger vorkommenden Beschleunigungsmaßnahmen unterliegen der freien Vereinbarung beider Vertragsparteien. Als Vergabevorschrift ist § 12 Nr. 2 VOB/A auf solche nachträglichen Beschleunigungsvereinbarungen nicht unmittelbar, sondern nur sinngemäß anwendbar.[50]
- Der (öffentliche) Auftraggeber sieht die Beschleunigungsvergütung (Prämie) für die Unterschreitung der vorgesehenen Vertragsfristen bereits in den Vergabeunterlagen vor. (Nur) auf diesen Fall ist bei öffentlicher Auftragsvergabe § 12 Nr. 2 VOB/A (unmittelbar) anwendbar.[51]

2. Beschleunigungsvergütungen gemäß § 12 Nr. 2 VOB/A im Einzelnen

a) Beschleunigungsvergütung (Prämie) für die Unterschreitung von Vertragsfristen. 34
Gemäß § 12 Nr. 2 VOB/A darf der öffentliche Auftraggeber Beschleunigungsvergütungen (Prämien) nur vorsehen, wenn die **Fertigstellung vor Ablauf der Vertragsfristen** erhebliche Vorteile bringt.

Die zwingende Vergabevorschrift des § 12 Nr. 2 VOB/A ist im Zusammenhang mit § 11 Nr. 1 VOB/A zu sehen. Hiernach hat der öffentliche Auftraggeber die Ausführungsfristen ausreichend zu bemessen und dabei Jahreszeit, Arbeitsbedingungen und etwaige besondere Schwierigkeiten ausreichend zu berücksichtigen, § 11 Nr. 1 Abs. 1 VOB/A (→ näherA § 11, Rdn. 27 ff.). Außergewöhnlich kurze Fristen sind gemäß § 11 Nr. 1 Abs. 2 VOB/A nur bei besonderer Dringlichkeit vorzusehen (→ A § 11, Rdn. 34). Wenn der öffentliche Auftraggeber aber einerseits gehalten ist, angemessene Ausführungsfristen zu vereinbaren und außergewöhnlich kurze Fristen nur bei besonderer Dringlichkeit, also im Ausnahmefall, vorzusehen, dann erscheint die in § 12 Nr. 2 VOB/A eröffnete Möglichkeit, die Unterschreitung der (angemessenen) Ausführungsfrist zu prämieren, als **Zielkonflikt**. Entweder war die Ausführungsfrist gemäß § 11 Nr. 1 Abs. 1 VOB/A nicht ausreichend, sondern zu großzügig bemessen, sodass ausreichendes „Beschleu-

---

[47] Zum Abhilfeanspruch des Auftraggebers gemäß § 5 Nr. 3 VOB/B bei unzureichendem Baufortschritt näher § 5 VOB/B, Rdn. 78 ff.

[48] Vgl. näher § 5 VOB/B, Rdn. 53.

[49] Kommt der Auftragnehmer einer solchen auftraggeberseitigen Beschleunigungsanordnung freiwillig nach, so erhält er zumindest Vergütung auf der Basis der bisherigen Kalkulation, vgl. dazu näher § 6 VOB/B, Rdn. 33.

[50] Unklar insoweit *Heiermann/Riedl/Rusam* VOB/A § 12, Rdn. 4; *Franke/Kemper/Zanner/Grünhagen* VOB/A § 12, Rdn. 8.

[51] So auch *Bschorr/Zanner*, S. 25 f.

nigungspotential" für den Auftragnehmer vorhanden ist und damit die reale Möglichkeit, die Beschleunigungsvergütung (Prämie) auch tatsächlich zu verdienen; dann liegt im Zweifel ein Verstoß gegen § 11 Nr. 1 Abs. 1 VOB/A vor. Oder aber die Ausführungsfristen sind tatsächlich ausreichend und angemessen im Sinne von § 11 Nr. 1 Abs. 1 VOB/A vorgegeben. Dann ist eine Unterschreitung dieser Ausführungsfristen im Sinne von § 12 Nr. 2 VOB/A im Zweifel nur durch mit entsprechenden Zusatzkosten verbundenen Beschleunigungsmaßnahmen möglich mit der weiteren Gefahr, dass die nunmehr verkürzte Ausführungsfrist das Risiko verminderter Qualität birgt.[52]

35 Für die gemäß § 12 Nr. 2 VOB/A infrage kommende Fertigstellung vor Ablauf der Vertragsfristen gilt im Übrigen sinngemäß das Gleiche wie zu § 12 Nr. 1 VOB/A (dazu oben Rdn. 23 f.). Die Beschleunigungsvergütung kann sich also sowohl auf die Unterschreitung der als Vertragsfrist vereinbarten Ausführungsfrist (Fertigstellungsfrist) als auch auf die Unterschreitung von Einzelfristen, die als Vertragsfristen vereinbart worden sind, beziehen.

36 **Streitig** ist, ob die Vereinbarung einer Beschleunigungsvergütung im Sinne von § 12 Nr. 2 VOB/A den Auftraggeber seinerseits verpflichtet, etwaige **Mitwirkungshandlungen vorzeitig** zu erbringen, also z.B. die Ausführungsunterlagen gemäß § 3 Nr. 1 VOB/B vorzeitig vorzulegen. *Motzke* vertritt den Standpunkt, ohne darauf abgestimmte Mitwirkungsaufgaben übernehme der Auftraggeber durch die bloße Vereinbarung einer Beschleunigungsvergütung nicht die Verpflichtung, sich der (beschleunigten) Ablaufplanung des Auftragnehmers zu beugen.[53] Demgegenüber vertritt *Döring* die Auffassung, die Vereinbarung einer Beschleunigungsvergütung verpflichte den Auftraggeber zur vorzeitigen Erbringung der entsprechenden Mitwirkungshandlungen, weil der Auftragnehmer andernfalls nicht die Möglichkeit habe, die Beschleunigungsvergütung auch tatsächlich zu verdienen.[54] Die Auffassung von *Motzke* ist vorzugswürdig. Der Auftragnehmer erhält für die fristgerechte Erbringung seiner Leistung die vereinbarte Vergütung. Bei der Ausbedingung einer Beschleunigungsvergütung hat er die Möglichkeit, nicht aber die Pflicht, eine zusätzliche Vergütung für die vorzeitige Leistungserstellung zu verdienen. Die Treuepflicht des Auftraggebers gebietet ihm zwar, Maßnahmen zu unterlassen, die dem Auftragnehmer die Möglichkeit vereiteln, die Prämie auch zu verdienen.[55] Soll der Auftraggeber aber seinerseits zu einer vorzeitigen Erbringung von Mitwirkungshandlungen verpflichtet sein, um dem Auftragnehmer die realistische Möglichkeit zur Erlangung der Prämie zu verschaffen, so bedarf dies einer ausdrücklichen Vereinbarung zwischen den Parteien. Die bloße Vereinbarung einer Beschleunigungsvergütung als solche führt aber nicht zu veränderten, insbesondere vorzeitigen Mitwirkungspflichten des Auftraggebers.

37 **b) Erhebliche Vorteile für den Auftraggeber.** Während die Parallelvorschrift des § 12 Nr. 1 VOB/A eine Prognoseentscheidung des Auftraggebers fordert, ob die Überschreitung der vereinbarten Vertragsfristen **erhebliche Nachteile verursachen kann**, darf der öffentliche Auftraggeber gemäß § 12 Nr. 2 VOB/A eine Beschleunigungsvergütung nur vereinbaren, wenn die vorzeitige Fertigstellung ihm **erhebliche Vorteile bringt**. Die bloße Möglichkeit erheblicher Vorteile reicht also – anders als die Möglichkeit erheblicher Nachteile bei der Vertragsstrafe – für die vergaberechtliche Zulässigkeit einer Beschleunigungsvergütung nicht aus.

Bei der Frage, ob die Unterschreitung der vereinbarten Vertragsfristen für den Auftraggeber (erhebliche) Vorteile herbeiführt, sind **Aufwand** (die Höhe der zu zahlenden Beschleunigungsvergütung und ggf. sonstige zusätzliche Aufwendungen des Auftraggebers) und **Ertrag** (die durch die vorzeitige Leistung herbeigeführten Vorteile) **gegeneinander abzuwägen**. In der Sache selbst ist wiederum danach zu unterscheiden, ob die entsprechende Bauleistung des Auftragnehmers für den Auftraggeber vermögensrechtlich bedeutsam ist oder nicht.

[52] Zutreffend *Ingenstau/Korbion/Döring* VOB/A § 12, Rdn. 27; *Heiermann/Riedl/Rusam* VOB/A § 12, Rdn. 4; *Franke/Kemper/Zanner/Grünhagen* VOB/A § 12, Rdn. 7.
[53] Beck'scher VOB-Kommentar/*Motzke* VOB/A § 12, Rdn. 107.
[54] *Ingenstau/Korbion/Döring* A § 12, Rdn. 28.
[55] Vgl. *Bschorr/Zanner* S. 26; *Ingenstau/Korbion-Döring* § 12 VOB/A, Rdn. 28.

Bei **rentierlichen Investitionen** des öffentlichen Auftraggebers (dazu näher oben Rdn. 26) kommt es also darauf an, ob der mit der vorzeitigen Leistungserstellung verbundene Vermögensvorteil des Auftraggebers die damit einhergehenden Vermögensnachteile deutlich überwiegt. Zu den bei der Abwägung zu berücksichtigenden Vermögensnachteilen gehören neben der an den Auftragnehmer zu zahlenden Beschleunigungsvergütung selbst auch sonstige Aufwendungen des Auftraggebers (z.B. erhöhte Bauleitungskosten durch das Erfordernis einer intensiveren Bauüberwachung). Einen bewertbaren Vermögensvorteil wird der (öffentliche) Auftraggeber durch eine vorzeitige Bauausführung im Zweifel nur beim **Schlüsselfertigbau** durch die vorzeitige Nutzungsmöglichkeit erlangen, nicht jedoch bei der losweisen Vergabe der einzelnen Leistungsbereiche an verschiedene Fachunternehmer.[56] Insgesamt muss bei vermögensrechtlicher Betrachtung für den öffentlichen Auftraggeber also per saldo ein erheblicher Vorteil trotz der Beschleunigungs- und sonstigen Kosten verbleiben. Ansonsten ist die Vereinbarung einer Beschleunigungsvergütung gemäß § 12 Nr. 2 VOB/A vergaberechtlich unzulässig. 38

Bei **nicht vermögensrechtlich relevanten Bauleistungen** (dazu oben Rdn. 26) kommt es darauf an, ob mit der vorzeitigen Ausführung trotz der damit verbundenen Beschleunigungs- und sonstigen Kosten des Auftraggebers erhebliche Vorteile verbleiben, was vom Einzelfall abhängt. 39

Zu beachten ist, dass ein Verstoß des öffentlichen Auftraggebers gegen § 12 Nr. 2 VOB/A (gleichermaßen wie der Verstoß gegen § 12 Nr. 1 VOB/A) nur vergaberechtlich von Bedeutung ist, an der zivilrechtlichen Wirksamkeit der vereinbarten Beschleunigungsvergütung aber nichts ändert.[57] 40

c) Höhe der Beschleunigungsvergütung. Zur Höhe der vorzusehenden Beschleunigung bestimmt § 12 Nr. 2 VOB/A – anders als § 12 Nr. 1 Satz 2 VOB/A bei der Vertragsstrafe – nichts. Da die Beschleunigungsvergütung für die Unterschreitung von Vertragsfristen das Spiegelbild der Vertragsstrafe für die Überschreitung von Vertragsfristen darstellt, bietet sich methodisch an, Beschleunigungsvergütung und Vertragsstrafe gleichermaßen zu bemessen, um auch die Chancen und Risiken für beide Parteien transparent und nach gleichem Maßstab zu gestalten. Als Orientierungshilfe mag hierzu Ziffer 3 VHB zu § 12 VOB/A herangezogen werden, wonach die Vertragsstrafe 0,1 % je Werktag, insgesamt jedoch 5 % der Auftragssumme, nicht überschreiten soll. Entsprechend bietet sich an, die Beschleunigungsvergütung auf 0,1 % je Werktag der Fristunterschreitung, insgesamt jedoch maximal 5 % der Auftragssumme, festzulegen. 41

Neben dieser schematischen Festlegung kann die Vergabestelle die Beschleunigungsvergütung auch unter Berücksichtigung der im Einzelfall zu erwartenden Beschleunigungskosten pro Zeiteinheit (z.B. pro Werktag der Fristunterschreitung) fixieren.[58] Im Einzelfall kann die Höhe der Beschleunigungsvergütung auch dem Preiswettbewerb der Bieter unterstellt, also im Vergabeverfahren selbst als Wettbewerbspreis, ermittelt werden. 42

Abschließend ist zu bemerken, dass eine unangemessen hoch vereinbarte Beschleunigungsvergütung in aller Regel keiner AGB-Kontrolle gemäß §§ 305 ff. BGB unterliegt, da auch bei formularmäßiger Vereinbarung einer Beschleunigungsvergütung typischerweise der Auftraggeber als Verwender der Vertragsklausel im Sinne von § 305 Abs. 1 BGB anzusehen ist, ein Schutz gegen eigene AGBs aber nicht besteht. Auch eine Herabsetzung der im Einzelfall verdienten Beschleunigungsvergütung analog § 343 BGB ist nicht möglich, da § 343 BGB eine Schuldnerschutzvorschrift darstellt, die nur auf Vertragsstrafen und ähnliche Institutionen anwendbar ist,[59] die aber nicht dem Gläubigerschutz dient. 43

[56] Zutreffend Beck'scher VOB/Kommentar/*Motzke* VOB/A § 12, Rdn. 106.

[57] Beck'scher VOB-Kommentar/*Motzke* VOB/A § 12, Rdn. 109; *Heiermann/Riedl/Rusam* VOB/A § 12, Rdn. 3.

[58] Ähnlich *Heiermann/Riedl/Rusam* VOB/A § 12, Rdn. 5.

[59] Näher VOB/B § 11, Rdn. 6, 7 und 46.

§ 13 Verjährung der Mängelansprüche

Andere Verjährungsfristen als nach § 13 Nr. 4 VOB/B der Allgemeinen Vertragsbedingungen sollen nur vorgesehen werden, wenn dies wegen der Eigenart der Leistung erforderlich ist. In solchen Fällen sind alle Umstände gegeneinander abzuwägen, insbesondere, wann etwaige Mängel wahrscheinlich erkennbar werden und wieweit die Mängelursachen noch nachgewiesen werden können, aber auch die Wirkung auf die Preise und die Notwendigkeit einer billigen Bemessung der Verjährungsfristen für Mängelansprüche.

Schrifttum: *Beigel*, 2 Jahre Gewährleistungsfrist nach § 13 Nr. 4 VOB/B, § 13 Nr. 2 VOB/A und 5 Jahre Gewährleistungsfrist nach § 638 Abs. 1 BGB, BauR 1988, 142; *Danker/John*, Dauer der Gewährleistung für Fahrbahnmarkierungen, BauR 2001, 718; *Kraus*, Die VOB/B – ein nachbesserungsbedürftiges Werk, BauR 1997, Beilage zu Heft 4.

Übersicht

A. Allgemeines

1 In der VOB 2000 sind von dem bisherigen § 13 VOB/A nur die beiden Sätze dessen früherer Nr. 2 verblieben. Die **entfallene Nr. 1** befasste sich mit einem Verzicht „auf Gewährleistung über die Abnahme hinaus". Dazu heißt es in den der VOB 2000 vorangestellten Hinweisen zu VOB Teil A Abschnitt 1: „§ 13 Nr. 1 wurde gestrichen, da diese Vorschrift heute keine praktische Bedeutung mehr hat." Hiermit ist der DVA der bereits früher gestellten Forderung, die Nr. 1 ersatzlos zu streichen,[1] nachgekommen.[2]

I. Verhältnis des § 13 VOB/A zu § 13 VOB/B

2 Entsprechend der **Änderung** der **Terminologie** des § 13 VOB/B[3] verwendet auch § 13 VOB/A jetzt statt „Gewährleistung" und „Gewährleistungsansprüche" den Begriff **„Mängelansprüche"**. Zugleich ist die Überschrift dahin konkretisiert worden, dass es – nur – um die **Verjährung** der Mängelansprüche geht. § 13 VOB/A enthält nämlich lediglich für einen kleinen Bereich der in § 13 VOB/B umfassend geregelten Mängelhaftung Empfehlungen zur Gestaltung der Verdin-

[1] So *Ingenstau/Korbion*, 13. Aufl., VOB/A § 13 Rdn. 50.
[2] Vgl. zu § 13 Nr. 1 VOB/A a.F. näher Beck'scher VOB-Kommentar/*Motzke* VOB/A § 13 Rdn. 38–46.
[3] Vgl. dazu unten VOB/B § 13 Rdn. 1.

gungsunterlagen. Denn wie § 13 VOB/A gleich einleitend ausdrücklich hervorhebt, bestimmt er ausschließlich, wann „andere Verjährungsfristen als nach § 13 Nr. 4 VOB/B" vorgesehen werden sollen.

Trotz dieses engen Regelungsinhalts des § 13 VOB/A sind vielgestaltige **andere Änderungen** der Mängelhaftung des § 13 VOB/B rechtlich möglich[4] und in der Bauvertragspraxis weitgehend üblich. § 13 VOB/B sieht selbst an drei Stellen solche abweichenden Regelungen vor,[5] nämlich in Nr. 4 Abs. 1 für die Verjährungsfristen der Mängelansprüche[6], in Nr. 5 Abs. 1 Satz 3 für die Verjährung von Ansprüchen aufgrund von Mängelbeseitigungsleistungen[7] und in Nr. 7 Abs. 5 für den Umfang der Schadenersatzpflicht.[8] Allerdings bestehen insoweit deutliche Einschränkungen, wenn Auftraggeber die an die Vergabevorschriften gebundene öffentliche Hand ist. Denn der öffentliche Auftraggeber stellt zwar die Verdingungsunterlagen selbst auf, er hat in diesen aber vorzuschreiben, dass unter anderem die VOB/B Vertragsbestandteil wird (§ 10 Nr. 1 Abs. 2 Satz 1 VOB/A), und die Allgemeinen Vertragsbedingungen der VOB/B „bleiben grundsätzlich unverändert" (§ 10 Nr. 2 Abs. 1 Satz 1 VOB/A). Zudem scheitert bei Vergaben durch die öffentliche Hand eine Einbeziehung abweichender Allgemeiner Geschäftsbedingungen des Auftragnehmers[9] an §§ 21 Nr. 1 Abs. 3, 25 Nr. 1 Abs. 1 lit. b VOB/A.[10] 3

II. Umkehrung von Regel und Ausnahme

Obwohl § 13 VOB/B in Nr. 5 Abs. 1 Satz 2 und 3 die Verjährungsfristen seiner Nr. 4 als **Regelfristen** bezeichnet, gelten diese Fristen nach § 13 Nr. 4 Abs. 1 VOB/B nur, wenn „für Mängelansprüche keine Verjährungsfrist im Vertrag vereinbart" ist. Infolge dieser ausdrücklichen Einschränkung hat § 13 Nr. 4 VOB/B lediglich subsidiäre Bedeutung.[11] Er enthält eine Auffangregelung für den Fall, dass die Vertragspartner für die Mängelhaftung keine andere Verjährungsfrist ausbedungen haben.[12] In der Praxis ist die Vereinbarung der fünfjährigen Frist des § 638 Abs. 1 Satz 1 BGB a.F./§ 634 a Abs. 1 Nr. 2 BGB anstelle der bislang zweijährigen, jetzt vierjährigen Frist des § 13 Nr. 4 Abs. 1 VOB/B für Bauwerke so weit verbreitet, dass die Regelfrist zur **Ausnahme** geworden ist, mag das auch der Intention der VOB/B nicht entsprechen.[13] 4

§ 13 VOB/A **kehrt** für die den Vergabevorschriften unterworfenen öffentlichen Auftraggeber dieses **Verhältnis** von Regel und Ausnahme wieder **um.**[14] Indem § 13 VOB/A bestimmt, dass Abweichungen von den Verjährungsfristen des § 13 Nr. 4 VOB/B nur vorgesehen werden sollen, wenn dies nach Abwägung aller Umstände wegen der Eigenart der Leistung erforderlich ist, macht er die Fristen des § 13 Nr. 4 VOB/B im Rahmen der Vergabe durch die öffentliche Hand zu wirklichen Regelfristen.[15] Denn § 13 VOB/A schränkt die Entscheidungsfreiheit der öffentlichen Auftraggeber bei der Gestaltung der Verdingungsunterlagen zugunsten der Priorität der Verjährungsvorschriften des § 13 Nr. 4 VOB/B ein.[16] § 13 VOB/A knüpft hiermit folgerichtig an die Grundregel des § 10 Nr. 2 Abs. 1 Satz 1 VOB/A an, dass die Allgemeinen Vertragsbedingungen – also die VOB/B – grundsätzlich unverändert bleiben. Zugleich stimmt er mit der Richtlinie 5

---

[4] *Ingenstau/Korbion/Wirth* VOB/A § 13 Rdn. 5; *Daub/Piel/Soergel* ErlZ A 13.2.
[5] *Daub/Piel/Soergel* ErlZ A 13.9.
[6] Vgl. dazu unten VOB/B § 13 Rdn. 103.
[7] Vgl. dazu unten VOB/B § 13 Rdn. 213.
[8] Vgl. dazu unten VOB/B § 13 Rdn. 392–394.
[9] Inwieweit deren Klauseln der Inhaltskontrolle standhalten, erörtern ausführlich: Beck'scher VOB-Kommentar/*Motzke* VOB/A § 13 Rdn. 50–73; *Heiermann/Riedl/Rusam* VOB/A § 13 Rdn. 2–10.
[10] Vgl. dazu näher Beck'scher VOB-Kommentar/*Motzke* VOB/A § 13 Rdn. 48/49.
[11] BGH NJW-RR 1987, 851 = BauR 1987, 445.
[12] BGH NJW-RR 1991, 980 = BauR 1991, 458.
[13] Vgl. dazu unten VOB/B § 13 Rdn. 103.
[14] Ähnlich *Kuß* VOB/A § 13 Rdn. 4: Die „Generalklausel" des § 13 Nr. 4 Abs. 1 Satz 1 VOB/B „wird auf Ausnahmen beschränkt".
[15] Beck'scher VOB-Kommentar/*Motzke* VOB/A § 13 Rdn. 7.
[16] Beck'scher VOB-Kommentar/*Motzke* VOB/A § 13 Rdn. 3.

des § 10 Nr. 2 Abs. 2 Satz 2 VOB/A überein. Danach sollen sich nämlich Abweichungen von der VOB/B „auf die Fälle beschränken, in denen dort besondere Vereinbarungen ausdrücklich vorgesehen sind und auch nur soweit es die Eigenart der Leistung und ihre Ausführung erfordern." Dem entsprechend wird die durch § 13 Nr. 4 Abs. 1 VOB/B ermöglichte Vereinbarung anderer Verjährungsfristen öffentlichen Auftraggebern zwar nicht verwehrt, aber an die engen Voraussetzungen des § 13 VOB/A gebunden.[17]

B. Voraussetzungen der Vereinbarung anderer Verjährungsfristen

6 Da nach § 10 Nr. 1 Abs. 2 Satz 1 VOB/A in den Verdingungsunterlagen vorzuschreiben ist, dass unter anderem die VOB/B Vertragsbestandteil wird, ist so grundsätzlich auch § 13 Nr. 4 VOB/B in den Vertrag einbezogen. Entsprechend § 10 Nr. 2 Abs. 2 Satz 2 VOB/A regelt § 13 Satz 1 VOB/A, unter welchen **Voraussetzungen** ausnahmsweise andere Verjährungsfristen vorzusehen sind (I.), während § 13 Satz 2 VOB/A die Umstände benennt, welche dabei gegeneinander abzuwägen sind (II.). **Wo** solche Abweichungen von den Verjährungsfristen des § 13 Nr. 4 VOB/B geregelt werden müssen, bestimmt § 10 Nr. 4 Abs. 2 VOB/A (III.).

I. Ausnahme aufgrund Eigenart der Leistung

7 Andere Verjährungsfristen als nach § 13 Nr. 4 VOB/B sollen **nur** vorgesehen werden, wenn dies wegen der Eigenart der Leistung **erforderlich** ist. Schon mit dieser Formulierung unterstreicht § 13 Satz 1 VOB/A in zweifacher Weise deutlich den Ausnahmecharakter einer Abänderung der Verjährungsfristen. Der folgt zudem aus der alleinigen Anknüpfung an der Eigenart der Leistung.

1. Eigenart der Leistung

8 Indem § 13 Satz 1 VOB/A voraussetzt, dass andere Verjährungsfristen wegen der Eigenart der Leistung erforderlich sind, stellt er auf ein **objektives Kriterium** ab.[18] Maßgebend sind die Art und Weise sowie die Beschaffenheit der im Einzelfall zu vergebenden Bauleistung.[19] Auf subjektive Interessen des Auftraggebers kommt es nicht an, etwa auf seinen Wunsch, bei allen Vergaben für ein Bauvorhaben unabhängig von dem jeweiligen Gewerk eine Verlängerung auf die fünfjährige gesetzliche Frist des § 634 a Abs. 1 Nr. 2 BGB vorzusehen, um gleiche Verjährungsfristen für Mängelansprüche gegen alle Bauunternehmer und die Architekten zu erreichen.[20] Derartige Erwägungen sind im Rahmen des § 13 VOB/A sachfremde Kriterien.[21]

9 Wenn somit auch die Eigenart der zu vergebenden konkreten Einzelleistung entscheidend ist, können doch gewisse Bauleistungen **typischer** Weise **gleiche** Eigenarten besitzen.[22] Dem entsprechend geht § 10 Nr. 4 Abs. 2 Satz 2 VOB/A davon aus, dass für bestimmte Bauleistungen gleichgelagerte Voraussetzungen im Sinne des § 13 VOB/A gegeben sind.

10 Als **Beispiele** einer für die Länge der Verjährungsfrist bedeutsamen Eigenart der Leistung kommen vor allem in Betracht: Die einzusetzenden Baustoffe und -teile sowie die anzuwendenden Bauverfahren,[23] insbesondere wenn diese neuartig sind und über auftretende Mängel noch keine

[17] Beck'scher VOB-Kommentar/*Motzke* VOB/A § 13 Rdn. 4.
[18] *Daub/Piel/Soergel* ErlZ A 13.28; *Ingenstau/Korbion/Wirth* VOB/A § 13 Rdn. 12.
[19] *Ingenstau/Korbion/Wirth* VOB/A § 13 Rdn. 12; *Franke/Kemper/Zanner/Grünhagen* VOB/A § 13 Rdn. 3.
[20] *Daub/Piel/Soergel* ErlZ A 13.28/13.29, 13.15, 13.35/13.36.
[21] Vgl. dazu näher *Daub/Piel/Soergel* ErlZ A 13.32–13.36.
[22] Beck'scher VOB-Kommentar/*Motzke* VOB/A § 13 Rdn. 75, 94/95.
[23] *Ingenstau/Korbion/Wirth* VOB/A § 13 Rdn. 13/14; Beck'scher VOB-Kommentar/*Motzke* VOB/A § 13 Rdn. 102; *Daub/Piel/Soergel* ErlZ A 13.31. Vgl. auch *Weyand* ibr-online-Kommentar Vergaberecht, Stand 27.4.2006, § 13 VOB/A Rdn. 3715–3717, für Flachdacharbeiten im Anschluss an BGHZ 132, 383 = NJW 1996, 2155 = BauR 1996, 707; dazu näher unten § 13 VOB/B Rdn. 107/108.

Erfahrungen vorliegen;[24] die vorgesehene Nutzung des Bauwerks, speziell bei über das normale Maß hinausgehenden Beanspruchungen oder einer erst späteren Inbetriebnahme;[25] die besondere Verschleiß- oder Abnutzungsanfälligkeit, etwa bei Fahrbahnmarkierungen auf Straßen.[26]

2. Andere Verjährungsfristen erforderlich

Die Eigenart der Leistung muss nach § 13 Satz 1 VOB/A andere Verjährungsfristen erforderlich 11
machen. Die Richtung dieser Änderung wird nicht genannt und damit auch nicht eingeschränkt. Folglich kann je nach den Umständen der zu vergebenden Leistung sowohl eine Verkürzung als auch eine Verlängerung der Fristen des § 13 Nr. 4 VOB/B geboten sein. Allerdings sind in der Praxis Verlängerungen weit häufiger. Auf welche Umstände es im einzelnen ankommt, regelt § 13 Satz 2 VOB/A.[27]

3. Sonderfall § 13 Nr. 5 Abs. 1 Satz 3 VOB/B

§ 13 VOB/A spricht die in § 13 Nr. 5 Abs. 1 Satz 3 VOB/B geregelte Verjährungsfrist für **Män-** 12
gelbeseitigungsleistungen nicht unmittelbar an. Die VOB/B erwähnt dort jedoch unter anderem die Nr. 4, auf die sich § 13 VOB/A ausdrücklich bezieht. Falls dessen Voraussetzungen vorliegen, kann deshalb auch insoweit eine Änderung der Verjährungsfrist geboten sein.[28] Insoweit ist zu beachten, dass dies ausdrücklich speziell für die Mängelbeseitigungsleistung geschehen muss.[29]

II. Abwägung aller Umstände

Ob andere Verjährungsfristen als die Regelfristen des § 13 Nr. 4 VOB/B erforderlich sind, ist 13
nach § 13 Satz 2 VOB/A unter Abwägung **aller** Umstände zu entscheiden. Zugleich zählt § 13 Satz 2 VOB/A einige **besondere** Umstände auf, welche wegen ihres Gewichts stets zu berücksichtigen sind. Auf diese ist deshalb anschließend näher einzugehen.

1. Zeitpunkt der Erkennbarkeit der Mängel

Es liegt auf der Hand, dass die Verjährungsfristen danach bemessen werden müssen, **wann** 14
etwaige Mängel wahrscheinlich **erkennbar** werden.[30] Diese Prognose richtet sich nach den in der Baupraxis gewonnenen Erfahrungen.[31] Danach ist vor allem für Rohbauarbeiten an Gebäuden und Bauleistungen im konstruktiven Bereich,[32] für Flachdacharbeiten[33] sowie beim Einsatz neuartiger Baustoffe und -verfahren[34] eine Verlängerung der Regelfrist geboten.[35] Eine solche

---

[24] So ausdrücklich VHB Bund – Ausgabe 2002 – Stand 1.2.2006, zu § 13 VOB/A Rdn. 4:
„Bei Verwendung neuartiger Baustoffe und Baukonstruktionen ist stets zu prüfen, inwieweit die Verjährungsfrist verlängert werden muss, weil über das Auftreten von Mängeln noch keine Erfahrungen vorliegen."
Ähnlich *Kuß* VOB/A § 13 Rdn. 5/6.

[25] *Ingenstau/Korbion/Wirth* VOB/A § 13 Rdn. 15/16.

[26] *Danker/John* BauR 2001, 718 ff.

[27] Vgl. dazu unten Rdn. 13–17.

[28] *Ingenstau/Korbion/Wirth* VOB/A § 13 Rdn. 9; *Daub/Piel/Soergel* ErlZ A 13.51, 13.57/13.58.

[29] OLG Düsseldorf NJW-RR 1998, 1028 = BauR 1998, 549.

[30] Dem entsprechend heißt es im VHB Bund – Ausgabe 2002 – Stand 1.2.2006, zu § 13 VOB/A Rdn. 3:
„Sofern ausnahmsweise von der Regelfrist des § 13 Nr. 4 Abs. 1 VOB/B abweichende Verjährungsfristen vereinbart werden sollen, können folgende Umstände als Anhalt für die Bemessung der Fristen dienen:
– die Frist, innerhalb der bei Bauleistungen der betreffenden Art Mängelansprüche üblicherweise noch erkennbar werden,
– . . ."

[31] Ähnlich *Ingenstau/Korbion/Wirth* VOB/A § 13 Rdn. 19.

[32] *Heiermann/Riedl/Rusam* VOB/A § 13 Rdn. 13.

[33] Beck'scher VOB-Kommentar/*Motzke* VOB/A § 13 Rdn. 88.

[34] Vgl. oben Rdn. 10.

[35] Allgemein dazu *Beigel* BauR 1988, 142 ff.; *Kraus* BauR 1997, Beilage zu Heft 4, S. 8–12.

kommt zum Beispiel auch für Straßenbauarbeiten und Betonsanierungen in Betracht.[36] Eine weitere Verkürzung der ohnehin knapp bemessenen Regelfristen wird dem gegenüber eher selten im Sinne des § 13 Satz 1 VOB/A erforderlich sein.

2. Nachweisbarkeit der Mängelursachen

15 Ein wesentlicher Maßstab für die Länge der Verjährungsfrist ist zudem, **wieweit** die Mängelursachen **noch nachgewiesen** werden können. Im VHB Bund[37] wird das zutreffend als der Zeitpunkt umschrieben, „bis zu dem einwandfrei festgestellt werden kann, ob aufgetretene Mängel auf vertragswidrige Leistung oder auf andere Ursachen zurückzuführen sind, z.B. üblicher Verschleiß oder Abnutzung durch vertragsgemäßen Gebrauch." Da nach der Abnahme in aller Regel der Auftraggeber den Mangel beweisen muss,[38] ist ihm mit allzu langen Verjährungsfristen nicht gedient.[39] Er bringt sich vielmehr selbst in Schwierigkeiten,[40] sobald die Abgrenzung gegenüber normaler Alterung, unzureichender Wartung und Verschleiß nicht mehr sicher möglich ist.

3. Wirkung auf die Preise

16 Die Länge der Verjährungsfrist wirkt sich des weiteren auf die Kalkulation der Preise aus, weil das Wagnis entsprechend zu bewerten[41] und auch die Dauer der Sicherheitsleistung zu bedenken[42] ist. Es ist daher abzuwägen, „ob Preiserhöhungen oder -minderungen durch Berücksichtigung des erhöhten oder geminderten Mängelansprüche-Risikos in einem angemessenen Verhältnis zu dem erzielbaren Vorteil stehen."[43]

4. Billige Bemessung der Fristen

17 Als letzten besonderen Umstand nennt § 13 Satz 2 VOB/A „die Notwendigkeit einer billigen Bemessung der Verjährungsfristen für Mängelansprüche." Die kurzen Fristen des § 13 Nr. 4 VOB/B wurden unter anderem damit begründet, dass Mängelansprüche des Auftragnehmers gegen Lieferer von Baumaterialien in 6 Monaten verjähren.[44] Das war nach § 477 Abs. 1 BGB a.F. der Fall, hat sich aber seit dem 1.1.2002 durch § 438 Abs. 1 Nr. 2 lit. b BGB grundlegend geändert. Mängelansprüche gegen Baustofflieferanten verjähren unter den dort genannten Voraussetzungen jetzt erst nach 5 Jahren. Dies war ein Argument für die nunmehr erfolgte **Verlängerung** der **Regelfristen** des § 13 Nr. 4 VOB/B.[45] Angesichts dieser verlängerten Regelfristen sollte der enge Rahmen, den § 13 VOB/A für Änderungen der Verjährungsfrist vorsieht, erst recht strikt beachtet werden.[46]

III. Standort anderer Verjährungsfristen

18 Nach § 10 Nr. 4 Abs. 2 Satz 1 VOB/A sind die im Einzelfall gemäß § 13 VOB/A erforderlichen Vereinbarungen in den **Besonderen Vertragsbedingungen** zu treffen. Da § 13 VOB/A auf den Einzelfall abstellt,[47] entspricht dies deren in § 10 Nr. 2 Abs. 2 Satz 1 VOB/A umschriebenen

---

[36] Vgl. dazu die bei Beck'scher VOB-Kommentar/*Motzke* VOB/A § 13 Rdn. 95 angeführten ZTV.
[37] Ausgabe 2002 – Stand 1.2.2006, zu § 13 VOB/A Rdn. 3, 2. Spiegelstrich.
[38] Vgl. unten VOB/B § 13 Rdn. 42–44, 290.
[39] Beck'scher VOB-Kommentar/*Motzke* VOB/A § 13 Rdn. 93.
[40] *Ingenstau/Korbion/Wirth* VOB/A § 13 Rdn. 19; ähnlich *Daub/Piel/Soergel* ErlZ A 13.23/13.24.
[41] *Ingenstau/Korbion/Wirth* VOB/A § 13 Rdn. 21.
[42] Beck'scher VOB-Kommentar/*Motzke* VOB/A § 13 Rdn. 105.
[43] So VHB Bund – Ausgabe 2002 – Stand 1.2.2006, zu § 13 VOB/A Rdn. 3, 3. Spiegelstrich; ähnlich *Kuß* VOB/A § 13 Rdn. 7.
[44] *Daub/Piel/Soergel* ErlZ A 13.19; *Heiermann/Riedl/Rusam* VOB/A § 13 Rdn. 14.
[45] Vgl. dazu unten VOB/B § 13 Rdn. 112.
[46] Ähnlich Heiermann/Riedl/Rusam VOB/A § 13 Rdn. 11.
[47] Vgl. oben Rdn. 8.

Zweck. Wenn für bestimmte Bauleistungen gleichgelagerte Voraussetzungen im Sinne von § 13 VOB/A gegeben sind, wenn sie also typischer Weise gleiche Eigenarten besitzen,[48] dürfen die abweichenden Verjährungsfristen auch in **Zusätzlichen Technischen** Vertragsbedingungen vorgesehen werden (§ 10 Nr. 4 Abs. 2 Satz 2 VOB/A). Das stimmt ebenfalls mit deren Zweck (§ 10 Nr. 3 Satz 2 VOB/A) überein.

C. Rechtsschutz bei Verstößen gegen § 13 VOB/A

Ob § 13 VOB/A eine Verfahrensvorschrift im Sinne des § 97 Abs. 7 GWB ist und dem Bieter bei einer vergaberechtswidrigen Verlängerung der Verjährungsfrist deshalb Rechtsschutz nach § 107 Abs. 2 GWB offen steht, ist streitig,[49] aber zu bejahen. Denn nach der hier vertretenen Auffassung sind alle Vergabevorschriften – außer Ordnungsvorschriften – bieterschützend[50] **19**

Falls abweichende Verjährungsfristen in Zusätzlichen Technischen Vertragsbedingungen vorgesehen sind, unterliegen sie der **Inhaltskontrolle**,[51] bei Vertragsschluss bis zum 31.12.2001 nach dem AGB-Gesetz, bei Vertragsschluss ab 1.1.2002 nach §§ 305 ff. BGB. In AGB geregelte Verjährungsfristen sind für Fachunternehmen aber keine überraschenden Klauseln im Sinne des § 3 AGB-Gesetz/§ 305 c Abs. 1 BGB.[52] **20**

Besitzt der öffentliche Auftraggeber eine **marktbeherrschende** Stellung und nutzt er diese **missbräuchlich** aus, indem er in den Vergabeunterlagen unangemessene Verjährungsfristen vorsieht, so kann ein Bieter im Wege der einstweiligen Verfügung die Unterlassung dieser wettbewerbswidrigen Ausschreibung verlangen (§§ 19, 33 GWB).[53] **21**

§ 14 Sicherheitsleistung

1. **Auf Sicherheitsleistung soll ganz oder teilweise verzichtet werden, wenn Mängel der Leistung voraussichtlich nicht eintreten oder wenn der Auftragnehmer hinreichend bekannt ist und genügende Gewähr für die vertragsgemäße Leistung und die Beseitigung etwa auftretender Mängel bietet. Bei Beschränkter Ausschreibung sowie bei Freihändiger Vergabe sollen Sicherheitsleistungen in der Regel nicht verlangt werden.**
2. **Die Sicherheit soll nicht höher bemessen und ihre Rückgabe nicht für einen späteren Zeitpunkt vorgesehen werden, als nötig ist, um den Auftraggeber vor Schaden zu bewahren. Die Sicherheit für die Erfüllung sämtlicher Verpflichtungen aus dem Vertrag soll 5 v.H. der Auftragssumme nicht überschreiten. Die Sicherheit für Mängelansprüche soll 3 v.H. der Abrechnungssumme nicht überschreiten.**

Schrifttum: Vgl. die Literaturhinweise bei § 17 VOB/B.

Übersicht

[48] Vgl. oben Rdn. 9.
[49] Dafür: *Franke/Kemper/Zanner/Grünhagen* VOB/A § 13 Rdn. 8; dagegen: Beck'scher VOB-Kommentar/*Motzke* VOB/A § 13 Rdn. 5, 10–17.
[50] Vgl. dazu näher oben VOB/A § 5 Rdn. 29.
[51] Vgl. dazu unten VOB/B § 13 Rdn. 103–105 und 179.
[52] BGH NJW-RR 1987, 851 = BauR 1987, 445.
[53] OLG Dresden BauR 2001, 816; zum Rechtsschutz unterhalb der Schwellenwerte vgl. im Einzelnen oben Einleitung zur VOB/A Rdn. 37–62.

I. Überblick

1 Sicherheitsleistung ist ein Mittel zur Abwendung der Gefahr zukünftiger Rechtsverletzungen und sonstiger Nachteile für den Gläubiger[1]. In § 14 VOB/A sind **lediglich Vorgaben für den öffentlichen Auftraggeber** enthalten, wann auf Sicherheitsleistung verzichtet werden soll und in welcher Höhe geforderte Sicherheiten angemessen sind. Regelungen über die zulässigen Arten von Sicherheitsleistungen und deren Vereinbarungen sind in § 17 VOB/B enthalten[2]. Allein durch die Einbeziehung der VOB/B – oder der isolierten Vereinbarung von § 17 VOB/B[3] – wird die Pflicht zur Stellung einer Sicherheitsleistung nicht vereinbart. Es gibt ebenso kein Gewohnheitsrecht oder Handelsbrauch, aus dem der Auftraggeber bei einem Bauvertrag Anspruch auf Sicherheitsleistung herleiten könnte[4].

II. Verzicht auf Sicherheitsleistungen (§ 14 Nr. 1 Satz 1 VOB/A)

2 § 14 VOB/A geht davon aus, dass **im Regelfall** Sicherheitsleistung vereinbart werden soll. Nur wenn bestimmte Voraussetzungen erfüllt sind, soll **im Ausnahmefall** auf die Stellung einer Sicherheitsleistung **verzichtet** werden[5]. Ein regelmäßiger Verzicht ist jedoch für die beschränkte Ausschreibung und die freihändige Vergabe nach § 14 Nr. 1 Satz 2 VOB/A vorgesehen[6]. Einen **Anspruch auf Verzicht** hat der Auftragnehmer nicht[7].

3 Nach § 14 Nr. 1 Satz 1 **erste Alternative** VOB/A soll auf Sicherheitsleistung ganz oder teilweise verzichtet werden, **wenn Mängel der Leistung voraussichtlich nicht eintreten.** Da es ausgeschlossen ist, dass Mangelfreiheit bereits vor Erbringung der Bauleistungen effektiv feststeht, kann es sich nur um eine vernünftige Einschätzung nach allgemeinen Erfahrungssätzen zum Zeitpunkt der Ausschreibung handeln. Eine solche Einschätzung wird zu diesem Zeitpunkt nicht möglich sein. Auch **einfache Bauleistungen** werden in der Praxis oft nicht mangelfrei erbracht. § 14 Nr. 1 Satz 1 erste Alternative regelt damit einen rein **theoretischen Fall**. Diese Möglichkeit des Verzichts auf Sicherheitsleistung hat **keine praktische Relevanz**[8].

4 § 14 Nr. 1 Satz 1 **zweite Alternative** bestimmt, dass Sicherheiten auch dann nicht gefordert werden sollen, **wenn der Auftragnehmer hinreichend bekannt ist und genügende Gewähr für die vertragsgemäße Leistung und die Beseitigung etwa auftretender Mängel bietet.** Ob diese Voraussetzungen vorliegen, kann ebenfalls zum Zeitpunkt der Ausschreibung nur aufgrund einer vernünftigen Einschätzung des Auftraggebers im Vorhinein festgestellt werden. Insbesondere unter Berücksichtigung der zunehmenden Zahl der Insolvenzen im Baubereich ist Vorsicht bei Annahme dieser Voraussetzung geboten. Zuverlässigkeit und Leistungsfähigkeit der Bieter sind einer sorgfältigen Prüfung zu unterziehen. Auch die Höhe der jeweiligen Auftragssumme ist bei der Einschätzung zu berücksichtigen[9]. Die Regelung der zweiten Alternative hat ebenfalls **nur theoretische Bedeutung.** Ein Verzicht auf Sicherheitsleistung kann vernünftigerweise im Rahmen der Ausschreibung nicht zu berücksichtigen sein, weil bei öffentlicher Ausschreibung zu diesem Zeitpunkt überhaupt noch nicht feststeht, welche Bieter sich an der Ausschreibung beteiligen werden und es sich bei der zweiten Alternative ausschließlich um **persönliche** Gründe

---

[1] *Nicklisch-Weick* VOB/B § 17 Rdn. 1; vgl. Kommentierung zu § 17 VOB/BI.
[2] Vgl. Kommentierung dort.
[3] Vgl. hierzu Kommentierung zu § 17 VOB/B I 2. m.w.N. in Fn. 7.
[4] *Leinemann* VOB/B § 17 Rdn. 15 m.w.N.; Beck'scher VOB-Kommentar/*Inge Jagenburg* VOB/B vor § 17 Rdn. 12 m.w.N.; *Heiermann/Riedl/Rusam* VOB/A § 14 Rdn. 4 m.w.N.
[5] *Heiermann/Riedl/Rusam* VOB/A § 14 Rdn. 5 m.w.N.; vgl. VHB 2002 zu § 14 VOB/A Seiten 61 f.
[6] Vgl. hierzu nachfolgend III.
[7] *Heiermann/Riedl/Rusam* VOB/A § 14 Rdn. 1 m.w.N.; *Franke/Kemper/Zanner/Grünhagen* VOB/A § 14 Rdn. 4; Beck'scher VOB-Kommentar/*Motzke* VOB/A § 14 Rdn. 55 m.w.N.
[8] *Franke/Kemper/Zanner/Grünhagen* VOB/A § 14 Rdn. 5 m.w.N.
[9] Becker'scher VOB-Kommentar/*Motzke* VOB/A § 14 Rdn. 149.

für eine Verzichtsentscheidung hinsichtlich der Sicherheitsleistung handelt. Da im Rahmen des Ausschreibungsverfahrens der Grundsatz der Chancengleichheit aller Bieter gewahrt werden muss, hat der ausschreibende Auftraggeber zu diesem Zeitpunkt keine Grundlage für seine Entscheidung über einen Verzicht auf die Stellung einer Sicherheitsleistung. Für den Bereich der öffentlichen Ausschreibung ist die zweite Alternative daher lediglich **von theoretischer Bedeutung ohne praktische Relevanz.**

III. Sicherheit bei beschränkter Ausschreibung und Freihändiger Vergabe (§ 14 Nr. 1 Satz 2 VOB/A)

Für den Bereich der beschränkten Ausschreibung und der freihändigen Vergabe wird das Regel-Ausnahme-Schema von Satz 1 umgedreht. Die Regelung ist im Rahmen der Neufassung der VOB2000 aufgenommen worden. Die Änderung beruht auf der wirtschaftspolitischen Überlegung, Auftragnehmer von liquiditätsbeeinträchtigenden Sicherheitsleistungen zu entlasten[10]. Der öffentliche Auftraggeber muss sich damit bereits **bei der Ausschreibung** (Grundsatz der Chanchengleichheit für alle beteiligten Bieter) entscheiden, ob er **ausnahmsweise** bei diesen speziellen Vergabearten die Stellung von Sicherheiten verlangen will. Da ihm der Bieterkreis bei der beschränkten Ausschreibung und der Freihändigen Vergabe von vorne herein bekannt ist, können bei der Entscheidung des öffentlichen Auftraggebers auch **persönliche Umstände** (z.B. eine langjährige Zusammenarbeit mit den Bietern und ihre erprobte Zuverlässigkeit) Berücksichtigung finden. Für die **beschränkte Ausschreibung nach öffentlichem Teilnahmewettbewerb** hat die Regelung in Satz 2 keine praktische Relevanz, da bei dieser Vergabeart der Bewerberkreis vom Auftraggeber ebenfalls nicht (im voraus) bestimmt werden kann[11]. 5

IV. Höhe und Rückgabe der Sicherheit (§ 14 Nr. 2 Satz 1 VOB/A)

Zur **Höhe der Sicherheit** vgl. die Kommentierung zu § 17 VOB/B II 3. Wird in den Ausschreibungsunterlagen eine von den Werten in § 14 Nr. 2 VOB/A abweichende Höhe **nicht festgelegt,** können alle Bieter davon ausgehen, dass die Regelwerte (5 % der Auftragssumme bzw. 3 % der Abrechnungssumme) nicht überschritten werden. Bei der Bemessung der Höhe der Sicherheitsleistung ist jeweils von der maßgeblichen **Bruttosumme** auszugehen[12]. 6

Die **Rückgabe der Sicherheit** ist in § 14 Nr. 2 unpräzise geregelt. Die **äußerste Grenze** für die Rückgabe der Sicherheit wird durch § 17 Nr. 8 VOB/B gezogen[13]. In der **Praxis** wird dieser Zeitpunkt identisch sein mit dem unpräzise geregelten Begriff der „Notwendigkeit, den Auftraggeber vor Schaden zu bewahren". 7

V. Regelungen im VHB

Im VHB 2002, Stand 1.2.2006, finden sich für den öffentlichen Auftraggeber (verbindlich) für die Durchführung von Bauaufgaben des Bundes ergänzende Regelungen zu § 14 VOB/A: 8

Sicherheitsleistung

1 Ein Bedürfnis nach Sicherheitsleistung kann bestehen

1.1 dafür, dass der Auftragnehmer

- die ihm übertragene Leistung einschließlich der Abrechnung vertragsmäßig erbringt,
- Mängel- und Schadensersatzansprüche erfüllt;

---

[10] *Ingenstau/Korbion/Joussen* VOB/A § 14 Rdn. 11 m.w.N.

[11] *Ingenstau/Korbion/Joussen* VOB/A § 14 Rdn. 11.

[12] Vgl. Kommentierung zu § 17 VOB/B II 3.

[13] Vgl. hierzu Kommentierung zu § 17 Nr. 8 VOB/B IX.

1.2 bei Abschlagszahlungen für angefertigte, bereitgestellte Bauteile oder für auf der Baustelle angelieferte Stoffe und Bauteile;
1.3 bei Vorauszahlungen.

2 Sicherheiten
2.1 für die vertragsgemäße Erfüllung sind

- bei Öffentlicher Ausschreibung, Offenem Verfahren und bei internationaler NATO-Ausschreibung erst ab einer voraussichtlichen Auftragssumme von 250.000,– EUR zu verlangen,
- bei Beschränkter Ausschreibung, Beschränkter Ausschreibung nach Öffentlichem Teilnahmewettbewerb, Freihändiger Vergabe, Nichtoffenem Verfahren und Verhandlungsverfahren in der Regel nicht zu verlangen,

2.2 sind für die Erfüllung der Mängelansprüche in der Regel ab einer Auftragssumme bzw. der Abrechnungssumme von 250.000,– EUR zu verlangen,
2.3 sind für Abschlagszahlungen oder Vorauszahlungen zu verlangen. Dabei sind § 16 B Nr. 1.4 und Nr. 2.2 VHB zu beachten.

3 Arten der Sicherheiten
Nach § 17 Nr. 2 i.V.m. Nr. 3 VOB/B hat der Auftragnehmer die Wahl zwischen den folgenden Arten der Sicherheit:

- Einbehalt von Geld (§ 17 Nr. 6)
- Hinterlegung von Geld (§ 17 Nr. 5) und
- Stellung einer Bürgschaft (§ 17 Nr. 4).

Der Auftragnehmer kann im Laufe der Vertragsabwicklung eine einmal gewählte Art der Sicherheit durch eine andere der vorgenannten ersetzen.
Für vereinbarte Abschlagszahlungen im Sinne des § 16 Nr. 1 Abs. 1 Satz 3 VOB/B und vereinbarte Vorauszahlungen kann Sicherheit nur durch Bürgschaft geleistet werden.

4 Höhe der Sicherheiten
Ist für die vertragsgemäße Erfüllung und/oder die Mängelansprüche eine Sicherheit erforderlich, ist in Nr. 4.1 des EVM (B) BVB – 214 bzw. Nr. 6.1 des EVM (L) BVB – 234 der Vonhundertsatz einzutragen. Als Sicherheit für die vertragsgemäße Erfüllung sollen in der Regel bis zu 5 v.H. der Auftragssumme vorgesehen werden. Höhere Sicherheiten dürfen nur gefordert werden, wenn ein ungewöhnliches Risiko für den Auftraggeber zu erwarten ist; die Sicherheit darf in diesem Fall 10 v.H. der Auftragssumme nicht überschreiten.
Als Sicherheit für die Mängelansprüche sollen in der Regel 3 v.H., höchstens bis zu 5 v.H. der Auftragssumme einschließlich erteilter Nachträge vorgesehen werden.

5 Rückgabezeitpunkt für Mängelansprüchesicherheit
Die Rückgabe der Sicherheit richtet sich nach § 17 Nr. 8 VOB/B.
Sofern im Einzelfall höheres Sicherheitsbedürfnis besteht, ist abweichend von der zweijährigen Regelfrist ein anderer Rückgabezeitpunkt in Nr. 4.1 des EVM (B) BVB – 214 bzw. in Nr. 6.1 des EVM (B) BVB – 234 festzulegen.

6 Verzicht auf Sicherheiten
In geeigneten Fällen kann sich der Auftraggeber vorbehalten, bei Zuschlagserteilung auf die Stellung einer Sicherheit zu verzichten. In diesen Fällen ist in den Verdingungsunterlagen vorzusehen, dass der Bieter anzugeben hat, um welchen Satz sich die Angebotspreise vermindern. Diese Angabe ist bei der Wertung der Angebote nicht zu berücksichtigen.

7 Bürgen
Als Bürgen kommen nur die

- in den Europäischen Gemeinschaften oder
- in einem Staat der Vertragsparteien des Abkommens über den Europäischen Wirtschaftsraum oder
- in einem Staat der Vertragsparteien des WTO-Übereinkommens über das öffentliche Beschaffungswesen

zugelassenen Kreditinstitute bzw. Kredit- oder Kautionsversicherer in Betracht.
Die Kreditinstitute der EU sind in einer von der Kommission der Europäischen Gemeinschaften erstellten und jeweils im Amtsblatt der Europäischen Gemeinschaften veröffentlichten Bankenliste aufgeführt. Eine Liste in der Bundesrepublik Deutschland zugelassener Kreditinstitute bzw. Kredit- bzw. Kautionsversicherer befindet sich in Teil IV.

Bei der Vorlage von Bürgschaften anderer Kreditinstitute bzw. Kredit- oder Kautionsversicherer – die also nicht in den vorgenannten Listen aufgeführt sind – hat der Bieter/Auftragnehmer den Nachweis der Zulassung zu führen.

§ 15 Änderung der Vergütung

Sind wesentliche Änderungen der Preisermittlungsgrundlagen zu erwarten, deren Eintritt oder Ausmaß ungewiss ist, so kann eine angemessene Änderung der Vergütung in den Verdingungsunterlagen vorgesehen werden. Die Einzelheiten der Preisänderung sind festzulegen.

Schrifttum: *Augustin/Stemmer* Die Pfennigklausel als Wertsicherungsklausel, BauR 2000, 1803 – *Hereth/Ludwig/Naschold* Kommentar zur VOB, Band 1, VOB/A 1953 – *Kniffka/Quack* Die VOB/B in der Rechtsprechung des Bundesgerichtshofs – Entwicklung und Tendenzen –, Festschrift 50 Jahre Bundesgerichtshof 2000, Seite 17 – *Werner* Lohngleitklauseln am Bau – Eine unendliche Geschichte?, NZBau 2001, Seite 521.

Übersicht

I. Vergaberechtliche und bauvertragliche Relevanz

1. Vergaberechtliche Relevanz

Laut § 15 VOB/A **kann** der öffentliche Auftraggeber eine angemessene Änderung der Vergütung in den Verdingungsunterlagen vorsehen, wenn wesentliche Änderungen der Preisermittlungsgrundlagen zu erwarten sind, deren Eintritt oder Ausmaß ungewiss ist. Diese Kann-Bestimmung ist nicht im Sinne eines freien Ermessens zu verstehen; der öffentliche Auftraggeber darf also dann, wenn die Voraussetzungen des § 15 gegeben sind, nicht etwa grundsätzlich und unerörtert die Aufnahme von Preisvorbehalten ablehnen.[1] Er ist vielmehr unter dem Aspekt, dass alle Normen der Vergabeordnungen – ausgenommen reine Ordnungs- oder Definitionsnormen – vergaberechtlich relevant sind,[2] sowie ergänzend auch unter dem Verbot des § 9 Nr. 2 VOB/A, dem Bieter ungewöhnliche Wagnisse aufzuerlegen, verpflichtet, die Voraussetzungen des § 15 zu prüfen und insbesondere seine Entscheidung, einen Preisvorbehalt nicht einzuführen, im Vergabevermerk (§ 30 VOB/A) niederzulegen; die Vorschrift ist also „bieterschützend“: Ein Bieter, der die Aufnahme einer Preisgleitklausel für geboten hält, kann das gemäß § 107 Abs. 3 GWB unverzüglich rügen und bei Erfolglosigkeit der Rüge darauf ein Nachprüfungsverfahren stützen.[3] 1

[1] Mindestens missverständlich dazu *Heiermann/Riedl/Rusam* VOB/A § 15, Rdn. 12, 13.
[2] Einzelheiten VOB/A § 5, Rdn. 29.
[3] Zutreffend *Franke/Mertens* in: *Franke/Kemper/Zanner/Grünhagen* VOB/A § 15, Rdn. 13, 14.

2. Bauvertragliche Relevanz, Festpreis

2 Ist der Vertrag einmal geschlossen, kann sich der Auftragnehmer nicht mehr darauf berufen, der Auftraggeber hätte eigentlich eine Preisanpassungsmöglichkeit im Vertrag vorsehen müssen, deshalb habe er nachträglich Anspruch auf Preisanpassung.[4] Unter dem Blickwinkel des § 9 Abs. 2 VOB/A ist das allerdings kritisch: Der Auftraggeber darf dem Auftragnehmer keine ungewöhnlichen Wagnisse auferlegen. Demzufolge darf ein Auftragnehmer darauf vertrauen, dass ein Auftraggeber, dem die Anwendung der VOB/A gesetzlich über § 97 Abs. 6, 7 GWB vorgeschrieben ist, die Bausolldefinition so abgefasst hat, dass darin kein ungewöhnliches Wagnis enthalten ist; so jedenfalls darf der Vertrag ausgelegt werden. Risikoentwicklungen, bei deren Eintritt sich doch ein ungewöhnliches Wagnis realisiert, werden gar nicht Bausoll, begründen also Nachtragsansprüche.[5] Voraussetzung ist aber, dass eine Wahl unter mehreren Auslegungsmöglichkeiten besteht und eine VOB-konforme Auslegung **möglich** ist. Eine gegen die VOB/A verstoßende, aber eindeutige und klare Ausschreibung kann – sofern man nicht annimmt, dass über § 97 Abs. 6 GWB die VOB/A auch unmittelbar Vertragsinhalt wird – im Wege der Auslegung nicht zwangsanpassen.[6] Genauso ist die Rechtslage aber hier: Der Verstoß, keine Preisanpassungsmöglichkeit eingeführt zu haben, ist unübersehbar, es gibt nichts auszulegen. Deshalb bleibt es dabei, dass dem Auftragnehmer zivilrechtlich nicht zu helfen ist, solange nicht die Grundsätze der „Störung der Geschäftsgrundlage" eingreifen. Ein deliktischer Anspruch gemäß § 823 Abs. 2 BGB wegen Verstoßes gegen die VOB/A als Schutzgesetz kommt möglicherweise in Betracht.[7]

3 Verträge ohne Preisänderungsklauseln sind immer **Festpreisverträge**, das heißt, der einmal vereinbarte Preis ändert sich während der Laufzeit des Vertrages nicht, unabhängig davon, wie sich die Kosten des Auftragnehmers entwickeln.[8] Beim Einheitspreisvertrag gibt es davon für den Spezialfall der Abweichung der ausgeführten zur im Leistungsverzeichnis angegebenen Menge von mehr als 10% eine Ausnahme gemäß § 2 Nr. 3 VOB/B, nämlich eine Korrekturmöglichkeit des Einheitspreises. Sowohl für Einheitspreisverträge wie für Pauschalverträge gibt es darüber hinaus die Möglichkeit der Anpassung dann, wenn eine „Störung der Geschäftsgrundlage" eingetreten ist, § 313 BGB und (für Pauschalverträge) § 2 Nr. 7 Abs. 1 Satz 2, 3 VOB/B. Bei Einheitspreisverträgen greifen die strengen Voraussetzungen so gut wie nie, bei Pauschalverträgen selten.[9]

Wenn in den Verträgen der Begriff „Festpreis" verwandt wird, ist immer zu prüfen, ob damit nicht Pauschalverträge gemeint sind.[10]

II. Vergaberechtliche Voraussetzungen für die Einführung von Preisänderungsklauseln

1. Wesentliche Änderungen der Preisermittlungsgrundlagen zu erwarten

4 Preisgleitklauseln sind geboten, wenn „wesentliche Änderungen der Preisermittlungsgrundlagen zu erwarten sind". Die **„Preisermittlungsgrundlagen"** umfassen alle Kostenelemente der (Angebots-) Kalkulation des Auftragnehmers und die Kalkulationsmethode.[11] **Wesentlich** sind Änderungen schon dann, wenn sie im Ergebnis den kalkulierten Prozentsatz für Gewinn nennenswert

[4] *Heiermann/Riedl/Rusam* VOB/A § 15, Rdn. 12, 13.
[5] BGH „Wasserhaltung II" BauR 1992, 752; BGH „Auflockerungsfaktor" BauR 1997, 466; näher VOB/B § 2, Rdn. 114–118.
[6] Kniffka/Quack 50 Jahre Bundesgerichtshof, Seite 17, 28. Signifikantes Beispiel: BGH „Kammerschleuse", BauR 1997, 126.
[7] Näher VOB/A § 9 Rdn. 3; VOB/B § 2 Rdn. 114.
[8] Siehe dazu VOB/B § 2, Rdn. 6, Fn. 3.
[9] Einzelheiten VOB/B § 2, Rdn. 277–291.
[10] Zur Auslegung *Kapellmann/Schiffers* Band 2, Rdn. 76–82. Zur fehlerhaften Bezeichnung selbst in der Rechtsprechung beispielsweise BGH BauR 1981, 744; OLG Hamm NJW 1996, 199; OLG Hamburg BB 1970, 688.
[11] Näher VOB/B § 2, Rdn. 137–140.

verändern, also beispielsweise schon um ca. 25 %. Kalkulatorisch müssen „Wagnis" und „Gewinn" einheitlich und zusammengefasst behandelt werden;[12] wenn „Wagnis" getrennt ausgewiesen ist, so ist jedenfalls jede künftige Kostenveränderungen wesentlich, die den Wagnisansatz überwiegend aufzehrt.[13] Keineswegs müssen schon die Maßstäbe des § 9 Nr. 2 VOB/A „ungewöhnliches Wagnis" oder gar der Störung der Geschäftsgrundlage, § 313 BGB, erreicht sein.

Diese wesentlichen Änderungen müssen **zu erwarten** sein. Ihr Eintritt muss also wahrscheinlich sein. Läuft der Vertrag über eine längere Laufzeit, sind Kostensteigerungen wahrscheinlich, aber kalkulatorisch kaum zu erfassen. Da § 15 den Sinn hat, dem Auftragnehmer eine in Grenzen an seine Kostenentwicklung angepasste Vergütung zu sichern, genügt in der Regel dieser Laufzeitaspekt schon allein. Allgemeine Maßstäbe dazu gibt es nicht; das Vergabehandbuch des Bundes im Zuständigkeitsbereich der Finanzbauverwaltungen 2002, Stand Februar 2006, sieht unter den Erläuterungen zu § 15 unter 1.3, 1.2 in Anknüpfung an die „Grundsätze des Bundesministers für Wirtschaft zur Anwendung von Preisvorbehalten bei öffentlichen Aufträgen vom 4.5.1972"[14] **sachgerecht** vor, dass Gleitklauseln nur dann zulässig sind, wenn die Zeiträume zwischen Angebotsabgabe und Festlegung mindestens 10 Monate betragen; ist das mit der Vereinbarung von festen Preisen verbundene Wagnis im Einzelfall besonders hoch, genügt schon eine Frist zwischen Angebotsabgabe und Fertigstellung von 6 Monaten. Selbstverständlich sind das keine verbindlichen Fristen, aber doch brauchbare Anhaltspunkte.

2. Unsicherheit des Eintritts oder des Ausmaßes der Änderungen

Die wesentliche Veränderung der Preisermittlungsgrundlagen muss zwar zu erwarten sein, 5
muss aber hinsichtlich ihres Eintritts oder jedenfalls ihres Ausmaßes noch unsicher sein. Ist sie sicher, bedarf es keiner Gleitklausel, die künftigen Kosten können dann schon in das Angebot einkalkuliert werden.

3. Angemessene Änderung

Sind die Voraussetzungen des § 15 gegeben, so kann – vgl. dazu Rdn. 1 – eine angemessene 6
Änderung der Vergütung in den Verdingungsunterlagen vorgesehen werden. Im Ergebnis können zur Beurteilung der Angemessenheit die Maßstäbe des § 2 VOB/B für Vergütungsänderungen angelegt werden; eine gewisse, ihrerseits angemessene Selbstbeteiligung an der Kostensteigerung (dazu Rdn. 11) ist damit vereinbar.

III. Einzelheiten der Preisänderung sind festzulegen

1. Grundsatz

Wenn Gleitklauseln vereinbart werden, so „sind die Einzelheiten der Preisänderung festzule- 7
gen". Das erfordert zunächst eine präzise Gleitklausel, die festlegen muss, welche Veränderung welcher Kostenelemente Bezugsbasis ist, z.B. der Ecklohn. Sodann muss festgelegt werden, ab wann die Erhöhung in Kraft treten soll, außerdem, ob die bis zum Stichtag eingetretenen Erhöhungen in die Preisvorbehaltsregelung einbezogen werden soll oder nicht. In **Allgemeinen Geschäftsbedingungen** des Auftraggebers führt eine unklare Klausel nicht zur Unwirksamkeit, sondern gemäß § 305 c Abs. 2 BGB dazu, dass die auftragnehmerfreundlichere Auslegungsvariante gilt.

In der Praxis der öffentlichen Auftraggeber kommen heute vor Lohngleitklauseln, und zwar 8
in Form der Pfennigklausel = Centklausel, kaum noch der Prozentklausel[15] (Rdn. 9), Materialpreisgleitklauseln (Rdn. 19) und im Ergebnis Umsatzsteuergleitklauseln (so Nr. 17.3 EVM (B)

[12] Einzelheiten VOB/B § 2, Rdn. 139.
[13] So schon *Hereth/Naschold* Kommentar zur VOB, Band 1, VOB/A, Erl. 15.16.
[14] Abgedruckt bei Beck'scher VOB-Kommentar/*Hertl* VOB/A § 15, Rdn. 7.
[15] Zur Lohngleitklausel in Form der Prozentklausel *Kapellmann/Schiffers* Band 1, Rdn. 106.

ZVB/E, Vergabehandbuch des Bundes im Aufgabenbereich der Finanzbauverwaltung 2002, Stand Februar 2006).

2. Pfennigklausel (Centklausel)

9 **a) Struktur.** Die häufigste Lohngleitklausel ist die Pfennigklausel, jetzt Centklausel. Der Standardtext ergibt sich aus dem Formblatt EFB LGl im Vergabehandbuch des Bundes im Zuständigkeitsbereich der Finanzbauverwaltung 2002, Stand Februar 2006. Sie ist nachfolgend abgedruckt.

Vertragsbedingungen Lohngleitklausel

1 Mehr- oder Minderaufwendungen des Auftragnehmers für Löhne und Gehälter werden nur erstattet, wenn sich der maßgebende Lohn durch Änderungen der Tarife oder bei einem tariflosen Zustand durch Änderungen aufgrund von orts- oder gewerbeüblichen Betriebsvereinbarungen erhöht oder ermindert hat.
Maßgebender Lohn ist der Gesamttarifstundenlohn (Tarifstundenlohn und Bauzuschlag) des Spezialbaufacharbeiters gemäß Lohngruppe 4 (West), wenn der Auftraggeber in der Leistungsbeschreibung nichts anderes angegeben hat.
Mehr- oder Minderaufwendungen aufgrund solcher Tarifverträge, die am Tag vor Ablauf der Angebotsfrist abgeschlossen waren (Unterzeichnung des Tarifvertrages durch die Tarifpartner), werden nicht erstattet; das Gleiche gilt für die Betriebsvereinbarungen bei einem tariflosen Zustand.

2. Bei Änderung des maßgebenden Lohns um jeweils 1 Cent/Stunde wird die Vergütung für die nach dem Wirksamwerden der Änderung zu erbringenden Leistungen um den in der Leistungsbeschreibung vereinbarten Änderungssatz erhöht oder vermindert.
Satz 1 findet auf Nachträge insoweit keine Anwendung, als in deren Preisen Lohnänderungen bereits berücksichtigt sind.
Durch die Änderung der Vergütung sind alle unmittelbaren und mittelbaren Mehr- oder Minderaufwendungen einschließlich derjenigen, die durch Änderungen der gesetzlichen oder tariflichen Sozialaufwendungen entstehen, abgegolten.
Der vereinbarte Änderungssatz gilt unabhängig davon, ob sich Art und Umfang der Leistungen ändern.
Ist der Auftrag auf eine Änderungsvorschlag oder ein Nebenangebot erteilt worden, so gelten die im Angebot Lohngleitklausel vorgesehenen Änderungssätze, wenn nicht aufgrund des Änderungsvorschlags oder Nebenangebots andere Vereinbarungen getroffen worden sind.

3. Der Wert der bis zum Tage der Änderung des maßgebenden Lohns erbrachten Leistungen (Leistungsstand) ist unverzüglich durch ein gemeinsames Aufmaß oder auf andere geeignete Weise – zumindest mit dem Genauigkeitsgrad einer geprüften Abschlagsrechnung – festzustellen. Dabei sind alle bis zu diesem Zeitpunkt auf der Baustelle oder in Werk- oder sonstigen Betriebsstätten – ggf. auch nur teilweise – erbrachten Leistungen zu berücksichtigen.
Der Auftragnehmer hat dem Auftraggeber die Lohnänderung rechtzeitig schriftlich anzuzeigen und alle zur Prüfung des Leistungsstandes erforderlichen Nachweise zu erbringen.

4. Vermeidbare Mehraufwendungen werden nicht erstattet. Vermeidbar sind insbesondere Mehraufwendungen, die dadurch entstehen, dass der Auftragnehmer Vertragsfristen überschritten oder die Bauausführung nicht angemessen gefördert hat.

5. Von dem nach den Nrn. 3 bis 5 ermittelten Mehr- oder Minderbetrag wird nur der über 0,5 v.H. der Abrechnungssumme (Vergütung für die insgesamt erbrachte Leistung) hinausgehende Teilbetrag erstattet (Bagatell- und Selbstbeteiligungsklausel).
Dabei sind der Mehr- oder Minderbetrag ohne Umsatzsteuer, die Abrechnungssumme ohne die aufgrund von Gleitklauseln zu erstattenden Beträge ohne Umsatzsteuer anzusetzen.
Ein Mehr- oder Minderbetrag kann erst geltend gemacht werden, wenn der Bagatell- und Selbstbeteiligungsbetrag überschritten ist; bis zur Feststellung der Abrechnungssumme wird 0,5 v.H. der Auftragssumme zugrunde gelegt.

Bei der Centklausel ist Ausgangsbasis für die Vergütung von Lohnmehrkosten die Änderung des maßgeblichen Lohns in Cent je Lohnstunde. Der für die Berechnung der Mehrvergütung maßgebende Lohn wird vom Auftraggeber durch Angabe einer Berufsgruppe aus dem Tarifvertrag festgelegt, beim Bund z.B. der Tarifstundenlohn des Spezialbaufacharbeiters. Bei der Centklausel muss vom Bieter der Personalkostenanteil der Auftragssumme aus seiner Kalkulation vorher ermittelt werden, und zwar mittelbar durch Angabe eines Änderungssatzes (Vomtausendsatz); die richtige Ermittlung des entsprechenden Personalkostenanteils ist selbstverständlich Voraussetzung der richtigen Ermittlung eines Änderungssatzes.

Beispiel:

Auftragssumme:		2.000.000,00 €
Personalkosten:		800.000,00 €
Personalkostenanteil	= Auftragssumme : Personalkosten = 800.000,00 € : 2.000.000,00 € = 0,4 =	40 %
Maßgebender Lohn:	Tarifstundenlohn Spezialbaufacharbeiter Berufsgruppe III/2	13,02 €/Ph 1302 Cent/Ph
Änderungssatz:	Personalkostenanteil : maßgebender Lohn = 0,4 : 1302 Cent/Ph = 0,0003072 [1/(Cent/Ph)] =	0,3072 ‰.

Bei steigendem Lohn verringert sich der Änderungssatz, vorausgesetzt, der Lohnanteil bleibt gleich.

Der so ermittelte Änderungssatz sagt aus, um wie viel Promille sich die (Gesamt-)Vergütung für die nach dem Lohnerhöhungsstichtag (der in den Verdingungsunterlagen angegeben sein muss) erstellten Leistungen ändert, wenn sich der maßgebende Ecklohn um 1 Cent pro Lohnstunde verändert. Der Änderungssatz wird von den Bieter „im Wettbewerb" angeboten. Kostenkausal richtig ermittelt – siehe oben – ist der Änderungssatz der Quotient aus dem kalkulierten Personalkostenanteil und dem zum Angebotszeitpunkt gültigen maßgebenden Ecklohn.

Die Vergütungserhöhung für die nach dem Lohnerhöhungsstichtag erstellten (Rest-) Leistungen wird bei der Centklausel wie folgt ermittelt:

Tarifliche Lohnerhöhung:	0,45 Cent/Ph
Abrechnungssumme der (Rest-)Leistungen **nach** Lohnerhöhungsstichtag auf der Basis der Vertragspreise	750.000,00 €
Vergütungserhöhung aus Lohngleitklausel = Restleistung × Lohnerhöhung × Änderungssatz = (750.000,00 € × 45 Cent/Ph × 0,3072 Ph/Cent) : 1000 =	10.368,00 €.

Ausgangspunkt der Berechnung der **Centklausel** sind die gesamten, in der (Angebots-) Kalkulation enthaltenen Personalkosten, also Löhne und Gehälter, jedoch keine Personalzusatz- und -nebenkosten. In den Änderungssatz darf, wenn vereinbart, ein Selbstbehalt (vgl. Rdn. 11) eingerechnet werden.[16] Dagegen dürfen in Materialkosten enthaltene fremde Lohnkosten, insbesondere Vorfertigungskosten (z.B. Anlieferung von fertig geschnittenem und gebogenem Betonstahl) nicht einbezogen werden. In **Allgemeinen Geschäftskosten** enthaltene Lohn- und insbesondere Gehaltsbestandteile sind ebenfalls keine Basis für die Lohnerhöhung, da ihnen der konkrete Bezug zur Kostenerhöhung dieses Bauvorhabens fehlt. Das kann im Einzelnen – in Abhängigkeit von der Kostenzuordnungsmethodik des jeweiligen Bauunternehmens – dann zu Problemen führen, wenn ausnahmsweise etwa Bauleistungskosten als Bestandteil der Allgemeinen Geschäftskosten kalkuliert und gebucht werden, obwohl sie kostenkausal Baustellengemeinkosten sind. Maßgebend ist, was kalkuliert und gegebenenfalls dokumentiert worden ist.

Sehr kritisch ist, ob Lohnerhöhungen bei **Nachunternehmern** in die Lohngleitung einzu- 10
beziehen sind. Enthält der Nachunternehmervertrag keine Lohngleitklausel, so ändert sich die

---

[16] Zutreffend LG Koblenz, Urteil vom 19.7.1996, 9 O 85/94, nicht veröffentlicht.

Nachunternehmervergütung nicht. Also wäre im Hauptvertrag eine Bezugsbasis „Lohn" als Bestandteil einer Nachunternehmerkalkulation weder zulässig noch sinnvoll. Enthält umgekehrt der Nachunternehmervertrag z.B. eine Centklausel, so wäre es zulässig und geboten, die anteiligen Nachunternehmerlohnkosten auch in die Berechnungsbasis des Hauptvertrages einzubeziehen. Das ist jedoch problematisch: Zum Zeitpunkt des Abschlusses des Hauptvertrages gibt es (oft) noch keine Nachunternehmerverträge, weder mit noch ohne Centklausel. Außerdem können sich die Änderungssätze – wegen unterschiedlicher Strukturierung des Kostenartenschlüssels und unterschiedlicher Leistungsanteile – zwischen Hauptunternehmer und Nachunternehmer erheblich unterscheiden. Eine Benennung des Änderungssatzes im Hauptangebot auch unter Berücksichtigung von Nachunternehmerlohnkosten könnte also dazu führen, dass ein Änderungssatz als zulässig angesehen würde, der sich nachträglich bei fehlender Vereinbarung der Centklausel gegenüber Nachunternehmern als überhöht darstellen würde und deshalb bei der Wertung auszuschließen gewesen wäre. Hier reicht es aus, wenn ein Bieter – gegebenenfalls im Aufklärungsgespräch nach § 24 VOB/A – erklärt, er werde hinsichtlich der Leistungen, die im Angebot als Nachunternehmerleistungen ausgewiesen sind, die Centklausel an die Nachunternehmer durchstellen. Ergibt eine spätere Kontrolle das Gegenteil, kann der Auftraggeber überhöhte Mehrforderungen abwenden oder schon geleistete überhöhte Zahlungen gemäß § 812 BGB zurückfordern (dazu Rdn. 14).

Bei unterschiedlicher Kostenstruktur zwischen Haupt- und Nachunternehmer ist es akzeptabel, von der Kostenstruktur des Hauptunternehmers in der Form auszugehen, dass der Lohnkostenanteil pro Nachunternehmerauftrag geschätzt wird und ein gewichteter Mittelwert bestimmbar ist.

11 Die Centklausel des Bundes – siehe Abbildung Rdn. 9 – enthält unter Nr. 5 eine **Bagatell- und Selbstbeteiligungsklausel**. Danach muss der Abweichungsbetrag mindestens 0,5 % der Abrechnungssumme übersteigen, damit eine Mehrvergütung gemäß Lohngleitklausel bezahlt wird.[17] Eine solche Bagatellklausel verstößt **nicht** gegen § 307 BGB.[18] Sie wird so berechnet, dass sich der Auftraggeber auch an den Mehrkosten zu beteiligen hat, so weit diese über 0,5 % hinausgehen.[19] In Anknüpfung an das Beispiel aus Rdn. 9 führt die Vereinbarung einer Bagatellklausel zu folgender endgültiger Berechnung einer Mehrvergütung:

Gesamtabrechnungssumme	2.000.000,00 €
Selbstbehalt: 0,5 % x 2.000.000,00 € =	10.000,00 €
vom Auftraggeber zu tragende Zusatzvergütung für Lohnmehrkosten 10.368,00 € (vgl. Rdn. 9) – 10.000,00 €	368,00 €
Gesamtabrechnungssumme einschließlich anteiliger Lohnmehrkostenerstattung 2.000.000,00 € + 368,00 € =	**2.000.368,00 €**

12 Die Centklausel gilt für die Ermittlung zusätzlicher Vergütung **bei Nachträgen** aus geänderter oder zusätzlicher Leistung dann nicht, wenn in deren Preisen Lohnänderungen bereits berücksichtigt sind, so die Lohngleitklausel des Bundes (oben Rdn. 9, dort Nr. 2 Abs. 2). Solche Änderungen darf ein Auftragnehmer unabhängig von einer Lohngleitklausel bei Nachträgen berücksichtigen im Falle

a) berechtigter Irrtumsanfechtung (→ VOB/B § 2, Rdn. 214)
b) aa) der Erstellung der modifizierten Leistung in einer späteren Phase als vertraglich vorgesehen
   bb) höherer Mengen als Vertragsleistung
   cc) modifizierter Leistung mit geänderter Verfahrenstechnik
   (zu allen → VOB/B § 2, Rdn. 215)

[17] Der Selbstbehalt darf – wie erwähnt – seinerseits in den Änderungssatz der Centklausel eingerechnet werden, zutreffend LG Koblenz, siehe Fn. 16.
[18] BGH NZBau 2002, 89 = BauR 2002, 467.
[19] BGH NZBau 2002, 89 = BauR 2002, 467.

c) unsorgfältiger Planung des Auftraggebers (→ VOB/B § 2, Rdn. 216).
d) nicht mehr äquivalentem Ausmaß der Änderungen (→ VOB/B § 2 Rdn. 217).

In **solchen** Fällen ist die Nachtragsvergütung, so weit es um erhöhte Lohnkosten geht, nicht auf den gemäß Centklausel ermittelten Betrag beschränkt. Die Centklausel ist hier nur Bestandteil der kalkulatorischen Vergütung laut Vertrag; von dieser nur kalkulatorischen Vergütungsberechnung darf aber der Auftragnehmer gerade zugunsten der tatsächlichen Lohnmehrkosten in den genannten Ausnahmefällen abweichen.

Bei **Behinderungsnachträgen** spielt die Centklausel ohnehin keine Rolle, denn der Auftragnehmer verlangt hier Schadensersatz, nicht Mehrvergütung; ersterer wird berechnet auf der Basis tatsächlicher Mehrkosten; für § 642 BGB gelten dagegen dieselben Regeln wie für Vergütungsnachträge.

b) Überhöhte Änderungssätze

aa) Zivilrechtliche Folgen. Lohngleitklauseln sind im Ergebnis Wertsicherungsklauseln. 13
Gemäß § 2 Abs. 1 Satz 1 Preisangaben- und Preisklauselgesetz (PrKG) besteht Genehmigungspflicht für Wertsicherungsklauseln, da „der Betrag von Geldschulden nicht unmittelbar und selbsttätig durch den Preis oder Wert von anderen Gütern oder Leistungen bestimmt werden darf, die mit den vereinbarten Gütern oder Leistungen nicht vergleichbar sind"; gemäß § 2 Abs. 2 PrKG können aber durch Rechtsverordnung allgemeine Ausnahmen von diesem Verbot bestimmt werden. Solche Ausnahmen regelt die PreisklauselVO. Gemäß § 1 PreisklauselVO sind allgemein genehmigungsfrei u.a.

„2. Klauseln, bei denen die in ein Verhältnis zueinander gesetzten Güter oder Leistungen im Wesentlichen gleichartig oder zumindest vergleichbar sind **(Spannungsklauseln)**,
„3. Klauseln, nach denen der geschuldete Betrag insoweit von der Entwicklung der Preise für Werte oder Güter oder Leistungen abhängig gemacht wird, als diese die Selbstkosten des Gläubigers bei der Erbringung der Gegenleistung unmittelbar beeinflussen **(Kostenelementeklauseln)**".

Nicht genehmigte Klauseln sind gemäß § 134 BGB nichtig (zur Rückforderung siehe Rdn. 17). Unabhängig vom speziell baurechtlichen Aspekt nach wie vor ist höchst zweifelhaft, ob der deutsche Gesetzgeber für eine derartige Regelung wie im Preisangaben- und Preisklauselgesetz und in der PreisklauselVO überhaupt die Kompetenz hat und ob die Regelung nicht wegen eines Verstoßes gegen höherrangiges EU-Recht unwirksam ist.[20] Wenn man dennoch für die Praxis derzeit noch von der Wirksamkeit ausgeht, stellt sich die Frage nach der Einordnung der Centklausel in die vorgenannten Klauseltypen.

Die Centklausel ist **keine** (genehmigungsfreie) **Spannungsklausel.**[21] Das OLG München 14
ist anderer Meinung,[22] aber zu Unrecht: Eine Spannungsklausel muss die für die Preisänderung vorgesehene Leistung zu einer wesentlichen gleichartigen oder zumindest vergleichbaren Leistung in Bezug setzen, also z.B. den Preis für eine Bauleistung in Bezug zum Baukostenindex setzen oder die Höhe eines Ruhegehalts an die Höhe anderer Gehälter koppeln. Die Centklausel setzt aber den Preis für eine **Bauleistung** in Bezug zu einer **nicht mit Bauleistungen vergleichbaren** Leistung, nämlich dem Lohn, z.B. dem Gesamttarifstundenlohn eines Spezialbaufacharbeiters gemäß Lohngruppe 4 (West).[23]

Die Centklausel knüpft damit an ein **Kostenelement** an, das bei der Bildung des Preises für 15
die Bauleistung eine (wesentliche) Rolle spielt. Laut *Augustin/Stemmer*[24] sei sie dennoch keine Kostenelementklausel gemäß § 1 Nr. 3 PreisklauselVO, weil nur die Änderung des Ecklohns, aber nicht eine Änderung der lohngebundenen Kosten und also nicht die Änderung der gesamten Personalkosten in die Berechnung eingehe. Das ist zwar richtig, ändert aber nichts an der

[20] Näher Münchener Kommentar/*Grundmann* BGB §§ 244, 245, Rdn. 70 m.N., str.
[21] So auch BGH NZBau 2006, 571.
[22] OLG München NZBau 2000, 515; Beck'scher VOB-Kommentar/*Hertl* VOB/A § 15, Rdn. 33.
[23] Zutreffend in der Ablehnung als Spannungsklausel auch *Augustin/Stemmer* BauR 2001, 1802.
[24] *Augustin/Stemmer* BauR 2001, 1802.

Beurteilung als genehmigungsfreie Kostenelementklausel; es steht den Parteien ja frei, welches Kostenelement sie als Basis heranziehen, solange es nur die Selbstkosten des Gläubigers bei der Erbringung der Leistung unmittelbar beeinflusst.

16 Wenn allerdings der Änderungssatz so beschaffen ist, dass die Preisanpassung für die Bauleistung nicht mehr dem Anteil der „reinen" Personalkosten (ohne lohngebundene Kosten) am neuen Preis der Bauleistung entspricht, wenn also der Änderungssatz „Hebelwirkung" hat, nämlich zu hoch ist und dadurch zu einer überproportionalen Preisanpassung führt, ist die so beschaffene Klausel nicht mehr genehmigungsfrei;[25] sie wird aber auch wegen § 2 Abs. 2 Nr. 2 PreisklauselVO nicht genehmigt, gerade weil „der geschuldete Betrag sich gegenüber der Entwicklung der Bezugsgröße überproportional ändern kann." Ein **überhöhter Änderungssatz führt also zwingend zur Nichtigkeit der Centklausel**. Damit ist aber noch nicht die Frage beantwortet, ob der Auftragnehmer nunmehr „zur Strafe" überhaupt keinen Kostensteigerungsausgleich erhält und ob er zur Rückzahlung einer schon aufgrund der Centklausel geleisteten Zahlung verpflichtet ist. Auf „0" wird die Klausel keinesfalls reduziert. Gemäß § 139 BGB ist vielmehr davon auszugehen, dass die Nichtigkeit der Centklausel nicht den Bestand des übrigen Vertrages berührt, dass weiter die Parteien grundsätzlich ja gerade eine Gleitklausel einführen wollten. Dann kann in Anknüpfung an die Regeln über die Störung der Geschäftsgrundlage (§ 313 BGB) der Vertrag dahin angepasst werden, dass eine Lohngleitklausel **in Höhe des zulässigen Satzes** gilt; es kann auch eine Selbstbeteiligung des Auftragnehmers an den Lohnerhöhungen verlangt werden.[26]

17 Hat der Auftraggeber einen über den „zulässigen Satz" hinausgehenden Betrag bereits bezahlt, kann er ihn zurückfordern.[27] Das OLG München ist gegenteiliger Auffassung,[28] allerdings ausgehend von seinem unzutreffenden Standpunkt, die Klausel sei genehmigungsfreie Spannungsklausel (oben Rdn. 14); ihre Freistellung vom Genehmigungszwang sei nicht vom „Nichtvorliegen einer Äquivalenzstörung" abhängig. Das ist richtig, aber wenn die Prämisse nicht stimmt, führt die Begründung nicht weiter. Es bleibt bei der Nichtigkeit der überhöhten Centklausel. Ob die „Überhöhung" des Änderungssatzes von den Parteien bei Vertragsschluss schon hätte festgestellt werden können, ändert an der Nichtigkeit der überhöhten Kostenelementklausel nichts; sie bleibt mangels Genehmigung unwirksam. Weder das Gebot von Treu und Glauben noch die Pflicht des öffentlichen Auftraggebers, Angebote mit überhöhten Klauseln gemäß § 25 Nr. 3 VOB/A auszuscheiden, ändern daran etwas:[29] § 25 Nr. 3 VOB/A ist kein (zivilrechtliches) „Schutzgesetz" für Bieter.[30] Eine Ausnahme gilt dann, aber auch nur dann, wenn der öffentliche Auftraggeber zum Zeitpunkt der Vereinbarung der Centklausel, also bei der Vergabeentscheidung, die Nichtigkeit der Centklausel positiv erkannt hatte – die Klausel geht in die Wertung ein, vgl. Rdn. 18 –, in Kenntnis der überhöhten Klausel aber dennoch den Bieter als „den annehmbarsten Bieter" angesehen und ihm den Zuschlag gegeben hat. Dann darf er seine eigenen Wertungskriterien nicht nachträglich ad absurdum führen, indem er den wirksamen „preisgünstigen" Teil der Vertragskalkulation für sich kassiert, den „ungünstigen" in Form der Centklausel aber streicht. Nach Treu und Glauben ist ihm im Falle eines so vorsätzlichen Handelns die Berufung auf die

---

[25] Zum alten Rechtszustand nach § 3 WährungsG: BGH NZBau 2006, 571; BGH NJW 1973, 1498; OLG Nürnberg BauR 2000, 1867; OLG Köln Urteil vom 14.6.1989, 26 U 4/89, nicht veröffentlicht; *Werner* NZBau 2001, 521.

Zum neuen Rechtszustand nach § 2 Preisangaben- und Preisklauselgesetz sowie § 1 PreisklauselVO Münchener Kommentar/*Grundmann* BGB §§ 244, 245, Rdn. 70; *Heiermann/Riedl/Rusam* VOB/A § 15, Rdn. 27; *Augustin/Stemmer* BauR 2001, 1802.

[26] BGH NZBau 2006, 571; BGH NJW 1973, 1498; OLG Nürnberg BauR 2000, 1867; OLG Köln Urteil vom 14.6.1989, 26 U 4/89, nicht veröffentlicht; *Augustin/Stemmer* BauR 2001, 1802; *Kapellmann/Schiffers* Band 1, Rdn. 110.

[27] Ebenso OLG Nürnberg BauR 2000, 1867; OLG Köln BauR 2001, 297; *Augustin/Stemmer* BauR 2001, 1802.

[28] OLG München NZBau 2000, 515.

[29] Anderer Ansicht OLG München NZBau 2000, 515; *Kleine-Möller/Merl* § 2, Rdn. 233; *Werner* NZBau 2001, 521; wie hier BGH NZBau 2006, 571.

[30] Vgl. Fn. 7.

Nichtigkeit gemäß § 242 BGB verwehrt, weil der Bieter sein Angebot insgesamt kalkuliert hat und der Auftraggeber sich jetzt nicht nur die Rosinen heraussuchen darf. Hier ist eine vorsichtige Übertragung der Grundsätze der Entscheidung des BGH „Kalkulationsirrtum" angebracht,[31] wobei es allerdings nicht auf den zu strengen Maßstab der Unzumutbarkeit ankommt, es genügen „fühlbare (negative) Folgen" für den Auftragnehmer.[32]

bb) Vergaberechtliche Folgen. Überhöhte Änderungssätze führen dazu, dass der Bieter ausgeschlossen werden muss, eine nachträgliche Herabsetzung des Änderungssatzes ist unzulässig.[33] 18

3. Stoffpreisgleitklauseln (Materialpreisgleitklauseln)

Materialpreisgleitklauseln sind im Regelfall unproblematisch. Fragen können sich eigentlich nur dann ergeben, wenn die Klausel auf Materialien Bezug nimmt, die der Auftragnehmer nicht als vollständiges Produkt einkauft bzw. verwendet, sondern die als Vorprodukt in das eingekaufte bzw. verwendete Material eingehen. Praktisch stellt sich das Problem nicht, weil die Ausschreibung verlangt, in ein Formblatt einzutragen, auf welche konkreten Stoffe sich die Materialpreisgleitklausel bezieht. Zu dort nicht vorgesehenen Materialien wird der Auftragnehmer ungefragt keine Preise angeben, also gilt für solche Vorprodukte die Materialpreisklausel nicht. 19

Ein Beispiel für Materialpreisgleitklauseln sind die „Stoffpreisklauseln Stahl" des Bundes.[34]

§ 16 Grundsätze der Ausschreibung und der Informationsübermittlung

1. Der Auftraggeber soll erst dann ausschreiben, wenn alle Verdingungsunterlagen fertiggestellt sind und wenn innerhalb der angegebenen Fristen mit der Ausführung begonnen werden kann.

2. Ausschreibungen für vergabefremde Zwecke (z.B. Ertragsberechnungen) sind unzulässig.

3. (1) Die Auftraggeber geben in der Bekanntmachung oder den Verdingungsunterlagen an, ob Informationen per Post, Telefax, direkt, elektronisch oder durch eine Kombination dieser Kommunikationsmittel übermittelt werden.

(2) Das für die elektronische Übermittlung gewählte Netz muss allgemein verfügbar sein und darf den Zugang der Bewerber und Bieter zu den Vergabeverfahren nicht beschränken. Die dafür zu verwendenden Programme und ihre technischen Merkmale müssen nichtdiskriminierend, allgemein zugänglich und kompatibel mit allgemein verbreiteten Erzeugnissen der Informations- und Kommunikationstechnologie sein.

(3) Die Auftraggeber haben dafür Sorge zu tragen, dass den interessierten Unternehmen die Informationen über die Spezifikationen der Geräte, die für die elektronische Übermittlung der Anträge auf Teilnahme und der Angebote erforderlich sind, einschließlich Verschlüsselung zugänglich sind. Außerdem muss gewährleistet sein, dass die in Anhang I genannten Anforderungen erfüllt sind.

4. Der Auftraggeber kann im Internet ein Beschafferprofil einrichten, in dem allgemeine Informationen wie Kontaktstelle, Telefon- und Telefaxnummer, Postanschrift und E-Mail-Adresse sowie Angaben über Ausschreibungen, geplante und vergebene Aufträge oder aufgehobene Verfahren veröffentlicht werden können.

Schrifttum: *Daub/Piel/Soergel,* VOB-Kommentar, Teil A, 1981; *Heiermann,* Die Parallelausschreibung im Vergaberecht, in: FS Jagenburg, 2002, 265; *Joussen/Schranner,* Die wesentlichen Änderungen der VOB/A 2006, BauR 2006, 1038, *Kaiser,* Die Zulässigkeit von Parallelausschreibungen NZBau 2002, 553, *Kuß,* VOB-Kommentar, 4. Aufl. 2003; *Larenz,* Methodenlehre der Rechtswissenschaft, 6. Aufl. 1991; *Noch,* Vergabe-

[31] BGH „Kalkulationsirrtum" BauR 1998, 1089; näher VOB/B § 2, Rdn. 163.

[32] Näher VOB/B § 2, Rdn. 163.

[33] *Heiermann/Riedl/Rusam* VOB/A § 25, Rdn. 167 ff.; Vergabeüberwachungsausschuss des Bundes, Beschluss vom 28.8.1998, IBR 1999, 145. Einzelheiten VOB/A § 25, Rdn. 83, § 24, Rdn. 22.

[34] Vergabehandbuch des Bundes im Geschäftsbereich der Finanzbauverwaltungen, Ausgabe 2002, Stand: 1.2.2006 „EFB-StGl", Formular 319.

recht kompakt, 3. Aufl. 2005; *Schima*, Wettbewerbsfremde Regelungen – falsche Signale vom Europäischen Gerichtshof? NZBau 2002, 1; *v. Wietersheim/Schranner*, VOB/A 2006, Das neue Vergaberecht, 2006.

Übersicht

A. Allgemeines

1 § 16 VOB/A, dem § 16 VOL/A nahezu entspricht, leitet systematisch die daran anschließenden Regelungen der §§ 17 bis 32 a VOB/A ein, die Einzelheiten des Ausschreibungsverfahrens enthalten. Er steht daneben im unmittelbaren Zusammenhang mit den §§ 9 und 10 VOB/A; dort sind die hier angesprochenen „Verdingungsunterlagen“ näher geregelt. § 16 Nr. 1 definiert als „Soll-Vorschrift“ (dazu unten Rdn. 13) den zulässigen Zeitpunkt des Ausschreibungsbeginns (dazu unten Rdn. 4). § 16 Nr. 2 steht in keinem direkten inhaltlichen Zusammenhang mit der Nr. 1[1] und verbietet Ausschreibungen, die mit einem anderen Motiv als dem der Zuschlagserteilung begonnen werden. Nr. 3 und Nr. 4 sind neu und enthalten Vorgaben zur Art und Weise der Informationsübermittlung. Auch die neuen Inhalte des § 16 haben **bieterschützende Funktion**[2] im Sinne von § 97 Abs. 7 GWB und können deshalb Grundlage sowohl einer Rüge nach § 107 Abs. 3 GWB als auch eines entsprechenden Nachprüfungsverfahrens sein.[3] Geschützt wird das berechtigte Vertrauen der Bieter[4] auf eine ordnungsgemäße (= zeitgerechte) und „ernst gemeinte“ Ausschreibung sowie auf die Einhaltung der organisatorischen und dokumentatorischen Vorgaben zur Informationsübermittlung. Insofern ist § 16 VOB/A auch formale Ordnungsvorschrift im Eigeninteresse des Auftraggebers, der ansonsten Gefahr liefe, auf eine nicht vollständig vorbereitete und/oder nicht zeitgerechte Ausschreibung unbrauchbare Angebote zu bekommen.[5] Verstöße gegen § 16 VOB/A können im Einzelfall zur zwingenden Aufhebung der Ausschreibung führen.[6]

---

[1] *Ingenstau/Korbion/Portz* VOB/A, § 16 Rdn. 2.

[2] OLG Düsseldorf Beschluss vom 5.10.2000, Verg 14/00 (Eilverfahren) sowie vom 14.2.2001 (Hauptsache); vgl. auch OLG Naumburg NZBau 2003, 628 sowie OLG Frankfurt am Main NZBau 2004, 173 und OLG Celle NZBau 2002, 400. Franke/Kemper/Zanner/Grünhagen VOB/A § 16, Rdn. 47; Ingenstau/Korbion/Portz VOB/A § 16, Rdn. 6; Beck'scher VOB-Kommentar/Sterner VOB/A § 16, Rdn. 3. A.A. KG NZBau 2002, 402; unklar insoweit KG VergabeR 2004, 762. Zum Begriff VOB/A § 5 Rdn. 29.

[3] Vgl. OLG Frankfurt am Main NZBau 2004, 173.

[4] Vgl. BGH BauR 1998, 1232 = NJW 1998, 3636.

[5] Beck'scher VOB-Kommentar/*Sterner* VOB/A § 16, Rdn. 3.

[6] KG VergabeR 2004, 762.

B. Zulässiger Beginn der Ausschreibung

§ 16 Nr. 1 VOB/A enthält zwei Voraussetzungen, die für den Beginn der Ausschreibung erfüllt sein müssen. Die Verdingungsunterlagen müssen fertiggestellt (unten Rdn. 6) und der Ausführungsbeginn muss innerhalb der angegebenen Fristen möglich sein (unten Rdn. 7 ff.). 2

I. Ausschreibungen und Ausschreibungsbeginn

Über den Wortlaut hinaus gelten die Grundsätze des § 16 VOB/A nicht nur bei Öffentlichen und Beschränkten Ausschreibungen bzw. im offenen und nicht offenen Verfahren, sondern **auch** bei **Freihändigen Vergaben** bzw. im **Verhandlungsverfahren**.[7] Dies folgt aus Sinn und Zweck der Vorschrift, weil der Auftraggeber auch dort verpflichtet ist, seine Ausschreibung entsprechend sorgfältig vorzubereiten und z.B. zu klären, welcher konkrete Bedarf gedeckt werden soll.[8] Ebenso wenig ist in diesen Vergabeverfahren zulässig, zu vergabefremden Zwecken auszuschreiben. Für den Anwendungsbereich der VOL wird dies durch die Nummer 3 des dortigen § 16 ausdrücklich klargestellt.[9] Schon angesichts des übereinstimmenden Zwecks beider Vorschriften ist dies entsprechend auf den Bauleistungsbereich übertragbar. 3

Der Auftraggeber **beginnt** seine **Ausschreibung** in dem Moment, in dem er seine Vergabeabsicht außenwirksam dokumentiert. Schreibt er also mit Vergabebekanntmachung aus (§§ 3, 3 a, 3 b), beginnt die Ausschreibung mit der Absendung der Bekanntmachung nach den §§ 17, 17 a und 17 b VOB/A.[10] Will der Auftraggeber in einem Verfahren ohne vorherige öffentliche Bekanntmachung vergeben, beginnt die Ausschreibung in dem Moment, in dem er gegenüber einem oder mehreren Unternehmen Angebote abfordert.[11] 4

II. Fertigstellung aller Verdingungsunterlagen

Was § 16 Nr. 1 VOB/A mit „Verdingungsunterlagen" meint, ergibt sich – vgl. 10 Nr. 1 Abs. 1 lit. b) – aus den §§ 9 und 10 VOB/A: Enthalten ist also regelmäßig die Leistungsbeschreibung mit Baubeschreibungen, Plänen, Zeichnungen, ggf. Baugrundgutachten sowie dem LV nebst Vorbemerkungen, ZVB, BVB und ggf. ZTV. 5

„Fertiggestellt" im Sinne von § 16 Nr. 1 sind diese Unterlagen (erst) dann, wenn sie inhaltlich abschließend bearbeitet sind. Hierfür reicht eine Bearbeitung nach dem bloß subjektiven Maßstab des AG möglicherweise nicht aus (also nicht lediglich „körperliches Vorhandensein" der Unterlagen). Alle Unterlagen müssen vielmehr auch inhaltlich den Anforderungen genügen, die z.B. § 9 VOB/A an die Qualität einer Ausschreibung stellt.[12] Zur Fertigstellung bei Einheitspreisausschreibung vgl. VOB/A § 9 Rdn. 57 (58), zur Fertigstellung bei (teil-)funktionaler Ausschreibung vgl. VOB/A § 5 Rdn. 32, 34 und VOB/A § 9 Rdn. 99. 6

III. Beginn der Ausführung innerhalb der angegebenen Fristen möglich

Weitere Voraussetzung einer ordnungsgemäßen Ausschreibungsvorbereitung durch den AG ist es, dass die Ausführung innerhalb der angegebenen Fristen möglich ist. Die „Ausführung" 7

---

[7] Ebenso *Völlink/Kehrberg*, § 16 Rdn. 2.
[8] Beck'scher VOB-Kommentar/*Sterner* VOB/A § 16, Rdn. 4.
[9] Zutreffend OLG Naumburg NZBau 2003, 628. Zu Unrecht zweifelnd noch VK Düsseldorf, Beschluss vom 13.4.2000, VK 4/2000-L
[10] OLG Naumburg NZBau 2003, 628.
[11] *Franke/Kemper/Zanner/Grünhagen* VOB/A § 16 Rdn. 6.
[12] Instruktiv hierzu OLG Naumburg NZBau 2003, 628.

bezieht sich auf das konkrete Bietergewerk.[13] Die „angegebenen Fristen“ sind die Fristen, die in den Bekanntmachungen nach den §§ 17 ff. und den Vergabeunterlagen nach §§ 10 ff. genannt sind.[14] Um den Ausführungsbeginn zu ermöglichen, sind regelmäßig sowohl **rechtliche** als auch **tatsächliche Voraussetzungen** zu erfüllen.

1. Rechtliche Voraussetzungen

8 In rechtlicher Hinsicht muss der AG – wenn nichts anderes vereinbart ist – dafür sorgen, dass die nach der konkreten Vergabe erforderlichen [15] öffentlich-rechtlichen Genehmigungen (vgl. § 4 Nr. 1 VOB/B) vorliegen. Solange dies nicht der Fall ist, können schon Ausführungsfristen nicht verlässlich „angegeben“ werden, womit sich zugleich eine Ausschreibung verbietet. Gerade bei komplexen Genehmigungsverfahren (z.B. Verkehrswegebau) ist es risikoreich, vor Erlass der Genehmigung und streng genommen auch vor Eintritt der Bestandskraft Ausführungsfristen zu bestimmen und auszuschreiben. Die Praxis zeigt, dass ein geänderter bzw. „unerwarteter“ Genehmigungsinhalt, erst recht eine gerichtliche Überprüfung der erteilten Genehmigung, regelmäßig direkten Einfluss auf die Realisierbarkeit der Ausführungsfristen hat. Daraus folgende Konsequenzen gehören regelmäßig zum Risikobereich des Auftraggebers[16] (→ VOB/B § 6 Rdn. 18), weil er es ist, der das Vergabeverfahrensrisiko trägt.[17] Solange also die erforderliche **Rechtssicherheit** nicht insgesamt vorliegt, ist die nach § 16 Nr. 1 geforderte rechtliche Möglichkeit nicht gegeben, innerhalb der angegebenen Fristen mit der Ausführung zu beginnen. Zu den insoweit erforderlichen rechtlichen Voraussetzungen gehört auch, dass der Auftraggeber Eigentümer oder dinglich Nutzungsberechtigter des zu bebauenden Grundstücks ist.[18]

2. Tatsächliche Voraussetzungen

9 Zu den tatsächlichen Voraussetzungen, die für einen Ausführungsbeginn innerhalb der genannten Fristen erforderlich sind, zählen die Bereitstellung des Grundstücks, die Schaffung der sonstigen Baufreiheit, die Bereithaltung und Bereitstellung der notwendigen Zufahrten und damit zusammengefasst die **zeitgerechte Organisation** sämtlicher auftraggeberseitig geschuldeter Vorleistungen und Mitwirkungshandlungen. Zusammengefasst muss also der Auftraggeber alles erforderliche tun, damit der Bieter innerhalb der vorgesehenen Frist mit der Ausführung seiner Leistung beginnen kann.[19]

10 Hierzu zählt auch, dass die Finanzierung des Vorhabens gesichert ist. Denn der Auftraggeber setzt durch die Ausschreibung unter Bezugnahme auf die VOB/A den Vertrauenstatbestand bei den Bietern, dass bei einer Beteiligung an dieser Ausschreibung die Chance auf den Zuschlag nicht durch eine ungesicherte bzw. gescheiterte oder noch scheiternde Finanzierung gefährdet wird.[20] Die Finanzierung (auch) einer Baumaßnahme durch den öffentlichen Auftraggeber setzt **im Ausgangspunkt** voraus, dass hinreichende Mittel für das Projekt im betroffenen Haushalt als Ausgabe oder Verpflichtungsermächtigung zunächst veranschlagt werden. Grundlage hierfür müssen entsprechende Kostenermittlungen sein. Dies folgt aus dem jeweils einschlägigen Haushaltsrecht: Nach § 24 Abs. 1 BHO dürfen *„Ausgaben und Verpflichtungsermächtigungen für Baumaßnahmen (…) erst veranschlagt werden, wenn Pläne, Kostenermittlungen und Erläuterungen vorliegen, aus denen die Art der Einrichtungen sowie die vorgesehene Finanzierung und ein Zeitplan ersichtlich sind. …“*

---

[13] Beck'scher VOB-Kommentar/*Sterner* VOB/A § 16 Rdn. 12; *Franke/Kemper/Zanner/Grünhagen* VOB/A § 16 Rdn. 9; Heiermann/Riedl/Rusam VOB/A § 16 Rdn. 5.

[14] Zutreffend *Franke/Kemper/Zanner/Grünhagen* VOB/A § 16 Rdn. 10 entgegen Beck'scher VOB-Kommentar/Sterner VOB/A § 16 Rdn. 12.

[15] Vgl. das Beispiel bei *Franke/Kemper/Zanner/Grünhagen* VOB/A § 16 Rdn. 11.

[16] OLG Jena NZBau 2005, 341.

[17] Hierzu ausführlich VOB/A § 19 Rdn. 22 ff. und OLG Jena NZBau 2005, 341.

[18] Beck'scher VOB-Kommentar/*Sterner* VOB/A § 16 Rdn. 14; *Völlink/Kehrberg*, § 16 Rdn. 8.

[19] VK Thüringen Beschluss vom 1.2.2002, 216–4003.20–77/01-SLZ.

[20] BGH NJW 1998, 3636; VOB/B § 6 Rdn. 19.

Der Auftraggeber muss also vor der Ausschreibung mit der gebotenen und ihm möglichen Sorgfalt prüfen, ob die vorgesehene Finanzierung auch unter Berücksichtigung der erkennbaren Eventualitäten des Projekts ausreichend ist.[21] Bedient er sich hierbei eines Dritten (z.B. eines Ingenieurbüros), muss er für dessen Fehler nach dem Rechtsgedanken des § 278 BGB einstehen.[22] (Zu den Maßstäben einer ordnungsgemäßen Kostenschätzung vgl. VOB/A §§ 1 a Rdn. 23, zur Aufhebung einer Ausschreibung und deren Rechtsfolgen bei unzutreffender Kostenschätzung vgl. VOB/A § 26 Rdn. 16, Rdn. 25 ff.). Weil § 16 Nr. 1 eine bieterschützende Vorschrift ist (s. oben Fn. 2) und die Bieter nach § 97 Abs. 7 GWB einen Anspruch auf Einhaltung der Vorschriften über das Vergabeverfahren durch den Auftraggeber haben, kann in einer nicht gesicherten Finanzierung durchaus eine Rechtsverletzung des Bieters liegen, die jedenfalls per Feststellungsantrag verfolgbar und per Schadensersatzforderung sanktionierbar ist.[23] 11

„Gesichert" ist diese Finanzierung erst dann, wenn die entsprechenden **Mittel zugewiesen** sind oder die erforderliche (vgl. z.B. § 38 BHO) **Verpflichtungsermächtigung** erteilt ist.[24] Bloße politische Absichtserklärungen, wie z.B. ein Kabinettsbeschluss der Landesregierung über eine bestehende Bauabsicht, genügen nicht, weil ihnen die erforderliche Rechtsverbindlichkeit fehlt.[25] 12

3. Zulässige Ausnahmen von der Soll-Vorschrift des § 16 Nr. 1

§ 16 Nr. 1 VOB/A ist als „Soll"-Vorschrift formuliert. „Soll"-Vorschriften sind im Regelfall verbindlich, lassen aber im atypischen Sonderfall Ausnahmen zu.[26] Dies gilt auch für § 16 Nr. 1.[27] Der Auftraggeber ist für das Vorliegen einer atypischen Ausnahme vom Regelfall in jedem Einzelfall darlegungs- und begründungs-/beweispflichtig.[28] 13

a) Ausnahmen nur in Bezug auf den Ausschreibungszeitpunkt zulässig. Soweit die überwiegende Literatur Ausnahmemöglichkeiten **sowohl** in Bezug auf den Ausschreibungs**zeitpunkt**[29] als auch in Bezug auf inhaltliche Anforderungen an die Qualität der Ausschreibung[30] für möglich hält, überschreitet diese Auslegung die Grenze, die der Wortlaut zieht: Denn das (Ausnahmen zulassende) „soll" bezieht sich nur auf das unmittelbar anschließende „erst dann" und damit lediglich auf den **Zeitpunkt**, zu dem der Auftraggeber zulässigerweise „ausschreiben" darf. Systematisch bestätigt wird dies durch § 24 Abs. 3 BHO, der Ausnahmen (vom Erfordernis einer gesicherten sachlichen, zeitlichen und finanziellen Projektplanung) ebenfalls nur dann zulässt, *„wenn es im Einzelfall nicht möglich ist, die Unterlagen **rechtzeitig** fertig zu stellen und aus einer **späteren Veranschlagung** dem Bund ein Nachteil erwachsen würde …"* ***(Hervorhebungen** nur hier).* Weil sich die Ausnahmemöglichkeit deshalb nur auf den zulässigen Ausschreibungszeitpunkt und nicht (auch) auf etwaige Abweichungen vom VOB/A-geforderten Ausschreibungssoll bezieht, lässt es § 16 Nr. 1 im begründeten Einzelfall nur zu, schon dann vorgezogen auszuschreiben (d.h. bekannt zu machen), wenn noch nicht alle Verdingungsunterlagen versandfertig vorliegen. Nicht 14

---

[21] BGH NJW 1998, 3640; OLG Schleswig ZVgR 1997, 170.

[22] BGH NJW 1998, 3640.

[23] A.A., aber mit nicht überzeugendem Hinweis auf die „Natur der Sache" das Kammergericht NZBau 2002, 402. Kritisch zu dieser Entscheidung auch *Prieß* VergabeR 2001, 399.

[24] OLG Frankfurt ZVgR 1997, 268; *Franke/Kemper/Zanner/Grünhagen* VOB/A § 16, Rdn. 16; Beck'scher VOB-Kommentar/Sterner VOB/A § 16 Rdn. 15.

[25] BGH NJW 1998, 3636: Die Haushaltshoheit liegt beim Haushaltsgesetzgeber, also dem Parlament!

[26] Vgl. *Larenz*, Methodenlehre der Rechtswissenschaft, S 252; *Dähne/Schelle,* VOB von A–Z Seite 1147.

[27] BGH NJW 1998, 3636; *Ingenstau/Korbion/Portz* VOB/A § 16 Rdn. 20; Beck'scher VOB-Kommentar/*Sterner* VOB/A § 16 Rdn. 19; zu weitgehend deshalb *Franke/Kemper/Zanner/Grünhagen* VOB/A § 16 Rdn. 5, wonach § 16 Nr. 1 zwingend sein soll.

[28] BGH NJW 1998, 3636; *Ingenstau/Korbion/Portz* VOB/A § 16 Rdn. 20.

[29] *Ingenstau/Korbion/Portz* VOB/A § 16 Rdn. 11; Beck'scher VOB-Kommentar/*Sterner* VOB/A § 16 Rdn. 10.

[30] *Ingenstau/Korbion/Portz* VOB/A § 16, Rdn. 10; Beck'scher VOB-Kommentar/*Sterner* VOB/A § 16 Rdn. 8.

zulässig ist dies regelmäßig bei der Öffentlichen Ausschreibung, weil dort ab dem Zeitpunkt der Bekanntmachung die Vergabeunterlagen von den Bietern angefordert werden können und deshalb vorliegen müssen. Bei den Vergabeverfahren, bei denen dem Versand der Unterlagen eine Bewerbungsfrist vorausgeht,[31] darf diese Bewerbungsfrist noch zur Vervollständigung der Verdingungsunterlagen genutzt werden.[32]

15 **b) Keine Ausnahmen vom qualitativen Ausschreibungssoll.** Demgegenüber gestattet § 16 Nr. 1 keinen Dispens von den inhaltlichen Anforderungen, die an die Ausschreibung nach der VOB/A ansonsten gestellt werden. Selbst wenn also der Auftraggeber zulässigerweise im Einzelfall und als Ausnahme vorzeitig ausschreibt, muss er sicherstellen, dass die (im Anschluss an die Bekanntmachung unverzüglich zu ergänzenden) Verdingungsunterlagen nach dem von ihm gewählten Ausschreibungsmodell VOB/A-konform erstellt werden.[33] **Hiervon gibt es keine Ausnahme**, auch nicht bei „technischen Schwierigkeiten" oder einer besonderen Komplexität des Projekts. Sämtliche damit zusammenhängenden Fragen sind **vom Auftraggeber** vor der Ausschreibung verbindlich zu klären.[34] Die Ausschreibungspflichten der VOB/A kennen keine dahingehenden Ausnahmen.

16 **c) Ausnahmen von der Möglichkeit des Ausführungsbeginns innerhalb der genannten Fristen.** Die tatsächlichen und rechtlichen Voraussetzungen für einen möglichen Ausführungsbeginn innerhalb der genannten Fristen sind der Sache nach nicht „ausnahmefähig": Entweder steht das Projektgrundstück zur Verfügung oder nicht, entweder wurden die erforderlichen Genehmigungen erteilt oder nicht usw. Eine stichhaltige Begründung, ohne das Vorliegen dieser Voraussetzungen gleichwohl ausschreiben zu wollen (oder zu „müssen"), erscheint kaum denkbar, zumal die Rechtsprechung dabei gerne herangezogene „Terminsgründe" regelmäßig nicht akzeptiert.[35] Demgemäß sollte der Auftraggeber in diesen Fällen stets sehr selbstkritisch prüfen, ob ein Ausnahmefall stichhaltig begründbar ist. Dies gilt sinngemäß für das Erfordernis der gesicherten Finanzierung. Zwar lässt die Rechtsprechung eine vorgezogene Ausschreibung als Ausnahme zu § 16 Nr. 1 in dieser Fallgruppe im Einzelfall auch dann schon zu, wenn die Finanzierung noch nicht gesichert ist. Sie verlangt allerdings, dass der Auftraggeber die Bieter hierüber mit der Ausschreibung informiert.[36]

17 Diese **Informationspflicht** besteht unabhängig davon, ob verwaltungsintern eine vorzeitige Ausschreibung auch ohne Mittelzuweisung und/oder Verpflichtungsermächtigung insbesondere durch Richtlinien oder Verwaltungsanweisungen erlaubt wird. Zum einen wirken derartige Richtlinien nur intern und stellen deshalb das berechtigte Vertrauen nicht in Frage, das durch die Bezugnahme u.a. auf § 16 Nr. 1 VOB/A gegenüber den Teilnehmern einer VOB/A-Ausschreibung begründet wird.[37] Zum anderen ist fraglich, inwieweit solcher Art „standardisierte" Ausnahmeregelungen der „Soll"-Struktur des § 16 Nr. 1 VOB/A überhaupt gerecht werden können. § 16 Nr. 1 verlangt nämlich bei atypischen Ausnahmefällen **hierüber** eine Ermessensentscheidung des AG und wirkt ansonsten zwingend.[38] In diesem Sinne hat die Rechtsprechung jedenfalls in dem formularmäßigen Zusatz, wonach die jeweilige Ausschreibung nur „vorbehaltlich der Mittelbereitstellung der zuständigen öffentlichen Behörden" vorgenommen wurde, eine unangemessene Benachteiligung der Wettbewerbsteilnehmer und damit einen Verstoß gegen (seinerzeit) § 9 AGBG gesehen.[39]

---

[31] Vgl. z.B. § 3 Nr. 1 Abs. 2 VOB/A.
[32] *Kuß* VOB/A § 16 Rdn. 3; *Völlink/Kehrberg*, § 16 Rdn. 6.
[33] LG Weiden NJW 1985, 1476.
[34] Zutreffend *Franke/Kemper/Zanner/Grünhagen* VOB/A § 16 Rdn. 8 entgegen *Heiermann/Riedl/Rusam* VOB/A § 16 Rdn. 6 und Ingenstau/Korbion/Portz VOB/A § 16 Rdn. 10.
[35] LG Weiden NJW 1985, 1476.
[36] BGH NJW 1998, 3636; OLG Frankfurt ZVgR 1997, 268.
[37] BGH NJW 1998, 3636 m.w.N.
[38] BGH NJW 1998, 3636.
[39] LG München I BauR 1997, 524 (L)=IBR 1997, 135; *Völlink/Kehrberg*, § 16 Rdn. 10.

Man wird deshalb einen **Verstoß** gegen § 16 Nr. 1 VOB/A auch dann konstatieren müssen, wenn Auftraggeber in ihren Ausschreibungen **standardisiert** darauf hinweisen, dass die Finanzierung der jeweils ausgeschriebenen Maßnahme noch nicht gesichert sei. Auch wenn sie damit formal ihrer Hinweispflicht nachkommen, liegt darin ein quasi „planmäßiger" Verstoß gegen das Regel-Ausnahme-Verhältnis des § 16 Nr. 1, der die Ausschreibung rechtwidrig macht. An dieser Rechtswidrigkeit ändert auch die – durch den Hinweis herbeigeführte – Kenntnis des Bieters nichts. Allein auf die (objektive) Rechtswidrigkeit kommt es deshalb an, weil in einem etwaigen Nachprüfungsverfahren die Vergabekammer bzw. das OLG nach § 103 Abs. 2 GWB die **Einhaltung** der vom AG anzuwendenden **Vergabevorschriften** prüft und die Vergabestelle verpflichten kann, **rechtswidrige** Maßnahmen aufzuheben und rechtmäßige Maßnahmen zu treffen. **Hierfür** ist unerheblich, ob die Vergabestelle quasi selbst auf die Rechtswidrigkeit der Ausschreibung hingewiesen und der Bieter demzufolge Kenntnis hiervon hatte. Dies ist nur für die Frage einer rechtzeitigen Rüge und in einem etwaigen späteren Schadensersatzprozess (auf der Ebene des Mitverschuldens) von Belang.[40] 18

Vor diesem Hintergrund und angesichts der Möglichkeiten, die (seit Inkrafttreten der Schuldrechtsreform durch das Unterlassungsklagengesetz) u.a. auch Verbänden offen stehen, um die AGB-Verträglichkeit solcher Klauseln gerichtlich überprüfen und ggf. deren Verwendung untersagen zu lassen,[41] kann jedem öffentlichen Auftraggeber nur angeraten werden, die Vorgaben des § 16 Nr. 1 VOB/A ernst zu nehmen und nicht, erst recht nicht planmäßig, zu konterkarieren. 19

C. Keine Ausschreibung für vergabefremde Zwecke

Mit dem Verbot von Ausschreibungen für vergabefremde Zwecke – nicht: vergabefremde Kriterien (!)[42] – enthält § 16 Nr. 2 VOB/A einen weiteren, nahezu „selbstverständlichen" Ausschreibungsgrundsatz:[43] **Wenn** der Auftraggeber **ausschreibt**, muss er damit den **Zweck** verfolgen, die ausgeschriebene Leistung auch zu **vergeben.**[44] Diese „Zweckbindung" gilt generell für alle Vergabeverfahren,[45] weil sie den Geboten von Treu und Glauben entspricht. Zwischen dem (öffentlichen) Auftraggeber und jedem Bieter, der Angebotsunterlagen anfordert, entsteht spätestens mit diesem Moment ein auf eine mögliche Auftragserteilung gerichtetes vorvertragliches Vertrauensverhältnis.[46] Hiernach darf der Bieter darauf vertrauen, dass der Auftraggeber das Verfahren VOB/A-konform durchführt.[47] Dies schließt die berechtigte und u.a. von § 16 Nr. 2 VOB/A geschützte Erwartung ein, dass das Verfahren mit **Zuschlagserteilung endet.**[48] 20

I. Vergabefremde Zwecke

§ 16 Nr. 2 VOB/A führt im Klammerzusatz mit dem Beispiel der „Ertragsberechnung" einen der Zwecke auf, zu denen eine Ausschreibung nicht missbraucht werden darf und der deshalb unzulässig ist. Durch eine Ertragsberechnung wird die Wirtschaftlichkeit eines Grundstückes/Bauprojekts prognostiziert; hieraus lassen sich Rückschlüsse auf zu erwartende Baukosten und damit den benötigten Finanzierungsbedarf ziehen.[49] 21

[40] Ebenso und zutreffend *Franke/Kemper/Zanner/Grünhagen* VOB/A § 16 Rn. 26 gegen *Ingenstau/Korbion/Portz* VOB/A § 16 Rn. 30 und Beck'scher VOB-Kommentar/*Sterner* VOB/A § 16 Rdn. 21.

[41] Bezogen auf das Verhalten der Bauindustrie vgl. die Kritik von *Weißenfels*, in: Baumarkt + Bauwirtschaft 2/2002, 21.

[42] Dazu VOB/A § 25 a Rdn. 6, § 25 b Rdn. 1 ff. sowie z.B. *Schima* NZBau 2002, 1.

[43] *Lampe-Helbig/Wörmann* Rdn. 69.

[44] *Völlink/Kehrberg*, § 16 Rdn. 12.

[45] Beck'scher VOB-Kommentar/*Sterner* VOB/A § 16 Rdn. 20.

[46] Vgl. z.B. *Heiermann/Riedl/Rusam* VOB/A § 16 Rdn. 21

[47] BGH NJW 1998, 3636.

[48] BGH NJW 1998, 3636.

[49] *Ingenstau/Korbion/Portz* VOB/A § 16 Rdn. 49; *Franke/Kemper/Zanner/Grünhagen* VOB/A § 16 Rdn. 21.

22 Für die Praxis relevantere Beispiele finden sich etwa in der Parallelvorschrift des § 16 VOL/A: Hiernach ist es als vergabefremd untersagt, auszuschreiben, um **Vergleichsanschläge** und **Markterkundungen** zu erhalten bzw. durchzuführen. Vergleichsanschläge dienen der reinen Informationsbeschaffung. Sie können von der Vergabestelle deshalb entweder über markterfahrene Architekten- und Ingenieurbüros oder unmittelbar von Unternehmen erfragt, dürfen jedoch nicht unter dem Deckmantel einer nicht ernst gemeinten Ausschreibung eingeholt werden. Hat die Vergabestelle keine hinreichende Marktkenntnis, muss sie sich diese legal, also „offen" (siehe oben z.B. über markterfahrene Architektur-/Ingenieurbüros) beschaffen und darf diese Absicht nicht hinter dem Vorwand einer Ausschreibung verstecken.[50] Die entsprechende Parallele findet sich im übrigen in § 4 Nr. 1 VOL/A: Benötigt der AG hiernach Marktkenntnis für eine Beschränkte Ausschreibung oder Freihändige Vergabe, darf er sich diese **hierzu** (§ 4 Nr. 2 VOL/A) durch einen Teilnahmewettbewerb verschaffen. Ohne konkrete Vergabeabsicht ist der Teilnahmewettbewerb **nicht** zulässig, weil es dann am erforderlichen konkreten Vergabemotiv für eine Markterkundung fehlt.[51]

II. Parallelausschreibungen

23 Dem **Verbot** des § 16 Nr. 2 VOB/A unterfallen auch **Parallel**ausschreibungen.[52] Eine Parallelausschreibung liegt vor, wenn der Auftraggeber für die Angebotsabgabe mehrere Varianten so vorgibt, dass jede Variante auch jeweils für sich (z.B. als [Fach]Los) Gegenstand einer eigenen Ausschreibung sein könnte.[53] Je nach Qualifikation und fachlichen Fähigkeiten bzw. Einrichtung seines Betriebes kann der Bieter eine, mehrere oder alle Varianten anbieten. Inhalt der parallelen Ausschreibung können technische Alternativen, unterschiedliche Unternehmereinsatzformen (insbesondere Fachunternehmer oder Generalunternehmer) sowie kombinierte Bau- und Finanzierungs(dienst)leistungen sein. Ausschreibungen dieser Art verstoßen sowohl gegen Wortlaut als auch gegen Sinn und Zweck von § 16 Nr. 2. Denn Gegenstand der Ausschreibung ist in jedem Fall (zumindest) eine (und häufig sogar mehrere) Variante(n), von der bzw. denen zwingend feststeht, dass sie nicht zum Zwecke der Beauftragung, sondern ausschließlich zum Zwecke eines Vergleichsanschlages bzw. der Markterkundung ausgeschrieben worden ist.

24 Dies gilt für jede der oben gebildeten Fallgruppen. Werden **technische Alternativlösungen** parallel ausgeschrieben, ist zwingend, dass nur eine Variante ausgeführt werden kann. Welche Variante dies sein soll, ist vom Auftraggeber im Zuge der Ausschreibungsvorbereitung planerisch zu klären und zu entscheiden.[54] Unabhängig davon, dass der Auftraggeber die Bieter auch ausdrücklich auffordern kann, Neben- bzw. Alternativangebote zu unterbreiten, indiziert eine fehlende technische Vorentscheidung zugleich die fehlende Ausschreibungsreife des Projekts.

25 Für die parallele Ausschreibung verschiedener Unternehmereinsatzformen gilt sinngemäß dasselbe. Nach § 4 Nr. 2 VOB/A sollen umfangreiche Bauleistungen möglichst in (Abschnitts- bzw. Teil-)Losen vergeben werden. Nach § 4 Nr. 3 Satz 1 VOB/A sind unterschiedliche Gewerke in Fachlosen getrennt zu vergeben. Nur im atypischen Ausnahmefall dürfen mehrere Fachlose nach § 4 Nr. 3 Satz 2VOB/A aus wirtschaftlichen oder technischen Gründen zusammen vergeben werden. Diese „wirtschaftlichen oder technischen Gründe" sind von der Vergabestelle **vor** der Ausschreibung bezogen auf den konkreten Einzelfall zu überprüfen.[55] § 4 Nr. 3 Satz 2 VOB/A kann deshalb **nicht im Nachhinein** zur Begründung einer parallelen Ausschreibung verschiedener Unternehmereinsatzformen herangezogen werden, nachdem sich erst aufgrund einer

[50] Ebenso *Völlink/Kehrberg*, § 16 Rdn. 14

[51] *Daub/Eberstein* VOL/A, § 4 Rdn. 8.

[52] OLG Celle NZBau 2002, 400; OLG Saarbrücken NZBau 2000, 158; VK Thüringen Beschluss vom 20.3.2001–216–4003.20–001/01-SHL-S, ZfBR 2002, 406 (L); differenzierend *Dähne/Schelle*, VOB von A–Z, S. 981 und *Heiermann*, FS Jagenburg 2002, 265. Kritisch gleichfalls *Kaiser* NZBau 2002, 553.

[53] Einzelheiten VOB/A § 4 Rdn. 10–12. Vgl. z.B. auch *Noch* Vergaberecht kompakt S. 185.

[54] Insoweit zutreffende Argumentation von *Heiermann* FS Jagenburg 2002, 265, 275.

[55] *Kulartz/Kus/Portz* § 97 Rdn. 70 f.

Ausschreibung gezeigt hat, welche Unternehmereinsatzform die wirtschaftlichere ist.[56] Weil auch die parallele Ausschreibung nur von Bauleistungen einerseits und – ggf. kombiniert oder isoliert anzubietenden – Finanz(dienst)leistungen andererseits einer vorherig gesicherten Finanzierung bedarf,[57] dient die Ausschreibung einer Privatfinanzierung lediglich der Markterkundung: Der Auftraggeber ist nur dann bereit (und gegebenenfalls verpflichtet), eine Privatfinanzierung zu realisieren, wenn sich durch die Ausschreibung herausstellt, dass diese günstiger ist als die Haushaltsfinanzierung. Ist die Haushaltsfinanzierung günstiger, wird er lediglich die ausgeschriebenen Bauleistungen beauftragen. Zweck der Ausschreibung der sich im nachhinein als ungünstiger herausstellenden Variante ist also gerade nicht die Vergabe, sondern deren Nicht-Vergabe.

Der damit durchweg festzustellende Verstoß gegen das Verbot einer Ausschreibung zu verga- **26** befremden Zwecken lässt sich nicht durch entsprechende „Hinweise" des Auftraggebers rechtfertigen oder „heilen".[58] Wie oben (Rdn. 18) bereits erläutert, hängt die Rechtmäßigkeit oder Rechtswidrigkeit einer Vergabemaßnahme nicht davon ab, dass der Auftraggeber (oder auch der Bieter) hierauf gesondert hinweist.[59] Sie hängt ebenso wenig davon ab, ob es „berechtigte Auftraggeberinteressen"[60] gibt, nach denen die Zulässigkeit von Parallelausschreibungen wünschenswert wäre. Auch eine interessengerechte Auslegung ist nur in den Grenzen möglich, die der Wortlaut und Sinn und Zweck der Vorschrift ziehen. Schon der Wortlaut von § 16 Nr. 2 verbietet jedwede „Markterkundung" oder das Einholen von Vergleichsanschlägen qua Ausschreibung. Über den Bieterschutz hinaus besteht der Sinn und Zweck des § 16 Nr. 2 auch in der Ordnungsvorgabe für den Auftraggeber.[61] Er soll die ihm obliegenden Projekt- und Planungsentscheidungen, die ihm im Zuge der Ausschreibungsvorbereitung obliegen, bis zum Ausschreibungsbeginn treffen und nicht in die Angebotsphase der Bieter verlagern. Damit sind Parallelausschreibungen nicht vereinbar. Auch die vielfach herangezogenen „Zumutbarkeitserwägungen"[62] setzen sich argumentativer Kritik aus, weil sie weder vom Wortlaut noch vom Sinn und Zweck der Vorschrift gedeckt sind.

Das *OLG Saarbrücken* hat deshalb in seinem Beschluss vom 22.10.1999[63] zu Recht die dort **27** zugrundeliegende Ausschreibung u.a. wegen Verstoßes gegen die Parallelvorschrift des § 16 VOL/A für rechtswidrig gehalten. Dort war eine Reihe von „Optionen" ausgeschrieben, von denen feststand, dass sie nicht (alle) hätten beauftragt werden können. Vielmehr wollte die Vergabestelle lediglich die Kosten für diese Varianten per Ausschreibung ermitteln.[64] Dieser Zweck ist allerdings vergabefremd und deshalb (auch) nach § 16 Nr. 2 VOB/A nicht zulässig.[65]

D. Elektronische Informationsübermittlung

Der neu eingefügte § 16 Nr. 3 enthält drei Absätze, in denen der Einsatz elektronischer Kom- **28** munikationsmittel geregelt wird. Die Regelungsinhalte sind im Wesentlichen aus sich heraus verständlich. Hervorzuheben ist, dass der Auftraggeber durch die Wahl von elektronischen Kommu-

---

[56] Unzutreffend deshalb der entsprechende Hinweis bei *Ingenstau/Korbion/Portz* VOB/A 14. Auflage § 16 Rdn. 16.

[57] Vgl. oben Rdn. 10 ff.

[58] So aber *Franke/Kemper/Zanner/Grünhagen* VOB/A § 16 Rdn. 37; Beck'scher VOB-Kommentar/*Sterner* VOB/A § 16 Rdn. 27.

[59] Darauf weisen *Franke/Kemper/Zanner/Grünhagen* VOB/A § 16 bei Rdn. 26 zutreffend hin.

[60] Vgl. KG NZBau 2002, 402; *Ingenstau/Korbion/Portz* VOB/A 14. Auflage § 16 Rdn. 16.

[61] *Daub/Piel/Soergel* VOB/A ErlZ A 16.3.

[62] Z.B. bei *Heiermann* FS Jagenburg 2002, 265, 272.

[63] 5 Verg 4/99 NZBau 2000, 158.

[64] OLG Saarbrücken NZBau 2000, 158. Anderer Ansicht, aber ohne nähere Begründung der VÜA Bund 1 VÜ 24/96 „Blockheizkraftwerk I", 1 VÜ 25/96 „Blockheizkraftwerk II" und 1 VÜ 27/96 „Blockheizkraftwerk III", jeweils zur Parallelvorschrift des § 16 VOL/A. Ebenso KG Beschluss vom 22.8.2001, NZBau 2002, 402. Zu Recht kritisch hierzu *Prieß* VergabeR 2001, 399.

[65] OLG Saarbrücken NZBau 2000, 158. Bedenken deshalb zu recht auch bei *Heiermann/Riedl/Rusam* VOB/A § 16 Rdn. 14.

nikationsmitteln den Zugang der Bewerber und Bieter zum Vergabeverfahren nicht beschränken oder behindern darf. Demzufolge müssen die von ihm verwendete Programme einschließlich der technischen Merkmale allgemein zugänglich und verträglich mit den auch ansonsten allgemein gängigen Informations- und Kommunikationsprodukten sein. Vor diesem Hintergrund versteht es sich von selbst, dass Insellösungen oder ähnliches von vornherein unzulässig sind.[66] Soweit § 16 Nr. 3 Abs. 3 wegen der Spezifikationen der zulässigerweise einzusetzenden Geräte auf die in Anhang 1 genannten Anforderungen verweist, geht es darum, dass mit diesen Geräten für die Angebote eine elektronische Signatur verwendet werden kann, Datum und Uhrzeit des Eingangs von Teilnahmeanträgen und Angeboten exakt bestimmbar sind, der Zugang zu den Antrags- bzw. Angebotsdaten nicht vor Ablauf des hierfür festgesetzten Termins erfolgen kann, ein Verstoß hiergegen sicher festgestellt werden kann, nur die im Vorhinein bestimmten Personen den Öffnungszeitpunkt der Daten festlegen oder ändern können, die hierfür bestimmten Personen den Zugang zu den Antrags- bzw. Angebotsdaten nur bei gleichzeitigem und nach dem festgesetzten Zeitpunkt liegenden Handeln bekommen und die übermittelten Antrags- und Angebotsdaten ausschließlich den zuvor zur Kenntnisnahme bestimmten Personen zugänglich bleiben.

E. Einrichtung eines Beschafferprofils

29 Der Regelungsinhalt von § 16 Nr. 4 ist in der Praxis bereits allgemeiner Standard und deshalb nicht weiter erläuterungsbedürftig. Viele öffentliche Auftraggeber informieren und kommunizieren über das Internet und bieten die Möglichkeit, Informationen über vergangene, aktuelle und zukünftige Ausschreibungen abzurufen. Von daher ist diese „neue Regelung" rein deklaratorischer Natur.

§ 16 a Anforderungen an Teilnahmeanträge

1. Die Auftraggeber haben die Integrität der Daten und die Vertraulichkeit der übermittelten Anträge auf Teilnahme am Vergabeverfahren auf geeignete Weise zu gewährleisten. Per Post oder direkt übermittelte Anträge auf Teilnahme am Vergabeverfahren sind in einem verschlossenen Umschlag einzureichen, als solche zu kennzeichnen und bis zum Ablauf der für ihre Einreichung vorgesehenen Frist unter Verschluss zu halten. Bei elektronisch übermittelten Teilnahmeanträgen ist dies durch entsprechende organisatorische und technische Lösungen nach den Anforderungen des Auftraggebers und durch Verschlüsselung sicherzustellen. Die Verschlüsselung muss bis zum Ablauf der für ihre Einreichung vorgesehenen Frist aufrecht erhalten bleiben.

2. Anträge auf Teilnahme am Vergabeverfahren können auch per Telefax oder telefonisch gestellt werden. Werden Anträge auf Teilnahme telefonisch oder per Telefax gestellt, sind diese vom Bewerber bis zum Ablauf der Frist für die Abgabe der Teilnahmeanträge durch Übermittlung per Post, direkt oder elektronisch zu bestätigen.

Schrifttum: *Joussen/Schranner,* Die wesentlichen Änderungen der VOB/A 2006, BauR 2006, 1038; *v. Wietersheim/Schranner,* VOB/A 2006, Das neue Vergaberecht, 2006.

Übersicht

[66] Vgl. *Joussen/Schranner* BauR 2006, 1038.

A. Gewährleistung von Datenintegrität und Vertraulichkeit

Der neu eingefügte § 16 a Abs. 1 regelt, dass die Datenintegrität und Vertraulichkeit von eingereichten Teilnahmeanträgen in jeweils geeigneter Art und Wese vom Auftraggeber gewährleistet werden muss. § 16 a Abs. 1 hat damit bieterschützende Wirkung. Reicht der Bieter einen Teilnahmeantrag per Post oder unmittelbar ein, muss der Antrag in einem entsprechend gekennzeichneten verschlossenen Umschlag beim Auftraggeber eingehen, der ihn bis zum Ablauf der Bewerbungsfrist unter Verschluss zu halten hat. Reicht der Bieter den Teilnahmeantrag elektronisch ein, muss der Auftraggeber die Datenintegrität und Vertraulichkeit durch entsprechende organisatorische und technische Lösungen sowie durch Verschlüsselung sicherstellen. Insbesondere die Verschlüsselung muss bis zum Ablauf der Bewerbungsfrist aufrecht erhalten bleiben. In der Praxis bedeutet dies, dass der Auftraggeber nicht – wie bislang häufig üblich – schon während der laufenden Bewerbungsfrist die jeweils eingehenden Teilnahmeanträge prüfen darf. Vielmehr darf er hiermit erst mit Ablauf der Bewerbungsfrist beginnen. 1

B. Telefax- und Telefon-Teilnahmeanträge

§ 16 a Abs. 2 lässt Teilnahmeanträge sowohl per Telefax als auch telefonisch zu.[1] In beiden Fällen muss der Bewerber einen telefonisch oder per Telefax gestellten Teilnahmeantrag bis zum Ablauf der Bewerbungsfrist durch eine Übermittlung per Post, direkt oder in elektronischer Form bestätigen. Geschieht dies nicht, wird man seinen Antrag als nicht gestellt ansehen müssen. Ungeachtet dessen stellt sowohl ein telefonischer als auch ein per Telefax gestellter Teilnahmeantrag den Auftraggeber vor Geheimhaltungsprobleme, die er auf „*geeignete Weise*" (vgl. Nr. 1 Satz 1) lösen muss. Für die Praxis liegt es deshalb nahe, dass der Auftraggeber einen per Telefax gestellten Teilnahmeantrag selbst in einem verschlossenen Umschlag bis zum Ende der Bewerbungsfrist aufzubewahren hat, wenn er seinen Geheimhaltungspflichten ordnungsgemäß nachkommen will. 2

§ 16 b Anforderungen an Teilnahmeanträge

1. Die Auftraggeber haben die Integrität der Daten und die Vertraulichkeit der übermittelten Anträge auf Teilnahme am Vergabeverfahren auf geeignete Weise zu gewährleisten. Per Post oder direkt übermittelte Anträge auf Teilname am Vergabeverfahren sind in einem verschlossenen Umschlag einzureichen, als solche zu kennzeichnen und bis zum Ablauf der für ihre Einreichung vorgesehenen Frist unter Verschluss zu halten. Bei elektronisch übermittelten Teilnahmeanträgen ist dies durch entsprechende organisatorische und technische Lösungen nach den Anforderungen des Auftraggebers und durch Verschlüsselung sicherzustellen. Die Verschlüsselung muss bis zum Ablauf der für ihre Einreichung vorgesehenen Frist aufrecht erhalten bleiben.

2. Anträge auf Teilnahme am Vergabeverfahren können auch per Telefax oder telefonisch gestellt werden. Werden Anträge auf Teilnahme telefonisch oder per Telefax gestellt, sind diese vom Bewerber bis zum Ablauf der Frist für die Abgabe der Teilnahmeanträge durch Übermittlung per Post, direkt oder elektronisch zu bestätigen.

§ 16 b entspricht inhaltlich § 16 a. Auf die dortige Kommentierung wird deshalb verwiesen.

---

[1] Insoweit unzutreffend, allerdings auch nicht auf der Grundlage der am 20.3.2006 bekannt gemachten (BAnz Nr. 94 a) Fassung der VOB/A 2006 *v. Wietesheim/Schranner,* a.a.O., S. 78 ff., die in § 16 a Nr. 2 Satz 1 eine Antragstellung „in Textform" (anstatt per Telefax) annehmen und deshalb zu Unrecht eine Antragstellung per Telefax für unzulässig halten.

§ 17 Bekanntmachung, Versand der Vergabeunterlagen

1. (1) Öffentliche Ausschreibungen sind bekannt zu machen, z.B. in Tageszeitungen, amtlichen Veröffentlichungsblättern oder auf Internetportalen.

(2) Diese Bekanntmachungen sollen folgende Angaben enthalten:

a) Name, Anschrift, Telefon-, Telefaxnummer sowie E-Mailadresse des Auftraggebers (Vergabestelle),

b) gewähltes Vergabeverfahren,

c) Art des Auftrags, der Gegenstand der Ausschreibung ist,

d) Ort der Ausführung,

e) Art und Umfang der Leistung, allgemeine Merkmale der baulichen Anlage,

f) falls die bauliche Anlage oder der Auftrag in mehrere Lose aufgeteilt ist, Art und Umfang der einzelnen Lose und Möglichkeit, Angebote für eines, mehrere oder alle Lose einzureichen,

g) Angaben über den Zweck der baulichen Anlage oder des Auftrags, wenn auch Planungsleistungen gefordert werden,

h) etwaige Frist für die Ausführung,

i) Name und Anschrift der Stelle, bei der die Verdingungsunterlagen und zusätzliche Unterlagen angefordert und eingesehen werden können, falls die Unterlagen auch digital eingesehen und angefordert werden können, ist dies anzugeben,

j) gegebenenfalls Höhe und Einzelheiten der Zahlung des Entgelts für die Übersendung dieser Unterlagen,

k) Ablauf der Frist für die Einreichung der Angebote,

l) Anschrift, an die die Angebote schriftlich auf direktem Weg oder per Post zu richten sind, gegebenenfalls auch Anschrift, an die Angebote digital zu richten sind,

m) Sprache, in der die Angebote abgefasst sein müssen,

n) Personen, die bei der Eröffnung der Angebote anwesend sein dürfen,

o) Datum, Uhrzeit und Ort der Eröffnung der Angebote,

p) gegebenenfalls geforderte Sicherheiten,

q) wesentliche Zahlungsbedingungen und/oder Verweisung auf die Vorschriften, in denen sie enthalten sind,

r) gegebenenfalls Rechtsform, die die Bietergemeinschaft, an die der Auftrag vergeben wird, haben muss,

s) verlangte Nachweise für die Beurteilung der Eignung des Bieters,

t) Ablauf der Zuschlags- und Bindefrist,

u) gegebenenfalls Nichtzulassung von Nebenangeboten,

v) sonstige Angaben, insbesondere die Stelle, an die sich der Bewerber oder Bieter zur Nachprüfung behaupteter Verstöße gegen Vergabebestimmungen werden kann.

2. (1) Bei Beschränkten Ausschreibungen nach Öffentlichem Teilnahmewettbewerb sind die Unternehmer durch Bekanntmachungen, z.B. in Tageszeitungen, amtlichen Veröffentlichungsblättern oder auf Internetportalen, aufzufordern, ihre Teilnahme am Wettbewerb zu beantragen

(2) Diese Bekanntmachungen sollen folgende Angaben enthalten:

a) Name, Anschrift, Telefon-, Telefaxnummer sowie E-Mailadresse des Auftraggebers (Vergabestelle),

b) gewähltes Vergabeverfahren,

c) Art des Auftrags, der Gegenstand der Ausschreibung ist,

d) Ort der Ausführung,

e) Art und Umfang der Leistung, allgemeine Merkmale der baulichen Anlage,

f) falls die bauliche Anlage oder der Auftrag in mehrere Lose aufgeteilt ist, Art und Umfang der einzelnen Lose und Möglichkeiten, Angebote für eines, mehrere oder alle Lose einzureichen,

g) Angaben über den Zweck der baulichen Anlage oder des Auftrags, wenn auch Planungsleistungen gefordert werden,

h) etwaige Frist für die Ausführung,

i) gegebenenfalls Rechtsform, die die Bietergemeinschaft, an die der Auftrag vergeben wird, haben muss,

j) Ablauf der Einsendefrist für die Anträge auf Teilnahme,

k) Anschrift, an die diese Anträge zu richten sind,
l) Sprache, in der diese Anträge abgefasst sein müssen,
m) Tag, an dem die Aufforderungen zur Angebotsabgabe spätestens abgesandt werden,
n) gegebenenfalls geforderte Sicherheiten,
o) wesentliche Zahlungsbedingungen und/oder Verweis auf die Vorschriften, in denen sie enthalten sind,
p) mit dem Teilnahmeantrag verlangte Nachweise für die Beurteilung der Eignung (Fachkunde, Leistungsfähigkeit, Zuverlässigkeit) des Bewerbers,
q) gegebenenfalls Nichtzulassung von Nebenangeboten,
r) sonstige Angaben, insbesondere die Stelle, an die sich der Bewerber oder Bieter zur Nachprüfung behaupteter Verstöße gegen Vergabebestimmungen wenden kann.

3. Anträge auf Teilnahme sind auch dann zu berücksichtigen, wenn sie durch Telefon, Telefax oder in sonstiger Weise elektronisch übermittelt werden, sofern die sonstigen Teilnahmebedingungen erfüllt sind.

4. (1) Die Vergabeunterlagen sind den Bewerbern in kürzestmöglicher Frist und in geeigneter Weise zu übermitteln.
(2) Die Vergabeunterlagen sind bei Beschränkter Ausschreibung nach Öffentlichem Teilnahmewettbewerb an alle ausgewählten Bewerber am selben Tage abzusenden.

5. Jeder Bewerber soll die Leistungsbeschreibung doppelt und alle anderen für die Preisermittlung wesentlichen Unterlagen einfach erhalten. Wenn von den Unterlagen (außer der Leistungsbeschreibung) keine Vervielfältigungen abgegeben werden können, sind sie in ausreichender Weise zur Einsicht auszulegen, wenn nötig nicht nur am Geschäftssitz des Auftraggebers, sondern auch am Ausführungsort oder an einem Nachbarort.

6. Die Namen der Bewerber, die Vergabeunterlagen erhalten oder eingesehen haben, sind geheim zu halten.

7. (1) Erbitten Bewerber zusätzliche sachdienliche Auskünfte über die Vergabeunterlagen, so sind die Auskünfte unverzüglich zu erteilen.
(2) Werden einem Bewerber wichtige Aufklärungen über die geforderte Leistung oder die Grundlagen der Preisermittlung gegeben, so sind sie auch den anderen Bewerbern unverzüglich mitzuteilen, soweit diese bekannt sind.

Schrifttum: Europäische Kommission (Hrsg.), Leitfaden zu den Gemeinschaftsvorschriften für die Vergabe von öffentlichen Bauaufträgen, Luxemburg 1997; *Daub/Eberstein*, Kommentar zur VOL/A, 5. Auflage 2000; *Daub/Piel/Soergel*, Kommentar zur VOB, Teil A, 1981; *Kratzenberg*, Die neue Verdingungsordnung für Bauleistungen (VOB 2000), NZBau 2000, 265; *Lampe-Helbig/Wörmann*, Handbuch der Bauvergabe, 2. Auflage 1995; *Portz*, Rechtsschutz bei Vergabefehlern und Vermeidung von Vergabebeschwerden, ZVgR 1998, 596.

Übersicht

A. Allgemeines

1 § 17 VOB/A bestimmt die **formellen Anforderungen**, die der Auftraggeber bei der Bekanntmachung einer Ausschreibung und dem Versand der Vergabeunterlagen einhalten muss. Die Vorschrift wurde durch die VOB/A 2006 nur punktuell ergänzt. Nr. 1 behandelt die Formerfordernisse bei der Öffentlichen Ausschreibung, Nr. 2 diejenigen bei Beschränkter Ausschreibung nach Öffentlichem Teilnahmewettbewerb. Nr. 3 und 4 enthalten Klarstellungs- und Gleichbehandlungsregelungen für eingehende Teilnahmeanträge und den Versand von Unterlagen an die Bewerber. Nr. 5 ist im wesentlichen formale Ordnungsvorschrift. Die Nr. 6 und 7 enthalten Geheimhaltungs- bzw. Transparenz- und Gleichbehandlungsregelungen.

2 Mit der Einhaltung dieser Regeln, die im wesentlichen auf die EU-Baukoordinierungsrichtlinie zurückgehen, soll eine **möglichst hohe** und **einheitliche Publizität** der in Bezug genommenen Ausschreibungsverfahren sicher gestellt werden. Über diese Publizität sollen möglichst viele interessierte Bewerber veranlasst werden, sich um den ausgeschriebenen Auftrag zu bewerben. Hierzu müssen sie bei der Öffentlichen Ausschreibung (§ 3 Nr. 1 Abs. 1 VOB/A) und dem Offenen Verfahren (§ 3 a Nr. 1 a VOB/A) die Vergabeunterlagen beim Auftraggeber anfordern. Demgegenüber stellen interessierte Bieter bei der Beschränkten Ausschreibung nach Öffentlichem Teilnahmewettbewerb nach § 3 Nr. 1 Abs. 2 VOB/A, beim Nichtoffenen Verfahren nach § 3 a Nr. 1 b VOB/A und beim Verhandlungsverfahren nach öffentlicher Vergabebekanntmachung

(§ 3 a Nr. 1 c VOB/A) Teilnahmeanträge. Insofern verfolgt die Bekanntmachung also nicht nur den Zweck, möglichst viele potentielle Bieter von der Vergabeabsicht des Auftraggebers zu unterrichten, sondern dient auch dazu, ihm einen ersten Überblick über den möglichen Bieterkreis zu vermitteln.[1]

Systematisch bildet § 17 VOB/A die „erste Stufe" der Bekanntmachungspflichten im Bereich der **nationalen Vergaben** (Abschnitt 1 der VOB/A). Europaweite Ausschreibungen nach den Abschnitten 2, 3 und 4 fordern demgegenüber eine erhöhte Publizität in Gestalt der dort (vgl. § 17 a Nr. 1 VOB/A) angeordneten Vorinformation bzw. einer zumindest jährlichen Bekanntmachung (vgl. § 17 b Nr. 2 VOB/A). 3

§ 17 VOB/A (ebenso die §§ 17 a, 17 b VOB/A und § 8 SKR) hat **bieterschützende Funktion.**[2] 4
Wie der Vergabeüberwachungsausschuss des Bundes schon in der Entscheidung „Rollbehälter" zutreffend entschieden hat, kann ihre Verletzung zur Rechtswidrigkeit des gesamten Vergabeverfahrens führen und betroffenen Bietern auch Schadensersatzansprüche gegenüber dem Auftraggeber vermitteln.[3] Weil Verstöße gegen § 17 allerdings regelmäßig schon aus der Ausschreibung selbst erkennbar sind, ist es im Anwendungsbereich des GWB für die Zulässigkeit eines späteren, hierauf gestützten Nachprüfungsverfahrens erforderlich, dass der Bieter den Verstoß spätestens mit Angebotsabgabe rügt (§ 107 Abs. 3 GWB).[4]

B. Bekanntmachung bei öffentlicher Ausschreibung

Öffentliche Ausschreibungen im Sinne von § 3 Nr. 1 Abs. 1 VOB/A sind nach § 17 Nr. 1 5
bekannt zu machen. Bezeichnet der Auftraggeber ein „Offenes Verfahren" in den nationalen Publikationsorganen fehlerhaft als „Öffentliche Ausschreibung", kann dies bei verständiger Würdigung nicht zu Unklarheiten bei den Bewerbern über die Modalitäten der Ausschreibung führen und begründet deshalb weder einen Verstoß gegen das Transparenzgebot noch rechtfertigt es die Aufhebung einer Ausschreibung.[5]

Abs. 1 regelt die zulässige **Art und Weise** der Veröffentlichung, Abs. 2 dient in der Art einer 6
„Checkliste"[6] dazu, den **Mindestinhalt** der Bekanntmachung zu definieren.[7]

I. Veröffentlichung

Die Formulierung, dass öffentliche Ausschreibungen „bekannt zu machen sind", macht un- 7
missverständlich deutlich, dass diese Anordnung **zwingend** ist.[8] Hierzu stehen dem Auftraggeber eine Reihe von Publikationsorganen bzw. Medien zur Verfügung, die in § 17 Nr. 1 Abs. 1 nicht abschließend aufgeführt sind. Teilweise werden diese Vorgaben verwaltungsintern konkretisiert. So bestimmt z.B. das Vergabehandbuch des Bundes für seinen Anwendungsbereich, dass eine Veröffentlichung – unter Verwendung der dort genannten EFB – im Bundesausschreibungsblatt[9] erfolgen muss.[10] Darüber hinaus sollten Ausschreibungen und Aufforderungen zu Teilnahmeanträgen „auch in Tageszeitungen oder Fachzeitschriften veröffentlicht werden, wenn dies

[1] *Daub/Piel/Soergel* VOB/A ErlZ A 17.4
[2] *Portz* ZVgR 1998, 596 f.; *Franke/Kemper/Zanner/Grünhagen* VOB/A § 17 Rdn. 70; *Ingenstau/Korbion/Kratzenberg* VOB/A § 17 Rdn. 4; **zum Begriff** VOB/A § 5 Rdn. 29.
[3] VÜA Bund 2. August 1994-1 VÜ 1/94 –; vgl. auch – zu § 17 VOL/A – BayObLG NZBau 2003, 584.
[4] Zustimmend VK Schleswig-Holstein, Beschluss v. 05.8.2004 – VK-SH 19/04 –. In diesem Sinne auch das Kammergericht NZBau 2003, 338 sowie VK Münster Beschluss v. 18.1.2005 – VK 32/04 –.
[5] VK Schleswig-Holstein Beschluss v. 05.8.2004 – VK-SH 19/04.
[6] Vgl. *Franke/Kemper/Zanner/Grünhagen* VOB/A § 17 Rdn. 2.
[7] Beck'scher VOB-Kommentar/*Sterner* VOB/A § 17 Rdn. 11.
[8] Herrschende Auffassung, vgl. nur *Ingenstau/Korbion/Kratzenberg* VOB/A § 17 Rdn. 4.
[9] Nähere Informationen: www.bundesausschreibungsblatt.de
[10] Vergabehandbuch des Bundes im Zuständigkeitsbereich der Finanzverwaltungen, Erl. 1.2 zu A § 17.

zur Erfüllung des Ausschreibungszwecks nötig ist".[11] Eine Veröffentlichung im Amtsblatt der Europäischen Gemeinschaften ist nach § 17 der Baukoordinierungsrichtlinie auch unterhalb der Schwellenwerte möglich.

8 Weil es **Zweck** der Bekanntmachung ist, einen möglichst breiten Kreis potentieller Bieter auf die ausgeschriebene bzw. zu realisierende Maßnahme aufmerksam zu machen, muss der Auftraggeber die Publikationsorgane so wählen, dass dieser Zweck möglichst optimal erfüllt wird. Diese Voraussetzungen werden erfüllt, wenn das Ausschreibungsorgan die notwendige überregionale Breitenwirkung hat und einem unbeschränkten Kreis von Bewerbern ohne Schwierigkeiten zugänglich ist.[12] Hierzu zählen sowohl amtliche Veröffentlichungsblätter als auch private Submissionsanzeiger und nicht zuletzt das Internet. Ebenso wenig wie die Veröffentlichung z.B. in einer nur lokal erscheinenden Tageszeitung (naheliegender Verstoß gegen § 8 Nr. 1 Satz 2 VOB/A) reicht es allerdings aus, ausschließlich über das Internet bekannt zu machen, weil damit eine Benachteiligung derjenigen Bieter verbunden wäre, die noch keinen direkten oder keinen permanenten Zugang zu diesem Medium haben oder pflegen.[13]

9 Die Überarbeitung bzw. Ergänzung von § 17 anlässlich der Umsetzung des „Sofortpakets" vollzieht einen Schritt in Richtung **elektronischer Beschaffung** und **Vergabe**. Auf der europäischen Ebene ist dies bereits seit längerem mit dem von der Europäischen Kommission entwickelten Informationssystem für das öffentliche Auftragswesen SIMAP (Système d'Information pour les Marchés Publics; Internet: www.simap.eu.int) umgesetzt. Auf der dort eingerichteten „Auftraggeber-Seite" können Vergabestellen ihre zur Veröffentlichung im Supplement das Amtsblatts bestimmten Bekanntmachungen öffentlicher Aufträge mit Online-Formularen einreichen. Diese Homepage bietet eindrucksvolle Fortschritte gegenüber den herkömmlichen Kommunikationswegen. Dies gilt etwa für die Möglichkeit der Vergabestellen, im Internet ein „Beschafferprofil" einzurichten und dies entweder in die eigene Website zu integrieren oder aber bei SIMAP registrieren zu lassen, was vielfältige neue Kontaktmöglichkeiten zu potentiellen Anbietern eröffnet. Dies gilt auch für die Aktualität der jeweils zu verwendenden Formulare. So sind die aufgrund der Richtlinie 2004/17/EG bzw. 2004/18/EG seit dem 1.2.2006 zwingend zu verwendenden Formulare für die Veröffentlichung von Bekanntmachungen im Amtsblatt S unmittelbar in SIMAP abrufbar.

II. Inhalt

10 Der „Informationskatalog" des § 17 Nr. 1 Abs. 2 VOB/A enthält im wesentlichen diejenigen Angaben, die ein Bieter benötigt, um in einem **ersten Überblick** interessante von weniger interessanten Ausschreibungen zu selektieren. Im Gegensatz zur Formulierung in § 17 Nr. 1 Abs. 1 bestimmt Abs. 2 lediglich, dass die Bekanntmachungen die genannten Angaben enthalten „sollen". Daraus folgt, dass Informationen, die im atypischen Sonderfall für die Bieter entbehrlich sind, entfallen können. Dies sollte in der Bekanntmachung entsprechend klargestellt werden. Maßstab ist das objektive Informationsinteresse des anzusprechenden Bieterkreises.[14] Selbstverständlich sind auch darüber hinausgehende Informationen zulässig; insgesamt müssen alle Angaben eindeutig und widerspruchsfrei erfolgen, was im Zweifel durch Auslegung zu ermitteln ist und große Bedeutung auch für spätere Fragen z.B. eines Ausschlusses aufgrund fehlender Erklärungen haben kann.[15] Auslegungsmaßstab ist der objektive Empfängerhorizont, also das objektivierte Verständnis eines durchschnittlichen, von der betreffenden Ausschreibung angesprochenen Bieters. Unerheblich ist, wie der Auftraggeber seine Erklärung „in Wahrheit" gemeint hat oder im Nachhinein interpretiert sehen will.

---

[11] Vergabehandbuch des Bundes im Zuständigkeitsbereich der Finanzverwaltungen, ebenda.
[12] Beck'scher VOB-Kommentar/*Sterner* VOB/A § 17 Rdn. 9.
[13] *Kratzenberg* NZBau 2000, 265.
[14] Beck'scher VOB-Kommentar/*Sterner* VOB/A § 17 Rdn. 11; unklar insoweit *Franke/Kemper/Zanner/Grünhagen* VOB/A § 17 Rdn. 17.
[15] Dazu etwa VK Münster ZfBR 2004, 100 (L).

1. Angaben zum Auftraggeber/Vergabestelle (a)

Zu nennen sind der vollständige **Name**, die genaue **Anschrift** sowie die Telefon- und Telefaxnummern nebst E-Mailadresse und etwaigen sonstigen **Telekommunikationsanschlüssen** des Auftraggebers, der im Klammerzusatz als „Vergabestelle" bezeichnet wird. Gemeint ist also diejenige Stelle, die als öffentlicher Auftraggeber fungiert und den Zuschlag erteilen will. Zusätzliche Informationen, wie z.B. die Angabe eines externen Ingenieurbüros, das den Auftraggeber während der Ausschreibung und ggf. während der Vertragsabwicklung unterstützt, sind zulässig, reichen allerdings isoliert nicht aus, weil daraus alleine die genaue Identität des Auftraggebers nicht hervorgeht. 11

2. Vergabeverfahren (b)

Das vom Auftraggeber gewählte **Vergabeverfahren** – bei Bekanntmachungen nach § 17 Nr. 1 VOB/A also die Öffentliche Ausschreibung – ergibt sich regelmäßig schon aus der Überschrift der Bekanntmachung. Daraus ist für die Bieter ersichtlich, dass sie von einem potentiell unbegrenzten Konkurrentenkreis ausgehen müssen. 12

3. Art des Auftrags (c)

Zur Art des Auftrages ist klarzustellen, welche **konkrete** baugewerbliche Tätigkeit bei der Ausführung gefordert sind (z.B. „Ausführung von Erdarbeiten" oder „Planung und Errichtung eines Verwaltungsgebäudes"). 13

4. Ausführungsort (d)

Die Angabe des Ortes (und ggf. Ortsteils), an dem die Bauleistung ausgeführt werden soll, ist schon deshalb wichtig, weil der Ausführungsort für nur lokal tätige Unternehmen ein entscheidendes **Kriterium** für die Bewerbung um Aufträge ist. Der überregional tätige Bieter wird diese Information in seiner Kostenkalkulation berücksichtigen. 14

5. Art und Umfang der Leistung (e)

Die zur Art und zum Umfang der Leistung geschuldeten Angaben sollen dem Bieter ein Urteil darüber erlauben, ob sein Betrieb gewerke- und kapazitätsmässig hierauf **eingerichtet** ist (Beispiel: „Grundhafte Erneuerung der BAB A 5, Hattenbacher Dreieck/Gambacher Kreuz, Abschnitt Grünberg-Nord, Betriebskilometer 421, 456 – 425, 996").[16] Für Verfahren im Anwendungsbereich der Vergabeverordnung schreibt deren § 14 vor, dass die Auftraggeber den Auftragsgegenstand nach dem Gemeinsamen Vokabular für öffentliche Aufträge (CPV = Common Procurement Vocabulary, z.B. unter www.simap.eu.int abrufbar) beschreiben sollen. 15

6. Losweise Vergabe (f)

Will der Auftraggeber eine **losweise Vergabe** vornehmen oder sich diese Möglichkeit auch nur vorbehalten, muss er dies in der Bekanntmachung verbindlich festlegen und mitteilen. Denn diese Information ist für den Bieter nicht nur kalkulationsrelevant (insbesondere bei einem möglichen Angebot für mehrere oder alle Lose), sondern grundsätzlich für die Frage von Bedeutung, ob er überhaupt die Verdingungsunterlagen anfordern will (wenn er nur an der Bietung für einzelne Lose interessiert ist). Für einen solchen Vorbehalt der losweisen Vergabe reicht die bloße Unterteilung in „Titel" nicht;[17] erforderlich ist vielmehr eine eindeutige und zweifelsfreie Klarstellung sowohl in der Bekanntmachung als auch in den Verdingungsunterlagen.[18] 16

---

[16] Vgl. auch VK Brandenburg Beschluss v. 25.4.2003 – VK 21/03 –.

[17] Zutreffend VOB-Stelle Sachsen-Anhalt, Fall 203 vom 17.10.1996, VÜA 2/97, IBR 1997, 490.

[18] Zur Auslegung eines Angebotes einer vertikalen Bietergemeinschaft bei vorbehaltener Fachlosvergabe vgl. OLG Koblenz NZBau 2001, 452.

7. Zweck der baulichen Anlage (g)

17 Fordert der Auftraggeber auch zur Abgabe eines **Angebotes über Planungsleistungen** auf, muss er nach § 17 Nr. 1 Abs. 2 lit. g) VOB/A nähere Angaben über den Zweck der baulichen Anlage bzw. des Bauauftrages mitteilen. Dies betrifft vor allem die Ausschreibung einer Leistungsbeschreibung mit Leistungsprogramm nach § 9 Nr. 10 VOB/A. Weil damit die wirtschaftlich, technisch, funktionell und gestalterisch beste Lösung der Bauaufgabe gefunden werden soll, müssen die potentiellen Bieter schon aufgrund der Bekanntmachung beurteilen können, ob sie angesichts dieses Anforderungsprofils über die hinreichende Eignung und das erforderliche Interesse an einem solchen Auftrag verfügen. Um den potentiellen Bietern insoweit eine hinreichende Beurteilungsgrundlage zu bieten, muss der Auftraggeber die – zwangsläufig knappe – Beschreibung der Bau- und Planungsaufgabe gleichwohl so konkret wie möglich fassen.[19]

8. Ausführungsfristen (h)

18 Die Angabe der Ausführungsfristen soll die potentiellen Bieter in die Lage versetzen, sich **kapazitätsgerecht** um Aufträge bewerben zu können. Bei witterungsabhängigen Gewerken tritt das Kalkulationsmoment hinzu, weil unsichere Witterungsperioden kostenmäßig und bauzeitlich kalkulatorisch berücksichtigt werden müssen. Erforderlich ist also einerseits die Angabe des voraussichtlichen Baubeginns und andererseits die Länge der geplanten Bauzeit nebst etwaigen, schon zum Zeitpunkt der Bekanntmachung absehbaren Unterbrechungen (zwingende Unterbrechungen bei Arbeiten unter Betrieb wie z.B. Sperrzeiten bei Eisenbahnmaßnahmen oder Ferienreisezeiten bei Arbeiten an Hauptverkehrsadern). Aufgrund ihrer zentralen Bedeutung ist die Angabe der voraussichtlichen Ausführungszeit zwingend. Maßnahmen, bei denen der Auftraggeber selbst noch nicht weiß, welche ungefähre Bauzeit sie erfordern werden, dürften noch nicht ausschreibungsreif sein.[20] In diesem Falle reicht es dann auch nicht aus, wenn der Auftraggeber lediglich mitteilt, dass er zu Angaben über die Bauzeit noch nicht in der Lage sei.

9. Stelle für Einsicht und Abgabe der Verdingungsunterlagen (i)

19 Der Auftraggeber muss in der Bekanntmachung auch die Stelle zweifelsfrei bezeichnen, bei der sowohl die Anforderung der Unterlagen als auch deren Einsichtnahme möglich ist. Letzteres ist deshalb von praktischer Bedeutung, weil vielfach Teile der Vergabeunterlagen nicht mit versandt werden, allerdings einsehbar sind. Die hierzu anzugebende „Stelle" kann auch ein Dritter, z.B. das vom Auftraggeber mit der Planung betraute Ingenieurbüro, sein.[21] Gleichfalls anzugeben sind digitale Zugangs- bzw. Einseh- und Anforderungsmöglichkeiten, falls zusätzlich vorhanden.

10. Entschädigung (j)

20 Will der Auftraggeber für die **Übersendung** der Vergabeunterlagen eine Entschädigung verlangen, so muss er auch dies in der Bekanntmachung einschließlich etwaiger Zahlungsmodalitäten (Kontoverbindung, Zahlungsmöglichkeiten/etwaige Vorauskasse etc.) mitteilen. Unterlässt er eine solche Angabe, weckt er damit beim Bieter das schützenswerte Vertrauen darauf, dass Kosten nicht erhoben werden.[22]

11. Angebotsfrist (k)

21 Die nach § 17 Nr. 1 Abs. 2k) anzugebende Angebotsfrist[23] ist für die Bieter vor allem für die Erarbeitung ihres eigenen „Angebotszeitplans" erforderlich; Angebote, die erst nach Ablauf der

[19] *Lampe-Helbig/Wörmann* Rdn. 201.
[20] Anderer Ansicht offenbar Beck'scher VOB-Kommentar/*Sterner* VOB/A § 17 Rdn. 21 a.E. sowie *Ingenstau/Korbion/Kratzenberg* VOB/A § 17 Rdn. 14 a.E.
[21] *Heiermann/Riedl/Rusam* VOB/A § 17 Rdn. 17; anderer Ansicht Beck'scher VOB-Kommentar/*Sterner* VOB/A § 17 Rdn. 23.
[22] *Franke/Kemper/Zanner/Grünhagen* VOB/A § 17 Rdn. 27.
[23] Zu deren Länge, Bemessung etc. vgl. § 18 Nr. 1 VOB/A.

Angebotsfrist beim Auftraggeber eingehen, sind nach § 25 Nr. 1 Abs. 1 a), § 22 Nr. 2 VOB/A (mit der Ausnahmemöglichkeit des § 22 Nr. 6 VOB/A) von der Wertung auszuschließen.

12. Angebotsannahmestelle (l)

Die Angabe der genauen Anschrift derjenigen Stelle, die die Angebote entgegennimmt, ist vor 22
allem dann wichtig, wenn diese Stelle nicht mit der Auftraggeberanschrift (§ 17 Nr. 1 Abs. 2 a) VOB/A) identisch ist (z.B. externes Ingenieurbüro). Lässt der Auftraggeber eine digitale Angebotsübermittlung zu, muss er auch die entsprechende e-mail bzw. Internet-Adresse angeben.

13. Angebotssprache (m)

Die Verpflichtung, die Angebotssprache auch bei lediglich nationalen Vergaben anzugeben, 23
resultiert aus Art. 13 Abs. 2 b) der Baukoordinierungsrichtlinie bzw. einer fehlenden speziellen Regelung in § 17 a VOB/A.

14. Zugelassene Teilnehmer am Eröffnungstermin (n)

Nach § 22 Nr. 1 Satz 1 VOB/A dürfen im Eröffnungstermin **nur** die **Bieter** und deren **Be-** 24
vollmächtigte anwesend sein. Darüber hinaus empfiehlt es sich, klarzustellen, dass ein etwaiger Nachweis der Bevollmächtigung z.B. nur über eine schriftliche Vollmacht etc. geführt werden kann.

15. Eröffnungstermin (o)

Die genaue Kenntnis von Datum, Uhrzeit und konkretem Ort des Eröffnungstermins ist für 25
jeden Bieter nicht nur wichtig, um seine **Teilnahme organisieren** und sicherstellen zu können. Von Bedeutung sind diese Informationen auch wegen § 22 Nr. 2 VOB/A; hiernach sind nur Angebote zu Eröffnung zuzulassen, die dem Verhandlungsleiter bei Öffnung des ersten Angebotes vorliegen (vgl. hierzu allerdings auch die Ausnahmevorschrift des § 22 Nr. 6 VOB/A).

16. Sicherheiten (p)

Die Angabe der vom Auftraggeber – ggf. in welcher Höhe – geforderte Sicherheiten ist für 26
viele Bieter ein zentrales **Ausgangskriterium** für die Beantwortung der Frage, ob sie sich an der Vergabe beteiligen (können): Entscheidend ist dies nicht nur für die Kalkulation der entstehenden Kosten, entscheidend ist auch, ob der Bieter die geforderten Sicherheiten nach dem ihm zur Verfügung stehenden Avalrahmen aufbringen kann.

17. Zahlungsbedingungen (q)

Hierzu verweisen viele Bekanntmachungen standardmäßig auf § 16 VOB/B, was zulässig und 27
ausreichend ist.[24] Bei abweichenden Zahlungsbedingungen, z.B. bei der Vereinbarung von Vorauszahlungen (vgl. § 16 Nr. 2 VOB/B), muss der Auftraggeber die konkret von ihm vorgesehenen Bedingungen und Einzelheiten benennen.

18. Bietergemeinschaften (r)

Bietergemeinschaften, die nach § 25 Nr. 6 VOB/A Einzelbietern gleichzusetzen sind, wenn 28
sie die Arbeiten im eigenen Betrieb oder in den Betrieben der Mitglieder ausführen, bilden üblicherweise eine **Gesellschaft bürgerlichen Rechts** (GbR). Diese Frage der Rechtsform ist aus Auftraggebersicht vor allem unter Haftungsgesichtspunkten von Bedeutung; er wird also eine Rechtsform (wie z.B. GbR) bevorzugen, die ihm als möglichst leistungsfähiger und unkom-

---

[24] Beck'scher VOB-Kommentar/*Sterner* VOB/A § 17 Rdn. 32; *Ingenstau/Korbion/Kratzenberg* VOB/A § 17 Rdn. 23; *Franke/Kemper/Zanner/Grünhagen* VOB/A § 17 Rdn. 34.

pliziert (Gesamtschuldnerschaft der Mitglieder) in Anspruch zu nehmender Haftungspartner gegenüber tritt.

19. Eignungsnachweise (s)

29 Nach den insoweit vom Auftraggeber schon mit der Bekanntmachung geschuldeten Informationen muss für jeden Bewerber **zweifelsfrei** feststehen, **welche** Eignungsnachweise der Auftraggeber von ihm verlangt.[25] Die interessierten Bieter sollen also schon mit den Informationen aus der **Bekanntmachung** einschätzen können, ob sie die geforderten Nachweise – ggf. bis zu welchem Zeitpunkt – werden vorlegen können.

20. Ablauf der Zuschlags- und Bindefrist (t)

30 Diese Information ist für die potentiellen Bieter vor allem zur Kapazitätsplanung und Preiskalkulation erforderlich. Für Einzelheiten zu diesem Themenkomplex vgl. § 19 VOB/A.

21. Änderungsvorschläge und Nebenangebote (u)

31 Wie sich aus dem Wortlaut von § 17 Nr. 1 Abs. 2 u) VOB/A schon ergibt, muss der Auftraggeber hierzu nur dann (dann allerdings zwingend, vgl. Art. 19 UAbs. 2 Satz 2 Baukoordinierungsrichtlinie) informieren, wenn er Änderungsvorschläge und/oder Nebenangebote **nicht** zulassen will. Informiert der Auftraggeber hierüber in der Bekanntmachung also nicht, gelten Änderungsvorschläge und Nebenangebote als zugelassen. Da sich viele potentielle Bewerber mit ihrem technischen Know-how den „Amtsvorschlägen" häufig überlegen sehen und damit der Grad ihrer Wettbewerbschance oft von der Möglichkeit abhängt, Nebenangebote vorzulegen, steckt hierin gleichfalls eine von vielen Bietern beim Lesen der Bekanntmachung vorrangig gesuchte Information.

22. Sonstige Angaben, Nachprüfungsstelle (v)

32 Die Angabe der zuständigen Nachprüfungsstelle ist nach § 31 VOB/A **zwingend**. Ansonsten ist § 17 Nr. 1 Abs. 2 v) VOB/A Auffangvorschrift, mit der dem Auftraggeber ermöglicht wird, weitere aus Sicht der Bieter objektiv notwendige Informationen z.B. zur Bauaufgabe selbst, zur etwaigen Begleitumständen oder auch zu gesondert einzuhaltenden landesrechtlichen Bestimmungen etc. bekannt zu machen.[26]

C. Bekanntmachung bei Beschränkter Ausschreibung nach Öffentlichem Teilnahmewettbewerb

33 Die in § 17 Nr. 2 VOB/A enthaltenen Regeln über die Bekanntmachung einer Beschränkten Ausschreibung nach Öffentlichem Teilnahmewettbewerb sind weitgehend mit der Bekanntmachung einer Öffentlichen Ausschreibung nach § 17 Nr. 1 VOB/A **identisch**, so dass zur Vermeidung von Wiederholungen weitgehend auf die obigen Ausführungen zu § 17 Nr. 1 VOB/A verwiesen werden kann. Der einzig signifikante Unterschied besteht darin, dass – neben der Bekanntmachung des Bauvorhabens – bei § 17 Nr. 2 VOB/A ein möglichst großer Kreis von Unternehmen dazu aufgerufen wird, ihre **Teilnahme** am Wettbewerb zu **beantragen**. Aus diesen Anträgen wählt der Auftraggeber dann eine angemessene Zahl von Teilnehmern aus und führt mit diesen Teilnehmern sodann eine Beschränkte Ausschreibung durch.

---

[25] Vergabeüberwachungsausschuss Brandenburg, Beschluss v. 16.11.1997, 1 VÜA 11/97, IBR 1998, 280. Außerdem VK Bund IBR 2005, 1045.

[26] Beck'scher VOB-Kommentar/*Sterner* VOB/A § 17 Rdn. 37.

I. Veröffentlichung der Bekanntmachung

Die Auswahl der vom Auftraggeber auch nach § 17 Nr. 2 Abs. 1 VOB/A einzusetzenden Bekanntmachungsorgane richtet sich nach den selben Kriterien wie bei § 17 Nr. 1 Abs. 1. Auf die dortige Kommentierung (oben Rdn. 7 ff.) wird deshalb der Einfachheit halber verwiesen. 34

II. Inhalt der Bekanntmachung

Ebenso wie bei § 17 Nr. 1 Abs. 2 enthält auch § 17 Nr. 2 Abs. 2 VOB/A einen **Katalog** von Einzelangaben, der den **Mindestinhalt** der Bekanntmachung bei Beschränkten Ausschreibungen nach Öffentlichem Teilnahmewettbewerb definiert. In Inhalt und Aufbau stimmt dieser Katalog weitgehend mit den Einzelangaben überein, die auch in Nr. 1 Abs. 2 genannt sind und die **hier** für die Stellung von Teilnahmeanträgen wichtig sind. 35

1. Einzelheiten

In Inhalt und Reihenfolge identisch mit § 17 Nr. 1 Abs. 2 sind die Angaben, die § 17 Nr. 2 Abs. 2 in den Buchstaben a) – h) enthält. Insofern sei auf die Ausführungen oben Rdn. 11 – 18 verwiesen. 36

2. Besonderheiten gegenüber der Öffentlichen Ausschreibung; nur inhaltliche Identität mit § 17 Nr. 1 Abs. 2 VOB/A

Ebenfalls inhaltlich identisch und lediglich mit anderer Buchstabenkennung entsprechen folgende Anforderungen an die Bekanntmachung einer Beschränkten Ausschreibung nach Öffentlichem Teilnahmewettbewerb denen einer Öffentlichen Ausschreibung: 37

Nr. 2 Abs. 2 i) ↔ Nr. 1 Abs. 2 r)
Nr. 2 Abs. 2 k) ↔ Nr. 1 Abs. 2 l)
Nr. 2 Abs. 2 l) ↔ Nr. 1 Abs. 2 m)
Nr. 2 Abs. 2 n) ↔ Nr. 1 Abs. 2 p)
Nr. 2 Abs. 2 o) ↔ Nr. 1 Abs. 2 q)

Nr. 2 Abs. 2 p) ↔ Nr. 1 Abs. 2 s)
Nr. 2 Abs. 2 q) ↔ Nr. 1 Abs. 2 u)
Nr. 2 Abs. 2 r) ↔ Nr. 1 Abs. 2 v)

3. Abweichungen gegenüber der Öffentlichen Ausschreibung: § 17 Nr. 2 Abs. 2 j) und m) VOB/A

Abweichungen von den Bekanntmachungsvorgaben bei der Öffentlichen Ausschreibung kennt § 17 Nr. 2 Abs. 2 nur bei der Einsendefrist der Teilnahmeanträge (Abs. 2 j)) und bei der Angabe des Tages, an dem die Aufforderungen zur Aufgebotsabgabe spätestens abgesandt werden (Abs. 2 m)). Die in § 17 Nr. 1 Abs. 2 unter den Buchstaben i) – j) und in t) aufgeführten Punkte fehlen im Absatz 2 der Nummer 2, weil diese Angaben für den Teilnahmeantrag noch nicht relevant sind. 38

a) Einsendefrist für Teilnahmeanträge. Nach § 17 Nr. 2 Abs. 2 j) VOB/A muss der Auftraggeber in der Bekanntmachung den **Ablauf** der Einsendefrist für die Teilnahmeanträge **angeben.** Diese Frist bestimmt gleichzeitig den Zeitraum, innerhalb dessen der Bewerber die von ihm geforderten Eignungsnachweise (vgl. § 8 Nr. 3 VOB/A) beschaffen muss. Fordert der Auftraggeber zu Teilnahmeanträgen im Nichtoffenen Verfahren auf, muss er die in § 18 a) Nr. 2 Abs. 1 VOB/A enthaltenen Bewerbungsfristen zwingend einhalten und diese in der Bekanntmachung angeben. Ansonsten ist die Frist so ausreichend zu bemessen, dass sich alle potentiell interessierten Bewerber 39 über Art und Umfang der auszuschreibenden Bauleistung hinreichend informieren und einen Teilnahmeantrag stellen können.[27]

40 **b) Absendung zur Angebotsaufforderung.** Mit der Angabe des Tages, an dem die Aufforderung zur Angebotsabgabe spätestens zu erfolgen hat, informiert der Auftraggeber interessierte Bewerber schon mit der Bekanntmachung über den Zeithorizont, in dem sie erfahren werden, ob ihr Teilnahmeantrag Erfolg hatte und sie demgemäss mit der Angebotsbearbeitung beginnen oder aber anderweitig disponieren können.

D. Anträge auf Teilnahme (§ 17 Nr. 3 VOB/A)

41 Ausgehend vom Normalfall in Gestalt eines schriftlichen Teilnahmeantrages erweitert § 17 Nr. 3 VOB/A die Möglichkeiten interessierter Bewerber, die Teilnahme am Wettbewerb auch über die anderen, genannten Medien zu beantragen. Insofern ist der Auftraggeber nicht nur zur Berücksichtigung solcher Art gestellter Anträge verpflichtet, sondern muss darüber hinaus auch die entsprechenden Zugangsmöglichkeiten schaffen, soweit er diese (z.B. e-mail) in der Bekanntmachung angegeben hat. Da die Vorschrift auch einen telefonisch gestellten Antrag zulässt, sofern die sonstigen Teilnahmebedingungen erfüllt sind, wird man erst recht einen persönlichen Teilnahmeantrag akzeptieren müssen.[28] Dies gilt auch vor dem Hintergrund, dass die VOB/A in den Formerfordernissen bewusst zwischen dem einzureichenden Angebot einerseits (vgl. §§ 21 Nr. 1 Abs. 1 Satz 2, 22 Nr. 1 Abs. 1 Satz 2) und hier bloßen Anträgen auf Teilnahme am Wettbewerb differenziert; letzteres geht maßgeblich auf Art. 13 Abs. 5 und Art. 14 Abs. 3 der Baukoordinierungsrichtlinie sowie Art. 28 Abs. 5 der Sektorenrichtlinie zurück.

E. Übermittlung der Vergabeunterlagen (§ 17 Nr. 4 VOB/A)

42 § 17 Nr. 4 VOB/A dient sowohl der **Verfahrensbeschleunigung** (Abs. 1) als auch der **Gleichbehandlung** der ausgewählten Bewerber bei Beschränkter Ausschreibung (Abs. 2) und ist bei Beschränkter Ausschreibung und Freihändiger Vergabe sowie Nichtoffenen Verfahren und Verhandlungsverfahren analog anzuwenden.[29]

I. Öffentliche Ausschreibung

43 Bei der Öffentlichen Ausschreibung muss der Auftraggeber jedem Bewerber die Vergabeunterlagen sowohl in **kürzest möglicher Frist** als auch in **geeigneter Weise** übermitteln. Die Übermittlungspflicht „in kürzest möglicher Frist" knüpft systematisch an § 16 Nr. 1 an, wonach der Auftraggeber ohnehin erst ausschreiben soll, wenn alle Verdingungsunterlagen fertiggestellt sind. Inhaltlich sind die selben Maßstäbe wie bei der „Unverzüglichkeit" nach § 121 BGB anzulegen.[30]

44 Das Erfordernis der „Übermittlung in geeigneter Weise" bedeutet zunächst, dass der Auftraggeber die Unterlagen **von sich aus** auf den Weg bringen muss. Demgemäss reicht es nicht aus, die Unterlagen lediglich zur Abholung bereit zu stellen.[31] Welche Art der Übermittlung der Auftraggeber wählt, bleibt ihm überlassen; sie muss lediglich geeignet sein. Dies ist beim

[27] Beck'scher VOB-Kommentar/*Sterner* VOB/A § 17 Rdn. 52.

[28] Zutreffend deshalb *Ingenstau/Korbion/Kratzenberg* VOB/A § 17 Rdn. 37 und Beck'scher VOB-Kommentar/*Sterner* VOB/A § 17 Rdn. 62, jeweils unter richtigem Hinweis auf § 147 Abs. 1 Satz 2 BGB gegen *Daub/Piel/Soergel* ErlZ A 17.31 und 17.62.

[29] Beck'scher VOB-Kommentar/*Sterner* VOB/A § 17 Rdn. 64; *Ingenstau/Korbion/Kratzenberg* VOB/A § 17 Rdn. 41; *Franke/Kemper/Zanner/Grünhagen* VOB/A § 17 Rdn. 58.

[30] Beck'scher VOB-Kommentar/*Sterner* VOB/A § 17 Rdn. 65.

[31] Zutreffend *Ingenstau/Korbion/Kratzenberg* VOB/A § 17 Rdn. 38 a.E.

klassischen Postversand grundsätzlich ebenso der Fall wie bei einer elektronischen Übermittlung. Da der Auftraggeber jedoch generell darlegungs- und beweisbelastet für die „geeignete" Auswahl und den ordnungsgemäßen Versand in der von ihm gewählte Übermittlungsart ist, muss er auch beim elektronischen Versand für eine entsprechende Dokumentation sorgen, um den Zugang beim Bieter im Streitfalle darlegen und beweisen zu können.

Insofern gehen Erklärungen an eine **e-mail-Adresse** bei direkter Übermittlung mit dem Passieren der Schnittstelle zum Empfänger, ansonsten mit dem Eingang im Empfangsbriefkasten des Providers und beim Eingang zur Unzeit am folgenden Tage zu.[32] Demgegenüber wäre die bloße Möglichkeit gegenüber den Bewerbern, sich die Vergabeunterlagen von einem Server des Auftraggebers (oder eines seiner Erfüllungsgehilfen) herunterzuladen, kein „Übermitteln", sondern lediglich die bloße Möglichkeit zur Abholung und damit unzulässig. 45

Dem Auftraggeber ist es – insbesondere aus Gleichbehandlungsgesichtspunkten – nicht verwehrt, von der elektronischen Versendung auch dann Gebrauch zu machen, wenn einzelne Bewerber z.B. über dieses Medium nicht verfügen oder eine Übermittlung per Post wünschen. Kein Bewerber, der nicht über ein elektronisches (oder sonstiges, von der VOB/A zugelassenes) Medium verfügt, hat einen Anspruch darauf, dass der Auftraggeber auch mit allen anderen Bewerbern nur über das Medium kommuniziert, das er selbst nutzen kann oder will.[33] 46

II. Beschränkte Ausschreibung nach Öffentlichem Teilnahmewettbewerb

§ 17 Nr. 4 Abs. 2 VOB/A schreibt aus Gründen der Wettbewerbsgleichheit zwingend vor, dass die Vergabeunterlagen **am selben Tag** an alle ausgewählte Bewerber abgesandt werden, damit deren Wettbewerbschancen jedenfalls nicht aus Gründen beeinträchtigt werden, die in der Sphäre des Auftraggebers liegen. 47

Nutzt der Auftraggeber **elektronische Medien** zur **Versendung** der Vergabeunterlagen an die ausgewählten Bewerber, gilt sinngemäß dasselbe wie zur Versendung bei Öffentlicher Ausschreibung: Bewerber, die elektronisch kommunizieren, muss der Auftraggeber gleich behandeln und die Unterlagen dementsprechend zeitgleich versenden. Gegenüber Bewerbern, die nicht elektronisch kommunizieren, muss er die Unterlagen zeitgleich entweder – soweit möglich – vorab per Telefax, jedenfalls aber taggleich per Post versenden. 48

III. Entsprechende Anwendung bei Beschränkter Ausschreibung, Freihändiger Vergabe und Verhandlungsverfahren sowie Wettbewerblichem Dialog

Nach einhelliger und zutreffender Auffassung[34] besteht die Pflicht des Auftraggebers zur geeigneten Übermittlung und zum zeitgleichen Versand der Vergabeunterlagen entsprechend § 17 Nr. 4 Abs. 2 VOB/A **auch** bei Beschränkter Ausschreibung, Freihändiger Vergabe und im Verhandlungsverfahren sowie Wettbewerblichem Dialog, weil er sich auch dort **diskriminierungsfrei** und **wettbewerbsgleich** gegenüber den Bietern verhalten muss. 49

F. Umfang der Verdingungsunterlagen (§ 17 Nr. 5 VOB/A)

§ 17 Nr. 5 VOB/A ist wiederum „Soll"-Vorschrift und deshalb **im Regelfall** verbindlich.[35] Hiernach soll jeder Bewerber die Leistungsbeschreibung doppelt erhalten – ein Exemplar als 50

---

[32] Siehe z.B. Palandt/*Heinrichs* BGB § 130 Rdn. 7 a m.w.N.

[33] Unklar insofern Beck'scher VOB-Kommentar/*Sterner* VOB/A § 17 Rdn. 66.

[34] Beck'scher VOB-Kommentar/*Sterner* VOB/A § 17 Rdn. 69, *Ingenstau/Korbion/Kratzenberg* VOB/A § 17 Rdn. 41, *Franke/Kemper/Zanner/Grünhagen* VOB/A § 17 Rdn. 58 (ebenso wie *Heiermann/Riedl/Rusam* VOB/A, § 17 Rdn. 35 a.E. allerdings nur für Freihändige Vergabe).

[35] Vgl. z.B. VOB/A § 16 Rdn. 13.

auszufüllendes und mit dem Angebot vorzulegendes Blankett und das andere Exemplar als Dokumentation zum Verbleib. „Alle anderen für die Preisermittlung wesentlichen Unterlagen" sind die Verdingungsunterlagen im Sinne von § 10 Nr. 1 Abs. 1 b) VOB/A, die einfach versandt werden sollen. Da diese Unterlagen nicht mit dem Angebot vorgelegt werden, ist ein Doppel hiervon entbehrlich. Im Umkehrschluss sowie aus § 17 Nr. 4 Satz 1 VOB/A folgt, dass auch alle sonstigen Unterlagen doppelt zur Verfügung zu stellen sind, die der Auftraggeber mit der Vorlage des Angebotes gleichfalls eingereicht wissen will.[36] Bei elektronischer Übermittlung von Unterlagen erübrigt sich naturgemäß dieses Problem.

51 Können von Bestandteilen der Verdingungsunterlagen **keine Vervielfältigungen** abgegeben werden, muss der Auftraggeber diese sowohl an seinem „Geschäftssitz" als auch – soweit nötig –am Ausführungs- bzw. Nachbarort auslegen. Weil hierin eine Ausnahme von der grundsätzlichen Pflicht des Auftraggebers liegt, den Bietern/Bewerbern **alle** für die Preisermittlung wesentlichen Unterlagen zu „übermitteln", ist diese Möglichkeit auf Ausnahmefälle beschränkt.[37] Wann eine solche Ausnahme vorliegt, bestimmt sich nach objektiven Kriterien.[38] Hierzu zählen insbesondere die mit einer Vervielfältigung verbundenen und womöglich unverhältnismäßigen Kosten (Beispiel: Farbige Darstellungen oder übergroße Pläne) oder die mangelnde Versendungsfähigkeit von Probestücken bzw. Mustern. Kein Ausnahmetatbestand ist der mit Vervielfältigungen stets verbundene Zeit- und/oder Kostenaufwand.

52 Legt der Auftraggeber zulässigerweise Unterlagen bzw. Bestandteile der Verdingungsunterlagen aus, ist es ausreichend, wenn die Unterlagen von den Bewerbern während eines Zeitraumes von zumindest ca. 2 Wochen zu den üblichen Bürozeiten in den Räumen der Vergabestelle,[39] dem von ihr beauftragten Ingenieurbüro oder am Ausführungsort (Ortsbesichtigung!) bzw. einem Nachbarort eingesehen und geprüft werden können. Die Bewerber müssen dabei selbstverständlich die Gelegenheit bekommen, sich entsprechende Notizen vom Inhalt der ausgelegten Unterlagen zu fertigen. Falls sie sich darüber hinaus z.B. Ablichtungen fertigen wollen, darf ihnen dies insoweit nicht verwehrt werden, als der Zweck der Auslegung (gleichmäßige Information für alle Bieter/Bewerber) hierdurch nicht beeinträchtigt wird.

G. Geheimhaltung der Bewerber (§ 17 Nr. 6 VOB/A)

53 Die in § 17 Nr. 6 VOB/A enthaltene Pflicht des Auftraggebers, die Identität der Bewerber geheim zu halten, die Vergabeunterlagen erhalten oder eingesehen haben, dient vor allem dem Schutz des Wettbewerbs. Ansonsten bestünde die Möglichkeit wettbewerbsbeschränkender Absprachen zwischen den Bewerbern.[40]

H. Auskünfte und Aufklärungen (§ 17 Nr. 7 VOB/A)

54 § 17 Nr. 7 VOB/A ist Ausdruck einerseits der Mitwirkungspflicht des Auftraggebers (Abs. 1) und andererseits des Gleichbehandlungs- und Transparenzgebotes (Abs. 2).

I. Auskunftspflicht (Abs. 1)

55 Nach § 17 Nr. 7 Abs. 1 VOB/A ist der Auftraggeber zur **unverzüglichen Auskunftserteilung** verpflichtet, wenn Bewerber zusätzliche sachdienliche Auskünfte über die Vergabeunterlagen erbitten. Wie sich aus dem Wortlaut unmissverständlich ergibt, muss die Initiative hierzu von einem (oder mehreren) Bewerber(n) ausgehen. Schon mangels Regelungslücke – vgl. die Re-

---

[36] Zutreffend schon *Daub/Piel/Soergel* VOB/A ErlZ A 17.118.
[37] Beck'scher VOB-Kommentar/*Sterner* VOB/A § 17 Rdn. 72.
[38] *Daub/Piel/Soergel* VOB/A ErlZ A 17.121.
[39] Vgl. *Daub/Piel/Soergel* VOB/A ErlZ A 17.121.
[40] Vgl. BGH NJW 1987, 1821 und OLG Düsseldorf BauR 1989, 195.

gelungen zu Inhalt und Fertigstellungszeitpunkt der Verdingungsunterlagen insbesondere in den §§ 9 und 16 VOB/A – ist § 17 Nr. 7 Abs. 1 VOB/A weder unmittelbare noch entsprechend anwendbare Rechtsgrundlage für „nachgeschobene" Informationen unmittelbar durch den Auftraggeber selbst.[41]

Der Sache dienlich sind alle Anfragen und Auskünfte, die objektiv im Zusammenhang mit der ausgeschriebenen Leistung und dem Verfahren stehen. In der Praxis betrifft dies typischerweise sowohl technische (Inhalt/Auslegung der Leistungsbeschreibung/Leistungsabgrenzung) als auch kaufmännisch/rechtliche Fragen (Zahlungsmodalitäten, Vertragsgestaltung, Vergabeverfahren, sonstige Vertragsbedingungen); dies ist weit auszulegen.[42] Im Einzelfall kann ein unterbliebenes Auskunftsersuchen die spätere Berufung auf (vermeintlich) widersprüchliche Verdingungsunterlagen (im Vergabenachprüfungsverfahren) erschweren bzw. hindern.[43] Hat der Auftraggeber in der Bekanntmachung keine bestimmte Form (z.B. die zu Dokumentationszwecken stets empfehlenswerte Schriftform) vorgeschrieben, sind Auskunftsersuchen formfrei möglich, können also mündlich, fernmündlich, schriftlich und auf elektronischem Wege gestellt werden. Umgekehrt dasselbe gilt dann sinngemäß für die Beantwortung,[44] die der Auftraggeber aus den genannten Dokumentationsgründen allerdings **immer** schriftlich vornehmen sollte. 56

Der Auskunftsanspruch des Bieters nach § 17 Nr. 7 VOB/A ist weder inhaltlich noch zeitlich abding- oder einschränkbar.[45] Auskünfte können deshalb zulässiger Weise bis unmittelbar vor Ablauf der Angebotsfrist erbeten und müssen sodann unverzüglich, also ohne schuldhaftes Zögern (vgl. § 121 BGB) erteilt werden. Auch vor diesem Hintergrund ist es für den einzelnen Bieter oft eine angebotsstrategische Frage, ob und wenn ja, zu welchem Zeitpunkt er welche Auskünfte vom Auftraggeber verlangt. Er muss dabei nicht nur etwaige „Nachfragepflichten"[46] (dazu VOB/A § 9 Rdn. 9; VOB/B § 2 Rdn. 111 ff.), sondern auch berücksichtigen, dass der Auftraggeber nach § 17 Nr. 7 Abs. 2 in aller Regel verpflichtet sein wird, die gestellte Anfrage und die darauf gegebene Antwort allen Mitkonkurrenten unverzüglich zur Kenntnis zu geben. Aus diesen Informationen lassen sich dann möglicherweise Rückschlüsse auf die Angebotsstrategie des fragenden Bewerbers ableiten, die sich seine Mitkonkurrenten zu nutze machen könnten. 57

II. Aufklärungspflicht (Abs. 2)

Zentraler Begriff und Auslegungsschwerpunkt dieser Vorschrift ist die „wichtige" Aufklärung, die der Auftraggeber gegenüber einem Bewerber über die geforderte Leistung oder die Grundlagen der Preisermittlung gibt. Vor allem aus Gründen der **Transparenz** und **Chancengleichheit** ordnet § 17 Nr. 7 Abs. 2 in diesem Fall an, dass der Auftraggeber eine solche Information unverzüglich auch allen anderen Bewerbern mitzuteilen hat, soweit diese bekannt sind. Dieser Sinn und Zweck der Vorschrift ist zugleich maßgeblich für die Auslegung, welche Informationen im Einzelfall als „wichtig" anzusehen sind: Dies sind alle Informationen, die geeignet sind, die Wettbewerbsposition eines Bewerbers zu verbessern und ihm einen Informationsvorsprung über die geforderte Leistung oder die Grundlagen der Preisermittlung verschaffen können.[47] Dies kann im Einzel- 58

[41] Zutreffend in diesem Sinne *Daub/Piel/Soergel* VOB/A ErlZ A 17.128 entgegen *Dähne/Schelle* VOB von A–Z, Seite 220.

[42] Vgl. OLG Naumburg Beschluss v. 23.7.2001 – 1 Verg 2/01 –. *Daub/Piel/Soergel* VOB/A ErlZ A 17.129; Beck'scher VOB-Kommentar/*Sterner* VOB/A § 17 Rdn. 77.

[43] Vgl. OLG Naumburg Beschluss v. 29.10.2001 – 1 Verg 11/01 – sowie VK Sachsen IBR 2002, 628 und 633 und Beschluss v. 28.5.2003 – 1/SVK/046-03 –.

[44] OLG Düsseldorf BauR 1996, 98.

[45] Zu letzterem LG München I BauR 1992, 270 (L). Zu Auswirkungen unzureichender Auskünfte der Vergabestelle auf ein unvollständiges Hauptangebot und deren Folgen (kein darauf gestützter Angebotsausschluss) VK Baden-Württemberg, Beschluss vom 29.7.2005 – 1 VK 39/05-, IBR 2005, 622.

[46] Vgl. VK Lüneburg Beschluss v. 26.1.2005 – 203-VgK-56/2004 – zu angeblich unvollständigen Unterlagen zur Angebotsaufforderung.

[47] In diesem Sinne auch *Daub/Piel/Soergel* VOB/A ErlZ A 17.138; Beck'scher VOB-Kommentar/*Sterner* VOB/A § 17 Rdn. 81; *Ingenstau/Korbion/Kratzenberg* VOB/A § 17 Rdn. 55.

fall auch für solche „zusätzlichen" Informationen oder Klarstellungen gelten, die sich nach der subjektiven Sicht des Auftraggebers schon unmittelbar und zweifelsfrei aus der Ausschreibung ergeben. Weil aber nicht diese subjektive Sicht, sondern der objektivierte Empfängerhorizont auf Bieterseite für das Verständnis der Ausschreibung heranzuziehen ist,[48] muss grundsätzlich **jede Anfrage** aus dem Bieterkreis den Auftraggeber dazu veranlassen, Frage und Antwort auch an die übrigen Bieter bekannt zu geben. Ansonsten läuft er Gefahr, bei unterbleibender Weitergabe intransparent zu verfahren und die Chancengleichheit der Bieter zu beeinträchtigen. Weil daraus die Rechtswidrigkeit des Verfahrens und damit ggf. Schadensersatzansprüche benachteiligter Bieter folgen kann, sollte eine transparente Information an alle Bieter die Regel und die Nicht-Information immer nur die seltene Ausnahme sein.

59 Fordern Bieter erst zu einem Zeitpunkt die Verdingungsunterlagen an, zu dem der Auftraggeber Mitbieter auf Anfrage hin schon informiert hat, ist der Auftraggeber aus den oben genannten Gründen (Rdn. 58) selbstverständlich verpflichtet, diesen „Nachzüglern" die an die anderen Bieter bis zu diesem Zeitpunkt gegebenen Informationen mit den Vergabeunterlagen ebenfalls zugänglich zu machen.

§ 17 a Vorinformation, Bekanntmachung, Versand der Vergabeunterlagen

1. (1) **Die wesentlichen Merkmale für**
- **eine beabsichtigte bauliche Anlage mit mindestens einem geschätzten Gesamtauftragswert nach § 2 Nr. 4 VgV ohne Umsatzsteuer,**
- **einen beabsichtigten Bauauftrag, bei dem der Wert der zu liefernden Stoffe und Bauteile weit überwiegt, mit einem geschätzten Auftragswert von mindestens 750.000 Euro,**

sind als Vorinformation bekannt zu machen.

(2) **Die Vorinformation ist nur dann zwingend vorgeschrieben, wenn die Auftraggeber die Möglichkeit wahrnehmen, die Frist für den Eingang der Angebote gemäß § 18 a Nr. 1 Abs. 2 zu verkürzen.**

(3) **Die Vorinformation ist nach dem in Anhang I der Verordnung (EG) Nr. 1564/2005 enthaltenen Muster zu erstellen.**

(4) **Sie sind sobald wie möglich nach Genehmigung der Planung dem Amt für amtliche Veröffentlichungen der Europäischen Gemeinschaften[1] zu übermitteln oder im Beschafferprofil nach § 16 Nr. 4 zu veröffentlichen; in diesem Fall ist dem Amt für amtliche Veröffentlichungen zuvor auf elektronischem Wege die Veröffentlichung mit dem in Anhang VIII der Verordnung (EG) Nr. 1564/2005 enthaltenen Muster zu melden. Die Vorinformation kann außerdem in Tageszeitungen, amtlichen Veröffentlichungsblättern oder Internetportalen veröffentlicht werden.**

2. (1) **Werden Bauaufträge im Sinne von § 1 a im Wege eines Offenen Verfahrens, eines Nichtoffenen Verfahrens, eines Wettbewerblichen Dialogs oder eines Verhandlungsverfahrens mit Vergabebekanntmachung vergeben, sind die Unternehmer durch Bekanntmachungen aufzufordern, ihre Teilnahme am Wettbewerb zu beantragen.**

(2) **Die Bekanntmachungen müssen die in Anhang II der Verordnung (EG) Nr. 1564/2005 geforderten Informationen enthalten und sind im Amtsblatt der Europäischen Gemeinschaften zu veröffentlichen. Sie sind dem Amt für amtliche Veröffentlichungen der Europäischen Gemeinschaften unverzüglich, in Fällen des beschleunigten Verfahrens per Telefax oder elektronisch[2] zu übermitteln. Die Bekanntmachung soll sich auf ca. 650 Wörter beschränken.**

(3) **Der Tag der Absendung an das Amt für amtliche Veröffentlichungen der Europäischen Gemeinschaften muss nachgewiesen werden können.**

(4) **Die Bekanntmachung wird unentgeltlich, spätestens 12 Tage nach der Absendung im Supplement zum Amtsblatt der Europäischen Gemeinschaften in der Originalsprache veröffentlicht. Eine Zusammenfassung der wichtigsten Angaben wird in den übrigen**

[48] Einzelheiten VOB/A § 9 Rdn. 7 ff.

[1] 2, rue Mercier, L-2985 Luxemburg 1.

[2] http://simap.eu.int

Amtssprachen der Gemeinschaften veröffentlicht; der Wortlaut in der Originalsprache ist verbindlich.

(5) Die Bekanntmachungen können auch inländisch veröffentlicht werden, z.B. in Tageszeitungen, amtlichen Veröffentlichungsblättern oder Internetportalen. Sie dürfen nur die dem Amt für amtliche Veröffentlichungen der Europäischen Gemeinschaften übermittelten Angaben enthalten und dürfen nicht vor Absendung an dieses Amt veröffentlicht werden.

(6) Bekanntmachungen, die über das Internetportal des Amtes für amtliche Veröffentlichungen der Europäischen Gemeinschaften[3] auf elektronischem Wege erstellt und übermittelt wurden (elektronische Bekanntmachung), werden abweichend von Abs. 4 spätestens 5 Kalendertage nach ihrer Absendung veröffentlicht.

3. (1) Die Bekanntmachung eines Offenen Verfahrens oder Nichtoffenen Verfahrens muss außer den Angaben nach § 17 Nr. 1 Abs. 2 bzw. § 17 Nr. 2 Abs. 2 folgende Angaben enthalten:
- **gegebenenfalls Hinweis auf beschleunigtes Verfahren wegen Dringlichkeit,**
- **Kriterien und deren Gewichtung für die Auftragserteilung, wenn diese nicht im Anschreiben (Aufforderung zur Angebotsabgabe) genannt werden (siehe § 10 a),**
- **Tag der Veröffentlichung der Vorinformation im Amtsblatt der Europäischen Gemeinschaften oder Hinweis auf ihre Nichtveröffentlichung,**
- **Tag der Absendung der Bekanntmachung.**

(2) Die Bekanntmachung eines Verhandlungsverfahrens und eines Wettbewerblichen Dialogs muss die in Anhang II der Verordnung (EG) Nr. 1564/2005 geforderten Angaben enthalten.

4. (1) Die Bekanntmachung ist beim Offenen Verfahren, Nichtoffenen Verfahren, Verhandlungsverfahren und Wettbewerblichen Dialog nach dem im Anhang II der Verordnung (EG) Nr. 1564/2005 enthaltenen Muster zu erstellen.

(2) Dabei sind zu allen Nummern Angaben zu machen; die Texte des Musters sind nicht zu wiederholen.

5. Sind im Offenen Verfahren die Vergabeunterlagen nicht auf elektronischem Weg frei, direkt und vollständig verfügbar, werden die Vergabeunterlagen den Bewerbern binnen 6 Kalendertagen nach Eingang des Antrages zugesandt, sofern dieser Antrag rechtzeitig vor dem Schlusstermin für den Eingang der Angebote eingegangen ist.

6. Rechtzeitig beantragte Auskünfte über die Vergabeunterlagen sind spätestens 6 Kalendertage vor Ablauf der Angebotsfrist zu erteilen. Bei Nichtoffenen Verfahren und beschleunigten Verhandlungsverfahren nach § 18 a Nr. 2 Abs. 4 a beträgt diese Frist 4 Kalendertage.

Schrifttum: Europäische Kommission (Hrsg.), Leitfaden zu den Gemeinschaftsvorschriften für die Vergabe von öffentlichen Bauaufträgen, Luxemburg 1997; *Daub/Eberstein*, Kommentar zur VOL/A, 5. Aufl. 2000; *Daub/Piel/Soergel*, Kommentar zur VOB, Teil A, 1981; *Dähne/Schelle*, VOB von A-Z, 3. Aufl. 2001; *Dreher*, Vergaberechtsschutz unterhalb der Schwellenwerte, NZBau 2002, 419; *Jestaedt/Kemper/Marx/Prieß*, Das Recht der Auftragsvergabe, 1999. *Lampe-Helbig/Wörmann,* Handbuch der Bauvergabe, 2. Auflage 1995; *Kulartz/Kus/Portz,* Kommentar zum GWB-Vergaberecht 2006; *Leinemann*, Die Vergabe öffentlicher Aufträge, 3. Auflage 2004.

Übersicht

[2] http://simap.eu.int

A. Allgemeines

1 Für den Bereich europaweiter Vergaben verfolgt § 17 a den Zweck, mit der hier geregelten „Vorinformation" als zeitlich vorgelagerter **Bekanntmachungsart** die Chancen ausländischer Bieter denen der inländischen Bieter so weit wie möglich anzugleichen:[3] Sie sollen so früh wie möglich in groben Zügen Kenntnis von einem beabsichtigten Bauprojekt erlangen können, um ihre Angebotsplanung und ihre Angebotskapazitäten hierauf einstellen zu können. Diese **Informationspflichten** haben bieterschützende Funktion.[4] Einzelheiten hierzu werden in den Nummern 2–4 bei EG-weiten Offenen, Nichtoffenen und Verhandlungsverfahren geregelt. Die Nummern 5 und 6 enthalten Fristenregelungen für die Absendung der Unterlagen und die Übermittlung von Auskünften. Systematisch steht § 17 a nicht nur im Zusammenhang mit der „Grundnorm" des § 17 VOB/A (vgl. den Verweis in § 17 a Nr. 3 Abs. 1), sondern auch mit § 18 a und § 18 b VOB/A. Ist nämlich eine Vorinformation (bzw. regelmäßige Bekanntmachung nach § 17 b VOB/A) erfolgt, wird dem Auftraggeber über § 18 a Nr. 1 Abs. 2 (bzw. § 18 b Nr. 1 Abs. 2 VOB/A) ermöglicht, die Angebotsfrist zu verkürzen. Die Änderungen durch die VOB/A 2006 betreffen vor allem die Zulassung elektronischer Kommunikationsmittel und die Aufnahme des Wettbewerblichen Dialogs.

B. Vorinformation

2 Die Vorinformation ist ein der eigentlichen Bekanntmachung vorgeschaltetes Informationsmittel und im Anwendungsbereich von § 17 a zwingend vorgeschrieben.[5]

I. Wertgrenzen (Abs. 1)

3 Der Anwendungsbereich bestimmt sich nach den in Abs. 1 genannten Wertgrenzen, auf die nunmehr lediglich noch (wie bei § 1 a) durch die Bezugnahme auf den *„geschätzten Gesamtauftrags-*

[3] Vgl. z.B. *Jestaedt/Kemper/Marx/Prieß* Das Recht der Auftragsvergabe S. 98; *Leinemann* Die Vergabe öffentlicher Aufträge Rdn. 397.

[4] OLG Naumburg NZBau 2003, 628 (zu zur Parallelvorschrift des § 17 a VOL/A) sowie z.B. Beck'scher VOB-Kommentar/*Sterner,* VOB/A § 17 a Rdn. 2; **zum Begriff** VOB/A § 5 Rdn. 29.

[5] *Dähne/Schelle* VOB von A–Z, S. 1489.

wert nach § 2 Nr. 4 VgV ohne Umsatzsteuer" verwiesen wird. Unverändert liegt der Schwellenwert für die Vorinformationspflicht bei beabsichtigten Bauaufträgen, bei dem der Wert der zu liefernden Stoffe und Bauteile weit überwiegt, mit einem geschätzten Auftragswert von hier mindestens 750.000 €. Für die Anwendungspflicht der a-Paragraphen ist dies allerdings ohne Belang; nur die Pflicht zur Veröffentlichung einer Vorinformation besteht erst ab einem Schwellenwert von 750.000 €.

II. Vorinformationspflicht nur bei Verkürzung der Angebotsfrist (Abs. 2)

In § 2 ist klargestellt, dass eine Vorinformationspflicht nur besteht, wenn der Auftraggeber mit der Vorinformation die Angebotsfrist nach § 18 a Nr. 1 Abs. 2 VOB/A verkürzen will. 4

III. Erstellung durch Muster nach Anhang I der Verordnung (EG) Nr. 1564/2005

Nach Abs. 3 ist für die Erstellung der Vorinformation die Verwendung des Musters Anhang I der Verordnung (EG) Nr. 1564/2005 zwingend vorgeschrieben. 5

IV. Veröffentlichung der Vorinformation (Abs. 4)

Die Verpflichtung zur Vorinformation in Abhängigkeit bestimmter Schwellenwerte steht im direkten Zusammenhang mit der Diskussion um die nationale Verfassungswidrigkeit europäischer Schwellenwerte, die durch die Urteile des Österreichischen Verfassungsgerichtshofes vom 30.11.2000 (G 110/99)[6] und vom 26.2.2001 (G 43/00) sowie durch die Entscheidungen des Landgerichts Heilbronn vom 19.11.2001[7] und der entgegengesetzten Berufungsentscheidung des OLG Stuttgart hierzu[8] neuerlich in Gang gekommen ist und in der vergaberechtlichen Literatur neuerlich beachtliche Kritik an der bestehenden Rechtslage herausgefordert hat.[9] Die Rechtsprechung versucht, die insoweit beklagten Defizite durch Gewährung verwaltungsgerichtlichen bzw. zivilgerichtlichen Rechtsschutzes unterhalb der Schwellenwerte auszugleichen. 6

Zum geforderten **Zeitpunkt** der **Bekanntmachung** der **Vorinformation** bestimmt § 17 a Nr. 1 Abs. 3 VOB/A, dass diese so bald wie möglich „nach Genehmigung der Planung" an das Amt für amtliche Veröffentlichungen der Europäischen Gemeinschaften (Amt für amtliche Veröffentlichungen der Europäischen Gemeinschaften, 2, Rue Mercier, L-2985 Luxemburg 1) zu übermitteln ist. Entscheidend ist also der Zeitpunkt der „Genehmigung der Planung". Dies ist der Fall, wenn die für das Projekt erforderlichen bauordnungs- und bauplanungsrechtlichen öffentlich-rechtlichen Genehmigungen erteilt worden sind.[10] 7

Bis zu welchem Zeitpunkt **vor** der **Einleitung** des **Vergabeverfahrens** (= Bekanntmachung der Ausschreibung) der Auftraggeber die Vorinformation bekannt machen lassen muss, wird weder in der VOB/A noch in der Baukoordinierungsrichtlinie zwingend vorgeschrieben. Nur dann, wenn der Auftraggeber die Möglichkeit nutzen will, im Anschluss an eine erfolgte Vorinformation die Angebotsfristen zu verkürzen, schreibt § 18 a Nr. 1 Abs. 2 und Nr. 2 Abs. 2 Satz 2 vor, dass die Vorinformation mindestens 52 Kalendertage und höchstens 12 Montage vor dem Zeitpunkt der Absendung der Bekanntmachung des Auftrags abgesandt worden sein muss. Ansonsten bleibt es lediglich dabei, dass dies „alsbald nach Genehmigung der Planung" erfolgen muss. 8

---

[6] NZBau 2002, 240 (L).

[7] 22 O 294/01 NZBau 2002, 239.

[8] NZBau 2002, 395.

[9] Vgl. insbesondere *Dreher*, NZBau 2002, 419.

[10] *Franke/Kemper/Zanner/Grünhagen* VOB/A, § 17 a Rdn. 3; *Ingenstau/Korbion/Kratzenberg* VOB/A § 17 a Rdn. 4; Beck'scher VOB-Kommentar/*Sterner* VOB/A § 17 a Rdn. 15.

9 Zur **Art** der **Veröffentlichung** schreibt Abs. 3 zwingend vor, dass die Bekanntmachungen dem Amt für amtliche Veröffentlichung der Europäischen Gemeinschaften zu übermitteln oder im Beschafferprofil nach § 16 Nr. 4 zu veröffentlichen sind; in diesem Fall ist dem Amt für amtliche Veröffentlichungen zuvor auf elektronischem Wege die Veröffentlichung mit dem in Anhang VIII der Verordnung (EG) Nr. 1564/2005 enthaltenen Muster zu melden.[11] Am schnellsten sind die Veröffentlichungen regelmäßig über das Internet abrufbar und stehen ansonsten auf CD-Rom zur Verfügung. Eine Papierform gibt es nicht (mehr). Neben der Veröffentlichung im Supplement des Amtsblatts der Europäischen Gemeinschaften (ABl.-S) kann der Auftraggeber die Vorinformation auch in (inländischen und internationalen) Tageszeitungen, Veröffentlichungsblättern oder Internetportalen veröffentlichen. Vor allem aus Gründen der Wettbewerbsgleichheit gilt hier sinngemäß die aus Art. 11 Abs. 11 der Baukoordinierungsrichtlinie entnommene und in § 17 a Nr. 2 Abs. 5 Satz 2 VOB/A ausdrücklich nur für die Bekanntmachung umgesetzte Verpflichtung entsprechend, dass eine inländische Veröffentlichung nicht vor dem Tag der Absendung an das Amt für amtliche Veröffentlichungen veröffentlicht werden und nur die dem Amt übermittelten Angaben enthalten darf.

C. Bekanntmachung von Vergaben (§ 17 a Nr. 2 VOB/A)

10 § 17 a Nr. 2 Abs. 1 VOB/A schreibt für die dort genannten Vergabeverfahren (Offenes Verfahren, Nichtoffenes Verfahren, Wettbewerblicher Dialog und Verhandlungsverfahren mit Vergabebekanntmachung) **zwingend** vor, dass bei allen hiernach zu vergebenden Bauaufträgen im Sinne von § 1 a VOB/A die Unternehmer durch Bekanntmachungen aufzufordern sind, ihre Teilnahme am Wettbewerb zu beantragen. Die einzige Ausnahme hiervon gilt für das Verhandlungsverfahren ohne vorherige Vergabebekanntmachung im Sinne von § 3 a Nr. 5 VOB/A, was als Ausnahmetatbestand eng auszulegen und auf die dort abschließend aufgezählten Ausnahmetatbestände zu beschränken ist.[12]

I. Art der Bekanntmachung (Abs. 2)

11 Abs. 2 schreibt vor, dass die Bekanntmachungen im Amtsblatt der Europäischen Gemeinschaften zu veröffentlichen und zu diesem Zweck **unverzüglich** dem Amt für amtliche Veröffentlichungen der Europäischen Gemeinschaften[13] **zu übermitteln** sind. Um das Ziel eines etwaig einzuleitenden beschleunigten Verfahrens nicht zu konterkarieren, hat dies hier per Telefax oder elektronisch zu erfolgen. Die Länge der Bekanntmachung soll ca. 650 Wörter nicht überschreiten, was in etwa einer Seite im Amtsblatt der EG entspricht; nach der Neufassung ist dies allerdings nur ein Richtwert.

II. Nachweis des Tages der Absendung (Abs. 3 und Abs. 4)

12 Nach Abs. 3 muss der Tag der Absendung an das Amt **nachgewiesen** werden können, was in der Regel durch ein Postausgangsbuch, Einlieferungsschein, Fax-Sendeprotokoll u.ä. erfolgt. Spätestens 12 Tage nach der Absendung wird die Bekanntmachung unentgeltlich im Supplement zum Amtsblatt der Europäischen Gemeinschaften (ABl-S) im „Volltext" in der Originalsprache und als Zusammenfassung mit dem wichtigsten Angaben in den übrigen Amtssprachen der Gemeinschaften veröffentlicht. Verbindlich ist der Wortlaut der Originalsprache (Abs. 4 Satz 2 Halbs. 2).

---

[11] Amt für amtliche Veröffentlichungen der Europäischen Gemeinschaften, 2, rue Mercier, L-2985 Luxemburg 1, Tel. 00352/2929-1, Fax: 00352/2929-42670, www.ted.eur-op.eu.int, e-mail: opoce-info-info@cec.eu.int.

[12] EuGH BauR 1996, 903 (L).

[13] Vgl. oben Rdn. 8 mit Fußnote 6.

III. Veröffentlichung auch im Inland (Abs. 5)

13 Wie oben (Rdn. 8) bereits erwähnt, sind Bekanntmachungen in inländischen Medien oder an sonstiger Stelle im Internet auf den Inhalt zu **beschränken**, der auch dem Amt für amtliche Veröffentlichungen übermittelt worden ist (Abs. 5). Diese Bekanntmachungen sind nach dem Wortlaut zwingend[14] und dürfen aus Gründen der Wettbewerbsgleichheit nicht vor der Absendung an das Amt veröffentlicht werden. Die Kosten für inländische Veröffentlichungen (bzw. Bekanntmachungen an anderer Stelle im Internet) trägt der Auftraggeber selbst, während die Veröffentlichung im Supplement kostenfrei ist.

IV. Bekanntmachungen per Internetportal (Abs. 6)

14 Nach dieser neu eingefügten Vorschrift werden elektronische Bekanntmachungen, die also über das Internetportal des Amtes für amtliche Veröffentlichungen erstellt und übermittelt wurden, abweichend von Abs. 4 spätestens 5 Kalendertage nach ihrer Absendung veröffentlicht, was dieses Medium für den Auftraggeber zusätzlich attraktiv macht.

D. Weiterer Inhalt der Bekanntmachung im Einzelnen (§ 17 a Nr. 3 VOB/A)

15 Wegen der erforderlichen Angaben bei der Bekanntmachung eines Offenen Verfahrens oder Nichtoffenen Verfahrens verweist § 17 a Nr. 3 Abs. 1 zunächst auf § 17 Nr. 1 Abs. 2 bzw. § 17 Nr. 2 Abs. 2. Ergänzend hierzu gelten die zu den 5 Spiegelstrichen genannten Einzelheiten.[15]

I. Bekanntmachungsinformationen wie bei inländischer Vergabe und darüber hinausgehende Informationen (Abs. 1)

16 Der 1. Spiegelstrich benennt einen etwaigen Hinweis auf ein **beschleunigtes Verfahren** wegen Dringlichkeit. Damit sollen sich die Bieter zum frühest möglichen Zeitpunkt darauf einstellen können, dass sowohl die Bewerbungsfrist (37 Kalendertage) als auch die Angebotsfrist (40 Kalendertage) verkürzt festgelegt werden (können). Wann eine solche „Dringlichkeit" vorliegt, richtet sich bei einheitlicher Auslegung dieses in der VOB/A verschiedentlich verwandten Begriffes nach VOB/A § 3 Nr. 3 Abs. 1 lit. c).[16] Weil die oben genannten Fristen bis auf 15 Kalendertage (Bewerbungsfrist, vgl. § 18 a Nr. 2 Abs. 1 Satz 2 VOB/A) und die Angebotsfrist auf 26 bzw. sogar 10 Kalendertage (vgl. § 18 a Nr. 2 Abs. 2 letzter Satz VOB/A) verkürzt werden kann, ist ein etwaiger **Hinweis** auf ein beschleunigtes Verfahren Bieter **zwingend**, damit sie frühzeitig entscheiden können, ob solcher Art verkürzte Fristen für sie einhaltbar sind.

17 Besonders praxisrelevant ist die Benennung des im 2. Spiegelstrich genannten **Zuschlagskriterien und deren Gewichtung,** soweit diese nicht schon im Anschreiben (Aufforderung zur Angebotsabgabe, vgl. § 10 a VOB/A) genannt werden. Häufig sind dies nicht nur die „klassischen" Kriterien wie das des niedrigsten Preises bzw. des wirtschaftlich günstigsten Angebotes, sondern auch flankierende Kriterien, deren materielle Zulässigkeit nur von Fall zu Fall beurteilt werden kann.[17] Grundlegend und entscheidend aus Bietersicht ist jedenfalls, dass der Auftraggeber entweder im Anschreiben oder jedenfalls in der Bekanntmachung sowohl die Kriterien als auch deren relative Bedeutung benennt, nach denen er die Angebote bewerten wird.[18]

---

[14] Vgl. BayObLG NZBau 2003, 584 (= VergabeR 2003, 345).
[15] Vgl. hierzu z.B. *Lampe-Helbig/Wörmann* Handbuch der Bauvergabe Rdn. 195 ff.
[16] Einzelheiten VOB/A § 3 Rdn. 53 f.
[17] Einzelheiten VOB/A § 25 a Rdn. 6.
[18] Ständige Rechtsprechung, z.B. BGH NJW 1998, 3644.

18 Nach dem 3. und 4. Spiegelstrich muss der Auftraggeber entweder den **Tag der Veröffentlichung** der Vorinformation oder aber den Hinweis auf die Nichtveröffentlichung und den Tag der Absendung der Bekanntmachung angeben. Der Hinweis auf die Nichtveröffentlichung kommt nur in den Fällen zum Tragen, in denen zwar eine EG-weite Ausschreibung erfolgen muss, aber lediglich die Wertgrenzen des § 17a Nr. 1 Abs. 1 VOB/A nicht erreicht werden (Beispiel: Bauaufträge mit hohem Lieferanteil, aber einem geschätzten Auftragswert unterhalb von 750.000 € oder losweise zu vergebende Bauaufträge nach § 1a Nr. 1 Abs. 2 VOB/A).

19 Schlussendlich wird im 5. Spiegelstrich vorgeschrieben, dass etwaige **Ausnahmegründe** von der Anwendung gemeinschaftsrechtlicher technischer Spezifikationen (vgl. § 9 Nr. 4 Abs. 3 VOB/A) angegeben werden müssen. Solche Gründe sind in **§ 9 Nr. 4 Abs. 3 VOB/A** in den dortigen 3 Spiegelstrichen aufgeführt.[19] Damit wird der zulässige Rahmen einer Abweichung festgelegt. Geht der Auftraggeber darüber hinaus, macht dies die Bekanntmachung und damit das Vergabeverfahren rechtswidrig. Auch dies ist einer der möglichen Gründe, die von den Bietern schon aus der Ausschreibung zu erkennen und spätestens mit der Angebotsabgabe (vgl. § 107 Abs. 3 GWB) gerügt werden müssen.[20]

II. Bekanntmachung eines Verhandlungsverfahrens und Wettbewerblichem Dialog nach Muster Anhang II (Abs. 2)

20 Nach Absatz 2 der Nr. 3 ist für die Bekanntmachung eines Verhandlungsverfahrens mit Vergabebekanntmachung sowie eines Wettbewerblichen Dialoges **zwingend** vorgeschrieben, dass die Angaben nach Muster Anhang II der Verordnung (EG) Nr. 1564/2005 erfolgen müssen.

E. Verwendung von Mustern (§ 17a Nr. 4 VOB/A)

I. Beim Offenen und Nichtoffenen Verfahren sowie Verhandlungsverfahren und Wettbewerblichem Dialog (Abs. 1)

21 Die für die jeweiligen Vergabearten zu verwendenden Muster werden von § 17a Nr. 4 VOB/A zwingend vorgegeben und sind unmittelbar im Internet unter www.simap.eu.int abrufbar.

II. Verpflichtung zu vollständigen Angaben (Abs. 2)

22 Nr. 4 Absatz 2 stellt klar, dass zu sämtlichen in den Mustern enthaltenen Ziffern Angaben zu machen sind; nötigenfalls ist die Klarstellung erforderlich, dass die entsprechende Information durch eine Streichung oder den Hinweis „entfällt“ nicht einschlägig ist.[21] Das Unterlassen der Angabe des konkreten Termins, bis zu dem spätestens die Vergabeunterlagen angefordert werden können, stellt einen Verstoß gegen § 17a Nr. 4 Abs. 2 VOB/A dar.[22]

F. Frist zur Übersendung der Vergabeunterlagen beim Offenen Verfahren (§ 17a Nr. 5 VOB/A)

23 Die ausschließlich auf eine Vergabe im Offenen Verfahren bezogene Nr. 5 verpflichtet den Auftraggeber, die Vergabeunterlagen und (etwaige) zusätzliche Unterlagen den Bewerbern innerhalb von 6 Kalendertagen **nach Eingang** des Antrages zuzusenden, wenn sie diese Unterlagen

[19] Einzelheiten VOB/A § 9 Rdn. 51.
[20] Einzelheiten z.B. *Kulartz/Kus/Portz* Kommentar zum GWB-Vergaberecht § 107 Rdn. 63ff.
[21] Vgl. oben Rdn. 18 a.E.
[22] VK Sachsen ZfBR 2003, 302.

rechtzeitig angefordert haben und wenn die Unterlagen nicht auf elektronischem Weg frei, direkt und vollständig verfügbar sind. Für die Rechtzeitigkeit der Anforderung kommt es zum einen auf die in der Bekanntmachung genannte Frist (vgl. § 17 a Nr. 3 und die dort erfolgte Bezugnahme auf § 17 Nr. 1 Abs. 2 VOB/A) und zum anderen auf den Eingang dieser Anforderung beim Auftraggeber an. Hierbei gelten die §§ 187 ff. BGB, weil die VO 1182/71 des Rates vom 3.6.1971 (ABl. EG 1971 L 124, 1) nach Art. 33 der Baukoordinierungsrichtlinie für die **Anforderung** vom Vergabeunterlagen nicht gilt.[23] Die anschließende Frist von 6 Kalendertagen wird durch den Auftraggeber gewahrt, wenn er innerhalb dieser 6 Kalendertage die Unterlagen an den Auftragnehmer auf den Weg bringt.[24]

Hat der Auftraggeber von der Möglichkeit **keinen** Gebrauch gemacht, für die „rechtzeitige" 24 Anforderung der Vergabeunterlagen einen Termin festzulegen (was ihm nach § 17 Nr. 1 Abs. 2 lit. i) seit der Fassung 2000/2001 offen steht, in der vorangegangenen Fassung allerdings noch vorgesehen war), läuft § 17 a Nr. 5 zunächst leer. Der Bieter hat in diesem Fall einen Anspruch auf Übermittlung der Vergabeunterlagen, der zeitlich nur durch die Angebotsfrist eingegrenzt wird.

Hat der Auftraggeber eine **Frist bestimmt** und wird diese Frist vom Bieter verpasst, verliert 25 er demgegenüber seinen Anspruch auf Übersendung der Vergabeunterlagen schon dem Grunde nach, weil § 17 a Nr. 5 den Auftraggeber nicht verpflichtet, Vergabeunterlagen und zusätzliche Unterlagen auch bei nicht rechtzeitiger Anforderung durch den Bieter zu versenden. Eine gleichwohl – also auch bei nicht mehr rechtzeitiger Anforderung – erfolgende Versendung wäre als Verstoß gegen § 17 a Nr. 5 VOB/A rechtswidrig.

G. Fristgerechte Erteilung von Auskünften (§ 17 a Nr. 6 VOB/A)

§ 17 Nr. 6 VOB/A verpflichtet den Auftraggeber nicht nur im Offenen Verfahren, sondern 26 bei **sämtlichen** Vergabeverfahren im Anwendungsbereich des § 17 a zur pünktlichen Erledigung von Auskünften, die von den Bewerbern **rechtzeitig** verlangt werden. Im Vergleich zu § 17 Nr. 7 VOB/A, mit dem die Regelung im wesentlichen übereinstimmt, ist lediglich die maßgebliche Erledigungsfrist kürzer gefasst, weil Auskünfte nicht später als 6 Kalendertage bzw. – bei Nichtoffenen Verfahren und beschleunigten Verfahren nach § 18 Abs. 4 a – 4 Kalendertage vor Ablauf der Angebotsfrist erteilt werden dürfen. Damit kann auch das Auskunftsersuchen selbst nur dann rechtzeitig gestellt sein, wenn es vor Ablauf der Auskunftsfrist beim Auftraggeber eingeht (vgl. unten Rdn. 27). Weil die Fristen auch hier nach den §§ 187 ff. BGB bestimmt werden[25] und bei einer Fristberechnung nach Tagen nur in vollen Tagen gerechnet wird,[26] endet die Auskunftsfrist vor dem Beginn des 4. Tages, der dem Eröffnungstermin (= Ende der Angebotsfrist) vorangeht. Dieser Tag ist kein voller Tag im Sinne der Fristenbestimmung und deshalb nicht mit zu rechnen.

Beispiel: Die Angebotsfrist endet am Dienstag, dem 25.7.2006. Weil dieser 25.07. nicht mitzählt, sind die 6 (bzw. 4) Kalendertage ab dem 24.7. zurückzurechnen: Zu erteilen ist die Auskunft damit bei 6 Kalendertagen bis zum 18.7.2006, 24.00 Uhr und bei 4 Kalendertagen bis zum 20.7.2006, 24.00 Uhr. Für diese „Erteilung" reicht es nicht aus, dass der Auftraggeber die Auskunft lediglich versandt hat, weil „Erteilung" schon begrifflich beinhaltet, dass die Auskunft auch **zugegangen**[27] ist.

---

[23] Zutreffend Beck'scher VOB-Kommentar/*Sterner* VOB/A § 17 a Rdn. 55 a.E.

[24] *Ingenstau/Korbion/Kratzenberg* VOB/A § 17 a Rdn. 20, Beck'scher VOB-Kommentar/*Sterner* VOB/A § 17 a Rdn. 56.

[25] *Franke/Kemper/Zanner/Grünhagen* VOB/A § 17 a Rdn. 14.

[26] Palandt/*Heinrichs* § 187 Rdn. 1; MünchKomm/*Grothe* § 187 Rdn. 1.

[27] Beck'scher VOB-Kommentar/*Sterner* VOB/A § 17 a Rdn. 60 und *Ingenstau/Korbion/Kratzenberg* VOB/A § 17 a Rdn. 21 entgegen *Heiermann/Riedl/Rusam* VOB/A § 17 a Rdn. 58.

27 Kommt der Auftraggeber der Pflicht zur rechtzeitigen Auskunftserteilung trotz fristgerechter Aufforderung durch den/die Bewerber nicht nach, ist er nach § 18 a Nr. 1 Abs. 3 VOB/A verpflichtet, die Angebotsfrist angemessen zu **verlängern**. Fristgerecht bzw. rechtzeitig ist die Aufforderung, wenn sie vor dem Ende der Auskunftspflicht (6 bzw. 4 Kalendertage vor dem Tag des Eröffnungstermins) gestellt worden ist; gegebenenfalls kann der Auftraggeber sie ja „aus dem Stand" (und dann noch innerhalb der Frist) beantworten. Auch komplexere Auskunftsersuchen sind bei Eingang vor Ablauf der Auskunftsfrist noch fristgerecht, verpflichten bei entsprechend späterer Beantwortung den Auftraggeber allerdings zur Fristverlängerung. Die Frage der Angemessenheit einer solchen Fristverlängerung richtet sich nach den Umständen des Einzelfalles. Allerdings sollte die Fristverlängerung **für alle Bieter** nicht unter dem Zeitraum liegen, um den der Auftraggeber die Auskunftsfrist überschritten hat.

Gibt der Auftraggeber keinen konkreten Termin für die späteste Anforderung der Vergabeunterlagen an und lässt er damit – vergaberechtswidrig – die Anforderung bis kurz vor dem Submissionstermin zu, verstößt er zugleich gegen die generelle Verpflichtung aus § 17 a Nr. 6 VOB/A, wonach er rechtzeitig beantragte Auskünfte über die Vergabeunterlagen spätestens 6 Kalendertage vor Ablauf der Angebotsfrist zu erteilen hat.[29]

§ 17 b Aufruf zum Wettbewerb

1. (1) Ein Aufruf zum Wettbewerb kann erfolgen
a) durch Veröffentlichung einer Bekanntmachung nach Anhang V der Verordnung (EG) Nr. 1564/2005,
b) durch Veröffentlichung einer regelmäßigen nichtverbindlichen Bekanntmachung nach Nummer 2,
c) durch Veröffentlichung einer Bekanntmachung über das Bestehen eines Prüfsystems nach § 8 b Nr. 9.
(2) Die Kosten der Veröffentlichung der Bekantmachungen im Amtsblatt der Europäischen Gemeinschaften werden von den Gemeinschaften getragen.

2. (1) Die wesentlichen Merkmale für eine beabsichtigte bauliche Anlage mit einem geschätzten Gesamtauftragswert nach § 1 b Nr. 1 Abs. 1 sind als regelmäßige nichtverbindliche Bekanntmachung mindestens einmal jährlich nach Anhang IV der Verordnung (EG) Nr. 1564/2005 zu veröffentlichen, wenn die regelmäßige nichtverbindliche Bekanntmachung nicht als Aufruf zum Wettbewerb verwendet wird.
(2) Die Bekanntmachungen ist nur dann zwingend vorgeschrieben, wenn die Auftraggeber die Möglichkeit wahrnehmen, die Frist für den Eingang der Angebote gemäß § 18 b Nr. 1 Abs. 2 zu verkürzen.
(3) Die Bekanntmachungen als Aufruf zum Wettbewerb sind unverzüglich nach der Entscheidung mit der die beabsichtigte bauliche Anlage oder die ihr zugrunde liegende Planung genehmigt wird nach dem in Anhang V der Verordnung (EG) Nr. 1564/2005 enthaltenen Muster zu erstellen und dem Amt für amtliche Veröffentlichungen der Europäischen Gemeinschaften zu übermitteln.[1]
(4) Hat der Auftraggeber im Internet ein Beschafferprofil eingerichtet, so kann er regelmäßige nichtverbindliche Bekanntmachungen auch dort veröffentlichen. In diesem Fall meldet er der EU-Kommission auf elektronischem Wege die Veröffentlichung mit dem in Anhang VIII der Verordnung(EG) Nr. 1564/2005 enthaltenen Muster.
(5) Erfolgt der Aufruf zum Wettbewerb durch Veröffentlichungen einer regelmäßigen nichtverbindlichen Bekanntmachung, so
a) müssen in der Bekanntmachung Bauarbeiten, die Gegenstand des zu vergebenden Auftrages sein werden, nach Art und Umfang genannt sein und die in Anhang V des Verordnung (EG) Nr. 1564/2005 geforderten Angaben enthalten,
b) muss die Bekanntmachung den Hinweis, dass dieser Auftrag im Nichtoffenen Verfahren oder Verhandlungsverfahren ohne spätere Veröffentlichung eines Aufrufs

[29] VK Sachsen ZfBR 2003, 302.

[1] Amt für amtliche Veröffentlichungen der Europäischen Gemeinschaften, 2, rue mercier, L-2985 Luxemburg 1.

zur Angebotsabgabe vergeben wird, sowie die Aufforderung an die interessierten Unternehmer enthalten, ihr Interesse schriftlich mitzuteilen,

c) müssen die Auftraggeber später alle Bewerber mindestens auf der Grundlage der nachfolgend aufgelisteten Angaben über den Auftrag auffordern, ihr Interesse zu bestätigen, bevor mit der Auswahl der Bieter oder der Teilnehmer an einer Verhandlung begonnen wird:

I) Art und Menge, einschließlich etwaiger Optionen auf zusätzliche Aufträge, und möglichenfalls veranschlagte Frist für die Inanspruchnahme dieser Optionen; bei wiederkehrenden Aufträgen Art und Menge und möglichenfalls veranschlagte Frist für die Veröffentlichung der Bekanntmachungen späterer Ausschreibungen für die Bauarbeiten, die Gegenstand des Auftrags sein sollen;

II) Art des Verfahrens; Nichtoffenes Verfahren oder Verhandlungsverfahren;

III) gegebenenfalls Zeitpunkt, zu dem die Leistungen beginnen bzw. abgeschlossen werden;

IV) Anschrift und letzter Tag für die Vorlage des Antrags auf Aufforderung zur Angebotsabgabe sowie die Sprache oder Sprachen, in denen die Angebote abzugeben sind;

V) Anschrift der Stelle, die den Zuschlag erteilt und die Auskünfte gibt, die für den Erhalt der Spezifikationen und anderer Dokumente notwendig sind;

VI) alle wirtschaftlichen und technischen Anforderungen, finanziellen Garantien und Angaben, die von Auftragnehmern verlangt werden;

VII) Höhe der für die Vergabeunterlagen zu entrichtenden Beträge und Zahlungsbedingungen;

VIII) Art des Auftrags, der Gegenstand des Vergabeverfahrens ist,

IX) die Zuschlagskriterien sowie deren Gewichtung oder gegebenenfalls die nach ihrer Bedeutung eingestufte Reihenfolge der Kriterien, wenn diese Angaben nicht in der Bekanntmachung, der Aufforderung zur Interessenbestätigung, der Aufforderung zur Verhandlung oder den Verdingungsunterlagen enthalten sind.

d) dürfen zwischen deren Veröffentlichung und dem Zeitpunkt der Zusendung der Aufforderung an die Bewerber gem. Nr. 2 Abs. 3 c höchsten zwölf Monate vergangen sein. Im übrigen gilt § 18 b Nr. 2.

3. Entscheidet sich der Auftraggeber für die Einführung eines Prüfsystems so ist dies Gegenstand einer Bekanntmachung nach Anhang VII der Verordnung (EG) Nr. 1564/2005, die über den Zweck des Prüfsystems und darüber informiert, wie die Qualifizierungsregeln angefordert werden können. Beträgt die Laufzeit des Systems mehr als drei Jahre so ist die Bekanntmachung jährlich zu veröffentlichen. Bei kürzerer Laufzeit genügt eine Bekanntmachung zu Beginn des Verfahrens.

4. Erfolgt ein Aufruf zum Wettbewerb durch Veröffentlichung einer Bekanntmachung über das Bestehen eines Prüfsystems, so werden die Bieter in einem Nichtoffenen Verfahren oder die Teilnehmer an einem Verhandlungsverfahren unter den Bewerbern ausgewählt, die sich im Rahmen eines solchen Systems qualifiziert haben.

5. (1) **Der Tag der Absendung der Bekanntmachung muss nachgewiesen werden können. Vor dem Tag der Absendung darf die Bekanntmachung nicht veröffentlicht werden.**

(2) **Alle Veröffentlichungen dürfen nur die dem Amt für amtliche Veröffentlichungen der Europäischen Gemeinschaften übermittelten Angaben enthalten.**

(3) **Die Bekanntmachung wird unentgeltlich, spätestens 12 Kalendertage nach der Absendung im Supplement im Amtsblatt der Europäischen Gemeinschaften in der Originalsprache veröffentlicht. Eine Zusammenfassung der wichtigsten Angaben wird in den übrigen Amtssprachen der Gemeinschaften veröffentlicht; der Wortlaut in der Originalsprache ist verbindlich. Bekanntmachungen, die über das Internetportal des Amtes für amtliche Veröffentlichungen der Europäischen Gemeinschaften[2] auf elektronischem Wege erstellt und übermittelt wurden (elektronische Bekanntmachung),**

---

[2] Amt für amtliche Veröffentlichungen der Europäischen Gemeinschaften, 2, rue mercier, L-2985 Luxemburg 1.

werden abweichend von Satz 1 spätestens 5 Kalendertage nach ihrer Absendung veröffentlicht.

6. Sind bei offenen Verfahren die Vergabeunterlagen nicht auf elektronischem Weg frei, direkt und vollständig verfügbar, werden die Vergabeunterlagen den Bewerbern binnen 6 Kalendertagen nach Eingang des Antrages zugesandt, sofern dieser Antrag rechtzeitig vor dem Schlusstermin für den Eingang der Angebote eingegangen ist.

7. Rechtzeitig beantragte Auskünfte über die Vergabeunterlagen sind spätestens 6 Kalendertage vor Ablauf der Angebotsfrist zu erteilen.

8. Die Vergabeunterlagen sind beim Nichtoffenen Verfahren und beim Verhandlungsverfahren mit vorherigem Aufruf zum Wettbewerb an alle ausgewählten Bewerber am selben Tage abzusenden.

Schrifttum: Europäische Kommission (Hrsg.), Leitfaden zu den Gemeinschaftsvorschriften für die Vergabe von öffentlichen Bauaufträgen, Luxemburg 1997; *Jestaedt/Kemper/Marx/Prieß,* Das Recht der Auftragsvergabe, 1999; *Lampe-Helbig/Wörmann,* Handbuch der Bauvergabe, 2. Auflage 1995; *Leinemann*, Die Vergabe öffentlicher Aufträge, 3. Auflage 2004.

Übersicht

A. Allgemeines

1 Ergänzend zur Grundnorm des § 17 VOB/A (Bekanntmachung und Versand der Vergabeunterlagen) regelt § 17 b mit dem Aufruf zum Wettbewerb eine bei Vergaben nach Maßgabe der b-Paragraphen **besondere Art** der Bekanntmachung. Dieser Aufruf zum Wettbewerb, der von den öffentlichen Sektoren-Auftraggebern im Anwendungsbereich von § 17 b durchzuführen ist, kann nach dessen Nr. 1 in verschiedenen Varianten erfolgen. Die Veröffentlichung einer regelmäßigen nichtverbindlichen Bekanntmachung (§ 17 b Nr. 1 Abs. 1 lit. b) wird in § 17 b Nr. 2 näher geregelt. Für die Veröffentlichung einer Bekanntmachung über das Bestehen eines Prüfsystems (Präqualifikationsverfahren, vgl. § 8 b Nr. 5 VOB/A) ist § 17 b Nr. 3 einschlägig. § 17 b Nr. 4 behandelt die Zusammensetzung des Bieterkreises. Nr. 5 enthält Regelungen zur Absendung und Veröffentlichung der Bekanntmachung, was thematisch aus § 17 und § 17 a schon bekannt ist. Die Nrn. 6 und 7 enthalten Gleichbehandlungs- und Wettbewerbsregeln, die aus der Basis- und der a-Vorschrift thematisch geläufig sind.

2 § 17 b bezweckt – ebenso wie die §§ 17, 17 a – nicht nur die formale Ordnung der Bekanntmachung, sondern auch den **Schutz der Bieter** und Bewerber in ihren Rechten auf Wettbewerbsgleichheit und Transparenz.[3] Verstöße des Auftraggebers gegen § 17 b sind in aller Regel aus der „Bekanntmachung“ (= Aufruf zum Wettbewerb) erkennbar und deshalb vom Bieter/Bewerber mit der Bewerbung bzw. der Abgabe des Angebotes zu rügen, wenn ein etwaiger späterer Nachprüfungsantrag, der einen solchen Verstoß zum Gegenstand haben soll, nicht unzulässig sein soll (vgl. § 107 Abs. 3 GWB).

[3] Z.B. Beck'scher VOB-Kommentar/*Sterner* VOB/A § 17 b Rdn. 3.

B. Aufruf zum Wettbewerb (§ 17 b Nr. 1 VOB/A)

In seinem Abs. 1 stellt § 17 b Nr. 1 VOB/A **drei verschiedene Möglichkeiten** bereit, wie ein Aufruf zum Wettbewerb erfolgen kann. **Lit. a)** behandelt unter Bezugnahme auf den einschlägigen Anhang der Verordnung (EG) Nr. 1564/2005 die „normale" Bekanntmachung. 3

Der Aufruf zum Wettbewerb kann nach § 17 b Nr. 1 Abs. 1 lit. **b)** auch durch Veröffentlichung einer **regelmäßigen nichtverbindlichen Bekanntmachung** nach Nr. 2 der Vorschrift erfolgen. Nach lit. **c)** kann ein Aufruf zum Wettbewerb außerdem durch Veröffentlichung einer Bekanntmachung über das Bestehen eines **Prüfsystems** nach § 8 b Nr. 5 VOB/A verlautbart werden. Dies ist das sogenannte Präqualifikationsverfahren, das der Auftraggeber nach der genannten Vorschrift einrichten und anwenden kann. In § 17 b Nr. 1 **Abs. 2** schließlich ist für alle der in Abs. 1 aufgeführten Möglichkeiten generell festgehalten, dass die Veröffentlichung der Bekanntmachungen im Supplement zum Amtsblatt der Europäischen Gemeinschaften für den Auftraggeber **kostenfrei** ist. 4

C. Regelmäßige Bekanntmachung (§ 17 b Nr. 2 VOB/A)

§ 17 b Nr. 2 VOB/A verpflichtet den öffentlichen Sektorenauftraggeber, in regelmäßigen Zeitabständen, und zwar mindestens einmal jährlich, die **wesentlichen Merkmale** für eine beabsichtigte bauliche Anlage oberhalb des Schwellenwertes nach § 1 b Nr. 1 Abs. 1 als „regelmäßige nichtverbindliche Bekanntmachung" zu **veröffentlichen**. Der Sache nach ist dies im wesentlichen nichts anderes als eine Vorinformation im Sinne von § 17 a mit der Besonderheit, dass die „regelmäßige nichtverbindliche Bekanntmachung" dem Wortlaut entsprechend in wiederkehrenden Zeitabständen vorgenommen werden muss. Diese regelmäßige nichtverbindliche Bekanntmachung ist somit auch kein konkreter Hinweis auf ein absehbar bevorstehendes spezifisches Vergabeverfahren, sondern lediglich der unverbindliche Ausblick auf zukünftig beabsichtigte Vergaben, wie dies mit dem Zusatz „nichtverbindlich" nunmehr sprachlich klargestellt worden ist.[4] Dies wird auch aus den Angaben im angegebenen Muster Anhang IV der Verordnung (EG) Nr. 1564/2005 deutlich, dessen Verwendung und Übermittlung an das Amt für amtliche Veröffentlichungen der Europäischen Gemeinschaften Abs. 3 vorschreibt.[5] Darüber hinaus ist in Nr. 2 Abs. 2, der neu eingefügt wurde, wiederum klargestellt, dass die Bekanntmachung nur dann zwingend vorgeschrieben ist, wenn der Auftraggeber die Möglichkeit wahrnimmt, die Angebotsfristen nach § 18 b Nr. 1 Abs. 2 zu verkürzen. 5

Nach Nr. 2 Abs. 3 sind die Bekanntmachungen als Aufruf zum Wettbewerb unverzüglich nach der Entscheidung, mit der die beabsichtigte bauliche Anlage oder die ihr zugrunde liegende Planung genehmigt wird, nach dem in Anhang V der Verordnung (EG) Nr. 1564/2005 enthaltenen Muster an das Amt für amtliche Veröffentlichungen zu übermitteln. Dies entspricht § 17 a Nr. 1 Abs. 4 Satz 1 Hs. 1. 6

Nach dem neu eingefügten Abs. 4 kann der Auftraggeber regelmäßige nichtverbindliche Bekanntmachungen auch im Internet veröffentlichen, wenn und soweit er dort ein Beschafferprofil (vgl. § 16 Nr. 4) eingerichtet hat und der EU-Kommission die Veröffentlichung mit dem in Anhang VIII der Verordnung (EG) 1564/2005 enthaltenen Muster auf elektronischem Weg meldet. 7

Nr. 2 Abs. 5 enthält **weitere Voraussetzungen**, die der Auftraggeber beim Aufruf zum Wettbewerb durch die Veröffentlichung einer regelmäßigen Bekanntmachung **erfüllen muss**. So müssen nach lit. a) Art und Umfang der „Bauarbeiten" beschrieben werden, die Gegenstand des 8

---

[4] Vgl. *Franke/Kemper/Zanner/Grünhagen* VOB/A § 17 b Rdn. 3; *Leinemann* Die Vergabe öffentlicher Aufträge Rdn. 399.

[5] Amt für amtliche Veröffentlichungen der Europäischen Gemeinschaften, 2, rue Mercier, L-2985 Luxemburg 1, Tel. 00352/2929-1, Fax: 00352/2929-42670, www.ted.eur-op.eu.int, e-mail: opoce-info-info@cec.eu.int.

(beabsichtigten!) Auftrages sein sollen. Ungewöhnlich hieran ist die Verwendung des Begriffes „Bauarbeiten" und nicht von „Bauleistungen", was sich angesichts von § 1 VOB/A angeboten hätte. Da es allerdings für einen abweichenden Inhalt des Begriffs „Bauarbeiten" keinen Anhaltspunkt gibt, liegt es nahe, diesen Begriff eben im Sinne der in § 1 VOB/A definierten Bauleistungen zu verstehen und auszulegen.[6] Daneben müssen die in Anhang V der Verordnung (EG) Nr. 1564/2005 geforderten Angaben enthalten sein.

9 Nach lit. b) muss die Bekanntmachung außerdem den **Hinweis** enthalten, in welcher Verfahrensart der Auftrag vergeben werden wird. Wie sich aus § 18 b Nr. 1 Abs. 2 VOB/A ergibt, betrifft dies über den Wortlaut hinaus (Nichtoffenes Verfahren oder Verhandlungsverfahren ohne spätere Veröffentlichung eines Aufrufs zur Angebotsabgabe) auch eine beabsichtigte Vergabe im Offenen Verfahren, weil hiernach im Offenen Verfahren die Angebotsfrist dann verkürzt werden kann, wenn eine Bekanntmachung nach § 17 b Nr. 2 erfolgt ist. Folglich ist die regelmäßige Bekanntmachung im Ergebnis auf **alle Vergabearten anwendbar**.[7] Neben diesem Hinweis muss der Auftraggeber die potentiell interessierten Unternehmer auffordern, ein etwaiges grundsätzliches Interesse schriftlich mitzuteilen.

10 Diejenigen Bewerber, die auf der Grundlage dieser „vorinformationsähnlichen" Informationen ihr **Interesse** schriftlich **bekundet** haben, müssen nach lit. c) vom Auftraggeber „später" (= höchstens 12 Monate später, vgl. lit. d) Satz 1) auf der Grundlage der in I) – VIII) aufgelisteten Angaben aufgefordert werden, ihr Interesse zu **bestätigen**, bevor mit der Auswahl der Bieter oder der Teilnehmer an einer Verhandlung begonnen wird. Für diese Aufforderung zur Bestätigung des (bereits grundsätzlich bekundeten) Interesses ist es für den Auftraggeber empfehlenswert, eine angemessene **Frist** zur Rückäußerung zu setzen und gleichzeitig seinen Empfängerhorizont für den Fall klarzustellen, dass keine Rückäußerung innerhalb dieser Frist erfolgt. Insofern bietet es sich beispielsweise an, den Bietern mitzuteilen, dass der Auftraggeber bei ausbleibender oder nicht fristgerechter Rückäußerung von einem nicht weiter fortbestehenden Interesse ausgeht und diesen Bieter dementsprechend nicht für das Verfahren auswählen wird.

11 Damit sich die zunächst interessiert gewesenen Unternehmer ein klareres Bild darüber machen können, ob sie ihr Interesse aufrecht erhalten wollen, muss der Auftraggeber ihnen die in den Ziffern I – IX genannten **Angaben** unterbreiten. Diese genaueren Angaben sind thematisch ganz überwiegend aus dem Katalog von § 17 a Nr. 3 Abs. 1 bekannt und ansonsten aus sich heraus verständlich. Auf die Kommentierung zu VOB/A § 17 a Nr. 3 Abs. 1 (Rdn. 13 ff.) wird ergänzend verwiesen.

12 **Überschreitet** der Auftraggeber die in Abs. 5 lit. d) genannte **Höchstfrist** von 12 Monaten zwischen der erstmaligen Veröffentlichung (als „regelmäßige Bekanntmachung") und der Aufforderung zur Bestätigung des bekundeten Interesses nach lit. c), bildet der Aufruf zum Wettbewerb keine Grundlage mehr für die Fortführung des Vergabeverfahrens; er wird **hinfällig**.[8] Demzufolge darf weder ein Vergabeverfahren über die bekannt gemachten Vorhaben fortgeführt noch ein Zuschlag erteilt werden. Ansonsten verweist Satz 2 von lit. d) auf die Bewerbungsfrist für den Eingang von Teilnahmeanträgen beim Nichtoffenen Verfahren und die Angebotsfrist für die Einreichung von Angeboten beim Verhandlungsverfahren nach § 18 b Nr. 2 VOB/A.

D. Aufruf zum Wettbewerb bei Einführung eines Prüfsystems (§ 17 b Nr. 3 VOB/A)

13 § 17 Nr. 3 VOB/A schließt an die Regelung in § 17 Nr. 1 Abs. 1 lit. v) an, wo die Veröffentlichung einer Bekanntmachung über des Bestehen eines **Prüfsystems** als weitere Möglichkeit des Aufrufs zum Wettbewerb genannt ist. Dies wiederum geht zurück auf § 8 b Nr. 9 VOB/A,

[6] Beck'scher VOB-Kommentar/*Sterner* VOB/A § 17 b Rdn. 16; anders allerdings *Dähne/Schelle* VOB von A–Z, Seite 261.
[7] Zutreffend *Franke/Kemper/Zanner/Grünhagen* VOB/A, § 17 b Rdn. 3.
[8] Beck'scher VOB-Kommentar/*Sterner* VOB/A § 17 b Rdn. 21.

wonach Auftraggeber die Möglichkeit haben, ein Präqualifikationsverfahren einzurichten und anzuwenden.[9] Im übrigen sind die Regelungen zum Bekanntmachungserfordernis je nach Laufzeit des Prüfsystems an sich heraus verständlich.

E. Einzelheiten für alle Arten des Aufrufs zum Wettbewerb durch Bekanntmachung (§ 17 b Nr. 5 VOB/A)

§ 17 b Nr. 5 VOB/A enthält im Abs. 1 ebenso wie auch § 17 a Nr. 2 Abs. 3 und Abs. 5 die Vorgabe an den Auftraggeber, dass einerseits der Tag der Absendung der Bekanntmachung **nachgewiesen** werden können muss[10] und dass die Bekanntmachung vor dem Tag der Absendung **nicht anderweitig veröffentlicht** werden darf.[11] Im Anschluss an § 17 Nr. 1 Abs. 1 und Nr. 2 Abs. 1 VOB/A ist eine solche inländische Bekanntmachung sowohl eines offenen Verfahrens als auch eines Nichtoffenen Verfahrens für den Auftraggeber zwingend und führt im Falle ihrer Unterlassung zur Rechtswidrigkeit des Vergabeverfahrens. 14

Zur Einhaltung der Wettbewerbsgleichheit schreibt Abs. 2 (im Anschluss an § 17 a Nr. 2 Abs. 5) vor, dass sämtliche Veröffentlichungen nur die Angaben enthalten dürfen, die der Auftraggeber auch dem Amt für amtliche Veröffentlichungen der Europäischen Gemeinschaften übermittelt hat. Im Gegensatz zu § 17 a Nr. 2 Abs. 2 Satz 3 VOB/A ist hier allerdings eine Begrenzung des Umfangs (dort auf nunmehr **ca.** 650 Wörter) **nicht** vorgesehen. 15

Abs. 3 ist in den Sätzen 1 und 2 identisch mit § 17 a Nr. 2 Abs. 4.[12] Satz 3 formuliert nunmehr die Pflicht des Amtes für amtliche Veröffentlichungen, die in Nr. 1 Abs. 1 lit. a) genannte Bekanntmachung spätestens innerhalb von 5 Kalendertagen zu veröffentlichen, wenn die Bekanntmachung über das Internetportal des Amtes für amtliche Veröffentlichungen auf elektronischem Weg erstellt und übermittelt worden ist. 16

F. Vergabeunterlagen und zusätzliche Unterlagen im Offenen Verfahren, Auskünfte und gleichzeitige Absendung der Vergabeunterlagen beim Nichtoffenen Verfahren und Verhandlungsverfahren (§ 17 Nr. 6, 7 und 8 VOB/A)

Die Nr. 6 ist identisch mit § 17 a Nr. 5.[13] § 17 b Nr. 7 ist inhaltlich identisch mit § 17 a Nr. 6 Satz 1. Ansonsten sind die geringfügigen sprachlichen Abweichungen aus sich heraus verständlich. § 17 b Nr. 8 entspricht § 17 Nr. 4 Abs. 2. Auf die dortigen Kommentierungen wird jeweils verwiesen. 17

§ 18 Angebotsfrist, Bewerbungsfrist

1. Für die Bearbeitung und Einreichung der Angebote ist eine ausreichende Angebotsfrist vorzusehen, auch bei Dringlichkeit nicht unter 10 Kalendertagen. Dabei ist insbesondere der zusätzliche Aufwand für die Besichtigung von Baustellen oder die Beschaffung von Unterlagen für die Angebotsbearbeitung zu berücksichtigen.
2. Die Angebotsfrist läuft ab, sobald im Eröffnungstermin der Verhandlungsleiter mit der Öffnung der Angebote beginnt.
3. Bis zum Ablauf der Angebotsfrist können Angebote in Textform zurückgezogen werden.
4. Für die Einreichung von Teilnahmeanträgen bei Beschränkter Ausschreibung nach Öffentlichem Teilnahmewettbewerb ist eine ausreichende Bewerbungsfrist vorzusehen.

---

[9] Einzelheiten VOB/A § 8 b Rdn. 26 ff.
[10] Vgl. VOB/A § 17 a Rdn. 12.
[11] Hierzu oben VOB/A § 17 a Rdn. 13.
[12] Vgl. hierzu oben VOB/A § 17 a Rdn. 12.
[13] Vgl. oben VOB/A § 17 a Rdn. 23 ff.

Schrifttum: *Daub/Piel/Soergel*, Kommentar zur VOB, Teil A, 1981.

Übersicht

A. Allgemeines

1 Systematisch schließen die in § 18 VOB/A enthaltenen Regelungen zur Angebots- und Bewerbungsfrist an die zuvor behandelten Bekanntmachungsvorschriften etc. an. Mit dem in Nr. 1 enthaltenen Gebot an den Auftraggeber, „ausreichende" Angebotsfristen vorzusehen, werden vor allem **Bieterrechte** gewahrt. Die Nummern 2 und 3 enthalten Regelungen zum Fristende und zum Möglichkeit, bereits eingereichte Angebote zurückzuziehen. § 18 Nr. 4 enthält sinngemäß dieselbe Regelung wie die Nr. 1, hier allerdings speziell für die Einreichung von Teilnahmeanträgen bei Beschränkter Ausschreibung nach Öffentlichem Teilnahmewettbewerb. Damit bezweckt auch § 18 Nr. 4 VOB/A Wettbewerbs- und Chancengleichheit und wirkt „bieterschützend".[1] Weil Verstöße hiergegen regelmäßig schon aus der Bekanntmachung bzw. Ausschreibung erkennbar sind, müssen die Bieter solche Verstöße spätestens mit Abgabe des Angebotes rügen. Ansonsten wäre ein hierauf gestützter Nachprüfungsantrag wegen § 107 Abs. 3 GWB unzulässig.

B. Angebotsfrist

2 Als Angebotsfrist definiert § 18 Nr. 1 VOB/A den Zeitraum, den der Auftraggeber den Bietern „für die Bearbeitung und Einreichung der Angebote" einräumt.

I. Beginn und Ablauf der Angebotsfrist

3 Während § 18 Nr. 2 VOB/A den **Ablauf** der Angebotsfrist bei Öffentlicher und Beschränkter Ausschreibung auf den Zeitpunkt bestimmt, „sobald im Eröffnungstermin der Verhandlungsleiter mit der Öffnung der Angebote beginnt", wird der **Beginn** der Frist in § 18 **nicht** definiert. Wichtig ist die Bestimmung des **Fristbeginns** vor allem deshalb, weil nur damit der genaue Zeitraum für die Angebotsfrist ermittelt und hierüber die Frage geklärt werden kann, ob die eingeräumte Angebotsfrist „ausreichend" im Sinne von § 18 Nr. 1 ist; dies bestimmt sich objektiv[2] und ansonsten abhängig vom jeweils konkret zugrundeliegenden Verfahren.

[1] 2. VK Bund, Beschluss v. 17.4.2003 – VK 2 – 16/03 – für den Bereich der VOL/A. **Zum Begriff** VOB/A § 5 Rdn. 29.

[2] *Ingenstau/Korbion/Kratzenberg* VOB/A § 18 Rdn. 2; *Franke/Kemper/Zanner/Grünhagen* VOB/A § 18 Rdn. 6; wohl auch *Leinemann* Die Vergabe öffentlicher Aufträge Rdn. 460; a.A. Beck'scher VOB-Kommentar/*Hertwig* VOB/A § 18 Rdn. 5, 6.

1. Beginn

Für die Öffentliche Ausschreibung bietet es sich an, den oberhalb der Schwellenwerte in § 18 a Nr. 1 Abs. 1 VOB/A mit dem Tag nach der Absendung der Bekanntmachung bestimmten Beginnzeitpunkt auch im Anwendungsbereich von § 18 entsprechend anzuwenden: Dies ist derjenige Zeitpunkt, zu dem der Auftraggeber **erstmals außenwirksam** mit der Ausschreibung auf den Markt tritt. 4

Bei der **Beschränkten Ausschreibung** (nach oder ohne Öffentlichen Teilnahmewettbewerb) und bei der **Freihändigen Vergabe** beginnt die Frist mit der Absendung der Aufforderung zur Angebotsabgabe, die nach § 17 Nr. 4 Abs. 2 VOB/A an alle im Teilnahmewettbewerb ausgewählten Bieter am selben Tage abgesandt werden muss. 5

2. Ablauf

Die Angebotsfrist **läuft** nach dem oben schon zitierten § 18 Nr. 2 VOB/A **ab**, sobald der Verhandlungsleiter im Eröffnungstermin mit der Öffnung der Angebote beginnt. Bei schriftlich vorgelegten Angeboten ist dies die Öffnung des ersten Umschlags. Bei digital (= elektronisch) vorgelegten Angeboten ist dies die Entschlüsselung des Angebotstextes, also das Öffnen der entsprechenden Datei. Benennt der Auftraggeber entgegen § 18 Nr. 2 VOB/A einen **vor** dem Eröffnungstermin liegenden Tag für den Ablauf der Angebotsfrist, schafft er hiermit einen Vertrauenstatbestand mit entsprechender Selbstbindung. Verlängert er diese Frist sodann gegenüber einzelnen Bietern bis zur (späteren) Angebotseröffnung, muss er zumindest alle Bieter entsprechend und unverzüglich informieren, ansonsten verletzt er den Gleichbehandlungsgrundsatz.[3] 6

II. Die „ausreichende" Bemessung der Angebotsfrist

Ob die so bemessene Angebotsfrist „ausreichend" im Sinne von § 18 Nr. 1 VOB/A ist, richtet sich danach, ob der Auftraggeber bei der Öffentlichen Ausschreibung den **objektiv erforderlichen** Zeitbedarf für 7

1. die Veröffentlichung der Vergabebekanntmachung
2. die (schriftliche) Anforderung der Vergabeunterlagen durch die Bieter,
3. den Versand der Vergabeunterlagen
4. die etwaige Besorgung weiterer Unterlagen für die Angebotsbearbeitung,
5. die etwaige Einsichtnahme in zusätzliche, vom Auftraggeber ausgelegte Teile der Verdingungsunterlagen,
6. die Durchführung etwaiger Ortsbesichtigungen,
7. die inhaltliche Bearbeitung der Angebote selbst und
8. deren Einreichung

hinreichend berücksichtigt hat. Bei der **Beschränkten Ausschreibung** muss der Auftraggeber den erforderlichen Zeitbedarf für dieselben Bearbeitungs- und Zeitkomponenten mit Ausnahme der Ziffern 1 und 2 berücksichtigen.

Welcher **konkrete Zeitraum** hiernach „ausreicht", also erforderlich und angemessen ist, hängt naturgemäß immer von der spezifischen Ausschreibung, deren Umfang, Schwierigkeitsgrad und nicht zuletzt von der Bearbeitungstiefe und -qualität der Unterlagen ab, die der Auftraggeber den Bietern zur Verfügung stellt.[4] Während die VOB/A selbst eine Spreizung zwischen der absoluten Mindestfrist von 10 Kalendertagen (§ 18 Nr. 1 Satz 1) und im Regelfall mindestens 52 Kalendertagen (§ 18 a Nr. 1 Abs. 1) zugrundelegt, empfiehlt das Vergabehandbuch des Bundes lediglich, dass die Frist einerseits nicht an einem Werktag unmittelbar vor oder nach einem Sonn- oder Feiertag (also im Hinblick auf Sonntage nicht Samstags und nicht Montags) enden soll 8

[3] OLG Dresden Beschluss v. 12.4.2000 – WVerg 1/00.
[4] Hierzu VK Sachsen ZfBR 2003, 302.

und andererseits bei der Bearbeitung einer Leistungsbeschreibung mit Leistungsprogramm dem erhöhten Arbeitsumfang entsprechend zu bemessen ist. Ein solcher **erhöhter Arbeitsumfang** bei der Angebotsbearbeitung kann auch bei der Bearbeitung einer Ausschreibung auf der Grundlage eines Leistungsverzeichnisses mit Einheitspreisen entstehen. Dies gilt vor allem dann, wenn komplexe Leistungen ausgeschrieben und entsprechend aufwändig zu kalkulieren sind. Aufgrund dessen kann die voraussichtliche Auftragssumme lediglich ein Indiz für den Bearbeitungsaufwand sein. Die Gleichung „niedrige Angebotssumme = geringer Angebotsbearbeitungsaufwand, hohe Angebotssumme (ca. Schwellenwerte aufwärts) = hoher Bearbeitungsaufwand" geht in der Praxis keinesfalls immer auf.[5]

III. Keine Unterschreitung der Mindestfrist

9 Aus dem Wortlaut von § 18 Nr. 1 Satz 1 VOB/A folgt, dass die dort genannte **Mindestfrist** von 10 Kalendertagen keinesfalls, und zwar auch nicht bei „Dringlichkeit", unterschritten werden darf. Ob „Dringlichkeit" vorliegt, bestimmt sich objektiv und abhängig vom Einzelfall danach, ob eine derart kurzfristige Angebotsbearbeitung für eine entsprechend ebenso kurzfristig erforderlich werdende Ausführung notwendig ist. In der Praxis dürfte eine derartige Verkürzung allenfalls bei sehr kleinen und einfachen, idealerweise standardisierten und entsprechend einfach zu kalkulierenden Maßnahmen überhaupt in Betracht kommen. Sobald die Angebotsbearbeitung einen auch nur etwas über dieses Mindestmaß hinausgehenden Aufwand erfordert, ist die Angebotsfrist entsprechend länger zu bemessen; verstößt der Auftraggeber hiergegen, verletzt er den Bieter in seinen Rechten.

IV. Wirkungen des Ablaufs der Angebotsfrist

10 Der **Ablauf** der Angebotsfrist markiert in mehrfacher Hinsicht eine **Zäsur**.

1. Zulassung zur Angebotseröffnung

11 Dies folgt zunächst aus § 22 Nr. 2 bzw. 23 Nr. 1 VOB/A. Danach sind **zur Eröffnung zuzulassen** bzw. brauchen geprüft zu werden nur die Angebote, die dem Verhandlungsleiter bei der Öffnung des ersten Angebotes vorliegen[6] – es sei denn, dass das Angebot nachweislich vor Ablauf der Angebotsfrist dem Auftraggeber zugegangen war, aber bei Öffnung des ersten Angebotes dem Verhandlungsleiter aus Gründen nicht vorgelegen hat, die der Bieter nicht zu vertreten hat.[7] Ein solches Angebot ist nach § 22 Nr. 6 Abs. 1 VOB/A wie ein rechtzeitig vorliegendes Angebot zu behandeln.

2. Zurückziehen von Angeboten

12 Weitere praktische Konsequenz ist nach § 18 Nr. 3 VOB/A, dass nur bis zum Ablauf der Angebotsfrist schon eingereichte Angebote wieder **zurückgezogen** werden können. Dies gilt naturgemäß nur für die Öffentliche und Beschränkte Ausschreibung, weil es bei der Freihändigen Vergabe keinen Eröffnungstermin und damit auch keine Öffnung des „ersten" Angebotes gibt. Somit tritt hier die Angebotsbindung mit dem Zugang beim Auftraggeber und damit dem Zeitpunkt ein, zu dem dieser unter normalen Umständen die Möglichkeit der Kenntniserlangung hat.[8] Will sich der Bieter hierbei nach dem Absenden seines Angebotes von der Erklärung doch

---

[5] Vgl. in diesem Zusammenhang die Entscheidung VK Sachsen v. 1.2.2002 – 1/SVK/139–01 – für ein Beispiel oberhalb der Schwellenwerte.

[6] „Materiellrechtliche Ausschlussfrist": VK Münster Beschluss v. 15.1.2003 – VK 22/02.

[7] Vgl. hierzu VK Sachsen IBR 2005, 398 sowie VK Nordbayern Beschluss v. 18.8.2000 – 320.VK-3194–18/00.

[8] Palandt/*Heinrichs* BGB § 130 Rdn. 5

wieder (sanktionslos) lösen, ist dies nach § 130 Abs. 1 Satz 2 BGB wirksam nur möglich, wenn dem Auftraggeber vor dem Zugang (= Möglichkeit der Kenntniserlangung) des Angebotes oder gleichzeitig ein Widerruf zugeht. **Beispiel:** Der Auftragnehmer versendet Freitags abends sein Angebot mit der normalen Post an den Auftraggeber. Während des Wochenendes überlegt er es sich anders und will das Angebot noch wirksam zurückziehen. Weil jedenfalls im geschäftlichen Verkehr mit der Möglichkeit der Kenntniserlangung erst am Montag morgen zu rechnen sein dürfte,[9] kann er dies nur erreichen, wenn er dem Auftraggeber mündlich (per Telefon), schriftlich (auch per Telefax) oder elektronisch (per e-mail) jeweils **nachweislich** (!) bis zum Beginn der üblichen Geschäftszeiten am Montag morgen seinen Widerruf übermittelt. Gelingt ihm dies, wäre ein solcher Art übermittelter Widerruf auch dann noch rechtzeitig, wenn der Auftraggeber zuerst das Angebot öffnen sollte.[10]

IV. Bindung erst mit Zugang des Angebotes

Ob die Bieter auch angesichts von § 18 Nr. 3 VOB/A schon **mit** der **Einreichung** der Angebote 13
beim Auftraggeber hieran **gebunden** sind, richtet sich im Ausgangspunkt nach § 145 BGB. Danach ist jeder, der einem anderen die Schließung eines Vertrages anträgt, an den Antrag gebunden, es sei denn, dass er die Gebundenheit ausgeschlossen hat. Dieser „Antrag" und damit das Angebot ist eine einseitige, empfangsbedürftige Willenserklärung, die nach § 130 Abs. 1 Satz 1 BGB mit dem Zugang wirksam wird. Wie soeben bereits festgehalten, setzt der Zugang voraus, dass der Auftraggeber als Adressat des Angebotes unter gewöhnlichen Umständen die Möglichkeit der Kenntnisnahme hat. Diese „gewöhnlichen Umstände" werden hier vor allem durch die Regelungen der VOB/A bestimmt. Hiernach besteht die „Möglichkeit der Kenntnisnahme" frühestens **im Eröffnungstermin**, weil die Angebote zuvor verschlossen aufbewahrt werden müssen und der Auftraggeber hiernach eben keine „Möglichkeit der Kenntnisnahme" hat. Mit dem **so definierten** Zugang beginnt demgemäss die Bindung an das Angebot in den Vergabeverfahren, die einen Eröffnungstermin vorsehen (Öffentliche und Beschränkte Ausschreibung). Bei Freihändiger Vergabe gilt das oben Gesagte.[11]

V. Art und Weise der Angebotsrücknahme

Die Art und Weise der Rücknahme ist auf die in § 18 Nr. 3 genannten **Formen** beschränkt. 14
Danach ist eine **mündliche** Rücknahme **nicht** zulässig, was im Hinblick auf § 127 BGB (gewillkürte Schriftform, elektronische Form und Textform) keinen Wirksamkeitsbedenken begegnet. Die dort vorgeschriebenen Formen zur Zurückziehung eines Angebotes stehen unabhängig davon zur Verfügung, wie das Angebot selbst gelegt worden ist. Ein schriftlich vorgelegtes Angebot kann also zulässigerweise und wirksam in elektronischer Form zurückgezogen werden.

C. Bewerbungsfrist

§ 18 Nr. 4 VOB/A setzt voraus, dass eine Beschränkte Ausschreibung nach Öffentlichem Teil- 15
nahmewettbewerb (vgl. § 3 Nr. 3 Abs. 2 VOB/A) stattgefunden hat und stellt auch insoweit klar, dass für die Einreichung von Teilnahmeanträgen eine ausreichende Bewerbungsfrist vorzusehen ist. Für die Frage, unter welchen Voraussetzungen dies der Fall ist, gelten sinngemäß dieselben Überlegungen wie oben zu § 18 Nr. 1.[12]

---

[9] Vgl. OLG Rostock NJW-RR 1998, 526.

[10] BGH NJW 1975, 382.

[11] Vgl. oben Rdn. 9 a.E.; im Ergebnis ebenso, in der Begründung allerdings unterschiedlich Beck'scher VOB-Kommentar/*Hertwig* VOB/A § 18 Rdn. 7; *Ingenstau/Korbion/Kratzenberg* VOB/A § 18 Rdn. 15; *Franke/Kemper/Zanner/Grünhagen* VOB/A § 18 Rdn. 26.

[12] Vgl. oben Rdn. 5 ff.

§ 18 a Angebotsfrist, Bewerbungsfrist

1. (1) Beim Offenen Verfahren beträgt die Frist für den Eingang der Angebote (Angebotsfrist) mindestens 52 Kalendertage, gerechnet vom Tag nach Absendung der Bekanntmachung.

(2) Die Frist für den Eingang der Angebote kann verkürzt werden, wenn eine Vorinformation gemäß § 17 a Nr. 1 nach dem vorgeschriebenen Muster (Anhang I der Verordnung (EG) Nr. 1564/2005) mindestens 52 Kalendertage, höchstens aber 12 Monate vor dem Zeitpunkt der Absendung der Bekanntmachung des Auftrages im Offenen Verfahren nach § 17 a Nr. 2 an das Amtsblatt der Europäischen Gemeinschaften abgesandt wurde. Diese Vorinformation muss mindestens die im Muster einer Bekanntmachung (Anhang II der Verordnung (EG) Nr. 1564/2005) für das Offene Verfahren geforderten Angaben enthalten, soweit diese Informationen zum Zeitpunkt der Absendung der Vorinformation vorlagen.

Die verkürzte Frist muss für die Interessenten ausreichen, um ordnungsgemäße Angebote einreichen zu können. Sie sollte generell mindestens 36 Kalendertage vom Zeitpunkt der Absendung der Bekanntmachung des Auftrags an betragen; sie darf 22 Kalendertage nicht unterschreiten.

(3) Können die Verdingungsunterlagen, die zusätzlichen Unterlagen oder die geforderten Auskünfte wegen ihres großen Umfangs nicht innerhalb der in § 17 a Nr. 5 und 6 genannten Fristen zugesandt bzw. erteilt werden, sind die in den Absätzen 1 und 2 vorgesehenen Fristen angemessen zu verlängern.

(4) Bei Bekanntmachungen, die über das Internetportal des Amtes für amtliche Veröffentlichungen der Europäischen Gemeinschaften[1] auf elektronischem Wege erstellt und übermittelt werden (elektronische Bekanntmachung), können die in Absatz 1 und 2 genannten Angebotsfristen um 7 Kalendertage verkürzt werden.

(5) Die Angebotsfrist kann um weitere 5 Kalendertage verkürzt werden, wenn ab der Veröffentlichung der Bekanntmachung die Verdingungsunterlagen und alle zusätzlichen Unterlagen auf elektronischem Wege frei, direkt und vollständig verfügbar gemacht werden; in der Bekanntmachung ist die Internetadresse anzugeben, unter der diese Unterlagen abrufbar sind.

(6) Im Offenen Verfahren darf die Kumulierung der Verkürzungen keinesfalls zu einer Angebotsfrist führen, die kürzer ist als 15 Kalendertage, gerechnet vom Tag nach Absendung der Bekanntmachung.

2. (1) Beim Nichtoffenen Verfahren beträgt die Frist für den Eingang der Anträge auf Teilnahme (Bewerbungsfrist) mindestens 37 Kalendertage, gerechnet vom Tag nach Absendung der Bekanntmachung. Aus Gründen der Dringlichkeit kann die Bewerbungsfrist auf 15 Kalendertage verkürzt werden.

(2) Die Bewerbungsfrist kann bei elektronischen Bekanntmachungen gemäß Nr. 1 Abs. 4 um 7 Kalendertage verkürzt werden.

(3) Beim Nichtoffenen Verfahren beträgt die Angebotsfrist mindestens 40 Kalendertage, gerechnet vom Tage nach Absendung der Aufforderung zur Angebotsabgabe. Die Frist für den Eingang der Angebote kann auf 26 Kalendertage verkürzt werden, wenn eine Vorinformation gemäß § 17 a Nr. 1 nach dem vorgeschriebenen Muster (Anhang I der Verordnung (EG) Nr. 1564/2005) mindestens 52 Kalendertage, höchstens aber 12 Monate vor dem Zeitpunkt der Absendung der Bekanntmachung des Auftrags im Nichtoffenen Verfahren nach § 17 a Nr. 2 an das Amtsblatt der Europäischen Gemeinschaften abgesandt wurde. Diese Vorinformation muss mindestens die im Muster einer Bekanntmachung (Anhang II der Verordnung (EG) Nr. 1564/2005) für das Verhandlungsverfahren geforderten Angaben enthalten, soweit diese Informationen zum Zeitpunkt der Absendung der Vorinformation vorlagen.

(4) Aus Gründen der Dringlichkeit können diese Fristen wie folgt verkürzt werden:

a) auf mindestens 15 Kalendertage für den Eingang der Anträge auf Teilnahme bzw. mindestens 10 Kalendertage bei elektronischer Bekanntmachung gemäß Nr. 1 Abs. 4,

---

[1] http://simap.eu.int

b) bei Nichtoffenen Verfahren auf mindestens 10 Kalendertage für den Eingang der Angebote.

(5) Die Angebotsfrist kann um weitere 5 Kalendertage verkürzt werden, wenn ab der Veröffentlichung der Bekanntmachung die Verdingungsunterlagen und alle zusätzlichen Unterlagen auf elektronischem Wege frei, direkt und vollständig verfügbar gemacht werden; in der Bekanntmachung ist die Internetadresse anzugeben, unter der diese Unterlagen abrufbar sind.

3. Beim Wettbewerblichen Dialog ist entsprechend Nr. 2 Abs. 1 Satz 1 und Abs. 2 und beim Verhandlungsverfahren mit Vergabebekanntmachung ist entsprechend Nr. 2 Abs. 1 und 2 zu verfahren.

4. Können die Angebote nur nach einer Ortsbesichtigung oder Einsichtnahme in nicht übersandte Unterlagen erstellt werden und können die Fristen der Nummern 1 und 2 deswegen nicht eingehalten werden, so sind sie angemessen zu verlängern.

Schrifttum: *Lampe-Helbig/Wörmann,* Handbuch der Bauvergabe, 2. Auflage 1995.

Übersicht

A. Allgemeines

1 § 18 a VOB/A, dem im übrigen § 18 a VOL/A nahezu wörtlich entspricht, regelt Einzelheiten zur **Bemessung** der **Mindestfristen**, deren **Verkürzung** und deren **Verlängerung** in den Vergabeverfahren, die nach § 3 a VOB/A oberhalb der Schwellenwerte (vgl. § 1 a VOB/A) zulässig sind. Systematisch baut die Vorschrift auf § 18 Nr. 1, Nr. 4 VOB/A auf und regelt Einzelheiten zu den dort enthaltenen Fristbestimmungen. Nr. 1 behandelt die Angebotsfrist in einem Offenen Verfahren. Die Bewerbungs- bzw. Angebotsfrist bei einem Nichtoffenen Verfahren wird in Nr. 2 geregelt; Nr. 3 erklärt die Regelungen in Nr. 2 Abs. 1 und Abs. 2 beim Verhandlungsverfahren mit Vergabebekanntmachung sowie die Regelungen in Nr. 2 Abs. 1 Satz 1 und Abs. 2 beim Wettbewerblichen Dialog für entsprechend anwendbar. Nr. 4 schließlich legt fest, unter welchen Voraussetzungen Fristen zu verlängern sind. Ebenso wie die Basisvorschrift des § 18 VOB/A hat auch § 18 a bieterschützende Funktion.[2] Ebenso wie dort müssen Verstöße des Auftraggebers gegen § 18 a VOB/A spätestens mit dem Angebot bzw. der Bewerbung gerügt werden, weil sie in aller Regel aus der Ausschreibung bzw. Bekanntmachung erkennbar sind (vgl. § 107 Abs. 3 GWB).

2 Entsprechend den im Vergabehandbuch des Bundes (im Zuständigkeitsbereich der Finanzverwaltungen, Ausgabe 2002, Stand 04/2005) enthaltenen Hinweisen zu § 18 a VOB/A sei auf die nachstehend **auszugsweise** (soweit § 18 a behandelt wird) wiedergegebene **Übersicht** über die regelmäßige Länge der **Angebots-** und **Bewerbungsfristen** sowie deren Verkürzungsmöglichkeit verwiesen:

[2] Vgl. 2.VK Bund Beschluss v. 17.4.2003 – VK 2–16/03 – sowie *Franke/Kemper/Zanner/Grünhagen* VOB/A § 18 a Rdn 1 i.V.m. § 18 Rdn 3; **zum Begriff** VOB/A § 5 Rdn 29.

1. Angebotsfrist, Bewerbungsfrist (Regelfristen)

Art der Frist	Frist, gerechnet in Kalendertagen	Offenes Verfahren	Nichtoffenes Verfahren/ Wettbewerblicher Dialog		Verhandlungs-verfahren		VOB/A
		Regelfrist	Regelfrist	Beschleu. Verfahren	Regelfrist	Beschleu. Verfahren	
Bewerbungs-frist	vom Tag der Absendung der Bekanntmachung	–	37	15[4)]/10[4)]	37	15[4)]/10[4)]	§ 18 a Nr. 2/Nr. 3
Angebots-frist	vom Tag nach Absendung der Bekanntmachung	52[1) 2)]	–	–	–	–	§ 18 a Nr. 1
	vom Tag nach Absendung der Aufforderung zur Angebotsabgabe	–	40[1)]	10[1) 4)]	–	–	§ 18 a Nr. 2

2. Verkürzte Angebotsfrist bei Vorinformation[3)]

Angebotsfrist bei Vorinformation	vom Tag der Absendung der Bekanntmachung	36 (Soll) 22 (mind.)	–	–	–	–	§ 18 a Nr. 1
Angebotsfrist bei Vorinformation	vom Tag nach Absendung der Aufforderung zur Angebotsabgabe	–	26[1) 5)]	10[1) 4)]	–	–	§ 18 a Nr. 2

1) Können Angebote nur nach einer Ortsbesichtigung oder Einsichtnahme in ausgelegte Verdingungsunterlagen erstellt und können die Fristen der Nr. 1 und 2 deswegen nicht eingehalten werden, ist die Angebotsfrist zu verlängern (§ 18 a Nr. 4 VOB/A)

2) Können die Vergabeunterlagen, die zusätzlichen Unterlagen oder die geforderten Auskünfte wegen ihres großen Umfangs nicht innerhalb der Frist zugesandt bzw. erteilt werden, ist die Frist angemessen zu verlängern (§ 18 a Nr. 1 Abs. 3 VOB/A)

3) Die Frist für den Eingang der Angebote kann verkürzt werden, wenn eine Vorinformation gemäß § 17 a Nr. 1 nach dem vorgeschriebenen Muster mindestens 52 Kalendertage, höchstens aber 12 Monate vor dem Zeitpunkt der Absendung der Bekanntmachung des Auftrags im Offenen Verfahren nach § 17 a Nr. 2 an das Amtsblatt der Europäischen Gemeinschaften abgesandt wurde; diese Vorinformation die im Muster der Bekanntmachung für das Offene Verfahren geforderten Angaben enthält; diese Informationen zum Zeitpunkt der Absendung der Bekanntmachung verfügbar sind.

4) Aus Gründen der Dringlichkeit bzw. bei elektronischen Bekanntmachungen nach § 18 a Nr. 1 Abs. 4 Untergrenze des § 18 a Nr. 1 Abs. 6 beachten!

5) Der öffentliche Auftraggeber muss eine Vorinformation gemäß § 17 a Nr. 1 nach dem vorgeschriebenen Muster mindestens 52 Kalendertage, höchstens aber 12 Monate vor dem Zeitpunkt der Absendung der Bekanntmachung des Auftrags im Nichtoffenen Verfahren nach § 17 a Nr. 2 an das Amtsblatt der Europäischen Gemeinschaften abgesandt haben. Diese Vorinformation muss mindestens ebenso viele Informationen wie das Muster einer Bekanntmachung für das Nichtoffene Verfahren oder ggf. wie das Muster einer Bekanntmachung für das Verhandlungsverfahren enthalten, soweit diese Informationen zum Zeitpunkt der Absendung der Bekanntmachung für die Vorinformation vorlagen.

Ergänzend und im Einzelnen gelten die folgenden Erläuterungen:

B. Fristen beim Offenen Verfahren

3 Für das Offene Verfahren ordnet § 18 a Nr. 1 Abs. 1 VOB/A eine Mindest-Angebotsfrist von 52 Kalendertagen, gerechnet vom Tage nach Absendung der Bekanntmachung[3] an. Diese Frist

[3] Zur Begründung vgl. Art. 3 Abs. 1 der Verordnung (*EWG, Euratom*) des Rates Nr. 1182/71 vom 3.6.1971 (ABl. Nr. C 51 vom 29.4.1970, Seite 25); ebenso Beck'scher VOB-Kommentar/*Hertwig* VOB/A § 18 a Rdn. 2 und *Franke/Kemper/Zanner/Grünhagen* VOB/A § 18 a Rdn. 10 mit Fußnote 2; anderer Ansicht *Ingenstau/Korbion/Kratzenberg* VOB/A § 18 a Rdn. 2, der auf § 187 Abs. 1 BGB abstellt.

kann nach Abs. 2, Abs. 4 und Abs. 5 (mit der absoluten Untergrenze nach Abs. 6) verkürzt und muss unter den Voraussetzungen von Abs. 3 und der Nr. 4 verlängert werden.

I. Verkürzungsmöglichkeit (Abs. 2, Abs. 4 und Abs. 5)

Die **Verkürzungsmöglichkeit** nach Abs. 2 besteht dann, wenn der Auftraggeber eine Vorinformation nach § 17 a Nr. 1 unter Verwendung des dort vorgeschriebenen Musters mindestens 52 Kalendertage, höchstens aber 12 Monate vor dem Zeitpunkt der Absendung der Bekanntmachung des Auftrags im Offenen Verfahren nach § 17 a Nr. 2 an das Amt für amtliche Veröffentlichungen der Europäischen Gemeinschaften (im Text zu § 18 a verkürzt „Amtsblatt" genannt) abgesandt hat, wenn diese Vorinformation die im Muster (Muster einer Bekanntmachung für das Offene Verfahren) geforderten Angaben enthält und wenn diese Informationen zum Zeitpunkt der Absendung der Bekanntmachung auch verfügbar sind. Diese drei Voraussetzungen müssen **kumulativ** vorliegen.[4] 4

Die letztere Voraussetzung, also die **Verfügbarkeit** der geforderten Informationen zum Zeitpunkt der Absendung der Bekanntmachung, ist (schon) dann erfüllt, wenn und soweit diese Informationen zum genannten Zeitpunkt **vorliegen**. Konnte also der Auftraggeber bestimmte, an sich vorgesehene Informationen deshalb noch nicht weitergeben, weil ihm dies aus objektiven Gründen noch nicht möglich war, ist dies unschädlich. Dies folgt aus dem Wortlaut von Art. 12 Abs. 2 der Baukoordinierungsrichtlinie, wo es heißt, dass die Frist verkürzt werden kann, wenn (u.a.) die Vorinformation die im Muster geforderten Angaben enthält, **soweit** diese Informationen zum Zeitpunkt der Veröffentlichung der Bekanntmachung vorliegen.[5] 5

Die hiernach verkürzte Frist sollte **nicht kürzer** als 36 Kalendertage bemessen sein und darf 22 Kalendertage **keinesfalls** unterschreiten. In jedem Fall muss die Frist für die Interessenten ausreichen, um ordnungsgemäße Angebote einreichen zu können. [6] Dabei stellt die bloße Veröffentlichung einer Vorinformation noch keine automatische Begründung für die Reduzierung der Angebotsfrist dar. Vielmehr muss diese vom Auftraggeber stets im Einzelfall auf ihre Angemessenheit überprüft werden.[7] Dies wird in der Praxis häufig weder von den Auftraggebern hinreichend bedacht noch von den Bietern entsprechend gerügt.[8] 6

Dahinter steht ein Interessen orientiertes Verhalten: Der Auftraggeber will so schnell wie möglich aussagekräftige Angebote vorgelegt bekommen, übersieht dabei allerdings leicht, dass eine **zu kurze Angebotsbearbeitungszeit** regelmäßig eher teurere als günstigere Angebote produziert: Ein nicht gründlich durchzukalkulierendes Angebot wird „in der (Zeit-)Not" häufig mit entsprechenden Risikozuschlägen belegt. Die Bieter wiederum sind angesichts zurückhaltender Investitionen der öffentlichen Hand und damit einher gehender Auftragsknappheit gezwungen, den immer härter werdenden Wettbewerb mitzugehen und dabei auch die engen zeitlichen Bedingungen zu akzeptieren, die ihnen bei der Bemessung der Angebotsbearbeitungsfrist gestellt werden. 7

Nach Abs. 4 können die in Abs. 1 genannten Angebotsfristen bei elektronischer Bekanntmachung (und damit im Regelfall) um 7 Kalendertage (also auf mindestens 15 Kalendertage) verkürzt werden. Nach Abs. 5 kann die Angebotsfrist bei elektronischer Verfügbarkeit der Verdingungsunterlagen und aller zusätzlicher Unterlagen um weitere 5 Kalendertage verkürzt werden. Allerdings darf der Auftraggeber im Offenen Verfahren keine Angebotsfrist herbeiführen, die kürzer als 15 Kalendertage (gerechnet vom Tag der Absendung der Bekanntmachung) ist („Kumulierungsuntergrenze" des § 18 a Nr. 1 Abs. 6). 8

---

[4] *Franke/Kemper/Zanner/Grünhagen* VOB/A § 18 a Rdn. 13 a.E.

[5] Vgl. *Ingenstau/Korbion/Kratzenberg* VOB/A § 18 a Rdn. 3 unter zutreffendem Hinweis auf Art. 12 Abs. 2 der Baukoordinierungsrichtlinie (in der Fassung der RL97/52/EG vom 13.10.1997, ABl. L328 vom 28.11.1997).

[6] Z.B. *Lampe-Helbig/Wörmann* Rdn. 232, 235.

[7] VK Sachsen ZfBR 2003, 302.

[8] Vgl. hierzu die Entscheidung VK Sachsen ZfBR 2002, 94 (L).

II. Verlängerung (Abs. 3)

9 Ebenso wichtig wie die Voraussetzungen der Verkürzungsmöglichkeiten von Angebotsfristen ist deshalb die zwingende Anordnung ihrer Verlängerung nach § 18 a Nr. 1 Abs. 3 VOB/A. Dort wird **zum Schutz der Bieter** festgelegt, dass sowohl die Mindest-Angebotsfrist von 52 Kalendertagen (Abs. 1) als auch die nach Abs. 2 verkürzbare Frist (36/22 Kalendertage) angemessen zu verlängern sind, wenn die Verdingungsunterlagen, die zusätzlichen Unterlagen oder die geforderten Auskünfte wegen ihres großen Umfanges nicht innerhalb der in § 17 a Nr. 5 und Nr. 6 genannten Fristen zugesandt bzw. erteilt werden können. Zur Erinnerung: § 17 a Nr. 5 und Nr. 6 verpflichtet den Auftraggeber, rechtzeitig angeforderte Vergabeunterlagen und zusätzliche Unterlagen innerhalb von 6 Kalendertagen nach Eingang des Antrages zu versenden bzw. rechtzeitig beantragte Auskünfte über die Vergabeunterlagen spätestens 6 Kalendertage (in Fällen der Dringlichkeit ausnahmsweise 4 Kalendertage) vor Ablauf der Angebotsfrist zu erteilen.[9] Es gilt ein objektiver Maßstab, der sich an den genannten Mindestfristen von 52 bzw. 36 Kalendertagen zu orientieren hat. Daneben kann es im Einzelfall geboten sein, einen nach § 18 a Nr. 4 VOB/A gebotenen bzw. durch weitere objektive Gesichtspunkte (z.B. besondere Komplexität der Angebotsbearbeitung etc.) gerechtfertigten weiteren Zuschlag auf die zu gewährenden Angebotsbearbeitungsfristen vorzunehmen.[10]

C. Fristen beim Nichtoffenen Verfahren (§ 18 a Nr. 2 VOB/A)

10 § 18 a Nr. 2 VOB/A behandelt das ansonsten in § 3 a Nr. 1 b geregelte Nichtoffene Verfahren, was strukturell der Beschränkten Ausschreibung nach Öffentlichem Teilnahmewettbewerb nach § 3 Nr. 1 Abs. 2 VOB/A entspricht. Die Vorschrift **differenziert** in den Abs. 1 und 2 sowie in Abs. 3 zwischen der Bewerbungsfrist (Frist für den Eingang der Anträge auf Teilnahme, Abs. 1 und 2) und der Angebotsfrist (Abs. 3). Die **Bewerbungsfrist** beträgt nach § 18 a Nr. 2 Abs. 1 mindestens 37 Kalendertage, die wiederum vom Tage nach Absendung der Bekanntmachung an gerechnet werden.[11] Diese Frist kann nach Satz 2 „aus Gründen der Dringlichkeit" auf 15 Kalendertage verkürzt werden. Ob eine solche „Dringlichkeit" vorliegt, bemisst sich wiederum nach objektiven Gesichtspunkten und muss anhand der maßgeblichen Umstände des konkreten Einzelfalles beurteilt werden. Insofern gelten sinngemäß die selben Erwägungen wie bei VOB/A § 3 Nr. 3 Abs. 1 lit. c),[12] weil der Begriff der Dringlichkeit einheitlich auszulegen ist. Nach Abs. 2 kann die Bewerbungsfrist bei elektronischen Bekanntmachungen nach Nr. 1 Abs. 4 um 7 Kalendertage verkürzt werden.

11 Die **Angebotsfrist** beträgt nach Abs. 3 Satz 1 mindestens 40 Kalendertage, die gleichfalls vom Tage nach Absendung der Aufforderung zur Angebotsabgabe berechnet werden.[13] Diese Frist kann auf 26 Kalendertage verkürzt werden, wenn der Auftraggeber zur rechten Zeit eine Vorinformation hat bekannt machen lassen, die inhaltlich hinreichend aussagekräftig gewesen ist. Die zeitlichen Voraussetzungen für eine Verkürzung der Angebotsfrist aufgrund durchgeführter Vorinformation sind deckungsgleich mit den Voraussetzungen in § 18 a Nr. 1 Abs. 2: Die Vorinformation muss nach § 17 a Nr. 1 mindestens 52 Kalendertage und höchstens 12 Monate vor dem Zeitpunkt der Absendung der Bekanntmachung des Auftrags im Nichtoffenen Verfahren nach § 17 a Nr. 2 vom Auftraggeber an das Amt für amtliche Veröffentlichungen der Europäischen Gemeinschaften (im Text zu § 18 a abgekürzt „Amtsblatt") abgesandt worden sein.

---

[9] Vgl. hierzu VOB/A § 17 a Rdn. 26 ff.
[10] Zutreffend *Ingenstau/Korbion/Kratzenberg* VOB/A § 18 a Rdn. 6 f.
[11] Vgl. hierzu oben Rdn. 5.
[12] Vgl. dazu VOB/A § 3 Rdn. 37 f.
[13] Vgl. hierzu oben Rdn. 3 f.

Inhaltlich muss diese Vorinformation zumindest ebenso viele Informationen enthalten, wie dies nach dem Muster einer Bekanntmachung für das Nichtoffene Verfahren oder gegebenenfalls nach dem Muster einer Bekanntmachung für das Verhandlungsverfahren vorgesehen ist. Dies gilt allerdings nur, soweit diese Informationen zum Zeitpunkt der Absendung der Bekanntmachung für die Vorinformation dem Auftraggeber objektiv schon zur Verfügung gestanden haben; abgesehen von der konkreten Formulierung besteht also auch insoweit eine weitgehende Übereinstimmung mit den oben[14] erörterten Voraussetzungen. 12

Eine **weitere Verkürzung** der Angebotsfrist von 40 bzw. 26 Kalendertagen auf bis zu 10 Kalendertage sieht § 18 a Nr. 2 Abs. 4 vor, wenn „Gründe der Dringlichkeit" gegeben sind. Auch insoweit gelten die Kriterien, die bei VOB/A § 3 Nr. 3 Abs. 1 lit. c) erörtert worden sind.[15] 13

Die zusätzliche Verkürzungsmöglichkeit nach Abs. 5 bei elektronischer Verfügbarkeit der Verdingungsunterlagen und aller zusätzlicher Unterlagen um weitere 5 Tage darf die Mindestfristen des Abs. 4 nicht unterschreiten. Insofern gilt sinngemäß die „Kumulierungs-Untergrenze" der Nr. 1 Abs. 6 (bzw. der Nr. 1 Abs. 4 b) für die Angebotsfrist beim Nichtoffenen Verfahren). Dies folgt aus Art. 38 Abs. 8 lit. b. der Richtlinie 2004/18/EG.[16] 14

D. Wettbewerblicher Dialog und Verhandlungsverfahren (§ 18 a Nr. 3 VOB/A)

Zum Verhandlungsverfahren **mit** Vergabebekanntmachung, das ansonsten in § 3 a Nr. 4 VOB/A geregelt ist, verweist § 18 a Nr. 3 auf die in Nr. 2 Abs. 1 und 2 genannten Fristen, d.h. hier gilt eine „normale" Mindest-Bewerbungsfrist von 37 Kalendertagen, die bei elektronischer Bekanntmachung bzw. aus Gründen der Dringlichkeit auf bis zu 15 Kalendertage verkürzt werden kann. Zum Wettbewerblichen Dialog verweist die Vorschrift auf Nr. 2 Abs. 1 Satz 1 und Abs. 2. 15

Für das Verhandlungsverfahren **ohne** öffentliche Vergabebekanntmachung (§ 3 a Nr. 5 VOB/A) gilt mangels entsprechendem Verweis nicht § 18 a, sondern die Ausgangsvorschrift des § 18 Nr. 1 entsprechend.[17] 16

E. Verlängerung der Angebotsfristen (§ 18 a Nr. 4 VOB/A)

Diese oben[18] schon angesprochene Vorschrift ordnet für die Angebotsfristen beim Offenen Verfahren (Nr. 1) und beim Nichtoffenen Verfahren (Nr. 2 Abs. 2 Satz 1 und 2) **zwingende** Fristverlängerungen an, wenn die Angebote nur nach einer Ortsbesichtigung oder Einsichtnahme in nicht übersandte Unterlagen erstellt und die Fristen der Nr. 1 und 2 deswegen nicht eingehalten werden können.[19] Ansonsten gelten ergänzend die Anmerkungen oben zu Rdn. 8. 17

§ 18 b Angebotsfrist, Bewerbungsfrist

1. (1) **Beim Offenen Verfahren beträgt die Frist für den Eingang der Angebote (Angebotsfrist) mindestens 52 Kalendertage, gerechnet vom Tag nach Absendung der Bekanntmachung.**
   (2) **Hat der Auftraggeber eine regelmäßige nichtverbindliche Bekanntmachung gemäß § 17 b Nr. 2 Abs. 2 nach dem vorgeschriebenen Muster (Anhang IV der Verordnung (EG) Nr. 1564/2005) mindestens 52 Kalendertage, höchstens aber 12 Monate vor dem Zeitpunkt der Absendung der Bekanntmachung des Auftrags nach § 17 b Nr. 1 Abs. 1 Buchstabe a an das Amtsblatt der Europäischen Gemeinschaften abgesandt, so beträgt**

---

[14] Rdn. 6.
[15] Vgl. VOB/A § 3 Rdn. 37 f. und *Völlink/Kehrberg* § 18 a Rn. 10.
[16] Zutreffend *v. Wietersheim/Schranner*, VOB/A 2006 Das neue Vergaberecht, S. 91.
[17] Zutreffend *Ingenstau/Korbion/Kratzenberg* VOB/A § 18 a Rdn. 17.
[18] Rdn. 3, Rdn. 8.
[19] Vgl. § 17 Nr. 5 Satz 2 VOB/A, oben VOB/A § 17 Rdn. 50 ff.

die Frist für den Eingang der Angebote im Offenen Verfahren grundsätzlich mindestens 36 Kalendertage, keinesfalls jedoch weniger als 22 Kalendertage, gerechnet ab dem Tag der Absendung der regelmäßigen nichtverbindlichen Bekanntmachung nach § 17 b Nr. 2 Abs. 2.

(3) Bei Bekanntmachungen, die über das Internetportal des Amtes für amtliche Veröffentlichungen der Europäischen Gemeinschaften[1] auf elektronischem Wege erstellt und übermittelt werden (elektronische Bekanntmachung), können die in Abs. 1 und 2 genannten Angebotsfristen um 7 Kalendertage verkürzt werden.

(4) Die Angebotsfrist kann um weitere 5 Kalendertage verkürzt werden, wenn ab der Veröffentlichung der Bekanntmachung die Verdingungsunterlagen und alle zusätzlichen Unterlagen auf elektronischem Wege frei, direkt und vollständig verfügbar gemacht werden; in der Bekanntmachung ist die Internetadresse anzugeben, unter der diese Unterlagen abrufbar sind.

(5) Im Offenen Verfahren darf die Kumulierung der Verkürzungen keinesfalls zu einer Angebotsfrist führen, die kürzer ist als 15 Kalendertage, gerechnet vom Tag nach Absendung der Bekanntmachung.

2. Beim Nichtoffenen Verfahren und Verhandlungsverfahren beim vorherigen Aufruf zum Wettbewerb gilt:

a) Die Frist für den Eingang von Teilnahmeanträgen (Bewerbungsfrist) aufgrund einer Bekanntmachung gem. § 17 b Nr. 1 Abs. 1 Buchstabe a oder der Aufforderung nach § 17 b Nr. 2 Abs. 5 Buchstabe c beträgt in der Regel mindestens 37 Kalendertage, gerechnet vom Tage nach Absendung der Bekanntmachung oder der Aufforderung an. Sie darf auf keinen Fall kürzer sein als 22 Kalendertage, bei elektronischer Übermittlung der Bekanntmachung nicht kürzer als 15 Kalendertage.

b) Die Bewerbungsfrist kann bei elektronischen Bekanntmachungen gemäß Nummer 1 Abs. 3 um 7 Kalendertage verkürzt werden.

c) Die Angebotsfrist kann zwischen dem Auftraggeber und den ausgewählten Bewerbern einvernehmlich festgelegt werden, vorausgesetzt, dass allen Bewerbern dieselbe Frist für die Erstellung und Einreichung von Angeboten eingeräumt wird.

d) Falls eine einvernehmliche Festlegung der Angebotsfrist nicht möglich ist, setzt der Auftraggeber im Regelfall eine Frist von mindestens 24 Kalendertagen fest. Sie darf jedoch keinesfalls kürzer als 10 Kalendertage, gerechnet vom Tag an Absendung der Aufforderung zur Angebotsabgabe, sein. Bei der Festlegung der Frist werden nur die in Nr. 3 genannten Faktoren berücksichtigt.

3. Können die Angebote nur nach Prüfung von umfangreichen Unterlagen, z.B. ausführlichen technischen Spezifikationen, oder nur nach einer Ortsbesichtigung oder Einsichtnahme in ergänzende Unterlagen zu den Vergabeunterlagen erstellt werden und können die Fristen der Nummern 1 und 2 deswegen nicht eingehalten werden, so sind sie angemessen zu verlängern.

Übersicht

A. Allgemeines

1 § 18 b VOB/A **konkretisiert** vor allem die in der Basisvorschrift des § 18 Nr. 1 und Nr. 4 enthaltenen **Fristenregelungen.**[2] Systematisch steht die Vorschrift außerdem im unmittelbaren Zusammenhang zu § 17 b, soweit hierauf im Text entsprechend Bezug genommen wird. § 18 b

[1] http://simap.eu.int

[2] Zusammenfassend etwa *Leinemann* Die Vergabe öffentlicher Aufträge Rdn. 463 ff.

Nr. 1 behandelt die Angebotsfrist im Offenen Verfahren. Die für das Nichtoffene und für das Verhandlungsverfahren mit vorherigem Aufruf zum Wettbewerb geltenden Regelungen enthält die Nr. 2. Nr. 3 schließlich benennt die Kriterien, die für jede der behandelten Vergabearten bei der Bemessung von Angebots- bzw. Bewerbungsfristen maßgeblich sind. § 18 b VOL/A entspricht wörtlich § 18 b.

B. Angebotsfrist beim Offenen Verfahren (§ 18 b Nr. 1 VOB/A)

Die Regelung in Abs. 1 ist wortgleich zum Text von § 18 a Nr. 1 Abs. 1. Die Angebotsfrist beträgt also auch beim Offenen Verfahren im 3. Abschnitt der VOB/A mindestens 52 Kalendertage. Diese Frist kann nach der Nr. 1 Abs. 2 – wiederum entsprechend der Regelung in § 18 a Nr. 1 Abs. 2 – verkürzt werden, wenn eine regelmäßige nichtverbindliche Bekanntmachung unter den genannten Voraussetzungen erfolgt ist. Identisch ist weiter die Verkürzungsmöglichkeit auf regelmäßig 36 Kalendertage und keinesfalls weniger als 22 Kalendertage. Die Frist beginnt wiederum am Tage nach Absendung der Bekanntmachung.[3] 2

Weitere, aus § 18 a bereits bekannte Verkürzungsmöglichkeiten enthalten die Abs. 3–5: Nach Abs. 3 können die Angebotsfristen der Abs. 1 und 2 bei elektronischer Bekanntmachung um 7 Kalendertage verkürzt werden. Abs. 4 lässt eine (weitere) Verkürzung um 5 Kalendertage zu, wenn die Verdingungsunterlagen und alle zusätzlichen Unterlagen elektronisch frei, direkt und vollständig verfügbar gemacht werden. Abs. 5 wiederum zieht die Grenze der zulässigerweise kumulierbaren Angebotsverkürzungsgründe bei einer verbleibenden Mindestfrist von 15 Kalendertagen, gerechnet vom Tag nach Absendung der Bekanntmachung. 3

C. Bewerbungs- und Angebotsfrist beim Nichtoffenen Verfahren und Verhandlungsverfahren mit vorherigen Aufruf zum Wettbewerb (§ 18 b Nr. 2 VOB/A)

Nach § 18 b Nr. 2 lit. a) wird die Bewerbungsfrist für das Nichtoffene Verfahren und für das Verhandlungsverfahren nach vorherigem Aufruf zum Wettbewerb **einheitlich** auf mindestens 37 Kalendertage bestimmt. Diese Frist ist der **Regelfall**, der nur in begründeten Ausnahmefällen auf allenfalls 22 Kalendertage, bei elektronischer Bekanntmachung 15 Kalendertage, verkürzt werden darf. Bei der Frage, ob ein solcher Ausnahmefall vorliegt, ist immer zu berücksichtigen, dass die Frist objektiv ausreichend für jeden Bewerber sein muss, um ordnungsgemäße Angebote einreichen zu können. Zur Begründung einer Ausnahme von der Regelfrist darf sich der Auftraggeber nur auf solche Umstände berufen, die nicht in seinem Risikobereich liegen und von ihm auch nicht beeinflussbar sind.[4] Ungeachtet dessen gewährt Abs. 2 eine Verkürzungsmöglichkeit der Bewerbungsfrist bei elektronischer Bekanntmachung nach Nr. 1 Abs. 3 um 7 Kalendertage. 4

Die Angebotsfrist, die in § 18 b Nr. 2 lit. c) geregelt ist, kann wiederum sowohl für das Nichtoffene Verfahren als auch für das Verhandlungsverfahren nach Aufruf zum Wettbewerb zwischen dem Auftraggeber und den ausgewählten Bewerbern **einvernehmlich festgelegt** werden. Es versteht sich von selbst, dass dies aus Gründen eines gleichen Wettbewerbs nur einheitlich erfolgen kann. 5

Scheitert eine solche einvernehmliche und einheitliche Festlegung der Angebotsfrist, eröffnet lit. c) dem Auftraggeber das Recht, **einseitig** eine Angebotsfrist festzusetzen. Diese einseitig festgesetzte Frist soll im Regelfall mindestens 24 Kalendertage betragen und darf im Ausnahmefall keinesfalls kürzer als 10 Kalendertage sein. Ausgangspunkt für die Berechnung ist der Tag nach der Absendung der Aufforderung zur Angebotsabgabe. Wegen der Faktoren, die für die Bemessung dieser Frist zu berücksichtigen sind, verweist lit. c) Satz 3 auf § 18 b Nr. 3. 6

---

[3] Vgl. entsprechend die Kommentierung zu VOB/A § 18 a, dort Rdn. 3 ff.

[4] Vgl. *Ingenstau/Korbion/Kratzenberg* VOB/A § 18 b Rdn. 5.

D. Für die Fristbemessung zu berücksichtigende Umstände (§ 18 b Nr. 3 VOB/A)

7 Ungeachtet des Verweises in § 18 b Nr. 2 lit. c) Satz 3 VOB/A gelten die in der Nr. 3 genannten Kriterien nicht nur beim Nichtoffenen Verfahren und Verhandlungsverfahren mit vorherigem Aufruf zum Wettbewerb, sondern auch beim Offenen Verfahren nach Nr. 1.[5]

8 Die **Kriterien** selbst ähneln den Vorgaben, die § 18 a Nr. 1 Abs. 3, Nr. 4 VOB/A dem Auftraggeber für die Verlängerung von Angebotsfristen im Anwendungsbereich des 2. Abschnittes macht. Nimmt man diese Kriterien ernst, dürfte die in § 18 b Nr. 2 lit. c) Satz 2 genannte Mindestfrist von 10 Kalendertagen in der Realität nur bei den oben[6] schon angesprochenen „Miniatur"- bzw. „Standard"-Ausschreibungen in Betracht kommen. Ansonsten ist die Vorschrift so offen formuliert, dass auch hier nur von Fall zu Fall beurteilt werden kann, ob die vom Auftraggeber jeweils festgelegte Angebotsfrist den **projektspezifischen Gegebenheiten** hinreichend Rechnung trägt. Konkreter **Maßstab** sind vor allem der Umfang und die Komplexität der anzubietenden Leistungen und der hierfür zu prüfenden und zu bearbeitenden sowie gegebenenfalls zu beschaffenden Unterlagen sowie ein etwaiger Aufwand für die Besichtigung der Baustelle und die Einsicht in ergänzende Unterlagen.[7] Erforderlich ist nunmehr ausdrücklich die Kausalität zwischen der Erfordernis der Prüfung umfangreicher Unterlagen oder einer Ortsbesichtigung etc. und der Nichteinhaltbarkeit der Fristen der Nr. 1 und 2.

9 Nachfolgend in der Übersicht die Angebotsfristen im offenen Verfahren und die Bewerbungsfristen im Nichtoffenen Verfahren und Verhandlungsverfahren nach § 18 b:

Angebotsfristen im Offenen Verfahren, gerechnet ab dem Tag nach Absendung der Bekanntmachung

Regelfrist	52 Kalendertage	
§ 18 b Nr. 1 Abs. 2: Verkürzung durch regelmäßige nicht verbindliche Bekanntmachung	mindestens 36 Kalendertage	im Einzelfall 22 Kalendertage
§ 18 b Nr. 1 Abs. 3: Verkürzung durch elektronische Bekanntmachung	um 7 Kalendertage	um 7 Kalendertage
§ 18 Nr. 1 Abs. 4: Verkürzung durch elektronische Bereitstellung der Verdingungsunterlagen und aller zusätzlicher Unterlagen	um 5 Kalendertage	um 5 Kalendertage
§ 18 b Nr. 1 Abs. 5: Nicht unterschritten werden dürfen auch durch Kumulation der Verkürzungen	15 Kalendertage	15 Kalendertage

Bewerbungsfristen, gerechnet ab dem Tag nach Absendung der Bekanntmachung

Regelfrist	37 Kalendertage	im Einzelfall 22 Kalendertage
§ 18 b Nr. 2 b): Verkürzung durch elektronische Bekanntmachung	um 7 Kalendertage	um 7 Kalendertage
§ 18 Nr. 2 a): Nicht unterschritten werden dürfen auch durch Kumulation der Verkürzungen	15 Kalendertage	15 Kalendertage

[5] *Franke/Kemper/Zanner/Grünhagen* VOB/A § 18 b Rdn. 6; *Ingenstau/Korbion/Kratzenberg* VOB/A § 18 b Rdn. 7.
[6] Vgl. oben VOB/A § 18 Rdn. 9.
[7] Vgl. auch *Völlink/Kehrberg* § 18 b Rn. 7.

§ 19 Zuschlags- und Bindefrist

1. Die Zuschlagsfrist beginnt mit dem Eröffnungstermin.
2. Die Zuschlagsfrist soll so kurz wie möglich und nicht länger bemessen werden, als der Auftraggeber für eine zügige Prüfung und Wertung der Angebote (§§ 23–25) benötigt. Sie soll nicht mehr als 30 Kalendertage betragen; eine längere Zuschlagsfrist soll nur in begründeten Fällen festgelegt werden. Das Ende der Zuschlagsfrist ist durch Angabe des Kalendertages zu bezeichnen.
3. Es ist vorzusehen, dass der Bieter bis zum Ablauf der Zuschlagsfrist an sein Angebot gebunden ist (Bindefrist).
4. Die Nummern 1 bis 3 gelten bei Freihändiger Vergabe entsprechend.

Schrifttum: *Diehr,* Die Ansprüche des Werkunternehmers gegen den öffentlichen Auftraggeber wegen verzögerten Zuschlages infolge eines von einem Konkurrenten eingeleiteten Vergabe-Nachprüfungsverfahrens, ZfBR 2002, 316; *Gröning,* Vergaberechtliche Bewältigung nachprüfungsbedingter Bauzeitverschiebungen und dadurch verursachter Preiserhöhungen, BauR 2004, 199; *Heilfort/Zipfel,* Ermittlung terminlicher und monetärer Ansprüche des Bauunternehmers bei vom Auftraggeber zu vertretender Verzögerung der Zuschlagserteilung, VergabeR 2005, 38; *Höfler,* Die Bedeutung der Zuschlags- und Bindefrist für das Vergabeverfahren nach der VOB/A, BauR 2000, 963; *Kapellmann,* Zeitliche und geldliche Folgen eines nach Verlängerung der Bindefrist erteilten Zuschlages, NZBau 2003, 1; *Putzier/Goede,* Auswirkungen eines nach Verlängerung der Bindefrist erteilten Zuschlags auf den Inhalt der angebotenen Leistung, VergabeR 2003, 391; *Reidt,* Das Verhältnis von Zuschlag und Auftrag im Vergaberecht – Gemeinschafts- oder verfassungsrechtlich bedenklich? BauR 2000, 22; *Schäfer/Finnern/Hochstein,* Rechtsprechung zum privaten Baurecht, Loseblatt; *Schlösser,* Zivilrechtliche Folgen nachprüfungsbedingter Bauzeitverschiebung, -verlängerung und Materialpreiserhöhung, ZfBR 2005, 733; *Würfele,* Verschieben der Zuschlags- und Bindefrist in Vergabeverfahren, BauR 2005, 1253.

Übersicht

A. Allgemeines

§ 19 VOB/A, dem § 19 VOL/A im wesentlichen entspricht, steht im systematischen Zusammenhang vor allem mit § 28 VOB/A und ist ebenfalls Ausdruck der zivilrechtlichen Konzeption, die der deutschen öffentlichen Auftragsvergabe zu Grunde liegt: Der Vertrag zwischen dem Bieter und der Vergabestelle kommt nach den Grundsätzen der §§ 145 ff. BGB, also durch die Annahme (– „Zuschlag“) eines (bindenden) Angebotes, zustande.[1] Während § 19 Nr. 1 und Nr. 2 den Beginn 1

[1] Einzelheiten z.B. *Kulartz/Kus/Portz* § 114 Rdn. 31 ff.; *Immenga/Mestmäcker* GWB § 114 Rdn. 22.; *Reidt/Stickler/Glahs* § 114 Rdn. 25 sowie Reidt BauR 2000, 22 f.

und die zulässige Dauer der Zuschlagsfrist behandeln, regelt die Nr. 3 den zeitlichen Gleichlauf der Bindefrist mit der Zuschlagsfrist. Nr. 4 ordnet die entsprechende Geltung der Nummern 1–3 für die Freihändige Vergabe an.

B. Beginn der Zuschlagsfrist (§ 19 Nr. 1 VOB/A)

I. Begriff der Zuschlagsfrist

2 Die Zuschlagsfrist ist der **Zeitraum**, der dem Auftraggeber zur Verfügung steht, um (1.) zu
3 überprüfen, welches der ihm vorliegenden Angebote nach den zu Grunde liegenden Wertungskriterien ihm als das wirtschaftlichste (vgl. § 97 Nr. 5 GWB) bzw. annehmbarste (vgl. § 25 Nr. 3 Abs. 3 Satz 2 VOB/A) erscheint und (2.) auf dieses Angebot den **Zuschlag** so rechtzeitig **zu erteilen**, dass damit der Vertrag geschlossen wird (vgl. § 28 Nr. 1 VOB/A).[2]

4 Die Zuschlagsfrist wird (einseitig) **vom Auftraggeber** für sich und seinen Prüfungs- und Wertungsvorgang **festgelegt**.[3]

II. Beginn mit dem Eröffnungstermin

5 Nach dem Wortlaut von § 19 Nr. 1 beginnt die Zuschlagsfrist „mit dem Eröffnungstermin". Die in der Literatur teilweise vorgenommene Differenzierung, ob der insoweit **maßgebliche Zeitpunkt** zu Beginn[4] oder am Ende des Eröffnungstermins[5] liegt, ist theoretischer Natur: Nach § 187 Abs. 1 BGB zählt jedenfalls der Tag des Eröffnungstermins selbst nicht mit, d.h., die Frist beginnt rechnerisch und damit rechtlich ohnehin erst ab dem Tag, der auf den Eröffnungstermin folgt.[6] Da sich Eröffnungstermine in der Praxis kaum über einen Tag hinaus erstrecken, sind deshalb weder mit der einen noch mit der anderen der referierten Auffassungen „Rechtsunsicherheiten"[7] verbunden.

C. Bemessung der Zuschlagsfrist (§ 19 Nr. 2 VOB/A)

6 Die Dauer der Zuschlagsfrist „soll" nach § 19 Nr. 2 VOB/A „so kurz wie möglich" bemessen sein. **Maßstab** ist die Zeitspanne, die der Auftraggeber für eine zügige Prüfung und Wertung der Angebote benötigt. Hierfür sieht Satz 2 (Halbsatz 1) eine Regelfrist von 30 Kalendertagen vor. Kommt der Auftraggeber mit dieser Regelfrist nicht aus, darf er – von vornherein oder während der schon laufenden Zuschlagsfrist – „in begründeten Ausnahmefällen" eine längere Frist festlegen.

7 Die damit von § 19 Nr. 2 Satz 2 HS 1 VOB/A selbst schon implizierte Begründungspflicht nimmt die Rechtsprechung sehr ernst und verlangt, dass der Auftraggeber konkrete und nachvollziehbare **Gründe darlegt**, die bezogen auf den **jeweils** zu Grunde liegenden **Einzelfall** eine Verlängerung objektiv rechtfertigen.[8] Ein stichhaltiger Grund liegt regelmäßig vor, wenn z.B. der Beschlussturnus von ehrenamtlich tätigen (Gemeinde-)Gremien keine schnellere Entscheidung zulässt. Der *Bundesgerichtshof* formuliert hierzu unmissverständlich, dass derjenige, der mit einer

---

[2] BayObLG WuW-Entscheidungssammlung 1999, 1037 (Verg 239); *Kuß* VOB/A § 19 Rdn. 1; *Dähne/Schelle*, VOB von A–Z, S. 1620.

[3] *Höfler* BauR 2000, 963; *Franke/Kemper/Zanner/Grünhagen* VOB/A § 19 Rdn. 17; im Ergebnis jetzt auch *Ingenstau/Korbion/Kratzenberg* VOB/A § 19 Rdn. 9, 10; anderer Ansicht Beck'scher VOB-Kommentar/*Hertwig* VOB/A § 19 Rdn. 2.

[4] So *Heiermann/Riedl/Rusam* VOB/A § 19 Rdn. 1 und *Höfler* BauR 2000, 963.

[5] So *Ingenstau/Korbion/Kratzenberg* VOB/A § 19 Rdn. 12; Beck'scher VOB-Kommentar/*Sterner* VOB/A § 19 Rdn. 3; Franke/Kemper/Zanner/Grünhagen VOB/A § 19 Rdn. 3.

[6] *Dähne/Schelle* VOB von A–Z, S. 324.

[7] So aber das Argument von *Franke/Kemper/Zanner/Grünhagen* VOB/A § 19 Rdn. 3 a.E.

[8] BGH NJW 1992, 827; OLG Hamm BauR 1996, 243; OLG Düsseldorf BauR 1999, 1288.

Gemeinde Verträge schließen will, sich darauf einlassen muss, dass sich deren (gesetzlich geregelte und allgemein bekannte) Organisationsbedingungen organisatorisch auswirken.[9] Diese Umstände sind dem gemäß angemessen zu berücksichtigen.[10]

8 Nach dem Vergabehandbuch des Bundes (Anmerkung 1 zu § 19 A) soll bei EU-weiten Vergabeverfahren die Zuschlags- und Bindefrist wegen § 13 VgV (Benachrichtigungspflicht der nicht berücksichtigten Bieter 14 Kalendertage vor beabsichtigter Zuschlagserteilung) **generell** um bis zu 14 Kalendertage verlängert werden dürfen. **Rechtmäßig** ist eine solche Verlängerbarkeit im Anschluss an die soeben schon wiedergegebene Rechtsprechung des Bundesgerichtshofs[11] **nur** mit **konkreter** und auf den jeweils zu Grunde liegenden Einzelfall abgestellter **Begründung** zulässig. Denn § 19 Nr. 2 VOB/A legt die zulässige Höchstdauer auch für EU-weite Vergabeverfahren fest. Deshalb ist hier für eine rechtmäßige Verlängerung der Regelfrist von 30 Kalendertagen gleichfalls erforderlich, dass diese Verlängerung konkret und im einzelnen Fall begründet wird. Dieses konkrete Begründungserfordernis wird durch interne Verwaltungsanweisungen nicht aufgehoben. Keine hinreichende Begründung wäre insofern auch die nur allgemeine Bezugnahme auf „Besonderheiten der Willensbildung beim Auftraggeber".[12]

D. Bindefrist (§ 19 Nr. 3 VOB/A)

9 § 19 Nr. 3 VOB/A **verknüpft** die Begriffe Zuschlagsfrist und Bindefrist, indem vom Auftraggeber „vorzusehen ist", dass beide Fristen jedenfalls übereinstimmend enden. Eine sonstige **Abgrenzung** zwischen Zuschlags- und Bindefrist nimmt § 19 Nr. 3 VOB/A selbst **nicht** vor.

I. Begriff und Bedeutung der Bindefrist

10 Bedeutung und Inhalt der Bindefrist folgen aus den §§ 145 ff. BGB: Danach ist derjenige, der einem anderen den Abschluss eines Vertrages anbietet („anträgt"; im Normalfall also der Bieter), an sein Angebot („Antrag") **gebunden** (wenn er die Gebundenheit nicht ausgeschlossen und z.B. „freibleibend" oder „unverbindlich" angeboten hat). Hat der (An)Bieter eine **Frist** zur Annahme **bestimmt**, kann die Annahme nur innerhalb der Frist erfolgen. Erfolgt sie **nicht** innerhalb der Frist, **erlischt** das Angebot. Diese „Frist zur Annahme" ist die Bindefrist im Sinne von § 19 Nr. 3 VOB/A. Die verspätete Annahme (also der verspätete Zuschlag) ist – vgl. § 28 Nr. 2 Abs. 2 VOB/A – nichts anderes als ein neues Angebot (dann umgekehrt, nämlich vom Auftraggeber an den Bieter), das der Bieter annehmen kann, aber nicht muss. Nimmt er es an, kommt der Vertrag zustande. Nimmt er es nicht (rechtzeitig) an, erlischt auch dieses Angebot.

11 Die Bindefrist wird **vom Bieter** mit seinem Angebot **erklärt**. Dem steht nicht entgegen, dass der Auftraggeber die zeitliche Dauer der Bindefrist (entsprechend § 19 Nr. 3 VOB/A) gleichlaufend mit der Zuschlagsfrist in der Ausschreibung festlegt. Mit seinem Angebot und mit der Akzeptanz dieser Frist wird und bleibt es die Erklärung des Bieters, dass er sich bis zum festgelegten Datum an sein Angebot gebunden halte.[13]

---

[9] BGH NJW 1992, 827; ebenso das OLG Hamm BauR 1996, 243, wo eine Verlängerung der Zuschlagsfrist um 44 bzw. 60 Kalendertage für gerechtfertigt gehalten worden ist.

[10] Ebenso das OLG Köln IBR 1992, 439.

[11] BGHZ 116, 149.

[12] OLG Düsseldorf BauR 1999, 1288.

[13] Vgl. z.B. das Vergabehandbuch des Bundes im Zuständigkeitsbereich der Finanzverwaltungen, EVM (B) Ang, Ziff. 6 a.E.: „An mein/unser Angebot halte ich mich/halten wir uns bis zum Ablauf der Zuschlagsfrist gebunden." Im Ergebnis ebenso BayObLG WuW-Entscheidungssammlung 1999, 1037 (Verg 237); *Ingenstau/Korbion/Kratzenberg* VOB/A § 19 Rdn. 9 und *Franke/Kemper/Zanner/Grünhagen* VOB/A § 19 Rdn. 18. Zu weitgehend *Höfler* BauR 2000, 965, der für die wirksame Bestimmung der Bindefrist eine „Annahmeerklärung des Bieters" verlangt. Dies korrespondiert nicht mit dem Erklärungsinhalt des Angebotes, was schon daraus erkennbar wird, dass der Bieter im Angebot (zivilrechtlich wirksam!) auch eine kürzere oder längere Bindefrist benennen kann.

12 Verlangt der Auftraggeber **formularmäßig** eine unangemessen lange Zuschlags- (und damit Binde)frist, unterliegt dies der Inhaltskontrolle nach § 308 Nr. 1 BGB (früher § 10 Nr. 1 AGBG), der über § 307 BGB auch Unternehmer schützt.[14] Dabei ist geklärt, dass die erforderliche Mehrfachverwendungsabsicht noch nicht durch das bloß mehrfache Versenden von Angebotsblanketten dokumentiert ist. Vielmehr bedarf es hierzu der mehrfachen Verwendungsabsicht in Bezug auf den konkreten Abschluss von Verträgen.[15]

13 **Unangemessen lang** ist die Frist, wenn die konkret zu Grunde liegende Zeitspanne vom Auftraggeber **objektiv nicht** für eine zügige Prüfung und Wertung der Angebote **benötigt** wird. Hierfür ist es ein starkes Indiz, wenn die in § 19 Nr. 2 VOB/A genannte Dauer von 30 Kalendertagen signifikant überschritten wird,[16] wobei es keine starren Grenzen gibt.[17]

14 „**Unbestimmt**" im Sinne von § 308 Nr. 1 BGB ist die Frist dann, wenn der durchschnittliche Bieter nicht ohne Schwierigkeiten und ohne rechtliche Beratung feststellen kann, **wann** seine Bindung **endet**. Dies ist etwa dann der Fall, wenn die Fristberechnung vom (noch unbestimmten) Datum des Eingangs des Angebotes beim Auftraggeber abhängt.[18]

15 § 19 Nr. 2 Satz 2 VOB/A legt deshalb mit gutem Grund und zu Recht fest, dass das Ende der Zuschlagsfrist durch die Bezeichnung eines **Kalendertages** zu bestimmen ist.

16 **Unterlässt** der Auftraggeber eine **Bestimmung** der (Zuschlags- und damit) Bindefrist in der Ausschreibung und bietet der Bieter danach ohne Bindefrist an, gilt § 147 Abs. 2 BGB: Der Bieter ist so lange an sein Angebot gebunden, wie er unter regelmäßigen Umständen mit der Annahme („Antwort") rechnen darf. Dies sind jene 30 Kalendertage aus § 19 Nr. 2 VOB/A als vom Auftraggeber selbst **allgemein** genannte Regelfrist.[19]

17 Während des Laufs der Bindefrist ist der Bieter an sein Angebot **gebunden**. Er selbst kann sich von dieser Bindung vor Fristablauf nur durch Anfechtung lösen. Eine solche Anfechtung unterliegt den allgemeinen Regeln der Anfechtung von Willenserklärungen, also insbesondere den §§ 119 ff. BGB. Hiernach muss vor allem ein zulässiger Anfechtungsgrund vorliegen (Einzelheiten vgl. VOB/B § 2 Rdn. 163, 214). Weigert sich der Bieter ernsthaft und endgültig, sich an einem bindenden Vertragsangebot festhalten zu lassen und bringt er zum Ausdruck, dass er nicht bereit ist, nach Annahme seines Angebots die Leistung vertragsgemäß zu erbringen, begeht er eine Pflichtverletzung. Wird der Angebotsempfänger dadurch veranlasst, das Angebot nicht anzunehmen, ist er berechtigt, den Schaden geltend zu machen, der ihm dadurch entstanden ist, dass der Vertrag mit diesem Bieter nicht zustande kam, sondern er einen anderen Bieter beauftragen musste.[20]

II. Verlängerung und Ablauf der Bindefrist

18 In der Praxis reichen die ursprünglich oder erstmalig eingeräumten Bindefristen – aus welchen Gründen auch immer – häufig nicht aus, um bis zu ihrem Ende die Angebote zu prüfen, zu werten und den Zuschlag zu erteilen. Sobald dies absehbar ist, verlangen die Auftraggeber in aller Regel von den Bietern, die **Bindefrist** zu **verlängern**.

1. Verlängerung nur durch den Bieter

19 Eine solche **Verlängerung** ist **nur** durch – gegebenenfalls konkludente – Erklärung **des Bieters** möglich, weil nur er sich über die ursprünglich erklärte Frist hinaus an sein Angebot

[14] Palandt-*Heinrichs* § 307 Rdn. 41 m.w.N.

[15] Vgl. BGH NJW 1997, 137.

[16] Zu § 10 Nr. 1 AGBG z.B. *Ulmer/Brandner/Hensen* AGBG, 9. Auflage 2001, § 10 Nr. 1 Rdn. 7 a.E. Von BGHZ 116, 149 bei zwei Monaten und 6 Werktagen für eine Gemeinde ausdrücklich offen gelassen.

[17] Anders z.B. LG Nürnberg-Fürth, *Schäfer/Finnern/Hochstein* § 10 AGBG Nr. 2: 8 Wochen sind unangemessen lange.

[18] Palandt-*Heinrichs* § 308 Rdn. 5.

[19] Vgl. *Kapellmann/Langen* Rdn. 6.

[20] BGH BauR 2006, 514.

binden, jedoch **nicht einseitig** vom Auftraggeber hieran festgehalten werden kann.[21] Daraus wird deutlich, dass die bloß einseitige (und einseitig mögliche) Verlängerung der **Zuschlags**frist durch den Auftraggeber diesem nicht weiterhilft, wenn und solange es ihm nicht gelingt, auch die „Zustimmung" der Bieter hierzu einzuholen: Die bloß einseitige Verlängerung der Zuschlagsfrist würde lediglich die Zeitspanne ausdehnen, innerhalb derer der Auftraggeber seinen Prüfungs- und Wertungsvorgang zu Ende bringen dürfte. Die dem gegenüber von den Bietern erklärte Bindefrist läuft hiervon unabhängig und muss deshalb gleichfalls gesondert von **diesen** verlängert werden.[22] Unterbleibt – weshalb auch immer – eine Verlängerung von Zuschlags- und/oder Bindefrist, wird damit das Vergabeverfahren nicht „automatisch" beendet, wie sich aus § 28 Nr. 2 Abs. 2 VOB/A ergibt.[23]

Es ist selbstverständlich, dass **manipulative Strategien** der Vergabestelle (z.B. mehrmalige grundlose „Verlängerung" ohne sachlichen Grund[24]) **unzulässig** sind.[25] Bittet der Auftraggeber jedoch (ggf. auch mehrfach) in zulässiger Weise um eine Verlängerung der Bindefrist, muss er schon aus Gründen der Gleichbehandlung allen für die Vergabe in Betracht kommenden Bietern die Chance geben, weiterhin am Verfahren teilzunehmen.[26] Dazu ist ausreichend, dass die in Frage kommenden Bieter zu einer Verlängerung der Bindefrist aufgefordert werden.[27] Nicht erforderlich ist, dass alle Bieter einer solchen Verlängerung zustimmen.[28] Dies gilt erst recht während eines laufenden Vergabenachprüfungsverfahrens.[29] Kann der Auftraggeber (insbesondere aufgrund abgelaufener Bindefrist) ein sachlich-inhaltlich annehmbares Angebot nicht annehmen, ist er aufgrund seiner haushaltsrechtlichen Bindungen gleichwohl verpflichtet, von der Möglichkeit des § 150 Abs. 1 BGB Gebrauch zu machen und nachzufragen, ob der wirtschaftlichste Bieter noch zu seinem Angebot steht.[30]

Zwar sind die Bieter in Zeiten knapper Aufträge hierzu in aller Regel bereit, um sich nicht **20** selbst der Auftragschance zu begeben. Vor allem durch die zunehmende Verzögerung von Zuschlagserteilungen aufgrund von Nachprüfungsverfahren werden die Beteiligten jedoch mehr und mehr für die **Auswirkungen** von Bindefristverlängerungen und – damit einhergehend – verspäteten Zuschlagserteilungen auf den **Angebotsinhalt** sensibilisiert.

2. Auswirkungen der Bindefristverlängerung auf den Angebots- und damit Vertragsinhalt

Die Verlängerung der Bindefrist durch den (oder die) Bieter greift regelmäßig in das gesamte **21** **Terminsgefüge** ein, das der Ausschreibung und damit auch den Angeboten zu Grunde liegt. Weil der Auftraggeber im Anschluss an § 16 VOB/A erst dann ausschreiben soll, wenn das Projekt rechtlich, tatsächlich und terminlich „startbereit" ist, wird er versuchen, zwischen Ausschreibungsbeginn einerseits und Vergabe sowie Baubeginn andererseits so wenig Zeit wie möglich vergehen zu lassen. In der Praxis ist der Baubeginn nahezu immer im direkten Anschluss an die (geplante) Vergabe vorgesehen. Etwaige Zwischentermine und der Fertigstellungstermin sind hieran ausgerichtet. Verlängert nun der Bieter auf Wunsch des Auftraggebers die Bindefrist, weil der Zuschlag nicht – z.B. aufgrund eines durch einen Mitkonkurrenten eingeleiteten Nachprüfungsverfahrens, vgl. § 115 Abs. 1 GWB – wie ursprünglich geplant erteilt werden kann, so fragt sich, ob er sich damit auch dann an den Angebotsinhalt bindet, wenn dieser weder zeitlich noch kostenmäßig überhaupt noch realisierbar ist:

---

[21] Zutreffend 2. VK Bund Beschluss v. 16.7.2002 – VK 2 50/02 –.
[22] Vgl. OLG Düsseldorf NZBau 2002, 578; *Kleine-Möller/Merl* § 5 Rdn. 134.
[23] BayObLG WuW-Entscheidungssammlung 1999, 1037 (Verg 239).
[24] 2. VK Bund Beschluss v. 16.7.2002 – VK 2 50/02 –.
[25] VK Sachsen Beschluss v. 29.11.2001–1/SVK/110–01 –.
[26] Aus der Rechtsprechung z.B. OLG Naumburg NZBau 2004, 62.
[27] 2. VK Bund Beschluss v. 04.5.2001 – VK 2 12/01 –.
[28] H. M., vgl. *Kulartz/Kus/Portz,* § 115 Rdn. 32.
[29] Beck'scher VOB-Kommentar/*Sterner* VOB/A § 28 Rdn. 16.
[30] BGH NZBau 2004, 166.

22 **a) Zeitliche Folgen.** Sieht z.B. die Ausschreibung eine Zuschlags- und Bindefrist bis zum 31.3.2006, den Beginn der Arbeiten am 10.4.2006 und deren Ende am 31.12.2006 vor und verlängert der Bieter die Bindefrist auf Wunsch des Auftraggebers (z.B. wegen eines von einem Mitbieter eingeleiteten Nachprüfungsverfahrens) um sieben Wochen (fünf Wochen als regelmäßige Höchstdauer eines Nachprüfungsverfahrens nach § 113 Abs. S. 1 GWB zuzüglich zwei Wochen Beschwerdefrist zum OLG nach § 117 Abs. 1 S. 1 GWB), so ist der **Beginntermin** aus der Ausschreibung objektiv **nicht** mehr **einhaltbar**. Noch kritischer wird die terminliche Situation, wenn sich das Verfahren in die Beschwerdeinstanz und damit weitere Wochen oder sogar Monate hinzieht. Wenn und soweit dem Auftraggeber auch dann die Zuschlagserteilung wegen §§ 115 Abs. 1, 118 GWB verboten ist (Ausnahme: Gestattung der vorzeitigen Zuschlagserteilung durch die Kammer oder das Gericht, was in der Praxis jedoch selten vorkommt), wird er diejenigen Bieter, die in der engeren Wahl sind, zu einer weiteren „weiträumigen" Bindefristverlängerung veranlassen. Dies kann dazu führen, dass nach dem Ende des Verfahrens und der Aufhebung des Zuschlagsverbotes sogar der ursprünglich geplante Endtermin bereits Vergangenheit ist.

23 Weil aber der Auftraggeber das Vergabeverfahrensrisiko trägt[31], hat in zeitlicher Hinsicht derjenige Bieter, dessen Angebot den Zuschlag erhält, einen **Anspruch** darauf, dass die während der gesamten Bindefristverlängerung vergangene Zeit im Ergebnis bei einer **Neubemessung** der **Bauzeit** berücksichtigt wird, dass sich die Bauzeit also entsprechend verschiebt.[32] Zutreffende Begründung: Seine jeweiligen Erklärungen zur Bindefristverlängerung sind – als empfangsbedürftige Willenserklärungen – nach den §§ 133, 157 BGB so auszulegen, dass er an seinem Angebot nur mit der Maßgabe einer entsprechend verschobenen Bindefrist festhalten wollte.[33] Der Vertrag kommt zwar mit dem Zuschlag, aber mit dem so ausgelegten Angebot und damit auch mit diesem Inhalt zu Stande.[34]

24 **b) Kostenfolgen.** In kostenmäßiger Hinsicht gilt sinngemäß dasselbe. Jedenfalls hat der Bieter einen **Anpassungsanspruch** entweder nach den §§ 1 Nr. 3, 2 Nr. 5 VOB/B analog oder aber nach § 313 Abs. 2 BGB: Beide Parteien sind ursprünglich von einer anderen Ausführungszeit und damit auch von einer anderen Kostengrundlage ausgegangen. Aufgrund der verschobenen Ausführungszeit passt die ursprünglich vom Bieter angenommene Kostenbasis nicht mehr. Dem entsprechend muss der Vertrag auch auf der Kostenseite nach Inhalt und Ausmaß der jeweils zu Grunde liegenden bauzeitlichen Verschiebung angepasst werden.[35]

25 **c) Keine entgegenstehenden Vergabebestimmungen.** Aus vergaberechtlicher Sicht steht einer solchen Auslegung weder das Nachverhandlungsverbot des § 24 Nr. 3 VOB/A noch das Wettbewerbsprinzip bzw. Gleichbehandlungs- oder Transparenzgebot entgegen. Das Nachverhandlungsverbot ist nicht verletzt, weil es seinem Sinn und Zweck nach nicht einschlägig ist. Dieser Sinn und Zweck besteht vor allem in der Sicherstellung eines ordnungsgemäßen Wettbewerbs.[36] Der Wettbewerb ist aber mit der Submission abgeschlossen und wird weder

---

[31] OLG Jena NZBau 2005, 341; LG Erfurt BauR 2005, 564; BayObLG NZBau 2002, 689 sowie zuletzt LG Potsdam, Urteil v. 26.5.2006 – 1 0 364/05 – (nicht rechtskräftig), IBR 2006, 381; zustimmend *Leinemann-Schoofs* § 2 Rdn. 41 sowie *Völlink/Kehrberg* § 19 Rdn. 15.

[32] Inzwischen ganz herrschende Auffassung, vgl. zusammenfassend *Schlösser* ZfBR 2005, 733; im Ausgangspunkt bereits das OLG Jena BauR 2000, 1611.

[33] So bereits OLG Jena BauR 2000, 1611, sowie nachfolgend NZBau 2005, 341. Kritisch zur Abgrenzung insbesondere Schlösser ZfBR 2005, 733.

[34] *Kapellmann* NZBau 2003, 1 sowie *Diehr* ZfBR 2002, 316. Im Ergebnis ebenso, wenngleich mit anderer Begründung *Gröning* BauR 2004, 199 (dem zustimmend *Franke/Kemper/Zanner/Grünhagen,* § 19 Rdn. 26 a) sowie *Putzier/Goede,* VergabeR 2003, 391 und *Würfele,* BauR 2005, 1253.

[35] BayObLG NZBau 2002, 689; OLG Jena, LG Erfurt und LG Potsdam, jeweils a.a.O. (Fn. 31); *Kapellmann* NZBau 2003, 1; *Völlink/Kehrberg,* § 19 Rn. 15; *Leinemann,* Rn. 501. Entgegen der von *Heilfort/Zipfel,* VergabeR 2005, 38, 43 ohne Begründung vertretenen Meinung besteht in solchen Fällen aber kein Anspruch auf Ersatz ausgefallener Deckungsbeiträge aus Allgemeinen Geschäftskosten, Wagnis und Gewinn für den Verzögerungszeitraum; dazu *Kapellmann/Schiffers,* Band I, Rdn. 1431–1435.

[36] Anstatt aller *Daub/Piel/Soergel* VOB/A ErlZ. 24.5.

durch die Anpassung der – objektiv nicht mehr einhaltbaren – Ausführungsfristen noch der – objektiv ebenfalls feststellbaren – bauzeitabhängigen Kosten verfälscht. Diese zweckorientierte Auslegung des Nachverhandlungsverbotes wird im übrigen unterstützt durch § 28 Nr. 2 Abs. 2 VOB/A, der grundsätzlich zulässt, den Zuschlag auch unter Erweiterungen, Einschränkungen oder Änderungen zu erteilen.[37] Weil sowohl die Anpassungsnotwendigkeit für jeden Beteiligten offen liegt als auch bei jedem (in der engeren Wahl befindlichen) Bieter Zeit- und Kostenbedingungen angepasst werden müssten, fehlt es weder an der erforderlichen Transparenz noch sind Gleichbehandlungsgebot oder Wettbewerbsprinzip verletzt.[38] Vor diesem Hintergrund wäre es umgekehrt gleichbehandlungs- und wettbewerbswidrig sowie ein Verstoß gegen § 24 Nr. 3 VOB/A, wenn der Auftraggeber von den Bietern ausdrückliche Erklärungen zur „folgenlosen" Bindefristverlängerung verlangt oder die Bestätigung fordert, dass bei einer Auftragserteilung keine Zeit- und/oder Kostenfolgen hieraus geltend gemacht werden.

E. Entsprechende Geltung bei Freihändiger Vergabe (§ 19 Nr. 4 VOB/A)

§ 19 Nr. 4 VOB/A ordnet die entsprechende Geltung der Nummern 1–3 bei Freihändiger 26
Vergabe an. Auf den ersten Blick passt dies nicht, weil es bei der Freihändigen Vergabe keine förmliche Ausschreibung und damit auch keine davon abhängigen Fristen gibt. Insofern bezweckt die Vorschrift gleichwohl den Schutz der Bieter auch bei der Freihändigen Vergabe und beim Verhandlungsverfahren,[39] weil die Vorschrift auch bei Vergaben oberhalb der Schwellenwerte gilt.[40] Der Auftraggeber ist auch hier gehalten, das Verfahren hinsichtlich der von ihm in Anspruch zu nehmenden Prüfungs- und Wertungszeiträume transparent zu gestalten. Da der Vertragsschluss ebenfalls auf der Grundlage von Angebot und Annahme zu Stande kommt, ist er daneben gut beraten, sich von dem oder den Bieter(n) während der schwebenden Verhandlungen deren Bindefrist mit Bezug auf ein spezifiziertes Angebot benennen und gegebenenfalls verlängern zu lassen. Dies gilt vor allem in denjenigen Situationen, in denen der Auftraggeber den Bieter zur Vorlage eines modifizierten Angebotes auffordert und damit – möglicherweise – das bis dahin bindende Angebot nach den §§ 146, 150 Abs. 2 BGB ablehnt, wenn die Parteien nichts anderes vereinbaren oder sich aus den sonstigen Umständen nichts anderes ergibt.

§ 20 Kosten

1. (1) **Bei Öffentlicher Ausschreibung darf für die Leistungsbeschreibung und die anderen Unterlagen ein Entgelt gefordert werden. Dieses Entgelt darf nicht höher sein als die Selbstkosten des Auftraggebers für die Vervielfältigung der Leistungsbeschreibung und der anderen Unterlagen sowie der Kosten der postalischen Versendung an die betreffenden Bieter; dies gilt auch bei digitaler Übermittlung. In der Bekanntmachung (§ 17 Nr. 1) ist anzugeben, wie hoch es ist und dass es nicht erstattet wird.**
   (2) **Bei Beschränkter Ausschreibung und Freihändiger Vergabe sind alle Unterlagen unentgeltlich abzugeben.**
2. (1) **Für die Bearbeitung des Angebotes wird keine Entschädigung gewährt. Verlangt jedoch der Auftraggeber, dass der Bewerber Entwürfe, Pläne, Zeichnungen, statische Berechnungen, Mengenberechnungen oder andere Unterlagen ausarbeitet, insbesondere in den Fällen des § 9 Nr. 15–17, so ist einheitlich für alle Bieter in der Ausschreibung eine angemessene Entschädigung festzusetzen. Ist eine Entschädigung festgesetzt, so**

[37] Für die Zeitkomponente ebenso das OLG Jena BauR 2000, 1611, für das Schließen von „Vertragslücken" bei offen gebliebener Einigung durch die einschlägigen Vorschriften der VOB/B das Kammergericht NZBau 2000, 262, zu den vergaberechtlichen Fragen insgesamt *Gröning* BauR 2004, 199 sowie *Brinker* NZBau-Jahrestagung 2002, Fallstudie: „Vergaberechtliche Auswirkungen der Verschiebung des Zuschlags an den erfolgreichen Bieter wegen erfolglosem Nachprüfungsverfahren durch Konkurrenten".
[38] Zustimmend *Schlösser* ZfBR 2005, 733.
[39] *Höfler* BauR 2000, 963.
[40] *Franke/Kemper/Zanner/Grünhagen* VOB/A § 19 Rdn. 32.

steht sie jedem Bieter zu, der ein der Ausschreibung entsprechendes Angebot mit den geforderten Unterlagen rechtzeitig eingereicht hat.
(2) Diese Grundsätze gelten für die Freihändige Vergabe entsprechend.
3. Der Auftraggeber darf Angebotsunterlagen und die in den Angeboten enthaltenen eigenen Vorschläge eines Bieters nur für die Prüfung und Wertung der Angebote (§§ 23 und 25) verwenden. Eine darüber hinausgehende Verwendung bedarf der vorherigen schriftlichen Vereinbarung.

Schrifttum: *Daub/Eberstein*, Kommentar zur VOL/A, 5. Auflage 2000; *Daub/Piel/Soergel*, Kommentar zur VOB, Teil A, 1981; *Dähne/Schelle*, VOB von A–Z, 3. Aufl. 2001; *Fromm/Nordemann*, Kommentar zum Urhebergesetz und zum Urheberrechtswahrnehmungsgesetz, 9. Aufl. 1998; *Höfler*, Kostenerstattung im Vergabeverfahren nach der VOB/A, BauR 2000, 337; *Kuß*, VOB-Kommentar, 4. Aufl. 2003; *Nestler*, Der Schutz nichturheberrechtsfähiger Bauzeichnungen, BauR 1994, 589; *Wandtke/Bullinger*, Praxiskommentar zum Urheberrecht, 2002.

Übersicht

A. Allgemeines

1 § 20 VOB/A enthält differenzierende Regelungen zunächst über mögliche **wechselseitige Kostenerstattungsansprüche** und **-pflichten**, die zwischen Auftraggeber und Bieter bei den verschiedenen Ausschreibungsverfahren nach der VOB/A entstehen können. Die Nr. 1 befasst sich mit dem Entgelt, das der Auftraggeber bei Öffentlicher Ausschreibung für die Leistungsbeschreibung und die anderen Unterlagen von den Bietern fordern darf. Nr. 2 stellt die Grundregel klar, dass für die Bearbeitung des Angebotes keine Entschädigung gewährt wird und benennt die zulässigen Ausnahmen. In der Nr. 3 schließlich enthält § 20 über den Wortlaut seiner Überschrift hinaus das Verbot an den Auftraggeber, ohne vorherige schriftliche Vereinbarung Angebotsunterlagen eines Bieters anders als für die Prüfung und Bewertung der Angebote zu verwenden. In der VOL/A ist der dortige § 20 in den Nummern 1 und 2 nahezu identisch formuliert. Die Regelung des § 20 Nr. 3 VOB/A findet sich mit geringfügigen Unterschieden in § 22 Nr. 6 Abs. 3 VOL/A.

B. Entgelt bei Öffentlicher Ausschreibung (§ 20 Nr. 1 VOB/A)

2 § 20 Nr. 1 Abs. 1 Satz 1 VOB/A formuliert den einzigen (Ausschreibungs-) **Ausnahmetatbestand**, innerhalb dessen dem Auftraggeber gestattet wird, für die Leistungsbeschreibung und die Abgabe der sonstigen Verdingungsunterlagen ein **Entgelt** zu fordern: Dies betrifft die in Abs. 1

Satz 1 genannte Öffentliche Ausschreibung ebenso wie (oberhalb der Schwellenwerte) das Offene Verfahren.[1] Motiv dieser Regelung ist der Gedanke einer „Schutzgebühr“, weil sich der Auftraggeber in diesen Verfahrensarten auch Interessenten gegenübersieht, denen er Verdingungsunterlagen überlassen muss, ohne dass dem immer ein konkretes Auftragsinteresse gegenübersteht.

Dies ist nicht nur bei den in Nr. 1 Abs. 2 genannten Vergabearten der Beschränkten Ausschreibung und Freihändigen Vergabe, sondern auch beim Nichtoffenen Verfahren und Verhandlungsverfahren anders.[2] Dort **kontrolliert** der Auftraggeber die Höhe der ihm durch die Vervielfältigung entstehenden Kosten über die Auswahl der Anzahl der zur Angebotsabgabe aufgeforderten Bieter. In diesen Fällen ist deshalb für eine „Schutzgebühr“ kein Raum, weshalb auch eine anderweitige Verbrämung z.B. als „Bearbeitungsgebühr“ o.ä. als Verstoß gegen § 20 Nr. 1 Abs. 2 VOB/A unzulässig ist und das Vergabeverfahren rechtswidrig macht.[3] 3

I. Höhe des Entgeltes

§ 20 Nr. 1 Abs. 1 Satz 2 VOB/A bestimmt, dass die Höhe des Entgeltes die **Selbstkosten** der Vervielfältigung der Leistungsbeschreibung sowie der sonstigen Unterlagen und der postalischen Versendung **nicht überschreiten** darf. Der damit geregelte Höchstbetrag richtet sich also nach den Selbstkosten der Vervielfältigung. Hierzu gehören Material- und Betriebskosten, anteilige Lohnkosten sowie die Umsatzsteuer, soweit der Auftraggeber umsatzsteuerpflichtig ist. Darüber hinaus umzulegende Anschaffungs- und Unterhaltskosten für Vervielfältigungsgeräte[4] oder „Gemeinkosten“, z.B. in Gestalt einer Raummiete[5], sind gleichfalls umlagefähig, wenn und soweit solche Kosten der jeweiligen Angebotsvervielfältigung unmittelbar und ursächlich zuzuordnen sind. Weil der Auftraggeber z.B. Personal, Kopiergeräte und die hierfür beanspruchten Räume regelmäßig auch anderweitig nutzt, dürfte diese Zuordnung und Errechnung einen Aufwand erfordern, der eine angemessene Pauschalierung nahe legt; dies empfiehlt auch das Vergabehandbuch des Bundes in den Anmerkungen zu § 20.[6] Pauschaliert werden können auch die Kosten, die dem Auftraggeber bei elektronischer Versendung der Vergabeunterlagen entstehen. Dies ergibt sich aus § 20 Nr. 1 Abs. 1 Satz 2 Halbsatz 2. Hiernach darf der Auftraggeber unabhängig von seinen tatsächlichen Selbstkosten bei digitaler Versendung hierfür maximal das Entgelt fordern, das bei Vervielfältigung und postalischer Übermittlung fällig geworden wäre. 4

Der **Entgeltanspruch** zu Gunsten des Auftraggebers **besteht auch**, wenn er sich zur Vervielfältigung und Versendung eines (externen) **Dritten**, also z.B. eines Ingenieurbüros, bedient.[7] Grundlage für den Entgeltanspruch sind dann die Selbstkosten, die dem Auftraggeber gegenüber diesem Dritten – gegebenenfalls um die Mehrwertsteuer reduziert – entstehen.[8] 5

II. Bekanntmachungspflicht

Macht der Auftraggeber von der Möglichkeit Gebrauch, bei Öffentlicher Ausschreibung für den Versand der Verdingungsunterlagen ein Entgelt zu fordern, **muss** er diese Absicht nach § 20 Nr. 1 Abs. 1 Satz 3 VOB/A in der Bekanntmachung (vgl. § 17 Nr. 1 Abs. 2 lit. j) **ankündigen**; er muss weiter angeben, wie hoch das Entgelt ist und – gegebenenfalls – dass es nicht erstattet wird. 6

[1] Insbesondere für die entsprechende Anwendung auch auf das Offene Verfahren vgl. *Höfler* BauR 2000, 337.
[2] Vgl. *Dähne/Schelle,* VOB von A–Z S. 744.
[3] Vgl. *Höfler* BauR 2000, 337.
[4] Vgl. Beck'scher VOB-Kommentar/*Jasper* VOB/A, § 20 Rdn. 13; *Ingenstau/Korbion/Kratzenberg* VOB/A § 20 Rdn. 5.
[5] Vgl. *Ingenstau/Korbion/Kratzenberg* VOB/A § 20 Rdn. 5.
[6] Hiernach ist stets ein Entgelt in Höhe der Selbstkosten für die Vervielfältigung und für die postalische Versendung zu fordern, wenn das Entgelt den Betrag von € 5,00 übersteigt. Richtsätze werden von den Technischen Aufsichtsbehörden in der Mittelinstanz festgelegt.
[7] *Ingenstau/Korbion/Kratzenberg* VOB/A § 20 Rdn. 5.
[8] Vgl. *Kuß* VOB/A § 20 Rdn. 3.

Der Auftraggeber darf den Versand oder die Herausgabe der Unterlagen auch davon abhängig machen, dass der Bieter das Entgelt zuvor bezahlt hat.

7 Vergisst oder **unterlässt** er es allerdings, in der Bekanntmachung darüber zu **informieren**, dass er ein Entgelt fordert, wie hoch dieses Entgelt ist und dass es nicht erstattet wird, darf er seinen Entgeltanspruch danach rechtmäßig nicht mehr geltend machen, also insbesondere die Abgabe der Unterlagen nicht von der vorherigen Zahlung eines Entgeltes abhängig machen.[9] Dies ergibt sich einerseits aus dem Wortlaut und andererseits daraus, dass sich der Auftraggeber rechts- und treuwidrig verhält, wenn er trotz Verstoßes gegen Bekanntmachungspflichten und einem damit bei den Bietern gesetzten Vertrauenstatbestand ein Entgelt fordern wollte.

C. Entschädigung für die Ausarbeitung von Angebotsunterlagen (§20 Nr. 2 VOB/A)

8 Im Gegensatz zu § 20 Nr. 1 geht es in § 20 Nr. 2 VOB/A um **Kostenerstattungsansprüche**, die den Bietern in den dort geregelten Fällen **gegen den Auftraggeber** zustehen. Hierzu stellt § 20 Nr. 2 Absatz 1 Satz 1 zunächst klar, dass für die Bearbeitung des Angebotes dem Bieter keine Entschädigung zusteht. Positiv rechtlich ist dieser Grundsatz im Zuge der Schuldrechtsmodernisierung nunmehr in § 632 Absatz 3 BGB geregelt.[10]

I. Grundsatz: Keine Entschädigung für die Angebotsbearbeitung

9 Inhaltlich rechtfertigt sich dieser Grundsatz zunächst aus § 6 Nr. 1 VOB/A: Danach soll das Angebotsverfahren so gestaltet werden, dass der Bewerber (nur noch) die Preise in die Leistungsbeschreibung einsetzen oder anderweitig im Angebot angeben muss, die er für seine Leistungen fordert. Hieran schließt sodann vor allem § 9 Nr. 1 VOB/A an, der **dem Auftraggeber** aufgibt, die Leistung eindeutig und so erschöpfend zu beschreiben, dass alle Bewerber ihre Preise sicher und ohne umfangreiche Vorarbeiten berechnen können.[11] Der jeweils unterschiedliche Wortlaut von Nr. 2 Abs. 1 Satz 1 einerseits und Nr. 2 Abs. 1 Satz 2 andererseits macht die damit verbundene „Aufgabenverteilung" zusätzlich deutlich: Nr. 2 Abs. 1 Satz 1 beschränkt die „entschädigungsfreie" Aufgabe des Bieters richtig auf die „Bearbeitung" des Angebotes. Entschädigungspflichtig wird die Tätigkeit des Bieters, wenn er darüber hinaus Entwürfe, Berechnungen usw. „ausarbeitet" (Nr. 2 Abs. 1 Satz 2).[12]

10 Der **Grundsatz fehlender Erstattungspflicht** von Angebotsbearbeitungskosten gilt nach Nr. 2 Abs. 2 „entsprechend" für die Freihändige Vergabe. Nur eine „entsprechende" Anwendung ist hier deshalb möglich, weil bei Freihändiger Vergabe keine Ausschreibung im klassischen Sinne erfolgt.[13]

II. Ausnahme: Entschädigungspflicht für die Ausarbeitung von Angebotsunterlagen

11 Grundvoraussetzung für das Entstehen der Entschädigungspflicht ist, dass der Auftraggeber die Ausarbeitung der in Abs. 1 Satz 2 beispielhaft genannten[14] oder sonstiger Unterlagen

[9] Beck'scher VOB-Kommentar/*Jasper* VOB/A § 20 Rdn. 16; *Franke/Kemper/Zanner/Grünhagen* VOB/A § 20 Rdn. 2; *Ingenstau/Korbion/Kratzenberg* VOB/A § 20 Rdn. 8; dagegen: *Kuß* VOB/A § 20 Rdn. 6; unklar: *Daub/Piel/Soergel* VOB/A ErlZ A 20.16.

[10] Zur Rechtslage vor dem 1.1.2002 etwa BGH NJW 1979, 2202 und OLG Düsseldorf BauR 1991, 613 sowie OLG Koblenz NJW-RR 1998, 813.

[11] Hierzu im einzelnen VOB/A § 9 Rdn. 7 ff.

[12] Für weitere Einzelheiten und Ausnahmen vgl. VOB/B § 2 Rdn. 15 ff.

[13] *Ingenstau/Korbion/Kratzenberg*, VOB/A § 20 Rdn. 10; Beck'scher VOB-Kommentar/*Jasper* VOB/A § 20 Rdn. 18.

[14] Vgl. *Ingenstau/Korbion/Kratzenberg VOB/A* § 20 Rdn. 13.

verlangt.[15] Damit werden diejenigen Teile einer Angebotsbearbeitung von der Entschädigungspflicht ausgenommen, die der Bieter ausschließlich aus eigenem Antrieb zur Erläuterung seines Angebotes (z.B. Bauzeitenplan, Zeichnungen etc. zur Erläuterung des Angebotes sowie Nebenangebote und Alternativvorschläge, die vom Auftraggeber zugelassen, aber nicht verlangt worden sind) erstellt und beifügt.[16]

1. Abgrenzung zur bloßen Angebotsbearbeitung

Regelmäßig besteht die **Entschädigungspflicht** dann, wenn der Auftraggeber auf der Grundlage einer **Leistungsbeschreibung** mit Leistungsprogramm (§ 9 Nr. 15–17 VOB/A) ausschreibt. Daraus wird deutlich, dass die Entschädigungspflicht materiell immer dann entsteht, sobald der Auftraggeber in der Ausschreibung Aufgaben auf die Bieter verlagert, die nach § 6 Nr. 1 VOB/A einerseits und insbesondere § 9 Nr. 1 VOB/A andererseits nicht dem Bieter, sondern ihm obliegen. 12

Legt der Auftraggeber in der Ausschreibung **keine Entschädigung** fest, schließt dies für den Bieter materiell den **Anspruch** hierauf **nicht aus.** Dies gilt auch dann, wenn der Auftraggeber seinerseits einen solchen Anspruch formal ausdrücklich ausschließen will. Ist nämlich der Auftraggeber nach den oben genannten Grundsätzen materiell-rechtlich zur Zahlung einer Entschädigung verpflichtet, so handelt er rechtswidrig, wenn er eine solche ausdrücklich oder stillschweigend nicht gewähren will. Weil die Bieter nach § 97 Abs. 7 GWB einen Anspruch darauf haben, dass der Auftraggeber die Bestimmungen über das Vergabeverfahren einhält, können sie hierüber auch einen Anspruch auf die Gewährung einer Entschädigung durchsetzen, der ihnen der Sache nach zu Unrecht vorenthalten werden soll.[17] Voraussetzung ist allerdings, dass die Bieter eine in der Ausschreibung zu unrecht unterbliebene Festsetzung (im Anwendungsbereich des GWB) spätestens mit der Abgabe des Angebotes rügen.[18] Weitere Voraussetzung für den Anspruch auf eine Entschädigung ist nach § 20 Nr. 2 Abs. 1 Satz 3 VOB/A, dass der Bieter rechtzeitig ein Angebot mit den geforderten Unterlagen eingereicht hat, das der Ausschreibung entspricht. „Der Ausschreibung entsprechen" sämtliche Angebote, die nicht aus formalen Gründen (vgl. § 25 Nr. 1 Abs. 1 VOB/A) ausgeschlossen werden müssen.[19] 13

2. Die Angemessenheit der Entschädigung

Welche **Entschädigungshöhe** jeweils angemessen ist, lässt sich nur am zugrunde liegenden **Einzelfall** verbindlich bestimmen. Die Honorarordnung für Architekten und Ingenieure (HOAI) ist hierzu aus mehreren Gründen kein geeigneter Maßstab. Zum einen ist sie auf Unternehmen, die neben Bauleistungen auch Planungsleistungen erbringen, nicht anwendbar, um eine gegenüber dem Auftraggeber zu berechnende Vergütungshöhe für planerische Leistungen im nachhinein zu bestimmen.[20] Zum anderen geht es der Sache nach um einen Aufwendungsersatz, den der Bieter auch ansonsten nicht nach der HOAI kalkuliert. Richtigerweise dürften deshalb die üblicherweise für die Angebotsbearbeitung in den Allgemeinen Geschäftskosten kalkulierten Aufwendungen in der Höhe und in dem Umfang herangezogen werden, die für die überobligationsmäßig erbrachten Leistungen unter normalen Umständen anzusetzen sind. 14

D. Zweckgebundene Verwendung eingereichter Unterlagen (§ 20 Nr. 3 VOB/A)

§ 20 Nr. 3 steht im systematischen Zusammenhang mit § 23 (Prüfung der Angebote), § 24 (Aufklärung des Angebotsinhalts), § 25 (Wertung der Angebote) und § 27 Nr. 3 (Verbot der 15

[15] *Kuß* VOB/A § 20 Rdn. 12; *Heiermann/Riedl/Rusam* VOB/A § 20 Rdn. 12.
[16] Vgl. *Ingenstau/Korbion/Kratzenberg* VOB/A § 20 Rdn. 13 sowie *Völlink/Kehrberg* § 20 Rdn. 11.
[17] Zutreffend *Höfler* BauR 2000, 337.
[18] Vgl. Beck'scher VOB-Kommentar/*Jasper* VOB/A § 20 Rdn. 30 und § 107 Absatz 3 GWB.
[19] Vgl. *Höfler* BauR 2000, 337.
[20] BGH NJW 1997, 2329 f.

anderweitigen Verwendung nicht berücksichtigter Angebote) sowie Nr. 4 VOB/A (Rückgabepflicht nicht berücksichtigter Angebotsunterlagen auf Verlangen). Die nach Satz 1 **ausschließlich** bestehende **Verwendungsmöglichkeit** auf die Erfordernisse der Prüfung und Wertung der Angebote ist grundsätzlich selbstverständlich: Gerade zu diesem Zweck legen die Bieter ihre Angebote, versehen sie mit Informationen und reichen sie beim Auftraggeber ein, damit dieser sie gründlich prüft und beurteilt.

I. §20 Nr. 3 Satz 1 VOB/A als eigene Anspruchsgrundlage und Verbotsnorm

16 Indem §20 Nr. 3 das Verwendungsrecht des Auftraggebers an den Angebotsunterlagen und deren gesamten Inhalt **konkretisiert** und auf die Zwecke der Prüfung und Wertung der Angebote **begrenzt**, verbietet die Vorschrift gleichzeitig jede anderweitige und damit zweckwidrige Verwendung, die nicht von einer entsprechenden Vereinbarung (Satz 2) gedeckt ist. Dies gilt unabhängig davon, ob im Einzelfall z.B. (auch) ein Urheberrechtsschutz besteht (was häufig nicht der Fall ist).[21] Verstößt der Auftraggeber gegen dieses Verbot und schreibt z.B. unter Verwendung eines eingereichten Sondervorschlages neu aus oder holt hierüber neue/andere Angebote ein, ist §20 Nr. 3 VOB/A eigene Anspruchsgrundlage zu Gunsten des Bieters, der diesen Sondervorschlag ursprünglich eingereicht hatte. Er kann auf der Grundlage von §20 Nr. 3 Unterlassungs-, Störungsbeseitigungs- und gegebenenfalls Schadensersatzansprüche geltend machen.[22]

II. Eigentums- und Wettbewerbs- sowie Urheberrechtsansprüche der Bieter

17 Neben §20 Nr. 3 sind bei zweckwidriger oder unerlaubter Verwendung von Angebotsunterlagen in aller Regel Eigentumsrechte, in der Praxis weniger häufig auch Wettbewerbs- und Urheberrechte, einschlägig.

1. Eigentum

18 **Sacheigentümer** der von ihm eingereichten Angebotsunterlagen war ursprünglich in aller Regel der **Auftragnehmer**. Er bleibt – auch nach der Einreichung der Unterlagen beim Auftraggeber – so lange Eigentümer, bis er sich mit dem Auftraggeber (oder einem Dritten) darüber **einigt**, dass (nicht nur – mit der Einreichung beim Auftraggeber – der Besitz, sondern auch) das Eigentum an den Unterlagen übergeht. Eine solche Einigung setzt zwei übereinstimmende Willenserklärungen voraus, die jeweils auf die Übereignung der Unterlagen gerichtet sein müssen. In der Praxis ist dies regelmäßig nicht der Fall. Einerseits reicht der Bieter die Unterlagen schon nicht mit einem entsprechenden Übereignungswillen beim Auftraggeber ein. Vielmehr erfolgt dies nur zu dem Zweck, den Auftrag zu erhalten. Andererseits will auch der Auftraggeber kein Eigentum an sämtlichen ihm eingereichten Angebotsunterlagen erwerben. Dies käme allenfalls für die Unterlagen des Bieters in Betracht, der später den Zuschlag erhält.[23] Angesichts dieser Ausgangslage müssen deshalb auf beiden Seiten hinreichend klare Willensbekundungen vorliegen, die auf einen übereinstimmenden Übereignungswillen schließen lassen, wenn man denn – entgegen dem Normalfall – von einer Übereignung ausgehen wollte.

19 Ergänzend folgt dies aus dem eingangs schon erwähnten §27 Nr. 4 VOB/A. Hiernach sind die dort genannten Angebotsunterlagen zu nicht berücksichtigten Angeboten zurückzugeben, wenn dies der Bieter verlangt. Diese Regelung ergibt nur dann einen Sinn, wenn ein entsprechender Herausgabeanspruch – im Regelfall der des Eigentümers – zugrunde liegt.

---

[21] Vgl. *Nestler* BauR 1994, 589; Beck'scher VOB-Kommentar/*Jasper* VOB/A §20 Rdn. 35; *Ingenstau/Korbion/Kratzenberg* VOB/A §20 Rdn. 40.

[22] Vgl. *Nestler* BauR 1994, 589; *Ingenstau/Korbion/Kratzenberg* VOB/A §20 Rdn. 41; *Heiermann/Riedl/Rusam* VOB/A §20 Rdn. 16.

[23] Vgl. hierzu VOB/B §3 Rdn. 54 ff.

Der **Bieter**, der den **Zuschlag** erhält, ist mit dem Abschluss des Vertrages über § 3 Nr. 6 VOB/B geschützt. Hiernach dürfen die dort genannten Unterlagen, die gleichfalls vom Auftragnehmer zu beschaffen sind, vom Auftraggeber nur zum vereinbarten Zweck und ansonsten nicht vervielfältigt, veröffentlicht o.ä. werden. Auch diese Regelung geht – ebenso wie § 3 Nr. 6 Abs. 3 VOB/B – von einem beim Bieter/Auftragnehmer verbliebenen Eigentum an jenen Unterlagen aus.[24] 20

Geschützt wird das **Sacheigentum** an jeder **Angebotsunterlage** durch die Vorschriften des Bürgerlichen Gesetzbuches über den Schadensersatz bei unerlaubten Handlungen (§§ 823 ff. BGB, insbesondere § 826 BGB), die Vorschriften über die ungerechtfertigte Bereicherung (§§ 812 ff. BGB) sowie Abwehr- und Unterlassungsansprüche des Eigentümers (§§ 985 ff. BGB, 1004 BGB). Verletzt wird das Sacheigentum dann, wenn die Unterlage selbst nicht oder nicht rechtzeitig zurückgegeben oder **im Original** zweckwidrig weitergegeben wird. Dem Bieter stehen dann die aus den soeben genannten Anspruchsgrundlagen folgenden Ansprüche zu. 21

2. Wettbewerbs- und Urheberrecht

Nicht das Sacheigentum, sondern vielmehr **geistiges Eigentum** wird verletzt, wenn der **Inhalt** der Unterlage zweckwidrig verwendet wird. Dies ist etwa der Fall, wenn die Unterlage (unbefugt) kopiert wird. Dann greifen regelmäßig die hierfür vorgesehenen Schutzvorschriften aus dem Wettbewerbsrecht (UWG) und Urheberrecht ein. 22

Nach den Vorschriften des **Wettbewerbsrechts** (UWG) können Angebotsunterlagen auch bei fehlender Urheberrechtsfähigkeit geschützt sein. Denn das Wettbewerbsrecht soll sittenwidrige Ausnutzungshandlungen verhindern. Einschlägig sind die §§ 17 UWG (Geheimnisverrat) und 18 UWG (Vorlagenfreibeuterei), die allerdings strafrechtlichen Charakter haben. Gemeinsam mit § 1 sowie 19 UWG führen diese Vorschriften gegebenenfalls auch in Verbindung mit § 823 Abs. 2 BGB (Verletzung eines Schutzgesetzes) zu einem wirksamen zivilrechtlichen Schutz, weil hierüber auch entstandener Schaden zu ersetzen ist. 23

In der Praxis deutlich seltener sind Angebotsunterlagen über das **Urheberrecht** geschützt. Zwar sind nach § 2 Nr. 7 des Urheberrechtsgesetzes Darstellungen wissenschaftlicher oder technischer Art, wie Zeichnungen, Pläne, Karten, Skizzen, Tabellen und plastische Darstellungen geschützte Werke. Nach § 2 Abs. 2 des Urheberrechtsgesetzes ist jedoch weitere Voraussetzung, dass eine „eigenpersönliche, schöpferische Leistung" vorliegt.[25] Gerade bei **technischen Sondervorschlägen** oder **Neben-** bzw. **Alternativangeboten** gelingt es erfahrungsgemäß besonders selten, eine Urheberrechtsschutzfähigkeit darzulegen und gegebenenfalls zu beweisen. Dies gilt auch deshalb, weil die Rechtsprechung das technische Gedankengut eines Werkes – also die technische Lehre als solche – nicht dem Urheberrechtsschutz, sondern den technischen Schutzrechten zuordnet, deren formelle und materielle Schutzvoraussetzungen anders geartet sind und denen wesentlich kürzere Schutzdauern zugebilligt werden.[26] 24

Für den Urheberschutz von **Architektenentwürfen** und -plänen, der in der Praxis immer wieder Gegenstand streitiger Auseinandersetzungen ist, ist erforderlich, dass der konkrete Entwurf oder die konkrete Planung eine ästhetische, über die technisch-zweckgebundene Lösung hinausgehende Leistung und das Ergebnis eines eigenartigen, individuellen Schaffens darstellt. Insofern ist die Rechtsprechung bei der Zuerkennung von Kunstschutz für Bauwerke eher großzügig.[27] 25

Erarbeitet ein Bieter in seinem Angebot eine so **innovative** und/oder technisch bedeutsame Lösung, dass er hierauf ein **gewerbliches** (technisches) **Schutzrecht** anmelden will, so sollte er hierauf mit seinem Angebot unbedingt hinweisen. Dies führt dann zu nochmals erhöhten 26

---

[24] Vgl. auch *Völlink/Kehrberg* § 20 Rdn. 17.

[25] Dies hat der BGH in der Entscheidung BauR 1984, 423 für die dort zugrunde liegenden Ausschreibungsunterlagen für den Bau eine Pipeline verneint.

[26] Vgl. BGHZ 73, 288 – Flughafenpläne –.

[27] Vgl. etwa *Vinck* in: *Fromm/Nordemann* Urheberrecht, 9. Auflage § 2 Rdn. 70 mit zahlreichen Nachweisen; *Wandtke/Bullinger* Urheberrecht § 2 Rdn. 56 (zu Ausschreibungsunterlagen), Rdn. 105 (Werke der Baukunst) und Rdn. 123 (wissenschaftliche und technische Darstellungen) sowie zuletzt LG Leipzig BauR 2002, 818 zum (bejahten) Urheberrecht des Architekten auch bei Zweckbauten.

Verwahrungspflichten[28] des Öffentlichen Auftraggebers.[29] Nach Anmerkung 2 zu § 22 A des Vergabehandbuches des Bundes ist (in diesem Fall) „sicher zu stellen", dass die nur mit der Sache befassten Bearbeiter Kenntnis vom Angebot erhalten.

III. Vereinbarung anderweitiger Verwendung

27 Nach § 20 Nr. 3 Satz 2 bedarf es der **vorherigen schriftlichen Vereinbarung**, wenn der Auftraggeber Angebotsunterlagen und sonstige Vorschläge des Bieters über die Prüfung und Wertung der Angebote hinaus verwenden will. Diese Regelung dient vor allem der Klarheit und Beweisbarkeit.[30] Gleichwohl ist die Schriftform weder Wirksamkeits- noch Anspruchsvoraussetzung.[31] Sie wird durch die Festsetzung einer Entschädigung im Sinne von § 20 Nr. 2 VOB/A nicht ersetzt, weil damit nur der Anteil überobligatorischer Angebotsbearbeitung (= -**ausar**beitung) finanziell ausgeglichen, nicht jedoch die Nutzung eines hierbei womöglich entstandenen Urheberrechts oder sonstiger Eigentümeransprüche abgegolten werden soll.

28 Will der Auftraggeber eine entsprechende **Vereinbarung** schließen, so sollte er die Vorgabe aus der Parallelvorschrift des § 22 Nr. 6 Abs. 3 Satz 2 VOL/A beachten. Hiernach ist in der Vereinbarung auch die Entschädigung zu regeln.[32] Daneben sollte die Art und Weise sowie der zeitliche und inhaltliche Umfang der gestatteten Verwendung, gegebenenfalls auch ein etwaiger Verzicht auf Urheberrechte sowie sonstige Eigentums- und Schutzrechte festgelegt werden.

§ 21 Form und Inhalt der Angebote (neu)

1. (1) **Der Auftraggeber legt fest, in welcher Form die Angebote einzureichen sind. Schriftlich eingereichte Angebote sind immer zuzulassen. Sie müssen unterzeichnet sein. Elektronisch übermittelte Angebote sind nach Wahl des Auftraggebers mit einer fortgeschrittenen elektronischen Signatur nach dem Signaturgesetz und den Anforderungen des Auftraggebers oder mit einer qualifizierten elektronischen Signatur nach dem Signaturgesetz zu versehen.**
(2) **Die Auftraggeber haben die Integrität der Daten und die Vertraulichkeit der Angebote auf geeignete Weise zu gewährleisten. Per Post oder direkt übermittelte Angebote sind in einem verschlossenen Umschlag einzureichen, als solche zu kennzeichnen und bis zum Ablauf der für die Einreichung vorgesehenen Frist unter Verschluss zu halten. Bei elektronisch übermittelten Angeboten ist dies durch entsprechende technische Lösungen nach den Anforderungen des Auftraggebers und durch Verschlüsselung sicherzustellen. Die Verschlüsselung muss bis zum Ablauf der Frist zur Einreichung der Angebote aufrecht erhalten bleiben. Die Angebote sollen nur die Preise und die geforderten Erklärungen enthalten. Änderungen des Bieters an seinen Eintragungen müssen zweifelsfrei sein.**
(3) **Änderungen an den Verdingungsunterlagen sind unzulässig.**
(4) **Der Auftraggeber soll allgemein oder im Einzelfall zulassen, dass Bieter für die Angebotsabgabe eine selbstgefertigte Abschrift oder stattdessen eine selbstgefertigte Kurzfassung des Leistungsverzeichnisses benutzen, wenn sie den vom Auftraggeber verfassten Wortlaut der Urschrift des Leistungsverzeichnisses als allein verbindlich schriftlich anerkennen; Kurzfassungen müssen jedoch die Ordnungszahlen (Positionen) vollzählig, in der gleichen Reihenfolge und mit den gleichen Nummern wie in der Urschrift, wiedergeben.**
(5) **Muster und Proben der Bieter müssen als zum Angebot gehörig gekennzeichnet sein.**

---

[28] Vgl. hierzu *Ingenstau/Korbion/Kratzenberg* VOB/A § 20 Rdn. 29.
[29] *Heiermann/Riedl/Rusam* VOB/A § 22 Rdn. 49.
[30] Vgl. *Daub/Piel/Soergel* VOB/A ErlZ A 20.62.
[31] *Ingenstau/Korbion/Kratzenberg* VOB/A § 20 Rdn. 43; *Völlink/Kehrberg* § 20 Rdn. 19.
[32] Vgl. *Daub/Eberstein* VOL/A § 22 Rdn. 48.

2. **Eine Leistung, die von den vorgesehenen technischen Spezifikationen abweicht, darf angeboten werden, wenn sie mit dem geforderten Schutzniveau in Bezug auf Sicherheit, Gesundheit und Gebrauchstauglichkeit gleichwertig ist. Die Abweichung muss im Angebot eindeutig bezeichnet sein. Die Gleichwertigkeit ist mit dem Angebot nachzuweisen.**
3. **Die Anzahl von Nebenangeboten ist an einer vom Auftraggeber in den Verdingungsunterlagen bezeichneten Stelle aufzuführen. Etwaige Nebenangebote müssen auf besonderer Anlage gemacht und als solche deutlich gekennzeichnet werden.**
4. **Soweit Preisnachlässe ohne Bedingungen gewährt werden, sind diese an einer vom Auftraggeber in den Verdingungsunterlagen bezeichneten Stelle aufzuführen.**
5. (1) **Bietergemeinschaften haben eines ihrer Mitglieder als bevollmächtigten Vertreter für den Abschluss und die Durchführung des Vertrages zu bezeichnen.**
   (2) **Fehlt die Bezeichnung im Angebot, so ist sie vor der Zuschlagserteilung beizubringen.**
6. **Der Auftraggeber hat die Anforderungen an den Inhalt der Angebote nach den Nummern 1–4 in die Vergabeunterlagen aufzunehmen.**

Schrifttum: *Dähne* Was sind „unzulässige Änderungen an den Verdingungsunterlagen" nach § 21 Nr. 1 Abs. 2 VOB/A? VergabeR 2002, 224 – *Freise* Mischkalkulationen bei öffentlichen Aufträgen, NZBau 2005, 135 – *Hennemann* Notwehrrechte bei der Vergabe von Bauleistungen nach VOB/A, BauR 2001, 307 – *Herig* Mischkalkulation als Spekulation – Verwirrungen um Begriffe, BauR 2005, 1385 – *Joussen* Das Ende der ArGe als BGB-Gesellschaft? BauR 1999, 1063 – *Köster* Mischkalkulation und Niedrigpreisangebote bei VOB/A-Ausschreibungen, *BauR 2004, 1374* – *Leinemann/Kirch* Der Angriff auf die Kalkulationsfreiheit, VergabeR 2005, 563 – *Malmendier* Rechtliche Rahmenbedingungen der elektronischen Vergabe, VergabeR 2001, 178 – *Marbach* Nebenangebote und Änderungsvorschläge im Bauvergabe- und Vertragsrecht unter Berücksichtigung der VOB Ausgabe 2000, BauR 2000, 1643 und FS Vygen, S. 241 – *Müller-Wrede* Die Behandlung von Mischkalkulationen unter besonderer Berücksichtigung der Darlegungs- und Beweislast, NZBau 2006, 73 (dazu auch *Stemmer* IBR 2006, 243) – *Prahl* Zur rechtsverbindlichen Unterschrift eines Vertreters im VOB/A-Wettbewerb, BauR 1998, 951 – *Reuss* Behandlung von Telefaxangeboten bei Prüfung und Wertung von Angeboten gem. VOB und VOL, BauR 1993, 338 – *Schweda* Nebenangebot im Vergaberecht, VergabeR 2003, 268 – *Stemmer* Mischkalkulationen sind unzulässig, sind spekulative Preisgestaltungen passé? VergabeR 2004, 549.

Übersicht

I. Allgemeines

1 § 21 konkretisiert die Mitwirkung des in § 8 VOB/A definierten Bewerbers bei dem Verfahren, das zur Erteilung des Zuschlages und damit zum Vertragsabschluss über die Durchführung einer Bauleistung führen soll. Darin wird geregelt, welche Eintragungen in die vom Auftraggeber vorgefertigten Verdingungsunterlagen (§§ 9, 10 Nr. 1 Abs. 2 und Nr. 2–4 VOB/A) vorzunehmen sind, um daraus ein Angebot zu machen. Sinn und Zweck der umfangreichen Angebotsvorbereitungen durch den Auftraggeber (§§ 9–15 VOB/A) liegt darin, dass alle Bewerber nur an den vorgegebenen Stellen ihre Angaben machen sollen und dass dadurch eine weitestgehende **Vergleichbarkeit der Angebote** hergestellt wird. Denn nur so ist es möglich herauszufinden, welches Angebot als das annehmbarste bzw. wirtschaftlichste i.S. von § 25 Nr. 3 Abs. 3 erscheint, z.B. durch Fertigung eines Preisspiegels, und den Zuschlag verdient. Dieses Vorgehen entspricht den Grundsätzen der **Wirtschaftlichkeit** und der **Sparsamkeit**, die u.a. in § 7 BHO als tragende Prinzipien des Öffentlichen Haushaltsrechts dargestellt sind.

II. Form und Inhalt der Angebote (Nr. 1)

1. Äußere Form der Angebote

2 Nach den Regeln des § 21 vollzieht sich der entscheidende Schritt von der bloßen Verdingungsunterlage, die der Auftraggeber gefertigt hat, zum Angebot, das nur unter Mitwirkung des Bewerbers zustande kommen kann. Für die äußere Form kennt die VOB zwei alternative Möglichkeiten, nämlich das **schriftliche** und das **digitale** Angebot.

3 Nach Nr. 1 Absatz 1 Satz 1 legt der Auftraggeber fest, in welcher Form die Angebote einzureichen sind[1]. Allerdings müssen sie in schriftlicher Form immer zugelassen werden (Satz 2), was bedeutet, dass auch bei vorgegebener elektronischer Übermittlung beide Möglichkeiten nebeneinander bestehen, anders als bei der EU-weiten Ausschreibung (§ 21 a).

4 **a) Schriftlichkeit der Angebote und Unterzeichnung.** Nach Nr. 1 Abs. 1 (Sätze 1–3) müssen die schriftlich eingereichten Angebote unterzeichnet sein. Es handelt sich hier um eine durch Rechtsgeschäft bestimmte **Schriftform** i.S. von § 127 BGB. Bis zur Fassung der VOB/A von 1996 fehlte noch eine solche Aussage, doch war auch damals schon von der Schriftlichkeit auszugehen, weil der Bewerber die (schriftlichen) Verdingungsunterlagen zu bearbeiten hatte und weil im Eröffnungstermin eine Verlesung erfolgen musste. Hierbei ist es ohne Belang, ob die Eintragungen handschriftlich (z.B. bei den Einheitspreisen, den Änderungssätzen von Lohngleitklauseln u.ä.) erfolgen oder per Maschine bzw. Datenverarbeitung gemacht werden; sie müssen aber dokumentenecht sein[2]. Besonderheiten gelten nur hinsichtlich digitaler Angebote.

5 Von wesentlicher Bedeutung ist die Forderung nach einer **Unterzeichnung,** die sich mit der Aussage in § 127 Abs. 1 i.V.m. § 126 Abs. 1 BGB deckt. Die strengen Anforderungen der früher geforderten „rechtsverbindlichen Unterschrift" sind seit der VOB-Änderung 2000 überholt, weil lediglich noch eine „Unterzeichnung" verlangt wird. Für diese gelten die allgemeinen Regeln und Grundsätze, die an jede Unterschrift gestellt werden müssen, nämlich

– **räumlicher Abschluss** der Erklärung, was aber durch die einschlägigen Verdingungsmuster stets als gegeben angesehen werden darf,
– **eigenhändige** Unterzeichnung. Damit sind mechanische Mittel, wie z.B. Faksimile-Stempel, digitale Signaturen u.ä. ausgeschlossen. Ebenso wenig ist die fotokopierte Unterschrift als solche zu werten, sei es als Telegramm oder als Telefax[3],

[1] Dazu gehört auch, dass sie in allen Bestandteilen in deutscher Sprache abgefasst und dass die vom Auftraggeber übersandten Vordrucke verwendet werden müssen, VHB Bund, EVM (B) BwB/E Nr. 3.2 und 3.3.
[2] VHB Bund EVM (B) BwB/E Nr. 3.3.
[3] VÜA Bayern IBR 1999, 297.

- **Vertretungsmacht** des Unterzeichnenden, was insbesondere von Wichtigkeit ist, wenn die Firma des Bewerbers als Personengesellschaft oder als juristische Person des Privatrechts (AG, GmbH) geführt wird. Nähere Ausführungen dazu finden sich unter Nr. VI (Rdn. 45).
- Erkennbarkeit als **Schriftzeichen**, wenn auch nicht unbedingt Lesbarkeit des Namens[4]: Die im Gesetz geregelte Namensunterschrift (§ 126 Abs. 1 BGB) verlangt diese jedenfalls auch nicht, doch müssen zumindest Andeutungen von Buchstaben erkennbar sein[5]. Die Unterzeichnung nur mit einem Handzeichen oder einer Paraphe genügt also regelmäßig nicht. Ein Firmenstempel ist nicht notwendig, er dient allenfalls der Identitätsbestimmung und kann deshalb im Gegensatz zur Unterschrift[6] regelmäßig noch nachgeholt werden.

Ob ein Schriftzug auch Unterschrift im Rechtssinne ist, unterliegt allein der gerichtlichen Beurteilung. Eine übereinstimmende Ansicht zwischen Auftraggeber und Bewerber darüber ist nicht bindend[7]. Sinn dieser Reglung ist, dass für den Auftraggeber eine **Richtigkeitsvermutung** besteht, er also ohne triftigen Anlass keine Nachforschungen über die Berechtigung des Unterzeichnenden anstellen muss. 6

b) Digitale Angebote mit digitaler Signatur. Seit der VOB 2000 kann der Auftraggeber mit digitaler Signatur i.S. des Signaturgesetzes versehene digitale Angebote zulassen, die **verschlüsselt** sein müssen. Es handelt sich dabei um Angebote, die auf elektronischem Weg eingereicht und nach Eingang in einem elektronischen Speichermedium aufbewahrt werden, so dass sie später nur mit DV-Geräten und -Programmen geöffnet und gelesen werden können. 7

Dies trägt der Nutzbarkeit neuer Medien auch bei der Erstellung von Angeboten Rechnung. Denn so gefertigte Angebote müssen den Strukturen des Vergaberechts (Transparenz des Verfahrens, aber Geheimhaltung des Angebotsinhalts) angepasst und in das Verfahren nach VOB/A integriert werden. Näheres dazu regelt das Gesetz zur digitalen Signatur (SigG) vom 22.7.1997[8] in der Fassung vom 4.1.2005[9], ergänzt durch die nach § 24 SigG erlassene Signaturverordnung (SigV) vom 22.11.2001[10]. Dazu kommt außerdem noch das Gesetz zur Anpassung der Formvorschriften des Privatrechts an den modernen Rechtsgeschäftsverkehr vom 13.7.2001[11], das eine administrative Grundlage für elektronische Unterschriften schaffen will. Das Signaturgesetz regelt die Vergabe einzigartiger wie fälschungssicherer Signaturschlüssel unter behördlich kontrolliertem Ablauf, nicht jedoch die Änderung zivil- oder öffentlichrechtlicher Schriftformerfordernisse. 8

Mit der VOB 2006 ist dem Auftraggeber in § 21 Nr. 1 Abs. 1 Satz 4 ein **Wahlrecht** eingeräumt. Er kann verlangen, dass die elektronisch eingereichten Angebote entweder mit einer fortgeschrittenen elektronischen Signatur und nach seinen Anforderungen oder mit einer qualifizierten Signatur versehen werden. Nach § 2 Nr. 1 SigG sind „elektronische Signaturen" Daten in elektronischer Form, die anderen elektronischen Daten beigefügt oder logisch mit ihnen verknüpft sind und zur Authentifizierung dienen. Dies kann in fortgeschrittener oder in qualifizierter Form geschehen (§ 2 Nr. 2 und 3 SigG), d.h. mit einem immer höheren Sicherheitsgrad und erhöhter Prüfungsmöglichkeit bezüglich nachträglicher Veränderungen. Um ein digitales Dokument verlässlich zu signieren, steht dem Nutzer ein individuelles Schlüsselpaar zur Verfügung, das sich aus einem privaten und einem passgenauen öffentlichen Schlüssel zusammensetzt. Der private Schlüssel ist geheim und auf einer Chipkarte so gespeichert, dass er nicht ausgelesen werden kann. Mit dem öffentlichen Schlüssel gelingt es jederzeit, Unverfälschtheit der Daten und Identität seines Inhabers festzustellen. Die weiteren Begriffbestimmungen zu diesem Verfahren finden sich in § 2 SigG, wie z.B. Signaturschlüssel, Signaturprüfschlüssel, (qualifizierte) Zertifikate (§§ 3 und 9

[4] OLG Frankfurt/Main NJW 1993, 3079.
[5] BGH NJW 1987, 1334.
[6] VK Sachsen-Anhalt IBR 2000, 524 (Leitsatz 2).
[7] BGH NJW 1978, 1255.
[8] BGBl. I Seite 1872.
[9] BGBl. I, Seite 2.
[10] BGBl. I Seite 3074.
[11] BGBl. I Seite 1542.

4), Anbieter für Zertifizierungsdienste, Vergabe und Inhalt von qualifizierten Zertifikaten (§§ 5 und 7) usw.

10 Der Öffentliche Auftraggeber **kann** derartige Angebote zulassen, was vor allem die entsprechende technische Ausstattung bei ihm voraussetzt[12]. Sie sind durch die VOB **nicht generell gestattet**[13]. Problematisch waren hier lediglich die vergaberechtlichen Erfordernisse

- Einreichu m verschlossenem Umschlag (§ 22 Nr. 1 Satz 2 VOB/A)
- Kennzeichnung auf dem ungeöffneten Umschlag
- Verwahrung und Geheimhaltung (§ 22 Nr. 8 VOB/A)
- eigenhändige Unterschrift.

Diesen wird aber dadurch Rechnung getragen, dass die Angebote verschlüsselt und mit elektronischer Signatur versehen sein müssen, die den Inhaber des Signaturschlüssels und die Unverfälschtheit der übermittelten Daten erkennen lässt (§ 2 Nr. 2 bis 4 SigG). Die Verschlüsselung ist also gewissermaßen der virtuelle Umschlag des Angebotes.

11 Die Zulassung digitaler Angebote erfolgt zweckmäßigerweise bereits mit der Bekanntmachung, § 17 Nr. 2, Buchstabe i und l VOB/A. Sie kann aber auch erst mit der Ausgabe der Verdingungsunterlagen an die Bewerber ausgesprochen werden (§ 17 Nr. 4 und 5), ohne dass dies zu einem Vergabefehler führt.

12 **c) Preisangaben.** Die Bestimmung, im Angebot „nur die Preise" anzugeben, ist im Zusammenhang mit § 6 Nr. 1 VOB/A zu sehen, wonach der Bewerber seine Preise in die Leistungsbeschreibung einzusetzen oder in anderer Weise anzugeben hat. Im Übrigen richtet sich dies nach der Art des Auftrages, wobei § 5 Nr. 1 VOB/A zwischen Einheitspreis- und Pauschalpreisverträgen unterscheidet. Im erstgenannten Fall sind **alle** Einheitspreise einzutragen[14], im letztgenannten – je nach Ausgestaltung durch den Auftraggeber – die Gesamtpauschale oder die vorgegebenen Einzelpauschalen.

13 Der Ausdruck „sollen" ist hinsichtlich der Preise als „müssen" zu verstehen. Das **Fehlen** auch nur eines einzigen Einheitspreises macht das Angebot **unvollständig** im Sinne von §§ 23 Nr. 1 und 25 Nr. 1 b VOB/A[15]. Die gegenteilige Auffassung des OLG Oldenburg[16] wird mit Recht kritisiert, weil die Beurteilung „wesentliche oder unwesentliche Auswirkungen" des fehlenden Preises zu einer Vergabewillkür beim Auftraggeber führen kann[17].

14 Setzt der Bewerber als Positionspreis 0 oder – ein, so stellt dies ebenfalls eine **Preisangabe** dar, das Angebot ist nicht unvollständig. Gleiches gilt bei Ausweisung eines negativen Preises, wobei aber stets eine Aufklärung nach § 24 Nr. 1 erforderlich ist. Die beim Einheitspreis verschiedentlich eingetragene Angabe „enthalten" (d.h. in anderen Positionen) ist zwar eine Preisangabe und stellt nach hier vertretener Auffassung keine Änderung an den Verdingungsunterlagen dar[18]. Doch handelt es sich dabei um eine vom Bieter selbst eingestandene **„Mischkalkulation"**, die zwangsläufig zum Ausschluss des Angebots nach § 25 Nr. 1 Abs. 1 b führt[19]. Enthält dieses nämlich unvollständige (Unter-) Preise und hat der Bieter die tatsächlich kalkulierten Kosten in einer anderen Position mit „versteckt", liegt nach der Rechtsprechung des BGH[20] und des EuGH [21)] keine gültige Preisangabe vor; ein deshalb vom Auftraggeber vorgenommener Angebotsausschluss wäre

[12] VHB Bund § 21 A Nr. 2.

[13] *Kratzenberg* NZBau 2002, 309, 310.

[14] BGH BauR 2005, 1620; OLG Jena IBR 2003, 629.

[15] Eine Ausnahme lässt aber das OLG Dresden (VergabeR 2002, 174) dann zu, wenn der fehlende Einheitspreis durch einfache Berechnung aus dem übrigen Zahlenwerk des Angebotes ermittelt werden kann (vgl. auch VOB/A § 25, Rdn. 9). Bedenklich dagegen OLG Jena VergabeR 2003, 339.

[16] BB 1997, 547 = IBR 1997, 399.

[17] *Noch* VergabeR 2002, 329 (Anmerkung zu OLG Düsseldorf vom 8.1.2002).

[18] A.A. BGH NJW 1998, 3634; vgl. aber Fn. 20–23.

[19] Ein Ausnahmefall liegt allerdings bei OLG München VergabeR 2005, 794 vor.

[20] VergabeR 2004, 473 = BauR 2004, 1433 = NZBau 2004, 457; BauR 2005, 1620 = IBR 2005, 562; BayObLG VergabeR 2005, 121.

[21] Beschluss vom 31.1.2005, IBR 2005, 341.

nicht nur zulässig, sondern sogar zwingend geboten[22]. Diese Konsequenz ist zwischenzeitlich auch in Nr. 3.3, letzter Satz, der Bewerbungsbedingungen nach VHB Bund, EVM (B) BwB/E, ausdrücklich festgelegt.

d) (Sonstige) geforderte Erklärungen. Diese können die verschiedensten, auf das Angebot bezogenen Inhalte haben und ergeben sich regelmäßig aus den vom Auftraggeber vorformulierten Verdingungsunterlagen[23]. Deshalb gehört die Urkalkulation nicht dazu[24], selbst wenn sie bei Angebotsabgabe verschlossen hinterlegt worden ist[25]. Zu verweisen ist hier beispielhaft auf das in VHB Bund enthaltene Formblatt EVM (B) Ang. Die Vergabehandbücher anderer öffentlicher Auftraggeber enthalten ähnliche Muster. 15

Ob das Fehlen derartiger Angaben das Angebot unvollständig macht und zu seinem Ausschluss führt, kann nicht generell gesagt werden, sondern richtet sich nach dem Einzelfall[26]. Insbesondere ist stets zu prüfen, ob deren Nachholung gegen den Wettbewerbsgrundsatz und das in § 24 Nr. 3 VOB/A festgeschriebene **Nachverhandlungsverbot** verstößt[27]. Hat allerdings der Auftraggeber in den Verdingungsunterlagen deutlich gesagt, das Fehlen der Angabe führe zur Nichtwertbarkeit, ist er aus Gründen des Vertrauensschutzes und der Wettbewerbsgleichheit generell an diese Aussage gebunden[28]. Handelt es sich um vom Auftraggeber im Leistungsverzeichnis geforderte Fabrikats- oder gar Typenangaben – auch aufgrund der Formulierung „oder gleichwertig" (§ 9 Nr. 10 VOB/A) –, ist nach st. Rspr. eine nachträgliche Benennung im Bietergespräch nach § 24 Nr. 1 grundsätzlich ausgeschlossen[29]. Gleiches gilt, wenn die „Zusammenstellung der Einheitspreise" dem Angebot nicht beigefügt ist[30]. Eine Behandlung solcher unvollständiger Angebote als Nebenangebot wäre unzulässig[31], weil der Bieter ein solches gar nicht gewollt hat. 16

Die Rechtsprechung vertritt zunehmend die Ansicht, dass solche vom Auftraggeber geforderten Erklärungen bereits zur Submission abgegeben werden müssen[32], selbst wenn keine Androhung eines Angebotsausschlusses damit verbunden ist. Dies zeigt sich exemplarisch in zwei Fällen: 17

(1) **Tariftreueerklärung:** Die zur Submission geforderte Erklärung, der Bieter müsse bei der Entlohnung seiner Arbeitnehmer die für ihn geltenden Tarifverträge einhalten, betrifft seine persönliche Zuverlässigkeit (§ 25 Nr. 2 Abs. 1) und kann bei Nichtabgabe zur Versagung des Zuschlages führen[33]. Eine nachträgliche Einreichung dieser Erklärung ist nicht mehr möglich, weil dies zu einer Änderung des Angebots führen würde (§ 24 Nr. 3).

(2) **Einsatz von Nachunternehmern:** § 4 Nr. 8 VOB/B enthält den wichtigen Grundsatz, dass der Auftragnehmer die Leistung im eigenen Betrieb zu erbringen hat, wenn dieser darauf eingerichtet ist[34]. Andernfalls muss der Auftraggeber schriftlich zustimmen. Die VOB ist also im Grunde gegenüber dieser Unternehmer-Einsatzform kritisch eingestellt, sieht aber ihre Notwendigkeit ein, z.B. bei Vergaben an Generalunternehmer (vgl. § 4 Nr. 1 und Nr. 3 Satz 2 VOB/A).

---

[22] So BGH, a.a.O., in Bestätigung von OLG Düsseldorf VergabeR 2004, 322 = NZBau 2004, 296 und unter Ablehnung von KG Berlin VergabeR 2004, 330 = NZBau 2004, 288, Bay ObLG VergabeR 2004, 343 Leitsatz 2; OLG Dresden VergabeR 2005, 641; OLG Jena NZBau 2006, 263 = VergabeR 2006, 358; OLG Koblenz NZBau 2006, 266.

[23] OLG Brandenburg IBR 2003, 687 (Leitsatz 1).

[24] VK Bund VergabeR 2004, 365.

[25] Deshalb gelten vorrangig die Angaben im Angebot, OLG Rostock IBR 2006, 286.

[26] Angebotsausschluss erfolgt z.B. zwingend bei fehlendem Formblatt EFB-Preis 1 a – d und 2, BGH VergabeR 2005, 617 = BauR 2005, 1618, anders noch OLG Celle NJW RR 1986, 98 = BauR 1986, 436.

[27] BayObLG IBR 2000, 103; OLG Bremen BauR 2001, 94; BayObLG VergabeR 2005, 130 (Leitsatz 3); VK Lüneburg IBR 2005, 238 und 392.

[28] OLG Frankfurt VergabeR 2006, 131, Leitsatz 3 (für einen VOL-Vertrag).

[29] VHB Bund EVM (B) BwB/E Nr. 3.3 Abs. 3; BGH NZBau 2003, 293 = VergabeR 2003, 313; VK Baden-Württemberg Baurechts-Report 2005, 46; VK Brandenburg IBR 2006, 290 (Leitsatz 2).

[30] OLG Hamburg IBR 2004, 216.

[31] VK Baden-Württemberg Baurechts-Report 2005, 47.

[32] OLG Düsseldorf, IBR 2005, 390, verlangt dafür aber eine eindeutige Aussage in den vom Auftraggeber hergestellten Angebotsunterlagen.

[33] OLG Hamburg IBR 2004,92.

[34] BayObLG VergabeR 2004, 736.

Dieser Einsatz muss generell schon bei der Vergabe bekannt sein und vertraglich geregelt werden[35]. Das Problem, wie der Bieter sich dazu erklären soll, ist mehrschichtig:

- **Zeitpunkt:** Trotz widersprechender Gerichtsentscheidungen bildet sich allmählich die Meinung heraus, dass die Nachunternehmer-Erklärung schon zur Angebotseröffnung vorliegen muss[36].
- **Inhalt:** Grundsätzlich kann nicht die namentliche Angabe der Nachunternehmer gefordert werden, weil der Bieter noch gar nicht weiß, ob er den Auftrag erhält, also auch keine Bindung eingehen kann. Zulässigerweise darf der Auftraggeber aber die exakte Benennung der Gewerke, die weiter vergeben werden sollen, verlangen[37]. Dabei vom Bieter verursachte Unvollständigkeiten und Unklarheiten führen zum Angebotsausschluss[38], wobei übertriebener Formalismus nicht angebracht ist[39]. Stimmt aber das Verzeichnis nicht mit den (im verschlossenen Umschlag eingereichten) Kalkulationsangaben überein, ist allein der Angebotsinhalt maßgebend[40]. Ein „Nachverhandeln" zur Ergänzung der Nachunternehmerliste ist nach § 24 Nr. 3 VOB/A unzulässig.[41]
- **Rechtswirkung:** Die Vertragsparteien sind an diese Erklärung gebunden[42], d.h. dass sie erst nach Auftragserteilung und nur einvernehmlich davon abweichen können.

18 Eine wichtige **Ausnahme** ist aber zu beachten: Fehlt in der Lohngleitklausel nach VHB-Bund, EVM (B) Erg. LGl und EFB LV LGl, der vom Bewerber zu benennende Änderungssatz, handelt es sich automatisch um ein Festpreisangebot, weil dies in dem Formblatt ausdrücklich so bestimmt ist.

19 **e) Zweifelsfreie Änderungen an den Bewerber-Eintragungen.** Nr. 1 Abs. 1 Satz 3 betrifft nur Änderungen des Bieters an den **eigenen** Angaben; diese sind grundsätzlich zulässig, müssen aber zweifelsfrei sein. Natürlich gilt diese Aussage nur bis zum Submissionstermin (§ 22 VOB/A); mit der Öffnung des ersten Angebotes tritt nach § 19 VOB/A i.V.m. § 145 BGB die Bindungswirkung ein, Abänderungen sind damit ausgeschlossen. Will der Bewerber einen anderen Preis anbieten, kann er diesen darüber schreiben, muss aber den bereits eingetragenen Preis durchstreichen, damit seine Erklärung eindeutig ist[43]. Andernfalls hätte er zwei Preise genannt, bei denen der Auftraggeber später nicht erfragen darf, welcher gelten soll (§ 24 Nr. 3 VOB/A). Auch eine Auslegung gem. §§ 133, 157 BGB würde nicht zu einer Eindeutigkeit der Erklärung beitragen, weil bei solch klarer Widersprüchlichkeit keine Auslegungsfähigkeit gegeben ist. Zweifelhafte, mehrdeutige Angaben oder Änderungen führen daher gem. § 25 Nr. 1 b VOB/A zwangsläufig zum Ausschluss des Angebotes. Dazu zählt auch die Verwendung von Tipp-Ex[44].

2. Unzulässige Änderungen an den Verdingungsunterlagen

20 § 21 Nr. 1 Abs. 3 regelt den Fall, dass ein Bewerber bei der Angebotsbearbeitung Änderungen an den vom Auftraggeber hergestellten Verdingungsunterlagen (§ 10 Nr. 2–4 VOB/A) vornimmt, was für unzulässig erklärt wird und den Ausschluss des Angebotes bewirkt (§ 25 Nr. 1 b VOB/A).

21 Der Begriff „Änderungen **an den** Verdingungsunterlagen", nicht wie oft falsch zitiert: **der** Verdingungsunterlagen, wird vom Wortlaut her, wie auch aus anderen VOB-rechtlichen Gegeben-

---

[35] VHB Bund EVM (B) BwB/E Nr. 7.

[36] Dafür: BayObLG IBR 2003, 96; OLG Dresden IBR 2003, 319; OLG Jena NZBau 2003, 638. Dagegen: OLG Düsseldorf IBR 2003, 266, 374 und 621; OLG Naumburg IBR 2003, 151.

[37] OLG Naumburg Baurechts-Report 2005, 45.

[38] BayObLG VergabeR 2003,76, IBR 2003, 95 (= VergabeR 2003, 217), VergabeR 2003, 457, IBR 2003, 688 und 2004, 36; OLG Frankfurt/Main IBR 2003, 596; VK Rheinland-Pfalz IBR 2005, 234.

[39] OLG Schleswig VergabeR 2006, 367 (Leitsatz 4).

[40] OLG Rostock IBR 2006, 287.

[41] VK Nordbayern IBR 2005, 235.

[42] OLG Düsseldorf NZBau 2004, 460 = VergabeR 2004, 650. A.A. BayObLG IBR 2004, 36 (Leitsatz 2).

[43] Ob der Bieter die Streichung auch mit seinem Namenszeichen bestätigen muss, ist bestritten, nach hier vertretener Auffassung aber zu bejahen, weil nur so eine Eindeutigkeit herbeigeführt wird.

[44] VK Südbayern IBR 2005, 705.

heiten eingeschränkt. Zum einen lässt der Passus „an den Verdingungsunterlagen" erkennen, dass es sich hier nur um **unmittelbare** Eingriffe mit verfälschender, manchmal sogar mit manipulativer Zielsetzung handeln kann (Streichungen, Hinzufügungen u.ä.). Andererseits gestattet die VOB/A in § 21 Nr. 3 die Ausarbeitung von Nebenangeboten, wodurch auch die Verdingungsunterlagen abgeändert werden, jedoch in zulässiger Weise.

Diese strikte Unterscheidung wird leider in der Praxis und Rechtsprechung nicht immer konsequent eingehalten, so dass bei der Abgrenzung zum zulässigen Nebenangebot regelmäßig Schwierigkeiten auftreten. So soll schon die auch nur irrtümliche Beigabe eigener Allgemeiner Geschäftsbedingungen des Bewerbers zu seinem Angebot gegen § 21 Nr. 1 Abs. 3 verstoßen[45], obgleich damit noch keine unmittelbare Einwirkung vorliegt, sondern nach hier vertretener Meinung allenfalls ein (nichttechnisches) Nebenangebot eingereicht wurde. Gleiches gilt für Änderungen, die der Bieter im sog. Begleitschreiben zum Angebot gemacht hat[46]. Andererseits erfüllt die inhaltliche Abänderung einer Position[47] oder gar die Herausnahme einzelner Blätter des Leistungsverzeichnisses[48] stets den Tatbestand einer unzulässigen Abänderung. 22

Wegen der zwingenden Rechtsfolge „Ausschluss des Angebotes" gem. § 25 Nr. 1 b VOB/A verbietet es sich für den Auftraggeber, hier noch ein Bietergespräch gem. § 24 VOB/A zu führen und in diesem auf Klarstellung zu dringen, etwa dass der Bieter seine Allgemeinen Geschäftsbedingungen zurückziehen möge. Andererseits ist jener nicht gehindert, dem Auftraggeber mitzuteilen, dass die **Verdingungsunterlagen** aus seiner Sicht **auslegungs- oder ergänzungsbedürftig** seien. Je nach Zeitpunkt dieser Information kann nun der Auftraggeber seine Auffassung dazu allen Mitbewerbern zukommen lassen (§ 17 Nr. 7 Abs. 2 VOB/A) oder überlegen, ob nicht gar eine Aufhebung der Ausschreibung nach § 26 Nr. 1 b VOB/A zu erfolgen hat. Außerdem kann eine Wertung als Nebenangebot in Betracht kommen, auch wenn die deutliche „Kennzeichnung als solches" fehlt[49]. 23

Wird eine solche unzulässige Änderung nicht bemerkt und erlangt sie deshalb vertragliche Bindung, kann der Auftraggeber grundsätzlich einen Schadensersatzanspruch aus § 282 in Verbindung mit §§ 311 Abs. 2, 241 Abs. 2 BGB, geltend machen[50], weil der Bieter gegen seine vorvertraglichen Pflichten verstoßen hat.

3. Selbst gefertigte Abschriften oder Kurzfassungen des Leistungsverzeichnisses

Gem. § 21 Nr. 1 Abs. 4 steht es im pflichtgemäßen Ermessen des Auftraggebers zu gestatten, dass die Bieter für die Angebotsabgabe eine selbst gefertigte Abschrift oder stattdessen eine selbst gefertigte Kurzfassung des Leistungsverzeichnisses benutzen. Sie müssen aber schriftlich anerkennen, dass sie den vom Auftraggeber verfassten Wortlaut der Urschrift des Leistungsverzeichnisses als allein verbindlich anerkennen. Ferner müssen die Kurzfassungen alle Ordnungszahlen vollzählig, in der gleichen Reihenfolge und mit den gleichen Nummern wie in der Urschrift wiedergeben, ebenso die geforderten Angaben wie Fabrikats- und Typenbezeichnungen[51]. Diese in die Fassung von 1973 erstmals aufgenommene Bestimmung lässt es zu, dass die Angebote auch im automatisierten Verfahren erstellt und ausgedruckt werden können. Sie bezieht sich vom Wortlaut her allein auf das Leistungsverzeichnis, die anderen Anforderungen an die Angebote lt. § 21 bleiben davon unberührt. 24

4. Muster und Proben

Nach § 21 Nr. 1 Abs. 5 müssen Muster und Proben als zum Angebot gehörig gekennzeichnet sein. Die Vorschrift nimmt Bezug auf § 9 Nr. 12 VOB/A, wonach die Leistung erforderlichenfalls 25

---

[45] VÜA Bayern IBR 1999, 400.
[46] Abzulehnen daher VK Brandenburg IBR 2006, 290 (Leitsatz 1).
[47] OLG Düsseldorf IBR 2001, 75; VK Bund IBR 2001, 76.
[48] VK Südbayern IBR 1999, 509.
[49] KG Berlin VergabeR 2001, 392 Leitsatz 2 (bedenklich aber Leitsatz 4).
[50] OLG Celle BauR 1995, 392.
[51] VK Bund VergabeR 2004, 365; VHB Bund, EVM (B) BwB/E Nr. 3.2 Abs. 2.

durch Probestücke darzustellen ist. Dies wird i.d.R. vom Auftraggeber vorgegeben, kommt aber in der Praxis selten vor, weil damit ein entschädigungspflichtiger Aufwand verbunden sein kann (§ 20 Nr. 2 VOB/A).

26 Bei ungenügender Kennzeichnung erfolgt **nicht** zwangsläufig ein **Angebotsausschluss**, da diese Vorschrift in § 25 Nr. 1 VOB/A nicht genannt ist. Muster und Proben dürfen auch noch nachträglich, z.B. zur Vorbereitung eines Bietergesprächs nach § 24 Nr. 1 VOB/A, verlangt werden, was insbesondere bei Nebenangeboten technischer Art von Bedeutung sein kann. Hat der Auftraggeber allerdings solche Muster unabdingbar schon zur Angebotsabgabe verlangt, ist dies verbindlich und deren Fehlen führt zur Ausschaltung des Angebotes als unvollständig (§ 25 Nr. 1 Abs. 1 b).

III. Abweichung von den vorgesehenen Technischen Spezifikationen (Nr. 2)

1. Begriff der Technischen Spezifikationen

27 Nach Nr. 2 darf der Bieter eine Leistung, die von den vorgesehenen Technischen Spezifikationen (TS) abweicht, anbieten, wenn sie mit dem geforderten Schutzniveau in Bezug auf Sicherheit, Gesundheit und Gebrauchstauglichkeit gleichwertig ist.

28 Der Begriff der Technischen Spezifikation ergibt sich aus dem **Anhang TS** zum 1.–4. Abschnitt der VOB/A – SKR, Nr. 1.1. Es handelt sich dabei um sämtliche, insbesondere in den Verdingungsunterlagen enthaltenen, technischen Anforderungen an eine Bauleistung, ein Material, ein Erzeugnis oder eine Lieferung, mit deren Hilfe die Bauleistung, das Material, das Erzeugnis oder die Lieferung so bezeichnet werden können, dass sie ihren durch den Auftraggeber festgestellten Verwendungszweck erfüllen. Dazu gehören Qualitätsstufen, Umweltleistungsstufen, die Konzeption für alle Verwendungsarten (einschließlich des Zugangs von Behinderten) sowie Konformitätsbewertung, die Gebrauchstauglichkeit, Sicherheit oder Abmessungen, einschließlich Konformitätsbewertungsverfahren, Terminologie, Symbole, Versuchs- und Prüfmethoden, Verpackung, Kennzeichnung und Beschriftung sowie Produktionsprozesse und -methoden. Außerdem gehören dazu auch die Vorschriften für die Planung und die Berechnung von Bauwerken, die Bedingungen für die Prüfung, Inspektion und Abnahme von Bauwerken, die Konstruktionsmethoden oder -verfahren und alle anderen technischen Anforderungen, die der Auftraggeber für fertige Bauwerke oder dazu notwendige Materialien oder Teile durch allgemeine oder spezielle Vorschriften anzugeben in der Lage ist. Ausgeschlossen sind daher individuelle, auf das konkrete Vorhaben bezogene technische Vorgaben, wie z.B. eine Haltekonstruktion bei Glaselementen[52].

29 Der Begriff TS findet sich auch in DIN 18 299 VOB/C, Nr. 2.3.4: „Stoffe und Bauteile, für die Technische Spezifikationen in der Leistungsbeschreibung nicht genannt sind, dürfen auch verwendet werden, wenn sie Normen, technischen Vorschriften oder sonstigen Bestimmungen anderer Staaten entsprechen, sofern das geforderte Schutzniveau in Bezug auf Sicherheit, Gesundheit und Gebrauchstauglichkeit gleichermaßen dauerhaft erreicht wird". Ferner sind die Technischen Spezifikationen von Bedeutung für die Anfertigung der Leistungsbeschreibung (§ 9 Nr. 5–10 VOB/A).

2. Angebotsvoraussetzungen bei Abweichungen von den Technischen Spezifikationen

30 Abweichungen von Technischen Spezifikationen liegen vor, wenn die Leistung anhand von allgemein formulierten, standardisierten technischen Vorgaben beschrieben ist und der Bieter sie ausdrücklich nicht einhalten will[53]. Solche Abweichungen sind **nur zulässig, wenn**

- sie in dem oben beschriebenen Sinne gleichwertig sind,
- im Angebot als solche eindeutig bezeichnet sind und
- die Gleichwertigkeit mit dem Angebot nachgewiesen ist.

[52] OLG München VergabeR 2006, 119.
[53] OLG Düsseldorf NZBau 2005, 169.

Da diese Voraussetzungen aber nicht in § 25 Nr. 1 VOB/A als Ausschlussgrund genannt sind, ist im Interesse eines möglichst breiten Wettbewerbs zu folgern, dass ein Fehlen beim Eröffnungstermin grundsätzlich für das Angebot unschädlich ist und dass entsprechende **Nachweise** noch **nachgereicht** werden können[54]. Gelingt dies aber nicht, muss der Auftraggeber das Angebot als unvollständig ausscheiden.

Die (gleichwertige) Abweichung von der Technischen Spezifikation ist nicht als Nebenangebot 31
zu sehen, sondern stellt die vom Auftraggeber geforderte Bauleistung dar und das Angebot muss gewertet werden[55].

IV. Nebenangebote (Nr. 3)

1. Begriffsbestimmungen

Nach § 21 Nr. 3 sind Nebenangebote zahlenmäßig an einer vom Auftraggeber in den Verdin- 32
gungsunterlagen bezeichneten Stelle aufzuführen (Satz 1). Außerdem müssen sie auf besonderer Anlage gemacht und als solche deutlich gekennzeichnet sein (Satz 2); letzterenfalls können sie gemäß § 25 Nr. 1 Abs. 2 ausgeschlossen werden.

Das Wort „Nebenangebot" bedeutet **Abweichung vom Hauptangebot**, das der Auftraggeber 33
nach § 10 VOB/A vorformuliert hat. Es handelt sich begrifflich eine eigenständige Ausarbeitung des Bieters, mit der er sich einen Vorteil im Wettbewerb erhofft. Allerdings sagte Art. 19 Abs. 2 Satz 1 der EU-Richtlinie 93/37/EWG (BKR) wie auch der nunmehr einschlägige Art. 24 Abs. 3 EU-Vergaberichtlinie 2004/18/EG, dass der Auftraggeber die Mindestvoraussetzungen erläutern muss, welche die Änderungsvorschläge erfüllen müssen, um gewertet zu werden, was der EuGH nachhaltig bekräftigt hat[56]. Dies hat berechtigte Kritik erfahren, weil die Vorschrift dem Auftraggeber gewissermaßen eine Prognose für Nebenangebote abverlangt, indem sie von ihm eine Festlegung von Mindestkriterien fordert[57]. Dem gesetzlichen Erfordernis „Festlegung der Mindestvoraussetzungen" ist daher in praxisnaher Anwendung Rechnung getragen, wenn sie sich bereits durch den Ausschreibungszweck und die Auslegung der vom Auftraggeber verfassten Vertragsunterlagen erschließen[58], wobei dem Wertungsgrundsatz „wirtschaftliche und technische Gleichwertigkeit zum Amtsvorschlag" bzw. „Ausschluss abgemagerter Nebenangebote"[59] entscheidende Bedeutung zukommt.

Die Änderung kann **technischer Art** sein, z.B. andere Ausführungsmethoden oder andere Stoffe 34
und Bauteile, **oder sonstige Vertragsbestimmungen** betreffen, z.B. Bauzeit oder Zahlungsmodalitäten[60]. Als Unterfall des Nebenangebotes war bislang der **Änderungsvorschlag** aufgeführt worden, der im fachlichen Sprachgebrauch eine „Alternative technischer Art" bedeutet. Diese Unterscheidung hatte aber keine grundlegende Bedeutung, da die beiden Begriffe stets nebeneinander genannt (§§ 22 Nr. 3, 24 Nr. 3, 25 Nr. 5 VOB/A) und mit den selben Rechtsfolgen bedacht waren. Die Neufassung der VOB/A 2006 spricht daher nur noch von „Nebenangeboten".

Davon sind nach gegenwärtiger Rechtslage streng zu unterscheiden 35

– **Wahl- oder Alternativangebote:** Diese hat der Auftraggeber selbst in den Verdingungsunterlagen vorgegeben und sich für später die Entscheidung vorbehalten, ob die Grund- oder die Alternativposition ausgeführt wird[61]. In der Regel kommt es dem Auftraggeber auf den Angebotspreis an, so dass grundsätzlich bis zur Auftragserteilung die Wahl getroffen sein muss.

[54] VK Bund IBR 2001, 76.
[55] VHB Bund § 21 A Nr. 3.
[56] Urteil vom 16.10.2003, NZBau 2004, 279 = VergabeR 2004, 50 (Traunfellner); ebenso BayObLG NZBau 2004, 626 = VergabeR 2004, 654; VK Köln IBR 2004, 716; OLG Rostock IBR 2005, 107.
[57] *Opitz* VergabeR 2004, 54 und *Schulze-Hagen* IBR 2005, 107.
[58] VK Stuttgart NZBau 2004, 629; VK Schleswig-Holstein IBR 2005, 167 und 342; VK Bund IBR 2005, 168; VK Lüneburg IBR 2005, 279.
[59] VOB/A § 25 Rdn. 103; Vgl. auch Thüringer OLG VergabeR 2004, 525 zu den sog. k.o.-Kriterien.
[60] VK Nordbayern IBR 2005, 278 spricht insoweit von „kaufmännischen Nebenangeboten".
[61] Vgl. A § 9 Rdn. 19.

– **Eigene abweichende Entwürfe,** die ein Bieter im Rahmen einer funktionalen Ausschreibung (§ 9 Nr. 15–17 VOB/A) eingereicht hat[62].
– **Unzulässige Änderungen** an den Verdingungsunterlagen (Nr. 1 Abs. 2). Ein solches Angebot darf auch nicht ersatzweise als Nebenangebot behandelt werden[63].
– **Skonto**: Hierbei handelt es sich um eine vom Auftraggeber vorgeschlagene bedingte Zahlungsvergünstigung, wobei der Auftraggeber stets selbst wählen kann, ob er davon Gebrauch macht oder nicht. Dadurch werden keine Verdingungsunterlagen geändert[64], so dass auch kein Nebenangebot vorliegen kann.

36 Die VOB ist im Grunde „nebenangebotsfreundlich" ausgerichtet, weil hiermit eine Möglichkeit zur Innovation und zur Optimierung der Baudurchführung eingeräumt wird. Den Bietern soll Gelegenheit gegeben werden, sich mit dem Entwurf des Auftraggebers kritisch auseinander zu setzen und Verbesserungen vorzuschlagen, was auch ein „Mehr" an Wettbewerb bewirkt[65]. Folgerichtig muss der Auftraggeber die Nebenangebote prüfen und werten, außer er hat sie bereits in der Bekanntmachung (§ 17 Nr. 1 Abs. 2u) oder in den Verdingungsunterlagen ausdrücklich ausgeschlossen (§ 10 Nr. 4 in Verbindung mit § 25 Nr. 5 VOB/A). Allerdings gilt diese Aussage nicht für EU-weite Ausschreibungen, weil dort für die Zulassung von Nebenangeboten enge Voraussetzzungen geschaffen worden sind[66].

2. Formelle Anforderungen

37 Nebenangebote müssen im Eröffnungstermin **verlesen** werden[67]. Das setzt voraus, dass der Submissionsleiter sie auch als solche erkennt. Deshalb waren sie schon bislang auf besonderer Anlage zu machen und als solche deutlich zu kennzeichnen. Nunmehr wurde dieses Erfordernis noch insofern verschärft, als sie „an einer vom Auftraggeber in den Verdingungsunterlagen bezeichneten Stelle" aufgeführt werden müssen. Dies enthält auch eine Anweisung an den Auftraggeber, eine solche Stelle in den Unterlagen vorzusehen. Die Vorschrift hat den Zweck, dem Submissionsleiter die Arbeit zu erleichtern, indem er auf einen Blick die Anzahl der Nebenangebote feststellen und verlesen kann. Dies ist vor allem im Hinblick auf das **Transparenzgebot** (§ 97 Abs. 1 GWB) angezeigt.

38 Die näheren Einzelheiten sind in Nr. 5 der Bewerbungsbedingungen des VHB-Bund, EVM (B) BwB/E geregelt:

5.1 Nebenangebote müssen auf besonderer Anlage gemacht und als solche deutlich gekennzeichnet sein, deren Anzahl ist an der im Angebotsschreiben bezeichneten Stelle aufzuführen.

5.2 Sind an Nebenangebote Mindestanforderungen gestellt, müssen diese erfüllt werden; andernfalls müssen sie im Vergleich zur Leistungsbeschreibung qualitativ und quantitativ gleichwertig sein. Die Erfüllung der Mindestanforderungen bzw. Die Gleichwertigkeit ist mit Angebotsabgabe nachzuweisen.

5.3 Der Bieter hat die in Nebenangeboten enthaltenen Leistungen eindeutig und erschöpfend zu beschreiben; die Gliederung des Leistungsverzeichnisses ist, soweit möglich, beizubehalten.
Nebenangebote müssen alle Leistungen umfassen, die zu einer einwandfreien Ausführung der Bauleistung erforderlich sind.
Soweit der Bieter eine Leistung anbietet, deren Ausführung nicht in Allgemeinen Technischen Vertragsbedingungen oder in den Verdingungsunterlagen geregelt ist, hat er im Angebot entsprechende Angaben über Ausführung und Beschaffenheit dieser Leistung zu machen.

5.4 Nebenangebote sind, soweit sie Teilleistungen (Positionen) des Leistungsverzeichnisses beeinflussen (ändern, ersetzen, entfallen lassen, zusätzlich erfordern), nach Mengenansätzen und Einzelpreisen aufzugliedern (auch bei Vergütung durch Pauschalsumme).

---

62 OLG Brandenburg VergabeR 2004, 69, Leitsatz 5 und 6.
63 VK Bund IBR 2000, 4 (Leitsatz 1).
64 *Dähne/Schelle,* a.a.O., Seite 1138, 1141.
65 Vgl. auch die Einleitung bei *Schweda*, VergabeR 2003, 268.
66 Art. 24 EU-Vergaberichtlinie vom 31.3.2004 (2004/18/EG); siehe auch Rdn. 33.
67 VOB/A § 22 Rdn. 21.

5.5 Nebenangebote, die den Nummern 5.1, 1. Halbsatz, 5.2 bis 5.4 nicht entsprechen, werden von der Wertung ausgeschlossen.

Ein Angebot, das auf einer gesonderten Anlage deutlich gekennzeichnete Änderungen der Verdingungsunterlagen enthält, ist grundsätzlich als Nebenangebot zu werten, wenn auch die o.g. sonstigen Voraussetzungen der Zulässigkeit eingehalten sind[68].

3. Rechtsfolgen bei Bieterverstößen

Hält sich der Bieter nicht an die in Nr. 3 Satz 1 gestellte Forderung, führt dies **nicht zwingend** zum **Ausschluss** seines Nebenangebotes. Denn trotz der Ausgestaltung als „Muss-Bestimmung" handelt es sich nach allgemeiner Auffassung, wie auch nach der Intention des Deutschen Vergabe- und Vertragsausschusses (DVA), lediglich um eine Ordnungsvorschrift. Daher findet sie auch keine Erwähnung unter den Ausschlussgründen des § 25 Nr. 1, anders als Satz 2. (siehe § 25 Nr. 1 Abs. 2)[69]. Selbst nicht verlesene Nebenangebote sind zu werten, wenn nur nachgewiesen ist, dass sie im Eröffnungstermin tatsächlich vorgelegen haben[70]. 39

Auch Nebenangebote müssen mit einer **Unterschrift** versehen sein, um Rechtsgültigkeit zu besitzen[71]. Allerdings ist hier stets zu prüfen, ob nicht die Unterzeichnung des Hauptangebotes dieses Erfordernis mit abdeckt. Andernfalls wäre das Nebenangebot vom weiteren Vergabeverfahren ausgeschlossen, was u.U. zur Unvollständigkeit des Gesamtangebotes – und damit zu seinem Ausschluss – führen kann (§§ 23 Nr. 1, 25 Nr. 1 b VOB/A). 40

V. Preisnachlässe ohne Bedingungen (Nr. 4)

Nach Nr. 4 sind Preisnachlässe ohne Bedingungen, die der Bieter aus Wettbewerbsüberlegungen heraus gewährt, an einer vom Auftraggeber in den Verdingungsunterlagen bezeichneten Stelle aufzuführen. An Preisnachlässen kommen **generell** in Frage 41

- Nachlässe oder Abgebote **ohne Bedingung**, gleichgültig ob prozentual oder mit Festbetrag[72],
- Nachlässe **unter einer Bedingung** (z.B. prozentuale Preisminderung bei Übernahme mehrerer Lose) und
- **Skonti** (vgl. dazu VOB/A § 22 Rdn. 20).

Nur die erstgenannten Preisnachlässe fallen unter diese Bestimmung, die erstmals in die Fassung der VOB 2000 aufgenommen worden ist. Die Gründe hierfür decken sich mit denen der Nr. 3 (vgl. Rdn. 37). Andererseits unterscheidet sich diese Regelung von der über Nebenangebote ganz gravierend in ihrer Ausgestaltung als **Muss-Vorschrift**. Dies bedeutet nämlich, dass es sich hier um eine zwingende Voraussetzung handelt, deren Fehlen zur Unwirksamkeit dieses Teils des Angebots führt und somit dem Bieter einen Wettbewerbsnachteil bringt[73], weil der Nachlass nicht gewertet werden darf[74]. 42

VI. Angebote von Bietergemeinschaften (Nr. 5)

1. Begriff

Das Wort „Bietergemeinschaft" findet sich erstmals in der VOB 1992. Vorher lautete die Bezeichnung dafür „Arbeitsgemeinschaften und andere gemeinschaftliche Bieter". Eine sachliche Änderung war mit diesem Wechsel in der Terminologie aber nicht verbunden. 43

---

[68] OLG Düsseldorf VergabeR 2004, 371.
[69] Vgl. oben Rdn. 32.
[70] OLG Nürnberg BauR 1997, 825 = IBR 1997, 317.
[71] *Ingenstau/Korbion*, a.a.O., VOB/A § 21 Rdn. 27 a.
[72] VHB Bund EVM (B) BwB/E Nr. 3.4 Abs. 3 gestattet aber nur Preisnachlässe, die als Prozentsatz von der Abrechnungssumme gewährt werden.
[73] *Dähne/Schelle*, a.a.O., Seite 895; VK Leipzig NZBau 2003, 64 (Leitsatz 3).
[74] VHB Bund A § 21 Nr. 5; OLG Schleswig VergabeR 2006, 367 (Leitsatz 2).

44 Regelmäßig dürfte es sich dabei um eine Gesellschaft des Bürgerlichen Rechts i.S. der §§ 705 BGB handeln, weil sich eine Mehrzahl von Unternehmen – unabhängig in welcher Rechtsform sie betrieben werden – per Vertrag zusammengetan hat, um gemeinsam ein Bauvorhaben durchzuführen[75]. Dieser Zusammenschluss erfüllt die gesetzliche Definition „Erreichung eines gemeinsamen Zweckes in der durch den Vertrag bestimmten Weise, insbesondere durch Leistung der vereinbarten Beiträge". Da dies oft unter kleineren oder mittelständischen Firmen geschieht, die sich auf diese Weise um einen Großauftrag bemühen wollen, ist die Zulassung derartiger Gemeinschaften auch aus dem Grundsatz „Förderung mittelständischer Interessen" zulässig und geboten (§ 97 Abs. 3 GWB i.V.m. § 4 VOB/A). Ein solcher Zusammenschluss kann **vertikal** (unter Fachfirmen für die einzelnen Spezialgewerke, § 4 Nr. 3 VOB/A) oder **horizontal** (für Teillose gem. § 4 Nr. 2 VOB/A) erfolgen. Im übrigen ist es für die Wertung ohne Belang, ob sich die Bietergemeinschaft nur für die konkrete Ausschreibung zusammengefunden hat oder ob sie schon vorher auf Dauer begründet worden sein muss. Solche Anforderungen des Auftraggebers in Bewerbungsunterlagen sind unzulässig[76]. Andererseits ist eine „Doppelbeteiligung" als Mitglied einer Bietergemeinschaft und als einzelner Bieter nur unter engen Voraussetzungen zulässig[77].

2. Voraussetzungen zur Angebotsabgabe

45 Die Zulassung von Bietergemeinschaften zur Ausschreibung begegnet keinen wettbewerbsrechtlichen Bedenken[78], außer wenn ihr auch „vorbefasste Mitglieder" angehören, die für den Auftraggeber schon bei der Vorbereitung der Ausschreibung tätig waren[79]. Gemeinschaftliche Angebote sind wie die von Einzelbietern zu behandeln. Für den Auftraggeber kann sich im Falle der Insolvenz eines Mitglieds die gemeinschaftliche Verbindung sogar als Vorteil erweisen, weil jeder Beteiligte zur Erfüllung insgesamt verpflichtet ist (§§ 421, 427 BGB). Bei Insolvenz vor Auftragsvergabe kann allerdings der Ausschluss der gesamten Bietergemeinschaft erfolgen[80].

46 Unabhängig davon muss aber im Angebot ein Mitglied als bevollmächtigter Vertreter für Abschluss und Durchführung des Vertrages benannt sein, der sog. **federführende Gesellschafter**. Dies entspricht der in § 714 BGB ausgesprochenen Befugnis zur Geschäftsführung durch einen Gesellschafter. Der Auftraggeber hat aus Gründen der Rechtssicherheit und -klarheit ein großes Interesse an dieser Benennung des Befugten. Folgerichtig müssen nach den Bewerbungsbedingungen des VHB Bund EVM (B) A/BwB Nr. 6 Bietergemeinschaften mit ihrem Angebot eine **von allen Mitgliedern rechtsverbindlich unterschriebene Erklärung** abgeben,

- in der die Bildung einer Arbeitsgemeinschaft im Auftragsfall erklärt ist,
- in der alle Mitglieder aufgeführt sind und der für die Durchführung des Vertrages bevollmächtigte Vertreter bezeichnet ist,
- dass der bevollmächtigte Vertreter die Mitglieder gegenüber dem Auftraggeber rechtsverbindlich vertritt und
- dass alle Mitglieder als Gesamtschuldner haften.

47 Davon ist strikt zu trennen die primäre Behandlung des Angebotes nach der Submission, d.h. die formelle Gültigkeitsprüfung: Bei einer Bietergemeinschaft ist die **Unterschrift aller Mitglieder** erforderlich. Hat nur eines als Bevollmächtigter unterzeichnet, müssen die **schriftlichen** Ermächtigungen der anderen dem Angebot **beigefügt** sein[81]. Andernfalls ist das Angebot von der

---

[75] A.A. *Joussen* BauR 1999, 1063, der die Bietergemeinschaft als OHG sieht. Eine Bestätigung, durch die Rechtsprechung steht allerdings noch aus. Zur Rechtsnatur der juristischen Person vgl. im übrigen BGH BauR 2001, 755 = NJW 2001, 1056.

[76] VK Arnsberg IBR 2003, 209.

[77] OLG Düsseldorf VergabeR 2003, 461 (Leitsatz 2) und 2005,117; OLG Naumburg IBR 2005, 115; VK Brandenburg IBR 2006, 352 (für eine VOL-Ausschreibung).

[78] Bei nichtoffenem Verfahren und beschränkter Ausschreibung werden Bietergemeinschaften, die sich erst nach Angebotsaufforderung gebildet haben, nicht zugelassen, EVM (B) BwB/E Nr. 6.2.

[79] OLG Düsseldorf IBR 2004, 88; VK Schleswig-Holstein IBR 2005, 50.

[80] VK Nordbayern IBR 2003, 618.

[81] VÜA Sachsen-Anhalt IBR 1996, 97 und 1997, 5; VÜA Hessen IBR 1998, 325.

weiteren Prüfung und Wertung auszuschließen. Dasselbe gilt, wenn ein Mitglied handelsrechtlich noch nicht existent ist, z.B. sich erst im Stadium der Gründung befindet[82].

48 Andererseits ist die fehlende Bezeichnung des Federführenden auch nach Submission noch nachholbar (Nr. 4 Abs. 2), was den Schluss zulässt, dass es sich hier um eine bloße Ordnungsvorschrift ohne zwingenden Charakter handelt[83]. Ein Angebotsausschluss käme allenfalls aus anderen, zusätzlichen Erwägungen des Auftraggebers in Frage[84], z.B. wenn daraus – weil wiederholt geschehen – ein Mangel an Zuverlässigkeit abgeleitet werden könnte (§ 25 Nr. 2 Abs. 1 VOB/A). Ebenso ist § 24 Nr. 2 VOB/A analog anwendbar: Verweigert oder verzögert die Bietergemeinschaft unangemessen lange die Benennung, kann ihr Angebot unberücksichtigt bleiben.

VII. Aufnahme der Nrn. 1–5 in die Vergabeunterlagen (Nr. 6)

49 Nach Nr. 6 hat der Auftraggeber die Anforderungen an den Inhalt der Angebote nach den Nummern 1–5 in die Vergabeunterlagen aufzunehmen. Dies trägt dem Charakter der **VOB/A, Abschnitt 1**, als **interne Verwaltungsrichtlinie** Rechnung, die nach außen **keine unmittelbare Rechtsverbindlichkeit** besitzt, sondern rein behördenintern wirkt[85]. Nur so kann eine Bindung des Bewerbers/Bieters an die in der VOB/A enthaltenen Wettbewerbsbedingungen hergestellt werden. Ein Verstoß des Auftraggebers gegen solche vorvertragliche Pflichten begründet seine Haftung nach den §§ 311 Abs. 2, 241 Abs. 2 in Verbindung mit §§ 280, 282 BGB.

50 Der Begriff „Vergabeunterlagen" ist in § 10 Nr. 1 VOB/A definiert[86]; man versteht darunter das Anschreiben und die Verdingungsunterlagen. Zweckmäßigerweise wird der öffentliche Auftraggeber die Anforderungen bereits in das Anschreiben (Muster EVM/B/A) aufnehmen, indem er die Bewerbungsbedingungen beifügt (Muster EVM (B) BwB) und sie den Bietern zuschickt.

§ 21 a Form der Angebote

§ 21 Nr. 1 Abs. 1 Satz 2 gilt nicht.

Anmerkung

§ 21 a wurde bei der Umsetzung der EU-Vergabe-Richtlinie 2004/18/EG vom 31.3.2004 in die VOB/A eingefügt. Damit wird ausgesagt, dass der öffentliche Auftraggeber zwar ein **Wahlrecht** zwischen schriftlicher und elektronischer Angebotseinholung hat (§ 21 Nr. 1 Abs. 1 Satz 1), die Bieter aber an seine Entscheidung gebunden sind. Im digitalen Verfahren sind also schriftliche Angebote ausgeschlossen. Folgerichtig gilt damit auch § 21 Nr. 1 Abs. 1 Satz 3 nicht, denn elektronische Angebote können nicht eigenhändig unterschrieben werden.

§ 21 b Form der Angebote

§ 21 Nr. 1 Abs. 1 Satz 2 gilt nicht

Vgl. dazu Anmerkung VOB/A § 21 a.

§ 22 Eröffnungstermin

1. Bei Ausschreibungen ist für die Öffnung und Verlesung (Eröffnung) der Angebote ein Eröffnungstermin abzuhalten, in dem nur die Bieter und ihre Bevollmächtigten zugegen sein dürfen. Bis zu diesem Termin sind die auf direktem Weg oder per Post

---

[82] VÜA Bayern IBR 1997, 93.
[83] Vgl. dazu auch OLG Dresden VergabeR 2004, 484 (Leitsatz 3) für einen VOL-Vertrag.
[84] VK Niedersachsen IBR 2001, 328.
[85] Diese Klassifizierung gilt nicht für die Abschnitte 2 und 3. Bei diesen handelt es sich um Verordnungsrecht, §§ 6 und 7 Vergabe-Verordnung (VgV).
[86] Siehe auch VOB/A § 10 Rdn. 4 ff.

schriftlich zugegangenen Angebote, die beim Eingang auf dem ungeöffneten Umschlag zu kennzeichnen sind, unter Verschluss zu halten; entsprechend sind digitale Angebote zu kennzeichnen und verschlüsselt aufzubewahren.

2. Zur Eröffnung zuzulassen sind nur Angebote, die dem Verhandlungsleiter bei Öffnung des ersten Angebotes vorliegen.

3. (1) Der Verhandlungsleiter stellt fest, ob der Verschluss der schriftlichen Angebote unversehrt ist und die digitalen Angebote verschlüsselt sind.
(2) Die Angebote werden geöffnet und in allen wesentlichen Teilen im Eröffnungstermin gekennzeichnet. Name und Wohnort der Bieter und die Endbeträge der Angebote oder ihrer einzelnen Abschnitte, ferner andere den Preis betreffende Angaben werden verlesen. Es wird bekannt gegeben, ob und von wem Nebenangebote eingereicht sind. Weiteres aus dem Inhalt der Angebote soll nicht mitgeteilt werden.
(3) Muster und Proben der Bieter müssen im Termin zur Stelle sein.

4. (1) Über den Eröffnungstermin ist eine Niederschrift zu fertigen. Sie ist zu verlesen; in ihr ist zu vermerken, dass sie verlesen und als richtig anerkannt worden ist oder welche Einwendungen erhoben worden sind.
(2) Sie ist vom Verhandlungsleiter zu unterschreiben; die anwesenden Bieter und Bevollmächtigten sind berechtigt, mit zu unterzeichnen.

5. Angebote, die bei der Öffnung des ersten Angebotes nicht vorgelegen haben (Nr. 2), sind in der Niederschrift oder in einem Nachtrag besonders aufzuführen. Die Eingangszeiten und die etwa bekannten Gründe, aus denen die Angebote nicht vorgelegen haben, sind zu vermerken. Der Umschlag und andere Beweismittel sind aufzubewahren.

6. (1) Ein Angebot, das nachweislich vor Ablauf der Angebotsfrist dem Auftraggeber zugegangen war, aber bei Öffnung des ersten Angebotes aus vom Bieter nicht zu vertretenden Gründen dem Verhandlungsleiter nicht vorgelegen hat, ist wie ein rechtzeitig vorliegendes Angebot zu behandeln.
(2) Den Bietern ist dieser Sachverhalt unverzüglich schriftlich mitzuteilen. In die Mitteilung sind die Feststellung, dass der Verschluss unversehrt war und die Angaben nach Nr. 3 Abs. 2 aufzunehmen.
(3) Dieses Angebot ist mit allen Angaben in die Niederschrift oder in einen Nachtrag aufzunehmen. Im Übrigen gilt Nr. 5 Satz 2 und 3.

7. Den Bietern und ihren Bevollmächtigten ist die Einsicht in die Niederschrift (Nrn. 5 und 6 sowie §23 Nr. 4) zu gestatten; den Bietern können die Namen der Bieter sowie die verlesenen und die nachgerechneten Endbeträge der Angebote sowie die Zahl ihrer Änderungsvorschläge und Nebenangebote nach der rechnerischen Prüfung mitgeteilt werden. Nach Antragstellung hat dies unverzüglich zu erfolgen. Die Niederschrift darf nicht veröffentlicht werden.

8. Die Angebote und ihre Anlagen sind sorgfältig zu verwahren und geheimzuhalten; dies gilt auch bei freihändiger Vergabe.

Schrifttum: *Höfler* Der Eröffnungstermin im Verfahren zur Vergabe öffentlicher Bauaufträge, ZfBR 2000/75 – *Ax/Schneider* Der Ablauf des Eröffnungstermins, BauR 2000, 1411.

Übersicht

I. Allgemeines

1 Der für öffentliche und beschränkte Ausschreibungen verbindlich vorgeschriebene Termin zur Öffnung und Verlesung der Angebote, auch **Submissionstermin** genannt, ist Ausfluss des **Transparenzgebotes** in Art. 2 der EU-Vergaberichtlinie vom 31.3.2004 (2004/18/EG), in nationales Recht umgesetzt durch § 97 Abs. 1 GWB. Bei Freihändiger Vergabe findet ein solches Verfahren nicht statt (§ 3 Nr. 1 Abs. 3 VOB/A). Ferner endet mit der Öffnung des ersten Angebotes die Angebotsfrist (§ 18 Nr. 2 VOB/A) und es beginnt die Zuschlags- und Bindefrist (§ 19 Nr. 1 VOB/A).

II. Vorbereitung des Eröffnungstermins (Nr. 1 und 2)

1. Begriff

2 Nach Nr. 1 Satz 1 ist bei Ausschreibungen für die Öffnung und Verlesung der Angebote ein Eröffnungstermin abzuhalten, in dem nur die Bieter und ihre Bevollmächtigten zugegen sein dürfen. Vom Wortlaut her ist damit der Zeitpunkt angesprochen, an dem die verschlossen eingereichten Angebote vor den Bietern oder deren Bevollmächtigten zu öffnen und zu verlesen sind, wobei auch die sonstigen in § 22 aufgestellten Verfahrensregeln eingehalten werden müssen. Dies wird i.d.R. in den Amtsräumen des öffentlichen Auftraggebers stattfinden, kann aber auch an anderer Stelle erfolgen, z.B. in den Geschäftsräumen eines eingeschalteten Architekten- oder Ingenieurbüros (vgl. § 15 Abs. 2 Nr. 7 HOAI). Die Vorschrift ist als **Muss-Bestimmung** ausgestaltet, d.h. dass ein Abweichen von ihr oder gar ein Unterlassen stets einen **Vergabeverstoß i.S. der §§ 102 ff. GWB** begründet, verbunden mit den dort genannten Rechtsmöglichkeiten und -folgen. Der Eröffnungstermin soll bereits in der Bekanntmachung benannt werden (§ 17 Nr. 2 Abs. 2 o VOB/A), darf aber auch noch mit den Verdingungsunterlagen bekannt gegeben werden (§ 10 Nr. 5 Abs. 2 k VOB/A), wobei auch die Uhrzeit zu vermerken ist.[1] Dieser Termin kann nur aus wichtigen Gründen verschoben werden, z.B. bei unvollständig übersandten Unterlagen.[2]

3 Teilnahmeberechtigt sind nur die Bieter oder deren Bevollmächtigte. Letzteres ist insbesondere von Bedeutung, wenn der Bieter eine Handelsgesellschaft oder eine juristische Person des Privatrechts ist, weil diese nur durch einen Vertreter handeln können. Bieter und/oder Bevollmächtigte müssen auf Verlangen des Auftraggebers ihre Legitimation nachweisen; andernfalls können sie von der Teilnahme an der Submission ausgeschlossen werden.

2. Kennzeichnung und Verschluss der Angebote

4 Nach Satz 2 müssen die Angebote **schon beim Eingang** auf dem ungeöffneten Umschlag **gekennzeichnet** werden und bis zur Submission unter Verschluss gehalten werden. Entsprechend sind die digitalen Angebote zu kennzeichnen und verschlüsselt aufzubewahren. Dazu sagt das VHB Bund unter Nr. 1.1:

> „Alle schriftlich zugegangenen Angebote sind auf dem Umschlag mit Datum und Uhrzeit des Eingangs zu kennzeichnen und unmittelbar, unverzüglich und ungeöffnet dem für die Verwahrung zuständigen Bediensteten, der an der Vergabe nicht beteiligt sein darf, zuzuleiten."

5 Dieser Bedienstete hat auch dafür zu sorgen, dass die Angebote ungeöffnet bleiben und **unter Verschluss** gehalten werden, bis der Eröffnungstermin stattfindet. Das gilt sowohl für die direkt

[1] VOB-Stelle Sachsen-Anhalt IBR 1996, 10.
[2] OLG Düsseldorf IBR 2006, 218.

(z.B. durch Boten) als auch für die auf dem Postweg zugegangenen Angebote. Ausgenommen sind aber naturgemäß solche Angebote, die von Bietern zum Termin mitgebracht werden, was zulässig ist. Hier wird in der Praxis wie folgt verfahren: Der Überbringer legitimiert sich beim amtlichen Eröffnungsleiter. Jener kennzeichnet äußerlich das Angebot, etwa durch Namenszeichen, und versieht es mit der nächsten fortlaufenden Nummer, worauf es am weiteren Verfahren teilnimmt.

6 Ferner sind schon an der Eingangsstelle die verschlossenen Angebote äußerlich zu kennzeichnen, wobei freigestellt ist, wie dies zu geschehen hat. Zweckmäßigerweise werden sie mit einem **Stempel** oder einem **Aufkleber** versehen, auf dem die Maßnahme, Vertragsnummer und das Submissionsdatum (einschließlich Uhrzeit) vermerkt sind. Vielfach verlangt der Auftraggeber eine solche Kenntlichmachung bereits vom Bieter in den Bewerbungsbedingungen, was insbesondere im Rahmen der Nr. 6 „aus vom Bieter nicht zu vertretenden Gründen" bedeutsam werden kann.

7 Wegen der Neufassung des § 21 Nr. 1 Abs. 1 VOB/A (Zulassung digitaler Angebote) musste auch für deren Aufbewahrung bis zur Submission eine Regelung getroffen werden. Folgerichtig wurde deshalb in Nr. 1 als letzter Satz angefügt: „Entsprechend sind digitale Angebote zu kennzeichnen und verschlüsselt aufzubewahren." Zweckmäßigerweise wird es der Auftraggeber in einen gekennzeichneten Umschlag stecken und diesen verschließen. Beim Eröffnungstermin ist er dann wie ein „normales" Angebot zu öffnen, zu entschlüsseln und zu verlesen (Vgl. Rdn. 13).

8 Hat der Auftraggeber ein Angebot versehentlich geöffnet, führt dies grundsätzlich nicht zum Ausschluss von der weiteren Behandlung oder gar zur Ausschreibungsaufhebung.[3] Es ist vielmehr zulässig, dieses Angebot sofort wieder zu verschließen und zu verwahren. Allerdings ist dann auftraggeberseits ein entsprechender Vermerk auf dem Umschlag anzubringen, der im Eröffnungstermin zu verlesen und auch ins Protokoll aufzunehmen ist. Das selbe gilt, wenn ein Bieter sein Angebot unverschlossen eingereicht hat.[4]

9 Nach VHB Bund, § 22 A Nr. 1.3, ist zwar der Termin pünktlich wahrzunehmen, wobei aber geringfügige zeitliche Verzögerungen noch keinen Vergabeverstoß bewirken. Für die Pünktlichkeit der eingegangenen Angebote ist allein der Zeitpunkt maßgebend, an dem das erste Angebot geöffnet wird (§ 18 Nr. 2 VOB/A), **nicht** die in der Bekanntmachung **genannte Uhrzeit.**

3. Zur Eröffnung zugelassene Angebote (Nr. 2)

10 Die schriftlichen und digitalen Angebote müssen bei der Öffnung des ersten Angebots dem Verhandlungsleiter vorliegen, wenn sie am weiteren Verfahren teilnehmen sollen. Das bedeutet im Einzelnen:

– Örtliche Nähe, d.h. sie müssen im Submissionsraum vorliegen (Ausnahme Nr. 6, vgl. Rdn. 27).
– Zeitliche Festlegung: „Öffnung" bedeutet das Aufschneiden des ersten verschlossenen Umschlages.
– Digitales Angebot in Verschlüsselung
– Originalangebot im verschlossenen Umschlag; es genügt nicht eine Kopie o.ä., weil aus Zeitmangel keine Zustellung des Originals mehr möglich war.

Die **rechtzeitige Übermittlung** des Angebots an den richtigen Ort steht im ausschließlichen **Bieterrisiko.**

III. Das Verfahren im Eröffnungstermin (Nr. 3)

11 Der eigentliche Vorgang der Angebotseröffnung ist in Nr. 3 förmlich geregelt. Man unterscheidet hier zwischen dem Eröffnungsvorgang im engeren Sinne (Nr. 3) und seiner Protokollierung (Nr. 4 und 5), was beides dem Verhandlungsleiter obliegt. Bezüglich seiner Person ist auf VHB

[3] VOB-Stelle Sachsen-Anhalt IBR 1995, 501.
[4] *HRR* A § 22.1 Rdn. 6.

Bund § 22 A Nr. 1.2 zu verweisen, wonach ein nicht mit der Vergabe befasster Bediensteter den Eröffnungstermin leiten soll. Zu seiner Unterstützung ist ein Schriftführer zuzuziehen. Auch dieser soll an der Bearbeitung der Verdingungsunterlagen und der Vergabe (bisher) nicht beteiligt gewesen sein.

1. Angebotseröffnung und Verlesung (Abs. 2)

a) Prüfung der Unversehrtheit des Verschlusses. Bevor der Verhandlungsleiter mit der Eröffnung und Verlesung beginnt, prüft er, ob der **Verschluss** eines jeden Angebots **unversehrt** ist. Dieser Vorgang ist zwar bereits vorbereitender Bestandteil des Verfahrens, doch sind während dessen noch eingehende Angebote nicht verspätet, weil die Angebotsfrist erst mit dem Öffnen des ersten Angebotes endet (§ 18 Nr. 2 VOB/A). Der Ausscheidungsgrund gem. § 25 Nr. 1 Abs. 1 a VOB/A wäre daher schon vom Wortlaut her nicht einschlägig. 12

Auch hier war die seit der VOB-Fassung 2000 bestehende **Zulassung digitaler Angebote** zu berücksichtigen. Bei diesen genügt nicht die Feststellung, dass der Verschluss unversehrt ist; vielmehr ist auch die ordnungsgemäße Verschlüsselung zu überprüfen. Beides hat in Gegenwart der Bieter bzw. ihrer Bevollmächtigten zu geschehen. Ebenso ist festzustellen, dass alle eingegangenen Angebote ungeöffnet vorliegen.[5] 13

Sonstige Unregelmäßigkeiten, z.B. nicht ausreichend gekennzeichnete oder gar beschädigte Umschläge, sind zwar im Protokoll (Formblatt EFB Verd 4, VHB Bund) zu vermerken, stehen aber einem Fortgang des Eröffnungsverfahrens nicht entgegen. 14

b) Öffnung, Kennzeichnung und Verlesung (Abs. 2). Nach diesen Vorbereitungen öffnet der Verhandlungsleiter das erste Angebot. An eine Reihenfolge ist er dabei nicht gebunden. Ab diesem Moment noch eintreffende Angebote sind verspätet.[6] Sie dürfen daher nicht verlesen werden, die Gründe der Verspätung werden in das Protokoll aufgenommen.[7] 15

Die VOB verlangt nunmehr ausdrücklich eine **Kennzeichnung im Eröffnungstermin**, was bisher oft unter Hinweis auf mangelnde organisatorische Voraussetzungen abgelehnt und erst nachher, ohne dass die Bieter dabei waren, erledigt wurde. Damit ist einer Entscheidung des VÜA Bund[8] Rechnung getragen, in der diese Praxis beanstandet und zu Recht als Vergabeverstoß bezeichnet worden war. 16

Die Kennzeichnung soll Fälschungen oder sonstige Manipulationen nach Möglichkeit verhindern; sie ist auch auf dem Hintergrund des **Transparenzgebotes** und des **Wettbewerbsgrundsatzes** zu sehen. In der Regel werden hierbei Lochstempel, Stanzapparate o.ä. verwendet, zweckmäßigerweise mit Datumsanzeige. Dies ist zwar bei umfangreichen Verdingungsunterlagen problematisch, nunmehr aber gleichwohl zwingend vorgeschrieben. Andererseits ist eine gewisse Einschränkung aus der Formulierung „in allen wesentlichen Teilen" zu erkennen. Zu diesen zählen mit Sicherheit das Leistungsverzeichnis und alle Unterlagen, in denen sich vom Bieter geforderte Erklärungen befinden, einschließlich der Unterzeichnung (§ 21 Nr. 1). Eine entsprechende Verwaltungsanweisung findet sich seit jeher im VHB Bund, § 22 A Nr. 1.5: 17

> „Im Eröffnungstermin sind die Angebote mit allen Anlagen durch Lochen oder auf andere geeignete Weise so zu kennzeichnen, dass nachträgliche Änderungen und Ergänzungen verhindert werden. Bei digital übermittelten Angeboten ist entsprechend zu verfahren."

Als zu verlesende **Einzelheiten** verlangt die VOB/A:

– **Name und Wohnort der Bieter.** Das bedeutet, dass bei Bietergemeinschaften jedes Mitglied genannt werden muss, das auf dem Angebot aufgeführt ist. Die Bekanntgabe nur des Bevollmächtigten (Federführenden) genügt nicht.[9] 18

---

[5] VHB Bund § 22 A Nr. 1.4, Absatz 3.
[6] VÜA Baden-Württemberg IBR 1997, 319.
[7] VHB Bund § 22 A Nr. 1.4, Absatz 4.
[8] ZfBR 1996, 219.
[9] BayObLG IBR 2001, 688 = VergabeR 2001, 438.

19 – **Endbeträge der Angebote** oder ihrer einzelnen Abschnitte. Nach diesem Wortlaut ist also stets die **Bruttosumme**, d.h. einschließlich Umsatzsteuer, bekannt zu geben. Was „einzelne Abschnitte" sind, ist bestritten, aber mit der h.M.[10] dürften darunter die einzelnen Fach- oder Teillose (§ 4 Nr. 2, 3 VOB/A) zu verstehen sein, wenn der Auftraggeber eine losweise Vergabe vorgesehen hat. Ist dies nicht der Fall, ist wohl ein solches Verfahren zu zeitaufwendig, ganz abgesehen davon, dass es für die Bieter wenig aufschlussreich wäre, bloße Los- oder Gewerkepreise zu erfahren. Außerdem könnte hier der Schutz von Betriebsgeheimnissen in Frage gestellt werden. Das Wort „oder" ist in diesem Zusammenhang als „und" zu verstehen, denn die Endbeträge sind stets bekannt zu geben. Diese Ausführungen gelten auch, wenn ein Gesamtangebot vorliegt, das nach Losen in Einzelpauschalen aufgeteilt wird.

20 – **Andere, den Preis betreffende Angaben.** Darunter sind in erster Linie **Nachlässe** (Abgebote, Rabatte) mit oder ohne Bedingung zu verstehen, ferner **Skonti** o.ä. Das setzt aber erst einmal voraus, dass der Submissionsleiter diese Fakten erkennt. Denn dem Bieter ist grundsätzlich nicht vorgeschrieben, wo er diese Angaben machen muss. Eine Ausnahme findet sich nur in § 21 Nr. 4, der eine Muss-Vorschrift darstellt (vgl. dort Rdn. 41 f.). Andere Preisnachlässe aber können auch im Begleitschreiben oder im Leistungsverzeichnis bei der End- oder Abschnittssumme aufgeführt sein. Die zu verlesenden Angaben umfassen nicht nur die Tatsache als solche (dem Grunde nach), sondern auch nähere Einzelheiten, insbesondere die Höhe, nicht jedoch die genaue Darlegung der Bedingungen, die der Bieter gestellt hat, weil es sich hier um ein Nebenangebot handelt (vgl. die nächste Rdn. 21).

Zweifelhaft ist, ob der Änderungssatz einer Lohngleitklausel, der dem Wettbewerb unterworfen ist, verlesen werden muss. Nach hier vertretener Auffassung handelt es sich dabei nicht um einen „Einzelpreis", sondern um einen das ganze Angebot betreffenden Umstand.[11] Folglich ist er bei Submission bekannt zu geben.

21 – **Nebenangebote.** Nach Nr. 3 Abs. 2 Satz 3 wird bekannt gegeben, ob und von wem Nebenangebote eingereicht sind. Diese Vorschrift ist zwar unverändert beibehalten, muss aber im Zusammenhang mit § 21 Nr. 3 Satz 1 VOB/A gesehen werden (vgl. dort Rdn. 32).

Dem Wortlaut ist nur zu entnehmen, dass zu verlesen ist, ob überhaupt Nebenangebote vorliegen und wer sie unterbreitet hat. Auch hierbei handelt es sich um eine Muss-Vorschrift.[12] Über den **sonstigen Inhalt** sind **keine Angaben** zu machen, insbesondere nicht über die Preise.[13] Ferner hat der Verhandlungsleiter die **Gesamtzahl** der Nebenangebote mitzuteilen, was nunmehr aus dem Zusammenhang dieser Vorschrift mit § 21 Nr. 3 Satz 1 eindeutig als geregelt anzusehen ist.

Allerdings handelt es sich hier nach h.M. um reine **Ordnungsvorschriften,** nicht um Wirksamkeitserfordernisse. So ist zwar das Nichtverlesen eines Nebenangebots formell ein Vergabeverstoß, führt aber nicht zu dessen Ausschluss von der anschließenden Prüfung und Wertung gem. §§ 23–25 VOB/A.[14] Allerdings muss zweifelsfrei feststehen – und dafür trägt der Bieter die Beweislast –, dass das Nebenangebot im Submissionstermin rechtzeitig vorgelegen hat,[15] ferner dass es zu diesem Zeitpunkt vollständig war, um eine sachgerechte Bewertung zu ermöglichen.[16] Verspricht der Bieter, bei Annahme seines Nebenangebots einen prozentualen Preisnachlass zu gewähren, so ist diese Aussage kein Bestandteil des Nebenangebots, sondern eine „andere, den Preis betreffende Angabe", die gem. Satz 2 verlesen werden muss.

22 – **Muster und Proben** müssen im Termin zur Stelle sein. Dies gilt natürlich nur dann, wenn der Auftraggeber ausdrücklich solche verlangt hat. Gegebenenfalls sind sie aber Bestandteil des Angebots und damit allen einschlägigen Regeln unterworfen. Ihre Bedeutung liegt vor allem

---

[10] Statt aller: *HRR* A § 22.3 Rdn. 22.
[11] VÜA Bund WuW 1996, 146.
[12] VÜA Bund ZfBR 1996, 219.
[13] OLG Braunschweig IBR 1995, 372.
[14] VÜA Bayern IBR 1999, 101.
[15] OLG Nürnberg BauR 1997, 825.
[16] VÜA Schleswig-Holstein IBR 1999, 243.

darin, dass mit ihrer Einreichung die „vereinbarte Beschaffenheit“ nach § 13 Nr. 2 VOB/B festgelegt ist.

2. Niederschrift über den Eröffnungstermin (Nr. 4–7)

a) Inhalt und rechtliche Bedeutung: In der Niederschrift sind alle wesentlichen Vorgänge über den Termin festzuhalten. Diese Angaben haben Beweisfunktion. Sind sie im Protokoll nicht enthalten, trägt der Auftraggeber die Beweislast für deren Vorliegen im Eröffnungstermin, z.B. für einen nicht verlesenen und protokollierten Nachlass oder Änderungsvorschlag.[17] Nach VHB-Bund, EFB Verd 1–4 gehören dazu folgende Angaben: 23

- Ort, Tag, Stunde, Minute der ersten Angebotseröffnung
- Anwesenheitsfeststellung, einschließlich Name und Wohnort
- Berechtigungsprüfung, Legitimation der Bieter
- Unversehrtheit der Umschläge
- Verschlüsselung digitaler Angebote
- Verlesene Endbeträge und ggf. Abschnittssummen
- Verlesene sonstige preisbeeinflussende Umstände
- Bekanntgabe von Nebenangeboten, auch nach Anzahl
- Verspätete Angebote
- Einwände und Beschwerden der Bieter
- Eventuelle Stellungnahme des Eröffnungsleiters hierzu
- Vermerk über Verlesung der Niederschrift
- Anerkennung als richtig durch die Bieter, Unterzeichnung
- Verhandlungsschluss (Uhrzeit)
- Unterschrift des Eröffnungsleiters
- Fakultative Unterzeichnung durch die Bieter.

Nach § 23 Nr. 4 VOB/A sind auch die **aufgrund der Prüfung** festgestellten **Angebotsendsummen** ins Protokoll einzutragen, zweckmäßigerweise farblich abgesetzt. Obgleich deren Ermittlung bereits zum internen Prüfungsvorgang i.S. von § 23 zählt, unterliegen sie gleichwohl einer gewissen Publizität, was sicherlich durch das Transparenzgebot in § 97 Abs. 1 GWB gerechtfertigt ist. 24

Eine Verpflichtung der Bieter zur Unterschrift unter das Protokoll besteht nicht, wohl aber eine Berechtigung. Folgerichtig bedeutet eine Unterzeichnung auch **keinen Verzicht auf Vergabebeschwerde;** sie bestätigt lediglich eine Kenntnisnahme des Inhalts, kann aber auch im Rahmen des § 107 Abs. 3 GWB (unverzügliche Rüge) von Bedeutung sein. 25

b) Eine Sonderbehandlung erfahren die **verspäteten Angebote,** die bei Öffnung des ersten Angebotes nicht im Submissionsraum vorgelegen haben (Nr. 5), aber im Laufe des Termins noch eingetroffen sind. Sie werden in das Muster EFB Verd 4 des VHB-Bund „Vergabeverhandlung – Besonderheiten“ aufgenommen, ebenso die Angebote, bei denen der Umschlag versehrt ist. Unter der Firmenangabe wird auch vermerkt, welche Besonderheit aufgetreten ist, bei Verspätung außerdem Datum und Uhrzeit des Eingangs sowie eventuell schon bekannte Gründe. Hieraus kann u.U. auch geschlossen werden, ob der Sondertatbestand der Nr. 6 (vgl. nächste Rdn. 27) vorliegt, bei dem das Angebot weiterhin im Wettbewerb bleiben darf. Aus Beweisgründen sind Umschlag und andere Beweismittel aufzubewahren (Nr. 5 Satz 3). 26

c) Unschädliche Verspätung des Angebotes (Nr. 6). Mit dieser Bestimmung ist ein Sondertatbestand für Angebote geschaffen worden, die dem Submissionsleiter im Termin zwar nicht vorlagen, dem Auftraggeber aber rechtzeitig zugegangen waren. Der Grund für die Verspätung muss allein vom Auftraggeber zu vertreten sein, z.B. wegen eines Organisationsverschuldens. Das Angebot war gewissermaßen zwischen Eingangsstelle und Submissionsraum abhanden gekommen, 27

[17] BGH BauR 2000, 254.

ohne dass der Bieter darauf im geringsten Einfluss nehmen konnte. Voraussetzung ist aber stets der rechtzeitige Zugang beim Auftraggeber i.S. von § 130 Abs. 1 BGB.[18]

28 Ferner muss jedes auch noch so geringe Mitverschulden des Bieters an der Verspätung ausgeschlossen sein.[19] Ein solches wäre beispielsweise gegeben, wenn der Bieter es versäumt hätte, den Umschlag – wie vom Auftraggeber ausdrücklich verlangt – mit einem besonderen, ihm zur Verfügung gestellten Aufkleber zu versehen, aus dem hervorgeht, wann und wo die Submission stattfindet und dass es sich um ein Angebot handelt.[20]

29 Stellt der Auftraggeber aber fest, dass die Verzögerung von ihm allein zu verantworten ist, muss er das Angebot wie ein rechtzeitig vorliegendes behandeln, d.h. prüfen und werten. Außerdem muss er allen anderen Bietern diesen Sachverhalt unverzüglich schriftlich mitteilen, einschließlich der Feststellung, dass der Verschluss unversehrt war, und der sonstigen bei der Submission zu verlesenden Einzelheiten (Abs. 2). Ferner ist das Angebot mit allen Angaben gem. Nr. 5 Satz 2 in die Niederschrift oder in einen Nachtrag aufzunehmen (Abs. 3).

30 **d) Protokolleinsicht und Information der Bieter (Nr. 7).** Den Bietern und ihren Bevollmächtigten ist zu gestatten, die Niederschrift einzusehen und sich über alle darin enthaltenen Angaben (Nrn. 5, 6, § 23 Nr. 4) zu informieren. Dies ist eine Auswirkung des in § 97 Abs. 1 GWB genannten Transparenzgebotes und ferner für den einzelnen von Bedeutung, wenn er eine Vergabebeschwerde gem. § 102 GWB in die Wege leiten will. Andererseits darf aber die Niederschrift nicht veröffentlicht werden, was aufgrund der Geheimhaltungspflicht (Nr. 1 und 8) sicherlich berechtigt ist. Jedoch wird nirgends gesagt, wie lange ein solches Einsichtsrecht besteht. Dies bemisst sich an der Überlegung, wie lange ein Bieter ein berechtigtes Interesse daran hat. Bezieht man dies auf die Möglichkeit einer Vergabebeschwerde nach dem GWB, ist als zeitliche Begrenzung die Auftragserteilung anzusehen. Will aber der Bieter einen Schadensersatzanspruch wegen unberechtigter Nichtberücksichtigung seines Angebots gerichtlich durchsetzen (§§ 104 Abs. 2 Satz 2, 124, 126 GWB), muss ihm das Einsichtsrecht auch noch über diesen Zeitpunkt hinaus zugestanden werden.

31 Absatz 7 Satz 2 geht über ein bloßes Einsichtsrecht hinaus und stellt es in das **pflichtgemäße Ermessen** des Auftraggebers („können"), den Bietern die Namen sowie die Endbeträge der Angebote und die Zahl der Nebenangebote mitzuteilen. Die Vorschrift ist hauptsächlich aus Gründen der Klarstellung ergangen. Sowohl die verlesenen als auch die nachgerechneten Endbeträge dürfen weitergegeben werden, dazu die Zahl der Nebenangebote nach deren rechnerischer Prüfung. Diese letzte Formulierung bezieht sich **nur** auf die **Anzahl,** nicht dagegen auf den Preis oder sonstige Inhalte; Nr. 3 Absatz 2 Satz 3 wird dadurch nicht erweitert, das Verbot sonstiger Bekanntgaben (Satz 4) bleibt unverändert bestehen.[21]

32 Über die **Form dieser Mitteilung** gibt es keine eigenen Bestimmungen, doch orientiert sich diese an der Pflicht zur Geheimhaltung. Sie sollte also nur schriftlich und im verschlossenen Umschlag erfolgen, zweckmäßigerweise mit dem Vermerk „vertraulich" oder „nur für den eigenen Gebrauch"; von fernmündlichen Auskünften ist grundsätzlich abzusehen,[22] weil dadurch die Vertraulichkeit nicht mehr gewahrt wäre. Dasselbe gilt für eine Mitteilung durch Telefax o.ä.

33 Wenn ein Bieter einen entsprechenden Antrag gestellt hat, muss die Mitteilung an ihn **unverzüglich** (d.h. ohne schuldhaftes Zögern, § 121 BGB) erfolgen. Das bedeutet zeitlich eine kurze Überlegungs- und Bearbeitungsfrist von etwa 1–3 Tagen und den Postweg. Da es sich hier um eine Muss-Bestimmung handelt, ist das in Satz 2 erwähnte „Kann-Recht" für den Fall einer förmlichen Antragstellung ausgeschlossen. Auch dies ist eine erst mit der VOB 2000 neu eingeführte Regelung.

---

[18] VK Nordbayern IBR 2000, 587 (Leitsätze 2, 3).
[19] OLG Düsseldorf IBR 2003, 214.
[20] VÜA Bayern, Vergaberechts-Report 12/1999.
[21] VHB Bund § 22 A Nr. 3.
[22] VHB Bund § 22 A Nr. 3.2.

IV. Verwahrung und Geheimhaltung der Angebote (Nr. 8)

1. Rechtsgrundlagen

Nach Nr. 8 Satz 1 sind Angebote und ihre Anlagen sorgfältig zu verwahren und geheim zu halten. Dies gilt selbst dann, wenn die Offenlegung durch einen Straftatbestand, z.B. Beamtenbestechung nach § 332 StGB, veranlasst sein sollte.[23] Diese Vorschrift wird näher konkretisiert in § 22 A Nr. 4 VHB Bund: 34

> „Die Angebote dürfen nur den unmittelbar mit der Bearbeitung beauftragten Personen zugänglich gemacht werden. Dies gilt auch, wenn freiberuflich Tätige an der Prüfung und Wertung beteiligt werden. Im Übrigen sind die Angebote mit allen Anlagen bis zur Zuschlagserteilung unter Verschluss zu halten."

Außerdem steht damit auch die in § 22 A Nr. 2 erteilte Anweisung im Zusammenhang:

> „Hat der Bieter die Absicht mitgeteilt, Angaben aus seinem Angebot für die Anmeldung eines gewerblichen Schutzrechts zu verwerten, ist sicherzustellen, dass nur die mit der Sache befassten Bearbeiter Kenntnis von dem Angebot erhalten."

2. Sachlicher und zeitlicher Bereich

Systematisch schließt die Regelung der Nr. 8 an das in Nr. 7, letzter Satz, ausgesprochene Verbot, die Niederschrift zu veröffentlichen, an und verschärft es noch hinsichtlich der genannten Unterlagen. Diese Verpflichtung ist **ohne sachliche Begrenzung** auferlegt, gilt also auch für verspätete oder aus anderen Gründen nicht in die Prüfung und Wertung gelangte Angebote. Und letztlich **fehlt** es an einer **zeitlichen Beschränkung,** etwa auf die Dauer des Vergabeverfahrens oder der Durchführung der Maßnahme, des Abschlusses der Rechnungsprüfung o.a. Soweit ein Bieter, der nicht zum Zuge gekommen ist, seine Entwürfe, Ausarbeitungen, Muster und Proben im Angebot oder innerhalb von 30 Kalendertagen nach Ablehnung desselben zurückverlangt hat, sind ihm diese zwar zurückzugeben (§ 27 Nr. 4 VOB/A). Für die anderen Unterlagen jedoch besteht weiter eine strikte Geheimhaltungs- und Verwahrungspflicht; diese kann allenfalls durch verwaltungsintern festgelegte Aufbewahrungsfristen begrenzt sein, nach denen eine Aussonderung und Vernichtung zu erfolgen hat.[24] 35

3. Persönliche Grenzen

Der Begriff Geheimhaltung verbietet Auskünfte an Außenstehende[25], z.B. nichtbeteiligte Unternehmer, Verbände, Innungen, Informationsdienste oder Submissionsanzeiger. **Nicht betroffen** sind dagegen die Teilnehmer am Wettbewerb in Bezug auf die nach § 27 Nr. 1 und 2 VOB/A zu erteilenden Auskünfte. Im verwaltungsinternen Betrieb gelten die o.g. Beschränkungen lt. VHB Bund § 22 A Nr. 4. 36

4. Rechtsfolgen

Verletzt der Auftraggeber die ihm auferlegte Geheimhaltungspflicht und entsteht dadurch einem Bieter nachweislich ein Schaden, z.B. in der Vereitelung eines Auftrages[26] oder im Verlust eines gewerblichen Schutzrechts, so kann ein **Ersatzanspruch** auf der Grundlage der §§ 280, 282 in Verbindung mit §§ 311 Abs. 2, 241 Abs. 2 BGB grundsätzlich gegeben sein.[27] Dem kann 37

[23] BGH DB 1995, 2261 = BB 1995, 2546.
[24] *HRR* A § 22 Rdn. 52.
[25] VHB Bund § 22 A Nr. 3.3; vgl. auch VK Sachsen IBR 2000, 411.
[26] OLG Düsseldorf BauR 1989, 195.
[27] *Ingenstau/Korbion,* a.a.O., VOB/A § 22 Rdn. 46.

der Auftraggeber aber u.U. entgegenhalten, der Bieter trage gem. § 254 Abs. 2 BGB ein Mitverschulden, weil er auf diesen Umstand nicht eigens hingewiesen habe.[28]

§ 23 Prüfung der Angebote

1. Angebote, die im Eröffnungstermin dem Verhandlungsleiter bei Öffnung des ersten Angebotes nicht vorgelegen haben, und Angebote, die den Bestimmungen des § 21 Nr. 1 Abs. 1 bis 3 nicht entsprechen, brauchen nicht geprüft zu werden.

2. Die übrigen Angebote sind rechnerisch, technisch und wirtschaftlich zu prüfen, gegebenenfalls mit Hilfe von Sachverständigen (§ 7).

3. (1) Entspricht der Gesamtbetrag einer Ordnungszahl (Position) nicht dem Ergebnis der Multiplikation von Mengenansatz und Einheitspreis, so ist der Einheitspreis maßgebend. Ist der Einheitspreis in Ziffern und in Worten angegeben und stimmen diese Angaben nicht überein, so gilt der dem Gesamtbetrag der Ordnungszahl entsprechende Einheitspreis. Entspricht weder der in Worten noch der in Ziffern angegebene Einheitspreis dem Gesamtbetrag der Ordnungszahl, so gilt der in Worten angegebene Einheitspreis.

(2) Bei Vergabe für eine Pauschalsumme gilt dies ohne Rücksicht auf etwa angegebene Einzelpreise.

(3) Absätze 1 und 2 gelten auch bei freihändiger Vergabe.

4. Die aufgrund der Prüfung festgestellten Angebotsendsummen sind in der Niederschrift über den Eröffnungstermin zu vermerken.

Schrifttum: *Ringe* Die rechnerische Prüfung der Angebote nach § 23 Nr. 3 VOB/A, BauR 1994, 321.

Übersicht

I. Allgemeines

1 Die §§ 23 bis 25 VOB/A sind als einheitliches, stufenweise fortschreitendes Verfahren nach Abschluss des Eröffnungstermins zu sehen. Der an die VOB/A gebundene Auftraggeber muss die eröffneten Angebote

- **prüfen**, d.h. ihren genauen Inhalt feststellen (§ 23),
- **werten**, d.h. über die geprüfte Angebotssumme hinaus anhand formeller, persönlicher und sachlicher Kriterien ihren wirtschaftlichen Wert ermitteln (§ 25),
- **aufklären,** wobei er im persönlichen Gespräch mit den Bietern den Inhalt hinterfragen darf (§ 24).

Erst dann wird klar, welches Angebot für ihn das annehmbarste ist, auf das er den Zuschlag erteilen darf (§ 28 VOB/A). Man kann in diesem Verfahren, neben der Aufstellung der Verdingungsunterlagen (§§ 9–15 VOB/A), die Hauptaufgabe des Auftraggebers sehen, weil hier die maßgebenden Entscheidungen über den Fortgang der Baumaßnahme getroffen werden müssen.

[28] Vgl. oben Nr. 1, Rdn. 34.

Folgerichtig bestimmt das VHB-Bund (§ 23 A): 2

1.1 Die Durchsicht der Angebote und die rechnerische Prüfung der Angebote hat allein die Vergabestelle durchzuführen. Diese sind von Bediensteten durchzuführen, die nicht mit der Vergabeentscheidung und der Durchführung der Maßnahme befasst sind. Mit der Nachrechnung sollen möglichst mehrere Bedienstete betraut werden.

1.2 Die Angebote sind darauf hin durchzusehen, ob Auffälligkeiten den Schluss zulassen, dass das Wettbewerbsergebnis verfälscht werden soll bzw. eine Manipulationsabsicht besteht. Es sollte auch nicht auf die Prüfung von Einzelheiten des Angebots verzichtet werden, wenn der Angebotspreis insgesamt als angemessen anzusehen ist. Auffälligkeiten sind z.B. fehlende, überschriebene, überlackte oder mit Bleistift eingetragene Preise oder Erklärungen und Doppelblätter.

II. Das Prüfungsverfahren im Einzelnen

Hinsichtlich der Einzelprüfungen sind vier Abschnitte vorgesehen, die logischerweise **zeitlich aufeinander** folgen.

1. Die formelle Prüfung (Nr. 1)

Nach Nr. 1 brauchen Angebote, die im Eröffnungstermin dem Verhandlungsleiter bei Öffnung des ersten Angebotes nicht vorgelegen haben, und Angebote, die den Bestimmungen des § 21 Nr. 1 Abs. 1 bis 3 nicht entsprechen, nicht geprüft zu werden. Dies beinhaltet aber die **Anordnung**, die vorliegenden Angebote zumindest auf diese Fakten hin zu überprüfen. Stellt sich dabei heraus, dass einer der hier aufgezählten Mängel gegeben ist, findet eine **weitere Prüfung nicht** statt, geschweige denn danach noch eine Wertung nach § 25 VOB/A. Solche **Mängel** sind im Einzelnen 3

- Nichtvorliegen des Angebots im Submissionstermin, § 22 Nr. 2
- nicht erfüllter Ausnahmetatbestand nach § 22 Nr. 6[1]
- Fehlen eines oder mehrerer Einheitspreise, § 21 Nr. 1 Abs. 2 Satz 5
- Fehlen sonstiger geforderter Erklärungen, § 21 Nr. 1 Abs. 2 Satz 5
- keine Unterzeichnung durch den Bieter, § 21 Nr. 1 Abs. 1 Satz 3
- zweifelhafte Änderungen des Bieters an seinen Eintragungen, § 21 Nr. 1 Abs. 2 Satz 6
- unzulässige Änderungen an den Verdingungsunterlagen, § 21 Nr. 1 Abs. 3[2]
- Fehlen von zwingend geforderten Mustern oder Proben, § 21 Nr. 1 Abs. 5
- nichttechnische Nebenangebote ohne gleichzeitiges Hauptangebot[3]
- keine ordnungsgemäße Beifügung der Bevollmächtigung bei Bietergemeinschaften, § 21 Nr. 5.[4]

Die Formulierung „brauchen nicht geprüft zu werden" gibt zu Zweifeln Anlass, ob es sich um eine Muss- oder um eine Kann-Bestimmung handelt. Die Lösung ist über § 25 Nr. 1 Abs. 1 VOB/A zu finden, wonach derartige Angebote ausgeschlossen werden **müssen**. Demgegenüber ist es dem Auftraggeber hinsichtlich der Prüfung freigestellt, ob er diese fortsetzen will. Sie könnte für ihn u.U. von Interesse sein, wenn es um die Frage der Wirtschaftlichkeit geht, die oft nur im Wege eines Angebotsvergleichs beantwortet werden kann. Andererseits hat der Bieter **kein Recht** auf eine **Prüfung** solcher Angebote; die Entscheidung des Auftraggebers davon abzusehen, ist zu respektieren. Somit handelt es sich hier um Ausübung eines pflichtgemäßen Ermessens. 4

[1] Vgl. VOB/A § 22 Rdn. 27–29.
[2] Vgl. VOB/A § 21 Rdn. 21–23 mit weiteren Rspr.-Hinweisen.
[3] VHB Bund EVM(B)BwB Nr. 5.
[4] Lediglich die Bezeichnung des Bevollmächtigten kann noch nachgeholt werden (Nr. 5 Abs. 2), nicht aber die Bevollmächtigung selbst.

5 Die formelle Prüfung dient auch der Feststellung weiterer Angebotsmängel, **ohne** dass damit eine **Präjudizierung** über die weitere Angebotsbehandlung verbunden sein muss. Dazu zählen z.B.

- Einreichung von nicht gewünschten Nebenangeboten (§ 25 Nr. 5 Satz 1). Wurde ein solches wahlweise gemacht, wird nur die Alternative nicht weiter behandelt, während das Hauptangebot im Verfahren bleibt.
- Angebote von nicht aufgeforderten Bietern (bei beschränkter Ausschreibung, § 3 Nr. 3) u.Ä.

2. Die rechnerische Prüfung (Nr. 2 und 3)

6 Alle eingegangenen Angebote, die formell in Ordnung sind, müssen als nächstes rechnerisch geprüft werden. Ziel dieser Anordnung ist die Ermittlung der genauen Angebotssumme. Denn bis zu diesem Zeitpunkt gibt es lediglich die allein vom Bieter ermittelte **Submissionssumme**, die nach § 22 Nr. 3 Abs. 2 VOB/A zu verlesen war. Ist aber dem Bieter ein Rechenfehler unterlaufen, muss dieser richtig gestellt werden und der geänderte Endbetrag ist in die Niederschrift über den Eröffnungstermin einzutragen (Nr. 4). Dies führt nicht selten zu einer **Änderung der Bieterreihenfolge.**

7 **a) Rechnerische Prüfung im Einheitspreis-Vertrag.** Die Prüfpflicht des Auftraggebers erlangt ihre Hauptbedeutung im Einheitspreisvertrag, weil dort zumeist ein umfangreiches Rechenwerk zu erbringen ist und Fehler deshalb sehr häufig auftreten. Das „Nachrechnen" umfasst sowohl die Ermittlung des Positionspreises durch Multiplikation (Menge oder Vordersatz × Einheitspreis), als auch der Gewerkesummen und/oder des Gesamtpreises durch Addition der Positionspreise. Rechen- und Übertragungsfehler des Bieters sind dabei zu berichtigen.

8 Da die Nachrechnung eine **vorvertragliche Pflicht** des an die VOB/A gebundenen Auftraggebers darstellt, wird dadurch auch seine **(Mit-)Verantwortung** und **Haftung** begründet. Übersieht er nämlich einen solchen Rechenfehler des Bieters und erteilt er ihm deshalb als dem vermeintlich preisgünstigsten den Auftrag, kann er später mit keinem Schadensersatz aus §§ 280, 282 in Verbindung mit §§ 311 Abs. 2 und 241 Abs. 2 BGB aufrechnen, wenn der Auftragnehmer seine Vergütung nach den tatsächlich ausgeführten Leistungen (§ 2 Nr. 2 VOB/B) geltend macht[5]. Andererseits riskiert der Bieter einen Angebotsausschluss wegen persönlicher Unzuverlässigkeit (§ 25 Nr. 2 VOB/A), wenn er seine Preise durch **bewusste** Additionsfehler erhöht und der Auftraggeber dies bei der rechnerischen Prüfung aufdeckt.[6]

9 Eine wichtige Auslegungsvorschrift, die bei Widersprüchlichkeit zur Anwendung kommt, findet sich in Nr. 3 Abs. 1, wo die absolute **Priorität des Einheitspreises** festgelegt wird. Vorab ist anzumerken, dass die Sätze 2 und 3 dieser Bestimmung keine praktische Bedeutung mehr haben, weil nach den Einheitlichen Verdingungsmustern (EVM) des VHB Bund der Einheitspreis nur noch in Ziffern und nicht mehr in Worten abgefragt wird. Umso bedeutsamer ist die in Satz 1 getroffene Aussage über den Vorrang des Einheitspreises.[7] Von der rechtlichen Bedeutung her handelt es sich um eine inhaltliche Ausgestaltung und **Einschränkung des § 133 BGB,** wonach bei Willenserklärungen der wirkliche Wille zu erforschen und nicht an dem buchstäblichen Sinne des Ausdrucks zu haften ist. Der öffentliche Auftraggeber hat aber durch Verwaltungsrichtlinien intern seine Auslegungspraxis von vornherein strikt festgelegt, d.h. dass § 23 Nr. 3 vor § 133 BGB gilt und nicht mit dessen Hilfe ausgehöhlt oder gar ins Gegenteil verkehrt werden darf. Diese Gefahr ist vor allem dann gegeben, wenn der Einheitspreis „falsch" ist, weil er von der Realität abweicht oder offensichtlich auf einem Irrtum beruht.[8] **Beispiel:** In der Position für Bewehrungsstahl ist ein Kilogramm-Preis von 1.000,– € eingetragen, während der Gesamtpreis

[5] BGH BauR 1973, 186 = NJW 1973, 752.
[6] BGH BauR 1994, 98 = ZfBR 1994, 69.
[7] VHB Bund § 23 A Nr. 4; dies gilt auch für die Preise in Nebenangeboten, VK Sachsen-Anhalt IBR 2001, 227.
[8] Vgl. auch LG Köln IBR 2005, 509.

für 3.000 kg marktgerecht mit 3.000,– € angegeben wird. Natürlich ist hier jedem Fachkundigen klar, dass der Einheitspreis irrtümlich pro Tonne anstatt pro Kilogramm ausgeworfen wurde, was sich durch die Angabe des realistischen Gesamtpreises bestätigt. Dennoch ist hier keine Korrektur über § 133 BGB möglich, sondern allein die Auslegungsregel der Nr. 3 für den zweifelsfrei ausgewiesenen Einheitspreis maßgebend.

Gegenteilige Ansichten[9], die in Ausnahmefällen (z.B. bei offensichtlicher, sofort erkennbarer Fehlerhaftigkeit, die auch ohne Manipulationsvorwurf behoben werden kann) ein Abgehen von dieser Vorschrift befürworten, sind abzulehnen. Dafür sind zwei Gründe maßgebend: 10

- Der **Wettbewerbsgrundsatz** im Vergaberecht (§ 97 Abs. 1 GWB i.V.m. § 55 BHO) verlangt aus Gründen der **Gleichbehandlung** eine ausnahmslose Beachtung der formellen Regelungen.
- Auch durch noch so enge Ausnahmen kann der Eindruck einer **Auftraggeber-Manipulation,** d.h. einer wettbewerbswidrigen Verhaltensweise nach § 2 Nr. 1 Satz 3 VOB/A erweckt werden, was aber absolut vermieden werden muss.

Dies führt zu dem **Ergebnis**, dass **§ 133 BGB** durch § 23 Nr. 3 so **eingeengt** wird, dass nur noch der Wortlaut, d.h. die zweifelsfreie Angabe des Einheitspreises, für den Inhalt der Willenserklärung maßgebend ist. **Sonstige Auslegungskriterien**, wie z.B. der Positionspreis oder gar der (außervertragliche) Marktpreis dürfen **nicht** herangezogen werden. Andererseits kann aber der Auftraggeber selbst eine Klarstellung vornehmen, wenn sich Widersprüchlichkeiten in der Preisangabe selbst befinden, z.B. bei § 21 Nr. 1 Abs. 4 VOB/A. Werden hier Übertragungsfehler vom Langtext in die Kurzfassung festgestellt, darf der Einheitspreis aus dem verbindlichen Langtext übernommen werden.[10] 11

b) Rechnerische Prüfung im Pauschalvertrag. Bei Vergabe für eine Pauschalsumme gilt diese ohne Rücksicht auf etwa angegebene Einzelpreise (Nr. 3 Abs. 2). Damit ist die rechnerische **Prüfung auf ein Minimum beschränkt.** Sie findet allenfalls statt, wenn mehrere Einzelpauschalen gefordert sind, die zu einem Gesamtbetrag aufaddiert werden sollen. Dann ist allein dieser Rechenvorgang nachprüfbar. Handelt es sich dagegen um einen pauschalierten Einheitspreisvertrag, so ist ausschließlich die dafür ausgeworfene Endsumme maßgebend. Eine Überprüfung anhand der in den einzelnen Positionen angegebenen Preise auf ihre Richtigkeit oder gar eine Berichtigung des Gesamtbetrages aufgrund dieser Einzelangaben findet nicht statt. Eine Ausnahme kann sich allenfalls im Rahmen der Wertung ergeben, wenn der Verdacht auf ein Unterangebot besteht (§ 25 Nr. 3 Abs. 1 VOB/A) und der Auftraggeber für seine Annahme nach weiteren Argumenten sucht. 12

3. Die technische Prüfung (Nr. 2)

Anhand der technischen Prüfung ist festzustellen, ob das Angebot den **technischen Erfordernissen** entspricht, insbesondere im Hinblick auf die Gebrauchsfähigkeit. Dazu gehört die Übereinstimmung mit den **anerkannten Regeln der Technik**[11] und mit den für diesen Vertrag vereinbarten **besonderen DIN-Normen**, die zum Bestandteil der Verdingungsunterlagen gem. § 10 Nr. 2–4 i.V.m. § 9 VOB/A gemacht worden sind. Eine Wertung ist damit noch nicht verbunden, diese erfolgt erst im nächsten Schritt (§ 25 Nr. 3 VOB/A). 13

Gegenstand dieser Prüfung sind naturgemäß nur die vom Bieter gemachten Angaben. Soweit der Auftraggeber dabei auch technische Mängel in den von ihm vorgegebenen Verdingungsunterlagen entdeckt, wäre dies allenfalls nach § 26 Nr. 1 VOB/A (Aufhebung der Ausschreibung) zu beurteilen. Demgemäß kommen für die technische Prüfung im o.g. Sinne nur in Betracht 14

- vom Bieter angegebene und als gleichwertig bezeichnete Erzeugnisse oder Verfahren, die der Auftraggeber zulässigerweise nach § 9 Nr. 10 Satz 2 verlangt hat,[12]

---

[9] *HRR* A § 23 Rdn. 16–20.
[10] VOB-Stelle Niedersachsen IBR 1994, 404.
[11] Vgl. B §§ 4 Nr. 2 Abs. 1 (Rdn. 54–56) und 13 Nr. 1 (Rdn. 28).
[12] VOB-Stelle Sachsen-Anhalt IBR 1998, 231.

– vom Bieter ausgearbeitete Nebenangebote, die der Auftraggeber entweder gewünscht oder zumindest nicht ausdrücklich ausgeschlossen hat, und
– Angebote aufgrund einer Leistungsbeschreibung mit Leistungsprogramm (§ 9 Nr. 15–17 VOB/A).

15 Wie diese Prüfung im Einzelnen vor sich geht, ist in VHB Bund § 23 A Nr. 2.2 wie folgt definiert:

Die Prüfung hat sich zunächst darauf zu richten, ob die Angebote – einschließlich vorgesehener Textergänzungen und Bieterangaben – vollständig sind. Außerdem ist zu prüfen, ob die angebotene mit der geforderten Leistung übereinstimmt. Nebenangebote der Bieter sind daraufhin zu untersuchen, ob sie den Vertragszweck erfüllen.

Soweit erforderlich, ist zu prüfen, ob

– das vorgesehene Arbeitsverfahren technisch möglich und für eine vertragsgemäße Ausführung geeignet ist,
– die vorgesehenen Maschinen und Geräte dem Arbeitsverfahren entsprechen, der vorgesehene Maschinen- und Geräteeinsatz für die Ausführung der Leistung in der vorgeschriebenen Bauzeit ausreicht.

Angebote über Leistungen mit von der Leistungsbeschreibung abweichenden Spezifikationen sind daraufhin zu prüfen, ob sie mit dem geforderten Schutzniveau in Bezug auf Sicherheit, Gesundheit und Gebrauchstauglichkeit gleichwertig sind und die Gleichwertigkeit nachgewiesen ist.

16 Dabei stellt es eine Selbstverständlichkeit dar, dass die **Grundsätze und Maßstäbe**, nach denen diese Prüfung durchgeführt wird, innerhalb einer Ausschreibung **einheitlich** sein müssen. Dies ergibt sich aus dem Grundsatz auf Gleichbehandlung nach **§ 97 Abs. 2 GWB,** bzw. **§ 2 Nr. 2 VOB/A**

4. Die wirtschaftliche Prüfung (Nr. 2)

17 Da nach § 97 Abs. 5 GWB der Zuschlag auf das wirtschaftlichste Angebot zu erteilen ist, kommt gerade dieser Prüfung (wie auch der späteren Wertung) besondere Bedeutung zu. Sie hat zum Inhalt herauszufinden, welche preis- und sonstigen kostenmäßigen Gesichtspunkte im Angebot enthalten sind, die später in der Wertung eine ausschlaggebende Rolle spielen könnten. Somit erstreckt sie sich auf technische wie auch auf nichttechnische Faktoren, welche die **Wirtschaftlichkeit** der fertiggestellten **Baumaßnahme** betreffen. Beispielhaft sind hierfür zu erwähnen

– Höhe der angebotenen Preise im Vergleich zu Erfahrungswerten oder zu früheren Angebotspreisen,
– auffällig von anderen Angeboten abweichende Einheitspreise,
– Spekulationspreise,
– Verdacht auf Preisabsprache[13],
– Verlagerung von Kostenanteilen in andere Positionen[14],
– Auswirkungen von Alternativ- und Eventualpositionen,
– Höhe und Bedingungen für Preisnachlässe[15],
– Realisierungsmöglichkeiten für Skontoangebote[16],
– Auswirkungen einer Lohngleitklausel bezüglich Änderungssatz,[17]
– Auswirkungen einer Stoffpreisgleitklausel,
– Nebenangebote nichttechnischer Art (Zahlungspläne, Terminänderungen, Teilpauschalen),

---

[13] VHB Bund § 23 A Nr. 3.

[14] Sog. Mischkalkulation. Vgl. BGH VergabeR 2004, 473 = BauR 2004, 13433 (Leitsatz 2) und die Ausführungen unter VOB/A § 21 Rdn. 14.

[15] VOB-Stelle Sachsen-Anhalt IBR 1998, 188.

[16] Dies kommt aber nur in Frage, wenn Skonti nicht ganz von der Wertung ausgeschlossen sind, VHB Bund EVM (B) BwB/E Nr. 3.4 Abs. 4.

[17] *Dähne* FS Vygen, S. 168–170; *Augustin/Stemmer* BauR 2000, 1802.

– Nebenangebote technischer Art bezüglich Qualität, Haltbarkeit, Wartungsfreundlichkeit, Nutzungsart usw.,
– mögliche Folgekosten nach Investitionen.

Diese wie auch die sonstigen in Nr. 2 genannten Prüfungen können oft nur mit Hilfe von Sachverständigen durchgeführt werden, wobei die Voraussetzungen des § 7 VOB/A gegeben sein müssen. Insbesondere ist darauf zu achten, dass hier keine Interessenkonflikte auftreten, wenn der Sachverständige, auch nur mittelbar, an der Vergabe beteiligt sein sollte.[18] **18**

5. Geltung auch bei freihändiger Vergabe (Nr. 3 Abs. 3)

Ein solcher Hinweis war hier **zur Klarstellung** notwendig, weil für freihändige Vergaben kein Eröffnungstermin stattfindet (§ 3 Nr. 1 Abs. 3 VOB/A). Erst im Prüfungs- und Wertungsverfahren werden die drei Vergabearten wieder einheitlich weiterbehandelt (vgl. auch § 25 Nr. 7 VOB/A). **19**

6. Eintragung der geprüften Endsummen in die Niederschrift (Nr. 4)

Nach Nr. 4 sind auch die aufgrund der Prüfung festgestellten Angebotsendsummen in die Niederschrift einzutragen, zweckmäßigerweise farblich abgesetzt. Zwar zählt deren Ermittlung bereits zum internen Prüfungsvorgang, sie unterliegen gleichwohl aber noch einer gewissen **Publizität**, was sicherlich wegen des **Transparenzgebots** in § 97 Abs. 1 GWB berechtigt ist. Folgerichtig besteht auch hinsichtlich dieser nachgerechneten Summen für die Bieter das **Recht auf Einsicht** (§ 22 Nr. 7 VOB/A). **20**

§ 24 Aufklärung des Angebotsinhalts

1. (1) Bei Ausschreibungen darf der Auftraggeber nach Öffnung der Angebote bis zur Zuschlagserteilung mit einem Bieter nur verhandeln, um sich über seine Eignung, insbesondere seine technische und wirtschaftliche Leistungsfähigkeit, das Angebot selbst, etwaige Nebenangebote, die geplante Art der Durchführung, etwaige Ursprungsorte oder Bezugsquellen von Stoffen oder Bauteilen und um sich über die Angemessenheit der Preise, wenn nötig durch Einsicht in die vorzulegenden Preisermittlungen (Kalkulationen), zu unterrichten.
(2) Die Ergebnisse solcher Verhandlungen sind geheim zu halten. Sie sollen schriftlich niedergelegt werden.
2. Verweigert ein Bieter die geforderten Aufklärungen und Angaben, so kann sein Angebot unberücksichtigt bleiben.
3. Andere Verhandlungen, besonders über Änderung der Angebote oder Preise, sind unstatthaft, außer wenn sie bei Nebenangeboten oder Angeboten aufgrund eines Leistungsprogramms nötig sind, um unumgängliche technische Änderungen geringen Umfangs und daraus sich ergebende Änderungen der Preise zu vereinbaren.

Schrifttum: *Ax* Zur Frage des Nachverhandlungsspielraums der Auftraggeber bei Offenem und Nichtoffenem Verfahren im Rahmen des § 24 VOB/A, BauR 1999, 1238 – *Zielkow/Siegel* Zulassung von Nachverhandlungen im Vergabeverfahren?, NZBau 2005/22.

Übersicht

[18] *HRR* A § 7 Rdn. 8, 9.

I. Allgemeines

1 Die nach § 24 zugelassene „Aufklärung des Angebotsinhalts" wurde bewusst zwischen die Prüfung (§ 23) und die Wertung (§ 25) gesetzt, weil sich diese Notwendigkeit in beiden Verfahrensabschnitten ergeben kann. Bis 1990 lautete die Überschrift noch „Verhandlungen mit Bietern", was aber im Hinblick auf das grundsätzliche Verhandlungsverbot in Nr. 3 zu Missverständnissen führte. Der Begriff „Verhandeln" bedeutet nämlich, dass auch eine gewisse Verfügungsmöglichkeit besteht, die § 24 zugunsten einer reinen Information jedoch gerade ausschließen will.[1]

2 Aber selbst in dieser Form handelt es sich um eine **Ausnahmeregelung**. Denn der vom Wettbewerb diktierte **Grundsatz** lautet, dass Angebote für Bauleistungen so auszugestalten sind, dass sie ohne weitere Mitwirkung der Bieter geprüft und gewertet werden können. Mit dem Eröffnungstermin ist nämlich der Wettbewerb und damit auch der Part des Bieters eigentlich beendet. Folgerichtig ist die Wahrnehmung der Informationsmöglichkeit durch den Auftraggeber oft eine Gratwanderung zwischen bloßer **Aufklärung** und **unzulässiger Preisverhandlung.** Muss der sich letzteres zu Recht vorwerfen lassen, liegt darin ein Vergabeverstoß mit allen sich daraus ergebenden Konsequenzen (§§ 102, 124, 126 GWB), also auch einem Schadensersatzanspruch aus §§ 311 Abs. 2, 241 Abs. 2 in Verb. mit §§ 280, 282 BGB.[2]

II. Das Aufklärungsgespräch im Einzelnen (Nr. 1 und 2)

1. Zeitpunkt und Inhalt (Nr. 1)

3 Trotz grundsätzlicher Nichtbeteiligung der Bieter an der Prüfung und Wertung darf der Auftraggeber nach Angebotseröffnung (§ 22 VOB/A) bis zur Zuschlagserteilung (§ 28 VOB/A) mit einem Bieter über das Angebot selbst und über angebotsbegleitende Umstände „verhandeln", was bei Einbeziehung von Nr. 3 aber **lediglich Informationseinholung** bedeuten kann. Folgerichtig muss, vorbehaltlich der Grenzen von Treu und Glauben, ein individueller Anspruch des Bieters auf ein Angebotsgespräch verneint werden.[3] Was zulässigerweise erfragt werden darf, nennt Nr. 1 im Einzelnen, wobei stets zu beachten ist, dass hier nicht – offen oder versteckt – bereits die Grenze zur (unzulässigen) Preisverhandlung überschritten wird.

4 **a) „Eignung, insbesondere technische und wirtschaftliche Leistungsfähigkeit".** Diese Fragebefugnis dient nur der Ergänzung bereits abgegebener Erklärungen und der Ausräumung von Restzweifeln.[4] Sie ist im Zusammenhang mit § 8 Nr. 3–5 und § 25 Nr. 2 VOB/A zu sehen, wo der Vergabegrundsatz „Bietereignung", § 2 Nr. 1 VOB/A, ausführungsbezogen konkretisiert wird. Eine Einschränkung in zeitlicher Hinsicht erfährt dieses Informationsrecht allerdings bei

[1] VHB Bund § 24 A Abs. 1: „Diese Verhandlungen dürfen nur der Aufklärung dienen."
[2] Vgl. VOB/A § 25 Anhang (Rdn. 112 ff.).
[3] OLG Dresden VergabeR 2004, 92, Leitsatz 4; VK Hannover IBR 2004, 718.
[4] OLG Saarbrücken IBR 2005, 49.

beschränkter Ausschreibung und bei freihändiger Vergabe; denn bei diesen Vergabearten sind solche Überprüfungen bereits vor der Aufforderung zur Angebotsabgabe vorzunehmen (§ 8 Nr. 4 VOB/A). Eine Ausnahme gilt nur, wenn dem Auftraggeber nachträglich in § 8 Nr. 5 VOB/A genannte Gründe bekannt werden. Das **VHB Bund** sagt hierzu ferner:

Verhandlungen mit Bietern sind nur zulässig, wenn Zweifel an der Fachkunde, Leistungsfähigkeit und Zuverlässigkeit des Bieters, an Einzelheiten des Angebots oder der Angemessenheit der Preise ausgeräumt werden sollen. Diese Verhandlungen dürfen nur der Aufklärung dienen; Änderungen des Angebots oder der Preise sind – abgesehen von den in § 24 Nr. 3 vorgesehenen Ausnahmen – nicht zulässig. 5

Der Aufklärung dienen auch Erörterungen mit den Bietern über die Angaben in den EFB-Preis. Bei Zweifeln an deren Schlüssigkeit oder Richtigkeit soll das Bauamt Klärung herbeiführen und nötigenfalls die Berichtigung in den Formblättern verlangen. Diese Berichtigung muss sich im Rahmen der Kalkulation des Bieters halten, sie darf nicht zur Korrektur einer nicht ordnungsgemäßen Preisermittlung führen.

Werden die Formblätter nicht abgeben, sind diese nachzufordern.[5]

b) „das Angebot selbst". Hierbei handelt es sich um die Aufklärung von Zweifelsfragen, die sich aus den **Bietererklärungen** im Angebot ergeben. Die Bestimmung ist in engem Zusammenhang mit der technischen und wirtschaftlichen Prüfung (§ 23 Nr. 2 VOB/A) zu sehen, insbesondere bei **Nebenangeboten** des Bieters. Gerade hier ist die Abgrenzung zur unzulässigen Preisverhandlung manchmal überaus schwierig. Wurde z.B. ein Skonto mit Frist und Prozentsatz angeboten, darf der Auftraggeber nicht erfragen, ob es sich separat auf alle Abschlagszahlungen und die Schlusszahlung bezieht oder nur bei pünktlicher Zahlung aller Rechnungen gilt. Denn der Bieter könnte seine Auskunft an dem ihm bereits bekannten Submissionsergebnis orientieren und so mit zwei Summen am Verfahren teilnehmen, also manipulieren.[6] Keinesfalls darf der Auftraggeber nachgeschobene Erklärungen berücksichtigen, die den Angebotsinhalt modifizieren, da nur die Auslegung des bei Submission vorhandenen Textes zulässig ist.[7] Das gilt auch, wenn er zwingend die Einreichung von Detailzeichnungen von vorneherein gefordert, der Bieter diese aber nicht vorgelegt hat,[8] oder wenn „unzulässige Änderungen an den Verdingungsunterlagen" vorgenommen wurden.[9] Ebenso wenig darf auch das zur Submission geforderte Formblatt EFB-Preis noch nachgereicht werden.[10] 6

c) „etwaige Nebenangebote". Aufklärungsverhandlungen hierüber erhalten ihre besondere Berechtigung aus § 25 Nr. 5 VOB/A, d.h. der grundsätzlichen Verpflichtung des Auftraggebers zur Wertung. Da die Ausformulierung, anders als beim Hauptangebot, allein vom Bieter kommt, wird sich oft die Notwendigkeit einer **Auslegung** bzw. einer **Aufklärung** ergeben. Aber auch und gerade hier wird die Abgrenzung zum Nachverhandlungsverbot der Nr. 3 stets strikt zu beachten sein,[11] wobei allerdings unumgängliche **geringe Änderungen** in der Technik und im Preis zulässig sein können. Bei unklar formulierten Nebenangeboten, die ihre Ursache in einer fehlerhaften Leistungsbeschreibung des Auftraggebers haben, kann eine Aufklärung geradezu geboten sein.[12] 7

d) „die geplante Art der Durchführung". Wohl nur ausnahmsweise kann der Auftraggeber ein Interesse daran haben, hierzu Näheres zu erfragen. Denn zweckmäßigerweise sollte er dem Bieter nur das Leistungsziel vorschreiben, ihm es aber im Wesentlichen selbst überlassen, wie er als Fachmann den Werkerfolg auf wirtschaftlichstem Wege herbeiführt. Macht er dennoch 8

[5] VHB Bund § 24 A Abs. 1–3.
[6] Bedenklich daher OLG Karlsruhe BauR 1999,1928 = MDR 1999, 930.
[7] VK Saarland IBR 2001, 221.
[8] VÜA Hessen IBR 1999, 450.
[9] VK Südbayern IBR 1999, 508; VK Nordbayern IBR 2001, 223.
[10] BGH VergabeR 2005, 617; anders noch OLG Celle BauR 1986, 436 = NJW RR 1987,98.
[11] VK Sachsen IBR 2000, 403.
[12] OLG Celle IBR 2003, 570.

Angaben über das „Wie“, dann übernimmt er dafür auch das **Beschreibungs-** und das **Interpretationsrisiko,** während dem Bieter lediglich später als Auftragnehmer die sog. Prüfungs- und Hinweispflicht nach § 4 Nr. 3 VOB/B obliegt. Zwingen die äußeren Umstände, z.B. das Fehlen von Zufahrtswegen, Bauen im Bestand, Koordinierungsprobleme, behördliche Auflagen usw., ausnahmsweise zur Vorgabe des Bauablaufes oder zur Notwendigkeit einer Bieterbefragung, ist diese Möglichkeit zwar eingeräumt, eine Preisänderung aber damit nicht erlaubt.

9 **e) „etwaige Ursprungsorte oder Bezugsquellen von Stoffen oder Bauteilen“.** Diese Informationsmöglichkeit ist vor allem im Zusammenhang mit § 9 Nr. 10 VOB/A zu sehen, wonach der Auftraggeber ausnahmsweise bestimmte Erzeugnisse oder Verfahren unter den dort gegebenen Voraussetzungen in der Leistungsbeschreibung benennen darf.[13] Trägt der Bewerber ein Produkt als „gleichwertig“ ein, das aber der Auftraggeber nicht kennt, muss es jenem gestattet sein, dazu nähere Erkundigungen einzuholen. Weiter ist zu beachten, dass die Bauordnungen der Länder umfangreiche Bestimmungen über Bauprodukte und -arten enthalten (z.B. Artikel 11 BayBO), für deren Einhaltung auch der Bauherr verantwortlich ist. Und schließlich liegt es in seinem Interesse, sich über die Zuverlässigkeit des Lieferanten ein Bild zu machen, so dass die sachliche Berechtigung dieser Vorschrift genügend manifestiert ist. Bei einer Vielzahl unzureichender Fabrikatsangaben ist aber die Grenze einer zulässigen Aufklärung deutlich überschritten.[14]

10 **f) „Angemessenheit der Preise“.** Nach § 2 Nr. 1 VOB/A sind Bauleistungen an fachkundige, leistungsfähige und zuverlässige Unternehmer **zu angemessenen Preisen** zu vergeben. Also muss sich der öffentliche Auftraggeber über die Angemessenheit auch informieren können und dürfen. Andererseits ist dies problematisch, weil es sich um Wettbewerbspreise handelt, in denen dementsprechende Überlegungen, bis hin zur Spekulation, Niederschlag finden können. Deshalb darf der Auftraggeber von diesem Recht nur sparsam Gebrauch machen, i.d.R. nur bei Angeboten, die in die engere Wahl gekommen sind (§ 25 Nr. 3 Abs. 3 VOB/A). Grundsätzlich bemisst sich die preisliche Angemessenheit allein aus der Gesamtsumme;[15] Einheitspreise sind nur prüf- und aufklärungsbedürftig, wenn sie nicht nur vereinzelt, sondern in größerer Anzahl von Marktüblichkeit und Erfahrung abweichen.

11 Zu diesem Zwecke darf der Auftraggeber – wenn nötig – Einsicht in die vorzulegenden Preisermittlungen (Kalkulationen) nehmen. Daraus sind logischerweise zwei Folgerungen abzuleiten:

- Es besteht eine **Verpflichtung** des Bieters, die Einsichtnahme in die vorzulegenden Preisgrundlagen zu gestatten.
- Der Auftraggeber darf **nur ausnahmsweise** die Vorlage der Kalkulation fordern („wenn nötig“), d.h. er muss dafür **triftige Gründe** haben und sie dem Bieter auf Verlangen benennen. Dazu zählen z.B. der Verdacht auf einen **Kalkulationsirrtum,**[16] einen spekulativen Preis bzw. eine **Mischkalkulation**[17] oder eine Preisabsprache.

12 In diesem Zusammenhang ist auf **zwei Sonderprobleme** hinzuweisen, die im Rahmen der Preisaufklärung oftmals eine Rolle spielen:

- Die nach VHB Bund mit einzureichenden **Formblätter** EFB-Preis 1 a–d und 2, in denen Angaben zur Kalkulation zu machen sind, dienen der Preisprüfung schon bei der Vergabe und können später bei der Ermittlung von Nachtragspreisen als Kalkulationsgrundlage herangezogen werden. Bei Zweifeln an deren Schlüssigkeit oder Richtigkeit darf der Auftraggeber umfassende Klärung verlangen und notfalls eine Berichtigung im Rahmen der im Leistungs-

[13] VK Sachsen-Anhalt IBR 2000, 406.

[14] VK Hannover IBR 2004, 718.

[15] BGH BauR 1977, 52, 53 (neuerdings bestätigt durch BGH BauR 2004, 1433); VK Nordbayern IBR 2002, 34; BayObLG VergabeR 2001, 65.

[16] A § 25 Rdn. 58 ff.

[17] Vgl. dazu VOB/A § 21 Rdn. 14 und OLG Frankfurt NZBau 2006, 259; OLG Rostock NZBau 2006, 261; OLG Jena NZBau 2006, 263.

verzeichnis angegebenen Preise vornehmen; sie darf aber nicht zur Korrektur einer nicht ordnungsgemäßen Preisermittlung führen.[18]

– Umstritten ist die Frage, ob der Auftraggeber die **Kalkulationsunterlagen von Nachunternehmern,** deren Einsatz schon jetzt feststeht (§ 4 Nr. 8 Abs. 1 Satz 3 VOB/B), verlangen kann. Dies ist nach hier vertretener Auffassung nicht zulässig.[19] Denn „Kalkulationsgrundlage" des Bieters ist allein der vom Nachunternehmer angebotene Preis. Eine Kalkulationsgrundlage der Kalkulationsgrundlage gibt es aber schon rein begrifflich nicht. Der Auftraggeber muss diesen Preis als gegeben hinnehmen und kann nur noch Auskunft über die Zusammensetzung des Generalunternehmer-Zuschlages verlangen. Aber in fast allen Fällen wird zu diesem Zeitpunkt eine vertragliche Bindung des Nachunternehmers noch gar nicht vorliegen,[20] da der Bieter ja nicht weiß, ob er den Auftrag überhaupt bekommt. Er ist allenfalls im Besitz eines Angebotes des Nachunternehmers. Daher wären solche Auskünfte für den Auftraggeber auch wertlos.

2. Verpflichtung des Auftraggebers zur Aufklärung

Grundsätzlich steht es im **pflichtgemäßen Ermessen** des Auftraggebers, ob er von der Gesprächsmöglichkeit Gebrauch machen möchte. Der Passus „... darf der Auftraggeber ... nur verhandeln" räumt zwar ein Recht ein, zwingt aber nicht zu dessen Ausübung.[21] Dennoch kann sich dieses Ermessen zu einer Verpflichtung verdichten, wenn die Ausschreibung sehr komplex ist, insbesondere durch die Einbindung finanztechnischer Abläufe und durch die gebotene Beurteilung steuerlicher Aspekte. Gleiches gilt, wenn sich schon auf Grund der Preisangaben (0,01 €) der **Verdacht** aufdrängt, dass der Bieter seinen Preis durch eine **„Mischkalkulation"** auf andere Positionen umverteilt hat.[22] Denn die bloße Vermutung einer unzulässigen Preisaufteilung reicht für einen Angebotsausschluss nicht aus.[23] Bei dieser Obliegenheit des Auftraggebers kommt es nicht darauf an, ob der Ausgang des Gespräches vorhersehbar oder zur widerspruchsfreien Klärung geführt hätte.[24] Hat der Auftraggeber bei dieser Konstellation ein notwendiges Bietergespräch unterlassen oder gar abgelehnt, liegt ein **Vergabeverstoß** i.S. von § 107 i.V.m. § 97 Abs. 7 GWB vor. 13

3. Geheimhaltung, Schriftform

Nach Nr. 1 Abs. 2 sind die Verhandlungsergebnisse geheim zu halten, ferner sollen sie schriftlich niedergelegt werden. Das Geheimhaltungsgebot ist im Grunde eine Selbstverständlichkeit des Vergaberechts, was auch an anderen Stellen zum Ausdruck kommt, etwa in § 22 Nr. 7 letzter Satz, und Nr. 8 VOB/A. Denn es wird unvermeidlich sein, dass in einem derartigen Gespräch auch Betriebsinterna behandelt werden, die den Konkurrenten Einblick in Geschäftsgeheimnisse gewähren können. Somit verbietet es sich, sog. Sammelgespräche mit mehreren Bietern gleichzeitig abzuhalten; vielmehr dürfen hier nur **Einzelgespräche** geführt werden.[25] Ein Verstoß gegen das Geheimhaltungsgebot durch den Auftraggeber wäre rechtlich als „Verschulden bei Vertragsabschluss" (§§ 311 Abs. 2, 241 Abs. 2 BGB) zu qualifizieren. Dem Bieter würde ggf. ein Ersatzanspruch für den ihm nachweislich daraus entstandenen Schaden eingeräumt (§§ 280, 282 BGB). 14

Die **Protokollierung** solcher Verhandlungen, die in der Praxis mündlich geführt werden, wird durch eine Soll-Bestimmung gefordert. Damit ist Niederschrift die Regel, der Auftraggeber darf nur in Ausnahmefällen davon Abstand nehmen, z.B. bei lediglich allgemeiner Unterrichtung ohne ausschlaggebende Bedeutung. Die Schriftform ist aber stets obligatorisch, wenn es sich um eine 15

---

[18] VHB Bund § 24 A Abs. 2.
[19] A.A. *HRR*, A § 24 Rdn. 12 und offenbar auch VHB Bund EVM (B) BwB/E Nr. 4 Abs. 1, lt. Satz.
[20] Vgl. dazu A § 21 Rdn. 17 und VHB Bund EVM (B) BwB/E Nr. 7.
[21] OLG Naumburg VergabeR 2005, 789.
[22] BGH VergabeR 2004, 477 = NZBau 2004, 457; OLG Rostock VergabeR 2004, 719 = NZBau 2005, 172; OLG Koblenz IBR 2005, 439; OLG Frankfurt VergabeR 2006, 126; bedenklich daher OLG Brandenburg IBR 2005, 275.
[23] OLG Schleswig VergabeR 2006, 367 (Leitsatz 3).
[24] VÜA Nordrhein-Westfalen IBR 1999, 296.
[25] Vgl. dazu auch VOB/A § 22 Rdn. 34–38.

Ausnahme gem. Nr. 3 handelt und technische bzw. preisliche Änderungen geringen Umfangs vereinbart worden sind.[26]

4. Rechtsfolgen bei verweigerter Aufklärung (Nr. 2)

16 Wenn der Bieter die nach Nr. 1 geforderten Aufklärungen und Angaben im Bietergespräch verweigert, **kann** sein Angebot unberücksichtigt bleiben. Analog gilt dies auch für den Fall, dass er die schriftliche Aufklärung zu seinem Preis (§ 25 Nr. 3 Abs. 2 Satz 1) nicht fristgemäß abgibt. Über den Wortlaut hinaus darf der Auftraggeber von dieser Möglichkeit ferner Gebrauch machen, wenn seine Aufklärungsversuche **unzureichend** oder **unvollständig** bzw. **falsch** sind. Damit ist ein weiterer Ausschlusstatbestand für Angebote geschaffen, der in § 25 Nr. 1 Abs. 2 VOB/A nicht erwähnt wird. Daraus darf der Schluss gezogen werden, dass die dortige Aufzählung nicht abschließend ist. Sie umfasst nur solche Gründe, die bis zum Beginn des Prüfungs- und Wertungsvorgangs entstanden und bekannt geworden sind.

17 Ferner handelt es sich um eine **Kann-Bestimmung**, deren Ausübung in das pflichtgemäße Ermessen des allein für die Entscheidung zuständigen Auftraggebers[27] gestellt wird. Führt etwa die Nichtabgabe von Formblättern oder die Verweigerung anderer Angaben dazu, dass eine ordnungsgemäße Wertung behindert oder vereitelt wird, darf der Auftraggeber das Angebot unberücksichtigt lassen.[28] Kann er die nötigen Aufklärungen oder Angaben aber auf andere Weise erlangen, ist er nicht gezwungen, nur wegen unzulänglicher oder verweigerter Auskunft auf ein attraktives Angebot zu verzichten.[29] Das selbe gilt, wenn sich die geforderten Angaben des Bieters als weniger wichtig für die Bewertung erweisen. Andererseits ist es durchaus zulässig, aus einer willkürlichen Auskunftsverweigerung des Bieters auch negative Konsequenzen hinsichtlich der persönlichen Eignung (§ 25 Nr. 2 VOB/A) zu ziehen. Der Auftraggeber kann für die Nachreichung solcher Erklärungen und Unterlagen eine Ausschlussfrist setzen, die er als solche aber deutlich kenntlich machen muss.[30]

III. Unstatthafte Änderungs- und Preisverhandlungen (Nr. 3)

18 Das Hauptproblem des § 24 liegt in der **Abgrenzung** zwischen **Nr. 1** „zulässige Aufklärung des Angebotsinhalts" und **Nr. 3** „unzulässige Änderungs- und Preisverhandlungen". Damit ist nämlich die Frage nach einem ordnungsgemäßen Wettbewerb angesprochen, der nicht nachträglich verfälscht oder in sonstiger Weise manipuliert werden darf. Den öffentlichen Händen und den sonstigen VOB-Anwendern nach § 98 GWB kommt insoweit **Leitbildfunktion** zu. Sie unterliegen dabei sogar einer gesetzlich normierten Verpflichtung (§§ 55 und 7 BHO, § 97 Abs. 1 GWB).

19 Oftmals wird nämlich übersehen, dass Bauaufträge nicht zu billigen, sondern zu angemessenen Preisen zu vergeben sind (§ 2 Nr. 1 VOB/A) und dass der Zuschlag auf das wirtschaftlichste Angebot erteilt werden muss (§ 97 Abs. 5 GWB), d.h. nicht immer auf das niedrigste. Dabei sind Unterangebote auszuscheiden (§ 25 Nr. 3 Abs. 1 VOB/A) und auch in der Wertung ist der niedrigste Preis nicht allein entscheidend (§ 25 Nr. 3 Abs. 3, letzter Satz). Das macht die **Zielsetzung der VOB/A** deutlich, nicht nur für ein Vergabeverfahren ein optimales Ergebnis zu erreichen, sondern durch verantwortungsvolles, berechenbares Handeln eine dauerhafte und wirtschaftliche Bautätigkeit zu ermöglichen. Auf dieser Linie liegt auch § 24 Nr. 3.

1. Änderungen des Angebotes

20 Das Angebot ist in seinem Inhalt unverändert zu belassen, der Auftrag muss gewissermaßen dessen Spiegelbild sein. Dies ist allerdings auch noch der Fall, wenn der Auftraggeber nur gewisse

[26] *HRR* A § 24 Rdn. 17.
[27] OLG Naumburg VergabeR 2005, 789 (Leitsatz 1).
[28] VHB Bund § 24 A Abs. 4.
[29] OLG Brandenburg IBR 2003, 687.
[30] OLG Jena IBR 2003, 38.

Klarstellungen und Präzisierungen in den ihm vorliegenden Bietererklärungen gefordert hat, z.B. bezüglich technischer Modalitäten in der Ausführung. So hat z.B. der VÜA Bund es für zulässig erachtet, wenn nachträglich eine dem AGB-Gesetz (jetzt: §§ 305 ff. BGB) widersprechende Vertragsstrafenregelung geändert wird.[31] Andererseits wäre das Angebot **inhaltlich verändert, wenn** aufgrund des Bietergesprächs

- die Rechtspersönlichkeit des AN geändert wird, z.B. durch nachträgliche Zulassung einer Arbeitsgemeinschaft oder deren Erweiterung/Beschränkung[32],
- die Leistung in Lose zerlegt und getrennt vergeben wird,
- nachträglich der Einsatz von Subunternehmern gestattet wird, ohne dass die Voraussetzungen nach § 4 Nr. 8 Abs. 1 Satz 3 VOB/B vorliegen,[33]
- die Leistung nach Art und Umfang geändert wird, z.B. durch Herausnehmen oder Hinzufügen einzelner Positionen,[34]
- die fehlende Unterschrift (§ 21 Nr. 1 VOB/A) nachgeholt wird,
- der Bieter einzelne Angebotserklärungen zurückzieht (z.B. eigene AGB),
- bei Nachlässen eine damit verbundene Bedingung rückgängig gemacht oder geändert wird[35],
- ein vom Bieter angebotenes Skonto inhaltlich ergänzt oder in seiner Auswirkung auf Abschlags- und Schlusszahlung abgefragt wird, u.Ä.

In solchen Fällen hat der Auftraggeber nur die Möglichkeit, ein derart unzulängliches Angebot auszuscheiden oder zu prüfen, ob ein Aufhebungsgrund i.S. von § 26 Nr. 1 VOB/A besteht. Eine „Heilung" im Bietergespräch ist nicht möglich.[36] Der Auftraggeber darf also nur erfragen, nicht aber gestalten. 21

2. Änderungen der Preise

Das Verhandlungsverbot gilt ebenso hinsichtlich der angebotenen (Einheits-)Preise. Diese sind auch insofern „Festpreise", als sie im Rahmen des Wettbewerbs von der Angebotseröffnung bis zum Zuschlag grundsätzlich unverändert bleiben müssen. **Unzulässige Preisänderungen** liegen beispielsweise vor, wenn der Auftraggeber in diesem Stadium 22

- einen an zweiter oder hinterer Stelle liegenden Bieter auf den ersten „herunter handelt", weil jener aus irgendwelchen Gründen nicht zum Zuge kommen soll,[37]
- fehlende Preisangaben ergänzt oder ergänzen lässt (auch in Alternativ- oder Eventualpositionen),[38]
- die Pauschalierung eines auf Einheitspreisen beruhenden Angebotes verlangt,[39]
- einer „Berichtigung" von „falschen" Preisen oder von Kalkulationsirrtümern zustimmt,[40]
- „fehlerhafte", aber anfechtbare Preise nach Marktlage berichtigt (aus irrealen 2.000 € werden 20,00 €),
- den (gesetzlichen) Umsatzsteuersatz einträgt,
- den erhöhten Änderungssatz einer Lohngleitklausel[41] (Pfennig- oder Cent-Klausel) an die Werte im Formblatt EFB-Preis anpasst,
- der nachträglichen Einfügung einer Materialpreis-Gleitklausel zustimmt, u.Ä.

---

[31] WuW 1995, 865. Nach heutigem Rechtsverständnis ist diese Entscheidung aber höchst bedenklich.
[32] OLG Düsseldorf IBR 2005, 166.
[33] VK Nordbayern IBR 2001, 447.
[34] VK Brandenburg IBR 2000, 407; VK Baden-Württemberg IBR 2001, 137.
[35] OLG Nürnberg BauR 1997, 825; VK Sachsen IBR 2001, 41; OLG Düsseldorf IBR 2001, 75.
[36] VK Nordbayern IBR 2001,223.
[37] VK Baden-Württemberg IBR 2001, 228 (Leitsatz 1).
[38] BGH VergabeR 2003, = NZBau 2003, 406.
[39] OLG Celle BauR 1996, 860.
[40] BGH BauR 2002, 1082 = NZBau 2002, 344; OLG Düsseldorf VergabeR 2001, 226.
[41] Vgl. dazu *Dähne* FS *Vygen* 1999, S. 161 ff.

Zur zivilrechtlichen Beurteilung eines unter Verstoß gegen das Preisverhandlungsverbot zustande gekommenen Vertrags vgl. VOB/B § 2 Rdn. 68 (Kapellmann).

3. Ausnahmen vom Verhandlungsverbot

23 In bestimmten, abschließend aufgezählten Fällen ist dem Auftraggeber allerdings eine Änderungsverhandlung erlaubt, jedoch nur wenn die in Nr. 3 genannten sonstigen Voraussetzungen gegeben sind. Dazu zählen in keinem Falle die Hauptangebote eines Einheitspreisvertrages, eines Pauschalvertrages nur dann nicht, wenn er nicht auf einem Leistungsprogramm (§ 9 Nr. 15–17 VOB/A) beruht. Das wird i.d.R. nur auf den sog. Detail-Pauschalvertrag zutreffen. Das Verhandlungsverbot gilt selbstverständlich auch für alle Erstattungsverträge (§ 5 Nr. 2 und 3 VOB/A).

24 **Änderungs- und Preisverhandlungen** sind grundsätzlich denkbar bei

- Nebenangeboten (§ 21 Nr. 3 VOB/A) sowie bei
- Angeboten aufgrund eines Leistungsprogramms (§ 9 Nr. 15–17 VOB/A), bei dem der Bieter auch Entwurfsaufgaben zur Erstellung seiner Offerte zu erfüllen hat.

25 Sinn und Zweck dieser Regelung ist klar: In diesen Fällen ist der Bieter so intensiv an der Angebotsausarbeitung beteiligt, dass sich bei der Prüfung und Wertung durch den Auftraggeber zwangsläufig Rückfragen ergeben. Diese berühren den Verantwortungsbereich des Bieters, seine Erklärung kann sich u.U. als auslegungsbedürftig erweisen. Damit im Zusammenhang steht oft eine erforderliche Anpassung an die vom Auftraggeber gestellte Bauaufgabe in beschreibungsmäßiger wie preislicher Sicht. Aber diese **Anpassung** unterliegt **engen Beschränkungen.**[42] Es darf sich nämlich nur um

- unumgängliche technische Änderungen handeln, was sich an der konkreten Maßnahme orientieren muss,
- die nur geringen Umfang im Verhältnis zum Projekt haben.[43]

26 Im Interesse einer **restriktiven Auslegung** ist unter „Maßnahme" bzw. „Projekt" lediglich das Nebenangebot zu verstehen, nicht die gesamte im Vertrag beschriebene Bauaufgabe. Ferner ist darauf hinzuweisen, dass die Verhandlung sich nur auf bereits bei Submission gemachte Nebenangebote beziehen darf. Der erst im Bietergespräch gegebene Hinweis auf Einsparungsmöglichkeiten kann nicht Gegenstand solcher Verhandlungen werden, geschweige denn im Angebot zu Umformulierungen führen. Hier käme allenfalls eine Aufhebung der Ausschreibung gem. § 26 Nr. 1 b VOB/A in Betracht.

27 Der Wortlaut „daraus sich ergebende Änderungen der Preise" weist eindeutig darauf hin, dass es sich hier lediglich um eine **Folgewirkung** aus der „Änderung des Angebotes" handelt. Der umgekehrte Weg, dass der Auftraggeber zur Anpassung des Preises an seine verfügbaren Haushaltsmittel geringfügige technische Änderungen vornimmt, würde von § 24 Nr. 3 nicht gedeckt.

28 Letztlich ist aufgrund der o.g. Folgewirkung davon auszugehen, dass der „geringe Umfang" der unumgänglichen technischen Änderungen sich auch in dem neuen Preis fortsetzen muss. Auf Grund dessen ist es vergaberechtlich äußerst bedenklich, wenn durch die Preisänderung auch die Bieterreihenfolge geändert und danach auf das geänderte Angebot der Zuschlag erteilt würde.[44] Das selbe gilt, wenn das Angebot aufgrund dieser Behandlung auf eine hintere Stelle zurückfällt und deshalb nicht beauftragt wird.

29 Da sich § 24 inhaltlich auf das Angebot selbst und auf unmittelbar angebotsabhängige Umstände bezieht, zählen dazu nicht andere Fälle, in denen **Verhandlungen nach Angebotseröffnungen** geführt werden. Hier sind zu nennen:

- **Verlängerung der Zuschlags- und Bindefrist** (§ 19 VOB/A), wenn sich die Prüfung und Wertung der Angebote verzögert. Hier wird in der Praxis bei den in die engere Wertung

---

[42] OLG Celle NZBau 2003, 232.
[43] VK Sachsen-Anhalt IBR 2001, 227.
[44] OLG Saarbrücken IBR 2006, 160.

gelangten Bietern (§ 25 Nr. 3. Abs. 3 VOB/A) angefragt, ob mit einer solchen Verlängerung Einverständnis besteht. Derartige Verhandlungen sind zulässig, denn sie widersprechen nicht dem Schutzzweck des § 24; der Wettbewerb und die Belange der anderen Bieter werden gewahrt.[45] Außerdem steht es den Bietern frei, zuzustimmen oder abzulehnen und dadurch die Angebotsbindung zu lösen. Eine weitere Rechtfertigung erfährt dieses Ergebnis durch § 28 Nr. 2 Abs. 2 i.V.m. § 150 Abs. 1 BGB, wonach unter den dortigen Voraussetzungen auch eine verspätete Annahme zum Vertragsschluss führt.

– Fortbestehen der **Angebotsbindung nach Aufhebung der Ausschreibung** (§ 26 Nr. 1 VOB/A). In der Praxis fragen oft öffentliche Auftraggeber vor der Aufhebung den an erster Stelle liegenden Bieter, ob er sich auch nachher noch an sein Angebot gebunden hält. Dies erscheint aus vergaberechtlichen Gesichtspunkten allerdings sehr **bedenklich**, weil durch die Aufhebung eine kollektive Ablehnung erfolgt ist, die in einem solchen Falle wieder rückgängig gemacht würde. Der Auftraggeber ist grundsätzlich verpflichtet, danach ein neues Verfahren durchzuführen, es sei denn, er sieht von einer Durchführung der Maßnahme ganz ab. Dazu steht jedoch im Widerspruch, wenn ihm vor Bekanntmachung oder Angebotseinholung bereits verbindliche Angebote vorliegen. Daher muss diese Praxis als unzulässig angesehen werden.[46]

IV. Freihändige Vergaben (§ 3 Nr. 4 VOB/A)

Auf freihändige Vergaben ist § 24 nicht anwendbar, ausgenommen die Verpflichtung zur Geheimhaltung nach Nr. 1 Abs. 2 Satz 1. Dies ergibt sich aus den §§ 23 Nr. 3 Abs. 3 und 25 Nr. 7 VOB/A, die in § 24 nicht erwähnt sind. Die freihändige Vergabe entspricht dem Verhandlungsverfahren nach Art. 1 Abs. 1 Nr. 11 d der EU-Richtlinie 2004/18/EG vom 31.3.2004, bei dem der öffentliche Auftraggeber sich an Wirtschaftsteilnehmer seiner Wahl wendet und mit einem oder mehreren von ihnen über die Auftragsbedingungen verhandelt. Die Umsetzung in nationales Recht erfolgte in § 101 Abs. 4 GWB. 30

Demnach sind hier freie Verhandlungen möglich, jedoch unter der Einschränkung, dass der öffentliche Auftraggeber dabei nicht gegen die allgemeinen Vergabegrundsätze nach § 97 Abs. 1–5 GWB i.V.m. § 2 VOB/A verstoßen darf.[47] 31

§ 25 Wertung der Angebote

1. (1) Ausgeschlossen werden:
a) Angebote, die im Eröffnungstermin dem Verhandlungsleiter bei Öffnung des ersten Angebots nicht vorgelegen haben, ausgenommen Angebote nach § 22 Nr. 6,
b) Angebote, die dem § 21 Nr. 1 Abs. 1–3 nicht entsprechen,
c) Angebote von Bietern, die in Bezug auf die Ausschreibung eine Abrede getroffen haben, die eine unzulässige Wettbewerbsbeschränkung darstellt,
d) Nebenangebote, wenn der Auftraggeber in der Bekanntmachung oder in den Vergabeunterlagen erklärt hat, dass er diese nicht zulässt.
(2) Außerdem können Angebote von Bietern nach § 8 Nr. 5 sowie Angebote, die dem § 21 Nr. 3 Satz 2 nicht entsprechen, ausgeschlossen werden.

2. (1) Bei öffentlicher Ausschreibung ist zunächst die Eignung der Bieter zu prüfen. Dabei sind an Hand der vorgelegten Nachweise die Angebote der Bieter auszuwählen, deren Eignung die für die Erfüllung der vertraglichen Verpflichtungen notwendigen Sicherheiten bietet; dies bedeutet, dass sie die erforderliche Fachkunde, Leistungsfähigkeit und Zuverlässigkeit besitzen und über ausreichende technische und wirtschaftliche Mittel verfügen.

---

[45] *Stolz,* Anmerkung zu BGH vom 28.10.2003, VergabeR 2003, 192.
[46] A.A.offenbar *HRR* A § 24.3 Rdn. 35.
[47] Bedenklich daher VK Nordbayern IBR 2003, 571 und OLG Stuttgart IBR 2004, 160.

(2) Bei beschränkter Ausschreibung und freihändiger Vergabe sind nur Umstände zu berücksichtigen, die nach Aufforderung zur Angebotsabgabe Zweifel an der Eignung des Bieters begründen (vgl. § 8 Nr. 4).

3. (1) Auf ein Angebot mit einem unangemessenen hohen oder niedrigen Preis darf der Zuschlag nicht erteilt werden.

(2) Erscheint ein Angebotspreis unangemessen niedrig und ist anhand vorliegender Unterlagen über die Preisermittlung die Angemessenheit nicht zu beurteilen, ist in Textform vom Bieter schriftlich Aufklärung über die Ermittlung der Preise für die Gesamtleistung oder für Teilleistungen zu verlangen, ggf. unter Festlegung einer zumutbaren Antwortfrist. Bei der Beurteilung der Angemessenheit sind die Wirtschaftlichkeit des Bauverfahrens, die gewählten technischen Lösungen oder sonstige günstige Ausführungsbedingungen zu berücksichtigen.

(3) In die engere Wahl kommen nur solche Angebote, die unter Berücksichtigung rationellen Baubetriebs und sparsamer Wirtschaftsführung eine einwandfreie Ausführung einschließlich Haftung für Mängelansprüche erwarten lassen. Unter diesen Angeboten soll der Zuschlag auf das Angebot erteilt werden, das unter Berücksichtigung aller Gesichtspunkte, wie z.B. Qualität, Preis, technischer Wert, Ästhetik, Zweckmäßigkeit, Umwelteigenschaften, Betriebs- und Folgekosten, Rentabilität, Kundendienst und technische Hilfe oder Ausführungsfrist als das wirtschaftlichste erscheint. Der niedrigste Angebotspreis allein ist nicht entscheidend.

4. Ein Angebot nach § 21 Nr. 2 ist wie ein Hauptangebot zu werten.

5. Nebenangebote sind zu werten, es sei denn, der Auftraggeber hat sie in der Bekanntmachung oder in den Vergabeunterlagen nicht zugelassen. Preisnachlässe ohne Bedingung sind nicht zu werten, wenn sie nicht an der vom Auftraggeber nach § 21 Nr. 4 bezeichneten Stelle aufgeführt sind.

6. Bietergemeinschaften sind Einzelbietern gleichzusetzen, wenn sie die Arbeiten im eigenen Betrieb oder in den Betrieben der Mitglieder ausführen.

7. Die Bestimmungen der Nr. 2 und 3 gelten auch bei Freihändiger Vergabe. Die Nrn. 1, 4, 5 und 6 sind entsprechend auch bei Freihändiger Vergabe anzuwenden.

Schrifttum: *Baumann* Endlich strafrechtliche Bekämpfung des Submissionsbetruges, NJW 1992, 1661 – *Biermann* Die „kreative" Angebotskalkulation: Mengenspekulation und ihre Auswirkungen auf Nachträge, FS *Vygen*, S. 134 – *Dähne* Bieteransprüche bei Vergabeverstößen der öffentlichen Hand, FS *Soergel*, S. 21 – *Dähne* Sekundärer Rechtsschutz gegen Vergabeverstöße, NZBau 2003, 489 – *Diehl* Schadensersatzansprüche und deren Nachweis bei Submissionsabsprachen, ZfBR 1994, 105 – *Drittler* Schadensersatzanspruch aus c.i.c bei nachgewiesenem Verstoß gegen §§ 25, 26 VOB/A, BauR 1994, 451 – *Feber* Schadensersatzansprüche aus c.i.c. bei VOB/A-Verstößen öffentlicher Auftraggeber, BauR 1989, 553 – *Freese* Bauvergabe nach VOB/A bei erkanntem Kalkulationsirrtum, BB 1982, 1271 – *Gröning* Spielräume für die Auftraggeber bei der Wertung von Angeboten, NZBau 2004, 86 – *Heilfort/Zipfel* Ermittlung terminlicher und monetärer Ansprüche des Bauunternehmers bei vom Auftraggeber zu vertretender Verzögerung der Zuschlagserteilung, VergabeR 2005, 38 – *Herig* Mischkalkulation als Spekulation – Verwirrungen um Begriffe, BauR 2005, 1385 – *Hundertmark* Die Behandlung des fehlkalkulierten Angebotes bei Bauvergabe nach VOB/A, BB 1982, 16 – *Jebens* Schadensersatzansprüche bei Vergabeverstößen – Rechtslage nach Inkrafttreten des VergRÄG, DB 1999, 1741 – *Kainz* Zur Wertung von Skontoangeboten bei öffentlichen Aufträgen, BauR 1998, 219 – *Köhler* Rechtsfolgen fehlender oder fehlerhafter Preisangaben nach VOB/A und VOL/A, VergabeR 2002, 356 – *Koch* Angebotskorrekturen bei öffentlichen Aufträgen, BB 1982, 1517 – *Konrad* Das Ende der sog. Spekulationsangebote bei öffentlichen Ausschreibungen nach der VOB/A, NZBau 2004, 524 – *Kus* Der Auftraggeber gibt die Spielregeln vor, NZBau 2004, 425 – *Lampe-Helbig/Zeit* Die Anwendung der zivilrechtlichen Haftung aus c.i.c. auf die Vergabe von Bauleistungen nach VOB/A durch die öffentliche Hand, BauR 1988, 659 – *Müller-Wrede* Örtliche Präsenz, Ortsnähe und Ortsansässigkeit als Wertungskriterien – eine Verletzung des Diskriminierungsverbotes? VergabeR 2005, 32 – *Opitz* Ermessen, Beurteilungsspielraum und Vertragsfreiheit bei Zuschlagserteilung nach § 97 Abs. 5 GWB, BauR 2000, 1564 – *Rutkowsky* Der Schadensnachweis bei unzulässigen Submissionsabsprachen, NJW 1995, 705 – *Scharf/Schütte* Fehlende Angebotsunterlagen im Bau- und Dienstleistungsbereich, VergabeR 2005, 448; *Schaupensteiner* Submissionsabsprachen und Korruption im öffentlichen Bauwesen, ZRP 1993, 250 – *Schelle* Wertung von bedingten Angeboten, Bauwirtschaft 1986, 1493 – *Schelle* Wertung von Koppelungsangeboten, Bauverwaltung 1988, 278 – *Schelle* Wahlrecht (§§ 262 ff. BGB) und VOB, BauR 1989, 48 – *Schelle* Zur Problematik von Spekulationsangeboten, Bauwirtschaft 1986, 1058 – *Schlenke* § 25 VOB/A als ein Instrument der Selbstbeschränkung des Nachfragers, Bauwirtschaft 1984, 1234 – *Schnorbus* Der Schadensersatzanspruch des Bieters bei fehlerhafter Vergabe öffentlicher Aufträge, BauR 1999, 77 – *Strohs* Die Berücksichtigung vergabefremder Kriterien bei der Vergabe von Bauaufträgen durch die öffentliche Hand, BauR 1988, 144 – *Stolz* Die Behandlung von Niedrigpreisangeboten unter Berücksichtigung gemeinschaftsrechtlicher Vorgaben, VergabeR 2002,219 – *Thormann* Die Wertung von Spekulationsangeboten nach § 25 VOB/A, BauR 2000, 953 – *von Bechtolsheim/Fichtner* Stolperstein Angemessenheitsprüfung, VergabeR 2005, 574 – *Willenbusch* Die Verjährung der Schadensersatzansprüche nach § 125 und 126 GWB, VergabeR 2001, 377.

Übersicht

I. Allgemeines

1 § 25 stellt den Schwerpunkt des Prüfungs- und Wertungsverfahrens dar, nämlich die Feststellung, welches Angebot das wirtschaftlichste ist. Nicht ohne Grund unterscheidet die öffentliche Vergabepraxis zwischen der (submittierten bzw. nachgerechneten) **Angebots-** und der **Wertungssumme**. Allein letztere ist für die Vergabe maßgebend. Denn sie ist das Ergebnis eines komplizierten Ermittlungsvorgangs, der vergleichenden Gesamtbetrachtung aller Angebote hinsichtlich ihrer Preise und ihrer sonstigen Inhalte. Auch dahinter steht unausgesprochen das in § 7 BHO niedergelegte Prinzip:

> Bei Aufstellung und Ausführung des Haushaltsplanes sind die Grundsätze der Wirtschaftlichkeit und Sparsamkeit zu beachten.

2 Die Wertung der nach § 23 geprüften Angebote vollzieht sich systematisch in vier Schritten, die verbindlich aufeinander folgen müssen[1] und deren Ergebnis ohne Möglichkeit einer späteren Änderung in den nächsten Abschnitt mitgenommen werden muss.[2]

- Ausschluss aller Angebote, die formelle oder inhaltliche Mängel wie in Nr. 1 beschrieben aufweisen,
- Prüfung der persönlichen Eignung der Bieter gem. Nr. 2, soweit dies nicht bereits zu einem früheren Zeitpunkt geschehen ist (§ 8 Nr. 4),
- sachliche Erstwertung unter besonderer Berücksichtigung der Problematik „Unterangebot", Nr. 3 Abs. 1 und 2,
- Feinwertung und Ermittlung des wirtschaftlichsten Angebotes, Nr. 3 Abs. 3.

Es folgen sodann noch einige Sonderregelungen wie

- das wertungsmäßige Vorgehen bei Technischen Spezifikationen (Nr. 4),
- die grundsätzliche Wertbarkeit von Nebenangeboten (Nr. 5),
- die Behandlung von Bietergemeinschaften (Nr. 6) und
- die Anwendbarkeit von § 25 auf freihändige Vergaben.

II. Ausgeschlossene Angebote (Nr. 1)

3 Nr. 1 legt fest, welche Angebote von der Wertung ausgeschlossen werden. Dies ist, von der Systematik her, ein die Wertung vorbereitender Akt, mit dem die zu wertenden Gegenstände verringert bzw. eingegrenzt werden. Denn die dort als Ausschlussgründe genannten **formellen und materiellen Mängel** sind in der Regel bereits in der Angebotsprüfung nach § 23 Nr. 1 und

---

[1] VHB Bund § 25 A Nr. 1.1.

[2] BGH NJW 1998, 3644 = ZfBR 1999, 10; KG VergabeR 2003, 78, OLG Frankfurt/Main VergabeR 2004, 642. Werden aber in einem späteren Verfahrensabschnitt erstmals absolute Ausschlussgründe (§ 25 Nr. 1) bekannt, darf das betreffende Angebot trotzdem noch ausgeschieden werden, OLG Düsseldorf IBR 2003, 153 und VergabeR 2003, 586; BayObLG IBR 2003, 628 (für einen VOL-Vertrag), OLG Dresden VergabeR 2004, 92.

2 festgestellt worden.[3] Ihre Aufzählung ist als alternativ anzusehen, d.h. jeder Mangel für sich berechtigt bereits zu einer Eliminierung des betreffenden Angebotes. Aber nicht alle Mängel führen zwingend zum Ausschluss; z.T. ist nachträglich noch eine Heilung möglich, etwa wenn es sich um die Nichteinhaltung reiner Ordnungsvorschriften handelt, wie § 21 Nr. 4 (Preisnachlässe ohne Bedingungen)[4] oder Nr. 3 Satz 1 und 2 VOB/A (Platzierung und Form von Nebenangeboten). Gleiches gilt für den fehlenden Nachweis der Gleichwertigkeit nach § 21 Nr. 2 (Technische Spezifikationen) und für die verweigerte Aufklärung nach § 24 Nr. 2 oder § 25 Nr. 3 Abs. 2. Außerdem enthält Abs. 2, im Gegensatz zu Abs. 1, eine „Kann-Bestimmung", stellt also die Entscheidung über den Ausschluss in das pflichtgemäße Ermessen des Auftraggebers.

1. Zwingender Ausschluss von Angeboten (Nr. 1 Abs. 1)

Liegt einer der in Nr. 1 Abs. 1 genannten Gründe vor, muss der AG das Angebot ohne die Möglichkeit einer Ermessensausübung ausscheiden,[5] wobei diese Aufzählung aber nicht abschließend ist[6]:

a) Verspätete Angebote (lit. a). Ausgangspunkt dieser Regelung ist § 22 Nr. 2 VOB/A, wonach alle Angebote dem Verhandlungsleiter bei Öffnung des ersten Angebotes vorliegen müssen. Das bedeutet konkret, dass sie sich **im Submissionsraum** befinden müssen, also im unmittelbaren Einflussbereich des Verhandlungsleiters.[7] Dabei ist es aber nicht nötig, dass jener von der Existenz des Angebots im Submissionsraum Kenntnis hat, die Tatsache als solche genügt. 4

Der Nachweis für dieses Erfordernis ergibt sich aus § 22 Nr. 5 VOB/A: Verspätet eingegangene Angebote müssen unter Angabe etwa bekannter Gründe in der Niederschrift besonders aufgeführt werden. Befindet sich dort kein Eintrag, spricht eine (widerlegbare) Vermutung für den pünktlichen Zugang.

Von Bedeutung ist hier die **Abgrenzung zu § 22 Nr. 6**, wo das Angebot dem Auftraggeber bereits gemäß § 130 BGB zugegangen ist, aber auf dem Weg zum Submissionsraum fehlgeleitet wurde. Dies ist in der Niederschrift zu vermerken (§ 22 Nr. 6 Abs. 3 VOB/A). Die Rechtsfolge „Ausschluss des Angebots" ist bei Vorliegen der Verspätung zwingend.[8] Eine nachträgliche Heilung, z.B. wenn alle anwesenden Bieter zustimmen, das Angebot in der Wertung zu belassen, ist nicht möglich.[9] 5

b) Gegen § 21 Nr. 1 Abs. 1 bis 3 VOB/A verstoßende Angebote (lit. b). In diesem Bereich liegen nach allgemeiner Erfahrung die **Hauptfälle für eine Angebotsausscheidung**, weil hier die meisten Fehler gemacht werden: 6

– fehlende Preisangaben (§ 21 Nr. 1 Abs. 2 Satz 5)

Dieser Angebotsmangel richtet sich in erster Linie nach der Art des Vertrags (§ 5 Nr. 1 VOB/A): Beim Einheitspreisvertrag sind alle Einheitspreise „wie gefordert und vollständig" einzutragen,[10] beim Pauschalvertrag je nach Ausgestaltung die Gesamtpauschale oder/und die Einzelpauschalen. Ist das – aus welchem Grund auch immer – unterblieben, muss das Angebot aus der Wertung genommen werden.[11] 7

Diese Rechtsfolge wurde verschiedentlich angezweifelt, weil § 21 Nr. 1 Abs. 2 Satz 5 VOB/A als Soll- und nicht als Muss-Vorschrift ausgestaltet ist. Durch die klare Anweisung in § 25 Nr. 1 Abs. 1 „ausgeschlossen werden …" ist aber auch für die Vollständigkeit der Preisangaben im 8

[3] Vgl. VOB/A § 23 Rdn. 3–5 („… brauchen nicht geprüft zu werden".).
[4] OLG Schleswig VergabeR 2006, 367 (Leitsatz 2).
[5] BGH VergabeR 2003,313 = NZBau 2003, 293.
[6] Siehe VOB/A § 21 Rdn. 44 am Ende, zu sog Parallelangeboten von einer Bietergemeinschaft und einem Mitglied.
[7] Vgl. dazu VOB/A § 22 Rdn. 10 und VK Niedersachsen IBR 2001, 81.
[8] Dies gilt auch für das Verhandlungsverfahren nach § 3 a Nr. 4, OLG Frankfurt/Main VergabeR 2004, 754.
[9] VK Nordbayern IBR 2000, 587 (Leitsatz 1).
[10] BGH VergabeR 2003, 558 = NZBau 2003; VK Bund IBR 2005, 399, Leitsatz 2 (für einen VOL-Vertrag).
[11] BGH BauR 2005, 1620 = IBR 2005, 562; VK Lüneburg IBR 2005, 238 (Leitsatz 1).

Angebot eine strikte Ausschließlichkeit hergestellt und aus dem „Soll" ein „Muss" geworden. Die Frage der **Unvollständigkeit** ist also nicht nach wirtschaftlichen Gesichtspunkten sondern **rein rechtlich** zu beurteilen.[12]

9 „Preisangabe" bedeutet, dass an der Stelle, wo ein Preis eingetragen werden muss, etwas steht, das nach allgemeinem Verständnis wie ein Preis aussieht. Dazu zählen nicht nur Zahlen, sondern auch andere Angaben wie 0 oder –, nicht aber Worteintragungen wie „enthalten" bzw. „in Position ... mit enthalten.[13] Denn damit gesteht der Bieter ein, dass er seine Preise in einer sog. Mischkalkulation „umverteilt" hat,[14] was seine Preisangabe unvollständig macht und zwingend zum Ausschluss des Angebots nach Nr. 1 Abs. 1 b führt.[15] Dabei kommt es nicht darauf an, ob diese Angabe in spekulativer Absicht oder aus anderen Gründen gemacht worden ist.[16] Selbst ein negativer oder irrealer Preis ist generell zulässig[17] und indiziert noch nicht automatisch eine **Mischkalkulation,**[18] doch wird hier stets zu prüfen sein, ob ein solcher Preis nach dem Text plausibel ist (z.B. Bodenaushub, der nach Auskunft des Bieters günstig weiter veräußert werden kann u.ä.). In diesem Fall wird aber ein Bietergespräch (§ 24 Nr. 1) unerlässlich sein.[19] Von einem fehlenden Preis kann nur die Rede sein, wenn der Eintrag keinerlei Bezug zu einem solchen erkennen lässt oder wenn überhaupt nichts geschrieben ist (sog. Nicht-Erklärung). Kann aber der nicht eingetragene (Einheits-) Preis aus derselben oder einer anderen Position durch einfache. Rückrechnung ermittelt werden (**Beispiel:** Gesamtpreis : Menge = Einheitspreis), darf dieser ergänzt werden; eine Verletzung des Wettbewerbs ist damit nicht gegeben.[20] Die neuere Rechtsprechung lässt aber bezweifeln, ob diese praxisnahe Auslegung Bestand haben wird.

– Fehlende andere geforderte Erklärungen

10 Mit dem Angebot kann der Auftraggeber von den Bietern auch andere Erklärungen fordern,[21] z.B. Unbedenklichkeitsbescheinigungen, Fabrikat- und Produktangaben, den Änderungssatz bei einer Lohngleitklausel, eine Zweitfertigung des Angebotes[22] u.Ä. Hier ist **keine generelle Aussage** möglich, ob deren Fehlen zum Angebotsausschluss führt, weil diese Erklärungen höchst unterschiedlichen Charakter haben können. Sicherlich ist es unerheblich, wenn Angaben nicht gemacht wurden, die ohne Einfluss auf den Wettbewerb sind[23] und die ohne Verdacht auf Manipulation auch nach Angebotseröffnung noch nachgeholt werden können.[24] Dazu gehören beispielsweise persönliche Eignungsnachweise,[25] steuerliche und sonstige Unbedenklichkeitsbescheinigungen,[26] Beschäftigungsnachweise[27] u.s.w. Andererseits hält das OLG Düsseldorf eine schädliche Unvollständigkeit für gegeben, wenn ein vom Auftraggeber geforderter Bauzeiten- und ein ebenfalls verlangter Baustelleneinrichtungsplan nicht mit dem Angebot vorliegen.[28] Bezüglich des fehlenden Formblattes EFB-Preis liegt grundsätzlich eine Unvollständigkeit vor,[29]

---

[12] Abzulehnen ist daher OLG Oldenburg BB 1997, 587 (Vgl. auch VOB/A § 21 Rdn. 14).

[13] VÜA Bayern IBR 1999, 349; wohl auch BGH NJW 1998, 3634.

[14] Die Beweislast für deren Nichtvorliegen trägt die Vergabestelle, OLG Dresden IBR 2005, 567, OLG Frankfurt/Main IBR 2005, 702, OLG Naumburg VergabeR 2005, 779, Thüringer OLG VergabeR 2006, 358. Vgl. dazu grundsätzlich *Müller-Wrede,* NZBau 2006, 73.

[15] BGH VergabeR 2004, 477 = BauR 2004, 1433 (siehe auch VOB/A § 21 Rdn. 14).

[16] BGH a.a.O. (Seite 479).

[17] OLG Rostock VergabeR 2004, 719 = NZBau 2005, 172.

[18] zur Definition vgl. A § 21 Rdn. 14; VK Bund IBR 2005, 394; OLG Brandenburg NZBau 2006, 126.

[19] VOB/A § 24 Rdn. 13 und 19 mit weiteren Nachweisen.

[20] OLG Dresden VergabeR 2002, 174.

[21] Diese Forderung muss allerdings zweifelsfrei und eindeutig sein, OLG Rostock VergabeR 2006, 374.

[22] VK Südbayern IBR 2003, 321.

[23] BayObLG IBR 2004, 712 (Leitsatz 3).

[24] BayObLG IBR 2005, 44; VK Lüneburg IBR 238 (Leitsatz 2).

[25] OLG Schleswig VergabeR 2006, 367 (Leitsatz 1), anders aber VK Sachsen IBR 2006, 347.

[26] VK Bund IBR 2005, 395.

[27] BGH BauR 1990, 463 = NJW RR 1990, 858; VK Saarland IBR 2001, 221.

[28] BauR 1983, 377 Leitsatz 2. Anders dagegen BayObLG VergabeR 2003, 675 (mit Anm. *Dähne*).

[29] BGH VergabeR 2005, 617 Leitsatz 2, OLG Düsseldorf IBR 2006, 345, VK Lüneburg IBR 2006, 346.

nicht jedoch bei Nichtangabe des Änderungssatzes einer Lohngleitklausel.[30] Fehlende Produktangaben führen regelmäßig zum Ausschluss, egal ob der Auftraggeber diesen angedroht hat oder nicht.[31] Wurden die Angaben zwingend zur Submission gefordert, führt deren Fehlen stets zum Ausschluss, selbst wenn sie unerheblich oder überflüssig erscheinen.[32] Grundsätzlich gilt: Wenn die Erklärungsdefizite erheblich und für die Position des Bieters im Wettbewerb von Belang sind, muss zwingend ein Ausschluss des Angebotes erfolgen.[33]

Hat ein Bieter von sich aus andere, von den Verdingungsunterlagen **abweichende Erklärungen** abgegeben, z.B. in seinem Begleitschreiben zum Angebot, ist dieser Sachverhalt nicht hier zu subsumieren, sondern unter dem Stichwort „Nebenangebote" (vgl. unten Nr. 5 Rdn. 95 ff.). 11

– Nicht unterzeichnete Angebote (§ 21 Nr. 1 Abs. 1 Satz 3)

Die VOB 2000 hat zwar bezüglich der Unterschrift die vorher bestehende Formenstrenge gelockert, weil **keine** „rechtsverbindliche Unterschrift" mehr gefordert wird. Gleichwohl ist nach wie vor unabdingbar, dass ein Angebot eine **eigenhändige** Unterzeichnung enthält, welche die Gesamterklärung auch von ihrer Platzierung her voll trägt. Ferner muss sie **als Schriftzug erkennbar** sein und der Unterzeichner muss die erforderliche Vertretungsmacht haben, was besonders bei Bietergemeinschaften genau zu prüfen ist.[34] Die bislang veröffentlichten Entscheidungen haben diese Grundsätze zwar zur sog. rechtsverbindlichen Unterschrift aufgestellt, doch ist der zugrunde liegende Rechtsgedanke auch auf den jetzt geltenden § 21 Nr. 1 Abs. 1 Satz 3 VOB/A übertragbar, wo eine bloße **Unterzeichnung** gefordert wird. 12

– Zweifelsfreie Änderungen an den Bieterangaben (§ 21 Nr. 1 Abs. 2 Satz 6)

Hier ist zunächst auf die Ausführungen zu § 21 Nr. 1e VOB/A zu verweisen.[35] Diese Bestimmung steht mit dem Wettbewerbsgrundsatz nach § 97 Abs. 1 GWB in Zusammenhang. Nur eindeutige Angebote sind miteinander vergleichbar, also muss jeder Zweifel und jede Mehrdeutigkeit des Inhalts ausgeschlossen sein. Andernfalls entsteht der Verdacht einer Vergabewillkür auf Seiten des Auftraggebers. 13

– Änderungen an den Verdingungsunterlagen (§ 21Nr. 1 Abs. 3).

Wie an anderer Stelle bereits angemerkt ist diese Bestimmung wegen der Formulierung „… an den Verdingungsunterlagen" und wegen der generellen Zulässigkeit von Nebenangeboten eng auszulegen.[36] Darunter fallen nur (zumeist manipulative) Einwirkungen, durch die der Erklärungsinhalt ein anderer wird, z.B. Streichungen oder Einfügungen im Originaltext, Herausnehmen einzelner Blätter, auf denen Bietereintragungen vorzunehmen wären u.Ä. Wird eine solche Änderung nicht bemerkt und erhält das Angebot den Zuschlag, dann gilt der Vertrag wie abgeschlossen, d.h. mit dem geänderten Inhalt.[37] Hier hat der Auftraggeber allerdings die Möglichkeit zu kündigen, weil der Auftragnehmer eine schwere Verfehlung begangen hat, die zwar nicht in § 8 Nr. 4 VOB/B genannt ist, aber dennoch zu einer analogen Anwendung dieser Vorschrift berechtigt. Außerdem kann der Auftraggeber einen Schadensersatzanspruch nach § 282 BGB wegen Verstoßes gegen §§ 311 Abs. 2, 241 Abs. 2 BGB geltend machen.[38] 14

c) Angebote mit unzulässiger Absprache (lit. c). Nach Nr. 1 Abs. 1 c sind Angebote von Bietern auszuschließen, die in Bezug auf die Ausschreibung eine Abrede getroffen haben, die eine 15

[30] VHB Bund EFB LGl (Angebotsergänzung Lohngleitklausel).
[31] Gegenteiligen Ansichten (OLG Bremen IBR 2000, 473; VK Münster IBR 2003, 435, VK Brandenburg IBR 2004, 39) müssen wegen BGH VergabeR 2003, 313 als nicht mehr haltbar angesehen werden.
[32] VK Schleswig-Holstein IBR 2006, 351.
[33] OLG Dresden VergabeR 2004, 724; VK Schleswig-Holstein IBR 2006, 219 (fehlender Auszug aus dem Gewerbezentralregister).
[34] VÜA Sachsen-Anhalt IBR 1996, 97 und 1997, 5; VÜA Hessen IBR 1998, 325.
[35] VOB/A § 21 Rdn. 19.
[36] VOB/A § 21 Rdn. 20–23.
[37] VOB-Ausschuss Sachsen-Anhalt IBR 2001, 236.
[38] OLG Celle BauR 1995, 392.

unzulässige Wettbewerbsbeschränkung darstellt. Die Grundlage für diese Bestimmung bietet § 2 Nr. 1 Satz 2 und 3, wonach ein Wettbewerb stattfinden soll und wettbewerbsbeschränkende Verhaltensweisen zu bekämpfen sind. Dieser Rechtsgedanke findet auch sonst in der VOB seinen Niederschlag, z.B. in § 8 Nr. 1 Satz 2 VOB/A (keine Beschränkung auf regionale oder ortsansässige Bieter) und § 8 Nr. 4 VOB/B (Kündigung wegen wettbewerbsbeschränkender Absprachen). Natürlich ist hier in erster Linie an eine **Preisabsprache** unter zwei oder mehreren Bewerbern zu denken, sei es für das Gesamtangebot, sei es nur in Teilbereichen, z.B. Einzelgewerken. Aber damit sind nicht alle Möglichkeiten aufgezählt; vielmehr können dafür auch andere Absprachen in Frage kommen, etwa über

- Nichtbeteiligung am Wettbewerb, u.U. mit Abstandszahlungen,
- Lieferungsstopp oder -beschränkungen mit Lieferanten,
- Dumpingpreise zwecks Verdrängung von Konkurrenten,
- Nichtabgabe von Nebenangeboten,
- Unerlaubte Kartellbildung, die dem GWB widerspricht,
- Wechselseitige Offenlegung von Angeboten unter konkurrierenden Bietern.[39]

16 Voraussetzung ist stets, dass eine **Absprache** getroffen wurde. Wettbewerbsfeindliche Handlungen eines Einzelnen werden von dieser Vorschrift nicht erfasst.[40] Ferner muss diese Absprache nachgewiesen sein, ein bloßer Verdacht auf eine Preisabrede ist weder als Aufhebungs- noch als Angebotsausscheidungsgrund zureichend.[41] Das selbe gilt, wenn der Auftraggeber vermutet, der Bieter habe in Kenntnis der Unzulänglichkeit der ihm vorgegebenen Leistungsbeschreibung sich mit anderen abgesprochen, spekulative Angebote einzureichen. Solche können erst bei der sachlichen Wertung gem. Nr. 3 näher untersucht werden.

17 **d) Nicht zugelassene Nebenangebote (lit. d).** Zwar sind Nebenangebote grundsätzlich zulässig, weil die VOB/A, zumindest unterhalb der Schwellenwerte, als „nebenangebotsfreundlich" anzusehen ist,[42] doch gibt es dabei trotzdem gewisse Einschränkungen, die zu einem Ausschluss führen können:

18 – Bei EU-weiten Ausschreibungen verlangt **Art. 24 der Vergaberichtlinie 2004/18/EG**, dass der Auftraggeber Nebenangebote (Varianten) ausdrücklich zulassen muss und dass er gegebenenfalls in den Verdingungsunterlagen die Mindestanforderungen sowie die Art und Weise der Einreichung angeben muss (Abs. 2 und 3). Fehlt eine solche Angabe, ist kein Nebenangebot zugelassen.

19 – Ferner kann ein Auftraggeber von vornherein in der Bekanntmachung (§ 17 Nr. 1u und Nr. 2q VOB/A) oder in den Bewerbungsbedingungen (§ 10 Nr.5 Abs. 2 VOB/A) vorschreiben, dass er generell oder auch nur partiell **keine Nebenangebote zulasse**. Dies kann aufgrund der geforderten Leistung veranlasst sein, etwa weil bei systemoffener Ausschreibung eines Parkhauses eine stützenfreie Konstruktion gefordert wird, um mehr Parkraum zu schaffen. Gegen diese Auflagen verstoßende Nebenangebote **müssen** ausgeschlossen werden, andernfalls läge ein Vergabeverstoß vor. Will der Auftraggeber ein solches Angebot trotzdem zum Zuge kommen lassen, z.B. weil er erst jetzt die Rentabilität erkennt, geht dies nur über eine Aufhebung gem. § 26 VOB/A und Neuausschreibung.

20 – Letztlich ist es dem öffentlichen Auftraggeber schon aus Wettbewerbsgründen untersagt, sog. **abgemagerte**, dem Amtsvorschlag qualitativ nicht gleichwertige **Nebenangebote** anzunehmen.[43] Haftet dieser Makel dem Nebenangebot offensichtlich an, ist es bereits nach Nr. 1

---

[39] OLG Jena NZBau 2004, 629.
[40] Hier käme u.U. Nr. 1 Abs. 2 in Verb. Mit § 8 Nr. 5 VOB/A infrage (sie unten Rdn. 26–32).
[41] OLG Frankfurt/Main VergabeR 2003, 581.
[42] VOB/A § 21 Nr. IV (Rdn. 35).
[43] VHB Bund EVM (B) BwB/E Nr. 5.2; BayObLG IBR 2001, 36; *Dähne/Schelle*, a.a.O. Seite 1537–1539.

Abs. 1d auszuscheiden. Wird diese Tatsache erst später bei der sachlichen, wirtschaftlichen Wertung (Nr. 3) entdeckt, erfolgt in diesem Abschnitt der Ausschluss.[44]

2. Angebotsausschluss nach Ermessen (Nr. 1 Abs. 2, 1. Alt.).

Absatz 2 bietet dem Auftraggeber die Möglichkeit, Bieter auszuschließen, die eines der Merkmale in § 8 Nr. 5 a) bis f) erfüllen oder gegen § 21 Nr. 3 Satz 2 VOB/A verstoßen. Hier handelt es sich um eine „Kann-Vorschrift“, d.h. die Entscheidung liegt im pflichtgemäßen Ermessen des Ausschreibenden. Allerdings kann dieses Ermessen sich so stark verdichten, dass die Ausschlussentscheidung zwangsläufig getroffen werden muss,[45] z.B. wenn der Unternehmer wegen Insolvenz bzw. Liquidation faktisch gar nicht mehr in der Lage ist, die Bauleistung zu erbringen. Das selbe gilt, wenn durch seine Teilnahme der Wettbewerb gefährdet wäre oder wenn eine besonders schwere Verfehlung vorläge, welche seine Zuverlässigkeit (Nr. 2) in Frage stellt. Für derartige Aufklärungen ist das Bietergespräch nach § 24 Nr. 1 besonders geeignet. Bei einer beschränkten Ausschreibung (§ 3 Nr. 3 VOB/A) könnte ein solcher Ausschluss jedoch problematisch werden, weil hier der Auftraggeber gem. § 8 Nr. 4 VOB/A schon vor Angebotsaufforderung entsprechende Überprüfungen vornehmen muss. In diesem Falle wird ein Ausschluss regelmäßig nur in Frage kommen, wenn er auf nachträglich bekannt gewordene Tatsachen gestützt wird. **§ 8 Nr. 5 VOB/A** nennt dazu alternativ folgende Gründe: 21

a) Insolvenz oder vergleichbares gesetzlich geregeltes Verfahren (lit. a). Danach ist ein Ausschluss vom Wettbewerb zulässig, wenn über das Vermögen des Unternehmers das Insolvenzverfahren oder ein vergleichbares, gesetzlich geregeltes Verfahren eröffnet oder die Eröffnung beantragt worden ist oder der Antrag mangels Masse abgelehnt wurde. 22

Durch die nun für das ganze Bundesgebiet einheitlich geltende Insolvenzordnung vom 5.10.1994 wurde der Begriff „Konkurs“ durch „Insolvenz“ abgelöst. Damit waren aber **auch materielle Änderungen** verknüpft, weil grundsätzlich der Fortbestand eines Unternehmens ermöglicht werden soll (§ 1 InsO). Das muss sich natürlich auch auf das Ermessen des Auftraggebers auswirken, der über den Ausschluss des Bieters zu entscheiden hat. Kommt er zu dem Ergebnis – u.U. nach Konsultation des (vorläufigen) Insolvenzverwalters –, der Bieter besitze gute Chancen auf das Weiterbestehen seiner geschäftlichen Existenz, wäre ein gleichwohl vollzogener Ausschluss willkürlich und damit ermessensfehlerhaft.[46] Im Übrigen darf auf die einschlägigen Ausführungen unter VOB/A § 8 verwiesen werden.[47] 23

Unter „vergleichbaren gesetzlich geregelten Verfahren“ sind hauptsächlich die in § 262 Aktiengesetz und § 60 GmbH-Gesetz aufgeführten Auflösungsgründe zu verstehen.

b) Unternehmen in Liquidation (lit. b). Auch hier ist auf die o.g. §§ 262 AktG, 60 GmbHG zu verweisen, wo die Liquidation eines Unternehmens aufgeführt ist. Eine völlige Betriebsaufgabe lässt den Schluss zu, dass damit auch keine Leistungsfähigkeit mehr vorhanden ist, so dass der Auftraggeber ohne Rechtsverletzung ein derartiges Angebot grundsätzlich ablehnen darf. 24

In diesem Zusammenhang wird oft die Frage akut, ob bei Geschäftsübernahme nach Angebotseröffnung, jedoch vor Auftragserteilung, der übernehmende Betrieb am Ausschreibungsverfahren teilnehmen darf. Dies hängt stets von der Art der „Übernahme“ ab. Grundsätzlich muss der Auftrag **ohne jede Abänderung** auf das Angebot erteilt werden. Dieses Änderungsverbot erfasst auch die Person des Bieters.[48] Wenn also die Übernahme unter Firmenfortführung (§§ 17 ff. HGB) stattfindet, hat dies im Ausschreibungsverfahren keine Auswirkungen. Ändert sich dagegen der Name oder tritt dadurch gar ein anderer Bieter in den Wettbewerb ein, müsste das Angebot des Betreffenden ausgeschieden werden.[49] 25

---

[44] Vgl. unter Rdn. 103.
[45] OLG Dresden VergabeR 2004, 92 Leitsatz 2 und 3.
[46] VK Brandenburg IBR 2006, 220.
[47] Siehe dort Rdn. 52.
[48] Vgl. dazu VOB/A § 21 „VI. Bietergemeinschaften“ Rdn. 43, 44.
[49] Die gegenteilige Auffassung von *HRR* A § 25 Rdn. 22 ist als nicht VOB-konform abzulehnen.

26 **c) Nachweislich schwere Verfehlungen des Bieters (lit. c).** Einen Ausschlussgrund stellt es auch dar, wenn ein Bieter nachweislich eine schwere Verfehlung begangen hat, die seine **Zuverlässigkeit** als Bewerber in Frage stellt. Hiermit ist gewissermaßen ein Auffangtatbestand für die Fälle geschaffen, die nicht unter Nr. 1 Abs. 1 c eingeordnet werden können. Darunter fallen beispielsweise früher begangene Ausführungs- oder Abrechnungsbetrügereien, aktive Bestechungsversuche gem. §§ 334, 335, StGB,[50] nicht aber kleinere Ausführungsmängel bei früheren Baumaßnahmen.[51]

27 Ist ein Unternehmen generell gem. § 8 Nr. 5 VOB/A vom Wettbewerb ausgeschlossen und nimmt es dennoch an einer öffentlichen Ausschreibung teil, genügt schon diese Tatsache zum Angebotsausschluss. Der Auftraggeber muss nicht noch zusätzlich prüfen, ob die schwere Verfehlung auch tatsächlich vorliegt.

28 **d) Nichtzahlung von Steuern, Abgaben und Sozialversicherungsbeiträgen (lit. d).** In Zusammenhang mit diesem Ausschlussgrund ist vor allem auf die teilweise noch geübte Praxis zu verweisen, dass öffentliche Auftraggeber sog. steuerliche oder sonstige Unbedenklichkeitsbescheinigungen verlangen. Wo nicht, bestehen sie zumeist auf einer bloßen Erklärung, dass der Bieter seinen diesbezüglichen Pflichten nachgekommen ist. Es ist also schon vom Wortlaut her nicht verlangt, dass er seine Steuern und Abgaben tatsächlich entrichtet hat; auch eine ordnungsgemäße Stundung oder Aussetzung der Vollziehung entspricht dem Erfordernis dieser Vorschrift. Andererseits darf das Finanzamt eine solche Bescheinigung nur ausstellen, wenn die steuerlichen Verhältnisse des Unternehmers geordnet sind, nicht aber gewissermaßen als Gegenleistung für die gleichzeitige Abtretung des Vergütungsanspruchs.[52]

29 Der Auftraggeber ist aufgrund dieser Bestimmung **nicht verpflichtet**, im Vergabeverfahren diese Tatsachen eigens **zu überprüfen**. Er ist hier nicht verlängerter Arm der Steuerverwaltung, sondern wird nur in dieser Richtung tätig, wenn Verdachtsmomente auftreten.

30 **e) Vorsätzlich falsche Erklärung zur Eignung (lit. e).** Nach § 8 Nr. 5 Abs. 1e dürfen auch Unternehmer vom Wettbewerb ausgeschlossen werden, die im Vergabeverfahren **vorsätzlich** unzutreffende Erklärungen in Bezug auf ihre Fachkunde, Leistungsfähigkeit und Zuverlässigkeit abgegeben haben. Die Vorschrift baut auf § 8 Nr. 3 auf, wonach der Auftraggeber umfangreiche Nachweise zur Eignung von Bewerbern und Bietern fordern darf. Auf die dortige Kommentierung darf verwiesen werden.[53]

31 Erschwerend ist verlangt, dass die Falscherklärungen **vorsätzlich** abgegeben sein müssen, also gewollt und in voller Kenntnis der Fehlerhaftigkeit. Nur fahrlässig erteilte Falschauskünfte genügen dem nicht, z.B. die irrtümliche Beifügung einer nicht mehr gültigen behördlichen oder gerichtlichen Bescheinigung. Erkennt der Auftraggeber dies erst nach Auftragserteilung, kann auch eine **Anfechtung** der Zuschlagserklärung gem. § 123 BGB in Frage kommen.

32 **f) Nichtanmeldung bei der Berufsgenossenschaft (lit. f).** Dieser Ausschlussgrund steht ebenfalls mit der persönlichen Zuverlässigkeit des Bieters im Zusammenhang. Die Verpflichtung eines Unternehmers, sich bei der Berufsgenossenschaft anzumelden, beruht auf der Reichsversicherungsordnung (RVO) und geschieht vor allem im Interesse der Arbeitnehmer (Unfallschutz und -Verhütung). Sie ist im Bauauftrag nach VOB/B sogar als **vertragliche Nebenpflicht** ausgestaltet (§ 4 Nr. 2 Abs. 2 Satz 1 VOB/B), d.h. der Auftragnehmer schuldet dies dem Auftraggeber und hat bei Nichterfüllung mit Schadensersatzansprüchen oder gar mit Kündigung zu rechnen.

Der Nachweis wird manchmal durch Vorlage einer Bescheinigung gefordert,[54] i.d.R. aber verlangt der Auftraggeber nur eine entsprechende Versicherung des Bieters.

---

[50] OLG Saarbrücken NZBau 2004, 346.
[51] OLG Stuttgart IBR 2003, 496.
[52] BGH NJW 1985, 1825 = BauR 1985, 442.
[53] VOB/A § 8 Rdn. 50–55.
[54] VHB Bund § 25 A Nr. 1.3.1 Abs. 2.

g) Verstoß gegen § 21 Nr. 3 Satz 2 (Nr. 1 Abs. 2, 2. Alternative). Nach dieser Vorschrift müssen Nebenangebote **auf besonderer Anlage** gemacht und als solche deutlich gekennzeichnet werden. Trotz dieser strikten Formulierung wird dem Auftraggeber ein Ermessen hinsichtlich des Ausschlusses eingeräumt, was den Schluss zulässt, es handele sich hier um eine bloße **Ordnungsvorschrift,** wie in Nr. 3 Satz 1 (Eintragung der Anzahl von Nebenangeboten an einer besonderen Stelle). Allerdings ist auf die Abgrenzung zu § 21 Nr. 1 Abs. 3 zu achten: Hat der Bieter sein (schriftliches) Nebenangebot auf den Original-Verdingungsunterlagen gemacht, ist stets zu prüfen, ob hier nicht eine unzulässige Änderung an den Verdingungsunterlagen erfolgt ist, die zum sofortigen Ausschluss des gesamten Angebotes gemäß § 25 Nr. 1 Abs. 1 b führt.[55] 33

III. Persönliche Wertung der Bieter (Nr. 2)

§ 25 Nr. 2 regelt die persönlichen Voraussetzungen, die ein Bieter erfüllen muss, um für den Zuschlag geeignet zu sein. Dabei ist hinsichtlich des Prüfungszeitpunktes zwischen öffentlicher und beschränkter Ausschreibung zu unterscheiden. Im letzteren Fall muss der Auftraggeber diesen Verfahrensteil bereits vor der Angebotsaufforderung erledigt haben (§ 8 Nr. 4 VOB/A); er darf darauf nur zurückkommen, wenn ihm nachträglich Tatsachen bekannt werden, die Zweifel an der Bietereignung begründen.[56] 34

1. Eignungsprüfung bei öffentlicher Ausschreibung (Abs. 1)

Bei öffentlicher Ausschreibung ist zunächst die Eignung der Bieter zu prüfen (Abs. 1 Satz 1), was oft eine Prognose, verbunden mit allen dadurch bedingten Unsicherheiten, erfordert.[57] Was öffentliche Ausschreibung bedeutet, regelt § 3 Nr. 1; für EU-weite Verfahren bei Überschreitung des Schwellenwertes ist § 101 Abs. 2 GWB in Verbindung mit § 3 a VOB/A einschlägig (offenes Verfahren). 35

Rechtlich von Bedeutung ist hier das Wort „zunächst“. Damit ist die Priorität dieses Schrittes vor der sachlichen Wertung gem. Nr. 3 auch formell dokumentiert. Ist die Eignung des Bieters grundsätzlich bejaht, darf sie nicht später unter dem Gesichtspunkt der Wirtschaftlichkeit wieder aberkannt werden. Dies gilt allerdings nur für die nach Ermessen getroffenen Entscheidungen; erfährt der Auftraggeber später, dass in der Person des Bieters absolute Ausschlussgründe vorliegen, darf er diesen trotz beendeter Eignungsprüfung vom weiteren Verfahren ausschließen.[58] Im übrigen kennt aber das Wertungsverfahren nach § 25 Nr. 1–3 nur geeignete und ungeeignete Bieter, nicht dagegen die Abstufung „mehr oder weniger geeignet“.[59] 36

Hinsichtlich der Eignung – als Oberbegriff – differenziert § 25, wie schon die §§ 2 Nr. 1 und 8 Nr. 3 VOB/A, nach drei Kategorien, nämlich 37

- Fachkunde
- Leistungsfähigkeit
- Zuverlässigkeit.

Ferner muss dazu noch die objektive Komponente „Besitz von ausreichenden technischen und wirtschaftlichen Mitteln“ kommen, die allerdings auch schon mit dem Begriff „Leistungsfähigkeit“ abgedeckt ist.

a) Fachkunde und Leistungsfähigkeit. Hierbei handelt es sich um betriebsbezogene Eigenschaften persönlicher und materieller Art, wobei durchaus Überschneidungen auftreten können.

---

[55] Vgl. oben Rdn. 14.
[56] OLG Düsseldorf IBR 2003, 153 und VergabeR 2003, 586; OLG Dresden VergabeR 2004, 92.
[57] OLG Düsseldorf IBR 2003, 495; OLG Saarbrücken IBR 2003, 627.
[58] Vgl. die in Rdn. 2 zitierte Rechtsprechung.
[59] Dazu näher VOB/A § 8 Rdn. 3 und 31.

38 **Fachkundig** ist der Bieter, der über die für die Vorbereitung und Ausführung der jeweiligen Leistung notwendigen technischen Kenntnisse verfügt. Bei schwierigen Leistungen wird i.d.R. gefordert, dass der Bieter bereits nach Art und Umfang vergleichbare Leistungen ausgeführt hat. Den Nachweis hierfür erbringt er z.B., wenn er für die beschriebenen Arbeiten in die Handwerksrolle eingetragen ist.[60] Grundsätzlich kommt es aber nicht darauf an, ob und wie oft ein Bieter derartige Bauvorhaben schon einmal ausgeführt hat.[61] Denn dies spräche allenfalls für seine Erfahrung, wobei über die Qualität noch nichts gesagt ist. Der Auftraggeber muss vielmehr prüfen, ob eventuell vorgelegte Referenzen vergleichbare ähnliche Maßnahmen zum Inhalt haben, und daraus die Fachkunde ableiten. Da es sich hierbei um persönliche Merkmale handelt, befasst sich die Prüfung vor allem mit dem Unternehmer selbst, bzw. mit seiner Belegschaft. Nachweise über deren Stärke und Qualifikation dürfen gefordert werden, generell auch noch im sog. **Bietergespräch** (§ 24 Nr. 1). Andererseits muss eine konkret erworbene Fachkunde außer Acht bleiben, wenn der Bieter bereits im Planungsstadium an dem Bauvorhaben beteiligt war.[62] Das führt in schwerwiegenden Fällen zum Ausschluss des Bieters.

39 **Leistungsfähig** ist der Bieter, der über das für die fach- und fristgerechte Ausführung notwendige Personal und Gerät verfügt und die Erfüllung seiner Verbindlichkeiten erwarten lässt. Bei dieser Feststellung hat sich die Prüfung darauf zu konzentrieren, ob der Bieterbetrieb technisch, organisatorisch und finanziell so ausgestattet ist, dass eine **eigene** fach- und fristgerechte **Ausführung** erwartet werden darf.[63] Damit steht im engen Zusammenhang das Vorhandensein von ausreichenden technischen und wirtschaftlichen Mitteln, insbesondere bei der Geräteausstattung. Die Ortsansässigkeit stellt grundsätzlich kein Eignungskriterium dar,[64] ebenso wenig ist das Auftragsvolumen im Verhältnis zum Jahresumsatz ein entscheidendes Kriterium.[65] Die **Grenzen** zwischen den beiden Prüfungsobjekten Fachkunde und Leistungsfähigkeit sind oft **fließend.** Andererseits ist diese Prüfungsmöglichkeit wesentlich lockerer zu sehen, wenn die Art der Leistung den Auftragnehmer dazu nötigt, Nachunternehmer einzusetzen (§ 4 Nr. 8 VOB/B).[66] Hier ist dem Bieter selbstverständlich die fremde Fachkunde als eigene zuzurechnen, jedoch ist er dann an seine Nachunternehmererklärung strikt gebunden.[67] Beim Einsatz von Nachunternehmern ist der Auftraggeber aber stets berechtigt, sich nachweisen zu lassen, dass der Bieter in der Lage ist, diese sachgerecht zu koordinieren.[68] Andererseits ist die grundsätzliche Eignung auch davon abhängig, in welchem Umfang der Bieter Leistungen an Nachunternehmer übertragen will.[69]

40 **b) Zuverlässigkeit. Zuverlässig** ist ein Bieter, der seinen gesetzlichen Verpflichtungen – auch zur Entrichtung von Steuern und sonstigen Abgaben – nachgekommen ist und der aufgrund der Erfüllung früherer Verträge eine einwandfreie Ausführung einschließlich Gewährleistung erwarten lässt.

41 Dieses Kriterium löst sich von der engen Betriebsbezogenheit und schließt weitergehende Merkmale mit ein, darf sich aber andererseits nicht auf Fakten ausdehnen, die mit dem Betrieb und der Bauaufgabe nichts mehr zu tun haben. Vom Wortsinn her sind hier personenbezogene Eigenschaften angesprochen, so dass teilweise Überschneidungen mit dem Nachweis der Fachkunde auftreten können. Dabei gibt es vielfältige Bereiche, die im Zusammenhang mit Angebotsausschlüssen angesprochen wurden:

---

[60] BayObLG IBR 2003, 213 = NZBau 2003, 633.

[61] Zu den Anforderungen an sog. Newcomer vgl. OLG Düsseldorf IBR 2003, 212 und 442; OLG Celle IBR 2003, 93 und OLG Dresden IBR 2003, 94.

[62] § 6 Abs. 3 in Verbindung mit § 4 Abs. 5 VgV.

[63] BGH BauR 2005, 1620.

[64] VK Stuttgart NZBau 2003, 696 (Leistsatz 2, für VOL-Vertrag).

[65] BGH VergabeR 2005, 754.

[66] VK Nordbayern IBR 2004, 342 (Leistungsnachweis des Nachunternehmers).

[67] OLG Düsseldorf IBR 2004, 381.

[68] OLG Celle BauR 1994, 627.

[69] VHB Bund § 25 A Nr. 1.3.3; LG Kiel IBR 2003, 375; VK Nordbayern IBR 2003, 378. Vgl. auch VOB/A § 21 Rdn. 17.

– Liegt ein in § 8 Nr. 5 a–f VOB/A genannter Grund vor, berührt dies stets die Zuverlässigkeit.[70] Dabei wird nicht vorausgesetzt, dass hier ein persönliches Verschulden vorliegt, die **bloße Tatsache kann** bereits **genügen**.
– Schlechte eigene Erfahrungen oder ungünstige Referenzen können Unzuverlässigkeit begründen, wie **Schwarzarbeit** oder **illegale Beschäftigung** in naher Vergangenheit; ebenso die Nichteinhaltung tarifvertraglicher Bestimmungen.
– Genauso darf berücksichtigt werden, dass mit dem Bieter noch zwei Prozesse nach Auftragskündigung, die jener zu vertreten hatte, anhängig sind.[71]
– Unredliches Verhalten bei Vergabeverfahren zählt ebenfalls dazu, z.B. absichtliche Additionsfehler im Angebot,[72] kein Hinweis auf erkannte Beschreibungsfehler des Auftraggebers,[73] mangelhafte Mitarbeit bei der Aufklärung einer schweren Verfehlung[74] u.Ä.

c) Nachweis der Eignung durch den Bieter. Ebenso wie nach § 8 Nr. 3 VOB/A dürfen auch speziell im Vergabeverfahren vom Bieter Nachweise über seine Eignung gefordert werden,[75] und zwar in Form von 42

– bloßen Angaben und Versicherungen,
– Bescheinigungen zuständiger Stellen (§ 8 Nr. 3 Abs. 1 a, c, f VOB/A),
– anderen geeigneten Unterlagen, aber nur bei besonderem Anlass.

Bei öffentlicher Ausschreibung sind in der Aufforderung zur Angebotsabgabe die Nachweise zu bezeichnen, deren Vorlage mit dem Angebot verlangt oder deren spätere Anforderung vorbehalten wird. Bei beschränkter Ausschreibung nach öffentlichem Teilnahmewettbewerb ist zu verlangen, dass die Nachweise bereits mit dem Teilnahmeantrag vorgelegt werden (§ 8 Nr. 3 Abs. 3). Dies ist insbesondere von Bedeutung, wenn der Auftraggeber wegen der hohen Anforderungen, welche die konkrete Bauausführung mit sich bringt, **erhöhte Eignung und Sicherheit** für die Vertragserfüllung sowie überdurchschnittliche technische und wirtschaftliche Mittel fordert. Bei „normalen" Bauaufgaben genügt die in Nr. 2 Abs. 1 verlangte erforderliche Eignung, die notwendige Sicherheit und die Verfügung über ausreichende Mittel. Ein „Mehr" an Eignung darf bei der persönlichen Wertung keine Rolle spielen.[76] 43

Streitig ist oft im Vergabeverfahren, ob ein Bieter schon zur Submission **Eignungsnachweise** für seine **Nachunternehmer** erbringen muss. Nach hier vertretener Ansicht ist dies aus den bestehenden Rechtsgrundlagen VOB/A und VHB Bund nicht zu entnehmen, in der Praxis auch meist nicht möglich. Denn da der Bieter nicht weiß, ob er überhaupt den Zuschlag bekommt, kann er nicht schon Nachunternehmerverträge abschließen, sondern allenfalls Preisanfragen starten. Damit hat der Auftraggeber keine rechtliche Möglichkeit, solche Nachweise von seinem (künftigen) Vertragspartner zu fordern. Außerdem besteht für den Auftraggeber i.d.R. kein außergewöhnliches Interesse an solchen Nachweisen, weil sein unmittelbarer Auftragnehmer ihm allein gem. § 4 Nr. 7, § 13 Nr. 1 VOB/B für eine mangelfreie Leistung haftet.[77] Nur wenn sichere Anhaltspunkte für die Nichteignung des vorgeschlagenen Nachunternehmers vor liegen, kann sich die Notwendigkeit ergeben, derartige Nachweise auch für jenen zu verlangen. 44

Bleibt ein Bieter trotz eindeutiger Aufforderung durch den Auftraggeber diese Nachweise schuldig,[78] kann sein Angebot im weiteren Verfahren unberücksichtigt bleiben.[79] Dies ergibt sich 45

[70] VHB Bund § 25 A Nr. 1.3.2.
[71] OLG Düsseldorf BauR 1990, 596 (Leitsatz 2); anders aber OLG Celle IBR 2000, 306, weil der Bieterausschluss ohne zeitliche Begrenzung erfolgt ist.
[72] BGH BauR 1994, 98.
[73] OLG Düsseldorf BauR 1994, 240.
[74] OLG Düsseldorf IBR 2005, 616.
[75] VHB Bund § 25 A Nr. 1.3.1; OLG Bremen IBR 2005, 274.
[76] Vgl. oben Rdn. 36.
[77] A.A. offenbar *HRR*, A § 25 Rdn. 36.
[78] Dies ist auch der Fall, wenn ein Schriftstück unleserlich ist, OLG Düsseldorf IBR 2006, 292.
[79] OLG Düsseldorf BauR 1993, 397 = NJW RR 1993, 1046.

analog aus § 24 Nr. 2 VOB/A. Ein dadurch nicht zum Auftrag gekommener Bieter kann daher auch **keinen Schadensersatz** wegen nicht korrekter Vergabe fordern.

46 Andererseits darf der Auftraggeber für die schwerwiegende Entscheidung „Ausscheidung mangels Eignung" nur solche Umstände berücksichtigen, die auf gesicherten Erkenntnissen der Ausschreibungsstelle beruhen.[80] Ein bloßer Verdacht, z.B. auf eine Preisabsprache, berechtigt weder zur Aufhebung des Verfahrens,[81] noch zu einem Angebotsausschluss.

2. Persönliche Wertung bei beschränkter Ausschreibung und freihändiger Vergabe (Abs. 2)

47 Nach Abs. 2 sind bei beschränkter Ausschreibung und freihändiger Vergabe nur Umstände zu berücksichtigen, die nach Aufforderung zur Angebotsabgabe Zweifel an der Eignung des Bieters begründen. Dies liegt an der Besonderheit dieser beiden Verfahren, in denen eine Vorauswahl der Bieter stattfindet (§ 8 Nr. 4 VOB/A). Damit wird nämlich sogleich die persönliche Wertung verbunden, so dass dieser Verfahrensteil abgeschlossen ist. Eine „Wiederaufnahme" findet nur statt, wenn nachträglich Tatsachen entstanden sind oder bekannt werden, die Zweifel an der Eignung begründen, z.B. ein mittlerweile beantragtes Insolvenzverfahren gegen den Bieter oder die Aufdeckung eines verbotenen Absprachekartells u.Ä.

IV. Sachliche Wertung der Angebote (Nr. 3)

48 Dieser Abschnitt der Angebotwertung erfährt eine Zweiteilung in die **rein auf den Preis bezogene** Würdigung (Abs. 1, 2 und 3 Satz 1) und in die danach folgende **sonstige wirtschaftliche** Betrachtung (Abs. 3 Satz 2), bei der auch andere Faktoren als die Preiskomponenten eine Rolle spielen und sogar den Ausschlag geben können (Satz 3). Wichtige **Hilfsmittel** für diesen Vorgang sind

49 – der **Preisspiegel**, den ein Auftraggeber regelmäßig anfertigen wird. Dieser enthält eine synoptische Gegenüberstellung aller oder nur der in die engere Wahl gelangten Angebote. Dabei sind i.d.R. die Hauptpositionen nebeneinander aufgeführt und zwar mit dem Einheits- und dem Gesamtpreis; untergeordnete Positionen können weggelassen werden. Durch farbliche Kennzeichnung werden Höchst- und Niedrigstpreise hervorgehoben, so dass im Vergleich festgestellt werden kann, wo sich sog. Ausreißer befinden oder wo in etwa der Mittelpreis zu suchen ist. Schon damit vermag der Auftraggeber eine Abwägung der Angebote untereinander vorzunehmen, insbesondere auch im Hinblick auf spekulative Preise. Folgerichtig sagt das VHB Bund[82] dazu:

> Bei der Wertung ist zu untersuchen, ob das Angebot
> – in sich schlüssig ist, also im Kostenaufbau und im Verhältnis der Einheitspreise zueinander eine ordnungsgemäße Kalkulation erkennen lässt; dabei ist zu berücksichtigen, dass Einzel- und Gemeinkosten nicht bei allen Betrieben gleich abgegrenzt werden.
> – wesentlich von den anderen in die engere Wahl gekommenen Angeboten abweicht; dabei sind etwaige Kostenunterschiede infolge der von den Bietern gewählten unterschiedlichen Arbeitsverfahren und Ausführungsarten sowie die sich daraus ergebenden Verschiebungen zwischen den einzelnen Kostengruppen (arbeits- und geräteintensive Ausführung, Verwendung vorgefertigter Bauteile oder reine Baustellenfertigung usw.) zu berücksichtigen.

50 – die **Formblätter EFB-Preis 1 a, 1 b, 1d und Preis 2**, die im VHB Bund enthalten sind, wobei 1 a – d den Angebotspreis insgesamt, aufgelöst in die Kalkulationsbestandteile, ausweist,[83]

---

[80] BGH BauR 2000, 254; OLG Düsseldorf IBR 2003, 693 (für einen VOL-Auftrag); OLG Saarbrücken IBR 2004, 162.

[81] VÜA Schleswig-Holstein IBR 1999, 353.

[82] § 25 A Nr. 1.6.1.

[83] EFB-Preis 1 a: Angaben zur Kalkulation mit vorbestimmten Zuschlägen; 1 b über die Endsumme; 1 d bei Leistungen des Maschinenbaus und der Elektrotechnik.

während letzteres die Aufgliederung wichtiger Einheitspreise wiedergibt. Dies setzt aber voraus, dass der Bieter hier **realitätsbezogene, plausible Werte** einsetzt, die auch der Kalkulationserfahrung entsprechen. Diese Formblätter werden zwar **nicht Vertragsbestandteil,** vom Auftraggeber zur Angebotseröffnung aber regelmäßig gefordert. Deshalb führt ihr Fehlen zwingend zum Ausschluss des Angebots, was auf dem Formblatt auch ausdrücklich vermerkt ist.[84] Anhand der dort gemachten Einzelangaben ist es möglich, den Preis/die Preise nachzuvollziehen, sowohl in der Angemessenheit insgesamt, als auch in einzelnen Positionen. Bei Zweifeln an der Angemessenheit sind die Einzelansätze zu vergleichen und unter verschiedenen Gesichtspunkten objekt- und betriebsbezogen zu untersuchen. Die Prüfung der Lohnkosten hat z.B. zu berücksichtigen, ob der Zeitansatz pro Leistungseinheit bzw. die Gesamtstundenzahl den **bautechnisch erforderlichen Ansätzen** entsprechen und ob der Mittellohn sowie die Zuschläge für lohngebundene und lohnabhängige Kosten sich im Rahmen der tarifvertraglichen Vereinbarungen und der gesetzlichen Verpflichtungen halten. Bei den **Stoffkosten** muss der Auftraggeber darauf achten, ob sie **den üblichen Ansätzen** entsprechen. Die ausgewiesenen **Gemeinkosten der Baustelle** müssen ausreichende Ansätze für alle gesetzlich, technisch und betriebswirtschaftlich notwendigen Aufwendungen enthalten. Ein Angebot, das diese Anforderungen nicht erfüllt, begründet die Vermutung, dass der Bieter nicht in der Lage sein wird, seine Leistung vertragsgerecht zu erbringen. Dies kann nur widerlegt werden, wenn er **nachweist**, dass er aus objektbezogenen, sachlich gerechtfertigten Gründen die Ansätze knapper als die übrigen Bieter kalkulieren konnte, beispielsweise weil er rationellere Fertigungsverfahren anwendet oder über günstigere Bezugsquellen oder Produktionsvorrichtungen verfügt, die andere Bieter nicht haben bzw. erst beschaffen müssen, oder weil sich sein Gerät bereits auf oder in der Nähe der Baustelle befindet.[85] Neben dem Wertungsverfahren können diese Formblätter auch bei **Nachtragsverhandlungen** große Bedeutung erlangen, da der Neupreis regelmäßig in Anlehnung an die Ermittlungsgrundlagen schon vorhandener Vertragspreise zu vereinbaren ist (Grundsatz der **Bindung an die Urkalkulation**).[86]

1. Unangemessen hoher oder niedriger Preis (Abs. 1 und 2)

Auf ein Angebot mit unangemessenem hohen oder niedrigem Preis darf kein Zuschlag erteilt werden, d.h. wenn ein auffälliges Missverhältnis zwischen Preis und Leistung besteht. Auch hier handelt es sich um einen **zwingenden Ausschlussgrund.** 51

a) Sinn und Zweck dieser Vorschrift ist in erster Linie der Schutz des Auftraggebers vor ruinösen Angeboten, die aufgrund ihres zu niedrigen Preises keine ordentliche Ausführung einschließlich Gewährleistung erwarten lassen. Daneben sollen aber auch alle anderen Mitbieter (und damit der Wettbewerb an sich) geschützt werden, die auskömmliche Preise ermittelt und eingereicht haben. Nr. 3 Abs. 1 dient dagegen nicht dem Schutz des Bieters vor sich selbst.[87] Deshalb ist es nach hier vertretener Auffassung auch ohne Belang, ob sich ein Bieter den zu niedrigen Preis „leisten" kann oder ob er deshalb mit seinem Unternehmen in wirtschaftliche Schwierigkeiten gerät. Ausschlaggebend ist allein, dass der Gesamtpreis nachweislich unauskömmlich ist. 52

Von Bedeutung ist in erster Linie die Frage der „Unterangebote", da die wirtschaftliche Lage am Bau derzeit überhöhte Angebote kaum zulässt, diese sich also von selbst erledigen, indem sie nicht zum Zuge kommen. Der Ausschluss solcher Angebote kann aber dann aktuell werden, wenn die preislich angemessenen Angebote wegen Formfehlern oder sonstigen Mängeln ausgeschieden werden mussten und nur noch „unangemessen hohe Angebote" im Wettbewerb geblieben sind. 53

[84] Ebenso BGH VergabeR 2005, 617.
[85] VHB Bund § 25 A Nr. 1.6.4, Abs. 2.
[86] VOB/B § 2 Rdn. 213 *(Kapellmann).*
[87] BGH NJW 1980, 180 = BauR 1980, 63; NJW 1985, 1466 = BauR 1985, 75; VK Bund IBR 2001, 224 und VergabeR 2004, 365, Leitsatz 2.

54 **b) Feststellung der Unangemessenheit (Abs. 2).** Ein **Missverhältnis zwischen Preis und Leistung** zeigt sich gerade mit Hilfe des Preisspiegels meist schon auf den ersten Blick und ohne große Prüfung, weil der angebotene Betrag eklatant von den anderen Angeboten abweicht. Dabei kommt es aber nicht auf einzelne Einheitspreise an, die erheblich differieren können, maßgeblich ist allein die **Gesamtsumme.**[88] Ebenso liegt ein offenbares Missverhältnis vor, wenn einzelne Gewerke oder wesentliche Positionen auffallend niedrig angeboten werden, ohne dass sich sonst dafür ein Ausgleich findet.[89] In diesem Zusammenhang stellt sich häufig die Frage, ob und ab wann ein prozentualer Abstand vom billigsten zum nächstfolgenden Bieter das offenbare Missverhältnis „prima facie" dokumentiert. Zwar kennen Praxis und Rechtsprechung keine festen Prozentsätze, doch begründet eine Differenz von mehr als 10% den Verdacht auf ein Unterangebot, so dass Aufklärungsbedarf besteht.[90]
55 Folgerichtig bestimmt auch das VHB Bund[91]:

> Die Angemessenheit der Preise für Teilleistungen ist grundsätzlich nicht für sich sondern im Rahmen der Angebotssumme zu beurteilen. Sind jedoch die Preise für einzelne Teilleistungen erkennbar unangemessen, kann dies Zweifel an einer sachgerechten Preisermittlung begründen. Dies macht eine Aufklärung nach § 24 VOB/A und eine Prüfung auch der Einzelansätze notwendig. Diese Prüfung hat sich ferner darauf zu erstrecken, inwieweit sich die Ansätze für die Gerätevorhaltekosten, für allgemeine Geschäfts- und Sonderkosten (einschließlich Einzelwagnisse) im wirtschaftlich vertretbaren Rahmen halten.

56 Hat der Auftraggeber das Missverhältnis auf diese Weise festgestellt, darf er aber nicht sogleich das Angebot ausschließen, sondern er muss

- anhand der übrigen ihm zur Verfügung stehenden Unterlagen die Angemessenheit zu beurteilen versuchen oder sogar
- vom Bieter „in Textform", also nicht nur schriftlich, sondern auch in jeder anderen textlichen Datenfernkommunikation, Aufklärung über die Preisermittlung insgesamt oder für Teilleistungen verlangen, ggf. unter Festlegung einer zumutbaren Antwortfrist (Nr. 3 Abs. 2).[92] Wird diese Information verweigert, kann das Angebot in analoger Anwendung von § 24 Nr. 2 ausgeschieden werden.[93]

57 Diese Prüfung geht über rein am Preis orientierte Überlegungen hinaus und bezieht sich auch auf die vom Bieter zu erfragende **Wirtschaftlichkeit des Bauverfahrens**, die gewählten **technischen Lösungen** und sonstige **günstige Ausführungsbedingungen**. Zu berücksichtigen ist z.B., wenn der Bieter bei Stoffen und Bauteilen günstige Bezugsmöglichkeiten oder eine Rationalisierung durch die Zusammenführung mehrerer nahe beieinander liegender Baustellen o.Ä. nachweist.[94] Derart nachgewiesene **individuelle Kostenvorteile** sind dem Angebotspreis hinzuzurechnen. Liegt der erhaltene fiktive Preis (Wertungssumme) nicht mehr als 10% unter dem nächsten, spricht einiges dafür, dass dieser Preis angemessen ist. Hat der Auftraggeber auf ein Unterangebot zu Recht keinen Zuschlag erteilt, kann er seinerseits von dem zu niedrig kalkulierenden Bieter auch keinen Schadensersatz wegen Nichterfüllung (§§ 311 Abs. 2, 241 Abs. 2, 280, 282 BGB) verlangen.[95]

58 **c) Anfechtung eines Unterangebotes durch den Bieter.** In diesem Zusammenhang stellt sich häufig die Frage, ob ein Bieter sein als zu niedrig erkanntes Angebot nach Submission wegen Irrtums anfechten kann. Dies ist nicht einheitlich zu beantworten, sondern richtet sich vor allem nach der Art des Irrtums (§ 119 Abs. 1 BGB). Vorweg sei aber darauf verwiesen, dass eine erfolg-

---

[88] BGH BauR 1977, 52 = DB 1977, 205; BayObLG IBR 2001, 40; OLG Dresden VergabeR 2003,64 (Leitsatz 2). Zweifelnd aber neuerdings BayObLG VergabeR 2004, 743.
[89] OLG Köln BauR 1998, 118 = IBR 1998, 191.
[90] VK Bund IBR 2000, 588; OLG Celle IBR 2003, 324 (für VOL-Verträge).
[91] § 25 A Nr. 1.6.2.
[92] Vgl. dazu VK Sachsen IBR 2004, 338; VK Thüringen IBR 2006, 221.
[93] VOB/A § 24 Rdn. 16 und 17.
[94] Zum Umfang und Inhalt solcher Nachweise vgl. VK Bund IBR 2005, 396.
[95] OLG Naumburg IBR 2005, 41.

reiche Anfechtung der Preiserklärung immer zum **Ausschluss des Angebots** führt,[96] weil dieses dadurch unvollständig wird (§ 142 Abs. 1 BGB i.V.m. §§ 21 Nr. 1 Abs. 2 Satz 5, 25 Nr. 1 Abs. 1 b VOB/A). Der Bieter kann nicht mit dem durch die Anfechtung beabsichtigten Erklärungsinhalt am Vergabeverfahren teilnehmen.[97] Im Übrigen ist wie folgt zu differenzieren:

– Liegt ein sog. **Erklärungsirrtum** vor (§ 119 Abs. 1, 2. Alternative BGB), d.h. der Bieter hat 59
sich beim Einsetzen des Preises **nachweislich** verschrieben bzw. vertippt (Eingabefehler), ist die Anfechtung grundsätzlich zulässig, vorausgesetzt sie erfolgt **unverzüglich** i.S. von § 121 BGB.[98]
– Ein **Erklärungsinhaltsirrtum** (§ 119 Abs. 1, 1. Alternative BGB) berechtigt zwar zur An- 60
fechtung. Ein solcher wird aber regelmäßig nicht gegeben sein, wenn sich der Bieter bei der Preisermittlung geirrt und deshalb seine Vergütung zu niedrig kalkuliert hat, etwa durch fehlerhafte Berechnung, Nichtbeachtung kalkulatorischer Elemente, Unterpreise beim Material oder zu geringen Stundenansatz. Ein solcher **Kalkulationsirrtum** betrifft nämlich allein die preisbildenden Elemente, nicht den Preis selbst. Hier liegt daher der Irrtum nur in der Motivation, was eine Anfechtung ausschließt.[99]
– Keine Ausnahme gilt für den sog. **externen Kalkulationsirrtum**. Dieser ist als erweiterter 61
Motivirrtum anzusehen und deshalb entgegen früherer Auffassung **nicht** anfechtbar.[100]

Darüber hinaus kann es vorkommen, dass ein auf ein Unterangebot erteilter Auftrag **kei-** 62
ne Bindungswirkung entfaltet, d.h. den Auftragnehmer nicht zur Erbringung der Leistung verpflichtet. Rechtsgrundlage hierfür ist, dass der Auftraggeber unter Verstoß gegen Treu und Glauben den Auftrag erteilt hat und ihm daher eine **unzulässige Rechtsausübung** vorgeworfen werden muss (§ 242 BGB). Diese Rechtslage ist aber von engen tatbestandsmäßigen Voraussetzungen abhängig, die eine solche Möglichkeit eher zur Ausnahme machen:

– Der Auftraggeber muss bei seiner Wertung den Irrtum **zweifelsfrei erkannt** haben.[101] Hat 63
der Bieter den Irrtum ihm gegenüber behauptet, ist zwar diese Kenntnis gegeben, doch darf der Auftraggeber diese Behauptung auf Plausibilität und Glaubwürdigkeit hin überprüfen.[102] Dabei muss der Bieter auch ohne spezielle Aufforderung sämtliche Unterlagen übermitteln, aus denen sich der Fehler ableiten lässt.[103]
– Der Auftraggeber ist regelmäßig **nicht** verpflichtet, von sich aus das Angebot auf Kalkulati- 64
onsfehler **zu überprüfen**, außer wenn sich Anhaltspunkte dafür gewissermaßen aufdrängen.[104] Dann muss er aber den Bieter darauf hinweisen, damit dieser sich dazu äußern kann.
– Der Kalkulationsirrtum muss zu einem so niedrigen (Gesamt-)Preis geführt haben, dass ein 65
erhebliches Ungleichgewicht zwischen Leistung und Gegenleistung besteht, welches es dem Auftragnehmer unzumutbar macht, zu seinem Angebot zu stehen.[105] Die Prüfung der Zumutbarkeit ist an dem Rechtsinstitut „Störung der Geschäftsgrundlage" nach § 313 BGB und der damit verbundenen „Opfergrenze" auszurichten.

Verweigert der Auftragnehmer bei Vorliegen dieser Voraussetzungen die Ausführung der 66
Leistung und setzt ihm der Auftraggeber eine Nachfrist nebst Androhung der Kündigung (§ 5 Nr. 4 i.V.m. § 8 Nr. 3 VOB/B), geht die danach ausgesprochene Kündigung ins Leere. Eine Kostenerstattung für die Mehraufwendungen (§ 8 Nr. 3 Abs. 2 VOB/B) ist ausgeschlossen.[106]

---

[96] VHB Bund § 25 A Nr. 5.2.
[97] OLG Bamberg BauR 1998, 1252.
[98] OLG Bamberg, a.a.O., Leitsatz 1.
[99] OLG Köln BauR 1995, 98; OLG Frankfurt/Main IBR 1998, 144.
[100] *Palandt-Heinrichs,* a.a.O., BGB § 119 Rdn. 18 unter Hinweis auf BGH Z 139, 177 = BauR 1998, 1089.
[101] BGH NJW 1980, 180 und BauR 1985, 334.
[102] OLG Frankfurt/Main IBR 1998, 144 Leitsatz 2.
[103] OLG Nürnberg IBR 1998, 284, bestätigt durch BGH vom 13.11.1997, VII ZR 245/96.
[104] BGH NJW 1998, 3192.
[105] OLG Düsseldorf IBR 1996, 107; LG Siegen BauR 1985, 213.
[106] LG Siegen BauR 1985, 213.

2. Behandlung der Angebote in der engeren Wahl (Abs. 3 Satz 1)

67 Nach Abs. 3 Satz 1 kommen in die engere Wahl nur solche Angebote, die unter Berücksichtigung rationellen Baubetriebs und sparsamer Wirtschaftsführung eine einwandfreie Ausführung einschließlich Gewährleistung erwarten lassen. Auch dieser Schritt betrifft noch die preisliche Wertung, d.h. dass nur einige wenige Angebote, die kostenmäßig eng beieinander liegen, bis in dieses Stadium gelangen. Die nunmehr zu beachtenden Wertungsgesichtspunkte lassen eine weitere Verfeinerung erkennen, nämlich die Überprüfung des Angebotspreises auf

– **rationellen Baubetrieb**, wozu insbesondere der Geräteeinsatz zählt. Hierbei ist zu untersuchen, inwieweit sich die Ansätze für Gerätevorhaltung, für Allgemeine Geschäftskosten u.ä. im wirtschaftlichen Rahmen halten.
– **sparsame Wirtschaftsführung**, wobei niedrige Ansätze in diesem Bereich nicht ohne weiteres die Vermutung begründen, der Preis sei zu gering. Denn ein Bieter hat hier vielleicht Anlass, solche Kostenfaktoren klein zu halten oder ganz darauf zu verzichten. Dann ist nur zu prüfen, ob dies aus sachgerechten Erwägungen geschieht. Fehlt zugegebenermaßen ein Ansatz für Wagnis und Gewinn, so ist keine weitere Aufklärung erforderlich.[107] Gleiches dürfte gelten, wenn der Bieter argumentiert, wegen der Wichtigkeit des Auftrages für seinen Betrieb habe er den Ansatz für die Allgemeinen Geschäftskosten (AGK) reduziert.
– **Erwartung einwandfreier Ausführung,** einschließlich Haftung für Mängelansprüche. Dabei kann stets auf das Ergebnis der persönlichen Wertung nach § 25 Nr. 2 zurückgegriffen werden.

Auch dies sind Kostenelemente, die einen eigenen Ansatz rechtfertigen und deren Fehlen entsprechende Zweifel begründen kann. In der Regel werden diese Einzelheiten im Bietergespräch nach § 24 Nr. 1 VOB/A aufzuklären sein.

68 Zusammenfassend ist nochmals festzustellen, dass bis hierher **allein der angebotene Preis** Gegenstand der sachlichen Wertung war. Die getroffenen Erhebungen sind nur dazu da, ihn auf seine Auskömmlichkeit und Wirtschaftlichkeit zu untersuchen. Eine Preisänderung hin zur sog. Wertungssumme ist damit (noch) nicht verbunden.

3. Auswahl des wirtschaftlichsten Angebotes (Absatz 3, Satz 2, 3)

69 Erst in diesem letzten Verfahrensstadium erfolgt eine Loslösung von der reinen Preisangabe, indem weitere Wertungskriterien einbezogen werden. Nach jetzigem VOB-Wortlaut (2006) soll nämlich der Zuschlag auf das Angebot erteilt werden, das unter Berücksichtigung aller Gesichtspunkte, wie z.B. Qualität, Preis, technischer Wert, Ästhetik, Zweckmäßigkeit, Umwelteigenschaften, Betriebs- und Folgekosten, Rentabilität, Kundendienst und technische Hilfe oder Ausführungsfrist als das wirtschaftlichste erscheint.[108] Angesprochen ist hier vor allem die Fortschreibung der Angebotssumme hin zur **Wertungssumme**, die letztlich für die Vergabe ausschlaggebend ist. Natürlich wird zwischen diesen beiden Beträgen stets Identität vorliegen, wenn die Angebote auch sonst inhaltlich gleich sind. Dann entscheidet allein der Preis.[109] Unterscheiden sich aber die Angebote untereinander in technischen, wirtschaftlichen, gestalterischen oder funktionsbedingten Einzelheiten – auch hinsichtlich der Folgekosten[110] –, sind die Unterschiede bei der Beurteilung des Preises zu berücksichtigen.[111] Das ist insbesondere der Fall, wenn verschiedene Produkte oder Erzeugnisse angeboten werden, die aber alle den Vorgaben des Auftraggebers entsprechen. Gleiches gilt für **Nebenangebote**, die als „mehr wert" erachtet werden als der von

[107] VHB Bund § 25 A Nr. 1.6.5.
[108] Zur Zulässigkeit solcher über den Preis hinausgehender Kriterien vgl. EuGH NZBau 2004, 685 = VergabeR 2005, 62 = ZfBR 2005, 203.
[109] BGH BauR 2000, 254; VK Nordbayern IBR 2003, 436.
[110] VK Schleswig-Holstein IBR 2005, 169.
[111] OLG Dresden VergabeR 2004, 485 (Leitsatz 4) für die vergleichbare Wertung bei VOL-Vergabe. Zur Bewertung einer vom Bieter vorgeschlagenen, geänderten Ausführungsfrist vgl. OLG Naumburg IBR 2003, 433, zur Gestaltung BayObLG IBR 2004, 336.

den anderen Bietern ausgearbeitete Amtsvorschlag. Wurde eine Leistungsbeschreibung aufgrund Leistungsprogramm gewählt (§ 9 Nr. 15–17 VOB/A), bei der die Bewerber große individuelle Differenzierungsmöglichkeiten besitzen, kommt einer solchen vergleichenden Wertung besonders große Bedeutung zu. Hat ein Bieter einzelne Leistungsteile pauschaliert, also ein **nichttechnisches Nebenangebot** abgegeben, so ist zu beachten, dass sich der Aufmaß- und Abrechnungsaufwand verringert. In gewissen Baubereichen, z.B. im Brückenbau, hat die gestalterische Lösung hohen Stellenwert, was sich auch in der Wirtschaftlichkeit auswirkt.

Große Schwierigkeit wird aber stets darin liegen, diesen wirtschaftlichen bzw. technischen Mehrwert betragsmäßig festzulegen. Dies kann nicht immer rationell bis ins letzte nachvollzogen werden; häufig können hier subjektive Wertungen bis hin zur Ermessensausübung durch den Auftraggeber eine Rolle spielen. Soweit aber eine summenmäßige Festlegung möglich ist, muss dies überprüfbar erfolgen. **Beispiel:** Hat der an zweiter Stelle liegende Bieter, im Gegensatz zum billigsten, ein wartungsarmes oder gar wartungsfreies Erzeugnis angeboten, dürfen die voraussichtlichen Wartungskosten ganz oder anteilig zum niedrigsten Angebot hinzugerechnet werden, weil es um diesen Betrag „teurer“ wäre. Zugegebenermaßen können mit diesen Überlegungen keine großen Unterschiede überbrückt werden, bei geringen Differenzen kann sich aber die Bieterreihenfolge ändern. Dies erklärt schließlich den letzten Satz dieser Bestimmung, wonach der niedrigste Angebotspreis allein nicht entscheidend sein soll. Andererseits muss aber gesagt werden, dass bei inhaltlich gleichen Offerten das preislich niedrigste Angebot stets auch das wirtschaftlichste ist;[112] hier gibt es keinerlei Beurteilungsspielraum für den Auftraggeber. 70

Ferner ist zu beachten, dass nur direkt auf den Bauauftrag bezogene Gesichtspunkte berücksichtigungsfähig sind, darüber hinausgehende wirtschaftliche Gründe dagegen außer Betracht bleiben müssen. So kann z.B. nicht der ortsansässige, aber geringfügig teurere Bieter als wirtschaftlich günstiger gewertet werden, weil dadurch einheimische Arbeitsplätze gesichert und gemeindliche Steuereinnahmen erhöht werden; dies sind vergabefremde Aspekte. Nach h.M.[113] sind auch Belange des Umweltschutzes für die Auswahl unbeachtlich, d.h. es entscheidet allein der Preis, wenn das angebotene Fabrikat die entsprechende Zulassung besitzt. Will der Auftraggeber umweltfreundliche Produkte haben, muss er dies bereits bei der Erstellung der Vertragsunterlagen ausdrücklich vorsehen. Gleiches gilt für sonstige, nicht auftragsbezogene Kriterien.[114] 71

4. Sonderfälle der Angebotwertung

In einer Reihe von Sonderfällen gelten für die Wertung eigene Regeln.

a) **Bedarfspositionen.** Eventual- oder Bedarfspositionen enthalten Leistungen, die nur bei **Bedarf und** nach **Abruf** durch den Auftraggeber ausgeführt werden müssen. Das sind i.d.R. Leistungen, die erfahrungsgemäß zur Ausführung der vertraglichen Leistung erforderlich werden können, deren Notwendigkeit aber zum Zeitpunkt der Aufstellung der Leistungsbeschreibung trotz aller örtlichen und fachlichen Erkenntnisse nicht festgestellt werden kann (z.B. Wasserhaltung).[115] Sie müssen im Leistungsverzeichnis als solche gekennzeichnet sein, andernfalls sind sie Grundpositionen. Alle Bedarfspositionen sind auf gesondertem Blatt zusammenzustellen, auf dem auch die Gesamtpreise eingetragen werden können. Sie dürfen 10 % des geschätzten Auftragswertes nicht überschreiten, müssen also eine Ausnahme sein.[116] Gegen diese im VHB Bund genannte Höhe bestehen aber erhebliche rechtliche Bedenken.[117] 72

Kann bereits unmittelbar nach Submission festgestellt werden, dass der Bedarf mit Sicherheit eintritt, sind derartige Positionen wie Grundpositionen zu werten, d.h. in die Angebotssumme einzurechnen. Wenn noch nicht abzusehen ist, ob die Eventualleistung erforderlich wird (z.B. 73

112 VHB Bund § 25 A Nr. 1.7 Abs. 2.
113 Statt aller *HRR* A § 25 Rdn. 5 und 6 mit weiteren Nachweisen.
114 EuGH NJW 2000, 3629 = IBR 2001, 35, BGH VergabeR 2004, 604 für VOL-Verträge.
115 VK Bremen IBR 2005, 110. Vgl. dazu auch VOB/A § 5 Rdn. 17–24.
116 § 9 Nr. 1 Satz 2 VOB/A in Verbindung mit VHB Bund § 9 A Nr. 4.2.
117 Siehe dazu VOB/A § 9 Rdn. 18 und VK Sachsen IBR 2003, 438.

Winterbau, Bodenaustausch, Wasserhaltung), muss der Auftraggeber den Preis gleichwohl in die Wertung einbeziehen, weil nur so eine Gleichbehandlung der Bieter erfolgen kann.[118]

74 Ein Abschätzen, mit welcher Wahrscheinlichkeit dieser Bedarf auftritt, ist nur dann erforderlich, wenn bei den Bietern der engeren Wahl im Bereich „Eventualpositionen" große Preisunterschiede auftreten; ansonsten müssen diese Positionen grundsätzlich voll in die Wertung einbezogen werden.[119]

75 **b) Wahlpositionen.** Wahl- oder Alternativpositionen schreibt der Auftraggeber zu einer Grundposition zusätzlich aus, wenn er sich noch nicht darüber im Klaren ist, welche von beiden Leistungen ausgeführt werden soll.[120] Regelmäßig wird dies von den angebotenen Preisen abhängen. Auch die Wahlposition ist als solche ausdrücklich zu kennzeichnen.[121] Im Leistungsverzeichnis ist lediglich die Angabe des Einheitspreises zu fordern, die Spalte Gesamtpreis ist zu sperren (NEP), damit dieser nicht in die Angebotssumme einbezogen wird.

76 Da mit Angebotseröffnung der Auftraggeber den Preis der Wahlposition kennt, kann er regelmäßig schon von da ab bestimmen, welche Leistung ausgeführt werden soll. Diese ist, wie eine Grundposition, in die Wertungssumme mit aufzunehmen. Sollte aber der Auftraggeber ausnahmsweise jetzt seine Entscheidung noch nicht treffen können und dennoch den Auftrag erteilen, gerät er in Gefahr, dass das Wahlrecht auf den Auftragnehmer übergeht (§ 262 BGB).[122] Andererseits wird stets zu prüfen sein, ob er nicht sein Wahlrecht dadurch ausgeübt hat, dass er den Preis der Grund- oder der Wahlposition in die Gesamtsumme aufgenommen hat. Dies ist regelmäßig eine Frage der Auslegung.

77 **c) Spekulative Preise.** Beim sog. Spekulationsangebot orientiert der Bieter seinen Preis nicht an den nach der Leistungsbeschreibung zu erwartenden Kosten, sondern an der Vermutung, dass wegen tatsächlicher Veränderungen eine andere für ihn günstige Abrechnung stattfinden wird. Dem gemäß gibt es zwei Fallgruppen, nämlich

- **Mengenspekulation:** Bei Teilleistungen, wo der Bewerber mit größeren Mengen rechnet, trägt er einen höheren Preis ein. Positionen, von denen er glaubt dass sie nicht benötigt werden oder dass sich die Menge verringert, bietet er bewusst niedrig an.
- **Textspekulation:** Dabei geht der Anbieter davon aus, dass die Leistungsbeschreibung im Positionstext unzutreffend ist. Also bemisst er den Einheitspreis nach der in seinen Augen tatsächlich bestehenden Situation, was für die Angebotswertung von Vorteil ist. Bewahrheitet sich später seine Annahme, ist sein Preis „richtig" und kostendeckend.

78 Dies lässt erkennen, dass solche Spekulationen stets mit einem **Risiko** verbunden sind und dass sie ihre Ursache in einer tatsächlichen oder nur vermuteten fehlerhaften Leistungsbeschreibung haben.[123] Bei Ausschreibungen öffentlicher Hände nach VOB dürfen spekulativ aufgestellte Angebote nicht von vornherein ausgeschlossen werden. Sie sind grundsätzlich zu werten,[124] häufig erst nach zusätzlicher Information in einem Bietergespräch nach § 24 Nr. 1. Befinden sich aber zahlreiche Positionen mit Spekulationspreisen (1 Cent pro Einheit) im Angebot, kann dies zu einer Unmöglichkeit der Wertung und damit zum Ausschluss führen.[125] Stellt sich heraus, dass diese Preisangaben auf einer sog. Mischkalkulation beruhen, ist das Angebot zwingend auszu-
79 schließen.[126] Für die Wertung sind **folgende Grundsätze** zu beachten:

---

[118] VHB Bund § 25 A Nr. 1.6.3. Zur Wertung von „angehängten Stundenlohnarbeiten" VK Sachsen IBR 2003, 623.

[119] VOB-Stelle Niedersachsen IBR 2005, 344.

[120] OLG Düsseldorf IBR 2003, 216.

[121] VHB Bund § 9 A Nr. 4.1. Vgl. ferner VOB/A § 5 Rdn. 14–16.

[122] *Schelle* BauR 1989, 48 ff.

[123] *HRR* A § 25 Rdn. 162.

[124] OLG Dresden IBR 2003, 212; KG VergabeR 2004, 350; OLG Dresden VergabeR 2004, 507.

[125] VÜA Bayern IBR 2000, 56: Hier ging es um 23 Positionen, die keine wertbaren Preisangaben enthielten. VK Südbayern IBR 2001, 633. Bay ObLG NZBau 2004, 294.

[126] BGH BauR 2004, 1433, vgl. auch oben Rdn. 9 und VOB/A § 21 Rdn. 14.

– Nur der **Angebotsgesamtpreis** muss **angemessen** sein, nicht die einzelnen Positionspreise.[127]
– Der **niedrigste Angebotspreis** allein ist **nicht** entscheidend (Nr. 3 Abs. 3, letzter Satz).
– Das **Spekulationsrisiko** ist ein zu berücksichtigendes Kriterium i.S. von Nr. 3 Abs. 3, Satz 2.[128]

Hat der Auftraggeber einen spekulationsverdächtigen Preis festgestellt, muss er prüfen, ob Text oder Mengenansatz überhaupt Anlass zum Spekulieren bieten, und das Preisrisiko abschätzen, etwa ob wegen zu niedriger Vergütung die Gefahr einer nicht ordnungsgemäßen Leistung besteht.[129] Unter Umständen ist sogar eine Aufhebung der Ausschreibung in Erwägung zu ziehen (§ 26 Nr. 1 b VOB/A). Bei der Mengenspekulation darf der Auftraggeber die entsprechende Position im Rahmen von ± 10 % vergleichend werten, was aus § 2 Nr. 3 VOB/B als kalkulatorischer Unsicherheitsfaktor abgeleitet wird.[130] Eine Korrektur auf die später als richtig erkannten Massen ist aber grundsätzlich unzulässig, da dem Auftraggeber kein größerer Spielraum als bei einer ordnungsgemäßen Ausschreibung eingeräumt werden darf.[131] 80

d) Spekulative Bedarfspositionen. Bedarfspositionen, wie oben unter a) beschrieben, verleiten den Bieter oft zur Spekulation, da sie wegen der Unsicherheit ihrer Realisierung in der Wertung eine nur untergeordnete Rolle spielen.[132] Besonders häufig kommt dies bei den sog. angehängten Stundenlohnarbeiten (unvorhergesehene, für eine Positionierung ungeeignete Leistungen) vor, die zu Cent-Beträgen angeboten werden. Da sie aber grundsätzlich in die Wertungssumme mit eingehen, folglich also die Bieterfolge beeinflussen können,[133] besteht für den Kalkulator die Überlegung, 81

– sie kommen nicht zur Ausführung und er kann risikolos einen niedrigen Preis angeben **oder**
– der Bedarf tritt ein, so dass er einen sehr hohen Preis eintragen darf, der aber bei der Wertung noch nicht oder nicht voll zum Tragen kommt.

Hat der Auftraggeber im Angebot eine solche Spekulation erkannt, ist er berechtigt, einen Vergleich unter Weglassen dieser Bedarfspositionen vorzunehmen und die sich dabei ergebende (neue) Bieterfolge zur Vergabegrundlage zu machen.[134]

e) Losweise Vergabe. Ausgangspunkt für dieses Problem ist § 97 Abs. 3 GWB i.V.m. § 4 Nr. 2 und 3 VOB/A, wo dem Auftraggeber tunlichst eine **Aufspaltung in Teillose oder in Fachlose** vorgeschrieben wird, was am deutlichsten durch eine ausdrückliche Bezeichnung als solche dokumentiert wird. Darüber hinaus muss er im Anschreiben zu den Verdingungsunterlagen angeben, dass eine Vergabe nach diesen Losen erfolgen soll (§ 10 Nr. 5 o VOB/A). Sind diese Voraussetzungen gegeben, muss er diese Möglichkeit bei der wirtschaftlichen Angebotsbewertung mit berücksichtigen. Das bedeutet, dass vergleichend festgestellt werden muss, ob eine getrennte oder eine Gesamtvergabe sinnvoller bzw. günstiger wäre. Dabei darf nicht nur der rein finanzielle Aspekt eine Rolle spielen, sondern es müssen auch andere Kriterien, z.B. die einheitliche Mängelhaftung und die Ausführungskoordination einbezogen werden. Eine gemeinsame Vergabe ist meist dann wirtschaftlicher, wenn der Bieter sie noch mit einem Preisnachlass verknüpft hat.[135] Fehlen aber solche Anhaltspunkte, ist allein der Gewerks- oder der Lospreis maßgebend. Somit kann theoretisch jedes Los an einen anderen Bieter vergeben werden. 82

f) Änderungssatz in der Lohngleitklausel. Bei längerfristigen Verträgen sieht der öffentliche Auftraggeber aus Gründen der Preis- und Kalkulationssicherheit eine Lohn- oder/und Stoffpreis- 83

[127] BGH BauR 1977, 52.
[128] *Thormann* BauR 2000, 953 ff. (959–962).
[129] BayObLG VergabeR 2004, 87.
[130] *Dähne/Schelle,* a.a.O., Seite 1054 ff.
[131] *Schelle,* Bauwirtschaft 1986, 1058.
[132] VHB Bund § 25 A Nr. 1.6.3.
[133] *Dähne/Schelle,* a.a.O., Seite 309 ff.
[134] VÜA Bayern IBR 1997, 133.
[135] Vgl. dazu die Wertung nichttechnischer Nebenangebote, Rdn. 98 ff.

gleitklausel in den Angebotsunterlagen vor,[136] seit dem Jahr 1972 in Form der sog. Pfennigklausel (heute: Cent-Klausel). Danach werden Mehr- oder Minderaufwendungen des Auftragnehmers für Löhne und Gehälter erstattet, wenn sich der maßgebende Lohn durch Änderungen der Tarife oder bei einem tariflosen Zustand durch Änderungen aufgrund von orts- oder gewerbeüblichen Betriebsvereinbarungen erhöht oder vermindert hat. Dies geschieht dadurch, dass bei Änderung des maßgebenden Lohns um jeweils einen Pfennig (Cent)/Stunde die Vergütung für die nach dem Wirksamwerden der Änderung zu erbringenden Leistungen um den vereinbarten Änderungssatz erhöht oder vermindert wird.

84 Bei allen Angeboten, die in die nähere Auswahl gelangen ist auch der vom Bieter ermittelte **Änderungssatz** zu werten,[137] wobei unter Berücksichtigung der voraussichtlich während der Laufzeit des Vertrages zu erwartenden Lohnerhöhungen die Summe der Lohnmehrkosten zu ermitteln und der Angebotssumme zuzuschlagen wäre. Die so ermittelte **Wertungssumme** ist der Angebotssumme bei Vereinbarung fester Preise gegenüberzustellen. Ergibt die Prüfung, dass in dem Änderungssatz auch andere als lohn- und gehaltsbezogene Preisanteile enthalten sind, darf darauf der Zuschlag nicht erteilt werden.[138] Der bei allen Bietern nach diesen Grundsätzen ermittelte (fiktive) Betrag wird der Angebotssumme hinzugerechnet, er wird Bestandteil der Wertungssumme, die über die Reihenfolge der Bieter entscheidet. Auf ein Angebot mit zu hohem Änderungssatz, der etwa auch andere als lohn- und gehaltsbezogene Preisanteile enthält, darf kein Zuschlag erteilt werden.[139] Manche Auftraggeber sind im Interesse der Transparenz des Vergabeverfahrens dazu übergegangen, anhand der vorgegebenen Bauzeit den Fertigstellungszustand nach Prozent zu prognostizieren, ebenso die zu erwartenden prozentualen Lohnerhöhungen. Diese Vorgaben werden dann in der Angebotswertung maßgebende Grundlage für die Ermittlung der Wertungssumme.[140]

85 **g) Nachlässe und Skonti.** Preisnachlässe, z.B. Abgebote oder Rabatte, können in verschiedenen Formen angeboten werden, wobei § 21 Nr. 4 VOB/A als zwingende Voraussetzung der Wertung zu beachten ist:

Stets handelt es sich dabei um die Aussage des Bieters, nicht der angegebene Gesamtpreis sei maßgebend, sondern er verringere sich noch um eine gewisse Summe.[141] Dies sind i.d.R. „andere, den Preis betreffende Angaben", die im Eröffnungstermin verlesen werden müssen (§ 22 Nr. 3 Abs. 2 VOB/A). Der Nachlass kann aus einem festen (Pauschal)-Betrag bestehen, der im Zweifel als Bruttosumme anzusehen ist,[142] oder prozentual gewährt werden.[143] Bei letzterem stellt sich stets die Frage nach der **Bezugssumme**, was **durch Auslegung** zu klären ist, wenn der Bieter hierzu keine oder keine eindeutigen Angaben gemacht hat, wie etwa „auf die Angebots-, Auftrags- oder Abrechnungssumme" u.Ä. Eine Aufklärung im Bietergespräch nach § 24 Nr. 1 VOB/A dürfte stets unzulässig sein, weil der Bieter wegen Kenntnis des Submissionsergebnisses Manipulationsmöglichkeiten hätte.[144] Bei einem Nachlass ohne nähere Bestimmung ist i.d.R. von der Angebotssumme auszugehen, weil nur diese bei Submission bekannt gegeben wird.

86 In Zweifelsfällen darf der Auftraggeber den Nachlass aber nicht in seine Wertung einbeziehen, der Angebotspreis ist bei der Vergabe unverändert zugrunde zulegen. Ansonsten sind jedoch solche den Preis betreffende Angaben stets in der Wertung zu beachten, weil sie die Angebotsendsumme (und damit ggf. auch die Bieterreihenfolge) verändern können. Voraussetzung ist dabei stets, dass

---

[136] Näher dazu die Kommentierung zu VOB/A § 15 Rdn. 9 ff.

[137] VHB Bund § 25 A Nr. 3.

[138] OLG Nürnberg BauR 2000, 1897 und *Augustin/Stemmer* BauR 2000, 1802. Zur zivilrechtlichen Nichtigkeit einer solchen Klausel vgl. VOB/A § 15 Rdn. 15 und 16.

[139] VHB Bund § 25 A Nr. 3.1.2: Unter diesen Umständen ist immer ein Angebot mit festen Preisen ohne Lohngleitklausel vorzuziehen.

[140] *Dähne,* FS *Vygen* S. 161 ff., 168.

[141] *Dähne/Schelle,* a.a.O., S. 1023 ff.

[142] BGH MDR 1973, 490 = SF Z 2.13 Bl. 39.

[143] VHB Bund EVM (B) BwB Nr. 3.4 Abs. 3 gestattet allerdings nur prozentuale Nachlässe.

[144] OLG Nürnberg BauR 1997, 825.

diese Bietererklärung dem Submissionsleiter bei Eröffnung des ersten Angebots vorliegt[145] oder zumindest in einem nach § 22 Nr. 6 VOB/A zu behandelnden Angebot enthalten ist.

Nicht selten sind derartige Preisnachlässe an (aufschiebende oder auflösende) Bedingungen gem. § 158 BGB geknüpft, d.h. der Nachlass wird nur bei Vorliegen besonderer Voraussetzungen (nicht) gewährt. Hier muss der Auftraggeber vorab prüfen, ob es sich um grundsätzlich **zulässige Bedingungen** handelt, die von objektiven, äußeren Umständen und Ereignissen ausgehen, nicht aber von subjektiven, ausschreibungsinternen Gegebenheiten. Letzteres wäre der Fall, wenn die Bedingung von anderen, erst zur Submission bekannt werdenden subjektiven Fakten abhängig gemacht werden, insbesondere wenn andere Angebote „vorgespannt" werden. **Beispiel:** „Sollte mein Angebot nicht an erster Stelle liegen, wird ein Abgebot i.H.v. ... % gewährt" oder gar „Abgebot 1.000,– DM unter den billigsten Bieter".[146] 87

Sonst aber sind bedingte Preisnachlässe, wenn sie hinreichend bestimmt sind,[147] zulässig und einer Wertung zugänglich.[148] Diese erfolgt nach den Regeln für Nebenangebote (Rdn. 98–104). Einen Sonderfall bietet hierbei das sog. **Koppelungsangebot**, bei dem ein Preisabschlag gewährt wird für den Fall, dass dem Bieter aus einer anderen, zeitnahen Ausschreibung ein Auftrag zugesprochen wird. Hierfür gelten **folgende Grundsätze**: 88

Ein derart bedingter Preisnachlass darf nur gewertet werden, wenn

- dadurch nicht die Bieterreihenfolge manipulativ geändert wird,
- er im jeweiligen Eröffnungstermin vorliegt und
- eindeutig ist.[149]

Ein Sonderfall für Preisnachlässe ist das vom Bieter angebotene **Skonto**, das für Zahlungen Innerhalb einer von ihm genannten kurzen Frist versprochen wird. Zwar muss ein solches Skonto grundsätzlich als den Preis betreffende Angabe verlesen und gewertet[150] werden, doch sind hierfür neben den o.g. Bedingungen für Nachlässe weitere Angaben zu machen und zwar über die **Skontierungsfrist** und die **Höhe** (nach Prozent), ferner ob das Skonto für jede Zahlung **getrennt** gilt **oder** nur bei pünktlicher Entrichtung **aller Abschläge und der Schlusszahlung.**[151] Fehlt eine dieser Angaben, kann keine Berücksichtigung in der Wertung erfolgen. Insbesondere ist es unzulässig, hier eine Umdeutung in einen bedingungslosen Nachlass vorzunehmen, weil der Ausdruck „Skonto" unmissverständlich und jedem Bauunternehmer geläufig ist.[152] 89

Bei Wertung eines wirksamen Skontoangebotes muss der Auftraggeber allerdings vorab prüfen, ob er unter Einbeziehung aller verwaltungsbedingten Hemmnisse, insbesondere der kassen- und haushaltstechnischen Formalitäten, in der Lage ist, die ausbedungene, verkürzte Zahlungsfrist einzuhalten.[153] Ist dies zu bejahen, darf er die Angebotssumme für die Wertung entsprechend kürzen (= Wertungssumme). Im Auftragsschreiben muss aber wieder die volle Summe genannt werden, weil Skonto lediglich eine **Zahlungsmodalität** darstellt. 90

h) Wartungsbedürftige Anlagen. Ist mit dem Angebot für die Herstellung einer wartungsbedürftigen Anlage (Heizung, Klima, Lüftung, Abwasser, haustechnische Einrichtungen usw.) auch eine Instandhaltung eingeholt worden, sind die Preise für beides in die Wertung einzubeziehen, wobei die Dauer der Wartung eine entscheidende Rolle spielen kann.[154] Ist die Wartung für die Dauer der (vereinbarten oder nach § 13 Nr. 4 Abs. 2 VOB/B hilfsweise geltenden) Verjährungs- 91

---

[145] *Dähne/Schelle*, a.a.O., S. 1027.
[146] VOB-Stelle Sachsen-Anhalt IBR 1998, 188.
[147] *Dähne/Schelle*, a.a.O., S. 206, 207.
[148] Das VHB Bund verbietet aber seit der Ausgabe 2001 für seinen Geltungsbereich die Wertung von Skonto (§ 25 A Nr. 3.3.2), weil die Zahlungsfrist regelmäßig nicht einzuhalten ist.
[149] Im Einzelnen dazu *Schelle*, Bauverwaltung 1988, 278.
[150] BayObLG VergabeR 2005, 126.
[151] VK Düsseldorf vom 17.6.2002 (VK 15/2002-B, nicht veröffentlicht).
[152] OLG Frankfurt/Main SFH § 11 VOB/B Nr. 9; OLG Köln SFH § 641 BGB Nr. 2.
[153] VOB-Stelle Niedersachsen IBR 1996, 232; OLG Jena BauR 2000, 3.
[154] VHB Bund § 25 A Nr. 3.5.2.; VK Baden-Württemberg IBR 2003, 320.

frist für Mängelansprüche abgeschlossen, so sind die Instandhaltungskosten für diesen Zeitraum zugrunde zu legen. Bei unangemessen hohen Preisen müssen solche Angebote ausgeschlossen werden.[155]

V. Angebote mit abweichenden Technischen Spezifikationen (Nr. 4)

92 Die in Nr. 4 angesprochenen Angebote nach § 21 Nr. 2 VOB/A betreffen Leistungen, die von den vorgesehenen Technischen Spezifikationen abweichen. Diese sind grundsätzlich zulässig und ggf. wie ein Hauptangebot zu werten. Der Begriff „Technische Spezifikationen" ergibt sich aus Anhang TS zur VOB/A, Nr. 1.1.

93 Bei der Prüfung und Wertung muss der Auftraggeber feststellen, ob die angebotene Leistung mit dem geforderten Schutzniveau in Bezug auf Sicherheit, Gesundheit und Gebrauchstauglichkeit übereinstimmt, wobei der Bieter mit dem Angebot auch den entsprechenden Nachweis über die Gleichwertigkeit vorlegen muss. Ferner muss die Abweichung genau bezeichnet sein.[156] Fehlt eine dieser Voraussetzungen, **kann** (nicht: muss) das Angebot ausgeschieden werden. Es handelt sich hier nämlich um bloße **Ordnungsvorschriften**, die daraus erwachsenen Verpflichtungen können auch im Bietergespräch noch nachgeholt werden, wenn damit keine Manipulationsmöglichkeit verbunden ist.

94 Angebote nach § 21 Nr. 2 sind **keine Nebenangebote**, so dass die in §§ 21 Nr. 3, 22 Nr. 3 Abs. 2 (Satz 3), 24 Nr. 3, 25 Nr. 5 VOB/A enthaltenen Sonderregelungen auf sie nicht angewendet werden können. Dies gilt insbesondere für den Ausschluss von Nebenangeboten.

VI. Nebenangebote (Nr. 5)

1. Allgemeines

95 Nebenangebote muss der Auftraggeber generell werten, weil sie legale Bestandteile des Wettbewerbs sind. Wenn er sie aber lt. Bekanntmachung (§ 17 Nr. 1 Abs. 2 u, Nr. 2 Abs. 2 q VOB/A) oder in den Vergabeunterlagen, z.B. in den Besonderen Vertragsbedingungen, EVM (B) BVB, ausdrücklich ausgeschlossen hat, bleiben sie außer Betracht. **Beispiel:** Bei der systemoffenen Ausschreibung einer Tiefgarage verlangt der Auftraggeber unabdingbar eine stützenfreie Ausführung, um mehr Parkraum zu gewinnen.[157]

96 Nicht zuletzt wegen dieser Bestimmung muss die VOB als „nebenangebotsfreundlich" bezeichnet werden. Grund dafür ist die Erkenntnis, dass der sog. **Amtsvorschlag nicht** immer die optimale Lösung der Bauaufgabe darstellt. Wenn also die Bieter in die Lage versetzt werden, eigene Ideen und Erfahrungen einzubringen, so bedeutet dies ein „Mehr an Wettbewerb" und führt oft zu erheblichen Einsparungen, technischen Innovationen und anderen Rationalisierungseffekten, was wiederum dem Auftraggeber und damit der Allgemeinheit zu Gute kommt.[158] Andererseits findet hier gewissermaßen ein Rollenwechsel statt, weil der **Bieter** damit auch das **Bausoll bestimmt**, soweit er eigenständige Vorschläge macht, die nicht auf den Beschreibungsvorgaben des Auftraggebers basieren.[159]

97 Zur **Definition** des Begriffs „Nebenangebot" ist auf die Ausführungen unter VOB/A § 21 (Nr. IV.1 Rdn. 32 ff.) zu verweisen. **Nicht** darunter fallen deshalb globale, bedingungsfreie Preisnachlässe und Skonti, weil es sich hierbei um **reine Zahlungsmodalitäten** handelt. Das VHB Bund unterscheidet außerdem

[155] VHB Bund § 25 A Nr. 3.5.5 unter Verweisung auf Nr. 1.5.2.
[156] VHB Bund § 21 EVM A EG Nr. 5.
[157] Vgl. auch die Sachverhalte zu VÜA Bayern IBR 1995, 241 und VÜA NRW IBR 1998, 509.
[158] Dieses Ziel wird allerdings durch Art. 24 Abs. 2 und 3 der EU-Richtlinie 2004/18/EG infrage gestellt, weil der Auftraggeber schon bei der Bekanntgabe der Ausschreibung Nebenangebote (Varianten) ausdrücklich zugelassen und die technischen Mindestvoraussetzungen dafür benannt haben muss.
[159] Näheres dazu in VOB/B § 2 Rdn. 46 (Kapellmann).

– Nebenangebote, die in technischer Hinsicht von der Leistungsbeschreibung abweichen, und die alternativ oder ausschließlich möglich sind, sowie
– andere (nichttechnische oder kaufmännische) Nebenangebote, z.B. nicht VOB-konforme Zahlungsbedingungen, Preisvorbehalte, abweichende Ausführungstermine u.Ä.

2. Behandlung in der Wertung

a) Formelle Voraussetzungen. Nach § 21 Nr. 3 VOB/A muss die Anzahl von Nebenange- 98
boten an einer vom Auftraggeber in den Verdingungsunterlagen bezeichneten Stelle aufgeführt werden. Ferner müssen sie auf besonderer Anlage gemacht und als solche deutlich gekennzeichnet werden. Allerdings handelt es sich hier um **Ordnungsvorschriften**, deren Verletzung ein Nebenangebot nicht a priori ungültig macht.[160] Außerdem muss das Nebenangebot nicht verlesen worden sein, obwohl dies § 22 Nr. 3 Abs. 2 VOB/A vorschreibt, aber es muss zumindest zweifelsfrei und nachweislich im Eröffnungstermin vorgelegen haben,[161] und zwar ebenfalls verschlossen. Dazu kommt das Erfordernis der Vollständigkeit bei Submission.[162] Das bedeutet, dass der Bieter auch die Auswirkungen seines Sondervorschlages in die verbleibenden Positionen des Leistungsverzeichnisses einrechnen muss. **Beispiel:** Er schlägt vor, anstatt des Ziegelmauerwerks Betonfertigteile zu verwenden. Dies führt wegen des höheren Gewichts zu völlig anderen Anforderungen an das Tragwerk, was beim Preis kalkulatorisch mit zu berücksichtigen wäre. Eine nachträgliche Ergänzung im Bietergespräch würde auf eine nach § 24 Nr. 3 unzulässige Preisverhandlung hinauslaufen.[163] Streitig ist außerdem, ob das Nebenangebot eigens unterschrieben sein muss oder ob es von der unter das Hauptangebot gesetzten Unterzeichnung mit erfasst wird.[164] Letzteres ist regelmäßig zu bejahen, insbesondere wenn im (unterzeichneten) Anschreiben auf das Angebot insgesamt Bezug genommen ist. Sind diese förmlichen Voraussetzungen erfüllt, darf das Nebenangebot auch die weiteren Wertungstufen durchlaufen.

b) Materiell-inhaltliche Erfordernisse. Zunächst hat der Auftraggeber zu prüfen, ob über- 99
haupt im speziellen Fall das Nebenangebot zugelassen ist. Diese Frage beantwortet sich bei Geltung der Bewerbungsbedingungen gem. VHB Bund oder VHB Land zuerst danach, ob ein technisches oder ein nichttechnisches Nebenangebot vorliegt. Letzteres ist meist nur als Alternative zum Hauptangebot gestattet, so dass es ausgeschieden werden muss, wenn es ausschließlich gemacht wurde.[165]

Im zweiten Schritt muss untersucht werden, ob der Auftraggeber Nebenangebote in der 100
Bekanntmachung oder in den Vergabeunterlagen **ausgeschlossen** hat. Dies braucht nicht notwendig durch ausdrückliche Erklärung zu geschehen, sondern kann sich auch durch Auslegung aus dem Gesamtzusammenhang der Verdingungsunterlagen ergeben.[166] **Beispiel:** Hat der Auftraggeber wörtlich vorgegeben, dass er selbst bestimmte Baumaterialien beistellen wolle, sind alle Nebenangebote ausgeschossen, in denen der Bieter eigenes Material offeriert.[167] Oder wenn der Auftraggeber festlegt, er trage die Deponiegebühr für kontaminierten Bodenaushub selbst, darf er kein Nebenangebot beauftragen, bei dem keine (oder eine niedrigere) Gebühr anfällt.[168] Hat der Auftraggeber gewisse Nebenangebote ausgeschlossen, ist er daran auch gebunden, wenn er nach Submission feststellt, eine gleichwohl eingereichte Alternative wäre vorteilhafter;[169] hier käme nur noch eine Aufhebung gem. § 26 Nr. 1 b VOB/A nebst Neuausschreibung in Betracht.

---

[160] Vgl. VOB/A § 23 IV.3 Rdn. 38.
[161] OLG Nürnberg IBR 1997, 317 = BauR 1997, 825.
[162] VK Hessen IBR 2004, 357 (Vorlage der Urkalkulation mit dem Angebot).
[163] BayObLG IBR 2001, 26.
[164] Vgl. VOB/A § 21 Rdn. 40.
[165] VHB Bund EVM (B) BwB/E Nr. 5; vgl. auch VK Niedersachsen IBR 2001, 327.
[166] VK Baden-Württemberg IBR 2003, 98; OLG Düsseldorf IBR 2003, 619.
[167] Zur Zulässigkeit sog. K.o.-Kriterien vgl. auch OLG Jena IBR 2004, 272.
[168] VOB-Stelle Niedersachsen IBR 1997, 410.
[169] VÜA Bayern IBR 1999, 197.

Andererseits muss er bei Nichtausschluss auch unaufgefordert gemachte Nebenangebote in seine Wertung einbeziehen.[170]

101 Entgegen der h.M.[171] ist hier festzustellen, dass ein ordnungsgemäßes Nebenangebot nicht den Tatbestand einer „unzulässigen Änderung an den Verdingungsunterlagen" im Sinne von § 21 Nr. 1 Abs. 3 VOB/A erfüllen kann, weil hier keine Verfälschung vorgenommen wurde.[172]

102 **c) Wertung im engeren Sinn.** Bei der sachlichen Wertung, die nach den unter § 25 Nr. 3 aufgezählten Kriterien zu erfolgen hat,[173] ist dem Auftraggeber das in diesem Fall übliche, pflichtgemäße Ermessen eingeräumt. So darf er z.B. prüfen und werten, ob die alternativ angebotene Pauschalierung eines Preises wirklich zu einer Einsparung gegenüber der Abrechnung auf Nachweis führt.[174] Allerdings ist sein Beurteilungsspielraum erheblich weiter, wenn der Eintritt einer vom Bieter gestellten Bedingung (noch) ungewiss ist, z.B. die im Nebenangebot unterstellte andere Bodenbeschaffenheit. Hier besteht jedoch gegenüber den anderen Bietern, die einen Antrag nach § 27 Nr. 2 VOB/A gestellt haben, u.U. ein erhöhter Begründungszwang, wenn dieses Angebot beauftragt wird. Das eingeräumte Ermessen ist aber mit Sicherheit überschritten, wenn die alternative Lösung nur deshalb am günstigsten ist, weil Gründe hinzukommen, die eine Aufhebung der Ausschreibung gem. § 26 Nr. 1 b VOB/A nachträglich rechtfertigen würden.[175] Unzulässig wäre es auch, ein Nebenangebot nur teilweise „mit seinem beauftragungsfähigen Inhalt" zu werten, selbst wenn es technisch abgetrennt werden kann.[176]

103 Ein ganz entscheidender Beurteilungsrahmen ist dadurch festgelegt, dass der Auftraggeber nur solche Nebenangebote beauftragen darf, die mit dem sog. Amtsvorschlag **technisch und wirtschaftlich gleichwertig** sind,[177] wobei diese Eigenschaft vom Bieter im Zweifelsfall nachgewiesen werden muss,[178] z.B. im Bietergespräch. Dem öffentlichen Auftraggeber ist es strikt untersagt, auf „abgemagerte" Nebenangebote einen Zuschlag zu erteilen, weil dies eine Benachteiligung für alle die Bieter bedeuten würde, die im Vertrauen auf den ausgeschriebenen Standard ihre Preisermittlung durchgeführt haben.[179] Noch weniger ist es zulässig, derartige Offerten durch Nachverhandeln „gleichwertig" zu machen. Dies ginge über die in § 24 Nr. 3 eingeräumte Verhandlungsbefugnis weit hinaus.[180]

104 **d) Wertungsschema.** Nach einem Beschluss des VK Sachsen[181] hat die Prüfung und Wertung einem genau vorgezeichneten Weg in vier Schritten zu folgen, der für die Praxis als Checkliste dienen kann:

(1) Prüfung des Nebenangebotes (§ 23)

formell:	pünktliche Vorlage im Eröffnungstermin (§§ 22 Nr. 3 und Nr. 6)
	Angabe der Anzahl im Formblatt des Angebots (§ 21 Nr. 3 Satz 1)
	Fertigung auf besonderer Anlage und Kennzeichnung (§ 21 Nr. 3 Satz 2)
	Einhaltung der vorgegebenen Mindestvoraussetzungen
rechnerisch:	vollständige Preisangabe
	rechnerische Richtigkeit
technisch:	funktionelle Vollständigkeit
	Aufklärung technischer Inhalte

---

170 Nicht aber bei EU-weiten Ausschreibungen, Art. 24 Vergaberichtlinie 2004/18/EG.

171 Im einzelnen dazu VOB/A § 21 Rdn. 22.

172 A.A. *Hennemann* BauR 2001, 307, 308.

173 VK Sachsen IBR 2003, 574; OLG Koblenz IBR 2003, 620.

174 BayObLG VergabeR 2003, 207, ferner VK Bremen IBR 2003, 276, VK Thüringen IBR 2004, 93.

175 VOB-Stelle Niedersachsen IBR 1998, 97; OLG Dresden VergabeR 2003, 64; VHB Bund EVM (B) BwB/E Nr. 5.2.

176 OLG Dresden VergabeR 2003, 64.

177 VHB Bund EVM Erg EG Neb (Nr. 247 EG).

178 OLG Koblenz VergabeR 2003, 72; OLG Brandenburg VergabeR 2003, 222; OLG Zweibrücken IBR 2004, 382; VK Bremen IBR 2004, 384.

179 VK Niedersachsen IBR 2001, 388; VK Südbayern IBR 2003, 690 und 2004, 40.

180 BayObLG IBR 2001, 36; OLG Celle IBR 2003, 431.

181 VK Sachsen IBR 2003,574.

wirtschaftlich:	Alternative zum Amtsvorschlag Auslegung und Aufklärung des Inhalts (§ 24 Nr. 1).

(2) Wertung des Nebenangebotes (§ 25)

formell:	Angabe der Anzahl (§ 23 Nr. 3 Satz 1) Fertigung auf besonderer Anlage (§§ 23 Nr. 3 Satz 2, 25 Nr. 1 Abs. 2) kein direkter oder indirekter Ausschluss (Nr. 5)
persönlich:	Eignung (Fachkunde, Leistungsfähigkeit) bezogen auf das Nebenangebot
preislich:	finanzielle Gleichwertigkeit zum Hauptangebot
wirtschaftlich:	technische Gleichwertigkeit mit der amtlichen Leistungsbeschreibung wirtschaftliche Gleichwertigkeit zur Leistungsbeschreibung.

e) Weiterverwendung von Nebenangeboten. Nach § 20 Nr. 3 VOB/A darf der Auftraggeber 105
Angebotsunterlagen und die in den Angeboten enthaltenen eigenen Vorschläge eines Bieters **nur für die Prüfung und Wertung** der Angebote verwenden. Unter diesen Voraussetzungen erscheint es höchst **bedenklich,** wenn die Auffassung vertreten wird, es seien nur solche Nebenangebote betroffen, die urheberrechtlich geschützt sind oder schutzwürdiges Know-how enthalten. Zu folgen ist vielmehr der Entscheidung des OLG Düsseldorf, wonach der Auftraggeber generell in einem solchen Fall nicht die Ausschreibung aufheben und dann auf der Grundlage eines nicht zum Zuge gekommenen Nebenangebots neu ausschreiben oder gar freihändig vergeben darf.[182]

3. Wertung von Preisnachlässen ohne Bedingungen

Mit der VOB-Fassung 2000 wurde in Nr. 5 als Satz 2 angefügt: „Preisnachlässe ohne Bedingung 106
sind nicht zu werten, wenn sie nicht an der vom Auftraggeber nach § 21 Nr. 4 bezeichneten Stelle aufgeführt sind". Diese Vorschrift knüpft also an § 21 Nr. 4 VOB/A an[183] und enthält eine für den Auftraggeber verbindliche, **zwingende Ausschlussregelung,** deren Missachtung zwar nicht das dadurch zustande gekommene Rechtsgeschäft ungültig macht, wohl aber einen Vergabeverstoß darstellt, der einen Schadensersatzanspruch des dadurch nicht zum Zuge gekommenen Bieters begründen kann.[184]

VII. Angebotswertung bei Bietergemeinschaften (Nr. 6)

Nach Nr. 6 sind Bietergemeinschaften **Einzelbietern gleichzusetzen**, wenn sie die Arbeiten 107
im eigenen Betrieb oder in den Betrieben der Mitglieder ausführen. Diese Vorschrift wirft die Frage auf, ob und unter welchen Voraussetzungen Bietergemeinschaften überhaupt gebildet werden dürfen.

1. Zulässigkeit einer Bietergemeinschaft

In einer Bietergemeinschaft schließen sich zwei oder mehr Fachunternehmer zusammen mit 108
dem Ziel, ein gemeinschaftliches Angebot für eine Baumaßnahme einzureichen und diese dann als Arbeitsgemeinschaft auszuführen. Schon diese Definition zeigt, dass es sich regelmäßig um eine **Gesellschaft des bürgerlichen Rechts** i.S. von § 705 BGB handelt.[185] Zumeist dient dafür als Motiv, für größere Bauleistungen die erforderlichen materiellen, wirtschaftlichen und logistischen Voraussetzungen zu schaffen. Denkbar ist also, dass sich die Unternehmen gegenseitig fachlich ergänzen (vertikale Gliederung) oder – falls der gleichen Fachrichtung zugehörig – ihr Potential lediglich verstärken (horizontale Gliederung). Die mit dieser Rechtsform verbundenen **Vertretungsprobleme** sind in § 21 Nr. 5 VOB/A angesprochen.[186]

---

[182] BauR 1986, 107.
[183] Vgl. VOB/A § 21 Rdn. 41, 42.
[184] Vgl. XI. Anhang Rdn. 114 ff.
[185] Zu deren Rechts- und Parteifähigkeit vgl. BGH BauR 2001, 693 und 775.
[186] Vgl. dort Rdn. 43–48.

109 Eine Bietergemeinschaft findet sich regelmäßig nur bei öffentlichen Ausschreibungen gem. § 3 Nr. 1 Abs. 1 i.V.m. Abs. 2 VOB/A zusammen. In der beschränkten Ausschreibung oder der freihändigen Vergabe, wo der Auftraggeber den Teilnehmerkreis bestimmt, werden stets nur Einzelunternehmer aufgefordert, so dass die nachträgliche Bildung einer Bietergemeinschaft sehr unwahrscheinlich bzw. sogar unzulässig wäre. Ebenso ist es dem Auftraggeber untersagt, nach Submission mehrere Anbieter zu einer Arbeitsgemeinschaft zusammenzuzwingen, weil dadurch die nach Wettbewerbsgrundsätzen geforderte Identität zwischen Bieter und Auftragnehmer nicht mehr bestehen würde. Aus den gleichen Überlegungen müssen vergaberechtliche Bestimmungen, die nachträglich die Bildung einer Bietergemeinschaft gestatten, als unzulässig angesehen werden.[187]

2. Wertung gemeinschaftlicher Angebote

110 Angebote von Bietergemeinschaften sind wie die von Einzelbietern zu behandeln. Allerdings wird sich hier der Auftraggeber schon mit den Angebotsunterlagen oder im Bietergespräch bestätigen lassen, dass die Arbeiten ausschließlich oder überwiegend in den Mitgliedsbetrieben ausgeführt werden müssen. Dies dient der Sicherstellung des in § 4 Nr. 8 VOB/B verfestigten Grundsatzes der **Eigenherstellung**, der nur in den dort genannten Ausnahmefällen durchbrochen werden kann.[188]

VIII. Anwendung von § 25 bei freihändiger Vergabe (Nr. 7)

111 § 25 ist nur auf öffentliche und beschränkte Ausschreibungen zugeschnitten, so dass seine Geltung für freihändige Vergaben einer ausdrücklichen Sonderregelung bedarf, damit die Grundsätze des Wettbewerbs, der Gleichbehandlung und der Transparenz Anwendung finden können.[189] Hier unterscheidet die VOB zwischen direkter und entsprechender Anwendung:

- **Nr. 2 und 3** gelten **direkt**, d.h. dass eine persönliche und sachliche Wertung des Angebots, letztere unterteilt in preisliche und sonstige wirtschaftliche Beurteilung, stattfinden muss.
- **Nr. 1, 4, 5 und 6** sind **entsprechend** heranzuziehen. Dabei sind Nr. 1 Abs. 1 a, b und d gegenstandslos, weil keine Submission durchgeführt und ein Nachverhandeln generell gestattet wird, bei dem alle Unvollkommenheiten behoben werden dürfen. Dagegen behalten Abs. 1 c und Abs. 2 volle Gültigkeit. Dasselbe gilt für Nr. 4 „Abweichung von Technischen Spezifikationen (TS)" Nr. 5 „Nebenangebote" und Nr. 6 „Angebote von Bietergemeinschaften".

IX. Anhang: Schadensersatzanspruch des Bieters bei fehlerhafter Prüfung und Wertung seines Angebotes

1. Möglichkeiten des Rechtsschutzes für Bieter

112 **a) Primärer Vergaberechtsschutz nach dem Gesetz gegen Wettbewerbsbeschränkungen (GWB).** § 102 GWB unterstellt die Vergabe öffentlicher Aufträge, unbeschadet der Prüfungsmöglichkeiten von Aufsichtsbehörden und Vergabeprüfstellen, der Nachprüfung durch eine Vergabekammer. Diese entscheidet allerdings nur, ob der Antragsteller in seinen Rechten verletzt ist, und trifft die geeigneten Maßnahmen, um eine Rechtsverletzung zu beseitigen und eine Schädigung der betroffenen Interessen zu verhindern (§ 114 Abs. 1 GWB). Ein erteilter Zuschlag kann nicht mehr aufgehoben werden (Abs. 2). Dieser Rechtsweg ist aber davon abhängig, dass es sich um einen an die VOB gebundenen, öffentlichen Auftraggeber handelt (§ 98 GWB), dass ein öffentlicher Auftrag vorliegt (§ 99 GWB), der in den sachlichen Anwendungsbereich gem. § 100 Abs. 1 GWB (Schwellenwert) fällt, und dass keine Ausnahme nach § 100 Abs. 2 GWB vorliegt.

[187] EuGH NZBau 2003, 219.
[188] Zur Befugnis der Mitglieder, eigene (Parallel-) Angebote einzureichen siehe VOB/A § 21 Rdn. 44.
[189] OLG Stuttgart VergabeR 2004, 384; VK Sachsen IBR 2005, 398.

Daneben besteht nach § 126 GWB die Möglichkeit, dass ein Bieter Anspruch auf Ersatz seines Vertrauensschadens hat, wenn der Auftraggeber gegen eine den Schutz von Unternehmen bezweckende Vorschrift verstoßen hat und wenn das Unternehmen ohne diesen Verstoß bei der Wertung der Angebote eine echte Chance gehabt hätte, den Zuschlag zu erhalten. Dieser Anspruch, der eigentliche dem sekundären Rechtsschutz zugeordnet werden muss (vgl. nachfolgende Rdn. 114 ff.), ist vor dem ordentlichen Gericht geltend zu machen. Hat insoweit ein Beschwerdeverfahren vor der Vergabekammer stattgefunden, so ist das ordentliche Gericht an die bestandskräftige Entscheidung dieses Gremiums gebunden (§ 124 GWB). 113

b) Sekundärer Rechtsschutz bei fehlerhafter Vergabe nach BGB. Da es sich bei der Vergabe von Bauleistungen gem. VOB/A um einen zivilrechtlichen Vertragsabschluss handelt, können eventuelle Ersatzansprüche des zu Unrecht übergangenen Bieters nur aus Vertrag oder aus Gesetz erwachsen. Als Grundlage kam hier allein das vorvertragliche Vertrauensverhältnis, die sog. culpa in contrahendo, in Frage. Durch das Schuldrechtsmodernisierungsgesetz, das am 1.1.2002 in Kraft getreten ist, wurde dafür eine neue Rechtsgrundlage geschaffen. Nach **§ 311 Abs. 2 BGB** entsteht ein mit gegenseitigen Pflichten versehenes Schuldverhältnis auch durch 114

– die Aufnahme von Vertragsverhandlungen
– die (sonstige) Anbahnung eines Vertrages oder
– ähnliche geschäftliche Kontakte.

Ergänzend dazu sagt **§ 241 Abs. 2 BGB**, dass das Schuldverhältnis seinem Inhalt nach jeden Beteiligten zur Rücksicht auf die Rechte, Rechtsgüter und Interessen des anderen Teils verpflichten, also auch eine entsprechende Haftung begründen kann. Näheres regelt dann **§ 282 BGB.**

Durch die Ausschreibung nach VOB/A und die Beteiligung von Bietern werden vertragliche Vorverhandlungen und damit auch ein Vertrauenstatbestand begründet, der gegenseitige Aufklärungs-, Schutz- und Erhaltungspflichten beinhaltet.[190] Zu den **vorvertraglichen Obliegenheiten** des Auftraggebers zählt insbesondere die Beachtung der formellen und materiellen Vergabevorschriften in den §§ 22–25 VOB/A. Kann dem Auftraggeber dabei eine schuldhafte Missachtung vorgeworfen werden, hat der Bieter grundsätzlich einen Anspruch auf Schadensersatz.[191] Allerdings entfällt seine Schutzwürdigkeit , wenn er bei zumutbar sorgfältiger Prüfung zumindest hätte erkennen müssen, dass der Auftraggeber von diesen Regeln abgewichen ist,[192] so z.B. wenn die Verdingungsunterlagen objektiv mehrdeutig sind und der Bieter die für ihn günstigste Auslegung beansprucht.

Beim Vergleich dieser beiden Rechtsschutzmöglichkeiten fällt auf, dass es den sog. sekundären Rechtsschutz auf Grund zivilrechtlicher Haftungsregelungen schon von jeher gegeben hat, während der Rechtsweg zur Vergabekammer erst durch die einschlägigen EU-Richtlinien und deren Umsetzung in nationales Recht eröffnet worden ist. Somit sind die Bezeichnungen „primär" und „sekundär" nicht zeitlich zu verstehen. Es wäre präziser, hier von **unmittelbarem** und **mittelbarem Rechtsschutz** zu sprechen. 115

2. Voraussetzungen des Schadensersatzes aus Verstößen gegen §§ 341 Abs. 2, 241 Abs. 2 BGB

Als Folge eines solchen vorvertraglichen Fehlverhaltens des öffentlichen Auftraggebers sind **zwei Fallgestaltungen** denkbar, die zu einem Ersatzanspruch führen können, jedoch rechtlich gleich zu behandeln sind: 116

– Durch das vergabewidrige Verhalten des Auftraggebers wird ein **Angebot zu Unrecht** aus der weiteren Wertung ganz **ausgeschlossen**, z.B. weil jener es fälschlicherweise für unvollständig

[190] BGH NZBau 2002, 637 (Leitsatz 1); BGH NJW 1981, 1673 = BauR 1981, 368; OLG Nürnberg NJW 1986, 437. Zur Verjährung dieses Anspruchs vgl. OLG Karlsruhe IBR 2003, 617.

[191] BGH NJW 1980, 180 und BauR 1985, 75.

[192] BGH NZBau 2004, 517 für einen VOL-Vertrag.

oder für verspätet eingegangen erachtet.[193] Das selbe gilt, wenn es trotz Wirtschaftlichkeit als Unterangebot gem. § 25 Nr. 3 Abs. 1 ausgeschieden wird.[194]

– Der Auftraggeber übersieht oder **missachtet wichtige Beurteilungskriterien**, so dass das eigentlich wirtschaftlichste Angebot bei der Vergabe „heraus gewertet" wird, z.B. durch Berücksichtigung nicht zugelassener Nebenangebote[195] oder durch unzulässige Preisverhandlungen mit anderen Bietern.[196] Ebenso verhält es sich, wenn er das Ergebnis der persönlichen Wertung bei der wirtschaftlichen Wertung des Angebots aus anderen Erwägungen revidiert und zu einer anderen Reihenfolge der Bieter kommt.[197]

117 **a) Person des Ersatzberechtigten.** Nach ständiger Rechtsprechung des BGH kann nur der Bieter einen Schaden erleiden, der bei ordnungsgemäßer Wertung mit seinem Angebot preislich und/oder wertungsmäßig an erster Stelle liegt.[198] Denn nur er hätte den Zuschlag erlangt, der ihm einen Gewinn bringenden Auftrag ermöglichen konnte, wogegen die anderen Mitbieter leer ausgegangen wären. Somit können sie auch keinen Schaden im Rechtssinne[199] erlitten haben. Außerdem darf das Angebot **nicht** mit einem formellen oder inhaltlichen **Mangel** behaftet sein,[200] der einen Ausschluss rechtfertigen würde (§ 25 Nr. 1 und 2), selbst wenn die Vergabestelle den Ausschluss nicht auf diese Tatsache gestützt hat.[201] Gleiches muss gelten, wenn es sich als ein nach § 25 Nr. 3 Abs. 1 auszuschließendes **Unterangebot** erwiese. Ferner darf dem Auftraggeber **nicht** der **Einwand des rechtmäßigen Alternativverhaltens** möglich sein, etwa dass zusätzlich ein Aufhebungsgrund nach § 26 Nr. 1 VOB/A vorgelegen habe, der ihm aber seinerzeit nicht bekannt gewesen sei.[202] Hatte der BGH dafür anfangs noch erstmalige Kenntniserlangung nach Beginn der Ausschreibung verlangt, so hat er später dies dahingehend präzisiert, dass dieser Einwand sogar dann erhoben werden kann, wenn der Auftraggeber den Aufhebungsgrund vorher hätte erkennen können.[203]

118 Natürlich ist es stets problematisch zu sagen, dass ein solcher Bieter den Auftrag mit Sicherheit bekommen hätte. Die Rechtsprechung begnügt sich daher regelmäßig mit der Aussage, dass die Schadensersatzberechtigung dem Bieter zuerkannt werden muss, der den Auftrag **mit hoher Wahrscheinlichkeit** bekommen hätte.[204] Dem ist auch der Gesetzgeber in § 126 GWB gefolgt und hat gesagt, dass ein Schadensersatz zu gewähren sei, wenn das Unternehmen ohne diesen Verstoß bei der Wertung des Angebotes **eine echte Chance** gehabt hätte, den Zuschlag zu erhalten.

119 **b) Grundlagen der Schadensberechnung.** Ein Schadensersatzanspruch setzt stets voraus, dass dem Berechtigten durch das schadensstiftende Ereignis auch tatsächlich ein wirtschaftlich messbarer Schaden entstanden ist.[205] Dieser muss dem Grunde und der Höhe nach bewiesen sein.

120 Nach § 249 Abs. 1 BGB hat der Schädiger den Zustand herzustellen, der bestehen würde, wenn der zum Ersatz verpflichtende Umstand nicht eingetreten wäre. Dies ist aber nicht mehr möglich, weil der erstrebte Auftrag anderweitig vergeben wurde, so dass gem. § 251 Abs. 1 BGB **nur** noch eine **Entschädigung in Geld** erfolgen kann. Deren Höhe beschränkt sich nach den noch zur „culpa in contrahendo" entwickelten Rechtsgrundsätzen normalerweise auf den sog.

---

[193] OLG Köln BauR 1977, 343.

[194] BGH NJW 1998, 3634; OLG Köln IBR 1998, 1912: Dort wurde allerdings die Unauskömmlichkeit des Preises bejaht und die Ausscheidung für rechtens erachtet.

[195] OLG Düsseldorf BauR 1982, 53.

[196] BGH BauR 2002, 1086; OLG Nürnberg BauR 1997, 825.

[197] BGH NJW 1998, 3644.

[198] BGH NJW 1981, 1673 = BauR 1981, 368; BGH BauR 1984, 631 = ZfBR 1984, 225; OLG Frankfurt/Main VergabR 2001, 299; OLG Dresden IBR 2004, 264.

[199] BGH Z 27, 183; 40, 346; 75, 371.

[200] OLG Düsseldorf IBR 2006, 349 (für einen VOL-Fall); bedenklich aber OLG Dresden IBR 2006, 348.

[201] BGH NZBau 2002, 517 = VergabeR 2002, 463.

[202] BGH NJW 1993, 520.

[203] BGH NJW RR 1997, 1106.

[204] OLG Hamm BB 1972, 243; OLG Düsseldorf BauR 1986, 107 = *SFH* § 26 VOB/A Nr. 4.

[205] BGH NJW 1986, 2037.

Vertrauensschaden (das negative Interesse), d.h. der Berechtigte ist so zu stellen, als hätte er am Ausschreibungsverfahren nicht teilgenommen und alle damit verbundenen Aufwendungen erspart (so auch § 126 Satz 1 GWB).[206] Zu diesem Schaden gehören beispielsweise die Kosten für die Verdingungsunterlagen (§ 20 VOB/A), die Aufwendungen für die Erstellung der Kalkulation, Reise- und Besichtigungskosten, Porti, Telefon u.ä. Diese wären dem Bieter bei ordnungsgemäßer Beauftragung mit dem Werklohn wieder zugeflossen, in der Regel über die eingerechneten **Allgemeinen Geschäftskosten** (AGK).

121 In Ausnahmefällen kann aber das sog. **Erfüllungsinteresse** (positives Interesse) Maßstab für die Schadensberechnung sein. Danach ist der Geschädigte so zu stellen, als habe er den Auftrag erhalten und erfolgreich, also mit Gewinn, zu Ende geführt.[207] Dies beruht auf dem Gedanken, dass der öffentliche Auftraggeber mit der VOB/A und deren Veröffentlichung, ungeachtet ihres rein innerdienstlichen Charakters als Verwaltungsrichtlinie,[208] eine gewisse **Selbstbindung** geschaffen hat. Diese begründet bei den Bietern ein festes Vertrauen darauf, dass sie korrekt eingehalten wird und dass das wirtschaftlichste Angebot zwangsläufig zum Zuge kommt. Damit wird eine Art **Anwartschaft bzw. Option** begründet, die zwar noch keinen verbindlichen Rechtsanspruch verschafft, diesem aber doch sehr nahe kommt[209]). Der öffentliche Auftraggeber hat sich also von vornherein hinsichtlich seiner Vertrags- und Aschlussfreiheit enge Fesseln angelegt, worauf sich die Bieter verlassen dürfen.

122 Eine Zuerkennung des Erfüllungsinteresses ist jedoch von folgenden **Voraussetzungen** abhängig:

- Der übergangene Bieter muss darlegen und beweisen, dass er bei ordnungsgemäßer Durchführung der Vergabe den Zuschlag erhalten hätte.[210]
- Da dieser Nachweis oft schwer zu führen sein wird, genügt es in der Regel darzutun, dass er den Auftrag bei genauer Beachtung der VOB/A mit großer Wahrscheinlichkeit bekommen hätte.[211]
- Der Auftraggeber darf sich nicht auf ein sog. rechtmäßiges Alternativverhalten berufen können, d.h. dass ungeachtet der Kenntnis von der Pflichtwidrigkeit seiner Vergabeentscheidung auch ein anderer Ausscheidungs- oder gar ein Aufhebungsgrund bestanden hätte. Es handelt sich also um den Einwand, der Schaden wäre dem Bieter auch bei rechtmäßigem Verhalten des Auftraggebers entstanden, nur auf andere Weise.[212]

123 Diese beiden Betrachtungsarten des Schadens stehen in einem **Ausschlussverhältnis**, d.h. der Berechtigte kann nur entweder das positive oder das negative Interesse geltend machen. Eine kumulative Beanspruchung ist schon aus rechtssystematischen Gründen unmöglich.[213]

124 **c) Entgangener Gewinn, Wagnis, Allgemeine Geschäftskosten.** Letztlich ist auch der Begriff „entgangener Gewinn“ auslegungsbedürftig, weil nicht klar ist, ob damit der Roh- oder der Reingewinn gemeint ist, und weil der Gewinn kalkulatorisch regelmäßig mit dem Wagnis als weiterem Preiselement in einem gemeinsamen Prozentsatz verknüpft wird. Ausgangspunkt muss auch hier wieder § 249 BGB und der darin enthaltene Gedanke der **Naturalrestitution** sein: Der Geschädigte ist so zu stellen, wie er dastehen würde, wenn das schädigende Ereignis nicht eingetreten wäre, er also den Auftrag erhalten hätte.

125 In diesem Falle wäre ihm mit Sicherheit der kalkulatorische **Reingewinn** verblieben. Stellt sich jedoch heraus, dass der Bieter ausnahmsweise keinen Gewinn einkalkuliert hat, weil er den Auftrag unbedingt brauchte, geht er leer aus. Andererseits ist dem Auftraggeber aber das Argument

---

[206] KG Berlin IBR 2004,263.
[207] *Feber* BauR 1989, 556 m.w.N.
[208] Ausgenommen sind die Abschnitte 2–4, vgl. VOB/A § 21 Rdn. 49.
[209] *Dähne*, FS *Soergel* 1993, S. 31.
[210] BGH BauR 2000, 254 = DB 2000, 370 = NJW 2000, 661.
[211] So BGH NJW 1993, 520 = BauR 1993, 214 für eine VOL-Vergabe.
[212] BGH NJW RR 1997, 1106.
[213] Abzulehnen daher *Drittler* BauR 1994, 451, 453 Nr. 3.2.

verwehrt, es handele sich tatsächlich um ein Unterangebot, aus dem kein Gewinn zu erwarten sei. Maßgebend ist hier allein der kalkulatorisch ermittelte Gewinn, soweit die Preisermittlung plausibel und realitätsnah nachvollzogen werden kann.[214]

126 Umstritten ist, ob das mit dem Gewinn i.d.R. verbundene **Wagnis** ebenfalls ganz oder teilweise als Schaden **ersatzfähig** ist. Unter „Wagnis" versteht man im Bauvertrag einen kalkulatorischen Kostenansatz für unvorhersehbare Aufwendungen, die weder in den Baupreisen enthalten sind, noch durch Nachträge aufgefangen werden können. § 15 Nr. 1 Abs. 2 VOB/B erwähnt diesen Begriff, wenn auch ohne Definition, als „allgemeines Unternehmerwagnis".[215] Nach Auffassung des BGH muss sich ein Auftraggeber bei Nichtdurchführung einer Baumaßnahme den Risikozuschlag als erspart zurechnen lassen.[216] Gegen dieses für die Abrechnung nach Kündigung gewonnene Ergebnis bestehen allerdings prinzipielle Bedenken, weil in der Praxis das Wagnis nicht separat kalkuliert, sondern regelmäßig mit dem Gewinn verknüpft wird. Das bedeutet, dass sich der Gewinn erhöhen kann, wenn das Wagnis in geringerem Maße ausgeschöpft werden muss, andererseits aber, dass es den Gewinn schmälert oder gar aufzehrt, wenn das Wagnis im Einzelfall höher als erwartet anfällt. Bei der hier gegebenen Situation „komplette Nichtausführung" würde sich demnach der entgangene Gewinn um das gesamte, nicht ausgeschöpfte Wagnis erhöhen.[217]

127 Ein weiteres Problem ist der Ansatz der **Allgemeinen Geschäftskosten** (AGK), die regelmäßig in den Baupreisen mit einem Zuschlagssatz enthalten sind. Es handelt sich dabei um Aufwendungen, die sich nicht einer bestimmten Baustelle zuordnen lassen, im Gegensatz zu den Baustellengemeinkosten, sondern die dem Unternehmen insgesamt entstehen, z.B. durch die zentrale Verwaltung oder den Betrieb eines Bauhofes.[218] Nach dem **Rechtsgedanken** des § 249 BGB sind diese **grundsätzlich ersatzfähig**, da dem Bieter durch die VOB-widrige Nichtbeauftragung der einkalkulierte Ausgleich für diese Aufwendungen entgangen ist. Andererseits gerät er dadurch womöglich in die Lage, einen anderen Auftrag auszuführen und dort entsprechenden Ausgleich für die Allgemeinen Geschäftskosten zu erwirtschaften. Dies führt zu dem Ergebnis, dass im Rahmen des positiven Interesses auch die Allgemeinen Geschäftskosten ersatzfähig sind, außer wenn der Auftraggeber nachweislich einen Ersatzauftrag angenommen hat, um gerade diese durch die Nichtbeauftragung entstandene Finanzierungslücke auszufüllen.

128 Andererseits sind mit der Anerkennung der Allgemeinen Geschäftskosten als ersatzfähiger Schaden auch die Kosten abgegolten, die der Bieter für die Ausarbeitung seines Angebotes im konkreten Fall aufgewendet hat und die er eigentlich nur im Rahmen des negativen Interesses beanspruchen könnte. Er muss also beim Erfüllungsinteresse für diese Deckung nicht seinen Gewinn angreifen, sondern erhält dafür die Allgemeinen Geschäftskosten. Dadurch ist ein gerechtes Ergebnis erreicht, ohne dass dafür die juristisch unzutreffende Argumentation, positives und negatives Interesse seien nebeneinander zu gewähren, herhalten muss.[219]

§ 25 a Wertung der Angebote

1. Bei der Wertung der Angebote dürfen nur Kriterien berücksichtigt werden, die in der Bekanntmachung oder in den Vergabeunterlagen genannt sind.

2. Angebote, die aufgrund einer staatlichen Beihilfe ungewöhnlich niedrig sind, können allein aus diesem Grund nur dann zurückgewiesen werden, wenn der Bieter nach Aufforderung innerhalb einer vom Auftraggeber festzulegenden ausreichenden Frist nicht

[214] Die Interessenlage ist hier identisch mit der Abrechnung nach Kündigung gemäß § 8 Nr. 1 Abs. 2 VOB/B. Vgl. dazu BGH NJW 1996, 1286 = BauR 1996, 382 = ZfBR 1996, 143; BGH BauR 2005, 1916.

[215] Vgl. auch *Dähne/Schelle*, VOB von A – Z, 3. Aufl. 2001, S. 1497. Das „Wagnis" hat als „Allgemeines Unternehmerwagnis" keine eigenständige Bedeutung. Näher dazu VOB/B § 2 Rdn. 139 *(Kapellmann)*.

[216] BauR 1998, 185 = NJW RR 1998, 45. Ablehnend dazu und mit weiteren Nachweisen *Kapellmann/Schiffers*, a.a.O., Bd. 2 Rdn. 1372.

[217] So in einem späteren Urteil LG Berlin IBR 2001, 411 mit zustimmender Anm. von *Schulze-Hagen*.

[218] Vgl. dazu näher VOB/B § 2 Rdn. 139 (*Kapellmann*).

[219] OLG Jena IBR 2002, 433 (mit Anmerkung *Dähne*). Die Gegenmeinung von *Drittler* BauR 1994, 451, 452 (siehe auch oben Rdn. 123) ist daher abzulehnen.

nachweisen kann, dass die betreffende Beihilfe rechtmäßig gewährt wurde. Auftraggeber, die unter diesen Umständen ein Angebot zurückweisen, müssen die Kommission der Europäischen Gemeinschaften darüber unterrichten.

3. Der Auftraggeber berücksichtigt nur Nebenangebote, die die von ihm verlangten Mindestanforderungen erfüllen.

Übersicht

I. Allgemeines

Nach der Systematik der VOB/A, die sich aus dem einschlägigen EU-Recht ableitet,[1] gelten die a-Paragrafen zusätzlich zu den Basis-Paragrafen. Die Bestimmungen der EU-Baukoordinierungsrichtlinie (BKR) wurden bereits mit der Neufassung 1990 als a-Paragrafen eingearbeitet, für die EU-SKR erfolgte dies 1992 als b- und SKR-Paragrafen. Dadurch wurde die VOB/A in vier Abschnitte aufgeteilt; § 25 a zählt zu Abschnitt 2. 1

II. Wertungskriterien der BKR

1. Rechtsgrundlagen im EU-Recht

Schon die früher geltende Baukoordinierungs-Richtlinie vom 14.6.1993 (93/37/EWG) verpflichtete den öffentlichen Auftraggeber, in einer nicht verbindlichen Bekanntmachung die wesentlichen Merkmale der beabsichtigten Baumaßnahme mitzuteilen, wenn der sog. Schwellenwert (§ 1 a VOB/A, § 2 Nr. 4 Vergabeverordnung – VgV) zumindest erreicht ist (Artikel 11 Absatz 1 BKR). Dies fand seinen Niederschlag u.a. in VOB/A §§ 10 a (Vergabeunterlagen), 17 a (Vorinformation, Bekanntmachung, Versand der Vergabeunterlagen) und § 25 a (Wertung der Angebote), weshalb auch die letztgenannte Bestimmung wörtlich die beiden Begriffe „Bekanntmachung" und „Vergabeunterlagen" einbezog. 2

Nach der heute geltenden Rechtsgrundlage finden sich die einschlägigen Bestimmungen für die zulässigen Wertungskriterien in **Artikel 53 Abs. 1 EU-Richtlinie 2004/18/EG**, wo allerdings der (inhaltsgleiche) Ausdruck „Kriterien zur Erteilung des Zuschlags" verwendet wird. Absatz 1 dieser Vorschrift lautet: 3

Der öffentliche Auftraggeber wendet ... bei der Erteilung des Zuschlags folgende Kriterien an:

a) entweder – wenn der Zuschlag auf das aus Sicht des öffentlichen Auftraggebers wirtschaftlich günstigste Angebot erfolgt – verschiedene mit dem Auftragsgegenstand zusammenhängende Kriterien, z.B. Qualität, Preis, technischer Wert, Ästhetik, Zweckmäßigkeit, Umwelteigenschaften, Betriebskosten, Rentabilität, Kundendienst und technische Hilfe, Lieferzeitpunkt und Lieferungs- oder Ausführungsfrist

b) oder ausschließlich das Kriterium des niedrigsten Preises.

---

[1] Die Umsetzung der nunmehr maßgebenden EU-Vergabe-Richtlinie vom 31.4.2004 (2004/18/EG), die bis zum 31.1. 2006 vorgeschrieben war, konnte von der Bundesrepublik Deutschland aber aus politischen Gründen erst am 2006 vorgenommen werden.

4 In Absatz 2 ist dann gesagt, dass in dem in Absatz 1 Buchstabe a genannten Fall der öffentliche Auftraggeber in den Verdingungsunterlagen oder in der Vergabebekanntmachung angeben muss, wie er die einzelnen Kriterien gewichtet, um das wirtschaftlich günstigste Angebot zu ermitteln.

2. Umsetzung in nationales Vergaberecht

5 § 25 a wiederholt das in Artikel 53 EU-Vergaberichtlinie niedergelegte Publizierungsgebot. Die in diesem Artikel, Absatz 1 a **beispielhaft** aufgezählten Wertungsgesichtspunkte sind schon im Text des § 25 VOB/A (Basis-Paragraf) berücksichtigt,[2] doch müssen sie für EU-weite Ausschreibungen nochmals konkret publik gemacht werden, u. zw. nach Möglichkeit in der Reihenfolge ihrer Bedeutung bei der Wertung.[3] Dadurch wird sichergestellt, dass die Vergabe in einem transparenten Verfahren erfolgt und dass die Bieter durch die Vorhersehbarkeit der Wertungsmaßstäbe vor willkürlicher Bewertung oder vor nachträglicher Abweichung von bekannt gegebenen Kriterien geschützt sind.[4] Werden keine sonstigen Gesichtspunkte vorgegeben, richtet sich die Wertung ausschließlich nach dem angebotenen Preis (Artikel 53 Absatz 1 b EU-Richtlinie 2004/18/EG),[5] wobei selbstverständlich die Befugnis des Auftraggebers bestehen bleibt, Unterangebote nach entsprechender Prüfung gem. § 25 Nr. 3 Abs. 1 und 2 VOB/A auszuscheiden. Nicht genannte Kriterien dürfen nicht nachträglich einbezogen werden.[6] Umgekehrt muss der Auftraggeber aber die genannten Wertungsmerkmale auf die Angebote in der engeren Wahl (§ 25 Nr. 3 Abs. 3) anwenden.[7] Dabei kann dem Kriterium „Fachkunde und Erfahrung" höheres Gewicht zukommen als dem Preis, wenn es vorrangig aufgeführt ist.[8]

6 Wurde das offene Verfahren aufgehoben und in ein Verhandlungsverfahren überführt, an dem dieselben Bieter beteiligt sind, so sind die im offenen Verfahren benannten Kriterien weiterhin anzuwenden, auch wenn keine erneute Bekanntgabe stattgefunden hat.[9]

7 Die beispielsweise, d.h. nicht erschöpfende Aufzählung von außerhalb des Preises liegenden Wertungskriterien (Artikel 53 Absatz 1 a) lässt aber generell erkennen, dass es sich stets um **sachbezogene Gesichtspunkte** handeln muss, die ihren Grund im jeweiligen Auftrag selbst haben und nicht der Durchsetzung anderer Interessen dienen.[10] Ferner kann die Gewichtung mittels einer Marge angegeben werden, deren größte Bandbreite angemessen sein muss (Art. 53 Abs. 2 Satz 2).

3. Rechtsfolgen bei Nichtbeachtung

8 Zieht der Auftraggeber auch **andere Wertungskriterien** hinzu, die er nicht vorher bekannt gegeben hat, begeht er einen **Vergabeverstoß** mit allen sich daraus ergebenden Konsequenzen wie

- Vergaberechtsschutz nach den §§ 102 ff. GWB[11]
- Schadensersatz nach §§ 280, 282 in Verbindung mit 311 Abs. 2, 241 Abs. 2 BGB[12]
- Schadensersatz nach § 823 Abs. 2 BGB in Verbindung mit § 25 Nr. 3 Abs. 3 Satz 2 VOB/B.[13]

---

[2] VOB/A § 25 Nr. IV.3 (Rdn. 69–71).
[3] EuGH IBR 2003, 684 (ergangen noch zu Art. 30 BKR).
[4] OLG Düsseldorf VergabeR 2005, 364.
[5] KG VergabeR 2003, 84 Leitsatz 3.
[6] VK Bund IBR 2001, 78; VK Lüneburg IBR 2004, 383.
[7] VK Sachsen IBR 2003, 573, OLG Hamburg NZBau 2004, 464.
[8] OLG Düsseldorf IBR 2004, 270.
[9] OLG Brandenburg IBR 2006, 110.
[10] EuGH NZBau 2003, 511 = BauR 2003, 1783 (für einen VOL-Vertrag) und VergabeR 2004, 36 – Kriterien des Umweltschutzes. Vgl. auch OLG Dresden VergabeR 2004, 609 (Leitsatz 3) für eine VOL-Ausschreibung.
[11] VK Münster IBR 2001, 39.
[12] VOB/A § 25 Rdn. 114 ff.
[13] Bestr.: Zwar ist die VOB/A in diesem Falle, anders als bei Vergaben unterhalb der Schwellenwerte, wegen der Verweisung in § 6 VgV eine Rechtsverordnung, also „Gesetz" im Sinne von § 823 Abs. 2 BGB. Doch

III. Subventionierte Angebote (Nr. 2)

9 Nr. 2 besagt, dass Angebote, die aufgrund staatlicher Beihilfe ungewöhnlich niedrig sind, nur unter besonderen Voraussetzungen zurückgewiesen werden können. Diese Bestimmung findet sich als a-Paragraf erstmals in der VOB 2006,[14] sie entspricht inhaltlich Art. 55 Abs. 3 EU-Vergaberichtlinie 2004/18/EG. Es handelt sich hier um einen speziellen Ausschlussgrund für auf staatlichen Subventionen beruhende Niedrigangebote. Denn da die EU dem Grundsatz des freien Wettbewerbs absolute Priorität einräumt und sich die hier beschriebene Praxis wettbewerbsbeschränkend auswirken kann, bestand Regelungsbedarf. Demnach sind nur der EG-Kommission gemeldete, nationale Vergünstigungen oder Beihilfen aus Strukturfonds der EU ausgenommen. Doch ist der Bieter vorher schriftlich aufzufordern, innerhalb einer ausreichend bemessenen Frist, diesen Umstand nachzuweisen,[15] etwa durch Vorlage des EG-Amtsblatts, in dem die Genehmigung veröffentlicht ist.

IV. Nebenangebote (Nr. 3)

10 Nach Nr. 3 darf bei Nebenangeboten, für die der Auftraggeber Mindestanforderungen aufgestellt hat, der Zuschlag nur erteilt werden, wenn sie diesen Mindestanforderungen entsprechen.[16] Umgekehrt muss er diese Mindestanforderungen ausdrücklich benennen, wenn er Nebenangebote zulässt.[17] Dies entspricht dem Grundsatz, dass ein „abgemagertes" Nebenangebot, d.h. das technisch oder wirtschaftlich hinter der vom Auftraggeber vorgegebenen Leistungsbeschreibung zurückbleibt, nicht zuschlagsfähig ist.[18]

§ 25 b Wertung der Angebote

1. Bei der Wertung der Angebote dürfen nur Kriterien berücksichtigt werden, die in der Bekanntmachung oder in den Vergabeunterlagen genannt sind.
2. Angebote, die aufgrund einer staatlichen Beihilfe ungewöhnlich niedrig sind, dürfen von den Auftraggebern nur zurückgewiesen werden, wenn diese den Bieter darauf hingewiesen haben und dieser innerhalb einer vom Auftraggeber festzulegenden angemessenen Frist nicht den Nachweis liefern konnte, dass die Beihilfe der EG-Kommission gemeldet oder von ihr genehmigt wurde. Auftraggeber, die unter diesen Umständen ein Angebot zurückweisen, müssen die EG-Kommission darüber unterrichten.
3. Der Auftraggeber berücksichtigt nur Nebenangebote, die die von ihm verlangten Mindestanforderungen erfüllen.

Übersicht

ist es zweifelhaft, ob sie auch als „ein den Schutz eines andern (d.h. eines einzelnen Bieters) bezweckendes Gesetz" anzusehen ist. Vgl. zu dieser Problematik OLG Schleswig, BauR 2000, 1046, allerdings in Bezug auf § 30 VOB/A (Vergabevermerk).

[14] Sie war aber schon früher inhaltsgleich in § 25 b Abs. 2 VOB/A enthalten.

[15] VHB Bund § 25 a Abs. 2.

[16] VHB Bund § 25 a Abs. 1.

[17] EuGH NZBau 2004, 279 = VergabeR 2004, 50 (Traunfeller). Vgl. auch VHB Bund, EVM Erg EG (Nr. 247 EG) und § 9 a A „Baubeschreibung durch Hinweise".

[18] VOB/A § 25 Rdn. 103 mit weiteren Nachweisen.

I. Allgemeines

1 Nach der Systematik der VOB/A, die durch einschlägige EU-Richtlinien bestimmt wird, gelten die b-Paragrafen zusätzlich zu den Basis-Paragrafen; § 25 b ist also in Verbindung mit § 25 VOB/A zu sehen. Die Einfügung der b-Paragrafen erfolgte im Jahre 1992 und geschah in Umsetzung der Sektorenkoordinierungsrichtlinie (SKR) vom 17.9.1991.[1] Es handelt sich hierbei um ein Sondervergaberecht auf dem Gebiet der Wasser- und Energieversorgung, sowie im Verkehrs- und Fernmeldewesen (= Sektoren), das für die in Artikel 1 SKR genannten Auftraggeber gilt, nämlich

- staatliche Behörden,
- öffentliche Unternehmen,
- verbundene Unternehmen,

die in § 98 Nr. 1 bis 3 GWB als öffentliche Auftraggeber genannt und an die VOB/A gebunden sind.

II. Wertungskriterien der SKR (Nr. 1)

2 § 25 b entspricht wörtlich dem § 25 a VOB/A. Die gemachten Ausführungen gelten also hier gleichermaßen, jedoch ausschießlich bezogen auf die o.g. Sektoren.

Nähere Angaben zu den zulässigen Wertungskriterien finden sich in Artikel 34 Absatz 1 SKR. Dort heißt es:

> Unbeschadet nationaler Rechts- und Verwaltungsvorschriften über die Vergütung von bestimmten Dienstleistungen ist das für die Auftragsvergabe maßgebende Kriterium
>
> a) entweder das wirtschaftlich günstigste Angebot unter Berücksichtigung mehrerer von Auftrag zu Auftrag unterschiedlicher Kriterien wie etwa: Lieferfrist, Ausführungsdauer, Betriebskosten, Rentabilität, Qualität, Ästhetik und Zweckmäßigkeit, technischer Wert, Kundendienst und technische Hilfe, Verpflichtungen hinsichtlich der Ersatzteile, Versorgungssicherheit, Preis
>
> b) oder ausschließlich der niedrigste Preis.

3 Auch hierzu ist anzumerken, dass die Aufzählung der Wertungskriterien in Absatz 1 a nicht abschließend ist, was aus den Worten „wie etwa“ entnommen werden kann. Der Auftraggeber darf also **weitere Kriterien** heranziehen, die aber **sachbezogen** sein müssen. Nach dem Willen der EU darf das Vergaberecht nicht zur Durchsetzung anderer (politischer, ideologischer) Ziele benutzt werden. In Art. 34 Absatz 2 ist dagegen gesagt, dass im Falle von Absatz 1 a der Auftraggeber in den Auftragsunterlagen oder in der Bekanntmachung alle Zuschlagskriterien angeben muss, deren Verwendung er vorsieht, soweit wie möglich in der Reihenfolge ihrer Bedeutung. Insoweit stimmt diese Vorschrift also mit Artikel 30 Absatz 2 BKR überein.

III. Subventionierte Angebote (Nr. 2)

4 Nr. 2 besagt, dass aufgrund staatlicher Beihilfe ungewöhnlich niedrige Angebote vom Auftraggeber nur unter besonderen Voraussetzungen zurückgewiesen werden dürfen, sonst aber gewertet werden müssen. Dies entspricht fast wörtlich dem Artikel 34 Absatz 5 Satz 3 der SKR.

5 Es handelt sich hier um einen speziellen Ausschlussgrund für auf staatlichen Subventionen beruhende Niedrigangebote. Denn da die EU dem Grundsatz des freien Wettbewerbs absolute

[1] 90/531/EWG. Diese ist inzwischen durch die SKR vom 31.3.2004 (2004/17/EG) abgelöst (Vgl. VOB/A § 25 a Fußnote 1).

Priorität einräumt und die beschriebene Praxis sich wettbewerbsbeschränkend auswirken kann, bestand hier Regelungsbedarf. Ausgenommen sind nur der EG-Kommission gemeldete, nationale Vergünstigungen oder Beihilfen aus Strukturfonds der EU.

Jedoch ist dem Bieter vorher Gelegenheit zu geben, diesen Umstand nachzuweisen, etwa durch 6
Vorlage des EG-Amtsblattes, in dem die Genehmigung veröffentlich ist.

IV. Nebenangebote (Nr. 3)

Nach Nr. 3 auf bei Nebenangebote, für die der Auftraggeber Mindestanforderungen gestellt 7
hat, der Zuschlag nur erteilt werden, wenn sie diesen Mindestanforderungen entsprechen. Umgekehrt muss er die Mindestanforderungen benennen, wenn er Nebenangebote zulässt.[2] Diese Regelung enthält eigentlich eine Selbstverständlichkeit, denn das Verbot, einen Auftrag auf ein „abgemagertes" Nebenangebot zu erteilen, ergibt sich bereits aus den allgemeinen Wertungsgrundsätzen, die zu § 25 Nr. 3 und Nr. 5 entwickelt worden sind.[3] Die **formelle Rechtfertigung** dieses Vorgehens ergibt sich aus Artikel 34 Absatz 3 SKR:

> Bei Aufträgen, die nach dem Kriterium des wirtschaftlich günstigsten Angebots vergeben werden, können die Auftraggeber von Bietern vorgelegte Varianten berücksichtigen, wenn sie den vom Auftraggeber festgelegten Mindestanforderungen entsprechen. Die Auftraggeber erläutern in den Auftragsunterlagen die Mindestanforderungen für die Varianten und geben an, auf welche Weise sie eingereicht werden können. Wenn Varianten nicht zugelassen werden, machen die Auftraggeber in den Auftragsunterlagen eine entsprechende Angabe.

§ 26 Aufhebung der Ausschreibung

1. Die Ausschreibung kann aufgehoben werden:
a) wenn kein Angebot eingegangen ist, das den Ausschreibungsbedingungen entspricht,
b) wenn die Verdingungsunterlagen grundlegend geändert werden müssen,
c) wenn andere schwer wiegende Gründe bestehen.

2. Die Bewerber und Bieter sind von der Aufhebung der Ausschreibung unter Angabe der Gründe, ggf. über die Absicht, ein neues Vergabeverfahren einzuleiten, unverzüglich zu unterrichten. Die Unterrichtung erfolgt auf Antrag der Bewerber oder Bieter schriftlich.

Schrifttum: *Dähne* Bieteransprüche bei Vergabeverstößen der öffentlichen Hand, FS *Soergel,* 1993, S. 21 – *Dähne* Schadensersatz wegen unberechtigter Aufhebung einer Ausschreibung nach § 26 Nr. 1 VOB/A, VergabeR 2004, 32 – *Drittler* Schadensersatzanspruch aus c.i.c. bei nachgewiesenem Verstoß gegen §§ 25, 26 VOB/A, BauR 1994, 451 – *Feber* Schadensersatzansprüche aus c.i.c. bei VOB/A-Verstößen öffentlicher Auftraggeber, BauR 1989, 553 – *Gnittke/Michels* Aufhebung der Aufhebung einer Ausschreibung durch die Vergabekammer? VergabeR 2002, 571 – *Hübner* Die Aufhebung der Ausschreibung – Gegenstand des Nachprüfungsverfahrens? VergabeR 2002, 429 – *Jasper/Poth* Rechtsschutz gegen die Aufhebung einer Ausschreibung, NZBau 2003, 261 – *Lampe-Helbig/Zeit* Die Anwendung der zivilrechtlichen Haftung aus culpa in contrahendo auf die Vergabe von Bauleistungen nach VOB/A durch die öffentliche Hand, BauR 1988, 659 – *Meier* Primärrechtsschutz bei der Aufhebung einer Ausschreibung, NZBau 2003, 137 – *Müller-Wrede/Schade* Anspruch ausgeschlossener Bieter auf Aufhebung, VergabeR 2005, 460 – *Scharen* Aufhebung der Ausschreibung und Vergaberechtsschutz, NZBau 2003, 585 – *Schelle* Schadensersatzanspruch wegen rechtswidriger Aufhebung einer Ausschreibung, BauR 1999, 1233 – *Schelle* Aufhebung einer rechtswidrigen Aufhebung einer Ausschreibung?, BauR 2000, 1664 – *Stern* Angebotswertung und Vergabe nach VOB/A, Bauwirtschaft 1986, 90.

---

[2] EuGH NZBau 2004, 279 = VergabeR 2004, 50 (Traunfellner).
[3] VOB/A § 25 Nr. VI. 1 c Rdn. 103.

Übersicht

I. Allgemeines

1 Normalerweise endet das in der VOB/A geregelte Ausschreibungsverfahren mit der Zuschlagserteilung gem. § 28. Diese entspricht einem zivilrechtlichen Vertragsabschluss im Sinne der §§ 145 ff. BGB.[1] Wie aber § 146 BGB es zulässt, dass im üblichen Rechtsleben ein Angebot angenommen oder abgelehnt werden darf, kann dies auch im Vergabeverfahren einzeln oder im Ganzen geschehen. Dabei sind zwei Fallgestaltungen zu unterscheiden, nämlich

- der Auftraggeber erteilt auf ein Angebot den Zuschlag und lehnt damit die anderen ihm vorliegenden Angebote ab oder
- er weist aus besonderen Gründen alle eingereichten Angebote zurück, d.h. er hebt die Ausschreibung insgesamt auf.

2 In beiden Fällen ist das Vergabeverfahren beendet.[2] Eine andere Art der Beendigung ist nicht denkbar, insbesondere nicht ein „stillschweigendes Auslaufen“ nach Abschluss der in § 19 VOB/A genannten Zuschlags- und Bindefrist. Der öffentliche Auftraggeber ist vielmehr verpflichtet, in einer der beiden genannten Richtungen tätig zu werden; verhält er sich dagegen untätig und lässt er die **Zuschlagsfrist verstreichen**, liegt ein **Vergabeverstoß** vor, der ihn zum Schadensersatz verpflichten kann (§ 126 GWB). Keinerlei Handlungsbedarf besteht natürlich, wenn überhaupt keine Angebote eingegangen sind; hier erübrigt sich auch eine förmliche Aufhebung.

3 Grundsätzlich wird eine Ausschreibungsaufhebung **in der sog. Zuschlagsfrist** erfolgen, weil es sich erst in diesem Zeitraum ergeben wird, ob

- kein Angebot eingegangen ist, das den Ausschreibungsbedingungen entspricht oder
- die Verdingungsunterlagen grundlegend geändert werden müssen oder
- andere schwerwiegende Gründe bestehen, welche die Aufhebung rechtfertigen.

Doch kann sich eine solche Tatsache manchmal **schon vorher** herausstellen, so dass also auch in der sog. Angebotsbearbeitungszeit (§ 18 VOB/A) eine Aufhebung vorstellbar ist. Gleiches gilt wenn die in § 19 VOB/A genannte Bindefrist mit Zustimmung der in die engere Wertung

---

[1] Die sog. Zweistufentheorie, die den Vergabebeschluss als öffentlich rechtlichen Akt vom Zuschlag als privatem Rechtsgeschäft trennen und daher einen Rechtsschutz durch die Verwaltungsgerichte eröffnen will (z.B. VG Neustadt, VergabeR 2006, 351, Sächs. OVG VergabeR 2006, 348), ist abzulehnen. Siehe auch dazu den Rspr.-Überblick in IBR 2006, 68 *(Schulze-Hagen)*.

[2] *Stern* Bauwirtschaft 1986, 90; BkartA Berlin BauR 2001, 1305 (Leitsatz 2). Eine Rückgängigmachung der Aufhebung ist aber – entgegen der früheren h.M. und Rspr. (OLG Düsseldorf IBR 2000, 251; Schelle BauR 2000, 1664) – gleichwohl möglich (Vgl. Rdn. 33).

gelangten Bieter **einvernehmlich verlängert** worden ist[3] und in dieser Zeit einer der in Nr. 1 a) bis c) genannten Gründe zu Tage tritt.

Die Aufhebung einer Ausschreibung kann – ebenso wie eine unzulässige Angebotsausscheidung[4] – zu Schadensersatzansprüchen des oder der Bieter führen, wobei zu beachten ist, dass § 26 Nr. 1 zwar Rechtfertigungsgründe für diese Handlung benennt, die aber nicht automatisch einen Schadensersatzanspruch aus § 282 in Verbindung mit §§ 311 Abs. 2 und 241 Abs. 2 BGB ausschließen. Hat der Auftraggeber schuldhaft bewirkt, dass die Verdingungsunterlagen geändert werden müssen oder dass andere schwerwiegende (Aufhebungs-) Gründe entstehen, muss er dies gleichwohl als Vergabefehler verantworten und die daraus entstehenden Konsequenzen tragen. 4

II. Aufhebungsgründe nach Nr. 1 a) bis c)

1. Allgemeine Voraussetzungen

Die Aufhebung der Ausschreibung stellt den Ausnahmefall eines Verfahrensabschlusses dar; normalerweise kommt es zu einer Auftragserteilung, wobei der Auftraggeber aber nicht schlechthin zur Auftragserteilung gezwungen ist[5] und der Bieter keinen durchsetzbaren Anspruch auf den Zuschlag hat.[6] Allein schon aus diesem Regel-Ausnahme-Verhältnis folgt zwingend, dass die unter Nr. 1 a) bis c) aufgeführten Gründe abschließend sind[7] und eine **restriktive Auslegung** erfahren müssen.[8] In den Richtlinien des VHB Bund zu § 26 heißt es daher unter Nr. 1.1 folgerichtig: „Bei der Prüfung, ob eine Ausschreibung aus einem schwerwiegenden Grund aufgehoben werden darf, sind strenge Anforderungen zu stellen."[9] 5

Ferner ist von Bedeutung, dass es sich hier um eine **Kann-Bestimmung** handelt, also die Aufhebung in das pflichtgemäße Ermessen des Auftraggebers gestellt wird.[10] Er ist grundsätzlich nicht gezwungen, die Ausschreibung insgesamt zu annullieren, doch kann sich sein pflichtgemäßes Ermessen auf ein „Muss" reduzieren, wenn die Vergabekammer ein vom Auftraggeber gemäß § 25 a festgelegtes Zuschlagskriterium als rechtswidrig feststellt und deshalb für nichtig erklärt[11] oder wenn die Voraussetzungen für einen Zuschlag nicht vorliegen,[12] z.B. kein den Ausschreibungsbedingungen entsprechendes Angebot eingegangen ist. **Beispiel:** Angebot 1 ist unvollständig i.S. von § 25 Nr. 1 Abs. 1 b, Angebot 2 war verspätet eingegangen und ab Angebot 3 sind die bereitgestellten Haushaltsmittel unzureichend. Die Aufhebung ist in diesem Falle erzwungen. Das selbe gilt, wenn der Auftraggeber in der Leistungsbeschreibung ein nicht lieferbares Produkt verlangt hat.[13] 6

2. Kein den Ausschreibungsbedingungen entsprechendes Angebot eingegangen (Nr. 1 a)

Der in Nr. 1 a genannte Aufhebungsgrund bezieht sich vorwiegend, jedoch nicht nur, auf die in § 25 Nr. 1 VOB/A aufgezählten formellen Voraussetzungen, die **einzeln** vorliegen **oder** auch **kumulativ** zusammentreffen können. Wichtig ist dabei aber, dass alle Angebote betroffen sind; entspricht nämlich nur ein einziges Angebot den Ausschreibungsbedingungen, muss der Auftraggeber in die Prüfung und Wertung eintreten. Er kann sich in diesem Falle auch nicht 7

---

[3] Zur Zulässigkeit siehe VOB/A § 24 Rdn. 29.
[4] Vgl. VOB/A § 25 Nr. IX. Anhang, Rdn. 114 ff.
[5] BGH VergabeR 2003, 163. Vgl. auch *Jasper/Poth* NZBau 2003, 261 mit weiteren Nachweisen (Fußnote 3).
[6] KG IBR 2003, 263; OLG Celle IBR 2003, 371.
[7] OLG Düsseldorf VergabeR 2005, 374.
[8] BGH NZBau 2001, 637 = BB 2001, 1549; OLG Koblenz VergabeR 2004, 244 (Leitsatz 3).
[9] OLG Düsseldorf IBR 2003, 498.
[10] OLG Dresden VergabeR 2003, 64 Leitsatz 3.
[11] EuGH VergabeR 2004, 36.
[12] *Dähne/Schelle*, VOB von A–Z, S. 173.
[13] VÜA Sachsen-Anhalt IBR 1998, 183.

darauf berufen, wegen der geringen Anzahl wertbarer Angebote sei kein Vergleich möglich und das Verfahren müsse aufgehoben werden.[14] Im Einzelnen sind insbesondere folgende **Gründe** nach VOB/A als **erheblich** anzusehen:

– verspätete Angebote (§ 22 Nr. 2)[15]
– unvollständige Angebote (§ 21 Nr. 1)[16]
– unverschlossene Angebote (§ 22 Nr. 3 Abs. 1)
– Angebote mit Änderungen an den Verdingungsunterlagen oder unklaren Bietereintragungen
– nicht zugelassene Nebenangebote (§ 25 Nr. 5)
– Angebote aufgrund von Preisabsprachen[17]
– Angebote auszuschließender Bieter (§ 8 Nr. 5)
– Unterangebote oder überteuerte Angebot (§ 25 Nr. 3 Abs. 1)
– Angebote ungeeigneter Bieter (§ 25 Nr. 2)
– Angebote mit nicht aufklärbarem Inhalt (§ 24 Nr. 2)[18].

3. Zwingende grundlegende Änderung der Verdingungsunterlagen (Nr. 1 b)

8 Dieser in Nr. 1 b genannte Grund für eine Aufhebung der gesamten Ausschreibung kann nur auf Tatsachen gestützt werden, die erst **nach Versendung** der Verdingungsunterlagen eingetreten oder dem Auftraggeber bekannt geworden sind, ohne dass seine vorherige Unkenntnis auf mangelhafter Vorbereitung (Fahrlässigkeit) beruhte. Dies folgt vor allem aus dem in § 16 Nr. 1 VOB/A genannten Grundsatz, wonach der Auftraggeber erst dann ausschreiben soll, wenn alle Voraussetzungen für eine ordnungsgemäße Ausschreibung und Vergabe gegeben sind.

9 Ferner lässt der Text erkennen, dass es sich um **Tatbestände von einigem Gewicht** handeln muss, denn nur solche können zu einer grundlegenden Änderung der Unterlagen, etwa der Leistungsbeschreibung, Anlass geben.[19] Für Änderungen kleineren Ausmaßes böte sich lediglich die Möglichkeit nach § 17 Nr. 7 VOB/A an. Danach sind allen Bietern unverzüglich nähere Aufklärungen über die geforderte Leistung zu erteilen, wenn sich später eine solche Notwendigkeit herausstellt.[20]

10 Natürlich ist hier stets die Abgrenzung zwischen grundlegenden und geringen Änderungen problematisch. Dies ist am Einzelfall zu prüfen, wobei finanzielle Auswirkungen sicherlich eine wichtige Rolle spielen,[21] aber auch andere Gesichtspunkte, wie Wechsel des Materials, geänderte technische oder zeitliche Ausführungsmodalitäten u.Ä., von Bedeutung sein können. Als **Aufhebungsgründe** nach Nr. 1 b kommen beispielsweise in Frage:

11 – nachträgliche Mittelkürzung durch die finanzierende Stelle und damit verbundene Umplanungen (sog. abgespeckte Maßnahmen)
– später ergangene, nicht voraussehbare Bauverbote, Auflagen (Wärmeschutz), gesetzliche Baubeschränkungen u.ä.
– erforderliche Neukonzeption einer Maßnahme wegen Änderung der allgemein anerkannten Regeln der Technik
– neue Erkenntnisse aufgrund eines Bodengutachtens. Doch wird hier stets zu prüfen sein, ob der Auftraggeber nicht schon vorher das Gutachten hätte in Auftrag geben müssen, um dem Vorwurf einer voreiligen Ausschreibung zu entgehen.

---

[14] VOB-Verstöße (VOB-Stellen in Bayern, Aufl. 1987, Fall 79).
[15] VÜA Bayern IBR 2000, 108.
[16] VK Südbayern IBR 2000,255 und 258 (in beiden Fällen wurde aber eine Unvollständigkeit abgelehnt und die Aufhebung für rechtswidrig erklärt). Bedenklich dagegen OLG Oldenburg IBR 1997, 399.
[17] VÜA Schleswig-Holstein IBR 1999, 353.
[18] VÜA Bayern IBR 1999, 352.
[19] BayObLG VergabeR 2005, 349; VK Hessen IBR 2005, 441(für einen VOL-Vertrag).
[20] VOB/A § 17 Rdn. 50–57.
[21] OLG Düsseldorf SFH § 26 VOB/A Nr. 4 (Leitsatz 1).

– Neue Nutzerwünsche wegen geänderter äußerer Voraussetzungen.[22] **Beispiel:** Wegen eines plötzlich höheren Verkehrsaufkommens muss eine Straße aufwendiger und schneller ausgebaut werden.

Kein Zwang zum Ändern der Verdingungsunterlagen ist gegeben, wenn der Auftraggeber durch einen bieterseitig eingereichten Änderungsvorschlag feststellt, dass die von ihm vorgesehene Lösung unwirtschaftlich ist.[23] Hier kann nur eine Wertung als **Nebenangebot** in Betracht kommen, eine Aufhebung und Neuausschreibung würde einen Vergabeverstoß darstellen. Anders nur, wenn der Auftraggeber selbst die Unwirtschaftlichkeit erkennt und deshalb nachträglich eine Änderung des Entwurfs vornimmt. **12**

4. Andere schwerwiegende Gründe (Nr. 1 c)

a) Gemeinsame Voraussetzungen. Nr. 1 c gestattet eine Aufhebung der Ausschreibung, „wenn andere schwerwiegende Gründe bestehen", verwendet hier also einen unbestimmten Rechtsbegriff zur näheren Definition der Voraussetzungen. Das Wort „andere" zeigt an, dass die Gründe nicht nur im Angebot selbst liegen müssen, wie bei a) und b), sondern auch angebotsbegleitende Umstände betreffen können, z.B. die mangelnde Eignung der beteiligten Bieter. Andererseits bedeutet „schwerwiegend", dass nicht jeder Grund zu einer Aufhebung geeignet ist, sondern dass bei der Prüfung ein strenger Maßstab anzulegen ist.[24] Mit dem Einleitungssatz (Kann-Vorschrift) wird dem Auftraggeber dabei aber ein pflichtgemäß auszuübendes Ermessen eingeräumt. **13**

b) Einzelne schwerwiegende Gründe: Welche Tatsachen als schwerwiegende Gründe in Frage kommen könnten, haben Praxis und Rechtssprechung im Einzelnen herausgearbeitet. Hier wären insbesondere zu nennen: **14**

– Einwirkungen von außen, z.B. politische oder militärische Entwicklungen, die zum Wegfall des Bedarfs führen[25]
– in den Angeboten selbst enthaltende Gründe, die zwar jeweils für sich nicht schwerwiegend sind, aber zusammengefasst zu einer Unmöglichkeit der Wertung führen können[26]
– mangelnde Eignung (§ 25 Nr. 2 VOB/A) aller in die engere Wahl gelangter Bieter, z.B. fehlende Fachkunde oder nicht nachgewiesene Leistungsfähigkeit
– Monopolstellung eines Bieters für ein spezielles Baumaterial (hier: Naturstein als Fassadenverkleidung)[27]
– Unklare, § 9 VOB/A widersprechende Leistungsbeschreibung[28]
– Widerspruch zwischen Plänen und sonstiger Leistungsbeschreibung[29]
– Begründeter Verdacht auf illegale Preisabsprache.[30]

Der weitaus häufigste Fall, bei dem diese Aufhebungsvorschrift bemüht wird, ist die in der Regel bei Angebotseröffnung zu Tage tretende Tatsache, dass die **Finanzmittel nicht ausreichen** und das Vorhaben auch nicht zu dem angebotenen Mindestpreis verwirklicht werden kann. Ob solche Finanzierungsprobleme und -lücken eine Aufhebung des Ausschreibungsverfahrens rechtfertigen, kann nur differenziert beantwortet werden: **15**

– § 26 Nr. 1 c ist erfüllt, wenn die Finanzlücke auf bei der Einleitung des Vergabeverfahrens nicht voraussehbaren, die Finanzierung in mehr als nur unwesentlich berührenden Umständen

[22] OLG Zweibrücken IBR 1995, 510.
[23] VÜA Bund IBR 1998, 135.
[24] OLG Düsseldorf IBR 2005, 347.
[25] OLG Zweibrücken BauR 1995, 95; BGH NJW 1998, 3636 = MDR 1998, 1408.
[26] OLG Düsseldorf BauR 1981, 742.
[27] VÜA Bund IBR 1997, 265.
[28] OLG Dresden IBR 2000, 153.
[29] VÜA Bayern IBR 1999, 352.
[30] VÜA Schleswig-Holstein IBR 1999, 353.

beruht.[31] Liegt also die Kostenschätzung im marktgerechten Rahmen und geht kein adäquates Angebot ein, wäre eine Aufhebung nach Nr. 1 c zulässig.[32]

- Legt dagegen die Vergabestelle wegen knapper Haushaltsmittel einen zu niedrigen Preisansatz zu Grunde und gehen deshalb keine damit konformen Angebote ein, ist die Aufhebung nicht rechtmäßig.[33] Denn die Unmöglichkeit der Finanzierung in einem solchen Fall ist kein schwerwiegender Grund nach Nr. 1 c.[34]
- Der Auftraggeber kann die Aufhebung auch nicht dadurch zulässig machen, dass er „vorbehaltlich der Mittelbereitstellung" ausschreibt, weil dadurch das in § 16 VOB/A enthaltene Prinzip „Ausschreibung erst nach Klärung aller Voraussetzungen" verletzt wird.[35]

16 Das bedeutet zusammengefasst: Nur wenn die haushaltsrechtlich gebotene Kostenschätzung aufgrund damaliger Erkenntnisse ordnungsgemäß vorgenommen worden ist und die daraufhin eingeholten Angebote deutlich über diesen Ansätzen liegen, ist ein schwerwiegender Grund zur Aufhebung gegeben. Das ist aber nicht der Fall, wenn der Auftraggeber den Finanzierungsbedarf fehlerhaft ermittelt hat.[36]

17 Ein anderes, in diesem Zusammenhang auftretendes Problem stellt es dar, wenn der Auftraggeber aufgrund eines Nebenangebotes erkennt, dass die von ihm vorgegebene Lösung der Bauaufgabe unwirtschaftlich wäre, d.h. den haushaltsrechtlichen Prinzipien der Wirtschaftlichkeit und Sparsamkeit (§ 7 BHO) zuwiderlaufen würde. Ist dieses Nebenangebot wertbar i.S. von § 25 Nr. 5 i.V.m. Nr. 3 VOB/A, muss darauf in diesem Verfahren der Zuschlag erteilt werden, wenn es sich auch sonst als das annehmbarste erweist. Kann es aber aus irgendwelchen Gründen nicht gewertet werden, stellt sich die Frage ob nun ein schwerwiegender Grund i.S. von Nr. 1 c zur Ausschreibungsaufhebung besteht. Der BGH hat diese Frage für einen in der VOL angelegten Sachverhalt eindeutig bejaht,[37] gleichzeitig dem benachteiligten Bieter aber einen Schadensersatz aus culpa in contrahendo zugebilligt, weil der Auftraggeber den Aufhebungsgrund zu verantworten hatte.[38]

18 **c) Sonstige Voraussetzungen für die Aufhebung.** Wegen der einschneidenden Rechtsfolge „Aufhebung der Ausschreibung" ist bei den hier maßgebenden Gründen ein strenger Maßstab anzulegen.[39] Ferner ist es stets erforderlich, dass der zur Aufhebung berechtigende schwerwiegende Grund dem Ausschreibenden erst nach Beginn der Ausschreibung, bei VOB-Verträgen nach Ausgabe der Verdingungsunterlagen, wenn nicht sogar erst nach der Submission, bekannt geworden ist. Die zur VOL ergangene BGH-Entscheidung ist auf das Verfahren nach VOB/A problemlos übertragbar.

III. Benachrichtigung der Bieter (Nr. 2)

19 Der Auftraggeber ist verpflichtet, die Bieter, auf Verlangen auch die Bewerber an einem Teilnahmewettbewerb nach § 3 Nr. 1 Abs. 2 VOB/A, von der Aufhebung der Ausschreibung unter Angabe der Gründe, ggf. über die Absicht, ein neues Vergabeverfahren einzuleiten, unverzüglich zu unterrichten. Mit der VOB 2000 wurde Satz 2 hinzugefügt: „Die Unterrichtung erfolgt auf Antrag der Bewerber oder Bieter schriftlich".

20 Es handelt sich hier um eine bindende Verpflichtung des öffentlichen Auftraggebers, die aber wegen der Rechtsnatur der VOB/A als allgemeine Verwaltungsrichtlinie den Adressaten kein einklagbares Recht darauf einräumt. Der Begriff „unverzüglich" ist nach § 121 BGB zu definieren

[31] BGH NJW 1998, 3640.
[32] VOB-Stelle Niedersachsen IBR 1995, 95.
[33] VÜA Bund IBR 1997, 488; VK Südbayern IBR 2004, 41 für einen VOL-Vertrag.
[34] OLG Karlsruhe IBR 1993, 413; OLG Frankfurt/Main IBR 1997, 354; OLG Düsseldorf IBR 1999, 397.
[35] LG München IBR 1997, 135.
[36] BGH NJW 1998, 3460 (Leitsätze 3 und 4).
[37] NJW 1993, 520 = ZfBR 1993, 78 = BauR 1993, 214.
[38] Vgl. hierzu unter IV. Anhang, Rdn. 23 ff.
[39] VHB Bund § 26 A Nr. 1.1 und BGH NZBau 2001, 637 = VergabeR 2001, 293.

und bedeutet „ohne schuldhaftes Zögern". Diese vom BGH[40] zu § 2 Nr. 8 Abs. 2 Satz 2 VOB/B gemachte Aussage ist auch auf diese Vorschrift übertragbar, wie überhaupt allgemein davon ausgegangen werden darf, dass in der VOB/B benutzte Rechtsbegriffe **nach BGB-Verständnis auszulegen** sind.

21 Die Bekanntgabe der Gründe hat in konkreter Form zu geschehen; keinesfalls genügt es, lediglich den VOB-Text zu wiederholen. Dabei ist andererseits aber auch der in § 22 Nr. 8 VOB/A angesprochene **Grundsatz der Geheimhaltung** zu beachten, der es verbietet, Einzelheiten mitzuteilen, deren Veröffentlichung Interna der beteiligten Firmen offenbart, die eigentlich intern bleiben sollen. Meist genügt eine **stichwortartige Angabe** in anonymisierter Form, wie z.B.

– preislich unvollständige oder nicht rechtsverbindlich unterschriebene Angebote (für a),
– nachträgliche Planänderungen wegen Nutzerwünschen; neues Bodengutachten; Änderung der allgemein anerkannten Regeln der Technik (für b),
– Änderung des Bedarfs, unklare und nicht wertbare Angebote, unzureichende Finanzierung trotz sorgfältiger Kostenermittlung, unerwartete Preissteigerungen, neue wirtschaftliche Erkenntnisse, die im Einzelnen genannt werden (für c).

22 Für die Unterrichtung ist lt. VHB Bund § 26 A Nr. 1.3 das einheitliche Formblatt EFB-Aufh zu verwenden, in dem die schwerwiegenden Gründe konkret anzugeben sind.

IV. Anhang: Schadensersatzanspruch der Bieter bei unberechtigter Aufhebung einer Ausschreibung

1. Rechtsgrundlagen

23 Genau wie die vergabewidrige Ausscheidung von submittierten Angeboten wegen falscher Prüfung und/oder Wertung durch den Auftraggeber[41] kann auch die nicht von der VOB/A gedeckte Aufhebung einer Ausschreibung, also die **kollektive Ablehnung** aller eingereichten Angebote, einen schadensbegründenden Vorgang darstellen. Denn zumindest der an erster Stelle liegende Bieter durfte sich begründete Hoffnung machen, er werde den Bauauftrag erhalten und mit Gewinn zu Ende führen.

24 Das Verhalten des öffentlichen Auftraggebers, der von der Aufhebungsmöglichkeit gem. § 26 Gebrauch macht, unterliegt gleichermaßen einer **vergaberechtlichen Kontrolle**, wie seine Prüfung und Wertung der Angebote nach § 25 VOB/A. Stets hat das Ausschreibungsverfahren zum Ziel, den Auftrag zu erteilen; nur in Ausnahmefällen kann es aus ganz bestimmten Gründen zu einer Aufhebung kommen. Aus diesen Überlegungen müssen dafür die selben grundsätzlichen Erwägungen zum Rechtsschutz gelten, wie sie bei der fehlerhaften Prüfung und Wertung angestellt worden sind,[42] nämlich

– Rechtsgrundlage sind allein die §§ 311 Abs. 2, 241 Abs. 2 in Verbindung mit §§ 280, 282 BGB.
– Der Schadensersatzanspruch steht eigenständig neben den sonstigen Rechtsschutzmöglichkeiten, etwa der Beschwerde nach den §§ 102 ff. GWB oder der fachlichen Überprüfung durch eine vorgesetzte Dienststelle.
– Er ist nur vor den ordentlichen Gerichten einklagbar (§§ 104 Abs. 2 Satz 2, 124 Abs. 1, 126 GWB).

2. Einzelvoraussetzungen des Ersatzanspruches nach §§ 311 Abs. 2 und 241 Abs. 2 BGB

25 Ein Fehlverhalten des öffentlichen Auftraggebers bei der Aufhebung einer Ausschreibung kann systematisch unter **zwei Kategorien** eingeordnet werden, die aber im Ergebnis rechtlich gleich behandelt werden:

[40] BauR 1994, 625 = ZfBR 1994, 222.
[41] Vgl. VOB/A § 25, IX. Anhang, Rdn. 114 ff.
[42] Siehe VOB/A § 25 IX. Anhang Nr. 1 a und b (Rdn. 112–114).

26 – Die auftragvergebende Stelle bejaht zu Unrecht das Vorliegen eines der in Nr. 1 a–c genannten Sachverhalte, etwa weil sie dessen Voraussetzungen nicht mit der gebotenen Sorgfalt (§ 276 BGB) ermittelt hat. Das wäre beispielsweise der Fall, wenn sie alle in die engere Wahl gelangten Angebote für unvollständig bzw. unheilbar fehlerhaft hält, ohne zu merken, dass dies bei dem einen oder anderen nicht der Fall ist. **Beispiel:** Ein Angebot wird als mangelhaft erachtet, nur weil ein zur Submission nicht ausdrücklich verlangtes Formblatt EFB-Preis fehlt,[43] das nächstfolgende, weil der Gesamtpreis nicht auskömmlich erscheint, ohne dass der Bieter dazu näher befragt wird (§ 25 Nr. 3 Abs. 2 Satz 1 VOB/A); die übrigen sind angeblich zu teuer.

Oder: Der Auftraggeber muss nachträglich Änderungen an der Planung vornehmen (Nr. 1 b), die sich aber bei genauer Prüfung als nicht bedeutend erweisen.[44]

Oder: Infolge grob fehlerhafter Kostenschätzung hebt der Auftraggeber die Ausschreibung „aus schwerwiegenden Gründen“, z.B. Geldmangel, auf (Nr. 1 c), obgleich die eingereichten Angebote wirtschaftlich einwandfrei und nach Marktlage kalkuliert sind.[45]

27 – Die Vergabestelle kann zwar einen der in Nr. 1 a–c genannten Gründe für ihre Aufhebung heranziehen, hat aber durch eigenes, nicht sorgfältiges Handeln diesen Aufhebungsgrund selbst schuldhaft herbeigeführt. **Beispiel:** Ein Auftraggeber sieht sich zur Aufhebung gezwungen, weil er nachträglich seine eigene Leistungsbeschreibung und sonstige Vertragsbedingungen als lückenhaft und VOB-widrig ansieht.[46]

Oder: Die Kosten sind zwar richtig geschätzt, doch infolge einer späteren „Mittelumschichtung“ ist der nötige Betrag haushaltsmäßig nicht mehr verfügbar. Deshalb muss aufgehoben werden.[47]

28 Zur **Person des Geschädigten** darf auf die unter A § 25, Anhang, Nr. 2 a gemachten Erörterungen verwiesen werden: Nach ständiger Rechtsprechung[48] kann nur der Bieter mit dem wirtschaftlichsten Angebot einen Schaden in Folge der Nichtbeauftragung erlitten haben, wogegen alle Mitbieter auch bei ordnungsgemäßer Durchführung des Verfahrens ohne Auftrag geblieben wären und keinerlei Kostenausgleich erlangt hätten, daher auch nicht geschädigt sein können.[49] Außerdem ist der Ersatzanspruch nur dann begründet, wenn das Angebot des Berechtigten keinen formellen oder inhaltlichen Mangel aufweist, der einen Ausschlussgrund darstellt, z.B. als Unterangebot oder als unvollständig zu qualifizieren wäre.[50]

29 Der **Einwand des rechtmäßigen Alternativverhaltens** durch den Auftraggeber ist bei § 26 Nr. 1 von geringerer Bedeutung als bei der ungerechtfertigten Ausscheidung des wirtschaftlichsten Angebotes,[51] weil hier bereits eine wirksame, wenn auch fehlerhafte Aufhebung stattgefunden hat. Dies war bei den beiden einschlägigen BGH-Entscheidungen aber gerade nicht der Fall.[52] In sinngemäßer Anwendung der dort entwickelten Rechtsgrundsätze wird man sagen müssen, dass der Auftraggeber bei der gerichtlichen Überprüfung, ob die Aufhebung aus § 26 Nr. 1 berechtigt war, noch weitere Gründe „nachschieben“ kann, die für eine Aufhebung vorlagen, ihm aber damals noch nicht bekannt waren.

30 Letztlich stellt sich in diesem Fall auch die Frage, wie hoch der nachzuweisende **Wahrscheinlichkeitsgrad einer Auftragsvergabe** an den Bieter anzusetzen ist. Die Antwort findet sich, genau wie bei dem übergangenen Bieter, in § 126 GWB, wonach es genügt, wenn das Unter-

[43] Die Vergabestelle kann es nachträglich verlangen und der Bieter muss es innerhalb von 5 Kalendertagen einreichen, EFB Preis 1 a.
[44] OLG Düsseldorf BauR 1986, 107.
[45] BGH NJW 1998, 3640; OLG Düsseldorf BauR 1999, 742.
[46] OLG Nürnberg NJW 1986, 437.
[47] BGH NJW 1998, 3636 = IBR 1998, 461.
[48] BGH NJW 1981, 1673 und BauR 1984, 631.
[49] Zuletzt BGH VergabeR 2004, 480. Vgl. dazu kritisch *Dähne* VergabeR 2004, 32, 34.
[50] OLG Köln IBR 1998, 191; OLG Düsseldorf BauR 1983, 377; BayObLG IBR 2001, 691.
[51] VOB/A § 25 IX. Anhang Nr. 2 a (Rdn. 117).
[52] NJW 1993, 520 und NJW RR 1997, 1106.

nehmen ohne diese fehlerhafte Aufhebung eine **echte Chance** gehabt hätte, den Zuschlag zu erhalten[53].

3. Grundlagen der Schadensberechnung

Dabei kann weitgehend auf die Ausführungen zu § 25 VOB/A Bezug genommen werden:[54] 31
Auch hier gilt der Grundsatz, dass sich der Schadensersatzanspruch, der sich auf §§ 280, 282 und § 311 Abs. 2 in Verbindung mit § 241 Abs. 2 BGB.gründet, regelmäßig auf den **Vertrauensschaden** beschränkt, das sog. negative Interesse. Der Berechtigte ist so zu stellen, als habe er nicht an der Ausschreibung teilgenommen und sich so alle damit verbundenen Aufwendungen erspart, insbesondere die Kosten für die Angebotsbearbeitung durch einen Kalkulator. Im Gegensatz zu dem Verstoß des Auftraggebers gegen § 25 VOB/A und der deshalb bewirkten Angebotsübergehung wird sich der Bieter bei fehlerhafter Ausschreibungsaufhebung fast immer mit dem negativen Interesse begnügen müssen, weil der weitergehende Anspruch auf **Ersatz des entgangenen Gewinns,** das positive Interesse, grundsätzlich voraussetzt, dass der ausgeschriebene Auftrag auch tatsächlich erteilt und ausgeführt worden ist.[55] Das dürfte aber nur ausnahmsweise der Fall sein, etwa wenn der Auftraggeber später erneut eine öffentliche Ausschreibung über dieses Baulos durchführt,[56] bzw. wenn er nach Aufhebung eine beschränkte Ausschreibung oder eine freihändige Vergabe vornimmt.[57] Dies gilt um so mehr, wenn der Auftraggeber ohne förmliche Aufhebung vom offenen oder nichtoffenen Verfahren in ein Verhandlungsverfahren übergeht[58] und dort dem an erster Stelle liegenden Bieter den Zuschlag nicht erteilt. Kommt es dagegen zu keiner Auftragserteilung, kann der nicht zum Zuge gekommene Bieter schon aus tatsächlichen Gründen weder darlegen noch beweisen, dass er bei ordnungsgemäßer Durchführung des Vergabeverfahrens eine begründete Aussicht (oder „echte Chance", § 126 GWB) auf den Zuschlag gehabt hätte.[59] Liegt ein solcher Ausnahmefall vor, in dem der Bieter Anspruch auf Ersatz des positiven Interesses geltend machen kann, so kommen als **mögliche Schadensposten** in Betracht:

– entgangener kalkulatorischer Gewinn
– Wagnis (als Bestandteil des Gewinns)
– (anteilige) Allgemeine Geschäftskosten

Für deren Ermittlung **der Höhe nach** gelten gleichermaßen die unter § 25 VOB/A, IX. An- 32
hang, Nr. 3c dargestellten Erwägungen.

4. Sonstiger Rechtsschutz bei unberechtigter Ausschreibungsaufhebung

Wie bereits mehrfach erwähnt, dient das unter Nr. 1 bis 3 beschriebene Verfahren lediglich 33
der **Durchsetzung des Schadensersatzanspruchs** wegen eines nicht erhaltenen Auftrages. Ob eine ordnungsgemäße Vergabe oder Ausschreibungsaufhebung vorgelegen hat, ist also lediglich eine **Vorfrage** der zu treffenden Entscheidung. Diese Nachprüfung vor einem ordentlichen Gericht ergeht ausschließlich unter dem Gesichtspunkt „Ausgleich des erlittenen Schadens in Geld", keinesfalls können damit andere Ziele verfolgt werden, wie etwa die bloße Feststellung der VOB-Widrigkeit oder gar Rückgängigmachung der Aufhebungsentscheidung.[60] Dies ist – wenn überhaupt – nur in einem nach §§ 102 ff. GWB zulässigem Verfahren vor einer Vergabekammer

[53] OLG Hamm BB 1972, 243; OLG Düsseldorf BauR 1986, 107.
[54] VOB/A § 25 „IX. Anhang" Nr. 2 b (Rdn. 119 ff.).
[55] BGH NJW 1998, 3636 = MDR 1998, 1408 und VergabeR 2004, 480; OLG Schleswig IBR 2001, 441. A.A. OLG Düsseldorf IBR 2002, 321, dessen Begründung aber nicht überzeugt.
[56] BGH NJW 1998, 3640 = BauR 1998, 1238, wo an das OLG zurück verwiesen wurde um zu prüfen, ob die erneute Ausschreibung das identische Los betraf.
[57] OLG Naumburg IBR 2003, 433 für einen VOL-Vertrag.
[58] VK Berlin IBR 2000, 401.
[59] OLG Düsseldorf NJW RR 1986, 506 = BauR 1986, 107 und BauR 1990, 257 (nur Leitsatz).
[60] OLG Celle VergabeR 2003, 455.

bzw. dem OLG als Rechtsmittelinstanz möglich. Das Problem wurde in der Rechtsprechung zuerst höchst kontrovers behandelt,[61] ehe es durch das Urteil des EuGH vom 18.6.2002[62] und vom 2.6.2005[63] endgültig zugunsten einer Überprüfbarkeit und der damit verbundenen Rückgängigmachung der Aufhebung geklärt wurde. Dieser Rechtsauffassung sind nun auch der BGH und die Oberlandesgerichte gefolgt.[64] Künftig können sogar die Vergabestellen selbst ihre unzulässige Aufhebung revidieren und das Verfahren fortsetzen.[65] Allerdings hat die Rechtsprechung damit nicht gesagt, dass mit der „Aufhebung der Aufhebung" ein öffentlicher Auftraggeber automatisch zu einem Zuschlag gezwungen wäre; es steht ihm weiterhin frei, auf den Auftrag zu verzichten,[66] wenn auch u.U. mit der Verpflichtung, den Bietern als Schadensersatz das negative Interesse zu vergüten.[67]

§26a Mitteilung über den Verzicht auf die Vergabe

Den Bewerbern oder Bietern teilt der Auftraggeber unverzüglich die Gründe für seine Entscheidung mit, auf die Vergabe eines im Amtsblatt der Europäischen Gemeinschaften bekannt gemachten Auftrages zu verzichten oder das Verfahren erneut einzuleiten. Auf Antrag teilt er ihnen dies auch in Textform mit. Der Auftraggeber kann bestimmte Informationen nach Satz 1 zurückhalten, wenn die Weitergabe den Gesetzesvollzug vereiteln würde oder sonst nicht im öffentlichen Interesse läge, oder die berechtigten Geschäftsinteressen von Unternehmen oder den fairen Wettbewerb beeinträchtigen würden.

Übersicht

I. Allgemeines

1 §26a gilt zusätzlich zu §26 VOB/A; er findet nur Anwendung auf Bauvorhaben, die unter die EU-Vergaberichtlinie vom 31.3.2004 (2004/18/EG) fallen.[1] Der jetzige Wortlaut beruht auf der Neufassung der VOB 2006. Eine Änderung des bis dahin geltenden Textes wurde notwendig, weil die o.g. EU-Vergaberichtlinie 2004/18/EG in nationales Recht übertragen werden musste. Dem hatte in Bezug auf die dort geregelten Unterrichtungs- und Mitteilungspflichten (Art. 41, 42) auch die VOB/A zu entsprechen. Von der Abwicklung her unterscheidet sich also die Aufhebung von EU-weiten Ausschreibungen in nichts von dem Verfahren bei nationalen Ausschreibungen; §26 als Basis-Paragraf gilt für beide Fälle, weshalb auf die dortigen Ausführungen verwiesen werden darf. Lediglich für die Verpflichtung, den Bewerbern und Bietern nach der Aufhebung eine entsprechende förmliche Mitteilung zu machen (§26 Nr. 2 VOB/A), gibt es einige Sonderregelungen. Die bislang noch in §26a enthaltenen Bestimmungen lt. Nr. 2 (Einstellung eines Verhandlungsverfahrens) und Nr. 3 (Mitteilung der Aufhebung an das EG-Amt für amtliche Veröffentlichungen) sind ersatzlos weggefallen. Die noch bestehenden Melde- und Berichtspflichten sind abschließend in §33a geregelt.

---

[61] VK Bund IBR 2000, 102; OLG Düsseldorf IBR 2000, 1251; OLG Naumburg IBR 2000, 253.
[62] NZBau 2002, 458 (mit Anm. von *Prieß* auf S. 433).
[63] NZBau 2005, 472 = VergabeR 2005, 4572 = BauR 2005, 1525.
[64] VergabeR 2003, 313 = NZBau 2003, 293; KG VergabeR 2003, 180, OLG Koblenz VergabeR 2004, 244.
[65] OLG Bremen VergabeR 2003, 175.
[66] *Jasper/Poth* NZBau 2003, 261, 264; BGH VergabeR 2004, 480, 482.
[67] Siehe oben Rdn. 31.
[1] Vgl. aber die Ausführungen bei VOB/A §25a Rdn. 1.

II. Inhalt und Form der Mitteilung

Ist die Ausschreibung nach § 26 förmlich aufgehoben, muss der Auftraggeber die Bewerber (vgl. dazu §§ 8 Nr. 1–4, 17 Nr. 4–7 VOB/A) und Bieter (§§ 8 Nr. 1–4, 19 Nr. 3, 22 Nr. 1 und 7 VOB/A) unverzüglich (§ 121 BGB „ohne schuldhaftes Zögern") und unter Angabe der dafür maßgeblichen Gründe davon unterrichten.[2] Eine bloße Wiederholung des Wortlauts des § 26 Nr. 1 a, b oder c ist allerdings unzureichend. Dies ergibt sich grundsätzlich aus dem Transparenzgebot (§ 97 Abs. 1 GWB), aber konkret auch aus der Formulierung „in Textform". 2

Außerdem ist den Bewerbern/Bietern mitzuteilen, ob der Auftraggeber die Einleitung eines neuen Vergabeverfahrens beabsichtigt oder auf die Vergabe ganz verzichtet. Diese sind sogar berechtigt, eine schriftliche Benachrichtigung über alle o.g. Fakten „in Textform" zu verlangen. Dies geschieht im Interesse des verbesserten Rechtsschutzes gegen VOB-widrige Entscheidungen; den Bietern soll eine bessere Überprüfung der Aufhebungsgründe ermöglicht werden, aufgrund deren sie sich entscheiden können, ob sie Vergabebeschwerde einlegen wollen oder nicht. Außerdem soll ihnen damit eine Chance geboten werden, sich an dem neuen Verfahren zu beteiligen. 3

Nach förmlicher Aufhebung wird der Auftraggeber also stets prüfen müssen, ob an der Baudurchführung noch ein Interesse besteht und ob nunmehr ein **Verhandlungsverfahren** durchgeführt werden kann. Dies bemisst sich meistens nach § 3 a Nr. 4 a oder 5 a VOB/A. Es kann aber auch nach Nr. 5d eine besondere, vom Auftraggeber nicht verschuldete **Dringlichkeit** vorliegen, die ein Verhandlungsverfahren erlaubt. 4

III. Zurückhaltung von Informationen

Die Auskunftspflicht des Auftraggebers besteht allerdings nicht unbeschränkt. Nach Satz 3 kann der Auftraggeber bestimmte Informationen zurückhalten, wenn die Weitergabe

- den Gesetzesvollzug vereiteln würde oder
- sonst nicht im öffentlichen Interesse liegt oder
- die berechtigten Geschäftsinteressen von Unternehmen oder
- den fairen Wettbewerb beeinträchtigen würde.

Dies ist stets für den Einzelfall zu prüfen, Rechtsprechung hierzu liegt, soweit ersichtlich, noch nicht vor. Die beiden zuletzt genannten Gründe berühren nach ihrem Wortlaut den Bereich „Geheimhaltung".[3] Anzumerken ist jedoch, dass diese Informationssperre **nur für Einzelheiten aus der Begründung** gilt, nicht aber für die Aufhebung als solche und die Absicht ein neues Vergabeverfahren durchzuführen; insoweit ist § 26 Nr. 2 einschlägig.

§ 27 Nicht berücksichtigte Bewerbungen und Angebote

1. **Bieter, deren Angebote ausgeschlossen worden sind (§ 25 Nr. 1) und solche, deren Angebote nicht in die engere Wahl kommen, sollen so bald wie möglich verständigt werden. Die übrigen Bieter sind zu verständigen, so bald der Zuschlag erteilt worden ist.**
2. **Auf Verlangen sind den nicht berücksichtigten Bewerbern oder Bietern innerhalb einer Frist von 15 Kalendertagen nach Eingang ihres schriftlichen Antrags die Gründe für die Nichtberücksichtigung ihrer Bewerbung oder ihres Angebots schriftlich mitzuteilen, den Bietern auch der Name des Auftragnehmers.**
3. **Nicht berücksichtigte Angebote und Ausarbeitungen der Bieter dürfen nicht für eine neue Vergabe oder für andere Zwecke benutzt werden.**

---

[2] VOB/A § 26 Rdn. 19–22.

[3] VOB/A § 22 Rdn. 34–36 sowie § 24 Rdn. 14.

4. Entwürfe, Ausarbeitungen, Muster und Proben zu nicht berücksichtigten Angeboten sind zurückzugeben, wenn dies im Angebot oder innerhalb von 30 Kalendertagen nach Ablehnung des Angebots verlangt wird.

Schrifttum: Vgl. die Angaben zu § 27 a VOB/A – i.ü. *Ax/Schneider* (Vor-)Informationen tut not, VR 2004, 204 – *Hoffmann* Vergaberechtliche und vertragsrechtliche Fragen bei Nebenangeboten im Bauwesen, ZfBR 1984, 259 – *Höfler* Anm. zu VÜA Bayern, Beschl. v. 30.9.1998 – VÜA 27/97, ZVgR 1998, 589 – *Ingenstau/Korbion/Portz* VOB/A § 27, Rdn. 5 – *Kleinhenz* Informationspflicht des Auftraggebers vor Zuschlagserteilung im Vergabeverfahren – § 13 Vergabeverordnung – *Kullack* Das neue Vergaberechtsänderungsgesetz, BBauBl 2000, 62 – *Nestler* Der Schutz nichturheberrechtsfähiger Bauzeichnungen, BauR 1994, 589 – *Noch* Typische Fehler im Vergabeverfahren, BauRB 2003, 221 – *Zirkel* Schadenersatz auf Grund der Übernahme einer guten Idee? VergabeR 2006, 321.

Übersicht

A. Allgemeines

I. Einführung

1 § 27 Nr. 1 und Nr. 2 VOB/A regeln die **Informationspflichten des Auftraggebers** gegenüber den nicht berücksichtigten Bietern und Bewerbern. Sobald wie möglich sollen Bieter, deren Angebote ausgeschlossen worden sind und solche, deren Angebote nicht in die engere Wahl kommen, verständigt werden. Die übrigen Bieter, deren Angebote keine Berücksichtigung gefunden haben, sind zu verständigen, sobald der Zuschlag erteilt ist. Auf Verlangen erhalten Bewerber und Bieter Informationen über die Gründe für die Nichtberücksichtigung ihrer Bewerbung oder ihres Angebots, die Bieter erfahren zudem den Namen des Auftragnehmers nach § 27 Nr. 2 VOB/A. Dadurch sollen die Unternehmen davor geschützt werden, die notwendigen Kapazitäten für den jeweiligen Auftrag unnötig lange vorzuhalten.[1] § 27 Nr. 3 und Nr. 4 VOB/A

[1] Beck'scher VOB-Kommentar/*Brinker* VOB/A § 27, Rdn. 3; *Franke/Kemper/Zanner/Grünhagen* VOB/A § 27, Rdn. 3; *Ingenstau/Korbion/Portz* VOB/A § 27, Rdn. 5.

regeln den **Umgang mit nicht berücksichtigten Angeboten und Ausarbeitungen**. Diese sind den Bietern zurückzugeben.

§ 27 VOB/A hat durch die **VOB/A 2006 keine Änderungen** erfahren. 2

II. Rechtspolitische und rechtliche Bedenken

§ 27 Nr. 1 und Nr. 2 VOB/A haben **nicht das Ziel, effektiven Rechtsschutz** zu gewähren.[2] 3
Unterhalb der Schwellenwerte werden die nicht berücksichtigten Bieter, soweit sie nicht bereits ausgeschlossen wurden oder nicht in die engere Wahl gekommen sind, erst nach Erteilung des Zuschlages informiert. Primärrechtsschutz gegen die Vergabeentscheidung können die erst *ex post* informierten Bieter nicht erlangen, da das Vergabeverfahren mit dem wirksamen Zuschlag beendet worden ist (zum Bestehen subjektiver Rechte der Bieter unterhalb der Schwellenwerte: Einl. Rdn. 17 ff.). Die Stellung der Bieter ist damit **unterhalb der Schwellenwerte deutlich schwächer als oberhalb jener Werte**. Während oberhalb der Schwellenwerte die Pflicht zur Vorabinformation über die beabsichtigte Auftragserteilung nach § 13 VgV die Bieter in die Lage versetzt, in allen Fällen die Rechtsschutzmöglichkeiten des Kartellvergaberechts auszuschöpfen, hängt die Möglichkeit der Bieter bei Aufträgen unterhalb der Schwellenwerte, eine einstweilige Verfügung bzw. eine einstweilige Anordnung zu beantragen, davon ab, ob sie von der beabsichtigten Zuschlagserteilung an ein anderes Unternehmen rechtzeitig Kenntnis erlangen. Kontrovers wird diskutiert, ob eine Vorabinformationspflicht auch unterhalb der Schwellenwerte **verfassungsrechtlich geboten ist.** Dies ist zu verneinen. Anders als etwa beamtenrechtliche Konkurrentenklagen, für welche eine rechtzeitige Information unterlegener Bewerber erforderlich ist,[3] berührt das öffentliche Beschaffungswesen nicht den persönlichen Lebensweg der Bieter, sondern lediglich ihre finanziellen Interessen. Unter Abwägung der Vorteile, die ein effektiver Primärrechtschutz für Unternehmen bringt, mit den Nachteilen für die sichere und zeitnahe Beschaffung von Waren und Dienstleistungen durch die öffentliche Hand, ist es gerechtfertigt, unterhalb der Schwellenwerte von einer Vorabinformationspflicht abzusehen.[4] In **Sachsen** sieht § 9 Abs. 1 SächsVergabeDVO eine Vorabinformation auch in Verfahren unterhalb der Schwellenwerte zwingend vor.

B. Mitteilungspflichten (§ 27 Nr. 1 VOB/A)

I. Vor dem Zuschlag (§ 27 Nr. 1 Satz 1 VOB/A)

Nach **§ 27 Nr. 1 Satz 1 VOB/A** sollen Bieter, deren Angebote nach § 25 Nr. 1 VOB/A ausgeschlossen worden sind und solche, deren Angebote nicht in die engere Wahl kommen, sobald wie möglich verständigt werden. Die Informationspflicht besteht nur gegenüber Bietern, nicht jedoch gegenüber Bewerbern.[5] Bieter ist derjenige, der ein Angebot im Vergabeverfahren abgegeben hat.[6] 4

Hinsichtlich der **Ausschlussgründe** verweist § 27 Nr. 1 Satz 1 VOB/A auf **§ 25 Nr. 1 VOB/A.** 5
Diese Regelung knüpft überwiegend an formelle Tatbestände an – etwa: fehlende Unterschrift, Änderung an den Verdingungsunterlagen (s.o. § 25 VOB/A Rdn. 3 ff.). In Bezug genommen werden sowohl die zwingend auszuschließenden Bieter nach Abs. 1 als auch die fakultativ aus-

---

[2] Beck'scher VOB-Kommentar/*Brinker* VOB/A § 27, Rdn. 3; *Ingenstau/Korbion/Portz* VOB/A § 27, Rdn. 5.

[3] BVerfG NJW 1990, 501.

[4] BVerfG v. 13.6.2006 – 1 BvR 1160 OLG Dresden NZBau 2006, 529; VG Neustadt a.d.W. VergabeR 2006, 78 (79); *Pietzcker* NJW 2005, 2881 (2883 f.); so wohl auch VG Leipzig VergabeR 2005, 758 (761) (aufgehoben durch OVG Sachsen VergabeR 2006, 348); **anderer Ansicht** Beck'scher VOB-Kommentar/*Brinker* VOB/A § 27, Rdn. 9; zur Dienstleistungskonzession: *Burgi* NZBau 2005, 610 (617).

[5] *Franke/Kemper/Zanner/Grünhagen* VOB/A § 27, Rdn. 4; *Ingenstau/Korbion/Portz* VOB/A § 27, Rdn. 6.

[6] *Franke/Kemper/Zanner/Grünhagen* VOB/A § 27, Rdn. 4; vgl. auch § 3 VOB/A Rdn. 10.

geschlossenen Bieter nach § 25 Nr. 1 Abs. 2 VOB/A.[7] § 25 Nr. 1 VOB/A betrifft die erste Wertungsstufe (formale Angebotsprüfung) (dazu § 3 VOB/A Rdn. 8).

6 Nach § 27 Nr. 1 Satz 1 VOB/A sind auch solche Bieter zu informieren, deren Angebote **nicht in die engere Wahl** kommen. Hierbei handelt es sich um Angebote, die nicht die vierte Wertungsstufe erreichen, also in der zweiten oder dritten Wertungsstufe ausscheiden. Nicht in die engere Wahl kommen also solche Bieter, die nicht geeignet sind (§ 25 Nr. 2 VOB/A), deren Angebot einen unangemessen hohen oder niedrigen Preis hat (§ 25 Nr. 3 Abs. 1, 2 VOB/A) oder die keine einwandfreie Ausführung einschließlich Haftung für Mängelansprüche erwarten lassen (§ 25 Nr. 3 Abs. 3 Satz 1 VOB/A).[8]

7 Anders als § 27 Nr. 2 VOB/A („schriftlich") kennt § 27 Nr. 1 VOB/A **keine Formvorschrift**. Dennoch empfiehlt sich aus Gründen der Nachweisbarkeit eine schriftliche Mitteilung. Das VHB 2002 hält hierzu das Einheitliche Formblatt EFB (B/Z) Abs. 1–301 bereit. Die Form der Übermittlung von Informationen ist von dem Auftraggeber in der Bekanntmachung oder den Verdingungsunterlagen anzugeben (§ 16 Nr. 3 Abs. 1 VOB/A).

8 Die Information soll **sobald wie möglich** erteilt werden. Diese Formulierung bleibt hinter dem aus dem BGB bekannten Begriff „unverzüglich" (ohne schuldhaftes Zögern, § 121 Abs. 1 Satz 1 BGB) zurück.[9] Eine solche zurückhaltende Auslegung ist mit Blick auf den Schutzzweck des § 27 Nr. 1 VOB/A angemessen, da die Vorschrift dem Bieter nur ermöglichen soll, in betriebswirtschaftlicher Weise auf den Ausschluss seines Angebotes zu reagieren. Hingegen dient die Vorschrift nicht dazu, Primärrechtsschutz zu eröffnen (oben Rdn. 3).

9 Es ist ausreichend, wenn die Bieter über ihren Ausschluss informiert werden. Der Auftraggeber ist nicht verpflichtet, über die **Gründe für die Nichtberücksichtigung** zu unterrichten.[10] Die Mitteilung von Gründen ist allerdings sinnvoll und auf Verlangen des Bieters nachzuholen (§ 27 Nr. 2 VOB/A).

10 In Vergabeverfahren **oberhalb der Schwellenwerte** wird § 27 Nr. 1 Satz 1 VOB/A durch § 13 VgV ergänzt. Die Mitteilung nach § 13 VgV ist erst möglich, wenn der Bieter, auf dessen Angebot der Zuschlag erteilt werden soll, feststeht, also nach Abschluss der vierten Wertungsstufe. Zwischen der ersten und der vierten Wertungsstufe kann ein längerer Zeitraum liegen, etwa wenn Aufklärungsgespräche nach § 24 VOB/A geführt werden müssen. Bieter, deren Ausschluss bereits frühzeitig feststeht, sind hierüber in einem ersten Schritt nach § 27 Nr. 1 Satz 1 VOB/A „sobald wie möglich" zu informieren. Diese Information befreit den Auftraggeber jedoch nicht von der Pflicht, dem bereits ausgeschlossenen Bieter nach Abschluss der Angebotsprüfung eine Mitteilung nach § 13 VgV zukommen zu lassen.[11]

II. Nach dem Zuschlag (§ 27 Nr. 1 Satz 2 VOB/A)

11 Nach § 27 Nr. 1 Satz 2 VOB/A sind die **übrigen Bieter** zu verständigen, sobald der Zuschlag erteilt worden ist. Während § 27 Nr. 1 Satz 1 VOB/A eine Soll-Vorschrift ist, von der in atypischen Fällen abgewichen werden kann, ist der Auftraggeber zur Benachrichtigung nach § 27 Nr. 1 Satz 2 VOB/A verpflichtet. Nach § 27 Nr. 1 Satz 2 VOB/A sind die Bieter zu benachrichtigen, deren Angebote nicht ausgeschlossen worden sind und die die letzte Wertungsstufe erreicht haben. Die Benachrichtigung erfolgt **nach Erteilung des Zuschlags.** Ist die Wertung zügig erfolgt, können die Benachrichtigungen nach § 27 Nr. 1 Satz 1 und Satz 2 VOB/A gleichzeitig versandt werden.[12] Dabei soll nach dem VHB 2002 einheitlich das Formular EFB (B/Z) Abs. 1–301 verwandt werden.

[7] *Franke/Kemper/Zanner/Grünhagen* VOB/A § 27, Rdn. 5; *Ingenstau/Korbion/Portz* VOB/A § 27, Rdn. 7.

[8] Beck'scher VOB-Kommentar/*Brinker* VOB/A § 27, Rdn. 15; *Franke/Kemper/Zanner/Grünhagen* VOB/A § 27, Rdn. 6; *Heiermann/Riedl/Rusam* VOB/A § 27, Rdn. 3; *Ingenstau/Korbion/Portz* VOB/A § 27, Rdn. 8.

[9] Wie hier: Beck'scher VOB-Kommentar/*Brinker* VOB/A § 27, Rdn. 14; dagegen etwa: *Franke/Kemper/Zanner/Grünhagen* VOB/A § 27, Rdn. 8; *Ingenstau/Korbion/Portz* VOB/A § 27, Rdn. 10.

[10] *Ingenstau/Korbion/Portz* VOB/A § 27, Rdn. 10.

[11] BGH VergabeR 2005, 339 (341).

[12] *Heiermann/Riedl/Rusam* VOB/A § 27, Rdn. 4.

Es ist ausreichend, wenn dem Bieter mitgeteilt wird, dass er den Zuschlag nicht erhalten hat (zu den Gründen s.o. Rdn. 1). Eine Begründung ist sinnvoll, aber nicht erforderlich. Zur Form der Mitteilung vgl. Rdn. 7, zum Zeitpunkt („sobald“) Rdn. 8.

In Vergabeverfahren **oberhalb der Schwellenwerte** wird § 27 Nr. 1 Satz 2 VOB/A durch § 13 VgV verdrängt. Die Mitteilung nach § 13 VgV geht den nicht berücksichtigten Bietern vor Zuschlagserteilung zu. Sie enthält alle Informationen, die nach § 27 Nr. 1 Satz 2 VOB/A mitzuteilen sind. Eine nochmalige Unterrichtung nach Zuschlagserteilung ist nicht nötig. 12

III. Auf Antrag (§ 27 Nr. 2 VOB/A)

Weiter gehende Informationspflichten regelt § 27 Nr. 2 VOB/A. Danach sind den Bewerbern oder Bietern die **Gründe für die Nichtberücksichtigung** ihrer Bewerbung oder ihres Angebots mitzuteilen. Die Bieter werden darüber hinaus über den Namen des Auftragnehmers informiert. Die Information wird nur auf Antrag erteilt. 13

1. Personenkreis und Inhalt

a) Bewerber. Den Bewerbern sind die **Gründe für die Nichtberücksichtigung ihrer Bewerbung** mitzuteilen. Gemeint sind damit diejenigen Gründe, die den Auftraggeber veranlasst haben, den Bewerber nicht zur Abgabe eines Angebots aufzufordern.[13] Gründe, einen Bewerber nicht zur Angebotsabgabe aufzufordern, sind insbesondere das Fehlen der erforderlichen Fachkunde, Leistungsfähigkeit und Zuverlässigkeit (§ 8 Nr. 4 VOB/A).[14] Ein weiterer Grund, einen Bewerber nicht zur Angebotsabgabe aufzufordern, ist die Beschränkung der Zahl der zu beteiligenden Bieter nach § 8 Nr. 2 Abs. 2 VOB/A. Bei der Auswahl der Bieter hat der Auftraggeber einen Beurteilungsspielraum (zu den Einzelheiten s. § 8 VOB/A Rdn. 35). Informationen zu dem erfolgreichen Bieter sind nicht zu erteilen (*e contrario* § 27 Nr. 2 letzter Halbsatz VOB/A).[15] 14

Nach dem VHB 2002 sind die Gründe der Nichtberücksichtigung mit dem Einheitlichen Formblatt EFB (B/Z) Abs. 3–303 mitzuteilen. Die Information beschränkt sich auf die Mitteilung der Nichtberücksichtigung sowie einen allgemeinen Hinweis auf den Grund für die Nichtberücksichtigung. Diese **Mitteilung in allgemeiner Form** ist ausreichend.[16] Dass eine kurze Mitteilung ausreichend ist, hat die Rechtsprechung auch für den Bereich oberhalb der vergaberechtlichen Schwellenwerte anerkannt (vgl. § 27 a VOB/A Rdn. 6). Wenn aber schon für die Benachrichtigung nach § 13 VgV eine knappe, formularmäßige Begründung ausreichend ist, so muss dies für § 27 Nr. 2 VOB/A erst recht gelten, da die Vorschrift nicht auf die Ermöglichung von Primärrechtsschutz zielt. 15

b) Bieter. Die Bieter sind über die **Gründe für die Nichtberücksichtigung ihres Angebotes** in Kenntnis zu setzen. Gründe für die Nichtberücksichtigung können der (zwingende) Ausschluss nach § 25 Nr. 1 Abs. 1 VOB/A, der (fakultative) Ausschluss nach § 25 Nr. 1 Abs. 2 VOB/A, die fehlende Fachkunde, Leistungsfähigkeit oder Zuverlässigkeit (§ 25 Nr. 2 VOB/A) oder ein unangemessen hoher oder niedriger Preis (§ 25 Nr. 3 Abs. 1 VOB/A) sein. Ebenso wird ein Bieter nicht berücksichtigt, wenn sein Angebot nicht das wirtschaftlichste ist, weil es beispielsweise in preislicher, technischer oder gestalterischer Hinsicht hinter dem besten Angebot zurückbleibt (§ 25 Nr. 3 Abs. 3 Satz 2 VOB/A).[17] Im letzt genannten Fall genügt nicht die Mit- 16

---

[13] Beck'scher VOB-Kommentar/*Brinker* VOB/A § 27, Rdn. 21; *Franke/Kemper/Zanner/Grünhagen* VOB/A § 27, Rdn. 11; *Heiermann/Riedl/Rusam* VOB/A § 27, Rdn. 6 a.

[14] Beck'scher VOB-Kommentar/*Brinker* VOB/A § 27, Rdn. 21; *Ingenstau/Korbion/Portz* VOB/A § 27, Rdn. 16.

[15] *Ingenstau/Korbion/Portz* VOB/A § 27, Rdn. 16.

[16] Beck'scher VOB-Kommentar/*Brinker* VOB/A § 27, Rdn. 21; *Ingenstau/Korbion/Portz* VOB/A § 27, Rdn. 16.

[17] *Heiermann/Riedl/Rusam* VOB/A § 27, Rdn. 6 b; *Ingenstau/Korbion/Portz* VOB/A § 27, Rdn. 17.

teilung, dass wirtschaftlichere Angebote vorlagen. Der Bieter muss knapp darüber informiert werden, hinsichtlich welcher Zuschlagskriterien sein Angebot gegenüber dem Bestplatzierten zurück bleibt.[18]

17 Die Information nach § 27 Nr. 2 VOB/A darf sich **nur auf das Angebot des jeweils informierten Bieters** beziehen. Die Mitteilung von Informationen über die Angebote anderer Bieter ist dem Auftraggeber regelmäßig untersagt. Denn die Angebote und ihre Anlagen sind geheim zu halten (§ 22 Nr. 8 VOB/A).[19] Mitzuteilen ist den Bietern allerdings – anders als den Bewerbern – der **Name des Auftragnehmers**, also des erfolgreichen Bieters. Steht dieser im Zeitpunkt der Beantwortung der Anfrage eines Bieters noch nicht fest, muss er sobald wie möglich nachgereicht werden.[20]

18 Nach dem VHB 2002 sind den nicht berücksichtigten Bietern gem. § 27 Nr. 2 VOB/A auf Verlangen die Gründe der Nichtberücksichtigung ihrer Angebote mit dem einheitlichen Formblatt EFB (B/Z) Abs. 2–302 mitzuteilen. Diese **Mitteilung mittels Formular** ist ausreichend (vgl. oben Rdn. 15).

2. Form

19 Die Mitteilung nach § 27 Nr. 2 VOB/A erfolgt auf schriftlichen Antrag. Die Information ist **schriftlich** zu erteilen. Der Auftraggeber kann sich dazu auch moderner Kommunikationsmittel (Telefax, E-Mail) bedienen. Die Form der Übermittlung von Informationen ist von dem Auftraggeber in der Bekanntmachung oder den Verdingungsunterlagen anzugeben (§ 16 Nr. 3 Abs. 1 VOB/A).

3. Frist

20 Eine Frist **für den Antrag** des Bieters besteht nicht. Allerdings ist ein Antrag unzulässig, wenn ein schutzwürdiges Interesse des Bieters nicht mehr zu erkennen ist oder der Auftraggeber mit einem solchen Antrag nicht mehr rechnen musste. Ein solcher Fall wird regelmäßig gegeben sein, wenn nach der Mitteilung über den erteilten Zuschlag ein halbes Jahr vergangen ist. Danach tritt in der Regel Verwirkung ein;[21] eine feste Zeitgrenze ist damit indes nicht festgelegt.

21 Der **Auftraggeber** hat die Gründe für die Nichtberücksichtigung 15 Kalendertage nach Eingang des Antrags mitzuteilen. Fristbeginn ist der Tag nach Eingang des Antrags bei dem Auftraggeber (§ 187 Abs. 1 BGB).[22] Die Frist beginnt auch, wenn zu diesem Zeitpunkt der Zuschlag noch nicht erteilt ist.[23] Da der Auftraggeber zu diesem Zeitpunkt noch nicht den Namen des Auftragnehmers mitteilen kann, muss er dies nach Abschluss der Angebotsauswertung nachholen (vgl. Rdn. 17). Ausreichend ist die **Absendung** einer schriftlichen Mitteilung in dem Zeitraum von 15 Kalendertagen.[24] Dies ergibt sich aus dem Wortlaut („mitzuteilen").

4. Verfahren oberhalb der Schwellenwerte

22 In Vergabeverfahren oberhalb der Schwellenwerte treten § 27 a VOB/A bzw. § 27 b Nr. 2 VOB/A anstelle des § 27 Nr. 2 VOB/A. Daneben gilt die Informationspflicht nach § 13 VgV.

---

[18] Beck'scher VOB-Kommentar/*Brinker* VOB/A § 27, Rdn. 22.

[19] Beck'scher VOB-Kommentar/*Brinker* VOB/A § 27, Rdn. 22; *Franke/Kemper/Zanner/Grünhagen* VOB/A § 27, Rdn. 12; *Heiermann/Riedl/Rusam* VOB/A § 27, Rdn. 6 b.

[20] *Ingenstau/Korbion/Portz* VOB/A § 27, Rdn. 18.

[21] Ähnlich: *Ingenstau/Korbion/Portz* VOB/A § 27, Rdn. 19; etwas strenger (3 bis 4 Monate): Beck'scher VOB-Kommentar/*Brinker* VOB/A § 27, Rdn. 24.

[22] Beck'scher VOB-Kommentar/*Brinker* VOB/A § 27, Rdn. 23; *Ingenstau/Korbion/Portz* VOB/A § 27, Rdn. 19.

[23] Anderer Ansicht Beck'scher VOB-Kommentar/*Brinker* VOB/A § 27, Rdn. 23, wonach in diesem Fall die Frist erst mit der Mitteilung nach § 27 Nr. 1 Satz 2 VOB/A beginnt.

[24] *Franke/Kemper/Zanner/Grünhagen* VOB/A § 27, Rdn. 13; *Ingenstau/Korbion/Portz* VOB/A § 27, Rdn. 19; dagegen Beck'scher VOB-Kommentar/*Brinker* VOB/A § 27, Rdn. 23, der auf den Zugang abstellen will.

IV. Fehlerfolgen

23 Ein **Verstoß gegen § 27 Nr. 1 oder Nr. 2 VOB/A** lässt die Wirksamkeit des Vertrages zwischen Auftraggeber und Auftragnehmer unberührt. Dies folgt aus § 13 VgV *e contrario*.

24 Der betroffene Bieter oder Bewerber kann einen Anspruch auf **Schadensersatz wegen eines Verschuldens bei Vertragsverhandlung** (§§ 311 Abs. 2, 241 Abs. 2, 280 Abs. 1 BGB) haben, wenn die Benachrichtigungspflicht verletzt wird. Es ist immerhin vorstellbar, dass ein Bieter wegen der fehlenden Benachrichtigung einen Schaden erleidet, weil er sich nach wie vor an sein Angebot gebunden glaubt (§ 19 Nr. 3 VOB/A) und deshalb Vorhaltekosten geltend machen kann. Ein Schaden ist auch denkbar, wenn sich ein Bieter weiter an sein Angebot gebunden glaubt und er sich deshalb nicht um einen anderen Auftrag bemüht, den er nach der Struktur und der Kapazität seines Betriebes hätte ausüben können.[25] In einem solchen Fall wird die Kausalität allerdings regelmäßig kaum darzulegen und zu beweisen sein.

C. Weitere Verwendung der Angebotsunterlagen

I. Verbot anderweitiger Nutzung (§ 27 Nr. 3 VOB/A)

25 § 27 Nr. 3 VOB/A verbietet die Benutzung **nicht berücksichtigter Angebote oder Ausarbeitungen der Bieter** für eine neue Vergabe oder für andere Zwecke. Die Vorschrift schließt an § 20 Nr. 3 VOB/A an. Danach darf der Auftraggeber Angebotsunterlagen und die in den Angeboten enthaltenen eigenen Vorschläge eines Bieters nur für die Prüfung und Wertung der Angebote verwenden. Dieses Verbot betrifft auch Nebenangebote.[26] Das Benutzungsverbot ist umfassend. Es erfasst neue Vergabeverfahren, auch solche im Verhandlungsverfahren, ebenso wie jede sonstige Form der Nutzung, ohne dass es auf die Eigentumsverhältnisse an den Angeboten ankäme.[27] Seine Begründung findet das Benutzungsverbot letztlich in § 16 Nr. 2 VOB/A, wonach Ausschreibungen für vergabefremde Zwecke unzulässig sind. Diese Zwecksetzung von Ausschreibungen beschränkt das Nutzungsrecht an den eingegangenen Angeboten und Ausarbeitungen. Für den **Wettbewerblichen Dialog** existiert in § 3 a Nr. 4 Abs. 3 Satz 5 VOB/A eine eigenständige Regelung, welche die Weiterleitung von Informationen untersagt.

26 § 27 Nr. 3 VOB/A ist **disponibel**.[28] § 20 Nr. 3 Satz 2 VOB/A gestattet dem Auftraggeber eine Verwendung der Angebotsunterlagen und der Angebote über die Prüfung und Wertung der Angebote hinaus, wenn eine vorherige schriftliche Vereinbarung vorliegt. Der Bieter ist zudem nicht gehindert, nach Rücksendung seiner Angebote und Ausarbeitungen diese dem Auftraggeber außerhalb eines Vergabeverfahrens zur Verfügung zu stellen. Die Vereinbarung zwischen Auftraggeber und Bieter muss **ausdrücklich** geschlossen werden. Eine bloße Regelung in den Verdingungsunterlagen ist wegen Verstoßes gegen § 307 Abs. 1 BGB nichtig.[29] Da sich die Regelungen der Verdingungsunterlagen, die sich auf die Angebotsabgabe beziehen, anders als etwa ein beigefügter Vertragsentwurf (hierzu § 2 VOB/B Rdn. 51), stets an eine Vielzahl von Bietern richten, stellen sie Allgemeine Geschäftsbedingungen dar.

27 § 27 Nr. 3 VOB/A lässt die sonstigen **zivilrechtlichen** Rechte an den Angeboten und Ausarbeitungen unberührt. Der Auftraggeber wird durch die Übersendung der Angebote und Ausarbeitungen nicht zivilrechtlicher Eigentümer dieser Unterlagen, da es an einer Übereignung fehlt. Auch etwaige Urheberrechte bleiben bestehen.

28 **Verstößt der Auftraggeber** gegen § 27 Nr. 3 VOB/A, kann er sich wegen Verschuldens bei Vertragsverhandlungen (§§ 311 Abs. 2, 241 Abs. 2, 280 Abs. 1 BGB) schadensersatzpflichtig

[25] *Ingenstau/Korbion/Portz* VOB/A § 27, Rdn. 11.
[26] OLG Düsseldorf BauR 1986, 107; *Ingenstau/Korbion/Portz* VOB/A § 27, Rdn. 22.
[27] *Heiermann/Riedl/Rusam* VOB/A § 27, Rdn. 8.
[28] *Heiermann/Riedl/Rusam* VOB/A § 27, Rdn. 9; *Ingenstau/Korbion/Portz* VOB/A § 27, Rdn. 22.
[29] *Heiermann/Riedl/Rusam* VOB/A § 27, Rdn. 9; *Ingenstau/Korbion/Portz* VOB/A § 27, Rdn. 22.

machen. Daneben können deliktische Ansprüche treten (§§ 823, 826 BGB) sowie Ansprüche aus ungerechtfertigter Bereicherung nach §§ 812 ff. BGB. Schließlich kommen Ansprüche auf Herausgabe des Erlangten nach §§ 687 Abs. 2 Satz 1, 681 Satz 2, 667 BGB wegen unechter Geschäftsführung ohne Auftrag in Betracht. Daneben sind sondergesetzliche Ansprüche zu prüfen. Diese können sich entweder aus § 9, § 17 Abs. 2, § 3 UWG wegen der Verletzung von Geschäfts- oder Betriebsgeheimnissen oder aus § 97 Abs. 2 UrhG ergeben.[30]

II. Rückgabepflicht (§ 27 Nr. 4 VOB/A)

29 Nach § 27 Nr. 4 VOB/A sind Entwürfe, Ausarbeitungen, Muster und Proben zu nicht berücksichtigten Angeboten zurückzugeben. Der **Umfang** dieser Rückgabepflicht erstreckt sich insbesondere auf die eingereichten Entwürfe, Pläne, Zeichnungen, statische Berechnungen, Mengenberechnungen oder andere Unterlagen, die der Bieter mit seinem Angebot eingereicht hat (vgl. § 20 Nr. 2 Abs. 1 Satz 2 VOB/A).[31] Zieht der Bieter sein Angebot bis zum Ablauf der Angebotsfrist nach § 18 Nr. 3 VOB/A zurück, findet § 27 Nr. 4 VOB/A analoge Anwendung.[32] Voraussetzung für die Anwendung des § 27 Nr. 4 VOB/A ist ein Herausgabeanspruch des Bieters.[33] Dieser ergibt sich insbesondere aus Eigentum (§ 985 BGB) oder aus einem verwahrungsähnlichen Rechtsverhältnis (§ 695 Satz 1 BGB) und liegt daher regelmäßig vor.

30 § 27 Nr. 4 VOB/A fordert die Rückgabe nur, wenn dies im Angebot oder innerhalb einer **Frist von 30 Kalendertagen** nach Ablehnung des Angebots **verlangt** wird. Da sich der Herausgabeanspruch jedoch nach dem materiellen Recht richtet, geht es zu weit, § 27 Nr. 4 VOB/A als Ausschlussfrist anzusehen. Der Auftraggeber kann ein Rückgabeverlangen nicht mit der Begründung ablehnen, der Antrag sei verspätet.[34] Das Verstreichen der Frist des § 27 Nr. 4 VOB/A lässt zudem das Verbot, die nicht berücksichtigten Angebote und Ausarbeitungen für eine neue Vergabe oder für andere Zwecke zu benutzen (§ 27 Nr. 3 VOB/A), unberührt. Denn für eine solche anderweitige Nutzung ist nach § 20 Nr. 3 Satz 2 VOB/A eine *vorherige* schriftliche Vereinbarung notwendig (oben Rdn. 26). Der Ablauf der Frist des § 27 Nr. 4 VOB/A führt damit lediglich zu einem Sinken der Sorgfaltsanforderungen an die Verwahrung nach § 690 BGB, da der Auftraggeber mit einer Rückforderung der Entwürfe und Ausarbeitungen nicht mehr rechnen muss.[35]

31 Die **Kosten für die Rücksendung** trägt nach § 697 BGB der Bieter, wenn nicht etwas anderes vereinbart ist.[36]

D. Parallelvorschriften in der VOL/A und der VOF

I. VOL/A

32 **§ 27 Nr. 1 bis 6 VOL/A** regeln die Mitteilungspflichten im Bereich der Liefer- und Dienstleistungsaufträge. Dem Auftraggeber obliegen im Bereich der VOL/A weiter reichende Mitteilungspflichten als im Bereich der VOB/A. Insbesondere sind dem unterlegenen Bieter die Gründe für die Ablehnung, die Anzahl der eingegangenen Angebote und der niedrigste und höchste An-

---

[30] Beck'scher VOB-Kommentar/*Brinker* VOB/A § 27, Rdn. 29; *Franke/Kemper/Zanner/Grünhagen* VOB/A § 27, Rdn. 20; *Heiermann/Riedl/Rusam* VOB/A § 27, Rdn. 11 f.

[31] *Heiermann/Riedl/Rusam* VOB/A § 27, Rdn. 13.

[32] *Franke/Kemper/Zanner/Grünhagen* VOB/A § 27, Rdn. 16.

[33] *Ingenstau/Korbion/Portz* VOB/A § 27, Rdn. 24.

[34] Zutreffend *Heiermann/Riedl/Rusam* VOB/A § 27, Rdn. 13; dagegen Beck'scher VOB-Kommentar/*Brinker* VOB/A § 27, Rdn. 30; *Franke/Kemper/Zanner/Grünhagen* VOB/A § 27, Rdn. 16; *Ingenstau/Korbion/Portz* VOB/A § 27, Rdn. 23.

[35] *Heiermann/Riedl/Rusam* VOB/A § 27, Rdn. 13.

[36] Beck'scher VOB-Kommentar/*Brinker* VOB/A § 27, Rdn. 31; *Franke/Kemper/Zanner/Grünhagen* VOB/A § 27, Rdn. 16; *Ingenstau/Korbion/Portz* VOB/A § 27, Rdn. 25.

gebotsendpreis nach § 27 Nr. 2 lit. a) bis c) VOL/A mitzuteilen. Die Rückgabepflichten nach **§ 27 Nr. 7 und Nr. 8 VOL/A** entsprechen grundsätzlich den Regelungen des § 27 Nr. 3, 4 VOB/A.

II. VOF

Nach **§ 17 Abs. 4 VOF** teilt der Auftraggeber den bei der Vergabe eines Auftrags nicht berücksichtigten Bewerbern, die dies schriftlich beantragen, unverzüglich, spätestens innerhalb von 15 Tagen nach Eingang ihres Antrags die Gründe für die Ablehnung ihrer Bewerbung mit. Der Auftraggeber kann diese Information zurückhalten, wenn die Weitergabe den Gesetzesvollzug vereiteln würde oder sonst nicht im öffentlichen Interesse läge oder den berechtigten Geschäftsinteressen von Bewerbern oder dem fairen Wettbewerb schaden würde. Mitteilungspflichten für Planungswettbewerbe regelt § 25 Abs. 7 VOF. § 25 Abs. 10 VOF enthält Regelungen zu den Rückgabepflichten. 33

§ 27 a Nicht berücksichtigte Bewerbungen

1. Auf Verlangen sind den nicht berücksichtigten Bewerbern oder Bietern unverzüglich, spätestens jedoch innerhalb einer Frist von 15 Kalendertagen nach Eingang ihres schriftlichen Antrags die Entscheidung über den Vertragsabschluss sowie die Gründe für die Nichtberücksichtigung ihrer Bewerbung oder ihres Angebots mitzuteilen. Den Bietern, die ein ordnungsgemäßes Angebot eingereicht haben, sind auch die Merkmale und Vorteile des Angebotes des erfolgreichen Bieters sowie dessen Name schriftlich mitzuteilen. § 26 a Satz 3 gilt entsprechend.

2. Bei einem Verhandlungsverfahren mit Vergabebekanntmachung und beim Wettbewerblichen Dialog ist § 27 Nr. 2 entsprechend anzuwenden.

Schrifttum: *Adam* Zuschlag, Vertragsschluß und europäisches Vergaberecht: Anmerkung zum „Alcatel Austria"-Urteil des EuGH, WuW 2000, 260 – *Brinker* Anm. zu EuGH v. 28.10.1999 – Rs. C-81/98, JZ 2000, 462 – *ders.* Vorabinformation der Bieter oder Zweistufentheorie im Vergaberecht?, NZBau 2000, 169 – *Erdl* Neues Vergaberecht – Effektiver Rechtsschutz und Vorab-Informationspflicht des Auftraggebers: Zu den jüngsten Entwicklungen nach den Entscheidungen VK Bund, Euro-Münzplättchen II und EuGH, Rs. C-81/98, Alcatel Austria AG (Ökopunkte System), BauR 1999, 1341 – *dies.* Anm. zu KG, Beschl. v. 4.4.2002 – KartVerg 5/02, VergabeR 2002, 241 – *Gröning* Das deutsche Vergaberecht nach dem Urteil des EuGH vom 28.10.1999 – Alcatel Austria u.a., WRP 2000, 49 – *Jaeger* Reformbedarf im öffentlichen Vergaberecht: Trennung zwischen Zuschlag und Vertrag (EuGH, 28.10.1999, Rs. C-81/98), EWS 2000, 124 – *Kus* Auswirkungen der EuGH-Entscheidung „Alcatel Austria AG" auf das deutsche Vergaberecht, NJW 2000, 544 – *Malmendier* Vergaberecht, quo vadis? – Ausblicke nach der „Alcatel-Entscheidung" des EuGH und der „Flughafen-Entscheidung" des OLG Brandenburg, DVBl. 2000, 963 – *Noch* Typische Fehler im Vergabeverfahren, BauR 2003, 224 – *Spießhofer/Lang* Der neue Anspruch auf Information im Vergaberecht, ZIP 2000, 46.

Übersicht

A. Allgemeines/Änderungen

1 § 27 a VOB/A regelt die **Informationspflichten des öffentlichen Auftraggebers** bei Vergaben **oberhalb der Schwellenwerte.** Die Vorschrift tritt an die Stelle von § 27 Nr. 2 VOB/A. Die Regelungen in § 27 Nr. 1, Nr. 3 und Nr. 4 VOB/A finden auch oberhalb der Schwellenwerte Anwendung. § 27 a VOB/A beruht auf Art. 41 Abs. 2 und 3 VKR (RL 2004/18/EG) (ehemals Art. 8 Abs. 1 BKR – RL 93/37/EWG). Ebenso wie § 27 VOB/A schafft § 27 a VOB/A nur eine *ex-post*-Transparenz. Denn es ist nicht sicher gestellt, dass die Mitteilung gemäß § 27 a VOB/A vor Zuschlagserteilung ergeht.

2 Die mit § 27 a VOB/A geschaffene *ex-post*-Transparenz genügt **nicht** den **europarechtlichen Vorgaben.** Art. 2 Abs. 1 lit. a) und b) i.V.m. Abs. 6 und Abs. 2 RMR (RL 89/665/EWG) verpflichten die Mitgliedstaaten, die dem Vertragsschluss voran gehende Entscheidung des Auftraggebers über die Person des im Vergabeverfahren zu berücksichtigenden Bieters in jedem Fall einem Nachprüfungsverfahren zugänglich zu machen.[1] Um diesen gemeinschaftsrechtlichen Anforderungen nachzukommen, wurde **§ 13 VgV** geschaffen. Danach informiert der Auftraggeber die Bieter, deren Angebote nicht berücksichtigt werden sollen, über den Namen des Bieters, dessen Angebot angenommen werden soll, und über den Grund der vorgesehenen Nichtberücksichtigung ihres Angebots. Er gibt diese Information schriftlich spätestens 14 Kalendertage vor dem Vertragsschluss ab. Ein Vertrag darf weder vor Ablauf der Frist noch ohne Informationserteilung abgeschlossen werden. Ein dennoch geschlossener Vertrag ist nichtig (vgl. § 13 VgV Rdn. 1 ff.). Diese Vorabinformation ermöglicht den Bietern die Inanspruchnahme von Primärrechtsschutz vor Erteilung des Zuschlags. Einer ergänzenden europarechtskonformen Auslegung des § 27 a VOB/A bedarf es daher nicht.

3 Die VOB/A 2006 hat § 27 a **geändert.** § 27 a Nr. 1 Abs. 2 VOB/A ist entfallen. Stattdessen verweist § 27 a Nr. 1 Satz 3 VOB/A nunmehr auf § 26 a Satz 3 VOB/A. Daneben wurde der Wortlaut der Vorschrift an die Vorgaben der VKR (RL 2004/18/EG) angepasst.

B. Informationspflichten (§ 27 a Nr. 1 VOB/A)

I. Inhalt und Fristen

1. § 27 a Nr. 1 Satz 1 VOB/A: Gegenüber allen Bietern und Bewerbern

4 § 27 a Nr. 1 Satz 1 VOB/A verpflichtet den Auftraggeber, den nicht berücksichtigten Bewerbern oder Bietern auf Verlangen unverzüglich, spätestens jedoch innerhalb einer Frist von 15 Kalendertagen nach Eingang ihres schriftlichen Antrags die **Entscheidung über den Vertragsabschluss** sowie die **Gründe für die Nichtberücksichtigung** ihrer Bewerbung oder ihres Angebots mitzuteilen. Die Vorschrift ist fast wortgleich mit § 27 Nr. 2 erster Halbsatz VOB/A, auf den hinsichtlich der Einzelheiten verwiesen werden kann (s.o. § 27 VOB/A Rdn. 13 ff.).

5 Allerdings fordert § 27 a Nr. 1 Satz 1 VOB/A nicht, die Information schriftlich zu erteilen. Bei dem Fehlen des Wortes **„schriftlich"** dürfte es sich um ein Redaktionsversehen handeln, da § 27 Nr. 2 VOB/A die schriftliche Unterrichtung vorschreibt. Für eine abweichende Handhabung bei Vergaben oberhalb und unterhalb der Schwellenwerte besteht kein Anlass.[2] Unabhängig davon ist die Schriftform der Mitteilung nach Art. 42 Abs. 1 VKR (RL 2004/18/EG), der insoweit unmittelbar anwendbar ist, erforderlich. Die Form der Übermittlung von Informationen ist von dem Auftraggeber in der Bekanntmachung oder den Verdingungsunterlagen anzugeben (§ 16 Nr. 3 Abs. 1 VOB/A).

---

[1] EuGH Urteil vom 28.10.1999, Rs. C-81/98, Slg. 1999 I–7671 = NZBau 2000, 33, Tz. 43 – „Alcatel"; vgl. auch VK Bund NZBau 2000, 53.

[2] *Franke/Kemper/Zanner/Grünhagen* VOB/A § 27 a, Rdn. 2; *Ingenstau/Korbion/Portz* VOB/A § 27 a, Rdn. 7.

Hinsichtlich des **Inhalts der Mitteilung** wird auf § 27 VOB/A Rdn. 14 bis 17 verwiesen. Ergänzend ist den Bewerbern oder Bieter die **Entscheidung über den Vertragsabschluss** mitzuteilen. Hierbei handelt es sich um die Entscheidung, ob der Zuschlag erteilt oder die Ausschreibung aufgehoben wird, nicht hingegen um die Benennung des erfolgreichen Bieters (hierzu § 27 a Nr. 1 Satz 2 VOB/A). Erfolgt der Ausschluss eines Angebots, weil es den vorgegebenen technischen Spezifikationen (§ 9 Nr. 5 ff. VOB/A) nicht entspricht, hat der Auftraggeber auch die Gründe für diese Entscheidung mitzuteilen. Dies ergibt sich aus Art. 41 Abs. 2 VKR (RL 2004/18/EG). Eine **kurze, formularmäßige Mitteilung** ist ausreichend. Dies hat die Rechtsprechung für die Mitteilung nach § 13 VgV anerkannt;[3] für § 27 a Nr. 1 Satz 1 VOB/A kann nichts Abweichendes gelten. 6

Eine **Frist für das Auskunftsersuchen** der Bewerber oder Bieter existiert nicht. Der Auskunftsanspruch kann jedoch verwirkt werden (§ 27 VOB/A Rdn. 20). Die **Mitteilungsfrist** des § 27 Nr. 2 VOB/A wird insoweit verschärft, als die Mitteilung nach § 27 a Nr. 1 Satz 1 VOB/A **unverzüglich**, spätestens aber innerhalb von 15 Kalendertagen zu erfolgen hat. „Unverzüglich" ist im Sinne des § 121 Abs. 1 Satz 1 BGB zu verstehen. Für die Berechnung der Frist gilt VO (EWG, EURATOM) Nr. 1182/71 des Rates vom 3.6.1971.[4] Dies ergibt sich aus dem 50. Erwägungsgrund zur VKR (RL 2004/18/EG). Danach **beginnt die Frist** am Tag nach dem Eingang des Auskunftsersuchens (Art. 3 Abs. 1 2.UA VO (EWG, EURATOM) Nr. 1182/71). Nach § 27 a Nr. 1 Satz 1 VOB/A sind die Gründe spätestens innerhalb von 15 Kalendertagen nach Eingang eines schriftlichen Antrags „mitzuteilen". Dies spricht dafür, dass ein **Zugang** innerhalb dieser Frist nicht erforderlich ist.[5] Art. 41 Abs. 2 VKR (RL 2004/18/EG) stellt hingegen auf den „Beantwortungszeitraum" ab. Folglich muss § 27 a Nr. 1 Satz 1 VOB/A richtlinienkonform dahin gehend ausgelegt werden, dass der Zugang der Information beim anfragenden Bewerber oder Bieter innerhalb von 15 Kalendertagen zu erfolgen hat. 7

2. § 27 a Nr. 1 Satz 2 VOB/A: Bei ordnungsgemäßem Angebot

Gegenüber den Bietern, die ein **ordnungsgemäßes Angebot** eingereicht haben, hat der Auftraggeber nach § 27 a Nr. 1 Satz 2 VOB/A eine weiter gehende Verpflichtung zur Information. Voraussetzung für diese Pflicht ist ein ordnungsgemäßes Angebot. Bewerber werden nicht erfasst. Nicht ordnungsgemäße Angebote sind solche, die in der ersten Wertungsstufe (formale Prüfung), der zweiten Wertungsstufe (Eignungsprüfung) oder der dritten Wertungsstufe (unangemessene Preise) ausscheiden.[6] Ordnungsgemäß sind somit Angebote, die in die vierte Wertungsstufe gelangen. Zu den Wertungsstufen § 3 VOB/A Rdn. 8. Bei Vorliegen eines ordnungsgemäßen Angebots sind dem Bieter die **Merkmale und Vorteile** des erfolgreichen Angebots sowie der **Name** des erfolgreichen Bieters mitzuteilen. Bei den „Merkmalen und Vorzügen" handelt es sich um diejenigen Zuschlagskriterien, die den Ausschlag für die Wertungsreihenfolge in der vierten Wertungsstufe gegeben haben. 8

3. § 27 a Nr. 1 Satz 3 VOB/A: Schutz von Geheimhaltungsinteressen

§ 27 a Nr. 1 Satz 3 VOB/A verweist auf § 26 a Satz 3 VOB/A. Danach wird zur Berücksichtigung der **Geheimhaltungsinteressen** des erfolgreichen Bieters die Mitteilungspflicht in Übereinstimmung mit Art. 41 Abs. 3 VKR (RL 2004/18/EG) in sachlicher Hinsicht beschränkt. Der Auftraggeber kann die in § 27 a Nr. 1 Satz 1 und 2 VOB/A genannten Informationen über die Auftragsvergabe zurückhalten, wenn die Weitergabe den Gesetzesvollzug vereiteln würde oder sonst nicht im öffentlichen Interesse läge, oder die berechtigten Geschäftsinteressen von Unternehmen oder den fairen Wettbewerb beeinträchtigt würde. Hinsichtlich der Einzelheiten wird auf § 26 a VOB/A Rdn. 6 verwiesen. Vgl. hierzu auch § 28 a VOB/A Rdn. 13 ff. 9

[3] OLG Düsseldorf, VergabeR 2001, 429; BayObLG VergabeR 2002, 383; OLG Koblenz VergabeR 2002, 384; OLG Jena VergabeR 2005, 521 (523).
[4] ABl. L 124 vom 8.6.1971, S. 1.
[5] So zu § 27 Nr. 2 VOB/A: vgl. § 27 VOB/A Rdn. 21.
[6] *Ingenstau/Korbion/Portz* VOB/A § 27 a, Rdn. 8, der allerdings die 3. Wertungsstufe nicht erwähnt.

10 Im Nachprüfungsverfahren können die Beteiligten die Akten bei der Vergabekammer nach § 111 Abs. 1 GWB einsehen. Bei diesem **Akteneinsichtsrecht** droht in weit größerem Maße als bei der Mitteilung nach § 27 a Nr. 1 VOB/A die Verletzung von Geschäfts- und Betriebsgeheimnissen. Die Auseinandersetzungen um den Ausgleich zwischen transparentem Vergabeverfahren und berechtigten Geheimhaltungsinteressen finden daher vorrangig in Zusammenhang mit § 111 GWB statt.

II. Verhältnis zu § 13 VgV

11 Wegen der **Pflicht zur Information nach § 13 VgV** kommt der Mitteilungspflicht aus § 27 a Nr. 1 VOB/A im Hinblick auf **Bieter** nur eingeschränkte eigenständige Bedeutung zu. Die Informationen, auf deren Mitteilung der Bieter gemäß § 27 a Nr. 1 VOB/A einen Anspruch hat, muss er nach § 13 VgV unaufgefordert vor Zuschlagserteilung erhalten. Eigenständige Bedeutung hat § 27 a Nr. 1 VOB/A einerseits für **Bewerber**, die von § 13 VgV nicht erfasst werden (§ 13 VgV Rdn. 3). Andererseits können Bieter, deren Angebote frühzeitig ausgeschlossen wurden, ihr Auskunftsersuchen zu einem Zeitpunkt stellen, in dem **die Information nach § 13 VgV noch nicht versandt** wurde. Derartige Ersuchen sind spätestens innerhalb der 15-Tagesfrist des § 27 a Nr. 1 Satz 1 VOB/A zu beantworten. Dies befreit den Auftraggeber nicht von der Verpflichtung, dem Bieter eine weitere Mitteilung nach § 13 VgV zukommen zu lassen, sobald feststeht, wer den Zuschlag erhalten soll.[7]

12 Wird trotz der Information nach § 13 VgV eine zusätzliche Auskunft verlangt, muss der Auftraggeber prüfen, ob er seinen Mitteilungspflichten nach § 13 VgV und § 27 a Nr. 1 VOB/A vollständig nachgekommen ist und unter Umständen fehlende Informationen nachreichen. Ein Schreiben, in dem der Auftraggeber nach einer unzureichenden Vorabinformation nach § 13 VgV aufgefordert wird, Gründe für die Ablehnung des abgegebenen Angebotes sowie Merkmale und Vorteile des erfolgreichen Angebotes zu nennen, kann ein Rügeschreiben nach § 107 Abs. 3 Satz 1 GWB darstellen.[8] Erforderlich ist hierfür jedoch, dass die Absicht, Fehler des Vergabeverfahrens rügen zu wollen, eindeutig zum Ausdruck kommt.

III. Mitteilung im Verhandlungsverfahren nach Vergabebekanntmachung und beim Wettbewerblichen Dialog (§ 27 a Nr. 2 VOB/A)

13 Für ein Verhandlungsverfahren mit Vergabebekanntmachung (§ 3 a Nr. 5 VOB/A) und den Wettbewerblichen Dialog (§ 3 a Nr. 4 VOB/A) verweist § 27 a Nr. 2 VOB/A auf § 27 Nr. 2 VOB/A. Die Verweisung ist notwendig, da die Basisparagraphen ein Verhandlungsverfahren mit Vergabebekanntmachung und den Wettbewerblichen Dialog nicht vorsehen.[9]

IV. Fehlerfolgen

14 Zu den **Fehlerfolgen** bei Unterlassen der gebotenen Mitteilung wird auf § 27 VOB/A verwiesen (§ 27 VOB/A Rdn. 23 f.).

C. Parallelvorschriften in der VOL/A und in der VOF

15 **§ 27 a VOL/A** entspricht § 27 a VOB/A. Die Vorschriften sind nahezu wortgleich.

16 **§ 17 Abs. 4 VOF** regelt die Mitteilungspflichten im Bereich der VOF. Danach teilt der Auftraggeber den bei der Vergabe eines Auftrages nicht berücksichtigten Bewerbern, die dies

[7] Vgl. BGH VergabeR 2005, 339 (341).
[8] KG VergabeR 2002, 235 (237 f.).
[9] Beck'scher VOB-Kommentar/*Brinker* VOB/A § 27 a, Rdn. 22; *Franke/Kemper/Zanner/Grünhagen* VOB/A § 27 a, Rdn. 6; *Ingenstau/Korbion/Portz* VOB/A § 27 a, Rdn. 11.

schriftlich beantragen, unverzüglich, spätestens innerhalb von 15 Tagen nach Eingang ihres Antrages die Gründe für die Ablehnung ihrer Bewerbung mit. § 17 Abs. 4 Satz 2 VOF regelt in ähnlicher Weise wie § 27 a Nr. 1 Abs. 2 VOB/A Möglichkeiten, die Informationen zu beschränken. Eine Sondervorschrift über die Mitteilungspflichten bei Planungswettbewerben enthält § 25 Abs. 7 VOF.

§ 27 b Mitteilungspflichten

1. Sektorenauftraggeber teilen den teilnehmenden Unternehmen unverzüglich, spätestens jedoch innerhalb einer Frist von 15 Kalendertagen und auf Antrag in Textform ihre Entscheidungen über die Auftragsvergabe mit.

2. (1) Auftraggeber gemäß Absatz 1 teilen innerhalb kürzester Frist nach Eingang eines entsprechenden schriftlichen Antrags folgendes mit:
– den ausgeschlossenen Bewerbern oder Bietern die Gründe für die Ablehnung ihrer Bewerbung oder ihres Angebots,
– die Entscheidung einschließlich der Gründe, auf die Vergabe eines Auftrages zu verzichten oder das Verfahren erneut einzuleiten,
– den Bietern, die ein ordnungsgemäßes Angebot eingereicht haben, die Merkmale und relativen Vorteile des erfolgreichen Angebots und den Namen des erfolgreichen Bieters.

(2) Der Auftraggeber kann jedoch beschließen, bestimmte Auskünfte über den Zuschlag nicht zu erteilen, wenn eine derartige Bekanntgabe den Gesetzesvollzug behindern, dem öffentlichen Interesse zuwiderlaufen oder die legitimen Geschäftsinteressen von öffentlichen oder privaten Unternehmen einschließlich derjenigen des Unternehmens, das den Zuschlag erhalten hat, beeinträchtigen würde oder den lauteren Wettbewerb beeinträchtigen könnte.

Schrifttum: Vgl. die Angaben vor § 27 a VOB/A.

Übersicht

A. Allgemeines/Änderungen

§ 27 b VOB/A regelt die **Mitteilungspflichten der öffentlichen Auftraggeber im Sektorenbereich,** soweit sie zur Anwendung des Abschnittes 3 zur VOB/A verpflichtet sind. Die Regelung wurde mit der VOB 2000 eingeführt. Sie basiert auf Art. 49 Abs. 1 und 2 SKR (RL 2004/17/EG) (ehemals Art. 41 Abs. 3, 4 RL 93/38/EWG). § 27 b VOB/A ergänzt § 27 Nr. 1 und 2 VOB/A. Die Regelungen in § 27 Nr. 3 und 4 VOB/A gelten auch im 3.Abschnitt der VOB/A. 1

Ebenso wie § 27 a VOB/A sieht § 27 b VOB/A keine zwingende Mitteilungspflicht vor Zuschlagserteilung vor. Die hiergegen bestehenden **europarechtlichen Bedenken** sind seit Inkrafttreten des § 13 VgV ausgeräumt (s.o. § 27 a VOB/A Rdn. 2). 2

3 Die VOB/A 2006 hat § 27 b an RL 2004/17/EG angepasst. **Änderungen** finden sich in § 27 b Nr. 1 und Nr. 2 Abs. 1 VOB/A. Hinsichtlich des Inhalts der Änderungen wird auf die folgende Kommentierung dieser Vorschriften verwiesen.

B. Anwendungsbereich

4 Nach seinem Wortlaut findet § 27 b Nr. 1 VOB/A auf **Sektorenauftraggeber** Anwendung. Aus § 7 Nr. 1 Abs. 2 i.V.m. § 7 Nr. 2 Abs. 2 VgV ergibt sich, dass die Vorschrift nur für solche Sektorenauftraggeber gilt, die den 3. Abschnitt der VOB/A zu beachten haben (§ 1 b VOB/A Rdn. 2 ff.). Für die übrigen Sektorenauftraggeber gilt § 12 SKR. § 27 b Nr. 1 VOB/A wurde durch die **VOB/A 2006 geändert**. Die ursprüngliche Fassung der Vorschrift führte die Auftraggeber, welche § 27 b VOB/A anzuwenden haben, im einzelnen auf und nannte unzutreffend auch diejenigen Auftraggeber, deren Vergaben sich nach dem 4. Abschnitt richten. Dies wurde durch die VOB/A 2006 korrigiert.

C. Mitteilungspflichten

I. § 27 b Nr. 1 VOB/A: Entscheidung über die Auftragsvergabe

5 § 27 b Nr. 1 VOB/A verpflichtet die Auftraggeber, den teilnehmenden Unternehmen unverzüglich, spätestens jedoch innerhalb einer First von 15 Kalendertagen ihre Entscheidungen über die Auftragsvergabe mitzuteilen. Teilnehmende Unternehmer sind die Bewerber und Bieter des Vergabeverfahrens.[1] Inhaltlich ausreichend ist die Mitteilung darüber, ob das teilnehmende Unternehmen den Zuschlag erhalten hat oder erfolglos geblieben ist oder die Ausschreibung aufgehoben wurde. Eine Angabe von **Gründen** ist nicht notwendig, freilich auch nicht durch § 27 b Nr. 1 VOB/A untersagt.[2] Inhaltlich korrespondiert § 27 b Nr. 1 VOB/A weit gehend mit 27 Nr. 1 Satz 1 VOB/A. Bewerber und Bieter sollen so bald wie möglich erfahren, ob sie den Zuschlag erhalten.

6 Die Information ist **unverzüglich, spätestens jedoch innerhalb einer First von 15 Kalendertagen** zu erteilen. Diese Frist wurde durch die **VOB/A 2006** in § 27 b Nr. 1 VOB/A **aufgenommen**. Die Fassung der Vorschrift in der VOB/A 2002 sah keine Höchstfrist vor. Dies entsprach den Regelungen in Art. 49 Abs. 1 SKR (RL 2004/17/EG) und § 27 Nr. 1 VOB/A, die ebenfalls keine konkreten Zeitvorgaben enthalten. Der Wortlaut des § 27 b Nr. 1 VOB/A („unverzüglich“) ist strenger als derjenige des § 27 Nr. 1 VOB/A („so bald wie möglich“). Die Mitteilung muss demnach ohne schuldhaftes Zögern im Sinne des § 121 Abs. 1 Satz 1 BGB erfolgen.[3] Für die Berechnung der Frist gilt VO (EWG, EURATOM) Nr. 1182/71 des Rates vom 3.6.1971.[4] Dies ergibt sich aus dem 57. Erwägungsgrund zur SKR (RL 2004/17/EG).

7 Die Information **kann mündlich** erteilt werden. Eine Mitteilung in **Textform** ist nur notwendig, soweit dies beantragt wird.[5] Während § 27 b Nr. 1 in der Fassung der VOB/A 2002 von einer „schriftlichen“ Mitteilung sprach, stellt die VOB/A 2006 auf „Textform“ ab. Diese ist in § 126 b BGB definiert. Danach kann die Übermittlung per Post, Telefax, e-mail oder Computerfax erfolgen.[6] Dies entspricht Art. 48 Abs. 1 SKR (RL 2004/17/EG). Die Form der Übermittlung von Informationen ist von dem Auftraggeber in der Bekanntmachung oder den Verdingungsun-

---

[1] *Ingenstau/Korbion/Portz* VOB/A § 27 b, Rdn. 15.

[2] *Franke/Kemper/Zanner/Grünhagen* VOB/A § 27 b, Rdn. 2; *Ingenstau/Korbion/Portz* VOB/A § 27 b, Rdn. 16.

[3] *Ingenstau/Korbion/Portz* VOB/A § 27 b, Rdn. 15.

[4] ABl. L 124 vom 8.6.1971, S. 1.

[5] Beck'scher VOB-Kommentar/*Brinker* VOB/A § 27 b, Rdn. 12; *Ingenstau/Korbion/Portz* VOB/A § 27 b, Rdn. 16.

[6] *Palandt/Heinrichs* § 126 b, Rdn. 3.

terlagen anzugeben (§ 16 Nr. 3 Abs. 1 VOB/A). Aus Gründen der besseren Nachweisbarkeit sollte die Information auch ohne entsprechenden Antrag immer in Textform erfolgen.

§ 27 b Nr. 1 VOB/A wird durch § 13 VgV ergänzt. Zum Verhältnis beider Vorschriften vgl. § 27 Rdn. 10. 8

II. § 27 b Nr. 2 VOB/A: Gründe für die Nichtberücksichtigung

Nach § 27 b Nr. 2 Abs. 1 VOB/A treffen den Auftraggeber nach einem entsprechenden schriftlichen Antrag weitere Mitteilungspflichten. 9

Ausgeschlossenen Bewerbern oder Bietern hat der Auftraggeber die Gründe für die Ablehnung ihrer Bewerbung oder ihres Angebots mitzuteilen (§ 27 b Nr. 2 Abs. 1 1. Spiegelstrich VOB/A). Dies entspricht der Mitteilungspflicht nach § 27 Nr. 2 und § 27 a Nr. 1 Satz 1 VOB/A. Es wird auf § 27 VOB/A Rdn. 14 bis 17 verwiesen. 10

Auf Antrag ist die Entscheidung einschließlich der Gründe, auf die Vergabe eines Auftrages zu verzichten oder das Verfahren erneut einzuleiten, mitzuteilen (§ 27 b Nr. 2 Abs. 1 2. Spiegelstrich VOB/A). Diese Mitteilungspflicht wurde durch die **VOB/A 2006** zusätzlich in § 27 b Nr. 2 Abs. 1 VOB/A aufgenommen. Die Vorschrift ergänzt § 26 Nr. 2 VOB/A und beruht auf Art. 49 Abs. 1 SKR (RL 2004/17/EG). Die Mitteilungspflicht umfasst die Gründe, auf die Vergabe eines Auftrags zu verzichten, also die Ausschreibung aufzuheben. Soweit der Auftraggeber im Anschluss an die Aufhebung ein neues Vergabeverfahren einleitet, muss er auch über die Gründe hierfür unterrichten. 11

Schließlich hat der Auftraggeber auf Antrag den Bietern, die ein ordnungsgemäßes Angebot eingereicht haben, die Merkmale und relativen Vorteile des erfolgreichen Angebots und den Namen des erfolgreichen Bieters mitzuteilen (§ 27 b Nr. 2 Abs. 1 3. Spiegelstrich VOB/A). Diese Vorschrift entspricht § 27 a Nr. 1 Satz 2 VOB/A und beruht auf Art. 49 Abs. 2 SKR (RL 2004/17/EG). Es wird auf § 27 a VOB/A Rdn. 8 verwiesen. 12

Eine **Form** für die Mitteilung sieht § 27 b Nr. 2 Abs. 1 VOB/A nicht vor. Aus Art. 48 Abs. 1 SKR (RL 2004/17/EG) folgt das Erfordernis der Verwendung der **Textform** (hierzu oben Rdn. 7). Abweichend von § 27 a Nr. 1 Satz 1 VOB/A sieht § 27 b Nr. 2 Abs. 1 VOB/A für die Mitteilung **keine bestimmte Frist** vor. Nach Art. 49 Abs. 2 SKR (RL 2004/17/EG), der insoweit unmittelbar anwendbar ist, darf der Beantwortungszeitraum eine Frist von **15 Tagen** ab Eingang der schriftlichen Anfrage des Bewerbers oder Bieters auf keinen Fall überschreiten. Für die Berechnung der Frist gilt VO (EWG, EURATOM) Nr. 1182/71 des Rates vom 3.6.1971.[7] Dies ergibt sich aus dem 57. Erwägungsgrund zur SKR (RL 2004/17/EG). Zu den Einzelheiten und der **Frist für das Auskunftsersuchen** vgl. § 27 a VOB/A Rdn. 7. 13

§ 27 b Nr. 2 Abs. 2 VOB/A entspricht § 27 a Nr. 1 Satz 3 VOB/A. Es wird auf § 27 a VOB/A Rdn. 9 bis 10 verwiesen. 14

Zum Verhältnis zwischen § 27 b Nr. 2 VOB/A und § 13 VgV vgl. § 27 a VOB/A Rdn. 11 und 12. 15

III. Fehlerfolgen

Zu den Fehlerfolgen wird auf die Ausführungen bei § 27 VOB/A verwiesen (§ 27 Rdn. 23 f.). 16

D. Parallelvorschriften in der VOL/A und in der VOF

§ 27 b VOL/A regelt die Mitteilungspflichten für die Auftraggeber, die den Bestimmungen des Abschnittes 3 der VOL/A unterliegen. Die Regelung entspricht § 27 b Nr. 2 VOB/A. 17

Die **VOF** findet im Sektorenbereich keine Anwendung (§ 5 Satz 3 VgV). 18

---

[7] ABl. L 124 vom 8.6.1971, S. 1.

§28 Zuschlag

1. Der Zuschlag ist möglichst bald, mindestens aber so rechtzeitig zu erteilen, dass dem Bieter die Erklärung noch vor Ablauf der Zuschlagsfrist (§ 19) zugeht.

2. (1) Wird auf ein Angebot rechtzeitig und ohne Abänderungen der Zuschlag erteilt, so ist damit nach allgemeinen Rechtsgrundsätzen der Vertrag abgeschlossen, auch wenn spätere urkundliche Festlegung vorgesehen ist.
(2) Werden dagegen Erweiterungen, Einschränkungen oder Änderungen vorgenommen oder wird der Zuschlag verspätet erteilt, so ist der Bieter bei Erteilung des Zuschlags aufzufordern, sich unverzüglich über die Annahme zu erklären.

Schrifttum: *Adam* Zuschlag, Vertragsschluss und europäisches Vergaberecht: Anmerkung zum „Alcatel Austria"-Urteil des EuGH, WuW 2000, 260 – *Brinker* Vorabinformation der Bieter oder Zweistufentheorie im Vergaberecht?, NZBau 2000, 169 – *Brück/W. Jagenburg* Die Entwicklung des privaten Bauvertragsrechts seit 2000 – VOB Teil A und Vergabefragen, NJW 2002, 2677 – *Dähne* Schadensersatz wegen unberechtigter Aufhebung einer Ausschreibung nach § 26 Nr. 1 VOB/A – *Demmel/Herten-Koch* Informations- und Schutzpflichten bei der elektronischen Vergabe, NZBau 2002, 2677 – *Erdl* Das neue Vergaberecht: Zuschlagsverbot und Folgen des Ablaufs der Zuschlags- und Bindefrist, VergR Nr. 3/1998, 37 – *Gassmann/Seufert/Tilmann* Vergabe von Bauleistungen, BWGZ 2000, 562; *Gröning* Vergaberechtliche Bewältigung nachprüfungsbedingter Bauzeitverschiebungen und dadurch verursachter Preiserhöhungen, BauR 2004, 199 – *ders.* Das deutsche Vergaberecht nach dem Urteil des EuGH vom 28. Oktober 1999 – Alcatel Austria AG ua, WRP 2000, 49 – *Hermann/Thoma* Fehlende Tariftreue- und Nachunternehmererklärung, VergabeR 2002, 254 – *Höfler* Die Bedeutung der Zuschlags- und Bindefrist für das Vergabeverfahren nach der VOB/A, BauR 2000, 963 – *W. Jagenburg* Die Entwicklung des privaten Bauvertragsrechts seit 1996 – VOB Teil A, NJW 1998, 2398 – *Kaiser* Die Nichtigkeit des Zuschlags ohne Vergabeverfahren, NZBau 2001, 479 – *Kus* Auswirkungen der EuGH-Entscheidung „Alcatel Austria" auf das deutsche Vergaberecht, NJW 2000, 544 – *ders.* Primärrechtsschutz nach Aufhebung eines Vergabeverfahrens, NVwZ 2003, 1083 – *Leinemann* Zeitpunkt der Zuschlagserteilung; Grenzen der Angebotsaufklärung (f), Anmerkung aus VergabeR 2001, 232–234 – *Martin-Ehlers* Die Unterscheidung zwischen Zuschlag und Vertragsschluss im europäischen Vergaberecht, EuZW 2000, 101 – *Prahl* Zum neuen Vergaberecht: Das Nachprüfungsverfahren überholt die Bindefrist – und was dann?, VR 2000, 13 – *Reidt* Das Verhältnis von Zuschlag und Auftrag im Vergaberecht – Gemeinschafts- oder verfassungsrechtlich bedenklich?, BauR 2000, 22 – *Schlösser* Zivilrechtliche Folgen nachprüfungsbedingter Bauzeitverschiebung, -verlängerung und Materialpreiserhöhung, ZfBR 2005, 733 – *Zuleeg* Zweistufige Rechtsverhältnisse bei der Vergabe öffentlicher Aufträge?, NJW 1962, 2231.

Übersicht

A. Allgemeines

I. Regelungsgegenstand

§ 28 VOB/A regelt den **Zuschlag auf das erfolgreiche Angebot.** Mit dem Zuschlag nimmt der Auftraggeber das Angebot des Auftragnehmers an und schließt den Bauvertrag (vgl. Rdn. 5 ff.). Außerhalb des Vergaberechts verwendet das Zivilrecht den Begriff „Zuschlag" als Synonym für die Angebotsannahme nur vereinzelt (z.B. § 156 BGB bei der Versteigerung).[1] 1

§ 28 VOB/A vereinigt verschiedene Regelungen. § 28 Nr. 1 VOB/A ist eine **vergabeverfahrensrechtliche Vorschrift,** die den Auftraggeber verpflichtet, den Zuschlag möglichst bald, jedenfalls vor Ablauf der Zuschlagsfrist zu erteilen. § 28 Nr. 2 VOB/A enthält **Regelungen zur zivilrechtlichen Wirksamkeit** des Vertragsschlusses. § 28 Nr. 2 Abs. 1 VOB/A regelt den Vertragsschluss durch Annahmeerklärung, § 28 Nr. 2 Abs. 2 VOB/A entspricht § 150 BGB und hat die Fälle einer verspäteten Annahme sowie einer Annahme unter Erweiterungen, Einschränkungen oder Änderungen zum Gegenstand. 2

Mit der Zuschlagserteilung endet das Vergabeverfahren. Ein vergaberechtliches **Nachprüfungsverfahren ist unzulässig,** wenn der Zuschlag vor Einleitung des Nachprüfungsverfahrens wirksam erteilt wurde.[2] Für die Zulässigkeit eines Nachprüfungsverfahrens kann es also auf die zivilrechtliche Unwirksamkeit eines Vertrages des Auftraggebers mit einem konkurrierenden Bieter ankommen.[3] Der wirksam erteilte Zuschlag kann auch von der Vergabekammer nicht mehr aufgehoben werden (§ 114 Abs. 2 Satz 1 GWB). Nach Zuschlagserteilung kommen nur noch Schadensersatzansprüche (Sekundärrechtsschutz) nicht berücksichtigter Bewerber und Bieter in Betracht. 3

§ 28 VOB/A hat durch die **VOB/A 2006 keine Änderungen** erfahren. 4

II. Verhältnis von Zuschlagserteilung und Vertragsschluss

Umstritten ist die Frage, ob Zuschlagserteilung und Vertragsabschluss (Annahme des Angebots) zusammenfallen oder ob es sich um zwei getrennte Vorgänge handelt. Andere Rechtsordnungen sehen für die Vergabe eine Zweistufigkeit vor. In dem sog. **dualistischen oder romanischen System** fallen Zuschlag und Vertragsschluss begrifflich und zeitlich auseinander.[4] In diesem Modell kann Primärrechtsschutz durch Rechtsschutz gegen die Zuschlagsentscheidung gewährt werden, ohne dass sich der betroffene Bieter dem Einwand ausgesetzt sieht, es sei bereits ein wirksamer Vertrag geschlossen. Das dualistische System ähnelt der überkommenen Auffassung im bundesdeutschen Subventionsrecht, nach der über das „Ob" und das „Wie" einer Subvention in zwei Stufen entschieden wird.[5] 5

Die herrschende Auffassung ist bislang davon ausgegangen, dass die Beschaffung von Waren und Dienstleistungen durch die öffentliche Hand einen **fiskalischen Vorgang** darstelle und die Zuschlagserteilung dem **Zivilrecht** unterliege.[6] Die Entscheidung des Auftraggebers, 6

---

[1] *Ingenstau/Korbion/Portz* VOB/A § 28, Rdn. 1; *Heiermann/Riedl/Rusam* VOB/A § 28, Rdn. 1.
[2] BGHZ 146, 202 = VergabeR 2001, 71 (72 f.).
[3] OLG Jena BauR 2000, 1611; OLG Düsseldorf VergabeR 2002, 404 (409 f.); KG VergabeR 2005, 236.
[4] *Brinker* NZBau 2000, 174.
[5] *Ipsen* DVBl. 1956, 602; *Kopp/Ramsauer* VwVfG § 35, Rdn. 41.
[6] BGHZ 97, 312 (316 f.); *Boesen* Einleitung Rdn. 3; *Reidt/Stickler/Glahs* Vorb. zu §§ 97–101, Rdn. 6.

welchem Bieter der Auftrag erteilt werden solle, und der Abschluss des Bauvertrags stellten einen Akt dar.[7] Dem gegenüber wird die Auffassung vertreten, dass auch im deutschen Recht das dualistische System Anwendung finde. Demnach bilden Zuschlag und Vertragsabschluss zwei Stufen. Die erste Stufe, der Zuschlag, entscheide über das „Ob" der Vergabe und sei dem **öffentlichen Recht** zuzuordnen. Die zweite Stufe („Wie") bilde der Vertragsabschluss (Annahme des Angebots).[8]

7 Der letztgenannten Auffassung ist das OVG Rheinland-Pfalz in einer Entscheidung vom 25.5.2005[9] gefolgt. Das OVG Rheinland-Pfalz setzt sich grundlegend mit der Frage des Primärrechtsschutzes unterhalb der Schwellenwerte auseinander. Es kommt zu dem Ergebnis, dass auch unterhalb der Schwellenwerte subjektive Rechte der Bieter auf Einhaltung des Vergaberechts existieren. Diese würden sich insbesondere aus dem Gleichbehandlungsgrundsatz des Art. 3 GG ergeben und hätten zur Folge, dass den Bietern die Möglichkeit eingeräumt werden müsse, vergaberechtliche Entscheidungen gerichtlich überprüfen zu lassen (Art. 19 Abs. 4 S. 1 GG). Effektiver Rechtschutz sei nur gewährleistet, wenn zwischen Zuschlag und Vertragsabschluss unterschieden werde. Die staatliche Entscheidung, durch die subjektive Rechte verletzt werden könnten, dürfe nicht mit deren Vollzug (Vertragsabschluss durch Zuschlag) verbunden werden, wenn hierdurch vollendete Tatsachen geschaffen würden. Die erste Stufe (Entscheidung über die Zuschlagserteilung) unterliege öffentlich-rechtlichen Bindungen. Für ihre Überprüfung sei der Rechtsweg zu den Verwaltungsgerichten gegeben.[10]

8 Die Entscheidung des OVG Rheinland-Pfalz hat in Rechtsprechung und Literatur teilweise **Zustimmung** gefunden. Begrüßt wird insbesondere die Erkenntnis, dass auch Bietern in Vergabeverfahren unterhalb der Schwellenwerte subjektive Rechte zustehen können. Die Trennung zwischen Zuschlag und Vertragsabschluss wird als erforderlich angesehen, um effektiven Rechtschutz zu gewährleisten.[11] Diese Aufteilung des Vergabeverfahrens in einen öffentlich-rechtlichen und einen privatrechtlichen Teil ist **abzulehnen**. Die Trennung erscheint gekünstelt. Ein einheitlicher Vorgang wird fiktiv in zwei Handlungen aufgespalten.[12]Zweifellos unterliegt der Auftraggeber in Vergabeverfahren öffentlich-rechtlichen Bindungen. Gegenüber dem Auftragnehmer werden jedoch keine unmittelbaren öffentliche Zwecke verfolgt. Auftraggeber und Auftragnehmer stehen sich nicht in einem Über- und Unterordnungsverhältnis gegenüber. Nur mittelbar dient die Beschaffung von Waren und Dienstleistungen durch die öffentliche Hand auch öffentlichen Zwecken.[13]

9 Insbesondere aber ist die Aufspaltung des Vergabeverfahrens in zwei Stufen zur Gewährung eines effektiven Rechtschutzes nicht nötig. Hierbei wird die Prämisse des OVG Rheinland-Pfalz, dass auch in Vergabeverfahren unterhalb der Schwellenwerte subjektive Ansprüche der Bieter auf Einhaltung der vergaberechtlichen Bestimmungen bestehen können, nicht in Frage gestellt (vgl. Einl. Rdn. 20[14]). Der Schutz solcher subjektiver Rechte macht jedoch nicht die Trennung zwischen Zuschlag und Vertragsabschluss erforderlich. Für Vergabeverfahren **oberhalb der**

---

[7] Beck'scher VOB-Kommentar/*Sterner* VOB/A § 28, Rdn. 1; *Boesen* Einleitung Rdn. 4; *Byok/Jaeger* § 114, Rdn. 1075; *Heiermann/Riedl/Rusam* VOB/A § 28, Rdn. 1; *Immenga/Mestmäcker/Dreher* § 114, Rdn. 22; *Ingenstau/Korbion/Portz* VOB/A § 28, Rdn. 1; *Niebuhr/Kulartz/Kus/Portz* § 114, Rdn. 47; *Reidt/Stickler/Glahs* § 114, Rdn. 25.

[8] *Hermes* JZ 1997, 909 (915); *Kopp* BayVBl. 1980, 609; *Pernice/Kadelbach* DVBl. 1996, 1100 (1106); *Triantafyllou* NVwZ 1994, 943 (946).

[9] OVG Rheinland-Pfalz VergabeR 2005, 478.

[10] OVG Rheinland-Pfalz VergabeR 2005, 478.

[11] OVG Nordrhein-Westfalen VergabeR 2006, 86; OVG Sachsen VergabeR 2006, 348; OVG Nordrhein-Westfalen NZBau 2006, 531; VG Neustadt a.d.W. VergabeR 2006, 78; VG Neustadt a.d.W. VergabeR 2006, 351; *Bungenberg* WuW 2005, 899; *Prieß/Hölzl* NZBau 2005, 367.

[12] VG Karlsruhe v. 14.6.2006 – 8 K 1437/06; *Reidt/Stickler/Glahs* § 114, Rdn. 32; *Ruthig* NZBau 2005, 497 (500); *Tomerius/Kiser* VergabeR 2005, 551 (559); *Irmer* VergabeR 2006, 159 (165).

[13] BVerfG v. 13.6.2006 – 1 BvR 1160/03; VG Leipzig VergabeR 2005, 758 (759) (aufgehoben durch OVG Sachsen VergabeR 2006, 348); VG Potsdam VergabeR 2006, 83; VG Karlsruhe v. 14.6.2006 – 8 K 1437/06; *Reidt/Stickler/Glahs* Vorb. zu §§ 97–101, Rdn. 6; *Losch* VergabeR 2006, 298 (306 f.).

[14] BVerfG v. 13.6.2006 – 1 BvR 1160/03.

Schwellenwerte zeigt dies die Regelung in § 13 VgV, mit der der deutsche Gesetzgeber der Forderung des Art. 2 Abs. 1 lit. a) und lit. b) Rechtsmittelrichtlinie (RL 89/665/EWG) nach Gewährleistung effektiven Rechtschutzes[15] entsprochen hat. Diesen **europarechtlichen Vorgaben** hat der deutsche Gesetz- und Verordnungsgeber Rechnung getragen, ohne das dualistische bzw. romanische System zu übernehmen. Zwar fallen Zuschlagserteilung und Vertragsschluss nach wie vor zusammen, der Auftraggeber ist aber nach § 13 VgV verpflichtet, die Bieter, deren Angebote nicht berücksichtigt werden sollen, vorab zu informieren. Ein unter Verletzung dieser Bestimmung geschlossener Vertrag ist nichtig (§ 13 Satz 6 VgV). Auf diese Weise ist ausreichender Primärrechtsschutz gewährleistet, ohne dass es eines zweistufigen Systems bedürfte.

Unterhalb der Schwellenwerte kann effektiver Rechtschutz durch den Erlass einer einstweiligen Verfügung oder einstweiligen Anordnung garantiert werden. Die Frage des Rechtswegs spielt hierbei keine Rolle.[16] Soweit die Zivilgerichte fiskalisches Handeln der öffentlichen Hand überprüfen, haben sie die existierenden Bindungen an die Grundrechte und sonstige öffentlich-rechtliche Vorschriften zu beachten.[17] Verfassungsrechtlich bedarf es für Vergabeverfahren unterhalb der Schwellenwerte einer § 13 VgV entsprechenden Hinweispflicht nicht (§ 27 VOB/A Rdn. 3). 10

Bei dem Zuschlag und der Auftragserteilung handelt es sich demnach um einen **einheitlichen Akt**, der dem **Zivilrecht** unterliegt, soweit nicht ausnahmsweise ein öffentlich-rechtlicher Vertrag zwischen Auftraggeber und Auftragnehmer abgeschlossen wird.[18] 11

III. Kein Anspruch auf Erteilung des Zuschlags

Es besteht **kein Anspruch auf Erteilung des Zuschlags.**[19] Zwar kann die Ausschreibung nach § 26 Nr. 1 VOB/A nur unter bestimmten Voraussetzungen aufgehoben werden. Hebt der Auftraggeber aus einem anderen als den dort genannten Gründen die Ausschreibung auf, kann er zur Leistung von Schadensersatz verpflichtet sein (§ 26 VOB/A Rdn. 23 ff.). Auch sind die Bieter berechtigt, die Rechtmäßigkeit der Aufhebung durch die Vergabekammer überprüfen zu lassen.[20] Die Vergabekammer kann den Auftraggeber jedoch nicht zur Zuschlagserteilung verpflichten, wenn er nicht mehr beabsichtigt, einen Vertrag abzuschließen.[21] 12

IV. Anwendungsbereich

§ 28 VOB/A gilt auch für die **Freihändige Vergabe**. Dies ergibt sich mittelbar aus § 19 Nr. 4 VOB/A, der die Regelungen über die Zuschlags- und Bindefrist auch auf die Freihändige Vergabe erstreckt.[22] 13

---

[15] EuGH Urteil vom 28.10.1999, Rs. C-81/98, Slg. 1999 I–7671 = NZBau 2000, 33, Tz. 43 – „Alcatel"; vgl. zu dieser Entscheidung *Boesen* ZIP 1999, 1942 ff.; *Brinker* JZ 2000, 462 ff.; *ders.* NZBau 2000, 174 ff.; *Dreher* NZBau, 2001, 244 (245); *Erdl* BauR 1999, 1341 ff.; *Gröning* WRP 2000, 49 ff.; *Hausmann* EuZW 1999, 762 ff.; *Jaeger* EWS 1999, 14 ff.; *Kus* NJW 2000, 544 ff.

[16] *Pietzcker* NJW 2005, 2881 (2884); *Tomerius/Kiser* VergabeR 2005, 551 (560).

[17] BVerwG NVwZ 1991, 59; *Reidt/Stickler/Glahs* Vorb. zu §§ 97–101, Rdn. 9; *Tomerius/Kiser* VergabeR 2005, 551 (557); *Irmer* VergabeR 2006, 159 (166).

[18] *Reidt/Stickler/Glahs* Vorb. zu §§ 97–101, Rdn. 14 ff.

[19] BGH VergabeR 2003, 163 (165); BGH VergabeR 2003, 313 (317); OLG Celle VergabeR 2003, 455 (456); OLG München VergabeR 2005, 802 (804); Beck'scher VOB-Kommentar/*Sterner* VOB/A § 28 Rdn. 8 f.; *Ingenstau/Korbion/Portz* VOB/A § 28, Rdn. 6.

[20] EuGH Urteil v. 18.6.2002, Rs. C-92/00, Slg. 2002 I–5553 = VergabeR 2002, 361 – Hospital Ingenieure; BGH VergabeR 2003, 313.

[21] EuGH Urteil vom 16.9.1999, Rs. C 27/98, Slg. 1999 I 5697 = NZBau 2000, 153 „Metalmeccania"; BGH NJW 1998, 3640 (3643); BGH VergabeR 2003, 163 (165); BGH VergabeR 2003, 313 (316); OLG München VergabeR 2005, 802 (804).

[22] *Heiermann/Riedl/Rusam* VOB/A § 19, Rdn. 20; *Ingenstau/Korbion/Portz* VOB/A § 28, Rdn. 8.

B. Zeitpunkt der Zuschlagserteilung (§28 Nr. 1 VBO/A)

I. Zweck der Regelung

14 Nach §28 Nr. 1 VOB/A ist der Zuschlag **möglichst bald zu erteilen.** Zumindest muss er vor Ablauf der Zuschlagsfrist zugehen, die gem. § 19 Nr. 2 Satz 2 VOB/A regelmäßig nicht mehr als 30 Kalendertage beträgt. Die Vorschrift dient der Beschleunigung des Vergabeverfahrens und soll dem erfolgreichen Bieter ermöglichen, sich alsbald auf die Erfüllung des Vertrages vorzubereiten.[23]

II. Ablauf der Zuschlagsfrist

15 Der Zuschlag muss dem Bieter **vor Ablauf der Zuschlagsfrist** zugehen. Die Zuschlagsfrist ergibt sich aus den Verdingungsunterlagen. Das Ende der Zuschlagsfrist ist dort durch Angabe des Kalendertages zu bezeichnen (§ 19 Nr. 2 Satz 3 VOB/A). Dabei ist gem. § 19 Nr. 3 VOB/A vorzusehen, dass der Bieter bis zum Ablauf der Zuschlagsfrist an sein Angebot gebunden ist. Die Bindefrist endet also zeitgleich mit der Zuschlagsfrist. Die Forderung, dem Bieter die Erklärung noch vor Ablauf der Zuschlagsfrist zu erteilen, schützt den Auftraggeber davor, den Zuschlag auf ein Angebot zu erteilen, an das der Bieter nicht mehr gebunden ist (§ 148 BGB).[24]

16 Maßgeblich für die Beurteilung, ob der Zuschlag rechtzeitig erteilt worden ist, ist der **Zeitpunkt des Zugangs** bei dem erfolgreichen Bieter. Erst mit dem Zugang wird der Zuschlag wirksam (vgl. Rdn. 19). Die an die Zuschlagserteilung geknüpften Rechtsfolgen (Vertragsabschluss, Unzulässigkeit eines Nachprüfungsantrags) treten erst mit Zugang ein. Die Folgen eines **nicht rechtzeitigen Zuschlages** regelt §28 Nr. 2 Abs. 2 VOB/A (Rdn. 43 ff.).

17 Die **Zuschlags- und Bindefrist kann verlängert** werden, wenn allen noch in Betracht kommenden Bietern die Möglichkeit gegeben wird, der Verlängerung zuzustimmen. Zu den Einzelheiten vgl. § 19 VOB/A Rdn. 18 ff.

C. Vertragsschluss

I. §28 Nr. 2 Abs. 1 VOB/A: Zuschlagserteilung ohne Abänderungen

18 §28 Nr. 2 Abs. 1 VOB/A hat den rechtzeitigen und ohne Abänderungen erteilten Zuschlag zum Gegenstand. Die Vorschrift regelt das Zustandekommen des Bauvertrages. Neben §28 Nr. 2 Abs. 1 VOB/A treten die allgemeinen Regelungen des BGB über den Vertragsschluss und dessen Wirksamkeit.

1. Zuschlagserteilung

19 **a) Annahme des Angebots.** Mit der Erteilung des Zuschlags erklärt der öffentliche Auftraggeber die Annahme des Angebots des erfolgreichen Bieters. Diese Annahmeerklärung ist eine empfangsbedürftige Willenserklärung. Sie wird erst in dem Zeitpunkt wirksam, in welchem sie dem Bieter zugeht (§ 130 Abs. 1 Satz 1 BGB).[25] Zugegangen ist eine Willenserklärung erst, wenn sie so in den Bereich des Empfängers gelangt ist, dass dieser die Möglichkeit hat, vom Inhalt der Erklärung Kenntnis zu nehmen und damit zu rechnen ist, dass er tatsächlich Kenntnis erlangen wird.[26]

---

[23] Beck'scher VOB-Kommentar/*Sterner* VOB/A § 28, Rdn. 12.

[24] Beck'scher VOB-Kommentar/*Sterner* VOB/A § 28, Rdn. 11; zur unterschiedlichen Funktion von Zuschlags- und Bindefrist *Höfler* BauR 2000, 963.

[25] BGHZ 158, 43 = BGH VergabeR 2004, 201 (203); OLG Jena VergabeR 2004, 106 (111); BayObLG VergabeR 2005, 126 (127).

[26] BGHZ 67, 271 (275); BGH NJW 1980, 990; NJW 1983, 929 (930); *Palandt/Heinrichs* § 130, Rdn. 5.

Zu den Einzelheiten wird auf die Kommentierung zu § 130 BGB verwiesen.[27] Der Zuschlag ist nur wirksam, wenn er mit **Rechtsbindungswillen** erklärt wird und sein **Inhalt feststeht**. Bei der Mitteilung, der Zuschlag werde erteilt, die einzelnen Bestandteile des Auftrags würden im Nachgang übermittelt, handelt es sich nicht um eine wirksame Annahmeerklärung.[28]

Die Beweislast für den rechtzeitigen Zugang des Zuschlags trägt der Auftraggeber.[29] 20

b) Zuschlag auf das eingereichte Angebot. Der Zuschlag wird auf das eingereichte Angebot erteilt. Weicht ein Angebot offensichtlich von den Verdingungsunterlagen ab und nimmt der Auftraggeber dieses ohne Rückfrage an, so kommt der Vertrag mit dem Inhalt zustande, den das Angebot hatte.[30] Rechtlich unbeachtlich ist es, wenn der Auftragnehmer vor Erhalt des Zuschlags mitteilt, er könne den Auftrag nicht annehmen, etwa weil seine Kapazitäten bereits ausgeschöpft seien. Denn während der Bindefrist (§ 19 Nr. 3 VOB/A) ist der Bieter an sein Angebot gebunden. Innerhalb dieser Frist kann die Annahme erfolgen (§ 148 BGB).[31] Weigert sich der Bieter ernsthaft und endgültig, sich an seinem bindenden Angebot festhalten zu lassen und veranlasst er den Auftraggeber dadurch, das Angebot nicht anzunehmen, macht er sich schadensersatzpflichtig.[32] 21

c) Form des Bauvertrags. Der Bauvertrag kann **formfrei** geschlossen werden. Der Zuschlag nach § 28 Nr. 2 Abs. 1 VOB/A kann daher auch mündlich erklärt werden. Aus Gründen der Klarheit und der Beweissicherheit empfiehlt es sich regelmäßig dennoch, den Zuschlag schriftlich zu erteilen.[33] Das VHB 2002 hält hierfür das **einheitliche Verdingungsmuster Auftragsschreiben – EVM (B/L) Atr 201** bereit. 22

Nach Art. 1 Abs. 2 lit. a) VKR (RL 2004/18/EG) zählen nur schriftliche Verträge zu den „Öffentlichen Aufträgen" im Sinne der VKR. Diese Bestimmung beinhaltet kein gemeinschaftsrechtliches Schriftformerfordernis für alle öffentlichen Aufträge und somit auch für Bauverträge. Vielmehr enthält § 99 Abs. 1 GWB, der die Anwendbarkeit des Kartellvergaberechts regelt, keine Einschränkung auf schriftliche Verträge. Hierdurch wird dem Umstand Rechnung getragen, dass in Deutschland öffentliche Aufträge auch formfrei abgeschlossen werden können.[34] 23

Abweichendes gilt, wenn die **Schriftform gesetzlich** vorgesehen ist. Dann ist der Vertrag nur wirksam, wenn der Vertragsinhalt in einer schriftlichen, von den Parteien unterschriebenen Urkunde festgehalten wird (§ 126 Abs. 1 BGB). Gesetzliche Schriftformerfordernisse bestehen für Bauverträge regelmäßig nicht. Gesetzliche Schriftform kommt nur ein Betracht, wenn der Bauvertrag mit anderen vertraglichen Abreden, etwa einem Wohnraummietvertrag mit einer Laufzeit von mehr als einem Jahr (§ 550 BGB), verbunden wird. 24

Oftmals sehen die **Verdingungsunterlagen ein Schriftformerfordernis** vor. In diesem Fall findet § 127 BGB Anwendung. § 127 Abs. 2 Satz 1 BGB lässt, abweichend von § 126 BGB, einen Schriftwechsel zwischen den Parteien genügen. Dieser kann in dem schriftlichen Angebot und dem schriftlichen Zuschlag bestehen. 25

Die allgemeinen Vorschriften über die **notarielle Beurkundung** von Rechtsgeschäften finden auf den Bauvertrag Anwendung. Daher bedarf ein Bauvertrag, durch den sich ein Teil verpflichtet, das Eigentum an einem Grundstück (§ 311 b BGB)[35] oder Erbbaurecht (§ 11 Abs. 2 ErbbauVO) zu übertragen oder zu erwerben, der notariellen Beurkundung. Notarielle Beurkundung ist auch 26

---

[27] *Palandt/Heinrichs* § 130, Rdn. 6 ff.; *Erman/Palm* § 130, Rdn. 8; Münchener Kommentar/*Einseler* BGB § 130, Rdn. 16 ff.; *Soergel/Hefermehl* BGB § 130, Rdn. 10.

[28] OLG Düsseldorf VergabeR 2001, 226 (227 f.).

[29] Beck'scher VOB-Kommentar/*Sterner* VOB/A § 28, Rdn. 10.

[30] OLG Köln BauR 1995, 435 (Leitsatz); *Ingenstau/Korbion/Portz* VOB/A § 28, Rdn. 21.

[31] *Heiermann/Riedl/Rusam* VOB/A § 28, Rdn. 5.

[32] BGH BauR 2006, 514.

[33] BGH NJW 1967, 2004 (2005); BGH BauR 1975, 274; Beck'scher VOB-Kommentar/*Sterner* VOB/A § 28, Rdn. 17; *Heiermann/Riedl/Rusam* VOB/A § 28, Rdn. 8.

[34] BayObLG VergabeR 2001, 55 (58); Beck'scher VOB-Kommentar/*Sterner* VOB/A § 28, Rdn. 36; *Byok/Jaeger* § 99, Rdn. 462 ff.; *Reidt/Stickler/Glahs* § 99 GWB Rdn. 6.

[35] Beck'scher VOB-Kommentar/*Sterner* VOB/A § 28, Rdn. 37; *Ingenstau/Korbion/Portz* VOB/A § 28, Rdn. 24.

erforderlich, wenn der Bauvertrag mit der Übertragung von GmbH-Anteilen verbunden wird (§ 15 Abs. 3 und 4 GmbHG).

27 **Kommunalrechtliche Vorschriften** sehen oftmals vor, dass bestimmte Verträge der Schriftform bedürfen (vgl. § 64 Abs. 1 GO NW). Diese Vorschriften sind **keine Formvorschriften**. Denn den Landesgesetzgebern fehlt nach Art. 55 EGBGB die Zuständigkeit für den Erlass von zivilrechtlichen Formvorschriften. Die Vorschriften sind vielmehr Regelungen der Vertretungsmacht. Werden Verträge unter Verstoß gegen derartige Vorschriften geschlossen, sind sie nicht nach § 125 Satz 1 BGB nichtig, sondern nach § 177 Abs. 1 BGB schwebend unwirksam.[36]

28 Ein Rechtsgeschäft, das nicht der **gesetzlich vorgeschriebenen Form** (Schriftform oder notarielle Beurkundung) entspricht, ist nichtig (§ 125 Satz 1 BGB). Der Mangel der **durch Rechtsgeschäft bestimmten Form** hat nur im Zweifel die Nichtigkeit des Rechtsgeschäfts zur Folge (§ 125 Satz 2 BGB). Sehen die Verdingungsunterlagen eine schriftliche Zuschlagserteilung vor, erfolgt die Zuschlagserteilung aber mündlich, so hat dies nur dann die Nichtigkeit des Bauvertrages zur Folge, wenn die vereinbarte Schriftform Wirksamkeitsvoraussetzung für den Vertrag sein sollte.[37] Soll die Formvorschrift lediglich der Beweissicherung oder der Klarstellung dienen, so ist der Bauvertrag auch bei Nichteinhaltung der Form wirksam.[38] Regelmäßig dient die in den Verdingungsunterlagen vorgesehene Schriftform Beweiszwecken. Ein Verstoß gegen diese Regelung hat daher nicht die Nichtigkeit des Vertrages zur Folge[39] (hierzu auch Rdn. 39).

29 **d) Stellvertretung.** Der Auftraggeber kann sich bei der Erteilung des Zuschlags rechtsgeschäftlich vertreten lassen.[40] Für die Bevollmächtigung gelten die allgemeinen Regeln (§§ 164 ff. BGB). Es muss also eine eigene Willenserklärung in fremdem Namen im Rahmen der Vertretungsmacht abgegeben werden. Zu den Einzelheiten wird auf die Kommentierungen zu §§ 164 ff. BGB verwiesen.[41]

30 Der **Architekt** ist nicht kraft seiner Stellung Bevollmächtigter des Auftraggebers und kann daher ohne Bevollmächtigung für diesen keine Bauverträge wirksam abschließen.[42] Die Vorschriften über die Schriftform, wie sie vielfach in Gemeindeordnungen zu finden sind (vgl. § 64 GO NW), sind Regelungen über die Vertretungsmacht (s.o. Rdn. 27).

2. Kaufmännisches Bestätigungsschreiben

31 Umstritten ist, ob die Grundsätze über das **kaufmännische Bestätigungsschreiben** im Bereich der Bauvergabe Anwendung finden. Nach der Rechtsprechung kommt ein Vertrag durch kaufmännisches Bestätigungsschreiben zustande, wenn zwei Parteien im kaufmännischen Geschäftsverkehr in Vertragsverhandlungen eintreten, eine der Parteien das Ergebnis eines nach ihrer Auffassung geschlossenen Vertrages fixiert, und die andere Partei nicht unverzüglich widerspricht. In diesem Fall kommt der Vertrag mit dem Inhalt des Bestätigungsschreibens zustande.[43] Diese Grundsätze finden nicht nur auf Kaufleute Anwendung, sondern auch auf solche Personen, die sich am Geschäftsleben wie ein Kaufmann beteiligen.[44]

---

[36] BGHZ 97, 224 (238); BGH NJW 1982, 1036; OLG Schleswig NZBau 2000, 96; *Palandt/Heinrichs* BGB § 125, Rdn. 4 a; Beck'scher VOB-Kommentar/*Sterner* VOB/A § 28, Rdn. 20; unzutreffend: *Heiermann/Riedl/Rusam* VOB/A § 28, Rdn. 8.

[37] Beck'scher VOB-Kommentar/*Sterner* VOB/A § 28, Rdn. 19.

[38] Palandt/*Heinrichs* BGB § 125, Rdn. 12; Münchener Kommentar/*Einsele* BGB § 125, Rdn. 65.

[39] Beck'scher VOB-Kommentar/*Sterner* VOB/A § 28, Rdn. 19.

[40] Beck'scher VOB-Kommentar/*Sterner* VOB/A § 28, Rdn. 21; *Franke/Kemper/Zanner/Grünhagen* VOB/A § 28, Rdn. 14; *Ingenstau/Korbion/Portz* VOB/A § 28, Rdn. 27.

[41] Palandt/*Heinrichs* BGB § 164, Rdn. 1 ff.; Soergel/*Leptien* § 164, Rdn. 1 ff.; Erman/*Palm* BGB § 164, Rdn. 1 ff.; Münchener Kommentar/*Schramm* BGB § 164 Rdn. 1 ff.

[42] BGH NJW 1960, 859; BGH BB 1963, 111; Beck'scher VOB-Kommentar/*Sterner* VOB/A § 28, Rdn. 21; *Ingenstau/Korbion/Portz* VOB/A § 28, Rdn. 27.

[43] Zu den Einzelheiten siehe Erman/*Hefermehl* § 147, Rdn. 5; Münchener Kommentar/*Kramer* BGB § 151, Rdn. 12 ff.; Palandt/*Heinrichs* BGB § 148, Rdn. 8 ff.; Soergel/*Wolf* BGB § 147, Rdn. 27 ff.; *Baumbach/Hopt* HGB Kommentar, § 346, Rdn. 16 ff.; Münchener-Kommentar/*Schmidt* HGB § 346, Rdn. 141 ff.

[44] BGHZ 11, 1 (3); BGHZ 40, 45 (47); BGH NJW 1975, 1358; BGH NJW 1987, 1940 (1941).

In den **formalisierten Ausschreibungsverfahren** ist für die Anwendung der Grundsätze über das kaufmännische Bestätigungsschreiben kein Raum. Der Auftraggeber hat die Leistung erschöpfend vor Abschluss zu beschreiben (§ 9 Nr. 1 VOB/A). § 24 VOB/A regelt die rechtlichen Grenzen möglicher Nachverhandlungen. Diese Grenzen drohten umgangen zu werden, wenn eine abweichende Vertragsgestaltung durch kaufmännisches Bestätigungsschreiben zugelassen würde.[45] 32

In **Ausnahmefällen** kann das kaufmännische Bestätigungsschreiben auch in Vergabeverfahren Bedeutung erlangen. Die Grundsätze über das kaufmännische Bestätigungsschreiben können bei der freihändigen Vergabe eingreifen, weil es hier an einem formalisierten Verfahren fehlt.[46] Im **Verhandlungsverfahren** darf der Zuschlag erst nach Unterrichtung der nicht berücksichtigten Bieter gemäß § 13 VgV erteilt werden. Bevor diese Mitteilung versandt wurde, kann ein Bieter grundsätzlich nicht davon ausgehen, dass der Auftraggeber bereit ist, im Rahmen von Verhandlungen einen Zuschlag zu erteilen. Die Bestätigung eines mündlich erteilten Auftrags im Wege eines kaufmännischen Bestätigungsschreibens scheidet im Verhandlungsverfahren somit in der Regel aus. Hingegen können die Grundsätze über das kaufmännische Bestätigungsschreiben Anwendung finden bei Nachtragsverhandlungen während der Bauabwicklung, wie sie von § 2 Nr. 3, 5, 6 VOB/B zugelassen werden.[47] 33

3. Sonstige Bestimmungen/Nichtigkeit/Auslegung

Der Bauvertrag ist ein zivilrechtlicher Vertrag (oben Rdn. 5 ff.). Daher gelten neben den genannten Regelungen auch die **übrigen Bestimmungen des BGB** hinsichtlich des Vertragsschlusses und der Wirksamkeit von Verträgen für den Bauvertrag.[48] 34

Nichtig ist der Bauvertrag, wenn er gegen ein **gesetzliches Verbot** verstößt (§ 134 BGB). Die vergaberechtlichen Bestimmungen des 4. Teils des GWB, der VgV und der VOB/A sind keine gesetzlichen Verbotsnormen im Sinne des § 134 BGB. Der Umstand allein, dass in dem Vergabeverfahren **gegen vergaberechtliche Vorschriften verstoßen** wurde, führt somit nicht zur Rechtswidrigkeit des Zuschlags oder zur Nichtigkeit des Bauvertrags.[49] Dies ergibt sich aus § 114 Abs. 2 Satz 1 GWB, wonach auch der rechtswidrige Zuschlag nicht aufgehoben werden kann. Diese Regelung entspricht den gemeinschaftsrechtlichen Vorgaben. Art. 2 Abs. 6 2. UA RMR (RL 89/665/EWG) sieht ausdrücklich vor, dass die Mitgliedstaaten die Möglichkeit haben, die Rechte der nicht berücksichtigten Bewerber und Bieter nach Zuschlagserteilung auf Schadensersatzansprüche zu beschränken. Verstößt ein öffentlicher Auftraggeber gegen vergaberechtliche Vorschriften, kann die Kommission gegen den Mitgliedstaat, in dem der öffentliche Auftraggeber seinen Sitz hat, ein **Vertragsverletzungsverfahren nach Art. 226 EGV** einleiten. Im Falle einer Verurteilung durch den EuGH hat der Mitgliedstaat die Maßnahmen zu ergreifen, die sich aus dem Urteil des Gerichtshofs ergeben (Art. 228 Abs. 1 EGV).[50] Aus dieser Vorschrift ist keine allgemeine Regel abzuleiten, dass Verträge, die gegen gemeinschaftsrechtliche Vergaberechtsvorschriften verstoßen, nichtig sind. Die Verpflichtung der Bundesrepublik Deutschland erschöpft sich im Falle einer Verurteilung durch den EuGH darin, etwa bestehende Kündigungs- oder sonstige Beendigungsmöglichkeiten des Vertrags auszunutzen oder mit dem Auftragnehmer über die Vertragsaufhebung zu verhandeln.[51] 35

---

[45] *Franke/Kemper/Zanner/Grünhagen* VOB/A § 28, Rdn. 12; weiter gehend: Beck'scher VOB-Kommentar/*Sterner* VOB/A § 28, Rdn. 29.

[46] *Heiermann/Riedl/Rusam* VOB/A § 28, Rdn. 12.

[47] *Heiermann/Riedl/Rusam* VOB/A § 28, Rdn. 12.

[48] *Ingenstau/Korbion/Portz* VOB/A § 28, Rdn. 28.

[49] BGH VergabeR 2001, 71 (75 f.); BGH VergabeR 2005, 328 (331 f.); OLG Schleswig NZBau 2000, 100 (101); OLG Düsseldorf VergabeR 2004, 216 (219); OLG Celle VergabeR 2005, 809 (811); **zweifelnd** für die de-facto-Vergabe: KG VergabeR 2005, 236 (243); **anderer Ansicht** zumindest für die de-facto-Vergabe: *Heuvels/Kaiser* NZBau 2001, 479; *Müller-Wrede/Kaelble* VergabeR 2002, 1 (7 ff.); *Kaiser* NZBau 2005, 311.

[50] EuGH Urteil vom 18.11.2004, Rs. C-126/03, Slg. 2004 I–11197 = VergabeR 2005, 57, Tz. 26.

[51] OLG Düsseldorf VergabeR 2005, 503 (505); *Heuvels* NZBau 2005, 32; **zweifelnd** für die de-facto-

36 Gesetzliche Verbote im Sinne des § 134 BGB stellen die Zuschlagsverbote nach **§ 115 Abs. 1 GWB, § 118 Abs. 1 Satz 1 GWB und § 118 Abs. 3 GWB** dar.[52] Daneben ist ein Vertrag nichtig, der unter Verstoß gegen **§ 13 VgV** geschlossen wurde (§ 13 Satz 6 VgV) (hierzu § 13 VgV Rdn. 16ff.).

37 Handelt der Auftraggeber in bewusster Missachtung des Vergaberechts, obwohl er weiß, dass der vergebene Auftrag dem Kartellvergaberecht unterliegt oder verschließt er sich dieser Erkenntnis mutwillig, und wirkt er überdies kollusiv mit dem Auftragnehmer zusammen, kann der Bauvertrag wegen Verstoßes gegen die **guten Sitten** nichtig sein (§ 138 Abs. 1 BGB).[53]

38 Weitere Nichtigkeitsgründe können sich aus **Dissens** ergeben (§§ 154, 155 BGB). Voraussetzung für einen Vertragsabschluss ist zunächst ein wirksames und vollständiges Angebot. Wird das **Angebot unter Vorbehalt** abgegeben, liegt ein zwingender Ausschlussgrund vor. Wird der Zuschlag auf ein derartiges Angebot erteilt, kommt kein wirksamer Vertrag zustande. Ein **unvollständiges oder unklares Angebot** muss ebenfalls regelmäßig ausgeschlossen werden (§ 25 Nr. 1 Abs. 1 lit. b) VOB/A). Unter Umständen ist eine Aufklärung des Angebotsinhalts nach § 24 VOB/A zulässig. Wird der Zuschlag auf ein unvollständiges oder unklares Angebot erteilt, kann ein offener oder versteckter Dissens vorliegen, der zur Nichtigkeit des Vertragsabschlusses führen kann.[54] Enthält das Angebot alle Punkte, über die sich die Parteien einigen wollten (§ 154 Abs. 1 BGB) oder ist anzunehmen, dass die Parteien den Vertrag auch ohne eine Bestimmung über einen Punkt geschlossen hätten, über den sie sich nicht geeinigt haben (§ 155 BGB), liegt ein wirksamer Vertrag vor. Sein Inhalt ist ggf. durch Auslegung (§§ 133, 157 BGB) zu ermitteln (vgl. hierzu auch § 29 VOB/A Rdn. 7).

II. § 28 Nr. 2 Abs. 1 a.E. VOB/A: Spätere urkundliche Festlegungen

39 Der Vertrag ist auch dann nach allgemeinen Rechtsgrundsätzen abgeschlossen, wenn eine spätere urkundliche Festlegung vorgesehen ist (§ 28 Nr. 2 Abs. 1 a.E. VOB/A). Ist eine urkundliche Festlegung des Bauvertrages vorgesehen, hat dies auf die Wirksamkeit eines mündlich geschlossenen Bauvertrages keinen Einfluss. Entgegen § 125 Satz 2 BGB ist also „im Zweifel" nicht die Nichtigkeit, sondern die Wirksamkeit des Vertrages bei Verstoß gegen die gewillkürte Schriftform anzunehmen (vgl. auch § 19 VOB/A Rdn. 4f.).[55] Wird der Vertrag nach Zuschlagserteilung unter Abänderungen beurkundet, kann hierin wirtschaftlich der Neuabschluss eines öffentlichen Auftrags liegen, der einer erneuten öffentlichen Ausschreibung bedarf.[56]

III. § 28 Nr. 2 Abs. 2 VOB/A: Zuschlagserteilung mit Abänderungen

40 Wird der Zuschlag **mit Erweiterungen, Einschränkungen oder Änderungen** vorgenommen, so ist der Bieter nach § 28 Nr. 2 Abs. 2 VOB/A bei Erteilung des Zuschlags aufzufordern, sich unverzüglich über die Annahme zu erklären. Der Zuschlag auf ein durch den Auftraggeber verändertes Angebot ist damit in Übereinstimmung mit § 150 Abs. 2 BGB die Ablehnung des

---

Vergabe: KG VergabeR 2005, 236 (243); das LG München I VergabeR 2006, 268 hat in diesem Fall eine **Vertragskündigung** aufgrund einer Klausel, die eine Vertragsanpassung bei „künftigen Änderungen der Verhältnisse" zulässt, i.V.m. § 313 BGB für gerechtfertigt erachtet, hierzu *Erdl* VergabeR 2006, 275; *Prieß/Gabriel* NZBau 2006, 219; *Horn* VergabeR 2006, 667.

[52] *Boesen* § 115 GWB, Rdn. 13 und § 118 GWB, Rdn. 15 und 43; *Byok/Jaeger* § 115 GWB, Rdn. 1097 und § 118 GWB, Rdn. 1196; *Niebuhr/Kulartz/Kus/Portz* § 115 GWB, Rdn. 18 und § 118 GWB, Rdn. 15; *Reidt/Stickler/Glahs* § 115 GWB, Rdn. 23 und § 118, GWB, Rdn. 19; abweichend *Vill* BauR 1999, 971 (972ff.).

[53] BGH VergabeR 2001, 71 (76); OLG Schleswig NZBau 2000, 100 (101); OLG Düsseldorf VergabeR 2004, 216 (222); KG VergabeR 2005, 236 (244f.); OLG Düsseldorf VergabeR 2005, 343 (347); OLG Celle VergabeR 2005, 809 (811).

[54] OLG Jena VergabeR 2004, 106 (110).

[55] Beck'scher VOB-Kommentar/*Sterner* VOB/A § 28, Rdn. 33.

[56] OLG Jena VergabeR 2004, 113 (114).

Angebots des Bieters und zugleich ein neues Angebot. Die Annahme durch den Bieter muss innerhalb der Frist des § 147 Abs. 2 BGB erfolgen, also während der Zeit, während der unter gewöhnlichen Umständen mit einer Antwort gerechnet werden kann. Schweigt der Bieter, kommt ein Vertragsschluss nicht zustande.[57] In der Aufnahme der Bauarbeiten kann aber die konkludente Zustimmung zu dem angebotenen Vertragsschluss liegen.[58]

Die Begriffe Erweiterungen, Einschränkungen oder Änderungen sind **weit auszulegen.** 41
Schon geringfügige Änderungen führen dazu, dass die Zuschlagserteilung keinen Vertragsschluss bewirkt. Grenzen für die Zulässigkeit von Erweiterungen, Einschränkungen und Änderungen ergeben sich aus dem **Nachverhandlungsverbot** des § 24 VOB/A (vgl. o. § 24 VOB/A Rdn. 18 ff.). Verstößt der Auftraggeber gegen das Nachverhandlungsverbot und nimmt der Auftragnehmer die Erweiterungen, Einschränkungen oder Änderungen des Auftraggebers an, liegt trotz allem ein wirksamer Vertragsschluss vor.

Nach der **Rechtsprechung** liegt ein modifizierter Zuschlag mit der Rechtsfolge des § 28 Nr. 2 42
Abs. 2 VOB/A vor, wenn der Auftraggeber den Zuschlag mit einer Bitte um Skontogewährung erteilt.[59] Haben die Vergabeunterlagen keine Ausführungsfristen bestimmt, sieht der Auftraggeber solche Fristen aber bei Zuschlagserteilung vor, so handelt es sich um einen Zuschlag mit Erweiterungen und Änderungen nach § 28 Nr. 2 Abs. 2 VOB/A.[60] Es fehlt dagegen an einer Änderung der Vergabeunterlagen, wenn sich der Auftraggeber für einzelne, im Angebot zulässigerweise vorbehaltene Wahl- oder Bedarfspositionen entscheidet.[61]

IV. § 28 Nr. 2 Abs. 2 VOB/A: Verspätete Zuschlagserteilung

§ 28 Nr. 2 Abs. 2 VOB/A regelt die Rechtsfolgen einer **verspäteten Erteilung des Zuschlags.** 43
Wird der Zuschlag nach Ablauf der Zuschlagsfrist erteilt, ist der Bieter an sein Angebot nicht mehr gebunden (§ 19 Nr. 3 VOB/A). Sein Antrag auf Vertragsschluss ist damit nach § 146 BGB erloschen. Ein Vertragsschluss kann dann durch die Zuschlagserteilung nicht mehr zustande kommen. Die verspätete Annahme gilt vielmehr als neuer Antrag auf Abschluss eines Vertrages (§ 150 Abs. 1 BGB).[62]

Für die Rechtzeitigkeit der Zuschlagserteilung kommt es auf den **Zugang der Erklärung** 44
bei dem erfolgreichen Bieter an (siehe oben Rdn. 16). Ist die verspätet zugegangene Annahmeerklärung aber dergestalt **abgesendet** worden, dass sie bei regelmäßiger Beförderung dem Bieter rechtzeitig zugegangen sein würde und musste der Bieter dies erkennen, so hat der erfolgreiche Bieter die Verspätung der Vergabestelle unverzüglich nach dem Empfang der Erklärung anzuzeigen (§ 149 Satz 1 BGB). Verzögert der Bieter die Absendung der Anzeige, so gilt die Zuschlagserteilung als nicht verspätet (§ 149 Satz 2 BGB).[63]

Eine **verspätete Zuschlagserteilung** gilt nach § 150 Abs. 1 BGB als **neues Angebot** des 45
Auftraggebers. Dieses Angebot ist innerhalb der Frist des § 147 Abs. 2 BGB anzunehmen, also bis zu dem Zeitpunkt, in welchem der Auftraggeber den Eingang der Antwort unter regelmäßigen Umständen erwarten darf.[64] Zur Bedeutung eines Schweigens des Bieters und zur konkludenten Annahme vgl. Rdn. 40.

Die Regelung in § 28 Nr. 2 Abs. 2 VOB/A hat zur Folge, dass der Ablauf der Zuschlagsfrist 46
allein das Vergabeverfahren nicht beendet. Die Beendigung tritt erst dann ein, wenn feststeht,

---

[57] Beck'scher VOB-Kommentar/*Sterner* VOB/A § 28, Rdn. 30; *Ingenstau/Korbion/Portz* VOB/A § 28 Rdn. 20.
[58] *Heiermann/Riedl/Rusam* VOB/A § 28, Rdn. 14.
[59] OLG Hamm BauR 1992, 779.
[60] OLG München IBR 1995, 369.
[61] *Ingenstau/Korbion/Portz* VOB/A § 28, Rdn. 19.
[62] OLG Rostock BauR 1998, 336 (337); Beck'scher VOB-Kommentar/*Sterner* VOB/A § 28, Rdn. 13; *Ingenstau/Korbion/Portz* VOB/A § 28, Rdn. 16.
[63] Beck'scher VOB-Kommentar/*Sterner* VOB/A § 28, Rdn. 14; *Ingenstau/Korbion/Portz* VOB/A § 28, Rdn. 15.
[64] *Heiermann/Riedl/Rusam* VOB/A § 28, Rdn. 18.

dass mit keinem Bieter ein Vertrag zustande kommen wird.[65] Andererseits ist der Auftraggeber nach Ablauf der Zuschlagsfrist nicht verpflichtet, die Bieter zu fragen, ob sie an ihren Angeboten festhalten. Er kann stattdessen die Ausschreibung aufheben.[66]

D. Parallelvorschriften in der VOL/A und der VOF

47 § 28 Nr. 1 Abs. 1 Satz 1 VOL/A sieht – anders als § 28 VOB/A – grundsätzlich einen schriftlichen Zuschlag vor. Fehlt es an einer schriftlichen Zuschlagserteilung, ist der Zuschlag umgehend schriftlich zu bestätigen. § 28 Nr. 2 Abs. 2 VOL/A enthält darüber hinaus eine ausdrückliche Regelung, wie bei Verzögerungen der Zuschlagserteilung zu verfahren ist. Die Zuschlagsfrist kann danach nur im Einvernehmen mit den in Frage kommenden Bietern verlängert werden.

48 Die VOF regelt die Zuschlagserteilung in § 16 Abs. 4 VOF. Dabei ersetzt sie den Begriff des Zuschlags durch den des Auftrags.

§ 28 a Bekanntmachung der Auftragserteilung

1. (1) **In den Fällen, in denen eine Bekanntmachung nach § 17 a Nr. 2 veröffentlicht wurde, ist die Erteilung des Auftrags bekannt zu machen.**
   (2) **Die Bekanntmachung ist nach dem in Anhang III der Verordnung (EG) Nr. 1564/2005 enthaltenen Muster zu erstellen.**
   (3) **Angaben, deren Veröffentlichung**
   - **den Gesetzesvollzug behindern,**
   - **dem öffentlichen Interesse zuwiderlaufen,**
   - **die berechtigten geschäftlichen Interessen öffentlicher oder privater Unternehmer berühren oder**
   - **den fairen Wettbewerb zwischen Unternehmern beeinträchtigen würden,**

   sind nicht in die Bekanntmachung aufzunehmen.
2. **Die Bekanntmachung ist dem Amt für amtliche Veröffentlichungen der Europäischen Gemeinschaften in kürzester Frist – spätestens 48 Kalendertage nach Auftragserteilung – zu übermitteln.**

Übersicht

[65] BayObLG VergabeR 2002, 63 (66).
[66] OLG Frankfurt a.M. VergabeR 2003, 725 (729).

A. Allgemeines

I. Grundlagen/Änderungen

§ 28 a VOB/A beruht auf Art. 35 Abs. 4 VKR (RL 2004/18/EG) (ehemals Art. 11 Abs. 5 BKR – RL 93/37/EWG). Er stellt eine ergänzende Vorschrift über die Bestimmungen zum Zuschlag nach § 28 VOB/A dar und regelt die Bekanntmachung der Auftragserteilung. Diese Bekanntmachung soll die **wesentlichen Informationen** über die Bedingungen enthalten, zu denen der Auftrag vergeben wurde. 1

Der **Anwendungsbereich** des § 28 a VOB/A ist auf Vergaben oberhalb der Schwellenwerte beschränkt. 2

Die VOB/A 2006 hat § 28 a VOB/A **geändert.** Hinsichtlich der für die Bekanntmachung zu verwendenden Standardformulare wird nunmehr auf die VO (EG) Nr. 1564/2005 verwiesen. 3

II. Regelungszweck

§ 28 a VOB/A dient dem Ziel der Vergabekoordinierungsrichtlinie, Transparenz innerhalb des Vergabeverfahrens zu schaffen.[1] Die Verpflichtung zur Nachinformation über die Auftragserteilung gewährleistet eine ***ex-post*-Transparenz**. Die Bekanntmachung der Auftragserteilung soll gewährleisten, dass die interessierten Unternehmer sich über den Fortgang und Abschluss des Vergabeverfahrens informieren und überprüfen können, ob ihre Rechte hinreichend gewahrt wurden. Zugleich soll sich die Kommission ein Bild über Ablauf und Ergebnis der Vergabeverfahren verschaffen können.[2] Sofern bei der Veröffentlichung bestimmter Angaben auf die berechtigten geschäftlichen Interessen öffentlicher oder privater Unternehmer bzw. den freien Wettbewerb zwischen den Unternehmern Rücksicht zu nehmen ist, kommt dieser Bestimmung drittschützender Charakter im Sinne von § 97 Abs. 7 GWB zu.[3] Zu recht wird in Frage gestellt, ob eine ex-post-Veröffentlichung tatsächlich geeignet ist, die angestrebten Ziele zu verwirklichen oder im Hinblick auf die Vorabinformationspflicht des § 13 VgV nicht lediglich zu unnötiger Bürokratie führt.[4] 4

B. Bekanntmachung

I. Voraussetzungen (§ 28 a Nr. 1 Abs. 1 VOB/A)

Nach dem Wortlaut des § 28 a Nr. 1 Abs. 1 VOB/A setzt die Bekanntmachungspflicht eine vorangegangene **Bekanntmachung nach § 17 a Nr. 2 VOB/A** voraus. Eine Verpflichtung zur Nachinformation würde demnach nur bestehen, wenn ein Bauauftrag nach § 1 a VOB/A im Wege eines Offenen Verfahrens, eines Nichtoffenen Verfahrens, eines Wettbewerblichen Dialogs oder eines Verhandlungsverfahrens mit Vergabebekanntmachung vergeben wurde. Das **Verhandlungsverfahren ohne Vergabebekanntmachung** ist in § 17 a Nr. 2 VOB/A nicht erwähnt. Diese Einschränkung auf eine vorangegangene Bekanntmachung verstößt gegen Art. 35 Abs. 4 1.UA VKR (RL 2004/18/EG). Danach gilt die Bekanntmachungsverpflichtung für alle öffentlichen Aufträge im Sinne des Art. 1 Abs. 2 lit. a) VKR. Hierzu zählt auch das Verhandlungsverfahren ohne Vergabebekanntmachung. Auch die Erteilung eines Auftrags in diesem Verfahren unterliegt bei richtlinienkonformer Auslegung daher der Bekanntmachungspflicht des § 28 a Nr. 1 Abs. 1 VOB/A.[5] 5

---

[1] Beck'scher VOB-Kommentar/*Sterner* VOB/A § 28 a, Rdn. 1.

[2] Beck'scher VOB-Kommentar/*Sterner* VOB/A § 28 a, Rdn. 2.

[3] Beck'scher VOB-Kommentar/*Sterner* VOB/A § 28 a, Rdn. 2.

[4] *Ingenstau/Korbion/Portz* VOB/A § 28 a, Rdn. 2.

[5] **Anderer Ansicht:** Beck'scher VOB-Kommentar/*Sterner* VOB/A § 28 a, Rdn. 3; *Heiermann/Riedl/Rusam* VOB/A § 28 a, Rdn. 1; *Ingenstau/Korbion/Portz* VOB/A § 28 a, Rdn. 3.

6 Das Vergabeverfahren muss zur Erteilung des Auftrags geführt haben. Im Falle der **Aufhebung** existiert keine Bekanntmachungsverpflichtung. Die bisher in § 26a Nr. 3 VOB/A vorgesehene Mitteilungspflicht wurde durch die VOB/A 2006 aufgehoben.

II. Inhaltliche Anforderungen an die Bekanntmachung (§ 28a Nr. 1 Abs. 2 VOB/A)

1. Bezugnahme auf Anhang III VO (EG) Nr. 1564/2005

7 Hinsichtlich der Form der Bekanntmachung verweist § 28a Nr. 1 Abs. 2 VOB/A seit Inkrafttreten der VOB/A 2006 auf Anhang III VO (EG) Nr. 1564/2005.[6] Nach Art. 2 VO (EG) Nr. 1564/2005 waren die ihr beigefügten Standardformulare spätestens seit dem 1.2.2006 anzuwenden. Da diese Regelung in einer Verordnung enthalten ist, gilt sie unmittelbar (Art. 249 UA.2 EGV). Anhang III VO (EG) Nr. 1564/2005 war somit bereits vor Inkrafttreten der VOB/A 2006 seit dem 1.2.2006 anzuwenden. Die in dem Standardformular genannten Angaben sind „zwingend und unbedingt".[7]

2. Inhaltliche Vorgaben des Anhangs

8 Dem genannten Anhang sind die vom Auftraggeber zu beachtenden Vorgaben zu entnehmen.[8]

Besondere Bedeutung kommt in diesem Zusammenhang der Angabe der Anzahl der abgegebenen Angebote sowie der Angabe des gezahlten Preises oder der Preisspanne zu.[9]

III. Bekanntmachungsfrist (§ 28a Nr. 2 VOB/A)

9 § 28a Nr. 2 VOB/A sieht vor, dass die Bekanntmachung der Vergabe dem Amt für amtliche Veröffentlichungen der Europäischen Gemeinschaften in kürzester Frist – spätestens 48 Kalendertage nach Auftragserteilung – zu übermitteln ist. Für die rechtzeitige Übermittlung reicht es aus, dass der Auftraggeber die Bekanntmachung an das Amt für amtliche Veröffentlichungen abgesendet hat („Versendefrist").[10] Dies ergibt sich aus 35 Abs. 4 1. UA VKR (RL 2004/18/EG). Für die **Berechnung der Frist** gilt VO (EWG, EURATOM) Nr. 1182/71 des Rates vom 3.6.1971,[11] was aus dem 50. Erwägungsgrund zur VKR (RL 2004/18/EG) folgt. Die Darlegungs- und Beweislast für die rechtzeitige Übermittlung trägt der Auftraggeber.[12]

C. Veröffentlichung

I. Veröffentlichungspflicht

10 Die Bekanntmachung wird gemäß Art. 36 Abs. 2 UA.2 und Anhang VIII Nr. 1 lit. b) VKR (RL 2004/18/EG) von dem Amt für amtliche Veröffentlichungen der Europäischen Gemeinschaften **veröffentlicht**. Die Veröffentlichung erfolgt im Supplement des Amtsblatts. Die **Kosten**

---

[6] ABl. L 257 vom 1.10.2005, S. 1.

[7] EuGH Urteil vom 24.1.1995, Rs. C-359/93, Slg. 1995 I–157, Tz. 20; Beck'scher VOB-Kommentar/*Sterner* VOB/A § 28a, Rdn. 5; *Ingenstau/Korbion/Portz* VOB/A § 28a, Rdn. 5.

[8] Zu dem Inhalt des Anhangs: *Lindenthal* VergabeR 2006, 1.

[9] *Ingenstau/Korbion/Portz* VOB/A § 28a, Rdn. 6.

[10] *Ingenstau/Korbion/Portz* VOB/A § 28a, Rdn. 11.

[11] ABl. L 124 vom 8.6.1971, S. 1.

[12] Beck'scher VOB-Kommentar/*Sterner* VOB/A § 28a, Rdn. 27; *Ingenstau/Korbion/Portz* VOB/A § 28a, Rdn. 14.

der Veröffentlichung trägt die Europäische Gemeinschaft (Art. 36 Abs. 4 UA.2 VKR – RL 2004/18/EG).

II. Ausnahmen von der Veröffentlichungspflicht (§ 28 a Nr. 1 Abs. 3 VOB/A)

1. Regelungszweck

11 § 28 a Nr. 1 Abs. 3 VOB/A enthält vier abschließend aufgezählte Ausnahmeregelungen von der grundsätzlich bestehenden Bekanntgabepflicht im Sinne des § 28 a Nr. 1 Abs. 1 VOB/A. Sinn und Zweck dieser Ausnahmetatbestände ist es, im Einzelfall einen sinnvollen Ausgleich zwischen dem Informationsinteresse der Beteiligten (Publizitätsinteresse) auf der einen und dem **Schutz berechtigter Geheimhaltungsinteressen** auf der anderen Seite zu erreichen.[13] Nach dem Wortlaut des § 28 a Nr. 1 Abs. 3 VOB/A entfällt bei Eingreifen eines der Ausnahmetatbestände die **Bekanntmachungspflicht** des Auftraggebers. Ein Vergleich mit dem Wortlaut des Art. 35 Abs. 4 UA.5 VKR (RL 2004/18/EG) zeigt allerdings, dass die Verpflichtung zur Bekanntgabe aller Angaben gegenüber der Kommission unberührt bleibt. Lediglich von der **Veröffentlichung** bestimmter Angaben im Amtsblatt ist abzusehen. Der Auftraggeber muss der Kommission mitteilen, welche Angaben nicht zur Veröffentlichung bestimmt sind. Dabei obliegt die Entscheidung, ob ein entsprechender Ausnahmetatbestand eingreift und welche Angaben den übrigen Bietern vorenthalten werden sollen, allein dem Auftraggeber.[14] Sofern tatsächlich einer der in § 28 a Nr. 1 Abs. 3 VOB/A normierten Ausnahmen vorliegt, trifft den Auftraggeber die Verpflichtung, für ein Unterbleiben der Veröffentlichung Sorge zu tragen. Die Gründe für die Nichtveröffentlichung sind im Vergabevermerk anzugeben, um die Entscheidungen nachvollziehbar zu dokumentieren. Auch wenn der Wortlaut des § 28 a Nr. 1 Abs. 3 VOB/A selbst keine Begründungspflicht für das Nichtveröffentlichen bestimmter Angaben regelt, so empfiehlt sich dennoch ein kurzer Hinweis darauf, dass aus einem der in den Ausnahmetatbeständen genannten Gründe von der Veröffentlichung abgesehen wurde.[15]

12 Im Nachprüfungsverfahren können die Beteiligten die Akten bei der Vergabekammer nach § 111 Abs. 1 GWB einsehen. Bei diesem **Akteneinsichtsrecht** droht in weit größerem Maße als bei der Veröffentlichung nach § 28 a Nr. 1 VOB/A die Verletzung von Geschäfts- und Betriebsgeheimnissen. Die Auseinandersetzungen um den Ausgleich zwischen transparentem Vergabeverfahren und berechtigten Geheimhaltungsinteressen finden daher vorrangig in Zusammenhang mit § 111 GWB statt.

2. Einzelne Ausnahmen

13 Im Einzelnen sieht § 28 a Nr. 1 Abs. 3 VOB/A folgende Gründe, die eine Nichtveröffentlichung von Informationen rechtfertigen, vor:

14 **a) § 28 a Nr. 1 Abs. 3 1. und 2. Spiegelstrich.** Nach § 28 a Nr. 1 Abs. 3 1. bzw. 2. Spiegelstrich VOB/A sind Angaben, deren Veröffentlichung den **Gesetzesvollzug behindern oder dem öffentlichen Interesse zuwiderlaufen**, nicht zu veröffentlichen. Bei den Angaben, die den Gesetzesvollzug behindern, handelt es sich um solche, deren Weitergabe ein Gesetz verbietet (so z.B. § 17 UWG).[16] Der Begriff der öffentlichen Interessen ist demgegenüber weiter und umfasst nicht nur solche Informationen, die ausdrücklich aufgrund eines Gesetzes geheim zu halten sind. Das Eingreifen jener Ausnahmeregelung ist etwa bei militärischen oder sonstigen der allgemeinen Geheimhaltung unterliegenden Bauten, beispielsweise solcher der Bundes- oder Landespolizei, denkbar.

---

[13] *Franke/Kemper/Zanner/Grünhagen* VOB/A § 28 a, Rdn. 3.

[14] Beck'scher VOB-Kommentar/*Sterner* VOB/A § 28 a, Rdn. 21.

[15] Beck'scher VOB-Kommentar/*Sterner* VOB/A § 28 a, Rdn. 22; *Heiermann/Riedl/Rusam* VOB/A § 28 a, Rdn. 2; *Ingenstau/Korbion/Portz* VOB/A § 28 a, Rdn. 8.

[16] *Franke/Kemper/Zanner/Grünhagen* VOB/A § 28 a, Rdn. 4; *Ingenstau/Korbion/Portz* VOB/A § 28 a, Rdn. 9.

15 **b) § 28 a Nr. 1 Abs. 3 3. Spiegelstrich.** Sofern die Angaben **die berechtigten oder geschäftlichen Interessen öffentlicher privater Unternehmer** berühren, ist nach § 28 a Nr. 1 Abs. 3 3. Spiegelstrich VOB/A ebenfalls von ihrer Veröffentlichung abzusehen. Dabei handelt es sich regelmäßig um Betriebs- oder Geschäftsgeheimnisse.[17] Dieser Ausnahmetatbestand greift etwa dann ein, wenn die Nennung des Auftragnehmers in Verbindung mit der Beschreibung der Leistung und dem Preis Folgerungen auf die Kalkulation, Bezugsquellen oder Marktstrategien des Auftragnehmers zulassen, die diesem bei späteren Vergaben möglicherweise Wettbewerbsnachteile einbringen.[18]

16 **c) § 28 a Nr. 1 Abs. 3 4. Spiegelstrich.** Nach § 28 a Nr. 1 Abs. 3 4. Spiegelstrich VOB/A darf die Veröffentlichung keine Angaben, die den **fairen Wettbewerb zwischen Unternehmern beeinträchtigen** würden, enthalten. Angaben, die geeignet sind, die Wettbewerbssituation auf dem relevanten Baumarkt zu beeinflussen, müssen unterbleiben, da die mit der Veröffentlichung bezweckte Markttransparenz keinesfalls einzelnen Unternehmen Wettbewerbsvorteile bei künftigen Vergaben verschaffen soll.[19] Nach dem Wortlaut dieser Vorschrift genügt bereits eine Beeinträchtigung des fairen Wettbewerbs. Daher greift die Ausnahmeregelung des § 28 a Nr. 1 Abs. 3 4. Spiegelstrich VOB/A nicht erst dann ein, wenn konkrete Gesetzesverstöße, wie etwa gegen das GWB oder UWG, vorliegen.[20] Vielmehr kann bereits bei Beeinträchtigungen unterhalb der Schwelle von Gesetzesverletzungen eine Ausnahme von der Veröffentlichungspflicht aus Gründen der Sicherung eines fairen Wettbewerbs geboten sein.

D. Rechtsfolgen bei Verstößen gegen die Veröffentlichungspflicht

17 Nach § 28 a Nr. 1 Abs. 3 VOB/A sind bei der Veröffentlichung die berechtigten geschäftlichen Interessen öffentlicher oder privater Unternehmer bzw. der faire Wettbewerb zwischen den Unternehmern zu berücksichtigen. Jedenfalls in diesen Fällen dient § 28 a Nr. 1 VOB/A auch den schutzwürdigen Belangen der Bieter. Bieter können die Beachtung ihrer Interessen deshalb gegebenenfalls **in einem Nachprüfungsverfahren** erzwingen, soweit sie das Unterlassen der Veröffentlichung fordern (§ 104 Abs. 2 Satz 1 GWB).[21] Ein derartiger Antrag dürfte entgegen den allgemeinen Verfahrensgrundsätzen[22] auch dann noch zulässig sein, wenn das Vergabeverfahren bereits durch Zuschlagserteilung beendet wurde, da nicht die Fortsetzung des Vergabeverfahrens, sondern allein die Unterlassung der auf den Zuschlag folgenden Veröffentlichung begehrt wird.[23] Antragsteller wird regelmäßig der erfolgreiche Bieter sein.

18 Bei einem Verstoß gegen die Pflicht zur Rücksichtnahme auf die berechtigten geschäftlichen Interessen der Unternehmer bzw. den freien Wettbewerb kann der Auftraggeber gegebenenfalls aus einem vorvertraglichen Schuldverhältnis im Sinne des § 311 Abs. 2 BGB zum Schadensersatz verpflichtet sein.[24]

E. Parallelvorschriften in der VOL/A und VOF

19 **§ 28 a VOL/A** entspricht in weiten Teilen § 28 a VOB/A. Wurden Dienstleistungen nach Anhang I B zum 2.Abschnitt der VOL/A vergeben, gibt der Auftraggeber in seiner Mitteilung an das Amt für amtliche Veröffentlichungen an, ob er mit der Veröffentlichung der Bekannt-

[17] *Franke/Kemper/Zanner/Grünhagen* VOB/A § 28 a, Rdn. 5.
[18] Beck'scher VOB-Kommentar/*Sterner* VOB/A § 28 a, Rdn. 25.
[19] Beck'scher VOB-Kommentar/*Sterner* VOB/A § 28 a, Rdn. 26.
[20] Beck'scher VOB-Kommentar/*Sterner* VOB/A § 28 a, Rdn. 26; *Ingenstau/Korbion/Portz* VOB/A § 28 a, Rdn. 12.
[21] So auch Beck'scher VOB-Kommentar/*Sterner* VOB/A § 28 a, Rdn. 30.
[22] Hierzu BGHZ 146, 202 = BGH VergabeR 2001, 71 (72).
[23] **Anderer Ansicht:** *Ingenstau/Korbion/Portz* VOB/A § 28 a, Rdn. 15.
[24] Beck'scher VOB-Kommentar/*Sterner* VOB/A § 28 a, Rdn. 30.

machung einverstanden ist (§ 28 a Nr. 1 Abs. 2 VOL/A). Im Unterschied zu § 28 a Nr. 1 Abs. 3 VOB/A enthält § 28 a Nr. 2 VOL/A keine Ausnahme von der Bekanntmachungspflicht für den Fall, dass die Veröffentlichung von Angaben den Gesetzesvollzug behindert.

§ 17 Abs. 1 bis Abs. 3 VOF entspricht weitest gehend der Regelung des § 28 a VOL/A. 20

§ 28 b Bekanntmachung der Auftragserteilung

1. Der Kommission der Europäischen Gemeinschaften sind für jeden vergebenen Auftrag binnen zwei Monaten nach der Vergabe dieses Auftrags die Ergebnisse des Vergabeverfahrens durch eine nach Anhang VI der Verordnung (EG) Nr. 1564/2005 abgefasste Bekanntmachung mitzuteilen. Dies gilt nicht für jeden Einzelauftrag innerhalb einer Rahmenvereinbarung.

2. Die Angaben in Anhang VI der Verordnung (EG) Nr. 1564/2005 werden im Amtsblatt der Europäischen Gemeinschaften veröffentlicht. Dabei trägt die Kommission der Europäischen Gemeinschaften der Tatsache Rechnung, dass es sich bei den Angaben im Falle von Anhang VI der Verordnung (EG) Nr. 1564/2005 Nr. V.1.3, V.1.5, V.2.1, V.2.4, V.2.6, um in geschäftlicher Hinsicht empfindliche Angaben handelt, wenn der Auftraggeber dies bei der Übermittlung der Angaben über die Anzahl der eingegangenen Angebote, die Identität der Unternehmen und die Preise geltend macht.

3. Die Angaben in Anhang VI der Verordnung (EG) Nr. 1564/2005 Nr. V.2, die als nicht für die Veröffentlichung bestimmt gekennzeichnet sind, werden nicht oder nur in vereinfachter Form zu statistischen Zwecken veröffentlicht.

Übersicht

A. Allgemeines

I. Grundlagen/Änderungen

§ 28 b VOB/A beruht auf Art. 43 Abs. 1 SKR (RL 2004/17/EG) (ehemals Art. 24 RL 93/38/EWG). Er ergänzt die Bestimmungen über den Zuschlag nach § 28 VOB/A. Die Vorschrift normiert zusätzliche Anforderungen, welche bei der Vergabe von Aufträgen nach der EG-Sektorenrichtlinie zu beachten sind. Nach § 28 b VOB/A ist der Auftraggeber zur **Mitteilung der erfolgten Auftragsvergabe** an die EG-Kommission verpflichtet. 1

Die VOB/A 2006 hat § 28 b VOB/A **geändert.** Hinsichtlich der für die Bekanntmachung zu verwendenden Standardformulare wird nunmehr auf die VO (EG) Nr. 1564/2005 verwiesen. Daneben wurde § 28 b Nr. 1 Satz 2 VOB/A neu eingefügt. 2

II. Regelungszweck

3 § 28 b VOB/A dient wie § 28 a VOB/A dem Ziel der EG-Vergaberichtlinien, Transparenz innerhalb des Vergabeverfahrens zu gewährleisten (vgl. § 28 a VOB/A Rdn. 4). § 28 b VOB/A schafft ebenfalls ***ex-post*-Transparenz.**[1] Die Vorschrift ermöglicht es interessierten Unternehmen ebenso wie der EG-Kommission, sich ein Bild über den Ablauf und das Ergebnis eines Vergabeverfahrens zu verschaffen. Sofern bei der Veröffentlichung bestimmter Angaben auf die berechtigten geschäftlichen Interessen des Auftragnehmers Rücksicht zu nehmen ist, kommt § 28 b VOB/A darüber hinaus drittschützender Charakter zu.[2] Ob die Regelung in Hinblick auf § 13 VgV erforderlich ist, erscheint zweifelhaft (vgl. § 28 a VOB/A Rdn. 4).

B. Mitteilungspflicht an die Kommission (§ 28 b Nr. 1 VOB/A)

I. Voraussetzungen

4 Nach § 28 b Nr. 1 Satz 1 VOB/A trifft den Sektorenauftraggeber die Pflicht, der EG-Kommission die Ergebnisse des Vergabeverfahrens für jeden vergebenen Auftrag **binnen zwei Monaten nach der Vergabe** des Auftrags mitzuteilen. Voraussetzung für die Mitteilungspflicht ist, dass ein Bauauftrag im Sinne des § 1 b VOB/A vergeben worden ist. Die Pflicht zur Mitteilung gilt sowohl für Vergaben im Offenen, Nichtoffenen oder Verhandlungsverfahren nach Aufruf zum Wettbewerb als auch bei einem Vergabeverfahren, welches ohne vorherigen Aufruf zum Wettbewerb durchgeführt wurde (vgl. § 3 b Nr. 2 VOB/A). Unter einem „Auftrag" im Sinne des § 28 b Nr. 1 Satz 1 VOB/A ist nicht nur der Bauvertrag, sondern auch der Abschluss einer **Rahmenvereinbarung** gemäß § 5 b VOB/A zu verstehen.[3] Werden Aufträge innerhalb einer Rahmenvereinbarung vergeben, muss nicht für jeden Einzelauftrag eine Bekanntmachung abgesandt werden. Dies regelt der durch die VOB/A 2006 neu in die Vorschrift eingefügte **§ 28 b Nr. 1 Satz 2 VOB/A.** In Übereinstimmung mit Art. 43 Abs. 1 2.UA SKR – (RL 2004/17/EG) gilt diese Ausnahme nur dann, wenn die Rahmenvereinbarung nach § 5 b Nr. 2 Abs. 2 VOB/A in einem Verfahren nach § 3 b Nr. 1 VOB/A abgeschlossen wurde. Im Falle der **Aufhebung** der Ausschreibung bedarf es keiner Mitteilung an die Kommission.[4]

II. Inhaltliche Anforderungen an die Mitteilungspflicht

5 Hinsichtlich der Form der Bekanntmachung verweist § 28 b Nr. 1 Satz 1 VOB/A seit seiner Fassung in Form der VOB/A 2006 auf Anhang VI VO (EG) Nr. 1564/2005.[5] Nach Art. 1 VO (EG) Nr. 1564/2005 waren die ihr beigefügten Standardformulare spätestens seit dem 1.2.2006 anzuwenden. Da diese Regelung in einer Verordnung enthalten ist, gilt sie unmittelbar (Art. 249 UA.2 EGV). Anhang VI VO (EG) Nr. 1564/2005 war somit bereits vor Inkrafttreten der VOB/A 2006 seit dem 1.2.2006 anzuwenden.

6 Die Bekanntmachung über vergebene Aufträge richtet sich seit dem 1.2.2006 nach **Anhang VI VO (EG) Nr. 1564/2005.**[6] Darin sind abschließend die im Einzelnen zu machenden Angaben[7]

[1] Beck'scher VOB-Kommentar/*Sterner* VOB/A § 28 b, Rdn. 1.
[2] Beck'scher VOB-Kommentar/*Sterner* VOB/A § 28 b, Rdn. 2.
[3] Beck'scher VOB-Kommentar/*Sterner* VOB/A § 28 b, Rdn. 3; *Franke/Kemper/Zanner/Grünhagen* VOB/A § 28 b, Rdn. 2; *Ingenstau/Korbion/Portz* VOB/A § 28 b, Rdn. 3.
[4] *Ingenstau/Korbion/Portz* VOB/A § 28 b, Rdn. 3.
[5] ABl. L 257 vom 1.10.2005, S. 1.
[6] Die deutsche Fassung der VO (EG) Nr. 1564/2005 erklärt in Art. 1 für Sektorenauftraggeber die Anhänge I, II, III und VIII bis XIII für anwendbar. Anhang VI wird nicht erwähnt. Es handelt sich um einen Übersetzungsfehler. Die englische, französische und italienische Fassung der VO stellen in Art. 1 zutreffend auf Anhänge IV bis IX, XII und XIII ab.
[7] Zu dem Inhalt des Anhangs: *Lindenthal* VergabeR 2006, 1.

aufgezählt, anhand derer die Bekanntmachung vom Auftraggeber zu erstellen ist.[8] Nach der Rechtsprechung des EuGH handelt es sich bei den im Standardformular genannten Daten um **„zwingende und unbedingte" Angaben**.[9]

III. Mitteilungsfrist

Nach § 28 b Nr. 1 Satz 1 VOB/A muss die Mitteilung an die Kommission **binnen zwei Monaten nach der Vergabe** des Auftrags erfolgen. Für die **Berechnung der Frist** gilt VO (EWG, EURATOM) Nr. 1182/71 des Rates vom 3.6.1971,[10] was aus dem 57. Erwägungsgrund zur SKR (RL 2004/17/EG) folgt. Da es sich in Übereinstimmung mit Art. 43 Abs. 1 SKR (RL 2004/17/EG) um eine **Versendefrist** handelt, ist die Mitteilung fristgemäß, wenn der Auftraggeber die Versendung innerhalb der Frist vornimmt.[11] 7

C. Veröffentlichung (§ 28 b Nr. 2 und 3 VOB/A)

Die der EG-Kommission mitgeteilten Angaben werden grundsätzlich im Amtsblatt der Europäischen Gemeinschaften **veröffentlicht** (§ 28 b Nr. 2 Satz 1 VOB/A). Die Kosten der Veröffentlichung trägt die Europäische Gemeinschaft (Art. 44 Abs. 4 UA.2 SKR – RL 2004/17/EG). Anhang VI **unterscheidet** zwischen zur Veröffentlichung bestimmten und nicht zur Veröffentlichung bestimmten Angaben. 8

I. Nicht zu veröffentlichende Angaben (§ 28 b Nr. 2 VOB/A)

§ 28 b Nr. 2 Satz 2 VOB/A normiert eine **Ausnahme von der Pflicht zur Veröffentlichung** von Angaben. Bei den Angaben nach Nr. V.1.3 (Name und Anschrift des Auftragnehmers), Nr. V.1.5 (Vergabe von Unteraufträgen), Nr. V.2.1 (Zahl der eingegangenen Angebote), Nr. V.2.4 (Auftragswert) und Nr. V.2.6 (Zuschlagskriterien) des Anhangs VI der VO (EG) Nr. 1564/2005 handelt es sich um **„in geschäftlicher Hinsicht empfindliche Angaben"**. Dies sind insbesondere solche Angaben, die Aufschluss über die Kalkulation des Auftragnehmers geben, Verfahrensabläufe offenbaren oder in sonstiger Hinsicht berechtigte Interessen des Auftragnehmers betreffen.[12] Da die Veröffentlichung jener Angaben dem Auftragnehmer in einem späteren Vergabeverfahren Nachteile einbringen kann, hat der Auftraggeber bei der Übermittlung der Bekanntmachung an die Kommission auf etwaige Bedenken hinsichtlich der Veröffentlichung der Angaben über die Anzahl der eingegangenen Angebote, die Identität der Unternehmer und die Preise hinzuweisen.[13] Die Kommission hat diesen Bedenken Rechnung zu tragen und, wenn die Bedenken durchgreifen, von einer Veröffentlichung der entsprechenden Angaben abzusehen. Nach dem Wortlaut der Vorschrift müssen Bedenken hinsichtlich der Angaben in Nr. V.1.5 (Vergabe von Unteraufträgen) und Nr. V.2.6 (Zuschlagskriterien) von dem Auftraggeber nicht bei der Übermittlung an die Kommission geltend gemacht werden. Auch die Veröffentlichung dieser Angaben hat jedoch zu unterbleiben, wenn anderenfalls Nachteile für Bieter zu befürchten sind. 9

---

[8] Beck'scher VOB-Kommentar/*Sterner* VOB/A § 28 b, Rdn. 4.

[9] EuGH Urteil vom 24.1.1995, Rs. C-359/93, Slg. 1995, I–157, Tz. 20; vgl. auch Beck'scher VOB-Kommentar/*Sterner* VOB/A § 28 b, Rdn. 4.

[10] ABl. L 124 vom 8.6.1971, S. 1.

[11] Beck'scher VOB-Kommentar/*Sterner* VOB/A § 28 b, Rdn. 10; *Ingenstau/Korbion/Portz* VOB/A § 28 b, Rdn. 4.

[12] Beck'scher VOB-Kommentar/*Sterner* VOB/A § 28 b, Rdn. 8; *Franke/Kemper/Zanner/Grünhagen* VOB/A § 28 b, Rdn. 3.

[13] Beck'scher VOB-Kommentar/*Sterner* VOB/A § 28 b, Rdn. 8.

II. Mitteilungspflicht von nicht zu veröffentlichenden Angaben (§28b Nr. 3 VOB/A)

10 Die in Nr.V.2 des Anhangs VI der VO (EG) Nr. 1564/2005 enthaltenen Daten sind **nicht zur detaillierten Veröffentlichung bestimmt,** wenn der Auftraggeber sie als solche kennzeichnet. Dennoch ist der Auftraggeber zur Mitteilung dieser Daten an die Kommission verpflichtet. Damit erlangt die Kommission zwar Kenntnis von den relevanten Angaben, die aber – wenn überhaupt – nur eingeschränkt veröffentlicht werden können. Die in Nr. V.2 des Anhangs VI genannten Angaben werden gemäß § 28 b Nr. 3 VOB/A entweder gar nicht oder allenfalls in vereinfachter Form zu statistischen Zwecken veröffentlicht.

D. Rechtsfolgen bei einem Verstoß gegen die Bekanntmachungspflicht

11 Aus § 28 b Nr. 2 Satz 2 2. Halbsatz VOB/A folgt, dass der Auftraggeber bei der Übermittlung der Bekanntmachung an die EG-Kommission auf die berechtigten geschäftlichen Interessen des Auftragnehmers Rücksicht zu nehmen hat. Diese Vorschrift dient auch schutzwürdigen Belangen der Bieter. Bieter können die Beachtung ihrer Interessen deshalb gegebenenfalls in einem Nachprüfungsverfahren erzwingen (vgl. § 28 a VOB/A Rdn. 17).[14]

12 Bei einem Verstoß gegen § 28 b Nr. 2 Satz 2 2. Halbsatz VOB/A kann der Auftraggeber gegebenenfalls aufgrund einer Pflichtverletzung aus einem **vorvertraglichen Schuldverhältnis** im Sinne des § 311 Abs. 2 BGB zum Schadensersatz verpflichtet sein.[15]

E. Parallelvorschriften in der VOL/A und VOF

13 Mit **§28b VOL/A** wurde eine § 28 b VOB/A inhaltlich weitest gehend entsprechende Regelung geschaffen.

14 Die **VOF** findet im Sektorenbereich keine Anwendung (§ 5 Satz 3 VgV).

§29 Vertragsurkunde

1. Eine besondere Urkunde braucht über den Vertrag nur dann gefertigt zu werden, wenn der Vertragsinhalt nicht schon durch das Angebot mit den zugehörigen Unterlagen, das Zuschlagsschreiben und andere Schriftstücke eindeutig und erschöpfend festgelegt ist.

2. Die Urkunde ist doppelt auszufertigen und von beiden Vertragsparteien zu unterzeichnen. Die Beglaubigung einer Unterschrift kann in besonderen Fällen verlangt werden.

Übersicht

[14] Beck'scher VOB-Kommentar/*Sterner* VOB/A § 28 b, Rdn. 16.
[15] Beck'scher VOB-Kommentar/*Sterner* VOB/A § 28 a, Rdn. 17.

A. Allgemeines

Nach § 29 Nr. 1 VOB/A braucht über den Bauvertrag eine **besondere Vertragsurkunde** nur dann gefertigt zu werden, wenn der Vertragsinhalt nicht schon durch das Angebot mit den zugehörigen Unterlagen, das Zuschlagsschreiben und andere Schriftstücke eindeutig und erschöpfend festgelegt ist. Den Parteien steht es grundsätzlich frei, ob sie eine Urkunde über den Inhalt des Bauvertrages anfertigen wollen.[1] **„Urkunde“** ist die von beiden Parteien unterschriebene (§ 29 Nr. 2 Satz 1 VOB/A, § 126 Abs. 2 Satz 1 BGB) schriftliche Fassung des Vertragsinhalts. 1

§ 28 Nr. 2 Abs. 1 VOB/A normiert die Wirksamkeitsvoraussetzungen eines Bauvertrages. Danach kommt der Bauvertrag durch rechtzeitige Erteilung des Zuschlags ohne Abänderungen auf ein entsprechendes Angebot zustande. Der Bauvertrag besteht regelmäßig aus zumindest zwei separaten Schriftstücken: Dem schriftlichen Angebot und dem Zuschlagsschreiben. Einer späteren Zusammenführung dieser separaten Erklärungen der Parteien in einer Urkunde bedarf es für die Rechtswirksamkeit des Vertrages regelmäßig nicht.[2] Folglich hat § 29 VOB/A **keinen Einfluss auf die Wirksamkeit des Vertragsschlusses.**[3] § 29 VOB/A zielt nur auf die nachträgliche Beurkundung eines bereits abgeschlossenen Vertrages im Sinne einer inhaltlichen Zusammenfassung. Eine Beurkundung nach § 29 VOB/A dient lediglich der **Beweissicherung.**[4] Der Vertragsinhalt wird durch die Vertragsurkunde nicht mehr modifiziert.[5] 2

§ 29 VOB/A hat durch die **VOB/A 2006 keine Änderungen** erfahren. 3

B. Bedürfnis für eine nachträgliche Beurkundung

I. Grundsatz der Beurkundungsfreiheit

§ 29 Nr. 1 VOB/A enthält keine Beurkundungspflicht für Bauverträge. Aus § 29 Nr. 1 VOB/A *e contrario* folgt vielmehr, dass über Bauverträge **im Regelfall keine Urkunde** gefertigt werden muss. Nach § 29 Nr. 1 VOB/A ist es den Beteiligten selbst überlassen, ob sie eine Vertragsurkunde über den bereits abgeschlossenen Bauvertrag abfassen möchten.[6] 4

§ 29 Nr. 1 VOB/A entspricht den allgemeinen Regelungen des Bürgerlichen Rechts. Eine Urkunde ist nach § 126 Abs. 1 BGB nur erforderlich, wenn für den Vertragsabschluss durch Gesetz schriftliche Form vorgeschrieben ist. Dies ist für den Bauvertrag grundsätzlich nicht der Fall (§ 28 VOB/A Rdn. 22 ff.). Sehen die Verdingungsunterlagen vor, dass der Vertrag der Schriftform bedarf, findet § 127 Abs. 2 Satz 1 BGB Anwendung. Demnach genügt bei der rechtsgeschäftlich vereinbarten Schriftform der schriftliche Austausch von Angebot und Annahme; einer Urkunde bedarf es nicht. Eine **Beurkundungspflicht** besteht in Abweichung von § 29 Nr. 1 VOB/A nur, wenn der Bauvertrag aufgrund seines Inhalts ausnahmsweise nach Gesetz schriftlicher Form (§ 126 Abs. 1 BGB) oder der notariellen Beurkundung (§ 128 BGB) bedarf (vgl. § 28 VOB/A Rdn. 22 ff.). 5

II. Zweckmäßigkeit einer Beurkundung (§ 29 Nr. 1 VOB/A)

Die Fertigung einer Vertragsurkunde über einen geschlossen Bauvertrag kann jedoch in bestimmten Fällen aus Gründen der Zweckmäßigkeit geboten sein. So braucht nach § 29 Nr. 1 VOB/A eine Vertragsurkunde nur dann angefertigt zu werden, wenn der Vertragsinhalt nicht 6

[1] *Franke/Kemper/Zanner/Grünhagen* VOB/A § 29, Rdn. 1.
[2] Beck'scher VOB-Kommentar/*Sterner* VOB/A § 29, Rdn. 1.
[3] BGH BauR 1975, 274 (275).
[4] Beck'scher VOB-Kommentar/*Sterner* VOB/A § 29, Rdn. 1.
[5] *Franke/Kempe/Zanner/Grünhagen* VOB/A § 29, Rdn. 2.
[6] *Ingenstau/Korbion/Portz* VOB/A § 29, Rdn. 2; Beck'scher VOB-Kommentar/*Sterner* VOB/A § 29, Rdn. 2.

schon durch das Angebot mit den zugehörigen Unterlagen, das Zuschlagsschreiben und andere Schriftstücke eindeutig und erschöpfend festgelegt ist. Dies ist beispielsweise bei Freihändiger Vergabe oder einem Verhandlungsverfahren denkbar, wenn umfangreiche Verhandlungen stattgefunden haben. Zum anderen kann die Fertigung einer Urkunde anzuraten sein, wenn nach Vertragsschluss zusätzliche Vereinbarungen getroffen worden sind, die Zweifel am endgültigen Vertragsinhalt aufkommen lassen.[7] Wurde eine Urkunde gefertigt, so besteht zwischen den Vertragsparteien eine tatsächliche **Vermutung für deren Richtigkeit und Vollständigkeit.**[8]

7 Auch wenn die in § 29 Nr. 1 VOB/A **genannten Voraussetzungen**, unter denen eine Beurkundung zweckmäßig ist, **vorliegen, besteht keine Beurkundungspflicht.**[9] Sollten das Angebot und die weiteren Vertragsunterlagen so unvollständig oder widersprüchlich sein, dass sich der Vertragsinhalt nicht ermitteln lässt, liegt kein zuschlagsfähiges Angebot vor. Soweit das Angebot nicht aus formalen Gründen ausgeschlossen werden muss (vgl. insbesondere § 25 Nr. 1 Abs. 1 lit. b) VOB/A), ist der Angebotsinhalt vor Zuschlagserteilung durch Aufklärung (§ 24 VOB/A) bzw. bei der Freihändigen Vergabe oder im Verhandlungsverfahren durch Verhandlungen vollständig und widerspruchsfrei zu ermitteln bzw. festzulegen. Wird der Zuschlag auf ein nicht zuschlagsfähiges Angebot erteilt, kann der Vertrag wegen Dissenses (§§ 154, 155 BGB) nichtig sein. Liegt ein wirksamer Vertrag vor, ist sein Inhalt durch Auslegung zu ermitteln. Die Wirksamkeit der Zuschlagserteilung wird durch § 29 Nr. 1 VOB/A nicht in Frage gestellt (vgl. hierzu auch § 28 VOB/A Rdn. 38).

8 Wird der Vertrag nach Zuschlagserteilung unter Abänderungen beurkundet, kann hierin wirtschaftlich der Neuabschluss eines öffentlichen Auftrags liegen, der einer erneuten öffentlichen Ausschreibung bedarf.[10]

III. Privatschriftliche Fixierung

9 Bei der zu errichtenden Vertragsurkunde handelt es sich um eine privatschriftliche Fixierung der zwischen den Vertragspartnern getroffenen Vereinbarungen. Eine Vertragsurkunde im Sinne des § 29 Nr. 1 VOB/A bedarf **keiner notariellen oder gerichtlichen Beurkundung.**[11]

C. Ausfertigung, Unterzeichnung und Beglaubigung der Urkunde (§ 29 Nr. 2 VOB/A)

I. Anforderungen des § 29 Nr. 2 VOB/A

10 Nach § 29 Nr. 2 Satz 1 VOB/A ist die Urkunde doppelt auszufertigen und von beiden Vertragspartnern zu unterzeichnen. Damit stimmt § 29 Nr. 2 VOB/A **im Wesentlichen mit der Regelung des § 126 BGB** überein. Es ist also ausreichend, dass, wenn über den Vertrag mehrere gleich lautende Urkunden aufgenommen werden, jede der Vertragsparteien die für die andere Partei bestimmte Urkunde unterzeichnet (vgl. § 126 Abs. 2 Satz 2 BGB).[12] Die Unterzeichnung muss den Text der Urkunde räumlich abschließen.[13]

11 Zudem kann in besonderen Fällen gemäß § 29 Nr. 2 Satz 2 VOB/A die **Beglaubigung** einer Unterschrift verlangt werden. Die Beglaubigung erfolgt durch einen Notar (§ 129 BGB). Beglaubigung kommt insbesondere in Betracht, wenn ausnahmsweise Unklarheit über die Person des

[7] Beck'scher VOB-Kommentar/*Sterner* VOB/A § 29, Rdn. 2.
[8] BGH NJW 1980, 1680.
[9] Missverständlich OLG Jena NZBau 2001, 39 (41).
[10] OLG Jena VergabeR 2004, 113 (116).
[11] *Heiermann/Riedl/Rusam* VOB/A § 29, Rdn. 3.
[12] *Franke/Kemper/Zanner/Grünhagen* VOB/A § 29, Rdn. 3; *Ingenstau/Korbion/Portz* VOB/A § 29, Rdn. 6.
[13] Beck'scher VOB-Kommentar/*Sterner* VOB/A § 29, Rdn. 4.

die Unterschrift Leistenden besteht oder die Beglaubigung von Behörden oder finanzierenden Banken gefordert wird.[14]

Soweit nichts anderes vereinbart ist, haben die Parteien die **Kosten** der Beurkundung anteilig zu tragen. Die Kosten der Beglaubigung trägt diejenige Partei, die eine Beglaubigung verlangt.[15] 12

II. Rechtsfolgen bei Formverstößen

Sofern die Vertragsurkunde nicht den in § 29 Nr. 2 VOB/A genannten formellen Voraussetzungen entspricht, hat dies nicht die Unwirksamkeit des Bauvertrages zur Folge.[16] 13

D. Parallelvorschriften in der VOL und VOF

Nach § 29 VOL/A ist eine besondere Fertigung einer Vertragsurkunde möglich, wenn die Vertragspartner dies für notwendig halten. Die VOF enthält keine § 29 VOB/A vergleichbare Regelung. 14

§ 30 Vergabevermerk

1. Über die Vergabe ist ein Vermerk zu fertigen, der die einzelnen Stufen des Verfahrens, die maßgebenden Feststellungen sowie die Begründung der einzelnen Entscheidungen enthält.

2. Wird auf die Vorlage zusätzlich zum Angebot verlangter Unterlagen und Nachweise verzichtet, ist dies im Vergabeverme rk zu begründen.

Übersicht

I. Allgemeines

§ 30 ist erstmals durch die Neufassung 1990 in die VOB/A aufgenommen worden. Danach ist (vom Auftraggeber) über die Vergabe ein Vermerk zu fertigen, der die einzelnen Verfahrensstufen, die maßgebenden Feststellungen und die Begründung der einzelnen Entscheidungen enthält. Darin ist auch zu vermerken und zu begründen, dass auf die Vorlage zusätzlich zum Angebot verlangter Unterlagen und Nachweise verzichtet wird. Die Verpflichtung, derartige Vermerke zu fertigen, ist allgemeiner Bestandteil eines ordnungsgemäßen behördlichen Handelns und Ausfluss des Transparenzgebotes nach § 97 Abs. 1 GWB. Der Vergabevermerk ist unverzichtbares Nachweis- und Hilfsmittel, wenn später eine Vergabebeschwerde gem. § 107 GWB erhoben wird oder wenn Rechnungsprüfungsinstanzen tätig werden. Er gehört zu den Unterlagen und Akten, welche die Vergabekammer nach Antragseingang bei der Vergabestelle gem. § 108 Abs. 2 GWB anfordert. Sein Inhalt ist maßgeblicher Prüfungsgegenstand im Verfahren und entscheidet oft- 1

---

[14] *Franke/Kemper/Zanner/Grünhagen* VOB/A § 29, Rdn. 3; *Heiermann/Riedl/Rusam* VOB/A § 29, Rdn. 7; *Ingenstau/Korbion/Portz* VOB/A § 29, Rdn. 7.

[15] Beck'scher VOB-Kommentar/*Sterner* VOB/A § 29, Rdn. 6; *Heiermann/Riedl/Rusam* VOB/A § 29, Rdn. 7; *Ingenstau/Korbion/Portz* VOB/A § 29, Rdn. 8.

[16] *Franke/Kemper/Zanner/Grünhagen* VOB/A § 29, Rdn. 3.

mals, ob die Beschwerde erfolgreich ist oder nicht[1]. Ist nämlich dieser zwingend vorgeschriebene Vergabevermerk nicht gefertigt worden oder nicht vorhanden, muss daraus geschlossen werden, dass das Vergabeverfahren nicht ordnungsgemäß durchgeführt wurde[2], und der Rechtsweg nach §§ 107 ff. GWB wird eröffnet. Gleiches gilt, wenn der Vermerk einzelne Entscheidungen inhaltlich nicht nachvollziehbar dokumentiert[3]. Andererseits ist die unzureichende Dokumentation – für sich allein gesehen – kein Beschwerdegrund[4], sondern erschwert dem Auftraggeber nur den Nachweis einer ordnungsgemäßen Vergabe, wenn ein Bieter aus anderen Gründen eine Vergabebeschwerde erhebt.

II. Inhalt des Vermerks

1. Regelmäßiger Inhalt (Nr. 1)

2 Der Text von § 30 Nr. 1 sagt lediglich, dass

- die einzelnen Stufen des Verfahrens, wie z.B. Angebotsversendung, Submissionstermin, Prüfung und Wertung der Angebote,
- ferner die maßgeblichen Feststellungen und Entscheidungsbegründungen

festzuhalten sind[5]; sonstige, vor allem formelle Anforderungen sind aber dabei nicht erwähnt. Gleichwohl kann hier § 30 a analog herangezogen werden, der dazu nähere Aussagen trifft. Folgendes wäre demnach zusätzlich aufzuführen:

a) Name und Anschrift des Auftraggebers,
b) Art und Umfang der Leistung,
c) Wert des Auftrags,
d) Namen der berücksichtigten Bewerber oder Bieter und Gründe für ihre Auswahl,
e) Namen der ausgeschlossenen Bewerber oder Bieter und die Gründe für die Ablehnung,
f) Gründe für die Ablehnung von ungewöhnlich niedrigen Angeboten,
g) Name des Auftragnehmers und Gründe für die Erteilung des Zuschlags auf sein Angebot,
h) Anteil der beabsichtigten Nachunternehmerleistungen, soweit bekannt,
i) beim Verhandlungsverfahren Gründe für die Wahl dieses Verfahrens (§ 3 a Nr. 4 und 5),
j) Erwägungen für die Aufteilung der Leistung in einzelne Lose[6].

Darüber hinaus empfiehlt es sich zu vermerken:

a) gewähltes Vergabeverfahren nach § 3 VOB/A mit Begründung,
b) Zahl der Bewerber und der Bieter, die am Verfahren teilgenommen haben,
c) Berechnung des Schwellenwertes[7].

2. Besondere, ausnahmsweise Angaben (Nr. 2)

3 Die in Nr. 2 getroffene Aussage, den Verzicht auf Vorlage bestimmter Angebotsunterlagen schriftlich zu begründen, bezieht sich ersichtlich auf § 8 Nr. 3 und Nr. 5 Abs. 2 VOB/A und die dort genannten Bieternachweise[8]. Der Auftraggeber darf aber in den Verdingungsunterlagen noch weitere Dokumente anfordern, z.B. Zertifizierungen und besondere Qualifikationen. Verzichtet

---

[1] BayObLG IBR 2000,583 unter Verweisung auf OLG Brandenburg NZBau 2000, 39.
[2] VK Sachsen IBR 2001, 568; VK Arnsberg IBR 2003, 211; OLG Düsseldorf IBR 2004, 579; OLG Celle IBR 2005, 276.
[3] VK Lüneburg IBR 2003, 625; OLG Naumburg VergabeR 2004, 634.
[4] OLG Dresden VergabeR 2004, 724. A.A. offenbar VK Lüneburg IBR 2006, 289.
[5] Zur Dokumentation der Leistungsfähigkeit eines Bieters OLG Düsseldorf IBR 2003, 35.
[6] OLG Düsseldorf VergabeR 2004, 461 und 513 zum VOL-Vertrag.
[7] OLG Schleswig IBR 2004, 722.
[8] VOB/A § 8 Rdn. 36 ff. und 50 ff.

er später auf deren Vorlage, muss er dies begründen. Dies hat insbesondere Bedeutung, wenn untersucht wird, ob der Wettbewerbscharakter der Ausschreibung gewahrt und das Gleichbehandlungsgebot nach § 2 Nr. 1 und 2 VOB/A beachtet worden ist.

§ 30 a Vergabevermerk

Über die Vergabe ist zeitnah ein Vermerk zu fertigen, der die einzelnen Stufen des Verfahrens, die maßgebenden Feststellungen sowie die Begründung der einzelnen Entscheidungen enthält. Dieser muss mindestens enthalten:
a) Name und Anschrift des Auftraggebers,
b) Art und Umfang der Leistung,
c) Wert des Auftrags,
d) Namen der berücksichtigten Bewerber oder Bieter und Gründe für ihre Auswahl,
e) Namen der nicht berücksichtigten Bewerber oder Bieter und die Gründe für die Ablehnung,
f) Gründe für die Ablehnung von ungewöhnlich niedrigen Angeboten,
g) Name des Auftragnehmers und Gründe für die Erteilung des Zuschlags auf sein Angebot,
h) Anteil der beabsichtigten Unteraufträge an Dritte, soweit bekannt,
i) beim Nichtoffenen Verfahren, Verhandlungsverfahren oder Wettbewerblichen Dialog Gründe für die Wahl des jeweiligen Verfahrens,
j) gegebenenfalls die Gründe, aus denen der öffentliche Auftraggeber auf die Vergabe eines Auftrages verzichtet hat.
Der Auftraggeber trifft geeignete Maßnahmen, um den Ablauf der mit elektronischen Mitteln durchgeführten Vergabeverfahren zu dokumentieren.

Übersicht

I. Allgemeines

1 Zur Bedeutung des Vergabevermerkes darf vorab auf die Ausführungen in VOB/A § 30 verwiesen werden[1]. § 30 a ist bei der Umsetzung der EU-Vergaberichtlinie vom 31.3.2004 (2004/18/EG) erstmals in die VOB/A aufgenommen worden; er gilt nur für EU-weite Ausschreibungen von Bauvorhaben. Dabei wurde auch der frühere § 33 a Nr. 1 „Melde- und Berichtspflichten“, textlich leicht verändert und ergänzt, an diese Stelle verschoben. Denn nach der Neufassung des § 33 a Nr. 1 ist der Vergabevermerk an die Kommission der EG zu übermitteln, so dass es sich angeboten hat, gleich hier bei der Anfertigung seine notwendigen Angaben und Inhalte konkret vorzuschreiben.

II. Inhalt des Vermerks

2 Da Satz 1 wörtlich mit § 30 Nr. 1 übereinstimmt, darf auf die dortigen Ausführungen Bezug genommen werden, die damit auch für EU-weite Ausschreibungen gelten. Satz 2 nennt sodann unter Buchstaben a–j. die Mindestangaben, die im Vergabevermerk enthalten sein müssen, um den Anforderungen der EU zu entsprechen. Dabei ergeben sich die Anforderungen a–c und h aus dem Text und bedürfen keiner Kommentierung. Soweit unter d–g sowie i und j „Gründe“

[1] Siehe dort Rdn. 1.

anzugeben sind, ist nach der sonstigen Systematik der VOB/A zu ergänzen „in Textform“[2], d.h. keine Wiederholung des bloßen VOB-Wortlauts, sondern individuelle, auf den konkreten Fall bezogene Ausführungen.

III. Elektronische Angebote

3 Hat der öffentliche Auftraggeber gemäß § 21 Nr. 1 Abs. 1 die elektronische Abgabe von Angeboten als ausschließliches Verfahren[3] gewählt, muss er dies gegenüber der EU ebenfalls dokumentieren, d.h. in den Vergabevermerk aufnehmen. Bedarf es dazu besonderer Vorkehrungen, hat er auch für diese Sorge zu tragen. Zu den im Vermerk erforderlichen Angaben gehören z.B. die in § 21 Nr. 1 Abs. 1 und 2 aufgezählten Sicherungsmaßnahmen sowie die in § 22 Nr. 1und Nr. 3 Abs. 1 verlangte Kennzeichnung und Verschlüsselung. Ferner empfiehlt es sich anzugeben, dass und wie die elektronischen Angebote lesbar gemacht und dann verlesen worden sind[4].

§ 31 Nachprüfstellen

In der Bekanntmachung und den Vergabeunterlagen sind die Nachprüfstellen mit Anschrift anzugeben, an die sich der Bewerber oder Bieter zur Nachprüfung behaupteter Verstöße gegen die Vergabebestimmungen wenden kann.

Übersicht

I. Allgemeines

1 Die nach § 31 vorgeschriebene Angabe der Nachprüfungsstellen in der Bekanntmachung (§ 17 VOB/A) und den Vergabeunterlagen (§ 10 VOB/A) dient vordringlich dem Rechtsschutz, der den Unternehmen nach § 97 Abs. 7 i.V.m. §§ 102 ff. GWB eingeräumt wird. „Nachprüfungsstellen“ sind im einschlägigen Sprachgebrauch allein die Vergabekammern und Oberlandesgerichte, die das Verfahren nach §§ 107 ff., 116 ff. GWB durchführen. Bemerkenswert ist hier aber, dass diese Vorschrift bereits in **VOB/A, Abschnitt 1**, aufgeführt wird, obgleich der primäre Rechtsschutz nach dem GWB erst für Baumaßnahmen der Abschnitte 2 bis 4 gewährt wird. Daraus ist zu schließen, dass diese Informationspflicht des öffentlichen Auftraggebers auch für die anderen in § 102 GWB genannten Prüfungsmöglichkeiten gelten soll, wie die Anrufung von (Fach-) Aufsichtsbehörden und Vergabeprüfstellen (§ 103 GWB), deren Zuständigkeit für Maßnahmen nach Abschnitt 1 nach wie vor gegeben ist. Allerdings muss hier nachdrücklich darauf hingewiesen werden, dass den Bietern in diesen Fällen **kein subjektives Recht** auf Einschreiten der Aufsichtsbehörde zusteht, wenn eine nicht VOB-gerechte Vergabe beanstandet wird. Ob diese Stelle in das Verfahren eingreift, steht in ihrem **pflichtgemäßem Ermessen.**

2 Hat der Auftraggeber bei einer Vergabe unterhalb des Schwellenwertes (§§ 6, 7 VgV vom 9.1.2001 in der Fassung vom 11.2.2003) irrtümlich angegeben, der Bieter könne zur Nachprüfung des Verfahrens die Vergabekammer anrufen, begründet dies nicht deren Zuständigkeit. Denn der gesetzlich eingeräumte Rechtsweg kann nicht durch bloße fehlerhafte Benennung in einer Rechtsmittelbelehrung oder durch Parteivereinbarung eröffnet werden; insofern hat sich

[2] VOB/A § 26 a Rdn. 4.
[3] VOB/A § 21 a.
[4] Zu den Anforderungen an die Geräte für den elektronischen Empfang von Angeboten und Teilnahmeanträgen vgl. VOB/A Anhang I.

an der Rechtslage, die bereits für die Vergabeüberwachungsausschüsse bestand[1], nichts geändert. Für öffentliche Aufträge **unterhalb** der Schwellenwerte gibt es also (noch) **keinen primären Rechtsschutz**[2].

II. Einzelfragen zur Angabe der Nachprüfstellen

1. Ort und Inhalt der Angabe

In der Bekanntmachung und den Vergabeunterlagen sind die **Nachprüfungsstellen** mit Anschrift anzugeben, an die sich der Bewerber oder Bieter zur Nachprüfung behaupteter Verstöße gegen die Vergabebestimmungen wenden kann. Früher lautete diese Bestimmung noch, es sei die **Stelle** anzugeben, an die sich der Bewerber oder Bieter zur Nachprüfung behaupteter Verstöße gegen die Vergabebestimmungen wenden kann. 3

Diese Anweisung der VOB an den öffentlichen Auftraggeber betrifft vor allem den Inhalt der Vergabeunterlagen (§ 10 Nr. 1 und Nr. 5 Abs. 2 s VOB/A) und der Ausschreibungsbekanntmachung (§ 17 Nr. 1 Abs. 2 v, Nr. 2 Abs. 2 r VOB/A). Im letztgenannten Fall muss sowohl beim Teilnahmeantrag für den Wettbewerb als auch bei der Bekanntgabe, dass die Unterlagen angefordert werden können, mitgeteilt werden, welche Nachprüfungsbehörden zuständig sind, falls der Bewerber oder Bieter sich beschweren will. Dazu ist jetzt **zusätzlich** deren **Anschrift** zu benennen. An welcher Stelle diese Angaben zu machen ist, wurde zwar nicht ausdrücklich geregelt, doch ergibt sich dies aus der Natur der Sache: 4

- Bei Bekanntmachung gem. § 17 VOB/A erfolgt sie im Text, der in den Tageszeitungen, amtlichen Veröffentlichungsblättern oder Fachzeitschriften einzurücken ist.
- Hinsichtlich der Vergabeunterlagen ist vorgesehen, diese Information nur in das sog. Anschreiben aufzunehmen (§ 10 Nr. 5 Abs. 2 s VOB/A), weil sie als Vertragsinhalt ungeeignet erscheint[3].

Nachprüfungsstelle ist die Behörde, welche die **Fach- und Rechtsaufsicht** über die Vergabestelle ausübt, jener also Weisungen erteilen kann, wie das Vergabeverfahren durchzuführen ist. Das bedeutet, dass bei kommunalen Baumaßnahmen, die eine Gemeinde im eigenen Wirkungskreis ausführt und wo sie keiner Fachaufsicht unterliegt, auch keine aufsichtliche Prüfung stattfinden kann. Ist dagegen eine VOB-Stelle bei der Bezirksregierung eingerichtet, muss in jedem Einzelfall geprüft werden, ob ihr speziell eine Kompetenz für solche Vergabeüberprüfungen eingeräumt wurde. Ist dies der Fall, muss der Auftraggeber einen entsprechenden Vermerk in der Bekanntmachung und/oder im Anschreiben machen. 5

2. Rechtsfolgen bei fehlenden Angaben

Wenn es der Auftraggeber versäumt, die Nachprüfungsstelle anzugeben, hat er damit nicht nur eine Formvorschrift verletzt, sondern gegen eine grundlegende **Ordnungsbestimmung** verstoßen[4], die ihre Berechtigung aus § 97 Abs. 1 (Transparenzgebot) und aus Abs. 7 GWB (Rechtsschutz) ableitet. Das Verfahren wird dadurch fehlerhaft und kann nach Beschwerde bei der Aufsichtsbehörde bzw. der VOB-Stelle von dieser korrigiert werden, indem der Auftraggeber die Vertragsunterlagen erneut und im nachgebessertem Zustand versenden muss, was einer Wiederholung des bereits durchgeführten Verfahrens gleichkommt. Ist allerdings der Auftrag zwischenzeitlich erteilt, bleibt dem Bieter nur noch der sekundäre Rechtsschutz[5], der aber mangels nachweisbarem Schaden regelmäßig erfolglos sein wird. 6

---

[1] VÜA Bund IBR 1996, 452 und 1997, 89.
[2] A.A. offenbar *Noch*, IBR 2001,112 (Anmerkung zu OLG Koblenz vom 6.7.2000). Dazu auch Einleitung Rdn. 54–61.
[3] VHB Bund, Formblatt EVM (B) A Nr. 8.
[4] VÜA Bund ZVgR 1997, 156.
[5] VOB/A § 25 IX. Anhang, Rdn. 114 ff.

§ 31 a Nachprüfungsbehörden

In der Vergabebekanntmachung und den Vergabeunterlagen sind die Nachprüfungsbehörden mit Anschrift anzugeben, an die sich der Bewerber oder Bieter zur Nachprüfung behaupteter Verstöße gegen die Vergabebestimmungen wenden kann.

Übersicht

I. Allgemeines

1 Nach § 31 (Basis-Paragraf) muss der öffentliche Auftraggeber im Interesse der Transparenz des Vergabeverfahrens (§ 97 Abs. 1 GWB) den Bewerbern und Bietern in geeigneter Weise mitteilen, an welche Institution sie sich wenden können, damit eine Nachprüfung behaupteter Vergabeverstöße stattfindet. Durch die Bestimmungen, welche die EU zur Reglementierung des öffentlichen Vergabewesens erlassen hat[1], erfuhr die VOB/A eine Aufteilung in vier Abschnitte, die wie folgt zu unterscheiden sind.

– 1. Abschnitt, Basis-Paragrafen: **Bauvergabe unterhalb** der Schwellenwerte nach den §§ 6 und 7 VgV vom 9.1.2001
– 2. Abschnitt, Basis- und a-Paragrafen: **Vergabe von allgemeinen Bauvorhaben** oberhalb der Schwellenwerte (Baukoordinierungs-Richtlinie – BKR)
– 3. Abschnitt, Basis- und b-Paragrafen: Vergabe von **Sektorenbaumaßnahmen** öffentlicher Auftraggeber (Sektoren-Koordinierungsrichtlinie – SKR)[2]
– 4. Abschnitt, SKR-Paragrafen: **Sektorenbaumaßnahmen** privater Auftraggeber (SKR)

2 Nach diesem Schema ist § 31 a Bestandteil der VOB/A, 2. Abschnitt, und findet bei EU-weiten Vergaben für allgemeine Bauvorhaben durch öffentliche Bauherren (§ 98 Nr. 1–3 GWB) Anwendung. Von der Zielsetzung her bezweckt er dasselbe wie § 31, nämlich den Bietern und Bewerbern eine Information über die Behörden zu geben, die zur Nachprüfung der Vergabe kraft Gesetzes berufen sind. Da sich hier im Verhältnis zum haushaltsrechtlich geordneten, nationalen Vergabebereich (Abschnitt 1) Unterschiede ergeben, mussten auch spezielle Regelungen geschaffen werden, die diesen Besonderheiten Rechnung tragen.

II. Einzelfragen zur Angabe der Nachprüfungsbehörden

1. Ort der Angabe

3 Die Benennung der Nachprüfungsbehörden erfolgt nach dem Wortlaut der Bestimmung in

– der Vergabebekanntmachung: § 17 a Nr. 3 i.V.m. § 17 Nr. 1 Abs. 2v und Nr. 2 Abs. 2 r VOB/A; Anhang B (offenes Verfahren) Nr. 15 und Anhang C (nicht offenes Verfahren) Nr. 13, und
– den Vergabeunterlagen: § 10 a i.V.m. § 10 Nr. 5 Abs. 2 s VOB/A (Anschreiben).

4 **Fehlt diese Angabe** entweder ganz oder an einer der beiden o.g. Stellen, stellt dies grundsätzlich einen **Vergabeverstoß** dar, der für das Beschwerdeverfahren vor der Vergabekammer

[1] Vgl. dazu die Ausführungen bei VOB/A § 25 a Rdn. 1.
[2] Wegen der zwischenzeitlich erfolgten vergaberechtlichen Gleichstellung aller Sektoren-Auftraggeber ist die weitere eigenständige Geltung des Abschnitts 3 allerdings sehr fraglich.

erheblich wäre. Allerdings muss dabei stets vorab geprüft werden, ob der Bieter/Bewerber auch unverzüglich (§ 121 BGB) seiner Rügepflicht gem. § 107 Abs. 3 Satz 2 GWB nachgekommen ist. Andernfalls würde sein Antrag auf Nachprüfung als unzulässig verworfen.

2. Inhalt der Angaben

§ 31 a unterscheidet sich trotz des beinahe identischen Wortlautes ganz wesentlich von dem Basis-Paragraf 31, weil aufgrund der EU-Überwachungs-Richtlinie (RKR) vom 21.12.1989 (89/665/EWG) und ihrer Umsetzung in nationales Recht durch den 4. Teil des GWB (§§ 102 ff.) für derartige Streitigkeiten ein neuer Rechtsweg geschaffen wurde. Deshalb verlangt § 31 a in erster Linie die Benennung der zuständigen **Vergabekammer,** von der **auch die Anschrift** angegeben werden muss. Dagegen braucht der ausschreibende Auftraggeber nicht darauf hinzuweisen, dass gegen Entscheidungen der Vergabekammer sofortige Beschwerde zum OLG möglich ist. Denn diese Aussage findet sich später in der Rechtsmittelbelehrung, die auf der Entscheidung der Vergabekammer steht. 5

Welche Vergabekammer speziell zuständig ist, richtet sich nach der Person des Auftraggebers. Bei Maßnahmen der Bundesrepublik Deutschland und der ihr nachgeordneten Dienststellen ist dies die VK Bund (§ 106 Abs. 1 GWB), die beim Bundeskartellamt in Bonn eingerichtet ist, bei Bauvorhaben der Länder, wie auch der Bezirke, Kreise und Gemeinden, die VK Land. Bei sonstigen juristischen Personen des öffentlichen Rechts (Körperschaften, Anstalten), z.B. bei der Bundesagentur für Arbeit, ist die Zuständigkeit sehr zersplittert und zum Teil speziell geregelt. 6

Haben Bund oder Land eine Vergabeprüfstelle nach § 103 GWB eingerichtet, fällt auch deren Kenntnisgabe, einschließlich der Anschrift, unter das Gebot des § 31 a, da es sich dabei um „Nachprüfungsbehörden" i.S. des Gesetzes handelt, wie die Überschrift vor § 102 GWB ausweist. 7

3. Folgen fehlerhafter Angaben

Hat der öffentliche Auftraggeber eine örtlich oder sachlich unzuständige Vergabekammer benannt, führt dies nicht dazu, dass deren Zuständigkeit dadurch nun begründet wird. Sie ist vielmehr berechtigt und verpflichtet, die Beschwerde an die (örtlich oder sachlich) zuständige Vergabekammer zu verweisen oder sie als unzulässig abzuweisen, wenn sie beispielsweise gar nicht statthaft ist, weil bei der Gesamtmaßnahme der Schwellenwert nicht erreicht wird. Allerdings ist hier zu erwägen, ob nicht dem Beschwerdeführer wegen dieser Falschauskunft ein Anspruch auf Schadensersatz aus § 311 Abs. 2 und § 241 Abs. 2 in Verbindung mit § 282 BGB zustehen könnte, vorausgesetzt dass ihm dadurch ein nachweisbarer Schaden entstanden ist. Einschlägige Rechtsprechung dazu liegt leider noch nicht vor. 8

§ 31 b Nachprüfungsbehörden

In der Vergabebekanntmachung und den Vergabeunterlagen sind die Nachprüfungsbehörden mit Anschrift anzugeben, an die sich der Bewerber oder Bieter zur Nachprüfung behaupteter Verstöße gegen die Vergabebestimmungen wenden kann.

Anmerkung

§ 31 b stimmt wörtlich mit § 31 a überein, auf die dortigen Ausführungen darf deshalb verwiesen werden. Allerdings basiert § 31 b auf einer anderen Rechtsgrundlage , was zwar zu anderer Zitierung, nicht aber zu inhaltlich abweichenden Aussagen führt.

Diese Vorschrift ist Bestandteil des **3. Abschnitts der VOB/A**, gründete sich also ursprünglich auf die sog. Sektorenkoordinierungsrichtlinie vom 14.7.1993 (93/38/EWG), die aber durch die EU-Vergaberichtlinie vom 31.3.2004 (2004/17/EG) ersetzt worden ist. Für die Angabe der Nachprüfungsbehörden gelten die im VHB Bund veröffentlichten einschlägigen Muster.

§ 32 Baukonzessionen

1. Baukonzessionen sind Bauaufträge zwischen einem Auftraggeber und einem Unternehmer (Baukonzessionär), bei denen die Gegenleistung für die Bauarbeiten statt in einer Vergütung in dem Recht auf Nutzung der baulichen Anlage, gegebenenfalls zuzüglich der Zahlung eines Preises, besteht.
2. Für die Vergabe von Baukonzessionen sind die §§ 1 bis 31 sinngemäß anzuwenden.

Schrifttum: *Arndt* Die Privatfinanzierung von Bundesfernstraßen, 1997 – *Höfler* Vergaberechtliche Anforderungen an die Ausschreibung von Baukonzessionen, WuW 2000, 136 – *Jaeger* Public Private Partnership und Vergaberecht, NZBau 2001, 6 – *Kulartz/Niebuhr* Sachlicher Anwendungsbereich und wesentliche Grundsätze des materiellen GWB-Vergaberechts, OLG Brandenburg, „Flughafen Berlin-Schönefeld" und Folgen, NZBau 2000, 6 – *Noch* Die Abgrenzung öffentlicher Bauaufträge von den Liefer- und Dienstleistungsaufträgen, BauR 1998, 941 – *Reidt* Verfassungsrechtliche Aspekte der Mautfinanzierung von Fernstraßen, NVwZ 1996, 1156 – *Reidt* Rechtsfragen im Zusammenhang mit der Vergabe von Baukonzessionen, Nord ÖR 1999, 435 – *Reidt/Stickler* Das Fernstraßenbauprivatfinanzierungsgesetz und der Baukonzessionsvertrag – Das „Pilotprojekt" der Warnow-Querung in Rostock, Teil 1, BauR 1997, 241; Teil 2, BauR 1997, 365 – *Schwenker/Heinze* Vergaberechtliche Aspekte der Modernisierung von Fußballstadien, VergabeR 2001, 96 – *Siebel* (Hrsg.) Handbuch Projekt- und Projektfinanzierung, 2001 – *Thomas* Die Privatfinanzierung von Bundesfernstraßen, 1998, *Uechtritz* Mautfinanzierung des Alpaufstiegs – Einstieg in die Nutzerfinanzierung des Fernstraßenbaus, VBI 2002, 317.

Übersicht

A. Überblick

1 § 32 VOB/A wurde mit der Ausgabe 1990 eingeführt. Grundlage ist im wesentlichen die Änderungsrichtlinie zur BKR vom 18. Juli 1989 (inhaltlich entspricht § 32 VOB/A Artikel 1 lit. d) BKR).

2 Der allgemeine Begriff des Konzessionsvertrages ist nicht definiert. Für die Baukonzession lässt sich eine Definition aus Artikel 1 lit. d) BKR[1] entnehmen: **Baukonzessionen** sind die zwischen einem Unternehmer und einem öffentlichen Auftraggeber geschlossenen, schriftlichen entgeltlichen Verträge über die Ausführung oder gleichzeitige Ausführung und die Planung von Bauvorhaben in Zusammenhang mit einer Tätigkeit im Baugewerbe oder eines Bauwerks oder die Erbringung einer Bauleistung durch Dritte gleichgültig mit welchen Mitteln, nach den vom öffentlichen Auftraggeber genannten Erfordernissen mit der Besonderheit, dass die Gegenleistung für diese Arbeit in dem Recht zur Nutzung des Bauwerkes durch den Unternehmer, gegebenenfalls zuzüglich einer Zuzahlung besteht. Maßgebliches Abgrenzungskriterium zum öffentlichen Auftrag ist die Übernahme des wirtschaftlichen Risikos bzw. eines nicht unerheblichen Anteils davon durch den Unternehmer[2].

[1] Baukoordinierungsrichtlinie (Richtlinie 93/37/EWG des Rates).
[2] Generalanwalt beim EuGH, Schlussanträge vom 1.3.2005 – Rs. C–458/03 IBR 2005, 338.

3 Der Unternehmer übernimmt also die Leistungserbringung auf eigenes **Finanzierungsrisiko** und weiter das **Risiko der Nutzung** der baulichen Anlage[3]. Zu differenzieren ist zwischen **Bau- und Dienstleistungskonzession**. Eine Baukonzession liegt dann vor, wenn der Unternehmer (Konzessionär) Leistungen übernimmt, die unter § 99 Absatz 3 GWB fallen würden[4]. In allen anderen Fällen liegt eine Dienstleistungskonzession vor, weil der Begriff der Dienstleistung gegenüber dem der Bauleistung subsidiär ist, § 99 Absatz 4 GWB. Auf die Dienstleistungskonzession ist das Vergaberecht nicht anwendbar[5]. Die Abgrenzung kann im Einzelfall bei gemischten Verträgen auf Schwierigkeiten stoßen. Bei gemischten Verträgen ist darauf abzustellen, ob der Vertrag vorrangig die Errichtung einer Bauleistung zum Inhalt hat[6]. Starre Abgrenzungskriterien gibt es nicht. Wenn auf das Auftragsvolumen abgestellt wird, sind 40 % entfallend auf die Bauleistung ausreichend, um von einer Baukonzession ausgehen zu können. In diesem Fall liegt ein untergeordneter Charakter der Bauleistung nicht mehr vor[7]. Als weiteres Modell einer langfristigen, vertraglich geregelten Zusammenarbeit zwischen öffentlicher Hand und Privatwirtschaft zur Erfüllung öffentlicher Aufgaben ist der – abstrakte – Begriff **Public Private Partnership** („PPP") zu nennen. Unter diesen Begriff fallen vielfältige Möglichkeiten auch zur Realisierung von Bauten. Im wesentlichen ist auch hier vorgesehen, dass der Vertragspartner die Immobilie bereitstellt und betreibt. Solche Projekte können nach den obigen Grundsätzen aber auch als Baukonzession realisiert werden.

4 Aufgrund der engen Haushaltslage von Bund, Ländern und Gemeinden wird es immer schwieriger, öffentliche Bauwerke über die Haushalte zu finanzieren. Wenn die Mittel für den Straßenbau, Brückenbau, für andere Verkehrswege, öffentliche Gebäude etc. nicht vorhanden sind, müsste grundsätzlich zu lasten der Allgemeinheit auf die notwendigen Maßnahmen, sogar auf notwendige Infrastrukturmaßnahmen (etwa Kanalbau) gänzlich verzichtet werden. Jedenfalls müssten eine Reihe von Bauvorhaben langfristig verschoben werden. Über die Baukonzession besteht grundsätzlich die Möglichkeit der vorläufig privaten Finanzierung der für notwendig erachteten öffentlichen Bauwerke, was zu einer nachhaltigen und auch dauerhaften Entlastung der öffentlichen Haushalte führen kann, verbunden mit dem Vorteil der beschleunigten Realisierung der Bauwerke[8].

5 Die Notwendigkeit dieser Firnanzierungsmöglichkeit wurde infolge der Wiedervereinigung wieder erkannt. Deutschland wurde zum wichtigsten Transitland in Europa mit entsprechend hohen Anforderungen an die Verkehrsinfrastruktur. Dies führte zu der Einführung des so genannten Konzessionsmodells mit dem zwölf Straßenbauprojekte realisiert wurden. Die Baumaßnahme und Finanzierung wurde von privater Seite übernommen, wobei im Gegenzug durch den Bund die Kosten über einen Zeitraum von 15 Jahren bezahlt wurden[9]. Das Modell wurde nicht weiter verfolgt, weil gut 50 % des Finanzierungsvolumens auf Finanzierungskosten entfielen, im Ergebnis also doch eine nachhaltige Belastung des öffentlichen Haushalts eintrat[10]. Durch das Gesetz über den Bau und der Finanzierung von Bundesfernstraßen durch Private (FstrPrivFinG)[11], wurde für private Investoren die Möglichkeit geschaffen, zur Finanzierung der Investitionskosten Mautgebühren zu erheben. Durch dieses Gesetz sollten Brücken-, Tunnel-, und Gebirgspassprojekte

---

[3] BayObLG ZfBR 2001, 116; Beck'scher VOB-Kommentar/*Reidt/Stickler* VOB/A § 32 Rdn. 3; *Ingenstau/Korbion/Portz* VOB/A § 32 Rdn. 2, 3; *Höfler* WuW 2000, 136.

[4] *Reidt/Stickler/Glahs* Vergaberecht § 99, Rdn. 11 ff.

[5] EuGH Urt. v. 7.12.00 WuW 2001, 103 („Telaustria").

[6] NZBau 2000, 39 („Flughafen Berlin-Schönefeld"); In der Entscheidung wird darauf abgestellt, dass die Bauleistung „nicht lediglich eine untergeordnete Bedeutung innerhalb des gesamten Vertragswerkes gehabt habe"; kritisch zu dieser Abgrenzung *Kulartz/Niebuhr* NZBau 2000, 6.

[7] Beck'scher VOB-Kommentar/*Reidt/Stickler* VOB/A § 32 Rdn. 8; *Reidt/Stickler/Glahs* Vergaberecht § 99, Rdn. 39; *Noch* BauR 1996, 941.

[8] Beck'scher VOB-Kommentar/*Reidt/Stickler* VOB/A § 32 Rdn. 42, 43; *Ingenstau/Korbion/Portz* VOB/A Vorbemerkung zu § 32; *Heiermann/Riedl/Rusam* VOB/A § 32 Rdn. 2.

[9] *Siebel/Klemm* Handbuch Projekte und Projektfinanzierung, S. 35.

[10] Dies ergibt sich aus einer Stellungnahme des Bundesrechnungshofs, BT Drucks. 13/2600, Ziff. 18.1.

[11] FstrPrivFinG BGBl. 1994 I, 2243.

privat finanziert werden. Die praktische Bedeutung dieses Gesetzes ist, gemessen an der Anzahl der Projekte gering. Realisiert wurde der Warnowtunnel in Rostock. Der Konzessionsvertrag wurde am 25.7.1996 auf der Grundlage einer beschränkten Ausschreibung nach öffentlichem Teilnehmerwettbewerb geschlossen. Das Planfeststellungsverfahren wurde Ende 1999 abgeschlossen. Die Investitionssumme belief sich auf rund 220 Mio. Euro. Eröffnet wurde der Warnowtunnel am 12.9.2003[12]. Ebenfalls realisiert wurde der **Herrentunnel** in Lübeck. Die öffentlichen Mittel hätten für das dringend sanierungsbedürftige Projekt nur die Realisierung einer neuen Klappbrücke ermöglicht. Durch die Baukonzession konnte ein moderner Tunnel mit einem Investitionsvolumen von rund 188 Mio. Euro und einer Konzessionsdauer von 30 Jahren realisiert werden. Der Tunnel wurde am 26.8.2005 in Betrieb genommen[13]. Bei beiden Modellen verhält es sich aber nicht so, dass die Realisierung aufgrund nur privatrechtlicher Investitionen erfolgt. Der Bund beteiligte sich bei dem Herrentunnel Lübeck mit rd. 88 Mio. Euro an der Realisierung. Bei dem Projekt Warnowquerung wurden Kredite durch die Kreditanstalt für Wiederaufbau und die europäischen Investitionsbank gegeben[14].

6 Gescheitert ist das Baukonzessionsprojekt für die zweite Strelasundquerung (zweite Rügenanbindung im Zuge der B 96 n). Die Angebotsphase wurde zwar noch begonnen, jedoch musste das Objekt mangels Angeboten anderweitig realisiert werden. Das beabsichtigte Projekt Hochmoselquerung in Rheinland-Pfalz (B 50 n) ist gescheitert, weil der zugrunde liegende Planfeststellungsbeschluss aus naturschutzrechtlichen Gründen aufgehoben wurde[15]. Konkret weiterverfolgt wird noch das Projekt Alpaufstieg (A8). Geplant ist der sechsstreifige Neu- und Ausbau der A8 auf rund 10 km mit zwei Großbrücken sowie zwei Tunnelbauwerken. Die Gesamtkosten für das Projekt werden derzeit auf rd. 400 Mio. € beziffert. Das Bundesministerium für Verkehr macht den Erlass des Planfeststellungsbeschlusses von der Einholung einer Wirtschaftlichkeitsuntersuchung zur privaten Finanzierung in Form eines PPP Modells abhängig. Vorgesehen ist, dass die Betreiber eine Streckenmaut erheben[16]. Zu nennen ist schließlich das Vorhaben Elbquerung in Bremen. Weitere Projekte auf der Grundlage des Fernstraßenprivatfinanzierungsgesetzes sind derzeit nicht im Verfahren[17]. Es bleibt abzuwarten, ob wegen der erheblichen Belastungen der öffentlichen Haushalte und die verheerenden Schäden in der Infrastruktur aufgrund des Jahrhunderthochwassers weitere Projekte in vergleichbaren Modellen realisiert werden. Bei Flughafenprojekten besteht diese Tendenz (Frankfurt am Main, München, Düsseldorf und Hamburg) wenn auch durch die Entscheidung des Brandenburgischen OLG vom 3.8.1999[18] diese Bemühungen einen herben Rückschlag erlitten haben[19]. Grundsätzlich geeignet wären Projekte für Wasser- und Abwasserver- und entsorgung, Häfen, Umschlagseinrichtungen, Sportstätten[20] etc. Insgesamt ist die Bilanz ernüchternd. Die Tendenz bei der öffentlichen Hand geht eher dahin, anstelle dieser Finanzierung (sogenanntes F-Modell) andere Modelle zu entwickeln, in denen möglichst keine Mittel der öffentlichen Hand zur Verfügung gestellt werden müssen. Durch die Einführung der Lkw-Maut eröffnet sich z.B. die Möglichkeit, die dringende Sanierung und Erweiterung des Bundesfernstraßennetzes dergestalt zu realisieren, dass der Vertragspartner den notwendigen Ausbau zweispuriger Autobahnen auf dreispurige komplett auf eigene Kosten realisiert und im Gegenzug auf dem betreffenden Teilstück insgesamt die Mautgebühren erhält (so genanntes **A-Modell**). Um dieses, wie weitere PPP-Modelle möglichst kurzfristig zu realisieren, hat das Bundesministerium für Verkehr eine „PPP Task Force" eingesetzt[21].

---

[12] Zu diesem Projekt ausführlich *Reidt/Stickler* BauR 1997, 241 ff., 365 ff. und www.warnowquerung.de.
[13] Dazu ausführlich *Reidt* Nord ÖR 1999, 435 und www.herrentunnel.de.
[14] *Siebel/Klemm* Handbuch Projekte und Projektfinanzierung, S. 36.
[15] BauR 2004, 1588 = NVwZ 2004, 1114.
[16] www.rp.badenwürttemberg.de – Pressemitteilung vom 14.6.2006.
[17] Einen Überblick über die Betreibermodelle gibt die Homepage des Bundesministerium für Verkehr, Bau- und Wohnungswesen unter www.bmvbw.de unter dem Schwerpunkt Verkehr/Straße/Betreibermodelle.
[18] NZBau 2000, 39.
[19] Dazu ausführlich *Siebel/Klemm* Handbuch Projekte und Projektfinanzierung, S. 38.
[20] *Schwenker/Heinze* VergabeR 2001, 96.
[21] www.ppp-bund.de/taskforce.htm.

Auf der anderen Seite sollen letztlich die Nutzer der Bauwerke, also die Bürger die Finanzierung leisten (etwa über Nutzungsgebühren, Maut etc.). Aufgrund der dem Konzessionär eingeräumten Nutzungsmöglichkeit und die von dem Konzessionär übernommenen Risiken und Chancen der Finanzierung der Maßnahme durch Dritte wird das besondere Spannungsverhältnis aufgezeigt, so dass sich die Annahme verbietet, die Vergabe einer Baukonzession biete stets Vorteile gegenüber anderen Finanzierungsmodellen (etwa Leasing). 7

B. Erörterung

I. Baukonzession

Gemäß § 32 Nr. 1 VOB/A sind Baukonzessionen Bauaufträge zwischen einem Auftraggeber und einem Unternehmer (Konzessionär) bei denen die Gegenleistung für die Bauarbeiten statt in einer Vergütung in dem Recht auf Nutzung der baulichen Anlage, gegebenenfalls zuzüglich der Zahlung eines Preises besteht. Auch wenn diese „Definition" eine Reihe von Fragen aufwirft, wird der Unterschied zu dem typischen entgeltlichen Bauauftrag deutlich: Der Konzessionär erhält für seine Tätigkeit keine Vergütung, abgesehen von einer gegebenenfalls zu leistenden Zuzahlung, anstelle dessen das Recht zur **Nutzung** der baulichen Anlage. Weiter beschreibt § 32 Nr. 1 VOB/A die Geltung für **Bauaufträge**, womit Bauaufträge im Sinne des § 1 a Nr. 1 Absatz 1 Satz 3 VOB/A (vgl. auch § 99 Absatz 3 GWB) erfasst werden. 8

Durch den Verweis auf die § 1 bis 31 in § 32 Nr. 2 VOB/A wird deutlich, welche Vorgaben der öffentliche Auftraggeber bei der Vergabe einer Baukonzession einhalten muss. Daraus folgt, dass der Konzessionsvertrag durch den Auftraggeber in der Ausschreibungsphase zumindest in den wesentlichen Eckpunkten vorgegeben werden muss. Behörden sind damit befasst, Musterkonzessionsverträge zu entwickeln, um eine möglichst einheitliche Handhabung sicherzustellen. Für Maßnahmen nach dem Fernstraßenbauprivatfinanzierungsgesetz hat das Bundesministerium für Verkehr, Bau- und Wohnungswesen ein Gutachten nebst Erläuterungsbericht zu einem Musterkonzessionsvertrag, eine Mustermautverordnung sowie Ausschreibungs- und Verdingungsunterlagen erstellt und veröffentlicht[22]. 9

1. Rechtsnatur

Rechtsnatur des Konzessionsvertrages ist eine **zivilrechtliche** Gestattung zur Nutzung der baulichen Anlage durch den Konzessionär. Diese Gestattung ist die Gegenleistung des Auftraggebers zu der von dem Konzessionär übernommenen Verpflichtung zur Herstellung der baulichen Anlage. Es handelt sich nicht etwa um eine hoheitliche Erlaubnis (Zulassung). Die Baukonzession ist damit insgesamt als **privatrechtlicher** Vertrag einzuordnen[23]. Entsprechendes gilt für die Phase der Nutzung der baulichen Anlage durch den Konzessionär. Dieser wird gegenüber der öffentlichen Hand als Verwaltungshelfer auf der Grundlage eines privatrechtlichen Vertrages tätig. Dies gilt auch dann, wenn zur Refinanzierung der Maßnahme nicht private Entgelte der jeweilige Nutzer (z.B. Maut) vereinnahmt, sondern hoheitliche Gebühren festgesetzt werden oder dem Konzessionär die Befugnis eingeräumt wird, öffentlich-rechtliche Abgaben zu erheben[24]. 10

Der Baukonzessionsvertrag hat nur **werkvertragsähnlichen** Charakter. Während § 631 BGB für den Werkvertrag ausdrücklich die Verpflichtung des Bestellers zur Entrichtung einer **Vergütung** vorsieht, erhält der Konzessionär für die Übernahme seiner Verpflichtungen keine **Vergütung**, sondern als Gegenleistung die **Berechtigung zur Nutzung der baulichen Anlage**, gegebenenfalls noch eine **Zuzahlung**[25]. 11

[22] Forschung, Straßenbau und Straßenverkehrstechnik 2001, Heft 822.
[23] *Ingenstau/Korbion/Portz* VOB/A § 32 Rdn. 1; *Reidt/Stickler* BauR 1997, 365.
[24] *Reidt/Stickler* BauR 1997, 365.
[25] Beck'scher VOB-Kommentar/*Reidt/Stickler* VOB/A § 32 Rdn. 28; *Ingenstau/Korbion/Portz* VOB/A § 32 Rdn. 1.

2. Beteiligte

12 Vertragspartner der Baukonzession sind der **Konzessionsgeber** und der **Konzessionsnehmer**. Konzessionsgeber muss ein öffentlicher Auftraggeber im Sinne von § 98 GWB sein. Die Errichtung und die Nutzung der baulichen Anlage müssen in die Zuständigkeit des Auftraggebers fallen[26]. Erfasst werden also nur Verträge, bei denen die Leistung an den öffentlichen Auftraggeber erbracht wird, der dabei auf Seiten der Güternachfrage auftritt. Der Vertrag muss den Beschaffungszwecken des Auftraggebers dienen[27].

13 Wer Konzessionsnehmer sein kann, ist nicht geregelt. Zu denken ist zunächst an das Bauunternehmen, das die bauliche Anlage selbst errichtet[28]. In der Regel werden Projektentwickler, Finanzierungskonsortien etc. die Baukonzessionen nehmen, da allein diese in der Lage sein werden, die Vorfinanzierungskosten zu sichern, so dass im Regelfall die eigentlichen Bauleistungen durch Vergabe entsprechender Bauaufträge an Dritte erbracht werden. Art und Umfang der Vergabe von Bauaufträgen an Dritte sollten in dem Vertrag möglichst umfassend geregelt werden, vgl. Artikel 3 Absatz 2 BKR[29].

3. Recht auf Nutzung der baulichen Anlage als Gegenleistung

14 Anstelle einer Vergütung erhält der Konzessionär das Recht auf Nutzung der errichteten baulichen Anlage. Da erforderlich ist, dass der öffentliche Auftraggeber im Rahmen seiner Zuständigkeit tätig wird, muss sich die Nutzung der baulichen Anlage im Rahmen des vorgesehenen öffentlichen Zwecks halten. So weit dies nicht durch einschlägige gesetzliche Regelungen sichergestellt ist, sind entsprechende Vereinbarungen im Konzessionsvertrag notwendig. Eine Berechtigung des Konzessionärs, die ihm eingeräumte Nutzung zu ändern, etwa aus wirtschaftlichen Gründen, besteht nicht. Der Konzessionär soll allein das Entgelt aus der **Nutzung der baulichen Anlage** erhalten[30].

15 Das erfolgt in der Regel durch **Erhebung von Entgelten** gegenüber **den Nutzern** der baulichen Anlage. Vergleichbar ist dies mit der Erhebung von Entgelten für ein- oder mehrmalige Nutzung öffentlicher Einrichtungen (z.B. für die Nutzung von Autobahnen, Tunneln etc. Die rechtlichen Rahmenbedingungen für die entsprechende Gebührenerhebung ergibt sich für den Bereich der Finanzierung von Fernstraßen bereits auf der Grundlage des Fernstraßenbauprivatfinanzierungsgesetzes (FstrPrivFinG)[31]. § 3 Absatz 3 FstrPrivFinG ist Ermächtigungsgrundlage für den Erlass einer Rechtsverordnung, die ermöglichen soll, dass der Konzessionär einen angemessenen Gewinn erwirtschaften kann. Auf dieser Grundlage wird der Konzessionär als Beliehener tätig (Mautgebühren). In diesen Fällen besteht also schon die Besonderheit, dass die Festlegung der Höhe der Gebühren durch Rechtsverordnung erfolgt. In anderen Fällen besteht Verhandlungsspielraum zwischen Konzessionsgeber und Konzessionsnehmer. Zu beachten ist stets, dass dann, wenn die Refinanzierung über Gebühren erfolgen soll, entsprechende gesetzliche Ermächtigungsgrundlagen bestehen müssen.

16 Anderenfalls kommen nur private Nutzungsentgelte in Betracht, die zwischen Konzessionsgeber und Konzessionsnehmer zu vereinbaren sind. Zu denken ist hier an die Festlegung bestimmter Entgelte über bestimmte Zeiträume, an die Ausgestaltung von Zustimmungsvorbehalten durch den Auftraggeber, Nachverhandlung, Wertsicherungsklauseln etc.

17 Über welchen Zeitraum dem Konzessionär die Nutzung der baulichen Anlage überlassen werden soll/muss, ist nicht geregelt. Der Zeitraum ist deshalb in der Ausschreibung bereits fest-

[26] Beck'scher VOB-Kommentar/*Reidt/Stickler* VOB/A § 32 Rdn. 18.
[27] BayOBLG ZfBR 2001, 116.
[28] Beck'scher VOB-Kommentar/*Reidt/Stickler* VOB/A § 32 Rdn. 19; *Ingenstau/Korbion/Portz* VOB/A § 32 Rdn. 4.
[29] *Ingenstau/Korbion/Portz* VOB/A § 32 Rdn. 4.
[30] Beck'scher VOB-Kommentar/*Reidt/Stickler* VOB/A § 32 Rdn. 20; *Heiermann/Riedl/Rusam* VOB/A § 32 Rdn. 7.
[31] BGBl 1994 I S. 2243.

zulegen, da dieser Zeitraum natürlich für die Kalkulationen von Bedeutung ist. Je nach Umfang der Maßnahme und den Investitionskosten sollten die Zeiträume für Baukonzessionen zwischen 10 und 50 Jahren liegen[32].

Zu regeln sind schließlich die weiteren Folgen der Beendigung des Konzessionszeitraums. Dies gilt vor allem dann, wenn nach dem Ablauf die bauliche Anlage weiter bestimmungsgemäß genutzt werden kann.

4. Zuzahlung

§ 32 Nr. 1 VOB/A sieht vor, dass „gegebenenfalls zuzüglich der Zahlung eines Preises" das Recht auf Nutzung der baulichen Anlage als Gegenleistung für die Bauarbeiten eingeräumt werden soll. Durch die Formulierung „statt in einer Vergütung" wird deutlich, dass die Zuzahlung von der Vergütung abzugrenzen ist. Die Zuzahlung darf nur zusätzlich zu dem Recht auf Nutzung der baulichen Anlage erfolgen. Entfällt das Nutzungsrecht, würde es sich um einen Bauauftrag handeln. Es drängt sich daher die Frage auf, in welchem Verhältnis die Zuzahlung zu dem Gesamtvolumen stehen darf, damit es sich noch um eine öffentliche Baukonzession handelt. Regelungen dafür sind nicht getroffen. Welche höchste Quote im Verhältnis der Zuzahlung zum Gesamtauftragswert im Rahmen von § 32 VOB/A noch zulässig ist, ist umstritten[33]. Dabei verbietet sich eine starre Gegenüberstellung der Höhe der Zuzahlung zu dem Gesamtbauvolumen. Zu berücksichtigen sind beispielsweise die von dem Konzessionär übernommenen Risiken, der vereinbarte Zeitraum, etwaige Gestaltungsmöglichkeiten bei der Nutzung der baulichen Anlage (Gebührenhöhe), so dass bei der Abgrenzung immer eine individuelle Prüfung und Bewertung vorgenommen werden muss. Die Rechtsprechung hat sich mit dieser Problematik nur auszugsweise befasst. Nach einer Entscheidung des OLG Schleswig soll eine Überschreitung der Zuzahlung von mehr als 20 % der Baukosten nicht als Vergütung, sondern noch als Zuzahlung angesehen werden können, wenn der Konzessionär noch einen bedeutenden Teil der Risiken, die mit der Nutzung verbunden sind, trägt[34]. 18

II. Anwendung der §§ 1 bis 31 VOB/A

Gemäß § 32 Nr. 2 VOB/A sind für die Vergabe von Baukonzessionen die §§ 1 bis 31 VOB/A **sinngemäß** anzuwenden. 19

1. Anwendung der Basisparagraphen

Die für den klassischen Bauvertrag konzipierten Bestimmungen der VOB/A können zwangsläufig aufgrund der Besonderheiten bei der öffentlichen Baukonzession nicht in vollem Umfang angewendet werden. Allerdings bedeutet dies nicht, dass der Auftraggeber bei der Vergabe der Baukonzessionen und der Aushandlung der Bedingungen völlig frei wäre. Durch den Verweis auf die sinngemäße Anwendung der §§ 1 bis 31 VOB/A wird sichergestellt, dass das Verfahren sich so weit als möglich nach dem richtet, was für den klassischen Bauvertrag geregelt wird. 20

Der deutlichste Unterschied zu dem klassischen Bauvertrag ist, dass der Konzessionsnehmer (abgesehen von der Zuzahlung) keine **Vergütung**, sondern anstelle dessen die Berechtigung zur Nutzung der baulichen Anlage als Gegenleistung für die Bauarbeiten erhält, § 31 Nr. 1 VOB/A. Deshalb gelten die Paragraphen, die sich mit der **Vergütung** des Anbieters befassen, nicht. Dazu gehören die §§ 5, 6, 15, 23 Nrn.3 und 4 VOB/A[35]. Im übrigen sind die Paragraphen uneingeschränkt zu beachten. Vorrangig zu nennen ist die Verpflichtung des Auftraggebers, die

[32] *Reidt* NVwZ 1996, 1156; *Heiermann/Riedl/Rusam* VOB/A § 32 Rdn. 4; bei dem Projekt Herrentunnel/Lübeck wurde eine Konzessionsdauer von 30 Jahren vereinbart, www.herrentunnel.de/Betreiber.

[33] *Höfler* WuW 2000, 136.

[34] OLG Schleswig ZVgR 1999, 249.

[35] *Reidt/Stickler* BauR 1997, 241.

Leistungen an fachkundige, leistungsfähige und zuverlässige Unternehmer (= Konzessionäre) zu vergeben. Dies gilt um so mehr, als dass es sich grundsätzlich um Maßnahmen von erheblicher Bedeutung handelt und dem Konzessionär die Nutzung der baulichen Anlage in aller Regel langfristig eingeräumt wird, der Konzessionär in diesem Rahmen oft auch als Beliehener tätig wird. Für die Art der Vergabe sowie die Auswahl der Vergabeverfahren gilt unterhalb der Schwellenwerte uneingeschränkt § 3 VOB/A. Aufgrund der Besonderheiten der Baukonzession und der zwangsläufig hohen Anforderungen an die Leistungsfähigkeit der Bieter würde sich empfehlen, diese einer Vorüberprüfung zu unterziehen, so dass eine öffentliche Ausschreibung gemäß § 3 Absatz1 VOB/A nicht geeignet ist. Die beschränkte Ausschreibung nach öffentlichem Teilnahmewettbewerb gemäß § 3 Nr. Absatz 1 VOB/A ist vorzuziehen[36]. Verwiesen wird durch § 32 Nr. 2 VOB/A auf die Basisparagraphen 1 bis 31 VOB/A. Damit wird die Rechtslage für die Vergabe von Baukonzessionen **unterhalb** der Schwellenwerte eindeutig geregelt.

2. Anwendung der VOB/B

21 Auch § 10 Nr. 1 Absatz 2 VOB/A ist bei der Baukonzession sinngemäß anzuwenden. Damit ist bestimmt, dass die Verdingungsunterlagen die Geltung der VOB/B vorzusehen haben[37]. Auch für die VOB/B kommt zwangsläufig – teilweise – nur eine sinngemäße Anwendung in Betracht. Zum einen gelten die Vorschriften nicht, die sich mit der **Vergütung** des Auftragnehmers befassen, §§ 2, 14, 15 und 16 VOB/B. Für die Baukonzession geeignet sind in aller Regel nicht die Möglichkeiten der frühzeitigen Beendigung des Bauvertrages (§§ 4 Nr. 7, 5 Nr. 4 und 6 Nr. 7 VOB/B). Auch das einfache Kündigungsrecht des Auftraggebers (§ 8 Nr. 1 Absatz 1 VOB/B) mit der Folge der grundsätzlichen Vergütungsverpflichtung des Auftraggebers kann nicht gelten.

22 Zusammengefasst bleibt festzuhalten, dass sich die Anwendung der VOB/B nur auf die Teile des Konzessionsvertrages erstrecken kann, die die Errichtung der baulichen Anlage als solche regelt. Für die Dauer der Nutzung der baulichen Anlage durch den Konzessionsnehmer (in der Regel ab Fertigstellung der Anlage) enthält die VOB/B keine Regelungen, die sinngemäß Anwendung finden können. Damit zeigt sich auch die Problematik der Wirksamkeit der Regelungen in der VOB/B, da diese zwangsläufig nicht „als Ganzes" vereinbart werden kann[38]. Da die Besonderheiten der Baukonzession voraussetzen, dass Vorschriften der VOB/B entweder überhaupt nicht oder nur modifiziert gelten können, stellt sich grundsätzlich die Problematik der Wirksamkeit der (noch) geltenden VOB/B[39]. Allerdings werden in aller Regel die Vertragspartner die notwendigen Abweichungen individuell ausgehandelt haben, so dass die §§ 305 ff. BGB nicht zur Anwendung kommen.

23 In anderen Fällen ist zu prüfen, ob die jeweilige Abweichung von der VOB/B durch die Besonderheiten der Konzession bedingt sind. In diesen Fällen ist es aufgrund der Verpflichtung der ausschreibenden Stelle zur Vereinbarung der VOB/B richtig, die (teilweise) geltenden oder modifizierten Regelungen als mit den §§ 305 ff. BGB in Einklang stehend zu behandeln.

§ 32 a Baukonzessionen

1. (1) **Für die Vergabe von Baukonzessionen mit einem geschätzten Gesamtauftragswert nach § 2 Nr. 4 VgV ohne Umsatzsteuer sind die a-Paragraphen nicht anzuwenden, ausgenommen die Regelungen nach den Absätzen 2 bis 4.**
(2) **Die Absicht eines öffentlichen Auftraggebers, eine Baukonzession zu vergeben, ist bekannt zu machen. Die Bekanntmachung hat nach Anhang X der Verordnung (EG) Nr. 1564/2005 zu erfolgen. Sie ist im Amtsblatt für amtliche Veröffentlichungen der Europäischen Gemeinschaften unverzüglich zu veröffentlichen.**
(3) **§ 17 a Nr. 2 gilt entsprechend.**

---

[36] *Heiermann/Riedl/Rusam* VOB/A § 32 Rdn. 20.
[37] *Reidt/Stickler* BauR 1997, 365.
[38] Beck'scher VOB-Kommentar/*Ganten/Jagenburg/Motzke* VOB/B Einleitung II, Rdn. 44.
[39] Vgl. dazu allerdings allgemein VOB/B Einleitung Rdn. 75 ff.

(4) Die Frist für den Eingang von Bewerbungen für die Konzession beträgt mindestens 52 Kalendertage, gerechnet vom Tag nach Absendung der Bekanntmachung.

2. (1) Die Absicht eines Baukonzessionärs, Bauaufträge an Dritte zu vergeben, ist bekannt zu machen. Die Bekanntmachung hat nach Anhang XI der Verordnung (EG) Nr. 1564/2005 zu erfolgen. Sie ist im Amtblatt der EG unverzüglich zu veröffentlichen.

(2) § 17 a Nr. 2 gilt entsprechend.

(3) Die Frist für den Eingang der Anträge auf Teilnahme beträgt mindestens 37 Kalendertage, gerechnet vom Tag nach Absendung der Bekanntmachung. Die Frist für den Eingang der Angebote beträgt mindestens 40 Kalendertage, gerechnet vom Tag der Absendung der Aufforderung zur Angebotsabgabe.

3. Baukonzessionäre, die öffentliche Auftraggeber sind, müssen bei der Vergabe von Bauaufträgen an Dritte mit einem geschätzten Gesamtauftragswert nach § 2 Nr. 4 VgV ohne Umsatzsteuer die Basisparagraphen mit a-Paragraphen anwenden.

Schrifttum: *Arndt* Die Privatfinanzierung von Bundesfernstraßen, 1997 – *Höfler* Vergaberechtliche Anforderungen an die Ausschreibung von Baukonzessionen, WuW 2000, 136 – *Jaeger* Public Private Partnership und Vergaberecht, NZBau 2001, 6 – *Kulartz/Niebuhr* Sachlicher Anwendungsbereich und wesentliche Grundsätze des materiellen GWB-Vergaberechts, OLG Brandenburg, „Flughafen Berlin-Schönefeld" und Folgen, NZBau 2000, 6 – *Noch* Die Abgrenzung öffentlicher Bauaufträge von den Liefer- und Dienstleistungsaufträgen, BauR 1998, 941 – *Reidt* Verfassungsrechtliche Aspekte der Mautfinanzierung von Fernstraßen, NVwZ 1996, 1156 – *Reidt* Rechtsfragen im Zusammenhang mit der Vergabe von Baukonzessionen, Nord ÖR 1999, 435 – *Reidt/Stickler* Das Fernstraßenbauprivatfinanzierungsgesetz und der Baukonzessionsvertrag – Das „Pilotprojekt" der Warnow-Querung in Rostock, Teil 1, BauR 1997, 241; Teil 2, BauR 1997, 365 – *Schwenker/Heinze* Vergaberechtliche Aspekte der Modernisierung von Fußballstadien, VergabeR 2001, 96 – *Siebel* (Hrsg.) Handbuch Projekt- und Projektfinanzierung, 2001 – *Thomas* Die Privatfinanzierung von Bundesfernstraßen, 1998, *Uechtritz* Mautfinanzierung des Alpaufstiegs – Einstieg in die Nutzerfinanzierung des Fernstraßenbaus, VBI 2002, 317.

Übersicht

A. Überblick

§ 32 a VOB/A behandelt die Baukonzession[1] bei Überschreitung des Schwellenwertes (5 Mio. Euro). Geregelt werden 3 Phasen: § 32 a Nr. 1 VOB/A betrifft zunächst die Voraussetzungen der Anwendbarkeit sowie das Prozedere der Bekanntmachung und Fristen für Bewerbungen, also die Phase des **Beginns der Vergabe** der Baukonzession. § 32 a Nr. 2 VOB/A regelt **Verpflichtungen des Baukonzessionärs** nach erteilter Baukonzession in Zusammenhang mit der Vergabe 1

[1] Ausführlich dazu VOB/A § 32, Rdn. 1 ff.

von Bauaufträgen an Dritte. In § 32 a Nr. 3 VOB/A ist der Sonderfall geregelt, dass öffentliche Auftraggeber Baukonzessionäre sind.

B. Erörterung

I. Überblick

2 § 32 a VOB/A behandelt den Beginn der Vergabe von öffentlichen Baukonzessionen, so weit der **Schwellenwert von 5 Mio. Euro überschritten** wird. Geregelt wird in § 32 a Nr. 1 Absatz 1 VOB/A zunächst, dass in diesen Fällen die a-Paragraphen der VOB/A **nicht** gelten. Ausnahmen von diesem Grundsatz sind hinsichtlich der Bekanntmachungen in § 32 a Absätze 2 und 3 VOB/A und hinsichtlich der Bewertungsfristen in § 32 a Absatz 4 VOB/A vorgeschoben. Wenn der Konzessionär nach der Vergabe der Konzession Bauleistungen an Dritte vergeben will, ist § 32 a Nr. 2 VOB/A zu beachten. § 32 a Nr. 2 VOB/A regelt Bekanntmachungspflichten in Absatz 1 und 2 sowie Bewerbungs- (Absatz3 Satz 2) und Angebotsfristen, Absatz 3 Satz 2. § 32 a Nr. 3 VOB/A regelt wiederum die umfassende Anwendung der a-Paragraphen in den Fällen, bei denen bei Überschreitung des Schwellenwertes öffentliche Auftraggeber Baukonzessionäre sind.

II. Vergabe oberhalb des Schwellenwertes, Nr. 1

1. Unanwendbarkeit der a-Paragraphen

3 § 32 a Nr. 1 Absatz 1 VOB/A bestimmt, dass für die Vergabe von Baukonzessionen mit einem geschätzten Gesamtauftragswert von mindestens 5 Mio. Euro die a-Paragraphen (vorbehaltlich der Absätze 2 bis 4) nicht anzuwenden sind. Bis zu der Neufassung der VOB im Jahre 2000 enthielt § 32 a VOB/A keinen Hinweis darauf, dass die Vorschrift erst bei Erreichung des Schwellenwertes gilt. Es war deshalb streitig, ob § 32 a VOB/A auch ohne Berücksichtigung eines Schwellenwertes Anwendung fände. Durch die ausdrückliche Erwähnung des Schwellenwertes erfolgte insoweit eine Klarstellung[2].

4 Der Schwellenwert beträgt, wie auch in Artikel 3 Absatz 1 BKR geregelt, 5 Mio. Euro. Auszugehen ist von einem Volumen in Höhe von 5 Mio. Euro **ohne Umsatzsteuer**, was sich aus § 1 a Nr. 1 Abs. 1 Satz 1 VOB/A ergibt. Dort ist ausdrücklich die Nichtberücksichtigung der Umsatzsteuer erwähnt[3]. Zwangsläufig bestehen Schwierigkeiten darin, den Schwellenwert zu bemessen, weil der Baukonzessionär **keine Vergütung**, sondern als Gegenleistung das Recht auf Nutzung der baulichen Anlage erhält (gegebenenfalls zzgl. der Zuzahlung). Was der „Gesamtauftragswert" in § 32 a Nr. 1 Abs. 1 VOB/A bedeutet, ist dort nicht näher geregelt. Vor der Neufassung wurde dazu die Auffassung vertreten, dass insoweit § 1 a VOB/A Anwendung finden müsse[4]. Vertreten wurde weiter, dass für die Berechnung des Schwellenwertes auf den Gesamtwert, hilfsweise auf den Wert einer vergleichbaren baulichen Anlage abzustellen sei, der den Konzessionsvertrag zugrunde liegen soll[5]. Bei näherer Betrachtung werden sich die verschiedenen Auffassungen im Ergebnis nicht widersprechen, weil ein Gesamtauftragswert bei einer Baukonzession nicht ermittelt werden kann, zumal nicht einfach auf die Beträge abgestellt werden kann, die für die eigentlichen Bauleistungen an beteiligte Dritte aufgewandt werden müssen. Gleichwohl muss die Höhe der voraussichtlichen Baukosten bei der Prüfung der Überschreitung des Schwellenwertes eine gewichtige Rolle spielen. Dies auch in Zusammenhang mit der Frage der Refinanzierung des Baukonzessionärs, etwa zur Berechnung der voraussichtlichen Höhe der Nutzungsgebühren[6].

---

[2] Beck'scher VOB-Kommentar/*Reidt/Stickler* VOB/A § 32 a, Rdn. 4.
[3] *Heiermann/Riedl/Rusam* VOB/A § 32, Rdn. 18.
[4] *Ingenstau/Korbion/Portz* VOB/A § 32 a, Rdn. 4.
[5] *Reidt/Stickler* BauR 1997, 241.
[6] Beck'scher VOB-Kommentar/*Reidt/Stickler* VOB/A § 32 a, Rdn. 5.

5 § 32 a VOB/A ist daher so auszulegen, dass die ausschreibende Stelle eine fiktive Berechnung anstellen muss, und zwar dergestalt, dass die Kosten geschätzt werden, die für die bauliche Anlage anfallen würden, wenn diese als „klassischer Bauvertrag" beauftragt und realisiert werden würde. Gegebenenfalls kann ein Sachverständiger diesen Wert ermitteln[7]. Bei der Schätzung sind die in § 1 a VOB/A geregelten Grundsätze zu beachten, so dass der geschätzte Wert der vom Auftraggeber bereit gestellten Stoffe, Bauteile und Leistungen ebenfalls zu berücksichtigen ist. Der maßgebliche Zeitpunkt für die Schätzung muss der Einleitung des ersten Vergabeverfahrens entsprechen, da zu diesem Zeitpunkt endgültig Anwendung von § 32 a VOB/A geklärt sein muss, vgl. auch § 1 a Nr. 3 VOB/A.

2. Bekanntmachung

6 § 32 a Nr. 1 Absatz 2 VOB/A regelt die **Bekanntmachung** der Absicht des öffentlichen Auftraggebers, eine Baukonzession zu vergeben. Dabei ist der Anhang G zu beachten, § 32 a Absatz 2 Satz 2 VOB/A. Die Bekanntmachung ist im Amtsblatt für amtliche Veröffentlichungen der Europäischen Gemeinschaften unverzüglich zu veröffentlichen. Unverzüglich bedeutet auch hier ohne schuldhaftes Zögern (§ 121 BGB).

7 Aufgrund der Verweisung durch § 32 a Nr. 1 Abs. 3 VOB/A gilt entsprechend § 17 a Nr. 2 VOB/A, der die Einzelheiten der Bekanntmachung im Amtsblatt regelt. Auf die entsprechenden Erläuterungen wird verwiesen. Der in bezug genommene Anhang E ist unter VOB/A DIN 1960 in Abschnitt 2 abgedruckt.

8 Nach § 32 a Nr. 1 Abs. 4 VOB/A beträgt die Frist für den Eingang von Bewerbungen für die Konzession mindestens 52 Kalendertage, gerechnet vom Tag nach Absendung der Bekanntmachung. Durch die Formulierung **Kalender**tage wird deutlich, dass für die Berechnung der Frist auch Samstage/Sonn- und Feiertage zu berücksichtigen sind. Eine Verkürzung der Frist (vgl. § 18 a Nr. 1 Abs. 2 VOB/A) ist nicht möglich[8]. Voraussetzung für den Fristbeginn ist eine **ausreichende Bekanntmachung**. Wenn Berichtigungen notwendig sind, beginnt die Frist mit Absendung der Bekanntmachung der Berichtigung[9]. Abweichende Auffassungen dahingehend, dass in diesen Fällen die Frist durch die unzureichende Bekanntmachung in Gang gesetzt wurde und eine Verlängerung gemäß § 242 BGB erfolgen müsse[10] oder Hinweise auf eine analoge Anwendung von § 18 a Nr. 1 Abs. 3 VOB/A[11], sind abzulehnen. § 32 a Nr. 1 Abs. 3 VOB/A verweist nur auf die Geltung von § 17 a Nr. 2 VOB/A.

9 Geregelt ist in § 32 a Abs. 4 VOB/A nur die Frist für den Eingang von Bewerbungen nach Bekanntmachung. Regelungen über Fristen bei öffentlicher Ausschreibung oder beschränkter Ausschreibung nach öffentlichen Teilnahmewettbewerb finden sich nicht. Dazu wird vertreten, dass über die Verweisung in § 32 Nr. 2 VOB/A auf die Geltung der a-Paragraphen eine entsprechende Anwendung von § 18 Nr. 1 VOB/A in diesen Fällen möglich sein soll[12]. Da § 32 aVOB/A die entsprechende Verweisung nicht vorsieht, liegt es näher, auch in diesen Fällen von der Frist von 52 Kalendertagen auszugehen[13].

III. Bekanntmachung des Baukonzessionärs, Nr. 2

1. Allgemeines

10 § 32 a Nr. 2 VOB/A regelt die **Verpflichtung des Baukonzessionärs**, bei der Vergabe von Bauaufträgen an Dritte diese Absicht bekannt zu machen. Form und Fristen werden im einzelnen

[7] *Ingenstau/Korbion/Portz* VOB/A § 32 a, Rdn. 4.
[8] *Ingenstau/Korbion/Portz* VOB/A § 32 a, Rdn. 4.
[9] Beck'scher VOB-Kommentar/*Reidt/Stickler* VOB/A § 32 a, Rdn. 8
[10] *Ingenstau/Korbion/Portz* VOB/A § 32 a, Rdn. 4.
[11] *Ingenstau/Korbion/Portz* VOB/A § 32 a, Rdn. 4.
[12] Beck'scher VOB-Kommentar/*Reidt/Stickler* VOB/A § 32 a, Rdn. 9.
[13] *Ingenstau/Korbion/Portz* VOB/A § 32 a, Rdn. 4.

(mit Verweisen) geregelt. Ob § 32 a Nr. 2 VOB/A für die Baukonzession schlechthin gilt, also ohne Rücksicht der Erreichung der Schwellenwerte, ist umstritten. Nach einer Auffassung soll es für die Anwendbarkeit nicht darauf ankommen, ob der Schwellenwert erreicht oder überschritten wird[14]. Aufgrund dessen, dass § 32 a Nr. 2 VOB/A voraussetzt, dass die Voraussetzungen von § 32 a Nr. 1 VOB/A eingehalten sind, damit der Gesamtauftragswert 5 Mio. Euro betragen muss, stellt sich nur die Frage, ob unter diesen Voraussetzungen auch eine Bekanntmachungsverpflichtung besteht, wenn die zu vergebenden Aufträge im einzelnen unter dem Schwellenwert liegen. Durch § 1 a Nr. 1 Abs. 1 Satz 1 lit. b) VOB/A in der Fassung 2000 ist klargestellt, dass private Baukonzessionäre, die in § 98 Nr. 6 GWB genannt sind, dann zur Anwendung der a-Paragraphen verpflichtet sind, wenn dem geschätzten **Gesamt**auftragswert ein Gegenwert von mindestens 5 Mio. Euro entspricht. Maßgeblich für diese Verpflichtung ist nicht der Wert der erteilten Konzession, sondern der Wert des konkreten Bauauftrags[15]. Der Konzessionär ist also nur verpflichtet, bei der Vergabe von Bauaufträgen an Dritte mit einem Volumen von mehr als 5 Mio. Euro § 32 a Nr. 2 VOB/A anzuwenden.

11 Problematisch kann auch die Prüfung sein, wer „Dritter" im Sinne von § 32 a Nr. 2 VOB/A ist, wenn es um die Vergabe von Bauaufträgen an mit dem Konzessionär **verbundene Unternehmen** geht. Die Begriffsbestimmung von verbundenen Unternehmen ist Artikel 3 Absatz 4 Satz 3 und 4 BKR zu entnehmen. Es kommt darauf an, ob es sich um Unternehmen handelt, auf die der Konzessionär unmittelbar/mittelbar beherrschenden Einfluss ausüben könnte oder die ihrerseits einen beherrschenden Einfluss auf den Konzessionär haben könnten. Der beherrschende Einfluss wird nach Artikel 3 Absatz 4 Satz 5 BKR vermutet, wenn ein Unternehmen unmittelbar/mittelbar die Mehrheit des gezeichneten Kapitals des anderen Unternehmens besitzt, über die Mehrheit der mit den Anteilen eines anderen Unternehmens verbundenen Stimmrechte verfügt, oder mehr als die Hälfte der Mitglieder des Verwaltungs-, Leitungs- oder Aufsichtsorgans des anderen Unternehmens bestellen kann. In diesen Fällen handelt es sich funktional betrachtet nicht mehr um die Auftragsvergabe an einen „Dritten" im Sinne von Nr. 2, so dass die Bekanntmachungsvorschriften dann auch nicht anzuwenden sind.

2. Form/Frist

12 Die Bekanntgabe muss nach § 32 a Absatz 1 Satz 2 VOB/A mit dem Anhang H erfolgen und ist im Amtsblatt der EG unverzüglich (§ 121 BGB) zu veröffentlichen. Auch hier gilt § 17 a Nr. 2 VOB/A entsprechend § 32 a Nr. 2, Absatz 2 VOB/A Anhang H erlaubt die Bekanntmachung nach Wahl des Konzessionärs im offenen Verfahren, nicht offenen Verfahren oder im Verhandlungsverfahren. Es besteht ein freies Wahlrecht des Konzessionärs, der deshalb auch jederzeit das Verhandlungsverfahren anwenden kann[16].

13 Nach § 32 a Nr. 2 Absatz 3 VOB/A beträgt die Frist für den Eingang der Anträge auf Teilnahme mindestens 37 Kalendertage, gerechnet vom Tag der Absendung der Bekanntmachung. Die Frist für den Eingang der Angebote beträgt mindestens 40 Kalendertage, gerechnet vom Tag der Absendung zur Aufforderung zur Angebotsabgabe. Für die Berechnung der Fristen kann auf die Ausführungen zu § 32 a Nr. 1 Absatz 4 VOB/A verwiesen werden (Rdn. 6, 7).

IV. Öffentliche Auftraggeber als Baukonzessionär, Nr. 3

1. Allgemeines

14 Gemäß § 32 a Nr. 3 VOB/A müssen Baukonzessionäre, die öffentliche Auftraggeber sind, bei der Vergabe von Bauaufträgen an Dritte mit geschätztem Gesamtauftragswert von mindestens 5 Mio. Euro die Basisparagraphen anwenden. Damit wird Artikel 3 Absatz 3 BKR in nationales Recht

[14] Vgl. *Heiermann/Riedl/Rusam* VOB/A § 32, Rdn. 24.
[15] Beck'scher VOB-Kommentar/*Reidt/Stickler* VOB/A § 32 a, Rdn. 14.
[16] *Franke/Kemper/Zanner/Grünhagen* VOB/A § 32 a, Rdn. 45.

umgesetzt. Da sich die Verpflichtung öffentlicher Auftraggeber, neben den Basisparagraphen auch Abschnitt 2 der VOB/A anzuwenden, bereits aus § 98 Nr. 1 bis 3 GWB in Verbindung mit § 3 Absatz 1 VgV ergibt, hat § 32 a Nr. 3 VOB/A nur **klarstellende Bedeutung**[17].

2. Voraussetzungen

Wer „öffentlicher Auftraggeber" im Sinne von § 32 a Nr. 3 VOB/A ist, wird nicht definiert. 15
Öffentliche Auftraggeber sind diejenigen, die in § 98 Nr. 1 bis 3 GWB genannt sind. Der Meinungsstreit, ob öffentliche Auftragnehmer als Baukonzessionäre ungeachtet des Erreichens/Überschreitens von Schwellenwerten umfassend zur Anwendung der a-Paragraphen verpflichtet waren, hat sich durch die Ergänzung von § 32 a Nr. 3 VOB/A erledigt[18]. Die Vorschrift findet ausdrücklich nur auf Bauaufträge mit einem geschätzten Gesamtbauauftragswert von mindestens 5 Mio. Euro Anwendung. Für die Erreichung des Schwellenwertes ist auf § 1 a VOB/A abzustellen (Rdn. 4).

3. Folgen für den Auftraggeber

Es wird vertreten, dass aufgrund der Verpflichtung des öffentlichen Auftraggebers bei der 16
Vergabe von Bauaufträgen umfassend die Basisparagraphen mit a-Paragraphen anzuwenden, eine Benachteiligung gegenüber privaten Baukonzessionen gegeben sein soll[19]. Dies unter Hinweis darauf, dass die privaten Konzessionäre hinsichtlich des Vergabeverfahrens weitgehend frei sind, da ein Wahlrecht besteht, ob der Konzessionär im offenen Verfahren, im nichtoffenen Verfahren oder im Verhandlungsverfahren vergibt (Rdn. 12). Demgegenüber ist der öffentliche Auftraggeber als Konzessionär verpflichtet, grundsätzlich das offene Verfahren zu wählen, § 3 a Nr. 2 i.V.m. § 3 Nr. 2 VOB/A. Eine Benachteiligung ist tatsächlich nicht gegeben, weil selbstverständlich der öffentliche Auftraggeber, handelt es sich um den „klassischen Bauvertrag", an die a-Paragraphen gebunden ist, wenn die Schwellenwerte überschritten werden. Um diese Bindung des öffentlichen Auftraggebers sicherzustellen, ist die in § 32 a Nr. 3 vorgenommene Einschränkung sachgerecht und notwendig, da nicht ersichtlich ist, wieso der öffentliche Auftraggeber dann, wenn der Weg über die Baukonzession gewählt wird, bei der sich anschließenden Vergabe von Bauverträgen frei verfahren kann. Ungeachtet dessen besteht für den öffentlichen Auftraggeber einer Baukonzession ohnehin die Möglichkeit, im Zuge des Konzessionsvertrages den Konzessionsnehmer zu verpflichten, bei der Beauftragung von Dritten mit Bauleistungen ebenfalls die VOB/A anzuwenden.

§ 33 a Melde- und Berichtspflichten

1. Auf Verlangen der Kommission der Europäischen Gemeinschaften ist der Vergabevermerk zu übermitteln.
2. Für die jährlich fällige EG-Statistik ist der zuständigen Stelle eine Meldung vorzulegen, die mindestens folgende Angaben enthält:
   a) bei den Ministerien des Bundes:
      1. für jeden einzelnen öffentlichen Auftraggeber den geschätzten Gesamtwert der Aufträge unterhalb der Schwellenwerte;
      2. für jeden einzelnen öffentlichen Auftraggeber Anzahl und Wert der Aufträge über den Schwellenwerten, so weit wie möglich aufgeschlüsselt nach Verfahren, Kategorien von Bauarbeiten entsprechend der geltenden EG-Nomenklatur und Nationalität des Unternehmens, das den Zuschlag erhalten hat, bei Verhandlungsverfahren aufgeschlüsselt nach § 3 a Nr. 4 und 5, mit Angaben über Anzahl und Wert der Aufträge, die in die einzelnen Mitgliedsstaaten und in Drittländer vergeben wurden;

[17] *Reidt/Stickler/Glahs* Vergaberecht 2000 § 89, Rdn. 64.
[18] Vgl. die Zusammenstellung bei Beck'scher VOB-Kommentar/*Reidt/Stickler* VOB/A § 32 a, Rdn. 26.
[19] Beck'scher VOB-Kommentar/*Reidt/Stickler* VOB/A § 32 a, Rdn. 29.

b) bei den anderen öffentlichen Auftraggebern im Sinne des § 98 des Gesetzes gegen Wettbewerbsbeschränkungen Angaben für jede Kategorie von Auftraggebern über Anzahl und Wert der Aufträge über den Schwellenwerten, soweit wie möglich aufgeschlüsselt nach Verfahren, Kategorien von Bauarbeiten entsprechend der geltenden EG-Nomenklatur und Nationalität des Unternehmens, das den Zuschlag erhalten hat, bei Verhandlungsverfahren aufgeschlüsselt nach § 3 a Nr. 4 und 5, mit Angaben über Anzahl und Wert der Aufträge, die in die einzelnen Mitgliedstaaten und in Drittländer vergeben wurden;

c) bei den vorstehend unter Buchstabe a aufgeführten öffentlichen Auftraggebern Angaben für jeden Auftraggeber über Anzahl und Gesamtwert der Aufträge, die aufgrund von Ausnahmeregelungen zum Beschaffungsübereinkommen vergeben wurden; bei den andern öffentlichen Auftraggebern im Sinne des § 98 des Gesetzes gegen Wettbewerbsbeschränkungen Angaben für jede Kategorie von Auftraggebern über den Gesamtwert der Aufträge, die aufgrund von Ausnahmeregelungen zum Beschaffungsübereinkommen vergeben wurden.

Übersicht

I. Allgemeines

1 § 33 a findet allein für EU-weite Ausschreibungen von Baumaßnahmen Anwendung (VOB/A Abschnitt 2), es gibt keine entsprechende Vorschrift in den Basis-Paragrafen des Abschnittes 1. Früher enthielt der seit der VOB-Fassung 2000 aufgehobene § 30 a Melde- und Berichtspflichten in dem dort aufgezeigten Umfang[1].

II. Mitteilungen an die EU-Kommission (Nr. 1)

2 § 33 a Nr. 1 nimmt Bezug auf den sog. Vergabevermerk. Dieser ist in § 30 VOB/A nach Form und Inhalt geregelt[2]. Die der EG-Kommission mitzuteilenden Angaben waren früher hier in § 33 a aufgezählt. Nach jetziger Rechtslage ist dies nicht mehr notwendig, weil alle diese Einzelheiten bereits in den Vergabevermerk aufgenommen werden müssen (§ 30 Nr. 1 a–j); somit genügt es jetzt zu sagen, dieser sei zu übermitteln. Außerdem ist zu beachten, dass eine Berichtsnotwendigkeit nur „auf Verlangen“ der EG-Kommission besteht; andernfalls treffen den Auftraggeber keine Melde- oder Berichtspflichten.

III. Meldungen für die EU-Statistik (Nr. 2)

3 Diese Vorschrift löste den bis zum Inkrafttreten der VOB 2000 geltenden § 30 a Nr. 2 ab, wonach für die alle zwei Jahre fällige Statistik eine Meldung nach Anhang F zu erfolgen hatte. Nach der Neuregelung müssen nun **jährlich** diese Angaben gemacht werden. Ferner findet hinsichtlich der zu meldenden Einzelheiten eine Differenzierung statt nach

– Ministerien des Bundes, die für jeden Auftraggeber aus ihrem Ressort den geschätzten Gesamtwert unter- und oberhalb der Schwellenwerte (Buchstabe a) sowie die Aufträge (Anzahl und Gesamtwert), die aufgrund von Ausnahmeregelungen zum Beschaffungsübereinkommen erteilt wurden (Buchstabe c), angeben müssen, und

[1] Vgl. VOB/A § 30 Rdn. 2.
[2] Vgl. dort Rdn. 2 und 3.

– anderen öffentlichen Auftraggebern gem. § 98 GWB, die nur über Anzahl und Wert der Aufträge oberhalb der Schwellenwerte und über Aufträge (Gesamtwert), die aufgrund von Ausnahmen zum Beschaffungsübereinkommen erteilt wurden, Auskunft erteilen müssen (Buchstabe b und c).

„Zuständige Stelle", bei der die vergebenen Aufträge zu melden sind, ist das Bundesministerium für Wirtschaft und Technologie. Dieses gibt dann die Daten zur Erstellung der Statistik weiter. 4

§ 33 b Aufbewahrungs- und Berichtspflichten

1. (1) Sachdienliche Unterlagen über jede Auftragsvergabe sind aufzubewahren, die es zu einem späteren Zeitpunkt ermöglichen, die Entscheidungen zu begründen über
a) die Prüfung und Auswahl der Unternehmer und die Auftragsvergabe,
b) den Rückgriff auf Verfahren ohne vorherigen Aufruf zum Wettbewerb gem. § 3 b Nr. 2,
c) die Inanspruchnahme vorgesehener Abweichungsmöglichkeiten von der Anwendungsverpflichtung.
d) Der Auftraggeber trifft geeignete Maßnahmen, um den Ablauf der mit elektronischen Mitteln durchgeführten Vergabeverfahren zu dokumentieren.
(2) Die Unterlagen müssen mindestens vier Jahre lang ab Auftragsvergabe aufbewahrt werden, damit der Auftraggeber der Kommission der Europäischen Gemeinschaften in dieser Zeit auf Anfrage die erforderlichen Auskünfte erteilen kann.

2. Die Sektorenauftraggeber übermitteln der Bundesregierung entsprechend deren Vorgaben jährlich eine statistische Aufstellung über den Gesamtwert der vergebenen Aufträge, die unterhalb der Schwellenwerte liegen und die jedoch ohne eine Schwellenwertbegrenzung diesen Regelungen unterliegen würden.

3. Die Auftraggeber in den Bereichen der Trinkwasser- und Elektrizitätsversorgung, des Stadtbahn-, Straßenbahn-, O-Bus- oder Omnibusverkehrs, der Flughafeneinrichtungen und des See- oder Binnenhafenverkehrs oder anderer Verkehrsendpunkte teilen der Bundesregierung entsprechend deren Vorgaben jährlich den Gesamtwert der Aufträge mit, die im Vorjahr vergeben worden sind. Diese Meldepflicht gilt nicht, wenn der Auftraggeber im Berichtszeitraum keinen Auftrag über dem in § 1 b Nr. 1 genannten Schwellenwert zu vergeben hatte.

4. Die Auftraggeber übermitteln die Angaben nach den Nrn. 2 und 3 spätestens bis zum 31. August jeden Jahres für das Vorjahr an das Bundesministerium für Wirtschaft und Technologie.

Übersicht

I. Allgemeines

§ 33 b regelt Aufbewahrungs- und Berichtspflichten über alle Vergaben öffentlicher Auftraggeber, die im sog. Sektorenbereich tätig sind[1]. Die dort genannten Verpflichtungen stellen eine organisatorische Maßnahme dar, mit der auch eine spätere Dokumentation des Verfahrensganges möglich sein soll, wenn die EU-Kommission dies aus noch zu erläuternden Erwägungen für notwendig erachtet. 1

[1] Vgl. dazu die EU-Vergaberichtlinie 2004/17/EG vom 31.3.2004, welche die SKR vom 14.7.1993 (93/38/EG) abgelöst hat. Deshalb musste § 33b in Bezug auf die Meldepflichten (Nr. 2–4) inhaltlich neu gefasst werden, ebenso § 14 SKR.

II. Aufbewahrungspflicht (Nr. 1)

2 Nr. 1 fordert die Aufbewahrung sachdienlicher Unterlagen über jede Auftragsvergabe, ohne diese näher zu definieren. Lediglich aus den unter a) bis c) genannten Zielsetzungen lässt sich ableiten, dass es sich im Wesentlichen um Fakten handelt, die der Vergabevermerk gem. § 30 VOB/A enthalten muss; auf die dort gemachten Ausführungen darf daher verwiesen werden. Die unter Buchst. c) genannten „Abweichungsmöglichkeiten" beziehen sich auf § 100 Abs. 2 GWB, der inhaltlich die Artikel 14 und 15 der Vergaberichtlinie 2004/18/EG sowie Art. 21 und 22 der Vergaberichtlinie 2004/17/EG (beide vom 31.3.2004), speziell für die Durchführung von Baumaßnahmen, wiedergibt. Demnach sind auch die Unterlagen von den Maßnahmen aufbewahrungspflichtig, die nicht nach VOB/A, 3. Abschnitt, vergeben werden müssen, z.B. für die Stationierungsstreitkräfte.

Nr. 1 Abs. 2 schreibt eine Mindestaufbewahrungszeit von vier Jahren ab Auftragserteilung vor, um der EU-Kommission die erforderlichen Auskünfte erteilen zu können. Dazu bedarf es aber einer ausführlichen Anfrage von dort, eine automatische Vorlagepflicht besteht nicht.

III. Meldepflichten für statistische und sonstige Zwecke (Nr. 2–4)

3 Die in Nr. 2 angesprochenen Sektorenauftraggeber (§ 98 GWG) haben der Bundesregierung nach deren Vorgaben jährlich bis zum 31. August (Nr. 4) eine Statistik zu übermitteln, die den Gesamtwert der im Vorjahr erteilten Aufträge aufgrund von SKR-Vergaben (nach Abschnitt 3) unterhalb der Schwellenwerte ausweist, desgleichen die Vergaben, die zwar mit ihrem geschätzten Auftragswert oberhalb des Schwellenwertes liegen, aber nicht EU-weit ausgeschrieben werden mussten (vgl. § 100 Abs. 2 GWB). Die in Nr. 3 namentlich aufgezählten SKR-Auftraggeber dagegen müssen jährlich nur den Gesamtwert der im Vorjahr vergebenen Aufträge mitteilen. Die Meldepflicht entfällt jedoch, wenn im Berichtszeitraum kein Auftrag über dem in § 1 SKR Nr. 2 genannten Schwellenwert vergeben wurde. Empfänger dieser Mitteilungen ist das Bundesministerium für Wirtschaft und Technologie (Nr. 4).

Dieses Verfahren hat offensichtlich Kontroll- und Verprobungscharakter: Die EU legt nämlich Wert darauf zu wissen, in welchem prozentualen Umfang öffentliche Baumaßnahmen dem europäischen Markt zugeführt werden.

§ 1 Bauleistungen, Geltungsbereich

1. Bauleistungen sind Arbeiten jeder Art, durch die eine bauliche Anlage hergestellt, instand gehalten, geändert oder beseitigt wird.

2. (1) Die Bestimmungen sind von Sektorenauftraggebern für Bauaufträge anzuwenden, bei denen der geschätzte Gesamtauftragswert der Baumaßnahme bzw. des Bauwerks (alle Bauaufträge für eine bauliche Anlage) mindestens dem in § 2 Nr. 4 Vergabeverordnung (VgV) genannten Schwellenwert ohne Umsatzsteuer entspricht. Der Gesamtauftragswert umfasst auch den geschätzten Wert der vom Auftraggeber beigestellten Stoffe, Bauteile und Leistungen.

(2) Werden die Bauaufträge im Sinne von Absatz 1 für eine bauliche Anlage in Losen vergeben, sind die Bestimmungen anzuwenden
– bei jedem Los mit einem geschätzten Auftragswert von 1 Mio. Euro und mehr,
– unabhängig davon für alle Bauaufträge, bis mindestens 80 v.H. des geschätzten Gesamtauftragswertes aller Bauaufträge für die bauliche Anlage erreicht sind.

3. Eine bauliche Anlage darf für die Schwellenwertermittlung nicht in der Absicht aufgeteilt werden, sie der Anwendung der Bestimmungen zu entziehen.

4. Lieferungen, die nicht zur Ausführung der baulichen Anlage erforderlich sind, dürfen dann nicht mit einem Bauauftrag vergeben werden, wenn dadurch für sie die Anwendung der für Lieferleistungen geltenden EG-Vergabebestimmungen umgangen wird.

5. Der Wert einer Rahmenvereinbarung (§ 4 SKR) wird auf der Grundlage des geschätzten Höchstwertes aller für den Zeitraum ihrer Geltung geplanten Aufträge berechnet.
6. Maßgebender Zeitpunkt für die Schätzung des Gesamtauftragswertes ist die Einleitung des ersten Vergabeverfahrens für die bauliche Anlage.

Übersicht

I. Rechtsgrundlagen für die Anwendung der VOB/A-SKR

§ 1 VOB/A-SKR richtet sich an die Sektorenauftraggeber. In § 1 VOB/A-SKR ist nicht geregelt, welcher Sektorenauftraggeber unter den Geltungsbereich von Abschnitt 4 der VOB/A fällt. Dies ergibt sich erst aus § 7 Abs. 2 Nr. 2 Vergabeverordnung (VgV), der folglich im Zusammenhang mit § 1 VOB/A-SKR zu lesen ist. 1

Anders als gegenüber den Abschnitten 2 und 3 der VOB/A greifen die SKR-Regeln nicht ergänzend bzw. zusätzlich zu den Basisparagraphen des ersten Abschnittes, sondern sie sind originär anwendbar. Es kommt lediglich im Ausnahmefall eine analoge Anwendung der Basisparagraphen in Betracht, wenn dies aus den Gründen der Einhaltung der allgemeinen Vergaberechtsgrundsätze des EG-Primärrechts zur Einhaltung des Diskriminierungsverbotes, des Wettbewerbgebotes und/oder des Transparentgebotes erforderlich sein sollte.[1]

II. Verweis auf wortgleiche Regelungen in den übrigen Abschnitten der VOB/A

Wort- und inhaltsgleich sind in anderen Abschnitten der VOB/A nachfolgende Regelungen übernommen, derentwegen wir auf die dortige Kommentierung verweisen: 2

§ 1 Nr. 1 VOB/A-SKR ist wortgleich mit § 1 VOB/A.

III. § 1 Nr. 2 Abs. 1 VOB/A-SKR – Sektorenauftraggeber

§ 7 Abs. 2 Nr. 2 VgV bestimmt, dass die in § 98 Nr. 1 bis 3 GWB genannten Auftraggeber, die eine Tätigkeit nach § 8 Nr. 2, Nr. 3 oder Nr. 4 a VgV ausüben, und die in § 98 Nr. 4 GWB genannten Auftraggeber bei der Vergabe von Bauaufträgen die Bestimmungen des vierten Abschnittes des Teil A der Verdingungsordnung für Bauleistungen (VOB/A) anzuwenden haben. 3

[1] *Franke/Kemper/Zanner/Grünhagen* VOB/A-SKR § 1, Rdn. 2.

1. Öffentlicher Auftraggeber gemäß § 98 Nr. 1 bis 3 GWB, die Tätigkeiten auf dem Gebiet der Elektrizitäts- und Gasversorgung, Wärmeversorgung und der Versorgung von Beförderungsunternehmen im Luftverkehr

4 Die klassischen öffentlichen Auftraggeber nach § 98 Nr. 1 bis 3 GWB fallen unter die VOB/A-SKR wenn sie nachfolgende Sektorentätigkeiten ausüben:

§ 8 Nr. 1 VgV Trinkwasserversorgung:

Tätigkeit im Sektorenbereich **Trinkwasserversorgung** ist definiert als die Bereitstellung und das Betreiben fester Netze zur Versorgung der Öffentlichkeit im Zusammenhang mit der Gewinnung, dem Transport oder der Verteilung von Trinkwasser sowie die Versorgung dieser Netze mit Trinkwasser; dies gilt auch, wenn diese Tätigkeit mit der Ableitung und Klärung von Abwässern oder mit Wasser-Bauvorhaben sowie Vorhaben auf dem Gebiet der Bewässerung und der Entwässerung im Zusammenhang steht, sofern die zur Trinkwasserversorgung bestimmte Wassermengen mehr als 20 v.H. der mit dem Vorhaben der Bewässerungs- oder Entwässerungsanlagen zur Verfügung gestellten Gesamtwassermenge ausmacht.

§ 8 Nr. 2 VgV Elektrizitäts- und Gasversorgung:

Tätigkeiten im Bereich der Elektrizitäts- und Gasversorgung umfassen nach der VgV die Bereitstellung und das Betreiben fester Netze zur Versorgung der Öffentlichkeit im Zusammenhang mit der Erzeugung, dem Transport oder der Verteilung von Strom oder der Gewinnung von Gas sowie die Versorgung dieser Netze mit Strom oder Gas durch Unternehmen im Sinne des § 2 Abs. 3 des Energiewirtschaftsgesetzes.

§ 8 Nr. 3 VgV Wärmeversorgung:

Hierunter fallen Tätigkeiten der Bereitstellung und des Betreibens fester Netze zur Versorgung der Öffentlichkeit im Zusammenhang mit der Erzeugung, dem Transport oder der Verteilung von Wärme sowie die Versorgung dieser Netze mit Wärme.

§ 8 Nr. 4 a VgV Verkehrsbereich betrifft die

Nutzung eines geographisch abgegrenzten Gebietes zum Zwecke der Versorgung von Beförderungsunternehmen im Luftverkehr mit Flughäfen durch Flughafenunternehmer, die eine Genehmigung nach § 38 Abs. 2 Nr. 1 der Luftverkehrs-Zulassungsordnung in der Fassung der Bekanntmachung vom 27.3.1999 (BGBl. I S. 610) erhalten haben oder einer solchen bedürfen.

§ 8 Nr. 4 b VgV betrifft die

Tätigkeit im Sektorenbereich **Verkehrsbereich** und ist definiert als die Nutzung eines geographisch abgegrenzten Gebietes zum Zwecke der Versorgung von Beförderungsunternehmen im See- oder Binnenschiffverkehr mit Häfen und anderen Verkehrseinrichtungen.

§ 8 Nr. 4 c VgV erwähnt schließlich aus dem **Verkehrsbereich** noch

das Betreiben von Netzen zur Versorgung der Öffentlichkeit im Eisenbahn-, Straßenbahn- oder sonstigen Schienenverkehr, im öffentlichen Personenverkehr auch mit Kraftomnibussen und Oberleitungsbussen, mit Seilbahnen sowie mit automatischen Systemen. Im Verkehrsbereich ist ein Netz auch vorhanden, wenn die Verkehrsleistungen aufgrund einer behördlichen Auflage erbracht werden; dazu gehören die Festlegung der Strecken, Transportkapazitäten oder Fahrplänen.

2. Private Sektorenauftraggeber nach § 98 Nr. 4 GWB

5 § 98 Nr. 4 GWB unterwirft natürliche oder juristische Personen des **privaten Rechts**, die auf dem Gebiet der **Trinkwasser**- oder **Energieversorgung** oder des **Verkehrs** oder der **Telekommunikation** tätig sind, den Vergaberegeln wenn diese Tätigkeiten auf der Grundlage von besonderen oder ausschließlichen Rechten ausgeübt werden, die von einer zuständigen Behörde gewährt wurden, oder wenn Auftraggeber, die unter § 98 Nr. 1 bis 3 GWB fallen, auf diese Personen einzeln oder gemeinsam einen beherrschenden Einfluss ausüben können.

Nach dem ausdrücklichen gesetzlichen Wortlaut in § 98 Nr. 4 GWB fallen also allen juristischen Personen des öffentlichen Rechts nicht unter § 98 Nr. 4 GWB. Diese können Auftraggebereigenschaft nur nach § 98 Nr. 1 bis 3 GWB haben, die ohnehin vorrangig gegenüber § 98 Nr. 4 GWB sind. 6

Sachlich muss der Sektorenauftraggeber Tätigkeiten im Bereich der Trinkwasserversorgung, der Energieversorgung, des Verkehrs oder der Telekommunikation ausüben. Die gesetzliche Aufzählung der Tätigkeitsbereiche in § 98 Nr. 4 GWB ist abschließender Natur.[2] Natürliche oder juristische Personen auf den vorgenannten Tätigkeitsgebieten fallen aber erst dann unter § 98 Nr. 4 GWB, wenn sie aufgrund **besonderer oder ausschließlicher Rechte** tätig sind (§ 98 Nr. 4 erste Alternative GWB) oder unter dem beherrschenden Einfluss der öffentlichen Hand (§ 98 Nr. 4 zweite Alternative GWB) stehen. 7

Erstere Alternative liegt im Bereich der Wasserversorgung beispielsweise vor bei ausschließlich eingeräumten Wasserrechten, im Rahmen der Energieversorgung bei Wegerechten, Benutzungsrechten von Gründstücken und sonstigen Ausschließlichkeitsrechten, im Rahmen des Verkehrswesens bei Verträgen der Kommunen über den Bus- und/oder Schienenverkehr und im Rahmen des Telekommunikationssektors in Form von Rechten, Leitungen zu verlegen und zu erhalten, Frequenzen zu nutzen, Einrichtungen zu betreiben.[3] 8

Sektorenunternehmer mit beherrschendem Einfluss der öffentlichen Hand liegen dann vor, wenn die in § 98 Nr. 1 bis 3 GWB aufgeführten klassischen öffentlichen Auftraggeber unmittelbar oder mittelbar die Mehrheit des gezeichneten Kapitals des Unternehmens besitzen oder über die Mehrheit der mit den Anteilen des Unternehmens verbundenen Stimmrechte verfügen oder mehr als die Hälfte der Mitglieder des Verwaltungs-, Leitungs- oder Aufsichtsorgans des Unternehmens bestellen können.[4] Die Ausnahmetatbestände von § 9 VgV sind in allen Fällen immer gesondert zu prüfen. 9

IV. § 1 Nr. 2 Abs. 1 VOB/A – SKR – Bauaufträge und Schwellenwerte

Der Begriff der Bauaufträge ist inhaltlich gleichlautend mit der Regelung in § 1 a VOB/A, so dass wir auf die dortige Kommentierung verweisen. Gleiches gilt in Bezug auf den Schwellenwert des Gesamtauftragswertes in Höhe von derzeit 5.728.000,00 Euro ohne Umsatzsteuer.

V. § 1 Nr. 2 Absatz 2 VOB/A – SKR – Losvergaben

Die Besondere Regelung der Vergabe von Bauaufträgen in Losen in Bezug auf deren Berücksichtigung bei der Ermittlung der Schwellenwerte ist inhaltlich gleichlautend mit der Regelung in § 1 a Nr. 1 Absatz 2 VB/A, weshalb wir auf die dortige Kommentierung verweisen.

VI. § 1 Nr. 3 VOB/A – SKR – Umgehungsverbot

Die Regelung des Umgehungsverbotes entspricht der Regelung in § 1 a Nr. 4 VOB/A. Wir verweisen auf die dortige Kommentierung.

VII. § 1 Nr. 4 VOB/A – SKR – Besonderes Umgehungsverbot wegen Vergabe zusammen mit einem Bauauftrag

Leistungen und Lieferungen, die für die Ausführung einer baulichen Anlage notwendig sind, gelten als Bauleistungen und werden zusammen mit diesen ausgeschrieben.[5] Für sie gilt folglich

[2] *Franke/Kemper/Zanner/Grünhagen* VOB/A-SKR § 1, Rdn. 11.
[3] *Byok/Jaeger/Werner* GWB § 98, Rdn. 373.
[4] *Byok/Jaeger/Werner* GWB § 98, Rdn. 375.
[5] Siehe VOB/A § 1, Rdn. 10.

§ 1 a VOB/A, wenn die Schwellenwerte erreicht werden. Da nach der EG-Lieferungskoordinierungsrichtlinie Lieferungsaufträge europaweit auszuschreiben sind, wenn der Gesamtauftrag der Lieferung bei den Sektorenauftraggebern einen Schwellenwert von 422.000,00 Euro erreicht, besteht selbstverständlich die Gefahr, zur Umgehung dieser bereits früh einsetzenden europaweiten Ausschreibungsverpflichtung Lieferungsaufträge zusammen mit Bauaufträgen zu vergeben.

Dem wirkt die Regelung in § 1 b Nr. 4 VOB/A SKR entgegen, indem das Verbot aufgenommen worden ist,

> Lieferungen, die nicht zur Ausführung der baulichen Anlage erforderlich sind, dann nicht mit einem Bauauftrag zu vergeben, wenn dadurch für sie die Anwendung der für Lieferleistungen geltenden EG-Vergabebestimmungen, mithin die Regelung der VOL/A, umgangen werden.

10 Das Umgehungsverbot greift also nur in den Fällen, wo es sich um Lieferungen handelt, die nicht zur Ausführung der baulichen Anlage erforderlich sind. Mit Ausführung einer baulichen Anlage ist gemäß § 1 VOB/A deren Herstellung, Instandhaltung, Änderung oder Beseitigung gemeint. Ist die Lieferung für die Herstellung, Instandhaltung, Änderung oder Beseitigung der baulichen Anlage notwendig, weil andernfalls die bauliche Anlage nicht hergestellt (instand gehalten, geändert oder beseitigt) werden kann, greift das Umgehungsverbot also nicht. In diesem Falle können die Lieferungen zusammen mit dem Bauauftrag ausgeschrieben werden.[6]

11 Das Umgehungsverbot greift aber nur dann ein, wenn der Lieferauftrag gemäß § 2 Nr. 1 VgV den Schwellenwert von 422.000,00 Euro erreicht. Wird der Schwellenwert nicht erreicht, können folglich Lieferaufträge auch dann, wenn sie für die bauliche Anlage nicht notwendig sind, zusammen mit dieser vergeben werden.[7]

VIII. § 1 Nr. 5 VOB/A – SKR – Wertberechnung bei Rahmenvereinbarungen

12 Vereinbarungen mit einem oder mehreren Unternehmern, in der die Bedingungen für die Bauaufträge festgelegt werden, die im Laufe eines bestimmten Zeitraums vergeben werden sollen, werden auf der Grundlage des geschätzten **Höchstwertes** aller für den Zeitraum ihrer Geltung geplanten Aufträge berechnet. Der Auftraggeber muss also **schätzen,** wie hoch die Vergütung unter Berücksichtigung der voraussichtlichen Anzahl zu erteilender Aufträge und deren Vergütungshöhe einschließlich der Preisentwicklung in der vertraglich vereinbarten Mindestlaufzeit der Rahmenvereinbarung **höchstens** sein wird.

IX. § 1 Nr. 6 VOB/A – SKR – Zeitpunkt der Schätzung

13 Die Regelung zum maßgebenden Zeitpunkt für die Schätzung des Gesamtauftragswertes ist wortgleich mit der Regelung in § 1 Nr. 3 VOB/A. Wir verweisen auf die dortige Kommentierung.

§ 2 Diskriminierungsverbot, Schutz der Vertraulichkeit

1. Bei der Vergabe von Bauleistungen darf kein Unternehmer diskriminiert werden.
2. Die Übermittlung technischer Spezifikationen für interessierte Unternehmer, die Prüfung und die Auswahl von Unternehmen und die Auftragsvergabe können die Auftraggeber mit Auflagen zum Schutz der Vertraulichkeit verbinden.
3. Das Recht der Unternehmer, von einem Auftraggeber in Übereinstimmung mit innerstaatlichen Rechtsvorschriften die Vertraulichkeit der von ihnen zur Verfügung stehenden Informationen zu verlangen, wird nicht eingeschränkt.

Kommentierung:

§ 2 Ziffer 1 SKR entspricht der Basisbestimmung von § 2 Nr. 2 VOB/A. § 2 Ziffer 2 und 3 SKR entspricht § 2 b VOB/A. Auf die entsprechenden Kommentierungen wird verwiesen.

---

[6] *Franke/Kemper/Zanner/Grünhagen* VOB/A § 1 b, Rdn. 10.
[7] *Ingenstau/Korbion/Müller-Wrede* VOB/A § 1 b, Rdn. 9.

§ 3 Arten der Vergabe

1. Die Auftraggeber können jedes der in Nummer 2 bezeichneten Verfahren wählen, vorausgesetzt, dass – vorbehaltlich der Nummer 3 – ein Aufruf zum Wettbewerb gemäß § 9 SKR Nr. 1 durchgeführt wird.

2. Bauaufträge im Sinne von § 1 SKR werden in folgenden Verfahren vergeben:

a) Offenes Verfahren
Im Offenen Verfahren werden Bauleistungen vergeben im vorgeschriebenen Verfahren nach öffentlicher Aufforderung einer unbeschränkten Zahl von Unternehmern zur Einreichung von Angeboten.

b) Nichtoffenes Verfahren
Im Nichtoffenen Verfahren werden Bauleistungen vergeben im vorgeschriebenen Verfahren nach öffentlicher Aufforderung einer beschränkten Zahl von Unternehmern zur Einreichung von Angeboten, gegebenenfalls nach Aufruf zum Wettbewerb.

c) Verhandlungsverfahren
Beim Verhandlungsverfahren wendet sich der Auftraggeber an ausgewählte Unternehmer und verhandelt mit einem oder mehreren dieser Unternehmer über den Auftragsinhalt, gegebenenfalls nach Aufruf zum Wettbewerb.

3. Ein Verfahren ohne vorherigen Aufruf zum Wettbewerb kann durchgeführt werden,

a) wenn im Rahmen eines Verfahrens mit vorherigem Aufruf zum Wettbewerb keine oder keine geeigneten Angebote oder keine Bewerbungen abgegeben worden sind, sofern die ursprünglichen Bedingungen des Auftrags nicht grundlegend geändert werden,

b) wenn ein Auftrag nur zum Zweck von Forschungen, Versuchen, Untersuchungen oder Entwicklungen und nicht mit dem Ziel der Gewinnerzielung oder der Deckung der Forschungs- und Entwicklungskosten vergeben wird und sofern die Vergabe eines derartigen Auftrags einer Wettbewerblichen Vergabe von Folgeaufträgen, die insbesondere diese Ziele verfolgen, nicht vorgreift,

c) wenn der Auftrag wegen seiner technischen oder künstlerischen Besonderheiten oder aufgrund des Schutzes von Ausschließlichkeitsrechten nur von einem bestimmten Unternehmer durchgeführt werden kann,

d) wenn dringliche Gründe im Zusammenhang mit Ereignissen, die der Auftraggeber nicht voraussehen konnte, es nicht zulassen, die in den Offenen Verfahren, Nichtoffenen Verfahren oder Verhandlungsverfahren vorgesehenen Fristen einzuhalten,

e) bei zusätzlichen Bauarbeiten, die weder in dem der Vergabe zugrunde liegenden Entwurf noch im zuerst vergebenen Auftrag vorgesehen sind, die aber wegen eines unvorhergesehenen Ereignisses zur Ausführung dieses Auftrags erforderlich sind, sofern der Auftrag an den Unternehmer vergeben wird, der den ersten Auftrag ausführt,
- **wenn sich diese zusätzlichen Arbeiten in technischer oder wirtschaftlicher Hinsicht nicht ohne wesentlichen Nachteil für den Auftraggeber vom Hauptauftrag trennen lassen oder**
- **wenn diese zusätzlichen Arbeiten zwar von der Ausführung des ersten Auftrags getrennt werden können, aber für dessen weitere Ausführungsstufen unbedingt erforderlich sind,**

f) bei neuen Bauarbeiten, die in der Wiederholung gleichartiger Arbeiten bestehen, die vom selben Auftraggeber an den Unternehmer vergeben werden, der den ersten Auftrag erhalten hat, sofern sie einem Grundentwurf entsprechen und dieser Entwurf Gegenstand eines ersten Auftrags war, der nach einem Aufruf zum Wettbewerb vergeben wurde. Die Möglichkeit der Anwendung dieses Verfahrens muss bereits bei der Bekanntmachung für den ersten Bauauftrag des ersten Bauabschnitts angegeben werden; der für die Fortsetzung der Bauarbeiten in Aussicht genommene Gesamtauftragswert wird vom Auftraggeber für die Anwendung von § 1 SKR berücksichtigt,

g) bei Aufträgen, die aufgrund einer Rahmenvereinbarung vergeben werden sollen, sofern die in § 4 SKR Nr. 2 genannte Bedingung erfüllt ist.

Schrifttum: Vgl. die Angaben zu § 3 VOB/A und § 3 a VOB/A sowie *Heiermann/Müller/Franke* Kommentar zur VOB/A-SKR, 1994.

Übersicht

A. Einleitung/Änderungen

1 § 3 Nr. 2 SKR definiert im Anschluss an Art. 1 Abs. 9 RL 2004/17/EG (SKR) (ehemals Art. 1 Nr. 7 lit. a) bis c) RL 93/38/EWG) die **Vergabearten** für die Bauaufträge im Bereich des Abschnittes 4 der VOB/A als Offene, Nichtoffene und Verhandlungsverfahren. Entsprechend den Vorgaben des Gemeinschaftsrechts (Art. 40 Abs. 2 SKR – RL 2004/17/EG) und des § 101 Abs. 6 Satz 2 GWB können Auftraggeber, die den 4. Abschnitt der VOB/A anzuwenden haben, nach § 3 Nr. 1 SKR **jedes der in § 3 Nr. 2 SKR bezeichneten Verfahren** wählen, vorausgesetzt, dass ein Aufruf zum Wettbewerb gem. § 9 Nr. 1 SKR erfolgt. § 3 SKR kennt keine Hierarchie der Vergabearten. Vielmehr stehen alle Vergabearten gleichwertig nebeneinander.[1] Hierin liegt einer der **wesentlichen Unterschiede zwischen dem 3. und dem 4. Abschnitt** der VOB/A. Im 3. Abschnitt muss die Hierarchie der Vergabearten nach § 3 Nr. 2 VOB/A beachtet werden (§ 3 b VOB/A Rdn. 1). Den Grundsätzen des Vergaberechts (Transparenz, Wettbewerb, Gleichbehandlung) trägt § 3 SKR durch das Erfordernis eines Aufrufs zum Wettbewerb Rechnung. Der Bauauftragsmarkt soll transparent gestaltet werden, um Chancengleichheit herzustellen. Ein funktionierender Wettbewerb soll durch die umfassenden Veröffentlichungspflichten und die Pflicht zur Einhaltung der Vorschriften über die einmal gewählte Vergabeart gewährleistet werden.

2 Entscheidet sich der Sektorenauftraggeber für eine bestimmte Vergabeart, ist er an **diese Entscheidung gebunden.** Es steht im nicht frei, im laufenden Vergabeverfahren in eine andere Vergabeart zu wechseln. Die beteiligten Bieter dürfen darauf vertrauen, dass an der einmal gewählten Verfahrensart festgehalten wird.

3 Unter den Voraussetzungen des § 3 Nr. 3 SKR können Vergabeverfahren auch **ohne vorherigen Aufruf zum Wettbewerb** durchgeführt werden. Die Vorschrift ähnelt in ihren Voraussetzungen § 3 a Nr. 6 VOB/A, der die Zulässigkeit eines Verhandlungsverfahrens ohne öffentliche Vergabebekanntmachung zum Gegenstand hat (vgl. § 3 a VOB/A Rdn. 113 ff.). Sie ist identisch mit § 3 b Nr. 2 VOB/A.

[1] *Ingenstau/Korbion/Schranner* VOB/A § 3 SKR, Rdn. 1.

Die VOB/A 2006 hat § 3 SKR an RL 2004/17/EG angepasst. **Änderungen** finden sich in § 3 Nr. 3 lit. a), b) c), e) und f) SKR. Die Änderungen sind identisch mit denjenigen, die in § 3 b Nr. 2 VOB/A vorgenommen wurden. Hinsichtlich ihres Inhalts wird auf die Kommentierung dieser Vorschriften verwiesen. Die Absicht der Bundesregierung, durch Änderung der Verweisungsnorm des § 7 VgV den 3. Abschnitt nicht mehr für anwendbar zu erklären und alle Sektorenauftraggeber allein dem 4. Abschnitt zu unterwerfen, wurde zunächst nicht weiter verfolgt. 4

B. Anwendungsbereich

§ 3 SKR regelt die Vergabeverfahren für Bauaufträge der **Sektorenauftraggeber, die den 4. Abschnitt der VOB/A** anzuwenden haben. Diese ergeben sich aus § 7 Abs. 2 Nr. 2 VgV. Es handelt sich zum einen um Sektorenauftraggeber, die gleichzeitig § 98 Nr. 1 bis 3 GWB unterfallen und die in den Sektoren der Elektrizitäts- und Gasversorgung (§ 8 Nr. 2 VgV), der Wärmeversorgung (§ 8 Nr. 3 VgV) oder der Versorgung von Beförderungsunternehmen im Luftverkehr mit Flughäfen (§ 8 Nr. 4 lit. a) VgV) tätig sind. Daneben fallen unter § 7 Abs. 2 Nr. 2 VgV alle Sektorenauftraggeber, auf die nicht zugleich § 98 Nr. 1 bis 3 GWB Anwendung findet und die folglich allein § 98 Nr. 4 GWB zuzuordnen sind (vgl. hierzu § 1 SKR Rdn. 3 ff.). § 3 SKR findet nur oberhalb der **Schwellenwerte** des § 1 Nr. 2 SKR Anwendung. Andere öffentliche Auftraggeber dürfen § 3 SKR nicht anwenden. Sie haben die Rangfolge der Vergabearten nach §§ 3, 3 a, 3 b VOB/A zu beachten, die § 3 Nr. 1 SKR nicht kennt (vgl. auch § 101 Abs. 6 Satz 2 GWB). 5

Private Auftraggeber können, auch wenn sie der Regelung des § 3 SKR nicht unterliegen, sich dennoch zur Einhaltung des § 3 SKR verpflichten. Tun sie dies, sind sie gegenüber den Bietern an die Regelungen der SKR gebunden. Verstoßen sie in diesem Fall gegen Vorschriften der SKR, so kann dies Schadensersatzansprüche der beteiligten Bieter auslösen (vgl. auch oben § 3 VOB/A Rdn. 3, § 3 a VOB/A Rdn. 4, § 3 b VOB/A Rdn. 4). 6

C. Vergabearten (§ 3 Nr. 2 SKR)

§ 3 Nr. 2 SKR **definiert die Vergabearten** nach der SKR. Unterschieden werden das Offene Verfahren, das Nichtoffene Verfahren und das Verhandlungsverfahren. Diese Differenzierung entspricht den Regelungen der §§ 3 a, 3 b VOB/A; sie greift die Definition aus Art. 1 Abs. 9 lit. a) bis c) SKR (RL 2004/17/EG) (ehemals Art. 1 Nr. 7 RL 93/38/EWG) auf. Die Abschnitte 1 bis 3 der VOB/A sind von Sektorenauftraggebern, die den 4. Abschnitt anzuwenden haben, nicht zu beachten. Es ist daher nicht zulässig, bei vermeintlichen Lücken der Regelungen des 4. Abschnitts analog auf die Bestimmungen der anderen Abschnitte zurückzugreifen.[2] Soweit Regelungen des 4. Abschnitts einzelnen Bestimmungen des 1. bis 3. Abschnitts entsprechen, kann für ihre Auslegung jedoch auf Literatur und Rechtsprechung zu den übrigen Abschnitten zurückgegriffen werden. 7

I. Offenes Verfahren (§ 3 Nr. 2 lit. a) SKR)

Im Offenen Verfahren werden nach § 3 Nr. 2 lit. a) SKR Bauleistungen im vorgeschriebenen Verfahren nach öffentlicher Aufforderung einer unbeschränkten Zahl von Unternehmern zur Einreichung von Angeboten vergeben. Das „vorgeschriebene Verfahren" ergibt sich aus den §§ 7 ff. SKR. Nach dem Aufruf zum Wettbewerb gem. § 9 SKR folgt beim Offenen Verfahren die Versendung der Vergabeunterlagen nach § 7 SKR. Die Angebote haben innerhalb der Angebotsfrist nach § 10 Nr. 1 SKR einzugehen. § 11 SKR regelt die Angebotswertung. Mitteilungs-, Bekanntmachungs- und Aufbewahrungspflichten des Auftraggebers ergeben sich aus den §§ 12 bis 8

[2] OLG München VergabeR 2005, 802 (805).

14 SKR. Daneben sind die Vorschriften des 4.Teils des GWB und der VgV zu beachten. Hierzu zählen insbesondere § 13 VgV (Informationspflicht) und § 16 VgV (Ausgeschlossene Personen).

9 Die **öffentliche Aufforderung** einer unbeschränkten Zahl von Unternehmen erfolgt durch den Aufruf zum Wettbewerb durch Veröffentlichung einer Bekanntmachung nach § 9 Nr. 1 Abs. 1 lit. a) SKR. Die in § 9 Nr. 1 Abs. 1 lit. b) und c) SKR genannten Veröffentlichungsformen sind für das Offene Verfahren nicht ausreichend. Denn diese leiten einen Wettbewerb ein, der an die Stelle des Teilnahmeverfahrens tritt. Da dem Offenen Verfahren aber ein gesonderter Wettbewerb, etwa in Form eines Teilnahmeverfahrens, nicht vorausgeht, können die Veröffentlichungsformen nach § 9 Abs. 1 Nr. 1 lit. b) und c) SKR die Veröffentlichung einer Bekanntmachung nach § 9 Nr. 1 Abs. 1 lit. a) SKR nicht ersetzen.[3] *Neben* die Veröffentlichung einer Bekanntmachung nach § 9 Nr. 1 Abs. 1 lit. a) SKR kann die Veröffentlichung in anderen Publikationen treten, wenn diese nicht vor dem Tag der Absendung veröffentlicht wird (§ 9 Nr. 5 Abs. 1 SKR). Die „öffentliche Aufforderung einer unbeschränkten Zahl von Unternehmen zur Einreichung von Angeboten", wie sie § 3 Nr. 2 lit. a) SKR fordert, setzt einen Aufruf zum Wettbewerb voraus. Eine Vergabe nach § 3 Nr. 3 SKR, der ein Absehen vom Aufruf zum Wettbewerb zulässt, kann somit nicht im Offenen Verfahren erfolgen.[4]

II. Nichtoffenes Verfahren (§ 3 Nr. 2 lit. b) SKR)

10 In dem Nichtoffenen Verfahren werden Bauleistungen nach § 3 Nr. 2 lit. b) SKR im vorgeschriebenen Verfahren nach öffentlicher Aufforderung einer beschränkten Zahl von Unternehmern zur Einreichung von Angeboten vergeben, ggf. nach Aufruf zum Wettbewerb. Das Verfahren entspricht also dem Nichtoffenen Verfahren nach den §§ 3a Nr. 1 lit. b), 3b Nr. 1 lit. b) VOB/A sowie der Beschränkten Ausschreibung nach § 3 Nr. 1 Abs. 2 VOB/A. Das vorgeschriebene Verfahren ist das Verfahren nach der SKR. Zu den Vorschriften gehören einerseits die allgemeinen Vorschriften der SKR, die für jedes Verfahren gelten (vgl. oben Rdn. 8), andererseits die speziellen Vorschriften über das Nichtoffene Verfahren. Zu letzteren zählen insbesondere § 5 Nr. 1 SKR (Kriterien für die Auswahl von Teilnehmern an einem Nichtoffenen Verfahren) und § 10 Nr. 2 SKR (Fristen).

11 Die öffentliche Aufforderung soll sich an eine beschränkte Zahl von Unternehmern richten. Die Auswahl ist dabei nach festgelegten Kriterien gem. § 5 Nr. 1 Abs. 1 Satz 1 SKR vorzunehmen. Die **Anzahl der aufzufordernden Unternehmen** ist in der SKR nicht festgesetzt. Die Regelung des § 8a Nr. 3 VOB/A ist nicht heranzuziehen.[5] Zur Gewährleistung eines echten Wettbewerbs sind grundsätzlich drei Bewerber aufzufordern.[6] Eine Obergrenze für die Zahl der aufzufordernden Unternehmen besteht nicht. Nach § 3 Nr. 2 i.V.m. Nr. 3 SKR ist das Nichtoffene Verfahren grundsätzlich nach einem Aufruf zum Wettbewerb durchzuführen. Als Aufruf zum Wettbewerb kommen nach § 9 Nr. 1 Abs. 1 SKR in Betracht: Die Veröffentlichung einer Bekanntmachung nach § 9 Nr. 1 Abs. 1 lit. a) SKR, die Veröffentlichung einer regelmäßigen nichtverbindlichen Bekanntmachung nach § 9 Nr. 1 Abs. 1 lit. b) i.V.m. Nr. 2 SKR und die Veröffentlichung einer Bekanntmachung über das Bestehen eines Prüfsystems nach § 5 Nr. 9 SKR (§ 9 Nr. 1 Abs. 1 lit. c) SKR).[7]

12 Das Nichtoffene Verfahren kann gemäß § 3 Nr. 3 SKR unter bestimmten Voraussetzungen **ohne Aufruf zum Wettbewerb** stattfinden. Soweit es in § 3 Nr. 2 lit. b) SKR heißt, das Nichtoffene Verfahren werde „gegebenenfalls nach Aufruf zum Wettbewerb" durchgeführt, ist dies missverständlich. Von einem Aufruf zum Wettbewerb kann nur bei Vorliegen der Voraussetzungen des § 3 Nr. 3 SKR abgesehen werden.[8]

[3] Beck'scher VOB-Kommentar/*Jasper* VOB/A § 3 SKR, Rdn. 7.
[4] *Heiermann/Riedl/Rusam* VOB/A § 3 SKR, Rdn. 14.
[5] Beck'scher VOB-Kommentar/*Jasper* VOB/A § 3 SKR, Rdn. 12.
[6] Beck'scher VOB-Kommentar/*Jasper* VOB/A § 3 SKR, Rdn. 12.
[7] Vgl. Beck'scher VOB-Kommentar/Jasper VOB/A § 3 SKR, Rdn. 11.
[8] Beck'scher VOB-Kommentar/*Jasper* VOB/A § 3 SKR, Rdn. 20; *Heiermann/Riedl/Rusam* VOB/A § 3 SKR, Rdn. 14.

III. Wettbewerblicher Dialog

Der Wettbewebliche Dialog (§ 6 a VgV) steht Sektorenauftraggebern nicht zur Verfügung (§ 3 b VOB/A Rdn. 12 ff.). 13

IV. Verhandlungsverfahren (§ 3 Nr. 2 lit. c) SKR)

Beim Verhandlungsverfahren nach § 3 Nr. 2 lit. c) SKR wendet sich der Auftraggeber an ausgewählte Unternehmer und verhandelt mit einem oder mehreren dieser Unternehmer über den Auftragsinhalt, ggf. nach Aufruf zum Wettbewerb. Die Vorschrift entspricht der Definition des Verhandlungsverfahrens nach § 3 b Nr. 1 lit. c) VOB/A. Eine Bindung an ein „vorgeschriebenes Verfahren“ wie bei § 3 Nr. 2 lit. a), b) SKR besteht nicht. 14

Obwohl Vorschriften über das Verfahren fehlen, hat der Auftraggeber bei der **Aufforderung** an ausgewählte Unternehmer die **Grundsätze des Wettbewerbs und der Diskriminierungsfreiheit** nach § 2 Nr. 1 SKR zu beachten. Grundsätzlich muss er mit mehreren Unternehmern verhandeln, auch wenn § 3 Nr. 2 lit. c) SKR die Verhandlung mit nur einem Unternehmer zulässt.[9] Im übrigen ist der Sektorenauftraggeber auch im Verfahren nach § 3 Nr. 2 lit. c) SKR an die weiteren Vorschriften der SKR gebunden, soweit diese allgemein oder besonders für das Verhandlungsverfahren gelten. Zu nennen sind insbesondere: § 5 SKR (Kriterien für die Teilnahme am Wettbewerb), § 10 Nr. 2 SKR (Fristen). 15

§ 3 Nr. 2 lit. c) SKR gestattet die **Verhandlung** über den Auftragsinhalt. Hierzu gehören etwa die Angebotspreise, die Ausführungsart, die Ausführungsdauer, Zahlungsmodalitäten oder die Erbringung von Planungsleistungen.[10] Der Sektorenauftraggeber ist bei diesen Verhandlungen im wesentlichen frei, er hat allerdings die Prinzipien des **Wettbewerbs und das Nichtdiskriminierungsgebot** (§ 2 Nr. 1 SKR) zu beachten.[11] Ein unangemessenes Ausnutzen seiner Marktmacht ist ihm nicht gestattet.[12] Bei der endgültigen Wertung der verschiedenen Angebote mehrerer Bieter ist der Auftraggeber an die Kriterien nach § 11 SKR gebunden. 16

Der **Aufruf zum Wettbewerb** nach § 3 Nr. 2 lit. c) SKR kann in einer der drei in § 9 Nr. 1 SKR genannten Formen erfolgen, also durch Veröffentlichung einer Bekanntmachung (§ 9 Nr. 1 Abs. 1 lit. a) SKR), durch Veröffentlichung einer regelmäßigen nichtverbindlichen Bekanntmachung (§ 9 Nr. 1 Abs. 1 lit. b) SKR) oder durch die Bekanntmachung über das Bestehen eines Prüfsystems (§ 9 Nr. 1 Abs. 1 lit. c) SKR). Auf den Aufruf zum Wettbewerb kann nur bei Vorliegen einer der Voraussetzungen des § 3 Nr. 3 SKR verzichtet werden. Soweit es in § 3 Nr. 2 lit. c) SKR heißt, das Verhandlungsverfahren werde „gegebenenfalls nach Aufruf zum Wettbewerb“ durchgeführt, ist dies missverständlich. 17

D. Vorheriger Aufruf zum Wettbewerb

I. Grundsätzliche Erforderlichkeit

Nach § 3 Nr. 1 SKR sind die Sektorenauftraggeber **verpflichtet, einen Aufruf zum Wettbewerb** durchzuführen. Die Regelung greift die europarechtliche Vorgabe aus Art. 40 Abs. 2 SKR (RL 2004/17/EG) (ehemals Art. 20 Abs. 1 RL 93/38/EWG) auf. Nur unter den Voraussetzungen des § 3 Nr. 3 SKR darf der Aufruf zum Wettbewerb unterbleiben. Der Aufruf zum 18

---

[9] *Heiermann/Riedl/Rusam* VOB/A § 3 SKR, Rdn. 12.

[10] BayObLG v. 2.8.2001 – Verg 8/01, IBR 2001, 687; *Heiermann/Riedl/Rusam* VOB/A § 3 SKR, Rdn. 11.

[11] So ausdrücklich für das Verhandlungsverfahren im Sektorenbereich: OLG München VergabeR 2005, 802 (805).

[12] Beck'scher VOB-Kommentar/*Jasper* VOB/A § 3 SKR, Rdn. 16.

Wettbewerb soll die Auftragsvergabe der Sektorenauftraggeber transparent machen und zugleich die Gleichbehandlung der Unternehmen gewährleisten, die sich an dem jeweiligen Verfahren beteiligen. Da dem Offenen Verfahren *per definitionem* eine öffentliche Aufforderung vorausgeht, kommen als Verfahren ohne Aufruf zum Wettbewerb von nur das Nichtoffene Verfahren und das Verhandlungsverfahren in Betracht.[13]

II. Vergabe ohne vorherigen Aufruf zum Wettbewerb (§ 3 Nr. 3 SKR)

19 § 3 Nr. 3 SKR regelt die Fälle, in denen ein Verfahren ohne vorherigen Aufruf zum Wettbewerb durchgeführt werden kann. Die Aufzählung dieser Ausnahmetatbestände ist abschließend.[14] Sie sind als Ausnahmevorschriften eng auszulegen. In der Sache entsprechen sie § 3 b Nr. 2 VOB/A (siehe dort § 3 b VOB/A Rdn. 20 ff.). Europarechtlich beruhen sie auf Art. 40 Abs. 3 lit. a) bis d), f), g) und i) SKR (RL 2004/17/EG) (ehemals Art. 20 Abs. 2 lit. a) bis d), f), g) und i) RL 93/38/EWG). Der Auftraggeber trägt die **Beweislast** für das Vorliegen einer Ausnahme nach § 3 Nr. 3 SKR. Er hat sachdienliche Unterlagen über die Auftragsvergabe nach **§ 14 Nr. 1 Abs. 1 lit. b) SKR** aufzubewahren, die es zu einem späteren Zeitpunkt ermöglichen, den Rückgriff auf ein Verfahren ohne vorherigen Aufruf zum Wettbewerb zu begründen.

1. § 3 Nr. 3 lit. a) SKR: Fehlen annehmbarer Angebote

20 Die Bestimmung stimmt mit § 3 b Nr. 2 lit. a) VOB/A überein. Es wird auf § 3 b VOB/A Rdn. 22 ff. verwiesen.

2. § 3 Nr. 3 lit. b) SKR: Forschungs- und Entwicklungsvorhaben

21 Die Bestimmung stimmt mit § 3 b Nr. 2 lit. b) VOB/A überein. Es wird auf § 3 b VOB/A Rdn. 26 verwiesen.

3. § 3 Nr. 3 lit. c) SKR: Nur ein bestimmter Auftragnehmer kommt in Betracht

22 Die Bestimmung stimmt mit § 3 b Nr. 2 lit. c) VOB/A überein. Es wird auf § 3 b VOB/A Rdn. 27 f. verwiesen.

4. § 3 Nr. 3 lit. d) SKR: Dringlichkeit der Leistung

23 Die Bestimmung stimmt mit § 3 b Nr. 2 lit. d) VOB/A überein. Es wird auf § 3 b VOB/A Rdn. 29 ff. verwiesen.

24 Die für § 3 Nr. 3 lit. d) SKR maßgeblichen **Fristen** ergeben sich aus § 10 SKR. § 3 Nr. 3 lit. d) SKR kann nur Anwendung finden, wenn selbst die verkürzten Fristen nach § 10 Nr. 1, Nr. 2 SKR nicht ausreichend sind. Die Angebotsfrist beträgt beim Offenen Verfahren mindestens 52 Kalendertage, sie darf 15 Kalendertage nicht unterschreiten (§ 10 Nr. 1 SKR). Bei dem Nichtoffenen Verfahren und dem Verhandlungsverfahren beträgt die Bewerbungsfrist 37 Kalendertage, sie kann auf bis zu 15 Kalendertage verkürzt werden (§ 10 Nr. 2 lit. a) SKR). Die Angebotsfrist beträgt in diesen Verfahren mindestens 24 Kalendertage, sie kann auf bis zu 10 Kalendertage verkürzt werden (§ 10 Nr. 2 lit. d) SKR). Weitere Kürzungsmöglichkeiten bestehen bei elektronischer Bekanntmachung.

5. § 3 Nr. 3 lit. e) SKR: Zusätzliche Leistungen

25 Die Bestimmung stimmt mit § 3 b Nr. 2 lit. e) VOB/A überein. Es wird auf § 3 b VOB/A Rdn. 32 f. verwiesen.

---

[13] *Heiermann/Riedl/Rusam* VOB/A § 3 SKR, Rdn. 14.

[14] Beck'scher VOB-Kommentar/*Jasper* VOB/A § 3 SKR, Rdn. 20; *Heiermann/Riedl/Rusam* VOB/A § 3 SKR, Rdn. 14.

6. § 3 Nr. 3 lit. f) SKR: Wiederholende Vergabe

Die Bestimmung stimmt mit § 3 b Nr. 2 lit. f) VOB/A überein. Es wird auf § 3 b VOB/A Rdn. 34 f. verwiesen. 26

Für die Berechnung des **Auftragswertes** nach § 1 SKR kommt es auf den in Aussicht genommenen Gesamtauftragswert an (§ 3 Nr. 3 lit. f) Satz 2 letzter Halbsatz SKR). 27

7. § 3 Nr. 3 lit. g) SKR: Einzelauftrag innerhalb einer Rahmenvereinbarung

Die Bestimmung stimmt mit § 3 b Nr. 2 lit. g) VOB/A überein. Es wird auf § 3 b VOB/A Rdn. 36 ff. verwiesen. Ausschlaggebend ist das Vorliegen der Voraussetzung des § 4 Nr. 2 Abs. 2 SKR. 28

E. Fehlerfolgen

Hinsichtlich der **Fehlerfolgen** gilt das zu § 3 a VOB/A Gesagte (siehe dort Rdn. 151 f.). Angesichts der Wahlfreiheit des Sektorenauftraggebers zwischen den Vergabearten kommt als Verletzung primär ein Verstoß gegen § 3 Nr. 3 SKR in Betracht, wenn der Sektorenauftraggeber rechtswidrig einen Aufruf zum Wettbewerb unterlässt. Einen solchen Verstoß können die beteiligten Bieter in einem Nachprüfungsverfahren angreifen (vgl. § 97 Abs. 7 GWB). Darüber hinaus kommen Schadensersatzansprüche, insbesondere aus einem Verstoß gegen vorvertragliche Pflichten nach § 311 Abs. 2 Nr. 1 BGB in Betracht.[15] 29

F. Parallelvorschriften in der VOL/A-SKR und der VOF

Im Liefer- und Dienstleistungsbereich entspricht § 3 VOL/A-SKR dem § 3 SKR. § 3 VOL/A-SKR kennt weitere Ausnahmetatbestände, bei deren Vorliegen ein Aufruf zum Wettbewerb unterblieben kann. Diese regeln Besonderheiten von Liefer- und Dienstleistungsaufträgen. Die VOF gilt nicht für Sektorenauftraggeber (§ 5 Satz 3 VgV), daher fehlt es an einer Vorschrift, die § 3 SKR entspricht. 30

§ 4 Rahmenvereinbarung

1. Eine Rahmenvereinbarung ist eine Vereinbarung mit einem oder mehreren Unternehmern, in der die Bedingungen für Einzelaufträge festgelegt werden, die im Laufe eines bestimmten Zeitraums vergeben werden sollen, insbesondere über den in Aussicht genommenen Preis und gegebenenfalls die in Aussicht genommene Menge.

2. (1) Rahmenvereinbarungen können als Auftrag im Sinne dieser Vergabebestimmungen angesehen werden und aufgrund eines Verfahrens nach § 3 SKR Nr. 2 abgeschlossen werden.
(2) Ist eine Rahmenvereinbarung in einem Verfahren nach § 3 SKR Nr. 2 abgeschlossen worden, so kann ein Einzelauftrag aufgrund dieser Rahmenvereinbarung nach § 3 SKR Nr. 3, Buchstabe g ohne vorherigen Aufruf zum Wettbewerb vergeben werden.
(3) Ist eine Rahmenvereinbarung nicht in einem Verfahren nach § 3 SKR Nr. 2 abgeschlossen worden, so muss der Vergabe des Einzelauftrags ein Aufruf zum Wettbewerb vorausgehen.

3. Rahmenvereinbarungen dürfen nicht dazu missbraucht werden, den Wettbewerb zu verhindern, einzuschränken oder zu verfälschen.

§ 4 SKR ist – bis auf die unterschiedlichen Verweisungen – identisch mit § 5 b VOB/A. Wir dürfen deshalb auf die dortige Kommentierung verweisen.

Dem Verfahren nach § 3 b Nr. 1 VOB/A entspricht hier das Verfahren nach § 3 SKR Nr. 2; § 3 b Nr. 2 Buchstabe g VOB/A entspricht § 3 SKR Nr. 3 Buchstabe g.

---

[15] Vgl. auch Beck'scher VOB-Kommentar/*Jasper* VOB/A § 3 SKR, Rdn. 32.

§ 5 Teilnehmer am Wettbewerb

1. (1) Auftraggeber, die Bewerber oder Bieter auswählen, richten sich dabei nach objektiven, nicht diskriminierenden Regeln und Kriterien. Diese Regeln und Kriterien legen sie in Textform fest und stellen sie interessierten Unternehmern zur Verfügung.
(2) Kriterien im Sinne von Absatz 1 sind insbesondere Fachkunde, Leistungsfähigkeit und Zuverlässigkeit. Zu deren Nachweis können Angaben verlangt werden, z.B. über:
a) den Umsatz des Unternehmers in den letzten drei abgeschlossenen Geschäftsjahren, soweit er Bauleistungen und andere Leistungen betrifft, die mit der zu vergebenden Leistung vergleichbar sind, unter Einschluss des Anteils bei gemeinsam mit anderen Unternehmern ausgeführten Aufträgen,
b) die Ausführung von Leistungen in den letzten drei abgeschlossenen Geschäftsjahren, die mit der zu vergebenden Leistung vergleichbar sind,
c) die Zahl der in den letzten drei abgeschlossenen Geschäftsjahren jahresdurchschnittlich beschäftigten Arbeitskräfte, gegliedert nach Berufsgruppen,
d) die dem Unternehmer für die Ausführung der zu vergebenden Leistung zur Verfügung stehende technische Ausrüstung,
e) das für die Leitung und Aufsicht vorgesehene technische Personal,
f) die Eintragung in das Berufsregister des Sitzes oder Wohnsitzes des Unternehmers,
g) andere, insbesondere für die Prüfung der Fachkunde geeignete Nachweise.
2. (1) Ein Unternehmen ist von der Teilnahme an einem Vergabeverfahren wegen Unzuverlässigkeit auszuschließen, wenn der Auftraggeber Kenntnis davon hat, dass eine Person, deren Verhalten dem Unternehmen zuzurechnen ist, rechtskräftig wegen Verstoßes gegen eine der folgenden Vorschriften verurteilt worden ist:
a) § 129 des Strafgesetzbuches (Bildung krimineller Vereinigungen), § 129 a des Strafgesetzbuches (Bildung terroristischer Vereinigungen), § 129 b des Strafgesetzbuches (kriminelle und terroristische Vereinigungen im Ausland),
b) § 261 des Strafgesetzbuches (Geldwäsche, Verschleierung unrechtmäßig erlangter Vermögenswerte),
c) § 263 des Strafgesetzbuches (Betrug), soweit sich die Straftat gegen den Haushalt der EG oder gegen Haushalte richtet, die von der EG oder in ihrem Auftrag verwaltet werden,
d) § 264 des Strafgesetzbuches (Subventionsbetrug), soweit sich die Straftat gegen den Haushalt der EG oder gegen Haushalte richtet, die von der EG oder in ihrem Auftrag verwaltet werden,
e) § 334 des Strafgesetzbuches (Bestechung), auch in Verbindung mit Artikel 2 des EU-Bestechungsgesetzes, Artikel 2 § 1 des Gesetzes zur Bekämpfung internationaler Bestechung, Artikel 7 Abs. 2 Nr. 10 des Vierten Strafrechtsänderungsgesetzes und § 2 des Gesetzes über das Ruhen der Verfolgungsverjährung und die Gleichstellung der Richter und Bediensteten des Internationalen Strafgerichtshofes,
f) Artikel 2 § 2 des Gesetzes zur Bekämpfung internationaler Bestechung (Bestechung ausländischer Abgeordneter im Zusammenhang mit internationalem Geschäftsverkehr),
g) § 370 Abgabenordnung, auch i.V.m. § 12 des Gesetzes zur Durchführung der gemeinsamen Marktorganisation und der Direktzahlungen (MOG), soweit sich die Straftat gegen den Haushalt der EG oder gegen Haushalte richtet, die von der EG oder in ihrem Auftrag verwaltet werden.
Einem Verstoß gegen diese Vorschriften gleichgesetzt sind Verstöße gegen entsprechende Strafnormen anderer Staaten. Ein Verhalten ist einem Unternehmen zuzurechnen, wenn eine für dieses Unternehmen für die Führung der Geschäfte verantwortlich handelnde Person selbst gehandelt hat oder ein Aufsichts- oder Organisationsverschulden gemäß § 130 OWiG dieser Person im Hinblick auf das Verhalten einer anderen für den Bewerber handelnden Person vorliegt.
(2) Als Nachweis, dass die Kenntnis nach Absatz 1 unrichtig ist, akzeptiert der Auftraggeber eine Urkunde einer zuständigen Gerichts- oder Verwaltungsbehörde des Herkunftslands. Wenn eine Urkunde oder Bescheinigung vom Herkunftsland nicht

ausgestellt oder nicht vollständig alle vorgesehenen Fälle erwähnt, kann dies durch eine eidesstattliche Erklärung oder eine förmliche Erklärung vor einer zuständigen Gerichts- oder Verwaltungsbehörde, einem Notar oder einer dafür qualifizierten Berufsorganisation des Herkunftslands ersetzt werden.

(3) Von einem Ausschluss nach Absatz 1 kann nur abgesehen werden, wenn zwingende Gründe des Allgemeininteresses vorliegen und andere die Leistung nicht angemessen erbringen können oder wenn aufgrund besonderer Umstände des Einzelfalls der Verstoß die Zuverlässigkeit des Bewerbers nicht in Frage stellt.

3. Kriterien nach Nummer 1 können auch folgende Ausschließungsgründe sein:
   a) Eröffnung oder beantragte Eröffnung des Insolvenzverfahrens oder eines vergleichbaren gesetzlich geregelten Verfahrens über das Vermögen des Unternehmers oder Ablehnung dieses Antrags mangels Masse,
   b) eingeleitete Liquidation des Unternehmens,
   c) nachweislich begangene schwere Verfehlung des Unternehmers, die seine Zuverlässigkeit als Bewerber in Frage stellt,
   d) nicht ordnungsgemäße Erfüllung der Verpflichtung zur Zahlung von Steuern und Abgaben sowie der Beiträge zur gesetzlichen Sozialversicherung,
   e) vorsätzliche Abgabe von unzutreffenden Erklärungen in Bezug auf Fachkunde, Leistungsfähigkeit und Zuverlässigkeit im Vergabeverfahren,
   f) fehlende Anmeldung bei der Berufsgenossenschaft oder zuständigen Organisation.

4. Ein Kriterium kann auch die objektive Notwendigkeit sein, die Zahl der Bewerber so weit zu verringern, dass ein angemessenes Verhältnis zwischen den besonderen Merkmalen des Vergabeverfahrens und dem zur Durchführung notwendigen Aufwand sichergestellt ist. Es sind jedoch so viele Bewerber zu berücksichtigen, dass ein Wettbewerb gewährleistet ist.

5. Bietergemeinschaften sind Einzelbietern gleichzusetzen, wenn sie die Arbeiten im eigenen Betrieb oder in den Betrieben der Mitglieder ausführen. Von solchen Gemeinschaften kann nicht verlangt werden, dass sie zwecks Einreichung eines Angebots oder für das Verhandlungsverfahren eine bestimmte Rechtsform annehmen; von der den Zuschlag erhaltenden Gemeinschaft kann dies jedoch verlangt werden, sofern es für die ordnungsgemäße Durchführung des Auftrags notwendig ist.

6. Bei der Auswahl der Teilnehmer an einem Nichtoffenen Verfahren oder Verhandlungsverfahren sowie bei der Entscheidung über die Qualifikation sowie der Überarbeitung der Prüfungskriterien und –regeln dürfen die Auftraggeber nicht
   – bestimmten Unternehmern administrative, technische oder finanzielle Verpflichtungen auferlegen, die sie anderen Unternehmern nicht auferlegt hätten,
   – Prüfungen und Nachweise verlangen, die sich mit bereits vorliegenden objektiven Nachweisen überschneiden.

7. Ein Bieter kann sich, gegebenenfalls auch als Mitglied einer Bietergemeinschaft, bei der Erfüllung eines Auftrags der Fähigkeiten anderer Unternehmen bedienen, ungeachtet des rechtlichen Charakters der zwischen ihm und diesem Unternehmen bestehenden Verbindung. Er muss in diesem Fall dem Auftraggeber gegenüber nachweisen, dass ihm die erforderlichen Mittel zur Verfügung stehen, indem er beispielsweise eine entsprechende Verpflichtungserklärung dieser Unternehmen vorlegt.

8. (1) Auftraggeber können zusätzlich Angaben über Umweltmanagementverfahren verlangen, die der Bewerber oder Bieter bei der Ausführung des Auftrags gegebenenfalls anwenden will. In diesen Fällen kann der Auftraggeber zum Nachweis dafür, dass der Bewerber oder Bieter bestimmte Normen für das Umweltmanagement erfüllt, die Vorlage von Bescheinigungen unabhängiger Stellen verlangen. In diesen Fällen nehmen sie auf das Gemeinschaftssystem für das Umweltmanagement und die Umweltbetriebsprüfung (EMAS) oder auf Normen für das Umweltmanagement Bezug, die auf den einschlägigen europäischen oder internationalen Normen beruhen und von entsprechenden Stellen zertifiziert sind, die dem Gemeinschaftsrecht oder einschlägigen europäischen oder internationalen Zertifizierungsnormen entsprechen. Gleichwertige Bescheinigungen von Stellen in anderen Mitgliedstaaten sind anzuerkennen. Die Auftraggeber erkennen auch andere Nachweise für gleichwertige Umweltmanagement-Maßnahmen an, die von Bewerbern oder Bietern vorgelegt werden.

(2) Auftraggeber können zum Nachweis dafür, dass der Bewerber oder Bieter bestimmte Qualitätssicherungsnormen erfüllt, die Vorlage von Bescheinigungen unabhängiger Stellen verlangen. In diesen Fällen nehmen sie auf Qualitätssicherungsverfahren Bezug, die den einschlägigen europäischen Normen genügen und von entsprechenden Stellen zertifiziert sind, die den europäischen Zertifizierungsnormen entsprechen. Gleichwertige Bescheinigungen von Stellen aus anderen Mitgliedstaaten sind anzuerkennen. Die Auftraggeber erkennen auch andere gleichwertige Nachweise für Qualitätssicherungsmaßnahmen an.

9. (1) Auftraggeber können ein System zur Prüfung von Unternehmern (Präqualifikationsverfahren) einrichten und anwenden. Sie sorgen dann dafür, dass sich Unternehmen jederzeit einer Prüfung unterziehen können.

(2) Das System kann mehrere Qualifikationsstufen umfassen. Es wird auf der Grundlage der vom Auftraggeber aufgestellten objektiven Regeln und Kriterien gehandhabt. Der Auftraggeber nimmt dabei auf geeignete europäische Normen über die Qualifizierung von Unternehmern Bezug. Diese Kriterien und Regeln können erforderlichenfalls auf den neuesten Stand gebracht werden.

(3) Auf Verlangen werden diese Qualifizierungsregeln und –kriterien sowie deren Fortschreibung interessierten Unternehmern übermittelt. Bezieht sich der Auftraggeber auf das Qualifizierungssystem einer anderen Einrichtung, so teilt er deren Namen mit.

(4) Enthalten die Qualifizierungsregeln Anforderungen an die wirtschaftlichen und finanziellen sowie technischen und/oder beruflichen Fähigkeiten des Unternehmens, kann sich dieses gegebenenfalls auf die Fähigkeit anderer Unternehmen stützen, unabhängig von dem Rechtsverhältnis, indem es zu diesen Unternehmen steht. In diesem Fall muss es dem Auftraggeber nachweisen, dass es während der gesamten Gültigkeit des Prüfsystems über diese Ressourcen verfügt, beispielweise durch eine entsprechende Verpflichtungserklärung dieser Unternehmen.

10. Die Auftraggeber unterrichten die Antragsteller innerhalb von 6 Monaten über die Entscheidungen zu deren Qualifikation. Kann diese Entscheidung nicht innerhalb von 4 Monaten nach Eingang des Prüfungsantrags getroffen werden, hat der Auftraggeber dem Antragsteller spätestens zwei Monate nach Eingang des Antrags die Gründe für eine längere Bearbeitungszeit mitzuteilen und anzugeben, wann über die Annahme oder die Ablehnung seines Antrags entschieden wird.

11. Negative Entscheidungen über die Qualifikation werden unverzüglich, spätestens jedoch innerhalb von 15 Kalendertagen nach der Entscheidung den Antragstellern unter Angabe der Gründe mitgeteilt. Die Gründe müssen sich auf die in Nummer 9 erwähnten Prüfungskriterien beziehen.

12. Die als qualifiziert anerkannten Unternehmen sind in ein Verzeichnis aufzunehmen. Dabei ist eine Untergliederung nach Fachgebieten möglich.

13. Die Auftraggeber können einem Unternehmer die Qualifikation nur aus Gründen aberkennen, die auf den in Nummer 9 erwähnten Kriterien beruhen. Die beabsichtigte Aberkennung muss dem betroffenen Unternehmer mindestens 15 Kalendertage vor dem für die Aberkennung vorgesehenen Termin schriftlich unter Angabe der Gründe mitgeteilt werden.

Schrifttum: *Appel*, Präqualifikationsverfahren in den Sektoren, 1999; *Flamme/Flamme*, La panoplie des directives marchès publics se complète, RMC 1991, 346 ff.; *Jackson*, Prequalification and Qualification: Discouragement fo New Comptetitors, PCLJ 1990, 702 ff.; *Klockhaus*, Erfahrungen mit der Produktbewertung nach der EG-Sektorenrichtlinie, Elektrizitätswirtschaft 1993, 1243 ff.; *Ludendorff*, Effects of the European Community Directives on Public Procurement, 1997, 1 PPLR 35 ff.; *Niemand*, Möglichkeiten und Grenzen der Gestaltung des Präqualifikationsverfahrens für die Sektoren, in: Forum 1996, Öffentliches Auftragswesen, Schriftenreihe des Forum Öffentliches Auftragswesen e.V, Heft 3, 71 ff.; *Otto,* Möglichkeiten und Grenzen der Gestaltung des Präqualifikationsverfahrens für die Sektoren – Die Einführung des Präqualifikationsverfahrens bei den Stadtwerken München, in: Forum 1996, Öffentliches Auftragswesen, Schriftenreihe des Forum Öffentliches Auftragswesen e.V, Heft 3, 79 ff.

§ 5 SKR stimmt weitgehend mit § 8 b VOB/A überein. Der Wortlaut der Regelungen stimmt, abgesehen von einigen redaktionellen Ergänzungen, die erforderlich waren, weil die Basisparagraphen im Bereich des § 5 SKR nicht gelten, überein. Auf die Kommentierung zu § 8 b VOB/A kann deshalb verwiesen werden.

§ 5 Nr. 1 Abs. 1 SKR stimmt mit § 8 b Nr. 2 Abs. 1 VOB/A überein. **§ 5 Nr. 1 Abs. 2 Satz 1 SKR** stimmt mit § 8 b Nr. 2 Abs. 2 Satz 1 VOB/A überein. Die in § 5 Nr. 2 Satz 2 SKR genannten Merkmale finden sich in gleicher Weise in § 8 Nr. 3 Abs. 1 a) bis g) VOB/A, stimmen also mit den Regelungen der Basisparagraphen überein und sind nur aufgenommen worden, weil die Basisregelungen im Bereich des Abschnitts 4 der VOB/A (SKR) nicht gelten.

§ 5 Nr. 2 SKR stimmt mit § 8 b Nr. 1 und § 8 a Nr. 1 überein.

§ 5 Nr. 3 SKR stimmt mit § 8 b Nr. 3 VOB/A überein.

§ 5 Nr. 4 SKR ist identisch mit § 8 b Nr. 4 VOB/A.

§ 5 Nr. 5 Satz 2 SKR ist gleichlautend mit § 8 b Nr. 5 VOB/A. **§ 5 Nr. 6 SKR** stimmt mit § 8 b Nr. 6 VOB/A überein. **§ 5 Nr. 7 SKR** ist gleichlautend mit § 8 b Nr. 7 VOB/A. **§ 5 Nr. 8 SKR** entspricht § 8 b Nr. 8 VOB/A. **§ 5 Nr. 9 SKR** ist identisch mit § 8 b Nr. 9 VOB/A. **§ 5 Nr. 10 SKR** entspricht § 8 b Nr. 10 VOB/A. Schließlich stimmt **§ 5 Nr. 11, 12 und 13 SKR** mit § 8 b Nr. 11, 12 und 13 VOB/A überein.

§ 6 Beschreibung der Leistung

1. Die technischen Anforderungen (Spezifikationen – siehe Anhang TS Nr. 1) an den Auftragsgegenstand müssen allen Bietern gleichermaßen zugänglich sein und dürfen den Wettbewerb nicht in unzulässiger Weise behindern.

2. Die technischen Spezifikationen sind in den Verdingungsunterlagen zu formulieren:
(1) entweder unter Bezugnahme auf die in Anhang TS definierten technischen Spezifikationen in der Rangfolge
a) nationale Normen, mit denen europäische Normen umgesetzt werden,
b) europäische technische Zulassungen
c) gemeinsame technische Spezifikationen
d) internationale Normen und andere technische Bezugssysteme, die von den europäischen Normungsgremien erarbeitet wurden oder,
e) falls solche Normen und Spezifikationen fehlen, nationale Normen, nationale technische Zulassungen oder nationale technische Spezifikationen für die Planung, Berechnung und Ausführung von Bauwerken und den Einsatz von Produkten.
Jede Bezugnahme ist mit dem Zusatz „oder gleichwertig" zu versehen;
(2) oder in Form von Leistungs- oder Funktionsanforderungen, die so genau zu fassen sind, dass sie den Unternehmen ein klares Bild vom Auftragsgegenstand vermitteln und dem Auftraggeber die Erteilung des Zuschlags ermöglichen;
(3) oder in Kombination von Absatz 1 und 2, d.h.
a) in Form von Leistungs- oder Funktionsanforderungen unter Bezugnahme auf die Spezifikationen gemäß Absatz 1 als Mittel zur Vermutung der Konformität mit diesen Leistungs- oder Funktionsanforderungen;
b) oder mit Bezugnahme auf die Spezifikationen gemäß Absatz 1 hinsichtlich bestimmter Merkmale und mit Bezugnahme auf die Leistungs- oder Funktionsanforderungen gemäß Absatz 2 hinsichtlich anderer Merkmale.

3. Verweist der Auftraggeber in der Leistungsbeschreibung auf die in Nummer 2 Absatz 1 Buchstabe a genannten Spezifikationen, so darf er ein Angebot nicht mit der Begründung ablehnen, die angebotene Leistung entspräche nicht den herangezogenen Spezifikationen, sofern der Bieter in seinem Angebot dem Auftraggeber nachweist, dass die von ihm vorgeschlagenen Lösungen den Anforderungen der technischen Spezifikationen, auf die Bezug genommen wurde, gleichermaßen entsprechen. Als geeignetes Mittel kann eine technische Beschreibung des Herstellers oder ein Prüfbericht einer anerkannten Stelle gelten.

4. Legt der Auftraggeber die technischen Spezifikationen in Form von Leistungs- oder Funktionsanforderungen fest, so darf ein Angebot, das einer nationalen Norm entspricht, mit der eine europäische Norm umgesetzt wird, oder einer europäischen tech-

nischen Zulassung, einer gemeinsamen technischen Spezifikation, einer internationalen Norm oder einem technischen Bezugssystem, das von den europäischen Normungsgremien erarbeitet wurde, entspricht nicht zurückweisen, wenn diese Spezifikationen die geforderten Leistungs- oder Funktionsanforderungen betreffen. Der Bieter muss in seinem Angebot mit geeigneten Mitteln dem Auftraggeber nachweisen, dass die der Norm entsprechende jeweilige Leistung der Leistungs- oder Funktionsanforderungen des Auftraggebers entspricht. Als geeignetes Mittel kann eine technische Beschreibung des Herstellers oder ein Prüfbericht einer anerkannten Stelle gelten.

5. Schreibt der Auftraggeber Umwelteigenschaften, in Form von Leistungs- oder Funktionsanforderungen vor, so kann er die Spezifikationen verwenden, die in europäischen, multinationalen oder anderen Umweltgütezeichen definiert sind, wenn
a) sie sich zur Definition der Merkmale des Auftragsgegenstands eignen,
b) die Anforderungen des Umweltgütezeichens auf Grundlage von wissenschaftlich abgesicherten Informationen ausgearbeitet werden;
c) die Umweltgütezeichen im Rahmen eines Verfahrens erlassen werden, an dem interessierte Kreise – wie z.B. staatliche Stellen, Verbraucher, Hersteller, Händler und Umweltorganisationen – teilnehmen können und
d) wenn das Umweltgütezeichen für alle Betroffenen zugänglich und verfügbar ist.
Der Auftraggeber kann in den Vergabeunterlagen angeben, dass bei Leistungen, die mit einem Umweltgütezeichen ausgestattet sind, vermutet wird, dass sie den in der Leistungsbeschreibung festgelegten technischen Spezifikationen genügen. Der Auftraggeber muss jedoch auch jedes andere geeignete Beweismittel, wie technische Unterlagen des Herstellers oder Prüfbericht anerkannter Stellen, akzeptieren. Anerkannte Stellen sind die Prüf- und Eichlaboratorien sowie die Inspektions- und Zertifizierungsstellen, die mit den anwendbaren europäischen Normen übereinstimmen. Der Auftraggeber kennt Bescheinigungen von in anderen Mitgliedstaaten ansässigen anerkannten Stellen an.

6. (1) Der Auftraggeber teilt dem an einem Auftrag interessierten Unternehmer auf Anfrage die technischen Spezifikationen mit, die regelmäßig in seinen Bauaufträgen genannt werden oder die er bei Beschaffungen im Zusammenhang mit regelmäßigen nichtverbindlichen Bekanntmachungen gemäß § 9 SKR Nr. 2 benutzt.
(2) Soweit sich solche technischen Spezifikationen aus Unterlagen ergeben, die interessierten Unternehmen zur Verfügung stehen, genügt eine Bezugnahme auf diese Unterlagen.

7. Soweit es nicht durch den Auftragsgegenstand gerechtfertigt ist, darf in technischen Spezifikationen nicht auf eine bestimmte Produktion oder Herkunft oder ein besonderes Verfahren oder auf Marken, Patente, Typen eines bestimmten Ursprungs oder einer bestimmten Produktion verwiesen werden, wenn dadurch bestimmte Unternehmen oder bestimmte Produkte begünstigt oder ausgeschlossen werden. Solche Verweise sind jedoch ausnahmsweise zulässig, wenn der Auftragsgegenstand nicht hinreichend genau und allgemein verständlich beschrieben werden kann; solche Verweise sind mit dem Zusatz „oder gleichwertig" zu versehen.

Schrifttum: *Schlenke/Thomas* Die Verpflichtung von privaten Auftraggebern zur Anwendung der VOB/A – SKR, BauR 1993, 381 ff.; im Übrigen siehe die Hinweise zu § 9 VOB/A.

Übersicht

I. Allgemeines

1 § 6 SKR enthält für Auftraggeber, die Bauaufträge nach dem 4. Abschnitt der VOB/A vergeben, Bestimmungen über den Inhalt der der Vergabe zugrundezulegenden Leistungsbeschreibung. Anders als § 9 VOB/A, der auch bei europaweiten Vergaben nach den Abschnitten 2 und 3 der VOB/A unverändert zur Anwendung kommt und durch § 9 b VOB/A lediglich im 3. Abschnitt

eine geringfügige Ergänzung für Sektoren-Auftraggeber erfährt, befasst sich § 6 SKR lediglich mit den technischen Anforderungen innerhalb der Leistungsbeschreibung. § 6 SKR enthält also für Vergaben nach Abschnitt 4 der VOB/A keine eigenständige Regelung über den sonstigen Inhalt von Leistungsbeschreibungen wie beispielsweise das Gebot, Leistungsbeschreibungen eindeutig und erschöpfend abzufassen, um dem Bieter ohne umfangreiche Vorarbeiten eine sichere Preiskalkulation zu ermöglichen (§ 9 Nr. 1 Satz 1 VOB/A) oder auch das weitere Gebot, dem Bieter kein ungewöhnliches Wagnis durch die Leistungsbeschreibung aufzuerlegen (§ 9 Nr. 2 VOB/A).

Die fehlende Bezugnahme auf § 9 VOB/A in § 6 SKR bedeutet jedoch nicht, dass der dem 2
4. Abschnitt der VOB/A unterliegende Sektoren-Auftraggeber Leistungsbeschreibungen beliebig gestalten kann. Gemäß § 2 Nr. 1 SKR darf – entsprechend der inhaltsgleichen Bestimmung in § 2 Nr. 2 VOB/A – auch bei der Vergabe von Bauleistungen nach dem 4. Abschnitt der VOB/A kein Unternehmer diskriminiert werden. Die Gefahr einer Diskriminierung und Ungleichbehandlung[1] würde aber bestehen, wenn der Sektoren-Auftraggeber die Leistung (entgegen § 9 Nr. 1 VOB/A) beispielsweise unklar und nicht erschöpfend beschreiben würde, so dass den Bietern keine gleichen Wettbewerbschancen im Rahmen der Angebotskalkulation eingeräumt würden. Der Grundsatz der eindeutigen und erschöpfenden Leistungsbeschreibung ist Ausfluss des Diskriminierungsverbotes und gilt damit über den Wortlaut von § 6 SKR hinaus auch für eine Leistungsbeschreibung, die ihm Rahmen des 4. Abschnitts der VOB/A erstellt wird.[2] Auch das in § 9 Nr. 2 VOB/A enthaltene Gebot, dem Bieter im Rahmen der Leistungsbeschreibung kein ungewöhnliches Wagnis aufzubürden, entspricht dem Gleichbehandlungsgrundsatz und Diskriminierungsverbot und gilt damit – über § 97 Abs. 2 GWB und § 2 Nr. 1 SKR – auch für Sektoren-Auftraggeber im Rahmen des 4. Abschnitts der VOB/A. Das Gleiche gilt auch für die weiteren Vorgaben des § 9 Nr. 3 VOB/A, die bei der Auftragsvergabe nach dem 4. Abschnitt der VOB/A ebenfalls Ausdruck des allgemeinen Diskriminierungsverbotes des § 2 Nr. 1 SKR sind.[3] Aufgrund der über § 2 Nr. 1 SKR bestehenden Verpflichtung des Sektoren-Auftraggebers, bei der Aufstellung der Leistungsbeschreibung die allgemeinen Grundsätze aus § 9 Nr. 1–3 VOB/A zu beachten, sind deshalb auch die von der Rechtsprechung aufgestellten Grundsätze der VOB/A-konformen Auslegung einer Leistungsbeschreibung[4] im Fall der SKR-Auftragsvergabe anwendbar.

Nicht Ausdruck des Diskriminierungsverbots und deshalb im Rahmen der SKR-Vergabe auch 3
nicht anwendbar sind hingegen die weiteren Ausschreibungsgrundsätze des § 9 Nr. 4–17 VOB/A. Während also der öffentliche Auftraggeber, der nach den Abschnitten 1–3 der VOB/A vergibt, grundsätzlich eine detaillierte Leistungsbeschreibung mit Leistungsverzeichnissen fertigen muss (Regelfall des § 9 Nr. 11–14 VOB/A) und eine Leistungsbeschreibung mit Leistungsprogramm gemäß § 9 Nr. 15–17 VOB/A nur fertigen darf, wenn dies nach Abwägung aller Umstände zweckmäßig ist, um die „technisch, wirtschaftlich und gestalterisch beste sowie funktionsgerechte Lösung der Bauaufgabe zu ermitteln" (§ 9 Nr. 15 VOB/A), hat der Sektoren-Auftraggeber nach dem 4. Abschnitt der VOB/A die freie Wahl, ob er die der Vergabe zugrundeliegende Leistungsbeschreibung detailliert, global oder teils detailliert und teils global formuliert. Beachtet die jeweils gewählte Form der Leistungsbeschreibung die allgemeinen Grundsätze des § 9 Nr. 1–3 VOB/A, so wird in der Wahl der Ausschreibungsmethodik nur ausnahmsweise ein Verstoß gegen das Diskriminierungsverbot des § 2 Nr. 1 SKR vorliegen können.

II. Inhaltliche Regelungen von § 6 SKR

Die Neufassung von § 6 SKR entspricht vollständig der Neuregelung in § 9 Nr. 5–10 VOB/A 4
sowie § 9b VOB/A, so dass zur Vermeidung von Wiederholungen auf eine eigenständige Kommentierung verzichtet werden kann:

---

[1] Vgl. § 97 Abs. 2 GWB und dazu *Kulartz/Kus/Porz,* § 97 GWB Rdn. 25 ff.
[2] Vgl. dazu *Priess* NZBau 2004, 20, 22.
[3] So zutreffend *Lampe-Helbig/Wöhrmann* Rdn. 345; *Heiermann u.a.* § 6 SKR Rdn. 3 m.w.N.
[4] Näher B § 2 Rdn. 114 ff.

§ 6 Nr. 1 SKR entspricht Art. 34 Abs. 2 der Sektorenkoordinierungsrichtlinie[5] und ist inhaltlich identisch mit § 9 Nr. 5 VOB/A (→ näher A § 9 Rdn. 47 f.).

§ 6 Nr. 2 SKR entspricht Art. 34 Abs. 3 der Sektorenkoordinierungsrichtlinie und ist identisch mit § 9 Nr. 6 VOB/A (→ näher A § 9 Rdn. 49–51).

§ 6 Nr. 3 SKR entspricht Art. 34 Abs. 4 der Sektorenkoordinierungsrichtlinie und ist identisch mit § 9 Nr. 7 VOB/A (→ näher A § 9 Rdn. 52).

§ 6 Nr. 4 SKR entspricht Art. 34 Abs. 5 der Sektorenkoordinierungsrichtlinie und ist identisch mit § 9 Nr. 8 VOB/A (→ näher A § 9 Rdn. 52).

§ 6 Nr. 5 SKR entspricht Art. 34 Abs. 6 der Sektorenkoordinierungsrichtlinie und ist identisch mit § 9 Nr. 9 VOB/A (→ näher A § 9 Rdn. 53).

§ 6 Nr. 6 SKR entspricht Art. 35 der Sektorenkoordinierungsrichtlinie und ist identisch mit § 9 b VOB/A (→ näher A § 9 b Rdn. 2 f.).

§ 6 Nr. 7 SKR entspricht Art. 34 Abs. 8 der Sektorenkoordinierungsrichtlinie und ist identisch mit § 9 Nr. 10 VOB/A (→ näher A § 9 Rdn. 54).

§ 7 Vergabeunterlagen

1. Die Vergabeunterlagen bestehen aus dem Anschreiben (Aufforderung zur Angebotsabgabe) und den Verdingungsunterlagen.

2. (1) Für die Versendung der Verdingungsunterlagen (§ 9 SKR Nr. 6 bis 8) ist ein Anschreiben (Aufforderung zur Angebotsabgabe) zu verfassen, das alle Angaben enthält, die außer den Verdingungsunterlagen für den Entschluss zur Abgabe eines Angebots notwendig sind.

(2) In dem Anschreiben sind insbesondere anzugeben:

a) Anschrift der Stelle, bei der zusätzliche Unterlagen angefordert werden können,

b) Tag, bis zu dem zusätzliche Unterlagen angefordert werden können,

c) gegebenenfalls Betrag und Zahlungsbedingungen für zusätzliche Unterlagen,

d) Anschrift der Stelle, bei der die Angebote einzureichen sind,

e) Angabe, dass die Angebote in deutscher Sprache abzufassen sind,

f) Tag, bis zu dem die Angebote eingehen müssen,

g) Hinweis auf die Veröffentlichung der Bekanntmachung,

h) Angabe der Unterlagen, die gegebenenfalls dem Angebot beizufügen sind,

i) sofern nicht in der Bekanntmachung, der Aufforderung zur Interessenbekundung, der Aufforderung zur Verhandlung oder in den Verdingungsunterlagen angegeben (§ 9 SKR Nr. 1), die maßgebenden Wertungskriterien im Sinne von § 11 SKR Nr. 1. Dabei ist die Gewichtung der einzelnen Kriterien anzugeben. Kann die Gewichtung aus nachvollziehbaren Gründen nicht angegeben werden, sind die Kriterien in der absteigenden Reihenfolge ihrer Bedeutung zu nennen.

(3) Wenn der Auftraggeber Nebenangebote nicht oder nur in Verbindung mit einem Hauptangebot zulassen will, so ist dies anzugeben. Ebenso sind gegebenenfalls die Mindestanforderungen an Nebenangebote anzugeben und auf welche Weise sie einzureichen sind.

3. Angebote werden schriftlich auf direktem Wege oder mit der Post übermittelt. Der Auftraggeber kann zulassen, dass die Angebote auf andere Weise übermittelt werden, sofern gewährleistet ist, dass

– jedes Angebot alle für seine Bewertung erforderlichen Angaben enthält,

– die Vertraulichkeit der Angebote bis zu ihrer Bewertung gewahrt bleibt,

– die Angabe umgehend schriftlich oder durch Übermittlung einer beglaubigten Abschrift bestätigt werden, so weit dies aus Gründen des rechtlichen Nachweises erforderlich ist und

– die Öffnung der Angebote nach Ablauf der für ihre Einreichung festgelegten Frist erfolgt.

---

[5] Richtlinie 2004/17/EG des Europäischen Parlaments und des Rates vom 31.3.2004 zur Koordinierung der Zuschlagserteilung durch Auftraggeber im Bereich der Wasser-, Energie- und Verkehrsversorgung sowie der Postdienste, ABl. EU Nr. L 134 vom 30.4.2004.

Wenn der Auftraggeber es zulässt, Angebote in anderer Weise zu übermitteln, hat er dies im Aufruf zum Wettbewerb und in den Verdingungsunterlagen anzugeben.

4. Der Auftraggeber kann die Bieter auffordern, in ihrem Angebot die Leistungen anzugeben, die sie an Nachunternehmer zu vergeben beabsichtigen.

Übersicht

I. Überblick

1 § 7 SKR behandelt die Vergabeunterlagen und entspricht damit thematisch im Wesentlichen § 10 VOB/A. Ergänzt worden ist § 7 mit der VOB-Novelle 2000 um die heutige Nr. 3, die die Anforderungen an digitale Angebote regelt. Die sich hierauf beziehenden Vorschriften der Basisparagrafen sind § 21 Nr. 1 sowie § 22 Nr. 1 Satz 2.

2 Der SKR-Auftraggeber ist hinsichtlich der Vergabeunterlagen erheblich freier gestellt. Das zeigt sich an den im Vergleich zu § 10 VOB/A geringeren (formalen) Anforderungen an das Anschreiben sowie auch an den reduzierten Anforderungen an digitale Angebote. Vor allem enthält § 7 SKR **aber keinerlei Vorgaben hinsichtlich des Inhalts der Vergabeunterlagen**. Schon § 6 SKR stellt nur formelle Anforderungen an die Leistungsbeschreibung auf, überlässt aber die Art der Leistungsbeschreibung vollkommen dem Auftraggeber. Auch hinsichtlich losweiser Vergabe bestehen keine § 4 Nr. 2 und 3 VOB/A entsprechenden Vorgaben. Dem entspricht es, dass nach § 7 der SKR-Auftraggeber weder gezwungen ist, die VOB/B und die VOB/C zum Gegenstand der Verdingungsunterlagen zu machen, noch sie im Wesentlichen unverändert zu lassen (vgl. § 10 Nr. 2 u. 3 VOB/A). Auch ansonsten kann der SKR-Auftraggeber den Inhalt des Bauvertrages frei bestimmen. Die weitergehenden materiellen Vorgaben der Basisparagrafen hinsichtlich Ausführungsfristen, Vertragsstrafe etc. (§ 11 ff. VOB/A) sind in die SKR nicht übernommen worden.

II. Vergabeunterlagen (Nr. 1)

3 Auch Nr. 1 unterscheidet zwischen „Vergabeunterlagen" und „Verdingungsunterlagen" (→ § 10 VOB/A Rdn. 1 ff.). Die **Verdingungsunterlagen** sind die gesamten technischen, wirtschaftlichen und rechtlichen Bedingungen, aus denen sich der später zu schließende Vertrag zusammensetzt. Die **Vergabeunterlagen** sind die Gesamtheit der Verdingungsunterlagen sowie das Anschreiben. **Bewerbungsbedingungen** werden in § 7 nicht erwähnt. Selbstverständlich steht es aber dem Auftraggeber frei, Bewerbungsbedingungen aufzustellen. Sie sind vergaberechtlich nur körperlich ausgelagerter Teil des Anschreibens.[1]

4 Das Anschreiben und mögliche Bewerbungsbedingungen befassen sich (nur) mit dem Vergabeverfahren. Sie werden nach der Systematik der VOB/A nicht Teil des späteren Bauvertrages.[2]

[1] Vgl. dazu VOB/A § 10, Rdn. 64.
[2] Vgl. VOB/A § 10, Rdn. 3, 65.

III. Inhalt des Anschreibens (Nr. 2)

5 Die Anforderungen an den Inhalt des Anschreibens setzen sich zusammen aus einigen Anforderungen des § 10 Nr. 5 VOB/A sowie aus sämtlichen ergänzenden Anforderungen des § 10 b Nr. 1 VOB/A, der nur für staatliche Sektorenauftraggeber in den Bereichen Trinkwasserversorgung und Häfen gilt. Nr. 2 Abs. 1 entspricht fast wortgleich § 10 Nr. 5 Abs. 1 VOB/A. § 7 SKR Nr. 2 Abs. 2 lit. a), c), d) und k) entsprechen im Wesentlichen § 10 Nr. 5 Abs. 2 lit. d), e), c) und k) VOB/A. Insoweit muss zur Klärung von Einzelheiten auf die vertiefte Darstellung der übernommenen Regelungen verwiesen werden.[3] § 7 SKR Nr. 2 Abs. 2 lit. e), g), h) und i) entsprechen § 10 b Nr. 1 lit. b), c), d) und a) VOB/A.

1. Allgemeine Anforderungen

6 Hier fällt zunächst auf, dass Nr. 2 Abs. 1 genau die gleiche generelle Anforderung aufstellt wie § 10 Nr. 5 Abs. 1 VOB/A. Das Anschreiben muss danach **alle** Angaben enthalten, die außer den Verdingungsunterlagen für den Entschluss zur Abgabe eines Angebots notwendig sind. Der Mindestinhaltskatalog der notwendigen Angaben ist in Abs. 2 demgegenüber stark verkürzt. Entfallen gegenüber § 10 Nr. 5 Abs. 2 VOB/A sind zunächst alle Punkte, die lediglich Zusammenfassungen oder Verweisungen auf die Verdingungsunterlagen enthalten, wie Art und Umfang der Leistung, Ausführungszeit, Sicherheiten, Zahlungsbedingungen etc. Insoweit ist die SKR in sich konsistenter als die anderen Abschnitte der VOB/A. Angaben, die bereits in der Bekanntmachung enthalten sind, müssen nicht wiederholt werden. Das Gleiche gilt für Punkte, über die sich der Bewerber anhand der Verdingungsunterlagen unmittelbar informieren kann.

7 Die Mindestangaben des Abs. 2 betreffen vor allem **Informationen zum formellen Ablauf des Vergabeverfahren**. Da die SKR selbst nur wenige formelle Anforderungen stellt, können und müssen die Auftraggeber, wenn sie besondere Vorgaben an die Angebotserstellung aufstellen möchten, dies im Anschreiben oder in gesonderten Bewerbungsbedingungen angeben. Dadurch kann der Auftraggeber das Verfahren stärker steuern, bindet sich aber selbst. Werden vom Auftraggeber weitere Anforderungen aufgestellt, so ist er hieran gebunden.[4]

2. Mindestinhalt des Anschreibens

8 **Lit.a)** entspricht teilweise § 10 Nr. 5 Abs. 2 lit. d VOB/A. Lit.a) behandelt lediglich die zusätzlichen Unterlagen wie großformatige Pläne oder umfangreiche Gutachten, die nicht selbst Teil der Verdingungsunterlagen sind, sondern der ergänzenden Information dienen.[5] Die Verdingungsunterlagen selbst müssen insgesamt dem Anschreiben beigefügt werden. Lit. a) ermöglicht deshalb insbesondere, die Abgabe weiterer Unterlagen von der Zahlung eines besonderen Entgeltes hierfür abhängig zu machen. Nicht erfasst werden von lit. a) nicht versandfähige Teile der Verdingungsunterlagen im Sinne des § 17 Nr. 5 VOB/A, wie Probestücke, Muster etc. Diese sind auch im SKR-Verfahren zulässig. In diesem Fall muss der Auftraggeber sie ebenfalls entsprechend § 10 Nr. 5 Abs. 2 lit. d) VOB/A zur Einsicht bereithalten. Anzugeben ist nicht nur die Anschrift der Einsichtsstelle, sondern der Name, wie im Vergleich mit VOB/B § 10 Nr. 5 Abs. 2 lit. d VOB/A zeigt.

9 **Lit.b)** sah und sieht die Möglichkeit vor, für die **Anforderung** dieser **Unterlagen** eine **kürzere Frist** als die Angebotsabgabefrist (lit. f) zu setzen. Eine entsprechende Regelung enthielt auch § 10 Nr. 5 Abs. 2 lit. d VOB/A bis zur Novelle 2000. Dort hat man auf diese Möglichkeit dann verzichtet, damit die Bewerber möglichst lange von der Anforderung und der Einsichtnahme

[3] Vgl. VOB/A § 10, Rdn. 32 ff.

[4] Vgl. BayObLG NZBau 2000, 259 = BauR 2000, 557 zur VOF; Beck'scher VOB-Kommentar/*Brinker* VOB/A § 10 SKR, Rdn. 10.

[5] Vgl. VOB/A § 10, Rdn. 32.

Gebrauch machen können.[6] Nun ist durch das Sofortpaket die Möglichkeit wieder in § 10 b VOB/A eingeführt worden, allerdings erstaunlicherweise nicht in § 10 a VOB/A (vgl. VOB/A § 10 a Rdn. 5).

Wie in § 10 b VOB/A in Übereinstimmung mit Art. 47 Abs. 2 Sektorenrichtlinie ausdrücklich hervorgehoben („gegebenenfalls"), ist eine Angabe nur notwendig, wenn tatsächlich für diese Unterlagen eine kürzere Frist gesetzt werden soll. Ansonsten sind die Unterlagen bis zum Ablauf der Angebotsfrist zur Verfügung zu halten. Da die Bieter nach den Richtlinien grundsätzlich die Möglichkeit zu Auskünften während der gesamten Angebotsfrist haben sollen (vgl. auch § 17 b Nr. 9 VOB/A), sollte eine Verkürzung der Frist zur Anforderung bzw. Einsichtnahme über die in Art. 40 Abs. 4/Art. 47 Abs. 4 der Richtlinien genannten 6 Tage (bzw. 4 Tage bei beschleunigtem Verfahren) nur aus besonderen sachlichen Gründen erfolgen

Lit. c) entspricht § 10 Nr. 5 Abs. 2e VOB/A (→ § 10 Rdn. 34), **lit. d)**, § 10 Nr. 5 Abs. 2c VOB/A 10
(→ § 10 Rdn. 31) sowie **lit. e)** § 10 b Nr. 1 b VOB/A und § 10 a lit. b VOB/A(→ § 10 a Rdn. 7).

Nach **lit. f)** ist eine Angebotsabgabefrist zu bestimmen, da das SKR-Vergabeverfahren keinen 11
Eröffnungstermin für die Angebote kennt. Dabei ist das Fristende nach lit. f) mit einem **Tag anzugeben, nicht mit einer Uhrzeit**. Da die Verdingungsordnungen durchaus zwischen „Tag", „Frist" und „Termin" unterscheiden[7] und mit Tag einen bestimmten Kalendertag meinen[8], sollte keine noch während der Tagzeit endende Frist angesetzt werden, auch wenn Gründe für die subtile Unterscheidung des Fristendes in der VOB/A nicht ersichtlich sind. Andererseits bedeutet das auch nicht, dass Fristende erst 24.00 Uhr ist. Insbesondere besteht keine Verpflichtung, einen Nachtbriefkasten, der um 24:00 Uhr umschlägt, einzurichten. Hinsichtlich des Zugangs gilt § 130 BGB. Das Angebot muss deshalb innerhalb der üblichen Bürozeiten eingehen.[9]

Lit. g: Da in dem Anschreiben nach § 7 SKR anders als im Anschreiben nach § 10 Nr. 5 VOB/A 12
die Angaben der Bekanntmachung nicht wiederholt werden müssen, ist zum Auffinden ein kompensatorischer **Hinweis auf die Veröffentlichung** geboten. Im Gegensatz zu dem die Richtlinie nur unvollständig umsetzenden § 10 a Spiegelstrich 3 VOB/A (vgl. VOB/A § 10 a Rdn. 8), bestimmt § 7 lit. g SKR zutreffend, dass bei allen Vergabearten, d.h. auch bei einem möglichen offenen Verfahren, ein Hinweis auf die Veröffentlichung der Bekanntmachung erfolgen muss. Anzugeben ist die eindeutige Fundstelle.

Lit. h) betrifft die Unterlagen, die ggf. dem Angebot beizufügen sind. Das entspricht wort- 13
wörtlich § 10 b Nr. 1 lit. d VOB/A. Inhaltlich ist die Regelung jedoch weitergehend, weil § 10 b Nr. 1 lit. d VOB/A nur § 10 Nr. 5 Abs. 2 lit. l VOB/A ergänzt, letzterer allerdings für den SKR-Auftraggeber nicht gilt. Nach § 10 Nr. 5 Abs. 2 lit. l VOB/A kann dem Bieter zum Nachweis der Eignung nur die Vorlage der Eignungsnachweise nach § 8 Nr. 3 (und 4) VOB/A aufgegeben werden. Die Sektorenauftraggeber können im Rahmen des Wettbewerbs oder zum Zwecke der Präqualifikation zusätzlich **weitere und andere Eignungsnachweise** anfordern. Bei der Festlegung der Eignungsnachweise sind sie grundsätzlich frei. Lediglich für das nicht offene Verfahren und das Verhandlungsverfahren enthält § 5 Nr. 1 Abs. 2 SKR eine beispielhafte Aufzählung. Die vom SKR-Auftraggeber geforderten Eignungsnachweise müssen im Anschreiben so konkret angegeben werden, dass Missverständnisse der Bieter hinsichtlich Art und Inhalt der Unterlagen ausgeschlossen werden. Zu den Anforderungen an die Bestimmtheit vgl. auch VOB/A § 10 Rdn. 42.

Lit. i) entspricht inhaltlich § 10 b Nr. 1 a sowie § 10 a lit. a VOB/A. Nach § 11 Nr. 1 Abs. 2 SKR 14
dürfen bei der Wertung der Angebote nur Kriterien berücksichtigt werden, die in der Bekanntmachung oder in den Vergabeunterlagen genannt sind. So weit nicht allein der günstigste Preis den Ausschlag geben soll, sind die **Wertungskriterien zwingend anzugeben**.[10] Eine nachträgliche **Ergänzung oder Auswechslung** der Kriterien ist grundsätzlich **unzulässig** (vgl. aber VOB/A

[6] Vgl. *Ingenstau/Korbion/Kratzenberg* VOB/A § 10, Rdn. 57.
[7] Vgl. § 17 Nr. 1 Abs. 2 lit. k, Nr. 2 Abs. 2 lit. j; vgl. auch § 17 Nr. 1 Abs. 2d VOB/A 1973.
[8] *Daub/Piel/Soergel*, ErlZ. A 17.31.
[9] Vgl. *Palandt/Heinrichs* BGB § 130, Rdn. 6 m.w.N.
[10] Vgl. VOB/A § 10 a, Rdn. 4.

§ 10 a Rdn. 13).[11] Der Auftraggeber muss deshalb im besonderen Maße daran interessiert sein, die für seine Wertung maßgeblichen Kriterien vollständig den Bewerbern bekannt zu geben.

14 a Nach dem bisherigen Wortlaut des § 7 SKR sollten die Wertungskriterien „möglichst" in der Reihenfolge der ihnen zuerkannten Bedeutung angegeben werden. Danach brauchte der Auftraggeber nur die Reihenfolge als relative Gewichtung und nicht die konkrete Gewichtung, z.B. durch Prozentangaben, mitzuteilen.[12] Da die Reihenfolge „möglichst" anzugeben ist, durfte die Angabe der Reihenfolge allerdings nur in Ausnahmefällen unterbleiben, nämlich dann, wenn eine Angabe der Reihenfolge (noch) nicht möglich war. Ein bewusstes Offenhalten der Wertungskriterien durch Nichtangabe der Reihenfolge war vergaberechtlich unzulässig (vgl. VOB/A § 10 a Rdn. 8). Diese Anforderungen werden durch die Ergänzung von lit. i) durch das Sofortpaket zur Anpassung der VOB/A bestätigt und verschärft. Danach muss zukünftig sogar die **konkrete Gewichtung** der einzelnen Kriterien angegeben werden. Nur wenn die Gewichtung aus nachvollziehbaren Gründen nicht angegeben werden kann, müssen die Kriterien in der absteigenden Reihenfolge ihrer Bedeutung genannt werden.

14 b Die Wertungskriterien müssen **klar und eindeutig** angegeben werden.[13] Ein nur missverständlich formuliertes Vergabekriterium ist nicht hinreichend bekannt gemacht und darf deshalb bei der Wertung nicht berücksichtigt werden.[14] Die Pflicht zur Bekanntmachung soll es den Bietern ermöglichen, die Kriterien der Auswahlentscheidung gleichermaßen zu erkennen und ihre Angebote entsprechend und vergleichbar zu gestalten. Daneben soll die Bekanntmachung aber auch Manipulationsmöglichkeiten vorbeugen. Eine Bekanntgabe verhindert, dass der Auftraggeber die Kriterien nachträglich in Kenntnis der Angebote zur Begründung einer beabsichtigten Entscheidung ändert oder erst zielorientiert aufstellt.

14 c Streitig ist, in welcher Tiefe die Kriterien anzugeben sind, insbesondere ob auch alle **Unterkriterien** angeben werden müssen. Vgl. dazu näher VOB/A § 10 a Rdn. 11.

14 d An die angegebene Gewichtung bzw. Reihenfolge ist der Auftraggeber bei der Wertung gebunden. Eine nachträgliche Änderung der Gewichtung ist grundsätzlich unzulässig.[15] Der Auftraggeber hat ein **Wahlrecht für die Bekanntgabe** der Zuschlagskriterien in Anschreiben oder Vergabebekanntmachung.[16] Bei **Widersprüchen zwischen Bekanntmachung und Vergabeunterlagen** gebührt den nachfolgenden und detaillierteren Vergabeunterlagen der Vorrang, was allerdings streitig ist (vgl. VOB/A § 10 a Rdn. 12). Das ermöglicht einerseits Korrekturen, andererseits die Ergänzung um Unterkriterien (vgl. VOB/A § 10 a Rdn. 11 f.). Sinnvollerweise sollten Kriterien und Unterkriterien erst bekannt gemacht und damit auch nicht vorher endgültig aufgestellt werden, bis der Auftraggeber seine Vergabevorstellungen abgeschlossen und seine Wertungskriterien anhand von Beispielswertungen auch erprobt hat.

3. Nebenangebote

15 Nr. 2 Abs. 3 Satz 1 entspricht inhaltlich § 10 Nr. 5 Abs. 4 VOB/A. Der Auftraggeber kann Nebenangebote wünschen, zulassen oder ausschließen und dabei auch zwischen einzelnen Vertragsteilen differenzieren (vgl. VOB/A § 10 Rdn. 55 ff.). Darüber hinaus kann er formelle Anforderungen für die Einreichung aufstellen, z.B. dass die Nebenangebote in einer gesonderter Anlage gemacht werden und erschöpfend zu beschreiben sind (Satz 2 2. HS).

---

[11] BGH BauR 1998, 1246.

[12] *Heiermann/Müller/Franke* Anm. zu § 7 SKR Rdn. 25.

[13] OLG Frankfurt NZBau 2002, 161

[14] BGH NZBau 2004, 517=VergabeR 2004, 604.

[15] BGH NJW 2000, 137=BauR 1999, 736; VK Sachsen v. 15.8.2002 – 1/SVK/075-02 (veris); nach VK Bund v. 5.9.2002 – VK 2-68/02 – soll wegen der wahlweisen Angabe in Bekanntmachung oder Vergabeunterlagen eine Ergänzung um zusätzliche Kriterien zulässig sein. Eine bloße Ergänzung ohne Einfluss auf die Gewichtung käme aber nur bei Angabe lediglich der Gewichtungsreihenfolge und Verlängerung derselben um zwei nachrangige Kriterien in Betracht.

[16] Vgl. VK Südbayern v. 18.3.2002 – 04-02/02 (veris); Weyand ibr-online-Kommentar Vergaberecht VOB/A § 10 a Rdn. 3619; einschränkend VK Sachsen v. 29.11.2001 – 1/SVK/110/01 zur VOL/A (ibr-online).

Soweit Nebenangebote nicht ausgeschlossen werden, müssen hierfür materielle **Mindestanforderungen** benannt werden. Der zwingende Charakter dieser Verpflichtung kommt im Wortlaut der Nr. 2 Abs. 3 Satz 2 („gegebenenfalls") nicht klar zum Ausdruck. Während § 10 a lit. f VOB/A und der früher wortwörtlich übereinstimmende § 10 b Nr. 2 VOB/A durch das Sofortpaket entsprechend der Vorgaben von Art. 24 Abs. 3 VKR bzw. 36 Abs. 1 SKR überarbeitet worden sind, ist der Wortlaut des § 7 SKR Nr. 2 erstaunlicherweise unverändert geblieben. 15 a

Heute steht trotz unverändertem Wortlaut aufgrund europarechtskonformer Auslegung fest, dass die **Angabe der Mindestbedingungen zwingend** ist. Der EuGH hat mit Urteil vom 16.10.2003 „Traunfellner" klargestellt, das ein öffentlicher Auftraggeber, der Nebenangebote nicht ausgeschlossen hat, verpflichtet ist, in den Verdingungsunterlagen die Mindestanforderungen zu erläutern.[17] Welche Anforderungen hier aufzustellen sind, ist allerdings umstritten und nicht abschließend geklärt (vgl. näher VOB/A § 10 a Rdn. 25 ff.). Nach der bislang wohl noch überwiegenden Auffassung reichen die allgemeinen Gleichwertigkeitsanforderungen in den Bewerbungsbedingungen der Vergabehandbücher nicht aus.[18] Sie gelten nach der aktuellen Fassung des Vergabehandbuchs (Stand 1.02.06) auch nur für Vergaben unterhalb der Schwellenwerte. Gefordert werden im Übrigen technische Mindestanforderungen, ohne dass diese allerdings bislang positiv konkretisiert worden wären. Da der Auftraggeber die mit den Nebenangeboten vorgeschlagenen Ausführungsvarianten nicht kennt, kann er für diese allerdings keine vergleichbare Anforderungen aufstellen wie im Leistungsverzeichnis für den „Amtsentwurf".[19] 15 b

Die **Anforderung an die Konkretisierung** der Mindestbedingungen ergibt sich aus deren Zweck. Die Angabe von Mindestanforderungen soll es dem Bieter ermöglichen zu beurteilen, welche Nebenangebote zulässig und wettbewerbsfähig sind. Hierzu reicht es aus, dass sich durch Auslegung der Verdingungsunterlagen erschließen bzw. den Anforderungen der Leistungsbeschreibung zu entnehmen sind.[20] Bei umfangreichen Anforderungen in der Leistungsbeschreibung kann auch der allgemeine Hinweis „Das Nebenangebot muss den Konstruktionsprinzipien und den vom Auftraggeber vorgesehenen Planungsvorgaben entsprechen" genügen, wenn für einen verständigen Bieter erkennbar ist, welchen baulichen und konstruktiven Anforderungen ein Nebenangebot zu entsprechen hat.[21] Konkrete Mindestanforderungen werden nur da erforderlich, wo diese nicht schon aus dem Zusammenhang der Verdingungsunterlagen bestimmbar sind. Bei einer detaillierten Beschreibung der Leistung kann der Bieter regelmäßig auch ohne ausdrückliche Festlegung von Mindestanforderungen erkennen, wie sein Nebenangebot mindestens beschaffen sein muss, um als objektiv gleichwertig angesehen werden zu können. Zu den weiteren Einzelheiten vgl. VOB/A § 10 a Rdn. 26 f. 15 c

IV. Übermittlung der Angebote (Nr. 3)

Satz 1 enthält die Selbstverständlichkeit, dass die schriftlichen Angebote mit der Post versandt oder persönlich abgegeben werden können. Er enthält aber zugleich i.V.m. Satz 2 die Aussage, dass Auftraggeber nicht das Recht haben, **ausschließlich elektronische Angebote** zuzulassen. Denn die nachfolgenden Ausnahme von der Schriftform ist nur eine zuzulassende Option für die Bieter, 16

[17] EuGH NZBau 2004, 279.

[18] Ausdrücklich VK Brandenburg v. 28.2.2005 – VK2/05 (ibr-online) und BayObLG NZBau 2004, 626; ebenso z.B. OLG München ZfBR 2005, 722; OLG Rostock v. 24.11.2004 – 17 Verg 6/040 = IBR 2005, 107; OLG Düsseldorf VergabeR 2005, 483.

[19] VK Baden-Württemberg v. 11.5.2004 – 1 VK 24/04; VK Lüneburg v. 11.1.2005 – 203-VgK-55/2004; VK Lüneburg v. 6.12.2004 – 203-VgK-50/2004; VK Schleswig-Holstein v. 3.11.2004 – VK-SH 28/04; (jeweils ibr-online).

[20] So etwa OLG Schleswig v. 15.2.2005 – 6 Verg 6/04; VK Bund v. 14.12.2004 – VK2–208/04; (jeweils ibr-online); vgl. auch VOB/A § 21 Rdn. 33.

[21] VK Bund v. 14.7.2005 – VK 1–50/05 (www.bundeskartellamt.de); *Weyand*, ibr-online-Kommentar Vergaberecht § 25 VOB/A Rdn. 4574/4 ff.

nicht aber eine zwingende Vorgabe.[22] Grund für diese weitgehend mit Art. 28 Abs. 6 SKR 1998[23] übereinstimmenden Regelung, die mit der Novelle 2000 in § 7 SKR eingefügt wurde, war der damals noch geringe Verbreitungsgrad elektronischer Signaturen. Tragfähig war die Begründung aber nur, soweit elektronische Angebote mit digitaler Signatur gefordert werden, wie das § 21 Abs. 1 Satz 2 VOB/A für die ersten drei Abschnitte tut. Die neuen Richtlinien stärken darüber hinausgehend elektronische Kommunikationsmittel und lassen heute ausschließlich elektronische Vergabeverfahren zu. Dies hat der DVA auch grundsätzlich umgesetzt. So braucht sowohl der staatliche Auftraggeber oberhalb der Schwellenwerte wie der staatliche Sektorenauftraggeber, wie sich aus §§ 21 a, 21 b VOB/A ergibt, schriftliche Angebote nicht zuzulassen. In die SKR ist mit dem neuen § 8 SKR eine detaillierte Regelung über elektronische Kommunikation aufgenommen worden. Bei der Novellierung ist übersehen worden, dass § 7 SKR Nr. 3 bereits teilweise entgegenstehende Regelungen enthält. Das muss nunmehr im Wege **berichtigender Auslegung** erfolgen, da die neuere Regelung des § 8 SKR Nr. 4 Abs. 1 vorgeht. Der Auftraggeber kann also auch in SKR-Verfahren elektronisch übermittelte Angebote fordern.

16 a § 7 SKR Nr. 3 stellt zu Gunsten der Sektoren geringere Anforderungen an die elektronische Angebotsabgabe im Vergleich zu den ersten drei Abschnitten der VOB/A auf. Nr. 3 lässt auch **sonstige digitale Übermittlungen,** d.h. ohne Signatur, zu, soweit das elektronische Angebot umgehend **schriftlich bestätigt** wird. Auch diese Regelung ist veraltet und **durch § 8 SKR Nr. 4 Abs. 1 derogiert**. Danach kann der Auftraggeber zwischen einer fortgeschrittenen und einer qualifizierten Signatur wählen. Bei digitalen Angeboten muss der Auftraggeber sicherstellen, dass die **Vertraulichkeit der Angebote** gewahrt wird. Weitergehende Regelungen, wie der Auftraggeber die Vertraulichkeit sicher stellt, enthält nunmehr § 8 SKR Nr. 3. Der Sektorenauftraggeber muss damit heute die gleichen Anforderungen erfüllen wie der staatliche Auftraggeber nach § 21 Nr. 1 Abs. 2 VOB/A.

17 Nach S. 3 müssen die Einzelheiten der elektronischen Angebotsabgabe beim Aufruf zum Wettbewerb oder in den Verdingungsunterlagen angegeben werden. Die Angaben müssen mit einer derartigen Klarheit und Vollständigkeit erfolgen, dass die ordnungsgemäße und fristgerechte Übermittlung der Angebote sichergestellt ist. Eine entsprechende Vorgabe enthält § 8 SKR Nr. 1. **Die Vorschrift des § 7 SKR Nr. 3 kann damit heute insgesamt als überholt gestrichen werden.**

V. Angabe zu Nachunternehmern (Nr. 4)

18 Nr. 4 entspricht wortwörtlich § 10 Nr. 5 Abs. 3 VOB/A (→ VOB/A § 10 Rdn. 50 f.).

§ 8 Informationsübermittlung, Vertraulichkeit der Teilnahmeanträge und Angebote

1. Die Auftraggeber geben in der Bekanntmachung oder den Verdingungsunterlagen an, ob Informationen per Post, Telefax, direkt elektronisch oder durch eine Kombination dieser Kommunikationsmittel übermittelt werden.

2. Das für die elektronische Übermittlung gewählte Netz muss allgemein verfügbar sein und darf den Zugang der Bewerber und Bieter zu den Vergabeverfahren nicht beschränken. Die dafür zu verwendenden Programme und ihre technischen Merkmale müssen nichtdiskriminierend, allgemein zugänglich und kompatibel mit allgemein verbreiteten Erzeugnissen der Informations- und Kommunikationstechnologie sein.

3. Die Auftraggeber haben die Integrität der Daten und die Vertraulichkeit der übermittelten Anträge auf Teilnahme am Vergabeverfahren und der Angebote auf geeignete Weise zu gewährleisten. Per Post oder direkt übermittelte Anträge auf Teilnahme am Vergabeverfahren und Angebote sind in einem verschlossenen Umschlag einzureichen,

---

[22] *Prieß*, Handbuch, S. 251.
[23] Richtlinie EG 98/4/EG v. 16.2.1998.

als solche zu kennzeichnen und bis zum Ablauf der für ihre Einreichung vorgesehenen Frist unter Verschluss zu halten. Bei elektronisch übermittelten Angeboten ist dies durch entsprechende organisatorische und technische Lösungen nach den Anforderungen des Auftraggebers und durch Verschlüsselung sicherzustellen. Die Verschlüsselung muss bis zum Ablauf der für ihre Einreichung vorgesehenen Frist aufrecht erhalten bleiben.

4. (1) Der Auftraggeber legt fest, in welcher Form die Angebote einzureichen sind. Schriftlich eingereichte Angebote müssen unterzeichnet sein. Elektronisch übermittelte Angebote sind nach Wahl des Auftraggebers mit einer fortgeschrittenen elektronischen Signatur nach dem Signaturgesetz und den Anforderungen des Auftraggebers oder einer qualifizierten elektronischen Signatur nach dem Signaturgesetz zu versehen.
(2) Anträge auf Teilnahme am Vergabeverfahren können auch per Telefax oder telefonisch gestellt werden. Werden Anträge auf Teilnahme telefonisch oder per Telefax gestellt, sind diese vom Bewerber bis zum Ablauf der Frist für die Abgabe der Teilnahmeanträge durch Übermittlung per Post, direkt oder elektronisch zu bestätigen.

5. Die Auftraggeber haben dafür Sorge zu tragen, dass den interessierten Unternehmen die Informationen über die Spezifikationen der Geräte, die für die elektronische Übermittlung der Anträge auf Teilnahme und der Angebote erforderlich sind, einschließlich Verschlüsselung zugänglich sind. Außerdem muss gewährleistet sein, dass die in Anhang I genannten Anforderungen erfüllt sind.

§ 8 SKR wurde durch die VOB/A 2006 neu eingefügt und entspricht in den Nummern 1 und 2 inhaltlich der Vorschrift des § 16 Nr. 3 Abs. 1, Abs. 2 VOB/A. Zur Vermeidung von Wiederholungen verweisen wir deshalb auf die Kommentierung zu § 16 Nr. 3 Abs. 1, Abs. 2 VOB/A.

§ 8 Nr. 3 SKR ist wort- und inhaltsgleich mit § 16 a Nr. 1 VOB/A. § 8 Nr. 4 Abs. 1 entspricht § 21 Nr. 1 Abs. 1 VOB/A. § 8 Nr. 4 Abs. 2 SKR entspricht wörtlich § 16 a Nr. 2 VOB/A, § 8 Nr. 5 SKR schließlich ist wortgleich mit § 16 Nr. 3 Abs. 3 VOB/A. Wir verweisen deshalb auch insoweit auf die dortigen Kommentierungen.

§ 9 Aufruf zum Wettbewerb

1. (1) Ein Aufruf zum Wettbewerb kann erfolgen
a) durch Veröffentlichung einer Bekanntmachung nach Anhang V der Verordnung (EG) Nr. 1564/2005,
b) durch Veröffentlichung einer regelmäßigen, nichtverbindlichen Bekanntmachung nach Nummer 2,
c) durch Veröffentlichung einer Bekanntmachung über das Bestehen eines Prüfsystems nach § 5 SKR Nr. 9.
(2) Die Kosten der Veröffentlichung der Bekanntmachungen im Amtsblatt der Europäischen Gemeinschaften werden von den Gemeinschaften getragen.

2. (1) Die wesentlichen Merkmale für eine beabsichtigte bauliche Anlage mit einem geschätzten Gesamtauftragswert nach § 1 SKR Nr. 2 sind als regelmäßige nichtverbindliche Bekanntmachung mindestens einmal jährlich nach Anhang IV der Verordnung (EG) Nr. 1564/2005 bekannt zu machen, wenn sie nicht als Aufruf zum Wettbewerb verwendet wird.
(2) Die Bekanntmachung ist nur dann zwingend vorgeschrieben, wenn die Auftraggeber die Möglichkeit wahrnehmen, die Frist für den Eingang der Angebote gem. § 10 SKR Nr. 1 Abs. 2 zu verkürzen.
(3) Die Bekanntmachungen als Aufruf zum Wettbewerb sind unverzüglich nach der Entscheidung mit der die beabsichtigte bauliche Anlage oder die ihr zugrunde liegende Planung genehmigt wird nach dem in Anhang V der Verordnung (EG) Nr. 1564/2005 enthaltenen Muster zu erstellen und dem Amt für amtliche Veröffentlichungen der Europäischen Gemeinschaften zu übermitteln[1].
(4) Der Auftraggeber kann im Internet ein Beschafferprofil einrichten, in dem neben allgemeinen Informationen wie Kontaktstelle, Telefon- und Telefaxnummer, Postan-

[1] Amt für amtliche Veröffentlichungen der Europäischen Gemeinschaften, 2, rue mercier, L-2985 Luxemburg 1.

schrift und E-Mail-Adresse auf die regelmäßigen nichtverbindlichen Bekanntmachungen sowie die Angaben über Ausschreibungen, geplante und vergebene Aufträge oder aufgehobene Verfahren veröffentlicht werden können.

(5) Erfolgt der Aufruf zum Wettbewerb durch Veröffentlichung einer regelmäßigen nichtverbindlichen Bekanntmachung, so

a) müssen in der Bekanntmachung Bauarbeiten, die Gegenstand des zu vergebenden Auftrags sein werden, nach Art und Umfang genannt sein und die in Anhang V der Verordnung (EG) Nr. 1564/2005 geforderten Angaben enthalten,

b) muss die Bekanntmachung den Hinweis, dass dieser Auftrag im Nichtoffenen Verfahren oder Verhandlungsverfahren ohne spätere Veröffentlichung eines Aufrufs zur Angebotsabgabe vergeben wird, sowie die Aufforderung an die interessierten Unternehmer enthalten, ihr Interesse schriftlich mitzuteilen,

c) müssen die Auftraggeber später alle Bewerber mindestens auf der Grundlage der nachfolgend aufgelisteten Angaben über den Auftrag auffordern, ihr Interesse zu bestätigen, bevor mit der Auswahl der Bieter oder der Teilnehmer an einer Verhandlung begonnen wird:

I. Art und Menge, einschließlich etwaiger Optionen auf zusätzliche Aufträge, und möglichenfalls veranschlagte Frist für die Inanspruchnahme dieser Optionen; bei wiederkehrenden Aufträgen Art und Menge und möglichenfalls veranschlagte Frist für die Veröffentlichung der Bekanntmachungen späterer Ausschreibungen für die Bauarbeiten, Lieferungen oder Dienstleistungen, die Gegenstand des Auftrags sein sollen;

II. Art des Verfahrens; Nichtoffenes Verfahren oder Verhandlungsverfahren;

III. gegebenenfalls Zeitpunkt, zu dem die Leistungen beginnen bzw. abgeschlossen werden;

IV. Anschrift und letzter Tag für die Vorlage des Antrages auf Aufforderung zur Angebotsabgabe sowie die Sprache oder Sprachen, in denen die Angebote abzugeben sind;

V. Anschrift der Stelle, die den Zuschlag erteilt und die Auskünfte gibt, die für den Erhalt der Spezifikationen und anderer Dokumente notwendig sind;

VI. alle wirtschaftlichen und technischen Anforderungen, finanzielle Garantien und Angaben, die von Auftragnehmern verlangt werden;

VII. Höhe der für die Vergabeunterlagen zu entrichtenden Beträge und Zahlungsbedingungen;

VIII. Art des Auftrags, der Gegenstand des Vergabeverfahrens ist;

IX. die Zuschlagskriterien sowie deren Gewichtung oder gegebenenfalls die nach ihrer Bedeutung eingestufte Reihenfolge der Kriterien, wenn diese Angaben nicht in der Bekanntmachung, der Aufforderung zur Interessenbestätigung, der Aufforderung zur Verhandlung oder den Verdingungsunterlagen enthalten sind.

d) dürfen zwischen deren Veröffentlichung und dem Zeitpunkt der Zusendung der Aufforderung an die Bewerber gemäß Nr. 2 Abs. 3 Buchstabe c höchstens 12 Monate vergangen sein. Im Übrigen gilt § 10 SKR Nr. 2.

3. Entscheidet sich der Auftraggeber für die Einführung eines Prüfsystems, so ist dies Gegenstand einer Bekanntmachung nach Anhang VII der Verordnung (EG) Nr. 1564/2005, die über den Zweck des Prüfsystems und darüber informiert, wie die Qualifizierungsregeln angefordert werden können. Beträgt die Laufzeit des Systems mehr als drei Jahre so ist die Bekanntmachung jährlich zu veröffentlichen. Bei kürzerer Laufzeit genügt eine Bekanntmachung zu Beginn des Verfahrens.

4. Erfolgt ein Aufruf zum Wettbewerb durch Veröffentlichung einer Bekanntmachung über das Bestehen eines Prüfsystems, so werden die Bieter in einem Nichtoffenen Verfahren oder die Teilnehmer an einem Verhandlungsverfahren unter den Bewerbern ausgewählt, die sich im Rahmen eines solchen Systems qualifiziert haben.

5. (1) Der Tag der Absendung der Bekanntmachung muss nachgewiesen werden können. Vor dem Tag der Absendung darf die Bekanntmachung nicht veröffentlicht werden.

(2) Alle Veröffentlichungen dürfen nur die dem Amt für amtliche Veröffentlichungen der Europäischen Gemeinschaften übermittelten Angaben enthalten.

(3) Die Bekanntmachung wird unentgeltlich, spätestens 12 Kalendertage nach der Absendung im Supplement zum Amtsblatt der Europäischen Gemeinschaften in der

Originalsprache veröffentlicht. Eine Zusammenfassung der wichtigsten Angaben wird in den übrigen Amtssprachen der Gemeinschaften veröffentlicht; der Wortlaut in der Originalsprache ist verbindlich. Bekanntmachungen, die über das Internetportal des Amtes für amtliche Veröffentlichungen der Europäischen Gemeinschaften[2] auf elektronischem Wege erstellt und übermittelt wurden (elektronische Bekanntmachung), werden abweichend von Satz 1 spätestens 5 Kalendertage nach ihrer Absendung veröffentlicht.
6. **Rechtzeitig beantragte Auskünfte über die Vergabeunterlagen sind spätestens sechs Kalendertage vor Ablauf der Angebotsfrist zu erteilen.**
7. **Sind bei offenen Verfahren die Verdingungsunterlagen und alle zusätzlichen Unterlagen nicht auf elektronischem Weg frei, direkt und vollständig verfügbar, werden die Verdingungsunterlagen und zusätzlichen Unterlagen den Bewerbern binnen 6 Kalendertagen nach Eingang des Antrages zugesandt, sofern dieser Antrag rechtzeitig vor dem Schlusstermin für den Eingang der Angebote eingegangen ist.**
8. **Die Vergabeunterlagen sind den Bewerbern in kürzest möglicher Frist und in geeigneter Weise zu übermitteln.**
9. **Die Vergabeunterlagen sind beim Nichtoffenen Verfahren und beim Verhandlungsverfahren mit vorherigem Aufruf zum Wettbewerb an alle ausgewählten Bewerber am selben Tag abzusenden.**

§ 9 SKR ist mit Ausnahme der im Text enthaltenen Verweisungen, einer umgekehrten Reihenfolge bei Nr. 6 (= § 17 b Nr. 7) bzw. Nr. 7 (= § 17 b Nr. 6) sowie der zusätzlichen Nr. 8 (= § 17 Nr. 4 Abs. 1 VOB/A; § 9 Nr. 9 entspricht § 17 b Nr. 8 VOB/A) wort- und inhaltsgleich mit § 17 b VOB/A. Zur Vermeidung von Wiederholungen verweisen wir deshalb auf die dortige Kommentierung.

§ 10 Angebotsfrist, Bewerbungsfrist

1. **(1) Beim Offenen Verfahren beträgt die Frist für den Eingang der Angebote (Angebotsfrist) mindestens 52 Kalendertage, gerechnet vom Tag nach Absendung der Bekanntmachung.**
(2) Hat der Auftraggeber eine regelmäßige nichtverbindliche Bekanntmachung gemäß § 9 SKR Nr. 2 nach dem vorgeschriebenen Muster (Anhang IV der Verordnung (EG) Nr. 1564/2005) mindestens 52 Kalendertage, höchstens aber 12 Monate vor dem Zeitpunkt der Absendung der Bekanntmachung des Auftrags nach § 9 SKR Nr. 1 Abs. 1 Buchstabe a an das Amtsblatt der Europäischen Gemeinschaften abgesandt, so beträgt die Frist für den Eingang der Angebote im Offenen Verfahren grundsätzlich mindestens 36 Kalendertage, keinesfalls jedoch weniger als 22 Kalendertage, gerechnet ab dem Tag der Absendung der regelmäßigen nichtverbindlichen Bekanntmachung nach § 9 SKR Nr. 2.
3 **(3) Bei Bekanntmachungen, die über das Internetportal des Amtes für amtliche Veröffentlichungen der Europäischen Gemeinschaften[1] auf elektronischem Wege erstellt und übermittelt wurden (elektronische Bekanntmachung) können die in Abs. 1 und 2 genannten Angebotsfristen um 7 Kalendertage verkürzt werden.**
(4) Die Angebotsfrist kann um weitere 5 Kalendertage verkürzt werden, wenn ab der Veröffentlichung der Bekanntmachung die Verdingungsunterlagen und alle zusätzlichen Unterlagen auf elektronischem Wege frei, direkt und vollständig verfügbar gemacht werden; in der Bekanntmachung ist die Internetadresse anzugeben, unter der diese Unterlagen abrufbar sind.
(5) Im Offenen Verfahren darf die Kumulierung der Verkürzungen keinesfalls zu einer Angebotsfrist führen, die kürzer ist als 15 Kalendertage, gerechnet vom Tag nach Absendung der Bekanntmachung.
2. **Bei Nichtoffenen Verfahren und Verhandlungsverfahren mit vorherigem Aufruf zum Wettbewerb gilt:**

---

[2] http://simap.eu.int
[1] http://simap.eu.int

a) Die Frist für den Eingang von Teilnahmeanträgen (Bewerbungsfrist) aufgrund der Bekanntmachung nach § 9 SKR Nr. 1 Abs. 1 Buchstabe a oder der Aufforderung nach § 9 SKR Nr. 2 Abs. 3 Buchstabe c beträgt mindestens 37 Kalendertage, gerechnet vom Tag nach Absendung der Bekanntmachung oder der Aufforderung an. Sie darf auf keinen Fall kürzer sein als 22 Kalendertage, bei elektronischer Übermittlung der Bekanntmachung nicht kürzer als 15 Kalendertage.
b) Die Bewerbungsfrist kann bei elektronischer Bekanntmachung gemäß Nummer 1 Abs. 3 um 7 Kalendertage verkürzt werden.
c) Die Angebotsfrist kann zwischen dem Auftraggeber und den ausgewählten Bewerbern einvernehmlich festgelegt werden, vorausgesetzt, dass allen Bewerbern dieselbe Frist für die Erstellung und Einreichung von Angeboten eingeräumt wird.
d) Falls eine einvernehmliche Festlegung der Angebotsfrist nicht möglich ist, setzt der Auftraggeber im Regelfall eine Frist von mindestens 24 Kalendertagen fest. Sie darf jedoch keinesfalls kürzer als 10 Kalendertage, gerechnet vom Tag nach Absendung der Aufforderung zur Angebotsabgabe, sein. Bei der Festlegung der Frist werden nur die in Nr. 3 genannten Faktoren berücksichtigt.

3. Können die Angebote nur nach Prüfung von umfangreichen Unterlagen, z.B. ausführlichen technischen Spezifikationen, oder nur nach einer Ortsbesichtigung oder Einsichtnahme in ergänzende Unterlagen zu den Vergabeunterlagen erstellt werden und können die Fristen der Nummern 1 und 2 deswegen nicht eingehalten werden, so sind sie angemessen zu verlängern.

§ 10 SKR ist der ehemalige § 9 SKR und mit Ausnahme der im Text enthaltenen Verweisungen wort- und inhaltsgleich mit § 18 b VOB/A. Zur Vermeidung von Wiederholungen verweisen wir deshalb auf die dortige Kommentierung.

§ 11 Wertung der Angebote

1. (1) Der Auftrag ist auf das annehmbarste, wirtschaftlich günstigste Angebot unter Berücksichtigung der auftragsbezogenen Kriterien, wie etwa: Lieferfrist, Ausführungsdauer, Betriebskosten, Rentabilität, Qualität, Ästhetik und Zweckmäßigkeit, technischer Wert, Kundendienst und technische Hilfe, Verpflichtungen hinsichtlich der Ersatzteile, Versorgungssicherheit, Preis, zu erteilen.
(2) Bei der Wertung der Angebote dürfen nur Kriterien berücksichtigt werden, die in der Bekanntmachung oder in den Vergabeunterlagen genannt sind.

2. (1) Erscheinen im Falle eines bestimmten Auftrags Angebote im Verhältnis zur Leistung als ungewöhnlich niedrig, so muss der Auftraggeber vor deren Ablehnung schriftlich Aufklärung über die Einzelposten der Angebote verlangen, wo er dies für angezeigt hält; die anschließende Prüfung erfolgt unter Berücksichtigung der eingegangenen Begründungen. Er kann eine zumutbare Frist für die Antwort festlegen.
(2) Der Auftraggeber kann Begründungen berücksichtigen, die objektiv gerechtfertigt sind durch die Wirtschaftlichkeit des Bauverfahrens oder der Herstellungsmethode, die gewählten technischen Lösungen, außergewöhnlich günstige Bedingungen für den Bieter bei der Durchführung des Auftrags oder die Originalität der vom Bieter vorgeschlagenen Erzeugnisse oder Bauleistungen.
(3) Angebote, die aufgrund einer staatlichen Beihilfe ungewöhnlich niedrig sind, dürfen von den Auftraggebern nur zurückgewiesen werden, wenn diese den Bieter darauf hingewiesen hat und dieser nicht den Nachweis liefern konnte, dass die Beihilfe der Kommission der Europäischen Gemeinschaften gemeldet oder von ihr genehmigt wurde. Auftraggeber, die unter diesen Umständen ein Angebot zurückweisen, müssen die Kommission der Europäischen Gemeinschaften darüber unterrichten.

3. Ein Angebot nach § 6 SKR Nr. 3 und 4 ist wie ein Hauptangebot zu werten.

4. (1) Nebenangebote sind zu werten, es sei denn, der Auftraggeber hat sie in der Bekanntmachung oder in den Vergabeunterlagen nicht zugelassen.
(2) Der Auftraggeber berücksichtigt nur Nebenangebote, die die von ihm genannten Mindestanforderungen erfüllen.

Übersicht

I. Allgemeines

1 § 11 SKR entspricht inhaltlich den §§ 25 und 25 a VOB/A „Wertung der Angebote"; im Gegensatz zu diesen Vorschriften enthält er eine ausschließliche Regelung, die nicht zusammen mit dem Basis-Paragrafen, § 25 VOB/A, gilt. Da es sich aber um eine Bestimmung des SKR-Abschnitts der VOB/A handelt, findet sie auf natürliche und juristische Personen des **privaten Rechts** Anwendung, die auf dem Gebiet der Trinkwasser- oder Energieversorgung oder des Verkehrs tätig sind und die diese Tätigkeiten auf der Grundlage von besonderen oder ausschließlichen Rechten ausüben, die von einer zuständigen Behörde gewährt wurden, oder auf die Auftraggeber gem. Nr. 1 bis 3 einzeln oder gemeinsam einen beherrschenden Einfluss ausüben können (§ 98 Nr. 4 GWB)[1].

2 Die Vorschrift des § 11 SKR ist schon deshalb eine der wichtigsten im gesamten Vergabeverfahren, weil der Auftraggeber hiernach entscheiden muss, wer das **wirtschaftlichste Angebot** abgegeben hat und letztlich den Zuschlag erhält. Sie befasst sich, im Unterschied zu den korrespondierenden Regelungen in den vorherigen Abschnitten der VOB/A, lediglich mit den sachlichen, d.h. den preislichen und den sonstigen wirtschaftlichen Aspekten eines Angebotes. Um aber zu diesem Prüfungsstadium zu gelangen, ist es vorab notwendig, dass ein Bieter auch über die erforderliche persönliche Eignung verfügt, was nach § 5 SKR „Teilnehmer am Wettbewerb" beim **Auswahlverfahren** festgestellt werden muss. Allerdings gilt diese Vorschrift nur für solche Bewerber, die an einem nichtoffenem oder an einem Verhandlungsverfahren teilnehmen. Beim offenen Verfahren erfolgt dagegen die Eignungsprüfung, wie üblich, nach Angebotsabgabe und vor der sachlichen Wertung.

II. Die Wertung von Angeboten im Einzelnen

1. Angebotsauswahl nach auftragsbezogenen Kriterien (Nr. 1)

3 Nach Nr. 1 Absatz 1 ist der Zuschlag auf das annehmbarste, wirtschaftlich günstigste Angebot zu erteilen. Mit Eintritt dieses Ereignisses ist das Vergabeverfahren abgeschlossen. Der Auftraggeber ist nach dem Wortlaut dieser Bestimmung absolut verpflichtet, den Zuschlag zu erteilen, wenn ein solches annehmbares Angebot eingereicht worden ist. Andernfalls läge ein Vergabeverstoß vor, der Schadensersatzansprüche aus §§ 311 Abs. 2, 241 Abs. 2, 280, 282 BGB auslöst[2]. Ferner ist der Auftraggeber auch hier verpflichtet, gem. § 13 der Vergabeverordnung (VgV) die Bieter, deren Angebote nicht berücksichtigt werden sollen, über den Namen des vorgesehenen Auftragnehmers und über den Grund ihrer Nichtberücksichtigung binnen 14 Kalendertagen vor Vertragsabschluss zu informieren.

[1] Den genauen Anwenderkreis bei Bauvergaben benennt § 7 Abs. 2 Nr. 2 VgV.
[2] Vgl. VOB/A § 25 IX. Anhang, Rdn. 114 ff.

4 Zulässige **Wertungskriterien** für diese Angebote sind dabei Lieferfrist, Ausführungsdauer, Betriebskosten, Rentabilität, Qualität, Ästhetik und Zweckmäßigkeit, technischer Wert, Kundendienst und technische Hilfe, Verpflichtungen hinsichtlich der Ersatzteile, Versorgungssicherheit und Preis. Diese Aufzählung orientiert sich wörtlich an Artikel 34 Abs. 1 a der EU-Sektorenrichtlinie vom 14.6.1993 (93/98/EWG), weswegen manche Eigenschaften wie z.B. Lieferfrist, Rentabilität, Ersatzteile, Kundendienst und technische Hilfe eher auf Lieferleistungen als auf Bauleistungen zugeschnitten sind. Auch die Reihenfolge der Aufzählung ist eher zufällig und spiegelt nicht eine Abstufung in der Bedeutung wieder, insbesondere nachdem der Preis als wichtigstes Kriterium[3] zuletzt genannt ist. Ebenso ist aus der beispielsweisen Anführung „wie etwa:" zu entnehmen, dass auch andere, nicht in dieser Vorschrift genannte Qualifikationen bei der Wertung eine Rolle spielen können, z.B. Bedienungs- und Wartungsfreundlichkeit. In diesem Zusammenhang ist aber noch auf § 7 Nr. 2i SKR zu verweisen, wonach in den Vergabeunterlagen auch besondere Kriterien, auf die der Auftraggeber im Einzelfall Wert legt, z.B. gestalterische und funktionsbedingte Gesichtspunkte, Lebensdauer und Ausführungsfrist, möglichst in der Reihenfolge der ihnen zuerkannten Bedeutung zu benennen sind.

Für die Anwendung des § 11 SKR sind **folgende Rahmenbedingungen** zu berücksichtigen:

5 a) Von den zahlreichen in Nr. 1 Abs. 1 genannten Wertungsgesichtspunkten dürfen nur die berücksichtigt werden, die in der Bekanntmachung oder den Vergabeunterlagen genannt sind (Abs. 2). Diese Anforderung entspricht inhaltlich § 25 a Nr. 1 VOB/A, so dass auf die dortigen Ausführungen verwiesen werden darf.

6 b) Außerdem ist auch Art. 55 Abs. 2 EU-Richtlinie 2004/17/EG i.V.m. § 7 Nr. 2i SKR zu beachten, wonach der Auftraggeber in den Auftragsunterlagen oder in der Bekanntmachung alle vorgesehenen Zuschlagskriterien, soweit wie möglich **in der Reihenfolge ihrer Bedeutung,** anzuführen hat. Das bedeutet im Klartext: Hat der Auftraggeber von der Möglichkeit nach Nr. 1 Abs. 1 Gebrauch gemacht und die Wertungskriterien in der Bekanntmachung oder den Vergabeunterlagen benannt, spricht eine Vermutung dafür, dass die von ihm gewählte Reihenfolge auch den Grad der Bedeutung für die Vergabe zum Ausdruck bringt. Hielte er sich dann bei der Wertung nicht an diese Reihenfolge, würde dies zu einem Vergabeverstoß führen; zumindest müssten im Nachprüfungsverfahren vom Auftraggeber plausible Gründe für die abweichende Bewertung dargetan werden.

7 c) Die in Nr. 1 Abs. 1 genannten Kriterien müssen strikt „auftragsbezogen" sein. Ihre lediglich beispielsweise Aufzählung darf den Auftraggeber **nicht** veranlassen, auch **vergabefremde Aspekte** vorzugeben oder gar in die Wertung einzubeziehen. Denn die in der VOB geregelte Vergabe von Bauleistungen dient nur der Schaffung eines gemeinsamen, EU-weiten Marktes, nicht aber der Durchsetzung anderer, z.B. sozialer oder wirtschaftspolitischer Ziele. Eine Ausnahme ist nur erlaubt, wenn sie durch Bundes- oder Landesgesetz ausdrücklich gestattet wird[4].

8 d) Hat der Auftraggeber keine diesbezüglichen Angaben gemacht, ist **allein der niedrigste Preis** für die Vergabe entscheidend, außer wenn es sich dabei um ein Unterangebot handelt. Diese Folgerung kann zwar nicht aus § 11 SKR Nr. 1 direkt entnommen werden, wohl aber aus Art. 55 Abs. 1 b der EU-Sektorenrichtlinie 2004/17/EG, wo als Alternative zu Abs. 1 a ausschließlich der niedrigste Preis als Maßstab genannt ist[5]. Andererseits ist der Auftraggeber nicht verpflichtet „ungewöhnlich niedrige Angebote" anzunehmen (Nr. 2), so dass sich die „Wirtschaftlichkeit" nur am (auskömmlichen) Preis orientieren darf.
In diesem Zusammenhang ist auch darauf hinzuweisen, dass es nach ständiger Rechtsprechung des Europäischen Gerichtshofes geboten und zulässig ist, bei der Auslegung von nationalem

---

[3] BGH BauR 2000, 254 = NJW 2000, 661 (Leitsatz 2).
[4] § 97 Abs. 4 GWB; vgl. auch EuGH Slg. 1988, 4635.
[5] *Noch* „Vergaberecht kompakt" 1999, S. 179 ff.

Recht, das durch die Umsetzung aus EU-Richtlinien geschaffen wurde, das zugrunde liegende EU-Recht mit heranzuziehen[6].

e) Die grundsätzliche Anwendung der Nr. 1 Abs. 1 und 2 liegt **nicht im Ermessen** des Auftraggebers sondern erfolgt nach dem Wortlaut **aufgrund zwingenden Rechts:** „Der Auftrag ist ... zu erteilen; es dürfen nur Kriterien berücksichtigt werden, die ... genannt sind." Lediglich bei der Auslegung der in Abs. 1 aufgezählten unbestimmten Rechtsbegriffe wird ein gewisser Beurteilungsspielraum gewährt, der nur eingeschränkt richterlicher Nachprüfung zugänglich wäre, wobei allein die von der Rechtsprechung aufgestellten Grenzen zu beachten sind, insbesondere das Verbot, sachfremde Erwägungen in die Entscheidung einfließen zu lassen[7]. 9

Kommt der Auftraggeber allerdings aufgrund der Prüfung und Wertung zum Ergebnis, dass überhaupt kein annehmbares Angebot vorliegt, darf er von einer Auftragserteilung absehen, **ohne** dass es noch einer **förmlichen Aufhebung** wie nach § 26 VOB/A bedarf. Denn die VOB/A-SKR kennt ein solches Verfahren nicht. Allerdings wird es sich auch hier aus Gründen der Transparenz (§ 97 Abs. 1 GWB) empfehlen, die Bieter (schriftlich) zu benachrichtigen, dass keine Auftragsvergabe stattfinden konnte[8]. 10

2. Ungewöhnlich niedrige Angebote (Nr. 2)

Nach Nr. 2 Abs. 1 darf ein Auftraggeber Angebote, die ihm im Vergleich zur geforderten Leistung ungewöhnlich niedrig erscheinen, erst ablehnen, wenn er vorher schriftlich – und ggf. nach Setzen einer zumutbaren Frist – Aufklärung über die Einzelposten verlangt und die eingegangene Begründung bei der anschließenden Prüfung mit berücksichtigt hat. Inhaltlich entspricht dies § 25 Nr. 3 Abs. 2 VOB/A, auf deren Kommentierung generell verwiesen werden darf[9]. Dabei sind aber folgende Einzelbegriffe von Interesse: 11

a) Ungewöhnlich niedriges Angebot: Erster Indikator eines solchen, das in der Regel auch ein Unterangebot darstellt, ist der (nachgerechnete) Gesamtpreis[10], der auffällig von den übrigen Angeboten nach unten abweicht, ebenso von der zu Haushaltszwecken ermittelten Kostenberechnung i.S. von § 10 Abs. 3 HOAI. Dies kann dann **mit Hilfe eines Preisspiegels** genauer verifiziert werden, aus dem die einzelnen „Sprünge" erkenntlich sind. Diese Bestimmung liegt in erster Linie im Interesse des Auftraggebers, der vor den nachteiligen Folgen eines zu geringen Angebots (geringe Qualität, Insolvenzrisiko, unzureichende Mängelhaftung) geschützt werden soll. Sie dient auch dem Schutz der Bieter insgesamt und damit des Wettbewerbes, nicht jedoch dem Schutze des Einzelbieters vor sich selbst und seiner Fehlkalkulation[11]. 12

b) Schriftliche Aufklärung über die Einzelposten der Angebote: Hat der Auftraggeber die Feststellung „ungewöhnlich niedriges Angebot" getroffen, muss (nicht: kann) er schriftlich Aufklärung verlangen. Diese Formulierung erscheint missverständlich, da das Schriftformerfordernis sprachlich sowohl das Verlangen (des Auftraggebers) als auch die Aufklärung (durch den Bieter) betreffen kann. Aus dem Sinn der Vorschrift „Dokumentation des Wertungsvorganges" darf aber geschlossen werden, dass allein die Aufklärung des Preises schriftlich vorzunehmen ist. Die Aufforderung dazu kann auch (fern-)mündlich ergehen, obgleich aus Beweisgründen und wegen der in § 13 SKR vorgesehenen Bekanntmachung[12] hier Schriftlichkeit vorzuziehen wäre. Die Aufklärung muss sich über alle Einzelposten erstrecken, die der Auftraggeber als aufklärungsbe- 13

[6] OLG Frankfurt/Main IBR 1997, 178 (Leitsatz 2 im Umkehrschluss).
[7] BGH BauR 1985, 75, 76.
[8] § 26 Nr. 2 VOB/A ist hier analog heranzuziehen.
[9] VOB/A § 25 Rdn. 56, 57.
[10] BGH BauR 1977, 52, 53; siehe weitere Rspr.-Nachweise bei VOB/A § 25 Rdn. 54.
[11] BGH NJW 1980, 180 und BauR 1986, 334.
[12] Anhang F/SKR Nr. 12, 14.

dürftig vorgibt („wo er dies für angezeigt hält"). Auch im Hinblick auf diese Tatsache empfiehlt es sich für den Auftraggeber, das Verlangen nach Information schriftlich zu fixieren.

14 **c) Zumutbare Antwortfrist:** Um einer zu langen Verzögerung bei der Vergabe vorzubeugen, kann der Auftraggeber eine zumutbare Frist für die Antwort vorgeben. Die Länge richtet sich vor allem nach dem Prüfungsgang und der Eilbedürftigkeit der Vergabe. Eine Zuschlagsfrist, wie in § 19 VOB/A, kennt die SKR nicht, so dass diese auf die Beantwortungsdauer keinen Einfluss ausüben kann. Lässt der Bieter die Frist ungenutzt verstreichen, darf der Auftraggeber sein Angebot unberücksichtigt lassen. Insoweit ist § 24 Nr. 2 VOB/A, jedenfalls vom Rechtsgedanken her, entsprechend anwendbar.

15 **d) Anschließende Prüfung:** Ist der Auftraggeber pünktlich im Besitz der Preisinformation des Bieters, muss er die Prüfung (und Wertung) unter Einbeziehung der eingegangenen Begründung durchführen. Die näheren Einzelheiten regelt Absatz 2. Als stichhaltig sind danach Begründungen zu erachten, die objektiv gerechtfertigt sind durch

- die Wirtschaftlichkeit des Bauverfahrens (z.B. rationeller Bauablauf, Einsatz neuer Methoden usw.),
- Wirtschaftlichkeit der Herstellungsmethode (neue Fertigungsverfahren),
- die gewählte technische Lösung (insbesondere bei systemoffener, funktionaler Leistungsbeschreibung),
- außergewöhnlich günstige Ausführungsbedingungen (zentrale Baustelleneinrichtung für mehrere, nahe beieinander liegende Objekte, kurze Transportwege, eigene Baustoffgewinnung in der Nähe, z.B. Kiesgrube) oder
- die Originalität von bieterseits vorgeschlagenen Erzeugnissen und (Teil-)Bauleistungen.

16 Ist auch nur eine dieser Voraussetzungen nachgewiesen, muss dies in die Wertung einbezogen werden, d.h. die Angebotspreise sind anhand dieser Parameter zu überprüfen. Liegt der Bieter damit preislich an erster Stelle, muss er den Zuschlag erhalten. Ist dagegen seine Antwort nicht stichhaltig i.S. der genannten Ausführungen, darf der Auftraggeber das Angebot unberücksichtigt lassen.

17 **e) Subventionierte Angebote (Abs. 3):** Ein ungewöhnlich niedriges Angebot kann auch dadurch zustande kommen, dass der Bieter aufgrund einer staatlichen Beihilfe in der Lage ist, einen billigeren Preis auszuweisen. Derartige staatliche Unterstützungen werden aus den unterschiedlichsten politischen, sozialen oder wirtschaftlichen Erwägungen geleistet. Als **Beispiele** seien genannt Strukturhilfen für wirtschaftlich benachteiligte Regionen (Randlage), Subventionen für Stahlerzeugung oder Kohleförderung, Bevorzugten-Richtlinien. Sogar die EU selbst unterhält sog. Strukturfonds, aus denen Subventionen geleistet werden, die eine günstigere Preisgestaltung ermöglichen. Derartig subventionierte und daher unangemessen niedrige Angebote dürfen von den in § 98 Nr. 4 GWB genannten (Sektoren-)Auftraggebern zurückgewiesen werden, wenn diese den Bieter darauf hingewiesen haben und der nicht den Nachweis liefern konnte, dass die Beihilfe der EG-Kommission gemeldet oder von ihr genehmigt wurde. Außerdem besteht insoweit eine Berichtspflicht gegenüber der EU-Kommission (Abs. 3 Satz 2).

18 Tendenziell besteht im öffentlichen Vergabewesen eine große Zurückhaltung gegenüber subventionierten Angeboten, weil diese den in § 97 Abs. 1 GWB propagierten Wettbewerbsgrundsatz aufweichen.

3. Angebote mit Technischen Spezifikationen (Nr. 3)

19 In Nr. 3 ist ausgeführt, dass ein Angebot nach § 6 SKR Nr. 3 und 4 wie ein Hauptangebot zu werten sei. Die in Bezug genommene Vorschrift besagt, dass der Auftraggeber eine Leistung, die von den in der Leistungsbeschreibung vorgegebenen technischen Spezifikationen abweicht, nicht mit der Begründung ablehnen darf, sie entspräche nicht den herangezogenen Spezifikationen,

sofern der Bieter in seinem Angebot anhand der technischen Beschreibung oder des Prüfberichts einer anerkannten Stelle nachweist, dass die von ihm vorgeschlagenen Lösungen diesen Spezifikationen entsprechen (a.a.O. Nr. 3). Gleiches gilt, denn die Technische Spezifikation in Form von Leistungs- oder Funktionsanforderungen festgelegt ist, wobei auch hier eine Nachweispflicht des Bieters besteht (a.a.O. Nr. 4).

Die Technischen Spezifikationen sind in Art. 34 EU-Vergaberichtlinie 2004/17/EG und im **Anhang TS** zur VOB/A-SKR definiert. Demnach handelt es sich um sämtliche, insbesondere die in den Verdingungsunterlagen enthaltenen technischen Anforderungen an eine Bauleistung, ein Material, ein Erzeugnis oder eine Lieferung, mit deren Hilfe die Bauleistung, das Material, das Erzeugnis oder die Lieferung so bezeichnet werden können, dass sie ihren durch den Auftraggeber festgelegten Verwendungszweck erfüllen. Zu diesen technischen Anforderungen gehören Umweltleistungsstufen, die Konzeption für alle Verwendungsarten (einschließlich des Zugangs von Behinderten) sowie Konformitätsbewertung, die Gebrauchstauglichkeit, Sicherheit oder Abmessungen, Terminologie, Symbole, Versuchs- und Prüfmethoden, Verpackung, Kennzeichnung und Beschriftung sowie Produktionsprozesse und -methoden. Außerdem gehören dazu auch die Vorschriften für die Planung und die Berechnung von Bauwerken, die Bedingungen für die Prüfung, Inspektion und Abnahme von Bauwerken, die Konstruktionsmethoden oder -verfahren und alle anderen technischen Anforderungen, die der Auftraggeber für fertige Bauwerke oder dazu notwendige Materialien oder Teile durch allgemeine und spezielle Vorschriften anzugeben in der Lage ist[13]. 20

Weicht ein Bieter von den vom Auftraggeber vorgegebenen TS ab, handelt es sich grundsätzlich **nicht** um ein **Nebenangebot.** Verhielte es sich anders, hätte es der Regelung nach Nr. 3 nicht bedurft, weil Nebenangebote unter Nr. 4 eigens behandelt werden. 21

Die in § 6 SKR Nr. 7 Satz 2 und 3 aufgestellten Forderungen „eindeutige Bezeichnung der Abweichung" und „Nachweis der Gleichwertigkeit" sind Voraussetzung für die Prüfung und Wertung des Angebotes als Hauptangebot. Bei Fehlen einer dieser beiden Angaben darf (nicht: muss) der Auftraggeber das Angebot vom weiteren Verfahren ganz ausschließen. Genügt es aber diesen Voraussetzungen, so ist es als Hauptangebot zu behandeln und die für Änderungsvorschläge/Nebenangebote geltenden Sonderregelungen sind hierauf nicht anwendbar (siehe nachfolgende Nr. 4). 22

4. Nebenangebote (Nr. 4)

Auch im Abschnitt VOB/A-SKR setzt die VOB ihre positive Tendenz für Nebenangebote fort, weil dadurch ein „Mehr" an Markt geschaffen sowie Innovationsfreude und Kreativität auf Seiten der Anbieter gesteigert werden sollen. Insoweit darf auf die Darlegungen zu § 21 Nr. 3 (Rdn. 32 bis 40) und § 25 Nr. 5 VOB/A (Rdn. 95 bis 104) verwiesen werden. 23

In diesem SKR-Vergabeverfahren eingereichte Nebenangebote müssen grundsätzlich gewertet werden, wenn die in Art. 36 Abs. 1 EU-Vergaberichtlinie 2004/17/EG genannten Voraussetzungen vorliegen. Von dieser Verpflichtung ist der Auftraggeber nur befreit, wenn er solche Angebote in der Bekanntmachung (§ 9 SKR – Aufruf zum Wettbewerb) oder in den Vergabeunterlagen (§ 7 SKR) ausdrücklich **nicht zugelassen** hat (Abs. 1). Dieser Ausschluss kann total oder auch nur partiell, d.h. für einen bestimmten Typ von Nebenangeboten, erfolgen. 24

Andererseits ist es dem Auftraggeber schon aus Gründen des Wettbewerbes (§ 97 Abs. 1 GWB) nicht untersagt, Nebenangebote als erwünscht anzufordern. Dabei darf er auch Mindestanforderungen stellen, deren Vorgabe aber zu einer Selbstbindung bei der Wertung führt. Denn er darf den Zuschlag nur auf solche Angebote erteilen, die diesen Mindestanforderungen auch genügen (Abs. 2). Im Grunde handelt es sich nämlich dabei um eine Auswirkung des allgemeinen Vergaberechtssatzes, dass die Wertung von sog. abgemagerten Nebenangeboten unzulässig ist, weil dies dem Wettbewerbsprinzip widerspricht[14]. 25

---

[13] Anhang TS – Technische Spezifikationen Nr. 1.1.
[14] VÜA Bayern IBR 1999, 197.

§ 12 Mitteilungspflichten

1. Sektorenauftraggeber teilen den teilnehmenden Unternehmen unverzüglich, spätestens jedoch innerhalb einer Frist von 15 Kalendertagen, und auf Antrag in Textform, ihre Entscheidungen über die Auftragsvergabe mit.

2. Auftraggeber gemäß Absatz1 teilen innerhalb kürzester Frist nach Eingang eines entsprechenden schriftlichen Antrags
- **den ausgeschlossenen Bewerbern oder Bietern die Gründe für die Ablehnung ihrer Bewerbung oder ihres Angebots,**
- **die Entscheidung einschließlich der Gründe, auf die Vergabe eines Auftrages zu verzichten oder das Verfahren erneut einzuleiten,**
- **den Bietern, die ein ordnungsgemäßes Angebot eingereicht haben, die Merkmale und relativen Vorteile des erfolgreichen Angebots und den Namen des erfolgreichen Bieters mit.**

Der Auftraggeber kann jedoch beschließen, bestimmte Auskünfte über den Zuschlag nicht zu erteilen, wenn eine derartige Bekanntgabe den Gesetzesvollzug behindern, dem öffentlichen Interesse zuwiderlaufen oder die legitimen Geschäftsinteressen von öffentlichen oder privaten Unternehmen einschließlich derjenigen des Unternehmens, das den Zuschlag erhalten hat, beeinträchtigen würde oder den lauteren Wettbewerb beeinträchtigen könnte.

Schrifttum: Vgl. die Angaben vor § 27 a VOB/A – *Heiermann/Franke/Müller* Kommentar zur VOB/A-SKR, 1994.

§ 12 SKR regelt die **Mitteilungspflichten** der Auftraggeber im Sektorenbereich, so weit sie zur Anwendung des Abschnittes 4 zur VOB/A verpflichtet sind. Die Regelung wurde durch die VOB 2000 als § 11 SKR in die VOB eingefügt. Sie basiert auf Art. 49 Abs. 1 und 2 SKR (RL 2004/17/EG) (ehemals Art. 41 Abs. 3, 4 RL 93/38/EWG). § 12 SKR stimmt mit § 27 b VOB/A überein. Die Vorschrift wurde durch die VOB/A 2006 von § 11 in § 12 SKR umnummeriert und hat im Übrigen die gleichen **Änderungen** erfahren wie § 27 b VOB/A.

Inhaltlich ist § 12 SKR identisch mit § 27 b VOB/A. Auf die dortigen Ausführungen kann verwiesen werden. Dies gilt auch für Fehlerfolgen (s. o. § 27 b VOB/A Rdn. 5 ff.).

§ 12 SKR-VOL/A entspricht im Bereich der VOL/A dem § 12 SKR. Die **VOF** findet dagegen auf Sektorenauftraggeber keine Anwendung (§ 5 Satz 3 VgV).

§ 13 Bekanntmachung der Auftragserteilung

1. Der Kommission der Europäischen Gemeinschaften sind für jeden vergebenen Auftrag binnen zwei Monaten nach der Vergabe dieses Auftrags die Ergebnisse des Vergabeverfahrens durch eine gemäß Anhang VI der Verordnung (EG) Nr. 1564/2005 abgefasste Bekanntmachung mitzuteilen. Dies gilt nicht für jeden Einzelauftrag innerhalb einer Rahmenvereinbarung.

2. Die Angaben in Anhang VI der Verordnung (EG) Nr. 1564/2005 werden im Amtsblatt der Europäischen Gemeinschaften veröffentlicht. Dabei trägt die Kommission der Europäischen Gemeinschaften der Tatsache Rechnung, dass es sich bei den Angaben im Falle von Anhang VI der Verordnung (EG) Nr. 1564/2005 Nr. V.1.3, V.1.5, V.2.1, V.2.4, V.2.6, um in geschäftlicher Hinsicht empfindliche Angaben handelt, wenn der Auftraggeber dies bei der Übermittlung dieser Angaben über die Anzahl der eingegangenen Angebote, die Identität der Unternehmen und die Preise geltend macht.

3. Die Angaben in Anhang VI der Verordnung (EG) Nr. 1564/2005 Nr. V.2 werden nicht oder nur in vereinfachter Form zu statistischen Zwecken veröffentlicht.

Schrifttum: *Heiermann/Franke/Müller* Kommentar zur VOB/A-SKR, 1994.

§ 13 SKR ist **identisch mit § 28 b VOB/A.** Zu den Einzelheiten wird auf die dortige Kommentierung verwiesen. Die Vorschrift beruht auf Art. 43 Abs. 1 SKR (RL 2004/17/EG) (ehemals Art. 24 RL 93/38/EWG). Sie wurde durch die VOB/A 2006 von § 12 in § 13 SKR umnummeriert und hat im Übrigen die gleichen **Änderungen** erfahren wie § 28 b VOB/A. 1

§ 13 Abs. 1 SKR verpflichtet die Sektorenauftraggeber auch im Anwendungsbereich der SKR dazu, der EG-Kommission für jeden vergebenen Auftrag binnen zwei Monaten nach der Vergabe dieses Auftrags die Ergebnisse des Vergabeverfahrens mitzuteilen. § 13 SKR schafft damit eine ***ex post***-Transparenz. Die Durchführung der Vorschrift ermöglicht es interessierten Unternehmen ebenso wie der EG-Kommission, sich ein Bild über den Ablauf und das Ergebnis eines im Amtsblatt veröffentlichten Vergabeverfahrens zu verschaffen. 2

Die Mitteilung erfolgt durch **Anhang VI VO (EG) Nr. 1564/2005** (vgl. § 28 b VOB/A Rdn. 5 f.). 3

§ 13 SKR berücksichtigt schutzwürdige Interessen der beteiligten Bieter. Anhang VI unterscheidet zwischen zur Veröffentlichung bestimmten und nicht zur Veröffentlichung bestimmten Angaben. § 13 Nr. 2 Satz 2 SKR verpflichtet die EG-Kommission, bei bestimmten Angaben der Tatsache Rechnung zu tragen, dass es sich um in geschäftlicher Hinsicht empfindliche Angaben handelt, sofern der Auftraggeber dies bei der Übermittlung der Angaben geltend macht. Angaben nach Nr. V.2 Anhang VI zur VO (EG) Nr. 1564/2005 werden nicht oder nur in vereinfachter Form zu statistischen Zwecken veröffentlicht (§ 13 Nr. 3 SKR). Mit diesen Vorschriften schafft § 13 SKR einen Ausgleich zwischen den berechtigten Geheimnisschutzinteressen der Bieter und Auftraggeber und dem Interesse an einem transparenten Bauvergabemarkt (zu den Einzelheiten § 28 b VOB/A Rdn. 8 ff.). 4

Zur **Mitteilungsfrist** siehe § 28 b VOB/A Rdn. 7. 5

§ 13 SKR-VOL/A regelt die Mitteilungspflichten nach dem 4. Abschnitt der VOL/A. Die **VOF** findet auf Sektorenauftraggeber keine Anwendung (§ 5 Satz 3 VgV). 6

§ 14 Aufbewahrungs- und Berichtspflichten

1. (1) Sachdienliche Unterlagen über jede Auftragsvergabe sind aufzubewahren, die es zu einem späteren Zeitpunkt ermöglichen, die Entscheidungen zu begründen über:
a) die Prüfung und Auswahl der Unternehmer und die Auftragsvergabe,
b) den Rückgriff auf Verfahren ohne vorherigen Aufruf zum Wettbewerb gemäß § 3 SKR Nr. 3
c) die Inanspruchnahme vorgesehener Abweichungsmöglichkeiten von der Anwendungsverpflichtung.
Der Auftraggeber trifft geeignete Maßnahmen, um den Ablauf der mit elektronischen Mitteln durchgeführten Vergabeverfahren zu dokumentieren.
(2) Die Unterlagen müssen mindestens vier Jahre lang ab der Auftragsvergabe aufbewahrt werden, damit der Auftraggeber der Kommission der europäischen Gemeinschaften in dieser Zeit auf Anfrage die erforderlichen Auskünfte erteilen kann.

2. Die Sektorenauftraggeber übermitteln der Bundesregierung entsprechend deren Vorgaben jährlich eine statistische Aufstellung über den Gesamtwert der vergebenen Aufträge, die unterhalb der Schwellenwerte liegen und die jedoch ohne eine Schwellenwertbegrenzung diesen Regelungen unterliegen würden.

3. Die Auftraggeber in den Bereichen der Trinkwasser- und Elektrizitätsversorgung, des Stadtbahn-, Straßenbahn, O-Bus- oder Omnibusverkehrs, der Flughafeneinrichtungen und des See- oder Binnenhafenverkehrs oder anderer Verkehrsendpunkte teilen der Bundesregierung entsprechend deren Vorgaben jährlich den Gesamtwert der Aufträge mit, die im Vorjahr vergeben worden sind. Diese Meldepflicht gilt nicht, wenn der Auftraggeber im Berichtszeitraum keinen Auftrag über dem in § 1 SKR Nr. 2 genannten Schwellenwert zu vergeben hatte.

4. Die Auftraggeber übermitteln die Angaben nach Nummer 2 und 3 spätestens bis zum 31. August jeden Jahres für das Vorjahr an das Bundesministerium für Wirtschaft und Technologie.

Anmerkung:

Da die VOB/A-SKR keinen Vergabevermerk, wie in den §§ 30 und 30 a VOB/A beschrieben, kennt, musste die Dokumentation der Vergabe auf andere Art geregelt werden. Demnach hat der Auftraggeber alle „sachdienlichen Unterlagen“ aufzubewahren, um später den Nachweis für die Ordnungsmäßigkeit seines Handelns erbringen zu können. Dabei umfasst Nr. 1 Abs. 1 a das gesamte Ausschreibungsverfahren bis zur Zuschlagserteilung, während Abs. 1 b und c zwei in § 3 SKR Nr. 3 (Verfahren ohne vorherigen Aufruf zum, Wettbewerb) und in § 100 Abs. 2 GWB (Ausnahmen von der Verpflichtung zur EU-weiten Ausschreibung, Art. 21, 22 EU-Vergaberichtlinie 2004/17/EG) genannte Sonderfälle regelt. Hinsichtlich der geeigneten Maßnahmen, um den Ablauf der mit elektronischen Mitteln durchgeführten Vergabe zu dokumentieren, ist auf Anhang I „ Anforderungen an die Geräte, die für den elektronischen Empfang der Anträge auf Teilnahme und der Angebote verwendet werden“ zu verweisen. Nach Abs. 2 beträgt die Mindestaufbewahrungszeit vier Jahre, eine Vorlage erfolgt aber lediglich auf Anfrage der EG-Kommission.

Nr. 2–4 sind allein aus dem Text verständlich und bedürfen keiner weiteren Kommentierung.

§ 15 Vergabekammer

In der Vergabebekanntmachung und den Vergabeunterlagen ist die Vergabekammer mit Anschrift anzugeben, an die sich der Bewerber oder Bieter zur Nachprüfung behaupteter Verstöße gegen die Vergabebestimmungen wenden kann.

Anmerkung:

Der Text des § 15 SKR stimmt mit § 31 a VOB/A wörtlich überein. Auf die dortigen Ausführungen kann deshalb grundsätzlich verwiesen werden. Jedoch bezieht sich diese Vorschrift hier nur auf die in § 98 Nr.4 GWB genannten Auftraggeber, soweit sie Sektorenbaumaßnahmen ausführen. Auch die dort aufgeführten natürlichen oder juristischen Personen des Privatrechts unterliegen daher hinsichtlich ihrer Vergabepraxis einer Nachprüfung durch die Vergabekammern. Welche Vergabekammer aber im Einzelnen sachlich zuständig ist, kann nicht einheitlich beantwortet werden; dies hängt vielmehr davon ab, welche (Bundes-, Landes- oder sonstige) Behörde das in § 98 Nr. 4 GWB angesprochene Ausübungsrecht gewährt hat oder beherrschenden Einfluss auf das Unternehmen ausübt. Die danach zuständige Vergabekammer muss in der Vergabebekanntmachung (§ 9 SKR – Aufruf zum Wettbewerb) oder in den Vergabeunterlagen (§ 7 SKR) mit Anschrift benannt sein.

2. Teil
Vergabeverordnung

Vom 11. Februar 2003, zuletzt geändert durch dritte VO zur Änderung der VergabeVO v. 23. Oktober 2006 (BGBl. I S. 2334)

§ 1 Zweck der Verordnung

Die Verordnung trifft nähere Bestimmungen über das bei der Vergabe öffentlicher Aufträge einzuhaltende Verfahren sowie über die Zuständigkeit und das Verfahren bei der Durchführung von Nachprüfungsverfahren für öffentliche Aufträge, deren geschätzte Auftragswerte die in § 2 geregelten Beträge ohne Umsatzsteuer erreichen oder übersteigen (Schwellenwerte).

Übersicht

A. Entstehungsgeschichte

1 Mit der zum 1. Februar 2001 in Kraft getretenen Verordnung über die Vergabe öffentlicher Aufträge (VgV)[1] hat der Verordnungsgeber in Erfüllung seiner aus Art. 248 EG folgenden Verpflichtung die europäischen Vergaberichtlinien zur Änderung der Koordinierungsrichtlinie[2] und Sektorenrichtlinie[3] in deutsches Recht umgesetzt. Die Ermächtigungsgrundlage für den Verordnungsgeber findet sich in §§ 127, 97 Nr. 6 GWB. Die Vergabeverordnung ersetzte die auf der Grundlage von § 57 a Haushaltsgrundsätzegesetz (HGrG) erlassene Vergabeverordnung vom 22. Februar 1994[4], die im Anschluss an die rechtsschutzbezogene Auslegung des europäischen Vergaberechts durch den EuGH[5] keinen Bestand mehr haben konnte und durch das am 1. Januar 1999 in Kraft getretenen Vergaberechtsänderungsgesetz (VgRÄG) hinfällig geworden war. Durch dieses Gesetz waren insbesondere die für die Umsetzung der EU-Richtlinien notwendigen Regelungsgegenstände des Vergaberechts in das GWB (§§ 97 bis 129) eingefügt und die bisherigen Regelungen im HGrG aufgehoben worden.

Die Vergabeverordnung ist zwischenzeitlich mehrfach geändert worden, zuletzt durch das Gesetz zur Beschleunigung der Umsetzung von Öffentlich Privaten Partnerschaften und zur Verbesserung gesetzlicher Rahmenbedingungen für Öffentlich Private Partnerschaften (ÖPP

---

[1] BGBl. 2001 I, S. 110, geändert durch: Art. 3 Abs. 1 des Gesetzes v. 16.5.2001 (BGBl. 2001 I., S. 876), VO v. 7.11.2002 (BGBl. II., S. 4338), Art. 3 Abs. 37 des Gesetzes vom 7.7.2005 (BGBl. I S. 1970), Art. 2 des Gesetzes vom 1.9.2005 (BGBl. I, S. 2676).

[2] Richtlinie 97/52/EG des Europäischen Parlaments und des Rates vom 13. Oktober 1997 zur Änderung der Richtlinie 92/52/EWG, 93/36/EWG und 93/37/EWG über die Koordinierung der Verfahren zur Vergabe öffentlicher Dienstleistungs-, Liefer- und Bauaufträge (ABlEG Nr. L 328 Seite 1).

[3] Richtlinie 98/4/EG des Europäischen Parlaments und des Rates vom 16. Februar 1998 zur Änderung der Richtlinie 93/38/EWG zur Koordinierung der Auftragsvergabe durch Auftraggeber im Bereich der Wasser- und Energie- und Verkehrsversorgung sowie im Telekommunikationssektor (ABlEG Nr. L 101 Seite 1).

[4] BGBl. 1994 I, 321, geändert durch die erste Verordnung zur Änderung der Vergabeverordnung vom 29.9.1997.

[5] Urt. v. 11.8.1995 – Rs. C-433/93 (Kommission ./. Deutschland), Slg. 1995-I. 2311 ff.

Beschleunigungsgesetz) vom 1. September 2005[6] und die Dritte Verordnung zur Änderung der Vergabeverordnung. Durch das ÖPP Beschleunigungsgesetz sind § 4 und § 6 VgV geändert und die Regelung über den wettbewerblichen Dialog in § 6a VgV eingefügt worden. Die Dritte Verordnung zur Änderung der VgV dient der Umsetzung der im Jahr 2004 erlassenen EU-Vergaberichtlinien 2004/18/EG (sog. Vergabekoordinierungsrichtlinie-VKR)[7] und 2004/17/EG (sog. Sektorenkoordinierungsrichtlinie-SKR)[8]. Nach den europäischen Vorgaben waren die Richtlinien bis zum 31. Januar 2006 von den Mitgliedstaaten in nationales Recht umzusetzen. Diese Frist hat der Gesetzgeber um nahezu ein Jahr überschritten. Gleichwohl entfalten die Richtlinienvorschriften unter bestimmten, vom Europäischen Gerichtshof entwickelten Grundsätzen[9] für die Zwischenzeit, d.h. für den Zeitraum ab dem 1. Februar 2006 bis zum Inkrafttreten der Dritten Verordnung zur Änderung der VgV, eine der Anwendbarkeit entsprechende unmittelbare Wirkung.[10] Voraussetzung hierfür ist zum einen die inhaltliche Unbedingtheit und hinreichende Bestimmtheit der Richtlinienvorschrift und zum anderen, dass sich ihre Anwendung nicht nur zu Lasten der privatwirtschaftlichen Unternehmen auswirken.

B. Regelungsbereich

2 Die Vergabeverordnung trifft nähere Bestimmungen über das Vergabeverfahren und das Verfahren bei der Durchführung von Nachprüfungsverfahren für öffentliche Aufträge, deren geschätzte Auftragswerte die in § 2 VgV festgesetzten Schwellenwerte erreichen oder übersteigen (§ 1 VgV). Sie ergänzt die Regelungen des 4. Teil des GWB über die Vergabe öffentlicher Aufträge (§§ 97 bis 129 GWB). Dort ist im ersten Abschnitt (§§ 97–101 GWB) das Vergabeverfahren geregelt. Neben den allgemeinen Grundsätzen der Auftragsvergabe (§ 97 GWB), wird der Anwendungsbereich bestimmt (§§ 98–100 GWB) und die einzelnen Arten der Vergabeverfahren festgelegt (§ 101 GWB). Der zweite Abschnitt (§§ 102–124 GWB) befasst sich mit dem Nachprüfungsverfahren vor der Vergabekammer, dem Beschwerdeverfahrens vor dem Oberlandesgericht und der Vorlagepflicht an den Bundesgerichtshof.

I. §§ 2 bis 16 VgV

Die Vergabebestimmungen des ersten Abschnitts der Vergabeverordnung **(§§ 2 bis 16 VgV)** enthalten **nähere Bestimmungen zum Vergabeverfahren**.

3 In **§ 2 VgV** sind die **Schwellenwerte** für einzelne Auftragsarten (Liefer- und Dienstleistungsaufträge, Auslobungsverfahren, Bauaufträge) festgelegt. **§ 3 VgV** regelt, nach welcher Maßgabe die **Schätzung der Auftragswerte** zu erfolgen hat. Die Schwellenwerte und deren Schätzung sind von entscheidender Bedeutung. Das Erreichen oder Übersteigen der Schwellenwerte entscheidet darüber, ob die Vergabe eines öffentlichen Auftrages im Sinne von § 99 GWB dem Vergaberechtsregime unterfällt, d.h. die Möglichkeit eines auf Primärrechtsschutz gerichteten Nachprüfungsverfahrens gemäß §§ 102 ff. GWB eröffnet ist.

Die Anwendbarkeit des Kartellvergaberechts hängt von drei Voraussetzungen ab: die Vergabe eines öffentlichen Auftrages gemäß **§ 99 Abs. 1 GWB**, das Erreichen oder Übersteigen der fest-

---

[6] BGBl. 2005, I–2677.

[7] Richtlinie 2004/18/EG des Europäischen Parlaments und des Rates vom 31. März 2004 über die Koordinierung der Verfahren zur Vergabe öffentlicher Bauaufträge, Lieferaufträge und Dienstleistungsaufträge (Abl. EU Nr. L 134 S. 114).

[8] Richtlinie 2004/17/EG des Europäischen Parlaments und des Rates vom 31. März 2004 zur Koordinierung der Zuschlagserteilung durch Auftraggeber im Bereich der Wasser-, Energie- und Verkehrsversorgung sowie der Postdienste (ABl. EU Nr. L 134 S. 1).

[9] Grundlegend EuGH, Urteil v. 4.12.1974 – Rs. 41/74 – Slg. 1974, 1337 Rdn. 12 (Van Duyn); Urteil v. 5.10.2004 – verb. Rs. C-397/01 bis C-403/01 – (Pfeiffer u.a. ./. DRK) EuZW 2004, 691, 695 m.w.Nachw.

[10] Vgl. zur Unmittelbaren Anwendbarkeit der Richtlinie 2004/18/EG Müller-Wrede VergabeR 2005, 693 ff.; Ruthig NZBau 2006, 208.

gelegten Schwellenwerte **(§§ 100 Abs. 1, 127 GWB i.V.m. § 2 VgV)** und das Nichtvorliegen einer Ausnahme nach **§ 100 Abs. 2 GWB.**

Wann von einem **öffentlichen Auftrag** auszugehen ist, bestimmt **§ 99 GWB**. Hiernach sind öffentliche Aufträge entgeltliche Verträge zwischen öffentlichen Auftraggebern und Unternehmen, die Liefer-, Bau- oder Dienstleistungen zum Gegenstand haben, sowie Auslobungsverfahren, die zu Dienstleistungsaufträgen führen sollen. Wer öffentlicher Auftraggeber ist, bestimmt die enumerative und abschließende Aufzählung in § 98 GWB. Es fallen hierunter Gebietskörperschaften, deren Sondervermögen und die aus ihnen bestehenden Verbände (§ 98 Nr. 1 und 3 GWB). Ebenso gehören hierzu alle anderen juristischen Personen des öffentlichen und des privaten Rechts, die zu dem besonderen Zweck gegründet worden sind, im Allgemeininteresse liegende Aufgaben nicht gewerblicher Art zu erfüllen, wenn Gebietskörperschaften sie überwiegend finanzieren oder über ihre Leitung die Aufsicht ausüben, sowie deren Verbände (§ 98 Nr. 2 und 3 GWB). Öffentliche Auftraggeber sind ferner die sog. Sektorenunternehmen (§ 98 Nr. 4 GWB), staatlich subventionierte natürliche oder juristische Personen des privaten Rechts (§ 98 Nr. 5 GWB) und Baukonzessionäre (§ 98 Nr. 6 GWB). Ist von der Vergabe eines öffentlichen Auftrages i. S. von § 99 GWB auszugehen, sieht **§ 100 Abs. 1 GWB** vor, dass der 4. Teil des GWB dann zur Anwendung kommt, wenn der zu vergebende Auftragswert die durch Rechtsverordnung – hier gemäß § 127 GWB die VgV – festgelegten Auftragswerte erreicht oder überschreitet. Eine Ausnahme hiervon enthält § 100 Abs. 2 GWB. Unabhängig von dem jeweiligen Auftragswert sind Arbeitsverträge und eine Reihe anderer in § 100 Abs. 2 a)–n) GWB abschließend aufgezählter Aufträge von der Anwendung der §§ 97–129 GWB ausgeschlossen.

In **§§ 4 bis 12 VgV** ist geregelt, welche Bestimmungen der öffentliche Auftraggeber bei der Ver- 4
gabe öffentlicher Aufträge anzuwenden hat. Sie verweisen auf Allgemeine Bestimmungen für die Vergabe von Leistungen **(VOL/A)**, die Verdingungsordnung für freiberufliche Leistungen **(VOF)** und die Vergabe- und Vertragsordnung für Bauleistungen **(VOB) Teil A**. Es handelt sich hierbei um eine statische Verweisung. Dies bedeutet, dass die Vorschriften der Verdingungsordnungen den Rang und die Qualität der Verweisungsnorm teilen und Rechtsnormcharakter haben.[11] Sie zählen damit zu den Bestimmungen über das Vergabeverfahren im Sinne von § 97 Abs. 7 GWB, auf deren Einhaltung ein im Nachprüfungsverfahren durchsetzbarer Rechtsanspruch besteht.

In §§ 4 bis 12 VgV wird nach der Art des zu vergebenden Auftrags (Liefer- und Dienstleistungen, freiberufliche Leistungen, Bauleistungen) und nach der Art des öffentlichen Auftraggebers unterschieden. Für die Vergabe von Liefer- und Dienstleistungsaufträgen sowie Auslobungsverfahren, die zu Dienstleistungen führen sollen, sieht § 4 Abs. 1 VgV vor, dass Auftraggeber nach § 98 Nr. 1 bis 3 GWB die Verdingungsordnung für Leistungen Teil A, 2. Abschnitt (VOL/A) anzuwenden haben. Die Vergabe freiberuflicher Leistungen durch Auftraggeber nach § 98 Nr. 1 bis 3 und 5 GWB hat gemäß § 5 VgV nach der Verdingungsordnung für freiberufliche Leistungen (VOF) zu erfolgen. Auf die **Vergabe von Bauleistungen** haben Auftraggeber nach § 98 Nr. 1 bis 3, 5 und 6 GWB die Verdingungsordnung für Bauleistungen Teil A, 2. Abschnitt (VOB/A) anzuwenden (§ 6 Abs. 1 VgV). Der durch das ÖPP Beschleunigungsgesetz neu eingefügte § 6 a VgV regelt den wettbewerblichen Dialog. Für die in Sektorenbereichen tätigen Auftraggeber sehen die §§ 7 bis 10, 12 VgV und für Auftraggeber nach dem Bundesberggesetz § 11 VgV besondere Regelungen vor.

Allgemeine Bestimmungen zum Vergabeverfahrens enthalten die **§§ 13 bis 16 VgV**. Von zen- 5
traler Bedeutung ist § 13 VgV. Er begründet die Verpflichtung des öffentlichen Auftraggebers, die Bieter, deren Angebote nicht berücksichtigt werden sollen, schriftlich spätestens 14 Kalendertage vor dem Vertragsschluß über den Namen des für den Zuschlag vorgesehenen Mitbewerbers sowie über den Grund der beabsichtigten Nichtberücksichtigung ihres Angebotes zu informieren. Zudem ordnet er die Nichtigkeit des erteilten Zuschlag für den Fall der Verletzung der Infor-

[11] OLG Düsseldorf VergabeR 2002, 378, 380; Bay OLG Vergabe R 2002, 662–664; Saarländisches OLG VergabeR 2003, 429, 432; BGH VergabeR 2003, 313, 314f.; Dreher in Immenga/Mestmäcker, GWB, 3. Aufl., vor §§ 97ff. Rdn. 30; § 97 Rdn. 188; Hailbronner in Byok/Jaeger, Kommentar zum Vergaberecht, 2. Aufl., § 97 Rdn. 278.

mationspflicht an. § 14 VgV bestimmt, in welcher Form die Ausschreibung des zu vergebenden Auftrages im Amtsblatt der Europäischen Gemeinschaften erfolgen soll. Nach § 15 VgV dürfen Auftraggeber unter bestimmten Voraussetzungen zulassen, dass die Abgabe der Angebote nicht nur schriftlich per Post oder direkt, sondern in elektronischer Form erfolgen kann. § 16 VgV befasst sich schließlich mit der Neutralitätspflicht des Auftraggebers und regelt, welche Personen bei der Entscheidung über die Vergabe nicht mitwirken dürfen.

II. §§ 17 bis 22 VgV

6 Im zweiten Abschnitt der Vergabeverordnung finden sich Regelungen über das Nachprüfungsverfahren (§§ 17 bis 22 VgV). Nach § 17 VgV hat der Auftraggeber in der Vergabebekanntmachung und den Vergabeunterlagen die Anschrift der zuständigen Vergabekammer anzugeben. § 18 VgV regelt die Zuständigkeit der Vergabekammern. Für Sektorenauftraggeber nach § 98 GWB sehen §§ 19 und 20 VgV zusätzlich zum Vergabeverfahren ein Bescheinigungsverfahren (§ 19 VgV) und ein Schlichtungsverfahren (§ 20 VgV) vor. § 21 VgV befasst sich mit Korrekturmechanismen der Kommission der Europäischen Gemeinschaften. § 22 VgV bestimmt, dass die Vergabekammern und die Oberlandesgerichte jährlich eine Statistik über die Anzahl der Nachprüfungsverfahren des Vorjahres und deren Ergebnisse erstellen und hierüber das zuständige Bundesministerium informieren.

§ 2 Schwellenwerte

Der Schwellenwert beträgt:

1. **für Liefer- und Dienstleistungsaufträge im Bereich der Trinkwasser- oder Energieversorgung oder im Verkehrsbereich: 422.000 Euro,**
2. **für Liefer- und Dienstleistungen der obersten oder oberen Bundesbehörden sowie vergleichbarer Bundeseinrichtungen mit Ausnahme von**
   a) Dienstleistungen des Anhangs II Teil A Kategorie 5 der Richtlinie 2004/18/EG des Europäischen Parlaments und des Rates vom 31. März 2004 über die Koordinierung der Verfahren zur Vergabe öffentlicher Bauaufträge, Lieferaufträge und Dienstleistungsaufträge (ABl. EU Nr. L 134 S. 114, Nr. L 351 S. 44), die zuletzt durch die Verordnung (EG) Nr. 2083/2005 der Kommission vom 19. Dezember 2005 (ABl. EU Nr. L 333 S. 28) geändert worden ist, deren Code nach der Verordnung (EG) 2195/2002 des Europäischen Parlaments und des Rates vom 5. November 2002 über das Gemeinsame Vokabular für öffentliche Aufträge (CPV) (ABl. EG Nr. L 340 S. 1), geändert durch die Verordnung (EG) Nr. 2151/2003 der Kommission vom 16. Dezember 2003 (ABl. EU Nr. L 329 S. 1), (CPV Code) den CPC-Referenznummern 7524, 7525 und 7526 entspricht, sowie des Anhangs II Teil A Kategorie 8 der Richtlinie 2004/18/EG oder
   b) Dienstleistungen des Anhangs II Teil B der Richtlinie 2004/18/EG:
   137.000 Euro; im Verteidigungsbereich gilt dies bei Lieferaufträgen nur für Waren, die im Anhang V der Richtlinie 2004/18/EG aufgeführt sind,
3. **für alle anderen Liefer- und Dienstleistungsaufträge: 211.000 Euro,**
4. **für Bauaufträge: 5.278.000 Euro,**
5. **für Auslobungsverfahren, die zu einem Dienstleistungsauftrag führen sollen, dessen Schwellenwert,**
6. **für die übrigen Auslobungsverfahren der Wert, der bei Dienstleistungsaufträgen gilt,**
7. **für Lose von Bauaufträgen nach Nummer 4: 1 Million Euro oder bei Losen unterhalb von 1 Million Euro deren addierter Wert ab 20 vom Hundert des Gesamtwertes aller Lose,**
8. **für Lose von Dienstleistungsaufträgen nach Nummer 2 oder 3: 80.000 Euro oder bei Losen unterhalb von 80.000 Euro deren addierter Wert ab 20 vom Hundert des Gesamtwertes aller Lose; dies gilt nicht im Sektorenbereich.**

Übersicht

A. Einführung

I. Grundlagen

Nach § 100 Abs. 1 GWB gilt der 4. Teil des GWB nur für solche öffentlichen Aufträge, die 1
den durch Rechtsverordnung nach § 127 GWB festgelegten Auftragswert erreichen oder überschreiten (Schwellenwert). In § 2 VgV sind diese Schwellenwerte im einzelnen festgelegt. **§ 1 VgV** stellt klar, dass es sich bei dem Schwellenwert um den Wert handelt, den der geschätzte Wert des öffentlichen Auftrages **ohne Umsatzsteuer** erreichen oder übersteigen muss. Die Höhe der Schwellenwerte findet ihre Grundlage in Artikel 7 der Vergabekoordinierungsrichtlinie.[1] Jedoch hat der nationale Gesetzgeber niedrigere als die dort vorgesehenen Schwellenwerte festgesetzt und damit den Anwendungsbereich des EU-Vergaberechtsregimes erweitert.

Welcher Schwellenwert im konkreten Fall maßgeblich ist, hängt von der Art des Auftrages und der Art des Auftraggebers ab. Die Vorschrift unterscheidet zwischen Liefer- und Dienstleistungsaufträgen (§ 2 Nr. 1–3 VgV), Bauaufträgen (§ 2 Nr. 4 u. 7 VgV) und Auslobungsverfahren (§ 2 Nr. 5 u. 6 VgV). Liefer- und Dienstleistungsaufträge werden weiter danach unterteilt, ob es sich um einen Auftrag aus dem Sektorenbereich (§ 2 Nr. 1 VgV) handelt oder der Auftraggeber eine oberste Bundesbehörde oder vergleichbare Bundeseinrichtung ist (§ 2 Nr. 2 VgV).

II. Bedeutung

Durch die Festlegung der Schwellenwerte kommt es zu einer Zweiteilung des deutschen Ver- 2
gaberechts. Vom Erreichen des Schwellenwertes hängt ab, welche Vorschriften der Auftraggeber bei der Vergabe des öffentlichen Auftrages zu beachten hat und welche Rechtsschutzmöglichkeiten den Unternehmen zustehen, die sich um den öffentlichen Auftrag bewerben.

1. Aufträge bei Erreichen oder Übersteigen des Schwellenwertes

Erreicht oder übersteigt der geschätzte Auftragswert den in § 2 VgV festgelegten Schwellen- 3
wert, sind gemäß § 1 VgV die §§ 4 ff. VgV anwendbar. Sie verweisen auf die Vorschriften der VOF sowie den zweiten bis vierten Abschnitt der VOB/A und VOL/A, wonach insbesondere eine europaweite Ausschreibung des Auftrages erforderlich ist.

Überdies findet gemäß § 100 Abs. 1, 127 GWB i.V.m. § 2 VgV das **Kartellvergaberecht** Anwendung. Hierdurch wird die Möglichkeit eröffnet, das Vergabeverfahren in einem Nachprüfungsverfahren überprüfen zu lassen. Unternehmen, die sich um einen öffentlichen Auftrag i.S.v.

[1] Vgl. Fn. 7.

§ 99 GWB bewerben, haben gemäß § 97 Abs. 7 GWB einen subjektiven Rechtsanspruch darauf, dass der Auftraggeber die Bestimmungen über das Vergabeverfahren einhält. Nicht nur aus den allgemeinen Grundsätzen des Vergaberechts, zu denen etwa der Gleichbehandlungsgrundsatz und das Transparenzgebot gehören, sondern auch aus den verschiedenen Verdingungsordnungen (VOB/A, VOL/A und VOF) ergeben sich subjektive Rechte der Bieter, die der öffentliche Auftraggeber bei der Vergabe zu beachten hat. Zur Wahrung dieser Rechte kann ein Bieter unter bestimmten Voraussetzungen die Durchführung eines Nachprüfungsverfahrens anstrengen. Dies verschafft ihm die Möglichkeit, in das noch nicht beendete Vergabeverfahren mit dem Ziel einzugreifen, den Rechtsfehler vor der Zuschlagserteilung zu korrigieren und damit die eigenen Chancen auf die Zuschlagserteilung zu wahren **(sog. Primärrechtsschutz)**. Das vergaberechtliche Nachprüfungsverfahren ist in §§ 102 ff. GWB geregelt. Dort ist eine fakultative Nachprüfung des Vergabeverfahrens durch eine Vergabeprüfstelle und eine obligatorische durch die Vergabekammern vorgesehen. Gegen Entscheidungen der Vergabekammern ist die sofortige Beschwerde zulässig, über die das Oberlandesgericht zu entscheiden hat. Der Primärrechtsschutz wird durch die §§ 115 Abs. 1, 118 Abs. 1 GWB gesichert. Die Zustellung des Vergabenachprüfungsantrags an den Auftraggeber hat ein Zuschlagsverbot zur Folge (§ 115 Abs. 1 GWB), das für die Dauer des gesamten Nachprüfungsverfahrens vor der Vergabekammer und darüber hinaus bis zum Ablauf der zweiwöchigen Beschwerdefrist des § 117 Abs. 1 GWB gilt. Im Beschwerdeverfahren verlängert sich das Zuschlagsverbot gemäss § 118 Abs. 1 Satz 1 GWB bis zwei Wochen nach Ablauf der Beschwerdefrist. Danach gerät das Zuschlagsverbot automatisch zum Fortfall, es sei denn, der Beschwerdeführer beantragt mit Erfolg die Verlängerung der aufschiebenden Wirkung der Beschwerde bis zur abschließenden Entscheidung über seinen Rechtsbehelf (§ 118 Abs. 1 Satz 3 GWB).

Ist das Vergabeverfahren hingegen durch wirksame Zuschlagserteilung beendet, hat der nicht zum Zuge gekommene Bieter keine Chancen mehr, den Auftrag zu erhalten. Er hat dann lediglich die Möglichkeit, den Auftraggeber vor den Zivilgerichten auf Schadensersatz in Anspruch zu nehmen **(sog. Sekundärrechtsschutz).**

2. Aufträge unterhalb der Schwellenwerte

4 Auf öffentliche Aufträge, deren Wert den in § 2 VgV festgelegten Schwellenwert nicht erreicht, finden weder die übrigen Vorschriften der VgV noch die Regelungen des GWB über das Vergabeverfahren und das Nachprüfungsverfahren Anwendung. Dies bedeutet, dass die VOF und der zweite bis vierte Abschnitt der VOB/A und VOL/A keine Anwendung finden und eine europaweite Ausschreibung des Auftrages nicht erforderlich ist. Zudem sind die gerichtlichen Rechtsschutzmöglichkeiten im Vergleich zu den Vergaben bei Erreichen oder Überschreiten des Schwellenwerts eingeschränkt. Bei der Vergabe öffentlicher Aufträge unterhalb der Schwellenwerte ist **das Vergaberechtsregime nicht eröffnet** und das in §§ 102 ff. GWB geregelte Nachprüfungsverfahren nicht statthaft. Das an dem Auftrag interessierte Unternehmen hat vor der Zuschlagserteilung daher keine Möglichkeit, im Wege eines Nachprüfungsverfahrens Primärrechtsschutz zu erlangen.[2] Ein benachteiligter Bieter kann die Vergabestelle allenfalls vor den ordentlichen Gerichten auf Schadensersatz in Anspruch nehmen.[3]

5 Allerdings wird seit kurzem in der **verwaltungsgerichtlichen Rechtssprechung** die Frage kontrovers diskutiert, ob bei Vergaben unterhalb der Schwellenwerte der Rechtsweg zu den Verwaltungsgerichten eröffnet ist und dem Bieter im Wege des einstweiligen Rechtsschutzes Primärrechtsschutz gewährt werden kann.[4] Gegen die Eröffnung des Verwaltungsrechtswegs

[2] So die **h.M**: Saarländisches OLG VergabeR 2003, 429, 432 f. – *BAB 8*; OLG Stuttgart NZBau 2002, 395; OLG Stuttgart VergabeR 2002, 374 – *Weinbergmauer* – mit kritischer Anmerkung *Prieß*, 377 ff.; *Hailbronner* in Byok/Jaeger, Kommentar zum Vergaberecht, 2. Aufl., § 100 Rdn. 544; vgl. auch *Dreher* NZBau 2002, 419; *Freitag* NZBau 2002, 204 ff.

[3] Als Anspruchsgrundlage kommen vorvertragliche Ansprüche (§§ 280, 241 Abs. 2, 311 BGB) und Ansprüche aus § 1 UWG, § 33 GWB und § 823 Abs. 2 BGB in Betracht; vgl. auch Einl. VOB/A Rdn. 20.

[4] **Bejahend**: Sächsisches OVG VergabeR 2006, 348 –*Verkehrszeichen II;* OVG Rheinland-Pfalz VergabeR 2005, 478 –*Lenkwaffen II*; OVG Nordrhein-Westfalen WuW/E Verg 1147 – *Unterschwellenvergabe*; VG Neustadt

und damit gegen die Annahme einer öffentlich-rechtlichen Streitigkeit spricht aber, dass die Auftragsvergabe zwischen dem öffentlichen Auftraggeber und dem zum Zuge kommenden Bieter durch Abschluss eines zivilrechtlichen Vertrages nach Maßgabe der §§ 145 ff. BGB erfolgt und für ein Aufteilung des Vergabeverfahrens in einen öffentlich-rechtlichen (1. Stufe) und einen zivilrechtlichen (2. Stufe) Teil keine Anhaltspunkte vorliegen.

Soweit in der Literatur teilweise bezweifelt wird, dass die dargestellte Zweiteilung des Vergaberechts europarechtlichen Vorgaben entspricht und überdies nicht mit Art. 3 Abs. 1 und 19 Abs. 4 GG in Einklang steht[5], ist darauf hinzuweisen, dass gegen die Entscheidung des Saarländischen OLG[6] zwar (Urteils-)Verfassungsbeschwerde beim Bundesverfassungsgericht eingelegt worden aber hierüber noch nicht entschieden ist.

Der Weg zu den Nachprüfungsinstanzen der §§ 102 ff. GWB wird nicht allein dadurch eröffnet, dass der öffentliche Auftraggeber einen Auftrag, dessen geschätzter Auftragswert **unterhalb** des maßgeblichen Schwellenwerts liegt, europaweit ausgeschrieben hat.[7] Maßgebend für die Anwendbarkeit der §§ 97 ff. GWB und die Bestimmungen der VgV ist nach dem klaren Wortlaut von § 100 Abs. 1 GWB und § 1 VgV, ob der geschätzte Auftragswert den Schwellenwert erreicht oder übersteigt, nicht jedoch, ob der öffentliche Auftraggeber den Auftrag europaweit durch Bekanntmachung im EG-Amtsblatt ausgeschrieben und sich auch in materieller Hinsicht an die für eine europaweite Ausschreibung geltenden Verfahrensbestimmungen gehalten hat. Weder eine Selbstbindung der Vergabestelle noch der Grundsatz der Meistbegünstigung vermag hieran etwas zu ändern. 6

B. Schwellenwerte für Bauaufträge (§ 2 Nr. 4 und 7 VgV)

Gemäß **§ 2 Nr. 4 VgV** beträgt der Schwellenwert für öffentliche Bauaufträge **5.278.000 Euro.** 7
Werden Bauaufträge, deren geschätzter Gesamtauftragswert mindestens 5.278.000 € beträgt, nach Losen getrennt voneinander vergeben, enthält **§ 2 Nr. 7 VgV** eine gesonderte Regelung. Der Schwellenwert beträgt für das Einzellos **1 Millionen €** oder bei Losen unterhalb von 1 Millionen € deren addierter Wert ab 20 % des Gesamtwertes aller Lose.

I. Öffentlicher Bauauftrag gemäß § 99 Abs. 3 GWB

Die VgV enthält keine Regelung dazu, wann der zu vergebende Auftrag als Bauauftrag einzustufen ist. Es ist daher auf die **Definition des § 99 Abs. 3 GWB** zurückzugreifen. Bauaufträge sind danach Verträge über die Ausführung oder die gleichzeitige Planung und Ausführung eines Bauvorhabens oder eines Bauwerks, das Ergebnis von Tief- und Hochbauarbeiten ist und eine wirtschaftliche oder technische Funktion erfüllen soll, oder über eine Bauleistung durch Dritte nach den vom Auftraggeber genannten Erfordernissen. 8

Ist anhand des Wortlauts der genannten Vorschrift im konkreten Einzelfall nicht eindeutig zu klären, ob ein Bauauftrag in diesem Sinne vorliegt, ist die Vorschrift richtlinienkonform auszulegen. Die in § 99 Abs. 3 GWB enthaltene Definition des öffentlichen Bauauftrags beruht auf der Begriffsbestimmung in Artikel 1 a) und c) der Baukoordinierungsrichtlinie (BKR).[8] Sie

VergabeR 2006, 351 – *Flughafen Ramstein;* zustimmend: Niestedt/Hellriegel VergabeR 2005, 479; Prieß/Hölzl NZBau 2005, 367; Bungenberg WuW 2005, 899; *Tomerius/Kiser* VergabeR 2005, 551; **ablehnend:** VG Leipzig WuW/E Verg 1149 – *Außenanlage*; VG Postdam NZBau 2006, 68; VG Gelsenkirchen WuW/E Verg 1129; Ruthig NZBau 2005, 497; Heuvels NZBau 2005, 570; *Losch* VergabeR 2006, 298.

[5] Krist VergabeR 2003, 434; Dreher NZBau 2002, 419; Irmer VergabeR 2006, 308.

[6] Saarländisches OLG VergabeR 2003, 429, 432 f. – *BAB 8* – (die hiergegen eingelegte (Urteils) Verfassungsbeschwerde ist beim Bundesverfassungsgericht, Az.: 1 BvR 1160/03, anhängig).

[7] OLG Düsseldorf IBR 2004, 637; OLG Stuttgart VergabeR 2003, 101, 102 f. – *Kreiskrankenhaus Tuttlingen*; Schleswig-Holsteinisches OLG OLGR Schleswig 2004, 381, 382; Hübner VergabeR 2003, 103.

[8] Vgl. Fn. 2.; EuGH Urteil v. 12.7.2001, Rs. C-399/98 (Milano e Lodi), Slg. 2001, I–5409, Tz. 61; Bay ObLG VergabeR 2002, 662, 663 – *Deutsches Museum.*

ist durch § 99 Abs. 3 GWB in das deutsche Recht umgesetzt worden. Eröffnen sich daher bei der Anwendung von § 99 Abs. 3 GWB Auslegungsspielräume, ist vorrangig auf den Inhalt und die Zielsetzung der EG-Vergaberichtlinie und die hierzu ergangene Rechtsprechung des EuGH zurückzugreifen. Sofern sich kein Widerspruch zur Baukoordinierungsrichtlinie (BKR) ergibt, kann zur Auslegung ergänzend auch § 1 VOB/A herangezogen werden. Dort sind Bauleistungen als Arbeiten jeder Art definiert, durch die eine bauliche Anlage hergestellt, instandgehalten, geändert oder beseitigt wird.[9] Ein Rückgriff auf § 1 VOB/A bietet sich in diesem Fall an, weil die mit der Ausgabe Juli 1990 eingeführte umfassende Neudefinition der Bauleistung zu dem Zweck erfolgt ist, eine Angleichung an die in der BKR erfassten Bauleistungen zu erreichen.[10]

Die Definition des Bauauftrages in § 99 Abs. 3 GWB sieht **drei Alternativen** vor. Danach ist ein Bauauftrag ein Vertrag über **(1.)** die Ausführung eines Bauvorhabens oder Bauwerks, **(2.)** die gleichzeitige Planung und Ausführung eines Bauvorhabens oder Bauwerks und **(3.)** die Ausführung einer Bauleistung durch Dritte gemäß den vom Auftraggeber genannten Erfordernissen.

1. Ausführung eines Bauvorhabens oder Bauwerks

9 Der Begriff des **Bauvorhabens** ist weder in § 99 Abs. 3 GWB noch in der Baukoordinierungsrichtlinie näher definiert. Allerdings gehen Art. 1 a BKR und Art. 1 Abs. 2 b VKR davon aus, dass das Bauvorhaben „im Zusammenhang mit einer der in Anhang II genannten Tätigkeiten" stehen muss. Anhang II enthält ein Verzeichnis der Berufstätigkeiten im „Baugewerbe" entsprechend dem Verzeichnis der wirtschaftlichen Tätigkeiten der Europäischen Gemeinschaft. Es enthält umfangreiche Tätigkeitsbeschreibungen und ist unterteilt nach „allgemeinem Baugewerbe und Abbruchgewerbe, Rohbaugewerbe, Tiefbau, Installation, Hausbaugewerbe".

Ein **Bauwerk** ist nach **Art. 1 c BKR, Art. 1 Abs. 2 b S. 2 VKR** und **§ 99 Abs. 3 GWB** das Ergebnis einer Gesamtheit von Tief- oder Hochbauarbeiten, das seinem Wesen nach eine **wirtschaftliche oder technische Funktion** erfüllen soll. Die wirtschaftliche oder technische Funktion ist dabei im Zusammenhang mit dem Aufgabengebiet des öffentlichen Auftraggebers zu sehen. Sie betrifft Neubauten und Gebäude mit spezifischen Nutzungszwecken, wie z.B. Krankenhäuser und technische Anlagen, in denen Installationen durchgeführt werden, die aufgrund ihrer zwingenden Zugehörigkeit zu dem Funktionszusammenhang des Gebäudes als Bauwerk bzw. zum Bauwerk gehörig anzusehen sind. Nach Maßgabe dieser Voraussetzungen unterfallen Lieferung und Montage von Maschinen sowie sonstige Anlagen grundsätzlich § 99 Abs. 3 GWB, wenn sie für ein funktionsfähiges Bauwerk erforderlich sind.[11] Das Thüringer OLG hat die Lieferung und Einbau von Dampfsterilisatoren und Wasserstoffperoxydgeneratoren in diesem Sinne als Bauauftrag qualifiziert, weil der Neubau ohne die Geräte nicht zu dem vorgesehenen Zweck genutzt werden konnte. Das Bay ObLG hat die Sanierung und Erneuerung einer Brandmeldeanlage für ein öffentliches Gebäude[12] und auch die Wartung und Störungsbeseitigung an Lichtsignalanlagen[13] als Bauauftrag gewertet.

Unter den Begriff der **Ausführung** eines Bauvorhabens oder Bauwerks fallen außer der Errichtung auch die Wiederinstandsetzung, Renovierung und Ausbesserung.

2. Gleichzeitige Planung und Ausführung eines Bauvorhabens oder Bauwerks

10 Ein öffentlicher Bauauftrag liegt auch dann vor, wenn der Vertrag **die gleichzeitige Planung und Ausführung** eines Bauvorhabens oder Bauwerks zum Gegenstand hat. Dies bedeutet, dass

[9] Bay ObLG NZBau 2000, 594; Bay ObLG VergabeR 2002, 662, 663 – *Deutsches Museum*; Thüringer OLG VergabeR 2003, 98, 99; Hailbronner in Byok/Jaeger, Kommentar zum Vergaberecht, 2. Aufl., § 99 GWB 475; **a.A.** Dreher in Immenga/Mestmäcker, GWB, 3. Aufl., § 99 Rdn. 35; Waldner VergabeR 2002, 664; wohl auch Thüringer OLG VergabeR 2003, 97.

[10] Hailbronner in Byok/Jaeger, Kommentar zum Vergaberecht, 2. Aufl., § 99 GWB Rdn. 475; Bay ObLG NZBau 2000, 594, 595.

[11] Thüringer OLG VergabeR 2003, 97 m.w.Nachw.

[12] Bay ObLG VergabeR 2002, 662 – *Deutsches Museum*.

[13] Bay ObLG NZBau 2000, 594, 595.

die Beauftragung mit reinen Planungsleistungen, wie es etwa bei Architekten- und Ingenieurverträgen der Fall ist, kein Bauauftrag im Sinne von § 99 Abs. 3 GWB darstellt.

3. Ausführung einer Bauleistung durch Dritte gemäß den vom Auftraggeber genannten Erfordernissen

Der **letzte Halbsatz von § 99 Abs. 3 GWB** erweitert den Begriff des öffentlichen Bauauf- 11
trags auf den Fall, dass Bauleistungen durch Dritte gemäß den vom öffentlichen Auftraggeber genannten Erfordernissen erbracht werden. Durch diese Regelung ist **Art. 1 letzter HS BKR** in nationales Recht umgesetzt worden, „wonach die Erbringung von Bauleistungen durch Dritte, gleichgültig, mit welchen Mitteln, gemäß den vom öffentlichen Auftraggeber genannten Erfordernissen", als öffentlicher Auftrag gilt. Von dieser Vorschrift ist auch der **mittelbare Erwerb von Bauleistungen** durch den öffentlichen Auftraggeber erfasst. Es fallen hierunter insbesondere auch Bauträger-, Leasing- und Generalunternehmer- oder Generalübernehmerverträge.[14]

4. Baukonzessionsverträge

Zwar sind in § 99 Abs. 3 GWB **Baukonzessionsverträge** nicht ausdrücklich genannt. Jedoch 12
ist die Vorschrift richtlinienkonform dahin auszulegen, dass auch Baukonzessionsverträge – als besondere Art von Bauaufträgen – hiervon erfasst sind.[15] Nach **Art. 1 d BKR und Art. 1 Abs. 3 VKR** gelten als öffentliche Baukonzessionen Verträge, die von öffentlichen Bauaufträgen nur insoweit abweichen, als die **Gegenleistung** für die Arbeiten ausschließlich in **dem Recht zur Nutzung des Bauwerks** oder in diesem Recht zuzüglich der Zahlung eines Preises besteht.[16] Wie beim Bauauftrag muss daher auch bei der Baukonzession ein Vertrag, etwa über die Ausführung eines Bauwerks vorliegen. Erfasst werden nur solche Verträge, bei denen die Leistung an den öffentlichen Auftraggeber erbracht wird. Der Auftraggeber muss auf Seiten der Güternachfrage auftreten; der Vertrag muss Beschaffungszwecken dienen.[17]

II. § 2 Nr. 7 VgV

§ 2 Nr. 7 VgV enthält eine besondere Schwellenwertregelung für die **Vergabe eines Bauauf-** 13
trages nach Losen. Eine Vergabe nach Losen kommt vor allem bei der Verwirklichung eines Gesamtobjektes in Betracht. Hierfür sind in der Regel umfangreiche Bauleistungen unterschiedlicher Art erforderlich, so dass es sich anbietet, die Bauleistungen zu teilen und mehrere Aufträge (Lose) an verschiedene ausführende Unternehmen zu vergeben. Für die Schwellenwertregelung des § 2 Nr. 7 VgV ist dabei ohne Bedeutung, ob die Vergabe nach Teillosen (bei umfangreichen Bauleistungen) gemäß § 4 Nr. 2 VOB/A oder nach Fachlosen (bei Bauleistungen verschiedener Handwerkszweige) gemäß § 4 Nr. 3 VOB/A erfolgen soll. Die Vorschrift umfasst beide Lose. Für die Anwendbarkeit von § 2 Nr. 7 VgV ist aber erforderlich, dass der **Gesamtauftragswert** der Baumaßnahme d.h. der Auftragswert aller Lose zusammengerechnet **5.278.000 €** erreicht oder überschreitet. Dies folgt aus dem Wortlaut der Vorschrift, die sich ausdrücklich auf „Lose von Bauaufträgen nach Nummer 4" bezieht.

Ist ein Gesamtauftragswert von 5.278.000 € erreicht, erweitert § 2 Nr. 7 VgV den maßgeblichen Schwellenwert in zwei Fällen.

---

[14] Weitere Einzelheiten: Dreher in Immenga/Mestmäcker, GWB, 3. Aufl., § 99 Rdn. 36 ff.; zum Generalunternehmervertrag: OLG Celle NZBau 2003, 60; zum sog. Betreibermodell: Roth NVwZ 2003, 1056; Byok/Jansen NZBau 2005, 241.

[15] Bay ObLG NZBau 2002, 108; OLG Brandenburg NZBau 2000, 39, 41; Dreher in Immenga/Mestmäcker, GWB, 3. Aufl., § 99 Rdn. 43; Hailbronner in Byok/Jaeger, Kommentar zum Vergaberecht, 2. Aufl., GWB, § 99 Rdn. 484.

[16] Ebenso die Definition in § 6 Satz 2 VgV, § 98 Nr. 6 GWB, § 2 Nr. 1 VOB/A.

[17] Bay ObLG NZBau 2002, 108.

1. § 2 Nr. 7 Alt. 1 VgV

14 Nach **§ 2 Nr. 7 Alt. 1 VgV** beträgt der Schwellenwert für das **einzelne Los 1 Millionen €**. Ist der Schwellenwert erreicht, richtet sich das Vergabeverfahren für dieses Los nach den Abschnitten 2 bis 4 VOB/A (§§ 6, 7 Abs. 1 Nr. 2 u. Abs. 2 Nr. 2 VgV).

2. § 2 Nr. 7 Alt. 2 VgV

15 Für Lose, deren Auftrageswert **unterhalb von 1 Millionen €** liegt, bestimmt § 2 Nr. 7 Alt. 2 VgV den Schwellenwert nach dem **addierten Wert der Lose**. Dieser muss **mindestens 20 % des Gesamtwertes aller Lose** betragen.

Beträgt der addierte Wert der Lose somit weniger als 20 % des Gesamtwertes aller Lose, ist der Schwellenwert nicht erreicht. Die Vergabevorschriften über die europaweite Ausschreibung (Abschnitt 2 bis 4 VOB/A) und die Vorschriften über das vergaberechtliche Nachprüfungsverfahren sind auf die Vergabe dieser Einzellose nicht anwendbar. Die **sog. Bagatellklausel** eröffnet dem Auftraggeber daher die Möglichkeit, Einzellose, deren addierte Auftragswerte unterhalb von 20 % des Gesamtauftragswertes liegen, national mit der Folge auszuschreiben, dass das vergaberechtliche Nachprüfungsverfahren gemäß §§ 102 ff. GWB nicht eröffnet ist. Umgekehrt bedeutet dies, dass zumindest ein Kontingent von 80 % des Gesamtauftragswertes dem Vergaberecht unterfällt.

16 **a) Zuordnung zum sog. 20 %-Kontingent.** Von der Zuordnung der Lose zu den Kontingenten des § 2 Nr. 7 Alt. 2 GWB hängt die Art des Vergabeverfahrens und die Statthaftigkeit eines vergaberechtlichen Nachprüfungsverfahrens ab.

Der Auftraggeber entscheidet frei, welche Lose unterhalb von 1 Millionen € er dem jeweiligen Kontingent zuordnet. Bei sukzessiver Ausschreibung und Losvergabe muss er **keine zeitliche Reihenfolge** einhalten. Eine Verpflichtung, zunächst alle Aufträge anhand der Abschnitte 2 bis 4 VOB/A zu vergeben bis mindestens 80 % des Gesamtauftragswertes erreicht ist, besteht nicht.[18] Der Auftraggeber darf vielmehr auch am Anfang des Bauvorhabens stehende Gewerke national ausschreiben, wenn die betreffenden Einzellose einen geschätzten Auftragswert von weniger als 1 Millionen € haben und das 20 %-Kontingent noch nicht ausgeschöpft ist.

Die Zuordnung eines Einzelloses zum 20 %-Kontingent kann ausdrücklich im Rahmen einer **sog. Festlegungsliste** erfolgen. Eine Verpflichtung hierzu besteht aber nicht. Die Zuordnung kann sich aber auch **konkludent** aus den besonderen Umständen des Vergabeverfahrens insbesondere aus dem gewählten Ausschreibungsverfahren sowie den Angaben in der Bekanntmachung und in den Vergabeunterlagen über die Vergabeart ergeben. So ist eine europaweite Bekanntmachung ein Indiz für die Zuordnung des ausgeschriebenen Einzelloses zum 80 %-Kontingent, eine nationale Bekanntmachung hingegen für die Zuordnung zum 20 %-Kontingent.[19] Ergibt sich anhand dieser Kriterien eine eindeutige Zuordnung, kann der öffentliche Auftraggeber hiervon nachträglich nicht mehr abrücken, da die Wirkung dieser Festlegung in einer Selbstbindung der Verwaltung besteht.[20] Ordnet der Auftraggeber daher ein Einzellos unter 1 Millionen € in einer Festlegungsliste dem 20 %-Kontingent zu und schreibt das betreffende Los sodann auch national aus, ist die Angabe in der Vergabebekanntmachung, dass zur Nachprüfung von Vergaberechtsverstößen die Vergabekammer zuständig sei, nur ein fehlerhafter Hinweis auf einen nicht vorhandenen Rechtsweg, durch den das Nachprüfungsverfahren nicht eröffnet wird.[21] Auch die an

[18] Bay ObLG VergabeR 2002, 61, 62 – *Brandmeldeanlage*; Bay ObLG VergabeR 2002, 63, 66 – *Stiftungskrankenhaus*; Müller-Wrede in Ingenstau/Korbion, VOB Teil A und B, 15. Aufl., VgV, § 2 Rdn. 9; Kühnen in Byok/Jaeger, Kommentar zum Vergaberecht, 2. Aufl., VgV, § 2 Rdn. 1493; Waldner VergabeR 2001, 405.

[19] Müller-Wrede in Ingenstau/Korbion, VOB Teil A und B, VgV, § 2 Rdn. 10; **a.A.** Waldner VergabeR 2001, 405, 406, der eine europaweite Ausschreibung allein ohne Hinzutreten weiterer Umstände für eine Zuordnung zum 80 %-Kontingent nicht für ausreichend hält.

[20] Bay ObLG VergabeR 2001, 402, 404; Bay ObLG VergabeR 2002, 63, 66 – *Stiftungskrankenhaus*; Bay ObLG VergabeR 2002, 510; **a.A.** KG BauR 2000, 1620; offen gelassen: OLG Koblenz VergabeR 2003, 567, 569 f. – *Meß- und Regeltechnik*.

[21] Bay ObLG VergabeR 2002, 510, 512.

die Bieter versandte Mitteilung über die beabsichtigte Zuschlagserteilung gemäß § 13 VgV stellt für sich genommen in der Regel kein aussagekräftiges Indiz für die Zuordnung dar. [22]

Der Auftraggeber ist verpflichtet, die Zuordnung der Losvergaben zu den beiden Kontingenten des § 2 Nr. 7 Alt. 2 VgV im Vergabevermerk[23] zu dokumentieren, so dass im Nachprüfungsverfahren kontrolliert werden kann, ob bei der Aufschlüsselung die Bestimmung des § 2 Nr. 7 Alt. 2 VgV eingehalten worden ist.[24]

b) Kündigung des Bauauftrags. Wird ein Bauauftrag, der den Schwellenwert des § 2 Nr. 4 VgV erreicht oder überschritten hat, während der Bauausführung vom Auftraggeber gekündigt und liegen die noch nicht ausgeführten Bauleistungen unterhalb des Schwellenwertes, liegt kein Fall von § 2 Nr. 7 VgV vor.[25] Vielmehr kann der Auftraggeber nach der Kündigung ein anderes Unternehmen mit den Restarbeiten beauftragen, ohne dass eine europaweite Ausschreibung nach Abschnitt 2 bis 4 VOB/A erforderlich ist. Der Auftraggeber steht hier nicht anders, als wenn sich sein Beschaffungsbedarf von Anfang an nur auf die in Rede stehenden (Rest-)Arbeiten beschränkt hätte.[26] 17

III. Verhältnis zu § 1 a VOB/A

Während **§ 1 a Nr. 1 VOB/A** die Anwendbarkeit des 2. Abschnitt der VOB/A von den gleichen Schwellenwerten wie in § 2 Nr. 4 und Nr. 7 VgV abhängig macht, enthält § 1 a Nr. 2 VOB/A hiervon abweichende Schwellenwerte. **§ 1 a Nr. 2 VOB/A** sieht vor, dass die a-Paragraphen auch auf Baumaßnahmen mit einem Auftragswert von 200.000 € bzw. 130.000 € anzuwenden sind, die aus nur einer Baumaßnahme bestehen und bei denen der Lieferanteil so überwiegt, dass das Verlegen und Anbringen lediglich eine Nebenarbeit darstellt. Für die Anwendbarkeit der VgV und des 4. Teils des GWB sind diese (geringeren) Schwellenwerte ohne Bedeutung. Hiefür sind gemäß § 1 VgV und § 100 Abs. 1 GWB allein die in § 2 Nr. 4 und 7 VgV festgelegten Schwellenwerte maßgeblich.[27] 18

C. Schwellenwerte für Liefer- und Dienstleistungsaufträge

Die Schwellenwerte für **Liefer- und Dienstleistungsaufträge** sind in **§ 2 Nr. 1, 2, 3 und 8 VgV** festgelegt. Der Regelschwellenwert beträgt 211.000 € (§ 2 Nr. 3 VgV). Für Aufträge im Sektorenbereich beträgt der Schwellenwert 422.000 € (§ 2 Nr. 1 VgV), bei Aufträgen, die von obersten und oberen Bundesbehörden vergeben werden, 137.000 € (§ 2 Nr. 2 VgV). Eine Regelung für Lose von Dienstleistungsaufträgen trifft § 2 Nr. 8 VgV. 19

Die Schwellenwerte für **Auslobungsverfahren** sind in **§ 2 Nr. 5 und 6 VgV** geregelt.

D. Keine Unmittelbare Anwendbarkeit von Art. 7 der Richtlinie 2004/18/EG

Bis zum Inkrafttreten der Dritten Verordnung zur Änderung der VgV und der darin vorgesehenen Anhebung der Schwellenwerte sind die bis dahin geltenden niedrigeren Schwellenwerte 20

[22] Bay ObLG VergabeR 2002, 510, 513.

[23] Vgl. § 30 VOB/A.

[24] Müller-Wrede in Ingenstau/Korbion, VOB Teil A und B, VgV, § 2 Rdn. 10.

[25] Mit zutreffender Begründung Kühnen in Byok/Jaeger, Kommentar zum Vergaberecht, 2. Aufl., § 2 VgV Rdn. 1495; **a.A.** Heindl VergabeR 2002, 127, 128 ff.; Terner VergabeR 2003, 136, 138, die eine analoge Anwendung von § 2 Nr. 7 VgV befürworten.

[26] Kühnen in Byok/Jaeger, Kommentar zum Vergaberecht, 2. Aufl., § 2 VgV Rdn. 1495.

[27] Bay ObLG VergabeR 2002, 662, 663; Müller-Wrede in Ingenstau/Korbion, VOB Teil A und B, VgV, § 3 Rdn. 11.

maßgeblich. Eine unmittelbare Anwendbarkeit der in Artikel 7 VKR vorgesehenen Regelungen für die Zeit ab dem 1. Februar 2006 kommt nicht in Betracht, weil sie sich zu Lasten der Bieter und Bewerber auswirken würde.[28] Die Beibehaltung der niedrigeren Schwellenwerte ermöglicht eine breitere Anwendung des GWB und des damit verbundenen Primärrechtsschutzes. Solange die Umsetzung in nationales Recht nicht erfolgt ist, sind die in § 2 VgV festgesetzten (niedrigeren) Schwellenwerte weiterhin maßgeblich. Dies bedeutet für Bauaufträge einen Schwellenwert von 5 Millionen Euro.

§ 3 Schätzung der Auftragswerte

(1) Bei der Schätzung des Auftragswertes ist von der geschätzten Gesamtvergütung für die vorgesehene Leistung einschließlich etwaiger Prämien oder Zahlungen an den Bewerber oder Bieter auszugehen.

(2) Der Wert eines beabsichtigten Auftrages darf nicht in der Absicht geschätzt oder aufgeteilt werden, ihn der Anwendung dieser Bestimmungen zu entziehen.

(3) Bei zeitlich begrenzten Lieferaufträgen mit einer Laufzeit bis zu zwölf Monaten sowie bei Dienstleistungsaufträgen bis zu 48 Monaten Laufzeit, für die kein Gesamtpreis angegeben wird, ist bei der Schätzung des Auftragswertes der Gesamtwert für die Laufzeit des Vertrages zugrunde zu legen. Bei Lieferaufträgen mit einer Laufzeit von mehr als zwölf Monaten ist der Gesamtwert einschließlich des geschätzten Restwertes zugrunde zu legen. Bei unbefristeten Verträgen oder bei nicht absehbarer Vertragsdauer folgt der Vertragswert aus der monatlichen Zahlung multipliziert mit 48.

(4) Bei regelmäßigen Aufträgen oder Daueraufträgen über Lieferungen oder Dienstleistungen ist bei der Schätzung des Auftragswertes entweder der tatsächliche Gesamtauftragswert entsprechender Aufträge für ähnliche Arten von Lieferungen oder Dienstleistungen aus den vorausgegangenen zwölf Monaten oder dem vorausgegangenem Haushaltsjahr, unter Anpassung an voraussichtliche Änderungen bei Mengen oder Kosten während der auf die erste Lieferung oder Dienstleistung folgenden zwölf Monate oder der geschätzte Gesamtwert während der auf die erste Lieferung oder Dienstleistung folgenden zwölf Monate oder während der Laufzeit des Vertrages, soweit diese länger als zwölf Monate ist, zugrunde zu legen.

(5) Bestehen die zu vergebenden Aufträge aus mehreren Losen, für die jeweils ein gesonderter Auftrag vergeben wird, müssen bei der Schätzung alle Lose berücksichtigt werden. Bei Lieferaufträgen gilt dies nur für Lose über gleichartige Lieferungen.

(6) Sieht der beabsichtigte Auftrag über Lieferungen oder Dienstleistungen Optionsrechte oder Vertragsverlängerungen vor, so ist der voraussichtliche Vertragswert aufgrund des größtmöglichen Auftragswertes unter Einbeziehung der Optionsrechte oder Vertragsverlängerungen zu schätzen.

(7) Bei der Schätzung des Auftragswertes von Bauleistungen ist außer dem Auftragswert der Bauaufträge der geschätzte Wert der Lieferungen zu berücksichtigen, die für die Ausführung der Bauleistungen erforderlich sind und vom Auftraggeber zur Verfügung gestellt werden.

(8) Der Wert einer Rahmenvereinbarung wird auf der Grundlage des geschätzten Höchstwertes aller für diesen Zeitraum geplanten Aufträge berechnet. Eine Rahmenvereinbarung ist eine Vereinbarung mit einem oder mehreren Unternehmen, in der die Bedingungen für Einzelaufträge festgelegt werden, die im Laufe eines bestimmten Zeitraumes vergeben werden sollen, insbesondere über den in Aussicht genommenen Preis und gegebenenfalls die in Aussicht genommene Menge.

(9) Bei Auslobungsverfahren, die zu einem Dienstleistungsauftrag führen sollen, ist dessen Auftragswert einschließlich Preisgelder und Zahlungen an Teilnehmer zu schätzen, bei allen übrigen Auslobungsverfahren die Summe der Preisgelder und Zahlungen an Teilnehmer einschließlich des geschätzten Auftragswertes eines Dienstleistungsauftrages, der später vergeben werden könnte, soweit der Auftraggeber dies in der Bekanntmachung des Wettbewerbs nicht ausschließt.

[28] Vgl. Einl. VOB/A Rdn. 8; Müller-Wrede VergabeR 2005, 633 f.

(10) Maßgeblicher Zeitpunkt für die Schätzung des Auftragswertes ist der Tag der Absendung der Bekanntmachung der beabsichtigten Auftragsvergabe oder die sonstige Einleitung des Vergabeverfahrens.

Übersicht

A. Einleitung

Der 4. Teil des GWB (§§ 97–129 GWB) und die VgV sind gemäß § 100 Abs. 1 GWB und § 1 VgV nur dann anwendbar, wenn der geschätzte Auftragswert des öffentlichen Auftrages die in § 2 VgV festgelegten Schwellenwerte erreicht oder überschreitet. In **§ 3 VgV** ist regelt, nach welchen **Grundsätzen die Schätzung der Auftragswerte** zu erfolgen hat. Ihre Grundlage hat die Vorschrift in den entsprechenden Regelungen der EG-Vergaberichtlinien, die hierdurch in nationales Recht umgesetzt worden sind.[1] 1

Da von den Schwellenwerten abhängt, ob die Auftragsvergabe nach Abschnitt 2, 3 oder 4 VOB/A zu erfolgen hat und ein auf Primärrechtsschutz gerichtetes Nachprüfungsverfahren eröffnet ist, kommt der Schätzung des konkreten Auftragswertes und den hierbei zu beachtenden Voraussetzungen wesentliche Bedeutung zu. Ziel von § 3 VgV ist es, den mit einer Schätzung naturgemäß verbundenen Ungenauigkeiten mit konkreten Vorgaben zu begegnen, so dass die Schätzung des konkreten Auftragswertes transparent wird und nachprüfbar ist.

Neben § 3 VgV enthalten auch die Verdingungsordnungen weitere Vorgaben zur Schätzung der Auftragswerte.[2] Da aber erst das Erreichen der in § 2 VgV festgelegten Schwellenwerte gemäß § 1 VgV zur Anwendbarkeit der VgV und damit zur Anwendbarkeit der statischen Verweisung zu den Verdingungsordnungen in § 5 und § 6 VgV führt, enthalten die Verdingungsordnungen keine Regelungen über die Anwendbarkeit der VgV.[3]

B. Schätzung des Auftragswertes

I. Grundlagen der Schätzung

Die **Grundlagen der Schätzung** kommen in **§ 3 Abs. 1, 2 und 10 VgV** zum Ausdruck. Während § 3 Abs. 1 VgV vorsieht, dass die Bestimmung des Auftragswertes auf der Grundlage 2

[1] Für Bauleistungen siehe Art. 6 BKR; BT-Drucks. 455/00 vom 2.8.2000, S. 16 zu § 3.

[2] Für Bauaufträge: § 1 a Nr. 1 Abs. 1 S. 1 u. 2, Nr. 3 u. Nr. 4 VOB/A, § 1 b VOB/A und § 1 VOB/A-SKR; für freiberufliche Leistungen: §§ 2 u. 3 VOF.

[3] Müller-Wrede in Ingenstau/Korbion, VOB Teil A und B, VgV, § 3 Rdn. 2; Glahs in Reidt/Stickler/Glahs, Vergaberecht, 2. Aufl., VgV, § 3 Rdn. 2.

der geschätzten Gesamtvergütung zu erfolgen hat, regelt § 3 Abs. 10 VgV den maßgeblichen Zeitpunkt für die Schätzung. § 3 Abs. 2 VgV enthält das Verbot, die Schätzwerte zu manipulieren.

1. Ermittlung der Gesamtvergütung (§ 3 Abs. 1 VgV)

3 Nach § 3 Abs. 1 VgV ist bei der Schätzung des Auftragswertes von der **geschätzten Gesamtvergütung** für die vorgesehene Leistung **ohne Berücksichtigung der Umsatzsteuer** auszugehen. Sieht der öffentliche Auftraggeber Prämien oder Zahlungen an Bewerber oder Bieter vor, sind diese bei der Berechnung zu berücksichtigen.

Eine ordnungsgemäße Schätzung der voraussichtlichen Gesamtkosten erfordert, dass sie von dem öffentlichen Auftraggeber eigenverantwortlich nach rein objektiven Kriterien vorgenommen wird.[4] Sie muss eine realistische, seriöse und nachvollziehbare Prognose sein, auch wenn an die Schätzung keine übertriebenen Anforderungen zu stellen sind.[5] Der geschätzte Auftragswert soll den Kosten entsprechen, die ein umsichtiger und sachkundiger öffentlicher Auftraggeber nach sorgfältiger Prüfung des relevanten Marktsegments auf dem Boden einer betriebswirtschaftlichen Finanzplanung für die Durchführung des beabsichtigten Auftrages veranschlagen würde.[6] Maßgebend ist insoweit der Verkehrs- oder Marktwert, zu dem eine bestimmte Leistung am Markt zu erhalten ist.[7] Bei der Schätzung kann der öffentliche Auftraggeber insbesondere auf Preisspiegel und andere Hilfsmittel zurückgreifen.[8] Keine ordnungsgemäße Schätzung liegt daher vor, wenn der öffentliche Auftraggeber seiner Schätzung lediglich einen telefonisch erfragten Angebotspreis zu Grunde legt.[9]

Bei der beabsichtigten Vergabe von **Bauleistungen** ist zur Ermittlung des Schwellenwertes die **geschätzte Gesamtvergütung** für die **komplette Baumaßnahme** bzw. für das **insgesamt zu errichtende Bauwerk** zu Grunde zu legen. Der Gesamtauftragswert errechnet sich aus der Summe aller für die Erstellung der baulichen Anlage erforderlichen Leistungen und deren voraussichtlichen Kosten.[10] Der Wert mehrerer Einzelaufträge ist daher zusammenzurechnen, wenn sie zu einem einheitlichen Bauwerk gehören. Voraussetzung hierfür ist ein **funktionaler Zusammenhang** zwischen den Einzelaufträgen in technischer oder wirtschaftlicher Hinsicht wie aus der Definition des Bauwerks in Art. 1 c BKR und § 99 Abs. 3 GWB folgt.[11] Zusätzlich hierzu wird auch ein **zeitlicher Zusammenhang** zwischen den einzelnen Bauaufträgen gefordert, der dann zu bejahen ist, wenn die weiteren in einem funktionalen Zusammenhang stehenden Aufträge in absehbarer Zeit verwirklicht werden sollen.[12]

Nach Maßgabe dieser Voraussetzungen ist beispielsweise ein funktionaler Zusammenhang zwischen der Erweiterung eines Gebäudes und der Modernisierung der Brandschutztechnik einerseits und der später ausgeschriebenen Sanierung der Mess-, Steuer- und Regeltechnik andererseits verneint worden und bei der Berechnung des Schwellenwertes unberücksichtigt geblieben, weil ein zwingender technischer und praktischer Zusammenhang nicht bestehe.[13] Gleiches gilt für einzelne Bauabschnitte einer Entlastungsstraße, wenn jeder Bauabschnitt für sich in verkehrstechnischer Hinsicht eine sachgerechte Nutzung durch die Verkehrsteilnehmer ermöglicht, so dass

[4] OLG Düsseldorf VergabeR 2002, 665, 666 –*Abschleppdienst*; Brandenburgisches OLG ZfBR 2003, 205; Kühnen in Byok/Jaeger, Kommentar zum Vergaberecht, 2. Aufl., VgV § 3 Rdn. 1499.

[5] Brandenburgisches OLG ZfBR 2003, 205; Bay ObLG VergabeR 2002, 657 – *Schlaflabor II.*

[6] OLG Düsseldorf VergabeR 2002, 665, 666 –*Abschleppdienst*; OLG Koblenz WuW/E Verg 470, 472 – *Hochwasserschutz*; Kühnen in Byok/Jaeger, Kommentar zum Vergaberecht, 2. Aufl., VgV § 3 Rdn. 1499.

[7] *Glahs in Reidt*/Stickler/Glahs, Vergaberecht, 2. Aufl., VgV, § 3 Rdn. 7.

[8] Brandenburgisches OLG IBR 2002, 677.

[9] OLG Düsseldorf VergabeR 2002, 665, 666 –*Abschleppdienst.*

[10] OLG Celle IBR 2003, 37; Müller-Wrede in Ingenstau/Korbion, VOB Teil A und B, VgV, § 3 Rdn. 3.

[11] EuGH Urt. v. 5.10.2000 WuW/E Verg 377, 379 f. – *Sydev*; Brandenburgisches OLG IBR 2002, 677; Müller-Wrede in Ingenstau/Korbion, VOB Teil A und B, VgV, § 3 Rdn. 3; vgl. auch § 2 Rdn. 9.

[12] Müller-Wrede in Ingenstau/Korbion, VOB Teil A und B, VgV, § 3 Rdn. 5.

[13] OLG Celle IBR 2000, 430.

bei der Ermittlung der Schwellenwerte auf den Wert des jeweiligen Bauabschnitts abzustellen und eine Addition der Werte nicht vorzunehmen ist.[14]

Bei der Schätzung des Auftragswertes sind alle **zur Herstellung der baulichen Anlage** voraussichtlich anfallenden Kosten zu berücksichtigen. Nicht hierzu gehören deshalb die Kosten des Baugrundstücks, Kosten der Erschließung des Grundstücks, Kosten beweglicher Ausstattungs- und Einrichtungsgegenstände, sowie einmalige Abgaben und Baunebenkosten.[15] Letztere sind vor allem Kosten für Architektur- und Ingenieurleistungen, soweit diese nicht ausnahmsweise zusammen mit der Bauleistung ausgeschrieben werden und in funktionalem Zusammenhang stehen, Kosten für Verwaltungsleistungen des Auftraggebers bei der Vorbereitung und Durchführung des Bauverhabens sowie Kosten für die Bauversicherung und Finanzierungskosten.

2. Zeitpunkt der Schätzung (§ 3 Abs. 10 VgV)

§ 3 Abs. 10 VgV bestimmt den Zeitpunkt, wann der öffentliche Auftraggeber den Auftragswert (spätestens) zu schätzen hat. Maßgeblicher Zeitpunkt ist der **Tag der Absendung der Bekanntmachung** der beabsichtigten Auftragsvergabe **oder** die **sonstige Einleitung des Vergabeverfahrens**. Der zuerst genannte Zeitpunkt betrifft öffentliche Ausschreibungen, Beschränkte Ausschreibungen nach Öffentlichem Teilnahmewettbewerb und die Freihändige Vergabe mit Öffentlichem Teilnahmewettbewerb, da diese gemäß § 17 VOB/A und § 17 VOL/A einer Bekanntmachung bedürfen, sowie die Vergabe freiberuflicher Leistungen im Verhandlungsverfahren mit vorheriger Vergabebekanntmachung (§§ 5 Abs. 1, 9 VOF). Auf den Zeitpunkt der sonstigen Einleitung des Vergabeverfahrens ist in allen übrigen Fällen ohne öffentliche Vergabebekanntmachung abzustellen.[16] Ein konkretes Vergabeverfahren ist eingeleitet, wenn der öffentliche Auftraggeber sich zur Deckung eines akuten Bedarfs oder eines zukünftigen Bedarfs, dessen Deckung er aber schon in der Gegenwart vorbereiten und organisieren will, zur Beschaffung von Waren, Bau- und Dienstleistungen von einem Dritten entschlossen hat und beginnt, mit organisatorischen und/oder planerischen Schritten zu regeln, auf welche Weise (insbesondere mit welcher Vergabeart) und mit welchen gegenständlichen Leistungsanforderungen das Beschaffungsvorhaben eingeleitet und durchgeführt und wie die Person oder der Personenkreis des oder der Leistenden ermittelt und ausgewählt werden soll – dies alles mit dem ins Auge gefassten Ziel, dass am Ende dieser organisatorischen Schritte ein Vertragsschluss steht.[17] Abzugrenzen von der Einleitung eines Vergabeverfahrens sind deshalb bloße Markterkundungen oder Marktbeobachtungen des öffentlichen Auftraggebers. 4

Für die Vergabe von baulichen Anlagen enthält § 1 a Nr. 3 VOB/A eine zusätzliche Regelung für den Fall, dass der Gesamtbauauftrag in mehreren Losen getrennt voneinander ausgeschrieben werden soll. Die Vorschrift stellt klar, dass für die Schätzung des Auftragswertes auf die Einleitung des ersten Vergabeverfahrens abzustellen ist.

Die Vergabestelle hat den geschätzten Auftragswert in einem Vergabevermerk (§ 30 VOB/A, § 30 VOL/A und § 18 VOF) festzuhalten, so dass in einem Nachprüfungsverfahren die Schätzung des Auftragswertes auf ihre Richtigkeit überprüft werden kann. Für die schriftliche Niederlegung eines solchen Vermerks ist zwar kein bestimmter Zeitpunkt vorgesehen, jedoch besteht Einigkeit, dass sie zeitnah und spätestens bis zur Bieterinformation nach § 13 VgV zu erfolgen hat.[18]

---

[14] Brandenburgisches OLG IBR 2002, 677.

[15] OLG Celle IBR 2003, 37; OLG Stuttgar VergabeR 2003, 101, 102 – *Kreiskrankenhaus Tuttlingen*; Müller-Wrede in Ingenstau/Korbion, VOB Teil A und B, VgV, § 3 Rdn. 6 u. 7; Heiermann/Riedel/Rusam, VOB, 9. Aufl., A § 1 a Rdn. 10, 12.

[16] Müller-Wrede in Ingenstau/Korbion, VOB Teil A und B, VgV, § 3 Rdn. 8 stellt für das Verhandlungsverfahren auf den Tag der Absendung der ersten Aufforderung zur Angebotsabgabe ab.

[17] OLG Düsseldorf NZBau 2001, 696, 699; Thüringer OLG VergabeR 2001, 52, 54; Bay ObLG NZBau 2002, 397; OLG Frankfurt NZBau 2004, 692, 693; Kühnen in Byok/Jaeger, Kommentar zum Vergaberecht, 2. Aufl., VgV § 3 Rdn. 1498.

[18] Schleswig-Holsteinisches OLG OLGR 2004, 381 f.

5 **a) Fehlerhafte Schätzung.** Sind dem öffentlichen Auftraggeber bei der Schätzung des Auftragswertes in tatsächlicher oder rechtlicher Hinsicht Fehler unterlaufen, haben diese Fehlberechnungen oder Irrtümer keinen Einfluss darauf, ob der zu vergebende Auftrag dem Vergaberechtsregime unterfällt und das vergaberechtliche Nachprüfungsverfahren eröffnet ist.

Hat der Auftraggeber infolge einer fehlerhaften Schätzung des Auftragswertes den Auftrag europaweit ausgeschrieben, obwohl bei zutreffender Schätzung der maßgebliche Schwellenwert nicht erreicht worden wäre, wird hierdurch der Rechtsweg zu den Vergabekammern nicht eröffnet. Allein maßgebend für die Anwendbarkeit der §§ 97 ff. GWB ist gemäß § 100 Abs. 1 GWB, ob der (rechtsfehlerfrei) geschätzte Auftragswert den Schwellenwert erreicht und nicht, ob eine europaweite Ausschreibung vorgenommen worden ist.[19] Dementsprechend ist das vergaberechtliche Nachprüfungsverfahren auch im umgekehrten Fall eröffnet, wenn der öffentliche Auftraggeber aufgrund einer fehlerhaften Berechnung des Schwellenwerts von einer europaweiten Ausschreibung abgesehen hat, obwohl der Schwellenwert bei richtiger Schätzung deutlich überschritten ist.[20]

Zu unterscheiden von der fehlerhaften Berechnung des Schwellenwertes durch den öffentlichen Auftraggeber ist der Fall, dass sich der bei Einleitung des Vergabeverfahrens **ordnungsgemäß** geschätzte Auftragswert im Laufe des Vergabeverfahrens als unzutreffend herausstellt und entgegen der Schätzung oberhalb oder unterhalb der Schwellenwerte liegt. In diesem Fall ist allein der geschätzte Auftragswert maßgeblich, er bestimmt, welche Vergabevorschriften anzuwenden sind.[21]

6 **b) Fehlende Schätzung.** Hat der öffentliche Auftraggeber es vergaberechtswidrig **unterlassen**, vor Einleitung des Vergabeverfahrens eine **Schwellenwertschätzung durchzuführen**, und wird ein Nachprüfungsverfahren eingeleitet, so haben die Nachprüfungsinstanzen bei der **von Amts wegen** vorzunehmenden Prüfung, ob das Vergaberechtsregime einschließlich des Nachprüfungsverfahrens durch Erreichen der Schwellenwerte überhaupt eröffnet ist, eine eigene Wertermittlung durchzuführen.[22]

3. Umgehungsverbot (§ 3 Abs. 2 VgV)

7 In **§ 3 Abs. 2 VgV** werden die Grundsätze einer ordnungsgemäßen Schätzung des Auftragswertes in der Weise konkretisiert, dass eine Manipulation des Auftragswertes mit dem Ziel einer bewußten Umgehung der vergaberechtlichen Bestimmungen ausdrücklich verboten wird. Nach **§ 3 Abs. 2 VgV** darf der Auftraggeber den Auftragswert nicht in der Absicht schätzen oder aufteilen, die Auftragsvergabe dem Geltungsbereich des Vergaberechts, d.h. des vergaberechtlichen Nachprüfungsverfahren und der Regelungen der Abschnitte 2, 3 oder 4 der Verdingungsordnungen zu entziehen **(sog. Umgehungsverbot)**.

[19] OLG Stuttgart VergabeR 2003, 101, 102 f.; missverständlich OLG Brandenburg NJOZ 2004, 2759, 2761; siehe auch § 2 Rdn. 6.

[20] OLG Düsseldorf Beschluss v. 12.3.2003, Verg 49/02, CuR 2004, 26 f.; Bay ObLG Beschluss v. 29.4.2003, 5 Verg 4/02; ebenso Schleswig-Holsteinisches OLG OLGR 2004, 381 f., das deutlich darauf abstellt, dass das Überschreiten des maßgeblichen Schwellenwertes eine jederzeit von Amts wegen zu prüfende Anwendungsvoraussetzung des vergaberechtlichen Nachprüfungs- und Beschwerdeverfahrens ist und diese Prüfung unbeeinflusst von dem Verhalten der Verfahrensbeteiligten insbesondere der Geltendmachung ihres Rügerechts aus § 107 GWB ist; **a.A.** OLG Brandenburg NJOZ 2004, 2759, 2761, das eine Eröffnung des Nachprüfungsverfahrens ablehnt, wenn sich der Bieter treuwidrig verhält und daher nicht schutzwürdig ist. Richtigerweise handelt es sich hierbei aber nicht um eine Frage der Anwendbarkeit des Vergaberechtsregimes, sondern, wenn es anwendbar ist, ob der Nachprüfungsantrag gemäß § 107 Abs. 3 GWB unzulässig ist.

[21] Müller-Wrede in Ingenstau/Korbion, VOB Teil A und B, VgV, § 3 Rdn. 12; Glahs in Reidt/Stickler/Glahs, Vergaberecht, 2. Aufl., VgV, § 3 Rdn. 5; Kühnen in Byok/Jaeger, Kommentar zum Vergaberecht, 2. Aufl., VgV § 2 Rdn. 1500.

[22] Schleswig-Holsteinisches OLG OLGR Schleswig 2004, 381 f.; OLG Düsseldorf Beschluss v. 30. Juli 2003, Az.: Verg 5/03, IBR 2003, 567 (Leitsatz).

Eine in Umgehungsabsicht erfolgte Schätzung des Auftragswertes (**§ 3 Abs. 2 VgV 1. Fall**) ist anzunehmen, wenn der Auftragswert entgegen der Schätzung des Auftraggebers oberhalb des maßgeblichen Schwellenwertes liegt und keine objektiven und nachvollziehbaren Gründe dafür ersichtlich sind, warum der Auftraggeber die Kosten insgesamt oder für einzelne Positionen so niedrig kalkuliert hat.

Ein Verstoß gegen das Aufteilungsverbot (**§ 3 Abs. 2 VgV 2. Fall**) kommt in Betracht, wenn die Auftragswerte zusammengehörender Aufträge absichtlich nicht zusammengerechnet werden oder ein einheitlicher Auftrag sachwidrig in mehrere unterhalb der Schwellenwerte liegende Aufträge aufgeteilt wird. Bei **Bauaufträgen** ist daher eine unzulässige Aufteilung der Auftragswerte anzunehmen, wenn der Auftragswert mehrerer Einzelaufträge eines einheitlichen Bauwerkes[23] absichtlich nicht zusammengerechnet werden und die Aufteilung der baulichen Anlage nicht durch objektive Gründe gerechtfertigt ist.[24]

Bei der Vergabe von **Liefer- und Dienstleistungsaufträgen** ist die Grenze zu einer unzulässigen Aufteilung des Auftrages überschritten, wenn die Aufteilung des Auftrages sachwidrig ist. Dies gilt deshalb, weil dem Auftraggeber grundsätzlich ein weiter Ermessenspielraum zusteht, wie er sein Beschaffungsvorhaben umsetzten will. Es ist daher nicht zu beanstanden, wenn der Auftraggeber eine kurze Vertragslaufzeit wählt, weil er damit dem Modellcharakter seines Projekts Rechnung tragen will.[25] Anders verhält es sich hingegen, wenn der Auftraggeber die Vertragslaufzeit nachträglich ohne objektiven und nachvollziehbaren Grund verkürzt, obwohl er im Vorfeld des Vergabeverfahrens eine längere Vertragslaufzeit für geboten erachtet hat[26], oder wenn er über einen Teil des Auftrages zum Zwecke der Umgehung des Vergaberechtes in kollusivem Zusammenwirken mit einem Dritten ein sog. Strohmanngeschäft abschließt.[27] Gleiches gilt, wenn zwei öffentliche Auftraggeber zum Zwecke der Unterschreitung des maßgeblichen Schwellenwerts die Beschaffungsmaßnahme dergestalt aufteilen, dass der eine Auftraggeber die vom anderen zu seiner Bedarfsdeckung benötigten Leistungen zum Teil im eigenen Nahmen beschafft, um sie sodann an diesen weitergeben zu können.[28] Überdies ist ein in diesem Fall erteilter Auftrag, wenn er im kollusiven Zusammenwirken mit dem Auftragnehmer geschlossen wird, regelmäßig wegen Verstoß gegen die guten Sitten (§ 138 Abs. 1 BGB) nichtig.[29]

II. Besonderheiten

In § 3 Abs. 3 bis 9 VgV sind besondere Fallkonstellationen geregelt, die nach der Art des zu vergebenden Auftrages und der Vertragsgestaltung unterscheiden. So enthält **§ 3 Abs. 3, 4 und 9 VgV** spezielle Regelungen für Liefer- und Dienstleistungsaufträge. **§ 3 Abs. 7 VgV** betrifft den Auftragswert von Bauleistungen für den Fall, dass auch der Auftraggeber Lieferungen zur Verfügung stellt. 8

Ferner finden sich Regelungen für die Berechnung des Auftragswertes bei losweiser Vergabe (**§ 3 Abs. 5 VgV**), Optionsrechten (**§ 3 Abs. 6 VgV**) und Rahmenvereinbarungen (**§ 3 Abs. 8 VgV**).

1. Liefer- und Dienstleistungsaufträge (§ 3 Abs. 3, 4 und 9 VgV)

§ 3 Abs. 3 Satz 1 VgV bestimmt für **zeitlich begrenzte** Liefer- und Dienstleistungsaufträge (Laufzeit von bis zu 12 bzw. 48 Monaten), für die kein Gesamtpreis angegeben worden ist, dass 9

---

[23] Siehe § 2 Rdn. 9 und § 3 Rdn. 3.

[24] Brandenburgisches OLG IBR 2002, 677; Motzke/Pietzcker/Prieß, Beck'scher VOB-Kommentar, VOB, Teil A, § 1 a VOB/A Rdn. 184; Müller-Wrede in Ingenstau/Korbion, VOB Teil A und B, VgV, § 3 Rdn. 10.

[25] OLG Düsseldorf IBR 2003, 567.

[26] OLG Düsseldorf VergabeR 2002, 665, 666 f. – *Abschleppdienst*; OLG Frankfurt NZBau 2004, 692, 694.

[27] OLG Düsseldorf VergabeR 2005, 343, 345 – *geographisches Informationssystem*.

[28] OLG Düsseldorf VergabeR 2005, 343, 345 – *geographisches Informationssystem*.

[29] OLG Düsseldorf VergabeR 2005, 343, 345 – *geographisches Informationssystem* – mit zustimmender Anm. von Greb.

bei der Schätzung des Auftragswertes der Gesamtwert für die Laufzeit des Vertrages zu Grunde zu legen ist. Für Lieferaufträge mit einer Laufzeit von mehr als 12 Monaten ist von dem Gesamtwert einschließlich des geschätzten Restwertes auszugehen (**§ 3 Abs. 3 Satz 2 VgV**). Für unbefristete Verträge oder bei nicht absehbarer Vertragsdauer ergibt sich der für die Schwellenwertberechnung zu ermittelnde Vertragswert aus der monatlichen Zahlung multipliziert mit 48.

Für regelmäßige Aufträge oder Daueraufträge über Lieferungen oder Dienstleistungen enthält **§ 3 Abs. 4 VgV** eine weitere Regelung. **§ 3 Abs. 9 VgV** betrifft Auslobungsverfahren, die zu einem Dienstleistungsauftrag führen sollen.

2. Auftragswert von Bauleistungen bei Lieferungen des Auftraggebers (§ 3 Abs. 7 VgV)

10 **§ 3 Abs. 7 VgV** enthält eine besondere Regelung für die Schätzung des Auftragswertes bei der Vergabe von Bauleistungen, wenn nicht alle für die Baumaßnahme erforderlichen Lieferungen vom Auftragnehmer beschafft werden sollen, sondern teilweise vom öffentlichen Auftraggeber zur Verfügung gestellt werden. Für diesen Fall sieht § 3 Abs. 7 VgV vor, dass auch der Wert dieser Lieferungen bei der Schätzung des Auftragswertes zu berücksichtigen ist. Anhaltspunkte dafür, was unter dem Begriff der Lieferungen des Auftraggebers zu verstehen ist, ergeben sich aus **§ 1 a Nr. 1 Abs. 1 Satz 2 VOB/A**. Dort wird ausdrücklich auf die **vom Auftraggeber bereitgestellten Stoffe, Bauteile und Leistungen** abgestellt.

3. Auftragswert bei Losen (§ 3 Abs. 5 VgV))

11 Für die Vergabe eines Auftrages nach Losen (§ 4 VOB/A, § 5 VOL/A), bestimmt **§ 3 Abs. 5 Satz 1 VgV**, dass bei der Schätzung des Auftragswertes alle Lose berücksichtigt und zusammengerechnet werden müssen. Eine Einschränkung gilt nach **Satz 2** für **Lieferaufträge**. Der Wert der einzelnen Lose ist nur dann zusammenzurechnen, wenn sie sich über gleichartige Lieferungen verhalten.

4. Optionsrechte oder Vertragsverlängerungen (§ 3 Abs. 6 VgV)

12 Enthält der zu vergebende Auftrag über Lieferungen oder Dienstleistungen **Optionsrechte** oder **Vertragsverlängerungen**, so ist der Auftragswert gemäss **§ 3 Abs. 6 VgV** unter Einbeziehung des Wertes der Optionsrechte oder Vertragsverlängerungen zu schätzen.

Was Optionsrechte im Sinne von § 3 Abs. 6 VgV sind, läßt sich weder der Vergabeverordnung noch den Vergaberichtlinien[30] oder den Verdingungsordnungen entnehmen. In der Rechtsprechung besteht aber Einigkeit, dass zur Begriffsklärung auf das nationale Recht zurückzugreifen und unter einer Option das Recht zu verstehen ist, durch einseitige Erklärung einen Vertrag zustande zu bringen oder die Vertragslaufzeit zu verlängern.[31] Hiervon zu unterscheiden ist die vertraglich vorgesehene Möglichkeit, bei entsprechendem Beschaffungsbedarf des Auftraggebers eine Verlängerung der Vertragslaufzeit zu vereinbaren. Auch der Wert von Vertragsverlängerungen ist bei Schätzung des Auftragswertes zu berücksichtigen.

Gleichfalls bei der Wertermittlung zu berücksichtigen sind **sog. Bedarfs- oder Eventualpositionen** im Sinne von **§ 9 Nr. 1 VOB/A**, die Leistungen ausweisen, von denen bei der Fertigstellung der Ausschreibungsunterlagen noch nicht feststeht, ob für sie ein Auftrag erteilt wird oder nicht.[32] Hierfür spricht, dass der Bieter auch für diese Positionen ein verbindliches Angebot abgibt, an das er bei Zuschlagserteilung gebunden ist, so dass die Vergabestelle wie bei einem Optionsrecht nachträglich durch einseitige Erklärung die ausgeschriebenen Bedarfsposition in Auftrag geben kann.

---

[30] Vgl. Art. 5 Abs. 5 Lieferkoordinierungsrichtlinie und Art. 7 Abs. 7 Dienstleistungskoordinierungsrichtlinie.

[31] BayOblG VergabeR 2002, 657, 658 – *Schlaflabor II*; OLG Stuttgart NZBau 2002, 292, 293; ebenso OLG Düsseldorf Beschluss vom 27.11.2003, Az.: VII–Verg 63/03, im Rahmen einer Beschwerde gegen die Gebührenfestsetzung; Müller-Wrede in Ingenstau/Korbion, VOB Teil A und B, VgV, § 3 Rdn. 15; **a. A.** wohl Goede VergabeR 2002, 660.

[32] BayOblG VergabeR 2002, 657, 658 – *Schlaflabor II*; ebenso Kühnen in Byok/Jaeger, Kommentar zum Vergaberecht, 2. Aufl., VgV § 3 Rdn. 1504.

Zwar nennt § 3 Abs. 6 VgV ausdrücklich nur Optionsrechte in Aufträgen über Lieferungen oder Dienstleistungen. Jedoch sind **auch Optionsrechte in Bauaufträgen** in analoger Anwendung von § 3 Abs. 6 VgV bei der Ermittlung des Auftragswertes zu berücksichtigen, weil keine Anhaltspunkte dafür vorhanden sind, dass der Gesetzgeber die Möglichkeit einer Optionsvereinbarung im Baubereich oder die Berücksichtigung des Wertes der Optionsrechte bei der Ermittlung des Gesamtauftragswertes hat ausschließen wollen.[33]

5. Rahmenvereinbarungen (§ 3 Abs. 8 VgV)

§ 3 Abs. 8 VgV enthält eine Regelung für die Bestimmung des Auftragswertes von Rahmenvereinbarungen. Nach **§ 3 Abs. 8 VgV** ist Wert auf der Grundlage des geschätzten Höchstwertes aller für den Geltungszeitraum der Vereinbarung geplanten Aufträge zu berechnen. **13**

§ 3 Abs. 8 Satz 2 VgV enthält die Legaldefinition der Rahmenvereinbarung. Eine Rahmenvereinbarung ist danach eine Vereinbarung zwischen einem oder mehreren öffentlichen Auftraggebern und einem oder mehreren Wirtschaftsteilnehmern, die zum Ziel hat, die Bedingungen für Aufträge, die im Laufe eines bestimmten Zeitraum vergeben werden sollen, festzulegen, insbesondere in Bezug auf den Preis und gegebenenfalls die in Aussicht genommene Menge.[34] Sie ist somit dadurch gekennzeichnet, dass einzelne Vertragsbestandteile noch bewusst unbestimmt sind.[35] Dies gilt vor allem für den konkreten Umfang der zu beschaffenden Leistung und gegebenenfalls auch für den genauen Zeitpunkt des Abrufs. Zwar hat der öffentliche Auftraggeber den Beschaffungsbedarf vor Einleitung eines Vergabeverfahrens mit der gebotenen Sorgfalt zu ermitteln und zu planen, welche Einzelaufträge auf der Grundlage der beabsichtigten Rahmenvereinbarung über welche Leistungen geschlossen werden sollen. Insbesondere wegen der zumeist langfristigen Laufzeit der Rahmenvereinbarung können etwaige Veränderungen des Auftragsvolumens aber nur bedingt vorhergesehen und berücksichtigt werden. Das einer Rahmenvereinbarung zu Grunde zu legende Auftragsvolumen ist anhand von Vergleichswerten aus der Vergangenheit (Referenzmengen) zu bestimmen oder muss geschätzt werden, wobei die relevanten Grundlagen im zumutbaren Rahmen unter Ausschöpfung aller Erkenntnisquellen vollständig zu erheben und sachgerecht auszuwerten sind.[36] Ausgehend von dem so ermittelten Auftragsumfang der Rahmenvereinbarung ist für die Ermittlung des Schwellenwertes nach § 3 Abs. 8 VgV der Höchstwert der geschätzten Gesamtvergütung aller Einzelauftrages zu Grunde zu legen. Hierbei ist die in etwa vorauszusehende Entwicklung der Preise während der Laufzeit der Rahmenvereinbarung zu berücksichtigen.[37]

Bündeln **mehrere Auftraggeber** ihren Beschaffungsbedarf an Bauleistungen und schreiben sie gemeinsam einen einheitlich zu vergebenden Rahmenvertrag aus, ist für die Bemessung des Auftragswertes auf diesen gebündelten Bedarf an Bauleistungen abzustellen und gegenüber **jedem Auftraggeber der volle Auftragswert** des in Aussicht genommenen Rahmenvertrags in Ansatz zu bringen.[38]

§ 4 Vergabe von Liefer- und Dienstleistungsaufträgen

(1) Auftraggeber nach § 98 Nr. 1 bis 3 des Gesetzes gegen Wettbewerbsbeschränkungen haben bei der Vergabe von Liefer- und Dienstleistungsaufträgen sowie bei der Durchführung von Auslobungsverfahren, die zu Dienstleistungen führen sollen, die Be-

[33] OLG Stuttgart NZBau 2002, 292, 293 zu § 1 a Nr. 4 Abs. 4 VOB/A a.F.; zustimmend: Müller-Wrede in Ingenstau/Korbion, VOB Teil A und B, VgV, § 3 Rdn. 15; Motzke/Pietzcker/Prieß, Beck'scher VOB-Kommentar, VOB, Teil A, § 1 a VOB/A, Rdn. 57–60.

[34] Vgl. auch § 5 b Nr. 1 VOB/A, Abschnitt 3, für den Sektorenbereich, § 4 Nr. 1 VOB-SKR, § 5 b Nr. 1 VOL/A, 3. Abschnitt, § 4 Nr. 1 VOL/A-SKR.

[35] Vgl. insgesamt zur Rahmenvereinbarung bei der Vergabe öffentlicher Aufträge Graef NZBau 2005, 561.

[36] OLG Düsseldorf Beschluss v. 8.3.2005, Verg 40/04, BauRB 2005, 238 (Leitsatz).

[37] Müller-Wrede in Ingenstau/Korbion, VOB Teil A und B, VgV, § 3 Rdn. 14.

[38] OLG Düsseldorf VergabeR 2003, 87, 88 – *Rahmenvereinbarung*.

stimmungen des 2. Abschnitts des Teiles A der Verdingungsordnung für Leistungen (VOL/A) in der Fassung der Bekanntmachung vom 6. April 2006 (BAnz. Nr. 100 a vom 30. Mai 2006, BAnz. S. 4368) anzuwenden, wenn in den §§ 5 und 6 nichts anderes bestimmt ist. Satz 1 findet auf Aufträge im Sektorenbereich keine Anwendung.

(2) Für Auftraggeber nach § 98 Nr. 5 des Gesetzes gegen Wettbewerbsbeschränkungen gilt Absatz 1 hinsichtlich der Vergabe von Dienstleistungsaufträgen und für Auslobungsverfahren, die zu Dienstleistungen führen sollen.

(3) Bei Aufträgen, deren Gegenstand Personennahverkehrsleistungen der Kategorie Eisenbahnen sind, gilt Absatz 1 mit folgenden Maßgaben:

1. Bei Verträgen über einzelne Linien mit einer Laufzeit von bis zu drei Jahren ist einmalig auch eine freihändige Vergabe ohne sonstige Voraussetzungen zulässig.

2. Bei längerfristigen Verträgen ist eine freihändige Vergabe ohne sonstige Voraussetzungen im Rahmen des § 15 Abs. 2 des Allgemeinen Eisenbahngesetzes zulässig, wenn ein wesentlicher Teil der durch den Vertrag bestellten Leistungen während der Vertragslaufzeit ausläuft und anschließend im Wettbewerb vergeben wird. Die Laufzeit des Vertrages soll zwölf Jahre nicht überschreiten. Der Umfang und die vorgesehenen Modalitäten des Auslaufens des Vertrages sind nach Abschluss des Vertrages in geeigneter Weise öffentlich bekannt zu machen.

(4) Bei der Anwendung des Absatzes 1 ist § 7 Nr. 2 Abs. 1 des Abschnitts 2 des Teiles A der Verdingungsordnung für Leistung (VOL/A) mit der Maßgabe anzuwenden, dass der Auftragnehmer sich bei der Erfüllung der Fähigkeiten anderer Unternehmen bedienen kann.

(5) Hat der Bieter oder Bewerber vor Einleitung des Vergabeverfahrens den Auftraggeber beraten oder sonst unterstützt, so hat der Auftraggeber sicherzustellen, dass der Wettbewerb durch die Teilnahme des Bieters oder Bewerbers nicht verfälscht wird.

Übersicht

I. Einleitung

1 § 4 VgV bestimmt, welches Recht der Verdingungsordnungen bei der Vergabe von **Liefer- und Dienstleistungsaufträgen** anzuwenden ist. Allerdings hat die Vorschrift nur einen subsidiären Anwendungsbereich. Auf sie ist nur dann zurückzugreifen, wenn die §§ 5 und 6 VgV für den Bereich der freiberuflichen Leistungen und für die Vergabe von Bauaufträgen nichts anderes bestimmen und es nicht um die Vergabe von Aufträgen im Sektorenbereich geht. Für den zuletzt genannten Bereich enthalten die §§ 7–9 VgV spezieller Vorschriften.

II. Inhalt der Norm

1. § 4 Abs. 1 und 2 VgV

2 Nach **§ 4 Abs. 1 VgV** haben öffentliche Auftraggeber im Sinne von **§ 98 Nr. 1–3 GWB** bei der Vergabe von Liefer- und Dienstleistungsaufträgen sowie bei der Durchführung von Auslobungsverfahren, die zu Dienstleistungen führen sollen, die Bestimmungen des 2. Abschnitts der VOL/A anzuwenden. § 4 Abs. 2 VgV erweitert den Anwendungsbereich des Abs. 1 auf öffentliche

Auftraggeber nach § 98 Nr. 5 GWB, die Dienstleistungsaufträge vergeben oder zu Dienstleistungen führende Auslobungsverfahren durchführen wollen.

2. § 4 Abs. 3 VgV

Für die Vergabe von Dienstleistungsaufträgen auf dem Gebiet des schienengebunden Personennahverkehrs[1] bestimmt § 4 Abs. 3 VgV die Geltung von § 4 Abs. 1 VgV jedoch mit den in § 4 Abs. 3 Nr. 1 und Nr. 2 VgV genannten Einschränkungen. **§ 4 Abs. 3 Nr. 1 VgV** gestattet die freihändige Vergabe[2] von Verkehrsdienstleistungen, die auf einer einzigen Linie für die Dauer von maximal drei Jahren erbracht werden sollen. **§ 4 Abs. 3 Nr. 2 VgV** gestattet unter bestimmten Voraussetzungen auch bei der Vergabe von längerfristigen Verträgen eine freihändige Vergabe.[3] 3

3. § 4 Abs. 4 VgV

§ 4 Abs. 4 VgV ist ebenso wie § 4 Abs. 5 VgV durch das Gesetz zur Beschleunigung der Umsetzung von Öffentlich Privaten Partnerschaften und zur Verbesserung gesetzlicher Rahmenbedingungen für Öffentlich Private Partnerschaften vom 1. September 2005 (ÖPP-Beschleunigungsgesetz) eingefügt worden. Hintergrund dieser Neuregelung ist vor allem die Rechtsprechung des EuGH, wonach die verpflichtende Vorgabe eines Eigenleistungsanteils des Bieters mit den Vorgaben des Gemeinschaftsrechts nicht vereinbar ist.[4] **§ 4 Abs. 4 VgV** modifiziert für die Vergabe von Dienstleistungen oberhalb der Schwellenwerte den Regelungsbereich des § 7 Nr. 2 Abs. 1 VOL/A 2. Abschnitt. Diese Vorschrift bestimmt, dass bei einer öffentlichen Ausschreibung die Unterlagen an die Bewerber abzugeben sind, die sich *gewerbsmäßig* mit der *Ausführung* von Leistungen der beschriebenen Art befassen. Hieraus wird die Verpflichtung des Auftragnehmers abgeleitet, einen substantiellen Anteil der vertraglichen Leistung als Eigenleistung zu erbringen. § 4 Abs. 4 VgV sieht nun hiervon abweichend vor, dass sich der Auftragnehmer bei der Erfüllung des Auftrages in vollem Umfang der **Kapazitäten anderer Unternehmen** bedienen kann. 4

4. § 4 Abs. 5 VgV

Der durch das ÖPP-Beschleunigungsgesetz in die VgV eingefügte **§ 4 Abs. 5 VgV** enthält eine Regelung zur **sog. Projektantenproblematik**. Unter einem Projektanten wird ein Bieter bzw. Bewerber verstanden, der für den Auftraggeber bereits im Rahmen der Vorbereitung des Vergabeverfahrens tätig war.[5] Diese Situation wirft unter dem Blickwinkel der Gleichbehandlung aller Bieter und dem Gebot lauteren Wettbewerbs die Frage auf, ob sich der Projektant überhaupt als Bieter bzw. Bewerber an dem Vergabeverfahren beteiligen darf oder von vornherein auszuschließen ist.[6] Denn der Projektant ist in der Regel gegenüber den anderen nicht mit den Vorarbeiten befassten Bietern insofern im Vorteil, als er bereits mit den einzelnen Gegebenheiten und Erfordernissen der ausgeschriebenen Leistungen vertraut ist und aufgrund dieser Kenntnisse sein Angebot besser oder schneller an die gewünschten Anforderungen anpassen kann.[7] Eine solche Situation muss aber nicht in jedem Fall den Ausschluss dieses Bieters vom Vergabeverfahren nach sich ziehen. Nach der Rechtsprechung des EuGH[8] darf nicht jeder, der an der Vorbereitung 5

[1] Die Definition des Schienenpersonennahverkehrs findet sich in § 2 Abs. 5 des Allgemeinen Eisenbahngesetzes (AEG). Erfasst wird die allgemein zugänglich Beförderung von Personen in Zügen, die überwiegend dazu bestimmt sind, die Verkehrsnachfrage im Stadt-, Vorort- und Regionalverkehr zu befriedigen.

[2] Vgl. § 3 Nr. 1 Abs. 3 VOL/A.

[3] Siehe wegen weiterer Einzelheiten Kühnen in Byok/Jaeger, Kommentar zum Vergaberecht, 2. Aufl., § 4 VgV Rdn. 1520–1532.

[4] Urteil v. 18.3.2003 – Rs. C314/01 – (Siemens/ARGE Telekom); vgl. auch § 6 VgV Fn. 4.

[5] Schranner in Ingenstau/Korbion, VOB Teil A und B, 15. Aufl., § 2 VOB/A Rdn. 36.

[6] Siehe zur Rechtslage und zum Meinungsstand vor Inkrafttreten von § 4 Abs. 5 VgV: Voppel VergabeR 2003, 580 m.w.Nachw.

[7] Vgl. Schranner in Ingenstau/Korbion, VOB Teil A und B, 15. Aufl., § 8 VOB/A Rdn. 43.

[8] Urteil v. 3. März 2005 – C–21/03 und C-34/03 – (Fabricom) ZfBR 2005, 393.

des Vergabeverfahrens mitgewirkt hat, generell vom Vergabeverfahren ausgeschlossen werden, es ist vielmehr in jedem Einzelfall zu hinterfragen, ob die Beteiligung im Vorfeld den Vergabewettbewerb nachhaltig negativ beeinflussen kann. § 4 Abs. 5 VgV setzt diese europäischen Vorgaben um und bestimmt, dass der Auftraggeber bei der Beteiligung von Projektanten **sicherzustellen** hat, dass der **Wettbewerb nicht verfälscht** wird.

6 **a) Persönlicher Anwendungsbereich.** Von der Regelung des § 4 Abs. 5 VgV werden die Bieter oder Bewerber erfasst, die den Auftraggeber **vor Einleitung des Vergabeverfahrens beraten** oder **sonst unterstützt** haben. Es fallen hierunter alle Tätigkeiten, die sie im Vorfeld eines Vergabeverfahrens für den Auftraggeber erbringen und die einen Bezug zu diesem Verfahren haben. Die Beratungs- oder Unterstützungsleistungen müssen nicht von dem Bieter selbst erbracht worden sein. Ihm sind auch die Tätigkeiten eines bei ihm Beschäftigten zuzurechnen.[9] Gleiches gilt, wenn der Auftraggeber von einem Unternehmen beraten oder sonst unterstützt worden ist, das mit dem Bieter oder Bewerber in einem Konzernverbund steht.[10] War daher eine Tochtergesellschaft des Bieters im Vorfeld der Vergabe für den Auftraggeber tätig, wirkt diese Tätigkeit auch für die am Vergabeverfahren beteiligte Muttergesellschaft, da andernfalls ein Umgehungstatbestand geschaffen würde.[11] Nicht ausreichend ist hingegen, wenn der Bieter bzw. Bewerber zu einem im Vorfeld beratend oder unterstützend tätigen Unternehmen (z.B. Rechtsanwalts- oder Ingenieurbüro) unabhängig von der konkreten Vergabe in einer Geschäftsbeziehung steht. In diesen Fällen können etwaige wettbewerbsrelevante Kenntnisse nicht ohne weiteres dem Projektanten zugerechnet werden.[12]

7 **b) Rechtsfolge.** Ist der persönliche Anwendungsbereich des § 4 Abs. 5 VgV eröffnet, hat der Auftraggeber sicherzustellen, dass der Wettbewerb durch die Teilnahme des vorbefassten Bieters oder Bewerbers nicht verfälscht wird. Der Auftraggeber hat dafür zu sorgen, dass der vorbefasste Bieter im anschließenden Vergabeverfahren gegenüber seinen Wettbewerbern keinen Wettbewerbsvorteil hat. Maßstab dafür, welche Maßnahmen der Auftraggeber mit Rücksicht auf die Umstände des jeweiligen Einzelfalles zu treffen hat, ist der **Grundsatz fairen Wettbewerbs (§ 97 Abs. 1 GWB)** und der **Gleichbehandlungsgrundsatz (§ 97 Abs. 2 GWB)**.[13] Ein etwaiger **Informationsvorsprung** kann beispielsweise dadurch neutralisiert werden, dass auch allen übrigen Bietern in den Verdingungsunterlagen die wettbewerbsrelevanten Informationen erteilt werden, die der andere bereits im Vorfeld im Rahmen seiner Tätigkeit für den Auftraggeber erhalten hat. Hat der Projektant im Rahmen seiner Tätigkeit Unterlagen erstellt, sind auch diese den anderen Bietern zur Verfügung zu stellen.[14] Darüber hinaus kann es geboten sein, einen etwaigen durch die Vorbefassung erlangten **zeitlichen Vorsprung** des Projektanten zur Angebotserstellung durch eine großzügigere Bemessung der Angebotsfrist auszugleichen. Auch **nach Abgabe der Angebote** hat der Auftraggeber in besonderem Maße darauf zu achten, ob sich im Angebot des Projektanten oder des mit ihm verbundenen Unternehmens Anhaltspunkte dafür finden, die für einen aus der Vorbefassung resultierenden Wettbewerbsvorteil sprechen. Dies gilt insbesondere für die Beurteilung der Preise. Liegen entsprechende Anhaltspunkte vor, hat der Auftraggeber die Ursachen hierfür zu ermitteln.[15]

---

[9] Müller in Byok/Jaeger, Kommentar zum Vergaberecht, 2. Aufl., § 16 Rdn. 1696; Schranner in Ingenstau/Korbion, VOB Teil A und B, 15. Aufl., § 8 VOB/A Rdn. 43; Behrens NZBau 2006, Heft 12.

[10] Vgl. zur Definition des verbundenen Unternehmens § 10 Abs. 2 VgV.

[11] OLG Düsseldorf VergabeR 2006, 137 – *Generalplanerleistung*; zustimmend Behrens NZBau 2006, Heft 12; einschränkend Müller-Wrede ZfBR 2006, 327, 328, der auf die Art der gesellschaftsrechtlichen Verbindung konzernverbundener Projektanten abstellen will.

[12] Zutreffend: Behrens NZBau 2006, Heft 12.

[13] Müller-Wrede ZfBR 2006, 327, 328.

[14] OLG Naumburg ZfBR 2003, 182, 185; Müller in Byok/Jaeger, Kommentar zum Vergaberecht, 2. Aufl., § 16 Rdn. 1699; Müller-Wrede ZfBR 2006, 327, 328; Behrens in NZBau 2006, Heft 12.

[15] Schranner in Ingenstau/Korbion, VOB Teil A und B, 15. Aufl., VOB/A § 8 Rdn. 47; Müller-Wrede ZfBR 2006, 327, 328; Behrens in NZBau 2006, Heft 12.

Kann eine Verfälschung des Wettbewerbs durch keine anderen geeigneten Maßnahmen verhindert werden, ist das Angebot des Projektanten vom Vergabeverfahren auszuschließen.[16]

c) Darlegungs- und Beweislast. Schließt der Auftraggeber den **Projektanten** vom Vergabeverfahren aus und wendet sich der Projektant hiergegen im Rahmen eines vergaberechtlichen Nachprüfungsverfahren, hat er das **Nichtvorliegen des ihm unterstellten Wettbewerbsvorteils darzulegen**. 8

Fordert ein **Mitbewerber** den **Ausschluss des Projektanten** vom Vergabewettbewerb, ist zunächst der antragstellende Bieter gehalten, den durch die Teilnahme des Projektanten entstehende Verfälschung des Wettbewerbs darzulegen.[17] Da der Antragsteller in der Regel den Inhalt der konkreten Leistung des Projektantenleistung gar nicht kennt, kann er hierzu in der Regel nur pauschal vortragen. Es ist dann Sache des Auftraggebers darzulegen, dass seine Entscheidung für die Teilnahme des Projektanten vergaberechtskonform war, weil eine Wettbewerbsverfälschung entweder von vornherein nicht bestanden hat oder aber durch geeignete Maßnahmen geheilt worden ist.[18]

d) Verhältnis zu § 16 VgV und § 6 VOL/A bzw. § 7 VOB/A. § 4 Abs. 5 VgV und **§ 16 VgV** haben einen **unterschiedlichen Anwendungsbereich**. Während **§ 4 Abs. 5 VgV** die Mitwirkung eines Projektanten **im Vorfeld**, d.h. vor Einleitung eines Vergabeverfahrens regelt, befasst sich § 16 VgV mit einem Tätigwerden des Projektanten auf Auftraggeber- und Bieterseite und trifft daher Regelungen für Mitwirkungshandlungen für den Zeitraum **nach** Einleitung des Vergabeverfahrens.[19] 9

Zwischen **§ 4 Abs. 5 VgV** und den Sachverständigenregelungen in den Verdingungsordnungen **(§ 6 VOL/A und § 7 VOB/A)** besteht hingegen ein **Anwendungswiderspruch**. § 4 Abs. 5 VgV geht von einem grundsätzlichen Recht des Projektanten auf Teilnahme am Vergabeverfahren aus. Der Ausschluss eines vorbefassten Bieters ist nur dann gerechtfertigt, wenn durch andere geeignete Maßnahmen ein unverfälschter Wettbewerb nicht gewährleistet werden kann. Die genannten Vorschriften in den Verdingungsordnungen ordnen hingegen speziell für Sachverständige einen generellen Ausschluss von der unmittelbaren (als Bieter) oder mittelbaren (als Berater eines Bieters) Teilnahme am Vergabeverfahren an, wenn sie bei der Vorbereitung des Vergabeverfahrens mitgewirkt haben. Bei der VgV handelt es sich im Verhältnis zu den Verdingungsordnungen um höherrangiges Recht. Für Auftragsvergaben oberhalb der Schwellenwerte bedeutet dies, dass die Teilnahme eines vorbefassten Sachverständigen als Bieter in einem Vergabeverfahren allein nach § 4 Abs. 5 VgV zu beurteilen ist.

§ 5 Vergabe freiberuflicher Dienstleistungen

Auftraggeber nach § 98 Nr. 1 bis 3 und 5 des Gesetzes gegen Wettbewerbsbeschränkungen haben bei der Vergabe von Dienstleistungen, die im Rahmen einer freiberuflichen Tätigkeit erbracht oder im Wettbewerb mit freiberuflichen Leistungen angeboten werden, sowie bei Auslobungsverfahren, die zu solchen Dienstleistungen führen sollen, die Verdingungsordnung für freiberufliche Leistungen (VOF) in der Fassung der Bekanntmachung vom 16. März 2006 (BAnz. Nr. 91 a vom 13. Mai 2006) anzuwenden. Dies gilt nicht für Dienstleistungen, deren Gegenstand eine Aufgabe ist, deren Lösung vorab eindeutig und erschöpfend beschrieben werden kann. Satz 1 findet auf Aufträge im Sektorenbereich keine Anwendung.

In § 5 VgV ist für den Bereich der freiberuflichen Leistungen geregelt, welche Verdingungsordnung zur Anwendung kommt.

---

[16] BT-Drucksache 15/5668, S. 12.

[17] OLG Düsseldorf VergabeR 2006, 137 – *Generalplanerleistung*.

[18] Behrens NZBau 2006, Heft 12.

[19] OLG Koblenz VergabeR 2002, 617, 621 f. – *SPNV II*; Müller in Byok/Jaeger, Kommentar zum Vergaberecht, 2. Aufl., § 16 Rdn. 1695; Müller-Wrede ZfBR 2006, 327; Schranner in Ingenstau/Korbion, VOB Teil A und B, 15. Aufl., VOB/A § 8 Rdn. 46.

Nach **§5 Satz 1 VgV** haben öffentliche Auftraggeber gemäss §98 Nr. 1–3 und Nr. 5 GWB bei der Vergabe von Dienstleistungen, die entweder im Rahmen einer freiberuflichen Tätigkeit erbracht werden oder die im Wettbewerb mit freiberuflichen Tätigkeiten angeboten werden, sowie bei Auslobungsverfahren, die zu solchen Aufträgen führen sollen, die VOF in der Fassung der Bekanntmachung vom 16. März 2006 anzuwenden.

§5 Satz 2 VgV schränkt den Anwendungsbereich der VOF ein. Sie gilt nicht für die Vergabe von Dienstleitungen, die erschöpfend und eindeutig beschrieben sind.

Ferner sind Aufträge aus dem Sektorenbereich vom Anwendungsbereich des §5 Satz 1 VgV ausgenommen **(§5 Satz 3 VgV)**.

§6 Vergabe von Bauleistungen

1. Auftraggeber nach §98 Nr. 1 bis 3, 5 und 6 des Gesetzes gegen Wettbewerbsbeschränkungen haben bei der Vergabe von Bauaufträgen und Baukonzessionen die Bestimmungen des 2. Abschnitts des Teiles A der Vergabe- und Vertragsordnung für Bauleistungen (VOB/A) in der Fassung der Bekanntmachung vom 20. März 2006 (BAnz. Nr. 94 a vom 18. Mai 2006) anzuwenden; für die in §98 Nr. 6 des Gesetzes gegen Wettbewerbsbeschränkungen genannten Auftraggeber gilt dies nur hinsichtlich der Bestimmungen, die auf diese Auftraggeber Bezug nehmen. Baukonzessionen sind Bauaufträge, bei denen die Gegenleistung für die Bauarbeiten statt in einer Vergütung in dem Recht auf Nutzung der baulichen Anlage, gegebenenfalls zuzüglich der Zahlung eines Preises besteht. Satz 1 findet auf Aufträge im Sektorenbereich keine Anwendung.

2. Bei Anwendung des Absatzes 1 gelten die Bestimmungen des Abschnittes 2 des Teiles A der Vergabe und Vertragsordnung für Bauleistungen (VOB/A) mit folgenden Maßgaben:

a) §2 Nr. 1 und §15 Nr. 2 VOB/A gelten bei einer Auftragsvergabe an mehrere Unternehmen mit der Maßgabe, dass der Auftraggeber nur für den Fall der Auftragsvergabe verlangen kann, dass eine Bietergemeinschaft eine bestimmte Rechtsform annehmen muss, sofern dies für die ordnungsgemäße Durchführung des Auftrages notwendig ist.

b) §8 Nr. 2 Abs. 1 und §15 Nr. 6 VOB/A finden mit der Maßgabe Anwendung, dass der Auftragnehmer sich bei der Erfüllung der Leistung der Fähigkeiten anderer Unternehmen bedienen kann.

c) §10 Nr. 5 Abs. 3 VOB/A gilt mit der Maßgabe, dass der Auftragnehmer bei der Weitervergabe von Bauleistungen nur die Bestimmungen des Teils B der Vergabe- und Vertragsordnung für Bauleistungen (VOB/B) zugrunde zu legen hat.

3. §4 Abs. 5 gilt entsprechend.

Übersicht

I. Einleitung

1 §6 VgV regelt für die Vergabe von **Bauaufträgen und Baukonzessionen**, welche Bestimmungen der Verdingungsordnung für Bauleistungen anzuwenden sind. Durch das Gesetz zur Beschleunigung der Umsetzung von Öffentlich Privaten Partnerschaften und zur Verbesserung gesetzlicher Rahmenbedingungen für Öffentlich Private Partnerschaften vom 1. September 2005

(ÖPP-Beschleunigungsgesetz) sind § 6 Abs. 2 und 3 VgV mit dem Ziel eingefügt worden, europarechtliche Vorgaben umzusetzen und eine Kooperation zwischen der öffentlichen Hand und der Privatwirtschaft durch Öffentlich Private Partnerschaften (ÖPP) zu fördern.

II. Inhalt der Norm

1. § 6 Abs. 1 VgV

Nach **§ 6 Abs. 1 Satz 1 Hs. 1 VgV** haben Auftraggeber nach **§ 98 Nr. 1 bis 3, 5 und 6 GWB** 2
bei der Vergabe von Bauaufträgen und Baukonzessionen die Bestimmungen des 2. Abschnitts der VOB/A in der Fassung der Bekanntmachung vom 20. März 2006 anzuwenden. Auftraggeber nach § 98 Nr. 4 GWB sind nicht genannt, so dass der Bereich der Sektorentätigkeit vom Geltungsbereich der Vorschriften ausgenommen ist.

§ 6 Abs. 1 Satz 1 Hs. 2 VgV enthält für öffentliche Auftraggeber im Sinne von § 98 Nr. 6 GWB (Baukonzessionäre) eine Einschränkung. Für natürliche oder juristische Personen des privaten Rechts, die von einem öffentlichen Auftraggeber eine Baukonzession erhalten haben, gelten danach nur die Bestimmungen des 2. Abschnitts der VOB/A, die auf diese Auftraggeber Bezug nehmen. Um welche Vorschriften es sich hierbei handelt, folgt aus § 32 a Nr. 1 Abs. 1 VOB/A.

In § 6 Abs. 1 Satz 2 ist eine Legaldefinition des Begriffs der Baukonzession enthalten, die sich inhaltlich übereinstimmend auch in § 98 Nr. 6 GWB und § 32 Nr. 1 VOB/A findet.

2. § 6 Abs. 2 VgV

Sind bei der Vergabe von Bauleistungen gemäß § 6 Abs. 1 VgV die Bestimmungen des Ab- 3
schnittes 2 der VOB/A anzuwenden, sieht § 6 Abs. 2 VgV für drei Regelungsbereiche Modifikation der Bestimmungen in der VOB/A vor. Dies betrifft die Auftragsvergabe an mehrere Unternehmen bzw. Bietergemeinschaften (§ 6 Abs. 2 Nr. 1 VgV), die Erbringung von Leistungen durch Dritte (§ 6 Abs. 2 Nr. 2 VgV) und die Weitervergabe von Bauleistungen durch den Auftragnehmer (§ 6 Abs. 2 Nr. 3 VgV).

a) § 6 Abs. 2 Nr. 1 VgV. § 6 Abs. 2 Nr. 1 VgV modifiziert die Geltung von § 2 Nr. 1 und § 25 4
Nr. 2 VOB/A für die Vergabe von Bauaufträgen bei Erreichen oder Überschreiten der Schwellenwerte. In § 2 Nr. 1 VOB/A ist neben dem Wettbewerbs- und dem Angemessenheitsgrundsatz das Eignungsprinzip festgeschrieben, wonach Bauleistungen an fachkundige, leistungsfähige und zuverlässige Unternehmen zu vergeben sind. § 25 Nr. 2 VOB/A konkretisiert das Eignungsprinzip und regelt im einzelnen die im Rahmen der Angebotswertung vorzunehmende Eignungsprüfung. § 6 Abs. 2 Nr. 1 VgV sieht nun vor, dass bei einer Auftragsvergabe an mehrere Unternehmen § 2 Nr. 1 und § 25 Nr. 2 VOB/A mit der Maßgabe geltend, dass der Auftraggeber unter **zwei Voraussetzungen** von einer Bietergemeinschaft die Annahme einer bestimmten Rechtsform verlangen kann. In **zeitlicher Hinsicht** kann dies von ihr erst verlangt werden, wenn sie den Zuschlag erhalten hat.[1] Bereits für die Einreichung des Angebots kann die Annahme einer bestimmten Gesellschaftsform daher nicht verlangt werden. In **sachlicher Hinsicht** ist erforderlich, dass die Annahme einer bestimmten Rechtsform für die Durchführung des Auftrags **notwendig**, d.h. unerlässlich ist. Dies ist nur dann anzunehmen, wenn die zu einer Bietergemeinschaft zusammengeschlossenen Unternehmen – hierbei handelt es sich regelmäßig um eine Gesellschaft bürgerlichen Rechts im Sinne von § 705 BGB – zur Durchführung des zu vergebenden Bauauftrages nicht geeignet sind, weil einer Gesellschaft bürgerlichen Rechts **aufgrund ihrer Rechtform** die erforderliche Leistungsfähigkeit fehlt.[2] Eine solche Fallkonstellation ist indes schwer vorstellbar,

---

[1] Vgl. Art. 21 Richtlinie 93/37; EuGH, Urteil v. 23.1.2003 – Rs C-57/01 – (Makedoniko Metro) Rdn. 60.

[2] Zu weitgehend zu dem gleichlautenden § 7 a Nr. 2 Abs. 6 VOL/A: Zdzieblo in Daub/Eberstein, Kommentar zu VOL/A, 5. Aufl., § 7 a Rdn. 46; Müller-Wrede, VOL/A, § 7 a Rdn. 48, die ausreichen lassen,

zumal die Rechtsfähigkeit einer Gesellschaft bürgerlichen Rechts mittlerweile höchstrichterlich anerkannt ist und dem Auftraggeber darüber hinaus sämtliche Gesellschafter als persönliche Haftungsschuldner zur Verfügung stehen.

5 **b) §6 Abs. 2 Nr. 2 VgV.** Nach **§6 Abs. 2 Nr. 2 VgV** sind **§8 Nr. 2 Abs. 1** und **§25 Nr. 6 VOB/A** mit der Maßgabe anzuwenden, dass sich der Auftragnehmer bei der Erfüllung der Leistung der Fähigkeiten anderer Unternehmen bedienen kann. Dies bedeutet, dass für die Vergabe von Bauaufträgen und Baukonzessionen bei Erreichen oder Überschreiten der Schwellenwerte auf das **sog. Eigenleistungserfordernis verzichtet** wird und der Bieter zur Leistungsausführung vollständig auf andere Unternehmen zurückgreifen kann.

Nach § 8 Nr. 2 Abs. 1 VOB/A sind bei öffentlicher Ausschreibung die Unterlagen an alle Bewerber abzugeben, die sich *gewerbsmäßig* mit der *Ausführung* von Leistungen der ausgeschriebenen Art befassen. Hieraus wird mit Rücksicht auf § 4 Nr. 8 VOB/B gefolgert, dass zur Auftragsdurchführung regelmäßig nur die Unternehmen geeignet sind, die die Bauleistung entweder vollständig oder wenigstens zu einem wesentlichen Teil (ca. 1/3) im eigenen Betrieb oder durch konzernrechtlich mit ihnen verbundene Unternehmen ausführen.[3] **Generalübernehmern**, d.h. solche Unternehmen, die die Bauausführung vollständig in die Hände anderer Unternehmen legen und selbst über keine sachlichen und personellen Mittel zur Auftragsdurchführung verfügen, sind demnach zur Durchführung des Auftrags nicht geeignet und von der Vergabe auszuschließen. Nach europäischem Gemeinschaftsrecht dürfen Generalübernehmer bei einer öffentlichen Ausschreibung aber nicht unberücksichtigt bleiben, wenn sie **nachweisen**, dass sie unabhängig von der Art der rechtlichen Beziehung zu den ihnen verbundenen Unternehmen tatsächlich über die diesen Unternehmen zustehenden Mittel verfügen können, die zur Ausführung des Auftrags erforderlich sind.[4] Hierdurch ist das generelle Verbot der Generalübernehmervergabe oberhalb der Schwellenwerte obsolet geworden[5] und der nationale Gesetzgeber hat zur Umsetzung der europäischen Vorgaben § 6 Abs. 2 Nr. 2[6] in die VgV eingefügt.

6 **c) §6 Abs. 2 Nr. 3 VgV.** Durch die Neuregelung in **§6 Abs. 2 Nr. 3 VgV** wird § 10 Nr. 5 Abs. 3 VOB/A modifiziert und klargestellt, dass die Bestimmungen der VOB Teil B anzuwenden sind, wenn der Auftragnehmer Bauleistungen an Nachunternehmer weitervergibt.

Nach § 10 Nr. 5 Abs. 3 VOB/A kann der Auftraggeber die Bieter auffordern, in ihrem Angebot die Leistungen anzugeben, die sie an Nachunternehmer zu vergeben beabsichtigen. § 4 Nr. 8 Abs. 2 VOB/B sieht vor, dass der Auftragnehmer der Weitervergabe der Bauleistungen an Nachunternehmer die VOB zu Grunde zu legen hat. Da bisher unklar war, ob der Auftragnehmer die gesamte VOB, d.h. die Teile A, B und C, anzuwenden hat oder lediglich den Teil B, sah sich der Gesetzgeber veranlaßt diese Unsicherheit durch die Regelung in § 6 Abs. 2 Nr. 3 VgV zu beseitigen.

3. §6 Abs. 3 VgV

7 In § 6 Abs. 3 VgV ist angeordnet, dass die in § 4 Abs. 5 VgV vorgesehene Projektantenreglung für die Vergabe von Bauleistungen entsprechend gilt. Auf die dortige Kommentierung kann Bezug genommen werden.

---

dass die Rechtsform aus objektiven Gründen geboten ist, etwa weil sie eine *optimalere* Vertragserfüllung gewährleistet.

[3] Vgl. zum Meinungsstand OLG Saarbrücken VergabeR 2004, 731, 733 – *Intensivstation*; OLG Frankfurt NZBau 2003, 636, 637; OLG Düsseldorf NZBau 2001,106, 109 f. – *Restabfallbehandlungsanlage II.*

[4] EuGH, Urteil v. 18.12.1997 – Rs. C-5/97 – (Ballast Nedam Group); EuGH, Urteil v. 1.12.1999 – Rs. C-176/98 – (Holst/Italia); EuGH, Urteil v. 18.3.2003 – Rs. C-314/01 – (Siemens AG Österreich).

[5] Vgl. Kullack/Gerner ZfBR 2003, 443; Haussmann/Wendenburg NZBau 2004, 315; Schneevogel NZBau 2004, 418.

[6] Und § 4 Abs. 4 VgV.

§ 6 a Wettbewerblicher Dialog

1. Die staatlichen Auftraggeber können für die Vergabe eines Liefer-, Dienstleistungs- oder Bauauftrags oberhalb der Schwellenwerte einen wettbewerblichen Dialog durchführen, sofern sie objektiv nicht in der Lage sind,
a) die technischen Mittel anzugeben, mit denen ihre Bedürfnisse und Ziele erfüllt werden können oder
b) die rechtlichen oder finanziellen Bedingungen des Vorhabens anzugeben.

2. Die staatlichen Auftraggeber haben ihre Bedürfnisse und Anforderungen europaweit bekannt zu machen; die Erläuterung dieser Anforderungen erfolgt in der Bekanntmachung oder in einer Beschreibung.

3. Mit den im Anschluss an die Bekanntmachung nach Absatz 2 ausgewählten Unternehmen ist ein Dialog zu eröffnen, in dem die staatlichen Auftraggeber ermitteln und festlegen, wie ihre Bedürfnisse am besten erfüllt werden können. Bei diesem Dialog können sie mit den ausgewählten Unternehmen alle Einzelheiten des Auftrages erörtern. Die staatlichen Auftraggeber haben dafür zu sorgen, dass alle Unternehmen bei dem Dialog gleich behandelt werden. Insbesondere dürfen sie nicht Informationen so weitergeben, dass bestimmte Unternehmen begünstigt werden könnten. Die staatlichen Auftraggeber dürfen Lösungsvorschläge oder vertrauliche Informationen eines Unternehmens nicht ohne dessen Zustimmung an die anderen Unternehmen weitergeben und diese nur im Rahmen des Vergabeverfahrens verwenden.

4. Die staatlichen Auftraggeber können vorsehen, dass der Dialog in verschiedenen aufeinander folgenden Phasen abgewickelt wird, um die Zahl der in der Dialogphase zu erörternden Lösungen anhand der in der Bekanntmachung oder in der Beschreibung angegebenen Zuschlagskriterien zu verringern. Im Fall des Satzes 1 ist dies in der Bekanntmachung oder in einer Beschreibung anzugeben. Die staatlichen Auftraggeber haben die Unternehmen, deren Lösungen nicht für die nächstfolgende Dialogphase vorgesehen sind, darüber zu informieren.

5. Die staatlichen Auftraggeber haben den Dialog für abgeschlossen zu erklären, wenn
a) eine Lösung gefunden worden ist, die ihre Bedürfnisse erfüllt oder
b) erkennbar ist, dass keine Lösung gefunden werden kann;
sie haben die Unternehmen darüber zu informieren. Im Fall des Satzes 1 Nr. 1 haben sie die Unternehmen aufzufordern, auf der Grundlage der eingereichten und in der Dialogphase näher ausgeführten Lösungen ihr endgültiges Angebot vorzulegen. Die Angebote müssen alle zur Ausführung des Projekts erforderlichen Einzelheiten enthalten. Der staatliche Auftraggeber kann verlangen, dass Präzisierungen, Klarstellungen und Ergänzungen zu diesen Angeboten gemacht werden. Diese Präzisierungen, Klarstellungen oder Ergänzungen dürfen jedoch keine Änderung der grundlegenden Elemente des Angebotes oder der Ausschreibung zur Folge haben, die den Wettbewerb verfälschen oder diskriminierend wirken könnte.

6. Die staatlichen Auftraggeber haben die Angebote auf Grund der in der Bekanntmachung oder in der Beschreibung festgelegten Zuschlagskriterien zu bewerten und das wirtschaftlichste Angebot auszuwählen. Die staatlichen Auftraggeber dürfen das Unternehmen, dessen Angebot als das wirtschaftlichste ermittelt wurde, auffordern, bestimmte Einzelheiten des Angebotes näher zu erläutern oder im Angebot enthaltene Zusagen zu bestätigen. Dies darf nicht dazu führen, dass wesentliche Aspekte des Angebotes oder der Ausschreibung geändert werden, und dass der Wettbewerb verzerrt wird oder andere am Verfahren beteiligte Unternehmen diskriminiert werden.

7. Verlangen die staatlichen Auftraggeber, dass die am wettbewerblichen Dialog teilnehmenden Unternehmen Entwürfe, Pläne, Zeichnungen, Berechnungen oder andere Unterlagen ausarbeiten, müssen sie einheitlich für alle Unternehmen, die die geforderte Unterlage rechtzeitig vorgelegt haben, eine angemessene Kostenerstattung hierfür gewähren.

Hinweis

Die Vorschrift ist nahezu inhaltsgleich mit der Regelung in § 3 a Nr. 1 lit. c, Nr. 4 VOB/A. Es wird deshalb auf die dortige Kommentierung, die auch für § 6 a VgV Gültigkeit hat, verwiesen. Soweit sich Abweichungen zu § 6 a VgV ergeben, wird dort darauf hingewiesen.

§ 7 Aufträge im Sektorenbereich

(1) Die in § 98 Nr. 1 bis 3 des Gesetzes gegen Wettbewerbsbeschränkungen genannten Auftraggeber, die eine Tätigkeit nach § 8 Nr. 1, Nr. 4 Buchstabe b oder Nr. 4 Buchstabe c ausüben, haben bei der Vergabe von Aufträgen die folgenden Bestimmungen anzuwenden:
1. im Fall von Liefer- und Dienstleistungsaufträgen sowie Auslobungsverfahren, die zu Dienstleistungen führen sollen, die Bestimmungen des 3. Abschnittes des Teiles A der Verdingungsordnung für Leistungen (VOL/A). Dies gilt nicht für Aufträge im Sinne des § 5;
2. im Fall von Bauaufträgen die Bestimmungen des 3. Abschnittes des Teiles A der Vergabe- und Vertragsordnung für Bauleistungen (VOB/A).

(2) Die in § 98 Nr. 1 bis 3 des Gesetzes gegen Wettbewerbsbeschränkungen genannten Auftraggeber, die eine Tätigkeit nach § 8 Nr. 2, Nr. 3 oder Nr. 4 Buchstabe a ausüben, und die in § 98 Nr. 4 GWB genannten Auftraggeber haben bei der Vergabe von Aufträgen die folgenden Bestimmungen anzuwenden:
1. im Fall von Liefer- und Dienstleistungsaufträgen sowie Auslobungsverfahren, die zu Dienstleistungen führen sollen, die Bestimmungen des 4. Abschnittes des Teiles A der Verdingungsordnung für Leistungen (VOL/A). Dies gilt nicht für Aufträge im Sinne des § 5;
2. im Fall von Bauaufträgen die Bestimmungen des 4. Abschnittes des Teiles A der Vergabe- und Vertragsordnung für Bauleistungen (VOB/A).

§ 8 Tätigkeit im Sektorenbereich

Tätigkeiten auf dem Gebiet der Trinkwasser- oder Energieversorgung oder im Verkehrsbereich (Sektorenbereich) sind die im Folgenden genannten Tätigkeiten:

1. Trinkwasserversorgung:
   die Bereitstellung und das Betreiben fester Netze zur Versorgung der Öffentlichkeit im Zusammenhang mit der Gewinnung, dem Transport oder der Verteilung von Trinkwasser sowie die Versorgung dieser Netze mit Trinkwasser; dies gilt auch, wenn diese Tätigkeit mit der Ableitung und Klärung von Abwässern oder mit Wasserbauvorhaben sowie Vorhaben auf dem Gebiet der Bewässerung und der Entwässerung im Zusammenhang steht, sofern die zur Trinkwasserversorgung bestimmte Wassermenge mehr als 20 vom Hundert der mit dem Vorhaben oder Bewässerungs- oder Entwässerungsanlagen zur Verfügung gestellten Gesamtwassermenge ausmacht;
2. Elektrizitäts- und Gasversorgung:
   die Bereitstellung und das Betreiben fester Netze zur Versorgung der Öffentlichkeit im Zusammenhang mit der Erzeugung, dem Transport oder der Verteilung von Strom oder der Gewinnung von Gas sowie die Versorgung dieser Netze mit Strom oder Gas durch Unternehmen im Sinne des § 2 Abs. 3 des Energiewirtschaftsgesetzes;
3. Wärmeversorgung:
   die Bereitstellung und das Betreiben fester Netze zur Versorgung der Öffentlichkeit im Zusammenhang mit der Erzeugung, dem Transport oder der Verteilung von Wärme sowie die Versorgung dieser Netze mit Wärme;
4. Verkehrsbereich:
   a) die Nutzung eines geographisch abgegrenzten Gebietes zum Zwecke der Versorgung von Beförderungsunternehmen im Luftverkehr mit Flughäfen durch Flughafenunternehmer, die eine Genehmigung nach § 38 Abs. 2 Nr. 1 der Luftverkehrs-Zulassungs-Ordnung in der Fassung der Bekanntmachung vom 27. März 1999 (BGBl. I S. 610) erhalten haben oder einer solchen bedürfen;
   b) die Nutzung eines geographisch abgegrenzten Gebietes zum Zwecke der Versorgung von Beförderungsunternehmen im See- oder Binnenschiffverkehr mit Häfen oder anderen Verkehrsendeinrichtungen;
   c) das Betreiben von Netzen zur Versorgung der Öffentlichkeit im Eisenbahn-, Straßenbahn- oder sonstigen Schienenverkehr, im öffentlichen Personenverkehr auch mit Kraftomnibussen und Oberleitungsbussen, mit Seilbahnen sowie mit automatischen Systemen. Im Verkehrsbereich ist ein Netz auch vorhanden, wenn die Verkehrsleis-

tungen auf Grund einer behördlichen Auflage erbracht werden; dazu gehören die Festlegung der Strecken, Transportkapazitäten oder Fahrpläne.

Übersicht

I. Allgemeines

1. Kaskadenprinzip

1 Die Vergabeverordnung regelt im Wege einer starren Verweisung auf näher bezeichnete Fassungen der Verdingungsordnungen, welche Vergabebestimmungen die jeweiligen öffentlichen Auftraggeber bei der Vergabe öffentlicher Aufträge einzuhalten haben (**sog. Kaskadenprinzip**). Während §§ 4 bis 6 VgV für die Auftraggeber im Sinne von §§ 98 Nr. 1 bis 3, 5 und 6 GWB[1] in Bezug auf jede der drei Auftragsarten des § 99 Abs. 1 GWB (Lieferauftrag, Bauauftrag, Dienstleistungsauftrag) und das Auslobungsverfahren den jeweils anzuwendenden Abschnitt der einschlägigen Verdingungsordnung festschreibt, unterscheidet § 7 VgV nach den einzelnen Sektorenbereichen (Trinkwasserversorgung, Elektrizitäts- und Gasversorgung, Wärmeversorgung, Verkehrsbereich). Die Vorschrift nimmt dabei unmittelbar auf § 8 VgV Bezug, der die einzelnen Sektorenbereiche näher definiert.

2. Überblick über den Regelungsgehalt

2 Zusammengefasst lässt sich für den Sektorenbereich sagen:

3 **a) Auftraggeber nach § 98 Nr. 1 bis 3 GWB.** Öffentliche Auftraggeber im Sinne von § 98 Nr. 1 bis 3 GWB, die auf dem Gebiet der Trinkwasserversorgung tätig sind oder im Verkehrsbereich entweder See- oder Binnenhäfen oder Netze des Schienen- oder öffentlichen Personenverkehrs betreiben, haben bei der Vergabe von Liefer- und Dienstleistungsaufträgen sowie bei Auslobungsverfahren, die zu Dienstleistungsaufträgen führen sollen, den **3. Abschnitt der VOL/A** und bei der Vergabe von Bauaufträgen den **3. Abschnitt der VOB/A** anzuwenden[2]. Auf

[1] Vgl. dazu die Erläuterungen bei § 1 a VOB/A Rdn. 3 ff.

[2] Geltung und Anwendungsbereich des 3. Abschnitts sind eine Besonderheit des deutschen Rechts. Das europäische Recht unterstellt demgegenüber in den Art. 3 ff. der Sektorenrichtlinie 2004/17/EG die Auf-

allen anderen Sektorenbereichen (Elektrizitäts- und Gasversorgung, Wärmeversorgung, Betrieb von Flughäfen) haben die genannten öffentlichen Auftraggeber den **4. Abschnitt der betreffenden Verdingungsordnung** zu beachten. Ihre Berechtigung findet diese Differenzierung in dem unterschiedlichen Grad der Liberalisierung der betreffenden Märkte mit einem zumindest in Ansätzen funktionierenden Wettbewerb. Er rechtfertigt es nach Ansicht des Verordnungsgebers, die letztgenannten Sektorenbereiche von den strengen Vergaberegeln des 3. Abschnitts freizustellen und dort insbesondere die nach dem 4. Abschnitt mögliche freie Wahl der Vergabeart zu gestatten[3].

4 **b) Auftraggeber nach § 98 Nr. 4 GWB.** Auftraggeber nach § 98 Nr. 4 GWB unterliegen demgegenüber in **sämtlichen** Sektorenbereichen ausschließlich und einheitlich den Bestimmungen des **4. Abschnitts der jeweiligen Verdingungsordnung,** weil schon nach dem Wortlaut der Normen weder die §§ 4 bis 6 VgV mit ihrem Verweis auf den 2. Abschnitt der Verdingungsordnungen noch § 7 Abs. 1 VgV mit dem Verweis auf den 3. Abschnitt der Verdingungsordnungen auf jene Auftraggeber Anwendung finden.

Eine Ausnahme gilt nach h.M.[4] allerdings dann, wenn der öffentliche Auftraggeber nach § 98 Nr. 4 GWB **zugleich** zu den – im Sektorenbereich tätigen – natürlichen oder juristischen Personen des Privatrechts im Sinne von **§ 98 Nr. 2 GWB** zählt. § 98 Nr. 2 GWB geht danach als speziellere Norm, die den Auftraggeber tendenziell einem strengeren Vergaberechtsregime unterwirft (vgl. § 101 Abs. 5 GWB, § 8 VgV), vor. Das bedeutet: Ist der Auftraggeber nach § 98 Nr. 1 bis 3 und 4 GWB in einem der Sektorenbereiche des § 7 Abs. 2 VgV (Elektrizitäts- und Gasversorgung, Wärmeversorgung, Betrieb von Flughäfen) tätig, hat er gemäß § 7 Abs. 2 VgV den 4. Abschnitt der Verdingungsordnungen zu beachten. Übt jener öffentliche Auftraggeber eine Sektorentätigkeit nach § 7 Abs. 1 VgV (Trinkwasserversorgung, Betrieb von See- oder Binnenhäfen oder Netzen des Schienen- oder öffentlichen Personenverkehrs) aus, unterliegt er gemäß § 7 Abs. 1 VgV in seiner Eigenschaft als Auftraggeber nach § 98 Nr. 1 bis 3 GWB dem 3. Abschnitt und gemäß § 7 Abs. 2 VgV in seiner Eigenschaft als Auftraggeber nach § 98 Nr. 4 GWB dem 4. Abschnitt der Verdingungsordnungen. In einem solchen Fall setzt sich nach h.A. § 98 Nr. 1 bis 3 GWB als lex specialis gegenüber § 98 Nr. 4 GWB mit der Folge durch, dass der öffentliche Auftraggeber gemäß § 7 Abs. 1 VgV den 3. Abschnitt der einschlägigen Verdingungsordnung zu beachten hat.

3. § 7 VgV als lex specialis zu §§ 4 bis 6 VgV

5 Soweit sich § 7 VgV an die öffentlichen Auftraggeber nach **§ 98 Nr. 1 bis 3 GWB** richtet, ist die Vorschrift **lex specialis zu §§ 4 bis 6 VgV**. Für die Auftragsvergabe dieser Auftraggeber gelten im Grundsatz zwar die Bestimmungen der §§ 4 bis 6 VgV mit ihrem Verweis auf den

---

tragsvergaben in den Sektorenbereichen ohne eine Differenzierung zwischen den in § 98 Nr. 1 bis 3 GWB genannten öffentlichen Auftraggebern einerseits und den in § 98 Nr. 4 GWB aufgeführten Auftraggebern andererseits einheitlich den Bestimmungen der Sektorenrichtlinie (wie sie vom bundesdeutschen Normgeber in Abschnitt 4 der VOB/A umgesetzt worden sind); zu europarechtlichen Bedenken gegen diese Differenzierung vgl. Prieß/Gabriel, NZBau 2006, Heft 11.

[3] Vgl. Schranner in Ingenstau/Korbion, VOB Teile A und B, 15. Aufl., § 7 VgV Rdn. 7; Willenbruch in Byok/Jaeger, Kommentar zum Vergaberecht, 2. Aufl., §§ 7,8 VgV Rdn. 1547.

[4] BayObLG, VergabeR 2003, 168, 170; Willenbruch in Byok/Jaeger, Kommentar zum Vergaberecht, 2. Aufl., §§ 7,8 VgV Rdn. 1547; Opitz, NZBau 2002, 19, 21 f.; Stickler in Reidt/Stickler/Glahs, Vergaberecht, 2. Aufl., § 98 Rdn. 51 f.; Boesen, Vergaberecht, § 101 Rdn. 59; Niebuhr/Kulartz/Kus/Portz, Vergaberecht, § 98 Rdn. 87, 94 u. 107 ff.; Dreher in Immenga/Mestmäcker, GWB, 3. Aufl., § 98 Rdn. 144 f.; Pietzcker in Beck'scher VOB-Kommentar, Teil A, Syst. II Rdn. 77 ff.; vgl. auch Werner in Byok/Jaeger, Kommentar zum Vergaberecht, 2. Aufl., § 98 Rdn. 380 m.w.N.; Jasper, DB 1998, 2151, 2153; Möschel, WuW 1997, 120, 122; zweifelnd auch OLG Düsseldorf, Beschl. v. 25.1.2005 – VII – Verg 93/04; **a.A.** Hertwig, NZBau 2003, 545; Prieß/Gabriel, NZBau 2006, Heft 11, welche die Prämisse der h.A., der nationale Gesetzgeber sei zur Gewährleistung eines effektiven Bieterwettbewerbs und eines Schutzes der Bieter vor der Willkür des öffentlichen Auftraggebers nicht gehindert, den Sektorenauftraggebern strengere Bindungen aufzuerlegen, als sie die – im 4. Abschnitt der Verdingungsordnungen umgesetzte – Sektorenrichtlinie vorsehe, für fragwürdig halten.

2. Abschnitt der jeweiligen Verdingungsordnung. § 7 VgV ordnet davon abweichend aber die Geltung des 3. oder 4. Abschnitts der Verdingungsordnungen an, **sofern** der Auftraggeber nach § 98 Nr. 1 bis 3 GWB eine Tätigkeit im Sektorenbereich ausübt. Das bedeutet umgekehrt: Der Anwendungsbereich der §§ 4 bis 6 VgV ist bei den Auftraggebern im Sinne von § 98 Nr. 1 bis 3 GWB nur eröffnet, wenn diese keine Sektorentätigkeit ausüben.

4. Vergabe freiberuflicher Leistungen

Was die **Vergabe freiberuflicher Leistungen im Sektorenbereich** betrifft, unterliegen 6 diese Auftragsvergaben uneingeschränkt dem Kartellvergaberecht der §§ 97 ff. GWB. Für sie gelten deshalb die in § 97 GWB normierten Vergabegrundsätze, insbesondere das Gebot einer Vergabe im Wettbewerb und im Wege eines transparenten Verfahrens (Abs. 1), die Pflicht des öffentlichen Auftraggebers zur Gleichbehandlung aller Bieter (Abs. 2) und zur Förderung mittelständischer Interessen durch Losteilung (Abs. 3), ferner die Pflicht des Auftraggebers, Aufträge nur an fachkundige, leistungsfähige und zuverlässige Unternehmen zu vergeben (Abs. 4) sowie schließlich das Gebot, den Zuschlag auf das wirtschaftlichste Angebot zu erteilen (Abs. 5). Weitere Regelungen zur näheren Ausgestaltung des Vergabeverfahrens, wie sie detailliert in den Verdingungsordnungen geregelt sind, finden demgegenüber **nach nationalem Recht** auf die Beauftragung freiberuflicher Leistungen im Sektorenbereich keine Anwendung. § 5 Satz 3 VgV und § 7 Abs. 1 Nr. 1 Satz 2, Abs. 2 Nr. 1 Satz 2 VgV schließen die Geltung der VOF und der VOL/A aus. Das widersprach schon der alten Sektorenrichtlinie[5], die in Art. 4 Abs. 1 sämtliche[6] Liefer-, Bau- und Dienstleistungsaufträge im Sektorenbereich – und mithin auch die Vergabe freiberuflicher Leistungen – den Vergabebestimmungen der Richtlinie unterwarf. Die neue Sektorenrichtlinie[7] hat daran nichts geändert, weil die freiberuflichen Leistungen im Ausnahmekatalog der Art. 18 bis 25 der Richtlinie nicht genannt sind. Für Architekten- sowie technische Planungs- und Beratungsleistungen und für die rechtsberatende Tätigkeit ordnen Art. 31 und 32 in Verbindung mit den Anhängen XVII Teil A und B im Übrigen ausdrücklich an, dass diese Dienstleistungsaufträge nach näher bezeichneten Vorschriften der Richtlinie zu vergeben sind. Die europarechtswidrige Lücke im nationalen Recht ist durch eine **unmittelbare Anwendung der Sektorenrichtlinie**[8] zu schließen[9].

II. Inhalt der Normen

1. Allgemeines

§§ 7 und 8 VgV bilden regelungstechnisch eine Einheit. Während § 7 VgV anordnet, welche 7 Verdingungsordnung und welcher Abschnitt der jeweils einschlägigen Verdingungsordnung die im Sektorenbereich tätigen Auftraggeber zu beachten haben, definiert § 8 VgV abschließend die Tätigkeitsfelder, die im Sinne der Vergabeverordnung zum Sektorenbereich gehören. Es sind dies die Gebiete der Trinkwasser- oder Energieversorgung sowie der Verkehrsbereich (vgl. § 8 Satz 1

[5] Richtlinie 93/38/EWG des Rates vom 14. Juni 1993 zur Koordinierung der Auftragsvergabe durch Auftraggeber im Bereich der Wasser-, Energie- und Verkehrsversorgung sowie im Telekommunikationssektor, abgedr. in ABl. L 199 vom 9.8.1993 S. 84 ff.

[6] Die in den Art. 9 bis 13 der Richtlinie normierten Ausnahmen spielen vorliegend keine Rolle.

[7] Richtlinie 2004/17/EG des Europäischen Parlaments und des Rates vom 31. März 2004 zur Koordinierung der Zuschlagserteilung durch Auftraggeber im Bereich der Wasser-, Energie- und Verkehrsversorgung sowie der Postdienste, abgedr. in ABl. L 134 vom 30.4.2004 S. 1 ff.

[8] Vgl. hierzu: EuGH, Slg. 1990 I Seite 3313, 3348 f. – *Foster/British Gas.*

[9] Boesen, Vergaberecht, § 99 Rdn. 174; Dreher in Immenga/Mestmäcker, GWB, 3. Aufl., § 98 Rdn. 92; Marx in Müller-Wrede, Verdingungsordnung für Leistungen VOL/A, 1. Aufl., § 7 VgV Rdn. 6; Schranner in Ingenstau/Korbion, VOB Teile A und B, 15. Aufl., § 7 VgV Rdn. 5, der allerdings Auftraggeber im Sinne von § 98 Nr. 4 GWB, die nicht zugleich unter § 98 Nr. 2 GWB fallen, mangels einer hinreichenden Staatsnähe ausnehmen will.

VgV). Jene Sektorenbereiche werden in § 8 Satz 2 Nr. 1 bis 4 VgV im Einzelnen beschrieben und erläutert. § 9 VgV wiederum normiert in diesem Zusammenhang Ausnahmen vom Geltungsbereich der §§ 7, 8 VgV.

2. Auftragsvergaben im Telekommunikationsbereich

8 Im Gegensatz zu § 98 Nr. 4 GWB zählt § 8 VgV den **Telekommunikationssektor** nicht mehr[10] zum Sektorenbereich. Europarechtlich ist dies unbedenklich. Bereits Art. 8 Abs. 1 der (alten) Sektorenrichtlinie gestattete es, den Telekommunikationssektor von der Anwendungsverpflichtung der Richtlinie freizustellen, sofern – was nach Ansicht der EU-Kommission[11] der Fall war – dort ein hinreichender Wettbewerb herrscht[12]. Von dieser Freistellungsmöglichkeit hat der bundesdeutsche Verordnungsgeber in § 8 VgV Gebrauch gemacht. Allerdings stellt sich mit Blick auf § 98 Nr. 4 GWB – der den Bereich der Telekommunikationsdienste weiterhin als einen Sektorenbereich aufführt – die Frage, ob und gegebenenfalls welche Vergabebestimmungen der öffentliche Auftraggeber in jenem Bereich zu beachten hat. Insoweit ist zwischen den Auftraggebern nach § 98 Nr. 1 bis 3 GWB einerseits und den öffentlichen Auftraggebern nach § 98 Nr. 4 GWB andererseits zu unterscheiden:

9 **a) Auftraggeber nach § 98 Nr. 1 bis 3 GWB.** Auftraggeber im Sinne von **§ 98 Nr. 1 bis 3 GWB**, die eine Tätigkeit auf dem Gebiet der Telekommunikation ausüben, unterfallen mangels einer spezielleren Regelung in § 7 VgV zwanglos dem Anwendungsbereich der §§ 4 bis 6 VgV. Sie haben deshalb auch bei ihren Auftragsvergaben im Telekommunikationssektor je nach dem Gegenstand des öffentlichen Auftrags die VOL/A, die VOB/A oder die VOF zu beachten, und zwar bei der Vergabe von Liefer- oder Dienstleistungsaufträgen sowie bei Auslobungsverfahren, die zu Dienstleistungen führen sollen, den 2. Abschnitt der VOL/A (§ 4 Abs. 1 VgV), bei der Vergabe von freiberuflichen Leistungen die VOF (§ 5 VgV) sowie bei der Beauftragung von Bauleistungen den 2. Abschnitt der VOB/A (§ 6 Satz 1 VgV).

10 **b) Auftraggeber nach § 98 Nr. 4 GWB.** Auftraggeber nach **§ 98 Nr. 4 GWB**, die auf dem Telekommunikationssektor tätig sind, unterfallen weder dem Anwendungsbereich der §§ 4 bis 6 VgV noch dem Geltungsbereich der §§ 7 und 8 VgV, unterliegen aber den Bestimmungen der §§ 97 ff. GWB. Sie haben deshalb insbesondere die in § 97 Abs. 1 bis 5 GWB genannten Vergabegrundsätze[13] anzuwenden. Das ist zwingende Konsequenz der Tatsache, dass § 98 Nr. 4 GWB den Telekommunikationssektor nach wie vor als einen Sektorenbereich des Kartellvergaberechts auflistet[14]. Die Gegenansicht von Schranner[15], der eine vollständige Freistellung von den vergaberechtlichen Regeln – und mithin auch von den Bestimmungen des Kartellvergaberechts – annimmt, überzeugt nicht. Sie ist mit der aktuellen Gesetzeslage, insbesondere mit dem Wortlaut des § 98 Nr. 4 GWB, der die Anbieter von Telekommunikationsdiensten ausdrücklich als dem Vergaberechtsregime verpflichtete öffentliche Auftraggeber aufführt, nicht vereinbar. Das von Schranner in diesem Zusammenhang vorgebrachte Argument, der Bundesgesetzgeber habe bei der am 1. Januar 1999 in Kraft getretenen 6. GWB-Novelle die erst im Verlauf des Jahres 1999 erfolgte Freistellung des Telekommunikationssektors von den Vergaberegeln der Sektorenrichtlinie nicht berücksichtigen können, würde mittlerweile aber – ebenso wie der Verordnungsgeber dies bei der Neufassung der Vergabeverordnung in § 8 VgV getan habe – den Telekommunikationbereich von den Regeln des

---

[10] Anders noch § 4 Abs. 3 Nr. 8 der Vergabeverordnung v. 22.2.1994 (BGBl. I S. 321).

[11] Vgl. die Liste der freistellungsfähigen Dienstleistungen im Telekommunikationssektor, abgedr. in ABl. Nr. C 156 v. 3.6.1999, und ABl. Nr. C 64 v. 13.3.2002.

[12] Art. 13 der neuen Basisrichtlinie 2004/18/EG und Erwägungsgrund 5 der neuen Sektorenrichtlinie 2004/17/EG nehmen den Bereich der Telekommunikation nunmehr sogar ohne jede Einschränkung aus dem Vergaberecht heraus.

[13] Vgl. Abschnitt I. 4.

[14] Ebenso: Marx in Müller-Wrede, Verdingungsordnung für Leistungen VOL/A, 1. Aufl., § 7 VgV Rdn. 9; ders. in Beck'scher VOB-Kommentar, Teil A, § 98 GWB Rdn. 20.

[15] In Ingenstau/Korbion, VOB Teile A und B, 15. Aufl., § 8 VgV Rdn. 3.

Kartellvergaberechts freistellen, ist nicht stichhaltig. Es fehlen schon hinreichend aussagekräftige Anhaltspunkte für einen dahingehenden Willen des Bundesgesetzgebers. Das Argument wird jedenfalls aber durch die am 13. Juli 2005 in Kraft getretene 7. GWB-Novelle widerlegt. Mit ihr hat der Gesetzgeber den Wortlaut des § 98 Nr. 4 GWB unverändert beibehalten.

3. Die einzelnen Sektorenbereiche

Was die Sektorenbereiche des § 8 VgV betrifft, ergibt sich für die Geltung der Verdingungs- 11
ordnungen das folgende Bild:

a) Geltung des 3. Abschnitts der Verdingungsordnungen. Öffentliche Auftraggeber im 12
Sinne von **§ 98 Nr. 1 bis 3 GWB**[16] haben gemäß §§ 7 Abs. 1, 8 Nr. 1 und Nr. 4 lit. b) und c) VgV bei der Vergabe von Liefer- und Dienstleistungsaufträgen sowie bei Auslobungsverfahren, die zu Dienstleistungsaufträgen führen sollen, den 3. Abschnitt der VOL/A und bei der Vergabe von Bauaufträgen den 3. Abschnitt der VOB/A anzuwenden, **sofern** die Beschaffungsmaßnahme einen der nachfolgenden Tätigkeitsbereiche betrifft:

aa) Trinkwasserversorgung. Der Sektorenbereich der Trinkwasserversorgung ist in § 8 13
Nr. 1 VgV näher definiert. Er umfasst die Bereitstellung und das Betreiben fester Netze zur Versorgung der Öffentlichkeit mit Trinkwasser. Die Begriffe des **Bereitstellens und Betreibens** sind weit zu verstehen. Sie schließen sowohl die Errichtung, Unterhaltung und Instandsetzung der Versorgungsnetze als auch die eigentliche Versorgungsleistung ein[17]. Die **Netze** müssen **fest** – d.h. mit dem Erdboden verbunden – sein[18] und dürfen nicht nur vorübergehend für einen bestimmten Zweck errichtet sein[19]. Sie müssen außerdem der **Versorgung der Öffentlichkeit** – also nicht bloß eines einzelnen Unternehmens oder Gebäudes[20] – mit Trinkwasser dienen. Die Netze müssen schließlich im Zusammenhang mit der **Gewinnung**, dem **Transport** oder der **Verteilung** des Trinkwassers oder mit der **Versorgung der Netze** mit Trinkwasser genutzt werden. Zum Bereich der Trinkwasserversorgung gehören die genannten Tätigkeiten dabei auch dann, wenn sie mit der Ableitung oder der Klärung von Abwässern, mit Wasserbauvorhaben oder mit Vorhaben auf dem Gebiet der Be- und Entwässerung in Zusammenhang stehen. § 8 Nr. 1 VgV enthält insoweit eine Ausnahme vom Grundsatz des § 9 Abs. 2 VgV, wonach Aufträge, die anderen Zwecken als der Durchführung der in § 8 VgV genannten Sektorentätigkeiten dienen, nicht § 7 VgV unterfallen. Soweit es um Wasserbauvorhaben und Be- und Entwässerungsanlagen geht, ist allerdings Voraussetzung, dass die zur Trinkwasserversorgung bestimmte Wassermenge mehr als 20 % der mit jenen Vorhaben zur Verfügung gestellten Gesamtwassermenge ausmacht. Diese 20 %-Marge gilt nicht auch für die Tätigkeiten im Bereich der Ableitung und Klärung von Abwässern. Das wird schon durch den Wortlaut von § 8 Nr. 1 VgV nahe gelegt und ist angesichts des insoweit eindeutigen Wortlauts der Sektorenrichtlinie (vgl. Art. 6 Abs. 2 lit. b) der alten[21] bzw. Art. 4 Abs. 2 lit. b) der neuen[22] Richtlinie) zweifelsfrei[23].

bb) Betrieb von See- oder Binnenhäfen. § 8 Nr. 4 VgV definiert den Sektorenbereich der 14
Verkehrsdienstleistungen und unterteilt ihn in die Sparten Flughafendienste (lit. a), Hafendienste

[16] Welche Auftraggeber konkret in Deutschland gemeint sind, kann den Anhängen I. bis IX. der Sektorenrichtlinie entnommen werden.

[17] Ebenso: Schranner in Ingenstau/Korbion, VOB Teile A und B, 15. Aufl., § 8 VgV Rdn. 5.

[18] Schranner in Ingenstau/Korbion, VOB Teile A und B, 15. Aufl., § 8 VgV Rdn. 5; Stickler in Stickler/Reidt/Glahs, Vergaberecht, 2. Aufl., § 8 VgV Rdn. 2.

[19] Stickler in Stickler/Reidt/Glahs, Vergaberecht, 2. Aufl., § 8 VgV Rdn. 2.

[20] Stickler in Stickler/Reidt/Glahs, Vergaberecht, 2. Aufl., § 8 VgV Rdn. 2.

[21] Richtlinie 93/38/EWG des Rates vom 14. Juni 1993 zur Koordinierung der Auftragsvergabe durch Auftraggeber im Bereich der Wasser-, Energie- und Verkehrsversorgung sowie im Telekommunikationssektor, abgedr. in ABl. L 199 vom 9.8.1993 S. 84 ff.

[22] Richtlinie 2004/17/EG des Europäischen Parlaments und des Rats vom 31.3.2004 zur Koordinierung der Zuschlagserteilung durch Auftraggeber im Bereich der Wasser-, Energie- und Verkehrsversorgung sowie der Postdienste, abgedr. in ABl. L 134 S. 1 ff.

[23] Ebenso: Schranner in Ingenstau/Korbion, VOB Teile A und B, 15. Aufl., § 8 VgV Rdn. 6.

(lit. b) sowie Netzleistungen im Schienen- und öffentlichen Personennahverkehr (lit. c). Als Hafendienste gilt die Nutzung eines geografisch abgegrenzten Gebietes zum Zwecke der Versorgung von Beförderungsunternehmen im See- und Binnenschiffverkehr mit Hafenanlagen oder anderen Verkehrsendeinrichtungen. Welche Einrichtungen dazu gehören, kann Anlage IX. der Sektorenrichtlinie entnommen werden. Der **Begriff der Nutzung** ist weit zu verstehen. Die Sektorentätigkeit wird durch alle im Rahmen einer bestimmungsgemäßen Nutzung des Hafengeländes liegenden Aktivitäten begründet. Hierzu zählt nicht erst der Betrieb, sondern bereits die Errichtung des Hafens[24].

15 **cc) Netze des Schienen- oder öffentlichen Personenverkehrs.** Gemäß § 8 Nr. 4 lit. c) VgV gehört der Betrieb von Netzen zur Versorgung der Öffentlichkeit im Schienenverkehr (Eisenbahn, Straßenbahn) sowie im öffentlichen Personenverkehr ebenfalls zum Sektorenbereich. Wie sich aus der Vorschrift selbst ergibt (Satz 2), ist der **Begriff des Netzes** nicht eng gegenständlich zu verstehen. Er umfasst vielmehr auch die Erbringung der in Rede stehenden Verkehrsleistungen aufgrund behördlicher Auflage, etwa zur Streckenführung, den Transportkapazitäten oder den Fahrplänen, sofern der Verkehr mit einer gewissen Regelmäßigkeit innerhalb eines festgelegten Rahmens abgewickelt werden muss (weshalb der Betrieb eines Taxi- oder Charterbusunternehmens keine Sektorentätigkeit darstellt[25]).

Auch wenn § 8 Nr. 4 lit. c) VgV lediglich das „Betreiben" und nicht – wie § 8 Nr. 4 lit. a) und b) VgV – auch das Bereitstellen des Netzes nennt, gehören der Bau, die Unterhaltung und die Instandsetzung der Schienenwege gleichfalls zu den Tätigkeiten im Sektorenbereich[26].

16 **b) Geltung des 4. Abschnitts der Verdingungsordnungen.** Der 4. Abschnitt der Verdingungsordnungen ist in folgenden Fallkonstellationen zu beachten:

17 **aa) Auftraggeber nach § 98 Nr. 1 bis 3 GWB.** Öffentliche Auftraggeber im Sinne von **§ 98 Nr. 1 bis 3 GWB**[27] haben gemäß §§ 7 Abs. 2, 8 Nr. 2, 3 und Nr. 4 lit. a) VgV bei der Vergabe von Liefer- und Dienstleistungsaufträgen sowie bei Auslobungsverfahren, die zu Dienstleistungsaufträgen führen sollen, den 4. Abschnitt der VOL/A und bei der Vergabe von Bauaufträgen den 4. Abschnitt der VOB/A anzuwenden, **sofern** die Beschaffungsmaßnahme einen der nachfolgenden Tätigkeitsbereiche betrifft:

18 **(1) Elektrizitäts- und Gasversorgung.** Der Sektorenbereich der Elektrizitäts- und Gasversorgung ist in § 8 Nr. 2 VgV normativ definiert. Er erfasst ausschließlich die Betätigung von **Unternehmen im Sinne von § 2 Abs. 3 EnWG a.F.**[28], d.h. von Unternehmen, die andere mit Energie versorgen oder ein Netz für die allgemeine Versorgung betreiben. Der Begriff der Energie meint dabei Elektrizität und Gas, soweit sie zur leitungsgebundenen Energieversorgung verwendet werden[29]. Zum Sektorenbereich der Elektrizitäts- und Gasversorgung gehört die Bereitstellung und das Betreiben von Netzen zur Versorgung der Öffentlichkeit im Zusammenhang mit der Erzeugung, dem Transport oder der Verteilung von Energie sowie die Versorgung der leitungsgebundenen Netze mit dieser Energie. Was die Rechtsbegriffe des Bereitstellens und Betreibens von Netzen und der Versorgung der Öffentlichkeit betrifft, kann auf die diesbezüglichen Erläuterungen zur Trinkwasserversorgung[30] verwiesen werden; sie gelten hier entsprechend.

[24] Schranner in Ingenstau/Korbion, VOB Teile A und B, 15. Aufl., § 8 VgV Rdn. 8.

[25] Boesen, Vergaberecht, § 98 Rdn. 105; Schranner in Ingenstau/Korbion, VOB Teile A und B, 15. Aufl., § 8 VgV Rdn. 9; Stickler in Reidt/Stickler/Glahs, Vergaberecht, 2. Aufl., § 8 VgV Rdn. 8.

[26] Schranner in Ingenstau/Korbion, VOB Teile A und B, 15. Aufl., § 8 VgV Rdn. 10; Willenbruch in Byok/Jaeger, Kommentar zum Vergaberecht, 2. Aufl., §§ 7,8 VgV Rdn. 1543; Franke/Höfler, BB 1998, 433; Jasper, DB 1997, 915; Heiermann, ZVgR 1999, 173; **a.A.** Dreher in Immenga/Mestmäcker, GWB, 3. Aufl., § 98 Rdn. 89; Stickler in Reidt/Stickler/Glahs, Vergaberecht, 2. Aufl., § 8 VgV Rdn. 8.

[27] Welche Auftraggeber konkret in Deutschland gemeint sind, kann den Anhängen I. bis IX. der Sektorenrichtlinie entnommen werden.

[28] Gesetz über die Elektrizitäts- und Gasversorgung (Energiewirtschaftsgesetz – EnWG) v. 24.4.1998, BGBl. I S. 730.

[29] Vgl. § 2 Abs. 1 EnWG a.F. (= § 3 Nr. 14 EnWG i.d.F.v. 7.7.2005).

[30] Vgl. Abschnitt II. 3. a) aa) = Rdn. 13.

(2) Wärmeversorgung. Den Sektorenbereich der Wärmeversorgung definiert § 8 Nr. 3 VgV. 19
Ihm unterfallen die Bereitstellung und das Betreiben fester Netze zur Versorgung der Öffentlichkeit im Zusammenhang mit der Erzeugung, dem Transport oder der Verteilung von Wärme sowie die Versorgung dieser Netze mit Wärme. Die Begrifflichkeiten entsprechen weitgehend denjenigen des § 8 Nr. 1 VgV zur Trinkwasserversorgung. Zur Erläuterung kann deshalb auf die diesbezüglichen Ausführungen[31] Bezug genommen werden.

(3) Betrieb von Flughäfen. Der Betrieb von Flughäfen ist Teil des Sektorenbereichs der 20
Verkehrsdienstleistungen. Nach § 8 Nr. 4 lit. a) VgV gehört zu den Flughafendiensten die Nutzung eines geografisch abgegrenzten Gebietes zum Zwecke der Versorgung von Beförderungsunternehmen im Luftverkehr mit Flughäfen, die über eine Genehmigung nach § 38 Abs. 2 Nr. 1 der LuftVZO[32] verfügen oder benötigen. Erfasst werden damit ausschließlich die Flughäfen des allgemeinen Verkehrs (Verkehrsflughäfen) und nicht die Sonderflughäfen im Sinne von § 38 Abs. 2 Nr. 2 LuftVZO. Wie beim Sektorenbereich der See- und Binnenhäfen begründet auch hier bereits die Errichtung des Flughafens die Sektorentätigkeit[33].

bb) Auftraggeber nach § 98 Nr. 4 GWB. Öffentliche Auftraggeber im Sinne von **§ 98 Nr. 4** 21
GWB[34], die in einem der Sektorenbereiche des § 8 VgV tätig sind (und nicht zugleich unter § 98 Nr. 2 GWB fallen[35]), brauchen gemäß § 7 Abs. 2 VgV stets nur den 4. Abschnitt der jeweils einschlägigen Verdingungsordnung einzuhalten.

§ 9 Ausnahmen im Sektorenbereich

(1) Die Tätigkeit des Auftraggebers nach § 98 Nr. 4 des Gesetzes gegen Wettbewerbsbeschränkungen gilt nicht als eine Tätigkeit

1. im Sinne des § 8 Nr. 1, sofern die Gewinnung von Trinkwasser für die Ausübung einer anderen Tätigkeit als der Trinkwasserversorgung der Öffentlichkeit erforderlich ist, die Lieferung an das öffentliche Netz nur von seinem Eigenverbrauch abhängt und unter Zugrundelegung des Mittels der letzten drei Jahre einschließlich des laufenden Jahres nicht mehr als 30 vom Hundert seiner gesamten Trinkwassergewinnung ausmacht;

2. im Sinne des § 8 Nr. 2, sofern die Erzeugung von Strom für die Ausübung einer anderen Tätigkeit als der Versorgung der Öffentlichkeit erforderlich ist, die Lieferung von Strom an das öffentliche Netz nur von seinem Eigenverbrauch abhängt und unter Zugrundelegung des Mittels der letzten drei Jahre einschließlich des laufenden Jahres nicht mehr als 30 vom Hundert seiner gesamten Energieerzeugung ausmacht;

3. im Sinne des § 8 Nr. 2, sofern die Erzeugung von Gas sich zwangsläufig aus der Ausübung einer anderen Tätigkeit ergibt, die Lieferung an das öffentliche Netz nur darauf abzielt, diese Erzeugung wirtschaftlich zu nutzen und unter Zugrundelegung des Mittels der letzten drei Jahre einschließlich des laufenden Jahres nicht mehr als 20 vom Hundert des Umsatzes des betreffenden Auftraggebers ausgemacht hat;

4. im Sinne des § 8 Nr. 3, sofern die Erzeugung von Wärme sich zwangsläufig aus der Ausübung einer anderen Tätigkeit ergibt, die Lieferung an das öffentliche Netz nur darauf abzielt, diese Erzeugung wirtschaftlich zu nutzen und unter Zugrundelegung des Mittels der letzten drei Jahre einschließlich des laufenden Jahres nicht mehr als 20 vom Hundert des Umsatzes des Auftraggebers ausgemacht hat.

Satz 1 gilt nicht, soweit der andere Zweck zu einer Einordnung des Auftraggebers nach § 98 Nr. 2 des Gesetzes gegen Wettbewerbsbeschränkungen führt.

(2) § 7 gilt nicht für Aufträge, die anderen Zwecken als der Durchführung der in § 8 genannten Tätigkeiten dienen.

---

[31] Vgl. Abschnitt II. 3. a) aa) = Rdn. 13.

[32] Luftverkehrs-Zulassungsordnung v. 27.3.1999, BGBl. I S. 610.

[33] Schranner in Ingenstau/Korbion, VOB Teile A und B, 15. Aufl., § 8 VgV Rdn. 8.

[34] Welche Auftraggeber konkret in Deutschland gemeint sind, kann den Anhängen I. bis IX. der Sektorenrichtlinie entnommen werden.

[35] Vgl. die Ausführungen unter Abschnitt I. 2. b) = Rdn. 4.

(3) §7 gilt nicht für Aufträge, die zur Durchführung der in §8 genannten Tätigkeiten außerhalb des Gebietes, in dem der Vertrag zur Gründung der Europäischen Gemeinschaft gilt, vergeben werden, wenn sie nicht mit der tatsächlichen Nutzung eines Netzes oder einer Anlage innerhalb dieses Gebietes verbunden sind. Die betreffenden Auftraggeber teilen der Kommission der Europäischen Gemeinschaften auf deren Anfrage alle Tätigkeiten mit, die nach ihrer Auffassung unter Satz 1 fallen. Eine Kopie des Schreibens an die Kommission übersenden sie unaufgefordert dem Bundesministerium für Wirtschaft und Technologie.

(4) §7 gilt nicht für Aufträge, die zum Zwecke der Weiterveräußerung oder Weitervermietung an Dritte vergeben werden, vorausgesetzt, dass der Auftraggeber kein besonderes oder ausschließliches Recht zum Verkauf oder zur Vermietung des Auftragsgegenstandes besitzt und dass andere Unternehmen die Möglichkeit haben, diese Waren unter gleichen Bedingungen wie der betreffende Auftraggeber zu verkaufen oder zu vermieten. Die betreffenden Auftraggeber teilen der Kommission der Europäischen Gemeinschaften auf deren Anfrage alle Arten von Erzeugnissen mit, die nach ihrer Auffassung unter Satz 1 fallen. Eine Kopie des Schreibens an die Kommission übersenden sie unaufgefordert dem Bundesministerium für Wirtschaft und Technologie.

(5) §7 gilt nicht für Aufträge, die
1. bei Tätigkeiten nach §8 Nr. 1 die Beschaffung von Wasser oder
2. bei Tätigkeiten nach §8 Nr. 2 und 3 die Beschaffung von Energie oder von Brennstoffen zum Zwecke der Energieerzeugung
zum Gegenstand haben.

Übersicht

I. Allgemeines

§ 9 VgV normiert Ausnahmen vom Geltungsbereich der §§ 7, 8 VgV. Mit Blick auf die rechtlichen Konsequenzen ist strikt zwischen § 9 Abs. 1 VgV einerseits und § 9 Abs. 2 bis 5 VgV andererseits zu unterscheiden.

1. Regelungsgehalt von § 9 Abs. 1 VgV

1 **§ 9 Abs. 1 VgV** enthält für den Bereich der Wasser- und Energieversorgung insgesamt 4 Tatbestände, bei deren Vorliegen eine Sektorentätigkeit nicht gegeben ist, obschon die tatbestandlichen Voraussetzungen des § 8 Nr. 1 bis 3 VgV erfüllt sind. Die Ausnahmetatbestände sind zusammengefasst dadurch gekennzeichnet, dass die Sektorentätigkeit bloßes Nebenprodukt der eigentlichen Haupttätigkeit ist. Zu beachten ist, dass § 9 Abs. 1 VgV **ausschließlich** für öffentliche Auftraggeber nach **§ 98 Nr. 4 GWB** gilt. Die Vorschrift ist auf andere Auftraggeber, insbesondere solche nach § 98 Nr. 1 bis 3 GWB, nicht – und zwar auch nicht analog – anwendbar[1]. Rechtsfol-

[1] Schranner in Ingenstau/Korbion, VOB Teile A und B, 15. Aufl., § 9 VgV Rdn. 1; wohl auch Willenbruch in Byok/Jaeger, Kommentar zum Vergaberecht, 2. Aufl., § 9 VgV Rdn. 1549; **a.A.** Stickler in Reidt/Stickler/Glahs, Vergaberecht, 2. Aufl., § 9 VgV Rdn. 1.

ge des § 9 Abs. 1 VgV ist, dass Unternehmen nach § 98 Nr. 4 GWB bei der Auftragsvergabe die Vorgaben der Verdingungsordnungen nicht einzuhalten haben. Die §§ 7 und 8 VgV finden auf sie gemäß § 9 Abs. 1 VgV keine Anwendung und die Bestimmungen der §§ 4 bis 6 VgV gelten für Auftraggeber nach § 98 Nr. 4 GWB ohnehin nicht. Auftraggeber im Sinne von § 98 Nr. 4 GWB unterliegen allerdings dem Kartellvergaberecht und haben deshalb die **Vergabegrundsätze des § 97 Abs. 1 bis 5 GWB** zu beachten. Denn § 9 Abs. 1 VgV verneint alleine eine Sektorentätigkeit im Sinne von § 8 VgV und lässt die Eigenschaft als Sektorenauftraggeber im Sinne von § 98 Nr. 4 GWB unberührt[2].

2. Regelungsgehalt von § 9 Abs. 2 bis 5 VgV

§ 9 Abs. 2 bis 5 VgV regelt unterschiedliche Tatbestände, bei denen § 7 VgV – der für den Sektorenbereich abweichend von den allgemeinen Regeln der §§ 4 bis 6 VgV die Abschnitte 3. und 4. der jeweils einschlägigen Verdingungsordnung für anwendbar erklärt – nicht zur Geltung kommt. Daraus folgt: 2

Im Anwendungsbereich des § 9 Abs. 2 bis 5 VgV haben die öffentlichen Auftraggeber nach **§ 98 Nr. 1 bis 3 GWB** die in §§ 4 bis 6 VgV bestimmten Vergabebestimmungen des 2. Abschnitts der jeweiligen Verdingungsordnung zu beachten. Auf jene allgemeinen Normen der §§ 4 bis 6 VgV ist zurückzugreifen, soweit nach § 9 Abs. 2 bis 5 VgV die spezielle Regelung des § 7 VgV suspendiert ist[3]. Der für Liefer- und Dienstaufträge gültige Schwellenwert dürfte dabei § 2 Nr. 1 VgV zu entnehmen sein, weil der Auftraggeber – anders als in den Fällen des § 9 Abs. 1 VgV – im Sektorenbereich tätig bleibt[4].

Öffentliche Auftraggeber nach **§ 98 Nr. 4 GWB** unterliegen demgegenüber nicht der Verpflichtung zur Einhaltung der Verdingungsordnungen, weil § 7 VgV in den Fällen des § 9 Abs. 2 bis 5 VgV nicht anwendbar ist und die §§ 4 bis 6 VgV für sie ohnehin nicht gelten. Einzuhalten haben diese Auftraggeber allerdings die Vergabegrundsätze des Kartellvergaberechts[5]. Insoweit gelten die vorstehenden Ausführungen im Zusammenhang mit § 9 Abs. 1 VgV hier entsprechend.

II. Ausnahmen vom Geltungsbereich des § 8 VgV

§ 9 Abs. 1 VgV regelt für den Bereich der Trinkwasser- und Energieversorgung insgesamt 4 Tatbestände, bei deren Vorliegen eine Sektorentätigkeit ausnahmsweise nicht vorliegt, obwohl an sich die Voraussetzungen des § 8 Nr. 1 bis 3 VgV erfüllt sind.

1. Trinkwasser- und Stromversorgung

Für den Bereich der Trinkwasser- und Stromversorgung ordnet § 9 Abs. 1 Nr. 1 und 2 VgV inhaltsgleich an, dass die Gewinnung von Trinkwasser bzw. die Erzeugung von Strom dann nicht als Sektorentätigkeit im Sinne von § 8 VgV gilt, wenn sie für andere Zwecke als die Versorgung der Öffentlichkeit geschieht und lediglich überschüssiges, nicht für den Eigenverbrauch benötigtes Trinkwasser bzw. benötigter Strom in das Versorgungsnetz eingespeist wird. Voraussetzung ist allerdings darüber hinaus, dass die eingespeiste Menge nicht mehr als **30 %** des Trinkwassers bzw. Stroms ausmacht, welches von dem betreffenden Unternehmen im Durchschnitt der letzten drei Jahre einschließlich des laufenden Jahres insgesamt gewonnen bzw. erzeugt worden ist. Der **Einkauf** von Trinkwasser und Energie hat in § 9 Abs. 5 VgV eine eigenständige Regelung erhalten und fällt deshalb nicht unter § 9 Abs. 1 VgV. 3

---

[2] Zutreffend: Schranner in Ingenstau/Korbion, VOB Teile A und B, 15. Aufl., § 9 VgV Rdn. 1; **a.A.** Willenbruch in Byok/Jaeger, Kommentar zum Vergaberecht, 2. Aufl., § 9 VgV Rdn. 1548.

[3] Ebenso: Schranner in Ingenstau/Korbion, VOB Teile A und B, 15. Aufl., § 9 VgV Rdn. 2; Willenbruch in Byok/Jaeger, Kommentar zum Vergaberecht, 2. Aufl., § 9 VgV Rdn. 1551; Stickler in Reidt/Stickler/Glahs, Vergaberecht, 2. Aufl., § 9 VgV Rdn. 5; Boesen, Vergaberecht, § 98 Rdn. 108.

[4] Ebenso: Schranner in Ingenstau/Korbion, VOB Teile A und B, 15. Aufl., § 9 VgV Rdn. 2.

[5] **A.A.** Schranner in Ingenstau/Korbion, VOB Teile A und B, 15. Aufl., § 9 VgV Rdn. 2 a.E.

2. Gas- und Wärmeversorgung

4 Eine vergleichbare Regelung enthält § 9 Abs. 1 Nr. 3 und 4 VgV für den Sektorenbereich der Gas- und Wärmeversorgung. Wird Gas oder Wärme bei einer Tätigkeit, die nicht auf die Versorgung der Öffentlichkeit gerichtet ist, zwangsläufig – d.h. ohne dass hierfür besondere zusätzliche Voraussetzungen geschaffen werden mussten[6] – erzeugt, und entspricht die Einspeisung dieser Gas- oder Wärmemenge in das öffentliche Versorgungsnetz einer wirtschaftlichen Nutzung dieser Erzeugung, liegt insoweit eine Sektorentätigkeit nicht vor. Voraussetzung ist auch hier, dass die eingespeiste Menge eine bestimmte Größenordnung, nämlich 20 % desjenigen Umsatzes, den das betreffende Unternehmen im Durchschnitt der letzten drei Jahre einschließlich des laufenden Jahres getätigt hat, nicht übersteigt.

III. Ausnahmen vom Geltungsbereich des § 7 VgV

§ 9 Abs. 2 bis 5 VgV normiert für zahlreiche Einzeltatbestände im Sektorenbereich, dass die Verweisungsnorm des § 7 VgV ausnahmsweise nicht zur Anwendung kommt. Im Einzelnen handelt es sich um die folgenden Fallgestaltungen:

1. Aufträge für andere Zwecke (Abs. 2)

5 Gemäß § 9 Abs. 2 VgV gilt § 7 VgV nicht für solche Aufträge, die anderen Zwecken als der Durchführung der Sektorentätigkeiten (§ 8 VgV) dienen. Die Vorschrift geht in Übereinstimmung mit der europäischen Rechtslage[7] davon aus, dass ein im Sektorenbereich tätiges Unternehmens auch dann als Sektorenauftraggeber gilt, wenn seine sektorspezifische Betätigung nur einen geringen Teil der Gesamttätigkeit ausmacht. Sie lässt allerdings die Frage unbeantwortet, nach welchen Kriterien die **sektorbezogenen** von den **sektorfremden Auftragsvergaben** abzugrenzen sind. Diese Abgrenzung hat indes große praktische Bedeutung. Ist eine Vergabe sektorfremd, gelten gemäß § 9 Abs. 2 VgV nicht die Sektorenvorschriften der §§ 7 und 8 VgV, sondern die allgemeinen Vorschriften. Auftraggeber nach § 98 Nr. 1 bis 3 GWB haben dementsprechend gemäß §§ 4 bis 6 VgV den 2. Abschnitt der jeweils einschlägigen Verdingungsordnung zu beachten, Auftraggeber nach § 98 Nr. 4 GWB lediglich die Vergabegrundsätze des Kartellvergaberechts[8]. Ist die Auftragsvergabe sektorbezogen, müssen demgegenüber alle Sektorenauftraggeber nach Maßgabe des § 7 VgV entweder den 3. oder den 4. Abschnitt der jeweiligen Verdingungsordnung einhalten.

6 Zentrales Problem bei der Anwendung des § 9 Abs. 2 VgV ist deshalb die Unterscheidung zwischen den sektorfreien und den sektorbefangenen Auftragsvergaben. Sie sollte nach folgenden Grundsätzen vorgenommen werden: Werden Lieferungen oder Leistungen nachgefragt, die **unmittelbar für die Ausübung der Sektorentätigkeit benötigt** und zu diesem Zwecke **auch eingesetzt** werden sollen, liegt zweifelsfrei eine sektorbezogene Auftragsvergabe vor. Es handelt sich hierbei um die Beschaffung derjenigen Leistungen, die Gegenstand der jeweiligen Sektorentätigkeit sind und die in der Kommentierung zu § 8 VgV näher erläutert sind[9]. Eindeutig ist ebenso, dass Aufträge **ohne irgendeinen direkten Bezug zur Sektorentätigkeit** sektorfremd sind und folglich in den Anwendungsbereich des § 9 Abs. 2 VgV fallen. Als Beispiele sind etwa Maßnahmen der reinen Vermögensanlage oder der Bau von Werkswohnungen zu nennen[10]. Zum sektorfremden Bereich zählt außerdem jede wirtschaftliche Betätigung außerhalb des Sektorenbereichs, mag auch das dort erwirtschaftete Ergebnis der Sektorensparte des Unternehmens zugute kommen können. Problematisch bleiben damit alle Fälle der **Mischbeschaffung**, also

---

[6] Schranner in Ingenstau/Korbion, VOB Teile A und B, 15. Aufl., § 9 VgV Rdn. 4.
[7] Vgl. EuGH, WuW/E Verg 385 – *Telaustria*.
[8] Vgl. die Erläuterungen bei Abschnitt II. zu § 9 Abs. 2 bis 5 VgV.
[9] Vgl. §§ 7, 8 Abschnitt II. 3 = Rdn. 2.
[10] Ebenso Willenbruch in Byok/Jaeger, Kommentar zum Vergaberecht, 2. Aufl., § 9 VgV Rdn. 1551; Schranner in Ingenstau/Korbion, VOB Teile A und B, 15. Aufl., § 9 VgV Rdn. 6.

solche Auftragsvergaben, die unmittelbar sowohl der Sektorentätigkeit als auch anderen wirtschaftlichen Betätigungen des Unternehmens zugute kommen. Gemeint sind damit zum einen Anschaffungen, die auch der Deckung eines Bedarfs im Sektorenbereich dienen. Dies kommt zum Beispiel in Betracht, wenn im Rahmen einer einheitlichen Bestellung Büromöbel sowohl für die Beschäftigten des Sektorenbereichs als auch für Mitarbeiter anderer Betätigungsfelder angeschafft werden sollen. Mischbeschaffungen sind zudem Auftragsvergaben, die – wie etwa der Bau einer Konzernzentrale – allgemeinen Unternehmenszwecken dienen und auf diesem Wege unmittelbar auch der Sektorentätigkeit dienen. Die Mischbeschaffung ist in beiden geschilderten Varianten sektorenbefangen. Dabei spielt der Umfang, in dem der Anschaffungsgegenstand dem Sektorenbereich zugute kommt, keine Rolle. Der Auftraggeber hat mithin auch dann die für den Sektorenbereich geltenden Vergabebestimmungen zu beachten, wenn nur ein geringer Teil der Anschaffung der Sektorensparte des Unternehmens nützt[11]. Nur durch dieses Normverständnis des § 9 Abs. 2 VgV kann eine rechtssichere Anwendung der Vergaberegeln gewährleistet und der Auftraggeber in die Lage versetzt werden, vor einer Beschaffungsmaßnahme hinreichend verlässlich zu beurteilen, welche Vergabebestimmungen er im Einzelfall anzuwenden hat.

2. Aufträge außerhalb der EG (Abs. 3)

§ 9 Abs. 3 VgV nimmt solche Aufträge des Sektorenbereichs aus den Anwendungsbereich des § 7 VgV, die außerhalb des Gebiets der Europäischen Gemeinschaft vergeben werden, sofern sie nicht mit der tatsächlichen Nutzung eines Netzes oder einer Anlage des Sektorenbereichs innerhalb der Europäischen Gemeinschaft verbunden sind. Im Ergebnis werden solche Netze und Anlagen des Sektorenbereichs freigestellt, die sich außerhalb des Gebietes der Europäischen Gemeinschaft befinden und dort eigenständig betrieben und unterhalten werden[12]. Satz 2 der Vorschrift sieht in den genannten Fällen eine Verpflichtung des Auftraggebers vor, der EU-Kommission auf Anfrage die außerhalb der Europäischen Gemeinschaft unterhaltenen Sektorentätigkeiten mitzuteilen und eine Kopie der Mitteilung an das bundesdeutsche Wirtschaftsministerium zu senden. 7

3. Aufträge zum Zwecke der Vermietung und Weiterveräußerung (Abs. 4)

§ 9 Abs. 4 VgV stellt Aufträge des Sektorenbereichs, die mit dem Ziel vergeben werden sollen, den Auftragsgegenstand an Dritte weiterzuveräußern oder weiterzuvermieten, von der Geltung des § 7 VgV frei. Die Absicht der Weiterveräußerung oder Weitervermietung muss noch **im Zeitpunkt der Auftragsvergabe** vorliegen und sich auf den Vertragsgegenstand selbst beziehen; dieser darf also vor der Weitergabe an den Dritten **nicht be- oder verarbeitet** werden[13]. Voraussetzung für die Freistellung von § 7 VgV ist allerdings, dass der Auftraggeber kein besonderes oder ausschließliches Recht zum Verkauf oder zur Vermietung des Auftragsgegenstands besitzt und ferner andere Unternehmen die Möglichkeit haben, die betreffenden Waren unter gleichen Bedingungen wie der Auftraggeber zu verkaufen oder zu vermieten. Damit ist sichergestellt, dass nur in solchen Märkten von der Geltung des § 7 VgV freigestellt wird, auf denen ein hinreichender Wettbewerb herrscht und die in Rede stehenden Waren allgemein zum Kauf oder zur Miete angeboten werden. 8

---

[11] Ebenso: Opitz, NZBau 2002, 19, 21; Schranner in Ingenstau/Korbion, VOB Teile A und B, 15. Aufl., § 9 VgV Rdn. 7; **ähnlich** Dreher in Immenga/Mestmäcker, GWB, 3. Aufl., § 98 Rdnr. 93, Stickler in Reidt/Stickler/Glahs, Vergaberecht, 2. Aufl., § 9 VgV Rdn. 5 a.E. und Willenbruch in Byok/Jaeger, Kommentar zum Vergaberecht, 2. Aufl., § 9 VgV Rdn. 1551, die es ausreichen lassen, wenn die zu beschaffende Leistung die Sektorentätigkeit ermöglicht, erleichtert oder fördert; **zu weitgehend** Franckenstein, NZBau 2000, 269, 270, der es genügen lassen will, wenn die Auftragsleistung nur möglicherweise zur Bedarfsdeckung im Sektorenbereich beiträgt; **zu eng** Heiermann/Müller/Franke, Kommentar zur VOB/A SKR, 1994, § 1 SKR Rdn. 11, die darauf abstellen, ob die mit der Anschaffung zu erledigende Aufgabe für den Sektorenbereich wesentlich ist; ähnlich Kemper in Jestaedt/Marx/Prieß, Das Recht der Auftragsvergabe, S. 126 f., der auf den Schwerpunkt der Aufgabe abstellt.

[12] Schranner in Ingenstau/Korbion, VOB Teile A und B, 15. Aufl., § 9 VgV Rdn. 8.

[13] Schranner in Ingenstau/Korbion, VOB Teile A und B, 15. Aufl., § 9 VgV Rdn. 9.

4. Aufträge zur Beschaffung von Wasser und Energie (Abs. 5)

9 § 9 Abs. 5 VgV stellt die Beschaffung von Trinkwasser durch Unternehmen, die auf den Sektor der Trinkwasserversorgung im Sinne von § 8 Nr. 1 VgV tätig sind, von der Vorschrift des § 7 VgV frei. Anlass für diese Freistellung ist ausweislich des Erwägungsgrunds 15 der Sektorenrichtlinie die Annahme, dass Trinkwasser aus in der Nähe des Verwendungsortes gelegenen Quellen eingekauft werden muss, weshalb eine europaweite Ausschreibung vernünftigerweise ausscheidet. Freigestellt ist daneben für Sektorenauftraggeber nach § 8 Nr. 2 VgV die Beschaffung von Energie sowie für Sektorenauftraggeber nach § 8 Nr. 3 VgV der Einkauf von Brennstoffen, sofern mit deren Hilfe Energie erzeugt wird[14].

§ 10 Freistellung verbundener Unternehmen

(1) § 7 gilt nicht für Dienstleistungsaufträge,
1. die ein Auftraggeber an ein mit ihm verbundenes Unternehmen vergibt,
2. die ein gemeinsames Unternehmen, das mehrere Auftraggeber zur Durchführung von Tätigkeiten im Sinne des § 8 gebildet haben, an einen dieser Auftraggeber oder an ein Unternehmen vergibt, das mit einem dieser Auftraggeber verbunden ist,
sofern mindestens 80 vom Hundert des von diesem Unternehmen während der letzten drei Jahre in der Europäischen Gemeinschaft erzielten durchschnittlichen Umsatzes im Dienstleistungssektor aus der Erbringung dieser Dienstleistungen für die mit ihm verbundenen Unternehmen stammen. Satz 1 gilt auch, sofern das Unternehmen noch keine drei Jahre besteht, wenn zu erwarten ist, dass in den ersten drei Jahren seines Bestehens mindestens 80 vom Hundert erreicht werden. Werden die gleichen oder gleichartigen Dienstleistungen von mehr als einem mit dem Auftraggeber verbundenen Unternehmen erbracht, ist der Gesamtumsatz in der Europäischen Gemeinschaft zu berücksichtigen, der sich für diese Unternehmen aus der Erbringung von Dienstleistungen ergibt. Die Auftraggeber teilen der Kommission der Europäischen Gemeinschaften auf deren Verlangen den Namen der Unternehmen, die Art und den Wert des jeweiligen Dienstleistungsauftrages und alle Angaben mit, welche die Kommission der Europäischen Gemeinschaften zur Prüfung für erforderlich hält.

(2) Ein verbundenes Unternehmen im Sinne des Absatzes 1 ist ein Unternehmen, das als Mutter- oder Tochterunternehmen im Sinne des § 290 Abs. 1 des Handelsgesetzbuches gilt, ohne dass es auf die Rechtsform und den Sitz ankommt. Im Fall von Auftraggebern, auf die § 290 Abs. 1 des Handelsgesetzbuches nicht zutrifft, sind verbundene Unternehmen diejenigen, auf die der Auftraggeber unmittelbar oder mittelbar einen beherrschenden Einfluss ausüben kann, insbesondere auf Grund der Eigentumsverhältnisse, der finanziellen Beteiligung oder der für das Unternehmen geltenden Vorschriften. Es wird vermutet, dass ein beherrschender Einfluss ausgeübt wird, wenn der Auftraggeber
1. die Mehrheit des gezeichneten Kapitals des Unternehmens besitzt oder
2. über die Mehrheit der mit den Anteilen des Unternehmens verbundenen Stimmrechte verfügt oder
3. mehr als die Hälfte der Mitglieder des Verwaltungs-, Leitungs- oder Aufsichtsorgans des Unternehmens bestellen kann.
Verbundene Unternehmen sind auch diejenigen, die einen beherrschenden Einfluss im Sinne des Satzes 3 auf den Auftraggeber ausüben können oder die ebenso wie der Auftraggeber einem beherrschenden Einfluss eines anderen Unternehmens unterliegen.

Übersicht

[14] Ausführlich dazu: Prieß, DB 1998, 405 ff.

I. Allgemeines

Wie sich aus der Legaldefinition des öffentlichen Auftrags in § 99 Abs. 1 GWB ergibt, liegt ein vergaberechtlich relevanter Beschaffungsvorgang dann vor, wenn ein öffentlicher Auftraggeber einen entgeltlichen (Liefer-, Dienstleistungs- oder Bau-)Vertrag mit einem Unternehmen abschließt. Nach der Systematik des Kartellvergaberechts muss es sich bei dem zu beauftragenden Unternehmen um eine vom Auftraggeber rechtlich verschiedene natürliche oder juristische Person (des öffentlichen oder privaten Rechts) handeln[1]. **Beschaffungsvorgänge**, die der öffentliche Auftraggeber **im internen Bereich** durchführt, scheiden von vornherein aus dem Anwendungsbereich des Vergaberechts aus. In der Sache geht es dabei zum Beispiel um die Bedarfsdeckung innerhalb derselben Körperschaft, indem etwa Land oder Bund die benötigte Leistung durch eine eigene Behörde oder die Kommune die nachgefragte Leistung durch einen Eigenbetrieb erbringen lassen. Umgekehrt ist das Vergaberecht grundsätzlich anwendbar, wenn der öffentliche Auftraggeber seinen Bedarf bei einem juristisch selbständigen Drittunternehmen deckt. Ob er mit jenem Unternehmen wirtschaftlich, organisatorisch oder personell verflochten ist, spielt an sich keine Rolle. Eine Ausnahme gilt lediglich für den Bereich der sog. **In-house-Vergaben**[2]. Gemeint ist damit die Beauftragung von Unternehmen, die zwar rechtlich selbständig sind, gegenüber dem öffentlichen Auftraggeber indes keine eigene Entscheidungsgewalt besitzen. Nach der Rechtsprechung des EuGH[3] ist dazu erforderlich, dass (1) der öffentliche Auftraggeber an dem zu beauftragenden Unternehmen beteiligt ist, (2) der öffentliche Auftraggeber über jenes (rechtlich selbständige) Unternehmen eine Kontrolle ausüben kann wie über die eigene Dienststelle und (3) der Auftragnehmer seine Tätigkeit im Wesentlichen für den Auftraggeber verrichtet. Was die erforderlichen Kontrollmöglichkeiten des öffentlichen Auftraggebers betrifft, ist durch den EuGH[4] geklärt, dass eine Kontrolle wie über eine eigene Dienststelle immer dann ausscheidet, wenn am Kapital des zu beauftragenden Unternehmens auch ein privates Unternehmen beteiligt ist. Die Höhe der Beteiligung ist dabei ohne Belang; es schadet schon jede Minderheitsbeteiligung. Befindet sich das zu beauftragende Unternehmen im ausschließlichen Anteilsbesitz der öffentlichen Hand, scheidet ein In-house-Geschäft zudem dann aus, wenn die Gesellschaft bei ihrer wettbewerbsorientierten Tätigkeit weitgehende Entscheidungsfreiheit gegenüber dem öffentlichen Anteilseigner genießt. Erforderlich ist dazu eine Gesamtbetrachtung, wobei es in diesem Zusammenhang auf die „Natur" der Gesellschaftsform, die sachliche Ausrichtung des Gesellschaftszwecks der kommunale Gesellschaft über die Bereiche der Daseinsvorsorge hinaus, die (über)örtliche Betätigung der Gesellschaft, die Möglichkeit der Aufnahme privater Anteilseigner sowie den Umfang der Vollmachten der Geschäftsführung, die ohne Kontrolle des öffentlichen Anteilseigners ausgeübt werden können, ankommt[5]. Offen ist demgegenüber, ab welcher Quote von einer „wesentlichen" Tätigkeit für den Auftraggeber im Sinne der Voraussetzung (3) gesprochen werden kann. In der Literatur werden hierzu im Wesentlichen Anteile zwischen 10% und 1

[1] Vgl. auch EuGH, NZBau 2005, 111, 115 – *Stadt Halle/RPL Recyclingpark Lochau GmbH/TREA Leuna*; dazu auch Krohn, NZBau 2005, 92; Lotze, VergabeR 2005, 278.

[2] Vgl. dazu im Einzelnen: Dreher, NZBau 2004, 14 ff.; ders. in Immenga/Mestmäcker, GWB, 3. Aufl., § 99 Rdn. 3 ff.; Krohn, NZBau 2005, 92 ff.; Hailbronner in Byok/Jaeger, Kommentar zum Vergaberecht, 2. Aufl., § 99 Rdn. 440 ff.; Riese/van den Eikel, VergabeR 2005, 590 ff.

[3] NZBau 2000, 90, 91 – Urt. v. 18.11.1999 – *Teckal*; zuletzt: NZBau 2005, 111, 114 f. – *Stadt Halle/RPL Recyclingpark Lochau GmbH/TREA Leuna*.

[4] EuGH, NZBau 2000, 90, 91 – *Teckal*; zuletzt: NZBau 2005, 111, 114 f. – *Stadt Halle/RPL Recyclingpark Lochau GmbH/TREA Leuna*.

[5] EuGH, NZBau 2005, 644, 648 ff. – *Parking Brixen GmbH Gemeinde Brixen und Stadtwerke Brixen AG*; vgl. dazu Jennert, NZBau 2005, 623, 625 f.

20 % diskutiert[6]. Der EuGH[7] geht davon aus, dass das fragliche Unternehmen hauptsächlich für den öffentlichen Auftraggeber tätig werden muss und jede andere Tätigkeit rein nebensächlich ist, wobei in die Betrachtung alle Tätigkeiten einzubeziehen sind, die das Unternehmen aufgrund einer Vergabe durch den öffentlichen Auftraggeber verrichtet, unabhängig davon, wer diese Tätigkeit vergütet (der öffentliche Auftraggeber oder der Nutzer der Leistung) und in welchem Gebiet diese Tätigkeit ausgeübt wird.

2 § 10 Abs. 1 VgV normiert über den Bereich der „In-house-Vergaben" hinaus für **Sektorenauftraggeber**, die **Dienstleistungsaufträge** vergeben wollen, ein Konzernprivileg. Die Vorschrift stellt Dienstleistungsaufträge, die entweder ein Sektorenauftraggeber an ein mit ihm verbundenes Unternehmen (§ 10 Abs. 1 Nr. 1 VgV) oder die ein im Sektorenbereich tätiges Gemeinschaftsunternehmen an ein Unternehmen seiner Anteilseigner (§ 10 Abs. 1 Nr. 2 1. Alt.VgV) oder an ein Verbundunternehmen seiner Anteilseigner (§ 10 Abs. 1 Nr. 2 2. Alt. VgV) vergeben will, von der Vorschrift des § 7 VgV frei. Anders als bei der „In-house-Vergabe" sind diese Beschaffungsvorgänge damit allerdings nicht von vornherein dem Vergaberecht entzogen. Es stellt sich deshalb die Frage, ob im Geltungsbereich des § 10 Abs. 1 VgV **auf** die allgemeinen Vorschriften der **§§ 4 bis 6 VgV zurückzugreifen ist**. Insoweit gilt: Auftraggeber, die (lediglich[8]) unter § 98 Nr. 4 GWB fallen, sind vom Vergaberecht befreit. Sie unterfallen nicht dem Anwendungsbereich der §§ 4 bis 6 VgV, sind über § 10 Abs. 1 VgV auch von § 7 Abs. 2 VgV befreit und haben wegen § 100 Abs. 2 lit. I GWB auch nicht die Regeln des Kartellvergaberechts zu beachten. Bei den öffentlichen Auftraggebern nach § 98 Nr. 1 bis 3 GWB könnte demgegenüber ein Rückgriff auf §§ 4 bis 6 VgV nahe liegen[9]. Das würde allerdings zu einer Benachteiligung des öffentlichen Auftraggebers im Geltungsbereich des § 10 Abs. 1 VgV führen. Während er nämlich dann, wenn die Voraussetzungen des Konzernprivilegs nicht vorliegen, durch § 7 VgV privilegiert und lediglich dem 3. oder 4. Abschnitt der Verdingungsordnungen unterstellt wäre, hätte er im Anwendungsbereich des Konzernprivilegs nach §§ 4 und 6 VgV die strengeren Regeln des 2. Abschnitts zu beachten. Das ist nicht plausibel und spricht dafür, auch den Auftraggeber nach § 98 Nr. 1 bis 3 GWB beim Eingreifen des Konzernprivilegs von den Vergaberegeln freizustellen und nicht auf die Allgemeinen Bestimmungen der §§ 4 bis 6 VgV zurückzugreifen. Damit steht in Einklang, dass auch § 100 Abs. 2 lit. i) GWB Dienstleistungen im Sektorenbereich zwischen verbundenen Unternehmen generell – d.h. ohne Rücksicht auf die jeweilige Auftraggebereigenschaft nach § 98 GWB – vom Vergaberecht ausnimmt.

3 § 10 Abs. 2 VgV definiert den Begriff des verbundenen Unternehmens im Sinne von § 10 Abs. 1 VgV. Die Norm enthält damit eine besondere vergaberechtliche Begriffsbestimmung des Verbundunternehmens.

II. Voraussetzungen des Konzernprivilegs

1. Auftragsvergaben im Sinne von § 10 Abs. 1 Nr. 1 und 2 VgV

4 § 10 Abs. 1 VgV stellt in Nr. 1 und 2 näher bezeichnete Dienstleistungsaufträge[10] im Sektorenbereich von der Vorschrift des § 7 VgV frei. Normiert sind insgesamt drei Ausnahmetatbestände, und zwar

---

[6] Vgl. hierzu: OLG Naumburg, NZBau 2003, 224, 229; Hailbronner in Byok/Jaeger, Kommentar zum Vergaberecht, 2. Aufl., § 99 Rdn. 442.

[7] NZBau 2006, 453, 455 Rz. 63.

[8] Vgl. die Ausführungen bei §§ 7, 8 VgV unter Abschnitt I. 2. b) = Rdn. 4.

[9] Dafür: Schranner in Ingenstau/Korbion, VOB Teile A und B, 15. Aufl., § 10 VgV Rdn. 2.

[10] Zwar erweitert die neue Sektorenrichtlinie vom 31.3.2004 das Konzernprivileg auf Bau- und Lieferaufträge, die Richtlinienbestimmung entfaltet allerdings im Inland noch keine Rechtswirkungen, weil sie bislang nicht in innerdeutsches Recht umgesetzt worden ist. Eine direkte Geltung der Richtliniennorm scheidet ebenfalls aus, weil dadurch das vergaberechtsfreundliche nationale Recht eingeschränkt würde (vgl. dazu näher: Einleitung VOB/A Abschnitt I 4. c) a.E. = Rdn. 8.

– der Dienstleistungsauftrag, den ein im Sektorenbereich tätiger Auftraggeber an ein mit ihm verbundenes (nicht notwendigerweise ebenfalls im Sektorenbereich tätiges[11]) Unternehmen erteilt (§ 10 Abs. 1 Nr. 1 VgV),
– der Dienstleistungsauftrag, den ein von mehreren Sektorenauftraggebern gebildetes (und in einem der Sektorenbereiche des § 8 VgV tätiges[12]) Gemeinschaftsunternehmen einem seiner Anteilseigner (der im Verhältnis zu diesem Gemeinschaftsunternehmen nicht die Voraussetzungen eines verbundenen Unternehmens erfüllen muss[13]) erteilt (§ 10 Abs. 1 Nr. 2 1. Alt. VgV),
– der Dienstleistungsauftrag, den ein von mehreren Sektorenauftraggebern gebildetes (und im Sektorenbereich auch tätiges) Gemeinschaftsunternehmen an ein Verbundunternehmen eines seiner Anteilseigner vergibt (§ 10 Abs. 1 Nr. 2 2. Alt. VgV).

2. Umsatzschwelle des § 10 Abs. 1 2. Halbsatz VgV 5

6 Liegt einer der drei vorgenannten Auftragskonstellationen vor, hängt das Konzernprivileg von der weiteren Voraussetzung ab, dass das **zu beauftragende Unternehmen**[14] eine bestimmte Umsatzschwelle überschreitet. Bevorzugt werden Auftragsvergaben an solche verbundenen Unternehmen, die ihre Dienstleistungen ganz überwiegend in der eigenen Unternehmensgruppe erbringen und daneben nur in einem geringen Umfang am Markt tätig sind. Bezogen auf den Wirtschaftsraum der **Europäischen Gemeinschaft** muss das zu beauftragende Unternehmen im Durchschnitt der letzten drei Jahre mindestens **80 %** seines Umsatzes **im Dienstleistungssektor** aus Leistungen generiert haben, die es für mit ihm verbundene Unternehmen erbracht hat. Außer Betracht bleiben damit von vornherein Umsätze, die entweder außerhalb der Europäischen Gemeinschaft getätigt oder aus Liefer- und Bauaufträgen erzielt worden sind. Andererseits ist nicht erforderlich, dass 80 % des Umsatzes aus Geschäften gerade mit dem auftraggebenden Unternehmen resultiert. Ausreichend ist vielmehr, dass das beauftragte Unternehmen die 80 %-Schwelle mit Geschäften erreicht, die es mit den **insgesamt verbundenen Unternehmen** getätigt hat. Allerdings wird insoweit zu fordern sein, dass es sich dabei um Dienstleistungen gehandelt hat, die mit den zu vergebenden zumindest vergleichbar sind[15]. Das kann der Formulierung in § 10 Abs. 1 Satz 1 VgV *„... aus der Erbringung* ***dieser*** *Dienstleistungen (Fettdruck hinzugefügt)"* entnommen werden.

7 Besteht das beauftragte Unternehmen noch keine drei Jahre, reicht für die Geltung des Konzernprivilegs die berechtigte **Prognose** aus, dass das zu beauftragende Unternehmen in den ersten drei Jahren seines Bestehens die 80 %-Schwelle erreichen wird (§ 10 Abs. 1 Satz 2 VgV).

8 Werden – bezogen auf den zur Vergabe anstehenden Auftrag – die gleichen oder gleichartige Dienstleistungen von mehreren Verbundunternehmen des Auftraggebers erbracht, ist Bemessungsgrundlage für die 80 %-Schwelle der Gesamtumsatz, den diese Unternehmen im Gebiet der Europäischen Gemeinschaft mit den betreffenden Dienstleistungen insgesamt erwirtschaftet haben (§ 10 Abs. 1 Satz 3 VgV).

9 § 10 Abs. 1 Satz 4 VgV enthält im Interesse einer effektiven Kontrolle, ob die Voraussetzungen des Konzernprivilegs im Einzelfall erfüllt sind, die Verpflichtung des öffentlichen Auftragebers, der EU-Kommission auf Verlangen näher bezeichnete Einzelheiten des in Rede stehenden Auftrags mitzuteilen.

---

[11] Ebenso: Schranner in Ingenstau/Korbion, VOB Teile A und B, 15. Aufl., § 10 VgV Rdn. 4.

[12] Ebenso: Schranner in Ingenstau/Korbion, VOB Teile A und B, 15. Aufl., § 10 VgV Rdn. 4.

[13] Ebenso: Schranner in Ingenstau/Korbion, VOB Teile A und B, 15. Aufl., § 10 VgV Rdn. 4.

[14] **Unzutreffend** Stickler in Reidt/Stickler/Glahs, Vergaberecht, 2. Aufl., § 10 VgV Rdn. 3, der bei § 10 Abs. 1 Nr. 2 VgV auf das beauftragende Gemeinschaftsunternehmen abstellen will; dass es für die Umsatzschwelle richtigerweise alleine auf das zu beauftragende Unternehmen ankommt, ist Erwägungsgrund 32 der Sektorenrichtlinie zu entnehmen, in dem es heißt: „Es ist eine Ausnahme zu machen für bestimmte Dienstleistungsaufträge, die **an ein** verbundenes Unternehmen vergeben werden, **dessen** Haupttätigkeit im Dienstleistungssektor nicht darin besteht, seine Dienstleistungen auf dem Markt anzubieten, sondern sie der Unternehmensgruppe bereitzustellen, der es angehört (Fettdruck hinzugefügt)".

[15] Ebenso: Schranner in Ingenstau/Korbion, VOB Teile A und B, 15. Aufl., § 10 VgV Rdn. 6.

III. Begriff des verbundenen Unternehmens

§ 10 Abs. 2 VgV enthält eine vergaberechtliche Legaldefinition des Begriffs des verbundenen Unternehmens.

1. Unternehmen im Sinne von § 290 Abs. 1 HGB

10 Gemäß § 10 Abs. 2 Satz 1 VgV gelten – ohne Rücksicht auf die Rechtsform und den Unternehmenssitz – als verbunden zunächst diejenigen Unternehmen, die als **Mutter- oder Tochterunternehmen** im Sinne von § 290 Abs. 1 HGB anzusehen sind. Dies ist dann der Fall, wenn das eine Unternehmen (Tochter) unter der einheitlichen Leitung des anderen Unternehmens (Mutter) steht und – wie sich aus §§ 290 Abs. 1, 271 Abs. 1 Satz 3 HGB ergibt – das letztgenannte Unternehmen (Mutter) an dem erstgenannten Unternehmen (Tochter) eine Kapitalbeteiligung von mehr als 20 % hält.

2. Vom Auftraggeber beherrschte Unternehmen

11 Liegen die Voraussetzungen des § 290 Abs. 1 HGB nicht vor, gelten nach § 10 Abs. 2 Satz 2 VgV weiterhin solche Unternehmen als verbunden, auf die der öffentliche Auftraggeber unmittelbar oder mittelbar einen **beherrschenden Einfluss** ausüben kann. Als Mittel der Einflussnahme nennt die Vorschrift beispielhaft die Eigentumsverhältnisse, die finanzielle Beteiligung des Auftraggebers oder die für das Unternehmen geltenden Vorschriften. Die Möglichkeit eines beherrschenden Einflusses wird nach § 10 Abs. 2 Satz 3 VgV **vermutet**, wenn der Auftraggeber die Kapitalmehrheit oder die Mehrheit der mit den Anteilen des Unternehmens verbundenen Stimmrechte besitzt oder er mehr als die Hälfte der Mitglieder des Verwaltungs-, Leitungs- oder Aufsichtsorgans des Unternehmens bestellen kann. Die Vermutung ist im Einzelfall widerlegbar.

3. Den Auftraggeber beherrschende Unternehmen

12 § 10 Abs. 2 Satz VgV ordnet an, dass auch diejenigen Unternehmen als mit dem öffentlichen Auftraggeber verbunden gelten, die nicht von diesem beherrscht werden, sondern umgekehrt ihrerseits auf den Auftraggeber einen beherrschenden Einfluss im Sinne von § 10 Abs. 2 Satz 3 VgV ausüben können. Verbunden sind schließlich auch diejenigen Unternehmen, die ebenso wie der öffentliche Auftraggeber dem beherrschenden Einfluss eines dritten Unternehmens unterliegen. Erfasst werden damit insbesondere die Aufträge, die der Auftraggeber an Schwesterunternehmen erteilt.

§ 11 Auftraggeber nach dem Bundesberggesetz

(1) Die in § 98 Nr. 1 bis 4 GWB genannten Auftraggeber, die nach dem Bundesberggesetz eine Berechtigung zur Aufsuchung oder Gewinnung von Erdöl, Gas, Kohle oder anderen Festbrennstoffen erhalten haben, haben bei der Vergabe von Aufträgen zum Zwecke der Durchführung der zuvor bezeichneten Tätigkeiten den Grundsatz der Nichtdiskriminierung und der wettbewerbsorientierten Auftragsvergabe zu beachten. Insbesondere haben sie Unternehmen, die ein Interesse an einem solchen Auftrag haben können, ausreichende Informationen zur Verfügung zu stellen und bei der Auftragsvergabe objektive Kriterien zugrunde zu legen. Auf Aufträge, die die Beschaffung von Energie oder Brennstoffen zur Energieerzeugung zum Gegenstand haben, sind die Sätze 1 und 2 nicht anzuwenden.

(2) Die in Absatz 1 genannten Auftraggeber erteilen der Kommission der Europäischen Gemeinschaften unter den von dieser festgelegten Bedingungen Auskunft über die Vergabe der unter diese Vorschrift fallenden Aufträge.

§ 12 Drittlandsklausel

Auftraggeber, die eine der in § 8 genannten Tätigkeiten ausüben, können bei Lieferaufträgen Angebote zurückweisen, bei denen der Warenanteil zu mehr als 50 vom Hundert des Gesamtwertes aus Ländern stammt, die nicht Vertragsparteien des Abkommens über den Europäischen Wirtschaftsraum sind und mit denen auch keine sonstigen Vereinbarungen über gegenseitigen Marktzugang bestehen. Das Bundesministerium für Wirtschaft und Arbeit gibt im Bundesanzeiger bekannt, mit welchen Ländern und auf welchen Sektoren solche Vereinbarungen bestehen. Sind zwei oder mehrere Warenangebote nach den Zuschlagskriterien des § 25 b Nr. 1 Abs. 1 oder § 11 SKR Nr. 1 Abs. 1 VOL/A gleichwertig, so ist das Angebot zu bevorzugen, das nicht nach Satz 1 zurückgewiesen werden kann. Die Preise sind als gleichwertig anzusehen, wenn sie um nicht mehr als 3 vom Hundert voneinander abweichen. Die Bevorzugung unterbleibt, sofern sie den Auftraggeber zum Erwerb von Ausrüstungen zwingen würde, die andere technische Merkmale als bereits genutzte Ausrüstungen haben und dadurch zu Inkompatibilität oder technischen Schwierigkeiten bei Betrieb und Wartung oder zu unverhältnismäßigen Kosten führen würden. Software, die in der Ausstattung für Telekommunikationsnetze verwendet wird, gilt als Ware im Sinne dieses Absatzes.

§ 13 Informationspflicht

Der Auftraggeber informiert die Bieter, deren Angebote nicht berücksichtigt werden sollen, über den Namen des Bieters, dessen Angebot angenommen werden soll und über den Grund der vorgesehenen Nichtberücksichtigung ihres Angebotes. Er sendet diese Information in Textform spätestens 14 Kalendertage vor dem Vertragsabschluss ab. Die Frist beginnt am Tag nach der Absendung der Information durch den Auftraggeber. Auf den Tag des Zugangs der Information beim Bieter kommt es nicht an. Ein Vertrag darf vor Ablauf der Frist oder ohne dass die Information erteilt worden und die Frist abgelaufen ist, nicht geschlossen werden. Ein dennoch abgeschlossener Vertrag ist nichtig.

Übersicht

A. Einleitung

1 § 13 VgV enthält zwei Regelungstatbestände. In **Satz 1 und 2** wird die **sog. Vorabinformationspflicht** des öffentlichen Auftraggebers geregelt. Er ist verpflichtet, die Bieter, deren Angebote nicht berücksichtigt werden sollen, schriftlich spätestens 14 Kalendertage vor dem Vertragsschluss über den Namen des für den Zuschlag vorgesehenen Mitbewerbers sowie über den Grund der beabsichtigten Nichtberücksichtigung ihres eigenen Angebots zu informieren. **Satz 5** enthält das **Verbot**, den Vertrag ohne eine solche vorherige Information zu schließen, und bestimmt die **Nichtigkeit** eines unter Verstoß gegen dieses Verbot abgeschlossenen Vertrages **(Satz 6)**.

Ziel der Vorschrift ist es, lückenlosen Primärrechtsschutz im Vergabe- und Vergabenachprüfungsverfahren zu gewährleisten.[1] Sie ist als Reaktion auf die Entscheidung des EuGH in Sachen Alcatel – Austria AG[2] in die VgV aufgenommen worden. In diesem Urteil hat der EuGH das Zusammenfallen von Zuschlag und Vertragsschluss, wie es im deutschen und auch im österreichischen Vergaberecht der Fall ist, zwar nicht generell für unzulässig erachtet. Es müsse jedoch sichergestellt sein, dass die dem Vertragsschluss vorausgehende Entscheidung über die Auswahl des künftigen Vertragspartners überprüft und noch korrigiert werden kann. Gerade dies wird durch § 13 VgV sichergestellt. In §§ 114 Abs. 2 Satz 1, 123 Satz 4 GWB ist angeordnet, dass ein aufgrund der Zuschlagserteilung geschlossener Vertrag im Vergabenachprüfungsverfahren nicht mehr aufgehoben werden kann. Dies bedeutet, dass nach wirksamer Erteilung des Zuschlags ein Nachprüfungsantrag nicht mehr – auch nicht als Fortsetzungsfeststellungsantrag – zulässig ist.[3] Der öffentlichen Auftraggeber kann von dem nicht berücksichtigten Bieter nur noch im Wege des Sekundärrechtschutzes vor den ordentlichen Gerichten auf Zahlung von Schadensersatz in Anspruch genommen werden. Durch die Verpflichtung des Auftraggebers, die nicht berücksichtigten Bieter über den beabsichtigten Zuschlag zu informieren, erhalten sie die Möglichkeit, die getroffene Auswahlentscheidung noch vor der Zuschlagserteilung im Wege eines Nachprüfungsverfahrens anzufechten, ohne dass sie unterdessen mit einer Beendigung des Vergabeverfahrens durch wirksame Zuschlagserteilung rechnen müssen. § 13 VgV bestimmt für Dauer von 14 Tagen beginnend am Tag nach Absendung der Information ein Zuschlagsverbot mit der Folge, dass ein dennoch erteilter Zuschlag nichtig ist. Strengt ein Bieter sodann ein Vergabenachprüfungsverfahren an, wird der Primärrechtsschutz darüber hinaus durch die §§ 115 Abs. 1, 118 Abs. 1 GWB gesichert. Die Zustellung des Vergabenachprüfungsantrags an den Auftraggeber hat ein Zuschlags-

[1] Portz in Ingenstau/Korbion, VOB Teil A und B, VgV, § 13 Rdn. 5; Kühnen in Byok/Jaeger, Kommentar zum Vergaberecht, 2. Aufl., VgV, § 13 Rdn. 1563; Erdl VergabeR 2001, 10, 12; Portz VergabeR 2002, 211, 212 m.w.Nachw.; Hailbronner NZBau 2002, 474, 476.
[2] EuGH, Slg. 1999 I–7671, NZBau 2000, 33.
[3] BGH NZBau 2001, 151.

verbot zur Folge (§ 115 Abs. 1 GWB), das für die Dauer des gesamten Nachprüfungsverfahrens vor der Vergabekammer und darüber hinaus bis zum Ablauf der zweiwöchigen Beschwerdefrist des § 117 Abs. 1 GWB gilt. Im Beschwerdeverfahren verlängert sich das Zuschlagsverbot gemäß § 118 Abs. 1 Satz 1 GWB bis zwei Wochen nach Ablauf der Beschwerdefrist. Danach gerät das Zuschlagsverbot automatisch zum Fortfall, es sei denn, der Beschwerdeführer beantragt mit Erfolg die Verlängerung der aufschiebenden Wirkung der Beschwerde bis zur abschließenden Entscheidung über seinen Rechtsbehelf (§ 118 Abs. 1 Satz 3 GWB).

B. Geltungsbereich der Vorschrift

I. Geltung für alle Vergabearten

2 Die in § 13 Satz 1 und 2 VgV geregelte Informationspflicht findet auf **alle Arten der Vergabe** und damit auch auf das Verhandlungsverfahren[4] Anwendung, soweit jeweils der maßgebliche Schwellenwert (§ 2 VgV) erreicht oder überschritten ist. Die Informationspflicht und die Nichtigkeitsfolge für öffentlichen Aufträge nach § 99 Abs. 1 GWB im Falle ihrer Missachtung sind Teil eines nach Maßgabe des Gesetzes gegen Wettbewerbsbeschränkungen eingeleiteten und durchgeführten geregelten Vergabeverfahrens.[5]

II. Adressat der Bieterinformation

3 § 13 Satz 1 VgV schreibt die Information der Bieter vor, deren Angebote nicht berücksichtigt werden sollen. Bieter im Sinne dieser Vorschrift sind auf jeden Fall die Unternehmen, die ein Angebot zu einem bestimmten Beschaffungsvorhaben abgegeben haben (formaler Bieter- oder Bewerberstatus). Darüber hinaus gebietet der auf effektiven Primärrechtsschutz gerichtete Schutzzweck des § 13 VgV, auch die Unternehmen von der beabsichtigten Zuschlagserteilung zu informieren, die gegenüber dem Auftraggeber ein Interesse am Erhalt des zu vergebenden Auftrags bekundet haben, sich jedoch infolge eines vergaberechtswidrigen Verhaltens des Auftraggebers an dem Vergabeverfahren nicht durch Abgabe eines Angebotes beteiligen konnten[6] (materieller Bieter- oder Bewerberstatus). Das rein potentielle Interesse eines Unternehmens an dem ausgeschriebenen Auftrag, das dem öffentlichen Auftraggeber gegenüber nicht hervorgetreten ist, ist demgegenüber ohne Bedeutung.[7]

Demzufolge ist ein Unternehmen über die beabsichtigte Zuschlagserteilung zu informieren, wenn es im Rahmen eines Verhandlungsverfahrens oder bei einer Beschränkten Ausschreibung nach Öffentlichem Teilnahmewettbewerb vergaberechtsfehlerhaft nicht zum Verhandlungsverfahren oder zur Angebotsabgabe zugelassen worden ist, obwohl es dem Auftraggeber gegenüber Interesse am Auftrag angezeigt oder sich um eine Auftragserteilung beworben hat. Gleiches gilt, wenn ein Unternehmen in der vom Auftraggeber aufgehobenen öffentlichen Ausschreibung ein Angebot abgegeben hat und an der anschließenden freihändigen Vergabe zur Deckung des materiell unverändert gebliebenen Beschaffungsbedarfs nicht mehr beteiligt worden ist.[8]

---

[4] OLG Düsseldorf VergabeR 2005, 508, 509 – *Bildungsmaßnahmen II*; Thüringer OLG VergabeR 2004, 113, 117; OLG Düsseldorf VergabeR 2003, 435, 443; OLG Dresden VergabeR 2002, 142, 144 – *Müllentsorgungsfahrzeuge*.

[5] BGH VergabeR 2005, 328, 334 – *Altpapierverwertung II;* BGH NZBau 2004, 229; OLG Düsseldorf NZBau 2005, 535; Erdl VergabeR 2001, 10, 12.

[6] OLG Dresden VergabeR 2002, 142, 144 – *Müllentsorgungsfahrzeuge*; OLG Düsseldorf VergabeR 2003, 435 – *Bundeswehrkampfstiefel*; OLG Jena VergabeR 2004, 113; OLG Düsseldorf VergabeR 2005, 508, 510 – *Bildungsmaßnahmen II*; OLG Düsseldorf NZBau 2005, 535; OLG Celle, Beschluss v. 14.9.2006, 13 Verg 3/06.

[7] OLG Düsseldorf NZBau 2005, 535.

[8] OLG Dresden VergabeR 2002, 142, 144 – *Müllentsorgungsfahrzeuge*; OLG Düsseldorf VergabeR 2003, 435 – *Bundeswehrkampfstiefel*; OLG Jena VergabeR 2004, 113; OLG Düsseldorf VergabeR 2005, 508, 510 – *Bildungsmaßnahmen II*; OLG Düsseldorf NZBau 2005, 535.

Da nur die Bieter zu informieren sind, deren Angebote (in vollem Umfang oder auch nur teilweise) nicht berücksichtigt werden sollen, besteht keine Informationspflicht gegenüber dem Bieter, der den Zuschlag erhalten soll. Abgesehen davon, dass eine Unterrichtung des erfolgreichen Bieters im ureigensten Interesse des Auftraggebers liegt, ist dieser Bieter auch nicht rechtsschutzbedürftig.

C. Inhalt der Bieterinformation

4 Der Auftraggeber hat die Bieter, deren Angebote nicht berücksichtigt werden sollen, über den **Namen des Bieters**, dessen Angebot angenommen werden soll, und über den **Grund der vorgesehenen Nichtberücksichtigung** ihres Angebots zu informieren.

I. Umfang der Begründung

5 Die Mitteilung des Namens des Bieters ist in der Regel unproblematisch. Die Angabe des Grundes der vorgesehenen Nichtberücksichtigung stellt den öffentlichen Auftraggeber hingegen vor die Frage, wie ausführlich dies geschehen muss. Der Umfang der Information wird entscheidend durch den Zweck bestimmt, der mit der Informationspflicht nach § 13 VgV erreicht werden soll. Die Information soll dem nicht berücksichtigten Bieter ermöglichen, eine Beurteilung der Vergabeentscheidung und der Erfolgsaussichten des ihm zustehenden Vergaberechtsschutzes vornehmen zu können. Er soll durch die Information in die Lage versetzt werden beurteilen zu können, ob die Ablehnung seines Angebots tragfähig ist oder nicht, um auf dieser Basis über die mögliche Einleitung eines Nachprüfungsverfahrens entscheiden zu können. Hieraus folgt, dass die Begründung auf den Einzelfall zugeschnitten sein muss und ihre Ausführlichkeit von den jeweiligen Umständen des Einzelfalls abhängt. Gleichwohl sind an den Inhalt der Bieterinformation keine überspannten Anforderungen zu stellen. Nach dem Willen des Verordnungsgebers ist ein Standardtext ausreichend, der die jeweils für den Einzelfall tragende Begründung enthält.[9] Auch ist nach dem Wortlaut des § 13 VgV nur der Grund für die Nichtberücksichtigung anzugeben, und nicht die Gründe oder gar eine Begründung. Der öffentliche Auftraggeber darf sich daher kurz fassen. Das Informationsschreiben ist nicht mit Gründen zu versehen, die dem Inhalt des Vergabevermerks über die Angebotsauswertung oder der Begründung eines schriftlichen Verwaltungsakts entsprechen. Erforderlich aber auch ausreichend ist vielmehr, dass der Auftraggeber **verständlich, präzise** und **wahrheitsgemäß** den Grund benennt, warum das Angebot des zu unterrichtenden Bieters bei der Vorentscheidung erfolglos geblieben ist.[10] Er kann für diese Information auch ein Formular oder Formblatt verwenden.[11] In der Regel wird der Auftraggeber bei Verwendung eines Formulars den jeweiligen vorformulierten Ausschluss- oder Nichtberücksichtigungsgrund des einzelnen Angebots ankreuzen und durch eine stichwortartige Begründung ergänzen.

Die genannten inhaltlichen Anforderungen sind nicht erfüllt, wenn dem Bieter lediglich unter Hinweis auf die Vorschriften der Verdingungsordnungen[12] mitgeteilt wird, sein Angebot sei nicht das wirtschaftlichste gewesen.[13]

---

[9] BT-Drucks. 455/00, Seite 18.

[10] OLG Düsseldorf VergabeR 2001, 429, 430; Bay ObLG VergabeR 2002, 383, 384 –*Schlaflabor*; BayObLG VergabeR 2002, 637, 638 – *Abfallentsorgung Garmisch*; OLG Koblenz VergabeR 2002, 384, 386 – *Hochwasserschutz Oberbillig* – mit zustimmender Anm. Glahs/Külpmann; KG NZBau 2002, 522, 523; Portz in Ingenstau/Korbion, VOB Teil A und B, VgV, § 13 Rdn. 10; Kühnen in Byok/Jaeger, Kommentar zum Vergaberecht, 2. Aufl., VgV, § 13 Rdn. 1569.

[11] Vgl. das Formblatt für VOB-Vergaben abgedruckt in NZBau 2001, 128.

[12] §§ 27 Nr. 1 und 2, 27 a Nr. 1 VOB/A, §§ 27 Nr. 1 und 2, 27 a Nr. 1 VOL/A; § 17 Abs. 4 Satz 1 VOF.

[13] KG Berlin VergabeR 2002, 235, 238; BayObLG VergabeR 2001, 438, 441 mit Anm. Horn; Portz in Ingenstau/Korbion, VOB Teil A und B, VgV, § 13 Rdn. 10; Kühnen in Byok/Jaeger, Kommentar zum Vergaberecht, 2. Aufl., VgV, § 13 Rdn. 1569.

II. Aufhebung des Vergabeverfahrens

6 Aus § 13 VgV folgt nicht die Verpflichtung der Vergabestelle, die Bieter über die beabsichtigte Aufhebung des Vergabeverfahrens zu informieren.[14] Der Wortlaut der Norm ist eindeutig. Er bezieht sich nur auf den unmittelbar bevorstehenden Abschluss eines Vertrages mit dem ausgewählten Bieter. Eine analoge Anwendung der Vorschrift kommt nicht in Betracht, denn der Verordnungsgeber hat die Informationspflicht des öffentlichen Auftraggebers ganz bewusst nicht auf die geplante Aufhebung des Vergabeverfahrens erstreckt.[15] Dies bedeutet aber nicht, dass die Bieter über die beabsichtigte Aufhebung einer Ausschreibung nicht in Kenntnis zu setzen sind. Der öffentliche Auftraggeber ist gemäß § 26 Nr. 2 VOB/A bzw. § 26 Nr. 4 VOL/A verpflichtet, die Bieter von der Aufhebung der Ausschreibung unter Angabe der Gründe zu unterrichten. Inhaltlich sind an diese Benachrichtigung keine höheren Anforderungen zu stellen als an die Vorabinformation nach § 13 Satz 1 VgV.[16]

III. Erneute Information

7 Hat der öffentliche Auftraggeber die Vorabinformation nach § 13 VgV erteilt und muss er die Angebotswertung infolge einer Rüge oder eines erfolgreich durchgeführten Nachprüfungsverfahren erneut durchführen, entsteht die Informationspflicht wieder neu.[17] Er ist verpflichtet, die nicht zum Zuge kommenden Bieter über das Ergebnis seiner neuen Auswahlentscheidung zu informieren. Dies gilt unabhängig davon, ob die neue Angebotswertung überhaupt, sei es hinsichtlich des erstplatzierten Bieters oder der Begründung der Auswahlentscheidung, zu einem abweichenden Ergebnis geführt hat. Die nicht für den Zuschlag vorgesehenen Bieter müssen in jedem Fall die Möglichkeit haben, die aktuelle Auswahlentscheidung auf etwaige neue Vergaberechtsfehler zu überprüfen und gegebenenfalls ein Nachprüfungsverfahren zur Wahrung ihrer Rechte einzuleiten.

IV. Informationspflicht nach §§ 27 Nr. 1, 27 a VOB/A

8 Die Pflicht zur Vorabinformation über den Zuschlag nach § 13 Satz 1 und 2 GWB wird durch die in §§ 27 Nr. 1, 27 a Nr. 1 VOB/A geregelte Informationspflicht[18] nicht berührt, insbesondere wird sie hierdurch nicht verdrängt.[19]

Gemäß §§ 27 Nr. 1, 27 a Nr. 1 VOB/A hat der öffentliche Auftraggeber den bei der Auftragsvergabe nicht berücksichtigten Bewerbern oder Bietern auf schriftlichen Antrag hin innerhalb einer Frist von fünfzehn Tagen nach Eingang des Antrags (und Eintritt des die Mitteilung auslösenden Ereignisses[20]) die Gründe für die Nichtberücksichtigung ihrer Bewerbung oder ihres Angebots und den Namen des erfolgreichen Bewerbers mitzuteilen. Gemäß § 27 a Nr. 1 VOB/A sind darüber hinaus auch die Merkmale und Vorteile der erfolgreichen Bewerbung offenzule-

---

[14] Portz VergabeR 2002, 211, 216; Wegmann NZBau 2001, 475, 477; Byok NJW 2001, 2295, 2301; Noch, Vergaberecht kompakt, 2. Aufl., Seite 52; Portz in Ingenstau/Korbion, VOB Teil A und B, VgV, § 13 Rdn. 15 f.; Kühnen in Byok/Jaeger, Kommentar zum Vergaberecht, 2. Aufl., VgV, § 13 Rdn. 1571; **a.A.:** Erdl, VergabeR 2001, 10, 16/17; zur Möglichkeit, die Aufhebung der Ausschreibung im Nachprüfungsverfahren anzugreifen: vgl. BGH NZBau 2003, 401, 404 f.

[15] Siehe nur Kühnen in Byok/Jaeger, Kommentar zum Vergaberecht, 2. Aufl., VgV, § 13 Rdn. 1571.

[16] OLG Koblenz, VergabeR 2003, 448, 451.

[17] Kühnen in Byok/Jaeger, Kommentar zum Vergaberecht, 2. Aufl., VgV, § 13 Rdn. 1572; Erdl VergabeR 2001, 10, 18.

[18] Ebenso §§ 27 Nr. 1 und 2, 27 a VOL/A, § 17 Abs. 4 Satz 1 VOF.

[19] Kühnen in Byok/Jaeger, Kommentar zum Vergaberecht, 2. Aufl., VgV, § 13 Rdn. 1570; Erdl VergabeR 2001, 10, 21; **a.A.:** Portz in Ingenstau/Korbion, VOB Teil A und B, VgV, § 13 Rdn. 7; Wegmann NZBau 2001, 475.

[20] Portz VergabeR 2002, 211, 213.

gen.[21] § 13 VgV kann nicht dahingehend ausgelegt werden, dass nur die Bieter nach dieser Vorschrift zu informieren sind, die nicht bereits eine Information nach §§ 27 Nr. 1, 27 a Nr. 1 VOB/A erhalten haben. Weder dem Wortlaut noch der Gesetzesbegründung des § 13 VgV ist ein solches Verständnis zu entnehmen. Dies gilt um so mehr, als das Gesetz in § 13 Satz 6 VgV nur an eine Missachtung der in § 13 Satz 1 und 2 VgV vorgesehenen Informationspflicht die – für einen effektiven Primärrechtsschutz wichtige – Rechtsfolge der Nichtigkeit eines gleichwohl erteilten Zuschlags knüpft, hingegen die Nichtberücksichtigung der Informationspflichten der Verdingungsordnungen keine solche Rechtsfolge begründen. Dies schließt allerdings im Einzelfall nicht aus, in der Bieterinformation nach §§ 27 Nr. 1, 27 a Nr. 1 VOB/A zugleich eine solche nach § 13 VgV zu sehen, wenn sie den Anforderungen des § 13 Satz 1 und 2 VgV genügt.[22] Die zeitliche Komponente spielt dabei keine Rolle, denn § 13 Satz 2 VgV normiert mit der vierzehntägigen Frist vor Zuschlagserteilung nur den spätesten Zeitpunkt der Bieterinformation.

C. Form und Frist

I. Form der Bieterinformation

9 Nach § 13 Satz 2 VgV muss die Bieterinformation in **Textform** erfolgen. Dies bedeutet einerseits, dass eine bloß mündliche oder fernmündliche Unterrichtung der Bieter den Anforderungen nicht genügt, andererseits eine eigenhändige Unterzeichnung des Informationsschreibens im Sinne von § 126 Abs. 1 BGB nicht erforderlich ist.[23] Für die geforderte Textform ist nach **§ 126 b BGB** ausreichend, dass die Erklärung in einer Urkunde oder auf andere zur dauerhaften Wiedergabe in Schriftzeichen geeigneten Weise abgegeben wird, die Person des Erklärenden genannt und der Abschluss der Erklärung durch Nachbildung der Namensunterschrift oder anders erkennbar gemacht wird. Der öffentliche Auftraggeber kann daher die Vorabinformation nicht nur auf dem Postweg an den Bieter übermitteln, sondern auch per Telefax[24], Fernschreiben oder E-Mail. Bei der Übermittlung per E-Mail ist dem Lesbarkeitserfordernis dadurch Genüge getan, dass der Empfänger den Text auf seinem Bildschirm lesen kann. Es steht im frei, die Erklärung ausdrucken zu lassen oder nicht. Der vom öffentlichen Auftraggeber zu führende Nachweis der Absendung der Bieterinformation wird dadurch erbracht, dass er seinerseits einen Ausdruck der E-Mail zu den Vergabeakten nimmt.

Aus Gründen der nach § 97 Abs. 2 GWB gebotenen Gleichbehandlung aller Bieter, erscheint es sinnvoll, dass der Auftraggeber von den in Betracht kommenden Übertragungswegen denjenigen auswählt, der nicht nur eine schnelle sondern auch ein möglichst zeitgleiche Übermittlung der Information an alle Bieter gewährleistet, damit ihnen in etwa der gleiche Zeitraum zur Verfügung steht, um sich mit der laut Information vorgesehenen Vergabeentscheidung befassen, einen hierin möglicherweise liegenden Vergabeverstoß erkennen und rechtzeitig vor Ablauf der Frist die Vergabekammer anrufen zu können.[25] Die Auswahl des Übertragungsweges kann insbesondere dann von Bedeutung sein, wenn Bieter im Ausland zu informieren sind, auch wenn das Postwesen in der Europäischen Gemeinschaft so organisiert ist, dass in Deutschland ordnungsgemäß abgesendete schriftliche Benachrichtigungen auch ausländische Empfänger jedenfalls nach wenigen Tagen erreichen.[26]

---

[21] Ebenso § 27 a Nr. 1 Satz 2 VOL/A, § 17 Abs. 4 Satz 1 VOF.

[22] Ebenso: Kühnen in Byok/Jaeger, Kommentar zum Vergaberecht, 2. Aufl., VgV, § 13 Rdn. 1570; Hailbronner, NZBau 2002, 474, 477; **a.A.:** Erdl, VergabeR 2001, 10, 21.

[23] OLG Jena NZBau 2002, 526; Gesterkamp NZBau 2002, 481, 482; Höß VergabeR 2002, 443, 453; i.E. ebenso: Gröning, WRP 2001, 1, 5; **a.A. wohl:** Portz VergabeR 2002, 211, 215.

[24] Glahs in Reidt/Stickler/Glahs, Vergaberecht, 2. Aufl., § 13 VgV Rdn. 22; Stockmann NZBau 2003, 591, 593.

[25] Kühnen in Byok/Jaeger, Kommentar zum Vergaberecht, 2. Aufl., VgV, § 13 Rdn. 1570; Portz in Ingenstau/Korbion, VOB Teil A und B, VgV, § 13 Rdn. 14.

[26] BGH VergabeR 2004, 201, 207 –*Wassernebellöschanlage II.*

II. Frist zur Informationserteilung

1. Länge der Frist

Gemäß § 13 Satz 2 VgV muss der öffentliche Auftraggeber die Bieterinformation spätestens **vierzehn Kalendertage** vor dem Vertragsabschluss absenden. 10

Für den Bereich der Bauvergaben bedeutet die 14-Tages-Frist, dass dem öffentlichen Auftraggeber für die Prüfung der fachlichen Eignung, Leistungsfähigkeit und Zuverlässigkeit der Bieter[27] sowie für die Prüfung der Angebote selbst[28] und die Auswahl des wirtschaftlichsten Angebots auf der letzten Wertungsstufe[29] in der Regel maximal ein Zeitraum von 14 Tagen zur Verfügung steht. Während nach § 19 Nr. 2 Satz 2 VOB/A die Zuschlagfrist, d.h. der Zeitraum zwischen Eröffnungstermin und Annahme des Angebotes durch Zuschlag, in der Regel nicht mehr als 30 Tage betragen, gestattet § 13 VgV die Erteilung des Zuschlag frühestens am sechzehnten Tag nach Versendung der Bieterinformation.

a) Verlängerung der Frist. Die Vergabestelle hat die Möglichkeit, die gesetzlich vorgesehene (Mindest-)Frist von 14 Tagen zu verlängern.[30] So kann sie beispielsweise in ihrem Informationsschreiben an die Bieter eine längere als die in § 13 Satz 4 vorgesehene Frist zusagen. Entscheidend ist, wie der Bieter die Erklärung der Vergabestelle bei objektiver Würdigung unter Berücksichtigung der Umstände des jeweiligen Einzelfalles verstehen durfte (§ 133 BGB). Ist für den Bieter danach zu erkennen, dass der Auftraggeber die Frist gar nicht verlängern wollte, sondern ihm bei der Berechnung des Fristablauf lediglich ein Fehler unterlaufen ist, ist eine Fristverlängerung regelmäßig zu verneinen und die sich aus § 13 VgV errechnende (richtige) Frist maßgeblich.[31] Versieht die Vergabestelle die Vorabinformation hingegen mit einer Rechtsbehelfsbelehrung über den Lauf der Einspruchsfrist gegen die beabsichtigte Zuschlagserteilung, darf sich der Bieter in der Regel auf die Richtigkeit dieser Angaben verlassen.[32] Gleiches muss gelten, wenn der öffentliche Auftraggeber den Bietern mitteilt, den Zuschlag zu einem bestimmten Datum erteilen zu wollen.[33] 11

b) Verkürzung der Frist. Sind alle Bieter damit einverstanden, dürfte nichts dagegen sprechen, dass der öffentliche Auftraggeber den Zuschlag schon vor Ablauf der vierzehntägigen Wartefrist rechtswirksam erteilen kann. Zumindest sind die Bieter, die einer Abkürzung der Wartefrist zugestimmt haben, nach den Grundsätzen von Treu und Glauben (§ 242 BGB) daran gehindert, sich später gleichwohl auf die Nichtigkeit des (vorzeitig erteilten) Zuschlags zu berufen.[34] 12

c) Unterbrechung der Frist. Die Frist des § 13 Satz 2 VgV wird weder unterbrochen noch verlängert, wenn ein Bieter nach Erhalt der Vorabmitteilung die darin für die Nichtberücksichtigung seines Angebots angegebene Begründung als unzutreffend oder unzureichend rügt.[35] Andernfalls hätte es nämlich der Bieter in der Hand, die 14-Tages-Frist des § 13 VgV durch seine bloße Rüge nahezu beliebig zu verlängern. 13

2. Beginn der Frist

Der Lauf der vierzehntägigen Frist beginnt gemäss § 13 Satz 3 VgV am **Tag nach der Absendung** des Informationsschreibens durch den öffentlichen Auftraggeber. Wird die Bieterin- 14

---

[27] § 25 Nr. 2 VOB/A.

[28] § 23 Nr. 1, 25 Nr. 1 und 3 VOB/A.

[29] § 25 Nr. 3 Abs. 3 Satz 1 VOB/A.

[30] Thüringer OLG VergabeR 2005, 521, 524 – *Landesamt für Lebenmittelsicherheit*; Kühnen in Byok/Jaeger, Kommentar zum Vergaberecht, 2. Aufl., VgV, § 13 Rdn. 1577.

[31] Vgl. zu dieser Problematik: Glahs in Reidt/Stickler/Glahs, Vergaberecht, 2. Aufl., § 13 VgV Rdn. 26 ff.

[32] OLG Bremen NZBau 2004, 172.

[33] **A.A.**: OLG Bremen NZBau 2004, 172, das darin eine bloße Absichtserklärung sieht.

[34] Kühnen in Byok/Jaeger, Kommentar zum Vergaberecht, 2. Aufl., VgV, § 13 Rdn. 1576.

[35] Thüringer OLG VergabeR 2005, 521, 523 f. – *Landesamt für Lebenmittelsicherheit*; Thüringer OLG VergabeR 2002, 543, 544 – *Klinikum Jena*.

formation nicht am selben Tag für alle Bieter abgesendet, beginnt die Frist erst am Tag nach der Absendung **an den letzten zu benachrichtigenden Bieter**.

§ 13 Satz 4 VgV stellt darüber hinaus klar, dass es für den Beginn der Frist auf den Tag des Zugangs der Bieterinformation beim Empfänger nicht ankommt. Durch die am 15.2.2003 in Kraft getretene Novelle des § 13 VgV ist der bis dahin bestehende Meinungsstreit, ob es für den Fristbeginn ausschließlich auf den Tag der Absendung des Informationsschreibens durch den Auftraggeber[36] oder auf den Tag des Zugangs der Information beim Bieter ankommt[37], hinfällig geworden.[38]

Zusätzlich zu der Absendung der Bieterinformation ist der Zugang des Informationsschreibens bei den Bietern nicht erforderlich.[39]

Ist die Absendung der Vorabinformation an einen Bieter unterblieben, beginnt die Frist des § 13 Satz 2 und 6 VgV jedenfalls ab tatsächlichem Zugang der Vorabinformation bei diesem Bieter.[40] Hinsichtlich der Frage, an wen die Bieterinformation erteilt werden muss, ist § 130 Satz 1 BGB entsprechend anzuwenden. Danach genügt die Absendung der Vorabinformation an eine Zweigstelle des Bieters nicht, wenn diese nicht als Empfangstelle für Informationen an den Bieter des Vergabeverfahrens bzw. als deren Empfangsbevollmächtigte zu betrachten ist.[41]

3. Darlegungs- und Beweislast

15 Die **Darlegungs- und Beweislast** für die Absendung des Informationsschreibens an die Bieter und den Absendezeitpunkt trägt nach allgemeinen Grundsätzen der **Auftraggeber**. Er ist in der Regel derjenige, der sich auf die Rechtsgültigkeit des erteilten Zuschlags beruft, da die Versendung der Bieterinformation und die Einhaltung einer vierzehntägigen Wartefrist Voraussetzung für den rechtswirksamen Zuschlag sind.[42]

D. Rechtsfolgen

I. Gesetzliches Verbot und Nichtigkeitsfolge

16 Nach **§ 13 Satz 5 VgV** darf ein Vertrag vor Ablauf der 14 Tage-Frist oder ohne Erteilung der Bieterinformation nicht geschlossen werden. Diese bieterschützende Vorschrift normiert ein **gesetzliches Verbot**, weil die Vergabeverordnung über die Ermächtigungsnorm des § 97 Abs. 6 GWB Gesetzescharakter hat. Ein Verstoß gegen dieses Verbot führt gemäß **§ 13 Satz 6 VgV** zur Unwirksamkeit des Zuschlags und damit zur **Nichtigkeit des Vertrages**. Ein Rückgriff auf § 134 BGB ist nicht erforderlich, da § 13 Satz 6 VgV die Nichtigkeitsfolge selbst anordnet.[43] Darüber hinaus hat der Bundesgerichtshof auf eine Divergenzvorlage des Brandenburgischen OLG entschieden, dass die Anordnung der Nichtigkeitsfolge von der Ermächtigungsnorm des § 97 Abs. 6 GWB gedeckt ist.[44]

---

[36] Kratzenberg NZBau 2001, 119, 120/121; Otting NVwZ 2001, 775, 776; Wegmann NZBau 2001, 475, 477; Höfler/Bert NJW 2000, 3310, 3314; Hailbronner NZBau 2002, 474, 477; Portz VergabeR 2002, 211, 215; Berrisch/Nehl DB 2001, 184, 186; Marx in Müller-Wrede, Verdingungsordnung für Leistungen VOL/A, §§ 13 VgV Rdn. 5; Leinemann, Die Vergabe öffentlicher Aufträge, 2. Aufl., Rdn. 64.

[37] KG VergabeR 2002, 235, 239 f.; Thüringer OLG VergabeR 2002, 631, 633; Gröning WRP 2001, 1, 5; Erdl VergabeR 2001, 10, 19 ff.; dieselbe in VergabeR 2002, 241/242; Kus VergabeR 2002, 634, 635 f.; Glahs in Reidt/Stickler/Glahs, Vergaberecht, 2. Aufl., § 13 VgV Rdn. 25.

[38] Zweifelnd: Kau NZBau 2003, 310, 314.

[39] BGH VergabeR 2004, 201, 207 – *Wassernebellöschanlage II*; ausführlich dazu Kühnen in Byok/Jaeger, Kommentar zum Vergaberecht, 2. Aufl., VgV, § 13 Rdn. 1581; **a.A.**: KG KG-Report 2002, 27; Thüringer OLG VergabeR 2002, 631, 633; Antweiler DB 2001, 1975, 1978; Stockmann, NZBau 2003, 591, 594.

[40] OLG Naumburg, VergabeR 2004, 634, 639 – *Krankenhaus-Catering*.

[41] OLG Naumburg, VergabeR 2004, 634, 639 – *Krankenhaus-Catering*.

[42] Kühnen in Byok/Jaeger, Kommentar zum Vergaberecht,2. Aufl., VgV, § 13 Rdn. 1583.

[43] BGH VergabeR 2004, 201, 206 – *Wassernebellöschanlage II*.

[44] BGH VergabeR 2004, 201, 204 f. – *Wassernebellöschanlage II*; ebenso: KG VergabeR 2002, 235, 239; BayObLG NZBau 2002, 578; OLG Düsseldorf VergabeR 2003, 435 ff.; Kühnen in Byok/Jaeger, Kommentar

II. Verstoß gegen § 13 Satz 5 VgV

1. Fehlende Absendung der Bieterinformation oder Nichteinhaltung der 14-Tage Frist

17 Nach dem eindeutigen Wortlaut der Vorschrift liegt ein zur Nichtigkeit des Vertrages führender Gesetzesverstoß vor, wenn der Auftraggeber entweder überhaupt kein **Informationsschreiben** gemäss § 13 Satz 1 und 2 VgV an die zu unterrichtenden Bieter abgesendet hat **oder** aber den **Vertrag** zwar nach Absendung der Informationsschreiben aber **vor Ablauf der vierzehntägigen Wartefrist geschlossen** hat.

Für den Eintritt der Nichtigkeit ist es ohne Bedeutung, ob der öffentliche Auftraggeber oder der Bieter, mit dem der Vertrag geschlossen wurde, Kenntnis von den die Nichtigkeit des Zuschlags begründenden Umstände haben oder nicht.[45] Ein vorzeitig erteilter Zuschlag ist deshalb auch dann unwirksam und der geschlossene Vertrag nichtig, wenn er in gutem Glauben in Verkennung der tatsächlichen Sach- und Rechtslage geschlossen worden ist.

2. Unzureichende Bieterinformation

18 Ob § 13 Satz 5 VgV und die sich daran anknüpfende Nichtigkeitsfolge auch dann eingreifen, wenn der öffentliche Auftraggeber zwar innerhalb der 14-Tage Frist eine Bieterinformation erteilt hat, diese aber nicht den Anforderungen des § 13 Satz 1 VgV genügt und daher **unzureichend** ist, kann nicht einheitlich beantwortet werden.

Drei Fallkonstellationen einer unzureichenden Bieterinformation sind denkbar. So kann die Information **unvollständig** sein, weil entweder der Namen des Bieters, dessen Angebot angenommen werden soll, nicht genannt ist oder eine Begründung dafür fehlt, warum das Angebot des zu informierenden Bieters nicht berücksichtigt werden soll. Darüber hinaus kann der Grund für die Nichtberücksichtigung des eigenen Angebots **nicht hinreichend verständlich** und nachvollziehbar sein. Unzureichend ist die Bieterinformation schließlich auch dann, wenn sie **inhaltlich nicht den Tatsachen entspricht**, etwa weil der für den Zuschlag vorgesehene Bieter namentlich nicht richtig bezeichnet oder der wahre Grund der Nichtberücksichtigung des eigenen Angebots des Empfängers nicht genannt ist.

19 **a) Unvollständige oder nicht hinreichend verständliche Information.** Zutreffend nimmt die herrschende Meinung in der Literatur und Rechtsprechung in diesem Zusammenhang eine teleologische, d.h. am Gesetzeszweck orientierte Auslegung des § 13 VgV vor. Da es das Ziel der Vorschrift ist, dem voraussichtlich unterlegenen Bieter vor Erteilung des Zuschlags effektiven Rechtsschutz zu gewähren, bedarf es der Nichtigkeitsfolge nicht, wenn der Vergaberechtsschutz auch ohne die Nichtigkeitsfolge ausreichend gesichert ist. Hiervon ist bei einer unvollständigen[46] und auch einer nicht hinreichend verständlichen[47] Information auszugehen, so dass ein gleichwohl geschlossener Vertrag in diesen Fällen wirksam ist. Der Bieter, der innerhalb der Frist des § 13 Satz 2 VgV eine **erkennbar** unvollständige oder inhaltlich nicht nachvollziehbare Unterrichtung erhält, hat die Möglichkeit, sein subjektives Recht auf umfassende Information nach § 13 Satz 1

---

zum Vergaberecht,2. Aufl., VgV, § 13 Rdn. 1585; **a.A.:** Delius ZfBR 2002, 341; Kau NZBau 2003, 310 ff.; Dietlein/Spießhofer VergabeR 2003, 509, 510 ff.

[45] Portz in Ingenstau/Korbion, VOB Teil A und B, VgV, § 13 Rdn. 17; Kühnen in Byok/Jaeger, Kommentar zum Vergaberecht, 2. Aufl., VgV, § 13 Rdn. 1586.

[46] Kühnen in Byok/Jaeger, Kommentar zum Vergaberecht, 2. Aufl., VgV, § 13 Rdn. 1588; **a.A.** Glahs in Reidt/Stickler/Glahs, Vergaberecht, 2. Aufl., § 13 VgV Rdn. 33.

[47] BayObLG NZBau 2002, 578; OLG Koblenz NZBau 2002, 526, 527; OLG Jena NZBau 2005, 544; OLG Jena NZBau 2002, 526; Thüringer OLG VergabeR 2005, 521, 523 – *Landesamt für Lebensmittelsicherheit;* Portz VergabeR 2002, 211, 216; Portz in Ingenstau/Korbion, VOB Teil A und B, VgV, § 13 Rdn. 18; Abel, VergabeR 2001, 431, 432; Erdl, VergabeR 2001, 10, 23; Wegmann, NZBau 2001, 475, 478; Glahs in Reidt/Stickler/Glahs, Vergaberecht, 2. Aufl., § 13 VgV Rdn. 33; **a.A.:** Glahs/Külpmann VergabeR 2002, 387, 388; Hailbronner NZBau 2002, 474, 477; wohl auch: OLG Düsseldorf VergabeR 2001, 429, 430; Antweiler DB 2001, 1975, 1978.

VgV nach vorheriger Rüge im Nachprüfungsverfahren geltend zu machen und auf diesem Weg das Zuschlagsverbot des § 115 Abs. 1 GWB herbeizuführen. Dadurch ist der Primärrechtsschutz in ausreichendem Maße gesichert; es bedarf nicht auch noch zusätzlich der Nichtigkeit des Vertragsschlusses nach § 13 Satz 6 VgV. Voraussetzung ist allerdings, dass der Bieter die Mangelhaftigkeit des Informationsschreibens erkannt hat oder zumindest hätte erkennen können.[48]

20 **b) Inhaltlich unzutreffende Begründung.** Enthält die Bieterinformation einen **sachlich unzutreffenden Inhalt**, kann der Bieter den inhaltlichen Mangel der Information und damit einen (vermeintlichen) Vergaberechtsverstoß nicht erkennen. Er hat keine Veranlassung, seinen Primärrechtsschutz rechtzeitig vor Zuschlagserteilung durch Einleitung eines Nachprüfungsverfahrens zu sichern. In derartigen Fällen muss es bei der Nichtigkeit des Zuschlags nach § 13 Satz 6 VgV verbleiben.

II. Einschränkungen der Nichtigkeitsfolge nach dem geschützten Personenkreis

21 Nichtigkeit bedeutet nach allgemeinen Grundsätzen, dass das Rechtsgeschäft die nach seinem Inhalt bezweckten Rechtswirkungen von Anfang an nicht hervorbringen kann. Die Nichtigkeit wirkt im Grundsatz für und gegen jedermann und ist grundsätzlich auch dann zu beachten, wenn der durch den Nichtigkeitsgrund Geschützte den Vertrag gelten lassen will. Der Schutzzweck der Norm gebietet hier allerdings eine teleologische Reduktion des Geltungsumfangs der Nichtigkeitsbestimmung des § 13 Satz 6 VgV.

Die Regelung über die Informationspflicht des öffentlichen Auftraggebers dienen **ausschließlich** dem **Schutz der unterlegenen Bieters**. Er soll über den Ausgang des Vergabeverfahrens informiert werden, indem ihm der Grund für seine Nichtberücksichtigung und der Name des obsiegenden Bieters mitgeteilt wird. Hierdurch wird er in die Lage versetzt, die beabsichtigte Vergabeentscheidung daraufhin zu überprüfen, ob er einen Antrag nach § 107 Abs. 2 GWB stellen und ein Verfahren vor der Vergabekammer einleiten will. Das Verbot des § 13 Satz 5 VgV und die hieran geknüpfte Nichtigkeitsfolge des § 13 Satz 6 VgV sichern die Einhaltung der 14-Tage Frist ab und verhindern so, dass der Auftraggeber eine Überprüfung seiner Vergabeentscheidung durch ein wirksame Zuschlagsentscheidung unterläuft. Soll die Nichtigkeitsfolge aber ausschließlich für den unterlegenen Bieter effektiven Primärrechtsschutz gewährleisten, ist der Geltungsumfang der Vorschrift dahingehend einzuschränken, dass eine Nichtigkeit des durch den Zuschlag begründenden Vertragsschlusses in der Regel nur eintritt, wenn ein in seinen Informationsrechten verletzter unterlegener Bieter eine Verletzung seiner Informationsrechte geltend macht und ein Nachprüfungsverfahren anstrengt.[49]

Dies bedeutet, dass sich **außerhalb des Vergabeverfahrens stehenden Unternehmen**, d.h. solche, die sich an dem konkreten Vergabeverfahren nicht durch Abgabe eines Angebots beteiligt haben und hieran vergaberechtskonform auch nicht hätten beteiligt werden müssen, nicht auf die Nichtigkeit eines unter Verstoß gegen § 13 Satz 5 VgV erteilten Auftrags berufen können, um die Aufhebung eines an sich ordnungsgemäßen Vergabeverfahrens zu erreichen.[50]

Gleiches gilt für den **Gewinner der Ausschreibung**.[51] Er kann sich von dem mit ihm geschlossenen Vertrag nicht mit der Begründung lossagen, der Vertrag sei wegen der unzureichenden

[48] Kühnen in Byok/Jaeger, Kommentar zum Vergaberecht, 2. Aufl., VgV, § 13 Rdn. 1590.

[49] BGH VergabeR 2005, 339, 341 – *Notebooks II*; OLG Düsseldorf NZBau 2004, 170, 171 – *Notebooklieferung*.

[50] OLG Dresden, VergR 2002, 138, 139; OLG Düsseldorf NZBau 2004, 170, 171 – *Notebooklieferung*; Kühnen in Byok/Jaeger, Kommentar zum Vergaberecht, 2. Aufl., VgV, § 13 Rdn. 1592; zweifelnd: Erdl VergabeR 2002, 241, 243/244.

[51] Im Ergebnis ebenso: OLG Düsseldorf VergabeR 2003, 595, 596 f.; OLG Düsseldorf NZBau 2004, 170, 171 –*Notebooklieferung*–, offen gelassen ob über teleologische Reduktion oder Verstoß gegen Treu und Glauben (§ 242 BGB); Kühnen in Byok/Jaeger, Kommentar zum Vergaberecht, 2. Aufl., VgV, § 13 Rdn. 1592;

Information eines unterlegenen Mitbieters nichtig. Die Nichtigkeitsfolge des § 13 Satz 6 VgV tritt nicht ein, wenn keiner der von der mangelhaften Information betroffenen Bieter um Primärrechtsschutz nachgesucht hat.

Schließlich ist es auch dem **Auftraggeber** verwehrt, sich gegenüber dem Bieter, der den Zuschlag erhalten hat, auf die Vertragsnichtigkeit zu berufen. [52]

Für die in der Literatur teilweise vertretene Auffassung, die Nichtigkeitsfolge des § 13 Satz 6 VgV sei nach den Regelungen über die Bestätigung eines nichtigen Rechtsgeschäfts (§§ 141, 144 BGB) jedenfalls dann zu überwinden, wenn mit der Ausführung des Vertrages noch nicht begonnen worden ist[53], besteht kein Bedürfnis.

III. Antragsbefugnis (§ 107 Abs. 2 GWB) bei Verletzung der Informationspflicht

Ein Verstoß gegen die Vorabinformationspflicht des § 13 Satz 1 und 2 GWB allein verhilft 22
einem Nachprüfungsantrag nicht zum Erfolg. Die für die Einleitung eines Nachprüfungsverfahrens erforderliche Antragsbefugnis (§ 107 Abs. 2 GWB) setzt neben dem Interesse am Auftrag und der Verletzung in eigenen Rechten nach § 97 Abs. 6 GWB die Darlegung voraus, dass dem Unternehmen durch den geltend gemachten Vergaberechtsfehler ein Schaden entstanden ist oder zu entstehen droht (§ 107 Abs. 2 Satz 2 GWB). An der zuletzt genannten Voraussetzung fehlt es indes, wenn allein ein möglicher Verstoß gegen § 13 Satz 1 und 2 VgV in Rede steht. Eine unterbliebene oder fehlerhafte Bieterinformation allein wirkt sich nicht auf das Wettbewerbsergebnis – und damit auch nicht nachteilig auf die Zuschlagschancen des betroffenen Bieters – aus.[54] Hinzutreten muss vielmehr ein (weiterer) Vergaberechtsfehler des Auftraggebers, der die Zuschlagsaussichten des Bieters beeinträchtigt haben kann. Nur dann kann das Vergabeverfahren zulässigerweise zur Überprüfung der Nachprüfungsinstanzen gestellt werden.

E. Sogenannte De-facto-Vergabe

Die Frage nach dem Anwendungsbereich des 13 VgV und damit nach der Informationspflicht 23
des öffentlichen Auftraggebers und die an ihre Verletzung geknüpfte Nichtigkeitsfolge gewinnt besondere Bedeutung im Zusammenhang mit der **sog. De-facto-Vergabe**. Der Begriff der De-facto-Vergabe erfasst den Sachverhalt, dass ein öffentliche Auftraggeber, obwohl für das Beschaffungsvorhaben das Kartellvergaberecht der §§ 97 ff. GWB und die Regelungen der Abschnitte 2, 3 oder 4 der Verdingungsordnungen einschlägig sind, den Auftrag ohne die gebotene Durchführung eines Vergabeverfahrens erteilt. Kein Fall der De-facto-Vergabe liegt daher vor, wenn der öffentliche Auftraggeber nach den einschlägigen Vorschriften der Verdingungsordnung (z.B. § 9 Nr. 5 Abs. 1 VOB/A) ausnahmsweise befugt war, ohne vorherige Vergabebekanntmachung mit nur einem Unternehmen über den Vertragsschluss zu verhandeln.[55]

Hailbronner NZBau 2002, 474, 478, der in einem Erst-Recht-Schluss auf die zur Formnichtigkeit nach § 125 BGB entwickelten Grundsätze abstellt und weiter ausführt, die Vertragspartner seien redlicherweise verpflichtet, an der Bestätigung eines nichtigen Rechtsgeschäfts gemäß §§ 141, 144 BGB mitzuwirken und alle erforderlichen Schritte zu unternehmen, um einen mit dem Zuschlag an sich nach den Regeln des BGB wirksam abgeschlossenen Vertrag, der lediglich im Hinblick auf die Verletzung verfahrensrechtlicher Vorschriften über das Vergabeverfahren als nichtig anzusehen sei, zu erfüllen.

[52] Hailbronner NZBau 2002, 474, 478; Kühnen in Byok/Jaeger, Kommentar zum Vergaberecht, 2. Aufl., VgV, § 13 Rdn. 1595; ebenso wohl Leinemann, Die Vergabe öffentlicher Aufträge, 2. Aufl., Rdn. 66 a.E.

[53] Portz in Ingenstau/Korbion, VOB Teil A und B, VgV, § 13 Rdn. 19 f.; Hailbronner NZBau 2002, 474, 478; Kau NZBau 2003, 310; ohne diese Einschränkung Erdl VergabeR 2001, 10, 22.

[54] OLG Dresden VergabeR 2002, 138, 140; Brandenburgisches OLG, Beschl. v. 18.5.2004 – Verg W 3/04, Leitsatz abgedruck in ZfBR 2004, 830.

[55] OLG Düsseldorf VergabeR 2005, 513, 515 f. – *geographisches Informationssystem II* – mit kritischer Anm. Herrmann.

I. Rechtsschutz vor Auftragserteilung

24 Unproblematisch ist die Situation, **solange der Auftrag noch nicht erteilt ist**. In diesem Fall können die Unternehmen, die von der bevorstehenden Auftragserteilung Kenntnis erlangt haben und an dem Auftrag interessiert sind, ein Nachprüfungsverfahren mit dem Ziel einleiten, den Auftraggeber zur Durchführung eines förmliches Vergabeverfahren verpflichten zu lassen. Der Primärrechtsschutz ist auch gegen konkrete Beschaffungsvorhaben eröffnet, die ein öffentlicher Auftraggeber ohne Durchführung eines förmlichen Vergabeverfahrens verwirklichen will.[56] Eine der Nachprüfung zugängliche Entscheidung liegt vor, sobald ein öffentlicher Auftraggeber den Entschluss fasst, kein förmliches Vergabeverfahren einzuleiten, weil nach seiner Ansicht der zu erteilende Auftrag nicht unter die Regeln des Vergaberechtsregimes fällt.[57] Voraussetzung ist lediglich, dass das (faktische) Vergabeverfahren bereits begonnen hat, der öffentliche Auftraggeber also über das Stadium einer rein vorbereitenden Marktstudie oder rein interner Überlegungen hinausgelangt ist.[58]

II. Rechtsschutz nach Auftragserteilung

25 Hat der öffentliche Auftraggeber den **Auftrag bereits erteilt**, kann Primärrechtsschutz durch Inanspruchnahme der Vergabenachprüfungsinstanzen nur dann erlangt werden, wenn die vergaberechtswidrig ohne Durchführung eines förmlichen Vergabeverfahrens erfolgte Beauftragung unwirksam ist. Ist das Vergabeverfahren durch rechtswirksame Zuschlagserteilung beendet, ist ein Nachprüfungsantrag nicht mehr statthaft.[59]

Es stellt sich daher die in Literatur und Rechtsprechung heftig umstrittene Frage, ob und unter welchen Voraussetzungen ein de-facto vergebener Auftrag nichtig ist.

1. § 134 BGB

26 Vereinzelt wird die Ansicht vertreten[60], die in §§ 97 Abs. 1, 101 Abs. 1 GWB normierte Pflicht, zur Beachtung der vergaberechtlichen Bestimmungen stelle ein gesetzliches Verbot im Sinne von § 134 BGB mit der Folge dar, dass jeder Vertrag, den der öffentliche Auftraggeber ohne das an sich gebotene Vergabeverfahren schließt, nichtig sei. Aus zutreffend Gründen hat diese Auffassung in der Rechtsprechung und auch in der Literatur keine Zustimmung gefunden.[61] Der Bundesgerichtshof hat in seiner zur De-facto-Vergabe ergangenen Entscheidung vom 1. Februar 2005[62] diesen Lösungsansatz erst gar nicht in Erwägung gezogen.

---

[56] OLG Düsseldorf NZBau 2001, 696, 698 f.; NZBau 2003, 55; Thüringer OLG VergabeR 2001, 52, 54 f.; BayObLG VergabeR 2002, 244 ff.; VergabeR 2003 563, 564 m.w.N.; OLG München VergabeR 2005, 620, 622 – *Wäschevollversorgung*; OLG Frankfurt a.M., Beschl. vom 25.9.2000 – 11 Verg 2/99; Jaeger NZBau 2001, 289, 290 m.w.N.; Burgi NZBau 2003, 16, 18, 23; zweifelnd: OLG Naumburg, VergabeR 2003, 196, 200 f.

[57] EuGH, Beschluss v. 11.1.2005, C-26/03, NZBau 2005, 111, 114, Rdn. 38 u. 41 – *Stadt Halle*; BGH VergabeR 2005, 328, 330 – *Altpapierverwertung II.*

[58] EuGH, Beschluss v. 11.1.2005, C-26/03, NZBau 2005, 111, 114, Rdn. 35 – *Stadt Halle*; OLG München VergabeR 2005, 620, 622 – *Wäschevollversorgung*.

[59] BGH NZBau 2001, 151, 152; OLG Düsseldorf NZBau 2000, 306, 309; OLG Celle NZBau 2002, 53.

[60] Heuwels/Kaiser NZBau 2001, 479, 480; Müller-Wrede/Kaelble VergabeR 2002, 1, 7 ff.; Kaiser NZBau 2005, 311 ff.; mit dieser Auffassung sympathisierend: KG VergabeR 2005, 236, 243 – *Hauswartserviceleistungen*; Leinemann VergabeR 2005, 245, 246.

[61] OLG Düsseldorf VergabeR 2004, 216; OLG München VergabeR 2005, 620, 622 – *Wäschevollversorgung* – mit Anm.Herrmann; v. Gehlen NZBau 2005, 503, 504 f.; Portz VergabeR 2002, 211, 218, Wegmann NZBau 2001, 475, 478; Kühnen in Byok/Jaeger, Kommentar zum Vergaberecht, 2. Aufl., VgV, § 13 Rdn. 1604; Portz in Ingenstau/Korbion, VOB Teil A und B, VgV, § 13 Rdn. 23 f.

[62] VergabeR 2005, 328 ff. – *Altpapierverwertung II.*

2. Unmittelbare Anwendung von § 13 VgV

Eine direkte Anwendung von § 13 Satz 6 VgV auf die De-facto-Vergabe kommt nicht in Betracht.[63] Voraussetzung für die unmittelbare Anwendbarkeit der Vorschrift ist ein nach Maßgabe des GWB und damit nach den Vorgaben der Verdingungsordnungen eingeleitetes und durchgeführtes förmliches Vergabeverfahren, also Auftragsvergaben, bei denen die festgelegten Schwellenwerte erreicht oder überschritten sind und die nach Maßgabe der Bestimmungen der Abschnitte 2, 3 oder 4 VOB/A (vgl. etwa §§ 8, 8 a, 24 Nr. 1 Abs. 1, Nr. 2, 25 Nr. 1 Abs. 2, Nr. 1 Abs. 1 und 2) zu erfolgen haben. Gerade an der Durchführung eines förmlichen Vergabeverfahren fehlt es aber bei der De-facto-Vergabe. Demzufolge ist § 13 VgV ist auch dann nicht unmittelbar anwendbar, wenn der öffentliche Auftraggeber zwar vergaberechtsfehlerhaft von der Durchführung eines förmlichen Vergabeverfahrens absieht, er aber zur Erzielung eines möglichst wirtschaftlichen Angebots vor der Auftragserteilung bei mehreren Bietern ein Angebot einholt.[64] 27

3. Analoge Anwendung von § 13 VgV

Ob auf die Fälle der De-facto-Vergabe § 13 VgV analog mit der Folge anzuwenden ist, dass bei einer unterbliebenen Vorabinformation die Nichtigkeitsfolge des § 13 Satz 6 VgV eingreift, wird in der Literatur und Rechtsprechung kontrovers diskutiert. Das Meinungsspektrum reicht von einer grundsätzlichen Ablehnung einer Analogie[65] bis hin zu einer uneingeschränkten Anwendbarkeit.[66] Letztere Auffassung beruht zumeist auf einem Erst-Recht-Schluss. So wird geltend gemacht, wenn schon die bloße Verletzung der Informationspflicht bei einem ansonsten ordnungsgemäß durchgeführten Vergabeverfahren zur Nichtigkeit des Vertrages führe, so müsse dies erst Recht bei dem weitaus schwerer wiegende Rechtsverstoß gelten, dass ein geregeltes Vergabeverfahren überhaupt nicht durchgeführt wird. Eine vermittelnde Meinung spricht sich hingegen für eine analoge Anwendbarkeit von § 13 Satz 6 VgV für den Fall aus, dass es im Rahmen des faktischen Vergabeverfahrens zu einer Beteiligung mehrerer Bieter gekommen ist, unter denen der öffentliche Auftraggeber eine Auswahl getroffen hat.[67] Dieser Auffassung ist zuzustimmen. Im Wege der Analogie, kann eine Regelungslücke ausgefüllt werden, indem die für einen bestimmten Fall im Gesetz vorgesehenen Regel auf einen anderen, rechtsähnlichen Tatbestand übertragen wird.[68] Hier sind die Voraussetzungen einer Einzelanalogie erfüllt, worauf der 28

[63] BGH VergabeR 2005, 328 ff. – *Altpapierverwertung II*; OLG München VergabeR 2005, 620, 625 – *Wäschvollversorgung*; KG VergabeR 2005, 236, 243 – *Hauswartserviceleistungen;* Jasper/Pooth ZfBR 2004, 543, 545 f.; Schminanek ZfBR 2003, 39, 41; Braun NZBau 2001, 675, 678; Delius ZfBR 2002, 341, 342; Dieckmann NZBau 2001, 481, 482; Dietlein/Spießhofer VergabeR 2003, 509, 512 ff.; Gesterkamp WuW 2001, 665, 669; Kühnen in Byok/Jaeger, Kommentar zum Vergaberecht, 2. Aufl., VgV, § 13 Rdn. 1602; Glahs in Reidt/Stickler/Glahs, Vergaberecht, 2. Aufl., § 13 VgV Rdn. 7; Hailbronner NZBau 2002, 474, 479; Heuvels/Kaiser, a.a.O.; Müller-Wrede/Kaelble VergabeR 2002, 1, 2; Portz VergabeR 2002, 211, 217 f.; Wegmann NZBau 2001, 475, 478; **a.A.:** Byok NJW 2001, 2295, 2301; Hertwig NZBau 2001, 241, 242; Otting VergabeR 2002, 146, 147; derselbe in VergabeR 2002, 11, 18.

[64] BGH VergabeR 2005, 328 ff. – *Altpapierverwertung II*; OLG München VergabeR 2005, 620, 625 – *Wäschvollversorgung*; KG VergabeR 2005, 236, 243 – *Hauswartserviceleistungen;* Lindenthal VergabeR 2003, 630, 633 ff.; offen gelassen: KG VergabeR 2005, 236, 244 – *Hauswartserviceleistungen*; OLG Düsseldorf VergabeR 2004, 216, 220 – *Siedlungsabfälle*; **a.A.:** OLG Düsseldorf VergabeR 2003, 435, 443 f. – *Bundeswehrkampfstiefel*; Thüringer OLG VergabeR 2004, 113, 117 – *Trinkwasserversorgung*; OLG Celle, Beschl. v. 5.2.2004–13 Verg 26/03; ablehnende Anmerkung von Dietlein/Spießhofer VergabeR 2003, 509, 512 f.

[65] Braun NZBau 2001, 675, 678; Scholz VergabeR 2001, 154; Dieckmann NZBau 2001, 481 ff.; Hailbronner NZBau 2002, 474, 479 ff.; Dietlein/Spießhofer VergabeR 2003, 509, 512 ff.; Schimanek ZfBR 2002, 39, 41; Wegmann NZBau 2001, 475, 478; Lindenthal VergabeR 2003, 630, 633 ff.

[66] Prieß EuZW 2001 365, 367; Hertwig NZBau 2001, 241, 242; Otting VergabeR 2002, 11, 18; Byok NJW 2001, 2295, 2301; Dreher NZBau 2001, 244, 245, der zum Schutz des redlichen Vertragspartners allerdings eine ex-nunc-Nichtigkeit annehmen will.

[67] BGH VergabeR 2005, 328 ff. – *Altpapierverwertung II*; OLG München VergabeR 2005, 620, 625 – *Wäschvollversorgung*; Glahs in Reidt/Stickler/Glahs, Vergaberecht, 2. Aufl., § 13 VgV Rdn. 9; OLG Frankfurt NZBau 2004, 692, 696.

[68] Heinrichs in Palandt, BGB, 63. Aufl., Einl. Rdn. 40.

Bundesgerichtshof zutreffend abgestellt hat. Die in § 13 VgV angeordnete Informationspflicht und die an ihre Verletzung geknüpfte Nichtigkeitsfolge ist Ausdruck des Grundgedankens, einen bei der Auftragsvergabe nicht berücksichtigten Bieter in die Lage zu versetzen, zunächst unerkannt gebliebenen Vergabeverstöße trotz des zwischenzeitlich erfolgten Zuschlags mit Aussicht auf Erfolg begegnen zu können. Dieses Anliegen ist nicht auf den mit § 13 VgV geregelten Fall beschränkt, so dass die Regelung für eine Heranziehung bei vergleichbaren Sachverhalten zur Verfügung steht.[69]

Ein vergleichbarer Sachverhalt liegt danach vor, wenn vor der De-facto-Vergabe ein „wettbewerbliches Verfahren" durchgeführt worden ist. Dies ist der Fall, wenn es im Rahmen der Beschaffung zu einer Beteiligung mehrerer Unternehmen, zu verschiedenen Angeboten und zu einer Auswahlentscheidung des öffentlichen Auftraggebers gekommen ist.[70] Gleiches muss gelten, wenn das um Rechtsschutz nachsuchende Unternehmen selbst zwar nicht zu den Verhandlungspartnern gehörte und deshalb auch kein Angebot abgegeben hat, jedoch dem öffentlichen Auftraggeber bekannt war, dass dieses Unternehmen Interesse am Erhalt des Auftrags hatte.[71] Hiervon ist auszugehen, wenn sich der potentielle Bieter durch eine ausdrückliche Erklärung gegenüber der Vergabestelle um den Erhalt des Auftrags beworben bzw. sein Interesse angezeigt hat.[72] Ausreichend ist aber auch ein konkludentes Bewerbungsinteresse. Insoweit ist zu fordern, dass der öffentlichen Auftraggeber aufgrund der besonderen Umstände des Einzelfalls erkennen konnte und musste, dass dieses Unternehmen Interesse am Erhalt des konkret zu vergebenden Auftrags hat.[73]

Verhandelt der öffentliche Auftraggeber in einem solchen Fall gleichwohl nur mit einem Unternehmen und erteilt ihm sodann den Auftrag, fehlt es nicht an der für eine Analogie erforderlichen Auswahlentscheidung. Er hat die Auswahl getroffen, indem er mit dem erkennbar an dem konkreten Auftrag interessierten Unternehmen erst gar nicht verhandelt bzw. von ihm kein Angebot erbeten hat.

Da es an einem vergleichbaren Sachverhalt fehlt, verbietet sich indes eine analoge Anwendung von § 13 Satz 6 VgV, wenn außer dem Unternehmen, das den Zuschlag erhalten hat, kein weiteres Unternehmen ein Angebot abgegeben oder auf sonstige Weise Interesse an dem konkreten Auftrag gegenüber der Vergabestelle zum Ausdruck gebracht hat.[74]

4. § 138 BGB

29 Ein ohne Vergabeverfahren erteilter Auftrag ist überdies gemäß § 138 BGB nichtig, wenn der öffentliche Auftraggeber in **bewusster Missachtung des Vergaberechts** handelt, er also entweder weiß, dass der betreffende Auftrag dem Kartellvergaberecht unterfällt, oder er sich einer solchen Kenntnis mutwillig verschließt, und er überdies **kollusiv mit dem Auftragnehmer zusammenwirkt**. In derartigen Fällen kann das Verhalten der Vertragsparteien zwanglos als sittenwidrig qualifiziert und die Nichtigkeit des erteilten Auftrags aus § 138 BGB hergeleitet werden.[75]

---

[69] BGH VergabeR 2005, 328 ff. – *Altpapierverwertung II*; OLG München VergabeR 2005, 620, 625 – *Wäschvollversorgung*.

[70] BGH VergabeR 2005, 328 ff. – *Altpapierverwertung II*.

[71] OLG München VergabeR 2005, 620, 625 –*Wäschvollversorgung*; so auch im Ergebnis OLG Düsseldorf VergabeR 2005, 503, 505 f. – *Bildungsmaßnahme I*; VergabeR 2005, 508, 509 f. – *Bildungsmaßnahme II*; OLG Dresden VergabeR 2002, 142, 144 –*Müllentsorgungsfahrzeuge;*, OLG Jena VergabeR 2004, 113, jedoch jeweils unter direkter Anwendung von § 13 Satz 6 VgV für den Fall einer freihändigen Vergabe nach Aufhebung eines förmlichen Vergabeverfahrens bei unverändertem materiellen Beschaffungsbedarf.

[72] Thüringer OLG VergabeR 2004, 113, 118 – *Trinkwasserversorgung* – mit zustimmender Anm. von Kus.

[73] OLG Düsseldorf VergabeR 2003, 435 – *Bundeswehrkampfstiefel*; OLG München VergabeR 2005, 620, 625 – *Wäschevollversorgung*; OLG Celle, Beschluss v. 14.9.2006 – 13 Verg 3/06; **a.A.:** Thüringer OLG VergabeR 2004, 113, 118 – *Trinkwasserversorgung* – mit zustimmender Anm. Kus.

[74] OLG Düsseldorf VergabeR 2004, 216, 219 f. – *Siedlungsabfälle*. OLG Düsseldorf VergabeR 2005, 503, 505 f. – *Bildungsmaßnahme I*; OLG Düsseldorf VergabeR 2005, 508, 510 –Bildungsmaßnahmen II; OLG Düsseldorf NZBau 2005, 535.

[75] OLG Düsseldorf, VergabeR 2004, 216, 222 – *Siedlungsabfälle*.

G. Europarechtliche Vorgaben

Die in **Art. 41 VKR** geregelte Unterrichtung der Bewerber und Bieter ist bisher noch nicht in nationales Recht umgesetzt worden. Eine unmittelbare Anwendbarkeit der Vorschrift kommt allenfalls für die gleichfalls unmittelbar anzuwendenden Vorschriften über die Rahmenvereinbarung (Art. 32) und das dynamische Beschaffungssystem (Art. 33) in Betracht.[76] Anders als in § 13 VgV vorgesehen muss der öffentliche Auftraggeber nach Art. 41 VKR die nicht berücksichtigten Bieter und Bewerber **nur auf Antrag** über die Gründe der Nichtberücksichtigung informieren, so dass sich die Regelung allein zu Lasten der privatwirtschaftlichen Unternehmen auswirken würde. 30

§ 14 Bekanntmachungen

Bei Bekanntmachungen im Amtsblatt der Europäischen Gemeinschaften nach diesen Bestimmungen haben die Auftraggeber die Bezeichnungen des Gemeinsamen Vokabulars für das öffentliche Auftragswesen (Common Procurement Vocabulary – CPV) zur Beschreibung des Auftragsgegenstandes zu verwenden. Das Bundesministerium für Wirtschaft und Technologie gibt das CPV im Bundesanzeiger bekannt.

(Von der Kommentierung wurde abgesehen; zu § 15 a.F. siehe Seite 639)

§ 16 Ausgeschlossene Personen

(1) Als Organmitglied oder Mitarbeiter eines Auftraggebers oder als Beauftragter oder als Mitarbeiter eines Beauftragen eines Auftraggebers dürfen bei Entscheidungen in einem Vergabeverfahren für einen Auftraggeber als voreingenommen geltende natürliche Personen nicht mitwirken, soweit sie in diesem Verfahren:
1. Bieter oder Bewerber sind,
2. einen Bieter oder Bewerber beraten oder sonst unterstützen oder als gesetzliche Vertreter oder nur in dem Vergabeverfahren vertreten,
3. bei einem Bieter oder Bewerber gegen Entgelt beschäftigt oder bei ihm als Mitglied des Vorstandes, Aufsichtsrates oder gleichartigen Organs tätig sind, oder
4. für ein in das Vergabeverfahren eingeschaltetes Unternehmen tätig sind, wenn dieses Unternehmen zugleich geschäftliche Beziehungen zum Auftraggeber und zum Bieter oder Bewerber hat,
es sei denn, dass dadurch für die Personen kein Interessenkonflikt besteht oder sich die Tätigkeiten nicht auf die Entscheidungen in dem Vergabeverfahren auswirken.

(2) Als voreingenommen gelten auch die Personen, deren Angehörige die Voraussetzungen nach Absatz 1 Nr. 1 bis 3 erfüllen. Angehörige sind der Verlobte, der Ehegatte, Lebenspartner, Verwandte und Verschwägerte gerader Linie, Geschwister, Kinder der Geschwister, Ehegatten und Lebenspartner der Geschwister und Geschwister der Ehegatten und Lebenspartner, Geschwister der Eltern sowie Pflegeeltern und Pflegekinder.

Übersicht

[76] Müller-Wrede VergabeR 2005, 693, 700, 702.

I. Allgemeines

1. Regelungsinhalt der Vorschrift

1 § 16 VgV regelt – als Ausfluss des Gleichbehandlungsgrundsatzes (§ 97 Abs. 2 GWB) – die Neutralitätspflicht des öffentlichen Auftraggebers bei der Durchführung von Vergabeverfahren. Grob zusammengefasst untersagt die Vorschrift dem öffentlichen Auftraggeber, solche Personen in einem Vergabeverfahren mitwirken zu lassen, die aufgrund ihrer (beruflichen, wirtschaftlichen oder familiären) Nähe zu einem Bieter oder Bewerber nicht unvoreingenommen sind. § 16 VgV differenziert dabei zwischen denjenigen Personen, deren Voreingenommenheit **unwiderlegbar vermutet** wird und die deshalb ohne weitere Einzelfallprüfung von einer Mitwirkung am Vergabeverfahren ausgeschlossen sind (§ 16 Abs. 1 Nr. 1 und 2 VgV), und denjenigen Personen, deren Voreingenommenheit nur **widerlegbar vermutet** wird und für die dem öffentlichen Auftraggeber der Nachweis offen steht, dass im konkreten Fall entweder kein Interessenkonflikt besteht oder sich die in Rede stehende Nähebeziehung nicht auf die Entscheidungen im Vergabeverfahren auswirken (§ 16 Abs. 1 Nr. 3 VgV).

2 **a) Anwendungsbereich in persönlicher und zeitlicher Hinsicht.** Normadressat des § 16 VgV ist **ausschließlich der öffentliche Auftraggeber**. Ihm alleine wird die Verpflichtung auferlegt, die betreffenden Personen von einer Mitwirkung im Vergabeverfahren fernzuhalten. Nach seinem Wortlaut erfasst § 16 VgV alleine voreingenommene **natürliche Personen.** Für die Anwendbarkeit der Norm genügt es deshalb nicht, wenn sich die widerstreitenden Interessen in einer organisatorischen Einheit (wie z.B. in einem Konzernverbund) treffen[1]. § 16 VgV kommt mithin bei solchen Personen nicht zur Anwendung, die lediglich in einer Nähebeziehung zu einem konzernverbundenen Unternehmen des Bieters oder Bewerbers stehen.

3 Das Mitwirkungsverbot setzt ein **formell laufendes Vergabeverfahren** voraus, weil erst ab diesem Zeitpunkt „Bieter" und „Bewerber" im Sinne von § 16 Abs. 1 VgV vorhanden sind und weil überdies erst von da an der öffentliche Auftraggeber überhaupt seiner Verpflichtung nachkommen kann, die wegen einer Nähebeziehung zu einem Bieter oder Bewerber voreingenommenen Personen von der Mitwirkung am Vergabeverfahren auszuschließen. Vor diesem Hintergrund unterliegen sämtliche Maßnahmen des Auftraggebers, die im Offenen Verfahren in die Zeit **bis zum Angebotseingang** sowie bei der Beschränkten Ausschreibung in die Phase bis zum **Eingang des Teilnahmeantrags** fallen, nicht dem Geltungsbereich von § 16 VgV[2].

[1] Müller-Wrede in Ingenstau/Korbion, VOB Teile A und B, 15. Aufl., § 16 VgV Rdn. 2; Müller in Byok/Jaeger, Kommentar zum Vergaberecht, 2. Aufl., § 16 VgV Rdn. 1650.

[2] Vgl. OLG Koblenz, NZBau 2002, 699, 700; Thüringer OLG, NZBau 2003, 624; Müller in Byok/Jaeger, Kommentar zum Vergaberecht, 2. Aufl., § 16 VgV Rdn. 1659, 1695; Müller-Wrede in Ingenstau/Korbion,

Anwendungsfrei bleiben damit insbesondere die Entscheidung des Auftraggebers, ein Vergabeverfahren durchzuführen, die Wahl der Vergabeart und die Erstellung der Verdingungsunterlagen[3]. Zeitlich vorzuverlegen ist die Geltung des § 16 VgV bei der Auftragsvergabe im **Verhandlungsverfahren.** Hier gilt das Mitwirkungsverbot bereits dann, wenn die betreffende Person in einem Näheverhältnis zu einem solchen Unternehmen steht, das für die Teilnahme am Verhandlungsverfahren ernsthaft in Betracht kommt[4]. Vorbereitungsmaßnahmen, die nach alledem von § 16 VgV nicht erfasst werden, können im Einzelfall allerdings auf eine Verletzung des Wettbewerbsgrundsatzes (§ 97 Abs. 1 GWB) und des Gleichbehandlungsgebots (§ 97 Abs. 2 GWB) zu untersuchen sein. Die Beteiligung von Bietern oder Bewerbern sowie von diesen nahe stehenden Personen an den in Rede stehenden Vorbereitungsmaßnahmen kann zum Beispiel aufgrund von daraus resultierenden Informationsvorsprüngen zu relevanten **Wettbewerbsverzerrungen** führen[5].

Das **Mitwirkungsverbot endet** mit dem rechtsgültigen Abschluss des Vergabeverfahrens, in der Regel also mit der **rechtsgültigen** Zuschlagserteilung oder der **rechtsbeständigen** Aufhebung des Vergabeverfahrens[6].

b) Kein Bewerbungsverbot. Die Norm enthält **nicht** darüber hinaus auch **ein Bewerbungsverbot** für den betreffenden Bieter oder Bewerber. Ihre Missachtung zieht deshalb – anders als dies etwa der Fall ist, wenn ein Projektant im Sinne von § 6 Abs. 2 VOF am Vergabeverfahren teilnimmt – zwar die Fehlerhaftigkeit des Vergabeverfahrens, nicht aber den zwingenden Angebotsausschluss nach sich[7]. 4

2. Normaufbau

Die Vorschrift ist komplex und auf den ersten Blick nur schwer verständlich. Folgende Prüfungsschritte sind zur Klärung der Frage erforderlich, ob eine ausgeschlossene Person am Vergabeverfahren beteiligt gewesen ist: 5

- Zunächst ist festzustellen, ob am Vergabeverfahren auf Seiten des öffentlichen Auftraggebers eine Person mit einer der in § 16 Abs. 1 VgV genannten Funktionen (d.h. als Organmitglied oder Mitarbeiter des Auftraggebers, als Beauftragter des Auftraggebers oder als Mitarbeiters eines Beauftragten des Auftraggebers) beteiligt gewesen ist.
- Sodann ist zu fragen, ob jene Person für den Auftraggeber bei Entscheidungen in dem betreffenden Vergabeverfahren mitgewirkt hat (§ 16 Abs. 1 VgV).
- Daran anschließend muss untersucht werden, ob die in Rede stehende Person in einem „schädlichen" Näheverhältnis zur Bieter- oder Bewerberseite steht, weil sie entweder
  - selbst Bieter oder Bewerber ist (§ 16 Abs. 1 Nr. 1 VgV)

  oder

VOB Teile A und B, 15. Aufl., § 16 VgV Rdn. 6; Reidt in Reidt/Stickler/Glahs, Vergaberecht, 2. Aufl., § 16 VgV Rdn. 9; Voppel, VergabeR 2003, 580; Erdl, VergabeR 2002, 629, 630; **a.A.** OLG Hamburg, NZBau 2003, 172; Marx in Müller-Wrede, Verdingungsordnung für Leistungen VOL/A, § 16 VgV Rdn. 5; **zu weitgehend** Erdl, VergabeR 2002, 629, 630, die bei einem Offenen Verfahren mit einem voraussichtlich kleinen und überschaubaren Bieterkreis auch alle Maßnahmen und Entscheidungen des Auftraggebers einbeziehen will, die zeitlich vor der Angebotsabgabe liegen.

[3] Müller-Wrede in Ingenstau/Korbion, VOB Teile A und B, 15. Aufl., § 16 VgV Rdn. 2; Müller in Byok/Jaeger, Kommentar zum Vergaberecht, 2. Aufl., § 16 VgV Rdn. 1650.

[4] Zutreffend: Reidt in Reidt/Stickler/Glahs, Vergaberecht, 2. Aufl., § 16 Rdn. 9; **zu weitgehend** Erdl, VergabeR 2002, 629, 630, die auch solche Fälle eines Offenen Verfahrens einbeziehen will, bei denen der Bieterkreis klein und überschaubar ist.

[5] Vgl. Müller in Byok/Jaeger, Kommentar zum Vergaberecht, 2. Aufl., § 16 VgV Rdn. 1693 ff., 1697; Schranner in Ingenstau/Korbion, VOB Teile A und B, 15. Aufl., § 2 VOB/A Rdn. 36, § 8 VOB/A Rdn. 43; Müller-Wrede in Ingenstau/Korbion, VOB Teile A und B, 15. Aufl., § 16 VgV Rdn. 6; Reidt in Reidt/Stickler/Glahs, Vergaberecht, 2. Aufl., § 16 VgV Rdn. 6.

[6] Reidt in Reidt/Stickler/Glahs, Vergaberecht, 2. Aufl., § 16 VgV Rdn. 10.

[7] Thüringer OLG, VergabeR 2003, 577, 578 f. mit Anm. v. Voppel.

– einen Bieter oder Bewerber berät oder unterstützt oder dessen gesetzlicher Vertreter ist oder den Bieter oder Bewerber in dem konkreten Vergabeverfahren vertritt (§ 16 Abs. 1 Nr. 2 VgV)

oder

– bei einem Bieter oder Bewerber gegen Entgelt beschäftigt oder bei ihm als Mitglied des Vorstandes, Aufsichtsrates oder eines gleichartigen Organs tätig ist (§ 16 Abs. 1 Nr. 3 lit. a) VgV)

oder

– für ein in das Vergabeverfahren eingeschaltetes Unternehmen tätig ist, wenn dieses Unternehmen zugleich geschäftliche Beziehungen sowohl zum Auftraggeber als auch zum Bieter oder Bewerber unterhält (§ 16 Abs. 1 Nr. 3 lit. b) VgV)

oder

– Angehöriger eines der vorstehend genannten Personen ist (§ 16 Abs. 2 VgV).

- Sofern die für den Auftraggeber agierende Person unter die dritt- oder viertgenannte Fallgruppe (d.h. unter den Tatbestand des § 16 Abs. 1 Nr. 3 lit. a) oder lit. b) VgV) einzuordnen ist, bleibt zu prüfen, ob nicht im konkreten Fall ausnahmsweise deshalb kein Mitwirkungsverbot besteht, weil entweder trotz der vorhandenen Nähebeziehung kein Interessenkonflikt existiert oder es ausgeschlossen werden kann, dass sich die bestehende Verbindung zum Bieter oder Bewerber auf das Vergabeverfahren ausgewirkt hat (§ 16 Abs. 1 Nr. 3 a.E. VgV).

Nach Maßgabe dieser Prüfungsreihenfolge wird im Folgenden die Vorschrift des § 16 VgV im Einzelnen kommentiert.

II. Tatbestand des § 16 VgV

1. Auftraggeberseite

6 § 16 Abs. 1 1. Halbsatz VgV zählt abschließend die Funktionen auf, die auf Auftraggeberseite zu einem Mitwirkungsverbot führen können.

a) Organmitglieder. Das Mitwirkungsverbot umfasst zunächst **Organmitglieder** des Auftraggebers. Gemeint sind damit natürliche Personen, die fest in die Organisation des öffentlichen Auftraggebers eingebunden sind. Ist der Auftraggeber privatrechtlich organisiert, zählen zu jenem Personenkreis Vorstände, Geschäftsführer, Aufsichtsräte, die Mitglieder der Gesellschafter- und Hauptversammlungen einschließlich der Kleinaktionäre. Handelt es sich bei dem öffentlichen Auftraggeber um eine juristische Person des öffentlichen Rechts, unterfallen dem Begriff des Organmitglieds Regierungs- und Parlamentsmitglieder, Gemeinderäte, Landräte, Magistrate und Bürgermeister[8].

b) Mitarbeiter des Auftraggebers. Als ausgeschlossene Personen kommen darüber hinaus die **Mitarbeiter des Auftraggebers** in Betracht. Dieser Personenkreis ist dadurch gekennzeichnet, dass er aufgrund eines zum Auftraggeber bestehenden Rechtsverhältnisses (typischerweise eines Beamten- oder Anstellungsverhältnisses) für diesen tätig ist. Auf Art und Umfang der Tätigkeit kommt es nicht an, so dass auch Teilzeitkräfte und freie Mitarbeiter unter den Rechtsbegriff des Mitarbeiters zu subsumieren sind[9].

c) Beauftragte des Auftraggebers. Abzugrenzen ist der Mitarbeiter vom **Beauftragten des Auftraggebers**. Dieser ist als Selbständiger für den Auftraggeber tätig, wie dies insbesondere für die freien Berufe (Rechtsanwälte, Steuerberater, Unternehmensberater, Ingenieure, Architekten) zutrifft[10]. Der Beauftragte gehört ebenso wie der Mitarbeiter des Auftraggebers zum Personen-

[8] Vgl. zu allem: Müller in Byok/Jaeger, Kommentar zum Vergaberecht, 2. Aufl., § 16 VgV Rdn. 1651 f. Müller-Wrede in Ingenstau/Korbion, VOB Teile A und B, 15. Aufl., § 16 VgV Rdn. 4 m.w.N.

[9] Vgl. Müller in Byok/Jaeger, Kommentar zum Vergaberecht, 2. Aufl., § 16 VgV Rdn. 1653 m.w.N.

[10] Vgl. Müller in Byok/Jaeger, Kommentar zum Vergaberecht, 2. Aufl., § 16 VgV Rdn. 1653 m.w.N.

kreis, der einem Mitwirkungsverbot unterliegen kann. Ist Beauftragter des öffentlichen Auftraggebers keine natürliche, sondern eine juristische Person, gehören nach Sinn und Zweck des § 16 VgV zu den Mitarbeitern auch die Organmitglieder des Beauftragten. Denn sie sind diejenigen natürlichen Personen, die im Rahmen einer Beauftragung für den öffentlichen Auftraggeber tätig werden[11]. Bloße Anteilseigner der beauftragten juristischen Person werden demgegenüber von § 16 VgV nicht erfasst, weil sie nicht für den Auftraggeber tätig werden[12].

d) Mitarbeiter des Beauftragten. Schließlich zählen zum Kreis der ausgeschlossenen Personen auch die **Mitarbeiter des Beauftragten**. Hinsichtlich des Mitarbeiterbegriffs kann auf die vorstehenden Ausführungen verwiesen werden; sie gelten hier gleichermaßen.

2. Mitwirkung im Vergabeverfahren

§ 16 Abs. 1 VgV erfordert, dass eine der vorstehend beschriebenen Personen für den Auftrag- 7
geber bei Entscheidungen in einem Vergabeverfahren mitgewirkt hat.

a) Begriff des Vergabeverfahrens. In **zeitlicher Hinsicht** ist damit der Abschnitt des Vergabeverfahrens gemeint, der sich bei der Öffentlichen Ausschreibung von der Angebotsabgabe bis zum rechtsbeständigen Abschluss der Ausschreibung, bei der Beschränkten Ausschreibung vom Eingang des Teilnahmeantrags bis zur rechtsbeständigen Beendigung des Vergabeverfahrens sowie beim Verhandlungsverfahren vom Beginn desselben bis zur rechtsbeständigen Verfahrensbeendigung erstreckt[13]. Beendet wird ein Vergabeverfahren typischerweise durch rechtswirksame Zuschlagserteilung oder rechtsbeständige Aufhebung der Ausschreibung.

b) Begriff der Mitwirkung. § 16 Abs. 1 VgV verlangt die Mitwirkung an Entscheidungen, die im Vergabeverfahren zu treffen sind. Erfasst wird ausschließlich ein **aktives Tätigwerden** für den Auftraggeber. Die bloße Informationserteilung fällt deshalb nicht in den Geltungsbereich der Vorschrift[14]. Erfasst wird ebenso wenig der Fall, dass sich eine dem Mitwirkungsverbot unterfallende Person jedweder Teilnahme an der Entscheidungsfindung enthält, indem sie etwa der entsprechenden Sitzung fernbleibt[15]. Gleiches wird dann zu gelten haben, wenn die Person zwar der Entscheidungsfindung beiwohnt, sich an der Sitzung aber nicht beteiligt und ihre bloße Anwesenheit auch keinen Einfluss auf die Entscheidungsfindung hat[16].

Der Begriff der **„Entscheidung"** ist **weit zu verstehen**. Zu subsumieren ist darunter jedwedes Tätigwerden für den Auftraggeber, das sich auf den weiteren Verlauf des Vergabeverfahrens auswirkt. Ob sich die Mitwirkungshandlung unmittelbar auf die eigentlich zu treffende Entscheidung selbst (etwa über den Ausschluss eines Angebots, die Angebotswertung oder die Aufhebung der Ausschreibung) oder nur auf deren Vorbereitung bezieht oder ob Einfluss auf verfahrensbeteiligte Mitarbeiter des Auftraggebers genommen wird, spielt für die Geltung des § 16 VgV keine Rolle[17]. Denn in allen Fällen wird die Meinungsbildung des öffentlichen Auftraggebers über das Verfahren oder die in ihm zu treffenden Sachentscheidungen beeinflusst[18].

c) Darlegungs- und Feststellungslast. Im Vergabenachprüfungsverfahren liegt die **Dar- 8
legungs- und Feststellungslast** dafür, dass eine Person im Sinne von § 16 Abs. 1 1. Halbsatz

[11] Ebenso: Müller in Byok/Jaeger, Kommentar zum Vergaberecht, 2. Aufl., § 16 VgV Rdn. 1655 m.w.N. Müller-Wrede in Ingenstau/Korbion, VOB Teile A und B, 15. Aufl., § 16 VgV Rdn. 5.

[12] Zutreffend: Müller-Wrede in Ingenstau/Korbion, VOB Teile A und B, 15. Aufl., § 16 VgV Rdn. 5.

[13] Vgl. hierzu die Ausführungen zu § 16 VgV Abschnitt I. 1.

[14] OLG Düsseldorf, Beschl. v. 9.4.2003 – *Verg 66/02* Umdruck Seite 22; Müller in Byok/Jaeger, Kommentar zum Vergaberecht, 2. Aufl., § 16 VgV Rdn. 1657 m.w.N.; Reidt in Reidt/Stickler/Glahs, Vergaberecht, 2. Aufl., § 16 VgV Rdn. 7.

[15] OLG Düsseldorf, Beschl. v. 9.4.2003 – *Verg 66/02* Umdruck Seite 22.

[16] Ebenso: Müller in Byok/Jaeger, Kommentar zum Vergaberecht, 2. Aufl., § 16 VgV Rdn. 1658.

[17] Vgl. Müller in Byok/Jaeger, Kommentar zum Vergaberecht, 2. Aufl., § 16 VgV Rdn. 1657; Müller-Wrede in Ingenstau/Korbion, VOB Teile A und B, 15. Aufl., § 16 VgV Rdn. 7.

[18] Vgl. BayObLG, NZBau 2000, 259.

VgV an Entscheidungen im Vergabeverfahren mitgewirkt hat, beim Bieter oder Bewerber[19]. Da er regelmäßig allerdings keinen genauen Einblick in die Verfahrensabläufe bei der Vergabestelle besitzt, wird es im Allgemeinen genügen, wenn er an Hand von Indizien zumindest die ernsthafte Möglichkeit einer unstatthaften Beteiligung ausgeschlossener Personen aufzeigt. Dies muss insbesondere dann genügen, wenn der betreffende Sachverhalt in den Vergabeakten nicht oder nur unzureichend dokumentiert ist, so dass der Antragsteller des Nachprüfungsverfahrens mit Hilfe des Akteneinsichtsrechts nach § 111 Abs. 1 GWB keinen sicheren Aufschluss gewinnen kann. Es ist dann Sache des öffentlichen Auftraggebers, den vorgetragenen Indizien entgegen zu treten und die wahren Vorgänge im Einzelnen darzulegen. Jenen Geschehensablauf hat der Bieter oder Bewerber sodann zu widerlegen.

9 Liegen **Dokumentationsmängel** vor, kann im Übrigen auch darauf alleine ein Nachprüfungsbegehren gestützt werden. Denn § 30 VOB/A und § 30 VOL/A sind bieterschützende Vorschriften im Sinne von § 97 Abs. 6 GWB.

3. Bieter- oder Bewerberseite

10 Das Mitwirkungsverbot setzt ferner voraus, dass die für den Auftraggeber tätige Person in einem schädlichen Näheverhältnis zu einem Bieter oder Bewerber des Vergabeverfahrens steht. § 16 Abs. 1 nennt in den Nr. 1 bis 3 die betreffenden Fallkonstellationen. An die Fälle der Nr. 1 und 2 knüpft sich dabei die unwiderlegliche Vermutung einer Voreingenommenheit, während in den beiden Fallgruppen der Nr. 3 eine widerlegbare Voreingenommenheitsvermutung besteht, die vom Auftraggeber ausgeräumt werden kann.

11 **a) § 16 Abs. 1 Nr. 1 VgV.** Das Mitwirkungsverbot gilt zunächst für diejenigen Personen, die selbst – d.h. in eigener Person[20] – als Bieter oder Bewerber an dem Vergabeverfahren teilnehmen. Bieter ist, wer im Offenen Verfahren ein Angebot eingereicht hat; Bewerber ist, wer sich in einem Nichtoffenen Verfahren oder im Verhandlungsverfahren um die Teilnahme am Vergabeverfahren beworben hat. Bei diesen Personen wird eine mit der Neutralitätspflicht des Auftraggebers unvereinbare Voreingenommenheit unwiderlegbar vermutet, so dass sie zwingend und ohne eine weitere Einzelfallprüfung von der Mitwirkung in dem betreffenden Vergabeverfahren ausgeschlossen sind.

12 **b) § 16 Abs. 1 Nr. 2 VgV.** Ebenfalls zwingend ausgeschlossen sind diejenigen, die sowohl für den Auftraggeber an Entscheidungen im Vergabeverfahren mitwirken als auch zugleich einen Bieter oder Bewerber **beraten** oder **unterstützen**, wobei sich die Beratungs- und Unterstützungsleistung nicht auf das konkrete Vergabeverfahren beziehen muss[21]. Typischerweise handelt es sich bei diesem Personenkreis um Freiberufler. Ob sie ihre Tätigkeit für den Bieter oder Bewerber entgeltlich oder unentgeltlich erbringen, ist für die Anwendbarkeit des § 16 VgV ohne Bedeutung. Als Unterstützungsleistung genügt jedes unmittelbar fördernde Tätigwerden für den Bieter oder Bewerber. Die Beratungsleistung ist lediglich ein Anwendungsfall der in Betracht kommenden Unterstützungshandlungen.

Das Mitwirkungsverbot gilt ferner für die **gesetzlichen Vertreter** des Bieters oder Bewerbers. Auszuschließen sind schließlich diejenigen, die den Bieter oder Bewerber in dem konkreten Vergabeverfahren[22] **(rechtsgeschäftlich) vertreten**. Selbstverständlich ist es nach dem Normzweck des § 16 Abs. 1 Nr. 2 VgV ohne Belang, ob diese rechtsgeschäftliche Vertretung ausschließlich in jenem Vergabeverfahren stattfindet oder ob die betreffende Person den Bieter oder Bewerber darüber hinaus auch in weiteren Vergabeverfahren vertritt.

---

[19] Ebenso: Müller-Wrede in Ingenstau/Korbion, VOB Teile A und B, 15. Aufl., § 16 VgV Rdn. 7.

[20] Ist Bieter oder Bewerber eine juristische Person, werden ihre Vertretungsorgane von § 16 Abs. 1 Nr. 2 3. Alt. VgV erfasst.

[21] Müller in Byok/Jaeger, Kommentar zum Vergaberecht, 2. Aufl., § 16 VgV Rdn. 1665 m.w.N.; Reidt in Reidt/Stickler/Glahs, Vergaberecht, 2. Aufl., § 16 VgV Rdn. 19.

[22] Ebenso: Müller in Byok/Jaeger, Kommentar zum Vergaberecht, 2. Aufl., § 16 VgV Rdn. 1670; es ist ohne Belang, ob diese Vertretung ausschließlich oder auch in jenem Vergabeverfahren stattfindet.

Sämtlichen Fallalternativen des § 16 Abs. 1 Nr. 2 VgV ist gemein, dass das **Näheverhältnis unmittelbar zum Bieter oder Bewerber** – und nicht bloß zu einem mit ihm gesellschaftsrechtlich verbundenen Unternehmen[23] – bestehen muss. Das beschriebene Näheverhältnis muss überdies **im Zeitpunkt der** zur Beurteilung stehenden **Mitwirkungshandlung** noch **fortdauern**[24]. Wird die Beratungs- oder Unterstützungsleistung lediglich für die Dauer des Vergabeverfahrens **unterbrochen**, ist von einem Fortbestand des Mitwirkungsverbots auszugehen. Denn das aus der Beratungs- und Unterstützungstätigkeit resultierende Näheverhältnis wirkt in diesem Fall unverändert fort. Gleiches wird zu gelten haben, wenn die gesetzliche Vertretung des Bieters oder Bewerbers bloß für die Dauer des Vergabeverfahrens aufgegeben wird. Anders ist der Fall zu beurteilen, dass die Beratungstätigkeit für oder die Vertretung des Bieters oder Bewerbers im Zeitpunkt der Mitwirkung im Vergabeverfahren endgültig und ernsthaft aufgegeben worden ist. 13

c) § 16 Abs. 1 Nr. 3 lit. a) VgV. § 16 Abs. 1 Nr. 3 lit. a) VgV regelt den Fall der **Doppelmandate**. Unter das Mitwirkungsverbot fallen danach Personen, die beim Bieter oder Bewerber entweder entgeltlich beschäftigt sind oder seinem Vorstand, Aufsichtsrat oder einem gleichartigen Organ angehören. 14

aa) Tatbestandliche Voraussetzungen. Unter den Begriff der **entgeltlich Beschäftigten** fallen typischerweise Anstellungsverhältnisse. Auf den Umfang (Voll- oder Teilzeitarbeit) und die Art der ausgeübten Tätigkeit kommt es ebenso wenig an wie auf die Position und Funktion, welche die betreffende Person im Unternehmen des Bieters oder Bewerbers innehat[25]. Zwingende Voraussetzung ist allerdings, dass für die Tätigkeit ein **Entgelt** gezahlt wird. Erforderlich ist überdies, dass das **Beschäftigungsverhältnis** noch **im Zeitpunkt der** zur Beurteilung stehenden **Mitwirkungshandlung besteht**. Dem steht der Fall gleich, dass das Beschäftigungsverhältnis lediglich für die Dauer des Vergabeverfahrens unterbrochen wird. Dann wird nämlich in aller Regel die Interessenverbundenheit, an die § 16 Abs. 1 Nr. 3 lit. a) VgV das Mitwirkungsverbot anknüpft, fortwirken[26]. 15

Das Mitwirkungsverbot des § 16 Abs. 1 Nr. 3 lit. a) VgV gilt außerdem für Personen, die dem Vorstand, Aufsichtsrat oder einem gleichartigen Organ eines Bieters oder Bewerbers angehören. Gleichartig sind diejenigen Unternehmensorgane, die – wie Vorstand oder Aufsichtsrat – eine **Leitungs- oder Kontrollaufgabe** wahrnehmen. Damit fallen bloß beratende Beiräte[27] ebenso aus den Anwendungsbereich der Vorschrift heraus wie nicht im operativen Geschäft tätige Minderheitsgesellschafter[28]. Nicht erfasst werden ferner Personen, die lediglich dem Leitungs- oder Kontrollorgan eines **konzernverbundenen Unternehmens** des Bieters oder Bewerbers angehören[29]. Die Organmitgliedschaft muss **im Zeitpunkt** der **Mitwirkungshandlung bestehen** oder darf allenfalls für die Dauer des Vergabeverfahrens **unterbrochen** sein[30]. Insoweit gelten die vorstehenden Ausführungen zum Beschäftigungsverhältnis sinngemäß.

bb) Vermutungswirkung. Liegen die tatbestandlichen Voraussetzungen des § 16 Abs. 1 Nr. 3 lit. a) VgV vor, knüpft sich daran die **widerlegbare** Vermutung der Voreingenommenheit. Es 16

[23] Reidt in Reidt/Stickler/Glahs, Vergaberecht, 2. Aufl., § 16 VgV Rdn. 17.

[24] Müller in Byok/Jaeger, Kommentar zum Vergaberecht, 2. Aufl., § 16 VgV Rdn. 1664; Müller-Wrede in Ingenstau/Korbion, VOB Teile A und B, 15. Aufl., § 16 VgV Rdn. 8.

[25] Müller in Byok/Jaeger, Kommentar zum Vergaberecht, 2. Aufl., § 16 VgV Rdn. 1672 m.w.N.; Reidt in Reidt/Stickler/Glahs, Vergaberecht, 2. Aufl., § 16 VgV Rdn. 21.

[26] Ebenso: Müller-Wrede in Ingenstau/Korbion, VOB Teile A und B, 15. Aufl., § 16 VgV Rdn. 9 a.E.

[27] Reidt in Reidt/Stickler/Glahs, Vergaberecht, 2. Aufl., § 16 VgV Rdn. 22; Müller-Wrede in Ingenstau/Korbion, VOB Teile A und B, 15. Aufl., § 16 VgV Rdn. 9; Müller in Byok/Jaeger, Komentar zum Vergaberecht, 2. Aufl., § 16 VgV Rdn. 1673.

[28] Müller-Wrede in Ingenstau/Korbion, VOB Teile A und B, 15. Aufl., § 16 VgV Rdn. 9.

[29] Müller-Wrede in Ingenstau/Korbion, VOB Teile A und B, 15. Aufl., § 16 VgV Rdn. 9; OLG Düsseldorf, Beschl. v. 9.4.2003 – *Verg 66/02* Umdruck Seite 24, für den Fall eines nicht beherrschten Drittunternehmens.

[30] Ebenso: Müller-Wrede in Ingenstau/Korbion, VOB Teile A und B, 15. Aufl., § 16 VgV Rdn. 9.

ist Sache des öffentlichen Auftraggebers, diese Vermutung auszuräumen, indem er nachweist, dass trotz des bestehenden Näheverhältnisses im konkreten Fall entweder kein Interessenkonflikt besteht oder sich die Tätigkeiten im Sinne von § 16 Abs. 1 Nr. 3 lit. a) VgV nicht auf die Entscheidungen im Vergabeverfahren ausgewirkt haben.

17 Der Nachweis, dass eine Person, die zwar beim Bieter oder Bewerber beschäftigt ist oder einem seiner Leitungs- oder Kontrollorgane angehört, gleichwohl aber nicht in einen **Interessenkonflikt** gerät, wenn sie zugleich für den öffentlichen Auftraggeber an Entscheidungen im Vergabeverfahren mitwirken soll, ist schwer vorstellbar. Bei verständiger und lebensnaher Würdigung wird ein Beschäftigter bzw. Organmitglied schon im eigenen Interesse am Erhalt seines Arbeitsplatzes bzw. seiner Leitungs- oder Kontrollfunktion geneigt sein, bei der Mitwirkung im Vergabeverfahren (auch) die Belange „seines" Unternehmens mit zu berücksichtigen. Diese mehr oder weniger natürliche Verbundenheit zum „eigenen" Betrieb wird sich im Allgemeinen nicht ausräumen lassen[31]. Für die Widerlegung der Vermutung ist dabei zu fordern, dass aufgrund der besonderen Umstände des Falles eine Interessenkollision mit **hinreichender Sicherheit** ausgeschlossen werden kann[32]. Zu weitgehend ist die Ansicht von Müller[33], der zur Widerlegung der Vermutung genügen lassen will, dass der Auftraggeber alles ihm Mögliche oder Zumutbare zur Eliminierung eines Interessenkonflikts getan hat. Dagegen ist einzuwenden, dass es bei der Widerlegung des Vermutungstatbestands nicht um eine Frage der Vorwerfbarkeit oder Verantwortlichkeit des Auftraggebers, sondern ausschließlich um die Feststellung geht, dass trotz der Nähebeziehung eine Voreingenommenheit ausnahmsweise nicht besteht. Das kann alleine aufgrund eines objektiven Maßstabes (und nicht nach dem subjektiven Leistungsvermögen des jeweiligen Auftraggebers), das im Übrigen von Auftraggeber zu Auftraggeber ganz verschieden sein kann, beantwortet werden. Sind die Anstrengungen und Vorkehrungen des Auftraggebers objektiv betrachtet unzureichend, um eine Interessenkollision zu verhindern, hat es bei der Vermutung der Voreingenommenheit zu verbleiben. Der Umstand, dass sich der Auftraggeber im Rahmen seiner Möglichkeiten bemüht hat, einen Interessenkonflikt zu verhindern, kann nicht zu einem anderen Ergebnis führen. Eine schriftliche **Erklärung der Unvoreingenommenheit** durch die im Vergabeverfahren mitwirkende Person reicht zur Widerlegung der Vermutung keinesfalls aus[34].

18 Aus den vorstehenden Erwägungen dürfte gleichermaßen der Nachweis des Auftraggebers, dass sich die Tätigkeit als Beschäftigter oder Organmitglied eines Bieters oder Bewerbers **nicht** auf die Entscheidungen im Vergabeverfahren **ausgewirkt** haben, lediglich in Ausnahmefällen in Frage kommen[35]. Eine Kausalität zwischen der Verbundenheit mit dem Bieter oder Bewerber und den Entscheidungen im Vergabeverfahren wird man regelmäßig nur bei rechtlich **gebundenen Entscheidungen** verneinen können, bei denen der Auftraggeber weder über einen Beurteilungsspielraum noch über ein Ermessen verfügt. Alleine in diesen Fällen lässt sich ausschließen, dass die Mitwirkung der voreingenommenen Person einen Einfluss auf das Vergabeverfahren und die unter ihrer Beteiligung getroffenen Entscheidungen gehabt hat[36]. Zu denken ist etwa an den zwingenden Ausschluss eines Angebots, das von den Vorgaben der Verdingungsunterlagen abweicht (§§ 25 Nr. 1 Abs. 1 lit. b), 21 Nr. 1 Abs. 2 VOB/A) oder das die geforderten Erklärungen nicht enthält (§§ 25 Nr. 1 Abs. 1 lit. b), 21 Nr. 1 Abs. 1 Satz 3 VOB/A). Nicht hierunter fällt demgegenüber der Ausschluss eines Bieters wegen fehlender Fachkunde, Leistungsfähigkeit oder Zuverlässigkeit (§ 25 Nr. 2 Abs. 1 VOB/A)[37]. Denn der Auftraggeber verfügt in Bezug auf die unbestimmten

---

[31] Ähnlich: Reidt in Reidt/Stickler/Glahs, Vergaberecht, 2. Aufl., § 16 VgV Rdn. 31.

[32] Zutreffend: Reidt in Reidt/Stickler/Glahs, Vergaberecht, 2. Aufl., § 16 VgV Rdn. 31; **ähnlich** Berrisch/Nehl, WuW 2001, 944, 949; vgl. auch Gröning, WRP 2001, 1, 7.

[33] In Byok/Jaeger, Kommentar zum Vergaberecht, 2. Aufl., § 16 VgV Rdn. 1684.

[34] Zutreffend: Müller-Wrede in Ingenstau/Korbion, VOB Teile A und B, 15. Aufl., § 16 VgV Rdn. 13.

[35] Zutreffend: Reidt in Reidt/Stickler/Glahs, Vergaberecht, 2. Aufl., § 16 VgV Rdn. 32.

[36] Vgl. auch OLG Frankfurt a.M., NZBau 2004, 567, 570, das mit dieser Erwägung allerdings schon die Antragsbefugnis im Sinne von § 107 Abs. 2 GWB verneint.

[37] **A.A.** Müller in Byok/Jaeger, Kommentar zum Vergaberecht, 2. Aufl., § 16 VgV Rdn. 1687.

Rechtsbegriffe der „Fachkunde“, „Leistungsfähigkeit“ und „Zuverlässigkeit“ über einen im Vergabenachprüfungsverfahren nur eingeschränkt kontrollierbaren Beurteilungsspielraum.

Es gehört zu einer ordnungsgemäßen **Dokumentation** des Vergabeverfahrens (vgl. § 30 VOB/A, § 30 VOL/A), dass der Auftraggeber zeitnah die Tatsachen und Umstände aktenkundig macht, aus denen er die Widerlegung der Voreingenommensheitsvermutung herleitet[38]. Das gilt für alle Fälle des § 16 Abs. 1 Nr. 3 VgV. 19

d) § 16 Abs. 1 Nr. 3 lit. b) VgV. § 16 Abs. 1 Nr. 3 lit. b) VgV normiert die Fallgruppe der **Doppelberatungen**. Erfasst werden diejenigen Personen, die für ein Unternehmen tätig sind, das sowohl geschäftliche Beziehungen zum öffentlichen Auftraggeber als auch zu einem Bieter oder Bewerber unterhält. 20

aa) Tatbestandliche Voraussetzungen. Unter das Mitwirkungsverbot fallen in erster Linie Freiberufler, d.h. Rechtsanwälte, Steuerberater, Unternehmensberater, Architekten und Ingenieure. In Abgrenzung zu § 16 Abs. 1 Nr. 2 VgV erfasst § 16 Abs. 1 Nr. 3 lit. b) VgV den Fall, dass die Mitwirkungshandlung im Vergabeverfahren und die Beratungstätigkeit für die Bieter- oder Bewerberseite nicht von ein- und derselben Person vorgenommen wird, sondern **Personenverschiedenheit** in dem Sinne besteht, dass die eine Person des Beratungsunternehmens an Entscheidungen im Vergabeverfahren beteiligt wird und eine andere Person der Beratungsfirma für einen Bieter oder Bewerber tätig ist. Ziel des § 16 Abs. 1 Nr. 3 lit. b) VgV ist es zu verhindern, dass es innerhalb des sowohl auf Auftraggeberseite als auch auf Bieter- oder Bewerberseite tätigen Unternehmens zu einem Austausch wettbewerblich relevanter Informationen kommt, die dem betreffenden Bieter oder Bewerber gegenüber seinen Konkurrenten einen Wettbewerbsvorsprung vermitteln können. **Gesellschaftsrechtliche Beteiligungsverhältnisse** sind keine geschäftlichen Beziehungen im Sinne von § 16 Abs. 1 Nr. 3 lit. b) VgV [39]. Unter § 16 Abs. 1 Nr. 3 lit. b) VgV fällt es deshalb nicht, wenn lediglich konzernverbundene Unternehmen auf Auftraggeberseite und Bieter- oder Bewerberseite agieren. In diesen Fällen kann aber der vergaberechtliche Grundsatz der Gleichbehandlung (§ 97 Abs. 2 GWB) verletzt sein[40]. 21

Ebenso wie bei den Beratungsleistungen im Sinne von § 16 Abs. 1 Nr. 2 VgV ist auch hier nicht erforderlich, dass die Unterstützungsleistungen in dem **konkreten Vergabeverfahren** erbracht werden. Ausreichend ist vielmehr, dass geschäftliche Beziehungen sowohl zur Auftraggeber- wie auch zur Bieter- oder Bewerberseite bestehen, mag es dabei auch um Geschäftsbeziehungen außerhalb des in Rede stehenden Vergabeverfahrens gehen[41]. Ob im Rahmen der geschäftlichen Beziehungen das Beratungsunternehmen für den Bieter oder Bewerber oder umgekehrt der Bieter oder Bewerber für das Beratungsunternehmen tätig ist, spielt für die Anwendbarkeit der Vorschrift keine Rolle[42]. Die zu einer Doppelberatung führenden Geschäftsbeziehungen müssen freilich im **Zeitpunkt der Mitwirkungshandlung** noch **bestehen** oder dürfen **allenfalls** vorübergehend **unterbrochen** sein[43].

bb) Vermutungswirkung. Ebenso wie bei der Personengruppe des § 16 Abs. 1 Nr. 3 lit. a) VgV knüpft sich auch hier an die mit der Doppelberatung verbundene Nähebeziehung die **widerlegbare** Vermutung der Voreingenommenheit. Der öffentliche Auftraggeber trägt deshalb die Darlegungs- und Feststellungslast dafür, dass im konkreten Fall entweder kein Interessenkonflikt besteht oder sich die Doppelberatung nicht auf die Entscheidungen im Vergabeverfahren ausgewirkt hat. 22

---

[38] Müller in Byok/Jaeger, Kommentar zum Vergaberecht, 2. Aufl., § 16 VgV Rdn. 1690 m.w.N.; Reidt in Reidt/Stickler/Glahs, Vergaberecht, 2. Aufl., § 16 VgV Rdn. 35.

[39] Müller-Wrede in Ingenstau/Korbion, VOB Teile A und B, 15. Aufl., § 16 VgV Rdn. 10; **a.A.** Müller in Byok/Jaeger, Kommentar zum Vergaberecht, 2. Aufl., § 16 VgV Rdn. 1677; Maurer, Das Mitwirkungsverbot gemäß § 16 Vergabeverordnung (VgV), S. 170.

[40] Ebenso: Müller-Wrede in Ingenstau/Korbion, VOB Teile A und B, 15. Aufl., § 16 VgV Rdn. 10.

[41] Müller in Byok/Jaeger, Kommentar zum Vergaberecht, 2. Aufl., § 16 VgV Rdn. 1677; Reidt in Reidt/Stickler/Glahs, Vergaberecht, 2. Aufl., § 16 VgV Rdn. 26.

[42] Zutreffend: Reidt in Reidt/Stickler/Glahs, Vergaberecht, 2. Aufl., § 16 VgV Rdn. 26.

[43] Reidt in Reidt/Stickler/Glahs, Vergaberecht, 2. Aufl., § 16 VgV Rdn. 26.

Eine Interessenkollision kann in erster Linie durch **organisatorische Vorkehrungen** (sog. chinise walls) vermieden werden. Es handelt sich dabei um Maßnahmen, die unabhängige Vertraulichkeitsbereiche schaffen und gewährleisten, dass diejenigen Personen des Unternehmens, die für den Bieter oder Bewerber mit dem Vergabeverfahren befasst sind, keinen Zugang zu vergaberelevanten Unterlagen und Informationen des Auftraggebers haben. Erreicht werden kann dieses Ziel etwa durch die funktionale oder räumliche Trennung von Arbeitsbereichen, ferner durch Zutrittsbeschränkungen oder durch die Beschränkung des Zugangs zu den vergaberelevanten Daten[44]. Welche Vorkehrungen ausreichen, um einen Interessenkonflikt mit hinreichender Sicherheit auszuschließen, entzieht sich einer generellen Beurteilung und ist stets eine Frage des konkreten Einzelfalles. Darüber hinaus kann ein Interessenkonflikt dann als ausgeschlossen gelten, wenn der für den öffentlichen Auftraggeber tätige Mitarbeiter mit den geschäftlichen Beziehungen „seines" Unternehmens zum Bieter oder Bewerber nichts zu tun hat und durch organisatorische Maßnahmen überdies gewährleistet ist, dass ein Austausch vergaberechtlich relevanter Informationen nicht stattfindet[45].

Ist ein Interessenkonflikt nicht ausgeschlossen, kann die Vermutung der Voreingenommenheit durch den Nachweis widerlegt werden, dass sich die Tätigkeit für den Bieter oder Bewerber nicht auf die Entscheidungen im Vergabeverfahren ausgewirkt hat. Dieser Nachweis kommt vor allem bei gebundenen Vergabeentscheidungen ohne einen Beurteilungsspielraum oder ein Ermessen des Auftraggebers in Betracht. Insoweit kann auf die vorstehenden Ausführungen zu § 16 Abs. 1 Nr. 3 lit. a) VgV[46] Bezug genommen werden, die hier gleichermaßen gelten.

4. Erstreckung des Mitwirkungsverbots auf Angehörige

23 § 16 Abs. 2 VgV erweitert das Mitwirkungsverbot auf Personen, deren Angehörige unter die Fallgruppen des § 16 Abs. 1 Nr. 1 bis 3 VgV zu subsumieren sind. Der Begriff des Angehörigen im Sinne von § 16 Abs. 2 VgV wird in Satz 2 der Vorschrift abschließend definiert.

III. Rechtsfolgen eines Verstoßes

24 § 16 VgV hat **bieterschützende Wirkung**. Unter den im Kartellvergaberecht normierten Zulässigkeitsvoraussetzungen (insbesondere § 107 Abs. 2 und 3 GWB) kann deshalb jeder Bieter oder Bewerber die Beachtung und Einhaltung des Mitwirkungsverbot des § 16 VgV zur Überprüfung der Vergabenachprüfungsinstanzen stellen. Liegt ein Verstoß vor, ist die fehlerbehaftete Entscheidung unter Ausschluss der voreingenommenen Person neu zu treffen[47]. Vergabekammer und/oder Vergabesenat können eine dahingehende Anordnung treffen; daneben bleibt dem Auftraggeber die Möglichkeit, den Vergabefehler schon während des laufenden Nachprüfungsverfahrens selbst zu heilen und die betroffene Entscheidung fehlerfrei neu zu treffen[48]. Dadurch tritt – sofern nicht noch weitere Vergabefehler geltend gemacht werden – eine Erledigung des Vergabenachprüfungsverfahrens im Sinne von §§ 114 Abs. 2 Satz 2, 123 Satz 3 und 4 GWB ein.

25 Da § 16 VgV **kein gesetzliches Verbot** im Sinne von § 134 BGB normiert, berührt die Mitwirkung ausgeschlossener Personen nicht die Rechtswirksamkeit einer Zuschlagserteilung[49].

[44] Vgl. Müller-Wrede in Ingenstau/Korbion, VOB Teile A und B, 15. Aufl., § 16 VgV Rdn. 13; Müller in Byok/Jaeger, Kommentar zum Vergaberecht, 2. Aufl., § 16 VgV Rdn. 1688 ff. m.w.N.; Reidt in Reidt/Stickler/Glahs, Vergaberecht, 2. Aufl., § 16 VgV Rdn. 29.

[45] Reidt in Reidt/Stickler/Glahs, Vergaberecht, 2. Aufl., § 16 VgV Rdn. 34.

[46] Vgl. § 16 Abschnitt II. 3. c) bb) = Rdn. 18.

[47] OLG Koblenz, VergabeR 2002, 617, 623; Müller in Byok/Jaeger, Kommentar zum Vergaberecht, 2. Aufl., § 16 VgV Rdn. 1705; Reidt in Reidt/Stickler/Glahs, Vergaberecht, 2. Aufl., § 16 VgV Rdn. 42; Müller-Wrede in Ingenstau/Korbion, VOB Teile A und B, 15. Aufl., § 16 VgV Rdn. 14.

[48] OLG Koblenz, VergabeR 2002, 617, 623.

[49] Zutreffend: Reidt in Reidt/Stickler/Glahs, Vergaberecht, 2. Aufl., § 16 VgV Rdn. 43.

Anhang zur Vergabeverordnung

§ 15 a.F. Elektronische Angebotsabgabe

Soweit die Bestimmungen, auf die die §§ 4 bis 7 verweisen, keine Regelungen über die elektronische Angebotsabgabe enthalten, können die Auftraggeber zulassen, dass die Abgabe der Angebote in anderer Form als schriftlich per Post oder direkt erfolgen kann, sofern sie sicherstellen, dass die Vertraulichkeit der Angebote gewahrt ist. Digitale Angebote sind mit einer qualifizierten elektronischen Signatur nach dem Signaturgesetz zu versehen und zu verschlüsseln; die Verschlüsselung ist bis zum Ablauf der für die Einreichung der Angebote festgelegten Frist aufrechtzuerhalten.

Übersicht

I. Allgemeines

1 § 15 VgV a.F. schaffte **für den öffentlichen Auftraggeber** die Möglichkeit, neben schriftlichen Angeboten auch solche in anderen – insbesondere in elektronischer – Form zuzulassen. Praktische Bedeutung hatte die Vorschrift lediglich für Auftragsvergaben oberhalb der Schwellenwerte[1], die nach den Vergabebestimmungen der VOL/A und der VOF durchzuführen sind. Denn § 15 VgV a.F. hatte **subsidiären** Charakter und kam nur dort zur Anwendung, wo nicht bereits die in den §§ 4 bis 6 VgV in Bezug genommenen Verdingungsordnungen selbst Regelungen zur Abgabe elektronischer Angebote enthalten[2]. Das war ursprünglich nur im Anwendungsbereich der VOL/A und VOF der Fall, während die VOB/A in §§ 21 Nr. 1 Abs. 1 Satz 2 dem Auftraggeber gestattet, neben schriftlichen auch elektronische Abgabe zuzulassen. Soweit § 22 Nr. 1 Satz 3 VOL/A elektronische Angebote erwähnt und regelt, dass diese im Rahmen der Angebotsöffnung zu kennzeichnen und unter Verschluss zu halten sind, wurde § 15 VgV hierdurch nicht verdrängt. Denn die Vorschrift normierte alleine den Umgang mit elektronischen Angeboten bei einer VOL-Vergabe, traf aber selbst keine – § 15 VgV verdrängende – Anordnung, unter welchen Bedingungen solche Angebote zugelassen werden können[3]. Im Zuge der Umsetzung der EG-Vergaberichtlinien 2007/17/EG und 2004/18/EG vom 31. März 2004 sind nunmehr Regelungen über die elektronische Angebotsabgabe auch in die VOL/A (§ 21 Nr. 1) und die VOF (§ 4) eingefügt worden. Aus diesem Grund konnte § 15 VgV im Rahmen der Dritten Verordnung zur Änderung der Vergabeverordnung aufgehoben worden und zwar – voraussichtlich (vgl. Einleitung VOB/A Rdnr. 8 a.E.) – zum 1.11.2006. Die Vorschrift behält allerdings für eine Übergangszeit noch ihre rechtliche Bedeutung, weil sie auf die bei Inkrafttreten der neuen Vergabeverordnung noch nicht abgeschlossen Vergabeverfahren weiterhin Anwendung findet. Aus diesem Grund wird sie nachstehend auch kommentiert.

[1] Für Auftragsvergaben unterhalb der Schwellenwerte gelten ausschließlich die Basisparagraphen der Verdingungsordnungen, d.h. konkret § 21 Nr. 1 Abs. 1 VOB/A Abschnitt 1. Voraussetzung ist freilich, dass das Haushaltsrecht den öffentlichen Auftraggeber zur Einhaltung der Verdingungsordnung anhält (ebenso: Burgi, VergabeR 2006, 149, 150).

[2] Burgi, VergabeR 2006, 149, 150.

[3] Müller in Byok/Jaeger, Kommentar zum Vergaberecht, 2. Aufl., § 15 VgV Rdn. 1627; Antweiler, CR 2001, 717, 721; Kratzenberg, NZBau 2001, 178, 186; ders. in Ingenstau/Korbion, VOB Teile A und B, 15. Aufl., § 15 VgV Rdn. 2.

II. Regelungsgehalt der Vorschrift

2 § 15 VgV stellt die Zulassung elektronischer Angebote in das **Ermessen** des Auftraggebers. Die Bieter haben folglich keinen Anspruch darauf, ihre Angebote auch in elektronischer Form abgeben zu können. Ein dahingehender Anspruch kann auch nicht der E-Commerce-Richtlinie[4] entnommen werden, weil diese auf die Vergabe öffentlicher Aufträge nicht anwendbar ist[5]. Gibt ein Bieter ein elektronisches Angebot ab, ohne dass diese Form der Angebotsabgabe zugelassen war, ist sein **Angebot zwingend auszuschließen**[6].

3 Eine ganz andere Frage ist es, ob der Auftraggeber das Vergabeverfahren auf die Abgabe von elektronischen Angeboten beschränken und schriftliche Offerten ausschließen darf. Das ist im Grundsatz zu bejahen, weil sich Entgegenstehendes weder § 15 VgV noch dem europäischen Vergaberecht[7] entnehmen lässt[8]. Allerdings ist nicht zu verkennen, dass die **Beschränkung auf elektronische Angebote** den Bieterkreis erheblich einschränken und zudem auf eine Diskriminierung derjenigen Bieter hinauslaufen kann, die nicht über die technischen Mittel zur Abgabe solcher Angebote verfügen. Für den öffentlichen Auftraggeber kann sich deshalb im Einzelfall aus dem Gebot, öffentliche Aufträge im Wettbewerb zu vergeben (§ 97 Abs. 1 GWB) und alle Teilnehmer gleich zu behandeln (§ 97 Abs. 2 GWB), die Notwendigkeit ergeben, neben elektronischen auch schriftliche Angebote zum Vergabeverfahren zuzulassen[9]. Für den Bereich der VOB-Vergabe gilt diese Notwendigkeit gemäß § 21 Nr. 1 Abs. 1 Satz 2 VOB/A ohnehin. Gleichermaßen wird der Auftraggeber darauf zu achten haben, dass die Rahmenbedingungen für die Abgabe elektronischer Angebote (z.B. benötigte Software und Verschlüsselungsverfahren) diskriminierungsfrei sind[10].

4 § 15 VgV gilt unmittelbar nur für die Abgabe von Angeboten im Offenen Verfahren[11]. Die Vorschrift ist allerdings analog auf **Teilnahmeanträge** im Rahmen einer Beschränkten Ausschreibung anzuwenden[12]. Praktische Bedeutung hat dies alleine für die Fälle einer VOL-Vergabe. Denn § 17 Nr. 3 VOB/A und § 14 Abs. 2 Satz 1 VOF schreiben ausdrücklich vor, dass elektronische Teilnahmeanträge stets – d.h. auch ohne eine gesonderte Zulassung durch den Auftraggeber – eingereicht werden können.

[4] Richtlinie 2000/31/EG des Europäischen Parlaments und des Rates vom 8.6.2000 über bestimmte rechtliche Aspekte der Dienste der Informationsgesellschaft, insbesondere des elektronischen Geschäftsverkehrs im Binnenmarkt, ABl. EG Nr. L 178 v. 17.7.2000, S. 1.

[5] Müller in Byok/Jaeger, Kommentar zum Vergaberecht, 2. Aufl., § 15 VgV Rdn. 1619; Reidt in Reidt/Stickler/Glahs, Vergaberecht, 2. Aufl., § 15 VgV Rdn. 6; Antweiler, CR 2001, 717, 718; Kratzenberg in Ingenstau/Korbion, VOB Teile A und B, 15. Aufl., § 15 VgV Rdn. 4; Kratzenberg/Hansen-Reifenstein, NZBau 2002, 309; Probst, ThürVBl. 2002, 245, 246; Rusam in Heiermann/Riedl/Rusam, Handkommentar zur VOB/A, § 21 Rdn. 5 a; **a.A.:** Höfler, NZBau 2002, 449, 455; Malmendier, VergabeR 2001, 178, 180f.

[6] Reidt in Reidt/Stickler/Glahs, Vergaberecht, 2. Aufl., § 15 VgV Rdn. 8.

[7] Richtlinie 2004/18/EG des Europäischen Parlaments und des Rates vom 31. März 2004 über die Koordinierung der Verfahren zur Vergabe öffentlicher Bauaufträge, Lieferaufträge und Dienstleistungsaufträge, abgedr. in ABl. L 134 vom 30.4.2004 S. 114ff.

[8] Ebenso: Müller in Byok/Jaeger, Kommentar zum Vergaberecht, 2. Aufl., § 15 VgV Rdn. 1621.

[9] Ebenso: Prieß, Handbuch des europäischen Vergaberechts, S. 142f.; Reidt in Reidt/Stickler/Glahs, Vergaberecht, 2. Aufl., § 15 VgV Rdn. 6; **a.A.** Müller in Byok/Jaeger, Kommentar zum Vergaberecht, 2. Aufl., § 15 VgV Rdn. 1621; Noch in Müller-Wrede, Verdingungsordnung für Leistungen VOL/A, § 21 VOL/A Rdn. 61.

[10] Ebenso: Reidt in Reidt/Stickler/Glahs, Vergaberecht, 2. Aufl., § 15 VgV Rdn. 5.

[11] Zu der Frage, ob nicht nur das Angebot selbst, sondern auch die mit dem Angebot einzureichenden Erklärungen und Nachweise in elektronischer Form übermittelt werden müssen, vgl. Müller in Byok/Jaeger, Kommentar zum Vergaberecht, 2. Aufl., § 15 VgV Rdn. 1618 m.w.N.

[12] Ebenso: Müller in Byok/Jaeger, Kommentar zum Vergaberecht, 2. Aufl., § 15 VgV Rdn. 1628; Reidt in Reidt/Stickler/Glahs, Vergaberecht, 2. Aufl., § 15 VgV Rdn. 2.

III. Anforderungen an elektronische Angebote

Zentrale Voraussetzung dafür, dass der öffentliche Auftraggeber die Abgabe elektronischer Angebote gestatten darf, ist die **Wahrung der Vertraulichkeit** bis zum Schluss der Angebotsabgabefrist (§ 15 Satz 1 VgV). Sie ist unverzichtbar für einen Geheimwettbewerb, ohne den wiederum eine Auftragsvergabe im Wettbewerb (§ 97 Abs. 1 GWB) nicht möglich ist. Auswirkungen hat das Vertraulichkeitsgebot zum einen für die Möglichkeit einer Angebotsabgabe per **Telefax**. Da bei dieser Übermittlungsform die Vertraulichkeit des Angebots nicht sichergestellt ist, scheidet die Abgabe eines Fax-Angebotes aus. Sie darf dementsprechend vom Auftraggeber auch nicht zugelassen werden[13]. Geschieht dies dennoch, liegt ein Vergabefehler vor, der im Vergabenachprüfungsverfahren zur Überprüfung gestellt werden kann. Denn § 15 VgV hat, soweit er im Interesse eines fairen Wettbewerbs die Vertraulichkeit der Angebote wahren will, **bieterschützenden Charakter**. Unstatthaft ist überdies die Durchführung einer sog. **umgekehrten Versteigerung**, bei welcher der Nachfrager auf einer Internet-Plattform seinen Beschaffungsbedarf veröffentlicht und die Anbieter in mehreren Runden und in Kenntnis der Konkurrenzangebote ihre Offerte durch Preisabschläge verbessern können[14]. 5

Für **digitale Angebote** stellt § 15 Satz 2 VgV weitergehende Anforderungen. Die Vertraulichkeit des eingereichten Angebots ist durch eine Verschlüsselung zu gewährleisten, die bis zum Ablauf der Angebotsabgabefrist aufrechtzuerhalten ist. Die näheren technischen Anforderungen an diese Verschlüsselung hat der Auftraggeber in der Vergabebekanntmachung oder in den Verdingungsunterlagen festzulegen. Darüber hinaus ist eine qualifizierte elektronische Signatur erforderlich. Dabei handelt es sich praktisch um die elektronische Unterschrift des Bieters. Die Einzelheiten sind dem Signaturgesetz[15] zu entnehmen, auf die § 15 Satz 2 VgV verweist. 6

(Von der Kommentierung des Abschnitt 2 der VgV, Nachprüfungsbestimmungen wurde abgesehen)

---

[13] Müller in Byok/Jaeger, Kommentar zum Vergaberecht, 2. Aufl., § 15 VgV Rdn. 1625; Eberstein in Daub/Eberstein, Verdingungsordnung für Leistungen, § 21 Rdn. 19 d; **a.A.** Reidt in Reidt/Stickler/Glahs, Vergaberecht, 2. Aufl., § 15 VgV Rdn. 3.

[14] Kratzenberg in Ingenstau/Korbion, VOB Teile A und B, 15. Aufl., § 15 VgV Rdn. 6; Heiermann, BB 2003, 45.

[15] V. 16.5.2001, BGBl. I. S. 876.

3. Teil

Teil B
Allgemeine Vertragsbedingungen für die Ausführung von Bauleistungen

Ausgabe 2006

In der Fassung der Bekanntmachung vom 4. September 2006 (BAnz. Nr. 196 a)

Einleitung

Schrifttum: *Ahlers* Die Auswirkungen der Schuldrechtsmodernisierung auf die Freistellung der VOB/B von der Inhaltskontrolle unter Mitberücksichtigung der Richtlinie 93/13 EWG, 2006 – *Anker/Zumschlinge* Die „VOB/B als Ganzes" eine unpraktikable Rechtsfigur? BauR 1995, 323 – *Appelhagen* Neuerung in der Verdingungsordnung für Bauleistungen, BB 1974, 343 – *Baier* Europäische Verbraucherverträge und missbräuchliche Klauseln, 2004 – *von Bernuth* Die Bindung des AGB-Verwenders an unwirksame Klauseln-Grund und Grenzen BB 1999, 1284 – *Brandner/Ulmer* EG – Richtlinie über missbräuchliche Klauseln in Verbraucherverträgen BB 1991, 701 – *Bartsch* Die rechtlichen Auswirkungen der Gestaltung ergänzender Vertragsbedingungen auf die VOB/B ZfBR 1984, S. 1 – *Bultmann* Änderungen des AGBG aufgrund der Richtlinie über missbräuchliche Klauseln in Verbraucherverträgen? VuR 1994, S. 137 – *Bunte* Die Begrenzung des Kompensationseinwandes bei der richterlichen Vertragskontrolle, Festschrift Korbion 1986, S. 17 – *Bunte* Das Verhältnis der VOB zum AGB-Gesetz, BB 1983, 732 – *Chitty* Chitty on Contracts, 28. Aufl. 1999 – *Damm* Europäisches Verbrauchervertragsrecht und AGB-Recht, JZ 1994, 161 – *Dederichs* Die Methodik des EuGH 2004 – *Denzinger* Die Auswirkungen des AGB-Gesetzes auf die Verdingungsordnung für Bauleistungen unter Berücksichtigung des § 5 AGB-Gesetz BB 1981, 1123 – *Enders* VOB/B- und BGB-Bauvertrag im Vergleich, 1986 – *Flach* Zur Anwendbarkeit des § 9 AGB-Gesetz auf die VOB/B, NJW 1984, 156 – *Frey* Wie ändert sich das AGB-Gesetz?, ZIP 1993, 572 – *Frikell* Mögliche Auswirkungen in der Schuldrechtsreform auf die Rechtsprechung zur „VOB als Ganzes", BauR 2002, 671 – *Grabitz/Hilf* Das Recht der Europäischen Union, Kommentar, Stand Februar 2002 – *Heiermann* VOB/B 2002, Baumarkt + Bauwirtschaft 2002, Heft 10, S. 22 – *Heinrichs, Helmut* Die EG-Richtinie über missbräuchliche Klauseln in Verbraucherverträgen, NJW 1993, 817 – *Heinrichs, Helmut* Die Entwicklung des Rechts der Allgemeinen Geschäftsbedingungen im Jahre 1998, NJW 1999, 1596 – *Heinrich, Susanne* Abschied von der 2jährigen Gewährleistung gem. § 13 Nr. 4 Abs. 1 VOB/B?, 1998 – *Hoff* Die VOB/B 2000 und das AGB-Gesetz – Der Anfang vom Ende der Privilegierung?, BauR 2001, 1654 – *Hüffer* Leistungsstörungen durch Gläubigerhandeln, 1976 – *Joussen* Die Privilegierung der VOB nach dem Schuldrechtsmodernisierungsgesetz, BauR 2002, S. 1759 – *Joussen/Schranner* VOB 2000: Die beschlossenen Änderungen der VOB/B, BauR 2000, 334 – *Joussen* Die Privilegierung der VOB nach dem Schuldrechtsmodernisierungsgesetz, BauR 2002, 1759 – *Kapnopoulou* Das Recht der missbräuchlichen Klauseln in der Europäischen Union, 1997 – *Kiesel* Die VOB 2002 – Änderungen, Würdigung AGB-Problematik, NJW 2002, 2064 – *Koch* Schadenersatz für Baumängel gem. § 13 Nr. 7 VOB/B unter besonderer Berücksichtigung des AGB-Gesetzes, 2000 – *Korbion* Neufassung der Verdingungsordnung für Bauleistungen (VOB), DB 1974, 77 – *Kraus* Das Ende der AGB-rechtlichen Privilegierung der VOB/B, NJW 1998, 1126 – *Kratzenberg* Der Beschluss des DVA-Hauptausschusses zur Neuherausgabe der VOB 2002 (Teile A und B), NZBau 2002, 177 – *Kratzenberg* Die neue VOB 2002 (Teile A und B), VOBaktuell, Heft 1/2002, S. 3 – *Kraus* Die VOB/B – Ein nachbesserungsbedürftiges Werk, BauR 1997, Beilage zu Heft 4, 1 – *Kraus/Sienz* Der Deutsche Verdingungsausschuss für Bauleistungen (DVA): Bremse der VOB/B?, BauR 2000, S. 631 – *Kretschmann* Hindern Schuldrechtsreform und nachträgliche Änderungen der VOB/B deren Privilegierung?, Jahrbuch BauR 2005, 109 – *Kuckuk* Die Ausgewogenheit der Vertragsordnung für Bauleistungen (VOB/B), 2006 – *Kutschker* Die VOB/B, das AGB-Gesetz und die EG-Richtlinie über missbräuchliche Klauseln in Verbraucherverträgen, BauR 1994, 415 – *Kutschker* Die Gesamtabwägung der VOB/B nach dem AGB-Gesetz und EG-Verbraucherschutzrichtlinie, 1998 – *Kutschker* Richterliche Befugnisse zur Einschränkung des § 23 Abs. 2 Nr. 5 AGBG und der bisherigen Gesamtabwägungsrechtsprechung bei Änderung der VOB/B durch den Verdingungsausschluss?, BauR 1999, 454 – *Lampe-Helbig* Die Verdingungsordnung für Bauleistungen (VOB) und der Bauvertrag, Festschrift Korbion 1986, 249 – *Lenkeit* Das modernisierte Verjährungsrecht, BauR 2002, 196 – *Locher* Die VOB und das Gesetz zur Regelung des Rechts der Allgemeinen Geschäftsbedingungen, BauR 1977, 221- *Löwe* Anmerkung zu BGH ZIP 1995, 1098 in ZIP 1995, 1273 – *Leupertz* Zur Rechtsnatur der VOB – Die Bestimmungen der VOB/B „als Ganzes" sind keine Allgemeinen Geschäftsbedingungen, Jahrbuch BauR 2004, 43 – *Losert* Die Änderung der VOB/B in der Ausgabe Juli 1990, ZfBR 1991, 7 – *Mayer* Das „Verbot" der geltungserhaltenen Reduktion und seine Durchbrechungen, 2000 – *Mehrings* Einbeziehung der VOB in den Bauträgervertrag NJW 1998, 3457 – *Micklitz* AGB-Gesetz und EG-Richtlinie über missbräuchliche Vertragsklauseln in Verbraucherverträgen, ZEuP 1993, 522 – *Micklitz* Unvereinbarkeit von VOB/B und Klauselrichtlinie, ZfIR 2004, 613 – *Möllers* Europäische Richtlinie zum Bürgerlichen Recht, JZ 2002, 121 – *Mühlhaus* Die Umsetzung der Klauselrichtlinie und ihre Auswirkung auf den Binnenmarkt, 2005 – *Oberhauser* Bauvertragsrecht im Umbruch, 1999 – *Oberhauser* „Verdient" die VOB/B 2002 die Privilegierung durch das BGB 2002, Jahrbuch BauR 2003, 3 – *Pauly* Die Privilegierung der VOB/B nach dem Schuldrechtsmodernisierungsgesetz, MDR 2003, S. 124 – *Paschke/Iliopoulos* Europäisches Privatrecht, Bd. 15, Deutsches und Internationales Wirtschaftsrecht, 1998 – *Peters, Frank* Das Baurecht im modernisierten Schuldrecht, NZBau 2002, 113 – *Peters, Wolfgang* Der deutsche Verdingungsausschuss für Bauleistungen (DVA)-Motor oder Bremse der VOB? Jahrbuch Baurecht 2000, 52 – *Piekenbrock/Schulze* Die Grenzen richtlinienkonformer Auslegung – Autonomes Richterrecht oder horizontale Drittwirkung, WM 2002, 521 – *Quack* Gilt die kurze VOB-Verjährung noch für Verbraucherverträge?, BauR 1997, 24 – *Quack* VOB/B als Ganzes und Modernisierung des Schuldrechts, ZfBR 2002, 429 – *Recken* Streitfragen zur Einwirkung des AGBG auf das Bauvertragsrecht, BauR 1978, 417 – *Reich* Zur Umsetzung der EG-Richtlinie über missbräuchliche Vertragsklauseln in Verbraucherverträgen 93/13/EWG vom 5.4.1993 in deutsches Recht – Kritische Bemerkungen zum Referentenentwurf (RefE) des BMJ, VuR 1995, S. 1 – *Schlünder* Die VOB in der heutigen Beratungs- und Prozesspraxis, BauR 1998, 1123 – *Schmidt* VOB-Credo des Gesetzgebers? ZfBR 1984, 57 f. – *Schmidt-Salzer* Transformation der EG-Richtlinie über missbräuchliche Klauseln in Verbraucherverträge vom 5.4.1993 in deutsches Recht und AGB-Gesetz: Einzelfragen, BB 1995, 1493 – *Schott* Die ADSp als „Ganzes" und das AGB-Gesetz in Festschrift *Piper* 1996, 1027 – *Schubert* Zur Entstehung der VOB (Teile A und B) 1926, Festschrift Korbion 1986, 389 – *Schwenker* Die VOB/B 2002, DAB 2002, Heft 8, S. 42 – *Schwenker/Heinze* Die VOB/B 2002, BauR 2002, 1143 – *Siegburg* Zum AGB-Charakter der VOB/B und deren Privilegierung durch das AGB-Gesetz, BauR 1993, 9 – *Stoffels* Gesetzlich nicht geregelte Schuldverträge, 2001 – *Tempel* Ist die VOB/B noch zeitgemäß?, NZBau 2002, 465 – *Thode* Aktuelle höchstrichterliche Rechtsprechung zur Sicherungsabrede in Bauverträgen, ZfBR 2002, 4 – *Tomic* § 13 Nr. 4 Abs. 2 VOB/B – Eine „tickende Zeitbombe"?, BauR 2001, 14 – *Volmer* Warum das Gesetz zur Beschleunigung fälliger Zahlungen fällige Zahlungen nicht beschleunigt, ZfIR 2000, 421 – *Voppel* Die AGB-rechtliche Bewertung der VOB/B nach dem neuen Schuldrecht, NZBau 2003, 6 – *Werner* Die neue VOB/B 2002: Bauindustrie erreicht deutliche Verbesserungen, Baumarkt + Bauwirtschaft 2002, Heft 8, S. 24 – *von Westphalen* AGB-Richtlinie und AGB-Gesetz, EWS 1993, 161 – *von Westphalen* VOB-Vertrag und AGB-Gesetz, ZfBR 1985, 252 – *Weyer* Die Privilegierung der VOB/B: Eine – nur vorerst? – entschärfte Zeitbombe, BauR 2002, 857 – *Weyers* Typendifferenzierung im Werkvertragsrecht, AcP 1982 (1982), 60 – *Wolfensberger* „Die VOB/B als Ganzes" aus Sicht des AGBG, BauR 1995, 779

Übersicht

I. Grundlagen und Zielrichtungen der VOB/B

1 Das strukturelle Machtgefälle zwischen öffentlichen Auftraggebern und Auftragnehmern hatte im 19. Jahrhundert zur Oktroyierung standardisierter Vertragsbedingungen durch öffentliche Auftraggeber geführt, die den Auftragnehmer ganz erheblich benachteiligten[1], z.B. durch langjährige unverzinsliche Sicherheitsleistungen, weitreichende einseitige Änderungsvorbehalte, Verzicht auf Abschlagszahlungen, bis zu 30-jährige Gewährleistungsfristen, Streitentscheidung durch die vorgesetzte Behörde ohne weitere Rechtsschutzmöglichkeit etc.[2] Die Entwicklung der Wirtschafts- und Berufsverbände sowie Gewerkschaften einerseits und die Aufgabe einer bloßen Fiskalorientierung zu Gunsten einer gewerblichen Wirtschaftspolitik andererseits führten zu Reformbestrebungen für das Verdingungsrecht[3] und nach Inkrafttreten des BGB auch zu einer Rechtseinheitlichkeitsbewegung.[4] Ein Vorstoß zu einer einheitlichen **gesetzlichen Regelung** des Verdingungswesen **scheiterte**. Der Reichstag beschloss jedoch 1921, einen Sachverständigenausschuss mit der Ausarbeitung einer einheitlich, auch für die Länder verbindlichen Verdingungsordnung zu beauftragen. Der hierauf unter Geschäftsführung des Reichsfinanzministeriums gebildete Reichsverdingungsausschuss (RVA), dem Vertreter der öffentlichen Hände, der Bauindustrie, des Handwerks, der Gewerkschaften und der Architekten- und Ingenieurverbände angehörten[5], arbeitete die VOB aus, die am 6.5.1926 von der Vollversammlung gebilligt und anschließend durch Reich, Länder und Gemeinden jeweils **als Dienstvorschrift** für ihre Bereiche eingeführt wurde.[6]

2 Auch wenn sich der Auftrag an den RVA auf eine öffentliche Verdingungsordnung bezog und private Bauherren im RVA nicht vertreten waren, wollte der RVA mit der VOB/B einen **Standard für alle Bauverträge** schaffen.[7] Diese globalere Ausrichtung behielt auch der an die Stelle des RVA getretene Deutsche Verdingungsausschuss für Bauleistungen (DVA)[8] bei, der sich die Erarbeitung und Weiterentwicklung der Regelung zur einheitlichen Gestaltung des gesamten Bauvertragswesens zum Ziel gesetzt hat.[9] Er hat sich 2000 in Deutscher Vergabe- und Vertragsausschuss für Bauleistungen (DVA) umbenannt.[10]

3 Von den zurzeit 81 Mitgliedern vertreten zwei private Auftraggeber.[11] Die Mehrheit bilden Vertreter aus dem Bereich aller wichtigen öffentlichen Auftraggeber. Hinzu kommen Verbände der Bauwirtschaft sowie als nicht stimmberechtigte außerordentliche Mitglieder die Bundesarchitektenkammer, der Verband beratender Ingenieure, die Industriegewerkschaft Bauen-Agrar-Umwelt, der Bundesrechnungshof sowie verschiedene Normungsinstitute und sonstige Betroffene.[12]

4 Der Aufgabe zur Weiterentwicklung kommt der DVA allerdings nur unzureichend nach. Auch wenn im Gegensatz zu dem früher geltende Einstimmigkeitsprinzip[13], heute Beschlüsse im Vorstand aber mit ¾ Mehrheit möglich sind[14], führt das satzungsmäßige Ziel, dass für Beschlussfassung des Vorstandes Einstimmigkeit anzustreben ist, und das allgemeine Beharrungsvermögen führen

---

[1] *Schubert* FS., S. 389 f., 393; *Nicklisch/Weick*, Einl. Rdn. 23.

[2] *Endres*, S. 22 ff. m.w.N.; *Schubert* FS Korbion, S. 389, 406 ff.

[3] Diese betrafen natürlich auch die Vergabebedingungen wie die Ablösung des Mindestpreissystems durch den annehmbaren oder gerechten Preis, vgl. *Schubert* FS Korbion, S. 389, 394.

[4] *Endres*, S. 23 ff.

[5] Vgl. eingehend *Schubert* FS Korbion, S. 389, 395 ff. m.w.N.

[6] *Schubert* FS Korbion, S. 389, 403 und Fn. 80.

[7] *Nicklisch/Weick*, Einl. Rdn. 25; *Endres* S. 31.

[8] Dazu *Lampe-Helbig*, FS. Korbion S. 249 ff.; *Peters* Jahrbuch BauR 2000, 52, 54 ff.

[9] *Nicklisch/Weik*, Einl. Rdn. 26.

[10] Vgl. Satzung unter www.bmvbw.de/zur Vorfassung vgl. Peters, Jahrbuch BauR 2000, 52, 61 f.

[11] GdW Bundesverband deutscher Wohnungsunternehmen e.V. und Zentralverband der Deutschen Haus-, Wohnungs- und Grundeigentümer e.V. – Haus & Grund Deutschland –. Verbraucherinteressen dürften darüber hinaus auch das Verbraucherschutzministerium vertreten; weiterführend *Leupertz*, Jahrbuch BauR 2004, 43. 66.

[12] Vgl. Anlage zur Satzung. Die Mitgliederliste ist auch im Internet (Fn. 10) hinterlegt.

[13] Vgl. *Lampe-Helbig*, FS Korbion, S. 249, 250 f.; *Peters* Jahrbuch 2000, S. 52, 56 f.

[14] § 15 Abs. 3 der Satzung.

dazu, dass der DVA nicht gestaltet, sondern nur auf zwingenden Anpassungsbedarf reagiert.[15] Beispielhaft ist das Scheitern der beabsichtigten Novellierung 2006. Zunächst hatte der Hauptausschuss Allgemeines weitreichende Änderungen erarbeitet, insbesondere die Zusammenfassung von geänderten und zusätzlichen Leistungen sowie die Erweiterung des Anordnungsrechts auf Bauzeitanordnungen sowie eine Verkürzung der Schlusszahlungsfristen beim Pauschalvertrag. Diese scheiterten jedoch in der Schlussabstimmung vom 27.6.2000.[16] Verabschiedet wurden dann im Wesentlichen lediglich redaktionelle Änderungen.

II. Entwicklung der VOB/B

5 Die Kenntnis der einzelnen Änderungen der VOB/B ist einerseits notwendig, weil auch heute noch aufgrund lang andauernder Auseinandersetzungen die Fassungen 1992, 1996, 1998 und 2000 anwendbar sein können. Andererseits ist die Kenntnis der Entwicklung der VOB/B hilfreich, um ältere Entscheidungen zutreffend werten zu können und noch tradierte überholte Meinungsstreite nachzuvollziehen. Deshalb sollen zunächst chronologisch die wesentlichen Entwicklungsschritte aufgezeigt und anschließend auf die inhaltlich relevanten Änderungen der einzelnen Paragraphen und ihre Auswirkungen eingegangen werden.

1. Die verschiedenen Fassungen

6 Die **VOB** wurde **1926** veröffentlicht und blieb hinsichtlich der Teile A und B bis 1952 unverändert. Die **Fassung 1952** stellt gegenüber der Fassung 1926 den größten Sprung mit zahlreichen Änderungen dar. Zwar bestand auch die VOB/B 1926 bereits aus 18 Paragraphen.[17] Diese enthielten jedoch wesentlich weniger und weniger ausdifferenzierte Regelungen. So beschränkte sich § 2 Nr. 4 VOB/B 1926 auf den allgemeinen Hinweis, dass bei Leistungsänderung oder Zusatzleistungen die Vergütung vor Ausführung vereinbart werden solle. Die Kalkulationsgrundlagen für die Zusatzvergütung waren nicht geregelt. Dem entsprach es, dass auch § 1 VOB/B 1926 nicht zwischen Leistungsänderung und Zusatzleistungen unterschied.[18] § 2 VOB/B 1926 bestand aus fünf Ziffern, § 3 gar aus drei. Andere Vorschriften entsprachen demgegenüber schon weitgehend ihrer heutigen Ausgestaltung.

7 Die **Fassung 1973** stellt wiederum eine eher umfangreiche Überarbeitung dar, die zahlreiche Vorschriften erfasste. Dabei wurden viele Bestimmungen aber nur der Rechtsentwicklung angepasst. Wesentliche sachliche Änderungen erfolgten vor allem in § 2 Nr. 7, § 15, § 16 und § 17.[19]

8 **1979** mussten Anpassungen an das AGB-Gesetz und das neue Umsatzsteuergesetz erfolgen, die die §§ 6 Nr. 6, 14 Nr. 1, 16 Nr. 1 Abs. 1 sowie § 17 Nr. 6 Abs. 1 betrafen.

9 Die **Fassung 1988** beschränkte sich ganz überwiegend auf redaktionelle Änderungen aufgrund der Einführung der DIN 18299 und der Umbenennung in Allgemeine Technische Vertragsbedingungen. Die **Ausgabe 1990** enthielt vor allem Änderungen der VOB/A aufgrund der Änderungsrichtlinie zur Baukoordinierungsrichtlinie. Die Änderung von §§ 16 und 17 VOB/B waren eher geringfügig.

10 Die **Fassung 1992** war bedingt durch die Sektorenrichtlinie. Die Änderungen in Teil B von § 3 Nr. 6 und § 7 Nr. 2 und 3 VOB/B waren eher Anpassungen und Klarstellungen. Demgegenüber enthielt der **Ergänzungsband 1996** durchaus sachliche Änderungen durch die Verkürzung der Verjährungsfrist für maschinelle Anlagen in § 13 Nr. 4 sowie durch die Öffnung des § 2 Nr. 8. Der **Ergänzungsband 1998** beschränkte sich demgegenüber auf eine unwesentliche Ergänzung des § 17 Nr. 2.

---

[15] Vgl. auch die Kritik von *Kraus/Sienz*, BauR 2000, 631 ff.

[16] Vgl. Beschluss des Hauptausschusses Allgemeines des DVA v. 17.5.2006 einerseits und Beschluss v. 27.6.2006 andererseits, z.B. bei ibr-online.de/ibrmaterialien.

[17] Die VOB/B 1952 enthielt sogar in § 19 eine 1973 wieder aufgehobene Bestimmung über Beurkundungskosten.

[18] Vgl. VOB/B, § 1, Rdn. 62.

[19] Vgl. dazu insbesondere *Appelhagen*, BB 1974, 343, 344 f.; *Korbion*, DB 1974, 77, 79 ff.

Umfangreicher war die Veränderung durch die **Fassung 2000**, mit der § 2 Nr. 8 Abs. 2; § 4 Nr. 8 i.V.m. § 8 Nr. 3, § 4 Nr. 10 i.V.m. § 12 Nr. 2 lit. b, § 6 Nr. 2 Abs. 1 lit. a, § 7 Nr. 1, § 8 Nr. 2 Abs. 1, § 12 Nr. 5 Abs. 1 und § 16 Nr. 5 Abs. 3 geändert worden sind. Die inhaltliche Tragweite hielt sich allerdings in Grenzen, da auch diese Änderungen weitgehend redaktioneller Art waren bzw. dem Stand der Rechtsprechung nachfolgten. Erwähnenswert ist vor allem die deutliche Anhebung des Zinssatzes in § 16 Nr. 5 Abs. 3. 11

Die **Fassung 2002** weist zwar ebenfalls umfangreiche Änderungen auf. Die meisten Änderungen sind wie die **Umbenennung** der VOB in **Vergabe- und Vertragsordnung für Bauleistungen** aber entweder wiederum nur redaktioneller Natur (§ 10 Nr. 2 Abs. 2, § 12 Nr. 5 Abs. 2, § 13 Nr. 3, § 16 Nr. 1 Abs. 4, § 16 Nr. 3 Abs. 1, § 17 Nr. 1) oder dienen der Anpassung an das Schuldrechtsmodernisierungsgesetz (§ 13 Nr. 1 bis 7, § 16 Nr. 1 Abs. 3, § 16 Nr. 2 Abs. 1, § 18 Nr. 2). 12

Als bedeutendste Änderung und Abkehr von der VOB-Tradition ist die Verlängerung der Verjährungsfrist für Mängelansprüche auf vier Jahre bzw. zwei Jahre für maschinelle bzw. elektrotechnische Anlagen in § 13 Nr. 4 hervorzuheben.[20] Begünstigt wird der Auftragnehmer demgegenüber durch die nochmalige Erhöhung der Verzugszinshöhe in § 16 Nr. 5 Abs. 3. Verschärft worden sind auch die Voraussetzungen für die Zahlung an Dritte in § 16 Nr. 6; die Bürgschaft auf erstes Anfordern ist als Sicherheit in § 17 Nr. 4 nunmehr ausdrücklich ausgeschlossen. 13

Die **Neuausgabe 2006** enthält wiederum im Wesentlichen nur redaktionelle Änderungen, nachdem die Reform der § 1 Nr. 3, 4, § 2 Nr. 5, 6 gescheitert ist (vgl. dazu Rdn. 4). So sind Abkürzungen und Klarstellungen aufgenommen worden (Überschrift, § 1 Nr. 1 S. 2, § 4 Nr. 8 Abs. 2), in § 13 Nr. 4 S. 1 wurde eine redaktionelle Anpassung an die Schuldrechtsmodernisierung nachgeholt, in § 16 Nr. 1 Abs. 1 wird die Möglichkeit von Zahlungsplänen nun erwähnt, in § 16 Nr. 3 Abs. 5 aus Gründen der Transparenz der Fristbeginn ausdrücklich geregelt und in § 16 Nr. 5 Abs. 5 die Voraussetzungen für die Einstellung der Arbeiten klargestellt. Außerdem wurde die Rechtsentwicklung im VOB/B-Text nachgezeichnet. So erfolgte in § 6 Nr. 6 S. 3 ein Hinweis auf § 642 BGB[21], wurde der Ausschluss von Einwendungen gegen die Prüffähigkeit der Schlussrechnung nach Ablauf der Prüfungsfrist in § 16 Nr. 3 Abs. 1 aufgenommen[22], wurden die Anforderungen an das Sperrkonto als „Und-Konto" in § 17 Nr. 5 S. 1 verdeutlicht[23] und die Bemessungsgrundlage für die Berechnung des Sicherungseinbehaltes an die Änderung des § 13 b UStG angepasst. Geringfügige materielle Änderungen sieht lediglich § 8 Nr. 2 vor, wonach nunmehr auch ein zulässiger Insolvenzantrages des Auftraggebers oder eines Gläubigers das Kündigungsrecht auslöst. Schließlich erwähnt § 18 Nr. 3 die Möglichkeit eines baubegleitenden Schlichtungsverfahrens. 13 a

2. Änderungen der einzelnen Paragraphen

Im Folgenden sollen nun die wichtigsten Änderungen in den einzelnen Paragraphen dargestellt werden. Dabei bleiben die erheblichen Änderungen zwischen der VOB 1926 und der VOB 1952 unberücksichtigt, da die Ausgangsregelungen der VOB 1926 aufgrund ihrer generell geringeren Bedeutung[24] und der nur wenigen veröffentlichten Entscheidungen heute keine praktischen Auswirkungen mehr haben. Sie sind nur noch von rechtshistorischem Interesse. Demgegenüber wirken einige zwischenzeitlich auch länger zurückliegende Altfassungen durch unreflektierte Bezugsnahme auf ältere Entscheidungen und nicht aktualisierte Literatur immer noch nach. 14

§ 1 VOB/B ist inhaltlich seit 1952 unverändert geblieben.[25] 15

---

[20] Eine Gewährleistungssicherheit soll allerdings in der Regel nach zwei Jahren zurückgegeben werden, § 17 Nr. 8 VOB/B.

[21] Umsetzung BGH NZBau 2004, 432.

[22] Umsetzung BGH NJW-RR 2004, 445 = BauR 2004, 316; BGH NZBau 2005, 40.

[23] Dazu LG Leipzig, BauR 2001, 1990.

[24] Vgl. *Korbion*, DB 1974, 77.

[25] 1988 wurde die Terminologie angepasst.

16 **§ 2 VOB/B** hat 1973 zwei Änderungen erfahren. Nr. 3 Abs. 2 ist klarstellend ergänzt worden. Besonders hinzuweisen ist aber darauf, dass mit § 2 Nr. 7 **erstmals eine Regelung zum Pauschalvertrag** geschaffen worden ist. Bis dahin ist der Pauschalvertrag von der VOB/B fast ignoriert worden. Eine Anpassung des Pauschalpreises konnte nur nach § 242 BGB gefordert werden. Folge war eine sehr restriktive Rechtsprechung zur Anpassung des Pauschalpreises bei geänderten Leistungen. Soweit der BGH in früherer Zeit auch bei weggefallenen oder neu hinzugekommenen Leistungen erhebliche Mengenänderungen als Voraussetzung für eine Preisanpassung forderte[26], ist dies durch den früheren § 2 Nr. 7 Abs. 1 Satz 4 heute eindeutig überholt.[27] Zur klarstellenden Hervorhebung ist mit der Novelle 2006 ein eigenständiger Absatz (§ 2 Nr. 7 Abs. 2) geschaffen worden. Die immer noch anzutreffende Zitierung von Rechtsprechung vor 1973 ist deshalb unter Geltung neuerer Fassungen wenig hilfreich.

17 § 2 Nr. 8 ist 1996 durch die Anfügung des Abs. 3 entscheidend erweitert worden. Davor galt § 2 Nr. 8 als abschließende Regelung, die **Ansprüche aus GoA** und § 812 ff. BGB ausschloss.[28] Die Vergütungspflichten notwendiger zusätzlicher Leistungen ist damit heute auch trotz Nichterfüllung der Tatbestandsmerkmale des § 2 Nr. 5 und 6 (Anordnung, Ankündigung) bzw. des § 2 Nr. 8 Abs. 2 (Anzeige, Anerkennung) der Regelfall. Die früheren Auseinandersetzungen zur Abgrenzung der einzelnen Tatbestände haben hierdurch ganz erheblich an praktischer Relevanz verloren. Hinzu kommt, dass der BGH seit 1996[29] auch das Ankündigungserfordernis des § 2 Nr. 6 sehr restriktiv auslegt.[30]

18 In **§ 3 VOB/B** ist Nr. 6 1992 um die Abs. 2 und 3 erweitert worden, die die Nutzungsrechte an den vom Auftragnehmer erstellten Unterlagen auf DV-Programme erstrecken.

19 In **§ 4 VOB/B** ist neben einigen redaktionellen Änderungen durch die VOB 2000 in Nr. 8 ein Kündigungsrecht für den Fall unberechtigten Nachunternehmereinsatzes eingefügt worden. Die Kündigungsvoraussetzungen brauchen deshalb nicht mehr durch eine Fristsetzung zur Eigenleistung geschaffen werden.[31] Weiterhin ist als neue Nr. 10 die Regelung über die technische Teilabnahme aus dem bisherigen § 12 Nr. 2 b übernommen worden.

20 **§ 5 VOB/B** ist weitgehend unverändert geblieben. Das Auskunftsrecht des Auftragnehmers über den voraussichtlichen Ausführungsbeginn in § 5 Nr. 2 ist 1973 eingeführt worden.

21 Wesentlicher sind die Änderungen des heutigen **§ 6 Nr. 6 VOB/B**. Nach dem ursprünglichen § 6 Nr. 4 Abs. 2 VOB/B 1952 beschränkte sich der Schadensersatzanspruch bei Behinderung auf den unmittelbaren Schaden. Zur Klarstellung des Anwendungsbereiches wurde diese Regelung 1973 als eigenständige Nr. 6 formuliert und die Beschränkung auf den nie genau definierten unmittelbaren Schaden gestrichen.[32] Das AGB-Gesetz machte es dann 1979 notwendig, diese Haftungsbeschränkungen auf Fälle einfacher Fahrlässigkeit zu beschränken.[33] Mit der Novelle 2006 wurde Nr. 6 um den Hinweis auf § 642 BGB in Satz 2 ergänzt.

22 Die Nr. 2 und 3 des **§ 7 VOB/B** sind 1992 in die VOB aufgenommen worden. Der früher umstrittene Umfang der ganz oder teilweise ausgeführten Leistungen[34] ist damit in Übernahme der bisherigen BGH-Rechtsprechung[35] klargestellt worden. Die in § 7 Nr. 2 VOB/B 1952 enthaltene Verpflichtung des Auftragnehmers, das Bauwerk auf Verlangen gegen Feuer zu versichern, ist mit der VOB/B 1973 entfallen.

23 **§ 8 VOB/B** hat nur einige im Wesentlichen redaktionelle Änderungen erfahren. Die heutigen Nr. 6 und 7 waren ursprünglich die Abs. 4 und 5 der Nr. 3.

---

[26] Vgl. BGH, BauR 1972, 118.
[27] Vgl. näher VOB/B, § 2, Rdn. 292 f.; BGH v. 12.09.02 – VII ZR 81/01.
[28] Vgl. BGH NJW 1991, 1812 = BauR 1991, 331.
[29] BGH NJW 1996, 2158 = BauR 1996, 542; BGH, NZBau 2002, 152 = BauR 2002, 312.
[30] Dazu näher VOB/B, § 2, Rdn. 200.
[31] *Joussen/Schranner*, BauR 2000, 334, 335.
[32] *Daub/Piel/Soergel/Steffani*, ErlZ B 6.91.
[33] *Ingenstau/Korbion/Vygen*, VOB/B, Einl., Rdn. 17.
[34] Vgl. dazu Beck'scher VOB-Kommentar-*Rüßmann* § 7 Rdn. 3.
[35] BGH BauR 1973, 110.

Die Kündigungsrechte des Auftragnehmers in **§ 9 VOB/B** sind 1973 auf alle Fälle des Schuldnerverzuges ausgedehnt worden (Nr. 1 lit. b). Andererseits ist die Kündigung von einer vorherigen Kündigungsandrohung abhängig gemacht worden und damit der Regelung des § 5 Nr. 4 angepasst worden.[36] **24**

§ 10 und **§ 11 VOB/B** sind seit 1952 inhaltlich unverändert geblieben. **25**

Das gilt auch für **§ 12 VOB/B**. Hier sind lediglich die Regelungen über die technische Teilabnahme aus § 12 Nr. 2 lit. b) in § 4 Nr. 10 verschoben worden. Mit der VOB 2002 wurde bloß klargestellt, dass die Abnahme durch Ingebrauchnahme nach § 12 Nr. 2 Abs. 2 nur möglich ist, wenn keine Partei eine Abnahme verlangt. **26**

Besondere Relevanz haben die Änderungen des **§ 13 VOB/B**. Die kurze zweijährige **Gewährleistungsfrist** für Bauwerksarbeiten war bereits Inhalt der VOB 1926.[37] Dass bis zur Novelle 2002 auch noch Holzerkrankungen in § 13 Nr. 4 ausdrücklich erwähnt waren, hat den einfachen Hintergrund, dass hierfür zunächst eine verlängerte dreijährige Frist galt und der Änderungen nur widerwillig vornehmende DVA bei der Gleichstellung der Verjährungsfrist 1952 auf nunmehr überflüssige Bestandteile nicht verzichten wollte. Die verkürzte Verjährungsfrist für maschinelle und elektrotechnische/elektrische Anlagen in § 13 Nr. 4 Abs. 2 ist 1996 in die VOB aufgenommen worden und hatte – soweit ersichtlich – weniger praktische als rechtliche Folgen. Sie hat die Diskussion um die Privilegierung der VOB/B erneut ausgelöst.[38] **27**

Mit der Fassung 2002 ist die Verjährungsfrist für Mängelansprüche bei Bauwerksarbeiten nunmehr auf vier Jahre erhöht und damit der BGB-Regelung angenähert worden. Die zuvor geltende erhebliche Verkürzung lebt allerdings noch fort in der gerade deswegen begründeten restriktiven Rechtsprechung zur wirksamen Einbeziehung der VOB/B in den Bauvertrag, zur Nichtprivilegierung der isolierten Vereinbarung des § 13, zur Nichtanwendung der VOB/B auf Planungsverträge und zur immer strenger werdenden Rechtsprechung zur Einbeziehung der VOB/B als Ganzes. **28**

Mit der Novelle 2002 erfolgte darüber hinaus eine Anpassung des § 13 an das Schuldrechtsmodernisierungsgesetz. Neben der Neudefinition des Mangels in Nr. 1 wurde der Schadensersatzanspruch des § 13 Nr. 7 insbesondere im Hinblick auf § 309 Nr. 7 a BGB erweitert. **29**

Mit der Novelle 2006 wurde in § 13 Nr. 4 Abs. 1 S. 1 der Begriff „Arbeiten an einem Grundstück" der neuen Terminologie des BGB nach der Schuldrechtsmodernisierung angepasst. § 13 Nr. 4 Abs. 2 erhielt eine Klarstellung dahingehend, dass die verkürzte Verjährung für maschinelle und elektrotechnische/elektronische Anlagen nur für die Teile gilt, bei denen die Wartung Einfluss auf Sicherheit und Funktionsfähigkeit hat. Darüber hinaus ist im letzten Halbsatz klargestellt worden, dass die verkürzte Frist auch dann gilt, wenn für die übrigen Leistungen eine andere Verjährungsfrist vereinbart worden ist. **29 a**

In **§ 14 Nr. 1 VOB/B** wurde mit der VOB 1973 die Verpflichtung zur prüffähigen Abrechnung verbal stärker betont, sachlich handelt es sich allerdings im Wesentlichen um einen Nachvollzug der bisherigen Rechtsprechung.[39] **30**

§ 15 VOB/B wurde durch die Fassung 1973 umfangreich geändert. Aufgrund der Änderungen des Baupreisrechts, des Umsatzsteuerrechts und neuer tarifvertraglicher Vereinbarungen wurde die Bestimmung über die Ermittlung nicht vereinbarter Stundensätze in § 15 Nr. 1 und 2 neu geregelt und zusammengefasst (bisher § 15 Nr. 1 bis 4 VOB/B 1952). Die Frist zur Einreichung der Stundenzettel ist von zwei auf vier Wochen verlängert worden. Die Abrechnungsart bei Zweifeln über den Umfang der Stundenlohnleistungen ist geändert worden. Anstelle der ursprünglichen Bestimmung einer Ersatzvergütung nach Einheitspreisen oder Pauschalpreisen ist die heutige Regelung über aufwandsangemessenen Stundenlohn getreten, weil die Bestimmung eines Einheits- oder Pauschalpreises früher häufig an der fehlenden Bezugsgröße scheiterte.[40] **31**

---

[36] *Korbion*, DB 1974, 78, 79.
[37] Zur Geschichte vgl. insbesondere *Schubert*, Festschrift Korbion, S. 389, 406 f.; *Heinrich*, S. 7 ff.
[38] Vgl. *Heinrich*, passim; *Kraus* NJW 1998, 1126 f.; *Schlünder*, BauR 1998, 1123.
[39] Vgl. dazu *Ingenstau/Korbion*, VOB/B 5. Aufl., § 14 Rdn. 3 ff.
[40] *Appelhagen*, BB 1974, 343, 346.

32 In **§ 16 VOB/B** sind einige Regelungen im Laufe der Zeit sogar mehrfach geändert worden. Die Möglichkeit von Zahlungsplänen ist in § 16 Nr. 1 Abs. 1 durch die Neufassung 2006 aufgenommen worden. Die **Abschlagszahlungsfähigkeit** von angelieferten Bauteilen ist in Nr. 1 Abs. 1 entsprechend der Neuregelung in § 7 Nr. 2 und 3 durch die VOB 1973 enger gefasst worden. Eine eigenständige Regelung über Vorauszahlungen ist als Nr. 2 aufgenommen worden.

33 Die **Zahlungsfrist** für Abschlagszahlungen ist von ursprünglich grundsätzlich sechs Werktagen (VOB 1952) auf generell zwölf Werktage (VOB 1973) und dann auf achtzehn Werktage (VOB 1990) auf Verlangen der öffentlichen Auftragnehmer verlängert worden.[41] Der Ausschluss formeller Einwendungen gegen die Prüfbarkeit der Schlussrechnung ist 2006 in § 16 Nr. 3 aufgenommen worden.

34 Die Voraussetzungen für die **Ausschlusswirkung einer Schlusszahlung** sind sukzessive erhöht worden. Mit der VOB 1973 ist klargestellt worden, dass die Schlusszahlung als solche zu bezeichnen ist.[42] Die ursprüngliche Pflicht zum unverzüglichen Vorbehalt mit Begründung innerhalb von zwölf Werktagen ist dabei auf die heutigen Fristen verlängert worden. Die Pflicht zur schriftlichen Unterrichtung über die Schlusszahlung einschließlich des Hinweises auf die Ausschlusswirkung ist durch den Ergänzungsband II 1990 eingeführt worden, um den strengeren Anforderungen der Rechtsprechung zu genügen.

35 Wesentlich für den Auftragnehmer ist insbesondere, dass die **Verzugszinssätze** in letzter Zeit erheblich erhöht worden sind von 1 % über dem Lombardsatz (VOB 1952) auf 5 % über der Spitzenrefinanzierungsfazilität (VOB 2000) und nunmehr auf 8 % über dem Basiszinssatz, soweit der Auftraggeber nicht Verbraucher ist. Die **Voraussetzungen für eine Drittzahlung** in § 16 Nr. 6 sind mit der Fassung 2002 wegen der von der BGH-Rechtsprechung angemeldeten Bedenken verschärft worden.

36 **§ 17 VOB/B** ist 1973 durch eine Beschränkung auf die tatsächlich üblichen Sicherheiten entschlackt und teilweise neu formuliert worden.[43] Hier wurden weitere Anpassungen 1988, 1990 und 1998, auch aufgrund europarechtlicher Vorgaben, notwendig, die aber das Verhältnis zwischen den Bauvertragsparteien nicht verändert haben. Eine wesentliche Änderung durch die Fassung 2002 ist das **Verbot der Bürgschaft auf erstes Anfordern.**[44] Hiermit reagiert der DVA auf die immer strenger werdende Rechtsprechung zur Zulässigkeit entsprechender formularmäßiger Sicherungsabreden[45], die auch 2002 zu einer Fülle von Entscheidungen geführt hat.[46] 2006 erfolgten nachrangige Änderungen durch die Klarstellung der Bemessungsgrundlage bei der Berechnung des Sicherungseinbehalts sowie der Anforderungen an das Sperrkonto.

37 Die Änderungen des **§ 18 VOB/B** durch Fristverlängerung (1973 und 2002), durch Klarstellung der Verjährungshemmung (2002) sowie die Öffnung für baubegleitende Streitschlichtungsverfahren (2006), haben eher geringe praktische Relevanz.

III. Rechtsnatur der VOB/B

38 Wie bereits die offizielle Bezeichnung „Allgemeine **Vertragsbedingungen** für die Ausführung von Bauleistungen" zeigt, handelt es sich um standardisierte Vertragsbedingungen. Der Geltungsgrund der VOB/B ist allein rechtsgeschäftlicher Natur. Die VOB/B wird für die Bauvertragparteien nur verbindlich, falls ihre Geltung **vertraglich vereinbart** wird.[47] Als vorfor-

---

[41] *Losert*, ZfBR 1991, 7.

[42] So bereits bei *Hereth/Ludwig/Naschold*, VOB/B, Ez. 16.40.

[43] *Korbion*, DB 1977, 78, 80.

[44] Umsatzsteuerrechtliche Regelungen hatten zwischenzeitlich (1973 bis 1979) Auswirkungen auf die Höhe des Sicherungseinbehalts bei Zahlungen; vgl. dazu *Daub/Piel/Soergel/Steffani*, VOB/B ErlZ B 16.17 und 17.37.

[45] Vgl. dazu *Thode*, ZfBR 2002, 4 ff. m.w.N.

[46] Vgl. nur BGH NZBau 2002, 494 = BauR 2002, 1239; BGH NZBau 2002, 151 = BauR 2002, 463; BGH NZBau 2002, 493 = BauR 2002, 1392.

[47] BGH *Schäfer/Finnern*, Z 2.51 Bl. 1.

mulierte Standardbedingung handelt es sich zugleich um **Allgemeine Geschäftsbedingungen** (vgl. Rdn. 44 ff.). Das ist heute unumstritten.[48]

Die VOB/B hat – im Gegensatz zur VOB/A – **keine Rechtsnormqualität**.[49] Eine solche erhält sie auch nicht durch die Bezugnahme in § 10 Abs. 2 Nr. 1 VOB/A.[50] Obwohl das eigentlich in Anbetracht der Rechts- und Gesetzeslage völlig zweifelsfrei sein sollte, muss es wegen immer wieder vorkommender Fehlvorstellungen ausdrücklich betont werden. So hat das Kammergericht noch 2001 vom „Gesetzgeber" der VOB gesprochen und hat die VOB/B als Rechtsnorm behandelt.[51] **39**

Die VOB/B ist **kein Gewohnheitsrecht**. Vereinzelte Versuche, ihre Geltung als Gewohnheitsrecht zu begründen, sind lange überholt.[52] **Ebenso wenig** lässt sich eine Geltung der VOB/B als **Handelsbrauch** im Sinne des § 346 HGB bzw. gegenüber Nicht-Kaufleuten als **Verkehrssitte** konstruieren.[53] Die engen Voraussetzungen hierfür sind nicht erfüllt. So fehlt es schon an der hierfür notwendigen längeren Übung, zum einen, weil die VOB/B regelmäßig nur zum Teil erheblich modifiziert den Bauverträgen zugrunde gelegt wird, andererseits weil die VOB/B selbst, insbesondere in letzter Zeit, immer wieder geändert wurde.[54] Im Übrigen müsste die VOB/B als Verkehrssitte nicht erst aufgrund ihrer Vereinbarung, sondern auch ohne besondere Vereinbarung freiwillig befolgt werden. Die bloße ständige Wiederholung von Abschlüssen von Verträgen unter Zugrundelegung eines durchformulierten Klauselwerks ist noch keine tatsächliche Befolgungsübung, sondern in erster Linie Ausdruck eines stets aufs Neue artikulierten rechtsgeschäftlichen Verpflichtungswillens[55], wie ihn § 10 Nr. 1 Abs. 2 VOB/A selbst zum Ausdruck bringt. Die nie geklärte Frage des tatsächlichen Umfangs der Einbeziehung in Bauverträge[56] kann deshalb offen bleiben. **40**

Nicht verwirren lassen darf man sich dadurch, dass die VOB/B **als DIN 1961 veröffentlicht** wird. Dennoch handelt es sich um keine technische Regel. Nach der Grundnorm DIN 820 T1 Normungsarbeit dürfen vertragliche Bestimmungen eigentlich gar nicht Gegenstand einer Norm sein. Die Veröffentlichung als DIN diente allein dazu, einerseits die VOB/B als autorisierten und **zitierbaren Text** erscheinen zu lassen, andererseits das Urheberrecht zu wahren.[57] Denn amtliche Werke wie Dienstvorschriften und Erlasse sind nach § 5 Urheberrechtsgesetz[58] urheberrechtsfrei.[59] **41**

IV. Verhältnis VOB/B zum BGB-Werkvertragsrecht

Die VOB/B ist ein bereitliegendes Vertragsmuster für einen allgemein verwendbaren Bauvertrag. Das Bedürfnis für einen solchen Standardvertrag beruht vor allem auf den sehr abstrakten Regelungen des gesetzlichen Werkvertragsrechts, das die unterschiedlichsten Arten von **42**

[48] Vgl. nur *Ingenstau/Korbion/Vygen*, Einl. Rdn. 37 f.
[49] BGH BauR 1997, 1027; BGH NJW 1992, 827 = BauR 1992, 221 (zur VOB/A).
[50] Beck'scher VOB-Kommentar/*Motzke*, Einl. I Rdn. 9.
[51] KG BauR 2001, 1591.
[52] Vgl. dazu nur *Oberhauser*, S. 23; *Endres*, S. 7 jeweils m.w.N.
[53] So aber *Heiermann/Linke*, S. 39; wohl auch LG Düsseldorf, *Schäfer/Finnern*, Z. 2.0 Bl. 7.
[54] Vgl. *Ingenstau/Korbion/Vygen*, VOB/B Einl. Rdn. 40; Beck'scher VOB-Kommentar-*Motzke*, VOB/B Einl. I Rdn. 46; näher *Kutschker*, Gesamtabwägung, S. 140 m.w.N.; offen aber z.B. *Nicklisch/Weick*, VOB/B Einl. Rdn. 29 („nicht ohne weiteres Handelsbrauch oder Verkehrssitte").
[55] Vgl. *Stoffels*, S. 302 m.w.N.
[56] Es wird in der Regel nur auf eine Schätzung *Weicks* Bezug genommen, die von einer Quote von 70 bis 80 % ausgeht, so z.B. *Kutschker*, Gesamtabwägung S. 140; Koch, S. 26, Fn. 66; *Oberhauser*, S. 24, Fn. 153. Damit wäre die für die Feststellung eines Handelsbrauchs jedenfalls notwendige Untergrenze von 75 % (vgl. Valder, TransportR 3/2004, Sonderbeilage S. XLIV) im Übrigen nicht erreicht.
[57] Vgl. *Lampe-Helbig*, FS Korbion, S. 249, 252.
[58] Ebenso § 16 LUG (1901).
[59] Ob die Veröffentlichung als DIN der VOB/B den amtlichen Charakter nimmt, ist allerdings streitig, vgl. *Fromm/Nordemann*, § 5 UrhG Rdn. 1.

Werkverträgen erfasst – von der Schuhreparatur über die Gutachtenerstellung bis zum Bauvorhaben –[60], nicht aber auf die **speziellen Bedürfnisse des Bauvertrages** zugeschnitten ist. Denn der BGB-Gesetzgeber hat sich bei der Konzeption mehr an der handwerklichen Herstellung oder Bearbeitung orientiert, die dem Typus des punktuellen Austauschvertrages entspricht. Besondere Regelungen über das Zusammenwirken der Parteien während der Herstellungsphase hat der Gesetzgeber deshalb als entbehrlich angesehen.[61] Das gesetzliche Werkvertragsrecht enthielt nur an wenigen Stellen auf Bauvorhaben zugeschnittene Bestimmungen (§§ 638, 648 BGB a.F.). Diese Lücken sollte und will die VOB/B schließen, indem sie insbesondere die Modalitäten während der Erstellung der Bauleistung regelt (vgl. § 1–6), aber auch spezifizierte Regelungen zu Abrechnungen und Zahlungen (vgl. § 14–16) sowie weitere Sondervorschriften enthält. Auch wenn zwischenzeitlich weitere auf Bauvorhaben zugeschnittene Regelungen in das BGB aufgenommen wurden (vgl. §§ 632 a, 641 a, 648 a BGB), konnte der Gesetzgeber sich nicht entschließen, das Bauvertragsrecht insgesamt eigenständig zu regeln.[62]

43 Die Regelungen der VOB/B sollen zunächst die nicht ausreichenden **gesetzlichen Regelungen ergänzen** und konkretisieren. Dabei verweist die VOB/B mehrfach auf die gesetzlichen Vorschriften, z.B. in §§ 2 Nr. 8 Abs. 3, 9 Nr. 1 lit. a., 9 Nr. 3, 11 Nr. 1, 17 Nr. 1, oder nimmt sie in Bezug, z.B. in §§ 2 Nr. 7, 8 Nr. 1 Abs. 2, 10 Nr. 1. Darüber hinaus enthält die VOB/B aber auch zahlreiche Bestimmungen, die die **gesetzlichen Regelungen** durch eigenständige Lösungen abändern und **verdrängen**, wie z.B. § 2 Nr. 3, 5 und 6, § 7 oder § 13. Wegen des Verhältnisses der Einzelbestimmungen zu den gesetzlichen Vorschriften ist auf deren Kommentierung zu verweisen. Soweit die VOB/B und die im Wege der Bezugnahme in § 1 Nr. 1 ebenfalls Vertragsbestandteil gewordene VOB/C keine vorrangige Regelungen enthalten, bleiben die gesetzlichen Vorschriften anwendbar.

V. Verhältnis der VOB/B zu den §§ 305 ff. BGB

1. VOB/B als Allgemeine Geschäftsbedingungen

44 Aufgrund der Regelungen in § 308 Nr. 5 sowie § 309 Nr. 8 b BGB (§ 23 Abs. 2 Nr. 5 AGBG) kann nicht zweifelhaft sein, dass die Bedingungen der VOB/B Allgemeine Geschäftsbedingungen im Sinne des § 305 BGB sind. Das entspricht heute fast **allgemeiner Meinung**.[63]

45 Weder der Umstand, dass im DVA Auftraggeber und Auftragnehmer vertreten sind und Beschlüsse grundsätzlich einvernehmlich gefasst werden sollen (vgl. Rdn. 4) noch die behauptete Ausgewogenheit oder gar die unterstellte Ersatzrechtsfunktion können an dieser formalen Einordnung etwas ändern. Die VOB/B erfüllt zweifelsohne die Tatbestandsmerkmale des § 305 Abs. 1 BGB. Auch Klauselwerke, die unter Beteiligung beider Vertragsseiten erstellt worden sind, unterfallen einer Inhaltskontrolle[64]; diese Beteiligung, die im Übrigen nicht zwingend die Ausgewogenheit gewährleistet[65], ändert an der Tatbestandsmäßigkeit nichts. Für die VOB/B kommt hinzu, dass sie vom Gesetzgeber ausdrücklich nur von zwei Einzelklauselverboten befreit wurde, d.h. als Allgemeine Geschäftsbedingung eingeordnet wurde und vom sonstigen Anwen-

[60] Vgl. *Weyers* AcP 182, 60 ff.

[61] Motive Bd. 2, S. 470; Hüffer, S. 34.

[62] Vgl. zu Vorschlägen z.B. Institut für Baurecht Freiburg, BauR 1999, 699; *Kraus/Vygen/Oppler*, BauR 1999, 964.

[63] BGH NJW 1983, 816 = BauR 1983, 161; BGH BauR 1997, 1027; BGH NZBau 2004, 267 = BauR 2004, 665; *Ingenstau/Korbion/Vygen*, Einl. Rdn. 38; Beck'scher VOB-Kommentar/*Ganten*, Einl. II Rdn. 5; **anderer Ansicht** zuletzt *Siegburg* BauR 1993, 9 ff. und neuerdings *Leupertz* Jahrbuch BauR 2004, 43 ff., der die unveränderte VOB/B aufgrund teleologischer Reduktion des § 305 BGB als eine nicht den §§ 305 ff. unterfallende Vertragsordnung sui generes einordnet, sie im Fall von Modifikationen allerdings der AGB-Kontrolle unterwirft.

[64] *Kutschker*, Gesamtabwägung, S. 101 f. m.w.N.

[65] Vgl. *Flach* NJW 1984, 157.

dungsbereich früher des AGBG bzw. nunmehr der §§ 305 ff. BGB gerade nicht ausgenommen worden ist.[66]

Es handelt sich um ein von dritter Seite (DVA) vorgefertigtes Klauselwerk, das für eine vielfache Verwendung bestimmt ist; es fällt damit zwingend unter die AGB-Regelungen und zwar auch dann, wenn der konkrete Verwender auf die VOB/B nur ein einziges Mal zurückgreifen wollte.[67] 46

2. Privilegierung der VOB/B

Zu den gegenwärtig am meisten diskutierten Fragen gehört die Privilegierung der VOB/B.[68] Nach der Rechtsprechung des BGH enthält die VOB/B einen auf die Besonderheiten des Bauvertragsrechts abgestimmten, **im Ganzen einigermaßen ausgewogenen** Ausgleich der beiderseitigen Interessen. Sie könne mit einseitigen AGB nicht auf eine Stufe gestellt werden. Bei einer Vereinbarung der VOB/B als Ganzes wäre es verfehlt, einzelne Bestimmungen einer Inhaltskontrolle zu entziehen, weil ansonsten der durch das **Zusammenwirken sämtlicher Vorschriften** erstrebte billige Interessenausgleich gestört werde.[69] 47

Der Eifer, mit dem diese Diskussion geführt wird, steht allerdings nicht mehr im rechten Verhältnis zur praktischen Relevanz. Nachdem der BGH[70] sich der Auffassung angeschlossen hat, dass jede vertragliche Abweichung von der VOB/B zum Verlust der Privilegierung führt (vgl. dazu näher Rd. 75 ff.), ist bei praktisch jedem Bauvertrag die isolierte Inhaltskontrolle die einzelnen Klauseln der VOB/B eröffnet.[71] Die Streitfrage der Gesamtprivilegierung betrifft damit eher einen theoretischen Fall und dürfte deshalb auch nicht sobald – jedenfalls nicht unmittelbar – vom BGH für die Praxis geklärt werden. Dennoch behält die Diskussion über ihren unmittelbaren Gegenstand hinaus Bedeutung für das Verständnis der VOB/B und die Ermittlung des zutreffenden Maßstabes für die Inhaltskontrolle der Einzelklauseln. 47a

a) Keine gesetzliche Privilegierung. Diese Privilegierung der VOB/B als Ganzes wurde in der Literatur unmittelbar aus § 23 Abs. 2 Nr. 5 AGBG als gesetzliche abgeleitet.[72] Der BGH selbst hat bei genauem Studium seiner Entscheidung die Privilegierung allerdings nicht auf § 23 Nr. 2 Abs. 5 AGBG, sondern im Anschluss an Ausführungen von *Glanzmann*[73], die vor Inkrafttreten des AGBG geschrieben worden waren, auf eine **Gesamtabwägung** gestützt und lediglich ergänzend angemerkt, dass § 23 Abs. 2 Nr. 5 AGBG „auf der gleichen Erwägung" beruhe.[74] 48

Aus § 23 Abs. 2 Nr. 5 AGBG ließe sich eine gesetzliche Privilegierung der VOB/B als Ganzes nicht ableiten, da sie weder vom Wortlaut, noch der Gesetzesbegründung noch vom Gesetzeszweck gedeckt war. Das ist mehrfach überzeugend dargelegt worden.[75] § 23 Abs. 2 Nr. 5 AGBG 49

---

[66] Gegen die Aussagekraft dieser Regelungen aber *Leupertz* Jahrbuch BauR 2004, 43, 55 60.

[67] BGH NJW 1991, 843.

[68] Vgl. nur für die Zeit ab der Schuldrechtsmodernisierung: *Quack* ZfBR 2002, 429; *Lenkeit* BauR 2002, 223; *Frikell* BauR 2002, 671; *Weyer* BauR 2002, 857; *Schwenker/Heinze* BauR 2002, 1143; *Preussner* BauR 2002, 1602; *Joussen* BauR 2002, 1759; *Peters* NZBau 2002, 114; *Tempel* NZBau 2002, 465; *Kratzenberg* NZBau 2002, 178; *Pauly* MDR 2003, 124; *Voppel* NZBau 2003, 6; *Oberhauser* Jahrbuch BauR 2003, 3 ff.; *Gebauer* BauR 2004, 1843; *Michlitz* ZfBR 2004, 613; *Gehlen* NZBau 2004, 313; *Hartung* NJW 2004, 2139; *Leuperz* Jahrbuch BauR 2004,43; *Kretschmann* BauR 2005, 615 und Jahrbuch BauR 2005, 109 ff.; umfassend *Ahlers*, S. 1 ff.

[69] Grundlegend BGH NJW 1983, 816 = BauR 1983, 161; BGHZ 96, 129 = BauR 1986, 89; BGH, NJW 88, 55 = BauR 1987, 694; BGH BauR 1991, 331 = NJW 1991, 1812; BGH (10.ZS) BauR 2002, 775; BGH NZBau 2004, 267 = BauR 2004, 668.

[70] BGH NZBau 2004, 267 = BauR 2004, 668; BGH NZBau 2004, 385.

[71] Interessante, nicht aber immer stimmige Überlegungen zu den wirtschaftlichen Auswirkungen bei *Sudermeier/Meinen* BrBp 2005, 235 ff.

[72] Vgl. z.B. *Ingenstau/Korbion/Locher*, Anhang 1, Rdn. 64, 65; *Kutschker* BauR 1999, 454, 455, jeweils m.w.N.

[73] BGB-RGRK/*Glanzmann*, vor § 631 Rdn. 14.

[74] BGH NJW 1983, 816 = BauR 1983, 161; zutreffend insoweit *Weyer*, BauR 2002, 857, 859 f.; *Joussen* BauR 2002, 1759, 1765.

[75] Vgl. nur *Oberhauser* S. 39 ff.; Koch S. 41 ff. jeweils m.w.N.

ist seit der Schuldrechtsmodernisierung in § 308 Nr. 5 und § 309 Nr. 8 b) BGB aufgegangen. Die damit verbundene Umformulierung hat die Privilegierungsdebatte noch einmal entfacht.[76] Anlass ist auch der Widerspruch zwischen der Gesetzesbegründung, die an der bisherigen Privilegierungsrechtsprechung nichts ändern will[77], und der Systematik der gesetzlichen Neuregelung, die aufgrund der nunmehr auch gesetzestechnischen Zuordnung zu den zwei Einzelklauselverboten einer Gesamtprivilegierung entgegen steht. Wirklich zwingende neue Argumente lassen sich aus dieser missglückten Neuregelung allerdings für keine Ansicht herleiten.[78] Auf der einen Seite kann nicht wegen der „Weisheit des Gesetzgebers" der Einzelzuordnung eine gesetzliche Entscheidung gegen die Privilegierung entnommen werden.[79] Das wäre ein nicht möglicher Schluss vom Sollen auf das Sein, der noch verwegener ist, nachdem der Gesetzgeber in letzter Zeit – es sei nur an das Gesetz zur Beschleunigung fälliger Zahlungen erinnert, bei dem dem Gesetzgeber Grundlagenfehler attestiert werden konnten, die man schon Jurastudenten mittleren Semesters nicht mehr durchgehen ließe[80], – eindrucksvoll bewiesen hat, dass er nicht immer übersieht, was er veranlasst. Hinzu kommt, dass erst bei der Novellierung des AGBG 1996 zur Anpassung an die Verbraucherschutzrichtlinie der Gesetzgeber § 23 AGBG bewusst unverändert gelassen hat. Da die unterstellte gesetzliche Weisheit nicht nur für einen Augenblick gelten kann, hätte der Gesetzgeber damit die Privilegierung der VOB/B gesetzlich bestätigt, da er ansonsten § 23 Abs. 2 Nr. 5 AGBG entweder hätte ändern oder sogar ganz streichen müssen, falls sie, wie teilweise angenommen[81], durch die kurz vorher erfolgte Änderung der VOB/B einschließlich Verkürzung der Verjährungsfrist für maschinelle Anlagen überholt gewesen wäre. Die spätestens damit erfolgte gesetzliche Privilegierung der VOB/B als Ganzes wäre aber nicht durch eine bloß als redaktionell bezeichnete Neufassung stillschweigend aufgehoben worden. Auf der anderen Seite kann der Gesetzesbegründung der §§ 308 Nr. 5, 309 Nr. 8 b) BGB nicht eine inzidente Privilegierung der VOB/B als Ganzes entnommen werden.[82] Abgesehen von der grundsätzlichen Frage nach der Maßgeblichkeit der Gesetzesbegründung für dessen Auslegung ist festzustellen, dass in der Gesetzesbegründung ein Privilegierungswille gar nicht eindeutig zum Ausdruck gekommen ist. Die grundlegende Entscheidung des BGH vom 16.12.1982[83] wird gerade nicht in Bezug genommen; der Gesetzgeber verweist ausschließlich auf Entscheidungen, die die Verjährungsfrist des § 13 VOB/B einer Inhaltskontrolle unterziehen, weil sie entweder isoliert vereinbart wurde oder jedenfalls die VOB/B nicht als Ganzes dem Vertrag zugrunde lag. Allerdings nimmt die Gesetzesbegründung auch auf Ausführungen von *Soergel* Bezug, der die VOB/B als Ganzes einer Inhaltskontrolle entziehen will.[84]

50 Da Wortlaut und Systematik sowohl von § 23 Abs. 2 Nr. 5 AGBG als auch von §§ 308 Nr. 5, 309 Nr. 8 b) BGB für eine auf zwei Einzelklauselverbote beschränkte Privilegierung sprechen, stützen sich die Befürworter einer Gesamtprivilegierung der VOB/B auf teleologische Erwägungen. Es macht in der Tat wenig Sinn, nur zwei Einzelklauseln unter der Voraussetzung zu privilegieren, dass die VOB/B als Ganzes in den Vertrag einbezogen wird, wenn zugleich ohne Gesamtprivilegierung der VOB/B diese materiell-rechtlich gar nicht als Ganzes in den Vertrag einbezogen werden kann, da anerkanntermaßen auch andere Vorschriften einer isolierten Klauselkontrolle nicht standhalten.[85] Diese Ungereimtheit lässt sich allerdings nicht einfach mittels

---

[76] Vgl. *Hoff* BauR 2001, 1654 und alle in Fn. 68 zitierten.

[77] BT-Drucks 14/1640 S. 154, vgl. auch *Pauly* MDR 2003, 124, 126.

[78] So auch *Frikell* BauR 2002, 671, 674; *Gebauer* BauR 2004, 1843, 1845.

[79] So aber *Quack* ZfBR 2002, 428; tendenziell *Schwenker/Heinze* BauR 2002, 1143, 1145.

[80] *Volmer*, ZfIR 2000, 421, 422.

[81] Vgl. z.B. *Kraus*, NJW 1998, 1126 ff.; *Schlünder*, BauR 1998, 1123; **anderer Ansicht**: z.B. *Tomic*, BauR 2001, 14 ff. m.w.N.

[82] So aber *Weyer*, BauR 2002, 857, 860; *Joussen* BauR 2003, 1759, 1763; *Pauly* MDR 2003, 124, 126; *Kretschmann* BauR 2005, 615, 617; wie hier z.B. *Ahlers*, S. 68 ff., 80 f. m.w.N.

[83] BGH NJW 1983, 816 = BauR 1983, 161.

[84] Münchener Kommentar/*Soergel* BGB, 3. Aufl. vor § 631 Rdn. 43 f.

[85] Vgl. dazu *Bunte* BB 1983, 732, 735; *Kniffka/Quack* Festschrift 50 Jahre BGH, S. 17; *Kretschmann* BauR 2005, 615, 617.

einer tatsächlich nicht erfolgten gesetzlichen Gesamtprivilegierung der VOB/B auflösen. Denn umgekehrt würde eine gesetzliche Gesamtprivilegierung der VOB/B die Regelungen der §§ 308 Nr. 5, 309 Nr. 8 b) BGB ihrerseits ersichtlich überflüssig machen.

Die aufgezeigten Ungereimtheiten würden sich erledigen, wenn der DVA mit seinen Bemü- **50 a** hungen um eine ausdrückliche gesetzliche Privilegierung der gesamten VOB/B Erfolg hätte.[86] Ein entsprechender Gesetzesvorschlag des Bundesministers der Justiz liegt bereits vor. Anstelle der Einzelklauselprivilegierung soll die §§ 307 Abs. 1 und 2 BGB auf die ohne inhaltliche Abweichung einbezogene VOB/B keine Anwendung finden.[87] Die Privilegierung würde damit ausdrücklich auf die gesamte VOB/B erweitert, andererseits durch die Zuordnung zu § 307 BGB nicht mehr für Verträge gegenüber Verbrauchern, da die Einzelklauselverbote der §§ 308 f. BGB unberührt blieben. Bis zu einer keineswegs gesicherten gesetzlichen Entscheidung der Widersprüche müssen dogmatisch tragfähige Lösungen erarbeitet werden:

b) Zulässigkeit erweiterter Kompensation. Auch wenn sich den §§ 308 Nr. 5, 309 Nr. 8 **51** b) BGB keine Gesamtprivilegierung der VOB/B entnehmen lässt, so ergibt sich hieraus jedoch, dass sie mit sonstigen Allgemeinen Geschäftsbedingungen nicht vollständig auf die gleiche Stufe gestellt wird. Denn der Einzelprivilegierung kann entnommen werden, dass im Falle der VOB/B eine weitergehende Kompensation zwischen Vor- und Nachteilen eines Bedingungswerkes zugelassen wird.[88] Art und Umfang zulässiger Kompensation von Nachteilen, die mit einer Klausel verbunden sind, mit Vorteilen anderer Klauseln sind bei Allgemeinen Geschäftsbedingungen generell noch nicht vollständig geklärt. Einen Ausgleich von Belastungen einer Klausel durch Vorteile anderer Klauseln hat der BGH bislang im Ergebnis lediglich bejaht, wenn die Klauseln in einem sachlichen Zusammenhang stehen.[89] Der BGH hat allerdings die Grenzen für eine mögliche Kompensation ausdrücklich offen gelassen.[90]

Ausdrücklich großzügiger ist der BGH bei **kollektiv ausgehandelten** und als ausgewogen **52** angesehenen Allgemeinen Geschäftsbedingungen vorgegangen. So hat der BGH zu den ebenfalls unter Mitwirkung der beteiligten Wirtschaftskreise zustande gekommenen Allgemeinen Deutschen Spediteur-Bedingungen (ADSp) festgestellt:

> „Die einzelne Klausel kann nicht isoliert am Gerechtigkeitsgehalt einer einzelner Norm des dispositiven Rechts gemessen werden; vielmehr ist die beiderseitigen Interessenlage im Zusammenhang mit dem Gesamtgefüge der Allgemeinen Deutschen Spediteur-Bedingungen zu werten."[91]

Mit dem Wegfall der Schadensversicherung zum 1.1.2003 dürfte zwar die tatsächliche Grundlage für die bisherige Bewertung der ADSp entfallen sein[92], nicht aber der rechtliche Ausgangspunkt.[93]

Dieser weitergehende Kompensationsgedanke liegt auch der Rechtsprechung zur Gesamt- **53** privilegierung der VOB/B zugrunde.[94] Während die konkrete oder zweckkongruente[95] Kompensation voraussetzt, dass die gewährten Vorteile bei der typischen Vertragsabwicklung einen gleichwertigen Ausgleich für die Klauselnachteile darstellen[96], z.B. Haftungskompensation durch Versicherungsschutz, kann die **inkongruente oder weite Kompensation** für den Betroffenen auch leerlaufen. Ihre Zulassung ist deshalb stark kritisiert worden. Dem Bauherrn, der durch die

---

[86] So Arbeitsprogramm des Hauptausschusses Allgemeines für 2004/2005, im Internet unter www.bmvbw.de.
[87] Vgl. dazu *Kretschmann* BauR 2005, 615 ff.; *Ahlers*, S. 188 ff.
[88] Insoweit übereinstimmend *Kretschmann* BauR 2005, 615, 621.
[89] BGH NJW 1982, 644; BGH NJW 1991, 1886; *Heinrichs* NJW 1993, 1817, 1820; *Oberhauser*, S. 42.
[90] BGH NJW 1996, 389.
[91] BGHZ 127, 275, 281; vgl. näher *Schott* Festschrift *Piper*, S. 1027 ff.
[92] *Heuer* TranspR 2003, 1, 2; siehe auch BGH NJW 2003, 1397.
[93] *Valder*, Sonderbeilage zum TranspR 3/2004, S. XLII.
[94] Vgl. nur Bunte Festschrift für Korbion, S. 17 f., 25 f.; *Staudinger/Coester*, § 9 AGBG, Rdn. 93; *Wolf/Horn/Lindacher* § 23 AGBG Rdn. 249; *Oberhauser*, S. 42 f.
[95] So insb. *Bunte* FS Korbion S. 17, 21 ff.
[96] *Wolf/Horn/Lindacher*, § 9 Rdn. 134.

kurze Verjährung getroffen ist, nütze der Hinweis auf andere Vorteile der VOB/B wie Schlusszahlungserklärung oder längere Prüfungspflichten wenig, insbesondere wenn er hiervon keinen Gebrauch gemacht habe.[97]

54 Deswegen wird die inkongruente Kompensation Allgemeiner Geschäftsbedingungen als mit dem Schutzzweck der §§ 305 ff. BGB unvereinbar angesehen.[98] Diese teleologische Argumentation kann uneingeschränkt allerdings nur für einseitig vorformulierte AGB gelten, nicht aber für die VOB/B. Denn auch wenn sich den §§ 308 Nr. 5, 309 Nr. 8 b) BGB keine Gesamtprivilegierung der VOB/B entnehmen lässt, so beruhen diese Vorschriften jedoch auf einer erweiterten Kompensation und **setzen diese damit zwingend als zulässig voraus**. Die Verkürzung der gesetzlichen Verjährung von 5 Jahren auf 2 Jahren nach den früheren Fassungen der VOB/B, die den gesetzlichen Privilegierungstatbeständen zugrunde lagen, lässt sich mit einer nur zweckkongruenten Kompensation keinesfalls rechtfertigen.[99] Die Erleichterung der bisherigen Unterbrechung und des nunmehrigen Neubeginns der Verjährung stellt eindeutig keinen angemessenen Ausgleich für eine Verkürzung der Verjährungsfrist von 5 auf 2 Jahre dar, die der Privilegierung des § 309 Nr. 8 b BGB noch zugrunde liegt. Dennoch hat der Gesetzgeber diese verkürzte Verjährungsfrist privilegiert, und zwar auch mit dem allgemeinen Hinweis, dass „die VOB zum Teil die Stellung zum Kunden stärkt".[100] Noch eindeutiger wird dies bei der Privilegierung von Erklärungsfiktionen. Hier gibt es gar keine zweckkongruenten Vorteile, die als Ausgleich herangezogen werden könnten.[101]

55 Grund und Rechtfertigung der §§ 308 Nr. 5, 309 Nr. 8 b BGB wie bereits des § 23 Nr. 2 Abs. 5 AGBG ist damit eine Kompensation, die jedenfalls über die engen Grenzen der zweckkongruenten Kompensation hinausgehen muss. Grenzen und Maßstäbe nennt das Gesetz nicht, nachdem der Gesetzgeber sich hierzu offensichtlich auch keinerlei konkrete Vorstellungen gemacht hat.[102] Der Gesetzgeber ist allerdings eindeutig sowohl hinsichtlich der VOB/B 1973 wie auch der VOB/B 2000 von einer Ausgewogenheit *„durch einen insgesamt angemessenen Interessenausgleich"*[103] zwischen den Vertragsparteien ausgegangen[104], wie *Ahlers* in einer aktuellen umfassenden Untersuchung erneut bestätigt hat.[105]

56 Diese **spezielle gesetzliche Wertung** in Bezug auf die VOB/B **hat Vorrang** vor den allgemeinen Erwägungen für eine nur begrenzte zulässige Kompensation bei einseitig gestellten Allgemeinen Geschäftsbedingungen. Die VOB/B und damit im Wege der Analogie auch andere vergleichbare, beidseitig ausgehandelte und als ausgewogen angesehene Bedingungswerke sind gegenüber den sonstigen Allgemeinen Geschäftsbedingungen durch eine weitergehende Zulassung der Kompensation bevorzugt. Eine gesetzliche Privilegierung der Gesamtklauselwerke ist damit aber ebenso wenig verbunden wie eine schrankenlose Zulassung der Kompensation. Die Risiken der inkongruenten Kompensation für den Verwendungsgegner erfordern, dass isoliert betrachtet unangemessene Regelungen möglichst durch Vorteile aufgewogen werden, die mit der Klausel verbundene konkrete Benachteiligung tatsächlich ausgleichen, was in der Regel eine Zweckkongruenz notwendig macht. Ist eine kongruente Kompensation aber nicht oder aufgrund der Bedürfnisse des speziellen Geschäfts nicht ausreichend möglich, wie es z.B. gerade bei einer Verjährungsverkürzung der Fall ist, kann eine Kompensation auch durch nicht unmittelbar damit im sachlichen Zusammenhang stehende Vorteile geschaffen werden. Der Hinweis, dass dann im konkreten Einzelfall nicht tatsächlich ein Ausgleich für die Klauselbelastung erfolgen muss, weil

---

[97] Vgl. dazu *Oberhauser*, S. 43; Koch, S. 39 f.; *Flach* NJW 1984, S. 156, 157.

[98] Vgl. *Staudinger/Coester*, § 9 AGBG, Rdn 91 ff. und eingehend *Kutschker*, Gesamtabwägung, S. 36 ff., 45 ff.

[99] Vgl. z.B. *Bunte*, FS. Korbion, S. 17, 25 f.; *Heinrich*, S. 126 f.; *Wolf/Horn/Lindacher*, § 23 AGBG, Rdn. 243.

[100] BT-Ducks 7/5422, S. 14 zu § 23 Abs. 2 Nr. 5 AGBG.

[101] *Kutschker*, Gesamtabwägung, S. 125; *v. Westphalen* ZfBR 1985, 252, 259.

[102] So auch *Heinrich*, S. 126 zu § 23 Nr. 2 Abs. 5 AGBG.

[103] BT-Drucks 14/6040, S. 154.

[104] Vgl. nur *Kutschker*, Gesamtabwägung, S. 104 m.w.N.

[105] *Ahlers*, S. 87 ff., 103 f.

begünstigende Regelungen nicht relevant werden, kann die Unangemessenheit einer belastenden Regelung nicht begründen. Es liegt bei der wechselseitigen Übernahme von Risiken in der Natur der Sache, dass sich die Risiken einzeln, d.h. bei den Vertragsparteien getrennt, verwirklichen können. Eine ausgewogene Risikoverteilung wird nicht deshalb nachträglich unangemessen, weil sich die Risiken nur bei einer Partei verwirklicht haben. Zu prüfen ist allein, ob die Verteilung angemessen war.[106] Entscheidend ist, wie bei der Klauselkontrolle allgemein, nicht die einzelne Vertragsdurchführung, sondern ein abstrakt-genereller Maßstab.[107]

Hiergegen kann nicht eingewandt werden, hierdurch würde den Gerichten ein zu weiter, die Rechtssicherheit beeinträchtigender Ermessensspielraum zugebilligt werden.[108] Der Rechtsprechung wird hier keine größere Aufgabe zugemutet als z.B. bei der ihr obliegenden Aufgabe einer Vertragsüberprüfung nach § 138 BGB. Maßgeblich ist hier ebenfalls eine „Gesamtwürdigung" aller „vertraglich festgelegten Leistungen und Gegenleistungen sowie sonstigen Regelungen, insbesondere auch der AGB".[109] 57

Entscheidend kommt hinzu, dass genau der gleiche Prüfungsumfang von § 19 Abs. 4 GWB gefordert wird. Zur Kontrolle missbräuchlicher Geschäftsbedingungen marktbeherrschender Unternehmen ist eine **Gesamtbetrachtung** von Preis und Geschäftsbedingungen notwendig, wobei gerade nicht auf die ungünstigen Wirkungen einzelner Klausel abgestellt werden darf, sondern die Geschäftsbedingungen in ihrer Gesamtheit bewertet werden müssen.[110] 58

Tatsächlich wird der Rechtsprechung auch gar kein Ermessenspielraum eingeräumt.[111] Das wäre dann der Fall, wenn die Gerichte die angemessene Kompensation selbst bestimmen sollten. Hier erfolgt die Kompensation jedoch durch die beteiligten Wirtschaftskreise, die die Bedingungen und damit die Kompensation aushandeln. Zivilrechtlich müssen sich die Vertragsparteien deren Gedanken und Erklärungen allerdings nicht zurechnen lassen. Das Gericht prüft im Anwendungsfall, ob ein Verwendungsgegner durch die von ihm selbst nicht ausgehandelten Regelungen unangemessen benachteiligt wird. Dass hier Wertungsspielräume verbleiben, liegt in der Natur der Sache, geht aber nicht über diejenigen bei anderen unbestimmten Rechtsbegriffen hinaus. 59

Natürlich ist die isolierte Bewertung einer einzelnen Klausel am dispositiven Gesetzesrecht einfacher und dürfte deshalb von den Gerichten auch bevorzugt werden. Das begrenzt allerdings nicht a priori den Kompensationseinwand wegen einer angeblich sonst eintretenden Überforderung des Richters.[112] Der mit einer weiten Kompensationsprüfung verbundene Aufwand rechtfertigt es mit, den Kompensationseinwand bei einseitig aufgestellten AGB auf zweckkongruente Klauseln zu begrenzen. Eine bei einer weitergehenden Kompensation zu erreichende höhere Einzelfallgerechtigkeit würde durch die erheblich gesteigerte Rechtsunsicherheit erkauft. 60

Anders ist die Situation allerdings bei den wenigen beidseitig ausgehandelten Bedingungswerken, die außerdem seit Jahren bekannt und regelmäßig ausführlich kommentiert sind. Hier ermöglicht eine weitergehende Kompensation eine Vertragsgestaltung in Anpassung an die spezielleren Bedürfnisse des jeweiligen Marktes. Gerade die Bedeutung und Verbreitung der VOB/B wie auch der ADSp belegen, dass die gesetzlichen Regelungen allein für die jeweiligen Lebenssachverhalte nicht ausreichend sind und damit auch nicht als ausschließlicher Maßstab für eine Einzelklauselkontrolle herangezogen werden können. Zwar kann, wie der BGH im Rahmen 61

---

[106] Wie hier Ahlers, S. 50 f.; **anderer Ansicht** *Oberhauser*, S. 43 und *Kuckuk*, S. 39 f., die aber verkennen, dass eine Klausel nicht deshalb „konkret unbillig" ist, weil sie im konkreten Fall zu einem Nachteil führt.

[107] Vgl. nur *Ulmer/Brandner/Hensen*, § 9 AGBG, Rdn. 78 ff. m.w.N.

[108] So aber *Oberhauser* S. 43, *Heinrich* S. 51; *Kuckuk*, S. 39; sie kehren damit die Ausführungen von *Bunte* (Festschrift Korbion, S. 17 f., 26), die sich gerade nicht gegen die Privilegierung der VOB/B richten, sondern eine weite Kompensation im Rahmen des § 23 Abs. 2 Nr. 5 AGBG anerkennen und sich nur dagegen wenden, diese „Ausnahme" durch Zulassung eines generellen Kompensationseinwandes auf andere AGB zu übertragen gegen die VOB/B. Wie hier auch *Kretschmann* Jahrbuch BauR 2005, 109, 145 f.

[109] BGH NJW 1980, 445; vgl. auch BGHZ 80, 157; *Soergel/Hefermehl*, § 138 Rdn. 96.

[110] BGH WM 1985, 490.

[111] Ebenso *Kretschmann* Jahrbuch BauR 2005, 109, 145.

[112] So *Bunte* FS. Korbion, S. 17, 22 f., allerdings allgemein in Bezug auf AGB.

der kartellrechtlichen Missbrauchskontrolle ausgeführt hat, die wertende Gesamtbetrachtung im Einzelfall schwierig sein. Zutreffend stellt er aber fest:

> „Diese Schwierigkeiten können aber nicht den Anlass dafür bilden, die gebotene Gesamtbetrachtung zu vernachlässigen."[113]

62 **c) Vorteile der Kompensationslösung.** Die nur beschränkte Besserstellung über eine erweiterte Kompensation kann viele umstrittene Fragen praktisch obsolet machen. Für die VOB/B „als Ganzes" kommt es nicht darauf an, ob §§ 308 Nr. 5, 309 Nr. 8 b BGB eine dynamische Verweisung enthalten, wie die Gesetzesbegründung annimmt[114], oder nur eine statische, für die verfassungsrechtliche Gründe sprechen.[115] Denn auch hinsichtlich der privilegierten Einzelklauseln bedeutet die gesetzliche Regelung nur, dass im Rahmen der Inhaltskontrolle die beiden Klauselverbote der §§ 308 Nr. 5, 309 Nr. 8 b BGB nicht anwendbar sind. Der Gesetzgeber ist zwar von einer grundsätzlichen Zulässigkeit der hiervon betroffenen VOB/B-Klausel ausgegangen. Aber auch das ist nicht Gesetz geworden. Soweit § 23 Abs. 2 AGBG nur Ausnahmen von bestimmten oder speziellen Klauselverboten vorsah und dies heute in § 309 Nr. 8, Nr. 9 und § 310 Abs. 2 BGB übernommen wurde, führt das nicht dazu, dass die privilegierten Klauseln überhaupt keiner Inhaltskontrolle mehr unterliegen. Die Befreiung beschränkt sich eindeutig nur auf die speziellen Klauselverbote, so dass grundsätzlich auch die **privilegierten Klauseln** einer **Inhaltskontrolle nach § 307 Abs. 2 BGB** (§ 9 AGBG) unterfallen.[116] Dabei sind die für die Ausnahme von speziellen Klauselverboten maßgebenden Gründe allerdings bei einer generellen Inhaltskontrolle nach § 307 BGB zu berücksichtigen, um nicht die gesetzliche Wertung zu konterkarieren.[117] Die Privilegierung des § 13 Nr. 4 kann deshalb für die privilegierte Fassung nicht über § 307 Nr. 2 BGB (§ 9 AGBG) wieder aufgehoben werden.[118]

63 Wird aber der Inhalt der VOB/B geändert, so kann die gesetzliche Wertung im Rahmen des § 307 BGB nicht mehr absolut verbindlich sein. Denn dann liegt ein **Wandel der Normsituation** vor, der bei der Auslegung zu berücksichtigen ist.[119] Insoweit ist die gesetzliche Wertung der §§ 308 Abs. 5, 309 Abs. 8 b BGB einerseits, nämlich formell, statisch, da sie in Bezug auf eine bestimmte Fassung der VOB/B erfolgte, andererseits aber auch, nämlich materiell, dynamisch, da sie auch bei veränderter Normsituation grundsätzlich fortwirkt, soweit ihre Grundlage nicht völlig entfallen ist.[120] In ihrem Umfang legt sie den Maßstab für die AGB-Kontrolle fest[121], ohne damit eine Zulässigkeit der Einzelklauseln im Rahmen des § 307 Abs. 2 BGB bei geänderter Normsituation verbindlich vorzugeben.

64 Das gilt auch für die übrigen, nicht privilegierten Bedingungen der VOB/B. Eine gesetzliche Privilegierung der VOB/B als Ganzes gibt es (noch) nicht. Allerdings lässt sich den Regelungen des § 23 Abs. 2 Nr. 5 AGBG bzw. §§ 308 Nr. 5, 309 Nr. 8 b BGB wie auch den Gesetzesbegründungen entnehmen, dass der Gesetzgeber die VOB/B in den damals geltenden Fassungen im Ganzen für einigermaßen ausgewogen hielt. Ansonsten wäre eine Privilegierung von Einzelklauseln rechtssystematisch gar nicht möglich gewesen. Diese im Gesetz selbst zum Ausdruck gekom-

[113] BGH WM 1985, 490, 492.

[114] BT-Drucks 14/6040, S. 154; ebenso *Tomic* BauR 2001, 14, 21 f.; *Joussen* BauR 2002, 1759, 1766.

[115] Vgl. eingehend *Kretschmann* Jahrbuch BauR 2005, 109, 131 ff.; *Hoff*, BauR 2001, 1654, 1656 f.; *Lenkeit*, BauR 2002, 196, 223; *Schwenker/Heinze*, BauR 2002, 1143, 2245; *Voppel* NZBau 2003, 6,8.

[116] *Staudinger/Coester* § 9 AGBG Rdn. 14; *Staudinger/Schlosser* § 23 AGBG Rdn. 23; *Wolf/Horn/Lindacher*, § 23 AGBG Rdn. 12, 141.

[117] *Brandner/Ulmer/Hensen*, § 23 AGBG Rdn. 33; vgl. auch BGH NJW 1997, 739 zum Verhältnis von §§ 10, 11 AGBG zu § 9 AGBG.

[118] *Heinrich*, S. 141, 143; *Oberhauser*, S. 37 f.; *Locher* BauR 1977, 221, 223; **anderer Ansicht**: *Recken*, BauR 1978, 417, 420 und heute wieder *Gebauer* BauR 2004, 1843, 1850; *Kniffka* ibr-online-Kommentar vor § 631 Rdn. 37.

[119] Vgl. *Larenz*, Methodenlehre der Rechtswissenschaft, S. 350 f.; ebenso jetzt *Kretschmann* BauR 2005, 615, 620.

[120] *Larenz*, Methodenlehre der Rechtswissenschaft, S. 351.

[121] Ebenso – allerdings in Bezug auf die Privilegierung – *Kretschmann* BauR 2005, 615, 621.

mene Wertung ist fortzuschreiben und nicht durch eine (vollständig) eigene des entscheidenden Gerichtes zu ersetzen.

Die allgemeinen Erwägungen gegen die generelle Zulassung einer weiten Kompensation greifen gegenüber von beiden Markseiten ausgehandelten und weit verbreiteten Musterverträgen nicht. Entscheidend ist in Bezug auf die VOB/B, dass die gesetzliche Einzelprivilegierung die weite Kompensation zwingend voraussetzt. Wenn die weite Kompensation die besonders belastende Verjährungsverkürzung des § 13 Nr. 4 VOB/B in den Fassungen vor 2002 rechtfertigen kann und zu einer Befreiung von einem Einzelklauselverbot ohne Wertungsmöglichkeit führt, muss das erst recht hinsichtlich sonstiger VOB/B-Klauseln im Rahmen der allgemeinen Inhaltskontrolle nach § 307 Abs. 2 BGB gelten. Denn diese Vorschrift erlaubt schon vom Wortlaut eine **Berücksichtigung des Gesamtvertrages** im Rahmen der Inhaltskontrolle.[122] **65**

Die hier vorgeschlagene weite Kompensation unterscheidet sich von der Gesamtprivilegierung der VOB/B schon im Ausgangspunkt. **Die Lehre von der Gesamtprivilegierung negiert den Einzelklauselansatz** der §§ 305 ff. BGB. Es wird nicht die einzelne Klausel geprüft. Die VOB/B soll insgesamt einer Inhaltskontrolle entzogen sein, weil sie ein insgesamt ausgewogenes Klauselwerk ist. Die Unvereinbarkeit mit der Systematik der AGB-Regelungen zeigt sich schon bei der Frage, was gelten soll, wenn die VOB/B, wie vielfach geltend gemacht wird, kein ausgewogenes Klauselwerk mehr ist. Soll dann das Klauselwerk insgesamt – was folgerichtig wäre – unwirksam sein, das heißt auch einschließlich der AGB-rechtlich unbedenklichen Teile? **66**

Demgegenüber ändert die weite Kompensation nichts an der Einzelklauselkontrolle. Soweit die Regelungen der VOB/B nicht ausdrücklich privilegiert sind wie § 12 Nr. 5 und § 13 Nr. 4, unterfallen sie jeweils der Inhaltskontrolle. Die Besonderheit gegenüber „normalen“ AGB besteht lediglich darin, dass Nachteile, die mit der zu überprüfenden Klausel verbunden sind, auch durch inkongruente Vorteile, die andere Bestimmungen der VOB/B gewähren, ausgeglichen werden können. Das ermöglicht es insbesondere, einzelne besonders nachteilhafte Klauseln, wie z.B. § 16 Nr. 3 Abs. 2, für unzulässig zu erklären, ohne andere VOB/B-Regelungen, die einer abstrakten isolierten Inhaltskontrolle nicht standhalten können, die aber unter Berücksichtigung des Gesamtklauselwerks als angemessen anzusehen sind, den Boden zu entziehen.[123] **67**

d) VOB/B und Verbraucherschutzrichtlinie. Streitig ist, ob und welche Auswirkungen die Verbraucherschutzrichtlinie[124] auf jegliche Privilegierung der VOB/B hat. Es wird geltend gemacht, dass die Zulassung der Verjährungsverkürzung durch § 309 Nr. 8 b) BGB gegen den zwingenden Inhalt der Richtlinie verstoße.[125] Weitergehend wird vorgeschlagen, mittels richtlinienkonformer Auslegung oder unmittelbarer Anwendung der Verbraucherschutzrichtlinie deren angeblichen Inhalt in VOB-Verträgen mit Verbrauchern Geltung zu verschaffen, d.h. die Ausnahmeregelung des § 309 Nr. 8 b) zu ignorieren.[126] Eine richtlinienkonforme Auslegung gegen den Gesetzeswortlaut ist allerdings grundsätzlich nicht möglich.[127] Da die Privilegierung in § 309 Nr. 8 b) BGB ausdrücklich nur für Verbraucherverträge gilt, scheidet eine Auslegung contra legem aus.[128] **68**

Ein unmittelbarer Anwendungsvorrang der Richtlinie ist nicht möglich, da umsetzungsbedürftige Richtlinien nach der Rechtsprechung des EuGH keine Direktwirkung in Privatrechts- **69**

[122] Vgl. zur Stufung der Kompensationsgrenzen bei der Inhaltskontrolle auch *Kutschker,* Gesamtabwägung, S. 50 ff. m.w.N.

[123] Heute werden gegen zahlreiche Regelungen AGB-rechtliche Bedenken erhoben, vgl. Überblick bei *Oberhauser*, S. 55 f. m.w.N.

[124] Richtlinie 93/13/EWG des Rates vom 5.4.1993 über missbräuchliche Klauseln in Verbraucherverträgen, abgedruckt z.B. NJW 1993, 1838.

[125] *Wolf/Horn/Lindacher*, § 23 AGBG, Rz. 248; *Ulmer/Brandner/Hensen*, § 23 AGBG, Rz. 60; *Kraus*, BauR 1997, Beilage zu Heft 4, S. 10; *Schlünder*, BauR 1998, 1123 f.

[126] *Heinrichs*, NJW 1999, 1596, 1604; einschränkend aber *Palandt/Heinrichs* § 309 Rdn. 72; wohl auch *Quack*, BauR 1997, 24, 25 f.; *Lenkeit*, BauR 2002, 196, 222, hält § 309 Nr. 8 b BGB für unwirksam.

[127] Vgl. nur *Piekenbrock/Schulze*, WM 2002, 521, 523 f. m.w.N.

[128] *Ulmer/Brandner/Hensen*, § 23 AGBG, Rz. 30.

beziehungen haben.[129] Läge ein Richtlinienverstoß vor, hätte der Verbraucher ggf. Amtshaftungsansprüche.[130] Die Kommission könnte ein Vertragsverletzungsverfahren nach Art. 234 EGV einleiten.

70 Diese Fragen können aber dahingestellt bleiben, denn tatsächlich hält sich die gesetzgeberische Entscheidung innerhalb der von der Richtlinie gezogenen (relativ weiten) Grenzen.[131] Zunächst ist zu betonen, dass die **Richtlinie keinen strengeren Maßstab** als die §§ 307 ff. BGB aufstellt.[132] So ist der **Klauselanhang** der Richtlinie schon nicht zwingend, sondern hat nur **Hinweischarakter** für die Klauselkontrolle nach Art. 3 der Richtlinie.[133]

71 Eine derartige Indizwirkung kommt des Weiteren nach dem Klauselanhang 1 b) nicht jeder Beschränkung der Mängelrechte zu, sondern erst einer „ungebührlichen" Einschränkung. Es lässt sich nicht feststellen, dass die Privilegierung des § 309 Nr. 8 b) BGB hiermit unvereinbar ist. Das liegt vor allem daran, dass es einen einheitlichen europäischen Beurteilungsmaßstab nicht gibt. Die Klauselkontrolle der Richtlinie ist insoweit nur relativ, da sie für die Bewertung der Unangemessenheit auf – unterschiedliche – nationale Rechtsordnungen zurückverweist.[134] Besonders deutlich wird dies durch Art. 1 Abs. 2 der Richtlinie, der Klauseln, die auf bindendem oder dispositivem Gesetzesrecht beruhen, von vornherein kontrollfrei stellt und damit die inhaltliche Prärogative der Mitgliedsstaaten bei der Ausgestaltung der Vertragsrechtsordnung bestätigt.[135]

72 Zwingend sind demgegenüber Art. 3 und 4 der Richtlinie. Aber auch sie stellen keinen strengeren Maßstab als § 307 Abs. 2 BGB auf. Nach Art. 3 Abs. 1 der Richtlinie ist eine Klausel missbräuchlich, wenn sie entgegen dem Gebot von Treu und Glauben ein erhebliches und ungerechtfertigtes Missverhältnis der vertraglichen Rechte und Pflichten verursacht. Durch die kumulative Voraussetzungen des erheblichen Missverhältnisses sowie zusätzlich eines hierdurch bewirkten Verstoßes gegen Treu und Glauben ist die Kontrolldichte eher geringer.[136] Hinzu kommt, dass die Richtlinie **autonom europäisch auszulegen** ist[137] und andere Mitgliedsländer an das Vorliegen eines Missbrauchs hohe oder zumindest höhere Anforderungen stellen.[138]

73 Vor allem ist es aber nicht richtig, dass der § 309 Nr. 8 b) BGB zugrunde liegende weite Kompensationsgedanke gegen die Richtlinie verstoße.[139] Im Gegenteil lässt die Verbraucherschutzrichtlinie schon bei „normalen" AGB durch die Berücksichtigung ***„aller** anderer Klauseln desselben Vertrages"* eine **Gesamtkompensation in Art. 4 Abs. 1** ausdrücklich zu.[140] In diesem Sinne war die Regelung zunächst auch in Deutschland weitgehend verstanden worden[141] und ist gerade deshalb kritisiert

---

[129] EuGH, Slg. 1986, 723 = NJW 1986, 2178; Slg. I 1990, 495 = NJW 1991, 1409; Slg. I 1994, 3345 = JZ 1995, 149.

[130] Dazu *Wolf*, in: *Grabitz/Hilf*, III, A 1, Rdn. 32 m.w.N.

[131] So auch *Staudinger/Schlosser*, § 23, Rdn. 1 b, 36; Münchener Kommentar/*Basedow*, § 24 AGBG, Rdn. 18; Beck'scher VOB-Kommentar/*Ganten*, Einl. II. Rdn. 87; *Tomic*, BauR 2001, 14, 26; *Heinrich*, Abschied, S. 161 f.; *Kutschker*, BauR 1994, 417, 424, offen lassend in Gesamtabwägung, S. 198, 202; *Bultmann*, VuR 1994, 137, 143; *Pauly*, MDR 2003, 124, 126 f.; *Joussen*, BauR 2002, 1759, 1776.

[132] *Damm*, JZ 1994, 161, 172 m.w.N.; *v. Westphalen*, EWS 93, 161, 164.

[133] EuGH, EuZW 2002, 465; *Wolf/Horn/Lindacher*, Anh. RiLi, Art. 1, Rdn. 16, Art. 3, Rdn. 31; *Pfeiffer*, in: *Grabitz/Hilf*, III, A 5, Vorbem., Rdn. 8.

[134] *Pfeiffer*, in: *Grabitz/Hilf*, III, A. 5, Vorbem., Rdn. 37.

[135] *Pfeiffer*, in: *Grabitz/Hilf*, III, A 5, Art. 1, Rdn. 23.

[136] Ebenso *Pfeiffer*, in *Grabitz/Hilf*, III, A 5, Vorbem., Rdn. 28.

[137] *Wolf/Horn/Lindacher*, Anh. RiLi, Art. 1, Rdn. 18; *Pfeiffer*, in: *Grabitz/Hilf*, III, A 5, Vorbem., Rdn. 20.

[138] Eine Durchsicht der EG-Datenbank über missbräuchliche Klauseln (CLAB) ergibt, dass z.B. spanische Gericht einen Missbrauch schon dann verneinen, wenn der Klauselgegner den Klauselinhalt positiv kannte und er andere Anbieter hätte wählen können.

[139] So aber *Quack*, ZfBR 2002, 428, 429; Tempel, NZBau 2002, 465, 468.

[140] Die gegenteilige Wortlautauslegung von Tempel ist schlicht falsch. Die Worte „von **dem** die Klausel abhängt" beziehen sich auf den andere**n** Vertrag, der zusätzlich im Rahmen der Gesamtabwägung berücksichtigt werden soll, eindeutig aber nicht auf „all**er** anderer Kauseln". Im Übrigen hat *Schmidt-Salzer*, BB 1995, 1493, 1495, nachgewiesen, dass die deutsche Fassung sprachlich falsch ist und dass der andere Vertrag nicht von der beanstandeten Klausel, sondern von dem Gesamtvertrag abhängig sein kann (ebenso *Pfeiffer*, in: *Grabitz/Hilf*, III, A 5, Art. 4, Rdn. 18).

[141] *Frey*, ZIP 1993, 572, 575; *Micklitz*, ZEuP 1993, 522, 527; *Ahlers*, S. 47.

worden.[142] Da das Ergebnis nicht gewünscht war, setzte anschließend eine Renationalisierung[143] des Art. 4 ein, in dem das Verbot einer weiten Kompensation des AGBG in Art. 4 der Richtlinie hineingelesen und dieser entgegen seinem Wortlaut eingeschränkt wurde.[144] Mit dem zugleich betonten Gebot autonomer Auslegung der Richtlinie ist das offensichtlich unvereinbar. Tatsächlich zeigt sich, dass andere Mitgliedsländer Art. 4 Abs. 1 entsprechend seines Wortsinnes verstehen. So bestimmen Art. L 132–1 Abs. 5 Code de la Consommation sowie 6 (1) The Unfair Terms in Consumer Contracts Regulation jeweils ausdrücklich, dass bei der Bewertung alle anderen Klauseln des Vertrages sowie eines anderen Vertrages, wenn die Verträge juristisch voneinander abhängen, zu berücksichtigen sind.[145] Bestätigt wird die durch die von der Europäischen Kommission 1999 organisierten Konferenz zur Bewertung der Richtlinie und ihrer Umsetzung.[146] Der Ergebnisbericht des Workshop 3, der sich mit der Auslegung und Anwendung der Art. 3 und 4 beschäftigt, geht eindeutig von einer inhaltlich nicht eingeschränkten Kompensation aus.[147]

Diese europa-rechtlichen Gründe für die Zulässigkeit einer weitergehende Kompensation werden von der Gegenauffassung nicht zur Kenntnis genommen. Beispielhaft ist das Gutachten von *Micklitz*, das er im Auftrag der Verbraucherzentrale Bundesverbandes eV. zur Vereinbarung der VOB/B mit europäischem Recht erstellt hat.[148] Während er früher selbst davon ausgegangen war, dass der Wortlaut des Art. 4 eine weite Kompensation zulässt[149], nimmt er nunmehr den entgegengesetzten Standpunkt ein.[150] Ein wichtiger Teil der Literatur, die dem gewünschten Ergebnis nicht zustimmt, wird schlicht übergangen. Die Auslegung nur nach Systematik und Telos sind vom deutschen AGB –Recht und den Auftraggeber-Interessen geleitet. Die grammatikalische Auslegung ist für den EuGH Ausgangspunkt der Richtlinieninterpretation und für diese von grundlegender Bedeutung.[151] Diese muss zwar nicht immer zu brauchbaren Ergebnissen führen, da der Wortlaut unterschiedlicher Sprachen wegen deren Gleichrangigkeit zu berücksichtigen ist. Im konkreten Fall heißt es jedoch im Klauseltext aller Sprachen, dass „alle anderen Klauseln" des Vertrages zu berücksichtigen sind, was eindeutig etwas anderes ist, als lediglich die Berücksichtigung der (wenigen) zweckkongruenter Klauseln. Eine Auslegung, wonach die Worte „alle anderen" schlicht gegenstandslos werden, widerspricht der Methodik des EuGH.[152] Die Wortlautauslegung ist anhand der Systematik zu überprüfen. Eine entgegenstehende Systematik lässt sich allerdings nicht feststellen.[153] Letztlich soll das gewünschte Ziel durch eine telelogische Auslegung erreicht werden. Hierzu wird in die Richtlinie aber ein größerer Schutzweck hineingelegt, als diese selbst beabsichtigt. Die Richtlinie bezweckt lediglich einen Mindeststandard, der deutlich hinter dem Schutzniveau der §§ 305 ff. BGB zurückbleibt.[154] 73 a

[142] *Brandner/Ulmer*, BB 1991, 701, 707 (zum Entwurf); *Heinrichs*, NJW 1993, 1817, 1820; *Damm*, JZ 1994, 161, 172 f.

[143] Zur Renationalisierung vgl. *Möllers*, JZ 2002, 121, 123; *Reich*, VuR 1995, 1 ff.

[144] So z.B. *Wolf/Horn/Lindacher*, Anh. RiLi, Art. 4, Rdn. 8; *Pfeiffer*, in: *Grabitz/Hilf* III, A 5, Art. 4, Rdn. 16.

[145] *Baier*, S. 181 f.; *Mühlhaus*, S. 95 f.; ähnlich die Rechtslage in Italien; vgl. *Baier*, S. 125; Dementsprechend werden in England alle Vertragsbedingungen einschließlich des Preises berücksichtigt, vgl. *Chitty on Contracts*, Anm. 15–042; The Office of Fair Trading, Unfair Contract Terms Guidance, Februar 2001, Annex A 8.

[146] The Directive on „Unfair Terms", five years later – Evaluation and further perspectives, Konferenz vom 1. bis 3. Juli 1999.

[147] Bericht, S. 141, www.europa.eu.int/comm/dgs/health/consumer/events/event29_en.html.

[148] Gutachten v. 1.4.2004, u.a. bei ibr-online/ibrmaterialien; vgl. auch *Micklitz*, ZfIR 2004, 613.

[149] So heißt es bei *Micklitz*, ZEuP 1993, 522, 527: „Nach Art. 4 (1) sollen bei der Prüfung der Missbräuchlichkeit einer Klausel alle anderen Klauseln desselben Vertrages, von dem die Klausel abhängt, berücksichtigt werden. Die Interessenabwägung soll nicht einzelfallbezogen, sondern vertragsbezogen erfolgen. Kompensation ungünstiger durch günstige Klauseln soll möglich sein. Insoweit musste die deutsche Seite offensichtlich dem Druck der anderen Vertragsstaaten weichen, die sich eine Kontrolle missbräuchlicher Klauseln nur im Komplex des gesamten Vertrages denken konnten."

[150] *Micklitz*, ZfIR 2004, 613, 620.

[151] *Dederichs*, S. 78 f. m.w.N.

[152] *Dederichs*, S. 64 m.w.N.

[153] *Ahlers*, S. 47 ff. m.w.N.

[154] Im Ergebnis ebenso *Ahlers* S. 50 ff. m.w.N.

74 Da Art. 4 Abs. 1 der Richtlinie eine weite Kompensation grundsätzlich zulässt[155], kann auch insoweit die Privilegierung der VOB/B kein Verstoß gegen die Richtlinie bedeuten. Mit der hier vorgeschlagenen weiten Kompensation wird also für die VOB/B nur das umgesetzt, was die Richtlinie generell im Rahmen der Klauselkontrolle zulässt. Der Gesetzgeber musste diese gegenüber dem AGBG weniger strengen Maßstab nicht umsetzen[156]; er durfte es jedoch, auch beschränkt auf die VOB/B.[157]

75 **e) Einbeziehung der VOB/B als Ganzes.** Die Privilegierungen der §§ 308 Nr. 5, 309 Nr. 8 b BGB gelten nur, wenn die VOB *„insgesamt"* einbezogen wird. Die Änderung der sprachlichen Fassung gegenüber § 23 Abs. 2 Nr. 5 AGBG („Vertragsgrundlage") sollte inhaltlich keine Veränderung zur bisherigen Rechtslage bewirken.[158] Sie hat aber zunächst gesetzlich klargestellt, was schon der Rechtsprechung entsprach[159], nämlich dass die isolierte Vereinbarung allein der Abnahmeregelung oder der Gewährleistungsregelung keinesfalls von der Privilegierung gedeckt ist.[160]

76 Nicht so klar ist, ob das Tatbestandsmerkmal „insgesamt" auch bei Einbeziehung der VOB/B unter Änderungen, z.B. durch BVB oder ZVB, noch erfüllt ist. Die Rechtsprechung des BGH zu § 23 Abs. 2 Nr. 5 AGBG hatte darauf abgestellt, dass **Änderungen in dem Kernbereich** durch eine ins Gewicht fallende Einschränkung die Ausgewogenheit der VOB/B aufheben, so dass die Privilegierung dann nicht mehr greifen soll.[161] Während teilweise dafür plädiert wird, diese Schwelle nicht zu niedrig anzusetzen[162], hatte der BGH trotz verbaler Beibehaltung seiner Kriterien faktisch bereits relativ geringfügige Einschränkungen ausreichen lassen, um eine Einbeziehung der VOB/B als Ganzes zu verneinen und damit die Inhaltskontrolle insbesondere bei § 13 Nr. 4 zu eröffnen. [163] Diese Rechtsprechung musste sich noch verstärken, nachdem der Begriff „insgesamt" höhere Anforderungen stellt als das bisherige Tatbestandsmerkmal „Vertragsgrundlage". Bei enger Wortlautauslegung muss **jede Änderung der VOB/B zum Verlust der Privilegierung** führen. Denn werden Regelungen der VOB/B individuell oder durch vorgehende Allgemeine Geschäftsbedingungen wie BVB oder ZVB geändert, so ist sie bei enger Wortauslegung nicht mehr insgesamt vereinbart. Die geänderten VOB/B-Bestimmungen werden nämlich dann materiellrechtlich gar nicht Vertragsbestandteil[164], und zwar auch nicht als Ersatzregelung.[165]

77 Der Gesetzgeber hatte zwar „insgesamt" nur in der relativen Bedeutung von „alles in allem"[166] verstanden, da er unter Bezugnahme auf die bisherige BGH-Rechtsprechung in der Gesetzesbegründung forderte, dass die VOB/B „ohne ins Gewicht fallende Einschränkungen übernommen" werde.[167] Das ist allerdings mit dem vom EuGH betonten Prinzip der Verbraucherschutzrichtlinie der Gewährung genau umschriebener Ansprüche, die den Begünstigten in die Lage versetzen, von seinen Rechten Kenntnis zu erlangen, um sie geltend machen zu können[168], nicht zu vereinbaren.

---

[155] Ebenso neben den in Fn. 131 Genannten z.B. *Gabers*, in: *Paschke/Iliopoulos*, Europäisches Privatrecht, Bd. 15, S. 139; *Kapnopoulou*, S. 135; *Micklitz*, EuZP 1993, 522, 527.

[156] Insoweit zutreffend: *Heinrichs*, NJW 1993, 1817, 1820.

[157] Ein Verstoß gegen Art. 3 wird zwar manchmal pauschal behauptet (zuletzt *Tempel*, NZBau 2002, 465, 468). Eine schlüssige Begründung hierfür ist nicht ersichtlich.

[158] BT-Drucks 14/1640, S. 154.

[159] BGH BauR 86, 89; BGH BauR 1987, 439; NJW-RR 1989, 85 = BauR 1989, 77.

[160] Vgl. eingehend *Ingenstau/Korbion/Locher* Anhang 1 AGB-Recht und VOB/B, Rdn. 89 ff.; **anderer Ansicht** noch z.B. *Recken* BauR 1978, 418 f.; *Heiermann* DB 1977, 1733, 1737; *Schmidt* ZfBR 1984, 57.

[161] Vgl. zur Entwicklung der Rechtsprechung *Heinrich* S. 95 ff. m.w.N.

[162] Beck'scher VOB-Kommentar/*Ganten* Einl. II VOB/B Rdn. 45 f.; *Ingenstau/Korbion/Locher* Anhand 1 Rdn. 74.

[163] So die Eigeneinschätzung von *Kniffka/Quack* Festschrift 50 Jahre BGH, 17, 25 und von *Thode/Quack* Skript Bauvertrag und AGB, Mai 2002, S. 15; vgl. auch *Heinrich* S. 118. Zu den Fällen, in denen Eingriffe in den Kernbereich angenommen wurden, vgl. insbesondere die Zusammenstellungen bei *Oberhauser*, S. 47 ff., *Kienmoser* S. 33 f., *Werner/Pastor* Rdn. 1020 und *Siegburg*, Gewährleistung Rdn. 202.

[164] Vgl. näher VOB/B § 1 Rdn. 27 f. m.w.N.

[165] Vgl. näher VOB/B § 1 Rdn. 47.

[166] Vgl. *Duden,* Das große Wörterbuch der Deutschen Sprache, Bd. 5.

[167] Vgl. BT Drucks 14/6040 S. 154.

[168] EuGH NJW 2001, 2244; EuGH EuZW 2002, 465.

Denn die BGH-Rechtsprechung ist einzelfallbezogen, ohne einen subsumtionsfähigen Obersatz für andere Rechtsfälle zu bieten.[169] Dies führte zu einer Rechtsunsicherheit, die eigentlich durch die Figur der Privilegierung der VOB/B als Ganzes gerade vermieden werden sollte.[170] Die gebotene **richtlinienkonforme Auslegung** des Nationalen Rechts, die auch gegen die Vorstellungen des Gesetzgebers erfolgen kann und ggf. erfolgen muss[171], gebietet es deshalb **„insgesamt" eng auszulegen**, so dass die **Privilegierung die uneingeschränkte Anwendung der VOB/B** voraussetzt.[172] Diese Auffassung sich nunmehr auch der BGH angeschlossen.[173] Da sich bislang keine greifbaren Kriterien dafür finden ließen, wann eine von der VOB/B abweichende Regelung in deren Kernbereich eingreift, erfordert es die Rechtssicherheit und Transparenz, dass **jede vertragliche Abweichung** von der VOB/B dazu führt, dass diese **nicht mehr als Ganzes vereinbart** ist. Der BGH betont, dass es nicht darauf ankommt, welches Gewicht der Eingriff hat.[174] Damit muss sich jeder Verwender der VOB/B darüber klar sein, dass jegliche Änderungen, die nicht ausschließlich günstig für den Vertragspartner sind, zur isolierten Klauselkontrolle der VOB/B-Regelungen führen. Entweder nimmt er die Unwirksamkeit einiger ihn begünstigenden Regelungen hin, z.B. des Schlusszahlungseinwandes für den Auftraggeber, oder er muss die ihn begünstigenden VOB/B-Regelungen auf ein vertretbares Maß abändern, die einer isolierten Klauselkontrolle nicht Stand halten können.

Entsprechend der bisherigen Rechtsprechung kommt es für den Verlust der Privilegierung 78
nicht darauf an, **ob** die **abändernden Klauseln** ihrerseits überhaupt **wirksam** sind.[175] Dies ist nicht nur nach Sinn und Zweck des AGB-Rechts geboten, sondern ergibt sich auch daraus, dass die Subsidiärgeltung der VOB/B als Ersatzregelung nicht formularvertraglich vereinbart werden kann.[176] Unmaßgeblich ist auch, **ob** die Änderung durch **Individualvereinbarung** erfolgt.[177] Der der Privilegierung zugrunde liegende Kompensationsgedanke kann bei (nachteiligen) Änderungen nicht durchgreifen, unabhängig davon, ob die Änderung formularmäßig oder individualvertraglich erfolgt.[178]

Fraglich ist, ob die Privilegierung entfällt, wenn die VOB/B selbst eine **Öffnungsklausel für** 79
Änderungen enthält („soweit nichts anderes vereinbart ist").[179] Diese Öffnungsklauseln stellen allerdings keinen Freibrief für privilegierungsunschädliche Abweichungen dar. Der Gesetzgeber konnte im Rahmen der §§ 308 Nr. 5, 309 Nr. 8 b BGB nur die unabgeänderte Fassung der VOB/B mit denen in §§ 11–14 VOB/A vorgesehenen Modifikationen bewerten. Änderungen, die hierüber hinausgehend Einfluss auf das Verhältnis der gegenseitigen Rechte und Pflichten haben, führen deshalb zum Verlust der Privilegierung, wenn sie zum Nachteil des Verwendungsgegners erfolgen. Wird die Art der Sicherheit (§ 17 Nr. 2) oder die Gestellungsfrist für die Sicherheit (§ 17 Nr. 7) modifiziert, hat dies bereits Einfluss auf das Verhältnis der gegenseitigen Rechte und Pflichten. Anders wäre es lediglich, wenn auf Veranlassung des Sicherungsgebers die Arten der Sicherheiten modifiziert oder erweitert würden. Ein Verzicht auf die vertraglich vereinbarte Vergütung abzüglich ersparter Aufwendungen bei der Selbstübernahme (§ 2 Nr. 4) oder auf eine Preisanpassung bei Teilpauschalen (§ 3 Nr. 7 Abs. 2) stellt jedenfalls eine schädliche Änderung dar.

---

[169] Das räumen *Thode* und *Quack* in ihrem Skript Bauvertrag und AGB, Stand Mai 2002, S. 15, ausdrücklich ein.

[170] *Kniffka/Quack* Festschrift 50 Jahre BGH, S. 17, 24 f.; *Oberhauser* S. 45 f.

[171] BGH BGHR 2002, 595.

[172] Dafür bereits *Kniffka/Quack* Festschrift 50 Jahre BGH, 17, 25 zu § 23 Abs. 2 Nr. 5 AGBG.

[173] BGH NZBau 2004, 267 = BauR 2004, 668; BGH NZBau 2004, 385; OLG Sachsen-Anhalt BauR 2006, 849; vgl. dazu auch *Hartung* NJW 2004, 2139; *Gehlen* NZBau 2004, 313; *Ingendoh* BTR 2004, 115; *Schmitz* ZfIR 2004, 283; *Kuckuk*, S. 121 ff.

[174] BGH NZBau 2004, 267 = BauR 2004, 668.

[175] BGH BauR 1991, 210 = NJW-RR 1991, 534; BGH NJW 1995, 526 = BauR 1995, 234; BGH NZBau 2003, 150. **Anderer Ansicht:** *Bartsch* ZfBR 1984, 1, 3; *Anker/Zumschlinge* BauR 1995, 323, 329.

[176] Vgl. VOB/B § 1 Rdn. 47 m.w.N.

[177] Anders aber z.B. *Kutschker*, Gesamtabwägung, S. 22 m.w.N.

[178] *Kniffka/Quack* Festschrift 50 Jahre BGH, S. 17, 24; *Oberhauser*, S. 47; *Ingenstau/Korbion/Locher* Anhang 1, Rdn. 77; *Heiermann/Riedl/Rusam* VOB/B § 1 Rdn. 10.

[179] Vgl. *Oberhauser* S. 45; *Bartsch* ZfBR 1984, 1,4 f.; Hartung NJW 2004, 2139, 2140 f.

79 a Erörtert wird die Frage insbesondere im Zusammenhang mit der **Verlängerung der Gewährleistungsfrist**. Hier ging die herrschende Meinung bisher davon aus, dass keine Änderung der VOB/B vorliegt, sondern lediglich die Ausnutzung einer vorgesehenen Dispositionsmöglichkeit, wenn die Verjährungsfristen im Rahmen des § 13 VOB/A im Regelfall bis zur gesetzlichen Verjährungsfrist verlängert werden.[180] Maßgeblicher Grund des BGH für die Aufgabe der Rechtsprechung zum Eingriff in den Kernbereich war allerdings die Rechtssicherheit. Da es keine klaren Abgrenzungskriterien für wesentliche Änderungen des von der VOB/B bezweckten Interessenausgleichs gebe, erfordere das Transparenzgebot eine Beschränkung der Privilegierung auf die unveränderte Vereinbarung der VOB/B.[181] Wenn aber auch ganz geringfügige Veränderungen schaden, wäre es ersichtlich widersprüchlich, im Rahmen der Öffnungsklausel wesentlich bedeutendere Änderungen des Gesamtgefüges unberücksichtigt zu lassen. Der Verlust der Privilegierung tritt bereits ein, wenn das Gefüge der wechselseitigen Pflichten verändert wird; ob die einzelne Veränderung isoliert gesehen angemessen ist, ist unbeachtlich.[182]

80 Schließlich ist die VOB/B auch dann nicht insgesamt einbezogen, wenn sie reinen **Planungsverträgen** oder **kombinierten Bau- und Planungsverträgen** einer eigenständigen Planungsverpflichtung zugrunde gelegt wird. Denn die VOB/B bezieht sich, wie schon ihr Titel zeigt, auf Bauleistungen im Sinne des § 1 VOB/A. Auf Planungsleistungen ist die VOB/B nicht zugeschnitten, so dass viele Vorschriften, obwohl in den Vertrag formell einbezogen, inhaltlich nicht oder nur bedingt zur Anwendung kommen können.[183] Die bloß formelle Vereinbarung der materiell teilweise leerlaufenden VOB/B erfüllt nicht die materiellen Voraussetzungen der Privilegierung. Die gesetzliche Privilegierung gilt nur für Bauleistungen.[184] Hinsichtlich des Bauleistungsteils ist eine Einbeziehung der VOB/B insgesamt aber möglich.[185]

81 Streitig ist, ob die VOB/B dem Bauleistungsteil eines **Bauträgervertrages** insgesamt zugrunde gelegt werden kann.[186] Diese Streitfrage ist allerdings eher theoretischer Natur, da ein Bauträgervertrag mit üblichen Bedingungen zahlreiche VOB/B-Vorschriften abbedungen werden, so dass eine Einbeziehung insgesamt nicht vorliegt.[187] Einen Bauträgervertrag, der keine Änderung zur VOB/B enthält, dürfte noch nicht beurkundet worden sein. Im Übrigen hat der BGH entschieden, dass ein Bauträger keine Bauleistungen im Sinne des § 309 Nr. 8 b) bb) BGB und damit auch nicht im Sinne des § 309 Nr. 8 b) ff) BGB erbringt.[188]

3. Einbeziehung der VOB/B in den Vertrag

82 **a) Gegenüber Unternehmern.** Gegenüber Unternehmern, d.h. gemäß § 14 BGB jeder Person oder Gesellschaft, die bei einem Abschluss eines Rechtsgeschäftes in Ausübung ihrer gewerblichen oder selbstständigen beruflichen Tätigkeiten handelt, oder der **öffentlichen Hand**, können AGB

---

[180] OLG Hamm OLGR 1997, 62; OLG Koblenz OLGR 1997, 192; *Ingenstau/Korbion/Locher* Anhang 1, Rdn. 79 m.w.N.; Voraufl. Rdn. 79 zur Kernbereichslehre; **anderer Ansicht:** OLG München NJW-RR 1995, 130; OLG München OLG-RR 1986, 382 (unwirksam nach § 9 AGBG); stark einschränkend auch *Nicklisch/Weick* VOB/B Einl. Rdn. 58; **offen gelassen** BGH NJW 1989, 1602 = BauR 1989, 323.

[181] BGH NZBau 2004, 267 (nur für die Rechtslage vor dem Schuldrechtsmodernisierungsgesetz).

[182] LG Halle, IBR 2006, 252; so wohl auch Schmitz, ZfIR 2004, 283, 284; *Kuckuk*, S. 124, der erstaunlicherweise sogar für den Verwendungsgegner günstige Änderungen für schädlich hält; **anderer Ansicht:** Hartung, NJW 2004, 2139, 2141. Unverständlich und mit der BGH-Rechtsprechung unvereinbar OLG Celle, BauR 2005, 1933, wonach Konkretisierungen, die die VOB/B „nicht entscheidend" abändern, keine Abweichungen von der VOB/B sein sollen. Geregelt wurde im konkreten Fall über die VOB/B hinaus, z.B. eine Bürgschaft auf erstes Anfordern für Abschlagzahlungen, eine Schadenspauschale für Kündigungen u.a.m.

[183] BGH BauR 1987, 702.

[184] BGH BauR 1987, 702; *Kutschker,* Gesamtabwägung, S. 23; *Siegburg*, Gewährleistung, Rdn. 203.

[185] *Nicklisch/Weick,* Einleitung Rdn. 59 b.

[186] **Dafür** *Werner/Pastor* Rdn. 1017; *Ulmer/Brandner/Hensen* Anh. § 9–11, Rdn. 905.

[187] So schon unter der Kernbereichslehre: *Mehrings* NJW 1998, 3457, 3458, *Siegburg*, Gewährleistung, Rdn. 203.

[188] BGH NZBau 2002, 89 = BauR 2002, 310; der BGH hat gegen die Einbeziehung der VOB/B als Ganzes schon vorher **Bedenken** geäußert: BGH BauR 1982, 496; BGH NJW 1983, 453 = BauR 1983, 84.

formlos in den Vertrag einbezogen werden, § 310 BGB. Die formalisierten Einbeziehungsvoraussetzungen des § 305 Abs. 2 BGB sind gegenüber diesen Vertragspartnern nicht anzuwenden, d.h. es ist weder ein bestimmter Hinweis noch gar die Überlassung des Bedingungstextes erforderlich.[189] Die notwendige rechtsgeschäftliche Einbeziehung kann formlos, **auch konkludent**, erfolgen, z.B. aufgrund einer ständigen Geschäftsbeziehung[190], hier auch mittels entsprechender Aufdrucke in Rechnungen, oder anderer konkludenter Verweisung.[191] Da diese erleichterten Einbeziehungsvoraussetzungen heute nicht nur gegenüber dem Kaufmann nach dem HGB in der Fassung vor dem Handelsrechtsreformgesetz gelten, sondern gegenüber jedem Unternehmer i.S.d. § 14 BGB, ist die gesamte Rechtsprechung zur erleichterten Einbeziehung der VOB/B gegenüber „im Baugewerbe Tätigen" obsolet.[192]

Nicht ausreichend ist das (einseitige) Einbeziehungsverlagen durch den Verwender; die andere Vertragspartei **muss der Einbeziehung** zumindest konkludent **zugestimmt** haben.[193] 83

b) Gegenüber Verbrauchern. Gegenüber Verbrauchern, d.h. gegenüber dem privaten Auftraggeber, ist nach § 305 Abs. 2 BGB ein **ausdrücklicher Hinweis** und die **Möglichkeit zur zumutbaren Kenntnisverschaffung** Voraussetzung für die Einbeziehung. Sinn und Zweck des § 305 Abs. 2 BGB (§ 2 AGBG) erfordern, dass der Vertragspartner **bei Vertragsschluss** die Möglichkeit hat, sich mit dem Inhalt der VOB/B vertraut zu machen.[194] Die Einbeziehung ist deshalb **nicht** durch eine Klausel **erst im Vertrag** möglich, mit der der anderen Vertragspartei angeboten wird, den VOB-Text auf Wunsch kostenlos zur Verfügung zu stellen.[195] Demgegenüber reicht es aus, wenn der Verwender in seinem Angebot oder sonst während der Vertragsverhandlungen, aber **rechtzeitig vor Vertragsabschluss** angeboten hat, den Text **kostenlos zur Verfügung** zu stellen.[196] 84

Diese zeitliche Differenzierung wird gerne verkannt und der Rechtsprechung unterstellt, sie würde in jedem Fall die tatsächliche Aushändigung des Vertragstextes verlangen.[197] Ein solches Erfordernis ließe sich bei allem Bemühen, die Einbeziehung der VOB/B gegenüber Verbrauchern wegen der bis zur Novelle 2002 extrem kurzen Verjährungsfrist zu erschweren, mit § 305 Abs. 2 BGB nicht vereinbaren.[198] Mit der Novellierung des § 13 Nr. 4 VOB/B hat sich diese Frage weitgehend entschärft. 85

In keinem Fall reicht der Hinweis auf den käuflichen Erwerb des VOB-Textes[199], auf die Möglichkeit der Einsichtnahme in den Geschäftsräumen des Verwenders, soweit diese nicht Ort des Vertragsschlusses sind[200], oder die Überlassung eines gekürzten Textes, der z.B. nur die belastenden Regelungen enthält[201], aus. Der an der Einbeziehung interessierte Auftragnehmer sollte deshalb seinem Angebot den vollständigen VOB/B-Text beifügen.[202] 86

Problematisch ist, ob die Möglichkeit zur Kenntnisverschaffung dann entbehrlich ist, wenn der private Auftraggeber bei den Vertragsverhandlungen einen **Architekten „eingeschaltet"** hat. Dies wird zum Teil generell angenommen.[203] Richtigerweise muss man differenzieren: 87

---

[189] BGH NZBau 2002, 28.
[190] BGH ZIP 1992, 404.
[191] BGH WM 1991, 459.
[192] Vgl. dazu BGH NJW 1983, 816 = BauR 1983, 161; sowie *Heinrich* S. 70 ff. m.w.N.
[193] *Wolf/Horn/Lindacher*, § 2 AGBG Rdn. 42 f. m.w.N.
[194] BGH NJW 1990, 715 = BauR 1990, 205; OLG München BauR 1992, 70.
[195] BGH NJW-RR 1999, 1246 = BauR 1999, 1186.
[196] OLG Hamm BauR 1991, 260; *Ingenstau/Korbion/Locher* Anhang 1, Rdn. 45; Beck'scher VOB-Kommentar/*Ganten*, Einl. II Rdn. 25.
[197] So *Ulmer/Brandter/Hensen*, Anh. § 9–11 Rdn. 904; *Staudinger/Schlosser* § 2 AGBG Rdn. 31; *Heinrich*, S. 74, jeweils mit Fehlzitaten.
[198] *Wolf/Horn/Lindacher*, § 23 AGBG Rdn. 242 m.w.N.; *Staudinger/Schlosser*, § 2 AGBG Rdn. 30.
[199] Vgl. *Staudinger/Schlosser*, § 2 AGBG Rdn. 31.
[200] Beck'scher VOB-Kommentar/*Ganten*, Einl. II Rdn. 25.
[201] BGH NJW-RR 1991, 727 = BauR 1991, 328.
[202] Hierdurch wird allerdings die VOB/C noch nicht wirksam einbezogen, vgl. näher VOB/B § 1 Rdn. 20 ff.
[203] Z.B. *Staudinger/Schlosser*, § 2 AGBG Rdn. 30.

Vertritt der Architekten den Bauherrn **beim Vertragsabschluss**, so ist gemäß § 166 Abs. 1 BGB auf die Kenntnisse des Architekten abzustellen[204], so dass die Überlassung des Textes wegen dessen Kenntnis nicht notwendig ist. Das gilt auch dann, wenn der Architekt den Vertrag nur vorverhandelt hat, der Bauherr den Vertrag aber selbst unterschreibt. Denn auch das Wissen eines **Verhandlungsbevollmächtigten** wäre nach § 166 BGB zuzurechnen.[205]

88 Demgegenüber reicht die bloße Beauftragung eines Architekten für das Bauvorhaben allein allerdings nicht aus.[206] Der Auftragnehmer darf nicht darauf vertrauen, dass der Architekt dem Auftraggeber die notwendige Kenntnisse vermittelt. So ist es schon nicht richtig, dass der Architekt gegenüber dem Auftraggeber die Pflicht träfe, für eine wirksame Einbeziehung der VOB/B Sorge zu tragen.[207] Entscheidend kommt hinzu, dass die Verantwortung für die wirksame Einbeziehung allein den Verwender trifft und die andere Vertragspartei nicht verpflichtet ist, sich selbst Kenntnis bei Dritten zu verschaffen.

89 **c) Nachträgliche Einbeziehung, Berufung auf fehlende Einbeziehung.** Selbstverständlich kann die VOB/B auch **nachträglich in den Vertrag einbezogen** werden. Dafür ist aber eine **rechtsgeschäftliche Vereinbarung** notwendig, bei der gegenüber Verbrauchern zum Änderungszeitpunkt die Voraussetzungen des § 305 Abs. 2 BGB vorliegen müssen.[208] Allein der Umstand, dass die andere Vertragspartei während der Vertragsabwicklung von einer wirksamen Einbeziehung ausgeht oder beide Prozessbevollmächtigte in einem Prozess meinen, die VOB/B sei anwendbar, führt noch nicht zu der für eine nachträgliche Einbeziehung in den Vertrag notwendigen Vertragsänderung.[209]

90 Eine andere Frage ist, ob sich der **Verwender** auf die **nicht wirksame Einbeziehung** gemäß § 305 Abs. 2 BGB **berufen kann**, wenn die andere Vertragspartei Rechte aus der VOB/B zu ihren Gunsten herleitet. In diesen Fällen wird dem Verwender der Einwand unwirksamer Einbeziehung unter dem Gesichtspunkt des venire contra factum proprium abgeschnitten.[210] Denn die Regelungen der §§ 305 ff. BGB sind Schutzvorschriften zu Gunsten des Verbrauchers, auf die sich der Verwender, genauso wie bei der Inhaltskontrolle[211], nicht berufen kann.

91 **d) Einbeziehung in Zusatzaufträge.** Problematisch kann die Einbeziehung der VOB/B in **Zusatz- oder Folgeaufträge** sein. Zur Klarstellung ist zunächst festzuhalten, dass geänderte oder zusätzliche Leistungen nach § 1 Nr. 3, 4 VOB/B lediglich Leistungsänderungen/-erweiterungen aufgrund des von der VOB/B selbst gewährten einseitigen Änderungsrechts sind. Da der Vertrag im Übrigen unverändert bleibt, stellt sich die Frage der Einbeziehung der VOB/B nicht.

92 Nicht durch das einseitige Änderungsrecht erfasst werden jedoch andere zusätzliche Leistungen im Sinne des § 1 Nr. 4 S. 2 VOB/B. Diese können nur mit Zustimmung des Auftragnehmers übertragen werden. Hier ist zu prüfen, ob die Parteien über diese zusätzliche Leistung einen neuen Vertrag schließen wollen oder lediglich den bestehenden Vertrag ergänzen wollen (→ VOB/B § 1 Rdn. 117 f.). Bei der bloßen Ausweitung oder Ergänzung des bisherigen Vertrages gelten die

---

[204] OLG Saabrücken, IBR 2006, 1164; OLG Düsseldorf IBR 2005, 1126; vgl. allgemein BGH NJW 1985, 850; *Wolf/Horn/Lindacher*, § 2 Rdn. 3; zur VOB *Kniffka/Quack*, Festschrift 50 Jahre BGH, S. 17, 20; OLG Hamm OLGR 1998, 80; **unrichtig** aber z.B. *Heinrich*, S. 78.

[205] Münchener Kommentar/*Schramm*, § 166, Rdn. 35 f.; im Ergebnis OLG Brandenburg NZBau 2001, 396 („Mitwirkung bei der Vertragsgestaltung").

[206] OLG Saabrücken, IBR 2006, 1164; *Kniffka/Quack*, FS. 50 Jahre BGH, 17, 22; missverständlich BGH NJW 1990, 715 = BauR 1990, 205, wo allgemeine von dem durch einen Architekten beratenden Bauherrn gesprochen wird und OLG Brandenburg, IBR 2006, 1079.

[207] So aber *Ingenstau/Korbion/Locher*, Anhang 1, Rdn. 43; *Heinrich*, S. 79. Als Sachverwalter des Bauherrn musste und muss der Architekt an der gesetzlichen Mängelregelung interessiert sein.

[208] BGH NJW 1983, 816 = BauR 1983, 161; BGH NJW 1984, 1112; BGH WM 1986, 1194.

[209] BGH BauR 1999, 1294; vgl. auch BGH NJW 1994, 2547; OLG Hamm OLGR 1998, 90; OLG München BauR 1992, 70; LG Bonn MDR 2000, 264.

[210] OLG Düsseldorf NJW-RR 1996, 1412; im Ergebnis OLG Hamm OLGR 1998, 207; *Wolf/Horn/Lindacher*, § 2 AGBG Rdn. 47.

[211] BGH NJW 1987, 837, 838; BGH BauR 1998, 357 = NJW-RR 1998, 5.

einbezogenen AGB, hier die VOB/B, fort.[212] Beim Abschluss eines neuen selbstständigen Vertrages muss die VOB/B auch in diesen einbezogen werden, falls die Parteien nicht bereits vorab wirksam vereinbart haben, dass die VOB/B auch künftigen Verträge zugrunde zu legen ist.

Für die Einbeziehung ist wiederum danach zu unterscheiden, ob sie gegenüber Verbrauchern oder Unternehmern erfolgen soll. Gegenüber **Verbrauchern** müssen die formalisierten **Einbeziehungsvoraussetzungen** bei jedem neuen Vertrag **neu erfüllt** werden.[213] Erforderlich ist damit in jedem Fall der ausdrückliche Hinweis gemäß § 305 Abs. 2 Nr. 3 BGB. Eine konkludente Einbeziehung aufgrund laufender Geschäftsbeziehung oder gar wegen eines nur räumlichen oder zeitlichen Zusammenhanges mit dem Vorauftrag ist wegen des zwingenden Charakters[214] der Formvorschrift des § 305 Abs. 2 BGB nicht möglich.[215] Neben dem erneuten Hinweis muss die Möglichkeit zur zumutbaren Kenntnisverschaffung entweder fortbestehen, z.B. weil der Text überlassen wurde und noch vorhanden ist[216], oder muss sonst neu geschaffen werden.[217] 93

Gegenüber **Unternehmern** ist eine auch konkludente Einbeziehung der VOB/B möglich (vgl. Rdn. 82). Die Einbeziehung muss sich aber aus den konkreten Umständen mit einem entsprechenden Erklärungswert ergeben. Hierfür reicht der Umstand eines **bloßen Folgeauftrages nicht aus**[218], soweit nicht bereits eine laufenden Geschäftsbeziehung entstanden ist.[219] Auch die zeitliche Nähe zwischen Erst- und Folgeauftrag allein reicht für eine konkludente Einbeziehung nicht aus.[220] Demgegenüber wird ein **zeitlicher und sachlicher Zusammenhang** mit dem Vorauftrag auch in Anbetracht der Verbreitung der VOB/B regelmäßig ebenso für eine stillschweigende Einbeziehung genügen[221] wie eine Bezugnahme auf den Vorauftrag. Die Einbeziehung kann – bei entsprechendem Erklärungswert – auch noch nachträglich erfolgen. 94

e) Einbezogene Fassung der VOB/B. Schwierig zu beantworten sein kann die Frage, welche Fassung der VOB/B in den Bauvertrag einbezogen worden ist, falls die Parteien, wie häufig, die Fassung nicht z.B. durch Hinzufügung der Jahreszahl konkret bezeichnen. Die Bestimmung der anzuwendenden Fassung erlangt mit der Neufassung 2002 erhebliche praktische Bedeutung, da die Verlängerung der Verjährungsfrist für Mängelansprüche und die Anhebung des Zinssatzes Auswirkungen auf die am häufigsten streitigen Ansprüche eines Werkvertrages haben. Zur Beantwortung erfolgt der Hinweis, dass die zur Zeit des Vertragsschlusses „maßgebliche" oder „gültige" Fassung einbezogen sein soll.[222] Das hilft aber nur bei Verträgen mit der **öffentlichen Hand** weiter, da sich hier aufgrund der ursprünglich dienstrechtlichen und nunmehr für Vergaben oberhalb der Schwellenwerte verordnungsrechtlichen Vorgaben eine maßgebliche Fassung feststellen lässt. Die Anwendung der neuen Fassung der Abschnitte 2 bis 4 der VOB/A setzte eine Änderung der Vergabeverordnung voraus, deren Inkrafttreten zum 15.2.2003 erfolgt ist.[223] Zur Wahrung der einheitlichen Geltung der Neufassung sind auch erst zu diesem Zeitpunkt die Anwendung des Abschnittes 1 der VOB/A und der VOB/B vorgeschrieben worden.[224] Diese Vorgaben haben zwar keine automatische Auswirkung auf die Einbeziehung der maßgeblichen Fassung der VOB/B, da die Einbeziehung auch in derartigen Fällen rechtsgeschäftlich erfolgt. Die Ausschreibungsunterlagen sind jedoch VOB/A-konform auszulegen. Da bis zum 14.2.2003 95

---

212 Vgl. nur *Ulmer/Brandner/Hensen*, § 2 AGBG Rdn. 59 m.w.N.

213 BGH WM 1986, 1194; *Wolf/Horn/Lindacher*, § 2 AGBG Rdn. 20; *Brandner/Ulmer/Hensen*, § 2 AGBG Rdn. 59.

214 *Wolf/Horn/Lindacher*, § 2 AGBG Rdn. 1; *Staudinger/Schlosser*, § 2 Rdn. 2.

215 Anders möglicherweise, dann aber unrichtig OLG Düsseldorf BauR 1982, 587.

216 *Wolf/Horn/Lindacher*, § 2 Rdn. 40.

217 *Ulmer/Brandner/Hensen*, § 2 AGBG Rdn. 59.

218 BGH NJW 1992, 1232; *Brandner/Ulmer/Hensen* § 2 AGBG Rdn. 80 a.

219 Hierzu BGH NJW-RR 1991, 570.

220 BGH NJW 1992, 1232.

221 OLG Hamm NJW-RR 1987, 599; die Kritik von *Heiermann/Riedl/Rusam*, VOB/B § 1 Rdn. 11 an dieser Entscheidung ist unberechtigt, da keine Anhaltspunkte für das Eingreifen des § 2 AGBG vorliegen.

222 KG NJW 1994, 2555; *Ingenstau/Korbion*, VOB/B 13. Aufl., Einl., Rdn. 112.

223 BGBl. I 2003, 168.

224 *Krautzberger* im Vorwort zur Bekanntmachung, Anlage zum Bundesanzeiger vom 29.10.2002.

die VOB 2000 galt, die in § 10 Nr. 1 Abs. 2 VOB/A vorschrieb, den Teil B derselben Fassung einzubeziehen, ist aus der maßgeblichen Sicht der Bieter die bisherige Fassung der VOB/B den Bauverträgen zugrunde gelegt worden.[225]

96 Im Verhältnis zwischen **privaten Auftraggebern und Auftragnehmern** ist die Einbeziehung der VOB/B nicht vorgeschrieben. Vielmehr handelt es sich um bereitliegende Musterbedingungen, die dem jeweiligen Bauvertrag zugrunde gelegt werden können. Hier muss im Wege der Auslegung ermittelt werden, welche Fassung der VOB/B rechtsgeschäftlich einbezogen worden ist. Die VOB 2002 wurde vom Vorstand des **DVA** am **2.5.2002 beschlossen**. Die (offizielle) **Bekanntmachung** im Bundesanzeiger erfolgte erst am **29.10.2002**. Die VOB/B 2006 ist vom Hauptausschuss Allgemeines am 27.6.2006 beschlossen worden, vom Vorstand am 30.6.2006 freigegeben worden; die Bekanntmachung im Bundesanzeiger soll im Oktober 2006 erfolgen. Auf die vergaberechtlichen Anwendungsvorgaben kann nicht abgestellt werden. Ab der Bekanntmachung im Bundesanzeiger ist jeweils die neue Fassung vereinbart, sofern die Parteien nur auf die jeweils „gültige" oder „neueste" Fassung abgestellt haben oder jede konkrete Bezeichnung der Fassung[226] unterlassen haben.[227] Etwas anderes kann dann gelten, falls beide Parteien übereinstimmend die bisherige Fassung einbeziehen wollten.

97 Für die **Zeit zwischen Beschlussfassung und offizieller Bekanntmachung** im Bundesanzeiger kommt es auf die Umstände des Einzelfalls an. Wer die aktuelle oder **jeweils gültige Fassung** einbezieht, hat dem Vertrag noch die alte VOB/B zugrunde gelegt. Auch wenn es im Rahmen von Privatrechtsbeziehungen keine Gültigkeit der VOB gibt, wird hier im Wege der Auslegung, wie bei früheren Fassungen auch, auf die offizielle Bekanntmachung abgestellt werden müssen.[228] Wer demgegenüber die **neuste Fassung** einbeziehen will, wird auch vor der Bekanntmachung im Bundesanzeiger die neue Fassung der VOB/B einbezogen haben, sobald die Neufassung beiden Vertragsparteien bekannt war oder hätte bekannt seien müssen.[229] Denn schon mit der Verabschiedung durch den DVA handelt es sich bei der VOB/B um die neuste Fassung. Wer den Superlativ „neuste" verwendet, kann nicht geltend machen, eine inhaltlich veraltete Fassung einbeziehen zu wollen. Heute ist der geänderte Text in der Regel schnell verbreitet und Gegenstand zahlreicher Abhandlungen[230], auch in Medien für den Baupraktiker.[231] Bei der VOB/B 2002 kam hinzu, dass vom Vorsitzenden des zuständigen Hauptausschusses Allgemeines des DVA die offizielle Bekanntmachung der vorab verbreiteten Neufassung im Bundesanzeiger schon für Mai 2002 angekündigt wurde[232], später für Juli 2002.[233] Wenn die Parteien bereits von einer Bekanntmachung ausgegangen sind oder deren Notwendigkeit nicht kannten, kann auch bei Einbeziehung der „gültigen" Fassung bereits vor der Bekanntmachung die neue VOB/B einbezogen worden sein.

98 Für die Abgrenzung ist – soweit kein gegenteiliger Parteiwille erkennbar ist – **nicht** auf den **Zeitpunkt des Vertragsschlusses** selbst abzustellen, sondern auf den **Zeitpunkt des vor-**

---

[225] Andererseits würde die vergaberechtlich unrichtige, aber zivilrechtlich ausdrücklich vereinbarte Fassung ebenso gelten, OLG Koblenz BauR 1999, 1026.

[226] In diesen Fällen gilt auch die jeweils aktuelle Fassung, vgl. OLG Frankfurt OLGR 1998, 238; *Siegburg*, Gewährleistung, Rdn. 169.

[227] *Losert* ZfBR 1991, 7, 8 f.

[228] Die von *Korbion* DM 1974, 77, 80, für die VOB 1973 zusätzliche gewährte Übergangsfrist nach Veröffentlichung beruht auf einer 1973 wesentlich geringeren Publikationsdichte. Heute ist die Fassung 2002 lange vor Veröffentlichung im Bundesanzeiger verbreitet und diskutiert worden.

[229] Vgl. *Appelhagen* BB 1974, 343 zur VOB 1973.

[230] Vgl. zur VOB/B 2002: *Kratzenberg* NZBau 2002, 177 (Heft 4); *Kiesel* NJW 2002, 2064 (Heft 29 v. 15.7.2002); *Heinze/Schwenker* BauR 2002, 1143 (Heft 8); *Tempel* NZBau 2002, 465 (Heft 9).

[231] Vgl. zur VOB/B 2002: z.B. *Kapellmann/Langen*, Einführung in die VOB/B, 11. Aufl. Mai 2002; *Kratzenberg* VOBaktuell, Heft 1/2002, S. 3; *Werner* Baumarkt + Bauwirtschaft 2002, Heft 8, S. 24; *Heiermann* Baumarkt + Bauwirtschaft 2002, Heft 10, S. 22; *Schwenker* DAB 2002, Heft 8, S. 42.

[232] *Kratzenberg* NZBau 2002, 177.

[233] *Kratzenberg* VOBaktuell, Heft 1/2002, S. 3; so auch *Werner* Baumarkt + Bauwirtschaft 2002, Heft 8, S. 24; *Kapellmann/Langen*, Einfügung in die VOB/B, 11. Aufl., Vorwort; *Kiesel* NJW 2002, 2064 („demnächst"); *Schwenker* DAB 2002, Heft 8, S. 42 („1. August").

ausgegangenen Vertragsangebotes, das den Hinweis auf die VOB/B enthält.[234] Denn jede Einbeziehung von Vertragsbedingungen muss sich auf eine bestimmte Fassung beziehen[235], wobei allerdings die Bezeichnung als „jeweils gültige Fassung" ausreicht.[236] Eine später erweiterte Kenntnismöglichkeit bzw. die spätere Bekanntmachung bis zum Vertragsschluss kann die im Angebot bereits festgelegte Fassung nicht automatisch austauschen. Auch der Hinweis auf die neuste Fassung gilt einer bestimmten (neusten) Fassung, nicht aber der jeder neusten Fassung. Mit diesem Inhalt wird das Angebot angenommen.[237]

Weitergehende Schwierigkeiten entstehen dann, wenn der Bauvertrag wie üblich nicht durch die Annahme des ersten Angebotes zustande kommt, sondern erst nach **länger andauernden Verhandlungen**. Das ursprüngliche Angebot wird durch dessen Ablehnung hinfällig, so dass rechtlich jeweils neue Angebotserklärungen abgegeben werden. Auch die modifizierte Annahme ist nach § 150 Abs. 2 BGB eine Ablehnung, verbunden mit einem neuen Antrag.[238] Wird das letzte oder modifizierte Angebot angenommen, kommt der Vertrag aber dennoch im Sinne des ursprünglichen Angebotes zustanden, soweit die Abweichung hiervon nicht unzweideutig zum Ausdruck gebracht worden ist.[239] Deshalb ist zunächst die im ursprünglichen Angebot bestimmte Fassung festzustellen und dann in einem zweiten Schritt zu überprüfen, ob eventuell im Laufe der Verhandlungen hier eine Auswechslung durch die Neufassung erfolgt ist. Liegen hierfür keine Anhaltspunkte vor, verbleibt es bei der zunächst bestimmten Fassung. **99**

Eindeutig ist demgegenüber, dass die Formulierung, wonach die VOB/B in der neusten Fassung einbezogen sein soll, **keine dynamische Verweisung** für die Vertragslaufzeit ist, sondern nur auf die eine in den Vertrag einbezogene neuste Fassung abstellt.[240] **100**

4. Verwender der VOB/B

Die Festlegung des Verwenders ist nicht nur auf die Prüfung der Einbeziehungsvoraussetzungen, sondern vor allem auch für die Frage der Inhaltskontrolle entscheidend. Denn die Inhaltskontrolle nach den §§ 307 ff. BGB greift immer nur **zu Gunsten der anderen Vertragspartei**, niemals zu Gunsten des Verwenders.[241] So kann der Bauunternehmer, der seinem Angebot die VOB/B in erheblich abgeänderter Form zugrunde gelegt hat, dem Schlusszahlungseinwand des Bauherren die Unwirksamkeit des § 16 Nr. 3 VOB/B nicht entgegenhalten, während andererseits sein Auftraggeber die Unwirksamkeit der Verjährungsverkürzung des § 13 Nr. 4 geltend machen kann. **101**

Verwender ist derjenige, auf dessen Veranlassung die Einbeziehung der VOB/B in den Vertrag zurückzuführen ist.[242] Um die VOB/B soweit wie möglich einer Inhaltskontrolle zu entziehen, wird geltend gemacht, dass in der Regel der **Wille beider Vertragsparteien** auf die Einbeziehung der VOB/B gerichtet sei.[243] Denn die herrschende Meinung geht davon aus, dass bei einem beiderseitigen Einbeziehungsvorschlag es gar keinen Verwender gibt und damit eine Inhaltskontrolle nicht stattfindet.[244] Eine Mindermeinung will demgegenüber beide Parteien als Verwender ansehen, und zwar jeweils in Bezug auf diejenigen Klauseln, die sie begünstigen.[245] **102**

[234] So richtig *Heiermann/Riedl/Rusam*, Einl. Rdn. 10; *Kaiser*, Mängelhaftungsrecht, Rdn. 8.

[235] *Ulmer/Brandner/Hensen* § 2 AGBG Rdn. 25; *Staudinger/Schlosser*, § 2 AGBG Rdn. 5.

[236] BGH NJW 1983, 2301; *Ulmer/Brandner/Hensen*, § 2 Rdn. 25.

[237] KG NJW 1994, 2555; *Korbion* DB 1974, 77, 81.

[238] Zur Frage, wer dann Verwender ist, vgl. Rdn. 103.

[239] BGH BauR 1983, 252.

[240] KG NJW 1994, 2555; OLG Bamberg VersR 1998, 883 zu AVB; *Korbion* DB 1974, 77, 81; *Werner/Pastor* Rdn. 1005.

[241] BGH NJW 1987, 837; BGH BauR 1998, 357; kritisch *von Bernuth* BB 1999, 1284 ff.

[242] BGHZ 126,50; BGH NZBau 2004, 267 = BauR 2004, 668; *Ulmer/Brandner/Hensen* § 1 AGBG Rdn. 27 m.w.N.

[243] Vgl. z.B. *Nicklisch/Weick* VOB/B Einl. Rdn. 55 f.; Beck'scher VOB-Kommentar/*Ganten* Einl. II Rdn. 15.

[244] *Wolf/Horn/Lindacher* § 1 AGBG Rdn. 29; *Ulmer/Brandner/Hensen* § 1 AGBG Rdn. 29, jeweils m.w.N.

[245] *V. Westphalen* ZfBR 1985, 252, 255; Münchener Kommentar-*Busche* § 631 BGB Rdn. 153; **abgelehnt** aber vom BGHZ 130, 50; BGH NJW 1987, 2043.

103 Zwar sind Fällen denkbar, in denen beide Vertragsparteien gleichermaßen die Einbeziehung wünschen, z.B. wenn der Architekt seiner Ausschreibung einen VOB-Vertrag zugrunde legt und dies auch den Wünschen und der ständigen Praxis des Auftragnehmers im Rahmen seiner Angebote entspricht.[246] Tatsächlich handelt es sich bei einem derartigen beidseitigen Einbeziehungsvorschlag eher um ein theoretisches Lehrbeispiel, das in der Praxis ein **seltener Ausnahmefall** bleibt. Denn der beidseitige Einbeziehungswunsch darf nicht nur formell („die VOB/B"), sondern muss auch materiell übereinstimmen, d.h. beide Parteien müssen die VOB/B **gleichermaßen unverändert** in den Vertrag einbeziehen wollen.[247] In diesen Fällen stellt sich nach der herrschenden Meinung aufgrund der Gesamtprivilegierung das Verwenderproblem aber gar nicht. Wünscht eine Partei allerdings – wie üblich – Veränderungen, so will sie die VOB/B gar nicht insgesamt und unverändert; die abgeänderten VOB/B-Regelungen werden durch die vorgehenden Modifikationen verdrängt und gar nicht Vertragsbestandteil.[248] Damit besteht aber kein übereinstimmender Einbeziehungswunsch mehr. Der Wille des Verwendungsgegners, die VOB/B insgesamt einzubeziehen, kann nicht klauselweise aufgespalten werden. Vielmehr wird die abgeänderte Fassung der VOB/B einseitig gestellt.

104 Damit kommt es in der Praxis entscheidend darauf an, **auf wessen Veranlassung** die VOB/B in den konkreten Vertrag einbezogen wurde. Es wird regelmäßig die Vertragspartei sein, die ein Einbeziehungsverlangen zuerst stellt. Schließt allerdings die andere Vertragspartei in der Regel Verträge nur unter Einbeziehung der bestimmten Allgemeinen Geschäftsbedingungen ab, so ist sie auch dann deren Verwenderin, wenn ihr Vertragspartner die Vertragsbedingungen nur im Hinblick auf dieses Verhalten – gewissermaßen im vorauseilenden Gehorsam – bereits in sein Angebot aufgenommen hat.[249] Macht die öffentliche Hand bei **Ausschreibungen** entsprechend dem Gebot des § 10 Nr. 1 Abs. 2 VOB/A die VOB/B zum Teil der Verdingungsunterlagen, so liegt eindeutig ein Stellen im Sinne des § 305 BGB vor[250], wie schon dadurch zum Ausdruck kommt, dass jede Veränderung der Verdingungsunterlagen nach § 21 Nr. 1 VOB/A unzulässig ist und zwingend zum Ausschluss aus der Wertung führt, § 25 Nr. 1 VOB/A. Ob der Auftragnehmer üblicherweise in seinen eigenen Angeboten die VOB/B zugrunde legt, ist unmaßgeblich. Das bloße Einverständnis der anderen Vertragsseite ist notwendige Voraussetzung für die Einbeziehung Allgemeiner Geschäftsbedingungen (§ 305 Abs. 2 BGB). Es nimmt einem Klauselwerk weder den Charakter als Allgemeine Geschäftsbedingungen noch ändert es etwas an dem „Stellen". Entsprechendes gilt, wenn der Auftragnehmer seinerseits in Erfüllung seiner Verpflichtung gem. § 4 Nr. 8 Abs. 2 VOB/B seinen Nachunternehmervergaben die VOB/B zugrunde legt.[251] Im Übrigen ist regelmäßig derjenige Verwender, der ein **Einbeziehungsverlagen zuerst aufstellt** und damit den Impuls zur Einbeziehung gegeben hat.[252] Das kann zwar zu den beanstandeten zufälligen Ergebnissen führen, ist aber gegenüber dem Verwender letztlich gerechtfertigt. Wenn er ein Klauselwerk verwendet, das einer Inhaltskontrolle ganz oder teilweise nicht Stand hält, nimmt er das Unwirksamkeitsrisiko in Kauf. Dieses Risiko trifft ihn zweifelslos zu Recht gegenüber allen, die von sich aus das Klauselwerk nicht einbeziehen wollten. Es trifft ihnen aber auch zu Recht gegenüber denjenigen, die einen nicht geäußerten eigenen Eigenbeziehungswunsch gehabt hätten. Wenn der Verwender den Einbeziehungswunsch nicht abwartet oder nicht auf eine einvernehmliche Einbeziehung hinwirkt, stellt er die Bedingungen; er will sie unabhängig von dem Wunsch der Gegenseite zur Vertragsgrundlage machen und muss deshalb, wie in den anderen Fällen auch, die Folgen tragen.

---

246 *Wolfensberger*, BauR 1995, 779, 780.

247 Zutreffend *Ingenstau/Korbion/Locher* Anhang 1, Rdn. 38;; *Heiermann/Riedl/*Rusam VOB/B § 1 Rdn. 10; Staudinger/*Peters* vor § 631 Rdn. 83; vgl. auch BGH BauR 1991, 84 = NJW RR 1991, 275.

248 Vgl. näher VOB/B § 1 Rdn. 27 f. m.w.N.; *Staudinger/Peters* vor § 631 Rdn. 83.

249 BGH NZBau 2006, 383.

250 *Ingenstau/Korbion/Locher* Anhang 1, Rdn. 51 m.w.N.

251 Beck'scher VOB/Kommentar/*Ganten* Einl. II Rdn. 12.

252 *Ulmer/Brandner/Hensen* Anh. § 9–11 Rdn. 902; *Horn* in *Wolf/Horn/Lindacher* § 23 AGBG Rdn. 241; *Staudinger/Schlosser* § 1 AGBG Rdn. 28; *Ingenstau/Korbion/Locher* Anhang 1, Rdn. 51; *Oberhauser* S. 31; **anderer Ansicht:** *Nicklisch/Weick* Einl. Rdn. 55; *Lindacher* in *Wolf/Horn/Lindacher* § 6 AGBG Rdn. 25.

Die **Verwenderrolle wechselt während Vertragsverhandlungen nicht** allein dadurch, dass die andere Vertragsseite bei ihren Gegenangebote die VOB/B als Vertragsgrundlage beibehält. Zwar ist ein Gegenangebot oder eine modifizierte Annahme rechtlich ein selbstständiges Angebot. Für die Zurechnung der Einbeziehung von Allgemeinen Geschäftsbedingungen kommt es aber nicht darauf an, welche Partei sie letztlich formell in den Vertragsabschluss eingeführt hat, sondern welche die tatsächliche Veranlassung zur Einbeziehung gegeben hat.[253] **105**

Für möglicherweise „unaufklärbare" Fälle brauchen keine besonderen Grundsätze aufgestellt zu werden.[254] In **Verbraucherverträgen** gilt die VOB/B aufgrund der gesetzlichen Fiktion des § 310 Abs. 3 Nr. 1 BGB als vom Unternehmer gestellt, wenn sie nicht durch den Verbraucher selbst in dem Bauvertrag eingeführt wurde. Im Übrigen ist nach der **Beweislast** zu entscheiden. Derjenige, der sich auf die Unwirksamkeit einer Klausel beruft, muss beweisen, dass sie von der Gegenseite gestellt worden ist.[255] Die Unaufklärbarkeit geht dann zu seinen Lasten. **106**

5. Besonderheiten der Auslegung der VOB/B

Für Allgemeine Geschäftsbedingungen gilt trotz ihres ausschließlich vertraglichen Geltungsgrundes der Grundsatz der gesetzesförmigen Auslegung, d.h. sie werden unter Verzicht auf individuell-konkrete Momente objektiv ausgelegt. So ist gewährleistet, dass die Regelungen für alle Beteiligten und für alle Fälle gleichmäßig gehandhabt werden.[256] Diese Auslegung von Allgemeinen Geschäftsbedingungen erfolgt jedoch nicht unter gleicher Berücksichtigung der Interessen beider Parteien, sondern nach § 305 c Abs. 2 BGB (§ 5 AGBG) im Zweifel **zu Lasten des Verwenders** (**Unklarheitsregel**). Bei der Auslegung verbleibende Zweifel gehen zu seinen Lasten, weil ihm insoweit die Formulierungsverantwortung trifft, d.h. die Pflicht für verständliche und eindeutige Klauseln zu sorgen. Das so genannte **Transparenzgebot**, vgl. nun § 307 Abs. 1 BGB, führt im Rahmen der Inhaltskontrolle sogar dazu, dass die bloße Intransparenz einer Klausel, unabhängig von der Benachteiligung des Vertragspartners, zur Unwirksamkeit führt.[257] Ergänzt werden Unklarheitsregeln und Transparenzgebot durch das so genannte **Restriktionsprinzip**.[258] Danach werden die Klauseln, die zum Nachteil des Verwenders vom dispositiven Recht abweichen, eng ausgelegt.[259] **107**

Diese allgemeinen für Allgemeine Geschäftsbedingungen geltenden Auslegungsregeln werden **auf die VOB/B faktisch nicht angewandt**; vielmehr erfolgt eine objektive oder neutrale Auslegung ohne Berücksichtigung der Transparenz und der Frage, wer im konkreten Fall Verwender der VOB/B ist.[260] Dieses mit AGB-rechtlichen Maximen nicht im Einklang stehende Vorgehen erklärt sich vor allem aus der geschichtlichen Entwicklung der VOB. Diese hatte als Dienstvorschrift halbamtlichen Charakter. Vor Inkrafttreten des AGBG wurde sie aufgrund der Beteiligung beider Vertragseiten bei der Entstehung, ihres ausgewogenen Charakters und ihrer großen Verbreitung vereinzelt als Gewohnheitsrecht, manchmal als Handelsbrauch oder als Sonderrecht der Bauwirtschaft bezeichnet. Auch der BGH bestätigte die **Sonderrolle der VOB/B**; da die VOB/B nicht einseitig die Interessen einer Partei verfolge, könne sie nicht ohne weiteres mit einseitig gestellten Allgemeinen Geschäftsbedingungen auf eine Stufe gestellt werden.[261] **108**

---

[253] BGH NZBau 2006, 383; BGH NJW 1997, 2043; OLG Stuttgart BauR 1989, 756; *Brandner/Ulmer/Hensen* § 1 AGBG Rdn. 27.
[254] Dafür wohl *Wolf/Horn/Lindacher* § 23 Rdn. 241.
[255] BGHZ 118, 229; BGHZ 130, 50.
[256] *Wolf/Horn/Lindacher* § 5 AGBG Rdn. 5 ff.
[257] BGH NJW 1996, 455; BGH WM 1988, 1780: *Ulmer/Brandner/Hensen* § 9 AGBG Rdn. 89.
[258] Ob das Restriktionsprinzip neben der Unklarheitsregel eine eigenständige Bedeutung hat, ist umstritten: dafür *Wolf/Horn/Lindacher* § 5 AGBG Rdn. 37 ff.; dagegen *Ulmer/Brandner/Hensen* § 5 AGBG Rdn. 37 ff., jeweils m.w.N.
[259] BGH WM 1977, 1351; BGH NJW 1979, 2148.
[260] Beck'scher VOB-Kommentar/*Ganten* Einl. II Rdn. 17; *Oberhauser* S. 34.
[261] BGH NJW 1971, 61.

109 Die sich hieraus ergebene Auslegungstradition hat sich im Grundsatz auch nach Inkrafttreten des AGBG unverändert fortgesetzt. Unklarheitsregel und Restriktionsprinzip spielen bei der Auslegung der einzelnen Vorschriften keine Rolle.[262] Etwas vermessen ist die Behauptung, die VOB/B enthalte gar keine Unklarheiten.[263] Ehrlicher erscheint demgegenüber der Einwand von *Nicklisch/Weick*, diese Auslegungsregeln würden nicht auf die VOB/B passen. Eine unterschiedliche Auslegung würde deren Ausgewogenheit zerstören. Im Übrigen sei es nicht sinnvoll, einzelne Bestimmungen unterschiedlich auszulegen, je nachdem ob Auftraggeber oder Auftragnehmer Verwender der VOB/B sei.[264] Diese Argumentation kann allerdings nur für die Fälle überzeugen, bei denen beide Seiten die VOB/B üblicherweise verwenden. Wenn beide Parteien die VOB/B regelmäßig einsetzen, gilt ihnen gegenüber das anerkannte oder herrschende Verständnis. In allen anderen Fällen liegen die gesetzlichen Gründe für Unklarheitsregel und Restriktionsprinzip ebenso vor wie bei der Verwendung sonstiger Allgemeiner Geschäftsbedingungen. Das ist eindeutig bei der Verwendung gegenüber Verbrauchern, gilt aber auch bei der Verwendung gegenüber Gewerbetreibenden, die ihrerseits die VOB/B nicht verwenden.

110 Die herrschende Meinung geht anders als *Nicklisch/Weick* von der grundsätzlichen Anwendbarkeit des § 305 Abs. 2 BGB (§ 5 AGBG) auf die VOB/B aus[265], zieht aber hieraus keine praktischen Konsequenzen. Zwar wären die Auswirkungen der Anwendung von Unklarheitsregel bzw. Restriktionsprinzip durchaus begrenzt. Entgegen verbreiteter unreflektierter Praxis[266], ist ein Rückgriff auf § 305 Abs. 2 BGB nicht schon möglich, wenn Streit über die Auslegung einer Bedingung besteht, sondern nur wenn nach Ausschöpfung aller in Betracht kommenden Auslegungsmethoden **ein nicht behebbarer Zweifel** verbleibt.[267] Während die häufig gebrauchte Formulierung zweier „rechtlich vertretbarer" Auffassungen aus Sicht der nicht gewählten Auffassung geradezu zur Berufung auf die Unklarheitsregel drängt, hat der BGH erst kürzlich klargestellt, dass die Vorschrift des § 305 Abs. 2 BGB voraussetzt, dass keine der gefundenen Auslegungen den „klaren Vorrang" verdient.[268] Da der BGH der von ihm gewählten Auslegung der VOB/B-Vorschriften im Zweifel den „klaren Vorrang" einräumen wird, wird für die Anwendung der Unklarheitsregel in der Praxis kein Raum verbleiben. Tatsächlich müsste aber beim Ansatz der üblichen Maßstäbe z.B. die Streitfrage zur Rechtsnatur des Ankündigungserfordernis in § 2 Nr. 6 VOB/B[269] mittels der Unklarheitsregelung jeweils zu Lasten des Verwenders gelöst werden, erst Recht wenn der Auftraggeber Verwender ist und deshalb des Restriktionsprinzip zusätzlich zu berücksichtigen ist. Schließlich ist die VOB/B als Allgemeine Geschäftsbedingung auch nicht juristisch, sondern nach dem typischen Verständnis redlicher Vertragsparteien der beteiligten Verkehrskreise auszulegen.[270]

111 Ebenfalls problematisch ist die Nichtanwendung des **Transparenzgebotes**. Zwar können die Anforderungen an die Transparenz einseitig gestellter Geschäftsbedingungen gegenüber Verbrauchern nicht einfach übertragen werden. Insoweit erkennt die Rechtsprechung bei allgemein üblichen Handelsklauseln durchaus Besonderheiten an. Hier ist der allgemein anerkannte Inhalt maßgeblich, auch wenn er im Klauseltext nur unvollkommen zum Ausdruck gekommen ist.[271] Hinzu kommt, dass im gewerblichen Verkehr die Anforderungen an die Konkretisierung der Vertragsbestimmungen und die Verdeutlichung deren Rechtsfolgen deutlich geringer sind als

---

[262] *Siegburg* BauR 1993, 1, 15; *Koch*, S. 72 f.; *Oberhauser* S. 33 f.

[263] So *Bartsch* ZfBR 1984, 1, 2.

[264] *Nicklisch/Weick* VOB/B Einl. Rdn. 57; *Heiermann/Riedl/Rusam* § 1 Rdn. 26, falls die VOB/B als Ganzes vereinbart wird.

[265] BGH BauR 1997, 1027 (wobei der Verwender erstaunlicherweise nicht einmal festgestellt wird); *Wolf/Horn/Lindacher* § 5 AGBG Rdn. 25; *Staudinger/Schlosser* § 5 AGBG Rdn. 5; *Denziger* BB 1981, 1123, 1124.

[266] So *Wolf/Horn/Lindacher* § 5 AGBG Rdn. 28; vgl. *Staudinger/Schlosser* § 5 AGBG Rdn. 5, 14 c.

[267] *Staudinger/Schlosser* § 5 AGBG Rdn. 5 a m.w.N.

[268] BGH NJW 2002, 3232; *Wolf/Horn/Lindacher* § 5 AGBG Rdn. 28.

[269] Vgl. näher VOB/B § 2 Rdn. 198.

[270] Vgl. nur *Brandner/Ulmer/Hensen* § 5 Rdn. 14 m.w.N.

[271] BGHZ 92, 936; BGH NJW 1996, 1407; *Ulmer/Brandner/Hensen* § 6 AGBG Rdn. 15.

bei Verbraucherverträgen.[272] Das kann und muss dann aber zu einer unterschiedlichen Beurteilung führen, je nachdem ob Verwendungsgegner ein Verbraucher oder Unternehmer ist.[273] Gegenüber Verbrauchern erfordert das Transparenzgebot gem. Art. 5 der Verbraucherschutzrichtlinie, dass die Klauseln *„stets klar und verständlich abgefasst"* sind. Diese Anforderung aus Sicht des typischen privaten Durchschnittskunden wird vielfach nicht erfüllt, z.B. beim Kündigungserfordernis vor Eigennachbesserung bei § 4 Nr. 7. Wenn die VOB/B nicht klarer gefasst wird, wird sich eine gespaltene Auslegung und Transparenzkontrolle in Verbraucherverträgen nicht vermeiden lassen.[274]

Eine weitere Besonderheit gilt hinsichtlich der **geltungserhaltenden Reduktion**. Einseitig 112
aufgestellte Allgemeine Geschäftsbedingungen, die zu weit gefasst oder nicht hinreichend differenziert sind, dürfen nicht einschränkend ausgelegt werden, so dass sie in dieser eingeschränkten Auslegung einer Inhaltskontrolle gerade noch Stand halten können, so genanntes Verbot geltungserhaltender Reduktion.[275] Für den Bereich **kollektiv ausgehandelter Vertragsbedingungen** macht die Rechtsprechung jedoch ausdrücklich **Ausnahmen**. Der Schutzzweck der AGB-Regelungen, der in der Regel ein Verbot der geltungserhaltenen Reduktion einseitig aufgestellter AGB-Klauseln rechtfertige, greife nicht in gleicher Weise bei unter Mitwirkung der beteiligten Verkehrskreise zu Stande gekommenen fertig bereitliegenden Rechtsordnungen, weil diese als kollektiv ausgehandelte Vertragswerke nicht vorrangig Interessen der Verwender berücksichtigen, sondern einen im Ganzen ausgewogenen Ausgleich der beteiligten Interessen enthielten.[276] Nichts anderes hat der BGH mit seiner einschränkenden Auslegung zu § 2 Nr. 6 VOB/B getan, da er die Vorschrift entgegen den vom ihm ausgelegten Wortlaut maßgeblich einschränkt hat.[277] Gleiches geschieht, wenn der BGH die Einschränkung des § 10 Nr. 5 VOB/B in § 10 Nr. 2 Abs. 2 „hineinliest".[278]

Hiergegen ist im Schrifttum erhebliche Kritik erhoben worden.[279] Bei der Bewertung ist jedoch 113
zu beachten, dass der BGH das Verbot der geltungserhaltenen Reduktion für einseitig gestellte AGB zwar formell aufrechterhält, es in der Sache aber durch die Teilung von Klauseln auch gegen den Wortlaut und mittels ergänzender Vertragsauslegung beträchtlich gelockert hat.[280] Die formelle Einschränkung des Verbots geltungserhaltener Reduktion gegenüber kollektiv ausgehandelten Werken stellt deshalb kein so großen Bruch dar, wie es den ersten Anschein haben mag. Im Übrigen kann die AGB-rechtlich noch nicht endgültig ausgetragene Streitfrage zur Reichweite des Verbotes der geltungserhaltenden Reduktion hier nicht im Rahmen der Erörterung seiner Anwendung auf die VOB/B geklärt werden. Zu kritisieren bleibt aber, dass die Entscheidungen, selbst wenn sie im Ergebnis zutreffend sind, jede klare und stringente Dogmatik vermissen lassen. Die Argumentation erscheint wechselhaft, teilweise, wie bei der Annahme der Teilbarkeit von Klauseln, fast willkürlich.[281] Die erforderliche Rechtssicherheit für die Beurteilung der Klauselwirksamkeit ist damit nicht gegeben. Sollte der BGH sich von seiner Rechtsprechung zur Privilegierung der VOB als Ganzes lösen, bleibt unabsehbar, welche Klauseln einer Inhaltskontrolle nicht Stand halten. Das ist in Anbetracht der Bedeutung und Verbreitung der VOB/B nicht hinnehmbar.

---

[272] BGH NJW 1996, 455; *Ulmer/Brandner/Hensen* § 9 AGBG Rdn. 107.

[273] *Ulmer/Brandner/Hensen* § 5 AGBG Rdn. 23.

[274] So beschränkt der BGH seine einschränkende Auslegung des § 10 Nr. 2 Abs. 2 ausdrücklich auf die Verwendung im kaufmännischen Verkehr, BGH NJW 1999, 942 = BauR 1999, 414.

[275] Vgl. nur *Ulmer/Brandner/Hensen* § 6 Rdn. 14 ff. m.w.N.

[276] BGH NJW 1995, 3117 zu ADSp; BGHZ 129, 323 zu AGNB.

[277] BGH NJW 1996, 2158 = BauR 1998, 542; vgl. näher VOB/B § 2 Rdn. 200.

[278] BGH NJW 1999, 942 = BauR 1999, 414; vgl. näher VOB/B § 10 Rdn. 32, 64.

[279] *Löwe* ZIP 1995, 1273 f.; *Heinrichs* NJW 1996, 1381; *Ulmer/Brandner/Hensen* § 6 AGBG Rdn. 15 a.

[280] Vgl. *Mayer*, passim; Münchener Kommentar-HGB/*Basedow* vor § 1 ADSp Rdn. 21.

[281] Vgl. BGH NJW 1984, 2816 einerseits und BGHR § 6 AGBG Nr. 1 andererseits; vgl. BGH WM 1990, 969, BGH WM 1992, 391 einerseits und BGHZ 130, 19 andererseits.

§ 1 Art und Umfang der Leistung

1. Die auszuführende Leistung wird nach Art und Umfang durch den Vertrag bestimmt. Als Bestandteil des Vertrags gelten auch die Allgemeinen Technischen Vertragsbedingungen für Bauleistungen (VOB/C).
2. Bei Widersprüchen im Vertrag gelten nacheinander:
a) die Leistungsbeschreibung,
b) die Besonderen Vertragsbedingungen,
c) etwaige Zusätzliche Vertragsbedingungen,
d) etwaige Zusätzliche Technische Vertragsbedingungen,
e) die Allgemeinen Technischen Vertragsbedingungen für Bauleistungen,
f) die Allgemeinen Vertragsbedingungen für die Ausführung von Bauleistungen.
3. Änderungen des Bauentwurfs anzuordnen, bleibt dem Auftraggeber vorbehalten.
4. Nicht vereinbarte Leistungen, die zur Ausführung der vertraglichen Leistung erforderlich werden, hat der Auftragnehmer auf Verlangen des Auftraggebers mit auszuführen, außer wenn sein Betrieb auf derartige Leistungen nicht eingerichtet ist. Andere Leistungen können dem Auftragnehmer nur mit seiner Zustimmung übertragen werden.

Schrifttum: *Anker/Klingenfuß* Kann das praktisch Erforderliche stets wirksam vereinbart werden?, BauR 2005, 1377 – *Breyer* Die Vergütung von „anderen Leistungen" nach § 1 Nr. 4 S. 2 VOB/B, BauR 1999, 459 – *Breyer* Ein Lösungsvorschlag zur Behandlung von Anordnungen des Auftraggebers zur Bauzeit, BauR 2006, 1222 – *Bruns* Schluss mit einseitigen Änderungen des Bauentwurfs nach § 1 Nr. 3 VOB/B?, ZfBR 2005, 525 – *Clemm* Anspruch des Auftragnehmers auf zusätzliche Vergütung bei kostenverursachenden lärmmindernden Baumaßnahmen, BauR 1989, S. 125 – *von Craushaar* Abgrenzungsprobleme im Vergütungsrecht der VOB/B bei der Vereinbarung von Einheitspreisen, BauR 1984, 311 – *Enders* Existenz um Umfang eines Änderungsrechtes des Bestellers beim BGB-Bauvertrag, BauR 1982, 535 – *Egner* Außerprozessuale Streiterledigung im Bauvertrag auf der Grundlage der VOB-Vertragsbestimmungen, 2000 – *Festge* Die anerkannten Regeln der Technik – ihre Bedeutung für den vertraglichen Leistungsumfang, die vertragliche Vergütung und die Gewährleistung, BauR 1990, S. 322 – *Fricke* Quomodo pacta sunt servanda?, VersR 2000, 257 – *Grauvogl* Die VOB Teil C und der Bauvertrag, Jahrbuch, BauR 1998, S. 315 ff. – *Heiermann* Der Pauschalvertrag im Bauwesen, BB 1975, S. 991 – *Heiermann* Wirksamkeit des Ausschlusses der Preisanpassungsmöglichkeit nach VOB durch Allgemeine Geschäftsbedingungen, NJW 1986, S. 2682 – *Jagenburg* Stand der Technik gestern, heute, morgen? Der für die anerkannten Regeln der Technik maßgebliche Zeitpunkt, Festschrift Korbion, 1986, S. 179 – *Kamanabrou* Vertragliche Anpassungsklauseln, 2004 – *Kaufmann* Die Unwirksamkeit der Nachtragsklauseln der VOB/B nach §§ 305 ff. BGB, Jahrbuch BauR 2006, 35 – *Kretschmann* Der Vergütungsanspruch des Unternehmers für im Vertrag nicht vorgesehene Werkleistungen und dessen Ankündigung gegenüber dem Besteller, 2005 – *Lenzen* Teilerhaltung AGBG-widriger VOB-Verträge, BauR 1985, S. 261 – *Marbach* Vergütungsansprüche aus Nachträgen – ihre Geltendmachung und Abwehr, ZfBR 1989, 2 – *Mantscheff* Die Bestimmung der VOB/C und ihre vertragsrechtliche Bedeutung, Festschrift Korbion 1986, S. 295 – *Matusche-Beckmann* Die Bedingungsanpassungsklausel – Zulässiges Instrument für den Fall der Unwirksamkeit Allgemeiner Versicherungsbedingungen?, BGH NJW 1998, S. 112 – *Nicklisch* Rechtsfragen des Subunternehmervertrages bei Bau- und Anlagenprojekten im In- und Auslandsgeschäft NJW 1985, 2361 — *Piel* Zur Abgrenzung zwischen Leistungsänderung (§ 1 Nr. 3, § 2 Nr. 5 VOB/B) und Behinderung (§ 6 VOB/B), Festschrift Korbion, 1986, S. 349 *Quack* Theorien zur Rechtsnatur von § 1 Nr. 3 und 4 VOB/B und ihre Auswirkungen auf die Nachtragsproblematik, ZfBR 2004, S. 107 – *Quack* Was ist eigentlich vereinbart, wenn die VOB/C nicht wirksam in den Vertrag einbezogen wurde?, ZfBR 2005, 731 – *Quack* Zur Zweckmäßigkeit (oder Unzweckmäßigkeit) eines verbreiteten Gestaltungsmittels für Bauverträge. Ansatzpunkte für Verbesserungen, BauR 1992, S. 18 – *Roquette* Vollständigkeitsklauseln: Abwälzung des Risikos unvollständiger oder unrichtiger Leistungsbeschreibungen auf den Auftragnehmer, NZBau 2001, S. 57 – *Schelle* Wahlrecht (§§ 262 ff. BGB) und VOB, BauR 1989, S. 48 – *Schulze- Hagen* Zur Anwendung der §§ 1 Nr. 3, 2 Nr. 5 VOB/B einerseits und §§ 1 Nr. 4, 2 Nr. 6 VOB/B andererseits Festschrift Soergel, 259 – *Thode* Nachträge wegen gestörten Bauablaufs im VOB/B-Vertrag, Eine kritische Bestandsaufnahme, ZfBR 2004, S. 214 – *Vogel/Vogel* Die VOB/C und das AGB-Gesetz – terra incognita, BauR 2000, S. 345 ff. – *Vygen* Leistungsänderung und Zusatzleistungen beim Pauschalvertrag, Festschrift Locher 1990, S. 263 ff. – *Vygen* Rechtliche Probleme bei Ausschreibung, Vergabe und Abrechnung von Alternativ- und Eventualpositionen, BauR 1992, S. 135 – *Weyer* Bauzeitverlängerung auf Grund von Änderungen des Bauentwurfs durch den Auftraggeber, BauR 1990, 138 – *Weyer* Die gefährdete Einrede aus § 16 Nr. 3 Abs. 2 S. 1 VOB/B, BauR 1984,

S. 553 – *Wirth/Würfele* Bauzeitverzögerung: Mehrvergütung gemäß § 2 Nr. 5 VOB/B oder Schadensersatz gemäß § 6 Nr. 6 VOB/B?, Jahrbuch BauR 2006, 119 – *Wirth/Würfele* Änderungen der Bauzeit unterliegen dem Anordnungsrecht nach § 1 Nr. 3 VOB/B, BrBp 2005, 214 – *von Westphalen* VOB-Vertrag und AGB-Gesetz, ZfBR 1985, S. 252 – *Zanner/Keller* Das einseitige Anordnungsrecht des Auftraggebers zu Bauzeit und Bauablauf und seine Vergütungsfolgen, NZBau 2004, S. 353 ff.

Übersicht

A. Allgemeines

1 § 1 regelt Art und Umfang der Leistungspflicht des Auftragnehmers. Die Vergütungspflicht des Auftraggebers ist demgegenüber in § 2 geregelt. Die in Verträgen üblicherweise vorangehenden Regelungen über den Vertragsgegenstand sind in allgemeinen Vertragsbedingungen, wie sie die VOB/B sind, weder möglich noch notwendig.

§ 1 definiert durch Verweis in Nr. 1 zunächst Art und Umfang der zu erbringenden Leistung, regelt in Nr. 2 die Auflösung möglicher Widersprüche zwischen einzelnen Vertragsbestandteilen und räumt in den Nr. 3 und 4 dem Auftraggeber das Recht ein, einseitig Leistungen zu ändern oder zusätzliche Leistungen zu verlangen. Während Nr. 1 überwiegend bloß klarstellende Bedeutung hat, die Regelungen in Nr. 2 sich weitestgehend aus allgemeinen Grundsätzen ergeben, liegt die eigentliche Bedeutung des § 1 in der Ermächtigung zu Leistungsänderung gemäß Nr. 3 und 4.

B. § 1 Nr. 1 – Bestimmung der Leistungspflicht

I. Grundsatz: Maßgeblichkeit des Vertrages

2 Der in Nr. 1 S. 1 formulierte Grundsatz, wonach Art und Umfang der durch den Auftragnehmer auszuführende Leistung durch den Vertrag bestimmt wird, ist eine an sich nicht regelungsbedürftige Selbstverständlichkeit. Der Umfang einer vertraglichen Leistungspflicht kann sich nur aus dem Vertrag, ggf. einschließlich seiner Bestimmbarkeitsregelungen, ergeben. Wäre die Leistung nach dem Vertrag weder bestimmt noch bestimmbar, läge gar kein wirksamer Vertrag vor.[1] Satz 1 dient damit eher der sprachlichen Einleitung für S. 2, der die gesamte VOB/C in den Vertrag einbezieht. Gleichzeitig verdeutlicht S. 1 aber den Vertragsparteien, dass der Auftragnehmer alles auszuführen hat, was in den Vertragsunterlagen als Bestandteil der Leistung bestimmt wird, grundsätzlich aber auch nicht mehr. Was nicht Inhalt des Bauvertrages ist, wird damit auch nicht vom Auftragnehmer geschuldet.[2] Leistungsänderungen nach § 1 Nr. 3 und 4 VOB/B sind Ausnahmen von dem Grundsatz des vertraglich festgelegten Leistungsumfangs und haben unmittelbar vergütungsrechtliche Konsequenzen, § 2 Nr. 4–6 VOB/B.

3 **Eventualpositionen/Bedarfspositionen** (→ VOB/A § 5 Rdn. 17) gehören erst dann zum vertraglichen Leistungsumfang, wenn die Bedingung, unter dem diese Leistungsverzeichnisposition stehtauch eintritt.[3] Bedingung ist i.d.R. nicht der bloße Eintritt der „Eventual-Situation", sondern die Anordnung durch den Auftraggeber.[4] Bei **Alternativ-/Wahlpositionen** (→ VOB/A § 5 Rdn. 14 ff.) muss der Auftraggeber in der Regel sein Wahlrecht gemäß §§ 262 ff. BGB bis zur Auftragserteilung ausgeübt haben; die Leistung wäre dann bereits im Vertrag konkretisiert. Kann der Auftraggeber das Wahlrecht aufgrund vertraglicher Vorbehalte auch noch später ausüben[5], tritt durch die Ausschreibung eine rückwirkende Konzentration des Schuldverhältnisses auf die gewählte Leistung ein (§ 263 Abs. 2 BGB).

Zur vergaberechtlichen Zulässigkeit siehe VOB/A § 5 Rdn. 15, 18 ff.

---

[1] BGH NJW-RR 1990, 270, 271; vgl. näher VOB/B, § 2 Rnd. 29.
[2] Zutreffend *Ingenstau/Korbion/Keldungs* VOB/B § 1 Nr. 1 Rdn. 3.
[3] Vgl. *Vygen*, BauR 1992, 135, 141.
[4] Vgl. näher VOB/A, § 5 Rdn. 17 f.
[5] Zur Zulässigkeit vgl. VOB/A § 5 Rdn. 14; **anderer Ansicht** *Vygen* BauR 1992, 135, 137 f.

II. Die Vertragsunterlagen im Einzelnen

1. Festlegung der in den Vertrag einbezogenen Unterlagen

Klarstellungsbedürftig im Einzelfall ist damit nicht der Vertrag als Grundlage der Leistungspflicht, sondern die Festlegung aller Bestandteile, aus denen der Vertrag sich zusammensetzt.[6] Hierzu kann § 1 als Allgemeine Geschäftsbedingung mit nur abstrakten Regelungsgehalt naturgemäß keine konkrete Aussage machen. Eine Klarstellung dürfte bei einem ordnungsgemäßen Vergabeverfahren durch einen öffentlichen Auftraggeber auch nicht erforderlich sein, da die Verdingungsunterlagen (§ 10 VOB/A) auch hinsichtlich der Vertragsbestandteile eindeutig und erschöpfend sein sollen, anderenfalls ist nach § 29 VOB/A eine besondere Vertragsurkunde zu fertigen, in der alle Vertragsbestandteile aufzunehmen sind. 4

Erfolgt der Vertragsabschluss nicht durch Zuschlag nach Vergabeverfahren, ergibt sich der Vertragsumfang aus der Vertragsurkunde bzw. aus dem Angebot, sofern dieses angenommen wurde, oder dem kaufmännischen Bestätigungsschreiben, einschließlich jeweils aller (wirksam) in Bezug genommenen weiteren Unterlagen. 5

Unterlagen außerhalb der Vertragsurkunde bzw. Angebot- und Annahmeschreiben müssen rechtswirksam in den Vertrag einbezogen worden sein. Empfehlenswert ist selbstverständlich immer eine eindeutige Regelung, z.B. durch Vertragsurkunde mit beigehefteten Anlagen oder klaren Bezugnahmen. Häufig werden Bauverträge allerdings auch nur mündlich oder aus einem Schriftwechsel heraus abgeschlossen. Die Bestimmung des Vertragsinhalts bzw. der zum Vertrag gehörenden Unterlagen kann dann im Einzelfall schwierig werden.

Zur Einbeziehung in den Vertrag reicht grundsätzlich ein **ausreichend bestimmter bzw. bestimmbarer Verweis** für alle Unterlagen aus, die die Leistung beschreiben sollen oder individuelle Vereinbarungen zum Gegenstand haben. Sollen demgegenüber weitere **AGB** in den Vertrag einbezogen werden, gelten gegenüber Verbrauchern Besonderheiten. Die Einbeziehung vorformulierter Klauseln – auch ohne Mehrverwendungsabsicht – gegenüber Verbrauchern setzt nach § 305 BGB nicht nur einen in der Regel ausdrücklichen Hinweises voraus, sondern zusätzlich muss dem Verbraucher die Möglichkeit verschafft werden, in zumutbarer Weise von ihrem Inhalt Kenntnis zu erlangen. Bei Bauverträgen bedeutet das in der Regel die **Überlassung der entsprechenden Unterlagen.**[7] Dass die andere Vertragsseite mit der Einbeziehung auch einverstanden sein muss, stellt keine Besonderheit dar, sondern gilt selbstverständlich für den gesamten Vertragsinhalt. 6

Diese erschwerten Einbeziehungsvoraussetzungen vorformulierter Vertragsbedingungen gelten nicht für Verträge mit der öffentlichen Hand (juristischen Personen oder öffentlich-rechtlichen Sondervermögen) oder gegenüber Unternehmern (§ 310 Abs. 1 BGB). Unternehmer in diesem Sinne sind alle juristischen und natürlichen Personen, die bei Abschluss des Vertrages in Ausübung ihrer gewerblichen oder selbständigen beruflichen Tätigkeit handeln, § 14 BGB. Darunter fallen damit auch alle selbstständig baugewerblich Tätigen, unabhängig von ihrer Kaufmannseigenschaft.[8] 7

Ausgangspunkt für die Bestimmung des Vertragsinhaltes ist bei einem Zustandekommen durch Angebot und Annahme das letzte Angebot. Denn nach der Konzeption des BGB kann ein Angebot grundsätzlich nur unverändert, d.h. gewissermaßen mit einem einfachen „ja“ angenommen werden. Eine „Annahme“ unter Änderungen ist vertragsrechtlich keine Annahme, sondern eine Ablehnung des Angebotes – das damit rechtlich hinfällig wird –, verbunden mit einem neuen (Gegen)Angebot (§ 150 Abs. 2 BGB). Es ist dann zu prüfen, welche vorausgegangen Unterlagen von dem maßgeblichen Angebot in Bezug genommen und damit Vertragsinhalt werden.[9] 8

---

[6] Vgl. dazu näher VOB/B § 2 Rdn. 64 ff.
[7] BGH BauR 1999, 1186.
[8] Vgl. *Ulmer/Brandner/Hensen*, § 24 AGBG Rdn. 10 ff.
[9] Vgl. auch Einl. VOB/B Rdn. 99.

9 Entgegen der gesetzlichen Grundkonzeption kommt der Vertrag aber häufig nicht durch aufeinanderfolgende Willenserklärungen von Angebot und Annahme zu Stande, sondern durch gleichzeitige Erklärungen, z.B. durch Errichtung einer Vertragsurkunde. Diese bestimmt dann durch ihren Inhalt einschließlich aller Verweise den Gesamtumfang des Vertrages.

Zur **Auslegung** der Vertragsunterlagen vgl. näher Rdn. 41 ff. und VOB/B § 2 Rdn. 64 ff.

2. Beweisfragen

10 Ist der Vertrag nur mündlich geschlossen, drohen später Auseinandersetzungen über den Vertragsinhalt. Dann wird der Auftragnehmer auf Grund seiner wahrscheinlichen Parteirolle im Prozess häufig den Kürzeren ziehen. Klagt er den Werklohn ein, muss er nicht nur dessen Höhe beweisen, sondern darüber hinaus auch noch den Umfang der zu erbringenden Leistungen. Das wird immer dann relevant, wenn der Besteller einen anderen, insbesondere vergrößerten vertraglich geschuldeten Leistungsumfang einwendet.[10] Diese Gefahr droht erst recht bei der Vereinbarung eines Pauschalpreises. Hier muss der Auftragnehmer richtigerweise sowohl den Auftragsumfang beweisen, falls er für erbrachte Arbeiten Zusatzvergütung beansprucht, wie auch dann, falls er den vereinbarten Pauschalpreis beansprucht, der Besteller aber einwendet, nicht alle Leistungen seien erbracht.[11] Fordert demgegenüber der Besteller die Erfüllung des Vertrages, so ist nunmehr er für einen streitig weitergehenden Leistungsanspruch bzw. einer behaupteten vereinbarten höheren Gegenleistung beweisbelastet.[12]

11 Der Grundsatz ist, dass diejenige Partei, die sich für ihren Anspruch auf den Inhalt des Werkvertrages stützt, hierfür die Beweislast trägt.[13] Der Auftragnehmer trägt damit die Beweislast für den geforderten Preis oder die Abrechnungsart[14], der Auftraggeber für Vertragsstrafe[15], Sicherheitsleistung[16] oder zugesicherte Eigenschaften nach § 633 BGB Abs. 1 BGB a.F.[17]

12 Die Beweisschwierigkeiten lassen sich durch einen schriftlichen Vertragsabschluss weitgehend vermeiden. Es besteht dann die Vermutung der Richtigkeit und Vollständigkeit der Vertragsunterlagen, so dass derjenige, der über den schriftlichen Vertragsinhalt hinausgehende Ansprüche geltend macht, diese beweisen muss. Hierbei handelt es sich allerdings nur um eine Vermutung, die – ohne dass der Beweis der Vereinbarung geführt werden muss – bereits durch den Nachweis entkräftet werden kann, dass neben dem schriftlichen Vertrag weitere Abreden getroffen worden sind.[18]

3. Begrenzung des Vertragsumfangs durch Schriftformklauseln?

13 Wegen der aufgezeigten Beweisprobleme wird vielfach deshalb kautelarjuristisch versucht, nicht im Vertrag und in den Anlagen enthaltenen Abreden die Geltung durch Formvorschriften abzusprechen.

Vollständigkeitsklauseln („mündliche Nebenabreden wurden nicht getroffen") wiederholen im Ergebnis nur die ohnehin geltende Vollständigkeitsvermutung. Da sie die Rechtslage nicht ändern, sind sie AGB-rechtlich unproblematisch wirksam[19], gleichzeitig aber eigentlichen überflüssig.

14 Weiter greifen **Schriftformklauseln.**[20] Soweit die Auslegung ergibt, dass sie nur dem Zweck der Klarstellung und Beweiserleichterung dienen (so genannte **deklaratorische Schriftform**),

[10] *Rosenberg*, Beweislast, S. 319 f.; OLG Nürnberg, NJW-RR 2002, 1099.
[11] Einzelheiten zur Beweislast siehe VOB/B § 2 Rdn. 245, 276 m.w.N.
[12] *Rosenberg*, Beweislast, S. 321.
[13] BGH *Schäfer/Finnern* Z 2.223, Bl. 4; *Baumgärtel*, Handbuch Beweislast, § 631 Rdn. 2.
[14] Näher VOB/B § 2 Rdn. 132–135.
[15] BGH NJW 1977, 897 = BauR 1977, 280.
[16] *Werner/Pastor*, Rdn. 1240.
[17] *Baumgärtel*, Handbuch Beweislast, § 633 Rdn. 2 m.w.N.
[18] BGH NJW 1996, 1541; BGH NJW-RR 1986, 393.
[19] Vgl. BGHZ 79, 281; BGH NJW 1985, 623.
[20] Vgl. hierzu auch VOB/B § 2 Rdn. 208 ff.

bleibt eine dennoch getroffene mündliche Abrede wirksam. Dem sich auf die Abrede Berufenden bleibt damit der Nachweis der mündlichen Vereinbarung trotz Missachtung der Schriftform offen. Gemäß § 125 S. 2 BGB ist die Einhaltung der vereinbarten **Schriftform** im Zweifel **Wirksamkeitsvoraussetzung** (so genannte konstitutive Schriftform). Allerdings hindern auch derartige Klauseln nicht die Erweiterung des Vertrages durch mündliche Abreden. Die Parteien können die vereinbarte Form jederzeit und formlos wieder aufheben.[21] Wenn die Parteien die Verbindlichkeit des mündlich Abgesprochenen gewollt haben, was allerdings nur mit der gebotenen Zurückhaltung anzunehmen ist[22], folgt hieraus eine stillschweigende Aufhebung der Schriftform, und zwar auch dann, wenn die Parteien an den Formzwang gar nicht gedacht haben.[23]

Um das zu verhindern, wird deshalb gerne für den Verzicht auf die Schriftform selbst wieder eine schriftliche Vereinbarung verlangt. Erfolgt die Vereinbarung eines solchen **erweiterten Formzwangs** individuell, so wird hierdurch tatsächlich, zumindest nach Auffassung des BGH[24], die rechtsgeschäftliche Beziehung starr an die vereinbarte Form gebunden und der Vertragsinhalt auf das schriftlich Niedergelegte beschränkt. Durch AGB ist das allerdings nicht möglich.[25] Eine vorformulierte Schriftformklausel kann schon wegen § 305 b BGB den Vorrang der Individualvereinbarung nicht unterlaufen, ist im Übrigen aber auch nach § 307 BGB unzulässig.[26] 15

Die Versuche der Begrenzung des Vertragsinhaltes auf die schriftlichen Vertragsunterlagen sind also in den meisten Fällen nur von beschränktem Erfolg. Einen etwas anderen Weg gehen die so genannten **Bestätigungsklauseln**. Sie verlangen für die wirksame Einbeziehung von Abreden die (schriftliche) Bestätigung des Vertragspartners oder einer bestimmten Betriebsstelle. Sie wollen verhindern, dass Vertragsregelungen durch hierzu nicht bevollmächtigte Personen geändert oder erweitert werden.[27] Als AGB sind sie in der Regel zulässig, wenn sie nur auf eine tatsächlich nicht vorhandene Vertretungsmacht des Handelnden hinweisen oder die Entstehung der Tatbestandsvoraussetzungen für eine Duldungs- oder Anscheinsvollmacht verhindern wollen; unwirksam sind sie, falls sie eine tatsächlich bestehende gesetzliche oder rechtsgeschäftliche (auch Innen-)Vollmacht des Handelnden begrenzen sollen.[28] Letztlich kann damit der Besteller unerwünschten Erweiterungen des Vertrages nur dadurch effektiv begegnen, dass er klare Zuständigkeiten regelt und auch für deren Einhaltung sorgt. Wenig sinnvoll ist demgegenüber, alle Maßnahmen nur sich oder einer bestimmten Stelle vorzubehalten. Dann braucht und darf der Auftragnehmer vor seiner oder deren Entscheidung nicht tätig zu werden. Solche Einschränkungen führen in der Praxis nur zu Behinderungen. 16

III. Einbeziehung der VOB/C

1. Allgemeines

Gemäß Nr. 1 S. 2 führt die Vereinbarung der VOB/B automatisch dazu, dass die Allgemeinen Technischen Vertragsbedingungen für Bauleistungen (= VOB/C) zum Vertragsinhalt gehören. Diese Bestimmung hat für den öffentlichen Auftraggeber **Auffangfunktion**. Denn nach § 10 Nr. 1 Abs. 2 VOB/A sind die ATV sowieso (zwingend) ausdrücklich zum Bestandteil der Ver- 17

[21] BGHZ 66, 378, 380; vgl. auch *Soergel/Hefermehl*, § 125 Rdn. 33 m.w.N.

[22] BGHZ 66, 378, 381.

[23] BGHZ 71, 162, 164; *Palandt/Heinrichs*, § 125 Rdn. 14 m.w.N.; anderer Ansicht Münchener Kommentar/*Eisele*, § 125 Rdn. 68.

[24] BGHZ 66, 378, 381 f., offen gelassen in NJW-RR 91, 1289; ebenso Münchener Kommentar/*Eisele*, § 125 Rdn. 66; **anderer Ansicht** jedoch *Palandt/Heinrichs*, § 125 Rdn. 14; *Staudinger/Schlosser*, § 4 AGBG Rdn. 24; *Staudinger/Hertel*, § 125, Rdn. 126; *Soergel/Hefermehl*, § 125 Rdn. 33.

[25] BGH NJW 1986, 3131; *Wolf/Horn/Lindacher*, § 9 AGBG Rdn. S. 32; *Staudinger/Schlosser*, § 4 AGBG Rdn. 25.

[26] BGH NJW 1988, 2463, *Staudinger/Schlosser*, § 4 AGBG Rdn. 25; zur Zulässigkeit sonstiger Schriftformklauseln vgl. *Staudinger/Schlosser*, § 4 AGBG Rdn. 23 ff.; *Wolf/Horn/Lindacher*, § 9 Rdn. S. 31 ff.

[27] *Wolf/Horn/Lindacher*, 3. Aufl., § 9 AGBG Rdn. S. 44.

[28] *Wolf/Horn/Lindacher*, § 9 AGBG Rdn. S 45; *Staudinger/Schlosser*, § 4 AGBG Rdn. 30 ff.

dingungsunterlagen und damit des späteren Vertrages zu machen. Sind sie versehentlich nicht in die Verdingungsunterlagen aufgenommen worden oder nimmt außerhalb eines VOB/A-Vergabeverfahrens ein Vertrag, z.B. bei einer Subunternehmer-Vergabe, nur auf die VOB/B Bezug, erfolgt dann automatisch die Einbeziehung der VOB/C über Nr. 1 S. 2.

18 Der von der VOB verwandte Begriff „gelten" hat zu einigen Missverständnissen über den Rechtscharakter der **Einbeziehungsregelung** geführt. Häufig heißt es, es handele sich nicht um eine Fiktion, sondern um eine Auslegungsregel.[29] Diese Ausführungen gehen von einem überkommenen Verständnis der VOB/B aus. Die VOB/B hat keinen irgendwie gearteten Gesetzescharakter, sondern ist als AGB rein vertraglicher Natur. Geltungsgrund ist damit ausschließlich der Vertragswille der Parteien. In einem Vertrag ist eine Auslegungsregelung für eine sofort Geltung beanspruchende Regelung aber obsolet. Denn mit einer vertraglichen Vereinbarung stellen die Parteien keinen von anderen geschaffenen Tatbestand fest, sondern schaffen ihn selbst unmittelbar.[30] Unter dem Deckmantel der „Auslegungsregelung" würde, auch wenn sie als solche formuliert wäre, nur unnötig kompliziert die vertragliche Vereinbarung selbst ausgedrückt. Eine Regelung mit dem Inhalt „Wir beziehen die VOB/B in den Vertrag ein und bestimmen weiter, dass unsere Erklärung dahin auszulegen ist, dass damit auch die VOB/C in den Vertrag einbezogenen sein soll" besagt rechtsgeschäftlich nichts anderes als „wir beziehen die VOB/B und die VOB/C in den Vertrag ein". Eine gesetzliche Auslegungsregelung greift demgegenüber dann ein, wenn eine Parteierklärung zwar vorliegt, ihr Inhalt jedoch ungenau oder mehrdeutig ist. Die gesetzliche Auslegungsregel legt dann die maßgebliche Bedeutung der Parteierklärung fest.[31] Der Begriff „gelten" bringt deshalb nicht mehr als die vereinbarte Rechtsfolge zum Ausdruck. In diesem Sinne wird er in der VOB/B auch an deren Stellen verwandt, vgl. §§5 Nr. 1 S. 2, 6 Nr. 2 Abs. 2, 13 Nr. 2 VOB/B.

2. Notwendigkeit der Einbeziehung

19 Nach verbreiteter Auffassung soll die Einbeziehungsvereinbarung der Nr. 1 S. 2 gar nicht notwendig sein, da die ATV 18299 ff. Teil der anerkannten Regeln der Technik seien, die der Auftragnehmer auch ohne besondere Vereinbarung zu beachten habe.[32] Richtig ist, dass der Auftragnehmer ein „ordentliches Werk" schuldet, dass diejenige Qualitätsstandards erfüllt, die bei zeitgleich fertig gestellten Bauwerken der gleichen Art üblich wird, vgl. nur §633 Abs. 2 Nr. 2 BGB.[33] Damit muss das Werk auch ohne ausdrückliche Vereinbarung den anerkannten Regeln der Technik entsprechen.[34] Für den VOB-Vertrag ist dies in §4 Nr. 2 Abs. 1 S. 2 und in §13 Nr. 7 Abs. 2 b noch einmal klargestellt, wo sich ausdrückliche Bezugnahmen auf die Allgemeinen Regeln der Technik finden. Allerdings ist die VOB/C **nicht identisch mit den Allgemeinen Regeln der Technik**. Teil der Allgemeinen Regeln der Technik können nur die Qualitäts- und Ausführungsbestimmungen sein, die in den Abschnitten 2 und 3 der jeweiligen DIN enthalten sind.[35] Selbst diese müssen nicht den Allgemeinen Regeln der Technik entsprechen.[36] Eindeutig nicht zu den Allgemeinen Regeln der Technik gehören die Vergütungsregelungen unter der Nr. 4 sowie die Abrechnungsvorschriften unter Nr. 5.[37] Diese Regelungen sind vertragsrechtlicher

---

[29] Vgl. *Nicklisch/Weick* VOB/B §1 Rdn. 11 a; Beck'scher VOB-Kommentar/*Jagenburg* VOB/B §1 Nr. 1 Rdn. 8; *Leinemann/Schofs* VOB/B §1 Rdn. 11.

[30] Nicht begründen lässt sich der Charakter als Auslegungsregel damit, dass die Parteien frei seien, etwas anderes zu vereinbaren (so aber Beck'scher VOB-Kommentar/*Jagenburg* VOB/B §1 Nr. 1 Rdn. 8; *Nicklisch/Weick* VOB/B §1 Rnd. 12). Die Parteien könne alle vertraglichen Regelungen und im Übrigen auch alle nicht zwingend gesetzlichen Regelungen abändern.

[31] Vgl *von Tuhr*, Band 2, S. 186, *Oertmann*, Rechtsordnung, S. 219 ff.

[32] Vgl. *Heiermann/Riedl/Rusam* VOB/B §1 Rdn. 20, differenzierend aber §1 Rdn. 23.

[33] So schon z.B. BGH NJW 1998, 3707 = BauR 1998, 872.

[34] BGH BauR 1981, 577; *Staudinger/Peters*, §633 Rdn. 168.

[35] *Mantscheff*, Festschrift *Korbion*, S. 295, 299 f.; *Kapellmann/Schiffers*, Bd. 1 Rdn. 130.

[36] Vgl. näher VOB/B, §4 Rdn. 56; zur Einreichung bei Widersprüchen siehe VOB/B §1 Rdn. 31 a.

[37] BGH NZBau 2004, 500 = BauR 2004, 1438 zu Abschnitt 5; OLG Celle BauR 2003, 1040; *Grauvogl* Jahrbuch BauR 1998, 315, 325 ff.; *Vogel/Vogel* BauR 2000, 345, 346.

Natur und nur anwendbar, wenn ihre Geltung im konkreten Vertrag auch tatsächlich vereinbart wurde; genau das soll durch § 1 Nr. 1 S. 2 VOB/B geschehen.[38]

Die Regelung der Abschnitte 4 und 5 sind nicht nur vertragsrechtlicher Natur, sondern zugleich auch **Allgemeine Geschäftsbedingungen**, da sie für eine Vielzahl von Verträgen vorformuliert sind. Das sollte heute unstreitig sein.[39] Gleiches gilt aber auch für die Regelungen der übrigen Abschnitte. Zum einen enthalten auch sie Vertragsregelungen wie Benachrichtigungs- und Hinweispflichten, ergänzende Regelung zur Bausolldefinition, Festlegung von Standard-Bauumständen oder Regelungen zur Gewährleistung[40], die auf Grund der Rangfolgeregelung des § 1 Nr. 2 VOB/B auch noch Vorrang vor den Vertragsregelungen der VOB/B haben. Im übrigen können auch technische Regelungen Vertragsklauseln sein und unterfallen dann dem Begriff der Allgemeinen Geschäftsbedingungen nach § 305 BGB.[41] **Gegenüber Unternehmern** ergeben sich hieraus keine Probleme für eine wirksame Einbeziehung. Da § 305 Abs. 2 BGB auf Unternehmer keine Anwendung findet (§ 310 BGB), genügt eine bestimmbare Bezugnahme, die durch § 1 Nr. 1 Satz 2 VOB/B erfolgt.[42] Die Auffassung, der Hinweis auf die ATV insgesamt sei nicht konkret genug, falls der Unternehmer im relevanten Baubereich nicht bewandert sei, verkennt die rechtlichen Anforderungen an die objektivierte Bestimmbarkeit.[43] Eine Beifügung der einzubeziehenden Regelwerke ist nicht erforderlich.[44] 19a

Anders sieht die Rechtslage **gegenüber Verbrauchern** aus. Eine wirksamen **Einbeziehung nach § 305 Abs. 2 BGB** setzt nicht nur einen ausdrücklichen Hinweis auf die ATV voraus, sondern auch die Möglichkeit zumutbarer Kenntnisnahme. Dann wird allerdings ein Bauunternehmer bei Verträgen gegenüber Verbrauchern nicht umhinkommen, diesen zur wirksamen Einbeziehung i.d.R. den Text zur Verfügung zu stellen.[45] Auch bei der Erfüllung dieser Voraussetzungen wird die Einbeziehung in Frage gestellt, da die ATV – auch wegen der globalen Verweisung – zu unübersichtlich seien.[46] Ein derartiges Generalverdikt ist aber weder rechtlich zulässig noch tatsächlich gerechtfertigt. Hierauf wird es in aller Regel nicht ankommen, da die entsprechenden DIN-Texte praktisch nie einem Verbraucher zur Verfügung gestellt werden. 20

Da gegenüber Verbrauchern damit die formellen Voraussetzungen für die Anwendung der ATV nicht erfüllt werden, die entsprechenden Regelungen jedoch in der Praxis als sachgerecht angesehen werden, wird versucht, die sich zwingend aus § 305 BGB ergebenden Konsequenzen zu umgehen. Relevant wird dies vor allem bei den Gewerken, bei denen die Abrechnungsbestimmungen zur Vereinfachung der Abrechnung teilweise recht großzügige Pauschalierungen durch Übermessen zulassen, z.B. DIN 18350, Ziff. 5.1.6 oder DIN 18363, Ziff. 5.6.5. Allerdings ist keiner der aufgezeigten **Konstruktionsversuche** wirklich tragfähig: 21

Teilweise werden die ATV zur **gewerblichen Verkehrssitte** erklärt.[47] Als gewerbliche Verkehrssitte könnte sie allerdings allenfalls gegenüber den Unternehmen der beteiligten Verkehrskreise gelten[48], nicht gegenüber Verbrauchern. Einer **allgemeinen Verkehrssitte**, die 22

[38] *Nicklisch/Weick* VOB/B § 1 Nr. 1 Rdn. 12.

[39] OLG Köln BauR 1982, 170; OLG Düsseldorf BauR 1991, 659; *Nicklisch/Weick*, VOB/B § 1 Rdn. 12a; Beck'scher VOB-Kommentar/*Jagenburg*, VOB/B § 1 Nr. 1 Rdn. 27; *Kapellmann/Schiffers*, Bd. 1 Rdn. 133, 146; *Korbion/Locher*, Rdn. 40; *Vogel/Vogel*, BauR 2000, 345, 346 m.w.N.

[40] Vgl. eingehend Beck'scher VOB-Kommentar-*Motzke* VOB/C Syst III Rdn. 39 ff.

[41] Beck'scher VOB-Kommentar-*Kuffer* VOB/C *Syst* VII 17; Beck'scher VOB-Kommentar-*Motzke* VOB/C *Syst* III Rdn. 56 f.; *Moufang/Klein* Jahrbuch BauR 2004, 71, 77 f.

[42] *Moufang/Klein* Jahrbuch BauR 2004, 71, 82 ff.

[43] *Vogel* ZfBR 2004, 670, 671; *Vogel/Vogel* BauR 2000, 345, 346 f. Die Bedenken von *Schwenker* EWiR 2002, 501, 502 und *Turner* ZfBR 2003, 511, 512 übersehen, dass § 305 Abs. 2 BGB auf Unternehmer gerade nicht anwendbar ist.

[44] BGH NZBau 2002, 28 = BauR 2001, 1897; *Leinemann/Roquette* VOB/B § 1 Rdn. 22.

[45] So auch *Ulmer/Brandner/Hensen*, Anh. §§ 9–11 Rdn. 901; Beck'scher VOB-Kommentar/*Cuypers* VOB/B § 14 Nr. 2 Rdn. 38; *Leinemann/Roquette*, VOB/B, § 1 Rdn. 22, *Vogel/Vogel* BauR 2000, 345, 347; vgl. auch *Grauvogl* Jahrbuch BauR 1998, 315, 337 ff.

[46] *Vogel*, ZfBR 2004, 670, 671; *Tempel*, NZBau 2003, 465, 470.

[47] OLG Saabrücken, BauR 2002, 1332; dagegen zu Recht *Quack*, ZfBR 2005, 731 f.

[48] Auch gegenüber Unternehmern dürfte eine Einbeziehung auf diesem Weg scheitern, vgl. Beck'scher

nicht vorliegen dürfte, könnte wegen der vorrangigen Anforderungen des § 305 Abs. 2 BGB auch nur auslegende Bedeutung zukommen.[49] *Nicklisch/Weick* sind der Auffassung, die ATV würden regelmäßig nicht von einer Vertragspartei gestellt, sondern **einvernehmlich** in den Vertrag **einbezogen.**[50] Für den hier allein interessierenden Fall der Verträge zwischen Unternehmer und Verbraucher ist das, jedenfalls falls letzterer nicht durch einen Architekten vertreten ist, schon lebensfremd. Die ATV werden in diesen Fällen ebenso wie die VOB/B durch den Unternehmer in den Vertrag einbezogen, das Einverständnis des Verbrauchers ändert hieran nichts, ist ja vielmehr Einbeziehungsvoraussetzungen nach § 305 BGB. Entscheidend kommt hinzu, dass nach § 310 Abs. 3 Nr. 1 BGB Drittbedingungen in Verbraucherverträge als vom Unternehmer gestellt gelten, sofern sie nicht vom Verbraucher in den Vertrag eingeführt wurden. Dies führt dazu, dass selbst falls beide Parteien die Einbeziehung veranlasst haben sollten, die Bedingungen als vom Unternehmer gestellt gelten.[51] Andere gehen offensichtlich davon aus, dass die Einbeziehungsvoraussetzungen des § 305 BGB dann auf die VOB/C nicht anwendbar sind, falls sie gemeinsam mit der VOB/B „als Ganzes" vereinbart wurde.[52] Gedanke ist wohl, dass die fehlende Klauselkontrolle bei der Vereinbarung der VOB/B als Ganzes auch die Einbeziehung der VOB/C erfassen soll. Die – rechtlich so nicht haltbare[53] – **Privilegierung** der VOB/B bezieht sich nach bisheriger Rechtsprechung allerdings nur auf die inhaltliche Klauselkontrolle, **nicht auf die Einbeziehung der VOB/B** in den Vertrag selbst. Müssen aber schon für die Einbeziehung der VOB/B die Voraussetzung des § 305 BGB erfüllt sein[54], so gilt dies erst recht für die im Wege der bloßen Staffelverweisung einbezogenen VOB/C. Ein bloßer Verweis – um mehr handelt es sich bei Nr. 1 S. 2 nicht – genügt für die Einbeziehung von Allgemeinen Geschäftsbedingungen gegenüber Verbrauchern nicht[55], auch nicht im Wege der Weiterverweisung.[56] Notwendig ist Gelegenheit zur Kenntnisnahme des vollen Textes.[57]

3. Umfang der Einbeziehung

23 Einbezogen werden nach dem klaren Wortlaut in den jeweiligen Vertrag die **VOB/C in ihrer Gesamtheit**[58] und nicht nur die jeweils für die vertragliche Leistung einschlägige ATV[59], gegenüber Verbrauchern allerdings nur soweit sie auch zugänglich gemacht wurden. Die Gesamteinbeziehung ist nicht nur aus Gründen der vertraglichen Klarheit sinnvoll, z.B. wenn Leistungen aus verschiedenen Leistungsbereichen vergeben werden, sondern auch im Hinblick auf die Vollständigkeit bei späteren Leistungsänderungen, wenn Nebenarbeiten aus anderen Gewerken zu erbringen sind, so z.B. wenn der Elektroinstallateur noch Beiputzarbeiten ausführt, um Schlitze oder Durchbrüche zu schließen.[60] Nicht von dem Verweis erfasst werden aber ATV, die nicht zur VOB/C gehören, sondern von anderen Institutionen unter ähnlichen Namen veröffentlicht werden, wie z.B. die ATV-Abbrucharbeiten, die vom Deutschen Abbruchverband herausgegeben wird.[61]

VOB-Kommentar-*Motzke* VOB/B Syst IV Rnd. 36 ff.; zur Einbeziehung der VOB/B als Verkehrssitte vgl. VOB/B Einl. Rdn. 40.

[49] *Staudinger/Schlosser*, § 2 AGBG Rdn. 61; *Ulmer/Brandner/Hensen*, § 2 AGBG Rdn. 19.

[50] *Nicklisch/Weick* VOB/B § 1 Rdn. 12 a.

[51] *Wolf/Horn/Lindacher*, § 24 a AGBG Rdn. 29; *Ulmer/Brandner/Hensen*, § 24 a AGBG Rdn. 38.

[52] So wohl – aber unklar – Beck'scher VOB-Kommentar/*Jagenburg* VOB/B § 1 Nr. 1 Rdn. 27; *Heiermann/Riedl/Rusam* VOB/B § 1 Rdn. 23; wohl auch *Nicklisch/Weick* VOB/B § 1 Rdn. 12 a.

[53] Vgl. dazu VOB/B Einleitung Rdn. 47 ff.

[54] BGH BauR 1999, 1186 = NJW-RR 1999, 1246; BGH BauR 1990, 205.

[55] BGH BauR 1990, 205; BauR 1994, 617 = NJW 1994, 2547.

[56] BGH BauR 1983, 161 = BGHZ 86, 135; Münchener Kommentar/*Basedow*, § 2 AGBG Rdn. 22.

[57] BGH BauR 1991, 328 = NJW-RR 1991, 727; auch *Quack*, ZfBR 2005, 731 f.

[58] *Daub/Piel/Soergel/Steffani*, ErlZ. B 1.6; Beck'scher VOB-Kommentar/*Jagenburg* VOB/B § 1 Nr. 1 Rdn. 9; *Leinemann/Roquette*, VOB/B § 1 Rdn. 23.

[59] So aber *Ingenstau/Korbion/Keldungs* VOB/B § 1 Nr. Rdn. 7.

[60] *Daub/Piel/Soergel/Steffani*, ErlZ. 1.6.

[61] *Daub/Piel/Soergel/Steffani*, ErlZ. 1.6.

Die Verweisung erfasst des Weiteren im Wege der **Staffelverweisung** auch die Regelwerke, auf die die Bestimmung des Teils C ihrerseits verweisen.[62] Da es sich in diesen Fällen in aller Regel um Allgemeine Regeln der Technik handelt, stellen sich dann die formellen Einbeziehungsvoraussetzungen des § 305 Abs. 2 BGB bei Verbraucherverträgen nicht. 24

Die Einbeziehung erfasst die VOB/C in der im **Zeitpunkt des Vertragsschlusses maßgeblichen Fassung.**[63] Soweit die ATV zugleich Teil der Allgemeinen Regeln der Technik sind, kommt es im Hinblick auf Mängelansprüche, wie sich schon aus dem Wortlaut von § 13 Nr. 1 ergibt, auf den Stand der Allgemeinen Regeln der Technik zum Zeitpunkt der Abnahme an.[64] Der Auftragnehmer muss dann im Fall der Änderungen der ATV nach Vertragsschluss einen Hinweis nach § 4 Nr. 3 VOB/B erteilen und, soweit der Auftraggeber nicht auf die Einhaltung der Neuen-DIN-Standards verzichtet, die neuen, ggf. verschärften Vorgaben erfüllen. Mehraufwendungen wären nach § 2 Nr. 5 und 6 VOB/B vergütungspflichtig.[65] 25

C. § 1 Nr. 2 – Widersprüche im Vertrag, Rangfolgeregelung

I. Allgemeines

Bauverträge bestehen häufig aus mehreren, nicht immer richtig aufeinander abgestimmten Bedingungswerken.[66] Das führt zu Schwierigkeiten bei der Bestimmung des konkreten Vertragsinhaltes. Das gilt leider auch für Verträge der öffentlichen Hand, die die Vorgaben des § 10 VOB/A im weiten Umfang nicht beachtet. Würden die Besonderen Vertragsbedingungen (BVB) sich entsprechend § 10 Nr. 2 Abs. 2 VOB/A auf die Abweichung von der VOB/B in den dort ausdrücklich vorgesehenen Fällen (vgl. z.B. § 2 Nr. 2 u. 4, § 3 Nr. 6 VOB/B) beschränken und die Zusätzlichen Vertragsbedingungen (ZVB) gemäß § 10 Nr. 2 Abs. 1 VOB/A nicht der VOB/B widersprechen, wäre die Regelung des § 1 Nr. 2 VOB/B jedenfalls für den öffentlichen Auftraggeber weitestgehend obsolet. 26

Die dennoch auftretenden Widersprüche sind einerseits durch **Auslegung nach den allgemeinen Grundsätzen** (→ VOB/B § 2 Rdn. 90–129) zu lösen, andererseits durch die **Rangregelung** des § 1 Nr. 2. VOB/B Auslegung und Rangregelung greifen ineinander über, decken sich aber nicht. Es ist nicht richtig, § 1 Nr. 2 VOB/B nur als Auslegungsregelung zu bezeichnen und deren Charakter als Rangfolgeregelung mit der Begründung zu verneinen, im Zivilrecht seien alle Vertragsbestandteile grundsätzlich gleichwertig.[67] Diese Argumentation übersieht, dass eine Rangregelung schon dazu führen kann, dass **nachrangige Bedingungen**, die **im Widerspruch** zu vorrangigen Regelungen stehen, überhaupt **nicht materiell Inhalt des konkreten Vertrages** werden. Bestimmt der Bauvertrag, dass die Gefahrtragung sich nach § 644 BGB richtet, so ist trotz Vereinbarung der VOB/B § 7 Nr. 1 nicht Vertragsbestandteil geworden, da die Preisgefahr beim zufälligen Untergang nur entweder dem Auftraggeber oder dem Auftragnehmer zugewiesen werden kann, nicht aber gleichzeitig beiden, auch nicht nacheinander.[68] Die verdrängte Regelung könnte logisch allenfalls als **Ersatzregelung** für den Fall der Unwirksamkeit der primär vereinbarten Regelung gedacht werden. So etwas ist bei genau entgegengesetzten Regelungen, wie z.B. § 644 BGB zu § 7 Nr. 1 VOB/B, gerade nicht gewollt. Es ist deshalb zunächst zu prüfen, ob eine Regelung in nachrangigen Vertragsbestandteilen nicht durch widersprechende vorrangige Regelung (vollständig) abbedungen worden ist, was allerdings zugleich Auslegung sein wird. 27

62 *Daub/Piel/Soergel/Steffani*, ErlZ. 1.6; *Heiermann/Riedl/Rusam* VOB/B § 1 Rdn. 23.

63 *Heiermann/Riedl/Rusam* VOB/B § 1 Rdn. 23; *Ingenstau/Korbion/Keldungs* VOB/B § 1 Nr. 1 Rdn. 7.

64 BGH BauR 1998, 872 m.w.N.; *Festge* BauR 1990, 322, 323; **anderer Ansicht:** *Jagenburg*, Festschrift *Korbion*, S. 179, 186.

65 Vgl. näher VOB/B § 2 Rdn. 30–32.

66 Vgl. die Kritik von *Quack* BauR 1992, 18, 20 f.

67 So *Nicklisch/Weick* VOB/B § 1 Rdn. 14; Beck'scher VOB-Kommentar/*Jagenburg* VOB/B § 1 Nr. 2 Rdn. 5.

68 Auch BGH BauR 1986, 200 = NJW 1986, 924 geht davon aus, dass nachrangige widersprechende Bedingungen nicht Vertragsbestandteil werden. Nach BGH NJW 1990, 3197 ergibt sich aus dem Rangverhältnis, „welche Einzelbestimmungen letztlich dem Vertrag zu Grunde liegt".

28 Auch innerhalb der verbleibenden Regelungen werden vielfach Widersprüche auftreten, die dann primär im Wege der Auslegung geklärt werden müssen. Dabei ist zunächst der **Vertrag als „sinnhaftes Ganzes"** auszulegen[69], wobei die Rangfolgeklausel ihrerseits aber zu berücksichtigen ist. Auslegung und Rangklausel greifen hier ineinander über, wobei es grundsätzlich keinen generellen Vorrang gibt.[70] Aus einer vorrangigen unvollständigen Regelung lässt sich deshalb nicht ohne weiteres mittels des argumentum e contrario der Ausschluss des nicht Geregelten entnehmen, wenn hierzu in spezielleren nachrangigen Bedingungen Regelungen enthalten sind. Dabei bleibt die Auslegung immer eine Frage des Einzelfalls und der Wertung des Auslegenden, wie über die Instanzen sich widersprechenden Entscheidungen zur Auslegung von Widersprüchen in Bauvertragsbedingungen zeigen.[71] Vorrangig ist in jedem Fall die Auslegung der individuell vereinbarte Leistungsbeschreibung; ihr ggf. auch nur konkludenter Inhalt geht insbesondere abweichenden Festlegungen in nur nachrangig vereinbarten DIN-Vorschriften vor.[72]

II. Inhalt der Regelung

29 Zunächst ist hervorzuheben, dass § 1 Nr. 2 **keine Einbeziehungsregelung** im Sinne einer Staffelverweisung ist. Vielmehr setzt § 1 Nr. 2 die wirksame Einbeziehung der dort genannten Regelwerke in den Vergabeunterlagen (vgl. § 10 Nr. 1 Abs. 2 VOB/A) oder den sonstigen Vertragsunterlagen voraus.

30 Besteht ein Vertrag durch wirksame Einbeziehung aus mehreren Bestandteilen, so gelten nach § 1 Nr. 2 vorrangig die Leistungsbeschreibung und dann die Besonderen Vertragsbedingungen. Das sind gemäß § 10 Nr. 2 Abs. 2 VOB/A Abweichungen von der VOB/B auf Grund der Erfordernisse des konkreten Einzelfalles. Da es sich in beiden Fällen idealiter um Individualvereinbarungen handelt, entspricht deren Vorrang dem allgemeine Auslegungsprinzip des **Vorrangs der Individualvereinbarung**; denn die nachfolgend aufgeführten Bedingungen sind immer Allgemeine Geschäftsbedingungen. Häufig sind Besondere Vertragsbedingungen allerdings für mehrere Aufträge desselben Bauvorhabens oder gar eine Vielzahl von Bauvorhaben vorformuliert.[73] Es handelt sich dann auch um Allgemeine Geschäftsbedingungen, deren Vorrang sich in diesem Fall aus dem Spezialitätsprinzip ergibt.

31 Die an dritter Stelle aufgeführten Zusätzlichen Vertragsbedingungen sind die die speziellen Bedürfnisse eines Auftraggebers berücksichtigenden standardisierten Vertragsbedingungen, die bei dem an die VOB/A gebundenen Auftraggeber der VOB/B nicht widersprechen dürfen (§ 10 Nr. 2 Abs. 2 VOB/A).[74] Die Zusätzlichen Technischen Vertragsbedingungen enthalten nach § 10 Nr. 3 VOB/A Anpassungen bzw. Ergänzungen der Allgemeinen Vertragsbedingungen (VOB/C) im Hinblick auf die allgemeinen Verhältnisse des Auftraggebers.[75]

Diese spezielleren Allgemeinen Geschäftsbedingungen einer Partei gehen den für alle Verträge geltenden Regelungen der VOB/C und auch der an letzter Stelle aufgeführten VOB/B vor. Diese Reihenfolge folgt dabei dem **Spezialitätsgrundsatz**. Dabei geht die VOB/C der VOB/B vor, weil sie Konkretisierungen und Abweichungen von der VOB/B enthält.[76]

31 a Wegen dieser Reihenfolge könnte man annehmen, dass bei einem **Widerspruch zwischen der VOB/C und den Allgemeinen Regeln der Technik** erstere vorgeht.[77] Denn die Allgemeinen

---

[69] BGH BauR 1991, 458 = NJW-RR 1991, 980; *Heiermann/Riedl/Rusam*, VOB/B § 1 Rdn. 28; *Quack* BauR 1992, 18, 19.

[70] Vgl. *Quack* BauR 1992, 18, 20 f.

[71] Vgl. BGH BauR 1991, 458 = NJW-RR 1991, 980, wobei die Auslegung des BGH nicht plausibel erscheint (kritisch auch *Nicklisch/Weick* VOB/B § 1 Rdn. 16 a), sowie BGH BauR 1987, 445.

[72] BGH NZBau 2002, 324 = BauR 2002, 935; BGH NZBau 2002, 500 = BauR 2002, 1394; OLG Celle BauR 2003, 1040.

[73] Vgl. VOB/A § 10 Rdn. 12 und VOB/B § 2 Rdn. 75 f.

[74] Vgl. VOB/A § 10 Rdn. 10 f.

[75] Vgl. VOB/A § 10 Rdn. 18 ff.

[76] Vgl. *Ingenstau/Korbion/Keldungs* VOB/B § 1 Nr. 2 Rdn. 8.

[77] Vgl. Beck'scher VOB-Kommentar/*Motzke*, VOB/C Einl. I Rdn. 79 f.

Regeln der Technik wurden erst über § 4 Nr. 2 und § 13 Nr. 1 VOB/B in Vertrag einbezogen. Die herrschende Meinung verschafft demgegenüber den Allgemeinen Regeln der Technik generellen Vorrang; im Falle des Widerspruchs sollen die entsprechenden Regelungen der VOB/C entgegen § 1 Nr. 1 S. 2 VOB/B gar nicht erst Vertragsbestandteil werden.[78] Der Vorrang der Allgemeinen Regeln der Technik ergibt sich bereits daraus, dass die Verpflichtung zu deren Einhaltung sich im Wege der Auslegung aus der vorrangigen Bausollbeschreibung ergibt. Die Regelungen des § 4 Nr. 2 VOB/B ist mithin lediglich eine (nachrangige) Klarstellung des ohnehin Geltenden. Das zeigt sich z.B. daran, dass beim BGB-Bauvertrag auch ohne ausdrückliche Einbeziehung die Einhaltung der Allgemeinen Regeln der Technik Teil der Leistungsverpflichtung ist.[79]

32 Fraglich kann im Einzelfall sein, welchen Rang **unrichtige bezeichnete Vertragsbestandteile** haben, wenn also z.B. der Verwender seine Allgemeinen Geschäftsbedingungen entgegen der Terminologie der VOB BVB nennt. Hierzu wird vielfach die Auffassung vertreten, es käme für die Rangfolge ausschließlich auf die wahre Rechtsnatur an.[80] Richtig hieran ist, dass der Vorrang der Individualabrede sich durch eine bloße Falschbezeichnung nicht beseitigen lässt. Allerdings steht es den Parteien grundsätzlich frei, die Rangfolge des § 1 Nr. 2 VOB/B zu ändern, was indirekt auch durch Umetikettierungen geschehen kann.[81] Allgemeine Geschäftsbedingungen in den Vorbemerkungen des Leistungsverzeichnisses haben nicht die Rangklasse von zusätzlichen Vertragsbedingungen, sondern gehen diesen zunächst vor.[82]

33 Nicht unter die Rangregelung des § 1 Nr. 2 fällt das Verhältnis von **in der VOB/B selbst ausdrücklich vorgesehenen Abweichungen** („wenn nichts anderes vereinbart wird", vgl. z.B. § 2 Nr. 2, 4, 7 Abs. 2, § 4 Nr. 4, § 13 Nr. 4, § 14 Nr. 3, § 15 Nr. 3, § 17 Nr. 2, § 18 Nr. 1) zur VOB/B. Diese Abweichungen sollen zwar eigentlich in vorrangigen Regelungen erfolgen (vgl. § 10 Nr. 2 VOB/A), können aber in den Grenzen des § 305 BGB auch durch nachrangige Bedingungen erfolgen.[83]

34 Nicht ausdrücklich angesprochen sind in § 1 Nr. 2 **mündliche Abreden**. Wirksam vereinbart werden sie Teil der Leistungsbeschreibung oder der Besonderen Vertragsbedingungen.[84] Als nachträgliche Änderungen oder Ergänzungen werden sie bei Widersprüchen häufig dem übrigen Vertrag vorgehen.

III. Abweichende Vereinbarungen und AGB-widrige Gestaltungen

35 Die durch die VOB/B vorgegebene Reihenfolge als solche ist naturgemäß nicht zwingend.[85] Die der Reihenfolge des § 1 Nr. 2 zu Grunde liegenden Rechtprinzipien führen dazu, dass **Abänderungen nur in Grenzen** möglich sind. Der **Vorrang der Individualabrede** kann schon wegen § 305 b BGB nicht beseitigt werden. Da vor dem Eingreifen der Rangregelung als Kollisionsnorm der Versuch der Auslegung als sinnvolles Ganzes zu erfolgen hat[86], wird sich auch das **Spezialitätsprinzip** weitgehend durchsetzen.

---

[78] *Ingenstau/Korbion-Oppler*, VOB/B § 4 Nr. 2 Rdn. 44; *Heiermann/Riedl/Rusam*, VOB/B § 4 Rdn. 38; *Siegburg*, Gewährleistung, Rdn. 102; *Kaiser,* ZfBR 1985, 1, 3.

[79] Vgl. *Staudinger/Peters* (2003), BGB § 633 Rdn. 168 m.w.N.

[80] So *Heiermann/Riedl/Rusam* VOB/B § 1 Rdn. 28 c; *Nicklisch/Weick* VOB/B § 1 Rdn. 19; *Quack* BauR 1992, 18, 22.

[81] Vgl. Beck'scher VOB-Kommentar/*Jagenburg* VOB/B § 1 Nr. 2 Rdn. 7; äußerst zweifelhaft aber BGH BauR 1986, 202 = NJW-RR 1986, 825 wo formularmäßig AGB der Vorrang vor dem Angebot eingeräumt worden ist.

[82] **Anders** wohl *Heiermann/Riedl/Rusam*, VOB/B § 1 Rdn. 28 c; *Nicklisch/Weick* VOB/B § 1 Rdn. 19.

[83] Vgl. BGH BauR 1987, 445 = NJW-RR 1987, 851. Heißt es allerdings im vorrangigen GU-Vertrag, die Gewährleistungs**frist** richte sich nach der VOB/B, so ist damit ein so eindeutiger Erklärungswert verbunden, dass die Gewährleistungsfrist in nachrangigen AVB nicht mehr wirksam auf 5 Jahre festgelegt werden kann, anders aber BGH BauR 1991, 458 = NJW-RR 1991, 980.

[84] Vgl. *Daub/Piel/Soergel/Steffani*. ErlZ. B 1.18.

[85] Beck'scher VOB-Kommentar/*Jagenburg* VOB/B § 1 Nr. 2 Rdn. 7; *Heiermann/Riedl/Rusam* VOB/B § 1 Rdn. 28 c.

[86] BGH BauR 1991, 458 = NJW-RR 1991, 980.

36 Im Übrigen entspricht die richtig verstandene Rangfolge des § 1 Nr. 2 der Sachlogik und sollte deshalb nicht abgeändert werden. Die in der Praxis zu beobachtenden Änderungen erfolgen vielfach gedankenlos und führen nur zu erheblichen Auslegungsschwierigkeiten. So wird zum Teil den **gesetzlichen Bestimmungen des Werkvertrages Vorrang vor der VOB/B** eingeräumt. Das hat zur Folge, dass alle Bestimmungen der VOB, die den gesetzlichen Werkvertragsrecht widersprechen, nicht Vertragsinhalt werden. Für den Auftraggeber hat das nicht nur zur Konsequenz, dass sich Mängelansprüche und Gefahrtragungen nach dem BGB richten; wegen mittelbaren Widerspruchs entfällt z.B. auch die Haftungsbeschränkung des § 6 Nr. 6 VOB/B.[87] Konsequenterweise müsste auch z.B. § 1 Nr. 3, 4 VOB/B, die als einseitige Änderungsvorbehalte dem Grundsatz der Vertragsverbindlichkeit widersprechen, oder § 2 Nr. 10 VOB/B wegen § 632 BGB bzw. § 16 Nr. 3 VOB/B wegen § 641 BGB nicht Vertragsinhalt werden. Da der Begriff des gesetzlichen Werkvertragsrecht wegen dessen Verzahnung und Abhängigkeit mit den allgemeinen Rechtsregeln darüber hinaus unscharf ist, es deshalb zwangsläufig zu Unklarheiten über den Vertragsinhalt kommt, müsste eine derartige Rangfolge in Allgemeinen Geschäftsbedingungen auch gegen das Transparenzgebot verstoßen.[88]

37 Wenig hilfreich ist es auch, wenn in der Baupraxis die **anerkannten Regeln der Technik** in die Rangfolgeregelung des Vertrages aufgenommen werden. Sie sind, wie die klarstellenden Verweise in § 4 Nr. 2 und § 13 Nr. 1 zeigen, sowieso Vertragsbestandteil. Häufig werden die in der Rangfolge aufgenommenen anerkannten Regeln der Technik erst nach den DIN-Vorschriften aufgezählt, was dazu führt, dass möglicherweise überholte DIN-Vorschriften den aktuellen allgemeinen anerkannten Regeln der Technik vorgehen (vgl. auch Rdn. 31 a).

38 Auch von einer Einbeziehung weiterer gestaffelter Allgemeiner Geschäftsbedingungen ist dringend abzuraten. Der BGH hat zwar die **Staffelverweisung** im Baurecht als üblich und im Allgemeinen als sachgerecht anerkannt.[89] Er hat allerdings betont, dass die Verwendung mehrer Klauselwerke unzulässig wird, falls es zu unklaren Verhältnissen der konkurrierenden Regelungen führt.[90] Die Einbeziehung aller Regelungswerke nach § 1 Nr. 2 sollte die äußerste Grenze sein.[91] Die in der Praxis zu beobachtende Einbeziehung der verschiedensten allgemeinen Geschäftsbedingungen nach dem Motto „viel hilft viel“[92], führt durch die Vielzahl überflüssiger bzw. teilweise kollidierende Regelungen mit unklaren Inhalt zur **Intransparenz.**[93] Es ist nicht Aufgabe der anderen Vertragspartei, zusammengehörende oder im Widerspruch stehende Klauseln in einem unübersichtlichen Klauselwerk herauszufinden und nach Feststellung des Regelungsgehaltes zu prüfen, ob und inwieweit die Klauseln sich ergänzen oder ausschließen.[94] Das Transparenzgebot kann damit zum **Ausschluss ganzer nachrangiger Klauselwerke** führen.

39 Das Transparenzgebot kann auch den **Ausschluss einzelner Klauseln** bewirken, z.B. wenn Regelungen über den Umfang der zu erbringenden Leistungen oder Vertragsbedingungen in umfangreichen Verdingungsunterlagen **systematisch falsch** aufgeführt werden, so dass die andere Vertragspartei mit der Klausel an dieser Stelle nicht zu rechnen brauchte. Eine Einbeziehung der Klausel scheitert dann in der Regel – ohne dass es auf die inhaltliche Wirksamkeit der Klausel ankommt – an § 305 c BGB. Diese Vorschrift schützt nicht nur vor solchen Klauseln, die als solche überraschend sind, sondern in Verbindung mit dem Transparenzgebot auch vor Klauseln, mit denen an dieser Stelle der Vertragsunterlagen nicht gerechnet zu werden brauchte.[95]

---

[87] BGH WM 1977, 1453; BGH BauR 1978, 139 = NJW 1978, 995.
[88] Vgl. dazu Rdn. 38, 39.
[89] BGH NJW BauR 1990, 718 = NJW 1990, 3197.
[90] BGH BauR 1990, 718 = NJW 1990, 3197; BGH v. 16.3.2006 – I ZR 65/03; OLG Zweibrücken BauR 1994, 509; OLG München NJW-RR 1988, 786.
[91] *Wolf/Horn/Lindacher*, AGBG § 6 Rdn. 25.
[92] Vgl. *Quack* BauR 1992, 18,21.
[93] Vgl. OLG München NJW-RR 1988, 786.
[94] Vgl. BGHZ 86, 284, 296.
[95] *Wolf/Horn/Lindacher*, AGBG § 3 Rdn. 16.

Dies führt z.B. dazu, dass **versteckte Klauseln** über die unentgeltliche Miterbringung weiterer Nebenleistungen bzw. Besonderer Leistungen im Sinne der VOB/C häufig unwirksam sind.[96] Verweist z.B. ein Vertrag allgemein auf die VOB/C als Vertragsgrundlage, so müssen Gerüste in vielen Gewerken nur bis zu einer Höhe von 2 m als Nebenleistungen in die Preise einkalkuliert werden. Ein hiervon abweichende Klausel, die in umfangreichen zusätzlichen technischen Vorschriften enthalten ist, wonach Gerüste bis zu 8 m unentgeltlich zur Verfügung gestellt werden müssen, ist nach §§ 305 c, 307 BGB unwirksam.[97] Ebenso überraschend ist es in der Regel, wenn Vertragsstrafeversprechen in Vorbemerkung zu Leistungsverzeichnissen aufgenommen werden. Diese sollen sich auf die technischen Erläuterungen zur Ausführung der Bauleistung beschränken.[98] 40

IV. Auslegung der Vertragsunterlagen

Die Rangfolgeregelung löst nur einen Teil möglicher Widersprüche. Es ist bereits darauf hingewiesen worden, dass Widersprüche zwischen einzelnen Vertragsbestimmungen nicht allein durch die Rangfolgeregelung zu lösen sind. Vielmehr ist zunächst zu versuchen, die Widersprüche durch Auslegung nach den allgemeinen Grundsätzen (§§ 133, 157 BGB) zu lösen.[99] Diese greifen uneingeschränkt bei **Widersprüchen innerhalb gleichrangiger Vertragsbestandteile** ein. 41

Wegen der allgemeinen Auslegungsregelungen ist zunächst auf die Kommentierung zu §§ 133, 157 BGB zu verweisen. Hier kann nur auf einige Auslegungsprobleme von Bauverträgen eingegangen werden. Weiter wird zur Auslegung unklarer und widersprüchlicher Regelungen auch auf VOB/B § 2 Rdn. 90–129 verwiesen.

Oberste Auslegungsgrundsatz ist die Ermittlung des wirklichen **gemeinsamen** Parteiwillens. Nicht maßgeblich ist die Vorstellung einer Vertragspartei, insbesondere nicht die des Ausschreibenden oder des Klauselverwenders. Vielmehr sind die Vertragserklärungen jeweils so auszulegen, wie der durchschnittliche Empfänger sie verstehen darf. Maßstab ist bei Bauverträgen der Verständnishorizont **aller** potentiellen Bieter[100], und zwar aus einer ex-ante-Sicht während der Vertragsverhandlungen. Stellt sich z.B. beim Detail-Pauschalvertrag während der Bauausführung nachträglich die Notwendigkeit nicht klar beschriebener Leistungen heraus, so ist nicht zu fragen, ob man in Kenntnis der Notwendigkeit aus irgendwelchen nicht primär einschlägigen Vertragsunterlagen dunkle Hinweise auf diese Einzelleistung finden kann, sondern ob der durchschnittliche Bieter unter den Bedingungen des Vergabeverfahrens diese Leistung als abgefragt erkennen musste. Nur dann ist die Leistung mit angeboten und damit Teil des Vertragssolls. 42

Zwar sind sämtliche Bestandteile der Leistungsbeschreibung grundsätzlich gleichwertig und gleichrangig.[101] Zu orientieren hat sich der Bieter aber zunächst an dem Teil der Leistungsbeschreibung, der die betreffende Leistung **konkret** beschreibt.[102] Die zum Verständnis erforderlichen Angaben haben deshalb **in rechter Weise und an geeigneter Stelle** im Leistungsverzeichnis zu stehen.[103] Was ohne Bezugnahme auf die konkrete Leistung irgendwo steht, ist in der Regel nicht geeignet, das Vertragssoll zu bestimmen. 43

Die Auslegung bleibt immer aber eine Frage des Einzelfalls. Die Frage, **ob den Zeichnungen ein Vorrang vor dem Leistungsverzeichnistext zukommt**[104] oder umgekehrt[105], lässt sich 44

[96] Vgl. auch VOB/B § 2 Rdn. 61, 86.

[97] OLG Celle OLGR 1995, 21; vgl. auch OLG Düsseldorf NJW-RR 1997, 1378; VOB/B § 2 Rdn. 61.

[98] Vgl. VHB Nr. 2.2.2 zu § 9 VOB/A.

[99] *Quack* BauR 1992, 18, 19 ff.; *Franke/Kemper/Zanner/Grünhagen* VOB/B § 1 Rdn. 44.

[100] BGH BauR „Sonderfarben I" BauR 1993, 595; BauR 1994, 236; BauR 1994, 625; Einzelheiten VOB/B § 2 Rdn. 110.

[101] Vgl. Beck'scher VOB-Kommentar/*Jagenburg* VOB/B § 1 Nr. 2 Rdn. 12 m.w.N.

[102] BGH BauR 1999, 897.

[103] BGH BauR 1999, 987; *Kapellmann/Schiffers*, Bd. 1 Rdn. 199; *Roquette* NZBau 2001, 57, 63; Einzelheiten bei VOB/B § 2 Rdn. 103 f., 120.

[104] Dafür tendenziell Beck'scher VOB-Kommentar/*Jagenburg* VOB/B § 1 Nr. 3 Rdn. 13.

[105] Dafür tendenziell *Daub/Piel/Soergel/Steffani* , ErlZ. B 1.13; *Leinemann/Schoofs* VOB/B § 1 Rdn. 14.

deshalb nicht generell beantworten. Zeichnungen, die für die Ausführungen maßgebend sein sollen, sind nach § 9 Nr. 7 VOB/A eindeutig zu bezeichnen. Konkret in Bezug genommene Zeichnungen sind deshalb prinzipiell geeignet, die geschuldete Leistung zu verdeutlichen und damit den Wortlaut der Leistungsbeschreibung zu ergänzen. Der Bieter ist demgegenüber nicht verpflichtet zu überprüfen, ob sich aus weiteren Plänen oder Planungsdetails, die primär andere Leistungsteile betreffen, Widersprüche oder Ergänzungen zum Leistungsverzeichnistext oder den konkret in Bezug genommene Plänen ergeben.[106] Damit wird bei üblicher Ausschreibungspraxis in der Regel der Text vorrangig sein.[107]

45 Bei der Auslegung des Leistungsverzeichnistextes gibt es zwar **keinen grundsätzlichen Vorrang vom Positionstext gegenüber den Vorbemerkungen.**[108] Maßgebend ist grundsätzlich die Ausführung, die die konkrete Leistung spezieller beschreibt. Das wird aber in der Regel der Positionstext sein[109], zumal wenn die Vorbemerkungen ohne Bezug auf die konkrete Leistung abstrakt und vorformuliert sind. Konkret das Bauvorhaben beschreibende Vorbemerkungen können andererseits dem Leistungsverzeichnistext vorgehen.[110]

46 Verbleibende Widersprüche und Unklarheiten gehen bei Individualvereinbarungen in der Regel zu Lasten desjenigen, der aus einer Regelung Rechte herleiten will[111], bei AGB gemäß § 305 c BGB zu Lasten des Verwenders. Bei auftraggeberseitiger Ausschreibung wird also Bausoll die dem Auftragnehmer günstigere Variante.[112]

V. Nachrangige Klausel als Ersatzregelung?

47 Häufig enthalten die nach § 1 Nr. 2 der VOB/B vorgehenden Allgemeinen Geschäftsbedingungen des Verwenders unwirksame Vertragsklausel. Bedingt sich der Auftraggeber eine unwirksame Prüfungsfrist von vier Monaten für die Schlussrechnung in seinen Zusätzlichen Vertragsbedingungen (ZVB) aus, so stellt sich die Frage, ob nunmehr die Prüfungsfrist von zwei Monaten des § 16 Nr. 3 VOB/B gilt oder die Regelung des § 641 BGB. Hier wird insbesondere in der baurechtlichen Literatur die Auffassung vertreten, die **VOB/B würde als nachrangige Ersatzregelung** vor dem BGB eingreifen.[113] Dem liegt die Wertung zu Grunde, dass die VOB/B eine ausgewogene Regelung darstellt, während das gesetzliche Vertragsrecht für Bauverträge zu lückenhaft sei.[114] Die Gegenauffassung stellt darauf ab, dass nach § 306 Abs. 2 BGB (§ 6 ABGB a.F.) **an die Stelle der unwirksamen Regelungen** das **dispositive Gesetzesrecht** tritt.[115] Auch im AGB-Recht ist die Frage noch nicht endgültig geklärt. Richtigerweise wird man differenzieren müssen. Zuerst ist zu klären, ob die nachrangigen Klauseln überhaupt als Ersatzbedingung gewollt sind. Grundsätzlich wird die Vereinbarung abweichender vorrangiger Bedingungen den Ausschluss einer anderslautenden nachrangigen VOB-Regelung bedeuten.[116] Sie wird dann überhaupt nicht

---

[106] *Roquette* NZBau 2001, 57, 63 und VOB/B § 2 Rdn. 120.
[107] Vgl. VOB/B § 2 Rdn. 120.
[108] BGH BauR 1999, 897; *Franke/Kemper/Zanner/Grünhagen* VOB/B § 1 Rdn. 51.
[109] Vgl. VOB/B § 2 Rdn. 103.
[110] BGH BauR 1999, 897.
[111] Im Ergebnis OLG Düsseldorf BauR 1994, 764; *Heiermann/Riedl/Rusam* VOB/B § 1 Rdn. 28 d.
[112] Vgl. näher VOB/B § 2 Rdn. 123.
[113] Vgl. *Kleine-Möller/Merl*, Handbuch, § 4 Rdn. 141; *Heiermann/Riedl/Rusam* VOB/A § 10 Rdn. 61; *Nicklisch/Weick* VOB/B § 1 Rdn. 16 b; *Lenzen*, BauR 1985, 261, 263; *Weyer*, BauR 1984, 553, 556; soweit *Heiermann/Linke*, S. 90, die Auffassung vertreten, dass dies sogar für den Fall gelten soll, dass die VOB/B nicht Vertragsbestandteil ist, ist das offensichtlich unhaltbar.
[114] Vgl. *Nicklisch/Weick* VOB/B § 1 Rdn. 16 b; *Lenzen*, BauR 1985, 261, 263.
[115] BGH NZBau 2004, 146 = BauR 2004, 488; Münchener Kommentar/*Basedow*, § 6 AGBG Rdn. 19; *Ulmer/Brandner/Hensen*, § 6 Rdn. 40; *Motzke* in Graf von Westphalen, AGB, Subunternehmervertrag Rdn. 45; *Werner/Pastor*, Rdn. 1024; Oberhauser S. 64 f., 68 ff.; *von Westphalen* ZfBR 1985, 252, 263 f.; so wohl auch BGH BauR 1986, 200 = NJW 1986, 924.
[116] So auch tendenziell BGH NZBau 2004, 146 = BauR 2004, 488.

Vertragsbestandteil.[117] Nach § 306 Abs. 2 BGB gilt dann die gesetzliche Regelung. Sollen nachrangige Allgemeine Geschäftsbedingungen aber ausdrücklich nach dem Vertrag[118] subsidiär als Ersatzregelung gelten, wird das im Zweifel an § 307 BGB (§ 9 AGBG a.F.) scheitern. Zwar ist § 306 BGB nicht zwingend.[119] Eine formularmäßige Abweichung von § 306 BGB wird allerdings – wenn es den Klauselgegner schlechter als nach dispositiven Recht stellt – als Verstoß gegen § 307 Abs. 2 Nr. 1 BGB unwirksam sein.[120] Denn nach zutreffender herrschender Meinung[121] soll der Verwender aus Präventionsgründen das Unwirksamkeitsrisiko seiner Klausel tragen und nicht durch nachrangige Ersatzbedingungen auf den Vertragsgegner abwälzen. Deshalb können nur für den Vertragsgegner günstige Klauseln subsidiär formularmäßig einbezogen werden, was aber aus tatsächlichen Gründen in der Regel nicht vereinbart sein wird.

Überdehnt der Bauherr im Beispielsfall die Prüfungsfrist für die Schlussrechnung, führt das 48
gemäß § 641 BGB zur sofortigen Fälligkeit, nicht aber etwa zur zweimonatigen Prüfungsfrist des § 16 Nr. 2 VOB/B. Ein Rückgriff auf die VOB/B ist damit weder notwendig noch angezeigt.

D. § 1 Nr. 3 – Bauentwurfsänderung

I. Allgemeines

§ 1 Nr. 3 gibt dem Auftraggeber das Recht, während der Durchführung der Baumaßnahme 49
Änderungen des Bauentwurfes anzuordnen. Dogmatisch handelt es sich nicht unmittelbar um ein Leistungsbestimmungsrecht im Sinne des § 315 BGB, sondern um einen einer Vertragspartei, hier dem Auftraggeber, eingeräumten **Änderungsvorbehalt**.[122] Das Leistungsbestimmungsrecht nach § 315 BGB dient der (erstmaligen) notwendigen Konkretisierung des Leistungsinhalts, ggf. auch bei nachträglichen Änderungen in Dauerschuldverhältnissen. Die Ausübung eines derartigen Konkretisierungsrechts ist verbindlich und unwiderruflich. Der Leistungsinhalt liegt beim Bauvertrag nach dem Ausgangspunkt der VOB (vgl. § 9 VOB/A) bei Vertragsabschluss regelmäßig fest. Sollte er nicht bzw. nicht hinreichend genau festliegen, z.B. bei Abschluss eines GU-Vertrages noch vor Erstellung der Ausführungsplanung, läge ein Fall unmittelbar des § 315 BGB vor. Das Abänderungsrecht des § 1 Nr. 3 VOB/B betrifft dagegen die nachträgliche Änderung der bereits ausreichend konkretisierten Leistungen. Auf diese sind nicht alle Regelungen der §§ 315 ff. BGB anwendbar. Insbesondere verbraucht sich das Änderungsrecht des Auftraggebers nicht, jedenfalls nicht mit der erstmaligen Ausübung, sondern kann in der Regel **wiederholt ausgeübt** werden. Der Auftraggeber ist – im Gegensatz zum erstmaligen Leistungsbestimmungsrecht – an die einmal getroffene Leistungsänderung nicht gebunden, sondern kann – vorbehaltlich der vergütungsrechtlichen Konsequenzen nach § 2 Nr. 5 VOB/B – die Leistung erneut ändern.[123] Das gilt auch für bereits ausgeführte Leistungen.[124]

[117] BGH BauR 1986, 200 = NJW 1986, 924; OLG Celle NJW-RR 1997, 82 (in der Begründung teilweise falsch); OLG München NJW-RR 1988, 786.

[118] § 1 Nr. 2 ordnet keine Subsidiärgeltung an, da eine derartige Abänderung der VOB/B durch BVB oder ZVB nach § 10 VOB/A überhaupt nicht erfolgten dürfte, anders aber *Lenzen*, BauR 1985, 261, 263.

[119] Insoweit zutreffend *Staudinger/Schlosser*, § 6 AGBG Rdn. 11.

[120] BGH NZVersR 1999, 396; *Ulmer/Brandner/Hensen*, § 6 Rdn. 40; BGH NZBau 2004, 146 erwägt eine Ersatzregelung, geht aber von einer Individualvereinbarung aus, da er weitere Feststellung des Berufungsgericht – zusätzlich zum schriftlichen Vertrag – für notwendig erachtet.

[121] *Ulmer/Brandner/Hensen*, § 6 Rdn. 40; *Wolf/Horn/Lindacher*, AGBG, § 6 Rdn. 24; Münchener Kommentar/*Basedow*, § 6 AGBG Rdn. 29; *Matusche-Beckmann* NJW 1998, 112, 114; **anderer Ansicht:** *Staudinger/Schlosser*, § 6 AGBG Rdn. 11 m.w.N.

[122] Ebenso *Piel* Festschrift Korbion, S. 349 f.

[123] Bei Dauerschuldverhältnissen gibt es so genannte Mutter Gestaltungsrechte, die mehrfach ausgeübt werden können, z.B. das Direktionsrecht des Arbeitgebers, vgl. Münchener Kommentar/*Emmerich*, § 311 Rdn. 38 m.w.N.; Münchener Kommentar/*Gottwald*, § 315 Rdn. 34. Das übersieht *Quack*, ZfBR 2004, 107, 108.

[124] Bedenken bei *Quack*, ZfBR 2004, 107, 108, der übergeht, dass Korrekturnotwendigkeiten sich auch erst im Laufe der Bauausführung ergeben können.

50 Dieses Änderungsrecht stellt **einen wesentlichen Unterschied zum BGB-Werkvertrag** dar. Das Werkvertragsrecht kennt, wie das Vertragsrecht allgemein, grundsätzlich kein einseitiges Änderungsrecht. Zwar wird man auch ohne Vereinbarung der VOB/B einen Auftragnehmer jedenfalls bei unvermeidbaren Planungsänderungen, insbesondere aufgrund nachträglicher Auflagen einer Behörde, im Wege ergänzender Vertragsauslegung (§ 157 BGB) als verpflichtet ansehen, die geänderte Leistung zu erbringen.[125] Eine Änderung des Vertrages wäre aber nur unter wesentlich strengeren Voraussetzungen möglich. Im Übrigen ist wesentlicher Inhalt des Anordnungsrechts nach § 1 Nr. 3 VOB, dass für eine Bauentwurfsänderung kein besonderer Grund notwendig ist, sie also auch durch einen bloßen Willenswandel des Auftraggebers veranlasst sein darf.[126] Ob ein solches über notwendige Änderungen hinausgehendes Gestaltungsrecht beim BGB-Vertrag anzunehmen ist, ist streitig.[127]

II. Umfang des Änderungsrechts

1. Definition des Bauentwurfs

51 Das Änderungsrecht nach § 1 Nr. 3 bezieht sich auf den Bauentwurf. Hiermit ist nicht der Bauentwurf im Sinne des § 19 Nr. 1 b GOA bzw. die Entwurfsplanung nach § 15 Abs. 2 Nr. 3 HOAI gemeint.[128] Eine entsprechende Bezugnahme scheitert schon daran, dass die VOB aus dem Jahre 1926 schlechterdings nicht auf die erst 1950 in Kraft getretene GOA bzw. auf die HOAI aus dem Jahre 1971 Bezug genommen haben kann.[129] Zum anderen ergibt sich aus § 9 VOB/A, dass Grundlage der Leistungsbeschreibung und damit Bauentwurf die Ausführungsplanung ist.[130] Im allgemeinen Sprachgebrauch bezeichnet „Entwurf" generell „Zeichnungen, nach denen man etwas ausführt".[131] Bauentwurf sind damit zunächst in jedem Fall alle zeichnerischen Darstellungen des geschuldeten Werkes. Da dieselbe Leistungsvorgabe mehr oder weniger gleichwertig zeichnerisch, schriftlich, mündlich oder gegenständlich ausgedrückt werden kann und von der Art der Darstellung die Änderungsbefugnis des Auftraggebers nicht abhängig gemacht werden kann[132], kann der Begriff nicht gegenständlich, sondern nur **funktional und damit weit ausgelegt** werden.[133] Bauentwurf im Sinne des § 1 Nr. 3 VOB/B ist damit die **Gesamtheit aller Vorgaben für die bautechnische Leistung** des Auftragnehmers, und zwar unabhängig von der Art der Verkörperung. Erfasst werden damit insbesondere die Leistungsbeschreibung einschließlich Baubeschreibung und Leistungsverzeichnissen, alle Pläne, Berechnungen, Muster und Proben, aber auch technische Regelungen und Anweisungen etc. Auch mündliche Anordnungen fallen hierunter.[134]

2. Keine Änderung des sonstigen Vertragsinhalts

52 Abzugrenzen ist der Bauentwurf von dem sonstigen Vertragsinhalt. Das Änderungsrecht des § 1 Nr. 3 bezieht sich ausschließlich auf die bautechnischen Vorgaben, schon nach dem Wortlaut eindeutig **nicht** auf eine **Änderung der Vertragsbestimmungen** wie Abrechnung oder Zahlungsmodalitäten, Regelungen über Gewährleistung, Sicherheiten, Vertragsstrafe etc.[135]

---

[125] BGH BauR 1996, 378, 380; *Nicklisch/Weick* VOB/B § 1 Rdn. 23; *Heiermann/Riedl/Rusam* VOB/B § 1 Rdn. 30.

[126] *Vygen*, Bauvertragsrecht, Rdn. 769; *Heiermann/Riedl/Rusam* VOB/B § 1 Rdn. 30.

[127] Vgl. *Kapellmann/Schiffers*, Band 2 Rdn. 1003 ff. m.w.N.

[128] Unrichtig deshalb die Bezugnahme bei *Ingenstau/Korbion/Keldungs* VOB/B § 1 Nr. 3 Rdn. 7.

[129] *Endres*, BauR 1982, 535, 536.

[130] *Weyer*, BauR 1990, 138, 140.

[131] *Duden*, Das große Wörterbuch der deutschen Sprache, 3. Aufl. 1999, Band 3, S. 1054.

[132] Allgemeine Meinung, vgl. Beck'scher VOB-Kommentar/*Jagenburg* VOB/B § 1 Nr. 3 Rdn. 9; *Ingenstau/Korbion/Keldungs* VOB/B § 1 Nr. 3 Rdn. 7; *Nicklisch/Weick* VOB/B § 1 Rdn. 25; *Heiermann/Riedl/Rusam VOB/B § 1* Rdn. 31.

[133] *Nicklisch/Weick* VOB/B § 1 Rdn. 25; *Heiermann/Riedl/Rusam* VOB/B § 1 Rdn. 31.

[134] *Heiermann/Riedl/Rusam* VOB/B § 1 Rdn. 31.

[135] Allgemeine Meinung, vgl. nur *Nicklisch/Weick* VOB/B § 1 Rdn. 23; *Heiermann/Riedl/Rusam* VOB/B § 1

3. Bauinhaltsänderungen

Das einseitige Änderungsrecht bezieht sich nur auf den Bauentwurf und damit auf den **Bauinhalt**, nicht aber unmittelbar auf eine Änderung der **Bauumstände** und damit auch nicht auf eine Änderung der **Bauzeit**. Ausgeschlossen sind allerdings nur unmittelbare Bauumstands- oder Bauzeitänderungen, d.h. wenn der Auftraggeber das Leistungsziel selbst nicht verändert, sondern seine Änderungsanordnungen sich bei unveränderter Leistung allein auf Ausführungsart oder Bauzeit richten. Ordnet der Auftraggeber Bauinhaltsänderungen an, so dürfen diese auch Auswirkungen auf Ausführungsart und Ausführungszeit haben. Dies wird sich vielfach gar nicht vermeiden lassen. Die Abgrenzung kann im Einzelfall schwierig sein. Ordnet der Auftraggeber größere Betonierabschnitte an, so betrifft das nicht allein die Bauumstände, sondern auch den Bauinhalt[136]; unabhängig davon ist allerdings jeweils zu überprüfen, ob die Änderungsanordnung wegen ihrer mittelbaren Auswirkungen für den Auftragnehmer noch zumutbar ist (vgl. Rdn. 82 ff.). 53

4. Keine Bauumstandsänderung

Das Änderungsrecht gilt **nicht** für vereinbarte **Bauumstände.**[137] Gemeint sind damit insbesondere Änderungen des vertraglich zugesagten Zugangs oder der Zufahrt zur Baustelle, des vorgesehenen Bauablaufs, Anordnung anderen Geräteeinsatzes, Anordnung nicht vereinbarter Zusatzmaßnahmen, z.B. besondere Lärmschutzmaßnahmen etc.[138] Sie betreffen zwar im weiteren Sinne die bautechnische Seite, nicht aber den Bauentwurf, der nur den Bauinhalt bestimmt. Sinn und Zweck und damit Inhalt des Änderungsrechts ist es, dem Auftraggeber die planerische Freiheit zu erhalten. Er soll berechtigt sein, seine Planung veränderten Gegebenheiten oder auch veränderten Vorstellungen anzupassen.[139] Werden Bauumstände aufgrund zwingender äußerer Vorgaben, z.B. zusätzliche Lärmschutzmaßnahmen aufgrund behördlicher Auflagen notwendig[140], läge es nahe, ein wegen der vergleichbaren Situation nicht bestreitbares Anpassungsbedürfnis unter § 1 Nr. 3 VOB/B zu fassen. Eine Gleichstellung von Bauumstand und Bauinhalt in § 1 Nr. 3 VOB/B kommt allerdings schon deshalb nicht in Betracht, weil das Änderungsrecht inhaltlich nicht von besonderen Erfordernissen abhängt. Der Auftraggeber kann Bauinhaltsänderungen grundsätzlich auch ohne objektiven Anlass anordnen. Der Auftragnehmer darf gestalterische Änderungen nicht zurückweisen, weil sie seiner Auffassung nach nicht erforderlich sind oder er gar den Geschmack des Auftraggebers nicht teilt. Was gebaut wird, ist Sache des Auftraggebers, nicht des Auftragnehmers. 54

Anders liegt es demgegenüber bei den Bauumständen. Der Bauablauf unterfällt der **Disposition des Auftragnehmers.**[141] Es besteht kein Anlass und keine Rechtfertigung, den Auftraggeber in diese vertraglichen Rechte des Auftragnehmers einseitig und willkürlich eingreifen zu lassen. Machen äußere Umstände zwingend Bauumstandsmodifikationen notwendig, liegt in der Regel zugleich eine Behinderung der vertraglich vorgesehenen Ausführung vor. Nach § 6 Nr. 3 VOB/B hat der Auftragnehmer „alles zu tun, was ihm billiger Weise zugemutet werden kann, um die Weiterführung der Arbeiten zu ermöglichen".[142] Der Unterschied zu dem einseitigen Änderungsrecht nach § 1 Nr. 3 VOB/B liegt darin, dass das Dispositionsrecht des Auftragnehmers grundsätzlich unberührt bleibt, weil die Art der Änderung nicht einseitig vom Auftraggeber vorgegeben werden 55

Rdn. 31 a; abweichend nur *Egner*, Außerprozessuale Streiterledigung im Bauvertrag, S. 26, der die Rechtslage allerdings klar verkennt.

[136] Vgl. VOB-Stelle Niedersachsen v. 14.12.2004, Fall 1412.

[137] *Kapellmann/Schiffers*, Band 1, Rdn. 787; *Leinemann/Schoofs* VOB/B § 1 Rdn. 25.

[138] Vgl. *Kapellmann/Schiffers*, Band 1, Rdn. 787 m.w.N.

[139] OLG Düsseldorf NJW-RR 1988, 278 = BauR 1988, 485.

[140] Vgl. dazu *Clemm*, BauR 1989, 125 ff.

[141] Vgl. Beck'scher VOB-Kommentar/*Ganten* VOB/B § 4 Nr. 2 Rdn. 7 f.; Beck'scher VOB-Kommentar/*Motzke* VOB/B § 6 Nr. 4 Rdn. 28; vgl. auch VOB/B § 5 Rdn. 78.

[142] Vgl. VOB/B § 6 Rdn. 30 f.

kann. § 6 Nr. 3 VOB/B macht vielmehr unter ausgewogener Berücksichtigung der beiderseitigen Interessen Vorgaben für die Ausübung des Dispositionsrechts des Auftragnehmers und begründet für den Auftraggeber einen hierauf gerichteten Anspruch.[143] Liegen die Voraussetzungen des § 6 Nr. 3 VOB/B nicht vor, braucht der Auftragnehmer einen Eingriff in seinen Dispositionsbereich nicht zu akzeptieren. Ohne Einverständnis des Auftragnehmers kann der Auftraggeber z.B. Nachtarbeiten außerhalb seiner Betriebszeit nicht deshalb anordnen, weil er sich durch die vertraglichen Tätigkeiten stärker gestört fühlt, als er erwartet hatte.

56 In der Praxis dürfte die Frage der Berechtigung zu Bauumstandsänderungen allerdings häufig nicht problematisch werden. Frei veranlasste Bauumstandsänderungen werden selten sein. Bei durch äußere Vorgaben veranlassten Bauumstandsmodifikationen werden Alternativen häufig nicht in Betracht kommen, so dass der Auftragnehmer die vom Auftraggeber vorgegebene Änderung als sonstige Anordnung im Sinne des § 2 Nr. 5 VOB/B hinnimmt und die Mehraufwendungen entsprechend geltend macht. Diese Ansprüche stehen selbstständig neben Schadenersatzansprüchen wegen Behinderung.[144]

5. Keine Bauzeitänderung

57 **Das Änderungsrecht gemäß § 1 Nr. 3 VOB/B erfasst auch nicht die Bauzeit** als häufig wichtigsten Bauumstand. Das wird nicht immer hinreichend deutlich herausgearbeitet, entspricht aber bislang ganz herrschender Meinung.[145] Gegen diese Abgrenzungen sind allerdings ins jüngster Zeit Einwände erhoben worden.[146] Das Anordnungsrecht umfasse die „Gesamtheit der vertraglichen Leistungsbestimmungen", zu der neben dem Bauinhalt auch die Bauumstände gehörten.[147] Gerade die Bauzeit sei ein wesentlicher Faktor bei der Bestimmung des geschuldeten Leistungserfolges, weshalb sie bei der weiten Auslegung noch unter dem Begriff des Bauentwurfs fallen.[148] Einige wollen **Beschleunigungsanordnungen** allerdings nur zur Vermeidung oder Aufholung von Verzögerungen zulassen, nicht aber mit dem isolierten Ziel der Verkürzung der vereinbarten Bauzeit.[149] Andere schlagen vor, Bauzeitänderungen als zusätzliche Leistungen einzuordnen, wobei die Anforderungen an die Erforderlichkeit weit ausgelegt werden sollen.[150]

57 a Diese vorgeschlagene Erweiterung des Bauentwurfsbegriffs des § 1 Nr. 3 bzw. des Begriffs zusätzlicher Leistungen i.S.v. § 1 Nr. 4 VOB/B ist eine Reaktion auf die von *Thode* angestoßene Diskussion über das Verhältnis von Behinderungsschäden und Nachträgen.[151] *Thode* hat gerügt, dass es dogmatisch nicht stringent sei, wenn Anordnungen zur Bauzeit einerseits als rechtswidrig angesehen werden, sie andererseits dennoch Vergütungsansprüche zur Folge haben sollen.[152] Diesen Einwand versucht man nun dadurch zu begegnen, dass man das Anordnungsrecht auch auf die Bauzeit erstreckt, so dass Bauzeitanordnungen des Bauherrn problemlos zu Nachträgen nach § 2 Nr. 5 u. Nr. 6 VOB/B führen. Gerechtfertigt wird dies mit teleologischen Argumenten. Es sei nicht ersichtlich, warum der Auftraggeber technische und gestalterische Änderungen machen dürfe, nicht aber Änderungen der zeitlichen und organisatorischen Komponenten anordnen

---

[143] Beck'scher VOB-Kommentar/*Motzke* VOB/B § 6 Nr. 3 Rdn. 10 f.
[144] Vgl. VOB/B § 6 Rdn. 57, 58.
[145] *Kapellmann/Schiffers*, Band 1, Rdn. 133, 287, 1333; Beck'scher VOB-Kommentar/*Motzke* VOB/B § 5 Nr. 1 Rdn. 72, 77 f.; § 6 Nr. 2 Rdn. 52, § 6 Nr. 3 Rdn. 50, § 6 Nr. 4 Rdn. 27 ff.; Beck'scher VOB-Kommentar/*Jagenburg* VOB/B § 1 Nr. 3 Rdn. 10 f., § 2 Nr. 5 Rdn. 70; *Vygen/Schubert/Lang*, Bauverzögerung, Rdn. 176; *Kleine-Möller/Merl*, Handbuch, § 10 Rdn. 455, 477; *Weyer*, BauR 1990, 138, 143; *Vygen*, Festschrift *Locher*, S. 263, 273 f.; unrichtig aber z.B. LG Stralsund, IBR 2005, 464.
[146] *Zanner/Keller*, NZBau 2004, 353 ff.; *Kniffka*, IBR-online-Kommentar, § 631 Ziff. 3.6.1.6.222 (Rdn. 337 ff.); *Wirth/Würfele*, BrBp 2005, 214 ff.
[147] *Zanner/Keller*, NZBau 2004, 353, 354.
[148] *Wirth/Würfele*, BrBp 2005, 214, 217 und Jahrbuch BauR 2006, 119, 152 ff.
[149] *Wirth/Würfele*, Jahrbuch 2006, 119, 160 f.
[150] *Breyer* BauR 2006, 1222 ff.
[151] *Thode* ZfBR 2004, 214 ff.
[152] *Thode* ZfBR 2004, 214, 219 ff.

dürfe.[153] Gegen diese erweiternde Auslegung spricht allerdings entscheidend, dass sie den Begriff des Bauentwurfes nicht nur zu weit auslegt, sondern völlig auslöst.

Eine derartige Auslegung **überschreitet die für Allgemeine Geschäftsbedingungen zulässigen Auslegungsgrundsätze**. Allgemeine Geschäftsbedingungen sind nach objektiven Maßstäben so auszulegen, wie sie die beteiligten Verkehrskreise verstehen können und müssen.[154] Bedeutung kommt dabei vor allem der Wortlaut der Klausel zu.[155] Die neue Auffassung versucht allerdings gar nicht, dass Verständnis der beteiligten Verkehrskreise zu ermitteln, und zwar aus einfachem Grund: Ein dieser neuen Auslegung entsprechendes Verständnis kann sich aufgrund abweichender jahrzehntelanger Praxis gar nicht gebildet haben. Die Auslegung versucht deshalb, § 1 Nr. 3 VOB/B wie ein Gesetz auszulegen. Die Begrenzung der Bauzeit auf den Bauleistungsinhalt „sei nicht interessengerecht".[156] Der beim fehlenden einseitigen Recht bestehende Einigungszwang würde dem Auftragnehmer ein sachlich nicht gerechtfertigtes „Druckpotential" an die Hand geben.[157] Sinn und Zweck der VOB/B, einen möglichst störungsfreien Ablauf des Bauvorhabens zu ermöglichen, würde nicht erreicht, wenn das Anordnungsrecht die Bauzeiten nicht umfasste.[158] 57 b

Übergangen wird, dass die Regelungen der VOB/B gar kein abgeschlossenes System bilden[159], sondern nur eine Sammlung einzelner Regelungen in Ergänzung und Abweichung zum BGB, die VOB/B mithin rudimentär ist. Der Grundsatz, dass Verträge nicht einseitig geändert werden können, hat in der VOB/B in § 1 Nr. 3 und Nr. 4 zwei Ausnahmen erfahren. Diese beiden Änderungsvorbehalte wollen nicht alle Änderungsmöglichkeiten erfassen, wie sich bereits ergibt, dass § 2 Nr. 5 VOB/B auch noch „andere" Anordnungen kennt.[160] Erweitert man das Anordnungsrecht des § 1 Nr. 3 um Bauzeit und Bauumstände, verbleibt für die anderen Anordnungen im Sinne des § 2 Nr. 5 keinerlei Anwendungsbereich mehr. Eine Auslegung hat allerdings grundsätzlich so zu erfolgen, dass einzelne Teile einer Regelung nicht inhaltsleer werden.[161] Übersehen wird weiter, dass Verwender der VOB/B, gerade im öffentlichen Bereich, die Auftragsgeber sind. Unter Missachtung von Transparenzgebot und Restriktionsgebot wird von den Anhängern dieser Auffassung zu Gunsten der AGB-Verwender das von anderen als bereits viel zu weitgehend angesehene Leistungsbestimmungsrecht der Nr. 3 auch noch über den Wortlaut erweitert, um einem Verwendungsgegner Druckpotentiale zu nehmen. Das ist bei Beachtung der anerkannten Auslegungsgrundsätze von Allgemeinen Geschäftsbedingungen schlicht nicht möglich. Wenn das Anordnungsrecht auch die Bauzeit umfassen soll, bedarf es hierfür einer klaren vertraglichen Regelung, die zugleich die Grenzen der einseitigen Anordnungsbefugnis deutlich macht. Denn während sich das Anordnungsrecht hinsichtlich des Bauinhalts ohne weiteres damit rechtfertigen lässt, dass der Auftraggeber bestimmt, was gebaut wird[162], würde ein weites Bestimmungsrecht hinsichtlich Bauzeit und Bauumstände tief in die Dispositionsbefugnis des Auftragnehmers eingreifen. Das spricht auch gegen den Vorschlag, Bauzeitanordnungen über § 1 Nr. 4 zu ermöglichen; auch könnte der Begriff der zusätzlichen Leistungen die meisten Fälle gar nicht erfassen: Wenn dieselbe Leistung nur in einem kürzen Zeitraum erbracht werden soll, wird insgesamt nicht mehr geleistet.[163] 57 c

---

[153] *Zanner/Keller* NZBau 2004, 353, 355.

[154] Vgl. nur BGH NZBau 2004, 500 = BauR 2004, 1438 m.w.N.

[155] *Ulmer/Brandner/Hensen*, § 5 AGBG Rdn. 13 m.w.N.

[156] *Kniffka*, IBR-online-Kommentar, § 631 BGB Rdn. 293.

[157] *Kniffka*, IBR-online-Kommentar, § 631 BGB Rdn. 293.

[158] *Wirth/Würfele*, BRBP 2005, 214, 217.

[159] Dies ausdrücklich anerkennend *Zanner/Keller* NZBau 2004, 353, 359.

[160] Vgl. dazu VOB/B § 2 Rdn. 180 ff.

[161] BGH NJW 2005, 2618; BGH NJW 1998, 2966.

[162] Vgl. dazu näher unten Rdn. 101 ff.

[163] Wenn *Breyer*, BauR 2006, 1222, 1226, ausführt, die Beschleunigungsanordnung sei immer die Anordnung einer Mehrleistung, weil der AN z.B. mehr Personal und Gerät zu verlängerten Einsatzzeiten vorhalten müsse, vergleicht er unzulässigerweise die Gesamtleistung der verkürzte Bauzeit mit bloß anteiligen Leistungen nach dem Vertragsterminplan. Mehrleistungen insgesamt fallen erst bei beschleunigungsbedingten Leistungsminderungen an.

57 d Notwendig für ein zeitliches Anordnungsrecht wäre deshalb eine ausdrückliche Änderung des § 1 VOB/B. Eine entsprechende **Ergänzung der VOB/B** hat der Deutsche Vergabe- und Vertragsausschuss für Bauleistung (DVA) **erwogen.**[164] Diese Erweiterung scheiterte jedoch bei der Beschlussfassung des Hauptausschusses Allgemeines vom 27.6.2006 mangels Zustimmung der Auftragnehmer-Organisationen. Nach der aktuellen Fassung des Klauseltextes lässt sich ein Anordnungsrecht in Bezug auf die Bauzeit damit nicht begründen.

57 e Sind in dem Vertrag Anfangstermine, Ausführungsfristen oder Endtermine vereinbart, kann der **Auftraggeber** diese **Termine deshalb nicht einseitig ändern** (→ VOB/B § 2 Rdn. 33, § 5 Rdn. 54, § 6 Rdn. 30 f., 57). Der Auftraggeber kann zwar tatsächlich die bestehenden Termine absagen.[165] Das wäre entweder eine Behinderung oder bei Vorliegen der Voraussetzungen eine andere Anordnung im Sinne des § 2 Nr. 5 VOB/B mit entsprechenden vergütungsrechtlichen Folgen. Denn in den Anwendungsbereich des § 2 Nr. 5 VOB/B fallen nicht nur die verbindlichen Planungsänderungen nach § 1 Nr. 3 VOB/B, sondern alle vom Auftragnehmer tatsächlich befolgten Anordnungen des Auftraggebers, die die geschuldete Leistung in anderer Weise abändern.[166] Hierzu kann auch eine Änderung der Bauzeit gehören.[167] Vor allem kann der Auftraggeber aber die **Bauzeit nicht verkürzen** oder – wie es in der Praxis häufiger geschieht – eine verbindliche Beschleunigungsanordnung erteilen. Anlass sind in der Regel vom Auftraggeber oder ihm zurechenbaren Dritten verursachte Verzögerungen oder bauzeitverlängernde Leistungsmehrungen. Diese stellen Behinderungen dar und führen nach § 6 Nr. 4 VOB/B zu einer entsprechenden Verlängerung der Ausführungsfrist. Will oder muss der Auftraggeber die ursprüngliche – nunmehr vertragsrechtlich überholte – Frist einhalten, muss er mit dem Auftragnehmer den überholten Termin oder einen anderen kürzeren Termin neu **vereinbaren.** Da die Einigung über die im Gegenzug zu zahlende Beschleunigungsvergütung häufig nur schwer, in der Regel jedenfalls nicht schnell genug erfolgt, versucht der Auftraggeber die Einhaltung eines verkürzten Termins durch eine **Beschleunigungsanordnung** sicherzustellen; die Einigung über die Vergütung soll erst anschließend erfolgen. Hierzu fehlt im jedoch ohne besondere vertragliche Ermächtigung das Recht.[168] Weder § 1 Nr. 3 noch § 1 Nr. 4 VOB/B räumen dem Auftraggeber die Kompetenz ein, einen verstärkten Personaleinsatz anzuordnen.[169] Der Auftragnehmer kann die einseitige Anordnung zurückweisen. Er verhält sich, wenn er „normal" weiterarbeitet, vertragsgerecht, kommt insbesondere nicht in Verzug.[170]

58 Eine **unechte „Beschleunigungspflicht"** kann sich nur aus § 6 Nr. 3 VOB/B ergeben, der den Auftragnehmer zu Anpassungsmaßnahmen **nach Behinderungen** verpflichtet. Aber auch diese Vorschrift verpflichtet nicht zu Leistungserweiterungen durch erhöhten Kapazitäteneinsatz.[171] Etwas anderes gilt selbstverständlich, falls der Auftragnehmer die Leistungsverzögerung zu vertreten hat.[172] Der Auftragnehmer bleibt dann nach § 5 Nr. 1 VOB/B verpflichtet, die weiterhin gültigen Fristen einzuhalten. Der Auftraggeber kann Abhilfeverlangen nach § 5 Nr. 3 VOB/B stellen und auch schadenersatzrechtlich (§ 6 Nr. 6 VOB/B) fordern, dass die eingetretene Verzögerung wieder aufgeholt wird.

Schwierigkeiten bestehen dann, wenn unklar ist, wer die Bauverzögerung bzw. ggf. in welchem Umfang verursacht hat. Hier kann dem Auftragnehmer wegen erheblichen Risiken nur geraten

---

[164] Vgl. dazu Einleitung VOB/B Rdn. 2 ff.

[165] Beck'scher VOB-Kommentar/*Motzke* VOB/B § 5 Rdn. 78.

[166] *Kapellmann/Schiffers*, Band 1, Rdn. 787; *Kniffka/Koeble*, Kompendium, Teil 6, Rdn. 114; *Weyer*, BauR 1990, 138, 143.

[167] BGH NJW 1968, 1234; OLG Düsseldorf BauR 1996, 115, 116; weitere Einzelheiten bei VOB/B § 6 Rdn. 57, § 2 Rdn. 185; vgl. auch *Weyer* BauR 1990, 138, 143 m.w.N.

[168] Vgl. näher VOB/B § 6 Rdn. 30 ff., 57; *Nicklisch/Weick* VOB/B § 1 Rdn. 26; Beck'scher VOB-Kommentar/*Jagenburg* VOB/B § 1 Nr. 3 Rdn. 10.

[169] Vgl. VOB/B § 6 Rdn. 31; Beck'scher VOB-Kommentar/*Motzke* VOB/B § 6 Nr. 4 Rdn. 28.

[170] *Weyer*, BauR 1990, 138, 143.

[171] Vgl. VOB/B § 6 Rdn. 30; Beck'scher VOB-Kommentar/*Motzke* VOB/B § 6 Nr. 3 Rdn. 20 ff., 32 ff.

[172] Beck'scher VOB-Kommentar/*Motzke* VOB/B § 6 Nr. 3 Rdn. 34 m.w.N.

werden, zunächst zu beschleunigen und die Klärung der Verursachung dem Vergütungsverfahren/-prozess vorzubehalten.[173]

Von der Beschleunigungsanordnung durch Kapazitätserhöhung sind **faktische Beschleunigungsmaßnahmen** zu unterscheiden, die den Bau**inhalt ändern** und dadurch tatsächlich zu einer **Bauzeitverkürzung** führen, z.B. durch Einsatz schnelltrocknenden Estrichs oder von Fertigteilen etc. Derartige Änderungen der Bautechnik fallen unter die Anordnungsrechte nach § 1 Nr. 3 und 4 VOB/B.[174] Fraglich ist, ob damit die vertraglich festgelegte Bauzeit automatisch verkürzt wird (vgl. dazu Rdn. 98). Nach herrschender Meinung kann hiermit jedenfalls eine eingetretene Behinderung nach § 6 Nr. 3 VOB/B abgebaut werden.[175] 59

Einfluss auf die Bauzeit haben auch **Ausführungsmethode** und **Geräteeinsatz**. Hierauf gerichtete Änderungsanordnungen zur Verkürzung der Bauzeit fallen, wie dargelegt, **nicht** unter § 1 Nr. 3 und 4 VOB/B. Im Fall von Behinderung kann Anspruchsgrundlage für Anpassungsmaßnahmen wiederum nur § 6 Nr. 3 VOB/B in den dort vorgegebenen Grenzen sein.[176]

6. Abgrenzung zu § 1 Nr. 4 VOB/B

a) Das Verhältnis von § 1 Nr. 3 und § 1 Nr. 4 VOB/B. § 1 Nr. 3 VOB/B schränkt das Anordnungsrecht des Auftraggebers für Änderungsleistungen nicht näher ein. Hinsichtlich der so genannten Zusatzleistung („nicht vereinbarte Leistungen“) heißt es demgegenüber in § 1 Nr. 4 VOB/B, dass sie vom Auftraggeber nur verlangt werden können, soweit sie zur Ausführung der vertraglichen Leistungen **erforderlich** werden **und** der Betrieb des Auftragnehmers auf derartige Leistungen auch eingerichtet ist. Betrachtet man die Regelungen der Nr. 3 und Nr. 4 im Zusammenhang, müsste das Änderungsrecht nach Nr. 3 eigentlich durch die Regelung in Nr. 4 stark eingeschränkt werden. Denn es ist nicht einzusehen, dass Bauentwurfsänderungen ohne jede Einschränkung zulässig sein sollen, d.h. auch zu ggf. sehr umfangreichen Leistungserweiterungen quantitativer wie qualitativer Art führen dürfen, während auch kleinste Zusatzleistungen, die bei der Ausschreibung vergessen wurden, vom Auftragnehmer verweigert werden dürfen, soweit sie nicht zur mangelfreien Herstellung gerade des Gewerkes des Auftragnehmers (zwingend) erforderlich sind. 60

Es läge deshalb nahe, den Widerspruch zwischen dem Wortlaut der beiden Regelungen dadurch zu harmonisieren, dass Nr. 3 nur Änderungen umfasst, die zwar das vertraglich geschuldete Leistungsergebnis abändern, aber der Art nach mit den beauftragten Teilleistungen erbracht werden können. Führt demgegenüber die Änderung zur Notwendigkeit der Erbringung von Leistungen, die in dem Vertrag nicht vorgesehen waren, würde Nr. 4 als Spezialregelung eingreifen und insoweit zusätzliche Erfordernisse für die Verbindlichkeit der Leistungsänderung/-erweiterung aufstellen. Das würde allerdings dann dazu führen, dass Nr. 3 gewissermaßen nur noch angeordnete Mengenverschiebungen erfassen würde[177], demgegenüber schon jede Materialabweichung zur Nr. 4 führen müsste. Dies kann schon vom Ergebnis nicht zutreffen, da § 1 Nr. 3 VOB/B dann entgegen seinem weitem Wortlaut nur noch einen kleinen Ausschnitt möglicher und üblicher Bauentwurfsänderungen erfassen würde. Eine solche enge Auslegung würde auch in Widerspruch zu § 2 Nr. 5 VOB/B geraten. Diese Vorschrift geht davon aus, dass Änderungen des Bauentwurfs gerade auch zu Leistungen führen, für die noch kein Preis im Vertrag vereinbart wurde, sondern dieser erst aufgrund einer Mehr- und Minderkostenberechnung zu ermitteln ist. **Bauentwurfsänderungen müssen damit auch zu im Vertrag nicht vorgesehenen Leistungen führen können.** 61

§ 1 Nr. 3 und Nr. 4 VOB/B stehen deshalb nicht in einem logischen Ausschließlichkeitsverhältnis, sondern grundsätzlich nebeneinander. Dies wird auch durch die historische Entwicklung 62

---

[173] Vgl. *Kapellmann/Schiffers*, Band 1, Rdn. 1466 ff.
[174] Beck'scher VOB-Kommentar/*Motzke* VOB/B § 6 Nr. 4 Rdn. 29.
[175] Für eine „Terminbilanz“ *Kapellmann/Schiffers*, Bd. 1 Rdn. 566; *Vygen/Schubert/Lang*, Rdn. 144.
[176] *Kapellmann/Schiffers*, Band 1, Rdn. 1458.
[177] Diese fallen unstreitig nicht unter § 2 Nr. 3, vgl. VOB/B § 2 Rdn. 144.

der Vorschrift belegt. In der VOB-Fassung 1926 war die Befugnis zur Leistungsänderung im Abs. 1 Nr. 3 zusammengefasst:

„Änderungen des Bauentwurfs anzuordnen, bleibt dem Auftraggeber vorbehalten; Leistungen, die im Vertrag nicht vorgesehen sind, können dem Auftragnehmer nur mit seiner Zustimmung übertragen werden."

§ 1 Nr. 2 Satz 2 VOB/B 1926 machte alle Zusatzleistungen – unabhängig von deren Erforderlichkeit – von der Zustimmung des Auftraggebers abhängig. Dies wurde durchaus zunächst als Grenze auch des Anordnungsrechts verstanden[178] und zum Anlass genommen, Erweiterungen des einseitigen Anordnungsrechts zu fordern.[179] Mit der Neufassung 1952 wurden dann die Änderungsrechte in der noch heute geltenden Fassung in zwei getrennte Regelungen aufgespalten und damit eindeutig inhaltlich getrennt.

63 **b) Allgemeine Abgrenzungskriterien.** Da § 1 Nr. 3 und Nr. 4 VOB/B einerseits wie auch § 2 Nr. 5 und Nr. 6 VOB/B andererseits sich in den tatbestandlichen Voraussetzungen und/oder Rechtsfolgen unterscheiden, ist eine Abgrenzung zwischen einer Änderung des Bauentwurfs und einer Anordnung nicht vereinbarter Leistungen notwendig. Diese Abgrenzungsfragen werde in der Regel erst eingehend im Rahmen des Verhältnisses von § 2 Nr. 5 und Nr. 6 erörtert. Die dort gemachten Ausführungen können allerdings auf die Abgrenzung zwischen § 1 Nr. 3 und Nr. 4 nicht uneingeschränkt übertragen werden. Denn **die Tatbestände der § 2 Nr. 5 und 6 sind jeweils weiter**. So regelt § 2 Nr. 5 nicht nur die Folgen einer Bauentwurfsänderung, sondern auch die „anderer Anordnungen"[180]; darüber hinaus erfassen beide Vergütungsregelungen nach herrschender Meinung nicht nur Änderungen, die berechtigtermaßen nach § 1 Nr. 3 oder Nr. 4 verlangt wurden, sondern auch Fälle der Überschreitung der Anordnungsrechte. Kommt der Auftragnehmer einer durch ein Anordnungsrecht nicht gedeckten Anordnung nach, z.B. in den bereits oben angesprochen Fällen der Bauzeitenänderung oder bei Ausführung gar nicht erforderlicher Zusatzleistungen, bestimmen sich die Vergütungsfolgen ebenfalls nach § 2 Nr. 5 und Nr. 6.[181]

64 Vor allem werden aber dort zur Abgrenzung von Zweifelsfällen Kriterien genannt, die sich maßgeblich an den Rechtsfolgen der § 2 Nr. 5 und Nr. 6 VOB/B orientieren, insbesondere also ob ein Ankündigungserfordernis als sachdienlich angesehen wird[182] oder wie die geänderten Preise zu ermitteln sind.[183] Bei § 1 Nr. 3 und Nr. 4 VOB/B geht es sich jedoch ausschließlich um die Abgrenzung der einseitigen Abänderungsrechte des Auftraggebers und damit um die Feststellung, ob eine entsprechende Anordnung für den Auftragnehmer verbindlich ist oder nicht. Diese Frage interessiert wiederum im Rahmen der Erörterung zu § 2 Nr. 5 oder Nr. 6 nicht mehr, da diese Tatbestände erst eingreifen, wenn der Auftragnehmer der Anordnung – unabhängig davon, ob sie berechtigt war – **tatsächlich** nachgekommen ist.

65 Das bedeutet andererseits nicht, dass die zu § 2 Nr. 5 und Nr. 6 genannten Abgrenzungskriterien unbeachtlich sind. Da § 1 Nr. 3 und Nr. 4 mit § 2 Nr. 5 und Nr. 6 in einem Sachzusammenhang stehen, müssen die Abgrenzungskriterien auch aufeinander abgestimmt werden. Es ist allerdings rechtssystematisch und auslegungstechnisch verfehlt, allein bzw. ganz maßgeblich die Reichweite der einseitigen Änderungsrechte von den Ankündigungserfordernissen oder anderen Rechtsfolgen der Vergütungsregelung her zu bestimmen. Auch wenn die § 1 Nr. 3 und Nr. 4 in

---

[178] *Eplinius*, Der Bauvertrag, 2. Aufl. 1936, S. 57.

[179] *Eplinius*, Der Bauvertrag, 3. Aufl., 1940, S. 93, 222.

[180] Vgl. VOB/B § 2 Rdn. 33, 181; **anderer Ansicht** *Schulze-Hagen*, Festschrift *Soergel*, S. 259, 263 f., der § 1 Nr. 3 zur Harmonisierung mit § 2 Nr. 5 um „andere Anordnungen" einfach ergänzt.

[181] Vgl. VOB/B § 2 Rdn. 33, 181; *Kapellmann/Schiffers*, Band 1, Rdn. 787; *Kleine-Möller/Merl*, Handbuch, § 10 Rdn. 480; *Heiermann/Riedl/Rusam* VOB/B § 2 Rdn. 108; *Nicklisch/Weick* VOB/B § 2 Rdn. 6; *Ingenstau/Korbion/Keldungs* VOB/B § 2 Nr. 6 Rdn. 6; **anderer Ansicht** *Daub/Piel/Soergel/Steffani*, ErlZ B 2.103, 2.115.

[182] So z.B. *von Craushaar*, BauR 1984, 311, 314 ff.

[183] So z.B. *Kapellmann/Schiffers*, Band 1, Rdn. 816 ff.

der praktischen Relevanz hinter § 2 Nr. 5 und Nr. 6 zurückstehen, bleiben sie der gedankliche und damit **systematische Ausgangspunkt**. § 2 Nr. 5 und Nr. 6 regeln „lediglich“ deren vergütungsrechtliche Konsequenzen.[184]

Die nachfolgend erörterten Fallgruppen werden des Weiteren zeigen, dass eine exakte a priori Abgrenzung der beiden Fallgruppen nicht möglich ist. Dies ist eine Folge des Umstandes, dass das Tatbestandsmerkmal „Bauentwurfsänderung“ kein abstrakt-allgemeiner Begriff ist, der eine eindeutige begriffslogische Subsumtion ermöglich, sondern ein so genannter **Typusbegriff**. Typusbegriffe, wie z.B. auch „Arbeitnehmer“ oder „Verrichtungsgehilfe“, sind nicht begriffsjuristisch gebildet, sondern dem tatsächlichen Leben entlehnt. Der Typus wird deshalb bestimmt durch verschiedene Merkmale, die jeweils in unterschiedlicher, nicht generell festzulegender Stärke zutreffen können[185], wobei die schwächere Ausprägung eines Umstandes durch einen anderen kompensiert werden kann. Die begriffsjuristische Argumentation, eine Änderung des Bauentwurfs liege immer dann vor, wenn eine Zusatzleistung auf die bisherige Leistung in irgendeiner Form zurückwirke und diese ändere, ist deshalb zur Abgrenzung ungeeignet. Vielmehr müssen in nicht eindeutigen Fällen die Merkmale, die für eine Bauentwurfsänderung charakteristisch sind, im Einzelfall denjenigen gegenübergestellt werden, die eine Zusatzleistung ausmachen, und gegeneinander abgewogen werden. 66

c) Fallgruppen. Über die einfach gelagerten Fälle sind die Abgrenzungskriterien für die komplexeren Fallgruppen herauszuarbeiten. 67

aa) Vergessene Leistungen. Wird eine im Vertrag bislang nicht vorgesehene Leistung zusätzlich verlangt, ohne dass die vertraglich vorgesehene Leistung hierdurch verändert wird, so liegt eine **Zusatzleistung** im Sinne der §§ 1 Nr. 4, 2 Nr. 6 VOB/B vor. Klassischer Beispielsfall sind in der Leistungsbeschreibung schlicht vergessene Leistungen wie eine fehlende Verfugung oder Abdichtung bzw. vergessene Zwischenschritte wie eine Planumstellung. Auf diese Fälle will eine Meinung den Anwendungsbereich des § 1 Nr. 4 (zu Unrecht) verengen.[186] 68

bb) Angeordnete Mengenverschiebung. Klar ist auf der anderen Seite, dass Planungsänderungen, die die Art der Leistungen nicht betreffen, sondern nur Mengenverschiebungen zur Folge haben, z.B. eine geänderte Raumaufteilung etc., ein **Fall des § 1 Nr. 3 VOB/B** sind.[187] 69

cc) Mengenmehrungen. Nicht mehr ganz so eindeutig ist die Zuordnung bereits bei angeordneten Mengenmehrungen. Führt die Leistung lediglich zu einer quantitativen Mehrung, ohne dass die vertraglich vorgesehene Leistung hierdurch verändert wird, z.B. bei bloßer Anordnung der Vergrößerung einer geplanten Hofpflasterfläche, liegt ein Fall des §§ 1 Nr. 4, 2 Nr. 6 VOB/B vor.[188] Die zu § 2 Nr. 5/6 vertretene Auffassung, § 2 Nr. 5 gehe § 2 Nr. 6 als Spezialregelung vor, wenn die Leistungen auch eine Änderung der Grundlage des Preises zur Folge habe[189], ist schon als solche nicht zutreffend[190], kann im Übrigen auch aus systematischen Gründen für die Abgrenzung zwischen § 1 Nr. 3 und Nr. 4 keine Geltung beanspruchen. Gleiches gilt für die Argumentation *von Craushaars*, § 2 Nr. 5 sei anzuwenden, da das Ankündigungserfordernis des § 2 Nr. 6 in derartigen Fällen nicht passe; der Bauherr müsse bei jeder Mengenüberschreitung damit rechnen, diese zusätzlich zu vergüten.[191] 70

[184] Ähnlich *Schulze-Hagen*, Festschrift *Soergel*, S. 259, 271.
[185] *Larenz*, Methodenlehre, S. 465.
[186] So z.B. *Nicklisch/Weick* VOB/B § 1 Nr. 31.
[187] *Ingenstau/Korbion/Keldungs* VOB/B § 1 Nr. 3 Rdn. 9; *von Craushaar*, BauR 1984, 311, 323.
[188] Vgl. VOB/B § 2 Rdn. 183, 187.
[189] So *Nicklisch/Weick* VOB/B § 2 Rdn. 73 a.
[190] Vgl. VOB/B § 2 Rdn. 182 und *Kapellmann/Schiffers*, Band 1, Rdn. 792.
[191] *Von Craushaar*, BauR 1984, 311, 317 f.; diese Argumentation überzeugt auch nicht. Beim EP-Vertrag kann eine Ankündigungspflicht bestehen, falls über die mengenbedingte Preiserhöhung hinaus zusätzliche Preisauswirkungen bestehen, z.B. durch erhöhte Kosten wie bei tieferem Mehraushub.

71 Die **reine Mengenmehrung ohne relevante Auswirkung** auf die nach dem Vertrag auszuführende Leistung ist notwendigerweise eine Zusatzleistung. Die bloße Ergänzung der Leistung kann rechtssystematisch keine Bauentwurfsänderung im Sinne des § 1 Nr. 3 sein. Denn da es für den Bauentwurf auf die Art der Darstellung der Leistungsvorgaben nicht ankommt, würde ansonsten wohl jede Zusatzleistung zugleich eine Bauentwurfsänderung sein.[192] Auch der Paradefall des § 1 Nr. 4 Satz 1 VOB/B, die vergessene Leistung, wäre meist eine Bauentwurfsänderung. Ist z.B. eine Dämmschicht vergessen worden, so wird bei Erkennen des Fehlers der Bauentwurf geändert. Denn die Dämmschicht kommt jetzt an die Stelle, wo nach dem Plan eine andere Leistung, z.B. ein Estrich, vorgesehen war. Damit verbliebe für § 1 Nr. 4 Satz 1, § 2 Nr. 6 VOB/B kein bzw. kein sinnvoller Anwendungsbereich mehr. Auch Sinn und Zweck der Anordnungsrechtsbeschränkung spricht für eine Einordnung unter § 1 Nr. 4. Bauentwurfsänderungen soll der Auftraggeber relativ frei bestimmen können. Die ohne Änderung einhergehende Auftragserweiterung ist dem Auftragnehmer demgegenüber nur zuzumuten, falls sie auch erforderlich ist. „Willkürliche" Leistungserweiterung, wozu insbesondere auch Mengenmehrungen gehören, bedürften also der Zustimmung des Auftragnehmers.

72 Problematisch sind allerdings die vielfach erörterten **Mehraushubsfälle**, in denen der Auftraggeber nachträglich eine größere Ausschachtungstiefe anordnet als vertraglich vorgesehen, z.B. 3 m statt 0,5 m. Einige gehen davon aus, dass der Aushub bis 0,5 m eine unveränderte Leistung sei, so dass es sich bei dem tieferen Aushub um eine reine Mehrleistung handele.[193] Andere betonen, dass der Aushub eine einheitliche Leistung sei, die insgesamt geändert werde.[194] Meines Erachtens gilt: Wird die Leistung wie bisher ausgeführt, liegt hinsichtlich des Mehraushubes eindeutig eine reine Zusatzleistung nach §§ 1 Nr. 4, 2 Nr. 6 VOB/B vor. Muss der Auftragnehmer wegen der Tieferschachtung schwereres Gerät (Mobilbagger statt Minibagger) einsetzen, so könnte man zwar wegen dieser Rückwirkung auf die vertragliche Leistung insgesamt eine geänderte Leistung annehmen. Insbesondere kalkulatorisch scheint dann § 2 Nr. 5 einschlägiger, wenn die ursprünglich geplante Aushubleistung und die geänderte Leistung tatsächlich nicht getrennt ausgeführt werden. Hier läge es nahe für die Leistung insgesamt einen neuen Einheitspreis zu bilden.[195] Für die Abgrenzung zwischen den § 1 Nr. 3 und Nr. 4 ist allerdings nicht die Art der Vergütungsberechnung maßgebend, sondern die Frage der Ausführungspflicht. Danach steht die Mehrung als Zusatzleistung wertungsmäßig so deutlich im Vordergrund, dass eine andere Einordnung als bei einer bloßen Verlängerung oder Verbreiterung des Grabens nicht gerechtfertigt ist. Dafür spricht auch, dass die Rückwirkung auf die Vertrag geschuldete Leistung gar nicht bauinhalts- sondern nur bauausführungsbedingt ist. Die Ausführungsmethode unterfällt aber zunächst dem Dispositionsrecht des Auftragnehmers. Auch kalkulatorisch lässt sich der Fall bei von vornherein veränderten Geräteeinsatz sachgerecht lösen. Für den Aushub bis 0,5 m verändert sich aufgrund des Einsatzes schwereren Geräts als „andere Anordnung" der Preis gemäß § 2 Nr. 5; die Vergütung der Zusatzleistung bestimmt sich anschließend allein nach § 2 Nr. 6.[196]

73 **dd) Aufwandserhöhungen.** Hierbei geht es insbesondere um die **Baugrund- und Grundwasserfälle.**[197] Charakteristisch ist, dass der Leistungsumfang im Sinne des Leistungserfolges unverändert bleibt, aufgrund geänderter Verhältnisse zur Erreichung des Leistungszieles jedoch

---

[192] Die genau gegensätzliche Argumentation von *Englert/Grauvogl/Maurer*, Handbuch Baugrund, Rdn. 290, übersieht, dass § 2 Nr. 5 nicht auf Mengenmehrungen beschränkt ist, von einem Leerlaufen der Vorschrift nicht die Rede sein kann.

[193] *Kapellmann/Schiffers*, Band 1, Rdn. 796; *Lange*, Baugrundhaftung, S. 84 f.

[194] OLG Düsseldorf BauR 1991, S. 219; vgl. auch OLG Stuttgart *Schäfer/Finnern*, Z.2.310 Bl. 15; *Schulze-Hagen*, Festschrift *Soergel*, S. 259, 270.

[195] Vgl. *Schulze-Hagen*, a.a.O.

[196] Vgl. VOB/B § 2 Rdn. 183; die Änderung des Preises für die Vertragsleistung durch den Einsatz schwereren Geräts ist natürlich nur dann gerechtfertigt, wenn der entsprechenden Preiserhöhung auch eine entsprechende Einsparnis bei der Zusatzleistung durch Fortfall der ansonsten entstehenden Kosten für den Gerätewechsel gegenübersteht.

[197] Vgl. z.B. BGH *Schäfer-Finnern*, Z.2.300 Bl. 12; OLG Köln BauR 1980, 368 mit Anmerkung *Hofmann*.

erhöhter Aufwand erforderlich ist, z.B. bei schwereren Bodenklassen oder vermehrtem Grundwasseranfall (→ VOB/B § 2 Rdn. 186). Die Abgrenzung zwischen geänderter Leistung und Zusatzleistung kann nur im Einzelfall erfolgen und durchaus schwierig sein.[198] Die Einzelheiten brauchen an dieser Stelle nicht erörtert zu werden, da es in diesen Fällen häufig schon an einer Anordnung des Auftraggebers fehlt[199], die Verpflichtung zu Mehrleistungen im Übrigen unproblematisch ist und die für diese Fälle genannten Abgrenzungskriterien hier nicht weiterführend sind.

ee) Anstatt-Leistungen. Dies ist der klassische Fall der Bauentwurfsänderung, da der Begriff ja nicht auf reine Mengenverschiebungen (Grundrissänderungen) begrenzt ist, sondern auch, wie § 2 Nr. 5 zeigt, geänderte Leistungen erfasst. Art und Umfang der Änderung wird durch den Wortlaut nicht begrenzt. Dieser erfasst neben ganz geringfügigen Modifikationen des vertraglichen Leistungsinhalts auch eine weit reichende Umgestaltung des Projektes.[200] Denn der Begriff der Änderung besagt nur, dass die vertraglich vereinbarte Leistung nun anders ausgeführt werden soll.[201] 74

Hieraus wird **teilweise** gefolgert, dass **jede Anstatt-Leistung** immer **ein Fall der §§ 1 Nr. 3**, 2 Nr. 5 sei.[202] Begründung und Ergebnis sind abzulehnen. Es ist bereits dargelegt worden, dass eine reine begriffliche Unterscheidung wegen des Typuscharakters des Begriffs nicht möglich ist. Im Ergebnis würde diese Begriffsargumentation dazu führen, dass auch angeordnete reine Mengenmehrungen, wie die Erhöhung eines Fliesenspiegels von 2 m auf 2,5 m eine geänderte Leistung wäre.[203] Tatsächlich handelt es sich um eine reine Auftragserweiterung, die nach Wortlaut sowie Sinn und Zweck § 1 Nr. 4 unterfällt. 75

Andere wollen **qualitative Kriterien** verwenden: Eine Bauentwurfsänderung läge vor, wenn Inhalt und Umfang der ursprünglich vereinbarten Leistung im Wesentlichen gewahrt bleibe, während eine erhebliche Umgestaltung[204] oder eine gänzlich außerhalb des bisherigen Vertragsumfanges liegende Leistungsanforderung[205] nicht mehr erfasst seien. Diese Kriterien sind für die Praxis schlicht ungeeignet.[206] 76

Schließlich wird die Abgrenzung zwischen § 2 Nr. 5 und Nr. 6 maßgeblich davon abhängig gemacht, ob die ursprüngliche und die geänderte Leistung noch **kalkulatorisch vergleichbar** sind, d.h. für die Nachtragskalkulation noch sinnvolle Anhaltspunkte (im Sinne einer analogen Fortschreibung) im alten Preis enthalten sind (→ VOB/B § 2 Rdn. 184).[207] Richtig an diesem Ansatz ist, dass das Fehlen vergleichbarer Kostenelemente zwischen alter und neuer Leistung ein Indiz für eine Zusatzleistung im Sinne der Nr. 4 sein kann. Die Abgrenzung zwischen dem weiten Änderungsrecht des § 1 Nr. 3 und der engen Anordnungsbefugnis des § 1 Nr. 4 für Zusatzleistungen muss aber vordringlich nach Sinn und Zweck dieser Bestimmungen erfolgen.[208] 77

---

[198] Vgl. *Kapellmann/Schiffers*, Band 1, Rdn. 789 ff.; *Lange*, Baugrundhaftung, S. 102 ff.; *Englert/Grauvogl/Maurer*, Handbuch Baugrund, Rdn. 311 ff.

[199] *Von Craushaar*, BauR 1980, 311, 318 f.

[200] *Ingenstau/Korbion/Keldungs* VOB/B § 1 Nr. 3 Rdn. 9 m.w.N.

[201] *Ingenstau/Korbion/Keldungs* VOB/B § 1 Nr. 3 Rdn. 4; Beck'scher VOB-Kommentar/*Jagenburg* VOB/B § 1 Nr. 3 Rdn. 13.

[202] *Ingenstau/Korbion/Keldungs* VOB/B § 2 Nr. 5 Rdn. 8; *Heiermann/Riedl/Rusam* VOB/B § 2 Rdn. 135 mit unzutreffender Spezialitätsargumentation; im Ergebnis ebenso *Schulze-Hagen*, Festschrift *Soergel*, S. 259, 269 ff.

[203] So *Schulze-Hagen*, Festschrift *Soergel*, S. 259, 279.

[204] So *Heiermann/Riedl/Rusam* VOB/B § 1 Rdn. 31.

[205] OLG Nürnberg NZBau 2001, 518.

[206] Vgl. VOB/B § 2 Rdn. 184; *Kapellmann/Schiffers*, Band 1, Rdn. 815; *Schulze-Hagen*, Festschrift *Soergel*, S. 259, 264; Beck'scher VOB-Kommentar/*Jagenburg* VOB/B § 1 Nr. 3 Rdn. 15 f.

[207] *Kapellmann/Schiffers*, Band 1, Rdn. 814, 816 ff.; *Kleine-Möller/Merl*, Handbuch, § 10 Rdn. 450; *Lange*, Baugrundhaftung, S. 76, 96 ff.; *Englert/Grauvogl/Maurer*, Handbuch Baugrund, Rdn. 327.

[208] Der methodische Ausgangspunkt als solches ist unbestritten, vgl. *Nicklisch/Weick* VOB/B § 1 Rdn. 73 a; *von Craushaar*, BauR 1984, 311, 314; die meisten Autoren stützen sich jedoch ausschließlich auf Erwägungen zu § 2 Nr. 5 und Nr. 6.

78 **Ausgangspunkt** für die Abgrenzung von § 1 Nr. 3 und 4 ist deshalb, dass **Anstatt-Leistungen** entsprechend dem weiten Wortlaut der Nr. 3 **grundsätzlich als Bauentwurfsänderung einzuordnen** sind. Hierfür spricht nicht zuletzt die Flexibilität dieses Ansatzes. Denn es ist methodisch ohne weiteres zulässig, das weite Anordnungsrecht der Nr. 3 einschränkend auszulegen und mit Hilfe des § 315 BGB inhaltlich zu begrenzen (vgl. Rdn. 82 ff.). Demgegenüber wäre eine Erweiterung des Anordnungsrechts für Zusätzliche Leistungen über den Wortlaut der Nr. 4 hinaus nur sehr begrenzt möglich[209], zumal es sich rechtlich um eine Allgemeine Geschäftsbedingung handelt. Allerdings erfordert der Begriff der Bauentwurfsänderung schon auf der Tatbestandsebene zwei Einschränkungen:

(1) in **quantitativer** Hinsicht: Die geänderte Leistung ist **„im Kern" eine Zusatzleistung**. Das ist jedenfalls dann der Fall, wenn die Änderung der bisherigen Leistung sich gewissermaßen auf die Einpassung der Zusatzleistung in die bisherige Planung beschränkt. Der Bauentwurf wird – möglicherweise sogar erheblich – geändert, falls ein Gebäude um ein Stockwerk erhöht wird. Während die möglicherweise erforderliche Ertüchtigung der Untergeschosse eine geänderte Leistung im Sinne des § 1 Nr. 3 VOB/B wäre, kann die Bauleistung für das zusätzliche Geschoss systematisch und teleologisch nur als Zusatzleistung im Sinne der Nr. 4 gewertet werden. Maßgeblich ist hier eine wertende Betrachtung. Die Bauentwurfsänderung darf grundsätzlich auch zu Mehrleistungen führen.[210] Voraussetzung ist jedoch, dass die Mehrleistung Konsequenz der Umgestaltung des bisher Geplanten sind. Ist demgegenüber die Mehrleistung das Primäre, d.h. wird die Planung über das bisherige Ziel hinaus erweitert und ist die Änderung nicht notwendig, nur völlig nachrangig oder bloße Folge der Erweiterung, so liegt insoweit eine Zusatzleistung vor.[211] Abgrenzungsschwierigkeiten im Einzelnen lassen sich nicht vermeiden. Im Zweifel ist eine Änderungsleistung anzunehmen.[212]

79 (2) in **qualitativer** Hinsicht: Eine Bauentwurfsänderung liegt auch dann nicht mehr vor, wenn der Bauentwurf nicht nur geändert, sondern **vollständig neu überplant** wird.[213] Das ist allerdings nicht schon dann anzunehmen, wenn die Ausführungsart sich erheblich ändert, also z.B. anstelle einer Holztreppe eine Stahltreppe oder eine Betontreppe errichtet werden soll oder anstelle einer Mauerwand eine Betonwand.[214] Die Neuplanung ist ein Grenzfall, der voraussetzt, dass das bisherige Planungsziel aufgegeben und durch ein neues ersetzt wird. Ob dies der Fall ist, hängt vor allem von der Art der Abweichung und den Umfang des betroffenen Leistungsteiles ab. Abzustellen ist dabei nicht auf die Gesamtbaumaßnahme, sondern nur auf die **Auswirkung** auf den **vertraglichen Leistungsbereich**.[215] Im Rahmen einer schlüsselfertigen GU-Leistung sind selbst funktionelle Neuplanungen, soweit sie nur einen Teilbereich betreffen, häufig nur eine Bauentwurfsänderung. Sind verschiedene Treppen in Auftrag gegeben, so kann der Wechsel von einer Holztreppe zu einer Stahltreppe sogar eine bloße Mengenverschiebung sein. Ist hingegen gegenüber einem Schreiner eine einzelne Holztreppe in Auftrag gegeben worden, so wäre eine Umplanung in eine Betontreppe trotz Funktionsgleichheit eine Neuplanung des gesamten vertraglichen Leistungsumfangs.

---

[209] Der Begriff der Erforderlichkeit ist im Recht belegt und bedeutet objektiv notwendig, vgl. zu §§ 227, 228 BGB *Palandt/Heinrichs*, § 227 Rdn. 7, § 228 Rdn. 7; zu baulichen Änderungserfordernissen § 554 Abs. 1 BGB (weiter demgegenüber § 554 Abs. 2) subjektiv z.B: §§ 670, 693, 970 BGB: „für erforderlich halten dürfte".

[210] Unklar Beck'scher VOB-Kommentar/*Jagenburg* VOB/B § 1 Nr. 3 Rdn. 13, wonach Mehrleistungen zulässig sind, die Leistung selbst aber nicht erweitert werden darf, bzw. *Heiermann/Riedl/Rusam* VOB/B § 1 Rdn. 31 b, wonach Mehrleistungen bei gleichbleibender Leistung (?) zulässig sind.

[211] Ähnlich Beck'scher VOB-Kommentar/*Jagenburg* VOB/B § 1 Nr. 4 Rdn. 13; *Leinemann/Schoofs* VOB/B § 1 Rdn. 29.

[212] *Kapellmann/Schiffers*, Band 1, Rdn. 822.

[213] Allgemeine Meinung, vgl. nur Beck'scher VOB-Kommentar/*Jagenburg* VOB/B § 1 Nr. 3 Rdn. 14 m.w.N.

[214] Vgl. zu den Beispielen auch *von Craushaar*, BauR 1984, 311, 313; *Kapellmann/Schiffers*, Band 1, Rdn. 813, 823.

[215] *Schulze-Hagen*, Festschrift *Soergel*, S. 259, 265, 272; *Daub/Piel/Soergel/Steffani*, ErlZ. B 2.113.; *Nicklisch* NJW 1985, 2361, 2367.

Jagenburg hält dies für kein geeignetes Abgrenzungskriterium, weil die Abgrenzung dann von den „Zufälligkeiten des jeweiligen Auftragsumfang“ abhinge.[216] Er verkennt hierbei, dass sich der Begriff des Bauentwurfs nur auf die Leistungen des Auftragnehmers beziehen kann.[217] Das führt völlig zu Recht dazu, dass der GU eine ihm gegenüber berechtigte Änderung, z.B. die Änderung einer Teppichbodenfläche in Natursteinbelag, nicht an den Teppichbodenverleger durchreichen kann. 80

Bei einer funktionalen Neuplanung wird die bisherige Leistung nicht mehr bloß geändert, sondern das bisherige Planungsziel aufgegeben, d.h. in Wahrheit wird der Vertrag insoweit teilgekündigt; mit dem neuen Bauentwurf wird dann eine bislang nicht vereinbarte Leistung als Zusatzleistung beauftragt.[218] Das wäre z.B. dann der Fall, wenn die gartenmäßig geplanten Außenanlagen nunmehr in einen Garagenhof „umgeplant“ werden, anstelle einer Hoffläche ein Schwimmbad entstehen soll oder eine Dachterrasse sich zu einem Penthouse auswächst. 81

III. Grenzen des Anordnungsrechts

Die Einordnung einer Änderungsanordnung als Bauentwurfsänderung bedeutet noch nicht, dass die Anordnung in jedem Fall zulässig ist. Zwar enthält der Wortlaut insoweit keine einschränkenden Voraussetzungen. Dennoch entspricht es ganz herrschender Meinung, dass das Änderungsrecht nicht unbegrenzt ist.[219] Ein unbegrenztes Änderungsrecht würde einer isolierten Klauselkontrolle nicht standhalten (vgl. Rdn. 101 f.). Die Begrenzung des Anordnungsrechts braucht allerdings nicht in AGB-rechtlich zweifelhafter Weise durch teleologische Reduktion zu erfolgen. Vielmehr ergeben sich die **Grenzen der Änderungsbefugnis aus § 315 BGB**.[220] Die Änderungsanordnung ist deshalb nur verbindlich, wenn sie auch der Billigkeit entspricht. Die Anwendbarkeit des § 315 BGB ergibt sich daraus, dass diese Vorschrift nicht nur ursprüngliche Leistungsbestimmungen erfasst, sondern auch vertragliche Anpassungsklauseln und Änderungsvorbehalte.[221] 82

Ausgangspunkt für die Bestimmung der Billigkeitsgrenzen ist **Sinn und Zweck des Änderungsrechts**. Bauvorhaben werden geprägt durch eine „Spannung zwischen Planung und Realität“.[222] Bei praktisch jedem Bauvorhaben ändert sich der Leistungsinhalt zwischen Vertragsabschluss und Abnahme.[223] § 1 Nr. 3 räumt deshalb dem Auftraggeber nicht nur ein Änderungsrecht bei veränderten Umständen oder nachträglich erkannten Erfordernissen ein, sondern will dem Auftraggeber darüber hinaus auch die Gestaltungsfreiheit sichern, das Bauvorhaben bei geänderten Bedürfnissen oder geänderten Wünschen im gewissen Rahmen zu verändern.[224] Derartige Änderungen sind dem Auftragnehmer zumutbar, da er bei Bauvorhaben mit der Möglichkeit entsprechender Änderungen rechnet[225] und er alle Mehrleistungen auch über § 2 Nr. 5 VOB/B vergütet erhält. 83

[216] Beck'scher VOB-Kommentar/*Jagenburg* VOB/B § 1 Nr. 3 Rdn. 19.

[217] *Ingenstau/Korbion/Keldungs* VOB/B § 1 Nr. 3 Rdn. 1; *Heiermann/Riedl/Rusam* VOB/B § 1 Rdn. 31; ebenso auch Beck'scher VOB-Kommentar/*Jagenburg* VOB/B § 1 Nr. 3. Rdn. 9.

[218] *Daub/Piel/Soergel/Steffani*, ErlZ B 1.26; *Kapellmann/Schiffers*, Band 1, Rdn. 812.

[219] OLG Hamm BauR 2001, 1594; *Ingenstau/Korbion/Keldungs* VOB/B § 1 Nr. 3 Rdn. 9; Beck'scher VOB-Kommentar/*Jagenburg* VOB/B § 1 Nr. 3 Rdn. 21 ff.; *Heiermann/Riedl/Rusam* VOB/B § 1 Rdn. 31 c; *Leinemann/Schoofs* VOB/B § 1 Rdn. 29; **anderer Ansicht:** *Franke/Kemper/Zanner/Grünhagen* VOB/B § 1 Rdn. 61.

[220] Ebenso *Nicklisch/Weick* VOB/B § 1 Rdn. 30 a; Beck'scher VOB-Kommentar/*Jagenburg* VOB/B § 1 Nr. 3 Rdn. 21 f.; anderer Ansicht: *Ingenstau/Korbion/Keldungs*, § 1 Nr. 3 Rnd. 9.

[221] Vgl. nur *Staudinger/Rieble*, § 315 BGB Rdn. 111; *Ulmer/Brandner/Hensen*, § 10 Nr. 4 Rdn. 4; unrichtig deshalb *Ingenstau/Korbion/Keldungs* VOB/B § 1 Nr. 3 Rdn. 9 und *Heiermann/Riedl/Rusam* VOB/B § 1 Rdn. 31 c.

[222] So *Nicklisch/Weick* VOB/B § 1 Rdn. 24; ebenso BGH NJW 1996, 1346 = BauR 1996, 378.

[223] *Schulze-Hagen*, Festschrift *Soergel*, S. 259.

[224] OLG Düsseldorf NJW-RR 1988, 278 = BauR 1988, 485; Beck'scher VOB-Kommentar/*Jagenburg* VOB/B § 1 Nr. 3 Rdn. 3; *Schulze-Hagen*, Festschrift *Soergel*, S. 259, 263; *Wirth/Würfele*, Jahrbuch BauR 2006, 119, 158 f.

[225] Zutreffend OLG Hamburg, Recht 1911, Nr. 1537.

84 Im Rahmen dieser Zweckbestimmung sind die Grenzen des einseitigen Änderungsrechts durch Abwägung der **beiderseitigen Interessen** zu ermitteln.[226] Ein einseitiges Abstellen auf die Interessen des Auftragnehmers[227] widerspricht nicht nur eindeutig den allgemeinen Rechtsgrundsätzen zu § 242 BGB und insbesondere zu § 315 BGB, wonach alle wesentlichen Umstände und die Interessen beider Seiten angemessen berücksichtigt werden müssen[228], sondern auch Sinn und Zweck des § 1 Nr. 3 VOB/B, der gerade dem Auftraggeber ein Recht einräumen will.[229]

85 Im Rahmen der Abwägung ist bei Änderungen in **qualitativer Hinsicht** zunächst im Rahmen der Billigkeitsprüfung gem. § 315 BGB die Wertung des § 1 Nr. 4 zu berücksichtigen, wonach der Auftragnehmer nicht verpflichtet ist, Leistungen auszuführen, auf die sein Betrieb nicht eingerichtet ist.[230] Grundlegend geänderte Anstatt-Leistungen sind dem Auftragnehmer damit nicht mehr zumutbar, falls sie seinen **Fachbereich verlassen**, und zwar auch dann nicht, wenn sie bautechnisch erforderlich werden.[231] Anordnungen, die gegen gesetzliche oder behördliche Bestimmungen verstoßen, braucht und darf er nicht ausführen.[232]

86 Zu berücksichtigen sind aber auch **mittelbare Auswirkungen** auf den sonstigen Vertragsinhalt. Den Auftragnehmer trifft eine Erfolgspflicht. Änderungen vertraglich vorgesehener einfacher Arbeiten in risikobehaftete Ausführungen sind deshalb nicht ohne weiteres zumutbar, insbesondere dann nicht, wenn der Auftragnehmer auch noch für die zunächst problemlos erscheinende Arbeiten längere Gewährleistungsfristen übernommen haben sollte.

87 Bei Änderungen in **quantitativer Hinsicht** hat der Auftragnehmer bautechnisch erforderliche Änderungen in der Regel auszuführen, da er nach § 1 Nr. 4 erforderliche Zusatzleistungen ausführen muss. Zur betrieblichen Einrichtung gehört aber auch die personelle Ausstattung (vgl. Rdn. 111). Einen änderungsbedingt erheblichen Mehraufwand kann der Auftragnehmer deshalb verweigern, soweit ihm die zur Erledigung **notwendigen Kapazitäten fehlen**. Überstunden sind dem Auftragnehmer im gesetzlich zulässigen Rahmen zuzumuten, eine verlängerte Ausführungsfrist dagegen nicht, falls er durch Anschlussaufträge gebunden ist. Der Auftragnehmer darf sich bei seinen Kapazitätsplanungen auf den vertraglich vereinbarten und voraussehbaren Leistungsumfang verlassen.[233] Im Übrigen ist der Grund der Mehrleistung mit den nachteiligen Auswirkungen für den Auftragnehmer abzuwägen. Beliebige Änderungswünsche sind eher unzumutbar. Je sachlich gebotener eine Änderung ist, desto höher wird die Unzumutbarkeitsschwelle steigen.[234] Die bloße Störung des Bauablaufes führt wegen der Kompensation der Mehraufwendungen über § 2 Nr. 5 noch nicht zur Unzumutbarkeit. Gegebenenfalls muss der Auftragnehmer auch eine Vielzahl von Änderungen hinnehmen.[235]

88 Die Vergütungsansprüche spielen demgegenüber regelmäßig keine maßgebliche Rolle bei der Abwägung. Sie sind über § 2 Nr. 5 VOB/B gesichert. Dass die Vergütung „ohne besondere Verzögerung" vereinbart wird[236], ist regelmäßig kein Zumutbarkeitskriterium für die Anord-

[226] Beck'scher VOB-Kommentar/*Jagenburg* VOB/B § 1 Nr. 3 Rdn. 17 ff.; *Nicklisch/Weick* VOB/B § 1 Rdn. 28; *Endres*, BauR 1982, 535, 536; *Wirth/Würfele*, Jahrbuch BauR 2006, 119, 158 f.

[227] So aber *Ingenstau/Korbion/Keldungs* VOB/B § 1 Nr. 3 Rdn. 9; *Anker/Klingenfuß*, BauR 2005, 1377 ff.; *Bruns*, ZfBR 2005, 525 ff.; tendenziell auch *Heiermann/Riedl/Rusam* VOB/B § 1 Rdn. 31 c.

[228] BGHZ 41, 271, 279; *Staudinger/Rieble*, § 315 BGB Rdn. 122 ff. m.w.N.

[229] *Weyer*, BauR 1990, 138, 141 f.

[230] Allgemeine Meinung: OLG Hamm BauR 2001, 1594; *Schulze-Hagen*, Festschrift *Soergel*, 259, 265; *Ingestau/Korbion/Keldungs* VOB/B § 1 Nr. 3 Rdn. 9; *Heiermann/Riedl/Rusam* VOB/B § 1 Rdn. 31 c, 35; Beck'scher VOB-Kommentar/*Jagenburg* VOB/B § 1 Nr. 3 Rdn. 27 f.; das ergibt sich auch aus § 4 Nr. 8, vgl. *Daub/Piel/Soergel/Steffani*, ErlZ B 1.25. Ein unmittelbares „Hineinlesen" des § 1 Nr. 4 ist entgegen *Bruns*, ZfBR 2005, 525, 526, nicht nötig.

[231] Viel zu eng aber und nur aufgrund des Kündigungssachverhalts verständlich OLG Köln, *Schäfer/Finnern/Hochstein*, § 8 VOB/B (1973) Nr. 4, wonach angeblich die Änderung von Bitumendickbeschichtung zu Abdichtungsbahnen „praktisch ein neues Bauwerk" sein soll.

[232] OLG Hamm BauR 2001, 1594.

[233] *Schulze-Hagen*, Festschrift *Soergel*, S. 259, 265.

[234] *Schulze-Hagen*, Festschrift *Soergel*, S. 259, 265; *Endres*, BauR 1982, 535, 536.

[235] BGH BauR 1997, 300; enger *Schulze-Hagen*, Festschrift *Soergel*, S. 259, 265.

[236] So *Ingenstau/Korbion/Keldungs* VOB/B § 1 Nr. 3 Rdn. 9.

nungsberechtigung. Das Zustandekommen einer Vereinbarung hängt in der Regel von beiden Parteien ab und wäre ggf. nur als (temporäres) Leistungsverweigerungsrecht zu berücksichtigen (→ VOB/B § 2 Rdn. 205 ff.). Auch falls der Auftragnehmer den Auftrag als so genannten Füllauftrag zu nicht kostendeckenden Preisen übernommen haben sollte, rechtfertigt das keine Einschränkung des Anordnungsrechts. Vielmehr ist im Einzelfall zu prüfen, ob der Auftragnehmer noch an den vertraglichen Preis gebunden ist.[237]

IV. Ausübung des Änderungsrechts

Die Änderungsbefugnis ist durch einseitige **empfangsbedürftige Willenserklärungen** aus- 89
zuüben. Sie bedarf **keiner Form**. Die Anordnung kann deshalb auch konkludent durch schlüssiges Verhalten erfolgen.[238] Ist im Vertrag Schriftform vorgesehen, so gilt sie als konkludent abbedungen, falls der Auftraggeber die Verbindlichkeit seiner einseitigen Anordnung will und der Auftragnehmer dies akzeptiert (vgl. oben Rdn. 14). Bei größeren Leistungsänderungen sind vor allem die in Schriftformgebote gekleideten kommunal-rechtlichen Vertretungserfordernisse zu berücksichtigen. Diese gelten in der Regel für alle Geschäfte, die über die laufende Verwaltung hinausgehen.[239] Werden sie nicht beachtet, ist nicht erst die Preisvereinbarung nach § 2 Nr. 5 unwirksam, sondern schon die mündliche Leistungsänderung.[240] Der Auftragnehmer darf die Änderungsleistung nicht ausführen. Vergütungsansprüche für dennoch ausgeführte Leistung können sich nur aus § 2 Nr. 8 VOB/B bzw. aus Geschäftsführung ohne Auftrag oder § 812 BGB ergeben.

Ausübungsbefugt ist der **Auftraggeber**, seine gesetzlichen oder rechtsgeschäftlichen Vertre- 90
ter.[241] Mehrere Auftraggeber sind grundsätzlich nur gemeinsam berechtigt, den Leistungsinhalt zu verändern. Auch bei Teileigentum dürften die einzelnen Eigentümer hinsichtlich ihres Teils nicht allein zur Änderung berechtigt sein[242], da die vergütungsrechtlichen Folgen ohne besondere Absprache alle Auftraggeber als Gesamtschuldner treffen. Hier dürften in aller Regel selbstständige Zusatzaufträge erforderlich werden. Der **Architekt** oder Ingenieur ist nicht kraft Amtes zu Änderungsanordnungen bevollmächtigt. Hierzu ist er in der Regel nur in Fällen der Gefahr im Verzuge bzw. kleiner und baulich erforderlicher Änderungen berechtigt, ansonsten nur, falls ihm eine Vollmacht eingeräumt wurde.[243] Die bloße Veranlassung der geänderten oder zusätzlichen Leistungen durch den Architekten/Ingenieur reicht nicht aus, das Anordnungsrecht mit Vergütungsfolgen auszulösen.[244] Es besteht keine Vermutung, dass der Architekt die Vollmacht besitzt, den Bauvertrag zu ändern oder Zusatzleistungen anzuordnen.[245] Die Befugnis, Stundennachweise abzuzeichnen, beinhaltet nicht die Vollmacht, diese Arbeiten zu beauftragen.[246] Zu prüfen bleibt, ob die Voraussetzungen für eine Anscheins- oder Duldungsvollmacht vorliegen.

Zu erklären ist die Änderungsanordnung gegenüber dem Auftragnehmer, seinen Vertretern, 91
seinen **Empfangsbevollmächtigten**, wozu auch der „für die Leitung der Ausführung bestellte Vertreter" gemäß § 4 Nr. 1 Abs. 3 gehört[247] oder auch gegenüber bloßen **Empfangsboten**. Die weit verbreitete Auffassung, der für die Leitung der Ausführung bestellte Vertreter sei ohne be-

[237] Dazu VOB/B § 2 Rdn. 214–216.

[238] Vgl. VOB/B § 2 Rdn. 194 ff.

[239] Vgl. ausführlich *Kapellmann/Schiffers*, Band 1, Rdn. 893 ff.

[240] BGH NZBau 2004, 207 = BauR 2004, 495; BGH BauR 1974, 273; *Kapellmann/Schiffers*, Band 1, Rdn. 898.

[241] BGH NZBau 2004, 207 = BauR 2004, 495; BGH BauR 1994, 760; ausführlich *Kapellmann/Schiffers*, Band 1, Rdn. 904 ff.

[242] Anders *Heiermann/Riedl/Rusam* VOB/B § 1 Rdn. 32 a.

[243] Beck'scher VOB-Kommentar/*Jagenburg* VOB/B vor § 2 Rdn. 39 ff., 46.; *Leinemann/Roquette* VOB/B § 1 Rdn. 49; vgl. BGH NJW-RR 2001, 520.

[244] BGH NZBau 2004, 146 = BauR 2004, 488.

[245] BGH NZBau 2004, 31 = BauR 2003, 1892.

[246] BGH BauR 1994, 760.

[247] Zutreffend *Ingenstau/Korbion/Keldungs* VOB/B § 1 Nr. 3 Rdn. 16; *Leinemann/Roquette* VOB/B § 1 Rdn. 48.

sondere Vollmacht nicht der richtige Adressat[248], widerspricht allgemeinen Rechtsgrundsätzen. Der Bauunternehmer ist Kaufmann im Sinne des § 1 HGB. Im Handelsverkehr gelten schon die Angestellten am Telefon als zur Entgegennahme von Erklärungen bevollmächtigt.[249] Warum der „als Vertreter" des Aufragnehmers für die Leitung der Arbeiten Bestellte nicht einmal Empfangsbevollmächtigter für die Anordnung betreffend der von ihm zu leitenden Ausführungen sein soll, ist nicht einzusehen. Im Übrigen läuft die Gegenauffassung schon deshalb leer, weil der zur Leitung bestellte Vertreter in jedem Fall Empfangs**bote** wäre[250], was schon bei einer Putzfrau angenommen wird.[251] Die Erklärung gilt dann gegenüber dem Auftragnehmer als abgegeben, wenn mit der Weiterleitung gerechnet werden durfte. Das Risiko, das die Erklärung gar nicht oder falsch weitergeleitet wird, trifft den Auftragnehmer als Empfänger.[252]

V. Überschreitung der Änderungsbefugnis

92 Überschreitet der Auftraggeber die aufgezeigten Grenzen, ist das Änderungsverlangen unbillig, so ist es für den Auftragnehmer **unverbindlich.**[253] Der ursprüngliche Vertragsinhalt bleibt unverändert. Der Auftragnehmer hat nicht lediglich ein Leistungsverweigerungsrecht.[254] Die häufig erörterte Frage, ob ein Leistungsverweigerungs- oder Zurückbehaltungsrecht in AGB ausgeschlossen werden kann[255], geht ins Leere. Ein derartiger Ausschluss greift nur in Fällen, in denen eine Leistung grundsätzlich geschuldet ist, deren Durchsetzung jedoch dauerhaft oder zumindest zeitweilig durch Gegenrechte verhindert werden soll. Der Auftragnehmer braucht einer die Befugnis überschreitende Anordnung schlicht deshalb nicht nachkommen, weil er eine derartige Leistung überhaupt nicht schuldet.[256]

93 Eine unberechtigtes Änderungsverlagen steht auch **nicht** einer **Kündigung** oder Teilkündigung des unveränderten Vertrages gleich.[257] Eine Kündigung kann dem Auftraggeber schon deshalb nicht unterstellt werden, da der Auftragnehmer ja auch frei ist, einer zu weitreichenden Änderungsanordnung nachzukommen. Ein derartiges Verlangen enthält deshalb nur das Angebot auf eine jederzeit mögliche einvernehmliche Änderung des Vertrages. Lehnt der Auftragnehmer eine derartige Vertragsänderung ab, muss sich der Auftraggeber mit dem Auftragnehmer einigen bzw. im Fall der Nichteinigung entscheiden, ob er die Leistung teilkündigt und neu vergibt oder eine wenig weitreichendere und deshalb noch zumutbare Änderung wählt. Sein Änderungsrecht ist durch die unwirksame Ausübung – ebenso im Fall der wirksamen Ausübung (vgl. Rdn. 49) – nicht verbraucht.[258] Eine Bestimmung durch Urteil nach § 315 Abs. 3 S. 2 BGB kommt in der Regel nicht in Betracht. Das Bestimmungsrecht durch das Gericht dient dazu, die von einer Vertragspartei herbeizuführende Konkretisierung des noch nicht ausreichend bestimmten Vertragsinhaltes zu ersetzen. Sie passt bei Änderungsvorbehalten, auf die § 315 BGB erst im Wege der Analogie Anwendung findet, nicht. Hinzu kommt, dass bei Leistungsbestimmungsrechten, die auch nach freiem Belieben ausgeübt werden dürfen, eine Leistungsbestimmung durch das Ge-

---

[248] So *Heiermann/Riedl/Rusam* VOB/B § 1 Rdn. 32; *Nicklisch/Weick* VOB/B § 1 Rdn. 30 a; *Weyer*, BauR 1990, 138, 139 f.

[249] RGZ 102, 296; *Baumbach/Hopt*, HGB, § 54 Rdn. 5; vgl. auch BGH NJW 2002, S. 1041.

[250] Vgl. BGH NJW 2002, 1565 = BauR 2002, 945 zum Mitarbeiter, der Telefonate entgegennimmt.

[251] Vgl. dazu *Palandt/Heinrichs*, § 130 BGB Rdn. 9.

[252] *Palandt/Heinrichs*, § 130 BGB Rdn. 9 m.w.N.

[253] *Palandt/Heinrichs*, § 315 Rdn. 16; *Heiermann/Riedl/Rusam* VOB/B § 1 Rdn. 35.

[254] So die h.L, vgl. *Leinemann/Roquette* VOB/B § 1 Rdn. 53 m.w.N.

[255] Vgl. *Heiermann/Riedl/Rusam* VOB/B § 1 Rdn. 35; Beck'scher VOB-Kommentar/*Jagenburg* VOB/B § 1 Nr. 3 Rdn. 66; *Ingenstau/Korbion/Keldungs* VOB/B § 1 Nr. 3 Rdn. 13.

[256] Beck'scher VOB-Kommentar/*Jagenburg* VOB/B § 1 Nr. 3 Rdn. 66.

[257] **Anderer Ansicht:** *Ingenstau/Korbion/Keldungs* VOB/B § 1 Nr. 3 Rdn. 14; im Ergebnis wie hier Beck'scher VOB-Kommentar/*Jagenburg* VOB/B § 1 Nr. 3 Rdn. 68.

[258] Die Grundsätze über den Verbrauch des originären Bestimmungsrechtes (vgl. *Staudinger/Rieble*, § 315 Rdn. 254) passen nicht.

richt mangels Bestimmungsmaßstabes gar nicht erfolgen kann.[259] In solchen Fällen ist das Gericht auf die Feststellung der Unwirksamkeit der unbilligen Bestimmung beschränkt.[260] Überschreitet die anordnungsberechtigte Vertragspartei ihre Befugnisse, wird die andere Vertragspartei durch die Unverbindlichkeit der Bestimmung ausreichend geschützt. Es bleibt dann beim bisherigen Vertragsinhalt, der dem Willen beider Parteien entsprach.

94 Die Überschreitung des Änderungsrechts durch den Auftraggeber berechtigt auf der anderen Seite auch den Auftragnehmer nicht zu einer Kündigung. Hierfür besteht auf Grund der Unverbindlichkeit kein Bedürfnis.[261] Kündigungs- bzw. Teilkündigungsrechte nach § 9 Nr. 1 a können erst entstehen, wenn der Auftraggeber auf die unberechtigte Änderung besteht und dem Auftragnehmer die Ausführung der vertraglich vereinbarten Leistung untersagt.[262]

VI. Folgen des Änderungsrechts

1. Vergütungsrechtliche Folgen

95 Eine Änderungsanordnung des Auftraggebers führt zu einer entsprechenden Veränderung des Leistungsinhalts und damit zu Preisanpassungsansprüchen, in der Regel des Auftragnehmers, gemäß § 2 Nr. 5 (vgl. näher VOB/B § 2 Rdn. 180 ff.). Das gilt auch für den Pauschalvertrag.[263]

96 Fraglich ist, ob auch der angeordnete **vollständige Wegfall von Leistungen** als Bauentwurfsänderung im Sinne des § 1 Nr. 3 mit der Folge der Preisanpassung nach § 2 Nr. 5 eingeordnet werden kann. Die Inanspruchnahme des Rechts zur Bauentwurfsänderung wäre für die Anordnung des Wegfalls von Leistungen nicht erforderlich, da der Auftraggeber schon nach § 649 BGB, § 8 Nr. 1 VOB/B zur Teilkündigung berechtigt ist. Sofern eine **Teilkündigung** tatsächlich vorliegt, ist § 8 Nr. 1 bzw. bei Selbstübernahme § 2 Nr. 4 als legis speciales vorrangig.[264] Die Frage stellt sich vielmehr aus Sicht des Auftragnehmers, weil die Kündigung nach § 8 Nr. 5 VOB/B zur Wirksamkeit der Schriftform bedarf und diese nicht nur häufig in der Praxis vergessen, sondern vom Auftraggeber auch teilweise bewusst in der Hoffnung unterlassen wird, so weiteren Ansprüchen des Auftragnehmers zu entgehen. Werden die beim Auftragnehmer gestrichenen Leistungen durch Dritte erbracht, stehen dem Auftragnehmer auch bei nicht formgerecht ausgesprochener Kündigung Schadenersatzansprüche wegen Unmöglichkeit (§ 326 Abs. 2 BGB) zu, die wirtschaftlich zum gleichen Ergebnis wie § 8 Nr. 1 Abs. 2 VOB/B führen.[265] Fällt die Leistung jedoch einfach weg, so wird sie in vielen Fällen deshalb noch nicht unmöglich, z.B. bei Sparmaßnahmen, sondern könnte nachgeholt werden. Will der Auftragnehmer sich bei fehlender Teilkündigung durch den Auftraggeber seinen Anspruch auf die Vergütung abzüglich ersparter Aufwendungen erhalten, kann er den Auftraggeber wegen des (Nicht-)Abrufs der Leistung in Annahmeverzug bringen und anschließend den Vertrag nach § 9 Nr. 1 a VOB/B schriftlich (teil-)kündigen. Auch diese formellen Voraussetzungen werden häufig nicht eingehalten. In diesen Fällen besteht ein Bedürfnis, dem Auftragnehmer zu helfen. Keine rechtlich überzeugende Lösung ist die Annahme einer konkludenten Teilkündigung des Auftraggebers, ohne das Schriftformerfordernis auch nur anzusprechen.[266] Stattdessen bietet es sich an, auch den **angeordneten Wegfall von Leistungen als Bauentwurfsänderung** nach § 1 Nr. 3 VOB/B anzusehen und den Anspruch auf § 2 Nr. 5

[259] *Soergel/Wolf*, § 315 Rdn. 50; *Staudinger/Rieble*, § 315 Rdn. 16 f.

[260] *Staudinger/Rieble*, § 315 Rdn. 16 f.

[261] Vgl. BGH LM Nr. 11 zu § 315 BGB; *Palandt/Heinrichs*, § 315 Rdn. 16.

[262] *Heiermann/Riedl/Rusam* VOB/B § 1 Rdn. 35; Beck'scher VOB-Kommentar/*Jagenburg* VOB/B § 1 Nr. 3 Rdn. 67.

[263] Vgl. VOB/B § 2 Rdn. 292.

[264] Im Ergebnis OLG Oldenburg NZBau 2000, 520 = BauR 2000, 897; *Kapellmann/Schiffers*, Band 1, Rdn. 808; *Marbach*, ZfBR 1989, 2, 5.

[265] *Kapellmann/Schiffers*, Band 2, Rdn. 1311; *Ingenstau/Korbion/Keldungs* VOB/B § 2 Nr. 4 Rdn. 7; *Putzier*, Pauschalpreisvertrag, Rdn. 444.

[266] So z.B. OLG Düsseldorf BauR 2001, 803; OLG Oldenburg NZBau 2000, 520 = BauR 2000, 897; vgl. dazu VOB/B § 8 Rdn. 13.

VOB/B zu stützen.[267] Die Preisanpassung nach § 2 Nr. 5 würde ebenso wie bei § 8 Nr. 1 Abs. 2[268] dazu führen, dass dem Auftragnehmer sein Gewinn, seine Deckungsbeiträge sowie sein Vergütungsanteil für bereits veranlassten Aufwand erhalten blieben. Eine solche Anspruchsbegründung ist möglich, da die VOB/B keinen absoluten Vorrang der Kündigungsregelungen kennt. So ist auch die Selbstübernahme nach § 2 Nr. 4 VOB/B faktisch eine Teilkündigung, ohne dass es einer schriftlichen Kündigungserklärung bedarf. Dem Auftraggeber bleibt die Wahl zwischen § 8 Nr. 1 und § 2 Nr. 4. Dann kann § 8 Nr. 1 aber auch keine Exklusivität gegenüber § 1 Nr. 3 beanspruchen. Liegt eine Teilkündigung nicht vor, so kann der Auftragnehmer seinen Anspruch wegen Leistungsänderung auf § 2 Nr. 5 stützen.

2. Pflicht zur Ausführung

97 Da der Auftraggeber lediglich von seiner vertraglichen Befugnis auf Leistungsänderung Gebrauch macht, muss der Auftragnehmer die geänderte Leistung auch ausführen.[269] Der Auftragnehmer ist allerdings zur **Leistungsverweigerung** berechtigt, wenn der Auftraggeber eine Vergütung des Mehraufwandes endgültig verweigert.[270] Zur Frage, wann bei Nichtzustandekommen eine Einigung über die Vergütung ein Leistungsverweigerungsrecht besteht vgl. näher VOB/B § 2 Rdn. 205 ff.

3. Änderung der Ausführungsfrist

98 Leistungsänderungen, die zu **Mehrleistungen** führen, berechtigten den Auftragnehmer gemäß § 6 Nr. 2 VOB/B ggf. zu einer **Verlängerung der Ausführungsfrist**. Voraussetzung ist jedoch, dass die Bauzeitverlängerung dem Auftraggeber nach § 6 Nr. 1 VOB/B angezeigt wird, falls nicht auf Grund des Umfangs der Änderung die Bauzeitverlängerung für den Auftraggeber offenkundig war.[271]

98 a Kaum erörtert wird die Frage, ob **Minderleistungen** umgekehrt zu einer **Verkürzung der Ausführungszeit** führen. Das ist in Anbetracht der Verknüpfung von Bauzeit, Bauleistung und Kosten aber nur folgerichtig. Wenn Mehrleistungen zu einer Verlängerung führen, müssen auch Minderleistungen zu einer Verkürzung der Bauzeit führen können. Denn auch bei Mindermengen nach § 2 Nr. 3 VOB/B soll im Rahmen einer „Terminbilanz“ Mehrzeitbedarf und Minderzeitbedarf ausgeglichen werden.[272] Behinderungen darf der Auftraggeber ebenfalls durch Bauänderungen aufzufangen versuchen, z.B. durch den Einsatz teuerer, aber schneller bindender Mittel.[273] Diese Terminwirkung kann sich aber nicht auf eine Kompensation beschränken. Denn eine Teilkündigung kann ebenfalls zu einer Verkürzung der Bauzeit führen, z.B. wenn nach dem Terminplan zuletzt zu errichtende Bauteile wegen baurechtlicher Probleme gar nicht ausgeführt werden. Dann muss konsequenterweise eine bauzeitrelevante Minderleistung auch zu einer Änderung der Ausführungsfrist führen können, zumal sich Minderleistungsanordnung und Teilkündigungen vielfach nur schwer voneinander abgrenzen lassen

4. Hinweispflichten

99 Für den Auftragnehmer besteht keine Ankündigungspflicht bei Mehrvergütungsansprüchen (→ VOB/B § 2 Rdn. 180) und damit auch keine allgemeine Hinweispflicht auf die Vergütungs-

[267] So Beck'scher VOB-Kommentar/*Jagenburg* VOB/B § 1 Nr. 3 Rdn. 32 f.; wohl auch *Ingenstau/Korbion-Keldungs* VOB/B § 1 Nr. 3 Rdn. 4; **anderer Ansicht:** *Heiermann/Riedl/Rusam* VOB/B § 1 Rdn. 34.

[268] Vgl. dazu VOB/B § 8 Rdn. 13, 22.

[269] Selbstverständlich steht ihm auch kein Kündigungsrecht zu, vgl. BGH BauR 1997, 300.

[270] BGH NZBau 2004, 612 = BauR 2004, 1613; OLG Düsseldorf BauR 2002, 484; *Kuffer* ZfBR 2004, 110, 116.

[271] Vgl. näher VOB/B § 6 Rdn. 13 m.w.N.; **anderer Ansicht:** *Piel*, FS *Korbion*, S. 349, 356, der von einer automatischen Verlängerung ausgeht.

[272] *Kapellmann/Schiffers*, Bd. 1 Rdn. 566; *Vygen/Schubert/Lang*, Rdn. 144.

[273] Beck'scher VOB-Kommentar/*Motzke* VOB/B § 6 Nr. 4 Rdn. 29.

änderung.[274] Nebenvertragliche Beratungspflichten oder Prüfungs- und Hinweispflichten nach § 4 Nr. 3 bestehen für die geänderte Leistung im gleichen Umfang wie für die bisherige Vertragsleistung.

Anzeigepflichten bestehen auch dann, wenn die veränderte Leistung zu einer **Bauzeitverlängerung** führt. Das gilt nicht nur dann, wenn die geänderte Ausführung mehr Zeit in Anspruch nimmt, sondern erst recht auch dann, wenn die Änderung bauzeitverlängernde Auswirkungen auf andere Leistungsbereiche des Auftragnehmers hat. Ohne Behinderungsanzeige hat der Auftragnehmer keinen Anspruch auf Bauzeitverlängerung.[275] Eine unterbliebene Anzeige führt zwar nicht zu einem Verlust der Mehrvergütungsansprüche, da sich diese ggf. auch nach § 2 Nr. 5 richten[276], aber ggf. zu Schadensersatzansprüchen.[277] 100

VII. AGB-Kontrolle, Abweichende Vertragsvereinbarungen

Die einseitige Befugnis des Auftraggebers, die Leistung zu ändern, entspricht zwar nicht dem allgemeinen Werkvertragsrecht, hält aber dennoch bei isolierter Klauselkontrolle[278] eine Überprüfung nach §§ 305 ff. BGB Stand.[279] Maßstab ist, da § 308 Nr. 4 BGB zu Gunsten des Werkunternehmers nicht unmittelbar anwendbar ist (§ 310 BGB), § 307 BGB. Schon aus der Regelung des § 308 Nr. 4 BGB ergibt sich, dass Änderungsvorbehalte auch in allgemeinen Geschäftsbedingungen zulässig sind, falls legitime Interessen des Verwenders an einer Änderung des Vertraginhaltes bestehen und diese für die andere Vertragspartei zumutbar sind.[280] Bauverträge tragen von Anfang an die für den Auftragnehmer erkennbare Möglichkeit von Änderungen in sich.[281] Deshalb ist auch im Rahmen des BGB-Werkvertrages der Auftragnehmer zumindest verpflichtet, in gewissen Grenzen geänderte Leistungen zu erbringen (vgl. Rdn. 50). Darüber hinaus wird vielfach für den BGB-Werkvertrag im Wege ergänzender Vertragsauslegung eine Verpflichtung zur Erbringung von Änderungsleistungen bejaht, die in ihrer Reichweite weitgehend der Regelung der VOB/B entspricht.[282] Da die Zulässigkeit eines Änderungsvorbehalts nicht ein zwingendes, sondern nur ein **berechtigtes Interesse** des Auftraggebers voraussetzt, reicht bereits die von § 1 Nr. 3 VOB/B bezweckte planerische Gewährleistungsfreiheit als Rechtfertigungsgrund für das einseitige Änderungsrecht aus. Der Hinweis auf eine wesentliche Abweichung vom dispositiven Gesetzesrecht verkennt, das auf den BGB-Bauvertrag nicht nur die §§ 631 ff. BGB, sondern auch die Regelungen des Allgemeinen Schuldrechts Anwendung finden. Der Grundsatz vertraglicher Einigungen gilt aber nicht uneingeschränkt.[283] § 311 BGB gestattet einen Änderungsvorbehalt[284], 101

[274] Beck'scher VOB-Kommentar/*Jagenburg* VOB/B § 1 Nr. 3 Rdn. 48 f.; *Ingenstau/Korbion/Keldungs* VOB/B § 1 Nr. 3 Rdn. 6.

[275] Vgl. VOB/B § 6 Rdn. 13.

[276] Vgl. Beck'scher VOB-Kommentar/*Motzke* VOB/B § 6 Nr. 6 Rdn. 116 m.w.N.; *Kapellmann/Schiffers*, Band 1, Rdn. 1325 ff.

[277] Vgl. dazu VOB/B § 6 Rdn. 15 f.

[278] Zur AGB-Kontrolle der VOB/B vgl. Einl. VOB/B Rdn. 47 ff.

[279] OLG Nürnberg BauR 2001, 409 hält – ohne auf die AGB-Problematik einzugehen – die Regelung für notwendig und im Zusammenhang mit § 2 Nr. 5 auch für angemessen; *Ingenstau/Korbion/Keldungs* § 1 Nr. 3 Rdn. 10 f., *Leinemann/Roquette* VOB/B § 1 Rdn. 42; *Kapellmann/Schiffers*, Bd. 1, Rdn. 779; *Thode*, ZFBR 2004, 214, 218; nunmehr auch *Schulze-Hagen*, Festschrift *Thode*, S. 167, 171; **anderer Ansicht:** *Vygen*, Bauvertragsrecht, Rdn. 165; früher *Schulze-Hagen*, Festschrift *Soergel*, S. 259, 266 f.; *Bruns*, ZfBR 2005, 525 ff.; *Kaufmann*, BauR 2005, 1806, 1808 und Jahrbuch BauR 2006, 35, 52, der unrichtigerweise von einem Kontaktierungszwang ausgeht und aus dieser bloß dogmatischen (Fehl-)Einordnung auch noch – ganz fernliegend – eine Verfassungswidrigkeit herleitet.

[280] Vgl. *Staudinger/Coester/Waltjen*, § 10 AGBG Rdn. 7.

[281] So schon OLG Hamburg, Recht 1911, Nr. 1537; BGH NJW 1996, 1346.

[282] *Kapellmann/Schiffers*, Band 2, Rdn. 1003 ff.; *Endres*, Baurecht, 1982, 535, 537; Münchener Kommentar/*Busche*, § 631 Rdn. 123; im Ergebnis auch *Staudinger/Peters*, § 633 Rdn. 11, der die Grenzen der Zumutbarkeit nach § 242 BGB genauso zieht wie nach § 1 Nr. 3 VOB/B.

[283] *Fricke*, VersR 2000, 257, 259.

[284] *Kamanabrou*, Vertragliche Anpassungsklauseln, 2004, S. 46 f.

der hier wegen der anerkannten praktischen Bedürfnisse auch nicht unangemessen ist. Mit einem Änderungsvorbehalt wird der Einigungsgrundsatz nur im zulässigen Rahmen gelockert.

101 a AGB-rechtliche Bedenken können sich allein aus der **fehlende Konkretisierung des Änderungsvorbehaltes** in § 1 Nr. 3 ergeben.[285] Bei § 1 Nr. 3 geht es allerdings, was in der baurechtlichen Diskussion gerne verkannt wird[286], nicht darum, dass die Leistung nur einer Vertragspartei bei gleich bleibender Gegenleistung geändert wird. In derartigen Fällen wäre jedenfalls gegenüber Verbrauchern eine Änderungsbefugnis ohne Einschränkung unzulässig.[287] Vielmehr stellt § 2 Nr. 5 VOB/B sicher, dass das **Äquivalenzverhältnis** der beidseitigen Leistungen **vollständig gewahrt** bleibt.[288] Dass in der Diskussion[289] zur Wirksamkeit des § 1 Nr. 3 aufgeworfene Problem der (ausnahmsweise) unterkalkulierten Vertragspreise und der damit befürchteten nicht kostendeckenden Preise für Änderungsleistungen kann im Rahmen des § 2 Nr. 5 durch eine Aufhebung der Bindung an die kalkulierten Preise gelöst werden.[290] Berücksichtigt man weiter, dass eine hinreichend konkrete Formulierung der Änderungsrechtsvoraussetzungen sachlich nicht möglich ist[291] und dass die gesetzlichen Grenzen des § 315 BGB – auch ohne ausdrücklichen Verweis in der Formularklausel[292] – zu berücksichtigen sind[293], hält das Änderungsrecht in der konkreten Ausgestaltung des § 1 Nr. 3 einer isolierten Klauselkontrolle Stand. Dennoch hätte der DVA wegen der stärker werdenden Kritik an der Regelung des § 1 Nr. 3 gut daran getan, die beabsichtigte Begrenzung des dem Wortlaut nach uneingeschränkten Anordnungsrechts[294] zur Erhöhung der Rechtssicherheit umzusetzen. Diese sinnvolle Klarstellung entfiel nur deshalb, weil über die Erweiterung des Anordnungsrechts auf die Bauzeit keine Einigung erzielt werden konnte.[295]

102 AGB-rechtlich unzulässig dürften aber in der Regel alle Versuche sein, dass Änderungsrecht über § 1 Nr. 3 hinaus zu erweitern. Unangemessen ist insbesondere die Verpflichtung zur Änderung bei gleichzeitiger Einschränkung der vollen Preisanpassung.[296]

103 **Individualvertraglich** sind erweiterte Änderungsvorbehalte grundsätzlich möglich. Eine unbeschränkte Gestaltungsmacht des Auftraggebers kann aber wegen einer zu weitgehenden Beschränkung des Verpflichteten sittenwidrig sein.[297]

E. § 1 Nr. 4 – Zusätzliche Leistungen

I. Allgemeines

104 Während § 1 Nr. 3 VOB/B dem Auftraggeber das Recht gibt, Änderungen des Bauentwurfes anzuordnen, verleiht § 1 Nr. 4 S. 1 VOB/B ihm die Befugnis, „nicht vereinbarte Leistungen" zu verlangen. Diese werden zur Unterscheidung von Leistungsänderungen üblicherweise als Zusatz-

[285] Vgl. dazu allgemein *Ulmer/Brandner/Hensen*, § 10 Nr. 4 Rdn. 9; Anh. § 9–11 Rdn. 471; *Staudinger/Coester/Waltjen*, § 10 AGBG Nr. 4 Rdn. 7.

[286] Vgl. z.B. *Anker/Klingenfuß*, BauR 2005, 1377, 1381; *Kaufmann*, Jahrbuch BauR 2006, 35, 53 ff.

[287] BGH NZBau 2005, 511 = BauR 2005, 1473.

[288] *Staudinger/Coester/Waltjen*, § 10 Nr. 4 Rdn. 6.

[289] *Anker/Klingenfuß*, BauR 2005, 1377, 1380 f.; *Bruns*, ZfBR 2005, 525.

[290] Vgl. nur *Kapellmann/Schiffers*, Bd. 1 Rdn. 1030 ff. m.w.N.

[291] Vgl. dazu *Ulmer/Brandner/Hensen*, Anh. § 9–11 Rdn. 471.

[292] BGHZ 97, 212; *Kniffka*, ibr-online-Kommentar, (Stand 10.4.2006), § 631 Rdn. 351.

[293] Dazu *Wolf/Horn/Lindacher*, § 10 Nr. 7 AGBG Rdn. 7.

[294] Vgl. Beschluss des HAA v. 17.5.2006, u.a. in IBR-online.de/ibrmaterialien („Der Auftraggeber kann Anordnungen zu Art und Umfang der vertraglichen Leistungen, soweit geboten auch hinsichtlich der Bauzeit, treffen, wenn der Betrieb des Auftragnehmers auf die dafür erforderlichen Leistungen eingerichtet ist und sie unter Abwägung der beiderseitigen Interessen nicht unzumutbar sind.").

[295] Vgl. Einl. VOB/B Rdn. 4, 13 a und zur Bauzeitdiskussion z.B. die IBR-Aufsätze von *Markus, Kohlhammer, Ganten* (Netzwerke Bauanwälte) und *Drittler*, jeweils ibr-online.de/ibrzeitschrift/ibraufsaetze.

[296] *Wolf/Horn/Lindauer*, § 10 Nr. 4 AGBG Rdn. 7, § 23 Rdn. 272; *Heiermann*, NJW 1986, 2682, 2684 f. m.w.N.

[297] Vgl. *Staudinger/Rieble*, § 315 Rdn. 36.

leistungen oder zusätzliche Leistungen bezeichnet. Das **Anordnungsrecht des § 1 Nr. 4 S. 1** ist gegenüber § 1 Nr. 3 vor allem dadurch **eingeschränkt**, dass die Zusatzleistung zur Ausführung der Vertragsleistungen erforderlich sein muss, d.h. der bloße Gestaltungswillen des Bauherrn nicht ausreicht. Das macht eine Abgrenzung zum weitergefassten Anordnungsrecht des § 1 Nr. 3 für Bauentwurfsänderung notwendig, die bereits oben (vgl. Rdn. 60 ff.) vorgenommen wurde. Im Übrigen sind die erforderlichen Zusatzleistungen von anderen – nicht erforderlich – Leistungen i.S.d. § 1 Nr. 4 S. 2 abzugrenzen, hinsichtlich derer der Auftraggeber keine einseitige Anordnungsbefugnis hat. Das Fordern von Leistungen, die bereits schon zum Vertragssoll gehören, fällt nicht unter § 1 Nr. 4, sondern unter § 4 Nr. 1 Abs. 3 VOB/B.

II. Erforderliche Zusatzleistungen

Zusatzleistungen sind Leistungen, die nicht zum bisher geschuldeten vertraglichen Leistungsumfang gehören, sondern nachträglich vom Auftraggeber (rein) leistungserweiternd – und nicht leistungsändernd – gefordert werden. Eine Zusatzleistung liegt also vor, wenn die Leistung auch nicht in abgeänderter Form zum bisherigen Vertragssoll gehörte. Dabei ist eine rein begriffliche Abgrenzung, wie dargelegt (vgl. Rdn. 60 ff.), nicht möglich. In Grenzfällen sind Wertungen notwendig, die naturgemäß im Einzelfall zu Abgrenzungsschwierigkeiten führen. 105

1. Erforderlichkeit der Leistungen

Der Auftraggeber kann einseitig nur Zusatzleistungen fordern, die erforderlich sind. Dieser Begriff wird überwiegend sehr eng im Sinne einer **technischen Notwendigkeit** ausgelegt. Erforderlich i.S.d. § 1 Nr. 4 S. 1 sollen danach in erster Linie nur die bei der Auftragvergabe **vergessenen Leistungen** sein, die notwendig sind, um die Vertragleistungen vollständig und mängelfrei zu erbringen.[298] Als Paradefall für erforderliche Leistungen wird dabei eine vergessene Abdichtung genannt. Erforderliche Zusatzleistungen liegen aber auch dann vor, wenn die beim Pauschalvertrag vereinbarten Mengen zur Erreichung des Vertragszweckes nicht ausreichen.[299] Leistungserweiterungen aus Zweckmäßigkeitsüberlegungen, z.B. ein zusätzliches Bad oder eine zusätzliche Garage, sind demgegenüber nicht erforderlich i.S.d. § 1 Nr. 4.[300] Auch die zusätzliche Beauftragung mit weiteren Gewerken, z.B. wenn dem Rohbauer noch der Außenputz übertragen werden soll, wäre nicht durch § 1 Nr. 4 S. 1 VOB/B gedeckt.[301] Andererseits dürfen erforderliche Leistungen, soweit zumutbar, **auch einen beachtlichen Umfang** annehmen.[302] 106

Da der Auftraggeber aber nach § 1 Nr. 3 grundsätzlich berechtigt ist, den Bauentwurf zu ändern und damit auch zu erweitern, müssen zunächst auch diejenige Leistungen als erforderlich angesehen werden, die zum ggf. nachträglich **im Rahmen des § 1 Nr. 3 geänderten und erweiterten Bauentwurfs erforderlich** werden. Darüber hinaus wird man das Anordnungsrecht auch auf Leistungen erstrecken müssen, die zwar nicht unmittelbar für die Mängelfreiheit des dem Auftragnehmer bisher übertragenen Leistungsteil notwendig sind, aber für die **Vollständigkeit und Mangelfreiheit der Gesamtleistung**. Ansonsten bestünde bei Einzelvergaben keine Anordnungsbefugnis für vergessene Leistungen, die für das Gesamtwerk unbedingt erforderlich sind. So könnten bei der Einzelvergabe in Schnittstellenbereichen die betroffenen Auftragnehmer wechselseitig darauf verweisen, dass die Gesamtleistung vollständig und mangelfrei wäre, falls der jeweils andere Unternehmer die Leistung erbringt, z.B. wenn die Schienen einer Befahranlage weder (eindeutig) den Fassadenbauer noch dem Anlagenbauer in Auftrag gegeben wurden, so dass eine Zusatzleistung erforderlich wird. Sind im Auftrag des Malers versehentlich einzelne 107

[298] *Ingenstau/Korbion/Keldungs* VOB/B § 1 Nr. 4 Rdn. 3; *Franke/Kemper/Zanner/Grünhagen* VOB/B, § 1 Rdn. 70; Beck'scher VOB-Kommentar/*Jagenburg* VOB/B § 1 Nr. 4 Rdn. 13.
[299] OLG Düsseldorf BauR 2003, 892.
[300] Beck'scher VOB-Kommentar/*Jagenburg* VOB/B § 1 Nr. 4 Rdn. 13.
[301] OLG Düsseldorf BauR 1997, 647.
[302] *Heiermann/Riedl/Rusam* VOB/B § 1 Rdn. 40 b.

Bereiche vergessen worden, so sind deshalb die unvollständig übertragene Leistungsteile nicht mangelhaft, allerdings die Gesamtleistung. Wäre der Maler nicht verpflichtet, die Leistung zu den Vertragspreisen (§ 2 Nr. 6) zu erbringen, könnte er frei einen Preis fordern, der die Terminsituation des Auftraggebers ausnutzt oder die Doppelkosten einer ansonsten getrennten Vergabe voll berücksichtigt, obwohl sie bei ihm nicht mehr anfallen. Gerade das soll ja § 1 Nr. 4 S. 1 VOB/B verhindern.

108 Der Begriff der Erforderlichkeit kann deshalb nach dem Zweck des § 1 Nr. 4 nicht eng auf die bisher übertragenen Leistungen begrenzt werden, sondern muss **auch das Gesamtwerk berücksichtigen**. Sinn und Zweck dieser Erweiterung bestimmen zugleich deren Grenzen: Nicht zulässig werden Leistungserweiterungen anstelle ursprünglich vorgesehener anderweitiger Vergaben bzw. eine erhebliche Ausweitung des Leistungsumfanges. Diese damit begrenzte Erweiterung ist nicht nur teleologisch, sondern auch systematisch geboten. Ansonsten käme es zu ganz erheblichen Wertungswidersprüchen zu dem tendenziell weit ausgestalteten Anordnungsrecht nach § 1 Nr. 3 VOB/B. Die beiden Vorschriften müssen aber schon deshalb harmonisiert werden, weil die Einordnung in vielen Fällen zweifelhaft und umstritten ist, ohne dass die genannten Abgrenzungskriterien ein vollständig abweichendes Ergebnis hinsichtlich der Befugnisreichweite rechtfertigen könnten.[303] Unzumutbare Beeinträchtigungen für den Auftragnehmer sind damit nicht verbunden, da er zur Übernahme der Leistung nur verpflichtet ist, wenn sein Betrieb – auch kapazitätsmäßig – hierauf eingestellt ist und die Grenzen der Anordnungsbefugnis – wie bei § 1 Nr. 3 – unter Abwägung der beiderseitigen Interessen eingehalten sind.[304] Auch hier ist die Leistungserweiterung entsprechend § 315 BGB für den Auftragnehmer nur verbindlich, wenn sie der Billigkeit entspricht. Diese Vorschrift gilt nicht nur für die ursprüngliche Leistungsbestimmung, sondern kann auch auf nachträgliche Änderungsvorbehalte angewandt werden.[305]

2. Einrichtung des Betriebes des Auftragnehmers auf die Zusatzleistungen

109 Weitere Voraussetzung für eine einseitige Anordnungsbefugnis des Auftraggebers ist es, dass der Betrieb des Auftragnehmers hierauf eingerichtet ist. Abzustellen ist auf die **personelle und sachliche Ausstattung** des konkreten Betriebs. Zu prüfen ist, ob der Betrieb des Arbeitnehmers über die notwendige Anzahl von Arbeitnehmern mit der erforderlichen Fachkompetenz und über die erforderliche maschinelle Ausstattung verfügt.[306]

110 Der Auftragnehmer muss in der Regel, allein schon wegen möglicher Gewährleistungsrisiken, weder gewerkefremde Arbeiten durchführen noch Spezialverfahren, hinsichtlich derer er nicht über die notwendigen Erfahrungen verfügt. Er ist auch nicht verpflichtet, für Zusatzarbeiten auf **Nachunternehmer** zurückzugreifen.[307] Lässt der Auftragnehmer demgegenüber die vertragliche Leistung zulässigerweise von einem Nachunternehmer durchführen, werden ihm dessen betriebliche Einrichtungen zugerechnet.[308] Der Generalunternehmer wird deshalb die erforderlichen Zusatzleistungen in der Regel nicht verweigern können (vgl. Rdn. 79). Nicht richtig ist es demgegenüber, dass der Generalunternehmer alle Leistungen, die ihm gegenüber angeordnet werden können, seinerseits von seinen Nachunternehmern verlangen kann.[309] Es handelt sich um zwei getrennte Vertragsverhältnisse.[310] Abzustellen ist im Verhältnis Generalunternehmer zum Nach-

---

[303] Ebenso *Leinemann/Roquette* VOB/B § 1 Rdn. 58.

[304] Beck'scher VOB-Kommentar/*Jagenburg* VOB/B § 1 Nr. 3 Rdn. 17 ff.; *Nicklisch/Weick* VOB/B § 1 Rdn. 24; *Endres*, BauR 1982, 535, 536.

[305] *Staudinger/Rieble*, § 315 BGB Rdn. 11; *Ulmer/Brandner/Hensen*, § 10 AGBG Nr. 4 Rdn. 4.

[306] Beck'scher VOB-Kommentar/*Jagenburg* VOB/B § 1 Nr. 4 Rdn. 14; *Heiermann/Riedl/Rusam* VOB/B § 1 Rdn. 42.

[307] *Ingenstau/Korbion/Keldungs* VOB/B § 1 Nr. 5 Rdn. 5; Beck'scher VOB-Kommentar/*Jagenburg* VOB/B § 1 Rdn. 42; *Heiermann/Riedl/Rusam* VOB/B § 1 Rdn. 42.

[308] *Heiermann/Riedl/Rusam* VOB/B § 1 Rdn. 42 a.

[309] Beck'scher VOB-Kommentar/*Jagenburg* VOB/B § 1 Nr. 4 Rdn. 16; *Heiermann/Riedl/Rusam* VOB/B § 1 Rdn. 42 a.

[310] Vgl. BGH BauR 1981, 383 = NJW 1981, 1779 m.w.N.

unternehmer nicht auf die Gesamtbaumaßnahme, sondern grundsätzlich auf die Vertragsleistung des Nachunternehmers und dessen Betriebseinrichtung.[311] Soweit deshalb eine Durchstellung nicht möglich ist, so ist das gerade Teil des GU-Risikos.

Zusatzleistungen kann der grundsätzlich hierauf eingerichtete Auftragnehmer auch verweigern, wenn ihm zur Zusatzleistungen die erforderlichen **personellen Kapazitäten** fehlen, da auch die personelle Ausstattung zur betrieblichen Einrichtung gehört.[312] Relevant werden kann dies bei erheblichen Zusatzleistungen. Überstunden sind dem Auftragnehmer nur im gesetzlich zulässigen Rahmen zuzumuten, eine verlängerte Ausführungsfrist dagegen nicht, falls er durch Anschlussaufträge gebunden ist. Der Auftragnehmer darf sich bei seiner Kapazitätsplanung auf den vertraglich vereinbarten und voraussehbaren Leistungsumfang verlassen.[313] Auch insoweit ist er nicht verpflichtet, Subunternehmer einzuschalten.[314] 111

3. Verlangen des Auftraggebers

Zur Übernahme der Zusatzleistungen ist der Auftragnehmer „auf Verlangen des Auftraggebers" verpflichtet. Als einseitiges Leistungsändernsverlangen bedarf die Aufforderung der notwendigen Eindeutigkeit[315], allerdings keiner bestimmten Form. Notwendig ist damit, wie bei der Anordnung nach Nr. 3, **zumindest** eine **konkludente Willenserklärung**. Während in vom Auftraggeber angeordneten Bauentwurfsänderungen die erforderliche Willenserklärung nach Nr. 3 liegt, werden gerade zusätzliche Leistungen manchmal schon aufgrund der vom Auftragnehmer selbst erkannten reinen Erforderlichkeit oder aufgrund bloßer Angaben Dritter ausgeführt. Dann fehlt es aber an dem nach Nr. 4 erforderlichen „Verlangen", so dass nur Zusatzansprüche nach § 2 Nr. 8 VOB/B in Betracht kommen.[316] 112

Ausübungsbefugt ist, wie bei § 1 Nr. 3 VOB/B, **nur der Auftraggeber** und seine gesetzlichen oder rechtsgeschäftlichen Vertreter, wobei insbesondere auch die kommunalrechtlichen Vertretungsvorschriften einschließlich Schriftformgebot (vgl. Rdn. 89) zu beachten sind.[317] Die Vollmacht eines **Architekten** beschränkt sich auf den bei Nr. 3 aufgezeigten Rahmen (vgl. Rdn. 90). Diese Fragen werden allerdings in der Regel nicht im Rahmen des § 1 Nr. 4, also die Verpflichtung des Auftragnehmers zur Ausführung, praktisch, sondern erst im Vergütungsstreit. Da die Leistungen aber tatbestandlich erforderlich sein müssen, wird auch ohne wirksames Verlangen sich eine Vergütungspflicht häufig aus § 2 Nr. 8 VOB/B ergeben. 112 a

Zu erklären ist das Verlangen gegenüber dem Auftragnehmer, seinen Vertretern, Empfangsbevollmächtigten oder Empfangsboten (vgl. Rdn. 91).

Bereits die berechtigte Ausübung des Änderungsverlangen löst unmittelbar die Leistungspflicht des Auftragnehmers aus, da es sich ebenso wie bei § 1 Nr. 3 um einen **vertraglich vereinbarten Änderungsvorbehalt**[318] handelt, auf den die Regelungen des § 315 BGB entsprechend anzuwenden sind. Wieso hier nach einer Gegenauffassung anders als bei § 1 Nr. 3 eine beiderseitige Willensübereinstimmung erforderlich sein soll, d.h. § 1 Nr. 4 lediglich ein Kontrahierungszwang begründen soll[319], wird nicht verständlich. Die einseitige Anordnungsbefugnis nach § 1 Nr. 3 ist 113

[311] *Schulze-Hagen*, Festschrift *Soergel*, S. 259, 265, 272; *Nicklisch*, NJW 1985, 2361, 2367; *Daub/Piel/Soergel/Steffani*, ErlZ. B 2.113.

[312] Insoweit entspricht schon wegen des anderen Zwecks und auch der anderen Bezugnahme § 4 Nr. 8 Abs. 1 VOB/B nicht § 1 Nr. 4, was *Daub/Piel/Soergel/Steffani*, ErlZ. B 1.42 übersehen.

[313] *Schluze-Hagen*, Festschrift *Soergel*, S. 259, 265.

[314] So wohl auch *Ingenstau/Korbion/Keldungs* VOB/B § 1 Nr. 4 Rdn. 5.

[315] Vgl. näher VOB/B § 2 Rdn. 190; ebenso BGH NZBau 2004, 612 = BauR 2004, 1613; Beck'scher VOB-Kommentar/*Jagenburg* VOB/B § 1 Nr. 4 Rdn. 5.

[316] OLG Oldenburg IBR 2005, 1167; OLG Braunschweig v. 27.4.2005 – 4 U 64/02.

[317] BGH NZBau 2004, 207 = BauR 2004, 495.

[318] BGH NZBau 2004, 207 = BauR 2004, 495; BGH BauR 1996, 378 = NJW 96, 1346; *Nicklisch/Weick* VOB/B § 1 Rdn. 32 a; *Daub/Piel/Soergel/Steffani*, ErlZ. B 1.38; *Leinemann/Roquette* VOB/B § 1 Rdn. 56; *Thode* ZfBR 2004, 214, 215; *Quack* ZfBR 2004, 167 ff.

[319] So aber Beck'scher VOB-Kommentar/*Jagenburg* VOB/B § 1 Nr. 4 Rdn. 3; *Ingenstau/Korbion/Keldungs* VOB/B § 1 Nr. 4 Rdn. 2; *Franke/Kemper/Zanner/Grünhagen* VOB/B § 1 Rdn. 67.

eher weitreichender als die nach § 1 Nr. 4[320], vor allem, wenn man dessen Anwendungsbereich auch noch mit der herrschenden Meinung besonders eng begrenzt. Auch der Hinweis auf die Ungeeignetheit eines gerichtlichen Bestimmungsverfahrens nach § 315 Abs. 3 BGB[321] geht fehl, da dieses gar nicht eingreift (vgl. Rdn. 93), im Übrigen eine erforderliche Zusatzleistung auch kaum eine unbillige Bestimmung sein dürfte.

4. Folgen des Anordnungsrechts

114 Die Erweiterung der Leistungspflichten gemäß § 1 Nr. 4 VOB/B führt auf der anderen Seite zum Preisanpassungsanspruch des Auftragnehmers nach § 2 Nr. 6 VOB/B[322], für den allerdings – anders als bei § 2 Nr. 5 – grundsätzlich eine Ankündigungspflicht besteht (→ VOB/B § 2 Rdn. 180 ff.). Wird eine notwendige Zusatzleistung ohne Anordnung erbracht, so richtet sich die Vergütung nach § 2 Nr. 8 VOB/B (→ VOB/B § 2 Rdn. 304 ff.).

Wegen möglicher Zurückbehaltungsrechte, Auswirkungen auf die Ausführungsfrist und sonstiger Hinweispflichten kann auf die Ausführung zu § 1 Nr. 3 (Rdn. 97 ff.) verwiesen werden.

III. Andere zusätzliche Leistungen

115 Sofern Leistungen vom Auftraggeber **nicht** nach § 1 Nr. 4 S. 1 (oder auch § 1 Nr. 3) angeordnet werden können, können sie dem Auftragnehmer **nur mit seiner Zustimmung** übertragen werden. Damit entspricht die Regelung dem allgemeinen Vertragsgrundsatz, dass Vertragsänderungen einer Einigung der Parteien bedürfen.[323]

116 Der Auftragnehmer braucht nicht erforderliche Leistungen nicht zu übernehmen, vor allem kann er die Übernahme von einer Vergütungsvereinbarung abhängig machen, ohne an die Preisanpassungsgrundsätze des § 2 Nr. 5 gebunden zu sein.[324] Dies führt erfahrungsgemäß zu höheren Preisforderungen, auf die sich der Auftraggeber einlassen muss, sofern er die Leistungen nicht anderweitig vergeben kann oder will. Grenze für die Forderung des Auftragnehmers sind erst die §§ 242, 138 BGB.

117 Das sollte unstreitig sein. Fraglich ist allerdings, ob sich die Vergütungshöhe des Auftragnehmers in den Fällen, in denen der Auftragnehmer die nicht erforderliche Zusatzleistungen **ohne Preisvereinbarung** ausführt, nach § 2 Nr. 6[325] oder nach § 632 Abs. 2 BGB[326] richtet. Diese Frage lässt sich so nicht beantworten. Vielmehr kommt es darauf an, ob die Parteien einen neuen Vertrag schließen oder lediglich den bestehenden Vertrag ergänzen wollen. Wollen die Parteien einen neuen Vertrag schließen, so genannter **Anschluss- oder Folgeauftrag**[327], bestimmt sich der Preis, selbst wenn in den neuen Vertrag die VOB/B einbezogen wurde, mangels Vereinbarung nach § 632 Abs. 2 BGB.[328] Ergänzen die Parteien demgegenüber den bisherigen Vertrag nur um eine weitere nicht erforderliche Leistung, so beschränken sie sich auf eine Vertragsänderung, so dass sich die Vergütung für die Zusatzleistungen des im Übrigen unveränderten Vertrages nach § 2 Nr. 6 richtet. § 1 Nr. 4 S. 2 hat lediglich diesen zweiten Fall im Auge. Dass die Parteien frei sind, weitere Verträge zu schließen, ist einerseits so selbstverständlich und hat andererseits mit dem

---

320 *Schulze-Hagen*, Festschrift *Soergel*, S. 259, 268.

321 Vgl. *Franke/Kemper/Zanner/Grünhagen* VOB/B § 1 Rdn. 67.

322 BGH BauR 1986, 542; OLG Düsseldorf BauR 1993, 479.

323 *Daub/Piel/Soergel/Steffani*, ErlZ. B. 1.43.

324 OLG Düsseldorf BauR 1993, 479; *Kapellmann/Schiffers*, Bd. 1, Rdn. 832; *Franke/Kemper/Zanner/Grünhagen* VOB/B § 1 Rdn. 74.

325 *Kapellmann/Schiffers*, Bd. 1 Rdn. 833 m.w.N.; Beck'scher VOB-Kommentar/*Jagenburg* VOB/B § 1 Nr. 4 Rdn. 32.

326 OLG Düsseldorf BauR 1996, 875; *Vygen*, FS *Locher*, S. 263, 280 f.; *Breyer*, BauR 1999, 459 ff.; *Ingenstau/Korbion/Keldungs* VOB/B § 1 Nr. 4 Rdn. 7; anders aber § 2 Nr. 6 Rdn. 6; *Franke/Kemper/Zanner/Grünhagen* VOB/B § 1 Rdn. 74, § 2 Rdn. 90; *Leinemann/Roquette* VOB/B § 1 Rdn. 65.

327 *Kapellmann/Schiffers*, Bd. 1 Rdn. 834.

328 § 2 Nr. 6 hat mit der Bestimmung der Vergütung für die Vertrags**haupt**leistung nichts zu tun.

konkreten Vertrag so wenig zu tun, dass hierfür eine Regelung in diesem Vertrag überflüssig wäre. **§ 1 Nr. 4 S. 2 VOB/B bezieht sich deshalb nur auf die Ergänzung des bereits bestehenden Vertrages.** Dies bestätigt auch der Wortlaut. Denn die Vorschrift lautet nicht, dass die Parteien weitere Verträge schließen können, sondern dass eine Leistungserweiterung um eine nicht erforderliche Leistung der „Zustimmung" des Auftragnehmers bedarf. Da sich die Zustimmung nur auf die Leistungserweiterung bezieht, führt, wenn weitere Vertragsänderungen nicht vereinbart werden, dies nur dazu, dass die nicht erforderliche Zusatzleistung einer erforderlichen Zusatzleistung vertraglich gleichgestellt wird[329], so dass sich die Vergütung nach § 2 Nr. 6 richtet.

Während dieser dogmatische Ausgangspunkt eindeutig erscheint, wird im Einzelfall durchaus **118** fraglich sein, ob die Parteien nun einen neuen Vertrag schließen oder der Auftragnehmer lediglich seine Zustimmung zur Leistungserweiterung erteilt hat. Die Abgrenzungskriterien, die im Rahmen des § 2 Nr. 6 erörtert werden (typische Zusatzleistung in unmittelbarer Abhängigkeit zur bisherigen Leistung gegenüber selbstständiger Leistung ohne räumliche und stoffliche Verbindung zur Vertragsleistung)[330] haben hierfür Indizfunktionen. Im Zweifel wird der Auftraggeber, der eine Zusatzleistung während der Vertragsausführungszeit ohne Preisanfrage verlangt und der Auftragnehmer, der die Leistung ohne Forderung nach einem abweichenden Preis erbringt, damit erklären, dass die Leistung nach dem bisherigen Preisniveau, d.h. nach § 2 Nr. 6, vergütet werden soll.[331] Dieser Erklärungsinhalt liegt insbesondere in den Fällen auf der Hand, in denen der Auftraggeber eine im Vertrag bereits vorgesehene Leistung aus freien Stücken im größeren Umfange abfordert, z.B. Markisen für alle Fenster oder zusätzliche Pflasterarbeiten. Wird eine Leistung demgegenüber ohne Zusammenhang mit dem Leistungsziel des bisherigen Vertrages[332] oder erst nach Abnahme der Vertragsleistung bei Gelegenheit der Mängelbeseitigungsarbeiten gefordert[333], liegt im Zweifel ein neuer Vertrag vor.

Noch anders liegt der Fall, wenn die Parteien die Vergütung ausdrücklich angesprochen haben, **119** aber eine **Preiseinigung scheiterte**. Dann scheidet § 2 Nr. 6 aus, da der Auftragnehmer mit einer Erweiterung der Leistung auf dem vertraglichen Preisniveau gerade nicht einverstanden ist. Ein Rückgriff auf § 632 BGB scheidet grundsätzlich ebenfalls aus, da § 632 BGB nur die fehlende Vergütungsvereinbarung ersetzt, nicht aber einen **Dissens** beheben kann.[334] Ist ein Vertrag nicht zu Stande gekommen, sind die §§ 812 ff. BGB anwendbar. In Ausnahmefällen sollen sich die Parteien bei Vollzug trotz Dissens nicht auf die Unwirksamkeit berufen, so dass dann § 632 BGB wieder anwendbar wäre.[335]

IV. ABG-Kontrolle, Abweichende Vertragsvereinbarungen

Wenn schon das wesentlich weiter gefasste Anordnungsrecht des § 1 Nr. 3 der isolierten **120** Klauselkontrolle Stand hält (vgl. Rdn. 101), gilt das erst Recht für die engere Anordnungsbefugnis nach § 1 Nr. 4. Sie ist sachlich angemessen, weil sie Notwendigkeiten und Üblichkeiten der Baurealität entspricht, und regelt die Grenzen, in denen der Auftraggeber die Befugnis ausüben darf.[336]

---

[329] Vgl. OLG Düsseldorf NJW-RR 2001, 1597.

[330] *Ingenstau/Korbion/Keldungs* VOB/B § 2 Nr. 6 Rdn. 7; *Heiermann/Riedl/Rusam* VOB/B § 2 Rdn. 129 a; auch *Kapellmann/Schiffers*, Bd. 1 Rdn. 832 ff.

[331] *Kapellmann/Schiffers*, Bd. 1 Rdn. 833.

[332] BGH BauR 2002, 618.

[333] OLG Düsseldorf BauR 1993, 479; *Kapellmann/Schiffers*, Bd. 1 Rdn. 838.

[334] BGB-RGKR-*Glanzmann*, § 632 Rdn. 19; *Staudinger/Peters*, § 632 Rdn. 32, 46; *Kleine-Möller/Merl*, Handbuch, § 7 Rdn. 41.

[335] BGH VersR 1959, 1048; *Staudinger/Peters*, § 632 Rdn. 36.

[336] BGH NJW 1996, 1346 = BauR 1996, 378; inzident auch BGH NZBau 2004, 207 = BauR 2004, 495 (§ 2 Nr. 8 a.F. wird im Rahmen einer Klauselkontrolle verworfen, § 1 Nr. 4 ohne weiteres als wirksam angesehen); *Wolf/Horn/Lindacher*, § 23 ABGBRdn. 250; **anderer Ansicht:** z.B. *Kretschmann*, S. 111 f.; *Kaufmann*, Jahrbuch BauR 2006, 35, 61 ff.

121 Unangemessen werden in der Regel jedoch Erweiterungen der Anordnungsbefugnis sein, insbesondere die nicht eingeschränkte Verpflichtung zur Übernahme von anderen Zusatzleistungen, die Verpflichtung zur Übernahme von Zusatzleistungen, auf die der Betrieb des Arbeitnehmers nicht eingerichtet ist[337], oder die Einschränkung des Anspruchs auf volle Preisanpassung (vgl. Rdn. 102).

122 Hinsichtlich individualvertraglicher Erweiterungen wird auf Rdn. 103 verwiesen.

123 Nachdem die Anordnungsbefugnis für Zusatzleistungen nach § 1 Nr. 4 S. 1 VOB/B teilweise sehr eng ausgelegt wird, kann es sich durchaus empfehlen, das Anordnungsrecht angemessen – bei voller Preisanpassung – inhaltlich zu erweitern, um überhöhte Preisforderungen des Auftragnehmers in Drucksituationen abwehren zu können.

§2 Vergütung

1. Durch die vereinbarten Preise werden alle Leistungen abgegolten, die nach der Leistungsbeschreibung, den Besonderen Vertragsbedingungen, den Zusätzlichen Vertragsbedingungen, den Zusätzlichen Technischen Vertragsbedingungen, den Allgemeinen Technischen Vertragsbedingungen für Bauleistungen und der gewerblichen Verkehrssitte zur vertraglichen Leistung gehören.

2. Die Vergütung wird nach den vertraglichen Einheitspreisen und den tatsächlich ausgeführten Leistungen berechnet, wenn keine andere Berechnungsart (z.B. durch Pauschalsumme, nach Stundenlohnsätzen, nach Selbstkosten) vereinbart ist.

3. (1) Weicht die ausgeführte Menge der unter einem Einheitspreis erfassten Leistung oder Teilleistung um nicht mehr als 10 v.H. von dem im Vertrag vorgesehenen Umfang ab, so gilt der vertragliche Einheitspreis.

(2) Für die über 10 v.H. hinausgehende Überschreitung des Mengenansatzes ist auf Verlangen ein neuer Preis unter Berücksichtigung der Mehr- oder Minderkosten zu vereinbaren.

(3) Bei einer über 10 v.H. hinausgehenden Unterschreitung des Mengenansatzes ist auf Verlangen der Einheitspreis für die tatsächlich ausgeführte Menge der Leistung oder Teilleistung zu erhöhen, so weit der Auftragnehmer nicht durch Erhöhung der Mengen bei anderen Ordnungszahlen (Positionen) oder in anderer Weise einen Ausgleich erhält. Die Erhöhung des Einheitspreises soll im Wesentlichen dem Mehrbetrag entsprechen, der sich durch Verteilung der Baustelleneinrichtungs- und Baustellengemeinkosten und der Allgemeinen Geschäftskosten auf die verringerte Menge ergibt. Die Umsatzsteuer wird entsprechend dem neuen Preis vergütet.

(4) Sind von der unter einem Einheitspreis erfassten Leistung oder Teilleistung andere Leistungen abhängig, für die eine Pauschalsumme vereinbart ist, so kann mit der Änderung des Einheitspreises auch eine angemessene Änderung der Pauschalsumme gefordert werden.

4. Werden im Vertrag ausbedungene Leistungen des Auftragnehmers vom Auftraggeber selbst übernommen (z.B. Lieferung von Bau-, Bauhilfs- und Betriebsstoffen), so gilt, wenn nichts anderes vereinbart wird, § 8 Nr. 1 Abs. 2 entsprechend.

5. Werden durch Änderung des Bauentwurfs oder andere Anordnungen des Auftraggebers die Grundlagen des Preises für eine im Vertrag vorgesehene Leistung geändert, so ist ein neuer Preis unter Berücksichtigung der Mehr- oder Minderkosten zu vereinbaren. Die Vereinbarung soll vor der Ausführung getroffen werden.

6. (1) Wird eine im Vertrag nicht vorgesehene Leistung gefordert, so hat der Auftragnehmer Anspruch auf besondere Vergütung. Er muss jedoch den Anspruch dem Auftraggeber ankündigen, bevor er mit der Ausführung der Leistung beginnt.

(2) Die Vergütung bestimmt sich nach den Grundlagen der Preisermittlung für die vertragliche Leistung und den besonderen Kosten der geforderten Leistung. Sie ist möglichst vor Beginn der Ausführung zu vereinbaren.

7. (1) Ist als Vergütung der Leistung eine Pauschalsumme vereinbart, so bleibt die Vergütung unverändert. Weicht jedoch die ausgeführte Leistung von der vertraglich vor-

[337] *Ingenstau/Korbion/Keldungs* VOB/B § 1 Nr. 4 Rdn. 7.

gesehenen Leistung so erheblich ab, dass ein Festhalten an der Pauschalsumme nicht zumutbar ist (§ 313 BGB), so ist auf Verlangen ein Ausgleich unter Berücksichtigung der Mehr- oder Minderkosten zu gewähren. Für die Bemessung des Ausgleichs ist von den Grundlagen der Preisermittlung auszugehen.
(2) **Die Regelungen der Nr. 4, 5, 6 gelten auch bei Vereinbarung einer Pauschalsumme.**
(3) **Wenn nichts anderes vereinbart ist, geltend die Absätze 1 und 2 auch für Pauschalsummen, die für Teile der Leistung vereinbart sind; Nummer 3 Abs. 4 bleibt unberührt.**

8. (1) **Leistungen, die der Auftragnehmer ohne Auftrag oder unter eigenmächtiger Abweichung vom Vertrag ausführt, werden nicht vergütet. Der Auftragnehmer hat sie auf Verlangen innerhalb einer angemessenen Frist zu beseitigen; sonst kann es auf seine Kosten geschehen. Er haftet außerdem für andere Schäden, die dem Auftraggeber hieraus entstehen.**
(2) **Eine Vergütung steht dem Auftragnehmer jedoch zu, wenn der Auftraggeber solche Leistungen nachträglich anerkennt. Eine Vergütung steht ihm auch zu, wenn die Leistungen für die Erfüllung des Vertrags notwendig waren, dem mutmaßlichen Willen des Auftraggebers entsprachen und ihm unverzüglich angezeigt wurden. So weit dem Auftragnehmer eine Vergütung zusteht, gelten die Berechnungsgrundlagen für geänderte oder zusätzliche Leistungen der Nummer 5 oder 6 entsprechend.**
(3) **Die Vorschriften des BGB über die Geschäftsführung ohne Auftrag (§§ 677 ff. BGB) bleiben unberührt.**

9. (1) **Verlangt der Auftraggeber Zeichnungen, Berechnungen oder andere Unterlagen, die der Auftragnehmer nach dem Vertrag, besonders den Technischen Vertragsbedingungen oder der gewerblichen Verkehrssitte, nicht zu beschaffen hat, so hat er sie zu vergüten.**
(2) **Lässt er vom Auftragnehmer nicht aufgestellte technische Berechnungen durch den Auftragnehmer nachprüfen, so hat er die Kosten zu tragen.**

10. Stundenlohnarbeiten werden nur vergütet, wenn sie als solche vor ihrem Beginn ausdrücklich vereinbart worden sind (§ 15).

Schrifttum: *Acker/Garcia-Scholz* Möglichkeiten und Grenzen der Verwendung von Leistungsbestimmungsklauseln nach § 315 BGB in Pauschalpreisverträgen, BauR 2002, S. 550; *Armbrüster/Bickert* Unzulängliche Mitwirkung des Auftraggebers beim Bau- und Architektenvertrag, NZBau 2006, 153; *Asam* BauR 2002, 1248; *Biebelheimer/Wazlawik* Der GMP-Vertrag – Der Versuch einer rechtlichen Einordnung, BauR 2001, 1639; *Blecken/Gralla* Neue Wettbewerbsmodelle im Deutschen Baumarkt, Modernisierungserfordernisse der VOB/A, Jahrbuch BauR 1998, S. 251; *Brandt* Kreditwirtschaftliche Aspekte des Vergaberechts, WM 1999, S. 2525; *Bühl* Grenzen der Hinweispflicht des Bieters, BauR 1992, S. 26; *von Craushaar* Die Rechtsprechung zu Problemen des Baugrundes, Festschrift Locher 1990, S. 9; Abgrenzungsprobleme im Vergütungsrecht der VOB/B bei Vereinbarung von Einheitspreisen, BauR 1984, S. 311; *Dähne* Auftragnehmeransprüche bei lückenhafter Leistungsbeschreibung BauR 1999, 289; Angehängte Stundenlohnarbeiten, Festschrift Jagenburg, S. 97; *Dornbusch/Plum* Die „freie" Teil-Kündigung – noch Klärungsbedarf aus baubetrieblicher Sicht, Jahrbuch Baurecht 2000, S. 160; S. 763; *Eschenbruch* Recht der Projektsteuerung, 2. Aufl. 2003; Construction Management – Neue Perspektiven für Auftraggeber und Projektmanager NZBau 2001, 585; *Festge* Die anerkannten Regeln der Technik – ihre Bedeutung für den vertraglichen Leistungsumfang, die vertragliche Vergütung und die Gewährleistung, BauR 1990, S. 323; *Frieling*, Die EG-Richtlinie über missbräuchliche Klauseln in Verbraucherverträgen und ihr Einfluss auf das private Bau- und Architektenrecht, BauR 1994, S. 154; *Gauch* Der Werkvertrag, 4. Aufl. 1996 (Schweiz) – *Grünhoff* Die Konzeption des GMP-Vertrages – Mediation und value engineering, NZBau 2000, S. 313; *Hanhart* Prüfungs- und Hinweispflichten des Bieters bei lückenhafter und unklarer Leistungsbeschreibung, Festschrift Heiermann 1995, S. 111; *Hass* Wie sind öffentliche Ausschreibungen auszulegen, NZBau 2001, 613; *Heiermann* Der Pauschalvertrag im Bauwesen, BB 1975, S. 991; *Hofmann* VOB-Fassung 1996: Die rätselhafte Änderung des § 2 Nr. 8 VOB/B, BauR 1996, S. 640; *Jagenburg* Stand der Technik gestern, heute, morgen? Der für die anerkannten Regeln der Technik maßgebliche Zeitpunkt, Festschrift Korbion 1986, S. 179; Die Entwicklung des privaten Baurechts im Jahre 1985: BGB-Vertrag und Verfahrensfragen, NJW 1986, S. 3179; *Kainz* Skonto und Preisnachlass beim Bauvertrag 1998; *Kapellmann* Schlüsselfertiges Bauen, 2. Auflage 2004; Die Geltung von Nachlässen auf die Vertragssumme für die Vergütung von Nachträgen, NZBau 2000, S. 57; Ein Construction Management Vertragsmodell – Probleme, Lösungen, NZBau 2001, 592; Der BGH und die „Konsoltraggerüste" – Bausollbestimmung durch die VOB/C oder „die konkreten Verhältnisse“, NJW 2005, 182; *Kapellmann/Ziegler* Störfallkataloge bei Bauvorträgen im Tunnelbau mit Schildvortrieb, NZBau 2005, 65; *Kindl* Der Kalkulationsirrtum im Spannungsfeld von Auslegung, Irrtum und unzulässiger Rechtsausübung, WM 1999, S. 2198; *Klärner/Schwörer* Qualitätssicherung im Schlüsselfertigen Bauen, 1992; *Knacke* Verschiebung des Baubeginns: Mehrvergütungsanspruch des Auftragnehmers, BauR 1996, S. 119; Der Ausschluss des Anspruchs des Auftragnehmers aus § 2 Nr. 3 VOB/B durch AGB des Auftraggebers (zu BGH BauR 1993, S. 723), Festschrift von Craushaar 1997, S. 249; *Kniffka* Online-Kommentar BGB; *Kniffka/Koeble,* Kompendium des Baurechts, 2. Aufl. München 2004; *Kniffka/Quack* Die VOB/B in der Rechsprechung des Bundesgerichtshofs – Entwicklung und Tendenzen –, Festschrift 50 Jahre Bundesgerichtshof 2000, S. 17; *Kuffer* Baugrundrisiko und Systemrisiko, NZBau 2006, 1; Leistungsverweigerungsrecht bei verweigerten Nachtragsverhandlungen, ZfBR 2004, 120; *Köhler/Steindorf* Öffentlicher Auftrag, Subvention und unlauterer Wettbewerb, NJW 1995, S. 1705; *Kraus* Gestaltung von Nachunternehmerverträgen, NJW 1997, S. 223; *Lange* Baugrundhaftung und Baugrundrisiko, 1997; *Lederer/Niebuhr* Ist ein Verstoß gegen § 9 VOB/A nach Angebotserteilung sanktionslos? Welche zivilrechtlichen Ansprüche hat der Auftragnehmer bei einem offensichtlichen Verstoß gegen § 9 Nr. 1 oder Nr. 2VOB/B?, Festschrift Jagenburg 2002, S. 455; *Leinemann* VOB Bauvertrag: Leistungsverweigerungsrecht des Bauunternehmers wegen fehlender Nachtragsbeauftragung, NJW 1998, S. 3672; *Locher* Die AGB-gesetzliche Kontrolle zusätzlicher Leistungen, Festschrift Korbion 1986, S. 283; *Mantscheff* Genauigkeitsgrad von Mengenansätzen in Leistungsverzeichnissen – Preisberechnungsansätze für Fälle des § 2 Nr. 3 VOB/B, BauR 1979, S. 389; *Marbach* Nebenangebote und Änderungsvorschläge im Bauvergabe- und Vertragsrecht unter Berücksichtigung der VOB Ausgabe 2000, BauR 2000, S. 1643; Der Anspruch des Auftragnehmers auf Vergütung der Kosten der Bearbeitung von Auftragsforderungen im VOB – Bauvertrag, Festschrift Jagenburg, S. 539; *Markus,* VOB/B – Novelle 2006 – Keine Anordnungsbefugnis des Auftraggebers zur Bauzeit, NZBau 2006, 537; Ansprüche des Auftraggebers nach wirksamer Zuschlagserteilung bei „unklarer Leistungsbeschreibung“ des Auftraggebers, BauR 2004, 180; *Markus/Kaiser/Kapellmann* AGB-Handbuch Bauvertragsklauseln, 2004; *von Mettenheim* Beweislast für Vereinbarung eines geringeren Werklohns, NJW 1984, S. 776; *Michaelis de Vasconcellos* Muss der Anlagenbauer alles wissen?, NZBau 2000, S. 361; *Motzke* Parameter für Zusatzvergütung bei zusätzlichen Leistungen, NZBau 2002, 641; *Motzke/Wolff* Praxis der HOAI, 3. Aufl. 2004; *Nestler* Der Schutz nichturheberrechtsfähiger Bauzeichnungen, BauR 1994, S. 589; *Nicklisch* BOT-Projekte: Vertragsstrukturen, Risikoverteilung und Streitbeilegung, BB 1998, S. 2; *Oberhauser* Der Bauvertrag mit GMP-Abrede – Struktur und Vertragsgestaltung, BauR 2000, S. 1397; Die Bedeutung von § 9 VOB/A für das Bauvertragsrecht – dargestellt am Bauen im Bestand, BauR 2003, 1110; *Otto* Zur Frage der Verjährung von Abschlagsforderungen des Architekten und des Werkunternehmers, BauR 2000, S. 350; *Piel* Zur Abgrenzung zwischen Leistungsänderung (§ 1 Nr. 3, 2 Nr. 5 VOB/B) und Behinderung (§ 6VOB/B), Festschrift Korbion 1986, S. 349; *Putzier* Der vermutete Mehraufwand für die Herstellung des Bauwerkes, 1997; Nachtragsforderungen infolge unzureichender Beschreibung der Grundwasserverhältnisse. Welche ist die zutreffende Anspruchsgrundlage?, BauR 1994, S. 596; *Quack* Zur Zweckmäßigkeit (oder Unzweckmäßigkeit) eines verbreiteten Gestaltungsmittels für Bauverträge, Ansatzpunkte für Verbesserungen, BauR 1992, S. 18; Höchstrichterliche Rechtsprechung (Stand: 1996), 1996, Rdn. 72; *von Rintelen* Abschlagszahlung und Werklohn, Jahrbuch Baurecht 2001, S. 25; *Roquette* Vollständigkeitsklauseln: Abwälzung des Risikos unvollständiger oder unrichtiger Leistungsbeschreibungen auf den Auftragnehmer, NZBau 2001, S. 57; *Schubert/Reister* Ist in der Baukalkulation der gesonderte Ausweis des Wagnisses in Abgrenzung zum Gewinn angemessen?, Jahrbuch Baurecht 1999, S. 253; *Schuhmann* Das Vergütungsrisiko im Anlagenbau bei konkretisierungsbedürftiger Leistungsbeschreibung, BauR 1998, 228; *Schulz* Das Vielzahlkriterium nach § 1 AGBG und die Ausschreibung unter dem Vorbehalt der Vergabe von Teillosen, NZBau 2000, S. 317; *Schulze-Hagen* Der öffentliche Auftraggeber muss die Diskussion über die Privilegierung der VOB/B nicht führen, Festschrift Thode, 167; *Schumacher* Die Vergütung im Bauwerkvertrag (Schweiz), 1998; *Schwenker* Überblick über die Rechtsprechung zum privaten Baurecht einschließlich Architektenrecht-Stand: September 2001, Jahrbuch Baurecht 2002, S. 339; *Siebel* Handbuch Projekte und Projektfinanzierung, 2001; *Tempel* Ist die VOB/B noch zeitgemäß? Teil 1, NZBau 2002, 465; *Thode* Änderungen beim Pauschalvertrag und ihre Auswirkungen auf den Pauschalpreis – Probleme der gerichtlichen Praxis – Seminar Pauschalvertrag und schlüsselfertiges Bauen 1991, S. 33; Nachträge wegen gestörten Bauablaufs im VOB/B-Vertrag – Eine kritische Bestandsaufnahme, ZfBR 2004, 14; *Vogel/Vogel* Wird § 2 Nr. 7 Abs. 1 Satz 2–3 VOB/B dogmatisch richtig verstanden? – Einige Anmerkungen zur Anpassung der Pauschalvergütung –, BauR 1997, S. 556; *Vygen* Der Vergütungsanspruch des Unternehmers bei Projektierungsarbeiten und Ingenieurleistungen im Rahmen der Angebotsabgabe, Festschrift Korbion 1986, S. 439; Leistungsänderungen und Zusatzleistungen beim Pauschalvertrag, Festschrift Locher 1990, S. 263; Die Rechtsprechung der Oberlandesgerichte zum privaten Baurecht im Jahre 1985, ZfBR 1986, S. 99; Der Vergütungsanspruch beim Pauschalvertrag, BauR 1979, S. 375; *von Westphalen/Motzke*, Vertragsrecht und AGB Klauselwerke, Loseblattsammlung; *Weise* Ist die Bau-ARGE Kaufmann?, NJW-Spezial 2005, 405; *Wettke* Die Haftung des Auftraggebers bei lückenhafter Leistungsbeschreibung, BauR 1989, S. 292; *Weyer* Bauzeitverlängerung aufgrund von Änderungen des Bauentwurfs durch den Auftraggeber, BauR 1990, S. 138; *Zanner/Keller* Das einseitige Anordnungsrecht des Auftraggebers zu Bauzeit und Bauablauf und seine Vergütungsfolgen, NZBau 2004, 353; *Zieleman*, Detaillierte Leistungsbeschreibung, Risikoübernahme und deren Grenzen beim Pauschalvertrag, Festschrift Soergel 1993, S. 301

Übersicht

Erster Abschnitt. Grundsatzfragen der Vergütung

1. Die gegenseitigen Pflichten

1 Der Bauvertrag ist ein Werkvertrag (§§ 631 ff. BGB) und damit gegenseitiger Vertrag (§§ 320 ff. BGB). Die gegenseitigen Rechte und Pflichten bestimmt die VOB/B in § 1 und § 2 näher: § 1 die vom Auftragnehmer vertragsgemäß zu erbringende Leistung „nach Art und Umfang" (= Bausoll, zum Begriff Rdn. 26), § 2 die dafür vom Auftraggeber zu zahlende Vergütung sowie, ob und bei welchen Veränderungen der Leistung sich auch die Vergütung ändert. Pflicht des Auftragnehmers ist die Herstellung des versprochenen Werkes („die Herbeiführung des Erfolgs"), Pflicht des Auftraggebers die Abnahme dieses Bauwerks und dessen Bezahlung sowie die Mitwirkung bei der Erstellung (dazu näher VOB/B § 6 Rdn. 47).

Die VOB/B 2006 hat zu § 2 VOB/B nur redaktionelle Änderungen gebracht: Der bisherige § 2 Nr. 7 Abs. 1 Satz 4 ist jetzt Abs. 2, deshalb ist der bisherige Abs. 2 unter Anpassung des Wortlauts zu Abs. 3 geworden.

2. BGB-Regelung der Vergütung

2 Das BGB regelt in § 631 Abs. 1 in der Definition des Werkvertrages, dass „die vereinbarte Vergütung" zu zahlen ist. § 632 Abs. 1 bestimmt, dass eine Vergütung als stillschweigend vereinbart gilt, wenn eine Vereinbarung über die Vergütungspflichtigkeit fehlt, die vereinbarte Herstellung eines Werkes aber „den Umständen nach" nur gegen Vergütung zu erwarten war. § 632 Abs. 2 regelt den Fall, dass sich die Vertragsparteien zwar über den Abschluss eines Werkvertrages und damit auch grundsätzlich über die Vergütungspflicht geeinigt haben, dessen Höhe aber nicht bestimmt haben: Dann ist bei Bestehen einer Taxe die taxmäßige Vergütung zu zahlen – was für Bauverträge nicht vorkommt –, sonst die „übliche Vergütung". Für letzteres gibt es im VOB-Vertrag einen besonderen Anwendungsbereich, nämlich die Vergütungsermittlung für zusätzliche Leistungen, für die in der Auftragskalkulation geeignete Bezugspunkte fehlen (siehe unten Rdn. 219). § 641 BGB regelt die Fälligkeit der Vergütung, § 645 die Vergütung nach Beschädigung oder Zerstörung des Werks aus vom Auftraggeber zu „vertretenden Gründen" (→ VOB/B § 7 Rdn. 44, 45), § 649 schließlich die Höhe der Vergütung nach „freier" Kündigung des Auftraggebers (→ VOB/B § 8 Nr. 1 Rdn. 24 ff.). Die typischen Problemsituationen hinsichtlich der Vergütung des Bauvertrages werden durch diese knappen Bestimmungen des BGB nicht erfasst, z.B. Mengenänderungen infolge ungenauer Ausführungsplanung oder fehlender Umsetzung in Leistungsverzeichnisse, nachträgliche Änderungen durch den Auftraggeber, unvorhergesehene Leistungshindernisse, Änderungen der Ausführungszeit, Beschleunigungswünsche des Auftraggebers oder Fragen, die sich im Zusammenhang mit dem „Langzeitcharakter" und der „Kooperationsnotwendigkeit" (siehe unten Rdn. 203, 206 sowie → VOB/B§ 6 Rdn. 48) vieler Bauverträge ergeben.

3. VOB-Regelung der Vergütung und VOB-Vergütungstypen

3 § 2 VOB/B regelt demgegenüber einen wesentlichen Teil solcher Vergütungsprobleme und schließt dabei in seinem Anwendungsbereich die BGB-Vorschriften aus. Soweit allerdings § 2 nicht eingreift, bleiben damit im Einzelfall die Bestimmungen des BGB anwendbar (Beispiel: Rdn. 292).

Das BGB kennt beim Werkvertrag keine differenzierten Vergütungstypen, es geht vielmehr wie beim Kaufvertrag aus von **einem** Preis (Werklohn) für **eine** Werkleistung; also ist der BGB-Werkvertrag strukturell Pauschalvertrag.[1] Die VOB unterscheidet dagegen in § 5 VOB/A drei (eigentlich vier) unterschiedliche Vergütungstypen, nämlich 4

- **Leistungsvertrag** (eine Vergütung auf der Basis des kennzeichnenden Elements des Werkvertrags, dass nämlich der geschuldete Erfolg bezahlt wird, nicht die aufgewandte oder mehr oder minder aufwendige Mühe) mit zwei Untertypen, nämlich
- Pauschalvertrag
- Einheitspreisvertrag
- **Stundenlohnvertrag** (mit dem auch ein werkvertraglicher Erfolg geschuldet wird, aber bezahlt wird nach Aufwand, berechnet nach Zeit),
- **Selbstkostenerstattungsvertrag** (bei dem ebenfalls ein werkvertraglicher Erfolg geschuldet wird, aber bezahlt wird nach Selbstkosten (Aufwand) des Auftragnehmers zzgl. definierter Zuschläge z.B. für Gewinn).

Das Vertragsrecht der VOB, also der Teil B, regelt diese Vergütungstypen in Anknüpfung an die Vergabevorschrift des § 5 VOB/A mit äußerst unterschiedlichem Schwergewicht und unsystematisch in § 2 VOB/B so: Der Einheitspreisvertrag wird ausführlich in Nr. 2 und Nr. 3–6 behandelt, der Pauschalvertrag wird erwähnt in Nr. 2 und dann unvollkommen in Nr. 7 geregelt, der Stundenlohnvertrag in Nr. 8 und § 15, der Selbstkostenerstattungsvertrag wird in Nr. 2 nur genannt. Das führt zu der (fehlerhaften) Annahme, nach dem Aufbau der VOB sei der Einheitspreisvertrag die Regel, der Pauschalvertrag die Ausnahme, was dann eine Rolle spielt, wenn die Einordnung eines Vertrages als Einheitspreisvertrag oder Pauschalvertrag zweifelhaft ist (siehe unten Rdn. 136). Tatsächlich ist heute in großen nicht-öffentlichen Bauvorhaben der Pauschalvertrag in seinen unterschiedlichsten Erscheinungsformen gegenüber dem Einheitspreisvertrag bei weitem vorherrschend.[2] Stundenlohnverträge sind gängig, insbesondere dann, wenn sich der Arbeitsaufwand von vornherein schwer abschätzen lässt. Selbstkostenerstattungsverträge spielen – bis auf seltenste Fälle, z.B. bei Asbestentsorgung – praktisch keine Rolle.

4. Baupreisrecht

Das früher bei Bauverträgen mit der öffentlichen Hand für bestimmte Fälle geltende Baupreisrecht ist durch Verordnung vom 16.6.1999 (BGBl 1999, Teil I, S. 1419) mit Wirkung ab 1.7.1999 aufgehoben worden. 5

5. Festpreis, Gleitklauseln, Höchstpreis

Der einmal vereinbarte Preis, ob beim Einheitspreisvertrag, beim Pauschalvertrag oder beim Stundenlohnvertrag, ist immer **Festpreis**, d.h. er verändert sich während der Laufzeit des Vertrages nicht (Ausnahme beim Einheitspreisvertrag: siehe unten Rdn. 141 ff.), unabhängig davon, wie sich die Kosten des Auftragnehmers entwickeln;[3] einzige allgemeine, aber seltene Ausnahme ist die „Störung der Geschäftsgrundlage“[4]. Wenn in einem Vertrag der Begriff „Festpreis“ auftaucht, bedarf es der Prüfung im Einzelfall, ob damit ein Pauschalvertrag gemeint ist.[5] 6

Soll der Preis während der Vertragslaufzeit veränderlich sein, werden **Gleitklauseln** vereinbart. Der öffentliche Auftraggeber muss gemäß § 15 VOB/A eine solche Änderungsmöglichkeit 7

[1] *Kapellmann/Schiffers* Band 2, Rdn. 109 mit Nachweisen.

[2] Näher *Kapellmann* Schlüsselfertiges Bauen, Rdn. 1 mit statistischen Daten am Beispiel des Schlüsselfertigbaus.

[3] Prägnant *Schumacher* Vergütung (Schweiz), Rdn. 44–47 und *Gauch* Werkvertrag (Schweiz), Rdn. 902, 903: „Bei der Vergütung zu festen Preisen ist der Aufwand des Unternehmens unerheblich“; näher *Kapellmann/Schiffers* Band 2, Rdn. 76–83; unzutreffend *Putzier* Mehraufwand, S. 81.

[4] Näher unten Rdn. 278 ff.

[5] Dazu Rdn. 239.

der Vergütung ausschreiben und vereinbaren, wenn „wesentliche Änderungen der Preisermittlungsgrundlagen zu erwarten sind, deren Eintritt oder Ausmaß ungewiss ist“; dann kann eine „angemessene Änderung der Vergütung in den Verdingungsunterlagen vorgesehen werden. Die Einzelheiten der Preisänderung sind festzulegen“. Gängige Klauseln sind **Lohngleitklauseln** in Form der Prozentklausel oder der Pfennigklausel sowie **Materialpreisgleitklauseln.** Bei der **Prozentklausel = Centklausel** erhöht sich bei einer Lohnerhöhung um x % ab dem Lohnerhöhungsstichtag jeder Einheitspreis um einen vertraglich festgelegten Satz. Bei der **Centklausel** (vgl. z.B. das Vergabehandbuch des Bundes im Zuständigkeitsbereich der Finanzbauverwaltungen Formblatt EFB-LV LGl)[6] ist Ausgangsbasis für die Vergütung von Lohnmehrkosten die Änderung des maßgebenden Lohns in Cent je Stunde. Der für die Berechnung der Mehrvergütung maßgebende Lohn wird vom Auftraggeber durch die Angabe einer Berufsgruppe aus dem Tarifvertrag festgelegt. Der Bieter benennt den Personalkostenanteil der Auftragsumme mittelbar durch Angabe eines Änderungssatzes (von-Tausend-Satz). Zur Berechnung im Einzelnen und zu den daraus resultierenden Rechtsfragen → § 15 VOB/A, Rdn. 9 ff. **Materialpreisgleitklauseln** müssen benennen, auf welchen konkreten Stoffe sich die Klausel beziehen soll, diese werden normalerweise einzeln in einem Formblatt erfasst. Zu diesem muss der Bieter im Angebot Preise angeben. Zu Vorprodukten wird der Auftragnehmer ungefragt keine Preise angeben, also gilt bei Erhöhung der Kosten von Vorprodukten die Materialpreisklausel nicht.[7]

8 **Höchstpreisklauseln** kommen in vielfältiger Weise vor. Die Klausel als solche besagt nichts zur Unterscheidung zwischen Pauschalvertrag und Einheitspreisvertrag, weil es auch Einheitspreisverträge mit Höchstpreisklauseln gibt. Solche Klauseln in AGB des Auftraggebers können überraschend und damit unwirksam gemäß § 305 c Abs. 1 BGB sein.[8]

Eine solche Vertragsform ist z.B. der **„garantierte Maximumpreis“** (dazu Rdn. 251).

6. Kostenumlageklauseln

9 **Kostenumlageklauseln** regeln in unterschiedlichster Form die Berechnung von Leistungen des Auftraggebers für den Auftragnehmer in Form eines Abzugs von der Schlussrechnung.

Verbrauchsklauseln für Wasser, Strom, Gas oder sonstige Energie sind unproblematisch: Der Auftraggeber hat zwar, wenn nichts anderes vereinbart ist, **vorhandene Anschlüsse** für Wasser und Energie dem Auftragnehmer kostenlos zu überlassen, die Kosten für den **Verbrauch** und den Messer oder Zähler trägt aber der Auftragnehmer, mehrere Auftragnehmer tragen sie anteilig (§ 4 Nr. 4 lit c VOB/B; DIN 18299 Ziff. 4.1.6). Die Bezahlung der Verbrauchskosten kann nach verbrauchter Menge, aber auch z.B. pauschal, etwa in Form eines Prozentsatzes von der Auftrags- oder Abrechnungssumme, vereinbart werden. Eine solche Pauschalvereinbarung ist auch in AGB des Auftraggebers ohne Rücksicht auf die Höhe wirksam, weil sie gemäß § 307 Abs. 3 BGB kontrollfreie Preisabrede (über die Lieferung von Wasser oder Energie) ist.[9] Der Auftraggeber kann, weil es um eine echte Lieferbeziehung geht, aber auch bei pauschaler Vereinbarung das Entgelt nur dann fordern, wenn der Auftragnehmer bauseitiges Wasser tatsächlich gebraucht hat.[10]

10 Umlagen zwecks Kostenerstattung einer vom Auftraggeber abgeschlossenen **Bauwesenversicherung** sind ebenfalls zulässig, auch in AGB des Auftraggebers,[11] vorausgesetzt natürlich, dass der Auftraggeber eine Bauwesenversicherung tatsächlich abgeschlossen hat.

11 Umlagen für **Schuttbeseitigung** sind problematisch. Gemäß Ziff. 4.1 ATV DIN 18299 ist die Beseitigung von Abfall aus dem Bereich des Auftragnehmers Nebenleistung des Auftragnehmers und daher auch nicht gesondert zu vergüten (dazu auch Ziff. 4.1.12 und 4.2.12 ATV DIN 18299).

---

[6] Abgedruckt VOB/A § 15, Rdn. 9.

[7] *Kapellmann/Schiffers* Band 1 Rdn. 115; Einzelheiten VOB/A § 15 Rdn. 19.

[8] OLG Frankfurt NJW-RR 1989, 20.

[9] BGH BauR 1999, 1290. Zur kontrollfreien Preisabrede weiter Rdn. 55.

[10] BGH BauR 1999, 1290.

[11] BGH NZBau 2000, 466 = BauR 2000, 1756; OLG Karlsruhe BauR 1995, 113. Zur kontrollfreien Preisabrede weiter Rdn. 55.

Das Hinterlassen von Bauschutt ist ein Mangel der Leistung. Eine Umlageklausel in AGB des Auftraggebers, die eine wie auch immer geartete Erstattung von Abfallbeseitigungs- bzw. Baureinigungskosten vorsieht, ohne dass der Auftragnehmer mit der Beseitigung in Verzug war, ist unwirksam wegen Verstoßes gegen § 307 Abs. 1, 2 BGB oder § 309 Nr. 4 BGB.[12] Ebenso ist eine AGB-Klausel unwirksam, die vorsieht, dass der Auftragnehmer ohne Entgelt den von Dritten herrührenden Bauschutt beseitigen muss. Schließlich sind auch – anders als bei Verbrauchsklauseln, Rdn. 9 – entsprechende Umlageklauseln unwirksam, weil auch sie den Auftragnehmer belasten, ohne dass er mit seiner Leistungspflicht in Verzug war.

7. Skonto, Nachlass

Skonto ist die dem Auftraggeber im Vertrag eingeräumte Befugnis, für den Fall einer kurz- 12
fristigen Zahlung, insbesondere Zahlung **vor** Fälligkeit die Abrechnungssumme der Vergütung (nicht von Schadensersatz- oder Entschädigungsansprüchen) um einen festgelegten Prozentsatz kürzen zu dürfen; Skonto ist also kein Preisbestandteil, sondern eine Zahlungsmodalität.[13] Eine Skontoklausel in **AGB** des Auftraggebers ist kontrollfähige Preisnebenabrede (siehe Rdn. 55). Sie ist unwirksam, wenn sie keine Frist angibt, innerhalb derer skontowirksam gezahlt werden kann,[14] wenn sie nicht konkret angibt, auf welche einzelnen Zahlungen der Skontoabzug gewährt wird[15] oder erst recht, wenn auf Zahlungen innerhalb einer bestimmten Frist **nach** Fälligkeit Skonto eingeräumt wird.[16] Der BGH hat im Rahmen einer Verbandsklage die Klausel „Vereinbartes Skonto wird von jeder Abschlags- und Schlussrechnung abgezogen, für den die geforderten Zahlungsfristen eingehalten werden" in AGB eines Auftraggebers für unwirksam erklärt, weil sie gegen das Transparenzgebot verstieße, nämlich einem Auftraggeber auch bei gegenteiligem eigenen Angebot eine verallgemeinernde Rechtsfolge aufzwinge, also den Vorrang der Individualabrede verletze.[17] Diese Schlussfolgerung des BGH ist indes zu streng. Die Klausel schließt den selbstverständlichen Vorrang der Individualabrede (§ 305 b BGB, § 4 AGB-Gesetz a.F.) ihrem Wortlaut nach nicht aus. Ist eine Rechnung nicht prüffähig, so setzt sie die Skontofrist nicht in Gang; der Auftraggeber kann sich aber nicht auf die mangelnde Prüffähigkeit berufen, wenn er den Aufragnehmer nicht innerhalb der vereinbarten Skontofrist informiert, aus welchen Gründen er nicht in der vereinbarten Frist zahlt; er darf bei einer nach „Ablauf" der Skontofrist, berechnet ab Zugang der Rechnung ohne Rücksicht auf die Fälligkeit, geleisteten Zahlung kein Skonto mehr abziehen.[18] Ein Skontoabzug ist nur berechtigt, wenn der Auftraggeber die Forderung, so weit begründet, vollständig bezahlt.[19] Für die Rechtzeitigkeit der Zahlung kommt es auch beim Skonto gemäß § 270 BGB auf die rechtzeitige Bewirkung der Leistungshandlung durch den Auftraggeber und nicht auf den rechtzeitigen Zahlungseingang beim Auftragnehmer an.[20] Ist Skonto für jede einzelne Rate eines Zahlungsplanes vereinbart, darf das Skonto für jede fristgerecht gezahlte Rate auch dann abgezogen werden, wenn andere Raten nicht fristgerecht bezahlt worden sind.[21] Zur Skontoberechtigung hinsichtlich Nachtragsvergütungen siehe unten Rdn. 217.

---

[12] BGH NZBau 2000, 466 = BauR 2000, 1756; OLG Koblenz BauR 1992, 635; OLG Nürnburg, *Schäfer/Finnern/Hochstein* § 10 Nr. 3 AGB Nr. 2; OLG München NJW-RR 1989, 276.

[13] Ebenso Beck'scher VOB-Kommentar/*Motzke* VOB/B § 16 Nr. 5, Rdn. 9.

[14] OLG Stuttgart BauR 1998, 798; LG Aachen BB 1986, 223; Beck'scher VOB-Kommentar/*Motzke* VOB/B § 16 Nr. 5 VOB/B, Rdn. 19; *Werner/Pastor* Rdn. 1278; *Ingenstau/Korbion/Locher* VOB/B § 16, Nr. 5, Rdn. 8; *Kainz* Skonto, S. 88 ff.; *Kaiser*, in: *Markus/Kaiser/Kapellmann* AGB-Handbuch, Rdn. 770, 771.

[15] OLG München NJW-RR 1992, 790; *Kainz* Skonto, S. 86 ff. Nach *Ingenstau/Korbion/Locher* VOB/B § 16, Nr. 5, Rdn. 6 soll dann „im Zweifel" ein Skontoabzug nur im Rahmen der Schlussrechnung möglich sein.

[16] OLG Celle MDR 1993, 1177; Beck'scher VOB-Kommentar/*Motzke* VOB/B § 16 Nr. 5, Rdn. 16; *Kainz* Skonto, S. 100.

[17] BGH BauR 1996, 378.

[18] OLG Düsseldorf IBR 2000, 112 = OLG Report 2000, 121; OLG München BauR 1988, 381 L.

[19] OLG Düsseldorf BauR 1985, 333; *Ingenstau/Korbion/Locher* VOB/B § 16, Nr. 5, Rdn. 6; *Werner/Pastor* Rdn. 1280; a.A. OLG Hamm BauR 1994, 774; *Kainz* Skonto, S. 153.

[20] BGH BauR 1998, 398.

[21] BGH NZBau 2000, 467 = BauR 2000, 1754.

13 **Nachlass** ist die vertraglich eingeräumte prozentuale oder in einer konkreten Summe ausgedrückte unbedingte Kürzung des Vertragspreises bei unverändert bleibender Leistung des Auftragnehmers; sie ist kontrollfähige Preisnebenabrede gemäß § 307 BGB (zum Begriff siehe Rdn. 55). Eine AGB-Klausel wie z.B. Nr. 27 EVM (B) ZVB/E Vergabehandbuch des Bundes Fassung 1993, wonach sich ein ausdrücklich auf die Angebots- und Auftragssumme beschränkter Nachlass auf die Abrechnungssumme erstreckt, verstößt gegen § 307 BGB und ist unwirksam. Nr. 16 EVM (B) ZVB/E Vergabehandbuch des Bundes Fassung 2000 Stand: Februar 2006 enthält **diesen** Text auch nicht mehr. Zur Geltung von vereinbarten Nachlässen für **Nachtragsvergütungen** siehe unten Rdn. 217. Die Behauptung des Auftraggebers, bei Vertragsschluss sei ein Nachlass vereinbart worden, muss der Auftragnehmer widerlegen,[22] wobei aber der Auftraggeber seine Behauptung nach Zeit, Ort, Höhe und näheren Umständen dieser Vereinbarung substantiieren muss; eine „in sich widerspruchsvolle Darlegung" des Auftraggebers wird dem nicht gerecht.[23] Behauptet der Auftraggeber die nachträgliche Einräumung eines Nachlasses, ist er beweispflichtig.[24]

8. Vergütung bei mehreren Auftraggebern

14 Mehrere Auftraggeber haften ohne gegenteilige Vertragsregelung dem Auftragnehmer als Gesamtschuldner (§ 421 BGB). Das gilt insbesondere auch für die Mitglieder einer ARGE als Auftraggeber, unabhängig davon, ob diese als BGB-Gesellschaft oder als oHG einzustufen ist.[25] Mehrere Auftraggeber können eine Haftungsbeschränkung auch nicht dadurch herbeiführen, dass sie mit dem firmenähnlichen Zusatz „GbR mit beschränkter Haftung" im Geschäftsverkehr auftreten; eine Haftungsbeschränkung ist hier nur durch konkrete Abrede mit dem jeweiligen Gläubiger möglich.[26] Aus Werkverträgen, die ein Baubetreuer oder Treuhänder in Vertretung für eine (existierende) „Bauherrengemeinschaft" über die Errichtung eines Objekts abschließt, haften laut BGH nicht „die Bauherren" gesamtschuldnerisch, sondern nur der einzelne Bauherr (Auftraggeber) jedenfalls dann, wenn die „Bauherren" (künftige) Wohnungseigentümer sind, so genannte „Aufbauschulden";[27] der einzelne „Bauherr" soll anteilig haften, wobei sich diese anteilige Haftung offenbar nach dem Miteigentumsanteil richten soll, der aber keineswegs identisch sein muss mit der internen Beteiligung des einzelnen Miteigentümers an der Bauherrengemeinschaft; so kann eine Eigentumswohnung dieselbe Größe wie eine andere haben, aber z.B. als Penthousewohnung wesentlich teurer sein. Nach welchen Maßstäben sich dann die Haftung richtet, ist weder ersichtlich noch klar. Schon deshalb, aber auch unter der grundsätzlichen Überlegung, dass eine Haftungsbeschränkung nur durch individuelle Abrede mit dem jeweiligen Gläubiger zu erreichen ist, wie es die neuere Rechtsprechung zutreffend aussagt,[28] ist dem Bundesgerichtshof hinsichtlich der anteiligen Haftung für Aufbauschulden nicht zuzustimmen. Wenn mehrere Auftraggeber in einem Auftrag mehrere Gebäude in Auftrag geben, wobei „ersichtlich jeder Bauherr ein Gebäude errichtet", haftet laut BGH ebenfalls der einzelne Auftraggeber nur anteilig.[29] Auch dem ist nicht zuzustimmen; jeder Bauherr kann sein Gebäude „separat" errichten, wenn er das will, er schließt dann für sich einen Vertrag; schließt er sich aber mit mehreren zusammen, so kann er die Haftung nur durch eindeutige individuelle Abrede beschränken. Dass jeder Bauherr nur „sein" Gebäude errichtet und dies „ersichtlich" ist, reicht allein nicht aus.

[22] OLG Düsseldorf BauR 1992, 813; *Kainz* Skonto, S. 112.
[23] BGH BauR 1992, 505 für den Fall, dass der Auftragnehmer die Vereinbarung einer üblichen Vergütung gem. § 632 Abs. 2 BGB behauptet und der Auftraggeber eine niedrigere „Festpreisvereinbarung", dazu insbesondere *Kapellmann/Schiffers* Band 2, Rdn. 123 und 135.
[24] BGH BauR 1983, 366.
[25] Dazu OLG Frankfurt NZBau 2005, 590 (LS); *Weise* NJW-Spezial 2005, 405; Anhang VOB/B Rdn. 118–125.
[26] BGH WM 1999, 2071 = BB 1999, 2152 ff.
[27] BGH BauR 1997, 488; BGH BauR 1979, 440.
[28] Vgl. dazu BGH WM 1999, 2071 = BB 1999, 2152 ff.
[29] BGH BauR 1977, 58.

Aus vom Wohnungseigentumsverwalter abgeschlossenen Verträgen zur laufenden Instandsetzung oder Unterhaltung haften dagegen nach der Rechtsprechung des Bundesgerichtshofs die Wohnungseigentümer gesamtschuldnerisch.[30] Dem ist zuzustimmen. Schließt ein Treuhänder Verträge über eine tatsächlich nicht existierende „Bauherrengemeinschaft", haftet er selbst gemäß § 179 BGB. Nur wenn der Auftraggeber weiß, dass es fraglich ist, ob die Gemeinschaft je zustande kommen wird, greift der Haftungsausschuss des § 179 Abs. 3 BGB ein. Darf dagegen der Auftragnehmer – wie dies der absolute Regelfall ist – darauf vertrauen, dass laut Treuhänder die Bauherrengemeinschaft in absehbarer Zeit zustande kommen wird, haftet der Treuhänder – wenn diese Erklärung unrichtig ist – persönlich.[31]

9. Vergütungspflicht für Angebotsbearbeitung

§ 632 Abs. 3 BGB regelt heute, dass „im Zweifel ein Kostenanschlag nicht zu vergüten ist". 15
Das entspricht früherer Rechtsprechung: Ein Bieter erhält für die bloße Ausarbeitung eines Angebots und dessen Abgabe gegenüber dem (potentiellen) Auftraggeber keine Vergütung, und zwar laut BGH auch dann nicht, wenn das ausgeschriebene Objekt nicht ausgeführt wird, denn, wer sich „in einem Wettbewerb um einen Auftrag bemüht, muss nicht nur damit rechnen, dass er bei der Erteilung der Zusage unberücksichtigt bleibt, er muss auch wissen, dass der Auftraggeber grundsätzlich nicht bereit ist, Projektierungskosten zu ersetzen".[32] Dem ist nur eingeschränkt zuzustimmen. Richtig ist, dass der Bieter eigene Aufwendungen für das Angebot, um überhaupt zu einem Vertragsschluss zu kommen, selbst tragen muss. Andererseits ist aber zu berücksichtigen, dass der Auftraggeber mit seiner Angebotsanfrage einen Vertrauenstatbestand schafft, nämlich im Bieter die berechtigte Erwartung weckt, der Aufwand für die Ausarbeitung des Angebots eröffne dem Bieter eine Vertragschance. Dabei ist insbesondere bei jeder Form der funktionalen Ausschreibung zu bedenken, dass dem Bieter schon für die Angebotsausarbeitung zum Teil ganz außerordentlicher Planungsaufwand abverlangt wird. Deshalb regelt § 20 Nr. 2 Abs. 1 VOB/A für den öffentlichen Auftraggeber auch sachgerecht, dass zwar für die Bearbeitung des Angebots keine Entschädigung gewährt wird, dass jedoch dann, wenn der Auftraggeber verlangt, dass der Bieter Entwürfe, Pläne, Zeichnungen, statische Berechnungen, Mengenberechnungen oder andere Unterlagen ausarbeitet, **insbesondere** in den Fällen des § 9 Nr. 15–17 VOB/A (Ausschreibung nach Leistungsprogramm), für alle Bieter eine angemessene Entschädigung festzusetzen ist. Diese für den öffentlichen Auftraggeber geltende Vergaberegel schafft zwar keine privatrechtliche Anspruchsgrundlage, macht aber deutlich, dass auch nach der Wertung der VOB/A die generelle Aussage des BGH der Einschränkung bedarf:

Wenn nämlich ein Auftraggeber von Anfang an gar nicht beabsichtigt, das ausgeschriebene 16
Projekt zu realisieren und demzufolge mit keinem Bieter ein Vertrag zustande kommen kann, oder wenn der Auftraggeber schuldhaft – was im Regelfall zu bejahen sein wird, weil der Auftraggeber sich **vor** einer Ausschreibung überlegen muss, was er überhaupt zu bauen plant, vgl. die symptomatische Reihenfolge der Leistungsbilder der HOAI: zuerst § 15 Nr. 1 Abs. 1 Phasen 2–6 HOAI, dann erst Phase 7 – nachträglich entscheidet, statt der ausgeschriebenen Leistung eine andere zu errichten, so hat er damit alle Bieter zu Aufwendungen veranlasst, die von vornherein zu keiner Vertragschance führten; kein Bieter hätte aber im Geschäftsleben einen solchen Aufwand getätigt, ohne Erfolgschancen zu haben. In derartigen Fällen stehen deshalb allen Bietern Schadensersatzansprüche aus Verschulden bei Vertragsschluss, § 311 BGB auf Erstattung ihres Angebotsaufwands zu.[33] Die Auffassung des OLG Köln, ein solcher Bieter habe jedenfalls keinen Schaden in Form von Personalaufwand, da er seine Mitarbeiter ja ohnehin beschäftige,[34] ist unrichtig: Der Bieter hat die anteiligen Personalaufwendungen erbracht, um mit dem insoweit erarbeiteten Angebot eine

[30] BGHZ 75, 30; BGHZ 67, 225.
[31] BGH BauR 1989, 92.
[32] BGH BauR 1979, 509.
[33] BGH NJW 1979, 2702; *Staudinger/Peters* § 632 Rdn. 97; *Ingenstau/Korbion/Kratzenberg* VOB/A § 20, Rdn. 24; *Vygen* Festschrift Korbion, S. 446.
[34] OLG Köln BauR 1992, 98; *Heiermann/Riedl/Rusam* VOB/B, § 2, Rdn. 5.

Vertragschance zu haben. Hätte der Bieter die Situation gekannt, so hätte er – standardisierend betrachtet – seine Aufwendungen für chancenversprechende Angebote einsetzen können; eine „Rentabilitätsvermutung" spricht dafür, dass ein solcher Bieter nur soviel Personal für Angebotsbearbeitung vorhält, wie er für sinnvolle Angebote tatsächlich benötigt.[35]

17 Eine weitere **Ausnahme** von der Unentgeltlichkeit der Angebotsbearbeitung ist die, dass der Auftraggeber einen einzigen Bieter auffordert, ein Angebot in Form einer **Projektierungsleistung** auszuarbeiten (z.B. eine Heizungsanlage auf der Grundlage einer bieterseitigen Wärmebedarfsberechnung), dann aber die Ausarbeitung im Rahmen einer nachfolgenden allgemeinen Ausschreibung verwendet (ohne diesen Bieter zu beauftragen) oder für den Vertragsschluss mit einem Dritten zugrunde legt. Der Bieter hat hier die planerische Leistung (eines Sonderfachmanns) ohne Bezahlung nur unter der konkludenten Bedingung erbracht, dass er beauftragt werde; der Auftraggeber hat sich also Planungsleistungen unter falschem Vorzeichen erschlichen und schuldet deshalb Planungsvergütung gemäß § 632 BGB oder jedenfalls Schadensersatz unter dem Gesichtspunkt des Verschuldens aus Vertragsschluss.[36] Sofern im Einzelfall die Unterlagen Urheberrechtsschutz genießen,[37] bestehen Ansprüche auf dieser Basis. Beim VOB-Vertrag bestimmt § 3 Nr. 6 VOB/B, dass Zeichnungen, Berechnungen oder Nachprüfungen von Berechnungen, die der Auftragnehmer nach dem Vertrag zu beschaffen hat, ohne Genehmigung ihres Urhebers nicht veröffentlicht, vervielfältigt, geändert oder für einen anderen Zweck benutzt werden dürfen; „Urheber" ist in diesem Zusammenhang nicht rechtstechnisch im Sinne einer urheberrechtsfähigen Leistung zu verstehen. Auch wenn diese Vorschrift nur für den bestehenden Vertrag gilt, ist ihr Regelungsgehalt doch auf die Vertragsanbahnungsphase anwendbar, so dass Ansprüche aus Verschulden bei Vertragsschluss (§ 311 BGB) möglich sind. Schließlich kommen auch wettbewerbsrechtliche Ansprüche in Betracht.[38]

18 Schließlich kommt je nach Fallgestaltung bei **bestehendem** Vertrag auch bei **„Nachtragsangeboten"** auf Veranlassung eines Auftraggebers eine **Vergütung für die Angebotsbearbeitung** in Betracht. Die VOB-Gestaltung ist die, dass der Auftraggeber anordnet, dass eine geänderte oder zusätzliche Leistung vom Auftragnehmer erstellt werden soll (§ 1 Nr. 3, Nr. 4 VOB/B); er verlangt die Vorlage eines Preisangebots vor Ausführung (§ 2 Nr. 5, Nr. 6 VOB/B).[39] Legt der Auftraggeber dem Auftragnehmer dazu ein auf auftraggeberseitiger Planung beruhendes Leistungsverzeichnis vor und verlangt er also nur, dass der Auftragnehmer Preise ansetzt, so löst diese Tätigkeit allein noch keinen Vergütungsanspruch aus. Verlangt der Auftraggeber dagegen, dass der Auftragnehmer selbst ein Leistungsverzeichnis erarbeitet oder sogar erst die Änderungsausführungsplanung erstellt, aus der dann ein Änderungs-Leistungsverzeichnis abgeleitet werden kann, so ist **das** keine bloße Preisangabe mehr, sondern der konkludente Abschluss eines Planungsvertrages, den der Auftraggeber vergüten muss, wenn es **nicht** zur Änderungsanordnung kommt. Macht der Auftragnehmer ein Änderungspreisangebot, so muss er dabei seine Planungskosten mit anbieten; „vergisst" er sie und nimmt der Auftragnehmer das Preisangebot ohne Planungskosten an, werden sie wegen der Bindungswirkung dieses Preisangebots nicht vergütet. Dasselbe gilt, wenn der Auftraggeber keine Anordnung gemäß VOB trifft, sondern ein Leistungsänderungs- und Preisangebot des Auftragnehmers verlangt und erhält.[40] Zu den Kosten der Nachtragsbearbeitung selbst verweisen wir auf Rdn. 226, bei „Behinderungsnachträgen" auf VOB/B § 6 Rdn. 74.

---

[35] Vgl. BGH „Behinderungsschaden I" BauR 1986, 347 und *Kapellmann/Schiffers* Band 1, Rdn. 1573. Es gibt keinen Grund, diese **allgemeinen** Grundsätze hier nicht anzuwenden, zu rigoros deshalb Münchener Kommentar/*Busche* § 632 Rdn. 11.

[36] Zutreffend *Ingenstau/Korbion/Kratzenberg* VOB/A § 20, Rdn. 22, 23, vgl. auch OLG Celle IBR 2000, 582.

[37] Dazu *Nestler* BauR 1994, 595.

[38] *Nestler* s. Fn. 37; *Ingenstau/Korbion/Döring* VOB/B § 3, Nr. 6, Rdn. 10.

[39] Näher dazu Rdn. 177, 178.

[40] Einzelheiten *Kapellmann/Schiffers* Band 1, Rdn. 1109, dazu OLG Köln IBR 1996, 358, Revision vom BGH nicht angenommen.

10. Verjährung der Vergütungsansprüche

Vergütungsansprüche aus einem Werkvertrag verjähren in der regelmäßigen Verjährungsfrist gemäß § 195 BGB. Diese beträgt 3 Jahre. Die Verjährung beginnt gemäß § 199 Abs. 1 BGB mit dem Schluss des Jahres, in dem der Anspruch durchsetzbar **entstanden** ist (beim Werkvertrag Abnahme des Werkes, § 641 Abs. 1 BGB) und der Gläubiger von den den Anspruch begründenden Umständen und der Person des Schuldners Kenntnis erlangt oder ohne grobe Fahrlässigkeit erlangen müsste. Zum Verjährungsbeginn beim VOB-Vertrag siehe die Kommentierung zur VOB/B § 16. § 199 Abs. 4 BGB bestimmt außerdem eine kenntnisunabhängige Maximalfrist: Der Vergütungsanspruch verjährt danach jedenfalls 10 Jahre nach seiner Entstehung. Diese Frist beginnt dann nicht erst mit Ablauf des Jahres, in welchem der Vergütungsanspruch entsteht, sondern taggenau. Forderungen aus Abschlagsrechnungen verjähren selbständig, bewirken aber nicht, dass der entsprechende Teilbetrag, aufgenommen in die Schlussrechnung, seinerseits verjährt wäre.[41] In der Schlussrechnung enthaltene wie auch in ihr nicht enthaltene Forderungen verjähren einheitlich.[42] 19

Hemmung, Ablaufhemmung und Neubeginn der Verjährung des Vergütungsanspruches bestimmen sich nach den allgemeinen Regeln des BGB (§ 203 ff.). 20

Zweiter Abschnitt. Die Vergütungsregeln des § 2 VOB/B

A. § 2 Nr. 1 VOB/B – die abgegoltenen Leistungen

I. Systematik

1. Aufbau der VOB/B

§ 2 Nr. 1 VOB/B regelt, welche Leistungen „durch die vereinbarten Preise" abgegolten werden. Durch die vereinbarten Preise wird die vertraglich vereinbarte Leistung abgegolten. Welche Leistung das ist, bestimmt als überflüssige Selbstverständlichkeit § 1 Nr. 1 Satz 1 VOB/B so: „Die auszuführende Leistung wird nach Art und Umfang durch den Vertrag bestimmt." In § 1 wird die Leistungsseite des Vertrages mit den Änderungsbefugnissen des Auftraggebers definiert, in § 2 anschließend die zugehörige Vergütung einschließlich der Vergütung hinsichtlich der in § 1 zugelassenen Änderungsbefugnisse. Es versteht sich, dass die Bestimmung der Vertrags**vergütung** als Äquivalent zur Vertragsleistung die **zuvorige Definition der Vertragsleistung** (Bausoll) **voraussetzt.**[43] 21

2. Aufbau eines Bauvertrages

a) Öffentlicher Auftraggeber. Die VOB/B geht davon aus, dass Verträge nach dem Muster der VOB/A aufgebaut sind wie z.B. den „Einheitlichen Verdingungsmustern" im Vergabehandbuch für die Durchführung von Bauaufgaben des Bundes im Zuständigkeitsbereich der Finanzbauverwaltungen (VHB, derzeitige Ausgabe: 2002, Februar 2006). Das Vergabehandbuch sieht vor, dass der öffentliche Auftraggeber im Rahmen einer Ausschreibung für Bauleistungen mit einem Formularpaket („Angebotsblankett") Bieter zur Abgabe eines Angebots auffordert; diese Aufforderung ist also selbst noch kein Angebot. Dieses Ausschreibungspaket beginnt demgemäß mit einem Formular „Aufforderung zur Abgabe eines Angebots" (Muster EVM (B) A oder EVM (B) A EG). 22

In Nr. 1 benennt das Muster den konkreten Auftraggeber, sodann wird zur Identifizierung der eigentlichen Bauleistung auf die beiliegende **„Leistungsbeschreibung"** verwiesen. Vor Nr. 1

[41] BGH BauR 1999, 267; dazu *von Rintelen* Jahrbuch Baurecht 2001, S. 25; *Otto* BauR 2000, 350.
[42] BGHZ 53, 222 = NJW 1970, 938.
[43] Zum Begriff „Bausoll" näher Rdn. 26 und *Kapellmann/Schiffers* Band 1, Rdn. 4, 100, 700, 721.

kann im Formular angekreuzt werden, welche „Anlagen“ beigefügt sind. Zu diesen Anlagen gehören auch die Bewerbungsbedingungen (EVM (B) BwB/E).

Das eigentliche Angebot muss der Bieter auf einem Formular „Angebot“ (EVM (B) Ang machen. Der Text dieses „Angebots“ lautet in Nr. 1: „Unser Angebot umfasst ...“

„1.1 Vertragsbestandteile
Besondere Vertragsbedingungen – EVM (B) BVB
Zusätzliche Vertragsbedingungen – EVM (B) ZVB
Leistungsbeschreibung
in der Leistungsbeschreibung angegebene Zusätzliche Technische Vertragsbedingungen
die Allgemeinen Vertragsbedingungen für die Ausführung von Bauleistungen (VOB/B) Ausgabe 2002
die Allgemeinen Technischen Vertragsbedingungen für Bauleistungen (VOB/C), Ausgabe 2002 einschließlich des Ergänzungsbands 2005.“

Pläne/Zeichnungen sind nur unter als „erforderlichenfalls“ auszufüllende „Anlagen“ zum Angebot aufgeführt. Damit sind laut Wortlaut vom Bieter herzustellende oder zu vervollständigende Zeichnungen gemeint. Dagegen tauchen die die bei der „Aufforderung zur Abgabe eines Angebots“ EVM (B) A als Angebot beigefügten „... Stück Pläne/Zeichnungen“ nicht auf. Nimmt man das Angebotsformular EVM (B) A wörtlich, werden diese Pläne/Zeichnungen nicht Vertragsbestandteil, zumal auch die „Aufforderung zur Abgabe eines Angebots“ nicht als Vertragsbestandteil genannt wird. Sie werden aber Vertragsbestandteil als Bestandteil der Leistungsbeschreibung (siehe Rdn. 23); wenn nämlich Pläne benannt sind, hat der Auftraggeber von seiner Möglichkeit gemäß § 9 Nr. 12 VOB/A, „erforderlichenfalls“ die Leistung zeichnerisch darzustellen, Gebrauch gemacht. Aber § 9 Nr. 12 VOB/A verlangt auch, dass die Zeichnungen, die für die Ausführung maßgebend sein sollen, **eindeutig** zu benennen sind. Die bloße Angabe aller Pläne in einer Zeichnungsliste wird dem nicht gerecht. Bei der verwandten Ausschlusssystematik verbleibt insoweit eine Unklarheit. Dem Bund ist dringend zu empfehlen, in das Angebotsblankett präzise aufzunehmen, welche Zeichnungen für die Ausführung maßgeblich sein sollen.

23 Die hauptsächliche Leistungsdefinition findet sich bei diesem Modell folglich in der **Leistungsbeschreibung,** die gemäß § 9 VOB/A **beim Einheitspreisvertrag gleichrangig** (dazu Rdn. 66) aus der **Baubeschreibung** (= allgemeine Darstellung der Bauaufgabe) und einem in Teilleistungen gegliederten **Leistungsverzeichnis** (§ 9 Nr. 11 VOB/A) besteht, erforderlichenfalls auch **gleichrangig** aus **Zeichnungen,** wobei solche, die für die Ausführung maßgebend sein sollen, eindeutig zu bezeichnen sind (§ 9 Nr. 12 VOB/A). Eine Leistungsbeschreibung mit **Leistungsprogramm,** die zum **Pauschal**vertrag führt, umfasst eine Beschreibung der Bauaufgabe nach näherer Maßgabe des § 9 Nr. 15 VOB/A (näher Rdn. 65). Die eigentliche Leistungsbeschreibung ist unter AGB-rechtlichen Gesichtspunkten kontrollfrei (dazu Rdn. 56).

24 Das konkrete Ausschreibungspaket des Bundes stellt „Allgemeine Geschäftsbedingungen“ des Auftraggebers dar, allerdings solche, gegen die bis auf eine Ausnahme – Nr. 16 ZVB „Preisnachlässe“, dazu Rdn. 217 – keine Wirksamkeitsbedenken nach den AGB-rechtlichen Bestimmungen (§§ 307 ff. BGB) bestehen.

25 **b) Privater Auftraggeber.** Dieser Vertragsaufbau beim öffentlichen Auftraggeber ergibt sich unmittelbar aus den Bestimmungen der VOB, diese aus der Notwendigkeit, gewissermaßen paketweise einheitliche Regelungsgruppen für eine Vielzahl von Bauvorhaben zu schaffen. Aus demselben Grund sind auch viele Vertragsmuster privater Auftraggeber so oder ähnlich aufgebaut, also mit ineinander verschachtelten unterschiedlichen Bedingungswerken. Aber selbstverständlich ist die Vertragsgestaltung für den privaten Auftraggeber völlig frei. Genauso gut gibt es Vertragswerke, die alle relevanten Regelungen im Text enthalten, wenn sie auch meistens nicht darauf verzichten können, die eigentliche Beschreibung der Bauleistung in eine gesonderte Unterlage zu verlagern.

Wenn für die Verträge privater Auftraggeber die Geltung der VOB/B vereinbart ist, gilt auch für sie unmittelbar § 2 Nr. 1 VOB/B, so weit sinngemäß möglich.

II. Das Bausoll

1. Definition

26 § 2 Nr. 1 VOB/B enthält eine nur aus dem Vertragsaufbau der öffentlichen Auftraggeber heraus verständliche, aber ohnehin völlig selbstverständliche Regelung: Die **Leistungsseite** des Vertrages wird bestimmt durch **alle** Vertragsbestandteile (Totalitätsprinzip), seien sie unmittelbarer Vertragstext oder Anlage zum Vertrag, seien sie verbal oder zeichnerisch. Systematisch gehört das eigentlich in § 1 VOB/B; als Vergabeanweisung für den öffentlichen Auftraggeber finden sich für ihn in § 9 VOB/A Vorschriften dazu, wie er das Bausoll zu beschreiben hat. Zur Verdeutlichung der Definition und in Anpassung an vergleichbare andere Begriffe der Baubetriebslehre definieren wir die **vom Auftragnehmer vertraglich geschuldete Leistung** als **Bausoll**:

Bausoll ist die durch den **Bauvertrag** nach **Bauinhalt** (was ist zu bauen?) und – gegebenenfalls – nach **Bauumständen** (wie ist zu bauen?) näher bestimmte Leistung des Auftragnehmers zur Erreichung des werkvertraglich geschuldeten Erfolgs.[44]

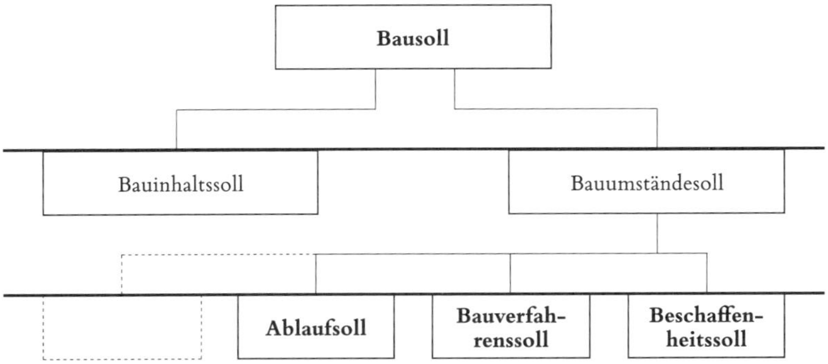

27 Dieses Bausoll hat der Auftragnehmer so für die unveränderte vereinbarte Vergütung (Vergütungssoll), also für den vertraglich vereinbarten Preis, zu erstellen. Stimmen die so als Vertragspflicht des Auftragnehmers definierte Vertragsleistung, also das **„Bausoll"**, und die spätere Ausführung, also das **„Bauist"**, überein, so hat der Auftragnehmer nur Anspruch auf den vertraglich festgelegten Werklohn, das Vergütungssoll. Somit stimmen dann also auch hinsichtlich der Vergütung „Soll" und „Ist" überein, vorausgesetzt, es ist nicht zu sonstigen, nicht aus der vertraglichen Leistungsbeschreibung resultierenden „Hindernissen" gekommen. Dabei ist unter „Bausoll" nicht nur der bloße Bauerfolg zu verstehen, sondern auch die durch den Bauvertrag definierte Art und Weise, wie dieses Bauziel erreicht werden soll, also in einer bestimmten Zeit, unter bestimmten, im Vertrag definierten Verhältnissen (z.B. Baugrundverhältnissen), durch bestimmte, vom Auftraggeber vorgegebene Planungen oder technische Methoden usw. **„Nachträge"** zur Vertragsvergütung kommen folglich **nur** in Betracht, wenn das **Bauist** vom **Bausoll abweicht**. Und umgekehrt: Solange das Bausoll unverändert ist, gibt es keine geänderte Vergütung, ausgenommen die „Störung der Geschäftsgrundlage".[45]

28 Der Auftragnehmer schuldet die „Herstellung des versprochenen Werks" (§ 631 Abs. 1 BGB). Er schuldet also, wie es für den Typus „Werkvertrag" kennzeichnend ist, nicht nur Arbeit, sondern **Erfolg**, nämlich die Herstellung des Werkes wie versprochen, das heißt: wie hinsichtlich „Art und Umfang" (so § 5 VOB/A) des Werkes, der Herstellungszeit, der Herstellungsmethode, der zugesicherten Eigenschaften usw. vertraglich vereinbart. Für **Leistungsverträge**, also Einheitspreisvertrag und Pauschalvertrag, kommt es dabei nicht darauf an, mit welchem Aufwand der

[44] Zum Begriff „Bausoll" näher *Kapellmann/Schiffers* Band 1, Rdn. 4, 100, 700, 721.
Ebenso OLG Koblenz NZBau 2001, 633 = BauR 2001, 1442, Revision von BGH nicht angenommen.
[45] Dazu unten Rdn. 278 ff.

Muster EVM (B) A EG
Seite 1

Vergabestelle

EVM (B) A EG
(Angebotsanforderung)

Datum der Versendung:

Vergabe Nr.:
Vergabeart ☐ Offenes Verfahren ☐ Nichtoffenes Verfahren ☐ Verhandlungsverfahren
Einzureichen bis (Eröffnungs-/Einreichungstermin) Datum: | Uhrzeit:
Ort (Anschrift wie oben) Zimmer: | Tel.:
Zuschlagsfrist endet am:
Voraussichtliche Ausführungsfrist Beginn: | Ende:

Wichtiger Hinweis zur Währungsangabe:
Bei Abgabe eines Haupt- oder Nebenangebotes sowie von Änderungsvorschlägen ist die gewünschte Währungseinheit DM oder EURO verbindlich anzugeben. Erfolgt keine Erklärung, gilt DM.

AUFFORDERUNG ZUR ABGABE EINES ANGEBOTS *)

Baumaßnahme:

....

....

Angebot für

....

Zu der Bekanntmachung vom .... / S................-................**)

Anlagen

- ☒ Bewerbungsbedingungen
- ☒ Angebotsschreiben 2-fach
- ☒ Besondere Vertragsbedingungen 2-fach
- ☒ Zusätzliche Vertragsbedingungen 2-fach
- ☒ Leistungsbeschreibung 2-fach
- ☐ Formblatt „Angaben zur Preisermittlung" EFB-Preis 1a 2-fach
- ☐ Formblatt „Angaben zur Preisermittlung" EFB-Preis 1b 2-fach
- ☐ Formblatt „Angaben zur Preisermittlung" EFB-Preis 1c 2-fach
- ☐ Formblatt „Angaben zur Preisermittlung" EFB-Preis 1d 2-fach
- ☐ Formblatt „Aufgliederung wichtiger Einheitspreise" EFB-Preis 2 2-fach
- ☐ ....
- ☐ ....

.... Pläne/Zeichnungen Nr.: ....

1 Es ist beabsichtigt, die in beiliegender Leistungsbeschreibung bezeichneten Leistungen zu vergeben im Namen und für Rechnung

....

2 Auskünfte werden erteilt, nicht beigefügte Verdingungsunterlagen können eingesehen werden

Ort/Zimmer .... Tel.: ....

☐ werktags (außer Samstag) in der Zeit von .... bis ....

☐ .... von .... bis ....

Nicht beigefügte Verdingungsunterlagen:

....

*) **Dieses Schreiben ist zum Verbleib beim Bieter bestimmt!**
**) Nur bei Nichtoffenen und Verhandlungsverfahren

Seite 2

EVM (B) A EG

3 Mit dem Angebot sind vorzulegen:
☐ Unterlagen nach Nr. 11.1 Buchstabe .... und Nr. 11.2 EVM (B) BwB/E
☐ Folgende sonstige Unterlagen..
....

4 Die Erteilung des Auftrags kann von folgenden Nachweisen abhängig gemacht werden:
....
....

5 Es gelten die beigefügten Bewerbungsbedingungen.
5.1 Wegen Sicherheiten wird auf Nr. 5 BVB hingewiesen.
5.2 Die Vergabe nach Losen wird vorbehalten:
☐ nein
☐ ja, Angebote können abgegeben werden für
☐ ein Los ☐ mehrere Lose ☐ alle Lose
Näheres siehe Leistungsbeschreibung.

5.3 Kriterien für die Auftragserteilung bei Haupt- und Nebenangeboten/Änderungsvorschlägen
(Die Reihenfolge der Kriterien hat auf die Anwendung keinen Einfluss)
5.3.1 Allgemeine Kriterien
☐ Preis ☐ Fristen ☐ Vergütungsbedingungen
5.3.2 Technische und wirtschaftliche Kriterien
☐ Qualität ☐ Wirtschaftlichkeit ☐ Funktionalität
☐ Gestaltung ☐ Konstruktion ☐ Wartung
☐ Technische Beratung ☐ Betriebskosten ☐
5.3.3 Abweichend von Nr. 5.3 der Bewerbungsbedingungen gilt Folgendes:
....

6 Die Zuschlagsfrist beginnt mit dem Eröffnungstermin; bis zu ihrem Ablauf ist der Bieter an sein Angebot gebunden.

7 Falls Sie bereit sind, die Leistungen zu übernehmen, werden Sie gebeten, beiliegendes Angebotsschreiben nebst Anlagen ausgefüllt und rechtsverbindlich unterschrieben in verschlossenem Umschlag bis zum Eröffnungs-/Einreichungstermin an die Vergabestelle einzusenden oder dort abzugeben. Der Umschlag ist außen mit anliegendem Kennzettel zu versehen, sowie mit Ihrem Namen (Firma), Ihrer Anschrift und der Angabe „Angebot für ..." (Bezeichnung der Baumaßnahme und der Leistungen) zu bezeichnen.

Zum Eröffnungstermin sind nur Bieter und ihre Bevollmächtigten zugelassen.
Falls Sie nicht die Absicht haben, ein Angebot abzugeben, werden Sie gebeten, die Anlagen umgehend unausgefüllt zurückzugeben*). Ein Nachteil entsteht Ihnen dadurch nicht.

8 Beim Nichtoffenen Verfahren werden Angebote von Bietergemeinschaften, die sich erst nach der Aufforderung zur Angebotsabgabe aus aufgeforderten Unternehmern gebildet haben, nicht zugelassen.

9 ☐ Vergabekammer (§ 104 GWB)
....
....
☐ Vergabeprüfstelle (§ 103 GWB)
....
....
☐ Allg. Fach-/Rechtsaufsicht (§ 31 VOB/A)
....
....

10 ....
....

11 Bedarfspositionen werden grundsätzlich gewertet.

12 Wird nach Nr. 4 EVM BwB/E eine Leistung angeboten, die von den vorgesehenen technischen Spezifikationen abweicht, hat der Bieter bei der betreffenden Position des Leistungsverzeichnisses auf eine Anlage zum Angebot hinzuweisen. In dieser ist die abweichende Leistung eindeutig zu beschreiben und die Gleichwertigkeit im Hinblick auf Sicherheit, Gesundheit und Gebrauchstauglichkeit nachzuweisen.

*) gilt nicht bei Offenen Verfahren

Auftragnehmer das Herstellungsziel erreicht; gleichgültig wie hoch der Aufwand ist, die Vergütung bleibt unverändert, solange nicht die extreme Grenze der Störung der Geschäftsgrundlage überschritten ist. Deshalb ist es weder richtig, dass Aufwand, der über die Leistungen hinausgeht, die die gemäß § 1 Nr. 1 Satz 2 VOB/B anzuwendende VOB/C definiert, zusätzlich sei und wegen eines angeblich in § 2 Nr. 1 VOB/B enthaltenen Preisvorbehaltes zu ersetzen sei,[46] noch ist es richtig, dass es überhaupt bei verändertem Aufwand, aber unverändertem Bausoll zusätzliche Vergütung gäbe.[47] Für Leistungsverträge gilt: „Bei Vergütung zu festen Preisen ist der Aufwand des Unternehmers unerheblich".[48] Der Aufwand des Auftraggebers ist dagegen Maßstab für die Vergütung unbegrenzt beim (seltenen) Selbstkostenerstattungsvertrag (§ 5 VOB/A, Rdn. 41), standardisiert jedenfalls beim Stundenlohnvertrag (§ 15 VOB/B).

Dass beim Werkvertrag ein Erfolg geschuldet wird, darf nicht zu der Schlussfolgerung verleiten, die Erfolgsverpflichtetheit führe zu einer Erweiterung der Leistungsverpflichtung. Der Auftragnehmer schuldet nicht generell einen Erfolg, sondern den Erfolg, den er zur Herstellung des **versprochenen** Werks leisten muss.[49] Wenn sich insbesondere die „anerkannten Regeln der Technik" **nach** Vertragsschluss ändern (dazu Rdn. 30) oder wenn sich die auftraggeberseitige Planung nach Vertragsschluss als falsch erweist, muss der Auftragnehmer, um ein mängelfreies Werk zum Zeitpunkt der Abnahme zu erzielen, mehr oder anders bauen als er das nach dem vereinbarten Bausoll schuldet. Er muss ggf. auf diese Abweichung hinweisen, erhält aber für die Bausoll-Bauist-Abweichung auch Mehrvergütung gemäß § 2 Nr. 5, 6 oder 8 VOB/B (dazu Rdn. 31).

2. Bauinhaltssoll

29 **a) Bestimmbarkeit der Leistung, Bestimmung nach Vertragsschluss.** Der Bauvertrag bestimmt „Art und Umfang" des herzustellenden Werkes, also, **was** (inhaltlich) zu bauen ist.

Für den Abschluss eines wirksamen Vertrages und damit für die Bestimmung des inhaltlichen Bausolls ist nicht Voraussetzung, dass die vom Auftraggeber geschuldete Leistung eindeutig bestimmt ist. Das **BGB** regelt im Gegenteil ausdrücklich Konstellationen, in denen die vertragliche Leistung oder Gegenleistung unbestimmt ist (§§ 315, 316 BGB); in solchen Fällen hat eine der Parteien ein (einseitiges, nachträgliches) Leistungsbestimmungsrecht, das sie im Zweifel „nach billigem Ermessen" ausüben muss. Die Leistung ist so jedenfalls **„bestimmbar"**, was ausreichend, aber auch erforderlich ist.[50] Praktisch spielt das eine große Rolle bei Global-Pauschalverträgen; bei ihnen ist zum Zeitpunkt des Vertragsschlusses die Leistungsseite des Vertrages erst „global" definiert, bedarf also später noch der Detaillierung und Konkretisierung (unten Rdn. 249, 262).

Das Bausoll kann folglich auch noch **nachträglich** vom Auftraggeber oder Auftragnehmer festgelegt werden, wenn der Vertrag das so vorsieht. Beispiel dafür ist, dass der Auftraggeber erst **nach Vertragsschluss** die **Ausführungsplanung** vorlegen darf. Solange diese sich nur im Rahmen der **Konkretisierung** der zum Vertragsstand gemachten Entwurfsplanung hält und – beim Einheitspreisvertrag – nicht von den im Leistungsverzeichnis definierten Leistungsbeschreibungen der Positionen abweicht, bildet sie das Bausoll (näher Rdn. 188). Hat z.B. beim Schlüsselfertigbau umgekehrt der Auftragnehmer die Ausführungsplanung zu erstellen, so bestimmt er durch die Detailausfüllung der Globalelemente das Bausoll (näher Rdn. 262). Auch die Ausübung eines Auswahlrechts führt zur nachträglichen Festlegung des Bausolls (Rdn. 192).

30 **b) Mangelfreiheit zum Zeitpunkt der Abnahme, Änderung der „anerkannten Regeln der Technik" vor Abnahme.** Inhaltlich wird das Bausoll auch dadurch bestimmt, dass der Auftragnehmer mangelfrei bauen muss, also ein Werk herzustellen hat, das gemäß den §§ 4 Nr. 2

---

[46] *Putzier* BauR 1994, 596; heute aufgegeben, siehe *Putzier* Mehraufwand, S. 88; Einzelheiten dazu *Kapellmann/Schiffers* Band 1, Rdn. 137 ff.

[47] *Putzier* Mehraufwand, S. 81 ff. und Anmerkung zu OLG München BauR 1998, 561; dazu näher *Kapellmann/Schiffers* Band 1, Rdn. 137 ff., 141, 142.

[48] *Gauch* Werkvertrag (Schweiz), Rdn. 902, 903; *Schumacher* Vergütung (Schweiz), Rdn. 44–47.

[49] Näher *Kapellmann* NJW 2005, 182; *Motzke* NZBau 2002, 641, 643.

[50] Zutreffend als Grundsatz BGH „Kammerschleuse" BauR 1997, 126, dazu Rdn. 116.

Abs. 1 Satz 1, 13 Nr. 1 VOB/B zum Zeitpunkt der **Abnahme u.a. den anerkannten Regeln der Technik** entspricht.

Solange das herzustellende Werk unverändert bleibt, ist die Vertragsvergütung korrektes Äquivalent. Eine Diskrepanz entsteht dann, wenn sich zum Zeitpunkt der Abnahme die geschuldete Mängelfreiheit nicht mit den Leistungen erzielen lässt, die vertraglich vorgesehen sind: Das ist der Fall, wenn sich die anerkannten Regeln der Technik in der Zeit zwischen Vertragsschluss und Abnahme **verschärfen**; um die neuen Anforderungen einhalten zu können, sind im Vertrag bisher nicht vorgesehene Leistungen notwendig (oben Rdn. 28). Es könnte zweifelhaft sein, ob in einem solchen Fall der Auftragnehmer überhaupt ein „objektiv mangelfreies Werk" schuldet oder nur ein Werk, das – gemessen am Zeitpunkt des Vertragsschlusses – den Grad von Mangelfreiheit zum Zeitpunkt der Abnahme erreicht, der unter den gegebenen Vertragsregeln möglich war. So löst *Jagenburg* das Problem; er stellt für die „Vertragsgemäßheit" der Leistung auf den Zeitpunkt des Vertragsschlusses ab, so dass die zwischenzeitlichen Änderungen der „anerkannten Regeln der Technik" nicht das vom Auftragnehmer geschuldete Bausoll verändern.[51] Indes kann es keinem Zweifel unterliegen, dass diese Lösung das Problem nicht erfasst: Die Formulierung der VOB/B ist eindeutig, gemäß § 13 Nr. 1 VOB/B muss die Leistung **zum Zeitpunkt der Abnahme** „den anerkannten Regeln der Technik" entsprechen, das hergestellte Werk ist anderenfalls mangelhaft. Ob ein Werk „den anerkannten Regeln der Technik" entspricht oder nicht, ist eine objektive Feststellung, die als solche weder etwas mit Voraussehbarkeit, Verschulden oder Zumutbarkeit zu tun hat und bei der der maßgebende Zeitpunkt „Abnahme" eindeutig definiert ist. Entgegen *Jagenburg* muss der Auftragnehmer also gegebenenfalls nicht vereinbarte Leistungen erbringen, um seiner Pflicht zum „Erfolg" zu genügen.[52]

Die Lösung kann somit nicht in einer „Verminderung" des geschuldeten Erfolges liegen, **31** sondern nur darin, die vom Auftragnehmer notwendigerweise zu erbringende Mehrleistung auf der Vergütungsebene zu erfassen. Den Auftragnehmer überhaupt im Wege ergänzender Vertragsauslegung zu verpflichten, die notwendige, bisher nicht geschuldete Leistung auszuführen, ist unproblematisch; anders kann er das „mangelfreie Werk" ja gar nicht herstellen. Problematisch ist lediglich, ob der Auftraggeber diese zusätzliche Leistung auch zusätzlich vergüten muss, oder abstrakter formuliert, wer in solchen Fällen das finanzielle Risiko der Leistungsergänzung trägt. Das ist der Auftraggeber: Maßgebend ist, dass es sich um Änderungen von Investitionsbedingungen handelt. Die Veränderung solcher Investitionsbedingungen gehört zum Investitionsrisiko des Auftraggebers und damit zu seinem „Risikobereich" (§ 6 Nr. 2 Abs. 1 lita VOB/B).[53] Demzufolge ist mit der herrschenden Lehre davon auszugehen, dass der Auftraggeber die zusätzliche Leistung des Auftragnehmers vergüten muss, sei es gemäß § 2 Nr. 6 VOB/B, sei es gemäß § 2 Nr. 8 Abs. 3 VOB/B. Dabei kann dahinstehen, ob dann, wenn der Auftraggeber die Ausführung dieser zusätzlichen Leistung **anordnet**, dies eine Anordnung gemäß § 4 Abs. 1 Nr. 3 VOB/B nur „mit Kostenfolge gemäß § 2 Nr. 6 VOB/B" ist oder ob es sich nicht unmittelbar um eine Anordnung gemäß § 1 Nr. 4, § 2 Nr. 6 VOB/B mit entsprechender Vergütungspflicht handelt, jedenfalls besteht Einigkeit, dass der Auftraggeber die zusätzliche Leistung vergüten muss.[54] **Fehlt** eine Anordnung, so hat der Auftragnehmer Anspruch auf Vergütung gemäß § 2 Nr. 8 Abs. 3 VOB/B.

Es ist „Nebenpflicht" des Auftragnehmers, den Auftraggeber darauf hinzuweisen, dass der **32** notwendige Erfolg, nämlich die Herstellung eines mangelfreien Werkes, ohne zusätzliche Leistung nicht erreicht werden wird. Durch diesen Hinweis gibt der Auftragnehmer dem Auftraggeber Gelegenheit, eine Wahl unter mehreren möglichen Methoden zur Erreichung des notwendigen Erfolgs zu treffen. Die Mitteilung ist aber nicht Anspruchsvoraussetzung für die zusätzliche Vergütung; auch wenn § 2 Nr. 6 VOB/B unmittelbar anwendbar ist, gilt nichts anderes; die Ankündigung ist bei § 2 Nr. 6 VOB/B jedenfalls dann entbehrlich, wenn der Auftraggeber wie

[51] Festschrift Korbion S. 179 ff., 186.

[52] *Nicklisch/Weick* VOB/B § 13, Rdn. 31; *Voit*, in: *Bamberger/Roth* BGB § 632 Rdn. 12.

[53] Näher zum „Risikobereich" des Auftraggebers VOB/B § 6 Rdn. 18–22.

[54] *Voit*, a.a.O.; *Kapellmann/Schiffers* Band 2, Rdn. 570, 571; *Heiermann/Riedl/Rusam* VOB/B § 13, Rdn. 22; *Vygen* Bauvertragsrecht, Rdn. 442; *Kleine-Möller/Merl* § 12, Rdn. 261; *Festge* BauR 1990, 323.

hier sich nicht im Unklaren darüber sein kann, dass eine Zusatzleistung vorliegt und dass der Auftragnehmer die Zusatzarbeit nicht ohne Vergütung ausführen wird (dazu Rdn. 200). Die unterlassene Anzeige kann aber dazu führen, dass der Auftragnehmer eine bestimmte Lösung zur Erreichung der Mangelfreiheit selbst wählt, dann Vergütung nach § 2 Nr. 8 Abs. 3 VOB/B verlangt und sich dann entgegenhalten lassen muss, es hätte günstigere Lösungsmöglichkeiten gegeben, so dass er wegen der Verletzung seiner „Nebenpflicht" für die Mehrkosten schadensersatzpflichtig ist.[55]

3. Bauumständesoll

a) Ablaufsoll.

33 **aa) Zeitlicher Ablauf.** Der Vertrag kann Regelungen bezüglich des Ablaufs der Baumaßnahme treffen. Regelmäßig wird er das bezüglich des zeitlichen Ablaufs tun, im Vertrag werden also z.B. Anfangstermin, Ausführungsfristen (einzelne davon als Vertragsfristen, vgl. § 5 Nr. 1 VOB/B) und Endtermin festgelegt. Während der Auftraggeber das Recht hat, den Bauinhalt zu ändern (§ 1 Nr. 3, Nr. 4 VOB/B), hat er **kein Recht**, einseitig Vertragsregelungen zum zeitlichen Ablaufsoll zu ändern,[56] was ohnehin eindeutig ist, aber jetzt auch nicht mehr streitig sein kann, nachdem der Deutsche Vergabe- und Vertragsausschuss im Zuge der Beratung der VOB/B 2006 ein vorgeschlagenes zeitliches Anordnungsrecht des Auftraggebers ausdrücklich abgelehnt hat. Tut der Auftraggeber das aber doch, ordnet er z.B. einen Baustopp an, so wird dem Auftragnehmer sehr oft gar keine andere Wahl bleiben, als sich den „Fakten" zu beugen. Die VOB gibt ihm die Möglichkeit, die finanziellen Folgen dieser vertragswidrigen angeordneten Bausoll-Bauist-Abweichung (ebenso wie die Folgen einer wegen zwingender technischer Notwendigkeit ausnahmsweise vertragsgemäß angeordneten Bausoll-Bauist-Abweichung) über einen „Vergütungsnachtrag" gemäß § 2 Nr. 5 VOB/B („andere Anordnung", unten Rdn. 181) zu erfassen. Das ändert aber nichts daran, dass der Eingriff des Auftraggebers vertragswidrig (pflichtwidrig) ist; der Auftragnehmer hat deshalb in solchen Fällen die Wahl, statt des Vergütungsnachtrages einen Schadensersatzanspruch gemäß § 6 Nr. 6 Satz 1VOB/B wegen „Behinderung" geltend zu machen (siehe § 6 Rdn. 57).

34 **bb) Organisatorischer Ablauf.** Der Vertrag kann den Ablauf der Baumaßnahme auch z.B. in **organisatorischer** Hinsicht regeln. Er kann bestimmen, dass nur außerhalb der Geschäftszeiten (etwa bei einem Umbau) gearbeitet wird. Er kann regeln, dass zuerst das 8. und dann das 4. Geschoss gebaut wird. Er kann regeln, zu welchem Zeitpunkt Vorleistungen „freigegeben" werden.[57]

35 **cc) Logistischer Ablauf.** Genauso kann der Vertrag die Bauumstände hinsichtlich des bautechnisch-**logistischen** Ablaufs definieren, z.B. eine bestimmte Abfuhrstrecke benennen,[58] die Vollsperrung einer Straße zwecks Transporterleichterung zusagen,[59] einen bestimmten Zeitraum für die Sperrung einer Straße angeben.[60] Der Auftraggeber kann bestimmte Transportmittel vorschreiben, deren Brauchbarkeit ist Bausoll.[61] Genauso gut kann das Schweigen des Vertrages Aussage zum Bausoll sein, nämlich so, dass Besonderheiten nicht zu erwarten sind, der Vertrag also z.B. nicht im Landschaftsschutzgebiet liegt (dazu auch Rdn. 185).[62]

---

[55] *Kapellmann/Schiffers* Band 2, Rdn. 525; *Kleine-Möller/Merl* § 12, Rdn. 164.

[56] *Kapellmann/Schiffers* Band 1, Rdn. 1383, Rdn. 785–788 mit allen Einzelheiten (Ausnahme: **technisch zwingend** notwendige Anordnungen, kein Recht auf Beschleunigung, ebenso *Armbrüster/Bickert* NZBau 2006, 144); Beck'scher VOB-Kommentar/*Motzke* VOB/B § 5 Nr. 1, Rdn. 72; § 6 Nr. 1 VOB/B, Rdn. 66; *Weyer* BauR 1990, 138, 143; *Markus* NZBau 2006, 537 sowie insbesondere VOB/B § 1 Rdn. 53.

[57] VOB-Stelle Sachsen-Anhalt Fall 173, IBR 1995, 509; *Kapellmann/Schiffers* Band 1, Rdn. 788.

[58] *Kapellmann/Schiffers* Band 1, Rdn. 507; *Ingenstau/Korbion/Keldungs* VOB/B § 2 Nr. 3 Rdn. 15; *Lange* Baugrundhaftung, S. 49.

[59] *Kapellmann/Schiffers* Band 1, Rdn. 801 mit weiteren Beispielen; *Lange* Baugrundhaftung, S. 73.

[60] *Kapellmann/Schiffers* Band 1, Rdn. 801.

[61] BGH „Eisenbahnbrücke" BauR 1999, 897; *Kniffka/Koeble* Kompendium Teil 5, Rdn. 92, 93, dazu Rdn. 185.

[62] *Kapellmann/Schiffers* Band 1, Rdn. 128, 729 unter Zugrundelegung der VOB/C DIN 18.299, Abschnitt 0.1.11, näher dazu Rdn. 79 ff.

Allen Fällen ist gemeinsam, dass das so bestimmte Bausoll für den Auftragnehmer maßgeblich ist und die pure Abweichung davon **ohne Rückgriff auf Voraussehbarkeit oder Verschulden** des Auftraggebers bei entsprechend modifizierter Leistung Ansprüche des Auftragnehmers aus § 2 Nr. 5, 6 oder 8 VOB/B auslösen kann. 36

b) Verfahrenssoll

aa) Methodenwahl des Auftragnehmers, Methodenvorschrift durch Auftraggeber. Verwandt mit der vertraglichen Regelung des Ablaufsolls sind vertragliche Regelungen zum Bauverfahrenssoll. Der Vertrag kann festlegen, dass beim Tunnelbau zum Lösen des Gebirges eine Fräse eingesetzt werden muss oder dass bei Betonabbrucharbeiten mit dem Verfahren „Hochdruckwasserstrahl" gearbeitet werden muss. Solange der Vertrag dazu keine Regelungen enthält, bestimmt allein der Auftragnehmer, wie er den geschuldeten Erfolg erreicht, also auch, welche Baumethode er einsetzt.[63] Kann der Auftragnehmer mit der von ihm vorgesehenen Methode den vereinbarten Erfolg nicht erzielen, muss er die Methode ändern. Jedenfalls ist es gleichgültig, welchen Aufwand er leisten muss oder welchen Aufwand die Verfahrensänderung verursacht, solange nicht die extreme Grenze der Störung der Geschäftsgrundlage (unten Rdn. 278 ff.) überschritten wird.[64] 37

Schreibt dagegen der Auftrag**geber** eine bestimmte **Methode vertraglich vor**, so muss er für deren Tauglichkeit zur Erreichung des vereinbarten Erfolgs einstehen. Das folgt aus seiner Funktionsverantwortung: Wenn der Auftrag**geber** die Funktion des Auftragnehmers „Methodenplanung" wahrnimmt, muss er richtig planen. Plant er eine ungeeignete Methode, ist er dafür verantwortlich. Deshalb ist dem Bundesgerichtshof in der Entscheidung „Ausführungsart" uneingeschränkt zuzustimmen: „Der für eine bestimmte Ausführungsart vereinbarte Werklohn umfasst, sofern die Kalkulation des Werklohns nicht allein auf den Vorstellungen des Auftragnehmers beruht, **nur diese Ausführungsart**, so dass der Auftraggeber Zusatzarbeiten, die für den geschuldeten Erfolg erforderlich sind, gesondert vergüten muss".[65] Dieses Ergebnis wird auch gestützt durch § 13 Nr. 3 VOB/B. Ohnehin müsste der Auftraggeber, würde das entsprechende Defizit erst nach Abnahme entdeckt werden, die Mängelbeseitigungskosten unter dem Aspekt der „Sowiesokosten" selbst tragen. Methodisch handelt es sich um eine zusätzliche Leistung, die der Auftraggeber bei entsprechender Anordnung gemäß § 2 Nr. 6 VOB/B, ohne Anordnung gemäß § 2 Nr. 8 Abs. 3 VOB/B vergüten muss. 38

bb) „Systemrisiko". Nach diesen Grundsätzen ist auch das „Systemrisiko" zu beurteilen. „Systemrisiko" ist das Risiko, das bei einem Verfahren auch bei optimaler Ausführung und bestens erkundeten Vorbedingungen doch Ausreißer, „Erschwernisse" oder Ausfälle auftreten können, die objektiv unvermeidbar sind.[66] Der Auftragnehmer trägt jedenfalls dann, wenn er selbst das Bauverfahren bestimmen kann, das aus diesem Verfahren resultierende Zufallsrisiko, nämlich das Risiko, dass trotz optimaler Erkundung und geeigneten Verfahrens das gewünschte Ziel nicht erreicht wird. Dieses Risiko ist geradezu das typische Risiko des Auftragnehmers beim Werkvertrag.[67] 39

Ist das Verfahren vom Auftraggeber vorgeschrieben, so ist dafür grundsätzlich – wie unter Rdn. 38 erörtert – der Auftraggeber verantwortlich. Das regelt im Einzelnen auch im Rahmen der Mängelhaftung § 13 Nr. 3 VOB/B: „Ist ein Mangel zurückzuführen auf die Leistungsbeschreibung oder auf **Anordnungen des Auftraggebers**, haftet der Auftragnehmer, es sei denn, er hat die ihm nach § 4 Nr. 3 obliegende Mitteilung gemacht". Der Bundesgerichtshof hat diese Freistel-

[63] *Kapellmann/Schiffers* Band 1, Rdn. 761 ff.; Band 2, Rdn. 615; „Dispositionsfreiheit" laut *Staudinger/Peters* BGB § 631 Rdn. 44, § 633, Rdn. 3, 47, 54. Ebenso OLG Koblenz NZBau 2001, 633 = BauR 2001, 1442, Revision vom BGH nicht angenommen.

[64] Dazu schon oben Rdn. 28.

[65] BGH „Ausführungsart" BauR 1999, 37. Beispiel: Fließsand, Rdn. 186. Vgl. auch OLG Koblenz NZBau 2001, 633 = BauR 2001, 1442, Revision vom BGH nicht angenommen.

[66] Zum Problem *Englert/Grauvogl/Maurer* Rdn. 988; *Kapellmann/Schiffers* Band 1, Rdn. 763–765.

[67] BGH BauR 1996, 702,703; *Kapellmann/Schiffers* Band 1, Rdn. 764; *Kuffer* NZBau 2006, 1; unzutreffend *Englert/Grauvogl/Maurer* a.a.O.

lung des Auftragnehmers allerdings eingeschränkt und entschieden, dass ein Auftraggeber dafür einstehen muss, dass das von ihm vorgeschriebene Verfahren (im vom BGH entschiedenen Fall: das Material) „**generell** für den vorgesehenen Zweck" geeignet ist. Ist es **generell** ungeeignet, so wird über § 13 Nr. 3 VOB/B der Auftragnehmer von der Haftung freigestellt, wenn er seiner Prüfpflicht nachgekommen ist, was im Sachzusammenhang bedeutet, dass die Folgen dieser Soll-Ist-Abweichung der Auftraggeber zu tragen hat, der Auftragnehmer also zusätzliche Vergütung verlangen kann. Für den Anwendungsbereich des § 13 Nr. 3 VOB/B macht der Bundesgerichtshof eine Einschränkung, wenn es sich um die Haftung für vom Auftraggeber vorgeschriebenes Material handelt. In diesem Fall kommt es laut BGH darauf an, ob das Material generell geeignet ist; suchen aber zufällig Auftragnehmer oder Auftraggeber eine Partie aus, die ausnahmsweise Mängel hat (Ausreißer), so tritt die Haftungsbeschränkung für den Auftragnehmer nicht ein.[68] Die Richtigkeit dieser Rechtsprechung kann hier dahinstehen; für ein Bau**verfahren** ist es jedenfalls schwer denkbar, dass das Verfahren generell geeignet ist, aber konkret Ausreißer hat. Gäbe es aber einen solchen Fall, so gelten die Grundsätze des Bundesgerichtshofs: Dieses spezielle Risiko würde der Auftragnehmer deshalb tragen, weil er immer das allgemeine Risiko trägt, das ein an sich geeignetes Verfahren aus Zufallsgründen nicht zum Erfolg führt.[69]

40 Für die Bearbeitung des **Baugrundes**, in dem dieses „Systemrisiko" eine große Rolle spielt, kommt es allerdings auf diese **Fragestellung** im Ergebnis **nicht** an. Es ist zwar nicht richtig, in diesen Sonderfällen das „Systemrisiko" abweichend von der allgemeinen Regelung des Werkvertrages dem Auftraggeber anzulasten;[70] bei Baugrundverhältnissen kann es aber einen „Ausreißer" bei geeignetem Verfahren, das zur Risikotragung des Auftragnehmers führt, nicht geben: Beim Baugrund wird das Beschaffenheitssoll definiert durch die voraussehbaren Faktoren „Aufbau (Zustand), Beschaffenheit **und** Eigenschaften" des Baugrundes. Wenn das vom Auftraggeber vorgeschriebene Verfahren generell geeignet ist, der Baugrund aber unvorhersehbar reagiert, so entwickelt er andere Eigenschaften – und auch das ist Bausoll-Bauist-Abweichung, die zu Lasten des Auftraggebers geht.[71]

41 **c) Beschaffenheitssoll (Baugrund).** Das Beschaffenheitssoll ist die Aussage des Vertrages dazu, wie vom Auftragnehmer zu bearbeitende Stoffe und/oder Bauteile beschaffen sein werden. Bei Abbrucharbeiten lautet die Beschreibung des abzubrechenden Betons etwa, dass Beton einer (**heute** vorhandenen) Druckfestigkeit von 60 kg/N abgebrochen werden soll.[72] Eine ganz besondere Rolle spielen die Angaben (oder Nichtangaben!) des Auftraggebers zur Beschaffenheit des **Baugrundes** und der **Wasserverhältnisse**. Der Auftraggeber muss für seine Beschaffenheitsangaben deshalb einstehen, weil er den Baugrund „beistellt"; auf die dinglichen Rechtsverhältnisse kommt es nicht an.[73] Baugrund ist in der DIN 4020 „Geotechnische Untersuchungen für bautechnische Zwecke" unter Ziff. 3.1 definiert: „Baugrund ist Boden oder Fels einschließlich aller Inhaltsstoffe (z.B. Grundwasser und Kontaminierung), in und auf dem Bauwerk gegründet bzw. „ein"gebettet werden sollen bzw. sind oder der durch Baumaßnahmen beeinflusst wird". Für derartige Definitionszwecke zu Begriffen, die nicht im Gesetz oder unmittelbar in der VOB definiert sind, auf definierende DIN-Normen zurückzugreifen, ist geboten.[74]

42 Die vertraglichen Aussagen zum **Baugrund** sagen, wie erwähnt, etwas über dessen Soll-Beschaffenheit aus. Die Beschaffenheit des Baugrundes betrifft, wiederum in Anknüpfung an die DIN 4020, Abschnitt 1 und Abschnitt 6.1, sowohl den **Aufbau** wie die **Beschaffenheit** und die

---

[68] BGH BauR 1996, 702; *Vygen* Bauvertragsrecht, Rdn. 456; *Ingenstau/Korbion/Wirth* VOB/B § 13 Nr. 3 Rdn. 43; näher § 13 Rdn. 67, 71.

[69] Näher *Kapellmann/Schiffers* Band 1, Rdn. 764.

[70] So aber *Englert/Grauvogl/Maurer* a.a.O.

[71] Näher unter dem Aspekt des Beschaffenheitssolls sogleich Rdn. 41 ff.

[72] Zu der (unzureichenden) Angabe des öffentlichen Auftraggebers, es sei **B 25** abzubrechen ohne Hinweis, ob es sich um die Festigkeit in der Bau- oder in der Abbruchphase handelt, zutreffende Kurzanmerkung *Schulze-Hagen* zu OLG Zweibrücken (Revision nicht angenommen), IBR 2000, 416.

[73] *Kapellmann/Schiffers* Band 1, Rdn. 710; *Englert/Grauvogl/Maurer* Rdn. 984.

[74] BGH „Spanngarnituren" BauR 1994, 625; näher Rdn. 98–100.

Eigenschaften des Baugrundes. Vertragliche Aussagen zum Baugrund sind also Angaben **sowohl** zum geotechnischen **Aufbau** wie zu seiner Beschaffenheit und seinen **Eigenschaften** (Reaktionen). Wenn also der Baugrund sich „anders verhält", als es Beschaffenheitssoll ist, dann ist das Bausoll-Bauist-Abweichung und kann Ansprüche gemäß § 2 Nr. 5, 6 oder 8 VOB/B auslösen, wiederum, ohne dass es auf Verschulden der einen oder anderen Vertragspartei ankommt und ohne dass Platz für Schadensersatzansprüche ist.[75]

Da der Baugrund „Stoff" im Sinne von § 645 BGB ist,[76] ist es ergänzend zulässig, zur Beurteilung einer Soll-Ist-Abweichung auf die gesetzliche Regel des § 645 BGB zurückzugreifen: „Ist das Werk vor der Abnahme **infolge eines Mangels** des von dem Besteller gelieferten Baustoffes untergegangen, **verschlechtert** oder unausführbar geworden, so kann der Unternehmer einen der geleisteten Arbeit entsprechenden Teil der Vergütung und Ersatz der in der Vergütung nicht inbegriffenen Auslagen verlangen …". § 645 BGB behandelt also nicht die Frage, wer bei „Baugrundproblemen" daraus resultierende Mehraufwendungen tragen muss, sondern die „Preisgefahr", d.h. den Fall, dass der Auftraggeber ein teilfertiggestelltes Werk bezahlen muss, wenn dieses Werk **infolge eines Mangels** eines vom Auftraggeber gelieferten Stoffes verschlechtert wird. Diese Gesetzesregelung lässt sich analog auf „Baugrundprobleme" anwenden: Wenn der Auftraggeber aufgrund der allgemeinen Regel ein Werk bezahlen muss, das deshalb gar nicht mehr vorhanden oder verschlechtert ist, weil der Auftraggeber „mangelhaften Stoff" geliefert hat, so kann die Rechtsfolge nicht anders sein, wenn die **Mangelhaftigkeit** des Stoffes schon erkannt wird, bevor sie zur Zerstörung oder Verschlechterung des Teilwerkes führen kann und der Auftragnehmer zu deren Behebung Kosten aufwenden muss. „Mangel" wird bei § 645 BGB zutreffend als Abweichung der Beschaffenheit des gelieferten Stoffes von der laut Vertrag vereinbarten Beschaffenheit definiert;[77] das deckt sich exakt mit unserer Definition zur Soll-Beschaffenheit (oben Rdn. 41, 42). Die Analogie zu § 645 BGB rechtfertigt also auch die Schlussfolgerung, dass Abweichungen des Zustandes oder der Eigenschaften des Baugrundes von der Soll-Beschaffenheit ohne Rücksicht auf Verschulden mit Mehraufwand des Auftragnehmers zu Mehrvergütungsansprüchen führen.[78] 43

Das Kernproblem bei Baugrundfällen ist, aus vorhandenen – oder auch fehlenden!– Angaben im Vertrag den richtigen Schluss zu ziehen, welche Aussage zur Beschaffenheit des Baugrundes im Einzelfall daraus folgt. Einzelbeispiele erörtern wir im Zusammenhang bei der Abgrenzung geänderter und zusätzlicher Leistungen (Rdn. 186 ff.). Ein besonderer Begriff „Baugrundrisiko" ist überflüssig und eher irreführend. Zur AGB-rechtlichen Beurteilung von „Baugrundklauseln" siehe Rdn. 61. 44

4. Änderungsvorschläge, Nebenangebote

a)Begriffe. Durch das Angebotsblankett ist dem Bieter je nach Ausschreibung vorgegeben, welcher technisch-verfahrensmäßige Weg vom Auftraggeber vorgesehen ist, um einen bestimmten Teilerfolg oder Erfolg zu erzielen. Ein so vom Bieter „ausgefülltes" Angebot ist **Hauptangebot**. Der Bieter kann aber auch „Gegenangebote" machen, d.h., er kann z.B. eine gleichwertige andere (aber preiswertere) statt der ausgeschriebenen Leistung anbieten, er kann andere Verfahren vorschlagen, er kann eine verkürzte Bauzeit anbieten, er kann überhaupt abweichende Vorschläge unterbreiten. Der Bieter verspricht sich dadurch natürlich Wettbewerbsvorteile. Im allgemeinen Sprachgebrauch werden solche „Gegenangebote" oft als **„Sondervorschläge"** bezeichnet; die VOB nennt sie **„Änderungsvorschläge"** oder **„Nebenangebote"** (§ 10 Nr. 5 Abs. 4, § 21 Nr. 2, § 22 Nr. 3 Abs. 5, § 25 Nr. 1 Abs. 1 lit d VOB/A). Änderungsvorschläge haben lediglich die Änderung einzelner Leistungsteile zum Gegenstand, Nebenangebote betreffen die gesamte 45

[75] Einzelheiten *Kapellmann/Schiffers* Band 1, Rdn. 714, 715.

[76] BGH BauR 1986, 203; OLG München, NZBau 2004, 274; *Englert/Grauvogl/Maurer* Rdn. 500 mit Nachweisen; *Kapellmann/Schiffers* Band 1, Rdn. 710; unbestritten.

[77] *Palandt/Strauch* BGB § 645 Rdn. 7; *Kapellmann/Schiffers* Band 1, Rdn. 712, 713. Der Boden muss zur Herstellung des Werks tauglich sein, BGH NZBau 2005, 285.

[78] *Kapellmann/Schiffers* Band 1, Rdn. 712–713.

vorgesehene Leistung oder jedenfalls einzelne Leistungsabschnitte, die Unterschiede sind aber nur gradueller Natur (näher VOB/A § 10, Rdn. 53, 54). Der öffentliche Auftraggeber muss in den Ausschreibungsunterlagen angeben, ob er Änderungsvorschläge oder Nebenangebote zulässt; er kann sogar Nebenangebote ohne gleichzeitige Abgabe eines Hauptangebotes zulassen (§ 10 Nr. 5 Abs. 4 VOB/A).

46 **b) Das Bausoll bei Änderungsvorschlägen oder Nebenangeboten.** Ein Nebenangebot ist nichts anderes als ein zweites Angebot des Bieters; der Auftraggeber hat die Wahl, das Hauptangebot oder das Nebenangebot anzunehmen. Kommt der Vertrag auf der Basis des Nebenangebotes zustande, bestimmt das Nebenangebot (natürlich) insoweit die Leistungspflicht des Auftragnehmers, also das Bausoll. So weit es um die Definition der Bauleistung geht, ist das unproblematisch. Das Problem liegt darin, dass es durch das Nebenangebot (in der Regel) zu einer Funktionsverlagerung vom Auftraggeber auf den Auftragnehmer gekommen ist: Der Auftragnehmer hat nämlich bei der Ausarbeitung des Nebenangebotes Aufgaben (mindestens) der Ausführungsplanung übernommen; er hat also unausgesprochen, aber vom Auftraggeber akzeptiert, auch Planungsleistungen übernommen, die er bei einem Vertrag auf der Basis des Hauptangebotes nicht geschuldet und nicht geleistet hätte. Aus dieser Übernahme von Planungsleistungen resultieren entsprechende Haftungsrisiken des Auftragnehmers, aber eben auch entsprechende Leistungspflichten. Der Auftragnehmer kann also, so weit das Nebenangebot ergänzende oder korrigierende planerische Leistungen verlangt, solche Planungsleistungen oder deren Ergänzung oder Verbesserung vom Auftraggeber nicht verlangen, er ist selbst insoweit leistungspflichtig.

Der Schutz des Auftragnehmers (Bieters) gegen die Weiterleitung seiner Nebenangebote an Mitbieter beurteilt sich beim öffentlichen Auftraggeber nach den §§ 20 Nr. 3, 22 Nr. 3 Abs. 2 letzter Satz, 27 Nr. 3 VOB/A (näher § 20 VOB/A, Rdn. 16); gegenüber einem privaten Auftraggeber kommen im Einzelfall urheberrechtliche, jedenfalls wettbewerbsrechtliche Ansprüche in Betracht (siehe auch oben Rdn. 17).

47 **c) Abrechnungsprobleme.** Jedenfalls beim Einheitspreisvertrag stellt sich häufiger das Problem, dass die Parteien bei dem Vertragsschluss auf der Basis des Nebenangebotes übersehen haben, dass die Ausführung des Nebenangebotes Auswirkungen auf „Drittbereiche" hat, die im Nebenangebot selbst nicht erfasst sind.[79] Insbesondere können das Mengenveränderungen sein, aber auch inhaltlich geänderte Leistungen. Es ist Sache des Einzelfalls, ob die insoweit resultierenden Mehraufwendungen des Auftraggebers einen Schadensersatzanspruch aus Verschulden bei Vertragsschluss (§§ 311, 280 BGB) gegen den Auftragnehmer rechtfertigen. Das kommt jedenfalls dann in Betracht, wenn die Drittauswirkungen so sind, dass der Preisvorteil des Nebenangebotes ganz oder zu einem erheblichen Teil aufgezehrt wird.

48 **d) Die Bedeutung von Beschaffenheitsangaben des Auftraggebers bei Ausführung des Nebenangebotes.** Der Auftragnehmer trägt das Risiko des „Funktionierens" seines Nebenangebotes; das ist (schon) die Folge der Funktionsverlagerung „Ausführungsplanung" auf den Auftragnehmer. Der Auftragnehmer trägt aber **nur** dieses Risiko. Dagegen bleibt der Auftraggeber dafür verantwortlich, dass seine Angaben zum Beschaffenheitssoll (zum Begriff oben Rdn. 41), z.B. hinsichtlich des Baugrundes, richtig sind. Das gilt aber nur, so weit der Auftraggeber sich auch bei der Ausführung des Nebenangebotes in dem **„Bereich"** bewegt, der für die Ausführung des Hauptangebotes vorgesehen war und zu dem **Beschaffenheitsangaben** in den Vergabeunterlagen genannt sind. Sind die Baugrundverhältnisse dann anders als vom Auftraggeber angegeben und reicht die im Nebenangebot festgelegte Ausführungsweise deshalb nicht mehr aus oder wird sie schwieriger, so ist das nach wie vor Beschaffenheitssoll – Beschaffenheits ist – Abweichung. Die Leistungen zur Überwindung **dieses** Erschwernisses sind geänderte oder zusätzliche Leistungen, die gemäß § 2 Nr. 5, 6 oder 8 VOB/B vergütet werden, Verschulden des Auftraggebers spielt also keine Rolle.[80]

---

[79] Beispiel: *Kapellmann/Schiffers* Band 1, Rdn. 120.
[80] *Kapellmann/Schiffers* Band 1, Rdn. 701; *Marbach* BauR 2000, 1643, 1648; *von Craushaar* Festschrift Lo-

Scheinbar problematisch ist es, wenn die aus der erschwerten Realisierung des Nebenangebots resultierenden Mehrkosten jetzt höher sind, als wenn von Anfang an die auftraggeberseitige „Auflösung" ausgeführt worden wäre. Aber diese Folge ist allein Auswirkung der Soll-Ist-Abweichung und auch insoweit deshalb allein Risiko des Auftraggebers.[81] 49

5. Voraussetzung: Wirksame Vertragsregelung (§ 305 ff. BGB) – AGB-rechtliche Unwirksamkeit

a) Anwendungsvoraussetzungen. Nur wirksame Vertragsregelungen können die Leistungsverpflichtung des Auftragnehmers, das Bausoll, bestimmen. Unwirksamkeitsgründe allgemeiner Art wie z.B. Sittenwidrigkeit (§ 138 BGB) erörtern wir hier nicht. Gerade für die Bausollbestimmung spielt ein spezieller Unwirksamkeitsgrund eine große Rolle, nämlich die Unwirksamkeit einzelner Vertragsklauseln wegen Verstoßes gegen §§ 305 ff. BGB Verträge, die ein **Vertragbeteiligter gestellt** hat,[82] unterliegen dann gemäß § 305 Abs. 1 BGB der Inhaltskontrolle, wenn die Texte „für eine Vielzahl von Verträgen vorformuliert" sind. Handelt es sich um Verträge zwischen einem Unternehmer und einem Verbraucher, so greift die Inhaltskontrolle in jedem Fall auch dann ein, wenn die vorformulierten Texte „nur zur einmaligen Verwendung bestimmt sind" (§ 310 Abs. 3 BGB). Die Frage, ob die VOB/B als solche der uneingeschränkten Inhaltskontrolle nach AGB-rechtlichen Vorschriften (§§ 305 ff. BGB) unterliegt, behandeln wir unter Einleitung VOB/B, Rdn. 44–74. 50

Ob Vertragsbedingungen für eine **„Vielzahl"** von Verträgen vorformuliert sind, lässt sich jedenfalls dann sicher beantworten, wenn sie schon „vielfach" verwandt worden **sind**; die Verwendung in mindestens drei Fällen ist schon „Vielfachverwendung".[83] 51

Dabei genügt es, dass der Auftraggeber von dritter Seite vorformulierte Texte verwendet (z.B. aus einem Vertragsvordruck oder aus einem Formularhandbuch); deren „Vielfachcharakter" versteht sich von selbst, auch wenn der Auftraggeber diesen Text nur einmalig verwenden will.[84] Es genügt die Absicht der Mehrfachverwendung; in diesem Fall greift die Inhaltskontrolle schon bei der ersten Verwendung.[85] Beabsichtigt der Auftraggeber, nur dieses eine Projekt z.B. schlüsselfertig zu errichten und verwendet er nur einen Ausschreibungstext gegenüber mehreren Bietern, so ist das **keine** beabsichtigte Mehrfachverwendung; es kommt auf die Anzahl der beabsichtigten Verträge an, und das ist hier nur einer.[86] Verwendet bei derselben Fallgestaltung der Generalüber- oder -unternehmer dasselbe Vertragswerk in seinen Vergabeunterlagen gegenüber den Nachunternehmern („Durchstellen der Vertragsbedingungen"), so handelt **er** in Mehrfachverwendungsabsicht, die §§ 305 ff. BGB sind anwendbar.[87] Das insoweit bei dem Generalunternehmer verbleibende Risiko lässt sich vertraglich nicht ändern. Eine Ausschreibung, bei der der Auftraggeber sich vorbehält, in drei oder mehreren Losen zu vergeben, führt schon deshalb zur „Mehrfachverwendungsabsicht", nämlich der, gegebenenfalls drei oder mehrere Verträge zu schließen.[88]

Die Vertragsbedingungen müssen **vorformuliert** sein. „Formulieren" kann man mit jedem Medium (Drucktext, EDV, Tonband), sogar „im Kopf". Deshalb sind selbst in einen gedruckten oder ausgedruckten Text maschinenschriftlich oder handschriftlich (mit Mehrfachverwendungs- 52

cher S. 9 ff.; *Vygen* Jahrbuch BauR 1999, 46 ff., 52; *Englert/Grauvogl/Maurer* Handbuch Baugrund, Rdn. 849; *Kemper,* in: *Franke/Kemper/Zanner/Grünhagen* VOB/B § 2, Rdn. 51.

[81] Näher *Kapellmann/Schiffers* Band 1, Rdn. 701.

[82] Eine AGB-Kontrolle kommt selbstverständlich ebenso in Betracht, wenn der Auftragnehmer die Vertragsbedingungen gestellt hat. Das werden nur marktstarke Spezialunternehmen durchsetzen können, deshalb spielt diese Fallkonstellation in der Praxis keine Rolle.

[83] BGH NJW 1998, 2286; *Palandt/Heinrichs*, BGB, § 305 Rdn. 9.

[84] BGH NZBau 2005, 590 = BauR 2006, 106, ablehnend dazu *Schwenker/Thode* ZfIR 2005, 655; BGH NJW 1991, 843; *Kaiser,* in: *Markus/Kaiser/Kapellmann,* AGB-Handbuch Bauvertragsklauseln, Rdn. 11.

[85] BGH BauR 1997, 123.

[86] BGH BauR 1997, 123.

[87] *Kapellmann* Schlüsselfertiges Bauen, Rdn. 245, 282; *Kraus* NJW 1997, 223.

[88] *Schulz* NZBau 2000, 317.

absicht) eingesetzte Formulierungen dennoch Allgemeine Geschäftsbedingungen.[89] Gerade in der Bauwirtschaft herrscht die Fehlvorstellung, man könne der Anwendung der Regeln des BGB über Allgemeine Geschäftsbedingungen entgehen, indem man z.B. im Verhandlungsprotokoll die intern im QM-Handbuch oder durch ähnliche Geschäftsanweisungen des Auftraggebers wörtlich „vorgeschriebene" Formulierungen nur handschriftlich einsetzt. Es nützt auch nichts, inhaltlich völlig identische Regelungen nur jeweils sprachlich etwas umzuformulieren.[90]

53 **Individuell**, nämlich „im einzelnen ausgehandelte Bedingungen" unterliegen **nicht** der AGB-Kontrolle (§ 305 b BGB). Legt der Verwender vorformulierte Bedingungen vor, so genügt es für „Aushandeln" nicht, über die jeweilige Klausel nur zu sprechen, der Verwender muss vielmehr den „gesetzesfremden Kerngehalt" der einzelnen AGB-Bestimmungen **zur Disposition** stellen, d.h., er muss dem Vertragsgegner die **Wahl** lassen, die Klausel in dieser Form anzunehmen oder nicht; der Vertragsgegner muss also die reale Möglichkeit haben, die jeweilige Bedingung inhaltlich zu ändern.[91] Der Verwender muss allerdings **nur** den „gesetzesfremden Kern" zur Disposition stellen, nicht die vollständige Klausel. Bei einer formularmäßigen Vertragsstrafenregelung gehört zum Beispiel die Anknüpfung an die pure Fristenüberschreitung unter Ausschluss der Verzugsabhängigkeit der Vertragsstrafe zu diesem „gesetzesfremden Kern".[92]

54 Der Auftragnehmer muss **beweisen**, dass die verwandten Bedingungen „vorformuliert" sind und dass der Verwender die Absicht hatte, sie mehrfach zu verwenden.[93] Dem Vertragsgegner kommt dazu ein prima facie „Beweis" zugute, wenn dem äußeren Erscheinungsbild nach „Formularbedingungen" verwandt worden sind.[94] Behauptet der Verwender, die Bedingungen seien im einzelnen ausgehandelt worden (siehe oben Rdn. 53), so trifft ihn die Beweislast.[95] Gerade an das „zur Disposition Stellen" sind sehr strenge Beweisanforderungen zu stellen, was Quack zu der (zutreffenden) Schlussfolgerung veranlasst, die von der Rechtsprechung des Bundesgerichtshofes formulierten Anforderungen an eine individuelle Vereinbarung seien so gut wie nie zu erfüllen, jedenfalls seien sie gegenüber einem bestreitenden Gegner nie zu beweisen, der Beweisversuch sei prozessual aussichtslos.[96]

55 **b) Kontrollfreiheit der Preisvereinbarung. Preisvereinbarungen** unterliegen **nicht** der AGB-Kontrolle, weil durch sie keine von Rechtsnormen abweichende oder sie ergänzende Regelungen vereinbart werden (§ 307 Abs. 3 Satz 1 BGB). Preisvereinbarungen in diesem Sinn müssen die Vergütung **unmittelbar** betreffen.[97] Von der Rechtsprechung so genannte „Preisnebenabreden" unterliegen dagegen der **Inhaltskontrolle** der §§ 307 ff. BGB, nämlich solche Vereinbarungen, die „mittelbare Auswirkung auf Preis und Leistung haben, an deren Stelle dispositives Gesetzesrecht tritt, wenn eine wirksame vertragliche Regelung fehlt".[98] Zu den Preisnebenabreden gehören auch Klauseln, die eine gegen den Inhalt des Vertrages verstoßende Zahlungsverpflichtung begründen, etwa die Verpflichtung zur Zahlung von Erschließungskosten neben einem „Festpreis" (gemeint: Pauschalpreis).[99] Beim Bauträgervertrag trägt ohne besondere

---

[89] BGH BauR 1999, 1290; BGHZ 115, 391, 394; *Palandt/Heinrichs*, BGB, § 305 Rdn. 8.

[90] OLG Dresden BB 1999, 228.

[91] BGHZ 104, 236; BGH NJW 1996, 787; *Wolf/Horn/Lindacher* AGBG § 1, Rdn. 36; *Kaiser*; in: *Markus/Kaiser/Kapellmann*, Rdn. 17.

[92] BGH NJW 1998, 3488 = BauR 1998, 1094.

[93] BGHZ 118, 238 = BauR 1992, 622.

[94] BGHZ 118, 238 = BauR 1992, 622; *Kniffka* ZfBR 1992, 195.

[95] BGH NJW 1998, 2600 u. ständig.

[96] *Quack* Höchstrichterliche Rechtsprechung (1996), Rdn. 72 unter Hinweis auf BGH BauR 1992, 794.

[97] BGH BauR 1999, 1290 = NJW 1999, 864.

[98] BGH BauR 1999, 1290 = NJW 1999, 864; BGHZ 116, 117, 118; ständige Rechtsprechung; Zusammenstellung bei *Kaiser*, in: *Markus/Kaiser/Kapellmann*, AGB Handbuch Bauvertragsklauseln, Rdn. 31.

[99] *Palandt/Heinrichs* AGBG§ 307 Rdn. 87. Die dort als Beleg zitierte Entscheidung BGH NJW 1984, 171, trifft den Fall nicht: Der Bundesgerichtshof hatte dort entschieden, dass ein Bauträger sich vertraglich verpflichtet hatte, „sämtliche Erschließungskosten" zu übernehmen; wegen dieser Klausel muss er auch 10 Jahre nach Vertragsschluss anfallende Erschließungskosten übernehmen, auch wenn deren voraussichtliche Höhe nur mit 40,00 €/m² angegeben war, tatsächlich aber 100 €/m² betrug (dazu *Kapellmann/Schiffers* Band 2, Rdn. 589).

vertragliche Vereinbarung die für die bis zum Vertragsschluss begonnenen Maßnahmen entstehenden Kosten (Erschließungsbeiträge und sonstige Anliegerbeiträge) der Veräußerer.[100] Weicht der Veräußerer im Vertrag davon ab, ist das kontrollfähige Preisnebenabrede.[101]

Die Abgrenzung ist im Einzelfall schwierig. **Kontrollfreier Preisbestandteil** sind z.B. die Festsetzung von Entgelten für die Anfahrt,[102] die Festsetzung von Pauschalen für Verbrauch von Bauwasser und Baustrom[103] oder Umlagen für eine Bauwesenversicherung.[104]

Kontrollfähige Preisnebenabreden sind z.B. Klauseln über die Umlage von Schuttbeseitigungskosten,[105] Klauseln über Rabatte[106] oder Nachlässe[107] sowie die Selbstbeteiligungsklausel (0,5 %) bei der Centklausel.[108]

c) Kontrollfreiheit der Leistungsbeschreibung. Auch die **Leistungsbeschreibung** (zum Begriff: Rdn. 23, 65), die ja das Bausoll erstrangig bestimmt, unterliegt nicht der AGB-Kontrolle, weil auch durch sie keine von Rechtsnormen abweichende oder sie ergänzende Regelungen vereinbart werden (§ 307 Abs. 3 BGB). Ausgeschlossen ist ebenso wie bei Preisvereinbarungen (oben Rdn. 55) nur die Anwendung der eigentlichen Inhaltskontrollvorschriften der §§ 308, 309 BGB. Anwendbar bleiben dagegen das Verbot der überraschenden Klausel (§ 305 c BGB), das Verbot, den Vorrang der Individualabrede auszuschließen (§ 305 b BGB) und das Transparenzgebot (§ 307 Abs. 1 Satz 2 BGB), wonach Zweifel bei der Auslegung Allgemeiner Geschäftsbedingungen zu Lasten des Verwenders gehen; letzteres hat gerade auch für die Auslegung mehrfach verwandter Leistungsbeschreibungen eine erhebliche Bedeutung.[109] 56

Der Inhaltskontrolle entzogen ist (nur) der „enge Bereich der Leistungs**bezeichnungen**, ohne deren Vorliegen ein wirksamer Vertrag nicht mehr angenommen werden kann", also die Bezeichnung, die zur notwendigen **„Identifizierung"** des Leistungsgegenstandes erforderlich ist. Dagegen unterliegen Formulierungen, die diese Leistungsidentifizierung (in der Sprache des BGH: das Hauptleistungsversprechen) „einschränken, verändern, ausgestalten oder modifizieren", der Inhaltskontrolle.[110] Als Abgrenzung dient dem BGH die Prüfung, ob auch ohne „Einschränkung, Veränderung, Ausgestaltung oder Modifizierung" ein wesentlicher Vertragsinhalt bestimmbar bleibt, so dass ein wirksamer Vertrag auch ohne die Ergänzung geschlossen werden kann;[111] die Klausel darf nicht erst durch diese Modifikation hinreichende Bestimmbarkeit erlangen. Das macht deutlich, dass zuerst die Klausel dahin geprüft und gegebenenfalls ausgelegt werden muss, welche „Hauptleistung" vereinbart ist.

Im Einzelfall ist auch hier die Abgrenzung schwierig. Wesentlich ist, dass die Einordnung als kontrollfähige „Einschränkung oder Modifikation" nicht davon abhängt, wo die Klausel platziert ist. Dass eine Klausel in Vorbemerkungen zu einem Leistungsverzeichnis grundsätzlich 57

---

[100] § 436 BGB.

[101] *Kapellmann/Schiffers* Band 2, Rdn. 588 f.

[102] BGHZ 116, 117, 119.

[103] BGH BauR 1999, 1290; der Auftraggeber kann aber das Entgelt nur fordern, wenn der Auftragnehmer bauseitiges Wasser oder bauseitigen Strom tatsächlich verbraucht hat; siehe auch oben Rdn. 9.

[104] BGH NZBau 2000, 466 = BauR 2000, 1756, auch hier vorausgesetzt, dass der Auftraggeber eine Bauwesenversicherung tatsächlich abgeschlossen hat, dazu oben Rdn. 10.

[105] BGH NZBau 2000, 466, oben Rdn. 11 m.w.N.

[106] Beispiele Rdn. 12, weiter OLG Koblenz Betrieb 1988, 692; *Palandt/Heinrichs* § 307 Rdn. 60

[107] *Kapellmann/Schiffers* Band 1, Rdn. 1047; *Wolf/Horn/Lindacher* AGBG § 8, Rdn. 17; oben Rdn. 13.

[108] Beurteilung als kontrollfreier Preisbestandteil oder der Inhaltskontrolle unterliegende Preisnebenabrede offengelassen von BGH NZBau 2002, 89; wenn es sich um eine Preisnebenabrede handele, sei sie kontrollfrei. Näher zu dieser Selbstbeteiligungsklausel VOB/A § 15, Rdn. 11.

[109] Generell zum Transparenzgebot im Rahmen der Auslegung Rdn. 59, 123.

[110] So wörtlich jeweils BGH NJW 1993, 2369 (zu privaten Krankenversicherungsbedingungen), BGH NJW-RR 1993, 1049 (zu Hausratsversicherungsbedingungen); BGHZ 100, 157, 173. Siehe auch BGH BauR 1997, 123, 125: Keine Inhaltskontrolle von aufgeschlüsselten Baunebenkosten für **konkret** bezeichnete Untersuchungs-, Planungs- und Genehmigungsaufgaben beim Schlüsselfertigbau. Weiter dazu *Ulmer/Brandner/Hensen* AGBG § 8, Rdn. 9, 27.

[111] BGH NJW-RR 1993, 1049.

kontrollfähig ist, versteht sich von selbst, weil schon durch die Verallgemeinerung klar ist, dass es sich eben um „Ergänzungen oder Modifizierungen" des Hauptleistungsversprechens handelt. Dagegen ist es unrichtig, dass bei Platzierung derselben Klausel (z.B. zur AGB-unzulässigen Übertragung des Baugrundrisikos auf den Auftragnehmer – dazu Rdn. 61 am Ende) im Text einer Leistungsposition keine Kontrollmöglichkeit mehr bestehe, da es sich dabei um eine kontrollfreie Leistungsbeschreibung handele.[112] Die in einem Leistungsverzeichnis technisch näher beschriebene Leistung „Gründung" wird durch die Zufügung einer Baugrund-Risikoklausel zweifelsfrei „ausgestaltet" (vgl. oben Rdn. 56); sie unterliegt deshalb der Inhaltskontrolle. Das Verstecken solcher Klauseln in Texten, z.B. einer Positionsbeschreibung eines Leistungsverzeichnisses, schützt davor also nicht. Allerdings hängt die Entscheidung vom Vertragstyp ab: In Global-Pauschalverträgen wie dem Schlüsselfertigbau ist z.B. eine Komplettheitsklausel, die ja die Leistungsbeschreibung betrifft, anders zu bewerten als z.B. bei Einheitspreisverträgen (näher Rdn. 267).

58 So weit als Beispiel einer kontrollfreien Leistungsbeschreibung die Normen der **VOB/C** aufgeführt werden,[113] ist das in dieser Allgemeinheit unzutreffend: Die Abschnitte 1–3 der jeweiligen VOB/C Norm treffen zwar den Leistungsgegenstand näher identifizierende Regelungen, die Vorschriften des Abschnitts 4 über „Nebenleistungen, Besondere Leistungen" sind dagegen geradezu typische Modifikationen des Hauptleistungsversprechens und damit der Inhaltskontrolle unterworfen,[114] wobei allerdings die praktische Bedeutung dieser Kontrolle nicht hoch ist, weil diese Normen einen Verwender kaum „entgegen den Geboten von Treu und Glauben unangemessen benachteiligen" (§ 307 BGB). Ebenso unterliegt Abschnitt 5 „Abrechnung" der jeweiligen VOB/C Norm der Inhaltskontrolle, wobei hier allerdings eher eine – ja ohnehin nicht eingeschränkte – Kontrolle nach § 307 Abs. 1 Satz 2 BGB wegen Verstoßes gegen das Transparanzgebot im Einzelfall in Betracht kommt.[115]

59 **d) Unklarheitenregel.** Verbleiben bei der Beurteilung von Bausollregelungen in **Allgemeinen Geschäftsbedingungen** unaufklärbare Unklarheiten,[116] gehen solche Unklarheiten gem. § 307 Abs. 1 Satz 2 BGB n.F. zu Lasten des Auftraggebers. Die auftragnehmerfreundliche Auslegungsvariante bildet also das Bausoll. Bleibt z.B. unklar, ob nach den vertraglich vereinbarten vorrangigen technischen Vorschriften des Auftraggebers, die Allgemeine Geschäftsbedingungen sind, in DIN-Normen aufgeführte „Besondere Leistungen" zum Bausoll gehören oder nicht, so werden sie gemäß der Unklarheitenregel als „Besondere Leistung" behandelt und sind gesondert zu vergüten.[117]

60 **e) Günstigkeitsklausel in AGB.** Vertragsbedingungen des Auftraggebers enthalten oft die Klausel, im Falle von Widersprüchen oder Unklarheiten hinsichtlich der Vertragsbedingungen gelte die jeweils für den Auftraggeber günstigste Klausel. Ist diese Regelung in Allgemeinen Geschäftsbedingungen des Auftraggebers enthalten (und bezieht sich diese Klausel nicht ausschließlich auf den „identifizierenden Teil" der Leistungsbeschreibung, vgl. oben Rdn. 56), so verstößt eine solche Klausel gegen § 307 BGB und ist ihrerseits unwirksam.[118]

---

[112] So *Glatzel/Hofmann/Frikell* Unwirksame Bauvertragsklauseln, S. 78, richtig aber S. 132 Klausel „Schlitze im Mauerwerk". Siehe auch *Kapellmann/Schiffers* Band 1, Rdn. 230.

[113] *Palandt/Heinrichs* § 307 Rdn. 57, „außer, wenn sie Abrechnungsvorschriften enthalten". Dabei wird der jeweilige Abschnitt 4 übersehen.

[114] BGH „DIN 18.332" NZBau 2004, 500 = BauR 2004, 1438; Einzelheiten *Kapellmann/Schiffers* Band 1, Rdn. 133; *Vygen* Bauvertragsrecht, Rdn. 136. *Heiermann/Riedl/Rusam* VOB/A § 10, Rdn. 54 beschränken den Anwendungsbereich des AGB-Rechts bei der VOB/C unzutreffend nur auf den jeweiligen Abschnitt 5. Zu „Nebenleistungen/Besondere Leistungen" näher Rdn. 86.

[115] Beispiel: OLG Köln BauR 1982, 170; näher *Kapellmann/Schiffers* Band 1, Rdn. 146 und *Vygen* Bauvertragsrecht, Rdn. 136.

[116] Bleiben bei **individuellen** Vereinbarungen unaufklärbare Unklarheiten, führt auch das in der Regel zur Auslegung zu Lasten des Auftraggebers, in seltensten Fällen zum Dissens, näher Rdn. 123.

[117] OLG Düsseldorf, IBR 1999, 107; weiteres Beispiel OLG Köln BauR 1982, 170. Vgl. auch VOB/B § 1, Rdn. 38–40.

[118] BGH „ECE-Bedingungen" BauR 1997, 1036, 1037, Klausel I, Nr. 9; siehe auch Rdn. 102, 129.

f) Unwirksamkeit einzelner Klauseln. Sofern die vorgenannten Anwendungsvoraussetzungen eingreifen, unterliegen die einzelnen Klauseln zur Bausollbestimmung der Inhaltskontrolle nach §§ 307–309 BGB. **Beispiele** für unwirksame Klauseln zur **Bausoll**bestimmung (beim Einheitspreisvertrag):[119] 61

- „Die Herstellung und das Schließen von Durchbrüchen und Schlitzen nach Angabe des Bauleiters ist einzukalkulieren." Unwirksam gemäß § 307 BGB, weil die Klausel dem Auftragnehmer für eine nicht zu bestimmende Leistung ein unkalkulierbares Kostenrisiko aufbürdet.[120]
- Aus demselben Grund unwirksam: „Mauerwerk 1 m^3 ... Die notwendigen Schlitze sind in die angebotenen Einheitspreisen mit einzurechnen."[121]
- Dagegen wirksam die Klausel: „Einzukalkulieren sind Aussparungen und Schlitze, die aus den zum Zeitpunkt der Angebotsabgabe dem Auftragnehmer vorliegenden Plänen erkennbar und kalkulierbar sind."[122]
- Laut LG München zulässig eine Klausel, die durch bestimmte Zuschläge beim Aufmaß in Abweichung von DIN-Bestimmungen indirekt eine Vergütung für bei der Angebotsabgabe noch nicht bekannte Aussparungen enthält.[123] Dieses Ergebnis ist sehr zweifelhaft.
- „Der Auftragnehmer hat die Gerüste auf seine Kosten zu erstellen und so lange vorzuhalten, dass sie durch andere Unternehmer mitbenutzt werden können." Diese wie zahlreiche ähnliche Gerüstklauseln führen im Ergebnis dazu, dass der Auftragnehmer für unbestimmte Zeit – über die Abnahme seiner Leistungen hinaus – verpflichtet ist, Gerüste kostenlos vorzuhalten; das verstößt gegen § 307 BGB.[124]
- „In die Einheitspreise ist mit einzukalkulieren: Beseitigung aller Mängel des Putzuntergrundes." Die Klausel ist unwirksam, weil sie eine unbeschränkte Freizeichnung des Auftraggebers enthält.[125]
- Vielen der vorgenannten oder ähnlichen Klauseln ist gemeinsam, dass sie vergütungspflichtige „Besondere Leistungen" zu nicht vergütungspflichtigen „Nebenleistungen" (in der Terminologie der VOB/C) machen wollen.[126]
- **„Komplettheitsklauseln"** und **„Schlüsselfertigkeitsklauseln"** bedürfen einer differenzierten Betrachtung, dazu im Einzelnen Rdn. 244 und Rdn. 263.
- „Der Auftragnehmer ist verpflichtet, aufgrund von Prüfungen gemachte Auflagen zu beachten und zu erfüllen. Hieraus resultierende (Terminverschiebungen oder) Mehrkosten gehen zu seinen Lasten." Unwirksam auch bei Pauschalverträgen jeder Art, damit wird dem Auftragnehmer ein unbestimmbares Risiko auferlegt, selbst in Fällen, in denen der Auftraggeber Versäumnisse verschuldet hat.[127]
- „Auf Wünsche des Auftraggebers oder der zuständigen Behörde zurückzuführende Änderungen der statischen Berechnungen sind vom Auftragnehmer ohne Anspruch auf eine zusätzliche Vergütung zu fertigen und dem Auftraggeber zur weiteren Veranlassung zu übergeben." Hier gilt dasselbe wie bei der vorherigen Klausel.[128]

---

[119] Zusammenstellungen solcher Klauseln bei *Markus,* in: *Markus/Kaiser/Kapellmann* AGB-Handbuch Bauvertragsklauseln, Rdn. 206–255.

[120] OLG München BauR 1987, 554, 556 (Revision vom BGH nicht angenommen); *Kapellmann/Schiffers* Band 1, Rdn. 134; *Markus*, in: *Markus/Kaiser/Kapellmann*, Rdn. 245, jeweils mit Nachweisen.

[121] Zutreffend *Glatzel/Hofmann/Frikell* S. 132.

[122] LG München vom 19.5.1993, 21 O 12454/92, zitiert nach *Glatzel/Hofmann/Frikell* S. 132; *Kapellmann/Schiffers* Band 1, Rdn. 134, 164.

[123] LG München, BauR 1991, 225.

[124] OLG München, BauR 1987, 554; OLG München 1986, 579; *Kapellmann/Schiffers* Band 1, Rdn. 134; *Glatzel/Hofmann/Frikell* S. 126; VOB/B § 1, Rdn. 40.

[125] LG München vom 9.12.1993, 7 O 9529/93, zitiert nach *Glatzel/Hofmann/Frikell* S. 130.

[126] Zu dieser Fallgestaltung generell Rdn. 86.

[127] BGH „ECE-Bedingungen", BauR 1997, 1036, Klausel I, Nr. 5.

[128] BGH „ECE-Bedingungen", BauR 1997, 1036, Klausel I, Nr. 16.

– „Noch fehlende behördliche Genehmigungen sind durch den Auftragnehmer so rechtzeitig einzuholen, dass zu keiner Zeit eine Behinderung des Terminablaufes entsteht." Hier gilt dasselbe wie zu den beiden vorherigen Klauseln.[129]
– Eine Überwälzung des **Baugrundrisikos** auf den Auftragnehmer verstößt wegen der gravierenden Risikoabweichung zu § 645 BGB analog gegen § 307 BGB n.F. und ist in jeder Form und bei jedem Vertragstyp unwirksam, auch z.B. durch Vorkenntnisklauseln.[130]
– Zu weiteren Klauseln hinsichtlich der Bestimmung des Bausolls siehe Rdn. 129, zu „Bestätigungsklauseln" beim Global-Pauschalvertrag hinsichtlich der Richtigkeit auftraggeberseitiger Unterlagen Rdn. 263.

62 **g) Rechtsfolgen.** Wenn eine Klausel wegen Verstoßes gegen AGB-rechtliche Bestimmungen unwirksam ist, kann sie kein Bausoll begründen. Wird die entsprechende Leistung dennoch ausgeführt, so führt das zur Bausoll-Bauist-Abweichung; die Vergütungspflicht beurteilt sich nach § 2 Nr. 5, 6, 8 VOB/B.

6. Voraussetzung: Wirksame Vertragsregelung (Kartellrecht)

63 Einzelne Auftraggeber, insbesondere öffentliche Auftraggeber, sind oft marktbeherrschend bzw. marktstark im Sinne von § 19 GWB. Verwendet ein solcher Auftraggeber eine Klausel, die im Einzelfall als Verstoß gegen das kartellrechtliche Missbrauchsverbot zu betrachten ist, so kann das zum Eingreifen der Kartellbehörde führen, aber auch zu Schadensersatzansprüchen des Bieters/Auftragnehmers auf der Basis von § 823 Abs. 2 BGB in Verbindung mit § 19 GWB. Im Ergebnis hat das dieselbe Wirkung, wie wenn die entsprechende Klausel unwirksam wäre.[131]

7. Die Bestimmung des Bausolls durch die einzelnen Vertragsbestandteile

64 **a) „Totalitätsprinzip".** Das Bausoll wird durch die **Gesamtheit** aller zum Vertragsinhalt gewordenen Unterlagen bestimmt. Es gibt also keine Wertigkeit einzelner Regelungen gegenüber der anderen, solange sich die einzelnen Vertragsbestandteile nicht widersprechen. Ebenso ist es auch gleichgültig, wie der Vertragsinhalt verkörpert ist, sei es verbal, sei es in Plänen, im Modell oder wie auch immer. Erst wenn sich einzelne Bestandteile widersprechen, bedarf es der Bestimmung der Reichweite des einzelnen Vertragsbestandteils und der Klärung, ob ein Vertragsbestandteil dem anderen gegenüber vorrangig ist. Das ist entweder im Vertrag selbst geregelt oder bedarf der Auslegung, näher Rdn. 90 ff.

b) Leistungsbeschreibung

65 **aa) Inhalt.** § 9 VOB/A, aus dem die Begriffe stammen, enthält unter der Überschrift „Beschreibung der Leistung" eine viergeteilte Vorschrift darüber, wie im Anwendungsbereich der VOB/A Leistungen beschrieben werden müssen. Es handelt sich um „Leistungsbeschreibungen im engeren Sinne" (siehe Rdn. 66). § 9 Nr. 1–4 VOB/A enthält dabei Regelungen für jede Art von Vertrag, Nr. 5–10 Technische Spezifikationen, Nr. 11–14 enthält Regelungen für die **Leistungsbeschreibung** mit **Leistungsverzeichnis** (also **Einheitspreisvertrag** oder Detail-Pauschalvertrag), Nr. 15–17 enthält Regelungen für die **Leistungsbeschreibung** mit **Leistungsprogramm** (ein Typ des **Global-Pauschalvertrages**). Bei der Prüfung des Regelungsgehalts der Leistungsbeschreibung bedarf es immer der vorangehenden Prüfung, welche der beiden Arten von Leistungsbeschreibungen untersucht wird, die Leistungsbeschreibung mit Leistungsverzeichnis (Prototyp Einheitspreisvertrag) oder die Leistungsbeschreibung mit Leistungsprogramm (funktionale Ausschreibung, Prototyp Global-Pauschalvertrag). Eine Dis-

---

[129] BGH „ECE-Bedingungen", BauR 1997, 1036, Klausel IV.

[130] Für Vorkenntnisklauseln: BGH NZBau 2004, 324; BGH „ECE Bedingungen" BauR 1997, 1036; *Englert/Grauvogl/Maurer* Handbuch Baugrund, Rdn. 950 ff.

[131] Zur grundsätzlichen Anwendbarkeit des Kartellrechts BGH „Kammerschleuse", BauR 1997, 126; Einzelheiten zum Problem und zu dem vom Bundesgerichtshof entschiedenen Fall *Kapellmann/Schiffers* Band 2, Rdn. 625.

kussion beispielsweise der Rangreihenfolge zwischen Text und Plänen entfällt bei einer reinen funktionalen Ausschreibung deshalb, weil diese dem Bieter/Auftragnehmer gerade die Aufgabe stellt, selbst Pläne zu entwickeln. Die Vorschriften für die Leistungsbeschreibung in § 9 VOB/A haben infolge der Prägewirkung der VOB für bauvertragliche Vergütungstypen großenteils allgemeinen Charakter, d.h., die Regelungen jedenfalls in Nr. 11–14 und Nr. 15–17 sind sachlogische Regelungen, die als Auslegungshilfe auch gegenüber einem privaten Auftraggeber gelten.[132] Die Leistungsbeschreibung beim Prototyp **Einheitspreisvertrag** bezeichnet die VOB/A zutreffend als „Leistungsbeschreibung mit Leistungsverzeichnis". Danach wird die Leistung in der Regel durch eine allgemeine Darstellung der Bauaufgabe (Baubeschreibung) und ein in Teilleistungen gegliedertes Leistungsverzeichnis beschrieben (§ 9 Nr. 11 VOB/A). **Erforderlichenfalls** ist die Leistung auch zeichnerisch oder durch Probestücke darzustellen oder anders zu erklären, z.B. durch Hinweise auf ähnliche Leistungen, durch Mengen- oder statische Berechnungen. Zeichnungen und Probestücke, die für die Ausführung **maßgebend** sein sollen, sind **eindeutig** zu bezeichnen (§ 9 Nr. 12 VOB/A), dazu näher Rdn. 120, 122.

Die Leistungsbeschreibung beim Prototyp „Einheitspreisvertrag" besteht daher in der Regel aus einer Baubeschreibung, einem Leistungsverzeichnis (LV) und Zeichnungen. Das Leistungsverzeichnis (LV) enthält eine Aufgliederung des Bauprojekts nicht nach funktionalen Einheiten, sondern nach produktionstechnisch gegliederten Teilarbeiten, **„Positionen"** (vgl. Rdn. 136). Demzufolge übermittelt ein Leistungsverzeichnis allein kein Bild darüber, welches Bauwerk gebaut wird. Das Leistungsverzeichnis ist vielmehr eine „Preisliste" für technische Einzelvorgänge. Zur Erläuterung unterschiedlicher Arten von Positionen im Leistungsverzeichnis siehe § 5 VOB/A Rdn. 13 ff.

Bei einer Ausschreibung nach **Leistungsprogramm** (**funktionale** Ausschreibung) definiert der Auftraggeber nur die Bauaufgabe und die an sie gestellten technischen, wirtschaftlichen, gestalterischen und funktionsbedingten Anforderungen (vgl. § 9 Nr. 16 VOB/A), überlässt es aber im unterschiedlichen Maße – je nach Ausschreibung –, dem Bieter/Auftragnehmer, aus diesen Vorgaben planerisch das Objekt zu entwickeln und das so entwickelte Objekt zu bauen. Das Vergabehandbuch des Bundes enthält (noch) unter Nr. 7 a.F. zu § 9 VOB/A Hinweise, welche Anforderungen an eine solche funktionale Ausschreibung vernünftigerweise zu stellen sind (abgedruckt zu § 9 VOB/A, Rdn. 90). Solche „reinen" funktionalen Leistungsbeschreibungen sind selten; viel häufiger sind teilfunktionale Leistungsbeschreibungen. Paradebeispiel ist der Schlüsselfertigbau (näher Rdn. 250).

Wenn eine **Leistungsbeschreibung** aus mehreren Teilen besteht (z.B. Baubeschreibung, Leis- 66
tungsverzeichnis, Pläne), stellt sich das Problem der **Widersprüchlichkeit** einzelner Bestandteile – dies auch bei einer funktionalen Leistungsbeschreibung, auch dort wird der Auftraggeber nicht ganz auf Pläne oder in unterschiedlicher Form geregelte Einzelvorgaben verzichten.

Die VOB behandelt diese **Bestandteile der Leistungsbeschreibung** (scheinbar) als **gleichrangig**, regelt also keine Geltungsreihenfolge einzelner Bestandteile. Für die Auflösung von Widersprüchen gibt es deshalb keine Lösung über eine einfache Geltungsreihenfolge laut VOB. Dennoch muss der Widerspruch beispielsweise zwischen Text und Plänen oder zwischen Baubeschreibung und Leistungsverzeichnis oder zwischen Raumbuch und Baubeschreibung gelöst werden. Das ist ein Problem der Auslegung, dazu Rdn. 120, 122.

Zur „Leistungsbeschreibung im weiteren Sinn" gehören zusätzlich alle sonstigen bausolldefinitorischen Elemente, z.B. also auch Zusätzliche Technische Vertragsbedingungen.

bb) Verhandlungsprotokoll, Nachverhandlungsverbot. Über das Angebot eines Bieters 67
wird sehr oft eine Auftragsverhandlung geführt, die dann in einem Verhandlungsprotokoll dokumentiert wird. Häufig gibt es auch mehrere Auftragsverhandlungen mit jeweils einem Protokoll. Wird in dem eigentlichen Vertragstext das Verhandlungsprotokoll als Vertragsbestandteil zitiert, steht fest, dass es als Teil der Vertragsunterlagen das Bausoll mitbestimmt. Zitiert der Vertrag das Verhandlungsprotokoll nicht, so ist es Auslegungsfrage, ob das Protokoll einen zwischenzeitlich

[132] *Kapellmann/Schiffers* Band 1, Rdn. 206, 192–205; Einzelheiten Rdn. 122.

überholten Verhandlungsstand dokumentiert, also bedeutungslos ist, oder ob es trotz Nichterwähnung doch ergänzender Vertragsbestandteil sein soll. Wenn für die letztere Annahme nicht eindeutige Anhaltspunkte sprechen, ist ein nicht ausdrücklich zum Vertragsbestandteil gemachtes Verhandlungsprotokoll unbeachtlich; in der Vertragspraxis kommt es auch so gut wie nie vor, dass Protokolle, die für den Vertragsinhalt maßgeblich sein sollen, nicht im Vertrag als Vertragsbestandteil zitiert (und in der Regel als Anlage beigefügt) werden. Gibt es mehrere Protokolle mit widersprüchlichem Inhalt als Vertragsbestandteil, so spricht eine Vermutung dafür, dass das jüngere Protokoll die maßgebende Vereinbarung der Parteien enthält, also vorrangig ist.

68 Auch bei Verträgen mit **öffentlichen Auftraggebern** findet sich häufiger ein „Verhandlungsprotokoll" (vgl. § 24 Nr. 1 Abs. 2 VOB/A). Bei Vergaben im Rahmen der Abschnitte 1–3 VOB/A darf der Auftraggeber nach Öffnung der Angebote nur so genannte technische Aufklärungsgespräche führen, um sich z.B. über die „geplante Art der Ausführung" zu informieren, ansonsten gilt ein Verhandlungsverbot, der Auftraggeber darf insbesondere nicht über den Preis (oder die Änderung des Angebots) verhandeln (§ 24 Nr. 3, Nr. 1 VOB/A). Enthält das Protokoll dennoch eine unzulässige nachträgliche Regelung hinsichtlich des Preises, beispielsweise einen nachträglichen Preisnachlass, stellt sich die Frage, ob der Vertrag ganz oder jedenfalls in Bezug auf diese Abrede wegen Verstoßes gegen ein gesetzliches Verbot (§ 134 BGB) nichtig ist. Die Vergabebestimmungen enthalten jedenfalls seit In-Kraft-Treten der §§ 97 ff. GWB zweifellos ein **gesetzliches** Verbot, denn für den öffentlichen Auftraggeber hat die **VOB/A** über die Verweisung in § 97 Nr. 6, Nr. 7 GWB in Verbindung mit der VergabeVO Gesetzesrang. Das muss aber nicht zeitgleich auch zur zivilrechtlichen Nichtigkeit des Vertrages oder der einzelnen Vereinbarung führen: § 134 BGB gilt im Regelfall dann nicht, wenn sich das gesetzliche Verbot nur an eine der Parteien wendet; auch hier kann sich aber die Nichtigkeit aus dem Zweck des Verbots ergeben.[133] Das Verhandlungsverbot wendet sich sicher an den öffentlichen Auftraggeber, aber wenn der Bieter mitwirkt, so liegt die Beurteilung als kollusives Verhalten nahe.[134] Da die Wettbewerbsgleichheit und Vergabegerechtigkeit im Mittelpunkt der einschlägigen EU-Richtlinien und der daraus entwickelten §§ 97 ff. GWB steht, das Gesetz also **nicht nur „intern"** den öffentlichen Auftraggeber zu bestimmter Amtsführung veranlassen will, ist die **Nichtigkeit** bei dem Verstoß gegen das Nachverhandlungsverbot abweichend von einem Verstoß gegen § 9 VOB/A (Rdn. 115) hier nach § 134 BGB zu bejahen.[135] Eine strenge Auslegung ist unbedingt geboten, um die Gefahr von Manipulation zu verringern und den Auftraggeber für eventuelle Manipulationen nicht mit der Wirksamkeit der manipulierten Regelung zu belohnen. Mit Rücksicht auf den Zweck der Verbotsnorm ist die Nichtigkeit auf den „verbotenen Teil" des Rechtsgeschäfts zu beschränken[136] mit der Folge, dass der Vertrag auf der insoweit unveränderten Angebotsgrundlage gilt.

69 Gerade bei Verhandlungsprotokollen verwendet der Auftraggeber oft vorformulierte Texte, was zur Anwendbarkeit der §§ 305 ff. BGB führt. Vorformuliert können auch in der Absicht der Mehrfachverwendung verwandte handschriftliche Formulierungen sein.[137]

70 **cc) Verweis auf nur einsehbare Unterlagen.** Häufig findet sich in Ausschreibungen der Hinweis auf nicht beigefügte, aber (beim Auftraggeber oder seinen Erfüllungsgehilfen) einsehbare Unterlagen, insbesondere Pläne. Manchmal folgt auch der Passus, dass die nur einsehbaren Pläne nicht Vertragsinhalt werden. Die Beurteilung, ob diese nur einsehbaren Unterlagen das Bausoll bilden, muss differenzieren. Enthalten die Ausschreibungsunterlagen den Hinweis, dass die nur einsehbaren Unterlagen nicht Vertragsbestandteil werden, so ist das wörtlich zu nehmen: Diese

---

[133] BGHZ 46, 26; BGHZ 65, 370; BGH NJW 1981, 1205.

[134] Näher *Köhler/Steindorff* NJW 1995, 1705, 1709.

[135] Wie hier 2. Vergabekammer beim Wirtschaftsministerium Mecklenburg-Vorpommern, 2VK15/01, Beschluss vom 27.11.2001. Näher zu verbotenen Preisverhandlungen VOB/A § 24, Rdn. 22 Zum wenigstens annähernd vergleichbaren Fall des Zuschlages entgegen dem Verbot des § 115 GWB vgl. § 13 Vergabe-VO; anderer Ansicht *Vill* BauR 1999, 971, 973; *Palandt/Heinrichs* BGB § 134, Rdn. 24.

[136] Münchener Kommentar/*Mayer-Maly/Armbrüster* BGB § 134, Rdn. 107; *Staudinger/Sack* BGB § 134, Rdn. 88.

[137] Siehe oben Rdn. 52.

Unterlagen entfalten dann **keine** vertragsrelevante Bedeutung, sie sind unverbindliche Information. Das folgt schon daraus, dass man dem Auftraggeber nicht die Wahl lassen kann, auf die einsehbaren Pläne zurückzugreifen, wenn sie ihm nutzen und ihre Verbindlichkeit zu leugnen, wenn sie ihm schaden.[138]

Enthalten die Ausschreibungsunterlagen den Hinweis, dass nur einsehbare Pläne nicht Vertragsinhalt werden, nicht, so sind die einsehbaren Pläne jedenfalls dann nicht maßgeblich für das Bausoll, wenn es in der Baubeschreibung oder im LV-Text Pläne bzw. den Hinweis auf solche Pläne gibt, die, wie es § 9 Nr. 11 Satz 2 VOB/A verlangt, eindeutig als für die Ausführung maßgeblich gekennzeichnet sind. Enthalten solche Pläne einen Widerspruch zu den nur einsehbaren, allgemeineren Plänen, so gehen die speziellen Pläne vor.[139] 71

Gibt es in den Ausschreibungsunterlagen keine speziellen Pläne, so beurteilt sich die Bedeutung nur einsehbarer Pläne nach den Umständen des Einzelfalls. Es ist Aufgabe des Auftraggebers, sich klar und eindeutig in der Ausschreibung auszudrücken.[140] Pläne sind jedenfalls für den öffentlichen Auftraggeber aus der zwingenden, aber auch aus sachlogischen Gründen für den privaten Auftraggeber maßgebenden Bestimmung des § 9 Nr. 12 VOB/A (nur) Ergänzungsmittel. **Nur** „erforderlichenfalls" ist die Leistung nämlich auch durch Zeichnungen darzustellen; dann sind aber diese Zeichnungen, die für die Ausführung maßgebend sein sollen, **eindeutig** zu bezeichnen. Deshalb kommt es weniger auf die bloße Beifügung oder Nichtbeifügung der Pläne an, entscheidend ist, ob aus den Ausschreibungsunterlagen, hier natürlich in allererster Linie dem Text, eindeutige Hinweise auf die Maßgeblichkeit bestimmter Zeichnungen für das Bausoll zu entnehmen sind oder nicht. Ist der Hinweis unmissverständlich, so kann er auch auf einzusehende konkrete Unterlagen verweisen, diese Unterlagen werden dann Bausoll. Einsehbare Unterlagen ohne irgendeinen konkreten Bezug in Ausschreibungsunterlagen begründen dagegen jedenfalls bezüglich der in ihnen enthaltenen Detailaussagen kein Bausoll. 72

dd) Auftraggeberseitige Unterlagen nach Angebotsabgabe, aber vor Vertragsschluss. 73
Wenn der **private** Auftraggeber dem Bieter nach Angebotsabgabe, aber vor Annahme, weitere Vertragsunterlagen vorlegt, so ist das die konkludente Aufforderung des Auftraggebers, insoweit das Angebot nachträglich zu überprüfen und gegebenenfalls anzupassen. Jedenfalls so weit für den Bieter die Notwendigkeit, diese Unterlagen auf ihre Vertragsrelevanz zu prüfen, erkennbar ist, werden diese Unterlagen Bestandteil der Vertragsunterlagen und tragen damit zur Bestimmung des Bausolls bei. Das gilt auch für den nicht gerade seltenen Fall, dass der Bieter in dem Wunsch, den Auftrag zu sichern, leichtsinnig und ungeprüft diese Unterlagen akzeptiert. Etwas anderes gilt nur dann, wenn der Auftraggeber in letzter Sekunde, insbesondere in der Vertragsverhandlung, solche Unterlagen, z.B. Pläne, nachschiebt und in diesen Plänen **versteckt** oder jedenfalls nur mit Mühe erkennbar Abänderungen gegenüber den bisherigen Ausschreibungsunterlagen ergeben, der Auftraggeber darauf aber nicht hinweist und den Vertragsschluss alsbald herbeiführt, im Ergebnis also den Bieter unfair überrumpelt; die so versteckten Änderungen werden dann nicht Bausoll, der Bieter muss nach seinem „Empfängerhorizont" – dazu Rdn. 110 – nicht damit rechnen, dass ihm heimlich maßgebende Leistungsänderungen untergeschoben werden.[141]

Bei **öffentlichen** Auftraggebern stellt sich ein schon erörtertes Problem, das Nachverhandlungsverbot: Verhandlungen nach Angebotseröffnung, insbesondere über Angebotsänderungen sind gemäß § 24 Nr. 3, Nr. 1 VOB/A unstatthaft. Wenn der Auftraggeber relevante Unterlagen nachreicht, kann das nur den Sinn haben, den Bieter zu einer Änderung seines Angebots zu veranlassen – vgl. oben Rdn. 73; also verleitet der Auftraggeber den Bieter mit einer solchen Verhaltensweise zu einem dem Bieter bekannten Gesetzesverstoß; die Vergabevorschriften der VOB/A haben über § 97 Nr. 6, 7 GWB und die VergabeVO Gesetzesrang. Dies führt hier zur 74

[138] Beispiel bei *Kapellmann/Schiffers* Band 1, Rdn. 203.
[139] *Kapellmann/Schiffers* Band 1, Rdn. 203. Siehe auch Rdn. 120 und VOB/A § 9, Rdn. 34.
[140] Näher im Rahmen der Auslegung unter Rdn. 120, 122.
[141] Beispiel: OLG Stuttgart BauR 1992, 639; dazu *Kapellmann/Schiffers* Band 1, Rdn. 154; zu der ansonsten unrichtigen Entscheidung *Kapellmann/Schiffers* Band 2, Rdn. 654.

Nichtigkeit gemäß § 134 BGB, wie für den Parallelfall der nachträglichen Preisverhandlung im einzelnen erörtert,[142] und zwar wie dort nur zur Teilnichtigkeit; der Vertrag bleibt auf der Basis des unveränderten Angebots wirksam. Der Auftraggeber kann problemlos **nach** Vertragsschluss Änderungen oder Ergänzungen gemäß § 1 Nr. 3, 4 VOB/B mit der Vergütungsfolge gemäß § 2 Nr. 5, 6 VOB/B anordnen.

75 **c) Besondere Vertragsbedingungen, Zusätzliche Vertragsbedingungen.** Vorab zur Terminologie: Die **„Allgemeinen Vertragsbedingungen"** für die Ausführung von Bauleistungen" sind die Vorschriften der **VOB/B**. Die **„Allgemeinen Technischen Vertragsbedingungen** für Bauleistungen" sind die Normen der **VOB/C** (vgl. § 10 Nr. 1 Abs. 2 VOB/A). **Zusätzliche Vertragsbedingungen (ZVB)** sind gemäß der Regelung der VOB/A solche Allgemeine Geschäftsbedingungen des Auftraggebers, die für alle Bauprojekte dieses Auftraggebers gelten und Abweichungen zu den Allgemeinen Vertragsbedingungen regeln, die aus der Sicht dieses Auftraggebers also die Allgemeinen Vertragsbedingungen ergänzen; in Anwendung der VOB/A dürfen sie den Allgemeinen Vertragsbedingungen aber nicht widersprechen (§ 10 Nr. 1 Abs. 2 Satz 2 VOB/A). Für ein einzelnes Projekt oder einzelne Projekte kann – wiederum nach den Regeln der VOB/A – der Auftraggeber mit **Besonderen Vertragsbedingungen (BVB)** besondere Regelungen treffen (§ 10 Nr. 2 Abs. 2 VOB/A). Da die Besonderen Vertragsbedingungen sich nur auf ein Projekt oder einzelne Projekte beziehen, sind sie speziell gegenüber den Zusätzlichen Vertragsbedingungen, die für alle Projekte dieses Auftraggebers gelten sollen. Deshalb regelt die VOB/B sachgerecht in § 1 Nr. 2, dass im Falle des Widerspruches die speziellen Besonderen Vertragsbedingungen den allgemeineren Zusätzlichen Vertragsbedingungen gegenüber vorrangig sind.

76 Wenn der Auftraggeber beabsichtigen würde, die Besonderen Vertragsbedingungen tatsächlich nur **einmal** für dieses besondere Projekt zu verwenden, würden sie sich dann nicht als Allgemeine Geschäftsbedingungen darstellen, wenn auch nur **ein** Vertrag geschlossen werden sollte, was also praktisch nur bei einer schlüsselfertigen Ausschreibung in Betracht kommt. Sobald für dieses eine Projekt die Besonderen Vertragsbedingungen gegenüber mehreren Auftragnehmern (für mehrere Gewerke) verwendet werden, handelt es sich schon um Allgemeine Geschäftsbedingungen,[143] erst recht, wenn der Auftraggeber systemwidrig generell eine Mehrfachverwendung beabsichtigt. Die theoretisch klare Unterscheidung der VOB/A zwischen Zusätzlichen Vertragsbedingungen, also allgemeiner geltenden Regelungen des Auftraggebers, und Besonderen Vertragsbedingungen, also speziell geltenden Regelungen des Auftraggebers, wird auch bei öffentlichen Auftraggebern oft verwischt; für private Auftraggeber gibt es ohnehin keine Benennungsregel. Die Benennung spielt aber auch für die rechtliche Beurteilung keine Rolle.

77 **d) Zusätzliche Technische Vertragsbedingungen, Allgemeine Technische Vertragsbedingungen (VOB/C).** „Zusätzliche Technische Vertragsbedingungen" ergänzen nach den Regeln der VOB/A generell die „Allgemeinen Technischen Vertragsbedingungen", also die VOB/C. Sie sind also für technische Sachverhalte die Parallele zu den Zusätzlichen Vertragsbedingungen. So weit sie nicht nur technische Spezifikationen enthalten, sondern inhaltliche Leistungsbestimmungen, unterliegen sie als Allgemeine Geschäftsbedingungen der Kontrolle der §§ 305 ff. BGB.

Die **„Allgemeinen Technischen Vertragsbedingungen für Bauleistungen"** sind die in **Teil C der VOB** enthaltenen DIN-Normen, derzeit DIN 18299 bis DIN 18451. Sie sind gemäß § 1 Nr. 1 Satz 2 VOB/B Bestandteil eines VOB-Vertrages.[144]

78 **aa) Aufbau VOB/C.** Die Bedeutung der VOB/C wird in der juristischen Praxis – auch von den Gerichten – außerordentlich unterschätzt. Sie enthält eine Fülle von Vertragsregelungen, deren Kenntnis für die Beurteilung des Bausolls unerlässlich ist. Zum Umfang der Einbeziehung

---

[142] Oben Rdn. 68 sowie *Kapellmann/Schiffers* Band 1, Rdn. 153.

[143] Siehe oben Rdn. 51.

[144] BGH „DIN 18332" NZBau 2004, 500 = BauR 2004, 1438; unrichtig BGH „Konsoltraggerüste" NZBau 2002, 324 = BauR 2002, 935, dazu *Kapellmann* NJW 2005, 182.

in den Vertrag vgl. § 1, Rdn. 17–25. Es ist deshalb notwendig, jedenfalls die Struktur der VOB/C und ihrer einzelnen Abschnitte zu erläutern.

Den Allgemeinen Technischen Vertragsbedingungen (VOB/C) ist die **DIN 18299** „Allgemeine Regelungen für Bauarbeiten jeder Art" vorangestellt; sie gilt für alle Fach-DIN-Normen. Enthält die Fach-DIN-Norm speziellere Vorschriften, so gehen diese vor.

Jede DIN-Norm besteht aus sechs Abschnitten:

Abschnitt 0 enthält Hinweise für das Aufstellen der Leistungsbeschreibung. Der öffentliche Auftraggeber **muss** sie gemäß § 9 Nr. 3 Abs. 4 VOB/A beachten; sie spielen aber auch für den privaten Auftraggeber eine außerordentliche Rolle bei der Auslegung unklarer oder widersprüchlicher Bausollbestimmungen.

Abschnitt 2 nennt die Anforderungen, denen die zu verwendenden Stoff- und Bauteile entsprechen müssen.

Abschnitt 3 legt die technische Ausführung der Leistung fest.

Abschnitt 4 definiert die vom Auftraggeber ohne besondere Erwähnung mit auszuführenden Nebenleistungen, die auch nicht gesondert vergütet werden; er erklärt aber auch das Pendant, nämlich die Besonderen Leistungen, die einzelnen benannt werden müssen und dann auch gesondert bezahlt werden.

Abschnitt 5 enthält schließlich Vorschriften über die Abrechnung.

bb) Abschnitt 0. Abschnitt 0 enthält Hinweise für eine ordnungsgemäße Leistungsbeschreibung. Laut Text werden „die Hinweise nicht Vertragsbestandteil". Was damit gemeint ist, ist rechtlich dunkel. Jedenfalls für den öffentlichen Auftraggeber sind gemäß § 9 Nr. 3 Abs. 4 VOB/A die Hinweise im jeweiligen Abschnitt 0 **zwingend** zu beachten. Der öffentliche Auftraggeber, der gesetzlich vorgeschrieben und erklärtermaßen die VOB/A anwendet, erklärt damit auch, dass er sich entsprechend dieser Ausschreibungsnorm bei der Ausschreibung verhalten hat. Bieter dürfen sich deshalb darauf einstellen, dass die Ausschreibung so verfasst und so zu lesen ist, als ob der Auftraggeber dieser Richtlinien beachten hätte. Das hat der Bundesgerichtshof – in vergleichbarem Zusammenhang mit § 9 Abs. 2 VOB/A – in den Entscheidungen „Wasserhaltung II" und „Auflockerungsfaktor" bestätigt.[145] 79

Für private Auftraggeber gilt dasselbe, wenn auch nicht unmittelbar; zwar unterliegen sie keiner Vergabevorschrift; wenn sie aber die **VOB/B** verwenden, deren Bestandteil gemäß § 1 Nr. 1 Satz 2 VOB/B auch die VOB/C ist, so schaffen sie denselben Vertrauenstatbestand, nämlich den, dass sie sich nach den „Hinweisen für die Leistungsbeschreibung" richten.[146] 80

Die Vorschriften des Abschnitts 0 sind insofern für den Bieter in einem negativen Sinne maßgeblich: Wenn die „Hinweise für das Aufstellen der Leistungsbeschreibung" verlangen, dass **„nach den Erfordernissen des Einzelfalles"** insbesondere bestimmte Angaben gemacht werden müssen, so lässt sich aus dem Fehlen solcher Angaben schließen, dass der entsprechende Tatbestand auch nicht gegeben ist. Anders ausgedrückt: Für den Vertragsinhalt maßgebend sind die Hinweise für das Aufstellen der Leistungsbeschreibung mindestens dann, wenn sie **„Ja/Nein-Alternativen"** enthalten. Abschnitt 0.2.2 DIN 18299 sieht z.B. vor, dass besondere Erschwernisse während der Ausführung, z.B. Arbeiten in Räumen, in denen der Betrieb weiterläuft, genannt werden müssen. Enthält die Ausschreibung keine entsprechenden Hinweise, darf der Bieter davon ausgehen, dass dann, wenn er in vorhandenen Räumen arbeiten muss, in diesen Räumen kein Betrieb läuft. Läuft tatsächlich doch Betrieb, ist das eine Soll-/Ist-Abweichung zum Verfahrenssoll (vgl. oben Rdn. 26); der Auftragnehmer hat, wenn höhere Kosten entstehen, Anspruch auf zusätzliche Vergütung bei Anordnung gemäß § 2 Nr. 5 VOB/B, ohne Anordnung gemäß § 2 Nr. 8 Abs. 3 VOB/B. 81

[145] BGH „Wasserhaltung II" BauR 1994, 236; BGH „Auflockerungsfaktor" BauR 1997, 466; Beck'scher VOB-Kommentar/*Motzke* VOB/B Einleitung I, Rdn. 19, 20; *Kapellmann/Schiffers* Band 1, Rdn. 127, Band 2, Rdn. 622, 623; siehe auch Rdn. 114 ff. Die VOB/C begründet (auch) „Auslegungsvertrauen", zutreffend Beck'scher VOB-Kommentar/*Motzke* VOB/C, Syst. III, Rdn. 3, 4, 42, 43, 67–69.

[146] Näher Rdn. 122.

82 Enthalten die Hinweise für die Leistungsbeschreibung dagegen nur allgemeine Empfehlungen, aus deren Nichtberücksichtigung kein konkreter Schluss auf die tatsächlich vorhandene Situation gezogen werden kann, so wird im Regelfall eine eindeutige Aussage zum Bausoll nicht möglich sein. Im seltenen Einzelfall kommen hier Ansprüche des Bieters aus Verschulden bei Vertragsschluss (§ 311 Abs. 2 BGB) in Betracht. Enthält z.B. die Ausschreibung entgegen 0.1.7 DIN 18299 keine Angaben zu den Bodenverhältnissen, so ist daraus kein konkreter Schluss auf die Beschaffenheit der Bodenverhältnisse möglich. Wenn der Auftraggeber nicht erwähnt hat, welche der Bodenklassen 1–7 ansteht, ist kein Schluss darauf möglich, welche Bodenklasse tatsächlich vorhanden ist.[147]

83 **Beispiele** für die **Definition** des Bausolls unter Berücksichtigung der „Hinweise zur Leistungsbeschreibung" Abschnitt 0:

- Die Ausschreibung erwähnt nicht, dass die Baustelle im Landschaftsschutzgebiet liegt (0.1.11 DIN 18 299),[148] dann ist die Lage „ohne Landschaftsschutzgebiet" Bausoll.
- Die Ausschreibung erwähnt keine relevanten „Umgebungsbedingungen" (0.1.1 DIN 18299) und stellt keine Lagerplätze zur Verfügung, tatsächlich liegt neben der Baustelle ein Naturschutzgebiet, was infolge der Lärmbelästigung gegenüber Wildtieren es ausschließt, eine an die Autobahn angrenzende nicht zum Naturschutzgebiet gehörende alte Lagerfläche zu nutzen, dann ist die Nutzungsmöglichkeit Bausoll.
- Die Ausschreibung erwähnt bei Beton und Stahlbetonarbeiten entgegen 0.2.5 DIN 18331 nicht nach den Erfordernissen des Einzelfalls die Sorten, Mengen und **Maße** des Betonstahls. Wenn keine Maße angegeben sind, ist der Schluss des Bieters erlaubt, dass kein Sonderfall auftreten wird und demzufolge nur „übliche Maße" hinsichtlich der Stahlabmessungen auftreten. Kommt es zu ungewöhnlichen Maßen, ist das eine Sollabweichung, die Vergütungsansprüche des Auftragnehmers auslöst.[149]
- Wenn die Ausschreibung bei Erdarbeiten nicht erwähnt, dass sich die Eigenschaften und Zustände von Boden und Fels nach dem Lösen ändern (das ist gemäß DIN 18300 Abschnitt 0.2.7 in der Leistungsbeschreibung anzugeben), so ist als Beschaffenheitssoll davon auszugehen, dass sie sich eben nicht ändern; die „Nichtänderung" ist also Beschaffenheitssoll des Baugrundes.[150]
- Ohne Angabe im Vertrag ist bei Erdarbeiten die Wahl des Abtragquerschnittes Sache des Auftraggebers gemäß Abschnitt 0.3.2, 3.5.2 DIN18300. Wenn also der Auftraggeber nachträglich einen bestimmten Abtragsquerschnitt verlangt, so führt das, wenn die Wahl des Auftragnehmers anders war, zur Soll-/Ist-Abweichung und begründet Vergütungsansprüche; der Auftraggeber hätte es ja in der Hand gehabt, den verlangten Abtragsquerschnitt in der Ausschreibung anzugeben.[151]

84 **cc) Abschnitt 1.** Abschnitt 1 der jeweiligen DIN-Norm legt deren Anwendungsbereich fest. Auch das ist wörtlich zu nehmen. So sind z.B. bei Untertagearbeiten die Ausbruchmengen nach theoretischem Ausbruchquerschnitt und Achslänge, getrennt nach Vortriebsklassen, gemäß 5.3.1 DIN 18312 zu ermitteln. Wenn der Ausbruch an die Erd**ober**fläche befördert ist und von dort weiter transportiert wird, gilt diese Abrechnungsvorschrift nicht; das sieht ausdrücklich 1.5 der DIN 18312 vor. Auf die allgemein-sprachliche Bedeutung eines Begriffes kommt es dabei nicht an. So ist sicherlich der Verbau von unterirdischen Hohlräumen ein Unterfall von „Verbauarbeiten". Dennoch gilt die DIN 18303 „Verbauarbeiten" entsprechend 1.2 für den Verbau an unterirdischen Hohlräumen nicht.

85 **dd) Abschnitte 2 und 3.** Abschnitt 2 regelt „Stoffe, Bauteile", Abschnitt 3 „Ausführung". Einmal regeln diese Vorschriften Ergänzungen der Leistungsbeschreibung. Sind beispielsweise

---

[147] Näher *Kapellmann/Schiffers* Band 2, Rdn. 617.
[148] *Kapellmann/Schiffers* Band 1, Rdn. 128.
[149] *Kapellmann/Schiffers* Band 1, Rdn. 128, Rdn. 507, 864, 865. Zu dem Schluss auf die „üblichen Maße" näher auch Rdn. 110.
[150] *Kapellmann/Schiffers* Band 1, Rdn. 729.
[151] *Kapellmann/Schiffers* Band 1, Rdn. 745.

für Dacharbeiten Dachabläufe ausgeschrieben, so versteht sich infolge der Regelung in 3.3.1.5 DIN 18338, dass diese Dachabläufe wärmegedämmt sein müssen.

Besonders wichtig sind die einzelnen Regelungen der DIN dazu, **welche** auszuführenden Maßnahmen ggf. **„Besondere Leistungen"** sind. Das ist von DIN zu DIN verschieden. Beispiel: Bei Bohrarbeiten z.B. zur Grundwasserabsenkung sitzt das Bohrwerkzeug fest. Gemäß Abschnitt 3.4.2 der DIN 18301 muss der Auftragnehmer den Auftraggeber unverzüglich unterrichten;[152] „der Auftraggeber bestimmt, ob ... die Bohrung aufgegeben oder versetzt werden soll. Die zu treffenden Maßnahmen sind „Besondere Leistungen"." Diese Regelung gilt also unabhängig davon, ob die vorgefundenen Bodenverhältnisse so sind, wie vom Auftraggeber angegeben oder nicht. Das pure Festsitzen des Bohrwerkzeuges ist Soll-/Ist-Abweichung, weil das so in der DIN definiert ist. Maßnahmen zur Beseitigung des Zustandes sind kraft dieser Definition „Besondere Leistungen", d.h., gesondert zu vergüten (vgl. Rdn. 86). In anderen DIN-Vorschriften kann das anders geregelt sein.[153] Die Regelung der jeweiligen DIN, dass für den in der DIN definierten Fall einer Besonderheit die „geeigneten Maßnahmen gemeinsam festzulegen sind", heißt nichts anderes, als dass der Auftragnehmer mit dem Auftraggeber auf der Basis seiner technischen Fachkenntnisse die zu treffenden Entscheidungen erörtern soll. Entscheidungsbefugt bleibt aber der Auftraggeber. Wie auch immer er entscheidet, also auch dann, wenn er auf Vorschlag des Auftragnehmers handelt oder sich mit diesem einigt, bleiben die resultierenden Leistungen „Besondere Leistungen" (vgl. z.B. 4.2.1 DIN 18301). Da diese Leistungen nicht zum Bausoll gehören, brauchte der Auftragnehmer sie auch nicht auszuführen. Werden sie dennoch ausgeführt, so ist das Bausoll-Bauist-Abweichung, Vergütungspflicht besteht nach § 2 Nr. 5, Nr. 6 oder Nr. 8 VOB/B.

ee) Abschnitt 4. Abschnitt 4 der jeweiligen Norm der VOB/C regelt, welche Leistungen Nebenleistungen und welche Besondere Leistungen sind. 86

Die DIN 18299 definiert in 4.1 **Nebenleistungen** als Leistungen, die „auch ohne Erwähnung im Vertrag zur vertraglichen Leistung gehören". Nebenleistungen sind also vom Auftragnehmer auszuführen, ohne dass sie besonders genannt werden müssen, sie bilden also ohne weiteres das Bausoll. Sie werden nicht gesondert vergütet, wenn es nicht anders ausgeschrieben ist.

Besondere Leistungen sind gemäß 4.2 DIN 18299 Leistungen, die „nicht Nebenleistungen gemäß Abschnitt 4.1 sind und nur dann zur vertraglichen Leistung gehören, wenn sie in der Leistungsbeschreibung **besonders** erwähnt sind". Voraussetzung ist, dass sie erwähnungsbedürftig sind. **Besonders** erwähnt sind Leistungen dann, wenn sie so in den Verdingungsunterlagen dargestellt sind, dass sie nicht „untergehen" und nicht so versteckt oder an ungeeigneter Stelle platziert sind, dass sie übersehen werden können. Insbesondere genügen bloße Angaben in Zeichnungen ohne eindeutige Benennung im Text nicht.[154]

Wenn der Auftraggeber in seinen Ausschreibungsunterlagen ohne konkreten Bezug oder Differenzierung festlegt, dass **alle** möglicherweise in Betracht kommenden „Besonderen Leistungen" ausgeführt werden sollen, **ohne** dass sie besonders vergütet werden sollen, bedarf es der Differenzierung: Im **individuellen** Vertrag ist eine solche Klausel allerdings zulässig; sie konterkariert zwar die Regelung der VOB/C, dass die Besondere Leistung auch **besonders** erwähnt werden muss. Da aber der individuelle Vertrag spezieller ist als die VOB/C, geht der Vertrag vor. Der Ausschluss der VOB/C trotz vereinbarter VOB/B bei einem Vertrag mit auftraggeberseitiger detaillierter Leistungsbeschreibung muss aber auch beim **individuellen** Vertrag klar ausgesprochen sein: Ein stillschweigender Ausschluss der VOB/C, weil eine bestimmte Einzelleistung, die nach der VOB/C Besondere Leistung wäre, für einen „Gesamterfolg" notwendig wäre oder aus der Besonderheit des Objekts (!) folge und deshalb, obwohl nicht detailliert benannt, doch das Bausoll

[152] Die unterlassene Unterrichtung führt nicht zum Verlust des Mehrvergütungsanspruchs des Auftragnehmers, zutreffend OLG Frankfurt BauR 1986, 352, 354.

[153] Beispiele zu DIN 18319 und zu DIN 18313 bei *Kapellmann/Schiffers* Band 1, Rdn. 731; Übersicht über baugrundrelevante Besondere Leistungen der VOB/C bei *Engler/Grauvogl/Maurer* Rdn. 557.

[154] Einzelheiten mit Beispielen: *Kapellmann/Schiffers* Band 1, Rdn. 317, 318, 134.

bilde, kommt nicht in Betracht.[155] In **Allgemeinen Geschäftsbedingungen** des Auftraggebers ist die Wirksamkeit einer solchen Regelung vom Vertragstyp abhängig: Die Regelung der VOB/C, d.h. Aufteilung zwischen in der Leistungsbeschreibung nicht besonders zu erwähnenden und nicht gesondert zu vergütenden „Nebenleistungen" einerseits und besonders zu erwähnenden und besonders zu vergütenden „Besonderen Leistungen" andererseits, ist nicht zwingend, so dass es grundsätzlich zwar möglich ist, auch in Allgemeinen Geschäftsbedingungen Art und Umfang solcher ergänzenden Leistungen zu bestimmen, dies allerdings nur in engen Grenzen: Klauseln, die für das Gewerk untypisch sind oder Klauseln, die letzten Endes zu unzumutbarer Kostenbelastung mangels voraussehbarer Bausollbestimmung führen, sind im Einzelfall unwirksam. Für Global-Pauschalverträge wird wegen der Funktionsverlagerung auf den Auftragnehmer im Einzelfall dabei etwas anderes gelten als für Detail-Pauschalverträge oder Einheitspreisverträge. Beispiel: Der Auftrag**nehmer** erarbeitet ausnahmsweise beim **Detail-Pauschalvertrag** (zum Begriff Rdn. 242) das Leistungsverzeichnis aufgrund **eigener** Planung; in diesem Fall ist eine Klausel, wonach alle „Besonderen Leistungen" auch zum Bausoll gehören, in Allgemeinen Geschäftsbedingungen des Auftraggebers zulässig, ebenso bei **Einheitspreisverträgen.**[156] Umgekehrt ist eine Klausel in einem Detail-Pauschalvertrag unwirksam, die bei auftrag**geberseitiger** (Ausführungs-) Planung pauschal ohne Benennung des konkreten Leistungsziels alle „Besonderen Leistungen" als zum Bausoll gehörig erklärt.[157] Beim **Global-Pauschalvertrag** (zum Begriff Rdn. 246) ist die Gültigkeit einer auftraggeberseitigen AGB-Klausel, die „Besondere Leistungen" einbezieht, im Regelfall dagegen zu bejahen;[158] eine Ausnahme gilt dann, wenn ein „Bereich" durch **auftraggeber**seitige Vertrags**details** geregelt ist; hier gilt eine Vollständigkeitsvermutung für die Detailregelung, so dass insoweit nicht erwähnte „Besondere Leistungen" nicht durch Allgemeine Geschäftsbedingungen des Auftraggebers zum Bausoll gemacht werden können, sondern zusätzlich vergütungspflichtig sind.[159]

Wenn in Allgemeinen Geschäftsbedingungen des Auftraggebers nicht generell Besondere Leistungen in das Bausoll einbezogen werden, sondern nur eine spezielle Nebenleistung ohne Vergütung als zum Bausoll gehörig erklärt wird, ist das nach denselben Maßstäben zu beurteilen. Beispiel: „Die Schlitzklausel" ist unwirksam, siehe Rdn. 61.

Abschnitt 4 der jeweiligen DIN-Norm unterliegt selbst der AGB-Kontrolle, was aber keine praktische Bedeutung hat (siehe oben Rdn. 58).

87 Führt der Auftragnehmer eine Besondere Leistung aus, obwohl sie nicht zum Bausoll gehört, obwohl sie also entweder überhaupt nicht in den Vertragsunterlagen genannt ist oder nicht **besonders** erwähnt ist oder nur unwirksam (über Allgemeine Geschäftsbedingungen des Auftraggebers) geregelt ist, so ist das Bausoll-Bauist-Abweichung in Form der Zusätzlichen Leistung, im Sonderfall auch der geänderten Leistung,[160] der Auftragnehmer erhält Vergütung nach § 2 Nr. 6, Nr. 5 oder Nr. 8 VOB/B.

§ 2 Nr. 1 VOB/B enthält keinen Preisvorbehalt.[161]

88 **ff) Abschnitt 5.** Abschnitt 5 enthält Bestimmungen darüber, wie Leistungen beim Einheitspreisvertrag abgerechnet werden. Da sich Abschnitt 5 nur auf Leistungen bezieht, die Bausoll sind, lässt sich daraus keine Erkenntnis bezüglich der Bestimmung des Bausolls gewinnen.

---

[155] Anders, aber unrichtig BGH „Konsoltraggerüste" NZBau 2002, 324 = BauR 2002, 935 und *Quack* BauR 2002, 1248; näher dazu im einzelnen *Kapellmann* NJW 2005, 182. Vgl. auch *Motzke* NZBau 2002, 641; *Asam* BauR 2002, 1248.

[156] *Kapellmann/Schiffers* Band 2, Rdn. 281.

[157] *Kapellmann/Schiffers* Band 2, Rdn. 272–281; *von Westphalen/Motzke* Vertragsrecht und AGB-Klauselwerke, hier: Subunternehmervertrag, Rdn. 103; *Markus,* in: *Markus/Kaiser/Kapellmann,* AGB Handbuch Bauvertragsklauseln, Rdn. 240.

[158] *Kapellmann/Schiffers* Band 2, Rdn. 469 ff.

[159] *Kapellmann/Schiffers* Band 2, Rdn. 469 ff.

[160] Beispiel: *Kapellmann/Schiffers* Band 1, Rdn. 731 a.E. zu DIN 18.300 „Verdichtungsgrad".

[161] *Kapellmann/Schiffers* Band 1, Rdn. 137–143; *Ingenstau/Korbion/Keldungs* VOB/B § 2, Nr. 1, Rdn. 61.

89 **e) Gewerbliche Verkehrssitte, „typisches Verständnis".** Das Bausoll wird gemäß § 2 Nr. 1 VOB/B letztrangig (§ 1 Nr. 2 VOB/B) auch durch die „gewerbliche Verkehrssitte" bestimmt. Die Heranziehung dieser Regel kommt nur bezüglich solcher Leistungselemente in Betracht, deren Zugehörigkeit zum Bausoll sich nicht schon aus anderen Vertragsunterlagen (Leistungsbeschreibung, Plänen, Vertragsbedingungen) ergibt. Die gewerbliche Verkehrssitte regelt also ergänzend das Bausoll, nach ihr beantwortet sich die Frage, ob nicht erwähnte Leistungen im Einzelfall dennoch das Bausoll bilden. Maßgebend für die Beantwortung ist das Urteil der Fachleute am Ort der Bauleistung.[162] Dabei muss dieses Urteil nicht einhellig sein, aber der breiten Überzeugung entsprechen. Die Bausoll-Bestimmung auch durch die „gewerbliche Verkehrssitte" erfasst mehrere Funktionen: Einmal regelt sie, dass relativ unbedeutende Leistungen, obwohl nicht genannt, doch auszuführen sind; sie gibt im Ergebnis also **Hilfe zur Bestimmung des Kreises der „Nebenleistungen"** gemäß Abschnitt 4, denn der Kreis der Nebenleistungen ist nicht abschließend in den jeweiligen DIN-Vorschriften aufgeführt, sondern immer nur „insbesondere"; es gibt also – was allerdings völlige Ausnahme ist – auch Nebenleistungen, die nicht in der jeweiligen DIN-Norm genannt sind. Wenn sie nicht genannt sind, müssen sie nach anderen Maßstäben bestimmt werden, das kann nur die „gewerbliche Verkehrssitte" sein. Gleichzeitig wird damit deutlich, dass der Weg über die „gewerbliche Verkehrssitte" immer nur dazu dienen kann, die Leistung in geringfügigen Randbereichen zu bestimmen.[163]

Darüber hinaus hat die gewerbliche Verkehrssitte eine erhebliche Bedeutung als **Auslegungshilfe**, und zwar einmal hinsichtlich der Frage, wie bestimmte Fachbegriffe als Vertragsinhalt verstanden werden dürfen (näher Rdn. 98) und dass bei unklaren Aussagen der Auftragnehmer ein typisches Verständnis zugrunde legen darf (näher Rdn. 95, 110, 123), zum anderen dahin, dass auch bei einer noch so differenzierten Leistungsbeschreibung nicht jedes (selbstverständliche) Detail im Leistungsbeschrieb genannt werden muss. Die Einbeziehung solcher nicht erwähnter Details beruht einmal auf unausgesprochenen Selbstverständlichkeiten, z.B. daran, dass eine Abhängkonstruktion ihrerseits an der Decke befestigt werden muss, zum anderen dem Erfordernis mangelfreier Arbeit, darunter auch der Beachtung „der anerkannten Regeln der Technik", die in § 4 Nr. 2 Satz 2 VOB/B als maßgebend für die Ausführung noch einmal gesondert genannt werden. So weit in der Ausfüllung der Detaillierung mehrere Möglichkeiten bestehen (z.B. mehrere technische Möglichkeiten der Abhängkonstruktion), hat der Auftragnehmer infolge seines grundsätzlichen Rechts auf Methodenwahl (oben Rdn. 37) ein Auswahlrecht.[164]

Die gewerbliche Verkehrssitte wird nicht durch „schlechte Sitten" bestimmt.[165] Auch wenn in irgendeinem Bereich Schlampigkeit allgemein üblich ist, ist das nicht maßgebend.

III. Unklare oder widersprüchliche Regelungen des Bausolls – Auslegung –

1. Systematik, Rolle des Sachverständigen

90 Das mit Abstand bedeutendste Problem der Bauvertragspraxis sind scheinbar oder tatsächlich unklare oder widersprüchliche Vertragsregelungen zum Bausoll. Vorab ist hier immer zu prüfen, ob die scheinbare Fehlerhaftigkeit der Bausoll-Bestimmung sich nicht dadurch auflöst, dass die Vertragsbeteiligten den Vertrag **vollständig** einbeziehen müssen, also z.B. die Bestimmungen der VOB/C berücksichtigen (oben Rdn. 70 ff.). Besteht die Unklarheit in einem Widerspruch zwischen einzelnen Vertragsbestandteilen, so ist zuerst zu prüfen, ob nicht zwischen diesen

[162] Allgemeine Auffassung, z.B. Beck'scher VOB-Kommentar/*Jagenburg* VOB/B § 2 Nr. 1, Rdn. 57; *Ingenstau/Korbion/Keldungs* VOB/B § 2, Nr. 1,Rdn. 13.
[163] BGH „DIN 18332" NZBau 2004, 500 = BauR 2004, 1438; *Kapellmann/Schiffers* Band 1, Rdn. 147; Beck'scher VOB-Kommentar/*Jagenburg* VOB/B § 2 Nr. 1, Rdn. 61.
[164] Zum Ganzen näher *Kapellmann/Schiffers* Band 2, Rdn. 206–220.
[165] *Kapellmann/Schiffers* Band 1, Rdn. 147.

Vertragsbestandteilen eine Rangreihenfolge gemäß VOB/B (§ 1 Nr. 2) oder gemäß Vertrag gilt, weil sich dadurch die Aufklärung des Widerspruchs ergibt. Bleiben Unklarheiten bzw. Widersprüche, muss der Vertrag **ausgelegt** werden; die Bestimmung des Bausolls erfolgt also mit Hilfe rechtlicher Auslegungskategorien und als Antwort auf eine Rechtsfrage und nicht im Wege der Beweisführung.[166]

91 Das heißt nicht, dass nicht Tatsachen-Vorfragen dem Beweis zugänglich sind, also beispielsweise die Erläuterung eines technischen Begriffs. Die entsprechende Schlussfolgerung bleibt aber Rechtsfrage; im Rechtsstreit kann und darf ein **Sachverständiger** also nur das für die rechtliche Beurteilung notwendige Fachwissen vermitteln, aber nicht die Auslegungsfrage selbst beantworten.[167]

92 Im ersten Schritt der Auslegung erfolgt die Prüfung anhand „objektivierter" allgemeiner Auslegungsregeln, nämlich Vorrang des Wortlauts (Rdn. 94–100), Vorrang des Speziellen vor dem Allgemeinen (Rdn. 101–104), Berücksichtigung der Funktionsverantwortlichkeit in Form einer Richtigkeits- und Vollständigkeitsvermutung (Rdn. 105–108). Bestätigt sich auf dieser Ebene, dass die Auslegung des Auftraggebers richtig ist, also seine Beurteilung des Bausolls, so ist der Fall in der Regel zu Ende: Der Auftragnehmer muss das bauen, was das Bausoll bestimmt. Mangels Bausoll-Bauist-Abweichung erhält er keine Mehrvergütung (näher Rdn. 125).

93 Bestätigt dagegen die Auslegung die Rechtsauffassung des Auftragnehmers oder führt sie allein nicht weiter, so ist in einem zweiten Schritt der Auslegung in Prüfung des „Empfängerhorizonts" zu prüfen, inwieweit Bieter im Rahmen einer **Prüfpflicht** die Mängel der Ausschreibung erkennen konnten; dabei gilt es, auch für die Prüfpflicht möglichst objektivierbare Maßstäbe zu finden (Rdn. 111 ff.). Konnte der Bieter die Unklarheiten nicht finden, so bildet das „Minimum" aus Sicht des Bieters das Bausoll; führt der Auftragnehmer ein „Mehr" aus, so ist das Bausoll-Bauist-Abweichung mit Vergütungsfolge. Konnte der Auftragnehmer die Mängel der Ausschreibung dagegen erkennen oder hat er sie erkannt, so gilt: Hat der Auftragnehmer die mangelhafte Ausschreibung erkannt, aber geschwiegen, so erhält er nichts; hätte er die Mangelhaftigkeit erkennen können, aber fahrlässig nicht erkannt, so erhält er im Regelfall für die „Mehrleistung" unter dem Aspekt der „Sowiesokosten" volle Vergütung, im Ausnahmefall eine gemäß § 254 BGB gekürzte Vergütung (näher Rdn. 124 ff.).

Immer geht es nur um Bausoll-Auslegung und Vergütungsfolgen, Schadensersatzüberlegungen aus c.i.c (§ 280 BGB) sind verfehlt (siehe Rdn. 124, 246).

2. Objektive Auslegungskriterien

a) Wortlaut maßgebend

94 **aa) Keine Einschränkung, keine Erweiterung.** Es ist selbstverständlich, dass für die Auslegung der **Wortlaut** der Vertragsbestimmung die maßgebliche Bedeutung hat. In der Entscheidung „Sonderfarben I" formuliert der Bundesgerichtshof zutreffend: „Bei der Auslegung aus der Sicht eines im voraus nicht übersehbaren Kreises von Erklärungsempfängern kommt dem **Wortlaut** der Erklärung (des Auftraggebers in dem von ihm vorformulierten Angebotsblankett) besondere Bedeutung zu. Nicht ausgesprochene **Einschränkungen** sind zwar nicht völlig zu vernachlässigen, doch können sie nur zum Tragen kommen, wenn sie jeder der gedachten Empfänger als solcher verstehen konnte und im Zweifel auch so verstehen musste."[168] Der Wortlaut darf also nicht **einschränkend** ausgelegt werden, dabei ist eine **genau** am Wortlaut orientierte

---

[166] *Thode* Seminar Pauschalvertrag, S. 33, 42; *Kapellmann/Schiffers* Band 2, Rdn. 257, 260, 601. Zu allgemeinen Auslegungskriterien VOB/B § 1, Rdn. 41 ff.

[167] Prägnant BGH „DIN 18332" NZBau 2004, 500 = BauR 2004, 1438; *Kniffka*, in: *Kniffka/Koeble* Kompendium des Baurechts, Teil 5 Rdn. 91; BGH „Labordämmmaße" BauR 1995, 538; *Kapellmann/Schiffers* Band 1, Rdn. 147, 177. Vgl. auch Rdn. 98.

[168] BGH „Sonderfarben I" BauR 1993, 595; zur Thematik des Falls „Sonderfarben" insgesamt Rdn. 95 und näher *Kapellmann/Schiffers* Band 1, Rdn. 183, 184, 848 ff.; weiter BGH „Wasserhaltung II" BauR 1994, 236; BGH „Spanngarnituren" BauR 1994, 625.

Auslegung maßgebend. Ebenso darf der Wortlaut aber auch **nicht erweiternd** ausgelegt werden, nicht ausgesprochene (vom Auftraggeber behauptete) Erweiterungen des Wortlauts im Wege der Auslegung sind ebenso unbeachtlich.[169]

Beispiele:

- In der Ausschreibung (eines öffentlichen Auftraggebers) heißt es: „Schichtstofftüren, **Farbton nach Wahl des Auftraggebers.**" Hinsichtlich des **Farbtons**: Der Auftraggeber darf für alle Türen nur **einen** Farbton wählen, Farbton ist Singular; das ist die vorerwähnte wortgenaue Auslegung. Wählt der Auftraggeber mehrere Farbtöne aus, ist das Bausoll-Bauist-Abweichung.[170] Hinsichtlich des **Auswahlrechts** des Auftraggebers: Dem Wortlaut nach ist das Auswahlrecht nicht eingeschränkt, der Auftraggeber kann also **grundsätzlich** jede beliebige Farbe wählen, sie wird durch die Auswahl zum Bausoll.[171] Aber: Bei einem solchen Auswahlrecht des Auftraggebers gibt es dennoch mehrere Einschränkungen, die sich teilweise überschneiden: 95
  - Der Auftraggeber darf im Rahmen der Auswahl-Bandbreite nur eine solche Auswahl treffen, mit der Bieter „nach ihrem Empfängerhorizont" rechnen konnten, also eben nicht Sonderfarben, die in keiner RAL-Palette vorkommen (dazu Rdn. 110).
  - Eine Auswahl-Position, bei der nicht nur eine Wahl getroffen werden kann, sondern beispielsweise mehrere Farben ausgewählt werden dürfen, ist „Mischposition"; dabei darf der Auftraggeber nicht völlig ungleichgewichtig auswählen, also nicht beispielsweise 90 % besonders teure und nur 10 % durchschnittlich teure Materialien (dazu Rdn. 121).
  - Die Wahl darf wegen § 315 Abs. 1 BGB auch nicht „unbillig" sein.[172] Billig ist, was „unter Beachtung der Interessenlage beider Parteien unter Heranziehung des in vergleichbaren Fällen Üblichen" gilt.[173]
  - Bei einem öffentlichen Auftraggeber darf dem Auftragnehmer durch die Wahl wegen § 9 Nr. 2 VOB/A kein ungewöhnliches Wagnis aufgebürdet werden (dazu Rdn. 114).
- In den LV-Positionen eines von einer Stadt geschlossenen Vertrages über Erd- und Dichtungsarbeiten für eine Deponie heißt es im Leistungsverzeichnis u.a.: „Natürliches Tonmaterial auf das Betriebsgelände liefern und abladen, Abrechnung nach m3". In den Vorbemerkungen zu der Leistungsbeschreibung heißt es: „Sämtliche Bodenpositionen werden nach fester Masse abgerechnet." Die Abrechnung von losen Tonmaterial nach fester Masse führt zu einem geringeren Volumen und damit zu einem niedrigeren Preis. Ist loses Tonmaterial „Boden"? Nach dem Wortverständnis ist es – so der BGH – nicht gerade nahe liegend, anzulieferndes und abzuladendes Tonmaterial als „Bodenposition" zu bezeichnen,[174] die Frage ist also zu verneinen. Ergänzend und zutreffend hat der Bundesgerichtshof die Einordnung unter den Abrechnungsbegriff „Boden" mit dem für öffentliche Auftraggeber geltenden Verbot begründet, den Bietern ungewöhnliche Wagnisse aufzubürden (§ 9 Nr. 2 VOB/A), da ein Bieter gar keine klare Preis- und Kostenkalkulation machen könne, weil er erst einen Umrechnungsfaktor für die Umrechnung „lose" in „fest" ermitteln müsste, für den es auch noch unterschiedliche Ermittlungsmethoden gibt – näher zu diesem zutreffenden Argument Rdn. 114. 96

Der Bundesgerichtshof hat diese **Auslegungsgrundsätze** für öffentliche Ausschreibungen entwickelt. Sie gelten **aber** – bis auf das Verbot des ungewöhnlichen Wagnisses – **allgemein**. Das folgt aus der Funktionsverantwortung des Ausschreibenden und der daraus resultierenden „Eindeutigkeits- und Vollständigkeitsvermutung" (dazu Rdn. 105–108, 122, 123). 97

---

[169] BGH „Eisenbahnbrücke" BauR 1999, 897; BGH „Auflockerungsfaktor" BauR 1997, 466. OLG Saarbrücken, NZBau 2002, 576 „Hat eine Willenserklärung einen eindeutigen Wortlaut, so ist für eine weitere Auslegung kein Raum".

[170] Wobei das nicht zwingend bedeutet, dass Mehrkosten entstehen müssen; vgl. *Kapellmann/Schiffers* Band 1, Rdn. 184.

[171] BGH „Sonderfarben I" BauR 1993, 595; siehe auch Fn. 168, 173 und **insbesondere Rdn. 110**.

[172] BGH „Sonderfarben I" BauR 1993, 595; *Kapellmann/Schiffers* Band 1, Rdn. 858.

[173] *Kapellmann/Schiffers* Band 1, Rdn. 858; Beispielfälle *Kapellmann/Schiffers* Band 2, Rdn. 670–676.

[174] BGH „Auflockerungsfaktor" BauR 1997, 466.

98 **bb) Wortlaut entsprechend technischem Verständnis.“** Da es sich „bei Leistungsbeschreibungen ... um technische spezialisierte Texte handelt, die für technische Fachleute formuliert werden, ist als Wortlaut das **allgemein sprachliche Verständnis** der Aussagen jedenfalls dann **nicht** von Bedeutung, wenn die verwendete Formulierung von den angesprochenen Fachleuten in einem spezifischen technischen Sinn verstanden wird (§ 133 BGB) oder wenn für bestimmte Aussagen Bezeichnungen verwendet werden, die in den maßgeblichen Fachkreisen **verkehrsüblich** sind oder für deren **Verständnis** und Verwendung es gebräuchliche technische Regeln (z.B. DIN-Normen) gibt (§ 157 BGB).“[175] Dem BGH ist uneingeschränkt zuzustimmen. Eine parallele Begründung ergibt sich auch daraus, dass nach § 2 Nr. 1 VOB/B auch die Leistungen das Bausoll bilden, die **„nach der gewerblichen Verkehrssitte** zur vertraglichen Leistung gehören“. Wenn ein Begriffsverständnis „nach der gewerblichen Verkehrssitte“ im Wege der Auslegung ermittelt wird, so wird damit mittelbar das Bausoll bestimmt. Ein Sachverständiger kann das für die Beurteilung notwendige Fachwissen vermitteln; wenn das Gericht das unter Angebot eines Sachverständigenbeweises dargelegte „technische Verständnis“ ohne Beweiserhebung selbst beurteilt, so ist das fehlerhaft, außer, das Gericht legt die eigene Sachkunde dar,[176] was im Regelfall nicht möglich sein wird. Aber die Auslegung selbst bleibt Rechtsfrage. Ein Gericht wird insoweit insbesondere prüfen, ob der Gutachter nicht etwa ein fehlerhaftes rechtliches Vorverständnis zu Grunde gelegt hat.

99 Aus den vorgenannten Gründen dürfen für die Auslegung eines Bauvertrages insbesondere auch DIN-Bestimmungen herangezogen werden, die keinen unmittelbaren rechtlichen Bezug zum konkreten Vertrag haben, die aber als **verkehrsübliche** (vgl. § 9 Nr. 4 Abs. 1 VOB/A) technische Bezeichnungen einem einheitlichen Begriffsverständnis der Fachleute dienen. Dazu zählt beispielsweise die DIN 276, obwohl sie „nur“ Kostengliederungsnorm ist.

Beispiele:

100
- Zur „Begrünung unterbauter Flächen“ gehören Wurzelschutz- und Fertigungspflege.[177]
- „Baugrund“ ist „Boden oder Fels, in dem Bauwerke gegründet oder eingebettet werden sollen oder der durch Baumaßnahmen beeinflusst wird“.[178]
- „Wohnfläche“ ist in der (aufgehobenen) DIN 283 und der Wohnflächenverordnung zum Teil unterschiedlich definiert, die Heranziehung der DIN 283 zu der Frage, wie Schrägen berücksichtigt werden, entspricht der Verkehrssitte eher.[179]
- Nutzfläche, Geschossfläche, Verkaufsfläche, Gewerbefläche bedürfen der Einzelbeurteilung, hier greift aber die „Unklarheitenregel“.[180]
- Die „Null-Abschnitte“ der DIN-Normen der VOB/C sind zur Auslegung heranzuziehen.[181]

101 **b) Vertragliche Reihenfolgeregel, Auslegungsregel „Speziell vor Allgemein“.** Der Vertrag kann (sollte!) regeln, welche der verschiedenen Vertragsbestandteile im Falle von Widersprüchen oder Unklarheiten vorrangig ist. Er sollte insbesondere regeln, was beim Widerspruch zwischen Text und Zeichnung vorgeht (zur Beurteilung bei fehlender vertraglicher Reihenfolgeregel siehe Rdn. 120, 122). Ist die VOB/B vereinbart, enthält der Vertrag aber keine Reihen-

[175] BGH „NEP Positionen“, NZBau 2003, 376; BGH „Spanngarnituren“ BauR 1994, 625; *Kniffka/Koeble* Kompendium Teil 5, Rdn. 91; *Kapellmann/Schiffers* Band 2, Rdn. 599; Band 1, Rdn. 177. Vgl. auch VOB/A § 9 Nr. 4 Abs. 1.

[176] BGH „Labordämmaße“ BauR 1995, 538; *Kniffka/Koeble* Kompendium Teil 5, Rdn. 91; *Kapellmann/Schiffers* Band 1, Rdn. 147, 177, 183, vgl. auch Rdn. 91.

[177] DIN 276 Fassung Juni 1993, Tabelle 1 Kostengruppe 516. Vgl. auch oben Rdn. 41.

[178] DIN 4020 „Geotechnische Untersuchungen für bautechnische Zwecke“, siehe Rdn. 41.

[179] BGH „Bauträger“ NZBau 2001, 132, zurückverwiesen zur Klärung der Frage, ob eine (lokale) Verkehrssitte bestand, mit „Wohnfläche“ eine nach der (damaligen) 2. Berechnungsverordnung ermittelte Fläche zu bezeichnen; BGH BauR 1997, 1030, näher *Kapellmann/Schiffers* Band 2, Rdn. 605 m.N.

[180] BGH „Bauträger“ NZBau 2001, 132 sowie hier Rdn. 110, 123; Einzelheiten *Kapellmann/Schiffers* Band 2, Rdn. 600–607.

[181] Siehe oben Rdn. 79–83, unten Rdn. 119.

folgeregelung, gilt die des § 1 Nr. 2 VOB/B. Gibt es eine vertragliche Reihenfolgeregel, so gilt deren Hierarchie unabhängig davon, ob im Einzelfall eine nachrangige Regelung inhaltlich eine sachlich spezielle Regelung enthält, weil die spezielle Reihenfolgeregel lt. Vertrag der Allgemeinen Reihenfolgeregel „Speziell vor Allgemein" vorgeht. Zur Beurteilung der Spezialität ist zuerst der Regelungsumfang der Spezialregelung zu klären, das ist wiederum Auslegungsfrage.[182] Nur wenn die Vertragsaussagen innerhalb des Regelungsumfangs kollidieren, ist die speziellere vorrangig. Außerhalb des Regelungsumfangs gelten mangels Widerspruch beide Regeln.

Die Reihenfolgeregel selbst unterliegt, wenn sie in Allgemeinen Geschäftsbedingungen **ent- 102
halten** ist, der Wirksamkeitskontrolle nach den §§ 305 ff. BGB. Ist sie ihrerseits unklar, was nicht selten vorkommt, so ist sie schon wegen des Verstoßes gegen das Transparenzgebot (§ 305 c Abs. 2 BGB), aber auch wegen Verstoßes gegen § 307 BGB unwirksam.[183] Eine Auslegung muss dann anhand der allgemeinen Auslegungsregeln erfolgen. Eine Günstigkeitsklausel **in Allgemeinen Geschäftsbedingungen,** wonach im Falle des Widerspruches oder der Unklarheit einzelner Vertragsbestandteile die dem Verwender günstigere Regelung vorgeht, ist wegen Verstoßes gegen § 307 BGB unwirksam.[184]

Gibt es **keine vertragliche** Reihenfolgeregelung **oder greift sie nicht,** weil es um Wider- 103
sprüche **innerhalb einer Regelungskategorie** geht – also z.B. innerhalb eines Leistungsverzeichnisses oder innerhalb der Leistungsbeschreibung (Baubeschreibung, Leistungsverzeichnis, Pläne, siehe oben Rdn. 66) –, so ist eine allgemeine Auslegungsregel zu prüfen: Die **spezielle Vertragsregelung** geht der allgemeineren **vor.** Dabei kommt es – wenn nicht eine vertragliche Reihenfolgeregelung vorliegt, siehe oben Rdn. 102!- auf den „Vertrag als sinnvolles Ganzes an". Die grundsätzlich zutreffende Auslegungsregel, dass z.B. in einem **Leistungsverzeichnis** der **Positionstext spezieller** ist als die Vorbemerkung, kann im **Einzelfall** unzutreffend sein, weil z.B. der Positionstext ersichtlich nach Standardleistungsbuch verfasst ist, während die Vorbemerkungen **eindeutige, speziell** dieses Bauvorhaben ergänzende Anforderungen enthalten.[185]

Beispiel für den Vorrang der spezielleren Regelung: Ein Leistungsbeschrieb enthält eine Bestimmung, dass ein Betonfertigteil hergestellt werden soll als B 35 mit einem Zuschlag Basalt-Edelsplitt 0/4 mm, Basalt-Edelsand 0/2 mm, Portlandzement Z 35 L. Wird dieser Zuschlag verwendet, so ist das resultierende Betonfertigteil gem. der DIN 1045 kein B 35, die Körnung muss nämlich mindestens im Bereich 0/8 mm liegen. Der Inhalt der Leistungsbeschreibung ist also widersprüchlich. Die Auslegung ergibt, dass Beton mit dem Zuschlag 0/4 mm geschuldet ist, kein B 35. Da nämlich die Spezifikation mit der Einzelbenennung des Zuschlages völlig eindeutig ist, geht diese hochspezielle Regelung der allgemeinen, nämlich dem (inzidenten) Verweis auf eine DIN-Norm (DIN 1045), vor.[186] Im Übrigen gilt hier wie immer: Keine Auslegung eines Widerspruches kann die sich widersprechenden Elemente unter einen Hut bringen, jedes Ergebnis ist zwangsläufig unbefriedigend, was aber nichts daran ändert, dass die Entscheidung im Streitfall notwendig ist.

Besteht ein **Widerspruch** zwischen **Text** und **Zeichnung**, so hindert die grundsätzliche 104
Gleichrangigkeit von Baubeschreibung und Leistungsverzeichnis einerseits und Zeichnungen andererseits (siehe oben Rdn. 66) nur daran, diesen Widerspruch über die Reihenfolgeregel des § 1 Nr. 2 VOB/B aufzulösen, aber nicht daran, allgemeine Auslegungsregeln wie „speziell vor allgemein" oder die Beurteilung von Erklärungen nach dem „Empfängerhorizont" (Rdn. 109) heranzuziehen; sachgerechter ist es aber, eine spezielle Auslegungshilfe, nämlich § 9 Nr. 12 VOB/A heranzuziehen (dazu Rdn. 120, 122).

---

[182] *Kapellmann/Schiffers* Band 1, Rdn. 179; Band 2, Rdn. 483.

[183] BGH BauR 1991, 458; BGH BauR 1990, 718; *Frieling* BauR 1994, 154; § 1, Rdn. 38.

[184] BGH „ECE-Bedingungen" BauR 1997, 1036, Klausel I Nr. 9; siehe oben Rdn. 60, unten Rdn. 129.

[185] BGH „Eisenbahnbrucke" BauR 1999, 897; zu dieser Entscheidung insoweit noch **näher** VOB/A § 9, Rdn. 56, **Fn. 71**. OLG Jena IBR 2004, 410, Nichtzulassungsbeschwerde vom BGH zuruckgewiesen; *Kniffka/Koeble* Kompendium Teil 5, Rdn. 91. Vgl. auch *Ingenstau/Korbion/Keldungs* VOB/B § 1, Nr. 2, Rdn. 15.

[186] Beispiel nach *Kapellmann/Schiffers* Band 1 Rdn. 179, 210.

c) Vertrauen auf Richtigkeit und Vollständigkeit

105 **aa) Vertrauen auf Richtigkeit, keine Pflicht zur eigenen Untersuchung.** Ein Kernstück der Auslegung ist, dass der Bieter sich auf die **Richtigkeit** auftraggeberseitiger Angaben verlassen darf;[187] der Ausschreibende hatte die Möglichkeit und gem. der Regelung der VOB die Pflicht, die der Ausschreibungsentscheidung zugrundeliegenden Fakten und technischen Überlegungen zu prüfen, der Bieter hat sie – in der nur kurzen Zeitspanne der Angebotserstellung – in der Regel nicht. Infolge dieser Funktionsverteilung trägt der Auftraggeber die Verantwortung für die Richtigkeit seiner eigenen Angaben.[188] Hat also der Auftraggeber eine Bodenklasse benannt, so ist sie maßgebend. Der Bieter darf sich auch darauf verlassen, dass das tatsächlich fehlt, was der Auftraggeber hätte angeben müssen, aber nicht angegeben hat. Typisch ist das etwa bei Angaben bezüglich der Ja/Nein-Alternativen der Nullabschnitte der VOB/C.[189]

106 Der Bieter ist auch **nicht** verpflichtet, zur Klärung des künftigen Bausolls im **Angebots**stadium eigene **Untersuchungen** anzustellen, für die Angebotserstellung wesentliche Basisdaten selbst (neu) zu ermitteln oder auftraggerberseitige Berechnungen, z.B. eine Wärmebedarfsberechnung, allgemein auf ihre Richtigkeit hin zu prüfen.[190] Auch wenn ein Vertrag schon geschlossen ist, ist der Auftragnehmer ja nicht verpflichtet, eigene Untersuchungen durchzuführen. Im Gegenteil sind das „Besondere Leistungen", die gem. VOB/C gesondert benannt sein müssen (siehe oben Rdn. 86) und die gesondert vergütet werden, so beispielsweise „Boden- und Wasseruntersuchungen" gem. Abschnitt 4.2.9. DIN 18300. Wenn aber selbst bei bestehendem Vertrag eine solche Pflicht nur bei gesonderter Vereinbarung besteht, gibt es erst recht im Angebotsstadium ohne entsprechende Regelung in den Ausschreibungsunterlagen keine Untersuchungspflicht.

107 Auch aus **§ 4 Nr. 3 VOB/B** lässt sich eine solche allgemeine **Pflicht** des Bieters, im **Angebots**stadium eigene Untersuchungen anzustellen oder eigene Berechnungen durchzuführen oder überhaupt Hinweise auf eine falsche Planung zu geben, **nicht** herleiten. § 4 Nr. 3 VOB/B begründet solche Pflichten erst im bestehenden Vertrag und **nicht** für das Angebotsstadium.[191] Das heißt nicht, dass der Auftragnehmer die Angebotsunterlagen nicht prüfen muss (dazu Rdn. 110), aber diese Prüfung erfolgt kalkulationsbezogen, unter Plausibilitätsgesichtspunkten und nicht als „Nachplanung", der Bieter ist nicht zum „vollständigen Durcharbeiten" verpflichtet.[192]

108 **bb) Vertrauen auf Vollständigkeit.** Der Auftraggeber, der durch die Wahl seiner Ausschreibungsmethode – Einheitspreisvertrag, Detail-Pauschalvertrag oder Detailbereiche im Global-Pauschalvertrag[193] – erklärt, er habe **detailliert** („alles") ausgeschrieben, muss sich an diesem Erklärungsinhalt und dem so geschaffenen Rechtsschein festhalten lassen. Für einen solchen Vertrag gilt nicht nur die für alle Vertragstypen geltende **Richtigkeitsvermutung**, sondern auch eine **Vollständigkeitsvermutung**: Das, was näher bestimmt ist, ist auch so maßgebend, **also ist nur das zu bauen**. Was nicht genannt ist, ist auch nicht Bausoll.[194]

---

[187] BGH „Schlüsselfertigbau" BauR 1984, 395; OLG Hamm NJW-RR 1994, 407 = BauR 1994, 144 L (allerdings mit unzutreffender Schlussfolgerung, nämlich § 6 Nr. 6 VOB/B anstatt richtig § 2 Nr. 5, 6 VOB/B); *Kapellmann/Schiffers* Band 1, Rdn. 187; *Werner/Pastor* Bauprozess, Rdn. 1132; Beck'scher VOB-Kommentar/*Hertwig* VOB/A § 9, Rdn. 9, 18; *Markus* BauR 2004, 180; *Oberhauser* BauR 2003, 1110; *Langen/Schiffers* Bauplanung und Bauausführung, Rdn. 685.

[188] *Kapellmann* Jahrbuch Baurecht 1999, Rdn. 230; *Kapellmann/Schiffers* Band 1, Rdn. 188; Band 2, Rdn. 255 ff.; *Vygen* Bauvertragsrecht, Rdn. 288, 289; i.E. *Thode* Seminar Pauschalvertrag, S. 42.

[189] Vgl. oben Rdn. 79 bis 83.

[190] *Kapellmann/Schiffers* Band 1, Rdn. 196, 210, 216, 217, 219, 728, Band 2, Rdn. 509; *Kleine-Möller/Merl* § 10, Rdn. 32; *Englert/Grauvogl/Maurer* Rdn. 117. Siehe auch VOB/A § 2, Rdn. 34.

[191] *Hanhart* Festschrift Heiermann, S. 111; *Kapellmann/Schiffers* Band 1, Rdn. 157, Band 2, Rdn. 509, *Roquette* NZBau 2001, 57; Beck'scher VOB-Kommentar/*Motzke* VOB/B § 13 Nr. 4, Rdn. 33; *Markus* BauR 2004, 180; → VOB/B § 4 Rdn. 64, 65. Eine gegenteilige AGB-Klausel ist unwirksam, vgl. *S. Kapellmann*, in: *Markus/Kaiser/Kapellmann* AGB Handbuch Bauvertragsklauseln, Rdn. 366.

[192] *Kapellmann/Schiffers* Band 1, Rdn. 157, 218; *Englert/Grauvogl/Maurer* Rdn. 399; näher Rdn. 111.

[193] Zum Detail-Pauschalvertrag näher Rdn. 242 ff., zu Detailbereichen innerhalb eines Global-Pauschalvertrages näher Rdn. 259.

[194] Näher Rdn. 242; vgl. dazu unrichtig BGH „Konsoltraggerüste" NZBau 2002, 324 = BauR 2002, 935, Erläuterungen in **Rdn. 86**.

Gegen diese Vermutung kann sich der Auftraggeber beim Einheitspreisvertrag und beim Detail-Pauschalvertrag auch nicht wirksam in Allgemeinen Geschäftsbedingungen durch **„Komplettheitsklauseln“** wehren; bei Global-Pauschalverträgen bedürfen entsprechende **„Schlüsselfertigklauseln“** in Allgemeinen Geschäftsbedingungen des Auftraggebers dagegen differenzierender Betrachtung.[195] Gerade für geregelte Detailbereiche innerhalb ansonsten globaler Pauschalverträge ist dieses Auslegungskriterium von ausschlaggebender Bedeutung.[196]

d) Zwischenergebnis. Bestätigt sich (schon) anhand der erörterten Auslegungskriterien, dass die Auslegung des Auftraggebers – d.h. seine Beurteilung des Bausolls – richtig ist, so ist die vom Auftraggeber geforderte Leistung nicht Bausoll-Bauist-Abweichung, der Auftragnehmer muss sie zur unveränderten Vertragsvergütung erbringen.[197] **109**

Bestätigt sich dagegen, dass die Auffassung des Auftragnehmers richtig ist, so sind noch in einem zweiten Schritt Prüfpflichten von Bietern zu untersuchen.

3. Auslegungskriterium Prüfpflichten von Bietern

a) Empfängerhorizont der Bieter. Das vom Auftraggeber vorformulierte Angebotsblankett ist nach zutreffender allgemeiner Auffassung so auszulegen, wie es die Empfänger dieser Erklärung, also die Bieter, nach Treu und Glauben unter Berücksichtigung der Verkehrssitte verstehen durften. Demzufolge dürfen zur Auslegung nur solche Umstände herangezogen werden, die für Bieter **erkennbar** waren oder erkennbar sein mussten. Auf „ihren Horizont und ihre Verständnismöglichkeit ist die Auslegung abzustellen, und zwar auch dann, wenn der Erklärende die Erklärung anders verstanden hat und auch verstehen durfte“.[198] Maßgebend ist nicht das Verständnis eines speziellen Bieters, maßgebend ist das Verständnis der Bieter, nämlich des „angesprochenen Empfängerkreises“.[199] **110**

Nach dem **„Empfängerhorizont der Bieter“** ist zum Beispiel zu beurteilen, was als **„übliches Maß“** an Stahlabmessung bzw. -konzentration anzusehen ist, wenn die Ausschreibung entgegen den Erfordernissen des Einzelfalles (DIN 18331, Abschnitt 0.2.5) Sorten, Mengen und Maße des Betonstahls nicht besonders aufführt (Beispiel aus Rdn. 83). Ein Bieter muss hier durchaus mit einer erheblichen Bandbreite an Möglichkeiten rechnen, aber immer ist zu berücksichtigen, dass ein Bieter nur mit Bandbreiten innerhalb **üblicher Standards** zu rechnen braucht, denn er darf ja gerade erwarten, dass Anforderungen, die sich aus einem **besonderen** Erfordernis des Bauvorhabens ergeben, gerade auch besonders, also ausdrücklich, ausgeschrieben werden – nicht der Bieter muss alle möglichen Bandbreiten „einkalkulieren“, der Ausschreibende muss Abweichungen von Standards benennen.[200] Das gilt für alle Fallgestaltungen, in denen der **Abschnitt 0** der VOB/C Angaben „nach den Erfordernissen des Einzelfalls“ verlangt. Entsprechend darf ein Bieter bei **Auswahlpositionen**[201] zugrunde legen, dass sich die Wahl des Auftraggebers innerhalb

---

[195] Näher Rdn. 244 zu Komplettheitsklauseln bei Detail-Pauschalverträgen, Rdn. 263 bei Global-Pauschalverträgen.

[196] Näher Rdn. 259.

[197] **Ausnahmsweise** kommt ein Schadensersatzanspruch des Auftragnehmers gegen den Auftraggeber aus c.i.c. (§§ 311 Abs. 2 Nr. 1, 280 BGB) in Betracht, wenn der Auftraggeber den Auftragnehmer durch eine missverständliche Formulierung in die Irre geführt hat, insbesondere, wenn diese missverständliche Formulierung den Schluss nahe legt, der Auftraggeber habe seine wirkliche Regelungsabsicht nicht nur schlecht ausgedrückt, sondern nahezu verschleiert; näher dazu *Kapellmann/Schiffers* Band 1, Rdn. 244, 245; ebenso *Leinemann/Schoofs* VOB/B § 2, Rdn. 151; vgl. dazu auch Rdn. 124.

[198] BGH BauR 1986, 361; BGH „Spanngarnituren“ BauR 1994, 625; *Palandt/Heinrichs* BGB § 133, Rdn. 9 m.w.N.

[199] BGH „Sonderfarben I“ BauR 1993, 595, BGH „Wasserhaltung II“ BauR 1994, 236. Der Erwerber (hier: der Bieter) darf bei unklaren Aufgaben nach der Verkehrssitte (bei Flächenangaben) ein **typisches** Verständnis zugrunde legen, BGH „Bauträger“ NZBau 2001, 132; siehe Rdn. 123.

[200] Näher Rdn. 123 mit Fn. 238.

[201] **Auswahlpositionen**: Der Auftraggeber lässt sich für die Zeit nach Vertragsschluss die Wahl, welche konkrete Leistung er festlegt. Das ist ein Leistungsbestimmungsrecht des Auftraggebers gemäß § 315 BGB. Näher VOB/A § 5, Rdn. 25 sowie *Kapellmann/Schiffers* Band 1, Rdn. 849–858.

von „nach der gewerblichen „Verkehrssitte“ (§ 1 Nr. 2 VOB/B) zu erwartenden industriellen Standards bewegt, also bei **„Farbton nach Wahl des Auftraggebers“** zum Beispiel innerhalb der RAL-Palette oder der Palette der Industriehersteller.[202]

Bei öffentlichen Auftraggebern ergeben sich diese Schlussfolgerungen ohnehin schon deshalb, weil diese einem Bieter kein „ungewöhnliches Wagnis“ durch die Art der Ausschreibung auferlegen dürfen.[203] Zu Untersuchungspflichten und der (zu verneinenden) Anwendbarkeit von § 4 Nr. 3 VOB/B siehe Rdn. 106, 107.

111 **b) Grundsätze zum Prüfmaßstab.** Die Auslegung des Angebotsblanketts nach dem „Empfängerhorizont“ (Rdn. 110) bedeutet auch, dass der Bieter sich bemühen muss, „unter Berücksichtigung aller für ihn erkennbaren Umstände mit gehöriger Aufmerksamkeit zu **prüfen**, was der Auftraggeber gemeint hat“.[204] An diese Prüfpflicht müssen objektivierbare, die Situation der Angebotsbearbeitung berücksichtigende Maßstäbe angelegt werden. Die Angebotsbearbeitung erfolgt **„kalkulationsbezogen“**.[205] Das „Finden können“ bemisst sich folglich auch danach, was bei der so gekennzeichneten Art der Angebotsbearbeitung auffällig ist. Das sind unübersehbare, auf der Hand liegende Widersprüche oder Unklarheiten, also Fälle, in denen die Unrichtigkeit „ganz klar erkennbar ist“. Der Bieter ermittelt in der Angebotsphase Preise, er plant nicht nach. Zu detektivischer Nachsuche ist er nicht verpflichtet.[206]

Für die Prüfung unter diesem Aspekt ist Maßstab die Aufmerksamkeit eines **„durchschnittlich sorgfältigen Bieters“**,[207] aber eben eines (im Falle der Auftragserteilung nur ausführenden) Bieters, nicht eines Planers.[208] Die insoweit anzuwendende Sorgfalt bemisst sich nach den erkennbaren Umständen des Einzelfalls.[209] Das darf allerdings nicht missverstanden werden: Eine besondere (technische, nicht gestalterische!) Schwierigkeit des Objekts erfordert auch eine adäquate, diese Schwierigkeit „übersetzende“ Ausschreibung und ist nicht etwa Anlass, an die Prüfpflicht der Bieter besonders scharfe Anforderungen zu stellen. Eine **sachgerechte,** widerspruchsfreie und vollständige **Ausschreibung** ist aufgrund der Funktionsverantwortung zweifelsfrei **primär Pflicht** des **Auftraggebers**, Zweifel gehen zu **seinen** Lasten.[210] Der Bundesgerichtshof hat in der Betonung der Schwierigkeit des Objekts als Anlass für den Bieter zu besonderer Prüfung

---

Alternativpositionen (Wahlpositionen): Der Auftraggeber hat zwei Alternativen ausgeschrieben, eine davon wählt er bei Vertragsschluss oder bei entsprechender Regelung im Vertrag zu einem späteren Zeitpunkt. Das ist ein Wahlschuldverhältnis gemäß § 262 BGB. Näher VOB/A § 5, Rdn. 14–16 und *Kapellmann/Schiffers* Band 1, Rdn. 569 ff., siehe auch hier Rdn. 188.

[202] BGH „Sonderfarben II“, OLG Köln, beide BauR 1998, 1096; Einzelheiten *Kapellmann/Schiffers* Band 1, Rdn. 849–858, oben Rdn. 95; wie hier Beck'scher VOB-Kommentar/*Hertwig* VOB/A § 9 Rdn. 18. Siehe dazu auch Rdn. 192. Es kommt nicht darauf an, ob durch die Wahl des Auftraggebers „jedes bei Vertragsschluss voraussetzbare Maß überschritten wird“, so aber *Leinemann/Schoofs* VOB/B § 2, Rdn. 99; das ist eine Anknüpfung an die Störung der Geschäftsgrundlage, die bei dieser Vorfrage noch keine Rolle spielt.

[203] Dazu Rdn. 111 und speziell zu „Sonderfarben“ *Kapellmann/Schiffers* Band 1, Rdn. 856.

[204] BGH NJW 1981, 2296.

[205] BGH „Wasserhaltung II“ BauR 1994, 236; BGH „Auflockerungsfaktor“ BauR 1997, 466; Beck'scher VOB-Kommentar/*Motzke* VOB/B § 13 Nr. 4, Rdn. 33; *Kapellmann/Schiffers* Band 1, Rdn. 210, 752–756; *Roquette* NZBau 2001, 57; oben Rdn. 107, unten Rdn. 123.

[206] *Ingenstau/Korbion/Kratzenberg* VOB/A § 9, Rdn. 11, „ohne Schwierigkeiten zu erkennen“, Rdn. 21; ähnlich *Kleine-Möller/Merl* Handbuch § 10, Rdn. 332; *Roquette* NZBau 2001, 57; Beck'scher VOB-Kommentar/*Hertwig* VOB/A § 9, Rdn. 9; *Langen/Schiffers* Bauplanung und Bauausführung, Rdn. 1184.

[207] *Wettke* BauR 1989, 292, 297; *Kleine-Möller/Merl* § 10 Rdn. 332; *Kapellmann/Schiffers* Band 1, Rdn. 210; *Englert/Grauvogl/Maurer* Handbuch Baugrund, Rdn. 398, 399.

[208] *Englert/Grauvogl/Maurer* a.a.O.

[209] BGH „Universitätsbibliothek“ BauR 1987, 683, Einzelheiten zu dieser Entscheidung *Kapellmann/Schiffers* Band 1, Rdn. 170, 198, 204, 207, 212, 214, 216, 246, 868.

[210] I.E. BGH „Bauträger“ NZBau 2001, 132; OLG Koblenz NZBau 2001, 633 = BauR 2001, 1442, Revision vom BGH nicht angenommen; dazu *Haß* NZBau 2001, 613; *Vygen* Bauvertragsrecht, Rdn. 289; *Ingenstau/Korbion/Kratzenberg* VOB/A § 9, Rdn. 8; „Der Auftraggeber hat alle Mühe aufzuwenden, um den Anforderungen ... in vollem Umfang nachzukommen“; *Kniffka,* in: *Kniffka/Koeble* Kompendium Teil 5, Rdn. 82, 92, 103; *Markus* BauR 2004, 180; *Oberhauser* BauR 2003, 1110; *Kapellmann/Schiffers* Band 1, Rdn. 732; *Roquette* NZBau 2001, 57. Siehe dazu näher **Rdn. 123**, 243, 259.

diese Primärverantwortung des Auftraggebers in früheren Entscheidungen nicht richtig gewürdigt.[211] Ergänzt wird das Argument der „Primärverantwortung" des Auftraggebers durch die Überlegung, dass der Auftraggeber eine beliebig lange Vorbereitungszeit für die Ausschreibung zur Verfügung hat, während der Bieter das Angebotsblankett in einer kurzen Frist bearbeiten muss, innerhalb derer ohnehin nur eine Plausibilitätsprüfung möglich ist und kein „vollständiges Durcharbeiten".[212] Es ist wenig überzeugend, wenn ein Auftraggeber einem Bieter vorhält, diese oder jene Unklarheit sei unübersehbar gewesen, während er sie selbst in der langen Ausschreibungsphase und durch gerade für die Ausschreibung bezahlte Spezialisten (siehe Phase 6 § 15 Abs. 1 HOAI!) nicht bemerkt hat.[213] Hat ein Bieter ausdrücklich erklärt, wie er die vom Auftraggeber gefertigte Leistungsbeschreibung verstanden und umgesetzt hat, kann er sich später nicht mehr darauf berufen, der Text sage objektiv etwas anderes aus.[214] Sinngemäß gilt das auch, wenn der Auftraggeber eine „authentische Interpretation" nachgereicht hat.

Bei der Beurteilung dessen, was ein Bieter an Unrichtigkeit der Ausschreibung erkennen kann, darf man **nicht ex post** Beurteilungsmaßstäbe anlegen. Wenn ein Widerspruch oder eine Unklarheit erst einmal aufgefallen ist – und wenn gar in einem Prozess dazu Dutzende Seiten Schriftsätze gewechselt sind und ein ausführliches Sachverständigengutachten vorliegt –, so ist es nicht einfach, aber geboten, sich von dem Gedanken freizumachen, das Problem sei leicht zu erkennen gewesen: Immerhin **haben** die Beteiligten es nicht erkennt. Wer vom Rathaus kommt, ist immer klüger. Die Rechtsprechung des Bundesgerichtshofs hat früher zu sehr aus dieser ex post Sicht geurteilt.[215] 112

Im Einzelfall kann ausnahmsweise auch eine (indirekte) Anwendung des § 254 BGB in Betracht kommen.[216] 113

c) Die Bedeutung von § 9 VOB/A für die Auslegung

aa) Öffentliche Auftraggeber. Für den öffentlichen Auftraggeber ist durch § 97 Abs. 6 GWB und die Vergabe-VO für die Ausschreibung von Bauleistungen zwingend die Anwendung der VOB/A vorgeschrieben, damit also auch die Beachtung von § 9 VOB/A. Diese Vorschrift regelt unter Nr. 1 bis Nr. 4 Anforderungen an jede Art von Ausschreibungen, unter Nr. 5 bis Nr. 10 Technische Spezifikationen, unter Nr. 11 bis Nr. 14 solche für Leistungsbeschreibungen mit Leistungsverzeichnis (Einheitspreisvertrag, Detail-Pauschalvertrag), unter Nr. 15 bis Nr. 17 Anforderungen an Ausschreibungen mit Leistungsprogramm. Die Hauptbedeutung von § 9 VOB/A liegt also im Vergaberecht (näher § 9 VOB/A Rdn. 1). Darüber hinaus kommt § 9 VOB/A für Verträge eines Auftraggebers, der die VOB/A anwendet (also eines **öffentlichen** Auftraggebers), auch ganz erhebliche Bedeutung für die **Auslegung** eines schon geschlossenen Vertrages zu. § 97 Abs. 6 GWB soll nicht auf das Zivilrecht in der Form einwirken, dass die VOB/A **unmittelbar** Vertragsinhalt würde.[217] Ein Verstoß gegen die zwingende Vergabevorschrift des § 9 VOB/A führt auch **nicht zur Nichtigkeit des Vertrages nach § 134 BGB wegen Verstoßes gegen ein gesetzliches Verbot**. Zwingend ist die vergabeverfahrensrechtliche Anordnung; die Folgen von Verfahrensverstößen sind aber ausschließlich aus dem GWB zu entnehmen: Ein Bieter und späterer Auftragnehmer kann den Verstoß des Ausschreibenden gegen eine zwingende Vergabenorm 114

[211] BGH „Universitätsbibliothek" BauR 1987, 237; BGH „Sonderfarben I" BauR 1993, 595 (dazu später BGH „Sonderfarben II" und OLG Köln BauR 1998, 1098); wie hier OLG Köln BauR 1998, 1098; BGH „Konsoltraggerüste" NZBau 2002, 324 = BauR 2002, 935, dazu im Einzelnen *Kapellmann* NJW 2005, 180 und Rdn. 86; *Hanhart* Festschrift Heiermann, S. 111, 116; Beck'scher VOB-Kommentar/*Hertwig* VOB/A § 9, Rdn. 18.

[212] Zutreffend insoweit BGH „Universitätsbibliothek" BauR 1987, 237.

[213] *Englert/Grauvogl/Maurer* Rdn. 144; Beck'scher VOB-Kommentar/*Motzke* VOB/B § 13 Nr. 4, Rdn. 33; *Hanhart* Festschrift Heiermann, S. 111; *Kapellmann/Schiffers* Band 1, Rdn. 214, 213.

[214] OLG Celle IBR 1999, 298, Revision vom BGH nicht angenommen.

[215] *Ingenstau/Korbion/Kratzenberg* VOB/A § 9, Rdn. 15, *Wettke* BauR 1989, 297; *Kapellmann/Schiffers* Band 1, Rdn. 156, 185, 215, 228.

[216] Siehe auch Rdn. 128.

[217] *Kniffka/Quack* Festschrift 50 Jahre Bundesgerichtshof, S. 17, 28.

rügen und im Vergabenachprüfungsverfahren zu Fall bringen. Wenn er aber nicht „unverzüglich" rügt (§ 107 Abs. 3 GWB), so ist er im Vergabeverfahren mit dieser Rüge ausgeschlossen; der Zuschlag wird dann trotz des Vergabeverstoßes erteilt. Das würde völlig unterlaufen, wenn der Bieter/Auftragnehmer sich nach Vertragsschluss zivilrechtlich doch auf die Vergabewidrigkeit mit der Rechtsfolge zivilrechtlicher Unwirksamkeit berufen könnte. Im Ergebnis schließt also die gesetzliche Ausgestaltung des Vergabeverfahrens die zivilrechtliche Unwirksamkeitsfolge aus.[218] Im Einzelfall kann ein Verstoß gegen Ausschreibungsregeln des § 9 VOB/A eine AGB-widrige Vertragsklausel begründen (siehe Rdn. 61).

115 Aber wenn der öffentliche Auftraggeber erklärt, er wende die VOB/A an bzw. gesetzlich klargestellt ist, dass er unter deren Anwendung ausschreibt, so dürfen Bieter **jedenfalls** darauf vertrauen, dass der Ausschreibende genauso ausgeschrieben hat, wie er es über die VOB/A erklärt hat: Wenn also die **VOB/A in § 9 Nr. 2** bestimmt, dem Bieter dürfe kein ungewöhnliches Wagnis auferlegt werden für Umstände und Ereignisse, auf die er keinen Einfluss hat und deren Einwirkung auf die Preise und Fristen er nicht im voraus schätzen kann, so heißt das für Bieter nach deren Empfängerhorizont (oben Rdn. 110), dass **solche** Risikoentwicklungen gar **nicht Bausoll** werden, bei deren Eintritt sich **ein ungewöhnliches Wagnis** realisiert; treten sie doch ein, so sind das Bausoll-Bauist-Abweichungen; Leistungen zu deren Bewältigung sind geänderte oder zusätzliche Leistungen mit Vergütungsfolge nach § 2 Nr. 5, Nr. 6 oder § 2 Nr. 8 Abs. 2 Satz 2, Abs. 3 VOB/B; **Ansprüche** des Auftragnehmers **aus c.i.c** (§ 280 BGB) **scheiden** schon mangels Schaden, aber auch denselben systematischen Erwägungen wie in Rdn. 114 **aus** (näher Rdn. 124). Der Bundesgerichtshof hat dies erstmalig überzeugend in der Entscheidung **„Wasserhaltung II"** entschieden: Wenn nur „Wasserhaltung" ausgeschrieben ist, schuldet der Auftragnehmer bei dieser Global-Leistungsbeschreibung zwar grundsätzlich jede erforderliche Wasserhaltung je nach den Umständen des Falles, aber nicht eine solche, die „nach der konkreten Sachlage völlig **ungewöhnlich** und von keiner Seite zu erwarten ist".[219] Im Ergebnis ist das also ähnlich einer Störung der Geschäftsgrundlage, für die aber die Anforderungen nennenswert geringer sind als bei der „echten" Störung der Geschäftsgrundlage gemäß § 313 BGB (dazu Rdn. 278 ff.).

116 Konsequent hat der Bundesgerichtshof in der Entscheidung **„Auflockerungsfaktor"**[220] geurteilt, dass ein Bieter bei öffentlicher Ausschreibung eine Abrechnungsbeschreibung „**Bodenpositionen** werden nach fester Masse abgerechnet" nicht dahin verstehen zu braucht, dass unter diesen Begriff auch anzutransportierendes loses Füllgut fällt; um hier „feste Massen" zu ermitteln, müsste man den Umrechnungsfaktor von loser in fester Masse kennen, der möglicherweise sogar durch Versuche ermittelt werden müsste und der folglich für Bieter unaufklärbar sein muss. Wenn ein **öffentlicher** Auftraggeber – vergaberechtlich bedenklich, vgl. VOB/A § 9, Rdn. 23 – einem Bieter teil-funktional die Erstellung einer Statik überträgt, der Bieter danach Stahlmengen oder die Stärke von Spundbohlen berechnen muss, der Auftraggeber aber „Mindestvorgaben" macht, so kommt es zivilrechtlich darauf an, ob die auszuführende Leistung sich noch im Rahmen einer Standard-Erwartungsbandbreite hält oder so abweichend ist, dass sich ein ungewöhnliches Wagnis realisiert.[221]

Ein anderes Beispiel – vgl. Rdn. 41, Fn. 72 – ist die Angabe der Betonfestigkeit „B 25" für Abbrucharbeiten. Bieter können den Nacherhärtungsfaktor nicht zuverlässig selbst berechnen.

---

[218] Im Ergebnis ebenso, wenn auch mit anderer Begründung, *Lederer/Niebuhr* Festschrift Jagenburg 2002, S. 455.

[219] BGH „Wasserhaltung II" BauR 1994, 236 = NJW 1994, 850 = BGHZ 124, 64; anders noch BGH „Wasserhaltung I" BGH BauR 1992, 752; ausführlich *Kapellmann/Schiffers* Band 2, Rdn. 608–625, Band 1, Rdn. 195, 752, 753. Folglich bedarf es zur Lösung **dieser** Fälle keiner Heranziehung der „Störung der Geschäftsgrundlage", siehe Rdn. 282.

[220] BGH „Auflockerungsfaktor" BauR 1997, 466, *Kapellmann/Schiffers* Band 1, Rdn. 753.

[221] Deshalb vielleicht noch gerade innerhalb der Bandbreite BGH „Kammerschleuse" BauR 1997, 126; dagegen mit der zehnfachen Größe klar überschritten im unrichtig entschiedenen Fall OLG Köln IBR 2002, 347, Revision vom BGH leider nicht angenommen. Dazu und vergaberechtlich generell VOB/A § 9, Rdn. 23 sowie *Leinemann* VOB/B § 2 Rdn. 270; *Kapellmann/Ziegler* NZBau 2005, 65, 67. Vgl. zum Ganzen auch *Dähne* BauR 1999, 289.

Überhaupt darf der Bieter die Ausschreibung eines solchen Auftraggebers mindestens als **„VOB/A konform“** verstehen, die Ausschreibung darf so ausgelegt werden, dass ein Auslegungsergebnis erzielt wird, das den Anforderungen der Leistungsbeschreibung nach VOB/A entspricht. Mängel der Ausschreibung gehen nicht zu Lasten des Auftragnehmers, wenn er darauf vertrauen darf, über Risiken ausreichend informiert zu sein.[222] **Letzteres gilt allgemein**, also auch für **private** Auftraggeber. Wenn die Deutsche Bahn AG den Abtransport einer 60 m langen, abzubrechenden Brücke auf Bahngleis ausschreibt, ist es Bausoll-Bauist-Abweichung, wenn a) der Transport gegen die eigenen Sicherheitsbestimmungen der Bahn verstößt (!), b) die vorgesehene Strecke ungeeignet ist, c) die Oberleitung abgebaut werden muss und die Bahn deshalb die Zerlegung der Brücke in Einzelteile zwecks Transportmöglichkeit anordnet; der Auftraggeber hat die Primärpflicht, richtig auszuschreiben, deshalb kann die Bahn sich nicht darauf berufen, solche Erschwernisse hätte der Auftragnehmer erkennen müssen.[223] 117

Voraussetzung ist, dass unter mehreren Auslegungsmöglichkeiten auch eine VOB/A-konforme Auslegung **möglich** ist; eine gegen die VOB/A verstoßende, aber eindeutige Ausschreibung kann nicht zwangsangepasst werden.[224] Im Einzelfall kann eine solche Klausel unwirksam sein wegen Verstoßes gegen AGB-rechtliche Vorschriften (§§ 305 ff. BGB). 118

Gemäß **§ 9 Nr. 3 Abs. 4 VOB/A** muss der öffentliche Auftraggeber auch unter Beachtung der „Hinweise zur Leistungsbeschreibung“ im jeweiligen **Abschnitt 0** der **VOB/C Norm** ausschreiben, die also – entgegen ihrem Text – mittelbar auf den Vertragsinhalt einwirken. Sofern also eine laut **Abschnitt 0** zu erwähnende Besonderheit **nicht** in den Ausschreibungsunterlagen genannt ist, dürfen Bieter davon ausgehen, dass sie auch nicht vorhanden ist.[225] 119

Eine wesentliche Auslegungshilfe bildet **§ 9 Nr. 11 VOB/A** für den Konflikt, ob – wenn der Vertrag dazu nichts regelt – **bei Widerspruch der Text oder die Pläne vorgehen.** Das Problem ist über die Reihenfolgeregel des § 1 Nr. 2 VOB/B nicht zu lösen.[226] Laut § 9 Nr. 11 Satz 2 VOB/A sind „**Zeichnungen** oder Proben, die für die Ausführung **maßgebend** sein sollen, **eindeutig** zu bezeichnen“. Der richtige und vollständige Text ist also die Regel, die Ergänzung (des Bausolls) durch Zeichnungen die Ausnahme; Zeichnungen sind (zur Definition des Bausolls) „nur“ **Ergänzungsmittel**. Demzufolge sind sie für die Bestimmung des Bausolls ohnehin **nur** dann von Bedeutung, wenn sie an der richtigen Stelle, also im Text einer Position oder unmissverständlich in Technischen Vorbemerkungen als „leistungsbestimmend“ aufgeführt sind.[227] Sind sie als maßgeblich genannt, so sind sie auch allein maßgeblich, der formelhafte Hinweis des Auftraggebers auf weitere **„einsehbare Pläne“** ist schon deshalb unbeachtlich. Aber auch generell kann der Ausschreibende sein Primärrisiko, richtig und unzweideutig auszuschreiben, nicht durch einen unspezifizierten Hinweis auf einsehbare Pläne auf Bieter abwälzen.[228] Im Regelfall geht also im Zweifel der **Text vor**, Ausnahmen gelten nur, wenn sich bei der Angebotsbearbeitung die Diskrepanz geradezu aufdrängt.[229] Angesichts der systematischen Position des § 9 Nr. 11 VOB/A 120

---

[222] BGH „Auflockerungsfaktor“ BauR 1997, 466; OLG Koblenz NZBau 2001, 633 = BauR 2001, 1442, Revision vom BGH nicht angenommen, dazu *Haß* NZBau 2001, 613; *Kniffka/Koeble* Kompendium, Teil 5 Rdn. 97; *Kniffka/Quack* 50 Jahre Bundesgerichtshof, S. 17, 28; Beck'scher VOB-Kommentar/*Hertwig* VOB/A § 9, Rdn. 4.

[223] BGH „Eisenbahnbrücke“ BauR 1999, 897; *Kniffka/Koeble* Kompendium Teil 6, Rdn. 108.

[224] BGH „Kammerschleuse“ BauR 1997, 126; *Kniffka/Quack* 50 Jahre Bundesgerichtshof, S. 17, 28.

[225] Vgl. oben Rdn. 79–83, 105. **Das** gilt uneingeschränkt auch für **private** Auftraggeber, siehe Rdn. 122 a.E. Zu BGH „Konsoltraggerüste“ NZBau 2002, 324 s. oben Rdn. 86.

[226] Siehe oben Rdn. 104, 66.

[227] Zu allem *Kapellmann/Schiffers* Band 1, Rdn. 201–205, dazu insbesondere BGH „Text vor Plänen“ NZBau 2003, 149 = BauR 2003, 388; *Langen/Schiffers* Bauplanung und Bauausführung, Rdn. 686. Siehe auch VOB/A § 9, Rdn. 56.

[228] Ebenso *Korbion/Locher* AGB-Gesetz, Rdn. 115, Einzelheiten oben Rdn. 70–72.

[229] *Kapellmann/Schiffers* Band 1, Rdn. 205; *Hanhart* Festschrift Heiermann, Seite 111; *Englert/Grauvogl/Maurer*, Rdn. 241. Für Vorrang der Zeichnung: „eher“: *Heiermann/Riedl/Rusam* VOB/B § 1, Rdn. 28d.

Der BGH „Text vor Plänen“ NZBau 2003, 149 kommt ohne systematische Begründung zu demselben Ergebnis mit dem Rückgriff auf die „Verkehrsanschauung“. Im konkreten Fall enthielt die Baubeschreibung

gilt das eindeutig für Einheitspreisverträge. Für Global-Pauschalverträge gilt der Vorrang des Textes erst recht.[230]

121 **§ 9 Nr. 14 Satz 1 und Satz 2 VOB/A** regeln, dass unter einer Position ungleichartige Leistungen nur dann zusammengefasst werden sollen, wenn eine Teilleistung gegenüber einer anderen für die Bildung eines Durchschnittspreises ohne nennenswerten Einfluss ist. Demzufolge ist es Bausoll-Bauist-Abweichung, wenn bei solchen **Mischpositionen** vom Durchschnitt abweichende, aufwendige Einzelleistungen nennenswert überwiegen oder sogar das Schwergewicht bilden.[231]

122 **bb) Private Auftraggeber.** Die Vergabevorschrift des **§ 9 VOB/A** wendet sich an öffentliche Auftraggeber; private Auftraggeber sind nicht verpflichtet, sich an diese Normbefehle zu halten, so dass Bieter auch nicht erwarten können, ein privater Auftraggeber habe normgerecht ausgeschrieben. So weit also die Auslegung daran anknüpft, dass der Bieter Anlass hat anzunehmen, Verstöße gegen Normbefehle seien in der Ausschreibung nicht vorgekommen, passt das nicht auf private Auftraggeber. Hervorzuhebendes Beispiel ist das Verbot des § 9 Nr. 2 VOB/A, dem Bieter „ungewöhnliche Wagnisse" aufzuerlegen. Während solche dennoch auftretenden ungewöhnlichen Wagnisse bei öffentlicher Ausschreibung Bausoll-Bauist-Abweichung sind (oben Rdn. 114–116), gilt das bei privater Ausschreibung nicht; hier hilft im Einzelfall nur die „Störung der Geschäftsgrundlage" (siehe Rdn. 277).

§ 9 VOB/A enthält aber **nicht nur** ausdrückliche Normbefehle, was der öffentliche Auftraggeber bei der Ausschreibung nicht darf, sondern enthält in Anknüpfung an die Vertrags- und Vergütungstypen der VOB (§ 5 VOB/A) allgemein-methodische Hinweise zur sachgerechten Ausschreibung und darüber hinaus spezielle zur sachgerechten Ausschreibung von Einheitspreisverträgen (§ 9 Nr. 11–14) und zur funktionalen Ausschreibung (§ 9 Nr. 15–17). Diese Vertragstypen haben das deutsche Bauvertragsrecht auch außerhalb der VOB vollständig geprägt. Ein **privater Auftraggeber**, der sich (zwangsläufig) **dieser Typen** bei seiner Ausschreibung bedient, schafft damit den **Vertrauenstatbestand**, **sachgerecht**-typische Ausschreibungsmethoden angewandt zu haben; will er davon abweichen, muss er das in den Ausschreibungsunterlagen unmissverständlich und an sachlich zu erwartender Stelle – nicht versteckt – sagen; andernfalls sind solche Einschränkungen im Rahmen der Auslegung unbeachtlich. Im erläuterten Sinne ist es deshalb richtig, dass **insoweit** die **Ausschreibungsregeln des § 9 VOB/A sachlogischen Charakter** – auch im Sinne der Zuweisung von Risikobereichen – **haben**, und als Auslegungshilfe **deshalb auch** gegenüber einem privaten Auftraggeber angewandt werden dürfen.[232] Deshalb gelten die Ausführungen zu **§ 9 Nr. 11 VOB/A (Vorrang des Textes vor Plänen,** Rdn. 120) und **§ 9 Nr. 14 VOB/A (Mischpositionen,** Rdn. 121) auch für private Auftraggeber;[233] die Anwendbarkeit **der 0-Vorschriften der DIN-Normen** der VOB/C bei der Ausführung ergibt sich nicht nur über § 9 Nr. 3 VOB/A,[234] sondern schon über § 1 Nr. 1 Satz 2 VOB/B.[235]

123 **d) Unklarheitenregel, Dissens.** Wenn die Auslegung im seltenen Ausnahmefall nicht zu einem klaren Ergebnis führt, hilft, soweit die Unklarheit Bestandteile des Vertrages oder der Leistungsbeschreibung betrifft, die **Allgemeine Geschäftsbedingungen** des Auftraggebers sind, die Unklarheitenregel des § 307 Abs. 1 Satz 2 BGB weiter (Verstoß gegen das Transparenzgebot):

---

eine Kelleraußentreppe, die Grundriss-, Ansichts- und Schnittpläne enthielten sie nicht. Der BGH entscheidet zutreffend, die Pläne seien „nachrangig".

[230] *Kapellmann/Schiffers* Band 2, Rdn. 248 ff., 493, 916; auch unten Rdn. 259. BGH „Text vor Plänen" NZBau 2003, 149 (vgl. Fn. 229) entscheidet genauso bei einem Pauschalvertrag.

[231] *Vygen* BauR 1992, 135; *Kapellmann/Schiffers* Band 1, Rdn. 860; unrichtig OLG Köln IBR 1992, 230.

[232] *Ingenstau/Korbion/Kratzenberg* VOB/A § 9, Rdn. 2, *Englert/Grauvogl/Maurer* Rdn. 115; *Heiermann/Riedl/Rusam* VOB/B § 2, Rdn. 57 a; Beck'scher VOB-Kommentar/*Motzke* VOB/A, System IV, Rdn. 270 nennt das eine „inhaltlich an § 9 VOB/A auszurichtende Beschreibungspflicht".

[233] Siehe dazu auch oben Rdn. 72.

[234] Oben Rdn. 119.

[235] Oben Rdn. 80 ff., Beispiele Rdn. 83.

Unaufklärbare Unklarheiten gehen zu Lasten des AGB-Verwenders. Bausoll ist also die dem Auftragnehmer **günstigere** Auslegungsvariante.[236]

Der Gedanke des § 307 Abs. 1 Satz 2 BGB lässt sich aber hier **verallgemeinern**. Wer als **Auftraggeber** eine komplizierte Ausschreibung erstellt, **trägt kraft Funktion die Verantwortung** dafür, dass die **Ausschreibung** für die Adressaten verständlich, widerspruchsfrei und in sich schlüssig ist, zumal der Ausschreibende weiß, dass der Bieter dieses Angebotbankett kalkulationsbezogen prüft (siehe oben Rdn. 111) und nur in kurzer Zeit. Richtige Ausschreibung ist, wie schon in Rdn. 111, Fn. 210 erwähnt, **primär Pflicht** des Auftraggebers. Auch für den privaten Auftraggeber und auch für eine Leistungsbeschreibung, die sich nicht als Allgemeine Geschäftsbedingungen darstellt, gilt also: Erfüllt der Auftraggeber die an ihn gestellte Anforderungen nicht und resultieren daraus **Unklarheiten**, so geht das **zu seinen Lasten**, Bausoll wird die „bieterfreundlichere" Auslegungsvariante.[237]

Im Regelfall führt deshalb eine Auslegung immer zu einer eindeutigen Definition des Bausolls. Gelingt das in seltensten Fällen nicht, so führt das zum (versteckten) **Dissens.** § 155 BGB bestimmt: „Haben sich die Parteien bei dem Vertrage, den sie als geschlossen ansehen, über einen Punkt, über den eine Vereinbarung getroffen werden sollte, in Wirklichkeit nicht geeinigt, so gilt das Vereinbarte, sofern anzunehmen ist, dass der Vertrag auch ohne eine Bestimmung über diesen Punkt geschlossen sein würde." Falls der Dissens der Parteien einen Kernpunkt des Vertrages betrifft, ist der Vertrag nicht zu Stande gekommen. Betrifft der Vertrag wie in den mit Abstand häufigsten Fällen die Auslegung von Einzelpunkten, spricht jedenfalls beim Bauvertrag der mutmaßliche Parteiwille dafür, dass der Vertrag erhalten bleiben soll; die Einigungslücke ist dann durch ergänzende Vertragsauslegung auszufüllen. Diese muss auf die obigen Überlegungen zurückgreifen: **Da es allein Sache des Auftraggebers** ist, sachgerecht und eindeutig auszuschreiben, gehen **Auslegungszweifel zu Lasten des Auftraggebers.** Also wird **auch** im Wege ergänzender Vertragsauslegung die „bieterfreundlichere" Auslegungsvariante Bausoll.[238]

4. Rechtsfolge

Nach erfolgter Auslegung steht, ggf. unter Berücksichtigung der Unklarheitenregel (Rdn. 123), **124**
das Bausoll fest. Für die vertragliche Vergütung muss der Auftragnehmer das so ermittelte Bausoll leisten. Anders ausgedrückt: Die Rechtsfolgen der Auslegung betreffen ausschließlich die Frage, ob der Auftragnehmer die vom Auftraggeber gewünschte Leistung zu unveränderter **Vergütung** leisten muss, oder ob der Auftraggeber, um die gewünschte Leistung zu erzielen, eine Leistungsänderung bzw. Leistungsergänzung veranlassen muss und dafür **mehr Vergütung** zahlen muss. Die Rechtsfolgen betreffen also **immer nur** die Vergütungsebene. Wenn beispielsweise im Fall „Wasserhaltung II" (öffentlicher Auftraggeber) die Ist-Situation zur Realisierung eines ungewöhnlichen Wagnisses führt, so ist das Bausoll-Bauist-Abweichung; deren Bewältigung erfordert folglich eine geänderte oder zusätzliche Leistung, die nach § 2 Nr. 5, Nr. 6 oder Nr. 8 VOB/B vergütet wird. **Daneben bedarf es keines Schadensersatzanspruches aus c.i.c** (§ 311 Abs. 2 BGB) **für den Auftragnehmer wegen fehlerhafter Ausschreibung**. Ein solcher Anspruch scheitert vielmehr schon daran, dass der Auftragnehmer keinen Schaden hat, denn er erhält ja für

[236] Siehe schon oben Rdn. 59. Beispiele: OLG Düsseldorf, IBR 1999, 107; OLG Köln BauR 1982, 170; VOB/A § 15, Rdn. 7.

[237] So zutreffend und beispielhaft BGH „Bauträger" NZBau 2001, 132: Bei unklaren Angaben darf der Erwerber [hier: der Auftrag**nehmer**] ein **typisches Verständnis** zugrunde legen. Grundsätzlich wie hier *Vygen* Bauvertragsrecht, Rdn. 288; *Heiermann/Riedl/Rusam* VOB/B § 1, Rdn. 28, § 2, Rdn. 57 b; *Roquette* NZBau 2001, 57; *Schwenker* Jahrbuch Baurecht 2002, 339, 341; *Kapellmann/Schiffers* Band 1, Rdn. 232, 264. Ergänzend dazu **Rdn. 111** sowie Rdn. 213, 259 und Rdn. 244, 266, 271.

[238] OLG Köln BauR 1996, 555; Einzelheiten *Kapellmann/Schiffers* Band 1, Rdn. 233–240. Ein Dissens wird äußerst selten sein. „Grundsätzlich ist davon auszugehen, dass der Anbieter eine Leistung widerspruchsfrei anbieten will", diese Widerspruchsfreiheit ist im Wege der Auslegung zu erzielen, BGH „Text vor Plänen" NZBau 2003, 149.

die Bewältigung der veränderten Situation eine entsprechende Vergütung.[239] Abgesehen davon kann die Beurteilung des Bausolls, also die Festlegung der Vertragsleistung, nicht im Ergebnis von Verschuldensgesichtspunkten abhängen. Der Bundesgerichtshof hatte zwar **früher in solchen Fällen auf c.i.c** abgestellt, hat diese Rechtsprechung aber fortschreitend aufgegeben und sie in allen jüngeren Entscheidungen mit Recht nicht mehr aufgegriffen, er hat vielmehr wie hier **nur noch Ansprüche aus geänderter oder zusätzlicher Vergütung** bei entsprechender Definition des Bausolls zugesprochen.[240]

125 Das führt zu folgenden **Grundsätzen:** Bestätigt die Auslegung das Bausollverständnis des **Auftragnehmers,** so führt die Realisierung der davon abweichenden Leistung gemäß Vorstellung des Auftraggebers zur Bausoll-Bauist-Abweichung und damit zur Mehrvergütung des Auftragnehmers. Das gilt für alle Fälle, in denen die Auslegung schon auf „**objektiver** Ebene" die Auffassung des Auftragnehmers bestätigt hat (oben Rdn. 94–109) und der Bieter entweder keine besondere Prüfpflicht hatte oder eventuelle Unklarheiten mit „durchschnittlicher Prüfsorgfalt" (Rdn. 111) nicht zu erkennen brauchte.

126 Davon gibt es eine **Ausnahme:** Der Bieter hat das vom Auftraggeber gewollte (aber objektiv missverständlich formulierte) Bausoll aus besonderen Gründen – er kennt beispielsweise die „wahre" Situation aus einem vorrangigen Baulos – positiv erkannt. Dann hat der Auftraggeber zwar für alle anderen Anbieter ungewollt im Ergebnis ein von seinen Wünschen abweichendes Bausoll ausgeschrieben, aber für diesen einen Bieter mit positiver Kenntnis des gewollten Ausschreibungsergebnisses bleibt es bei dem gemeinsamen Verständnis auf der Basis des auftraggeberseitig Gewollten: Für **diesen** Bieter gibt es also **keine** Bausoll-Bauist-Abweichung. Er muss trotz unklarer Ausschreibung das bauen, was der Auftraggeber als Bausoll zu Grunde gelegt hat. Oder einfacher ausgedrückt: Wer sich auf der Basis positiv erkannter Unzulänglichkeit der Ausschreibung den Zuschlag erschleicht, darf nicht belohnt werden. Genau so hat der Bundesgerichtshof zutreffend zweimal entschieden.[241] Aber das gilt nur für den Bieter, der die Missverständlichkeit und das vom Auftraggeber gewollte wahre Verständnis **positiv erkannt** hat und **vorsätzlich** den Fehler des Auftraggebers ausgenutzt hat. Das muss der Auftraggeber beweisen. Diese Rechtsprechung darf allerdings nicht dazu führen, im Zweifel eine solche positive Kenntnis des Auftragnehmers zu unterstellen und Ansprüche des Auftragnehmers damit kurzerhand auszuschließen. In Erkenntnis dieser Gefahr hat der Bundesgerichtshof wenig später deshalb zutreffend ausdrücklich eingeschränkt, der Schluss, ein Bieter hätte ja ins Blaue hinein kalkulieren müssen, wenn er bei unklarer Situation nicht nachgefragt hätte, also sei von seiner positiven Kenntnis auszugehen, dürfe nur mit äußerster **Zurückhaltung** gezogen werden.[242]

Ohnehin ist selbst dann der Auftraggeber allein oder ganz überwiegend vergütungspflichtig, wenn er **vorhandene Informationen verschweigt** oder bewusst eine riskante, billigere Lösung gewählt hat.[243]

---

[239] BGH „Wasserhaltung II" BauR 1994, 236, zu dieser Entscheidung näher oben Rdn. 115. Zur Frage der Anwendbarkeit von § 823 Abs. 2 BGB siehe VOB/A § 9 Rdn. 5.

[240] Erstmalig, nämlich als „im Ausnahmefall möglich" so angewandt von BGH „Universitätsbibilothek" BauR 1987, 683, sodann **grundlegend BGH „Wasserhaltung II"** BauR 1994, 236 (dazu oben Rdn. 115), weiter BGH „Auflockerungsfaktor" BauR 1997, 426 (siehe dazu auch oben Rdn. 116). Einzelheiten *Kapellmann/Schiffers* Band 1, Rdn. 246–248. Wie hier *Vygen/Schubert/Lang* Bauverzögerung, Rdn. 171; *Kniffka/Koeble* Kompendium, Teil 5, Rdn. 97. Siehe auch *Kapellmann/Schiffers* Band 1, Rdn. 248.

Überholt und unrichtig *Heiermann/Riedl/Rusam* VOB/A § 9, Rdn. 153 einerseits, dagegen Rdn. 155 und VOB/B § 2, Rdn. 57e andererseits. Ebenso überholt *Ingenstau/Korbion/Kratzenberg* VOB/A § 9, Rdn. 11, 12 und *Franke/Mertens* in: *Franke/Kemper/Zanner/Grünhagen,* insbesondere VOB/A § 9, Rdn. 220.

Unrichtig deshalb OLG Düsseldorf NZBau 2001, 334 für c.i.c., wenn entgegen dem Vertrag die Belastbarkeit einer zu befahrenden Decke Schubkarrentransport statt Maschinentransport erfordert; richtig ist das „geänderte Leistung" mit Vergütungsfolge nach § 2 Nr. 5 oder Nr. 8 Abs. 2, 3. Vgl. ergänzend auch Rdn. 246. Unrichtig insoweit deshalb auch OLG Naumburg NZBau 2006, 267 mit Hinweis auf Fundstelle.

[241] BGH „Frivoler Bieter" BauR 1988, 338; BGH BauR 1992, 759; *Kapellmann/Schiffers* Band 1, Rdn. 251.

[242] BGH BauR 1993, 600.

[243] BGH „Schlüsselfertigbau" BauR 1984, 395; OLG Naumburg, NZBau 2006, 267 (nur Leitsatz) =

127 Bestätigt die Auslegung die Auffassung des **Auftraggebers** ohne besondere Prüfnotwendigkeit auf der „objektiven Auslegungsebene" (Rdn. 94–109), so muss der Auftragnehmer das Bausoll nach Verständnis des Auftraggebers ausführen; dafür erhält er keine Mehrvergütung, es gibt ja auch keine Bausoll-Bauist-Abweichungen. Bestätigt die Auslegung die Auffassung des Auftraggebers nur **deshalb**, weil der Auftragnehmer bei „durchschnittlich sorgfältiger Prüfung" den Fehler des Auftraggebers hätte **finden können**, das Bausoll also deshalb gemäß Auslegung des Auftraggebers zu bestimmen ist, der betroffene Bieter aber **fahrlässig** im Rahmen seiner Prüfung die Unklarheit nicht erkannt hat, so gilt: Hätte dieser Bieter in der Ausschreibungsphase die Unklarheit erkannt, so hätte er nicht mehr tun können, als den Auftraggeber darauf hinzuweisen, wozu er auch verpflichtet wäre. Hätte dann der Auftraggeber sein Verständnis des unklaren Bausolls im Sinne der „Mehranforderung" klargestellt, so hätten Bieter auf diese Mehranforderung mit entsprechender Mehrvergütungskalkulation reagiert. Der Auftraggeber muss folglich so, aber auch nur so gestellt werden, als ob der Bieter ihn auf die Unklarheit hingewiesen hätte:[244] Das führt dazu, dass der Auftraggeber unter dem Aspekt der „Sowiesokosten" **die Vergütung für die „Mehrleistung" zahlen muss**, die für das jetzt klargestellte Bausoll gegenüber der Bausollannahme des Bieters entsteht; der Bieter muss dagegen den Mehraufwand tragen, der dem Auftraggeber deshalb entsteht, weil der Hinweis verspätet erfolgt und jetzt Zusatzaufwendungen entstehen.[245]

128 Im Ausnahmefall kann § 254 BGB analog zu einer Quotierung herangezogen werden. Bei der Abwägung ist aber immer zu berücksichtigen, dass die unmissverständliche Ausschreibung primär Pflicht des Auftraggebers ist und die Fahrlässigkeit im Rahmen der Prüfung der Ausschreibungsunterlagen eine Sekundärebene betrifft. Im Regelfall wird also der Ausschreibungsfehler des Auftraggebers zu seiner alleinigen Vergütungspflicht führen und nur im Ausnahmefall ein Kürzung in Betracht kommen.[246]

5. AGB-Klauseln zur Bausollbestimmung

129 Auftraggeber versuchen in vielfältiger Weise, in ihren Allgemeinen Geschäftsbedingungen die Bausollbestimmung oder die Folgen unklarer Ausschreibung zu ihren Gunsten zu regeln. Diese Versuche sind alle zum Scheitern verurteilt, sie sind ausnahmslos unwirksam mindestens wegen Verstoßes gegen § 307 BGB.

Zu den Anwendungsvoraussetzungen der §§ 305 ff. BGB siehe oben Rdn. 50–62.

Einzelbeispiele:

– **Ortskenntnisklauseln, Vorkenntnisklauseln, Bestätigungsklauseln, Planvollständigkeitsklauseln**
  In vielfacher Form enthalten Klauseln die Regelung, der Auftragnehmer bestätige, dass ihm die Örtlichkeit bekannt sei, er bestätige, dass durch die aufgeführten Unterlagen der Leistungsumfang der Bauleistung klar und ausreichend beschrieben sei und dass er keine weiteren Angaben benötige, dass er die notwendigen Unterlagen und Pläne ordnungsgemäß geprüft habe – und so fort. Es liegt auf der Hand, dass der Auftraggeber die Folgen einer unzulänglichen Ausschreibung nicht durch derartige Klauseln auf den Auftragnehmer abwälzen kann. Solche Klauseln sind daher in beliebiger Ausprägung unwirksam.[247]

VergabeR 2006, 278 mit Anm. *Quack*; Einzelheiten *Kapellmann/Schiffers* Band 1, Rdn. 245, 252, Band 2, Rdn. 509, **539**, 541, 561, 621.

[244] Ausführlich *Kapellmann/Schiffers* Band 1, Rdn. 255–263 und dem folgend OLG Koblenz NZBau 2001, 633 = BauR 2001, 1442, Revision vom BGH nicht angenommen; ebenso *Ingenstau/Korbion/Kratzenberg* VOB/A § 9, Rdn. 11; *Kleine-Möller/Merl* Handbuch § 5, Rdn. 158; *v. Craushaar* Festschrift Locher, S. 15 ff.; *Vygen* Festschrift Locher, S. 283–286; *Wettke* BauR 1989, 292; *Staudinger/Peters* BGB § 632, Rdn. 28, 29; *Roquette* NZBau 2001, 57; *Markus* BauR 2004, 180; *Langen/Schiffers* Bauplanung und Bauausführung, Rdn. 1431. Siehe auch Rdn. 272.

[245] *Kapellmann/Schiffers* Band 1, Rdn. 256 ff. und dem folgend OLG Koblenz NZBau 2001, 633 = BauR 2001, 1442, Revision vom BGH nicht angenommen; *Leinemann/Schoofs* VOB/B § 2, Rdn. 148; *Roquette* NZBau 2001, 57; Einzelheiten oben Rdn. 111, 123.

[246] Ebenso *Roquette* NZBau 2001, 57.

[247] Beispiele: BGH 2004, 324 (Vorkenntnisklausel); BGH „ECE-Bedingungen" BauR 1997, 1036, Klausel

- **Planverantwortlichkeitsklauseln**
  Alle vorgehenden Überlegungen gelten auch für Klauseln, in denen der Auftrageber seine Planverantwortlichkeit auf den Auftragnehmer abschiebt.[248]
- **Günstigkeitsklauseln**
  Ebenso sind Klauseln unwirksam, in denen der Auftraggeber regelt, im Falle von Widersprüchen und Unklarheiten gelte die für ihn günstigere Variante.[249]
- **Klauseln mit Einwendungsausschluss**
  Aus den erwähnten Gründen sind auch Klauseln unwirksam, wonach der Bieter mit späteren Einwendungen nach Abschluss des Vergabeverfahrens ausgeschlossen ist.[250]
- **Ausschluss der Rechtsfolgen**
  Erst Recht sind Klauseln ungültig, die dem Bieter generell das Recht nehmen wollen, Ansprüche auf Mehrvergütung wegen geänderter oder zusätzlicher Leistung geltend zu machen.[251]
- **Komplettheitsklauseln**
  Komplettheitsklauseln behandeln wir gesondert unter Rdn. 244, 263–275.
- Weitere Klauseln haben wir bereits unter **Rdn. 61** behandelt.

B. §2 Nr. 2 VOB/B – Die Berechnung der Vergütung

I. Regelungsgehalt

130 § 2 Nr. 2 VOB/B bestimmt: „Die Vergütung wird nach den vertraglichen Einheitspreisen und den tatsächlich ausgeführten Leistungen berechnet, wenn keine andere Berechnungsart (z.B. durch Pauschalsumme, nach Stundenlohnsätzen, nach Selbstkosten) vereinbart ist". Auf den ersten Blick regelt die Vorschrift scheinbar zweierlei, dass nämlich einmal bei Einheitspreisverträgen nach tatsächlich **ausgeführten** Leistungen abgerechnet wird und dass zum anderen nach Einheitspreisvertragsmuster abgerechnet wird, wenn eine bestimmte Berechnungsart nicht vereinbart ist – letzteres wäre eine Beweislastregel dahin, dass der Auftraggeber eine vom Einheitspreisvertrag abweichende Vergütungsvereinbarung, z.B. eine Pauschalvergütung, beweisen müsste.[252] Auf den zweiten Blick zeigt sich aber sofort, dass der zweite Schluss schon deshalb unrichtig und unzulässig ist, weil die Vorschrift, wörtlich gesehen, missglückt ist und keinen Sinn ergibt: Die Vergütung soll nämlich dann nach den **vertraglichen** Einheitspreisen ... berechnet werden, wenn keine andere Berechnungsart **vereinbart** ist. Diesen Fall kann es nicht geben: Wenn **vertragliche** Einheitspreise vereinbart werden, muss es auch einen Einheitspreisvertrag geben. Wenn eine **andere** Berechnungsart **vereinbart** ist, kann es keine vertraglich vereinbarten Einheitspreise geben. Ergänzend ganz am Rande noch: Als andere Abrechnungsmöglichkeit verweist § 2 Nr. 2 VOB/B „zum Beispiel" (es muss also auch andere als die genannten geben) auf Pauschalvertrag, Stundenlohnvertrag, Selbstkostenerstattungsvertrag. In der VOB sind aber neben dem Einheitspreisvertrag nur diese Vertragstypen und keine anderen unmittelbar geregelt.

Nr. I 11; OLG Frankfurt BauR 2003, 269 Klausel 1; OLG München BauR 1986, 579; Landgericht München I, Urteil vom 8.1.1985, 7 O 16131/84; *Roquette* NZBau 2001, S. 57 m.w.N. in Fn. 17; *Ingenstau/Korbion/Kratzenberg* VOB/A § 9, Rdn. 9; *Kapellmann/Schiffers* Band 1, Rdn. 279; *S.Kapellmann*, in: *Markus/Kaiser/Kapellmann* AGB-Handbuch Bauvertragsklauseln Rdn. 194, 198; speziell zu „Bestätigungsklauseln" beim Global-Pauschalvertrag siehe Rdn. 263.

[248] BGH „ECE Bedingungen" BauR 1997, 1036, Klausel Nr. I 15; OLG Karlsruhe, BB 1983, 725.

[249] BGH „ECE-Bedingungen" BauR 1997, 1036, Klausel Nr. I 9, siehe auch Rdn. 60, 102.

[250] Siehe Fn. 247.

[251] *Korbion/Locher* AGB-Gesetz, Rdn. 206 ff.; *Ingenstau/Korbion/Keldungs* VOB/B § 2, Nr. 6, Rdn. 30; *Kapellmann/Schiffers* Band 1, Rdn. 1034.

[252] Für ein Verständnis als Beweislastregel *Ingenstau/Korbion/Keldungs* VOB/B § 2 „Einzelne Problemfelder", Rdn. 20; *Nicklisch/Weick* VOB/B § 2, Rdn. 28; *Vygen* Bauvertragsrecht, Rdn. 750; *Kleine-Möller/Merl* Handbuch § 10, Rdn. 18; ohne eigene Stellungnahme *Heiermann/Riedl/Rusam* VOB/B § 2, Rdn. 68 a. Dem ist jedoch **nicht** zuzustimmen, siehe Rdn. 132 und Fn. 255.

131 Um die Vorschrift überhaupt anwendbar zu machen, muss sie nach der zu vermutenden Intention der VOB-Verfasser so umformuliert werden, dass sie einen vernünftigen Sinn ergibt. Die Vorschrift würde dann lauten: „1. Beim Einheitspreisvertrag wird die Vergütung nach den Einheitspreisen und den tatsächlich ausgeführten Mengen abgerechnet. 2. Haben die Parteien die Art der Abrechnung (Einheitspreisvertrag, Pauschalvertrag, Stundenlohnvertrag, Selbstkostenerstattungsvertrag) nicht vereinbart, so gilt als Abrechnungsart die Vergütung nach Einheitspreisen als vereinbart." Regel Nr. 1 ist die Definition des Einheitspreisvertrages (dazu Rdn. 136). Regel Nr. 2 ist eine beim **VOB-Vertrag** notwendige Ergänzung zu § 633 Abs. 2 BGB: Ist nämlich die Höhe der Vergütung nicht vereinbart, so wird die übliche Vergütung (BGB), aber berechnet nach Einheitspreisschema (VOB/B), geschuldet; das ist aber **keine** Beweislastregel (dazu Rdn. 132).

II. § 2 Nr. 2 VOB keine Beweislastregel bei strittiger Berechnungsart

132 Wenn die Vertragsparteien streiten, welche Abrechnungsart vereinbart ist, wenn etwa der Auftragnehmer eine Abrechnung nach Einheitspreisen vorlegt und der Auftraggeber behauptet, eine niedrigere Pauschalsumme sei vereinbart,[253] so stellt sich die Frage nach der Beweislast. Regel Nr. 2 (siehe oben Rdn. 131) besagt, dass dann, wenn die Abrechnungs**art nicht** vereinbart ist, nach Einheitspreisen abgerechnet wird. „**Art** der Vergütung" und „**Höhe** der Vergütung" hängen untrennbar zusammen;[254] **§ 632 BGB** bestimmt, dass dann, wenn die Abrechnungs**höhe nicht** vereinbart ist, nach üblicher Vergütung abgerechnet wird. Da der Auftragnehmer, der Vergütung fordert, alle anspruchsbegründenden Tatsachen beweisen muss, muss er die behauptete Vergütungshöhe beweisen oder, wenn er übliche Vergütung fordert, **weil keine** Einigung zustande gekommen sei, dass eine Vereinbarung über die Höhe **nicht** getroffen worden ist. Das steht angesichts der Fassung des Gesetzes außer Zweifel.[255] Ganz genauso muss der **Auftragnehmer** die behauptete Abrechnungs**art** beweisen oder, wenn er Abrechnung nach Einheitspreisen fordert, weil **keine** Abrechnungs**art** vereinbart sei, **beweisen**, dass eine Vereinbarung über die Abrechnungs**art**, z.B. **Pauschalvergütung**, **nicht** getroffen worden sei. Genauso wenig wie § 632 Abs. 2 BGB enthält **§ 2 Nr. 2 VOB/B**, sinnvoll gelesen, eine gegenteilige Beweislastregel. Der Bundesgerichtshof hat deshalb mit Recht zweimal genauso entschieden.[256] Der abweichende Begründungsversuch, laut Fassung der VOB/B sei der Einheitspreisvertrag die Regel, also müsse der, der eine Pauschalpreisvereinbarung behauptet, dies beweisen, verkennt, dass aus einem angeblich postulierten tatsächlichen Häufigkeitsverhältnis keine rechtliche Regel-Ausnahme-Beweislast folgt, ganz abgesehen davon, dass die VOB/B eine solche Regel-Ausnahme-Behauptung im Sinne tatsächlicher Häufigkeit und/oder Bedeutung gar nicht enthält[257] und erst recht in Wirklichkeit der Pauschalvertrag von der Bedeutung her den Einheitspreisvertrag heute klar überwiegt.[258] Würde übrigens der **Auftragnehmer** Verwender der VOB/B sein, so würde jedenfalls bei Verwendung gegenüber einem Nichtunternehmer eine solche Beweislastregel schon wegen Verstoßes gegen § 309 Nr. 12 BGB unwirksam sein.[259]

[253] Beispielsfälle für unklare Absprachen hier Rdn. 239–241; *Kapellmann/Schiffers* Band 2, Rdn. 54 ff., 66 ff.

[254] Prägnant BGH BauR 1981, 388.

[255] Zum BGB ganz herrschende Meinung, z.B. BGH BauR 1993, 366; BGH BauR 1981, 388; BGH BB 1957, 799; *Palandt/Sprau* BGB § 632, Rdn. 11; *Staudinger/Peters* BGB § 632, Rdn. 119; *Kapellmann/Schiffers* Band 2, Rdn. 103 m.w.N. in Fn. 106; anderer Ansicht *von Mettenheim* NJW 1984, 776; *Ingenstau/Korbion/Keldungs* VOB/B § 2 „Einzelne Problemfelder", Rdn. 15, 17.

[256] BGH BauR 1981, 388, bestätigt vom BGH BauR 1992, 505; OLG München, IBR 2001, 297, Revision vom BGH nicht angenommen; OLG Frankfurt IBR 2001, 468, Revision vom BGH nicht angenommen; Beck'scher VOB-Kommentar/*Jagenburg* VOB/B § 2 Nr. 2, Rdn. 7, 8; vor § 2, Rdn. 71, 72; *Kniffka/Koeble* Kompendium Teil 6, Rdn. 92; *Werner/Pastor* Rdn. 1136; *Leinemann/Schoofs* VOB/B § 2, Rdn. 5–7, 35; Einzelheiten *Kapellmann/Schiffers* Band 2, Rdn. 98–122. Zur Gegenmeinung Rdn. 130, Fn. 252.

[257] Zutreffend Beck'scher VOB-Kommentar/*Jagenburg* VOB/B § 2 Nr. 2, Rdn. 7, 8.

[258] *Kapellmann* Schlüsselfertiges Bauen, Rdn. 1. Vgl. auch VOB/A § 9, Rdn. 93.

[259] *Nicklisch/Weick* VOB/B § 2, Rdn. 28; *Kapellmann/Schiffers* Band 2, Rdn. 121.

133 Der Auftragnehmer muss also gegen die Behauptung des Auftraggebers, es sei eine (niedrigere) Pauschale vereinbart, einen **Negativbeweis** führen. Um dem Auftragnehmer diesen Beweis, wenn auch nicht formal-logisch, so doch praktisch überhaupt zu ermöglichen, muss der die niedrigere Pauschalvergütung behauptende Auftraggeber substantiiert vortragen, zwischen wem, bei welcher Gelegenheit, wann und mit welchem Inhalt die behauptete Vereinbarung geschlossen worden ist; die **Unrichtigkeit** dieser Behauptung kann und muss dann der Auftragnehmer beweisen.[260] Da der Auftragnehmer durchaus in Beweisnot kommen kann, ist ihm im Prozess zu empfehlen, seine Parteivernehmung (§ 448 ZPO), mindestens seine Anhörung (§ 141 ZPO) zu beantragen; ihr Ergebnis kann ebenso wie Überlegungen dazu, ob die behauptete Pauschalabrede angesichts aller Tatsachen wirklich wahrscheinlich ist, in die Beweiswürdigung einfließen.[261]

134 Wer die **nachträgliche** Abänderung einer Vergütungsabrede behauptet, muss sie beweisen.[262] War noch keine Vereinbarung getroffen, hat der Auftragnehmer aber nennenswerte Arbeiten schon ausgeführt und behauptet jetzt der Auftraggeber eine Pauschalvereinbarung, muss er sie jetzt beweisen.[263]

135 Gelingt dem Auftragnehmer der Beweis, dass kein Pauschalvertrag vereinbart worden ist und beruft sich der Auftragnehmer auf „übliche Vergütung", so sind übliche Einheitspreise zu ermitteln und auf ihrer Basis die übliche Vergütung.

III. Die Struktur des Einheitspreisvertrages

136 Die Vergabeanweisung an den öffentlichen Auftraggeber in **§ 5 Nr. 1 lita VOB/A** enthält die **(teilweise) Definition des Einheitspreisvertrages** dahin, dass die Vergütung nach Leistung bemessen wird, und zwar „in der Regel zu Einheitspreisen für technisch und wirtschaftlich einheitliche Teilleistungen, deren Menge nach Maß, Gewicht oder Stückzahl vom Auftraggeber in den Verdingungsunterlagen anzugeben ist (Einheitspreisvertrag)". Beim Einheitspreisvertrag wird das vertraglich zu erstellende Werk in der (regelmäßig) vom Auftraggeber als Angebotsblankett vorformulierten Leistungsbeschreibung, insbesondere dem Leistungsverzeichnis, in isolierte, nicht zwingend funktional zusammenhängende technische Teilarbeiten zerlegt (nach §§ 5 Nr. 1 lita, 9 Nr. 6 VOB/A „Teilleistungen"), die nach Ordnungszahlen (= **„Positionen"**, vgl. § 21 Nr. 1 Abs. 3 VOB/A) beschrieben werden. Zu Einzelheiten der Struktur des Einheitspreisvertrages sowie zu Grundpositionen, Zulagepositionen, Alternativpositionen, Eventualpositionen → § 5 VOB/A Rdn. 10 ff., zu Mischpositionen → § 9 VOB/A Rdn. 73. In Ergänzung dieser Definition bestimmt § 2 Nr. 2 VOB/B, dass die Vergütung beim Einheitspreisvertrag nach **ausgeführter** Menge und nicht nach der im Leistungsverzeichnis benannten Menge (= Vordersatz) ermittelt wird und dass die ausgeführte Menge insgesamt, also auch bei Überschreitung des Vordersatzes, nach Einheitspreisen abgerechnet wird. Das ist keine überflüssige,[264] sondern eine notwendige, jedenfalls sinnvolle Regelung, weil es auch andere Abrechnungsmöglichkeiten für die ausgeführte Menge geben könnte.[265]

Zu den Begriffen Grundposition, Alternativposition, Eventualposition, Auswahlposition, Zulageposition und Sammelposition vgl. VOB/A § 5, Rdn. 13–27, zu Alternativposition und Eventualposition auch hier Rdn. 160, 61.

---

[260] Allgemeine Meinung, z.B. BGH BB 1957, 799; BGH BauR 1983, 366; BGH BauR 1992, 505; OLG Düsseldorf BauR 2000, 269; *Palandt/Sprau* BGB § 632, Rdn. 11; *Staudinger/Peter* BGB § 632, Rdn. 120.

[261] Zutreffend *Kniffka/Koeble* Kompendium Teil 5, Rdn. 53.

[262] BGH BauR 1983, 366, unbestritten.

[263] OLG Hamm, NJW 1986, 199; *Palandt/Sprau* BGB § 632, Rdn. 11; *Ingenstau/Korbion/Keldungs* VOB/B § 2 „Einzelne Problemfelder", Rdn. 16; *Kapellmann/Schiffers* Band 2, Rdn. 124; zweifelnd *Werner/Pastor* Rdn. 1180.

[264] So *Ingenstau/Korbion/Keldungs* VOB/B § 2 „Einzelne Problemfelder", Rdn. 20.

[265] BGH BauR 1981, 388; *Kapellmann/Schiffers* Band 2, Rdn. 116.

C. Vor § 2 Nr. 3 – Nr. 8 VOB/B

I. Auftrags- bzw. Angebotskalkulation als gemeinsame Basis, einheitliche Systematik der Berechnung neuer Vergütungen, „Grundlagen der Preisermittlung"

Die Nr. 3–8 (Abs. 2, 3) des § 2 VOB/B behandeln **Preis-** oder **Vergütungsänderungen**. So- 137
lange der Preis unverändert ist, interessiert es nicht, wie (und ob überhaupt!) der Auftragnehmer ihn kalkuliert hat. Ändern sich aber Preis oder Vergütung und knüpft diese Änderung wie in der **VOB/B an die Kalkulation** des Auftragnehmers an, so muss man diese Kalkulation kennen. Die Anknüpfung der VOB an die Kalkulation findet sich in § 2 Nr. 3 Abs. 2 mit „Mehr- oder Minder**kosten**", in § 2 Nr. 3 Abs. 3 mit dem Mehrbetrag, der sich aus der Verteilung der **Baustelleneinrichtungs-** und **Baustellengemeinkosten** und der **Allgemeinen Geschäftskosten** auf die verringerte Menge ergibt, in § 2 Nr. 5 mit den „**Grundlagen des Preises** für die im Vertrag vorgesehene Leistung" und wieder den „Mehr- oder Minderkosten", in § 2 Nr. 6 mit den „**Grundlagen der Preisermittlung** für die vertragliche Leistung und den **besonderen Kosten** der geforderten Leistung", in § 2 Nr. 7 Abs. 1 Satz 2 und Satz 3 mit den **„Grundlagen der Preisermittlung"** und den **„Mehr- oder Minderkosten"** sowie in § 15 Nr. 1 Abs. 2 und Abs. 5 mit einem ganzen **Kostenkatalog**; auch § 15 VOB/A spricht von der Änderung der **Preisermittlungsgrundlagen**. Die zum Teil geringfügig unterschiedlichen Formulierungen („Grundlagen des Preises", „Grundlagen der Preisermittlung") beruhen auf redaktionellen Unebenheiten; zum Teil hängen sie aber auch damit zusammen, dass Texte nachträglich eingefügt worden sind (z.B. „Mehr- oder Minderkosten" in § 2 Nr. 3). Das führt aber nicht zu einer sachlichen Differenzierung.[266] Maßgebend für die **Bemessung veränderter Preise** („Nachträge") ist als **Basis** die Ermittlung der Kosten durch den Auftragnehmer in der für die Bildung des Vertragspreises zugrunde gelegten **Angebotskalkulation**; führen Verhandlungen nach Abgabe des Angebots zur Abweichung vom angebotenen Bausoll und/oder den Angebotspreisen, so muss die Angebotskalkulation sinnvoll zur **Auftragskalkulation überarbeitet** werden. **Angebots-** oder **Auftragskalkulation** ermitteln als Vorauskalkulation **Soll-Kosten**, also künftige, erwartete Kosten, und zwar **alle**. „Grundlage des Preises" sind also **alle Kostenelemente**, die Bestandteil der Kalkulation des Auftragnehmers sind, und die Kalkulations**methode**.[267]

Kosten sind in Geldeinheiten bewerteter Verzehr materieller oder immaterieller Güter (Ein- 138
satz von Produktionsfaktoren, z.B. Gerät, Material, Personal für einen bestimmten Zweck, z.B. Herstellung einer Betonwand). Da **alle** Preisveränderungen im Rahmen des § 2 Nr. 3 – Nr. 8 VOB/B auf Kosten**änderungen** gegenüber den Kostenansätzen dieser einen Kalkulation beruhen, ist es systematisch selbstverständlich und zwingend – aber keineswegs Allgemeingut! –, **alle Einzeltatbestände der Nr. 3 – Nr. 8** unter Einschluss **auch der Abrechnung bei Kündigungen (§§ 8, 9 VOB/B)** systematisch **einheitlich** zu behandeln, also beispielsweise Leistungsmehrungen kalkulatorisch in ihren **Auswirkungen** auf die geänderte Vergütung unabhängig davon, ob es sich z.B. beim Einheitspreisvertrag um „aus dem Verhältnis resultierende Mengenmehrungen" (dann § 2 **Nr. 3** VOB) oder um angeordnete „Mengenmehrungen" (dann § 2 **Nr. 6** VOB/B) handelt.[268] Der geänderte „neue" Preis (Nachtrag) wird „deterministisch" auf der Basis der Angebotskalkulation fortgeschrieben, also „errechnet".[269]

---

[266] Heute zutreffende allgemeine Meinung, z.B. *Heiermann/Riedl/Rusam* VOB/B § 2, Rdn. 104; *Weyer* BauR 1990, 138.

[267] *Kapellmann/Schiffers* Band 1, Rdn. 600, 1000; Band 2 Rdn. 1360–1366; *Ingenstau/Korbion/Keldungs* VOB/B § 2, Nr, 3, Rdn. 18, 19; Beck'scher VOB-Kommentar/*Jagenburg* VOB/B § 2 Nr. 3, Rdn. 24; *Kniffka/Koeble* Kompendium, Teil 5, Rdn. 119. Siehe auch BGH BauR 1999, 1294.

[268] BGH BauR 1999, 1294, 1297; *Kapellmann/Schiffers* Band 1 Rdn. 517, 518, 529. Näher Rdn. 153.

[269] Heute unbestritten, z.B. BGH „Eisenbahnbrücke" BauR 1999, 897; BGH BauR 1996, 378; weitere Nachweise *Kapellmann/Schiffers* Band 1 Rdn. 1000, Fn. 1196, Rdn. 1001, Rdn. 1206.

II. Die Kalkulationsmethodik

139 Die VOB übernimmt in den zitierten Vorschriften (s. Rdn. 137) auf einzelne Kalkulationsbegriffe Bezug, z.B. Baustelleneinrichtungskosten, Baustellengemeinkosten, Allgemeine Lohn- und Gehaltsnebenkosten, Stoffkosten, allgemeines Unternehmerwagnis, Gewinn. Eine durchgängige, verbindliche Aussage zur anzuwendenden Kalkulationsmethodik enthält die VOB dennoch nicht. Die VOB richtet sich an den öffentlichen Auftraggeber. Der öffentliche Auftraggeber konnte (und kann) indirekt durch andere Rechtsvorschriften oder durch seine Praxis auf die Kalkulationsmethodik Einfluss nehmen. 1936 erging auf der Grundlage des damaligen Preisbindungsgesetzes eine Preisstoppverordnung. Es ergaben sich daraus Probleme, da die Baupreise für jedes Bauvorhaben neu gebildet werden. Deshalb wurde 1938 die Verordnung über die Baupreisbildung erlassen, die den besonderen Verhältnissen der Bauwirtschaft Rechnung trug; sie enthielt u.a. Kalkulationsmethoden, die mit den bauindustriellen bzw. bauhandwerklichen Verbänden erarbeitet waren. Den Bauunternehmen wurde vorgeschrieben, eine Mindestaufgliederung der Baukosten (Ist-Kosten) und eine Mindestaufgliederung der Angebotskosten (Soll-Kosten) zu erfassen. Auf dieser Basis veröffentlichte Opitz ein Werk „Selbstkostenermittlung für Bauarbeiten". Die darin niedergelegte Struktur hat sich aus den genannten Gründen und über die Baupreisverordnungen (s.Rdn. 5) vollständig durchgesetzt; ob sie insbesondere im Zusammenhang mit Nachträgen immer zu sachgerechten Ergebnissen führt und kostenverursachungsgerecht alle Änderungen erfasst, ist zweifelhaft.

Methodisch unterscheidet man **Umlagekalkulation** und **Zuschlagskalkulation**. Dabei ist der erste Schritt immer gleich. Es werden die **„Einzelkosten der Teilleistung"** ermittelt; bei kleineren, meistens gleichartigen Bauobjekten und/oder kleineren Bauunternehmen werden sodann **vorab** festgelegte **feste** Zuschlagssätze für den Deckungsanteil (Baustellengemeinkosten, Allgemeine Geschäftskosten, Gewinn einschließlich Wagnis) zugeschlagen **(Zuschlagskalkulation)**. Der Bund als Auftraggeber fragt in seinen Angebotsunterlagen bei den „Angaben zur Preisermittlung" die entsprechenden Daten ab mit dem Formular EFB-Preis 1 a.[270] Bei der bei größeren Projekten allein angewandten **Umlagekalkulation** werden die Einzelkosten der Teilleistung beaufschlagt mit möglichst **konkret** ermittelten Baustellengemeinkosten und **periodisch geplanten** Allgemeinen Geschäftskosten, dazu mit Gewinn (einschließlich Wagnis); diese Methode erfordert einen großen Rechenaufwand. Der Bund als Auftraggeber fragt die Umlagekalkulationsinformationen mit dem Formular EFB-Preis 1 b ab.[271]

Kosten, die unmittelbar bei der Herstellung einer Leistung anfallen, sind, bezogen auf eine Einheit einer (Teil-) Leistung, **Einzelkosten der Teilleistung**. Als Teilleistung wird in diesem Zusammenhang die einzelne, durch eine Ordnungszahl (Position) gekennzeichnete Position des Leistungsverzeichnisses bezeichnet, deren Leistungsumfang in Bemessungseinheiten (z.B. m^3) durch den Vordersatz (= ausgeschriebene LV-Menge) gekennzeichnet ist. Die insgesamt **unmittelbar** bei der Herstellung der Leistung anfallenden Einzelkosten der Teilleistung ergeben die **Direkten Kosten**. Die Direkten Kosten werden herkömmlich aufgegliedert in Lohnkosten, Stoffkosten, Gerätekosten, Schalung und Rüstung, Nachunternehmerkosten und sonstige Kosten.[272]

Da unterschiedliche Teilleistungen zu erstellen sind, fallen in der Regel auch Kosten an, die nicht unmittelbar einer Teilleistung zugerechnet werden können, so z.B. die Kosten des Baukrans, der für viele Teilleistungen Hebevorgänge erbringt. Solche Kosten nennt man **Gemeinkosten**.

[270] Zur Umlage- und Zuschlagskalkulation näher *Kapellmann/Schiffers* Band 1, Rdn. 18.

[271] Zur Umlagekalkulation im einzelnen *Kapellmann/Schiffers* Band 1, Rdn. 8–17. Nähere Angaben zu dieser Kalkulationsmethodik enthält heute die KLR-Bau, Kosten und Leistungsberechnungen der Bauunternehmen, herausgegeben vom Hauptverband der Deutschen Bauindustrie.
Zu den nachfolgenden Begriffen im einzelnen *Kapellmann/Schiffers* Band 1, Rdn. 8 ff.

[272] Einzelheiten *Kapellmann/Schiffers* Band 1, Rdn. 8.

Die Kosten, die für die gesamte Baustelle (z.B. Kran) anfallen, sind **Baustellengemeinkosten**, die Kosten, die für das gesamte Unternehmen (z.B. Lohnkosten des Buchhalters, Unterhaltung des Bauhofs) **„Allgemeine Geschäftskosten"**.

Die **Baustellengemeinkosten**, die konkret auf der Baustelle insgesamt anfallen, werden **„umgelegt"** (Umlagekalkulation) auf die Einzelkosten der Teilleistung, und zwar in Form eines Prozentsatzes. Die Summe von Einzelkosten der Teilleistungen und Baustellengemeinkosten ergibt die **Herstellkosten**. Baustellengemeinkosten werden in der Praxis nicht gleichmäßig auf die Einzelkosten der Teilleistungen verteilt, sondern unterschiedlich.[273]

Die **Allgemeinen Geschäftskosten** (die durch nicht baustellenbezogene Produktionsfaktoren entstehen) werden je Geschäftsperiode (Beispiel: ein Jahr) im voraus geplant, diese Allgemeinen Geschäftskosten werden dann in Bezug zum für diese Geschäftsperiode geplanten Umsatz (bewertet mit Herstellkosten) gesetzt, also anteilig auf die Herstellkosten aufgeschlüsselt. So ergibt sich ein Umlageprozentsatz für Allgemeine Geschäftskosten. Demzufolge werden die Herstellkosten prozentual mit Allgemeinen Geschäftskosten beaufschlagt. Die daraus resultierende Summe sind die **Selbstkosten.**[274]

Diese Selbstkosten werden prozentual mit (so die herkömmliche Formulierung) **„Wagnis und Gewinn"** beaufschlagt. Im kalkulatorischen Sinn ist aber dieses allgemeine unternehmerische Wagnis kein echter Kostenfaktor, sondern ein Teil des Unternehmensrisikos. „Wagnis" in diesem kalkulatorischen Sinn ist daher ein Bestandteil des Gewinns oder des Verlusts. Es ist unrichtig und sinnlos, in der Kalkulation in diesem Sinne zwischen Wagnis und Gewinn zu unterscheiden, richtig ist die prozentuale Beaufschlagung nur mit Gewinn[275] (oder der prozentuale Abschlag von Verlust!).

Beispiel:

Einzelkosten der Teilleistung		2.612.550,49 €
+ Baustellengemeinkosten 307.156,46 € =	+ 11,76 %[276]	307.156,46 €
= **Herstellkosten**		2.919.706,95 €
+ Allgemeine Geschäftskosten	+ 10 %	291.970,70 €
= **Selbstkosten**		3.211.677,65 €
+ (Wagnis und) Gewinn	+ 6 %	192.700,66 €
= **Angebotssumme**		**3.404.378,31 €**

Beim Einheitspreisvertrag erfolgt jeweils die Umrechnung in einen Betrag pro Mengeneinheit, also z.B. 1 m^3 „Leistung X" = Einheitspreis 76,83 € (nämlich „Direkte Kosten" 44,40 € + Gesamtumlage 73,05 % = 32,43 €).

Kosten, deren Betrag nicht von der auszuführenden Leistungsmenge, sondern von der benö- 140
tigten Zeit abhängen, sind **zeitabhängige Kosten**. Typische zeitabhängige Kosten sind Gerätemieten. Der Weiterlauf zeitabhängiger Kosten ohne Leistungserfolg ist z.B. ein Hauptfaktor bei Behinderungskosten.

---

[273] Beispiel für unterschiedliche Verteilung *Kapellmann/Schiffers* Band 1, Rdn. 12 und 13, 521–524.

[274] Beispiel *Kapellmann/Schiffers* Band 1, Rdn. 14.

[275] Einzelheiten *Schubert/Reister* Jahrbuch Baurecht 1999, 253; *Dornbusch/Plum* Jahrbuch Baurecht 2000, Seite 160 ff.; *Leinemann/Schirmer* § 8, Rdn. 50; *Kapellmann/Schiffers* Band 1, Rdn. 537. Wie hier LG Berlin IBR 2001, 411. *Ingenstau/Korbion/Keldungs* VOB/B § 2 Nr. 3, Rdn. 37 will Wagnis „je nach Einzelfall" zuschlagen, was nicht nachvollziehbar ist; richtig dagegen wie hier *Ingenstau/Korbion/Vygen* VOB/B § 8 Nr. 1, Rdn. 52. Vgl. auch hier § 8, Rdn. 36.

[276] Bei praxisunüblicher gleichmäßiger Beaufschlagung der Einzelkosten der Teilleistung.

D. §2 Nr. 3, Auswirkung von Abweichungen der ausgeführten Menge vom Vordersatz auf den Einheitspreis

I. Bedeutung des §2 Nr. 3 VOB/B, Abdingbarkeit in AGB, konkurrierende Ansprüche

141 Beim Einheitspreisvertrag ermittelt sich die Vergütung aus der **ausgeführten** Menge · Einheitspreis (vgl. oben Rdn. 136). Eigentlich ist das verwunderlich: Wenn der Auftraggeber VOB-gerecht (und sachlogisch) einen Einheitspreisvertrag ausschreibt, muss er die gesamte Leistung derartig aufgliedern, dass „Positionen" gebildet werden (§ 9 Nr. 14 VOB/A, § 21 Nr. 1 Abs. 3 VOB/A), wobei für die einzelnen Teilleistungen dann deren Menge anzugeben ist (§ 5 Nr. 1 VOB/A); der Auftraggeber soll erst dann ausschreiben, wenn alle Verdingungsunterlagen fertig gestellt sind (§ 16 VOB/A). Wie auch die Aufteilung der einzelnen Leistungsphasen in § 15 Nr. 2 HOAI zutreffend zeigt, muss demgemäß die Ausführungsplanung fertig gestellt sein, ehe die einzelnen notwendigen Teilleistungen und ihre Menge ermittelt und dann in ein Leistungsverzeichnis umgesetzt werden können (wobei in einem vorrangigen Schritt die Ausführungsplanung den Aufbau des Leistungsverzeichnisses vorzeichnet). Die **ausgeführte** Menge wird durch Aufmaß (§ 14 VOB/B) festgestellt, wobei dieses Aufmaß, so weit sich nicht nach Vertragsschluss Änderungen ergeben haben, aus denselben Ausführungsplänen (und nicht durch Nachmessen vor Ort!) ermittelt wird (DIN 18299 Abschnitt 5). Also müssten ausgeschriebene Menge und ausgeführte Menge, da aus denselben Ausführungsplänen ermittelt, identisch sein, eine Vorschrift zur Anpassung der Einheitspreise an die ausgeführte Menge wäre also überflüssig. Unter idealen Verhältnissen stimmt das. Die VOB geht demgegenüber lebensnah davon aus, dass sich Architekten bei der Ermittlung der Ausschreibungsmenge aus den Ausführungsplänen irren können oder dass sie häufig schon Mengen in Leistungsverzeichnisse einsetzen, ohne die Ausführungsplanung fertig gestellt zu haben, dass sie also die Mengen schätzen (zu den Folgen Rdn. 143, 165). Außerdem gibt es Einzelfälle, in denen der Auftraggeber die auszuführende Menge nicht kennen kann, weil z.B. die Baugrundverhältnisse nicht exakt bekannt sind („Ausschachtung bis auf tragfähigen Boden"). Insbesondere eine gegenüber der Ausschreibung **verringerte Menge** kann für den Auftragnehmer gravierende **finanzielle Nachteile** haben. Baustellengemeinkosten, Allgemeine Geschäftskosten sowie der Gewinn (einschließlich Wagnis) kalkuliert der Auftragnehmer in Form eines prozentualen Aufschlages auf die anhand der **ausgeschriebenen** Mengen ermittelten Einzelkosten der Teilleistung, also im Beispiel am Ende von Rdn. 139 mit 73,05 %. Wenn jetzt die ausgeführte Menge beispielsweise nur 60 % der ausgeschriebenen Menge ausmacht, werden 60 % „Einzelkosten der Teilleistung" bezahlt (was, von Sonderfällen abgesehen, richtig ist, weil ja auch nur insoweit Kosten z.B. in Form von Lohn angefallen sind). Es fehlt aber der prozentuale Zuschlag für die Deckungsbeiträge in Höhe von 40 %, d.h., 40 % der Baustellengemeinkosten, der Allgemeinen Geschäftskosten und des kalkulierten Gewinns (die unverändert anfallen bzw. erwirtschaftet werden sollen) sind jetzt ungedeckt, der Auftragnehmer erleidet also einen erheblichen Verlust infolge „Unterdeckung" an Gemeinkosten und Gewinn. Hier einen Ausgleich zu schaffen in Form der Erhaltung der Deckungsbeiträge, ist also für den Auftragnehmer lebenswichtig – § 2 Nr. 3 VOB/B ist demgemäß beim Einheitspreisvertrag sachgerecht und notwendig.

Das ergibt sich auch deshalb, weil nur so für Auftragnehmer bedrohliche Manipulationen eines Auftraggebers eliminiert werden können. Schreibt der Auftraggeber nämlich bewusst überhöhte Mengen aus – was insbesondere öffentliche Auftraggeber ins Auge fassen könnten, um sich verdeckte Budgetpolster zu schaffen –, so würde er, gäbe es § 2 Nr. 3 VOB/B nicht, sich heimlich und zu Lasten des Auftragnehmers **niedrigere** Preise als nominell angegeben erschleichen, denn der zu zahlende Preis würde, weil er zu geringe Deckungsbeiträge enthielte, insgesamt nicht kostendeckend sein. **Gerade** bei öffentlicher Ausschreibung, bei der die vorgenannten Budgetüberlegungen ja nicht völlig theoretisch sind, ist deshalb das Korrektiv des § 2 Nr. 3 VOB/B **unentbehrlich**.

142 Daraus folgt, dass ein Auftraggeber beim Einheitspreisvertrag in Allgemeinen Geschäftsbedingungen die Preisanpassungsregel des § 2 Nr. 3 VOB/B nicht wirksam ausschließen kann. Der Bundesgerichtshof hat das Gegenteil entschieden;[277] die tragende Begründung lautet, einmal kenne das Werkvertragsrecht des BGB eine Preisanpassungsregel beim Einheitspreisvertrag nicht, es könne also kein Verstoß gegen § 9 AGB-Gesetz sein, wenn durch den Ausschluss des § 2 Nr. 3 VOB/B die gesetzliche Regelung wiederhergestellt werde. Außerdem zeige die Vergütungsform des Pauschalvertrages, dass auch die VOB einen Vergütungstyp kenne, bei dem die Vergütung unabhängig von der Mengenentwicklung in der Regel unverändert bleibe. Beide Argumente treffen nicht zu: Das BGB kennt den Vergütungstyp „Einheitspreisvertrag" überhaupt nicht, sein Vergütungstyp ist der Pauschalvertrag;[278] schon die Vereinbarung eines Einheitspreisvertrages ist eine Abweichung vom Vergütungsmodell des BGB. Dann kann jedenfalls beim VOB-Vertrag die Abweichung aber nicht so vereinbart werden, dass der Auftraggeber Manipulationsmöglichkeiten erhält und das gerade für den Einheitspreisvertrag unentbehrliche Korrektiv ausschließt. Der Hinweis auf die Möglichkeit der Vereinbarung einer Pauschalvergütung geht ebenfalls fehl: Beim Pauschalvertrag **vereinbaren** die Parteien ja als **allein** für diesen Vertrag kennzeichnendes Merkmal, dass nicht nach ausgeführter Menge abgerechnet werden soll.[279] Aber wenn sie gerade vereinbaren, dass **nicht** nach Pauschalvertragsmuster abgerechnet werden soll, wenn sie also einen Einheitspreisvertrag vereinbaren, wollen sie nicht gleichzeitig durch die Hintertür sich doch nach Pauschalvertragsregeln behandeln lassen. Der Entscheidung des Bundesgerichtshofs ist also nicht zu folgen;[280] es ist zu hoffen, dass der Bundesgerichtshof Gelegenheit haben wird, seine Rechtsauffassung zu überprüfen.

143 Der Bundesgerichtshof hatte eine Klausel zu beurteilen, die nur § 2 Nr. 3 VOB/B ausschloss, aber nicht grundsätzlich jede Preisanpassung bei Mengenänderungen auf anderer Rechtsgrundlage. Aus der Entscheidung kann man folgern, dass der Bundesgerichtshof eine Klausel, die sich auf alle Anspruchsgrundlagen erstreckt hätte, für unwirksam gehalten hätte: Wenn § 2 Nr. 3 VOB/B ausgeschlossen ist, muss der Rückgriff auf allgemeine Anspruchsgrundlagen möglich sein. Ansprüche aus „Störung der Geschäftsgrundlage" kann man dann nicht wirksam ausschließen, praktisch kommen solche Ansprüche aber nicht in Betracht. Ansprüche aus c.i.c. hält der Bundesgerichtshof für den Fall für möglich, dass der Auftraggeber schuldhaft die Mengen unsorgfältig ausgeschrieben hat. Dazu gilt: Da man ohne fertige Ausführungsplanung **nicht** die richtigen Mengen ausschreiben **kann** (s. oben Rdn. 141), hat der Auftragnehmer in allen Fällen Schadensersatzanspruch auf Preisanpassung, in denen der Auftraggeber Mengen ohne fertige Ausführungsplanung ausgeschrieben hat, ausgenommen, es handelt sich um nur ganz unerhebliche Abweichungen der ausgeführten Menge vom Vordersatz. Es bietet sich an, als Erheblichkeitsgrenze hier die 10 % des § 2 Nr. 3 VOB/B als Maßstab heranzuziehen, so dass auf diesem schönen Umweg jedenfalls nach der Rechtsprechung des Bundesgerichtshofs in der Mehrzahl der Fälle der Ausschluss des § 2 Nr. 3 VOB/B in AGB des Auftraggebers ohnehin leer läuft. Oder anders ausgedrückt: Warum einfach, wenn es auch kompliziert geht?

Die Regelung des § 2 Nr. 3 VOB/B schließt alle anderen Anspruchsgrundlagen aus.[281]

II. Anwendungsbereich

144 § 2 Nr. 3 VOB/B regelt Abweichungen der „unter einem Einheitspreis erfassten Leistung". Die Vorschrift ist nicht auf Pauschalverträge, Selbstkostenerstattungsverträge oder Stundenlohnverträge anwendbar.

---

[277] BauR 1993, 723.

[278] Oben Rdn. 1.

[279] Näher unten Rdn. 232.

[280] *Kapellmann/Schiffers* Band 1, Rdn. 663; *Nicklisch/Weick* VOB/B § 2, Rdn. 35; ausführlich *Knacke* Festschrift von Craushaar, S. 249; laut *Ingenstau/Korbion/Keldungs* VOB/B § 2, Nr. 2, Rdn. 10 sind die Argumente von *Knacke* „beachtlich (!)". Was heißt das?

[281] Die Regelung in § 2 Nr. 3 VOB/B ist „abschließend", BGH BauR 1987, 217; *Ingenstau/Korbion/Keldungs* VOB/B § 2, Nr. 3, Rdn. 12; *Nicklisch/Weick* VOB/B § 2, Rdn. 52.

Die Vorschrift ist weiter nur auf die unter eigener Position mit eigenem Vordersatz erfasste Leistung anwendbar, die Abweichungsprüfung erfolgt also nur je Position.[282] Wirkt sich die Mengenänderung auf andere Positionen aus, so werden Kostenveränderungen dort über Ansprüche aus (früher) c.i.c., jetzt „Pflichtverletzung“ (§§ 311 Abs. 2, 280 BGB) erfasst.[283]

Weiter setzt § 2 Nr. 3 VOB/B voraus, dass die Abweichung der ausgeführten Menge vom Vordersatz über 10 % hinausgeht. Geringere Abweichungen spielen also keine Rolle, auch dann nicht, wenn z.B. alle Positionen 9 % Abweichung haben. Das ist unter dem Aspekt einer nur gröbere Unzuträglichkeiten ausgleichenden Regelung akzeptabel.

Endlich greift § 2 Nr. 3 VOB/B nur dann ein, wenn die Abweichung zwischen der ausgeführten Menge und dem Vordersatz darauf beruht, dass der Vordersatz falsch war, weil entweder die Berechnung falsch war oder die vorgefundenen Verhältnisse anders als angenommen. Die ausgeführte Menge darf sich also nur bei inhaltlich unverändertem Bausoll (unveränderter Planung) ergeben. Weicht dagegen das Bauist vom Bausoll ab, hat beispielsweise der Auftraggeber eine Veränderung **angeordnet**, so ist das kein Fall von § 2 Nr. 3 VOB/B, sondern von § 2 Nr. 5 VOB/B.[284] Eigentlich spielte das keine Rolle, wenn die Vergütungsfolgen identisch wären, aber § 2 Nr. 5 VOB/B oder § 2 Nr. 6 VOB/B sehen keine 10 %-Grenze vor, bis zu der der Einheitspreis unverändert bliebe. Um nicht von reiner Zufälligkeit geprägten Ergebnissen zu kommen, ist es aber angezeigt, bei vom Auftraggeber **angeordneten** Mengenmehrungen, also Fällen, die nach § 2 Nr. 6 VOB/B (zusätzliche Leistungen) zu behandeln sind, die Menge zwischen 100 % und 110 % noch nach dem alten Einheitspreis zu berechnen und erst bei der Überschreitung von 110 % eine Preisanpassung vorzunehmen.[285]

III. Die Mengenmehrung

1. Neuer Preis bei Überschreitung von 110 % der Vordersatzmenge

145 Für die über 10 % hinausgehende **Über**schreitung des Vordersatzes – die „auf den Verhältnissen beruht“ und nicht auf einer Abweichung des inhaltlichen Bauist vom Bausoll, s. oben Rdn. 144 –, ist „auf Verlangen“ (der jeweils begünstigten Vertragspartei) ein neuer Preis unter Berücksichtigung der Mehr- oder Minderkosten zu vereinbaren. **Basis** der Prüfung ist der aus dem Leistungsverzeichnis zu entnehmende **Vordersatz**. Die Regelung setzt also voraus, dass es überhaupt einen Vordersatz gibt, wobei es genügt, dass sich der Vordersatz aus anderen Angaben ermitteln lässt. Auch eine „überschläglich angegebene“ oder eine „Ca.-Menge“ ist Vordersatz.[286] Da Mehr- **oder Minder**kosten zu berücksichtigen sind, ist sowohl eine Herabsetzung des Einheitspreises für die Mehrmenge als auch eine Heraufsetzung[287] möglich.

Methodisch gibt es im Falle der Mengen**mehrung zwei** Einheitspreise: Bis 110 % der Menge bleibt es bei dem alten Einheitspreis, bis dahin verbleiben also (regelmäßig) die Vorteile des für die überschreitenden 10 % zu hohen Preises beim Auftragnehmer,[288] die Mengen über 110 % werden mit einem neuen, (regelmäßig) verringerten Preis berechnet.

---

[282] BGH BauR 1976, 135; *Ingenstau/Korbion/Keldungs* VOB/B § 2, Nr. 3, Rdn. 14.

[283] *Kapellmann/Schiffers* Band 1, Rdn. 544.

[284] Unbestritten, z.B. OLG Düsseldorf, BauR 1991, 219; *Heiermann/Riedl/Rusam* VOB/B § 2, Rdn. 77.

[285] Zur Einordnung nach § 2 Nr. 6, unten Rdn. 144, 187; zur Berechnung Einzelheiten *Kapellmann/Schiffers* Band 1, Rdn. 514–518; für Berechnung wie hier *Werner/Pastor* Bauprozess, Rdn. 1168, Fn. 165.

[286] BGH BauR 1991, 210. Zu Alternativ- oder Eventualpositionen mit Menge „0“ oder „1“ siehe Rdn. 160, 161.

[287] Siehe Rdn. 146.

[288] Bei der Mindermenge wird, falls es zu einer Unterschreitung von mehr als 10 % kommt, der neue Einheitspreis für die ganze Unterschreitung ab 100 % berechnet, also nicht ab 90 %. Die somit unterschiedliche Behandlung von Mehrmengen und Mindermengen ergibt sich eindeutig aus dem Wortlaut des § 2 Nr. 3 VOB/B. Die gewisse Begünstigung des Auftragnehmers ist AGB-rechtlich unter dem Aspekt akzeptabel, dass es ja Sache des Auftraggebers ist, richtige Vordersätze auszuschreiben. Näher BGH BauR 1987, 217; *Nicklisch/Weick* VOB/B § 2, Rdn. 47, 48; *Kapellmann/Schiffers* Band 1, Rdn. 532, 558, dort auch Berechnungsbeispiele.

2. Die Zusammensetzung des neuen Einheitspreises

a) Direkte Kosten (Einzelkosten der Teilleistung). Im häufigsten Fall sind die Direkten Kosten (Lohn, Material usw.) je Mengeneinheit konstant. Also steigen die Direkten Kosten proportional mit der ausgeführten Menge. Aber es gibt sowohl nach unten wie nach oben Ausnahmen: Durch größere Mengen **sinkt** z.B. der Einkaufspreis des Materials (wobei der niedrigere Preis nur für die Mengen über 110% anzusetzen ist); durch größere Transportentfernungen oder durch den Einsatz zusätzlicher, nicht ausgelasteter Geräte **erhöhen** sich z.B. die Kosten. 146

b) Baustellengemeinkosten. Wenn die Menge sich um mehr als 10% erhöht, heißt das noch nicht, dass sich auch die Baustellengemeinkosten überhaupt oder proportional erhöhen. Ob 1.000 m^3 oder 1.200 m^3 Beton ausgeführt werden, ändert im Regelfall nichts daran, dass etwa nur ein Baustellencontainer benötigt wird und die Baustellengemeinkosten deshalb unverändert bleiben. Allerdings kommt im Einzelfall eine längere zeitliche Inanspruchnahme der Verursacher von Baustellengemeinkosten in Betracht,[289] insoweit also ein Zuschlag in Höhe der zusätzlich angefallenen Baustellengemeinkosten; die konkret angefallenen zusätzlichen Baustellengemeinkosten werden also berücksichtigt. Treten wie häufig keine Mehrkosten auf, werden bei Mengen über 110% die Direkten Kosten folglich nicht mit Baustellengemeinkosten beaufschlagt, der neue Einheitspreis ist niedriger als der bis 110%. 147

c) Allgemeine Geschäftskosten. Die Allgemeinen Geschäftskosten werden je Geschäftsperiode geplant und prozentual umgelegt auf den gesamten geplanten Umsatz; zu dieser geplanten Jahresgesamtleistung gehören die erfahrungsgemäß auftretenden Mengenmehrungen oder -minderungen. Also müssen systemgerecht **alle** Herstellkosten mit Allgemeinen Geschäftskosten beaufschlagt werden. Im Gegensatz zu den Baustellengemeinkosten erfolgt also der Zuschlag von Allgemeinen Geschäftskosten nicht baustellen-bezogen konkret, sondern abstrakt; bei der Berechnung des Einheitspreises für Mehrungen über 110% werden also Allgemeine Geschäftskosten mit dem kalkulatorisch vorgesehenen Prozentaufschlag berücksichtigt.[290] 148

d) (Wagnis und) Gewinn. Wagnis hat richtigerweise keine selbständige kalkulatorische Bedeutung, sondern ist Bestandteil des Gewinns (oder Verlusts).[291] Die Selbstkosten der Mehrmenge werden mit dem kalkulatorisch vorgesehenen Prozentsatz für (Wagnis und) Gewinn beaufschlagt. 149

3. Neuer Preis „auf Verlangen“

Der neue Preis ist „auf Verlangen zu vereinbaren“. Der Sinn der Regelung ist dunkel. Wahrscheinlich soll sie ausdrücken, dass der Preis sich nicht „automatisch“ anpasst, sondern nur, wenn eine Partei das verlangt. Es besteht aber dann kein Anspruch auf den neuen Preis, sondern nur ein Anspruch auf eine neue Vereinbarung. Das ist ein sinnloser Umweg, richtiger wäre eine Formulierung dahin, dass der neue Preis sich entsprechend den Mehr- oder Minderkosten verändert. Die Praxis ignoriert die missglückte Vorschrift im Ergebnis zu Recht und verlangt keine Klage auf Abgabe einer entsprechenden Willenserklärung, sondern verurteilt sogleich zur Zahlung.[292] Die Begründung lautete früher, die Verurteilung direkt zur Zahlung sei zulässig, weil der neue Preis „nach billigem Ermessen“ bestimmt werde; treffe ein Vertragspartner die Billigkeitsentscheidung nicht oder verzögere er sie, entscheide das Gericht (§ 315Abs. 3 BGB); in solchen Fällen könne man aber direkt auf Leistung klagen.[293] Diese Begründung ist nicht richtig. Die Bestimmung des 150

Zur **Berechnungsbasis**, dem „alten Preis“ der Position, siehe Rdn. 162 ff.

[289] *Kapellmann/Schiffers* Band 1, Rdn. 565–567.

[290] OLG Schleswig, BauR 1996, 127; *Kapellmann/Schiffers* Band 1, Rdn. 559; *Kleine-Möller/Merl* Handbuch, § 10 Rdn. 417; *Ingenstau/Korbion/Keldungs* VOB/B § 2, Nr. 3, Rdn. 18.

[291] Siehe oben Rdn. 139.

[292] BGH NZBau 2005, 455 = BauR 2005, 1152; OLG Celle BauR 1982, 381; *Ingenstau/Korbion/Keldungs* VOB/B § 2, Nr. 3, Rdn. 27, allgemeine Meinung.

[293] BGHZ 41, 271, 280.

neuen Preises hat nichts mit Billigkeit zu tun, sondern erfordert (nur) einen gegebenenfalls sachverständigen Erkenntnisvorgang und die Anwendung einer definierten Berechnungsmethodik; der neue Preis entsteht „deterministisch“.[294] Das Gericht „ermittelt“ auch nicht die Höhe,[295] sondern prüft nur, ob die Vertragspartei, die sich zu ihren Gunsten auf § 2 Nr. 3 Abs. 2 VOB/B beruft, ihrer Darlegungs- und gegebenenfalls Beweispflicht, eine richtige Neuberechnung vorzulegen, nachgekommen ist. Das Gericht setzt also nicht an die Stelle der Beurteilung der Schlüssigkeit eine „schiedsgutachterliche“ Billigkeitsentscheidung. Deshalb lautet der Klageantrag auch nicht, das Gericht möge einen neuen Preis „nach Billigkeit“ festsetzen. Ungeachtet dessen ist es prozessökonomisch sinnvoll, die Verurteilung auf Abgabe einer Willenserklärung zu überspringen und den Weg zur unmittelbaren Zahlungsklage zu eröffnen. Die Begründung ergibt sich aber nicht aus § 315 BGB, sondern eben aus reiner Prozessökonomie;[296] vergleichbar ist das damit, dass bei zu Unrecht verweigerter Abnahme ebenfalls unmittelbar auf Zahlung geklagt werden kann und nicht zuerst auf Abnahme geklagt werden muss.[297]

IV. Die Mengenminderung

1. Neuer Preis bei Unterschreitung von 90 % der Vordersatzmenge

151 Für die über 10 % hinausgehende **Unter**schreitung des Vordersatzes – die „auf den Verhältnissen beruht“ und nicht auf einer Abweichung des inhaltlichen Bauist vom Bausoll, s. oben Rdn. 144 –, ist „auf Verlangen“ der Einheitspreis für die tatsächlich ausgeführte Menge zu erhöhen, so weit der Auftragnehmer nicht durch Erhöhung der Mengen bei anderen Ordnungszahlen (Positionen) oder in anderer Weise einen Ausgleich erhält. Die Erhöhung soll im Wesentlichen dem Mehrbetrag entsprechen, „der sich durch Verteilung der Baustelleneinrichtungs- und Baustellengemeinkosten und der Allgemeinen Geschäftskosten auf die verringerte Menge ergibt“, so der Wortlaut von § 2 Nr. 3 Satz 1 und 2 VOB/B.

Basis der Prüfung ist also auch hier wie bei der Mengenmehrung der Vordersatz, auch hier ist eine „überschläglich angegebene“ oder „ca.-“ Menge Vordersatz.[298] Im Gegensatz zu Mehrmengen gibt es keine Heraufsetzung **oder** Herabsetzung des Preises für die Mindermenge, vielmehr hat **nur** der Auftragnehmer gegebenenfalls Anspruch auf Heraufsetzung des Einheitspreises, nie der Auftraggeber auf Herabsetzung.[299]

Methodisch gibt es bei der Mengenminderung im Gegensatz zur Mengenmehrung nur **einen neuen** Einheitspreis. Ist die ausgeführte Menge geringer als 90 % des Vordersatzes, so wird auf Verlangen des Auftragnehmers insgesamt ein neuer Einheitspreis gebildet. Anders als bei der Mengenmehrung bleibt also der alte Einheitspreis nicht für 10 % der Menge unverändert, die neue Berechnung beginnt also nicht ab 90 %. Bei Mindermengen wird vielmehr, sofern die Abweichung mehr als 10 % beträgt, insgesamt für die Differenz zwischen tatsächlicher Menge und 100 % ein neuer Preis ermittelt.[300]

---

[294] Nachweise oben Rdn. 138, Fn. 269.

[295] So OLG Schleswig BauR 1996, 265 und vielfache Meinung.

[296] BGH NZBau 2005 = BauR 2005, 1152.

[297] BGH NJW 1990, 3008. Seit Inkrafttreten des „Gesetzes zur Beschleunigung fälliger Zahlungen“ zum 1.5.2000 soll gemäß der Möglichkeit, die Abnahmewirkung durch Aufforderung zur Abnahme unter Fristsetzung herbeizuführen (§ 641 Abs. 1 Satz 2 BGB), eine solche Klage nicht mehr möglich sein, dazu *Kniffka/Koeble* Kompendium, Teil 4 Rdn. 20, 22. Richtig ist: **Wenn** der Kläger eine Abnahmeaufforderung mit Fristsetzung ausgesprochen hat, tritt die Abnahmewirkung nach Fristablauf selbst dann ein, wenn der Beklagte (zu Unrecht) die Abnahme verweigert hat. Dann ist allerdings eine Klage auf Abnahme überflüssig. Der Auftragnehmer kann aber auch (erfolglos) **ohne** Fristsetzung zur Abnahme aufgefordert haben (vgl. § 12 Nr. 1 VOB/B), dann ist eine Klage auf Zahlung nach wie vor schlüssig, ohne dass der Kläger auf Abnahme klagen muss.

[298] BGH BauR 1991, 210. Zu Alternativ- oder Eventualpositionen mit Menge „0“ oder Menge „1“ siehe Rdn. 160, 161.

[299] *Kapellmann/Schiffers* Band 1, Rdn. 525.

[300] BGH BauR 1987, 217. Zur AGB-rechtlichen Zulässigkeit der unterschiedlichen Berechnungsmethoden bei Minder- und Mehrmengen siehe Fn. 288.

2. Die Zusammensetzung des neuen Einheitspreises

a) „Im Wesentlichen". Die Erhöhung soll „im Wesentlichen" dem Mehrbetrag entsprechen, der sich durch Verteilung der Baustelleneinrichtungs- und Baustellengemeinkosten und der Allgemeinen Geschäftskosten auf die verringerte Menge ergibt. Wie erläutert (Rdn. 141), ist es Sinn des § 2 Nr. 3 Abs. 3 VOB/B, bei über 10 % hinausgehender Unterschreitung der Menge für den Auftragnehmer eine Unterdeckung zu verhindern, also den **gesamten** Deckungsbeitrag aus dem alten Einheitspreis zu erhalten, der sich aus den Zuschlägen für Baustellengemeinkosten, Allgemeinen Geschäftskosten **und** (Wagnis und) Gewinn zusammensetzt. Die Vorschrift erwähnt also einen Teil des auszugleichenden Deckungsbeitrages nicht. Daraus den Schluss zu ziehen, also würden z.B. (Wagnis und) Gewinn nicht ausgeglichen oder es dürfte sogar ein Defizit bei den Direkten Kosten entstehen, würde der Vorschrift ihren Sinn nehmen; eine entsprechende Auslegung wäre verfehlt; demzufolge ist es auch richtige herrschende Meinung, dass **alle** ausfallenden Deckungsbeiträge ausgleichspflichtig sind.[301] 152

Wenn alle ausfallenden Deckungsbeiträge zu ersetzen sind, gibt es keinen Sinn, einen Ausfall nur „im Wesentlichen" auszugleichen. Der Ausgleich soll ja gerade vollständig erfolgen. Einzelne Kommentarstellen lösen das Problem so, dass sie „im Wesentlichen" gar nicht kommentieren,[302] während andere das „im Wesentlichen" so verstehen, dass eben nicht nur die Baustellengemeinkosten und Allgemeinen Geschäftskosten, sondern alle ausfallenden Deckungsbeiträge auszugleichen seien.[303] Letzteres ist zwar richtig, ergibt sich aber nicht aus dem Tatbestandsmerkmal „im Wesentlichen". Ähnlich wie bei § 2 Nr. 2 VOB/B (oben Rdn. 131) ist es notwendig, die Redaktionsunebenheit des Textes, nämlich die falsche Stellung des Begriffes „im Wesentlichen" im Satz zu glätten. Der Text müsste richtig lauten: „Die Erhöhung soll dem Mehrbetrag entsprechen, der sich im Wesentlichen durch Verteilung der Baustelleneinrichtungs- oder Baustellengemeinkosten und der Allgemeinen Geschäftskosten ergibt." Dann ist klar, was gewollt ist: Der wesentliche Betrag der Unterdeckung resultiert ja aus dem Verlust „Baustellengemeinkosten und Allgemeinen Geschäftskosten", aber eben nicht der einzige; eine Unterdeckung gibt es auch bei anderen Faktoren innerhalb des Deckungsbeitrages (Wagnis und Gewinn) oder sogar bei den Direkten Kosten (s.Rdn. 153).

Angesichts der Tatsache, dass der kalkulatorisch gewählte, entfallende Deckungsbeitrag maßgebend ist, liegt auf der Hand, dass die gewählte Umlageart zu unterschiedlichen Ergebnissen führen kann.[304] Dagegen spielt es keine Rolle, ob der Auftragnehmer die Umlage – wie es nahezu immer geschieht – prozentual ermittelt hat oder in einem Festbetrag.[305]

b) Direkte Kosten (Einzelkosten der Teilleistung). Nullmenge. Wenn die Menge sinkt, ändern sich im einfachsten und häufigsten Fall die Einzelkosten der Teilleistung proportional: Wenn statt 1000 m^3 Beton B 25 nur 700 m^3 herzustellen sind, so fallen auch nur für 700 m^3 Lohnkosten oder Materialkosten an. Das stimmt aber nur, weil die für diese Position kalkulierten Kosten **kurzfristig abbaubar** sind: Die Arbeiter arbeiten nicht mehr hier, sondern anderswo auf der Baustelle, das Material wird immer nur kurzfristig bestellt und eben jetzt nicht mehr. Aber keineswegs sind die Kosten immer kurzfristig abbaubar: Gebogener Stahl ist schon geliefert und kann nicht mehr anders verwendet werden; ein für eine spezielle Arbeit eingesetzter Nachunternehmer kann nicht kurzfristig auf andere Arbeit umgesetzt werden. Solche (kalku- 153

Berechnungsbeispiel für Mindermengen *Kapellmann/Schiffers* Band 1, Rdn. 520–538.

[301] Z.B. Beck'scher VOB-Kommentar/*Jagenburg* VOB/B § 2 Nr. 3, Rdn. 50; *Heiermann/Riedl/Rusam* VOB/B § 2, Rdn. 90, beide mit dem Argument, die „Fixkosten" seien zu erhalten. Richtig ist, dass die Deckungsbeiträge zu erhalten sind, z.B. die Baustellengemeinkosten. Baustellengemeinkosten und Fixkosten sind z.B. nicht dasselbe (*Kapellmann/Schiffers* Band 1, Rdn. 20, Fn. 15), erst recht gehört der Gewinn nicht zu den Fixkosten; *Ingenstau/Korbion/Keldungs* VOB/B § 2, Nr. 3, Rdn. 37.

[302] So *Ingenstau/Korbion/Keldungs* und *Heiermann/Riedl/Rusam*.

[303] Beck'scher VOB-Kommentar/*Jagenburg* VOB/B § 2 Nr. 3, Rdn. 50; *Nicklisch/Weick* VOB/B § 2 Nr. 3, Rdn. 49; *Kleine-Möller/Merl* Handbuch § 10, Rdn. 419.

[304] Einzelheiten und Berechnungsbeispiel *Kapellmann/Schiffers* Band 1, Rdn. 524.

[305] Zutreffend OLG Schleswig BauR 1996, 127.

lierten) Kosten, die **nicht kurzfristig abbaubar** sind, werden voll ausgeglichen.[306] Das ist genau dieselbe Konsequenz, die sich auch bei „freier Kündigung" gemäß § 8 Nr. 1 VOB/B, § 649 BGB ergibt – und das muss auch so sein: Ob die Menge wegen der vorgefundenen Verhältnisse sinkt oder weil der Auftraggeber eine Leistung ändert oder eine Leistung selbst übernimmt oder eine Teilkündigung ausspricht: Es handelt sich immer um denselben Vorgang, die Vergütungsfolgen müssen immer dieselben sein (siehe auch Rdn. 179).

Diese Gleichbehandlung zeigt sich auch darin, dass wie bei der freien Kündigung maßgebend die **kalkulierten** ersparten Kosten sind; der Auftragnehmer kann aber **wahlweise** auch nach **tatsächlich** ersparten Kosten abrechnen.[307]

Damit löst sich auch problemlos der Fall, dass eine Position ohne Planungs**änderung** überhaupt nicht ausgeführt wird, also die **Menge auf „0"** sinkt. Damit sinken auch die Einzelkosten der Teilleistung, sofern kurzfristig abbaubar, auf „0"; die kalkulierten Deckungsbeiträge dagegen werden voll ausgeglichen.[308] Demgegenüber wird vertreten, auf die Nullmenge sei § 2 Nr. 3 Abs. 3 VOB/B nicht anwendbar, da eine Mengenunterschreitung voraussetze, dass mindestens eine Restmenge verbleibe[309] – diese Begründung ist offensichtlich unzutreffend, denn dem Unterschreiten ist keine Grenze gesetzt – oder dass der Auftragnehmer in einem solchen Fall, wende man § 2 Nr. 3 VOB/B an, überhaupt keine Vergütung erhalten würde[310] – was ebenso offensichtlich unzutreffend ist, denn die Deckungsbeiträge werden ja gerade ausgeglichen. Aber abgesehen davon ist das ein Streit um des Kaisers Bart: Welche Vorschriften man auch immer anwendet, die Vergütungsfolgen müssen aus Gründen einheitlicher Systematik immer dieselben sein; auch die Fälle **angeordneten** Entfalls von Leistungen, z.B. infolge von Änderungen der Planung an anderer Stelle, führen über § 8 Nr. 1 VOB/B zu genau demselben Ergebnis.[311]

154 **Kosten der Arbeitsvorbereitung** werden normalerweise unter den Baustellengemeinkosten erfasst. Nur dann, wenn sie ganz ausnahmsweise in der Auftragskalkulation eindeutig als Direkte Kosten der betreffenden Position zugeordnet sind, werden sie gesondert ausgeglichen.[312]

155 **c) Baustellengemeinkosten.** Wenn die Menge einer Teilleistung sinkt, verringern sich dadurch im Regelfall die Baustellengemeinkosten nicht: Der Baustellencontainer kostet nach wie vor dieselbe Miete. Der insoweit ausfallende Deckungsbeitrag wird also voll ausgeglichen, und zwar errechnet auf der Basis der Differenz zu 100% Menge, nicht zu 90% (oben Rdn. 151).

156 **d) Allgemeine Geschäftskosten.** Die entfallende Deckung ist voll auszugleichen, das ergibt sich schon aus dem Wortlaut der Vorschrift.[313]

157 **e) (Wagnis und) Gewinn.** Wagnis hat richtigerweise keine selbständige kalkulatorische Bedeutung,[314] sondern ist Bestandteil des Gewinns (oder Verlustes). Da alle Deckungsbeiträge voll ausgeglichen werden (s.oben Rdn. 152), werden auch die kalkulierten Beiträge für (Wagnis und) Gewinn voll ausgeglichen, obwohl das in § 2 Nr. 3 Abs. 3 VOB/B nicht ausdrücklich erwähnt ist.[315]

---

[306] Näher *Kapellmann/Schiffers* Band 1, Rdn. 527–531; Band 2, Rdn. 1361 ff. mit Einzelheiten.

[307] Einzelheiten *Kapellmann/Schiffers* Band 1, Rdn. 538. Zur entsprechenden Rechtslage bei freier Kündigung eingehend *Markus* NZBau 2005, 417 sowie VOB/B § 8 Rdn. 28–33, a.A. BGH NZBau 2005, 683.

[308] *Kapellmann/Schiffers* Band 1, Rdn. 529, 540–542; Beck'scher VOB-Kommentar/*Jagenburg* VOB/B § 2 Nr. 3 Rdn. 49; *Kemper* in: *Franke/Kemper/Zanner/Grünhagen* VOB/B § 2, Rdn. 76.

[309] *Heiermann/Riedl/Rusam* VOB/B § 2, Rdn. 92.

[310] *Ingenstau/Korbion/Keldungs* VOB/B § 2, Nr. 3, Rdn. 30.

[311] Zur Systematik oben Rdn. 138; zum **angeordneten** Entfall von Positionen z.B. zutreffend OLG Oldenburg BauR 2000, 897. Vgl. auch Fn. 307 sowie *Schulze-Hagen* Festschrift Jagenburg, S. 815; *Kemper;* in: *Franke/Kemper/Zanner/Grünhagen* VOB/B § 2 Rdn. 76.

[312] *Kapellmann/Schiffers* Band 1, Rdn. 526, Fn. 521.

[313] OLG Schleswig BauR 1996, 127; *Kleine-Möller/Merl* Handbuch § 10, Rdn. 419; *Kapellmann/Schiffers* Band 1, Rdn. 536; unrichtig *Mantscheff* BauR 1979, 389.

[314] S. oben Rdn. 139 mit Nachweisen.

[315] Zum Wagnis *Kapellmann/Schiffers* Band 1, Rdn. 537.

Zum Gewinn *Kapellmann/Schiffers* Band 1, Rdn. 538 sowie *Kleine-Möller/Merl* Handbuch, § 10 Rdn. 419; *Heiermann/Riedl/Rusam* VOB/B § 2, Rdn. 90; unbestimmt und unklar *IngenstauKorbion/Keldungs* VOB/B § 2, Nr. 3, Rdn. 36 einerseits („grundsätzlich") und Nr. 3, Rdn. 37 andererseits („dürfte zulässig sein").

3. Ausgleichsberechnung

Der Sinn des § 2 Nr. 3 Abs. 3 VOB/B liegt darin, dem Auftragnehmer auch bei verringerter Menge insbesondere die kalkulatorischen Deckungsbeiträge gemäß Vordersatzmenge zu erhalten. Wenn allerdings der Auftragnehmer durch Überdeckung an anderer Stelle desselben Vertrages einen Ausgleich hätte, wäre es nur gerecht, die Überdeckung mit der Unterdeckung zu verrechnen. Sachgerecht ordnet deshalb § 2 Nr. 3 Abs. 3 Satz 1 VOB/B die Verrechnung der Überdeckung an, die der Auftragnehmer durch „**Erhöhung der Mengen** bei anderen Ordnungszahlen (Positionen) oder in **anderer Weise** erhält". 158

Die Überdeckung durch die Vergütung von **Mehrmengen** leuchtet ohne weiteres ein; die VOB/B meint damit die Mehrmengen gemäß § 2 Nr. 3 Abs. 2 VOB/B, also das Pendant zu den Mindermengen – beides Sachverhalte, die „auf den vorgefundenen Verhältnissen" (oben Rdn. 144) beruhen. Eine Überdeckung von Baustellengemeinkosten wird sich dabei regelmäßig nicht ergeben, weil Mehrmengen im Rahmen des § 2 Nr. 3 normalerweise nicht mit zusätzlichen Baustellengemeinkosten belastet sind (oben Rdn. 147). Verbleibende erhöhte Deckungsbeiträge sind erst von der 110 % überschreibenden Menge an zu berücksichtigen.[316]

Eine Überdeckung auf **„andere Weise"** kann dadurch entstehen, dass der Auftragnehmer für geänderte oder zusätzliche Leistungen Vergütung gemäß § 2 Nr. 5, 6, 7 Abs. 1 Satz 4 oder 8 erhält und diese Vergütung einen Umlagenanteil enthält.[317] Einen Ausgleich über die Vergütung aus anderen Bauvorhaben derselben Vertragsparteien gibt es nicht.[318]

4. Neuer Preis „auf Verlangen"

Wir verweisen auf Rdn. 150. 159

V. Alternativ- oder Eventualpositionen mit Vordersatz „0" oder „1"

1. Alternativposition (Wahlpositionen)

Alternativpositionen oder Wahlpositionen (Einzelheiten → VOB/A § 5, Rdn. 14) sind im Angebotsblankett abgefragte Leistungen, die der Auftraggeber anstelle von ebenfalls ausgeschriebenen **Grundpositionen** angeboten haben will. Der Auftraggeber wird **entweder** Grundpositionen **oder** Alternativpositionen beauftragen.[319] Das ist ein Wahlschuldverhältnis (§ 262 BGB) mit Wahlrecht des Auftraggebers. Der Bieter sollte im eigenen Interesse Alternativpositionen so kalkulieren, dass es für ihn hinsichtlich der Deckung seiner Kosten und der Erzielung von Gewinn keinen Unterschied macht, ob der Auftraggeber die Grundposition oder die Alternativposition beauftragt. Auf eine mit richtiger Mengenangabe ausgeschriebene, beauftragte Alternativposition, die an die Stelle der Grundposition getreten ist, ist bei nachträglicher Mengenänderung „aufgrund vorgefundener Verhältnisse" problemlos § 2 Nr. 3 VOB/B anzuwenden. Gelegentlich schreibt der Auftraggeber als Vordersatz auch bei Alternativpositionen nur „0" oder „1" aus. Da es kein Problem wäre, für die Alternativposition eine (jedenfalls annähernd) richtige Menge anzugeben – es gibt ja die Grundposition –, soll eine solche Ausschreibung wohl dazu führen, dass für die Alternativposition kein richtiger Positionspreis ausgeworfen werden kann, was nicht für die Ausschreibung spricht. Ohne Mengenangabe ist eine kostenkausale Kalkulation der Einzelkosten der Teilleistung im Regelfall nicht möglich. Ist ein Vordersatz „0" oder „1" ausgeschrieben, so 160

---

[316] BGH BauR 1987, 217.

[317] Näher *Kapellmann/Schiffers* Band 1, Rdn. 548. Das gilt immer auch bei zusätzlicher Vergütung gemäß § 2 Nr. 8, nicht nur „eventuell", so aber *Ingenstau/Korbion/Keldungs* VOB/B § 2, Nr. 3, Rdn. 33.
Ausführliche Berechnungsbeispiele *Kapellmann/Schiffers* Band 1, Rdn. 624–639, Einzelprobleme Rdn. 640–655.

[318] *Kapellmann/Schiffers* Band 1, Rdn. 553; Beck'scher VOB-Kommentar/*Jagenburg* VOB/B § 2 Nr. 3, Rdn. 48; allgemeine Meinung.

[319] Zur richtigen Kalkulation näher *Kapellmann/Schiffers* Band 1, Rdn. 573.

ist die Anwendung von § 2 Nr. 3 VOB/B nicht möglich: Wenn es keine sinnvolle Mengenangabe gibt, kann es auch keine Mehrmenge geben – oder umgekehrt wäre jede ausgeführte Mehrmenge gegenüber „0“ oder „1“ schon Mehrmenge, aber 10 % Abweichung gegenüber der Ursprungsmenge lassen sich dabei nicht vernünftig feststellen. Vygen will einfach die Mengenangabe der Grundposition zugrunde legen.[320] Das ist von der Zielsetzung verständlich, ignoriert aber die vom Auftraggeber ja bewusst eingesetzte Mengenangabe „0“ oder „1“. Richtiger ist es, dem Auftragnehmer einen Anspruch aus c.i.c. (§§ 311, 280 BGB), zu geben, wenn die ausgeführte Menge mehr als 10 % nach unten von der vom Bieter sachgerecht geschätzten Menge abweicht; die sachgerecht geschätzte Menge wird sehr oft die Menge der Grundposition sein, zwingend ist das aber nicht, denn die Alternativposition kann z.B. zu einer anderen Verfahrensweise geführt haben.[321] Ist eine Alternativposition einmal beauftragt, hat die Grundposition keine Bedeutung mehr; auf sie kann also z.B. bei Änderung der Alternativposition nicht ohne weiteres zurückgegriffen werden.[322]

2. Eventualpositionen

161 **Eventualpositionen** oder Bedarfspositionen (Einzelheiten → VOB/A § 5, Rdn. 17) sind im Angebotsblankett abgefragte Leistungen, deren Beauftragung ungewiss ist; sie sind also „Preise von heute“ für **vielleicht** ergänzende oder ändernde „Leistungen von morgen“. Häufig ist die Ausschreibung solcher Eventualpositionen unwirksam, weil die darin enthaltene übermäßig lange Bindefrist gegen *AGB*-Recht verstößt.[323] Ist die Eventualposition wirksam ausgeschrieben, so kommt es wieder auf den ausgeschriebenen Vordersatz an: Eventualpositionen werden oft mit Vordersatz „0“ oder „1“ ausgeschrieben. Wie erörtert ist ohne Kenntnis der auszuführenden Menge eine kostenkausale Zuordnung der Einzelkosten der Teilleistung in der Mehrzahl aller Fälle nicht möglich. Um überhaupt kalkulieren zu können, muss der Bieter hier Mengenschätzungen treffen; Baustellengemeinkosten sollte er ohnehin nicht einkalkulieren. Wenn ein Auftraggeber eine Eventualposition „beauftragt“, so hat er jetzt eine geänderte oder zusätzliche Leistung angeordnet, für die der Preis in der Form des Einheitspreises der Eventualposition schon feststand. Ist diese modifizierte Leistung einmal angeordnet, so stellt sich die Frage nach der Anwendbarkeit von § 2 Nr. 3 VOB/B, wenn sich nachträglich „aufgrund vorgefundener Verhältnisse“ die Menge gegenüber dem Vordersatz der Eventualposition ändert. Hatte die Eventualposition einen konkreten Vordersatz, so ist die Anwendbarkeit unproblematisch.[324] Gibt es dagegen nur den Vordersatz „0“ oder „1“, so scheidet die Anwendung des § 2 Nr. 3 VOB/B aus den in Rdn. 160 für Alternativpositionen erläuterten Gründen aus.[325] Ebenso wie bei Alternativpositionen hat der Bieter einen Anspruch aus c.i.c. (§§ 311, 280 BGB), wenn die ausgeführte Menge mehr als 10 % nach unten von der vom Bieter einigermaßen plausibel in seiner Kalkulation angenommenen Menge abweicht.

VI. Der „alte Preis“ als Basis

1. Grundsatz

162 Der „alte“ Einheitspreis der Position (genauer: alle Kostenelemente, die Bestandteil der Auftrags- bzw. Angebotskalkulation des Auftragnehmers sind und die Kalkulationsmethodik) bildet

[320] *Vygen/Schubert/Langen* Bauverzögerung, Rdn. 203.

[321] Näher *Kapellmann/Schiffers* Band 1, Rdn. 573.

[322] KG BauR 2004, 1779, Nichtzulassungsbeschwerde vom BGH zurückgewiesen.

[323] Einzelheiten *Kapellmann/Schiffers* Band 1, Rdn. 581–586.

[324] Maßgebend ist dann selbstverständlich die ausgeschriebene Vordersatzmenge, nicht eine vom Auftraggeber „freigegebene“ Menge, deshalb unrichtig VOB-Ausschuss Sachsen-Anhalt Fall 247, IBR 2001, 105 mit zutreffender abl. Anm. Schelle.

[325] Ebenso OLG Hamm BauR 1991, 352, aber ohne interessengerechte Schlussfolgerung; *Vygen/Schubert/Langen* Bauverzögerung, Rdn. 218 wollen § 2 Nr. 3 VOB/B anwenden, geben aber naheliegenderweise nicht an, welches denn die Ausgangsmenge für die Überschreitung sein soll, es gibt ja keine.

die Basis für die Berechnung des neuen Einheitspreises für Mehr- oder Mindermengen; er bleibt grundsätzlich (Ausnahmen Rdn. 163–165) unverändert; aus ihm wird der „neue Preis" deterministisch „errechnet" (näher Rdn. 213 zur identischen Thematik bei § 2 Nr. 5/6 VOB/B).

Die Angebotskalkulation bleibt unverändert auch Basis dann, wenn um die Fortschreibung (angeblich) „untergeordnete Positionen" oder „Sonderpreise" geht,[326] wenn die Preise „überhöht" oder „spekulativ überhöht (!)" waren[327] oder wenn sie „unterkalkuliert" waren.[328]

2. Ausnahmen von der Bindung an den „alten Preis"

a) Kalkulationsirrtum. Der Auftragnehmer kann für die Berechnung des neuen Preises 163
einen ihm unterlaufenen Kalkulationsirrtum bei der Auftragskalkulation unter bestimmten engen Voraussetzungen korrigieren. „Kalkulationsirrtum" heißt, dass sich der Auftragnehmer bei der Kalkulation geirrt hat, z.B. vergessen hat, notwendige Transportkosten zu berücksichtigen. Kein Kalkulationsirrtum ist es dagegen, wenn der Auftragnehmer bewusst niedrig anbietet und nach Kenntnis von Wettbewerbspreisen zu dem Ergebnis kommt, er hätte besser höhere Preise verlangt.

Der Bundesgerichtshof hat die endlos umstrittene Frage, ob ein Bieter sein Angebot gem. § 119 BGB wegen Kalkulationsirrtums anfechten kann, verneint, aber dennoch dem Bieter in Einzelfällen auf anderem Wege geholfen.[329] Er hat nämlich dem Auftraggeber unter dem Gesichtspunkt der Haftung für Verschulden bei Vertragsschluss (c.i.c., §§ 311, 280 BGB) und der unzulässigen Rechtsausübung untersagt, den Bieter dann an seinem irrtümlichen Angebot festzuhalten, das Vertragsangebot anzunehmen und auf der Durchsetzung des Vertrages zu bestehen, wenn zwei Voraussetzungen zusammentreffen:

aa) Die Vertragsdurchführung muss bei Beibehaltung des Irrtums für den Auftragnehmer schlechthin „unzumutbar"[330] sein, etwa weil er dadurch in erhebliche Schwierigkeiten geriete;

bb) der **Auftraggeber** muss die Tatsachen, die den Kalkulationsirrtum und seine „unzumutbaren" (richtiger: „empfindlichen") Folgen begründen, **kennen**, d.h., der Auftraggeber muss entweder eigene positive Kenntnis haben oder der Bieter muss den Auftraggeber über die entsprechenden Tatsachen umfassend und für diesen **nachprüfbar** in Kenntnis setzen; es genügt auch, wenn der Auftraggeber sich einer solchen Kenntnis treuwidrig verschließt, indem er nahe liegende Rückfragen unterlässt, wobei es aber nur um eine „gleichsam auf der Hand liegende, durch einfache Nachfrage zu realisierende Erkenntnismöglichkeit gehen kann und letztlich das sich Berufen auf die Unkenntnis als Förmelei erschiene, weil jeder andere in der Lage des Auftraggebers die Kenntnis gehabt hätte"; eine solche Konstellation wird nur „mit äußerster Zurückhaltung" im Einzelfall zu bejahen sein. Insgesamt wird also ein Bieter seinen Kalkulationsirrtum im Zusammenhang mit dem Abschluss des Vertrages nur in seltenen Fällen ungeschehen machen können.

Fraglich ist, ob der Auftragnehmer sich auch in den Fällen der notwendig werdenden Neuberechnung des Einheitspreises bei Mengenmehrungen im Sinne von **§ 2 Nr. 3** VOB/B darauf berufen kann, der neue Preis für die Menge ab 110% – nicht der alte Preis für die Vordersatzmenge! – müsse von einem korrigierten, nämlich den Kalkulationsirrtum eliminierenden höheren „Basispreis" aus berechnet werden. Wenn alle Voraussetzungen gemäß der genannten Grundsatzentscheidung des Bundesgerichtshofs gegeben sind, so ist das auch für den Fall des § 2 Nr. 3 VOB/B ohne weiteres zu bejahen: Für eine „neue" Preisberechnung muss dasselbe gelten, was für die ursprüngliche vertragliche Preisvereinbarung gegolten hat. Überlegenswert

---

[326] *Kapellmann/Schiffers* Band 1, Rdn. 606.

[327] *Kapellmann/Schiffers* Band 1, Rdn. 607, für Eventualpositionen Rdn. 592; LG Bamberg BauR 1991, 386; *Vygen/Schubert/Langen* Bauverzögerung, Rdn. 211, weitere Nachweise Fn. 474.

[328] Beispiel *Kapellmann/Schiffers* Band 1, Rdn. 608–610. Ausnahme siehe Rdn. 163.

[329] BGH „Kalkulationsirrtum" BauR 1998, 1089.

[330] Wobei es richtiger ist, auf nur „empfindliche Folgen" und nicht auf „unzumutbare Folgen" abzustellen, so zutreffend *Kindl* WM 1999, 2198.

ist lediglich, ob der Auftragnehmer dann mit seinem Anpassungsanspruch ausgeschlossen ist, wenn er schon vor der Annahmeerklärung des Auftraggebers die „Anfechtungslage" kannte, aber nicht „angefochten" hat. Das ist indes zu verneinen: Der Auftragnehmer hat durch die unterlassene „Anfechtung" vertraglich lediglich das Risiko übernommen, auch noch 10% mehr als die Vordersatzmenge zu dem „falschen" Preis auszuführen, aber nicht eine darüber hinausgehende Menge.

Eine solche Anpassungsmöglichkeit ist im Rahmen von § 2 Nr. 3 VOB/B **weitergehend** allerdings auch dann zu bejahen, wenn das Festhalten am alten Preis nicht „unzumutbare Folgen" hätte. Dass es nämlich überhaupt zur Anwendung von § 2 Nr. 3 VOB/B kommt, liegt – symptomatisch betrachtet – daran, dass der Auftraggeber seiner Pflicht zur richtigen Mengenermittlung und -ausschreibung nicht nachgekommen ist. Wenn der Auftragnehmer sich schon darauf einlassen muss, auch für höhere, vertraglich nicht vorgesehene Mengen generell an den „alten Preis" gebunden zu sein, muss doch nach Treu und Glauben die Korrekturmöglichkeit im Sinne der Ausgewogenheit jedenfalls hier schon dann in Betracht kommen, wenn das Festhalten am alten Preis **nur „fühlbare** Folgen", aber nicht „empfindliche Folgen" oder gar „unzumutbare Folgen" hätte.[331] Ohne jede Einschränkung gibt es die Korrekturmöglichkeit, wenn der Auftraggeber seinerseits den Kalkulationsfehler erkannt hat, den Bieter aber nicht darauf hingewiesen hat.[332]

Da es um eine Anpassung unter dem Gesichtspunkt von Treu und Glauben und nicht um eine echte Irrtumsanfechtung geht, kommt es auf eine besondere Anfechtungserklärung und damit auch auf deren Rechtzeitigkeit nicht an.

164 **b) Änderung der Personal- oder Materialkosten.** Haben sich die Löhne oder Materialpreise gegenüber dem bei Vertragsschluss ohnehin zu berücksichtigenden Niveau erhöht, so darf der Auftragnehmer für die 110% überschreitende Menge diese Erhöhung bei der Berechnung des neuen Einheitspreises berücksichtigen: Der Auftragnehmer musste zwar in seiner Kalkulation berücksichtigen, dass er möglicherweise Mehrmengen bis zu 110% zu unveränderten Preisen auch bei Veränderung der angenommenen Einstandspreise haben würde, für eine darüber hinausgehende Mengenveränderung braucht er aber dieses Risiko nicht zu berücksichtigen. Es ist Sache des Auftraggebers, mindestens aber dessen Risikobereich, Mengen genau auszuschreiben, deshalb ist es gerechtfertigt, hier die Korrekturmöglichkeit zuzulassen.[333] Erst recht gilt das, wenn die Mehrmengen auch zeitliche Auswirkungen haben und die Kostenerhöhung in der verlängerten Ausführungszeit auftritt.[334] Die auf Korbion zurückgehende einschränkende Auffassung, die Berücksichtigung solcher Kostenerhöhungen komme nur in Betracht, wenn die Ausführung „infolge der für den Auftragnehmer nicht vorhersehbar (?) erforderlich gewordenen Mehrmengen in eine Zeit gekommen sei, in der erhebliche und in keiner Weise voraussehbare (?) Preissteigerungen fühlbar (?) aufgetreten seien",[335] ist weder näher begründet noch mit ihrer Fülle von Leerformeln nachvollziehbar.[336]

165 **c) Unsorgfältige Planung.** Mengenerhöhungen „aufgrund der vorgefundenen Verhältnisse" beruhen im Regelfall auf unsorgfältiger Mengenermittlung des Auftraggebers, im Einzelfall

---

[331] Wie hier im Ergebnis *Kleine-Möller/Merl* Handbuch § 10, Rdn. 433; *Nicklisch/Weick* VOB/B § 2, Rdn. 45; unzutreffend und ohne Begründung noch verschärfend für Korrekturen nur bei „untragbaren Ergebnis " *Ingenstau/Korbion/Keldungs* VOB/B, § 2, Nr. 3, Rdn. 23.

[332] Insoweit in Anknüpfung an BGH „Kalkulationsirrtum" BauR 1998, 1098, BGH BauR 1988, 334; wie hier Beck'scher VOB-Kommentar/*Jagenburg* VOB/B § 2 Nr. 3, Rdn. 36; *Nicklisch/Weick* VOB/B § 2, Rdn. 45; *Heiermann/Riedl/Rusam* VOB/B § 2, Rdn. 87.

[333] *Kapellmann/Schiffers* Band 1, Rdn. 603; *Nicklisch/Weick* VOB/B § 2, Rdn. 44; Beck'scher VOB-Kommentar/*Jagenburg* VOB/B § 2 Nr. 3, Rdn. 27; *Kleine-Möller/Merl* Handbuch § 10, Rdn. 417; *Piel* BauR 1974, 230.

[334] Zutreffend Beck'scher VOB-Kommentar/*Jagenburg* VOB/B § 2 Nr. 3, Rdn. 27; *Kleine-Möller/Mer/* Handbuch § 10, Rdn. 417.

[335] Heute *Ingenstau/Korbion/Keldungs* VOB/B § 2, Nr. 3, Rdn. 23; dem folgend *Heiermann/Riedl/Rusam* VOB/B § 2, Rdn. 86 a.

[336] Näher dazu *Kapellmann/Schiffers* Band 1, Rdn. 603.

auch auf nicht zu erwartender Beschaffenheit z.B. des Baugrundes. Der Auftragnehmer ist für die Berechnung des neuen Einheitspreises bei der 110 % überschreitenden Menge jedenfalls dann nicht an den alten Preis gebunden, wenn die Mengenabweichung gegenüber dem Vordersatz auf unsorgfältiger Ermittlung des Auftraggebers beruht.[337] Das ist immer zu bejahen, wenn der Auftraggeber Mengen ausgeschrieben hat, ohne vorher die entsprechende Ausführungsplanung fertig gestellt zu haben;[338] ansonsten bedarf es der Abwägung des Einzelfalles. Auf „Verschulden" des Auftraggebers im generellen Sinn kommt es nicht an.[339]

d) Ausmaß der Mehrmengen sprengt jeden äquivalenten Rahmen. Eine Bindung an den alten Preis ist nur solange akzeptabel,, wie der resultierende neue Preis für Mehrmengen noch in einem bei Vertragsschluss annähernd voraussehbaren Risikorahmen liegt (vgl. auch Rdn. 164). Wenn das Ausmaß der Mehrmenge und die daraus auf „alter Basis" ermittelte Mehrvergütung aber das Prinzip äquivalenter Leistung zu Gegenleistung gröblich verletzt, entfällt die Bindung an den alten Preis. Das ist jedenfalls dann zu bejahen, wenn die Summe der Vergütung aller Mehrmengen, ermittelt auf der Basis des „alten Preises", 30 % der Vertragsvergütung übersteigt.[340] 166

e) Skonti, Nachlässe. Skonti betreffen nicht die Kosten laut Auftragskalkulation als Ausgangsbasis, sie sind vielmehr vereinbarte Zahlungsmodalität (oben Rdn. 12). Sie wirken sich also nicht auf die Feststellung des neuen Einheitspreises aus, sind aber auch für den neuen Einheitspreis als Zahlungsmodalität zu beachten. 167

Summenmäßige Nachlässe bleiben auf diese Summe beschränkt, für die Berechnung neuer Einheitspreise sind also die Kosten laut Auftragskalkulation ohne Berücksichtigung dieses Nachlasses heranzuziehen. Prozentuale Nachlässe werden nur insoweit berücksichtigt, als die vertragliche Gesamtvergütung nicht überschritten wird.[341]

VII. § 2 Nr. 3 Abs. 4 VOB/B, Behandlung abhängiger Pauschalen

§ 2 Nr. 3 Abs. 4 VOB/B regelt, dass dann, wenn von der unter einem Einheitspreis erfassten Leistung oder Teilleistung andere Leistungen abhängig sind, für die eine Pauschalsumme vereinbart ist, mit der Änderung des Einheitspreises auch eine angemessene Änderung der Pauschalsumme gefordert werden kann; Voraussetzung ist also, dass der Vertrag teils Einheitspreise, teils (abhängige) Pauschalen enthält. Praktisch gibt es diesen Fall nicht, da Mengenänderungen gemäß § 2 Nr. 3 VOB/B eine gleich bleibende Planung voraussetzen. In einem solchen Fall ändert sich aber der Inhalt einer (Teil-)Pauschale nicht. Der Unterschied zwischen Pauschalvertrag und Einheitspreisvertrag ist ja gerade der, dass der Pauschalvertrag nicht auf vor oder nach Vertragsschluss festgelegte Mengen, sondern auf vertragliche Mengenermittlungsvorgaben abhebt.[342] Also können sich Mengenänderungen bei der Position eines Einheitspreisvertrages bei unveränderter Planung nicht auf eine Pauschale auswirken. Eine einzige Ausnahme gibt es, in der trotz unveränderter Planung Mengenänderungen auftreten können, die Auswirkungen auf abhängige Pauschalen haben, nämlich Erdarbeiten und ähnliche Leistungen.[343] 168

---

[337] *Kapellmann/Schiffers* Band 1, Rdn. 604; *Ingenstau/Korbion/Keldungs* VOB/B § 2, Nr. 3, Rdn. 23; *Kleine-Möller/Merl/Oelmaier* Handbuch § 10, Rdn. 430; im Ergebnis Beck'scher VOB-Kommentar/*Jagenburg* VOB/B § 2, Rdn. 40. Zum Grundsatz auch OLG Koblenz BauR 2001, 1442, Revision vom BGH nicht angenommen. Näher dazu auch **Rdn. 216**.

[338] Dazu näher oben Rdn. 141.

[339] Näher *Kapellmann/Schiffers* Band 1, Rdn. 604.

[340] *Kapellmann/Schiffers,* Band 1, Rdn. 605.

[341] Einzelheiten dazu unter Rdn. 217, auch zu gegenteiligen AGB-Klauseln.

[342] Näher dazu Rdn. 233.

[343] Beispiel *Kapellmann/Schiffers* Band 1, Rdn. 659.

VIII. Beweislast

169 Wer für sich günstige Tatsachen behauptet, muss sie beweisen. Verlangt also der **Auftragnehmer** bei Mengenunterschreitung oder ausnahmsweise bei Mengenüberschreitung die Vereinbarung eines neuen Einheitspreises, so muss er darlegen und beweisen

- die Unter- bzw. Überschreitung der Vordersatzmenge um mehr als 10% „aufgrund vorgefundener Verhältnisse".
- als Basis der Berechnung die Kostenelemente des „alten Preises", d.h. des Einheitspreises der Position, deren Vordersatzmenge unter- oder überschritten wird. Diese Kostenelemente der Angebotskalkulation muss der Auftragnehmer **darlegen** und **beweisen**, das kann er am einfachsten durch die Vorlage einer Angebotskalkulation. Hat der Auftragnehmer keine (annähernd detaillierte) Angebotskalkulation erstellt oder hat er sie heute jedenfalls nicht mehr im Besitz, so darf und muss er eine solche Kalkulation nachträglich fertigen und darlegen, die plausibel zu den Einheitspreisen passen muss. Legt er selbst in dieser Form die Kalkulationsgrundlagen nicht dar, erhält er nichts.[344] Erst recht erhält er nichts, wenn er die Vorlage einer **vorhandenen** Kalkulation verweigert.[345] Die Ausnahmen von der Bindung an den alten Preis (oben Rdn. 163–166) muss der Auftragnehmer darlegen und beweisen.
- sodann die Berechnung selbst.
  Darlegungs- und Beweismängel bei der Ermittlung der Höhe des neuen Einheitspreises gehen zu Lasten des Auftragnehmers. Sie schließen allerdings den Anspruch nicht völlig aus – ausgenommen der Auftragnehmer verweigert die Vorlage einer vorhandenen Kalkulation –, sondern ermöglichen noch eine sachverständige Schätzung gemäß § 287 ZPO, vorausgesetzt, für diese Schätzung liegen wenigstens plausible Anhaltspunkte vor. Hier gilt also dasselbe wie bei der Berechnung des Preises für geänderte oder zusätzliche Leistungen.[346]

Will der **Auftraggeber** den Einheitspreis wegen Mengenmehrung herabgesetzt wissen, muss er darlegen und beweisen

- die Überschreitung der Vordersatzmenge um mehr als 10% „aufgrund vorgefundener Verhältnisse";
- als Basis der Berechnung die Kostenelemente des „alten Preises", wenn ihm die Kalkulation des Auftragnehmers vorliegt. Ansonsten kann er vom Auftragnehmer Auskunft zur Kalkulation verlangen,[347] für deren Richtigkeit der Auftragnehmer beweispflichtig ist. Erteilt der Auftragnehmer die Auskünfte nicht, kann er analog § 427 Satz 2 ZPO als beweisfällig behandelt werden, die Behauptungen des Auftraggebers über die Kostenzusammensetzung können als bewiesen angenommen werden;
- die Berechnung selbst.

IX. Abschlagszahlungen, Verjährung, Wirkung der Schlussrechnung

170 Soweit der Auftragnehmer Ansprüche gemäß § 2 Nr. 3 VOB/B hat, hat er auch insoweit Anspruch auf Abschlagszahlungen gemäß § 16 Nr. 1 VOB/B. Der Auftragnehmer kann die Ansprüche gemäß § 2 Nr. 3 VOB/B nicht mehr durchsetzen, wenn der Auftraggeber unter Berücksichtigung

[344] OLG München BauR 1993, 726; Beck'scher VOB-Kommentar/*Jagenburg* VOB/B § 2, Rdn. 24; *Leinemann/Schoofs* VOB/B § 2, Rdn. 73; *Kapellmann/Schiffers* Band 1, Rdn. 621.
[345] *Kapellmann/Schiffers* Band 1, Rdn. 623.
[346] Siehe Rdn. 228.
[347] Gemäß § 242 BGB aufgrund der vertraglichen Sonderverbindung, siehe dazu statt aller *Palandt/Heinrichs* BGB § 261, Rdn. 8 ff.

von § 16 VOB/B eine Abschlusszahlung geleistet hat[348] und der Auftragnehmer keinen Vorbehalt erklärt hat. Der Anspruch des Auftragnehmers ist Vergütungsanspruch wie jeder andere auch und verjährt entsprechend. Der Anspruch des Auftraggebers auf Herabsetzung des Preises bei Mehrmengen verjährt in der Regel in der regelmäßigen Verjährungsfrist des § 195 BGB,[349] wobei ebenso wie bei anderen, nach mehreren Jahren geltend gemachten Rückforderungsansprüchen des Auftraggebers im Einzelfall eine Verwirkung in Betracht kommen kann (→ VOB/B § 16 Rdn. 71 ff.).

E. § 2 Nr. 4, Selbstübernahme durch den Auftraggeber

§ 2 Nr. 4 VOB/B lautet: „Werden im Vertrag ausbedungene Leistungen des Auftragnehmers vom Auftraggeber selbst übernommen (z.B. Lieferung von Bau-, Bauhilfs- und Betriebsstoffen), so gilt, wenn nichts anderes vereinbart wird, § 8 Nr. 1 Abs. 2 entsprechend." Die Vorschrift setzt unausgesprochen voraus, dass der Auftraggeber solche Leistungen nicht nur übernimmt, sondern dass er sie auch übernehmen darf. Er darf es deshalb, weil er auch den ganzen Vertrag ebenso wie einzelne Leistungsteile auch ohne die Regelung des § 2 Nr. 4 VOB/B ohne Grund „frei" kündigen darf (§ 8 Nr. 1 VOB/B, § 649 BGB). § 2 Nr. 4 VOB/B ist also nur ein Unterfall des § 8 Nr. 1 VOB/B, dessen gesonderte Regelung als Selbstübernahme überflüssig ist. Dennoch wird die Vorschrift umfänglich kommentiert, ohne dass jedoch angegeben wird, worin denn der Unterschied zu § 8 Nr. 1 VOB/B liegen soll, ausgenommen bei *Kleine-Möller*: Er will diesen Unterschied darin sehen, dass § 2 Nr. 4 VOB/B erlaube, auch jeden beliebigen Leistungsteil zu kündigen (zu übernehmen), während § 8 Nr. 1 VOB/B nur die Kündigung von „Teilleistungen" erlaube.[350] Vorab steht es außer Zweifel, dass im Rahmen des § 2 Nr. 4 jede „Kündigung von Leistungsteilen" in Form der Selbstübernahme möglich ist, wie ja zweifelsfrei die Tatsache zeigt, dass der Auftraggeber sogar Betriebsstoffe selbst liefern darf, z.B. Diesel.[351] Nur ist das keine Besonderheit gegenüber § 8 Nr. 1 VOB/B. Zwar wird dort gelegentlich die Auffassung vertreten, eine Teilkündigung bei § 8 Nr. 1 VOB/B setze voraus, dass die zu kündigenden „Teile in sich abgeschlossen sind", Leistungselemente, die sich in dieser Hinsicht nicht trennen ließen, seien einer Teilkündigung (und einer Selbstübernahme) nicht zugänglich, weil dann eine rechnerisch einwandfreie Trennung nicht möglich sei.[352] Diese Argumentation ist baubetrieblich nicht nachvollziehbar; selbstverständlich ist es möglich, schlimmstenfalls mit etwas Aufwand verbunden, Kosten und die auf sie entfallenden Vergütungsanteile für jeden beliebigen Leistungsteil zu ermitteln.[353] Abgesehen davon wäre somit in vielen Fällen eine Anwendung von § 8 Nr. 1 VOB/B **nach Baubeginn** grundsätzlich nicht mehr möglich, denn selbstverständlich ist jede Kündigung nach Baubeginn schon begrifflich Teilkündigung.[354] Die Unterscheidung ist anders und für § 2 Nr. 4 wie § 8 Nr. 1 identisch: Teilkündigungen (und Selbstübernahmen) sind in jeder beliebigen Form zulässig, solange nicht unzumutbar ein einheitlicher technischer Produktionsablauf auseinander gerissen wird, wodurch u.a. auch untragbare Mängelhaftungsvermischungen entstünden; es wäre beispielsweise unzulässig (und abwegig), das Setzen der Mauersteine zu belassen, das Vermörteln aber herauszukündigen.[355] 171

Einen scheinbaren Unterschied gibt es: Die Selbstübernahme ist formfrei, die „freie" Teilkündigung bedarf dagegen wie jede Kündigung des Auftraggebers gemäß § 8 Nr. 5 VOB/B der

[348] BGH BauR 1988, 217.

[349] Anderer Ansicht zur alten Rechtslage Beck'scher VOB-Kommentar/*Jagenburg* VOB/B § 2 Nr. 3, Rdn. 43.

[350] *Kleine-Möller/Merl* § 10, Rdn. 460.

[351] Schon deshalb ist die Ansicht von *Heiermann/Riedl/Rusam* VOB/B § 2, Rdn. 96 b, die vom Auftraggeber zu übernehmende „Teilleistung müsse in sich abgeschlossen sein", offensichtlich unhaltbar.

[352] *Ingenstau/Korbion/Keldungs* VOB/B § 2, Nr. 4, Rdn. 5 (vgl. dazu aber auch das Ende der Rdn.) und *Korbion* folgend *Heiermann/Riedl/Rusam* VOB/B § 2, Rdn. 96 b.

[353] Einzelheiten *Kapellmann/Schiffers* Band 2, Rdn. 1149 ff., 1313, 1326 ff.

[354] *Staudinger/Peters* BGB § 649, Rdn. 13; *Kapellmann/Schiffers* Band 2, Rdn. 1312.

[355] *Staudinger/Peters* BGB § 649, Rdn. 13; näher *Kapellmann/Schiffers* Band 2, Rdn. 1313.

Schriftform. Das spielt aber schon deshalb keine Rolle, weil der Auftraggeber ja jederzeit eine Selbstübernahme, wenn er Zweifel an der Anwendbarkeit von § 2 Nr. 4 hätte, mit identischer Rechtsfolge schriftlich als Teilkündigung gemäß § 8 Nr. 1 aussprechen könnte. Vor allem ist die Unterscheidung aber deshalb im Ergebnis bedeutungslos, weil auch eine formlose Teilkündigung, wenn beispielsweise der Auftraggeber insoweit Arbeiten auf der Baustelle einfach nicht mehr zuließe, zu Ansprüchen aus § 326 Abs. 2 BGB führt, deren Rechtsfolgen wörtlich identisch mit § 649 BGB sind.

172 Angesichts der Tatsache, dass § 2 Nr. 4 keine abweichende Bedeutung zu 8 Nr. 1 zukommt, lohnt sich die Erörterung von Einzelfragen kaum. Alles Notwendige findet sich bei § 8 Nr. 1. Wesentlich ist in diesem Zusammenhang lediglich, dass § 2 Nr. 4, § 8 Nr. 1 und § 2 Nr. 5, wenn letzterer Änderungen betrifft, die zu einer Verbilligung führen, wenn also Teilkündigungselemente enthalten sind, **systematisch gleich behandelt werden müssen**.

§ 2 Nr. 4 VOB/B umfasst jedenfalls nicht die Fallgestaltung, dass der Auftraggeber die ganze Restleistung selbst übernehmen will; die Vorschrift stellt ersichtlich darauf ab, dass aus einer (noch) zu erbringenden Leistung nur einzelne Leistungsteile (aber nicht alles) vom Auftragnehmer übernommen werden.[356]

Als Selbstübernahme genügt es nach herrschender Meinung, wenn der Auftraggeber dem Auftragnehmer die Lieferung z.B. von Betriebsstoffen wegnimmt, aber nicht selbst liefert, sondern durch einen Dritten liefern lässt;[357] dagegen ist es nach herrschender Auffassung ein Fall von § 8 Nr. 1, wenn der Auftraggeber einen Leistungsteil aus der Bauleistung herausnimmt und durch einen Dritten ausführen lässt.[358] Für diese unterschiedliche Einordnung geben weder Wortlaut noch Sinn des § 2 Nr. 4 etwas her. Wenn man, wofür die Überlegung spricht, der Vorschrift überhaupt einen Sinn zu geben, die Herausnahme von Materiallieferungen und deren Ausführung durch Dritte unter § 2 Nr. 4 VOB/B erfasst, muss für die Herausnahme von Leistungsteilen der Bauleistung und deren Ausführung durch Dritte dasselbe gelten. Dann kommt man aber zur formlosen Teilkündigung und kollidiert mit § 8 Nr. 5. Übrigens ist es auch nicht Selbstübernahme, wenn der Auftraggeber einen Teil der Leistung herausnimmt und überhaupt nicht mehr ausführen lässt. Nur: Wo liegt der Sinn einer Differenzierung, die bloße Herausnahme § 8 Nr. 1 und die Herausnahme mit Ausführung durch einen Dritten § 2 Nr. 4 VOB/B zu unterstellen?

Wir schlagen vor, bei einer überfälligen erneuten Überarbeitung der VOB/B § 2 Nr. 4 ersatzlos zu streichen.

173 Greift § 2 Nr. 4 ein, so richten sich die Rechtsfolgen „entsprechend" nach § 8 Nr. 1 Abs. 2 – aber sie richten sich nicht nur entsprechend, sondern uneingeschränkt nach § 8 Nr. 1 Abs. 2 (→ VOB/B § 8 Rdn. 24 ff.).

174 Diese Rechtsfolgen treten nicht ein, wenn „die Parteien **etwas anderes vereinbaren**". **Individuell** können sie „entschädigungslose" Übernahmerechte des Auftraggebers vereinbaren, was keiner Erwähnung bedurft hätte, denn individuell können Vertragsparteien beliebige Vereinbarungen treffen. **Vereinbaren** die Parteien die Selbstübernahme, **ohne** die Vergütungsfolgen zu regeln, so ist durch Auslegung zu ermitteln, welche Vergütungsfolge eintritt; es ist „maßgeblich auf die Gründe abzustellen, die zur Aufhebung geführt haben". Hatte der Auftraggeber keinen wichtigen Grund zur Kündigung, greift deshalb § 8 Nr. 1 Abs. 2 VOB/B, § 649 BGB ein.[359]

In **Allgemeinen Geschäftsbedingungen** des Auftraggebers sind dagegen Klauseln, die die dem Auftragnehmer bei freier Teilkündigung gemäß § 8 Nr. 1 Abs. 2, § 649 BGB zustehende Vergütung einschränken oder beseitigen, unwirksam (→ § 8 Rdn. 10, 11).

---

[356] *Nicklisch/Weick* VOB/B § 2, Rdn. 57.

[357] Herrschende Meinung, z.B. *Ingenstau/Korbion/Keldungs* VOB/B § 2, Nr. 4, Rdn. 8.

[358] Dem ist grundsätzlich zuzustimmen. Beauftragt der Auftraggeber einen Dritten, ohne den bisherigen Auftragnehmer zu kündigen, so handelt es sich um eine konkludente „freie" Teilkündigung, BGH NJW 1960, 431; BGH WM 1972, 1025; *Staudinger/Peters* BGB § 649, Rdn. 11; vgl. auch *Ingenstau/Korbion/Keldungs* VOB/B § 2, Nr. 4, Rdn. 7.

[359] BGH NZBau 2000, 467 = BauR 2000, 1754; BGH BauR 1999, 1021; Einzelheiten *Kapellmann/Schiffers* Band 2, Rdn. 1410, 1411.

F. Vor § 2 Nr. 5, Nr. 6, Nr. 7 Abs. 2, Nr. 8 Abs. 2, Abs. 3 VOB/B

I. Bausoll-Bauist-Abweichung nicht aus dem Risikobereich des Auftragnehmers als gemeinsame Voraussetzung

Baut der Auftragnehmer anders als er das nach dem Vertrag schuldet oder erwarten darf, so erbringt er eine modifizierte Leistung. Gemeinsam ist allen modifizierten Leistungen, ob vom Auftraggeber angeordnet oder vom Auftragnehmer ohne Anordnung ausgeführt, dass die ausgeführte Leistung, das **Bauist**, von der laut Vertrag geschuldeten oder zu erwartenden Leistung, dem **Bausoll, abweicht**.[360] Diese Bausoll-Bauist-Abweichung ist für **jede** Neuberechnung der Vergütung, bei geänderten oder zusätzlichen Leistungen **„Nachtrag"** genannt, erste, wenn auch nicht einzige Voraussetzung. Auch angenommene Nebenangebote bilden das Bausoll, also sind auch hier Bausoll-Bauist-Abweichungen möglich (näher oben Rdn. 48, 49). 175

Die Bausoll-Bauist-Abweichung kann naturgemäß nur Tatbestände **nach** Vertragsschluss erfassen; Tatbestände, die – den Parteien bekannt – **vor** Vertragsschluss liegen, bestimmen das Bausoll, sei es in negativer, sei es in positiver Abgrenzung, nicht.

Weitere Voraussetzung für modifizierte Vergütungsansprüche des Auftragnehmers ist, dass die Bausoll-Bauist-Abweichung **nicht dem Risikobereich des Auftragnehmers** zuzuordnen ist. Wenn der Auftragnehmer beispielsweise abweichend von der Planung baut, ist das Bauist zwar anders als das Bausoll, aber nicht der Auftragnehmer hat Nachtragsansprüche, sondern der Auftraggeber Mängelansprüche. Zum Risikobereich des Auftraggebers gehören z.B. die Vorunternehmerleistungen. Wenn also der Auftraggeber zur Überwindung von Problemen, die vorunternehmerseitig verursacht sind, Leistungsmodifikationen anordnet, hat der Auftragnehmer Vergütungsansprüche wegen geänderter oder zusätzlicher Leistung.[361] 176

II. Struktur von „VOB-Nachträgen"

Einen einmal geschlossenen Vertrag und die entsprechende Verpflichtung zur Bauleistung oder Vergütung kann eine Vertragspartei nicht nachträglich einseitig ändern, außer, der Vertrag enthält einen Änderungsvorbehalt (siehe auch VOB/B § 1, Rdn. 49). Solche vertraglichen **Änderungsvorbehalte** finden sich in § 1 Nr. 3 und Nr. 4 VOB/B. § 1 Nr. 3 lautet: *„Änderungen des Bau**entwurfs** anzuordnen, bleibt dem Auftragnehmer vorbehalten."* Das betrifft **geänderte** Leistungen. § 1 Nr. 4 lautet: *„Nicht vereinbarte Leistungen, die zur Ausführung der vertraglichen Leistung erforderlich werden, hat der Auftragnehmer auf Verlangen des Auftraggebers mit auszuführen, außer wenn sein Betrieb auf derartige Leistungen nicht eingerichtet ist. Andere Leistungen können dem Auftragnehmer nur mit seiner Zustimmung übertragen werden."* Das sind **zusätzliche** Leistungen. § 1 Nr. 3 und Nr. 4 geben dem Auftraggeber also das Recht, modifizierte Leistungen einseitig nach Vertragsschluss anzuordnen, ohne dass es dazu einer Zustimmung des Auftragnehmers bedarf; der Auftragnehmer muss die so vom Auftraggeber modifizierte Leistung ausführen.[362] Es liegt auf der Hand, dass mit diesem einseitigen Recht des Auftraggebers ein **ebenso einseitiger** Anspruch des Auftragnehmers auf entsprechende Vergütungsanpassung korrespondieren muss, also ein durchsetzbarer Anspruch des Auftragnehmers auf Anpassung der Vergütung, der ebenfalls nicht von der Zustimmung des Auftraggebers abhängt. **Genau das regeln § 2 Nr. 5 als teilweises Pendant zu § 1 Nr. 3 für geänderte Leistungen** und **§ 2 Nr. 6 als Pendant zu § 1 Nr. 4 für zusätzliche Leistungen**. 177

---

[360] Zur Bausollbestimmung oben Rdn. 26–129.
Zur umgekehrten Bausoll-Bauist-Abweichung als Voraussetzung bei verringerten oder entfallenden Leistungen *Kapellmann/Schiffers* Band 2, Rdn. 1302, 1303.

[361] Zum Risikobereich des Auftraggebers näher VOB/B § 6 Rdn. 16–19.

[362] Diese Änderungsvorbehalte und das daraus resultierende Anordnungsrecht verstoßen **nicht gegen AGB-rechtliche Bestimmungen,** §§ 305 ff. BGB, dazu VOB/B § 1 Rdn. 360.

Gemäß § 2 Nr. 5 soll, gemäß § 2 Nr. 6 muss (möglichst) der neue Preis vor Ausführung vereinbart werden. Das heißt aber nicht, dass der Auftragnehmer nur dann Anspruch auf eine modifizierte Vergütung hat, wenn eine Vereinbarung über die „neue Vergütung" getroffen worden ist;[363] der Vergütungsanspruch folgt vielmehr aus der aufgrund Anordnung modifiziert ausgeführten Leistung. Der Anspruch auf **Preisvereinbarung** betrifft nur die Höhe des Anspruches. Gibt es eine solche Einigung, so bindet sie aber nicht nur der Höhe nach, sondern auch dem Grunde nach. Selbst wenn die Anordnung des Auftraggebers nur **scheinbar** eine Bausoll-Bauist-Abweichung herbeiführt, in Wirklichkeit also der Auftragnehmer die angeordnete Leistung auch ohnehin als Bausoll schuldete, die Parteien sich aber **in Kenntnis der Zweifel** hinsichtlich der Beurteilung der Bausoll-Bauist-Abweichung auf eine „Nachtragsvergütung" **einigen,** ist das bindend.[364] Ein „VOB-Nachtrag" ist also dadurch gekennzeichnet, dass der Auftraggeber **zuerst anordnet** (oder die fehlende Anordnung ersetzt wird, § 2 Nr. 8 Abs. 2, 3) und der Auftragnehmer **dann** die entsprechende Neuvergütung ermittelt.

178 Selbstverständlich ist der Auftraggeber nicht gehindert, eine Änderung des Bausolls und der Vergütung statt durch eigene einseitige Anordnung und daraus resultierende einseitige Neupreisberechnung seitens des Auftragnehmers durch einen **Änderungsvertrag** herbeizuführen. Der Auftraggeber fordert dabei den Auftragnehmer auf, ein Angebot über eine geänderte oder zusätzliche Leistung zu unterbreiten, der Auftragnehmer erstellt ein solches Angebot, der Auftraggeber kann es annehmen oder ablehnen. Der Auftragnehmer ist in diesem Fall bei der Ausarbeitung seines Angebots nicht „an die Grundlagen der Preisermittlung" gebunden, er kann also, rein rechtlich gesehen, „frei kalkulieren". Zur **Vergütung für die „Angebotsbearbeitung"** siehe oben Rdn. 18.

179 Die allgemeinen Voraussetzungen für die Vergütung modifizierter Leistungen sind gleich. Auch die Berechnungsmethodik der neuen Vergütung ist im Prinzip für alle Tatbestände modifizierter Leistungen identisch, sie deckt sich auch mit der Ermittlung der Vergütung bei § 2 Nr. 3 VOB/B: Ausgangspunkt ist die Auftragskalkulation, die Kalkulation wird zur Ermittlung des neuen Preises „deterministisch" fortgeschrieben bzw. fortentwickelt (näher Rdn. 213).

G. § 2 Nr. 5, Nr. 6, geänderte und zusätzliche Leistungen

I. Unterscheidung zwischen geänderten Leistungen und zusätzlichen Leistungen

1. Notwendigkeit der Unterscheidung nur wegen des Ankündigungserfordernisses gemäß § 2 Nr. 6 Abs. 1 Satz 2 VOB

180 § 2 Nr. 5 regelt die Vergütungsfolgen, wenn durch **„Änderung des Bauentwurfs"** oder **andere Anordnungen** des Auftraggebers die Grundlagen des Preises für **eine im Vertrag vorgesehene Leistung geändert** werden". § 2 Nr. 6 VOB/B regelt die Vergütungsfolgen, wenn der Auftraggeber **„eine im Vertrag *nicht* vorgesehene Leistung** fordert"; die Mehrvergütung richtet sich dann „nach den Grundlagen der Preisermittlung für die vertragliche Leistung und den besonderen Kosten der geforderten Leistung". Da die Rechtsfolgen identisch sind und die Berechnung auf identischer Grundlage beruht (oben Rdn. 137, 138), darüber hinaus auch die sonstigen Tatbestandsvoraussetzungen identisch sind (Anordnung, ggf.: Preisvereinbarungen), liegt der einzige – scheinbare – Unterschied zwischen den beiden Vergütungstatbeständen darin, dass Ansprüche wegen zusätzlicher Leistungen gemäß § 2 Nr. 6 Abs. 1 Satz 2 voraussetzen, dass der Auftragnehmer seinen Anspruch auf Mehrvergütung **vor** Ausführung **angekündigt** hat, ansonsten er seinen Vergütungsanspruch verlieren soll – ungeachtet der Tatsache, dass die Ausnahmen dazu um ein Vielfaches häufiger sind als die Regel (siehe Rdn. 198 ff.) –, während es eine

[363] Näher Rdn. 203.
[364] BGH BauR 1995, 237; *Kapellmann/Schiffers* Band 2, Rdn. 1119. S auch Rdn. 191.

solche Ankündigungsvoraussetzung bei § 2 Nr. 5 VOB/B nicht gibt. Auch wenn diese Regelung sachlich unverständlich ist, lässt sich angesichts der Fassung der VOB/B nicht ändern, dass sich, wenn auch nur in diesem einen einzigen Punkt, § 2 Nr. 5 und § 2 Nr. 6 unterscheiden, so dass **nur deswegen** eine Abgrenzung der Vorschriften gegeneinander notwendig ist, vorausgesetzt, das Ankündigungserfordernis des § 2 Nr. 6 ist überhaupt wirksam oder jedenfalls Anspruchsvoraussetzung (dazu Rdn. 198 ff.). Anders herum: Wenn der Auftragnehmer Mehrkosten angekündigt **hat**, spielt es keine Rolle mehr, ob § 2 Nr. 5 und Nr. 6 VOB/B anwendbar ist – die Voraussetzungen und Folgen sind identisch. Nur wenn der Auftragnehmer die **Ankündigung unterlassen** hat, kann es also, wenn keine Ausnahme vom Ankündigungserfordernis bei § 2 Nr. 6 eingreift, auf die Unterscheidung ankommen.

2. Die Unterscheidung zwischen geänderten und zusätzlichen Leistungen im einzelnen

a) Bausoll-Bauist-Abweichung nur hinsichtlich der Bauumstände: Nur § 2 Nr. 5 VOB/B. 181
Es gibt einen Fallbereich, bei dem die Unterscheidung zwischen § 2 Nr. 5 und § 2 Nr. 6 leicht ist: Das sind Bausoll-Bauist-Abweichungen, die sich nicht auf den Bauinhalt, sondern auf die Bauumstände beziehen, also Fälle, in denen der Auftraggeber nicht „Änderungen des Entwurfs" anordnet, sondern „sonstige Anordnungen" (§ 2 Nr. 5) trifft, also – vertraglich erlaubte wie nicht erlaubte – Anordnungen etwa zum zeitlichen oder organisatorischen Ablauf oder zur Baumethode.[365] § 2 Nr. 5 VOB/B eröffnet durch den Begriff der „sonstigen Anordnungen" die Einbeziehung von Soll-Ist-Abweichungen, die nicht die Entwurfsänderungen, also nicht den Bauinhalt, sondern die Bauumstände betreffen.[366] Eine solche Erweiterung findet sich in § 2 Nr. 6 nicht. Also lassen sich Bauumstandsänderungen nicht über § 2 Nr. 6 erfassen.

§ 2 Nr. 5 VOB/B so zu verstehen, dass es gar keinen[367] oder keinen sinnvollen[368] Anwendungsbereich für „sonstige Anordnungen" gibt, kann nicht richtig sein. Unter „sonstige Anordnungen", also Tatbeständen für die **Vergütung** geänderter Leistungen, sind **alle** Anordnungen des Auftragnehmers zu **Bauumständen** zu verstehen, seien sie, weil technisch zwingend notwendig, vertraglich erlaubt oder, weil technisch nicht zwingend notwendig, vertraglich nicht erlaubt.[369]

---

[365] Zum Begriff „Bauumstände" oben Rdn. 33 ff.
Beispiele für Bausoll-Bauist-Abweichungen hinsichtlich der Bauumstände unten Rdn. 185.

[366] Näher *Kapellmann/Schiffers,* Band 1, Rdn. 798–800.

[367] *Zanner/Keller* NZBau 2004, 353 und *Kniffka* Online-Kommentar, Stand 10.4.2006, § 631 Rdn. 232 geben dem Auftraggeber ein umfassendes Änderungsrecht auch zu Bauumständen, indem sie die den Änderungsvorbehalt des § 1 Nr. 3 VOB/B (Änderungsbefugnis zum **Bauentwurf**) so verstehen, dass auch alle Bauumstände – zum Beispiel die zeitliche Abfolge – unter uferloser Ausdehnung dieses Begriffs zum „Bauentwurf" rechnen; dann fallen auch Änderungen zu „Bauumständen" schon unter die 1. Alternative des § 2 Nr. 5 als „Änderungen des Bauentwurfs", also bleibt für die 2. Alternative „**sonstige** Anordnungen" kein Anwendungsbereich. Eine Auslegung, die die eine Hälfte einer Vorschrift einfach überflüssig macht oder ignoriert, kann nicht richtig sein. Tatsächlich ist unter „Bauentwurf" angesichts der Eindeutigkeit der Bezeichnung der VOB sicher nur der (planerische) **Bauinhalt** zu verstehen (Einzelheiten *Markus,* NZBau 2006, 537; *Kapellmann/Schiffers* Band 1, Rdn. 783–788; BGH ZfBR 1990, 138, h.M.). Siehe auch Fn. 368.
Dazu auch → VOB/B § 1 Rdn. 57.

[368] Nach der insoweit richtigen Auffassung von *Thode* ZfBR 2004, 14 „sind Anordnungen zu Bauumständen keine Änderungen des Bauentwurfs". Weil § 1 Nr. 3 VOB/B deshalb nicht greift, sind sie vertraglich nicht erlaubt; nur vertragliche erlaubte Anordnungen fallen laut *Thode* unter § 2 Nr. 5 (als Änderung des „Bauentwurfs"), wieder verbleibt für die „sonstige Anordnung" des § 2 Nr. 5 kein Anwendungsbereich (speziell dazu *Kapellmann/Schiffers* Band 1 Rdn. 798). Technisch **zwingend** notwendige Anordnungen zu Bauumständen sind entgegen *Thode* unter dem Aspekt der Kooperationspflicht vertraglich erlaubt und fallen schon deshalb unter den Begriff „sonstige Anordnungen" (näher *Kapellmann/Schiffers* Band 1, Rdn. 786, 800); technisch **nicht zwingende** Anordnungen zu Bauumständen (z.B. Beschleunigungsanordnungen) sind zwar vertraglich nicht erlaubt (*Markus,* NZBau 2006, 537; *Kapellmann/Schiffers* Band 1, Rdn. 787), aber gerade weil § 2 Nr. 5 auch „**sonstige** Anordnungen" umfasst, werden **auch** sie über diese Vorschrift vergütet (*Kapellmann/Schiffers* Band 1, Rdn. 800), darüber hinaus hat bei ihnen der Auftragnehmer das Wahlrecht, sie als Schadensersatz über § 6 Nr. 6 VOB/B geltend zu machen (→ VOB/B § 6 Rdn. 56). S. auch VOB/B § 1 Rdn. 57.

[369] *Kapellmann/Schiffers* Band 1, Rdn. 798–800 mit Nachweisen der ganz herrschenden Lehre, z.B. BGH NJW 1968, 1294 und seitdem ständig; OLG Frankfurt NJW-RR 1997, 84; Münchener Kommentar/*Busche*

Auch wenn das **bauinhaltliche** Änderungsrecht **überschritten** wird,[370] der Auftragnehmer die Anordnung des Auftraggebers aber dennoch befolgt, bleibt § 2 Nr. 5 VOB/B anwendbar, der Auftragnehmer ist nicht auf Ansprüche aus § 6 Nr. 6 VOB/B oder § 642 BGB beschränkt.

b) Bausoll-Bauist-Abweichung hinsichtlich des Bauinhalts

182 **aa) § 2 Nr. 6 speziell zu § 2 Nr. 5.** Für die Abgrenzung zwischen **bauinhaltlich** geänderten und zusätzlichen Leistungen ist die gelegentliche Aussage, § 2 Nr. 5 erfasse „jeden Fall" der „Entwurfsänderung", weder richtig noch hilfreich. Wäre die Aussage richtig, so gäbe es keinen Anwendungsbereich für § 2 Nr. 6, denn (angeordnete) zusätzliche Leistungen beruhen notwendigerweise **immer** auf einer Planänderung.[371] **Alle** angeordneten geänderten oder zusätzlichen Leistungen beruhen auf Planänderungen des Auftraggebers; § 2 Nr. 6 greift aus dem ganzen Kranz dieser möglichen Planänderungen solche heraus, die zu einer zusätzlichen Leistung führen, § 2 Nr. 6 ist also speziell gegenüber § 2 Nr. 5.[372] Damit allein ist aber nicht viel gewonnen, denn eine inhaltliche Definition von geänderten in Abgrenzung zu zusätzlichen Leistungen[373] wird dadurch nicht entbehrlich.

183 **bb) Kein § 2 Nr. 5 zum Bauinhalt ohne qualitative Änderung der Teilleistung.** Bauinhaltlich erscheint die Abgrenzung zwischen geänderter und zusätzlicher Leistung auf den ersten Blick einfach: Geändert werden kann etwas, was schon vorhanden ist, zusätzlich kann nur etwas geleistet werden, das noch nicht vorhanden ist. Der Teufel liegt im Detail: Wenn das Leistungsverzeichnis vorsieht, dass Bäder bis zur Höhe von 1,40 m gefliest werden sollen und der Auftraggeber selbst anordnet, dass bis 1,80 m gefliest werden soll: Ist dann die „Mehrverfliesung" geänderte Leistung der bisherigen Leistung „Fliesen bis 1,40 m" oder zusätzliche Leistung zur bisherigen Leistung „Fliesen bis 1,40 m"?

§ 2 Nr. 5 verlangt nach seinem Wortlaut eine **Änderung** des Bauentwurfs, § 2 Nr. 6 eine im Vertrag **nicht** vorgesehene Leistung. Diese beiden Bestimmungen muss man im Zusammenhang interpretieren, insbesondere, um einen sinnvollen Anwendungsbereich für § 2 Nr. 6 zu behalten – siehe oben Rdn. 182. Dann ist es systemgerecht, unter § 2 Nr. 6 auch bloße „Mehrleistungen" zu erfassen, denn ein „Mehr" ist bestimmt im Vertrag noch nicht vorgesehen. Wenn aber „Mehrleistungen" von § 2 Nr. 6 erfasst werden, so ist wegen der Spezialität von § 2 Nr. 6 damit umgekehrt geklärt, dass diese „Mehr"-Leistungen von § 2 Nr. 5 nicht erfasst sind und also, dass die Änderung gemäß § 2 Nr. 5 nicht quantitativer, sondern **qualitativer** Art sein muss. Damit lassen sich folgende **negative** Abgrenzungen ziehen: Eine bauinhaltliche Leistungsmodifikation unterfällt **nicht § 2 Nr. 5**, wenn nicht aus einer vorhandenen Teilleistung entweder ein Leistungselement entfällt oder ein Leistungselement hinzutritt oder an die Stelle eines entfallenden Elements ein verändertes tritt. Bleibt der **qualitative** Inhalt **unverändert**, unterfällt die Modifikation **nicht**

BGH, § 631 Rdn. 165; *Kleine-Möller/Merl* Handbuch § 10 Rdn. 512; *Markus*, a.a.O.; *Ingenstau/Korbion/Keldungs* VOB/B § 2 Nr. 5 Rdn. 19, 20; *Leinemann/Schoofs* VOB/B § 2 Rdn. 95; *Franke/Kemper/Zanner/Grünhagen* VOB/B § 2 Rdn. 123, 124; *Kniffka* a.a.O. Anders nur *Thode* ZfBR 2004, 214.

[370] *Kleine-Möller/Merl* Handbuch § 10 Rdn. 480; *Kapellmann/Schiffers* Band 1, Rdn. 800.

[371] Dehalb unzutreffend *Heiermann/Riedl/Rusam* VOB/B § 2 Rdn. 135.

[372] Anderer Ansicht *Englert/Grauvogl/Maurer* Rdn. 647 und *Nicklisch/Weick* VOB/B § 2, Rdn. 73 a, letztere mit der schwer verständlichen Begründung, die Änderung des Bauentwurfs sei ein außergewöhnliches Recht des Auftraggebers, das in der Regel schwerwiegender in den Vertrag eingreife und dessen finanzielle Konsequenzen deshalb (?) nicht für den Auftraggeber ungünstiger ausfallen dürften als bei Leistungsänderungen, die keine zusätzlichen Leistungen implizierten (?). Möglicherweise kann man diese Kommentierung so verstehen, weil es bei zusätzlichen Leistungen eine Ankündigungspflicht gäbe, deren Nichtbeachtung zum Anspruchsverlust führe, dürfe man „wichtige Änderungen", auch wenn sie zusätzliche Leistungen zur Folge hätten, nicht unter § 2 Nr. 6 einordnen, um der Ankündigungspflicht und bei deren Säumnis dem Anspruchsverlust zu entgehen. Damit wird zwar ein Geburtsfehler der VOB/B angesprochen (oben Rdn. 180), aber man kann die VOB/B nicht in der Form interpretieren, dass man den Text ignoriert und die klare Regelung in ihr Gegenteil verkehrt. Man kann also insbesondere nicht die Definition nach einem gewünschten Ergebnis ausrichten unabhängig von der konkreten Bestimmung der VOB, dazu auch insbesondere Rdn. 198 ff.

[373] Dazu Rdn. 183.

§ 2 Nr. 5 VOB/B.[374] Deshalb unterfällt die Anordnung einer bloßen Mehrmenge immer nur § 2 Nr. 6 VOB/B;[375] die Leistung „Fliesen bis 1,40 m" ist vollständig ausgeführt, die Zusatzanordnung führt nicht zu einer Veränderung des qualitativen Inhalts, es ist nur „mehr" zu leisten". Das Kriterium „Notwendigkeit **qualitativer** Änderung" reicht aber allein noch nicht für eine **positive** Abgrenzung der beiden Vorschriften: Auch wenn sich der qualitative Inhalt einer Teilleistung ändert, so unterfällt doch **nicht jede** qualitative Änderung § 2 Nr. 5 VOB/B; der „Abweichungscharakter" der Änderung kann nämlich so groß werden, dass eine Ableitung des neuen Preises aus den bisherigen Preisermittlungsgrundlagen nicht mehr möglich ist, die Leistung damit jedenfalls kalkulatorisch „neu" ist. Dann ist § 2 Nr. 6 VOB/B anzuwenden – dazu Rdn. 184.

cc) Abgrenzung nach dem Ausmaß der qualitativen Abweichung im Produktionsverfahren. So weit nicht die negativen Abgrenzungskriterien gemäß den Rdn. 181 bis 183 eingreifen, bleibt es – solange man das Ankündigungserfordernis des § 2 Nr. 6 VOB/B bejaht – unumgänglich, den Unterschied zwischen geänderten und zusätzlichen Leistungen positiv zu definieren. Dazu müssen materielle Kriterien entwickelt werden. Es kann deshalb als Definition nicht genügen, für § 2 Nr. 6 zu verlangen, es müsse sich um **wirklich** (?) zusätzliche, **gänzlich** außerhalb des bisherigen Vertragsumfangs liegende Leistungsanforderungen des Auftraggebers handeln.[376] Umgekehrt reicht es als Unterscheidungsmerkmal für § 2 Nr. 5 **auch nicht** aus, dass „eine Teilleistung durch eine Teilleistung **ersetzt** wird",[377] denn auch der bloße Wegfall eines Leistungselements ohne ersetzende Leistung führt schon zur qualitativen Änderung (oben Rdn. 183). **Ebenso wenig** reicht als Definition der Änderung, dass „eine als solche fortbestehende Leistung anders ausgeführt wird, wenn die Anordnung die Art und Weise der Ausführung betrifft (?)".[378] Für die Unterscheidung kommt es vielmehr darauf an, ob die qualitative Änderung sich **noch als „Änderung der Grundlagen der Preisermittlung" erfassen lässt oder nicht**. Solange unter den Vertragsleistungen noch Bezugspositionen zu finden sind, deren Teilleistungen und insbesondere deren Elemente der Angebotskalkulation als kalkulatorisch sinnvolle Ausgangspunkte für die Nachtragskalkulation der modifizierten Leistung, damit also für die Bildung eines neuen Preises, herangezogen werden können, sofern sich also die Kostenelemente der modifizierten Leistung noch aus einer „analogen Kostenfortschreibung" problemlos aus den Ansätzen der Angebotskalkulation ermitteln lassen, **solange ist der Bauinhalt (nur) geändert**. Gibt es im Vertrag dagegen **keine Leistungen**, deren Teilleistungen bzw. deren Elemente der Angebotskalkulation mindestens annähernd unmittelbar **als sinnvoller Ausgangspunkt für die Nachtragskalkulation** und damit für die neue Preisbildung **herangezogen** werden können, so sind die modifizierten Leistungen nicht mehr nur ändernd, sondern **zusätzlich** und damit nach § 2 Nr. 6 VOB/B zu erfassen.[379] Anhaltspunkt dafür kann sein, ob auf die neue Leistung eine andere Fach-DIN anzuwenden ist als auf die ersetzte Leistung. Aus diesem Grund ist z.B. die Einbringung von Pfählen durch Bohren gegenüber dem Rammen nicht nur geänderte Leistung, sondern zusätzliche Leistung; dabei ist aber zu beachten, dass die Leistung „Bohren" damit durch konkludente Teilkündigung entfallen ist. Das muss bei der Berechnung der zusätzlichen Leistungen berücksichtigt werden.[380] 184

---

[374] Ausführlich dazu *Kapellmann/Schiffers* Band 1, Rdn. 800–802; Band 2, Rdn. 1062 ff. Str., anders z.B. *Nicklisch/Weick* VOB/B § 2, Rdn. 73 a.

[375] Näher *Kapellmann/Schiffers* Band 1, Rdn. 805 ff., Band 2, Rdn. 1074–1081, weiter Rdn. 187.

[376] OLG Nürnberg NZBau 2000, 518, Revision vom BGH nicht angenommen (IBR 2001, 10), in Anknüpfung an *Ingenstau/Korbion/Keldungs* VOB/B § 2, Nr. 6, Rdn. 9. „Wirklich" zusätzlich hat keinerlei Erkenntniswert; „gänzlich" außerhalb des Vertragsumfanges müssen die zusätzlichen Leistungen nicht liegen, es genügt, dass sie „im Vertrag nicht vorgesehen" sind, so der Wortlaut von § 2 Nr. 6.

[377] *Vygen* Bauvertragsrecht, Rdn. 771.

[378] *Ingenstau/Korbion/Keldungs* VOB/B § 2, Nr. 5, Rdn. 9. Das sind dieselben Leerformeln wie bei § 2 Nr. 6, s. Fn. 370.

[379] Näher dazu **mit Beispielen** *Kapellmann/Schiffers* Band 1, Rdn. 831–843 auch hier Rdn. 186 „Feinsandlinse". Zustimmend *Kleine-Möller/Merl* § 10, Rdn. 450; *Englert/Grauvogl/Maurer* Rdn. 675. Im Ergebnis auch BGH *Schäfer/Finnern* Z 2.310 Bl. 25.

[380] Beispiel für eine entsprechende Berechnung *Kapellmann/Schiffers* Band 1, Rdn. 826.

II. Häufige Fallgruppen

1. Änderung von Bauumständen

185 Weicht das Bauist hinsichtlich der **Bauumstände** aus Gründen, die nicht im Risikobereich des Auftragnehmers liegen, vom Bausoll ab, so hat der Auftragnehmer bei veränderten Kosten Anspruch auf veränderte Vergütung, und zwar bei entsprechender Anordnung des Auftraggebers gemäß § 2 Nr. 5,[381] ohne Anordnung gegebenenfalls gemäß § 2 Nr. 8 Abs. 2, 3, dagegen nicht aus „Verschulden bei Vertragsschluss" (§§ 311, 280 BGB);[382] bei **zeitlichen,** technisch nicht zwingenden Anordnungen kommen **konkurrierende** Ansprüche gemäß § 6 Nr. 6 Satz 1 VOB/B oder aus § 6 Nr. 6 Satz 2 VOB/B, 642 BGB in Betracht.[383]

Beispiele (vgl. auch Rdn. 35):

- Auftraggeberseitiger Baustopp, Bauzeitverschiebung, Anordnung von Arbeitsunterbrechungen.[384]
- Der Vertrag schreibt Eisenbahntransport vor, die dazu im Vertrag vorgesehene Eisenbahnstrecke ist aber nicht geeignet.[385]
- Der Vertrag sieht eine bestimmte Straße zur Materialabfuhr vor, der Auftraggeber bestimmt nachträglich eine andere Straße.[386]
- Der vertraglich vorgesehene Verdichtungsgrad ist objektiv nicht erreichbar; gemäß 3.7.7 DIN 18.300 ordnet der Auftraggeber als „geeignete Maßnahme" an, 4 Monate abzuwarten, bis der Boden abgetrocknet ist.[387]
- Die vertraglich vorgesehene vollständige Sperrung einer zweispurigen Richtungsfahrbahn erfolgt nicht.[388]

2. Baugrund- und Grundwasserfälle

186 Probleme aus dem Bereich „Baugrund" bilden die mit Abstand häufigste Quelle streitiger Nachträge. Bei ihnen ist die Notwendigkeit der richtigen Bausollbestimmung besonders deutlich.[389] Sofern die Vertragsunterlagen keine Aussagen enthalten, sind „nach Empfängerhorizont der Bieter" (dazu Rdn. 110) **nicht Beschaffenheitssoll** solche Zustände, Eigenschaften, „Bestandteile" oder Reaktionen (dazu oben Rdn. 41) des Baugrundes, die von der auch bei Einbeziehung vorsichtiger Annahmen nicht vorauszusehenden geologischen Beschaffenheit des Baugrundes abweichen oder damit nichts zu tun haben, z.B. Mauerwerksreste, Munitionsfunde oder geologische „Ausreißer" (Beispiel: Feinsandlinse),[390] unter Umständen Schichtenwasser, Klüfte,

---

[381] Zum Begriff „Bauumstände" Rdn. 33 ff., zum Risikobereich Rdn. 176, zur alleinigen Anwendung von § 2 Nr. 5 Rdn. 181.

[382] *Kniffka/Koeble* Kompendium, Teil 5 Rdn. 97; *Kapellmann/Schiffers* Band 1, Rdn. 248; unzutreffend OLG Düsseldorf NZBau 2001, 334. Siehe auch oben Rdn. 124.

[383] Dazu VOB/B § 6 Rdn. 57; anders *Thode*, ZfBR 2004, 214.

[384] OLG Frankfurt NJW-RR 1997, 84; OLG Düsseldorf BauR 1996, 115; *Ingenstau/Korbion/Keldungs* VOB/B § 2, Nr. 5, Rdn. 9; *Heiermann/Riedl/Rusam* VOB/B § 2, Rdn. 110; *Leinemann/Schoofs* VOB/B § 2, Rdn. 95.

[385] BGH „Eisenbahnbrücke" BauR 1999, 897, dazu *Kniffka/Koeble* Kompendium, Teil 5, Rdn. 97.

[386] *Kapellmann/Schiffers* Band 1, Rdn. 507; *Ingenstau/Korbion/Keldungs* VOB/B § 2, Nr. 3, Rdn. 15.

[387] *Kapellmann/Schiffers* Band 1, Rdn. 731.

Weitere Beispiele hier § 6, Rdn. 18, 19 sowie *Kapellmann/Schiffers* Band 1, Rdn. 788.

[388] OLG Köln, BauRB 2004, 65.

[389] Zum Bausoll beim Baugrund allgemein oben Rdn. 41–44, zum „Systemrisiko" Rdn. 39, 40, zur Bausollbestimmung durch die einzelnen Vertragsbestandteile, insbesondere VOB/C, Rdn. 64–89, zur Auslegung unklarer oder widersprüchlicher Regelungen zum Bausoll Rdn. 90–129.

[390] Bei Durchpressarbeiten von Boden der Klasse 3–7 wird eine völlig trockene Sandlinse angetroffen; dadurch müssen Zwischenbrücken eingebaut werden: Anwendung von § 2 Nr. 6, nicht Nr. 5 (wegen völliger Veränderung des Produktionsverfahrens, oben Rdn. 184), LG Köln *Schäfer/Finnern/Hochstein* § 6 Nr. 6 VOB/B Nr. 2, Einzelheiten *Kapellmann/Schiffers* Band 1, Rdn. 802.

Einlagerungen;[391] zu Versorgungsleitungen und der Bedeutung von Kabelschutzanweisungen näher *Englert/Grauvogl/Maurer.*[392]

Beispiele:

- Eine LV-Position lautet: 1.000 m^3 Bodenaushub bei 2 m Tiefe. Ordnet der Auftraggeber Tieferschachtung an, so ist das angeordnete Mehrmenge (s.Rdn. 187), § 2 Nr. 6, nicht Leistungsänderung gemäß § 2 Nr. 5.[393]
- Wird eine andere Bodenklasse vorgefunden als ausgeschrieben, so ist § 2 Nr. 5 anzuwenden, sofern zur Preisermittlung der neuen Leistung noch auf bisherige Kalkulationselemente zurückgegriffen werden kann, sonst § 2 Nr. 6.[394]
- Für Kanalbauarbeiten ist der Verbau mit Kanaldielen genau vorgeschrieben, als Bodenart ist „Fließsand" angegeben. Der vorgefundene Fließsand ist so fein, dass er zwischen den Kanaldielen durchfließt, also mit der vom Auftraggeber vorgesehenen Ausführungsmethode nicht zu behandeln ist. Das ist ein Fall von § 2 Nr. 5.[395]

3. Angeordnete Mengenmehrung

Ordnet der Auftraggeber eine bloße Vermehrung inhaltlich unveränderter Leistungselemente an, also nur ein Mehr, aber keine Veränderung, ist das angeordnete Mengenmehrung, die unter § 2 Nr. 6 fällt, nicht unter § 2 Nr. 5;[396] ist die Menge ohne auftraggeberseitige Anordnung nur größer als der Vordersatz des LV, so ist das beim Einheitspreisvertrag ein Fall des § 2 Nr. 3 siehe Rdn. 144, beim Pauschalvertrag unbeachtlich, solange nicht die Grenze der Störung der Geschäftsgrundlage überschritten wird siehe Rdn. 277. Bei Einheitspreisverträgen ist für die Berechnung das Schema von § 2 Nr. 3 Abs. 2 zu übernehmen, dazu Rdn. 144. Bei Pauschalverträgen ist oft schwer zu entscheiden, ob die in den Vertragsunterlagen angegebene Menge nicht doch selbst Bausoll ist und dann doch die Überschreitung zur Vergütungspflicht führt („Preislistenpauschale") siehe Rdn. 237, Fälle c und d. 187

4. Konkretisierung der Ausführungsplanung

Die Ausführungsplanung ist notwendigerweise mindestens eine Konkretisierung der Entwurfsplanung, sie kann die Entwurfsplanung aber auch ändern. Waren Entwurfszeichnungen Gegenstand des Vertrages (Bausoll), Ausführungszeichnungen aber nicht, so kommt es auf diesen Unterschied an: Solange sich die Ausführungsplanung nur im Rahmen einer Detaillierung der Entwurfsplanung hält, ist sie zu erwartende Konkretisierung, aber nicht Modifizierung im Sinne geänderter oder zusätzlicher Leistungen. Verlässt sie den Rahmen bloßer Konkretisierung, passt also die per Ausführungsplanung definierte Teilleistung nicht mehr unter den Hut Entwurfsplanung, so ist das nichts anderes als auftraggeberseitige Anordnung einer geänderten oder zusätzlichen Leistung. Maßstab ist, was ein Auftragnehmer **kalkulativ** betreffend der konkreten Teilleistung aus den Entwurfsunterlagen erkennen konnte.[397] Das gilt auch für die Frage, was ein Auftragnehmer aus den Vertragsunterlagen noch als geschuldeten **„Standard"** erkennen kann, insbesondere bei Auswahlpositionen.[398] 188

[391] Näher *Kapellmann/Schiffers* Band 1, Rdn. 746, 775; *Marbach* BauR 1994, 168.

[392] Handbuch Baugrund Anhänge G–I.

[393] LG Köln BauR 1980, 368; *Ingenstau/Korbion/Keldungs* VOB/B § 2, Nr. 6, Rdn. 9; *Kapellmann/Schiffers* Band 1, Rdn. 809; anderer Ansicht *Nicklisch/Weick* VOB/B § 2, Rdn. 65; *Englert/Grauvogl/Maurer* Rdn. 647.

[394] *Kapellmann/Schiffers* Band 1, Rdn. 799.

[395] OLG Düsseldorf, *Schäfer/Finnern* Z. 3.11 Bl. 9; *Kapellmann/Schiffers* Band 1, Rdn. 813; siehe oben Rdn. 38.

Weitere Beispiele *Kapellmann/Schiffers* Band 1, Rdn. 805–823; Band 2, Rdn. 1064.

[396] Oben Rdn. 183.

[397] *Kapellmann/Schiffers* Band 1, Rdn. 863–869; siehe auch oben Rdn. 111.

[398] Näher oben Rdn. 110 mit Beispielen, Rdn. 192.

Eine große Bedeutung hat die Fragestellung im Zusammenhang mit der Ermittlung des Bausolls bei Global-Pauschalverträgen und im Zusammenhang mit Komplettheitsklauseln, siehe Rdn. 244, 263 ff.

III. Keine Anordnungsbefugnis für „andere Leistungen" oder für „neue selbständige Leistungen"

189 Die Anordnungsbefugnis des Auftraggebers umfasst geänderte oder zusätzliche Leistungen, aber nicht so genannte „andere Leistungen" und erst recht nicht „neue, selbständige Leistungen".

Zur Abgrenzung → VOB/B § 1 Rdn. 82, 115.

IV. Anordnung oder Fordern der modifizierten Leistung

1. Anordnung bzw. Fordern in eindeutiger Weise

190 Der entscheidende Unterschied zwischen § 2 Nr. 5, 6 einerseits und § 2 Nr. 8 Abs. 2, 3 andererseits ist der, dass Nr. 5, Nr. 6 eine Bausoll-Bauist-Abweichung auf Veranlassung des Auftraggebers voraussetzen, Nr. 8 Abs. 2, 3 dagegen Bausoll-Bauist-Abweichungen ohne Veranlassung des Auftraggebers betrifft. Diese auftraggeberseitige Veranlassung nennt man bei § 2 **Nr. 5 Anordnung** („Änderungen des Bauentwurfs – dazu § 1, *Rdn. 51* – oder andere **Anordnungen**"), in § 2 **Nr. 6** heißt es **„Forderungen"**, der korrespondierende § 1 Nr. 4 **„Verlangen"** des Auftraggebers. Inhaltlich geht es immer um dasselbe, nämlich die (einseitige) Aufforderung des Auftraggebers gegenüber dem Auftragnehmer, eine modifizierte Leistung auszuführen,[399] und zwar eine – in einer schön altmodischen, aber genau treffenden Formulierung des Bundesgerichtshofs – „eindeutige Befolgung durch den Auftragnehmer heischende Aufforderung".[400] Auch eine einverständliche Entscheidung fällt darunter,[401] nicht jedoch eine bloße Erörterung, eine unverbindliche Überlegung oder ein nicht als unmissverständliche Handlungsanweisung gekennzeichneter Wunsch des Auftraggebers. Dabei betreffen die „anderen Anordnungen" im Rahmen des § 2 Nr. 5 die Bauumstände (oben Rdn. 181), alle übrigen Anordnungen den Bauinhalt.

Der Auftraggeber braucht sich des „Bausoll ändernden Charakters" seiner Anordnung nicht bewusst zu sein, dazu Rdn. 191, 193.

Die Anordnung muss **nach** Vertragsschluss getroffen sein. In Fällen des durch ein erfolgloses **Nachprüfungsverfahren** verschobenen Nachprüfungsverfahren wendet die Rechtsprechung § 2 Nr. 5 VOB/B analog an (→ VOB/A § 19 Rdn. 21–25).

2. Anordnung irrelevant innerhalb des Bausolls; „irrtümliche" Anordnung

191 Häufiger ordnet der Auftraggeber eine Leistung an, ohne sich Gedanken darüber zu machen, ob sie eine Modifizierung des Bausolls bedeutet oder nicht, oder er meint, die Anordnung führe zu einer Modifizierung des Bausolls, während der Auftraggeber in Wirklichkeit nur zu einer Leistung auffordert, die der Auftragnehmer ohnehin schuldet. Vorab hat das auf die Wirksamkeit der Anordnung als solcher keinen Einfluss.[402] Mehrvergütungsansprüche gemäß § 2 Nr. 5, 6 resultieren aus einer solchen Anordnung nur, wenn sie zu einer Bausoll-Bauist-**Abweichung**

---

[399] Der sprachliche Unterschied zwischen Anordnung und Forderung ist gerechtfertigt, weil Forderungen i.S.v. **§ 2 Nr. 6** auch das Fordern sogenannter **„anderer Leistungen"** (zum Begriff § 1 Rdn. 115) umfasst, die der Auftraggeber zwar fordern, aber nicht erzwingen (anordnen) kann, näher *Kapellmann/Schiffers* Band 1, Rdn. 844. Zu dem Begriff der **„anderen** Anordnung" bei **§ 2 Nr. 5** siehe oben Rdn. 181.

[400] BGH *Schäfer/Finnern* Z 2.414 Bl. 219, später BGH „Wasserhaltung I" BauR 1992, 759.

[401] OLG Frankfurt, OLG-Report 1999, 78, 79; *Nicklisch/Weick* VOB/B § 2, Rdn. 61; *Kapellmann/Schiffers* Band 1, Rdn. 1161.

[402] Vgl. Rdn. 190, Fn. 193.

führen. Verlangt der Auftraggeber etwas, was der Auftragnehmer ohnehin schuldet, stimmen Bausoll und Bauist überein, also bestehen keine Vergütungsansprüche. Bezahlt der Auftraggeber eine auf eine solche Anordnung gestützte Nachtragsforderung des Auftragnehmers dennoch, kann er Rückerstattung aus ungerechtfertigter Bereicherung verlangen.[403] Etwas anderes gilt, wenn die Parteien sich **uneinig** darüber waren, ob eine Leistung zum Bausoll gehört oder nicht, was z.B. typisch bei einem Global-Pauschalvertrag ist, sich dann aber dessen ungeachtet auf gesonderte Bezahlung der angeblichen oder wirklichen modifizierten Leistung **einigen**; das ist ein Vergleich, der (auch) den Auftraggeber bindet, auch wenn er nachträglich entweder feststellt oder sich sicher wird, dass die angeordnete Leistung doch schon vom Bausoll umfasst war;[404] dieser Vergleich wäre nach § 779 BGB nur dann unwirksam, wenn sich **beide** Parteien hinsichtlich des zugrunde gelegten Sachverhalts geirrt hätten.

3. Auswahl bei Auswahlpositionen keine Anordnung i.S.v. § 2 Nr. 5, 6

Wenn der Auftraggeber bei einer Auswahlposition (zum Begriff VOB/A § 5 Rdn. 25) nach Vertragsschluss seine Wahl wie vertraglich vorgesehen trifft, bewegt er sich innerhalb des Bausolls, seine Wahl führt also nicht zur modifizierten Vergütung. Allerdings kann die Wahl auch den Rahmen der vertraglich zulässigen Auswahlmöglichkeiten überschreiten, also z.B. den nach Empfängerhorizont der Bieter noch zu erwartenden **Standard**[405] – das führt zur Bausoll-Bauist-Abweichung und zur modifizierten Vergütung. 192

4. Ausdrückliche, konkludente, stillschweigende, vorweg genommene oder unterlassene Anordnung

a) Ausdrückliche Anordnung. Der Auftraggeber kann die Anordnung **ausdrücklich** geben, also z.B. verbal, aber auch durch **Vorlage geänderter Pläne**; letzteres erfüllt übrigens auch ein vertraglich wirksam vorgesehenes Schriftformerfordernis.[406] Der Auftraggeber braucht keineswegs die Absicht zu haben, vom Bausoll abzuweichen; selbst wenn er ausdrücklich erklärt, das, was er anordnet, sei vom Bausoll gedeckt und rechtfertige keine Mehrkosten, ist das unbeachtlich.[407] 193

b) Konkludente Anordnung. Wie jede Willenserklärung kann eine Anordnung auch durch schlüssiges Verhalten ohne ausdrückliche Erklärung (konkludent) erfolgen. Häufig ist das der Fall, wenn eine ausdrückliche Anordnung bezüglich einer Teilleistung zwangsläufig zur Änderung einer davon abhängigen Teilleistung führt, ohne dass deren Änderung gesondert angesprochen wäre. Ebenso kommen konkludente Anordnungen hinsichtlich der Bauumstände vor, die häufig aus Änderungen des Bauinhalts resultieren, ohne dass die Änderung der Bauumstände angesprochen wäre. 194

c) Stillschweigende Anordnung. Es gibt Fälle auftraggeberseitigen Schweigens „mit Erklärungswirkung". Findet der Auftragnehmer statt des als Beschaffenheitssoll zu erwartenden bindigen Bodens leichten Fels vor, so gibt es zwei Möglichkeiten: Entweder der Auftragnehmer informiert den Auftraggeber nicht, der Auftraggeber kennt auch die Situation durch seine eigene Bauleitung nicht, der Auftragnehmer erbringt zur Bewältigung der neuen Situation ohne weiteres 195

---

403 BGH NZBau 2005, 453; *Kapellmann/Schiffers* Band 1, Rdn. 848, 945, 946. OLG Dresden BauR 1999, 1454, allerdings mit zweifelhafter Begründung.

404 BGH BauR 1995, 237 am Beispiel von sechs zusätzlichen Facharbeiterstunden. Siehe auch schon oben Rdn. 177 und unten Rdn. 227.

Siehe näher auch *Kapellmann/Schiffers* Band 1, Rdn. 946.

405 Paradebeispiel: Die Auswahl eines nicht industriell allgemein, sondern nur im Rahmen einer Einzelfertigung herstellbaren Farbtons für Farbpapiere von Schichtstoffplatten für Türen, BGH **„Sonderfarben II"**, OLG Köln, beide BauR 1998, 1096; Einzelheiten *Kapellmann/Schiffers* Band 1, Rdn. 128 und generell Rdn. 849 ff.; wie hier Beck'scher VOB-Kommentar/*Hertwig* VOB/A § 9, Rdn. 18. Siehe auch oben Rdn. 110, 188.

406 BGH BauR 1998, 874. **Zur vereinbarten Schriftform allgemein näher Rdn. 208.**

407 *Kapellmann/Schiffers* Band 1, Rdn. 846, 861; Band 2, Rdn. 1014, 1015 und 1088, 1089.

geänderte oder zusätzliche Leistungen: Dann gibt es keine, auch keine stillschweigende Anordnung des Auftraggebers, der Fall beurteilt sich **ausschließlich** nach § 2 Nr. 8 Abs. 2, Abs. 3.[408] Oder der Auftraggeber kennt die Situation und die anlaufenden Maßnahmen des Auftragnehmers und lässt ihn arbeiten: Dann hätte der Auftraggeber handeln **können**; wenn er mit den Maßnahmen des Auftragnehmers nicht einverstanden gewesen wäre, so hätte er sie nicht **sehenden Auges** weiter laufen lassen dürfen, eine klare Stellungnahme wäre **geboten** gewesen („Kooperationspflicht") – so aber hat der Auftraggeber die Abläufe „geschehen lassen". Dann, aber auch nur dann, ist es gerechtfertigt, eine stillschweigende Anordnung des Auftraggebers anzunehmen.[409]

So sind auch Anordnungen **Dritter** insbesondere der Baubehörden oder Berufsgenossenschaften gegenüber dem Auftragnehmer zu werten: Eine solche Weisung Dritter ist nur dann **stillschweigende Anordnung des Auftraggebers**, wenn dieser die Situation und z.B. die baubehördliche Anordnung kennt „und den Dingen ihren Lauf lässt". Kennt der Auftraggeber – im Ausnahmefall – diese behördliche Anordnung nicht, kommt eine stillschweigende auftraggeberseitige Anordnung nicht in Betracht.[410]

Der Auftragnehmer kann und muss ohnehin den Auftraggeber informieren. Selbst wenn er das aber unterlässt, kann er noch Vergütungsansprüche gemäß § 2 Nr. 8 Abs. 3 haben.

196 **d) Vorweg genommene Anordnung aus „Notwendigkeit"?** Der Bundesgerichtshof hat in einer alten Entscheidung geurteilt, dass es als Anordnung gewertet werden könne, wenn sich nach Vertragsschluss (bei einem Einheitspreisvertrag) herausstelle, dass zur Erreichung der geforderten Heizleistung über die ausgeschriebenen Heizregister hinaus fünf Register zusätzlich notwendig seien und der Auftragnehmer sie ohne Rückfrage einbaue.[411] Diese Entscheidung enthält zwei Fehler: Einmal hat der Bundesgerichtshof nicht geprüft, was Bausoll war. War die Herstellung der notwendigen Heizung Bausoll, was z.B. typisch für einen Global-Pauschalvertrag mit Schlüsselfertigklausel wäre, hat der Auftragnehmer nur das ausgeführt, was er immer schon leisten musste; er erhält mangels Bausoll-Bauist-Abweichung nichts. Waren dagegen die zusätzlichen Heizregister nicht Bausoll, so ersetzt die „Notwendigkeit" nicht die Anordnung; eine Anordnung erfordert einen Willensentschluss des Auftraggebers; bestenfalls käme hier eine stillschweigende Anordnung in Betracht, diese setzt aber ihrerseits mindestens Kenntnis des Auftraggebers und „bewusstes Geschehenlassen" voraus (oben Rdn. 195). Darüber hinaus ist es nicht möglich, eine Anordnung, die ja zur Abänderung des Vertrages führt, schon in den Vertrag selbst hinein zu interpretieren. Bei einer solchen Fallgestaltung kommen also nur Ansprüche aus § 2 Nr. 8 Abs. 3, nicht aus § 2 Nr. 5 oder Nr. 6 in Betracht.[412] In der vereinzelten Entscheidung „Konsoltraggerüste" hat der Bundesgerichtshof die Notwendigkeit einer Leistung im konkreten Fall – nämlich detaillierter Ausschreibung – zu Unrecht schon als bausollbegründend angesehen.[413]

197 **e) Unterlassene Anordnung.** Vereinzelt gibt es die Auffassung, dann, wenn ein Auftraggeber eine Anordnung unterlasse, obwohl er sie schulde, könne dies wie eine Anordnung gewertet werden, weil der Auftraggeber aus seiner rechtswidrigen Kooperationsverweigerung keinen Profit ziehen dürfe.[414] Eine solchen Konstruktion bedarf es nicht: Ein Auftraggeber, der die kritische

[408] Macht der Auftragnehmer keine Anzeige, so beurteilt sich der Fall nur nach § 2 Nr. 8 Abs. 3. Für Anwendbarkeit ausschließlich von § 2 Nr. 8 Abs. 2, 3 wie hier: OLG Düsseldorf, NJW-RR 1992, 529; *Ingenstau/Korbion/Keldungs* VOB/B § 2, Nr. 6, Rdn. 9; *Englert/Grauvogl/Maurer* Rdn. 115; *Oppler* in: Münchener Prozessformularbuch, Band 2, Privates Baurecht, S. 158, 159; vgl. auch *von Craushaar* BauR 1984, 311; anderer Ansicht *Vygen/Schubert/Lang* Bauverzögerung, Rdn. 168, speziell dazu *Kapellmann/Schiffers* Band 1, Rdn. 875–879.

[409] *Kapellmann/Schiffers* Band 1, Rdn. 873; vgl. dazu auch Beck'scher VOB-Kommentar/*Jagenburg* VOB/B § 2 Nr. 5, Rdn. 62.

[410] Näher *Kapellmann/Schiffers* Band 1, Rdn. 880, 861.

[411] BGH *Schäfer/Finnern* Z 2.310 Bl. 40; ebenso OLG Düsseldorf, IBR 1999, 108; *Locher* Das private Baurecht, S. 190 sowie im Ergebnis *von Craushaar* BauR 1984, 311.

[412] OLG Düsseldorf BauR 1992, 777; *Nicklisch/Weick* VOB/B § 2, Rdn. 68; *Ingenstau/Korbion/Keldungs* VOB/B § 2, Nr. 6, Rdn. 5; *Kapellmann/Schiffers* Band 1, Rdn. 882–884.

[413] Dazu Rdn. 86 mit Fn. 154.

[414] Vgl. *Nicklisch/Weick* VOB/B Einl. §§ 4–13, Rdn. 51, 52; *Piel* Festschrift Korbion, S. 357.

Situation nicht kennt, kann auch nichts treuwidrig unterlassen; ein Auftraggeber, der sie kennt und „geschehen lässt", ordnet stillschweigend an (oben Rdn. 195). Verbleibende Fälle lassen sich über § 6 Nr. 6 VOB/B, ggf. § 642 BGB sachgerecht lösen; weder die **unterlassene** noch die **verzögerte** Anordnung können als Anordnung gewertet werden.[415]

V. Ankündigungserfordernis als Anspruchsvoraussetzung

1. Zusätzliche Leistungen

Nur für die Vergütung **zusätzlicher** Leistungen regelt § 2 Nr. 6 Abs. 1 Satz 2, dass der Auftragnehmer (zwar) Anspruch auf gesonderte Vergütung für eine vom Auftraggeber geforderte, im Vertrag nicht vorgesehene Leistung hat, dass er „**jedoch** den Anspruch dem Auftraggeber **ankündigen** muss, bevor er mit der Leistung beginnt". Für geänderte Leistungen enthält § 2 Nr. 5 VOB/B ein solches Ankündigungserfordernis nicht.[416] Welche Rechtsfolge die unterlassene Ankündigung bei zusätzlichen Leistungen gemäß VOB/B hat, ergibt sich nach Meinung des Bundesgerichtshofs und der herrschenden Meinung aus dem Wort „jedoch". Dieses Wort lässt sich sinngleich ersetzen durch „nur dann, wenn". Der Mehrvergütungsanspruch besteht danach **nur dann, wenn** ihn der Auftragnehmer vorher angekündigt hat, die zuvorige Ankündigung soll also **Anspruchsvoraussetzung** für die Mehrvergütung sein. Dass so der DVA-Ausschuss die Regelung so versteht und genau diese Ausschlusswirkung in der VOB sieht und beibehalten wollte, ergibt sich zweifelsfrei daraus, dass der DVA ungeachtet der ihm bekannten Kritik an der Regelung als Anspruchsvoraussetzung in mehreren Änderungen der VOB/B (zuletzt auch bei der VOB/B 2006) unbeirrt an dem alten Wortlaut festgehalten hat.[417] Ob diese Regelung praktikabel ist, hat damit nichts zu tun: Jedenfalls steht fest, dass die VOB/B die Ankündigungspflicht als Anspruchsvoraussetzung genauso regeln will und regelt.[418] 198

Diese Regelung der VOB/B ist **sachwidrig:** Ein besonderes Ankündigungserfordernis bei zusätzlichen Leistungen hat – vielleicht vom Fall eines unklaren Bausolls abgesehen – wenig Sinn; der Auftraggeber, der ja die zusätzlichen Leistungen selbst anordnet, weiß, dass ein „Mehr" an Leistung nicht ohne ein „Mehr" an Vergütung zu holen ist. Umgekehrt wäre eine Ankündigungspflicht gerade bei geänderten Leistungen angebracht, denn bei Änderungen ist es keineswegs selbstverständlich, dass sie Mehrkosten verursachen, sie können genauso gut kostenneutral oder sogar verbilligend sein. Am besten wäre es, die ohnehin sinnlose Unterscheidung zwischen geänderten und zusätzlichen Leistungen aus der VOB/B zu streichen, aber für modifizierte Leistungen generell eine Ankündigungspflicht einzuführen, aber nicht als Anspruchsvoraussetzung, sondern als Vertragspflicht des Auftragnehmers, deren Verletzung zu Schadensersatz verpflichten kann, wie es der „Baurechtliche Ergänzungsentwurf zum Schuldrechtsmodernierungsgesetz" in E § 2 Abs. 2 auch vorgesehen hat.[419] Genauso versteht auch die Gegenmeinung das Ankündigungserfordernis in § 2 Nr. 6 Abs. 1 Satz 2.[420]

---

[415] OLG Celle BauR 1995, 553; *Ingenstau/Korbion/Keldungs* VOB/B § 2, Nr. 5, Rdn. 10; *Heiermann/Riedl/Rusam* VOB/B § 2, Rdn. 112; *Kapellmann/Schiffers* Band 1, Rdn. 888–890.

[416] Demzufolge ist es auch nicht möglich, im Wege der Auslegung ein solches Ankündigungserfordernis für § 2 Nr. 5 einzuführen, näher *Kapellmann/Schiffers* Band 1, Rdn. 780 m. Fn. 836, Rdn. 886; anderer Ansicht als einziger *Vygen* Bauvertragsrecht, 809, nur für konkludente Änderungsanordnungen auch *Nicklisch/Weick* VOB/B Einl. §§ 4–13, Rdn. 40. Ebenso wenig besteht eine Ankündigungspflicht als „Nebenpflicht", siehe Rdn. 202.

[417] Mit zwingenden Nachweisen *Ingenstau/Korbion* 13. Aufl. 1996, VOB/B § 2, Rdn. 99.

[418] Ebenso: BGH NZBau 2002 = BauR 2002, 312; BGH *Schäfer/Finnern* Z 2.300, Bl. 11; BGH *Schäfer/Finnern* Z 2.311, Bl. 31; BGH *Schäfer/Finnern* Z 2.310, Bl. 40. Zu BGH BauR 1996, 542 (und zu BGH BauR 1991, 210) vgl. Rdn. 200. Für Anspruchsvoraussetzung ebenfalls z.B. *Ingenstau/Korbion/Keldungs* VOB/B § 2, Nr. 6, Rdn. 12; *Heiermann/Riedl/Rusam* VOB/B § 2, Rdn. 130; *Locher* Das private Baurecht, Rdn. 190; *Vygen* Bauvertragsrecht, Rdn. 812; *Werner/Pastor* Bauprozess, Rdn. 1156; zur Gegenansicht siehe Fn. 420. Vgl. weiter Rdn. 200 a.E.

[419] NZBau 2001, 184, Begründung dazu S. 186.

[420] So z.B. *Staudinger/Peters* BGB, § 632 Rdn. 74; *Nicklisch/Weick* VOB/B § 2, Rdn. 71; Beck'scher VOB-Kommentar/*Jagenburg* VOB/B § 2 Nr. 6, Rdn. 67 ff.

199 Die Härte der Sanktion des § 2 Nr. 6 Abs. 2 Satz 1 VOB/B ist aber nicht nur wenig sachgemäß, sie ist auch systemwidrig. Wenn der Auftraggeber eine zusätzliche Leistung anordnet und der Auftragnehmer die Mehrvergütungsankündigung vergisst, erhält er nichts. Ist dieselbe Anordnung unwirksam, weil z.B. vom nichtbevollmächtigten Bauleiter gegeben, erhält der Auftragnehmer bei Vorliegen der entsprechenden Voraussetzungen auch ohne Ankündigung Vergütung gemäß § 2 Nr. 8 Abs. 3 VOB/B i.V.m. § 683 BGB; die Anzeigenpflicht in § 681 Satz 1 BGB ist nicht Anspruchsvoraussetzung, wie der Bundesgerichtshof zutreffend entschieden hat.[421] Ohne Anordnung steht der Auftragnehmer sich also besser als mit Anordnung.[422]

Die Sanktion ist darüber hinaus generell zu hart und in der unterschiedslosen Beurteilung aller möglichen Fallgestaltungen ebenfalls nicht akzeptabel.

200 Die nahe liegende und richtige Antwort ist deshalb, § 2 Nr. 6 Abs. 1 Satz 2 VOB/B wegen Verstoßes gegen § 307 BGB für unwirksam zu erklären. Für die isoliert vereinbarte Klausel ist das kein Problem. Die Unzulänglichkeiten zeigen sich allerdings in voller Schärfe genauso, wenn die VOB/B **unverändert** als Ganzes vereinbart ist. Aber hier war der Bundesgerichtshof bisher Gefangener seiner eigenen Konstruktion. Weil die als Ganzes vereinbarte VOB/B der Inhaltskontrolle entzogen sein soll – dazu Einleitung VOB/B Rdn. 44–74 –, war ihm bisher der allein sachgerechte Weg, die Vorschrift wegen Verstoßes gegen § 307 BGB generell für unwirksam zu erklären, verschlossen. Um ein sachlich tragbares Ergebnis zu erreichen, hat sich deshalb der Bundesgerichtshof zu einer mehr als gewagten Auslegung entschlossen, im Wege dieser Auslegung die Vertragsregel des § 2 Nr. 6 Abs. 1 Satz 2 auf den Kopf gestellt und so **die Ausnahme zur Regel** gemacht.[423]

Ein Ankündigungserfordernis bei zusätzlichen Leistungen besteht danach dann **nicht**, wenn und so weit die Ankündigung im konkreten Fall für den Schutz des Auftraggebers entbehrlich ist. Das sei der Fall

– wenn der Auftraggeber von der Entgeltlichkeit ausging oder davon ausgehen **musste**,
– wenn keine Alternative zur sofortigen Leistung durch den Auftragnehmer blieb,
– wenn der Auftragnehmer die Ankündigung ohne Verschulden versäumt hat, was allerdings, so der BGH, nicht häufig vorkommen werde, da ein Auftragnehmer regelmäßig über die fachlichen Erkenntnisse verfüge, eine durch die Anordnung verursachte Abweichung vom bisherigen Leistungsumfang zu erkennen.

Generell sei zu berücksichtigen, dass gewerbliche Bauleistungen regelmäßig nicht ohne Vergütung zu erwarten seien. Die fehlende Ankündigung führe ohnehin nicht zum vollen Verlust des Vergütungsanspruchs, wenn eine rechtzeitige Ankündigung die Lage des Auftraggebers auch nur partiell verbessert hätte, weil z.B. eine preiswerte Alternative bestanden hätte.[424] Für alle Ausnahmetatbestände trage der Auftragnehmer die Darlegungs- und Beweislast.

All das folgere daraus, dass die Ankündigungspflicht Ausfluss der Kooperationsverpflichtung sei u.a. mit dem Ziel, dem Auftraggeber Gelegenheit zu geben, eine kostenträchtige Anordnung zu überdenken und billigere Alternativen zu wählen.

Das letzte Argument greift schon vorab nicht: Der Auftragnehmer braucht im Rahmen des § 2 Nr. 6 Abs. 1 Satz 2 nur „Mehrkosten" anzukündigen, aber **nicht** deren **Höhe;**[425] aus der Ankündigung kennt der Auftraggeber also gar keine Kostenhöhe und kann folglich allein auf dieser Basis keine preisgünstigeren Alternativen wählen.

Angesichts der vom Bundesgerichtshof statuierten Ausnahmen fragt man sich, was als Regelungsbereich für § 2 Nr. 6 Abs. 1 Satz 2 überhaupt noch verbleibt: Genau genommen nichts.

---

421 BGH BauR 1991, 331, 332, zum Problem näher Rdn. 311.

422 Zutreffend *Kleine-Möller/Merl* Handbuch § 10, Rdn. 470.

423 BGH BauR 1996, 542; BGH BauR 1991, 210.

424 Der Auftraggeber muss zuerst darlegen, dass ihm bei rechtzeitiger Ankündigung preiswertere Alternativen zur Verfügung gestanden hätten. Erst dann kann der Auftragnehmer darlegen und beweisen, dass eine rechtzeitige Ankündigung die Lage des Auftraggebers nicht verbessert hätte – so BGH NZBau 2002, 152 = BauR 2002, 312.

425 *Heiermann/Riedl/Rusam* VOB/B § 2, Rdn. 130; *Nicklisch/Weick* VOB/B § 2, Rdn. 71; *Kapellmann/Schiffers* Band 1, Rdn. 931.

Gewerbliche Bauleistungen sind **immer** nur gegen Vergütung zu erwarten. Mit welchem Recht kann **jemals** ein Auftraggeber davon ausgehen, der Auftragnehmer schenke ihm Leistungen? Bestenfalls mag das für Bagatellgrößenordnungen gelten. Der verbleibende Anwendungsbereich des Ankündigungserfordernisses lautete also laut BGH: Wenn der Auftraggeber, der die zusätzlichen Leistungen anordnet, nicht erkennt, was er damit tut – weil er z.B. glaubt, die verlangte Leistung gehöre zum Bausoll –, der Auftragnehmer den Zusatzcharakter der Leistung aber erkennt (wieso er ja, der Auftraggeber aber nicht?) und wenn es sich um eine Bagatellgrößenordnung handelt, erhält der Auftragnehmer für die Minizusatzleistung dann keine Mehrvergütung, wenn er seinen Anspruch nicht angekündigt hat. Bei Kleinigkeiten gibt es also diese harte Sanktion, bei nennenswerten Ansprüchen aber keine. Unabhängig von der dogmatischen Einordnung ist das ein überaus merkwürdiges Ergebnis der Auslegung.[426]

Der Bundesgerichtshof hat in seiner Entscheidung nicht ausdrücklich ausgesprochen, dass er die Ankündigung nicht mehr als Anspruchsvoraussetzung betrachte. *Kniffka/Quack* betonen aber gerade das; die Rechtsprechung verneine jetzt die Einordnung als Anspruchsvoraussetzung, sie stelle jetzt ab auf die Informations- und Kooperationsverpflichtung der Vertragsparteien, deren Verletzung zu Konsequenzen **je nach Einzelfall** führe, was aber in der Literatur teilweise (richtig: ausnahmslos) überraschenderweise so nicht verstanden werde.[427] Wenn das richtig wäre, würde auch in den ja nur theoretisch verbleibenden Anwendungsfällen ebenfalls nicht mehr die Konsequenz des Anspruchsverlustes eintreten, was zwar folgerichtig wäre, aber dann dazu führt, dass der Text der VOB/B vollends keine Rolle mehr spielte, sondern eine vom Bundesgerichtshof autonom (**inhaltlich** richtige) festgelegte Lösung anstelle der VOB/B gälte. Der Bundesgerichtshof überschreitet damit trotz „seines guten Willens" die Grenze einer möglichen Auslegung. In Wirklichkeit führt er eine unzulässige geltungserhaltende Reduktion einer wegen Verstoßes gegen § 307 BGB unwirksamen Vorschrift durch, dabei noch vermischt mit Verschuldenserwägungen, was vollends mit dem Ausschlusstatbestand nichts zu tun hat.[428] Der Bundesgerichtshof sollte sich ohnehin von der Konstruktion der VOB als Ganzes trennen und auch einzelne VOB-Vorschriften auf ihre AGB-rechtliche Zulässigkeit prüfen (siehe Einleitung VOB/B Rdn. 44–74). Dann ergibt sich als richtiges Ergebnis, dass das Ankündigungserfordernis, verstanden als Anspruchsvoraussetzung, AGB-rechtlich unwirksam ist. Solange der Bundesgerichtshof das nicht tut, muss es die Praxis bei den von der Intention her richtigen „Ausnahmetatbeständen" belassen, die der Bundesgerichtshof gebildet hat. Praktisch ist dann § 2 Nr. 6 Abs. 1 Satz 2 VOB/B mangels Anwendungsbereich tot. Für eine Auslegung wäre das allerdings ein doch ungewöhnliches Ergebnis. Abgesehen davon ist ein Anspruchsverlust „je nach Einzelfall" das Gegenteil einer prognostizierbaren Rechtslage und Quelle für Prozesse.

Anders ist das, wenn § 2 Nr. 6 Abs. 1 Satz 2 VOB/B im Wege der Auslegung nur in solchen **201**
Fällen eingeschränkt wird, in denen eine Anzeige unzweideutig **sinnlose** und leere **Förmelei** wäre, weil die Entgeltlichkeit dem Auftraggeber sicher bekannt ist. Jedenfalls in vier von der Bedeutung her sehr unterschiedlichen Fällen ist jedenfalls eine Ankündigung entbehrlich:

– Der Auftraggeber ordnet eine bloße **Mengen**mehrung an; mehr Menge kostet immer mehr Geld, daran zweifelt niemand.[429]
– Der Hauptunternehmer (Generalunternehmer) kündigt seinem Auftraggeber an, eine verlangte Zusatzleistung sei vergütungspflichtig. Dann braucht der Nachunternehmer, der die Leistung ausführt, dies dem Hauptunternehmer nicht seinerseits nochmals anzukündigen.[430]

---

[426] Genau das hält *Ingenstau/Korbion/Keldungs* VOB/B § 2, Nr. 6, Rdn. 14 allerdings für den „Sinngehalt" des § 2 Nr. 6. Aber: Welchen Sinn hat eine so einschneidende Regelung nur für Bagatellfälle?

[427] *Kniffka/Quack* Festschrift 50 Jahre Bundesgerichtshof, S. 30. Diese Interpretation „erstaunt", so *Schulze-Hagen*, Festschrift Thode, S. 167, 171.

[428] *Staudinger/Peters* BGB § 632, Rdn. 75; „dogmatisch inkonsequent", so mit weiteren, zutreffenden Argumenten *Nicklisch/Weick* VOB/B § 2, Rdn. 71.

[429] *Kapellmann/Schiffers* Band 1, Rdn. 921–923.

[430] Näher *Kapellmann/Schiffers* Band 1, Rdn. 924.

– Ein „frivoler Auftraggeber“ kann sich nicht darauf berufen, dass ihm gegenüber der Auftragnehmer eine zusätzliche Leistung ankündigen muss, die nur deshalb „zusätzlich“ ist, weil das Bausoll vom „lauteren Bieter“ ohne die frivol ausgeschriebene und deshalb nicht als Bausoll zu berücksichtigende Leistung verstanden worden ist.[431]
– Wenn der Auftraggeber eine Eventualleistung anordnet, für die eine Eventualposition vorgesehen ist, wird diese Leistung zusätzliche Leistung, auch wenn im Einzelfall die Eventualposition wegen Verstoßes gegen § 19 VOB/A oder § 308 BGB Nr. 15 unwirksam ist (dazu VOB/A § 5 Rdn. 18). Eine Ankündigung der Vergütungspflicht ist dennoch überflüssig, weil der Auftraggeber – wenn auch unwirksam – die Vergütungsposition selbst vorgesehen hatte.[432]

2. Einführung eines Ankündigungserfordernisses bei geänderten Leistungen

202 Eine Klausel, die in Allgemeinen Geschäftsbedingungen eines Auftraggebers ein Ankündigungserfordernis (auch) für **geänderte** Leistungen einführt, ist dann zulässig, wenn sie die Ausnahmetatbestände in Anlehnung an die Rechtsprechung des Bundesgerichtshofs (oben Rdn. 200) enthält und auf die einschneidenden Folgen der unterlassenen Ankündigung deutlich hinweist.[433]

Ohne eine solche Klausel besteht bei einem VOB-Vertrag nach der eindeutigen Unterscheidung zwischen § 2 Nr. 5 einerseits und § 2 Nr. 6 VOB/B andererseits keine Ankündigungs**pflicht** weder als Anspruchsvoraussetzung (oben Rdn. 198) noch als generelle „Nebenpflicht“.

VI. Vereinbarung des neuen Preises vor Ausführung, Leistungsverweigerungsrecht des Auftragnehmers, Schriftformklauseln

1. Vereinbarung des neuen Preises vor Ausführung

203 **a) Vereinbarung als Vertragspflicht.** Bei geänderten Leistungen „**soll** die Vereinbarung (des neuen Preises) vor der Ausführung getroffen werden“ (§ 2 Nr. 5 Satz 2). Bei zusätzlichen Leistungen „**ist** die Vergütung möglichst vor Beginn der Ausführung“ zu vereinbaren (§ 2 Nr. 6 Abs. 2 Satz 2). Aus der Struktur von VOB-Nachträgen (näher oben Rdn. 177) folgt, dass eine der Ausführung vorangehende Einigung der Parteien über die Vergütung der **angeordneten** modifizierten Leistung nicht Anspruchsvoraussetzung für diese Vergütung sein kann: Der Auftraggeber hat aufgrund des vertraglichen Änderungsvorbehalts in § 1 Nr. 3, 4 das **Recht**, nachträglich **einseitig** die Leistungspflicht des Auftragnehmers zu modifizieren, der Auftragnehmer **muss** die angeordnete modifizierte Leistung ausführen. Durch die Ausführung entsteht ein ebenso einseitiges Recht des Auftragnehmers, als Äquivalent die bisherige Vergütung zu modifizieren; der Vergütungsanspruch hängt also systematisch nicht davon ab, dass sich die Vertragsparteien über die neue Vergütung einigen. Folglich hängt dieser Mehrvergütungsanspruch des Auftragnehmers sowohl bei geänderten Leistungen – unproblematisch angesichts der „Soll-Formulierung“ – wie bei zusätzlichen Leistungen – problematisch wegen der zwingenden Formulierung „ist“ – auch **nicht** davon ab, ob eine Preisvereinbarung vor Ausführung zustande gekommen ist.[434] Dieses zwingende Erfordernis kollidiert aber jedenfalls mit dem Wortlaut von § 2 Nr. 6 Abs. 2 Satz 2 VOB/B: Wenn die Vereinbarung (möglichst) vor Ausführung zu treffen ist, so ist das zweifelsfrei eine Vertrags**pflicht**;[435] diese Pflicht zur Vereinbarung besteht, so weit sie möglich ist („möglichst“); nicht möglich ist sie nur dann, wenn die angeordnete zusätzliche Leistung z.B. wegen eines Notfalls **sofort** ausgeführt werden muss und keine Zeit für eine Nachtragskalkulation

---

[431] *Kapellmann/Schiffers* Band 1, Rdn. 925.

[432] *Kapellmann/Schiffers* Band 1, Rdn. 926.

[433] *Kapellmann/Schiffers* Band 1 Rdn. 928, 929.

[434] Für geänderte Leistungen: BGHZ 50, 25; BGH BauR 1978, 314, unbestritten.
Für zusätzliche Leistungen: OLG Celle BauR 1982, 381; OLG Düsseldorf BauR 1989, 335; *Heiermann/Riedl/Rusam* VOB/B § 2, Rdn. 139, ebenfalls unbestritten.

[435] *Heiermann/Riedl/Rusam* VOB/B § 2, Rdn. 139; *Nicklisch/Weick* VOB/B § 2, Rdn. 73; *Vygen* Bauvertrag, Rdn. 813; *Kapellmann/Schiffers* Band 1, Rdn. 940; anderer Ansicht *Werner/Pastor* Bauprozess, Rdn. 1159.

und anschließende Preisvereinbarung bleibt; in einem solchen Fall ist ja auch die Ankündigung der Mehrvergütung entbehrlich.[436] Wenn also die Verletzung der Pflicht systemgerecht nicht zum Anspruchsverlust – wohl aber zu Schadensersatzansprüchen, aber dies als rein theoretische Folge – führen kann, so heißt das nicht, dass sich nicht doch beide Parteien auf die gegenseitige **Pflicht** berufen könnten: Der Auftraggeber hat das **Recht**, eine vertragsgemäße Nachtragskalkulation vor Ausführung zu verlangen und kann, wenn eine entsprechender Einigungsversuch erfolglos geblieben ist („Kooperation", siehe dazu Textende), aus wichtigem Grund kündigen,[437] der Auftragnehmer hat das **Recht**, die Ausführung der Arbeiten zu verweigern, sofern trotz ordnungsgemäßer Nachtragskalkulation und trotz entsprechendem Einigungsversuch keine Preiseinigung zustande kommt.[438]

Die Sollvorschrift des § 2 Nr. 5 besagt für den **Regel**fall genau dasselbe. Die – wieder einmal – kaum verständliche Differenzierung der VOB zwischen der Sollvorschrift des § 2 Nr. 5 und der zwingenden Vorschrift des § 2 Nr. 6 mag auf der Überlegung beruhen, dass für geänderte Leistungen ja häufig mehr Anhaltspunkte für die Neuberechnung zur Verfügung stehen als für zusätzliche. Es gibt aber keinen Grund, zu differenzieren, genauso wie es generell keinen Grund für eine Differenzierung zwischen geänderten und zusätzlichen Leistungen gibt. Zusammenfassend: „Die Kooperations**pflichten** (der Vertragsparteien) sollen u.a. gewährleisten, dass in Fällen, in denen nach der Vorstellung einer oder beider Parteien die vertraglich vorgesehene Vertragsdurchführung oder der Inhalt des Vertrages an die geänderten tatsächlichen Umstände angepasst werden muss, entstandene Meinungsverschiedenheiten oder Konflikte nach Möglichkeit einvernehmlich beigelegt werden. Ihren Ausdruck haben sie in der VOB/B **insbesondere** in den Regelungen des § 2 Nr. 5 und Nr. 6 gefunden. Danach soll über eine Vergütung für geänderte oder zusätzliche Leistungen eine Einigung **vor** der Ausführung getroffen werden. Diese Regelungen sollen die Parteien anhalten, die kritischen Vergütungsfragen **frühzeitig** und einvernehmlich zu lösen und dadurch später Konflikte zu vermeiden."[439]

b) Ausschluss vergessener Folgekosten? Wenn die Parteien sich, ob vor oder nach der 204
Ausführung, auf eine Nachtragsvergütung einigen, stellt sich häufig die Frage nach deren Geltungsumfang. Zwar ist es richtig, dass zu der nach § 2 Nr. 5 oder Nr. 6 zu berechnenden Nachtragsvergütung auch alle „Folgekosten" der geänderten oder zusätzlichen Leistungen gehören, also z.B. bei anderen Positionen entstehende Auswirkungen oder insbesondere bei der geänderten Position entstehende zusätzliche zeitabhängige Kosten,[440] aber oft vergessen der Auftragnehmer oder beide Parteien, diese Kosten zu berücksichtigen, oder der Auftragnehmer erstellt über die zeitabhängigen Kosten fälschlich einen gesonderten „Behinderungsnachtrag". Ob solche Kosten von einer Nachtragsvereinbarung erfasst werden, hängt ganz vom Einzelfall ab: Beziehen die Parteien ausdrücklich oder sonst eindeutig nachvollziehbar **alle** Folgen ein, so sind damit **alle**

[436] „Wenn keine Alternative zur sofortigen Leistung durch den Auftragnehmer blieb" BGH BauR 1996, 542, oben Rdn. 200.

Die Interpretation des Wortes „möglichst" dahingehend, dass der Auftragnehmer im allgemeinen kein Leistungsverweigerungsrecht bis zur Vereinbarung des zusätzlichen Entgelts habe, so *Ingenstau/Korbion/Keldungs* VOB/B § 2, Nr. 6, Rdn. 29 und ihm folgend *Vygen* Bauvertragsrecht, Rdn. 813, ist nicht nachvollziehbar. Dass *Keldungs* auch noch auf das „Verschulden" abstellt, hat mit dem Thema erst recht nichts mehr zu tun. Wie hier *Nicklisch/Weick* VOB/B § 2, Rdn. 73; *Kleine-Möller/Merl* Handbuch § 10, Rdn. 473: Aus der **Pflicht** folgt genau das Gegenteil, siehe die Erläuterungen im Text.

[437] Siehe Rdn. 207.

[438] Dazu Einzelheiten Rdn. 205, 206.

[439] So BGH „Kooperationspflicht" NZBau 2000, 130 = BauR 2000, 409. Der Bundesgerichtshof spricht im Anschluss daran erneut und zutreffend von einer **Verpflichtung** der Parteien. Übrigens hat der Bundesgerichtshof sich ungenau ausgedrückt; nach § 2 Nr. 5 soll eine Vergütung vor der Ausführung getroffen werden, aber nach § 2 Nr. 6 **ist** eine Vergütung vor Ausführung zu vereinbaren. Es ist also nicht genau, dass „danach (§ 2 Nr. 5 **und** Nr. 6) eine Einigung vor der Ausführung getroffen werden **soll**"; *Kuffer* ZfBR 2004, 120 bestätigt, dass der Bundesgerichtshof auch die Soll-Vorschrift des § 2 Nr. 5 VOB/B als **Pflicht** einstuft. Zur Auswirkung siehe **Rdn. 206, 438**.

[440] Dazu näher Rdn. 225.

Kosten erfasst. Beziehen sie umgekehrt erkennbar nicht alle Folgen ein, einigen sie sich beispielsweise auf eine Nachtragsberechnung des Auftragnehmers hin, die solche Folgekosten gerade nicht enthält, so umfasst die Vergütungseinigung sie nicht. Hat insbesondere der Auftragnehmer einen zusätzlichen „Behinderungsnachtrag" vorgelegt, der in der Nachtragsberechnung nicht angesprochen ist, so ist er von der Vergütungseinigung nicht erfasst. Sehr oft bleiben dabei Zweifel; der **Auftraggeber** muss darlegen und beweisen, dass die Vergütungseinigung alle Folgekosten umfasst, wenn der Auftragnehmer zusätzliche „Folgekosten" geltend gemacht hatte, die bei der Vergütungseinigung nicht mehr erwähnt worden sind. An den entsprechenden Nachweis sind strenge Anforderungen zu stellen.[441] Ganz besonders gilt das, wenn der behauptete Verzicht auch noch unbekannte Ansprüche einschließen soll.[442] Haben die Parteien das aber ausdrücklich vereinbart und ist beispielsweise sogar die Nachtragsvergütung noch pauschaliert worden, ist ein entsprechender Nachweis im Regelfall geführt.

2. Leistungsverweigerungsrecht bei fehlender Preiseinigung

205 Die Frage, ob der Auftragnehmer ein Leistungsverweigerungsrecht hinsichtlich vom Auftraggeber angeordneter geänderter oder zusätzlicher Leistungen hat, ist vorab **einheitlich** sowohl für geänderte wie für zusätzliche Leistungen zu beantworten[443] (und zu bejahen) – die Antwort für den insoweit völlig identischen Sachverhalt kann nicht von der ohnehin verfehlten Unterscheidung zwischen geänderter und zusätzlicher Leistung abhängen (dazu oben Rdn. 180) oder gar von der äußerst zweifelhaften, hoffnungslos umstrittenen Einordnung als geänderte oder zusätzliche Leistung im Einzelfall. Es geht vielmehr um ein systematisches Problem und damit um eine systematische Antwort. Wenn der Auftraggeber schon dem Grunde nach eine Einigung zur Vergütungsfähigkeit der angeordneten, geänderten oder zusätzlichen Leistung verweigert, hat der Auftragnehmer nach unbestrittener Auffassung das Recht, die Ausführung zu verweigern.[444] Allerdings meinen *Kniffka*[445] und *Kuffer,*[446] **nur** die Verweigerung der Einigung dem Grunde nach rechtfertige die Verweigerung, Uneinigkeit zur Höhe jedoch nicht. Für diese Differenzierung gibt es keine tragfähige Begründung. Entgegen *Kuffer* hat die Entscheidung der Frage nichts damit zu tun, dass die Vorleistungspflicht des Auftragnehmers erhalten bleibt. Natürlich muss der Auftragnehmer auch bei geänderten oder zusätzlichen Leistungen vorleisten – erst die Leistung, dann die Bezahlung. Aber er braucht nicht zu leisten, wenn der Auftraggeber sich nicht einigen will, **wieviel** Vergütung er für die noch auszuführende Leistung bekommen soll. Die Regelung des § 18 Nr. 4 VOB/B steht auch nicht entgegen, so aber *Kniffka*. Der Bundesgerichtshof hat schon vor 10 Jahren entschieden, dass § 18 Nr. 4 weder der Geltendmachung eines gesetzlichen noch eines in der VOB/B geregelten Leistungsverweigerungsrecht entgegensteht.[447] Sowohl das BGB wie die VOB/B gewähren solche Leistungsverweigerungsrechte: Wer seine geschuldete Mitwirkung versagt, hat die Einrede des nicht erfüllten Vertrages, § 320 BGB, gegen sich;[448] die

---

[441] BGH BauR 1995, 701; BGH BauR 1988, 217; *Kapellmann/Schiffers* Band 1, Rdn. 943.

[442] BGH NJW 1994, 379; *Kniffka*, in *Kniffka/Koeble* Kompendium Teil 5 Rdn. 57.

[443] *Kniffka/Koeble* Kompendium, Teil 5, Rdn. 110, 114; *Kapellmann/Schiffers* Band 1, Rdn. 974, Rdn. 885–890. Siehe auch oben Rdn. 137, 138, 179.

[444] BGH „Leistungsverweigerungsrecht" NZBau 2004, 613 = BauR 2004, 613; OLG Jena NZBau 2005, 341; *Kuffer* ZfBR 2004, 110.

[445] A.a.O.

[446] A.a.O.

[447] BGH BauR 1996, 378; zustimmend die ganz herrschende Lehre, z.B. *Leinemann/Schirmer* VOB/B § 18 Rdn. 53–55; *Vygen* BauR 2005, 431.

[448] Zu allen Einzelheiten *Kapellmann/Schiffers* Band 1, Rdn. 973–985; OLG Düsseldorf NZBau 2002, 276; OLG Frankfurt OLG-Report 1999, 78; OLG Düsseldorf BauR 1996, 115; *Vygen* BauR 2005, 431; *Markus* BauR 2004, 180; *Leinemann* NJW 1998, 3672; *Kleine-Möller/Merl* Handbuch§ 10 Rdn. 473; 483; widersprüchlich *Ingenstau/Korbion/Keldungs* VOB/B § 2, Nr. 5, Rdn. 35 zu § 2, Nr. 5 **einerseits**: „Leistungsverweigerungsrecht, wenn der Auftraggeber ganz (!) eindeutig grundlos und wiederholt (!) einer Einigung ausweicht" (Anmerkung: Der Auftragnehmer muss also nach der ersten nicht nur grundlosen, sondern **ganz** grundlosen Ablehnung offenbar noch zwei (oder mehr?) Anläufe machen, wobei die Änderung auch noch

VOB/B regelt, dass der Auftraggeber **verpflichtet** ist, **vor** Ausführung eine „Vereinbarung **der Vergütung**“ und nicht eine Vereinbarung nur zum Grund des Vergütungsanspruchs zu treffen; in diesem Fall darf der Auftragnehmer sogar gemäß § 9 Nr. 1 a nach Mahnung aus wichtigem Grund kündigen; erst recht darf er dann die Leistung nur verweigern. Schließlich wird nur das dem Leitbild des Gesetzes gerecht; der Auftragnehmer darf für Zusatzaufträge vor Ausführung nicht nur die Leistung verweigern, er kann sogar gemäß § 648 a BGB für sie Sicherheit verlangen.

Es kann deshalb keinem Zweifel unterliegen, dass der Auftragnehmer Anspruch auf eine Vereinbarung zu Grund **und** Höhe hat.[448]

Voraussetzung ist, dass der Auftragnehmer die modifizierte Vergütung vertrags- und **sach-** 206
gerecht darlegt und der Auftraggeber angemessene (aber kurze!) Zeit zur Prüfung hat.[449]

Erhebt der Auftraggeber nachvollziehbare Einwendungen und bestehen deshalb zur Höhe Differenzen, so muss der Auftraggeber seinen „Mindestbetrag“ nennen und diesen Mindestbetrag „akzeptieren“; dann muss die verbleibende Differenz nötigenfalls später ausgetragen werden. Diese Lösung ist notwendig, damit der Auftragnehmer den Auftraggeber nicht durch ein überhöhtes Nachtragsangebot zu einer „alles oder nichts“-Entscheidung zwingen kann.[450]

Das Zurückbehaltungsrecht gilt für Nachträge **jeder** Größenordnung, wobei lediglich ein Schikaneverbot zu beachten ist: Der Auftragnehmer darf nicht eine Meinungsverschiedenheit bei objektiv unklarer Rechtslage und minimaler Mehrvergütungsforderung erpresserisch zur Kündigungsdrohung ausnutzen.[451] **Auf keinen Fall** muss die Nachtragsforderung im Verhältnis zur Hauptforderung **„erheblich“** sein; das wird hin und wieder kritiklos im Anschluss an eine völlig verfehlte Entscheidung des OLG Zweibrücken so übernommen:[452] Das OLG prüft das

---

„erheblich“ sein muss (dazu Rdn. 206 mit Fn. 444)); § 2, Nr. 6, Rdn. 29 zu § 2 Nr. 6 **andererseits**: „Trifft einen Vertragspartner für das Nichtzustandekommen ein Verschulden, indem er z.B. eine an sich mögliche Vereinbarung vereitelt, hat der andere Vertragspartner das Recht, die zusätzliche Leistung zu verweigern oder zu verbieten.“ (Anmerkung: Was hat Verschulden mit einem Leistungsverweigerungsrecht oder Zurückbehaltungsrecht zu tun, vgl. § 320 BGB, § 273 BGB? Kann der Auftraggeber überhaupt unverschuldet ein inhaltlich korrekt vorgetragenes Preiseinigungsverlangen des Auftragnehmers verweigern?

Oder: Verworren *Heiermann/Riedl/Rusam* VOB/B § 2, Rdn. 119 [1. Rdn. 119; die Rdn. 119 ist bei *Riedl* doppelt] und 119 a: „Das Leistungsverweigerungsrecht wird zu bejahen sein bei Leistungsänderungen, die nicht unter § 1 Nr. 3 fallen“. Zu § 1 Nr. 3 (also Bauinhaltsänderungen): „Der Interessenlage des Auftragnehmer wird wohl die Rechtsprechung mehrerer Oberlandesgerichte gerecht (Anmerkung: dazu Nachweise Fn. 439). So sind die Oberlandesgerichte … der Auffassung, dass … ein Leistungsverweigerungsrecht des Auftragnehmers dann **besteht**, wenn er einen Anspruch auf Anpassung … hat und der Auftraggeber hierauf nicht eingeht; der Auftragnehmer ist dann **nicht** verpflichtet, die Arbeiten zunächst zu dem ursprünglich vereinbarten Preis weiterhin durchzuführen und sich darauf verweisen zu lassen, ggf. hinterher ein Urteil zu erwirken, das ihm eine höhere Vergütung zuspricht. Dies *wird wohl* bei Leistungsänderungen nach § 1 Nr. 3 zu gelten haben“ (Anmerkung: Wachsweicher als im letzten Satz kann man sich *wohl kaum* ausdrücken, aber es ist immerhin ein Fortschritt gegenüber der Vorauflage). Weiter: § 2 Rdn. 139 a zu § 2 Nr. 6 **einerseits**: „Zumeist (Anmerkung: Richtig ist: als absolute Mindermeinung) und wohl zutreffend wird die Meinung vertreten …, dass der Auftragnehmer weder ein Leistungsverweigerungsrecht noch ein Kündigungsrecht hat, wenn eine vorherige Preisvereinbarung nicht zustande kommt …“. Dann aber Rdn. 139 b **andererseits**: **„Leistungsverweigerungsrechte** können dem Auftragnehmer **zustehen**, wenn der Auftraggeber seine Mitwirkung bei der Preisvereinbarung endgültig versagt hat, wenn der **Auftraggeber** einen Preis bietet, der entgegen den Preisermittlungsunterlagen **zu gering bemessen ist** und deshalb vom Auftragnehmer nicht angenommen werden muss (Anmerkung: Der inhaltlich korrekt eine Preiseinigung verlangende Auftragnehmer hat danach also **immer** ein Leistungsverweigerungsrecht, wenn der Auftraggeber nicht zustimmt, was also das Gegenteil der Aussage in Rdn. 139 a ist) oder wenn die Annahme gerechtfertigt ist, der Auftraggeber werde die Leistung nicht bezahlen (!).“

[449] Zutreffend: BGH BauR 1996, 378; weiter dazu *Kapellmann/Schiffers* Band 1, Rdn. 986; *Leinemann/Schoofs* VOB/B § 2, Rdn. 108.

[450] Zu dieser Empfehlung im Einzelnen: *Kapellmann/Schiffers* Band 1, Rdn. 496. Gerade unter der vom Bundesgerichtshof mit Recht betonten Kooperationsverpflichtung (vgl. Rdn. 203) muss es **eine ausgewogene Lösung** so geben, dass keine der beiden Parteien die andere in sinnlosen Zugzwang bringen darf.

[451] OLG Celle IBR 1995, 415 und dazu näher *Kapellmann/Schiffers* Band 2, Rdn. 1019, Band 1, Rdn. 985.

[452] OLG Zweibrücken BauR 1995, 251; *Nicklisch/Weick* VOB/B § 2, Rdn. 64; *Ingenstau/Korbion/Keldungs* siehe Fn. 448; *Leinemann/Schoofs* VOB/B § 2,Rdn. 108; dazu *Kapellmann/Schiffers* Band 1, Rdn. 985.

Leistungsverweigerungsrecht hinsichtlich einer Änderungsanordnung bei einem Pauschalvertrag und kommt zu dem Ergebnis, bei geänderten Leistungen bestehe gemäß § 2 Nr. 7 Abs. 2, Nr. 5 ein Anspruch auf Mehrvergütung nur, wenn die Vergütungsmehrforderung „erheblich" sei, im konkreten Fall mehr als 25 %; sei das zu bejahen, bestehe ein Leistungsverweigerungsrecht. Ersteres ist sei Jahrzehnten überholt und grundsätzlich falsch,[453] zu letzterem ist der Begründungszusammenhang nicht nachvollziehbar.

Wenn der Auftraggeber nicht antwortet, ist die Leistungsverweigerung **immer** berechtigt; hat der Auftraggeber Fragen, erbittet er Erklärungen oder verlangt er Nachweise, so ist der Auftragnehmer im Sinne der **„Kooperationspflicht"** gehalten, unter entsprechender Erläuterung (und zweckmäßigerweise Fristsetzung!) einen Einigungsversuch zu machen,[454] aber im Regelfall nur einen – man darf nicht vergessen, dass sich der Einigungsversuch **vor** Ausführung der Leistung abspielen muss; der Auftraggeber hat nicht Anspruch auf Verhandlungen so lange, bis der Auftragnehmer kirre ist und ohne Einigung ausführt.

207 Der Auftragnehmer kann, wenn der Auftraggeber eine Einigung grundlos verweigert, auch nach § 9 VOB/B analog kündigen;[455] umgekehrt kann auch der Auftraggeber aus wichtigem Grund kündigen, wenn der Auftragnehmer seinerseits eine Preiseinigung vor Ausführung grundlos verweigert.[456]

3. Schriftformklauseln in Allgemeinen Geschäftsbedingungen des Auftraggebers

208 **a) Schriftform für Anordnungen des Auftraggebers.** Regelt der Auftraggeber in seinen Allgemeinen Geschäftsbedingungen, dass seine **eigenen** Anordnungen zur Ausführung geänderter oder zusätzlicher Leistungen der Schriftform bedürfen, so verstößt das nicht gegen § 307 BGB. Gegen die Schriftformklausel bestehen schon deshalb keine Bedenken, weil sie als Vollmachtsbeschränkung bzw. Mittel zur Behinderung eine Anscheinsvollmacht wirkt.[457] Hält der Auftraggeber die Schriftform nicht ein, hat der Auftragnehmer ein Leistungsverweigerungsrecht. Hat der Auftraggeber persönlich (oder sein Organ) eine Anordnung doch mündlich gegeben, ist das im Ergebnis ein Verzicht auf die Schriftform; führt der Auftragnehmer trotz der Schriftformklausel auf die mündliche Anordnung hin die modifizierte Leistung aus, hat er Anspruch auf Mehrvergütung.[458]

209 **b) Schriftform für Preisangebot des Auftragnehmers.** § 2 Nr. 6 Abs. 1 Satz 2 VOB/B verlangt (in Ausnahmefällen, siehe oben Rdn. 198–201), dass der Auftragnehmer vor Ausführung der modifizierten Leistung Mehrkosten ankündigt; für § 2 Nr. 5 kann auch in Allgemeinen Geschäftsbedingungen des Auftraggebers eine entsprechende Klausel eingeführt werden (oben Rdn. 202). Der Auftraggeber kann in seinen Allgemeinen Geschäftsbedingungen für diese Ankündigungspflicht des Auftragnehmers Schriftform vorschreiben, § 309 Nr. 13 BGB erlaubt das ausdrücklich. Der Auftraggeber kann auch regeln, dass der Auftragnehmer die Mehrkosten schriftlich spezifizieren muss; Voraussetzung für die Wirksamkeit der Klausel ist, dass die Klausel unmissverständlich deutlich macht, dass die Folge der Nichtbeachtung der Anspruchsverlust ist.[459] Hinsichtlich der Auswirkung der Schriftformklausel ist zu differenzieren: Hat der Auftragnehmer trotz der durch die AGB verlangten schriftlichen Ankündigung der Mehrkosten nur mündlich oder – wenn eine Spezifikation in den AGB vorgeschrieben ist – schriftlich unspezifiziert Mehrkosten angekündigt, also kein (schriftliches) Vergütungs-Angebot vorgelegt, so verliert er seinen

[453] Dazu Rdn. 292.
[454] BGH „Kooperationspflicht", NZBau 2000, 130 = BauR 2000, 409, dazu auch Rdn. 203.
[455] Allgemeine Meinung, z.B. *Ingenstau/Korbion/Keldungs* VOB/B § 2, Nr. 5, Rdn. 35.
[456] *Kapellmann/Schiffers* Band 1, Rdn. 989.
[457] BGH BauR 1994, 760; OLG Düsseldorf BauR 1997, 337.
[458] Im Ergebnis BGH „Nachtragsschriftform" NZBau 2004, 146; *Schulze-Hagen* IBR 2004, 125; *Kapellmann/Schiffers* Band 1, Rdn. 991; *Heiermann/Riedl/Rusam* VOB/B § 2, Rdn. 111 (2. Rdn. 119; die Rdn. 119 ist bei *Riedl* doppelt); *Ingenstau/Korbion/Keldungs* VOB/B § 2, Nr. 5, Rdn. 35.
[459] *Kapellmann/Schiffers* Band 1, Rdn. 952–956; *Leinemann/Schoofs* VOB/B § 2, Rdn. 117, 118.

Anspruch, wenn er die modifizierte Leistung nach der vorangegangenen Anordnung des Auftraggebers ohne weiteres ausführt. Das ist also dieselbe Wirkung, die bei § 2 Nr. 6 Abs. 1 Satz 2 VOB/B eintritt, wenn man die Vorschrift für wirksam hält. Verlangt allerdings der Auftraggeber ausdrücklich – mündlich oder schriftlich – erneut die Ausführung der Arbeiten, obwohl das spezifizierte schriftliche Preis-Angebot (noch) nicht vorliegt, so ist das als Verzicht des Auftraggebers auf die Angebotsform zu werten. Die (formlose) „Mehrkostenankündigung" bleibt aber erforderlich, wobei Voraussetzung ist – wie erwähnt –, dass die Klausel den Anspruchsverlust unmissverständlich deutlich macht.

c) Schriftliche „Nachtragsvereinbarung". Nach dem System der VOB gibt der Auftraggeber eine **Anordnung**, geänderte oder zusätzliche Leistungen auszuführen; bei zusätzlichen Leistungen muss der Auftragnehmer (jedenfalls nach der Regel der VOB) einen Mehrvergütungsanspruch vorher ankündigen, der Auftraggeber kann dafür Formvorschriften vorsehen (vgl. Rdn. 209). Der Auftraggeber kann aber auch versuchen, den Vergütungsautomatismus, der sich an die Anordnung anschließt, abzustellen, nämlich das Entstehen des Vergütungsanspruches noch von weiteren Voraussetzungen abhängig zu machen, und zwar von einer Zustimmung des Auftraggebers, einem **„Nachtragsauftrag".** Damit kann aber nicht gemeint sein, dass die Anordnung zur Ausführung wiederholt werden soll. Richtigerweise ist mit diesem Nachtragsauftrag gemeint, dass die **Vergütung der modifizierten Leistungen** von einer förmlichen Einigung abhängig gemacht werden soll. Der Bundesgerichtshof hat zutreffend festgestellt, dass eine solche Regelung dann gegen § 307 BGB verstößt, wenn sie vorsieht, dass dem Auftragnehmer nur die Selbstkosten erstattet werden, sofern der Auftraggeber mit dem Kostenangebot nicht einverstanden ist. In derselben Entscheidung hatte der Bundesgerichtshof die Frage, ob generell eine Schriftformklausel für „Nachtragsaufträge" zulässig ist, noch offen gelassen.[460] In der Entscheidung „Nachtragsschriftform"[461] hat der Bundesgerichtshof jetzt eine AGB-Regelung, wonach jegliche Nachforderung ausgeschlossen sei, wenn sie nicht auf schriftlichen Zusatz- oder Nachtragsbeauftragungen des Auftraggebers beruhe, für unwirksam erklärt, es sei denn, a) die Klausel stellt ausdrücklich klar, dass gesetzliche Ansprüche aus ungerechtfertigter Bereicherung und Geschäftsführung ohne Auftrag nicht ausgeschlossen sind und Ansprüche aus § 2 Nr. 8 As. 2 VOB/B nicht an einer fehlenden Anzeige scheitern, b) die Klausel erweckt nicht den Eindruck, sie schließe den Vorrang der mündlichen Abrede aus, c) die Klausel muss zwischen den unterschiedlichen vertraglichen Ansprüchen unterscheiden. Diese dritte Voraussetzung ist schwer verständlich; nach meinem Verständnis ist gemeint, dass Ansprüche aus c.i.c. oder Störung der Geschäftsgrundlage nicht ausgeschlossen sein dürfen. Unter Beachtung dieser Prämisse lässt sich nach wie vor eine allerdings textlich umfangreiche wirksame „Schriftformklausel" formulieren.[462] 210

Das OLG Düsseldorf[463] hat entschieden, die Klausel müsse dem Auftragnehmer außerdem ein ausdrückliches Leistungsverweigerungsrecht einräumen, solange eine Preisvereinbarung noch nicht zustande gekommen sei. Ein solcher Klauselinhalt ist nicht zwingend, weil der Auftragnehmer **immer** – auch ohne entsprechende Regelung in der Klausel – ein Leistungsverweigerungsrecht hat, solange die Preisvereinbarung nicht zustande gekommen ist und solange insbesondere die **schriftliche** Erklärung des Auftraggebers noch nicht abgegeben worden ist.[464] Dessen ungeachtet halten wir es für sehr sinnvoll, die Klausel um ein entsprechendes Leistungsverweigerungsrecht zu ergänzen, damit unmissverständlich ist, dass der Auftraggeber eine solche Klausel nicht einseitig dazu nutzen will, berechtigte Ansprüche des Auftragnehmers abzuschneiden.

Führt der Auftragnehmer die Arbeiten aus, obwohl eine schriftliche Preisvereinbarung **nicht** 211
zustande gekommen ist, sind die **Auswirkungen** unterschiedlich:

---

[460] BGH BauR 1997, 1036.
[461] BGH „Nachtragsschriftform" NZBau 2004, 146.
[462] Vorschlag bei *Kapellmann/Schiffers* Band 1, Rdn. 963.
[463] BauR 1989, 339.
[464] Zum ersteren oben Rdn. 205–207, zum letzteren unten Rdn. 212.

- Der Auftragnehmer legt kein schriftliches Vergütungsangebot vor, er führt die Arbeiten ohne weitere Gegenäußerung des Auftraggebers aus. Dann hat er keinen Vergütungsanspruch, die Situation ist nicht anders als dann, wenn nur Schriftform für das Preisangebot des Auftragnehmers vereinbart ist (oben Rdn. 209).
- Der Auftragnehmer legt kein schriftliches Vergütungsangebot vor. Der Auftraggeber erklärt im Anschluss daran (nochmals), er erteile einen Auftrag. Das ist ein Verzicht des Auftraggebers auf die Schriftform, wenn er selbst (bzw. durch seine Organe) handelt.
- Der Auftragnehmer legt ein schriftliches Preisangebot vor, wartet aber keinen mündlichen oder schriftlichen Auftrag des Auftraggebers ab. Wenn er ohne diesen Auftrag arbeitet, verliert er seinen Anspruch. Er muss angesichts der unmissverständlichen Formulierung in den Allgemeinen Geschäftsbedingungen wissen, dass man auf ein schriftliches „Angebot" eine Gegenantwort zu bekommen hat und nicht eigenmächtig handeln darf.
- Der Auftragnehmer legt ein schriftliches Preisangebot vor, der Auftraggeber erteilt den Auftrag aber mündlich. Das ist – wie in dem zweiten Fall – ein Verzicht auf die Schriftform, der Vergütungsanspruch bleibt erhalten.
- Kommt es z.B. wegen einer Notsituation nicht zu einer schriftlichen Preisvereinbarung, scheitert der Vergütungsanspruch daran nicht; sinnvoll ist es, wenn die Klausel dies auch deutlich macht.

212 **d) Mündliche Anordnung des Auftraggebers.** Wir haben schon mehrfach erwähnt, dass schon wegen § 305 b BGB eine mündliche Anordnung des Auftraggebers trotz vereinbarter Schriftform vorrangig ist; eine mündliche **Vereinbarung** der Parteien geht **immer** einer AGB-Schriftformklausel vor.[465] Der Vorrang der auch mündlich getroffenen Individualabrede kann nicht dadurch ausgeschlossen werden, dass in AGB vereinbart wird, ein Verzicht auf die Schriftform könne seinerseits nur schriftlich erfolgen.[466]

Ist für den „Nachtragsauftrag" Schriftform in Allgemeinen Geschäftsbedingungen des Auftraggebers vereinbart, kann der Auftragnehmer darauf auch bestehen. Bei nur mündlicher Anordnung ohne Zustandekommen einer schriftlichen „Nachtragsbeauftragung" hat der Auftragnehmer ein Leistungsverweigerungsrecht hinsichtlich der modifizierten Leistung.[467]

VII. Die Nachtragsvergütung der Höhe nach

1. Methodische Grundsätze

213 Die Ermittlung der Nachtragsvergütung erfolgt in Weiterentwicklung der Auftrags- bzw. Angebots**kalkulation** des Auftragnehmers.[468] Damit entspricht sie methodisch vollständig der bei § 2 Nr. 3 VOB/B, die Ausführungen in Rdn. 137–139 gelten uneingeschränkt auch hier. Die Auftragskalkulation ermittelt künftige Sollkosten; die Vergütung für die modifizierten Leistungen entwickelt so weit wie möglich (zur Ausnahme: Rdn. 219) die Kostenelemente der Auftrags**kalkulation** fort; im Prinzip lässt sich die Nachtragsvergütung also „berechnen".[469] Diese Anknüpfung der Nachtragsberechnung an die Auftragskalkulation, also die Fortschreibung von Sollkosten ohne **Rücksicht** auf die tatsächliche Kostenentwicklung im Zusammenhang mit der modifizierten Leistung, verstößt **nicht** gegen § 307 BGB.[470] Diese Grundsätze gelten sowohl für Einheitspreisverträge wie für Pauschalverträge; Besonderheiten bei Pauschalverträgen erörtern wir unter Rdn. 294 ff. Die Berechnung der Nachtragsvergütung in analoger Fortschreibung

---

[465] BGH NJW-RR 1995, 179; dazu auch *Kapellmann/Schiffers* Band 1, Rdn. 968–970.

[466] BGH NJW 1986, 809, 810.

[467] OLG Düsseldorf *Schäfer/Finnern/Hochstein* Nr. 6 zu § 5 VOB/B; OLG Düsseldorf BauR 1989, 335; *Kapellmann/Schiffers* Band 1, Rdn. 991.

[468] Zur Kalkulationsmethodik allgemein siehe Rdn. 139, 140.

[469] Heute allgemeine Meinung, z.B. BGH „Eisenbahnbrücke" BauR 1999, 897; BGH BauR 1996, 378; ausführlich *Kapellmann/Schiffers* Band 1, Rdn. 1000, 1001; *Dähne/Schelle* S. 401.

[470] BGH BauR 1996, 378.

der **kalkulierten** (und nicht der tatsächlich entstehenden oder entstandenen) Kosten ist das Kennzeichen eines Vergütungsnachtrags und der wesentliche Unterschied zu einer Behinderungsschadensersatzberechnung gemäß § 6 Nr. 6 VOB/B; bei letzterer wird eine **tatsächliche** hypothetische Kostenlage ohne Behinderung mit einer **tatsächlichen** Kostenlage infolge Behinderung verglichen, die Differenz ist der ersatzfähige Schaden.[471] An die kalkulierten Preise ist auch dann anzuknüpfen, wenn sie „spekulativ überhöht" (siehe Fn. 474) oder „unterkalkuliert" (zu letzterem Rdn. 214 ff.) sind.

Demzufolge ist eine Berechnung einer Nachtragsvergütung auf **Stundenlohnbasis** unzulässig[472] ebenso wie eine Berechnung auf der Basis von **Marktpreisen.**[473]

Im Ergebnis bedeutet die Entwicklung der Nachtragsvergütung aus der Auftragskalkulation als Grundsatz, dass sowohl „gute Preise" als Basis erhalten bleiben[474] wie „schlechte Preise"; von letzterem gibt es allerdings eng begrenzte Ausnahmen zwar nicht zur Höhe der kalkulierten Deckungsbeiträge, aber dahin, dass in bestimmten Fällen tatsächlich höhere Einzelkosten der Teilleistung (zum Begriff Rdn. 139) als die kalkulierten für die Nachtragsberechnung berücksichtigt werden dürfen – näher dazu Rdn. 214–217. Voraussetzung, jedenfalls bei öffentlichen Aufträgen ist, dass die Auftragskalkulation in einem gesetzmäßigen Verfahren zustande gekommen ist. Beruht der Zuschlag an den Auftragnehmer auf einem Bieterkartell oder Korruption, so ist die Preisvereinbarung nichtig (§ 263 StGB i.V.m. § 134 BGB); Grundlage kann dann nur ein hypothetischer Wettbewerberpreis sein; dessen Grundlagen hat der Auftragnehmer zu beweisen, was für ihn im Regelfall äußerst schwierig sein dürfte.[475]

2. Ausnahmen von der Bindung an den alten Preis

a) Kalkulationsirrtum. Der Auftragnehmer muss als Berechnungsbasis auf die Auftragskalkulation zurückgreifen. Ist ihm bei einem als Basis der Berechnung der Nachtragsvergütung zu berücksichtigenden „alten" Preis ein Kalkulationsirrtum unterlaufen, so kann er diesen Irrtum nur in sehr eng umrissenen Grenzen korrigieren. Die Darlegungen zu § 2 Nr. 3 (Rdn. 163) gelten uneingeschränkt auch hier.[476] 214

b) Änderung der Personal- und Materialkosten. Sind bei Ausführung der modifizierten Leistungen die entstehenden tatsächlichen Kosten höher als die der Bezugsposition der Auftragskalkulation, so kann der Auftragnehmer diese höheren Kosten ansetzen, wenn – wie bei § 2 Nr. 3 unter Rdn. 164 mit Nachweisen erörtert – 215

- die modifizierte Leistung **größere Mengen** als die Bezugsposition umfasst,
- die modifizierte Leistung in einer **späteren Phase** erbracht werden muss als die für die Bezugsposition vorgesehen war[477].

---

[471] Zur Schadensersatzberechnung nach § 6 Nr. 6 VOB/B näher § 6 Rdn. 68 ff.
Zur Entschädigungsberechnung nach § 642 BGB näher § 6 Rdn. 90.

[472] *Kapellmann/Schiffers* Band 1, Rdn. 1013.

[473] Allgemeine Meinung, z.B. *Vygen* Bauvertragsrecht, Rdn. 807. Zur Ausnahme bei zusätzlichen Leistungen siehe Rdn. 219.

[474] Es gibt also keine „Herabsetzung" oder „Kürzung" mit der Begründung, die kalkulierten Kosten der Basisleistung seien **spekulativ überhöht**; zutreffend *Heiermann/Riedl/Rusam* VOB/B § 2, Rdn. 116 f. i.V.m. Rdn. 87; Beck'scher VOB-Kommentar/*Jagenburg* VOB/B § 2 Nr. 6, Rdn. 102; *Kapellmann/Schiffers* Band 1, Rdn. 1049. Vgl. auch zu § 2 Nr. 3 Rdn. 162, zu Eventualpositionen VOB/A § 5, Rdn. 24. Zum „Vergabegewinn" Rdn. 227.

[475] OLG München NZBau 2002, 509 mit Anm. *Heindl* 487; nur die Preisvereinbarung sei nichtig, nicht der ganze Vertrag, dazu BGH BauR 1999, 1047.

[476] *Ingenstau/Korbion/Keldungs* VOB/B verneint das in § 2, Nr. 5, Rdn. 31 für **geänderte** Leistungen, für **zusätzliche** Leistungen sagt er nichts, für Fälle von § 2 **Nr. 3** bejaht er es in Rdn. 23 ausführlich und zutreffend. *Keldungs* hat wie in der Vorauflage offenbar die Anpassung der Rdn. 31 zu Nr. 5 und die Ergänzung zu Nr. 6 übersehen.

[477] OLG Düsseldorf BauR 1995, 706; Beispiele bei *Kapellmann/Schiffers* Band 1, Rdn. 1035. Vgl. dazu auch Beck'scher VOB-Kommentar/*Jagenburg* VOB/B § 2 Nr. 5, Rdn. 106.

Hinzu kommt bei § 2 Nr. 5, 6 eine dritte Ausnahme, die bei § 2 Nr. 3 im Regelfall keine Rolle spielt, nämlich

– die modifizierte Leistung erfordert **andere Verfahrenstechniken** als die der Bezugsposition; zwischenzeitlich haben sich aber die Kosten für dieses Verfahren gegenüber dem zum Zeitpunkt der Angebotsabgabe erhöht.

Dagegen ist es eine zu weit gehende Abweichung von der grundsätzlichen Nachtragssystematik, bei modifizierten Leistungen **immer** die „Kosten nach dem dann gültigen Stand zu berücksichtigen",[478] weil damit generell der Bezug zu den kalkulierten – und eben nicht den tatsächlich anfallenden – Kosten verlassen würde.

216 **c) Unsorgfältige Planung.** Vom Grundsatz her werden ebenso wie bei § 2 Nr. 3 (oben Rdn. 165) die kalkulatorischen Kosten laut Auftragskalkulation dann nicht als Basis der Berechnung der Vergütung für eine modifizierte Leistung genommen, wenn diese Leistungsmodifikation Ergebnis **unsorgfältiger Planung** (oder **Ausschreibung**) ist; darunter fällt, dass der Auftraggeber ein Verfahren vorschreibt, das sich als ungeeignet erweist, oder dass sich die Leistung gegenüber der Planung (Leistungsbeschreibung) von Grund auf ändert.[479] Dabei ist es unerheblich, ob die Leistungsbeschreibung von Anfang an im Sinne mangelhafter Planung fehlerhaft war oder ob die Leistungsbeschreibung im Sinne undurchdachter Planung änderungsanfällig war, jedenfalls war sie nicht vertragsgerecht. Es ist Aufgabe des Auftragnehmers, eine sachgerechte Planung (Leistungsbeschreibung) zu stellen. Verletzt der Auftraggeber diese Pflicht schuldhaft, so könnte man den Auftragnehmer aus Verschulden bei Vertragsschluss (§ 311 Abs. 2 BGB) oder bei schon laufendem Vertrag aus positiver Vertragsverletzung (§ 280 Abs. 2 BGB) einen Anspruch auf Preisanpassung geben. Indes kommt es für dieses Ausgangsrecht gar nicht auf Verschulden des Auftraggebers an. Wie insbesondere die Vergütungspflicht für „sonstige Anordnungen" des Auftraggebers zeigt, ist die Konsequenz auftraggeberseitiger Anordnungen unabhängig davon, ob der Auftraggeber zulässig oder unzulässig verschuldet anordnet.[480] Deshalb ist auch die Loslösung von der alten Preisbasis unabhängig vom Verschulden des Auftraggebers, es genügt der objektive Verstoß gegen die Sorgfaltspflicht.[481]

Dieses Recht des Auftragnehmers, von der „alten" Kalkulation abzuweichen, bedarf allerdings der Eingrenzung: Der Auftraggeber hat das Recht, gemäß § 1 Nr. 3, 4 VOB/B (in den dortigen Grenzen) Änderungen und Ergänzungen anzuordnen. Nicht jede Änderung führt deshalb sofort dazu, bei der Ermittlung der Nachtragsvergütung die „Grundlagen der Preisermittlung" zu verlassen: Eine Änderungsanordnung von Stahlhandlauf zu Holzhandlauf hat als solche oder vereinzelt nichts mit fehlender Sorgfalt zu tun. Die Änderung muss vielmehr allein oder in der Addition der Einzeländerungen nennenswertes Gewicht haben, sie muss auf eine qualitativ wesentliche Plankorrektur hinauslaufen. Maßgebend ist das Maß an „Unsorgfalt" und nicht das Maß an Kostensteigerung; Letzteres kann unter dem Gesichtspunkt der Störung der Geschäftsgrundlage (→ Rdn. 277 ff.) zu Ansprüchen des Auftragnehmers führen. Das Maß der „Unsorgfalt" erweist sich daran, ob, ex ante betrachtet, die aus solcher Unsorgfalt folgenden Kosten schon bei der Auftragskalkulation, nämlich als Bezugspunkt für erlaubte Änderungen, richtig festgestellt werden konnten. Das ist in der Regel nicht der Fall; zwar kann für einzelne Änderungen oder Zusatzleistungen auf der Basis der „Grundlagen der Preisermittlung" eine sachgerechte Vergütung ermittelt werden, weil der Einsatz der Produktionsfaktoren annähernd

---

[478] So aber Beck'scher VOB-Kommentar/*Jagenburg* VOB/B § 2 Nr. 5, Rdn. 106; *Ingenstau/Korbion/Keldungs* VOB/B § 2, Nr. 5, Rdn. 28.

[479] OLG Koblenz NZBau 2001, 633 = BauR 2001, 1442, Revision vom BGH nicht angenommen; *Kleine-Möller/Merl* Handbuch § 10, Rdn. 481 und 433; *Marbach* ZfBR 1989, 2; *Leinemann/Schoofs* VOB/B § 2, Rdn. 137, 138.

[480] Näher oben Rdn. 181.

[481] Letztlich ist das nur ein systematischer Unterschied ohne praktische Anwendung, weil Fahrlässigkeit im Zivilrecht als Verstoß gegen eine objektive Sorgfaltspflicht definiert ist.

kongruent bleibt. Die Preisermittlungssystematik des § 2 Nr. 5, 6 geht ja davon aus, dass im Prinzip eine lineare Fortschreibung der Kalkulationselemente möglich ist. Wenn aber durch immer mehr Planänderungen in den Ablauf eingegriffen wird, so entwickeln sich die Kosten nicht mehr linear; die aufzuwenden Kosten steigen vielmehr exponentiell, ganz besonders dann, wenn sich auch noch Änderungen der Änderungen ergeben. Eine allgemeine Betrachtung verbietet sich, maßgebend ist jeder Einzelfall. Anhaltspunkte sind aber die pure Zahl der Änderungen, die Auswirkungen auf die Bauzeit, die aufgewandten Kosten im Verhältnis zu den kalkulierten Kosten sowie Art und Umfang der einzelnen Leistungsänderungen. Insgesamt muss man mit dieser Ausnahme also sorgfältig umgehen; lässt man sie schrankenlos gelten, so führt jede Entwurfsänderung systemwidrig zur Bedeutungslosigkeit der Auftragskalkulation als Berechnungsbasis.

d) Ausmaß der Mehrleistungen sprengt jeden äquivalentem Rahmen. Unabhängig davon, ob Planungsänderungen auf mangelnder Sorgfalt des Auftraggebers beruhen, gibt es eine Grenze, deren Überschreitung die Äquivalenz von Leistung und Gegenleistung zerstört: Wenn jede zu erwartende Größenordnung der Leistungskorrektur überschnitten wird, müssen auch die Begrenzungen der Mehrvergütungsregelung überschritten, d.h., angepasst werden.[482] Das ist der Fall, wenn die Änderung mehr als 30 % der Vertragsvergütung ausmacht. 217

e) Skonti, Nachlässe. Skonti betreffen nicht die Kosten laut Auftragskalkulation als Ausgangsbasis der Ermittlung von Nachtragsvergütungen, sie sind vielmehr vereinbarte **Zahlungs**modalitäten (oben Rdn. 12). Sie wirken sich also zwar nicht auf die Feststellung der Nachtragsvergütung aus, sind aber als Zahlungsmodalität auch bei ihr zu beachten. 218

Nachlässe sind die summenmäßige oder prozentuale unbedingte Kürzung des Angebots- bzw. Vertragspreises bei unverändert bleibender Leistung; sie sind also nicht Zahlungsmodalität. Summenmäßige Nachlässe bleiben auf diese Summe beschränkt, wirken sich also auf Nachtragsvergütungen nicht aus, sofern die Gesamtabrechnungssumme die Vertragssumme überschreitet. Prozentuale Nachlässe erstrecken sich **ohne** entsprechende **individuelle** Vertragsabrede ebenfalls **nicht** auf Nachtragsvergütungen, sofern die Gesamtabrechnungssumme die ursprüngliche Vertragssumme überschreitet, was bei Nachträgen ja die Regel ist. Die Auslegung einer solchen Nachtragsklausel ergibt nämlich, dass der Auftragnehmer nicht über deren Wortlaut hinaus unbegrenzt große und unprognostizierbare „Kürzungen" auf zukünftige Nachtragsvergütungen einräumen will.[483] Der BGH hat für eine **individuelle** Vertragsklausel „Es wird ein Nachlass von 5 % auf alle Einheitspreise gewählt" entschieden, dies deute darauf hin, dass der Nachlass auch auf die nach § 2 Nr. 6 Abs. 2 VOB/B zu bildenden Einheitspreise gewährt worden sei und hat (u.a.) zur Aufklärung dieser Frage zurückverwiesen.[484] Auf eine solche Erstreckung des Nachlasses auf die Vergütung zusätzlicher Leistungen deutet die Klausel entgegen dem BGH nicht hin: Der Auftragnehmer räumt aus Akquisitionsgründen einen „Nachlass auf alle Einheitspreise" **seines Angebots** ein, andere gibt es (noch) gar nicht. Der Akquisitionsgesichtspunkt ergibt sich bei

---

[482] Zu diesen Grundsatzüberlegungen im Ergebnis auch OLG Koblenz, NZBau 2001, 633 = BauR 2001, 1442, Revision vom BGH nicht angenommen; *Kleine-Möller/Merl* Handbuch, § 10 Rdn. 481 i.V.m. Rdn. 431–433.

[483] Die **ganz herrschende Meinung** ist **ebenfalls** der Auffassung, dass sich Nachlassvereinbarungen **nicht** auf Nachträge erstrecken, allerdings nur bei *Keldungs* mit der hier vorgetragenen Einschränkung, dies gelte nicht, wenn die Vertragssumme nicht überschritten werde. Näher zu allem *Kapellmann* NZBau 2000, 57; LG Berlin, NZBau 2001, 559 (rechtskräftig); Beck'scher VOB-Kommentar/*Jagenburg* VOB/B § 2 Nr. 5, Rdn. 107, § 2 Nr. 6, Rdn. 95; *Heiermann/Riedl/Rusam* VOB/B § 2, Rdn. 116 e; *Kleine-Möller/Merl* § 2, Rdn. 471, 418; *Ingenstau/Korbion/Keldungs* VOB/B § 2, Nr. 5, Rdn. 29 und Nr. 6, Rdn. 23; *Markus*, in: *Markus/Kaiser/Kapellmann* AGB-Handbuch Bauvertragsklauseln, Rdn. 325; *Werner/Pastor* Bauprozess, Rdn. 1189. Anderer Ansicht in Verkennung kalkulatorischer Grundsätze OLG Düsseldorf BauR 1993, 479 (dazu speziell *Kapellmann* a.a.O) und ihm folgend ohne Begründung OLG Hamm BauR 1995, 564; *Vygen* Bauvertragsrecht, Rdn. 814; *Leinemann/Schoofs* VOB/B § 2 Rdn. 101.

[484] BGH NZBau 2004, 31 = BauR 2003, 1892. Der Rechtsstreit ist nach Zurückverweisung in der Berufungsinstanz ohne Urteil zu Ende gegangen.

einem Blick in die Urkalkulation: Sie enthält den Nachlass **nicht** – und sie ist maßgebend für die Berechnung von Nachtragsvergütungen.[485]

Eine Klausel in **Allgemeinen Geschäftsbedingungen** des Auftraggebers, wonach sich der vereinbarte Nachlass auch auf Nachtragsvergütungen erstrecke, ist unwirksam wegen Verstoßes gegen § 307 BGB.[486]

3. Die Ermittlung der Angebotskalkulation der Bezugsposition als Basis der Ermittlung der Nachtragsvergütung

219 **a) Geänderte Leistungen.** Um die Nachtragsvergütung aus der Angebotskalkulation heraus im Wege analoger Kostenfortschreibung ermitteln zu können, muss zuerst eine passende Ausgangsposition in der Auftragskalkulation, eine **Bezugsposition**, und deren Kostenzusammensetzung festgestellt werden.[487]

Bei geänderten Leistungen ist zunächst eine solche Bezugsposition zu finden, deren Leistungselemente mit denen der geänderten Leistung teilidentisch sind oder möglichst nahe verwandt. Sodann müssen die einzelnen Bewertungsansätze (Kalkulationsansätze) dieser Bezugsposition entweder aus der Auftragskalkulation entnommen werden oder, wenn diese ungegliedert ist oder sogar fehlt, ermittelt werden.[488] Gibt es keine Auftragskalkulation, muss der Auftragnehmer sie nachträglich plausibel aufstellen, ohne eine solche Basis kann ein Anspruch aus Nachtragsvergütungen nicht schlüssig dargelegt werden.[489] **Verweigert** ein Auftragnehmer die Vorlage einer **vorhandenen** Kalkulation, erhält er nichts.[490]

Um die Bezugsposition zu der ja normalerweise in ihren konkreten Kalkulationselementen mehr oder minder abweichenden modifizierten Leistung analog fortzuschreiben, ist es je nach Vergleichbarkeit der Positionen sinnvoll, auf das spezielle Kalkulationssystem der Auftragskalkulation zurückzugreifen oder, wenn ein solches nicht vorhanden oder nicht ersichtlich ist, ein allgemein anerkanntes Ermittlungssystem oder eine Richtwertesammlung heranzuziehen. In diesem allgemein anerkannten System oder in der Richtwertesammlung wird eine Position gesucht, die der Bezugsposition entspricht; sodann werden die als Ergebnis ausgewiesenen Kostenbeträge der konkreten Bezugsposition in Bezug gesetzt zu den entsprechenden Bewertungsansätzen gemäß Ermittlungssystem; auf diese Weise lässt sich feststellen, ob die konkrete Bezugsposition „teurer" oder „billiger" ist als die Position gemäß allgemeinem System; aus dem entsprechenden Bezugsfaktor ergibt sich ein **Vertragspreisniveau**[491] , mit dem man später (vgl. Rdn. 221) die Kosten der Nachtragsvergütung analog ermitteln kann.

220 **b) Zusätzliche Leistungen.** Für manche zusätzlichen Leistungen gibt es als Basis passende Bezugspositionen, ganz simpel z.B. bei zusätzlichen Leistungen in Form bloßer angeordneter Mengenmehrung: Die Bezugsposition ist in ihrer Kostenzusammensetzung identisch mit der

---

[485] Dazu *Kniffka* Online-Kommentar, Stand: 10.4.2006, § 631 Rdn. 262. Zu der BGH-Entscheidung im Einzelnen *Kapellmann/Schiffers* Band 1, Rdn. 1045.

[486] Beispiel: Nr. 16 EVM (B) ZVB/E des Bundes; LG Berlin, NZBau 2001, 559 (rechtskräftig); näher *Kapellmann* NZBau 2000, 57; *Markus,* in: *Markus/Kaiser/Kapellmann*, AGB-Handbuch Bauvertragsklauseln, Rdn. 335, 336; *Wolf/Horn/Lindacher* AGB-Gesetz § 8, Rdn. 17; für Rabatte OLG Koblenz, Betrieb 1988, Rdn. 1692.

[487] Zu dem Fall, dass es für die modifizierte Leistung keine auch nur vergleichbare Bezugsposition gibt, siehe Rdn. 219.

Die **Ermittlung der Elemente der Angebotskalkulation** bei EP-Verträgen im Einzelnen ist **ausführlich mit Berechnungsbeispielen behandelt** in *Kapellmann/Schiffers* Band 1, Rdn. 1051–1068 sowie 1135–1140. Zu Pauschalverträgen siehe hier Rdn. 294 ff.

[488] Zur Ermittlung bei ungegliederten Auftragskalkulationen näher *Kapellmann/Schiffers* Band 1; 1058–1067.

[489] OLG München BauR 1993, 726; *Kapellmann/Schiffers* Band 1, Rdn. 1115 i.V.m. Rdn. 621, 622.

[490] *Kapellmann/Schiffers* Band 1, Rdn. 1115, 1127.

[491] Zum Ganzen auch mit Angabe von Richtwertesammlungen *Kapellmann/Schiffers* Band 1, Rdn. 1052, 1054.

modifizierten Position, nur ist bei letzterer die Menge größer. Die Menge wird also einfach in Fortschreibung der Kostenelemente der Bezugsposition unter Anwendung des Schemas von § 2 Nr. 3 Abs. 2 ermittelt.[492] Häufig ist auch eine zusätzliche Leistung mit einer „alten" Position jedenfalls vergleichbar oder ihr so ähnlich, dass deren Kalkulationselemente zu wesentlichen Teilen herangezogen werden können. Oft ist aber auch die zusätzliche Leistung so „neu", dass es für deren Einzelkosten in Teilleistung keine Vergleichsfälle in der Angebotskalkulation gibt. Dann kann man aber immerhin noch als Basis Grundelemente der Kalkulation übernehmen, z.B. den Mittellohn; außerdem bleiben ja die Zuschlagssätze unverändert. Schließlich lässt sich über eine Richtwertesammlung (vgl. Rdn. 219), zu der dann Positionen in Bezug gesetzt werden können, jedenfalls ein Vertragspreisniveaufaktor ermitteln, über den eine analoge Kostenfortschreibung immer noch möglich ist. Gibt es aber überhaupt keine Anhaltspunkte, muss man ausnahmsweise für die Ermittlung der neuen Vergütung auf Marktpreise (§ 632 Abs. 2 BGB) zurückgreifen, aber auch diese müssen angepasst werden an das Preisniveau des Vertrages, also letztlich unter Berücksichtigung eines entsprechenden Preisniveaufaktors;[493] letzteres gilt aber auch nur für die Einzelkosten der Teilleistung, die Zuschlagssätze bleiben ohnehin unverändert.

4. Die Zusammensetzung des neuen Preises

a) Einzelkosten der Teilleistung. Wenn einmal die Kalkulationselemente der Bezugsposition (oben Rdn. 219, 220) ermittelt sind oder über ein allgemeines Kostenermittlungssystem (oder eine Richtwertesammlung) festgelegt sind, erfolgt im einfachsten Fall die analoge Kostenfortschreibung durch Übernahme passender Kostenansätze;[494] ansonsten werden die nach dem allgemeinen Bewertungssystem festgelegten bewerteten Bezugspositionen zugrunde gelegt; diese werden über den Vertragspreisniveaufaktor umgerechnet. So erhält man analog ermittelte, im richtigen Gesamtzusammenhang stehende Einzelkosten der Teilleistung der modifizierten Leistung – deshalb auch analoge Kostenfortschreibung. Grundsätzlich ist für unbedeutende modifizierte Leistungen auch eine plausible Schätzung möglich, um den doch erheblichen Ermittlungsaufwand nicht für Bagatellen einsetzen zu müssen. Aber auch generell sind statt zum Teil ja auch nur scheingenauer „deterministischer Berechnungen" plausible Schätzungen (§ 287 ZPO) möglich, wobei aber die Grundlagen der Schätzungen vom Auftragnehmer bewiesen werden müssen und das Kalkulationssystem der Auftragskalkulation beibehalten werden muss,[495] so dass Schätzungen nur „im System" möglich sind und lediglich der Lösung von Grenzfällen dienen. 221

b) Baustellengemeinkosten. Modifizierte Leistungen müssen nicht zu einer Veränderung des Baustellengemeinkostenapparates führen, dann werden die Einzelkosten der Teilleistung der modifizierten Leistung auch nicht gesondert mit Baustellengemeinkosten beaufschlagt. Natürlich können aber modifizierte Leistungen einzeln – z.B. bei großen Zusatzleistungen – oder in ihrer Gesamtheit die Baustellengemeinkosten beeinflussen, z.B. dadurch, dass eine Baustelleneinrichtung länger als vorgesehen vorgehalten werden muss oder dass größeres Gerät eingesetzt werden muss. Kostenkonsequent zugeordnet sind das (zusätzliche) Einzelkosten der Teilleistung (Direkte Kosten) der modifizierten Leistung;[496] diese werden nicht noch einmal mit Baustellengemeinkosten beaufschlagt. 222

---

[492] Oben schon Rdn. 162; *Kapellmann/Schiffers* Band 1, Rdn. 1010 i.V.m. Rdn. 514 ff., 792.

[493] *Kleine-Möller/Merl* Handbuch § 10, Rdn. 417; *Kemper* in: *Franke/Kemper/Zanner/Grünhagen* VOB/B § 2, Rdn. 155; *Kapellmann/Schiffers* Band 1, Rdn. 1105–1108.

[494] Die **Berechnung des neuen Preises** bei Einheitspreisverträgen im Einzelnen ist **ausführlich in allen Varianten und mit Berechnungsbeispielen** behandelt bei *Kapellmann/Schiffers* Band 1, Rdn. 1074–1131, Rdn. 1135–1148.

Die Berechnung von Nachtragsvergütungen für den Fall, dass der Auftragnehmer Nachunternehmer eingesetzt hat, behandeln wir besonders unter Rdn. 227.

[495] BGH BauR 1993, 600; OLG Naumburg NZBau 2001, 144; *Ingenstau/Korbion/Keldungs* VOB/B § 2, Nr. 5 Rdn. 27; *Kapellmann/Schiffers* Band 1, 1130, 1123, 1074 ff.

[496] *Kapellmann/Schiffers* Band 1, Rdn. 1099–1102 mit Beispielen.

223 **c) Allgemeine Geschäftskosten, Wagnis und Gewinn, Ausgleichsberechnung.** Die Herstellkosten der modifizierten Leistungen werden mit dem aus der Auftragskalkulation zu entnehmenden Prozentsatz für **Allgemeine Geschäftskosten** beaufschlagt. Führen geänderte Leistungen zu einer Verringerung der Abrechnungssumme gegenüber der Vertragssumme, so muss doch der **bisherige** Gesamtdeckungsbeitrag für Allgemeine Geschäftskosten beibehalten werden, d.h. eine infolge Änderungen verringerte Bezugssumme für die Beaufschlagung der Allgemeinen Geschäftskosten wirkt sich nicht zu Lasten des Auftragnehmers aus.[497]

Die Selbstkosten (zum Begriff Rdn. 138) der modifizierten Leistung werden sodann mit **(Wagnis und) Gewinn** gemäß Auftragskalkulation beaufschlagt. Ebenso wie bei Allgemeinen Geschäftskosten muss dabei mindestens der bisherige Gesamtbetrag erhalten bleiben.[498] Wagnis hat keine selbstständige kalkulatorische Bedeutung, sondern ist Bestandteil des Gewinns (oder Verlusts) – siehe oben Rdn. 139.

Wie bei § 2 Nr. 3 VOB/B ist eine Ausgleichsberechnung vorzunehmen, um Überdeckungen zu vermeiden (oben Rdn. 158).

224 **d) Berücksichtigung entfallender Leistungselemente.** Bei der Ermittlung der Nachtragsvergütung sind bei geänderten Leistungen auch entfallende Elemente zu berücksichtigen, wobei im Ergebnis die Berechnung entsprechend der bei Mengenminderung gemäß § 2 Nr. 3 oder freier Kündigung des Auftraggebers gemäß § 8 Nr. 1 vorzunehmen ist: Entfallende Leistungselemente führen in der Regel auch zu entfallenden Einzelkosten der Teilleistung; sind diese jedoch nicht kurzfristig abbaubar (Beispiel: gebogener Stahl ist bereits zur Baustelle geliefert, wird aber durch eine Änderung der Tragwerksplanung nicht mehr benötigt), muss der Auftraggeber sie „erstatten". Sind die entfallenden Leistungselemente teurer als die modifizierte Leistung, so verbleibt die überschießende Differenz der Deckungsbeiträge dem Auftragnehmer.[499]

225 **e) Berücksichtigung *aller* Kostenauswirkungen der modifizierten Leistung; Kosten der Nachtragsbearbeitung.** Die Nachtragsvergütung umfasst **alle** Kostenauswirkungen der modifizierten Leistung. Einmal sind das Auswirkungen bei anderen Leistungen.[500] Zum anderen können solche Modifizierungen zu verändertem Zeitbedarf insgesamt führen mit entsprechenden Mehrkosten. Das kann sowohl ein **verzögerter** Herstellungsablauf sein mit Intensitätsabfällen beim Personal bis hin zum teilweisen Personalleerlauf wie auch **zusätzlicher** Zeitbedarf bei der Produktion z.B. durch Umsetzung von Arbeitskräften. Ohnehin können modifizierte, insbesondere zusätzliche Leistungen, auch generell einen zusätzlichen Zeitbedarf erfordern und damit (insbesondere) zusätzliche zeitabhängige Kosten verursachen. **Alle** diese Mehrkosten sind (in **kalkulatorischer** Fortschreibung) zu ersetzen.[501] So weit es um **bauinhaltliche** Modifikationen geht, sind nur die §§ 2 Nr. 5, Nr. 6 Anspruchsgrundlage, nicht § 6 Nr. 6 VOB/B[502] oder 642 BGB; so weit es um **bauumständebezogene** Modifikationen geht (beispielsweise vorübergehender Arbeitsstopp durch den Auftraggeber) bestehen insoweit konkurrierende Ansprüche.[503]

Externe Kosten der Nachtragsermittlung sind ersatzfähig.

Die **internen Kosten** für die Nachtragsbearbeitung können dann vergütet werden, wenn der Auftragnehmer konkret nachweisbare zusätzliche Kosten nachweist, also z.B. für Überstunden im Zusammenhang mit der Nachtragsabwicklung oder beispielsweise für zeitweise beschäftigtes zusätzliches Personal, das etwa eine aufwendige Leistungsermittlung und Berechnung

---

[497] *Kapellmann/Schiffers* Band 1, Rdn. 1004, 1011, 1083.

[498] *Kleine-Möller/Merl* Handbuch § 10, Rdn. 481; *Ingenstau/Korbion/Keldungs* VOB/B § 2, Nr. 5, Rdn. 29.

[499] *Kapellmann/Schiffers* Band 1, Rdn. 826, 1086; Band 2, Rdn. 1384.

[500] Beispiel *Kapellmann/Schiffers* Band 1, Rdn. 1088 i.V.m. Rdn. 1142 ff.

[501] Näher mit Beispielen *Kapellmann/Schiffers* Band 1, Rdn. 1089–1102.

[502] Anders *Kniffka,* in: *Kniffka/Koeble* Kompendium, Teil 8 Rdn. 38; dazu ausführlich *Kapellmann/Schiffers* Band 1, Rdn. 1000.

[503] Näher dazu § 6 Rdn. 57.

Zur **vergessenen** Einbeziehung solcher Kosten (z.B. zeitabhängige Kosten) bei **Einigung** der Parteien über die Nachtragsvergütung siehe Rdn. 204.

erstellen kann. Dagegen sind die allgemeinen Bearbeitungskosten des Auftragnehmers nicht vergütungsfähig, solange sie nicht zu „besonderen Belastungen“ führen; letzteres ist jedenfalls dann zu bejahen, wenn die Nachträge offensichtlich wegen ihres Umfangs immer zusätzlichen Bearbeitungsaufwand erfordern, also z.B. mehr als 5 % der Auftragssumme übersteigen.[504] Zur Vergütung für „Nachtragsangebote“ siehe oben Rdn. 18.

f) Berechnung bei Nachunternehmereinsatz. Hat der Auftragnehmer in seiner Kalkulation eine Eigenleistung eingesetzt, lässt er sie aber später durch einen Nachunternehmer ausführen, so muss er – da ja von **kalkulierten**, nicht von tatsächlichen Kosten auszugehen ist – den Preis für die modifizierte Leistung in analoger Fortschreibung der Auftragskalkulation für die Eigenleistung ermitteln ohne Rücksicht auf die konkrete Mehrvergütungsberechnung des Nachunternehmers.[505] 226

Hat der Auftragnehmer in seiner Kalkulation eine Leistung als Nachunternehmerleistung ausgewiesen, die er auch in seinem eigenen Betrieb erbringen könnte, so ist er auch in der Lage, eine fachgerechte Nachtragskalkulation vorzulegen. Hat der Auftragnehmer in seiner Kalkulation eine Leistung als Nachunternehmerleistung ausgewiesen, die er fachlich in seinem Unternehmen nicht hätte erstellen können, gibt es zwei Möglichkeiten: Dem Hauptunternehmer gelingt es, eine sachgerechte Nachtragskalkulation des Nachtunternehmers unter Offenlegung von dessen Auftragskalkulation vorzulegen; das setzt aber voraus, dass der Preis dieses Nachunternehmers schon konkret in die Auftragskalkulation des Hauptunternehmers eingeflossen war.[506] Oder der Hauptunternehmer weicht wieder auf allgemeine Kostenermittlungssysteme aus und schreibt so die Vergütung für die modifizierte Leistung analog fort.[507]

In keinem der Fälle kommt es also auf die tatsächlichen Kosten des Nachunternehmers an. Das bedeutet auch: Hat der Auftragnehmer die Nachunternehmerleistungen billiger „eingekauft“ als kalkuliert, so bleibt dieser **„Vergabegewinn“** nicht nur erhalten,[508] sondern wird auf die veränderte Nachunternehmerleistung mit dem Prozentsatz des früher kalkulierten Vergabegewinns aufgeschlagen.

VIII. Die Loslösung von einer schon getroffenen Nachtragsvereinbarung

Hat der Auftraggeber die modifizierte Leistung angeordnet, hat der Auftragnehmer die Nachtragsvergütung berechnet und sie der Auftraggeber bezahlt, so kann der Auftraggeber die Zahlung zurückverlangen (bzw. bei noch nicht erfolgter Zahlung verweigern), wenn sich nachträglich herausstellt, dass die „Nachtragsleistung“ in Wirklichkeit vom ursprünglichen Bausoll schon umfasst war.[509] 227

Hat dagegen der Auftraggeber nach Prüfung der Nachtragsrechnung eine Erklärung abgegeben, mit der er eine Meinungsverschiedenheit zur Höhe „bewusst und willentlich auf die für ihn unklaren Positionen der Rechnung beschränken will“,[510] so ist das ein kausales Schuldanerkenntnis, das dem Grund und der unbestrittenen Positionen nach bekannte Einwendungen ausschließt.

---

[504] *Kapellmann/Schiffers* Band 1, Rdn. 1110; dazu *Marbach*, Festschrift Jagenburg, S. 539. Zur wesentlich bedeutenderen Parallele bei Behinderungsschadensersatzfällen und der dortigen Rechtsprechung vgl. § 6 Rdn. 74.

[505] Ebenso *Vygen/Schubert/Lang* Bauverzögerung, Rdn. 234; vgl. auch *Kapellmann/Schiffers* Band 1, Rdn. 1016.

[506] Laut *Kemper* in: *Franke/Kemper/Zanner/Grünhagen* VOB/B § 2, Rdn. 159 genügt es sogar, dass der Auftragnehmer ein Nachunternehmerangebot vorlegt, also ohne Nachtragskalkulation des Nachunternehmers.

[507] Beispiele dafür bei *Kapellmann/Schiffers* Band 1, Rdn. 1026–1028.

[508] *Kapellmann/Schiffers* Band 1, Rdn. 1016; *Vygen* Bauvertragsrecht, Rdn. 808 und *Vygen/Schubert/Lang* Bauverzögerung, Rdn. 234.

[509] Näher oben Rdn. 191.

[510] *Kniffka,* in: *Kniffa/Koeble* Kompendium, Teil 5 Rdn. 55.

Haben sich die Parteien nach kontroverser Diskussion über eine Nachtragsforderung im Wegen gegenseitigen Nachgebens sogar geeinigt, so ist das ein Vergleich, der nur gemäß § 779 BGB angreifbar ist.[511]

IX. Beweislast

228 Der Auftragnehmer muss die Bausoll-Bauist-Abweichung beweisen. Die Ermittlung des Bausolls ist dabei in erster Linie **Auslegungs**- und nicht Beweisfrage (siehe Rdn. 277). Der Auftragnehmer muss sodann entweder die Anordnung gemäß § 2 Nr. 5, 6 oder die einzelnen Voraussetzungen von § 2 Nr. 8 Abs. 2 oder 3 beweisen. Sofern es bei § 2 Nr. 6 auf die Ankündigung ankommt, muss er auch sie beweisen. Für die Berechnung der Höhe nach muss der Auftragnehmer die Basis einer solchen Berechnung, also die Auftragskalkulation und die entsprechenden Bezugspositionen darlegen und beweisen. Hat der Auftragnehmer keine (detaillierte) Auftragskalkulation erstellt oder hat er sie jedenfalls heute nicht mehr im Besitz, so darf und muss er eine solche Kalkulation nachträglich fertigen und darlegen, die plausibel zu den Einheitspreisen passen muss. Tut er das nicht, erhält er nichts.Erst recht erhält er nichts, wenn er die Vorlage einer vorhandenen Kalkulation verweigert (oben Rdn. 218). Die Ausnahme von der Bindung an den alten Preis (Rdn. 214–217) muss der Auftragnehmer darlegen und beweisen. Schließlich muss er die Richtigkeit seiner Berechnung beweisen.[512] Darlegungs- und Beweismängel bei der Ermittlung der Höhe der Nachtragsvergütung schließen den Anspruch nicht völlig aus – ausgenommen, der Auftragnehmer verweigert die Vorlage einer vorhandenen Kalkulation –, sondern lassen noch eine sachverständige Schätzung gemäß § 287 ZPO zu, vorausgesetzt, für diese Schätzung liegen plausible Anhaltspunkte vor.[513]

X. Fälligkeit, Abschlagszahlungen, Verjährung

229 Die Ausführungen zu § 2 Nr. 3 (Rdn. 169) gelten auch hier, insbesondere kann der Auftragnehmer auf die Nachtragsvergütung Abschlagszahlungen verlangen.

XI. Ausschluss der Vergütungsansprüche des Auftragnehmers durch Allgemeine Geschäftsbedingungen des Auftraggebers

230 Klauseln, die den Vergütungsanspruch des Auftragnehmers für vom Auftraggeber angeordnete geänderte oder zusätzliche Leistungen ausschließen, sind unwirksam wegen Verstoßes gegen § 307 BGB.[514] Beispiel für einen Nachunternehmervertrag: „Nachträge werden ausschließlich in dem Umfang vergütet, wie diese auch vom Bauherrn vergütet werden."

XII. Abgrenzung zu anderen Anspruchsgrundlagen

231 Die Unterscheidung zwischen § 2 Nr. 5 und § 2 Nr. 6 haben wir behandelt unter Rdn. 180–184. Mit § 2 Nr. 3 bestehen keine Überschneidungen; **angeordnete** Mengenmehrungen werden immer nach § 2 Nr. 6 behandelt (Rdn. 219). Die Abgrenzung zu § 6 Nr. 6 VOB/B behandeln wir unter § 6 Rdn. 56, 57.

---

[511] Dazu ebenfalls schon oben Rdn. 191.

[512] Näher *Kapellmann/Schiffers* Band 1, Rdn. 1129.

[513] BGH BauR 1993, 600; näher *Kapellmann/Schiffers* Band 1, Rdn. 1130, 1131.

[514] Unbestritten, z.B. *Korbion/Locher* AGBG, Rdn. 206 ff.; *Markus,* in: *Markus/Kaiser/Kapellmann* AGB-Handbuch Bauvertragsklauseln, Rdn. 282–344.

H. § 2 Nr. 7 – Pauschalvertrag

I. Aufbau der Vorschrift

232 Die VOB enthält bis heute keine Definition des Pauschalvertrages; bis 1973 enthielt sie auch keine Regelung dazu, ob und unter welchen Umständen sich beim Pauschalvertrag bei geänderter oder zusätzlicher Leistung oder überhaupt der Pauschalpreis ändere. 1973 schob der DVA dann § 2 Nr. 7 ein. Die Vorschrift ist zum Teil falsch platziert und ohnehin unglücklich aufgebaut. § 2 Nr. 7 Abs. 1 Satz 1 („Ist als Vergütung der Leistung eine Pauschalsumme vereinbart, so bleibt die Vergütung unverändert") gehörte als Definitionsversuch in § 2 Nr. 2 zusammen mit dem dort definierten Einheitspreisvertrag. § 2 Nr. 7 Abs. 2 (der frühere § 2 Nr. 7 Abs. 1 Satz 4) als Regelung dafür, dass beim Pauschalvertrag vom Auftraggeber selbst übernommene, geänderte oder zusätzliche Leistungen genauso behandelt werden wie beim Einheitsvertrag, gehört systematisch als Regelfall ohnehin **vor** die Ausnahmetatbestände des Abs. 1, Satz 2 und Satz 3, die die auch beim Pauschalvertrag seltene Störung der Geschäftsgrundlage behandeln; außerdem böte es sich an, die Grundsätze der Störung der Geschäftsgrundlage einheitlich zu behandeln, da sie auch bei Einheitspreisverträgen gelten. Schließlich hat der DVA im Abs. 2 auch bei der Neufassung VOB 2006 immer noch vergessen, zu erwähnen, dass beim Pauschalvertrag natürlich auch § 2 Nr. 8 und § 2 Nr. 9 anwendbar, bleiben.[515]

II. § 2 Nr. 7 Abs. 1 Satz 1 – Definition des Pauschalvertrages

1. Unveränderlicher Pauschalpreis = Mengenermittlungsrisiko des Auftragnehmers als kennzeichnendes Kriterium

233 § 2 Nr. 7 Abs. 1 Satz 1 lautet: „Ist als Vergütung der Leistung eine Pauschalsumme vereinbart, so bleibt die Vergütung unverändert." Die Vorschrift ist zumindest missverständlich, weil sie suggeriert, dass sich generell ein einmal vereinbarter Pauschalpreis nicht ändere; sehr wohl kann sich ein solcher Pauschalpreis aber bei Bausoll-Bauist-Abweichungen ändern, wie § 2 Nr. 7 Abs. 2 ja auch deutlich macht. Wegen dieser Intransparenz ist § 2 Nr. 7 Abs. 1 Satz 1 VOB/B unwirksam wegen Verstoßes gegen § 307 Abs. 1 Satz 2 BGB,[516] auch dann, wenn die VOB/B nicht als Ganzes vereinbart ist (dazu Einleitung vor B, Rdn. 44–74).

Die Vorschrift bringt die folgenden, richtigen Aussagen nur unvollkommen zum Ausdruck: Während beim **Einheitspreisvertrag** die Vergütung erst (endgültig) **nach** Ausführung der Leistung feststeht, weil die Vergütung gemäß § 2 Nr. 2 ermittelt wird aus der Multiplikation der **ausgeführten** Mengen mit dem jeweiligen Einheitspreis, ist es beim **Pauschalvertrag** genau umgekehrt: Die Vergütung steht dort schon **vor Ausführung** der Leistung fest, nämlich in Form einer „festen" Summe, eben des Pauschalpreises. Daraus ergeben sich zwingende Konsequenzen:

- Die Pauschalvergütung ist unabhängig von der ausgeführten Menge (solange es nicht zu Soll-Ist-Abweichungen gemäß § 2 Nr. 7 Abs. 2 i.V.m. § 2 Nr. 4, 5 oder 6 oder gemäß § 2 Nr. 8 Abs. 2, Abs. 3 oder zur „Störung der Geschäftsgrundlage" gemäß § 2 Nr. 7 Abs. 1 Satz 2 und 3 kommt), denn wenn sie davon abhängig wäre, könnte sie nicht „fest" sein, sondern wäre veränderlich; deshalb ist auch § 2 Nr. 3 VOB/B beim Pauschalvertrag gegenstandslos.
- Die auszuführende Menge muss aber auch beim Pauschalvertrag in irgendeiner Form festgelegt sein, denn der Auftragnehmer muss wissen, ob er 2 oder 3 Häuser oder 10 oder 12 Ge-

[515] Für § 2 Nr. 8: BGH NZBau 2001, 496.
Für § 2 Nr. 9: *Kapellmann/Schiffers* Band 2, Rdn. 1244.

[516] *Kapellmann/Schiffers* Band 2, Rdn. 1500; Vgl. zum ähnlichen Argument bei § 2 Nr. 8 Abs. 1 S. 1 VOB/B BGH BauR 1991, 391, dazu Rdn. 300.

schosse zu bauen hat; das ist das Thema Mengenfestlegung und Mengenermittlungsrisiko (dazu Rdn. 234).

– Der Unterschied zwischen Einheitspreisvertrag und Pauschalvertrag liegt strukturell **nur** auf der Vergütungsebene und dort **nur** einmal in der Abhängigkeit, zum anderen in der Unabhängigkeit von der ausgeführten Menge (Bausoll-Menge). Dagegen ist die Beschreibung der Leistungsseite (Bausoll-Bauinhalt) kein systematisches Unterscheidungskriterium; **jede** nicht aus dem Risikobereich des Auftragnehmers herrührende Bausoll-Bauist-Abweichung führt sowohl beim Einheitspreisvertrag wie beim Pauschalvertrag zur modifizierten Vergütung; die Leistungsbeschreibung kann bei beiden genau, ungenau oder auslegungsbedürftig sein. Typisch für den Pauschalvertrag, aber nicht strukturell kennzeichnend, ist allerdings, dass einmal die Leistungsbeschreibung detailliert, gewissermaßen nach dem Muster des Einheitspreisvertrages, sein kann, so, wie es auch die Vergabevorschrift des § 5 Nr. 1 b VOB/A vorsieht – „Detail-Pauschalvertrag" –, aber ebenso, dass die Leistungsbeschreibung „global", z.B. funktional sein kann, so etwa die Leistungsbeschreibung nach Leistungsprogramm, § 9 Nr. 15–17 VOB/A – „Global-Pauschalvertrag"[517] – und dazwischen gibt es noch alle Mischformen. Aber das heißt nicht, dass der Leistungsbeschrieb beim Pauschalvertrag veränderlich sei, also je nach Zufall mehr oder weniger Leistungen umfasse.[518]

2. Die Bestimmung der zu leistenden Menge (Bausoll-Menge)

234 Auch wenn die Vergütung beim Pauschalvertrag (ohne Berücksichtigung von Nachtragstatbeständen) sich nicht nach der ausgeführten Menge richtet, muss der Vertrag doch regeln, welche Quantität der Auftragnehmer ausführen muss. Diese Regelung kann **unterschiedlich** sein:

Der Vertrag kann **Mengenermittlungsparameter** vorgeben. Solche Mengenermittlungsparameter ergeben sich im Regelfall aus Vertragsgrundlage gewordenen Plänen; auch wenn z.B. deren Maßstab grob ist (1:200), enthalten sie doch eine Aussage dazu, was der Auftragnehmer leisten muss. Es ist ganz Sache des Auftragnehmers, aus den Plänen zu ermitteln, wie viel er leisten muss; ob er diese Ermittlung genau oder ungenau oder gar nicht ausführt, berührt seine Vertragspflicht nicht.[519] Mengenermittlungsparameter können auch indirekt benannt sein, z.B. Angabe der Einbauhöhe im Straßenbau.[520] Maßgeblich ist immer, was der Auftraggeber „dazu näher bestimmt hat".

235 Der Vertrag kann es aber auch dem Auftragnehmer überlassen, anhand nur grob vorgegebener Parameter – z.B. Architektenpläne 1:100 – **selbst genauere Parameter auszuarbeiten**, aus denen sich dann erst wieder die auszuführende Menge ergibt. Typische Beispiele: Der Auftraggeber kann dem Auftragnehmer auferlegen, selbst die Tragwerksplanung zu erstellen, um daraus u.a. die notwendige Stahlmenge zu ermitteln; eine solche Vertragsregelung ist auch von Seiten eines öffentlichen Auftraggebers dann *wirksam*,[521] wenn sie kein ungewöhnliches Wagnis auf aufbürdet. Oder: Der Auftragnehmer muss als Fassadenbauer eine eigene Windlastenberechnung erstellen.[522] Für den Schlüsselfertigbau mit auftragnehmerseitiger Ausführungsplanung sind solche Regelungen geradezu prototypisch. Der Auftragnehmer geht dabei ein erhöhtes Risiko im Wege „Besonderer Risikoübernahme" ein. Wenn diese „Besondere Risikoübernahme" in den Vertragsunterlagen **als offene Risikozuweisung** an den Auftragnehmer eindeutig und klar ist, ist sie als Teil der Leistungsbeschreibung je nach Vertragstyp auch AGB-fest;[523] individuell ist die Regelung ohnehin wirksam. Für öffentliche Auftraggeber gilt § 9 Nr. 2 VOB/A.

---

[517] Zum Vertragstyp Detail-Pauschalvertrag Rdn. 242; zum Vertragstyp Global-Pauschalvertrag Rdn. 246.

[518] Dazu in allen Einzelheiten *Kapellmann/Schiffers* Band 2, Rdn. 33–40.

[519] BGH BauR 1972, 118; BGH VersR 1965, 803.

[520] *Kapellmann/Schiffers* Band 2, Rdn. 308.

[521] BGH „Kammerschleuse" BauR 1987, 126; BGH „Mauerwerksöffnungen (Karrengefängnis)" BauR 1997, 464; zur zivilrechtlichen Frage oben Rdn. 116. Das hat nichts mit der Frage zu tun, ob eine solche Ausschreibung vergaberechtlich zulässig ist, dazu oben Rdn. 115 und VOB/A § 9 Rdn. 23.

[522] Weitere Beispiele: *Kapellmann/Schiffers* Band 2, Rdn. 294.

[523] Zur AGB-rechtlichen Kontrollfreiheit der Leistungsbeschreibung siehe oben Rdn. 56, 57; zur Problematik beim öffentlichen Auftraggeber siehe Rdn. 114 ff.

Der Vertrag kann es aber im Wege „Besonderer Risikoübernahme“ auch dem Auftragnehmer überlassen, das **Risiko der gänzlichen Unermittelbarkeit** der Menge zu tragen. Das sind Vertragsklauseln wie: „Ausschachtung bis auf tragfähigen Boden“ oder „Erbringung der erforderlichen Erd-/Abbruch- und Unterfangungsarbeiten.[524] Gerade auch in diesen Fällen – und in allen anderen, insbesondere denen aus Rdn. 235 – müssen die vom Auftraggeber dazu beigebrachten Basisdaten (z.B. Angaben im Baugrundgutachten, Kennzahl für eine Windlastenberechnung) aber richtig sein: Der Auftragnehmer nimmt systembedingt in Kauf, dass seine Mengenermittlung riskant oder sogar nahezu unmöglich sein kann, aber er nimmt nicht in Kauf, dass die Basisdaten falsch sind. **Daraus** resultierende Mehrmengen führen zu Ansprüchen des Auftragnehmers aus § 2 Nr. 6 bzw. § 2 Nr. 8 Abs. 3.[525] Auch hier gilt für den öffentlichen Auftraggeber § 9 Nr. 2 VOB/A. 236

Hat der Auftrag**geber Mengenangaben vorgegeben** („Vordersätze“), sind diese aber **falsch**, so kommt es darauf an: 237

a) Hatte der Auftragnehmer Mengenermittlungsparameter, um die Menge richtig ermitteln zu können (z.B. Ausführungspläne), so musste er im eigenen Interesse die Menge so zutreffend wie möglich ermitteln; Fehlangaben des Auftraggebers spielen dann keine Rolle.
b) Gab es keine Mengenermittlungsparameter, so wusste der Auftragnehmer, dass er im Wege „Besonderer Risikoübernahme“ (vgl. Rdn. 236) das Risiko der Unermittelbarkeit der Mengen übernahm; es ist Sache des Auftragnehmers, sich in einem solchen Fall um Mengenermittlungsparameter zu bemühen, d.h., vom Auftraggeber z.B. Ausführungspläne „herauszuverlangen“, damit die vom Auftraggeber genannte Zahl überprüfbar wird. Unterlässt er eine solche Nachfrage, trägt er das Risiko.[526]
c) Fordert der Auftragnehmer im Fall b) vom Auftraggeber Mengenermittlungsparameter, um die Mengenangabe des Auftraggebers prüfen zu können und hat der Auftraggeber solche Mengenermittlungsparameter gar nicht (hat er also seinerseits die Mengenangabe geraten oder geschätzt) oder händigt er sie nicht aus, so hat der Auftragnehmer damit deutlich gemacht, dass er die Mengen ermitteln will; ist das gar nicht möglich und hat der Auftraggeber auch nicht etwa klarstellend (individuell) darauf bestanden, dass er gerade vom Auftragnehmer die Übernahme eines solchen unbegrenzten Risikos verlangt, so wird die vom Auftraggeber genannte Menge als solche Bausoll, d.h. dann ist diese Menge fest, **jede** Abweichung davon führt zu Ansprüchen des Auftragnehmers, sei es aus § 2 Nr. 6, sei es aus § 2 Nr. 8 Abs. 2, Abs. 3 VOB/B. Tatsächlich ist dieser Fall ein verkappter Einheitspreisvertrag.[527]
d) Schließlich gibt es noch den Fall, dass die vom Auftraggeber angegebene Menge nicht Ausweis einer Mengenschätzung oder einer Mengenermittlung ist, sondern Ausdruck einer Entscheidung des Auftraggebers. Wenn der Auftraggeber für die Außenanlagen entscheidet, er wünsche 5 Buchen, so ist das Soll-Festlegung. Oder: Der Auftraggeber bestimmt, dass von 50 Fenstern 30 Rolläden mit Motorantrieb erhalten, die anderen mit Handantrieb. Oder: Der Auftraggeber regelt, dass (nur) eine Kühlzelle einzubauen ist. In all diesen Fällen hat dieser Vordersatz nichts mit Mengenermittlung zu tun, sondern ist Bausoll-**Entscheidung** des Auftraggebers. Ändert der Auftraggeber seine Entscheidung, handelt es sich um angeordnete Mehrmengen, die gemäß § 2 Nr. 7 Abs. 2, § 2 Nr. 6 VOB zur Mehrvergütung führen.[528]

3. Die Abgrenzung Einheitspreisvertrag/Pauschalvertrag

a) Grundsatz, Beweislast. Bei Global-Pauschalverträgen gibt es keinen Zweifel, dass die Parteien eine Pauschalvergütung vereinbart haben. Dagegen kann es im Einzelfall zweifelhaft 238

---

[524] BGH *Schäfer/Finnern* Z 2. 301 Bl. 35 ff.; *Kapellmann/Schiffers* Band 2, Rdn. 221 ff., 291, 612, 670.

[525] BGH BauR 1971, 124; *Kleine-Möller/Merl* § 10, Rdn. 369, 370; näher *Kapellmann/Schiffers* Band 2, Rdn. 311–321.

[526] OLG Karlsruhe IBR 1994, 49, Revision vom BGH nicht angenommen; *Kapellmann/Schiffers* Band 2, Rdn. 67, 322. Es gibt immer noch die allgemeine Grenze der Störung der Geschäftsgrundlage, siehe Rdn. 285.

[527] Einzelheiten: *Kapellmann/Schiffers* Band 2, Rdn. 66–75, 288.

[528] Einzelheiten: *Kapellmann/Schiffers* Band 2, Rdn. 288; zum Fall „Eine Kühlzelle“ die (unzutreffende) Entscheidung OLG Stuttgart BauR 1992, 639, dazu näher *Kapellmann/Schiffers* Band 2, Rdn. 654.

sein, ob die Parteien einen Detail-Pauschalvertrag oder einen Einheitspreisvertrag vereinbaren wollten.[529] Im Zweifel ist der Vertragsinhalt durch Auslegung zu ermitteln. Maßgebendes Kriterium ist, ob der vereinbarte Preis unabhängig von der Mengenentwicklung sein sollte oder nicht. Eine „Abrechnung nach Aufmaß" schließt einen Pauschalpreis aus.[530] Behauptet der Auftraggeber gegenüber der Einheitspreisabrechnung des Auftragnehmers, es sei eine (niedrigere) Pauschalvergütung vereinbart, so muss der Auftragnehmer den Gegenbeweis führen, § 2 Nr. 2 enthält keine anderweitige Beweislastregel (oben Rdn. 132, 133).

239 **b) Festpreise.** Der einmal vereinbarte Preis ist immer Festpreis, ob beim Einheitspreisvertrag, beim Pauschalvertrag oder beim Stundenlohnvertrag.[531] In der Vertragspraxis und selbst bei hohen Gerichten werden oft fälschlicherweise „Festpreis" und „Pauschalpreis" synonym verwandt.[532] Aber „Festpreis" allein besagt nichts über eine Pauschalvergütung. Um den Schluss ziehen zu können, es sei wegen der Verwendung der Bezeichnung „Festpreis" ein Pauschalpreis vereinbart, müssen andere Auslegungskriterien hinzukommen[533]

240 **c) Fix und fertige Leistung.** Auch wenn die Parteien vereinbaren, der Auftragnehmer schulde eine „fix und fertige Leistung", so lässt diese Beschreibung der Leistungsseite allein noch keinen Schluss auf die Vergütungsseite dahin zu, es sei eine Pauschalvergütung vereinbart. Auch bei Einheitspreisverträgen gibt es „fix und fertig" Klauseln.[534] Eine andere Frage ist, welche Bedeutung eine solche Klausel hat, wenn sie in einem als Vertragstyp unstrittigen Pauschalvertrag enthalten ist. Wir behandeln das gesondert unter den Stichwörtern „Komplettheitsklauseln" und „Schlüsselfertigklauseln".[535]

241 **d) Abgerundete Vergütung, Preisnachlässe.** Eine Pauschalvergütung braucht keine runde Summe zu sein, auch ein pfenniggenauer Betrag kann als Pauschalvergütung vereinbart werden.[536] Eine „Abrundung", die in einem prozentualen Nachlass besteht, hat keinen Erkenntniswert für die Abgrenzung zwischen Einheitspreis- und Pauschalvertrag. Ein summenmäßiger Nachlass, der mit einer „Abrundung" verbunden ist, kann zwar den Charakter des Einheitspreisvertrages unberührt lassen, aber in der Regel spricht eine „nennenswerte" Abrundung nach unten für einen Pauschalvertrag; wird der neue Preis ergänzend auch noch als „pauschal" gekennzeichnet, gilt das erst recht.[537]

III. Typ Detail-Pauschalvertrag

1. Bausoll

242 Nach der Vergabevorschrift des § 5 Nr. 1 b VOB/A soll „für eine Pauschalsumme" nur dann vergeben werden, „wenn die Leistung **nach Art und Umfang genau bestimmt**" ist. Eine Leistungsbeschreibung ist dann genau, wenn sie die geschuldete Leistung (das Bausoll) ausreichend **differenziert (detailliert)** beschreibt, wenn sie zum Beispiel in der Form des Einheitspreisvertrages mit Positionen und ggf. zugehörigen Plänen abgefasst ist, oder – in Funktionen ausgedrückt – wenn der Auftraggeber die Funktion Planung bis einschließlich der Ausführungsplanung entsprechend § 15 Abs. 1 Nr. 5 HOAI und die daraus zu entwickelnde Umsetzung in Vergabetexte in

[529] Beispielsfälle für unklare Absprachen hier Rdn. 237, 239–241; *Kapellmann/Schiffers* Band 2, Rdn. 54 ff., 64 ff.

[530] Zur Widerspruchsauflösung bei gleichzeitiger Vereinbarung von „Abrechnung nach Aufmaß" **und** „Pauschalvergütung" *Kapellmann/Schiffers* Band 2, Rdn. 61, 63.

[531] Näher oben Rdn. 6, 7, dort auch zu Gleitklauseln.

[532] Beispiele: BGH BauR 1981, 744; OLG Hamburg BB 1970, 688; OLG Hamm NJW 1996, 199.

[533] Näher *Kapellmann/Schiffers* Band 2, Rdn. 76–82.

[534] Beispiel: OLG Köln BauR 1991, 615; dazu *Kapellmann/Schiffers* Band 1, Rdn. 135.

[535] Dazu näher Rdn. 244 und Rdn. 263–275.

[536] Beispiele: BGH NZBau 2001, 496; BauR 1995, 237.

[537] *Kapellmann/Schiffers* Band 2, Rdn. 60.

Form der Aufstellung von Leistungsbeschreibung mit Leistungsverzeichnissen entsprechend § 15 Abs. 1 Nr. 6 HOAI wahrgenommen hat (oder durch die Form der Ausschreibung jedenfalls suggeriert, sie wahrgenommen zu haben). Dieser Vertragstyp ist ein **Detail-Pauschalvertrag.**[538] Da der Auftraggeber die Funktion der Detail-Planung und daraus resultierend der Detail-Ausschreibung selbst übernommen hat, hat er eine **Vermutung der Richtigkeit und Vollständigkeit** dieser Ausschreibung genau wie beim Einheitspreisvertrag[539] gegen sich; der Bieter (Auftragnehmer) darf sich darauf verlassen, dass der Auftraggeber seine Planungswünsche richtig umgesetzt und seine Leistungsanforderung differenziert und vollständig ausgedrückt hat.[540] **Bausoll** ist deshalb **nur** das, was in dieser Form **„näher bestimmt ist"**, nicht weniger, aber auch nicht mehr.[541] Der Auftragnehmer muss kein allgemeines, etwa aus der Vergütungspauschalierung herzuleitendes Leistungsziel erfüllen, **er muss nicht komplettieren**. Zu bauen ist nur, „was aus dem Angebot und dessen Unterlagen ersichtlich ist"; der Wille der Parteien, die geschuldete Leistung möglichst genau festzulegen – ich ergänze: so dass auch nur das so Festgelegte Bausoll ist – folgt laut BGH schon „aus dem umfangreichen, vom Architekten des Auftrag**gebers** aufgestellten **Leistungsverzeichnis**, der Preis knüpft an **im Einzelnen bestimmte** Arbeiten an".[542] Dem ist zuzustimmen: **Aus der Wahl der Ausschreibungsmethode** folgt die Richtigkeits- und Vollständigkeitsvermutung. Der BGH hat dies zutreffend in einer Reihe von Entscheidungen bestätigt,[543] ebenso beispielsweise das OLG Düsseldorf.[544]

„Besondere Leistungen" im Sinne des Abschnitts 4 der jeweiligen VOB/C-Bestimmungen sind **auch beim Detail-Pauschalvertrag** nur dann Bausoll, wenn sie **besonders** erwähnt sind;[545] in Allgemeinen Geschäftsbedingungen des Auftraggebers ist eine **generelle** Einbeziehung von Besonderen Leistungen unwirksam; das gilt nicht für den Ausnahmefall auftrag**nehmer**seitiger Ausführungsplanung und Abfassung des Leistungsverzeichnisses.[546]

Widersprechen sich auftraggeberseitige **Vertragspläne** und **Leistungsbeschreibung**, so 243
geht der vom Auftraggeber ja aus seinen Ausführungsplänen selbst in die Leistungsbeschreibung umgesetzte **Text** genauso wie beim Einheitspreisvertrag **vor.**[547] Bestehen **Zweifel** hinsichtlich der **Auslegung** des Bausolls, gehen sie **zu Lasten** des ausschreibenden **Auftraggebers**; das ist die sachgerechte Zuteilung von Risiken je nach übernommener Funktion.[548]

2. Komplettheitsklauseln

Der Auftraggeber kann sein Ziel, eine nach seiner Vorstellung vollständige Leistung zu er- 244
halten, bei einer Ausschreibung in Form eines **Detail-Pauschalvertrages** mit auftraggeberseitiger Ausführungsplanung nur erreichen, indem er selbst seinen Vollständigkeitswunsch in eine konkret-detaillierte Leistungsbeschreibung umsetzt. Vereinbart er vertraglich, dass der Auftragnehmer **unabhängig** von auftraggeberseitig geforderten Details auf jeden Fall eine komplette,

538 Zur Definition im Einzelnen *Kapellmann/Schiffers* Band 2, Rdn. 5, 200–285. Diese Formulierung wird heute allgemein übernommen, beispielhaft *Ingenstau/Korbion/Keldungs* VOB/B § 2, Nr. 2, Rdn. 8; *Werner/Pastor* Rdn. 1179; *Roquette* NZBau 2001, 57.

539 **Oben Rdn. 108**. Die Vollständigkeitsvermutung ist primär eine **Auslegungsregel**, zutreffend *Thode* Seminar Pauschalvertrag, S. 33, 40, 42.

540 *Kapellmann/Schiffers* Band 2, Rdn. 221 ff., Rdn. 255–261, oben Rdn. **111**, 123 mit Nachweisen. Zur Auslegung insgesamt oben Rdn. 90–129.

541 *Kapellmann/Schiffers* Band 2, Rdn. 238 ff.

542 BGH „Schlüsselfertigbau" BauR 1984, 395.

543 BGH *Schäfer/Finnern* Z 2.301 Bl. 35 = BauR 1971, 124 (stark gekürzt); BGH *Schäfer/Finnern* Z 2.301 Bl. 42 = BauR 1972, 118; BGH *Schäfer/Finnern* Z 2.301 Bl. 46; BGH „Schlüsselfertigbau" BauR 1984, 395; BGH BauR 1995, 237; alle Entscheidungen sind kommentiert bei *Kapellmann/Schiffers* Band 2, Rdn. 222–234.

544 OLG Düsseldorf BauR 1989, 483; OLG Düsseldorf BauR 1991, 747; OLG Düsseldorf BauR 1995, 286.

545 Unrichtig BGH „Konsoltraggerüste" NZBau 2002, 324 = BauR 2002, 935, dazu **Rdn. 86**.

546 Näher oben Rdn. 86.

547 Oben Rdn. 104, 120, 122. Im Ergebnis BGH „Text vor Plänen" NZBau 2003, 149 = BauR 2003, 388.

548 **Oben Rdn. 123**; zur Auslegung insgesamt oben Rdn. 90–129.

„funktionsfähige" Leistung ohne zusätzliche Vergütung erbringen muss („Komplettheitsklausel", zur **Terminologie** Rdn. 263), so ändert er damit unausgesprochen die Funktionszuweisung und schiebt dem Auftragnehmer Planungsaufgaben zu. Die Übernahme planerischer Funktionen ist das Kennzeichen eines Global-Pauschalvertrages im Gegensatz zum Detail-Pauschalvertrag. Wenn der Auftragnehmer eigene (primäre) Planungsleistungen erbringt, insbesondere also die Ausführungsplanung, ist es nur sachgerecht, ihn für die Richtigkeit und Vollständigkeit seiner eigenen Planung haften zu lassen;[549] wenn aber – wie beim Detail-Pauschalvertrag die Regel – der Auftrag**geber** plant und seine Planung in Detailbeschreibungen umsetzt, würde die Klausel bewirken, dass der Auftraggeber seine Verantwortung für eigenes fehlerhaftes Handeln dem Auftragnehmer zuschöbe. In **Allgemeinen Geschäftsbedingungen** des Auftraggebers ist deshalb bei dieser Vertragsgestaltung eine solche Klausel **unwirksam.**[550] **Individuell** kann die Klausel wirksam vereinbart werden; bei ihr bedarf es dann aber der Prüfung, **welches** Komplettheitsziel für den Auftragnehmer erkennbar war.[551] Die Verantwortlichkeit für **falsche** auftraggeberseitige Planung bleibt wie immer erhalten.[552]

3. Beweislast

245 Beim Detail-Pauschalvertrag **mit in der Regel auftraggeber**seitiger Planung fallen definitionsgemäß nur die Leistungen „unter die Pauschale", die detailliert aufgeführt sind. Behauptet der Auftraggeber, es seien auch unbenannte Leistungen aufgrund individueller Vereinbarung Bausoll, so hat er die Vollständigkeitsvermutung (siehe Rdn. 242) gegen sich, solche Leistungen sind, wie der BGH sagt, „im Zweifelsfall" nicht in der Pauschale enthalten;[553] das Gegenteil hat der **Auftraggeber** zu beweisen.[554]

Hat im **Ausnahmefall** der Auftragnehmer die Ausführungsplanung erstellt und das Leistungsverzeichnis gefertigt, so muss der Auftraggeber beweisen, welchen Planungsauftrag er dem Auftragnehmer erteilt hat, welche Leistungen er also verlangt hat; das wird in der Regel unproblematisch sein. Der Auftragnehmer muss dann beweisen, dass er mit den von ihm beschriebenen Details eine komplette Leistung erreicht.[555]

---

[549] Dazu beim Einfachen Global-Pauschalvertrag Rdn. 266, beim Komplexen Global-Pauschalvertrag Rdn. 271.

[550] Allgemeine Meinung, z.B. OLG München BauR 1990, 776; *Ingenstau/Korbion/Keldungs* VOB/B § 2, Nr. 3, Rdn. 44; *Heiermann/Riedl/Rusam* VOB/A § 9, Rdn. 20; *Werner/Pastor* Rdn. 1196; *Leinemann/Schliemann* VOB/B § 2, Rdn. 283; *Markus,* in: *Markus/Kaiser/Kapellmann* AGB-Handbuch Bauvertragsklauseln, Rdn. 220; *Kapellmann/Schiffers* Band 2, Rdn. 272 i.V.m. Rdn. 512.

[551] *Roquette* NZBau 2001, 57; *Kapellmann/Schiffers* Band 2, Rdn. 272 i.V.m. Rdn. 516. **Diesen** Vertragstyp (Detaillierung mit **individuell** vereinbarter, also wirksamer Komplettheitsklausel) nennen wir **Einfachen Global-Pauschalvertrag**, näher Rdn. 247. Zur einschränkenden Auslegung auch der individuellen Komplettheitsklausel vgl. Rdn. 2**65**.

[552] BGH „Kammerschleuse" BauR 1997, 126; *Kapellmann/Schiffers* Band 2, Rdn. 272 i.V.m. Rdn. 517, näher Rdn. 265.

[553] BGH *Schäfer/Finnern* Z 2.301 Bl. 35 = BauR 1971, 124, ausführlich dazu *Kapellmann/Schiffers* Band 2, Rdn. 221–226; siehe auch Fn. 541.

[554] Wobei die Beurteilung der Frage, wer was zu leisten hat, in allererster Linie Auslegungs- und nicht Beweissache ist, zutreffend insbesondere *Thode* Seminar Pauschalvertrag S. 33, 40. Die Vertragsparteien können aber behaupten, es sei z.B. vereinbart, dass eine bestimmte Leistung zu erbringen sei. Das muss der Auftraggeber beweisen, so *Vygen* Bauvertragsrecht, Rdn. 846; *Ingenstau/Korbion/Keldungs* VOB/B § 2, Nr. 7, Rdn. 4; *Nicklisch/Weick* VOB/B § 2, Rdn. 85; *Kapellmann/Schiffers* Band 2, Rdn. 262, 263; bei vollständiger „Leistungsbeschreibung" ebenso *Thode* Seminar Pauschalvertrag, S. 41 und ihm folgend *Heiermann/Riedl/Rusam* VOB/B § 2, Rdn. 147, wobei der Detail-Pauschalvertrag mit auftraggeberseitiger Planung gerade eine **Vollständigkeits**vermutung für sich hat. Bei „erkennbarer" Lückenhaftigkeit der Leistungsbeschreibung war nach aufgegebener älterer Rechtsprechung (siehe Fn. 556) die Beweislastverteilung umgekehrt; Detail-Pauschalverträge haben aber, wie erwähnt, die Vermutung der Richtigkeit und **Vollständigkeit** für sich.

An den Beweis zur Widerlegung dieser Vermutung sind strenge Anforderungen zu stellen, *Kapellmann/Schiffers* Band 2, Rdn. 261.

[555] *Vygen* Bauvertragsrecht, Rdn. 846; *Ingenstau/Korbion/Keldungs* VOB/B § 2, Nr. 7, Rdn. 4; *Nicklisch/Weick* VOB/B § 2, Rdn. 85; *Kapellmann/Schiffers* Band 2, Rdn. 264.

IV. Typ Global-Pauschalvertrag

1. Struktur

Während beim Detail-Pauschalvertrag die Leistungsseite, das Bausoll, detailliert vertraglich vorgegeben ist und der Auftragnehmer deshalb auch nur das zu leisten hat, „was näher bestimmt ist“, gilt für den **Global-Pauschalvertrag**, dass die Leistungsseite (selten) ganz oder (im Regelfall) in Teilbereichen nicht im ausgearbeiteten Detail, sondern mehr oder minder global, z.B. nur durch Funktionsanforderungen, definiert ist. Der Auftragnehmer kann auf der Basis solcher globaler Anforderungen allein nicht bauen, es bedarf vielmehr planerischer Ausarbeitung des Globalelements in bautechnisch handhabbare Detaillierung. Unabhängig von den unübersehbar unterschiedlichen „Globalisierungsgraden“ und Vertragsvarianten ist strukturell folglich **kennzeichnend** für einen Global-Pauschalvertrag eine (selten) gänzliche oder (im Regelfall) teilweise – in unterschiedlicher Intensität – **Verlagerung** von herkömmlichen Auftraggeberfunktionen, nämlich **Planung** (im weiten Sinne der HOAI), auf den **Auftragnehmer**. Ein Global-Pauschalvertrag hat also **immer** ein (oft unausgesprochenes) Bausoll **Planungsleistungen und** ein Bausoll **Bauleistungen** zum Gegenstand. Ein solcher Vertrag ist **nicht**, wie es die aufgegebene ältere Rechtsprechung in der **fehlerhaften Kennzeichnung** solcher Verträge als **lückenhaft** ansah,[556] ein verunglückter oder nicht fertig gewordener Detail-Pauschalvertrag, die Einfügung von Globalelementen ist vielmehr Folge der bewussten Wahl einer abweichenden Funktions – und damit Vertragsentscheidung. Der Vertrag hat keine Lücke, er regelt vielmehr **durch diese Systemwahl**, dass nicht der Auftraggeber die Planung vervollständigen soll, sondern der Auftrag**nehmer**, woraus zwingend dessen vertragliche Befugnis zur entsprechenden Detaillierungsentscheidung und damit Bausollbestimmung folgt.[557] 246

Mindestens für die Beurteilung der Anwendbarkeit und AGB-Festigkeit von Komplettheits- und Schlüsselfertigklauseln empfiehlt sich eine Unterteilung in **Einfache** Global-Pauschalverträge mit **geringen** Planungsleistungen und **Komplexe** Global-Pauschalverträge mit **vielfältigen** Planungsleistungen. Der **Einfache Global-Pauschalvertrag** ist ein Detail-Pauschalvertrag mit lediglich „aufgesetzter Komplettheitsklausel“, typischerweise nur für ein Gewerk (gemäß VOB/C: Leistungsbereich); man könnte ihn auch noch Detail-Pauschalvertrag nennen, aber wegen des Globalelements „Komplettheit“ wird er zweckmäßigerweise schon als Global-Pauschalvertrag bezeichnet. Als Global-Pauschalvertrag gibt es ihn **nur** dann, wenn die Komplettheitsklausel individuell vereinbart ist, eine AGB-Komplettheitsklausel ist bei ihm unwirksam,[558] letzteres führt also wieder zum Detail-Pauschalvertrag. **Komplexe Global-Pauschalverträge** sind demgegenüber alle Verträge mit sachlich-globalen (nicht nur allgemein-globalen wie eine Komplettheitsklausel) Leistungselementen, insbesondere auch solche mit „Gewerkzusammenfassungen“ und schon daraus resultierenden Planungs- und Koordinationspflichten des Auftragnehmers, Prototyp „Schlüsselfertigbau“.[559] Bei diesem Vertragstyp bedürfen die „Schlüsselfertigklauseln“ („Komplettheitsklauseln“) einer abweichenden Betrachtung.[560] 247

Auf die Kombination von Planungsleistung und Bauleistung beim Global-Pauschalvertrag ist nach herrschender Meinung das jeweils passende **Recht anzuwenden**: auf Planungsleistungen also BGB, auf Bauleistungen, so weit vereinbart, die VOB, sonst auch BGB; nach unserer Meinung kann aber **auch für den Planungsteil** die Geltung der VOB/B vereinbart werden.[561] Die 248

[556] Zum Beispiel BGH BauR 1971, 124, zuletzt BGH „Wasserhaltung I“ BauR 1992, 759. Der BGH hat diese nicht zutreffende Kennzeichnung **mit Recht aufgegeben**, vgl. z.B. BGH „Wasserhaltung II“ BauR 1994, 236. **Viele Instanzgerichte haben das noch nicht gemerkt** und **viele Literaturmeinungen auch nicht**. Vgl. auch oben Rdn. 124.

[557] Zu den Konsequenzen näher Rdn. 260–262.

[558] Siehe oben Rdn. 244.

[559] Einzelheiten zur Definition *Kapellmann/Schiffers* Band 2, Rdn. 409.

[560] Näher unten Rdn. 267 ff.

[561] Zur heutigen Meinung BGH BauR 1989, 597; BGH BauR 1987, 702; die VOB/B ist auch auf einen

HOAI gilt nicht, d.h. ihre preisrechtlichen Bestimmungen oder Formerfordernisse sind nicht anwendbar;[562] mangels anderer Bezugssysteme kann aber zur Vergütungsermittlung bei modifizierten Planungsleistungen auf Leistungsbilder und analog angepasste Berechnungsgrundsätze der HOAI zurückgegriffen werden.[563]

2. Erscheinungsformen

249 **a) Funktionale Leistungsbeschreibung.** Der Komplexe Pauschalvertrag in seiner weitestgehenden Ausprägung ist die total-funktionale Leistungsbeschreibung, in § 9 Nr. 15–17 VOB/A „Leistungsbeschreibung mit Leistungsprogramm" genannt, also die Wahl eines Vertragssystems, bei dem der Auftraggeber Funktion und Anforderungen, auch Einzelheiten der Ausstattung seines Projekts usw. verbal definiert, aber die **vollständige Planung**, insbesondere also auch (die Vorplanung und) Entwurfsplanung sowie die entsprechende Realisierung dem Auftragnehmer, einem **Total**unter- oder -übernehmer überträgt (zu den Begriffen s. hier Rdn. 250, Fn. 551 und VOB/A § 9 Rdn. 23). Das Vergabehandbuch des Bundes für die Bauaufgaben des Bundes im Zuständigkeitsbereich der Finanzbauverwaltungen (VHB) enthält zu § 9 Nr. 7 VOB/A a.F. ca. 2 Seiten Hinweise, welche Angaben eine solche funktionale Ausschreibung enthalten soll (abgedruckt zu § 9 VOB/A, Rdn. 90). Aber auch eine Leistungsbeschreibung, die diese Anforderungen nur teilweise erfüllt, begründet einen wirksamen Vertrag; dass dabei der Auftraggeber das Risiko trägt, dass ein Objekt entsteht, das ihm nicht passt oder der Auftragnehmer das Risiko, dass er in der Angebotsphase funktionsnotwendige Leistungen nicht richtig erkannt hat, ändert nichts; das Bausoll muss lediglich **„bestimmbar"** sein,[564] wobei das BGB in den §§ 315, 316 regelt, dass die Leistungsbeschreibung auch einer Vertragspartei „nach Billigkeit" überlassen bleiben darf. Eine funktionale Ausschreibung kann sich auf das ganze Objekt, aber auch auf Teilobjekte (typisches Beispiel: Haustechnik) beziehen. Derartige total-funktionale Leistungsbeschreibungen sind sehr selten – verständlich angesichts der Tatsache, dass einerseits der Auftraggeber die gestalterische Entscheidung frühzeitig aus der Hand gibt und andererseits die Beteiligung an einer Ausschreibung für einen Bieter sehr hohe Kosten infolge des schon in der Angebotsphase erforderlichen Planungsaufwands verursacht. Demzufolge wird das Bild heute geprägt von **teil-funktionalen** Leistungsbeschreibungen, denen also z.B. eine auftraggeberseitige Vor- und Entwurfsplanung zugrunde liegt. Prototyp ist der **Schlüsselfertigbau**.

250 **b) Schlüsselfertigbau.** Ein Vertrag über eine „schlüsselfertige" Leistung verknüpft drei Strukturelemente, nämlich **Leistung „aus einer Hand"** (organisatorisch), also durch Generalunter-/übernehmer oder Totalunter-/übernehmer (zu den Begriffen § 8 VOB/A Rdn. 24), **Leistung „schlüsselfertig"** (offensichtlich eine globale Leistungsbeschreibung), **Vergütung pauschal**. Der „Schlüsselfertigvertrag" ist damit prototypischer Komplexer Global-Pauschalvertrag. Gegenstand ist ein ganzes Objekt oder jedenfalls ein Teilobjekt; einzelne Gewerke bzw. Leistungsbereiche kann man zwar auch „komplett vergeben" (Einfacher Global-Pauschalvertrag, Rdn. 247), „Schlüsselfertig" erfordert aber immer die Zusammenfassung und Koordinierung vieler Gewerke

---

General**übernehmer**vertrag (Generalübernehmer ist ein Hauptunternehmer, der sämtliche für die Herstellung eines Bauwerks anfallenden Bauleistungen erbringt, davon jedoch neue Teile selbst ausführt) anwendbar, ebenso OLG Bamberg BauR 1999, 650; *Werner/Pastor* Rdn. 1017; *Kapellmann/Schiffers* Band 2, Rdn. 472; anderer Ansicht *Ingenstau/Korbion/Korbion* Anhang 3 zur VOB, Rdn. 163, der sich in Verkennung des Themas nur mit einem Bauträgervertrag befasst; gegenteilig aber wieder im Ergebnis *Ingenstau/Korbion/Korbion* VOB/A § 1, Rdn. 31. Zu unserer Meinung, dass die VOB/B auch auf Planungsleistungen anwendbar ist, näher *Kapellmann,* Schlüsselfertiges Bauen, Rdn. 50–53.

[562] BGH BauR 1997, 677; *Motzke/Wolff* Praxis der HOAI, S. 112; *Locher/Koeble/Frik* HOAI § 1 Rdn. 13; *Kapellmann/Schiffers* Band 2, Rdn. 473.

[563] Näher Rdn. 294.

[564] BGH „Kammerschleuse" BauR 1997, 127, dazu Rdn. 116; BGH „Mauerwerksöffnungen Karrengefängnis" BauR 1997, 464 (wenn Parteien nach längerer Verhandlung eine Leistung funktional vollständig beschreiben, kommt einem Angebot im Leistungsverzeichnis, das die Grundlage der Verhandlungen bildete, keine entscheidende Bedeutung mehr zu); oben Rdn. 29.

(Leistungsbereiche) und allein schon deshalb immer auch nennenswerte Planungsleistungen. Die das Bausoll prägende Bestimmung „schlüsselfertig“ enthält damit ein Globalelement der Art, dass das Werk „komplett und funktionstauglich“ erstellt werden soll.[565] Die Schlüsselfertigklausel ist also auch eine Form der Komplettheitsklausel (näher Rdn. 263). Der Vertrag enthält je nach Gestaltung eine mehr oder minder ausgeprägte **teil-funktionale** Leistungsbeschreibung. Der Schlüsselfertigbau tritt wie alle Verträge mit (teil-)funktionaler Leistungsbeschreibung in den unterschiedlichsten Varianten auf, die sich – auch in ihren Rechtsfolgen – voneinander je nach dem Ausmaß der Übertragung von Planungsleistungen auf den Auftragnehmer unterscheiden.

c) Garantierter Maximumpreisvertrag, Construction Managementvertrag. Der Vertrag mit „garantiertem Maximumpreis“ ist ein Schlüsselfertigvertrag, bei dem die Vergütung nach oben hin durch einen pauschalen Höchstpreis begrenzt ist; der Auftragnehmer muss aber die Rechnungen der Nachunternehmer gegenüber dem Auftraggeber offen legen. Ist die Summe der Nachunternehmerrechnungen zuzüglich GU-Zuschläge und zuzüglich der eventuellen Vergütung des Auftragnehmers z.B. für die Baustelleneinrichtung oder für Eigenleistungen (je nach Vertragsvereinbarung) kleiner als der Höchstpreis, wird die Differenz nach einem vertraglichen Schlüssel geteilt; im Ergebnis besteht die Pauschale dann aus einer Summe von Teilpauschalen.[566] Gerade bei diesem Vertragstyp kommt häufig schon eine Einbeziehung des Auftragnehmers in der Vorplanungs- oder Entwurfsplanungsphase in Betracht mit dem Ziel, die auftraggeberseitige Planung unter Einbeziehung von ausführungstechnischem Know-How zu optimieren. Ähnlich ist das Vertragskonzept von Construction Management Verträgen.[567] 251

d) Anlagenbauvertrag. Der Anlagenbauvertrag ist ein komplexer Vertrag, bei dem jedenfalls für den Teil „Planung und Errichtung“ des Bauwerkes die Regeln des Komplexen Global-Pauschalvertrages gelten. Das entscheidende Problem ist oft die Übernahme von Entwicklungsrisiken unter Einschluss der Haftung für die Wirtschaftlichkeit des Betriebes.[568] 252

e)Projektverträge. Unter den Oberbegriff Projektverträge gehören Vertragsformen, in denen Großprojekte z.B. der Infrastruktur, der Energieversorgung oder Telekommunikation unter Gründung von Projektgesellschaften (Projektträgern) entwickelt, finanziert und betrieben werden, bei BOT-Projekten schließlich auch (auf den Konzessionsgeber) übertragen werden. Auch wenn die Baurealisierung nur ein Teil der Vertragsleistung ist, liegt auf der Hand, dass das Projekt und die Projektfinanzierung damit stehen und fallen, dass ein „fester Preis“ für die Realisierung vereinbart wird; auch hier gelten also insoweit, falls deutsches Recht anwendbar ist, die Regeln über den Komplexen Global-Pauschalvertrag.[569] Für viele weitere Vertragsgestaltungen, die man unter „Finanzierungsmodellen“ zusammenfassen kann, gilt dasselbe.[570] 253

f) Projektentwicklervertrag. Der Projektentwickler (Developer) entwickelt das zu errichtende Projekt erst, wie der Name zutreffend sagt. Er macht das Grundstück erst baureif, regelt z.B. Grundstückszusammenlegungen, klärt oder beschafft Baugenehmigungen in Zusammenarbeit mit einer Kommune und leistet Vorplanungsarbeiten. In der Regel vermarktet dann der Projektentwickler das Projekt einschließlich Grundstück; oft ist er selbst Grundstückseigentümer, jedenfalls 254

---

[565] BGH NZBau 2001, 446 = NJW 2001, 2167; BGH NZBau 2001, 270 = BauR 2001, 823 = NJW 2001, 1276; BGH „AGB Vielzahl“ BauR 1997, 123; BGH „Schlüsselfertigbau“ BauR 1984, 396; *Kapellmann/Schiffers* Band 2, Rdn. 432–437; *Michaelis de Vasconcellos* NZBau 2000, 367.
Zur vergaberechtlichen Zulässigkeit VOB/A § 9, Rdn. 93 ff.

[566] Näher *Kapellmann* NZBau 2001, 592 insbesondere auch zur Bedeutung der Garantie; *Biebelheimer/Wazlawik* BauR 2001, 1639; *Oberhauser* BauR 2000, 1397; *Grünhoff* NZBau 2000, 313; *Blecken/Gralla* Jahrbuch BauR 1998, 251; *Moeser* ZfBR 1997, 113.

[567] Näher *Eschenbruch*, NZBau 2001, 585; *Kapellmann* NZBau 2001, 592.

[568] Näher *Nicklisch/Weick* VOB/B Einführung vor §§ 4–13, Rdn. 11; *Kapellmann/Schiffers* Band 2, Rdn. 576 mit Nachweisen.

[569] Zu Großprojekten allgemein näher *Siebel* Handbuch Projekte und Projektfinanzierung; *Nicklisch* BB 1998, 2.

[570] Übersicht zu solchen Modellen bei *Brandt* WM 1999, S. 2525.

hat er aber auf die Grundstücksübertragung Einfluss. Hier interessieren zwei Verträge: Einmal, dass der Projektentwickler entwickelt und das zu erstellende Projekt an einen Erwerber „veräußert"; dieser Vertrag zwischen Projektentwickler (Auftragnehmer) und Erwerber (Auftraggeber) lässt sich als Sonderfall des Komplexen Global-Pauschalvertrages erfassen, organisatorisch auf der Ebene eines Totalübernehmervertrages. Auf der anderen Seite errichtet der Projektentwickler das Projekt durch einen Vertrag normalerweise mit einem Generalunternehmer, das ist im Regelfall ein Komplexer Global-Pauschalvertrag in Form des Schlüsselfertigbaus.

255 **g) Bauträgervertrag.** Der Bauträgervertrag, auf den jedenfalls in dem hier interessierenden Bereich Werkvertragsrecht anzuwenden ist, ist der „Projektentwicklervertrag in klein". Der Vertrag zwischen Bauträger und „Käufer" ist Global-Pauschalvertrag mit einigen Besonderheiten.[571]

3. Bausoll Planungsleistungen

256 Planung ist im weiten Sinne zu verstehen, genauer: als die Leistung, die Architekten (Objektplaner) oder Sonderfachleute entsprechend den als Musterleistungsbild heranzuziehenden Phasen der HOAI zu erbringen haben, darunter also auch z.B. „das Abstimmen und Koordinieren der Leistungsbeschreibung der an der Planung fachlich Beteiligten" laut Phase 5 in § 15 Abs. 2 HOAI, so weit das nach dem jeweiligen Vertragstyp sinnvoll ist; wegen der Pauschalierung der Vergütung entfallen z.B. alle Planungsleistungen, die mit Kostenschätzung, Kostenberechnung oder Kostenkontrolle zu tun haben. Welche Planungsleistungen im Einzelnen zu erbringen sind, ist bei guter Vertragsgestaltung auch im Einzelnen geregelt, sonst aus dem Vertragstyp zu schließen und gegebenenfalls durch Auslegung zu ermitteln.[572] Diese Planungsleistungen beim Global-Pauschalvertrag sind „selbstständig zu wertende (und eigener Gewährleistung und Verjährung zugängliche) Vertragsgegenstände ... Architektenleistungen bleiben auch dann solche Leistungen, wenn sie ... von einem Bauunternehmer übernommen werden."[573]

Auch wenn der Vertrag das nicht ausdrücklich regelt, muss der Auftragnehmer **das**, was **er** ordnungsgemäß **zu planen** hat, anschließend auch – im Rahmen der Pauschalvergütung – **bauen**.

257 Je nach Leistungsphase bestimmt sich auch, welchen durchsetzbaren Einfluss der Auftraggeber im Streitfall auf die Planung hat. Schon dann, wenn dem Auftragnehmer die Entwurfsplanung übertragen ist (Totalunter-/-übernehmer), hat der Auftraggeber nur Anspruch auf **einen** Entwurf; über Problemlösung und Gestaltung entscheidet der Auftragnehmer.[574] Erst recht hat der Auftragnehmer, der die **Ausführungsplanung** zu erbringen hat, das Recht auf Gestaltung und Entscheidung bezüglich aller nicht im Vertrag geregelten Details.[575]

258 Ist dem Auftraggeber „die Ausführungsplanung" übertragen ohne nähere Definition, so muss er auch die Leistungen der Tragwerksplanung gemäß § 64 Abs. 1 Nr. 5 ff. HOAI erbringen, insbesondere also die Anfertigung der Schal- und Bewehrungspläne.[576]

4. Bausoll Bauleistungen

259 **a) Detailregelungen innerhalb von Global-Pauschalverträgen.** Wenn ein Totalübernehmervertrag im Rahmen eines Leistungsprogramms bestimmt, dass der Fußboden im Bereich vor der Kassenzone aus poliertem Granit zu erstellen ist, steht **das** fest – es ist **geregeltes Detail**.

---

[571] *Kapellmann/Schiffers* Band 2, zu Eigenleistungen Rdn. 1413 ff., zu Sonderwünschen Rdn. 1247 ff., zum Ausschluss des freien Kündigungsrechts des Erwerbers Rdn. 1317, zu Erschließungsbeiträgen Rdn. 598, 589 und passim, jeweils mit Nachweisen.

[572] Bei *Kapellmann/Schiffers* Band 2, Rdn. 447–471 ist für **jeden** Typ des Global-Pauschalvertrages und für **alle** Leistungsphasen jeweils erörtert, welche Planungsleistungen Bausoll sind, wenn **keine** speziellen Vertragsregelungen getroffen sind.

[573] BGH BauR 1987, 702.

[574] Einzelheiten *Kapellmann/Schiffers* Band 2, Rdn. 454, 455.

[575] Näher dazu auf der Ausführungsebene Rdn. 260–262.

[576] Näher *Kapellmann/Schiffers* Band 2, Rdn. 468. Zum Ganzen: Anhang nach VOB/B, Rdn. 42–83.

Alles, was der Auftrag**geber** bei einer funktionalen oder teil-funktionalen Leistungsbeschreibung differenziert vorgibt, ist als Detail maßgebend (und muss planerisch richtig sein, dazu Rdn. 272 ff.). Deshalb sind die Angaben bei einem geotechnischen Gutachten genauso als Detail maßgebend wie die Angaben einer auftraggeberseitigen Statik. Auch dass beim öffentlichen Auftraggeber trotz einer „pauschalen Bezeichnung" ein ungewöhnliches Wagnis nicht Bausoll ist, ist geregeltes Detail.[577]

So weit sich bei der Bestimmung eines Details auftraggeberseitiger **Text** und auftraggeberseitige **Pläne widersprechen**, so geht wie beim Detail-Pauschalvertrag der vom Auftraggeber aus seiner Ausführungsplanung in die Leistungsbeschreibung umgesetzte **Text vor**.[578] Ebenso gilt der allgemeine Grundsatz, dass **Auslegungszweifel dann**, wenn der Auftrag**geber** die relevanten Dokumente verfasst hat, **zu seinen Lasten** gehen.[579]

Schwieriger ist die Frage, welchen Regelungs**umfang** die Details haben: Wenn der Auftraggeber für den Rohbau eine detaillierte Leistungsbeschreibung vorgelegt hat, für Heizung, Sanitär, Lüftung aber nur eine funktionale Anforderung auf 2 Seiten, so muss wegen letzterer Leistung der Auftragnehmer noch eine Ausführungsplanung fertigen und dann entsprechend bauen, dagegen braucht er für das differenziert ausgeschriebene Gewerk Rohbau keine ergänzenden, nicht ausgeschriebenen Leistungen – ohne Mehrvergütung – zu erbringen.[580] Der Umfang des differenziert ausgeschriebenen Bereichs bestimmt sich durch Auslegung und Heranziehung aller Vertragsbestandteile, wobei maßgebend ist, was sich als „Regelungswille" des Auftraggebers aus den Unterlagen für den Auftragnehmer darstellt. Erscheint der geregelte Bereich als Umsetzung der Detailplanung des Auftraggebers oder enthält er sogar die Detailplanung ausdrücklich, so gelten insoweit uneingeschränkt die Grundsätze des **Detail-Pauschalvertrages** (oben Rdn. 246): **Bausoll ist nur das, was näher bestimmt ist.**[581] Erwähnt der Vertrag aber z.B., dass eine auftraggeberseitige Ausführungsplanung nur teilweise erstellt ist, und ist das aus der Leistungsbeschreibung nachvollziehbar, so gilt die Vollständigkeitsvermutung nicht.

b) Die Vervollständigung von Globalelementen

aa) Öffentlich-rechtliche Bestimmungen, Baugenehmigung. So weit der Vertrag globale Leistungselemente enthält, muss der Auftragnehmer bei deren Detaillierung Vorgaben beachten, Ausführungsplanung und Ausführung müssen z.B. den öffentlich-rechtlichen Bestimmungen entsprechen. Besonders bedeutsam ist die Baugenehmigung. Ist die Baugenehmigung bei Vertragsschluss noch nicht erteilt und ist das Thema „Baugenehmigung" **nicht** Vertragsgegenstand, muss der Totalunter-/übernehmer (also auch der Projektentwickler oder Bauträger) genehmigungsfähig planen und sodann bauen; liefert der Auftrag**geber** die Entwurfsplanung, so muss sie genehmigungsfähig sein, in den Planunterlagen nicht enthaltene aber notwendig werdende Leistungen sind dann nicht Bausoll.[582] Ist eine „noch zu erteilende Baugenehmigung einschließlich aller **260**

---

[577] Oben Rdn. 114–116 mit BGH „Wasserhaltung II"; Beispiele für weitere geregelte Details beim Baugrund z.B. Rdn. 168.

[578] Oben Rdn. 104, 120, 122; das gilt für Global-Pauschalverträge ganz besonders.

[579] Oben Rdn. 243, **123**, 111; zur Auslegung insgesamt oben Rdn. 90–129.

[580] Plastisch BGH *Schäfer/Finnern* Z. 2.301 Bl. 35 ff. = BGHZ 55, 98 = BauR 1971, 124: Wenn ein Auftraggeber mit dem Auftragnehmer einen Pauschalvertrag schließt über Rohbauarbeiten einschließlich Innenputz auf der Basis eines differenzierten Leistungsverzeichnisses, gleichzeitig aber ohne Leistungsverzeichnis nur über die „erforderlichen" Erd-/Abbruch- und Unterfangungsarbeiten, so enthält der Pauschalvertrag für Rohbau und Innenputz einen Detail-Pauschalteil, dagegen für Erd-, Abbruch- und Unterfangungsarbeiten einen Komplexen Globalteil. **Besonders zu vergüten** sind (beim Rohbau) deshalb alle Arbeiten, die nicht im Vertrag enthalten **noch** zur Zeit des Vertragsschlusses aus den Unterlagen **(positiv) ersichtlich waren**. Sind sie nicht ersichtlich, sind sie nicht Bausoll, ob für das Bauwerk notwendig oder nicht. Eher noch deutlicher BGH *Schäfer/Finnern* Z 2.301 Bl. 41 ff. = BauR 1972, 118.

[581] Dazu für den Global-Pauschalvertrag *Kapellmann/Schiffers* Band 2, Rdn. 476–495.

[582] Bei offenkundigem Fehler der Entwurfsplanung kann ein fahrlässiges „Kontrollversagen" des Schlüsselfertigauftragnehmers unter Umständen dazu führen, dass er einen geringeren Teil des Mehraufwandes übernehmen muss; „Sowiesokosten" muss der Auftraggeber aber immer tragen, BGH „Schlüsselfertigbau" 1984, 395 (vgl. auch Rdn. 265). Eine Fahrlässigkeit scheidet aus, wenn über die öffentlich-rechtliche Not-

Auflagen" Vertragsbestandteil, so ist eine solche Regelung eine bei einem privaten Auftraggeber **individuell** mögliche Besondere Risikoübernahme des Auftragnehmers. Gehört zu den Vertragsunterlagen allerdings auch eine auftraggeberseitige Entwurfs- und Genehmigungsplanung, darf der Auftragnehmer davon ausgehen, dass sie richtig ist, so dass schon aus diesem Grund Abweichungen gegenüber den Entwurfsplänen trotz der Klausel zu „zusätzlichen Leistungen" führen; AGB-rechtlich ist das erst recht selbstverständlich, denn der Auftraggeber kann die Haftung für falsche Planung nicht durch AGB auf den Auftragnehmer abwälzen.[583]

261 **bb) Funktionale Notwendigkeit.** Es ist gerade Kennzeichen insbesondere des „Schlüsselfertigbaus", dass das herzustellende Werk funktionstauglich sein muss (oben Rdn. 250). Im Rahmen der Detaillierung der Globalelemente hat der mit der Ausführungsplanung beauftragte Auftragnehmer die für die Funktionsfähigkeit des Werks **notwendigen** Leistungen zu erbringen. Individuelle, also sehr stark nutzer- oder objektspezifische Funktionsnotwendigkeiten muss der Auftraggeber ausdrücklich benennen, ansonsten können sie mangels Erkennbarkeit für den Auftragnehmer nicht Bausoll werden. Insoweit geht also das Funktionserfordernis auch nicht weiter als eine individuelle Komplettheits- oder Schlüssfertigklausel (Rdn. 269 i.V.m. Rdn. 265). Beim Schlüsselfertigbau mit auftragnehmerseitiger Ausführungsplanung sind z.B. funktional notwendig

– Schallschutz bei Behandlungsräumen einer Arztpraxis[584]
– Lieferung der Beleuchtungskörper bei Zweckbauten
– Bodenaushub entfernen (!) bei schlüsselfertiger Errichtung eines Wohnhauses[585]
– Einholung notwendiger Informationen, um die Funktion z.B. einer Entwässerung sicherzustellen.[586]

262 **c) Bestimmungsrecht des Auftragnehmers im Übrigen.** So weit die Entscheidung für die Detaillierung nicht durch anderweitige Restriktionen vorgegeben ist (z.B. durch öffentlich-rechtliche (oben Rdn. 260) oder funktionale (oben Rdn. 261) oder durch die Beachtung der anerkannten Regeln der Technik), folgt aus der auftrag**nehmer**seitigen Vertragspflicht zur Planung wegen dieser Funktionsverteilung auch **das Recht des Auftragnehmers** auf **Methodenwahl** – wie immer (vgl. Rdn. 37, 38) – und bauinhaltlich auf **Entscheidung über die Detaillierung**, also über die Festlegung des Bausolls.[587] Der Auftragnehmer muss sich dabei innerhalb der auftraggeberseitigen Genehmigungsplanung bewegen; ansonsten aber hat er allein das Bestimmungsrecht, das er gemäß § 315 BGB „nach billigem Ermessen" ausüben muss. Dabei muss er auch den Vertragsinhalt gewordenen Standard des Objekts berücksichtigen.[588] Wenn es viele unterschiedliche Gestaltungsmöglichkeiten gibt, so entspricht jede davon der Billigkeit, das Auswahlermessen ist sehr weit. Nur wenn die Entscheidung „unter Beachtung der Interessenlage beider Parteien" den Rahmen des im vergleichbaren Fällen Üblichen (gewerbliche Verkehrssitte!) verlässt, ist sie nicht mehr Bausoll.[589] Die Auswahlentscheidung braucht sich z.B. bei Qualitätsanforderungen nicht im Bereich „mittlerer Art und Güte" zu bewegen.[590] Hat der Auftraggeber sich einmal

---

wendigkeit einer bestimmten Maßnahme ernsthafte Zweifel bestehen und/oder Genehmigungsbehörden die entsprechende Frage unterschiedlich beurteilen, was z.B. typisch für Brandschutzfragen ist, zutreffend OLG Hamburg NJW-RR 1989, 529.

[583] Dazu näher Rdn. 272 ff.

[584] BGH BauR 1995, 538.

[585] OLG Hamm BauR 1996, 714.

[586] BGH NZBau 2001, 446 = NJW 2001, 2167; VOB/B § 13, Rdn. 23 mit weiteren Beispielen.

[587] Näher *Kapellmann/Schiffers* Band 2, Rdn. 643–645; *Acker/Garcia-Scholz* BauR 2002, 550; *Leinemann/Schliemann* VOB/B § 2, Rdn. 257, 268. Anders wäre das, wenn – so der eher atypische Fall – der Auftrag**geber** auch beim Schlüsselfertigbau nach Vertragsschluss laut Vertrag noch die Ausführungsplanung zu liefern hätte. Solange diese sich im Rahmen bloßer Konkretisierung der Entwurfsplanung hält, begründet sie – wie beim Einheitspreisvertrag – das Bausoll, siehe Rdn. 29, 188.

[588] *Kapellmann/Schiffers* Band 2, Rdn. 647.

[589] BGHZ 41, 271; BGHZ 62, 316.

[590] *Kapellmann/Schiffers* Band 2, Rdn. 649.

entschieden, so führen davon abweichende Anordnungen des Auftraggebers zu geänderten bzw. zusätzlichen Leistungen. Der Auftragnehmer muss beweisen, dass seine Detaillierungsentscheidung der Billigkeit entspricht.[591]

5. Schlüsselfertigklausel (Komplettheitsklausel)

a) Terminologie, ähnliche Klauseln. Vorweg zur Terminologie: Klauseln, mit denen der Auftraggeber das Risiko unvollständiger (Ausführungs-)Planung und/oder unvollständiger Leistungsbeschreibung ungeachtet der im Vertrag vorgesehenen konkreten Funktionszuweisung allein dem Auftragnehmer aufbürdet, nennen wir „Komplettheitsklauseln".[592] Die Klausel **„schlüsselfertig"**, die ja volle Funktionsfähigkeit zum Gegenstand hat[593], ist eine Form der Komplettheitsklausel eben beim Schlüsselfertigbau. Indirekt als **Komplettheitsklausel** wirken auch **„Bestätigungsklauseln"**, wonach der Auftragnehmer die auftraggeberseitigen Pläne und sonstigen Unterlagen oder auch die Örtlichkeit überprüft hat und bestätigt, dass sie richtig, vollständig oder was auch immer sind (und er dafür die alleinige Verantwortung übernimmt). Solche Klauseln sind in **Allgemeinen Geschäftsbedingungen** des Auftraggebers a priori unwirksam; sie verschieben die Haftung für die Richtigkeit auftraggeberseitiger Unterlagen unzulässig auf den Auftragnehmer.[594] 263

Zur Frage, ob **„Besondere Leistungen"** durch eine Klausel in den Allgemeinen Geschäftsbedingungen des Auftraggebers generell zum Bausoll gemacht werden können siehe Rdn. 86.

Bei **öffentlich-rechtlichen Auftraggebern** ist zu beachten, dass eine einschränkende Auslegung von Globalelementen dahin geboten ist, dass der Auftragnehmer dem Auftraggeber kein außergewöhnliches Wagnis anlasten darf und will (oben Rdn. 114–118).

Die Wirksamkeit von Komplettheitsklauseln bzw. Schlüsselfertigklauseln bei Global-Pauschalverträgen ist nach unterschiedlicher Funktionsverteilung je Vertragstyp und nach Vereinbarung in Allgemeinen Geschäftsbedingungen des Auftraggebers oder individuell zu differenzieren.

b) Komplettheitsklausel beim *Einfachen* Global-Pauschalvertrag

aa) Regelfall: Auftraggeberseitige Ausführungsplanung liegt vor oder wird nachgereicht. Der **Einfache Global-Pauschalvertrag** enthält eine detailliert ausgeschriebene Leistung mit lediglich einer „aufgesetzten" Komplettheitsklausel, er unterscheidet sich also **nur** durch diese Klausel vom Detail-Pauschalvertrag.[595] Die Beurteilung einer solchen Klausel in **Allgemeinen Geschäftsbedingungen** des Auftraggebers ist deshalb identisch mit der bei Detail-Pauschalverträgen: Sie überwälzt die Verantwortung des Auftraggebers für die Vollständigkeit der von ihm beigebrachten Detaillierung funktionswidrig auf den Auftragnehmer und ist deshalb unwirksam.[596] Weil die Klausel unwirksam ist, gibt es **Einfache** Global-Pauschalverträge überhaupt **nur** dann, wenn die Vollständigkeitsklausel **individuell** vereinbart ist. Die Unwirksamkeit einer AGB-Klausel kann auch nicht dadurch unterlaufen werden, dass eine Hinweispflicht des Auftragnehmers im Angebotsstadium speziell auf Prüfung der Vollständigkeit hin statuiert wird; eine Hinweispflicht entsprechend § 4 Nr. 3 VOB/B, würde sie hier eingreifen, besteht erst **nach** Vertragsschluss.[597] Davon unberührt bleiben die allgemeinen Prüfpflichten eines jeden Bieters.[598] 264

Eine **individuell** vereinbarte Komplettheitsklausel ist wirksam; nur in dieser Form gibt es überhaupt Einfache Global-Pauschalverträge. Auch diese Klausel begründet eine Vollständigkeitsverantwortlichkeit des Auftraggebers aber nicht uneingeschränkt: Die Klausel setzt ja nicht 265

[591] BGHZ 41, 279; BGH BB 1975, 64.

[592] *Roquette* NZBau 2001, 57 nennt sie ebenso zutreffend Vollständigkeitsklauseln.

[593] Oben Rdn. 250.

[594] BGH „ECE-Bedingungen" Klausel Nr. I 15 BauR 1997, 1036; *Kleine-Möller/Merl* § 3, Rdn. 41; *Roquette* NZBau 2001, 57, 60; *Kapellmann/Schiffers* Band 2, Rdn. 557, jeweils m.w.N.

[595] Oben Rdn. 247, 244.

[596] Allgemeine Meinung, Nachweise Fn. 550.

[597] Näher oben Rdn. 108.

[598] Zu diesen allgemeinen Prüfpflichten oben Rdn. 110–122.

allgemeine Auslegungsgrundsätze außer Kraft. Deshalb bestimmt die Reichweite der Klausel sich danach, was der Auftragnehmer **nach seinem Empfängerhorizont** als Komplettheitsanforderung erkennen konnte. Komplettierungswünsche des Auftraggebers, die sich aus nicht vertraglich benannten, höchst individuellen nutzer- oder objektspezifischen Notwendigkeiten ergeben, werden nicht Bausoll.[599] Außerdem führt die Klausel nicht zu einer Haftung des Auftragnehmers für **fehlerhafte** Planung des Auftraggebers.[600]

266 **bb)Ausnahmefall: Auftragnehmerseitige Ausführungsplanung.** Hat ausnahmsweise der Auftragnehmer die Ausführungsplanung für ein Gewerk erstellt und ein Leistungsverzeichnis verfasst, wie das z.B. bei Projektierungsleistungen (Heizungsbau) vorkommt, so kann der Auftraggeber sowohl individuell wie in seinen Allgemeinen Geschäftsbedingungen wirksam regeln, dass der Auftragnehmer die Vollständigkeits- und Richtigkeitsverantwortlichkeit trägt. Das versteht sich nämlich ohnehin von selbst.[601]

c) Schlüsselfertigklausel (Komplettheitsklausel) beim *Komplexen* Global-Pauschalvertrag

267 **aa) Auftraggeberseitige Ausführungsplanung (Detaillierung) liegt bei Vertragsschluss vor.** Der Komplexe Global-Pauschalvertrag enthält entweder ganz oder teilweise nur global beschriebene Leistungselemente, er umfasst eine Gewerkezusammenfassung, Prototyp Schlüsselfertigbau (oben Rdn. 248). Die angesprochene Fallkonstellation, dass der Auftraggeber gewissermaßen ein Bündel von Einfachen Global-Pauschalverträgen vorlegt, also alle Gewerke im Detail plant und seiner **fertigen** Ausführungsplanung und Leistungsbeschreibung im Vertrag dann noch eine Schlüsselfertigklausel „aufsetzt", ist ebenso wie die Konstellation der **nach** Vertragsschluss folgenden auftrag**geber**seitigen Ausführungsplanung (unten Rdn. 270) geradezu modern geworden; ängstliche Auftraggeber wollen zwar alles selbst entscheiden, aber doch noch mit einer „Angstklausel" die Verantwortung für ihre eigene Entscheidung, jedenfalls hinsichtlich der Vollständigkeit, abschieben. Die herrschende Meinung hält bei dieser Konstellation eine solche Klausel in **Allgemeinen Geschäftsbedingungen** eines Auftraggebers für unwirksam.[602] Das ist mit Rücksicht auf die vom Auftraggeber abgeschobene Funktionsverantwortlichkeit nachvollziehbar, aber es erfasst dennoch den Kern **nicht**, weil der Unterschied zwischen Einfachem und Komplexem Global-Pauschalvertrag übersehen wird: Beim Einfachen Global-Pauschalvertrag verlangt die Komplettheitsklausel nur die Komplettheitsverantwortung des Auftragnehmers gegen die „schlicht" unvollständige Planung des Auftraggebers für ein Gewerk; das verstößt bei dieser „simplen" Konstellation gegen AGB-Recht und ist unwirksam.[603] Auch die „Schlüsselfertigklausel" bei Gewerke**gesamtheiten** verlangt Komplettleistung des einzelnen Gewerks, aber sie geht eindeutig darüber **hinaus**, denn Schlüsselfertigbau ist **mehr** als die Addition kompletter Einzelgewerke, was übrigens **jeder** Schlüsselfertigbauer sofort (leidvoll) bestätigen kann; Schlüsselfertigbau ist **zusätzlich** die Koordination aller Leistungen, die Bewältigung aller Schnittstellen und Zusammenfassung aller Teile zu **einem** funktionsfähigen Gewerk; dazu gehören also zwingend eine Planungskontrolle und eine Ausführungskontrolle zwecks Koordination und Vollständigkeit, die es **beim Einzelgewerk so nicht gibt**. Selbst bei vollständiger auftraggeberseitiger Ausführungsplanung wird mit der Zuweisung „Schlüsselfertigleistung" wenigstens noch ein Stück Planung, nämlich „Endkontrolle" und „Koordination" auf den Auftragnehmer verlagert. Weil diese Bedeutung des Begriffs „schlüsselfertig" allen Fachkreisen selbstverständlich und geläufig

---

599 OLG Oldenburg BauR 1993, 228; *Roquette* NZBau 2001, 57, 61; *Kapellmann/Schiffers* Band 2, Rdn. 517.

600 Siehe Rdn. 272; *Kapellmann/Schiffers* Band 2, Rdn. 517. Dazu auch *Schuhmann*, BauR 1998, 228.

601 Siehe dazu schon beim Detail-Pauschalvertrag Rdn. 244, beim Komplexen Global-Pauschalvertrag Rdn. 271.

602 Z.B. OLG München BauR 1990, 776; OLG München NJW-RR 1987, 661; LG München ZfBR 1990, 117; Beck'scher VOB-Kommentar/*Jagenburg* VOB/B § 2 Nr. 7, Rdn. 134; *Heiermann/Riedl/Rusam* VOB/A § 9, Rdn. 6 b; *von Westphalen/Motzke* Vertragsrecht und AGB-Klauselwerke, hier: Subunternehmervertrag, Rdn. 100; *Roquette* NZBau 2001, 57; *Markus,* in: *Markus/Kaiser/Kapellmann* AGB-Handbuch Bauvertragsklauseln, Rdn. 220; weitere Nachweise bei *Kapellmann/Schiffers* Band 2, Rdn. 522 Fn. 548.

603 Oben Rdn. 264.

ist,[604] wird einem Schlüsselfertigauftragnehmer durch die Klausel bei richtigem Verständnis nichts **Unbilliges** und nichts **Überraschendes** auferlegt. **Entgegen der herrschenden Meinung** ist die Klausel also auch in Allgemeinen Geschäftsbedingungen des Auftraggebers wirksam, aber aufgrund ihres Regelgehalts mit folgenden Einschränkungen[605]:

– Es bleibt bei dem Grundsatz: „Was näher geregelt ist, ist maßgebend".
– Die Klausel befreit den Auftraggeber nicht von seiner Verantwortung für fehlerhafte Planung.[606]
– Die Klausel verlangt nur, dass der Auftragnehmer seiner Kontrollpflicht nachkommt,[607] auf die Vollständigkeitsnotwendigkeit hinweist und die Leistung dann zwar komplettiert, aber im Regelfall gegen zusätzliche Vergütung; insoweit gelten die allgemeinen Regelungen zur Behandlung auftrag**geber**seitig mangelhafter Leistungsbeschreibung: Hat der Auftragnehmer – wie im **Regelfall** – die zur Komplettierung fehlende Leistung in der Ausschreibungsphase fahrlässig nicht erkannt – er hat keine besondere Untersuchungspflicht, auch § 4 Nr. 3 VOB/B ist in der Angebotsphase nicht anwendbar –,[608] so ist die fehlende Komplettierungsleistung zusätzliche Leistung, die der Auftraggeber gemäß § 2 Nr. 6 oder Nr. 8 Abs. 2, 3 VOB/B vergüten muss; der Auftragnehmer muss gegebenenfalls lediglich **den** Mehraufwand tragen, der aus dem verspäteten Hinweis resultiert; ohnehin muss der Auftraggeber die „Sowiesokosten" tragen.[609]

Selbst bei positiver Kenntnis des Auftragnehmers ist aber der Auftraggeber allein oder ganz überwiegend vergütungspflichtig für die Vervollständigung, wenn er **vorhandene Informationen verschwiegen** hat oder bewusst eine riskantere, billigere Lösung gewählt hat.[610] 268

Eine **individuell** vereinbarte **Komplettheitsklausel** ist wirksam. Sie ist nach den unter Rdn. 265 erwähnten Grundsätzen zu beurteilen. 269

bb) Auftraggeberseitige Ausführungsplanung (Detaillierung) wird nach Vertragsschluss vorgelegt. Heute können Auftraggeber aufgrund der Marktverhältnisse auch die Vertragsgestaltung durchsetzen, dass eine auftraggeberseitige Entwurfs- und Genehmigungsplanung Vertragsgrundlage ist, der Auftraggeber dann aber **nach** Vertragsschluss die Ausführungsplanung liefert und der Auftragnehmer dennoch „schlüsselfertig" leisten muss.Das ist für den Auftragnehmer offensichtlich hoch riskant, aber dieses Risiko ist nicht versteckt, sondern unübersehbar. Bei dieser Fallgestaltung gibt es nur einen Unterschied zur bei Vertragsschluss schon vorgelegten auftrag**geber**seitigen Ausführungsplanung (Rdn. 267), nämlich die vorrangige Prüfung dahin, ob die nachgereichte Ausführungsplanung des Auftraggebers sich im Rahmen einer Konkretisierung der Entwurfsplanung hält, nur dann wird sie Bausoll; Abweichungen begründen also 270

---

[604] Beispielhaft statt aller *Klärner/Schwörer* Qualitätssicherung im Schlüsselfertigen Bauen, unter „Besonderheiten" des Schlüsselfertigbaus S. 15–32; typisch z.B. S. 27 „Gewerkübergreifende Zusammenhänge" mit den Beispielen „Kontaktkorrosion" oder „Unverträglichkeit von Beschichtungen".

[605] Zur Erläuterung weiter dazu noch *Kapellmann/Schiffers* Band 2, Rdn. 523–530.

[606] Dazu unten Rdn. 272.

[607] Zu den näheren **Anforderungen an diese Kontrollpflicht** *Kapellmann/Schiffers* Band 2, Rdn. 527.

[608] Näher oben Rdn. 106, 107.

[609] Zur grundsätzlichen Behandlung in der Angebotsphase und dort zur selben Lösung vgl. **Rdn. 127**, sodann speziell im Zusammenhang mit „Schlüsselfertigklauseln" *Kapellmann/Schiffers* Band 2 Rdn. 528, zustimmend *Roquette* NZBau 2001, 57; *Leinemann/Schliemann* VOB/B § 2, Rdn. 292, 293. Vgl. auch OLG Koblenz NZBau 2001, 633 = BauR 2001, 1442; Revision vom BGH nicht angenommen.

Zu den „Sowiesokosten" BGH „Schlüsselfertigbau" BauR 1986, 395; OLG Hamm BauR 1991 756; OLG Düsseldorf BauR 1991, 747.

Eine Beteiligung des Auftragnehmers kann nach § 254 BGB je nach Fall **ausnahmsweise** in Betracht kommen.

Der „frivole Bieter", der die Unvollständigkeiten in der Angebotsphase **positiv erkennt**, aber schweigt, erhält dagegen nichts, *Kapellmann/Schiffers* Band 2, Rdn. 539, 509; Band 1, Rdn. 251 in Anknüpfung an BGH „Frivoler Bieter" BauR 1988, 338; ebenso BGH BauR 1992, 759, auch dazu aber oben Rdn. 128.

[610] BGH „Schlüsselfertigbau" BauR 1986, 395; *Nicklisch/Weick* VOB/B § 4, Rdn. 68; *Kapellmann/Schiffers* Band 2, Rdn. 539; siehe auch Rdn. 274.

Ansprüche des Auftragnehmer aus geänderter oder zusätzlicher Leistung.[611] Ansonsten ist die Schlüsselfertigklausel hier genauso zu behandeln wie bei Verträgen mit bei Vertragsschluss schon vorliegender auftraggeberseitiger Ausführungsplanung (oben Rdn. 267–269).

271 cc) **Auftragnehmerseitige teilweise oder vollständige Ausführungsplanung bzw. Entwurfs- und Ausführungsplanung.** Wenn der Vertrag regelt, dass der Auftragnehmer die Ausführungsplanung oder sogar die Entwurfs- und Ausführungsplanung zu erstellen hat (und demzufolge auch so zu bauen hat, Rdn. 256), versteht es sich infolge der Funktionszuweisung von selbst, dass der Auftragnehmer die „Schlüsselfertigkeit", also die Komplettheit und Funktionsfähigkeit des Objekts je nach Reichweite seiner Planungspflicht auch selbst erreichen muss. Mit anderen Worten: Wenn der Auftraggeber in **Allgemeinen Geschäftsbedingungen** oder **individuell** bei einer solchen Fallgestaltung „Schlüsselfertigkeit" oder „Komplettheit" verlangt, so regelt er nur, was ohnehin gilt. Also sind solche Klauseln hier unbedenklich.[612] Wenn der Auftrag**nehmer** in einem solchen Fall eine Leistungsbeschreibung gefertigt und zum Vertragsgegenstand gemacht hat, ist nicht sie, sondern das „Komplettheitsziel" für die Beurteilung der schlüsselfertigen Leistung maßgebend.

272 d) **Auftrag*geber*seitig fehlerhafte Planung oder Leistungsbeschreibung.** Beim Pauschalvertrag gilt, was auch sonst gilt: Jeder Beteiligte ist für die Leistung verantwortlich, die er laut Vertrag zu erbringen hat. Demzufolge sind „Mehraufwendungen, die auf **falschen** Angaben des Auftraggebers in der Leistungsbeschreibung beruhen, durch den vereinbarten (Pauschal-)Preis nicht abgegolten".[613] Wegen der Mehrkosten hat der Auftragnehmer Ansprüche gemäß § 2 Nr. 5, 6 oder 8 Abs. 2, 3 VOB/B. Das lässt sich auch nicht durch den Hinweis auf die Fachkunde des Bieters oder dessen Prüfpflicht im Angebotsstadium aushebeln. § 4 Nr. 3 VOB/B gilt ohnehin im Angebotsstadium nicht.[614] Erst recht braucht der Bieter im Angebotsstadium keine eigenen Untersuchungen anzustellen.[615] Es gelten also nur die allgemeinen Angebotsprüfpflichten. Fehler der auftrag**geber**seitigen Planung wird ein Auftragnehmer in der kurzen Angebotsfrist in der Regel nur dann bemerken müssen, wenn sie offenkundig sind.[616] Übersieht er sie in diesem Fall fahrlässig und gibt deshalb keine Hinweise im Angebotsstadium, so muss er im Regelfall für die Mehrkosten dennoch nicht aufkommen, weil richtige Ausschreibung primär Sache des Auftraggebers ist.[617] Eine Ausnahme gilt nur für den Bieter, der die Mangelhaftigkeit positiv erkannt hat, aber „frivol" geschwiegen hat.[618]

273 Selbst dann ist der Auftraggeber aber wieder allein oder ganz überwiegend vergütungspflichtig, wenn er **vorhandene** Informationen verschweigt oder bewusst eine billigere, riskante Lösung wählt.[619]

274 Der Auftraggeber kann seine Verantwortlichkeit für eigene fehlerhafte Planung, Leistungsbeschreibung oder überhaupt Angaben **nicht** in **Allgemeinen Geschäftsbedingungen** wirksam ausschließen.[620] **Individuell** kann der Auftraggeber mit dem Auftragnehmer eine derartige Haftung für fremde Fehler vereinbaren; das muss aber unmissverständlich geschehen. Eine individuelle reine Komplettheitsklausel allein bewirkt das nicht.[621]

275 Immer muss der Auftraggeber die „Sowiesokosten" tragen.[622]

---

[611] Näher oben Rdn. 29. Dazu auch *Schuhmann*, BauR 1998, 228.
[612] So auch beim Einfachen Global-Pauschalvertrag, s. Rdn. 266.
[613] BGH „Kammerschleuse" BauR 1997, 126; BGH BauR 1999, 37.
[614] Oben Rdn. 107.
[615] Oben Rdn. 106.
[616] Für die Prüfung gelten dieselben Maßstäbe wie bei Rdn. 267, vgl. zu den **Anforderungen an die Kontrollpflicht** deshalb *Kapellmann/Schiffers* Band 2, Rdn. 527.
[617] Einzelheiten oben Rdn. 127, 128.
[618] Näher oben Rdn. 126.
[619] Wie Rdn. 268; Nachweise Fn. 609.
[620] BGH „ECE-Bedingungen" Klausel Nr. 15 BauR 1997, 1036, 1037; *Roquette* NZBau 2001, 57, 60; *Kleine-Möller/Merl* § 3, Rdn. 41; *Wolff/Horn/Lindacher* § 23, Rdn. 85.
[621] Dazu oben Rdn. 265.
[622] Nachweise Fn. 609.

6. Beweislast

Vorab ist ohnehin die Beantwortung der Frage, „was unter die Pauschale fällt", in allererster Linie **Auslegungs**- und nicht Beweisfrage.[623] So weit es auf den Beweis ankommt, gilt: Beim nur individuell möglichen **„Einfachen Global-Pauschalvertrag"** (oben Rdn. 244, 247) bleibt es angesichts der Struktur des Vertrages als Detail-Pauschalvertrag mit lediglich aufgesetzter Komplettheitsklausel bei dessen Beweislastregelung (Rdn. 245). Beim **„Komplexen Global-Pauschalvertrag"** (z.B. Schlüsselfertigbau) gilt: Der Auftragnehmer muss den Regelungs**umfang** (vgl. Rdn. 259) eventueller auftraggeberseitiger Detaillierung beweisen. **Innerhalb** des Regelungsumfangs der Detaillierung gelten die Beweislastgrundsätze des Detail-Pauschalvertrages (Rdn. 245), der Auftraggeber muss also beweisen, dass eine in der Detaillierung nicht aufgeführte Leistung ausnahmsweise doch zum Bausoll gehört. Dagegen muss die richtige Ausfüllung **globaler** Leistungselemente der Auftragnehmer beweisen, er muss auch die „Billigkeit" seiner Leistungsbestimmung (Rdn. 262) beweisen.[624] 276

V. Die Störung der Geschäftsgrundlage; § 2 Nr. 7 Abs. 1 Satz 2 und 3

1. Gesetzliche Regelung, VOB-Regelung

§ 313 BGB enthält erstmals eine gesetzliche Regelung der „Störung der Geschäftsgrundlage". 277
Die Vorschrift lautet:

„(1) Haben sich Umstände, die zur Grundlage des Vertrags geworden sind, nach Vertragsschluss schwerwiegend verändert und hätten die Parteien den Vertrag nicht oder mit anderem Inhalt geschlossen, wenn sie diese Veränderung vorausgesehen hätten, so kann Anpassung des Vertrags verlangt werden, so weit einem Teil unter Berücksichtigung aller Umstände des Einzelfalles, insbesondere der vertraglichen oder gesetzlichen Risikoverteilung, das Festhalten am unveränderten Vertrag nicht zugemutet werden kann.
(2) Einer Veränderung der Umstände steht es gleich, wenn wesentliche Vorstellungen, die zur Grundlage des Vertrages geworden sind, sich als falsch herausstellen.
(3) Ist eine Anpassung des Vertrags nicht möglich oder einem Teil nicht zumutbar, so kann der benachteiligte Teil vom Vertrag zurücktreten. An die Stelle des Rücktrittsrechts tritt für Dauerschuldverhältnisse das Recht zur Kündigung."

Das ist die Kodifizierung dessen, was als Richterrecht schon ohnehin galt.

Die 1973 in die **VOB** eingefügte **Regelung zum Pauschalvertrag** in **§ 2 Nr. 7 VOB/B** lautete:

„Ist als Vergütung der Leistung eine Pauschalsumme vereinbart, so bleibt die Vergütung unverändert. Weicht jedoch die ausgeführte Leistung von der vertraglich vorgesehen Leistung so erheblich ab, dass ein Festhalten an der Pauschalsumme nicht zumutbar ist (§ 242 BGB), so ist auf Verlangen ein Ausgleich unter Berücksichtigung der Mehr- oder

---

[623] Zutreffend insbesondere *Thode* Seminar Pauschalvertrag S. 33, 40.

[624] Wie hier für differenzierende Beweislastverteilung die heute ganz herrschende Auffassung, *Thode* Seminar Pauschalvertrag, S. 39, 42; *Nicklisch/Weick* VOB/B § 2, Rdn. 85; *Vygen* Bauvertragsrecht Rdn. 848, 849; *Heiermann/Riedl/Rusam* VOB/B § 2, Rdn. 147; *Ingenstau/Korbion/Keldungs* VOB/B § 2, Nr. 7, Rdn. 4; *Werner/Pastor* Rdn. 1197.

Die Rechtsprechung des BGH zur Beweislastverteilung beim Detail-Pauschalvertrag (vgl. oben Rdn. 245, Fn. 543), wonach bei detaillierter Ausschreibung nicht genannte Leistungen „im Zweifelsfall" nicht in der Pauschale enthalten sind (und folglich der Auftraggeber das Gegenteil beweisen muss), muss offensichtlich auch dann gelten, wenn es um einen „Detail-Pauschalvertrag im Global-Pauschalvertrag" geht. Unzutreffend generell für Beweislast des Auftragnehmers Beck'scher VOB-Kommentar/*Jagenburg* VOB/B § 2 Nr. 7, Rdn. 117.

Minderkosten zu gewähren. Für die Bemessung des Ausgleichs ist von den Grundlagen der Preisermittlung auszugehen. Die Nr. 4, 5 und 6 bleiben unberührt.“

In der VOB/B 2006 ist lediglich Satz 4 als eigener Abs. 2 ausgegliedert.

Die **gesetzliche** Regelung gilt für **alle** Verträge, folglich auch für Werkverträge jeder Art, also **sowohl für Einheitspreisverträge wie für Pauschalverträge**. § 2 Nr. 7 Satz 2 und Satz 3, die auch bisher im Wesentlichen nur deklaratorische Bedeutung hatten, haben jedenfalls jetzt keine selbstständige Bedeutung mehr, sie sind aber auch **unwirksam** aus AGB-rechtlichen Gründen (siehe Rdn. 288). Die Platzierung der Sätze 2 und 3, die die Störung der Geschäftsgrundlage betreffen, vor der Spezialregelung des Satzes 4 „Nr. 4, 5 und 6 a.F. bleiben unberührt,“ hat zudem nur für Verwirrung dahin gesorgt, dass flüchtige Leser meinten, auch bei vom Auftraggeber selbst übernommenen, also teil-gekündigten Leistungen (Nr. 4), bei auftraggeberseitig geänderten (Nr. 5) oder zusätzlichen (Nr. 6) Leistungen komme es auf die Zumutbarkeitskriterien der Sätze 2 und 3 an, was nie stimmte und was auch der BGH mittlerweile völlig unmissverständlich verneint hat.[625]

Die Störung der Geschäftsgrundlage kann sowohl die **Leistungsseite** wie die **Vergütungsseite** des Vertrages betreffen: Der Leistungsinhalt kann sich unzumutbar verändern, aber bei unveränderter Leistung können sich auch nur die Kosten und damit der Preis unzumutbar ändern. Lediglich den ersten Fall (Leistungsänderung) erfasst § 2 Nr. 7 Abs. 1 Satz 2, 3 seinem eindeutigen Wortlaut nach, den zweiten Fall (reine Kostenveränderung, die zu Preisveränderungen führen könnte) dagegen nicht. Relevante unzumutbare Kostenerhöhungen ohne Leistungsänderung kommen allerdings nur in Krisenzeiten vor; alle noch so hohen normalen Preissteigerungen (ohne Leistungsänderung) führen nicht zur Störung der Geschäftsgrundlage, weder bei Pauschalverträgen noch bei Einheitspreisverträgen. In der Gerichtspraxis hat es folglich in den letzten 50 Jahren auch keinen einzigen entsprechenden Fall der puren Preisveränderung ohne Leistungsänderung auf der Basis der Störung der Geschäftsgrundlage gegeben. Dagegen spielt die unzumutbare Änderung der **Leistung** eine Rolle, allerdings praktisch nicht beim Einheitspreisvertrag, sondern – wenn auch nur in wenigen Fällen – beim Pauschalvertrag, bei dem der Auftragnehmer ja Mengenermittlungsrisiken und bei Global-Pauschalverträgen auch Auslegungs- und Vervollständigungsrisiken trägt.

2. Voraussetzungen einer unzumutbaren Leistungsänderung, § 313 Abs. 1 BGB

278 **a) Spezialregelungen vorrangig.** Der Rückgriff auf die Störung der Geschäftsgrundlage ist die „Notbremse“, alle vertraglichen oder gesetzlichen Regelungen, die die Folge von Leistungsstörungen konkret regeln, sind vorrangig, und zwar:

- Für geänderte oder zusätzliche Leistungen auf Anordnung des Auftraggebers § 2 Nr. 5, 6 und 9 VOB/B (in Verbindung mit § 2 Nr. 7 Abs. 2 VOB/B); das gilt auch für angeordnete Mehrmengen.
- Für geänderte oder zusätzliche Leistungen ohne Anordnung des Auftraggebers § 2 Nr. 8 Abs. 2, Abs. 3 VOB/B.
- Für entfallende Leistungen auf Anordnung des Auftraggebers (Kündigung) sind vorrangig § 2 Nr. 4, § 8 Nr. 1, Nr. 2–4 VOB/B und § 649 BGB.
- Für entfallende Leistungen ohne Anordnung des Auftraggebers sind vorrangig entweder § 8 Nr. 1 VOB/B analog oder § 8 Nr. 2–4 VOB/B analog.
- Für angeordnete überflüssige Leistungen innerhalb des Bausolls ist vorrangig § 4 Nr. 1 Abs. 3, 4 VOB/B

Darüber hinaus sind alle speziellen sonstigen Anspruchsgrundlagen vorrangig, also

- Ansprüche aus Verschulden bei Vertragsschluss (c.i.c.), § 311 BGB
- Ansprüche aus Behinderung (§ 6 Nr. 2, 6 VOB/B, § 642 BGB)

---

[625] Für geänderte Leistungen BGH NZBau 2002, 669 = BauR 2002, 1847 und BGH NZBau 2000, 467 = BauR 2000, 1754; für zusätzliche Leistungen BGH BauR 1995, 293. Zum Ganzen Rdn. **293**.

– Ungerechtfertigte Bereicherung (§ 812 BGB)
– Anfechtung bzw. Anfechtbarkeit (§ 119, 123 BGB).

b) Voraussetzung: Schwerwiegende Veränderung (die das Festhalten am Vertrag unzumutbar macht). Ob die Veränderung der Leistung schwerwiegend ist, lässt sich nur beurteilen, wenn man die Kostenfolge dieser Veränderung betrachtet. Ob diese Kostenfolge dann unzumutbar ist, erfordert die Aufklärung des Einzelfalls. Es gibt keinen „starre Risikogrenze in Form eines bestimmten Prozentsatzes".[626] Für die Beurteilung des Einzelfalls gibt es Anhaltspunkte, die aber wieder nicht einzeln, sondern in einer Gesamtschau bewertet werden müssen, nämlich 279

– Mehrkosten in einer Größenordnung von mehr als 20 %, bezogen auf die **gesamte** Pauschalvergütung, führen in der Mehrzahl aller Fälle zur Störung der Geschäftsgrundlage.[627]
– Immer dann, wenn die Pauschalvergütung selbst schon im Vertrag in Teilpauschalen aufgegliedert ist, genügt auch eine geringere Größenordnung als 20 % der Gesamtpauschale.[628]
– Eine Prüfung, inwieweit sich die Kostensteigerung aus der Addition vieler „Einzelpositionen" ergibt oder auf eine horrende Abweichung bei **einer** Einzelposition zurückzuführen ist, ist erforderlich; ist Letzteres der Fall, so ist einmal die Höhe dieser „Positionsabweichung" wesentlich, zum anderen sinkt dann aber immer stärker der Bezug auf die Gesamtvergütung, hier können also auch z.B. schon 10 % der Gesamtvergütung ausreichen.[629]
– Die absolute Höhe der Mehrkosten spielt ebenfalls eine Rolle; 15 Mio. €-Mehrkosten sind auch bei einem Vertrag von 300 Mio. € eine Größenordnung, die im Regelfall die Zumutbarkeitsgrenze überschreitet.

Bei dem Vergleich mit dem Vertragspreis müssen gleiche Parameter gewählt werden.[630]

c) Voraussetzung: Unvorhersehbarkeit. Weitere Voraussetzung der Störung der Geschäftsgrundlage ist, dass sich die Kosten verursachenden Umstände nach Vertragsschluss unvorhersehbar so geändert haben, dass die Parteien den Vertrag nicht oder so nicht geschlossen hätten, wenn sie die Veränderung vorausgesehen hätten. Das entspricht der bisherigen Rechtsprechung.[631] Ganz außerhalb des „erfahrungsgemäß Üblichen und Unvermeidbaren liegende Abweichungen"[632] des Bauist vom Bausoll sind vom „normalen Vertragsrisiko" nicht mehr erfasst. Entscheidend ist, was als Risiko für die Parteien bei Vertragsschluss erkennbar (nicht erkannt!) war, oder anders ausgedrückt: Maßgebend ist, was für einen **durchschnittlich sorgfältigen Baubeteiligten** als Risiko erkennbar war; fahrlässig fehlerhafte Risikobewertung schließt Ansprüche wegen Störung der Geschäftsgrundlage aus. Für die Erkennbarkeit des Risikos und die Beurteilung des zu tragenden Risikobereichs spielt es eine Rolle, ob sich die entsprechenden Anhaltspunkte ohne weiteres aus der Vertragsbeurteilung ergeben oder „verstreut" sind. Die Beurteilung der Erkennbarkeit hängt von allen Umständen des Einzelfalls ab. 280

Allerdings: Es kann sich im Sonderfall durch Vertragsauslegung ergeben und ergibt sich wegen § 9 Nr. 2 VOB/A **bei öffentlichen Auftraggebern immer**, dass **ungewöhnliche Wagnisse** erst gar nicht vom Bausoll erfasst werden, Leistungen zu deren Bewältigung also geänderte oder zusätzliche Leistungen sind und daher die Heranziehung der Störung der Geschäftsgrundlage weder 281

---

[626] BGH BauR 1996, 250.

[627] Z.B. BGH *Schäfer/Finnern* Z 2.311, Bl. 5; OLG Hamburg BB 1970, 688.

[628] *Kapellmann/Schiffers* Band 2, Rdn. 1529.

[629] So BGH VersR 1965, 803 bei einer Veränderung der Gesamtvergütung von ca. 10 %; zustimmend *Schuhmann*, BauR 1998, 228, 233 (für Anlagenbau); *Jagenburg* NJW 1986, 3179; *Zieleman* Festschrift Soergel, S. 301, 312; *Kapellmann/Schiffers* Band 2, Rdn. 1528 m.w.N. in Fn. 1674; anderer Ansicht OLG Stuttgart IBR 2000, 593 mit ablehnender Anmerkung *Schulze-Hagen*; *Vygen* BauR 1979, 375; *Kleine-Möller/Merl* § 10, Rdn. 436.

[630] Laut BGH kann z.B. der Preis für die Vertragsleistung minus Nachlass nicht mit einem Preis für die Mehrleistung ohne Nachlass verglichen werden, BauR 1996, 250 in Aufhebung von OLG Düsseldorf, OLG-Report 1995, 52. Dem ist für diesen konkreten Fall **nicht** zuzustimmen: Der Nachlass muss gerade **nicht** fortgeschrieben werden, oben Rdn. 217.

[631] BGH WM 1961, 1188; BGH BB 1964, 1397; BGH WM 1969, 64.

[632] BGH VersR 1965, 803.

erforderlich noch möglich ist,[633] wobei die Maßstäbe für die Beurteilung eines „nur“ ungewöhnlichen Wagnisses niedriger sind als die zur Beurteilung einer Störung der Geschäftsgrundlage.

282 **d) Die vertragliche oder gesetzliche Risikoverteilung.**

Außerdem ist immer zu prüfen, ob die Parteien die Möglichkeit dieses Risikoeintritts erkannt und vertraglich gerade dieses Risiko einer Partei zugeteilt haben, also geregelt haben, gerade im Falle dieses Risikoeintritts am Vertrag **festzuhalten.**[634] Dennoch kann selbst dann noch eine Störung der Geschäftsgrundlage in Betracht kommen, nur muss hier der Risikorahmen entsprechend weiter gezogen werden. Auch eine „Besondere Risikoübernahme“ schließt also die Möglichkeit der Anpassung des Vertrages wegen Störung der Geschäftsgrundlage nicht aus. Ein Pauschalpreis allein besagt ohnehin nichts über eine **besondere** Risikozuteilung.[635]

Vertraglich liegt z.B. beim Anlagenbau das Risiko des Funktionierens einer vom Auftragnehmer angebotenen neuartigen Entwicklung allein beim Auftragnehmer, so dass selbst außergewöhnliche Schwierigkeiten nicht zur Störung der Geschäftsgrundlage führen, selbst wenn auch hier in wirklich extremen Fällen die Risikogrenze überschritten sein kann.[636] Oder: Enthält der Vertrag keine gegenteilige Regelung, so ist gemäß VOB/B das Streikrisiko hinsichtlich des Zeitfaktors gemäß § 6 Nr. 2 lit b Risiko des Auftraggebers, das Risiko jedoch, für diese Zeit keinen „Behinderungsschadensersatz“ zu erhalten, das des Auftragnehmers.[637]

283 **e) Beiderseitige Fehlvorstellung, § 313 Abs. 2 BGB.** Wenn beide Parteien übereinstimmend dem Vertrag bestimmte „wesentliche Voraussetzungen zugrunde gelegt haben“, die sich aber als falsch herausstellen, wird der Vertragseinigung der Parteien der Boden entzogen. Beispiel: Der sachkundig beratene Auftragnehmer und ein Fachunternehmen geben gemeinsam ein Forschungsvorhaben in Auftrag; auf der Basis dieses Ergebnisses entwickeln sie ein spezielles Verfahren oder eine bestimmte Ausführung; nachträglich stellt sich heraus, dass das Forschungsergebnis falsch war (siehe Rdn. 288). In diese Kategorie gehört auch die beiderseitige fehlerhafte Mengenermittlung (siehe Rdn. 285). Auch hier kommt eine Störung der Geschäftsgrundlage in Betracht.

3. Typische Anwendungsfälle

a) Außergewöhnliche Mengenentwicklung

284 **aa)** Beim Pauschalvertrag trägt der Auftragnehmer das Mengenermittlungsrisiko (oben Rdn. 234–237). Also sind gerade auch unerwartete Mengenentwicklungen Risiko des Auftragnehmers. Entwicklungen aber, die „vom erfahrungsgemäß Üblichen und Unvermeidbaren“ unerkennbar abweichen und die – kostenmäßig – ein „unzumutbares“ Volumen erreichen (oben Rdn. 280), begründen eine Störung der Geschäftsgrundlage; beim **öffentlichen** Auftraggeber werden solche ungewöhnlichen Wagnisse erst gar nicht Bausoll (oben Rdn. 114, 282). Bei der Prüfung des Einzelfalls spielt es eine Rolle, ob der Auftraggeber durch missverständliche Angaben den Auftragnehmer zur Risikoübernahme geradezu verführt hat.[638]

285 **bb)** Ermitteln beide Parteien eine Menge, wird auf dieser Basis ein Pauschalpreis gebildet, unterliegen aber beide Parteien einem Irrtum, so kann das zur Störung der Geschäftsgrundlage führen, wobei gerade dann die „Unzumutbarkeit“ wesentlich stärker positionsbezogen festzustellen ist und die Unzumutbarkeitsgrenze in Bezug auf die Gesamtvergütung klar unter 10 % liegt.[639]

286 **cc)** Gibt der Auftraggeber Mengen falsch vor, so gelten die in Rdn. 237 erläuterten Grundsätze. Auch wenn der Auftragnehmer das volle Mengenermittlungsrisiko trägt, kommt je nach

[633] Grundlegend BGH „Wasserhaltung II“ BauR 1994, 236 = NJW 1999, 850 = BGH 124, 64; Einzelheiten oben Rdn. 114.
[634] Siehe Fn. 630.
[635] *Kapellmann/Schiffers* Band 2, Rdn. 1504.
[636] Näher *Kapellmann/Schiffers* Band 2, Rdn. 576 m.N.
[637] Näher VOB/B § 6 Rdn. 23, 24.
[638] Beispiel *Kapellmann/Schiffers* Band 2, Rdn. 1522, 1518.
[639] BGH NZBau 2004, 150; Kapellmann/*Schiffers* Band 2, Rdn. 1518.

Fall doch eine Störung der Geschäftsgrundlage gemäß aa) in Betracht, dies aber bei erheblich weiterem Risikorahmen.

b) Außergewöhnliche Verfahrensprobleme. Es kommt häufiger vor, dass die Parteien gemeinsam ein Verfahren festlegen, das sie beide für geeignet halten, das aber nicht funktioniert (oben Rdn. 284). Das kann zur Störung der Geschäftsgrundlage führen. Ebenso gibt es Grenzfälle dann, wenn die Parteien wegen der Kürze der Zeit ausdrücklich darauf verzichten, notwendige Erkundigungen, z.B. hinsichtlich der Bodenverhältnisse, vor Vertragsschluss einzuholen. Übernimmt der Auftragnehmer individuell das „Erkundungsrisiko", so ist er gebunden,[640] eine Störung der Geschäftsgrundlage kommt erst bei extremer Entwicklung in Betracht (oben Rdn. 283). Der Risikorahmen muss aber wesentlich enger gezogen werden, wenn die Parteien zwar das Erkundungsrisiko dem Auftragnehmer übertragen haben, aber gemeinsame Vorstellungen darüber, wie das ungefähre Ergebnis dieser Erkundungen sein kann, in den Vertrag eingeflossen sind. 287

4. Rechtsfolge Vertragsanpassung

a) Vergütungsanpassung

aa) Vergütungsanpassung ohne Rücksicht auf die Grundlagen der Preisermittlung. 288
§ 313 BGB sieht als Regelfolge der Störung der Geschäftsgrundlage die Vertragsanpassung vor, was jedenfalls beim Bauvertrag Anpassung der Vergütung bedeutet; im Ausnahmefall kommt allerdings nach der Gesetzeslage auch eine vorzeitige Lösung vom Vertrag in Betracht, was die VOB/B gerade nicht vorsieht.[641] § 2 Nr. 7 Abs. 1 Satz 2 und 3 VOB/B sehen die „Gewährung eines Ausgleichs" unter Berücksichtigung der Mehr- und Minderkosten vor. Allerdings sei für die Bemessung des Ausgleichs „von den Grundlagen der Preisermittlung" (zum Begriff Rdn. 137) auszugehen. Das war schon vor Inkrafttreten des § 313 BGB äußerst problematisch: Die Anpassung des Vertrages wegen Störung der Geschäftsgrundlage als Ausschluss von § 242 BGB hätte auch vor Inkrafttreten als Ausfluss einer zwingenden gesetzlichen Gerechtigkeitsentscheidung nicht abbedungen werden können.[642] Demzufolge konnten auch schon damals ein Vertrag oder auch Allgemeine Geschäftsbedingungen wie die VOB/B nicht vorschreiben, dass bei dieser Anpassung unter Gerechtigkeitsgesichtspunkten bestimmte Faktoren berücksichtigt werden, andere nicht. Es war also schon bisher nicht zulässig, durch Verweisung auf die Preisermittlungsgrundlagen z.B. die Fortschreibung eines Verlustes vorzuschreiben.[643] Welche Anpassung geboten ist, war und ist vielmehr unter wertender Betrachtung aller Einzelheiten zu entscheiden. Ein Verlust von 10 %, der bei einer Auftragssumme von 500.000,00 € geschäftspolitisch akzeptabel sein kann, muss nicht bei „unzumutbarer" Leistungs- und Kostenexplosion ins Existenzbedrohende fortgeführt werden, wenn es sich um viel größere Summen handelt.[644] Jedenfalls jetzt nach der gesetzlichen Regelung § 313 BGB steht fest, dass ganz allgemein eine **„Anpassung"** des Vertrages unter Zumutbarkeitgesichtspunkten verlangt werden kann und generelle Einschränkungen dieses Gebots gegen den Kernbereich der gesetzlichen Regelung verstoßen und somit wegen Verstoßes gegen § 307 BGB unwirksam sind. Sofern die VOB nicht als Ganzes vereinbart ist, bedarf das keiner weiteren Ausführung. Aber auch die angebliche Privilegierung der „VOB als Ganzes" vor einer AGB-Kontrolle einzelner Vorschriften kann unmöglich dazu führen, dass eine einzelne VOB-Regelung gegen eine Quasi-Verbotsnorm des Gesetzes verstoßen dürfte.[645] Selbst bei

---

[640] BGH „Kammerschleuse" BauR 1997, 126.

[641] Was zur Unwirksamkeit der Vorschrift mindestens wegen Verstoßes gegen § 307 BGB führt, zutreffend *Tempel* NZBau 2002, 465, 472. Vgl. Rdn. 291.

[642] Das Problem wurde aber überhaupt nicht behandelt; vgl. beispielhaft *Ingenstau/Korbion/Keldungs* VOB/B § 2, Nr. 7, Rdn. 28; *Heiermann/Riedl/Rusam* VOB/B § 2, Rdn. 153 a.

[643] So aber – unrichtig – *Heiermann/Riedl/Rusam* VOB/B § 2, Rdn. 153 a; Beck'scher VOB-Kommentar/*Jagenburg* VOB/B § 2 Nr. 7, Rdn. 77.

[644] Selbst bei geänderten oder zusätzlichen Leistungen gibt es übrigens keine „Bindung an den alten Preis" unter **allen** Umständen, vgl. oben Rdn. 215 ff. Das wird ganz vernachlässigt.

[645] Zur zu verneinenden AGB-Privilegierung der VOB „als Ganzes" siehe näher Einleitung VOB/B Rdn. 44–74 sowie § 2 Rdn. 300.

Vereinbarung der VOB als Ganzes ist der Verstoß in § 2 Nr. 7 Abs. 1 Satz 3 so gravierend, dass die **Vorschrift unwirksam** ist.

289 **bb) Die Höhe der neuen Vergütung.** In welcher Höhe anzupassen ist, hängt unmittelbar damit zusammen, ab welcher Grenze denn eine Störung der Geschäftsgrundlage anzuerkennen ist: Ist die Grenze überschritten, so ist in entsprechender Größenordnung anzupassen. Dass es keine starre Grenze gibt, dass auch keineswegs nur ein bestimmter Prozentsatz der Gesamtvergütung maßgeblich ist, sondern auch im Einzelfall eine Kombination von „positionsbezogener Betrachtung" und Anknüpfung an die Gesamtvergütung geboten ist, haben wir erörtert (Rdn. 279).

Wenn die Zumutbarkeitsgrenze überschritten ist – als Beispiel: 20 % der Gesamtvergütung – so heißt das nicht, dass die Anpassung jetzt mit genau 20 % anzusetzen wäre. Das würde bedeuten, dass der Auftragnehmer bei 19 % Überschreitung nichts und bei 21 % Überschreitung alles bekäme. So hat die Rechtsprechung zwar bisher entschieden.[646] Richtig ist aber eine gleitende Anpassung, die im Einzelfall ermittelt werden muss; in unserem Beispiel könnte man also etwa bis 7,5 % den Auftragnehmer den Mehraufwand selbst tragen lassen, von 7,5 %–15 % noch zur Hälfte, zwischen 15 und 20 % zu einem Viertel, ab 20 % nicht mehr.[647]

Die Anpassung der Vergütung wird immer einer Schätzungsbandbreite unterliegen, aber nicht ohne Anhaltspunkte, sondern in Anknüpfung – nicht in Bindung – an die Auftragskalkulation. Praktisch kann das auf die Bildung einer neuen Pauschale hinauslaufen, aber notwendig ist das nicht.[648]

290 **cc) Beweislast.** Die Darlegungs- und Beweislast für die Störung der Geschäftsgrundlage und die resultierende Anpassung der Vergütung trägt der, der sich darauf beruft.

291 **b) Kündigung.** Wenn eine Vertragspartei zu Unrecht eine Anpassung des Pauschalpreises wegen Störung der Geschäftsgrundlage verweigert, kann die andere Vertragspartei den Vertrag aus wichtigem Grund kündigen.[649]

§ 313 BGB sieht unabhängig davon vor, dass der benachteiligte Teil den Bauvertrag kündigen kann, wenn eine Anpassung des Vertrages nicht möglich oder nicht zumutbar ist. Das ist etwa für den Fall denkbar, dass die zur Überwindung der veränderten Situation notwendigen Maßnahmen die technische und/oder finanzielle Leistungskraft des benachteiligten Vertragsteils gänzlich überfordern. Dass § 2 Nr. 7 Abs. 1 Satz 2, 3 eine solche Kündigungsmöglichkeit nicht vorsieht, ändert an der Anwendbarkeit der gesetzlichen Regelung nichts (vgl. Rdn. 288).

VI. § 2 Nr. 7 Abs. 2

1. Spezialität von § 2 Nr. 7 Abs. 2 – keine „Unzumutbarkeit"

292 Die Teilkündigung durch Selbstübernahme des Auftraggebers (§ 2 Nr. 4), die freie Kündigung (§ 8 Nr. 1) und die Nachträge wegen geänderter oder zusätzlicher Leistung (§ 2 Nr. 5, 6) werden **genauso**, d.h., **ohne jede Abweichung** behandelt **wie beim Einheitspreisvertrag**; das regelt die systematisch falsch platzierte Regel des § 2 Nr. 7 Abs. 2 mit der Formulierung, dass § 2 Nr. 4, 5 und 6 auch beim Pauschalvertrag gelten. Der **einzige** praktische Unterschied zum Einheitspreispreisvertrag liegt darin, dass zur Berechnung von Ersparnissen bei freier Kündigung oder von Nachtragsvergütungen der Pauschalpreis „zerlegt" werden muss (Rdn. 294). Diese angesichts des Wortlauts und des Regelungszusammenhangs im Ergebnis **eindeutige** Schlussfolgerung hat der **BGH ebenso eindeutig bestätigt**,[650] die nahezu einhellige Lehre

---

[646] Positive Ausnahme: OLG Düsseldorf OLG-Report 1995, 52, vgl. aber Fn. 620.

[647] Zutreffend *Zielemann* Festschrift Soergel, S. 301; *Vogel/Vogel* BauR 1997, 556; anderer Ansicht *Werner/Pastor* Rdn. 2490.

[648] Anderer Ansicht *Heiermann/Riedl/Rusam* VOB/B § 2, Rdn. 153 b; *Ingenstau/Korbion/Keldungs* VOB/B § 2, Nr. 7, Rdn. 30.

[649] BGH NJW 1969, 233.

[650] Für geänderte Leistungen BGH NZBau 2002, 669 = BauR 2002, 1847 und schon NZBau 2000, 467 = BauR 2000, 1754. Für zusätzliche Leistungen BGH BauR 1995, 293.

schon immer ebenso.[651] Vor Einfügung des § 2 Nr. 7 in die VOB/B im Jahre 1973 hatte der BGH notgedrungen auf den Wegfall der Geschäftsgrundlage zurückgegriffen, um Fälle geänderter oder zusätzlicher Leistungen beim Pauschalvertrag bewältigen zu können. Dass das aber nach Einfügung des § 2 Nr. 7 im Jahre 1973 angesichts des damals neuen § 2 Nr. 7 Abs. 1 Satz 4 nicht mehr möglich und nicht mehr richtig war, haben viele Oberlandesgerichte schlicht nicht gemerkt und in **Verkennung** von § 2 Nr. 7 Abs. 1 Satz 4 bei geänderten und/oder zusätzlichen Leistungen **unrichtig „erhebliche Abweichung"** oder **„Unzumutbarkeit"** zum Teil bis in absurde Grenzen verlangt.[652] Man kann nur hoffen, dass sich das angesichts der eindeutigen und klaren Entscheidungen des BGH nicht mehr wiederholt.

Aus demselben Grund gibt es auch ebenso wie beim Einheitspreisvertrag keine prozentuale „Erheblichkeitsgrenze". Die Nachtragsvergütung z.B. für zusätzliche Leistungen setzt also **nicht** voraus, dass irgendeine Mindestgrenze, z.B. 1 % von der Vertragssumme, überschritten wird.[653] Eine entsprechende Klausel kann auch in Allgemeinen Geschäftsbedingungen des Auftraggebers **nicht** wirksam vereinbart werden.[654] **293**

2. Die Nachtragsvergütung bzw. Vergütung bei Selbstübernahme und geänderten oder zusätzlichen Leistungen der Höhe nach; Sonderprobleme beim Pauschalvertrag

Für die Vergütung bei Selbstübernahme gelten die allgemeinen Regeln,[655] für die Vergütung geänderter oder zusätzlicher Leistungen ebenfalls.[656] Einzelne Besonderheiten ergeben sich aus der Natur der Pauschalvergütung. Wie immer ist zuerst als Basis der Nachtragsberechnung die Auftragskalkulation heranzuziehen. Das kann bei Pauschalverträgen schwierig sein, weil die Auftragskalkulation nicht differenziert ist. In einem solchen Fall muss aus den jedenfalls vorhandenen „Grobelementen" eine Differenzierung „rückermittelt" werden.[657] **Weder Marktpreise**,[658] **noch Zahlungsplan**[659] bilden einen geeigneten Ausgangspunkt. Der Auftragnehmer darf und muss, wenn er keine brauchbare Auftragskalkulation erstellt hat, diese Kalkulation nachträglich plausibel aufstellen.[660] Verweigert er die Vorlage einer vorhandenen Auftragskalkulation, erhält er nichts.[661] **294**

Für **Planungskosten** beim Global-Pauschalvertrag gilt: Sofern in der Auftragskalkulation nur ein unaufgegliederter Betrag ausgewiesen ist, ist festzustellen, welche Planungsleistungen genau geschuldet werden, dann sind als Maßstab entsprechend der HOAI-Gebührentatbestände festzustellen, anschließend ist das kalkulierte Honorar im Verhältnis entsprechend umzurechnen und aufzuteilen.[662]

---

[651] *Heiermann/Riedl/Rusam* VOB/B § 2, Rdn. 155; *Kleine-Möller/Merl* § 10, Rdn. 494, 495; Beck'scher VOB-Kommentar/*Jagenburg* VOB/B § 2 Nr. 5 Rdn. 98; *Kapellmann/Schiffers* Band 2, Rdn. 1111.

[652] **Unrichtig insbesondere** OLG Brandenburg NZBau 2001, 689 mit Anmerkung *Kapellmann*; OLG München BauR 1997, 479; OLG Frankfurt NJW-RR 1986, 572; OLG Nürnberg ZfBR 1987, 155; OLG Zweibrücken BauR 1989, 746, 747; OLG Zweibrücken BauR 1994, 509; OLG Stuttgart BauR 1991, 639, erläutert jeweils bei *Kapellmann/Schiffers* Band 1, Rdn. 1111, Fn. 1200.

Richtig dagegen: KG OLG-Report 1999, 253; OLG Celle BauR 1996, 723; OLG Düsseldorf OLG-Report 1995, 252, vgl. aber Fn. 600; OLG Düsseldorf BauR 1991, 774.

[653] *Kleine-Möller/Merl* § 10, Rdn. 494; Beck'scher VOB-Kommentar/*Jagenburg* VOB/B § 2 Nr. 5, Rdn. 98; *Leinemann/Schliemann* VOB/B § 2, Rdn. 304; *Lau* ZfBR 2002, 539; *Kapellmann/Schiffers* Band 2, Rdn. 1125–1127.

[654] OLG Frankfurt NJW-RR 1986, 247; *Markus*, in: *Markus/Kaiser/Kapellmann,* AGB-Handbuch Bauvertragsklauseln, Rdn. 305; *Kapellmann/Schiffers* Band 2, Rdn. 1241.

[655] Oben Rdn. 173.

[656] Dazu oben Rdn. 213–228.

[657] Dazu in allen Einzelheiten für den Detail-Pauschalvertrag *Kapellmann/Schiffers* Band 2, Rdn. 1155–1174; für den Global-Pauschalvertrag Rdn. 1175–1187.

[658] *Kapellmann/Schiffers* Band 2, Rdn. 1178.

[659] BGH BauR 1996, 846.

[660] *Kapellmann/Schiffers* Band 2, Rdn. 1184; Band 1, Rdn. 621, 622, 1115.

[661] *Kapellmann/Schiffers* Band 2, Rdn. 1185; Band 1, Rdn. 1115, 623.

[662] Einzelheiten *Kapellmann/Schiffers* Band 2, Rdn. 1215–1218.

Die **Auftragskalkulation** ist daraufhin zu **prüfen**, ob sie alle nach Vertrag auszuführenden Leistungen und Mengen **richtig** enthält; insbesondere bei Komplexen Global-Pauschalverträgen ist die entsprechende Feststellung oft schwierig. Als richtiges Ausgangsniveau muss ein um eventuell fehlende Leistungen (oder zu viel angesetzte Leistungen!) oder Mengen korrigierter Bezugspreis ermittelt werden; auf diese Weise kann plausibel ein „Kostenniveaufaktor" ermittelt werden, mit dem die in der Auftragskalkulation angesetzten Kosten zur Ermittlung der „richtigen" Kosten multipliziert werden.[663]

295 Die so ermittelten Bezugskosten werden zur Ermittlung der Nachtragsvergütung „fortgeschrieben" (siehe oben Rdn. 220–227, dort insbesondere zum Nachunternehmereinsatz). Der neue Preis ist nicht Pauschale, im Gegenteil wird er differenziert ermittelt.

296 Ein Sonderproblem stellen so genannte **Einheitspreis**listen für geänderte oder zusätzliche oder für entfallende oder sogar für Schadensersatzansprüche aus Behinderung dar.[664]

297 Sofern ein **GU-Zuschlag** in der Auftragskalkulation ausgewiesen ist, muss er zur Ermittlung einer Nachtragsvergütung daraufhin überprüft werden, welche Elemente er beinhaltet. Zuschlagsanteile für Allgemeine Geschäftskosten sowie für (Wagnis und) Gewinn sind bei der Preisermittlung für geänderte oder zusätzliche Leistungen zu berücksichtigen, eventuelle Zuschlagsanteile für Baustellengemeinkosten jedoch nicht.[665] Sofern der GU-Zuschlag im Einzelfall auch der Abdeckung von Planungskosten dienen soll, sind diese Anteile aus der Aufschlagung geänderter oder zusätzlicher Leistung herauszunehmen, wenn zusätzliche Planungskosten als Kosten der modifizierten Leistung gesondert erfasst werden.

VII. § 2 Nr. 7 Abs. 3 – Teilpauschalen

298 § 2 Nr. 7 Abs. 3 VOB/B regelt, dass Abs. 1 und Abs. 2 (also die Gesamtregelung zum Pauschalpreis) auch für Teilpauschalen gelten, wenn nichts anderes vereinbart ist. Das ist selbstverständlich.

I. § 2 Nr. 8

I. § 2 Nr. 8 Abs. 1

1. § 2 Nr. 8 Abs. 1 Satz 1

299 § 2 Nr. 8 regelt – auch beim Pauschalvertrag[666] – die Folgen, wenn ein Auftragnehmer Leistungen **„ohne Auftrag"** oder unter **„eigenmächtiger Abweichung vom Vertrag"** ausführt, so die Formulierung in § 2 Nr. 8 Abs. 1 Satz 1. Auch diese Formulierung der VOB/B ist unglücklich. Der Auftragnehmer erbringt keine Leistungen mit oder ohne „Auftrag"; der Begriff findet sich im Auftragsrecht des BGB und hat mit dem, was die VOB meint, nichts zu tun. Der Auftragnehmer erbringt vielmehr entweder Leistungen, die er nach Vertrag schuldet, er leistet also entsprechend Bausoll, oder erbringt Leistungen, die er nicht schuldet – das ist eine Bausoll-Bauist-Abweichung. Die erstgenannte Leistung kann außerdem vertragsgerecht sein oder sie kann vertragswidrig (oder mangelhaft) sein; ist sie das, so muss sie der Auftragnehmer durch eine mangelfreie ersetzen (§ 4 Nr. 7 Abs. 1 Satz 1). Besser wäre es, die beiden Begriffe „ohne Auftrag" und „unter eigenmächtiger Abweichung vom Vertrag" zusammenfassen unter „Leistungen, die der Auftragnehmer vertraglich nicht schuldet". Gemeint sind Leistungen „außerhalb des Vertrages", also Leistungen, die der Auftragnehmer zusätzlich erbracht hat, ohne dass dafür eine Vertragsbasis besteht, mit einem Wort: Bausoll-Bauist-Abweichungen. Sie können durch (wirksame) Anordnungen des

[663] Näher *Kapellmann/Schiffers* Band 2, Rdn. 1152, 1154, 1160 ff., 1177.

[664] Einzelheiten dazu zu geänderten oder zusätzlichen Leistungen bei *Kapellmann/Schiffers* Band 2, Rdn. 1224, zu entfallenden Leistungen Band 2, Rdn. 1350, zu Behinderungsschadensersatz Band 2, Rdn. 1612.

[665] Näher *Kapellmann/Schiffers* Band 2, Rdn. 1234, 1221.

[666] BGH NZBau 2001, 496.

Auftraggebers „legitimiert“ sein, dann handelt es sich gemäß § 1 Nr. 3, § 2 Nr. 5 und § 1 Nr. 4, § 2 Nr. 6 um geänderte oder zusätzliche Leistungen. **Fehlt die Legitimation**, handelt z.B. der Auftragnehmer „eigenmächtig“, nämlich ohne Anordnung, oder ist die Anordnung unwirksam, weil z.B. der Anordnende keine Vollmacht des Auftraggebers hat, greift § 2 Nr. 8 ein.

Gemäß Satz 1 werden solche „nicht legitimierten Leistungen“ nicht vergütet, es sei denn, die Ausnahmen gemäß Nr. 2 oder die Ausnahme gemäß Nr. 3 greifen ein. Dass „nicht legitimierte“ Leistungen nicht **vergütet** werden, versteht sich von selbst; „Vergütung“ ist, wie § 2 generell und § 2 Nr. 2 VOB/B insbesondere ausweisen, die **vertragliche** Vergütung, also der Werklohn. Für Leistungen ohne **vertragliche** Grundlage kann es keine **Vertrags**vergütung geben. Das heißt aber nicht, dass es nicht anderweitigen finanziellen Ausgleich auf nicht-vertraglicher Grundlage geben kann. Ein solcher Ausgleich sind die **gesetzlichen** Ansprüche aus Geschäftsführung ohne Auftrag, oder bei unberechtigter Geschäftsführung ohne Auftrag solche aus ungerechtfertigter Bereicherung (§ 812 ff. BGB). Richtig verstanden bleiben also diese gesetzlichen Ansprüche des Auftragnehmers unbeeinflusst davon, dass der Auftragnehmer keine **Vergütungs**ansprüche nach § 2 Nr. 8 Abs. 2 oder Abs. 3 hat. Für Ansprüche aus Geschäftsführung ohne Auftrag ist das heute durch § 2 Nr. 8 Abs. 3 klargestellt. Für Ansprüche aus ungerechtfertigter Bereicherung gilt das aus den genannten Gründen. Demgegenüber meint der BGH, § 2 Nr. 8 Abs. 1 Satz 1 schließe Ansprüche aus ungerechtfertigter Bereicherung aus. Sei die VOB als Ganzes vereinbart, sei das wirksam; sei die VOB nicht als Ganzes vereinbart, sei die Vorschrift wegen Verstoßes (damals) § 9 ABGB-Gesetz (§ 307 BGB) unwirksam.[667] **Dem ist nicht zuzustimmen**. Bei richtiger Auslegung schließt § 2 Nr. 8 Abs. 1 Satz 1, wie erwähnt, Ansprüche aus ungerechtfertigter Bereicherung bei unberechtigter GOA nicht aus. Kommt man wie der BGH zum gegenteiligen Ergebnis, so verstößt § 2 Nr. 8 Abs. 1 Satz 1 VOB/B so massiv gegen tragendes Gesetzesrecht – den Bereicherungsausgleich bei Leistungen ohne Rechtsgrund –, dass die Vorschrift auch dann wegen Verstoßes gegen § 307 BGB unwirksam wäre, wenn die VOB nicht als Ganzes vereinbart ist.[668] Bei beiden Varianten gilt jedenfalls, dass § 2 Nr. 8 Abs. 1 Satz 1 VOB/B Ansprüche aus ungerechtfertigter Bereicherung bei unberechtigter GOA nicht ausschließt.[669] 300

2. § 2 Nr. 8 Abs. 1 Satz 2

Der Auftraggeber kann Beseitigung der Leistung verlangen, wenn der Auftragnehmer keinen Vergütungsanspruch hat. Der Beseitigungsanspruch setzt nicht voraus, dass das Belassen der Leistung einen Schaden darstellt. Der Auftraggeber muss die Beseitigung **verlangen**. Nach Ablauf einer angemessenen Frist kann der Auftraggeber die Leistung im Wege der Ersatzvornahme auch auf Kosten des Auftragnehmers beseitigen. 301

3. § 2 Nr. 8 Abs. 1 Satz 3

Über das Recht auf Beseitigung hinaus hat der Auftraggeber auch Anspruch auf Schadensersatz, § 2 Nr. 8 Abs. 1 Satz 3, wobei allerdings zu beachten ist, dass nach § 2 Nr. 8 Abs. 3 die Vorschriften der GOA unberührt bleiben, somit auch § 678 BGB; danach schuldet der Geschäftsführer Schadensersatz, wenn die Geschäftsführung mit dem wirklichen oder mutmaßlichen Willen des Geschäftsherrn im Widerspruch steht (unberechtigte Geschäftsführung) und der Geschäftsführer dies **erkennen** musste; kraft gesetzlicher Bestimmung genügt für die Schadensersatzhaftung also ein Übernahmeverschulden, Ausführungsverschulden ist nicht erforderlich. § 2 Nr. 8 Abs. 1 Satz 3 fordert gerade ein solches Verschulden. Im Ergebnis zieht also § 2 Nr. 8 Abs. 1 Satz 3 gerade nicht, weil die umfassendere Vorschrift des § 678 BGB vorgeht, wenn der Auftragnehmer in unberechtigter Geschäftsführung ohne Auftrag handelt – eine eher verworrene Regelung. 302

---

[667] BGH BauR 1991, 331.

[668] Das wäre dann auch ein exemplarischer Fall gegen die mangelnde Tragfähigkeit der Konstruktion der „VOB als Ganzes“, siehe Einleitung VOB/B Rdn. 44–74.

[669] Wohl aber bei berechtigter GoA, so mit Recht BGH BauR 1994, 110. Hier sind Ansprüche aus ungerechtfertigter Bereicherung aber auch überflüssig, denn der Auftragnehmer erhält ja über § 683 BGB Aufwendungsersatz (Vergütung).

II. §2 Nr. 8 Abs. 2

1. Vergütung bei nachträglichem Anerkenntnis, §2 Nr. 8 Abs. 2 Satz 1

303 Wenn der Auftragnehmer eine Leistung „ohne Auftrag“ oder „unter eigenmächtiger Abweichung vom Vertrag“[670] erbringt, erhält er dennoch Vergütung, wenn der Auftragnehmer die Leistung **„nachträglich anerkennt“**. Ein „nachträgliches“ Anerkenntnis kann nicht vor Leistungsbeginn ausgesprochen werden, dann wäre es Anordnung des Auftraggebers im Sinne von § 1, Nr. 3, 4 und § 2 Nr. 5, 6.

Dieses „Anerkenntnis“ ist kein Anerkenntnis im Sinne von § 781 BGB, sondern eine rechtsgeschäftliche Erklärung des Auftraggebers, die in Verbindung mit dem Verhalten des Auftragnehmers als Änderung bzw. Ergänzung der vertraglichen Vergütungsvereinbarung wirkt.

Als Anerkenntnis sind zu werten

- die Abnahme der (betreffenden) Leistung[671]
- Abschlagszahlungen auf die entsprechende Nachtragsrechnung[672]
- Mängelrügen bezüglich der (betreffenden) Leistung.

Kein Anerkenntnis sind

- das gemeinsame Aufmaß[673]
- der Prüfvermerk des Architekten auf der Rechnung, sofern der Architekt nicht speziell bevollmächtigt ist[674], überhaupt die Prüfung der Rechnung[675]
- das einfache „Ausführen lassen“ der Leistung ohne Protest,[676] wobei konkludente oder sogar stillschweigende Anerkenntnisse dennoch in Betracht kommen, wenn der Auftraggeber die Arbeiten „sehenden Auges“ geschehen lässt.
- das Durchstellen der Nachunternehmerrechnung seitens des Generalunternehmers gegenüber dem Auftraggeber,[677] es sei denn, der Auftraggeber akzeptiert seinerseits die Forderung.

Das Anerkenntnis bedarf nicht der Schriftform, es kann sogar konkludent abgegeben werden.[678]

2. §2 Nr. 8 Abs. 2 Satz 2

304 § 2 Nr. 8 Abs. 2 Satz 2 bestimmt, dass der Auftragnehmer bei Leistungen „ohne Auftrag“ oder „unter Abweichung vom Vertrag“ (oben Rdn. 299) dennoch Vergütung erhält, wenn die Leistung

- notwendig war
- dem wirklichen oder mutmaßlichen Willen des Auftraggebers entsprach
  und
- der Auftragnehmer sie unverzüglich dem Auftraggeber angezeigt hat.

Die Regelung gilt sowohl für geänderte wie für zusätzliche Leistungen. Die Vorschrift hat heute **keine praktische Bedeutung** mehr. 1996 ist in § 2 Nr. 8 ein neuer Absatz 3 eingefügt

[670] Dazu oben Rdn. 299.

[671] OLG Hamburg, Urteil vom 8.11.1995–13 U 44/94 –, insoweit nicht veröffentlicht.

[672] LG Berlin IBR 1999, 518; Beck'scher VOB-Kommentar/*Jagenburg* VOB/B § 2 Nr. 8, Rdn. 59; anderer Ansicht *Ingenstau/Korbion/Keldungs* VOB/B § 2, Nr. 8, Rdn. 24; OLG Hamburg IBR 1996, 366. Vgl. auch § 212 Abs. 1 Nr. 1 BGB.

[673] BGH BauR 1974, 201.

[674] OLG Düsseldorf *Schäfer/Finnern* Z. 2.300 Bl. 14; *Ingenstau/Korbion/Keldungs* VOB/B § 2, Nr. 8, Rdn. 25.

[675] BGH NZBau 2002, 153 = BauR 2002, 465.

[676] OLG Stuttgart BauR 1993, 743.

[677] So, aber unrichtig OLG Dresden, IBR 2003, 237.

[678] BGH NZBau 2002, 153.

worden. Danach erhält der Auftragnehmer Aufwendungsersatz in Form der Vergütung (siehe Rdn. 311) nach den Vorschriften der GOA. Dazu ist aber lediglich erforderlich, dass die Leistung „ohne Auftrag" oder „unter Abweichung vom Vertrag"

- interessengemäß (also nicht notwendig) war
  und
- dem wirklichen oder mutmaßlichen Willen des Auftraggebers entsprach.

Eine Anzeige ist zwar erforderlich, sie ist aber anders als bei § 2 Nr. 8 Abs. 2 Satz 2 **nicht** Anspruchsvoraussetzung. Das heißt, dass § 2 Nr. 8 Abs. 3 in Verbindung mit den Vorschriften in der GOA mit weniger (Anzeige) oder geringeren (interessengemäß) Anspruchsvoraussetzungen praktisch zum selben Ziel wie § 2 Nr. 8 Abs. 2 Satz 2 führt. Also wird kein Auftragnehmer mehr seinen Anspruch auf § 2 Nr. 8 Abs. 2 Satz 2 mit den umfangreicheren Voraussetzungen stützen, sondern nur noch auf § 2 Nr. 8 Abs. 3. Warum der DVA 1996 deshalb § 2 Nr. 8 Abs. 2 Satz 2 nicht gestrichen hat, ist unerfindlich.[679] Angesichts der geschwundenen Praxisbedeutung genügt eine knappste Kommentierung.

Eine Leistung muss **notwendig** sein. Das ist zu bejahen 305

- bei Notfällen
- wenn der vertraglich vorgesehen Erfolg **zwangsläufig** nur mit dem vom Auftragnehmer gewählten Weg zu erreichen war
- wenn der Auftraggeber selbst die Leistung für erforderlich hält, aber eine Anordnung zu ihrer Ausführung unterlässt, um so vermeintlich einer Nachtragsvergütung zu entgehen; das gilt z.B. immer, wenn der Auftraggeber behauptet, die Leistung gehöre ohnehin zum Bausoll.[680] Eine vom Auftragnehmer dem Auftraggeber aufgedrängte pure Qualitätsverbesserung ist nicht notwendige Leistung.[681]

Die Leistung muss dem wirklichen oder mutmaßlichen Willen des Auftraggebers entsprechen. 306
Das ist identisch mit § 2 Nr. 8 Abs. 3, wir erörtern es dort unter Rdn. 310.

Der Auftragnehmer muss die Leistung dem Auftraggeber unverzüglich angezeigt haben. In 307
der Einreichung eines Nachtragspreisangebots liegt die Anzeige.[682] Sie bedarf keiner besonderen Form. Unverzüglich ist die Anzeige dann, wenn sie zum frühest möglichen und zumutbaren erfolgt, im Regelfall vor Arbeitsbeginn.[683] Der Architekt ist jedenfalls dann bevollmächtigt, die Anzeige entgegenzunehmen, solange die Leistung nicht mit einem Planungsfehler oder einem Fehler bei der Objektüberwachung des Architekten zusammenhängt.[684]

Die Anzeige ist **Anspruchsvoraussetzung** – ohne unverzügliche Anzeige **kein** Anspruch aus § 2 Nr. 8 Abs. 2 Satz 2.[685]

3. § 2 Nr. 8 Abs. 2 Satz 3

§ 2 Nr. 8 Abs. 2 Satz 3 regelt sinnvoll klarstellend, dass die dem Auftragnehmer gemäß § 2 Nr. 8 308
Abs. 2 Satz 1 oder Satz 2 zustehende Vergütung entsprechend der für geänderte oder zusätzliche Leistungen gemäß Nr. 5 oder Nr. 6 errechnet wird.

[679] Zutreffend *Hofmann* BauR 1996, 640.
[680] Näher *Kapellmann/Schiffers* Band 1, Rdn. 1171.
[681] *Kapellmann/Schiffers* Band 1, Rdn. 1170; anderer Ansicht Wolkig („wird man bejahen können") *Ingenstau/Korbion/Keldungs* VOB/B § 2, Nr. 8, Rdn. 31.
[682] BGH NZBau 2001, 496.
[683] BGH BauR 1994, 625.
[684] BGH BauR 1991, 331; BGH BauR 1975, 358; *Nicklisch/Weick* VOB/B § 2, Rdn. 106; *Werner/Pastor* Rdn. 1078.
[685] BGH BauR 1991, 331; BGH BauR 1978, 314.

III. §2 Nr. 8 Abs. 3

1. Anspruch auf Aufwendungsersatz (Vergütung) nach den Vorschriften der Geschäftsführung ohne Auftrag

309 Gemäß §2 Nr. 8 Abs. 3, eingefügt 1996, bleiben „die gesetzlichen Vorschriften über die Geschäftsführung ohne Auftrag unberührt". Gemäß §683 BGB erhält der Auftragnehmer bei berechtigter Geschäftsführung ohne Auftrag Ersatz seiner Aufwendungen. Berechtigt war die GOA dann,

– wenn sie interessengemäß war
– dem wirklichen oder mutmaßlichen Willen des Auftraggebers entsprach.

Die Leistungserbringung muss also lediglich **interessengemäß** gewesen sein. Damit versteht sich von selbst, dass notwendige Leistungen (oben Rdn. 305) immer erfasst werden. Aber auch wenn die Leistung nicht notwendig war, kann sie dennoch interessengemäß gewesen sein; das Interesse des Auftraggebers ist danach zu beurteilen, ob ihm objektiv die Leistung nützlich war;[686] eine subjektive Beurteilung seitens des Auftraggebers spielt bei der Beurteilung der Interessengemäßheit einer Bauleistung im Normalfall keine Rolle. Das eigene Interesse des Auftragnehmers an der Nachtragsvergütung schließt die „Interessengemäßheit" der Leistung nicht aus.

310 Die Leistung muss weiter dem **wirklichen oder mutmaßlichen** Willen des Auftraggebers entsprechen. Der wirkliche Wille des Auftraggebers steht insbesondere dann fest, wenn der Auftraggeber die Interessengemäßheit der Leistung gar nicht bestreitet, sondern den Auftragnehmer für leistungspflichtig hält, weil er meint, die Leistung sei schon vom Bausoll umfasst. Der mutmaßliche Wille des Auftraggebers beurteilt sich danach, was der Auftraggeber bei **objektiver** Betrachtung **vernünftigerweise** entschieden hätte. Beim öffentlichen Auftraggeber kann sich die Beurteilung des mutmaßlichen Willens **im Einzelfall** daran richten, ob es sich um eine so **aufwendige** Leistung handelt, dass der Auftraggeber sie aus vorhandenen Haushaltsmitteln nicht darstellen kann.[687]

311 Auch bei der Geschäftsführung ohne Auftrag muss der Auftragnehmer, „sobald es tunlich ist", dem Auftraggeber gemäß §681 Satz 1 BGB die Übernahme der Geschäftsführung anzeigen. Diese Anzeige ist aber im Gegensatz zu der des §2 Nr. 8 Abs. 2 Satz 1 **nicht** Anspruchsvoraussetzung,[688] ihre Verletzung kann also höchstens Schadensersatzansprüche des Auftraggebers wegen verspäteter oder unterlassener Information begründen.

2. Die Höhe des Aufwendungsersatzes (Vergütung)

312 Gemäß §§683, 670 BGB erhält der Auftragnehmer Aufwendungsersatz. Handelt der Geschäftsführer wie hier immer im Rahmen seines Gewerbebetriebes, so erhält er als Aufwendungsersatz **übliche Vergütung**.[689] Bei der prototypischen Geschäftsführung ohne Auftrag, einer „Zufallsverbindung", bleibt gar keine andere Wahl, als für die Bemessung der Höhe der Vergütung auf Üblichkeitsmaßstäbe zurückzugreifen. In den hier behandelten Anwendungsfällen der GoA ist es genau umgekehrt: Zwischen den Parteien bestehen vertragliche Verbindungen, also sind auch Preisbemessungsmaßstäbe vorhanden. **Demzufolge ist es hier sachgerecht**, die **Vergütung** nach den **Maßstäben**, die auch **sonst für geänderte oder zusätzliche Leistungen gelten** zu bemessen; das hat §2 Nr. 8 Abs. 2 Satz 3 richtigerweise schon für Fälle des §2 Nr. 8 Abs. 2 geregelt. Die Vergütung wird aber auch bei §2 Nr. 8 Abs. 3 so **auf der Basis der Auftragskalkulation**

[686] OLG Köln VersR 1995, 319; Münchener Kommentar/*Seiler* BGB §683, Rdn. 4; *Palandt/Sprau* BGB §683, Rdn. 4.
[687] OLG Düsseldorf BauR 1992, 777.
[688] BGH BauR 1991, 331; Münchener Kommentar/*Seiler* BGB §681, Rdn. 9; *Palandt/Sprau* BGB §681, Rdn. 4.
[689] BGH BauR 1974, 273; BGHZ 65, 348; Münchener Kommentar/*Seiler* BGB §683, Rdn. 24, 25.

fortgeschrieben, also wie bei geänderten und zusätzlichen Leistungen.[690] Andernfalls könnte der Auftragnehmer „schlechte Preise" aufbessern und müsste sich „gute Preise" kürzen lassen. Der Bundesgerichtshof hat allerdings einmal entschieden, dass der Auftragnehmer **nur** insoweit „übliche Vergütung" schulde, als diese nicht höher sei als der Vertragspreis;[691] der BGH begründet das nicht. Da die Vergütung aus der Auftragskalkulation zu entwickeln ist, stimmt die Aussage, systemkonform allerdings nicht mit der nur negativen Einschränkung: Ist nämlich die Vergütung höher als die „übliche", so wird ebenfalls die Vergütung nach § 2 Nr. 8 Abs. 3 systemkonform nach dieser höheren Bezugsbasis bemessen.

IV. Beweislast

Der Auftragnehmer muss alle Anspruchsvoraussetzungen für § 2 Nr. 8 Abs. 2 oder Abs. 3 **313**
beweisen, also

- zuerst die Bausoll-Bauist-Abweichung, wobei die Besonderheiten beim Pauschalvertrag (Rdn. 276) zu beachten sind,
- das nachträgliche Anerkenntnis (§ 2 Nr. 8 Abs. 2 Satz 1)
  oder
- die Notwendigkeit der Leistung, den wirklichen oder mutmaßlichen Willen des Auftraggebers und die unverzügliche Anzeige (§ 2 Nr. 8 Abs. 2 Satz 2)
  oder
- die Interessengemäßheit der Leistung und den wirklichen oder mutmaßlichen Willen des Auftraggebers (§ 2 Nr. 8 Abs. 3).

J. § 2 Nr. 9

1. Das Verlangen des Auftraggebers nach Zeichnungen, Berechnungen oder anderen Unterlagen

§ 2 Nr. 9 regelt, dass der Auftraggeber Zeichnungen, Berechnungen oder andere Unterlagen, **314**
die der Auftragnehmer nicht nach dem Vertrag zu beschaffen hat, vergüten muss, wenn der Auftraggeber sie verlangt. Außerdem muss der Auftraggeber gesondert den Auftragnehmer vergüten, wenn er diesen von ihm nicht aufgestellte technische Berechnungen nachprüfen lässt. § 2 Nr. 9 ist ein Unterfall der zusätzlichen Leistung; die Vorschrift ist deshalb entbehrlich. Sie ist, obwohl das in § 2 Nr. 7 Abs. 1 Satz 4 nicht ausdrücklich erwähnt ist, auch beim Pauschalvertrag anwendbar. Weil § 2 Nr. 9 eine Zusatzleistung zum Gegenstand hat, setzt er voraus, dass die Erstellung der Zeichnungen oder sonstigen Unterlagen nicht ohnehin Bausoll ist. Ob sie Bausoll ist, bestimmt sich nach den speziellen Regeln des Vertrages, bei vereinbarter VOB/B gemäß § 1 Nr. 1 Satz 2 auch nach den Regeln der VOB/C, im sehr seltenen Sonderfall nach der gewerblichen Verkehrssitte. Zum Bausoll laut VOB/C gehören Planungsleistungen, die in der einzelnen DIN-Norm als (nicht gesondert vergütungspflichtige) **Nebenleistung** genannt sind, z.B. die Werkstattplanung des Erstellers raumlufttechnischer Anlagen gemäß Nr. 3.1.2 der DIN 18379 oder des Heizungsbauers gemäß Nr. 3.1.2 der DIN 18380. Ein seltenes Beispiel für eine Planungsleistung als Bestandteil des Bausolls laut gewerblicher Verkehrssitte ist die, dass ein Holzbauer, der eine eigene Leimbinderkonstruktion anbietet, die zugehörigen Montagepläne (kostenfrei) liefern muss.[692] Der Auftragnehmer muss die entsprechenden Zeichnungen **verlangen**. Das ist nichts anderes als die Anordnung im Sinne des § 2 Nr. 5, 6 VOB/B.[693] Der Auftragnehmer muss die Planungs-

---

[690] Ein anderes Ergebnis wäre „verfehlt", *Hofmann* BauR 1996, 640; *Kleine-Möller/Merl* § 10, Rdn. 551; näher *Kapellmann/Schiffers* Band 1, Rdn. 1181.

[691] BGH BauR 1992, 761.

[692] Ebenso Beck'scher VOB-Kommentar/*Jagenburg* VOB/B § 2 Nr. 9, Rdn. 7.

[693] Einzelheiten Rdn. 190–197.

leistungen dann ausführen, wenn sein Betrieb darauf eingerichtet ist (§ 1 Nr. 4); außerdem muss es sich um Planungsleistungen handeln, die zur Bauleistung gehören und im Verhältnis zu ihr unselbstständigen Charakter haben; „selbstständige" Architekten- oder Ingenieurleistungen, die z.B. ganzen Leistungsbildern der HOAI entsprechen, gehören nicht dazu[694], außer wenn der Vertrag dem Auftragnehmer gerade solche Planungsleistungen übertragen hat, wie z.B. beim Schlüsselfertigbau mit auftragnehmerseitiger Ausführungsplanung.

2. Die Höhe der Vergütung

315 Der Auftraggeber schuldet „übliche Vergütung", wenn nichts anderes vereinbart ist. Die HOAI hat für die baubezogenen, hier angesprochenen ergänzenden Planungsleistungen keine passenden Leistungsbilder; so weit im seltenen Fall aber ein HOAI-Leistungsbild die geforderten Leistungen annähernd richtig beschreibt, lassen sich die entsprechenden Sätze der HOAI mit einer gegebenenfalls notwendigen Anpassung heranziehen. Zur Vergütung gehört selbstverständlich auch Gewinn.[695]

K. § 2 Nr. 10 – Die Vereinbarung von Stundenlohn

1. Regelungsbereich des § 2 Nr. 10

316 § 2 Nr. 10 regelt (**nur**), dass ein Auftragnehmer lediglich dann Vergütung auf Stundenlohnbasis verlangen kann, wenn diese Vergütungsart vor Beginn der Arbeiten ausdrücklich vereinbart worden ist. Der Vergütungstyp „Stundenlohnvertrag" wird in § 5 Nr. 3 VOB/A unter Vergabegesichtspunkten näher beschrieben. **Wenn** eine Stundenlohnvereinbarung getroffen ist, beurteilen sich nach § 15 VOB/B die näheren Einzelheiten der Stundenlohnvergütung, z.B. gemäß § 15 Nr. 3 die Bedeutung von Stundenlohnzetteln. § 15 und § 2 Nr. 10 können also nicht kollidieren: Nur wenn eine Vereinbarung über die Bezahlung in Stundenlohn (§ 2 Nr. 10) getroffen ist, ist zur Beurteilung der Einzelheiten der Stundenlohnvergütung § 15 relevant. § 2 betrifft, sofern die VOB/B vereinbart ist, nach dem zweifelsfreien Wortlaut jede Art von Stundenlohnarbeit, gleichgültig, ob sie im Rahmen eines Bauvertrages nur für einen Teil der Arbeiten schon ohnehin vorgesehen ist oder ob alle Leistungen auf Stundenlohnbasis abgerechnet werden sollen.

317 Als Vergütungsvereinbarung genügt **nicht** die Regelung, dass dann, **wenn** Stundenlohnarbeiten anfallen, sie zum Preis von ... – ausgeführt werden sollen. Die Vereinbarung muss vielmehr aussagen, **welche** konkreten Arbeiten so vergütet werden sollen. Diese Vereinbarung muss laut § 2 Nr. 10 „ausdrücklich" getroffen werden. Die VOB/B will damit offensichtlich schwer kontrollierbaren Behauptungen von Auftragnehmern vorbeugen, die Bezahlung im Stundenlohn ergebe sich insbesondere angesichts der Art der Leistung von selbst; deshalb ist z.B. die Behauptung des Auftragnehmers unschlüssig, bei Umbauarbeiten sei eine Vergütung auf Stundenlohnbasis üblich oder auch anders gar nicht möglich. Eine stillschweigende oder konkludente Vereinbarung von Stundenlohnarbeiten genügt deshalb nicht.[696] Schriftform ist aber nicht erforderlich. Die Stundenlohnvereinbarung muss der Auftraggeber selbst oder ein von ihm Bevollmächtigter abschließen. Der Bauleiter des Auftraggebers ist ohne besondere Vollmacht dazu nicht bevollmächtigt,[697] ebenso wenig sein Architekt; die Ermächtigung eines Bauleiters oder Architekten, Stundenlohnnachweise abzuzeichnen, enthält nicht die Vollmacht zum Abschluss einer Stundenlohnvereinbarung.[698] Die Unterschrift unter Stundenlohnzettel **kann** im Einzel-

[694] BGH BauR 1987, 702.

[695] *Nicklisch/Weick* VOB/B § 2, Rdn. 115; *Ingenstau/Korbion/Keldungs* VOB/B § 2, Nr. 9, Rdn. 10; *Kemper* in: *Franke/Kemper/Zanner/Grünhagen* VOB/B § 2, Rdn. 222, 223.

[696] Anderer Ansicht *Dähne*, Festschrift Jagenburg, S. 97, KG IBR 1991, 322 für selbständige, nicht für angehängte Stundenlohnarbeiten. Zu deren Definition VOB/A § 5 Rdn. 35. Vgl. auch Fn. 700.

[697] BGH BauR 1974, 760.

[698] BGH NZBau 2004, 31 = BauR 2003, 1892.

fall von den Parteien nicht nur als Nachweis der Stundenzahl, sondern auch als Vereinbarung der Vergütung auf Stundenlohnbasis gemeint gewesen sein; ist das aber strittig, so scheitert der Auftragnehmer an der fehlenden **ausdrücklichen** Vereinbarung. Ohne weitere Anhaltspunkte reichen also unterschriebene Stundenlohnzettel nicht, um eine Stundenlohnvereinbarung nachzuweisen;[699] das Gegenteil muss der Auftragnehmer beweisen.

Die Stundenlohnvereinbarung muss **vor** Ausführung getroffen sein. Das ist eine überflüssige **318**
und zudem unwirksame Einschränkung: Auch wenn die Vertragsparteien sich erst während des Auftrages oder nachträglich auf eine Stundenlohnvereinbarung einigen, ist das natürlich wirksam.[700] Die anders lautende Einschränkung in § 2 Nr. 10 verstößt gegen den unbedingten Vorrang der Individualabrede (§ 305 b BGB). Die Vorschrift ist deshalb in Allgemeinen Geschäftsbedingungen des Auftraggebers unwirksam.

Eine Schriftformklausel für die Vereinbarung von Stundenlohnarbeiten ist wirksam.[701]

2. Abrechnung bei fehlender oder unwirksamer Stundenlohnabrede

Hat der Auftragnehmer (zusätzliche) Leistungen **ohne** wirksame Stundenlohnvereinbarung **319**
erbracht, so sind diese Arbeiten auf der Basis von § 2 Nr. 5, 6 oder Nr. 8 Abs. 2 oder 3 VOB/B zu vergüten, also auf der Basis fortgeschriebener Auftragskalkulation; ohne Anknüpfungspunkte in der Auftragskalkulation besteht Anspruch auf übliche Vergütung (§ 632 Abs. 2 BGB). Wenn eine solche übliche Vergütung allerdings auf Stundenlohnbasis ermittelt wird, kann auf diesem Umweg im Ergebnis doch auch eine Vergütung bei fehlender oder unwirksamer Stundenlohnabrede als übliche Vergütung auf Stundenlohnbasis ermittelt werden.

3. AGB-Recht

Entgegen dem OLG Schleswig[702] enthält § 2 Nr. 10 VOB/B keinen AGB-rechtlichen Verstoß, **320**
ausgenommen die Regelung, dass die Stundenlohnvereinbarung **vor** Ausführung getroffen sein muss (s. Rdn. 318).

§ 3 Ausführungsunterlagen

1. Die für die Ausführung nötigen Unterlagen sind dem Auftragnehmer unentgeltlich und rechtzeitig zu übergeben.

2. Das Abstecken der Hauptachsen der baulichen Anlagen, ebenso der Grenzen des Geländes, das dem Auftragnehmer zur Verfügung gestellt wird, und das Schaffen der notwendigen Höhenfestpunkte in unmittelbarer Nähe der baulichen Anlagen sind Sache des Auftraggebers.

3. Die vom Auftraggeber zur Verfügung gestellten Geländeaufnahmen und Absteckungen und die übrigen für die Ausführung übergebenen Unterlagen sind für den Auftragnehmer maßgebend. Jedoch hat er sie, soweit es zur ordnungsgemäßen Vertragserfüllung gehört, auf etwaige Unstimmigkeiten zu überprüfen und den Auftraggeber auf entdeckte oder vermutete Mängel hinzuweisen.

4. Vor Beginn der Arbeiten ist, soweit notwendig, der Zustand der Straßen und Geländeoberfläche, der Vorfluter und Vorflutleitungen, ferner der baulichen Anlagen im Baubereich in einer Niederschrift festzuhalten, die vom Auftraggeber und Auftragnehmer anzuerkennen ist.

---

[699] BGH NZBau 2004, 31 = BauR 2003, 1892; BGH BauR 1994, 760; OLG Nürnberg IBR 1999, 516; *Heiermann/Riedl/Rusam* VOB/B § 2, Rdn. 182; *Ingenstau/Korbin/Keldungs* VOB/B § 2, Nr. 10, Rdn. 4. Unrichtig, nämlich zu ungenau OLG Hamburg BauR 2000, 1491.

[700] Aber die Vereinbarung muss klar sein; eine nachträgliche konkludente oder stillschweigende Vereinbarung ist nur mit großer Vorsicht anzunehmen, BGH BauR 1994, 760. Wie hier *Dähne*, Festschrift Jagenburg, S. 97.

[701] Insoweit zutreffend OLG Zweibrücken BauR 1994, 509; *Heiermann/Riedl/Rusam* VOB/B § 2, Rdn. 182. Vgl. dazu auch oben Rdn. 208–212.

[702] OLG Schleswig IBR 2005, 414.

5. Zeichnungen, Berechnungen, Nachprüfungen von Berechnungen oder andere Unterlagen, die der Auftragnehmer nach dem Vertrag, besonders den Technischen Vertragsbedingungen, oder der gewerblichen Verkehrssitte oder auf besonderes Verlangen des Auftraggebers (§ 2 Nr. 9) zu beschaffen hat, sind dem Auftraggeber nach Aufforderung rechtzeitig vorzulegen.

6. (1) **Die in Nummer 5 genannten Unterlagen dürfen ohne Genehmigung ihres Urhebers nicht veröffentlicht, vervielfältigt, geändert oder für einen anderen als den vereinbarten Zweck benutzt werden.**

(2) **An DV-Programmen hat der Auftraggeber das Recht zur Nutzung mit den vereinbarten Leistungsmerkmalen in unveränderter Form auf den festgelegten Geräten. Der Auftraggeber darf zum Zwecke der Datensicherung zwei Kopien herstellen. Diese müssen alle Identifikationsmerkmale enthalten. Der Verbleib der Kopien ist auf Verlangen nachzuweisen.**

(3) **Der Auftragnehmer bleibt unbeschadet des Nutzungsrechts des Auftraggebers zur Nutzung der Unterlagen und der DV-Programme berechtigt.**

Schrifttum: *Helmut Bühl,* Grenzen der Hinweispflicht des Bieters, BauR 1992, S. 26–34; *Christian Döring,* Kommentierung der mit der Fassung 2002 geänderten Vorschriften der VOB/B, BauR 2002, Sonderausgabe VOB/B 2002, Heft 11 a, S. 23–25; *Ludwig Glatzel, Olaf Hofmann, Eckhard Frikell,* Unwirksame Bauvertragsklauseln nach dem AGB-Gesetz, 10. Aufl., Stamsried, 2003; *Reiner Hochstein,* Zur Systematik der Prüfungs- und Hinweispflichten des Auftragnehmers im VOB-Vertrag in: *Pastor, Walter (Hrsg.)* Festschrift für Hermann Korbion zum 60. Geburtstag am 18.6.1986, Düsseldorf, 1986; *Gisbert Kaiser,* Das Mängelhaftungsrecht in Baupraxis und Bauprozeß 8. Aufl. Heidelberg 1992; *Friedhelm Kieserling,* Mangelverantwortlichkeit mehrerer Beteiligter, NZBau 2002, S. 263; *Niels Kleine-Möller, Heinrich Merl, Winfried Oelmaier,* Handbuch des privaten Baurechts, 3. Aufl., München 2005; *Karl Larenz,* Lehrbuch des Schuldrechts, II. Band: Besonderer Teil, 1. Halbband, 13. Aufl., München 1986; *Horst Locher,* Das private Baurecht, 7. Aufl., München 2005; *Gerd Motzke,* Prüfungs-, Aufklärungs- und Überwachungspflichten des Unternehmers – Der Unternehmer auf dem Weg zum Sonderfachmann?, ZfBR 1988, S. 244, 251; ders. in: Abgrenzung der Verantwortlichkeit zwischen Bauherrn, Architekt, Ingenieur und Sonderfachleuten, BauR 1994, S. 47–56; *Max Schmalzl,* Zur Feststellungspflicht nach § 3 Ziff. 4 VOB/B, BauR 1970, S. 203–205; *Carl Soergel,* Die quotenmäßige Mangelverantwortung der Bauvertragsparteien, ZfBR 1995, S. 165–168; *Klaus Vygen,* Bauvertragsrecht nach VOB: Grundwissen, 4. Aufl., Düsseldorf 2004.

Übersicht

A. Allgemeines

I. Bedeutung und systematische Einordnung der Vorschrift

In § 3 VOB/B werden die Rechte und Pflichten der Vertragsparteien in Bezug auf Ausführungsunterlagen geregelt. Diese Ausführungsunterlagen wiederum geben den **Ausführungswunsch des Auftraggebers** während der **Planung** als geistiger Vorstufe der eigentlichen Bauausführung wieder[1] und sind damit grundsätzlich unverzichtbarer Bestandteil der notwendigen Vorberei- 1

[1] Beck'scher VOB-Kommentar VOB/B/*Hofmann* vor § 3 VOB/B Rdn. 1; Ingenstau/Korbion, B *Döring*, § 3 Rdn. 1; Heiermann/Riedl/Rusam, B *Riedl* § 3 Rdn. 1.

tungshandlungen. Neben der konkreten Ausgestaltung des Ausführungswunsches des Auftraggebers wird durch eine sorgfältige Planung auch die notwendige **Abstimmung** und **Koordination** der einzelnen Gewerke miteinander erst möglich.[2]

Die Vorschrift des § 3 VOB/B geht dabei von dem in **§ 642 BGB** bereits festgelegten Grundsatz aus, dass der Auftraggeber verpflichtet ist, dem Auftragnehmer brauchbare und einwandfreie, d.h. fehlerfreie Pläne und Ausführungsunterlagen zur Verfügung zu stellen. Hierzu zählen auch sonstige Entscheidungen im weiteren Sinne, d.h. möglicherweise auch mündliche Entscheidungen auf der Baustelle, die erforderlich sind, um dem Auftragnehmer einerseits die nötige Ausführungsgrundlage zu schaffen, andererseits aber auch die Abstimmungen der einzelnen Gewerke gegebenenfalls mehrerer Unternehmer während der Bauausführung so zu gewährleisten, dass eine möglichst reibungslose Ausführung für alle Beteiligten möglich wird. Der Auftraggeber schuldet dementsprechend sowohl eine **einwandfreie, d.h. fehlerfreie Planung** als auch eine ausreichende **Koordination** der Beteiligten.[3]

Da § 3 VOB/B diese aus § 642 BGB abgeleiteten Grundsätze lediglich konkretisiert, bestehen die vorstehend genannten Pflichten auch im Rahmen eines Bauvertrages alleine unter Zugrundelegung des BGB (vgl. § 642 und § 645 Abs. 1 BGB).[4]

In zeitlicher Hinsicht wird dabei weder in § 642 BGB noch in § 3 VOB/B eine besondere Differenzierung vorgenommen. § 3 VOB/B legt lediglich fest, dass die für die Ausführung benötigten Unterlagen vom Auftraggeber **rechtzeitig** zu übergeben sind. Gerade bei Unstimmigkeiten kann es in diesem Zusammenhang erforderlich sein, dass der Auftraggeber oder sein Erfüllungsgehilfe kurzfristig Anordnungen auf der Baustelle trifft, um der dem Auftraggeber obliegenden Pflicht zur rechtzeitigen Bereitstellung einwandfreier Ausführungsunterlagen gerecht zu werden.[5]

II. Systematische Unterscheidung der Pflichten nach § 3 und § 4 VOB/B-Durchbrechung des Trennungsprinzips

2 Systematisch trennt dabei die VOB/B strikt zwischen den Verantwortungsbereichen der Beteiligten.[6] Während § 3 VOB/B im wesentlichen die Pflichten des Auftraggebers im Rahmen der Planung als Vorstufe der Bauausführung regelt[7], bestimmt § 4 VOB/B im wesentlichen die Pflichten des Auftragnehmers im Rahmen der Bauausführung.[8] Dieser in der VOB/B verankerte Trennungsgrundsatz der beschriebenen Pflichten kann durch wirksame Vereinbarungen der Parteien auch durchbrochen werden. So ist es gerade für den Bereich des **Schlüsselfertigbaues** kennzeichnend, dass der Auftragnehmer **Planungsaufgaben** übernimmt und damit entweder ganz oder teilweise in die Rolle des Auftraggebers in Bezug auf die Pflichten des § 3 VOB/B eintritt.[9]

Wie weit der Auftragnehmer Planungspflichten übernimmt und ob diese Übernahme von Planungsverantwortung wirksam ist, richtet sich nach dem jeweiligen Einzelfall. Ausgangspunkt für eine Beurteilung der Übernahme von Planungsverantwortung im Rahmen von Allgemeinen Geschäftsbedingungen ist dabei neben der Frage der Einwirkungsmöglichkeit auf Planungsinhalte stets

[2] Heiermann/Riedl/Rusam, B *Riedl* § 3 Rdn. 1.

[3] BGH NJW 1972, 447; BGH NJW 1984, 1676; BGH NJW 1985, 2475; OLG Düsseldorf MDR 1984, 756; OLG Köln BauR 1992, 804; OLG Köln BauR 1995, 243; Beck'scher VOB-Kommentar VOB/B/*Hofmann* vor § 3 VOB/B Rdn. 3; Ingenstau/Korbion, B *Döring*, § 3 Rdn. 2; Heiermann/Riedl/Rusam, B *Riedl* § 3 Rdn. 1; Kleine-Möller/Merl/Oelmaier § 9 Rdn. 18, § 10 Rdn. 470; Palandt/*Sprau* § 631 BGB, Rdn. 25; § 642 BGB Rdn. 1 und 4; *Werner/Pastor* Der Bauprozess Rdn. 2458; *Kieserling* NZBau 2002, 263.

[4] BGH NJW 1972, 447; Heiermann/Riedl/Rusam, B *Riedl* § 3 Rdn. 1.

[5] Beck'scher VOB-Kommentar VOB/B/*Hofmann* vor § 3 VOB/B Rdn. 4.

[6] *Motzke* ZfBR 1988, 244, 246; ders. BauR 1994, 47; *Soergel* ZfBR 1995, 165; Beck'scher VOB-Kommentar VOB/B/*Hofmann* vor § 3 VOB/B Rdn. 13; Heiermann/Riedl/Rusam, B *Riedl* § 3 Rdn. 1.

[7] Vgl. Fn. 3.

[8] *Soergel* ZfBR 1995, 165; Beck'scher VOB-Kommentar VOB/B/*Hofmann* vor § 3 VOB/B Rdn. 13; Heiermann/Riedl/Rusam, B *Riedl* § 3 Rdn. 1.

[9] Beck'scher VOB-Kommentar VOB/B/*Hofmann* vor § 3 VOB/B Rdn. 14, 15; Heiermann/Riedl/Rusam, B *Riedl* § 3 Rdn. 1.

auch der in § 3 VOB/B konkretisierte Grundsatz, wonach es zunächst ohne wirksame vertragliche Vereinbarung bei der Planungspflicht und Planungsverantwortung des Auftraggebers bleibt.

Möglich ist auch, dass der Auftragnehmer ohne ausdrückliche vertragliche Vereinbarung durch die Unterbreitung eines **Sondervorschlages** Planungsverantwortung übernimmt.[10] Dies kann sowohl vor Vertragsabschluss durch die Unterbreitung einer eigenen Schnittstellenlösung im Sinne von § 10 Nr. 5 Abs. 4 VOB/A erfolgen[11] als auch im Laufe der Bauausführung, typischerweise im Rahmen der Anmeldung technischer Bedenken gem. § 4 Nr. 3 VOB/B. Wegen der sich ergebenden Übernahme der Planungsverantwortung und der damit einhergehenden systematischen Verschiebung von Auftraggeberverpflichtungen ist dem Auftragnehmer anzuraten, bei der Unterbreitung von Sondervorschlägen vorher eine genaue Risikoanalyse und Kosten-Nutzenbetrachtung durchzuführen.

III. Systematische Unterscheidung zwischen den Nr. 1–4 einerseits und den Nr. 5 und 6 andererseits

Die Regelungsinhalte der Nr. 1–4 unterscheiden sich systematisch von denen der Nr. 5–6. 3
Während die Nr. 1–4 die Pflichten des Auftraggebers in Bezug auf die von ihm zu liefernde Planung und Koordination konkretisieren[12], behandeln die Nr. 5 und 6 die **Ausnahmefälle,** in denen der Auftragnehmer im Einzelfall Ausführungsunterlagen zu beschaffen oder zu überprüfen hat.[13] Die Vorschrift des § 3 Nr. 6 regelt dabei spezielle Urheberrechts- und Verwendungsfragen in Bezug auf die Unterlagen gem. § 3 Nr. 5 VOB/B. Soweit den Nr. 3 und 4 bestimmte Überprüfungs- oder Mitwirkungspflichten des Auftragnehmers zu entnehmen sind, ändert dies nichts am Ausgangspunkt der Pflichtenverteilung, die im Rahmen der genannten Vorschriften grundsätzlich beim Auftraggeber liegt.[14]

IV. Planungsbeteiligte als Erfüllungsgehilfen des Auftraggebers

Häufig bedient sich der Auftraggeber zur Erfüllung der ihm obliegenden Pflichten nach § 3 4
bzw. auch § 4 VOB/B der Hilfe von planenden und/oder bauüberwachenden Architekten oder Ingenieuren. Nach § 278 BGB handelt es sich bei diesen Personen jeweils um **Erfüllungsgehilfen** des Auftraggebers, mit der Folge, dass sich der Auftraggeber ein etwaiges **Verschulden** dieser Personen als eigenes Verschulden **zurechnen** lassen muss.[15]

Neben den vorgenannten Architekten- oder Ingenieuren kommen auch die mit der **Vermessung und Absteckung** des Baufeldes beauftragten **Vermessungsingenieure** oder bauplanenden Architekten[16] sowie **Statiker** als Erfüllungsgehilfen in Betracht, soweit eine messbar eigene Statikerleistung erbracht wird.[17] Auch besondere Leistungen, die z.B. zur Aufstellung eines Leistungsverzeichnisses und Ablaufplanes im Bereich von Heizungs-, Sanitär- oder Elektroarbeiten von **Sonderfachleuten** erbracht werden, unterfallen der Vorschrift des § 278 BGB.[18]

---

[10] Beck'scher VOB-Kommentar VOB/B/*Hofmann* vor § 3 VOB/B Rdn. 16.

[11] Heiermann/Riedl/Rusam, A § 25 Rdn. 80; Beck'scher VOB-Kommentar VOB/B/*Hofmann* vor § 3 VOB/B Rdn. 16 m.w.N.

[12] Ingenstau/Korbion, B *Döring*, § 3 Rdn. 2; Beck'scher VOB-Kommentar VOB/B/*Hofmann* vor § 3 VOB/B Rdn. 3; Heiermann/Riedl/Rusam, B *Riedl* § 3 Rdn. 1.

[13] Heiermann/Riedl/Rusam, B *Riedl* § 3 Rdn. 1; Ingenstau/Korbion, B *Döring* § 3 Rdn. 2.

[14] Vgl. hierzu ausführlich Fn. 1.

[15] BGH BauR 1984, 395; Ingenstau/Korbion, B *Döring* § 3 Rdn. 5; Beck'scher VOB-Kommentar VOB/B/*Hofmann* vor § 3 VOB/B Rdn. 91; Heiermann/Riedl/Rusam, B *Riedl* § 3 Rdn. 9.

[16] BGH BauR 1973, 321; Ingenstau/Korbion, B *Döring* § 3 Rdn. 6; Heiermann/Riedl/Rusam, B *Riedl* § 3 Rdn. 9.

[17] BGH VersR 1967, 260; OLG Düsseldorf NJW 1974, 704 (Architektenvertrag); Ingenstau/Korbion, B *Döring*, § 3 Rdn. 7; Beck'scher VOB-Kommentar VOB/B/*Hofmann* vor § 3 VOB/B Rdn. 91.

[18] Beck'scher VOB-Kommentar VOB/B/*Hofmann* vor § 3 VOB/B Rdn. 91; Ingenstau/Korbion, B *Döring* § 3 Rdn. 7.

Bei größeren Projekten wird die Funktion des bauleitenden Architekten häufig durch sogenannte „Termin- oder Projektsteuerer" ganz oder teilweise ersetzt. Da den Auftraggeber grundsätzlich die **Koordinierungspflicht** trifft,[19] sind auch diese Personen insoweit Erfüllungsgehilfen des Auftraggebers,[20] es sei denn, die Koordinierungspflicht wurde durch vertragliche Vereinbarung entsprechend auf den Auftragnehmer verlagert.

5 Unabhängig von der Frage, ob und wenn ja inwieweit ein Verschulden Dritter dem Auftraggeber zugerechnet werden kann, ist selbstredend zu beachten, dass neben den Pflichten des Auftraggebers auch den Auftragnehmer Prüfungspflichten gem. § 3 Nr. 3 VOB/B insbesondere aber gem. § 4 Nr. 3 VOB/B treffen.[21] Verletzt der Auftragnehmer hier seine Pflichten, so ist bei verschuldensabhängigen Schadensersatzansprüchen § 254 BGB (**Mitverschulden**) zu berücksichtigen, so dass eine der Sachlage, d.h. den Verursachungsbeiträgen unter Berücksichtigung der Bewertung von Primär- und Sekundärpflichten angemessene Quotelung des Schadens zu erfolgen hat.[22] Bei **nichtverschuldensabhängigen Mängelbeseitigungsansprüchen** wird die Vorschrift des § 254 BGB dabei mittelbar über § 242 BGB als allgemein gültiger Rechtsgedanke zur Anwendung gebracht.[23]

6 Die vorstehend genannte Bewertung der Haftung für Erfüllungsgehilfen des Auftraggebers gilt im übrigen auch insgesamt innerhalb einer **Auftraggeber-Auftragnehmerkette**. Beschäftigt also z.B. der Bauherr nicht mehrere Unternehmer, sondern einen Generalunternehmer, so sind zunächst die Planer bzw. Sonderfachleute des Bauherrn seine Erfüllungsgehilfen. Der Generalunternehmer seinerseits ist Bauherr gegenüber seinen Nachunternehmern und schuldet jeweils richtige Planung und hinreichende Koordination. Erfüllt der Bauherr die gegebenenfalls durch seine Erfüllungsgehilfen zu erfüllenden Pflichten nicht, schlägt dies bis auf den Nachunternehmer durch, d.h. es haftet zunächst der Bauherr gegenüber dem Generalunternehmer, dann aber auch der Generalunternehmer gegenüber seinen Nachunternehmern, soweit sie betroffen sind.[24] Diese Kette lässt sich entsprechend auch verlängern.[25]

V. Pflichten des Auftragnehmers zur Unterstützung

7 So sehr § 3 VOB/B die Pflichten des Auftraggebers im Vordergrund sieht, gilt es doch zu beachten, dass es Pflichten des Auftragnehmers zur Unterstützung des Auftraggebers bei der Erfüllung der ihm obliegenden Pflichten gibt. Dies gilt insbesondere dann, wenn der Auftraggeber im Rahmen seiner Koordinationspflicht darauf angewiesen ist, mehrere fachlich Beteiligte so aufeinander abzustimmen, dass es nicht zu Behinderungen oder sonstigen Schäden kommt. *Döring*[26] weist in diesem Zusammenhang zu Recht darauf hin, dass es deshalb vom Auftraggeber verlangt werden kann, dass der Auftragnehmer an Baustellenbesprechungen, d.h. Abstimmungsgesprächen mit Dritten, teilnehmen muss, um dem Auftraggeber die Erfüllung der ihm obliegenden Pflicht erst möglich zu machen. Kommt der Auftragnehmer der ihm obliegenden Unterstützungspflicht nicht oder nicht hinreichend nach, kann dies zu einer Haftung, jedenfalls einer Mithaftung gem. § 254 BGB führen.[27]

---

[19] BGH NJW 1972, 447; OLG Düsseldorf BauR 1992, 665, 668; Beck'scher VOB-Kommentar VOB/B/*Hofmann* vor § 3 VOB/B Rdn. 93 m.w.N.

[20] Beck'scher VOB-Kommentar VOB/B/*Hofmann* vor § 3 VOB/B Rdn. 93.

[21] Vgl. hierzu die Kommentierungen zu Rdn. 33–43 bzw. § 4 Nr. 3 VOB/B.

[22] BGH NJW 1972, 447; BGH NJW 1984, 1676; BGH NJW 1985, 2475; BGH NJW 1987, 644; OLG Stuttgart BauR 1995, 850; *Vygen* Bauvertragsrecht Rdn. 580–582; *Soergel* ZfBR 1995, 165; Beck'scher VOB-Kommentar VOB/B/*Hofmann* vor § 3 VOB/B Rdn. 92; Ingenstau/Korbion, B *Döring* § 3 Rdn. 5.

[23] Beck'scher VOB-Kommentar VOB/B/*Hofmann* vor § 3 VOB/B Rdn. 92.

[24] BGH NJW 1987, 644; Palandt/*Sprau* § 642 BGB Rdn. 4; Beck'scher VOB-Kommentar VOB/B/*Hofmann* vor § 3 VOB/B Rdn. 97.

[25] Beck'scher VOB-Kommentar VOB/B/*Hofmann* vor § 3 VOB/B Rdn. 98.

[26] Ingenstau/Korbion, B *Döring* § 3 Rdn. 8.

[27] Beck'scher VOB-Kommentar VOB/B/*Hofmann* vor § 3 VOB/B Rdn. 90; vor dem 1.1.2002 im Rahmen einer positiven Vertragsverletzung, nach dem 1.1.2002 gem. § 280 BGB.

VI. Rechtliche Qualifikation der Pflichten des § 3 VOB/B und die Rechtsfolgen ihrer Verletzung

Die rechtliche Qualifikation der dem Auftraggeber gem. § 3 VOB/B obliegenden Pflichten wird streitig beurteilt, wobei es sowohl die Erfassung des Streites als auch dessen Beurteilung erschwert, dass die am Streit Beteiligten in der Terminologie nicht stringent sind,[28] eine Unterscheidung sich vielmehr in erster Linie an den zugestandenen Rechtsfolgen festmachen lässt. Im Einzelnen: 8

1. Gläubigerobliegenheiten

Einig ist man sich zunächst darin, dass die in § 3 VOB/B festgehaltenen Pflichten des Auftraggebers als Konkretisierung des gesetzlich normierten Grundsatzes gem. § 642 BGB vom Ausgangspunkt her jedenfalls sogenannte **Gläubigerobliegenheiten** darstellen.[29] Dass die VOB/B hier nicht von den Vorstellungen des BGB abweicht, ergibt z.B. ein Vergleich des systematisch mit § 3 VOB/B verbundenen § 9 Nr. 1 lit. a VOB/B, wo von **„obliegenden Handlungen"** und **„Annahmeverzug"** die Rede ist.[30] Die Verletzung, d.h. entweder die ganz oder teilweise bzw. endgültige oder temporäre Nichterfüllung der dem Auftraggeber obliegenden Pflichten führt neben den in der VOB/B geregelten Rechtsfolgen (§ 6 Nr. 1/§ 6 Nr. 2 und § 6 Nr. 6 VOB/B bei Verschulden; § 9 Nr. 1 a VOB/B) jedenfalls zur Anwendbarkeit der Regeln über den Annahmeverzug gem. den §§ 293 ff. BGB bzw. § 642 BGB, soweit diese Regeln nicht durch vorrangige Regeln der VOB/B verdrängt werden.[31] 9

2. Mitwirkungspflichten als Vertragspflichten

Einigkeit besteht auch noch darin, den in § 3 VOB/B beschriebenen Pflichten den Charakter von Mitwirkungspflichten als echte Vertragspflichten jedenfalls insoweit zukommen zu lassen, als deren Verletzung Schadensersatzansprüche aus positiver Vertragsverletzung[32] bzw. § 280 Abs. 1 BGB[33] bei Vorliegen eines entsprechenden Verschuldens auslösen kann.[34] Zu Recht weist dabei *Döring*[35] darauf hin, dass sich durch die Einführung des neuen § 280 Abs. 1 BGB für diese Fallgestaltung die bis dahin vorgenommene Differenzierung zwischen Mitwirkungs- und Schuldnerverpflichtungen erübrigt hat, da § 280 Abs. 1 BGB nicht mehr zwischen Haupt- und Nebenpflichten unterscheidet, sondern ausschließlich auf eine Pflichtverletzung als solche abstellt. Die Einigkeit endet allerdings bei der Frage, ob den in § 3 VOB/B beschriebenen Pflichten über die Möglichkeit der Geltendmachung von Schadenersatz wegen positiver Vertragsverletzung bzw. § 280 Abs. 1 BGB hinaus der Charakter als echte vertragliche Nebenpflichten zugesprochen werden soll. 10

a) Keine selbständige Einklagbarkeit der Pflichten gem. § 3 VOB/B. Nach Auffassung der Rechtsprechung und eines Teiles der Literatur kommt den Pflichten nach § 3 VOB/B über die Möglichkeit der Geltendmachung von Schadensersatz wegen positiver Vertragsverletzung bzw. 11

---

[28] Staudinger/*Peters* § 642 BGB, Rdn. 17.

[29] RGZ 54, 98; BGHZ 11, 80; 50, 175; BGH NJW 1985, 2475; BGH BauR 1986, 203; *Larenz* II 1, 370; Staudinger/*Peters* § 642 BGB Rdn. 17 unter Hinweis auf Mot. II 495; Prot, II, 328 zu § 643 BGB; MüKo *Soergel* § 642 BGB Rdn. 2; Palandt/*Sprau* § 642 BGB Rdn. 2; Beck'scher VOB-Kommentar VOB/B/*Hofmann* vor § 3 VOB/B Rdn. 31; Heiermann/Riedl/Rusam, B *Riedl* § 3 Rdn. 7; Ingenstau/Korbion, B *Döring*, § 3 Rdn. 2.

[30] Hierauf weist zu Recht *Hofmann* in Beck'scher VOB-Kommentar VOB/B vor § 3 VOB/B Rdn. 31 hin.

[31] Kleine-Möller/Merl/Oehlmaier § 10 Rdn. 467, 468 und 470; Beck'scher VOB-Kommentar VOB/B/*Hofmann* vor § 3 VOB/B Rdn. 31.

[32] Bis zum 31.12.2001.

[33] Ab dem 1.1.2002.

[34] BGHZ 11, 80; 50, 175; Heiermann/Riedl/Rusam, B *Riedl* § 3 Rdn. 7; Ingenstau/Korbion, B *Döring* § 3 Rdn. 2; Beck'scher VOB-Kommentar VOB/B/*Hofmann* vor § 3 VOB/B Rdn. 32; Kleine-Möller/Merl/Oehlmaier § 10 Rdn. 469, *Werner/Pastor* Der Bauprozess Rdn. 1773:

[35] *Döring* in: BauR Sonderausgabe VOB/B 2002 § 3 S. 24.

Erfüllung der Tatbestandsvoraussetzungen des § 280 Abs. 1 BGB hinaus kein Charakter als echte Vertragspflichten zu.[36] Sie sollen dementsprechend auch **nicht selbständig einklagbar** sein.[37]

Begründet wird dies zum einen mit der systematischen Einordnung der Pflichten nach § 642 BGB als Gläubigerobliegenheiten, die durch § 3 VOB/B nur konkretisiert werden,[38] zum anderen mit der Interessenlage des Bestellers.[39]

12 **b) Selbständige Einklagbarkeit der Pflichten gem. § 3 VOB/B.** Nach anderer Auffassung hingegen sollen die Pflichten des § 3 VOB/B als echte Vertragspflichten selbständig einklagbar sein.[40]

Begründet wird diese Auffassung zunächst damit, dass es keinen ersichtlichen Grund gäbe, den an sich einheitlichen Begriff der **Vertragspflichten** hier in Form der **Nebenleistungspflichten** ohne Grund in Bezug auf die selbständige Einklagbarkeit zu differenzieren und sprachlich jedenfalls § 3 Nr. 1 und 2 VOB/B von einem Leistungsbefehl ausgehe.[41] Auch inhaltlich ergebe sich eine entsprechende Notwendigkeit wegen der Besonderheiten bauvertraglicher Zielsetzungen, die regelmäßig das vertrauensvolle Zusammenwirken beider Vertragsparteien voraussetze.[42] Gerade bei größeren oder technisch anspruchsvollen Projekten könne auch ein fachkundiger, leistungsfähiger und zuverlässiger Auftragnehmer nicht ohne die Erfüllung der Mitwirkungsverpflichtungen des Auftraggebers seinerseits seine Leistungen erbringen.[43]

13 **c) Zutreffende Einordnung.** Richtigerweise ist davon auszugehen, dass den Mitwirkungspflichten des § 3 über die Möglichkeit der Geltendmachung von Schadenersatz wegen positiver Vertragsverletzung oder Erfüllung der Tatbestandsvoraussetzungen des § 280 Abs. 1 BGB hinaus ein Charakter als echte Vertragspflicht zukommt, die auch selbständig einklagbar sind.

Richtig ist, dass es nicht nur ein inhaltliches Bedürfnis zur Ausgestaltung der Pflichten des § 3 VOB/B als echte Vertragspflicht gibt, sondern auch der Wortlaut des § 3 im Imperativ gestaltet ist und damit jedenfalls eine Auslegung als echte Vertragspflicht zulässt. Gerade bei größeren Baumaßnahmen wird zunehmend die Bedeutung einer Kooperation betont, was voraussetzt, dass auch der Auftraggeber zur Erfüllung seiner Pflichten zur Not gezwungen werden kann. Ein Kündigungsrecht wird dabei – entgegen der Auffassung in der Vorauflage – auch nicht konterkariert. Vielmehr kann der Auftraggeber trotz einer Klage auf Vornahme einer bestimmten Mitwirkungshandlung jederzeit kündigen.

Neben den Sanktionsmöglichkeiten des § 6 Nr. 6 VOB/B, § 9 Nr. 1 a VOB/B bzw. den Ansprüchen aus positiver Vertragsverletzung bzw. § 280 Abs. 1 BGB kann der Auftraggeber in Verzug geraten.

3. Mitwirkungspflichten als Schuldnerpflichten

14 Nach einer weitergehenden Auffassung stellen die Mitwirkungspflichten des § 3 VOB/B nicht nur echte Nebenpflichten mit der Folge selbständiger Einklagbarkeit, sondern darüber hinaus **Nebenleistungspflichten** dar, deren Verletzung nach den Regeln des Schuldnerverzuges zu bewerten seien.[44] Begründet wird auch dies wiederum mit der Besonderheit des Bauvertrages

[36] BGHZ 11, 80; 50, 175; *Locher* Priv. BauR Rdn. 128; MüKo *Soergel* § 642 BGB Rdn. 15; Staudinger/*Peters* § 642 BGB, Rdn. 17,18; *Vygen*, Bauvertragsrecht, Rdn. 361, 362, 364.

[37] MüKo *Soergel* § 642 BGB Rdn. 15; Staudinger/*Peters* § 642 BGB Rdn. 18.

[38] BGHZ 11, 80; 50,175; Staudinger/*Peters* § 642 BGB Rdn. 17 unter Hinweis auf Mot. II 495; Prot. II 328 zu § 643 BGB.

[39] Staudinger/*Peters* § 642 BGB Rdn. 18.

[40] Heiermann/Riedl/Rusam, B *Riedl* § 3 Rdn. 7; Beck'scher VOB-Kommentar VOB/B/*Hofmann* vor § 3 VOB/B Rdn. 33, 39; Nicklisch/Weick, B *Weick* § 3 Rdn. 14; Ingenstau/Korbion, B *Döring* § 3 Rdn. 15; RGRK – *Glanzmann* § 631 BGB Rdn. 46, 94; § 642 BGB Rdn. 2.

[41] Heiermann/Riedl/Rusam, B *Riedl* § 3 Rdn. 7.

[42] Ingenstau/Korbion, B *Döring* § 3 Rdn. 16; Beck'scher VOB-Kommentar VOB/B/*Hofmann* vor § 3 VOB/B Rdn. 33.

[43] Beck'scher VOB-Kommentar VOB/B/*Hofmann* vor § 3 VOB/B Rdn. 33.

[44] Beck'scher VOB-Kommentar VOB/B/*Hofmann* vor § 3 VOB/B Rdn. 36, 37; Heiermann/Riedl/Rusam,

und dem Wortlaut des § 3 VOB/B, der jedenfalls in den Nr. 1 und 2 von einem entsprechenden Leistungsbefehl ausgehe.[45]

Nach anderer Auffassung hingegen kommt es nicht grundsätzlich zur Anwendung der Regeln des Schuldnerverzuges, es sei denn, die Parteien haben entweder ausdrücklich eine Pflicht des Auftraggebers als Leistungspflicht ausformuliert oder aber es lässt sich dies durch Auslegung mit der entsprechenden Sicherheit ermitteln.[46]

Entsprechend den Darlegungen zu Rdn. 13 ist davon auszugehen, dass es sich bei den Mitwirkungspflichten des § 3 VOB/B um echte Nebenleistungspflichten handelt, mit der Folge, dass der Auftraggeber durchaus auch in Schuldnerverzug geraten kann.

4. Rechtsfolgen der Verletzung von Pflichten nach § 3 VOB/B

Zusammenfassend lassen sich die Rechte des Auftragnehmers unter Zugrundelegung der hier vertretenen Rechtsauffassung wie folgt gliedern: 15

Kommt der Auftraggeber seinen Mitwirkungspflichten dauerhaft nicht oder so unzureichend nach, dass die Erfüllung der Bauaufgabe nicht möglich ist, hat der Auftragnehmer das Recht der Auftragnehmerkündigung gem. § 9 Nr. 1 a VOB/B unter Beachtung der Regeln des § 9 Nr. 2 VOB/B. Der Auftragnehmer muss dementsprechend – abweichend zu § 643 BGB – wie sich aus § 9 Nr. 3 VOB/B ergibt, nach Kündigungsandrohung dieselbe auch tatsächlich nach fruchtlosem Fristablauf aussprechen. Wie sich aus § 9 Nr. 3 VOB/B ergibt, steht dem Auftragnehmer danach neben der Vergütung für die erbrachten Leistungen eine Entschädigung gem. § 642 BGB zu. Darüber hinaus steht dem Auftragnehmer gegebenenfalls Schadensersatz wegen positiver Vertragsverletzung bzw. gem. § 280 Abs. 1 BGB zu, wenn ein eigenes oder gem. § 278 BGB zurechenbares Verschulden des Auftraggebers vorliegt.[47]

Kommt der Auftraggeber seinen Mitwirkungspflichten zeitweise nicht nach, stehen dem Auftragnehmer zunächst die Rechte gem. § 6 Nr. 1 bzw. § 6 Nr. 2 VOB/B zu, d.h. es verlängert sich die Ausführungsfrist entsprechend, wenn die weiteren Tatbestandsvoraussetzungen (rechtzeitige Behinderungsanzeige oder Offenkundigkeit der Behinderung und deren behindernden Wirkung) erfüllt sind. Daneben kommen Ansprüche gem. § 6 Nr. 6 VOB/B bei Vorliegen des notwendigen Verschuldens in Betracht. Zusätzlich gelten die Regeln des Annahmeverzuges gem. den §§ 293 BGB ff. bzw. § 642 BGB, soweit diese nicht durch vorrangige Regeln der VOB/B verdrängt werden.[48]

Dabei ist es selbstverständlich denkbar, dass eine zunächst temporäre Verletzung der Mitwirkungspflichten später qualitativ in eine dauerhafte Verletzung mit den vorstehend genannten Rechtsfolgen übergeht.

Die Pflichten des Auftraggebers sind dabei grundsätzlich auch selbständig einklagbar und begründen eine echte Nebenleistungspflicht, mit der Folge, dass der Auftraggeber in Schuldnerverzug geraten kann.

B. Die Tatbestände des § 3 VOB/B

I. Die Pflicht des Auftraggebers zur rechtzeitigen Übergabe der Ausführungsunterlagen gem. § 3 Nr. 1 VOB/B

Nach § 3 Nr. 1 VOB/B hat der Auftraggeber dem Auftragnehmer die für die Ausführung nötigen Unterlagen unentgeltlich und rechtzeitig in der erforderlichen Stückzahl zu übergeben. Es 16

B *Riedl* § 3 Rdn. 7, bezogen auf die Nr. 1 und 2; differenzierend: Ingenstau/Korbion, B *Döring* § 3 Rdn. 3 der davon spricht, dass eine entsprechende Pflicht ausnahmsweise angenommen werden könne.

[45] Beck'scher VOB-Kommentar VOB/B/*Hofmann* vor § 3 VOB/B Rdn. 35; Heiermann/Riedl/Rusam, B *Riedl* § 3 Rdn. 7.

[46] MüKo *Soergel* § 642 BGB Rdn. 15; Staudinger/*Peters* § 642 BGB Rdn. 20.

[47] Vgl. hierzu ausführlich Rdn. 9, 10 sowie *Maxem* BauR 2003, 952.

[48] Vgl. Fn. 31.

handelt sich hierbei um einen der auch in der Praxis bedeutendsten Fälle der Mitwirkungspflichten des Auftraggebers, der gerade im Bereich des § 6 VOB/B einen regelrechten „Klassiker" darstellt.[49] Keine Pflicht zur Vorlage einer neuen Planung besteht hingegen, wenn der Auftragnehmer eigenmächtig von der Ursprungsplanung abweicht.[50]

Die neuerdings vertretene These[51], der Auftraggeber schulde ohne Weiteres ohne Geltung der VOB/B keine[52] oder jedenfalls keine richtige Planung[53] ist dabei nach hier vertretener Auffassung nicht zutreffend. Der Auftraggeber als Besteller einer Leistung muss, wenn er nicht das Ergebnis der Werkleistung – und damit das Bausoll – vollständig in die Hand des Auftragnehmers legen will, die Werkleistung konkretisieren. Dem dient die zu übergebende Planung. Dass diese Planung dann auch richtig sein muss, folgt dem allgemeinen Grundsatz des § 280 Abs. 1 BGB, wonach die von einer Vertragspartei zu erfüllenden Pflichten sachgerecht zu erfüllen sind. Es kann kein Grund erkannt werden, warum es dem Auftraggeber gestattet sein soll, durch eine unzulängliche Planung Schäden zu provozieren, für die der in dieser Angelegenheit nicht tätige Auftragnehmer haften soll. Nur der guten Ordnung halber wird noch einmal darauf hingewiesen, dass diese Diskussion ohnehin nicht im Rahmen der Geltung der VOB/B ernsthaft geführt werden kann, da hier § 3 Nr. 1 VOB/B ausdrücklich die diskutierte Pflicht normiert.

1. Begriff der Ausführungsunterlagen

17 Bei den Ausführungsunterlagen handelt es sich um alle planerischen Hilfsmittel, die der Auftragnehmer benötigt, um die ihm in Auftrag gegebenen Leistungen rechtzeitig und mangelfrei erbringen zu können.[54] Der Begriff ist entsprechend seiner Funktion **sehr weit** zu verstehen,[55] so dass zu den Ausführungsunterlagen neben **schriftlichen Unterlagen** jeder Art auch **mündliche Angaben** zählen (z.B. Anweisung zur Aushubtiefe, wenn dies im Plan nicht vermerkt ist).[56]

Bei den schriftlichen Unterlagen kann es sich z.B. um Zeichnungen, Pläne, Anweisungen, Beschreibungen, Einzel- oder Gesamtansichten usw. handeln, die der Auftragnehmer benötigt, um seine Bauaufgabe erfüllen zu können.[57] Besonders zu erwähnen sind dabei die **Ausführungspläne** des planenden Architekten gem. § 15 Abs. 1 Nr. 5 HOAI. Diese Ausführungspläne, wie auch alle sonstigen Unterlagen müssen brauchbar und zuverlässig, d.h. insbesondere mangelfrei sein. Bei Ausführungsplänen – wozu z.B. auch Schal- und Bewehrungspläne zählen – ist deshalb ein Maßstab von 1:50 grundsätzlich erforderlich.[58] Aber auch ansonsten erforderliche Unterlagen, wie z.B. Bedienungsanweisungen, Untersuchungsergebnisse, Gutachten, die Baugenehmigung sowie die gegebenenfalls geprüften Standsicherheitsnachweise und Statiken können Ausführungsunterlagen im Sinne von § 3 Nr. 1 VOB/B sein.[59]

In aller Regel sollten die Ausführungsunterlagen gem. § 9 Nr. 3 und 7 VOB/A schon bei der Ausschreibung zur hinreichenden Beschreibung der Leistung enthalten sein.[60] Bei **Eventual- oder**

---

[49] Beck'scher VOB-Kommentar VOB/B/*Hofmann* vor § 3 VOB/B Rdn. 2, 3.
[50] OLG Koblenz IBR 2003, 297.
[51] *Leitzke* BauR 2004, 542; *Ziegler* ZfBR 2003, 523.
[52] *Leitzke* BauR 2004, 542.
[53] *Ziegler* ZfBR 2003, 523.
[54] Heiermann/Riedl/Rusam, B *Riedl* § 3 Rdn. 2; Ingenstau/Korbion, B *Döring* § 3 Rdn. 9; Beck'scher VOB-Kommentar VOB/B/*Hofmann* § 3 Nr. 1 VOB/B Rdn. 11.
[55] Beck'scher VOB-Kommentar VOB/B/*Hofmann* § 3 VOB/B Rdn. 11; Heiermann/Riedl/Rusam, B *Riedl* § 3 Rdn. 2; Ingenstau/Korbion, B *Döring* § 3 Rdn. Nr. 1 Rdn. 2.
[56] BGH NJW 1984, 1676; Beck'scher VOB-Kommentar VOB/B/*Hofmann* § 3 Nr. 1 VOB/B Rdn. 11; Ingenstau/Korbion, B *Döring* § 3 Rdn. 2.
[57] *Kleine-Möller/Merl/Oelmaier* § 2 Rdn. 146; Heiermann/Riedl/Rusam, B *Riedl* § 3 Rdn. 2; Ingenstau/Korbion, B Döring § 3 Nr. 1 Rdn. 2; Beck'scher VOB-Kommentar VOB/B/*Hofmann* 3 Nr. 1 VOB/B Rdn. 12.
[58] BGH NJW 1975, 737; Beck'scher VOB-Kommentar VOB/B/*Hofmann* § 3 Nr. 1 VOB/B Rdn. 12; Heiermann/Riedl/Rusam, B *Riedl* § 3 Rdn. 2.
[59] Heiermann/Riedl/Rusam, B *Riedl* § 3 Rdn. 2; Beck'scher VOB-Kommentar VOB/B/*Hofmann* § 3 Nr. 1 VOB/B Rdn. 13 mit der Aufzählung weiterer Beispiele unter Rdn. 14 m.w.N.
[60] Ingenstau/Korbion, B *Döring* § 3 Nr. 1 Rdn. 2.

Alternativpositionen sowie bei Entscheidungen für **Leistungen nach Muster** ist der Auftraggeber verpflichtet, rechtzeitig, d.h. vor Beginn der Ausführung, seinen endgültigen Entschluss bzw. seine Wahl verbindlich mitzuteilen. Auch dies zählt im vorstehend weit verstandenen Sinne zu „Ausführungsunterlagen".[61]

2. „Nötigkeit" der Unterlagen im Sinne des § 3 Nr. 1 VOB/B

Nach § 3 Nr. 1 VOB/B müssen die Ausführungsunterlagen für die Ausführung nötig sein. Der Begriff „nötig" ist dabei **objektiv** auszulegen.[62] 18

„Nötig" sind in diesem Sinne alle Unterlagen, die der Auftragnehmer benötigt, um die ihm obliegende Bauaufgabe vertragsgemäß, d.h. insbesondere zeitgemäß und mängelfrei erbringen zu können.[63]

Neben den bereits unter Rdn. 17 aufgezählten Unterlagen zählen insbesondere alle öffentlich-rechtlich erforderlichen Unterlagen, ohne die der Auftragnehmer nicht bauen **darf** (z.B. Baugenehmigung) zu den notwendigen Unterlagen im Sinne des § 3 Nr. 1 VOB/B.[64]

Der Auftragnehmer benötigt dabei nur solche Ausführungsunterlagen, die die Erreichbarkeit des Vertragszieles auch gewährleisten. Die Unterlagen müssen dementsprechend verwertbar[65] und mangelfrei[66] sein, d.h. die Planung darf nicht notwendigerweise zu einem Baumangel führen.

3. Unentgeltliche und rechtzeitige Überlassung der Ausführungsunterlagen in der erforderlichen Stückzahl

Die Überlassung der Ausführungsunterlagen hat gem. § 3 Nr. 1 VOB/B unentgeltlich und rechtzeitig in der erforderlichen Stückzahl zu erfolgen. 19

a) Unentgeltlichkeit. Soweit die Parteien nichts anderweitiges vereinbart haben, hat der Auftraggeber dem Auftragnehmer die Ausführungsunterlagen **unentgeltlich** zu überlassen. Dies betrifft sowohl die Unentgeltlichkeit in Bezug auf die Unterlagen selbst, als auch die Unentgeltlichkeit in Bezug auf die Überlassung. Auch die Forderung nach Auslagenersatz durch den Auftraggeber ist vor diesem Hintergrund ohne besondere Vereinbarung nicht möglich.[67] 20

b) Notwendige Stückzahl. Die notwendige Stückzahl bemisst sich nach dem Einzelfall. Je nach Größe der Baustelle, der Anzahl des eingesetzten Personals bzw. der Anzahl der Kolonnen, dem Organisationsgrad des Auftragnehmers (z.B. Einzelunternehmen oder ARGE) sowie der Spezialität der dargestellten Planungsleistung sind unterschiedlich viele Unterlagen erforderlich. Dementsprechend empfiehlt es sich, im Vorwege eine vertragliche Vereinbarung über die Stückzahl zu treffen.[68] 21

c) Rechtzeitige Übergabe. Die Beantwortung der Frage, wann die Übergabe von Ausführungsunterlagen im Sinne des § 3 Nr. 1 VOB/B noch rechtzeitig ist, richtet sich nach dem Einzelfall. 22

Auch wenn nach § 9 Nr. 3 VOB/A Ausführungsunterlagen möglichst schon bei der Ausschreibung vorliegen sollten, ist es in der Praxis in der Regel zu beobachten, dass die Planung „baube-

---

[61] Beck'scher VOB-Kommentar VOB/B/*Hofmann* § 3 Nr. 1 VOB/B Rdn. 15; Ingenstau/Korbion, B *Döring* § 3 Nr. 1 Rdn. 3.

[62] Heiermann/Riedl/Rusam, B *Riedl* § 3 Rdn. 2; Ingenstau/Korbion, B *Döring* § 3 Nr. 1 Rdn. 7; Beck'scher VOB-Kommentar VOB/B/*Hofmann* § 3 Nr. 1 VOB/B Rdn. 16.

[63] BGH NJW 1984, 1676 (zur Leistungsbeschreibung); Beck'scher VOB-Kommentar VOB/B/*Hofmann* § 3 Nr. 1 VOB/B Rdn. 16; Heiermann/Riedl/Rusam, B *Riedl* § 3 Rdn. 2; Ingenstau/Korbion, B *Döring* § 3 Nr. 1 Rdn. 7.

[64] Ingenstau/Korbion, B *Döring* § 3 Nr. 1 Rdn. 7; Heiermann/Riedl/Rusam, B *Riedl* § 3 Rdn. 2.

[65] Vgl. Fn. 57.

[66] Beck'scher VOB-Kommentar VOB/B/*Hofmann* § 3 Nr. 1 VOB/B Rdn. 20.

[67] Ingenstau/Korbion, B *Döring* § 3 Nr. 1 Rdn. 6; Beck'scher VOB-Kommentar VOB/B/*Hofmann* § 3 Nr. 1 VOB/B Rdn. 23; Heiermann/Riedl/Rusam, B *Riedl* § 3 Rdn. 3.

[68] Ingenstau/Korbion, B *Döring* § 3 Nr. 1 Rdn. 7; Beck'scher VOB-Kommentar VOB/B/*Hofmann* § 3 Nr. 1 VOB/B Rdn. 22.

gleitend", d.h. abhängig vom Bautenstand, erfolgt. Die Einordnung des Einzelfalles hängt dann davon ab, ob es eine **vertragliche Vereinbarung** wegen der Übergabe der Ausführungsunterlagen gibt oder wenigstens einen **Bauzeitenplan**, mit dessen Hilfe unter Beachtung entsprechender **Vorlaufzeiten** späteste Übergabetermine für die jeweilige Ausführungsplanung errechnet werden können. Möglich ist auch, dass es gar keine vertragliche Vereinbarung zur Bauzeit gibt.[69]

Haben die Parteien vertraglich die Erfüllung der Mitwirkungshandlung des Auftraggebers in Form der Überlassung der Ausführungsunterlagen konkret geregelt, geht diese Regelung jeder anderen Betrachtung grundsätzlich vor. Jede Verletzung der Übergabezeitpunkte führt unmittelbar zu den unter Rdn. 15 aufgeführte Rechtsfolgen bzw. Ansprüchen, ohne dass es z.B. einer besonderen Anforderung der Ausführungsunterlagen durch den Auftragnehmer bedarf, es sei denn, es ist etwas anderes vereinbart.[70]

Liegt zumindest ein vereinbarter Bauzeitenplan vor, so ist dieser unter Beachtung der notwendigen Vorlaufzeiten bis zur Vornahme der eigentlichen Bauleistung selbst ebenfalls ein geeignetes Instrument zur Beantwortung der Frage, wann die Erfüllung der Pflicht des Auftraggebers zur Übergabe der Ausführungsunterlagen noch rechtzeitig im Sinne des § 3 Nr. 1 VOB/B ist.[71]

Ohne vereinbarten Bauzeitenplan ist die Werkleistung gem. § 271 BGB so zu erbringen, wie es den Umständen entspricht, d.h. **der Auftragnehmer hat die Bauausführung angemessen zu fördern**, was der Auftraggeber seinerseits nicht **behindern** darf. Der Auftragnehmer muss mit anderen Worten seine Leistung zügig und unbehindert durchführen können, wozu auch eine angemessene Zeit zur Vorbereitung und Durchführung der Bauleistung gehört.[72]

Eine angemessene Zeit der Vorbereitung liegt dabei in allen Fällen vor, wenn der Auftragnehmer die überreichte Planung im Sinne des § 3 Nr. 3 bzw. § 4 Nr. 3 VOB/B prüfen konnte, eine der Bauaufgabe entsprechende Arbeitsvorbereitung planen und organisieren konnte und gegebenenfalls auch die nötige Zeit einplanen kann, die operativ notwendigen Handlungen gem. § 4 Nr. 3 VOB/B auch tatsächlich durchführen zu können (Bedenkenhinweis, Reaktion des Auftraggebers mit gegebenenfalls nochmaliger Prüfung mit möglicherweise neuen Hinweisen).[73]

Aus Sicht des Auftraggebers ist es durchaus sinnvoll, die Erfüllung der ihm obliegenden Pflicht von einem entsprechenden **Abruf** des Auftragnehmers abhängig zu machen. Zum einen wird eine Vorpflicht des Auftragnehmers begründet – ohne deren Einhaltung der Auftraggeber schwerlich seine eigene Pflicht verletzen kann – zum anderen weiß der Auftraggeber dann jeweils ganz genau, wann die Unterlagen spätestens benötigt werden.

Dem Auftragnehmer ist auch bei Vereinbarung von festen Lieferzeitpunkten der Ausführungsunterlagen durch den Auftraggeber zu empfehlen, entsprechende Behinderungsanzeigen zu fertigen, wenn die Rechtsfolgen des § 6 Nr. 2 oder § 6 Nr. 6 VOB/B in Anspruch genommen werden sollen.

4. Abänderung der Mitwirkungspflicht des Auftraggebers zu Lasten des Auftragnehmers

23 Die gem. § 3 Nr. 1 VOB/B grundsätzlich dem Auftraggeber obliegende Pflicht zur rechtzeitigen Übergabe der notwendigen Ausführungsunterlagen kann vertraglich auf den Auftragnehmer überwälzt werden. Dies geschieht namentlich z.B. beim **Schlüsselfertigbau.**[74]

Beachtlich sind dabei auch einige DIN-Vorschriften, deren Geltung gem. § 1 Nr. 1 VOB/B als Allgemeine Technische Vertragsbedingungen durch Vereinbarung bereits der VOB/B selbst

---

[69] Beck'scher VOB-Kommentar VOB/B/*Hofmann* § 3 Nr. 1 VOB/B Rdn. 24 f.; Heiermann/Riedl/Rusam, B *Riedl* § 3 Rdn. 3.

[70] Beck'scher VOB-Kommentar VOB/B/*Hofmann* § 3 Nr. 1 VOB/B Rdn. 24.

[71] OLG Düsseldorf BauR 1995, 706; OLG Celle BauR 1994, 629; Beck'scher VOB-Kommentar VOB/B/*Hofmann* § 3 Nr. 1 VOB/B Rdn. 25.

[72] Ingenstau/Korbion, B *Döring* § 3 Nr. 1 Rdn. 8; Beck'scher VOB-Kommentar VOB/B/*Hofmann* § 3 Nr. 1 VOB/B Rdn. 25.

[73] Beck'scher VOB-Kommentar VOB/B/*Hofmann* § 3 Nr. 1 VOB/B Rdn. 26.

[74] Vgl. Rdn. 2, insbesondere Fn. 9.

herbeigeführt wird. So bestimmt z.B. die DIN 18330 (dort Ziffer 4.2.4) oder die DIN 18331 (dort Ziffer 4.2 und Ziffer 4.2.3) von § 3 Nr. 1 VOB/B abweichende Pflichten des Auftragnehmers als sogenannte „Nebenleistungen“.[75]

Denkbar ist auch, eine Verschiebung der Pflichten gem. § 3 Nr. 1 VOB/B durch Allgemeine Geschäftsbedingungen vorzunehmen. Soweit dabei eine Haftungsüberwälzung von Planungshaftungen bezweckt wird, ist dies regelmäßig unwirksam.[76] Auch eine Klausel, wonach sich der Auftragnehmer etwaig fehlende Ausführungsunterlagen auf eigene Kosten zu beschaffen hat, ist unwirksam.[77]

II. Pflicht zur Absteckung der Hauptachsen durch den Auftraggeber gem. § 3 Nr. 2 VOB/B

Wie sich aus § 3 Nr. 2 VOB/B ergibt, ist der Auftraggeber verpflichtet, die Hauptachsen der baulichen Anlage sowie die Grenzen des Geländes, dass dem Auftragnehmer zur Verfügung gestellt werden soll, abzustecken und die notwendigen Höhenfestpunkte in unmittelbarer Nähe der baulichen Anlage zu schaffen. 24

Bei dieser **Spezialvorschrift**[78] werden notwendige **Vorbereitungshandlungen** des Auftraggebers näher beschrieben, die eine sachgemäße, d.h. vertraglich zutreffende Bauausführung überhaupt erst möglich machen.[79] Gleichzeitig ist dabei die Erfüllung der Mitwirkungspflichten gem. § 3 Nr. 2 VOB/B auch **Teil der Planungsleistungen** und damit auch in dem gem. § 3 Nr. 1 VOB/B weit zu verstehenden Sinne[80] **Ausführungsunterlage,**[81] dessen Beibringung grundsätzlich Sache des Auftraggebers ist, da nur er festlegen kann, **wo** die Bauleistung erbracht werden soll.[82]

1. Abstecken der Hauptachsen

Eine Mitwirkungspflicht des § 3 Nr. 2 VOB/B besteht darin, dass der Auftraggeber die sog. „Hauptachsen“ abzustecken hat. Damit ist gemeint, dass der Auftraggeber durch entsprechende Hilfsmittel vor Ort, z.B. durch das Setzen von Pflöcken, dem Aufstellen eines **Schnurgerüstes** oder dem Anbringen von **Bolzen** festlegt, **wo genau** das Bauwerk liegen soll.[83] Zur Erfüllung der Pflicht ist es dabei – selbstverständlich – erforderlich, dass die hinter den jeweiligen Hilfsmitteln stehende vermessungstechnische Leistung ordnungsgemäß und fehlerfrei ist.[84] 25

2. Abstecken der Grenzen des Geländes

Neben dem Abstecken der Hauptachsen obliegt dem Auftraggeber auch das Abstecken der Grenzen des Geländes, welches dem Auftragnehmer für die Ausführung der Bauleistung zur Verfügung gestellt werden soll. Die ausdrückliche Festlegung dieser Mitwirkungspflicht ist inhaltlich 26

[75] Ingenstau/Korbion, B *Döring* § 3 Nr. 1 Rdn. 4; Beck'scher VOB-Kommentar VOB/B/*Hofmann* § 3 Nr. 1 VOB/B Rdn. 5; Heiermann/Riedl/Rusam, B *Riedl* § 3 Rdn. 2.

[76] Glatzel/*Hofmann*/Frikell Ziffer 2.3.1 zu § 3 g unter Hinweis auf LG München I vom 12.11.1985 – 7 O 14566/85.

[77] Glatzel/*Hofmann*/Frikell Ziffer 2.3.1 zu § 3 h und c.

[78] Ingenstau/Korbion, B *Döring* § 3 Nr. 2 Rdn. 2; Beck'scher VOB-Kommentar VOB/B/*Hofmann* § 3 Nr. 2 VOB/B Rdn. 2.

[79] Beck'scher VOB-Kommentar VOB/B/*Hofmann* § 3 Nr. 2 VOB/B Rdn. 2; Ingenstau/Korbion, B *Döring* § 3 Nr. 2 Rdn. 1.

[80] Vgl. Fn. 55.

[81] Heiermann/Riedl/Rusam, B *Riedl* § 3 Rdn. 4; Beck'scher VOB-Kommentar VOB/B/*Hofmann* § 3 Nr. 2 VOB/B Rdn. 2.

[82] OLG Düsseldorf BauR 1992, 665, 666, 668; Heiermann/Riedl/Rusam, B *Riedl* § 3 Rdn. 4; Beck'scher VOB-Kommentar VOB/B/*Hofmann* § 3 Nr. 2 VOB/B Rdn. 2.

[83] Beck'scher VOB-Kommentar VOB/B/*Hofmann* § 3 Nr. 2 VOB/B Rdn. 6; Heiermann/Riedl/Rusam, B *Riedl* § 3 Rdn. 4.

[84] OLG Düsseldorf BauR 1992, 665 ff.; Beck'scher VOB-Kommentar VOB/B/*Hofmann* § 3 Nr. 2 VOB/B Rdn. 6.

schon deshalb wichtig, weil der Auftragnehmer neben der richtigen Verortung des Bauwerkes selbst wissen muss, wo sein Einwirkungsbereich endet, wenn es nicht zur Beeinträchtigung Dritter durch die Baumaßnahme kommen soll.[85] Neben dem Schutz z.B. von Grundstücken Dritter ist es aber auch für den Auftragnehmer selbst wichtig, die Grenzen des Baufeldes zu kennen, um nicht Schadensersatzansprüchen Dritter oder des Auftraggebers ausgesetzt zu sein.[86]

3. Schaffung der Höhenfestpunkte

27 Schließlich ist es für die ordnungsgemäße Erfüllung der Bauaufgabe von erheblicher Bedeutung, auf welchem Höhenniveau das Bauwerk errichtet wird. Dies gilt namentlich im Besonderen für die ordnungsgemäße Entwässerung des betroffenen Grundstückes.[87]

Der Auftraggeber ist dementsprechend gem. § 3 Nr. 2 VOB/B verpflichtet, dem Auftragnehmer die notwendigen Höhenfestpunkte in unmittelbarer Nähe der baulichen Anlage zu schaffen.

In Entsprechung des Tatbestandsmerkmales **„notwendig"** entfällt diese Mitwirkungspflicht, wenn die Höhenlage durch bereits vorhandene Höhenfestpunkte, z.B. die schon feststehende Höhe einer Kanalsohle,[88] bestimmt werden kann. Allerdings kann der Auftraggeber derartige Höhenfestpunkte, die von Dritten hergestellt wurden **nicht ohne Prüfung** übernehmen,[89] es sei denn, der entsprechende Höhenfestpunkt wurde von der fachlich zuständigen Behörde bestimmt, auf deren ordnungsgemäße Ausführung sowohl der Auftraggeber als auch der Auftragnehmer vertrauen darf.[90]

Die notwendigen Höhenfestpunkte sind in unmittelbarer Nähe der baulichen Anlage zu schaffen. Was dabei unmittelbar im Sinne des § 3 Nr. 2 VOB/B ist, richtet sich danach, ob der Auftragnehmer durch die tatsächlich zur Verfügung gestellten Höhenfestpunkte in die Lage versetzt wird, die Höhenfestpunkte als Maßstab für die eigene Messung ohne besonderen Aufwand oder besondere Hilfsmittel zu verwenden.[91] Sind diese Voraussetzungen erfüllt, kann es auch noch ausreichend sein, wenn der Höhenfestpunkt in relativer Entfernung, z.B. 90–100 m, entfernt liegt.[92] Die Höhenfestpunkte müssen dabei körperlich vorhanden sein, alleine die Eintragung in die Pläne reicht zur Erfüllung der grundsätzlich den Auftraggeber treffenden Pflicht des § 3 Nr. 2 VOB/B nicht aus.[93]

4. Verantwortung für Pflichtverletzungen

28 Bei der Beantwortung der Frage, wer die Verantwortung für Pflichtverletzungen des § 3 VOB/B zu tragen hat, ist zunächst von der Grundsituation auszugehen, dass der Auftraggeber mitwirkungspflichtig ist. Danach ist die Haftungssituation bei Übergang der Mitwirkungspflicht des Auftraggebers auf den Auftragnehmer zu prüfen.

29 **a) Haftung bei Mitwirkungspflicht des Auftraggebers.** Die Erfüllung der Mitwirkungspflichten gem. § 3 Nr. 2 VOB/B obliegt grundsätzlich dem Auftraggeber, so dass jede Verletzung

---

[85] *Vygen* Bauvertragsrecht Rdn. 353; Beck'scher VOB-Kommentar VOB/B/*Hofmann* § 3 Nr. 2 VOB/B Rdn. 7.

[86] Heiermann/Riedl/Rusam, B *Riedl* § 3 Nr. 4; Beck'scher VOB-Kommentar VOB/B/*Hofmann* § 3 Nr. 2 VOB/B Rdn. 7.

[87] Beck'scher VOB-Kommentar VOB/B/*Hofmann* § 3 Nr. 2 VOB/B Rdn. 8; Heiermann/Riedl/Rusam, B *Riedl* § 3 Rdn. 4.

[88] Beck'scher VOB-Kommentar VOB/B/*Hofmann* § 3 Nr. 2 VOB/B Rdn. 8 unter Hinweis auf BGH Urteil vom 11.7.1963 – VII ZR 166/62; Heiermann/Riedl/Rusam, B *Riedl* § 3 Rdn. 4.

[89] Ingenstau/Korbion, B *Döring* § 3 Nr. 2 Rdn. 5; Beck'scher VOB-Kommentar VOB/B/*Hofmann* § 3 Nr. 2 VOB/B Rdn. 8; Heiermann/Riedl/Rusam, B *Riedl* § 3 Rdn. 4.

[90] Beck'scher VOB-Kommentar VOB/B/*Hofmann* § 3 Nr. 2 VOB/B Rdn. 9; Ingenstau/Korbion, B *Döring* § 3 Nr. 2 Rdn. 5.

[91] Ingenstau/Korbion, B *Döring* § 3 Nr. 2 Rdn. 6; Beck'scher VOB-Kommentar VOB/B/*Hofmann* § 3 Nr. 2 VOB/B Rdn. 10.

[92] Beck'scher VOB-Kommentar VOB/B/*Hofmann* § 3 Nr. 2 VOB/B Rdn. 10 unter Hinweis auf BGH-Urteil vom 11.7.1966 – VII ZR 305/64; Ingenstau/Korbion, B *Döring* § 3 Rdn. 25.

[93] Ingenstau/Korbion, B *Döring* § 3 Nr. 2 Rdn. 6; Beck'scher VOB-Kommentar VOB/B/*Hofmann* § 3 Nr. 2 VOB/B Rdn. 11.

dieser Pflicht auch in seinen Verantwortungsbereich fällt. Dementsprechend kommt eine Haftung des Auftragnehmers in diesem Bereich grundsätzlich nicht in Betracht, es sei denn, es liegt ein Mitverschuldenstatbestand gem. § 254 BGB vor.[94] Dies ist z.B. zu bejahen, wenn der Auftragnehmer entweder erkannt hat oder aber hätte erkennen müssen, dass die Erfüllung der Pflicht des § 3 Nr. 2 VOB/B nicht ordnungsgemäß war und er keinen Hinweis gem. § 3 Nr. 3 Satz 2 VOB/B bzw. § 4 Nr. 3 VOB/B gegeben hat.[95] Sofern sich der Auftraggeber bei der Erfüllung seiner Pflicht eines Dritten, z.B. eines Architekten oder Vermessungsingenieurs bedient, wird ein etwaiges Verschulden dem Auftraggeber zugerechnet (§ 278 BGB).[96]

b) Übergang der Mitwirkungspflicht des Auftraggebers auf den Auftragnehmer. Die Parteien können durch vertragliche Vereinbarung die grundsätzlich dem Auftraggeber zufallende Mitwirkungspflicht auf den Auftragnehmer übertragen. Die Mitwirkungspflicht des § 3 Nr. 2 VOB/B kann darüber hinaus auch durch eine entsprechende Anordnung des Auftraggebers gem. § 1 Nr. 4 VOB/B auf den Auftragnehmer übergehen, wenn sein Betrieb auf die entsprechenden Arbeiten eingerichtet ist.[97] Dem Auftragnehmer steht dann allerdings ein entsprechender Vergütungsanspruch gem. § 2 Nr. 9 VOB/B, hilfsweise gem. § 2 Nr. 6 VOB/B (hier allerdings mit der Notwendigkeit der Ankündigung des Anspruches) zu.[98] 30

Bei der Auslegung vertraglicher Vereinbarungen ist dabei grundsätzlich Vorsicht geboten. Alleine die Angabe in der Leistungsbeschreibung, die richtige Lage des Bauwerkes auf dem Grundstück auf der Grundlage der Einplanung sei Sache des Auftragnehmers, führt noch nicht dazu, davon ausgehen zu können, dass den Auftragnehmer die Pflichten des § 3 Nr. 2 VOB/B treffen, da nur die Bindung an die Ausführungsunterlagen zum Ausdruck kommt.[99]

Hat der Auftragnehmer wirksam die Pflichten gem. § 3 Nr. 2 VOB/B übernommen, trägt er nunmehr selbst die Verantwortung für die Richtigkeit der Angaben. Dies entbindet allerdings den Auftraggeber nicht von der Haftung für die Richtigkeit der Angaben, die der Auftragnehmer insoweit für die Durchführung seiner Pflichten zugrunde legt. Gegebenenfalls kommt es auch hier zu einer Quotelung des Schadens gem. § 254 BGB.[100]

III. Verbindlichkeit der Ausführungsunterlagen gem. § 3 Nr. 3 VOB/B

Die Vorschrift des § 3 Nr. 3 VOB/B regelt zunächst, dass die vom Auftraggeber gestellten Geländeaufnahmen und Absteckungen (§ 3 Nr. 2 VOB/B) sowie die übrigen für die Ausführungen übergebenen Unterlagen (§ 3 Nr. 1 VOB/B) für den Auftragnehmer maßgeblich, d.h. verbindlich sind. Entdeckt der Auftragnehmer jedoch im Rahmen der gebotenen Prüfung Fehler oder vermutet sie auch nur, hat er den Auftraggeber hierauf hinzuweisen.[101] 31

1. Maßgeblichkeit der Unterlagen (Satz 1)

Die dem Auftragnehmer übergebenen Unterlagen im Sinne des § 3 Nr. 1 VOB/B sind für diesen verbindlich und konkretisieren dessen Bauaufgabe.[102] Soweit § 3 Nr. 3 S. 1 VOB/B dabei 32

[94] Ingenstau/Korbion, B *Döring* § 3 Nr. 2 Rdn. 8; Beck'scher VOB-Kommentar VOB/B/*Hofmann* § 3 Nr. 2 VOB/B Rdn. 12; Heiermann/Riedl/Rusam, B *Riedl* § 3 Rdn. 6.

[95] OLG Düsseldorf BauR 1992, 665; OLG Düsseldorf BauR 1998, 340; Ingenstau/Korbion, B *Döring* § 3 Nr. 2 Rdn. 8.

[96] BGHZ 58, 225, 228; BGH BauR 1986, 203; Heiermann/Riedl/Rusam, B *Riedl* § 3 Rdn. 6; Beck'scher VOB-Kommentar VOB/B/*Hofmann* § 3 Nr. 2 VOB/B Rdn. 12.

[97] Ingenstau/Korbion, B *Döring* § 3 Nr. 2 Rdn. 9; Beck'scher VOB-Kommentar VOB/B/*Hofmann* § 3 Nr. 2 VOB/B Rdn. 4; Heiermann/Riedl/Rusam, B *Riedl* § 3 Rdn. 6.

[98] Heiermann/Riedl/Rusam, B *Riedl* § 3 Rdn. 6 a; Beck'scher VOB-Kommentar VOB/B/*Hofmann* § 3 Nr. 2 VOB/B Rdn. 4; Ingenstau/Korbion, B *Döring* § 3 Nr. 2 Rdn. 9.

[99] Ingenstau/Korbion, B *Döring* § 3 Nr. 2 Rdn. 10.

[100] Beck'scher VOB-Kommentar VOB/B/*Hofmann* § 3 Nr. 3 VOB/B Rdn. 14.

[101] BGH NJW 1982, 1702; Beck'scher VOB-Kommentar VOB/B/*Hofmann* § 3 Nr. 3 VOB/B Rdn. 1; Ingenstau/Korbion, B *Döring* § 3 Nr. 3 Rdn. 1.

[102] BGH NJW 1982, 1702; Heiermann/Riedl/Rusam, B *Riedl* § 3 Rdn. 10.

eine Aufzählung vornimmt, ist diese nur **beispielhaft,** da der Begriff der Ausführungsunterlagen nach § 3 Nr. 1 VOB/B sehr weit zu verstehen ist[103] und alles umfasst, was der Auftragnehmer vom Auftraggeber zur Erfüllung und Konkretisierung seiner Bauaufgabe tatsächlich erhalten hat,[104] z.B. auch Höhenfestpunkte.[105]

Da es nur auf die Frage der tatsächlichen Übergabe der Unterlagen ankommt, spielt eine etwaig verspätete Übergabe im Rahmen des § 3 Nr. 3 VOB/B keine Rolle, auch wenn möglicherweise Ansprüche gem. § 6 VOB/B bestehen.[106]

Hält sich der Auftragnehmer nicht an die für ihn verbindlichen Ausführungsunterlagen, so begründet dies regelmäßig einen Mangel, bis hin zur Nichterfüllung der Leistung, es sei denn, der Wert oder die Tauglichkeit zu dem gewöhnlichen oder vertragsgemäßen Gebrauch ist nicht gemindert.[107] Dabei ist es den Parteien selbstredend unbenommen, den Vertragsinhalt bzw. die Bauaufgabe entweder einvernehmlich oder aber einseitig gem. § 1 Nr. 3 VOB/B zu ändern. Alleine die Vorlage geänderter Ausführungsunterlagen durch den Auftragnehmer gegenüber dem Architekten des Auftraggebers und dessen Unterzeichnung führt allerdings mangels Vollmacht noch nicht zur Änderung des Bausolls.[108]

2. Prüfungs- und Hinweispflichten des Auftragnehmers (Satz 2)

33 Als Konkretisierung der allgemein bestehenden Pflicht, seinen Vertragspartner vor Schaden zu bewahren und ihn vor nachteiligen Auswirkungen seiner Handlungen zu informieren (§ 242 BGB)[109] sieht § 3 Nr. 3 S. 2 VOB/B vor, dass der Auftragnehmer die für ihn verbindlichen Ausführungsunterlagen auf **Unstimmigkeiten** zu überprüfen und den Auftraggeber auf tatsächlich entdeckte oder vermutete Mängel hinzuweisen hat. Die Konkretisierung dieser Pflicht ist auch angemessen, da der Auftragnehmer in Bezug auf **sein Gewerk** regelmäßig über besondere Sachkenntnisse und Erfahrungen verfügt. Erst recht ist die Begründung einer entsprechenden Pflicht gerechtfertigt, wenn der Auftragnehmer über Sonderkenntnisse (z.B. als Spezialfirma) verfügt, d.h. einen entsprechenden **Wissensvorsprung** hat.[110]

34 Eine Prüfungs- und Hinweispflicht ist in Form der Pflicht zur Anmeldung von **Bedenken gegen die vorgesehene Art der Ausführung** allerdings auch schon in § 4 Nr. 3 VOB/B i.V.m. § 13 Nr. 3 VOB/B enthalten. Dies schließt auch Bedenken gegen die vom Auftraggeber gegebenenfalls vorgeschriebenen Baustoffe oder Vorleistungen anderer Unternehmer mit ein. [111] So sehr sich die Hinweispflichten nach § 3 Nr. 3 S. 2 VOB/B und die Pflicht zur Anmeldung von Bedenken gem. § 4 Nr. 3 VOB/B auf den ersten Blick ähneln, gilt es doch festzustellen, dass es sich um zwei unterschiedliche Regelungsinhalte handelt, mithin beide Vorschriften **systematisch eigenständig** sind.[112]

Während es bei der Vorschrift des § 4 Nr. 3 VOB/B vornehmlich darum geht, die Pflicht festzuschreiben, Bedenken gegen die Bauausführung rechtzeitig, d.h. vor Ausführung, anzumelden,

---

[103] Vgl. Fn. 55.

[104] Ingenstau/Korbion, B *Döring* § 3 Nr. 3 Rdn. 2; Beck'scher VOB-Kommentar VOB/B/*Hofmann* § 3 Nr. 3 VOB/B Rdn. 2; Heiermann/Riedl/Rusam, B *Riedl* § 3 Rdn. 10.

[105] BGH BauR 1986, 203.

[106] Heiermann/Riedl/Rusam, B *Riedl* § 3 Rdn. 10; Beck'scher VOB-Kommentar VOB/B/*Hofmann* § 3 Nr. 3 VOB/B Rdn. 2.

[107] BGH NJW 1982, 1702; Heiermann/Riedl/Rusam, B *Riedl* § 3 Rdn. 10; Beck'scher VOB-Kommentar VOB/B/*Hofmann* § 3 Nr. 3 VOB/B Rdn. 4.

[108] BGH NJW 1982, 1702; Ingenstau/Korbion, B *Döring* § 3 Nr. 3 Rdn. 3, Heiermann/Riedl/Rusam, B *Riedl* § 3 Rdn. 10.

[109] BGH NJW 1984, 1676; Beck'scher VOB-Kommentar VOB/B/*Hofmann* § 3 Nr. 3 VOB/B Rdn. 6; Heiermann/Riedl/Rusam, B *Riedl* § 3 Rdn. 11; Ingenstau/Korbion, B *Döring* § 3 Nr. 3 Rdn. 4.

[110] BGH NJW 1987, 643; *Hochstein* Zur Systematik der Prüfungs- und Hinweispflichten des Auftragnehmers im VOB-Vertrag FS Korbion S. 165 ff.; Beck'scher VOB-Kommentar VOB/B/*Hofmann* § 3 Nr. 3 VOB/B Rdn. 7.

[111] Vgl. hierzu die Kommentierung zu § 4 Nr. 3 VOB/B.

[112] *Hochstein* FS für Korbion S. 165, 169; Heiermann/Riedl/Rusam, B *Riedl* § 3 Rdn. 16; Beck'scher VOB-Kommentar VOB/B/*Hofmann* § 3 Nr. 3 VOB/B Rdn. 8; Ingenstau/Korbion, B *Döring* § 3 Nr. 3 Rdn. 14.

betrifft § 3 Nr. 3 S. 2 VOB/B in erster Linie eine **Vorprüfungspflicht** des Auftragnehmers in Bezug auf die Planung.[113] Diese inhaltlichen Unterschiede kommen auch in **zeitlicher Hinsicht** zum Ausdruck, da die Prüfungs- und Hinweispflicht gem. § 3 Nr. 3 S. 2 VOB/B unverzüglich nach Übergabe der jeweiligen Ausführungsunterlagen einsetzt und nicht wie § 4 Nr. 3 VOB/B es für die dort festgeschriebene Pflicht beschreibt, „möglichst schon vor Beginn der Arbeiten".[114]

Darüber hinaus sieht § 4 Nr. 3 VOB/B **Schriftform** vor, was in § 3 Nr. 3 S. 2 VOB/B nicht gefordert wird.[115]

Auch ansonsten geht § 3 Nr. 3 S. 2 VOB/B inhaltlich über § 4 Nr. 3 VOB/B hinaus, da es nicht „nur" darum geht, ein mangelfreies Bauwerk herzustellen, sondern dem Auftraggeber in Bezug auf alle in Betracht kommenden Gesichtspunkte einer ordnungsgemäßen Vertragserfüllung entsprechende Hinweise auf Unstimmigkeiten zu geben.[116]

Prüfungsgegenstand gem. § 3 Nr. 3 S. 2 VOB/B sind sogenannte **„Unstimmigkeiten"**. 35
Hierunter ist im vorgenannten Sinne alles zu verstehen, was den Vertragszweck gefährdet, also z.B. Fehler oder Mängel der Ausführungsunterlagen, Abweichungen von dem zuvor geäußerten Willen des Auftraggebers, Verstöße gegen anerkannte Regeln der Technik, Verstöße gegen öffentlich-rechtliche Vorschriften oder auch Unklarheiten, Unvollständigkeiten[117] oder Mehrdeutigkeiten bzw. Ungereimtheiten.[118] Dabei trifft nach wie vor den Planenden die Primärpflicht und den Ausführenden lediglich eine Sekundärpflicht. Gerade bei komplizierten Planungsinhalten ist daher die Prüfpflicht eines Auftragnehmers eingeschränkt.[119] Gleiches gilt auch für die Prüfung der Bodenbeschaffenheit, wenn nicht besondere Umstände vorliegen.[120]

a) Umfang der Prüfungspflicht. Der Umfang der Prüfungspflicht wird zum einen durch systematische Erwägungen der Stellung der Prüfungspflicht im Zusammenwirken der wechselseitigen Rechte und Pflichten bestimmt, zum anderen durch die Umstände des Einzelfalles.[121] 36

aa) Systematische Einordnung der Prüfungspflicht. Systematisch wird die Prüfungspflicht gem. § 3 Nr. 3 S. 2 VOB/B im Verhältnis zu anderen wechselseitigen Rechten und Pflichten zunächst davon bestimmt, dass gem. § 3 Nr. 3 S. 1 VOB/B die vom Auftraggeber stammenden Ausführungsunterlagen verbindlich sind. Für diese Ausführungsunterlagen trägt **primär** der Auftraggeber die Verantwortung.[122] Den Auftragnehmer trifft lediglich **sekundär** eine Hinweispflicht.[123] Gleichzeitig wird durch die Verteilung von Primär- und Sekundärverantwortung deutlich, dass die Prüfungs- und Hinweispflicht alleine auf die vertragliche Leistung beschränkt ist.[124] 37

In Entsprechung dieser systematisch begründeten Grenzen dürfen an den Prüfungsumfang **keine übersteigerten Anforderungen** gestellt werden. Lediglich das, was der Auftragnehmer

---

[113] *Hochstein* FS für Korbion S. 165, 169; Heiermann/Riedl/Rusam, B *Riedl* § 3 Rdn. 11; Ingenstau/Korbion, B *Döring* § 3 Nr. 3 Rdn. 14.

[114] Beck'scher VOB-Kommentar VOB/B/*Hofmann* § 3 Nr. 3 VOB/B Rdn. 8; Heiermann/Riedl/Rusam, B *Riedl* § 3 Rdn. 16; Ingenstau/Korbion, B *Döring* § 3 Nr. 3 Rdn. 14.

[115] Vgl. Fn. 112.

[116] *Hochstein* FS für Korbion S. 165, 169; Beck'scher VOB-Kommentar VOB/B/*Hofmann* § 3 Nr. 3 VOB/B Rdn. 8, Heiermann/Riedl/Rusam, B *Riedl* § 3 Rdn. 16; Ingenstau/Korbion, B *Döring* § 3 Nr. 3 Rdn. 4.

[117] BGH NJW 1984, 1676.

[118] OLG Stuttgart BauR 1995, 850; Beck'scher VOB-Kommentar VOB/B/*Hofmann* § 3 Nr. 3 VOB/B Rdn. 9; Heiermann/Riedl/Rusam, B *Riedl* § 3 Rdn. 12.

[119] OLG Dresden IBR 2002, 70.

[120] OLG München IBR 2003, 9.

[121] Heiermann/Riedl/Rusam, B *Riedl* § 3 Rdn. 12.

[122] BGH NJW 1973, 518; OLG Stuttgart BauR 1995, 850 f.; OLG Celle BauR 1992, 801; *Hochstein* FS für Korbion S. 165 ff.; Heiermann/Riedl/Rusam, B *Riedl* § 3 Rdn. 12; Beck'scher VOB-Kommentar VOB/B/*Hofmann* § 3 Nr. 3 VOB/B Rdn. 12; Ingenstau/Korbion, B *Döring* § 3 Nr. 3 Rdn. 6; *Soergel* ZfBR 1995, 165.

[123] BGH NJW-RR 1991, 276; *Soergel* ZfBR 1995, 165; Beck'scher VOB-Kommentar VOB/B/*Hofmann* § 3 Nr. 3 VOB/B Rdn. 14.

[124] Heiermann/Riedl/Rusam, B *Riedl* § 3 Rdn. 12; Ingenstau/Korbion, B *Döring* § 3 Nr. 3 Rdn. 4; Beck'scher VOB-Kommentar VOB/B/*Hofmann* § 3 Nr. 3 VOB/B Rdn. 12.

unter Anwendung normaler, gegebenenfalls auch branchenspezifischer Fachkunde ohne größere Schwierigkeiten, d.h. ohne besonders komplizierte Überprüfungsmethoden, bei **sorgfältiger Durchsicht** der Ausführungsunterlagen erkennt oder erkennen musste unterliegt der Hinweispflicht.[125]

Im Ergebnis handelt es sich, wie *Hofmann*[126] zu Recht darlegt, um eine **sorgfältige, aufmerksame Sichtprüfung** bei deren Beurteilung der Erkennbarkeit von Unstimmigkeiten auf den Zeitpunkt der tatsächlichen Prüfung abzustellen ist.[127]

38 **bb) Umstände des Einzelfalles.** Der vorstehend genannte Umfang der Prüfungspflicht, der sich aus einer systematischen Betrachtung ergibt, kann durch die Umstände des Einzelfalles verschoben werden. Alleine der Umstand, dass der Auftraggeber einen fachkundigen Berater (Architekt oder Ingenieur) hat, führt dabei noch nicht zur Verschiebung des Umfanges der Prüfungspflicht zu Gunsten des Auftragnehmers.[128] Die Pflicht zum Hinweis entsteht dabei um so mehr, wenn der Auftragnehmer tatsächlich Unstimmigkeiten entdeckt, auch wenn die Ausführungsunterlagen vom beratenden bzw. planenden Architekten/Ingenieur stammen.[129]

Eine Verschiebung der Prüfungsintensität zu Lasten des Auftragnehmers ist dagegen anzunehmen, wenn der Auftraggeber entweder nicht sachkundig ist, keinen sachkundigen Berater hat oder aber der Auftragnehmer schlicht durch seine Spezialkenntnisse oder Erfahrungen einen tatsächlichen **Wissensvorsprung** hat.[130] Dies gilt auch in umgekehrter Richtung. Verfügt der Auftraggeber über einen Wissensvorsprung, kann dies bis zu einer Enthaftung des Auftragnehmers führen.[131]

39 **b) Operative Handhabung der Hinweispflicht.** Entdeckt oder vermutet der Auftragnehmer Mängel bzw. Unklarheiten in den Ausführungsunterlagen des Auftraggebers, so ist er verpflichtet, den Auftraggeber hierauf hinzuweisen. Dabei hat der Hinweis **unverzüglich** zu erfolgen, d.h. ohne schuldhaftes Zögern (§ 121 Abs. 1 BGB).[132]

Die Unterscheidung zwischen entdeckten oder vermuteten Unstimmigkeiten kann dabei nach dem Grad der Sicherheit getroffen werden, mit der die Unstimmigkeit z.B. zu einem Baumangel führt. Liegen Unstimmigkeiten vor, die mehr oder weniger „ins Auge springen", so handelt es sich um entdeckte bzw. erkannte Unstimmigkeiten. Steht eine Unstimmigkeit demgegenüber noch nicht fest, ist aber mit einer gewissen Wahrscheinlichkeit zu vermuten, so bedarf es wegen dieser vermuteten Unstimmigkeit einer Klärung, d.h. einer **Nachfrage** des Auftragnehmers beim Auftraggeber.[133] Welcher Grad an Sicherheit dabei vorliegt, bestimmt sich nach der subjektiven Sicht des Auftragnehmers.[134]

Der Hinweis **muss nicht schriftlich** erfolgen. Schon aus Beweis- und Dokumentationsgründen empfiehlt sich allerdings die Schriftform.[135] Dies gilt umso mehr, als der Hinweis auch **inhaltlichen Anforderungen** genügen muss. Erforderlich ist danach ein Hinweis, der dem

[125] Beck'scher VOB-Kommentar VOB/B/*Hofmann* § 3 Nr. 3 VOB/B Rdn. 13.

[126] Beck'scher VOB-Kommentar VOB/B/*Hofmann* § 3 Nr. 3 VOB/B Rdn. 13.

[127] BGH NJW 1994, 850; Beck'scher VOB-Kommentar VOB/B/*Hofmann* § 3 Nr. 3 VOB/B Rdn. 13.

[128] Heiermann/Riedl/Rusam, B *Riedl* § 3 Rdn. 12; Beck'scher VOB-Kommentar VOB/B/*Hofmann* § 3 Nr. 3 VOB/B Rdn. 18; Ingenstau/Korbion, B *Döring* § 3 Nr. 3 Rdn. 5.

[129] Ingenstau/Korbion, B *Döring*, § 3 Nr. 3 Rdn. 5; Beck'scher VOB-Kommentar VOB/B/*Hofmann* § 3 Nr. 3 VOB/B Rdn. 18.

[130] *Bühl* BauR 1992, 26 ff.; Beck'scher VOB-Kommentar VOB/B/*Hofmann* § 3 Nr. 3 VOB/B Rdn. 19 m.w.N.

[131] Beck'scher VOB-Kommentar VOB/B/*Hofmann* § 3 Nr. 3 VOB/B Rdn. 22.

[132] Heiermann/Riedl/Rusam, B *Riedl* § 3 Rdn. 13, Ingenstau/Korbion, B *Döring* § 3 Nr. 3 Rdn. 11; Beck'scher VOB-Kommentar VOB/B/*Hofmann* § 3 Nr. 3 VOB/B Rdn. 25.

[133] Ingenstau/Korbion, B *Döring* § 3 Nr. 3 Rdn. 9; Beck'scher VOB-Kommentar VOB/B/*Hofmann* § 3 Nr. 3 VOB/B Rdn. 25; Heiermann/Riedl/Rusam, B *Riedl* § 3 Rdn. 13.

[134] Beck'scher VOB-Kommentar VOB/B/*Hofmann* § 3 Nr. 3 VOB/B Rdn. 26 m.w.N.; a.A. *Kaiser* Mängelhaftungsrecht Rdn. 59.

[135] Heiermann/Riedl/Rusam, B *Riedl* § 3 Rdn. 13; Beck'scher VOB-Kommentar VOB/B/*Hofmann* § 3 Nr. 3 VOB/B Rdn. 27; Ingenstau/Korbion, B *Döring* § 3 Nr. 3 Rdn. 11.

Auftraggeber mit hinreichender Klarheit und Deutlichkeit die aus Sicht des Auftragnehmers bestehende Unstimmigkeit beschreibt, damit der Auftraggeber in die Lage versetzt wird, die Unstimmigkeit zu klären bzw. zu berichtigen.[136]

Als Adressat des Hinweises kommt neben dem Auftraggeber, der immer zu benachrichtigen ist, selbstverständlich auch der jeweilige Berater, d.h. planender/überwachender Architekt bzw. Ingenieur in Betracht. Soweit der jeweilige Berater den Grund für den Hinweis geliefert hat, ist der Auftraggeber in jedem Fall zu informieren.[137] Ohnehin empfiehlt es sich, entsprechende Schreiben gleichlautend gleichzeitig zu versenden, damit es weder zu Informationsdefiziten noch zu Verzögerungen kommt.

Da inhaltlich zwischen erkannten und vermuteten Unstimmigkeiten differenziert wird, werden auch unterschiedliche **operative Anforderungen** an die jeweilige Situation gestellt.

aa) Operatives Verhalten bei offensichtlichen Unstimmigkeiten. Bei offensichtlichen Unstimmigkeiten, d.h. solchen Fehlern oder Ungereimtheiten, bei denen der Auftragnehmer sicher davon ausgeht, dass es zu einer Beeinträchtigung des Vertragszweckes kommt, ist der Auftragnehmer nach erfolgtem Hinweis gegenüber dem Auftraggeber berechtigt – unter Schadensminimierungsgesichtspunkten sogar verpflichtet – die mit der Unstimmigkeit im Zusammenhang stehende Leistung nicht auszuführen.[138] Dies gilt sowohl für Unstimmigkeiten in Bezug auf die Bauausführung als auch für die Missachtung von Rechtsvorschriften.[139] Besteht der Auftraggeber darauf, die Ausführung falsch vorzunehmen, kommt die Inanspruchnahme der Möglichkeiten gem. § 9 VOB/B[140] oder das operative Vorgehen gem. § 4 Nr. 3 VOB/B in Betracht.[141] 40

bb) Operatives Verhalten bei vermuteten Unstimmigkeiten. Vermutet der Auftragnehmer lediglich eine Unstimmigkeit, so hat er die Arbeiten bis zu einer Klärung durch den Auftraggeber weiterzuführen, es sei denn, der mögliche Schaden, der aus der vermuteten Unstimmigkeit entstehen könnte, ist so groß, dass die vertragsgerechte Durchführung aus objektiver Sicht gefährdet ist oder gar vereitelt werden könnte.[142] Der Auftragnehmer kann dann die Klärung durch den Auftraggeber abwarten. Führt das Abwarten des Auftragnehmers zu einer Behinderung im Sinne des § 6 Nr. 2 VOB/B, weil z.B. der Auftraggeber der ihm obliegenden Pflicht zur Klarstellung[143] nicht nachkommt, so ist dem Auftragnehmer anzuraten, die entsprechende Behinderungsanzeige gem. § 6 Nr. 1 VOB/B zu fertigen und darauf hinzuweisen, dass die Arbeiten bis zur Klarstellung durch den Auftraggeber ruhen.[144] 41

c) Rechtsnatur der Prüfungs- und Hinweispflicht und Folgen ihrer Verletzung. Bei der Hinweispflicht gem. § 3 Nr. 3 S. 2 VOB/B handelt es sich um eine **vertragliche Nebenpflicht**[145] des Auftragnehmers. Verletzt der Auftragnehmer diese Pflicht, so führt dies zu Ansprüchen[146] 42

---

[136] Beck'scher VOB-Kommentar VOB/B/*Hofmann* § 3 Nr. 3 VOB/B Rdn. 28 m.w.N.

[137] BGH NJW 1975, 1217; Heiermann/Riedl/Rusam, B *Riedl* § 3 Rdn. 13; Beck'scher VOB-Kommentar, VOB/B/*Hofmann* § 3 Nr. 3 VOB/B Rdn. 29.

[138] Heiermann/Riedl/Rusam, B *Riedl* § 3 Rdn. 14; Ingenstau/Korbion, B *Döring* § 3 Nr. 3 Rdn. 13; Beck'scher VOB-Kommentar VOB/B/*Hofmann* § 3 Nr. 3 VOB/B Rdn. 31.

[139] Ingenstau/Korbion, B *Döring* § 3 Nr. 3 Rdn. 13; Heiermann/Riedl/Rusam, B *Riedl* § 3 Rdn. 14.

[140] Ingenstau/Korbion, B *Döring* § 3 Nr. 3 Rdn. 13.

[141] Beck'scher VOB-Kommentar VOB/B/*Hofmann* § 3 Nr. 3 VOB/B Rdn. 32; vgl. hierzu auch die Kommentierung zu § 4 Nr. 3 VOB/B.

[142] Ingenstau/Korbion, B *Döring* § 3 Nr. 3 Rdn. 12; Beck'scher VOB-Kommentar VOB/B/*Hofmann* § 3 Nr. 3 VOB/B Rdn. 34; Heiermann/Riedl/Rusam, B *Riedl* § 3 Rdn. 14.

[143] Ingenstau/Korbion, B *Döring* § 3 Nr. 3 Rdn. 12; Beck'scher VOB-Kommentar VOB/B/*Hofmann* § 3 Nr. 3 VOB/B Rdn. 34.

[144] Beck'scher VOB-Kommentar VOB/B/*Hofmann* § 3 Nr. 3 VOB/B Rdn. 34; Ingenstau/Korbion, B *Döring* § 3 Nr. 3 Rdn. 12; Heiermann/Riedl/Rusam, B *Riedl* § 3 Rdn. 14.

[145] *Bühl* BauR 1992, 26; Ingenstau/Korbion, B *Döring* § 3 Nr. 3 Rdn. 7, 12; Beck'scher VOB-Kommentar VOB/B/*Hofmann* § 3 Nr. 3 VOB/B Rdn. 35; Heiermann/Riedl/Rusam, B *Riedl* § 3 Rdn. 15.

[146] Heiermann/Riedl/Rusam, B *Riedl* § 3 Rdn. 15, Ingenstau/Korbion, B *Döring* § 3 Nr. 3 Rdn. 7; Beck'scher VOB-Kommentar VOB/B/*Hofmann* § 3 Nr. 3 VOB/B Rdn. 35.

aus positiver Vertragsverletzung[147] bzw. § 280 Abs. 1 BGB[148] soweit nicht die entsprechenden Schäden von der Gewährleistung gem. § 13 VOB/B umfasst werden.[149] Als Verschuldensmaßstab reicht hierbei einfache Fahrlässigkeit aus.[150]

Entsprechend der Regelungssystematik des § 3 VOB/B, der von der Primärpflicht des Auftraggebers zur Lieferung fehlerfreier Planung und lediglich der Sekundärpflicht des Arbeitnehmers zur Überprüfung dieser Planung ausgeht, trifft selbst in Fällen der Verletzung der Hinweispflicht den Auftraggeber in der Regel ein Mitverschulden (§ 254 BGB), was zu einer Quotelung des Schadens führt.[151] Dies kann allerdings dann anders beurteilt werden, wenn der Auftragnehmer aufgrund einer sicher gewonnenen Erkenntnis positiv weiß, dass es zu einem Schadenseintritt kommen wird und trotzdem nicht handelt. In diesem Fall scheidet eine Mithaftung des Auftraggebers aus.[152] Dabei ist zu beachten, dass den Auftragnehmer **die Beweislast** für die Erfüllung der Hinweispflicht gem. § 3 Nr. 3 S. 2 VOB/B trifft.[153]

43 **d) Vertragsgestaltung durch Allgemeine Geschäftsbedingungen.** Häufig versuchen Auftraggeber durch Allgemeine Geschäftsbedingungen eine Verschiebung der Prüfungspflichten zu Lasten des Auftragnehmers vorzunehmen. Soweit dabei dem Auftragnehmer das Planungsrisiko z.B. durch Fiktionen dadurch überbürdet werden soll, dass der Auftragnehmer bestätigt, dass er die Pläne auf Durchführbarkeit, Vollständigkeit und technische Richtigkeit überprüft habe, ist dies regelmäßig unwirksam.[154] Dies gilt auch für Klauseln, die Risiken, die sich während der Bauausführung ergeben, einseitig auf den Auftragnehmer abwälzen.[155] Auch eine Klausel, wonach Planungsunterlagen als vollständig gelten, wenn der Auftragnehmer nicht binnen drei Tagen Widerspruch erhebt, ist unwirksam.[156]

IV. Zustandsfeststellung gem. § 3 Nr. 4 VOB/B

44 Wie sich aus § 3 Nr. 4 VOB/B ergibt, sind die Parteien verpflichtet, den Zustand der Straßen- und Geländeoberfläche, der Vorfluter und Vorflutleitungen, ferner die baulichen Anlagen im Baubereich in einer von beiden Parteien anzuerkennenden Niederschrift festzuhalten, soweit dies notwendig ist.

Damit begründet § 3 Nr. 4 VOB/B **keine eigene leistungsbezogene Verpflichtung,**[157] sondern dient erkennbar **Beweissicherungszwecken.**[158]

Durch die vorgesehene vertraglich vereinbarte Beweissicherung soll später Streit über tatsächliche Fragen vermieden werden, der leicht entsteht, wenn es z.B. um die Frage geht, ob der Auftragnehmer eine Straße beschädigt haben kann, eine besondere Abnutzung vorliegt, ein

---

[147] Bis zum 31.12.2001.

[148] Ab dem 1.1.2002.

[149] Heiermann/Riedl/Rusam, B *Riedl* § 3 Rdn. 15; Beck'scher VOB-Kommentar VOB/B/*Hofmann* § 3 r. 3 VOB/B Rdn. 35.

[150] Beck'scher VOB-Kommentar VOB/B/*Hofmann* § 3 Nr. 3 VOB/B Rdn. 35; Heiermann/Riedl/Rusam, B *Riedl* § 3 Rdn. 15 unter Hinweis auf Bay. ObLG MDR 1971, 487.

[151] *Soergel* ZfBR 1995, 165; Ingenstau/Korbion, B *Döring* § 3 Nr. 3 Rdn. 7; Beck'scher VOB-Kommentar VOB/B/*Hofmann* § 3 Nr. 3 VOB/B Rdn. 35.

[152] BGH NJW 1984, 1676; BGH NJW 1973, 518; OLG Hamm BauR 1995, 852; *Soergel* ZfBR 1995, 165; Beck'scher VOB-Kommentar VOB/B/*Hofmann* § 3 Nr. 3 VOB/B Rdn. 36; Heiermann/Riedl/Rusam, B *Riedl* § 3 Rdn. 15.

[153] BGH NJW 1974, 188; Beck'scher VOB-Kommentar VOB/B/*Hofmann* § 3 Nr. 3 VOB/B Rdn. 37 m.w.N.

[154] Glatzel/*Hofmann*/Frickel § 3 Ziffer 2.4.3 a m.w.N.

[155] Ingenstau/Korbion, B *Döring* § 3 Nr. 3 Rdn. 8.

[156] Glatzel/*Hofmann*/Frickel § 3 Ziffer 2.3.1 i.

[157] *Schmalzl* BauR 1970, 203; Ingenstau/Korbion, B *Döring* § 3 Nr. 4 Rdn. 3; Heiermann/Riedl/Rusam, B *Riedl* § 3 Rdn. 17; Beck'scher VOB-Kommentar VOB/B/*Hofmann* § 3 Nr. 4 VOB/B Rdn. 11.

[158] Beck'scher VOB-Kommentar VOB/B/*Hofmann* § 3 Nr. 4 VOB/B Rdn. 1, Heiermann/Riedl/Rusam, B *Riedl* § 3 Rdn. 17; Ingenstau/Korbion, B *Döring* § 3 Nr. 4 Rdn. 3.

bestimmter baulicher Zustand behindernde Wirkung gehabt hat oder die bei dem Bauvorhaben verwendeten Stoffe und Bauteile bzw. Geräte aus Gründen beschädigt worden sind, die mit den von der Beweissicherung umfassten Zuständen in einem Zusammenhang stehen.[159] Dementsprechend ist der Erfassung des tatsächlichen Zustandes und dessen Niederlegung in der Niederschrift **besondere Aufmerksamkeit und Sorgfalt** zu widmen.[160]

1. Feststellung des Zustandes in gemeinsamer Niederschrift

In die gem. § 3 Nr. 4 VOB/B zu fertigende Niederschrift ist der tatsächliche Zustand der betreffenden Straßen, Bauteile, baulichen Anlagen oder sonst in § 3 Nr. 4 VOB/B aufgezählten Objekte aufzunehmen, so wie er vorgefunden wird.[161] 45

Um dem Zweck als Beweismittel gerecht zu werden, muss die Niederschrift von beiden Vertragsparteien unterzeichnet, d.h. anerkannt werden.[162] Will einer der Parteien den Inhalt der Niederschrift nicht anerkennen, so hat er seine abweichende Auffassung in die Niederschrift mit aufnehmen zu lassen. Die andere Partei hat dies zu dulden.[163] Es versteht sich schon fast von selbst, dass jede Partei eine Ausfertigung der Niederschrift erhält.

2. Notwendigkeit der Feststellungen

Nach § 3 Nr. 4 VOB/B sind Feststellungen nur aufzunehmen, soweit sie **notwendig** sind. 46
Notwendig ist dabei eine Feststellung dann, wenn zumindest nach dem mit objektiven Maßstäben zu beurteilenden Interesse zumindest einer Partei eine Feststellung geboten scheint.[164] Es müssen mithin in dem jeweils zu beurteilenden Einzelfall ausreichende Anhaltspunkte vorhanden sein, um eine Zustandsfeststellung als erforderlich bzw. ratsam erscheinen zu lassen.[165]

3. Rechtsnatur der Mitwirkungspflicht und Folgen ihrer Verletzung

Liegen die Tatbestandsvoraussetzungen des § 3 Nr. 4 VOB/B vor, d.h. ist die Zustandsfeststel- 47
lung notwendig, ist jede Partei verpflichtet, hieran mitzuwirken. Daraus ergibt sich auch, dass es bei Vorliegen des Tatbestandsmerkmals „notwendig" im Streitfalle ausreicht, wenn eine Partei die Feststellung des Zustandes begehrt, um die Mitwirkungspflichten auszulösen.[166]

Inhaltlich handelt es sich bei der Mitwirkungspflicht nach § 3 Nr. 4 VOB/B um eine **vertrag-** 48
liche Nebenpflicht,[167] dessen schuldhafte Verletzung Schadensersatzansprüche aus positiver Vertragsverletzung[168] bzw. gem. § 280 Abs. 1 BGB[169] auslösen kann.[170] Denkbar sind auch Ansprüche

---

[159] Beck'scher VOB-Kommentar VOB/B/*Hofmann* § 3 Nr. 4 VOB/B Rdn. 3, 4; Ingenstau/Korbion, B *Döring* § 3 Nr. 4 Rdn. 2; Heiermann/Riedl/Rusam, B *Riedl* § 3 Rdn. 17.

[160] Heiermann/Riedl/Rusam, B *Riedl* § 3 Rdn. 17; Beck'scher VOB-Kommentar VOB/B/*Hofmann* § 3 Nr. 4 VOB/B Rdn. 7.

[161] Beck'scher VOB-Kommentar VOB/B/*Hofmann* § 3 Nr. 4 VOB/B Rdn. 6, Heiermann/Riedl/Rusam, B *Riedl* § 3 Rdn. 17.

[162] *Schmalzl* BauR 1970, 203; Ingenstau/Korbion, B *Döring* § 3 Nr. 4 Rdn. 3; Beck'scher VOB-Kommentar VOB/B/*Hofmann* § 3 Nr. 4 VOB/B Rdn. 7, Heiermann/Riedl/Rusam, B *Riedl* § 3 Rdn. 18 a.

[163] Ingenstau/Korbion, B *Döring* § 3 Nr. 4 Rdn. 3; Beck'scher VOB-Kommentar VOB/B/*Hofmann* § 3 Nr. 4 VOB/B Rdn. 7.

[164] Heiermann/Riedl/Rusam, B *Riedl* § 3 Rdn. 18; Beck'scher VOB-Kommentar VOB/B/*Hofmann* § 3 Nr. 4 VOB/B Rdn. 9; Ingenstau/Korbion, B *Döring* § 3 Nr. 4 Rdn. 4.

[165] Ingenstau/Korbion, B *Döring* § 3 Nr. 4 Rdn. 4; Beck'scher VOB-Kommentar VOB/B/*Hofmann* § 3 Nr. 4 VOB/B Rdn. 9.

[166] Ingenstau/Korbion, B *Döring* § 3 Nr. 4 Rdn. 6; Beck'scher VOB-Kommentar VOB/B/*Hofmann* § 3 Nr. 4 VOB/B Rdn. 10.

[167] Heiermann/Riedl/Rusam, B *Riedl* § 3 Rdn. 19; Ingenstau/Korbion, B *Döring* § 3 Nr. 4 Rdn. 6; Beck'scher VOB-Kommentar VOB/B/*Hofmann* § 3 Nr. 4 VOB/B Rdn. 11.

[168] Bis zum 31.12.2001.

[169] Ab dem 1.1.2002.

[170] Beck'scher VOB-Kommentar VOB/B/*Hofmann* § 3 Nr. 4 VOB/B Rdn. 12; Heiermann/Riedl/Rusam, B *Riedl* § 3 Rdn. 19.

gem. § 6 Nr. 1/§ 6 Nr. 2 VOB/B bzw. § 5 Nr. 4 VOB/B i.V.m. § 6 Nr. 6 VOB/B (Auftraggeber) oder § 6 Nr. 6 VOB/B (Auftragnehmer).[171]

Streitig beurteilt wird die Frage, ob die Verletzung der Mitwirkungspflichten gem. § 3 Nr. 4 VOB/B in Form der **Verweigerung Kündigungsrechte** gem. § 9 VOB/B bzw. § 8 Nr. 3 VOB/B begründen.

Während *Riedl*[172] und *Schmalzl*[173] Kündigungsrechte unter Hinweis auf die geringe Schwere der Pflichtverletzung und den Wortlaut des § 9 Nr. 1 a VOB/B ablehnen, werden diese mit der Begründung einer wesentlich größeren Gewichtung der Mitwirkungspflichten von *Döring*[174] und *Hofmann*[175] bejaht. Der Beweissicherungspflicht komme gerade unter dem oft bestehenden Zeitdruck und der Angewiesenheit des Betroffenen im Streitfall eine hohe Bedeutung zu.[176]

Richtig ist zunächst, dass alleine die Versagung der Mitwirkungshandlungen durch den Auftraggeber gem. § 3 Nr. 4 VOB/B keinen Kündigungsgrund gem. § 9 Nr. 1 a VOB/B begründet, da dort vorausgesetzt wird, dass der Auftragnehmer außer Stande gesetzt sein muss, die Leistungen auszuführen. Dies wird man schon wegen der fehlenden Leistungsbezogenheit der Mitwirkungspflicht im Sinne des § 3 Nr. 4 VOB/B nicht annehmen können.

Allerdings ist damit noch keine Aussage darüber getroffen worden, ob nicht ein sonstiger wichtiger Kündigungsgrund durch die Versagung der Mitwirkung gem. § 3 Nr. 4 VOB/B gegeben ist. Auch dies ist aber im Ergebnis mit der Folge zu verneinen, dass ein Kündigungsgrund gem. § 8 Nr. 3 VOB/B oder § 9 VOB/B nicht gegeben ist, weil die Bedeutung einer nicht auf § 3 Nr. 4 VOB/B beruhenden Beweissicherung nicht ausreichend ist, um den Parteien ein begründetes Lösungsrecht vom Vertrag zu gewähren.

Zwar ist zuzugeben, dass es durchaus zeitliche Engpässe eines **selbständigen Beweisverfahrens** gem. der §§ 485 ff. ZPO geben kann. Den Parteien ist es aber unbenommen, **Privatgutachten** erstellen zu lassen, bei denen später im Streitfall der Sachverständige als sachverständiger Zeuge unter Zuhilfenahme seiner Dokumentation durchaus gesicherte Auskünfte im Rahmen einer Beweisaufnahme geben kann. Die jeweils betroffene Partei gerät mit anderen Worten durch eine Verweigerungshaltung der anderen Partei nicht zwangsweise in Beweisnot. Hinzu kommt noch, worauf *Hofmann* an anderer Stelle zu Recht hinweist,[177] dass sich die Partei, die sich der Mitwirkung entzieht, gegebenenfalls dem Vorwurf der **Beweisvereitelung** (§ 444 ZPO) ausgesetzt sieht, mit der Folge, dass im Rahmen der freien Beweiswürdigung von der Richtigkeit des Sachvortrages der anderen Partei auf der Grundlage der von ihr einseitig vorgenommenen Zustandsfeststellung auszugehen ist. Gerade in diesem Zusammenhang kommt dann auch einem Parteigutachten doch noch ein relativ hoher Beweiswert zu.

4. Kosten der Feststellung

49 Ohne besondere Regelung trägt in Entsprechung der Pflicht des Auftraggebers zur Beibringung der Ausführungsunterlagen gem. § 3 Nr. 1 VOB/B der Auftraggeber die Kosten der Zustandsfeststellung.[178]

Besondere Regelungen finden sich allerdings recht häufig in den DIN-Normen, die gem. § 1 Nr. 1 S. 2 VOB/B Vertragsbestandteil werden. So finden sich insbesondere bei den DIN-Normen, die den **Tiefbau** betreffen,[179] (z.B. DIN 18300, DIN 18301 bis DIN 18320 oder DIN

[171] Heiermann/Riedl/Rusam, B *Riedl* § 3 Rdn. 19; Beck'scher VOB-Kommentar VOB/B/*Hofmann* § 3 Nr. 4 VOB/B Rdn. 12; Ingenstau/Korbion, B *Döring* § 3 Nr. 4 Rdn. 6.

[172] Heiermann/Riedl/Rusam, B *Riedl* § 3 Rdn. 19.

[173] *Schmalzl* BauR 1970, 203.

[174] Ingenstau/Korbion, B *Döring* § 3 Nr. 4 Rdn. 6.

[175] Beck'scher VOB-Kommentar VOB/B/*Hofmann* § 3 Nr. 4 VOB/B Rdn. 13.

[176] Vgl. Fn. 171.

[177] Beck'scher VOB-Kommentar VOB/B/*Hofmann* § 3 Nr. 4 VOB/B Rdn. 19.

[178] Heiermann/Riedl/Rusam, B *Riedl* § 3 Rdn. 20; Ingenstau/Korbion, B *Döring* § 3 Nr. 4 Rdn. 7; Beck'scher VOB-Kommentar VOB/B/*Hofmann* § 3 Nr. 4 VOB/B Rdn. 15.

[179] Ingenstau/Korbion, B *Döring* § 3 Nr. 4 Rdn. 8; Heiermann/Riedl/Rusam, B *Riedl* § 3 Rdn. 20; Beck'scher VOB-Kommentar VOB/B/*Hofmann* § 3 Nr. 4 VOB/B Rdn. 14.

18325[180]), entsprechende Festlegungen unter den jeweiligen Ziffern 4.1.1 (bei der DIN 18301 unter Ziffer 4.1.3), dass es sich bei der Zustandsfeststellung um sogenannte **Nebenleistungen** handelt, die der Auftragnehmer ohne gesonderte Vergütung schuldet. Dem gegenüber finden sich solche Festlegungen im **Hochbau** grundsätzlich nicht.[181] (Ausnahme: Stahlbau gem. DIN 18335[182]).

5. Sonstige Beweissicherungsmöglichkeiten

Je nach Sachverhalt kann es zweckmäßiger sein, die Zustandsfeststellungen durch einen unabhängigen, öffentlich bestellten und vereidigten Sachverständigen vornehmen zu lassen.[183] Dies wäre z.B. anzunehmen, wenn es um Sachverhalte geht, bei denen schon die Tatsachenerfassung besondere Kenntnisse voraussetzt, oder Dritte beteiligt sind.[184] Um eine Verbindlichkeit der Feststellungen zu erlangen, bedarf es entweder der entsprechenden **Schiedsgutachterabrede** gem. dem § 317 ff. BGB oder einer Anerkennung durch die Parteien im Nachhinein.[185] Möglich bleibt auch die Durchführung eines gerichtlichen Beweisverfahrens gem. den §§ 485 ff. ZPO.[186] 50

V. Unterlagen, die der Auftragnehmer gem. § 3 Nr. 5 VOB/B zu beschaffen und vorzulegen hat

Die Vorschrift des § 3 Nr. 5 VOB/B regelt als **Ausnahmetatbestand** zu § 3 Nr. 1 VOB/B,[187] dass Zeichnungen, Berechnungen, Nachprüfungen von Berechnungen oder andere Unterlagen, die der Auftragnehmer nach dem Vertrag, besonders den technischen Vertragsbedingungen, oder der gewerblichen Verkehrssitte oder auf besonderes Verlangen des Auftraggebers (§ 2 Nr. 9 VOB/B) zu beschaffen hat, dem Auftraggeber nach Aufforderung rechtzeitig vorzulegen sind. 51

Um eine Ausnahmeregelung handelt es sich dabei deshalb, weil § 3 Nr. 1 VOB/B gerade die Regel konkretisiert, dass der Auftraggeber die Ausführungsunterlagen zu liefern hat.

1. Voraussetzungen der Beschaffungs- und Vorlagepflicht des Auftragnehmers

Zur Entstehung einer Beschaffungs- und Vorlagepflicht im Sinne des § 3 Nr. 5 VOB/B kommt es in Ansehung des Regelungsinhaltes von § 3 Nr. 1 VOB/B nur dann, wenn die genannten Tatbestandsvoraussetzungen erfüllt sind, namentlich die Begründung der Pflicht im Vertrag, besonders in technischen Vertragsbedingungen, oder die Bejahung einer gewerblichen Verkehrssitte, oder die Begründung der Pflicht durch Anordnung des Auftraggebers gem. § 1 Nr. 4 VOB/B i.V.m. § 2 Nr. 9 VOB/B. 52

Bei der Begründung der Beschaffungs- und Vorlagepflicht durch Vertrag kommen neben dem Vertragstext selbst **alle sonstigen Vertragsbestandteile** als Quelle der Begründung der Rechtspflicht in Betracht. Der Hervorhebung der besonderen technischen Vertragsbedingungen

[180] Eine ausführliche Auflistung befindet sich bei Ingenstau/Korbion, B *Döring* § 3 Nr. 4 Rdn. 7.

[181] Beck'scher VOB-Kommentar VOB/B/*Hofmann* § 3 Nr. 4 VOB/B Rdn. 15; Heiermann/Riedl/Rusam, B *Riedl* § 3 Rdn. 20; Ingenstau/Korbion, B *Döring* § 3 Nr. 4 Rdn. 8.

[182] Ingenstau/Korbion, B *Döring* § 3 Nr. 4 Rdn. 8; Beck'scher VOB-Kommentar VOB/B/*Hofmann* § 3 Nr. 4 VOB/B Rdn. 15.

[183] Ingenstau/Korbion, B *Döring* § 3 Nr. 4 Rdn. 5; Beck'scher VOB-Kommentar VOB/B/*Hofmann* § 3 Nr. 4 VOB/B Rdn. 17.

[184] Ingenstau/Korbion, B *Döring* § 3 Nr. 4 Rdn. 3.

[185] Beck'scher VOB-Kommentar VOB/B/*Hofmann* § 3 Nr. 4 VOB/B Rdn. 17; Ingenstau/Korbion, B *Döring* § 3 Nr. 4 Rdn. 5.

[186] Ingenstau/Korbion, B *Döring* § 3 Nr. 4 Rdn. 5; Beck'scher VOB-Kommentar VOB/B/*Hofmann* § 3 Nr. 4 VOB/B Rdn. 18; Heiermann/Riedl/Rusam, B *Riedl* § 3 Rdn. 21.

[187] Heiermann/Riedl/Rusam, B *Riedl* § 3 Rdn. 22; Beck'scher VOB-Kommentar VOB/B/*Hofmann* § 3 Nr. 5 VOB/B Rdn. 1; Ingenstau/Korbion, B *Döring* § 3 Nr. 5 Rdn. 2.

kommt dabei schon nach dem Wortlaut des § 3 Nr. 5 VOB/B „besonders" nur beispielhafter Charakter zu.[188]

Die Begründung im Vertrag muss dabei inhaltlich klar und zweifelsfrei sein. Dies gilt sowohl für den Vertragstext inkl. Vorbemerkungen als auch für die allgemeinen technischen Vertragsbedingungen.[189] Eine **konkludente Vereinbarung** ist vor diesem Hintergrund eine besonders zu begründende Ausnahme. Bei der in diesem Rahmen vorzunehmenden Auslegung ist dementsprechend Zurückhaltung geboten.[190]

Die Begründung der Pflicht des Auftragnehmers gem. § 3 Nr. 5 VOB/B kann auch durch gewerbliche Verkehrssitte als allgemeiner Rechtsquelle erfolgen. Unter gewerblicher Verkehrssitte versteht man dabei die Begründung der Pflicht durch Üblichkeit der Leistungserbringung am Leistungsort durch den Auftragnehmer.[191]

Schließlich ist die Begründung der Pflicht des Auftragnehmers gem. § 3 Nr. 5 VOB/B durch eine entsprechende Anordnung des Arbeitgebers möglich. Die Vorschrift formuliert dies mit den Worten: „auf besonderes Verlangen des Auftraggebers."

Vergütung erhält der Auftragnehmer für die von ihm insoweit zu erbringende Leistung dann, wenn dies nicht schon ohnehin zum Bausoll gehört. Wird die Leistungspflicht durch die DIN-Vorschriften begründet, ist anhand des jeweiligen Abschnittes 4 zu prüfen, ob es sich um bereits schon von der Vergütung umfasste **Nebenleistungen** handelt oder nicht.[192] Für anordnungsbedingte Leistungspflichten ist § 2 Nr. 9 VOB/B einschlägig. Fehlt es an einer Vereinbarung der Parteien über die **Höhe der Vergütung**, gilt eine angemessene Vergütung als vereinbart (§ 632 Abs. 2 BGB).[193]

2. Umfang der Beschaffungs- und Vorlagepflicht gem. § 3 Nr. 5 VOB/B

53 Nach § 3 Nr. 5 VOB/B hat der Auftragnehmer die betreffenden Unterlagen zu beschaffen und **rechtzeitig** dem Auftraggeber vorzulegen. Wie sich zunächst aus dem Wort „Beschaffen" ergibt, schließt diese Pflicht auch die Forderung ein, sich die Unterlagen von einem Dritten, z.B. einem Nachunternehmer, zu besorgen.[194]

Rechtzeitig im Sinne des § 3 Nr. 5 VOB/B ist dabei die Vorlage, wenn dem Auftraggeber bzw. dessen Erfüllungsgehilfen (Architekten, Statiker usw.) eine ausreichende Zeit zur Prüfung und gegebenenfalls Stellungnahme vor der betreffenden Ausführung verbleibt, was im Einzelfall zu prüfen ist.[195] Soweit § 3 Nr. 5 VOB/B dabei eine vorhergehende Aufforderung durch den Auftraggeber vorsieht, kann diese schon im Vertrag enthalten sein, oder aber durch den Auftraggeber später ausgesprochen werden.[196]

Erfüllt der Auftragnehmer die ihm obliegende **vertragliche Nebenpflicht** fehlerhaft und setzt sich dies im Bauergebnis weiter fort, so stehen dem Auftraggeber die Rechte aus § 4 Nr. 7 VOB/B bzw. § 13 Nr. 5–7 VOB/B zu.[197]

---

[188] Ingenstau/Korbion, B *Döring* § 3 Nr. 5 Rdn. 4; Beck'scher VOB-Kommentar VOB/B/*Hofmann* § 3 Nr. 5 VOB/B Rdn. 3; Heiermann/Riedl/Rusam, B *Riedl* § 3 Rdn. 22.

[189] Beck'scher VOB-Kommentar VOB/B/*Hofmann* § 3 Nr. 5 VOB/B Rdn. 4; Ingenstau/Korbion, B *Döring* § 3 Nr. 5 Rdn. 4; Heiermann/Riedl/Rusam, B *Riedl* § 3 Rdn. 22.

[190] Beck'scher VOB-Kommentar VOB/B/*Hofmann* § 3 Nr. 5 VOB/B Rdn. 7; Heiermann/Riedl/Rusam, B *Riedl* § 3 Rdn. 22.

[191] Heiermann/Riedl/Rusam, B *Riedl* § 3 Rdn. 22; Ingenstau/Korbion, B *Döring* § 3 Nr. 5 Rdn. 4; Beck'scher VOB-Kommentar VOB/B/*Hofmann* § 3 Nr. 5 VOB/B Rdn. 8.

[192] Heiermann/Riedl/Rusam, B *Riedl* § 3 Rdn. 22; Beck'scher VOB-Kommentar VOB/B/*Hofmann* § 3 Nr. 5 VOB/B Rdn. 11.

[193] Beck'scher VOB-Kommentar VOB/B/*Hofmann* § 3 Nr. 5 VOB/B Rdn. 11, 12; Heiermann/Riedl/Rusam, B *Riedl* § 3 Rdn. 22.

[194] Ingenstau/Korbion, B *Döring* § 3 Nr. 5 Rdn. 3; Beck'scher VOB-Kommentar VOB/B/*Hofmann* § 3 Nr. 5 VOB/B Rdn. 13.

[195] Heiermann/Riedl/Rusam, B *Riedl* § 3 Rdn. 22; Ingenstau/Korbion, B *Döring* § 3 Nr. 5 Rdn. 7.

[196] Beck'scher VOB-Kommentar VOB/B/*Hofmann* § 3 Nr. 5 VOB/B Rdn. 14.

[197] Heiermann/Riedl/Rusam, B *Riedl* § 3 Rdn. 22; Ingenstau/Korbion, B *Döring* § 3 Nr. 5 Rdn. 7.

Da es sich bei Vorliegen der Tatbestandsvoraussetzungen um eine echte Lieferpflicht des Auftragnehmers handelt, ist der jeweilige Anspruch durchsetzbar. Bei Verzug greifen die §§ 280 ff. BGB.[198]

VI. Regelung über die Verwendung der Unterlagen nach § 3 Nr. 5 VOB/B gem. § 3 Nr. 6 VOB/B

Die Vorschrift des § 3 Nr. 6 VOB/B regelt die Verwendungsmöglichkeiten der Unterlagen, die der Auftraggeber durch den Auftragnehmer gem. § 3 Nr. 5 VOB/B erhalten hat oder noch erhält. Damit beschränkt sich der Regelungsbereich der Vorschrift ausschließlich auf die Unterlagen gem. § 3 Nr. 5 VOB/B.[199] 54

Für das Verständnis der Regelungen des § 3 Nr. 6 VOB/B ist es wichtig, dass grundsätzlich davon auszugehen ist, dass weder der Auftraggeber bei der Erfüllung seiner Pflicht gem. § 3 Nr. 1 VOB/B noch der Auftragnehmer bei der Erfüllung seiner Pflicht gem. § 3 Nr. 5 VOB/B das **Eigentum** an den jeweils gelieferten Unterlagen verliert.[200] Die Frage des Übergangs von Eigentum richtet sich dabei nach sachenrechtlichen Grundsätzen. Ohne besondere vertragliche Vereinbarung, die selbstverständlich möglich ist, ergibt sich aus § 3 Nr. 6 Abs. 3 VOB/B, dass die Regelungssystematik des § 3 Nr. 5 VOB/B bzw. § 3 Nr. 6 VOB/B nicht von einem Eigentumsübergang in Bezug auf die Unterlagen ausgeht, da ansonsten ein Nutzungsrecht des Auftragnehmers an den von ihm zur Verfügung gestellten Unterlagen keinen Sinn machen würde.[201] Unter den Einschränkungen des § 986 BGB hat damit der Auftragnehmer grundsätzlich einen **Herausgabeanspruch** als Eigentümer der Unterlagen gegenüber dem Auftraggeber.[202] Das Recht des Auftraggebers zum Besitz (§ 986 BGB) richtet sich dabei nach der meist konkludent getroffenen **Zweck- bzw. Nutzungsvereinbarung**, wonach der Auftraggeber die Unterlagen solange behalten darf, wie er sie zur Verwirklichung und Abwicklung der Bauaufgabe benötigt.[203] Die Fälligkeit des Rückgabeanspruches setzt dabei ein Herausgabeverlangen des Auftragnehmers voraus.[204] 55

Erfüllt der Auftraggeber seine insoweit bestehende **vertragliche Nebenpflicht** zur Herausgabe der Unterlagen nicht oder nicht rechtzeitig, so kommen Ansprüche wegen positiver Vertragsverletzung bzw. § 280 Abs. 1 BGB in Betracht.[205]

1. Nutzungsbefugnisse gem. § 3 Nr. 6 Abs. 1 VOB/B

Nach § 3 Nr. 6 Abs. 1 VOB/B dürfen die Unterlagen gem. § 3 Nr. 5 VOB/B ohne Genehmigung ihres Urhebers nicht veröffentlicht, vervielfältigt, geändert oder für einen anderen als den vereinbarten Zweck benutzt werden. Um also die durch § 3 Nr. 6 Abs. 1 VOB/B vertraglich vereinbarten **Nutzungsbeschränkungen** aufzuheben, bedarf es einer Genehmigung des Urhebers im Sinne des § 3 Nr. 6 Abs. 1 VOB/B. 56

a) Genehmigung im Sinne des § 3 Nr. 6 Abs. 1 VOB/B. Der Begriff der Genehmigung im Sinne des § 3 Nr. 6 Abs. 1 VOB/B ist **nicht** im rechtstechnischen Sinne gem. § 184 Abs. 1 BGB **als nachträgliche Zustimmung** zu verstehen, sondern im weiteren Sinne als Zustimmung (§ 182 57

---

[198] Beck'scher VOB-Kommentar VOB/B/*Hofmann* § 3 Nr. 5 VOB/B Rdn. 15, 16; Heiermann/Riedl/Rusam, B *Riedl* § 3 Rdn. 22; Ingenstau/Korbion, B *Döring* § 3 Nr. 5 Rdn. 7.

[199] Ingenstau/Korbion, B *Döring* § 3 Nr. 6 Rdn. 1.

[200] Beck'scher VOB-Kommentar VOB/B/*Hofmann* § 3 Nr. 6 VOB/B Rdn. 5; Heiermann/Riedl/Rusam, B *Riedl* § 3 Rdn. 23, 28; Ingenstau/Korbion, B *Döring* § 3 Nr. 6 Rdn. 2.

[201] Ingenstau/Korbion, B *Döring* § 3 Nr. 6 Rdn. 2.

[202] Heiermann/Riedl/Rusam, B *Riedl* § 3 Rdn. 25, 28; Beck'scher VOB-Kommentar VOB/B/*Hofmann* § 3 Nr. 6 VOB/B Rdn. 7.

[203] Beck'scher VOB-Kommentar VOB/B/*Hofmann* § 3 Nr. 6 VOB/B Rdn. 8; Heiermann/Riedl/Rusam, B *Riedl* § 3 Rdn. 28; Ingenstau/Korbion, B *Döring* § 3 Nr. 6 Rdn. 4.

[204] Heiermann/Riedl/Rusam, B *Riedl* § 3 Rdn. 28; Ingenstau/Korbion, B *Döring* § 3 Nr. 6 Rdn. 3.

[205] Ingenstau/Korbion, B *Döring* § 3 Nr. 6 Rdn. 5; Heiermann/Riedl/Rusam, B *Riedl* § 3 Rdn. 28.

BGB) bzw. Erlaubnis (§ 183 BGB).[206] Zwar ist es durchaus denkbar, dass auch nachträglich eine Genehmigung erfolgt, dem Sinn und Zweck aber entspricht es, dass vor einer Nutzung, die an sich dem vertraglich vereinbarten Nutzungsverbot zuwider läuft, eine Einwilligung eingeholt wird.[207]

58 **b) Urheber im Sinne des § 3 Nr. 6 Abs. 1 VOB/B.** Der Begriff des Urhebers in § 3 Nr. 6 Abs. 1 VOB/B ist nicht rechtstechnisch gemeint, d.h. es sind nicht nur Unterlagen geschützt, die von einem „Urheber" im Sinne des Urhebergesetzes stammen.[208] Vielmehr ergibt sich durch die Bezugnahme auf § 3 Nr. 5 VOB/B, dass unter Urheber im Sinne des § 3 Nr. 6 Abs. 1 VOB/B derjenige zu verstehen ist, der die Unterlagen gem. § 3 Nr. 5 VOB/B gefertigt hat.[209]

Dies schließt zwar Ansprüche nach dem Urhebergesetz nicht aus, soweit die Unterlagen gem. § 3 Nr. 5 VOB/B die entsprechende Qualität erreichen,[210] die Erzielung dieser Qualität aber ist nicht Tatbestandsvoraussetzung des § 3 Nr. 6 Abs. 1 VOB/B.

59 Urheber im Sinne des § 3 Nr. 6 Abs. 1 VOB/B kann sowohl der Auftragnehmer selbst als auch ein **Dritter**, z.B. ein Nachunternehmer, sein. In diesem Fall bedarf der Auftragnehmer grundsätzlich seinerseits einer „Genehmigung" im Sinne des § 3 Nr. 6 Abs. 1 VOB/B,[211] wobei es zu beachten gilt, dass in der Verwendung der Unterlagen für die Bauaufgabe in der Regel der bestimmungsgemäße Zweck der Überlassung liegen dürfte, mithin eine besondere Erlaubnis in diesem Falle nicht erforderlich ist.[212]

Neben den **nicht vertraglichen Ansprüchen** (Herausgabeanspruch gem. §§ 985 ff. BGB, deliktische Ansprüche gem. §§ 823 ff. BGB, Verletzung von Urheberrechten gem. §§ 7 ff. UrhG, Ansprüche aus §§ 18, 19 UWG) stehen dem Dritten gegebenenfalls **abgetretene Ansprüche** (gegebenenfalls auch im Rahmen einer Drittschadensliquidation abgetretene Ansprüche) sowie möglicherweise **vertragliche Ansprüche** zu, wenn die sich aus der Einbeziehung des Dritten in den **Schutzbereich des Vertrages** zwischen Auftraggeber und Auftragnehmer ergeben.[213] Eine solche Einbeziehung in den Schutzbereich des Vertrages kann entweder ausdrücklich oder konkludent bzw. stillschweigend erfolgen. Von einer konkludenten bzw. stillschweigenden Einbeziehung wird man dabei z.B. davon ausgehen können, wenn der Nachunternehmer die Überschreitung der Nutzungsrechte gem. § 6 Nr. 1 Abs. 1 VOB/B von seiner „Genehmigung" abhängig macht und dies durch entsprechende Stempelaufdrucke auf seinen Unterlagen hervorhebt. Nutzt der Auftraggeber die Unterlagen in Kenntnis dieses Umstandes, kommt konkludent bzw. stillschweigend eine Einbeziehung des Nachunternehmers in den Schutzbereich des Vertrages zwischen Auftragnehmer und Auftraggeber zustande.[214]

60 **c) Inhalt des Schutzes und Folgen der Verletzung des Schutzbereiches.** Inhaltlich schützt § 3 Nr. 6 Abs. 1 VOB/B den Auftragnehmer davor, dass seine Unterlagen gegen seinen Willen z.B. veröffentlicht werden. Dies schließt auch Fachveröffentlichungen mit ein.[215] Das ebenfalls enthaltene **Vervielfältigungsverbot** führt dazu, dass der Auftraggeber ohne Zustimmung des Auftragnehmers keine weiteren Exemplare herstellen darf, als er erhalten hat. Aufgrund des weitergehend enthaltenen **Veränderungsverbotes** sind die Unterlagen darüber hinaus in ihrem

---

[206] Beck'scher VOB-Kommentar VOB/B/*Hofmann* § 3 Nr. 6 VOB/B Rdn. 16; Ingenstau/Korbion, B *Döring* § 3 Nr. 6 Rdn. 8; Heiermann/Riedl/Rusam, B *Riedl* § 3 Rdn. 23.

[207] Ingenstau/Korbion, B *Döring* § 3 Nr. 6 Rdn. 8; Heiermann/Riedl/Rusam, B *Riedl* § 3 Rdn. 23.

[208] Heiermann/Riedl/Rusam, B *Riedl* § 3 Rdn. 23; Ingenstau/Korbion, B *Döring* § 3 Nr. 6 Rdn. 6; Beck'scher VOB-Kommentar VOB/B/*Hofmann* § 3 Nr. 6 VOB/B Rdn. 11.

[209] Ingenstau/Korbion, B *Döring* § 3 Nr. 6 Rdn. 6; Heiermann/Riedl/Rusam, B *Riedl* § 3 Rdn. 23.

[210] Beck'scher VOB-Kommentar VOB/B/*Hofmann* § 3 Nr. 6 VOB/B Rdn. 12.

[211] Beck'scher VOB-Kommentar VOB/B/*Hofmann* § 3 Nr. 6 VOB/B Rdn. 19.

[212] Beck'scher VOB-Kommentar VOB/B/*Hofmann* § 3 Nr. 6 VOB/B Rdn. 20.

[213] Ingenstau/Korbion, B *Döring* § 3 Nr. 6 Rdn. 10; Heiermann/Riedl/Rusam, B *Riedl* § 3 Rdn. 26.

[214] BGH NJW 1986, 2701; Ingenstau/Korbion, B *Döring* § 3 Nr. 6 Rdn. 10; Heiermann/Riedl/Rusam, B *Riedl* § 3 Rdn. 26; Beck'scher VOB-Kommentar VOB/B/*Hofmann* § 3 Nr. 6 VOB/B Rdn. 21.

[215] Beck'scher VOB-Kommentar VOB/B/*Hofmann* § 3 Nr. 6 VOB/B Rdn. 17; Ingenstau/Korbion, B *Döring* § 3 Nr. 6 Rdn. 7.

ursprünglichen Zustand zu belassen.[216] Schließlich beinhaltet § 6 Nr. 5 Abs. 1 VOB/B **das Verbot** die Unterlagen für einen **anderen Zweck** als vereinbart zu verwenden. Der Auftraggeber darf dementsprechend die Unterlagen weder für ein anderes Bauvorhaben, z.B. als Kalkulationshilfe, nutzen, noch die Unterlagen an Dritte weitergeben.[217]

Verletzt der Auftraggeber die in § 3 Nr. 6 Abs. 1 VOB/B festgelegten Nutzungsverbote, so steht dem Auftragnehmer zunächst ein **Unterlassungsanspruch** zu, da § 3 Nr. 6 Abs. 1 VOB/B auf Unterlassung gerichtet ist.[218] Entsteht dem Auftragnehmer ein **Schaden**, so ist dieser darüber hinaus wegen positiver Vertragsverletzung bzw. gem. § 280 Abs. 1 BGB bei Vorliegen von Verschulden ersatzfähig.[219]

Als Eigentümer der Unterlagen steht dem Auftragnehmer unter der Einschränkung des § 986 BGB ein **Herausgabeanspruch** gem. § 985 BGB zu.[220] Als Eigentümer stehen ihm darüber hinaus auch **deliktische Ansprüche** gem. den §§ 823 ff. BGB zu.[221] **Urheberrechtliche Ansprüche** gem. den §§ 7 ff., §§ 11 ff. UrhG setzen voraus, dass die Unterlagen den Anforderungen des UrhG entsprechen und der Auftragnehmer auch Urheber im Sinne des UrhG ist.[222] Schließlich kommen auch noch Ansprüche wegen unerlaubter Eigengeschäftsführung gem. § 287 Abs. 2 BGB i.V.m. den §§ 677, 678, 681, 682 BGB in Betracht.[223]

d) Abweichende Regelungen. Wollen die Parteien eine von § 3 Nr. 6 Abs. 1 VOB/B abwei- 61
chende Regelung vereinbaren, so ist dies **individualvertraglich** möglich. Dabei kann § 3 Nr. 6 VOB/B entweder ganz ausgeschlossen oder eingeschränkt werden.[224]

2. Nutzungsrechte des Auftraggebers an DV-Programmen gem. § 3 Nr. 6 Abs. 2 VOB/B

Werden Unterlagen im Sinne des § 2 Nr. 5 VOB/B als DV-Programme übergeben, was in der 62
Praxis immer häufiger vorkommt, greift § 2 Nr. 6 Abs. 2 VOB/B als **Sonderregelung** ein.[225] Durch die Vorschrift sollen die Urheberinteressen des Auftragnehmers einerseits und die Nutzungsinteressen des Auftraggebers andererseits ausgeglichen werden.[226]

Voraussetzung der Nutzung ist dabei gem. § 3 Nr. 6 Abs. 2 S. 1 VOB/B, dass das DV-Programm mit **den vereinbarten Leistungsmerkmalen in unveränderter Form auf den festgelegten Geräten** genutzt wird. Die Voraussetzungen müssen kumulativ vorliegen.[227] Dies setzt inhaltlich sowohl die vorhergehende Vereinbarung der Leistungsmerkmale der DV-Programme als auch die Festlegung der zu gebrauchenden Geräte voraus.[228]

---

216 Ingenstau/Korbion, B *Döring* § 3 Nr. 6 Rdn. 7, Beck'scher VOB-Kommentar VOB/B/*Hofmann* § 3 Nr. 6 VOB/B Rdn. 17.

217 BGH NJW 1986, 2701; Ingenstau/Korbion, B *Döring* § 3 Nr. 6 Rdn. 7; Beck'scher VOB-Kommentar VOB/B/*Hofmann* § 3 Nr. 6 VOB/B Rdn. 18.

218 Heiermann/Riedl/Rusam, B *Riedl* § 3 Rdn. 25 unter Hinweis auf OLG Düsseldorf NJW 1970, 335 in Bezug auf die Ratsamkeit einer vorhergehenden Abmahnung; Ingenstau/Korbion, B *Döring* § 3 Nr. 6 Rdn. 9.

219 Ingenstau/Korbion, B *Döring* § 3 Nr. 6 Rdn. 9; Beck'scher VOB-Kommentar VOB/B/*Hofmann* § 3 Nr. 6 VOB/B Rdn. 32; Heiermann/Riedl/Rusam, B *Riedl* § 3 Rdn. 25.

220 Heiermann/Riedl/Rusam, B *Riedl* § 3 Rdn. 25; Beck'scher VOB-Kommentar VOB/B/*Hofmann* § 3 Nr. 6 VOB/B Rdn. 7; Ingenstau/Korbion, B *Döring* § 3 Nr. 6 Rdn. 5.

221 Heiermann/Riedl/Rusam, B *Riedl* § 3 Rdn. 25; Beck'scher VOB-Kommentar VOB/B/*Hofmann* § 3 Nr. 6 VOB/B Rdn. 14.

222 Beck'scher VOB-Kommentar VOB/B/*Hofmann* § 3 Nr. 6 VOB/B Rdn. 12; Heiermann/Riedl/Rusam, B *Riedl* § 3 Rdn. 25.

223 Heiermann/Riedl/Rusam, B *Riedl* § 3 Rdn. 25.

224 Ingenstau/Korbion, B *Döring* § 3 Nr. 6 Rdn. 11; Beck'scher VOB-Kommentar VOB/B/*Hofmann* § 3 Nr. 6 VOB/B Rdn. 22.

225 Beck'scher VOB-Kommentar VOB/B/*Hofmann* § 3 Nr. 6 VOB/B Rdn. 23.

226 Ingenstau/Korbion, B *Döring* § 3 Nr. 6 Rdn. 12.

227 Heiermann/Riedl/Rusam, B *Riedl* § 3 Rdn. 30; Ingenstau/Korbion, B *Döring* § 3 Nr. 6 Rdn. 13; Beck'scher VOB-Kommentar VOB/B/*Hofmann* § 3 Nr. 6 VOB/B Rdn. 24, 25.

228 Beck'scher VOB-Kommentar VOB/B/*Hofmann* § 3 Nr. 6 VOB/B Rdn. 25; Heiermann/Riedl/Rusam, B *Riedl* § 3 Rdn. 30.

Wie sich aus § 3 Nr. 6 Abs. S. 2 VOB/B ergibt, dürfen durch den Auftraggeber lediglich zwei Kopien hergestellt werden. Bei dieser Anzahl handelt es sich um eine Maximalzahl.[229] Dabei muss die Identifikation nach § 3 Nr. 6 Abs. 2 S. 3 VOB/B möglich bleiben, was voraussetzt, dass die entsprechenden Merkmale erhalten bleiben. Identifikationsmerkmale können dabei z.B. sein, der Name des Programmherstellers, die Bezeichnung des Bauobjektes usw.[230]

Wie sich aus § 3 Nr. 6 Abs. 2 S. 4 VOB/B ergibt, ist dabei der Auftraggeber darlegungs- und beweispflichtig für den Nachweis, wo die Kopien verblieben sind. Entsprechende Kontrollen muss der Auftraggeber ermöglichen.[231]

Verletzt der Auftraggeber die ihm nach § 3 Nr. 6 Abs. 2 VOB/B obliegenden Pflichten, kommen Schadensersatzansprüche wegen positiver Vertragsverletzung bzw. gem. § 280 Abs. 1 BGB in Betracht.[232]

3. Fortbestehen des Nutzungsrechtes des Auftragnehmers gem. § 3 Nr. 6 Abs. 3 VOB/B

63 Trotz der Übertragung von Nutzungsrechten im Rahmen der Zweck- bzw. Nutzungsbestimmung gem. § 3 Nr. 1/§ 3 Nr. 2 VOB/B bleibt der Auftragnehmer an den in § 3 Nr. 5 VOB/B genannten Unterlagen inkl. entsprechenden DV-Programmen selbst nutzungsberechtigt.[233] Dieses Nutzungsrecht ist – anders als das Nutzungsrecht des Auftraggebers – nicht auf die betreffende Baumaßnahme beschränkt. Vielmehr kann der Auftragnehmer seine Unterlagen auch außerhalb des betroffenen Bereiches gegebenenfalls auch mit anderen Partnern nutzen.[234]

Dieses Recht des Auftragnehmers kann individualvertraglich ausgeschlossen werden. Sofern ein Ausschluss in Allgemeinen Geschäftsbedingungen vorgesehen ist, wäre dieser wegen Verstoßes gegen § 9 AGBG[235] bzw. § 307 BGB[236] unwirksam.[237]

§ 4 Ausführung

1. (1) **Der Auftraggeber hat für die Aufrechterhaltung der allgemeinen Ordnung auf der Baustelle zu sorgen und das Zusammenwirken der verschiedenen Unternehmer zu regeln. Er hat die erforderlichen öffentlich-rechtlichen Genehmigungen und Erlaubnisse – z.B. nach dem Baurecht, dem Straßenverkehrsrecht, dem Wasserrecht, dem Gewerberecht – herbeizuführen.**
(2) **Der Auftraggeber hat das Recht, die vertragsgemäße Ausführung der Leistung zu überwachen. Hierzu hat er Zutritt zu den Arbeitsplätzen, Werkstätten und Lagerräumen, wo die vertragliche Leistung oder Teile von ihr hergestellt oder die hierfür bestimmten Stoffe und Bauteile gelagert werden. Auf Verlangen sind ihm die Werkzeichnungen oder andere Ausführungsunterlagen sowie die Ergebnisse von Güteprüfungen zur Einsicht vorzulegen und die erforderlichen Auskünfte zu erteilen, wenn hierdurch keine Geschäftsgeheimnisse preisgegeben werden. Als Geschäftsgeheimnis bezeichnete Auskünfte und Unterlagen hat er vertraulich zu behandeln.**
(3) **Der Auftraggeber ist befugt, unter Wahrung der dem Auftragnehmer zustehenden Leitung (Nummer 2) Anordnungen zu treffen, die zur vertragsgemäßen Ausfüh-**

---

[229] Ingenstau/Korbion, B *Döring* § 3 Nr. 6 Rdn. 14; Beck'scher VOB-Kommentar VOB/B/*Hofmann* § 3 Nr. 6 VOB/B Rdn. 26.

[230] Beck'scher VOB-Kommentar VOB/B/*Hofmann* § 3 Nr. 6 VOB/B Rdn. 27; Ingenstau/Korbion, B *Döring* § 3 Nr. 6 Rdn. 15.

[231] Ingenstau/Korbion, B *Döring* § 3 Nr. 6 Rdn. 16; Beck'scher VOB-Kommentar VOB/B/*Hofmann* § 3 Nr. 6 VOB/B Rdn. 28.

[232] Heiermann/Riedl/Rusam, B *Riedl* § 3 Rdn. 30; Ingenstau/Korbion, B *Döring* § 3 Nr. 6 Rdn. 14, 16.

[233] Beck'scher VOB-Kommentar VOB/B/*Hofmann* § 3 Nr. 6 VOB/B Rdn. 29; Ingenstau/Korbion, B *Döring* § 3 Nr. 6 Rdn. 17; Heiermann/Riedl/Rusam, B *Riedl* § 3 Rdn. 31.

[234] Vgl. Fn. 229.

[235] Bis zum 31.12.2001.

[236] Ab dem 1.1.2002.

[237] Heiermann/Riedl/Rusam, B *Riedl* § 3 Rdn. 31; Ingenstau/Korbion, B *Döring* § 3 Nr. 6 Rdn. 17; Beck'scher VOB-Kommentar VOB/B/*Hofmann* § 3 Nr. 6 VOB/B Rdn. 30.

rung der Leistung notwendig sind. Die Anordnungen sind grundsätzlich nur dem Auftragnehmer oder seinem für die Leitung der Ausführung bestellten Vertreter zu erteilen, außer wenn Gefahr im Verzug ist. Dem Auftraggeber ist mitzuteilen, wer jeweils als Vertreter des Auftragnehmers für die Leitung der Ausführung bestellt ist.

(4) Hält der Auftragnehmer die Anordnungen des Auftraggebers für unberechtigt oder unzweckmäßig, so hat er seine Bedenken geltend zu machen, die Anordnungen jedoch auf Verlangen auszuführen, wenn nicht gesetzliche oder behördliche Bestimmungen entgegenstehen. Wenn dadurch eine ungerechtfertigte Erschwerung verursacht wird, hat der Auftrageggeber die Mehrkosten zu tragen.

2. **(1) Der Auftragnehmer hat die Leistung unter eigener Verantwortung nach dem Vertrag auszuführen. Dabei hat er die anerkannten Regeln der Technik und die gesetzlichen und behördlichen Bestimmungen zu beachten. Es ist seine Sache, die Ausführung seiner vertraglichen Leistung zu leiten und für Ordnung auf seiner Arbeitsstelle zu sorgen.**

   (2) Er ist für die Erfüllung der gesetzlichen, behördlichen und berufsgenossenschaftlichen Verpflichtungen gegenüber seinen Arbeitnehmern allein verantwortlich. Es ist ausschließlich seine Aufgabe, die Vereinbarungen und Maßnahmen zu treffen, die sein Verhältnis zu den Arbeitnehmern regeln.
3. **Hat der Auftragnehmer Bedenken gegen die vorgesehene Art der Ausführung (auch wegen der Sicherung gegen Unfallgefahren), gegen die Güte der vom Auftraggeber gelieferten Stoffe oder Bauteile oder gegen die Leistungen anderer Unternehmer, so hat er sie dem Auftraggeber unverzüglich – möglichst schon vor Beginn der Arbeiten – schriftlich mitzuteilen; der Auftraggeber bleibt jedoch für seine Angaben, Anordnungen oder Lieferungen verantwortlich.**
4. **Der Auftraggeber hat, wenn nichts anderes vereinbart ist, dem Auftragnehmer unentgeltlich zur Benutzung oder Mitbenutzung zu überlassen:**
   a) die notwendigen Lager- und Arbeitsplätze auf der Baustelle,
   b) vorhandene Zufahrtswege und Anschlussgleise,
   c) vorhandene Anschlüsse für Wasser und Energie. Die Kosten für den Verbrauch und den Messer oder Zähler trägt der Auftragnehmer, mehrere Auftragnehmer tragen sie anteilig.
5. **Der Auftragnehmer hat die von ihm ausgeführten Leistungen und die ihm für die Ausführung übergebenen Gegenstände bis zur Abnahme vor Beschädigung und Diebstahl zu schützen. Auf Verlangen des Auftraggebers hat er sie vor Winterschäden und Grundwasser zu schützen, ferner Schnee und Eis beseitigen. Obliegt ihm die Verpflichtung nach Satz 2 nicht schon nach dem Vertrag, so regelt sich die Vergütung nach § 2 Nr. 6.**
6. **Stoffe oder Bauteile, die dem Vertrag oder den Proben nicht entsprechen, sind auf Anordnung des Auftraggebers innerhalb einer von ihm bestimmten Frist von der Baustelle zu entfernen. Geschieht es nicht, so können sie auf Kosten des Auftragnehmers entfernt oder für seine Rechnung veräußert werden.**
7. **Leistungen, die schon während der Ausführung als mangelhaft oder vertragswidrig erkannt werden, hat der Auftragnehmer auf eigene Kosten durch mangelfreie zu ersetzen. Hat der Aufragnehmer den Mangel oder die Vertragswidrigkeit zu vertreten, so hat er auch den daraus entstehenden Schaden zu ersetzen. Kommt der Auftragnehmer der Pflicht zur Beseitigung des Mangels nicht nach, so kann ihm der Auftraggeber eine angemessene Frist zur Beseitigung des Mangels setzen und erklären, dass er ihm nach fruchtlosem Ablauf der Frist den Auftrag entziehe (§ 8 Nr. 3).**
8. **(1) Der Auftragnehmer hat die Leistung im eigenen Betrieb auszuführen. Mit schriftlicher Zustimmung des Auftraggebers darf er sie an Nachunternehmer übertragen. Die Zustimmung ist nicht notwendig bei Leistungen, auf die der Betrieb des Auftragnehmers nicht eingerichtet ist. Erbringt der Auftragnehmer ohne schriftliche Zustimmung des Auftraggebers Leistungen nicht im eigenen Betrieb, obwohl sein Betrieb darauf eingerichtet ist, kann der Auftraggeber ihm eine angemessene Frist zur Aufnahme der Leistung im eigenen Betrieb setzen und erklären, dass er ihm nach fruchtlosen Ablauf der Frist den Auftrag entziehe (§ 8 Nr. 3).**

(2) Der Auftragnehmer hat bei der Weitervergabe von Bauleistungen an Nachunternehmer die Vergabe- und Vertragsordnung für Bauleistungen, Teile B und C zugrunde zulegen.

(3) Der Auftragnehmer hat die Nachunternehmer dem Auftraggeber auf Verlangen bekannt zu geben.

9. Werden bei Ausführung der Leistung auf einem Grundstück Gegenstände von Altertums-, Kunst- oder wissenschaftlichem Wert entdeckt, so hat der Auftragnehmer vor jedem weiteren Aufdecken oder Ändern dem Auftraggeber den Fund anzuzeigen und ihm die Gegenstände nach näherer Weisung abzuliefern. Die Vergütung etwaiger Mehrkosten regelt sich nach § 2 Nr. 6. Die Rechte des Entdeckers (§ 984 BGB) hat der Auftraggeber.

10. Der Zustand von Teilen der Leistung ist auf Verlangen gemeinsam von Auftraggeber und Auftragnehmer festzustellen, wenn diese Teile der Leistung durch die weitere Ausführung der Prüfung und Feststellung entzogen werden. Das Ergebnis ist schriftlich niederzulegen.

Schrifttum: *Acker/Roskosny* Die Abnahme beim gekündigten Bauvertrag und deren Auswirkung auf die Verjährung BauR 2003, 1279 – *Boesen/Upleger* Das Gebot der Selbstausführung und das Recht zu Unterbeauftragung NVbZ 2004, 919 – *Berger* Behinderung und Unterbrechung beim Bauvertrag – Checkliste und Musterschreiben: Behinderungsanzeige MDR 2003, 316 – *Bolz/Gross* Ausgewählte Rechtsfragen zur Abnahme BauRB 2005, 274 – *Brügmann/Kenter* Abnahmeanspruch nach Kündigung von Bauverträgen NJW 2003, 2121 – *Clemm* Die rechtliche Einordnung der Prüfungs- und Hinweispflicht des Auftragnehmers im Bauvertrag (§ 4 Nr. 3 VOB/B) und die Rechtsfolgen ihrer Verletzung BauR 1987, 609 – *Freund* Das Kooperationsangebot als Ausprägung zivilrechtlicher Treuepflichten BTR 2003, 24 – *Ganten* Beratungsverpflichtungen des Architekten, BauR 1974, 78 – *Grauvogl* § 4 Nr. 10 VOB/B Zustandsfeststellung und Umkehr der Beweislast der unsichtbaren Tiefbauleistungen BauR 2003, 1481 – *Hausmann/Wendenburg* Vergabeausschluss von Generalübernehmern rechtswidrig NZBau 2004, 315 – *Hochstein* Zur Systematik der Prüfungs- und Hinweispflichten des Auftragnehmers, *Jagenburg,* Anerkannte Regeln der Technik auf dem Prüfstand des Gewährleistungsrechts, Jahrbuch Baurecht 2000, 200 – *Kaiser* Die Prüfungs- und Anzeigenpflichten des Auftragnehmers nah § 4 VOB/B, BauR 1981, 311 – *Kaiser* Die konkurrierende Haftung von Vor- und Nachunternehmer, BauR 2000, 177 – *Kapellmann* § 645 BGB und die Behinderungshaftung für Vorunternehmer, BauR 1992, 433 – *Keldungs* Inhalt und Umfang der Hinweispflicht des Unternehmers BGHReport, 2003, 482 – *Kiesel* Die VOB 2002 Änderungen, Würdigung AGB-Problematik NJW 2002, 2064 – *Kniffka* Aufklärungspflicht des Bauunternehmers nach der Abnahme – zur Sekundärhaftung des Unternehmers, *FS Heiermann* 1995; *FS. Korbion*, 1986, S. 411; *FS. Korbion, 1986*, S. 165 – *Kullack/Terner* Die vergaberechtliche Behandlung des Nachunternehmer-Einsatzes gemäß VOB/A insbesondere im Bietergespräch ZfBR 2003, 234 – *Korbion* Die Ersetzung mangelhafter Leistungen vor Abnahme nach § 4 Nr. 7 VOB/B BauRB 2003, 216 – *Korbion* Die Prüfungs- und Anzeigepflicht des Auftragnehmers nach § 4 Nr. 3 VOB/B BauRB 2003, 182 – *Kullack/Terner* Zur Berücksichtigung von Generalübernehmern bei der Vergabe von Bauleistungen ZfBR 2003, 443 – *Lange* Das Baugrundrisiko – Begriff und Pflichten der am Bau Beteiligten BauRB 2003, 118 – Möller VOB/B als ganzes nur ohne jede vertragliche Abweichung – Konsequenzen für die baurechtliche Beratung ZfBR 2005, 119 – *Morgenstern* Vorzeitige Gestattung des Zuschlags; Nebenangebote; Änderung der Verdingungsunterlagen VergabeR 2003, 698 – *Motzke* Neue Technik – Neues Recht BTR 2004, 10 – *Muffler* Das Mängelbeseitigungsrecht des Werkunternehmers und die Doppelsinnigkeit der Nacherfüllung BauR 2004, 1356 – *Mundt* Zur angemessenen Nachbesserungsfrist bei witterungsabhängigen Nachbesserungsarbeiten BauR 2005, 1397 – *Nicklisch* Risikoverteilung im Werkvertragsrecht bei Anweisungen des Bestellers, FS Bosch 1976, S. 731 – *Schlechtriem* Haftung des Nachunternehmers gegenüber dem Bauherrn ZfBR 1988, 101 – *Schmid* Die Abnahme des Gemeinschaftseigentums oder der Einzelne oder die anderen Erwerber – Teil 1 BRT 2004, 150 – *Schmidt* Leistungsmängel aus dem Bereich des Auftraggebers, NJW 1966, 1494 – *Siegburg* Baumängel aufgrund fehlerhafter Vorgaben des Bauherrn – *Schwenker* Zur Abnahme beim gekündigten Bauvertrag EwiR 2003, 1017 – *Siegburg* Haftung des Unternehmers für von vereinbarter fehlerfreier Planung abweichende Bauausführung trotz Hinweises auf Bedenken ZfIR 2003, 378 – *Siegburg* Anerkannte Regeln der Bautechnik – DIN-Normen, BauR 1985 367 – *Quadbeck* Zu den Voraussetzungen des deliktischen Schadensersatzanspruchs beim Bauvertrag BGHReport 2005, 627 – *Vygen* Behinderungen des Auftragnehmers und ihre Auswirkungen auf die vereinbarte Bauzeit BauR 1983, 210 – *Wirner* Die Eignung von Bewerbung und Bietern bei der Vergabe öffentlicher Bauaufträge ZfBR 2003, 545 – *Ziegler* Zu den Pflichten des Bauherrn und seinem Mitverschulden bei der Planung des Bauvorhabens und der Bewachung der bauausführenden Unternehmer ZfBR 2003, 523 – *Zerr* Gesamtschuldverhältnisse im Bauwesen, NZBau 2002, 241.

Übersicht

A. Überblick

Unter der Überschrift „Ausführung" regelt § 4VOB/B Rechte und Pflichten der Parteien in 1
dem Zeitraum ab Abschluss des Vertrages bis zur Abnahme. Verstöße gegen die in § 4VOB/B aufgeführten Pflichten lösen grundsätzlich eine Schadensersatzpflicht gemäß § 280 BGB aus, so dass s**chadensersatzrechtlich** die Qualifizierung der in § 4VOB/B konkretisierten Pflichten als **Neben**pflichten nicht mehr von Bedeutung ist. Außerhalb des Schadensersatzrechts bleibt die Differenzierung zwischen **Haupt**pflichten und sonstigen Pflichten von Bedeutung. Dies etwa bei der Frage, ob auf Erfüllung der Nebenpflichten geklagt werden kann, was sich danach richtet, ob nach Abwägung der beiderseitigen Interessen das Interesse des einen Teils derart gewichtig ist, dass ihm nicht zuzumuten ist, sich auf den bestehenden Schadensersatzanspruch (§ 280 Abs. 1 BGB) verweisen zu lassen[1]. Die Unterscheidung bleibt auch für die Frage von Bedeutung, ob Kündigungsrechte wegen Pflichtverletzungen entstehen. So lässt § 324 Abs. 1 BGB den Rücktritt bei der Verletzung einer Pflicht nach § 241 Abs. 2 BGB nur dann zu, wenn dem Gläubiger ein Festhalten am Vertrag nicht mehr zuzumuten ist. Dieses Rücktrittsrecht findet beim VOB/B-Vertrag keine Anwendung, weil § 9 Abs. 1 a) VOB/B an eine Kündigung andere Anforderungen stellt[2].

Zweck von § 4VOB/B ist, im Hinblick auf die grundsätzlich lange Dauer von Bauvorhaben 2
die Pflichten aus dem Bauvertrag für beide Parteien zu konkretisieren sowie bei Verletzung dieser Pflichten Rechtsfolgen oder Möglichkeiten der Rechtsgestaltung aufzuzeigen. § 4VOB/B stellt **keine** abschließende Regelung der wechselseitigen Pflichten dar, sondern beschreibt **wesentliche** Pflichten. Darüber hinaus sind in den Nrn. 6 und 7 **Ansprüche** des Auftraggebers für den Fall mangelhafter Leistungserbringung vor Abnahme geregelt. In Nr. 8 ist die Möglichkeit des Auftraggebers geregelt, bei Verstoß gegen die Verpflichtung zur Selbstausführung der Leistung unter den dort näher bezeichneten Voraussetzungen den Auftrag zu entziehen. Eingeführt ist weiter die Feststellung des Zustands von Teilen der Leistung (Nr. 10), die als so genannte **technische Abnahme** früher in § 12 Nr. 2 b VOB/B geregelt war.

Die folgenden Grafiken verdeutlichen die Systematik der wechselseitigen Rechte/Pflichten, 3
die sich für den Auftraggeber und Auftragnehmer aus § 4VOB/B ergeben:

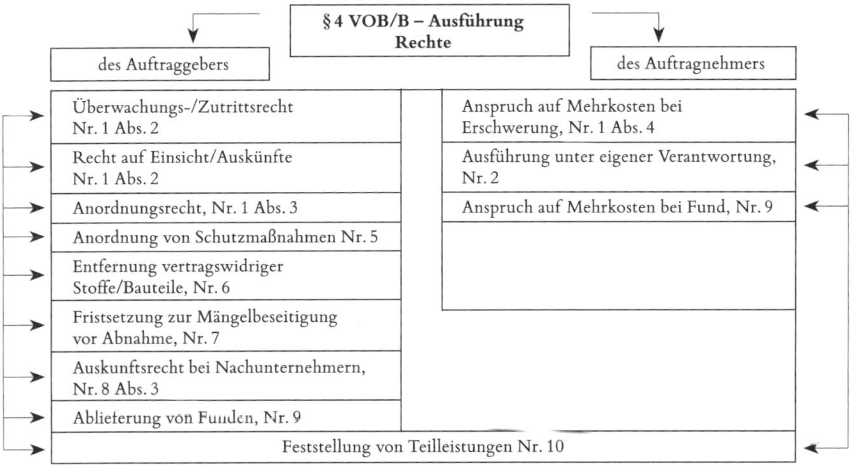

[1] *Nicklisch/Weick* VOB/B § 4 Rdn. 4; a.A. *Leinemann/Sterner* VOB/B § 4 Rdn. 1.
[2] Dazu eingehend § 9 VOB/B Rdn. 1 ff.

Dies verdeutlicht schon, dass § 4 VOB/B hinsichtlich der Rechte im wesentlichen solche **des Auftraggebers** regelt. Dem gegenüber sind überwiegend Pflichten des Auftragnehmers geregelt, was die nachfolgende Grafik verdeutlicht:

§ 4 VOB/B – Ausführung Pflichten

des Auftraggebers	des Auftragnehmers
Aufrechterhaltung der allgemeinen Ordnung, Nr. 1 Abs. 1	Mitteilung des Vertreters, Nr. 1 Abs. 3
Herbeiführung von Genehmigungen + Erlaubnissen, Nr. 1 Abs. 1	Bedenkenanmeldung bei Anordnungen, Nr. 1 Abs. 4
vertrauliche Behandlung von Geschäftsgeheimnissen des Auftragnehmers, Nr. 1 Abs. 2	Bedenkenanmeldung gegen vorgesehene Art der Ausführung etc., Nr. 3
Verantwortung für Anordnungen, Nr. 2	Ausführung unter eigener Verantwortung, Nr. 2
Überlassungspflicht, Nr. 4	Schutz der Leistung, Nr. 5
	Ersetzungs-/Schadensersatzpflicht bei Mängeln, Nr. 7
	Eigenausführung, Nr. 8
	Anzeige/Ablieferung bei Fund
Feststellung von Teilleistungen, Nr. 10	Feststellung von Teilleistungen, Nr. 10

B. Erörterung

I. Mitwirkungspflichten des Auftraggebers (§ 4 Nr. 1 Abs. 1 VOB/B)

1. Allgemeines

4 § 4 Nr. 1 Abs. 1VOB/B regelt die Grundpflichten des Auftraggebers. Daneben ist § 4 Nr. 4 VOB/B zu beachten (siehe Rdn. 111). Danach hat der Auftraggeber für die Aufrechterhaltung der allgemeinen Ordnung auf der Baustelle zu sorgen, sowie das Zusammenwirken der verschiedenen Unternehmer zu regeln. Erforderliche Genehmigungen und Erlaubnisse hat der Auftraggeber herbeizuführen, wenn vertraglich nichts anderes vereinbart ist (siehe Rdn. 10).

2. Spezifische Mitwirkungspflichten

5 **a) Aufrechterhaltung der allgemeinen Ordnung.** Zunächst hat der Auftraggeber die allgemeine Ordnung auf der Baustelle aufrecht zu erhalten. Mit „Baustelle" ist nicht nur das Baugelände im engeren Sinne gemeint. Zur **Baustelle** gehört all das, was für die Erbringung der Leistung erforderlich ist. Dazu gehören neben dem Baugelände selbst alle Nebengelände, also Plätze für Arbeitsvorbereitung, Lagerplätze für Geräte, Maschinen und Material, Unterkunfts-/Bürocontainer, Sanitäreinrichtungen, Versorgungseinrichtungen etc.[3] Der Auftraggeber hat die **allgemeine Ordnung** zu schaffen und während der gesamten Bauzeit sicherzustellen. Darunter sind alle Maßnahmen zu verstehen, die einen reibungslosen Ablauf der Bautätigkeit für alle Beteiligten und den Schutz der auf der Baustelle tätigen Arbeiter, aber auch Dritter (Verkehrssicherungspflicht gegenüber Nachbarn) gewährleisten[4]. Die allgemeine Ordnung betrifft nicht allein die Baustelle im engeren Sinne, sondern den Bauablauf in seiner Gesamtheit, so dass der Auftraggeber alle Maßnahmen ergreifen muss, um jedem Auftragnehmer die ungestörte Ausführung der geschuldeten Bauleistung insgesamt zu ermöglichen und Schäden von Dritten

[3] Beck'scher VOB-Kommentar/*Hofmann* VOB/B § 4 Nr. 1 Rdn. 21; *Nicklisch/Weick* VOB/B § 4 Rdn. 15.
[4] *Nicklisch/Weick* VOB/B § 4 Rdn. 15, 49; *Leinemann/Sterner* VOB/B § 4 Rdn. 6.

(z.B. Grundstücksnachbarn) abzuwenden. Welche Maßnahmen dies im einzelnen sind, liegt im Ermessen des Auftraggebers. Diese Verpflichtung des Auftraggebers ist dem Planungsbereich zuzurechnen[5]. In der Regel wird das durch den Auftraggeber zu sichernde störungsfreie Nebeneinander der verschiedenen Beteiligten durch planerische Vorgaben gewährleistet, etwa durch Aufstellung von Ordnungsplänen für die Baustelle (mit Zuweisung der Plätze an verschiedene Unternehmer), der Planung von Zuwegungen und Lagerplätzen etc.

Darauf beschränkt sich die Verpflichtung des Auftraggebers aber nicht. Neben der Planung kann der Auftraggeber auch verpflichtet sein, aktiv tätig zu werden, um Störungen von außen abzuwehren. Dazu gehören Bürgerinitiativen, Demonstrationen und Verkehrsbehinderungen[6]. Schließlich ist der Auftraggeber verpflichtet, bei Störungen des allgemeinen Bauablaufs für Abhilfe zu sorgen, wozu auch seine Verpflichtung gehört, die Einhaltung seiner Anordnungen sicherzustellen. Rechtliche Handhabe dafür bietet das Anordnungsrecht des Auftraggebers nach § 4 Nr. 1 Absatz 3 VOB/B. 6

b) Zusammenwirken der verschiedenen Unternehmer. Besondere Bedeutung kommt der Verpflichtung des Auftraggebers zu, das Zusammenwirken der verschiedenen Unternehmer zu regeln **(Koordinationsverpflichtung)**. Der Auftraggeber ist verpflichtet, das Baugeschehen so zu steuern, dass ein störungsfreier Ablauf aller Arbeiten gewährleistet ist. Beschränkt ist die Verpflichtung auf die unmittelbaren Vertragspartner des Auftraggebers, gilt also nicht im Verhältnis zu den vom Auftragnehmer beauftragten Nachunternehmer. In diesem Verhältnis liegt die Verantwortung für die Einhaltung der Maßnahmen/Vorgaben des Auftraggebers allein bei dem Auftragnehmer aufgrund des nur zwischen dem Auftragnehmer und dem Nachunternehmer bestehenden Vertragsverhältnis. 7

Dabei geht es nicht um die bloße Überwachung der Baustelle, sondern – vor allem bei Großbaustellen – um die Koordination des Mit-, Neben- und Nacheinander. Durch diese Koordination hat der Auftraggeber sicherzustellen, dass die auf der Baustelle tätigen Unternehmer in der Leistungserbringung nicht durch andere Unternehmer gestört oder behindert werden[7]. Die Koordinierungsverpflichtung erweist sich bei aufeinander aufbauenden Leistungen (Vorunternehmer/Nachunternehmer) oft als schwierig. Hier hat der Auftraggeber durch geeignete Maßnahmen (z.B. **Bauzeitenpläne**[8]) sicherzustellen, dass geeignete, umsetzbare Vorgaben an die jeweils auf der Baustelle tätigen Unternehmer erfolgen. In der Praxis werden Bauzeitenpläne in der Form von Balkenplänen, Balkendiagrammen, Netzplänen oder täglichen Ablaufplänen erstellt. Die Pläne werden in regelmäßigen Besprechungen erörtert, aktualisiert und mit den Beteiligten abgestimmt. Zweck derartiger Maßnahmen ist vorrangig die Erfüllung der Verpflichtung des Auftraggebers aus § 4 Nr. 1 VOB/B. 8

Die Koordinierungsverpflichtung des Auftraggebers findet ihre zunächst ihre Grenze, so weit besondere Vereinbarungen zwischen den Parteien getroffen sind. Bei Übernahme von Gesamtmaßnahmen durch General- oder Totalübernehmer wird in aller Regel auch die Koordinierungsverpflichtung dem Auftragnehmer übertragen. In den anderen Fällen kommt eine (teilweise) Übertragung der Koordinationsaufgaben nur bei gesonderter Vereinbarung und entsprechend detaillierter Beschreibung im Leistungsverzeichnis in Betracht. Eine formularmäßige Abwälzung der Verpflichtung auf den Auftragnehmer hält einer Inhaltskontrolle nach § 307 BGB (früher: § 9 AGBG) nicht stand[9]. Daneben kommt eine Begrenzung der Verpflichtung des Auftraggebers in Betracht, so weit er bzw. der beauftragte Architekt spezielles Fachwissen nicht beherrschen muss[10]. Schließlich kann auch der Auftragnehmer zur Mitwirkung verpflichtet sein, etwa in den Fällen, in denen der Auftragnehmer über **besondere Kenntnisse** verfügt. 9

---

[5] Beck'scher VOB-Kommentar/*Hofmann* VOB/B § 4 Nr. 1 Rdn. 11.

[6] *Vygen* BauR 1983, 210; *Ingenstau/Korbion/Joussen* VOB/B § 6 Rdn. 30.

[7] BGH BauR 1972, 112; *Ingenstau/Korbion/Oppler* VOB/B § 4 Rdn. 10; Nicklisch/Weick VOB/B § 4 Rdn. 16.

[8] BGH BauR 1985, 561; zur Rechtsnatur des Bauzeitenplans: VOB/B § 5 Rdn. 29 bis 34.

[9] Beck'scher VOB-Kommentar/*Hofmann* VOB/B § 4 Nr. 1 Rdn. 52.

[10] BGH BauR 1976, 138.

10 **c) Genehmigungen/Erlaubnisse.** Nach § 4 Nr. 1 Abs. 1 Satz 2 VOB/B hat der Auftraggeber die erforderlichen öffentlich-rechtlichen Genehmigungen und Erlaubnisse herbeizuführen. Gemeint ist die für ein Bauvorhaben notwendige allgemeine Baugenehmigung nach Maßgabe des Bauplanungsrechts und des Bauordnungsrechts der jeweiligen Bundesländer. Der in der Regel durch einen Architekten vertretene Auftraggeber wird mit diesen Leistungen den Architekten beauftragen, der gegenüber dem Auftraggeber verpflichtet ist, auf Genehmigungserfordernisse hinzuweisen[11]. Hinweispflichten obliegen hier dem Auftragnehmer nur unter besonderen Voraussetzungen, etwa aufgrund spezieller Kenntnisse des Auftragnehmers von Genehmigungserfordernissen. Daneben sind ausdrücklich genannt Genehmigungen nach dem Straßenverkehrs-, Wasser- und Gewerberecht. Die Aufzählung ist nicht abschließend, ergibt aber grundsätzlich, dass dieser Pflichtenbereich insgesamt der Sphäre des Auftraggebers zuzurechnen ist, so weit nichts anderes vereinbart ist. Schuldet z.B. der Auftragnehmer nach der Leistungsbeschreibung die Sicherung des Baustellenbereichs durch Aufstellung und Umsetzen der dafür erforderlichen Verkehrszeichen und der Einholung der polizeilichen Genehmigung für die Durchführung der Baustellenabsicherung, so erfasst dies nicht auch die Regelung des **öffentlichen Verkehrs**, so dass darauf ergehende Anordnungen der Straßenverkehrsbehörde in den Verantwortungs- und Risikobereich des Auftraggebers fallen und diesem als Anordnung gemäß § 1 Nrn.3 und 4 VOB/B zuzuordnen sind[12].

Der **Prüfingenieur** erteilt zwar auch für den Auftraggeber eine notwendige Genehmigung, wird aber für seine prüfende/überwachende Tätigkeit aufgrund gesetzlicher Grundlage tätig ist deshalb nicht Erfüllungsgehilfe des Auftraggebers[13].

11 Davon zu unterscheiden sind die **privatrechtlichen** Erlaubnisse, die mit § 4 Nr. 1 VOB/B nicht gemeint sind. Da der Auftraggeber verpflichtet ist, dem Auftragnehmer ein tatsächlich wie rechtlich baureifes Grundstück zur Leistungserbringung zur Verfügung zu stellen, hat der Auftraggeber erforderliche privatrechtliche Erlaubnisse (z.B. Nachbargenehmigungen) beizubringen[14].

3. Rechtswirkungen

12 Die Rechtsfolgen, die bei Nichterfüllung der Pflichten durch den Auftraggeber entstehen können, sind vielfältig:

Ist der Auftragnehmer durch die Nichterfüllung der Pflichten des Auftraggebers gehindert, mit der Bauausführung zu beginnen oder diese fortzusetzen, kann er mit seiner Leistung nicht in Verzug geraten[15], wobei strittig ist, ob der Auftragnehmer verpflichtet ist, eine Behinderungsanzeige auszubringen bzw. die Störung für den Auftraggeber offenkundig ist[16].

Wenn die entsprechenden Mitwirkungspflichten hinreichend konkret sind, kann der Auftragnehmer auf Erfüllung bestehen, diese Pflichten dann auch – theoretisch- einklagen. Daneben besteht grundsätzlich die Möglichkeit eines Anspruchs auf Verlängerung der Ausführungsfrist (§ 6 Nr. 2 a VOB/B) sowie Mehrvergütung und Schadensersatz (§ 6 Nr. 6 VOB/B)[17]. Nach der Rechtsprechung des BGH sind **Störungen**, die durch **Vorunternehmer** hervorgerufen werden, dem Auftraggeber nicht über § 278 BGB zuzurechnen, weil der Vorunternehmer nicht Erfüllungsgehilfe des Auftraggebers sein soll[18], jedoch kommt ein Entschädigungsanspruch auf § 642 BGB in Betracht, wenn der Auftraggeber objektiv eine Mitwirkungshandlung unterlässt oder verzögert[19]. Diese Voraussetzungen liegen danach z.B. dann vor, wenn der Auftraggeber das

---

[11] BGH NJW 1973, 237; *Ingenstau/Korbion/Oppler* VOB/B § 4 Rdn. 19.

[12] OLG Zweibrücken BauR 2002, 972.

[13] Beck'scher VOB-Kommentar/*Hofmann* VOB/B § 4 Nr. 1 Rdn. 91; *Ingenstau/Korbion/Oppler* VOB/B § 4 Rdn. 27.

[14] Vgl. VOB/B § 6 Rdn. 18.

[15] BGH NJW 1996, 1745; BGH BauR 1976, 128; *Leinemann/Sterner* VOB/B § 4 Rdn. 17.

[16] Dazu VOB/B § 6 Rdn. 15.

[17] OLG Köln NJW-RR 1995, 49.

[18] Dazu eingehend VOB/B § 6 Rdn. 61, 54.

[19] BGH NZBau 2000, 187 „Vorunternehmer II"; zum Meinungsstand *Kapellmann/Schiffers* Band 1 Rdn. 1393; siehe VOB/B § 6 Rdn. 46.

Baugrundstück nicht rechtzeitig für den Auftragnehmer so zur Verfügung stellt, dass dieser seine Leistung aufnehmen kann, was auch dann gilt, wenn diese Verzögerung damit zusammenhängt, dass andere Unternehmen Vorarbeiten noch nicht erbracht haben. Schließlich kommt unter den Voraussetzungen des § 9 Nr. 1 VOB/B ein Kündigungsrecht des Auftragnehmers in Betracht.

Das Fehlen notwendiger Baugenehmigungen führt dazu, dass im Verhältnis zu den Behörden 13 das Bauen als solches verboten ist, also die Erfüllung des wirksam geschlossenen Bauvertrages (gegebenenfalls zeitweilig) deshalb nicht möglich ist[20]. Selbst wenn eine notwendige öffentlich-rechtliche Genehmigung rechtskräftig versagt wird, bleibt der Bauvertrag wirksam[21]. Wenn der Auftraggeber das Risiko für die Beibringung der Genehmigung übernimmt, etwa in dem Fall, in dem vor Erteilung der Baugenehmigung der Bauvertrag geschlossen wird, kann der Auftragnehmer nach § 9 Nr. 1 a VOB/B kündigen und hat nach § 9 Nr. 3 VOB/B Anspruch auf Abrechnung der bisherigen Leistungen sowie auf angemessene Entschädigung nach § 642 BGB[22]. In den Fällen, in denen eine Risikoübernahme nicht vorliegt, ist nicht davon auszugehen, dass generell der Auftraggeber bei endgültiger Versagung der Baugenehmigung auf Schadensersatz haftet, da bei anderer Betrachtungsweise sich aus § 4 Nr. 1 Abs. 1 Satz 2 VOB/B eine Garantiehaftung ergäbe[23]. Ist die endgültige Versagung der Baugenehmigung von keiner der Vertragsparteien zu vertreten, bestehen auch keine gegenseitigen Ansprüche[24].

II. Überwachungsrechte des Auftraggebers (§ 4 Nr. 1 Abs. 2 VOB/B)

1. Allgemeines

§ 4 Nr. 1 Absatz 2 VOB/B regelt die **Befugnis** des Auftraggebers **zur Überwachung** des 14 Auftragnehmers. Eine **Verpflichtung** ergibt sich aus § 4 Ziffer 1 Absatz 2 VOB/B **nicht**. Es verbleibt in der Regel uneingeschränkt bei der Eigenverantwortlichkeit des Auftragnehmers für die Ausführung seiner Leistung, § 4 Nr. 2 VOB/B (siehe Rdn. 46 ff.). Der Auftraggeber schuldet dem Auftragnehmer nicht die Überwachung der von dem Auftragnehmer zu erbringenden Bauarbeiten, sei es in Person, durch Architekten, Sonderfachleute oder eigene Bauleiter. Die fehlende/mangelhafte Überwachung des Auftragnehmers führt, selbst wenn es zu Schäden kommt, nicht zu einem Mitverschulden des Auftraggebers[25]. Selbst wenn der Auftraggeber einen Architekten zur Objektüberwachung auch der Leistungen des Auftragnehmer einsetzt, kann der Auftragnehmer ein Verschulden des Architekten nicht dem Auftraggeber gemäß den §§ 254, 278 BGB entgegenhalten, da im Bereich der Objektüberwachung der **Architekt nicht Erfüllungsgehilfe** des Auftraggebers gegenüber dem Auftragnehmer ist[26]. Gegenüber dem Auftragnehmer ist der Auftraggeber aber verpflichtet, einwandfreie Pläne und Unterlagen zur Verfügung zu stellen und die Entscheidungen zu treffen, die für den reibungslosen Ablauf des Baus unentbehrlich sind, wozu auch die Abstimmung der Leistungen der einzelnen Unternehmer während der Bauausführung gehört (Koordinationsverpflichtung). Ein damit für den Auftraggeber tätiger Architekt ist in diesen Bereichen Erfüllungsgehilfe des Auftraggebers[27]. Außerhalb der Planung und Koordination ist der Auftraggeber dann, wenn er eine Gefahrenlage erkennt und den Auftragnehmer darauf nicht hinweist oder aufgrund unzutreffender Angaben über die tatsächlichen

[20] BGHZ 37, 233; OLG München BauR 1980, 274, Revision durch Beschluss des BGH vom 21.12.1978 nicht angenommen.

[21] BGH NJW 1983, 275.

[22] OLG München BauR 1980, 274; Beck'scher VOB-Kommentar/*Hofmann* VOB/B § 4 Nr. 1 Rdn. 70; a.A. *Nicklisch/Weick* VOB/B § 4 Rdn. 18.

[23] *Nicklisch/Weick* VOB/B § 4 Rdn. 18.

[24] Beck'scher VOB-Kommentar/*Hofmann* VOB/B § 4 Nr. 1 Rdn. 72; *Heiermann/Riedl/Rusam* VOB/B § 4 Rdn. 12.

[25] BGH BauR 1997, 1021; BGH BauR 1985, 561; *Nicklisch/Weick* VOB/B § 4 Rdn. 28; *Werner/Pastor* Rdn. 1985.

[26] BGH BauR 1997, 1021; Beck'scher VOB-Kommentar/*Hofmann* VOB/B § 4 Nr. 1 Rdn. 133 ff.

[27] BGH BauR 1985, 561; BGH BauR 1984, 395, OLG Köln NJW-RR 1995, 49.

Verhältnisse den Auftragnehmer veranlasst, seiner Verpflichtung zur eigenverantwortlichen Ausführung der geschuldeten Leistungen nicht nachzukommen, für dadurch entstehende Schäden nach § 254 Abs. 1 BGB mitverantwortlich[28]. Sichert z.B. bei Schweißarbeiten der Auftraggeber dem Auftragnehmer zu, in gefahrträchtigen Bereichen alle brennbaren Materialen entfernt zu haben und sieht der Auftragnehmer in Vertrauen darauf davon ab, an sich ihm obliegende Kontrollen durchzuführen, kann im Schadensfall der Auftraggeber den Auftragnehmer nicht wegen Verletzung der Kontrollpflicht in Anspruch nehmen[29]. Dies gilt auch in den Fällen, in denen ein im Auftrag des Auftraggebers tätiger Architekt es schuldhaft unterlässt, den Auftragnehmer auf Gefahren hinzuweisen[30] oder der Architekt aufgrund besonderer Sachkunde, über die der Auftragnehmer nicht verfügt oder verfügen kann, schadensträchtige Informationen nicht an den Auftragnehmer weitergibt[31].

15 Durch das Überwachungsrecht soll der Auftraggeber in die Lage versetzt werden, die Erbringung der Bauleistung zu beobachten und zu überprüfen, ob die ausgeführte Bauleistung vertragsgerecht ist. Das besondere Interesse des Auftraggebers rechtfertigt sich ohne weiteres daraus, dass mit Übergabe der Bauleistung der Auftraggeber in aller Regel nur die äußere Beschaffenheit prüfen kann und nach Fertigstellung der Leistung keine Möglichkeit mehr besteht, im einzelnen Art und Güte der verwendeten Materialien sowie der eigentlichen handwerklichen Leistung zu prüfen. Durch die Wahrnehmung dieser Rechte ist auch gewährleistet, dass die Einhaltung von Ausführungsfristen frühzeitig kontrolliert werden kann. Weiter ist gewährleistet, dass bei Wahrnehmung der Rechte Meinungsverschiedenheiten frühzeitig erkannt und – auch im Interesse des Auftragnehmers – möglichst noch im Ausführungsstadium beigelegt werden[32].

2. Überwachungsrechte

16 Nach § 4 Nr. 1 Abs. 2 VOB/B hat der Auftraggeber ein **Zutritts-, Einsichts- und Auskunftsrecht**, wobei diese Rechte ihre Grenze in dem Interesse des Auftragnehmers finden, **Betriebsgeheimnisse** zu wahren.

a) Zutrittsrecht. Der Auftraggeber ist befugt, zur Überwachung der vertragsgemäßen Ausführung der Leistung Arbeitsplätze, Werkstätten und Lagerräume, in denen die vertragliche Leistung oder Teile von ihr hergestellt oder die hierfür bestimmten Stoffe und Bauteile gelagert werden, zu betreten. Erforderlich ist nicht, dass sich diese Stätten **auf der Baustelle** befinden. Das Zutrittsrecht gilt auch für Lagerstätten, die der Auftragnehmer außerhalb der Baustelle unterhält[33]. Das Zutrittsrecht soll dem Auftraggeber einen Einblick in die Bereiche geben, die für die Erbringung der vertraglich geschuldeten Leistung maßgeblich sind. Dies können nur Bereiche sein, die auch der **Verfügungsgewalt des Auftragnehmers** unterliegen. Räumlichkeiten, über die der Auftragnehmer nicht bestimmen kann, da diese in der Verfügungsgewalt eines Dritten stehen, sind von dem Zutrittsrecht nicht erfasst[34]. Dies gilt z.B. dann, wenn die Verfügungsgewalt bei einem Nachunternehmer des Auftragnehmers liegt. Nach anderer Auffassung soll der Auftraggeber aus eigenem Recht gegenüber Nachunternehmern sowie Lieferanten des Auftragnehmers zum Zutritt berechtigt sein[35]. Begründet wird diese Auffassung damit, dass der Auftragnehmer bei der Weitervergabe von Leistungen aus § 4 Nr. 8 Abs. 2 VOB/B verpflichtet ist, mit dem Nachunternehmer die Geltung der VOB/B zu vereinbaren. Dabei wird übersehen, dass es sich dabei nur um eine vertragliche Vereinbarung zwischen den Parteien handeln kann, weil bei anderer

---

[28] BGH NJW 1984, 1676; *Nicklisch/Weick* VOB/B § 4 Rdn. 28.
[29] BGH BB 1991, 1740.
[30] BGH NJW 1984, 1676; *Ingenstau/Korbion/Oppler* VOB/B § 4 Rdn. 54.
[31] Beck'scher VOB-Kommentar/*Hofmann* VOB/B § 4 Nr. 1 Rdn. 142; *Leinemann/Sterner* VOB/B § 4 Rdn. 19.
[32] *Ingenstau/Korbion/Oppler* VOB/B § 4 Rdn. 50; *Nicklisch/Weick* VOB/B § 4 Rdn. 21.
[33] *Heiermann/Riedl/Rusam* VOB/B § 4 Rdn. 13.
[34] *Ingenstau/Korbion/Oppler* VOB/B § 4 Rdn. 56; *Nicklisch/Weick* VOB/B § 4 Rdn. 23.
[35] Beck'scher VOB-Kommentar/*Hofmann* VOB/B § 4 Nr. 1 Rdn. 156.

Betrachtungsweise eine nicht zulässige Vereinbarung zu Lasten des Nachunternehmers vorliegen würde. Für eine Erstreckung der Zutrittsberechtigung in diesem Fall besteht auch kein Anlass, da der Auftragnehmer, wenn er der Verpflichtung zur Vereinbarung der VOB/B gegenüber seinem Nachunternehmer nicht nachkommt, gegenüber dem Auftraggeber schadensersatzpflichtig ist. Selbst dann, wenn der Auftragnehmer mit seinem Nachunternehmer die Geltung der VOB/B und damit auch die Geltung der Rechte aus § 4 Nr. 2 VOB/B vereinbart hat, berechtigt dies allein den Auftraggeber noch nicht zum Zutritt. Der Auftragnehmer ist allerdings verpflichtet, den Auftraggeber zu ermächtigen, sein gegenüber dem Nachunternehmer vereinbartes Zutrittsrecht auszuüben. Bei der Vertragsgestaltung ist der Auftraggeber gut beraten, sich auszubedingen, dass der Auftragnehmer verpflichtet ist, mit seinem Lieferanten und sonstigen an der Vertragsleistung Beteiligten Vereinbarungen zu treffen, die den Auftraggeber unmittelbar berechtigen, auch deren Bereiche zu betreten.

b) Einsichtsrecht. Auf Verlangen des Auftraggebers hat der Auftragnehmer dem Auftraggeber die **Werkzeichnungen** und andere **Ausführungsunterlagen** sowie die Ergebnisse von **Güteprüfungen** zur Einsicht vorzulegen und die erforderlichen Auskünfte zu erteilen. Dieses Recht ist für den Auftraggeber von besonderer Bedeutung. Es versetzt ihn in die Lage, im Ausführungsstadium zu prüfen, ob die Werkzeichnungen und anderen Ausführungsunterlagen plangerecht gefertigt wurden. Ergebnisse von Güteprüfungen sind aufgrund der Vielfalt neuer Baustoffe und Bauteile von erheblicher Bedeutung. 17

c) Auskunftsrecht. Schließlich muss der Auftragnehmer dem Auftraggeber **erforderliche** Auskünfte erteilen. Damit sind die Auskünfte gemeint, die der Auftraggeber benötigt, um eine ordnungsgemäße Überwachung vornehmen zu können[36]. Beschränkt ist diese Verpflichtung des Auftragnehmers auf Auskünfte, die dem Zweck der Überwachung dienen. In der Praxis werden diese Auskünfte bei regelmäßigen Baubesprechungen erfragt und gegeben. 18

d) Geschäftsgeheimnisse des Auftragnehmers. Der Auftragnehmer schuldet keine Auskünfte, wenn dadurch **Geschäftsgeheimnisse** preisgegeben werden. Diese Einschränkung bezieht sich nach dem Wortlaut lediglich auf **Auskünfte**. In der Literatur wird die Auffassung vertreten, dass auch die anderen Rechte (Zutritts- und Einsichtsrechte) mit der Preisgabe von Geschäftsgeheimnissen ihre Grenze finden[37]. Nach anderer Auffassung darf der Auftragnehmer den Zutritt durch den Auftraggeber nicht mit der Behauptung verweigern, dadurch würden Geschäftsgeheimnisse preisgegeben[38]. Dieser Auffassung ist zu folgen, da bei anderer Betrachtung der Auftragnehmer mit der bloßen Behauptung der Offenlegung von Geschäftsgeheimnissen das Überwachungsrecht des Auftraggeber leer laufen lassen könnte. Die vermittelnde Auffassung[39], das Zutrittsrecht könne dann verweigert werden, wenn der Zutritt zu einer unmittelbaren Preisgabe von Geschäftsgeheimnissen führen würde, ist nicht praktikabel. Wer soll wie beurteilen, ob der Zutritt zu einer unmittelbaren Preisgabe von Geschäftsgeheimnissen führen wird? 19

Geschäftsgeheimnisse sind alle Tatsachen und Umstände, die in Zusammenhang mit einem Geschäftsbetrieb stehen, nur einem eng begrenzen Personenkreis bekannt, also nicht offenkundig sind und nach dem Willen des Geschäftsinhabers geheim gehalten werden sollen. Dabei muss ein berechtigtes **wirtschaftliches Interesse** an der Geheimhaltung vorhanden sein[40]. Der Begriff ist nicht allein wettbewerbsrechtlich zu definieren. Es wird alles erfasst, was danach schutzwürdig erscheint, so auch spezielle Arbeitsgänge, Verfahrenstechniken, Materialien, Formeln etc., wobei auf die Besonderheit des gewerblichen Betriebes des Auftragnehmers abzustellen ist. Entscheidend ist ein objektiv anzuerkennendes wirtschaftliches Interesse an der Geheimhaltung[41]. Der Auftrag- 20

[36] Beck'scher VOB-Kommentar/*Hofmann* VOB/B § 4 Nr. 1 Rdn. 164; *Nicklisch/Weick* VOB/B § 4 Rdn. 25.
[37] Beck'scher VOB-Kommentar/*Hofmann* VOB/B § 4 Nr. 1 Rdn. 173.
[38] *Ingenstau/Korbion/Oppler* VOB/B § 4 Rdn. 62.
[39] *Heiermann/Riedl/Rusam* VOB/B § 4 Rdn. 14.
[40] *Baumbach/Hefermehl* WettbewerbsR § 17 UWG Rdn. 2; *Nicklisch/Weick* VOB/B § 4 Rdn. 26.
[41] *Ingenstau/Korbion/Oppler* § 4 VOB/B Rdn. 63; *Leinemann/Sterner* VOB/B § 4 Rdn. 22.

geber wird nicht wissen, wann Geheimhaltungsinteressen des Auftragnehmers berührt werden. Die Einschränkung ist deshalb nicht ohne weiteres von dem Auftraggeber zu beachten. Erforderlich ist, dass der Auftragnehmer sich gegenüber dem Auftraggeber eindeutig darauf beruft[42], was für die Frage einer Schadensersatzverpflichtung aufgrund einer Pflichtverletzung in diesem Zusammenhang von Bedeutung sein kann (siehe Rdn. 21). § 4 Nr. 1 Absatz 2 Satz 4 VOB/B verpflichtet den Auftraggeber, die Auskünfte und Unterlagen, die ihn als Geschäftsgeheimnis durch den Auftragnehmer bezeichnet wurden, **vertraulich** zu behandeln. **Vertraulichkeit** bedeutet die Verpflichtung zur Verschwiegenheit gegenüber jedermann. Diese Verpflichtung besteht solange fort, wie das schutzwürdige Interesse des Auftragnehmers an der Geheimhaltung besteht, endet also **nicht** mit der Erfüllung des Bauvertrages[43]. Dabei ist eine Einzelfallbetrachtung notwendig. Das Geheimhaltungsinteresse des Auftragnehmers kann auch vor Abnahme wegfallen. Dann besteht auch die Verschwiegenheitsverpflichtung nicht mehr.

3. Rechtswirkungen

21 Verstöße gegen die in § 4 Nr. 1 Absatz 2 VOB/B festgelegten Pflichten können Schadensersatzansprüche auslösen:

Verletzt der Auftraggeber die Verpflichtung, als Geschäftsgeheimnis bezeichnete Auskünfte und Unterlagen vertraulich zu behandeln, führt dies grundsätzlich zu Schadensersatzansprüchen des Auftragnehmers (§§ 280 Abs. 1, 241 Abs. 2 BGB), gegebenenfalls auch aus § 823 Abs. 2 BGB in Verbindung mit § 1 UWG sowie § 826 BGB. Daneben stehen dem Auftragnehmer in diesen Fällen auch Unterlassungsansprüche gegen den Auftraggeber zu.

22 Kommt der Auftragnehmer seiner Verpflichtung nicht vollständig nach, Auskünfte zu erteilen oder die Überwachung seiner Leistung durch das Zutritts- und Einsichtsrecht zu ermöglichen, stellt auch dies eine Pflichtverletzung dar, die zum Schadensersatz führen kann. Diese Pflichten des Auftragnehmers sind grundsätzlich auch klagbar, so dass beispielsweise Auskünfte gerichtlich eingefordert werden können[44]. Dabei ist eine Ausdehnung dieser Pflichten auch über das Ausführungs(= Erfüllungs)stadium hinaus anzunehmen, etwa für Auskünfte an denen der Auftraggeber auch noch nach Übernahme des Gewerks ein Interesse haben kann (z.B. Güteprüfungen von Materialien)[45].

III. Anordnungen des Auftraggebers (§ 4 Nr. 1 Abs. 3 VOB/B)

23 § 4 Nr. 1 Abs. 3 Satz 1 VOB/B berechtigt den Auftraggeber, Anordnungen zu treffen, die zur vertragsgemäßen Ausführung der Leistung notwendig sind, so weit das Leitungsrecht des Auftragnehmers nicht berührt wird.

1. Allgemeines

§ 4 Nr. 1 Absatz 3 VOB/B gilt nur für **Anordnungen** des Auftraggebers. Davon zu unterscheiden sind andere Äußerungen des Auftraggebers, z.B. Vorschläge, ein Verlangen oder Äußerung des Einverständnisses des Auftraggebers zu Verfahrensweisen/Baustoffen. Auch bloße **Wünsche** des Auftraggebers stellen keine Anordnung im Sinne von § 4 Nr. 1 Absatz 3 VOB/B dar[46]. Ebenso wenig ist das Einverständnis des Auftraggebers oder ein Vorschlag als Anordnung in diesem Sinne zu werten[47]. Auch ein Hinweis des im Auftrag des Auftraggebers tätigen Sonderfachmanns auf Möglichkeiten, in statischer Hinsicht eine von dem Auftragnehmer gewählte Ausführung reicht

---

42 Beck'scher VOB-Kommentar/*Hofmann* VOB/B § 4 Nr. 1 Rdn. 174.
43 *Ingenstau/Korbion/Oppler* VOB/B § 4 Rdn. 67.
44 *Heiermann/Riedl/Rusam* VOB/B § 4 Rdn. 15.
45 *Ingenstau/Korbion/Oppler* VOB/B § 4 Rdn. 67.
46 BGH BauR 1992, 759; BGH BauR 1975, 421.
47 BGH BauR 1984, 510; BGH BauR 1975, 421; Beck'scher VOB-Kommentar/*Hofmann* VOB/B § 4 Nr. 1 Rdn. 197.

nicht aus[48]. Die Unterscheidung ist von Bedeutung, da aufgrund Anordnungen des Auftraggebers, die der Auftragnehmer befolgt hat, eine andere Verteilung des Erfüllungs-/Mängelrisikos in Betracht kommt. Die Folgen einer fehlerhaften Anordnung des Auftraggebers dürfen den Auftragnehmer grundsätzlich nicht treffen, vgl. § 13 Nr. 3 VOB/B.

Zu unterscheiden ist die Anordnung von Eingriffen des Auftraggebers in den von dem Auftragnehmer geschuldeten **Leistungsumfang**, was sich schon aus dem Wortlaut ergibt („zur vertragsgemäßen Leistung notwendig"). Anordnungen, die eine Änderung des Leistungsgegenstandes betreffen, richten sich nach § 1 Nr. 3 und 4 VOB/B[49]. Danach liegt eine Anordnung im Sinne von § 4 Nr. 1 Absatz 3 VOB/B vor, wenn der Auftraggeber gegenüber dem Auftragnehmer seinen Willen mit unübersehbarer Bestimmtheit zum Ausdruck gebracht hat, die Baumaßnahme in bestimmter Weise auszuführen, ohne dass dem Auftragnehmer eine andere Wahl gelassen wird. Es handelt sich um eine einseitige, empfangsbedürftige Willenserklärung[50]. Anordnungen von Behörden fallen darunter nicht. Diese sind ohne weiteres dem Verantwortungs- und Risikobereich des Auftraggebers zuzuordnen, § 4 Nr. 1 Abs. 1 Satz 2 VOB/B[51]. 24

2. Umfang des Anordnungsrechts

Das Anordnungsrecht darf nur ausgeübt werden, wenn es zur **vertragsgemäßen Durchführung der Leistung notwendig** ist. Das Anordnungsrecht umfasst keine Leistungsänderungen oder zusätzliche Leistungen, betrifft also lediglich die Ausführung der zum Zeitpunkt der Anordnung bereits vertragsgemäßen Leistung[52]. Der Auftraggeber kann insoweit die Pflichten des Auftragnehmers nur konkretisieren bzw. sicherstellen, dass die Erbringung der geschuldeten Leistung in Einklang mit den vertraglichen Modalitäten gehalten wird. Bei der Abgrenzung zwischen Anordnung in diesem Sinne sowie anderen Anordnungen/Verlangen (§ 1 Nr. 3, Nr. 4 Satz 1, 2, Nr. 5, 6 VOB/B) ist **objektiv** darauf abzustellen, was mit der Anordnung/dem Verlangen bezweckt wird. Auf die Willensrichtung des Auftraggebers kommt es nicht an. Führt die Befolgung der Anordnung durch den Auftragnehmer dazu, dass sich die vertraglich geschuldete Leistung ändert, handelt es sich tatsächlich um die Anordnung einer Leistungsänderung nach Maßgabe der §§ 1 Nr. 3, 2 Nr. 5 VOB/B mit entsprechenden Vergütungsfolgen[53]. Anordnungen nach § 4 Nr. 1 Abs. 3 VOB/B lösen diesen Anspruch nicht aus, weil diese Anordnungen lediglich den bereits bestehenden Vertragsinhalt konkretisieren[54]. 25

Weiter muss die Anordnung **notwendig** sein, um die vertragsgemäße Ausführung der Leistung zu sichern. Auch hier ist ein objektiver Maßstab anzulegen und nicht auf die subjektive Sichtweise des Auftraggebers abzustellen. Entscheidend ist, ob die Anordnung geeignet ist, eine nicht vertragsgemäße Ausführung der Leistung durch den Auftragnehmer zu verhindern oder dieser vorzubeugen, wobei es auf die Sichtweise der einschlägigen Fachkreise ankommt[55]. 26

Das Anordnungsrecht gilt nur unter Wahrung der dem Auftragnehmer zustehenden Leitung (§ 4 Nr. 2 VOB/B; siehe Rdn. 46 ff.). Damit wird klargestellt, dass das grundsätzlich gegebene Dispositionsrecht des Auftragnehmers (§ 4 Nr. 2 VOB/B) nicht beeinträchtigt werden darf. Es ist allein Sache des Auftragnehmers, den Arbeitsablauf auf seiner Baustelle zu koordinieren, notwendige Vereinbarungen mit Dritten zu treffen und die Arbeitsabläufe im einzelnen selbst zu bestimmen. Auch wenn der Auftraggeber berechtigt ist, Anordnungen zu erteilen, steht ihm darüber hinaus nicht das Recht zu, die Einzelheiten der Umsetzung seiner Anordnung festzulegen[56]. 27

---

[48] OLG Celle Urteil vom 31.1.2005 – 14 U 75/04; Nichtzulassungsbeschwerde durch Beschluss des BGH vom 24.11.2005 – VII ZR 37/05 zurückgewiesen.

[49] OLG Hamm BauR 2001, 1594; *Nicklisch/Weick* VOB/B § 4 Rdn. 32.

[50] BGH BauR 1984, 510; BGH BauR 1973, 188; *Ingenstau/Korbion/Oppler* VOB/B § 4 Rdn. 68.

[51] OLG Zweibrücken BauR 2002 972; näher Rdn. 10.

[52] BGH BauR 1992, 759.

[53] BGH BauR 1992, 759; OLG Hamm BauR 2001, 1594; *Heiermann/Riedl/Rusam* VOB/B § 4 Rdn. 18.

[54] *Ingenstau/Korbion/Oppler* VOB/B § 4 Rdn. 78.

[55] Beck'scher VOB-Kommentar/*Hofmann* VOB/B § 4 Nr. 1 Rdn. 209; *Heiermann/Riedl/Rusam* VOB/B § 4 Rdn. 18.

[56] Beck'scher VOB-Kommentar/*Hofmann* VOB/B § 4 Nr. 1 Rdn. 213; näher VOB/B § 2 Rdn. 37.

3. Der Auftragnehmer als Anordnungsempfänger

28 Die Anordnungen sind grundsätzlich nur dem Auftragnehmer oder seinem für die Leitung der Ausführung bestellten Vertreter zu erteilen, es sei denn, es ist Gefahr in Verzug, § 4 Nr. 1 Abs. 3 Satz 2 VOB/B. Da die Anordnung einseitige, empfangsbedürftige Willenserklärung (§§ 130 ff. BGB) ist (siehe Rdn. 23) muss Klarheit darüber bestehen, wer für den **Empfang** der Erklärung **zuständig** ist. Dies ist unmittelbar der Auftragnehmer. Damit wird sichergestellt, dass Anordnungen nicht an „unbefugte" Dritte gehen und so in den Arbeitsablauf des Auftragnehmers oder sogar in dessen geschuldete Leistung eingegriffen wird[57]. In der Baupraxis ist vor Ort zumeist eine Bauleitung des Auftragnehmers tätig, die grundsätzlich nicht rechtsgeschäftlicher Vertreter des Auftragnehmers (Geschäftsführung) ist. Der Auftragnehmer ist deshalb verpflichtet, dem Auftraggeber mitzuteilen, wer jeweils als Vertreter des Auftragnehmers für die Leitung der Ausführung bestellt ist, § 4 Nr. 1 Absatz 3 Satz 3 VOB/B. Es empfiehlt sich, spätestens bei Vertragsschluss den Vertreter des Auftragnehmers festzulegen, um Streitigkeiten von vornherein auszuschließen. Wen der Auftragnehmer für diese Position bestimmt, entscheidet allein er. Der Auftraggeber hat keinen Anspruch darauf, dass der Vertreter des Auftragnehmers bestimmte Qualifikationen hat.

4. Vertretung des Auftragnehmers

29 Bei **Gefahr in Verzug** ist der Auftraggeber berechtigt, alle **erforderlichen** Maßnahmen zu treffen. Wenn ein Schaden unmittelbar bevorsteht, kann er Weisungen an Arbeiter des Auftragnehmers oder Nachunternehmer erteilen. Voraussetzung ist immer, dass weder der Auftragnehmer noch der bestellte Vertreter rechtzeitig erreichbar sind[58]. Dieses Recht endet mit der Gefahrenlage. Der Auftraggeber ist verpflichtet, den Auftragnehmer unverzüglich über seine Anordnungen zu unterrichten.

30 Nach herrschender Auffassung soll eine entsprechende Berechtigung des Auftraggebers ohne Gefahr in Verzug auch dann bestehen, wenn der Auftragnehmer und/oder sein bestellter Vertreter über einen längeren Zeitraum nicht erreichbar sind[59]. Für diese erweiterte Auslegung besteht kein Grund. Wenn nicht Gefahr in Verzug ist, also ein Schaden nicht unmittelbar bevorsteht, hat der Auftragnehmer, auch durch persönliche Präsenz (bzw. durch die seines Vertreters) die Durchführung der vertragsgemäßen Leistung sicherzustellen. Das Anordnungsrecht des Auftraggebers auch auf diese Fälle zu erweitern, greift zu weit in die Verpflichtung und Berechtigung des Auftragnehmers ein, die Leistung in eigener Verantwortung zu erbringen, § 4 Nr. 2 VOB/B.

5. Rechtswirkungen

31 **Anordnungen** des Auftraggebers nach § 4 Nr. 1 Absatz 3 VOB/B haben dann, wenn darauf ein Mangel zurückzuführen ist die Folge, dass der Auftragnehmer dafür gem. § 13 Nr. 3 VOB/B nicht haftet. Vergütungsverpflichtungen für den Auftraggeber erwachsen aus **diesen** Anordnungen nicht. Aufgrund der zum Teil schwierigen Abgrenzung zu **Änderungen** des Bauentwurfs (§ 1 Nr. 3 i.V.m. § 2 Nr. 5 VOB/B), **Forderungen** des Auftraggebers (§ 1 Nr. 4 i.V.m. § 2 Nr. 6 Abs. 1 Satz 1 VOB/B) oder **Verlangen** des Auftraggebers (§ 2 Nr. 9 Abs. 1 Satz 1 VOB/B), ist dieser gut beraten, vor Erteilung von Anordnungen genau zu prüfen, ob diese sich allein auf den bereits geschuldeten Leistungsumfang erstrecken, wobei im Zweifel immer eine vorherige Abstimmung mit dem Auftragnehmer über etwaige Vergütungsfragen erfolgen sollte.

32 Befolgt der Auftragnehmer Anordnungen, haftet er für dadurch entstehende Nachteile (Mängel) nicht, so weit er seinen Hinweis-/Prüfungspflichten nachgekommen ist. Aus der Befolgung einer zu Recht in diesem Rahmen erteilten Anordnung erwachsen dem Auftragnehmer keine Vergütungsansprüche. Befolgt der Auftragnehmer eine Anordnung nicht, macht er sich wegen

---

[57] *Ingenstau/Korbion/Oppler* VOB/B § 4 Rdn. 77.

[58] *Heiermann/Riedl/Rusam* VOB/B § 4 Rdn. 20; *Nicklisch/Weick* VOB/B § 4 Rdn. 33.

[59] Beck'scher VOB-Kommentar/*Hofmann* VOB/B § 4 Nr. 1 Rdn. 223; *Ingenstau/Korbion/Oppler* VOB/B § 4 Rdn. 81.

einer Pflichtverletzung dem Auftraggeber gegenüber schadensersatzpflichtig. Daneben kann der Auftraggeber über die §§ 4 Nr. 7 oder 5 Nr. 3, 4 VOB/B die Voraussetzungen einer Auftragsentziehung zu schaffen.

IV. Geltendmachung von Bedenken durch den Auftragnehmer (§ 4 Nr. 1 Abs. 4 VOB/B)

Nach § 4 Nr. 1 Abs. 4 VOB/B ist der Auftragnehmer verpflichtet, gegen Anordnungen des Auftraggebers, die er für **unberechtigt** oder **unzweckmäßig** hält, **Bedenken** geltend zu machen. Trotz Geltendmachung von Bedenken bleibt er verpflichtet, die Anordnungen auszuführen, wenn der Auftraggeber darauf besteht und gesetzliche/behördliche Bestimmungen dem nicht entgegenstehen. Eine Anordnung des Auftraggebers nach § 4 Nr. 1 Absatz 3 VOB/B betrifft die Dispositionsbefugnis des Auftragnehmers sowie seine Verpflichtung zur eigenverantwortlichen Erfüllung der übernommenen Verpflichtung. Um das damit zwangsläufig bestehende Spannungsverhältnis zwischen den Interessen des Auftraggebers sowie den Rechten/Pflichten des Auftragnehmers zu lösen, stellt § 4 Nr. 1 Absatz 4 VOB/B klar, dass die letzte Entscheidung über die Ausführung einer Anordnung des Auftraggebers bei diesem liegt, so weit nicht gesetzliche/behördliche Bestimmungen entgegenstehen. Ungeachtet dessen bleibt der Auftragnehmer immer verpflichtet, Anordnungen des Auftraggebers im Rahmen des ihm zumutbaren zu überprüfen und gegebenenfalls Bedenken mitzuteilen. Als Korrelat für die Pflicht des Auftragnehmers, trotz Mitteilung von Bedenken die Anordnungen auszuführen, kommt in engen Grenzen (s. Rdn. 45) eine Verpflichtung des Auftraggebers in Betracht, Mehrkosten zu übernehmen, z.B. wegen nicht gerechtfertigter Erschwerung des Bauablaufs[60], was § 4 Nr. 1 Absatz 4 Satz 2 VOB/B vorsieht. 33

1. Allgemeines

§ 4 Nr. 1 Abs. 4 Satz 1 VOB/B gilt nur für Anordnungen des Auftraggebers nach § 4 Nr. 1 Absatz 3 VOB/B. Davon zu unterscheiden ist die Verpflichtung des Auftragnehmers, Bedenken gegen die vorgesehene Art der Ausführung oder gegen gelieferte Baustoffe vorzubringen, § 4 Nr. 3 VOB/B (s. Rdn. 67). Beide Regelungen sind eigenständig, stehen aber in engem Zusammenhang. Durch § 4 Nr. 3 VOB/B soll die Mangelfreiheit des Gewerks gewährleistet werden. § 4 Nr. 1 Absatz 4 Satz 1 VOB/B hat denselben Zweck, wobei es im Rahmen der berechtigten Interessen des Auftraggebers bei den Anordnungen darum geht, die vertragsgemäße Ausführung zweckmäßig und kostengünstig sicherzustellen. Umstritten ist, ob zwischen beiden Vorschriften eine Rangordnung besteht. Dies ist zu bejahen, weil durch § 4 Nr. 1 Abs. 4 Satz 1 VOB/B in einem frühen Stadium die Interessen des Auftraggebers an einer ordnungsgemäßen Leistungserbringung durch den Auftragnehmer gewahrt werden sollen, während § 4 Nr. 3 VOB/B eine allgemeine Hinweispflicht des Auftragnehmers vorsieht[61]. In der Praxis hat dieser Meinungsstreit keine Bedeutung. Wird eine Vorrangstellung von § 4 Nr. 1 Absatz 4 VOB/B gegenüber § 4 Nr. 3 VOB/B angenommen, wäre Folge dessen nur, dass dann, wenn der Auftraggeber trotz Hinweis nach § 4 Nr. 3 VOB/B an der Anordnung festhält, diese als Anordnung nach § 4 Nr. 1 Absatz 4 Satz 1 VOB/B anzusehen wäre. Der Auftragnehmer ist verpflichtet, die Anordnung auszuführen. Hinsichtlich der Mängelansprüche gilt § 13 Nr. 3 Satz 1 VOB/B. 34

2. Die speziellen Pflichten des Auftragnehmers

§ 4 Nr. 1 Abs. 4 Satz 1 VOB/B verpflichtet den Auftragnehmer, seine Bedenken gegen Anordnungen des Auftraggebers in zwei Fällen geltend zu machen. Der Auftragnehmer muss eine Anordnung des Auftraggebers für **unberechtigt** oder für **unzweckmäßig** halten. Unberechtigt 35

[60] *Nicklisch/Weick* VOB/B § 4 Rdn. 34; *Kapellmann/Schiffers* Band 1 Rdn. 1187.

[61] *Ingenstau/Korbion/Oppler* VOB/B § 4 Rdn. 185; Hochstein in Festschrift für Korbion 1986, Seite 163; a.A. *Nicklisch/Weick* VOB/B § 4 Rdn. 41.

ist eine Anordnung dann, wenn sich diese nicht im Rahmen von § 4 Nr. 1 Absatz 3 Satz 1 VOB/B hält, z.B. nicht in alleinigem Zusammenhang mit der vertragsgemäßen Ausführung der Leistung steht bzw. nicht notwendig ist. Unzweckmäßig ist eine Anordnung dann, wenn durch ihre Befolgung der geschuldeten Leistungserfolg nicht oder nur unter unzumutbaren Erschwernissen für den Auftragnehmer zu erreichen ist[62]. Dabei kommt es nicht auf eine **objektive**, oder sogar **nachträgliche** Bewertung der Frage an, ob die Anordnung unberechtigt/unzweckmäßig ist. Nach der Formulierung („... hält der Auftragnehmer ...“) ist eine **subjektive Betrachtungsweise** maßgeblich. Allein die subjektive Einschätzung des Auftragnehmers über die Berechtigung/Unzweckmäßigkeit der Anordnung verpflichtet ihn, die Bedenken dem Auftraggeber mitzuteilen[63]. Aufgrund des Eingriffs des Auftraggebers in die Dispositionsbefugnis des Auftragnehmers (s. Rdn. 46) soll hier noch einmal sichergestellt werden, dass der Auftraggeber seine Anordnungen auf Richtigkeit und Zweckmäßigkeit überprüft[64]. Die gegenteilige Auffassung[65] verkennt, dass objektive Kriterien den Auftragnehmer im Rahmen von § 4 Nr. 3 VOB/B generell zur Prüfung und zu Hinweisen verpflichten (s. Rdn. 67).

36 Anders als § 4 Nr. 3 VOB/B sieht § 4 Nr. 1 Absatz 4 VOB/B für die Geltendmachung der Bedenken **keine besondere Form** vor. Um im Streitfall die Erfüllung der Hinweisverpflichtung und den Umfang der erteilen Hinweise beweisen zu können, empfiehlt es sich auch hier für den Auftragnehmer, die Bedenken schriftlich und nachweisbar geltend zu machen. Adressat für die Mitteilung der Bedenken ist der Auftraggeber oder dessen bevollmächtigter Vertreter. Werden die Anordnungen in Vollmacht des Auftraggebers von einem Dritten (etwa Architekten) erteilt, empfiehlt es sich, die Bedenken demjenigen mitzueilen, der die Anordnung erteilt hat, wobei der Auftraggeber darüber ebenfalls unmittelbar in Kenntnis gesetzt werden sollte.

3. Weisungsgebundenheit des Auftragnehmers

37 Trotz Mitteilung seiner Bedenken bleibt der Auftragnehmer gegenüber dem Auftraggeber grundsätzlich verpflichtet, die Anordnungen **auf Verlangen** auszuführen. Deshalb ist der Auftraggeber verpflichtet, sich mit den angemeldeten Bedenken des Auftragnehmers inhaltlich auseinander zusetzen, und im Zuge dessen seine Anordnungen noch einmal auf Berechtigung/Zweckmäßigkeit zu prüfen[66]. Nach herrschender Auffassung ist der Auftraggeber im Rahmen dessen verpflichtet, eine möglichst **umfassende** Prüfung seiner Anordnungen zu veranlassen. Er soll sich dabei im einzelnen mit den Gegenvorstellungen des Auftragnehmers auseinander setzen, was auch für die von ihm beauftragten Architekten und Fachleute gelten soll[67]. Für den Fall, dass der Auftraggeber dieser Prüfungsverpflichtung schuldhaft nicht nachkommt, sei eine Schadensersatzverpflichtung denkbar[68]. Diese Auffassung ist nicht richtig, weil die Überprüfungsverpflichtung nur den eigenen Bereich des Auftraggebers betreffen kann, es deshalb genügen muss, wenn sich der Auftraggeber in diesem Bereich von aus seiner subjektiver Sicht sachlichen Erwägungen leiten lässt[69]. Bei höheren Anforderungen müsste der Auftraggeber in der Regel Fachleute hinzuziehen, wodurch sich die Gefahr einer Verzögerung der Bauausführung ergäbe, weil der Auftragnehmer die Anordnungen des Auftraggebers erst dann weiter ausführen muss, wenn der Auftraggeber nach Kenntnisnahme von den Bedenken ein entsprechendes Verlangen ausbringt. Da den Auftraggeber die Folgen seiner Anordnungen treffen, besteht auch kein Anlass, seine Überprüfungspflicht zu objektivieren. Die Verantwortlichkeit für Mängel aufgrund seiner Anordnungen trifft den Auftraggeber, § 13 Nr. 3 VOB/B. Führt eine Anordnung zur Behinderung der Leistung des Auftragnehmers kann dies zu einer Verlängerung von Ausführungsfristen

[62] *Nicklisch/Weick* VOB/B § 4 Rdn. 35; *Heiermann/Riedl/Rusam* VOB/B § 4 Rdn. 24.
[63] BGH BauR 1985, 77; *Nicklisch/Weick* VOB/B § 4, Rdn. 36; *Leinemann/Sterner* VOB/B § 4 Rdn. 28.
[64] Beck'scher VOB-Kommentar/*Hofmann* VOB/B § 4 Nr. 1 Rdn. 229; *Nicklisch/Weick* VOB/B § 4 Rdn. 36.
[65] *Kaiser* Mängelhaftungsrecht Rdn. 48.
[66] BGH BauR 1985, 77; Beck'scher VOB-Kommentar/*Hofmann* VOB/B § 4 Nr. 1 Rdn. 241.
[67] *Ingenstau/Korbion/Oppler* VOB/B § 4 Rdn. 82.
[68] Beck'scher VOB-Kommentar/*Hofmann* VOB/B § 4 Nr. 1 Rdn. 245.
[69] *Heiermann/Riedl/Rusam* VOB/B § 4 Rdn. 27.

führen, § 6 Nr. 2 Abs. 1 VOB/B. Denkbar sind dann auch Ansprüche des Auftragnehmers aus § 6 Nr. 6 VOB/B bis hin zu der Möglichkeit für den Auftragnehmer, den Vertrag über § 9 Nr. 1 a VOB/B zu kündigen.

Die Ausführungspflicht des Auftragnehmers besteht nur dann, wenn der Auftraggeber nach Mitteilung der Bedenken **verlangt**, dass die Anordnung ausgeführt wird. Daraus ist abzuleiten, dass bis zu dieser Erklärung des Auftraggebers der Auftragnehmer nicht verpflichtet ist, die Anordnung auszuführen. Er kann die Entscheidung des Auftraggebers zunächst abwarten. Der Auftraggeber muss gegenüber dem Auftragnehmer eindeutig darauf hinweisen, dass er auf Durchführung seiner Anordnung besteht[70] (s. Rdn. 23). Für dieses eindeutige und bestimmte Verlangen des Auftraggebers gibt es keine Form- oder Fristenregelung. Auch hier ist der Auftragnehmer gut beraten, dieses Verlangen beweiskräftig zu dokumentieren. 38

Der Auftragnehmer ist berechtigt, die **Durchführung der Anordnung zu verweigern**, wenn gesetzliche oder örtliche Bestimmungen der Ausführung der Anordnung entgegenstehen. Darunter fallen alle öffentlich-rechtlichen Vorschriften (Bauordnungsrecht, Wasserrecht, Strafrecht, Unfallverhütungsvorschriften etc.). Zivilrechtliche Normen können dann darunter fallen, wenn sich der Auftragnehmer bei Verstoß gegen zivilrechtliche Normen gegenüber dem Auftraggeber oder Dritten schadensersatzpflichtig machen würde, z.B. bei Verletzung nachbarrechtlicher Vorschriften oder wegen unerlaubter Handlung[71]. Dabei ist immer zu beachten, dass die Befolgungspflicht nur so weit reicht, wie die Anordnung notwendig ist, um die vertragsgemäße Ausführung der Leistung zu ermöglichen (s. Rdn. 25). Anordnungen, die über die vertragsgemäße Leistung hinausgehen, muss der Auftragnehmer nicht befolgen, es sei denn, die entsprechende Verpflichtung ergibt sich aus anderen Regelungen/Vereinbarungen, vgl. z.B. § 1 Nr. 4 Satz 1 VOB/B. 39

Der Auftraggeber darf sein Anordnungsrecht nur **in den Grenzen von Treu und Glauben** ausüben[72]. Setzt sich der Auftraggeber mit fachlich begründeten Bedenken des Auftragnehmers überhaupt nicht auseinander, besteht er z.B. auf eine Ausführung, die gegen die Regeln der Technik verstößt und lehnt es weiter ab, dem Verlangen des Auftragnehmers zu entsprechen, für diesen Fall von der Gewährleistung freigesprochen zu werden, sind die Grenzen von Treu und Glauben überschritten. Der Auftragnehmer ist dann berechtigt, die Durchführung der Anordnung zu verweigern. In diesem Fall gerät der Auftragnehmer auch nicht mit der Ausführung in Verzug[73]. Weiter besteht die Befolgungspflicht nicht, wenn der Auftraggeber das Anordnungsrecht missbraucht. Dies ist dann anzunehmen, wenn der Auftraggeber auf seiner Anordnung besteht, obwohl er die Berechtigung der angemeldeten Bedenken erkennt oder der Auftraggeber dem Auftragnehmer zumutet, durch sinnlose Anordnungen seinen Ruf als fachkundiger Unternehmer beschädigen zu lassen[74]. 40

Der Auftragnehmer ist aufgrund des Ausnahmecharakters gehalten, sorgfältig abzuwägen, ob die Gründe für eine Verweigerung der Ausführung einer Anordnung des Auftraggebers ausreichen. In der Praxis sollte der Auftragnehmer dies nur dann annehmen, wenn er sich durch die Befolgung der Anordnung erheblichen (Ruf-)Schädigungen ausgesetzt sieht, weil der Auftraggeber das Risiko Durchführung seiner Anordnungen nach Mitteilung von Bedenken trägt. 41

4. Mehrkosten

Nach § 4 Nr. 1 Abs. 4 Satz 2 VOB/B kann dem Auftragnehmer ein Anspruch auf Mehrkosten zustehen, wenn durch das Verlangen auf Durchführung der Anordnungen trotz Bedenkenanmeldung durch den Auftragnehmer eine ungerechtfertigte Erschwerung verursacht wird. Damit 42

[70] Beck'scher VOB-Kommentar/*Hofmann* VOB/B § 4 Nr. 1 Rdn. 246; *Leinemann/Sterner* VOB/B § 4 Rdn. 28.
[71] BGH BauR 1985, 77; *Nicklisch/Weick* VOB/B § 4 Rdn. 37.
[72] BGH BauR 1985, 77; *Ingenstau/Korbion/Oppler* VOB/B § 4 Rdn. 90.
[73] BGH BauR 1985, 77; *Leinemann/Sterner* VOB/B § 4 Rdn. 29.
[74] *Nicklisch/Weick* VOB/B § 4 Rdn. 37.

erhält der Auftragnehmer einen Ausgleich dafür, dass er Anordnungen ausführen muss, obwohl er diese für nicht gerechtfertigt/zweckmäßig hält. § 4 Nr. 1 Absatz 4 Satz 2 VOB/B enthält eine selbständige Regelung von **Mehrkosten**, die der Auftraggeber auch dann zu tragen hat, wenn ihn ein Verschulden nicht trifft (verschuldensunabhängiger vertraglicher Kostenerstattungsanspruch)[75]. § 4 Nr. 1 Absatz 4 VOB/B regelt nur die Anordnungen, die erfolgen, um die vertragsgemäße Ausführung der Leistung sicherzustellen (s. Rdn. 25). Handelt es sich um Anordnungen außerhalb der geschuldeten vertraglichen Leistung des Auftragnehmers, gilt § 4 Nr. 1 Abs. 4 Satz 2 VOB/B nicht[76]. In diesen Fällen betreffen die Anordnungen Leistungen, die über das vertraglich geschuldete hinausgehen, so dass die § 2 Nr. 5, 6 und § 1 Nrn. 3 und 4 VOB/B einschlägig sind.

43 Voraussetzung des Mehrkostenanspruchs des Auftragnehmers ist, dass der Auftraggeber eine Anordnung gemäß § 4 Nr. 1 Absatz 3 VOB/B getroffen hat. Weiter muss der Auftragnehmer gegen die Berechtigung/Zweckmäßigkeit der Anordnung dem Auftraggeber Bedenken angemeldet haben. Schließlich muss der Auftraggeber danach darauf bestanden haben, dass die Anordnung ungeachtet mitgeteilter Bedenken durchgeführt wird. Hinzu kommt, dass dadurch die Baudurchführung ungerechtfertigt erschwert wird **und** dem Auftragnehmer Mehrkosten entstanden sind. Damit wird deutlich, dass dann, wenn die Anordnung des Auftraggebers berechtigt, zweckmäßig und notwendig war, um die vertragsgemäße Ausführung der Leistung zu fördern (§ 4 Nr. 1 Absatz 3 VOB/B) ein Anspruch auf Mehrkosten nicht gegeben sein kann, weil die Mehrkosten dann nicht adäquat kausal auf der Anordnung, sondern auf der **Notwendigkeit** beruhen, die vertragsgemäße Herstellung der Leistung sicherzustellen[77]. Der Auftragnehmer hat nur Anspruch auf Erstattung der Mehrkosten, die in Folge einer „ungerechtfertigten" Erschwerung seiner Leistung verursacht. „Ungerechtfertigt" kann die Erschwerung nur dann sein, wenn sich die Anordnung des Auftraggebers als unberechtigt und/oder unzweckmäßig erwiesen hat.

44 Auszugleichen sind die dem Auftragnehmer tatsächlich entstandenen **Mehrkosten**. Dies sind die Kosten, die ohne die Anordnung bei vertragsgemäßer Durchführung nicht angefallen wären[78]. Diese Kosten sind unabhängig von der Vergütungsvereinbarung/Kalkulation zu berechnen. Es handelt sich um einen Mehr**kosten**anspruch. Danach ist der „Wert" der aufgrund der Anordnung durchgeführten Maßnahmen **konkret** zu ermitteln[79]. Nach anderer Auffassung soll die Abrechnung möglichst auf der Basis der Fortschreibung der Einheitspreise unter Übernahme der Kostenermittlungssystematik des § 2 VOB/B durchgeführt werden[80]. Weitere Anspruchsvoraussetzungen gibt es nicht. Der Mehrkostenanspruch muss nicht zusammen mit den Bedenken bereits angemeldet oder nach Verlangen des Auftraggebers auf Durchführung der Anordnung dem Auftraggeber angekündigt werden. Ebenso wenig ist vorab eine Vereinbarung hinsichtlich der Mehrkosten zu treffen.

5. Rechtswirkungen

45 Abgesehen von dem unmittelbar in § 4 Nr. 1 Abs. 4 Satz 2 VOB/B geregelten Mehrkostenanspruch hat die Anordnung des Auftraggebers für den Auftraggeber und den Auftragnehmer weitere Rechtsfolgen. Der Auftraggeber ist grundsätzlich für seine Anordnungen verantwortlich, was bei Mängelansprüchen zu einer Verschiebung gemäß § 13 Nr. 3 VOB/B führen kann. Dies gilt allerdings nur dann, wenn der Auftragnehmer Bedenken angezeigt hat. Halten sich Anordnungen des Auftraggeber im Rahmen des § 4 Nr. 3 Absatz 3 VOB/B, verbleibt es bei der Verpflichtung des Auftragnehmers, das Werk mangelfrei herzustellen. Wenn angezeigte Bedenken gleichzeitig Bedenken im Sinne von § 4 Nr. 3 VOB/B sind (s. Rdn. 67) muss der Auftragnehmer aufgrund des dort vorgesehenen Schriftformerfordernisses die Schriftform einhalten, um die Haftungseinschränkung nach § 13 VOB/B zu erreichen. Führt der Auftragnehmer eine Anordnung des

[75] *Nicklisch/Weick* VOB/B § 4 Rdn. 38; *Ingenstau/Korbion/Oppler* VOB/B § 4 Rdn. 98.
[76] BGH NJW-RR 1992, 1046; *Kapellmann/Schiffers* Band I Rdn. 1187.
[77] Beck'scher VOB-Kommentar/*Hofmann* VOB/B § 4 Nr. 1 Rdn. 265; *Nicklisch/Weick* VOB/B § 4 Rdn. 38.
[78] *Nicklisch/Weick* VOB/B § 4 Rdn. 39; *Heiermann/Riedl/Rusam* VOB/B § 4 Rdn. 30.
[79] Beck'scher VOB-Kommentar/*Hofmann* VOB/B § 4 Nr. 1 Rdn. 269.
[80] *Kapellmann/Schiffers* Band I Rdn. 1189.

Auftraggebers aus, die gegen gesetzliche/behördliche Bestimmungen verstößt, obwohl er zuvor auf die Bedenken hingewiesen hat, bleibt der Auftragnehmer für daraus resultierende Schäden an Rechtsgütern Dritter ebenso verantwortlich, wie für die Erfüllung gesetzlicher/behördlicher Auflagen etc. Daneben besteht eine Verantwortlichkeit des Auftraggebers, der in Kenntnis der Bedenken auf die Durchführung der Anordnung besteht. Die Haftungsquotierung zwischen Auftraggeber und Auftragnehmer richtet sich dann nach § 254 BGB[81].

V. Verantwortung des Auftragnehmers für die Ausführung der Leistung (§ 4 Nr. 2 VOB/B)

1. Allgemeines

§ 4 Nr. 2 Abs. 1 Satz 1 VOB/B regelt den Grundsatz, wonach der Auftragnehmer die Leistung unter **eigener Verantwortung nach dem Vertrag auszuführen** hat. § 4 Nr. 2 Abs. 1 Satz 2 VOB/B konkretisiert die von dem Auftragnehmer zu beachtenden Bestimmungen. § 4 Nr. 2 Abs. 1 Satz 3 VOB/B stellt klar, dass im Zuge der Herstellung **seines** Gewerks der Auftragnehmer Aufsichts- und Koordinationspflichten hat. Daraus wird der allgemeine Grundsatz deutlich, dass der Auftragnehmer einen werkvertragsrechtlichen Erfolg schuldet, es andererseits in aller Regel seine Sache ist, zu entscheiden, mit welchen Maßnahmen er diesen Erfolg herbeiführen will[82]. Daraus ergibt sich weiter, dass der Auftraggeber nicht befugt ist, dem Auftragnehmer **insoweit** Anweisungen zu erteilen, Mittel zur Verfügung zu stellen oder sonstige Hilfestellung zu leisten, um den von dem Auftragnehmer geschuldeten Erfolg herbeizuführen. Davon zu unterscheiden ist die Befugnis des Auftraggebers, gemäß § 4 Nr. 1 VOB/B in das Geschehen einzugreifen. § 4 Nr. 2 Nr. 2 VOB/B regelt auch nur die **Pflicht** des Auftragnehmers zur Herbeiführung des geschuldeten Erfolges. Eine **Berechtigung** dazu ergibt sich aus § 4 Nr. 2 VOB/B schon deshalb nicht, weil der Auftraggeber den Vertrag jederzeit auch ohne Angabe von Gründen kündigen kann, § 8 Nr. 1 VOB/B (vgl. auch § 649 Satz 1 BGB). 46

Die sich aus § 4 Nr. 2 VOB/B für den Auftragnehmer ergebenden Pflichten werden in aller Regel nicht dadurch berührt, dass der Auftraggeber von seinen Weisungs-/Anordnungsrechten Gebrauch macht. Auch wenn Weisungen des Auftraggebers für den Auftragnehmer grundsätzlich verbindlich sind, § 4 Nr. 1 Absatz 3 Satz 1 VOB/B (s. Rdn. 37), bleibt der Auftragnehmer je nach der zu erwartenden Fachkunde verpflichtet, die Weisungen zu prüfen, muss gegebenenfalls dazu auch Erkundigungen einholen[83]. Kollisionen zwischen der Verantwortung des Auftragnehmers für die vertragsgemäße Ausführung seiner Leistung und Weisungen des Auftraggebers oder Weisungen, die dem Auftraggeber zuzurechnen sind (z.B. Weisungen eines bevollmächtigten Architekten), zeigen sich in der Praxis vor allem bei folgenden Fallgruppen: 47

Eine dem Auftragnehmer übergebene **mangelfreie** Architektenplanung ist für den Auftragnehmer verbindlich, § 3 Nr. 3 Satz 1 VOB/B. Dies gilt auch dann, wenn auf der Grundlage überlassener Planungsunterlagen davon bewusst oder unbewusst abweichende Ausführungszeichnungen, Werkzeichnungen o.ä. durch den Auftragnehmer gefertigt und diese von dem im Auftrag des Auftraggebers tätigen Architekten „freigegeben“ werden. Ein solcher „Freigabevermerk“ eines Architekten betrifft das Vertragsverhältnis zwischen Auftraggeber und Auftragnehmer und die Haftung des Auftragnehmers für die vertragsgerechte (nach Maßgabe der Planung) Erstellung des Gewerks nicht[84]. Möchte der Auftragnehmer von einer ihm überlassenen Planung abweichen (etwa aus technischen oder wirtschaftlichen Gründen) oder hat er grundsätzliche Bedenken, so hat er vorab den Auftraggeber darüber zu informieren und gegebenenfalls eine Änderung der Planung der Auftraggeber anzuregen[85]. 48

[81] Beck'scher VOB-Kommentar/*Hofmann* VOB/B § 4 Nr. 1 Rdn. 279; *Ingenstau/Korbion/Oppler* VOB/B § 4 Rdn. 104.

[82] Näher VOB/B § 2 Rdn. 37.

[83] BGH BauR 1998, 397; BGH NJW 1961, 1523; *Heiermann/Riedl/Rusam* VOB/B § 4 Rdn. 33.

[84] BGH BauR 1982, 374.

[85] BGH BauR 1982, 374.

49 Wenn dem Auftragnehmer **fehlerhafte** Architektenpläne zur Verfügung gestellt werden, begründet dies in der Regel bei Mängeln/Schäden den Mitverschuldenseinwand aus § 254 BGB[86], weil der Architekt im Planungsbereich Erfüllungsgehilfe des Auftraggebers ist (s. Rdn. 14). Beruht ein Mangel allein auf einem Planungsfehler, trifft das Verschulden voll den Auftraggeber, weil dieser dem Auftragnehmer gem. § 3 Nr. 1 VOB/B die notwendigen Unterlagen zu übergeben hat. Die Berufung auf den Mitverschuldenseinwand wird dem Auftragnehmer aber in den Fällen versagt, in denen er bewusst einen fehlerhaften Architektenplan umsetzt[87] oder in Folge einer nicht ausreichenden Wahrnehmung seiner Überprüfungs-/Hinweispflichten einen Planungsfehler (schuldhaft) nicht entdeckt[88]. Im Bereich der **Bauüberwachung** kann der Auftragnehmer ein Bauüberwachungsverschulden des für den Auftraggeber tätigen Architekten nicht als Mitverschulden des Auftraggebers einwenden, weil der Auftragnehmer keinen Anspruch auf Bauaufsicht hat (s. Rn 73). In dem Fall, in dem der Bauherr sein Bauwerk mit dem eigenen Baubetrieb errichtet und einen Architekten mit der Bauüberwachung beauftragt, gilt etwas anderes, weil aufgrund dieser Beauftragung zugleich ein Anspruch auf Bauleitung besteht. In diesem Fall haftet der eigene Baubetrieb als Auftraggeber für Mängel, die durch ordnungsgemäße Überwachung hätten verhindert werden können, neben dem Architekten hälftig zu 50 %[89].

50 Probleme stellen sich bei der Verwendung neuartiger Baustoffe oder neuartiger Baukonstruktionen. Der Auffassung, für diese Verwendung bleibe grundsätzlich der Auftragnehmer auch in den Fällen verantwortlich, wenn der Auftraggeber durch einen Architekten beraten ist[90], ist nicht zu folgen. Bei der Verwendung neuartiger Baustoffe/Baukonstruktionen obliegt es primär dem Architekten, das beim Bau verwendete Material auf dessen Brauchbarkeit zu überprüfen und bei Bedenken den Auftraggeber darauf hinzuweisen[91]. Die Verwendung nicht bewährten Materials birgt grundsätzlich Gefahren, so dass bei neuen Materialien der Architekt mit erhöhter Sorgfalt zu prüfen hat, ob das Material geeignet ist. Für neuartige Baustoffe/Baukonstruktionen die der Auftragnehmer selbst wählt, ist er immer verantwortlich[92].

51 Der Auftragnehmer hat für die ordnungsgemäße Herbeiführung der geschuldeten Leistung einzustehen. Vorausgesetzt wird damit zugleich, dass der Auftragnehmer die dafür erforderliche Sachkunde und Erfahrung besitzt. Anderenfalls darf der Auftragnehmer die Ausführung der Leistung nicht annehmen bzw. ist gehalten, selbst Fachunternehmen oder Sonderfachleute zu beauftragen, um den geschuldeten Erfolg herbeizuführen, auch wenn er grundsätzlich verpflichtet bleibt, die Leistung im eigenen Betrieb auszuführen, § 4 Nr. 8 Abs. 1 Satz 1 VOB/B (s. Rdn. 188). Zu beachten ist, dass die Erfüllung der Verpflichtung aus § 4 Nr. 2 VOB/B der Zeitpunkt der Ausführung der jeweiligen Leistung maßgeblich ist. Die Anforderungen für das fertige Gewerk ergeben sich demgegenüber aus § 13 Nr. 1 VOB/B.

2. Erbringung der Vertragsleistung durch den Auftragnehmer

52 **a) Nach dem Vertrag.** Maßgeblich für den Auftragnehmer ist der Vertrag, § 1 Nr. 1 Satz 1 VOB/B. Aus dieser Formulierung kann aber nicht abgeleitet werden, dass im Zuge der Ausführung allein das von dem Auftragnehmer zu leisten ist, was sich aus dem Vertrag unmittelbar ergibt. Geschuldet sind von dem Auftragnehmer auch die Leistungen, die zur vertragsgemäßen Erfüllung der beauftragten Leistung notwendig sind, was im Zweifel durch Auslegung zu ermitteln ist. Ist beispielsweise in einem Leistungsverzeichnis für Türen ein Schalldämmmaß vorgegeben, sind die Gesamtumstände (hier die Zweckbestimmung des Bauwerks) maßgeblich dafür, ob

[86] BGH BauR 1991, 79; BGH BauR 1984, 395; *Werner/Pastor* Rdn. 2455, 2458.
[87] BGH BauR 1973, 190.
[88] BGH BauR 1973, 190; *Heiermann/Riedl/Rusam* VOB/B § 4 Rdn. 33, vgl. auch VOB/B § 13 Rdn. 79.
[89] LG Kiel BauR 2004, 1994 = IBR 2005, 34.
[90] *Heiermann/Riedl/Rusam* VOB/B § 4 Rdn. 33.
[91] BGH BauR 1976, 66.
[92] BGH BauR 1993, 79; *Ingenstau/Korbion/Oppler* VOB/B § 4 Rdn. 119; *Leinemann/Sterner* VOB/B § 4 Rdn. 40.

der Auftragnehmer das geringere Labor-Dämmmaß, oder den Schallschutzwert in eingebauten Zustand schuldet[93].

53 Das Recht auf eigenverantwortliche Ausführung umfasst auch die Freiheit der Wahl der Mittel und die Entscheidungsfreiheit, den Herstellungsvorgang insgesamt bis zur Abnahme selbst zu bestimmen. Der Auftragnehmer entscheidet eigenverantwortlich über alle technischen und wirtschaftlichen Fragen, auch darüber, welche Arbeitnehmer und Nachunternehmer (in den Grenzen von § 4 Nr. 8 VOB/B) sowie Sonderfachleute er einsetzt, um das von ihm übernommene Risiko der vertragsgemäßen Ausführung meistern zu können. Einschränkungen und Grenzen ergeben sich aus den Befugnissen des Auftraggebers (s. Rdn. 16).

54 **b) Beachtung der anerkannten Regeln der Technik.** Der Auftragnehmer hat die **anerkannten Regeln der Technik**, die gesetzlichen und die behördlichen Bestimmungen zu beachten, § 4 Nr. 2 Abs. 1 Satz 2 VOB/B. **Anerkannte Regeln der Technik** sind die Regeln für die Ausführung baulicher Leistungen, die sich nach Meinung der Mehrheit der maßgeblichen Fachleute in der Praxis bewährt haben oder deren Eignung von ihnen als nachgewiesen angesehen wird. Es genügt nicht, dass in den Fachkreisen eine entsprechende Meinung geäußert wird; erforderlich ist ein fachlicher Konsens[94]. Der Begriff setzt sich aus zwei Kriterien zusammen, zum einen der **theoretischen Richtigkeit** und zum anderen der überwiegenden **Beurteilung der Richtigkeit durch die Fachleute**. Damit sind die Probleme bei der Ausfüllung dieses unbestimmten Rechtsbegriffs aufgezeigt[95]. Eine bauliche Regel ist theoretisch richtig, wenn sie nach wissenschaftlichen Erkenntnisses unanfechtbar ist. Eine wissenschaftliche Unanfechtbarkeit gibt es in den seltensten Fällen. Bei neuen Bauweisen, Baustoffen etc. kann eine wissenschaftliche Unanfechtbarkeit nicht angenommen werden. Bei dem zweiten Kriterium wird auf die Meinung der Fachleute abgestellt, die in dem Bereich des betreffenden Baugewerbes tätig sind[96]. Wer Fachmann in diesem Sinne ist, ist ebenfalls nicht verbindlich geregelt. Im Bereich der einfachen Ausführung von Bauweisen kommt es auf die Beurteilung der tätigen Meister und Poliere an. Für den konstruktiven Bereich ist der Kreis der Techniker/Ingenieure maßgeblich[97]. Die Ausfüllung des schon unbestimmten Begriffs der anerkannten Regeln der Technik durch diese zwei weiteren unbestimmten Merkmale ist allerdings geboten, um zu gewährleisten, dass die laufende wissenschaftliche und technische Entwicklung verbindlich wird.

55 Gegenüber den anerkannten Regeln der Technik ist der **Stand der Technik** ein fortschrittlicherer Entwicklungsstand. Der Stand der Technik ist erreicht, wenn die Wirksamkeit fortschrittlicher, vergleichbarer Verfahren in der Betriebspraxis zuverlässig nachgewiesen werden kann[98]. Dafür reichen bereits experimentelle Tests aus, während bei den anerkannten Regeln der Technik die Bewährung über einen längeren Zeitraum in der betrieblichen Praxis erforderlich ist. Daraus ergibt sich, dass zwangsläufig die allgemein anerkannten Regeln der Technik der neuesten Entwicklung „hinterherhinken"[99]. Der Begriff der Stand der Technik ist vorrangig im Recht der Sicherheitstechnik (Bundesbahn, Personenbeförderung, Luftverkehr, Emissionsschutzrecht) von Bedeutung.

56 Die höchste Anforderung ist der **Stand von Wissenschaft und Technik**[100]. Wird auf den Stand von Wissenschaft und Technik abgestellt, muss diejenige Vorsorge gegen Schäden getroffen werden, die nach den neuesten wissenschaftlichen Erkenntnissen für erforderlich gehalten wird[101].

Ob eine anerkannte Regel der Technik **schriftlich** niedergelegt ist oder nicht, spielt für die Bewertung **keine Rolle**[102]. Ebenso wenig kann angenommen werden, dass schriftlich niedergelegte

---

93 BGH BauR 1995, 538.
94 RGSt 44, 76; BGH NJW 1980, 1219; *Nicklisch/Weick* VOB/B § 4 Rdn. 44.
95 *Siegburg* BauR 1985, 367.
96 *Siegburg* BauR 1985, 372.
97 BGH NJW 80, 1219; vgl. *Nicklisch/Weick* VOB/B § 4 Rdn. 44.
98 Vgl. § 3 Abs. 6 BImschG.
99 BverfG NJW 1979, 359; *Siegburg* BauR 1985, 367.
100 Vgl. § 7 Abs. 2 Nr. 3 AtomG.
101 BVerfG NJW 1979, 359.
102 BGH BauR 1998, 872; BGH BauR 1986, 447.

Normen, Vorgaben etc. zwingend den Stand der anerkannten Regeln der Technik wiedergeben, auch wenn dafür eine **widerlegliche Vermutung spricht**[103]. Die Rechtsprechung hat wiederholt darauf hingewiesen, dass förmlich niedergelegte Regeln der Technik nicht selten durch den neuesten Stand der Technik überholt sind[104]. Bei schriftlich verfassten Normen, Vorgaben etc. ist also immer zu prüfen, ob diese nach diesen Grundsätzen tatsächlich die anerkannten Regeln der Technik noch wiedergeben oder hinter diesen zurückbleiben.

Zu nennen sind zunächst die **DIN**-Normen des Deutschen Instituts für Normung e.V. Es handelt sich dabei nicht um Rechtsnormen, sondern um private technische Regelungen mit Empfehlungscharakter, die die anerkannten Regeln der Technik wiedergeben oder hinter diesen zurückbleiben[105]. Zum Zeitpunkt der Abnahme[106] muss das Gewerk den anerkannten Regeln der Technik entsprechen. Es reicht nicht aus, dass eine DIN-Norm zu diesem Zeitpunkt noch gilt[107]. Entsprechendes gilt für die CEN/CENELEC/EN-Normen, die VDE-Normen, die einheitlichen technischen Baubestimmungen (ETB)[108], die Bestimmungen des deutschen Ausschusses für Stahlbeton sowie die Bestimmungen der verschiedenen Verbände. Diese „Normen" haben aber für die Beweislast Bedeutung. Derjenige, der sich bei der Erbringung einer Bauleistung an ein technisches Regelwerk hält, kann für sich die widerlegliche Vermutung in Anspruch nehmen, die Regeln der Technik eingehalten zu haben. Diese Vermutung ist eine echte Beweislaständerung mit der Folge, dass derjenige, der eine geschriebene Norm nicht als anerkannte Regel der Technik akzeptiert, diese Auffassung darlegen und beweisen muss[109]. Die Baubeteiligten müssen immer einkalkulieren, dass sich die Regeln der Technik laufend ändern[110]. Der Auftragnehmer muss sich deshalb ständig über diese fortlaufende Entwicklung in seinem Fachbereich informieren. Er hat über Empfehlungen in der Fachpresse Bescheid zu wissen und diese bei der Ausführung zu berücksichtigen[111]. Der Auftragnehmer hat auch eigenverantwortlich zu prüfen, ob von ihm **herangezogene** Regeln der Technik im Einzelfall einschlägig sind[112].

Streitig ist die Frage, ob dann, wenn der Auftragnehmer die bekannten allgemeinen Regeln der Technik beachtet hat, er für gleichwohl eingetretene Werkmängel haftet, was zu bejahen ist[113]. Es liegt in dem Risikobereich des Auftragnehmers, wenn erst durch den Fortschritt von Wissenschaft und Technik die Möglichkeit besteht, Fehlerquellen oder Möglichkeiten des Vermeidens von Fehlern zu erkennen. Umgekehrt muss der Auftragnehmer die geschuldete Leistung auch dann erbringen, wenn es überhaupt keine anerkannten Regeln der Technik gibt (etwa für neuartige Baustoffe/Baukonstruktionen), wobei auch hier der Auftragnehmer das Risiko trägt[114]. Verschuldensfragen spielen für die Frage, ob die anerkannten Regeln der Technik eingehalten sind, keine Rolle.

57 **c) Beachtung der gesetzlichen/behördlichen Bestimmungen.** Der Auftragnehmer ist verpflichtet, die gesetzlichen und behördlichen Bestimmungen zu beachten. Damit sind alle einschlägigen Regelungen des privaten/öffentlichen Rechts gemeint (Gesetze, Verordnungen, Satzungen, Genehmigungen etc.). Zu nennen sind hier vorrangig die Bauordnungen der Länder,

---

[103] OLG Hamm BauR 1994, 767; *Ingenstau/Korbion/Oppler* VOB/B § 4 Rdn. 153; *Jagenburg* Jahrbuch Baurecht 2000, 200.

[104] BGH BauR 1996, 447; BGH BauR 1995, 230; *Jagenburg* Jahrbuch Baurecht 2000, 200.

[105] BGH NJW 1998, 2815.

[106] BGH NJW-RR 1997, 1106; BGH BauR 1995, 230; siehe VOB/B § 13 Rdn. 38.

[107] BGH NJW 1998, 2814.

[108] OLG Köln BauR 1991, 759.

[109] BGHZ 114, 273; OLG Hamm NJW-RR 1998, 668; *Nicklisch/Weick* VOB/B § 4 Rdn. 44.

[110] BGH NJW-RR 1995, 472 (Schallschutz); BGH NJW 1968, 43; 1971, 92 (Flachdach).

[111] OLG Köln BauR 1997, 831.

[112] BGH BauR 1998, 872.

[113] BGH BauR 1987, 207; OLG Frankfurt BauR 1983, 156 (Blasbachtalbrücke); *Jagenburg* Jahrbuch Baurecht 2000, 200; siehe VOB/B § 13 Rdn. 31; entgegen der Entscheidung des OLG Frankfurt „Blasbachtalbrücke" hätte die Haftung des Unternehmers jedoch verneint werden müssen, weil die Durchführung auf Planungsvorgaben des Auftraggebers zurückzuführen war; vgl. VOB/B § 13 Rdn. 64.

[114] OLG München BB 1984 239.

Sicherheitsvorschriften, Feuerschutzvorschriften, die Wärmeschutz-VO[115], das Wasserhaushaltsgesetz[116] sowie das Bundesimmissionsschutzgesetz[117]. Dazu gehört auch die allgemeine Verkehrssicherungspflicht, die den Auftragnehmer verpflichtet, Vorkehrungen gegen Schäden an Rechtsgütern jedes Dritten zu treffen, so weit diese Verpflichtung nicht der Auftraggeber hat (s. Rdn. 5). Der Auftragnehmer wird in der Regel auch immer verkehrssicherungspflichtig sein, weil er durch die Aufnahme der Arbeiten den Verkehr auf der Baustelle eröffnet und damit eine besondere Gefahrenquelle schafft[118]. Dabei kann sich der Auftragnehmer nicht darauf berufen, auch der sachkundige vertretene Auftraggeber (gegebenenfalls vertreten durch einen Architekten) sei verkehrssicherungspflichtig. Dies kann aber dann angenommen werden, wenn z.B. von der beigestellten Planung erkennbar Gefahren ausgehen[119].

3. Ordnung auf der Baustelle

Nach § 4 Nr. 2 Satz 3 VOB/B hat der Auftragnehmer, die **Ausführung seiner vertraglichen Leistung** zu leiten und für **Ordnung auf seiner Arbeitsstelle** zu sorgen. Er entscheidet allein über den Hergang der Ausführung der Arbeiten und muss Weisungen des Auftraggebers grundsätzlich nur im Rahmen von § 4 Nr. 1 Abs. 3 VOB/B beachten. Der Auftragnehmer hat und darf über die Einteilung der einzusetzenden Arbeitskräfte und Geräte, die Bestimmung von Arbeitszeiten, die Bestimmung der Einzelheiten der Arbeitsgänge, die Materialzufuhr etc. eigenverantwortlich zu entscheiden. Er ist nicht verpflichtet, all dies in **eigener Person** sicherzustellen, sondern kann Vertreter benennen, wobei ein Verschulden des von ihm bestellten Vertreters dem Auftragnehmer gemäß § 278 BGB zuzurechnen ist[120]. In Abgrenzung zu § 4 Nr. 1 Absatz 1 VOB/B trifft die Verpflichtung, die allgemeine Ordnung auf der Baustelle aufrecht zu erhalten, die **Baustelle des Auftragnehmers**, also die allgemeine Ordnung **seines** Arbeitsbereichs, um einen reibungslosen Ablauf des Bauvorgangs ohne Störung anderer Beteiligter sicherzustellen. Die jeweilige Abgrenzung der Verpflichtung, für Ordnung auf der Baustelle zu sorgen, hat nicht nur Bedeutung für die Verpflichtung des Auftragnehmers, sicherzustellen, dass niemand zu Schaden kommt, sondern auch für die Risikoverteilung für Beeinträchtigungen von erbrachten Leistungen, Materialien, Werkzeugen etc.[121] 58

4. Verpflichtungen des Auftragnehmers gegenüber den Arbeitsnehmern

Nach § 4 Nr. 2 Absatz 2 Satz 1 VOB/B ist der Auftragnehmer für die Erfüllung der gesetzlichen, behördlichen und berufsgenossenschaftlichen Verpflichtungen gegenüber seinen Arbeitnehmern allein verantwortlich. Damit wird die Selbstverständlichkeit geregelt, dass es ohne anderweitige Vereinbarung alleinige Sache des Auftragnehmers ist, die Arbeitsverhältnisse zu seinen Arbeitnehmern zu gestalten. Angesprochen ist weiter die Einhaltung der formalen Arbeitsschutzregeln, die neben den allgemeinen Fürsorgepflichten des Auftragnehmers aus dem Arbeitsverhältnis einzuhalten sind. Es geht zunächst um die jeweils einschlägigen Arbeitsschutz- und Unfallverhütungsvorschriften[122]. Daneben ist der Auftragnehmer gegenüber seinen Arbeitnehmern zur Fürsorge und Schadloshaltung verpflichtet. Konkretisiert sind diese Pflichten in den §§ 618 ff. BGB. Diese Verpflichtung besteht nur gegenüber den Arbeitnehmern des Auftragsnehmers. So ist ein Generalunternehmer gegenüber den Arbeitnehmern seiner Nachunternehmer nicht verpflichtet, zu überprüfen, ob die von den Nachunternehmern 59

---

[115] BGBl. I S. 2121.
[116] BGBl. I S. 3017.
[117] BGBl. I S. 721.
[118] BGH NJW 1970, 2290; Beck'scher VOB-Kommentar/*Ganten* VOB/B § 4 Nr. 2 Rdn. 122.
[119] OLG Frankfurt BauR 1997, 330.
[120] Beck'scher VOB-Kommentar/*Ganten* VOB/B § 4 Nr. 2 Rdn. 120; *Ingenstau/Korbion/Oppler* VOB/B § 4 Rdn. 172; *Nicklisch/Weick* VOB/B § 4 Rdn. 48.
[121] OLG Hamm ZfBR 2001, 115.
[122] Beck'scher VOB-Kommentar/*Motzke* VOB/B § 4 Nr. 2 Rdn. 134.

eingerichteten und nur von ihren Arbeitnehmern genutzten Sicherungsmaßnahmen den Unfallverhütungsvorschriften entsprechen[123].

60 Der Auftragnehmer hat im Rahmen der Erfüllung seiner gesetzlichen Verpflichtungen Beschäftigungsverbote zu beachten, vorrangig das Gesetz zur Bekämpfung der Schwarzarbeit vom 26. Juli 1994[124], die Regelungen über die Beschäftigung ausländischer Arbeitnehmer (außerhalb des Bereichs der EU), den Jugendschutz[125], den Arbeitsschutz für Frauen (vorrangig Mutterschutzgesetz[126]) sowie die Regeln über die Arbeitsvermittlung/Arbeitnehmerüberlassung[127].

61 § 4 Nr. 2 Abs. 2 VOB/B hält noch einmal fest, dass es ausschließlich Aufgabe des Auftragnehmer ist, Vereinbarungen und Maßnahmen zu treffen, die sein Verhältnis zu seinen Arbeitnehmern regeln. Auch hier gilt etwas anderes nur dann, wenn der Auftraggeber gegenüber dem Auftragnehmer zusätzliche Pflichten übernommen hat, die die Belange der Arbeitnehmer des Auftragnehmers berühren, z.B. das Stellen von Büro-/Wohncontainern durch den Auftraggeber für Arbeitnehmer des Auftragnehmers, die Beistellung von Baumaschinen, Baumaterial etc. In diesen Fällen ist eine unmittelbare Rechtsbeziehung zwischen Auftraggeber und den Arbeitnehmern des Auftragnehmers nach den Grundsätzen des Vertrages mit Schutzwirkung für Dritte denkbar[128].

5. Rechtswirkungen

62 Grundsätzlich bleibt der Auftragnehmer für die ordnungsgemäße Ausführung der geschuldeten Bauleistung verantwortlich. Dies gilt auch dann, wenn für den Auftragnehmer verbindliche Weisungen erteilt werden (§ 4 Abs. 1 Nr. 3 VOB/B) oder dem Auftragnehmer maßgebende Unterlagen (§ 3 Nr. 3 Satz 1 VOB/B) überlassen werden, und der Auftragnehmer seiner Überprüfungs-/Hinweispflicht schuldhaft nicht nachkommt (s. Rdn. 67).

Erfüllt der Auftragnehmer die Verpflichtungen aus § 4 Nr. 2 Absatz 1 Satz 3 VOB/B nicht, haftet er denjenigen, die dadurch zu Schaden kommen auf Schadensersatz. Entsprechendes gilt für die Haftung des Auftragnehmers gegenüber seinen Arbeitnehmern wegen Nichterfüllung der in § 4 Nr. 2 Absatz 2 VOB/B geregelten Pflichten.

VI. Prüfungs- und Mitteilungspflicht des Auftragnehmers (§ 4 Nr. 3 VOB/B)

1. Allgemeines

63 Nach § 4 Nr. 3 VOB/B hat der Auftragnehmer **Bedenken** gegen die vorgesehene Art der Ausführung, gegen die Güte der vom Auftraggeber gelieferten Stoffe oder Bauteile oder gegen die Leistungen anderer Unternehmer unverzüglich und schriftlich **mitzuteilen**, wobei der Auftraggeber für seine Angaben, Anordnungen oder Lieferungen verantwortlich bleibt. § 4 Nr. 3 VOB/B ist Ausdruck der allgemein vertraglichen Pflicht, den Vertragspartner vor Schäden zu bewahren[129]. Beim Bauvertragsrecht hat diese Verpflichtung eine besondere Bedeutung, weil der Auftragnehmer aufgrund seiner Leistungsnähe, dem Grundsatz, dass er die Leistung unter eigener Verantwortung auszuführen hat (§ 4 Nr. 2 Abs. 1 Satz 1 VOB/B) sowie seiner Sachkunde häufig der einzige sein wird, der in der Lage ist, den Auftraggeber auf zu erwartende Mängel/Schäden aufmerksam zu machen. Da die Mitteilungsverpflichtung notwendigerweise voraussetzt, dass

---

[123] OLG Köln BauR 2004, 1671.

[124] BGBl. I S. 165.

[125] JArbSchG vom 12. April 1976, BGBl. I S. 965.

[126] Mutterschutzgesetz vom 18. April 1968, BGBl. I S. 315.

[127] Arbeitsförderungsgesetz vom 25. Juni 1996 BGBl. I S. 582; Gesetz zur Regelung der gewerbsmäßigen Arbeitnehmerüberlassung vom 3. Februar 1995 BGBl. I S. 158.

[128] *Ingenstau/Korbion/Oppler* VOB/B § 4 Rdn. 74; *Nicklisch/Weick* VOB/B § 4 Rdn. 50; *Leinemann/Sterner* VOB/B § 4 Rdn. 54.

[129] BGH BauR 1987, 79; OLG Celle BauR 2002, 812.

der Auftragnehmer zuvor eine Prüfung vorgenommen hat, ergibt sich die in der VOB/B nicht ausdrücklich festgelegte **Prüfungsverpflichtung** auch aus § 4 Nr. 3 VOB/B[130].

Diese Pflichten hat der Auftragnehmer nur bei bereits **geschlossenem Bauvertrag**. Im Ausschreibungs- und Angebotsstadium besteht grundsätzlich keine Verpflichtung des Bieters aus § 4 Nr. 3 VOB/B, auf Planungsfehler oder Fehler im Leistungsverzeichnis hinzuweisen, weil der Bieter die Prüfung der Verdingungsunterlagen nur unter **kalkulatorischen Aspekten** vornimmt[131]. Auch im **Vergabeverfahren** kann § 4 Nr. 3 VOB/B nicht herangezogen werden, wobei dann, wenn der Bieter im Vergabeverfahren Bedenken gegen die ausgeschriebene Art und Weise der Ausführung der Leistungen erhebt, er auch nicht von der Vergabe ausgeschlossen werden darf[132]. Aus dem Grundsatz des Gebotes zu korrektem Verhalten bei Vertragsverhandlungen kann sich im Ausnahmefall eine Prüfungs- und Hinweispflicht des Auftragnehmers ergeben, dann, wenn die Verdingungsunterlagen offensichtlich falsch oder unvollständig sind[133]. Ein Auftragnehmer, dem sich während der Vertragsverhandlungen geradezu aufdrängt, dass seine bisherige Preiskalkulation aufgrund von Lücken in den Verdingungsunterlagen nicht zuverlässig sein kann, ist, wenn er darauf den Auftraggeber nicht hinweist, nach dem Grundsatz von Treu und Glauben gehindert, Zusatzforderungen zu stellen. 64

Die Prüfungs-/Hinweispflicht des Auftragnehmers besteht nur hinsichtlich der Umstände, die in **Zusammenhang mit der Leistung** des Auftragnehmers stehen. Auf andere Umstände, die die Leistung des Auftragnehmers nicht berühren, erstrecken sich diese Pflichten nicht[134]. Der Auftragnehmer muss nicht für nachfolgende Unternehmer „mitdenken“[135]. 65

Umstritten ist, ob es sich dabei um „Haupt“- oder „Nebenpflichten“ handelt. Nach einer Auffassung in der Literatur soll die Prüfungs- und Hinweispflicht vertragliche **Haupt**verpflichtung des Auftragnehmers sein, deren Verletzung vor der Abnahme Erfüllungsansprüche aus § 4 Nr. 7 VOB/B und nach der Abnahme Mängelansprüche auslösen soll. Dabei wird darauf hingewiesen, dass Pflichtverletzungen vor Abnahme Erfüllungsansprüche aus § 4 Nr. 7 VOB/B und nach Abnahme Mängelansprüche nach § 13 Nr. 5 bis 7 VOB/B auslösen können, damit die Verletzung der Prüfungs- und Hinweispflichten aus § 4 Nr. 3 VOB/B dem Bereich der Mängelansprüche zuzuordnen seien[136]. Dabei wird verkannt, dass die Haftung aus § 13 VOB/B nicht wegen Verletzung einer Prüfungs- oder Hinweispflicht erfolgt, sondern auf der Grundlage eines **Mangels des Gewerks**. Auch wenn der Mangel seine Ursache in einer Verletzung einer Prüfungs- und Hinweispflicht haben kann, könnte diese zusätzliche Pflichtverletzung des Auftragnehmers nur neben den Mängelansprüchen des Auftraggebers von Bedeutung sein, da auch ohne Prüfungs- und Hinweispflichten der Auftragnehmer dem Auftraggeber ein mangelfreies Gewerk schuldet. Folgerichtig findet der Interessenausgleich bei Anordnungen des Auftraggebers über § 13 VOB/B zugunsten des Auftragnehmers dann seine Grenzen, wenn der Auftragnehmer die nach § 4 Nr. 3 VOB/B geschuldete Mitteilung über zu befürchtende Mängel unterlassen hat, § 13 Nr. 3 VOB/B. Daraus folgt weiter, dass eine Verletzung dieser Prüfungs- und Hinweispflicht nicht zu einer Schadenshaftung aus § 280 Abs. 1 BGB, sondern zum Ausschluss der Befreiung von der Mängelhaftung nach § 13 Nr. 3 VOB/B führt, so weit es um Mängel geht, die das Gewerk des Auftragnehmers betreffen[137]. Werden durch die Verletzung der Prüfungs- und Hinweispflicht Schäden verursacht, die keine Mängel des Gewerks des Auftragnehmers sind, haftet dieser dem Auftraggeber nach allgemeinen Grundsätzen (§ 280 Abs. 1 BGB) auf Schadensersatz. Im Verhältnis **zu Dritten** kann den Auftragnehmer die Schadensersatzpflicht aus § 10 Nr. 2 VOB/B treffen. 66

---

[130] BGH BauR 1987, 79; OLG Düsseldorf BauR 2002, 323; *Nicklisch/Weick* VOB/B § 4 Rdn. 51.

[131] *Kapellmann/Schiffers* Band 1 Rdn. 157, 185 ff.

[132] OLG Bremen, NZBau 2004, 119 = VergabeR 2003, 695.

[133] BGH BauR 1987, 683; OLG Köln BauR 1991, 615; *Kapellmann/Schiffers* Band 1 Rdn. 185.

[134] BGH BauR 1974, 202; *Nicklisch/Weick* VOB/B § 4 Rdn. 54.

[135] BGH BauR 1987, 79.

[136] OLG Stuttgart BauR 2004, 1195, *Heiermann/Riedl/Rusam* VOB/B § 4 Rdn. 46; *Ingenstau/Korbion/Oppler* VOB/B § 4 Rdn. 185.

[137] BGH BauR 1974, 202; *Clemm* BauR 1987, 609; *Nicklisch/Weick* VOB/B § 4 Rdn. 68.

2. Pflicht zur Anzeige von Bedenken

67 Für den Umfang der aus § 4 Nr. 3 VOB/B folgenden Pflichten des Auftragnehmers sind die Umstände des Einzelfalls maßgeblich. Es lassen sich folgende Kriterien zusammenfassen:

a) Prüfungspflicht. Auch wenn eine **Prüfungs**pflicht weder in § 4 Nr. 3 VOB/B, noch sonst in der VOB/B zu Lasten des Auftragnehmers festgeschrieben ist, folgt aus der Übernahme der Verantwortung für den Leistungserfolg eine umfassende Prüfungsverpflichtung des Auftragnehmers, zumal ohne vorherige Prüfung Hinweise nicht erteilt werden können. Der Auftragnehmer als Fachmann gibt gegenüber dem Auftraggeber zu erkennen, einen Leistungserfolg herbeiführen zu können, woraus sich eine entsprechende Vertrauenserwartung des Auftraggebers ergibt, wonach der Auftraggeber erwarten kann, dass der Auftragnehmer im Rahmen seiner Fachkompetenz Prüfungen vornimmt um dann notwendige Hinweise zu erteilen, so dass die Auffassung, eine eigene Prüfungsverpflichtung des Auftragnehmers bestehe nicht, verfehlt ist[138]. Die Pflicht entfällt nicht bereits dann, wenn der Auftraggeber Anordnungen trifft. Bestimmt der Auftraggeber z.B. allgemein die Verwendung eines bestimmten Baustoffs (z.B. Steine) hat der Auftraggeber nur dafür einzustehen, dass dieser grundsätzlich geeignet ist. Der Auftragnehmer bleibt verantwortlich für im Einzelfall auftretende Fehler („Ausreißer"), muss also die spezielle Geeignetheit der Baustoffs prüfen[139]. Stellt ein **fachkundiger** Auftraggeber Baumaterial bei, ist die Prüfungspflicht des Auftragnehmers auf eine Sicht- und Fühlprobe beschränkt. Laboranalysen oder weitere detaillierte Prüfungen schuldet der Auftragnehmer deshalb nicht, weil er darauf vertrauen kann, dass der fachkundige Auftraggeber geeignetes Material beistellt[140].

68 **b) Kenntnisse des Auftragnehmers.** Die Prüfungspflicht des Auftragnehmers gilt nicht grenzenlos. Die Vertrauenserwartung des Auftraggebers kann den Auftragnehmer nur verpflichten, im Rahmen der bei ihm als vorausgesetzt vorhandenen Sachkenntnis seiner Prüfungspflicht nachzukommen. Dabei besteht bei besonderer Kompetenz des Auftragnehmers eine erhöhte Prüfungspflicht (s. Rdn. 70). Es kommt also nicht darauf an, ob der Auftragnehmer nach eigener Einschätzung Bedenken hat oder haben muss. Maßgebend ist allein, ob ein sachkundiger und erfahrener Auftragnehmer nach Prüfung der Umstände Bedenken haben musste[141]. So weit vertraglich nichts anderes vereinbart[142], ist objektiv auf das abzustellen, was unter üblichen Umständen bei einem auf dem betreffenden Fachgebiet tätigen Fachunternehmer vorausgesetzt werden kann, wobei selbstverständlich ist, dass der Unternehmer jedenfalls über den jeweiligen Stand der anerkannten Regeln der Technik orientiert ist, entsprechende Normenwerke beherrscht und sich fortlaufend über Entwicklungen informiert[143].

69 **c) Grenzen der Prüfungspflicht.** Die Grenze der Prüfungsverpflichtung ergibt sich gegebenenfalls aus vertraglichen Vereinbarungen, z.B. dann, wenn die Vertragsunterlagen darauf schließen lassen, dass bereits eine fachkundige Prüfung auftraggeberseitig durchgeführt wurde. In diesen Fällen muss der Auftragnehmer ohne gegenteilige Anhaltspunkte nicht nochmals prüfen. Entsprechendes gilt dann, wenn eine Prüfung die fachliche Kompetenz überschreiten würde, die ein fachkundiger Unternehmer auf diesem Gebiet üblicherweise haben muss. So hat ein Handwerker nur Prüfungen vorzunehmen, die er mit dem ihm üblicherweise zur Verfügung stehenden Mitteln auch ausführen kann[144]. Weiter wird die Prüfungspflicht des Auftragnehmers beschränkt oder ausgeschlossen, wenn auftraggeberseitig veranlasste Überprüfungen/Untersuchungen bereits vorgenommen wurden und die Ergebnisse dem Auftragnehmer als verbindliche Vorgabe mitgeteilt werden[145].

---

[138] So wohl *Siegburg* Gewährleistung, Rdn. 464.

[139] BGH NJW 1996, 2372; *Ingenstau/Korbion/Oppler* VOB/B § 4 Rdn. 193; *Leinemann/Sterner* VOB/B § 4 Rdn. 65.

[140] OLG Brandenburg BauR 2001, 102; *Nicklisch/Weick* VOB/B § 4 Rdn. 61.

[141] *Kaiser* BauR 1981, 319.

[142] *Ingenstau/Korbion/Oppler* VOB/B § 4 Rdn. 191.

[143] OLG Köln BauR 1997, 831.

[144] Beck'scher VOB-Kommentar/*Ganten* VOB/B § 4 Nr. 3 Rdn. 41; *Leinemann/Sterner* VOB/B § 4 Rdn. 65.

[145] BGH BauR 1977, 420.

d) Prüfungspflicht und besondere Fachkunde des Auftraggebers. Zunächst ist festzuhalten, dass eine besondere **Fachkompetenz des Auftragnehmers** zu einer erhöhten Prüfungsverpflichtung führt[146]. Ein besonders fachkundiger Auftragnehmer, der mit der Ausführung der Bauleistung aufgrund seiner besonderen Spezialkenntnisse beauftragt wird, unterliegt einer verstärkten Prüfungs- und Hinweisverpflichtung. Allgemein ist festzuhalten, dass die Prüfungs- und Hinweispflicht des Auftragnehmers ihre Grenzen in dem Rahmen der nach objektiven Gesichtspunkten zu beurteilenden Sachkenntnis findet. Grundlage ist dabei das Normalwissen, das der Auftragnehmer im Hinblick auf den neuesten Stand der Technik hat[147]. 70

Die Prüfungs- und Hinweispflicht des Auftragnehmers wird bei besonderer Fachkompetenz des Auftraggebers oder Beauftragter des Auftraggebers (Architekt/Sonderfachleute) begrenzt[148]. Grundsätzlich **entfällt** die Prüfungs- und Hinweispflicht des Auftragnehmers in diesen Fällen nicht ganz[149]. 71

Bleibt nach diesen Grundsätzen der Auftragnehmer trotz besonderer Sachkunde des Auftraggebers oder von dem Auftraggeber beauftragter Dritter prüfungs- und hinweispflichtig, findet bei Verletzung dieser Pflicht der Interessenausgleich über § 254 BGB statt, so weit der Mitverursachungsbeitrag dem Auftraggeber unmittelbar oder, im Bereich der **Planung** und **Koordinierung** über § 278 BGB zugerechnet werden kann. Maßstab für die Abwägungen der jeweiligen Verursachungsbeiträge von Auftraggeber und Auftragnehmer zu den entstandenen Schäden ist der Gedanke des Vertrauensschutzes. So weit der Auftragnehmer auf Planungen und Ausführungsunterlagen tatsächlich vertraut hat und auch vertrauen durfte, wird er entlastet[150]. 72

Erkennt der Auftragnehmer Mängel der Planung, reicht es nicht aus, darauf den Architekten hinzuweisen, wenn dieser sich erkennbar den begründeten Bedenken des Auftragnehmers entzieht. In diesem Fall genügt der Auftragnehmer seiner Hinweisverpflichtung nur dann, wenn er darüber auch den Auftragnehmer unmittelbar in Kenntnis setzt[151]. **Bauaufsichtsfehler** des Auftraggebers oder dessen Architekten berühren die Prüfungs- und Hinweispflicht des Auftragnehmers nicht. Der Auftragnehmer hat gegen den Auftraggeber keinen Anspruch auf Bauaufsicht[152].

e) Zeitpunkt der Prüfungspflicht Grundsätzlich entsteht die Prüfungspflicht erst mit Vertragsschluss. In Vertragsbedingungen findet sich häufig eine Klausel, die den Auftragnehmer bereits vor und mit der Abgabe seines Angebots zu einer Prüfung der örtlichen Verhältnisse verpflichtet. Diese Prüfungspflicht betrifft nicht die Bereiche, die in § 4 Nr. 3 VOB/B geregelt sind, sondern soll i.d.R. die Rechtsposition des Auftraggebers stärken, wenn es zu Behinderungen, Nachträgen etc. des Auftragnehmers kommt. Vor allem gibt es keine Verpflichtung des Auftragnehmers, vor Erteilung des Auftrages eine umfangreiche und kostenträchtige Überprüfung von bereits erbrachten Vorleistungen vorzunehmen. In diesen Fällen reicht es aus, wenn der Auftragnehmer vor Beginn seiner Arbeiten (nach Auftragserteilung) seiner Prüfungs- und Mitteilungsverpflichtung nachkommt[153]. 73

3. Mitteilung von Bedenken

Im einzelnen hat der Auftragnehmer Bedenken mitzuteilen: 74

- gegen die vorgesehene Art der Ausführung (Rdn. 75)
- wegen der Sicherung gegen Unfallgefahren (Rdn. 81)

[146] BGH BauR 1987, 79; BGH BauR 1981, 201; *Werner/Pastor* Rdn. 1520.
[147] *Werner/Pastor* Rdn. 1520.
[148] BGH BauR 2001, 622; OLG Düsseldorf BauR 2000, 1337.
[149] BGH BauR 2001, 622; OLG Celle BauR 2002, 812; a.A. OLG Düsseldorf BauR 1994, 764 für den Fall einer unklaren und widersprüchlichen Leistungsbeschreibung durch einen Fachingenieur.
[150] BGH BauR 1991, 79; OLG Düsseldorf NZBau 2001, 401; *Zerr* NZBau 2002, 241.
[151] OLG Düsseldorf NZBau 2001, 401.
[152] Zerr NZBau 2002, 241; Kieserling NZBau 2002, 263, *Ingenstau/Korbion/Wirth* VOB/B § 13 Rdn. 34.
[153] OLG Koblenz BauR 2005, 602 = IBR 2005, 133; Hanseatisches Oberlandesgericht Bremen NZBau 2004, 119, zur Frage, ob § 4 Nr. 3 VOB/B im Vergabeverfahren zur Anwendung kommt.

– gegen die Güte der vom Auftraggeber gelieferten Stoffe oder Bauteile (Rdn. 82)
– oder gegen die Leistung anderer Unternehmer (Rdn. 85).

75 **a) Gegen die vorgesehene Art der Ausführung.** In dem Bereich der Art der Ausführung umfasst die Prüfungs- und Hinweispflicht des Auftragnehmers u.a. die Planung[154]. Im Rahmen seiner Sachkunde muss der Auftragnehmer prüfen, ob die ihm überlassene Planung richtig ist. Grenze dessen sind die „normalen" Kenntnisse, die ein sachkundiger Unternehmer haben muss. Mitteilungspflichtige Bedenken können sich auch aus der Leistungsbeschreibung ergeben[155]. In den Bereich der vorgesehenen Art der Ausführung gehören weiter die Einhaltung der anerkannten Regeln der Technik[156] sowie die auftraggeberseitig festgelegten Baustoffe. Generell ist der Auftragnehmer verpflichtet, zu prüfen, ob auf dieser Grundlage der geschuldete Leistungserfolg erreicht werden kann.

76 Demgegenüber trägt der Auftraggeber, wenn nichts anderes vereinbart ist, immer das **Baugrundrisiko.** In diesem Bereich besteht keine allgemeine Prüfpflicht des Auftragnehmers, der die auftraggeberseitig vorgegebenen Details nicht in Zweifel ziehen muss[157].

Wenn nicht besonders vereinbart, schuldet der Auftragnehmer keine eigenen Baugrunduntersuchungen, was bei Geltung der VOB/C eindeutig geregelt ist, weil bei Erdarbeiten boden-, wasser- und bodenmechanische Untersuchungen sowie Wasserstandsmessungen **besondere**, also gesondert zu vergütende Leistungen sind (DIN 18300 Abschnitt 4.2.9)[158]. Ebenso wenig muss der Auftragnehmer ein ihm von dem Auftraggeber zur Verfügung gestelltes Baugrundgutachten eingehend fachlich prüfen. Dazu wird er ohnehin nicht in der Lage sein, weil das Gutachten von einem Sonderfachmann erstellt und sich an einen Sonderfachmann (in der Regel den Tragwerksplaner) wendet[159]. Damit gilt auch hier, dass eine Prüfungs- und Hinweispflicht nur für Umstände gegeben ist, die für den Auftragnehmer offenkundig sind. Im übrigen erstreckt sich seine Prüfungspflicht auf das, was allgemein von einem Fachunternehmer erwartet werden kann.

77 Im **Bereich der Planung** hat der Auftragnehmer im Rahmen der Fachkunde, die von ihm erwartet werden kann, die Genehmigungsfähigkeit der Baumaßnahme, so weit sein Gewerk betroffen ist, zu prüfen. Dies umfasst auch die Prüfung der konstruktiven Planung, wie Tragfähigkeit, Stärken, die Erprobung neuer Bauweisen und die Verwendung neuer Materialien/Werkstoffe. Die Grenzen dieser Verpflichtung ergeben sich aus dem Grundsatz der Zumutbarkeit, die anhand der besonderen Umstände jedes Einzelfalles zu beurteilen sind[160]. In der Regel hat der Auftragnehmer immer eine eingeschränkte Prüfungs- und Hinweispflicht, da er erwarten kann, dass ihm von Architekten/Sonderfachleuten überlassene Unterlagen richtig sind, so dass sich seine Prüfungs- und Hinweisverpflichtung auf offenkundige Fehler beschränkt[161].

78 Eine Verpflichtung des Auftragnehmers, **Vorgaben aus dem Leistungsverzeichnis** an Ort und Stelle zu überprüfen, besteht, so weit nichts anderes vereinbart ist, grundsätzlich nicht. Etwas anderes gilt dann, wenn der Auftragnehmer Anlass zu der Annahme hat, die Vorgaben sind unvollständig, unrichtig oder ergänzungsbedürftig[162]. Wenn der Auftragnehmer das Leistungsverzeichnis selbst aufgestellt hat, besteht die Prüfungs- und Hinweispflicht nicht, weil es sich nicht um die Leistung eines **anderen** handelt. Die Haftung des Auftragnehmers ergibt sich in diesen Fällen unmittelbar aus § 13 Nr. 1 VOB/B[163].

---

[154] BGH NJW 1987, 643; OLG Celle BauR 2002, 812.
[155] BGH BauR 1995, 538; BGH NJW 1975, 1217.
[156] BGH BauR 1975, 1217; *Ingenstau/Korbion/Oppler* VOB/B § 4 Nr. 3 Rdn. 202.
[157] *Kapellmann/Schiffers* Band I Rdn. 732 ff.; *Ingenstau/Korbion/Oppler* VOB/B § 4 Rdn. 197.
[158] OLG Hamm BauR 1994, 144; OLG Schleswig BauR 1989, 730; *Englert* BauR 1991, 537.
[159] OLG Düsseldorf BauR 1994, 764.
[160] BGH NJW 1987, 643; OLG Köln BauR 1988, 241.
[161] OLG Celle BauR 2002, 812; OLG Düsseldorf BauR 2000, 1339.
[162] BGH ZfBR 1988, 182; BGH MDR 1978, 657; OLG Dresden BauR 2000, 1341; *Ingenstau/Korbion/Oppler* VOB/B § 4 Rdn. 204.
[163] BGH NJW 1983, 875.

Der Auftragnehmer hat die **vorgeschriebenen Materialien und Werkstoffe** zu prüfen, also die Materialien/Werkstoffe, die er aufgrund des Vertrages selber zu beschaffen hat. Vorgeschrieben sind Materialien dann, wenn der Auftragnehmer keinen Einfluss auf die Auswahl hat[164]. Im Rahmen dessen muss der Auftragnehmer nur solche Prüfungsmethoden anwenden, die für ihn leicht zugänglich sind und die er ohne außerordentlichen Aufwand wahrnehmen kann. Auch hier gilt, dass der Auftragnehmer nicht verpflichtet ist, eigene technische Versuche anzustellen. Ebenso wenig besteht eine Verpflichtung, vorgegebene Materialien vorab durch Sachverständige prüfen zu lassen[165]. Eine Prüfungs- und Hinweispflicht hat der Auftragnehmer allerdings dann, wenn ihm begründete Zweifel an neuen Baustoffen oder Baumethoden kommen, z.B. weil wenn der Auftragnehmer den Hersteller als unzuverlässig kennt oder aus der Fachpresse Kritik erfährt. Hier entfällt die Hinweispflicht nur dann, wenn zur Überzeugung des Auftragnehmers der Auftraggeber oder ein beauftragter Sonderfachmann des Auftraggebers selbst die erforderlichen Fachkenntnisse haben[166]. Ordnet beispielsweise ein fachkundiger Auftraggeber aus Kostenersparnisgründen eine preiswertere Ausführung eines Anstrichs an, muss der Auftragnehmer nicht auf ein mögliches uneinheitliches Farbbild der Außenfassade hinweisen[167]. 79

Der Auftragnehmer hat Maschinen auf Geeignetheit zu prüfen, die ihm von dem Auftraggeber zur Verfügung gestellt werden. Der Auftragnehmer muss gewährleisten, dass er ihm zur Verfügung gestellte Maschinen beherrscht. Dabei darf er allgemein auf die Funktionsfähigkeit vertrauen, muss aber, so weit er nicht ohnehin sachkundig ist, die Maschinen zu führen, zumindest die Gebrauchsanweisung sorgfältig studieren[168]. 80

b) Wegen Sicherung gegen Unfallgefahren. Der Auftragnehmer muss Bedenken auch wegen der Sicherung gegen Unfallgefahren mitteilen. Da der Auftragnehmer für seine eigenen Maßnahmen selbst verantwortlich ist (§ 4 Nr. 2 VOB/B), betrifft diese Verpflichtung nur die Unfallverhütungsmaßnahmen, die der Auftraggeber veranlasst[169]. Darunter fallen Unfallverhütungsmaßnahmen aus dem Bereich des Auftraggebers, die die Leistung des Auftragnehmers betreffen und zum Schutz Dritter veranlasst werden (z.B. die Verkehrssicherungspflicht auf dem Grundstück des Auftraggebers[170]). 81

c) Gegen die Güte gelieferter Stoffe/Bauteile. Der Auftragnehmer hat Bedenken gegen die Güte der **vom Auftraggeber gelieferten Stoffe/Bauteile** mitzuteilen. Für die Stoffe/Bauteile, die der Auftragnehmer selbst bezieht/liefert, ist er ohnehin verantwortlich. Die Prüfungspflicht bezieht sich sowohl auf die Art der Baustoffe als auch auf die Qualität der Baustoffe im Einzelfall. Kriterien der Untersuchung sind die einschlägigen Vorgaben aus Gütevorschriften, Prüfzeugnissen sowie die anerkannten Regeln der Technik. Auch hier kommt es auf die Umstände des Einzelfalles an. Bei der Verwendung neuartiger Stoffe/Bauteile besteht eine besondere Prüfungspflicht des Auftragnehmers[171]. Allerdings ist in diesen Fällen die Prüfungspflicht darauf beschränkt, dass er Informationen über das neuartige Material einholt. Eine Verpflichtung, Materialanalysen o.ä. durchzuführen, besteht nicht, es sei denn, der Auftragnehmer hat Anhaltspunkte für Qualitätsmängel. Grundsätzlich lässt sich also sagen, dass sich die Prüfung auf eine rein äußerliche Untersuchung beschränken kann, wenn nicht besondere Umstände weitergehende Maßnahmen erfordern[172]. Im allgemeinen beschränkt sich die Prüfungspflicht darauf, die Brauchbarkeit der Stoffe/Bauteile für die zu erstellende Bauleistung festzustellen. 82

---

[164] BGH BauR 1973, 188; LG Berlin BauR 1983, 462.
[165] BGH BauR 1973, 188; OLG Brandenburg BauR 2001, 102.
[166] BGH BauR 1973, 321; OLG Düsseldorf NZBau 2002, 275.
[167] OLG Düsseldorf BauR 2002, 802; OLG Düsseldorf NZBau 2002, 275.
[168] BGH Sch-F Z 3.12 Bl. 11.
[169] *Ingenstau/Korbion/Oppler* VOB/B § 4 Rdn. 215; *Nicklisch/Weick* VOB/B § 4 Rdn. 60.
[170] *Heiermann/Riedl/Rusam* VOB/B § 4 Rdn. 52; *Nicklisch/Weick* VOB/B § 4 Rdn. 60.
[171] *Heiermann/Riedl/Rusam* VOB/B § 4 Rdn. 54; *Nicklisch/Weick* VOB/B § 4 Rdn. 61.
[172] BGH BauR 2002, 945; OLG Brandenburg BauR 2001, 102; OLG Hamm NJW-RR 1990, 523; BGH VersR 1961, 405.

83 Die vom Auftraggeber gelieferten Stoffe/Bauteile sind dann zu beanstanden, wenn sie nach dem vertraglichen Leistungszweck den allgemeinen Anforderungen nicht entsprechen. Gibt es konkrete Gütevorschriften (DIN-Normen; Prüfzeugnisse) nicht, beurteilt sich diese Frage allgemein nach den anerkannten Regeln der Technik[173]. Bestehen auch solche nicht, kommt es auf die vorhandenen Erfahrungen an, wobei dabei – vor allem bei neuartigen Baustoffen/Bauteilen – Erkundigungspflichten des Auftragnehmers bestehen (s. Rdn. 79). Besteht der Auftraggeber trotz eines Hinweises des Auftragnehmers auf die Verwendung der von ihm gelieferten Stoffe/Bauteile, haftet der Auftragnehmer nur für die fachgerechte Ausführung. Führt die ordnungsgemäße Verarbeitung der von dem Auftraggeber beigestellten Stoffe/Bauteile zu Mängeln, scheidet **insoweit** eine Verantwortung des Auftragnehmers aus[174].

84 Der Baustofflieferant **des Auftraggebers** ist im Verhältnis zwischen Auftragnehmer und Auftraggeber **nicht Erfüllungsgehilfe** des Auftraggebers. Der Auftragnehmer bleibt also für die Erfüllung der vertraglichen Pflichten dem Auftraggeber verantwortlich und kann sich gegenüber dem Auftraggeber nicht darauf berufen, der Auftraggeber müsse sich wegen mangelhafter Lieferung des Baustofflieferanten dessen Verschulden zurechnen lassen, § 254 BGB[175]. Der Baustofflieferant **des Auftragnehmers** ist auch **nicht Erfüllungsgehilfe** des Auftragnehmers[176].

85 **d) Gegen die Leistung anderer Unternehmer.** Besondere Brisanz hat die Verpflichtung des Auftragnehmers, die Leistungen anderer Unternehmer zu prüfen und Bedenken dem Auftraggeber mitzuteilen[177]. Auch diese Verpflichtung des Auftragnehmers wird aus der Vertrauensstellung des Auftragnehmers abgeleitet, die er bei Übernahme des Auftrags gegenüber dem Auftraggeber übernimmt. Grundlegend hat sich der BGH in seiner Entscheidung vom 28.2.1956[178] zu dieser Problematik geäußert: „Wer ein Gewerbe betreibt, hat dafür einzustehen, dass er die erforderliche Sachkenntnis besitzt (RG, DJ 39, 105); ihr Fehlen entschuldigt ihn nicht. Der Umfang der von ihm zu fordernden Sachkenntnis richtet sich nach der Schwierigkeit und der Gefahr des Misslingens seiner Arbeit, die er bei seiner Planung beachten muss. Wer sich zu Arbeiten erbietet, die nur ein ausgesprochener Fachmann zu leisten vermag, muss die auf langer Erfahrung und neuester Erkenntnis „Regeln seiner Kunst" beherrschen."

86 Daraus ergibt sich zugleich, dass keine Verpflichtung des Auftragnehmers besteht, Leistungen „anderer" Unternehmern schlechterdings zu prüfen und Bedenken mitzuteilen. Wenn die Leistung des Auftragnehmers **in engem Zusammenhang mit der Vorarbeit** eines anderen Werkunternehmers auszuführen ist, muss der Auftragnehmer prüfen, ob die Vorarbeiten, Stoffe oder Bauteile eine geeignete Grundlage für sein Werk bieten und keine Eigenschaften besitzen, die den Erfolg seiner Leistung in Frage stellen[179]. Vorunternehmerleistungen, die die von dem Auftragnehmer geschuldete Leistung überhaupt nicht berühren, sind nicht zu prüfen. Der Auftragnehmer hat keine umfassende Verpflichtung, den Auftraggeber in Ausführungsfragen zu beraten. Er hat **seine Leistung** nur so zu erbringen, dass sie in den Arbeitsablauf passt, also geeignet ist, auf Vorleistungen aufzubauen und Folgeleistungen aufzunehmen. In welchem Umfang sich eine Prüfungs-/Hinweisverpflichtung ergibt, folgt auf dem Grundsatz der Zumutbarkeit unter Berücksichtigung der besonderen Umstände des Einzelfalls. Maßgeblich sind dabei das von dem Unternehmer zu erwartende Fachwissen, sein Informationsstand über die Leistung des Vorunternehmers und die Umstände, die für den Auftragnehmer bei hinreichend sorgfältiger Prüfung als bedeutsam erkennbar sind. Der Auftragnehmer ist für **Nachfolgewerke** nicht prüfungs- und hinweispflichtig. Dies ergibt sich aus § 13 Nr. 3 VOB/B, der eine Haftung des Auftragnehmers für Mängel vorsieht, wenn ein Mangel auf die Beschaffenheit der Vorleistung eines anderen Unternehmers zurückzuführen ist.

---

[173] BGH BauR 1970, 177.
[174] OLG Düsseldorf BauR 2002, 802; OLG Düsseldorf BauR 2002, 323.
[175] *Heiermann/Riedl/Rusam* VOB/B § 4 Rdn. 53.
[176] BGH BauR 2002, 945; *Ingenstau/Korbion/Wirth* VOB/B § 13 Rn 161.
[177] *Dähne* BauR 1976, 225; *Kaiser* BauR 1981, 311.
[178] BGH NJW 1956, 787 („Plattenlegerurteil").
[179] BGH BauR 1987, 79; OLG Bremen BauR 2001, 1599; OLG Düsseldorf NZBau 2000, 331; *Nicklisch/Weick* § 4 VOB/B Rdn. 62.

Etwas anderes gilt ausnahmsweise dann, wenn die an sich ordnungsgemäße Leistung schlechterdings nicht geeignet ist, die darauf aufbauende Werkleistung zu tragen oder der Auftragnehmer erkennt, dass das Nachfolgegewerk nicht zu einem fachgerechten Ergebnis führen kann[180].

Teilweise werden Prüfungs- und Hinweispflichten aus § 4 Nr. 3 VOB/B in Normen konkretisiert, die von dem Auftragnehmer immer einzuhalten sind. So verpflichtet Ziffer 3.1.1 der DIN 18352 (VOB/C) den Auftragnehmer bei Fliesen- und Plattenarbeiten in den dort genannten Fallgruppen (ungeeignete Beschaffenheit des Untergrundes, Unebenheiten, fehlende Höhenbezugspunkte, falsches Gefälle) zur Geltendmachung von Bedenken. Ziffer 3.1.5 der DIN 18361 (Verglasungsarbeiten) führt eine Vielzahl von Fallgruppen auf, in denen der Auftragnehmer bei der Ausführung von Verglasungen Bedenken geltend zu machen hat. Entsprechendes gilt nach Ziffer 3.1.1 der DIN 18363 für Maler- und Lackierarbeiten[181]. 87

Entgegen dem Wortlaut („eines anderen") ist der Auftragnehmer in diesen Grenzen auch zur Prüfung von Vorleistungen verpflichtet, die durch **den Auftraggeber** selbst erbracht wurden. Dies ergibt sich daraus, dass Vorleistungen (auf die der Auftragnehmer aufbaut) in diesen Fällen von dem Auftraggeber „wie ein Unternehmer" erbracht werden[182]. 88

Nicht aus § 4 Nr. 3 VOB/B, sondern aufgrund der allgemeinen Leistungstreuepflicht des Auftragnehmers, den Auftraggeber vor Schäden zu schützen (§ 242 BGB), ergibt sich die Verpflichtung des Auftragnehmers, auf Bedenken hinsichtlich der Leistung anderer Unternehmer hinzuweisen, deren Gewerke nicht in technischem Zusammenhang mit dem Gewerk des Auftragnehmers stehen[183]. Ausnahmsweise kann auch eine Verpflichtung des Auftragnehmers bestehen, hinsichtlich der Leistung nachfolgender Unternehmen zu prüfen und Bedenken dem Auftraggeber mitzuteilen, z.B. dann, wenn der Auftragnehmer erkennt, dass der nachfolgende Unternehmer nicht ordnungsgemäß auf die Vorleistung aufbaut und deshalb die Gefahr eines Mangels entstehen kann[184] (s. Rdn. 86). 89

Die Frage, ob der Auftragnehmer auch noch **nach Abnahme** seines Gewerks Hinweispflichten hat, ist differenziert zu beantworten. Wird der Auftragnehmer nach Erledigung des Auftrags mit einem **Folgegewerk** beauftragt, das auf seinen **Vorleistungen** aufbaut, muss er im Zuge dessen Bedenken hinsichtlich seines „Erstgewerks" dem Auftraggeber mitteilen. Diese Verpflichtung ergibt sich im Rahmen von § 4 Nr. 3 VOB/B aus dem Folgeauftrag wobei es nicht darauf ankommt, dass das Erstgewerk nicht von einem „anderen Unternehmer" stammt. In den anderen Fällen hat der Auftragnehmer mit der Abnahme seiner Leistung erfüllt. Der Auftraggeber hat danach nur Mängelansprüche. Eine darüber hinausgehende Verpflichtung des Auftragnehmers zur Mitteilung von Bedenken ist grundsätzlich abzulehnen[185]. Da § 4 VOB/B ohnehin nur die **Ausführung**, also den Zeitraum bis zur Abnahme regelt, kann sich eine Verpflichtung des Auftragnehmers, nach Abnahme auf Bedenken (Mängel) hinzuweisen, nur in Ausnahmefällen (beispielsweise Inanspruchnahme besonderen Vertrauens; Eintritt eines sehr beträchtlichen Schadens) ergeben[186]. 90

4. Mitteilung im einzelnen

Nach § 4 Nr. 3 VOB/B hat der Auftragnehmer seine **Bedenken** dem Auftraggeber unverzüglich, möglichst schon vor Beginn der Arbeiten **schriftlich** mitzuteilen. 91

a) Inhalt. Mitteilen muss der Auftragnehmer seine Bedenken. Diese sind für den Auftraggeber allgemein verständlich und fachgerecht zu formulieren. Die Formulierung der Bedenken hat in-

---

180 BGH BauR 1975, 341; Beck'scher VOB-Kommentar/*Ganten* VOB/B § 4 Nr. 3 Rdn. 37; *Heidermann/Riedl/Rusam* VOB/B § 4 Rdn. 55.

181 Die Aufzählung ist nicht abschließend.

182 OLG München NJW RR 1987, 854; *Nicklisch/Weick* Teil B § 4 Rdn. 62; *Ingenstau/Korbion/Oppler* VOB/B § 4 Rdn. 229.

183 Beck'scher VOB-Kommentar/*Ganten* Teil B § 4 Nr. 3 Rdn. 37; *Nicklisch/Weick* VOB/B § 4 Rdn. 62.

184 BGH NJW 1983, 875; *Kniffka FS Heiermann*, 201.

185 *Kniffka FS Heiermann*, 201.

186 *Kniffka FS Heiermann*, 201.

haltlich so detailliert zu sein, dass der Auftraggeber in die Lage versetzt wird, diese zu prüfen und auf der Grundlage der Prüfung Entscheidungen zu treffen[187]. Die bloße Äußerung von allgemeinen Bedenken genügt dann nicht, wenn der Auftragnehmer – z.B. aufgrund von Sonderkenntnissen – in der Lage ist, dem Auftraggeber eine eingehende Prüfung und Würdigung zu ermöglichen[188]. Danach muss die Bedenkenmitteilung inhaltlich richtig und möglichst erschöpfend sein. Der Auftragnehmer ist allerdings nicht verpflichtet, die **Richtigkeit seiner Bedenken** abschließend zu prüfen, wenn er nicht ohnehin die dafür erforderliche Sachkunde hat. Bedenken sind anzuerkennende **Besorgnisse** des Auftragnehmers, die dieser äußern muss, um die Bauausführung zu fördern. Eine **Gewissheit** für den Auftragnehmer hinsichtlich der Richtigkeit der Bedenken ist nicht erforderlich. Mitteilungspflichtige Bedenken werden dann ausgelöst, wenn der fachkundige und zuverlässige Auftragnehmer Anlass zu einer entsprechenden **Vermutung** hat[189].

92 Der Auftragnehmer ist nicht verpflichtet, mit der Mitteilung der Bedenken auch Lösungsvorschläge zu erarbeiten und/oder dem Auftraggeber vorzulegen. Es ist Sache des Auftraggebers, die Bedenken des Auftragnehmers zu prüfen und Vorschläge zur Abhilfe erarbeiten zu lassen[190].

93 **b) Form.** Der Auftragnehmer hat die Bedenken dem Auftraggeber **schriftlich** mitzuteilen. Dadurch wird die dem Auftragnehmer schon aus § 242 BGB obliegende Hinweisverpflichtung verstärkt, damit die dem Auftraggeber mitgeteilten Bedenken das erforderliche Gewicht erhalten[191]. Neben der Beweisfunktion wird gewährleistet, dass der Auftraggeber über die Bedenken zuverlässig in Kenntnis gesetzt und veranlasst wird, die Bedenken zu prüfen. Ob die Bedenkenanzeige nach § 4 Nr. 3 VOB/B der strengen Schriftform (§ 126 BGB) genügen muss, ist für die Bauverträge, die vor dem 1.8.2001[192] geschlossen wurden nicht abschließend geklärt. Nach altem Recht genügte eine Erklärung per Telefax der **gesetzlichen** Schriftform nicht[193]. Das Schriftformerfordernis ergibt sich über die Einbeziehung der VOB/B, so dass es sich um eine gewillkürte Schriftform (§ 127 BGB) handelt. Im Vergleich zu rechtsgeschäftlichen Erklärungen, die nach heutiger Auffassung ohne Weiteres unter Wahrung der vorgesehenen Schriftform auch per Telefax abgeben werden können, besteht in aller Regel kein erhöhtes Bedürfnis nach Authentizität der Unterschrift für die Wahrung eines Schutzzwecks, die der Übermittlungsform durch Telefax entgegenstehen könnten, so dass bei der gewillkürten Schriftform die Übermittlung durch Telefax genügt[194]. Für die ab dem 1.8.2001 geschlossenen Verträge ergibt sich aus § 127 Abs. 2 Satz 1 BGB, dass die telekommunikative Übermittlung der Bedenkensanmeldung ausreichend ist.

94 Für den Fall, dass der Auftragnehmer Bedenken nicht mitteilt, liegt eine Pflichtverletzung des Auftragnehmers mit Schadensersatzverpflichtung (§ 280 Abs. 1 BGB) vor. Teilt der Auftragnehmer die Bedenken nur **mündlich** mit, läuft er zunächst Gefahr, den Nachweis des Zugangs der Bedenkenmitteilung nicht führen zu können. Eine nachgewiesene mündliche Mitteilung von Bedenken führt dazu, dass diese dem Auftraggeber offenkundig sind bzw. bekannt werden (vgl. auch § 6 Nr. 1 VOB/B), so dass der Auftraggeber verpflichtet ist, ihm mündlich mitgeteilte Bedenken ebenfalls nachzugehen, andernfalls eine Mithaftung für Folgen gemäß § 254 BGB in Betracht kommt[195] (s. Rdn. 101).

95 **c) Zeitpunkt.** Die Bedenken sind dem Auftraggeber **unverzüglich**, möglichst schon **vor Beginn der Arbeiten** mitzuteilen. Unverzüglich bedeutet ohne schuldhaftes Zögern, § 121 Abs. 1 Satz 1 BGB. Der Auftragnehmer verzögert die Mitteilung nicht dann schon schuldhaft, wenn er Zeit benötigt, um seine Bedenken abschließend zu prüfen und zu formulieren, wobei

---

[187] BGH NJW 1975, 1217; Beck'scher VOB-Kommentar/*Ganten* VOB/B § 4 Nr. 3 Rdn. 43.
[188] *Heiermann/Riedl/Rusam* VOB/B § 4 Rdn. 56.
[189] *Ingenstau/Korbion/Oppler* VOB/B § 4 Rdn. 241.
[190] OLG Celle NJW 1960, 102; *Nicklisch/Weick* VOB/B § 4 Rdn. 63.
[191] BGH BauR 1975; 278; Beck'scher VOB-Kommentar/*Hofmann* VOB/B § 4 Nr. 1 Rdn. 279.
[192] *Palandt/Heinrichs* BGB § 126 a Rdn. 1.
[193] BGH NJW 1997, 3169; *Palandt/Heinrichs* BGB § 126 Rdn. 11.
[194] BGH NJW-RR 1999, 866; *Palandt/Heinrichs* BGB § 127 Rdn. 2.
[195] OLG Koblenz NZBau 2003, 681; Vgl. OLG Düsseldorf BauR 2001, 638; Beck'scher VOB-Kommentar/*Ganten* VOB/B § 4 Nr. 3 Rdn. 45; *Ingenstau/Korbion/Oppler* VOB/B § 4 Nr. 3 Rdn. 245.

hier unter Berücksichtigung der beim Bau stets gegebenen Eilbedürftigkeit hinsichtlich dieser Überlegungsfrist auf die allgemeinen Umstände abgestellt werden muss. Die Bedenken sind möglichst **vor Beginn der Arbeiten** mitzuteilen. Dies wird in der Regel dann unproblematisch sein, so weit es um die von dem Auftragnehmer geschuldeten Arbeiten geht. Das bedeutet aber nicht, dass wegen aller Bedenken eine Berechtigung des Auftragnehmers gegeben ist, sämtliche Arbeiten bis zur Entscheidung des Auftraggebers einzustellen. Das Zeitmoment soll nur weitere Schäden durch Fortsetzung der Arbeiten in den Bereichen, die von den Bedenken betroffen sind, verhindern. Zeigen sich die Bedenken dem Auftragnehmer **nach Beginn der Ausführung** seiner Arbeiten, besteht ebenfalls die Verpflichtung aus § 4 Nr. 3 VOB/B[196]. Die Mitteilung, die nicht rechtzeitig erfolgt, kann gleichwohl Rechtswirkungen entfalten. Auch eine verspätete Mitteilung kann dazu führen, weitere Schäden zu vermeiden, wobei in diesem Fall wegen der Verspätung den Auftragnehmer grundsätzlich eine Schadensersatzverpflichtung trifft[197].

d) Adressat. In Anbetracht ihrer erheblichen Bedeutung muss die Bedenkenmitteilung grundsätzlich von dem Auftragnehmer selbst oder dessen Vertreter (§ 4 Nr. 1 Abs. 3 Satz 3 VOB/B) abgegeben werden[198]. Nach der Rechtsprechung soll es in Ausnahmefällen ausreichend sein, wenn ein für den Auftragnehmer tätiger Nachunternehmer ordnungsgemäß auf die Bedenken hinweist, wobei die Umstände des Einzelfalls maßgeblich sein sollen[199]. Diese Auffassung ist in Anbetracht des Wortlauts von § 4 Nr. 3 VOB/B nicht richtig. Aufgrund der weit reichenden Folgen der nicht ordnungsgemäßen Erfüllung der Prüfungs- und Hinweispflicht aus § 4 Nr. 3 VOB/B, empfiehlt es sich für den Auftragnehmer stets, die Bedenkenmitteilung **selbst** unverzüglich und schriftlich gegenüber dem Auftraggeber abzugeben. 96

Richtiger **Adressat** der Mitteilung, es handelt sich um eine einseitige, empfangsbedürftige Willenserklärung (§ 130 ff. BGB), ist der **Auftraggeber**. Die Bedenkenmitteilung kann auch gegenüber einem „befugten Vertreter" des Auftraggebers abgegeben werden[200]. Aufgrund der erheblichen Bedeutung der Bedenkenmitteilung empfiehlt es sich, in dem schriftlichen Bauvertrag zu vereinbaren, wer „befugter Vertreter" des Auftraggebers ist. **Im Zweifel** sollte der Auftragnehmer Bedenkenmitteilungen immer auch gegenüber dem Auftraggeber abgeben, weil selbst eine Erklärung gegenüber dem befugten Vertreter nicht ausreicht, wenn dieser sich z.B. den vorgebrachten Bedenken verschließt[201]. 97

5. Verantwortung des Auftraggebers

§ 4 Nr. 3 VOB/B letzter Halbsatz sieht vor, dass der **Auftraggeber** für seine Angaben, Anordnungen oder Lieferungen **verantwortlich** bleibt. Damit wird klargestellt, dass der Auftraggeber die nachteiligen Folgen tragen muss, die sich daraus ergeben, dass er trotz **ordnungsgemäßer Mitteilung** durch den Auftragnehmer **keine Änderung** veranlasst hat. Daraus ergibt sich die Verpflichtung des Auftraggebers, auf die Mitteilung zu reagieren[202]. Verzögert der Auftraggeber die Entscheidung, kann dies eine Behinderung/Unterbrechung der Ausführung nach § 6 VOB/B sein. Der Auftragnehmer ist berechtigt, nach Abgabe der Erklärung einen angemessenen Zeitraum zuzuwarten, welche Entscheidung der Auftraggeber trifft. Entscheidet der Auftraggeber überhaupt nicht, kommt zugunsten des Auftragnehmers ein Schadensersatzanspruch aus § 6 Nr. 6 VOB/B in Betracht. Auch kann das Kündigungsrecht aus § 9 Nr. 1 a) VOB/B ausgelöst werden. 98

---

196 *Nicklisch/Weick* VOB/B § 4 Rdn. 65; *Sterner/Leinemann* VOB/B § 4 Rdn. 73.
197 Beck'scher VOB-Kommentar/*Ganten* VOB/B § 4 Nr. 3 Rdn. 3.
198 BGH NJW 1975, 1217.
199 Beck'scher VOB-Kommentar/*Ganten* VOB/B § 4 Nr. 3 Rdn. 47.
200 BGH NJW 1975, 1217; *Ingenstau/Korbion/Oppler* VOB/B § 4 Rdn. 253; *Heiermann/Riedl/Rusam* VOB/B § 4 Rdn. 58.
201 BGH BauR 1997, 301; OLG Celle BauR 2005, 397; OLG Düsseldorf NZBau 2001, 401; *Nicklisch/Weick* VOB/B § 4 Rdn. 66.
202 *Ingenstau/Korbion/Oppler* VOB/B § 4 Rdn. 261; *Heiermann/Riedl/Rusam* VOB/B § 4 Rdn. 59.

6. Rechtswirkungen

99 Aus § 4 Nr. 3 VOB/B ergeben sich eine Reihe von **Rechtsfolgen**, anknüpfend an die nicht erfolgte/rechtzeitige Mitteilung durch den Auftragnehmer bis hin zur Reaktion des Auftraggebers auf ordnungsgemäße und rechtzeitig mitgeteilte Bedenken. Schließlich stellen sich bei **Beteiligung verschiedener Unternehmer** Fragen der **Haftungsbeteiligung**.

100 **a) Pflichtverletzung des Auftragnehmers.** Erfüllt der Auftragnehmer die Pflichten aus § 4 Nr. 3 VOB/B nicht oder nicht ordnungsgemäß, trifft ihn die Haftung für daraus resultierende Folgen, vor allem für Mängel (vgl. § 13 Nr. 3 VOB/B). Für Mängel, die auf fehlerhafte Vorleistungen anderer Unternehmer oder Auftraggeber beruhen, besteht keine Nachbesserungspflicht des Auftragnehmers[203]. Für Schäden, die sich nicht im Gewerk des Auftragnehmers niederschlagen („Begleitschäden“) ist der Auftragnehmer dem Auftraggeber bei Verschulden zum Schadensersatz nach allgemeinen Regeln verantwortlich[204]. In aller Regel wird der nicht ordnungsgemäße Hinweis zu einem Mangel des Gewerks des Auftragnehmers führen, da die Prüfungs- und Hinweispflicht voraussetzt, dass ein **technischer Zusammenhang** zwischen dem Gewerk des Vorunternehmers und dem des Auftragnehmers liegt.

101 Denkbar ist eine Schadensersatzverpflichtung des Auftragnehmers für den Fall, dass er die Bedenken zwar rechtzeitig, aber **nicht schriftlich** anmeldet[205]. Die Verletzung der Schriftform muss sich der Auftragnehmer bei Verteilung der Mängelrisiken anrechnen lassen. Ein **zuverlässig** erteilter **mündlicher** Hinweis ist nicht wirkungslos. Wenn der Auftraggeber diesen zur Kenntnis genommen hat, hat er aus der allgemeinen Treuepflicht die Verpflichtung zur Überprüfung und gegebenenfalls für Abhilfe zu sorgen, so dass in den Fällen der Verletzung der Schriftform eine Schadensquotierung (§ 254 BGB) denkbar ist, bis hin zu dem Ergebnis, dass eine Haftung des Auftragnehmers nicht mehr besteht[206] (s. Rdn. 94).

102 **b) Mangelhafte Leistung anderer Unternehmen.** Für eine mangelhafte Leistung eines anderen Unternehmers steht der Auftragnehmer grundsätzlich nicht ein. Problematisch ist das Haftungsverhältnis in den Fällen, in denen der Auftragnehmer unter Verstoß gegen seine Prüfungs- und Hinweispflicht auf eine mangelhafte Leistung eines anderen Unternehmers aufbaut. In diesen Fällen haften beide Unternehmer nebeneinander dem Auftraggeber auf Mängelbeseitigung, gegebenenfalls Schadensersatz[207]. Allerdings haftet für Mängel der Werkleistung jeder Auftragnehmer dem Auftraggeber nur insoweit, als **sein** Gewerk betroffen ist. Nur in Ausnahmefällen ist der Auftraggeber berechtigt, nach seiner Wahl den Vorunternehmer oder Auftragnehmer auf **volle Mängelbeseitigung** in Anspruch zu nehmen, wenn die von beiden geschuldeten Leistungsbereiche sich in technischer Hinsicht im Zuge einer Nachbesserung nicht voneinander trennen lassen[208]. Ein Gesamtschuldverhältnis besteht im übrigen nicht[209] (vgl. die Beispiele in Rdn. 110 ff.).

103 Der in Anspruch genommene Auftragnehmer ist verpflichtet, im Zuge der Mängelbeseitigung an seinem Gewerk gegebenenfalls auch Mängel zu beseitigen, die den Verantwortungsbereich des Vorunternehmers betreffen, weil der Auftragnehmer im Rahmen seiner Mängelbeseitigungsverpflichtung alle Maßnahmen veranlassen muss, um die Mängel an seinem Gewerk nachhaltig zu beheben. Ausgehend von dem Grundsatz, dass jeder Auftragnehmer nur für die Mängel seines Gewerks verantwortlich ist und Nachbesserungsarbeiten des Einen dem Anderen nicht endgültig zugute kommen sollen, stellt sich die Frage, ob, gegebenenfalls nach welchen Grundsätzen in diesen Fällen ein Ausgleich im Innenverhältnis zwischen Vorunternehmer und Auftragnehmer

---

[203] *Heiermann/Riedl/Rusam* VOB/B § 4 Rdn. 62.
[204] Beck'scher VOB-Kommentar/*Ganten* VOB/B § 4 Nr. 3 Rdn. 51.
[205] BGH NJW 1975, 1217.
[206] BGH NJW 1973, 518; BGH BauR 1978, 54; OLG Hamm BauR 1995, 852.
[207] BGH BauR 1975, 130; OLG München NJW-RR 1988, 20; *Heiermann/Riedl/Rusam* VOB/B § 4 Rdn. 63.
[208] LG Berlin BauR 1976, 130; *Nicklisch/Weick* VOB/B § 4 Rdn. 68 a.
[209] OLG Düsseldorf NJW-RR 1998, 527; *Zerr* NZBau 2002, 241; *Kaiser* BauR 2000, 177.

erfolgen muss[210]. Ausgangspunkt der Überlegung ist zunächst die Frage, ob in diesen Fällen eine Regressmöglichkeit besteht. Dagegen kann nicht eingewandt werden, dass der Vorunternehmer bei mangelhafter Leistung und Hinweispflichtverletzung durch den Nachunternehmer wegen fehlenden Zurechnungszusammenhangs für seine mangelhafte Leistung nicht mehr haften soll, weil § 4 Nr. 3 VOB/B nicht den Vorunternehmer von seiner Gewährleistungspflicht befreien soll[211]. Die richtige Annahme der Eigenschaft des **Vorunternehmers als Erfüllungsgehilfe** im Verhältnis zwischen Auftraggeber und Auftragnehmer[212] bedeutet nicht, dass der Auftragnehmer von seiner Prüfungs- und Hinweisverpflichtung vollständig befreit wird. Je nach den Umständen des Einzelfalls ist über § 254 BGB eine Mithaftungsquote zu bilden, so dass in den meisten Fällen eine Verpflichtung des Auftragnehmers verbleiben wird, sich im Ergebnis also immer die Problematik des **Innenausgleichs** zwischen Auftragnehmer und Vorunternehmer stellt.

104 Für die Lösung dieses Problems gibt es unterschiedliche Ansätze. Zum einen wird vertreten, dass der Auftragnehmer gegen den Vorunternehmer nach den Grundsätzen der Geschäftsführung ohne Auftrag oder der ungerechtfertigten Bereicherung Innenregressansprüche haben soll[213]. Dieser Ansatz ist dogmatisch verfehlt, weil der Auftragnehmer, der von dem Auftraggeber auf Nachbesserung in Anspruch genommen wird, eine **eigene Pflicht** erfüllt. Vertreten wird weiter[214], dass der Interessenausgleich dadurch erfolgen muss, dass in analoger Anwendung von § 255 BGB der in Anspruch genommene Auftragnehmer von dem Auftraggeber verlangen kann, dass die dem Auftraggeber gegen den Vorunternehmer zustehenden Ansprüche an den Auftragnehmer abgetreten werden. § 255 BGB betrifft die Abtretung von Ersatzansprüchen des Geschädigten an den Schädiger, der neben einem Dritten in Anspruch genommen wird. Geregelt ist die Abtretung von Ansprüchen für den Verlust einer Sache oder eines Rechtes. Zweck der Vorschrift ist, zu verhindern, dass der Geschädigte sowohl den Schädiger als auch den Dritten (doppelt) in Anspruch nimmt[215] und nicht, dem in Anspruch genommenen Geschädigten die Möglichkeit zu geben, wegen der Inanspruchnahme den Dritten (voll) in Regress zu nehmen, so dass für eine analoge Anwendung von § 255 BGB kein Raum ist.

105 Vorzugswürdig ist die grundsätzliche Annahme eines Schadensersatzanspruchs des Auftragnehmers gegen den Vorunternehmer aus dem Rechtsinstitut des **Vertrages mit Schutzwirkung zugunsten Dritter**. Die dafür erforderliche „Leistungsnähe" ergibt sich daraus, dass ein technischer Zusammenhang zwischen Vor- und Nachleistung besteht. Das erforderliche Interesse des Auftraggebers am Schutz des Unternehmers ergibt sich aus dem Interesse des Auftraggebers an einer zügigen, mangelfreien Herstellung der Gesamtleistung, wobei diese Umstände den am Bau beteiligten immer bekannt sind. Da keine unmittelbaren Vertragsbeziehungen zwischen den Auftragnehmer und dem Vorunternehmer bestehen, ein besonderes Schutzbedürfnis des Auftragnehmers nahe liegt, liegen die Anspruchsvoraussetzungen vor[216]. Etwas anderes gilt in den Fällen, in denen die Leistungen zwischen Vorunternehmer und Auftragnehmer ohne weiteres voneinander abgetrennt werden können. In diesen Fällen kommt nur eine anteilige Haftung des jeweiligen Unternehmers gegenüber dem Auftraggeber in Betracht. Neben der Erfüllung von Mängelbeseitigungsverpflichtungen betrifft dies vor allem die Ansprüche auf Geldzahlung (Schadensersatz, Minderung)[217].

106 **c) Mitwirkungspflicht des Auftraggebers.** Wenn der Auftragnehmer seiner Prüfungs- und Mitteilungsverpflichtung ordnungsgemäß entsprochen hat, muss der Auftraggeber eine Entscheidung treffen. Es handelt sich um eine Mitwirkungspflicht des Auftraggebers[218]. § 4 Nr. 3 VOB/B

[210] *Kaiser* BauR 2000, 177; *Weise* BauR 1992, 685.
[211] BGH BauR 1975 130; *Nicklisch/Weick* VOB/B § 4 Rdn. 68 a.
[212] Eingehend VOB/B § 6 Rdn. 61, 54.
[213] OLG Hamm NJW-RR 1991, 730; BauR 1992, 519.
[214] *Ingenstau/Korbion/Oppler* VOB/B § 4 Rdn. 239.
[215] *Palandt/Heinrichs* BGB § 255 Rdn. 1.
[216] *Kaiser* BauR 2000, 177, a.A. *Weise* BauR 1992, 685.
[217] *Heiermann/Riedl/Rusam* VOB/B § 4 Rdn. 63.
[218] OLG Düsseldorf BauR 1988, 478; *Nicklisch/Weick* VOB/B § 4 Rdn. 69.

verpflichtet den Auftraggeber nicht zu einem bestimmten Verhalten. Bleibt der Auftraggeber untätig, trägt er allein das Risiko für aus den mitgeteilten Bedenken entstehenden Folgen[219]. Der Auftragnehmer wird von diesen Folgen entlastet. In diesen Fällen empfiehlt es sich, dass der Auftragnehmer eine angemessene Zeit zuwartet, bevor er seine Leistung fortsetzt. Vorsorglich sollte der Auftragnehmer dann, wenn sich der Auftraggeber um die Mitteilung nicht kümmert, noch einmal – schriftlich – anfragen und sich die Fortsetzung der Arbeiten „freizeichnen" lassen[220]. Nimmt der Auftraggeber die Bedenken des Auftragnehmers ernst und trifft daraufhin Anordnungen, sind diese für den Auftragnehmer verbindlich. Die Anordnungen können vielfältiger Natur sein. Zu erwähnen sind eine Anordnung nach § 4 Nr. 1 Abs. 3 VOB/B, eine Änderung des Bauentwurfs gemäß § 1 Nr. 3 VOB/B oder das Verlangen nach Zusatzleistungen gemäß § 1 Nr. 4 VOB/B. In diesen Fällen hat der Auftragnehmer erneut die Verpflichtung zur Prüfung und gegebenenfalls der Mitteilung neuer Bedenken[221]. Wenn der Auftragnehmer keine neuen Bedenken haben muss, kann er mit seiner Leistung fortfahren.

107 Teilt der Auftraggeber Bedenken des Auftragnehmers nicht und besteht auf seinen bisherigen Anordnungen, gilt § 4 Nr. 1 Abs. 4 VOB/B entsprechend[222]. Auch dann ist der Auftragnehmer verpflichtet, die Leistung in der angeordneten Art und Weise fortzusetzen, vgl. § 4 Abs. 1 Nr. 2 VOB/B. Für die daraus resultierenden Folgen ist der Auftraggeber verantwortlich, §§ 4 Nr. 3, 13 Nr. 3 VOB/B.

108 Die Frage, ob dem Auftragnehmer nach ordnungsgemäßer Mitteilung von Bedenken ein **Leistungsverweigerungsrecht** zusteht, ist in Anbetracht von § 4 Nr. 1 Abs. 4 Satz 1 VOB/B grundsätzlich zu verneinen. Etwas anderes gilt dann, wenn der Auftragnehmer zu der Einschätzung kommt, dass die Umsetzung der Anordnung des Auftraggebers zu einem erheblichen Mangel oder zu sonstigen, nicht nur geringfügigen Schäden des Auftraggebers führen werden[223], oder bei Fehlen bauseitiger Vorleistungen die geschuldete Werkleistung sinnlos erscheint[224]. Gleiches gilt, wenn der (weiteren) Durchführung der Bauarbeiten gesetzliche oder behördliche Bestimmungen entgegen stehen und Gefahren für Leib und Leben drohen[225]. Abgeleitet wird dieses Leistungsverweigerungsrecht aus dem Grundsatz von Treu und Glauben (§ 242 BGB), wobei der Auftragnehmer im Streitfall darlegungs- und beweispflichtig dafür ist, dass ihm die Fortsetzung der Leistung unzumutbar war.

109 **d) Wechselseitige Ansprüche.** Die Verletzung der Prüfungs- und Mitteilungspflicht durch den Auftragnehmer verpflichtet diesen grundsätzlich zum Schadensersatz gemäß § 280 Abs. 1 BGB. Er bleibt für das Gelingen der von ihm geschuldeten Werkleistung in vollem Umfang einstandspflichtig. Nach Abnahme gilt § 13 Nr. 3 VOB/B. Für Schäden außerhalb des Gewerks ergibt sich die Haftung des Auftragnehmers wegen Verletzung einer Pflicht nach § 280 Absatz 1 BGB. Ein noch so schwer wiegender Verstoß gegen § 4 Nr. 3 VOB/B gibt kein außerordentliches Recht des Auftraggebers zur Kündigung des Vertrages[226]. Führt die Pflichtverletzung des Auftragnehmers zu Schäden an Rechtsgütern Dritter, gilt § 10 Nr. 2 VOB/B. Zu beachten ist immer ein möglicher Mitverschuldenseinwand des Auftragnehmers über § 254 BGB, vor allem dann, wenn Schäden ihre Ursache auch durch eine von dem Auftraggeber bzw. dessen Architekten bereit gestellte Planung haben.

Bei Anordnungen des Auftraggebers kommt ein Vergütungsanspruch des Auftragnehmers immer dann in Betracht, wenn diese Anordnungen dem Auftragnehmer mehr abverlangen, als nach dem Vertrag geschuldet (vgl. § 1 Nr. 3, Nr. 4 VOB/B).

---

[219] OLG Schleswig IBR 2004, 2 (Nichtzulassungsbeschwerde durch Beschluss des BGH vom 9.1.2003 – VII ZR 240/02 zurückgewiesen).
[220] Vgl. *Ingenstau/Korbion/Oppler* VOB/B § 4 Rdn. 257.
[221] BGH NJW 1974, 184; *Ingenstau/Korbion/Oppler* VOB/B § 4 Rdn. 258.
[222] *Nicklisch/Weick* VOB/B § 4 Rdn. 67.
[223] *Ingenstau/Korbion/Oppler* VOB/B § 4 Rdn. 260; *Nicklisch/Weick* VOB/B § 4 Rdn. 67.
[224] OLG Düsseldorf IBR 2003, 1077.
[225] OLG Karlsruhe BauR 2005, 729 = IBR 2004, 684.
[226] OLG Düsseldorf BauR 1995, 247.

7. Beispiele aus der Rechtsprechung

Der Umfang der Prüfungs- und Mitteilungspflicht hängt von einer Vielzahl von Umständen ab, die auch die Fachkenntnisse des Auftragnehmers betreffen, die dieser hat oder die von ihm erwartet werden können. Besonderheiten können sich aus dem Bauvorhaben selbst sowie aus allen weiteren Umständen (Baustoffe/Bauteile) ergeben (s. Rdn. 67 ff.). Die Rechtsprechung hat sich in einer Vielzahl von Entscheidungen mit diesen Fragen befasst. Im folgenden werden eine Reihe von Entscheidungen zu unterschiedlichen Fragekomplexen im Rahmen der Prüfungs-/ Mitteilungspflicht genannt. Zu prüfen ist vorab immer, ob der Umfang der Pflichten nicht normiert ist[227]. 110

a) Umfang der Prüfungspflicht 110 a

- schreibt der Auftraggeber bewusst ein nicht erprobtes Material vor, muss der Auftragnehmer nicht mehr auf Mängelrisiken hinweisen (OLG Hamm IBR 2003, 409 für ungeeignetes Versiegelungsmaterial)
- hinsichtlich des Umfanges der Prüfungspflicht ist von dem Auftragnehmer nur das dem neuesten Stand der Technik entsprechende Normalwissen zu verlangen. Beruht ein Mangel auf einer planerischen Vorgabe des Auftraggebers, besteht keine Hinweisverpflichtung (OLG Brandenburg IBR 2003, 1086).
- eine nach einer Bemusterung erfolgte „Freigabe" eines Baustoffes entbindet den Auftragnehmer nicht von der Prüfungs-/Hinweisverpflichtung (OLG Frankfurt BauR 2005, 600).
- **Umwelteinflüsse** sind von dem Auftragnehmer zu beachten (OLG Bremen BauR 2005, 1679 in dem Fall, dass eine Farbeschichtung bei einem Hotel im Seeklimabereich durch das Klima beschädigt wird; Nichtzulassungsbeschwerde von dem BGH durch Beschluss vom 21.7.2005 – VII ZR 196/04 zurückgewiesen).
- **Altlasten.** Der Auftragnehmer darf sich grundsätzlich darauf verlassen, dass der Auftraggeber die Möglichkeit von Altlasten eigenständig prüft. Bei Abbrucharbeiten besteht keine Verpflichtung des Auftragnehmers, die zu demontierenden Bauteile auf Altlasten zu untersuchen (OLG Hamm IBR 2002, 659 für Asbestbelastung).
- **Kenntnis** des Auftraggebers. Ist der Auftraggeber bereits anderweitig von der Problematik umfassend und lückenlos informiert, besteht keine Verpflichtung mehr, Bedenken anzumelden (OLG Düsseldorf BauR 2004, 99).
- **Verzicht auf Bodengutachten.** Verzichtet der Bauherr trotz Hinweis des Architekten auf die Einholung eines Baugrundgutachtens und lässt auf Vorsichtsmaßnahmen nicht ausführen, kann der Auftragnehmer im Falle einer Setzung des Gebäudes wegen einer unerkannt gebliebenen Baugrundproblematik nicht haftbar gemacht werden (OLG München IBR 2003, 9 mit Anmerkung Englert).
- **Freigabe der Vorleistung durch Architekt.** Hat der eingeschaltete Architekt dem Fliesenleger mitgeteilt, die Verlegereife des Estrichs sei bereits geprüft , muss er keine eigene Feuchtigkeitsmessung mehr vornehmen (OLG Frankfurt BauR 2003, 1727 = IBR 2003, 532 mit Anmerkung Weyer).

b) Mehrere Auftragnehmer 110 b

- **Vor- und Nachunternehmer** müssen überprüfen, ob das von dem Auftraggeber gestellte Material für den vorgesehenen Verwendungszweck geeignet ist. Beide Unternehmer haften unter Berücksichtigung eines Mitverschuldensanteils des Bauherrn in Höhe von 50 % (OLG Hamm BauR 2003, 101).
- **Verschiedene Mängelursachen.** Haben Mängel ihre Ursachen in verschiedenen Gewerken und führt die allein mögliche Sanierungsmaßnahme zu einer Beseitigung der Mängel, ist nicht nach Verursachungsbeiträgen zu unterscheiden. Beide Unternehmer haften gesamtschuldnerisch (OLG Frankfurt BauR 2004, 1669 = IBR 2005, 473).

---

[227] Z.B. DIN 18352 Ziffer 3.1.1.

- **Vorteilsausgleichung.** Allein der Umstand, dass durch die Nachbesserung des Gewerks des Vorunternehmers Mängel des Gewerks eines Nachfolgeunternehmers beseitigt werden, stellt keinen auszugleichenden Vorteil des Auftraggebers dar. Der Anspruch auf Mängelbeseitigungskosten umfasst auch die Maßnahme, mit denen zugleich die Mängel des Gewerks eines Nachunternehmers beseitigt werden (OLG Karlsruhe BauR 2005, 1485 = IBR 2005, 252 mit Anmerkung Weyer).

110c **c) Prüfung von Vorleistungen/Nachleistungen**

- **Prüfungsumfang.** Der Nachunternehmer muss die Vorleistung nicht komplett auf sachgerechte und technisch einwandfreie Ausführung prüfen, es sei denn, es liegen deutliche Anhaltspunkte für eine mangelhafte Leistung vor (OLG Oldenburg OLGR Oldenburg 2004, 6).
- **Vorleistung durch Auftraggeber.** Die Prüfungs- und Hinweispflicht des Auftragnehmers entfällt nicht allein deshalb, weil der Auftraggeber selbst die Vorarbeiten fehlerhaft ausgeführt hat (OLG Karlsruhe, Urteil vom 28.10.2004 – 17 U 19/01; Nichtzulassungsbeschwerde durch den BGH mit Beschluss vom 10.11.2005 – VII ZR 289/04 zurückgewiesen).
- **Ungeeigneter Estrich.** Der Fliesenleger muss den Estrich auf Verlegereife und Geeignetheit prüfen. Führt die Unterlassung dieser Verpflichtung zu Mängeln, schuldet der Auftragnehmer nicht die Kosten der Erneuerung der mangelhaften Vorleistung (OLG Koblenz BauR 2004, 1831 = IBR 2005, 13 mit Anmerkung Weyer; die Prüfungs- und Hinweispflichten des Fliesenlegers ergeben sich aus der DIN 18352 „Fliesen- und Plattenarbeiten").
- **Natürlicher Sachzusammenhang der Gewerke.** Auch wenn ein Vorgewerk im technischen Sinne nicht vorliegt, kann sich aus der allgemeinen Leistungstreuepflicht aus § 242 BGB eine Hinweisverpflichtung des Auftragnehmers ergeben (OLG Dresden IBR 2004, 615 mit Anmerkung Weyer = BauR 2004, 1992).
- **Einschaltung von Sonderfachleuten.** Ist die Regenwasserbeseitigung durch einen Sonderfachmann geplant, muss der Auftragnehmer keine eigenen Prüfungen vornehmen, um einen richtige Handhabung sicherzustellen (OLG Koblenz IBR 2003, 676).
- **Erforderliche Nachfolgearbeiten.** Der Auftragnehmer ist nicht verpflichtet, auf etwaig erforderliche Nachfolgearbeiten hinzuweisen. Er darf darauf vertrauen, dass der Nachunternehmer die erforderlichen Kenntnisse besitzt und die anerkannten Regeln der Baukunst einhalten und beachten wird (OLG Karlsruhe OLGR Karlsruhe 2003, 61).

110d **d) Haftungsquoten bei auch mangelhafter Planung**

- **Bei falscher Planungsvorgabe** durch den Auftraggeber sind bei unterlassenem Hinweis des Auftragnehmers die Nachbesserungskosten zu teilen (OLG Celle BauR 2003, 730).
- **Nachträgliche Anordnungen des Architekten.** Ordnet der Architekt gegenüber der fehlerfreien Planung vertragswidrige, zu Fehlern führende Änderungen an, entlastet der Bedenkenshinweis des Auftragnehmers gegenüber dem Auftraggeber nicht von der Haftung für die Abweichung der Bauausführung von der vereinbarten Planung (BGH NZBau 2003, 265 = BauR 2003, 689 bei der Umsetzung von Ausführungsplänen, die von der genehmigten Planung abweichen).
- **Regressanspruch des Architekten.** Beruht der Baumangel maßgeblich auf einem Planungsfehler des Architekten, trägt er i.d.R. dafür die überwiegende Verantwortung auch dann, wenn der Unternehmer eine Prüfungs- und Hinweispflicht verletzt (OLG Naumburg NZBau 2003, 391 = NJW RR-2003, 595; Verschuldensanteil des Bauunternehmers mit 1/3).
- Bei Mängeln am Betonsteinpflaster einer befahrbaren Tiefgaragendecke aufgrund mangelhafter Planung haften Auftragnehmer und Architekt im Verhältnis 30 % zu 70 % (OLG Celle IBR 2005, 251).
- Bei fehlender Detailplanung ist dem Auftraggeber ein Mitverschuldensanteil von 1/3 zuzurechnen (OLG Karlsruhe BauR 2005, 440 = NJW-RR 2005, 248).
- **Bedenkenanmeldung gegenüber dem Architekten.** Äußert der Auftragnehmer gegenüber dem planenden Architekten Bedenken und erläutert dieser die geplante Ausführung so einleuchtend, dass für Bedenken des Auftragnehmers kein Raum mehr bleibt, überwiegt

das dem Auftraggeber zuzurechnende Architektenverschulden soweit, dass eine Haftung des Auftragnehmers ausscheidet (OLG Celle BauR 2004, 1992 = IBR 2004, 614 mit Anmerkung Weyer).
- Bei einem grundsätzlichen „planerischen Fehlschluss“ haftet der Auftragnehmer nicht, wenn er den Planungsfehler nicht erkennen konnte (OLG Hamm BauR 2003, 1052).
- **Fehlerhafte Leistungsbeschreibung**. Liegt ein besonders gravierender Fehler des Fachingenieurs vor, der zu einer mangelhaften Leistungsbeschreibung geführt hat, und ist dies für den Auftragnehmer erkennbar, haftet er für Mängel zu 100 % (OLG Stuttgart BauR 2005, 878).
- Bei Eindringen von drückendem Wasser im Keller haftet der Auftragnehmer bei mangelhafter Planung des Architekten dem Auftraggeber zu 3/4 der entstandenen Kosten (OLG Karlsruhe NZBau 2003, 102 = BauR 2003, 917).
- **Offenkundiger Planungsfehler**. Ist der Fehler einer Planung so offenkundig, dass sich hieraus eine massive Hinweispflicht ergibt, haftet der Auftragnehmer voll (OLG Bamberg, BauR 2002, 1708).
- **Fehlende Planung**. Führt der Auftragnehmer in Kenntnis dessen, dass es eine Fachplanung nicht gibt, die Werkleistung aus, kann er sich nicht auf ein Mitverschulden wegen fehlender Planung berufen (OLG Celle BauR 2005, 397 = MDR 2005, 502).

e) Unberechtigte Bedenkenanmeldung 110 e

Die unberechtigte Bedenkenanmeldung des Auftragnehmers stellt regelmäßig keine Vertragsverletzung und keine Erfüllungsverweigerung dar (OLG Schleswig BauR 2005, 1066).

f) Beispiele aus der Rechtsprechung für verschiedene Gewerke: 110 f

- Anstreicherarbeiten: **BGH NJW-RR 1994, 533; BGH BauR 1991, 79**
- Aufzug: **OLG Nürnberg NJW RR 1993, 694**
- Ausschreibung: **BGH BauR 1995, 538; BGH BauR 1991, 79**
- Baugrund: **BGH BauR 1997, 79; BGH BauR 1986, 203; BGH BauR 1977, 131; OLG Naumburg IBR 1999, 17; OLG Bremen BauR 2001, 1599**
- Baustoffe: **OLG Düsseldorf BauR 2002, 802; OLG Brandenburg BauR 2001, 102**
- Dacharbeiten: **BGH NJW 1974, 747; BGHZ 59, 202; OLG Düsseldorf NJW-RR 1994, 281**
- Dehnungsfugen: **BGH NJW 1973, 1792; BGH NJW 1974, 747**
- Drainage: **BGH BauR 1983, 70; OLG Düsseldorf NZBau 2000, 331**
- Estricharbeiten: **BGH BauR 1981, 201; OLG Köln BauR 1990, 729**
- Fliesenarbeiten: **OLG Hamm NJW-RR 1989, 982**
- Fenster: **LG Berlin BauR 1983, 462**
- Fertighaus: **BGH MDR 1977, 206**
- Kellerabdichtung: **BGH NJW 1967, 34; BGH NJW 1984, 1676, BGH NJW-RR 1992, 1104**
- Putzarbeiten: **BGH BauR 1987, 207; OLG Hamm NJW-RR 1987, 147**
- Statik: **BGH BauR 1987, 79; BGH BauR 1989, 467; OLG Düsseldorf BauR 2000, 1339; OLG Celle BauR 2002, 812**
- Werkstoffe: **BGH NJW 1973, 754; OLG Hamm NJW-RR 1990, 523**
- Zulassungsbescheid: **OLG Stuttgart BauR 1989, 475**[228]

VII. Überlassungspflichten des Auftraggebers (§ 4 Nr. 4 VOB/B)

1. Allgemeines

111 Nach § 4 Nr. 4 VOB/B hat der Auftraggeber, wenn nichts anderes vereinbart ist, dem Auftragnehmer unentgeltlich zur Benutzung oder Mitbenutzung notwendige **Lager- und Arbeitsplätze**

[228] Vgl. die ausführlichere Zusammenstellung bei Beck'scher VOB-Kommentar/*Ganten* VOB/B § 4 Nr. 3 Rdn. 57.

auf der Baustelle, vorhandene **Zufahrtswege** und **Anschlussgleise** sowie vorhandene **Anschlüsse für Wasser und Energie** zu überlassen. Diese Verpflichtung ergänzt die Verpflichtung des Auftraggebers nach § 4 Nr. 1 Abs. 1 VOB/B, für die Aufrechterhaltung (und Herstellung) der allgemeinen Ordnung auf der Baustelle zu sorgen und das Zusammenwirken der verschiedenen Unternehmer zu regeln. Ohne anderweitige Vereinbarung trifft den Auftraggeber schon im Zuge der Ausschreibung der Maßnahme die Pflicht, genaue Angaben zur Baustelle zu machen[229].

112 Die in § 4 Nr. 4 VOB/B geregelte Überlassungspflicht bezieht sich zunächst auf die Bereitstellung **notwendiger** Lager und Arbeitsplätze auf der Baustelle. Dies sind die für eine ordnungsgemäße Bauausführung benötigten Lager- und Arbeitsplätze. Im übrigen bezieht sich die Bereitstellungsverpflichtung auf **vorhandene** Zufahrtswege, Anschlussgleise sowie Anschlüsse für Wasser und Energie. Daraus folgt keine Verpflichtung des Auftraggebers, diese erst **herzustellen**[230]. Da Anschlüsse für Wasser und Energie immer benötigt werden, auch Zufahrtswege vorhanden sein müssen, bedarf § 4 Nr. 4 VOB/B in aller Regel der Ergänzung.

2. Umfang der Überlassungspflichten

113 Der Auftraggeber hat dem Auftragnehmer die notwendigen Lager-/Arbeitsplätze auf der Baustelle unentgeltlich zur Benutzung oder Mitnutzung zu überlassen. Diese Verpflichtung umfasst zunächst die Lager- und Arbeitsplätze, die für eine ordnungsgemäße Bauausführung notwendig sind. Das Merkmal „auf der Baustelle" ist nicht wörtlich zu verstehen. Wenn sachgerechte Gründe dazu zwingen, die notwendigen Lager-/Arbeitsplätze **an anderer Stelle** bereitzustellen, reicht es aus, die notwendigen Lager- und Arbeitsplätze in der Nähe der Baustelle bereit zu stellen, wobei es Sache des Auftraggebers ist, die günstigste Möglichkeit zu wählen, um einen reibungslosen Bauablauf sicherzustellen[231]. **Lagerplätze** sind die Flächen auf der Baustelle, die benötigt werden, um Material und Gerät für einen ungestörten Bauablauf vorzuhalten. Unter **Arbeitsplätze** sind die Flächen zu verstehen, die von dem Auftragnehmer benötigt werden, um seine Leistung unmittelbar zu erbringen, aber auch die Flächen, die benötigt werden, um dafür **vorbereitende Maßnahmen** durchzuführen (Sortierung von Baumaterial; Vormontage). Dazu gehören auch die Flächen für Bürocontainer oder erforderliche soziale Einrichtungen (Unterkünfte, sanitäre Anlagen)[232]. Vorhandene **Zufahrtswege** oder **Anschlussgleise** müssen nicht im Eigentum des Auftraggebers stehen. Der Auftraggeber hat sicherzustellen, dass der Auftragnehmer die Baustelle erreichen kann. Er hat dafür notwendige Erlaubnisse/Genehmigungen herbeizuführen. Entsprechendes gilt für die vorhandenen Anschlüsse für Wasser und Energie. Sind die Anschlüsse nicht vorhanden, hat der Auftragnehmer diese herzustellen, so weit er Wasser und Energie für die vertragsgemäße Herstellung seiner Leistung benötigt[233]. Dies gilt in aller Regel, weil durch die vereinbarten Preise alle Leistungen abgegolten werden, die für die Erbringung der vertraglichen Leistung notwendig sind, § 2 Nr. 1 VOB/B. Bei der Kalkulation seines Angebots sollte sich jeder Auftragnehmers genau erkundigen, wo die benötigten Anschlussstellen liegen, da die Aufwendungen für die Herstellung notwendiger Anschlüsse beträchtlich sein können.

3. Grundsätzlich Unentgeltlichkeit

114 Die Überlassung hat **unentgeltlich** zu erfolgen, wenn nichts anderes vereinbart ist. § 4 Nr. 4 c) Satz 2 VOB/B sieht vor, dass **Verbrauchskosten** sowie die Kosten der Messung/Zählung von dem Auftragnehmer zu übernehmen sind. Danach hat der Auftragnehmer dem Auftraggeber die tatsächlichen Kosten des Verbrauchs sowie die Kosten der Messung/Zählung zu erstatten. Bei mehreren Auftragnehmern besteht die Kostenerstattungspflicht anteilig, wobei dann im einzelnen der Verbrauch genau erfasst werden muss, der auf den jeweiligen Auftragnehmer

[229] VOB/C (ATV), DIN 18299.
[230] *Ingenstau/Korbion/Oppler* VOB/B § 4 Rdn. 272; *Nicklisch/Weick* VOB/B § 4 Rdn. 71.
[231] Beck'scher VOB-Kommentar/*Hofmann* VOB/B § 4 Nr. 4 Rdn. 2.
[232] *Nicklisch/Weick* VOB/B § 4 Rdn. 73.
[233] Beck'scher VOB-Kommentar/*Hofmann* VOB/B § 4 Nr. 4 Rdn. 4.

entfällt. In der Baupraxis hat sich durchgesetzt, über **„Umlageklauseln"** die Verbrauchskosten durch einen **pauschalen Abzug** von der Schlussrechnungssumme oder durch Festsetzung von Pauschalbeträgen abgegolten werden, weil der Aufwand der Erfassung dieser Kosten (wie auch der Kosten für Abfallcontainer, Versicherung etc.) beträchtlich ist und gerade bei Großbaustellen eine genaue Zuordnung dieser Kosten auf die jeweils tätigen Unternehmer kaum möglich ist. Durchgesetzt hat sich auch die Berechnung nach dem Verhältnis der Auftragssummen der jeweiligen Auftragnehmer im Verhältnis zu den Gesamtbaukosten. Entsprechende Umlageklauseln in Allgemeinen Geschäftsbedingungen unterliegen gemäß § 307 Abs. 3 BGB (früher: § 8 AGBG) **keiner Inhaltskontrolle**[234].

4. Rechtswirkungen

Die Bereitstellungspflicht des Auftraggebers ist Pflicht aus dem Vertrag[235]. Diese besteht solange, wie es die Durchführung der Leistung durch den Auftragnehmer erforderlich macht. Dies gilt auch für **Nacherfüllungsarbeiten vor Abnahme**. Erfüllt der Auftraggeber diese Verpflichtungen nicht, macht er sich nach allgemeinen Grundsätzen gegenüber dem Auftragnehmer schadensersatzpflichtig (§ 280 Abs. 1 BGB). Der Auftragnehmer kann auch in der Ausführung seiner Leistung behindert sein, so dass er sich mit der Leistungserbringung nicht in Verzug befindet und Ausführungsfristen gegebenenfalls verlängert werden, vgl. § 6 Absatz 2 Nr. 1 a) VOB/B. 115

Der Auftragnehmer hat eine **Obhutspflicht** gegenüber dem Auftraggeber. Er ist verpflichtet, sorgsam mit den ihm überlassenen Flächen/Gegenständen umzugehen und Beschädigungen zu vermeiden. Im Rahmen des ihm zumutbaren besteht weiter die Verpflichtung, erforderliche Vorkehrungen zur Sicherung zu treffen oder den Auftraggeber auf erforderliche Maßnahmen hinzuweisen[236]. 116

VIII. Schutzpflichten (§ 4 Nr. 5 VOB/B)

1. Allgemeines

§ 4 Nr. 5 Satz 1 VOB/B betrifft die Pflicht des Auftragnehmers, bereits **ausgeführte Leistungen** und vom Auftraggeber übergebene **Gegenstände** bis zur Abnahme zu schützen, was sich für den BGB-Werkvertrag aus den allgemeinen Vorschriften zur Gefahrtragung ergibt (§ 644 BGB), für den VOB-Vertrag auch aus den §§ 7, 12 Nr. 6 VOB/B. Unterschieden werden zwei Gruppen von Schutzmaßnahmen: Zum einen Schutz vor Beschädigung und Diebstahl, zum anderen Schutzmaßnahmen auf Verlangen des Auftraggebers (Winterschäden/Grundwasser; Beseitigung von Schnee und Eis). § 4 Nr. 5 Satz 1 VOB/B betrifft also Schutzmaßnahmen **innerhalb der Leistungsverpflichtung**, während § 4 Nr. 5 Satz 2 VOB/B Schutzmaßnahmen beschreibt, die von dem Auftraggeber **besonders verlangt** werden und die einer besonderen vertraglichen Vereinbarung bedürfen. 117

2. Originäre Schutzpflichten des Auftragnehmers

Nach § 4 Nr. 5 Satz 1 VOB/B hat der Auftragnehmer die von ihm ausgeführten Leistungen und die ihm für die Ausführung über gegebenen Gegenstände bis zur Abnahme vor Beschädigung und Diebstahl zu schützen. Diese Verpflichtung beginnt bei den Leistungen mit dem Beginn der Ausführung, bei den für die Ausführung übergebenen Gegenstände mit dem Zeitpunkt der Übergabe[237]. Die Schutzpflicht nach § 4 Nr. 5 Satz 1 VOB/B endet mit der Abnahme, was sich aus der 118

[234] BGH BauR 2000, 1756; BGH BauR 1999, 1290; OLG Hamm BauR 2000, 728; *Palandt/Heinrichs* BGB § 307 Rdn. 59; näher VOB/B § 2 Rdn. 9 ff.

[235] *Ingenstau/Korbion/Oppler* VOB/B § 4 Rdn. 269.

[236] OLG Düsseldorf BauR 1992, 377; Beck'scher VOB-Kommentar/*Hofmann* VOB/B § 4 Nr. 4 Rdn. 10.

[237] Beck'scher VOB-Kommentar/*Hofmann* VOB/B § 4 Nr. 5 Rdn. 6, 7; *Ingenstau/Korbion/Oppler* VOB/B § 4 Rdn. 277; *Leinemann/Sterner* VOB/B § 4 Rdn. 82.

Formulierung „bis zur Abnahme" ergibt. Bei Teilabnahme (§ 12 VOB/B) endet die Schutzpflicht, so weit die Leistungen des Auftragnehmers teilabgenommen sind. Die Auffassung, wonach bei Teilabnahme Schutzpflichten dann weiter bestehen sollen, so weit die noch auszuführende Leistung in einer räumlichen Beziehung zu der teilabgenommenen Leistung steht[238], ist nicht richtig. Mit der Teilabnahme treten die Abnahmewirkungen hinsichtlich des teilabgenommenen Teils vollständig ein. Der Auftragnehmer hat insoweit **vollständig erfüllt**, so dass weitere Pflichten **zur Erfüllung** nicht mehr bestehen können.

119 Es ist auch nicht richtig, anzunehmen, die Schutzpflicht nach § 4 Nr. 5 Satz 1 VOB/B könne vor Abnahme dann enden, wenn der Auftragnehmer keine Einwirkungsmöglichkeiten zum Schutz seiner Leistung mehr hat[239]. Im Einklang mit der gesetzlichen Wertung für den BGB-Werkvertrag (§ 644 BGB) schreibt § 4 Nr. 5 Satz 1 VOB/B ausdrücklich fest, dass es Sache des Auftragnehmers ist, **bis zur Abnahme** seine Leistungen zu schützen. Wenn Einwirkungsmöglichkeiten fehlen, hat der Auftragnehmer für Abhilfe zu sorgen. Etwas anderes gilt nur in den Fällen, in denen der Auftraggeber dem Auftragnehmer diese Möglichkeit nimmt, z.B. seiner Bereitstellungsverpflichtung (§ 4 Nr. 4 VOB/B) nicht nachkommt. In diesen Fällen haftet der Auftraggeber dem Auftragnehmer wegen Pflichtverletzung auf Schadensersatz, so dass der Auftragnehmer dann Ersatz der Kosten verlangen kann, die ihm wegen notwendiger Wiederherstellung einer zerstörten Leistung entstehen.

120 **a) Umfang.** Nach § 4 Nr. 5 Satz 1 VOB/B hat der Auftragnehmer **ausgeführte** Leistungen vor Beschädigung und Diebstahl zu schützen. Das sind die Leistungen, die der Auftragnehmer **selbst** ausgeführt hat. Umfasst sind auch Leistungen der im Auftrag des Auftragnehmers tätigen Nachunternehmer.

121 Zu schützen hat der Auftragnehmer weiter die ihm für die Ausführung **übergebenen Gegenstände**, wozu auch das **Grundstück** bzw. der Grundstücksteil zählen, wenn diese dem Auftragnehmer zur Erbringung seiner Leistung übergeben werden. Weiter zählen dazu Werkzeuge, Geräte und Arbeitsmaterial. Darunter können auch Vorleistungen anderer Unternehmer, vor allem die der Vorunternehmer fallen, so weit der Auftragnehmer diese für die Erbringung seiner Leistung benötigt[240]. Der Umfang der Pflichten wird weiter durch einige ATV der VOB/C bestimmt. Zu nennen sind DIN 18299 (Allgemeine Regelungen für Bauarbeiten jeder Art) Abschnitt 4.1.10, DIN 18350 (Putz- und Stuckarbeiten) Abschnitt 4.1.8, DIN 18363 (Maler- und Lackiererarbeiten) Abschnitt 4.1.2 oder DIN 18366 Abschnitt 4.1.2, die den Auftragnehmer verpflichten, als **Nebenleistungen**, also ohne besondere Vergütung[241], Schutzmaßnahmen zu treffen. Außerhalb dessen muss der Auftragnehmer keine Schutzmaßnahmen bezüglich Leistungen veranlassen, die **andere Unternehmer** an dem Bauwerk erbracht haben[242]. Es kommt immer wieder vor, dass vor rechtsgeschäftlicher Abnahme der Leistung diese durch andere Beteiligte beschädigt/zerstört wird. Die bloße **Fertigstellung** der Leistung befreit den Auftragnehmer von seiner Schutzpflicht nicht. Hat z.B. ein Auftragnehmer bei einer Musterwohnung ein Wasserleitungssystem fertig gestellt und überprüft und wird die Musterwohnung danach von weiteren Unternehmern zur Ausführung von Folgegewerken begangen, bleibt der Auftragnehmer verpflichtet, vor Abnahme nochmals eine Überprüfung von Dichtigkeit vorzunehmen[243].

122 Welche Maßnahmen der Auftragnehmer ergreift, um die ausgeführten Leistungen und die ihm übergebenen Gegenstände vor Beschädigung und Diebstahl zu schützen, ist nicht geregelt. Es ist Sache des Auftragnehmers, diese Maßnahmen **eigenverantwortlich** zu ergreifen. Im einzelnen hängt von den örtlichen Gegebenheiten und von der Verkehrssituation ab, welche Maßnahmen erforderlich und geeignet sind, um der Verpflichtung zu entsprechen. Anhaltspunkte dafür ergeben

[238] *Nicklisch/Weick* VOB/B § 4 Rdn. 76.

[239] Beck'scher VOB-Kommentar/*Hofmann* VOB/B § 4 Nr. 5 Rdn. 10.

[240] Beck'scher VOB-Kommentar/*Hofmann* VOB/B § 4 Nr. 5 Rdn. 13; *Heiermann/Riedel/Rusam* VOB/B § 4 Rdn. 67; *Vygen* Bauvertragsrecht Rdn. 169.

[241] Vgl. VOB/C DIN 18299 Abschnitt 4.

[242] BGH BauR 1995, 237; *Nicklisch/Weick* VOB/B § 4 Rdn. 76.

[243] LG Rostock BauR 2000, 105.

sich auch aus Regelungen in den ATV (s. Rdn. 121). Im übrigen richtet sich der Umfang nach dem, was bei verständiger Würdigung der Gesamtumstände von dem Auftragnehmer erwartet werden kann. Öffnet z.B. ein Auftragnehmer ein vorhandenes Dach, ist er auch ohne besondere Vereinbarung verpflichtet, durch geeignete Maßnahmen (Schutzfolie, Notdach o.ä.) den Eintritt von Niederschlägen in das darunter liegende ungeschützte Wohnhaus zu verhindern, und zwar auch dann, wenn die Arbeiten in den Sommermonaten ausgeführt werden[244]. Ist die Ursache drohender Beschädigung der Sphäre des Auftragsgebers zuzurechnen, gibt es keine weitere Verpflichtung des Auftragnehmers. Wenn z.B. aufgrund einer fehlenden Drainage, die der Auftraggeber nicht ausführen wollte, Niederschlagswasser die Leistung des Auftragnehmers beschädigt, kann dies dem Auftragnehmer nicht angelastet werden[245]. **Vor Beschädigungen** kann der Auftragnehmer Schutzmaßnahmen durch Absperren oder Abdecken ergreifen. **Schutz vor Diebstahl** erfordert in der Regel ordnungsgemäßen Verschluss der Sachen. Ergeben sich Anhaltspunkte für eine erhöhte Diebstahlsgefahr (etwa bei besonderem Wert der überlassenen Gegenstände oder bei bereits festgestellten Diebstählen), sind die Anforderungen entsprechend höher. In diesen Fällen kann es notwendig werden, auch durch ständige **Bewachung** die Sachen zu schützen. Nicht geschuldet, in Einzelfällen aber empfehlenswert, ist die Möglichkeit, die Bauleistung sowie die übergebenen Gegenstände gegen Beschädigung oder Diebstahl eigens zu versichern[246].

b) Unentgeltlichkeit. Die Leistungen, die der Auftragnehmer im Rahmen der Erfüllung seiner Schutzpflicht nach § 4 Nr. 5 Satz 1 VOB/B erbringt, gehören zu seinen vertraglichen Verpflichtungen und sind **mit den Vertragspreisen abgegolten**, § 2 Nr. 1 VOB/B[247]. In einigen ATV sind die Schutzpflichten näher definiert und als nicht vergütungspflichtige Nebenleistungen vorgesehen (s. Rdn. 121). 123

3. Schutzpflichten auf Verlangen des Auftraggebers

§ 4 Nr. 5 Satz 2 VOB/B regelt Schutzmaßnahmen, die **nicht zu den vertraglichen Verpflichtungen** des Auftragnehmers gehören. Es geht um den Schutz der ausgeführten Leistung und der übergebenen Gegenstände vor Winterschäden und Grundwasser, ferner um die Beseitigung von Schnee und Eis. 124

a) Umfang. Derartige Maßnahmen muss der Auftragnehmer **auf Verlangen** des Auftraggebers ausführen, wenn nicht ohnehin eine vertragliche Vereinbarung besteht. Art und Umfang der erforderlichen Schutzmaßnahmen richten sich auch hier nach den örtlichen Gegebenheiten. Zu berücksichtigen sind die zu schützenden Gegenstände, der Grad der drohenden Gefahren sowie allgemein übliche Verkehrssitten[248]. 125

Konkretisiert wird der Umfang auch hier häufig in ATV. Hinzuweisen ist auf DIN 18330 (Maurerarbeiten) Nr. 3.1.3, DIN 18336 (Abdichtungsarbeiten) Nr. 4.2.7 und DIN 18338 (Dachdeckungs- und Dachabdichtungsarbeiten) Nr. 4.3.10, betreffend Winterschäden. Sind Winterschäden zu befürchten, sollen bereits im Leistungsverzeichnis entsprechende Ansätze vorgesehen werden. Dies gilt auch für Grundwasser (VOB/B ATV DIN 18330 Nr. 4.3.6 und DIN 18331 (Beton- und Stahlbetonarbeiten) Nr. 4.3.6). Für die Beseitigung von Schnee und Eis gibt es keine besonderen Regelungen, so dass hier das maßgeblich ist, was vertraglich vereinbart ist. 126

b) Verlangen des Auftraggebers. Der Auftragnehmer muss ausgeführte Leistungen und die ihm übergebenen Gegenstände **nur auf Verlangen** des Auftraggebers vor Winterschäden/Grundwasser schützen bzw. Schnee und Eis beseitigen. Das Verlangen des Auftraggebers ist eine einseitige, empfangsbedürftige Willenserklärung (§ 130 ff. BGB). Form/Fristen sieht § 4 Nr. 5 VOB/B nicht vor. Aufgrund der damit grundsätzlich ausgelösten **Vergütungspflicht** ist der 127

[244] OLG Celle, BauR 2003, 550 = NJW-RR 2003, 15.
[245] OLG Schleswig IBR 2004, 2.
[246] Dazu VOB/B § 7 Rdn. 76 ff.
[247] *Nicklisch/Weick* VOB/B § 4 Rdn. 78.
[248] *Nicklisch/Weick* VOB/B § 4 Rdn. 82.

Auftragnehmer gut beraten, das entsprechende Verlangen des Auftraggebers zu dokumentieren, also auf Schriftform zu bestehen. Entsprechendes gilt für den Auftraggeber, um im Streitfalle darlegen und beweisen zu können, dass er Anordnungen tatsächlich getroffen hat. Wie bestimmt das Verlangen des Auftraggebers sein muss, ist nicht geregelt. Der Auftragnehmer muss dem Verlangen zweifelsfrei entnehmen können, welche Maßnahmen von ihm erwartet werden[249]. Sind diese Maßnahmen für den Auftragnehmer aufgrund eines allgemeinen Verlangens des Auftraggebers nur **bestimmbar**, richtet sich der Umfang der zu veranlassenden Maßnahmen nach den Umständen. Gerade in diesen Fällen sollte der Auftragnehmer darauf bestehen, dass er vor Ausführung dieser Maßnahmen mit dem Auftraggeber verbindlich klärt (= vereinbart), welche Maßnahmen konkret veranlasst werden sollen, um im Rahmen von Streitigkeiten über die Vergütungsverpflichtung zu vermeiden, dass später aus Sicht des Auftraggeber nicht notwendige Maßnahmen (dem Umfang bzw. dem Aufwand nach) nicht vergütet werden.

128 **c) Vergütung.** Nach § 4 Nr. 5 Satz 2 VOB/B steht dem Auftraggeber für die Schutzmaßnahmen, die er auf Verlangen des Auftraggebers veranlasst, eine **besondere Vergütung** zu. Über die Höhe der Vergütung sagt § 4 Nr. 5 Satz 2 VOB/B nichts aus. Für die Vergütungsverpflichtung gilt § 2 Nr. 6 VOB/B. Der Auftragnehmer muss deshalb den zusätzlichen Vergütungsanspruch vor Beginn der Maßnahmen ankündigen[250].

4. Rechtswirkungen

129 Die in § 4 Nr. 5 Satz 1 VOB/B festgelegte Schutz- und Erhaltungspflicht ist vertragliche Pflicht des Auftragnehmers. Erfüllt der Auftragnehmer die Pflicht nicht ausreichend, haftet er dem Auftraggeber auf Schadensersatz § 280 Abs. 1 BGB, gegebenenfalls auch aus Delikt (§ 823 BGB)[251]. Bedient sich der Auftragnehmer zur Erfüllung dieser Verpflichtung Dritter (z.B. Bewachungsunternehmen), ist ihm ein Verschulden dieses Dritten über § 278 BGB zuzurechnen[252]. Kommt der Auftragnehmer seinen Verpflichtungen nach und tritt trotzdem ein Schaden ein (höhere Gewalt), richten sich die Verantwortlichkeiten nach den allgemeinen Regeln, beim VOB-Bauvertrag also vorrangig nach den §§ 7, 12 Nr. 6 VOB/B, beim BGB-Werkvertrag nach den §§ 644 Abs. 1, 645 BGB. Der Auftragnehmer trägt bis zur Abnahme die Leistungsgefahr. Hinsichtlich der Gegenstände, die der Auftraggeber dem Auftragnehmer zur Verfügung gestellt hat, liegt das Risiko des zufälligen Untergangs/einer zufälligen Verschlechterung bei dem Auftraggeber. Dass Ansprüche des Auftragnehmers oder des Auftraggebers gegenüber Dritten (vor allem Schadensersatzansprüche wegen deliktischer Handlung) von § 4 Nr. 5 Satz 1 VOB/B unberührt bleiben, ist selbstverständlich.

IX. Vertragswidrige Stoffe oder Bauteile (§ 4 Nr. 6 VOB/B)

1. Allgemeines

130 Nach § 4 Nr. 6 Satz 1 VOB/B sind Stoffe oder Bauteile, die dem Vertrag oder den Proben nicht entsprechen, auf Anordnung des Auftraggebers innerhalb einer von ihm bestimmten Frist von der Baustelle zu entfernen. Geschieht dies nicht, können sie auf Kosten des Auftragnehmers entfernt oder für seine Rechnung veräußert werden. Damit soll verhindert werden, dass der Auftragnehmer mangelhafte/vertragswidrige Bauteile oder Stoffe für die Leistungserbringung verwendet. Der Mangelhaftigkeit des Bauwerks wird dadurch in einem frühen Stadium vorgebeugt. Dies liegt

[249] Beck'scher VOB-Kommentar/*Hofmann* VOB/B § 4 Nr. 5 Rdn. 34; *Ingenstau/Korbion/Oppler* VOB/B § 4 Rdn. 293; *Heiermann/Riedl/Rusam* VOB/B § 4 Rdn. 71.

[250] *Ingenstau/Korbion/Oppler* VOB/B § 4 Rdn. 294; *Nicklisch/Weick* VOB/B § 4 Rdn. 80; zu den Folgen unterlassener Ankündigung siehe VOB/B § 2 Rdn. 198 ff.

[251] OLG Celle BauR 2003, 550 = NJW-RR 2003, 15.

[252] Beck'scher VOB-Kommentar/*Hofmann* VOB/B § 4 Nr. 5 Rdn. 23; *Ingenstau/Korbion/Oppler* VOB/B § 4 Rdn. 285.

im Interesse beider Parteien, da in aller Regel die Beseitigung von Mangelursachen in diesem frühen Stadium kostengünstiger ist[253].

§ 4 Nr. 6 VOB/B gilt nur für Stoffe/Bauteile, die an der Baustelle lagern und noch **nicht eingebaut** sind. **Nach dem Einbau** der Stoffe/Bauteile gilt **§ 4 Nr. 7 VOB/B**[254]. § 4 Nr. 6 VOB/B ein ist Anspruch des Auftraggebers, bei **bevorstehender** Mangel- oder Vertragswidrigkeit der geschuldeten Leistung mit dem Ziel der **Erfüllung** vorbeugen zu können („vorweggenommener Mängelbeseitigungsanspruch")[255]. 131

§ 4 Nr. 6 VOB/B gilt nur für die Stoffe und Bauteile, die der **Auftragnehmer selbst geliefert** oder durch Dritte hat liefern lassen. Für die Stoffe/Bauteile, die der **Auftraggeber geliefert** hat, gilt die Beseitigungspflicht nicht. Hinsichtlich dieser Stoffe/Bauteile steht dem Auftraggeber unmittelbar eine Verfügungsbefugnis zu, die dem Auftragnehmer fehlt[256]. In der Praxis gewinnt § 4 Nr. 6 VOB/B an Bedeutung, weil zunehmend Bauteile vorgefertigt an die Baustelle geliefert und dann in das Gesamtbauwerk eingebaut werden. Häufig hat der Auftraggeber nur in diesem frühen Stadium die Möglichkeit, diese Bauteile auf Mängel/Vertragsgemäßheit zu überprüfen. Mit zunehmender Fertigstellung des Bauwerks wird eine Überprüfung auf Mängel naturgemäß immer schwieriger[257]. 132

2. Voraussetzungen

Es muss sich um Stoffe/Bauteile handeln, die von dem Auftragnehmer stammen (s. Rdn. 132) und die dem Vertrag oder den Proben nicht entsprechen. Aufgrund des Wortlauts „von der Baustelle" müssen sich diese Stoffe/Bauteile bereits auf der Baustelle befinden. Dies ist entgegen einer Auffassung in der Literatur[258] **nicht wörtlich** zu verstehen. Um den Zweck von § 4 Nr. 6 VOB/B zu verwirklichen, muss es sich lediglich um einen Lagerplatz handeln, der organisatorisch in Zusammenhang mit der Baustelle steht, so dass es genügt, wenn Stoffe/Bauteile im Betrieb des Auftragnehmers vorgefertigt werden, vgl. § 4 Abs. 1 Nr. 2 VOB/B. 133

Vertragswidrig sind Baustoffe/Bauteile dann, wenn sie nach Güte oder sonstiger Beschaffenheit von den vertraglichen Vereinbarungen, vor allem von der Leistungsbeschreibung abweichen. Bei nicht erschöpfender Leistungsbeschreibung hinsichtlich der Stoffe und Bauteile sind die anerkannten Regeln der Technik sowie die einschlägigen Gütevorschriften zu beachten. Es kommt nicht darauf an, ob die von dem Auftragnehmer vorgesehenen Stoffe/Bauteile im Preis gleichwertig sind. Der Auftraggeber hat uneingeschränkt Anspruch auf die vertraglich vereinbarten Leistungen und muss sich abweichende Ausführungen auch dann nicht aufdrängen lassen, wenn dies für ihn wertmäßig sogar von Vorteil wäre[259]. Einschlägig sind weiter öffentlich-rechtliche Anforderungen sowie zu erbringende Brauchbarkeitsnachweise (z.B. hinsichtlich Betongüten). 134

Unter die gesetzlichen Bestimmungen, die in § 4 Nr. 2 Abs. 1 Satz 2 VOB/B angesprochen sind, fällt mit zunehmender Bedeutung auch das Bauproduktengesetz (BauPG)[260]. Das BauPG regelt das Inverkehrbringen von Bauprodukten und den freien Warenverkehr mit Bauprodukten von und nach den Mitgliedsstaaten der Europäischen Union, § 1 BauPG. Danach dürfen **Bauprodukte** nur in den Verkehr gebracht und gehandelt werden, wenn sie brauchbar sind, § 4 Abs. 1 BauPG. Wann ein Bauprodukt **brauchbar** ist, ist positiv in § 5 BauPG geregelt. Danach muss jedes Bauprodukt solche **Merkmale** aufweisen, die **für die konkrete bauliche Anlage** 135

- bei ordnungsgemäßer Instandhaltung dem Zweck entsprechend
- während einer angemessenen Zeitdauer
- unter Berücksichtigung der Wirtschaftlichkeit gebrauchstauglich sind.

---

[253] Beck'scher VOB-Kommentar/*Hofmann* VOB/B § 4 Nr. 6 Rdn. 3.
[254] *Nicklisch/Weick* VOB/B § 4 Rdn. 82; *Werner/Pastor* Rdn. 1610.
[255] Beck'scher VOB-Kommentar/*Hofmann* VOB/B § 4 Nr. 6 Rdn. 6.
[256] *Nicklisch/Weick* VOB/B § 4 Rdn. 82.
[257] Beck'scher VOB-Kommentar/*Hofmann* VOB/B § 4 Nr. 6 Nr.Rdn. 9.
[258] *Vygen* Bauvertragsrecht Rdn. 485.
[259] OLG Köln BauR 1994, 119 (für Fliesen/Sanitärgegenstände).
[260] BGBl. 1998 I Seite 812.

Weiter müssen die wesentlichen Anforderungen

- der mechanischen Festigkeit
- der Standsicherheit
- des Brandschutzes
- der Hygiene
- der Gesundheit und des Umweltschutzes
- der Nutzungssicherheit
- des Schallschutzes
- der Energieeinsparung sowie
- des Wärmeschutzes

erfüllt sein.

136 Damit ist klar, dass selbst bei lückenhafter Beschreibung der Bauteile/Stoffe im Leistungsverzeichnis oder den anderen Vertragsunterlagen nur Stoffe/Bauteile verbaut werden dürfen, die allgemein und in jeder Hinsicht diesen Anforderungen entsprechen. Alle Bauprodukte bedürfen einer Bestätigung ihrer Übereinstimmung (**Konformität**), was im einzelnen in § 8 BauPG geregelt ist. Die so geprüften Produkte erhalten im Falle der Eignung durch das Deutsche Institut für Bautechnik/Berlin (§ 7 BauPG) ein Konformitätszertifikat mit der CE-Kennzeichnung.

137 Stoffe/Bauteile entsprechen nicht den Proben, wenn sie nach Maß, Gewicht oder Qualität von den Eigenschaften abweichen, die die Probe hat, die zum Inhalt der vertraglichen Leistung gemacht wurde[261]. Für die Mängelansprüche ist zu beachten, dass bei Leistungen nach Probe die Eigenschaften der Probe als vereinbarte Beschaffenheit gelten, so weit Abweichungen nicht nach der Verkehrssitte bedeutungslos sind. Dies gilt auch für Proben, die erst nach Vertragsschluss als solche anerkannt sind, § 13 Nr. 2 VOB/B.

3. Pflicht zur Entfernung

138 Die vertragswidrigen Stoffe/Bauteile sind **auf Anordnung** des Auftraggebers innerhalb einer von ihm bestimmten Frist **von der Baustelle zu entfernen**. Der Auftraggeber muss für den Auftragnehmer mit Bestimmtheit und dem erforderlichen Nachdruck zum Ausdruck bringen, welchen Willen er hat[262]. Es muss sich um eine für den Auftragnehmer in jeder Hinsicht bindende Anweisung handeln, die ihm keine Wahl lässt und die genau bezeichnet, welche Stoffe/Bauteile zu entfernen sind[263]. Davon zu unterscheiden sind Vorschläge, ein allgemeines Verlangen, die Äußerung des Einverständnisses des Auftraggebers oder bloße Wünsche. Hier gelten entsprechende Anforderungen wir für die Anordnungen nach § 4 Nr. 1 Abs. 3 und 4 VOB/B (s. Rdn. 23). Eine Form oder Frist ist für die Anordnung nicht vorgesehen. Es empfiehlt sich aus Beweisgründen, die Anordnung schriftlich abzugeben bzw. – für den Auftragnehmer – darauf zu bestehen, dass die Anordnung schriftlich erteilt wird.

139 Anders als bei § 4 Nr. 1 Abs. 4 Satz 1 VOB/B ist bei der Bewertung, ob die Stoffe/Bauteile nicht vertragsgerecht sind oder den Proben nicht entsprechen, auf **objektive Kriterien** abzustellen, was sich aus dem Wortlaut in § 4 Nr. 6 VOB/B und der vorgesehenen subjektiven Betrachtungsweise in § 4 Nr. 1 Abs. 4 Satz 1 VOB/B ergibt[264]. Der Auftragnehmer ist nur dann verpflichtet, der Anordnung zu entsprechen, wenn die Baustoffe oder Bauteile tatsächlich dem Vertrag oder den Proben nicht entsprechen[265]. Diese Voraussetzung birgt für beide Vertragsparteien Gefahren. Bei einer ungerechtfertigten Anordnung des Auftraggebers bzw. einer ungerechtfertigten Weigerung des Auftragnehmers erwachsen dem jeweils anderen Teil

---

[261] *Heiermann/Riedl/Rusam* VOB/B § 4 Rdn. 75.

[262] OLG Bremen NJW 1963, 495; Beck'scher VOB-Kommentar/*Hofmann* VOB/B § 4 Nr. 6 Rdn. 18; *Heiermann/Riedl/Rusam* VOB/B § 4 Rdn. 75.

[263] BGH NJW 1984, 2457; BGH NJW 1977, 1966.

[264] Beck'scher VOB-Kommentar/*Motzke* VOB/B § 4 Nr. 6 Rdn. 19.

[265] *Nicklisch/Weick* VOB/B § 4 Rdn. 83.

Ansprüche (s. Rdn. 145). § 4 Nr. 6 VOB/B regelt nicht, wie **Meinungsverschiedenheiten** zu behandeln sind. Es empfiehlt sich grundsätzlich die Vorgehensweise nach § 18 Nr. 4 Satz 1 zweiter Halbsatz VOB/B, wonach durch eine staatlich anerkannte Materialprüfungsstelle für beide Parteien verbindliche Feststellungen (im Rahmen der §§ 317 bis 319 BGB) getroffen werden[266]. Aufgrund der einschneidenden Folgen der Anordnung müssen beide Parteien bei Meinungsverschiedenheiten Gewissheit darüber haben, ob die Anordnung objektiv gerechtfertigt ist. Wenn der Weg über § 18 Nr. 4 VOB/B veranlasst wird, ist nach dem Grundsatz von Treu und Glauben eine bestehende Anordnung des Auftraggebers bis zur Vorlage der Feststellungen durch die Materialprüfungsstelle ausgesetzt[267]. Zur Klärung der Meinungsverschiedenheit vorab ein selbständiges gerichtliches Beweisverfahren (§§ 485 ff. ZPO) zu veranlassen[268], ist aufgrund der langen Verfahrensdauer nicht praktikabel.

Welche Frist der Auftraggeber setzen muss, um die Stoffe oder Bauteile von der Baustelle zu entfernen, ist nicht geregelt. Wie bei Fristen nach der VOB/B im allgemeinen, muss es sich um eine angemessene Frist handeln[269]. Für die Beseitigungsverpflichtung des Auftragnehmers ist die Frist nicht Wirksamkeitsvoraussetzung. Auch ohne Fristsetzung bleibt der Auftragnehmer verpflichtet, Stoffe/Bauteile, die zu Recht beanstandet sind, von der Baustelle zu entfernen. Die Fristsetzung hat allerdings Bedeutung für das Selbsthilferecht des Auftraggebers nach § 4 Nr. 6 Satz 2 VOB/B (s. Rdn. 140). 140

4. Rechte des Auftraggebers

Entfernt der Auftragnehmer nach berechtigter Anordnung die Stoffe oder Bauteile nicht von der Baustelle, gibt § 4 Nr. 6 Satz 2 VOB/B dem Auftraggeber nach Ablauf der gesetzten Frist **Selbsthilferechte**, wobei es auf ein Verschulden oder weitere Voraussetzungen nicht ankommt. Erforderlich, aber auch ausreichend sind die objektive Vertragswidrigkeit, die entsprechende Anordnung des Auftraggebers und der fruchtlose Ablauf der gesetzten, angemessenen Frist[270]. Danach werden folgende Rechte des Auftraggebers ausgelöst: 141

a) Entfernung der Stoffe/Bauteile von der Baustelle. Der Auftraggeber kann nach Ablauf der Frist auf Kosten des Auftragnehmers die vertragswidrigen Stoffe/Bauteile **von der Baustelle entfernen**. Der Auftraggeber kann die Stoffe oder Bauteile selbst oder durch Dritte an eine angemessene, andere Örtlichkeit bringen und dort einlagern lassen. Er hat Sorgfalts- und Fürsorgepflichten für die Stoffe/Bauteile des Auftragnehmers. Daraus wird abgeleitet, dass der Auftraggeber die Stoffe/Bauteile **sachgerecht transportieren und einlagern** muss. Weiter hat er den Auftragnehmer davon im einzelnen zu unterrichten und ihm mitzuteilen, wohin die Stoffe/Bauteile verbracht wurden. Der Auftragnehmer muss in die Lage versetzt werden, diese **unverzüglich wieder in Besitz** zu nehmen[271]. 142

Die **Kosten** für diese Maßnahmen hat der **Auftragnehme**r zu übernehmen. Es handelt sich dabei um einen vertraglich geregelten **Kostenerstattungsanspruch**, so dass die Regelungen über die Geschäftsführung ohne Auftrag nicht einschlägig sind. Gleichwohl gilt für die zu übernehmenden Kosten der Höhe nach analog § 670 BGB[272]. Danach schuldet der Auftragnehmer dem Auftraggeber Erstattung der Kosten, die der Auftraggeber nach den Umständen für erforderlich halten durfte. Das bedeutet nicht, dass der Auftraggeber gehalten wäre, im Kosteninteresse des Auftragnehmers nur die nötigsten Maßnahmen zu veranlassen. Aufgrund seiner Sorgfalts- und 143

[266] Ausführlich VOB/B § 18 Nr. 3 Rdn. 29 ff.

[267] Beck'scher VOB-Kommentar/*Hofmann* VOB/B § 4 Nr. 6 Rdn. 22; *Ingenstau/Korbion/Oppler* VOB/B § 4 Nr. 6 Rdn. 307.

[268] *Ingenstau/Korbion/Oppler* VOB/B § 4 Nr. 6 Rdn. 307.

[269] *Nicklisch/Weick* VOB/B § 4 Rdn. 83.

[270] *Ingenstau/Korbion/Oppler* VOB/B § 4 Rdn. 311; *Nicklisch/Weick* VOB/B § 4 Rdn. 85; *Vygen* Bauvertragsrecht Rdn. 488.

[271] *Ingenstau/Korbion/Oppler* VOB/B § 4 Rdn. 312; *Nicklisch/Weick* VOB/B § 4 Rdn. 86.

[272] Beck'scher VOB-Kommentar/*Hofmann* VOB/B § 4 Nr. 6 Rdn. 59; *Ingenstau/Korbion/Oppler* VOB/B § 4 Rdn. 313; *Heiermann/Riedl/Rusam* VOB/B § 4 Rdn. 77.

Fürsorgepflichten kommt es zunächst darauf an, welche Maßnahmen **objektiv erforderlich** sind, um das Selbsthilferecht auszuüben und die Stoffe/Bauteile ordnungsgemäß zu transportieren und einzulagern. Die damit entstehenden Kosten sind dem Grunde nach geschuldet und müssen der Höhe nach angemessen sein.

Eine Berechtigung des Auftraggebers, die Stoffe/Bauteile zu **vernichten/entsorgen** besteht nicht[273].

144 **b) Veräußerung der Stoffe/Bauteile.** Unter denselben Voraussetzungen ist der Auftraggeber nach seiner Wahl berechtigt, die Stoffe/Bauteile für Rechnung des Auftragnehmers **zu veräußern**. Auch hier hat der Auftraggeber Sorgfalts- und Fürsorgepflichten. Im Rahmen dessen muss der Auftraggeber die ihm zumutbaren Maßnahmen ergreifen, einen möglichst dem Wert der Stoffe/Bauteile entsprechenden Kaufpreis zu erzielen, über den er **Rechenschaft** legen muss, § 252 BGB[274]. Der danach nach Abzug der Kosten verbleibende Veräußerungserlös steht dem Auftragnehmer zu. Wichtig ist, dass ein **Eigenerwerb** durch den Auftraggeber grundsätzlich **nicht statthaft** ist, § 181 BGB. Im Verhältnis zu dem Erwerber tritt der Auftraggeber als **Vertreter** des Auftragnehmers auf. Die erforderliche Vertretungsmacht ist in dem Vertrag durch die Vereinbarung von § 4 Nr. 6 VOB/B eingeräumt. Danach darf der Auftraggeber nach Schaffung der rechtlichen Voraussetzungen die Stoffe/Bauteile „für Rechnung" des Auftragnehmers veräußern. Diese Befugnis umfasst den Abschluss des Verpflichtungs- und Verfügungsgeschäftes über diese Stoffe/Bauteile.

5. Rechtsfolgen

145 Ergibt sich, dass die Beanstandungen des Auftraggebers objektiv zu Unrecht erfolgt sind, darf der Auftragnehmer ungeachtet dieser Anordnung die Stoffe/Bauteile einbauen oder sonst verwenden. Für eine Behinderung des Auftragnehmers durch eine zu Unrecht erfolgte Anordnung des Auftraggebers ergeben sich Schadensersatzansprüche aus § 6 Nr. 6 VOB/B, gegebenenfalls auch Ansprüche auf Vergütung aus § 2 Nr. 5 VOB/B oder § 2 Nr. 6 VOB/B. Weiter könnten sich Ausführungsfristen verlängern, § 6 Nr. 1, 2, 4 VOB/B. Es kann auch das Recht zur Kündigung für den Auftragnehmer nach § 9 VOB/B ausgelöst werden[275].

146 Kommt der Auftragnehmer einer ordnungsgemäßen Anordnung des Auftraggebers nicht nach, erwachsen dem Auftraggeber die Selbsthilferechte nach § 4 Nr. 6 Satz 2 VOB/B (s. Rdn. 141). Daneben hat der Auftraggeber einen **klagbaren Anspruch** gegen den Auftragnehmer auf Befolgung der Anordnung[276]. Weiter sind Ansprüche des Auftraggebers aus § 5 Nr. 4 VOB/B in Verbindung mit § 6 Nr. 6 oder 8 Nr. 3 VOB/B denkbar, z.B. in den Fällen, in denen bereits eingebaute vertragswidrige Stoffe/Bauteile nur mit Verzögerung oder erhöhtem Aufwand ersetzt werden müssen.

147 Verletzt der Auftraggeber bei der Ausübung seiner Selbsthilferechte seine Sorgfalts- und Fürsorgepflichten (s. Rdn. 142, 144), haftet er dem Auftragnehmer auf Schadensersatz (§ 280 Abs. 1 BGB). Als Verschuldensmaßstab gilt § 276 BGB. Besteht objektiv eine akute Gefahr (z.B. in den Fällen, in denen der Auftragnehmer weisungswidrig die Stoffe/Bauteile einbaut), ist der Haftungsmaßstab analog § 680 BGB auf Vorsatz/grobe Fahrlässigkeit zu reduzieren. Für eine generelle Beschränkung der Haftung gemäß § 300 Absatz 1 BGB[277] besteht keine Veranlassung[278].

---

[273] Beck'scher VOB-Kommentar/*Hofmann* VOB/B § 4 Nr. 6 Rdn. 37.

[274] *Ingenstau/Korbion/Oppler* VOB/B § 4 Rdn. 317; *Heiermann/Riedl/Rusam* VOB/B § 4 Rdn. 77; *Nicklisch/Weick* VOB/B § 4 Rdn. 86.

[275] *Vygen* Bauvertragsrecht Rdn. 486.

[276] Beck'scher VOB-Kommentar/*Hofmann* VOB/B § 4 Nr. 6 Rdn. 6.

[277] So *Ingenstau/Korbion/Oppler* VOB/B § 4 Rdn. 312 in der Annahme, dass sich der Auftragnehmer in Annahmeverzug befindet und deshalb der Auftraggeber nur wegen Vorsatz oder grober Fahrlässigkeit haften soll.

[278] *Nicklisch/Weick* VOB/B § 4 Rdn. 86.

X. Mangelhafte/vertragswidrige Leistungen während der Ausführung (§ 4 Nr. 7 VOB/B)

1. Allgemeines

148 Leistungen, die schon **während der Ausführung als mangelhaft oder vertragswidrig** erkannt werden, weil fehlerhafte/vertragswidrige Stoffe oder Bauteile eingebaut sind (vgl. § 4 Nr. 6 VOB/B) oder Mängel der Bauausführung vorhanden sind, hat der Auftragnehmer auf eigene Kosten durch mangelfreie zu ersetzen. Unter den weiteren Voraussetzungen nach § 4 Nr. 7 Satz 2 VOB/B entsteht ein **Schadensersatzanspruch** zugunsten des Auftraggebers. Nach § 4 Nr. 7 Satz 3 VOB/B kann ein Kündigungsrecht (§ 8 Nr. 3 VOB/B) entstehen. Mit diesen **speziellen Regelungen** werden dem Auftraggeber während der Bauausführung in Zusammenhang mit Mängeln Rechte eingeräumt, die über die Regelungen im BGB-Werkvertrag hinausgehen. Damit wird dem Umstand Rechnung getragen, dass das Bauwerk meistens auf dem Grundstück des Auftraggebers hergestellt wird und die Realisierung in der Regel lange andauert. Es ist im Interesse beider Partien, auftretende Mängel frühzeitig zu erkennen und sofort zu beheben, um höhere Kosten und weitere Schäden zu vermeiden. Auch dient die Regelung dazu, spätere Beweisschwierigkeiten hinsichtlich des Vorliegens von Mängeln zu vermeiden.

149 Im VOB-Vertrag sind die Ansprüche, die dem Auftraggebers bei mangelhafter Leistung des Auftragnehmer zustehen, grundsätzlich abschließend in § 4 Nrn. 6 und 7 VOB/B für den Zeitraum **vor der Abnahme**, in § 13 Nrn. 5, 6 und 7 VOB/B für die Zeit **nach der Abnahme** geregelt. Die Regelungen des BGB-Werkvertrages sind ausgeschlossen. Umstritten ist die Frage, ob der Auftraggeber **vor Abnahme und ohne Kündigung** ein Recht auf Selbstvornahme hat. Das Selbstvornahmerecht ist in der VOB/B nur für den Zeitraum nach Abnahme gemäß § 13 Nr. 5 Abs. 2 VOB/B ausdrücklich geregelt. Beim BGB-Werkvertrag besteht das Recht auf Selbstvornahme gemäß § 637 BGB auch ohne Abnahme des Werks[279]. Auch insoweit regeln sich die Rechte des Auftraggebers **abschließend** nach § 4 Nr. 7 VOB/B. Es müssen klare Verhältnisse herrschen[280], was voraussetzt, dass vermieden wird, dass innerhalb eines bestehenden Vertrages ein anderer Unternehmer dem Auftragnehmer angelastete Mängel beseitigt. Das Ineinander greifen von Mängelbeseitigungs- und Fertigstellungsarbeiten kann zu gegenseitigen Behinderungen und weiteren Streitigkeiten über Vergütungsfragen und Mängelansprüche zwischen den dann drei Beteiligten führen[281]. Die Gegenauffassung[282], die aus Zumutbarkeitserwägungen einen Selbstvornahmeanspruch des Auftraggebers in entsprechender Anwendung der § 637 Abs. 1 BGB, 13 Nr. 5 Absatz 3 VOB/B annimmt, verkennt, dass den Belangen des Auftraggebers hinreichend Rechnung getragen ist, weil er berechtigt ist, die notwendige Kündigung auf einen in sich abgeschlossenen Teil der vertraglichen Leistung zu beschränken, § 8 Nr. 3 Satz 2 VOB/B. Deshalb greift das Argument, wonach der Auftraggeber Schwierigkeiten haben soll, einen anderen Auftragnehmer zu finden, der das Bauwerk vollendet, zu kurz[283].

150 **Ausnahmsweise** sind Fristsetzung und (Teil-)Kündigung entbehrlich, wenn dem Auftraggeber die Einhaltung dieser Voraussetzungen **nicht zumutbar** ist. Dies gilt in dem Fall, in dem der Auftragnehmer selbst den Vertrag gegen den Widerspruch des Auftraggebers zu Unrecht kündigt und sich weigert, die Arbeiten wieder aufzunehmen[284], oder in anderen Fällen der endgültigen Erfüllungsverweigerung[285].

---

[279] *Palandt/Sprau* BGB § 637 Rdn. 1.
[280] BGH BauR 2000, 1481; BGH BauR 1997, 1027.
[281] BGH BauR 1986, 573; BGH ZfBR 1998, 31; OLG Düsseldorf BauR 1994, 369.
[282] *Nicklisch/Weick* VOB/B § 4 Rdn. 113 a ff.
[283] BGH BauR 1997, 1027; BGH BauR 1986, 573; *Leinemann/Sterner* VOB/B § 4 Rdn. 122.
[284] BGH BauR 2001, 2577.
[285] BGH BauR 2001, 1897; BGH BauR 2000, 1479; *Ingenstau/Korbion/Oppler* VOB/B § 4 Rdn. 375; *Nicklisch/Weick* VOB/B § 4 Rdn. 110.

151 Aufgrund dieses abschließenden Charakters sind die allgemeinen Regelungen des BGB ausgeschlossen. Dies gilt auch für die Unmöglichkeit (§§ 275, 326 BGB)[286]. Ist das Gewerk abgenommen, können die Unmöglichkeitsregelungen schon deshalb nicht gelten, weil das Gewerk als im wesentlichen vertragsgerecht und damit geleistet anzusehen ist. Deshalb regelt § 13 Nr. 6 VOB/B nur noch den Fall der Unmöglichkeit der Beseitigung eines Mangels[287]. Für den Zeitraum vor Abnahme ist nur Raum für die allgemeinen Regeln des BGB, so weit es um Leistungsstörungen geht, die nicht auf einem Mangel beruhen[288]. Hinzu kommt, dass § 4 Nr. 7 VOB/B nicht nur den Fall der mangelhaften, sondern auch den Fall der vertragswidrigen Ausführung regelt, wodurch die allgemeinen Vorschriften eine weitere Einschränkung erfahren. Allgemein ist festzuhalten, dass § 4 Nr. 7 VOB/B in den Fällen gilt, in denen etwas geleistet wurde, das sich als mangelhaft oder vertragswidrig erweist. Selbst wenn in diesen Fällen ausnahmsweise die Beseitigung eines Mangels oder vertragswidrigen Zustandes **tatsächlich** unmöglich sein sollte, verbleibt es bei dem Anspruch des Auftraggebers auf Neuherstellung nach § 4 Nr. 7 Satz 1 VOB/B, sowie den Rechten auf Schadensersatz und Kündigung, wobei bei einer Unmöglichkeit der Mangelbeseitigung die Fristsetzung entbehrlich ist[289]. Die allgemeinen Regeln können danach nur dann Anwendung finden, wenn bereits **vor** Beginn der Leistung (nach Vertragsschluss) die Leistung unmöglich wird[290].

2. Verpflichtung des Auftragnehmers

152 **a) Ersetzungsanspruch.** Nach § 4 Nr. 7 Satz 1 VOB/B hat der Auftraggeber Anspruch darauf, dass der Auftragnehmer Leistungen, die schon während der Ausführung als mangelhaft oder vertragswidrig erkannt werden, durch mangelfreie ersetzt. Dieser **„Ersetzungsanspruch“**[291] lässt die ohnehin bestehende Verpflichtung des Auftragnehmers, auch ohne Geltendmachung dieses Anspruchs mangelfrei und vertragsgemäß zu leisten, unberührt. Der Auftragnehmer ist verpflichtet, Leistungen, die mangelhaft oder vertragswidrig sind, auch ohne Aufforderung (= Geltendmachung des Ersetzungsanspruchs) zu entfernen und durch mangelfreie zu ersetzen. Dies ergibt sich daraus, dass nach dem Wortlaut von § 4 Nr. 7 Satz 1 VOB/B nicht erforderlich ist, dass der Auftraggeber von den Umständen Kenntnis nimmt oder ein entsprechendes Verlangen gegenüber dem Auftragnehmer ausbringt.

153 Der bestehende Anspruch (Ersetzung) ist ein **Erfüllungsanspruch** des Auftraggebers, der den Auftragnehmer verschuldensunabhängig verpflichtet, mangelhafte/vertragswidrige Leistungen zu entfernen und mangelfrei zu ersetzen[292]. Das bedeutet auch, dass dem Auftraggeber gegenüber Ansprüchen des Auftragnehmers auf Werklohn und auch auf Abschlagszahlung (§ 16 Nr. 1 VOB/B) die Einrede des nichterfüllten Vertrages gemäß § 320 BGB zusteht[293].

154 **b) Voraussetzungen.** § 4 Nr. 7 VOB/B setzt – für alle Rechte des Auftraggebers[294] – voraus, dass eine Leistung des Auftragnehmers mangelhaft oder vertragswidrig ist.

Es muss sich um eine **Leistung des Auftragnehmers** handeln. Leistung in diesem Sinne ist das, was der Auftragnehmer dem Auftraggeber aufgrund des bestehenden Bauvertrags schuldet, wozu alles gehört, was bei objektiver Betrachtungsweise von dem Auftragnehmer in Erfüllungsabsicht unmittelbar zur Herstellung des Gewerks veranlasst wird. Umfasst sind Stoffe/Bauteile, geleisteter Arbeitsaufwand, die geschaffene Werkstoffeinbindung, die Gestaltung des Gewerks einschließlich der Maße[295]. Vorgänge, die lediglich der Bauvorbereitung dienen, sind nicht erfasst, was sich aus

[286] BGH NJW 1965, 152; *Nicklisch/Weick* VOB/B § 4 Rdn. 91.
[287] BGH NJW 1965, 152; *Nicklisch/Weick* VOB/B § 4 Rdn. 91.
[288] *Heiermann/Riedl/Rusam* VOB/B § 4 Rdn. 80.
[289] *Nicklisch/Weick* VOB/B § 4 Rdn. 92.
[290] *Kaiser* Mängelhaftungsrecht Rdn. 150 b.
[291] *Nicklisch/Weick* VOB/B § 4 Rdn. 94.
[292] BGHZ 55, 354; BGH NJW 1982, 1524; *Leinemann/Sterner* VOB/B § 4 Rdn. 94.
[293] BGH NJW 1979, 650; *Nicklisch/Weick* VOB/B § 4 Rdn. 94.
[294] Beck'scher VOB-Kommentar/*Kohler* VOB/B § 4 Nr. 7 Rdn. 24.
[295] Beck'scher VOB-Kommentar/*Kohler* VOB/B § 4 Nr. 7 Rdn. 25; *Ingenstau/Korbion/Oppler* VOB/B § 4 Rdn. 321.

§ 4 Nr. 6 VOB/B ergibt. Dies gilt auch für Arbeitsvorgänge, so weit nicht auszuschließen ist, dass ein mangelfreies Gewerk erreicht wird. § 4 Nr. 7 VOB/B soll nicht eine über § 4 Nr. 3 VOB/B hinausgehende Weisungsberechtigung des Auftraggebers schaffen.

Die Leistung ist frei von Sachmängeln, wenn sie die vereinbarte Beschaffenheit hat und den anerkannten Regeln der Technik entspricht. Ist die Beschaffenheit nicht vereinbart, ist die Leistung frei von Sachmängeln, wenn sie sich für die nach dem Vertrag vorausgesetzte sonst für die gewöhnliche Verwendung geeignet und eine Beschaffenheit aufweist, die bei Werken der gleichen Art möglich ist und die der Auftraggeber nach der Art der Leistung erwarten kann, § 13 Nr. 1 VOB/B[296]. **155**

Die Leistung ist vertragswidrig, wenn sie nicht dem entspricht, was vereinbart ist. Abzustellen ist beispielsweise auf die Leistungsbeschreibung, technische Normen, Zeichnungen etc. **156**

Nach § 4 Nr. 7 Satz 1 VOB/B sind vertragswidrige Leistungen durch **mangelfreie** zu ersetzen. Vertragswidrig ist eine Leistung, wenn sie den vertraglichen Vereinbarungen (z.B. der Leistungsbeschreibung, vereinbarten technischen oder zusätzlichen Vertragsbedingungen, Zeichnungen, Proben, Mustern etc.) nicht entspricht. Die vertragswidrige Leistung muss dem geschuldeten Werk selbst anhaften[297]. Nicht unter § 4 Nr. 7 VOB/B fallen verzögerte oder nicht fertig gestellte Leistungen[298]. Mängel, die auf eine Anordnung des Auftraggebers beruhen (vgl. § 4 Nr. 3 VOB/B) unterfallen ebenfalls nicht § 4 Nr. 7 VOB/B[299]. Auch **unerhebliche Mängel** oder Vertragswidrigkeiten können von § 4 Nr. 7 VOB/B erfasst sein, was sich daraus ergibt, dass der Auftragnehmer dem Auftraggeber ein mangelfreies, vertragsgerechtes Gewerk schuldet[300]. In diesem Rahmen steht dem Auftragnehmer **ausnahmsweise** nur dann ein Leistungsverweigerungsrecht zu, wenn die grundsätzlich nach § 4 Nr. 7 VOB/B geschuldeten Leistungen unverhältnismäßig wären, was dann anzunehmen ist, wenn der dafür zu leistende Aufwand außer Verhältnis zu dem erreichbaren Erfolg (= der Verbesserung) steht[301].

c) Zeitraum. Die Mängel oder die Vertragswidrigkeit müssen während der Ausführung erkannt werden. Damit ist § 4 Nr. 7 VOB/B zum einen von der bloßen Bauvorbereitung, die noch nicht Ausführung ist, abzugrenzen, zum anderen auf den Zeitpunkt bis zur Abnahme beschränkt. Mängelansprüche ab Abnahme regelt allein § 13 VOB/B. Dabei ist nicht erforderlich, dass die Abnahme stattgefunden hat. Es reicht aus, wenn der Auftragnehmer die geschuldete Leistung abnahmefähig[302] gemäß § 12 Nr. 1 VOB/B bereitgestellt hat. Wenn Ansprüche vor Abnahme bereits entstanden sind, zwischenzeitlich die Abnahme erfolgt, wandeln sich die noch nicht erledigten Schadensersatzansprüche aus § 4 Nr. 7 Satz 2 VOB/B in einen entsprechenden Anspruch aus § 13 Nrn. 5, 6, 7 VOB/B um[303]. **157**

Der Auftragnehmer ist zur Mängelbeseitigung bzw. Beseitigung des vertragswidrigen Zustandes verpflichtet, sobald dies bekannt ist. Dafür ist positives Wissen erforderlich. Es bedarf keiner Aufforderung oder Fristsetzung durch den Auftraggeber. Ebenso wenig ist erforderlich, dass (auch) der Auftraggeber den Mangel/die Vertragswidrigkeit kennt. Der Auftragnehmer schuldet eine mangelfreie, vertragsgerechte Leistung und ist damit auch ohne Zutun des Auftraggebers nach § 4 Nr. 7 Satz 1 VOB/B verpflichtet. Wann der Auftragnehmer tätig werden muss, regelt § 4 Nr. 7 Satz 1 VOB/B nicht. Da der Ersetzungsanspruch sofort fällig ist und sich ein Mangel/eine Vertragswidrigkeit auf die Gesamtleistung nachteilig auswirkt, muss der Auf- **158**

---

[296] Siehe VOB/B § 13 Rdn. 15 ff.

[297] *Ingenstau/Korbion/Oppler* VOB/B § 4 Nr. 7 Rdn. 331.

[298] BGH BauR 1974, 208; Beck'scher VOB-Kommentar/*Kohler* VOB/B § 4 Nr. 7 Rdn. 25; *Ingenstau/Korbion/Oppler* VOB/B § 4 Rdn. 331.

[299] *Nicklisch/Weick* VOB/B § 4 Rdn. 95.

[300] KG Berlin IBR 2005, 671; Nichtzulassungsbeschwerde durch Beschluss des BGH vom 25.8.2005 – VII ZR 122/04 zurückgewiesen.

[301] *Ingenstau/Korbion/Oppler* VOB/B § 4 Rdn. 341, 344; *Heiermann/Riedl/Rusam* VOB/B § 4 Rdn. 83; *Leinemann/Sterner* VOB/B § 4 Rdn. 100.

[302] Vgl. BGHZ 50, 160; Beck'scher VOB-Kommentar/*Kohler* VOB/B § 4 Nr. 7 Rdn. 41.

[303] BGH BauR 1982, 277.

tragnehmer unverzüglich tätig werden[304]. Bestehen zwischen Auftraggeber und Auftragnehmer Meinungsverschiedenheiten hinsichtlich eines Mangels oder der Vertragsgemäßheit der Leistung, empfiehlt sich eine gemeinsame Untersuchung/Feststellung (vgl. § 18 Nr. 4 VOB/B). Auch wenn nach allgemeinen Grundsätzen der Auftraggeber, der Rechte nach § 4 Nr. 7 VOB/B geltend machen möchte, darlegungs- und beweispflichtig ist, verbleibt es auch hier bei dem Grundsatz, dass **vor Abnahme** der Auftragnehmer die Mangelfreiheit seiner (Teil-)Leistung im Streitfalle beweisen muss[305].

159 § 4 Nr. 7 Satz 1 VOB/B ist ein **Erfüllungsanspruch**. Der Auftragnehmer schuldet dem Auftraggeber eine mangelfreie, vertragsgerechte Leistung. Deshalb ist der Auftragnehmer zur Neuherstellung verpflichtet und muss die als mangelhaft oder vertragswidrig erkannte Leistung also wiederholen. Der Auftraggeber muss nicht hinnehmen, dass sich der Auftragnehmer durch „Herumarbeiten" an einer Nachbesserung versucht („verpfuschtes Werk")[306].

160 Die **Kosten der Ersetzung** hat der Auftragnehmer zu übernehmen. Dazu gehören alle Kosten, die aus Anlass der Nachbesserung entstehen, z.B. Transportkosten, Kosten für Sicherungsmaßnahmen, Bewachungsmaßnahmen etc. Erfordert die Ersetzung den Eingriff in andere Bauteile (Entfernung oder Beschädigung), ist der Auftragnehmer verpflichtet, auch dies auf eigene Kosten zu veranlassen[307]. Die Kosten der Ersetzungsverpflichtung betreffen nicht nur die Maßnahmen, die der Auftragnehmer selbst veranlasst. Nach § 4 Nr. 7 Satz 1 VOB/B schuldet der Auftragnehmer auch notwendige Kosten des Auftraggebers in Zusammenhang mit den Mängeln oder vertragswidrigen Leistungen. Dazu können Gutachterkosten[308], notwendige Koordinierungskosten des Auftraggebers[309] sowie dadurch bedingter sonstiger Mehraufwand des Auftraggebers gehören. Erforderlich ist ein enger Bezug zu den eigentlichen Nachbesserungsarbeiten, so dass **Nutzungsausfallschäden** nicht von § 4 Nr. 7 Satz 1 VOB/B erfasst werden[310].

161 Aus allgemeinen Grundsätzen (§ 242 BGB) wird abgeleitet, dass dem Auftraggeber im Rahmen des Ersetzungsanspruchs Mitwirkungspflichten treffen können. Davon umfasst sind die Maßnahmen, die erforderlich sind, um dem Auftragnehmer die Nachbesserung/Neuherstellung tatsächlich zu ermöglichen. Im Rahmen dessen hat der Auftraggeber den Zutritt zu dem Bauwerk zu gewährleisten, gegebenenfalls auch Koordinationsmaßnahmen zu treffen[311].

162 **d) Grenzen.** Nach dem Wortlaut von § 4 Nr. 7 Satz 1 VOB/B gilt die Ersetzungsverpflichtung des Auftragnehmers ausnahmslos. Anerkannt sind in Rechtsprechung und Literatur zwei Ausnahmen, nämlich die **Unmöglichkeit** der Nachbesserung sowie der Einwand der **Unverhältnismäßigkeit** für den Auftragnehmer[312]. Ist die Beseitigung eines Mangels oder der Vertragswidrigkeit objektiv unmöglich, richten sich die Rechte des Auftraggebers ohne weiteres nach den §§ 4 Nr. 7 Satz 3, 8 Nr. 3 VOB/B, ohne dass es der Schaffung der weiteren Voraussetzungen (Fristsetzung) bedarf[313].

163 Die grundsätzliche Möglichkeit, die Ersetzung wegen Unverhältnismäßigkeit zu verweigern, ist in § 635 Abs. 3 BGB (früher: § 633 Abs. 2 Satz 3 BGB) geregelt. Danach kann der Unternehmer die Nacherfüllung verweigern, wenn sie nur mit unverhältnismäßigen Kosten möglich ist. Für den VOB/B-Vertrag gilt **abschließend** § 13 Nr. 6 VOB/B. Danach kann auch **für den Auftraggeber** die Beseitigung eines Mangels unzumutbar sein. Abweichend von § 635 Abs. 3

---

[304] *Heiermann/Riedl/Rusam* VOB/B § 4 Rdn. 84.
[305] S. VOB/B § 12 Rdn. 42.
[306] *Ingenstau/Korbion/Oppler* VOB/B § 4 Rdn. 339; *Nicklisch/Weick* VOB/B § 4 Rdn. 97; *Leinemann/Sterner* VOB/B § 4 Rdn. 100.
[307] *Ingenstau/Korbion/Oppler* VOB/B § 4 Nr. 7 Rdn. 340.
[308] Beck'scher VOB-Kommentar/*Kohler* VOB/B § 4 Nr. 7 Rdn. 83; *Nicklisch/Weick* VOB/B § 4 Rdn. 103; *Heiermann/Riedl/Rusam* VOB/B § 4 Rdn. 85.
[309] BGH NJW 1979, 2595; *Heiermann/Riedl/Rusam* VOB/B § 4 Rdn. 85.
[310] BGH BauR 1992, 627.
[311] *Heiermann/Riedl/Rusam* VOB/B § 4 Rdn. 85.
[312] *BGH NJW 1968 1524;* Beck'scher VOB-Kommentar/*Kohler* VOB/B § 4 Nr. 7 Rdn. 69.
[313] *Heiermann/Riedl/Rusam* VOB/B § 4 Rdn. 85 b.

BGB kann im VOB-Vertrag der Auftragnehmer die Mängelbeseitigung dann verweigern, wenn sie einen **unverhältnismäßig hohen Aufwand** (in § 635 Abs. 3 BGB ist von **Kosten** die Rede) erfordert. Die Mängelbeseitigung erfordert einen **unverhältnismäßigen Aufwand**, wenn der mit der Nachbesserung erzielbare Erfolg einer ganzen oder teilweisen Mängelbeseitigung bei Abwägung aller Umstände des Einzelfalls in keinem vernünftigen Verhältnis zur Höhe des dafür erforderlichen Geldaufwands steht. Dies ändert nichts daran, dass das Interesse des Auftraggebers an einer ordnungsgemäßen Vertragserfüllung sowie die vertragliche Risikoverteilung im Vordergrund stehen[314]. Hat der Auftraggeber ein objektiv berechtigtes Interesse an einer ordnungsgemäßen Erfüllung, kann ihm regelmäßig nicht wegen hoher Kosten die Nachbesserung verweigert werden[315].

Ist der Auftragnehmer nach diesen Grundsätzen von der Neuherstellung befreit, steht dem Auftraggeber ein Minderungsrecht zu. Dies gilt auch für Mängel oder vertragswidrige Leistungen, die vor Abnahme festgestellt werden[316].

3. Schadensersatzanspruch des Auftraggebers

Hat der Auftragnehmer den Mangel oder die Vertragswidrigkeit zu vertreten, haftet er dem **164**
Auftraggeber neben der Ersetzung auf Schadensersatz, § 4 Nr. 7 Satz 2 VOB/B.

a) **Voraussetzungen.** Der Schadensersatzanspruch setzt voraus, dass die Voraussetzungen von § 4 Nr. 7 Satz 1 VOB/B erfüllt sind (s. Rdn. 149 ff.). Daneben muss der Auftragnehmer den Mangel oder die Vertragswidrigkeit **zu vertreten** haben. Zu vertreten hat der Auftragnehmer Vorsatz und Fahrlässigkeit, § 276 Abs. 1 Satz 1 BGB sowie das Verschulden seiner Erfüllungsgehilfen gemäß § 278 BGB. Voraussetzung ist schließlich ein **Schaden**, der adäquat kausal in Zusammenhang mit der mangelhaften oder vertragswidrigen Leistung steht[317].

b) **Umfang.** Zu ersetzen sind in erster Linie die Schäden, die bei weiter bestehenden Vertrag **165**
trotz der Mängelbeseitigung verbleiben[318]. Der Anspruch bleibt auch bei vorzeitiger Beendigung des Vertrages unberührt, erfasst also auch Schäden, die in Zusammenhang der Beseitigung von Mängeln bis zur Kündigung der erbrachten Leistungen entstehen[319].

Der Schadensersatzanspruch ist **nicht** begrenzt (anders als beispielsweise § 6 Nr. 6 VOB/B). **166**
Der Umfang ist deshalb auf der Grundlage der §§ 249 ff. BGB zu ermitteln. Es handelt sich dabei in aller Regel um den Schaden, der bei dem Auftraggeber bei fortbestehenden Vertrag nach Beseitigung der Mängel/der Vertragswidrigkeit verbleibt. Damit umfasst sind zunächst alle Schäden, die auf den Mangel oder die Vertragswidrigkeit unmittelbar zurückzuführen sind, vor allem also die Fremdnachbesserungskosten[320]. Erfasst werden aber auch Schäden außerhalb der mangelhaften/vertragswidrigen Leistung, solange dieser Zusammenhang besteht. Dazu gehören z.B. die Kosten für die Wiederbeschaffung/Instandsetzung anderer Bauteile, die durch die mangelhafte Leistung beschädigt oder zerstört wurden[321]. Erfasst werden weiter Schäden in Zusammenhang mit Verzögerungen, etwa der entgangene Gewinn (§ 252 BGB) bei Vermietung/Nutzung des Gebäudes oder Teile davon[322]. Dem steht § 6 VOB/B nicht entgegen, so lange es um Verzögerungen geht, die auf Baumängeln vor Abnahme beruhen[323]. Auch hier werden

---

[314] BGH BauR 2002, 613; BGH BauR 1996, 858.

[315] BGH BauR 1997, 638; ausführlich VOB/B § 13 Rdn. 291 ff.

[316] Beck'scher VOB-Kommentar/*Kohler* VOB/B § 4 Nr. 7 Rdn. 72; *Nicklisch/Weick* VOB/B § 4 Rdn. 99; a.A. LG Amberg NJW 1982, 1540.

[317] BGH BauR 1978, 306; *Ingenstau/Korbion/Oppler* VOB/B § 4 Nr. 7 Rdn. 347.

[318] BGH NJW 1982, 1524; *Leinemann/Sterner* VOB/B § 4 Rdn. 103.

[319] BGH NJW 1974, 1707; *Ingenstau/Korbion/Oppler* VOB/B § 4 Rdn. 355.

[320] BGH NZBau 2000, 421; Beck'scher VOB-Kommentar/*Kohler* VOB/B § 4 Nr. 7 Rdn. 181; *Ingenstau/Korbion/Oppler* VOB/B § 4 Rdn. 355.

[321] BGH BauR 1978, 306, Beck'scher VOB-Kommentar/*Kohler* VOB/B § 4 Nr. 7 Rdn. 177; *Ingenstau/Korbion/Oppler* VOB/B § 4 Rdn. 355.

[322] BGH BauR 2000, 1189; BGH BauR 1990, 464; *Nicklisch/Weick* VOB/B § 4 Rdn. 104.

[323] BGH NJW 1975, 1701; BGH BauR 1979, 159.

Schäden erfasst, die dem Auftraggeber entstanden sind, weil er Anlass hatte, selbst oder durch Dritte die Schäden dem Grunde/der Höhe nach feststellen lassen zu können, etwa Kosten für die Einschaltung eines **Sachverständigen** zur Feststellung von Art, Umfang und Folgen von Mängeln sowie notwendige **Kosten der Rechtsverfolgung** (Einschaltung eines Anwalts)[324]. Auch **entferntere** Schäden sind ersatzpflichtig[325]. Der Schadensersatzanspruch umfasst auch den Schaden, der dem Auftragnehmer dadurch entsteht, dass ein Nachunternehmer sich in Verzug mit der Mängelbeseitigung befindet, der Auftraggeber auch deshalb die Gesamtleistung nicht abnimmt und nach Beseitigung der Mängel zahlungsunfähig wird[326]. Eigenaufwand für Besprechungen in Zusammenhang mit der Fertigstellung des Bauwerks mit Sachverständigen, Handwerkern etc. kann als Schaden geltend gemacht werden[327].

167 Dass der Schadensersatzanspruch der Höhe nach nicht begrenzt ist, bedeutet nicht, dass der Anspruch auf Schadensersatz wegen Nichterfüllung des ganzen Vertrages gehen kann. Begrenzt wird der Anspruch der Höhe nach durch den Grundsatz von Treu und Glauben (§ 242 BGB)[328]. Dies ergibt sich daraus, dass ein derart umfassender Anspruch nur bei berechtigter Entziehung des Auftrages entsteht und die Gründe, die dazu geführt haben, belegen, dass der Auftraggeber kein Interesse an der Fortsetzung des Vertragsverhältnisses mehr hat (§ 4 Nr. 7 Satz 3 i.V.m. § 8 Nr. 3 Abs. 2 Satz 2 VOB/B). § 4 Nr. 7 Satz 2 VOB/B erfasst deshalb nur die Fälle, in denen Schäden auszugleichen sind, die trotz Fortsetzung des Vertragsverhältnisses entstanden sind/entstehen werden.

168 Im Rahmen des Schadensersatzanspruchs gelten die allgemeinen Regeln über den **Vorteilsausgleich**. So muss sich der Auftraggeber aus der Verzögerung erzielte Vorteile (z.B. Zins- oder Steuervorteile) auf den Schadensersatzanspruch anrechnen lassen[329]. Umstritten ist, ob **Gebrauchsvorteile** auch ohne Nachweis eines konkreten Schadens ausgeglichen werden müssen[330]. Die Frage stellt sich in der Praxis häufig bei der Nutzung von Wohnraum. Handelt es sich um Wohnraum, der von zentraler Bedeutung für den Auftraggeber ist und der selbst genutzt worden wäre, ist die Erstattung dieses abstrakten Schadens denkbar[331]. Etwas anderes gilt für „Luxusflächen", z.B. für ein privates Schwimmbad oder nur eingeschränkt nutzbare Räume (Hobbykeller)[332]. Grundsätzlich kommt Schadensersatz wegen entgangener Nutzung nur dann in Betracht, wenn die Beeinträchtigung erheblich war und eine die Grenzen der Zumutbarkeit überschreitende Dauer hatte. Kurzfristige, vorhersehbare Beeinträchtigungen (etwa Umbaumaßnahmen) kommen nicht in Betracht[333].

169 **c) Konkurrenzen.** Für die nach dem 1.1.2002 geschlossenen Verträge ist die Frage, ob der Anspruch nach § 4 Nr. 7 Satz 2 VOB/B auch die Fälle der positiven Vertragsverletzung[334] sowie die Fälle einer teilweisen Nichterfüllung[335] umfasst, nicht mehr von Bedeutung. Dies gilt auch für die Rechtsprechung zu der Abgrenzung von Mangelschaden und Mangelfolgeschaden[336]. Für die nach dem 1.1.2002 geschlossenen Verträge ergibt sich die Schadensersatzverpflichtung unmittelbar aus § 241 Abs. 1 in Verbindung mit § 280 Abs. 1 BGB. Erfasst werden auch Miet- und Nutzungsausfall sowie Kosten für eine Ersatzwohnung, auch Ersatz von Finanzierungskosten[337].

---

[324] BGH NJW 1985, 381; *Heiermann/Riedl/Rusam* VOB/B § 4 Rdn. 90.
[325] BGH BauR 2001, 1577.
[326] OLG München BauR 2001, 964.
[327] BGH NZBau 2001, 623; *Ingenstau/Korbion/Oppler* VOB/B § 4 Rdn. 355.
[328] BGH BauR 1989, 462.
[329] BGH BauR 1983, 465; Beck'scher VOB-Kommentar/*Kohler* VOB/B § 4 Nr. 7 Rdn. 187; *Ingenstau/Korbion/Oppler* VOB/B § 4 Rdn. 355.
[330] BGH NJW 1986, 2037; *Ingenstau/Korbion/Oppler* VOB/B § 4 Rdn. 357.
[331] BGH NJW 1987, 771; BGHZ 96, 124.
[332] OLG Düsseldorf BauR 1992, 96.
[333] OLG Düsseldorf BauR 1981, 477.
[334] BGH BauR 1972, 172.
[335] BGH NJW 1975, 1701.
[336] Vgl. BGHZ 115, 32.
[337] BGH BauR 1990, 464.

Umfasst sind auch Schäden an anderen Gewerken[338]. Nach Abnahme oder Abnahmereife ist § 4 Nr. 7 Satz 2 VOB/B nicht mehr einschlägig, es sei denn, es handelt sich um vor Abnahme beseitigte Mängel/Vertragswidrigkeiten, aus denen noch Schäden verblieben sind. In allen anderen Fällen richtet sich die Haftung des Auftragnehmers für Mängel allein nach § 13 VOB/B[339]. Schadensersatzansprüche, die bereits vor der Ersatzvornahme entstanden sind, regeln sich über § 8 Nr. 3 Abs. 2 Satz 1 VOB/B[340].

4. Kündigungsrecht

§ 4 Nr. 7 Satz 3 VOB/B sieht vor, dass dann, wenn der Auftragnehmer der Verpflichtung zur Beseitigung des Mangels nicht nachkommt, der Auftraggeber eine angemessene Frist zur Beseitigung des Mangels setzen kann, verbunden mit der Erklärung, dass er nach fruchtlosem Ablauf der Frist den Auftrag entzieht (§ 8 Nr. 3 VOB/B). Zweck dieser Regelung ist, den Auftraggeber in die Lage zu versetzen, seinen Ersetzungsanspruch mit Druck auf den Auftragnehmer auch durchzusetzen. Weiter soll dem Auftragnehmer verdeutlicht werden, welche Folgen ihm treffen, wenn er der Verpflichtung zur Beseitigung des Mangels nicht nachkommt. Das Selbstvornahmerecht nach § 637 Abs. 1 BGB setzt demgegenüber lediglich den Ablauf einer angemessenen Frist zur Nacherfüllung voraus, also keine Kündigungsandrohung und auch keine gesonderte Kündigungserklärung. Die durch § 4 Nr. 7 Satz 3 VOB/B zu Gunsten des Auftragnehmers eingeführte „Warnfunktion" trägt den Besonderheiten des Bauwerkvertrags Rechnung. Die Folgen einer Kündigung sind für beide Seiten in aller Regel wirtschaftlich sehr einschneidend, so dass es sachgerecht ist, beiden Seiten Gelegenheit zu geben, diese weit reichenden Folgen noch zu vermeiden. Da § 637 Abs. 1 BGB dispositives Recht ist, ist die abweichende vertragliche Regelung in § 4 Nr. 7 Satz 3 VOB/B möglich[341], so dass bei Geltung der VOB/B eine Berechtigung des Auftraggebers zur Mängelbeseitigung während der Ausführung zu Lasten des Auftragnehmers außer im Falle der Erfüllungsverweigerung erst **nach Auftragsentziehung** gemäß § 8 Nr. 3 VOB/B entsteht[342]. 170

Der Auftraggeber ist nicht verpflichtet, die Voraussetzungen der Kündigung herbeizuführen, hat also ein Wahlrecht, ob er anstelle dessen seinen Ersetzungsanspruch durchsetzt.

a) Voraussetzungen. Voraussetzung der Begründung des Kündigungsrechts nach § 4 Nr. 7 Satz 3 VOB/B ist, dass der Auftragnehmer den Ersetzungsanspruch des Auftraggebers nach § 4 Nr. 7 Satz 1 VOB/B erfüllen muss. Hinzukommen muss, dass der Auftragnehmer seiner Verpflichtung nicht nachkommt, und zwar ungeachtet der Frage, ob er dazu von Seiten des Auftraggebers aufgefordert wurde. Es bedarf keiner vorherigen Aufforderung durch den Auftraggeber[343]. 171

Weitere Voraussetzung des Kündigungsrechts ist die **Aufforderung** des Auftraggebers an den Auftragnehmer, die als mangelhaft oder vertragswidrig erkannte Leistung durch eine mangelfreie zu ersetzen. Für den Auftragnehmer muss eindeutig und unmissverständlich klar werden, dass er zur Beseitigung eines Mangels oder vertragswidriger Leistung aufgefordert wird. Allgemeine Erklärungen oder Androhungen etc. genügen nicht. In der Aufforderung hat der Auftraggeber den zu beseitigenden Mangel bzw. die Vertragswidrigkeit der Leistung so konkret zu beschreiben, dass der Auftragnehmer eindeutig erkennen kann, welche Leistung von ihm gefordert wird[344]. Erforderlich, aber auch ausreichend ist die Beschreibung des Mangels bzw. der Vertragswidrigkeit der Leistung nach dem äußeren Erscheinungsbild oder nach der Mängelursache, solange der Auftragnehmer bei verständiger Würdigung der Erklärung weiß, was von ihm gefordert wird. Auch hier gilt, dass die Anforderungen an den Erklärungsinhalt des Auftraggebers nicht 172

[338] BGH BauR 1978, 306.
[339] *Ingenstau/Korbion/Oppler* VOB/B § 4 Nr. 7 Rdn. 360, 361.
[340] BGH BauR 2000, 1479; siehe VOB/B § 8 Rdn. 94.
[341] *Leinemann/Sterner* VOB/B § 4 Rdn. 114.
[342] BGH BauR 2001, 1897; Beck'scher VOB-Kommentar/*Kohler* VOB/B § 4 Nr. 7 Rdn. 211.
[343] *Heiermann/Riedl/Rusam* VOB/B § 4 Rdn. 84.
[344] BGH BauR 1982, 66; Beck'scher VOB-Kommentar/*Kohler* VOB/B § 4 Nr. 7 Rdn. 206; *Nicklisch/Weick* VOB/B *§ 4* Rdn. 110.

überspannt werden dürfen. Wenn der Mangel hinreichend konkret bezeichnet ist, ist der Mangel insgesamt, also nicht nur im Rahmen der sichtbaren Bereiche Gegenstand des Beseitigungsverlangens. Über die Art und Weise der Mängelbeseitigung entscheidet allein der Auftragnehmer. Es gibt keine Berechtigung des Auftraggebers, bestimmte Maßnahmen vorzuschreiben. Lehnt der Auftraggeber eine von dem Auftragnehmer vorgeschlagene, geeignete Nachbesserung ab, verhält er sich widersprüchlich und kann keine Ansprüche aus § 4 Nr. 7 VOB/B ableiten[345].

173 **b) Fristsetzung.** Voraussetzung für das Kündigungsrecht ist eine **angemessene Fristsetzung** des Auftraggebers gegenüber dem Auftragnehmer zur Beseitigung des Mangels. Damit soll dem Auftragnehmer „der Ernst der Lage" verdeutlicht werden. Andererseits ist für den Auftraggeber umgehend Klarheit zu schaffen, ob der Auftragnehmer seiner Ersetzungsverpflichtung (§ 4 Nr. 7 Satz 1 VOB/B) auch nachkommt.

174 Grundsätzlich muss sich die Frist auf die vollständige Erledigung der erforderlichen Arbeiten erstrecken. Lässt sich dies nur schwer abschätzen, kann es ausreichend sein, für den Beginn der Maßnahmen eine Frist zu setzen[346]. In Ausnahmefällen kann es auch ausreichend sein, den Auftragnehmer aufzufordern, sich innerhalb einer Frist dazu zu erklären, ob er bereit und in der Lage ist, die Beanstandungen zu beseitigen. Davon sollte zurückhaltend Gebrauch gemacht werden. Voraussetzung ist immer, dass ernsthaft in Frage steht, ob die vereinbarte Bauleistung überhaupt oder rechtzeitig ausführbar war. Nur in diesen Sonderfällen hat der Auftraggeber das Recht, sich alsbald Gewissheit über die Leistungsfähigkeit und Leistungsbereitschaft des Auftragnehmers zu verschaffen[347]. Der Auftraggeber muss die Frist exakt bestimmen. Aufforderungen wie „unverzüglich" oder „möglichst rasch" Beanstandungen zu beheben, reichen nicht aus.

175 Die gesetzte Frist muss angemessen sein. Die **Angemessenheit** bestimmt sich objektiv nach Art und Umfang der erforderlichen Arbeiten. Wird eine – objektiv – zu kurz bemessene Frist gesetzt, hat dies die Rechtsfolge, dass eine angemessene Frist in Lauf gesetzt wird[348]. Maßgeblich für die Frage der Angemessenheit der Frist sind die Umstände des Einzelfalls. Grundsätzlich ist auf die Zeit abzustellen, die ein tüchtiger und sorgfältiger Auftragnehmer benötigt, um die erforderlichen Maßnahmen zu veranlassen. Befindet sich der Auftragnehmer bereits mit der Gesamtleistung in Verzug, muss er besondere Maßnahmen (Beschleunigungsmaßnahmen) veranlassen, um die Leistung fertig zu stellen und Beanstandungen zu beheben.

176 Die Frist muss von dem Auftraggeber oder dessen Bevollmächtigten (Voraussetzung ist rechtsgeschäftliche Vertretungsmacht) gesetzt werden. Setzt der Auftraggeber die Frist nicht selbst, empfiehlt es sich in Anbetracht von § 174 BGB, Befugnisse Dritter schon im Werkvertrag zu regeln. Erfolgt die Fristsetzung durch einen nicht Berechtigten, kommt eine Genehmigung nach § 184 BGB durch den Auftraggeber nicht in Betracht, wenn die Frist abgelaufen ist[349]. Ausnahmsweise ist die Fristsetzung entbehrlich, wenn die Beseitigung der Mängel/vertragswidrigen Leistung unmöglich ist. Entsprechendes gilt, wenn dies von dem Auftragnehmer ernsthaft und endgültig verweigert wurde. Dies ist dann anzunehmen, wenn der Auftragnehmer die Mängelbeseitigungsverpflichtung insgesamt bestreitet und behauptet, die Leistung sei mangelfrei[350]. Von Bedeutung ist, dass diese Voraussetzungen selbst in einem Folgeprozess noch eintreten können, z.B. dann, wenn der Auftragnehmer im folgenden Schadensersatzprozess die Mängel bestreitet. Auch dann soll der Schluss darauf möglich sein, es handele sich um eine ernsthafte und endgültige Erfüllungsverweigerung[351]. Die Fristsetzung ist auch entbehrlich, wenn der Auftragnehmer deutlich macht, die geschuldete Ersetzung erst nach Ablauf einer angemessenen Frist in Angriff

---

[345] BGH NZBau 2004, 153 = BauR 2004, 380.

[346] BGH BauR 1982, 496, *Ingenstau/Korbion/Oppler* VOB/B § 4 Rdn. 371; *Vygen* Bauvertragrecht Rdn. 504.

[347] BGH BauR 1983; 73; *Heiermann/Riedl/Rusam* VOB/B § 4 Rdn. 98; a.A. Beck'scher VOB-Kommentar/*Kohler* VOB/B § 4 Nr. 7 Rdn. 207.

[348] BGH NJW-RR 1992, 1141.

[349] BGH NJW 1998, 3058.

[350] BGH NJW 1992, 235; BGH BauR 1990, 466; *Nicklisch/Weick* VOB/B § 4 Rdn. 110; *Ingenstau/Korbion/Oppler* VOB/B § 4 Rdn. 375.

[351] BGH NJW-RR 93, 882; Beck'scher VOB-Kommentar/*Kohler* VOB/B § 4 Nr. 7 Rdn. 217.

zu nehmen oder fertig zu stellen[352]. Hat der Auftragnehmer durch sein Verhalten (mangelhafte Arbeit; gravierende Mängel; mehrfache Mängelbeseitigungsbemühungen) den Vertragszweck derart gefährdet, dass der Auftraggeber das Vertrauen in die Leistungsfähigkeit des Auftragnehmers verlieren darf, ist dem Auftraggeber ein Festhalten an dem Vertrag nicht mehr zuzumuten. Es bedarf dann auch keiner Fristsetzungen mehr[353].

c) Entziehung des Auftrages, § 8 Nr. 3 VOB/B. Zusammen mit der Fristsetzung muss der Auftraggeber erklären, dass er nach fruchtlosem Ablauf der Frist dem Auftragnehmer **den Auftrag entziehe**. Damit soll dem Auftragnehmer noch einmal verdeutlicht werden, welche gravierenden Folgen bei Überschreitung der Fristen eintreten können[354]. Aus dieser Warnfunktion folgt, dass sich aus der Erklärung des Auftraggebers für den Auftragnehmer zweifelsfrei ergeben muss, dass der Auftraggeber nach Ablauf der Frist keine weiteren Leistungen des Auftragnehmers mehr entgegennehmen wird. Es ist nicht erforderlich, aber empfehlenswert, den Begriff „Auftragsentziehung" zu verwenden[355]. 177

Sowohl für die Fristsetzung sowie für die Androhung des Auftragsentzugs sind Formen und Fristen nicht vorgesehen. Aufgrund der weit reichenden Folgen empfiehlt es sich für den Auftraggeber jedenfalls, diese Erklärung schriftlich und nachweislich abzugeben. Im Streitfall muss der Auftraggeber die Einhaltung der Formalien darlegen und beweisen. Gelingt dies nicht, kann eine ausgebrachte Kündigung nur als einfache Kündigung gem. § 8 Nr. 1 VOB/B bewertet werden. 178

d) Rechtsfolgen. Liegen die Voraussetzungen nach § 4 Nr. 7 Satz 3 VOB/B vor, ist der Auftraggeber **berechtigt**, nicht **verpflichtet**, den Auftrag zu entziehen (= kündigen). Die Wirkung der Kündigung (Beendigung der Vertragsbeziehung für die Zukunft) tritt nicht schon mit dem Ablauf der angemessenen Frist mit Androhung der Auftragsentziehung ein. Anders, als die Ablehnungsandrohung nach § 326 Abs. 1 Satz 2 BGB a.F. oder nach § 634 Abs. 1 Satz 2 BGB a.F. wird lediglich ein auf Vernichtung des Vertrages gerichtetes Gestaltungsrecht des Auftraggebers geschaffen. Um diese Folgen herbeizuführen, muss der Auftraggeber unter Beachtung der Form (§ 8 Nr. 5 VOB/B) die Kündigungserklärung gesondert abgeben. Diese Erklärung kann der Auftraggeber selbst oder durch rechtsgeschäftlich bevollmächtigte Dritte abgeben. Auch hier empfiehlt sich, sicherzustellen, dass schon im Bauvertrag Klarheit darüber besteht, wer (für beide Vertragsparteien) befugt ist, rechtsgeschäftliche Erklärungen abzugeben/entgegenzunehmen. Oft verkannt wird, dass auch der den Auftraggeber vertretene Architekt nicht schon kraft des Architektenvertrages bevollmächtigt ist, diese Erklärung abzugeben. 179

Entscheidet sich der Auftraggeber nach Fristablauf dafür, von seinem **Kündigungsrecht keinen Gebrauch** zu machen, verbleibt es uneingeschränkt bei dem **Fortbestand des Bauvertrages**. Der Auftraggeber kann danach wieder gem. § 4 Nr. 7 Satz 1 VOB/B Ersatz der mangelhaften oder vertragswidrigen Leistung durch mangelfreie Arbeit verlangen und diesen Anspruch (notfalls gerichtlich) durchsetzen. **Wann** der Auftraggeber sein Wahlrecht ausüben muss, ist nicht geregelt. Erklärt sich der Auftraggeber nach Ablauf der Fristsetzung mit Ablehnungsandrohung nicht sofort, kann das zunächst entstandene Kündigungsrecht nach Ablauf eines angemessenen Zeitraums **verwirkt** sein, wenn der Auftraggeber durch sein späteres Verhalten zurechenbar bei dem Auftragnehmer den Eindruck erweckt hat, die angedrohte Vertragskündigung sei hinfällig geworden[356]. Um für die notwendige Rechtsklarheit zu sorgen, sollte der Auftraggeber unverzüglich nach Ablauf der Frist klarstellen, wie er sich entscheidet. Gilt die angedrohte Kündigung als hinfällig, setzt eine Kündigung nach § 4 Nr. 7 VOB/B wieder voraus, dass der Auftraggeber **alle** Voraussetzungen für das Kündigungsrecht **neu** schafft. 180

Anerkannt ist, dass das Wahlrecht des Auftraggebers auch die Berechtigung zu einer **Teil**kündigung des Bauvertrages umfasst. Begründet wird dies unter Hinweis darauf, dass eine Teilkün- 181

[352] BGH NJW 1984, 48.
[353] BGH BauR 1985, 450; *Ingenstau/Korbion/Oppler* VOB/B § 4 Rdn. 376.
[354] Beck'scher VOB-Kommentar/*Kohler* VOB/B § 4 Nr. 7 Rdn. 211.
[355] OLG Hamm BauR 2004, 549 = IBR 2004, 1027.
[356] *Nicklisch/Weick* VOB/B § 4 Rdn. 111; *Heiermann/Riedl/Rusam* VOB/B § 4 Rdn. 102.

digung das weniger einschneidende Mittel für beide Vertragsparteien ist, als eine Kündigung des gesamten Vertrages. Zu beachten ist in diesen Fällen, dass die Voraussetzung von § 4 Nr. 7 VOB/B auch die Teile umfassen müssen, wegen derer die Kündigung ausgebracht wird.

182 Das Kündigungsrecht kann der Auftraggeber auch dann ausüben, wenn der Auftragnehmer das Entstehen des Mangels/der Vertragswidrigkeit sowie die Nichtbeseitigung **nicht verschuldet** hat[357]. Die teilweise herangezogene „Anlehnung" an § 326 BGB a.F., der stets Verschulden voraussetzt, übersieht, dass § 4 Nr. 7 VOB/B eine insoweit abschließende Regelung der Ansprüche des Auftraggebers wegen Mängeln enthält[358].

183 Obwohl die von dem Auftraggeber im Rahmen von § 4 Nr. 7 VOB/B abzugebenden Erklärungen nicht formgebunden sind, ist die darauf begründete Kündigung immer **schriftlich** zu erklären, § 8 Nr. 5 VOB/B. Die Einhaltung der Schriftform ist Wirksamkeitsvoraussetzung. Auch wenn der Auftragnehmer die Baustelle räumt, nachdem der Auftraggeber ihm mündlich zu verstehen gegeben hat, dass der Auftrag entzogen wird, fehlt es an einer wirksamen Kündigung[359]. Einzelheiten der Begründung müssen in dem Schreiben nicht enthalten sein. Für den Auftragnehmer muss lediglich erkennbar sein, worauf die Kündigung gestützt wird. Klar sein muss auch, dass der Auftrag entzogen (= gekündigt) wird. Die Erklärung muss sich zwar nicht genau an den Wortlaut von § 4 Nr. 7 VOB/B orientieren. Der Wille des Auftraggebers, nach Ablauf der Frist keine Nachbesserungsleistungen mehr anzunehmen, muss aber immer eindeutig und zweifelsfrei zum Ausdruck gebracht werden. Ein nach Fristablauf ausgebrachtes schriftliches Verbot, die Baustelle zu betreten, kann als Kündigung gelten[360].

184 Mit Zugang der Kündigung bei dem Auftragnehmer wird der Vertrag für die Zukunft beendet[361]. Von da an ist der Auftragnehmer zur weiteren Herstellung des Werkes nicht mehr verpflichtet oder berechtigt. Er bleibt für die bis dahin erbrachten Leistungen gewährleistungspflichtig, hat allerdings auch das Recht, vorhandene Mängel selbst zu beseitigen[362]. Für den ausgeführten Leistungsteil steht dem Auftragnehmer die vereinbarte Vergütung zu. Im übrigen verliert er seinen Vergütungsanspruch. Nach der Kündigung kann der Auftraggeber wahlweise von seinem Recht der **Ersatzvornahme** (§ 8 Nr. 3 Abs. 2 Satz 1 VOB/B) Gebrauch machen oder bei Vorliegen der weiteren Voraussetzungen **Schadensersatz wegen Nichterfüllung** gem. § 8 Nr. 3 Abs. 2 Satz 2 VOB/B verlangen.

185 Im Rahmen der Ersatzvornahme kann der Auftraggeber hinsichtlich des Teils, der gekündigt wurde, die Leistung selbst oder durch einen Dritten zu Lasten des Auftragnehmers ausführen lassen (§ 8 Nr. 3 Satz 1 VOB/B). Im Zuge dessen kann der Auftraggeber von dem Auftragnehmer den Mehrbetrag verlangen, den er für die Ersatzvornahme aufwenden muss. Kurz gesagt sind die tatsächlich entstandenen Aufwendungen der vertraglich vereinbarten Vergütung gegenüberzustellen. Die Differenz hat der Auftragnehmer zu erstatten[363]. Davon zu unterscheiden ist der **Vorschussanspruch** des Auftraggebers. Danach kann der Auftraggeber von dem Auftragnehmer in Höhe der prognostizierten Mängelbeseitigungskosten vor Mängelbeseitigung einen Kostenvorschuss fordern[364]. Begrenzt wird dieser Vorschuss durch andere für den Auftraggeber bestehende Möglichkeiten, den erforderlichen Geldbetrag zu erlangen (etwa aus noch offenen, gerechtfertigten Abschlagszahlungen). Ersatzansprüche wegen sonstiger Schäden bleiben von der Ersatzvornahme unberührt, § 8 Nr. 3 Abs. 2 Satz 1 VOB/B.

186 Umstritten ist, ob dem Auftraggeber auch **vor Abnahme und ohne Kündigung** des Bauvertrages das Recht zusteht, den mangelhaften Teil der Leistung zu Lasten des Auftragnehmers im Wege der Ersatzvornahme ausführen zu lassen. § 4 Nr. 7 VOB/B sieht ein derartiges Recht nicht

[357] *Dähne* BauR 72, 279.
[358] BGH BauR, 1997, 1027; BGH BauR 1986, 573.
[359] OLG Celle BauR 2003, 1406 = IBR 2002, 605.
[360] OLG Hamm BauR 2004, 549 = IBR 2004, 1027.
[361] Eingehend VOB/B § 8 Rdn. 24, 68, 83, 103.
[362] BGH BauR 1987, 691; *Ingenstau/Korbion/Oppler* VOB/B § 4 Rdn. 387.
[363] OLG Düsseldorf BauR 1980, 276; *Leinemann/Sterner* VOB/B § 4 Rdn. 122.
[364] BGH BauR 1989, 213; *Heiermann/Riedl/Rusam* VOB/B § 4 Rdn. 102 e.

vor. Für den Zeitpunkt nach Abnahme ist auf § 13 Nr. 5 Abs. 2 VOB/B hinzuweisen. Im Werkvertragsrecht nach BGB gilt das Recht zur Selbstvornahme gem. § 637 BGB auch vor Abnahme (früher: § 633 Abs. 3 BGB a.F.). Die Rechtsprechung stellt auf den abschließenden Charakter der Regelung der VOB/B ab und folgert daraus, dass der Auftraggeber vor Abnahme und **ohne Kündigung kein Recht auf Ersatzvornahme hat**[365]. Nach einer Auffassung in der Literatur sei allerdings denkbar, dass in bestimmten Fällen Mangelbeseitigungskosten, die Mängel vor Abnahme betreffen und ohne Kündigung entstanden sind, als Schadensersatz über § 4 Nr. 7 Satz 2 VOB/B verlangt werden können[366]. Für die bis zum 31.12.2001 geltende Fassung des BGB wird vertreten, dass analog der §§ 633 Abs. 3 BGB a.F., 13 Nr. 5 Abs. 2 VOB/B ein Anspruch auf Ersatzvornahmekosten ausgelöst werde, so weit es um Kosten geht, die vor Abnahme und ohne Kündigung entstanden sind. Begründet wird dies damit, dass es interessenwidrig sei, den Auftraggeber zu zwingen, eine Vertragskündigung auf sich zu nehmen, um die notwendige Ersatzvornahme zu Lasten des Auftragnehmers auszuführen[367]. Nach der hier vertretenen Auffassung besteht keine Notwendigkeit, über Analogien einen Interessenkonflikt zu lösen. Im Gegenteil: Dem Auftragnehmer ist hinreichend deutlich zu machen, welche Folgen sein vertragswidriges Handeln hat. § 4 Nr. 7 VOB/B stellt mehrere – z.T. strenge – Voraussetzungen auf bis hin zur Androhung der Auftragsentziehung. Wenn der Auftragnehmer all dies nicht zum Anlass nimmt, seinen Verpflichtungen nachzukommen, wird es kaum im Interesse des Auftraggebers liegen, die Ersatzvornahmekosten vorzulegen und es im übrigen bei dem Vertrag zu belassen. Hinzu kommt, dass der Auftraggeber berechtigt ist, nur eine Teilkündigung auszusprechen, so dass das Argument, es sei dem Auftraggeber nicht zuzumuten, leistungswillige Drittunternehmer zu finden, nicht greift.

Von dem **Grundsatz**, dass der Auftraggeber, der Ersatz der Fremdnachbesserungskosten verlangt, den Vertrag vor Beginn der Fremdnachbesserung kündigen muss[368], gibt es im **Einzelfall** Ausnahmen. Weigert sich der Auftragnehmer endgültig, das Werk vertragsgemäß fertig zu stellen, ist eine Fristsetzung zur Mängelbeseitigung mit Kündigungsandrohung entbehrlich. Es bedarf dann auch nicht der gesonderten Auftragsentziehung. In diesen Fällen kann es bei den Beteiligten zu unklaren Verhältnissen bei der weiteren Bauabwicklung nicht mehr kommen, weil der Auftraggeber entweder die vertragsgemäße Fertigstellung verlangt oder die Ersatzvornahme durchführen kann[369]. 187

Einige Obergerichte kommen mit der Begründung zum selben Ergebnis, dass dann, wenn die (formalen) Voraussetzungen der Kündigung nicht geschaffen wurden, sich der Auftragnehmer gleichwohl die Kosten der Selbstvornahme als ersparte Aufwendungen analog § 8 Nr. 1 Abs. 2 VOB/B anrechnen lassen muss, und zwar selbst dann, wenn ihm zuvor nicht einmal eine Frist zur Nachbesserung gesetzt wurde[370]. Diese Rechtsprechung widerspricht der ständigen des BGH[371]. Beide Entscheidungen berufen sich auf eine Analogie zu § 8 Nr. 1 Abs. 2 VOB/B. Die Begründung ist zum einen nicht überzeugend, weil § 8 Nr. 3 VOB/B eine abschließende Sonderregelung zwischen den Vertragsparteien ist, schon deshalb kein Raum für die für die eine Analogie notwendige Regelungslücke besteht. Zum anderen können der Höhe nach sicher nicht die Drittnachbesserungskosten maßgeblich sein, sondern nur die Aufwendungen, die der Auftragnehmer selber tatsächlich erspart hat.

XI. Pflicht des Auftragnehmers zur Selbstausführung (§ 4 Nr. 8 VOB/B)

1. Allgemeines

§ 4 Nr. 8 Abs. 1 VOB/B verpflichtet den Auftragnehmer, die Leistung **im eigenen Betrieb** auszuführen. Nur mit schriftlicher Zustimmung des Auftraggebers darf er sie (teilweise) an 188

[365] BGH BauR 1997, 1027; BGH BauR 1986, 573; OLG Düsseldorf BauR 1994, 369.
[366] *Vygen* Rdn. 499.
[367] *Nicklisch/Weick* VOB/B § 4 Rdn. 113 c.
[368] BGH BauR 1997, 1027; BGH BauR 1986, 573; OLG Düsseldorf BauR 1994, 369.
[369] BGH NZBau 2000, 421; BGH BauR 2001, 1577; BGH BauR 2000, 1577; BGH BauR 2000, 1579.
[370] OLG Celle BauR 2003, 1406; OLG Koblenz NJW-RR 2004, 1670 = IBR 2005, 16.
[371] BGH BauR 1988, 82; IBR 1998, 12.

Nachunternehmer übertragen. Die Zustimmung ist bei Leistungen, auf die der Betrieb des Auftragnehmers nicht eingerichtet ist, nicht notwendig. Bei Zuwiderhandlung hat der Auftraggeber ein Kündigungsrecht (§ 8 Nr. 3 VOB/B). Wenn Bauleistungen an Nachunternehmer weitervergeben werden, muss der Auftragnehmer die VOB zugrunde legen (§ 4 Nr. 8 Abs. 2 VOB/B). Der Auftragnehmer muss auf Verlangen dem Auftraggeber die Nachunternehmer bekannt geben (§ 4 Nr. 8 Abs. 3 VOB/B).

189 Die auf den Betrieb bezogene Leistungsverpflichtung begründet sich mit dem Langzeitcharakter des Bauvertrags. Auch hier steht das Interesse an einem störungsfreien Bauverlauf im Vordergrund, wobei das Interesse des Auftraggebers daran, zu wissen, wer sich „auf seiner Baustelle" aufhält, als schützenswert anzusehen ist, weil es grundsätzlich Sache des Auftraggebers ist, für die Aufrechterhaltung der allgemeinen Ordnung auf der Baustelle zu sorgen und das Zusammenwirken der verschiedenen Unternehmer zu regeln, § 4 Nr. 1 Abs. 1 VOB/B.

2. Grundsatz/Ausnahmen

190 Eine entsprechende Regelung gibt es im Werkvertragsrechts des BGB nicht. Die in § 4 Nr. 8 Abs. 1 Satz 1 VOB/B vorgesehene Eigenleistungsverpflichtung schließt grundsätzlich aus, dass der Auftragnehmer seine Leistung ganz oder teilweise auf Nachunternehmer überträgt. Da sich der Auftragnehmer häufig zwangsläufig Dritter bedienen muss, um seine geschuldete Leistung zu erbringen, besteht die **Eigenleistungsverpflichtung** des Auftragnehmers **nicht höchstpersönlich** (personenbezogen). Abzustellen ist auf seinen **Betrieb**[372]. Das Merkmal „im eigenen Betrieb" ist nicht räumlich zu verstehen. Zum Betrieb in diesem Sinne gilt all das, was üblicherweise an persönlichen und sachlichen Ressourcen vorgehalten wird, um sich gewerblich in einem bestimmten Bereich zu betätigen. Umfasst sind also zunächst das für den Auftragnehmer tätige Personal sowie die zur Verfügung stehenden Sachmittel. Nicht umfasst sind Maschinen und Geräte, die der Auftragnehmer also auch ohne schriftliche Zustimmung des Auftraggebers entleihen darf[373]. Ebenso wenig bedeutet „im eigenen Betrieb", dass der Auftragnehmer die Bauleistung in eigenen räumlichen Betriebsstätten (Werkstatt, Bauhof etc.) ausführen muss. Dem steht schon entgegen, dass Bauleistungen in aller Regel auf dem Grundstück des Auftraggeber hergestellt werden müssen[374]. Die Verpflichtung gilt nicht nur für Einzelunternehmer, sondern auch für Unternehmenszusammenschlüsse zu dem Zweck der Herstellung der geschuldeten Leistung (z.B. ARGE). Allgemein ist festzuhalten, dass die Eigenleistungsverpflichtung ausschließen soll, dass Aufträge ganz oder teilweise weitervergeben werden[375].

191 Eine Ausnahme besteht dann, wenn der Auftraggeber der Übertragung an Nachunternehmer schriftlich zugestimmt hat. Die **Zustimmung** ist in den §§ 182 ff. BGB geregelt. Danach ist zwischen der vorherigen Zustimmung (Einwilligung) und der nachträglichen Zustimmung (Genehmigung) zu differenzieren. Nach Sinn und Zweck von § 4 Nr. 8 Satz 1, 2 VOB/B spricht einiges dafür, dass dort nur die **vorherige Zustimmung** gem. § 183 BGB gemeint sein kann. Bei anderer Betrachtungsweise wäre der Auftragnehmer grundsätzlich berechtigt, Nachunternehmer zu beauftragen, solange der Auftraggeber die Genehmigung (§ 184 Abs. 1 BGB) nicht versagt und diese bei Erteilung rückwirkend gilt, § 184 Abs. 1 Satz 1 BGB. Nach herrschender Auffassung gilt § 4 Nr. 8 Abs. 1 Satz 2 VOB/B für beide Arten der Zustimmung[376]. Dieser Auffassung ist zu folgen, weil der Auftraggeber bei nachträglicher Zustimmung (Genehmigung) zu erkennen gibt, dass seine schutzwürdigen Interessen trotz Beauftragung eines Nachunternehmers gewahrt sind. Verweigert der Auftraggeber die Zustimmung, erfolgt die Einsetzung von Nachunternehmern auf eigene Gefahr des Auftragnehmers. In der Praxis sollte daher der Auftragnehmer bei beabsichtigter Beauftragung von Nachunternehmern vorher schriftlich die Zustimmung des

---

[372] *Kleine-Möller/Merl/Oelmaier* § 9 Rdn. 14, § 2 Rdn. 330; *Heiermann/Riedl/Rusam* VOB/B § 4 Rdn. 104.
[373] *Heiermann/Riedl/Rusam* VOB/B § 4 Rdn. 104.
[374] Beck'scher VOB-Kommentar/*Hofmann* VOB/B § 4 Nr. 8 Rdn. 4.
[375] KG Berlin BauR 2001, 1101; Beck'scher VOB-Kommentar/*Hofmann* VOB/B § 4 Nr. 8 Rdn. 7.
[376] *Kleine-Möller/Merl/Oelmaier* § 2 Rdn. 330; *Ingenstau/Korbion/Oppler* VOB/B § 4 Rdn. 402.

Auftraggebers einholen, um die einschneidenden Folgen einer unerlaubten Weitervergabe an Nachunternehmer zu vermeiden.

Die Zustimmung muss schriftlich erteilt werden (§§ 126, 127 BGB). Für die vor dem 1.8.2001 geschlossenen Verträge reicht, weil es sich um eine gewillkürte Schriftform handelt, die Erklärung per Telefax aus (s. Rdn. 93). Für die danach geschlossenen Verträge ergibt sich dies unmittelbar aus § 127 Abs. 2 BGB in der seitdem geltenden Fassung. 192

Der Auftraggeber braucht sich bei seiner Entscheidung zur Zustimmung nicht allein zwischen „ja" oder „nein" zu entscheiden. Da ein „Nein" den Auftragnehmer u. U. stärker beeinträchtigt, als ein „modifiziertes Ja", kann der Auftraggeber seine Zustimmung von Bedingungen oder Auflagen abhängig machen oder diese auf Teilbereiche beschränken[377]. Dann hat der Auftragnehmer darüber zu entscheiden, ob er diese Einschränkungen akzeptiert. Dabei ist im Einzelfall zu prüfen, wieweit die Befugnis des Auftragnehmers reichen soll, Nachunternehmer zu beauftragen. Ergibt sich dies aus einer Zustimmung des Auftraggebers nicht eindeutig und abschließend, ist die Tragweite der Zustimmung im Wege der Auslegung zu ermitteln. Aufgrund des Grundsatzes zur Selbstausführung muss der Auftragnehmer bei einer nicht abschließend bestimmten Zustimmungserklärung den überwiegenden Teil der Vertragsleistung im eigenen Betrieb erbringen, und zwar mindestens 1/3 der Vertragsleistung[378]. 193

Weitere Ausnahme von der Eigenleistungsverpflichtung sind die Fälle, in denen der **Betrieb** des Auftragnehmers auf Leistungen **nicht eingerichtet** ist. Das Zustimmungserfordernis nach § 4 Nr. 8 Abs. 1 Satz 2 VOB/B entfällt dann, so dass insoweit der Auftragnehmer ohne Mitteilung an oder Zustimmung durch den Auftraggeber berechtigt ist, Leistungen an Nachunternehmer zu übertragen, § 4 Nr. 8 Abs. 1 Satz 3 VOB/B. Es handelt sich dabei – mit anderen Worten – um „betriebsfremde Leistungen". Aufgrund des Grundsatzes der Selbstausführung (§ 4 Nr. 8 Satz 1 VOB/B), ist § 4 Nr. 8 Satz 3 VOB/B eng auszulegen[379]. Der Auftragnehmer, der sich um die Vergabe eines Bauauftrages bemüht, hat dafür die erforderliche Kompetenz aufzuweisen, und zwar auch die Kompetenz zur Eigenausführung. Hat er daran Zweifel, muss er diese im Rahmen der Vertragsverhandlungen offen legen, andernfalls eine Haftung wegen Verschuldens bei Vertragsverhandlungen in Betracht kommt. Der Auftraggeber, der der Beauftragung die VOB/B zugrunde legt, gibt dadurch zu erkennen, dass er an der Eigenleistungsverpflichtung des Auftragnehmers Interesse hat. Er darf deshalb dann, wenn der Bieter an der ausreichenden Kompetenz Zweifel hat, entsprechende Aufklärung erwarten. Allein der Auftraggeber hat zu entscheiden, ob er ungeachtet der (teilweise) fehlenden Kompetenz des Auftragnehmers gleichwohl den Auftrag erteilt, wobei in diesen Fällen wiederum der Auftragnehmer gut beraten ist, schon im Bauvertrag notwendige Untervergaben zu regeln (vor allem die Zustimmung dazu einzuholen). Sinn und Zweck der Ausnahme aus § 4 Nr. 8 Abs. 1 Satz 3 VOB/B kann deshalb nur sein, dass hier **Nebenleistungen** in Rede stehen, die im Verhältnis zu der gesamt geschuldeten Leistung nicht besonders ins Gewicht fallen und die den Gesamtzweck der Eigenleistungsverpflichtung nicht berühren[380]. Ist der Einsatz von Nachunternehmern genehmigt oder bereits im Bauvertrag vereinbart, besteht keine **Verpflichtung** des Auftragnehmer, die Nachunternehmer auch einzusetzen. Nach § 4 Nr. 8 Abs. 1 Satz 1 VOB/B „darf" der Auftragnehmer mit schriftlicher Zustimmung des Auftraggebers Nachunternehmer beauftragen (nicht: „muss")[381]. 194

Aus der Verpflichtung des Auftragnehmers zur Eigenausführung kann der Auftragnehmer keine Rechte auf Nachbeauftragungen ableiten. Dies gilt auch dann, wenn Leistungen, die dem Auftragnehmer nicht in Auftrag gegeben, sondern einem Drittunternehmer beauftragt sind, von

377 Beck'scher VOB-Kommentar/*Hofmann* VOB/B § 4 Nr. 8 Rdn. 36.

378 OLG München BauR 2005, 602 = IBR 2005, 82; OLG Frankfurt a.M. NZBau 2001 101; in diesen Entscheidungen geht es um den Ausschluss von Generalübernehmern aus einem Vergabeverfahren, § 8 Nr. 2 Abs. 1, 3 VOB/A.

379 *Nicklisch/Weick* VOB/B § 4 Rdn. 119.

380 *Ingenstau/Korbion/Oppler* VOB/B § 4 Nr. 8 Rdn. 410; *Nicklisch/Weick* VOB/B § 4 Rdn. 19.

381 BayObLG IBR 2004, 36.

diesem aus Rechtsgründen nicht durchgeführt werden dürfen, weil für diesen Fall eine behördliche Bescheinigung nicht erteilt werden kann[382].

3. Kündigungsrecht des Auftraggebers

195 Erbringt der Auftragnehmer ohne schriftliche Zustimmung des Auftraggebers Leistungen nicht im eigenen Betrieb, obwohl sein Betrieb darauf eingerichtet ist, kann der Auftraggeber dem Auftragnehmer eine **angemessene Frist** zur Aufnahme der Leistung im eigenen Betrieb setzen und erklären, dass er dem Auftragnehmer nach fruchtlosem Ablauf der Frist den **Auftrag entziehe** (§ 8 Nr. 3 VOB/B), § 4 Nr. 8 Abs. 1 Satz 4 VOB/B. Voraussetzung für dieses Kündigungsrecht ist, dass es sich um Leistungen handelt, auf die der Betrieb des Auftragnehmers eingerichtet ist. Die Formulierung könnte nach allgemeinen Grundsätzen zu der Annahme zwingen, dass dafür der Auftraggeber darlegungs- und beweispflichtig ist. Aufgrund der Systematik von § 4 Nr. 8 Abs. 1 VOB/B ist das Gegenteil richtig: Nach § 4 Nr. 8 Abs. 1 Satz 1 VOB/B muss der Auftragnehmer grundsätzlich die Leistung im eigenen Betrieb ausführen. Der Zustimmung zu der Beauftragung an Nachunternehmer bedarf es nur dann nicht, wenn der Betrieb des Auftragnehmers auf die Leistung nicht eingerichtet ist, § 4 Nr. 8 Abs. 1 Satz 2 VOB/B. Für diesen Ausnahmetatbestand ist der Auftragnehmer darlegungs- und beweispflichtig[383]. Da der Auftraggeber zumeist nicht beurteilen kann, ob der Betrieb des Auftragnehmers auf eine Leistung ganz oder teilweise nicht eingerichtet ist, er in den Betrieb des Auftragnehmers also „nicht hereinsehen" kann, muss der Auftragnehmer im Streit über die Voraussetzung des Kündigungsrechts darlegen und beweisen, dass er zu der Übertragung der Leistung an Nachunternehmer berechtigt war[384].

196 Um das Kündigungsrecht auszulösen, muss der Auftraggeber den Auftragnehmer auffordern, den ungenehmigten Einsatz von Nachunternehmern zu unterlassen und die Leistung im eigenen Betrieb wieder aufzunehmen. Erforderlich ist eine eindeutige und für den Auftragnehmer unmissverständliche entsprechende Aufforderung des Auftraggebers. Eine Form oder Frist ist dafür nicht vorgeschrieben. Für Beweiszwecke ist (für Auftragnehmer und Auftraggeber) zu empfehlen, diese Aufforderung schriftlich gegen Nachweis abzugeben[385]. Die Frist zur Aufnahme der Leistung im eigenen Betrieb muss angemessen sein. Auch hier richtet sich die Angemessenheit nach den Umständen des Einzelfalls. Maßgeblich können sein der Bautenstand, der Umfang notwendiger Vorbereitungsmaßnahmen etc. Nicht maßgeblich ist, welchen Zeitraum der Auftragnehmer benötigt, um gegenüber den Nachunternehmern eingegangene Verpflichtungen wieder zu lösen. Durch die **verbotene Weitergabe** der Leistung an Nachunternehmer hat der Auftragnehmer den **Vertrag bereits verletzt**. Der Auftragnehmer wird häufig in die missliche Lage geraten, nach entsprechender Aufforderung durch den Auftraggeber bestehende Vertragsverhältnisse zu Nachunternehmern zu kündigen, und zwar in der Regel als einfache Kündigung gem. § 8 Nr. 1 Abs. 1 Satz 1 VOB/B mit der Folge der Vergütungsverpflichtung aus § 8 Nr. 1 Abs. 2 Satz 1 VOB/B. Dieses Risiko geht der Auftragnehmer bei verbotener Untervergabe ein, so dass bei der Frage der Angemessenheit der Fristsetzung auf Belange des Auftragnehmers, sich anderweitig von rechtlichen Verpflichtungen gegenüber seinen Nachunternehmern zu lösen, nicht eingegangen werden muss. Im Vordergrund steht das berechtigte Interesse des Auftraggebers an einer unverzüglichen Aufnahme der Leistung im eigenen Betrieb des Auftragnehmers[386]. Die Frist muss nur so bemessen sein, dass es dem Auftragnehmer **objektiv** möglich ist, innerhalb der Frist die Leistung im eigenen Betrieb wieder aufzunehmen.

---

[382] OLG Brandenburg BauR 2003, 1743 = IBR 2003, 662 für den Fall, dass der Auftragnehmer feuerhemmende Türen einbauen sollte, der Auftraggeber mit den Türantrieben ein Drittunternehmen beauftragt hatte.

[383] Beck'scher VOB-Kommentar/*Hofmann* VOB/B § 4 Nr. 8 Rdn. 47; *Ingenstau/Korbion/Oppler* VOB/B § 4 Rdn. 408.

[384] Vgl. *Ingenstau/Korbion/Oppler* VOB/B § 4 Rdn. 412.

[385] *Ingenstau/Korbion/Oppler* VOB/B § 4 Rdn. 413.

[386] *Ingenstau/Korbion/Oppler* VOB/B § 4 Rdn. 414.

197 Der Auftraggeber muss diese Fristsetzung mit der Erklärung verbinden, dass er dem Auftragnehmer nach fruchtlosem Ablauf der Frist den Auftrag entzieht (§ 8 Nr. 3 VOB/B). Der Zweck dieser Erklärung ist, dem Auftragnehmer die Folgen seiner Pflichtverletzung und die Folgen des Fristablaufs zu verdeutlichen. Aus der Erklärung muss deutlich werden, dass der Auftraggeber nach Ablauf der gesetzten Frist das Vertragsverhältnis ganz – oder teilweise – beenden wird. Es ist nicht erforderlich, dass sich diese Erklärung an dem Wortlaut von § 4 Nr. 8 Abs. 1 Satz 4 VOB/B orientiert oder auf die Rechtsfolge (§ 8 Nr. 3 VOB/B) ausdrücklich wörtlich hingewiesen wird.

198 Die Fristsetzung mit Androhung der Auftragsentziehung ist nach allgemeinen Grundsätzen entbehrlich, wenn sie sich als bloße Förmelei darstellen würde. Dies gilt dann, wenn der Auftragnehmer die Aufnahme oder Ausführung der Arbeiten im eigenen Betrieb ernsthaft und endgültig verweigert (s. Rdn. 186). Entsprechendes gilt, wenn sich herausstellt, dass der Auftragnehmer von Anfang an nicht in der Lage war, der Verpflichtung zur Selbstausführung zu entsprechen und dies bei den Vertragsverhandlungen nicht offen gelegt hat. Auch hier gilt, dass der Auftraggeber im Zweifel immer die formalen Voraussetzungen des Kündigungsrechts ordnungsgemäß schaffen sollte, da die Ausnahmetatbestände sich immer nach dem Einzelfall beurteilen, letztlich der Bewertung nach Treu und Glauben (§ 242 BGB) unterliegen.

199 Mit Ablauf der gesetzten Frist entsteht ein Kündigungs**recht** des Auftraggebers. Der Auftraggeber ist **berechtigt**, nicht **verpflichtet**, nach Ablauf der Frist die Kündigung zu erklären. Dem Auftraggeber steht ein Wahlrecht zu. Zunächst kann er nach Schaffung der Voraussetzungen den Vertrag **kündigen**. Daneben ist er berechtigt, anstelle der Kündigung des ganzen Vertrages die Kündigung auf **Teilbereiche** zu beschränken. Schließlich kann der Auftraggeber trotz fruchtlosen Ablaufs der Frist davon absehen, überhaupt eine Kündigungserklärung abzugeben und das Vertragsverhältnis zu dem Auftragnehmer fortsetzen. Wenn der Auftraggeber dann später doch eine Kündigung erwägt, muss er allerdings die Voraussetzungen dafür wieder von Anfang an schaffen. Dies gilt jedenfalls dann, wenn der Auftraggeber nicht binnen angemessener Frist nach Ablauf der von ihm gesetzten Frist die Kündigung erklärt und sein Verhalten bei objektiver Betrachtung den Schluss zulässt, er werde ungeachtet des Fristablaufs an dem Vertragsverhältnis festhalten (s. Rdn. 179).

200 Dieses Kündigungsrecht wurde durch die VOB – Ausgabe 2000 – eingeführt. Zuvor wurde das Kündigungsrecht unter denselben Voraussetzungen dem Auftraggeber nach herrschender Auffassung zugebilligt. Gestützt wurde dies auf analoge Anwendung von § 7 Nr. 3 Satz 3 VOB/B in der alten Fassung oder auf positive Forderungsverletzung[387], was für die zuvor geschlossenen Verträge von Bedeutung sein kann.

4. Weitervergabe durch den Auftragnehmer

201 Bei **erlaubter Weitervergabe** von Bauleistungen an Nachunternehmer ist der Auftragnehmer verpflichtet, die VOB zugrunde zu legen, § 4 Nr. 8 Abs. 2 VOB/B. Da diese Verpflichtung die Teile B und C betrifft, ist durch die mit dem Beschluss des Verdingungsausschlusses vom 27.6.2006 erfolgte Ergänzung jetzt klargestellt, entsprach aber auch zuvor der herrschenden Auffassung[388]. Die Verpflichtung gilt nur bei der Weitervergabe von **Bauleistungen** (vgl. § 1 VOB/A). Leistungen, die nicht Bauleistungen in diesem Sinne sind, sind von § 4 Nr. 8 Abs. 2 VOB/B nicht umfasst. Zu denken ist hier etwa an die Materialbeschaffung, Transport, Herstellung von Gerüsten, Lieferung vorgefertigter Bauteile (sog. „Bauhilfsleistungen")[389].

202 Nach einer Auffassung[390] soll in diesem Fall auch die Beachtung von VOB/A zu den Pflichten des Auftragnehmers gehören, der bei Weitergabe von Leistungen die Vergabe nach VOB/A durchführen müsse. Diese Auffassung ist nicht richtig, weil die VOB/A nur für öffentliche

[387] *Nicklisch/Weick* VOB/B 2. Aufl. 1991 § 4 Rdn. 122.
[388] Beck'scher VOB-Kommentar/*Hofmann* VOB/B § 4 Nr. 8 Rdn. 48.
[389] *Ingenstau/Korbion/Oppler* VOB/B § 4 Rdn. 420; *Heiermann*/Riedl/Rusam VOB/B § 4 Rdn. 107.
[390] *Heiermann/Riedl/Rusam* VOB/B § 4 Rdn. 107.

Auftraggeber bindend ist[391]. Zweck der Verpflichtung des Auftragnehmers ist vorrangig, sicherzustellen, dass dann, wenn sich der Auftragnehmer zur Erfüllung seiner Verpflichtungen Dritter (mit-)bedient, die geschlossenen Verträge „parallel" geschaltet sind, der Nachunternehmer also genau die Vorschriften wie der Auftragnehmer gegenüber dem Auftraggeber zu beachten hat[392]. Die Verpflichtung ist in der Praxis problematisch, da häufig von der VOB/B abweichende Vereinbarungen getroffen werden. Der Zweck der Regelung kann nur dann erreicht werden, wenn der Kernbereich der VOB auch im Verhältnis zwischen Auftraggeber und Auftragnehmer gilt, die VOB/B also „als Ganzes" vereinbart ist.

203 Begründet ist nur eine entsprechende Verpflichtung des Auftragnehmers gegenüber dem Auftraggeber. Es ändert sich nichts daran, dass bei erlaubter Weitergabe von Bauleistungen die **Verträge** zwischen Auftraggeber und Auftragnehmer einerseits und Auftragnehmer und Nachunternehmer andererseits **rechtlich selbständig** sind. Der Auftraggeber kann gegenüber dem Nachunternehmer keine vertraglichen Ansprüche geltend machen. Dies gilt auch für Zahlungen, wobei unter den Voraussetzungen des § 16 Nr. 6 VOB/B der Auftraggeber berechtigt ist, Zahlungen unmittelbar an den Nachunternehmer zu leisten[393]. Der Nachunternehmer wird auch dann nicht unmittelbar gegenüber dem Auftraggeber berechtigt/verpflichtet, wenn vereinbart ist, dass er seine Rechnungen unmittelbar dem Auftraggeber zuleiten und dieser an den Nachunternehmer zahlen soll[394]. Nach einhelliger Auffassung ist der Nachunternehmer Erfüllungsgehilfe des Auftragnehmers gegenüber dem Auftraggeber gem. § 278 BGB[395].

204 In der Praxis haben sich weitere Unternehmereinsatzformen herausgebildet[396]. Zu nennen sind vorrangig die Generalunternehmer. Diese unterfallen § 4 Nr. 8 VOB/B nicht, da bei dieser Unternehmereinsatzform von Anfang an eindeutig geregelt ist, dass der Generalunternehmer die Leistung nicht komplett im eigenen Betrieb, sondern nur in Teilen oder sogar insgesamt durch Nachunternehmer erbringen wird.

5. Mitteilungspflicht des Auftragnehmers

205 Nach § 4 Nr. 8 Abs. 3 VOB/B muss der Auftragnehmer dem Auftraggeber **auf Verlangen die Nachunternehmer bekannt geben.** Es handelt sich um eine Bestimmung, die dem Schutz der Interessen des Auftraggebers sicherstellen soll, indem dem Auftraggeber ein Auskunftsanspruch gegenüber dem Auftragnehmer eingeräumt wird. Der Auftraggeber wird häufig auf diese Auskünfte angewiesen sein, z.B. um seinen Verpflichtungen zur Aufrechterhaltung der allgemeinen Ordnung auf der Baustelle und zur Regelung des Zusammenwirkens der verschiedenen Unternehmer (§ 4 Abs. 1 Nr. 1 Satz 1 VOB/B) nachkommen zu können. Weiter soll der Auftraggeber in die Lage versetzt werden, ständig zu prüfen, ob die an der Erfüllung beteiligten Unternehmer die notwendige Eignung besitzen. Dem korrespondiert eine entsprechende – einklagbare – Verpflichtung des Auftragnehmers zur Erteilung der Auskünfte. Dazu gehören die Mitteilung von Name und Anschrift (unter Einschluss der Vertretungsverhältnisse) des Nachunternehmers[397]. Dazu gehört entsprechend dem Schutzzweck von § 4 Nr. 8 VOB/B auch die genaue Mitteilung, welche Bauleistung an den jeweiligen Nachunternehmer weitergegeben wurde[398]. Bekannt geben muss der Auftragnehmer auch alle Tatsachen, die für den Auftraggeber darüber hinaus von Bedeutung sein können, vor allem betreffend die Eignung des Nachunternehmers (Zuverlässigkeit, Leistungsfähigkeit etc.)

---

[391] Siehe VOB/A Einleitung Rdn. 30 ff.

[392] Beck'scher VOB-Kommentar/*Hofmann* VOB/B § 4 Nr. 8 Rdn. 50; *Leinemann/Sterner* VOB/B § 4 Rdn. 136; *Heiermann/Riedl/Rusam* VOB/B § 4 Rdn. 107.

[393] Näher dazu VOB/B § 16 Nr. 6 Rdn. 337 ff.

[394] BGH BauR 1974, 134; Beck'scher VOB-Kommentar/*Hofmann* VOB/B § 4 Nr. 8 Rdn. 58; *Leinemann/Sterner* VOB/B § 4 Rdn. 136.

[395] BGH ZfBR 1999, 12; *Ingenstau/Korbion/Oppler* VOB/B § 4 Rdn. 401.

[396] Siehe oben Rdn. 12.

[397] Beck'scher VOB-Kommentar/*Hofmann* VOB/B § 4 Nr. 8 Rdn. 59; *Ingenstau/Korbion/Oppler* VOB/B § 4 Rdn. 424, 425; *Nicklisch/Weick* VOB/B § 4 Rdn. 121.

[398] Beck'scher VOB-Kommentar/*Hofmann* VOB/B § 4 Nr. 8 Rdn. 59.

6. Rechtsfolgen

206 Die Einhaltung der Pflichten ist für den Auftraggeber einklagbar, wobei er alternativ die Möglichkeit hat, das Vertragsverhältnis ganz oder teilweise zu kündigen (s. Rdn. 197). Resultieren aus einer Pflichtverletzung Baumängel, richtet sich die Verjährung nach § 13 Nr. 4 VOB/B[399]. Schließlich können sich wegen der Pflichtverletzung Schadensersatzansprüche zugunsten des Auftraggebers ergeben, § 280 Abs. 1 BGB. Ein Anspruch des Auftraggebers auf Zahlung ersparter Lohnaufwendungen in dem Fall, in dem der Auftragnehmer durch „billiges" Fremdpersonal entsprechende Aufwendungen erspart, besteht nicht, weil allein dadurch den Auftraggeber kein Schaden entsteht[400].

XII. Fund (§ 4 Nr. 9 VOB/B)

1. Allgemeines

207 Werden bei Ausführung der Leistung auf einem Grundstück Gegenstände von Altertums-, Kunst- oder wissenschaftlichem Wert entdeckt, hat der Auftragnehmer vor jedem weiteren Aufdecken oder Ändern dem Auftraggeber den Fund anzuzeigen und ihm die Gegenstände nach näherer Weisung abzuliefern. Die Vergütung etwaiger Mehrkosten regelt sich nach § 2 Nr. 6 VOB/B. Die Rechte des Entdeckers (§ 984 BGB) hat der Auftraggeber. Es geht in der Folge allerdings weniger um die Frage, wem Rechte daraus erwachsen und wem Mehrkosten zustehen, als um die Frage einer Behinderung des Bauablaufs, da Rechte Dritter (vor allem der zuständigen Denkmalbehörden) in diesen Fällen greifen.

208 Während § 984 BGB (Schatzfund) den Schatz legal als Sache definiert, die so lange verborgen gelegen hat, dass der Eigentümer nicht mehr zu ermitteln ist, ohne dass es z.B. auf den Wert ankommt, spricht § 4 Nr. 9 VOB/B allgemein von **Gegenständen** und stellt auch auf den Altertums-, Kunst- oder wissenschaftlichen **Wert** ab. Damit ist zunächst geregelt, dass § 4 Nr. 9 VOB/B nicht nur bewegliche Sachen, sondern auch unbewegliche Sachen und Grundstücksbestandteile erfasst. Insoweit ist § 4 Nr. 9 VOB/B weiter gefasst. Enger gefasst ist § 4 Nr. 9 VOB/B deshalb, weil zugleich der Gegenstand einen Wert haben muss (anders als § 984 BGB der Schatz). Ob ein Gegenstand diesen Wert hat, lässt sich in der Praxis in aller Regel nur durch die Befragung der einschlägigen Fachkreise, vor allem also durch Befragung von Sachverständigen ermitteln[401]. Erfasst werden nicht nur Bodenfunde (Regelfall: Aushubarbeiten) wie Bodendenkmäler, Grabfunde, Wertgegenstände, sondern auch Funde in Gebäuden oder Gebäudebestandteilen, denkbar etwa im Zuge von Umbauarbeiten (Restaurierung/Renovierung)[402]. Kann ein Altertums-, Kunst- oder wissenschaftlicher Wert nicht festgestellt werden, gilt ausschließlich § 984 BGB.

2. Anzeige-/Ablieferungspflicht

209 Nach der Entdeckung der Gegenstände ist der Auftragnehmer verpflichtet, dem Auftraggeber den Fund unverzüglich anzuzeigen. Unverzüglich heißt ohne schuldhaftes Zögern (§ 121 Abs. 1 Satz 1 BGB). Dabei ist eine Gewissheit des Auftragnehmers (vor allem was den Wert angeht) nicht erforderlich. Sobald der Auftragnehmer bzw. dessen Erfüllungsgehilfe annehmen muss, es handele sich um Gegenstände von Altertums-, Kunst- oder wissenschaftlichem Wert, entsteht die Anzeigeverpflichtung[403]. Die Annahme muss genügen, da der Auftragnehmer und dessen Erfüllungsgehilfen kaum in der Lage sein werden, den Wert des aufgefundenen Gegenstandes

---

399 BGH NJW 1973, 38; Beck'scher VOB-Kommentar/*Hofmann* VOB/B § 4 Nr. 8 Rdn. 62; *Heiermann/Riedl/Rusam* VOB/B § 4 Rdn. 107 b.

400 OLG München BauR 2005, 602 = IBR 2005, 82.

401 *Ingenstau/Korbion/Oppler* VOB/B § 4 Rdn. 427; *Nicklisch/Weick* VOB/B § 4 Rdn. 123.

402 Beck'scher VOB-Kommentar/*Hofmann* VOB/B § 4 Nr. 8 Rdn. 9.

403 Beck'scher VOB-Kommentar/*Hofmann* VOB/B § 4 Nr. 9 Rdn. 9; *Ingenstau/Korbion/Oppler* VOB/B § 4 Rdn. 428.

einzuschätzen. Es muss deshalb sichergestellt werden, dass die zivilrechtliche Zuordnung der Gegenstände ebenso sichergestellt wird, wie eine ggf. bestehende öffentlich-rechtliche Zweckbestimmung. Nach der Entdeckung hat der Auftragnehmer weiteres Aufdecken oder Ändern zu unterlassen. Gemeint ist damit weiteres Ausgraben, Abkratzen oder irgendeine Änderung an/um den Fundgegenstand. Dieser darf nicht zerlegt oder sonst aus seiner Lage verbracht werden[404]. Dieses Verbot gilt auch nach erfolgter Anzeige des Fundes gegenüber dem Auftraggebers. Nach der Anzeige muss der Auftragnehmer die weitere Weisung des Auftraggebers abwarten. Dabei ist zu berücksichtigen, dass der Auftraggeber, der ebenfalls zumeist nicht sachkundig sein wird, darauf angewiesen ist, fachkundigen Rat einzuholen. Bis zum Eingang der Weisung des Auftraggeber muss der Auftragnehmer den gefundenen Gegenstand vor Beschädigung/Zerstörung oder Diebstahl schützen[405].

210 Andererseits hat der Auftraggeber im Rahmen seiner allgemeinen Mitwirkungspflicht, nach Eingang der Anzeige des Auftragnehmers unverzüglich mitzuteilen, wie weiter verfahren werden soll. Er hat dem Auftragnehmer eine **nähere Weisung** zu erteilen. Aufgrund dieser Weisung hat der Auftragnehmer dem Auftraggeber den Fund abzuliefern. Auch im Rahmen dessen trifft den Auftragnehmer eine Fürsorgepflicht. Er muss den Gegenstand ordnungsgemäß beaufsichtigen und verwahren und, wenn die Weisung des Auftraggebers dies vorsieht, einen ordnungsgemäßen Transport sicherstellen. Wenn der Betrieb des Auftragnehmers darauf nicht eingerichtet ist, besteht diese Verpflichtung nach allgemeinen Grundsätzen (§ 242 BGB) nicht[406]. Zu beachten sind unabhängig davon bestehende Anzeigepflichten des Auftragnehmers aufgrund öffentlichrechtlicher Bestimmungen, vor allem betreffend den Schutz von Bodendenkmälern oder sonstiger Denkmälern.

3. Mehrkosten, § 2 Nr. 6 VOB/B

211 § 4 Nr. 9 Satz 2 VOB/B regelt die Vergütung etwaig entstehender Mehrkosten. Die Kosten, die dem Auftragnehmer durch die Entdeckung und deren Folgen bzw. durch die Ausführung von entsprechenden Weisungen des Auftraggebers entstehen, sind ihm zu vergüten. Es handelt sich um Mehrleistungen, zu deren Erbringung der Auftragnehmer vertraglich nicht verpflichtet ist. Die Kosten sind nach Maßgabe von § 2 Nr. 6 VOB/B zu ermitteln. Daraus wird abgeleitet, dass aufgrund dieser Verweisung die dort geregelten Voraussetzungen insgesamt vorliegen müssen, Anspruchsvoraussetzung für den Auftragnehmer also auch hier die Ankündigung der Mehrkosten gegenüber dem Auftraggebers vor Ausführung der Leistung ist[407]. Allerdings weiß der Auftraggeber in aller Regel positiv, dass zusätzliche Aufwendungen entstehen werden. Die Ankündigung des Anspruchs auf zusätzliche Vergütung ist immer dann entbehrlich, wenn der Auftraggeber sich darüber im Klaren ist, dass eine Zusatzleistung vorliegt, die der Auftragnehmer nicht ohne Vergütung ausführen wird[408]. Hinzu kommt, dass § 4 Nr. 9 VOB/B den Auftragnehmer schon zur **unverzüglichen** Mitteilung an den Auftraggeber verpflichtet, wenn auch nur der Verdacht besteht, dass ein Gegenstand von Wert aufgefunden wurde. In diesem Stadium ist in den seltensten Fällen absehbar, welche Folgen der Fund für die Fortsetzung der Leistung hat. Der Auftragnehmer wird in diesem Zeitpunkt zumeist schon nicht erkennen können, ob, gegebenenfalls in welchem Umfang Zusatzarbeiten anfallen werden. Aufgrund der gesonderten Vergütungsregelung aus § 4 Nr. 9 VOB/B und der sich daraus aufdrängenden Wertung, dass generell der Auftraggeber die finanziellen Folgen dieses Bodenrisikos zu tragen hat[409], steht eine Verpflichtung des Auftragnehmers zur vorherigen Ankündigung eines Mehrvergütungsanspruches nicht.

[404] Beck'scher VOB-Kommentar/*Hofmann* VOB/B § 4 Nr. 8 Rdn. 9.
[405] *Ingenstau/Korbion/Oppler* VOB/B § 4 Nr. 9 Rdn. 431.
[406] *Ingenstau/Korbion/Oppler* VOB/B § 4 Nr. 9 Rdn. 431.
[407] Beck'scher VOB-Kommentar/*Hofmann* VOB/B § 4 Nr. 9 Rdn. 16; *Nicklisch/Weick* VOB/B § 4 Rdn. 125; *Leinemann/Sterner* VOB/B § 4 Rdn. 142.
[408] BGH BauR 1996, 542; *Kapellmann/Schiffers* Band II Rdn. 1083.
[409] *Kapellmann/Schiffers* Band I Rdn. 1083.

Aufgrund der gesonderten Regelung in § 4 Nr. 9 VOB/B, dass der Auftragnehmer Anspruch auf „Vergütung etwaiger Mehrkosten" hat, und diese Wertung das Risiko dem Auftraggeber zuschreibt, werden von § 4 Nr. 9 VOB/B auch die **typischen** Mehrkosten erfasst, die bei einem Fund entstehen, nämlich vor allem die **Wartekosten** innerhalb des Zeitraums zwischen Anzeige des Fundes und Ausführung der zusätzlichen Arbeiten. Dies ergibt sich daraus, dass der Auftragnehmer nach der Entdeckung **warten muss** sowie dem Grundsatz, dass der Auftragnehmer immer für aus der Sphäre des Auftraggebers resultierende Anordnungen gemäß § 2 Nr. 5 VOB/B vergütet wird[410]. **Nicht** erfasst sind sonstige, dem Auftragnehmer entstehende Kosten, z.B. Mehrkosten für den Stillstand von Baumaschinen, die Neueinrichtung der Baustelle etc. Diese Kosten kann der Auftragnehmer nur unter den Voraussetzungen des § 6 Nr. 6 VOB/B geltend machen[411]. 212

4. Rechte des Entdeckers

Nach § 4 Nr. 9 Satz 3 VOB/B bleiben die Rechte des Entdeckers (§ 984 BGB) bei dem Auftraggeber. Das Eigentum an dem Fund steht danach zur Hälfte dem Auftraggeber, zur anderen Hälfte dem Eigentümer der Sache zu, in welcher der Schatz verborgen war. In der Regel ist dies der Eigentümer des Grundstücks, was aber nicht zwingend ist, da § 984 BGB den Eigentümer der Sache meint, in welcher der Schatz verborgen war. Legt ein Arbeitnehmer des Auftragnehmers den Schatz bloß und nimmt ihn als erster wahr, ist **dieser** Entdecker im Sinne des § 984 BGB, auch wenn sein Arbeitgeber (= Auftragnehmer) mit dem Auftraggeber die Geltung der VOB/B vereinbart hat. Etwas anderes gilt nur dann, wenn der Arbeitnehmer im Rahmen einer gezielten Schatzsuche für den Auftragnehmer tätig ist[412]. 213

5. Rechtswirkungen

§ 4 Nr. 9 VOB/B regelt Vertragspflichten des Auftragnehmers. Bei Verletzung dieser Pflichten macht sich der Auftragnehmer gegenüber dem Auftraggeber schadensersatzpflichtig (§ 280 Abs. 1 BGB). 214

In Betracht kommen auch Ansprüche des Eigentümers des Fundgegenstandes oder des Eigentümers, dem die Rechte nach § 984 BGB zustehen. Die Ablieferungspflicht ist für den Auftraggeber ein einklagbarer Anspruch[413]. 215

XIII. Feststellung von Teilen der Leistung (§ 4 Nr. 10 VOB/B)

1. Allgemeines

Auf Verlangen ist der Zustand von Teilen der Leistung gemeinsam von Auftraggeber und Auftragnehmer festzustellen, wenn diese Teile der Leistung durch die weitere Ausführung der Prüfung und Feststellung entzogen werden. Das Ergebnis ist schriftlich niederzulegen. § 4 Nr. 10 VOB/B wurde in die VOB/B (Ausgabe 2000) neu eingeführt. Die Formulierung lehnt sich an die zuvor in § 12 Nr. 2 b VOB/B geregelte Teilabnahme von Leistungen, die andernfalls durch die weitere Ausführung der Prüfung und Feststellung entzogen werden. Zweck von § 4 Nr. 10 VOB/B ist lediglich die **Feststellung des Zustandes von Teilleistungen**. Davon zu trennen sind die **Teilabnahme** und die daraus resultierenden Rechtswirkungen, vgl. § 12 Nr. 2 VOB/B[414]. 216

§ 4 Nr. 10 VOB/B gibt den Vertragsparteien die Möglichkeit, den Zustand von Teilen der Leistung festzustellen. Zweck ist zum einen, aus Sicht des Auftraggebers auch in diesem Stadium Mängel früher zu erkennen, die anderenfalls bei Abnahme nicht mehr ohne weiteres erkennbar 217

---

[410] *Kapellmann/Schiffers* Band I Rdn. 1083; *Ingenstau/Korbion/Oppler* VOB/B § 4 Rdn. 432.
[411] OLG Braunschweig BauR 2004, 1621 = IBR 2004, 357.
[412] BGH BauR 1988, 354; *Heiermann/Riedl/Rusam* VOB/B § 4 Rdn. 108; *Leinemann/Sterner* VOB/B § 4 Rdn. 143.
[413] Beck'scher VOB-Kommentar/*Hofmann* VOB/B § 4 Nr. 9 Rdn. 26.
[414] Siehe VOB/B § 12 Nr. 2 Rdn. 69 ff.

sein, können (vgl. § 12 Nr. 2b VOB/B a.F.). Für den Auftragnehmer gilt Entsprechendes, da er vor Abnahme beweispflichtig dafür ist, dass seine Leistung mangelfrei ist. Hinzu kommt, dass die Feststellungen in diesem frühen Stadium für die Abrechnung der Leistungen des Auftragnehmers bedeutsam sein können. Es geht also nicht nur darum, Leistungsteile einer rein technischen Kontrolle zu unterziehen[415]. Gegenstand der Feststellungen müssen nicht in sich abgeschlossene Teile der Leistung (vgl. § 12 Nr. 2 VOB/B) sein. Auch unselbständige Leistungsteile sind auf Verlangen gemeinsam festzustellen. Zu nennen sind hier z.B. Bewehrungen vor dem Betoniervorgang, Prüfung des Oberbodens vor Aufbringung des Estrichs oder weiteren Bodenaufbaus; Ausführung von Rohrleitungen und Elektroinstallationen; Ausführung von Brandschutzmaßnahmen; Ausführung von Wärmedämmungen etc., also vornehmlich solche Leistungen, die im Zuge des Baufortschritts einer augenscheinlichen Überprüfung entzogen werden[416]. Derartige Feststellungen außerhalb von Teilabnahmen (§ 12 Nr. 3b VOB/B a.F.) waren/sind schon vor Einführung von § 4 Nr. 10 VOB/B in anderen Normen geregelt. Zu nennen sind hier geregelte Probeinbetriebnahmen von zentralen Wassererwärmungsanlagen (DIN 18380 Ziff. 3.6.2), bei Gas-, Wasser- und Abwasserinstallationsanlagen innerhalb von Gebäuden (DIN 18381 Ziff. 4.1.4) sowie bei der Abnahmeprüfung nach VDI 2079 bei raumlufttechnischen Anlagen (DIN 18379 Ziff. 3.5).

2. Verlangen der Feststellung

218 Die Feststellung ist **auf Verlangen** vorzunehmen. Das Verlangen kann von dem Auftraggeber, dem Auftragnehmer oder beiden Vertragspartnern gestellt werden. Regelungen über Form und Frist des Verlangens gibt es nicht. Es empfiehlt sich für die Beteiligten, zu Beweiszwecken das Verlangen schriftlich gegen Nachweis auszubringen. Das Verlangen sollte so rechtzeitig dem anderen Vertragsteil zugehen, dass die Feststellungen noch möglich sind, die weitere Ausführung die Prüfung/Feststellung also nicht mehr behindert oder ausschließt.

3. Niederlegung des Ergebnisses

219 Das Ergebnis der gemeinsamen Feststellungen ist nach § 4 Nr. 10 Satz 2 VOB/B schriftlich niederzulegen. Es ist eine Niederschrift zu fertigen und zu unterzeichnen, um den Beweiswert zu sichern. Durch die Unterschrift anerkennt der Unterzeichnete nicht etwaige Zuordnungen (etwa Verantwortlichkeit für Mängel), sondern nur die Richtigkeit der gemeinsam getroffenen tatsächlichen Feststellungen. Wenn ein Vertragsteil mit dem Inhalt der Niederschrift nicht einverstanden ist oder diese für unvollständig hält, sollte – wiederum zu Beweiszwecken – Entsprechendes in die Niederschrift aufgenommen werden[417].

4. Rechtswirkungen

220 Die gemeinsamen Feststellungen nach § 4 Nr. 10 VOB/B sind von der Teilabnahme (§ 12 Nr. 2 VOB/B) strikt zu trennen. § 4 Nr. 10 VOB/B regelt nur die Feststellung des **tatsächlichen Leistungszustandes. Abnahmewirkungen entfalten diese Feststellungen nicht**[418]. Zweck der gemeinsamen Feststellungen ist, in dem Zeitpunkt, in dem die Leistung noch festgestellt werden kann, eine für beide Parteien verbindliche Grundlage zu treffen[419]. Dies wäre wirkungslos, könnten die gemeinsamen Feststellungen später ohne weiteres von einer Vertragspartei bestritten werden. Deshalb ist Folge der gemeinsamen Feststellung auch die, dass derjenige, der sich auf einen davon abweichenden Leistungsstand berufen möchte, dafür die **Darlegungs- und Beweislast** trägt[420].

---

[415] So aber: *Heiermann/Riedl/Rusam* VOB/B § 4 Nr. 10 Rdn. 109.

[416] OLG Düsseldorf BauR 1996, 121; *Ingenstau/Korbion/Oppler* VOB/B § 4 Rdn. 436; *Leinemann/Sterner* VOB/B § 4 Rdn. 146.

[417] *Ingenstau/Korbion/Oppler* VOB/B § 4 Rdn. 439; *Heiermann/Riedl/Rusam* VOB/B § 4 Nr. 10 Rdn. 109.

[418] *Nicklisch/Weick* VOB/B § 4 Nr. 10 Rdn. 129.

[419] *Ingenstau/Korbion/Oppler* VOB/B § 4 Rdn. 440; *Nicklisch/Weick* VOB/B § 4 Rdn. 131.

[420] *Ingenstau/Korbion/Oppler* VOB/B § 4 Rdn. 440; *Nicklisch/Weick* VOB/B § 4 Rdn. 132; *Leinemann/Sterner* VOB/B § 4 Rdn. 149.

Kommt es nur zu einer einseitigen Zustandsfeststellung, weil eine Partei die Mitwirkung 221
unbegründet verweigert, gilt diese Vermutung nicht. In diesen Fällen haben einseitige Feststellungen nur im Rahmen richterlicher freier Beweiswürdigung Bedeutung, wenn Umstände die Bewertung rechtfertigen, die einseitige Zustandsfeststellung sei richtig[421]. In den Fällen der Verweigerung der Mitwirkung einer Vertragspartei empfiehlt es sich, die Feststellungen unter Hinzuziehung neutraler Personen (Sachverständige) zu treffen. Der Hinweis darauf[422], dass in diesen Fällen ein selbständiges Beweisverfahren nach den §§ 485 ff. ZPO geführt werden soll, ist nicht praktikabel. Das selbständige gerichtliche Beweisverfahren wird in den meisten Fällen schon aus Zeitgründen nicht geeignet sein, die notwendigen Feststellungen rechtzeitig zu sichern. Verweigert eine Vertragspartei die Mitwirkung an der Zustandsfeststellung, begründet dies zunächst eine Schadensersatzverpflichtung wegen Pflichtverletzung gemäß § 280 Abs. 1 BGB. Da es sich um eine vertraglich vereinbarte „Beweissicherung“ handelt, obliegt die Darlegungs- und Beweislast in diesen Fällen demjenigen, der zu Unrecht die Mitwirkung verweigert, damit eine Beweisvereitelung zu vertreten hat[423].

Eine Regelung darüber, wer die **Kosten der Feststellungen** trägt, enthält § 4 Nr. 10 VOB/B 222
nicht. So weit nicht technische Vorschriften dem Auftragnehmer die Kosten auferlegen, etwa weil notwendige Funktionsüberprüfungen zu Nebenleistungen gehören (s. Rdn. 212), sind die Kosten grundsätzlich von beiden Parteien zu übernehmen, wenn die Feststellungen gemeinsam erfolgen[424]. Die andere Auffassung stellt darauf ab, dass der Auftragnehmer vorleistungspflichtig ist und die Behebung von Mängeln auf seine Kosten erfolgen würde[425]. Diese Auffassung ist nur in den Fällen richtig, wo sich Mängel bestätigen. In diesen Fällen ist der Auftragnehmer schon nach allgemeinen Grundsätzen verpflichtet, die im Zusammenhang mit der Feststellung von Mängeln erforderlichen Kosten zu übernehmen (s. Rdn. 160). Wenn Mängel nicht festgestellt werden, besteht eine Verpflichtung des Auftragnehmers nicht. Es handelt sich dann um Maßnahmen des Auftraggebers, um seine berechtigten Interessen (vor allem Beweissicherung) zu wahren, vergleichbar mit den Maßnahmen, die der Auftraggeber nach § 4 Nr. 2 VOB/B veranlassen kann (auch dort besteht keine Kostenübernahmeverpflichtung durch den Auftragnehmer). Hat andererseits auch der Auftragnehmer Interesse an den Feststellungen (z.B. zum Zwecke der Abrechnung oder zum Nachweis des Leistungsumfangs), ist es sachgerecht in den Fällen, in denen Mängel nicht entdeckt werden, die den jeweiligen Vertragsparteien entstehenden Kosten nicht zu erstatten. Erfolgt die Feststellung einvernehmlich und zeigen sich Mängel der Leistung nicht, sind die entstehenden Kosten von beiden Parteien jeweils zur Hälfte zu übernehmen, da in aller Regel beide Parteien an den Feststellungen Interesse haben.

§ 5 Ausführungsfristen

1. **Die Ausführung ist nach den verbindlichen Fristen (Vertragsfristen) zu beginnen, angemessen zu fördern und zu vollenden. In einem Bauzeitenplan enthaltene Einzelfristen gelten nur dann als Vertragsfristen, wenn dies im Vertrag ausdrücklich vereinbart ist.**
2. **Ist für den Beginn der Ausführung keine Frist vereinbart, so hat der Auftraggeber dem Auftragnehmer auf Verlangen Auskunft über den voraussichtlichen Beginn zu erteilen. Der Auftragnehmer hat innerhalb von 12 Werktagen nach Aufforderung zu beginnen. Der Beginn der Ausführung ist dem Auftraggeber anzuzeigen.**
3. **Wenn Arbeitskräfte, Geräte, Gerüste, Stoffe oder Bauteile so unzureichend sind, dass die Ausführungsfristen offenbar nicht eingehalten werden können, muss der Auftragnehmer auf Verlangen unverzüglich Abhilfe schaffen.**
4. **Verzögert der Auftragnehmer den Beginn der Ausführung, gerät er mit der Vollendung in Verzug oder kommt er der in Nummer 3 erwähnten Verpflichtung nicht nach, so**

---

[421] Vgl. *Ingenstau/Korbion/Oppler* VOB/B § 4 Nr. 10 Rdn. 443.
[422] *Heiermann/Riedl/Rusam* VOB/B § 4 Nr. 10 Rdn. 109.
[423] *Ingenstau/Korbion/Oppler* VOB/B § 5 Rdn. 443; *Heiermann/Riedl/Rusam* VOB/B § 4 Rdn. 109.
[424] A. A. *Heiermann/Riedl/Rusam* VOB/B § 4 Nr. 10 Rdn. 109.
[425] *Franke/Kemper/Zanner/Grünhagen* VOB/B § 4 Nr. 10 Rdn. 169.

kann der Auftraggeber bei Aufrechterhaltung des Vertrages Schadensersatz nach § 6 Nr. 6 verlangen oder dem Auftragnehmer eine angemessene Frist zur Vertragserfüllung setzen und erklären, dass er ihm nach fruchtlosem Ablauf der Frist den Auftrag entziehe (§ 8 Nr. 3).

Schrifttum: *Anderson* Die Problematik des § 8 Ziffer 3 VOB/B (Entziehung des Auftrags durch den Auftraggeber), BauR 1972, 65 ff. – *Boldt* Die Kündigung des Bauvertrags aus wichtigem Grund durch den Auftraggeber nach neuem Recht, NZBau 2002, 655 – *Jagenburg* Das Selbsthilferecht des Bauherrn bei mangelhafter oder nicht rechtzeitiger Bauausführung nach der VOB, Versicherungsrecht 1969, 1077 ff. – *Kapellmann* In sich abgeschlossene Teile der Leistung gemäß VOB/B, Festschrift für Rheinhold Thode, 2005, 29 ff. – *Kapellmann* Zeitliche und geldliche Folgen eines nach Verlängerung der Bindefrist erteilten Zuschlags, NZBau 2003, S. 1 – *Kapellmann, S.* Der Schaden des Auftraggebers bei Verzug des Auftragnehmers mit der Fertigstellung eines Mietobjekts, BauR 1997, 48 – *Kapellmann/Schiffers/Mechnig* Grundzüge der Terminplanung und die Bedeutung des Austauschs von Terminplanungsdaten, Baumarkt Heft 11/97, Seite 43 – *Kemper* Nachträge und ihre mittelbaren Bauzeitauswirkungen, NZBau 2001, 238 ff. – *Kemper* Die Vereinbarung von Vertragsstrafe bei Fristüberschreitung und Allgemeinen Geschäftsbedingungen, BauR 2001, 1015 ff. – *Kleine-Möller* Die Haftung des Auftraggebers gegenüber einem behinderten Nachfolgeunternehmer, NZBau 2000, 401 – *Korbion* Vereinbarung der VOB/B für planerische Leistungen, Festschrift für Horst Locher, 1990, Seite 127 ff. – *Korbion* Fristgerechte Bauvertragserfüllung, RWS-Skript 1982 – *Kratzenberg* Der Beschluss des DVA-Hauptausschusses zur Neuherausgabe der VOB 2002, NZBau 2002, 177 – *Kreikenbohm* Verzug des Bauunternehmers im Werkvertragsrecht, BauR 1993, 647 ff. – *Kühne* Die Fälligkeit der Werkherstellung, insbesondere bei fehlender Zeitvereinbarung, BB 1988, 711 – *Langen/Schiffers* Auftragnehmerseitige Planungstätigkeit nach Vertragsschluss bei konventioneller Baudurchführung, Baumarkt 2001, Heft 7, Seite 26, Heft 8, Seite 36 und Heft 9, Seite 30 – *Langen* Die Pönalisierung von Einzelfristen im Bauvertrag, Festschrift für Karl-Heinz Schiffers, 2001, Seite 143 ff. – *Miernik* Die Anwendbarkeit der VOB/B auf Planungsleistungen des Bauunternehmers, NZBau 2004, 409 – *Lenkeit* Das modernisierte Verjährungsrecht, BauR 2002, 196 – *Mechnig* Die Anpassungsfähigkeit der baubetrieblichen Produktionsplanung und -steuerung an interne und externe Einflüsse, Dissertation Dortmund 1998 – *Müller* Schadensersatz bei Bauverzögerung und -behinderungen beim VOB-Vertrag, Seminar Schadensersatzprobleme, Schriftenreihe der Deutschen Gesellschaft für Baurecht, Band 21, 1994, 37 – *Oberhauser* Formelle Pflichten des Auftragnehmers bei Behinderungen, BauR 2001, 1177 – *Peters* Das Baurecht im modernisierten Schuldrecht, NZBau 2002, 113 – *Petzschmann* Berechnung von Schadensersatz bei Bauverzögerungen, Seminar Schadensersatzprobleme, Schriftenreihe der Deutschen Gesellschaft für Baurecht, Band 21, 1994, 47 – *Preussner* Das neue Werkvertragsrecht im BGB 2002, BauR 2002, 231 ff. – *Roquette* Praktische Erwägungen zur Bauzeit bei Vertragsgestaltung und baubegleitender Beratung, Jahrbuch Baurecht 2002, 33 ff. – *Roquette/Knolle* Eine vom Generalunternehmer an den Bauherrn zu zahlende Vertragsstrafe kann als Verzugsschaden gegenüber dem Subunternehmer geltend gemacht werden, BauR 2000, 47 – *Schiffers* Ausführungsfristen – Ihre Festlegung und ihre Fortschreibung bei auftraggeberseitig zu vertretenden Behinderungen, Jahrbuch BauR 1998, 275 ff. – *Schiffers* Terminplanung und -steuerung, Festschrift Egon Leimböck, 1996 – *Schlösser* Zivilrechtliche Folgen nachprüfungsbedingter Bauzeitverschiebung, -verlängerung und Materialpreiserhöhung, ZfBR 2005, S. 733 ff. – *Sienz* Die Neuregelungen im Werkvertragsrecht nach dem Schuldrechtsmodernisierungsgesetz, BauR 2002, 181 ff. – *Steinmeyer* Bauverzögerungen durch den Auftragnehmer und Ansprüche des Auftraggebers hieraus, Seminar Bauverzögerung 1987, 59 ff. – *Vygen* Behinderungen des Auftragnehmers und ihre Auswirkungen auf die vereinbarte Bauzeit, BauR 1983, 210 ff.

Übersicht

I. Allgemeines

1. Die Regelung der Bauzeit im BGB

1 **a) Allgemeines Schuldrecht.** Das BGB enthält in § 271 eine allgemeine Bestimmung über die Leistungszeit. Gemäß Abs. 1 kann der Gläubiger die Leistung sofort verlangen, der Schuldner sie sofort bewirken, wenn eine Zeit für die Leistung weder bestimmt noch aus den Umständen zu entnehmen ist. Der gesetzliche **Grundsatz der sofortigen Leistungsbewirkung** gilt als nachrangige Regelung also nur, wenn im Vertrag selbst keine Leistungszeit geregelt ist und sich eine solche ergänzend auch nicht aus den Umständen ergibt. Nach der Rechtsprechung des BGH[1] hat der Auftragnehmer mangels anderer Vereinbarung im Zweifel alsbald nach Abschluss des Vertrages mit der Ausführung zu beginnen und sie in angemessener Zeit zügig zu Ende zu führen. Dabei ist die für die Herstellung notwendige Zeit in Rechnung zu stellen.[2] Es liegt auf der Hand, dass mit den genannten Kriterien der „Angemessenheit" oder der „zur Herstellung notwendigen Zeit" nur Fälle extrem verzögerter Leistungserbringung erfasst und sanktioniert werden können, im Normalfall jedoch keine rechtssichere Leistungsbestimmung möglich ist. Aus dem gesetzlichen Grundsatz der sofortigen Fälligkeit folgt die **Beweislast** des Auftragnehmers, dass die angemessene Herstellfrist noch nicht abgelaufen ist.[3]

2 Auch die ergänzende Bestimmung des § 271 Abs. 2 BGB führt bei Bauverträgen zu Anwendungsproblemen. Hiernach ist im Zweifel anzunehmen, dass der Gläubiger bei einer vereinbarten Leistungszeit die Leistung nicht vor dieser Zeit verlangen, der Schuldner sie aber vorher bewirken kann. § 271 Abs. 2 BGB gewährt dem Schuldner also ein Recht zur vorzeitigen Leistungsbewirkung auch bei vereinbarter Leistungszeit.[4] Der Gläubiger gerät in Annahmeverzug,[5] wenn er die

---

[1] BGH BauR 2004, 331 = NZBau 2004; 155; BauR 2003, 1215; NZBau 2001, 389; näher dazu Rdn. 77.

[2] In der Entscheidung NZBau 2001, 389 hielt der BGH eine Frist von 8 Monaten für die Errichtung der geschuldeten Wohnung für ausreichend und angemessen; zu einem ähnlichen Fall vgl. auch KG BauR 2005, 1219 (LS) = IBR 2005, 1105; ergänzend vgl. auch BGH BauR 1978, 139; *Vygen/Schubert/Lang* Rdn. 26; *Leinemann/Roquette* § 5, Rdn. 20; *Kniffka/Koeble* Kompendium 7. Teil, Rdn. 4.

[3] BGH BauR 2004, 331 = NZBau 2004, 155; näher dazu Rdn. 101.

[4] *Palandt/Heinrichs* BGB § 271, Rdn. 11.

[5] Unter anderem mit der Wirkung des § 300 Abs. 2 BGB, wonach die Gefahr auf den Gläubiger übergeht.

ihm vor der Fälligkeit angebotene Leistung nicht annimmt.[6] Kann man diese Rechtsfolge beim einmaligen Leistungsaustausch (z.B. beim Kaufvertrag) noch tolerieren, so ist sie bei der Erstellung eines Bauvorhabens, bei dem verschiedene Leistungsbereiche sukzessive ineinander greifen und auch sonstige, vom Auftraggeber zu disponierende Mitwirkungshandlungen erforderlich sind,[7] schlechterdings inakzeptabel, sodass dem Auftraggeber hier zumindest nach dem Grundsatz von Treu und Glauben (§ 242 BGB) ein Annahmeverweigerungsrecht hinsichtlich der vorzeitig angebotenen Leistung des Auftragnehmers einzuräumen ist.[8]

Die durch das Schuldrechtsmodernisierungsgesetz neu gefasste Bestimmung des § 286 BGB regelt, wann der Schuldner[9] mit der ihm obliegenden Leistung in **Verzug** gerät. Dies ist der Fall, wenn der Schuldner 3

- trotz Fälligkeit der Leistung
- und anschließender Mahnung des Gläubigers[10]
- schuldhaft

nicht leistet, § 286 Abs. 1 Satz 1 und Abs. 4 BGB. Die Mahnung des Gläubigers ist gemäß § 286 Abs. 2 BGB unter den dort näher genannten Voraussetzungen (ausnahmsweise) entbehrlich. Der automatische Schuldnerverzug gemäß § 286 Abs. 3 BGB, der durch das Gesetz zur Beschleunigung fälliger Zahlungen zum 1.5.2000 in das BGB eingefügt und durch das Schuldrechtsmodernisierungsgesetz zum 1.1.2002 noch einmal modifiziert worden ist, gilt nur für Geldforderungen,[11] spielt also im Zusammenhang mit der rechtzeitigen Erstellung einer Bauleistung keine Rolle.

Zum Verzug des Schuldners/Auftragnehmers im Einzelnen wird auf die Erläuterung in Rdn. 35 ff. verwiesen.

b) Werkvertragsrecht. Das gesetzliche Werkvertragsrecht selbst (§§ 631 ff. BGB) befasst sich nur sporadisch mit Ausführungsfristen: 4

Das früher in § 636 Abs. 1 BGB enthaltene Rücktrittsrecht des Bestellers bei verspäteter Herstellung des Werks durch den Unternehmer ist nun im allgemeinen Rücktrittsrecht des § 323 Abs. 1 BGB aufgegangen.[12] Die durch das Schuldrechtsmodernisierungsgesetz geschaffene, heutige Regelung des § 636 BGB befasst sich nur noch mit einem hier nicht näher interessierenden Sonderfall, in dem im Zuge der Nacherfüllung[13] über die Regelung des § 281 Abs. 2 und des § 323 Abs. 2 BGB hinaus eine Fristsetzung ausnahmsweise entbehrlich ist.

§§ 642 und 643 BGB regeln nicht die Rechte des Bestellers bei verspäteter Ausführung des Unternehmers, sondern umgekehrt die Rechte des Unternehmers bei unterlassener oder verspäteter Mitwirkung des Bestellers. Gemäß § 642 BGB steht dem Unternehmer ein Anspruch auf „angemessene Entschädigung" zu, wenn bei der Herstellung des Werks eine Mitwirkungshandlung des Bestellers erforderlich ist und der Besteller in Annahmeverzug gerät.[14] Gemäß § 643 BGB steht dem Unternehmer darüber hinaus ein Kündigungsrecht zu, falls der Besteller trotz Fristsetzung und Kündigungsandrohung die Mitwirkungshandlung unterlässt. Nach Fristablauf gilt der Vertrag als aufgehoben, d.h. einer gesonderten Kündigungserklärung bedarf es gemäß § 643 Satz 2 BGB nicht. 5

2. Überblick über die Regelung der Bauzeit in § 5 VOB/B

§ 5 VOB/B enthält eine unvollständige und teilweise unsystematische Regelung der Ausführungsfristen in Bauverträgen. Zum besseren Überblick sei vorangestellt: 6

[6] *Palandt/Heinrichs* a.a.O.
[7] Dazu näher § 6 VOB/B, Rdn. 101.
[8] Vgl. dazu *Palandt/Heinrichs* BGB § 271, Rdn. 11.
[9] Beim Werkvertrag also der Unternehmer/Auftragnehmer.
[10] Beim Werkvertrag: Besteller/Auftraggeber.
[11] Dazu OLG Bamberg MDR 2001, 927.
[12] Dazu unten Rdn. 143.
[13] Früher: Nachbesserung.
[14] Dazu BGH NZBau 2000, 187 = BauR 2000, 722; näher dazu → § 6, Rdn. 89.

Zunächst wiederholt § 5 Nr. 1 Satz 1 VOB/B die schon in § 11 Nr. 2 Abs. 2 VOB/A enthaltene Definition der Vertragsfristen, bei denen es sich um verbindliche Fristen handelt. Als Gegensatz dazu sieht die VOB/B offenbar unverbindliche (Einzel-)Fristen, ohne dies jedoch ausdrücklich zu erwähnen. Im Sinne eines Regel-Ausnahme-Prinzips bestimmt § 5 Nr. 1 Satz 2 VOB/B allerdings, dass in einem Bauzeitenplan enthaltene Fristen nur dann verbindliche Fristen darstellen, wenn dies im Vertrag ausdrücklich geregelt ist. Wenn nichts anderes vereinbart ist, sind Einzelfristen des Bauzeitenplans damit unverbindliche Fristen.

Den Ausführungsbeginn regelt § 5 VOB/B in Nr. 1 Satz 1 und ergänzend in Nr. 2: Vorrangig hat der Auftragnehmer nach den verbindlich vereinbarten Fristen zu beginnen (Nr. 1 Satz 1). Ist für den Beginn der Ausführung keine Frist vereinbart, so hat der Auftragnehmer gemäß Nr. 2 Satz 2 binnen 12 Werktagen nach Aufforderung des Auftraggebers zu beginnen. Vorher muss der Auftraggeber dem Auftragnehmer – allerdings nur auf Verlangen – Auskunft über den voraussichtlichen Beginn erteilen, § 5 Nr. 2 Satz 1 VOB/B. Den tatsächlichen Beginn der Ausführung hat der Auftragnehmer dem Auftraggeber anzuzeigen, § 5 Nr. 2 Satz 3 VOB/B.

Den Ablauf der Auftragsdurchführung regelt die VOB/B allgemein in § 5 Nr. 1 Satz 1 VOB/B und speziell in § 5 Nr. 3 VOB/B: Gemäß § 5 Nr. 1 Satz 1 VOB/B ist der Auftragnehmer verpflichtet, die Ausführung „angemessen zu fördern". Was als „angemessene Förderung" zu verstehen ist, ergibt sich aus § 5 Nr. 3 VOB/B. Sind Arbeitskräfte, Geräte, Gerüste, Stoffe oder Bauteile nämlich so unzureichend, dass die Ausführungsfristen offenbar nicht eingehalten werden können, so muss der Auftragnehmer auf Verlangen unverzüglich Abhilfe schaffen, § 5 Nr. 3 VOB/B. Welche Rolle die in § 5 Nr. 1 Satz 2 VOB/B erwähnten Fristen des Bauzeitenplans im Zusammenhang mit den in Nr. 3 erwähnten Ausführungsfristen spielen, lässt die VOB/B offen (näher dazu Rdn. 83).

Gleichermaßen offen bleibt in § 5 VOB/B, binnen welcher Frist der Auftragnehmer die Bauleistung fertig zu stellen hat, wenn keine Fertigstellungsfrist vereinbart ist.

§ 5 Nr. 4 VOB/B regelt schließlich die Rechte des Auftraggebers, wenn der Auftragnehmer nicht fristgerecht leistet. Ein einheitlicher Anknüpfungspunkt fehlt jedoch: Während § 5 Nr. 4 VOB/B für die Fertigstellung (Vollendung) Verzug des Auftragnehmers fordert, soll für den Ausführungsbeginn dessen bloße Verzögerung ausreichen. Für die Abhilfepflicht gemäß § 5 Nr. 3 VOB/B soll es wiederum darauf ankommen, dass der Auftragnehmer dieser Verpflichtung nicht nachkommt. In allen drei Fällen steht dem Auftraggeber ein Wahlrecht zu: Entweder kann er bei Aufrechterhaltung des Vertrages Schadensersatz nach § 6 Nr. 6 VOB/B verlangen oder aber dem Auftragnehmer eine angemessene Frist zur Vertragserfüllung setzen und erklären, dass er ihm nach fruchtlosem Ablauf der Frist den Auftrag gemäß § 8 Nr. 3 VOB/B entziehe.

7 Inhaltlich ergänzt wird die Bestimmung des § 5 VOB/B schließlich durch § 6 Nr. 2 und Nr. 4 VOB/B, wonach die (in § 5 geregelten) Ausführungsfristen unter den dort genannten Voraussetzungen entsprechend verlängert werden. Wegen der Einzelheiten darf auf die entsprechende Kommentierung verwiesen werden (→ § 6 VOB/B Rdn. 18 ff. und 36 ff.).

3. Anwendbarkeit von § 5 VOB/B auf Planungsleistungen in Schlüsselfertigbauverträgen und sonstige Nichtbauleistungen

8 Bei den Bestimmungen der VOB/B handelt es sich um Allgemeine Vertragsbedingungen für die Ausführung von **Bauleistungen**, die in § 1 VOB/A als Arbeiten jeder Art definiert werden, durch die eine bauliche Anlage hergestellt, instand gehalten, geändert oder beseitigt wird. So weit sich der Auftragnehmer deshalb über die reine Bauwerkserstellung hinaus zu sonstigen Leistungen verpflichtet, insbesondere zu Planungsleistungen,[15] oder auch zu anderen Leistungen wie Finanzierungsleistungen **und** diesem Vertrag generell die Bestimmungen der VOB/B zugrunde gelegt worden sind, erscheint zweifelhaft, ob die Bestimmungen der VOB/B auch auf die sonstigen Leistungspflichten des Auftragnehmers außerhalb der eigentlichen Bauerstellung anwendbar sind.

[15] Typischer Fall: Totalüber- oder -unternehmer- bzw. Generalüber- oder -unternehmervertrag.

Die herrschende Auffassung vertritt hierzu den Standpunkt, eine generelle Vereinbarung der VOB/B-Bestimmungen für solche Nichtbauleistungen sei nicht möglich. Denn bei genereller Zugrundelegung der VOB/B sei unklar, welche VOB/B-Bestimmung im Einzelfall auf die jeweilige NichtBauleistung anwendbar sei. Dies führe aber zu einer unerträglichen Rechtsunsicherheit und damit zur Unzulässigkeit.[16]

Dem ist grundsätzlich zuzustimmen, da eine Differenzierung nach der jeweiligen Leistungspflicht einerseits und der jeweils infrage stehenden VOB/B-Bestimmung andererseits zu unübersehbaren Ergebnissen und damit einer nicht tolerierbaren Unsicherheit führen würde. Ausnahmen sind aber denkbar:

So sind Auftragnehmer bestimmter Leistungsbereiche auch bei einem VOB/B-Vertrag nach den Bestimmungen der VOB/C, DIN18300 ff. zu sonstigen Leistungen, insbesondere Planungsleistungen, verpflichtet. Als Nebenleistung muss beispielsweise der Auftragnehmer von Brunnenbauarbeiten gemäß DIN18302 Abschnitt 4.1.1 die für die Brunnenbauarbeiten notwendigen Zeichnungen liefern. Auch bei den Leistungsbereichen der Technischen Ausrüstung (Gebäudetechnik) muss der Auftragnehmer häufig Werkstatt- oder Montagezeichnungen anfertigen und damit Planungsleistungen erbringen.[17] In solchen Fällen gelten die Bestimmungen der VOB/B und damit auch des § 5 VOB/B zwanglos auch für die der VOB immanenten (sonstigen) Leistungspflichten des Auftragnehmers, hier: Planungspflichten.[18]

Eine weitere Ausnahme ist denkbar, wenn die Parteien dem Vertrag nicht unterschiedslos (u.a.) die Bestimmungen der VOB/B zugrunde gelegt haben, sondern zumindest eine Auslegung der Parteierklärungen dazu führt, dass jedenfalls für bestimmte Leistungspflichten des Auftragnehmers bestimmte VOB/B-Bestimmungen gelten sollen. Für die Geltung von § 5 VOB/B kommt dies insbesondere in Betracht, wenn die (sonstigen) Leistungspflichten des Auftragnehmers werkvertraglichen Charakter haben und sich diese Leistungsverpflichtungen nicht auf einen einmaligen Leistungsaustausch beschränken (z.B. Grundstücksverschaffung beim Bauträgervertrag), sondern über einen mehr oder weniger langen Zeitraum erbracht werden und damit die Regelung von Ausführungsfristen infrage kommt. Typisches Beispiel sind (selbstständige) Planungspflichten, die z.B. der Auftragnehmer eines Schlüsselfertig-Bauvertrages regelmäßig in mehr oder weniger großem Umfang übernimmt, z.B. (bei der Leistungsbeschreibung mit Leistungsprogramm gemäß § 9 Nrn.15–17 VOB/A[19]) hinsichtlich der Entwurfsplanung und/oder der Ausführungsplanung.[20] Bei der Planungsverpflichtung des Auftragnehmers handelt es sich in solchen Fällen um eine werkvertragliche Verpflichtung,[21] für die typischerweise die Vereinbarung und Sanktionierung von Ausführungsfristen im Sinne von § 5 VOB/B sinnvoll und geboten erscheint. Vereinbaren die Parteien also für die Planungs- und Bauleistungen des Auftragnehmers bestimmte Ausführungsfristen und liegen diesem Vertrag ergänzend die Bestimmungen der VOB/B zugrunde, so kann die Auslegung der Parteierklärungen dazu führen, dass (ausnahmsweise) die Bestimmung des § 5 VOB/B auch auf die Planungspflichten des Auftragnehmers zur Anwendung kommen soll.[22] Indes liegen in diesem Fall die Bestimmungen der VOB/B dem Planungsteil des Vertrages nicht „als Ganzes“ zugrunde, sodass die – zulässigerweise vereinbarten – Bestimmungen der VOB/B schon nach der bisherigen Rechtsprechung einer isolierten Inhaltskontrolle gemäß §§ 305 ff. BGB unterliegen.[23]

---

[16] Vgl. BGH NJW 1983, 453; 1986, 925; 1988, 142; BauR 1996, 544; OLG Düsseldorf NJW-RR 1991, 219; OLG Karlsruhe BauR 2005, 893; ergänzend *Nicklisch/Weick* Einleitung, Rdn. 59 aff.; *Ingenstau/Korbion/Korbion* VOB/A § 1, Rdn. 35 ff.

[17] Z.B. gemäß DIN18379 Abschnitt 3.1.2 bei RLT-Anlagen, ausführlich dazu *Langen/Schiffers* Bauplanung und Bauausführung, Rdn. 696 ff..

[18] So auch *Korbion* FS Locher 127, 132.

[19] Früher § 9 Nrn.10–12 VOB/A.

[20] So auch *Miernik* NZBau 2004, 409, 412 ff.

[21] Herrschende Meinung, vgl. *Kapellmann/Schiffers* Band 2, Rdn. 441 ff.

[22] Auch nach Auffassung des BGH in NJW 1988, 142, 143 ist es zulässig, einzelne, inhaltlich „passende“ VOB/B-Bestimmungen auf Planungspflichten des Auftragnehmers anzuwenden. Dazu gehört sicherlich § 5 VOB/B, vgl. auch *Miernik* NZBau 2004, 409, 415, anders *Korbion* FS Locher S. 127 ff.

[23] Dazu unten Rdn. 146 ff.

II. § 5 Nr. 1 VOB/B – Vertragsfristen und sonstige bauzeitrelevante Rechtsbegriffe

Angesichts der Vielzahl der in § 5 VOB/B, darüber hinaus aber auch in der Baupraxis, verwendeten Bezeichnungen erscheint es zunächst sinnvoll, wesentliche bauzeitrelevante Rechtsbegriffe und deren Inhalte zu erläutern.

1. Frist und Termin

9 Die VOB verwendet in § 5 Teil B, darüber hinaus aber auch in § 6 Nrn.2 und 4 Teil B und § 11 Teil A ausschließlich den Begriff der „Frist" bzw. „Ausführungsfrist". Schon umgangs-, aber auch fachsprachlich, ist unter einer **Frist** ein **Zeitraum** zu verstehen, dessen Beginn und Ende entweder bestimmt sind oder aber bestimmbar sein müssen.[24] Ein **Termin** ist hingegen ein **Zeitpunkt**, der wiederum entweder von vornherein bestimmt ist oder aber bestimmbar sein muss.[25] Sowohl Fristen als auch Termine kommen im Baualltag nahezu beliebig vor, und zwar sowohl für den Ausführungsbeginn,[26] als auch für den Baufortschritt,[27] als auch für die Fertigstellung.[28]

10 Wenn die VOB in § 11 Teil A und §§ 5 und 6 Teil B generell von „Ausführungsfristen" spricht, dann sind hierunter je nach Einzelfall sowohl Ausführungsfristen im Sinne vereinbarter Zeiträume als auch Ausführungstermine im Sinne vereinbarter Zeitpunkte für Beginn, Ablauf oder Fertigstellung der Bauleistung zu verstehen. Zur sprachlichen Vereinfachung wird nachstehend vornehmlich der Begriff „Frist" verwendet, wobei die Ausführungen sinngemäß auch für Termine gelten.

2. Vertragsfrist

11 **a) Definition und Vereinbarung.** Die VOB definiert in § 11 Nr. 2 Teil A und § 5 Nr. 1 Satz 1 Teil B die Vertragsfrist als verbindliche Frist. Im Gegensatz dazu steht die unverbindliche Frist, die man zur sprachlichen Abgrenzung Nicht-Vertragsfrist[29] oder Kontrollfrist[30] nennen sollte.

Über den Charakter einer Frist als Vertragsfrist und damit verbindliche Frist entscheidet ausschließlich der Parteiwille. Dieser Parteiwille kann entweder ausdrücklich artikuliert sein, indem die Parteien z.B. im Vertrag selbst bestimmen, dass eine bestimmte Frist für den Auftragnehmer verbindlich sein soll. Die Verwendung des Begriffs „Vertragsfrist" oder „verbindliche Frist" ist dabei nicht zwingend, wenngleich sinnvoll. Aber auch aus den Umständen kann sich ergeben, dass die Parteien eine bestimmte Frist als für den Auftragnehmer verbindlich vereinbaren wollten. Dies gilt regelmäßig für den vereinbarten Baubeginn[31] wie auch für die vereinbarte Fertigstellung, die sich wiederum entweder aus der vereinbarten Ausführungsfrist oder aus einem vereinbarten Fertigstellungstermin selbst ergeben kann.[32] Die Vereinbarung „Fertigstellungstermin Ende Mai 2000" bedeutet gemäß § 192 BGB nicht nur, dass die Leistung bis zum 31.5.2000 fertig zu stellen ist, sondern ist gleichzeitig als verbindlicher Endtermin zu

---

[24] Vgl. Beck'scher VOB-Kommentar/*Motzke* VOB/A § 11, Rdn. 46 und B § 5 Nr. 1, Rdn. 12.

[25] Beck'scher VOB-Kommentar/*Motzke* VOB/B § 5 Nr. 1, Rdn. 8 ff.

[26] Beispiel für Beginn-Frist: 12 Werktage nach Abruf, § 5 Nr. 2 Satz 2 VOB/B; Beispiel für Beginn-Termin: Beginn am 15.1.2002.

[27] Beispiel für eine Einzelfrist: Fertigstellung der Kellerdecke 3 Wochen nach Baubeginn; Beispiel für einen Einzeltermin: Fertigstellung der Kellerdecke am 15.2.2002.

[28] Beispiel für eine Fertigstellungsfrist: Fertigstellung 3 Monate nach Ausführungsbeginn; Beispiel für einen Fertigstellungstermin: Fertigstellung am 15.4.2002.

[29] Vgl. z.B. *Kapellmann/Langen* Rdn. 68 f.

[30] Vgl. Beck'scher VOB-Kommentar/*Motzke* VOB/B § 5 Nr. 1 Rdn. 31; ähnlich *Vygen/Schubert/Lang* Rdn. 35; *Leinemann/Roquette*, § 5, Rdn. 7.

[31] Vgl. *Vygen/Schuber/Lang* Rdn. 32.

[32] Dazu *Vygen/Schubert/Lang* Rdn. 36 ff.

verstehen.[33] Werden Beginn und Fertigstellung allerdings nur als **Cirka-Termine**[34] vereinbart, dann handelt es sich hierbei schon aus der Natur der Sache nicht um verbindliche Fristen und damit nicht um Vertragsfristen.

Bei Einzelfristen, die im Bauzeitenplan (dazu unten Rdn. 29) festgelegt sind, ist die Auslegungsregel des § 5 Nr. 1 Satz 2 VOB/B zu beachten. Sind solche Einzelfristen also nicht ausdrücklich als Vertragsfristen gekennzeichnet, so handelt es sich um Nicht-Vertragsfristen bzw. bloße Kontrollfristen.

Ausführungsfristen und damit auch Vertragsfristen werden zwischen den Parteien regelmäßig (anfänglich oder nachträglich) vereinbart. Sie können aber auch von einer Vertragspartei einseitig verbindlich bestimmt werden, wenn dieser Partei (im Regelfall dem Auftraggeber) ein solches **Leistungsbestimmungsrecht gemäß § 315 BGB** vertraglich eingeräumt worden ist.[35] Die Vereinbarung eines solchen (einseitigen) Terminbestimmungsrechtes ist insbesondere dann sinnvoll, wenn die Parteien zum Zeitpunkt des Vertragsabschlusses weder konkrete Ausführungsfristen vereinbaren können oder wollen, noch darauf vertrauen, dass eine solche Vereinbarung der Ausführungsfristen nach Vertragsabschluss einvernehmlich erfolgen wird. 12

Ist dem Auftraggeber ausnahmsweise ein solches Terminbestimmungsrecht eingeräumt worden, so muss die einseitige Festlegung der Ausführungszeit gemäß § 315 Abs. 3 BGB **nach billigem** Ermessen erfolgen. Ansonsten ist sie für den Auftragnehmer nicht verbindlich.[36] Enthält das Angebot des Auftragnehmers keine Angaben zur Ausführungszeit und legt der Auftraggeber im Rahmen der Auftragserteilung einseitig Beginn und Fertigstellung der Leistung fest, so kommt gemäß § 150 Abs. 2 BGB ein Vertrag nur zustande, wenn der Auftragnehmer die Ausführungsfristen ausdrücklich oder zumindest konkludent bestätigt.[37] 13

Die Qualifizierung vereinbarter oder (vereinbarungsgemäß) einseitig festgelegter Fristen als Vertragsfristen kann auch durch **Allgemeine Geschäftsbedingungen** erfolgen.[38] Sind solche durch AGBs fixierten Vertragsfristen allerdings gleichzeitig mit Vertragsstrafe bewehrt, ist eine entsprechende Klausel unwirksam (→ § 11 Rdn. 57).

Die Überschreitung einer Vertragsfrist durch den Auftragnehmer führt nicht automatisch zu dessen Verzug (dazu unten Rdn. 35), sondern (nur) zur Fälligkeit der entsprechenden Leistung im Sinne einer verbindlichen Leistungsverpflichtung. Verzug setzt aber darüber hinaus eine Mahnung des Auftraggebers (oder die ausnahmsweise Entbehrlichkeit der Mahnung) sowie Verschulden des Auftragnehmers voraus. 14

b) Vertragsfristen und Bauablaufstörungen. Vertragsfristen können nicht nur bei Abschluss des Bauvertrages selbst vereinbart werden, sondern auch noch danach, insbesondere also während der Bauausführung. Heißt es im Bauvertrag also beispielsweise „Die Ausfüh- 15

---

[33] Anders OLG Celle BauR 2005, 1176, 1177, das fehlerhaft von einer „ungenauen zeitlichen Einordnung" des Endtermins ausgeht und gleichzeitig die Frage der Verbindlichkeit einer Fristvereinbarung (die hier vorlag) und die kalendermäßige Bestimmung einer Frist (im Sinne von § 286 Abs. 2 Nr. 1 BGB, die hier ebenfalls vorlag) nicht hinreichend voneinander trennt und damit zu dem falschen Ergebnis kommt, der Auftraggeber hätte den Auftragnehmer „unter Fristsetzung in Verzug setzen müssen" (a.a.O., S. 1178); auch dies ist schließlich falsch, da § 286 Abs. 1 BGB für die verzugsauslösende Mahnung keine Fristsetzung fordert, näher Rdn. 40.

[34] Dazu *Vygen/Schubert/Lang Rdn. 36* ff.

[35] BGH *Schäfer/Finnern* Z2.13 Bl. 26; OLG Hamburg BauR 2004, 1618; Beck'scher VOB-Kommentar/*Motzke* VOB/B § 5 Nr. 1 Rdn. 20; *Leinemann/Roquette* § 5, Rdn. 14; *Franke/Kerper/Zanner/Grünhagen* VOB/B § 5, Rdn. 60; *Kapellmann/Schiffers* Band 1, Rdn. 1336 m.w.N.

[36] Beispiel nach OLG Hamburg BauR 2004, 1618: Die Ausführungsfrist soll 12 Monate ab Auftragserteilung und Ausführungsbeginn betragen, der Fertigstellungstermin soll vom Auftraggeber im Auftragsschreiben benannt werden. Bestimmt der Auftraggeber im Auftragsschreiben einen Fertigstellungstermin, der diese zwölfmonatige Ausführungsfrist abkürzt, so liegt keine billige Terminbestimmung im Sinne von § 315 Abs. 3 BGB vor.

[37] OLG Naumburg BauR 2004, 1668 = IBR 2004, 479.

[38] Z.B. durch eine Klausel, wonach alle im zugrunde liegenden Bauzeitenplan vereinbarten Einzelfristen als Vertragsfristen anzusehen sind, vgl. BGH BauR 1999, 645, 646; ergänzend Beck'scher VOB-Kommentar/*Motzke* VOB/A § 11, Rdn. 111.

rungsfristen werden später vereinbart", dann können diese später vereinbarten Fristen genauso Vertragsfristen wie die ursprünglich vereinbarten Fristen sein, wenn die Parteien die Fristen als verbindliche Fristen vereinbart haben.[39] Ähnliches gilt, wenn die Parteien einem **gestörten Bauablauf** dadurch Rechnung tragen, dass sie – ggf. unbeschadet der sonstigen Störungsfolgen – den inzwischen überholten oder jedenfalls nicht mehr einhaltbaren Terminen durch eine **Terminplanfortschreibung** Rechnung tragen, wobei diese Terminplanfortschreibung wiederum Vertragsfristen und auch unverbindliche Kontrollfristen beinhalten kann. Bei der Fortschreibung von störungsbedingt nicht mehr einhaltbaren Terminen hängt es vom Parteiwillen ab, ob die Neuvereinbarung von Terminen die Ansprüche der einen oder anderen Seite aus den bisherigen Terminvereinbarungen hinfällig macht oder ob die Vereinbarung neuer Ausführungsfristen Ansprüche der einen oder anderen Seite aus den bisherigen Fristvereinbarungen unberührt lässt.[40]

Zur Klarstellung: Eine solche Fortschreibung vereinbarter Ausführungsfristen bei eingetretenen Bauablaufstörungen ist nicht zwingend. Kommt es also nicht zu einem Einvernehmen der Parteien über die fortan gültigen Ausführungsfristen, dann ergibt sich eine Fristverlängerung ggf. aus § 6 Nr. 2 in Verbindung mit Nr. 4 VOB/B. Verbindlich (im Sinne von § 5 Nr. 1 Satz 1 VOB/B) sind nunmehr die gemäß § 6 Nr. 2 und Nr. 4 VOB/B verlängerten Fristen bzw. verschobenen Termine.[41]

16 **c) Einseitige Änderungen von Vertragsfristen durch den Auftraggeber.** Oft wird in der Baupraxis übersehen, dass vereinbarte Vertragsfristen nicht nur für den Auftragnehmer, sondern auch für den Auftraggeber selbst verbindlich sind. Der Auftraggeber ist also insbesondere nicht befugt, einseitig die mit dem Auftragnehmer vereinbarten Vertragsfristen zu ändern oder gar aufzuheben, indem er z.B. einen früheren oder späteren Ausführungsbeginn anordnet, einen Baustopp verhängt oder den Auftragnehmer auffordert, Beschleunigungsmaßnahmen (siehe unten Rdn. 53 f.) zu ergreifen und dadurch die vereinbarte Bauzeit abzukürzen. Das Änderungsrecht des Auftraggebers gemäß § 1 Nr. 3 VOB/B bezieht sich nur auf den Bauinhalt, nicht auf die Bauumstände, zu denen insbesondere die vereinbarten Ausführungsfristen gehören (→ § 1, Rdn. 54 ff.). So weit der Auftragnehmer durch derartige „Eingriffe" des Auftraggebers in der vereinbarten Ausführung behindert wird, erfüllen solcherlei Anordnungen des Auftraggebers schlichtweg den Tatbestand einer Behinderung im Sinne von § 6 Nr. 1 VOB/B und führen unter den Voraussetzungen von § 6 Nr. 2 VOB/B zu einer entsprechenden Fristverlängerung und unter den Voraussetzungen von § 6 Nr. 6 VOB/B darüber hinaus zu Schadensersatzansprüchen des Auftragnehmers (→ § 6 Rdn. 53 ff.). **Beschleunigungsanordnungen** des Auftraggebers (vorzeitiger Baubeginn, Abkürzung der Bauzeit usw.) sind unwirksam und für den Auftragnehmer nur beachtlich, wenn er ihnen zustimmt. Ausnahmsweise gilt dann etwas anderes, wenn der Auftraggeber sich im Bauvertrag das Recht vorbehalten hat, die vereinbarte Bauzeit einseitig zu verändern. Die Wirksamkeit einer solchen Regelung setzt aber voraus, dass dieses „Terminänderungsrecht" des Auftraggebers einerseits nach billigem Ermessen im Sinne von § 315 BGB ausgeübt werden muss, andererseits für den Auftragnehmer klar erkennbar ist, unter welchen Voraussetzungen und in welchem Umfang die vereinbarten Fristen einseitig vom Auftraggeber verändert werden können. Als AGB-Klausel muss eine solche Vereinbarung in Anlehnung an § 308 Nr. 4 BGB zudem für den Auftragnehmer zumutbar sein.[42]

---

[39] In diesem Fall ist *allerdings* zu prüfen, ob die handelnden Personen jeweils bevollmächtigt waren, verbindliche Fristabsprachen zu treffen und damit Vertragsfristen zu vereinbaren.

[40] Diejenige Partei, die aus den bisher vereinbarten Terminen Ansprüche ableiten möchte, z.B. Schadensersatzansprüche wegen Verzuges oder wegen Behinderung, sollte sich diese Ansprüche anlässlich der Terminplanfortschreibung also zumindest ausdrücklich und schriftlich vorbehalten, um Unklarheiten zu vermeiden.

[41] Vgl. OLG Dresden BauR 2000, 1881; ergänzend Beck'scher VOB-Kommentar/*Motzke* VOB/B § 5 Nr. 1, Rdn. 72.

[42] § 308 Nr. 4 BGB gilt entsprechend, wenn der vertragliche Änderungsvorbehalt Leistungsmodalitäten wie Ort und Zeit der Leistung betrifft, vgl. OLG Hamm NJW-RR 1992, 445; OLG Frankfurt/Main

3. Kalenderfrist

Die Kalenderfrist war bis zum 31.12.2001 in § 284 Abs. 2 Satz 1 BGB a.F. geregelt und findet sich nun inhaltsgleich in § 286 Abs. 2 Nr. 1 BGB. Eine Kalenderfrist in diesem Sinne liegt (nur) dann vor, wenn 17

- die Frist ohne sonstige Hilfsmittel[43] tatsächlich aus dem Vertrag in Verbindung mit einem Kalender ables- oder ableitbar ist,[44]
- es sich bei der kalendermäßig bestimmten Frist um eine Vertragsfrist, d.h. um eine verbindliche Frist, handelt[45]
- **und** die Kalenderfrist im Vertrag vereinbart („bestimmt“) und nicht nur einseitig vom Gläubiger/Auftraggeber gesetzt worden ist.[46]

Beispiel: Die Parteien haben in einem Schlüsselfertigbauvertrag den Ausführungsbeginn am 1.6.2006, die Rohbaufertigstellung am 30.11.2006 und die Bezugsfertigkeit am 30.4.2007 als Vertragsfristen vereinbart.

Bei allen drei Fristen handelt es sich um kalendermäßig bestimmte Fristen im Sinne von § 286 Abs. 2 Nr. 1 BGB, bei deren Überschreitung der Auftragnehmer automatisch in Verzug gerät, wenn er nicht (ausnahmsweise) fehlendes Verschulden gemäß § 286 Abs. 4 BGB nachweisen kann.

Vereinbarte Kalenderfristen führen in der Praxis allerdings zu zwei, nicht zu unterschätzenden Problemen: Zum einen weist Ziffer 2.2 VHB[47] zutreffend darauf hin, dass eine Vertragsfrist nur dann als Kalenderfrist vereinbart werden soll, wenn der Auftraggeber den Beginn der Ausführung datumsmäßig verbindlich festlegen kann und ein bestimmter Endtermin eingehalten werden muss. Denn die Vereinbarung von Vertragsfristen als Kalenderfristen führt auch für den Auftraggeber zu starren, unflexiblen Terminen für seine Mitwirkungshandlungen z.B. hinsichtlich der bereitzustellenden Ausführungsunterlagen, der Vorleistungen anderer Unternehmer und sonstiger Mitwirkungsobliegenheiten oder -pflichten.[48] 18

Zum anderen erweisen sich in der Praxis **verschobene Kalenderfristen** als erhebliches, häufig übersehenes Problem.

Beispiel: Im Beispiel aus Rdn. 17 kommt es zu auftraggeberseitigen Behinderungen gemäß § 6 Nr. 2 a VOB/B mit der Folge, dass sich der Fertigstellungstermin um zwei Wochen auf den 14.5.2007 verschiebt. Wird dieser auf den 14.5.2007 verschobene Fertigstellungstermin nicht – ausnahmsweise – als neuer – wiederum kalendermäßig bestimmter – Fertigstellungstermin vereinbart, so handelt es sich bei dem auf den 14.5.2007 verschobenen Termin zwar immer noch um einen Vertragstermin, der aber nicht mehr kalendermäßig im Sinne von § 286 Abs. 2 Nr. 1 VOB/B bestimmt ist. Bei verschobenen Kalenderfristen gerät der Auftragnehmer also nicht automatisch in Terminverzug, sondern erst nach entsprechender Mahnung durch den Auftraggeber.[49] Die Mahnung muss wiederum **nach** der verschobenen Fälligkeit erfolgen, ansonsten ist sie verfrüht und löst keinen Verzug des Auftragnehmers aus.[50]

Der „Mythos“ der Kalenderfristen hat durch die gesetzliche Neufassung des § 286 Abs. 2 BGB allerdings an Wirkung verloren, da das Gesetz nunmehr in § 286 Abs. 2 Nr. 2–4 BGB verschiedene 19

NJW-RR 2001, 914; ergänzend vgl. auch *Ingenstau/Korbion/Döring* VOB/B § 5 Nrn. 1–3, Rdn. 26; *Kapellmann/Schiffers* Band 1, Rdn. 1336 ff.

[43] Vgl. *Palandt/Heinrichs* BGB § 286 Rdn. 22.

[44] Beispiel: Im Vertrag ist der Baubeginn mit dem 15.1.2006 vereinbart, die Ausführungsfrist beträgt 12 Kalenderwochen.

[45] Wird eine bloße Kontrollfrist, also eine unverbindliche Frist, kalendermäßig vereinbart, so gerät der Auftragnehmer bei Überschreitung nicht in Verzug, weil es bereits an der Vereinbarung einer verbindlichen, zur Fälligkeit der Leistung führenden Frist fehlt.

[46] *Palandt/Heinrichs* BGB § 284, Rdn. 22 m.w.N.: Staudinger-*Löwisch* BGB § 286, Rdn. 68.

[47] Vergabehandbuch des Bundes im Zuständigkeitsbereich der Finanzbauverwaltungen (2002), Stand Februar 2006.

[48] Näher dazu unten Rdn. 43.

[49] BGH BauR 1999, 645, 648; OLG Düsseldorf BauR 2000, 1336, = NZBau 2000, 430.

[50] Dazu näher unten Rdn. 41.

weitere Fälle geregelt hat, in denen eine Mahnung des Gläubigers entbehrlich ist, die also in ihren Wirkungen der Kalenderfrist gleich stehen (näher Rdn. 44).

4. Einzelfrist (Zwischenfrist)

20 Einzelfristen (auch Zwischenfristen genannt)[51] sind Fristen, die nicht für die Fertigstellung der Gesamtleistung des Auftragnehmers vereinbart werden, sondern für Teile der Leistung oder auch nur zur Kontrolle des Baufortschritts. Die VOB enthält in § 11 Nr. 2 Teil A und in § 5 Nr. 1 Satz 2 Teil B ein in sich geschlossenes System für Einzelfristen, das zusammengefasst besagt:

21 Gemäß § 11 Nr. 2 Abs. 1 VOB/A sollen Einzelfristen zum einen nur für in sich abgeschlossene Teile der Leistung vereinbart werden, wenn es ein erhebliches Interesse des Auftraggebers erfordert. Zum anderen sollen gemäß § 11 Nr. 2 Abs. 2 VOB/A dann, wenn ein Bauzeitenplan aufgestellt wird, damit die Leistungen aller Unternehmer sicher ineinander greifen, nur die für den Fortgang der Gesamtarbeit besonders wichtigen Einzelfristen als vertraglich verbindliche Fristen (Vertragsfristen) vereinbart werden. Für diesen Fall bestimmt § 5 Nr. 1 Satz 2 VOB/B ergänzend, dass die Einzelfristen, die (nur) im Bauzeitenplan enthalten sind, folglich keine Vertragsfristen, sondern (unverbindliche) Kontrollfristen darstellen.

Generell ist zu § 11 Nr. 2 VOB/A anzumerken, dass die Bestimmung verbindlich nur für VOB/A-gebundene Auftraggeber ist. Die Bestimmung hat aber, wie auch viele andere Regelungen der VOB/A, für „private" Auftraggeber empfehlenden Charakter und damit eine „Leitbildfunktion", unter welchen Voraussetzungen vernünftigerweise Fristen, hier: Einzelfristen, vereinbart werden.[52]

22 **a) Einzelfristen für in sich abgeschlossene Teile der Leistung.** Wenn es ein erhebliches Interesse erfordert, soll der **VOB/A-gebundene Auftraggeber**[53] Einzelfristen für in sich abgeschlossene Teile der Leistung vereinbaren. In sich abgeschlossene Teile der Leistung liegen vor, wenn sie nach allgemeiner Verkehrsauffassung als selbstständig und von den übrigen Teilleistungen aus demselben Bauvertrag unabhängig anzusehen sind, sie sich also in ihrer Gebrauchsfähigkeit abschließend für sich beurteilen lassen, und zwar sowohl in ihrer technischen Funktionsfähigkeit als auch im Hinblick auf die vorgesehene Nutzung.[54]

§ 11 Nr. 2 Abs. 1 VOB/A verwendet damit die gleiche Formulierung wie § 12 Nr. 2 VOB/B zur (echten) Teilabnahme.[55] Nach der Auffassung von *Motzke*[56] liegen in sich abgeschlossene Teilleistungen in diesem Sinne beispielsweise bei **Fachlosen** vor, wenn ein Auftragnehmer mit mehreren Fachlosen beauftragt worden ist. Bei der Beauftragung nur mit einem Fachlos komme es auf technische Aspekte an. So sei beispielsweise die Rohinstallation ein in sich abgeschlossener Teil einer insgesamt geschuldeten Installationsleistung.[57]

23 Losgelöst von solchen Einzelfällen ist zu differenzieren: Bei der **konventionellen Baudurchführung**, also der Beauftragung eines Auftragnehmers mit einem einzigen oder einigen wenigen Leistungsbereichen auf der Basis einer detaillierten Leistungsbeschreibung,[58] kommt es darauf an, ob innerhalb des beauftragten Leistungsbereichs eine selbstständig funktionierende Teilleistung erstellt wird. Wird also beispielsweise ein Auftragnehmer mit der Erstellung der Heizungsarbeiten für mehrere Reiheneinfamilienhäuser beauftragt, so sind die einzelnen Häuser im Regelfall abgeschlossene Funktionseinheiten, sodass bezüglich der einzelnen Heizung in jedem Haus eine in

---

[51] Vgl. *Franke/Kemper/Zanner/Grünhagen* VOB/B § 5, Rdn. 7.

[52] Dazu Beck'scher VOB-Kommentar/*Motzke* VOB/B vor § 5, Rdn. 68 ff.

[53] Dazu *Kulartz/Kus/Portz* GWB § 98, Rdn. 20 ff.

[54] Vgl. VOB/B § 12 Rdn. 72 und *Ingenstau/Korbion/Oppler* VOB/B § 12 Nr. 2, Rdn. 6; kritisch dazu *Kapellmann* FS Thode, 29 ff.

[55] Und wie inzwischen auch § 632 a BGB zu Abschlagszahlungen für in *sich* abgeschlossene Teile des Werks.

[56] Beck'scher VOB-Kommentar/*Motzke* VOB/A § 11 Nr. 2, Rdn. 92.

[57] Beck'scher VOB-Kommentar/*Motzke* a.a.O.; die Auffassung von Motzke ist sehr zweifelhaft, weil die Rohinstallation in sich gerade nicht abgeschlossen ist, weil sie nicht selbstständig funktionsfähig ist.

[58] Im Sinne der DIN18300 ff.

sich abgeschlossene Teilleistung vorliegt.[59] Allgemein kann hierzu auf die recht umfangreiche Kasuistik zu § 12 Nr. 2 VOB/B verwiesen werden.[60]

24 Bei der zielorientierten Baudurchführung, insbesondere beim **Schlüsselfertigbau,** kann jedenfalls nach der Vorgabe des § 11 Nr. 2 Abs. 1 VOB/B nicht auf einzelne Leistungsbereiche abgestellt werden. Denn der Schlüsselfertigbau unterscheidet sich vom konventionellen Bau ja insbesondere dadurch, dass der SF-Unternehmer gerade nicht einzelne Leistungsbereiche oder eine Summe von einzelnen Leistungsbereichen schuldet, sondern eine zielorientiert definierte Leistung, meist eine schlüsselfertige und funktionsfähige Gesamtleistung wie z.B. eine Wohnanlage, ein Klärwerk oder eine funktionsfähige Bahnstrecke. Nach der Vorgabe von § 11 Nr. 2 Abs. 1 VOB/A sind beim Schlüsselfertigbau Einzelfristen also nur dann zulässig, wenn innerhalb der zielorientiert definierten Gesamtleistung selbstständige Funktionsabschnitte erstellt werden, also z.B. ein selbstständig funktionsfähiger Teil der geschuldeten Kläranlage vorzeitig in Betrieb genommen werden soll.[61]

25 **b) Einzelfristen für fortgangswichtige Teile der Leistung.** Über den damit sehr eingeschränkten Anwendungsbereich von § 11 Nr. 2 Abs. 1 VOB/A hinaus lässt § 11 Nr. 2 Abs. 2 VOB/A für öffentliche Auftraggeber die Vereinbarung von Einzelfristen als Vertragsfristen im Rahmen eines Bauzeitenplans für fortgangswichtige Teile der Leistung zu.

Auch § 11 Nr. 2 Abs. 2 VOB/A knüpft damit an die Beauftragung mehrerer Fachunternehmer mit einzelnen Leistungsbereichen bzw. Fachlosen bei der konventionellen Baudurchführung an.[62] Wird hingegen – wie z.B. beim Schlüsselfertigbau – nur *ein* Auftragnehmer mit der (Rest-)Planung und schlüsselfertigen bzw. funktionsfähigen Gesamterstellung einer Bauleistung beauftragt, so ist § 11 Nr. 2 Abs. 2 VOB/A a priori nicht einschlägig, weil das durch § 11 Nr. 2 Abs. 2 VOB/A geregelte Ineinander greifen mehrerer Leistungsbereiche mehrerer Auftragnehmer nur im Verhältnis des SF-Unternehmers zu seinen Nachunternehmern, nicht jedoch im Verhältnis des Auftraggebers zum SF-Unternehmer, vorkommt.

26 **c) Sonstige Einzelfristen.** Trotz des für VOB/A-gebundene Auftraggeber verbindlichen und ansonsten empfehlenden Charakters von § 11 Nr. 2 VOB/A darf nicht verkannt werden, dass über die beiden durch § 11 Nr. 2 VOB/A geregelten Ausnahmefälle hinaus auch bei der **konventionellen Baudurchführung** ein berechtigtes Interesse vorhanden sein kann, Einzelfristen als Vertragsfristen zu vereinbaren.

Beispiel: Ein Bauträger erstellt 30 Einfamilienhäuser, die sukzessive fertig gestellt und übergeben werden sollen. Zur Terminsicherung vereinbart er mit dem Auftragnehmer für die Fensterarbeiten, dass dieser folgende Fristen einzuhalten hat: Für jeweils 5 Häuser parallel: Maßnehmen der Rohbaumaße 1 Woche nach Auftragserteilung, Anlieferung der fertig gestellten Fenster 4 Wochen nach Auftragserteilung, Einbau der Fenster 5 Wochen nach Auftragserteilung, Block 2 beginnt mit Fertigstellung von Block 1 usw.

In diesem Beispiel haben die Parteien verbindliche Einzelfristen für verschiedene Leistungsschritte des Auftragnehmers (Maßnahmen, Anliefern und Einbauen) vereinbart, die zur Klarstellung im Bauvertrag allerdings ausdrücklich als Vertragsfristen gekennzeichnet werden sollten.

27 Beim **Schlüsselfertigbau** besteht ohnehin weit über § 11 Nr. 2 VOB/A hinaus ein Bedürfnis, Einzelfristen als Vertragsfristen zu vereinbaren. Einerseits beträgt die Ausführungsfrist bei SF-Bauvorhaben oftmals ein Jahr oder mehr. Würde der Auftraggeber mit dem SF-Unternehmer hier allein an § 11 Nr. 2 VOB/A orientierte Einzelfristen als Vertragsfristen vereinbaren, dann würde dieses Unterfangen weitgehend scheitern. Denn beim SF-Bau liegen regelmäßig weder im Sinne von § 11 Nr. 2 Abs. 1 VOB/A in sich abgeschlossene Teilleistungen vor noch muss hier

---

[59] Anders kann dies wiederum sein, wenn derselbe Auftragnehmer eine Zentralheizungsanlage in einem Mehrfamilienhaus erstellt.

[60] *Ingenstau/Korbion/Oppler* VOB/B § 12 Nr. 2, Rdn. 6 ff.; *Heiermann/Riedl/Rusam* VOB/B § 12, Rdn. 28 m.w.N.

[61] Dazu auch ausführlich *Kapellmann*, FS Thode, S. 29, 36.

[62] Vgl. Beck'scher VOB-Kommentar/*Motzke* VOB/A § 11, Rdn. 95.

das Ineinander greifen mehrerer Leistungsbereiche im Verhältnis Auftraggeber/SF-Unternehmer gemäß § 11 Nr. 2 Abs. 2 VOB/A koordiniert werden. Andererseits muss gerade der Auftraggeber bei größeren SF-Vorhaben ein Kontrollinstrument installieren, um einen angemessenen und den Endtermin sichernden Baufortschritt kontrollieren zu können. Deshalb bietet sich an, für fortgangswichtige Leistungsabschnitte Einzelfristen als Vertragsfristen zu vereinbaren, z.B. für die Gründung des Gebäudes, einzelne Betonierabschnitte, die Eindichtung des Gebäudes (Hülle dicht) usw. Daneben kommen speziell beim SF-Bau auch Teilfertigstellungsabschnitte in Betracht, z.B. die Übergabe teilfertig erstellter Shops, Büros usw. an Vertragspartner des Auftraggebers wie Käufer (beim Bauträgervertrag) oder Mieter (beim Investorenmodell).

28 Über diese sinnvollen Einzelfristen für Teilabschnitte der Bauleistung hinaus ist es zwar zulässig, auch sonstige Einzelfristen als Vertragsfristen zu vereinbaren.[63] Die Rechtsprechung erhebt selbst gegen eine Klausel keine Bedenken, wonach (abweichend von § 5 Nr. 1 Satz 2 VOB/B) unterschiedslos **alle** im zugrunde liegenden Bauzeitenplan vereinbarten **Einzelfristen** als **Vertragsfristen** gelten sollen.[64] Eine solche undifferenzierte Qualifizierung von Einzelfristen als Vertragsfristen erscheint jedoch sinnlos und geradezu schädlich, weil durch ein solch enges, weder projekt- noch produktionsorientiertes Termingeflecht dem Auftragnehmer jegliche Möglichkeit genommen wird, durch Kapazitätsanpassungen tägliche oder wöchentliche Arbeitszeitanpassungen und ggf. sogar durch Kapazitätsaustausch auf Störungen zu reagieren.[65] Die Frage, ob die Vereinbarung einer Vielzahl von Einzelfristen als Vertragsfristen **sinnvoll** ist, ist allerdings **von der Frage zu trennen**, ob eine solche Vereinbarung **rechtswirksam** ist. Die Rechtswirksamkeit begegnet aber letztlich – auch unter AGB-Gesichtspunkten – keinen Bedenken, da nach dem gesetzlichen Leitbild des BGB Fristvereinbarungen generell und damit auch als Einzelfristen verbindlich sind. Die von der VOB geschaffene Ebene unverbindlicher Fristen ist zwar zur Terminsteuerung sinnvoll, entspricht aber nicht dem gesetzlichen Leitbild des BGB, sodass Abweichungen von der Empfehlung der VOB/B damit wiederum gesetzeskonform sind.[66]

5. Bauzeitenplan

29 Die VOB erwähnt den Bauzeitenplan in § 11 Nr. 2 Abs. 2 Teil A und in § 5 Nr. 1 Satz 2 Teil B, ohne zu definieren, was unter einem Bauzeitenplan zu verstehen ist. Dies führt mitunter zu nebulösen Vorstellungen über Begriff und Inhalt eines Bauzeitenplans.[67] Der in der VOB geregelte Bauzeitenplan ist das Ergebnis einer **Terminplanung und -vereinbarung**, die regelmäßig vom Auftraggeber initiiert worden ist, im Einzelfall aber auch vom Auftragnehmer oder auch von beiden Vertragsparteien gemeinsam vorgenommen werden kann.

30 Bei der Terminplanung unterscheidet man zunächst zwischen der **projektorientierten** und der **produktionsorientierten Terminplanung**.[68] Bei der projektorientierten Terminplanung steht die Koordination der verschiedenen an der Bauplanung und -ausführung Beteiligten im Vordergrund. Es geht um die terminliche Abstimmung für das Bauvorhaben als Ganzes. Deshalb wird die projektorientierte Terminplanung und -steuerung im Regelfall vom Auftraggeber durchgeführt.[69] Demgegenüber erfasst die produktionsorientierte Terminplanung mehr oder

---

[63] Vgl. Beck'scher VOB-Kommentar/*Motzke* VOB/A § 11 Nr. 2, Rdn. 101.

[64] BGH BauR 1999, 645, 646.

[65] Zutreffend *Schiffers* in: Jahrbuch BauR 1998, 275 ff., 285; zustimmend Beck'scher VOB-Kommentar/*Motzke* VOB/A § 11 Nr. 2, Rdn. 42.

[66] So auch Beck'scher VOB-Kommentar/*Motzke* VOB/B § 5 Rdn. 48.

[67] *Franke/Kemper/Zanner/Grünhagen* VOB/B § 5, Rdn. 7 führen aus, um einen Bauzeitenplan handele es sich „insbesondere" beim so genannten Balkenplan, der in der linken Spalte die einzelnen Leistungsabschnitte und Gewerke des Auftragnehmers aufführe, in einer oberen Spalte den Zeitrahmen der Ausführung insgesamt und in dem dann bei der jeweiligen Einzelleistung in Form von Balken die Ausführungszeit eingetragen sei. Indes hat die Darstellungsform eines Terminplans nichts mit der Frage zu tun, ob es sich hierbei um einen Bauzeitenplan im Sinne der VOB handelt.

[68] Vgl. *Schiffers* in: Festschrift *Leimböck* S. 237; *Langen/Schiffers* Bauplanung und Bauausführung, Rdn. 44.

[69] Vgl. *Schiffers* Jahrbuch Baurecht 1998, S. 275; *Langen/Schiffers,* Rdn. 44.

weniger detailliert die Planungs- und Ausführungsvorgänge. Sie wendet sich in der Regel an den einzelnen Projektbeteiligten, also z.B. den Auftragnehmer eines bestimmten Leistungsbereichs bei der konventionellen Baudurchführung. Bei ihr geht es um die Abstimmung der Kapazitäten für die einzelnen Herstellvorgänge.[70]

Hinsichtlich des Detaillierungsgrades unterscheidet man zwischen dem **Grobterminplan**, der der Absteckung des Zeitrahmens dient, dem **mittelfeinen Terminplan**, der auf das Gesamtbauvorhaben ausgerichtet ist, aber schon Einzelziele und Einzelaufgaben beinhaltet und dem **Feinterminplan**, der alle terminrelevanten Einzelziele und -aufgaben erfasst.[71] 31

Hiervon wiederum zu trennen ist die **Darstellungsform eines Terminplanes**, wobei in der Praxis am häufigsten vorkommen: 32

- der Balkenplan[72]
- die Terminliste[73]
- das Volumen-/Zeit-Diagramm[74]
- der Netzplan.[75]

Wenn die VOB nun in § 11 Nr. 2 Abs. 2 Teil A für die Vergabe und in § 5 Nr. 1 Satz 2 Teil B für die Vertragsabwicklung von einem „aufgestellten" Bauzeitenplan spricht und in diesem Zusammenhang die darin enthaltenen Einzelfristen klassifiziert, dann hat diese Frage zunächst nichts damit zu tun, ob der entsprechende Terminplan projekt- oder produktionsorientiert aufgestellt wurde, ob er grob, mittelfein oder fein gegliedert ist oder welche Darstellungsform für den Terminplan gewählt wurde. Entscheidend ist vielmehr, dass es sich bei einem Bauzeitenplan im Sinne der VOB um einen **Vertragsterminplan** handelt,[76] also um einen Terminplan, den die Vertragsparteien entweder schon bei Abschluss des Vertrages oder (entweder erstmals oder als Fortschreibung) während der Vertragsabwicklung **vereinbart** haben (siehe oben Rdn. 12). 33

Der Bauzeitenplan als Vertragsterminplan ist also von Terminplänen zu unterscheiden, die entweder der Auftraggeber oder aber der Auftragnehmer (oder beide Parteien) rein zur **internen Ablaufplanung** aufgestellt haben, die jedoch nicht mit dem jeweils anderen Vertragspartner vereinbart worden sind. Solche der internen Planung und Steuerung dienenden Terminpläne sind also keine Bauzeitenpläne im Sinne der VOB Teil A und Teil B.

Die **Vereinbarung** eines Terminplans als Bauzeitenplan kann nicht nur ausdrücklich, sondern auch **konkludent** erfolgen. Letzteres kommt insbesondere dann in Betracht, wenn der Auftraggeber durch sein Verhalten (im Einzelfall auch durch sein als Zustimmung zu verstehendes Schweigen) zum Ausdruck bringt, mit dem Terminplan des Auftragnehmers (ganz oder teilweise) einverstanden zu sein. 34

Beispiel: Ausführungsbeginn und Fertigstellung sind im Bauvertrag vereinbart. Die Einzelfristen sollen sich nach einem noch zu vereinbarenden Bauzeitenplan richten, der vom Auftragnehmer binnen 4 Wochen nach Abschluss des Vertrages aufgestellt und dem Auftraggeber zur Billigung vorgelegt werden soll.

Legt in diesem Beispiel der Auftragnehmer einen die Vertragsfristen berücksichtigenden Terminplan mit der Bitte um Prüfung und Billigung vor, der z.B. auch die auftraggeberseitigen Mitwirkungspflichten mit entsprechenden Vorlauffristen berücksichtigt, so kann der Auftragnehmer, da er sich durch die Vorlage des Terminplans vertragskonform verhalten hat, einen Widerspruch des Auftraggebers zu dem Terminplan insgesamt oder zu einzelnen Fristen (z.B. den auftraggeberseitigen Mitwirkungsfristen) erwarten. Schweigt der Auftraggeber insgesamt oder erhebt er nur Widerspruch gegen einzelne Fristen, so kann sein Schweigen insgesamt oder hinsichtlich

---

[70] *Langen/Schiffers* a.a.O.
[71] Einzelheiten bei *Langen/Schiffers* Rdn. 43.
[72] Näher *Langen/Schiffers* Rdn. 39 und dort Beispiel in Abb.9.
[73] Vgl. *Langen/Schiffers* Rdn. 41 und dort Beispiel in Abb.11.
[74] *Langen/Schiffers* Rdn. 42 und dort Beispiel in Abb.12.
[75] Dazu näher *Langen/Schiffers,* Rdn. 40 und dort Beispiel in Abb.10 *Mechnig,* S. 10 ff.
[76] Näher vgl. *Langen/Schiffers* Rdn. 1742 f.

der übrigen Fristen als Zustimmung zu dem Terminplan gewertet werden, sodass der Terminplan fortan als (vereinbarter) Bauzeitenplan im Sinne von § 5 Nr. 1 VOB/B anzusehen ist.[77]

Widerspricht der Auftraggeber dem auftragnehmerseitigen Terminplan allerdings ausdrücklich oder zumindest konkludent (z.B. durch den Hinweis auf die alleinige Verbindlichkeit des schon vorhandenen Vertragsterminplanes), so kommt dem vom Auftragnehmer vorgelegten Terminplan nur interne Bedeutung für die Ablaufplanung des Auftragnehmers zu.[78]

6. Terminverzug des Auftragnehmers

35 § 5 Nr. 4 VOB/B knüpft die dort näher erläuterten Rechtsfolgen bezüglich der Vollendung der Leistung (Fertigstellung) an den Verzug des Auftragnehmers, ohne den Verzug allerdings eigenständig zu definieren. Maßgebend ist damit auch für VOB-Verträge die gesetzliche Definition des Verzuges, auf die in Rdn. 16 bereits kurz eingegangen wurde.

Der Begriff „Terminverzug" wird im Baualltag ausgesprochen häufig – und zumeist falsch oder zumindest missverständlich – verwendet.

36 Gemäß § 286 BGB setzt Verzug voraus

a) Fälligkeit der Leistung;
b) Mahnung des Gläubigers **nach** der Fälligkeit oder
c) ausnahmsweise Entbehrlichkeit der Mahnung gemäß § 286 Abs. 2 BGB
d) und Verschulden des Schuldners/Auftragnehmers.

37 **a) Fälligkeit der jeweiligen Bauleistung – Beweislast.** Eine Bauleistung ist dann im Sinne von § 286 Abs. 1 BGB fällig, wenn der Schuldner/Auftragnehmer verpflichtet ist, die Leistung gerade zu einem bestimmten Zeitpunkt (bzw. innerhalb einer bestimmten Frist) zu erbringen. Maßgebendes Kriterium für die Fälligkeit ist also die Verbindlichkeit der zeitlichen Leistungsverpflichtung des Schuldners/Auftragnehmers.[79]

Haben die Parteien Baubeginn, Fertigstellung oder Einzelfristen als **Vertragsfristen** geregelt, so ergibt sich aus der Verbindlichkeit dieser Vertragsfristen auch die Fälligkeit der entsprechenden Leistung.[80] So weit keine Fristen oder jedenfalls keine Vertragsfristen vereinbart worden sind, ist im Einzelfall zu prüfen, ob innerhalb einer bestimmten Frist bzw. zu einem bestimmten Termin eine verbindliche und damit fällige Leistungsverpflichtung des Auftragnehmers vorhanden ist. Dies ist z.B. bei der Beginnpflicht des Auftragnehmers gemäß § 5 Nr. 2 Satz 2 VOB/B der Fall,[81] nicht aber bei der Überschreitung von Einzelfristen des Bauzeitenplans, die nicht als Vertragsfristen gekennzeichnet sind, § 5 Nr. 1 Satz 2 VOB/B.[82]

38 Wie bereits in Rdn. 12 erläutert, können die Parteien selbstverständlich die Fälligkeit einvernehmlich verschieben, z.B. den Beginntermin nach vorne oder nach hinten verlegen, ebenso den Endtermin, wie überhaupt die vereinbarte Bauzeit einvernehmlich verkürzt oder verlängert werden kann. Selbst bei massiv gestörten Bauabläufen, die gemäß § 6 Nr. 2 und Nr. 4 VOB/B zu einer Verschiebung vereinbarter Termine oder zu einer Verlängerung vereinbarter Fristen führen, bleibt der Auftragnehmer verbindlich zur Erbringung seiner Leistungen zu bestimmten – nunmehr verschobenen – Terminen oder innerhalb bestimmter – verlängerter – Fristen verpflichtet. Auch in solchen Fällen tritt Fälligkeit der Leistungen des Auftragnehmers ein, auch wenn oftmals verschobene Termine oder verlängerte Fristen und damit die Fälligkeit der Leistung schwierig zu bestimmen sind.

Die **Beweislast** für die (fehlende) Fälligkeit der (jeweiligen) Leistung obliegt dem **Auftragnehmer.**[83]

---

[77] Vgl. dazu auch *Franke/Kemper/Zanner/Grünhagen* VOB/B § 5, Rdn. 18.
[78] Vgl. Beck'scher VOB-Kommentar/*Motzke* VOB/B § 5 Nr. 1, Rdn. 44.
[79] *Palandt/Heinrichs* BGB § 271, Rdn. 1.
[80] Vgl. schon oben Rdn. 16.
[81] Dazu unten Rdn. 62.
[82] Dazu unten Rdn. 61.
[83] BGH BauR 2004, 331 = NZBau 2004, 155; näher dazu unten Rdn. 101.

b) Mahnung nach Fälligkeit. Nach der unmissverständlichen Regelung des § 286 Abs. 1 BGB setzt Verzug des Schuldners/Auftragnehmers grundsätzlich voraus, dass der Gläubiger/Auftraggeber **nach** Eintritt der Fälligkeit die ausbleibende Leistung anmahnt. Unter einer Mahnung ist die an den Auftragnehmer gerichtete Aufforderung zu verstehen, die geschuldete und fällige Leistung zu erbringen. Bei der Mahnung handelt es sich um eine formlose, aber empfangsbedürftige Willenserklärung.[84] Die Wortwahl des Auftraggebers bei der Formulierung der Mahnung ist sekundär. Primär ist, dass der Auftraggeber zum Ausdruck bringt, dass er nunmehr auf der Erbringung der (fälligen) Leistung besteht. Um insoweit keine Auslegungszweifel aufkommen zu lassen, sollte die Mahnung deshalb eindeutig formuliert und beispielsweise mit „Terminmahnung" überschrieben sein. 39

Durch den Zugang einer solchen Mahnung gerät der Auftragnehmer mit der jeweiligen Leistung (Ausführungsbeginn, verbindliche Einzelfrist oder Fertigstellungsfrist) in Verzug.

Eine **Fristsetzung** ist zur Begründung des Terminverzuges weder kraft Gesetzes noch nach den Bestimmungen der VOB/B erforderlich.[85] Will der Auftraggeber dem Auftragnehmer trotzdem eine Frist zur Nachholung der fälligen Leistung setzen, so hängt es von der Formulierung des Mahnschreibens ab, ob der Auftragnehmer ungeachtet der Fristsetzung bereits mit dem Zugang des Mahnschreibens in Verzug gerät oder ob Verzug erst nach Ablauf der gesetzten (Nach-)Frist eintreten soll. Letzteres ist dann anzunehmen, wenn der Auftraggeber beispielsweise formuliert, er setze dem Auftragnehmer nunmehr zur Leistungserbringung eine Nachfrist von zwei Wochen, nach deren Ablauf der Auftragnehmer sich in Verzug befinde. In diesem Fall kann der Auftraggeber etwaige Verzugsansprüche (z.B. Anspruch auf Ersatz des Mietausfallschadens, Vertragsstrafe usw.) erst nach Ablauf der Frist und nicht bereits ab Zugang des Mahnschreibens geltend machen. 40

Eine scheinbare Banalität ist der Umstand, dass die Mahnung des Gläubigers **nach** der Fälligkeit der Leistung (und nicht vorher) erfolgen muss. Im Normalfall führt die Einhaltung dieser Reihenfolge nicht zu Problemen. Die Einhaltung der gesetzlich vorgegebenen Reihenfolge wird aber dann schwierig, wenn sich der Auftragnehmer beispielsweise auf auftraggeberseitige Behinderungen im Sinne von § 6 Nr. 2 a VOB/B beruft, diese auftraggeberseitigen Behinderungen aber nach Grund und terminlicher Auswirkung streitig sind. 41

Beispiel: Der Auftragnehmer hat mehrfach schriftlich Behinderung aufgrund fehlender Pläne, fehlender Vorleistungen usw. angezeigt. Der Auftraggeber hat diese Behinderungsanzeigen jeweils mit Hinweis darauf zurückgewiesen, der Auftragnehmer könne an anderer Stelle behinderungsfrei arbeiten. Beruft der Auftragnehmer sich z.B. darauf, durch die von ihm formgerecht angezeigten Behinderungen habe sich die Fertigstellungsfrist um vier Wochen verlängert, während es nach Meinung des Auftraggebers bei der ursprünglichen Fertigstellungsfrist verblieben ist, so muss der Auftraggeber im Zweifel doppelgleisig verfahren, wenn er aus formalen Gründen keine Nachteile erleiden will: Nach seiner Auffassung (deren Richtigkeit sich aber möglicherweise erst Jahre später in einem Rechtsstreit herausstellt) ist es bei der ursprünglichen Fertigstellungsfrist verblieben. Nach Fristablauf mahnt der Auftraggeber also die verzögerte Fertigstellung an und kann anschließend Ersatz des Verzugsschadens fordern. Ist hingegen die Auffassung des Auftragnehmers richtig, dann hat sich die Fertigstellungsfrist um vier Wochen verlängert, möglicherweise aber auch nur um eine oder zwei Wochen, was im Einzelfall aufzuklären ist. Konnten die Parteien in einem solchen Fall kein Einvernehmen über eine etwaige Terminplanfortschreibung (im Sinne eines verschobenen Fertigstellungstermins) erreichen, dann kann der Auftraggeber diese Unsicherheit über die Fertigstellungsfrist und damit die Fälligkeit der Gesamtleistung nur dadurch eingrenzen, dass er prophylaktisch mehrere Mahnungen ausspricht; die erste Mahnung nach Ablauf des ursprünglichen, nach Auffassung des Auftraggebers nach wie vor verbindlichen Fertigstellungstermins, die zweite Mahnung einige Tage oder eine Woche später, die dritte Mahnung

[84] *Palandt/Heinrichs* BGB § 286, Rdn. 16.

[85] Einer Fristsetzung (mit Kündigungsandrohung) bedarf es gemäß § 5 Nr. 4 VOB/B nur in dem Fall, dass der Auftraggeber nach Fristablauf den Auftrag aus wichtigem Grund kündigen möchte, vgl. näher unten Rdn. 124.

wiederum einige Tage oder zwei Wochen später usw. Durch diese **„Mahnungsprophylaxe"** erreicht der Auftraggeber immerhin, dass er den gesetzlichen Formalien (Mahnung **nach** Fälligkeit der Leistung) selbst dann Genüge getan hat, wenn sich die Auffassung des Auftragnehmers im nachfolgenden Rechtstreit ganz oder zumindest teilweise als richtig herausgestellt hat und die Fertigstellungsfrist entsprechend verlängert worden ist.

42 **c) Ausnahmsweise Entbehrlichkeit der Mahnung gemäß § 286 Abs. 2 BGB.** Gemäß § 286 Abs. 2 BGB gerät der Schuldner/Auftragnehmer in den vier dort geregelten Fällen ausnahmsweise auch ohne Mahnung in Verzug.

43 **aa) Vertragsfrist als Kalenderfrist.** Zur Vereinbarung einer kalendermäßig bestimmten Frist als Vertragsfrist wird vorab auf die Erläuterung in Rdn. 17 ff. verwiesen. In diesem Sinne kann eine Vertragsfrist als Kalenderfrist sowohl für den Baubeginn als auch für Einzelfristen als auch schließlich für die Fertigstellung vereinbart werden. Dabei ist gleichgültig, ob die kalendermäßig bestimmte Vertragsfrist bereits bei Vertragsabschluss oder aber nachträglich, also während der Bauausführung, vereinbart worden ist.[86]

Die rechtliche Möglichkeit, eine Vertragsfrist als **Kalenderfrist** mit dem Auftragnehmer zu vereinbaren und dadurch mit deren Überschreitung „automatisch" Schuldnerverzug zu begründen, ist von der Frage zu trennen, ob die Vereinbarung von Kalenderfristen im Einzelfall sinnvoll ist. Als Praxishinweis sei auf das Vergabehandbuch des Bundes im Zuständigkeitsbereich der Finanzbauverwaltungen (2002) verwiesen, wonach eine Fristbestimmung durch die Angabe von Daten (also Kalenderfristen) nur dann gewählt werden soll, wenn der Auftraggeber den Beginn der Ausführung verbindlich festlegen kann **und** ein bestimmter Endtermin eingehalten werden muss.[87] Die Entscheidung der Frage, ob Vertragsfristen als kalendermäßig bestimmte Fristen oder als „normale" Fristen vereinbart werden, sollte also vorrangig nicht wegen der vermeintlichen Vorteile eines „automatischen" Schuldnerverzuges getroffen werden, sondern danach, ob zum Zeitpunkt der Fristvereinbarung tatsächlich mit der entsprechenden (kalendermäßigen) Bestimmtheit festgelegt werden kann, wann der Auftragnehmer mit seinen Leistungen zu beginnen hat, wann er entsprechende Teilleistungen fertig zu stellen hat und wann die Gesamtleistung beendet sein muss.

Zur Problematik einer **verschobenen Kalenderfrist** mit dem Erfordernis der anschließenden Mahnung wird auf Rdn. 18, 45 verwiesen.

44 **bb) Kalendermäßige Bestimmbarkeit nach einem Ereignis.** Gemäß § 286 Abs. 2 Nr. 2 BGB ist eine Mahnung auch dann entbehrlich, wenn der Leistung ein Ereignis vorauszugehen hat und eine angemessene Zeit für die Leistung in der Weise bestimmt ist, dass sie sich von dem Ereignis an nach dem Kalender berechnen lässt.

Der etwas komplizierte und an § 284 Abs. 2 Satz 2 BGB a.F. anknüpfende Wortlaut erfasst also Fälle, in denen die Fälligkeit der Leistung nicht von vornherein kalendermäßig bestimmt ist (dazu vorstehend Rdn. 43), sondern erst (kalendermäßig) bestimmbar, wenn ein bestimmtes Ereignis eingetreten ist.

Beispiel: Der Auftragnehmer verpflichtet sich, die Leistung binnen drei Monaten nach Ausführungsbeginn fertig zu stellen. In diesem Beispiel ist das „Ereignis" im Sinne von § 286 Abs. 2 Nr. 2 BGB der Ausführungsbeginn. Erfolgt dieser z.B. am 15.5.2006, so handelt es sich bei dem daraus abgeleiteten Fertigstellungstermin zum 15.8.2006 um einen kalendermäßig bestimmbaren Termin im Sinne von § 286 Abs. 2 Nr. 2 BGB, bei dessen Überschreitung der Auftragnehmer automatisch in Verzug gerät.[88]

Vereinbaren die Parteien, dass der Auftragnehmer mit der Ausführung binnen drei Wochen nach Vorlage der Baugenehmigung zu beginnen und die Leistung sodann binnen drei Monaten fertig zu stellen habe, so stellt die Vorlage der Baugenehmigung gegenüber dem Auftragnehmer

---

[86] Vgl. auch BGH NZBau 2002, 265.
[87] Vgl. Ziffer 2.2 VHB zu § 11 VOB/A.
[88] So zutreffend auch *Bamberger/Roth-Grüneberg*, BGB § 286, Rdn. 34.

das „Ereignis“ im Sinne von § 286 Abs. 2 Nr. 2 BGB dar, aus dem sich die Fälligkeit des Ausführungsbeginns (drei Wochen später) und daraus abgeleitet auch der Fertigstellung ergibt. Der Auftragnehmer gerät also sowohl hinsichtlich des Ausführungsbeginns als auch hinsichtlich der Fertigstellung in Verzug, wenn er nicht spätestens drei Wochen nach Vorlage der Baugenehmigung mit der Ausführung beginnt und die Leistung nicht binnen weiterer drei Monate fertig stellt.[89]

Auch der Leistungsabruf im Sinne von § 5 Nr. 2 Satz 2 VOB/B[90] stellt ein Ereignis im Sinne von § 286 Abs. 2 Nr. 2 BGB dar mit der Folge, dass der Auftragnehmer automatisch mit dem Ausführungsbeginn und ggf. auch sich hieran anschließender Einzelfristen sowie der Fertigstellungsfrist in Verzug gerät, falls er nicht fristgerecht leistet.[91] Voraussetzung ist lediglich, dass die Frist zwischen dem Ereignis, an das angeknüpft wird, und der Fälligkeit der Leistung angemessen ist, was bei der Abruffrist gemäß § 5 Nr. 2 Satz 2 VOB/B aber unproblematisch der Fall ist (dazu Rdn. 60).

Verlängerte Fristen bedürfen aber auch nach § 286 Abs. 2 Nr. 2 BGB einer Mahnung. Denn der Grund der Verlängerung (z.B. die auftraggeberseitige Behinderung des Auftragnehmers) stellt im Sinne von § 286 Abs. 2 Nr. 2 BGB kein Ereignis dar, an das sich eine angemessene Frist anschließt. Kommt es also z.B. bei vereinbarten Kalenderfristen im Sinne von § 286 Abs. 2 Nr. 1 BGB zu einer auftraggeberseitigen Behinderung, die z.B. zu einer Verlängerung der Ausführung um eine Woche führt, dann ist dieser verschobene Kalendertermin weder im Sinne von § 286 Abs. 2 Nr. 1 BGB bestimmt noch im Sinne von § 286 Abs. 2 Nr. 2 BGB bestimmbar, eine Mahnung also erforderlich, um nach der – verschobenen – Fälligkeit Verzug des Auftragnehmers herbeizuführen. 45

cc) Endgültige und ernsthafte Leistungsverweigerung des Auftragnehmers. Gemäß § 286 Abs. 2 Nr. 3 BGB ist eine Mahnung entbehrlich, wenn der Schuldner die Leistung ernsthaft und endgültig verweigert. Diese gesetzliche Neufassung entspricht ähnlichen Bestimmungen in § 281 Abs. 2 und § 323 Abs. 2 BGB und trägt der ständigen obergerichtlichen Rechtsprechung Rechnung, wonach eine Mahnung dann sinnlos ist, wenn der andere Vertragsteil bereits endgültig und ernsthaft erklärt hat, er werde ohnehin nicht leisten.[92] 46

Beispiel: Der Auftraggeber fordert den Auftragnehmer gemäß § 5 Nr. 2 Satz 2 VOB/B auf, innerhalb von 12 Werktagen nach Empfang der Aufforderung mit der Bauleistung zu beginnen. Der Auftragnehmer erklärt wenige Tage später, ihm sei ein erheblicher Kalkulationsirrtum unterlaufen, er fechte den Vertrag an und werde die Leistungen nicht ausführen.

Liegt eine solche endgültige und ernsthafte Erfüllungsverweigerung des Auftragnehmers vor, dann wäre eine Mahnung bloße Förmelei. Für die Praxis muss allerdings davor gewarnt werden, sich auf diese Ausnahmebestimmung zu verlassen. Bloße Meinungsverschiedenheiten oder eine eben nicht „ernsthafte“ und „endgültige“ Weigerung des Auftragnehmers machen die Mahnung nicht entbehrlich.[93] Im Zweifel ist der Auftraggeber also gut beraten, wenn er trotz des scheinbaren Vorliegens der Voraussetzungen von § 286 Abs. 2 Nr. 3 BGB den sicheren Weg geht und nach Fälligkeit mahnt.

dd) Entbehrlichkeit der Mahnung aus besonderen Gründen. Gemäß § 286 Abs. 2 Nr. 4 BGB ist schließlich eine Mahnung dann entbehrlich, wenn aus besonderen Gründen und unter Abwägung der beiderseitigen Interessen der sofortige Eintritt des Verzugs gerechtfertigt ist. Hierunter fällt beispielsweise der Fall, dass der Schuldner sich einer Mahnung schuldhaft entzieht[94] oder dass der Schuldner die Leistung zu einem bestimmten Termin selbst angekündigt hat.[95] Letzteres ist bei Bauverträgen beispielsweise dann relevant, wenn der Auftragnehmer auf 47

---

[89] Auch dazu *Bamberger/Roth-Grüneberg* a.a.O.
[90] Dazu näher unten Rdn. 68 ff.
[91] Vgl. *Bamberger/Roth-Grüneberg* a.a.O.; ebenso *Staudinger/Löwisch*, BGB, § 286, Rdn. 75 f.
[92] *Dauner-Lieb u.a.* § 286, Rdn. 40.
[93] Vgl. z.B. OLG Düsseldorf BauR 2001, 646.
[94] OLG Köln NJW-RR 1999, 4.
[95] *Schmidt-Räntsch* Das neue Schuldrecht Rdn. 395; zu weiteren Beispielen vgl. *Dauner-Lieb u.a.* § 286, Rdn. 41.

eine entsprechende Aufforderung des Auftraggebers mitteilt, bis wann er eine Leistung oder Teile davon fertig stellen werde, dann aber den selbst genannten Termin nicht einhält.

48 **d) Verschulden des Auftragnehmers.** Schließlich muss der Leistungsverzug vom Auftragnehmer zu vertreten sein, wobei das Verschulden gemäß § 286 Abs. 4 BGB zu Lasten des Auftragnehmers vermutet wird. Der Auftragnehmer hat dabei sowohl eigenes Verschulden wie auch das Verschulden seiner Erfüllungsgehilfen (Nachunternehmer, ggf. auch Lieferanten[96] usw.) zu verantworten, §§ 276, 278 BGB.

So weit der Auftragnehmer durch nicht in seiner Risikosphäre liegende Umstände an einer rechtzeitigen Leistungserbringung gehindert wird, ist im Einzelfall zu klären, ob rechtlich relevante Hinderungsgründe vorliegen und wenn ja, ob diese Hinderungsgründe zu einer Verschiebung der Fälligkeit führen (sodass schon deshalb kein Verzug eintreten kann) oder ob trotz unveränderter Fälligkeit die Frist jedenfalls schuldlos vom Auftragnehmer überschritten wird.[97]

Aufgrund der **Beweislastregel** des § 286 Abs. 4 BGB muss der Auftraggeber, so weit er Verzugsansprüche gegen den Auftragnehmer geltend machen will, nur die Fälligkeit und die anschließende Mahnung bzw. die ausnahmsweise Entbehrlichkeit einer Mahnung darlegen und beweisen. Dem Auftragnehmer obliegt es anschließend, sein fehlendes Verschulden nachzuweisen.[98]

49 **e) Fehlender Verzug des Auftragnehmers aufgrund von Behinderungen gemäß § 6 Nr. 2 VOB/B.** Der Auftragnehmer kommt trotz Fälligkeit und Mahnung (ausnahmsweise) nicht in Verzug, wenn er aus den in § 6 Nr. 2 Abs. 1 VOB/B genannten Gründen an der fristgerechten Leistung gehindert ist. Hiernach werden Ausführungsfristen verlängert, so weit eine Behinderung verursacht ist,

(1) durch einen Umstand aus dem Risikobereich des Auftraggebers.[99]
(2) durch Streik oder eine von der Berufsvertretung der Arbeitgeber angeordnete Aussperrung im Betrieb des Auftragnehmers oder in einem unmittelbar für ihn arbeitenden Betrieb,
(3) durch höhere Gewalt oder andere für den Auftragnehmer unabwendbare Umstände.

Witterungseinflüsse während der Ausführungszeit, mit denen bei Abgabe des Angebots normalerweise gerechnet werden musste, gelten gemäß § 6 Nr. 2 Abs. 2 VOB/B dabei nicht als Behinderung.

Ein von einem Bieter eingeleitetes **Nachprüfungsverfahren** stellt selbst dann einen fristverlängernden Umstand aus dem Risikobereich des Auftraggebers (im Sinne von § 6 Nr. 2 a VOB/B) dar, wenn sich im Nachprüfungsverfahren die Unbegründetheit des Antrags herausstellt, der öffentliche Auftraggeber also vergaberechtlich „alles richtig gemacht hat". Verschieben sich der vereinbarte Baubeginn und damit auch die Ausführungsfrist insgesamt durch ein solches Nachprüfungsverfahren, so sind beide Parteien im Rahmen ihrer Kooperationspflicht allerdings verpflichtet, eine einvernehmliche Anpassung der Vertragstermine vorzunehmen.[100]

Zu den Einzelvoraussetzungen des § 6 Nr. 2 VOB/B darf auf die entsprechende Kommentierung verwiesen werden (→ § 6 Rdn. 18).

50 Unabhängig von diesen Einzelvoraussetzungen stellt sich aber in diesem Zusammenhang eine äußerlich rein akademische Frage, die jedoch von erheblicher wirtschaftlicher Auswirkung ist: Treten die fristverlängernden und damit die die Fälligkeit der Leistung verschiebenden Wirkungen des § 6 Nr. 2 VOB/B nur ein, wenn gleichzeitig die Voraussetzungen des § 6 Nr. 1 VOB/B vor-

---

[96] Lieferanten sind zwar grundsätzlich keine Erfüllungsgehilfen (BGH NJW 1978, 1157), anders verhält es sich aber, wenn sie in den werkvertraglichen Pflichtenkreis des Auftragnehmers einbezogen sind, vgl. *Staudinger-Löwisch* BGB § 278, Rdn. 90; *Kleine-Möller/Merl* § 12, Rdn. 513 m.w.N.

[97] Dazu sogleich Rdn. 50 f.

[98] Vgl. *Dauner-Lieb* § 286, Rdn. 76.

[99] Dazu können auch bauzeitrelevante geänderte oder zusätzliche Leistungen gehören, näher § 6, Rdn. 20.

[100] Thüringer OLG BauR 2005, 1161; näher dazu *Schlösser* ZfBR 2005, S. 733 ff., *Kapellmann* NZBau 2003, S. 1/3 ff.

liegen (also schriftliche Behinderungsanzeige oder Offenkundigkeit der Behinderung und ihrer Wirkungen) oder führen die Voraussetzungen des § 6 Nr. 2 VOB/B auch ohne § 6 Nr. 1 VOB/B jedenfalls zu einem Ausschluss des Verzuges?

Die ganz herrschende Auffassung vertritt einen formal differenzierten, materiell aber einheitlichen Standpunkt: Zwar setze die Fristverlängerung gemäß § 6 Nr. 2 VOB/B grundsätzlich die Einhaltung der Formalien des § 6 Nr. 1 VOB/B voraus, also eine schriftliche Behinderungsanzeige oder ausnahmsweise die Offenkundigkeit der Behinderung und ihrer Auswirkungen.[101] Lägen die Voraussetzungen des § 6 Nr. 1 VOB/B aber nicht vor, dann führe das Vorliegen der Voraussetzungen des § 6 Nr. 2 VOB/B zwar nicht zu einer Fristverlängerung. Der Auftragnehmer sei aber ohne Verschulden gehindert, die unverändert gültige Frist einzuhalten und gerate deshalb nicht in Verzug.[102]

Die herrschende Auffassung differenziert also: Bei formgerechter (und inhaltlich berechtigter) Behinderungsanzeige oder ausnahmsweiser Offenkundigkeit der Behinderung und ihrer Wirkungen verschiebt sich unter den Voraussetzungen des § 6 Nr. 2 VOB/B bereits die Fälligkeit der jeweiligen Leistung entsprechend. Schon mangels Fälligkeit gerät der Auftragnehmer nicht in Verzug, wenn er jedenfalls innerhalb der verlängerten Frist leistet. Fehlt hingegen die formgerechte Behinderungsanzeige bzw. die Offenkundigkeit der Behinderung und ihrer Wirkungen, dann verbleibt es aus formalen Gründen bei der ursprünglichen Fälligkeit der Leistung. Die Fristüberschreitung ist vom Auftragnehmer aber nicht zu vertreten, weil er es nicht zu verantworten habe, dass beispielsweise die Gründe aus dem Risikobereich des Auftraggebers die rechtzeitige Leistungserbringung verhindert hätten.[103]

Demgegenüber ist einzuwenden, dass der Auftragnehmer entsprechend dem Wortlaut des § 6 51
Nr. 1 Satz 2 VOB/B nur dann „Anspruch auf Berücksichtigung der hindernden Umstände" hat, wenn er dem Auftragnehmer die Behinderung schriftlich angezeigt hat oder diese Behinderung und ihre Wirkungen ausnahmsweise offenkundig waren. Die grundsätzliche Verpflichtung zur Behinderungsanzeige und die nur ausnahmsweise Entbehrlichkeit der Behinderungsanzeige bei Offenkundigkeit wären also überflüssig, wenn ohne Behinderungsanzeige und Offenkundigkeit zwar keine Fristverlängerung eintreten würde, dem Auftragnehmer hinsichtlich der Fristüberschreitung aber kein Verschulden anzulasten wäre. Verzug würde im einen wie im anderen Fall nicht eintreten. Gegen die herrschende Meinung führen die fehlende Behinderungsanzeige des Auftragnehmers bzw. die fehlende Offenkundigkeit der Behinderung und ihrer Wirkungen also dazu, dass der Auftragnehmer in Terminverzug geraten kann[104] (→ weitere Einzelheiten § 6, Rdn. 15 f.).

**f) Fehlender Verzug des Auftragnehmers aufgrund eines bestehenden Leistungsver- 52
weigerungsrechts.** Der Auftragnehmer kommt trotz an sich gegebener Fälligkeit und trotz Mahnung des Auftraggebers nicht in Verzug, wenn ihm ein Leistungsverweigerungsrecht gemäß § 320 BGB (Einrede des nicht erfüllten Vertrages) zusteht.[105] Nach ständiger Rechtsprechung des BGH[106] hindert bereits das bloße Bestehen des Leistungsverweigerungsrechts den Eintritt des Verzuges des Auftragnehmers, unabhängig davon, ob und wann der Auftragnehmer sich auf die Einrede des nicht erfüllten Vertrages beruft.

Ein solches verzugsausschließendes Leistungsverweigerungsrecht kann dem Auftragnehmer beispielsweise gemäß § 648 a Abs. 1 BGB zustehen, wenn der Auftraggeber trotz Fristsetzung die berechtigt geforderte Erfüllungssicherheit nicht leistet,[107] wenn der Auftragnehmer bei Zahlungsverzug des Auftraggebers gemäß § 16 Nr. 5 Abs. 5 VOB/B zur Einstellung der Arbeiten

---

[101] Vgl. Beck'scher VOB-Kommentar/*Motzke* VOB/B § 6 Nr. 2, Rdn. 14 m.w.N.

[102] BGH BauR 1999, 645; OLG Saarbrücken BauR 1998, 1011, differenzierend *Oberhauser* BauR 2001, 1177 ff., 1180 ff.

[103] BGH BauR 1999, 645.

[104] Weiter differenzierend *Langen/Schiffers* Rdn. 1779 ff.

[105] *Staudinger-Löwisch* BGB § 286, Rdn. 24 ff.; *Kniffka/Koeble* 7. Teil Rdn. 7.

[106] Zuletzt BGH BauR 1996, 544, 546; ebenso *Staudinger-Löwisch* BGB § 286, Rdn. 24 m.w.N.

[107] BGH BauR 2001, 386, 387.

berechtigt ist,[108] bei unberechtigter Weigerung des Auftraggebers, vor der Ausführung mit dem Auftragnehmer die Vergütung für eine vom Auftraggeber verlangte geänderte oder zusätzliche Leistung zu vereinbaren[109] und in ähnlichen Fällen.[110]

7. Beschleunigung

53 Schließlich wird auch der Begriff der Beschleunigung in der Baupraxis vielschichtig und nicht immer präzise verwendet. Beschleunigung bedeutet zunächst einmal wertneutral, dass die bisherige Produktionsgeschwindigkeit des Auftragnehmers pro Zeiteinheit (z.B. pro Werktag oder pro Woche) erhöht wird, was regelmäßig, aber nicht zwingend,[111] durch einen verstärkten Produktionsmitteleinsatz (Beschleunigungsmaßnahme) erreicht wird.[112] Im Sinne dieser wertneutralen Definition kann eine Beschleunigung also einerseits vorgenommen werden (bzw. erforderlich sein), um eine bislang **zu geringe Geschwindigkeit der** Bauausführung derart zu erhöhen, dass das geschuldete Produktionstempo eingeholt oder sogar „überholt" wird, um vereinbarte Vertragstermine einzuhalten (§ 5 Nr. 3 VOB/B, vgl. Rdn. 92). In diesem (ersten) Fall erhöht der Auftragnehmer also die Produktionsgeschwindigkeit, um bisherige, in seinen Verantwortungsbereich fallende Leistungsrückstände aufzuholen und dadurch entweder die Vertragstermine einzuhalten oder aber zumindest den Rückstand so gering wie möglich zu halten. Es versteht sich von selbst, dass diese Form der Beschleunigung nur der Schadensminimierung dient und im Normalfall keinerlei Vergütungs- oder sonstige Ansprüche des Auftragnehmers auslösen kann.[113]

54 Die zweite Form der Beschleunigung liegt dann vor, wenn auf Wunsch bzw. „Anordnung" des Auftraggebers das bisherige, **vertragsgerechte Produktionstempo** erhöht wird (der vom Auftragnehmer vertragsgerecht geplante Produktionsfaktoreneinsatz also verändert werden soll), um entweder insgesamt oder aber für Teilbereiche der Leistung eine frühere Fertigstellung zu erreichen **oder** aber, um auftraggeberseitig zu verantwortende Behinderungen wieder aufzuholen und damit den ursprünglichen Termin doch noch zu halten. Zu einer solchen **echten Beschleunigung** ist der Auftragnehmer **nicht verpflichtet**. Er kann eine „frei kalkulierte", also nicht an die Urkalkulation gebundene Beschleunigungsvergütung als Voraussetzung für eine solche Beschleunigungsmaßnahme verlangen.[114] Kommt der Auftragnehmer einer solchen Beschleunigungs"anordnung" des Auftraggebers „freiwillig" nach, ohne dass die Parteien eine gesonderte Beschleunigungsvergütung vereinbart haben, so erhält er Vergütung auf der Basis der bisherigen Kalkulation.[115]

55 Die in § 6 Nr. 3 VOB/B geregelte „Anpassungspflicht" des Auftragnehmers nach dem Wegfall einer auftraggeberseitigen Behinderung führt nicht zu einer (echten) Beschleunigungsverpflichtung des Auftragnehmers (→ § 6, Rdn. 30).

III. § 5 Nr. 1 Satz 1 und Nr. 2 VOB/B – Beginn der Ausführung nach Vereinbarung oder nach Abruf

1. Beginn der Ausführung

56 Die VOB verwendet sowohl in § 11 Nr. 1 Abs. 3 Teil A als auch in § 5 Nr. 1, Nr. 2 und Nr. 4 Teil B den Begriff „Beginn der Ausführung", ohne ihn näher zu erläutern. In erster Linie obliegt den Vertragsparteien selbst die Definition dessen, was sie unter dem im Bauvertrag geregelten „Beginn der Ausführung", „Baubeginn" oder Ähnlichem verstehen. Regeln die Parteien also

[108] Vgl. *Franke/Kemper/Zanner/Grünhagen* VOB/B § 5, Rdn. 36; näher dazu § 16, Rdn. 149.
[109] BGH NZBau 2004, 612; OLG Düsseldorf NZBau 2002, 276; näher § 2, Rdn. 205–207.
[110] Vgl. auch *Kleine-Möller/Merl/Mai/Merl* § 13, Rdn. 317 ff.
[111] Z.B. bei Austausch von weniger qualifiziertem Personal gegenüber besser qualifiziertem Personal.
[112] Vgl. *Kapellmann/Schiffers* Band 1, Rdn. 1458.
[113] Näher dazu § 6, Rdn. 30.
[114] Einzelheiten § 6, Rdn. 30–34.
[115] Einzelheiten § 6, Rdn. 33.

ausdrücklich, welche Maßnahmen der Auftragnehmer als „Beginn der Ausführung" durchführen muss (z.B. Maßnahmen am Bau, Vorlage von Werkstatt- oder Montagezeichnungen usw.), dann hat diese Vereinbarung Vorrang vor einer allgemein gültigen Definition des Beginns der Ausführung. Haben die Parteien indes keine klare Regelung getroffen, so ist zu unterscheiden:

Obliegen dem Auftragnehmer neben den Bauleistungen auch **Planungsleistungen**, was beim Schlüsselfertigbau zwar nicht zwingend, aber die Regel ist,[116] dann ist mangels anderweitiger Vereinbarung unter „Ausführungsbeginn" bereits die Fertigung und Vorlage der Planung durch den Auftragnehmer zu verstehen.[117] Obliegt dem Auftragnehmer hingegen nur die Erbringung von **Bauleistungen**, so gilt: Die innerbetriebliche **Arbeitsvorbereitung** wie die Disposition der Arbeitskolonnen, die Bestellung von Materialien, die Anmietung von Geräten, die Beauftragung von Nachunternehmern usw. ist **nicht** als **Ausführungsbeginn** anzusehen.[118] Die Grenze der innerbetrieblichen Arbeitsvorbereitung zum „Ausführungsbeginn" wird jedoch überschritten, wenn der Auftragnehmer – wenn auch innerbetrieblich – bereits mit dem eigentlichen Produktionsvorgang, wie z.B. der Herstellung von Betonfertigteilen, Fassadenelementen usw. begonnen hat.[119] Dogmatisch lässt sich diese im Einzelfall schwierige Abgrenzung über § 4 Nr. 1 Abs. 2 VOB/B begründen, wonach der Auftraggeber u.a. das Recht hat, Zutritt zu den Arbeitsplätzen, Werkstätten und Lagerräumen des Auftragnehmers zu begehren, wo die vertragliche Leistung oder Teile von ihr hergestellt oder die hierfür bestimmten Stoffe und Bauteile gelagert werden. Diese schon zur Bauproduktion gehörenden internen Arbeitsvorgänge des Auftragnehmers unterliegen also bereits dem Zugriff und der Kontrolle des Auftraggebers und müssen damit konsequent auch im Sinne der VOB als Beginn der Ausführung qualifiziert werden, wenn im Vertrag nichts anderes vereinbart ist. 57

So weit der Auftragnehmer weder plant noch Bauteile vorfertigt, kommt es auf die tatsächliche **Arbeitsaufnahme auf der Baustelle** an, die im Regelfall durch die Einrichtung der Baustelle (so weit erforderlich) dokumentiert wird.[120] 58

Auftraggeberseitige Behinderungen des rechtzeitigen Ausführungsbeginns des Auftragnehmers sind (nur) nach Maßgabe von § 6 Nr. 2 VOB/B terminrelevant.[121]

2. Beginn der Ausführung nach Vereinbarung

Wie sich aus § 5 Nr. 1 Satz 1 VOB/B ergibt, richtet sich die Pflicht des Auftragnehmers zum rechtzeitigen Ausführungsbeginn in erster Linie nach der Vereinbarung der Parteien. Dabei können die Parteien sowohl einen Beginntermin,[122] als auch eine Frist vereinbaren, binnen derer der Auftragnehmer mit der Ausführung zu beginnen hat.[123] 59

Für die Fristberechnung sind mangels abweichender Vereinbarungen der Parteien die §§ 186 ff. BGB, für den Ausführungsbeginn also § 187 BGB, einschlägig. Haben die Parteien dabei einen bestimmten Termin als Ausführungsbeginn festgelegt (z.B. den 15.1.2002), muss der Auftragnehmer gemäß § 187 Abs. 2 BGB an diesem Tag mit der Ausführung beginnen. Haben die Parteien eine Frist vereinbart (z.B. Baubeginn 3 Wochen nach Vorlage der Baugenehmigung), so beginnt 60

[116] Vgl. dazu *Langen/Schiffers* in: Festschrift Jagenburg, Seite 435 ff., 445 ff.

[117] So auch Beck'scher VOB-Kommentar/*Motzke* VOB/B § 5 Nr. 1, Rdn. 52; anderer Auffassung offenbar: *Franke Kemper/Zanner/Grünhagen* § 5, Rdn. 6; vgl. auch oben Rdn. 4.

[118] Beck'scher VOB-Kommentar/*Motzke* VOB/B § 5 Nr. 1, Rdn. 52; *Heiermann/Riedl/Rusam-Riedl* VOB/B § 5, Rdn. 5; *Leinemann/Roquette* § 5, Rdn. 34.

[119] Beck'scher VOB-Kommentar/*Motzke* VOB/B § 5 Nr. 1, Rdn. 53 ff., *Vygen/Schubert/Lang* Rdn. 33; *Franke/Kemper/Zanner/Grünhagen* VOB/B § 5, Rdn. 6; *Leinemann/Roquette* a.a.O.

[120] Beck'scher VOB-Kommentar/*Motzke* VOB/B § 5 Nr. 1, Rdn. 55; *Ingenstau/Korbion/Döring* VOB/B § 5 Nrn. 1–3, Rdn. 8; *Franke/Kemper/Zanner/Grünhagen* VOB/B § 5, Rdn. 6. Dabei bedarf es keiner besonderen Erwähnung, dass die bloße pro forma Einrichtung der Baustelle mittels einer baufälligen Baubude, einigen verrosteten Bauzaunelementen usw. nicht als Ausführungsbeginn relevante Baustelleneinrichtung anzusehen ist, vgl. *Vygen/Schubert/Lang* Rdn. 33.

[121] Dazu oben Rdn. 50 f. und ergänzend Beck'scher VOB-Kommentar/*Motzke* VOB/B § 5 Nr. 1, Rdn. 57.

[122] Dazu näher oben Rdn. 5, Beispiel: Ausführungsbeginn 15.1.2002.

[123] Dazu näher oben Rdn. 5, Beispiel: Ausführungsbeginn 3 Wochen nach Vorlage der Baugenehmigung.

die Frist gemäß § 187 Abs. 1 BGB erst am Tag nach der Vorlage der Baugenehmigung. Ist die Frist nach Tagen bemessen (z.B. Baubeginn 10 Tage nach Erteilung der Baugenehmigung), so ist die aus § 11 Nr. 3 VOB/B ersichtliche Besonderheit der VOB zu berücksichtigen, wonach unter „Tagen" im Regelfall „Werktage" zu verstehen sind. Als Werktage gelten auch Samstage.[124] Haben die Parteien ausdrücklich Kalendertage oder Arbeitstage vereinbart, so geht diese ausdrückliche Vereinbarung der Regelung aus § 11 Nr. 3 VOB/B vor.[125]

61 Wie ebenfalls bereits ausgeführt,[126] ist eine vereinbarte Frist für den Baubeginn in aller Regel als Vertragsfrist und damit verbindliche, die Fälligkeit herbeiführende Frist im Sinne von § 5 Nr. 1 Satz 1 VOB/B anzusehen. Etwas anderes gilt ausnahmsweise nur dann, wenn sich die Unverbindlichkeit des vereinbarten Beginntermins ausdrücklich oder aus den Umständen (z.B. Cirka-Termin)[127] ergibt.

3. Beginn der Ausführung nach Abruf, § 5 Nr. 2 VOB/B

62 Haben die Parteien für den Ausführungsbeginn keine oder nur eine unverbindliche Vereinbarung (z.B. einen Cirka-Termin) getroffen, so richtet sich der Ausführungsbeginn des Auftragnehmers nach § 5 Nr. 2 VOB/B.[128] Dieser ist dreistufig gestaltet:

- Auskunftspflicht des Auftraggebers über den voraussichtlichen Beginn auf Verlangen des Auftragnehmers
- Beginnpflicht 12 Werktage nach Abruf
- Anzeige des Beginns durch den Auftragnehmer.

63 **a) Auskunftspflicht des Auftraggebers gemäß § 5 Nr. 2 Satz 1 VOB/B.** Auf Verlangen des Auftragnehmers hat der Auftraggeber gemäß § 5 Nr. 2 Satz 1 VOB/B Auskunft über den voraussichtlichen Ausführungsbeginn zu erteilen. Die der Disposition des Auftragnehmers dienende Auskunftspflicht des Auftraggebers[129] korrespondiert bei der öffentlichen Auftragsvergabe mit § 11 Nr. 1 Abs. 3 VOB/A. Hiernach muss der VOB/A-gebundene Auftraggeber die Frist, innerhalb der er die Aufforderung zum Ausführungsbeginn gemäß § 5 Nr. 2 VOB/B aussprechen kann, in den Verdingungsunterlagen festlegen. Die Frist muss unter billiger Berücksichtigung der für die Ausführung maßgebenden Verhältnisse zumutbar sein (→ § 11 VOB/A, Rdn. 36 f.). Der Auftragnehmer soll also bereits anhand der Verdingungsunterlagen in etwa abschätzen können, wann der Abruf der Leistung durch den Auftraggeber voraussichtlich erfolgt.[130] Der öffentliche Auftraggeber muss den Abruf zum Ausführungsbeginn damit innerhalb der in den Verdingungsunterlagen selbst geregelten Abruffrist vornehmen, sodass es im Regelfall keiner gesonderten Auskunft auf Verlangen des Auftragnehmers gemäß § 5 Nr. 2 Satz 1 VOB/B bedarf. Fehlt die von § 11 Nr. 1 Abs. 3 VOB/A vorgeschriebene Aufforderungsfrist in den Verdingungsunterlagen, so verbleibt es bei der generellen Auskunftspflicht des Auftraggebers aus § 5 Nr. 2 Satz 1 VOB/B.

Der private, nicht an die VOB/A gebundene Auftraggeber ist nicht gemäß § 11 Nr. 1 Abs. 3 VOB/A verpflichtet, die Abruffrist in den Vertragsunterlagen zu benennen. Für ihn verbleibt es damit – bei Vereinbarung der VOB/B – bei der generellen Auskunftspflicht gemäß § 5 Nr. 2 Satz 1 VOB/B.

64 Die Auskunft gemäß § 5 Nr. 2 Satz 1 VOB/B ist nur **auf Verlangen** des Auftragnehmers zu erteilen, also nur, wenn der Auftragnehmer eine entsprechende Auskunft begehrt. Dieses

[124] Zutreffend *Franke/Kemper/Zanner/Grünhagen* VOB/B § 5, Rdn. 3.
[125] Vgl. *Franke/Kemper/Zanner/Grünhagen* VOB/B § 5, Rdn. 4.
[126] Vgl. oben Rdn. 6.
[127] Dazu oben Rdn. 6.
[128] Vgl. Beck'scher VOB-Kommentar/*Motzke* VOB/B § 5 Nr. 2, Rdn. 2.
[129] Beck'scher VOB-Kommentar/*Motzke* VOB/B § 5 Nr. 2, Rdn. 2.
[130] *Ingenstau/Korbion/Döring* VOB/A § 11, Rdn. 16; Beck'scher VOB-Kommentar/*Motzke* VOB/A § 11, Rdn. 110.

Auskunftsbegehren kann der Auftragnehmer sowohl an den Auftraggeber selbst als auch an den mit der Objektüberwachung beauftragten Architekten oder Ingenieur (bei Ingenieurbauwerken) richten[131] Die Auskunft selbst ist formfrei, wenngleich schon zur Dokumentation Schriftform sinnvoll ist.[132]

Nach *Ingenstau/Korbion/Döring*[133] muss die Auskunft vom Auftraggeber unverzüglich (§ 121 BGB) erteilt werden, wofür jedoch nichts spricht, insbesondere nicht der Wortlaut der VOB/B. Richtiger erscheint es deshalb, den Auftraggeber für verpflichtet zu halten, die begehrte **Auskunft in angemessener Frist** zu erteilen. Um eine seriöse Auskunft erteilen zu können, muss der Auftraggeber u.a. den Planungsstand (Liegen alle zur Ausführung notwendigen Ausführungsunterlagen zu dem ins Auge gefassten Zeitpunkt vor?), den Bautenstand usw. aufklären. Kann der Auftraggeber die vom Auftragnehmer verlangte Auskunft nicht erteilen, dann muss er die Auskunft ohne nochmalige Aufforderung nachholen, sobald ihm die notwendigen Informationen vorliegen.[134]

Die praktische Relevanz der Auskunftspflicht gemäß § 5 Nr. 2 Satz 1 VOB/B ist gering: 65
Denn zum einen muss der Auftraggeber nur den voraussichtlichen Beginn mitteilen, das heißt, der tatsächliche Beginn (nach Abruf) kann sich gegenüber dem voraussichtlichen Beginn noch verschieben. Die Unverbindlichkeit des voraussichtlichen Beginns bedeutet jedoch nicht, dass der Auftraggeber willkürliche Auskünfte erteilen darf. Ist für den Auftraggeber erkennbar, dass der mitgeteilte voraussichtliche Ausführungsbeginn nicht eingehalten werden kann, dann ist er von sich aus zu einer Korrekturmitteilung an den Auftragnehmer verpflichtet.[135]

Zum anderen können sich aus einer Pflichtverletzung des Auftraggebers hinsichtlich der 66
Auskunftspflicht zwar Rechtsfolgen ergeben, und zwar

- Verschiebung des Baubeginns trotz rechtzeitigem Abruf unter den Voraussetzungen von § 6 Nr. 1 und Nr. 2 VOB/B;[136]
- Schadensersatz bei schuldhafter Verletzung der Auskunftspflicht gemäß § 6 Nr. 6 VOB/B;[137]
- Entschädigung gemäß § 642 BGB;[138]
- Kündigung des Auftragnehmers gemäß § 9 Nr. 1 b VOB/B.[139]

In der Praxis sind aber kaum Fälle denkbar, in denen eine nicht, falsch oder verspätet erteilte Auskunft über den voraussichtlichen Beginn zu einer Fristverlängerung gemäß § 6 Nr. 2 Abs. 1 a VOB/B, zu einem Schadensersatzanspruch gemäß § 6 Nr. 6 Satz 1 VOB/B, zu einem Entschädigungsanspruch gemäß § 6 Nr. 6 Satz 2 VOB/B, § 642 BGB führen könnte. Denn in allen Fällen müsste der Auftragnehmer nachweisen, dass es durch die Pflichtverletzung des Auftraggebers hinsichtlich seiner Auskunftspflicht zu einer Behinderung und daraus folgend zu zeitlichen oder finanziellen Konsequenzen gekommen ist. Denkbar ist dies wohl nur bei Bauleistungen, die eine

[131] Vgl. *Ingenstau/Korbion/Döring* VOB/B § 5 Nrn. 1–3, Rdn. 10; Beck'scher VOB-Kommentar/*Motzke* VOB/B § 5 Nr. 2, Rdn. 15.

[132] Vgl. Nr. 4 VHB zu § 5 VOB/B.

[133] VOB/B § 5, Rdn. 16.

[134] *Ingenstau/Korbion/Döring* VOB/B § 5 Nrn. 1–3, Rdn. 11 am Ende.

[135] Beck'scher VOB-Kommentar/*Motzke* VOB/B § 5 Nr. 2, Rdn. 17.

[136] *Ingenstau/Korbion/Döring* VOB/B § 5 Nrn. 1–3, Rdn. 10; Beck'scher VOB-Kommentar/*Motzke* VOB/B § 5 Nr. 2, Rdn. 16.

[137] *Ingenstau/Korbion/Döring* a.a.O.; Beck'scher VOB-Kommentar/*Motzke* a.a.O.

[138] *Ingenstau/Korbion/Döring* a.a.O.

[139] Bei der Auskunftspflicht gemäß § 5 Nr. 2 Satz 1 VOB/B handelt es sich um eine Pflicht des Auftraggebers, mit der er in Schuldnerverzug im Sinne von § 9 Nr. 1 b VOB/B geraten kann und nicht nur um eine dem Auftraggeber obliegende Mitwirkungshandlung, die lediglich zu Gläubigerverzug im Sinne von § 9 Nr. 1 a VOB/B führen würde, vgl. OLG Celle BauR 2003, 889; Beck'scher VOB-Kommentar/*Motzke* VOB/B § 5 Nr. 2, Rdn. 16; anderer Auffassung *Ingenstau/Korbion/Döring* VOB/B § 5 Nrn. 1–3, Rdn. 11, der zwar einerseits eine Mitwirkungs**pflicht** des Auftraggebers annimmt, andererseits als Konsequenz der Pflichtverletzung lediglich Gläubigerverzug im Sinne von § 9 Nr. 1 a VOB/B und eine daraus resultierende Kündigungsmöglichkeit annimmt. Konsequenzen hat diese Ungenauigkeit nicht, da § 9 Nr. 1 eine Kündigungsmöglichkeit sowohl bei einer Obliegenheitsverletzung (lit a) als auch bei einer Pflichtverletzung (lit b) gewährt.

längere Dispositionsfrist als die Frist von 12 Werktagen gemäß § 5 Nr. 2 Satz 2 VOB/B benötigen. Auch die Kündigungsmöglichkeit gemäß § 9 Nr. 1 b VOB/B, zu der ohnehin die weiteren Voraussetzungen aus § 9 Nr. 2 VOB/B zu beachten wären,[140] wird in der Praxis kaum in Betracht kommen. Allerdings hat das OLG Celle eine Kündigung des Auftragnehmers gemäß § 9 VOB/B zugelassen, nachdem der Auftraggeber trotz mehrfacher Anfragen des Auftragnehmers auch 5 Monate nach Vertragsabschluss den voraussichtlichen Ausführungsbeginn noch nicht benannt hatte, weil noch kein Käufer für das zu errichtende Haus gefunden war.[141]

67 Die unterlassene, falsche oder verspätete Auskunft des Auftraggebers nach § 5 Nr. 2 Satz 1 VOB/B ist im Übrigen nicht zu verwechseln mit einem unterlassenen oder verspäteten Abruf des eigentlichen Ausführungsbeginns gemäß § 5 Nr. 2 Satz 2 VOB/B (dazu Rdn. 73).

68 **b) Beginnpflicht 12 Werktage nach Abruf.** Gemäß § 5 Nr. 2 Satz 2 VOB/B **hat** der Auftragnehmer innerhalb von 12 Werktagen nach Aufforderung (des Auftraggebers) mit der Ausführung zu beginnen. Aus der Formulierung ergibt sich, dass der Auftragnehmer innerhalb dieser Frist verbindlich verpflichtet ist, mit der Ausführung zu beginnen, das heißt, die Beginnpflicht nach Abruf stellt eine durch den Abruf bedingte Vertragsfrist im Sinne von § 5 Nr. 1 Satz 1 VOB/B dar.[142] Gleichzeitig gerät der Auftragnehmer automatisch gemäß § 286 Abs. 2 Nr. 2 BGB in Verzug, wenn er nicht innerhalb der Frist von 12 Werktagen mit der Ausführung beginnt (näher oben Rdn. 44 f.). Die Regelung gilt entsprechend für BGB-Bauverträge, wenn nichts anderes vereinbart ist.[143]

Der Abruf durch den Auftraggeber kann formlos erfolgen. Schriftform ist – schon aus Beweisgründen – allerdings empfehlenswert.[144]

69 Zur Frist von 12 Werktagen ist zu beachten: Der Abruf ist eine empfangsbedürftige Willenserklärung,[145] der Tag des Zugangs ist gemäß § 187 Abs. 1 BGB nicht mitzurechnen. Die Frist von 12 Werktagen beginnt also am Tag nach dem Zugang des Abrufschreibens. Samstage sind einzurechnen,[146] Sonn- und Feiertage nicht. Rechtzeitig begonnen hat der Auftragnehmer, wenn er am letzten Tag der Abruffrist im Sinne der Definition des Baubeginns[147] mit der Ausführung begonnen hat.

70 Beim Abruf gemäß § 5 Nr. 2 Satz 2 VOB/B ist im Übrigen zu unterscheiden: Fordert der Auftraggeber den Auftragnehmer (in Ausübung des Abrufrechtes aus § 5 Nr. 2 Satz 2 VOB/B, aber ohne Benennung einer Frist) lediglich auf, „mit der Ausführung zu beginnen", so kann der Auftragnehmer den konkreten Beginntermin selbst festlegen, vorausgesetzt, er beginnt mit der Ausführung spätestens binnen 12 Werktagen nach Zugang des Abrufs. Der Auftragnehmer kann in diesem Fall also entsprechend der Regelung aus § 271 BGB den Beginntermin innerhalb der Frist von 12 Werktagen selbstständig festlegen, da er zum Beginn der Ausführung nicht „nach" 12 Werktagen, sondern „innerhalb" von 12 Werktagen verpflichtet ist.

Fordert der Auftraggeber den Auftragnehmer auf, „12 Werktage nach Zugang des Abrufs" mit der Ausführung zu beginnen, so gilt grundsätzlich dasselbe, weil es dem Auftragnehmer frei steht, wann genau er innerhalb der 12-Tages-Frist mit der Ausführung beginnt. Gestatten die auftraggeberseitigen Mitwirkungshandlungen (Planvorlage, Vorleistungen usw.) aber keinen früheren Beginn, so hat der Auftragnehmer Anspruch auf Ausführungsbeginn erst zum Ende der Frist. Vorher kann er keine Behinderung anmelden.

---

[140] Beck'scher VOB-Kommentar/*Motzke* VOB/B § 5 Nr. 2, Rdn. 16; *Ingenstau/Korbion/Döring* VOB/B § 5 Nrn. 1–3, Rdn. 11.

[141] OLG Celle BauR 2003, 889 = ZfIR 2004, 563, das allerdings – systemwidrig – ein hälftiges Mitverschulden des Auftragnehmers angenommen hat.

[142] *Ingenstau/Korbion/Döring* VOB/B § 5 Nrn. 1–3, Rdn. 12; *Leinemann/Roquette* § 5, Rdn. 38.

[143] *Vygen/Schubert/*Lang Rdn. 27.

[144] Beck'scher VOB-Kommentar/*Motzke* VOB/B § 5 Nr. 2, Rdn. 20; *Ingenstau/Korbion/Döring* VOB/B § 5 Nrn. 1–3, Rdn. 12; vgl. auch Nr. 4 VHB zu § 5 VOB/B.

[145] Beck'scher VOB-Kommentar/*Motzke* VOB/B § 5 Nr. 2, Rdn. 18.

[146] Argument aus § 11 Nr. 3 VOB/B, wonach die VOB Samstage als Werktage ansieht.

[147] Dazu oben Rdn. 56 ff.

Legt der Auftraggeber einen Ausführungsbeginn fest, der die Frist von 12 Werktagen verkürzt[148] oder verlängert,[149] so verbleibt es bei dem Recht des Auftragnehmers, die Einhaltung der Frist von 12 Werktagen aus § 5 Nr. 2 Satz 2 VOB/B zu fordern. Die (einseitige) Verkürzung der Frist von 12 Werktagen durch den Auftraggeber ist für den Auftragnehmer also unbeachtlich. Der Abruf des Auftraggebers als solcher löst das Recht und die Pflicht des Auftragnehmers aus, innerhalb von 12 Werktagen mit der Ausführung zu beginnen. Die (einseitige) Verlängerung der Beginnpflicht durch den Auftraggeber über die Frist von 12 Werktagen hinaus führt zu Behinderungsansprüchen des Auftragnehmers gemäß § 6 Nr. 1, Nr. 2 und Nr. 6 VOB/B, wenn der Auftragnehmer seine Bereitschaft anzeigt, 12 Werktage nach Abruf mit der Ausführung tatsächlich beginnen zu wollen (und zu können).

Die (einseitige) Verkürzung oder Verlängerung der Frist von 12 Werktagen durch den Auftrag- 71
geber ist zu trennen von einer entsprechenden Vereinbarung der Parteien über eine Verkürzung oder Verlängerung der Abruffrist. Zwar enthält § 5 Nr. 2 Satz 2 VOB/B keinen so genannten Abweichungsvorbehalt. Dennoch ist es den Parteien unbenommen, **individualvertraglich** je nach erforderlicher Dispositionszeit des Auftragnehmers eine kürzere[150] oder auch längere Abruffrist als die „Regelfrist" von 12 Werktagen zu vereinbaren.[151] Als **AGB-Klausel** führt eine (nennenswerte) Verkürzung der Frist von 12 Werktagen aber im Regelfall zu einer unangemessenen Benachteiligung des Auftragnehmers im Sinne von § 307 Abs. 1 BGB, wenn nicht im betroffenen Leistungsbereich generell eine kürzere Dispositionsfrist gewerkeüblich und damit angemessen ist.[152] Umgekehrt kann eine wesentlich über die 12 Werktage-Frist hinausgehende Verlängerung gegen den über § 307 BGB generalisierten Gedanken des § 308 Nr. 1 BGB verstoßen, wenn in dem entsprechenden Leistungsbereich nicht generell eine längere Dispositionsfrist üblich und damit angemessen ist.[153]

Kommt es während der laufenden Bauarbeiten zu einer behinderungsbedingten Unterbrechung 72
mit anschließend erforderlichem **Wiederbeginn** der Arbeiten, so ist der Auftragnehmer gemäß § 6 Nr. 3 VOB/B verpflichtet, „unverzüglich" die Arbeiten wieder aufzunehmen. Die Pflicht zur unverzüglichen Wiederaufnahme der Arbeiten richtet sich konkret danach, welche Dispositionen der Auftragnehmer im Anschluss an die Unterbrechung der Arbeiten treffen durfte und getroffen hat, ob er z.B. einvernehmlich mit dem Auftraggeber die Baustelle komplett geräumt hat, sodass sie vollständig neu eingerichtet werden muss.[154] Die Pflicht zum Wiederbeginn hängt in diesem Fall grundsätzlich nicht von dem (nochmaligen) Abruf durch den Auftraggeber ab (→ § 6, Rdn. 35), es sei denn, der Auftragnehmer kann aufgrund des Umfangs der Behinderung nicht selbst entscheiden, wann die unterbrochenen Arbeiten wieder aufgenommen werden können.[155] Immerhin bietet aber auch beim Wiederbeginn unterbrochener Arbeiten die Frist von 12 Werktagen nach § 5 Nr. 2 Satz 2 VOB/B einen Anhaltspunkt, wann der Auftragnehmer spätestens die Arbeiten wieder aufnehmen muss.[156] Kommt der Auftragnehmer seiner Pflicht zur „unverzüglichen" Wiederaufnahme der Arbeiten trotz Setzens einer angemessenen Nachfrist mit Kündigungsandrohung nicht nach, so kann der Auftraggeber aus wichtigem Grund kündigen.[157]

Die VOB regelt nicht, welche Folgen ein unterlassener oder verspäteter Abruf für den Auf- 73
traggeber hat. Während der BGH in einem grundlegenden Urteil vom 30.9.1971[158] von einer

[148] Beispiel: Aufforderung zum „sofortigen" Beginn.

[149] Beispiel: Ausführungsbeginn 4 Wochen nach Abruf.

[150] Vgl. OLG Frankfurt am Main NJW-RR 1994, 1361: Beginnpflicht 5 Arbeitstage nach Abruf.

[151] Beck'scher VOB-Kommentar/*Motzke* VOB/B § 5 Nr. 2, Rdn. 31.

[152] Beispiel: Abruffrist von einer Woche bei Estricharbeiten, Malerarbeiten usw.

[153] Eine generelle Frist von 24 Werktagen kann bei Leistungsbereichen mit hohem, langfristig zu disponierendem Geräteeinsatz wie z.B. bei Rohrvortriebsarbeiten (DIN 18319) angemessen sein, vgl. auch Beck'scher VOB-Kommentar/*Motzke* VOB/B § 5 Nr. 2, Rdn. 32.

[154] Vgl. Beck'scher VOB Kommentar/*Motzke* VOB/B § 6 Nr. 3, Rdn. 40 und Rdn. 44.

[155] OLG Köln NJW-RR 2004, 18 zu einer Unterbrechung nach einem Brandereignis.

[156] Beck'scher VOB-Kommentar/*Motzke* VOB/B § 6 Nr. 3, Rdn. 45.

[157] OLG Hamm IBR 2005, 363; näher dazu unten Rdn. 120.

[158] BGH NJW 1972, 99.

– allerdings selbstständig einklagbaren – Nebenpflicht des Auftraggebers ausgegangen ist, vertritt das OLG Düsseldorf in einem Urteil vom 25.4.1995[159] ohne nähere Begründung den Standpunkt, der Abruf sei eine Obliegenheit des Auftraggebers, deren Verletzung (lediglich) zu einem Annahmeverzug führe. Die herrschende Lehre[160] schließt sich der Auffassung des BGH an und geht von einer Nebenpflicht aus.

Das Schuldrechtsmodernisierungsgesetz knüpft zwar in § 280 BGB an den einheitlichen Begriff der Pflichtverletzung an, ohne zwischen Haupt- und Nebenpflichten zu unterscheiden,[161] sodass fortan nur noch zwischen „Pflichten" und „Obliegenheiten" zu unterscheiden ist. Die Konsequenzen sind allerdings erheblich: Sieht man den Abruf des Auftraggebers als dessen Pflicht, so führt die Pflichtverletzung unter den Voraussetzungen von § 6 Nr. 1, Nr. 2 und Nr. 6 Satz 1 VOB/B einerseits zu einer entsprechenden Fristverlängerung, andererseits zu entsprechenden Schadensersatzansprüchen des Auftragnehmers. Auch die Kündigung des Vertrages aus wichtigem Grund durch den Auftragnehmer ist unter den Voraussetzungen von § 9 Nr. 1 b und Nr. 2 VOB/B möglich. Darüber hinaus hat schon der BGH beim BGB-Werkvertrag Ansprüche des Auftragnehmers gemäß §§ 642 und 643 BGB zugelassen,[162] obwohl diese Ansprüche auf der Verletzung von Obliegenheiten und nicht der Verletzung von (Neben-)Pflichten beruhen.[163] Bei Annahme einer Pflicht- anstatt einer Obliegenheitsverletzung kommen jedenfalls darüber hinaus Schadensersatzansprüche des Auftragnehmers gemäß § 280 BGB einschließlich des Schadensersatzanspruchs statt der Leistung aus § 281 BGB sowie anstelle des Schadensersatzanspruchs auch der Anspruch auf Aufwendungsersatz gemäß § 284 BGB unter den dort jeweils genannten Voraussetzungen in Betracht, sämtlich also Ansprüche, die bei einer bloßen Obliegenheitsverletzung nicht infrage stehen.

74 Der Qualifizierung der Abrufpflicht des Auftraggebers als Pflicht und nicht als bloßer Obliegenheit ist zuzustimmen. Zwar ist der Auftraggeber sowohl gemäß § 649 BGB als auch gemäß § 8 Nr. 1 VOB/B jederzeit berechtigt, den erteilten Auftrag auch ohne Grund zu kündigen und den Vertrag damit für die Zukunft zu beenden. Macht der Auftraggeber von diesem Gestaltungsrecht jedoch keinen Gebrauch, so ist der abgeschlossene Bauvertrag auch für ihn verbindlich, das heißt, er muss dem Auftragnehmer ermöglichen, die beauftragte Leistung zu erbringen, was bei fehlender Fristvereinbarung für den Ausführungsbeginn deren Abruf durch den Auftraggeber voraussetzt.[164] Ruft der Auftraggeber in diesem Fall also trotz entsprechender Aufforderung durch den Auftragnehmer die Leistung nicht ab, so kann der Auftragnehmer unter den entsprechenden Voraussetzungen die vorerwähnten Ansprüche aus der Pflichtverletzung des Auftraggebers geltend machen; daneben kann er auch Klage auf Abruf der Leistung durch den Auftraggeber erheben.[165] Um seine Ansprüche in einem solchen Fall durchzusetzen, muss der Auftragnehmer den Auftraggeber also zunächst gemäß § 5 Nr. 2 Satz 1 VOB/B zur Erklärung über den voraussichtlichen Beginn auffordern. Erklärt der Auftraggeber sich nicht, so muss der Auftragnehmer den Auftraggeber auffordern, die Leistung selbst abzurufen, § 5 Nr. 2 Satz 2 VOB/B. Erklärt der Auftraggeber sich abermals nicht, so ist die Abrufpflicht fällig, der Auftragnehmer kann den Auftraggeber durch Mahnung in Verzug setzen und die vorher erwähnten Ansprüche unter den jeweils näher geregelten Voraussetzungen geltend machen.

75 Erklärt der Auftraggeber sich zwar über den voraussichtlichen Beginn der Ausführung (§ 5 Nr. 2 Satz 1 VOB/B), ruft er anschließend aber dennoch nicht ab, dann ist der Auftraggeber wiederum

---

[159] OLG Düsseldorf BauR 1995, 706.

[160] Beck'scher VOB-Kommentar/*Motzke* VOB/B § 5 Nr. 2, Rdn. 12; *Ingenstau/Korbion/Döring* VOB/B § 5 Nrn. 1–3, Rdn. 13; *Vygen/Schubert/Lang* Rdn. 79.

[161] *Dauner-Lieb u.a.* § 280, Rdn. 3.

[162] BGH NJW 1972, 99, 100 linke Spalte.

[163] *Dauner u.a.* BGB §§ 642, Rdn. 6. Entschädigungsansprüche gemäß § 642 BGB lässt der BGH bei der Verletzung einer „Mitwirkungsobliegenheit" auch beim VOB-Bauvertrag zu, BGH NZBau 2000, 187 (dazu aber § 6, Rdn. 10, 4649, 62), während die Kündigungsmöglichkeit gemäß § 643 BGB beim VOB-Vertrag durch das Kündigungsrecht aus § 9 VOB/B ersetzt wird.

[164] So schon BGH NJW 1972, 99, 100; vgl. dazu § 6, Rdn. 47.

[165] BGH NJW 1972, 99, 100 unter Hinweis auf RGZ 57, 105, 109.

auf entsprechende Aufforderung des Auftragnehmers zum Abruf verpflichtet. Danach kann der Auftragnehmer wiederum mahnen und damit Verzug des Auftraggebers und eine entsprechende Pflichtverletzung herbeiführen.

c) Anzeige des Beginns. Gemäß § 5 Nr. 2 Satz 3 VOB/B hat der Auftragnehmer dem Auftraggeber den tatsächlichen Beginn anzuzeigen. Die Anzeige ist formlos.[166] Auch hier empfiehlt sich allerdings die Schriftform. 76

Die Anzeigepflicht gilt nur bei Abruf der Leistung durch den Auftraggeber, nicht bei einem vereinbarten Beginn im Sinne von § 5 Nr. 1 Satz 1 VOB/B.[167] Verletzt der Auftragnehmer die Anzeigepflicht schuldhaft, kommt ein Schadensersatzanspruch des Auftraggebers gemäß § 280 Abs. 1 BGB infrage.[168] Allerdings sind nur schwer Fälle vorstellbar, in denen dem Auftraggeber aus einer Verletzung der Anzeigepflicht durch den Auftragnehmer ein Schaden erwachsen könnte.[169]

IV. § 5 Nr. 1 Satz 1 und Nr. 3 VOB/B – Bauablauf

1. Allgemeine Förderpflicht des Auftragnehmers gemäß § 5 Nr. 1 Satz 1 VOB/B

Nach § 5 Nr. 1 Satz 1 VOB/B hat der Auftragnehmer **die Ausführung** nach den verbindlichen Fristen (Vertragsfristen) zu beginnen, **angemessen zu fördern** und zu vollenden. Sowohl nach dem Wortlaut als auch nach der Systematik bezieht sich die Pflicht des Auftragnehmers zur angemessenen Förderung des Bauablaufs damit nur auf Vertragsfristen, und zwar sowohl auf Einzelfristen des Bauablaufs, die im Vertrag selbst wie auch im Bauzeitenplan als Vertragsfristen gekennzeichnet sein können, als auch auf die Fertigstellungsfrist.[170] 77

§ 5 Nr. 1 Satz 1 VOB/B enthält damit nicht eine allgemeine Pflicht des Auftragnehmers, auch außerhalb vereinbarter Vertragsfristen den Bauablauf angemessen zu fördern.[171] Erst recht ist die allgemeine Förderpflicht des Auftragnehmers aus § 5 Nr. 1 Satz 1 VOB/B nicht einklagbar, da einem solchen Recht die Befugnis des Auftragnehmers zur eigenen Disposition – auch hinsichtlich der erforderlichen Produktionskapazität – aus § 4 Nr. 2 Abs. 1 VOB/B entgegenstehen würde.[172]

Klarstellend ist allerdings darauf hinzuweisen, dass es sich hierbei um eine rein akademische Frage handelt. Denn auch außerhalb der in § 5 Nr. 1 Satz 1 VOB/B verankerten (allgemeinen) Förderpflicht ist der Auftragnehmer nach zutreffender Auffassung des BGH verpflichtet, Bauleistungen „zügig" zu erbringen und – selbst bei fehlender Fristvereinbarung – in angemessener Frist zu Ende zu führen.[173]

Die allgemeine Förderpflicht aus § 5 Nr. 1 Satz 1 VOB/B ist im Übrigen zu unterscheiden von der Abhilfepflicht des Auftragnehmers auf Verlangen des Auftraggebers gemäß § 5 Nr. 3 VOB/B (dazu sogleich Rdn. 78 ff.).

---

[166] *Ingenstau/Korbion/Döring* VOB/B § 5 Nrn. 1–3, Rdn. 14; Beck'scher VOB-Kommentar/*Motzke* VOB/B § 5 Nr. 2, Rdn. 36.

[167] *Ingenstau/Korbion/Döring* VOB/B § 5 Nrn. 1–3, Rdn. 14.

[168] Früher: Positive Vertragsverletzung, vgl. Beck'scher VOB-Kommentar/*Motzke* VOB/B § 5 Nr. 2, Rdn. 37; *Ingenstau/Korbion/Döring* VOB/B § 5 Nrn. 1–3, Rdn. 14.

[169] *Ingenstau/Korbion/Döring* VOB/B § 5 Nrn. 1–3, Rdn. 14: Z.B. Auftraggeber stellt aufgrund unterlassener Beginnanzeige die Ausführungsunterlagen zu spät zur Verfügung, ruft anschließende Leistungen anderer Auftragnehmer nicht ab usw. Die Beispiele erscheinen allerdings wenig praxisnah, weil der Auftraggeber ja in aller Regel selbst oder zumindest über seine Bauleitung feststellt, ob und wann der Auftragnehmer begonnen hat, (z.B. Pflicht des objektüberwachenden Architekten, ein Bautagebuch zu führen, in dem dies vermerkt ist).

[170] So auch KG BauR 2005, 1219 (LS) = IBR 2005, 1105; Beck'scher VOB-Kommentar/*Motzke* VOB/B § 5 Nr. 1, Rdn. 62.

[171] Anders wohl *Ingenstau/Korbion/Döring* VOB/B § 5 Nrn. 1–3, Rdn. 15.

[172] Beck'scher VOB-Kommentar/*Motzke* VOB/B § 5 Nr. 1, Rdn. 63 f.; zum Dispositionsrecht des Auftragnehmers § 6, Rdn. 1.

[173] BGH NZBau 2001, 389; auch KG BauR 2005, 1219 = IBR 2005, 1105 und ergänzend dazu oben Rdn. 1.

2. Abhilfepflicht des Auftragnehmers gemäß § 5 Nr. 3 VOB/B bei unzureichendem Baufortschritt[174]

78 **a) Allgemeines.** Gemäß § 5 Nr. 3 VOB/B muss der Auftragnehmer auf Verlangen unverzüglich Abhilfe schaffen, wenn Arbeitskräfte, Geräte, Gerüste, Stoffe oder Bauteile so unzureichend sind, dass die Ausführungsfristen offenbar nicht eingehalten werden können. Im Gegensatz zu der allgemeinen Förderpflicht aus § 5 Nr. 1 Satz 1 VOB/B (dazu Rdn. 77) kann der Auftraggeber den Abhilfeanspruch aus § 5 Nr. 3 VOB/B einklagen,[175] wenngleich eine solche Klage angesichts der üblichen Verfahrensdauern ohne praktischen Nutzen ist.[176]

Der Abhilfeanspruch des Auftraggebers aus § 5 Nr. 3 VOB/B schränkt das generelle Dispositionsrecht des Auftragnehmers aus § 4 Nr. 2 Abs. 1 VOB/B ein, wonach der Auftragnehmer die Leistung unter eigener Verantwortung und damit nach eigener Disposition auszuführen hat und somit auch selbst über den personellen und/oder sachlichen Einsatz der Produktionsmittel (Arbeitskräfte, Geräte usw.) bestimmen kann. Denn unter den Voraussetzungen des § 5 Nr. 3 VOB/B ist dieses Dispositionsrecht des Auftragnehmers eingeschränkt, er ist „zur Abhilfe" verpflichtet.[177] Allerdings geht die Abhilfepflicht aus § 5 Nr. 3 VOB/B nicht so weit, dass der Auftraggeber vom Auftragnehmer bestimmte Maßnahmen (z.B. die Aufstockung der Arbeitskolonne um eine bestimmte Anzahl an Facharbeitern usw.) verlangen kann. Die konkreten Abhilfemaßnahmen entscheidet der Auftragnehmer in Ausübung seines Rechtes aus § 4 Nr. 2 Abs. 1 VOB/B.

79 Gegenüber dem allgemeinen Anordnungsrecht des Auftraggebers aus § 4 Nr. 1 Abs. 3 VOB/B hat der Abhilfeanspruch aus § 5 Nr. 3 VOB/B Vorrang, da die Anordnungsbefugnis des Auftraggebers aus § 4 Nr. 1 Abs. 3 VOB/B keine zeitlichen Weisungsbefugnisse enthält (→ § 4, Rdn. 25 ff.).

80 Das Abhilfeverlangen des Auftraggebers kann **formlos** gestellt werden; auch hier empfiehlt sich jedoch aus Beweisgründen die Einhaltung der Schriftform.[178]

81 Berechtigt, Abhilfe zu verlangen, ist neben dem Auftraggeber selbst auch sein **objektüberwachender Architekt** oder **Ingenieur**, zu dessen Grundleistungspflichten gemäß § 15 Abs. 2 Nr. 8 bzw. § 55 Abs. 2 Nr. 8 HOAI die Überwachung des Zeitplanes bzw. die Inverzugsetzung des ausführenden Unternehmers und damit auch die Geltendmachung der Abhilferechte aus § 5 Nr. 3 VOB/B gehört.[179]

82 **b) Arbeitskräfte, Geräte, Gerüste, Stoffe oder Bauteile unzureichend.** § 5 Nr. 3 VOB/B enthält eine dem Wortlaut, nicht aber dem Inhalt nach abschließende Aufzählung der unzureichenden Produktionsmittel des Auftragnehmers, wenngleich über die Aufzählung von § 5 Nr. 3 VOB/B hinaus kaum eine sonstige Unzuträglichkeit von Produktionsfaktoren auf der Baustelle denkbar ist. Unter „unzureichend" ist dabei jedwede Form von Unzuträglichkeit zu verstehen, das heißt entweder zu wenig Arbeitskräfte, zu geringe oder verspätet angelieferte Materialmengen, unbrauchbare, nicht einsatzfähige oder falsch dimensionierte Geräte, ungelernte Arbeitskräfte, unzuverlässige Nachunternehmer usw. Der konkrete Ursachenzusammenhang zwischen unzuträglichem Produktionsmittel und unzureichendem Leistungsfortschritt ist dabei unerheblich. Entscheidend ist allein, dass es wegen nicht ausreichender personeller und/oder sachlicher Produktionsmittel zu der Termingefährdung oder -überschreitung im Sinne von § 5 Nr. 3 VOB/B kommt.

83 **c) Ausführungsfristen.** § 5 Nr. 3 VOB/B setzt voraus, dass „die Ausführungsfristen" offenbar nicht eingehalten werden können. Unklar bleibt, ob unter „Ausführungsfristen" nur Vertragsfris-

---

[174] Dazu ausführlich *Langen/Schiffers* Rdn. 1751 ff. und 1795 ff.

[175] Beck'scher VOB-Kommentar/*Motzke* VOB/B § 5 Nr. 3, Rdn. 1; *Ingenstau/Korbion/Döring* VOB/B § 5 Nrn. 1–3, Rdn. 16.

[176] Beck'scher VOB-Kommentar/*Motzke* VOB/B § 5 Nr. 3, Rdn. 16.

[177] KG BauR 2005, 1219 (LS) = IBR 2005, 1105; Beck'scher VOB-Kommentar/*Motzke* VOB/B § 5 Nr. 3, Rdn. 1 und 2.

[178] So auch Ziffer 4 VHB zu § 5 VOB/B.

[179] So wohl auch *Korbion/Mantscheff/Vygen* HOAI § 15, Rdn. 174.

ten im Sinne von § 5 Nr. 1 Satz 1 VOB/B oder auch sonstige, unverbindliche (Kontroll-)Fristen im Sinne von § 5 Nr. 1 Satz 2 VOB/B zu verstehen sind.

Teilweise wird diese Frage offen gelassen.[180] Teilweise wird – allerdings ohne nähere Begründung – ausgeführt, unter den Ausführungsfristen im Sinne von § 5 Nr. 3 VOB/B seien **nur Vertragsfristen** zu verstehen.[181] Dieser Auffassung ist zuzustimmen. Zwar behandelt § 5 Nr. 1 VOB/B unter der Überschrift „Ausführungsfristen" sowohl Vertragsfristen als auch Nicht-Vertragsfristen (Kontrollfristen), sodass sprachlich wie systematisch auch die unverbindlichen Kontrollfristen des Bauzeitenplans als maßgebliche Ausführungsfristen" im Sinne von § 5 Nr. 3 VOB/B verstanden werden könnten. Von maßgebender Bedeutung ist aber, dass § 5 Nr. 3 VOB/B dem Auftraggeber ein **Eingriffsrecht** für den Fall gewährt, dass durch unzureichende Arbeitskräfte usw. die Einhaltung der „Ausführungsfristen" gefährdet ist. Wären unter den Ausführungsfristen alle Formen von Fristen, also auch die bloßen Kontrollfristen des Bauzeitenplans (ggf. darüber hinaus auch Fristen aus internen Ablauf- und Steuerungsplänen), zu verstehen, dann würde dem Auftraggeber trotz deren grundsätzlicher Unverbindlichkeit und deren bloßer Kontrollfunktion über § 5 Nr. 3 und Nr. 4 VOB/B letztlich ein Sanktionsinstrument an die Hand gegeben, das mit der Unverbindlichkeit dieser Art von Fristen schlichtweg unvereinbar wäre. Denn bereits die bloße Gefährdung auch solcher Fristen („offenbar nicht eingehalten werden können") würde den Auftraggeber berechtigen, nicht nur gemäß § 5 Nr. 3 VOB/B Abhilfe zu fordern, sondern unter den weiteren Voraussetzungen von § 5 Nr. 4 VOB/B entweder Schadensersatz geltend zu machen oder gar den Vertrag aus wichtigem Grund zu kündigen.

Nach Sinn und Zweck der Vorschrift sind unter Ausführungsfristen im Sinne von § 5 Nr. 3 **84** VOB/B also nur die Vertragsfristen im Sinne von § 5 Nr. 1 Satz 1 VOB/B zu verstehen, zu deren Einhaltung der Auftragnehmer verbindlich verpflichtet ist (dazu oben Rdn. 11) Werden diese Vertragsfristen durch unzureichende Arbeitskräfte usw. offenbar nicht eingehalten, sind sie also konkret gefährdet, dann kann der Auftraggeber wegen der Verbindlichkeit dieser Fristen bereits im Vorfeld Abhilfe fordern und bei unterlassener bzw. unzureichender Abhilfe die Rechte aus § 5 Nr. 4 VOB/B geltend machen.

d) Offenbar nicht eingehalten werden können. Die Abhilfepflicht des Auftragnehmers **85** gemäß § 5 Nr. 3 VOB/B setzt weiterhin voraus, dass wegen unzureichender Arbeitskräfte usw. die Ausführungsfristen „offenbar nicht eingehalten werden können". Unzweifelhaft ist, dass hierzu die bloße Mutmaßung oder Befürchtung des Auftraggebers oder seines objektüberwachenden Architekten oder Ingenieurs, Vertragsfristen würden überschritten, nicht ausreicht.[182] Welcher Grad der Wahrscheinlichkeit erreicht sein muss, um eine offenbare Nichteinhaltung von Ausführungsfristen annehmen zu können, wird allerdings unterschiedlich gesehen. *Ingenstau/Korbion/Döring*[183] fordern, dass die Ausführungsfristen mit an Sicherheit grenzender Wahrscheinlichkeit überschritten werden. Nach *Heiermann/Riedl/Rusam*[184] reicht bereits die ernsthafte Befürchtung der Fristüberschreitung aus. *Franke/Kemper/Zanner/Grünhagen*[185] halten fest, in baubetrieblicher Hinsicht müsse objektiv feststehen, dass eine Nichteinhaltung der Ausführungsfrist ohne die geforderte Verstärkung des Personal- und Materialeinsatzes zu erwarten stehe.

Richtig erscheint, keine semantische Diskussion über den Begriffsinhalt des Wortes „offenbar" **86** zu führen, sondern eine Auslegung nach Sinn und Zweck des Abhilfeanspruchs vorzunehmen.Die ratio von § 5 Nr. 3 VOB/B besteht darin, dem Auftraggeber schon im Vorfeld einer erst noch zu erwartenden Vertragsverletzung, nämlich der Überschreitung verbindlicher Fristen (Vertragsfristen), ein Abhilferecht zuzubilligen, es also gar nicht erst zur Verletzung vertraglicher Pflichten kommen zu lassen. Als dogmatische Ausnahmebestimmung ist § 5 Nr. 3 VOB/B damit grund-

[180] *Ingenstau/Korbion/Döring* VOB/B § 5 Nrn. 1–3, Rdn. 18; *Heiermann/Riedl/Rusam* VOB/B § 5, Rdn. 12.
[181] Beck'scher VOB-Kommentar/*Motzke* VOB/B § 5 Nr. 3, Rdn. 5; *Nicklisch/Weick* VOB/B § 5, Rdn. 17.
[182] *Staudinger/Peters* BGB § 636, Rdn. 47.
[183] B § 5, Rdn. 24.
[184] B § 5, Rdn. 12.
[185] B § 5, Rdn. 34.

sätzlich eng auszulegen. Inhaltlich muss ein **Soll-Ist-Vergleich** zwischen der zum Zeitpunkt der Beurteilung bereits erbrachten Bauleistung einerseits und der noch zu erbringenden Bauleistung andererseits unter Berücksichtigung der noch zur Verfügung stehenden Zeit vorgenommen werden. Führt dieser Soll-Ist-Vergleich zu der **sicheren Erwartung**, dass ohne beschleunigende (Abhilfe-)Maßnahmen des Auftragnehmers vereinbarte Vertragsfristen überschritten werden, dann liegen die Voraussetzungen des § 5 Nr. 3 VOB/B vor und der Auftraggeber kann vom Auftragnehmer Abhilfe verlangen.

87 **Hilfsmittel** bei dieser Prognoseentscheidung ist insbesondere die Terminplanung. Haben die Parteien im Sinne von § 5 Nr. 1 Satz 2 VOB/B einen **Bauzeitenplan** als Vertragsterminplan vereinbart und enthält dieser Bauzeitenplan sowohl Vertragstermine einerseits als auch (unverbindliche) Kontrolltermine andererseits, so kann die Prognoseentscheidung gemäß § 5 Nr. 3 VOB/B regelmäßig anhand dieses Bauzeitenplans vorgenommen werden: Die Überschreitung einer im Bauzeitenplan vereinbarten Kontrollfrist führt zu der (vom Auftragnehmer zu widerlegenden) Vermutung, dass die vereinbarten Vertragsfristen gefährdet sind und somit die Abhilfeaufforderung gemäß § 5 Nr. 3 VOB/B gerechtfertigt ist. In diesem Fall reicht also bereits die Überschreitung eines Kontrolltermins aus, um von der offenbaren Nichteinhaltung eines Vertragstermins auszugehen und das Abhilfebegehren des Auftraggebers zu rechtfertigen. Der Auftragnehmer kann die Vermutung durch den Nachweis widerlegen, dass der durch die Überschreitung der Kontrollfrist eingetretene Terminrückstand durch zwischenzeitliche Aufholarbeiten entweder bereits kompensiert ist oder kurzfristig kompensiert wird.

88 Haben die Parteien keinen Bauzeitenplan vereinbart bzw. enthält der Bauzeitenplan keine für das Abhilfebegehren aus § 5 Nr. 3 VOB/B relevanten Einzelfristen (Kontrollfristen), so kann als Kontrollinstrument ergänzend ein auftragnehmerseitiger interner Bauablaufplan herangezogen werden. Bleibt nämlich die Leistungserstellung des Auftragnehmers hinter seiner eigenen (internen) Terminplanung zurück, so begründet dies ebenfalls die Vermutung, dass die Ausführungsfristen (Vertragsfristen) offenbar gefährdet sind und rechtfertigt damit die Abhilfeaufforderung des Auftraggebers gemäß § 5 Nr. 3 VOB/B, wenn der Soll-Ist-Vergleich zwischen tatsächlichem Bautenstand und (interner) Ablaufplanung des Auftragnehmers zu der sicheren Erwartung einer Überschreitung der Vertragsfristen führt.[186]

89 Haben die Parteien weder einen Bauzeitenplan (mit entsprechenden Kontrollfristen) vereinbart noch liegt ein interner Ablaufplan des Auftragnehmers als Kontrollinstrument vor, so muss anhand sonstiger Baufortschrittsmerkmale geprüft werden, ob aufgrund des tatsächlichen Bauablaufs die Überschreitung vereinbarter Vertragsfristen sicher zu erwarten ist oder nicht. Es liegt auf der Hand, dass in diesem Fall die für § 5 Nr. 3 VOB/B zu treffende Prognoseentscheidung ausgesprochen schwierig ist.[187]

90 In allen Varianten setzt das Abhilferecht des Auftraggebers aus § 5 Nr. 3 VOB/B voraus, dass die (drohende) Überschreitung von Vertragsfristen der Risikosphäre des Auftragnehmers und nicht derjenigen des Auftraggebers selbst zuzuordnen ist. Kommt es also insbesondere zu auftraggeberseitigen **Behinderungen** im Sinne von § 6 Nr. 2Abs. 1 a VOB/B und gerät der Auftragnehmer (auch) hierdurch gegenüber dem terminlichen Soll-Ablauf in Rückstand, so kann der Auftraggeber keine Abhilfe gemäß § 5 Nr. 3 VOB/B verlangen, auch wenn – aufgrund der auftraggeberseitigen Behinderungen – die Vertragsfristen offenbar gefährdet sind[188]. In diesem Fall richtet sich die terminliche Rechtslage ausschließlich nach § 6 Nr. 3 und Nr. 4 VOB/B (→ § 6, Rdn. 36). Zum Recht des Auftraggebers, gegen zusätzliche Vergütung Beschleunigung zu verlangen, sei auf die Erläuterungen in Rdn. 54 und ergänzend zu § 6, Rdn. 30 ff. verwiesen.

[186] Ähnlich Beck'scher VOB-Kommentar/*Motzke* VOB/B § 5 Nr. 3, Rdn. 12.

[187] Zu einem solchen Fall vgl. KG BauR 2005, 1219 (LS) = IBR 2005, 1105, wo der Auftragnehmer rund 8 Monate nach einer entsprechenden Anordnung des Auftraggebers die notwendigen Aufmassarbeiten für die zu erstellenden Fenster noch nicht genommen hatte, ohne dass entsprechende Fristen zwischen den Parteien vereinbart waren.

[188] So auch Beck'scher VOB-Kommentar/*Motzke* VOB/B § 5 Nr. 3, Rdn. 18.

Hat der Auftragnehmer eine **Vertragsfrist bereits überschritten**, so ist § 5 Nr. 3 VOB/B hinsichtlich der bereits überschrittenen Frist nicht (mehr) anwendbar, aber auch nicht erforderlich. Denn hinsichtlich der überschrittenen Frist droht die Fristüberschreitung nicht mehr, sie ist vielmehr bereits eingetreten. Unter den weiteren Voraussetzungen der §§ 5 Nr. 4, 6 Nr. 6 VOB/B kann der Auftraggeber aus der Überschreitung einer solchen Vertragsfrist Ansprüche herleiten, ohne des Abhilfeanspruchs aus § 5 Nr. 3 VOB/B zu bedürfen (dazu im Einzelnen Rdn. 102 ff.). 91

Die bereits überschrittene Vertragsfrist führt aber zu der Vermutung, dass im Sinne von § 5 Nr. 3 VOB/B weitere Vertragsfristen gefährdet sind, das heißt, die Überschreitung einer Vertragsfrist durch den Auftragnehmer rechtfertigt in aller Regel eine Abhilfeaufforderung des Auftraggebers hinsichtlich weiterer Vertragsfristen, deren Überschreitung zu erwarten ist.

e) Unverzügliche Abhilfepflicht des Auftragnehmers auf Verlangen des Auftraggebers. 92
Liegen die Voraussetzungen des § 5 Nr. 3 VOB/B vor, so ist der Auftragnehmer auf Verlangen des Auftraggebers verpflichtet, unverzüglich Abhilfe zu schaffen. Wie diese Abhilfe im Einzelfall auszusehen hat, obliegt nach der generellen Regelung des § 4 Nr. 2 Abs. 1 VOB/B dem Auftragnehmer selbst. Aufgrund der drohenden Überschreitung einer Vertragsfrist und der damit verbundenen Pflichtverletzung muss der Auftragnehmer auf Verlangen des Auftraggebers sein Organisationsrecht bezüglich seiner Bauleistungen nunmehr allerdings so gestalten, dass einerseits der bereits eingetretene Rückstand bis zum Ablauf der gefährdeten Vertragsfrist aufgeholt wird, andererseits zukünftige Vertragsfristen nicht gefährdet werden. Die Wahl der geeigneten Abhilfemaßnahmen, also z.B. der Einsatz zusätzlichen Geräts, die Aufstockung des Personals, die Umorganisation des Bauablaufs usw. obliegt allerdings dem Auftragnehmer selbst. Der Auftraggeber hat also keinen Anspruch darauf, z.B. das Baustellenpersonal um eine bestimmte Anzahl zu erhöhen oder Ähnliches.

Um die Abhilfepflicht des Auftragnehmers über diese allgemeine Zieldefinition hinaus zu konkretisieren, erscheinen allerdings zwei Maßnahmen als sinnvoll und geboten: Zum einen ist der Auftragnehmer auf Verlangen des Auftraggebers verpflichtet, die durchzuführenden oder die bereits eingeleiteten **Abhilfemaßnahmen zu dokumentieren**, also dem Auftraggeber mitzuteilen, welche konkreten Abhilfemaßnahmen ergriffen werden, um den Terminrückstand aufzuholen und die drohende Fristüberschreitung abzuwenden. Zum zweiten ist der Auftraggeber zwar nicht verpflichtet, wohl aber berechtigt, dem Auftragnehmer eine Frist zu setzen, bis zu deren Ablauf die Abhilfemaßnahmen greifen müssen. 93

Beispiel: Der Auftragnehmer ist verpflichtet, in der Ausführungsfrist von 40 Arbeitstagen insgesamt 1.000 m^2 Fliesen zu verlegen. Dies entspricht einer durchschnittlichen Tagesproduktion von 25 m^2. Nach 10 Arbeitstagen hat der Auftragnehmer erst 50 m^2 Fliesen verlegt. Der Auftraggeber fordert unverzügliche Abhilfe und setzt dem Auftragnehmer eine Frist von 2 Wochen, den Terminrückstand aufzuholen.

Um – bei linearer Produktion – den Terminrückstand aufzuholen, müsste der Auftragnehmer in 10 Arbeitstagen 450 m^2 Fliesen verlegen. Der Auftragnehmer kann allerdings auch so vorgehen, dass er die Baustelle fortan so mit Personal, Material und Gerät aufstockt, dass die künftige Tagesproduktion rund 32 m^2 Fliesen beträgt. Auch so ließe sich die vereinbarte Ausführungsfrist (Vertragsfrist) einhalten. Es bleibt also der Wahl des Auftragnehmers überlassen, ob er vorübergehend z.B. eine zweite Kolonne einsetzt, um innerhalb der vom Auftraggeber gesetzten Frist das Soll der Produktion zu erreichen oder ob er die Kapazität dauerhaft erhöht, um innerhalb der vereinbarten Vertragsfrist die Gesamtleistung erstellen zu können. In beiden Fällen hat der Auftragnehmer seiner Abhilfepflicht genügt.

Das Recht des Auftraggebers, vom Auftragnehmer Abhilfe zu verlangen, stößt allerdings dann an seine Grenzen, wenn der Auftragnehmer zum Zeitpunkt des Abhilfeverlangens des Auftraggebers trotz größtmöglicher Anstrengung die gefährdete Vertragsfrist nicht mehr einhalten kann, weil z.B. trotz Erhöhung der Baustellenkapazität keine Beschleunigung des Produktionsprozesses möglich ist oder naturwissenschaftliche Gründe (z.B. erforderliche Austrocknungszeiten, Abbindeprozesse usw.) die Einhaltung der Frist unmöglich machen. Der Auftragnehmer wird in 94 diesem Fall durch die „verspätete" Abhilfeaufforderung des Auftraggebers zwar nicht entlastet. Er kommt seiner Abhilfepflicht trotz der unumgänglichen Überschreitung der Vertragsfrist aber dann nach, wenn er in Anbetracht der konkreten Parameter alles ihm Mögliche und Zumutbare unternimmt, um den Terminrückstand jedenfalls so gering wie möglich zu halten und weitere Vertragsfristen nicht zu gefährden. Vor diesem Hintergrund ist der Auftraggeber also gut beraten, von seinem Abhilferecht gemäß § 5 Nr. 3 VOB/B rechtzeitig und nicht erst kurz vor Ablauf der Vertragsfrist Gebrauch zu machen.

V. § 5 Nr. 1 Satz 1 VOB/B – Fertigstellung der Leistung

1. Fertigstellung

95 Ähnlich dem Ausführungsbeginn (dazu oben Rdn. 56) hängt auch die Frage, wann der Auftragnehmer seine Leistungen vertragsgerecht fertig gestellt hat, in erster Linie von den Festlegungen der Parteien selbst im Bauvertrag ab. Haben die Parteien also z.B. vereinbart, dass zur Fertigstellung der Leistung auch die komplette Räumung der Baustelle, die Aushändigung von Bestands- und Revisionsunterlagen, eine Betriebseinweisung und dergleichen gehören, dann hängt die fristgerechte Fertigstellung der Leistung durch den Auftragnehmer davon ab, ob diese Voraussetzungen erfüllt sind.[189]

96 Fehlt im Vertrag eine nähere Definition, welche Einzelleistungen nach dem Willen der Parteien zur Fertigstellung gehören, dann hat der Auftragnehmer nach allgemeiner und zutreffender Auffassung die Ausführungsfrist (Fertigstellungsfrist) eingehalten, wenn er innerhalb dieser Frist die **Abnahmereife** seiner Leistung hergestellt hat.[190] Das bedeutet zweierlei: Zum einen kommt es für die Fertigstellung und Abnahmereife nicht darauf an, ob der Auftragnehmer die Fertigstellung angezeigt oder die Abnahme bereits beantragt hat[191] und damit erst recht nicht darauf, ob der Auftraggeber die Abnahme bereits erklärt hat. Zum anderen bedeutet Abnahmereife sowohl nach der umfangreichen Kasuistik zu § 12 Nr. 3 VOB/B (→ § 12, Rdn. 76 ff.) als auch nach der gesetzlichen Neuregelung des § 640 Abs. 1 Satz 2 BGB, dass weder unwesentliche Mängel noch geringfügige Restarbeiten[192] der Abnahmereife und damit der rechtzeitigen Fertigstellung durch den Auftragnehmer entgegenstehen. Bezüglich des **Fertigstellungsgrades** als solchem kommt es auftragsspezifisch darauf an, ob dem Auftraggeber die Übernahme bzw. Inbenutzungnahme möglich und zumutbar ist.[193]

Haben die Parteien im Bauvertrag nicht die Fertigstellung, sondern (nur) die **Bezugsfertigkeit** vereinbart, so kommt es darauf an, ob dem Auftraggeber zum vereinbarten Zeitpunkt ein Bezug des Objektes zumutbar ist. Die abnahmereife Fertigstellung muss zu diesem Zeitpunkt (noch) nicht vorliegen.[194] Haben die Vertragsparteien eine Frist für die **mängelfreie Fertigstellung** vereinbart, so muss der Auftragnehmer innerhalb der vereinbarten Frist nicht nur die Abnahmereife herstellen, sondern grundsätzlich auch die Mängelfreiheit.[195]

---

[189] Soweit diese Definition allerdings in auftraggeberseitigen AGBs enthalten ist, sind die Anforderungen der §§ 305 ff. BGB zu beachten. Die Klausel „Voraussetzung für die Abnahme ist, dass der AN sämtliche hierfür erforderlichen Unterlagen, wie z.B. Revisions- und Bestandspläne, behördliche Bescheinigungen usw. dem AG übergeben hat,", verstößt gegen das Transparenzgebot, vgl. BGH BauR 1997, 1036, 1038.

[190] BGH BauR 1999, 645, 648; OLG Dresden BauR 2001, 949; Beck'scher VOB-Kommentar/*Motzke* VOB/B § 5 Nr. 1, Rdn. 60; *Vygen/Schubert/Lang* Rdn. 85; *Ingenstau/Korbion/Döring* VOB/B § 5 Nrn. 1–3, Rdn. 23; *Heiermann/Riedl/Rusam* VOB/B § 5, Rdn. 7; *Franke/Kemper/Zanner/Grünhagen* VOB/B § 5, Rdn. 9.

[191] BGH BauR 1999, 645, 648.

[192] OLG München IBR 1997, 194.

[193] BGH BauR 1996, 390.

[194] KG BauR 2003, 1568, 1570; *Kleine-Möller/Merl* § 13, Rdn. 404.

[195] Vgl. OLG Rostock BauR 2004, 92, 93; im Hinblick auf die gesetzliche Wertung in § 640 Abs. 1 Satz 2 BGB (= § 12 Nr. 3 VOB/B) muss sich diese, nahezu zwangsläufig zum Verzug und ggf. auch zur Verwirkung einer Vertragsstrafe führende Vereinbarung aber eindeutig aus dem Vertrag ergeben. Eine AGB-Vereinbarung

Bei der Beauftragung einzelner Leistungsbereiche im Rahmen der **konventionellen Baudurchführung** sehen bereits die gemäß § 1 Nr. 1 Satz 2 VOB/B zum Auftragsinhalt gehörenden DIN-Bestimmungen häufig vor, dass der Auftragnehmer über die eigene Ausführungsfrist hinaus Vorhalteleistungen für andere Unternehmer erbringen muss.[196] Diese Vorhalteleistungen stehen einer fristgerechten Fertigstellung der (sonstigen) Leistungen des Auftragnehmers nicht entgegen,[197] selbst dann nicht, wenn der Auftragnehmer durch gesonderte vertragliche Vereinbarung zur Vorhaltung von Gerüsten oder ähnlichen Leistungen verpflichtet ist. Die **Baustellenräumung** gehört dann zur Fertigstellung und ist somit innerhalb der vereinbarten Fertigstellungsfrist vorzunehmen, wenn dem Auftraggeber ohne diese Baustellenräumung eine Übernahme und Inbetriebnahme der Leistung des Auftragnehmers nicht möglich bzw. zumutbar ist. Bei der Beauftragung einzelner Leistungsbereiche reicht es demnach grundsätzlich aus, wenn die Baustellenräumung alsbald nach der abnahmereifen Erstellung der Bauleistung erfolgt,[198] es sei denn, die Parteien haben durch die entsprechende Kennzeichnung im Bauzeitenplan zum Ausdruck gebracht, dass eine Fertigstellung erst **nach** der Baustellenräumung vorliegt.[199] 97

Beim **Schlüsselfertigbau** gelten andere Maßstäbe. Hier kommt es darauf an, ob der Auftragnehmer innerhalb der vereinbarten Ausführungsfrist einen Zustand herstellt, der dem Auftraggeber die Übernahme bzw. Inbetriebnahme der geschuldeten Gesamtleistung zumutbar ermöglicht. Je nach Leistungsgegenstand kann hierzu auch die vollständige oder zumindest wesentliche Räumung der Baustelleneinrichtung gehören.[200] Hinsichtlich technischer Unterlagen wie Bestands- und Revisionsplänen[201] kommt es darauf an, ob dem Auftraggeber auch ohne diese Unterlagen zumindest vorläufig die Inbetriebnahme der Gesamtleistung möglich und zumutbar ist.[202] 98

Der Anspruch auf (fristgerechte) Fertigstellung kann vom Auftraggeber (selbstverständlich) eingeklagt werden.[203] 99

2. Fertigstellung nach Vereinbarung

§ 5 Nr. 1 Satz 1 VOB/B enthält die (nahezu selbstverständliche) Bestimmung, dass die Ausführung nach den verbindlichen Fristen (Vertragsfristen) zu vollenden ist. Das bedeutet u.a., dass eine im Vertrag vereinbarte Ausführungs- bzw. Fertigstellungsfrist in aller Regel als verbindliche Frist und damit Vertragsfrist anzusehen ist, wenn sich die Unverbindlichkeit der Frist nicht ausdrücklich[204] oder den Umständen nach[205] ergibt. Die Fertigstellungsfrist kann dabei in verschiedener 100

---

muss hinreichend transparent gemäß § 307 Abs. 1 Satz 2 BGB sein, vgl. *Vygen*, Urteilsanmerkung zu OLG Rostock BauR 2004, 92, 94. Im Zweifelsfall schuldet der Auftragnehmer zum vereinbarten Zeitpunkt also nur die Abnahmereife, nicht aber die vollständige und mängelfreie Herstellung der Leistung.

196 So gehört gemäß DIN 18330 Abschnitt 4.1.3 die Herstellung der Abdeckungen und Umwehrungen von Öffnungen und das Belassen zum Mitbenutzen durch andere Unternehmer über die eigene Benutzungsdauer hinaus zur Nebenleistungspflicht bei Maurerarbeiten. Die Vorhaltung der für den „Rohbau" erforderlichen Gerüste über die eigene Benutzungsdauer hinaus ist hingegen inzwischen als Besondere Leistung gemäß DIN18330 Abschnitt 4.2.1 und DIN 18331 Abschnitt 4.2.3 geregelt.

197 Vgl. Beck'scher VOB-Kommentar/*Motzke* VOB/B § 5 Nr. 1, Rdn. 60.

198 Vgl. *Heiermann/Riedl/Rusam* VOB/B § 5, Rdn. 7; anderer Auffassung: *Vygen/Schubert/Lang* Rdn. 85.

199 Dies ist z.B. der Fall, wenn für die Baustellenräumung selbst ein eigener – der letzte – Balken im Bauzeitenplan vorhanden ist.

200 Weil z.B. bis dahin die Parkflächen oder sonstigen Außenanlagen nicht genutzt werden können.

201 DIN 18379 Abschnitt 3.6; DIN 18380 Abschnitt 3.7, DIN 18381 Abschnitt 3.5, DIN 18385 Abschnitt 3.4, DIN 18386 Abschnitt 3.6.

202 Anderer Auffassung: Beck'scher VOB-Kommentar/*Motzke* VOB/B § 5 Nr. 1, Rdn. 60. *Motzke* übersieht aber, dass die entsprechenden Unterlagen nach den einschlägigen DIN-Bestimmungen „spätestens" bei der Abnahme zu übergeben sind und damit im Einzelfall auch früher erforderlich sein können, wenn ohne diese Unterlagen die technische Anlage nicht (zuverlässig) betrieben werden kann.

203 Beck'scher VOB-Kommentar/*Motzke* VOB/B § 5 Nr. 1, Rdn. 61; daneben stehen dem Auftraggeber die in § 5 Nr. 4 VOB/B geregelten Rechte zu (dazu Rdn. 102ff.).

204 Beispiel: „Vorläufige Fertigstellungsfrist 15.10.2002, verbindliche Terminabsprachen erfolgen binnen 2 Wochen nach Vertragsabschluss mit der Bauleitung".

205 Beispiel: Cirka-Frist, vgl. *Vygen/Schubert/Lang* Rdn. 37 und oben Rdn. 11.

Art und Weise fixiert werden, z.B. im Sinne von § 286 Abs. 2 Nr. 1 BGB als kalendermäßig bestimmter Fertigstellungstermin,[206] als Ausführungsfrist, deren Beginn im Sinne von § 286 Abs. 2 Nr. 2 BGB ein Ereignis vorauszugehen hat[207] oder in sonstiger Weise.[208]

3. Fertigstellung mangels Vereinbarung – Beweislast

101 Haben die Parteien keine Ausführungs- bzw. Fertigstellungsfrist vereinbart, so gilt der bereits erwähnte und von der Rechtsprechung anhand von § 271 Abs. 1 BGB entwickelte Grundsatz, dass der Auftragnehmer zur zügigen Herstellung der Leistung in einer angemessenen und für solche Leistungen üblichen Frist verpflichtet ist.[209] Sicherlich lassen sich mit dem Rückgriff auf eine „angemessene" oder „übliche" Ausführungsfrist Fälle extrem verzögerter Bauerstellung erfassen. Im Normalfall bedeutet die fehlende Vereinbarung einer Ausführungsfrist aber, dass der Auftraggeber keine oder zumindest keine sichere Handhabe besitzt, um eine verzögerte Bauerstellung zu sanktionieren.

Die **Beweislast** dafür, dass die angemessene Herstellungsfrist noch nicht abgelaufen ist, trägt der **Auftragnehmer**.[210] Der BGH leitet dies aus dem in § 271 Abs. 1 BGB enthaltenen Regel-Ausnahme-Prinzip ab, wonach die Leistung im Zweifel sofort zu erbringen ist, wenn keine Leistungszeit vereinbart ist und sich aus den Umständen nichts anderes ergibt. Vor dem Inkrafttreten des Schuldrechtsmodernisierungsgesetzes war die Beweislast des Auftragnehmers ausdrücklich in § 636 Abs. 2 BGB geregelt, woran sich also trotz des Wegfalls dieser Bestimmung nichts geändert hat.

VI. § 5 Nr. 4 VOB/B – Rechte des Auftraggebers bei verzögerter Leistungserstellung

1. Systematik – Schadensersatz und Kündigung alternativ oder kumulativ?

102 Verzögert der Auftragnehmer den Beginn der Ausführung, gerät er mit der Vollendung in Verzug oder kommt der in § 5 Nr. 3 VOB/B erwähnten Verpflichtung nicht nach, so kann der Auftraggeber gemäß § 5 Nr. 4 VOB/B bei Aufrechterhaltung des Vertrages Schadensersatz nach § 6 VOB/B verlangen **oder** dem Auftragnehmer eine angemessene Frist zur Vertragserfüllung setzen und erklären, dass er ihm nach fruchtlosem Ablauf der Frist den Auftrag entziehe (§ 8 Nr. 3 VOB/B).

Dem Wortlaut nach stehen Schadensersatz und Kündigung also alternativ und nicht kumulativ zueinander. Dies entspricht auch einer teilweise in der Literatur vertretenen Auffassung.[211] Tatsächlich stehen das Recht auf Schadensersatz und das Recht zur Kündigung des Vertrages aus wichtigem Grund – bei Vorlage der jeweiligen Voraussetzungen – allerdings nebeneinander und nicht alternativ zueinander. Dies ergibt sich bereits aus der unterschiedlichen Zweckrichtung der beiden Ansprüche. Befindet der Auftragnehmer sich beispielsweise mit der Fertigstellung

---

[206] Beispiel: Fertigstellung bis zum 15.11.2002.

[207] Beispiele: Ausführungsfrist 3 Monate nach Vorlage der Baugenehmigung oder: Beginn nach Abruf durch den Auftraggeber (§ 5 Nr. 2 VOB/B), Ausführungsfrist 3 Monate.

[208] Beispiel: Fertigmontage der Sanitäreinrichtung binnen 3 Werktagen pro Einfamilienhaus nach Fertigstellung der Malerarbeiten. In diesem Beispiel erscheint zweifelhaft, ob im Sinne von § 286 Abs. 2 Nr. 2 BGB eine Frist vereinbart ist, deren Lauf durch ein Ereignis (Fertigstellung der Malerarbeiten) in Gang gesetzt wird und bei der folglich eine verzugsbegründende Mahnung entbehrlich ist. Im Zweifel sollte in einem solchen oder ähnlichen Fall also nach Fälligkeit gemahnt werden, um (sicher) Verzug zu begründen.

[209] BGH BauR 2004, 331 = NZBau 2004, 155; NZBau 2001, 389; OLG Frankfurt NJW-RR 1994, 1361; *Ingenstau/Korbion/Döring* VOB/B § 5 Nrn.1–3, Rdn. 24; *Vygen/Schubert/Lang* Rdn. 26; *Leinemann/Roquette* § 5, Rdn. 19 f.

[210] BGH BauR 2004, 331 = NZBau 2004, 155.

[211] *Ingenstau/Korbion/Döring* VOB/B § 5 Nr. 4, Rdn. 8 erwähnt ausdrücklich ein **Wahlrecht** zwischen dem Schadensersatzanspruch und dem Recht auf Kündigung und meint, nach der VOB werde dem Auftraggeber „in erster Linie" die Befugnis eingeräumt, bei Aufrechterhaltung des Vertrages Schadensersatz zu verlangen; ähnlich wohl *Vygen/Schubert/Lang* Rdn. 100.

in Verzug, so erwächst dem Auftraggeber hieraus ein Schadensersatzanspruch. Dieser Schadensersatzanspruch deckt Ansprüche aus der verzögerten Leistungserstellung als so genannte **Verzögerungsschäden** ab.[212] Entschließt der Auftraggeber sich bei fortdauerndem Verzug des Auftragnehmers, den Auftrag aus wichtigem Grund zu kündigen,[213] so ändert eine nunmehr unter den Voraussetzungen der §§ 5 Nr. 4, 8 Nr. 3 VOB/B ausgesprochene Kündigung an dem bis dahin eingetretenen Verzug und den daraus erwachsenen Schadensersatzansprüchen nichts. Solche Verzögerungsschäden können und werden insbesondere durch die anschließende Kündigung aus wichtigem Grund nicht aufgefangen oder ersetzt. Vielmehr stellt § 8 Nr. 3 Abs. 2 Satz 1, 2. Halbsatz VOB/B („Doch bleiben seine Ansprüche auf Ersatz des etwa entstehenden weiteren Schadens bestehen") ausdrücklich klar, dass bereits entstandene Ansprüche auf Ersatz des Verzögerungsschadens von der Kündigung unberührt bleiben (→ § 8, Rdn. 93) und zudem kündigungsbedingt zusätzlich entstehende Schäden ebenfalls zu ersetzen sind, wenn die Voraussetzungen dazu vorliegen. Kommt es also bei bereits eingetretenem Verzug des Auftragnehmers zu einer anschließenden Kündigung des Auftraggebers aus wichtigem Grund, so erwächst dem Auftraggeber gemäß § 8 Nr. 3 Abs. 2 Satz 1 VOB/B zusätzlich ein Kostenerstattungsanspruch hinsichtlich der Restfertigstellungskosten, der mit dem Schadensersatzanspruch bezüglich der bislang bereits eingetretenen Verzögerungsschäden nichts zu tun hat.[214]

Trotz des missverständlichen Wortlauts von § 5 Nr. 4 VOB/B kann der Auftraggeber unter den jeweiligen Voraussetzungen also sowohl Ersatz des eingetretenen Verzögerungsschadens verlangen als auch anschließend eine Kündigung aus wichtigem Grund aussprechen.

§ 5 Nr. 4 VOB/B regelt im Übrigen die Ansprüche des Auftraggebers bei verzögerter Leis- 103
tungserstellung **nicht abschließend**. Daneben kommen weitergehende Ansprüche des Auftraggebers insbesondere nach den Vorschriften des BGB infrage (dazu Rdn. 145 ff.).

2. Schadensersatz gemäß §§ 5 Nr. 4, 6 Nr. 6 VOB/B

a) Verzug bei allen drei Tatbestandsmerkmalen des § 5 Nr. 4 VOB/B erforderlich? 104
Nach dem Wortlaut von § 5 Nr. 4 VOB/B kann der Auftraggeber Schadensersatz gemäß § 6 Nr. 6 VOB/B verlangen, wenn der Auftragnehmer

– den Beginn der Ausführung verzögert
– seiner Abhilfepflicht aus § 5 Nr. 3 VOB/B nicht nachkommt oder
– mit der Vollendung in Verzug gerät.

Verzug (dazu oben Rdn. 35) fordert § 5 Nr. 4 VOB/B seinem Wortlaut nach also nur für die 105
Fertigstellung, nicht aber für den verzögerten Beginn und auch nicht für den Verstoß gegen die Abhilfepflicht aus § 5 Nr. 3 VOB/B. Da § 5 Nr. 4 VOB/B jedoch eine so genannte **Rechtsgrundverweisung** auf den Schadensersatzanspruch aus § 6 Nr. 6 VOB/B enthält,[215] wird bereits aus dem Wortlaut von § 6 Nr. 6 VOB/B („Von einem Vertragsteil zu vertreten") klar, dass auch bei verzögertem Beginn und beim Verstoß gegen die Abhilfepflicht aus § 5 Nr. 3 VOB/B jedenfalls Verschulden des Auftragnehmers Anspruchsvoraussetzung ist, ein verschuldensunabhängiger Schadensersatzanspruch aus § 5 Nr. 4 in Verbindung mit § 6 Nr. 6 VOB/B also nicht erwachsen kann. Hierüber besteht auch Einigkeit.

Streitig ist allerdings, ob bei verzögertem Beginn und bei Verstoß des Auftragnehmers gegen 106
seine Abhilfepflicht aus § 5 Nr. 3 VOB/B **nur Verschulden** des Auftragnehmers vorliegen muss[216]

---

[212] BGH BauR 1974, 208, 210; *Nicklisch/Weick* VOB/B § 5, Rdn. 31.

[213] Z.B. weil der Verzug ein für den Auftraggeber unerträgliches Ausmaß annimmt oder weil dem Auftraggeber seinerseits von seinem Auftraggeber die Auftragsentziehung angedroht wurde, was bei nachgeschalteten Vertragsverhältnissen häufig vorkommt.

[214] So auch *Kleine-Möller*/Merl § 13, Rdn. 107. Zum Verhältnis des Schadensersatzanspruchs wegen Nichterfüllung gemäß § 8 Nr. 3 Abs. 2 Satz 2 VOB/B zum Anspruch auf Ersatz des bislang eingetretenen Verzögerungsschadens vgl. Beck'scher VOB-Kommentar/*Motzke* VOB/B § 8 Nr. 3, Rdn. 45 f.

[215] Beck'scher VOB-Kommentar/*Motzke* VOB/B § 5 Nr. 4, Rdn. 36.

[216] So z.B. *Nicklisch/Weick* B § 5, Rdn. 32; Beck'scher VOB-Kommentar/*Motzke* VOB/B § 5 Nr. 4, Rdn. 37 und Rdn. 39, *Franke/Kemper/Zanner/Grünhagen* VOB/B § 5, Rdn. 41.

oder ob bei allen drei Tatbestandsmerkmalen des § 5 Nr. 4 VOB/B **Verzug** im Sinne von § 286 BGB erforderlich ist.[217]

Zumindest unter dem Einfluss des Schuldrechtsmodernisierungsgesetz erscheint es letztlich **zwingend**, **Verzug** des Auftragnehmers nicht nur bei der Fertigstellung, sondern auch bei verzögertem Ausführungsbeginn und beim Verstoß gegen die Abhilfepflicht aus § 5 Nr. 3 VOB/B **zu fordern.** § 280 Abs. 2 BGB bestimmt ausdrücklich, dass der Gläubiger (Auftraggeber) Schadensersatz wegen Verzögerung der Leistung **nur** unter den zusätzlichen Voraussetzungen des § 286 BGB verlangen kann, also nur unter den bereits ausführlich erläuterten Voraussetzungen des Verzuges, also Fälligkeit, Mahnung (oder ausnahmsweiser Entbehrlichkeit der Mahnung) **und** Verschulden des Schuldners/Auftragnehmers (vgl. im Einzelnen Rdn. 36). Da zudem kein Grund erkennbar ist, den Schadensersatzanspruch des Gläubigers in dem in der Praxis wichtigsten Anwendungsfall, der verzögerten Fertigstellung, an strengere Voraussetzungen zu knüpfen als den Schadensersatzanspruch bei verzögertem Beginn und beim Verstoß gegen die Abhilfepflicht aus § 5 Nr. 3 VOB/B, **ist § 5 Nr. 4 VOB/B gesetzeskonform** dahin **auszulegen**, dass der Schadensersatzanspruch des Auftraggebers in allen von § 5 Nr. 4 VOB/B erfassten Fällen Verzug im Sinne von § 286 BGB voraussetzt.

Für die drei Tatbestandsmerkmale des § 5 Nr. 4 VOB/B bedeutet dies:

107 **aa) Verzug mit dem Ausführungsbeginn.** Verzug des Auftragnehmers mit dem Ausführungsbeginn setzt zunächst die Fälligkeit voraus. Der Auftragnehmer muss also verbindlich verpflichtet sein, zu einem bestimmten Zeitpunkt oder innerhalb einer bestimmten Frist mit der Ausführung zu beginnen. Ein vereinbarter Ausführungsbeginn ist in aller Regel als Vertragsfrist anzusehen und führt damit zur Fälligkeit des Ausführungsbeginns (Rdn. 61). Mangels Vereinbarung ergibt sich die Fälligkeit nach Abruf durch den Auftraggeber aus § 5 Nr. 2 Satz 2 VOB/B (Rdn. 62).

Die Fälligkeit kann sich aus den Gründen des § 6 Nr. 2 VOB/B verschieben, also insbesondere aus Gründen im Risikobereich des Auftraggebers (dazu im Einzelnen § 6, Rdn. 1822) wie verspätet erteilter Baugenehmigung,[218] fehlenden Vorleistungen anderer Auftragnehmer,[219] verspätet vorgelegten Ausführungsunterlagen im Sinne von § 3 Nr. 1 VOB/B,[220] dem Fehlen vereinbarter Mitwirkungshandlungen des Auftraggebers (z.B. Gerüstgestellung)[221] und ähnlichen Gründen. Zur Klarstellung sei aber nochmals darauf hingewiesen, dass die Beginnpflicht des Auftragnehmers in solchen Fällen nicht etwa aufgehoben, sondern nur verschoben wird, wobei der verschobene Beginn mangels anderweitiger Vereinbarung der Parteien über § 6 Nr. 3 und Nr. 4 VOB/B zu ermitteln ist. Auch ein bestehendes Leistungsverweigerungsrecht des Auftragnehmers, z.B. wegen Zahlungsverzuges des Auftraggebers gemäß § 16 Nr. 5 Abs. 5 VOB/B[222] oder bei unberechtigter Weigerung des Auftraggebers, die Vergütung für eine geänderte Leistung gemäß § 2 Nr. 5 VOB/B vor der Ausführung zu vereinbaren,[223] steht der Fälligkeit der Leistung entgegen, unabhängig davon, ob der Auftragnehmer das Leistungsverweigerungsrecht konkret ausübt.[224]

108 **Nach** Fälligkeit muss der Auftraggeber den Auftragnehmer mahnen, wenn die Mahnung nicht ausnahmsweise gemäß § 286 Abs. 2 BGB entbehrlich ist (dazu Rdn. 42 ff.).

109 Das **Verschulden** des Auftragnehmers wird gemäß § 286 Abs. 4 BGB vermutet. Verschulden kann nach herrschender Meinung insbesondere fehlen, wenn der Auftragnehmer aus den Gründen

---

[217] OLG Düsseldorf BauR 1992, 765; *Vygen/Schubert/Lang* Rdn. 94; *Heiermann/Riedl/Rusam-Riedl* VOB/B § 5, Rdn. 20; *Leinemann/Roquette* § 5, Rdn. 59; *Ingenstau/Korbion/Döring* vertritt einen widersprüchlichen Standpunkt: Während es in B § 5 Nr. 4, Rdn. 6 ausdrücklich heißt, in allen drei Fällen des § 5 Nr. 4 VOB/B sei Verschulden des Auftragnehmers Voraussetzung für den Schadensersatzanspruch, heißt es in Rdn. 9, dass in allen drei in § 5 Nr. 4 genannten Fällen ein Verzug des Auftragnehmers vorliegen müsse.

[218] BGH BauR 1974, 274.

[219] BGH BauR 1990, 210; 1997, 1021.

[220] *Kapellmann/Schiffers* Band 1, Rdn. 1293 ff.

[221] Vgl. OLG Koblenz NJW-RR 2002, 809.

[222] Vgl. *Franke/Kemper/Zanner/Grünhagen* VOB/B B § 5, Rdn. 36.

[223] BGH NZBau 2004, 612; OLG Düsseldorf NZBau 2002, 276 und näher dazu oben Rdn. 52.

[224] BGH BauR 1996, 544, 546.

des § 6 Nr. 2 Abs. 1 a VOB/B an der rechtzeitigen Ausführung der Leistung gehindert worden ist; zur bestrittenen Notwendigkeit einer Behinderungsanzeige oder der Offenkundigkeit der Behinderung und deren Wirkung für den Auftraggeber verweisen wir auf die entsprechenden Darlegungen.[225]

110 **bb) Verzug mit der Abhilfepflicht gemäß § 5 Nr. 3 VOB/B.** Auch hinsichtlich der Abhilfepflicht des Auftragnehmers aus § 5 Nr. 3 VOB/B ist zunächst die Fälligkeit festzustellen. Der Auftragnehmer ist auf Verlangen des Auftraggebers unverzüglich, also ohne schuldhaftes Zögern (§ 121 BGB), zur Abhilfe verpflichtet. Bei der Herbeischaffung zusätzlichen Geräts oder der Aufstockung des Baustellenpersonals sind hierzu im Normalfall aber einige (wenige) Tage erforderlich.[226] Damit tritt die Fälligkeit der Abhilfepflicht im Sinne von § 286 Abs. 1 BGB ein.

Ergreift der Auftragnehmer allerdings unzureichende Maßnahmen, die nicht oder nur teilweise zu einer Abhilfe im Sinne von § 5 Nr. 3 VOB/B führen oder bricht er die Abhilfemaßnahmen vorzeitig wieder ab, so verstößt er gegen seine bestehende und damit im Sinne von § 286 Abs. 1 BGB fällige Abhilfepflicht aus § 5 Nr. 3 VOB/B.[227]

Nach der Fälligkeit muss der Auftraggeber die unterlassenen, verspäteten oder unzureichenden Abhilfemaßnahmen des Auftragnehmers anmahnen. Eine Mahnung kann aber z.B. entbehrlich sein, wenn die Parteien bestimmte Abhilfemaßnahmen kalendermäßig bestimmt oder bestimmbar im Sinne von § 286 Abs. 2 Nr. 1 und 2 BGB vereinbart haben oder wenn der Auftragnehmer Abhilfemaßnahmen endgültig und ernsthaft verweigert, weil er sich z.B. zu Unrecht auf auftraggeberseitige Behinderungen beruft, § 286 Abs. 2 Nr. 3 BGB.

Zum Verschulden gilt sinngemäß dasselbe wie beim verzögerten Beginn (Rdn. 109).

111 **cc) Verzug mit der Vollendung.** Die verbindliche und damit zur Fälligkeit führende Verpflichtung des Auftragnehmers, die Leistung fertig zu stellen, kann sich entweder aus einem kalendermäßig bestimmten oder bestimmbaren Fertigstellungstermin im Sinne von § 286 Abs. 2 Nr. 1 und 2 BGB ergeben (Rdn. 43) oder aber aus einer vereinbarten Ausführungsfrist, deren Lauf vom Abruf des Auftraggebers oder vom tatsächlichen Baubeginn abhängt (Rdn. 59). Zur verschobenen Fälligkeit aufgrund Behinderung gemäß § 6 Nr. 2 VOB/B oder bestehender Leistungsverweigerungsrechte des Auftragnehmers darf auf die entsprechenden Erläuterungen zum Ausführungsbeginn verwiesen werden (Rdn. 107).

Nach Fälligkeit muss der Auftraggeber den Auftragnehmer mahnen, wenn nicht die Mahnung gemäß § 286 Abs. 2 BGB ausnahmsweise entbehrlich ist. Insbesondere zur Fertigstellung der Leistung ist noch einmal darauf hinzuweisen, dass ein kalendermäßig bestimmter oder bestimmbarer Fertigstellungstermin im Sinne von § 286 Abs. 2 Nr. 1 und 2 BGB, der z.B. gemäß § 6 Nr. 2 VOB/B verschoben worden ist, anschließend angemahnt werden muss, um Verzug des Auftragnehmers herbeizuführen (Rdn. 45).

Zum Verschulden des Auftragnehmers darf wiederum auf die Ausführungen zum Beginnverzug verwiesen werden (Rdn. 109).

112 **dd) Verzug mit Einzelfristen, die als Vertragsfristen vereinbart sind.** § 5 Nr. 4 VOB/B knüpft den Schadensersatzanspruch des Auftraggebers an den Verzug (dazu Rdn. 35) des Auftragnehmers mit dem Beginn der Ausführung, der Abhilfepflicht gemäß § 5 Nr. 3 VOB/B oder der Fertigstellung der Bauleistung. Eine wichtige Fallgruppe wird damit aber von § 5 Nr. 4 VOB/B zumindest dem Wortlaut nach nicht erfasst, nämlich der Verzug des Auftragnehmers mit der Einhaltung von Einzelfristen, die als Vertragsfristen vereinbart sind.

Beispiel: Der Auftragnehmer ist mit der Durchführung der „Rohbauarbeiten" zu einem mehrgeschossigen Objekt beauftragt. Für die Herstellung der Kellergeschossdecke, der Erdgeschossdecke und der Decke über dem ersten Obergeschoss haben die Parteien den 15.2., den 15.03 und den 15.4.2006 als Vertragsfristen vereinbart.

---

225 Oben Rdn. 50; § 6, Rdn. 15.

226 Zutreffend Beck'scher VOB-Kommentar/*Motzke* VOB/B § 5 Nr. 4, Rdn. 29.

227 So auch Beck'scher VOB-Kommentar/*Motzke* VOB/B § 5 Nr. 4, Rdn. 30.

Überschreitet der Auftragnehmer in diesem Beispiel die kalendermäßig bestimmten Einzelfristen, so gerät er gemäß § 286 Abs. 2 Nr. 1 BGB automatisch in Verzug, wenn er nicht entweder den fehlenden Eintritt oder die Verschiebung der Fälligkeit nachweisen (dazu Rdn. 38) oder ausnahmsweise fehlendes Verschulden einwenden kann (dazu Rdn. 49).

113 Dieser in der Praxis durchaus wichtige Fall des Verzuges des Auftragnehmers mit Einzelfristen, die als Vertragsfristen vereinbart sind, ist weder als Verstoß des Auftragnehmers gegen die Abhilfepflicht aus § 5 Nr. 3 VOB/B anzusehen[228] (dazu Rdn. 78) noch gerät der Auftragnehmer hierdurch im Sinne von § 5 Nr. 4 VOB/B mit der Fertigstellung in Verzug.[229]

Unzweifelhaft wäre es jedoch eine von § 5 Nr. 4 VOB/B erkennbar nicht gewollte Lücke, dem Auftraggeber nur in den drei von § 5 Nr. 4 VOB/B ausdrücklich erfassten Fällen einen Schadensersatzanspruch zuzubilligen, nicht hingegen bei Verzug mit einer Einzelfrist, die als Vertragsfrist vereinbart worden ist. Für diesen Fall gilt § 5 Nr. 4 VOB/B deshalb analog.

Ein die Schadensersatzpflicht des Auftragnehmers auslösender Verzug bezüglich der Einhaltung von Einzelfristen setzt demnach zunächst die Fälligkeit der entsprechenden Teilleistung voraus. Da die entsprechende Einzelfrist als Vertragsfrist vereinbart ist, führt diese auch automatisch zur Fälligkeit. Die Fälligkeit kann unter den in Rdn. 38 erläuterten Voraussetzungen allerdings verschoben werden, außerdem kann ihr ein Leistungsverweigerungsrecht des Auftragnehmers entgegenstehen.

Nach Eintritt der Fälligkeit muss der Auftraggeber mahnen, wenn die Mahnung nicht ausnahmsweise gemäß § 286 Abs. 2 BGB entbehrlich ist. Bei Einzelfristen, die als Vertragsfristen vereinbart worden sind, ist dies verhältnismäßig häufig dadurch der Fall, dass sie kalendermäßig bestimmt oder zumindest bestimmbar sind.[230]

Auch zum Verschulden darf auf die Erläuterungen in Rdn. 109 verwiesen werden.

114 **b) Schadensersatzanspruch des Auftraggebers.** Gemäß §§ 5 Nr. 4, 6 Nr. 6 VOB/B hat der Auftragnehmer dem Auftraggeber den Schaden zu ersetzen, der dem Auftraggeber aus der verzögerten Erbringung der jeweils geschuldeten Leistung (Beginn, Einzelfristen usw.) erwächst. Dabei muss der jeweilige Schaden in einem **adäquat kausalen Zusammenhang** zu der verzögerten Leistungserstellung des Auftragnehmers stehen, das heißt, bei objektiv nachträglicher Prognose muss der Eintritt des konkreten Schadens für einen optimalen Betrachter zu erwarten gewesen sein.[231]

Für den vom Auftragnehmer verzögerten Beginn, den Verstoß gegen die Abhilfepflicht aus § 5 Nr. 3, die Überschreitung von Einzelfristen als Vertragsfristen sowie die verzögerte Fertigstellung muss bei entsprechendem Verzug des Auftragnehmers also jeweils geprüft werden, ob dem Auftraggeber **daraus** ein Vermögensnachteil entstanden ist, der für einen optimalen Beobachter bei objektiv nachträglicher Prognose erwartet werden konnte. Wegen der im Einzelnen vom Auftragnehmer zu ersetzenden Schäden darf auf die Kommentierung zu § 6, Rdn. 93 ff. verwiesen werden.

115 So weit der Auftraggeber mit dem Auftragnehmer für den Fall der verspäteten Bauausführung durch den Auftragnehmer eine **Vertragsstrafe** vereinbart hat, hängen die Voraussetzungen zur

---

[228] Anderer Auffassung offenbar *Ingenstau/Korbion/Döring* VOB/B § 5 Nr. 4, Rdn. 4 am Ende, wonach die Abhilfepflicht des Auftragnehmers gemäß § 5 Nr. 3 VOB/B keine vorherige Abhilfeaufforderung durch den Auftraggeber voraussetzt. Diese Auffassung ist aber nicht überzeugend.

[229] Anderer Auffassung: *Franke/Kemper/Zanner/Grünhagen* VOB/B § 5, Rdn. 39, wonach sich die „Vollendung" im Sinne von § 5 Nr. 4 VOB/B nicht notwendigerweise auf das Gesamtwerk beziehen muss, sondern auch für Teilabschnitte der Leistung gelten kann, für die eine Zwischenfrist als Vertragsfrist vereinbart worden ist. Dabei wird jedoch übersehen, dass schon nach § 11 Nr. 2 VOB/A Einzelfristen nicht nur für in sich abgeschlossene Teile der Leistung vereinbart werden können (Abs. 1), sondern auch für sonstige fortgangswichtige, aber eben nicht abgeschlossene Teile der Leistung (Abs. 2) und darüber hinaus auch für alle sonstigen Teilleistungen, die nicht im Sinne von § 5 Nr. 4 VOB/B als „Vollendung" der Leistung zu bezeichnen sind.

[230] Beispiel: Ein Balkenplan, der als Bauzeitenplan vereinbart ist und bei dem einzelne oder alle durch einen Balken gekennzeichneten Teilleistungen kalendermäßig bestimmt sind.

[231] Vgl. *Palandt/Heinrichs* BGB Vorbemerkung vor § 249 Rdn. 60 m.w.N.

Geltendmachung des Strafanspruchs von der jeweiligen Vertragsstrafenvereinbarung ab, nicht von den Voraussetzungen der §§ 5 Nr. 4, 6 Nr. 6 VOB/B (→ § 11, Rdn. 33 ff.). Der Auftraggeber kann die Vertragsstrafe unabhängig davon fordern, ob ihm ein (sonstiger) Schaden entstanden ist. Macht der Auftraggeber allerdings Schadensersatzansprüche über die verwirkte Vertragsstrafe hinaus geltend, so muss er sich den Strafanspruch auf den (sonstigen) Schadensersatzanspruch anrechnen lassen (§ 11, Rdn. 122 f.).

Zur Vertragsstrafe im Verhältnis Bauherr – Generalunternehmer – Nachunternehmer wird auf die Erläuterung in§ 11, Rdn. 123 und ergänzend in § 6, Rdn. 25 verwiesen.

3. Kündigung gemäß §§ 5 Nr. 4, 8 Nr. 3 VOB/B

a) Allgemeines. Alternativ bzw. kumulativ (dazu Rdn. 102) zum Schadensersatzanspruch gemäß § 6 Nr. 6 VOB/B kann der Auftraggeber gemäß §§ 5 Nr. 4, 8 Nr. 3 VOB/B das Auftragsverhältnis ganz oder teilweise aus wichtigem Grund kündigen. Ob der Auftraggeber von diesem Kündigungsrecht Gebrauch macht, ist nicht nur eine rechtliche, sondern häufig auch eine wirtschaftliche, technische oder organisatorische Frage. Denn durch die kündigungsbedingte Vertragsbeendigung schafft der Auftraggeber innerhalb der Leistungserstellung eines Leistungsbereichs oder auch einer Funktionseinheit (Schlüsselfertigbau, Anlagenbau) eine Schnittstelle, die zu Abgrenzungsschwierigkeiten führen kann, ob für spätere Gewährleistungsfragen der ursprünglich beauftragte oder der nachfolgende Auftragnehmer verantwortlich ist. Hinzu kommt, dass es bei bestimmten Leistungsbereichen (z.B. Metallfassade, Leistungen der Technischen Ausrüstung), bei entsprechend komplizierten technischen Systemen, EDV-Leistungen usw. häufig schwierig ist, überhaupt einen Dritten mit der Fertigstellung der terminrückständigen Leistungen zu beauftragen, die dem Auftragnehmer aufgekündigt werden sollen. Weiterhin kommt hinzu, dass im Anschluss an eine Kündigung häufig hohe Restfertigstellungskosten entstehen, die vom säumigen Auftragnehmer zwar unter den Voraussetzungen des § 8 Nr. 3 VOB/B zu ersetzen sind, deren wirtschaftliche Durchsetzbarkeit aber oft an nicht ausreichenden Erfüllungssicherheiten des Auftraggebers scheitert. Es bedarf also stets der sorgfältigen Prüfung im Einzelfall, ob das unter den Voraussetzungen von § 5 Nr. 4 VOB/B bestehende Kündigungsrecht auch tatsächlich ausgeübt wird oder ob es für den Auftraggeber nicht im Ergebnis günstiger ist, den Vertrag mit dem säumigen Auftragnehmer aufrechtzuerhalten und sich auf Schadensersatzansprüche wegen verzögerter Ausführung bzw. eine hierfür vereinbarte Vertragsstrafe (→ § 11, Rdn. 33 ff.) zu beschränken. 116

b) Verzug bei allen drei Tatbestandsmerkmalen des § 5 Nr. 4 VOB/B erforderlich? 117
Wie bereits in Rdn. 104 ausgeführt, setzt der Schadensersatzanspruch gemäß § 6 Nr. 6 VOB/B nach streitiger, aber zutreffender Auffassung über den Wortlaut des § 5 Nr. 4 VOB/B hinaus bei allen drei Tatbestandsmerkmalen (verzögerter Beginn, Verstoß gegen die Abhilfepflicht aus § 5 Nr. 3 VOB/B und verzögerte Fertigstellung) **Verzug** des Auftragnehmers voraus. Für die zweite Rechtsfolge des § 5 Nr. 4 VOB/B, die Kündigung aus wichtigem Grund nach § 8 Nr. 3 VOB/B, gilt diese aus §§ 280 Abs. 2, 286 BGB abgeleitete Argumentation jedoch nicht uneingeschränkt. Denn die außerordentliche Kündigung gemäß § 8 Nr. 3 VOB/B als solche bedarf grundsätzlich „nur“ eines wichtigen Grundes, ohne dass dieser wichtige Grund vom Auftragnehmer verschuldet sein müsste.[232] Auch die primären Folgen einer Kündigung aus wichtigem Grund, nämlich die Beschränkung des Vergütungsanspruchs auf die bis zur Kündigung erbrachten Leistungen (und damit der Entfall des Vergütungsanspruchs für die nicht mehr erbrachten Leistungen (→ § 8, Rdn. 82) einerseits sowie der Kostenerstattungsanspruch des Auftraggebers hinsichtlich entstehender Mehrkosten gemäß § 8 Nr. 3 Abs. 2 Satz 1 VOB/B andererseits sind ebenfalls verschuldensunabhängig.[233]

Die herrschende Auffassung vertritt deshalb zu Recht den Standpunkt, dass § 5 Nr. 4 VOB/B 118
hinsichtlich der Rechtsfolge „Kündigung“, anders als bei der Rechtsfolge „Schadensersatz“,

[232] Vgl. Beck'scher VOB-Kommentar/*Motzke* VOB/B § 8 Nr. 3, Rdn. 39;jetzt auch: *Kleine-Möller/Merl* § 15, Rdn. 115.

[233] *Ingenstau/Korbion/Vygen* VOB/B § 8 Nr. 3, Rdn. 41.

wörtlich zu nehmen ist, das heißt, Verzug ist **nur** bezüglich der Fertigstellung der Leistung erforderlich, nicht aber beim verzögerten Beginn und auch nicht beim Verstoß gegen die Abhilfepflicht aus § 5 Nr. 3 VOB/B.[234]

119 Verzug bleibt allerdings für alle drei Alternativen des § 5 Nr. 4 VOB/B Voraussetzung, wenn der Auftraggeber **neben** der Kündigung aus wichtigem Grund Ersatz seiner bis dahin eingetretenen Verzögerungsschäden gemäß §§ 5 Nr. 4, 6 Nr. 6 VOB/B begehrt. Auch dann, wenn der Auftraggeber (ausnahmsweise) Schadensersatz wegen Nichterfüllung gemäß § 8 Nr. 3 Abs. 2 Satz 2 VOB/B fordert, setzt dieser Schadensersatzanspruch wegen Nichterfüllung gemäß § 281 Abs. 1 BGB zwar nicht dem Wortlaut nach, aber inhaltlich[235] Verzug des Auftragnehmers voraus.

Da in der Praxis kaum ein Auftraggeber zwischen den verschuldensunabhängigen Rechtsfolgen einer Kündigung aus wichtigem Grund einerseits und den verschuldens- bzw. verzugsabhängigen Rechtsfolgen eines Schadensersatzanspruchs andererseits differenzieren dürfte, besteht der „sichere" Weg für den Auftraggeber darin, bei allen drei Tatbestandsmerkmalen des § 5 Nr. 4 VOB/B den Auftragnehmer in Verzug zu setzen, nicht nur bei der Fertigstellung der Leistung.

c) Die Kündigungsvoraussetzungen im Einzelnen

120 **aa) Verzögerter Beginn.** Der Auftragnehmer verzögert den Beginn, wenn er trotz seiner Verpflichtung nicht mit der Ausführung beginnt.[236] Vorausgesetzt wird also lediglich die verzögerte Leistung trotz Fälligkeit des Ausführungsbeginns, die sich entweder aus der Vereinbarung einer Vertragsfrist (dazu Rdn. 11) für den Ausführungsbeginn, ansonsten nach Abruf gemäß § 5 Nr. 2 Abs. 2 VOB/B (dazu Rdn. 62) ergibt. Hat sich der Beginn der Arbeiten behinderungsbedingt verzögert (oder sind die schon laufenden Arbeiten unterbrochen worden), so ist der Auftragnehmer gemäß § 6 Nr. 3 S. 2 VOB/B verpflichtet, die Arbeiten unverzüglich (wieder) aufzunehmen.[237] Auch daraus kann sich ein verzögerter (Wieder-)Beginn der Ausführung ergeben.[238] Bei verschobener Fälligkeit gemäß § 6 Nr. 2 VOB/B bzw. fehlender Fälligkeit aufgrund eines Leistungsverweigerungsrechtes des Auftragnehmers (dazu Rdn. 107) liegt trotz fehlenden Beginns durch den Auftragnehmer kein verzögerter Beginn im Sinne von § 5 Nr. 4 VOB/B vor. Soll der Auftragnehmer die geschuldeten Leistungen[239] in drei selbstständigen Abschnitten (nacheinander) ausführen und setzt der Auftraggeber dem Auftragnehmer eine Frist mit Kündigungsandrohung zum Beginn des zweiten Abschnitts, bevor der erste Abschnitt abgeschlossen ist, so liegt mangels Fälligkeit kein verzögerter Beginn im Sinne von § 5 Nr. 4 VOB/B vor. Eine gleichwohl ausgesprochene Kündigung erfolgt nicht „aus wichtigem Grund", sondern „ohne Grund".[240]

Da es – Schadensersatzansprüche des Auftraggebers ausgenommen – nicht auf Verzug des Auftragnehmers ankommt, sind eine Mahnung (bzw. die Entbehrlichkeit der Mahnung gemäß § 286 Abs. 2 BGB) und Verschulden des Auftragnehmers für den verzögerten Beginn nicht erforderlich.

121 **bb) Verstoß gegen die Abhilfepflicht gemäß § 5 Nr. 3 VOB/B.** Zu den Voraussetzungen der Abhilfepflicht des Auftragnehmers aus § 5 Nr. 3 VOB/B sei zunächst auf die Erläuterungen in Rdn. 78 ff. verwiesen. Der Auftragnehmer verstößt gegen seine Abhilfepflicht, wenn er trotz des Abhilfeverlangens des Auftraggebers die gebotenen Abhilfemaßnahmen nicht unverzüglich (dazu Rdn. 92) und in dem erforderlichen Umfang (dazu Rdn. 93) durchführt, das heißt eine

---

[234] Vgl. *Ingenstau/Korbion/Döring* VOB/B § 5 Nr. 4, Rdn. 16, missverständlich allerdings in Rdn. 38; *Nicklisch/Weick* VOB/B § 5, Rdn. 38; *Vygen/Schubert/Lang* Rdn. 100.

[235] Und zwar wegen des Erfordernisses einer Nachfristsetzung, die die inhaltlichen Voraussetzungen einer Mahnung erfüllt, vgl. *Palandt/Heinrichs* BGB, § 281, Rdn. 7.

[236] Zum Ausführungsbeginn vgl. Rdn. 56.

[237] Dazu näher oben Rdn. 72.

[238] Vgl. zu einem entsprechenden Kündigungsrecht des Auftraggebers OLG Hamm IBR 2005, 363.

[239] Hier: Gerüstarbeiten.

[240] So zutreffend OLG Saarbrücken BauR 2005, 154 (LS) = IBR 2005, 9.

unterlassene, verspätete oder unzureichende Abhilfe des Auftragnehmers erfüllt die Voraussetzungen des § 5 Nr. 4 VOB/B.

Auch hinsichtlich der gebotenen Abhilfemaßnahmen kann die Fälligkeit unter den Voraussetzungen von § 6 Nr. 2 VOB/B verschoben bzw. durch ein Leistungsverweigerungsrecht des Auftragnehmers gehindert sein (dazu Rdn. 107).

Mahnung (bzw. Entbehrlichkeit der Mahnung gemäß § 286 Abs. 2 BGB) und Verschulden des Auftragnehmers sind für die Kündigung aus wichtigem Grund nicht erforderlich (vgl. Rdn. 117).

cc) Verzug mit der Fertigstellung. Weshalb § 5 Nr. 4 VOB/B bei der Fertigstellung Verzug, 122
ansonsten aber lediglich einen verzögerten Beginn und einen Verstoß gegen die Abhilfepflicht aus § 5 Nr. 3 VOB/B fordert, ist schwer nachvollziehbar. Der Wortlaut des § 5 Nr. 4 VOB/B ist insoweit aber eindeutig. Auch für die Kündigung aus wichtigem Grund ist bei der Fertigstellung der Leistung also Verzug des Auftragnehmers im Sinne von § 286 BGB erforderlich. Es darf auf die inhaltsgleiche Erläuterung in Rdn. 111 verwiesen werden.

dd) Sonstige wichtige Kündigungsgründe. Es ist allgemein anerkannt, dass die Kündigung 123
eines VOB-Vertrages aus wichtigem Grund nicht nur in den in der VOB/B ausdrücklich geregelten Fällen[241] möglich ist, sondern auch aus sonstigen wichtigen Gründen. Dies ist in zumindest sinngemäßer Anwendung von § 314 Abs. 1 Satz 2 BGB der Fall, wenn dem kündigenden Teil unter Berücksichtigung aller Umstände des Einzelfalls und unter Abwägung der beiderseitigen Interessen die **Fortsetzung des Vertragsverhältnisses** bis zur vereinbarten Beendigung oder bis zum Ablauf einer Kündigungsfrist **nicht zugemutet** werden kann.[242] Wenngleich die Rechtsprechung regelmäßig davon ausgeht, dass bei einer Kündigung aus einem „sonstigen wichtigen Grund" keine Nachfristsetzung mit Kündigungsandrohung[243] erforderlich ist, ist dogmatisch jedoch zwischen einem (sonstigen) wichtigen Kündigungsgrund einerseits und den formalen Voraussetzungen einer solchen Kündigungsmöglichkeit, also Nachfristsetzung und Kündigungsandrohung, andererseits zu unterscheiden. Liegt also eine sonstige, den in § 8 Nr. 3 VOB/B genannten Fällen vergleichbare Vertragsverletzung des Auftragnehmers vor, so muss der Auftraggeber ihm gemäß §§ 5 Nr. 4, 8 Nr. 3 VOB/B durch eine Nachfristsetzung mit Kündigungsandrohung grundsätzlich eine letzte Chance einräumen, die Vertragskündigung zu vermeiden und den Vertrag noch zu erfüllen. Nachfristsetzung und Kündigungsandrohung sind nur dann – ausnahmsweise – entbehrlich, wenn die Vertragsverletzung so gewichtig ist, dass sie für den Auftraggeber nicht zumutbar ist oder als sinnlos erscheint.[244]

Zur Kündigung aus sonstigen wichtigen Gründen darf generell auf die Kommentierung zu § 8, Rdn. 77 ff. verwiesen werden. Hinsichtlich der Überschreitung von Ausführungsfristen kommen als sonstige wichtige Kündigungsgründe insbesondere in Betracht:

- Der Auftragnehmer hat aus von ihm zu vertretenden Gründen eine Vertragsfrist (Fertigstellung) nicht eingehalten und die Vertragsverletzung ist von so erheblichem Gewicht, dass dem Auftraggeber eine Fortsetzung des Vertrages nicht zumutbar ist.[245]
- Es steht von vornherein fest, dass der Auftragnehmer eine Vertragsfrist aus von ihm zu vertretenden Gründen nicht einhält und die Vertragsverletzung ist von so erheblichem Gewicht,

---

[241] § 4 Nr. 7 Satz 3, § 4 Nr. 8 Abs. 1 und § 5 Nr. 4 VOB/B.

[242] Da ein Bauvertrag nicht auf einen einmaligen Leistungsaustausch ausgerichtet ist, sondern sich zumindest im Regelfall über längere Zeit erstreckt, ist er einem Dauerschuldverhältnis im Sinne von § 314 BGB zumindest gleich zu erachten, vgl. *Palandt/Heinrichs* BGB, § 314 Rdn. 5 unter Hinweis auf BGH NJW-RR 1996, 1108 zur Kündigung aus wichtigem Grund bei schwerwiegenden Pflichtverletzungen des Auftragnehmers bezüglich der vereinbarten Materialtransportwege. So auch *Sienz* BauR 2002, 181, 194.

[243] Zur Nachfristsetzung unten Rdn. 124 ff., zur Kündigungsandrohung unten Rdn. 130 ff.

[244] Dazu näher unten Rdn. 129.

[245] BGH BauR 2003, 880; der BGH hielt im konkreten Fall eine Nachfristsetzung mit Kündigungsandrohung für nicht erforderlich.

dass dem Auftraggeber die Fortsetzung des Vertrages mit dem Auftragnehmer nicht zumutbar ist.[246]

– Der Auftragnehmer weigert sich ernsthaft und endgültig, mit den ihm beauftragten Leistungen zu beginnen oder diese – nach einer Unterbrechung – fortzusetzen.[247]
– Der Auftragnehmer überschreitet eine Einzelfrist, die als Vertragsfrist vereinbart ist. In diesem Fall gelten die Überlegungen zum Schadensersatzanspruch des Auftraggebers entsprechend (Rdn. 112): Die Überschreitung verbindlicher Einzelfristen durch den Auftragnehmer ist dem verzögerten Beginn bzw. dem Verstoß gegen die Abhilfepflicht aus § 5 Nr. 3 VOB/B gleichrangig, eine Nachfristsetzung mit Kündigungsandrohung ist aber grundsätzlich erforderlich.
– Der Auftraggeber hat nach Treu und Glauben ein berechtigtes Interesse an einer Erklärung des Auftragnehmers, ob dieser mit den beauftragten Arbeiten beginnt, wann er beginnt und/oder wann er die Leistungen fertig stellt. Der Auftragnehmer erklärt sich auf diese Aufforderung jedoch nicht oder lehnt eine entsprechende Erklärung ausdrücklich ab.[248]

124 **ee) Setzung einer angemessenen (Nach-)Frist.** Der Auftraggeber muss dem Auftragnehmer gemäß § 5 Nr. 4 VOB/B eine „angemessene Frist zur Vertragserfüllung setzen" und erklären, dass er ihm nach fruchtlosem Ablauf der Frist den Auftrag entziehe, § 8 Nr. 3 VOB/B.

Die Fristsetzung ist – wiederum – an keine Form gebunden, wobei aufgrund der gravierenden Rechtsfolgen allerdings dringend die Einhaltung der Schriftform zu empfehlen ist.[249] Der objektüberwachende Architekt oder Ingenieur ist ohne besondere Bevollmächtigung **nicht** zur Setzung der Nachfrist mit Kündigungsandrohung berechtigt.[250]

125 Die Nachfristsetzung mit Kündigungsandrohung durch den Auftraggeber erfordert, dass der Auftragnehmer zum Zeitpunkt der Nachfristsetzung den Beginn der Ausführung verzögert hat (dazu Rdn. 56), seiner Abhilfepflicht aus § 5 Nr. 3 VOB/B nicht nachgekommen ist (dazu Rdn. 78) oder sich mit der Fertigstellung in Verzug befindet (dazu Rdn. 95). Gleich zu stellen ist der Fall, dass der Auftragnehmer eine als Vertragsfrist vereinbarte Einzelfrist überschritten hat.[251]In allen Fällen muss die jeweilige Leistungsverpflichtung des Auftragnehmers also zunächst fällig sein, bevor der Auftraggeber dem Auftragnehmer eine angemessene Nachfrist zur Vertragserfüllung setzen und die Kündigung androhen kann. Haben die Parteien also beispielsweise keine Vertragsfrist für den Ausführungsbeginn vereinbart, so muss der Auftragnehmer erst nach Abruf durch den Auftraggeber gemäß § 5 Nr. 2 Satz 2 VOB/B beginnen. Die Nachfrist mit Kündigungsandrohung kann der Auftraggeber in diesem Fall erst setzen, wenn der Auftragnehmer innerhalb der Abruffrist nicht mit der Ausführung begonnen hat. Entsprechendes gilt für die Abhilfepflicht aus § 5 Nr. 3 VOB/B, wenn der Auftragnehmer nicht unverzüglich (dazu oben Rdn. 92) die erforderlichen Abhilfemaßnahmen eingeleitet hat. Erst dann ist seine Leistungspflicht fällig, erst danach kann die Nachfrist mit Kündigungsandrohung gesetzt werden.

126 Bei der **Fertigstellung der Leistung** fordert § 5 Nr. 4 VOB/B seinem Wortlaut nach nicht nur die Fälligkeit, sondern **Verzug** (dazu Rdn. 104 f.). Anschließend, also bei schon eingetretenem Verzug, müsste der Auftraggeber dem Auftragnehmer die Nachfrist mit Kündigungsandrohung setzen. Schon zu § 326 Abs. 1 BGB a.F., dem die Vorschrift des § 5 Nr. 4 VOB/B nachgebildet ist, hat die Rechtsprechung jedoch zugelassen, dass die verzugsbegründende Mahnung mit der

---

[246] BGH BauR 2000, 1182, 1185 = NZBau 2000, 375; der BGH hielt eine Nachfristsetzung mit Kündigungsandrohung nicht für erforderlich.

[247] OLG Düsseldorf NJW-RR 1994, 149; *Vygen/Schubert/Lang* Rdn. 101; vgl. auch § 323 Abs. 2 Nr. 1 BGB, wonach eine Fristsetzung entbehrlich ist, wenn der Schuldner eine Leistung ernsthaft und endgültig verweigert.

[248] Vgl. OLG Hamm BauR 2003, 1746; Beck'scher VOB-Kommentar/*Motzke* VOB/B § 5 Nr. 4, Rdn. 48; anders OLG Düsseldorf BauR 1999, 1030 und NZBau 2001, 562, wonach eine bloße Erklärungsfrist grundsätzlich nicht ausreichend ist, vgl. auch unten Rdn. 127.

[249] Vgl. auch Ziffer 4 VHB zu § 5 VOB/B, ergänzend Beck'scher VOB-Kommentar/*Motzke* VOB/B § 5 Nr. 4, Rdn. 47.

[250] Beck'scher VOB-Kommentar/*Motzke* VOB/B § 5 Nr. 4, Rdn. 46 m.w.N.

[251] Dazu oben Rdn. 112 f. und 123.

Nachfristsetzung unter Kündigungsandrohung verbunden werden kann.[252] Bei der Fertigstellung ist also zu differenzieren: Unter den Voraussetzungen des § 286 Abs. 2 BGB, insbesondere bei Vereinbarung einer kalendermäßig bestimmten oder bestimmbaren Vertragsfrist, kommt der Auftragnehmer automatisch in Verzug (dazu Rdn. 43 f.). Hier kann (und muss) der Auftraggeber dem Auftragnehmer nach Fristablauf (und damit automatisch eintretendem Verzug) eine Nachfrist mit Kündigungsandrohung setzen, wenn er anschließend den Vertrag aus wichtigem Grund kündigen will.[253] Liegen die Voraussetzungen des § 286 Abs. 2 BGB hingegen nicht vor, so muss der Auftraggeber nach Eintritt der Fälligkeit mahnen, um den Verzug des Auftragnehmers mit der Fertigstellung zu begründen. Diese verzugsbegründende Mahnung kann mit der (angemessenen) Nachfristsetzung und Kündigungsandrohung verbunden werden, um die Voraussetzungen des § 5 Nr. 4 VOB/B zu erfüllen.[254]

Die **Angemessenheit der Frist** richtet sich nach der jeweiligen Abwicklungsstörung des 127
Bauvertrages, wobei die Frist angemessen ist, wenn sie für einen leistungsbereiten und -fähigen Auftragnehmer im Hinblick auf die durchzuführenden Maßnahmen (z.B. Fertigstellung) einhaltbar ist.[255] Eine Pro-forma-Frist, die z.B. von freitagsnachmittags bis montagsmorgens gesetzt wird oder die nur wenige Stunden dauert, ist grundsätzlich nicht angemessen,[256] es sei denn, dem Auftraggeber war unter Berücksichtigung aller Umstände eine längere Fristsetzung nicht möglich oder zumutbar oder eine Fristsetzung war gemäß § 323 Abs. 2 BGB sogar ganz entbehrlich (Rdn. 46).

Hat der Auftragnehmer nicht in der vereinbarten Frist oder der Frist nach Abruf gemäß § 5 Nr. 2 Satz 2 VOB/B **begonnen**, so muss der Auftraggeber ihm keine Nachfrist von 12 Werktagen gemäß § 5 Nr. 2 Satz 2 VOB/B setzen. Eine Nachfrist von einer Woche ist hier in aller Regel ausreichend. Beim **Wiederbeginn** nach Stilllegung der Bauarbeiten aus einem vom Auftraggeber zu vertretenden Grund kommt es darauf an, wie lange ein leistungsbereiter Auftragnehmer benötigt, um die Baustelle wieder einzurichten bzw. wieder in Betrieb zu nehmen und mit der Ausführung wieder zu beginnen. Die Angemessenheit der Frist richtet sich hier nach der Größe der Baustelle, ihrer Einrichtung und dem Gesamtzusammenhang der Produktionsgegebenheiten, sodass hier ggf. eine vorherige Aufforderung zur Leistungsbereitschaft des Auftragnehmers sinnvoll sein kann.[257]

Beim **Verstoß gegen § 5 Nr. 3 VOB/B** kommt es darauf an, welche Zeit ein leistungsbereiter Auftragnehmer bei gehöriger Anstrengung benötigt, um die Abhilfemaßnahmen zumindest einzuleiten.[258]

Bei der **Fertigstellung** kommt es darauf an, welche Frist ein leistungsbereiter Auftragnehmer benötigt, um das vertraglich vereinbarte Leistungsziel zu erreichen. Der bereits eingetretene Verzug bzw. Terminrückstand darf insoweit nicht fristverkürzend berücksichtigt werden, denn der Sinn der Nachfrist mit Kündigungsandrohung besteht ja gerade darin, dem Auftragnehmer bei gehöriger Anstrengung die Chance zu eröffnen, die angedrohte Kündigung noch zu vermeiden.[259] Dieses Prinzip kann für den Auftraggeber aber zu einer Zwickmühle werden. Denn je größer der Terminrückstand des Auftragnehmers wird und je später der Auftraggeber mahnt, desto länger muss die Nachfrist sein, die er dem Auftragnehmer setzen muss, um sie als angemessen einzustufen.

Beispiel: Auch bei gehöriger Anstrengung werden zur Fertigstellung noch 8 Wochen benötigt.

In diesem Fall muss der Auftraggeber dem Auftragnehmer eine Nachfrist von 8 Wochen zur Fertigstellung der Bauleistung setzen. Um handlungsfähig zu bleiben, kann er diese Nach-

---

[252] BGH NJW-RR 1990, 442, 444 m.w.N.
[253] So auch *Franke/Kemper/Zanner/Grünhagen* VOB/B § 5, Rdn. 43.
[254] *Franke/Kemper/Zanner/Grünhagen* VOB/B § 5, Rdn. 46.
[255] OLG Hamm IBR 2005, 363; Beck'scher VOB-Kommentar/*Motzke* VOB/B § 5 Nr. 4, Rdn. 49.
[256] Dazu *Franke/Kemper/Zanner/Grünhagen* VOB/B § 5, Rdn. 43 m.N.
[257] Beck'scher VOB-Kommentar/*Motzke* VOB/B § 5 Nr. 4, Rdn. 48; siehe aber Fn. 268.
[258] Ähnlich Beck'scher VOB-Kommentar/*Motzke* VOB/B § 5 Nr. 4, Rdn. 49.
[259] Ähnlich Beck'scher VOB-Kommentar/*Motzke* VOB/B § 5 Nr. 4, Rdn. 49.

fristsetzung allerdings nach Treu und Glauben mit einer **Erklärungsfrist** verbinden, dass der Auftragnehmer die Einhaltung der Nachfrist bestätigt.[260] Gleichzeitig kann der Auftraggeber den Bauablauf während der Nachfrist durch das Abhilferecht aus § 5 Nr. 3 VOB/B steuern und notfalls – bei völlig unzureichender Baustellenförderung innerhalb der Nachfrist – wegen Verletzung der Abhilfepflicht gemäß §§ 5 Nr. 3 und Nr. 4 VOB/B kündigen.

Zweifelhaft ist jedoch die Entscheidung des BGH vom 13.12.2001,[261] wonach die Aufforderung des Auftraggebers an den Auftragnehmer, die Baustelle „unverzüglich" ausreichend zu besetzen, andernfalls der Auftrag gekündigt werde, als angemessene Frist im Sinne von § 5 Nr. 4 VOB/B zu verstehen sei, wenn der Auftragnehmer sich bereits in Verzug befinde. „Unverzüglich" bedeutet kraft Gesetzes (§ 121 BGB) lediglich, dass der Auftragnehmer ohne schuldhaftes Zögern etwas tun muss, ohne dass ein Zeitraum benannt wird, innerhalb dessen dies zu geschehen hat. Im Ergebnis lässt sich die Entscheidung also nur rechtfertigen, wenn man angesichts der besonderen Umstände von der Entbehrlichkeit einer Nachfristsetzung im Sinne von § 5 Nr. 4 VOB/B ausgeht (dazu sogleich Rdn. 129).

128 Setzt der Auftraggeber dem Auftragnehmer hiernach eine **unangemessen kurze** Frist, so ist diese nicht wirkungslos, sondern setzt nach ständiger Rechtsprechung den Lauf einer angemessenen Frist in Gang.[262] Erklärt der Auftraggeber aber nach Ablauf der von ihm gesetzten (zu kurzen) Frist die Kündigung, bevor die angemessene Frist abgelaufen ist, so erfolgt die Kündigung vor Ablauf der in Wirklichkeit noch laufenden, angemessenen Frist und damit vorzeitig. Die Voraussetzungen einer Kündigung aus wichtigem Grund liegen in diesem Fall nicht vor, sodass die Kündigung ggf. (und nur) als ordentliche Kündigung gemäß § 8 Nr. 1 VOB/B gilt.[263]

129 Die **Nachfristsetzung** kann **ausnahmsweise entbehrlich** sein. Dies ist von der Rechtsprechung insbesondere dann bejaht worden, wenn **im Einzelfall** dem Auftraggeber eine Nachfristsetzung nicht zumutbar sei.[264] Hat beispielsweise der Auftragnehmer den Vertrag seinerseits ohne Grund gekündigt und sich geweigert, die Arbeiten anschließend wieder aufzunehmen, so liege darin eine **endgültige Leistungsverweigerung**, die den Auftraggeber auch ohne Nachfristsetzung, Kündigungsandrohung und sogar ohne Kündigung[265] berechtige, die Mehrkosten der Fertigstellung und die Kosten der Mängelbeseitigung zu verlangen.[266] Auch wenn von vornherein fest stehe, dass der Auftragnehmer eine Vertragsfrist aus von ihm zu vertretenden Gründen nicht einhalten werde und die Vertragsverletzung von erheblichem Gewicht sei, könne der Auftraggeber ohne Nachfristsetzung und Kündigungsandrohung den Auftrag fristlos kündigen.[267]

Die Entbehrlichkeit der Nachfristsetzung ist nunmehr gesetzlich in § 323 Abs. 2 BGB für das Rücktrittsrecht geregelt, was wegen der Vergleichbarkeit des Rücktritts mit der Kündigung entsprechend auch für die Nachfristsetzung gemäß § 5 Nr. 4 VOB/B gilt. Nach der gesetzlichen Regelung ist eine Nachfristsetzung insbesondere entbehrlich, wenn der Auftragnehmer die Leistung endgültig und ernsthaft verweigert (§ 323 Abs. 2 Nr. 1 BGB) oder wenn besondere Umstände vorliegen, die unter Abwägung der beiderseitigen Interessen den sofortigen Rücktritt (hier: die sofortige Kündigung) rechtfertigen, § 323 Abs. 2 Nr. 3 BGB.[268]

---

[260] Zum Parallelfall des § 4 Nr. 7 S. 3 VOB/B so ausdrücklich OLG Hamm BauR 2003, 1746; anders aber OLG Düsseldorf BauR 1999, 1030 und NZBau 2001, 562, wonach eine bloße Erklärungsfrist grundsätzlich nicht ausreicht; dazu auch *Kniffka/Koeble* 7. Teil, Rdn. 11.

[261] BGH ZIP 2002, 533 = NJW 2002, 1274.

[262] BGH NJW 1985, 2640; weitere Nachweise bei *Palandt/Heinrichs* BGB, § 281, Rdn. 10.

[263] So auch *Franke/Kemper/Zanner/Grünhagen* VOB/B § 5, Rdn. 43, allerdings unter fehlerhaftem Hinweis auf BGH BauR 1997, 1027. Fraglich kann allenfalls sein, ob eine Kündigung aus wichtigem Grund, deren Voraussetzungen nicht vorliegen, in eine ordentliche Kündigung umgedeutet werden kann, dazu OLG Düsseldorf BauR 2001, 1461, 1463, ergänzend → § 8, Rdn. 16.

[264] BGH BauR 1996, 704.

[265] Dazu Rdn. 134.

[266] BGH BauR 2001, 1577.

[267] BGH BauR 2000, 1182.

[268] Ergänzend Beck'scher VOB-Kommentar/*Motzke* VOB/B § 5 Nr. 4, Rdn. 54; *Ingenstau/Korbion/Döring* VOB/B § 5 Nr. 4, Rdn. 19 f.; *Franke/Kemper/Zanner/Grünhagen* VOB/B § 5, Rdn. 49.

Der **Auftraggeber** muss sich allerdings des Risikos bewusst sein, dass es sich bei den bislang in der Rechtsprechung anerkannten und nunmehr in § 323 Abs. 2 BGB geregelten Fällen um **Ausnahmetatbestände** handelt, deren Vorliegen **er beweisen** muss. Eine die Nachfristsetzung entbehrlich machende endgültige Erfüllungsverweigerung liegt beispielsweise nicht vor, wenn der Auftragnehmer in einem anwaltlichen Schriftsatz das Vorliegen eines Mangels bestreitet.[269]

Ausnahmsweise kann der Auftraggeber die **Kündigung** auch schon **vor Ablauf der** von ihm gesetzten **Frist** aussprechen, wenn offensichtlich ist, dass die geschuldete Leistung bis zum Ablauf der (angemessenen) Frist nicht erbracht sein wird. Diese aus § 323 Abs. 4 BGB ableitbare und auch auf die VOB/B übertragbare[270] Ausnahme liegt z.B. dann vor, wenn die Ausführung der Arbeiten 4 Wochen benötigt, der Auftragnehmer aber 2 Wochen vor Fristablauf noch nicht begonnen hat.[271]

ff) Kündigungsandrohung. Der Auftraggeber muss gemäß § 5 Nr. 4 VOB/B die Fristsetzung zur Vertragserfüllung mit der Erklärung verbinden, „dass er ihm (dem Auftragnehmer) nach fruchtlosem Ablauf der Frist den Auftrag entziehe", § 8 Nr. 3 VOB/B. Durch die Verbindung der Nachfristsetzung mit dieser „Kündigungsandrohung" soll dem Auftragnehmer mit der notwendigen Ernsthaftigkeit verdeutlicht werden, dass der Bauvertrag nach Fristablauf durch einseitige Erklärung des Auftraggebers ganz oder teilweise aus wichtigem Grund beendet werden kann, was für den Auftragnehmer mit erheblichen Nachteilen verbunden ist. Entsprechend eindeutig muss die Erklärung des Auftraggebers sein. Verwendet der Auftraggeber die von § 5 Nr. 4 VOB/B selbst gewählte Formulierung (*„... werde ich Ihnen nach Ablauf der gesetzten Frist den Auftrag entziehen."*), so ist diese Erklärung über jeden Zweifel erhaben. Gleichermaßen unmissverständlich ist eine ausdrücklich als solche formulierte „Kündigungsandrohung" oder „die Androhung der Auftragsentziehung". 130

Verwendet der Auftraggeber nicht den Begriff der „Kündigung", sondern den früher in § 326 Abs. 1 BGB a.F. verwendeten Begriff der „Ablehnungsandrohung" (*„... werde ich nach Fristablauf weitere Leistungen Ihrerseits ablehnen und die Restarbeiten durch eine Drittfirma ausführen lassen."*), so gibt der Auftraggeber auch durch diese Erklärung hinreichend deutlich zu erkennen, nach Fristablauf die Erfüllung durch den Auftragnehmer abzulehnen und eine „Ersatzvornahme" mit einer Drittfirma zu tätigen. Auch diese Androhung reicht also aus.[272] Das Gleiche gilt, wenn der Auftraggeber dem Auftragnehmer nach Fristablauf eine „Ersatzvornahme" ankündigt und dadurch deutlich macht, dass er nach Fristablauf keine Leistungen des Auftragnehmers mehr annehmen werde.[273]

Nicht ausreichend ist allerdings eine Erklärung des Auftraggebers, die dem Auftragnehmer nicht hinreichend verdeutlicht, dass nach Fristablauf die Kündigung zu erwarten ist. Dies gilt sowohl für den **Kündigungsvorbehalt** (*„...behalte ich mir vor, Ihnen nach Fristablauf den Auftrag zu entziehen."*) als auch für die **Kündigungsempfehlung**, die insbesondere durch objektüberwachende Architekten und Ingenieure sowie Projektsteuerer häufig ausgesprochen wird (*„... werde ich dem Bauherrn empfehlen, Ihnen nach fruchtlosem Ablauf der Frist den Auftrag zu entziehen."*).[274] Der objektüberwachende Architekt/Ingenieur sowie der Projektsteuerer sind ohne gesonderte Bevollmächtigung ohnehin nicht berechtigt, die Auftragsentziehung im Sinne von § 5 Nr. 4 VOB/B anzudrohen. 131

Ebenso wie die Nachfristsetzung kann im Einzelfall auch die **Kündigungsandrohung entbehrlich** sein, wenn der Auftragnehmer die Leistung endgültig und ernsthaft verweigert hat oder einer der sonstigen Ausnahmetatbestände des § 323 Abs. 2 BGB vorliegt (dazu näher oben 132

[269] OLG Düsseldorf BauR 1999, 1030.
[270] Vgl. *Kniffka/Koeble* 7.Teil, Rdn. 10, *Kleine-Möller/Merl* § 12, Rdn. 437.
[271] Vgl. *Palandt-Heinrichs* § 323, Rdn. 23.
[272] *Ingenstau/Korbion/Döring* VOB/B § 5 Nr. 4, Rdn. 17; zustimmend Beck'scher VOB-Kommentar/*Motzke* VOB/B § 5 Nr. 4, Rdn. 53; *Franke/Kemper/Zanner/Grünhagen* VOB/B § 5, Rdn. 47.
[273] Zum Parallelfall des § 4 Nr. 7 S. 3 VOB/B so ausdrücklich OLG Hamm BauR 2003, 1746.
[274] Beck'scher VOB-Kommentar/*Motzke* VOB/B § 5 Nr. 4, Rdn. 46.

Rdn. 129),[275] aber auch dann, wenn der Auftragnehmer auf mehrere Fristsetzungen (ohne Kündigungsandrohung) des Auftraggebers nicht reagiert hat und davon auszugehen ist, dass er die Leistung auch nach Fristsetzung mit Kündigungsandrohung nicht erbringen werde.[276]

133 **gg) Kündigungserklärung in angemessener Frist.** Nach fruchtlosem Ablauf der dem Auftragnehmer gesetzten, angemessenen Frist muss der Auftraggeber alsbald die Kündigung – oder Teilkündigung –[277] des Vertrages erklären. **Ausnahmsweise** kann er die Kündigung auch **schon vor Fristablauf** aussprechen.[278] Der Auftraggeber kann sein durch Fristablauf und Kündigungsandrohung geschaffenes Kündigungsrecht wieder **verwirken**, wenn er durch sein Verhalten nach Fristablauf das Vertrauen beim Auftragnehmer schafft, die Kündigung werde doch nicht erklärt. Dies gilt insbesondere, wenn der Auftraggeber sich nach Fristablauf auf Verhandlungen mit dem Auftragnehmer über die Fortsetzung des Vertrages einlässt **oder** wenn er nach Fristablauf weitere Leistungen des Auftragnehmers anstandslos entgegennimmt und dadurch den Eindruck erweckt, er werde von seinem Kündigungsrecht keinen Gebrauch machen.[279]

Zu beachten ist nunmehr die zumindest sinngemäß anwendbare Bestimmung des § 314 BGB über die Kündigung eines Dauerschuldverhältnisses aus wichtigem Grund (dazu oben Rdn. 123). Gemäß § 314 Abs. 3 BGB kann der Berechtigte die Kündigung nur innerhalb einer „angemessenen Frist“ aussprechen, nachdem er vom Kündigungsgrund Kenntnis erlangt hat. Diese gesetzliche Regelung präzisiert und relativiert nunmehr die frühere Rechtsprechung zum Erfordernis einer „unverzüglichen“ Kündigungserklärung nach Fristablauf.

134 **hh) Schriftliche Kündigungserklärung.** Gemäß § 8 Nr. 5 VOB/B muss die Kündigung schriftlich erklärt werden (→ § 8, Rdn. 105 f.). Kritisch ist in diesem Zusammenhang die Rechtsprechung des BGH einzustufen, wonach bei endgültiger und ernsthafter Erfüllungsverweigerung des Auftragnehmers nicht nur eine Fristsetzung mit Kündigungsandrohung entbehrlich sei, sondern auch die (schriftliche) Kündigungserklärung selbst.[280] Der BGH begründet die Entbehrlichkeit sowohl der Fristsetzung wie auch der Kündigungserklärung damit, dass der Auftragnehmer durch seine endgültige Weigerung das Recht zur Vertragserfüllung verloren habe, sodass es zu unklaren Verhältnissen über die weitere Bauabwicklung nicht kommen könne. Der Auftraggeber könne entweder die vertragsgemäße Fertigstellung verlangen oder die Ersatzvornahme durchführen. Ein Nebeneinander von Auftragnehmer und Drittunternehmer sei ausgeschlossen. Der BGH übersieht allerdings, dass der Verlust des Rechtes des Auftragnehmers, den Vertrag zu erfüllen, das Erfüllungsstadium nicht automatisch beendet. Der Auftraggeber kann trotz der – vertragswidrigen – Erfüllungsverweigerung des Auftragnehmers auf Erfüllung bestehen und notfalls Erfüllungsklage erheben, unabhängig davon, ob eine solche Klage sinnvoll ist oder nicht. Wegen des fortbestehenden Erfüllungsanspruchs des Auftraggebers erscheint deshalb die Gestaltungserklärung „Kündigung“ unumgänglich, bevor eine Drittfirma mit der Fertigstellung beauftragt werden kann. Zu beachten ist dabei auch die gesetzliche Entscheidung aus § 323 Abs. 2 BGB, wonach bei ernsthafter und endgültiger Erfüllungsverweigerung des Schuldners zwar eine Fristsetzung entbehrlich ist, nicht aber die der Kündigung ähnliche Rücktrittserklärung.

135 **ii) Teilkündigung.** Eine Teilkündigung ist gemäß § 8 Nr. 3 Abs. 1 Satz 2 VOB/B bei in sich abgeschlossenen Teilleistungen möglich (→ § 8, Rdn. 81).

---

[275] § 323 Abs. 2 BGB regelt zwar nur die Entbehrlichkeit der Fristsetzung, gilt sinngemäß aber auch für die Kündigungsandrohung, da das gesetzliche Rücktrittsrecht gemäß § 323 BGB n.F. nicht mehr von einer vorherigen Ablehnungs- oder Kündigungsandrohung abhängt.

[276] Vgl. OLG Oldenburg NJW-RR 2005, 1104 = IBR 2005, 1204.

[277] Dazu Rdn. 135.

[278] Näher oben Rdn. 129 a.E.

[279] OLG Saarbrücken BauR 2005, 154 (LS) = IBR 2005, 9; OLG Düsseldorf NJW-RR 1994, 149; nähere Ausführungen → § 8, Rdn. 80.

[280] BGH BauR 2000, 1479 und 2001, 1577.

136 **d) Die Rechtsfolgen der Kündigung aus wichtigem Grund.** Wegen der Rechtsfolgen einer Kündigung oder Teilkündigung aus wichtigem Grund darf auf die Kommentierung zu § 8 Nr. 3 VOB/B verwiesen werden (→ § 8, Rdn. 82 ff.).

Die Rechtsfolgen seien hier stichwortartig zusammengefasst:

- Der Auftragnehmer erhält nur eine Vergütung für die bis zur Kündigung erbrachten Leistungen, jedoch nicht (abweichend von § 8 Nr. 1 Abs. 2 VOB/B) für die kündigungsbedingt nicht mehr erbrachten Leistungen (→ § 8, Rdn. 82).
- Hinsichtlich der erhöhten Kosten der restlichen Fertigstellung steht dem Auftraggeber gemäß § 8 Nr. 3 Abs. 2 Satz 1 1. Halbsatz VOB/B ein verschuldensunabhängiger Mehrkostenerstattungsanspruch zu, der auch als Vorschussanspruch geltend gemacht werden kann (→ § 8, Rdn. 83 ff.).
- Über die Mehrkostenerstattung hinaus kann der Auftraggeber gemäß § 8 Nr. 3 Abs. 2 Satz 1 2. Halbsatz VOB/B Schadensersatz insbesondere wegen eingetretener und noch weiterhin eintretender **Verzögerungsschäden** verlangen (→ § 8, Rdn. 93). Dieser Anspruch setzt nicht nur bei der Fertigstellung, sondern bei allen drei Tatbestandsmerkmalen des § 5 Nr. 4 VOB/B Verzug voraus (siehe oben Rdn. 106 f. und 117 ff.).
- Hat die Ausführung für den Auftraggeber (ausnahmsweise) kein Interesse, so kann der Auftraggeber gemäß § 8 Nr. 3 Abs. 2 Satz 2 VOB/B anstatt der Mehrkostenerstattung und Ersatz des Verzögerungsschadens Schadensersatz wegen Nichterfüllung verlangen (→ § 8, Rdn. 94). Auch hier ist nicht nur bei der Fertigstellung Verzug des Auftragnehmers erforderlich, sondern auch beim verzögerten Beginn und beim Verstoß gegen § 5 Nr. 3 VOB/B (siehe oben Rdn. 117 ff.).
- Gemäß § 8 Nr. 3 Abs. 3 VOB/B ist der Auftraggeber berechtigt, ggf. aus Schadensminderungsgründen auch verpflichtet, Geräte, Gerüste, angelieferte Stoffe usw. zu verwenden (→ § 8, Rdn. 95 f.).

VII. Weitergehende Rechte des Auftraggebers nach BGB bei verzögerter Leistungserstellung

Über die von § 5 VOB/B geregelten Fälle hinaus kommen Ansprüche des Auftraggebers nach den Vorschriften des BGB in Betracht, wenn und soweit § 5 VOB/B die gesetzliche Regelung nicht ersetzt, sondern nur ergänzt.[281]

1. Erfüllungsanspruch

137 Der Erfüllungsanspruch des Auftraggebers als solcher wird von der VOB/B (selbstverständlich) nicht infrage gestellt. Er besteht also neben einem etwaigen Anspruch des Auftraggebers auf Ersatz der Verzögerungsschäden gemäß §§ 5 Nr. 4, 6 Nr. 6 VOB/B und kann neben diesem Schadensersatzanspruch eingeklagt werden, wenngleich sich dies nur selten als sinnvoll empfehlen dürfte.[282] Dies gilt umso mehr, als die früher zumindest theoretisch gegebene Möglichkeit, eine Fristsetzung zur Leistungsbewirkung bereits im Urteil vornehmen zu lassen (§§ 283 BGB, 255 ZPO) hinfällig geworden ist, nachdem § 283 BGB seit 1.1.2002 außer Kraft getreten ist.[283] Der Erfüllungsanspruch erlischt allerdings, wenn der Auftraggeber den Vertrag gemäß §§ 5 Nr. 4, 8 Nr. 3 VOB/B aus wichtigem Grund – oder hilfsweise ordentlich – (→ B § 8, Rdn. 16) gekündigt hat.[284]

---

[281] Vgl. Beck'scher VOB-Kommentar/*Motzke* VOB/B Einleitung I, Rdn. 52; *Nicklisch/Weick* Einleitung Rdn. 42.

[282] *Ingenstau/Korbion/Döring* VOB/B § 5 Nr. 4, Rdn. 26; Beck'scher VOB-Kommentar/*Motzke* VOB/B § 5 Nr. 4, Rdn. 64.

[283] Zur alten Rechtslage vgl. ergänzend *Ingenstau/Korbion/Döring* VOB/B § 5 Nr. 4, Rdn. 26; Beck'scher VOB-Kommentar/*Motzke* VOB/B § 5 Nr. 4, Rdn. 64; *Nicklisch/Weick* VOB/B § 6, Rdn. 42.

[284] *Ingenstau/Korbion/Döring* VOB/B § 5 Nr. 4, Rdn. 26.

2. Einrede des nicht erfüllten Vertrages

138 Auch die Einrede des nicht erfüllten Vertrages (§ 320 BGB) bleibt von § 5 VOB/B unberührt.[285] Das durch § 320 BGB begründete Leistungsverweigerungsrecht des Auftraggebers wirkt sich insbesondere aus, wenn aufgrund verzögerter Leistungserstellung die Zahlungsmerkmale eines vereinbarten Zahlungsplans[286] nicht eintreten. Bei Fälligkeit der Abschlagszahlungen gemäß § 16 Nr. 1 VOB/B führt die terminrückständige und damit fehlende Leistung lediglich dazu, dass nur die übrigen, bereits erbrachten Leistungen per Abschlagsrechnung fällig gestellt werden können. So weit jedoch Terminverzug des Auftragnehmers besteht, kann der Auftraggeber mit einem ihm daraus zustehenden Schadensersatzanspruch gemäß §§ 5 Nr. 5, 6 Nr. 6 VOB/B die Aufrechnung gegen die Abschlagsforderung des Auftragnehmers erklären.

3. Anspruch auf Ersatz des Verzögerungsschadens gemäß § 280 BGB

139 Nach der durch das Schuldrechtsmodernisierungsgesetz zum 1.1.2002 neu eingeführten Vorschrift des § 280 Abs. 1 BGB steht dem Gläubiger ein Schadensersatzanspruch zu, wenn der Schuldner aus von ihm zu vertretenden Gründen eine Pflicht aus dem Schuldverhältnis verletzt. Ersatz des Verzögerungsschadens kann der Gläubiger gemäß § 280 Abs. 2 BGB nur unter den zusätzlichen Voraussetzungen des § 286 BGB (Schuldnerverzug, dazu oben Rdn. 36) verlangen.[287] Besteht die Pflichtverletzung des Schuldners also in der verzögerten Leistungserbringung, so setzt der Schadensersatzanspruch des Gläubigers Verzug des Schuldners voraus, besteht also nach richtiger Auffassung (dazu oben Rdn. 106 f.) unter den gleichen Voraussetzungen wie der Schadensersatzanspruch gemäß §§ 5 Nr. 4, 6 Nr. 6 VOB/B. Die den gesetzlichen Schadensersatzanspruch verdrängende Sonderregelung der VOB/B besteht allerdings im Haftungsprivileg des § 6 Nr. 6, wonach im Rahmen des Schadensersatzes der entgangene Gewinn nur bei Vorsatz oder grober Fahrlässigkeit des Auftragnehmers verlangt werden kann.[288]

4. Schadensersatz statt der Leistung gemäß §§ 280 Abs. 3, 281 BGB

140 Gemäß §§ 280 Abs. 3, 281 BGB kann der Gläubiger nicht (nur) Ersatz des Verzögerungsschadens, sondern Schadensersatz statt der Leistung verlangen, wenn der Schuldner eine fällige Leistung nicht oder nicht wie geschuldet erbringt und der Gläubiger dem Schuldner erfolglos eine angemessene Frist zur Leistung oder Nacherfüllung bestimmt hat. Die Fristsetzung ist unter den Voraussetzungen des § 281 Abs. 2 BGB entbehrlich, was insbesondere bei ernsthafter und endgültiger Erfüllungsverweigerung des Schuldners gilt.

141 Der Schadensersatzanspruch statt der Leistung gemäß §§ 280 Abs. 3, 281 BGB ersetzt den bis zum 31.12.2001 in § 326 Abs. 1 BGB geregelten Schadensersatzanspruch wegen Nichterfüllung. Hinsichtlich dieses Schadensersatzanspruchs wegen Nichterfüllung gemäß § 326 Abs. 1 BGB a.F. entsprach es einhelliger Auffassung, dass dieser durch die Sonderregelung der §§ 5 Nr. 4, 8 Nr. 3 VOB/B, also durch die Kündigung aus wichtigem Grund, verdrängt werde.[289] Der herrschenden Auffassung ist zuzustimmen, da die VOB/B in §§ 5 Nr. 4, 8 Nr. 3 sowohl den Kostenerstattungsanspruch bei der Fertigstellung der Leistung durch Dritte als auch den Schadensersatzanspruch wegen Nichterfüllung von einer zuvor angedrohten und anschließend ausgesprochenen Kündigung abhängig macht und damit erkennbar von den gesetzlichen Voraussetzungen der jetzt

[285] *Ingenstau/Korbion/Döring* VOB/B § 5 Nr. 4, Rdn. 27; Beck'scher VOB-Kommentar/*Motzke* VOB/B § 5 Nr. 4, Rdn. 64; *Nicklisch/Weick* VOB/B § 6, Rdn. 43.

[286] Beispiel: „Fälligkeit der 1.Abschlagszahlung in Höhe von ... EUR nach Baubeginn" (dazu oben Rdn. 56 ff.).

[287] Vgl. *Palandt/Heinrichs* BGB, § 280, Rdn. 13; *Dauner/Lieb* § 280, Rdn. 35.

[288] Allgemeine Auffassung, vgl. Beck'scher VOB-Kommentar/*Motzke* VOB/B § 5 Nr. 4, Rdn. 64; *Leinemann/Roquette* § 5, Rdn. 53; *Staudinger/Peters* BGB § 636, Rdn. 56. Zur AGB-Problematik von § 6 Nr. 6 VOB/B bei Ansprüchen des Auftrag**gebers** → § 6, Rdn. 96 f.

[289] BGH *S/F/H* Z. 2.13, Blatt 26; Beck'scher VOB-Kommentar/*Motzke* VOB/B § 5 Nr. 4, Rdn. 64; *Ingenstau/Korbion/Döring* VOB/B § 5 Nr. 4, Rdn. 30.

gültigen §§ 280 Abs. 3, 281 BGB abweicht. Da §§ 5 Nr. 4, 8 Nr. 3 VOB/B vom DVA in Kenntnis der neu gefassten Vorschriften der §§ 280 Abs. 3, 281 BGB in der bisherigen Fassung belassen worden sind,[290] wird also auch der Schadensersatzanspruch statt der Leistung aus §§ 280 Abs. 3, 281 BGB durch §§ 5 Nr. 4, 8 Nr. 3 VOB/B verdrängt.[291]

5. Anspruch auf Aufwendungsersatz gemäß § 284 BGB

Nach der ebenfalls durch das Schuldrechtsmodernisierungsgesetz zum 1.1.2002 neu eingefügten Vorschrift des § 284 BGB kann der Gläubiger anstelle des Schadensersatzes statt der Leistung Ersatz der Aufwendungen verlangen, die er im Vertrauen auf den Erhalt der Leistung erbracht hat und billigerweise machen durfte, es sei denn, deren Zweck wäre auch ohne die Pflichtverletzung des Schuldners nicht erreicht worden. Der Aufwendungsersatzanspruch besteht unter den gleichen Voraussetzungen wie der Schadensersatzanspruch statt der Leistung gemäß § 281 BGB (dazu vorstehend Rdn. 140 f.). Aufwendungen im Sinne von § 284 BGB sind Investitionen, die der Gläubiger im berechtigten Vertrauen auf den Erhalt der Leistung getätigt hat,[292] bei Bauverträgen also z.B. der Ausbausatz für das Dachgeschoss, den der Bauherr im Vertrauen auf die Errichtung des Hauses bereits angeschafft hat und der nach Beendigung des Vertrages nun wertlos ist und Ähnliches. Dem Gläubiger steht unter den Voraussetzungen des § 281 BGB ein Wahrecht zu, anstelle des Schadensersatzes statt der Leistung den Ersatz seiner vergeblichen Aufwendungen zu fordern. Dieses Wahlrecht wird durch §§ 5 Nr. 4, 8 Nr. 3 VOB/B nicht tangiert, das heißt, der Auftraggeber kann gemäß § 8 Nr. 3 Abs. 2 Satz 2 VOB/B anstelle des Schadensersatzes wegen Nichterfüllung Ersatz seiner Aufwendungen gemäß § 284 BGB fordern. Voraussetzung hierzu ist aber eine Kündigung aus wichtigem Grund unter den Voraussetzungen der §§ 5 Nr. 4, 8 Nr. 3 VO/B. Die bloßen Voraussetzungen von § 281 BGB reichen hierzu nicht aus. 142

6. Rücktritt gemäß § 323 Abs. 1 BGB

Bis zum 31.12.2001 war das Rücktrittsrecht des Gläubigers bei verspäteter Leistung des Schuldners zweigeteilt geregelt, und zwar einerseits als verschuldensabhängiges Rücktrittsrecht gemäß § 326 Abs. 1 BGB (anstelle des Schadensersatzes wegen Nichterfüllung) und andererseits als verschuldensunabhängiges Rücktrittsrecht bei verspäteter Herstellung des Werks gemäß § 636 Abs. 1 BGB. Die herrschende Auffassung vertrat hierzu den Standpunkt, der Rücktritt gemäß § 326 Abs. 1 BGB bzw. § 636 Abs. 1 BGB sei durch die Sonderregelung der §§ 5 Nr. 4, 8 Nr. 3 VOB/B ausgeschlossen.[293] Der – wenn überhaupt – zur Begründung herangezogenen BGH-Rechtsprechung[294] ließ sich allenfalls indirekt entnehmen, dass der BGH den Rücktritt gemäß § 326 Abs. 1 BGB a.F. nur außerhalb des Anwendungsbereichs der VOB/B zulassen wolle.[295] 143

Durch das Schuldrechtsmodernisierungsgesetz ist das Rücktrittsrecht des Gläubigers bei verspäteter Leistung des Schuldners seit dem 1.1.2002 nun einheitlich in § 323 BGB geregelt. Hiernach ist der Rücktritt berechtigt, wenn der Schuldner bei einem gegenseitigen Vertrag eine fällige Leistung nicht oder nicht vertragsgemäß erbringt und der Gläubiger dem Schuldner erfolglos eine angemessene Frist zur Leistung oder Nacherfüllung bestimmt hat. Die Fristsetzung ist gemäß § 323 Abs. 2 BGB in den dort geregelten Ausnahmefällen entbehrlich (dazu oben Rdn. 137). Einer Androhung des Rücktritts (Ablehnungsandrohung) bedarf es nicht. Verschulden des Schuldners ist ebenfalls nicht erforderlich. Allerdings ist der Rücktritt gemäß § 323 Abs. 6 BGB ausgeschlossen, wenn der Gläubiger für den Umstand, der ihn zum Rücktritt berechtigen würde, allein oder 144

[290] Dazu *Kratzenberg* NZBau 2002, 177, 179.

[291] So auch *Kniffka/Koeble* 7. Teil, Rdn. 34.

[292] Vgl. *Palandt/Heinrichs* BGB, § 284, Rdn. 5 f.: *Dörner u.a.* BGB, § 284, Rdn. 6.

[293] *Ingenstau/Korbion/Döring* VOB/B § 5 Nr. 4, Rdn. 29; Beck'scher VOB-Kommentar/*Motzke* VOB/B § 5 Nr. 4, Rdn. 10, 35 und 64; *Nicklisch/Weick* VOB/B § 5, Rdn. 37; *Staudinger/Peters* BGB § 636, Rdn. 59.

[294] BGH BB 1968, 359; WM 1969, 399 und NJW-RR 1996, 853.

[295] BGH WM 1969, 399, 400 und NJW-RR 1996, 853, 854.

überwiegend verantwortlich ist[296] oder wenn der vom Schuldner nicht zu vertretende Umstand zu einer Zeit eintritt, zu welcher der Gläubiger in Annahmeverzug ist.

145 Obwohl die gesetzliche Neufassung damit gegenüber § 326 Abs. 1 BGB a.F. geringere und gegenüber § 636 Abs. 1 BGB a.F. höhere Anforderungen für den Rücktritt des Gläubigers/Auftraggebers stellt, wird man in dem Kündigungsrecht des Auftraggebers aus wichtigem Grund gemäß §§ 5 Nr. 4, 8 Nr. 3 VOB/B nach wie vor eine das Rücktrittsrecht des BGB verdrängende Sonderregelung der VOB/B erblicken müssen. Zwar führt der Rücktritt gemäß § 346 Abs. 1 BGB grundsätzlich zur Rückabwicklung des Vertrages und zur wechselseitigen Rückgewähr bereits erbrachter Leistungen, während eine Kündigung (auch aus wichtigem Grund) nur zu einer Vertragsbeendigung bei fortbestehendem Vergütungsanspruch für die bis dahin erbrachten Leistungen führt. Wenn auch mit unterschiedlichen Rechtsfolgen, so führen Rücktritt und Kündigung aber dennoch gleichermaßen zur Vertragsbeendigung, sodass der DVA sich in Kenntnis der gesetzlichen Regelung des § 323 BGB dazu entschlossen hat, es bei der „Kündigungsregelung" der §§ 5 Nr. 4, 8 Nr. 3 VOB/B zu belassen.[297] Darin kommt der Wille der VOB/B zum Ausdruck, in ihrem Anwendungsbereich eine das gesetzliche Rücktrittsrecht verdrängende Sonderregelung zu schaffen.

VIII. AGB-Problematik

1. AGB-Konformität von § 5 VOB/B

146 Für die AGB-Konformität von § 5 VOB/B kommt es zunächst darauf an, ob die als Allgemeine Geschäftsbedingungen im Sinne von § 305 Abs. 1 BGB (früher: § 1 AGB-Gesetz) anzusehenden Regelungen der VOB/B überhaupt der AGB-Kontrolle unterliegen. Der BGH hatte in ständiger Rechtsprechung, die weit über den Regelungsbereich des § 23 Abs. 2 Nr. 5 AGB-Gesetz hinausgegangen war, die einzelnen Bestimmungen der VOB/B einer AGB-Kontrolle entzogen, wenn die VOB/B dem Vertrag „als Ganzes", also ohne Eingriffe in den „Kernbereich", zugrunde gelegt worden sei.[298] Zwischenzeitlich vertritt der BGH in ständiger Rechtsprechung die Auffassung, dass jeder Eingriff in die VOB – auch außerhalb des „Kernbereichs" – dazu führt, dass die Bestimmungen der VOB/B dem Vertrag nicht mehr „als Ganzes" zugrunde liegen, somit eine isolierte AGB-Kontrolle der einzelnen VOB/B-Vorschriften erforderlich ist.[299] Der DVA hält unter Berufung auf die Gesetzesmaterialien zu § 308 Nr. 5 und § 309 Nr. 8 bff. BGB daran fest, dass die VOB/B „als Ganzes" auch nach dem Schuldrechtsmodernisierungsgesetz der AGB-Kontrolle entzogen sei.[300] In der Literatur mehren sich hingegen die Stimmen, wonach die in Kenntnis der BGH-Rechtsprechung erfolgte Entscheidung des Gesetzgebers, nach wie vor lediglich zwei VOB/B-Regelungen gesetzlich zu privilegieren (§ 308 Nr. 5 und § 309 Nr. 8 bff. BGB), dahin zu verstehen sei, dass für alle übrigen VOB/B-Bestimmungen die (bisherige) Privilegierung selbst dann nicht mehr gelten könne, wenn die VOB/B dem Vertrag als Ganzes zugrunde gelegt worden sei.[301] Wegen weiterer Einzelheiten darf auf die Kommentierung in der Einleitung zur VOB/B Rdn. 44 ff. verwiesen werden.

So weit § 5 VOB/B hiernach den Bestimmungen der §§ 305 ff. BGB unterliegt, gilt:

147 **a) § 5 Nr. 1 VOB/B.** § 5 Nr. 1 VOB/B unterliegt keinen Wirksamkeitsbedenken gemäß §§ 307 – 309 BGB. Satz 1 enthält eine vertragsrechtliche Selbstverständlichkeit, wonach verbindliche (Termin-)Absprachen einzuhalten sind. Satz 2 stellt sich als Auslegungsregel über die Klassifizie-

296 Verantwortungsanteil mindestens 80 %, vgl. *Palandt/Heinrichs* BGB, § 323, Rdn. 29.
297 Vgl. auch *Kratzenberg* NZBau 2002, 177, 179.
298 BGHZ 96, 133; 101, 357; 111, 397; 113, 322; 131, 392 und 138, 176.
299 BGH BauR 2004, 668.
300 Vgl. ausführlich *Kratzenberg* NZBau 2002, 177, 178 f.
301 Vgl. *Peters* NZBau 2002, 113; *Preussner* BauR 2002, 231; *Lenkeit* BauR 2002, 196; ausführlich *Markus/Kaiser/Kapellmann* AGB-Handbuch Bauvertragsklauseln, Rdn. 61 ff.

rung von Einzelfristen des Bauzeitenplans dar, die ebenfalls in vollem Umfang der Disposition der Parteien unterliegt und damit gegen keinerlei gesetzliche Leitgedanken verstößt.

b) § 5 Nr. 2 VOB/B. Auch § 5 Nr. 2 VOB/B ist AGB-konform. Dies gilt insbesondere für die Beginnpflicht des Auftragnehmers innerhalb von 12 Werktagen nach Abruf, falls nichts anderes vereinbart ist. Die Frist von 12 Werktagen berücksichtigt angemessen das Interesse des Auftraggebers an einem baldigen Beginn und dasjenige des Auftragnehmers an einer ausreichenden Vorbereitungszeit. Die Bestimmung gilt aufgrund ihrer Präzisierung des allgemeinen Grundsatzes aus § 271 BGB für BGB-Bauverträge entsprechend.[302] **148**

c) § 5 Nr. 3 VOB/B. Kritischer ist die Abhilfepflicht des Auftragnehmers gemäß § 5 Nr. 3 VOB/B einzustufen, wenn der Auftraggeber als Verwender von § 5 VOB/B anzusehen ist. Denn die Abhilfepflicht gemäß § 5 Nr. 3 VOB/B besteht auf Verlangen des Auftraggebers bereits bei einer lediglich drohenden Vertragsverletzung durch die Überschreitung von Vertragsfristen und sie kann – über § 5 Nr. 4 VOB/B – durch eine Kündigung aus wichtigem Grund sanktioniert werden. Dennoch kann die Abhilfepflicht des Auftragnehmers letztlich nicht als unangemessene Benachteiligung des Auftragnehmers im Sinne von § 307 Abs. 1 BGB eingestuft werden, weil sie insbesondere nicht gegen gesetzliche Leitgedanken im Sinne von § 307 Abs. 2 Nr. 1 BGB verstößt. § 5 Nr. 3 VOB/B stellt eine Präventivvorschrift zur allgemeinen Schadensminderungspflicht des § 254 BGB dar, indem sie den Auftragnehmer auf Verlangen des Auftraggebers verpflichtet, schon bei drohender Vertragsverletzung terminlicher Art Abhilfemaßnahmen zu ergreifen. Die Vorschrift ist damit als zulässige Präzisierung allgemeiner gesetzlicher Leitgedanken durch Vertragsbedingungen der Parteien anzusehen. **149**

d) § 5 Nr. 4 VOB/B. Die in § 5 Nr. 4 VOB/B durch Verweis auf § 6 Nr. 6 VOB/B enthaltene **Schadensersatzpflicht** des Auftragnehmers ist AGB-rechtlich unbedenklich, da der Auftragnehmer nach zutreffender Interpretation von § 5 Nr. 4 VOB/B nur schadensersatzpflichtig ist, wenn er sich in Verzug befindet (dazu oben Rdn. 105 f.). Damit entspricht § 5 Nr. 4 VOB/B den gesetzlichen Anforderungen aus §§ 280 Abs. 2 und 286 BGB. Zur AGB-Wirksamkeit der Haftungsbegrenzung in § 6 Nr. 6 VOB/B → B § 6, Rdn. 96. **150**

Zu dem in §§ 5 Nr. 4, 8 Nr. 3 VOB/B enthaltenen **Kündigungsrecht** hat der DVA ausführlich dargelegt, weshalb dieses Kündigungsrecht trotz der neu gefassten Bestimmungen der §§ 281 Abs. 1 und 323 Abs. 1 BGB AGB-konform sei.[303] Der Auffassung des DVA ist zuzustimmen. Dies gilt unabhängig davon, ob der Auftraggeber oder der Auftragnehmer als Verwender der VOB/B anzusehen ist: Zwar sehen §§ 281 Abs. 1 und 323 Abs. 1 BGB bei entsprechender Pflichtverletzung des Schuldners (z.B. Verzug) das Recht des Gläubigers vor, nach Ablauf einer Nachfrist (ohne Ablehnungsandrohung) Schadensersatz statt der Leistung zu fordern oder vom Vertrag zurückzutreten. Gemäß § 325 BGB kann der Auftraggeber auch zurücktreten und trotzdem Schadensersatz statt der Leistung fordern. Von dieser Gesetzessystematik weicht das Kündigungsrecht aus §§ 5 Nr. 4, 8 Nr. 3 VOB/B zwar insoweit ab, als zum einen die Vertragsbeendigung durch Kündigungserklärung und nicht durch Rücktrittserklärung erfolgt und zum anderen vor der Kündigung deren Androhung erfolgen muss, während das gesetzliche Rücktrittsrecht lediglich eine Fristsetzung erfordert.

Die generelle Entscheidung der VOB/B, bei Vorliegen eines wichtigen Grundes den Vertrag nur durch Kündigung und nicht ergänzend durch Rücktritt beendigen zu können (dazu schon oben Rdn. 153), ist nicht als Verstoß der VOB/B gegen gesetzliche Leitgedanken anzusehen. Die Vertragsbeendigung durch Kündigung ist insbesondere dem Werkvertragsrecht des BGB immanent, wie das nach wie vor vorhandene Recht des Auftraggebers zur ordentlichen Kündigung gemäß § 649 BGB wie auch das Recht des Auftragnehmers zur außerordentlichen Kündigung gemäß §§ 643 und 648 a Abs. 5 BGB bestätigen. Hinzu kommt die durch § 314 BGB nunmehr **151**

---

[302] *Vygen/Schubert/Lang* Rdn. 27.
[303] Dazu *Kratzenberg* NZBau 2002, 177, 179 f.

gesetzlich geregelte Möglichkeit, ein Dauerschuldverhältnis[304] aus wichtigem Grund zu kündigen. Die „Kündigungslösung" der §§ 5 Nr. 4, 8 Nr. 3 VOB/B enthält also keinen Wertungswiderspruch zu den gesetzlichen Leitgedanken des Schuldrechtsmodernisierungsgesetzes.

152 Auch die in § 5 Nr. 4 VOB/B vorgesehene Kündigungsandrohung stellt nur eine klarstellende, der Rechtssicherheit dienende Voraussetzung dar, die zumindest keine unangemessene Abweichung vom gesetzlichen Leitbild des § 281 Abs. 1 BGB enthält. Die gesetzgeberische Begründung, auf die früher in § 326 Abs. 1 BGB vorgesehene Ablehnungsandrohung (die der Kündigungsandrohung des § 5 Nr. 4 VOB/B inhaltlich entsprach) verzichten zu können, weil die Fristsetzung als solche bereits hinreichende Warnfunktion ausübe, erscheint zum einen zweifelhaft und hindert zum anderen die Parteien nicht, durch Vertragsbedingungen die Warnfunktion einer Kündigungsandrohung aufrechtzuerhalten.[305]

Wegen weiterer Einzelheiten sei auf die Kommentierung zu § 8, Rdn. 2–6 verwiesen.

e) § 5 VOB/B begegnet damit insgesamt keinen Wirksamkeitsbedenken nach §§ 307–309 BGB.

2. AGB-Klauseln im Zusammenhang mit § 5 VOB/B

153 Angesichts der unübersehbaren Vielzahl der in der Baupraxis verwendeten AGB-Klauseln im Zusammenhang mit § 5 VOB/B kann hier nur auf einige typische Klauseln und deren AGB-rechtliche Einordnung eingegangen werden; ergänzend sei auf die Klauselsammlung bei *Markus/Kaiser/Kapellmann* AGB-Handbuch, Rdn. 386 ff. und Glatzel/*Hofmann/Frikell* zu § 5, S. 197 ff. verwiesen.

154 **a) Klauseln zu § 5 Nr. 1 VOB/B.** Eine Klausel, wonach abweichend von § 5 Nr. 1 Satz 2 VOB/B alle im Vertrag oder im vereinbarten Bauzeitenplan festgelegten Einzelfristen als Vertragsfristen gelten, ist wirksam.[306] Regelmäßig unwirksam ist allerdings die weitere Klausel, wonach bei der Überschreitung sämtlicher Einzelfristen eine Vertragsstrafe verwirkt sein soll, wenn hierdurch gegen das Kumulationsverbot verstoßen wird.[307]

Eine Klausel, wonach dem Auftraggeber ein einseitiges Terminbestimmungsrecht zusteht, ist nur wirksam, wenn dem Auftraggeber dieses Terminbestimmungsrecht gemäß § 315 BGB nach gerichtlich überprüfbarem – billigem – Ermessen zusteht.[308] Unwirksam ist hingegen eine Klausel, wonach der Auftraggeber generell Vertragsfristen einseitig bestimmen kann.[309]

155 **b) Klauseln zu § 5 Nr. 2 VOB/B.** Wird die in § 5 Nr. 2 Satz 2 VOB/B enthaltene Abruffrist von 12 Werktagen, die als angemessene Frist auch bei BGB-Bauverträgen zur Anwendung kommt (dazu oben Rdn. 68), durch eine vom Auftraggeber verwendete Klausel unangemessen verkürzt, so ist die entsprechende Klausel unwirksam.[310] Die noch vertretbare Verkürzung der Abruffrist lässt sich allerdings nicht generell festlegen, sondern hängt von der üblichen Vorbereitungszeit des Auftragnehmers des jeweiligen Leistungsbereichs ab (siehe dazu oben Rdn. 71). Gegenüber § 5 Nr. 2 Satz 2 VOB/B verlängerte Abruffristen in ABG des Auftragnehmers sind in der Praxis selten, können aber gegen das Klauselverbot des § 308 Nr. 1 BGB verstoßen und damit auch im kaufmännischen Geschäftsverkehr als unangemessene Benachteiligung des Vertragspartners (Auftraggeber) anzusehen sein.[311]

---

[304] Als solches kann auch ein Bauvertrag zumindest bei längerer Laufzeit angesehen werden, dazu oben Rdn. 131, 141.

[305] Dazu *Kratzenberg* NZBau 2002, 177, 179.

[306] BGH BauR 1999, 645, 646; Beck'scher VOB-Kommentar/*Motzke* VOB/B § 5 Nr. 1 Rdn. 48; *Franke/Kemper/Zanner/Grünhagen* VOB/B § 5, Rdn. 59; *Markus/Kaiser/Kapellmann* AGB-Handbuch, Rdn. 386.

[307] BGH a.a.O.; ausführlich dazu *Langen* in: Festschrift Schiffers.

[308] Beck'scher VOB-Kommentar/*Motzke* VOB/B § 5 Nr. 1, Rdn. 20, 26; *Franke/Kemper/Zanner/Grünhagen* VOB/B § 5, Rdn. 60; *Leinemann/Roquette* § 5, Rdn. 14; *Kapellmann/Schiffers* Band 1, Rdn. 1336 m.w.N.143 ff., 151 ff.

[309] OLG Frankfurt/Main BauR 2003, 269; *Leinemann/Roquette* § 5, Rdn. 28.

[310] Beck'scher VOB-Kommentar/*Motzke* VOB/B § 5 Nr. 2, Rdn. 31; *Glatzel/Hofmann/Frikell* S. 183.

[311] Beck'scher VOB-Kommentar/*Motzke* VOB/B § 5 Nr. 2, Rdn. 32, ergänzend oben Rdn. 71.

c) Klauseln zu § 5 Nr. 3 VOB/B. Klauseln des Auftraggebers, die die Abhilfepflicht des Auftragnehmers aus § 5 Nr. 3 VOB/B noch verstärken, die also z.B. eine ursachenunabhängige Beschleunigungspflicht des Auftragnehmers bei der Gefährdung von Vertragsterminen vorsehen[312] oder die dadurch in das Organisationsrecht des Auftragnehmers aus § 4 Nr. 2 Abs. 1 VOB/B eingreifen, indem sie den Auftragnehmer verpflichten, auf Verlangen des Auftraggebers bestimmte Abhilfemaßnahmen zu ergreifen (z.B. Personalaufstockung, Herbeischaffung bestimmter zusätzlicher Geräte usw.) benachteiligen den Auftragnehmer unangemessen und sind deshalb unwirksam. Das Gleiche gilt für eine Klausel, wonach der Auftraggeber bei Gefährdung der Vertragstermine berechtigt ist, eine Beschleunigung durch die Beauftragung von Fremdfirmen auf Kosten des Auftragnehmers zu veranlassen[313] 156

d) Klauseln zu § 5 Nr. 4 VOB/B. Unwirksam sind vom Auftraggeber verwendete Klauseln, wonach der Auftragnehmer abweichend von §§ 280 Abs. 2, 286 BGB schadensersatzpflichtig wird, ohne in Verzug geraten zu sein. Dies gilt insbesondere für eine Klausel, wonach der Auftragnehmer bei Überschreitung von Vertragsfristen auch ohne Mahnung des Auftraggebers in Verzug gerät, wenn eine Mahnung nicht ausnahmsweise gemäß § 286 Abs. 2 BGB entbehrlich ist.[314] Verwendet der Auftraggeber eine Klausel, wonach er dem Auftragnehmer bei Verzug auch ohne Nachfristsetzung und Kündigungsandrohung den Auftrag entziehen kann, so verstößt eine solche Klausel gegen § 309 Nr. 4 BGB und im kaufmännischen Geschäftsverkehr gegen § 307 Abs. 1 BGB und ist damit unwirksam.[315] Fraglich erscheint allerdings, ob in einer vom Auftraggeber verwendeten Klausel auf die Kündigungsandrohung gemäß § 5 Nr. 4 VOB/B verzichtet werden kann, nachdem der Gesetzgeber durch das Schuldrechtsmodernisierungsgesetz sowohl beim Schadensersatz statt der Leistung gemäß § 281 Abs. 1 BGB als auch beim Rücktritt gemäß § 323 Abs. 1 BGB auf die in § 326 Abs. 1 BGB a.F. vorgesehene Ablehnungsandrohung, die der Kündigungsandrohung inhaltlich entsprach, verzichtet hat. Allerdings lässt sich der nach wie vor gültigen Regelung des § 643 BGB entnehmen, dass der Gesetzgeber im Werkvertragsrecht jedenfalls bei einer Kündigung aus wichtigem Grund durch den Auftragnehmer nach wie vor die vorherige Androhung der Kündigung als erforderlich erachtet, was sinngemäß auch für eine Auftraggeberkündigung aus wichtigem Grund gilt. Ähnliches ergibt sich aus der allgemeinen Kündigungsmöglichkeit von Dauerschuldverhältnissen aus wichtigem Grund gemäß § 314 BGB. Auch diese Kündigung ist gemäß Abs. 2 grundsätzlich erst nach erfolgloser Abmahnung zulässig, die dem Vertragspartner die Rechtsfolgen (Kündigung) verdeutlichen muss.[316] Die Kündigungsandrohung ist daher nicht durch eine AGB-Klausel verzichtbar. 157

§ 6 Behinderung und Unterbrechung der Ausführung

1. Glaubt sich der Auftragnehmer in der ordnungsgemäßen Ausführung der Leistung behindert, so hat er es dem Auftraggeber unverzüglich schriftlich anzuzeigen. Unterlässt er die Anzeige, so hat er nur dann Anspruch auf Berücksichtigung der hindernden Umstände, wenn dem Auftraggeber offenkundig die Tatsache und deren hindernde Wirkung bekannt waren.

2. (1) **Ausführungsfristen werden verlängert, so weit die Behinderung verursacht ist:**
a) durch einen Umstand aus dem Risikobereich des Auftraggebers,
b) durch Streik oder eine von der Berufsvertretung der Arbeitgeber angeordnete Aussperrung im Betrieb des Auftragnehmers oder in einem unmittelbar für ihn arbeitenden Betrieb,
c) durch höhere Gewalt oder andere für den Auftragnehmer unabwendbare Umstände.

---

[312] Vgl. *Glatzel/Hofmann/Frikell* S. 186.
[313] *Glatzel/Hofmann/Frikell* S. 185 unter Hinweis auf die Entscheidung des OLG Hamburg vom 6.12.1995 5 U 215/94.
[314] *Ingenstau/Korbion/Döring* VOB/B § 5 Nr. 4, Rdn. 2; Beck'scher VOB-Kommentar/*Motzke* VOB/B § 5 Nr. 4, Rdn. 25; *Franke/Kemper/Zanner/Grünhagen* VOB/B § 5, Rdn. 61.
[315] Beck'scher VOB-Kommentar/*Motzke* VOB/B § 5 Nr. 4, Rdn. 56.
[316] *Dauner-Lieb u.a.* § 314, Rdn. 37.

(2) Witterungseinflüsse während der Ausführungszeit, mit denen bei Abgabe des Angebots normalerweise gerechnet werden musste, gelten nicht als Behinderung.

3. Der Auftragnehmer hat alles zu tun, was ihm billigerweise zugemutet werden kann, um die Weiterführung der Arbeiten zu ermöglichen. Sobald die hindernden Umstände wegfallen, hat er ohne weiteres und unverzüglich die Arbeiten wieder aufzunehmen und den Auftraggeber davon zu benachrichtigen.

4. Die Fristverlängerung wird berechnet nach der Dauer der Behinderung mit einem Zuschlag für die Wiederaufnahme der Arbeiten und die etwaige Verschiebung in eine ungünstigere Jahreszeit.

5. Wird die Ausführung für voraussichtlich längere Dauer unterbrochen, ohne dass die Leistung dauernd unmöglich wird, so sind die ausgeführten Leistungen nach den Vertragspreisen abzurechnen und außerdem die Kosten zu vergüten, die dem Auftragnehmer bereits entstanden und in den Vertragspreisen des nicht ausgeführten Teils der Leistung enthalten sind.

6. Sind die hindernden Umstände von einem Vertragsteil zu vertreten, so hat der andere Teil Anspruch auf Ersatz des nachweislich entstandenen Schadens, des entgangenen Gewinns aber nur bei Vorsatz oder grober Fahrlässigkeit. Im Übrigen bleibt der Anspruch des Auftragnehmers auf angemessene Entschädigung nach § 642 BGB unberührt, sofern die Anzeige nach Nr. 1 Satz 1 erfolgt oder wenn Offenkundigkeit nach Nr. 1 Satz 2 gegeben ist.

7. Dauert eine Unterbrechung länger als 3 Monate, so kann jeder Teil nach Ablauf dieser Zeit den Vertrag schriftlich kündigen. Die Abrechnung regelt sich nach den Nummern 5 und 6; wenn der Auftragnehmer die Unterbrechung nicht zu vertreten hat, sind auch die Kosten der Baustellenräumung zu vergüten, so weit sie nicht in der Vergütung für die bereits ausgeführten Leistungen enthalten sind.

Schrifttum: *von Craushaar* Risikotragung bei mangelhafter Mitwirkung des Bauherrn, BauR 1987, S. 14 – *Dähne* Gerätevorhaltung und Schadensersatz nach § 6 Nr. 6 VOB/B – Ein Vorschlag zur Berechnung, BauR 1978, S. 429 – *Diehr* Zum Verhältnis von Vergütungs- und Schadensersatzanspruch des Auftragnehmers wegen Bauzeitstörungen nach der VOB/B, BauR 2001, S. 1507 – *Döring* Die Vorunternehmerhaftung und § 642 BGB, Gedanken zu des Rätsels Lösung, Festschrift für Jagenburg, München 2002, S. 111 – *Hofmann* Die rechtliche Einordnung der Mitwirkungspflichten des Auftraggebers beim Bauvertrag, Festschrift für von Craushaar, Düsseldorf 1997, S. 219 – *Ganten* Die Erstattung von so genannten „Regiekosten" als Schadensersatz, BauR 1987, S. 22 – *Jagenburg, Inge* Vorunternehmer – kein Erfüllungsgehilfe des Auftraggebers? Festschrift Mantscheff, München 2000, S. 99 – *Heilfort/Zipfel* Ermittlung terminlicher und monetärer Ansprüche des Bauunternehmers bei vom Auftraggeber zu vertretender Verzögerung der Zuschlagserteilung, VergabeR 2005, 38, 43 – *Kapellmann, Susanne* Der Schaden des Auftraggebers bei Verzug des Auftragnehmers mit der Fertigstellung eines Mietobjekts, BauR 1997, S. 48 – *Kapellmann* Der Verjährungsbeginn beim (vergütungsgleichen) Ersatzanspruch des Auftragnehmers aus § 6 Nr. 6 VOB/B und aus § 642 BGB, BauR 1985, S. 123 – *Kapellmann* Ansprüche des Auftraggebers auf Verzugsschadensersatz, Vertragsstrafe oder Kündigung aus wichtigem Grund bei Verletzung der eigenen Mitwirkungspflicht, aber unterlassener Behinderungsanzeige seitens des Auftragnehmers? – Der Wortlaut der VOB und die Auslegung, Festschrift für Vygen, Düsseldorf 1999, S. 194 – *Kemper* Nachträge und ihre mittelbaren Bauzeitauswirkungen, NZBau 2001, S. 238 – *Kleine-Möller* Die Haftung des Auftraggebers gegenüber einem behinderten Nachfolge-Unternehmer, NZBau 2000, S. 401 – *Kniffka* Die Kooperationspflichten der Bauvertragspartner im Bauvertrag, Jahrbuch Baurecht 2001, S. 1 – *Kraus* Ansprüche des Auftragnehmers bei einem durch Vorunternehmer verursachten Baustillstand, BauR 1986, S. 17 – *Kus/Markus/Steding* Die neuen FIDIC-Verträge: Auftragnehmerlastige Risikoverteilung? Jahrbuch Baurecht 2002, S. 237 – *Lange* Baugrundhaftung und Baugrundrisiko, 1997 – *Marbach* Der Anspruch des Auftragnehmers auf Vergütung der Kosten der Bearbeitung von Vertragsfragen im VOB-Bauvertrag, Festschrift Jagenburg, S. 539 – *Oberhauser* Formelle Pflichten des Auftragnehmers bei Behinderungen, BauR 2001, S. 1177 – *Piel* Zur Abgrenzung zwischen Leistungsänderung (§§ 1,Nr. 3, 2 Nr. 5 VOB/B) und Behinderung (§ 6 VOB/B), Festschrift für Korbion, Düsseldorf 1986, S. 349 – *Raab* Mitwirkungspflichten des Bestellers beim Werkvertrag, Anmerkung zu BGH „Vorunternehmer II", JZ 2001, 251 – *Rutkowsky* Gefahrtragung und Haftung bei gewaltsamen Anschlägen gegen Großbaumaßnahmen und die daran beteiligten Unternehmern, NJW 1988, S. 1761 – *Schmidt* Die Rechtsprechung des Bundesgerichtshofes zum Bau-, Architekten- und Statikerrecht, WM 1974, S. 294 – *Weick* Allgemeine Geschäftsbedingungen oder Verkörperung von Treu und Glauben? Festschrift für Korbion, Düsseldorf 1986, S. 451 – *Weyer* Bauzeitverlängerung aufgrund von Änderungen des Bauentwurfs durch den Auftraggeber, BauR 1990, S. 138.

Übersicht

A. §6 Nr. 1 – Behinderungsanzeige und Offenkundigkeit

I. Behinderung: Störung des vertragskonformen Produktionsablaufs verursacht negative Folgen

1 Systematisch ist es zweckmäßig, zuerst die Behinderung zu definieren und dann zu regeln, dass Behinderungen nur berücksichtigt werden, wenn sie angezeigt worden sind oder offenkundig waren. Die VOB/B geht den umgekehrten Weg; sie regelt zuerst in § 6 Nr. 1 Sätze 1, 2 für bestimmte Behinderungen eine Anzeigepflicht oder deren Entbehrlichkeit, sodann folgt in § 6 Nr. 2 die Regelung, welche einzelnen Gruppen von Behinderungen zur Verlängerung der Ausführungszeit führen, in § 6 Nr. 6 Satz 1 schließlich, dass für eine dieser Gruppen, nämlich die vom Auftraggeber zu vertretenden hindernden Umstände, auch eine Schadensersatzpflicht besteht; gewissermaßen bei dieser Gelegenheit regelt § 6 Nr. 6 VOB/B Satz 1 den umgekehrten Fall mit, dass nämlich hindernde Umstände vom Auftragnehmer zu vertreten sind und der Auftraggeber deshalb einen Schadensersatzanspruch hat.

Behinderungen sind **„Störungen"** mit **Folgen**, und zwar Störungen des Produktionsablaufs des Auftragnehmers, nämlich die unplanmäßige Einwirkung auf den **vom Auftragnehmer** unter Beachtung vertraglicher Vorgaben **geplanten Produktionsablauf**. Solche Störungen können auftragnehmerseitig verursacht sein, dann spielen sie nur im Rahmen von § 6 Nr. 6 Satz 1 VOB/B eine Rolle; vom Auftragnehmer zu vertretende „hindernde Umstände" begründen nämlich im Rahmen des § 6 Nr. 6 Satz 1 VOB/B Schadensersatzansprüche des Auftraggebers gegen den Auftragnehmer. Sie können von keiner Partei verursacht sein, dann können sie dennoch zur Verlängerung von Ausführungsfristen führen, das ist in § 6 Nr. 2 lit b und c geregelt. Sie können schließlich auch vom Auftraggeber verursacht sein, dann führen sie sowohl zur Verlängerung der Ausführungsfristen (§ 6 Nr. 2 lit a) wie bei Verschulden zu Schadensersatzansprüchen des Auftragnehmers gegen den Auftraggeber gemäß § 6 Nr. 6 Satz 1 VOB/B. Die VOB/B enthält also in § 6 in Verbindung mit § 5 **ein geschlossenes Regelwerk** für „Störungen mit negativen Folgen". Haben Störungen des Produktionsablaufes negative zeitliche und/oder finanzielle Folgen, so nennt § 6 VOB/B sie „Behinderungen" oder „hindernde Umstände". Den **Produktionsablauf bestimmt**

der Auftragnehmer unter Beachtung der vertraglichen Vorgaben allein; er entscheidet also z.B., ob Teilleistungen in einem technischen Vorgang erstellt werden oder in mehreren, was zu einem einheitlichen Arbeitsabschnitt gehört und was nicht, welche Vorgänge parallel und welche nacheinander ablaufen und wie überhaupt die zeitliche Produktionsreihenfolge ist; der Auftragnehmer bestimmt innerhalb der vertraglichen Vorgaben das „Produktionsprogramm". So weit der Auftraggeber bestimmte Arbeitsabschnitte, Arbeitsunterbrechungen oder die Abhängigkeit der einen Leistung von einer anderen regeln will, kann er das nach Abschnitt 0.2.1 der DIN 18299 tun; tut er das nicht, so hat der Auftragnehmer volle Freiheit der eigenen Produktionsplanung, die er so einstellen darf, dass ein objektiv-durchschnittlicher und kontinuierlicher Arbeitsablauf gewährleistet ist.[1] Diese zeitgerechte Abwicklung ist die „ordnungsgemäße Ausführung" im Sinne von § 6 Nr. 1.

Die Störungen müssen die negativen zeitlichen und/oder finanziellen Folgen **verursacht** haben. Keineswegs **müssen** Störungen solche Folgen haben; liefert z.B. der Auftraggeber zum 1.4. geschuldete Schalpläne für das 3.Geschoss erst zum 15.4., beträgt die Lieferfrist für die Bewehrung 2 Wochen und hat der Auftragnehmer das Obergeschoss am 2.5. noch nicht fertig gestellt, so war der Auftragnehmer zum Soll-Starttermin der Teilleistung selbst nicht leistungsfähig, die Störung wirkt sich nicht aus. Sind Planliefertermine vertraglich vereinbart (**Beistellfristen**, vgl. § 11 Nr. 3 VOB/A), spricht bei deren Überschreitung eine (widerlegliche) **Vermutung** für die behindernden Auswirkungen.[2] Störungen können sich überlappen oder können Folgewirkungen haben; ihre Auswirkung auf Zwischen- oder Endtermine hängt davon ab, ob sie sich nur auf einzelne selbstständige Vorgangsketten auswirken, ob sie auf dem „kritischen Weg" liegen oder ob die Produktionsplanung des Auftragnehmers Puffer enthält.[3] Generell gilt: Hätte der Auftraggeber auch ohne die Störung nicht anders (früher, schneller, mehr) gearbeitet, so hat die Störung keine Behinderungsfolgen, Ausführungsfristen werden nicht verlängert, Schadensersatz ist nicht geschuldet.[4] Mit einem Wort: Der Ursachenzusammenhang bedarf der plausiblen Prüfung (unten Rdn. 84) 2

Eine Behinderung setzt begriffsnotwendig voraus, dass sie **vorübergehender** Natur ist; führt die Behinderung zum vorübergehenden völligen Stillstand der Baustelle, ist das eine Unterbrechung im Sinne von § 6 Nr. 5, 7; ist der Stillstand dauerhaft, ist das das Ende des Baues, § 6 VOB/B ist nicht mehr anwendbar. 3

II. Von § 6 nicht erfasste Sachverhalte

Vorab wird von § 6 nicht – wie gerade erörtert – der Fall erfasst, dass die Baustelle endgültig zum Stillstand kommt. Ebenso wenig wird der Fall erfasst, dass sich der Auftraggeber nach Vertragsschluss, auch vor Baubeginn, ernsthaft und endgültig weigert, den Auftragnehmer die Arbeiten ausführen zu lassen; das Haftungsprivileg des § 6 Nr. 6 Nr. 1 VOB/B, wonach in bestimmten Fällen kein entgangener Gewinn geschuldet wird, ist hier fehl am Platze; der Auftragnehmer erhält nach allgemeinen gesetzlichen Vorschriften vollen Schadensersatz. Hat der Auftragnehmer mit der Leistung begonnen und verweigert nunmehr der Auftragnehmer geschuldete Mitwirkungspflichten **endgültig**, so kann der Auftragnehmer nach näherer Maßgabe des § 9 VOB/B kündigen, § 9 Nr. 3 Satz 2 regelt dann als Spezialvorschrift unter Ausschuss von § 6 Nr. 6 VOB/B die Folgen. Für Ansprüche des Auftraggebers wegen mangelhafter Leistung 4

[1] Zutreffend Beck'scher VOB-Kommentar/*Motzke* VOB/B vor § 6, Rdn. 65, 34; siehe auch *Kapellmann/Schiffers* Band 1, Rdn. 1312, 1288.

[2] Näher *Kapellmann/Schiffers* Band 1, Rdn. 1316; *Vygen/Schubert/Lang* Rdn. 359; vgl. auch Rdn. 12, 38 und 85.

[3] Zu den unterschiedlichen zeitlichen Auswirkungen von Störungen Rdn. 68 ff. und mit allen Einzelheiten *Kapellmann/Schiffers* Band 1, Rdn. 1254–1266, zum kritischen Weg *Kapellmann/Schiffers* Band 1, Rdn. 1664 Fn. 1896, zu Puffern *Kapellmann/Schiffers* Band 1, Rdn. 1483, 1484, zu den finanziellen Auswirkungen hier Rdn. 64 ff.

[4] BGH BauR 1976, 128.

des Unternehmers kommen ebenfalls nur die Spezialvorschriften des § 4 Nr. 7 oder des § 13 VOB/B in Betracht, nicht § 6 Nr. 6 Satz 1 VOB/B. Schließlich ist § 6 nicht anwendbar in Fällen der Unmöglichkeit.

III. Anzeigepflicht des Auftragnehmers bei Behinderungen, Offenkundigkeit

1. Anzeigepflicht

5 Nur der Auftragnehmer muss Störungen anzeigen, § 6 Nr. 1. Zum Zeitpunkt der Anzeige kann der Auftragnehmer nicht immer wissen, ob eine Störung Folgen haben wird, ob sie also „behindert". Nr. 1 trägt dem im Ergebnis dadurch Rechnung, dass der Auftragnehmer eine Störung schon dann anzeigen muss, wenn er sich behindert „glaubt", also dann, wenn die Störung nach **seiner** Beurteilung voraussichtlich Folgen haben wird. Unabhängig davon, dass die unterlassene Anzeige einen Rechtsverlust zur Folge hat (Rdn. 12), ist sie Vertragspflicht (§ 280 BGB, „echte" vertragliche Nebenpflicht[5]). Ihre schuldhafte Unterlassung kann also den Auftragnehmer schadensersatzpflichtig machen. Die Anzeigepflicht entfällt, wenn die hindernden Umstände **und** ihre hindernde Auswirkung offenkundig sind (Rdn. 8).

6 Die Behinderungsanzeige muss den Behinderungstatbestand, also die Störung (mit voraussichtlichen oder sicheren Folgen) konkret benennen, sie muss „alle Tatsachen, aus denen sich für den Auftraggeber mit hinreichender Klarheit die Gründe der Behinderung ergeben",[6] aufführen. Deshalb sind **prophylaktische Anzeigen unbeachtlich**. Die Anzeige braucht nicht zu benennen, wie lange die Behinderung vermutlich dauern wird und welcher ungefähre Schaden entstehen wird[7]; in vielen Fällen wäre das auch gar nicht möglich.

7 Glaubt der Auftragnehmer sich behindert, so **hat** er es dem Auftraggeber unverzüglich **schriftlich** anzuzeigen. Dem Wortlaut nach ist das Wirksamkeitsvoraussetzung. Nach einhelliger Auffassung soll aber die Schriftform nur Beweiszwecken dienen, ihre Verletzung also folgenlos sein.[8] Wenn § 8 Nr. 5 und § 9 Nr. 2 Satz 1 VOB/B regeln, dass „die Kündigung schriftlich zu erklären ist", so zweifelt dort allerdings niemand an der Schriftform als Wirksamkeitserfordernis. Warum ausgerechnet § 6 Nr. 1 anders zu verstehen sein soll, begründet aber auch niemand. Schriftform für eine so bedeutende Anzeige vorzuschreiben, ist sinnvoll, einmal, um auch durch die Form die Aufmerksamkeit des Auftraggebers zu erzwingen, zum anderen aber auch, weil nur eine geordnete Dokumentation eine Baustelle steuerbar macht und schließlich, weil nur so den erstaunlichsten Erinnerungen von Zeugen nach Jahren vorgebeugt werden kann, weil also insgesamt der Auftraggeber an der eindeutigen Form ein berechtigtes Interesse hat. All das lässt sich nur durch eine Schriftform erreichen, deren Beachtung zwingend ist. § 309 Nr. 13 BGB lässt die Einführung der Schriftform in Allgemeinen Geschäftsbedingungen des Verwenders für Anzeigen ihm gegenüber ausdrücklich zu.[9] Die Schriftform ist deshalb **entgegen der herrschenden Meinung** entsprechend dem klaren Wortlaut von § 6 Nr. 1 **Wirksamkeitserfordernis**. Für die Einhaltung der Schriftform reicht eine unterschriebene Eintragung in das Bautagebuch aus. Leitet der Auftragnehmer die entsprechende Seite dem Auftraggeber zu, ist das unproblematisch;[10] es genügt aber auch, dass der Architekt des Auftraggebers oder der eigene Bauleiter des Auftraggebers (oder

---

[5] Formulierung gemäß Seite 309 der Begründung des Regierungsentwurfs zum Schuldrechtsmodernisierungsgesetz vom 9.5.2001.

[6] BGH „Vorunternehmer II" NZBau 2000, 187 = BauR 2000, 722.

[7] BGH BauR 1990, 210.

[8] Z.B. OLG Koblenz NJW-RR 1988, 851; OLG Köln BauR 1981, 472; *Ingenstau/Korbion/Döring* VOB/B § 6, Nr. 1, Rdn. 5; *Heiermann/Riedl/Rusam* VOB/B § 6, Rdn. 7.

[9] Deshalb kann der Auftraggeber auch wirksam in seinen Allgemeinen Geschäftsbedingungen regeln, dass die Ankündigung nach § 2 Nr. 6 Abs. 1 Satz 2 VOB/B der Schriftform bedarf, um wirksam zu sein, näher oben VOB/B § 2 Rdn. 209.

[10] Ebenso *Ingenstau/Korbion/Döring* VOB/B § 6, Nr. 1, Rdn. 5; *Vygen/Schubert/Lang* Rdn. 147, Rdn. 411 i.V.m. Rdn. 414.

der Auftraggeber selbst) das Bautagebuch regelmäßig einsehen.[11] Es kommt nicht darauf an, ob sie das Bautagebuch abzeichnen.

Die Anzeige muss **unverzüglich** erfolgen, also, sobald der Auftragnehmer nach entsprechender Zeit für die Prüfung die Störung beurteilen kann. Eine spätere Anzeige kann einmal schadensersatzpflichtig machen, führt aber vor allem bei auftraggeberseitig fehlenden Mitwirkungshandlungen ggf. zu einer Verschiebung des Soll-Beibringungstermins oder zum Einwand aus § 254 BGB; die Anzeige soll dem Auftraggeber ja im Sinne der Kooperation seinerseits eine Prüfung ermöglichen, ihn aber auch möglichst frühzeitig warnen, so dass er noch so reagieren kann, dass keine Ablaufverzögerung eintritt. 8

Die Anzeige kann sowohl an den Auftraggeber selbst als auch an den mit der Objektüberwachung beauftragten Architekten des Auftraggebers gerichtet werden, außer der Architekt verursacht selbst gerade die Behinderung oder gibt Anlass zu zweifeln, dass er eine Anzeige ordnungsgemäß weiterleiten wird.[12] Selbstverständlich ist eine solche Anzeige nur an den Architekten dem Auftragnehmer **niemals** zu empfehlen. Der Auftragnehmer kann gar nicht sicher beurteilen, ob der Architekt nicht Ursache der Störung ist. 9

2. Anzeige auch bei Anwendung des § 642 BGB innerhalb eines VOB-Vertrages? Alte und neue Rechtslage

Zu den vor Inkrafttreten der VOB/B 2006 geltenden Fassungen der VOB/B war der Bundesgerichtshof der Auffassung, dass im Rahmen eines VOB-Vertrages § 642 BGB neben § 6 Nr. 6 VOB/B anwendbar ist; dem war nicht zuzustimmen.[13] Wenn man aber wie der Bundesgerichtshof § 642 BGB im Rahmen des VOB-Vertrages anwendete – oder wenn überhaupt § 642 BGB anwendbar ist, also im Rahmen eines BGB-Vertrages –, so war Voraussetzung für Ansprüche aus § 642 BGB kraft Gesetzes nur, dass der Auftragnehmer zu dem relevanten Zeitpunkt vertraglich leisten darf, dass er zur Leistung bereit und im Stande ist und dass er seine Leistung dem Auftraggeber angeboten hat (wobei dem Angebot der Leistung die Aufforderung an den Gläubiger gleichsteht, die erforderliche Handlung vorzunehmen, §§ 297, 294–296 BGB). Weitere Voraussetzungen hat § 642 BGB nicht. Der Bundesgerichtshof verlangte dagegen zur Anwendung des § 642 BGB **beim VOB-Vertrag**, dass der Auftragnehmer eine Behinderungsanzeige gemäß § 6 Nr. 1 VOB/B gemacht haben muss. Er führte also **systemwidrig** für **gesetzliche** Ansprüche eine **zusätzliche** Anspruchsvoraussetzung aus dem geschlossenen Regelungssystem des § 6 VOB/B ein; das führte zu dem seltsamen Ergebnis, dass der Bundesgerichtshof die Mitwirkungspflicht des Auftragnehmers, die im Rahmen von § 6 VOB/B ja eine entscheidende Rolle spielt, nach wie vor als Obliegenheit betrachtete, also als gegenüber dem Auftragnehmer unverbindlich, dass er aber gleichzeitig dem Auftragnehmer eine **Vertragspflicht** auferlegt, die **Verletzung der Nichtpflicht** dem Auftraggeber anzuzeigen – dazu auch Rdn. 48, Fn. 80. Abgesehen davon kann man nicht die Mitwirkungspflicht des Auftraggebers als Obliegenheit behandeln und dem Auftragnehmer dennoch die Wahl streichen, die ihm § 295 BGB eröffnet. Der Auftragnehmer kann nämlich entweder dem Auftraggeber seine Leistung anbieten, oder er kann aber den Auftraggeber auffordern, die erforderliche Handlung vorzunehmen. Laut BGB genügt also das Angebot der eigenen Leistung, keineswegs ist der Auftragnehmer verpflichtet, den Gläubiger aufzufordern, die erforderliche Handlung vorzunehmen, worauf ja gerade die Behinderungsanzeige hinausläuft. Wenn man schon wie der BGH glaubte, § 642 BGB neben § 6 Nr. 6 VOB/B anwenden zu dürfen, so musste man konsequent bleiben: Dann galten auch nur die 10

[11] Die Zuleitung eines vom Auftraggeber verfassten Baustellenprotokolls mit Erwähnung des Behinderungstatbestandes der möglichen Auswirkungen begründet „Offenkundigkeit", s. Rdn. 10.

[12] Streitig, wie hier z.B. *Ingenstau/Korbion/Döring* VOB/B § 6, Nr. 1, Rdn. 8; a.A. Beck'scher VOB-Kommentar/*Motzke* VOB/B § 6 Nr. 1, Rdn. 44; weitere Nachweise *Kapellmann/Schiffers* Band 1, Rdn. 1219, Fn. 1421.

[13] BGH NZBau 2003, 325 mit Anmerkung *S. Kapellmann*; BGH „Vorunternehmer II" NZBau 2000, 187 = BauR 2000, 722. Dazu näher Rdn. 46–49, 62.

BGB-Voraussetzungen für den Anspruch aus § 642 BGB. So weit also § 642 BGB anzuwenden war, war eine Behinderungsanzeige **nicht** erforderlich; die Praxis musste sich allerdings darauf einrichten, dass der Bundesgerichtshof **gegenteilig** entschied. Allerdings wird ein Auftragnehmer im eigenen Interesse ohnehin eine Behinderungsanzeige unabhängig davon machen, auf welche Rechtsgrundlage er später Ansprüche stützen will. Für die Organisation einer Baustelle war also die Rechtsprechung des Bundesgerichtshofs unschädlich; entscheidend wurde sie, wenn der Auftragnehmer eine solche Behinderungsanzeige vergessen hatte oder die Störung und ihre behindernden Auswirkungen nicht offenkundig waren; dann verlor der Auftragnehmer, solange er einen VOB-Vertrag geschlossen hatte, laut BGH Ansprüche aus § 642 BGB, wenn er seine Leistungen nur angeboten hatte.[14] Hatte er dagegen keinen VOB-Vertrag abgeschlossen, so verlor und verliert er die Ansprüche nicht. Das war und ist ungereimt.[15]

Die VOB/B 2006 hat in dem neuen § 6 Nr. 6 Satz 2 die Rechtsprechung des Bundesgerichtshof wörtlich in die VOB/B aufgenommen: Zukünftig gilt für VOB-Verträge, dass der Auftragnehmer wahlweise auch Ansprüche aus § 642 BGB hat (näher Rdn. 46 ff.), sofern er eine Behinderungsanzeige gemacht hat. Die VOB/B führt also ein Anzeigeerfordernis für einen BGB-Anspruch ein. Es ist **äußerst zweifelhaft, ob diese Regelung AGB-fest** ist. Wenn die VOB/B ausdrücklich neben dem Schadensersatzanspruch aus § 6 Nr. 6 Satz 1 in Satz 2 den **gesetzlichen** Anspruch auf Entschädigung gemäß § 642 BGB „unberührt lässt" – was sie kann –, dann ist sie widersprüchlich, weil sie gerade den gesetzlichen Anspruch entgegen ihrem Wortlaut nicht unberührt lässt, sondern einschränkt.

3. Offenkundigkeit

11 Eine Behinderungsanzeige ist gemäß § 6 Nr. 1 Satz 2 entbehrlich, wenn die Behinderungstatsache (Störung) **und** deren hindernde Wirkung dem Auftraggeber offenkundig bekannt waren. Offenkundig ist ein solcher Tatbestand, wenn aus den Umständen geschlossen werden darf, dass dem Auftraggeber sowohl Störung wie Auswirkung klar bekannt waren oder wenn beides jedenfalls so unübersehbar in Erscheinung getreten war, dass für den normalerweise fachlich beratenen Auftraggeber Störung und Auswirkung nur dann nicht zu erkennen gewesen wären, wenn er sie ignorierte; nur wenn die Informations-, Warn- und Schutzfunktion keine Anzeige erfordert, ist sie entbehrlich. Störungen sind oft offenkundig, die Auswirkungen dagegen keineswegs immer.[16] Beispiele für Offenkundigkeit von beidem sind vom Auftraggeber herrührende Baustellenprotokolle, in denen die Störung und ihre voraussichtliche Auswirkung benannt sind. Dasselbe gilt bei Besprechungen des Sachverhalts und anschließender auftraggeberseitiger Zusage auf Bauzeitverlängerung;[17] erst recht gilt das bei auftraggeberseitiger Bauzeitverschiebung oder Baustellenstopp.

12 Die verspätete Vorlage auftraggeberseitiger **Ausführungspläne** ist offenkundige Störung; sind Bauzeitenplan **und** Vorlauffristen vereinbart, spricht für die Wahrscheinlichkeit von **Auswirkungen**, also **Behinderungen**, eine Vermutung, vorausgesetzt, der Liefertermin für die Pläne ist – sofern es schon frühere Behinderungen gegeben hat – störungsmodifiziert angepasst.[18] Jedenfalls ist es nicht richtig, dass **generell** das Fehlen nur einzelner Pläne bei einem größeren Bauvorhaben nicht **offenkundig behindernd** sei,[19] es kommt vielmehr auf den Einzelfall an, aber im Regelfall

---

[14] BGH NZBau 2003, 325 mit Anmerkung *S. Kapellmann*.

[15] Wie hier *Ingenstau/Korbion/Döring* VOB/B § 6, Nr. 6, Rdn. 2, 3; *Leinemann* VOB/B § 6, Rdn. 97 („systemfremd"); näher *Kapellmann/Schiffers* Band 2, Rdn. 1396; zustimmend zum BGH *Raab* JZ 2001, 251.

[16] BGH „Behinderungsschaden II" NZBau 2002, S. 381. Einzelheiten *Kapellmann/Schiffers* Band 1, Rdn. 1224, 1225.

[17] BGH BauR 1990, 210; BGH BauR 1976, 279.

[18] Näher *Kapellmann/Schiffers* Band 1, Rdn. 1230, 1316; *Vygen/Schubert/Lang*, Rdn. 539; *Leinemann* VOB/B § 6, Rdn. 15, 121; oben Rdn. 2, unten Rdn. 85.

[19] Deshalb unzutreffend OLG Köln, BauR 1981, 472; *Ingenstau/Korbion/Döring* VOB/B § 6; Nr. 1, Rdn. 11; *Heiermann/Riedl/Rusam* VOB/B § 6, Rdn. 10; wie hier *Vygen/Schubert/Lang*, Rdn. 474–481; Beck'scher VOB-Kommentar/*Motzke* VOB/B § 6 Nr. 1, Rdn. 68; *Leinemann* VOB/B § 6, Rdn. 15.

ist eher das Gegenteil richtig. Ganz besonders gilt das gegenüber einem Auftraggeber, der eine qualifizierte Bauleitung zur Verfügung hat oder sich sogar speziell zur Termin- und Planungskontrolle eines Projektsteuerers bedient.

Ordnet der Auftraggeber **geänderte oder zusätzliche Leistungen** an oder werden solche Leistungen auf der Basis von § 2 Nr. 8 ausgeführt, so kann daraus zusätzlicher Zeitbedarf resultieren; diese modifizierten Leistungen sind also im formalen Sinn Störung und können behindernd sein (vgl. Rdn. 17). Betrifft die Anordnung Bauumstände, insbesondere also die Bauzeit (z.B. auftraggeberseitiger zeitweiliger Baustellenstopp), sind störende und behindernde Auswirkungen im Regelfall offenkundig; an der Offenkundigkeit kann es im Einzelfall dann fehlen, wenn sich „bei einem **größeren** Bauvorhaben der Bau**beginn** nur verhältnismäßig **kurz** verschiebt"; die Störung ist zwar offenkundig, ihre behindernde Auswirkung, jedenfalls bezogen auf die Gesamtbauzeit, jedoch nicht.[20] Betrifft die Anordnung den Bauinhalt, sind behindernde Auswirkungen keineswegs selbstverständlich,[21] außer, Art und Umfang der modifizierten Leistungen lassen über den zusätzlichen Zeitbedarf keine Zweifel zu (z.B. zusätzliches Geschoss). Also muss der Auftragnehmer, der insoweit zusätzlichen Zeitbedarf in Anspruch nehmen zu müssen glaubt, eine **Behinderungsanzeige** machen, sonst verlängert sich die Bauzeit nicht.[22] 13

4. Beweislast

Der Auftragnehmer muss beweisen, dass er die Behinderung formgerecht angezeigt hat oder dass die Störung und die behindernden Auswirkungen offenkundig waren.[23] 14

5. Die Rechtsfolgen unterlassener Anzeige oder fehlender Offenkundigkeit

„Unterlässt der Auftragnehmer die Anzeige, so hat er **nur dann** Anspruch auf Berücksichtigung der behindernden Umstände, wenn dem Auftraggeber offenkundig die Tatsache und deren hindernde Wirkung bekannt waren" (§ 6 Nr. 1 Satz 2). Ohne Offenkundigkeit hat der Auftragnehmer also bei unterlassener Anzeige **keinen** Anspruch auf Berücksichtigung hindernder Umstände. Hindernde Umstände können einmal einen erhöhten Zeitbedarf zur Folge haben und damit zur Überschreitung von Ausführungsfristen führen, insbesondere auch von Vertragsfristen; die „Berücksichtigung" dieser hindernden Umstände regelt § 6 Nr. 2. Zum anderen können sie Mehrkosten des Auftragnehmers verursachen; deren „Berücksichtigung" regelt § 6 Nr. 6 Sätze 1, 2. Es liegt auf der Hand, hinsichtlich der Anzeigenotwendigkeit beide Fälle gleich zu behandeln. Dass die Anzeige oder Offenkundigkeit Anspruchsvoraussetzung für Schadensersatzansprüche des Auftragnehmers aus § 6 Nr. 6 Satz 1 VOB/B ist, ist auch unbestritten, gemäß Satz 2 beim VOB-Vertrag sogar Voraussetzung von Ansprüchen aus § 642 BGB (oben Rdn. 9). Dass die Anzeige auch für Ansprüche des Auftragnehmers auf Fristverlängerung (§ 6 Nr. 2) Voraussetzung ist und damit also eine Anzeige Voraussetzung ist, Ansprüche des Auftraggebers gegen den Auftragnehmer auf Verzugsschadensersatz oder auf Kündigung gemäß § 5 Nr. 4, § 8 Nr. 3 abzuwehren, wird dagegen allgemein bestritten;[24] der Auftragnehmer könne nämlich entsprechend nur bei Leistungs**verzug** in Anspruch genommen werden, Verzug setze aber Verschulden voraus. Wenn aber beispielsweise der Auftraggeber Pläne zu spät geliefert habe, beruhe die Verzögerung nicht auf Verschulden des Auftragnehmers; also schade die fehlende Behinderungsanzeige des Auftragnehmers nicht. Das ist schon vorab nicht zwingend: Hätte der Auftragnehmer die voraussichtliche Behinderung angezeigt, so hätte der 15

---

[20] BGH BauR 1979, 345.

[21] Einzelheiten *Kapellmann/Schiffers* Band 1, Rdn. 1224–1227; unzutreffend *Leinemann* VOB/B § 6, Rdn. 25, gegenteilig auch Rdn. 135.

[22] Ebenso Beck'scher VOB-Kommentar/*Motzke* VOB/B § 6 Nr. 1, Rdn. 61; *Heiermann/Riedl/Rusam* VOB/B § 6, Rdn. 10; Beispiel aus der Rechtsprechung OLG Düsseldorf NZBau 2002, 226.

[23] BGH BauR 1999, 645.

[24] BGH BauR 1999, 645; ganz herrschende Meinung, Nachweise bei *Oberhauser* BauR 2001, 1177. Vgl. auch § 5, Rdn. 51.

Auftraggeber vielleicht umdisponieren und Zeitverzögerungen auffangen können. Vor allem aber ist bei dieser Auslegung gegen den eindeutigen Wortlaut der VOB, die ohnehin mehr als problematisch ist,[25] das ganze „Fristverlängerungssystem" des § 6 Nr. 2–4, der seinerseits innerhalb des geschlossenen „Bauzeit-Regelungsbereichs" der §§ 5 und 6 steht, überflüssig: Ob ein Auftragnehmer Fristverlängerung (mit einem Zuschlag für die Wiederaufnahme der Arbeiten und mit einem Zuschlag für die Verschiebung in eine ungünstige Jahreszeit, § 6 Nr. 4) erhält oder nicht, wäre ganz gleichgültig – wenn nicht, änderte sich auch nichts. Warum dann der Regelungsaufwand? Warum eine Rechtsregelung ohne Rechtsfolge? **Richtigerweise** enthält § 6 Nr. 1 das vertragliche (durch die VOB als AGB geregelte) Verbot gegenüber dem Auftragnehmer, sich gegenüber dem Schadensersatzanspruch des § 6 Nr. 6 Satz 1 VOB/B auf fehlendes Verschulden gegenüber dem Auftraggeber dann berufen zu können, wenn er seinerseits Anzeigepflichten nicht wahrgenommen hat. Einem Auftragnehmer kann ohne weiteres unter dem Gesichtspunkt der Kooperationspflicht[26] zugemutet werden, sich zu melden, wenn er eine Fristverlängerung erreichen will; die schlichte Sanktion, dass die fehlende Meldung Schadensersatzansprüche des Auftraggebers aus Vertragsverletzung (§ 280 BGB) ermöglicht, reicht nicht aus, um dem berechtigten Steuerungs-, Kontroll- und Informationsinteresse des Auftraggebers gerecht zu werden. Deshalb verstößt auch die Regelung innerhalb der als Ganzes vereinbarten VOB – wenn man diesem Argumentationsmuster folgt[27] –, aber auch eine Regelung in isolierter Vereinbarung nicht gegen § 307 BGB.[28] **Seit der Neufassung 2006 der VOB/B gilt das erst recht**: Ansprüche aus § 6 Nr. 6 Satz 2 VOB/B, § 642 BGB erfordern gar kein Verschulden. Hier **muss** also die fehlende Anzeige – wenn man das Anzeigeerfordernis hier für AGB-konform hält, s. Rdn. 10 – schaden. Eine unterschiedliche Behandlung beider Fälle ist aber nicht möglich.

Vielleicht erleichtert hier auch ein Blick über die Grenzen die Auslegung: Derartige Anzeigepflichten mit scharfen Sanktionen bei Verletzungen finden sich unangefochten beispielsweise in den verschiedensten FIDIC-Regelungen.[29]

16 Eine **Ausnahme** gilt für vom Auftraggeber geltend gemachte **Vertragsstrafen** wegen Fertigstellungsverzugs. Deren Voraussetzungen sind nicht im Regelungszusammenhang der §§ 5 und 6 angesprochen; hätte die VOB auch hier ein Verbot schaffen wollen, sich auf fehlendes Verschulden zu berufen, wenn keine Behinderungsanzeige erforderlich ist, hätte sie das eindeutiger tun müssen. Gegenüber einem Vertragsstrafenverlangen kann sich der Auftragnehmer also auf fehlendes Verschulden auch dann berufen, wenn er eine Behinderungsanzeige unterlassen hat.[30]

B. § 6 Nr. 2 – Verlängerung von Ausführungsfristen

I. Vorbemerkung

17 § 6 Nr. 2 lit a-c behandelt **nur**, ob und welche Störungen (Behinderungen) zur **Verlängerung von Ausführungsfristen** führen; „Ausführungsfristen" sind in § 5 definiert. Nicht jede Störung verlängert (Negativbeispiele: Schlechtleistung des Auftragnehmers; fehlende Belieferung des Auftragnehmers), nicht jede Frist verlängernde Störung (Behinderung) begründet auch Schadensersatzansprüche des Auftragnehmers aus § 6 Nr. 6 Satz 1, weil diese Vorschrift im Gegensatz zu § 6 Nr. 2 Verschulden des Auftraggebers erfordert.[31] Welche Störungen Frist verlängernd sind (bzw. sein können), unterteilt § 6 Nr. 2 in 3 Gruppen.

---

[25] Zu diesem Argument im Einzelnen: *Kapellmann/Schiffers*, Band 1, Rdn. 1216, 785.

[26] Grundlegend BGH „Kooperation" NZBau 2000, 130 = BauR 2000, 409.

[27] Dazu Einleitung VOB/B Rdn. 44–74.

[28] Dazu und zum Ganzen *Kapellmann* FS Vygen S. 196.

[29] *Kus/Markus/Steding* Jahrbuch Baurecht 2002, 237.

[30] So erst recht die herrschende Meinung, siehe BGH BauR 1996, 645.

[31] Zu den Ansprüchen des Auftragnehmers aus § 642 BGB gegen den Auftraggeber ohne Verschulden aus mangelhafter Mitwirkung näher Rdn. 89 ff.

II. Behinderungstatbestände

1. § 6 Nr. 2 lita – Umstände aus dem Risikobereich des Auftraggebers

Umstände aus dem **Risikobereich** des Auftraggebers, die Störungen verursachen (Behinderung), führen zur Verlängerung von Ausführungsfristen. Der „Risikobereich des Auftraggebers" ist weder in der VOB noch im BGB zusammenhängend definiert. 18

Zum Risikobereich jeder Partei gehört es vorab, dass sie ihre **Vertragspflichten erfüllt**. Deshalb gehört zum **Risikobereich des Auftraggebers** die Erfüllung der vertraglichen Zahlungspflichten; stellt daher der Auftragnehmer gemäß § 16 Nr. 5 Abs. 3 S. 3 die Arbeiten ein, so ist die daraus resultierende Verzögerung also ein „Umstand aus dem Risikobereich des Auftraggebers". Über diese „Hauptpflicht" hinaus treffen den Auftraggeber weitere Verpflichtungen aus dem Vertragsverhältnis, wobei es im Zusammenhang mit § 6 Nr. 2 lit a dahingestellt sein kann, ob es sich um echte Pflichtverletzungen im Sinne von § 280 BGB handelt oder nur um Obliegenheiten; zusammengefasst sind das größtenteils **„Mitwirkungshandlungen"** des Auftraggebers wie folgt:

– Bereitstellung des baureifen Grundstückes bzw. der teilfertigen Bauleistung zum Weiterbau; dazu gehört auch das Risiko aus mangelhafter oder verspäteter Vorunternehmerleistung[32]
– Bereinigung nachbarrechtlicher Probleme jeder Art; also fällt z.B. auch der von einem Nachbarn selbst zu Unrecht erwirkte Baustopp in den Risikobereich des Auftraggebers[33]
– die Beschaffung und der Bestand der Baugenehmigung und aller sonstigen öffentlich-rechtlichen Erlaubnisse (§ 4 Nr. 1 Abs. 1 Satz 2 VOB/B); nicht gemeint sind solche Genehmigungen, die der Auftragnehmer für die Ausführung seiner eigenen Leistungen benötigt; Anordnungen der Straßenverkehrsbehörden zu einer Leistung, die im Vertrag nicht vorgesehen ist.[34]
– die „unentgeltliche und rechtzeitige Lieferung **aller** für die Ausführung **nötigen** Unterlagen" (§ 3 Nr. 1 VOB/B); maßgebend sowohl für die Vollständigkeit wie für die Richtigkeit wie für die Rechzeitigkeit der Ausführungsunterlagen sind ausschließlich vom Auftraggeber **freigegebene** Pläne, **Vorabzüge** haben rechtlich keine Bedeutung[35]
– Koordination, nämlich die „Aufrechterhaltung der allgemeinen Ordnung auf der Baustelle sowie die Regelung des Zusammenwirkens mehrerer Unternehmer", § 4 Nr. 1 Abs. 1 Satz 1; die Koordination muss so beschaffen sein, dass ein realistischer Projektablauf möglich ist, d.h., dass ein auftraggeberseitiger Terminplan gewisse Zeitreserven einbeziehen muss
– unentgeltliche Bereitstellung von Lager- und Arbeitsplätzen auf der Baustelle, **vorhandenen** Zufahrtswegen und Anschlussgleisen sowie **vorhandenen** Anschlüssen für Wasser und Energie (§ 4 Nr. 4 VOB/B)
– weitere notwendige Mitwirkungshandlungen können sich aus der VOB/C ergeben, dort aus der DIN 18299 oder der jeweiligen Fach-DIN
– im Rahmen einer **allgemeinen** Mitwirkungspflicht muss der Auftraggeber dem Auftragnehmer eine kontinuierliche Leistung ermöglichen und also seinerseits, so weit erforderlich, kontinuierlich mitwirken; demzufolge muss der Auftraggeber alle notwendigen Entscheidungen rechtzeitig treffen, die für die reibungslose Ausführung des Baues unentbehrlich sind (z.B. **Auswahlentscheidungen, Bemusterungen** usw.)[36] Umgekehrt hat der Auftraggeber folgerichtig auch alles zu unterlassen, was den einmal in Gang gesetzten Bauablauf stört; der Auftragnehmer hat ein Recht auf die Ermöglichung zügiger und ungehinderter Arbeit.

---

[32] Heute nicht mehr bestritten, als Beispiel BGH „Schürmannbau/Hagedorn II" BauR 1997, 1021; BGH BauR 1990, 210.

[33] Ebenso *Vygen/Schubert/Lang* Rdn. 137.

[34] OLG Zweibrücken BauR 2002, 972.

[35] Näher *Kapellmann/Schiffers* Band 1, Rdn. 1295; Beck'scher VOB-Kommentar/*Motzke* VOB/B § 6 Nr. 6, Rdn. 49. Die Parteien können natürlich im Einzelfall etwas anderes regeln.

[36] BGH BauR 1972, 112; **Einzelheiten** zur **zeitlich richtigen Mitwirkung** des Auftraggebers siehe Rdn. 36–38.

- erst recht sind spezielle vertragliche Mitwirkungspflichten zu beachten, z.B. Pflichten zur Bereitstellung von Material oder Geräten (= Erstellungspflichten, siehe Rdn. 53) oder spezielle Schutzpflichten (vgl. Rdn. 53).

19 Weiter ist das **Risiko** einzelner negativer Einwirkungen **vertraglich oder gesetzlich** dem Auftraggeber **zugewiesen**; ein Beispiel sind die speziellen Regelungen in § 6 Nr. 2 b und c. Zum Risikobereich des Auftraggebers gehört:

- die **richtige Ausschreibung**, genauer: die richtige Leistungsbeschreibung,[37] das ist ein Teil des Planungsrisikos des Auftraggebers. Aus diesem Grund gehören **auch Mengenänderungen** im Rahmen des § 2 Nr. 3 VOB/B – die also nicht auf Anordnung des Auftraggebers beruhen, sondern auf objektiv fehlerhaft ermitteltem Vordersatz – zum Risikobereich des Auftraggebers; fristverlängernd sind jedenfalls beim Einheitspreisvertrag wegen der in § 2 Nr. 3 genannten „Schwankungsbreite" von 10 % für Einheitspreisveränderungen im Regelfall aber nur Mengenveränderungen, die diese Marge übersteigen; außerdem müssen in einer „Zeitbilanz" Mehr- **und** Mindermengen erfasst werden[38]
- als Bestandteil einer richtigen Ausschreibung das Risiko der Unrichtigkeit von **Beschaffenheitsangaben**; davon abweichende Baugrundverhältnisse, Grundwasserverhältnisse oder überhaupt Beschaffenheiten zu bearbeitender Stoffe sind deshalb Risiko des Auftraggebers;[39] dasselbe gilt für das Risiko, auftraggeberseitig ungeeignete **Bauverfahren** bestimmt zu haben
- ebenso ist die Zugänglichkeit der Baustelle Risiko des Auftraggebers; insbesondere sind die Sperrung einer zum Transport vom Auftragnehmer vorgesehenen Straße (vgl. auch Rdn. 18), deren spätere Benutzbarkeit und ähnliche Fälle dann Risikobereich des Auftraggebers, wenn das im Vertrag geregelt ist („Bauumständesoll", vgl. VOB/B § 2, Rdn. 35). Ob Anschläge auf eine Baustelle oder Behinderung durch Demonstrationen in den Risikobereich des Auftraggebers fallen, ist zweifelhaft; man wird allerdings aus dem Rechtsgedanken des § 645 BGB schließen dürfen, dass der Auftraggeber „näher am Problem" ist und folglich entsprechende Verzögerungen hinzunehmen hat[40]
- das Risiko der Veränderung gesetzlicher Anforderungen oder der anerkannten Regeln der Technik nach Vertragsschluss, überhaupt das Risiko der nachträglichen Veränderung von „Investitionsbedingungen".
- erst recht die Finanzierung der Investition (§ 276 Abs. 2 BGB, siehe oben Rdn. 18, 59)
- beim öffentlichen Auftraggeber (im vorvertraglichen Stadium) das Risiko, dass eine Verlängerung der ausgeschriebenen Bauzeit notwendig wird, weil ein (erfolgloses) Nachprüfungsverfahren eines unterlegenen Bieters zu einer Verzögerung des Zuschlags führt.[41]

20 Endlich gehören auch **geänderte oder zusätzliche Leistungen** zum Risikobereich des Auftraggebers, ungeachtet der Tatsache, dass der Auftraggeber das Recht hat, sie gemäß § 1 Nr. 3, Nr. 4 VOB/B anzuordnen. Oft verursachen solche modifizierten Leistungen zusätzlichen Zeitbedarf. Dass der Zeitbedarf entsteht, beruht darauf, dass das Bauist von dem vom Auftraggeber vorgegebenen Bausoll jetzt abweicht, ersteres also objektiv jetzt falsch ist (vgl. Rdn. 16), und dadurch vom Auftragnehmer zeitlich nicht kalkulierte modifizierte Leistungen erforderlich werden; deshalb kommt es auch nicht darauf an, ob diese geänderten oder zusätzlichen Leistungen auf Anordnung des Auftraggebers beruhen oder ob sie ohne Anordnung erfolgt sind, aber entsprechend § 2 Nr. 8 VOB/B „legitimiert" sind.[42] In diesen Bereich fallen verzögerte Alternativaufträge und überhaupt Eventualaufträge. Wenn im Einzelfall die Voraussetzungen der **Störung**

[37] Näher oben VOB/B § 2 Rdn. 111, 123.

[38] Näher *Kapellmann/Schiffers* Band 1, Rdn. 566, 567; *Vygen* Bauvertragsrecht, Rdn. 656.

[39] Näher oben VOB/B § 2 Rdn. 42, 43.

[40] Zu diesem Rechtsgedanken BGH „Schürmannbau/Hagedorn II" BauR 1997, 1021; zum Thema insgesamt *Rutkowsky* NJW 1988, 1761.

[41] OLG Jena NZBau 2005, 341; VOB/A § 19 Rdn. 21–25.

[42] BGH BauR 1990, 210; *Ingenstau/Korbion/Döring* VOB/B § 6, Nr. 2, Rdn. 7; *Vygen/Schubert/Lang* Rdn. 140.

der Geschäftsgrundlage zu bejahen sind, führt auch das zu einer anteiligen Berücksichtigung auch bei der Bauzeitverlängerung.

Der Auftraggeber haftet für seine Erfüllungsgehilfen, wobei es im Rahmen der bloßen Zeitverlängerung, bei der es nicht auf Verschulden ankommt, besser ist, von Quasi-Erfüllungsgehilfen zu sprechen (Erfüllungsgehilfen → Rdn. 61, zu Obliegenheitsgehilfen → Rdn. 62).

21 In allen diesen Fällen gilt, dass (wirksame) abweichende vertragliche Regelungen zur Risikoverteilung vorgehen. Wenn beim Schlüsselfertigbau also dem Auftragnehmer die Ausführungsplanung übertragen worden ist, braucht der Auftraggeber sie natürlich nicht beizubringen. Wenn zulässigerweise das Baugrundrisiko auf den Auftragnehmer abgewälzt worden ist (→ VOB/B § 2 Rdn. 61), ist das maßgebend.

22 Alle vorgenannten hindernden Umstände müssen dem Auftraggeber rechtzeitig angezeigt worden sein oder die Tatsache und deren hindernde Wirkung muss offenkundig sein, andernfalls kann der Auftraggeber sich zur Verteidigung gegen Ansprüche des Auftragnehmers wegen Fristüberschreitung nicht auf sie berufen – zu dieser **strittigen** Voraussetzung näher oben Rdn. 12.

2. § 6 Nr. 2 lit b – Streik, Aussperrung

23 Durch Streik im Betrieb des Auftragnehmers oder in einem unmittelbar für ihn arbeitenden Betrieb verursachte Behinderungen führen zur Verlängerung von Ausführungsfristen. Streik ist nach der maßgeblichen Definition des Bundesarbeitsgerichts „jede gemeinsam und planmäßig durchgeführte Arbeitseinstellung einer größeren Anzahl von Arbeitnehmern eines Betriebes oder Betriebszweigs zu einem bestimmten Kampfzweck, verbunden mit dem Willen zur Fortsetzung der Arbeit nach Erreichen dieses Ziels"; ob der Streit arbeitsrechtlich rechtmäßig oder rechtswidrig ist, spielt keine Rolle. Aussperrung ist nach derselben Entscheidung die „planmäßige Ausschließung einer größeren Anzahl von Arbeitnehmern von der Arbeit durch den Arbeitgeber zur Erreichung eines Kampfziels mit dem Willen der Wiedereinstellung der Arbeitnehmer nach Beendigung des Kampfes";[43] allerdings muss die Aussperrung von der Berufsvertretung der Arbeitgeber angeordnet sein. Auch hier spielt keine Rolle, ob die Aussperrung rechtmäßig oder rechtswidrig ist. Der Auftragnehmer hat sowohl bei Streik wie bei Aussperrung nicht nur dann Anspruch auf Fristverlängerung, wenn der eigene Betrieb betroffen ist, sondern auch, wenn ein unmittelbar für ihn arbeitender Betrieb (insbesondere also Nachunternehmer) betroffen ist. Das gilt auch für Betriebe, die nicht für, sondern mit dem Arbeitnehmer arbeiten, z.B. in einer vertikalen ARGE. Streiks von Lieferanten sind dagegen nach dem eindeutigen Wortlaut nicht beachtlich, Lieferanten „arbeiten" nicht für den Auftragnehmer.[44] Ist allerdings ein Lieferant wie ein Nachunternehmer in die Produktion integriert, liefert er also z.B. speziell für dieses Bauvorhaben gefertigte Bauteile, etwa individuell zugeschnittene Glasdachsegmente, oder hat der Auftraggeber diesen Lieferanten vorgeschrieben,[45] so führen Streiks oder Aussperrung auch hier zur Fristverlängerung. Mehr lässt der eindeutige Wortlaut der VOB nicht zu: Es genügt nicht, dass der Auftragnehmer für die Belieferung allgemein keine Ausweichmöglichkeit hat und schon gar nicht, dass er eine solche zwar hat, aber „wirtschaftlich unvertretbare" Kosten aufwenden muss.[46] Eine der beiden Vertragsparteien muss hinsichtlich der Zeitfolgen das Streik- und Aussperrungsrisiko tragen. Es ist kein Gebot von Treu und Glauben, dieses Risiko über den Wortlaut hinaus **uneingeschränkt** dem Auftraggeber aufzuerlegen.

24 Das finanzielle Risiko von Streik oder Aussperrung regelte die VOB nur indirekt, indem sie nämlich Schadensersatzansprüche aus Behinderungen in § 6 Nr. 6 Satz 1 an Verschulden anknüpft. Das heißt: Die finanziellen Folgen von Streiks oder Aussperrung trägt jede Vertragspartei selbst. Dieses Angebot ist aber nicht mehr stichhaltig, seitdem die VOB/B 2006 in § 6 Nr. 6 Satz 2 auch

---

[43] BAG 1, 291, 316.

[44] Konsequent deshalb gegen Fristverlängerung in diesem Fall *Nicklisch/Weick* VOB/B § 6 Rdn. 27.

[45] Für den vorgeschriebenen Lieferanten ebenso *Vygen/Schubert/Lang* Rdn. 125; *Heiermann/Riedl/Rusam* VOB/B § 6, Rdn. 13.

[46] So *Ingenstau/Korbion/Döring* VOB/B § 6, Nr. 2, Rdn. 13; *Kleine-Möller/Merl* § 14, Rdn. 40; im Ergebnis Beck'scher VOB-Kommentar/*Motzke* VOB/B § 6 Nr. 2, Rdn. 74.

Ansprüche aus § 642 BGB ohne Verschulden eingeführt hat. Ansprüche bei Aussperrung scheitern aber dennoch, weil der Auftragnehmer seine Leistung nicht anbieten kann.

3. § 6 Nr. 2 lit c – höhere Gewalt, unabwendbare Umstände

25 Ausführungsfristen werden auch durch „höhere Gewalt" oder andere „für den Auftragnehmer unabwendbare Umstände" verlängert. Der Begriff „höhere Gewalt" wird wortgleich in § 7 Nr. 1 VOB verwandt, es bestehen keine inhaltlichen Unterschiede, die dortigen Erläuterungen gelten deshalb unverändert auch hier.[47] Ebenso enthält § 7 Nr. 1 den Begriff „unabwendbare Umstände", deshalb kann auch insoweit auf die dortigen Erläuterungen[48] verwiesen werden. § 7 enthält allerdings noch die Ergänzung, dass die unabwendbaren Umstände „objektiv unabwendbar sein müssen und vom Auftragnehmer nicht zu vertreten sein dürfen." Unterschiede zu § 6 Nr. 2 lit c ergeben sich dennoch praktisch nicht: Dass die unabwendbaren Umstände **objektiv** unabwendbar sein müssen und nicht nur für diesen Auftragnehmer, hat der BGH im Zusammenhang mit § 7 entschieden;[49] aufgrund dieser Entscheidung ist das Wort „objektiv" laut Begründung zur VOB/2000 in den Text des § 7 Nr. 1 eingefügt worden. Dass es nicht auch in § 6 Nr. 2 eingefügt worden ist, führt zu keinem praktischen Unterschied. Dass dem Auftragnehmer auch bei § 6 Nr. 2 lit c die Berufung auf unabwendbare Umstände dann versagt ist, wenn er sie verschuldet oder nach § 278 BGB zu vertreten hat, versteht sich ebenfalls.[50]

26 Witterungseinflüsse während der Ausführungszeit sind dann keine unabwendbaren Umstände, wenn mit ihnen bei Abgabe des Angebots normalerweise gerechnet werden musste (§ 6 Nr. 2 Abs. 2). Schlechtwettertage sind normal, sie führen also nicht zur Fristverlängerung, wenn der Bauvertrag nicht das Gegenteil regelt (und sie dann zweckmäßigerweise definiert). Womit Bieter „normalerweise" nicht rechnen müssen, lässt sich abstrakt nur dahin eingrenzen, dass solche Witterungsverhältnisse angesichts der breiten Witterungsschwankungen schon sehr deutlich von den Minimum-Maximum-Werten innerhalb eines längeren Bewertungszeitraums abweichen müssen, es sich also um „statistische Ausreißer" handeln muss. Als relevanter Referenzzeitraum sind 10 Jahre ausreichend. Die Entscheidung des Einzelfalls hängt von Art und Lage des Bauvorhabens ab. Bieter müssen laut Kasuistik z.B. normalerweise nicht rechnen mit

- wolkenbruchartigem Regen, der in dieser Stärke an der Baustelle im Durchschnitt nur alle 20 Jahre einmal vorkommt[51]
- lang anhaltenden Kälteperioden wie z.B. der Winter 1995/1996 in Norddeutschland[52]
- einer täglichen Niederschlagsmenge von 64 mm/m^2 bei einer durchschnittlichen Maximalniederschlagsmenge von 40–50 mm je Tag[53]

27 Die Besonderheit der Arbeiten kann bestimmte Witterungsverhältnisse voraussetzen. So ist es z.B. nach der ZTV-Beton StB 93 unzulässig, bei Dauerfrost mit einer Temperatur von –3 C° und mehr zu betonieren. Treten solche Verhältnisse auf, so sind das – auch wenn Dauerfrost generell häufig vorkommen sollte – für diese konkrete Arbeit unabwendbare Ereignisse.[54] Sind solche Arbeiten z.B. bei Lufttemperaturen unter 5 C° nur unter besonderen Schutzmaßnahmen möglich, so sind das im Regelfall Besondere Leistungen gemäß der entsprechenden DIN (vgl. z.B. DIN 18331, Abschnitt 4.2.6), die gesondert zu vergüten sind. Solange der Auftraggeber solche Maßnahmen nicht angeordnet hat, ist auch diese Temperatur schon ein unabwendbares Ereignis.[55]

28 Die **finanziellen** Auswirkungen höherer Gewalt oder unabwendbarer Umstände trägt ebenso wie bei § 6 Nr. 2 lit b (oben Rdn. 23) jede Partei selbst.

---

[47] Einzelheiten dazu also § 7 Rdn. 63.
[48] § 7 Rdn. 62.
[49] BGH „Schürmannbau/Hagedorn I" BauR 1997, 1019 unter Aufgabe von BGH VersR 1962, 159.
[50] *Nicklisch/Weick* VOB/B § 7, Rdn. 12; Beck'scher VOB-Kommentar/*Motzke* VOB/B § 6, Rdn. 80.
[51] OLG Koblenz Schäfer/Finnern/Hochstein Nr. 1 zu § 6 Nr. 2 VOB/B.
[52] Beck'scher VOB-Kommentar/*Motzke* VOB/B § 6 Nr. 2, Rdn. 83; *Vygen/Schubert/Lang* Rdn. 128.
[53] BGH BauR 1973, 317. Siehe auch § 7, Rdn. 47.
[54] Ebenso Beck'scher VOB-Kommentar/*Motzke* VOB/B § 6 Nr. 2, Rdn. 86.
[55] Beck'scher VOB-Kommentar/*Motzke* VOB/B § 6 Nr. 2, Rdn. 86.

4. „Automatische" Fristverlängerung

Wenn der Behinderungszeitraum (unter Berücksichtigung von § 6 Nr. 3) feststeht zzgl. der zeitlichen „Zuschläge" gemäß § 6 Nr. 4, verlängert sich die Ausführungsfrist „automatisch" um diesen Zeitraum. Es bedarf keiner gesonderten Vereinbarung. Durch die VOB/B **ist** vielmehr geregelt, dass der Auftragnehmer durch die Behinderungsanzeige als Gestaltungsrecht die Fristverlängerung **bewirkt**. Sind Behinderungen und behindernde Wirkungen offenkundig, so tritt die entsprechende Verlängerung ohne weiteres ein.[56] 29

C. § 6 Nr. 3 – Anpassungspflicht des Auftragnehmers; Beschleunigung; Wegfall der hindernden Umstände

1. Anpassungspflicht des Auftragnehmers, Beschleunigung

Gemäß § 6 Nr. 3 VOB/B hat der Auftragnehmer bei Behinderungen – gleich, ob sie vom Auftraggeber zu vertreten sind oder ob es sich um Tatbestände gemäß § 6 Nr. 2 Abs. 1 lit. b oder c handelt und unabhängig davon, ob es um Verlängerung der Ausführungsfristen geht oder um Schadensersatzansprüche des Auftragnehmers oder des Auftraggebers – „alles zu tun, was ihm billigerweise zugemutet werden kann, um die Weiterführung der Arbeiten zu ermöglichen". Der Auftragnehmer muss dieser Pflicht **ohne** besondere Aufforderung des Auftraggebers nachkommen. § 6 Nr. 3VOB/B ist eine Spezialregelung zur allgemeinen gesetzlichen Schadensminderungspflicht des § 254 Abs. 2 Satz 1 BGB. 30

Der Auftragnehmer hat (nur) „alles zu tun, um die **Weiterführung** der Arbeit zu ermöglichen", aber nicht mehr; er darf also nicht starr an dem vorgesehenen Produktionsablauf festhalten, sondern muss flexibel reagieren. Im Rahmen der Anpassungspflicht kann der Auftraggeber deshalb verlangen, dass der Auftragnehmer seine Produktionsplanung überprüft und gegebenenfalls anpasst. Der Auftragnehmer muss sich mit dem Auftraggeber über diese Anpassungsmaßnahmen abstimmen und ihn informieren. Dem Auftragnehmer kann billigerweise nicht zugemutet werden, sein Personal oder seine Maschinen auf dieser Baustelle zu verstärken, indem er sie von anderen Baustellen abzieht; wohl muss er die auf der Baustelle vorhandene Kapazität voll ausnutzen.[57] Erst recht ist der Auftragnehmer nicht verpflichtet, zwecks Anpassung Nachunternehmer neu einzusetzen. Ebenso ist er nicht verpflichtet, Leistungen auszuführen, die zur Verminderung der Behinderungsauswirkungen zwar nützlich wären, sich aber als zusätzliche Leistungen darstellen (z.B. als Besondere Leistung), sofern sie nicht vom Auftraggeber angeordnet sind und folglich gesondert vergütet werden.[58]

Dass der Auftragnehmer **nicht verpflichtet** ist, Personal oder Maschinen zu verstärken, heißt im Klartext, dass er **keine Pflicht zur Beschleunigung** hat. Der Auftraggeber kann also eine Beschleunigung nicht gemäß § 1 Nr. 3 oder Nr. 4 anordnen; er kann den Auftragnehmer nicht zur Beschleunigung zwingen, genauso wenig, wie er eine Verkürzung der Ausführungsfristen durch Anordnung erzwingen kann; Beschleunigungsmaßnahmen kann der Auftraggeber also nur erreichen, indem er sich mit dem Auftragnehmer einigt.[59] Der Auftragnehmer ist bei seinem Angebot für die Beschleunigungsvergütung **nicht** an die Auftragskalkulation gebunden – einigen sich die Parteien zur Höhe also nicht, wird eben nicht beschleunigt.[60] 31

---

[56] Näher Beck'scher VOB-Kommentar/*Motzke* VOB/B § 6 Nr. 1, Rdn. 10 ff.

[57] Ebenso Beck'scher VOB-Kommentar/*Motzke* VOB/B § 6 Nr. 3, Rdn. 34; *Heiermann/Riedl/Rusam* VOB/B § 6, Rdn. 16.

[58] Beck'scher VOB-Kommentar/*Motzke* VOB/B § 6 Nr. 3, Rdn. 26; unzutreffend *Ingenstau/Korbion/Döring* VOB/B § 6, Nr. 3, Rdn. 4.

[59] **Näher VOB/B § 2 Rdn. 181**, *Kapellmann/Schiffers* Band 1 Rdn. 786, 787, 1458, 1460, 1466.

[60] Das ist die Konsequenz daraus, dass der Auftragnehmer nicht verpflichtet ist, vom Auftraggeber angeordnete Beschleunigungsmaßnahmen auszuführen; Beck'scher VOB-Kommentar/*Motzke* VOB/B § 5 Nr. 1, Rdn. 72, § 6 Nr. 1 Rdn. 66; *Nicklisch/Weick* VOB/B § 1, Rdn. 26; *Leinemann* VOB/B § 6, Rdn. 50.

32 Ordnet der Auftraggeber eine Beschleunigung und führt der Auftragnehmer sie aus (was er nicht muss), **ohne dass** eine Zusatzvergütung vereinbart worden ist, erhält der Auftragnehmer aufgrund dieser „sonstigen Anordnung" des Auftraggebers entsprechend § 2 Nr. 5, Nr. 6 Mehrvergütung;[61] konkurrierend besteht auch ein Anspruch aus § 6 Nr. 6 Satz 1.[62] Der Auftragnehmer ist beim Vergütungsanspruch unter bestimmten Umständen nicht mehr an seine Auftragskalkulation gebunden.[63]

33 Dass der Auftragnehmer nicht zur Beschleunigung verpflichtet ist, beantwortet nicht die Frage, ob er wenigstens (ohne Anordnung des Auftraggebers) **zur Beschleunigung berechtigt** ist und dafür Vergütung gemäß § 2 Nr. 8 Abs. 2 Satz 2, Satz 3 verlangen kann. Der Bundesgerichtshof hat das vor längerer Zeit indirekt bejaht,[64] auch Literaturstimmen sind der Auffassung, dass bei dem konkurrierend möglichen Schadensersatzanspruch des Auftragnehmers unangeordnete **schadensmindernde** Beschleunigungsmaßnahmen grundsätzlich erstattungsfähig seien.[65] Grundsätzlich ist das auch richtig, weil dem Geschädigten auch die Aufwendungen zu ersetzen sind, die er im Rahmen seiner Schadensminderungspflicht aufwendet (§ 6 Nr. 3 VOB/B, § 254 Abs. 2, Satz 1 BGB).[66] Die **Vergütung** solcher Aufwendungen bestimmt sich aber unmittelbar nach den Grundsätzen der Geschäftsführung ohne Auftrag (§ 2 Nr. 8 Abs. 2, Satz 2, Satz 3 VOB/B), für die **schadensersatzrechtliche** Erstattung solcher Aufwendungen sind dieselben Regeln der Geschäftsführung ohne Auftrag jedenfalls mindestens analog anzuwenden. Dem Auftragnehmer steht deshalb nur dann ein Erstattungsanspruch zu, wenn die unangeforderten Beschleunigungsmaßnahmen wenigstens interessengemäß waren und wenn sie dem mutmaßlichen oder wirklichen Willen des Auftraggebers entsprachen (§ 683 BGB). Das im Vorhinein zu beurteilen, ist für den Auftragnehmer so gut wie ausgeschlossen. Es ist nämlich keineswegs sicher, dass eine unkoordinierte Beschleunigungsmaßnahme des Auftragnehmers tatsächlich zur Aufholung verlorener Bauzeit führt und schon gar nicht ist sicher, ob der Auftraggeber an der teureren Beschleunigungsmaßnahme überhaupt ein Interesse hat.[67] Dem Auftragnehmer ist dringend anzuraten, sich auf ein so hohes Risiko nicht einzulassen.

34 Damit beantwortet sich auch die Frage, ob etwa der Auftragnehmer unter dem Gesichtspunkt der Schadensminderungspflicht Ersatz für **Aufwendungen** zur **Korrektur** fehlerhafter auftraggeberseitiger **Pläne** verlangen kann; das sei zu bejahen, solange „sich der Kostenaufwand in als angemessen anzusehenden Grenzen bewege und der Saldo zur Schadensverringerung führe"; man werde davon ausgehen dürfen, dass die Aufwendungen immer nützlich seien und offenkundig dem Willen des Auftraggebers entsprechen.[68] Das kann indes nur für seltene Ausnahmefälle zutreffen: Der Auftragnehmer kann (und muss) dem Auftraggeber die Behinderung durch Planungsmängel anzeigen; der Auftraggeber kann dann von seinem Planer kurzfristige **kostenlose** Nacherfüllung verlangen, so dass sein Interesse an kostentreibenden Korrekturen des Auftragnehmers nicht besteht – abgesehen davon, dass ungefragtes „Einmischen" in fremde Planung zudem selten glücklich ist und auch schon deshalb nicht generell dem Interesse des Auftraggebers entsprechen dürfte.[69] Auch hier trifft also den Auftragnehmer ein hohes Risiko.

---

[61] Ebenso *Nicklisch/Weick* VOB/B § 6, Rdn. 33; laut *Leinemann* VOB/B § 6, Rdn. 50 ist der Auftragnehmer auch in diesem Fall nicht an seine Auftragskalkulation gebunden, sondern erhält Marktpreise gemäß § 632 Abs. 2 BGB. Dem ist **nicht** zuzustimmen. Dem Auftraggeber stand es frei, die Beschleunigung abzulehnen. Akzeptiert er sie, kann der Fall nicht anders behandelt werden wie der, dass sich der Auftragnehmer einer zeitlichen Anordnung anderer Art (z.B. Baustopp) beugt.

[62] Dies deshalb, weil es sich um Anordnungen des Auftraggebers zur Bauzeit und nicht zum Bauinhalt handelt, näher Rdn. 56.

[63] Siehe VOB/B § 2, Rdn. 215.

[64] BGH „Behinderungsschaden I" BauR 1986, 347.

[65] *Ingenstau/Korbion/Döring* VOB/B § 6, Nr. 6, Rdn. 40; *Vygen/Schubert/Lang* Rdn. 290.

[66] BGHZ 122, 179.

[67] Einzelheiten *Kapellmann/Schiffers* Band 1, Rdn. 1643–1645. Ebenso *Leinemann* VOB/B § 6, Rdn. 52, vgl. aber auch Rdn. 43.

[68] So BGH „Behinderungsschaden I" BauR 1986, 347; *Ingenstau/Korbion/Döring* VOB/B § 6, Nr. 6, Rdn. 40.

[69] Einzelheiten *Kapellmann*/Schiffers Band 1, Rdn. 1475.

2. Wegfall der hindernden Umstände

35 Sobald die hindernden Umstände wegfallen, hat der Auftragnehmer ohne weiteres und unverzüglich (dazu VOB/B § 5, Rdn. 72) die Arbeiten wieder aufzunehmen und den Auftraggeber hiervon zu unterrichten, § 6 Nr. 3 VOB/B. Diese Vertragspflicht besteht also ohne auftraggeberseitige Aufforderung, sie ist unverzüglich, also „ohne schuldhaftes Zögern" (§ 121 BGB) zu erfüllen. Die unterlassene unverzügliche Arbeitsaufnahme und/oder die verzögerte oder unterlassene Information des Auftraggebers können Schadensersatzansprüche des Auftraggebers nach Maßgabe des § 6 Nr. 6 Satz 1 auslösen. Unter den Voraussetzungen der §§ 5 Nr. 4, 8 Nr. 3 kann der Auftraggeber insbesondere bei unterbleibender unverzüglicher Arbeitsaufnahme auch kündigen.

D. § 6 Nr. 4 – Die Berechnung der Fristverlängerung

1. Beginn und Dauer der Behinderung, Zeitpunkt von Mitwirkungspflichten des Auftraggebers

36 Die Fristverlängerung wird berechnet nach der Dauer der Behinderung mit einem Zuschlag für die Wiederaufnahme der Arbeiten und die etwaige Verschiebung in eine ungünstigere Jahreszeit, § 6 Nr. 4. Zur Ermittlung der Behinderungsdauer müssen zuerst die Kriterien festgelegt werden, nach denen sich der **Beginn** des Behinderungszeitraums ermitteln lässt. Soweit die Störung in einem Handeln des Auftraggebers oder dem Eintritt eines Ereignisses besteht, ist das der Ausgangspunkt; der Behinderungszeitraum beginnt, sobald sich eine Störung auswirkt. Besteht dagegen die Störung in einem Unterlassen, also in einer unterbliebenen oder verspäteten, vom Auftraggeber geschuldeten Mitwirkung, so muss zuerst der Sollzeitpunkt für die unterbliebene Mitwirkung bestimmt werden und dann, ab wann sich die unterlassene Mitwirkung ausgewirkt hat.

37 Der **Sollzeitpunkt für auftraggeberseitige Mitwirkungshandlungen** bestimmt sich nach dem geplanten Produktionsablauf des Auftragnehmers (oben Rdn. 1). Der Auftragnehmer muss diesen Produktionsablauf auf der Basis der vertraglichen Restriktionen planen. Dazu gehören auch die Ausführungsfristen eines vertraglichen **Bauzeitplans**. Obwohl Einzelfristen ohne besondere Vereinbarung keine Vertragsfristen sind (§ 5 Nr. 1 Satz 2), regelt der Plan in seiner Gesamtheit doch den Ablauf, der mit dem Auftraggeber vereinbart ist. Demzufolge sind alle Ausführungsfristen maßgebliche Kriterien für den vom Auftragnehmer zu planenden Produktionsablauf.[70] Sofern keine konkreten Fristen für die auftraggeberseitigen Mitwirkungshandlungen (Beistellfristen) vereinbart sind, ergibt sich aus dem Bauzeitenplan indirekt auch, **wann** der Auftraggeber seine Mitwirkungsleistungen erbringen muss. § 3 Nr. 1 regelt, dass „die für die Ausführung **nötigen** Unterlagen dem Auftragnehmer unentgeltlich und **rechtzeitig** zu übergeben sind." Die Rechtzeitigkeit ergibt sich aus dem vertraglich vorgesehenen Produktionsbeginn der Teilleistung laut Bauzeitenplan. Die Beurteilung der Rechtzeitigkeit ist Sache des Einzelfalls;[71] für Standardproduktionsvorgänge gibt es Regelvorlauffristen, z.B. ca. 3 Wochen für Bewehrungspläne.[72]

38 Der Vertrag kann regeln, dass der Auftragnehmer benötigte Unterlagen in einer bestimmten Frist beim Auftraggeber **abzurufen** hat; solange der Auftraggeber nicht abruft, kann er sich nicht auf das Fehlen auftraggeberseitiger Unterlagen berufen;[73] ruft er ab, beginnt mit dem Zugang des Abrufs die Vorlauffrist, sei es die vertraglich vereinbarte, sei es die übliche (s. Rdn. 37). Liefert

---

[70] Herrschende Auffassung, z.B. BGH „Behinderungsschaden II" NZBau 2002, S. 381; *Nicklisch/Weick* VOB/B § 3, Rdn. 14; Einzelheiten *Kapellmann/Schiffers* Band 1, Rdn. 1310; abweichend, aber unzutreffend *von Craushaar* BauR 1987, 14.

[71] Näher dazu VOB/B § 4 Rdn. 54.

[72] Übersicht über Standardvorlaufzeiten *Kapellmann/Schiffers* Band 1, Rdn. 1314.

[73] OLG Düsseldorf BauR 1996, 862 mit Anmerkungen *Kapellmann*; Beck'scher VOB-Kommentar/*Hofmann* VOB/B § 3 Nr. 1, Rdn. 29; Beck'scher VOB-Kommentar/*Motzke* VOB/B § 6 Nr. 6, Rdn. 1; *Heiermann/Riedl/Rusam* VOB/B § 3, Rdn. 3.

der Auftraggeber trotz Abrufs nicht rechtzeitig, muss er ungeachtet des erfolgten Abrufs eine Behinderungsanzeige machen. Statt der Pflicht zum Einzelabruf können auftraggeberseitige **Beistellungsfristen** auch vertraglich vereinbart werden. Bei Überschreitung vereinbarter Beistellfristen spricht für die behindernde Auswirkung der verspäteten Mitwirkung eine (widerlegliche) Vermutung.[74]

39 Die **Dauer** der Behinderung bemisst sich nach den Auswirkungen auf den vom Auftragnehmer geplanten Produktionsablauf. Um zu wissen, ob und wie lange sich eine Störung auswirkt, muss man zuerst den hypothetischen ungestörten Produktionsablauf kennen. Dieser lässt sich aus dem auftragnehmerseitigen, unter Berücksichtigung der vertraglichen Restriktion aufgestellten Bauzeiten = Produktionsplan ermitteln. Es liegt auf der Hand, dass dessen Richtigkeit für die Bearbeitung auftraggeberseitiger Störungsauswirkungen von ausschlaggebender Bedeutung ist. Weist der Produktionsplan z.B. für das Betonieren einer Decke 10 Arbeitstage aus, benötigt aber nach den sonstigen Produktionsbedingungen der Auftraggeber in Wirklichkeit auch ungestört für das Betonieren mindestens 18 Arbeitstage, so wirkt sich ein gegenüber dem an sich vorgesehenen Lieferzeitpunkt 5 Tage verspätet gelieferter Bewehrungsplan nicht aus. Für die Richtigkeit eines auftraggeberseitigen Produktionsplans spricht zwar eine Vermutung, diese kann aber sowohl vom Auftraggeber (= erforderliche Produktionsdauer länger) wie auch vom Auftragnehmer (= erforderliche Produktionsdauer kürzer) widerlegt werden.[75] Ist der Auftragnehmer zum Sollzeitpunkt selbst nicht leistungsbereit, wirkt sich die Störung (noch) nicht aus.

40 Eine **abstrakte Fristverlängerungsberechnung als Auswirkung mehrerer Störungen ist also nicht zulässig** – ebenso wenig wie eine abstrakte Schadensberechnung (dazu Rdn. 78, 79). Vielmehr sind für jede Störung gegebenenfalls der Zeitpunkt der geschuldeten Mitwirkung, die vertraglich geplante Vorgangsdauer und die störungsmodifizierte Vorgangsdauer unter Berücksichtigung der „Minderungspflicht" des Auftragnehmers gemäß § 6 Nr. 3 und eventueller Puffer (oben Rdn. 2) zu untersuchen. Das wird erleichtert – und bei komplexen Abläufen erst überhaupt ermöglicht – dadurch, dass der Auftragnehmer jeweils pro Störung (Störungskomplex) einen **störungsmodifizierten Bauzeitplan** aufstellt, der dann seinerseits Ausgangspunkt für die Untersuchung der nächsten Störungsauswirkung ist.[76]

2. Zuschlag für die Wiederaufnahme der Arbeit

41 Die VOB gewährt sachgerecht auf den eigentlichen Behinderungszeitraum einen Zuschlag für die Wiederaufnahme der Arbeit. Augenfällig ist die Notwendigkeit, wenn die Arbeit unterbrochen war: Zum Beispiel müssen abtransportierte Geräte wieder herangeschafft werden. Auch bei anderen Behinderungsauswirkungen ist aber ein solcher Zuschlag möglich, z.B. wegen Umsetzung von Arbeitskolonnen. Die genaue Dauer bemisst sich nach dem Einzelfall.

3. Zuschlag wegen Verschiebung in ungünstigere Jahreszeit

42 Führt die Behinderung zur Verschiebung der Ausführungszeit in eine ungünstigere Jahreszeit, so steht dem Auftragnehmer auch dafür ein zeitlicher Zuschlag zu. Die Auswirkungen der ungünstigeren Jahreszeit beurteilen sich gewerke- und leistungsbezogen. Neben allgemeinen witterungsbedingten Erschwernissen werden auch solche Umstände berücksichtigt, die sich als spezifische unabwendbare Umstände (§ 6 Nr. 2 lit c) darstellen. So dürfen z.B. Betonfahrbahnen im Autobahnbau nur bei bestimmten Temperaturverhältnissen ausgeführt werden (oben Rdn. 27). Führt die Behinderung zur Verschiebung in eine günstigere Jahreszeit, verkürzen sich dadurch die Ausführungsfristen nicht.

---

[74] Siehe oben Rdn. 2, 12, 85.

[75] Einzelheiten *Kapellmann/Schiffers* Band 1, Rdn. 1266, 1577 ff., näher hier Rdn. 82.

[76] Zum Grundsatz BGH „Behinderungsschaden II" NZBau 2002, S. 381; näher *Kapellmann/Schiffers* Band 1, Rdn. 1266; *Vygen/Schubert/Lang* Rdn. 304. Zur Darlegungs- und Beweispflicht im Einzelnen Rdn. 88 ff.

4. Die Auswirkung der Fristverlängerung auf vereinbarte Vertragsstrafen

Sofern die Fristverlängerung so erheblich ist, dass der „Zeitplan“ des Auftragnehmers vollständig umgeworfen wird, ist die neue Fertigstellungsfrist nicht mehr für den Anfall einer verzugsbedingten Vertragsstrafe maßgeblich, der Verzugsstrafenanspruch entfällt.[77] 43

E. § 6 Nr. 5 – Unterbrechung der Ausführung

1. Längere Unterbrechung

„Wird die Ausführung voraussichtlich für längere Zeit unterbrochen, ohne dass die Leistung dauernd unmöglich wird, so sind die ausgeführten Leistungen nach den Vertragspreisen abzurechnen und außerdem sind die Kosten zu vergüten, die dem Auftragnehmer bereits entstanden sind und in den Vertragspreisen des nicht ausgeführten Teils der Leistung enthalten sind“ – § 6 Nr. 5 VOB/B. Die Vorschrift ist im Zusammenhang mit § 6 Nr. 7 VOB/B zu sehen, wonach jede Partei kündigen kann, wenn die Unterbrechung länger als 3 Monate dauert. „Unterbrechung“ der Ausführung heißt, dass die Arbeit des Auftragnehmers nicht weitergeführt wird, bloße Verzögerungen der Arbeiten insgesamt oder die Einstellung nur einzelner Teilleistungen reicht nicht aus. „Längere Dauer“ ist jedenfalls ein Zeitraum von 3 Monaten, wie § 6 Nr. 7 VOB/B mit dem entsprechenden Sonderkündigungsrecht zeigt. Ansonsten ist der Einzelfall maßgebend, wobei die Vertragsdauer, die schon geleistete Arbeit, der Zahlungsstand und dergleichen eine Rolle spielen. Eine voraussichtlich weniger als einen Monat dauernde Unterbrechung reicht nicht aus. „Unterbrechung“ bedeutet auch, dass die Arbeiten zu einem späteren Zeitpunkt wahrscheinlich wieder fortgeführt werden. Deshalb ist § 6 Nr. 5 VOB/B nicht anzuwenden, wenn die Leistung dauernd unmöglich (§ 275 Abs. 1 BGB) geworden ist; in diesem Fall gelten nur die gesetzlichen Vorschriften (§ 326 BGB). § 6 Nr. 5 VOB/B ist nicht anwendbar, wenn der Auftragnehmer die Unterbrechung zu vertreten hat, wenn er z.B. die Unterbrechung durch eine **unberechtigte** Leistungsverweigerung herbeigeführt hat,[78] oder durch Leistungsmängel.[79] 44

2. Abrechnung

Ist eine Unterbrechung von voraussichtlich längerer Dauer eingetreten, sind die ausgeführten Leistungen nach den Vertragspreisen abzurechnen. Das ist nach dem Wortlaut Vertrags**pflicht** des Auftragnehmers. Richtiger wäre die Formulierung, dass der Auftragnehmer ein Recht auf Abrechnung hat; der Auftraggeber wird sie wohl kaum verlangen. Sinn der Regelung ist es, dem Auftraggeber ein Recht auf eine von den Vertragsregelungen unabhängige, vorzeitige Abrechnung zu verschaffen. Der Auftragnehmer muss eine (Teil-)Schlussrechnung erstellen; die Forderung wird nie ohne Abnahme fällig wie bei gekündigtem Bauvertrag. 45

Die Abrechnung selbst erfolgt auch im selben Umfang wie beim gekündigten Bauvertrag; das heißt, die fertig gestellte Teilleistung ist zu ermitteln und mit Vertragspreisen zu bewerten.[80] Darüber hinaus sind dem Auftragnehmer die Kosten zu vergüten, die bereits entstanden, aber erst in den Vertragspreisen des **nicht** ausgeführten Teils der Leistung enthalten sind, z.B. für die erfolgte Materialbeschaffung oder für die anteilige Baustelleneinrichtung- und Vorhaltung. **Nicht** zu vergüten auf der Basis von § 6 Nr. 5 VOB/B sind die Kosten, die durch die Behinderung selbst entstehen, z.B. unbeschäftigtes Personal oder Gerät oder Sicherungskosten. Anspruchsgrundlage sind hier je nach Fall § 2 Nr. 5 (bei zeitlicher technisch nicht notwendiger Anordnung des Auftraggebers) oder § 6 Nr. 6 Satz 1 VOB/B, gemäß § 6 Nr. 6 Satz 2 (siehe Rdn. 47) auch § 642 BGB. Ebenso wenig ist die nicht ausgeführte Leistung minus ersparter Kosten zu vergüten (wenn man

[77] BGH BauR 1993, 600 und ständig; näher und kritisch dazu VOB/B § 11 Rdn. 25–31.
[78] BGHZ 65, 372 = BauR 1976, 126.
[79] BGHZ 65, 372 = BauR 1976, 126; BGH NZBau 2000, 422 = BauR 2000, 1189 im Verhältnis von § 4 Nr. 7 Satz 2 VOB/B zu § 6 Nr. 6 VOB/B.
[80] Einzelheiten VOB/B § 8 Rdn. 72, 73.

von den schon entstandenen Kosten absieht); das setzt eine Kündigung nach § 8 Nr. 1 oder § 9 voraus. Insgesamt sind also die Rechte des Auftragnehmers aus § 6 Nr. 5 jedenfalls für den Auftragnehmer, der die Unterbrechung nicht zu vertreten hat, zwar sinnvoll, aber nicht ausreichend.

F. § 6 Nr. 6 Satz 1 – Schadensersatz wegen hindernder Umstände; Einführung des Anspruchs aus § 642 BGB durch Satz 2 gemäß VOB/B 2006

I. Regelungsgehalt

46 „Sind die hindernden Umstände von einem Vertragsteil zu vertreten, so hat der andere Teil Anspruch auf Ersatz des nachweislich entstandenen Schadens, des entgangenen Gewinns aber nur bei Vorsatz oder grober Fahrlässigkeit", § 6 Nr. 6 Satz 1 VOB/B. § 6 regelt unter den Nr. 1–5 als Fortführung zu § 5 die Rechtsfolgen von Störungen auf den **Zeitablauf** des Produktionsprozesses, unter Nr. 6 Satz 1 die daraus gegebenenfalls resultierenden vertraglichen **Schadensersatz**pflichten **sowohl** des Auftraggebers **wie** des Auftragnehmers: Störungen können sich zu Lasten des Auftrag**gebers** auswirken – die Bauzeit verlängert sich; hat der Auftragnehmer das zu vertreten, so gerät er in Verzug (§ 286 BGB), er schuldet Verzugsschadensersatz (§§ 280 Abs. 2, 286 BGB). Vorab: Das allein in der VOB zu regeln, wäre überflüssig, dasselbe steht ja im Gesetz. Störungen können sich auch zu Lasten des Auftrag**nehmers** auswirken, er erleidet z.B. durch zu spät gelieferte auftraggeberseitige Pläne einen Baustillstand oder muss z.B. länger als vorgesehen produzieren, dadurch hat er Mehrkosten. Gleichgültig, ob der Auftraggeber derartige Störungen aus mangelhafter Mitwirkung zu vertreten hat oder nicht, gewährt das **BGB** dafür in § 642 BGB „Entschädigung", vorausgesetzt, der Auftragnehmer hat nicht selbst die Verzögerung zu vertreten. **Diese** Regelung wiederholte die VOB vor der Neufassung 2006 in § 6 Nr. 6 aber nicht; sie gewährte dem Auftragnehmer Schadensersatz (und nicht Entschädigung), sofern der Auftraggeber „die hindernden Umstände" zu vertreten hat.

Den gesetzlichen Schadensersatzanspruch des Auftraggebers **und** den von ihr geschaffenen Schadensersatzanspruch des Auftragnehmers **schränkte** die VOB in § 6 Nr. 6 Satz 1 sodann ein: Entgangener Gewinn soll nur bei Vorsatz oder grober Fahrlässigkeit geschuldet werden. Ohne diese Einschränkung erhielte der Auftraggeber als Verzugsschadensersatz vom Auftragnehmer auch den entgangenen Gewinn (§ 252 BGB), das schränkte die VOB ganz ein; ohne die bisherige Sonderregelung und die Einschränkung erhielte der Auftragnehmer Entschädigung gemäß § 642 BGB einschließlich des für diesen Vertrag kalkulierten Gewinns, aber nicht einschließlich **anderweitig** entgangenen Gewinns,[81] das schränkt die VOB/B also teilweise ein.

47 Das Hauptziel der Regelung des § 6 Nr. 6 Satz 1 ist und war somit offensichtlich, das ohnehin hohe Risiko **beider** Parteien beim Bauvertrag bei Vorliegen hindernder Umstände durch eine Haftungsbeschränkung – den Ausschluss des anderweitig entgangenen Gewinns – zu verringern.[82] Das ist aber **ausgewogen** nur möglich, wenn diese Haftungsbeschränkung für **beide** Parteien gilt. Um dieses Gleichgewicht zu **schaffen**, hatte deshalb die VOB/B das Haftungs**system** sowohl für vom Auftragnehmer zu vertretende wie vom Auftraggeber zu vertretende hindernde Umstände **gleich** geregelt: Ausgangspunkt ist für Ansprüche **beider** Seiten die Verletzung einer Pflicht aus dem Schuldverhältnis (Vertrag), das bei Verschulden zum (eingeschränkten) Schadensersatzanspruch führte (§§ 280, 286 BGB). Für den Anspruch des Auftraggebers auf Verzugsschadensersatz folgen die Voraussetzungen auch aus dem Gesetz. Für den „Mitwirkungsschadensersatzanspruch" des Auftragnehmers ergibt sich aber eine Abweichung zum Gesetz: Die VOB regelt zweifelsfrei in § 6 Nr. 2 die relevanten Arten von Behinderungen und nennt unter § 6 Nr. 2 lit a als Behinderung „Umstände aus dem Risikobereich des Auftraggebers"; sind diese „Umstände

[81] Der BGH ist in der Entscheidung „Vorunternehmer II" NZBau 2000, 187 = BauR 2000, 722 anderer Meinung; dem kann aber nicht gefolgt werden, näher Rdn. 92.

[82] Zur AGB-rechtlichen Frage der Zulässigkeit einer solchen Haftungsbeschränkung unten Rdn. 72.

aus dem Risikobereich des Auftraggebers" vom Auftraggeber auch noch zu vertreten, erhält der Auftragnehmer Schadensersatz. Die VOB kennzeichnet in § 6 Nr. 6 Satz 1 die Behinderung als die Verletzung einer auftraggeberseitigen **Pflicht** aus dem Schuldverhältnis und gab systemgerecht (§ 280 BGB) (nur) einen Schadensersatzanspruch bei verschuldeter Pflichtwidrigkeit. Vom Auftraggeber zu erbringende **Mitwirkungshandlungen** – sie gehören zum Risikobereich des Auftraggebers, § 6 Nr. 2 lit a, siehe oben Rdn. 18, Aufzählung VOB/A § 9, Rdn. 8 – sind deshalb **nach der VOB Vertragspflicht** des Auftraggebers, solange der Vertrag besteht, sie sind **nicht** seinem Belieben überlassen, sie sind **nicht** nur Obliegenheiten. Das BGB regelt, dass dann, wenn bei der Herstellung des Werkes eine Handlung des Bestellers erforderlich ist, der Unternehmer, wenn der Besteller durch die Unterlassung der Handlung in Verzug der Annahme kommt, eine angemessene Entschädigung verlangen kann, § 642 Abs. 1 BGB. Da diese Vorschrift keinen Schadensersatzanspruch gewährt, ist nach **allgemeinem** Werkvertragsrecht (vgl. **aber** Rdn. 48) die erforderliche Mitwirkungshandlung Belieben des Bestellers. Erbringt er sie nicht, so schadet er sich selbst, aber er muss sie nicht erbringen. Die VOB/B regelte **dasselbe** Problem bisher abweichend: Sie gewährte bei **identischem** Sachverhalt Schadensersatzansprüche. Also ist wegen § 6 Nr. 6 Satz 1 VOB/B die Mitwirkung des Auftragnehmers jedenfalls **beim VOB-Vertrag in allen Fällen Pflicht aus dem Schuldverhältnis** und **nicht bloße Obliegenheit**, für die meisten geschuldeten Mitwirkungshandlungen ist das auch gänzlich unbestritten (vgl. Rdn. 54). Das ist das entscheidende Argument gegen die anderes lautende Rechtsprechung des BGH in der Entscheidung „Vorunternehmer II" im Zusammenhang mit der Bereitstellungspflicht des Auftraggebers; die VOB regelte keinen **anderen** Sachverhalt als das BGB (mit anderen Rechtsfolgen), sondern **denselben** Sachverhalt mit anderen Rechtsfolgen.[83] Weil die VOB/B also ihr Regelungssystem für denselben Sachverhalt an die Stelle des Regelungssystems des BGB setzte, galten die BGB-Vorschriften bei mangelhafter Mitwirkung des Auftraggebers jedenfalls beim VOB-Vertrag **nicht**. Der BGH sah (und sieht) das anders. Weil er die verfehlte Entscheidung „Vorunternehmer I" nicht als schlicht unrichtig aufgeben wollte (dazu Rdn. 61), löste er das Vorunternehmerproblem in der Entscheidung „Vorunternehmer II" (Rdn. 62) mit mehreren misslungenen Kunstgriffen, als erstem dem, generell die Anwendung des § 642 BGB konkurrierend zu § 6 Nr. 6 VOB/B bei unterlassener oder verspäteter Mitwirkung des Auftraggebers zuzulassen. Dem war aber aus den genannten Gründen nicht zuzustimmen. Lässt man die Anwendung des § 642 BGB zu, verkennt man nicht nur die Spezialität von § 6 Nr. 6 (heute Satz 1) VOB/B zu § 642 BGB, sondern hebt gleichzeitig auch das ausgewogene Haftungsbeschränkungssystem der VOB doppelt aus den Angeln, das überhaupt nur die gewollte **beiderseitige** Haftungsbeschränkung rechtfertigt: Laut BGH haftet der Auftragnehmer jetzt nur bei Verschulden, der Auftraggeber auch ohne Verschulden. Jetzt haftet der Auftragnehmer nur beschränkt, der Auftraggeber unbeschränkt.[84]

---

[83] BGH „Vorunternehmer II" NZBau 2000, 187 = BauR 2000, 722. Der BGH bestätigt auch in dieser Entscheidung, dass die Mitwirkung des Auftraggebers nur Obliegenheit sei. Zur speziellen Vorunternehmerproblematik dieser Entscheidung im Einzelnen Rdn. 61–63.

Kein Autor, auch nicht der BGH, hat bisher **begründen** können, wie die VOB/B in § 6 Nr. 6 eine Schadensersatz**verpflichtung** des Auftraggebers begründen kann, ohne die mangelhafte Mitwirkung als vertragspflichtwidrig zu kennzeichnen. Raab JZ 2001, 251 sieht das Problem zutreffend, löst es aber zu elegant so, dass die VOB/B auch bei Verletzungen einer Obliegenheit Schadensersatz gewähre. Ähnlich argumentiert *Kniffka* Jahrbuch Baurecht 2001, S. 1, beide in Anknüpfung an BGHZ 11, 80 und BGHZ 50, 175. Diese schon damals systematisch nicht nachzuvollziehenden Entscheidungen, die gewissermaßen „halbe" positive Vertragsverletzungen geschaffen hatten, haben mit Recht keine Nachfolger gefunden. **Immer führen diese Überlegungen zu der absurden Annahme, dass der Auftraggeber nicht mitwirken muss, aber wenn er schuldhaft das nicht tut, was er gar nicht muss, dann haftet**, so zutreffend auch *Voit*, in: *Bamberger/Roth*, BGB, § 642, Rdn. 8. Die VOB will nicht das generelle, an Pflichtwidrigkeit und Verschulden (§ 280 BGB) anknüpfende Haftungssystem des BGB ignorieren. Sie schafft für denselben Tatbestand, den das Gesetz in § 642 BGB regelt, anstelle des Gesetzes eine andere, nach ihrer und unserer – Meinung bessere Regelung. Das übersieht *Raab*. Warum die VOB/B nur **zusätzlich** zu § 642 BGB für **denselben** Sachverhalt Schadensersatzansprüche gewähren sollte, bleibt unerklärlich. Vgl. auch Rdn. 53.

[84] Hier muss der BGH den zweiten Kunstgriff anwenden: Er muss bei § 642 BGB den Anspruch auf Ersatz von Wagnis und Gewinn ausschließen, was er auch ohne Begründung tut, dazu näher Rdn. 92.

48 Darüber hinaus: Bisher hat auch noch niemand **begründen** können, **warum** der Auftraggeber unbestritten (§ 3 VOB/B) die Vertragspflicht hat, Pläne zu stellen, hier also nicht etwa nach Belieben Pläne stellen kann oder nicht, und die Baugenehmigung zu beschaffen und zu koordinieren und Zufahrtswege zur Verfügung zu stellen, siehe Rdn. 18, 54, aber einzig und allein nicht die Vertragspflicht hat, das Grundstück oder die bebauungsfähige Vorleistung zu stellen, hier also ganz nach Belieben leisten kann oder auch nicht.[85] Hinzu kommt, dass die VOB/B das Problem des § 642 BGB auch noch genau gesehen hatte, wie sich aus § 9 Nr. 1 ergibt.[86] Die Einordnung der Mitwirkung des Auftraggebers als Vertragspflicht ist schließlich auch ohnehin sachgerecht und bei **Bauverträgen** als einer **speziellen** Form der Werkverträge **immer** geboten, so dass also auch beim BGB-Vertrag die Mitwirkung des Auftraggebers immer nicht nur Obliegenheit, sondern Vertragspflicht ist, nicht Gefälligkeit, nicht Beliebigkeit, sondern Pflicht. Es erheitert ja auch etwas, sich vorzustellen, ein Auftraggeber würde bei einem größeren Bauvorhaben mitteilen, er sehe zwar ein, dass er verpflichtet sei, die Ausführungspläne zu liefern, aber ob er das Grundstück dazu zur Verfügung stelle, sei seiner Beliebigkeit anheim gegeben: **Bei allen nicht ganz unbedeutenden oder auf simpelste Vorgänge reduzierten Bauverträgen** ist die **Mitwirkung** des Auftraggebers nicht Gefälligkeit, sondern **Pflicht**, solange der Vertrag besteht; der Auftragnehmer kann die Überlassung des Grundstücks oder der bebauungsfertigen Vorleistung, die Aushändigung ordnungsgemäßer Pläne, die Koordination anderer Unternehmer **verlangen**;[87] dies rechtfertigt sich schon wegen der „umfänglichen“ Mitwirkungs**pflichten** beim Bauvertrag,[88] d.h., dem **notwendigen** Ineinandergreifen von Auftrageber- und Auftragnehmerleistungen, ohne die von vornherein klar ist, dass ein geordneter, insbesondere zeitlich planbarer und koordinierter Bauablauf gar nicht möglich ist. Ein Auftraggeber, der das nicht (mehr) will, kann gemäß § 8 Nr. 1, § 649 BGB kündigen und sich **damit dieser** Pflichten entledigen. Erst recht gilt das besonders eindeutig **beim VOB-Vertrag**: Der BGH betont gerade dort zutreffend die **„Kooperationspflicht“**,[89] also die Pflicht zur Mitwirkung beider Parteien – nun kann aber eine Mitwirkungs**pflicht** nicht gleichzeitig unverbindlich sein. Wenn die Mitwirkungsnotwendigkeiten des Auftraggebers beim Bauvertrag keinen verpflichtenden Charakter haben, wäre der richtigen Entscheidung des BGH „Kooperationspflicht“ der Boden entzogen.

49 Zusammenfassend: **§ 6 Nr. 6 schloss bei verspäteter oder unterbliebener Mitwirkung des Auftraggebers Ansprüche des Auftragnehmers aus § 642 BGB aus.**[90] Auch bei isoliert vereinbarter VOB/B war diese Ausschlusswirkung kein Verstoß gegen § 307 BGB, also keine un-

---

[85] Die alleinige Begründung, in der VOB/B finde sich zu der Pflicht, das Grundstück bzw. die bebauungsfertige Vorleistung zur Verfügung zu stellen, keine ausdrückliche Regelung, ist etwas sehr dünn, so aber *von Gehlen* ZfBR 2000, 291; zutreffend *Inge Jagenburg*, Festschrift Mantscheff, S. 99. Auch *Kniffka* Jahrbuch Baurecht 2001, 13 nennt keine materielle **Begründung** für die unterschiedliche Bewertung der einen und der anderen Mitwirkungsnotwendigkeit; vgl. auch Fn. 83.

[86] *Raab* JZ 2001, 281 hält das für wenig überzeugend; wenn **nach** Kündigung § 642 BGB gelte, bei bestehendem Vertrag aber (nur) § 6 Nr. 6 VOB/B, müsste man dem Auftragnehmer ja zur Kündigung raten, um sich „seinen Anspruch“ für den Zeitraum des Stillstandes der Bauarbeiten zu sichern (?). Richtig ist: Die VOB/B will **bei bestehendem Bauvertrag** die Haftung der Parteien beschränken; **nach** Kürzung entfällt nach Auffassung der VOB dieser Schutzzweck (zum Problem insgesamt *Kapellmann/Schiffers* Band 1, Rdn. 1210, Fn. 1411). Übrigens wird kein Auftraggeber seine Kündigungsentscheidung von einer so subtilen, spekulativen und nur begeisterten Juristen einleuchtenden Differenzierung abhängig machen.

[87] *Hofmann* FS von Craushaar S. 219 ff., 222 und Beck'scher VOB-Kommentar, Vor § 3 VOB/B, Rdn. 33; *Nicklisch/Weick* VOB/B Einleitung §§ 4–13, Rdn. 20; *Kleine-Möller* NZBau 2000, 401; *Soergel/Wiedemann* BGB, Einleitung vor § 275, Rdn. 399, 400; MünchKomm/*Emmerich* Rdn. 304 vor § 275; mit anderer Begründung, aber im Ergebnis wie hier *Ingenstau/Korbion/Vygen* VOB/B § 9, Nr. 1, Rdn. 23.

[88] Zutreffend MünchKomm/*Emmerich* vor § 275, Rdn. 304. Das entspricht „Art und Inhalt“ des Schuldverhältnisses Bauvertrag, siehe Rdn. 61.

[89] BGH „Kooperationspflicht“ NZBau 2000, 130 = BauR 2000, 409.

[90] Anderer Ansicht, wie erwähnt, BGH „Vorunternehmer II“ NZBau 2000, 187 = BauR 2000, 722; *Nicklisch/Weick* VOB/B Einleitung 4–13, Rdn. 54; *Kraus* BauR 1986, 17; wie hier z.B. *Ingenstau/Korbion/Döring* VOB/B § 6, Nr. 6, Rdn. 1, 2; *Kleine-Möller/Merl* § 13, Rdn. 299, 449; weitere Nachweise *Kapellmann/Schiffers* Band 1, Rdn. 1400, Fn. 1643.

erlaubte Allgemeine Geschäftsbedingung.[91] Da der BGH entgegen dieser Auffassung aber parallel Ansprüche aus § 642 BGB zuließ, **hatte § 6 Nr. 6 (heute Satz 1) in der Praxis für Ansprüche des Auftragnehmers völlig an Bedeutung verloren; der Auftragnehmer stützte seine Ansprüche auf die geringere Voraussetzungen verlangende und einfachere Rechtsfolgen bietende Vorschrift des § 642 BGB** (dazu Rdn. 89 ff.).

Die Bedeutung des § 6 Nr. 6 Satz 1 VOB/B lag für auftraggeberseitige Schadensersatzansprüche **50** in der Haftungsbegrenzung (Ausschluss des anderweitig entgangenen Gewinns außer bei Vorsatz oder grober Fahrlässigkeit), für auftragnehmerseitige Schadensersatzansprüche in der Qualifizierung der geschuldeten Mitwirkung des Auftraggebers als Pflicht und nicht als bloße Obliegenheit und wiederum in der Haftungsbegrenzung (Ausschluss des anderweitig entgangenen Gewinns außer bei Vorsatz oder grober Fahrlässigkeit). § 6 Nr. 6 Satz 1 begrenzt also die Haftungs**folgen**, regelt aber für die Haftung des Auftraggebers den Haftungsgrund nicht, für die Haftung des Auftragnehmers insoweit, als geschuldete Mitwirkungshandlungen des Auftraggebers zu Pflichten erhoben werden. Behindert der Auftrag**nehmer** den Auftraggeber, so kann sich dies in einer Verzögerung der Leistung auswirken. Sind die Voraussetzungen des Verzuges erfüllt, hat der Auftraggeber Ansprüche gegen den Auftragnehmer auf Ersatz des Verzugsschadens (§§ 280 Abs. 2, 286 BGB), dazu Rdn. 93 ff. Behindert der Auftrag**geber** den Auftragnehmer durch mangelhafte oder verzögerte geschuldete Mitwirkung, so hat der Auftragnehmer gegen den Auftraggeber im ersten Fall Schadensersatzansprüche wegen Pflichtverletzung (§ 280 BGB), im zweiten Fall bei Vorliegen der Voraussetzungen Schadensersatzansprüche wegen Verzuges (§§ 280 Abs. 2, 286 BGB), dazu Rdn. 53 ff.

Dieser ganze Sinn läuft aber leer, seitdem es mit Satz 2 ohne Entschädigungsregelung ohne Haftungsbegrenzung (dazu Rdn. 92) gibt.

Die VOB/B 2006 hat die Rechtsprechung des Bundesgerichtshofs in § 6 Nr. 6 Satz 2 zum Inhalt der VOB/B gemacht. Die VOB/B sieht also jetzt vor, dass der Auftragnehmer nach seiner Wahl statt Schadensansprüche gemäß Satz 1 auch Entschädigungsansprüche gemäß Satz 2, § 642 BGB hat (zu deren Inhalt Rdn. 89 ff.). Was den Deutschen Vergabe- und Vertragsausschuss „ohne Not" zur Übernahme dieser Regelung veranlasst hat, ist schwer zu verstehen. Mit der Regelung in Satz 2 macht die VOB/B jetzt die Regelung in Satz 1 – wie erwähnt – praktisch überflüssig. Das Regelungssystem der VOB/B stimmt nicht mehr; die gewollte Haftungsbegrenzung gemäß Satz 1 (dazu Rdn. 49) läuft leer. Mit solchen Regelungen liefert die VOB/B ungewollt einen Beitrag zu ihrer Abschaffung.

Selbstverständlich ist § 6 Nr. 6 Satz 2 zu beachten, das hat aber mit der Frage nach dem Sinn der Regelung nichts zu tun.

§ 6 insgesamt und damit auch § 6 Nr. 6 Satz 1 ist nicht anwendbar in den Fällen der Unmög- **51** lichkeit, der endgültigen Leistungsverweigerung oder der mangelhaften Leistung des Auftragnehmers (oben Rdn. 4).

Zur Bedeutung des Ausschlusses des entgangenen Gewinns und zur Frage der AGB-rechtlichen **52** Zulässigkeit dieser Haftungsbeschränkung siehe näher Rdn. 72.

II. Schadensersatzansprüche des Auftrag*nehmers* gemäß § 6 Nr. 6 Satz 1 VOB/B

1. Voraussetzung: Pflichtverletzung

Der Auftraggeber haftet dem Auftragnehmer auf Behinderungsschadensersatz, wenn er „hin- **53** dernde Umstände" verursacht und damit eine „Pflicht aus dem Schuldverhältnis" schuldhaft verletzt (§ 280 BGB). Unproblematisch sind vom Auftraggeber geschuldete **Erstellungshandlungen**, d. h., vertragsgemäß geschuldete eigene Handlungen des Auftraggebers zur Ausführung des Werks. Das sind solche Leistungen, die statt des Auftraggebers auch jeder andere von ihm beauftragte Auftragnehmer erfüllen könnte, die aber der Auftraggeber statt eines solchen anderen

---

[91] Einzelheiten *Kapellmann* FS Vygen S. 194.

Auftragnehmers selbst ausführt, womit er sich in den Produktionsprozess des Auftragnehmers einordnet („bauseitige Leistungen"). Der Auftraggeber verpflichtet sich z.B., eigenes Baugerät zur Verfügung zu stellen oder Teilleistungen selbst herzustellen.[92] Kommt der Auftraggeber in Verzug (dazu § 5, Rdn. 35–47), haftet er gemäß §§ 280 Abs. 1, 2, 286 BGB; erfüllt er die fällige Leistung nicht oder nicht wie geschuldet, kann der Auftragnehmer Schadensersatz nach § 280 Abs. 1 BGB, § 6 Nr. 6 VOB/B oder Schadensersatz statt der Leistung gemäß § 286 Abs. 1, 3, § 281, § 6 Nr. 6 VOB/B verlangen. Über diese Einordnung gibt es – wenn man von der verfehlten Entscheidung des OLG Rostock absieht (Fn. 88) – keine Meinungsverschiedenheiten. In diese Kategorie gehört auch im weiteren Sinn die Verletzung auftraggeberseitig geschuldeter oder jedenfalls übernommener Schutzpflichten.[93]

54 Schwieriger zu bewältigen sind vom Auftraggeber vertraglich geschuldete bloße **Ermöglichungshandlungen**, also Handlungen, die der Auftraggeber schuldet, damit der Auftragnehmer bauen kann, also die typischen **Mitwirkungshandlungen** des Auftraggebers. Für nahezu alle geschuldeten Mitwirkungshandlungen (z.B. Beschaffung der Baugenehmigung, § 4 Nr. 1 Abs. 1 Satz 2 VOB/B, rechtzeitige Lieferung aller für die Ausführung notwendigen Unterlagen, § 3 Nr. 1 VOB/B, Koordination, nämlich „Aufrechterhaltung der allgemeinen Ordnung auf der Baustelle sowie die Regelung des Zusammenwirkens mehrerer Unternehmer", § 4 Nr. 1 Abs. 1 Satz 1 VOB/B, unentgeltliche Bereitstellung von Lager- und Arbeitsplätzen auf der Baustelle, vorhandener Zufahrtswege und Anschlussgleise sowie vorhandener Anschlüsse für Wasser und Energie, § 4 Nr. 4 VOB/B, weitere Beispiele: Rdn. 18–20) ist der Charakter als **Vertragspflicht** des Auftraggebers unbestreitbar und unbestritten.[94] Lediglich für die geschuldete Mitwirkungshandlung, das Baugrundstück bzw. die bauliche Vorleistung rechtzeitig und mangelfrei zur Verfügung zu stellen, soll etwas anderes gelten, sie soll nur Obliegenheit des Auftraggebers, aber nicht **Mitwirkungspflicht** sein, ihre Verletzung also keine Schadensersatzansprüche begründen.[95] Das ist ungereimt: **Alle** vom Auftraggeber geschuldeten Mitwirkungshandlungen begründen Mitwirkungspflichten, ihre verspätete oder mangelhafte Erfüllung bei Verschulden des Auftraggebers Behinderungsschadensersatzansprüche jedenfalls beim VOB-Vertrag (oben Rdn. 48, 49). Der Auftraggeber schuldet dem Auftragnehmer keine Objektüberwachung; so weit der Auftraggeber einen Architekten zur Objektüberwachung einsetzt, ist dieser Architekt – anders als der planende Architekt – nicht Erfüllungsgehilfe des Auftraggebers gegenüber dem Auftragnehmer (→ VOB/B § 4, Rdn. 15).

55 So weit der Auftraggeber Mitwirkungspflichten verschuldet nicht oder nicht wie geschuldet erfüllt, hat der Auftragnehmer also Schadensersatzansprüche nach § 280 Abs. 1 BGB, § 6 Nr. 6 Satz 1 VOB/B. Schadensersatz statt der Leistung (§ 281 BGB) kann der Auftragnehmer unter den Voraussetzungen des § 9 Nr. 3 letzter Halbsatz VOB/B verlangen. So weit der Auftraggeber Mitwirkungspflichten verspätet erfüllt, müssen für einen Schadensersatzanspruch die zusätzlichen Verzugsvoraussetzungen (§§ 280 Abs. 2, 286 BGB) erfüllt sein, vorausgesetzt, man bewertet die Mitwirkungspflicht als selbstständig einklagbare „Nebenpflicht"; wäre sie bloße selbstständige

---

[92] Beispiele: Der Auftraggeber verpflichtet sich, zwischen dem 27.3. und 31.3. für eine behelfsmäßige Verkehrsführung auf einer Autobahnbaustelle eine Behelfsbrücke zu errichten, so OLG Celle, BauR 1994, 629, Revision vom BGH nicht angenommen; Einzelheiten *Kapellmann/Schiffers* Band 1, Rdn. 1286.

Oder: Der Auftraggeber hat sich vertraglich verpflichtet, sicherzustellen, dass auf einer bestimmten Deponie Schlamm abgelagert werden kann, BGH ZfBR 1992, 31.

(Vgl. zu beiden Entscheidungen auch BGH „Vorunternehmer II" NZBau 2000, 187 = BauR 2000, 722).

Oder: Der Auftraggeber muss zu einem bestimmten Termin eine Einrüstung stellen. Die Haftung des Auftraggebers wird fehlerhaft verneint vom OLG Rostock, BauR 1999, 402; der BGH hat unverständlicherweise die Revision dagegen nicht angenommen; wie hier dazu *Ingenstau/Korbion/Döring* VOB/B § 6 Nr. 6, Rdn. 20, Fn. 6.

[93] Beispiel: Der Auftraggeber hält eine von ihm gestellte Hochwassersicherung nicht ordnungsgemäß aufrecht, BGH „Schürmannbau/Hagedorn II" BauR 1997, 1021.

[94] Z.B.: Der Auftraggeber muss „zuverlässige Pläne liefern", BGH „Vorunternehmer II" NZBau 2000, 187 = BauR 2000, 722.

[95] BGH „Vorunternehmer II" NZBau 2000, 187 = BauR 2000, 722; dazu im Einzelnen oben Rdn. 47, **48**, 50, unten Rdn. 62.

nicht einklagbare „Nebenpflicht“,[96] so bedürfte es der Verzugsvoraussetzungen nicht, § 280 Abs. 1 BGB greift dann unmittelbar ein. Praktisch kommt es auf diese Unterscheidung nicht an: Der Anspruch des Auftragnehmers auf Behinderungsschadensersatz lässt sich nur durchsetzen, wenn der Auftragnehmer gemäß § 6 Nr. 1 eine Behinderungsanzeige gemacht hat; diese lässt sich ohne weiteres aber auch als Mahnung im Sinne von § 286 Abs. 1 BGB verstehen. Ist eine Behinderungsanzeige wegen Offenkundigkeit von Behinderungstatsache und hindernder Wirkung überflüssig, so ist auch eine Mahnung überflüssig, dann greift § 286 Abs. 2 Nr. 4 BGB ein.

2. Keine Pflichtverletzung (kein Behinderungsschadensersatz) bei „Behinderung“ aus *bauinhaltlich* geänderter oder zusätzlicher Leistung, Vergütungsanspruch speziell

Der Auftraggeber hat aufgrund des **vertraglichen** Änderungsvorbehalts in § 1 Nr. 3, 4 das **Recht**, die Ausführung **bauinhaltlich**[97] geänderter oder zusätzlicher Leistungen anzuordnen; der Auftragnehmer **muss** sie ausführen, erhält aber dafür **vertragliche** Nachtragsvergütung.[98] Solche bauinhaltlich modifizierten Leistungen können auch zusätzlichen Zeitbedarf auslösen, im formalen Sinne sind sie dann Behinderung. Um Fristverlängerung gemäß § 6 Nr. 2 lit a zu erhalten, muss deshalb der Auftragnehmer eine Behinderungsanzeige gemäß § 6 Nr. 1 machen, außer, Behinderungstatsachen und -wirkungen sind offenkundig – oben Rdn. 13. Die Anordnung des Auftraggebers ist aber nicht vertragswidrig, im Gegenteil: Der Auftraggeber übt ein ihm ausdrücklich eingeräumtes Anordnungs**recht** aus. Schadensersatzansprüche des Auftragnehmers gegen den Auftraggeber gemäß § 6 Nr. 6 setzen aber die Verletzung einer Pflicht aus dem Schuldverhältnis als Anspruchsgrundlage voraus (§ 280 Abs. 1 BGB).[99] Wenn aber der Auftragnehmer zur Anordnung **berechtigt** ist, kann darin nicht gleichzeitig eine Pflichtverletzung liegen – einen Auftraggeber für das, was er tun darf, auf Schadensersatz in Anspruch zu nehmen, wäre auch absurd. Ein Auftragnehmer kann daher die finanziellen Folgen bauinhaltlich angeordneter geänderter oder zusätzlicher oder gemäß § 2 Nr. 8 Abs. 2, 3 legitimierter geänderter oder zusätzlicher Leistungen **nur** gemäß § 2 Nr. 5, 6 oder Nr. 8 VOB/B durchsetzen und nicht als Schadensersatzansprüche nach § 6 Nr. 6.[100] Oder anders ausgedrückt: Die VOB/B stellt für die vertragliche Sonderbefugnis, modifizierte Leistungen anordnen zu dürfen, **vertragliche Sonder-**Vergütungsansprüche zur Verfügung; diese Spezialregelung ist erschöpfend und ausschließlich. Der Auftragnehmer wird dadurch in keiner Weise beeinträchtigt: Die Nachtragsvergütung umfasst **alle** Kostenauswirkungen der modifizierten Leistung;[101] wegen dieses Vergütungsanspruches fehlt es für die Anwendung des § 6 Nr. 6 Satz 1 VOB/B zusätzlich auch 56

[96] Zur Unterscheidung (nach altem Recht) MünchKomm/*Kramer* § 241, Rdn. 17–22.

[97] Zum Begriff VOB/B § 2 Rdn. 26, 29; näher auch § 2 Rdn. 181, Fn. 367.

[98] Zur Struktur VOB/B § 2 Rdn. 181 mit Fundstellen.

[99] Einzelheiten oben Rdn. 47, 48, 50, 53–55.

[100] Näher *Kapellmann/Schiffers* Band 1, Rdn. 1324–1330 und hier § 1, Rdn. 57. Wie hier OLG Braunschweig BauR 2001, 1739; OLG Frankfurt OLG-Report 1999, 78; Beck'scher VOB-Kommentar/*Motzke* VOB/B § 6 Nr. 6, Rdn. 56–58; *Nicklisch/Weick* § 6, Rdn. 51; *Piel* FS Korbion S. 349; *Lange* Baugrundhaftung, S. 124. Gegenteiliger Ansicht OLG Nürnberg BauR 2001, 409; *Diehr* BauR 2001, 1507; *Kemper* NZBau 2001, 238. *Kemper* meint, nachträglichen Eingriffen des Auftraggebers könne doch der Charakter einer Leistungsstörung zugemessen werden, „ansonsten ja Mehrvergütungsansprüche auch nach § 2 Nr. 5, 6 VOB/B nicht ausgelöst würden“. Das ist unrichtig: Für inhaltliche Leistungs**störungen** werden nie **Vergütungs**ansprüche ausgelöst (ausgenommen der Sonderfall der „sonstigen Anordnung“ des § 2 Nr. 5 VOB/B). Die nachträglichen inhaltlichen Anordnungen des Auftraggebers erteilt er kraft eines **vertraglich** eingeräumten Leistungsvorbehalts; die finanziellen Folgen der Ausübung dieses Vertragsrechts regelt die VOB systemgerecht folglich als modifizierte Vergütung, weil eine veränderte Leistung mit einer veränderten Vergütung korrespondieren muss; die Ausübung dieses Vertragsrechts führt manchmal **auch** zu zeitlichen Fragen. **Diese** kann man insoweit formal als Störung bezeichnen (oben Rdn. 1, 20). *Diehr* gibt als Begründung nur an, auch inhaltliche Anordnungen hätten Auswirkungen auf die Bauzeit, was im Einzelfall stimmen kann. Was das mit Schadensersatzansprüchen aus Behinderung zu tun haben soll, ist nicht ersichtlich. Alle finanziellen Folgen – auch die zeitabhängigen Kosten – werden per Vergütung erfasst, der Anspruch auf mehr Zeit ergibt sich aus § 6 Nr. 2 lit a.

[101] Näher VOB/B § 2 Rdn. 226.

an einem ersatzfähigem Schaden;[102] auch die Anwendung von Satz 2 scheidet aus. Der BGH hat bisher auch noch nie bei **bauinhaltlich** modifizierten Leistungen einen Schadensersatzanspruch aus § 6 Nr. 6 Satz 1 zuerkannt.[103]

3. Behinderungsschadensersatz und Vergütung konkurrierend bei die *Bauumstände (Bauzeit)* betreffenden technisch nicht zwingenden Anordnungen

57 Der Auftragnehmer kann bei bauinhaltlich unverändertem Bausoll dennoch Anordnungen zu **Bauumständen,**[104] insbesondere zur **Bauzeit** geben, z.B. einen Baustopp anordnen oder Gewerke nach vorne oder nach hinten verschieben. Dazu gibt ihm § 1 Nr. 3, 4 **kein** Recht; der Auftraggeber kann nicht einseitig die einmal vereinbarte Bauzeit oder die vereinbarten Ausführungsfristen ändern. Davon gibt es allerdings, bezogen auf die Bauumstände, aufgrund der „Kooperationspflicht" eine **Ausnahme**: Wenn der Auftraggeber **zwingend** (technisch) erforderliche Anordnungen zu Bauumständen gibt, muss der Auftragnehmer sie befolgen.[105] Die Vergütung erfolgt dann ausschließlich wegen einer „sonstigen Anordnung" gemäß § 2 Nr. 5 VOB/B, einen Schadensersatzanspruch aus § 6 Nr. 6 VOB/B gibt es dann also nicht. Wenn der Auftraggeber aber nur aus finanziellen Gründen z.B. eine Beschleunigung erreichen will, ist der Auftraggeber dazu nicht verpflichtet.[106] Der Auftraggeber kann sein Ziel rechtmäßig nur durch Änderungsvereinbarung erreichen.[107] Natürlich kann der Auftragnehmer aber oft „vertragswidrige" Anordnungen des Auftraggebers nicht einfach ignorieren; er muss sich oft dem „Zwang des Faktischen" beugen.[108] Der Auftraggeber setzt sich nur „mit Gewalt" durch und nicht aufgrund vertraglicher Befugnis. Dieses Verhalten ist also pflicht-, nämlich vertrags**widrig**, und deshalb eröffnet es im Gegensatz zur vertraglich erlaubten bauinhaltlichen Anordnung des Auftraggebers (oben Rdn. 56) einen Schadensersatzanspruch des Auftraggebers aus § 6 Nr. 6 Satz 1.[109]

Die VOB/B gewährt dem Auftraggeber aus sinnvollen Praktikabilitätserwägungen in solchen Fällen durch Einstufung der Anordnungen als „sonstige Anordnung" in § 2 Nr. 5 **auch** einen Vergütungsanspruch, aber die Anordnung als solche bleibt vertragswidrig.[110] Demzufolge kann sich der Auftraggeber bei solchen z.B. zeitlichen Anordnungen **aussuchen**, ob er seine Ansprüche auf § 6 Nr. 6 Satz 1 oder § 2 Nr. 5 stützt, je nach dem, welche Rechtsfolge im konkreten Fall für ihn günstiger ist.

58 Erlaubt der Vertrag dem Auftraggeber ausnahmsweise, einseitig Termine und Fristen zu verändern, so begründet der Vertrag damit ein vertragliches Änderungsrecht, der Auftraggeber handelt dann nicht pflichtwidrig, der Auftragnehmer hat also dann keine Schadensersatzansprüche aus § 6 Nr. 6 Satz 1. Ein solches einseitiges Fristenbestimmungsrecht kann der Auftraggeber in Allgemeinen Geschäftsbedingungen aber nur in sehr engen Grenzen einführen.[111]

4. Vertretenmüssen des Auftraggebers

59 § 6 Nr. 6 Satz 1 knüpft die Schadensersatzhaftung des Auftraggebers (genauso wie die des Auftragnehmers, Rdn. 93) daran, dass der andere Vertragsteil „die hindernden Umstände zu

[102] Zutreffend *Vygen* Bauvertragsrecht, Rdn. 688; es wird „kaum noch Raum sein für Schadensersatzansprüche", so OLG Braunschweig BauR 2001, 1735.
[103] Die Fälle BGHZ 50, 25 und BGH BauR 1971, 202 behandeln rein zeitliche Anordnungen, dazu Rdn. 57.
[104] Zum Begriff VOB/B § 2 Rdn. 33.
[105] Siehe die Nachweise in Fn. 59 sowie hier VOB/B § 2 Rdn. 181, Fn. 368.
[106] VOB/B § 2 Rdn. 181; *Markus*, NZBau 2006, 537.
[107] *Ingenstau/Korbion/Döring* VOB/B § 5, Nr. 1–3, Rdn. 26; Beck'scher VOB-Kommentar/*Motzke* § 5 Nr. 1 VOB/B, Rdn. 72, § 6 Nr. 1 VOB/B, Rdn. 66; *Weyer* BauR 1990, 138; *Kapellmann/Schiffers* Band 1, Rdn. 1332. 1333.
[108] Zutreffend *Diehr* BauR 2001, 1507.
[109] So auch der BGH (inzident) in den beiden entschiedenen Fällen, siehe Fn. 103. Dass der Anspruch aus § 6 Nr. 6 VOB/B besteht, ist allgemeine Auffassung. Dass auch Ansprüche aus § 2 Nr. 5 („sonstige Anordnung") bestehen, ist ganz herrschende, richtige Lehre (siehe auch VOB/B § 2 Rdn. 181).
[110] Näher VOB/B § 2 Rdn. 33, **181,** 185.
[111] Näher *Kapellmann/Schiffers* Band 1, Rdn. 1336, 1337.

vertreten hat", was bei Beurteilung der geschuldeten Mitwirkungshandlung des Auftraggebers als Pflicht § 280 BGB entspricht. Zu vertreten hat der Auftraggeber gemäß § 276 BGB Vorsatz oder Fahrlässigkeit, sofern eine strengere oder mildere Haftung weder (im Vertrag) bestimmt noch aus dem sonstigen Inhalt des Schuldverhältnisses, insbesondere aus der Übernahme einer Garantie oder eines Beschaffungsrisikos, zu entnehmen ist. Da jedermann, wenn er geldliche Verpflichtungen eingeht, das Risiko der Beschaffung der Geldmittel zu tragen hat, haftet der Auftraggeber aus § 6 Nr. 6 Satz 1, wenn ihm aus welchen Gründen auch immer das Geld ausgeht und der Auftragnehmer unter Beachtung des § 16 Nr. 5 Abs. 3 letzter Satz berechtigt die Arbeit einstellt und ihm dadurch Stillstandskosten entstehen. In den Standardfällen unterlassener mangelhafter oder verspäteter Mitwirkung schuldet der Auftraggeber Behinderungsschadensersatz, wenn er vorsätzlich oder fahrlässig gehandelt hat. Fahrlässig handelt, wer die im Verkehr erforderliche Sorgfalt außer Acht lässt, § 276 Abs. 2 BGB. Nicht der Auftragnehmer muss das „Vertretenmüssen" beweisen, vielmehr hat der Auftraggeber zu beweisen, dass er die Pflichtverletzung nicht zu vertreten hat, § 280 Abs. 1 Satz 2 BGB.

Nachfolgend einige **Beispiele** für Bejahung oder Verneinung des „Vertretenmüssens" seitens 60
des Auftraggebers; diese Fälle haben allerdings heute ihre Brisanz völlig verloren: Wird nämlich das „Vertretenmüssen" verneint, so verliert der Auftragnehmer nicht etwa seine Ansprüche, er kann vielmehr gemäß § 6 Nr. 6 Satz 2 VOB/B – wegen **desselben** Sachverhalts Ansprüche aus § 642 BGB geltend machen, für deren Anwendung es nicht auf Verschulden des Auftraggebers ankommt.[112]

Verschulden des Auftraggebers ist zu verneinen, wenn:

- dem Auftraggeber die zugesagte Baugenehmigung rechtswidrig verweigert wird; er hatte von der Genehmigungsbehörde auf Anfrage die Auskunft erhalten, die Bearbeitung sei unproblematisch, die Genehmigung Formsache[113]
- eine zum Baustellenverkehr vorgesehene Straße unvorhersehbar von der Behörde gesperrt wird[114]
- das vom Auftraggeber eingeholte geotechnische Gutachten unerkennbar unrichtig ist; bis zur Aufklärung durch weitere Probebohrungen und die nachfolgende Entscheidung des Auftraggebers entsteht unvermeidbare Stillstandszeit.[115]

Verschulden des Auftraggebers ist zu bejahen, wenn:

- die Baugenehmigung nicht erteilt wird, weil der Nachbar Widersprich einlegt; die nachbarrechtliche Situation vor Einreichung des Baugesuchs zu klären, entspricht der im Verkehr erforderlichen Sorgfalt
- der geplante Zeitablauf des Auftraggebers keine Reserven aufweist und deshalb jede Störung sofort den ganzen Zeitplan umwerfen muss
- eine Vorleistung nicht rechtzeitig bereitgestellt wird; sofern diese Vorleistung nicht durch den Auftraggeber selbst, sondern durch vom Auftraggeber beauftragte Unternehmer zu erbringen wäre, stellt sich das Problem der „Vorunternehmerhaftung" (dazu Rdn. 61).

5. Haftung des Auftraggebers im Rahmen von Mitwirkungspflichten für seine Erfüllungsgehilfen – „Vorunternehmerhaftung"

Wenn der Auftraggeber sich zur Erfüllung seiner Mitwirkungspflichten Dritter bedient, 61
haftet er für sie als seine **Erfüllungsgehilfen** gemäß § 278 BGB, also z.B. für seinen Tragwerkplaner wegen der verspäteten Vorlage von Schal- oder Bewehrungsplänen, für den Objektplaner (Architekt) bei verspäteter Vorlage vertraglich geschuldeter Ausführungszeichnungen oder für andere Unternehmer, wenn sie statt des Auftraggebers z.B. Koordinationsaufgaben wahrzuneh-

---

112 Zu den Ansprüche aus § 642 BGB näher Rdn. 89.

113 Zum Beispiel OLG Celle BauR 1995, 552.

114 OLG Düsseldorf BauR 1991, 337. Dann bestehen aber Ansprüche aus § 2 Nr. 8 Abs. 2, 3 VOB/B → VOB/B § 2, Rdn. 185.

115 Näher *Kapellmann/Schiffers* Band 1, Rdn. 1350, 771.

men haben (der Unternehmer für Technische Ausrüstung muss beispielsweise vertraglich dem Unternehmer für Bauleistungen seine Ausführungspläne rechtzeitig zur Verfügung stellen). Ein Ausschluss dieser Erfüllungsgehilfenhaftung in AGB des Auftraggebers ist immer unwirksam wegen Verstoßes gegen § 307 BGB.

Voraussetzung ist natürlich, dass die geschuldete Mitwirkung auch wirklich **Pflicht** des Auftraggebers ist, was für nahezu alle Mitwirkungshandlungen gänzlich unbestritten ist.[116] Lediglich für die Bereitstellung des baufertigen Grundstücks bzw. einer entsprechenden baulichen Vorleistung soll die vom Auftraggeber geschuldete Mitwirkung nicht Pflicht, sondern nur Obliegenheit sein, schon deshalb könne sich der Auftraggeber eines vorleistenden Unternehmers, auf dessen Leistung der nachfolgende Unternehmer aufbaut, nicht „zur Erfüllung einer Pflicht bedienen", also hafte der Auftragnehmer z.B. gegenüber dem Rohbauer für die verspätete Erstellung der Baugrube durch den Erdbauer nicht nach § 6 Nr. 6 Satz 1 VOB/B, der Nachfolgeunternehmer bleibe also auf seinem Schaden sitzen – so der BGH in der Entscheidung **„Vorunternehmer I"**,[117] denn der Auftraggeber „wolle sich regelmäßig dem einzelnen Auftragnehmer nicht zur Erbringung der notwendigen Vorarbeiten verpflichten". Das ist eine unerhebliche Behauptung: Der konkrete Pflichtenkreis des Schuldners (hier des Auftraggebers als Schuldner der Mitwirkungspflicht) wird bestimmt durch „Art und Inhalt des jeweiligen Schuldverhältnisses" (hier also eines nicht auf nur punktuellen Leistungsaustausch gerichteten Bauvertrages).[118] Der Gesetzgeber selbst hat Art und Inhalt jedenfalls des Bauvertrages konkret bestimmt: „Mängel" der vom Auftraggeber **gelieferten** Stoffe sind gemäß §§ 644, 645 BGB zweifelsfrei allein vom Auftraggeber zu tragen, das beizubringende Grundstück ist mit Baugrund und Grundwasser „Stoff".[119] Die Lieferung (Bereitstellung) von mangelfreiem Grundstück und mangelfreier baulicher Vorleistung ist deshalb genauso echte Pflicht des Auftraggebers wie die Erbringung von Plänen,[120] sofern nicht der Vertrag etwas anderes regelt. Die Haftung hier des Auftraggebers innerhalb seines Pflichtenkreises hängt nicht davon ab, ob er haften will. Die Entscheidung „Vorunternehmer I" ist deshalb mit Recht nahezu einhellig abgelehnt worden; sie war nicht nur dogmatisch unhaltbar, sondern führte auch zu untragbaren Ergebnissen;[121] der BGH lehnte dabei auch die Anwendbarkeit des § 642 BGB neben § 6 Nr. 6 VOB/B ab.

62 Gut 14 Jahre hat der BGH an dieser verfehlten Rechtsprechung festgehalten, im Jahre 1999 hat er dann in der Entscheidung **„Vorunternehmer II"**[122] erfreulicherweise das Ergebnis korrigiert, aber nicht – wie zu erwarten – mit der Begründung, der Auftraggeber habe eine Bereitstellungspflicht, zur Erfüllung dieser Pflicht vom Auftraggeber eingesetzter Vorunternehmer seien Erfüllungsgehilfen des Auftraggebers, sondern dahin – mit einigen dogmatischen Verrenkungen –, dass der Auftragnehmer gegen den Auftraggeber einen Anspruch aus § 642 BGB habe, wie es jetzt auch in Satz 2 Inhalt der VOB/B ist.

Vorweg ist der BGH unter Verweis auf „Vorunternehmer I" ohne ein weiteres Wort der Begründung dabei geblieben, die Bereitstellungspflicht von Grundstück und baulicher Vorleistungen sei nicht Pflicht, sondern nur Obliegenheit. Das ist unzutreffend, und zwar schon beim BGB-Vertrag, erst recht aber beim VOB-Vertrag.[123] Damit hat sich der BGH den Weg

---

[116] **Beispiele** dazu Rdn. 54.

[117] BGH „Vorunternehmer I" BauR 1985, 561 = BGHZ 95, 128.

[118] So schon RGZ 101, 158 (1921), ständige Rechtsprechung, z.B. BGHZ 48, 121, unbestritten. Zutreffend dazu *Inge Jagenburg*, Festschrift für Mantscheff, S. 99.

[119] BGH BauR 1986, 203; *Englert/Grauvogl/Maurer* Rdn. 527; *Kapellmann/Schiffers* Band 1, Rdn. 713; unbestritten. Siehe auch VOB/B § 2 Rdn. 43.

[120] Zur näheren Begründung oben Rdn. 47, 48, 54.

[121] Alle Einzelheiten bei *Kapellmann/Schiffers* Band 1, Rdn. 1367–1382. Ablehnend wie hier z.B. OLG Düsseldorf BauR 1999, 1309 mit Anmerkung *Kniffka*; Beck'scher VOB-Kommentar/*Motzke* VOB/B § 6 Nr. 6, Rdn. 87; *Nicklisch/Weick* § 10, Rdn. 14; Beck'scher VOB-Kommentar/*Hofmann* VOB/B § 4 Nr. 1, Rdn. 15; gegenteiliger Ansicht z.B. *Ingenstau/Korbion/Döring* VOB/B § 6,Nr. 6, Rdn. 20; weitere Nachweise *Kapellmann/Schiffers* Band 1, Rdn. 1368, Fn. 1595.

[122] BGH „Vorunternehmer II" NZBau 2000, 187 = BauR 2000, 722.

[123] Einzelheiten dazu oben Rdn. 47, 48, 50,54.

zur Anwendung des § 6 Nr. 6 Satz 1 erneut verstellt. Um das jetzt aber auch nach Meinung des BGH untragbare Ergebnis zu vermeiden, nahm der BGH in Abweichung von seiner früheren Rechtsprechung an, neben § 6 Nr. 6 VOB/B könne auch § 642 BGB angewandt werden. § 642 BGB erfordert kein Verschulden des Auftraggebers, das „Erfüllungsgehilfenproblem" löst sich damit scheinbar in Luft auf, denn § 278 BGB behandelt die Zurechnung fremden **Verschuldens**. Allerdings hätte der BGH dann durchaus eine Begründung dafür geben dürfen, warum denn bei Einstufung einer Mitwirkungshandlung als Obliegenheit der Auftraggeber für die einstehen muss, derer er sich zur Erfüllung seiner Obliegenheit bedient, ob es also eine „Haftung für Obliegenheitsgehilfen" gibt.[124]

Entgegen der Auffassung des BGH war § 6 Nr. 6 VOB/B a.F. speziell gegenüber § 642 BGB, § 642 BGB war also auf Ansprüche des Auftragnehmers wegen mangelhafter Mitwirkung des Auftraggebers beim VOB-Vertrag **nicht** anwendbar.[125]

§ 6 Nr. 6 Satz 2 VOB/B gewährt **heute – aber nicht nur bei Vorunternehmerfällen! – Ansprüche aus § 642 BGB**. Deren einzelne Voraussetzungen sowie die Berechnung des „Entschädigungsanspruches" aus § 642 BGB erörtern wir deshalb gesondert unter Rdn. 89 ff.

6. Die Darlegungs- und Beweislast zur haftungs*begründenden* Kausalität

Der Nachweis der „Rechtsgutverletzung", d.h. der vertragswidrigen Störung, betrifft die haftungsbegründende Kausalität. Bei ihr gibt es keine Beweiserleichterungen, keine Schätzungsmöglichkeiten nach § 287 ZPO, keine Vermutungen. Der Auftragnehmer muss deshalb voll darlegen und beweisen[126] 63

- den Tatbestand der Störung, z.B. verspätete Planvorlage
- im Beispielsfall: die Fälligkeit der Planbeibringung, d.h., wann der Auftraggeber den Plan vertragsgemäß zu liefern hatte
- wie lange der Störungszeitraum gedauert hat
- dass er die Störung (Behinderung) angezeigt hat bzw. dass Störung und behindernde Folge offenkundig waren

Diese Beweisregelung versteht sich auch von selbst: Es unterliegt bestimmt nicht der Schätzung, ob ein Plan verspätet geliefert worden ist oder nicht.

Der Auftraggeber muss – entgegen meiner früheren Auffassung – gemäß § 297 BGB die fehlende Leistungsbereitschaft des Auftragnehmers beweisen.

Das Verschulden des Auftraggebers hat der Auftragnehmer nicht darzulegen und zu beweisen, der Auftraggeber kann sich aber entlasten (oben Rdn. 59). Zur Darlegungs- und Beweislast hinsichtlich Schadensverursachung und –umfang, also zur *haftungsausfüllenden* Kausalität → Rdn. 84–86.

7. Der Schaden des Auftragnehmers

a) Schadensbegriff. Der Auftraggeber muss den durch die von ihm zu vertretende Störung (zum Begriff Rdn. 1) verursachten[127] Schaden ersetzen. Schaden ist die Differenz zwischen hypothetischer ursprünglicher Vermögenslage des Auftragnehmers – die es gegeben hätte, wenn es keine Störung gegeben hätte – und heutiger tatsächlicher Vermögenslage, so wie sie durch die Störung verursacht ist.[128] Während bei Vergütungsnachträgen die durch Leistungsmodifikationen 64

[124] Was im Ergebnis zu bejahen ist; zum Problem *Palandt/Sprau* BGB § 278, Rdn. 21; MünchKomm/*Grundmann* § 278, Rdn. 24; *Raab* JZ2001, 251. Vgl. auch VOB/B § 10, Rdn. 7.

[125] Einzelheiten dazu oben Rdn. 46–49.

[126] BGH „Behinderungsschaden III" NZBau 2005, 387 = BauR 2005, 857; BGH „Behinderungsschaden IV" NZBau 2005, 335 = BauR 2005, 681; *Kapellmann/Schiffers* Band 1, Rdn. 1612, 1613.

[127] Zur Darlegung und zum Beweis des Ursachenzusammenhangs zwischen Störung und Schaden im Einzelnen unten Rdn. 84.

[128] BGH „Behinderungsschaden I" BauR 1986, 347, unbestritten.

tatsächlich entstehenden Kosten im Prinzip keine Rolle spielen, weil die Nachtragsvergütung auf kalkulativer Basis ermittelt wird[129] – also wie bei Angebotsabgabe: Der Bieter versucht, die künftig entstehenden Kosten zu ermitteln (zu kalkulieren) und bietet einen daraus gebildeten Preis an –, ist es beim Behinderungsschadensersatz genau umgekehrt. Ersetzt wird die Differenz zwischen hypothetischen ungestörten Kosten und tatsächlich eingetretenen störungsbedingten Kosten. Ein Beispiel verdeutlicht den wesentlichen Unterschied der beiden Berechnungsarten: Der Auftraggeber ordnet einen Baustopp an, deswegen steht ein Nachunternehmer des Auftragnehmers 3 Wochen beschäftigungslos auf der Baustelle herum; er berechnet dafür dem Auftragnehmer aber nichts, weil er geschäftspolitisch sich davon Vorteile verspricht. Bei zeitlichen Anordnungen des Auftraggebers kann sich der Auftraggeber aussuchen, ob er nach § 2 Nr. 5 (Vergütungsnachtrag) oder nach § 6 Nr. 6 Satz 1 (Behinderungsschadensersatz) vorgeht.[130] Wählt er § 2 Nr. 5, erhält er Mehrvergütung, weil **kalkulatorisch** für Stillstandszeiten (Mehr-)Kosten anfallen; wählt er § 6 Nr. 6 Satz 1, erhält er nichts, weil es beim Behinderungsschadensersatz nur auf die Differenz zwischen der hypothetischen und tatsächlichen Kosten ankommt; dabei wird dieser Schadensersatzbetrag auch ermittelt ohne Abzug eventuell vereinbarter **Skonti** oder **Nachlässe**. Diese bisher für „Behinderungsnachträge" so wesentliche Unterscheidung hat völlig an praktischer Bedeutung verloren, weil § 6 Nr. 6 Satz 2 die Anwendung von § 642 BGB neben § 6 Nr. 6 Satz 1 VOB/B bei Behinderungen aus mangelhafter Mitwirkung des Auftraggebers zulässt:[131] Nach § 642 BGB erhält der Auftragnehmer nämlich „Entschädigung", die genau wie ein Vergütungsnachtrag kalkulativ berechnet wird.[132]

65 **b) Gestörte Bauabläufe führen zu typischen Schäden**[133]

aa) Infolge der Störung läuft die Produktion nicht mehr glatt (nicht mehr wie vorgeplant), holprig (improvisiert). Die Produktivität des Baustellenpersonals sinkt („Intensitätsabfälle"), d.h., dass Personal kostet genauso viel wie vorher, leistet aber weniger (dazu Rdn. 66). Es muss zusätzliches Personal eingesetzt werden, oder das Personal braucht länger, letzteres kann zur Bauzeitverlängerung führen.

bb) Diese und ähnliche Störfaktoren führen zur Bauzeitverlängerung. Außer den Kosten zu aa) entstehen Mehrkosten z.B. für Lohnerhöhungen in der verlängerten Zeit oder zusätzliche zeitabhängige Kosten, z.B. für die verlängerte Vorhaltung der Baustelleneinrichtung oder das Bauleitungspersonal.

cc) Die Störung kann so intensiv sein, dass ein Baustellenstillstand eintritt. Dann entstehen für nicht kurzfristig abbaubare Produktionsfaktoren Kosten (z.B. unbeschäftigtes Personal, das ist gewissermaßen der Intensitätsabfall auf „Null") und wieder zusätzliche zeitabhängige Kosten wie bei bb).

dd) Die Störung verursacht auch sonstige Kosten, z.B. Schadensermittlungskosten (etwa die Kosten eines Sachverständigen), zusätzliche Finanzierungskosten oder zusätzliche Kosten für die Erstellung eines ansonsten nicht erforderlichen Aufmaßes (Rdn. 74 ff.).

c) Auswirkung auf einzelne Kostenelemente sowie (Wagnis und) Gewinn

66 **aa) Auswirkung auf Direkte Kosten.** Die vorgenannten Folgen führen zu erhöhten oder zusätzlichen **Direkten Kosten.**[134] In verlängerter Bauzeit z.B. entstehende erhöhte Lohnkosten, Materialkosten oder Nachunternehmerkosten sind zu ersetzen;[135] eine widersprechende

[129] Näher VOB/B § 2 Rdn. 213, Ausnahmen Rdn. 214–216.
[130] Zu diesem Wahlrecht oben Rdn. 57.
[131] BGH „Vorunternehmer II" NZBau 2000, 187 = BauR 2000, 722. Dem ist aber **nicht** zu folgen, oben Rdn. 46–48, 66.
[132] Einzelheiten Rdn. 90 ff.
[133] Vollständige Aufstellung aller möglichen Schadensfolgen *Kapellmann/Schiffers* Band 1, Rdn. 1419–1454.
[134] Zum Begriff VOB/B § 2 Rdn. 139.
[135] BGH-Urteil vom 22.11.1973, VII ZR 14/72, zitiert nach *Schmidt* WM 1974, 294; OLG Düsseldorf BauR 1996, 862 mit Anmerkungen *Kapellmann*.

AGB-Klausel des Auftraggebers wäre unwirksam. Basis für die Berechnung der Mehrkosten ist die Arbeitskalkulation (näher Rdn. 81). Die Mehrkosten infolge störungsbedingt verringerter Produktivität („Intensitätsabfall") können durch Ist-Stundenerfassung und einen Aufwand-Soll-Ist-Vergleich (Vergleich ungestörte mit gestörter Periode) plausibel ermittelt werden; es gibt auch zulässig zu schätzende Erfahrungswerte.[136] Bei Baustillstand zu ersetzende zusätzliche zeitabhängige Direkte Kosten, z.B. für unbeschäftigtes Personal oder Gerät, sind zu ersetzen, so weit diese Kosten nicht kurzfristig abbaubar sind. Die Tatsache, dass der Auftragnehmer z.B. das Personal unabhängig vom störungsbedingten Stillstand ohnehin hätte bezahlen müssen, ist kein Argument gegen die Bewertung als Schaden: Der Auftragnehmer hat seine Produktionsmittel durch den Bauvertrag für diese Baustelle gebunden, er kann sie nicht (mehr) anderweitig kostendeckend und gewinnbringend einsetzen; seine zweckgebundenen Aufwendungen führen zum Schaden, wenn sie ohne die vereinbarte Gegenleistung bleiben. Diese „normative" Fortentwicklung des Schadensbegriffes im Rahmen der Differenzhypothese (vgl. Rdn. 68) beruht auf der von der Rechtsprechung zutreffend entwickelten „Rentabilitätsvermutung", hier sowohl für Personal wie für Gerät zutreffend ausgedrückt als „Beschäftigungsvermutung".[137] Diese Bewertung als Schaden ist durch das Schuldrechtsmodernisierungsgesetz bestätigt worden.[138]

Es können auch sonstige zusätzliche Direkte Kosten entstehen, z.B. zusätzliche Kosten der Winterfestmachung, zusätzliche Kosten für An- und Abtransport abziehbarer Geräte, höhere Versicherungsprämien oder dergleichen.

bb) Beaufschlagung mit Baustellengemeinkosten? Auf den Schadensersatz für behinderungsbedingte Direkte Kosten werden keine prozentualen Baustellengemeinkosten[139] umgelegt. 67
Die Umlage dient der Deckung der auf dieser Baustelle entstehenden, auf Kalkulationsbasis bewerteten Baustellengemeinkosten. Solange die Störung keine zusätzlichen Baustellengemeinkosten verursacht, entsteht auch kein zu ersetzender Schaden. Entstehen zusätzliche Baustellengemeinkosten – prototypisch die zusätzlichen zeitabhängigen Kosten: Der Baustellencontainer muss einen Monat länger vorgehalten werden, der Bauleiter muss einen Monat länger auf der Baustelle bleiben –, so sind diese im Behinderungsstadium entstehenden Kosten problemlos auf die jeweilige Behinderung zu beziehen und kostenkalkulatorisch damit nichts anderes als „Direkte Kosten der Behinderung", die selbstverständlich zu ersetzen sind, aber eben selbstverständlich nicht ihrerseits prozentual mit Baustellengemeinkosten beaufschlagt werden.

Solange es keine solchen weiteren Direkten Kosten gibt, sind die bisher angesetzten Baustellengemeinkosten durch die Vertragsvergütung nach wie vor gedeckt. Zusammenfassend werden

---

[136] Näher *Kapellmann/Schiffers* Band 1, Rdn. 1422, 1594, 1634, 1635; *Vygen/Schubert/Lang* Rdn. 454 ff.; *Leinemann/Reister/Silbe* VOB/B § 6, Rdn. 154.

[137] BGH „Behinderungsschaden I" BauR 1986, 347 „... für Arbeitskräfte, Maschinen und Geräte"; *Vygen/Schubert/Lang* Rdn. 316; *Heiermann/Riedl/Rusam* VOB/B § 6, Rdn. 49; speziell zur „Beschäftigungsvermutung" für Gerät *Kapellmann/Schiffers* Band 1, Rdn. 1443, zur Berechnung für Gerät hier Rdn. 84.

[138] Siehe dazu Begründung zum Regierungsentwurf Schuldrechtsmodernisierungsgesetz vom 9.5.2001, Seite 326, 327.

Für Schadensersatzansprüche statt der Leistung gewährt § 284 BGB nach Wahl des Geschädigten Aufwendungsersatz statt Schadensersatz. Das trifft den vorliegenden Fall nicht, denn die hier diskutierten Ansprüche aus mangelhafter Mitwirkung sind Ansprüche des Auftragnehmers aus Verzug oder positiver Vertragsverletzung (oben Rdn. 55), aber nicht Schadensersatzansprüche statt der Leistung. Demzufolge greift § 284 BGB nicht ein.

Ganz abgesehen davon schließt § 284 BGB schon generell Schadensersatzansprüche wegen frustrierter Aufwendungen in Fällen, in denen die Rentabilitätsvermutung zieht, nicht aus ; BGH NJW 2005, 2848. Die amtliche Begründung macht deutlich, dass § 284 BGB Auffangtatbestand für solche Fälle sein soll, in denen der Schadensbegriff zu verneinen ist, weil die Rentabilitätsvermutung nicht greift (z.B. bei ideellen Zwecken des Gläubigers). In solchen Fällen soll § 284 BGB dem Geschädigten statt des (zu verneinenden) Schadensersatzes Aufwendungsersatz gewähren. Es wäre merkwürdig, wenn ein Geschädigter, der mit dem Rechtsgeschäfts Erwerbszwecke verfolgt, in solchen Fällen seine Aufwendungen nur noch über § 284 BGB ersetzt bekäme, dafür aber auf z.B. entgangenen Gewinn verzichten müsste. Wie hier auch *Palandt/Heinrichs*, § 284, Rdn. 4.

[139] Zum Begriff VOB/B § 2 Rdn. 139.

also die insgesamt entstehenden Direkten Kosten nicht noch einmal prozentual mit Baustellengemeinkosten beaufschlagt.

68 **cc) Beaufschlagung mit Allgemeinen Geschäftskosten?** Allgemeine Geschäftskosten[140] werden nach einem prozentualen Schlüssel auf die Herstellkosten (bei behinderungsbedingtem Schadensersatz nur auf die Direkten Kosten, da keine zusätzlichen Baustellengemeinkosten aufgeschlagen werden, siehe Rdn. 71) zugeschlagen. Allgemeine Geschäftskosten sind genauso Kosten wie Direkte Kosten; ohnehin hängt die Bewertung als Direkte Kosten oder als Allgemeine Geschäftskosten im Einzelfall vom jeweils angewandten Kalkulationssystem ab. Die Problematik ist deshalb identisch mit der bei Direkten Kosten. Durch den Vertrag werden z.B. Arbeitskräfte vor Ort (= Direkte Kosten) und anteilig-abstrakt Arbeitskräfte generell (z.B. die Lohnbuchhaltung = „Allgemeine Geschäftskosten") bereit gestellt. Wenn sie bereit stehen, aber nicht die vertraglich vereinbarte Gegenleistung erwirtschaften (Werklohn), erleidet der Auftragnehmer einen Schaden. Für **beide** Kostenverursacher gilt die Rentabilitäts- und Beschäftigungsvermutung, die es in normativer Weiterentwicklung des Schadensbegriffes im Rahmen der Differenzhypothese erlaubt, die „frustrierten Aufwendungen" als Schaden zu bewerten.[140] Demzufolge ist es mit Recht **unbestritten**, dass die behinderungsbedingten Direkten Kosten prozentual mit „Allgemeinen Geschäftskosten" gemäß Angebots- bzw. Auftragskalkulation beaufschlagt werden.[141] Eine Verneinung würde dazu führen, dass jede Behinderung infolge ungedeckter Allgemeiner Geschäftskosten unweigerlich zum Verlustgeschäft für den Auftragnehmer würde; Sinn des Behinderungsschadensersatzes ist aber gerade, die Vermögensnachteile infolge der Behinderung auszugleichen.

69 Die Rechtsprechung hatte früher die Beaufschlagung mit Allgemeinen Geschäftskosten mit der Begründung abgelehnt, die Allgemeinen Geschäftskosten hätten sich durch die Behinderungen nicht verändert, zu ersetzen seien nur **„erhöhte** Gemeinkosten".[142] Das erste Argument ist durch die Rechtsprechung selbst längst überholt, die „Rentabilitätsvermutung" erlaubt es ja gerade, diese (angeblichen) „Ohnehin-Kosten" als Schaden einzustufen.[143] Das zweite liegt neben der Sache: Gäbe es ausnahmsweise den Fall, dass sich die Allgemeinen Geschäftskosten behinderungsbedingt erhöhten (Beispiel: Der Bauhof muss für diese Baustelle Sonderschichten einlegen), so ist es ganz selbstverständlich, dass diese **erhöhten** Kosten, bezogen auf die jeweilige Bindung, als zu ersetzende **„Direkte Kosten"** der Behinderung zugeordnet werden, genau wie bei erhöhten Baustellengemeinkosten (oben Rdn. 71). Das hat aber mit der Frage, ob Direkte Kosten der Behinderung generell mit Allgemeinen Geschäftskosten beaufschlagt werden dürfen, nichts zu tun.

70 Eine wiederum andere, sehr spezielle Frage ist es, ob nicht der durch behinderungsbedingte Verschiebung einer Leistung in ein Folgejahr im Ursprungsjahr durch den Leistungsentfall entstehende Deckungsbeitragsverlust als solcher schon Schaden ist. Das wird man nur in seltenen Sonderfällen bejahen können, weil die Allgemeinen Geschäftskosten sich nicht kostenkausal zum Ablauf einer bestimmten Baustelle entwickeln.[144]

---

[140] Zum Begriff und zur Umlagemethodik VOB/B § 2 Rdn. 139.

[141] Näher oben Rdn. 67, Fn. 131.

[142] „Zurecht hat der Sachverständige die so ermittelten Behinderungskosten auch noch um die Allgemeinen Geschäftskosten erhöht, denn auch diese Allgemeinen Geschäftskosten gehören baubetrieblich zum Schaden der Klägerin, da sie bei der Fertigstellung des Bauwerks ohne Stillstandszeit diese Allgemeinen Geschäftskosten bei dem Folgeauftrag im Allgemeinen erwirtschaftet hätte, da auch diese Allgemeinen Geschäftskosten Grundlage der Kalkulation des Bauunternehmers sind. Da die Klägerin für die Dauer der Stillstandszeit sowohl an der Erwirtschaftung der Kosten für Maschinen und Geräte als auch an der Erwirtschaftung der darauf üblicherweise entfallen Allgemeinen Geschäftskosten gehindert worden ist, gehört dies zu den dem Unternehmen nachweislich entstandenen Schaden", so OLG Düsseldorf BauR 1988, 487, 490 (Revision vom BGH nicht angenommen); ebenso OLG München BauR 1992, 74 (Revision vom BGH nicht angenommen); *Vygen/Schubert/Lang* Rdn. 306, 307, 312; *Kapellmann/Schiffers* Band 1, Rdn. 1430.

[143] BGH BauR 1976, 128; KG ZfBR 1984, 129; *Ingenstau/Korbion/Döring* VOB/B § 6, Nr. 6, Rdn. 40.

[144] BGH „Behinderungsschaden I" BauR 1986, 347, weitere Nachweise Fn. 137; siehe auch Rdn. 70, 72.

71 **dd) Beaufschlagung mit Wagnis?** Wagnis hat entgegen der noch gängigen Praxis keine selbstständige kalkulatorische Bedeutung,[145] sondern ist Bestandteil des Gewinns (oder Verlusts); die Direkten Kosten der Behinderung werden **deshalb** mit dem kalkulierten Prozentsatz für (Wagnis und) Gewinn beaufschlagt (zum Gewinn Rdn. 72).

72 **ee) Beaufschlagung mit Gewinn, Haftungsbeschränkung in § 6; AGB-Konformität der Haftungsbeschränkung.** Nach § 6 Nr. 6 Satz 1 wird entgangener Gewinn nur dann ersetzt, wenn dem behindernden Vertragsteil Vorsatz oder grobe Fahrlässigkeit zur Last fällt. Der Ausschluss des Schadensersatzes auf entgangenen Gewinn ist auch in Allgemeinen Geschäftsbedingungen gemäß § 309 Nr. 7 lit b BGB zulässig. Zwar kann trotz dieser grundsätzlichen Erlaubnis dennoch die Anwendung der Generalklausel des § 307 BGB ergeben, dass die Klausel unwirksam ist, weil sie den Vertragspartner des Verwenders entgegen den Geboten von Treu und Glauben unangemessen benachteiligt (Abs. 1) oder wesentliche Rechte aus dem Vertrag so einräumt, dass die Erreichung des Vertragszwecks gefährdet ist (Abs. 2, 2. Alternative). Der ganze Sinn des § 6 Nr. 6 besteht aber darin, bei **bestehendem Vertrag** ein beiderseits gleiches Haftungssystem zu schaffen und die Risiken der vertragstreuen Vertragspartner zu beschränken.[146] Unter diesem Aspekt ist es auf jeden Fall akzeptabel, die Haftung des Auftraggebers bei einfacher Fahrlässigkeit dafür auszuschließen, dass dem Auftragnehmer durch die Behinderung auf einer **anderen** Baustelle, die er ohne die Behinderung hätte beginnen oder verstärken können, Gewinn entgeht. Dagegen ist es äußerst zweifelhaft, ob dem Auftragnehmer auch der Gewinnzuschlag auf die Selbstkosten (im Behinderungsfall: Direkte Kosten plus prozentualer Aufschlag mit Allgemeinen Geschäftskosten) bei auftraggeberseitiger Behinderung genommen werden darf. Tatsächlich ist **das** eine zu gravierende Abweichung vom Gesetz: Das BGB gewährt dem Auftragnehmer „Entschädigung" gemäß § 642 BGB sogar dann, wenn den Auftraggeber an der mangelhaften Mitwirkungshandlung **kein** Verschulden trifft, aber selbst dieser „Entschädigungsanspruch" umfasst den entgangenen, kalkulierten Gewinn.[147] Dagegen spricht auch eine Überlegung, die der BGH vor Inkrafttreten des AGB-Gesetzes für die umgekehrte Haftungsbeschränkung aufgestellt hat: Der Ausschluss des entgangenen Gewinns des Auftraggebers sei hinnehmbar, weil der Schaden z.B. aus einem nicht vermieteten Objekt „schwer überschaubar" sei.[148] Der entgehende Gewinn des Auftragnehmers auf einer Baustelle ist aber im Prinzip genau bekannt, es ist der kalkulatorische Gewinnzuschlag. § 6 Nr. 6 Satz 1 ist deshalb unwirksam wegen Verstoß gegen § 307 BGB.[149] Wenn man dem nicht zustimmt, muss § 6 Nr. 6 Satz 1 deshalb für den Schaden des Auftragnehmers im Wege „behutsamer Auslegung der VOB"[150] jedenfalls erweiternd dahin ausgelegt werden, dass der entgangene Gewinn in Form des kalkulierten Zuschlags für (Wagnis und) Gewinn auf die Selbstkosten **dieser** Baustelle immer zu ersetzen ist, entgangener Gewinn auf Drittbaustellen dagegen nur bei Vorsatz oder grober Fahrlässigkeit des Auftraggebers.[151]

73 Hält man die Haftungseinschränkung des § 6 Nr. 6 Satz 1 VOB/B entgegen unserer Auffassung für wirksam, so besteht Ersatzpflicht des Auftraggebers für entgangenen Gewinn auch auf der Baustelle nur, wenn den Auftraggeber Vorsatz oder grobe Fahrlässigkeit bezüglich der Störung treffen. Ganz entgegen der Tagespraxis, in der der Gewinnzuschlag in solchen Fällen routinemäßig gestrichen wird, ist in einer Vielzahl von Fällen grobe Fahrlässigkeit des Auftraggebers zu bejahen. Gerade in den Standardfällen der Behinderung, nämlich der verspäteten Vorlage von Schal- und Bewehrungsplänen gilt das: Jeder Auftraggeber muss wissen, dass er nicht nur für die

[145] Im Einzelnen dazu *Kapellmann/Schiffers* Band 1, Rdn. 1431–1435; weitergehend für Ersatz ausgefallener Deckungsbeiträge aus Allgemeinen Geschäftskosten, Wagnis und Gewinn bei Ermittlung der „Teuerungsvergütung" nach durch Nachprüfungsverfahren verschobenem Zuschlag ohne Begründung und unzutreffend *Heilfort/Zipfel* VergabeR 2005, 38, 43.

[146] Näher VOB/B § 2 Rdn. 139 mit Nachweisen.

[147] Einzelheiten Rdn. 47.

[148] Einhellige Meinung, einzige Ausnahme der BGH, dazu näher Rdn. 92.

[149] BGH BauR 1976, 126 = BGHZ 65, 372.

[150] Näher *Kapellmann/Schiffers* Band 1, Rdn. 1491.

[151] *Weick* FS Korbion S. 451.

Bauproduktion eine Terminplanung zu machen hat, sondern auch für die Erstellung der Planung. Wenn ohne besonderen Grund der notwendige Planungsvorlauf nicht eingehalten wird, ist das grobe Fahrlässigkeit.

d) Sonderkosten

74 **aa) Schadensermittlungskosten.** Der Auftragnehmer kann auch Ersatz des Schadens verlangen, der ihm durch die Schadensermittlung entsteht. Für **externe Kosten**, z.B. Sachverständigenkosten im Zusammenhang mit der Schadensermittlung oder – dokumentation, ist das unbestritten.[152] Für **interne** Kosten des Auftragnehmers gilt: Wenn nachweisbare Zusatzkosten entstanden sind – z.B. Überstunden des Bauleiters, Einstellung eines zusätzlichen Mitarbeiters –, so sind diese Kosten zu ersetzen. Die allgemeine Bindung der Arbeitskraft von Mitarbeitern begründet aber laut BGH keinen ersatzfähigen Schaden, außer, es sind „... außergewöhnliche Belastungen bei der Rechtsverfolgung erwachsen, die über das, was der Verkehr als übliche persönliche Bemühung bei der Rechtsverfolgung ansieht, übersteigen".[153] Außergewöhnlich sind die Belastungen immer dann, wenn die Behinderungsschäden selbst ein außergewöhnliches Ausmaß haben; das ist auf jeden Fall zu bejahen, wenn der Behinderungsschaden mehr als 5% der Vertragssumme übersteigt, dann ist ein angemessener pauschaler Betrag für die Mehrkosten ersatzfähig.

Ob die generell ablehnende Rechtsprechung zu halten ist, kann angesichts Artikel 3 Abs. 1 e Zahlungsverzugsrichtlinie zweifelhaft sein. Bei Ansprüchen auf Geldforderungen (Artikel 1) regelt die Zahlungsverzugsrichtlinie, dass der Schuldner auch die Beitreibungskosten zahlen muss, was für die Ersatzfähigkeit eines angemessenen Zeit- und Verwaltungsaufwands spricht.[154] Auch wenn hier der Auftraggeber nicht mit einer Zahlung in Verzug ist, sondern mit einer Mitwirkungshandlung, ist doch die Situation nicht unvergleichbar. Jedenfalls bietet es sich deshalb an, die Aufwendungen des Auftragnehmers doch wenigstens in angemessenem Rahmen als ersatzfähig anzusehen.

Zu ersetzende interne Sonderkosten können auch dadurch entstehen, dass der Auftragnehmer zum Nachweis zusätzlicher störungsbedingter Kosten die ansonsten unveränderte Vertragsleistung jetzt größenordnungsmäßig präzisieren muss, also z.B. bei einem Pauschalvertrag nur deshalb ein Aufmaß der Leistungen fertigen muss oder ein so genanntes „Mengenkonzept" belegen muss.[155]

75 **bb) Vorfinanzierungszinsen, kalkulatorische Zinsen.** Die Bezahlung z.B. der Löhne ist kalkulatorisch durch die Vergütung gedeckt. Dagegen ist für den Ersatz von Behinderungsschäden kein Kalkulationsansatz vorhanden. Zur kostengerechten Abrechnung des Behinderungsschadens gehört es deshalb auch, die bis zur Zahlung – genauer: die bis zum Verzugseintritt, ab dann erhält der Auftragnehmer ja Verzugszinsen – anfallenden Vorfinanzierungszinsen für verauslagte Löhne, Gerätekosten usw. in der Stillstandszeit zu ersetzen.

Ob kalkulatorische Zinsen auf das eingesetzte Eigenkapital bei störungsbedingt verlängerter Bauzeit zu ersetzender Schaden sind, kann bei nicht grob fahrlässig verursachter Störung zweifelhaft sein, wenn man die Haftungsbeschränkung akzeptiert; sie fallen nämlich unter entgangenen Gewinn;[156] folgt man der Auffassung, dass die Haftungsbeschränkung des § 6 Nr. 6 den Ersatz des entgangenen Gewinns auf dieser Baustelle nicht ausschließt oder hält man § 6 Nr. 6 insgesamt für AGB-widrig (dazu oben Rdn. 73), so besteht ohnehin Ersatzpflicht.

[152] Zutreffend *Kniffka*, in: *Kniffka/Koeble* Kompendium, Teil 8 Rdn. 31.

[153] BGH „Behinderungsschaden I" BauR 1986, 347; *Leinemann/Reister/Silbe* VOB/B § 6, Rdn. 111.

[154] BGHZ 75, 233; BGH NJW-RR 1994, 534; OLG Düsseldorf NZBau 2002, 43; *Ganten* BauR 1987, 22. Zur Parallele bei Vergütungsansprüchen siehe VOB/B § 2 Rdn. 226; vgl. auch *Marbach*, Festschrift Jagenburg, 539.

[155] *Dauner-Lieb* in: *Dauner-Lieb/Heidel/Lepa/Ring* § 286, Rdn. 20 mit Nachweisen.

[156] Zur Parallele bei freier Kündigung des Auftraggebers vgl. *Kapellmann/Schiffers* Band 2, Rdn. 1329. Eine weitere Analogie bietet § 14 Nr. 4 VOB/B.

e) Mehrwertsteuer. Es ist strittig, ob Schadensersatzansprüche gemäß § 6 Nr. 6 Satz 1 der Mehrwertsteuer unterliegen oder nicht.[157] Deshalb hatte der BGH empfohlen, hinsichtlich der Mehrwertsteuerverpflichtung ein Feststellungsurteil statt eines Leistungsurteils zu beantragen dahingehend, dass Mehrwertsteuer bezahlt werde müsse, wenn die Finanzverwaltung sie vom Auftragnehmer erhebe.[158] Nachdem mittlerweile 19 Jahre vergangen sind, sollte sich die Zivilrechtsprechung zu einer eindeutigen Antwort entscheiden; Feststellungsurteile, die einen solchen Ersatz auch noch nach 30 Jahren zulassen (§ 197 Abs. 1 Nr. 3 BGB), sind auf Dauer untragbar. Die Entscheidung muss sich nach dem materiellen Inhalt des Anspruchs ausrichten und nicht nach der formellen Einkleidung in das Gewand eines Schadensersatzanspruches, was erst recht gilt, wenn – ob zutreffend berechnet oder nicht – ein Anspruch auf § 6 Nr. 6 Satz 1 **oder** § 6 Nr. 6 Satz 2 VOB/B, § 642 BGB **oder** bei zeitlichen Anordnungen auf § 2 Nr. 5 VOB/B gestützt wird. Der Schadensersatzanspruch ist „vergütungsgleich".[159] Wenn die „Ersatzleistung" die Gegenleistung für eine empfangene Leistung oder sonstige Leistung im Sinne des § 1 Abs. 1 Satz 1 UstG darstellt, liegt steuerpflichtiges Entgelt vor. Es reicht dabei, wenn die Zahlungen im ursächlichen Zusammenhang mit der Leistung des Steuerpflichtigen stehen – so zutreffend jetzt der BGH für eine Forderung auf Schadensersatz wegen Nichterfüllung (§ 320 BGB a.F.), so weit mit ihr als Schaden die infolge des Schadensersatzverlangens untergegangene Vergütungsforderung für erbrachte Leistungen geltend gemacht wird.[160] Dass die vergütungsrechtliche Schadensersatzforderung wegen Behinderung für zur Verfügung gestellte, nun nicht Leistung erwirtschaftende Kostenverursacher im ursächlichen Zusammenhang mit der Leistung des Auftragnehmers steht, wird man kaum bestreiten können. 76

Im Einklang mit der zitierten Rechtsprechung des BGH ist daher heute davon auszugehen, dass der Anspruch mehrwertsteuerpflichtig ist.

Da es sich beim Umsatzsteuergesetz um eine Umsetzung der 6. Richtlinie des Rechts zur Harmonisierung der Rechtsvorschriften der Mitgliederstaaten über die Umsatzsteuer 77/388 EWG handelt, muss ein mit dieser Frage befasstes Gericht eine Entscheidung des Gerichtshofs der Europäischen Gemeinschaft gemäß Art. 234 EGV einholen.[161]

f) Schadensminderungspflicht, Mitverschulden, Beschleunigung. Zur Schadensminderungspflicht des Auftragnehmers gemäß § 6 Nr. 3 verweisen wir auf Rdn. 30; zum Ersatz von Beschleunigungskosten (einschließlich der eigenmächtigen Korrektur von Plänen) auf Rdn. 31–34. In Ausnahmefällen kann eine Kürzung des Schadensersatzanspruches gemäß § 254 BGB wegen Mitverursachung oder Mitverschuldens des Auftragtragnehmers in Betracht kommen. 77

8. Nachweis von Schaden und Ursache (haftungs*ausfüllende* Kausalität); konkrete oder abstrakte Ursachen- und Schadensermittlung

a) Grundsatz: Keine abstrakte Ursachen- und Schadensermittlung. Störungen **können** zu Mehrkosten des Auftragnehmers führen, müssen dies aber nicht; wenn Behinderungen eintreten, können sich nur auf einzelne Ausführungsfristen oder auch auf die Fertigstellungsfrist auswirken;[162] deshalb ist die Ermittlung der Verursachung eines Schadens durch eine Störung und die Ermittlung der Schadenshöhe aufwendig, insbesondere erfordert sie einen hohen Dokumentationsaufwand während der Bauzeit. Um hier begangene „Sünden" nachträglich zu überspielen und die Mühe der konkreten Ursachen- und Schadensermittlung überflüssig zu 78

---

157 Zu diesem Problem im Einzelnen *Kapellmann/Schiffers* Band 1, Rdn. 1493–1495.

158 Gegen Mehrwertsteuer OLG Düsseldorf BauR 1988, 487; KG ZfBR 1984, 129; für Mehrwertsteuer z.B. *Dähne* BauR 1978, 433; *Kapellmann* BauR 1985, 123. So weit ersichtlich, gibt es eine finanzgerichtliche Entscheidung bis heute nicht.

159 BGH „Behinderungsschaden I" BauR 1986, 347.

160 BGHZ 50, 25.

161 BGH WM 2001, 2309.

162 Vgl. zur Parallele bei freier Kündigung BGH BauR 1999, 1294.

machen, hatte *Gutsche* eine „abstrakte Schadensberechnung" entwickelt,[163] die das Kammergericht in einem langwierigen Behinderungsfall zur Entscheidungsgrundlage gemacht hat.[164] Sie ist vorweg eine reine nachträgliche Gutachterberechnung, schon deshalb kann sie jedenfalls nicht **die** richtige Methode sein. Ihre Basis ist – verkürzt – in erster Linie die Ermittlung des (scheinbar) notwendigen Zeitmehraufwands in der Form, dass jeder festgestellten Störung eine theoretische Zeitfolge zugeordnet wird, also eine Auswirkung, wie sie (nach Meinung des Gutachters) hätte auftreten müssen. Auf diese Weise wird eine theoretische Behinderungsdauer ermittelt. Hat der Auftragnehmer kürzer gearbeitet, so hat das (angeblich) seinen Grund in ersatzpflichtigen Beschleunigungsmaßnahmen gehabt. Der Mehrzeit wird ebenso abstrakt ein angeblicher notwendiger Mehraufwand (Schaden) zugeordnet.

79 Der BGH hat diese abstrakte Schadensberechnung mit Recht abgelehnt;[165] der Wortlaut des § 6 Nr. 6 Satz 1, der nur Ersatz des **nachweislich** entstandenen Schadens gewährt, spricht allein schon dagegen. Eine abstrakte Schadensberechnung führte im Ergebnis zu hypothetischen Ursachenzusammenhängen und lässt die tatsächlichen Störung-Schaden-Verknüpfungen mehr oder minder außer Acht; sie führt zu Schadensfeststellungen ohne Schaden. Angesichts der vorhandenen Darlegungs- und Beweismittel und der **zulässigen Beweiserleichterungen** (dazu Rdn. 81–86) ist sie auch keineswegs erforderlich, um etwa bestehende Lücken zu schließen. Demzufolge könnte man meinen, dass eine überholte Theorie kaum noch eine informierende Zeile Wert wäre. Aber die Wirklichkeit sieht anders aus: In der Praxis ist nach wie vor häufig, dass Gutachter einleitend festhalten, eine abstrakte Schadensberechnung sei unzulässig und sodann einen rein hypothetischen „Schadensnachweis" so vorlegen, wie sich die Störungen „eigentlich" hätten auswirken müssen, ohne irgend einen konkreten Störungszusammenhang anhand einer Dokumentation darlegen zu können.

80 **b) Ausnahme: „Abstrakte" Schadensberechnung bei verlängerter Gerätevorhaltung oder Gerätestillstand.** Vorab verfängt gegenüber dem Schadensersatzanspruch des Auftragnehmers wegen stillstehendem Gerät (oder verlängerter Gerätevorhaltung) nicht der Einwand des Auftraggebers, die Kosten für das Gerät (z.B. anteilige Abschreibung) seien ohnehin entstanden; der Schadensersatzanspruch resultiert aus der „Rentabilitätsvermutung".[166] Es ist allerdings schwierig, einen richtigen Ansatz für Vorhaltekosten, Reparaturkosten usw. zu bestimmen. Ist allerdings der Kostenansatz für Gerät in der Angebots- bzw. Auftragskalkulation ausgewiesen, ist es sinnvoll, ihn auch für die Schadensberechnung zu übernehmen. Fehlt er, so ist es verallgemeinernd zulässig, auf modifizierte Ansätze der Baugeräteliste zurückzugreifen. Dafür gibt es mehrere Vorschläge,[167] in der Praxis wird heute überwiegend der Berechnungsvorschlag von *Kapellmann/Schiffers*[168] zugrunde gelegt.

c) Konkret-plausible Ursachen- und Schadensermittlung

81 **aa) Die hypothetischen ungestörten Kosten.** Der Feststellung von Mehrkosten geht (fast immer) die Feststellung der **Mehrzeit** voran. Die Basis der Ermittlung der Mehrzeit ist ein differenzierter Terminplan des Auftragnehmers (oben Rdn. 36); Voraussetzung von Mehrkosten ist

[163] Siehe oben Rdn. 2.

[164] Bauwirtschaft 1984, 1123, 1163. Zur Darstellung der Methode im Einzelnen *Kapellmann/Schiffers* Band 1, Rdn. 1502–1508.

[165] KG BauR 1985, 243 (Leitsatz).

[166] BGH „Behinderungsschaden I" BauR 1986, 347, BGH „Behinderungsschaden II" NZBau 2002, S. 381. Zu den Argumenten gegen eine abstrakte Schadensberechnung im Einzelnen weiter *Kapellmann/Schiffers* Band 1, Rdn. 1502–1514.

[167] Einzelheiten oben Rdn. 66; speziell zu Gerät *Kapellmann/Schiffers* Band 1, Rdn. 1443, 1519, 1523. Die „Rentabilitätsvermutung" gilt für den Produktionsfaktor Gerät genauso wie für den Produktionsfaktor Personal. Der BGH (BGH „Behinderungsschaden I" BauR 1986, 347) erwähnt deshalb in diesem Zusammenhang zutreffend „Arbeitskräfte, Maschinen und Gerät". Die Baugeräteliste berücksichtigt im Übrigen, dass stets mit Zeiten zu rechnen ist, in denen ein Gerät nicht auf der Baustelle vorgehalten wird.

[168] Z.B. *Dähne* BauR 1978, 429; *Vygen/Schubert/Lang* Rdn, 312.

weiter die **eigene Leistungsbereitschaft** des Auftragnehmers zum Sollzeitpunkt. Um **Mehrkosten** zu kennen, ist es notwendig, die hypothetischen Kosten der Leistung ohne Störung zu kennen, weil ja die Schadensermittlung die Differenz zu den tatsächlichen Kosten des gestörten Vorgangs ist. Da es den ungestörten Vorgang allerdings nie gab, kennt man seine tatsächlichen Kosten nicht. Also muss man auf sie plausibel schließen. Das kann man einmal so, dass man für einen möglichst gleichartigen ungestörten Abschnitt den dortigen tatsächlichen Aufwand des Auftragnehmers ermittelt und ihn auf den zugrunde zulegenden, hypothetisch ungestörten Abschnitt fortschreibt, was einer nachkalkulatorischen **nachträglichen** Arbeitskalkulation[169] entspricht. Die **Arbeitskalkulation** ist die Weiterentwicklung der Angebots- bzw. Auftragskalkulation unter Berücksichtigung der Erkenntnisse der differenzierten Arbeitsvorbereitung nach Auftragserteilung; sie ist immer noch Vorauskalkulation, aber die realistischste Soll-Kostenvorgabe – auch das ist logischerweise nur eine Annäherung, aber sicher die plausibelste. Das setzt allerdings insbesondere eine ständige Erfassung des Stundenaufwands (Lohnberichte) voraus, zweckmäßig getrennt nach Leistungseinheiten, Abschnitten und Einzeltätigkeiten.[170]

Man kann zum anderen auch auf die vorhandene Arbeitskalkulation des Auftragnehmers zurückgreifen. Jedenfalls sie enthält eine verfeinerte Kostenaussage, wenn auch immer nur über Sollkosten. Aber der Auftragnehmer versucht, mit dem geringsten Aufwand die Leistung zu erstellen; deshalb spricht eine **Vermutung** dafür, dass die Arbeitskalkulation die hypothetischen Kosten plausibel richtig wiedergibt; deshalb kann auch sie als Basis der Schadensberechnung herangezogen werden. Die Vermutung der Richtigkeit der Arbeitskalkulation kann der Auftraggeber widerlegen, indem er z.B. nachweist, dass der Auftragnehmer den Zeitbedarf für notwendige Leistungsabschnitte, beispielsweise Aushärtung des Betons, nicht berücksichtigt hat.[171] Ebenso kann aber auch der Auftragnehmer die Richtigkeitsvermutung seiner eigenen Arbeitskalkulation wiederlegen und nachweisen, dass die ungestörten Arbeiten schneller (oder mit geringerem Aufwand) durchzuführen gewesen wäre.[172] 82

bb) Die tatsächlichen gestörten Kosten. Der Ist-Aufwand in gestörten Abschnitten lässt sich relativ einfach ermitteln, z.B. über die schon erwähnten Lohnberichte, wobei allerdings auch erfasst sein muss, wofür der Aufwand im Einzelnen entstanden ist.[173] 83

cc) Darlegung der Störungsbedingtheit der Mehrkosten (haftungsausfüllende Kausalität). Die Differenz zwischen hypothetischem Soll-Aufwand und tatsächlichem Ist-Aufwand ist zu ersetzender Schaden, vorausgesetzt, die Störung hat den Mehraufwand verursacht. Das ist nicht selbstverständlich, der Mehraufwand kann auch andere Gründe haben: Das Personal hat gewechselt, Witterungseinflüsse haben sich bemerkbar gemacht, der Auftragnehmer hat mögliche und notwendige Anpassungsmaßnahmen versäumt usw. Im Sinne sicherer naturwissenschaftlicher Beweisführung ist die Ursächlichkeit kaum zu beweisen. Aber jedenfalls über das Zusammenwirken mehrerer Plausibilitätsüberlegungen lässt sich ein (ausreichend) hoher Grad an Ursachen-"Nachweis" finden. Ausgangspunkt ist dabei hinsichtlich der Mehrzeit ein störungsmodifizierter Bauzeitenplan (oben Rdn. 40) hinsichtlich der Mehrkosten der aufgeführte Soll-Ist-Vergleich hinsichtlich der Personalkosten, erst recht ein Soll-Ist-Vergleich bezüglich einzelner Aufwandswerte (Leistung je Zeiteinheit), schließlich auch ein Gesamtkosten-Soll-Ist-Vergleich.[174] 84

---

[169] Einzelheiten *Kapellmann/Schiffers* Band 1, 1547–1551, Tabelle Abb. 39, Seite 666; zustimmend *Ingenstau/Korbion/Keldungs* VOB/B § 6, Nr. 6, Rdn. 44.

[170] Zum Begriff *Kapellmann/Schiffers* Band 1, Rdn. 18.

[171] Zu allen Einzelheiten (z.B. Dokumentation über BAS-Schlüssel) oder die Anwendung, wenn es bisher keine ungestörten Abschnitte gegeben hat *Kapellmann/Schiffers* Band 1, Rdn 1554, 1572. Zustimmend zur Basis Arbeitskalkulation *Leinemann/Reister/Silbe* VOB/B § 6, Rdn. 151.

[172] Näher *Kapellmann/Schiffers* Band 1, Rdn. 1577–1583; *Vygen/Schubert/Lang* Rdn. 302.

[173] Einzelheiten *Kapellmann/Schiffers* Band 1, Rdn. 1584, 1505.

[174] Z.B. über den BAS-Schlüssel, siehe Fn. 162. Einzelheiten zur Ermittlung der tatsächlichen Kosten *Kapellmann/Schiffers* Band 1, 1586–1592.

Sowohl zur Feststellung des **Ursachenzusammenhangs**[175] wie zur Feststellung des **Schadens** und der **Schadenshöhe**[176] ist nach der zutreffenden Rechtsprechung des BGH die Berücksichtigung von **Vermutungen** und **plausiblen Schätzungen** (§ 287 ZPO) möglich. **Im Ansatz** – so der BGH in der Entscheidung „Behinderungsschaden I"[177] – bietet **schon** der Kosten-Soll-Ist-Vergleich die Ausgangsbasis solcher Schätzungen. Das entbindet den Auftragnehmer aber nicht von der Aufgabe, einzelnen Störungen, jedenfalls Störungsgruppen, **plausible** Störungsfolgen zuzuordnen, so dass sich ein **plausibler** Ursachenzusammenhang und eine **gegliederte** Schadensstruktur ergibt. Es reicht **nicht**, wenn der Auftragnehmer beziehungslos alle möglichen bei einer Bauzeitverlängerung angeblich auftretenden Ursachen benennt und dann pauschal eine Schadensfolge behauptet; **eine „in jedes Detail" gehende Darlegung ist aber nicht möglich und auch nicht erforderlich.**[178]

Ob eine bewiesene Störung Folgen hat und welche, ob und wie sie sich also als Behinderung auswirkt (Mehrzeit, Schaden), betrifft den Zusammenhang zwischen Rechtsgutverletzung (= vertragswidrige Störung) und Schaden, die **haftungsausfüllende** Kausalität. Das Verschuldenserfordernis gilt nur für die haftungsbegründende (Rdn. 63), nicht für die haftungsausfüllende Kausalität. Der Bundesgerichtshof hat zutreffend schon immer so entschieden und dies in zwei Grundsatzentscheidungen im Jahr 2005 erneut bestätigt.[179] Der Auftragnehmer muss also zwar „greifbare" Anhaltspunkte für Schätzungen dartun, aber auf dieser Basis dürfen sowohl Schadens**verursachung**[180] wie Schadens**umfang** gemäß § 287 ZPO geschätzt werden. Oder mit den Worten des BGH[181]: „Die Darlegungserleichterung aus § 287 ZPO führt nicht dazu, dass der Auftragnehmer eine aus einer oder mehreren Behinderungen abgeleitete Bauzeitverlängerung nachvollziehbar macht. Zu diesem Zweck kann sich der Auftragnehmer der Hilfe graphischer Darstellungen durch Balken- und Netzpläne bedienen, die gegebenenfalls erläutert werden. Eine nachvollziehbare Darstellung einer Verlängerung der Gesamtbauzeit kann jedoch nicht deshalb als unschlüssig zurückgewiesen werden, weil einzelne Teile dieser Darstellung unklar oder fehlerhaft sind. Denn sie bleibt in aller Regel trotz der Unklarheit oder Fehlerhaftigkeit in einzelnen Teilen eine geeignete Grundlage, eine Bauzeitverlängerung gegebenenfalls mit Hilfe eines Sachverständigen zu schätzen. Auf dieser Grundlage hat die Klägerin zwar die aus den jeweiligen Behinderungen abgeleitete Verzögerung der Gesamtbauzeit möglichst konkret darzulegen. Ihr kommen jedoch die Erleichterungen des § 287 ZPO zugute. Die Ausführungen des Berufungsgerichts, aus dem Vortrag der Klägerin ergebe sich kein konkreter Ursachenzusammenhang zwischen der Behinderung und einer sich daraus ergebenden Verzögerung, sind nichtssagend. Sie lassen nicht erkennen, inwieweit sich das Berufungsgericht mit den umfangreichen Unterlagen aus dem Privatgutachten auseinandergesetzt hat, insbesondere mit der Anlage 18, die dazu dient, diesen Ursachenzusammenhang nachzuweisen." Gerade die letzten Sätze hat der Bundesgerichts dem OLG regelrecht ins Stammbuch geschrieben. Instanzgerichte missverstehen gern die Entschei-

---

175 Näher dazu *Kapellmann/Schiffers* Band 1, 1593–1611.

176 BGH „Behinderungsschaden IV" NZBau 2005, 335 = BauR 2005, 861; BGH „Behinderungsschaden III" NZBau 2005, 387 = BauR 2005, 857; BGH „Behinderungsschaden II" NZBau 2002, 381 = BauR 2002, 1249; BGH „Behinderungsschaden I" BauR 1986, 347; *Kapellmann/Schiffers* Band 1, Rdn. 1614 ff.; *Diehl* BauR 2001, 1507; verfehlt OLG Nürnberg BauR 2001, 409.

177 Siehe Fn. 175.

178 Zutreffend und grundsätzlich schon BGH „Behinderungsschaden II" NZBau2002,S. 381. („Darstellung konkret **jedenfalls** so, dass eine **Schadensschätzung** möglich ist"); vom Grundsatz her auch OLG Braunschweig, BauR 2001, 1739, aber in der Formulierung viel zu streng mit der Forderung nach „Darlegung im Einzelnen, welche Störung wie und zu welchem Teil eine Bauzeitverzögerung verursacht **hat**". Die Darlegung muss gerade nicht ganz genau im Einzelnen erfolgen, aber wohl **im Sinne plausibler Zuordnung**, wobei m.E. das auch die inhaltliche Aussage der Entscheidung ist. So jetzt auch BGH NZBau 2003, 325, mit Anmerkung S. Kapellmann und sodann BGH „Behinderungsschaden III" und „Behinderungsschaden IV", siehe Fn. 176.

179 Siehe Fn. 176.

180 BGH „Behinderungsschaden IV", siehe Fn. 176; *Kapellmann/Schiffers* Band 1, Rdn. 1615, 1617; *Kniffka/Koeble*, Kompendium des Baurechts, Teil 8, Rdn. 54.

181 BGH „Behinderungsschaden IV", siehe Fn. 176.

dungen des Bundesgerichtshofs und stellen (arbeitserleichternd) **unerfüllbare** Anforderungen an den Nachweis des Ursachenzusammenhangs. Aber auch der Ursachenzusammenhang braucht nur **plausibel** dargelegt zu werden, **mehr nicht**, auch hier sind Schätzungen möglich.

Hat der Auftragnehmer bei Vertragsschluss keine Auftragskalkulation erstellt, so kann und muss er sie – zweckmäßig in Form einer Arbeitskalkulation, siehe Rdn. 81 – nachholen und auf ihrer Basis berechnen.[182]

Zu den zu berücksichtigenden **Vermutungen** gehören 85

– die Vermutung, dass die Nicht-Einhaltung einer vereinbarten Mitwirkungsfrist in einem Bauzeitenplan sich behindernd ausgewirkt hat (oben Rdn. 2, 12)
– die Vermutung, dass sich eine Störung sofort auswirkt, wenn der **auftraggeberseitige** Terminplan keine Puffer hat (oben Rdn. 2)
– die Vermutung, dass eine Arbeitskalkulation richtig ist (oben Rdn. 82).

Zusammenfassend muss der Auftragnehmer zur haftungsausfüllenden Kausalität dartun und beweisen 86

– **greifbare Anhaltspunkte** für Schadensursache und Schaden und eine plausible baustellenbezogene Darstellung, dann darf geschätzt werden

Fehlende Darlegung zu einzelnen Behinderungsfolgen führt nicht zur Unschlüssigkeit hinsichtlich der übrigen Behinderungsfolgen. Die große Linie hat insoweit der BGH schon in der Entscheidung „Behinderungsschaden I“[183] knapp und klar vorgegeben: „Die Klage darf nicht wegen lückenhaften Vorbringens abgewiesen werden, wenn der Haftungsgrund unstreitig oder bewiesen, ein Schadenseintritt zumindest wahrscheinlich ist und greifbare Anhaltspunkte für eine richterliche Schadensschätzung vorhanden sind.“; er hat das 2005 ausdrücklich bestätigt, allerdings auch zutreffend präzisiert.[184] Soweit ein Kläger ein Privatgutachten im Prozess vorlegt, das diesen Anforderungen genügt, ist das „qualifizierter Sachvortrag“, den das Gericht nachzuvollziehen versuchen muss; kann er das nicht, muss es von Amts wegen einen Sachverständigen hinzuziehen.[185]

9. Abschlagszahlung Fälligkeit, Verjährung

Der Schadensersatzanspruch des Auftragnehmers aus § 6 Nr. 6 Satz 1 ist „vergütungsgleich“.[186] 87
Das bedeutet, dass er gemäß § 16 VOB/B zu behandeln ist. Demzufolge kann der Auftragnehmer auf geltend gemachte Behinderungsschadenseratzansprüche Abschlagszahlungen verlangen.[187] Der Schadensersatzanspruch muss in die Schlussrechnung eingestellt werden; ohne Geltendmachung darin kann der Anspruch durch vorbehaltlose Annahme der Schlusszahlung gemäß § 16 Nr. 3 Abs. 2–6 ausgeschlossen sein[188], vorausgesetzt, die Vorschrift ist wirksam.

Der Anspruch verjährt genauso wie die Vergütungsforderung selbst.[189]

10. AGB-Klauseln

AGB-Klauseln des Verwenders, die den Schadensersatzanspruch des Auftraggebers aus § 6 88
Nr. 6 Satz 1 VOB/B einschränken oder ausschließen – der ohnehin ja schon schärfere Vorausset-

---

[182] Einzelheiten *Kapellmann/Schiffers* Band 1, Rdn. 1553 ff.; *Leinemann/Reister/Silbe* VOB/B § 6, Rdn. 140.
[183] BGH „Behinderungsschaden I“ BauR 1986, 346; BGH BauR 1993, 600; BGH „Behinderungsschaden II“ NZBau 2002, S. 381.
[184] Siehe Fn. 176.
[185] BGH „Behinderungsschaden IV“, siehe Fn. 176; *Kapellmann/Schiffers* Band 1, Rdn. 1621.
[186] BGHZ 50, 25; *Kapellmann* BauR 1985, 123.
[187] *Kapellmann* BauR 1985, 123; *Vygen/Schubert/Lang* Rdn. 319; *Ingenstau/Korbion/Keldungs* VOB/B § 6, Nr. 6, Rdn. 54; Beck'scher VOB-Kommentar/*Motzke* VOB/B § 6 Nr. 6, Rdn. 114.
[188] *Ingenstau/Korbion/Döring* VOB/B § 6, Nr. 6, Rdn. 53.
[189] Dazu VOB/B § 2 Rdn. 19.

zungen hat als der gesetzliche Anspruch aus § 642 BGB –, sind gemäß § 307 BGB unwirksam.[190] Unwirksam sind z.B. Klauseln, nach der bei Überschreitung vertraglich festgesetzter Fristen der Auftragnehmer verstärkt Material, Geräte und Personal einzusetzen habe, ohne dass er daraus Rechte herleiten könne. Erst recht ist unwirksam eine Klausel, wonach Vorhalte- und Stilllegungskosten der Baustelleneinrichtung der Baustelleneinrichtung nicht vergütet werden.[191] Das gilt auch für eine Klausel, die „Einheitspreise" für Behinderungen festlegt.[192] Ebenso wenig ist eine Klausel zulässig, wonach der Auftraggeber nach Belieben Arbeitsunterbrechungen anordnen kann, ohne dass Mehrkosten entstünden oder dass der Auftraggeber ohne weiteres Termine verschieben kann, ohne dass sich Mehrforderungen ergeben. Schließlich kann er auch nicht wirksam regeln, der Auftragnehmer müsse damit rechnen, der Arbeitsablauf sei nicht kontinuierlich.[193] Genauso ist eine Klausel unwirksam, wegen der gleichartigen Leistung mehrerer Unternehmer sei mit Behinderungen zu rechnen.[194]

III. Der Entschädigungsanspruch des Auftragnehmers aus § 642 BGB beim VOB-Vertrag, § 6 Nr. 6 Satz 2 VOB/B

1. Voraussetzungen dem Grunde nach

89 Nach § 6 Nr. 6 Satz 2 VOB/B 2006 schließt § 6 Nr. 6 Satz 1 VOB/B Ansprüche des Auftragnehmers aus § 642 BGB **nicht aus,**[195] der BGH hielt schon seit 1999 in der Entscheidung „Vorunternehmer II" § 642 BGB auch beim VOB-Vertrag für anwendbar.[196]

Ansprüche des Auftragnehmers aus § 642 BGB setzen voraus, dass der Auftraggeber eine erforderliche Mitwirkungshandlung unterlässt und dadurch in Annahmeverzug kommt.

Die Beurteilung der erforderlichen Mitwirkungshandlungen ist dieselbe wie bei § 6 Nr. 6 Satz 1, nur dass sie dort als Mitwirkungspflichten gekennzeichnet sind.[197] Wenn der Auftraggeber diese Mitwirkungshandlung überhaupt nicht oder nicht rechtzeitig erbringt, wenn der Auftragnehmer seinerseits leisten darf, zur Leistung bereit ist und im Stande ist (§ 297 BGB) und seine Leistung wie geschuldet dem Auftraggeber anbietet **oder** den Auftraggeber auffordert, die erforderliche Handlung vorzunehmen (§§ 294–296 BGB), sind die Tatbestandsmerkmale des § 642 BGB erfüllt, der Auftraggeber schuldet angemessene „Entschädigung". Auf Verschulden (Vertretenmüssen) des Auftraggebers kommt es nicht an.

§ 642 BGB setzt voraus, dass der leistungsbereite Bieter seine Leistung anbietet, wobei es aber laut BGH ausreicht, „dass der Auftragnehmer sein Personal zur Verfügung hält und zu erkennen gibt, dass er bereit und in der Lage ist, seine Leistung zu erbringen."[198] Allerdings kommt dann, wenn für die Mitwirkungshandlung eine Zeit nach dem Kalender bestimmt ist oder eine Ereignisfrist verstrichen ist, der Auftraggeber gemäß der zum 1.1.2002 eingeführten Fassung von § 296 BGB auch **ohne** Angebot in Annahmeverzug.[199]

---

[190] BGH „ECE-Bedingungen" BauR 1997, 1036, Klausel Nr. 3.

[191] OLG München BauR 1987, 554, 556; *Glatzel/Hofmann/Frikell* Seite 200–209.

[192] Näher *Kapellmann/Schiffers* Band 1, Rdn. 1612.

[193] Beck'scher VOB-Kommentar/*Motzke* VOB/B § 6 Nr. 6, Rdn. 120; vgl. auch *Kaiser,* in: *Markus/Kaiser/Kapellmann* AGB-Handbuch Bauvertragsklauseln, Rdn. 437.

[194] Ebenso Beck'scher VOB-Kommentar/*Motzke* VOB/B § 6 Nr. 6, Rdn. 120.

[195] Dazu oben Rdn. 48.

[196] BGH „Vorunternehmer II" NZBau 2000, 187 = BauR 2000, 722; zur Kritik an dieser Entscheidung auch Rdn. 66. Wenn man dem BGH folgt, hat der Auftragnehmer die Wahl **zwischen** einem Anspruch aus § 6 Nr. 6 Satz 2, § 642 BGB oder aus § 6 Nr. 6 Satz 1 VOB/B; ebenso *Döring*, Festschrift für Jagenburg, S. 111, 117.

[197] Siehe oben Rdn. 53–55.

[198] BGH NZBau 2003, 325 mit Anmerkung *S. Kapellmann*.

[199] *Kniffka*, Online Kommentar, Stand: 10.4.2006, § 642 Rdn. 37 verlangt in Abweichung zum Gesetz, dass „der Auftraggeber mindestens Kenntnis von Tatsachen hat, die seine fristgebundene Mitwirkung begründen." Für diese Abweichung auch von einem gerade eingeführten Gesetz gibt es keinen Grund. In Wirklichkeit wird so ein Verschuldenserfordernis bei § 642 BGB ausgeführt. Dieses Argument und die eben-

Der BGH hat darüber hinaus entschieden, dass bei einem VOB-Vertrag zu einem ordnungsgemäßen Angebot (§§ 294–296 BGB) auch eine Behinderungsanzeige gemäß § 6 Nr. 1 VOB/B erforderlich ist. Dem war nicht zuzustimmen. § 6 Nr. 6 Satz 2 hat aber dieses Erfordernis jetzt übernommen, was AGB-rechtlich äußerst bedenklich ist.[200]

2. Die Berechnung der Entschädigung

Schadensersatz (§ 6 Nr. 6 Satz 1 VOB/B) ist gemäß der Differenzhypothese der Unterschied zwischen hypothetischer ursprünglicher (ungestörter) Vermögenslage des Auftragnehmers und der heutigen, tatsächlichen störungsbedingten Vermögenslage (oben Rdn. 68). **Entschädigung** (§ 642 BGB) ist dagegen ein **Ausgleich**, berechnet nach dem Behinderungszeitraum und der Höhe der vereinbarten **Vergütung** (d.h., dem Vertragspreis), gekürzt um eventuell ersparte Aufwendungen oder um das, was der Auftragnehmer durch anderweitige Verwendung seiner Arbeitskraft erspart hat (nicht, was zu erwerben er böswillig unterlassen hat). Durch die Bezugnahme auf die **vereinbarte Vergütung** ist es unzweifelhaft, dass die Entschädigung Erfüllungscharakter, also Vergütungscharakter hat, dass folglich ihre Berechnung Vergütungsmaßstäben zu folgen hat.[201] Das BGB gibt dem Auftragnehmer Anspruch auf **vollen** Ausgleich wie bei vereinbarter Vergütung hinsichtlich der auf dieser Baustelle auftretenden Behinderungen. Der Unterschied zum Schadensersatzanspruch ist der, dass der Ausgleich auf die Nachteile an dieser Baustelle beschränkt bleibt; **sonstige** Nachteile, insbesondere beispielsweise dadurch, dass der Auftragnehmer auf einer Drittbaustelle nicht anfangen kann und dort z.B. ihm Gewinn entgeht, gleicht § 642 BGB nicht aus. 90

Der vergütungsgleiche Entschädigungsanspruch hat nichts mit dem tatsächlichen Entstehen von Schäden zu tun; auch wenn z.B. dem Hauptunternehmer keine Stillstandskosten des Nachunternehmers entstehen, weil dieser sie aus geschäftspolitischen Gründen nicht geltend macht, kann der Hauptauftragnehmer dennoch gegenüber dem Auftraggeber als Entschädigung Vergütung für die Stillstandszeit verlangen, eben auf kalkulatorischer Basis.[202] Die Entschädigung wird also berechnet wie fortgeschriebene Vergütung bei Vergütungsnachträgen **auf kalkulativer Basis**,[203] das ist die einzige Möglichkeit, an die Höhe der „**vereinbarten** Vergütung" überhaupt anzuknüpfen; die vereinbarte Vergütung hat nichts mit den tatsächlichen entstehenden oder entstandenen Kosten zu tun. 91

Für die Entschädigungsberechnung ergibt sich daraus: 92

- Die Direkten Kosten[204] sind aus der Angebots- bzw. Auftragskalkulation abzuleiten; sie werden für die Entschädigungsberechnung wie bei einer Vergütungsberechnung fortentwickelt. Wenn allerdings im Behinderungszeitraum die tatsächlichen Kosten höher sind als die kalkulierten Kosten, dürfen auch sie berücksichtigt werden;[205] Skonti sind zu beachten, vereinbarte Nachträge nicht.[206] Kosten, die entfallen, dürfen nicht angesetzt werden. Die Berechnung solcher entfallender Kosten erfolgt wie bei der Vergütungsberechnung nach freier Kündigung[207]

falls mit dem BGB nicht vereinbare Einführung einer Behinderungsanzeige gemäß § 6 Nr. 1 Satz 1 VOB/B zeigt nur, dass § 6 Nr. 6 Satz 1 die zutreffende sedes materiae ist und die Anwendung von § 642 BGB beim VOB-Vertrag verfehlt ist.

[200] Dazu oben Rdn. 10.

[201] Unbestritten, BGH *Schäfer/Finnern* Z 2.511 Blatt 8 R; OLG Celle BauR 2000, 416; OLG München BauR 1980, 274; *Staudinger/Peters* BGB § 642, Rdn. 24; *Döring*, Festschrift für Jagenburg, S. 111, 117 „; keine finanziellen Nachteile, Grundsätze wie bei freier Kündigung des Bauvertrages durch den Auftraggeber", so *Ingenstau/Korbion/Vygen* VOB/B § 9, Nr. 3, Rdn. 16.

[202] Unbestritten: *Staudinger/Peters* § 642, Rdn. 24, weitere Nachweise auch zu den Motiven zum BGB bei *Kapellmann/Schiffers* Band 1, Rdn. 1649.

[203] Dazu Einzelheiten VOB/B § 2 Rdn. 213; *Leinemann* VOB/B § 6, Rdn. 166. *Nicklisch/Weick,* VOB/B § 9 Rdn. 30; Einzelheiten *Kapellmann/Schiffers* Band 1 Rdn. 1649.

[204] Zum Begriff VOB/B § 2 Rdn. 139.

[205] *RGRK-Glanzmann* § 642, Rdn. 5. Das entspricht vollständig der Berechung bei geänderten oder zusätzlichen Leistungen, siehe VOB/B § 2 Rdn. 214–216.

[206] Wiederum wie bei geänderten oder zusätzlichen Leistungen, siehe VOB/B § 2 Rdn. 217.

[207] Näher dazu VOB/B § 8 Rdn. 24–54.

– Zuschläge für Baustellengemeinkosten kommen nicht in Betracht, solange sich die Baustellengemeinkosten nicht erhöhen; erhöhen sie sich im Behinderungszeitraum, werden sie wie zusätzliche Direkte Kosten ersetzt, aber nicht noch einzeln mit Baustellengemeinkosten beaufschlagt[208]
– die so ermittelten Kosten werden mit den kalkulierten Zuschlägen für Allgemeine Geschäftskosten beaufschlagt[209]
– Wagnis und Gewinn sind einheitlich unter Gewinn zu erfassen, Wagnis hat keine selbstständige kalkulatorische Bedeutung; Wagnis und Gewinn werden gemäß Kalkulation aufgeschlagen.[210]

Laut BGH „Vorunternehmer II"[211] darf dagegen Gewinn nicht zugeschlagen werden, denn der Anspruch bestehe wegen Gläubigerverzuges des Bestellers und nicht wegen Verletzung einer Schuldnerpflicht. Das ist keine durchgreifende Begründung: Die Entschädigung erfolgt nach den Maßstäben der „vereinbarten **Vergütung**". Enthält die vereinbarte Vergütung einen kalkulatorischen Zuschlag für (Wagnis und) Gewinn, so wird derselbe Zuschlag auch bei der Entschädigung berechnet – sonst würde gerade der gesetzliche Maßstab der „vereinbarten Vergütung" verlassen. Der Zuschlag von Gewinn ist deshalb schon in den Motiven zum BGB eindeutig bestätigt und seit dem in Rechtsprechung und Literatur (bis jetzt auf die Entscheidung BGH „Vorunternehmer II") praktisch einhellige Meinung. Die jetzige neue Begründung des BGH trägt nicht und wird deshalb zurecht abgelehnt.[212] Lediglich ein möglicherweise auf anderen Baustellen entgangener Gewinn braucht nicht ersetzt zu werden,[213] das ist aber selbstverständlich.

Der Entschädigungsanspruch aus § 642 BGB unterliegt der Mehrwertsteuer.

IV. Schadensersatzansprüche des Auftrag*gebers*

1. Anwendungsbereich

93 § 6 Nr. 6 Satz 1 ist auf Schadensersatzansprüche des Auftraggebers gegen den Auftragnehmer anwendbar, sofern der Auftragnehmer den Auftraggeber „behindert" hat. Da die „Behinderung" die Rechtsfolgen von Störungen des Produktionsablaufs betrifft (oben Rdn. 46), bezieht sich § 6 Nr. 6 Satz 1 auftraggeberseitig auf solche Fälle, in denen der Auftragnehmer die Leistung verzögert. Ersatz dieses Verzögerungsschadens kann der Auftragnehmer unter den Voraussetzungen der §§ 280, 286 BGB verlangen (→ siehe auch VOB/B § 5, Rdn. 102). Nimmt der Auftraggeber die Verzögerung zum Anlass, gemäß § 5 Nr. 4 in Verbindung mit § 8 Nr. 3 VOB/B zu kündi-

[208] Wiederum wie bei geänderten oder zusätzlichen Leistungen, siehe VOB/B § 2 Rdn. 221.

[209] BGH *Schäfer/Finnern* Z 2.511 Blatt 9; OLG Celle BauR 2000, 416.

[210] Siehe VOB/B § 2 Rdn. 139.

[211] BGH NZBau 2000, 187 = BauR 2000, 722.

[212] Für Gewinnzuschlag: BGH *Schäfer/Finnern* Z 2.511 Blatt 9 und Motive, *Mugdan* § 575 E I, Seite 277, zu beiden wörtliches Zitat bei *Kapellmann/Schiffers* Band 1, Rdn. 650, Fn. 1866; OLG Celle BauR 2000, 416; OLG München BauR 1980, 274; *Staudinger/Peters* BGB § 642, Rdn. 25, 28; *Locher* Rdn. 129; Beck'scher VOB-Kommentar/*Motzke* VOB/B § 9 Nr. 3, Rdn. 16; *Döring*, Festschrift Jagenburg, S. 111, 118.

Für Gewinnzuschlag gegen den BGH in Kenntnis der Entscheidung „Vorunternehmer II": *Kleine-Möller* NZBau 2000, 401; *Raab* JZ 2001, 251; *Kemper* in: Franke/*Kemper/Zauner/Grünhaben,* VOB/B § 9 Rdn. 24; *Ingenstau/Korbion/Vygen* VOB/B § 9 Nr. 3, Rdn. 13; näher *Kapellmann/Schiffers* Band 1, Rdn. 1649.

Der BGH hat in BGH *Schäfer/Finnern* Z 2.511 Blatt 9 ausdrücklich entschieden, „der Zuschlag von 4% Gewinn" in der Berechnungsweise des Berufungsgerichts sei **„nicht zu beanstanden"**. *Kniffka* führt dazu aus (Jahrbuch Baurecht 2000, 1), dies beruhe darauf, dass die unstreitige Berechnung des Berufungsgerichts in der Revision nicht angefochten gewesen sei. Das stimmt, die Wendung „nicht zu beanstanden" mag ein obiter dictum sein. Aber sie gibt die Auffassung des BGH unmissverständlich wieder. *Kniffka* begründet die Ablehnung des Gewinnzuschlages damit, dadurch werde der Auftragnehmer nicht unbillig benachteiligt. Die Begründung muss aber nicht erläutern, warum der Auftragnehmer nicht benachteiligt wird, sondern welchen Grund es dafür geben soll, so zu entscheiden. Abgesehen davon enthält § 642 BGB kein Tatbestandsmerkmal „Billigkeit", sondern das gesetzliche Merkmal **„vereinbarte Vergütung"**. Wenn die vereinbarte Vergütung Gewinnzuschlag enthält, ist der Maßstab des Gesetzes unmissverständlich.

[213] *Kniffka/Koeble,* Kompendium des Baurechts, Teil 8 Rdn. 31.

gen, so kann der Auftraggeber Schadensersatz statt der Leistung nur verlangen, wenn er an der Durchführung des Baus kein Interesse mehr hat, dann gilt die Haftungsbeschränkung des § 6 Nr. 6 Satz 1 nicht mehr. Hat er dagegen ein Interesse an der Durchführung, so bleibt es für den dann bestehenden Schadensersatz bei der Haftungsbeschränkung.[214]

2. Der zu ersetzende Schaden

Zu ersetzen ist der Verzugsschaden des Auftraggebers. Der Auftraggeber muss z.B. für Arbei- 94
ten, die er verzugsbedingt jetzt erst später ausführen lassen kann, höhere Vergütung zahlen, etwa weil sich die Lohnkosten zwischenzeitlich erhöht haben. Typisch ist ein Schaden des Auftraggebers aus der verspäteten Nutzbarkeit des Bauwerks, also z.B. in Form der Kosten eines verzugsbedingten Hotelaufenthalts oder abstrakt oder konkret der Mietausfallschaden bei beabsichtigter Vermietung des Objekts; wegen der Problematik des Haftungsausschlusses für entgangenen Gewinn erörtern wir diesen Mietausfallschaden gesondert unter Rdn. 101. Ebenso kann der Auftraggeber z.B. den Ersatz notwendig gewordener Gutachterkosten verlangen.

Nimmt der Hauptauftraggeber einen Generalunternehmer wegen Verzuges auf Zahlung einer 95
Vertragsstrafe in Anspruch, so kann der Generalunternehmer seinen Nachunternehmer, der die zur Vertragsstrafe führende Leistungsverzögerung verschuldet hat, seinerseits auf Verzugsschadensersatz in Form der (gezahlten) Vertragsstrafe in Anspruch nehmen.[215] Im Einzelfall kann laut BGH eine Einschränkung dieses Anspruchs gemäß § 254 Abs. 2 BGB in Betracht kommen, beispielsweise deshalb, weil es der Generalunternehmer versäumt hat, den Nachunternehmer auf die Gefahr eines ungewöhnlich hohen Schadens aufmerksam zu machen. Voraussetzung ist allerdings, dass dann der Nachunternehmer diesen Schaden auch wirklich hätte verringern können.

Schadensersatz- oder Entschädigungsansprüche weiterer Auftragnehmer aus § 6 Nr. 6 96
Satz 1 VOB/B oder § 6 Nr. 6 Satz 2 VOB/B, § 642 BGB, die aufgrund des Verzuges des Auftragnehmers von anderen Auftragnehmern gegen den Auftraggeber **berechtigt** geltend gemacht werden, sind zu ersetzen. Hinweis: Nach der Rechtsprechung des BGH[216] kann der durch fehlende oder mangelhafte Vorleistungen behinderte Auftragnehmer gegen den Auftraggeber keinen Schadensersatzanspruch aus § 6 Nr. 6 Satz 1 VOB/B geltend machen, da der mangelhaft oder verspätet arbeitende Vorunternehmer nicht Erfüllungsgehilfe des Auftraggebers sei. Der behinderte Auftragnehmer kann allerdings laut BGH und heute gemäß § 6 Nr. 6 Satz 2 VOB/B – beim VOB-Vertrag unter den Voraussetzungen von § 6 Nr. 1 VOB/B – eine Entschädigung gemäß § 642 BGB fordern,[217] die sich beim Auftraggeber als Schaden realisiert, den der in Verzug befindliche Auftragnehmer zu ersetzen hat.

Schaden ist auch erhöhtes **Honorar** für eine verlängerte Objektüberwachung des Architekten 97
oder Ingenieurs: Führt der Verzug des Auftragnehmers zu einer Bauzeitverlängerung, so sieht sich der Auftraggeber häufig mit erhöhten Honorarforderungen des objektüberwachenden Architekten oder Ingenieurs konfrontiert, die als Schaden gegenüber dem säumigen Auftragnehmer geltend zu machen sind. In solchen Fällen ist jedoch zunächst zu prüfen, ob der Auftraggeber gegenüber dem Architekten oder Ingenieur überhaupt zur Zahlung eines erhöhten Bauleitungshonorars verpflichtet ist, was nach herrschender Rechtsprechung ohne gesonderte Vereinbarung nicht der Fall ist.[218]

Ebenso können **Beschleunigungskosten**, die dem Auftraggeber erwachsen, um die Folgen 98
des Terminverzuges des Auftragnehmers zu begrenzen, ersatzfähiger Schaden sein. Beispiel:

---

[214] BGHZ 48, 78; BGZ 62, 90 („damit kein Anreiz zur Kündigung besteht"); Beck'scher VOB-Kommentar/*Motzke* VOB/B § 8 Nr. 3, Rdn. 46; *Nicklisch/Weick* VOB/B § 6, Rdn. 45; *Heiermann/Riedl/Rusam* VOB/B § 6, Rdn. 35.

[215] BGH BauR 1998, 330.

[216] BGH „Vorunternehmer II" NZBau 2000, 187 = BauR 2000, 722; ausführlich ablehnend dazu oben Rdn. 61, 62.

[217] Dazu Rdn. 89–92.

[218] OLG Hamm BauR 1986, 718; OLG Brandenburg BauR 2001, 1772; anderer Auffassung: *Locher/Koeble/Frik* HOAI, § 4, Rdn. 94, 97.

Der Nachunternehmer für den Rohbau gerät gegenüber dem Generalunternehmer mit der Fertigstellung des Rohbaus 2 Monate in Verzug. Um den mit dem Bauherrn vereinbarten und pönalisierten Endtermin der Gesamtfertigstellung einhalten zu können, muss der Generalunternehmer gegenüber den nachfolgenden Auftragnehmern der Technischen Gebäudeausrüstung und des Innenausbaus Beschleunigungskosten aufwenden. Wenn und so weit der Generalunternehmer nachweisen kann, dass der Verzug des Rohbauunternehmers Ursache für die von ihm aufgewendeten Beschleunigungskosten war, ohne den Verzug also eine geringere Vergütung an die weiteren Nachunternehmer hätte gezahlt werden müssen, handelt es sich bei diesen Beschleunigungskosten um einen ersatzfähigen Verzugsschaden. Aber: Führt der Auftraggeber eine „Beschleunigung" in der Form durch, dass er dem terminrückständigen Auftragnehmer einen zweiten Auftragnehmer (Nebenunternehmer) beistellt, um bestimmte Leistungen aus Beschleunigungsgründen durch diesen Nebenunternehmer ausführen zu lassen, so handelt es sich bei diesen Aufwendungen nicht um einen ersatzfähigen Verzögerungsschaden. Einen etwaigen Mehraufwand gegenüber dem Nebenunternehmer kann der Auftraggeber nur im Anschluss an eine Teilkündigung aus wichtigem Grund gemäß § 8 Nr. 3 Abs. 2 Satz 1 VOB/B als Kostenerstattung geltend machen.

99 **Sachverständigenkosten**, die dadurch entstehen, dass der Auftraggeber beispielsweise ein baubetriebliches Gutachten zu Ursache und Umfang des Terminverzuges und dessen finanziellen Auswirkungen auf den Bauablauf erstellen lässt,[219] sind Schaden.

100 **Entgangenen Gewinn** kann der Auftraggeber gemäß § 6 Nr. 6 VOB/B nur bei Vorsatz und grober Fahrlässigkeit des Auftragnehmers fordern (→ Rdn. 101).

3. Abstrakter und konkreter Mietausfallschaden; Ausschluss des entgangenen Gewinns

101 Ist der Auftraggeber mit der Erstellung eines zur Vermietung bestimmten Gebäudes in Verzug, kann der Auftraggeber seinen Schaden nach der Rechtsprechung des BGH[220] unterschiedlich berechnen: Er kann einmal die Erstattung der „infolge des Verzuges" angefallen Finanzierungskosten bis zur Höhe der im gleichen Zeitraum entgangenen Nettomieteinnahmen verlangen; dabei bemisst sich der Verzugsschaden nicht nach dem Verzugszeitraum, sondern nach der Zeitspanne, die das Gebäude infolge des Verzuges nicht genutzt werden konnte. Die Erstattungsfähigkeit hängt nicht davon ab, ob das Objekt schon vermietet war oder nicht.[221] Der Anspruch ist auf die Höhe der entgangenen Nettomietkosten deshalb beschränkt, weil ein Vermieter, der sein Objekt nicht hätte kostendeckend vermieten können, den auf seiner falschen Markteinschätzung beruhenden Verlust nicht auf den Auftragnehmer soll abwälzen können; dieser Verlust ist nicht verzugsbedingt.[222] Der Ersatz dieses Schadens hat nichts mit entgangenem Gewinn zu tun, das Problem der Haftungsbeschränkung des § 6 Nr. 6 Satz 1 stellt sich hier also nicht. Ohnehin kann der Auftraggeber verzugsbedingte **erhöhte** Finanzierungskosten verlangen.

102 Der Auftraggeber kann aber auch laut BGH[223] auch die „wirklich oder voraussichtlich entgangenen Erträge verlangen", also die Mieteinnahmen, diese jedoch gekürzt um die Bewirtschaftungskosten, die Betriebskosten, die Kosten der stetigen Erhaltung und die Finanzierungskosten; was verbleibt, ist entgangener Gewinn. Diesen könne der Auftraggeber statt der regelmäßigen Finanzierungskosten verlangen. Indes umfasst der zu ersetzende Schaden **auch** den entgangenen Gewinn, § 252 BGB. Der Auftraggeber kann also Finanzierungskosten plus entgangenen Gewinn als Schaden verlangen.[224] Der Ersatz des entgangenen Gewinns scheitert allerdings an der Haftungsbeschränkung des § 6 Nr. 6 Satz 1, wenn der Auftragnehmer die Verzögerung nicht vorsätzlich oder grob fahrlässig herbeigeführt hat. Die Frage, ob diese Haftungsbeschränkung

[219] BGH BauR 1970, 294; BGH BauR 1986, 347.
[220] BGH BauR 2000, 188; BGH BauR 1993, 600 = BGHZ 121, 210; BGH BauR 1990, 464.
[221] Siehe *S. Kapellmann* BauR 1997, 48.
[222] BGH BauR 1990, 464; MünchKomm/*Thode* § 286, Rdn. 10.
[223] BGH BauR 1993, 600.
[224] Siehe *S. Kapellmann* BauR 1997, 48.

AGB-rechtlich zulässig ist, stellt sich praktisch nicht, weil in der überwältigenden Mehrzahl aller Fälle die Vertragsbestimmungen vom Auftraggeber gestellt werden; dieser muss aber seine eigenen Bedingungen gegen sich gelten lassen, eine AGB-Kontrolle der VOB zugunsten des Verwenders gibt es nicht.

4. Vorteilsausgleichung

Der Auftraggeber muss sich auf seinen Schadensersatz Vorteile anrechnen lassen, „sofern eine solche Anrechnung den Schädiger nicht unbillig entlastet".[225] So sind z.B. Erträge aufgrund eines verlängerten Mietgarantiezeitraums mit gegenüber der Marktmiete erhöhten Mieten anzurechnen.[226] **103**

5. Verjährung

Schadensersatzansprüche des Auftraggebers verjähren in 3 Jahren (§§ 196, 199 Abs. 1 BGB), ohne Rücksicht auf die Kenntnis des Auftraggebers oder dessen grob fahrlässige Unkenntnis in 10 Jahr von ihrer Entstehung an (§ 199 Abs. 3 BGB).[227] **104**

G. § 6 Nr. 7 – Kündigungsrecht bei längerer Unterbrechung als 3 Monate

Dauert die Unterbrechung länger als 3 Monate (und gibt es keine Ausnahmen, siehe unten Rdn. 107), hat **jede Partei** Anspruch auf Kündigung gemäß § 6 Nr. 7 VOB/B. Wirksamkeitserfordernis der Kündigung ist Schriftform. Nach Kündigung sind die ausgeführten Leistungen gemäß § 6 Nr. 5 VOB/B entsprechend den Vertragspreisen abzurechnen. Außerdem sind gemäß § 6 Nr. 5 VOB/B die Kosten zu vergüten, die dem Auftragnehmer bereits entstanden sind und die in den Vertragspreisen des nicht ausgeführten Teils der Leistung nicht enthalten sind. **105**

Wenn der Auftragnehmer die Unterbrechung nicht zu vertreten hat, hat er auch Anspruch auf die Kosten der Baustellenräumung, so weit sie nicht in der Vergütung für die bereits ausgeführten Leistungen enthalten sind.

Nach einer Unterbrechung von mehr als 3 Monaten ist weder der Auftraggeber noch der Auftragnehmer auf § 6 Nr. 7 VOB/B beschränkt, der Auftraggeber kann vielmehr gemäß § 8 Nr. 3 kündigen, der Auftragnehmer gemäß § 9 VOB/B. Beide Vorschriften sind also speziell gegenüber § 6 Nr. 7 VOB/B.[228]

§ 6 Nr. 7 VOB/B ist auch dann anwendbar, wenn der Auftragnehmer mit der Arbeit noch nicht begonnen hat.[229]

Die Kündigung kann auch auf einen Teil der Leistungen beschränkt werden, wenn sich die Unterbrechung nur auf diesen Teil der Leistung bezieht und der von der Teilkündigung betroffene Teil der Vertragsleistung von den Restleistungen abgegrenzt werden kann. **106**

Auf das Sonderkündigungsrecht des § 6 Nr. 7 kann sich eine Vertragspartei dann nicht berufen, wenn sie selbst die Unterbrechung herbeigeführt oder zu verantworten hat. **107**

---

[225] BGH BauR 2000, 1188.

[226] BGH BauR 1990, 465.

[227] Entstanden ist der Schaden wegen Verzuges mit dem Schadenseintritt, *Palandt/Heinrichs* BGB, § 199, Rdn. 15 m.w.N.; Beck'scher VOB-Kommentar/*Motzke* VOB/B § 5 Nr. 4, Rdn. 41 stellt unzutreffend auf die Abnahme ab.

[228] Ebenso *Nicklisch/Weick* VOB/B, § 6, Rdn. 73, 74; *Heiermann/Riedl/Rusam* VOB/B § 6, Rdn. 57, beide jedoch unter Hinweis darauf, auch im Falle der Kündigung gemäß § 9 VOB/B bzw. gemäß § 3 VOB/B sei die Haftungsbeschränkung des § 6 Nr. 6 Satz 1 VOB/B anzuwenden. Das ist unzutreffend, wie sich schon aus dem Verweis in § 9 Nr. 3 VOB/B (§ 642 BGB) zeigt. Im Übrigen ist es nicht einleuchtend, dem Auftragnehmer Rechte nach Ablauf der 3-Monatsfrist zu nehmen, die er bei Kündigung gemäß § 9 VOB/B schon innerhalb der Frist gehabt hätte.

[229] BGH NZBau 2004, 432.

Für den Auftragnehmer ergibt sich das schon aus dem Gesamtzusammenhang des § 6 VOB/B. Da Unterbrechungen die Folge von Behinderungen sein müssen, muss auch jeweils der Tatbestand des § 6 Nr. 2 Abs. 1 lit a, b oder c VOB erfüllt sein. Behinderungen, die auf vom Auftragnehmer selbst verursachte Störungen zurückgehen, sind deshalb jedenfalls für den Auftragnehmer keine Unterbrechungen im Rechtssinne der VOB/B; wer als Auftragnehmer seine eigene Pflicht nicht einhält, kann sich nicht anschließend auf § 6 Nr. 7 VOB/B berufen.

Umgekehrt kann sich aber auch der Auftraggeber, der seiner eigenen Mitwirkungspflicht nicht nachkommt und dadurch die Unterbrechung verursacht, sich nicht auf das Kündigungsrecht nach § 6 Nr. 7 VOB/B berufen.[230]

Dabei genügt es jeweils, dass die Unterbrechung ihre Ursache im Risikobereich einer Partei liegt. So war beim „Schürmann Bau" das Risiko, dass Hochwasser die Bauleistung von Drittgewerken zerstören würde, dem Risikobereich des Auftraggebers zuzuordnen. Folglich kann der Auftraggeber nach hochwasserbedingter Unterbrechung nicht gemäß § 6 Nr. 7 VOB/B kündigen.[231]

Der Bundesgerichtshof ist demgegenüber der Auffassung, ein Kündigungsgrund bestehe dann, wenn „das Festhalten am Vertrag für die kündigende Partei nicht zumutbar ist."[232]

108 Das außerordentliche Kündigungsrecht aus § 607 BGB muss nicht sofort nach Ablauf der 3 Monate ausgeübt werden. Allerdings muss die Vertragsgegenseite gemäß der Kooperationsverpflichtung auf Anfrage mitteilen, ob und gegebenenfalls wie lange sie bereit ist, zu warten. Da keine Partei nach Ablauf der 3 Monate gezwungen ist, am Vertrag festzuhalten, kann sie auch die weitere Tätigkeit von einer neuen Vergütungsvereinbarung abhängig machen statt zu kündigen.

§ 7 Verteilung der Gefahr

1. **Wird die ganz oder teilweise ausgeführte Leistung vor der Abnahme durch höhere Gewalt, Krieg, Aufruhr oder andere objektiv unabwendbare vom Auftragnehmer nicht zu vertretende Umstände beschädigt oder zerstört, so hat dieser für die ausgeführten Teile der Leistung die Ansprüche nach § 6 Nr. 5; für andere Schäden besteht keine gegenseitige Ersatzpflicht.**
2. **Zu der ganz oder teilweise ausgeführten Leistung gehören alle mit der baulichen Anlage unmittelbar verbundenen, in ihre Substanz eingegangene Leistungen, unabhängig von deren Fertigstellungsgrad.**
3. **Zu der ganz oder teilweise ausgeführten Leistung gehören nicht die noch nicht eingebauten Stoffe und Bauteile sowie die Baustelleneinrichtung und Absteckungen. Zu der ganz oder teilweise ausgeführten Leistung gehören ebenfalls nicht Baubehelfe, z.B. Gerüste, auch wenn diese als Besondere Leistung oder selbstständig vergeben sind.**

Schrifttum: *Duffek* Vergütungsanspruch des Unternehmers ohne Werkleistung, BauR 1999, S. 979 – *Kaiser* Die Gefahrtragung im Baurecht *Festschrift Korbion* 1986, 197 – *Köhler* Graffiti-Schmierereien – höhere Gewalt oder unabwendbares Ereignis?, BauR 2002, 27 – *Marbach* Besonders abzunehmende Leistungsteile, Anforderungen der Praxis, insbesondere bei mehrstufigen Vertragsverhältnissen, Jahrbuch BauR 1999, 92 – *Platen* Handbuch der Versicherung von Bauleistungen, 3. Auflage 1995 – *Rutkowsky* Gefahrtragung und Haftung bei gewaltsamen Anschlägen gegen Großbaumaßnahmen und die hieran beteiligten Unternehmen, NJW 1988, 1761 – *Schmidt/Salzer* Die Bedeutung der Rechtsprechung zu den Allgemeinen Geschäftsbedingungen für Bauunternehmer, Architekten, Bauherren und insbesondere für die öffentliche Hand, BB Anlage 1 1973, 8 – *Thode* Werkleistung und Erfüllung im Bau-Architektenvertrag, ZfBR 1999, S. 116.

[230] *Ingenstau/Korbion/Döring* VOB/B § 6 Nr. 7, Rdn. 9; *Nicklisch/Weick* VOB/B § 6, Rdn. 72; *Heiermann/Riedl/Rusam* VOB/B § 6, Rdn. 57.

[231] BGH „Schürmannbau/Hagedorn II" BauR 1997, 1021.

[232] BGH NZBau 2004, 432.

Übersicht

Erster Abschnitt. Grundsätze der Gefahrtragung

1. Definition Leistungsgefahr und Vergütungsgefahr

1 Das Risiko der nochmaligen Leistungserbringung beim zufälligen Untergang oder der zufälligen Verschlechterung einer Leistung in einem Schuldverhältnis wird im BGB allgemein als Sach- oder **Leistungsgefahr** bezeichnet.

2 Demgegenüber bezeichnet das BGB als Preis- oder **Vergütungsgefahr** das Risiko für den anderen Vertragsteil, bei einem gegenseitigen Vertrag die Gegenleistung trotz des Wegfalls oder der Verschlechterung der Leistung in voller Höhe erbringen zu müssen.

Regelungsgegenstand der **Gefahrtragung** allgemein ist damit das rechtliche Schicksal der Hauptleistungsverbindlichkeiten der Parteien eines synallagmatischen Vertragsverhältnisses für all diejenigen Fälle, in denen die Leistung (im Werkvertragsrecht das ganz oder teilweise fertig gestellte Werk) aus Gründen, die keine Vertragspartei zu vertreten hat, (zufällig) untergeht oder sich verschlechtert hat.[1]

3 Beruht der Untergang oder die Verschlechterung der Werkleistung, der gemäß § 645 Abs. 1 Satz 1 BGB die Unausführbarkeit gleichsteht, auf einer **schuldhaften Verletzung** einer vertraglichen Verpflichtung, gelten die allgemeinen Regeln der §§ 275, 323 ff. BGB a.F. bzw. §§ 275, 280, 283 bis 285 BGB n.F., denen die Sonderregeln des Werkvertragsrechts (insbesondere § 645 BGB) sowie der VOB/B vorgehen. So hat der BGH[2] entschieden, dass dem Auftragnehmer Stillstands- und sonstige Behinderungskosten, die über den reinen Aufwendungssatzanspruch, der dem Teil der erbrachten und untergegangenen Werkleistungen entspricht, hinausgehen, dann gemäß § 6 Nr. 6 VOB/B zustehen, wenn die behindernden Umstände auf eine schuldhafte Verletzung vertraglicher Pflichten des Auftraggebers ursächlich zurückgehen.

4 „Zu vertreten" hat der Auftragnehmer die Beeinträchtigung oder den Untergang der Werkleistung dann, wenn er durch ihm zurechenbares Handeln oder pflichtwidriges Unterlassen die Beeinträchtigung/den Untergang verursacht hat. Unterlässt der Auftragnehmer beispielsweise den Schutz seiner Werkleistung nach § 4 Nr. 5 VOB/B, der je nach Art und Umfang der Werkleistung sogar darin bestehen kann, dass er die Baustelle bewachen muss auch außerhalb der Arbeitszeiten, so ist er zur kostenlosen Wiederherstellung oder nochmaligen Leistungserbringung verpflichtet.

5 Für den Auftraggeber gilt obige Aussage sinngemäß. Zu vertreten hat der Auftraggeber danach beispielsweise eine mangelhafte Bauablaufplanung und/oder Koordination der einzelnen Gewerke.[3]

2. Regelungsinhalt von § 7 VOB/B und Abgrenzung zu den gesetzlichen Vorschriften

6 Der Regelungsinhalt des § 7 VOB/B ist auf die Vergütungsgefahr beschränkt.[4] Die Verteilung der Leistungsgefahr erfolgt demgemäß nach den gesetzlichen Normen. § 7 VOB/B im Zusammenhang mit § 12 Nr. 6 VOB/B und den gesetzlichen Regeln über die Vergütungsgefahr bei Werkverträgen in §§ 644–646 BGB[5] gelesen, ergibt folgendes: Die gesetzliche Regelung der Vergütungsgefahr in den §§ 644–646 BGB gilt in dem Umfang, wie die §§ 7, 12 Nr. 6 VOB/B keine anderweitige Regelung der Tragung der Vergütungsgefahr bei Bauverträgen vorschreiben. Sie enthalten insbesondere keine abschließende Regelung der Tragung der Vergütungsgefahr bei Bauverträgen.[6] Die §§ 7, 12 VOB/B regeln nur eine Änderung des in § 644 Abs. 1 Satz 1 BGB normierten Prinzips der Tragung der Vergütungsgefahr, wonach diese (erst) mit der Abnahme auf den Auftraggeber übergeht,[7] so dass § 644 Abs. 1 Satz 2 und 3 BGB ebenso wie § 645 Abs. 1 Satz 1 BGB auch auf VOB-Bauverträge und damit neben § 7 VOB/B anwendbar sind.[8]

7 §§ 7 und 12 Nr. 6 VOB/B ändern das Prinzip der Verteilung der Vergütungsgefahr in § 644 Abs. 1 Satz 1 BGB in zweierlei Hinsicht: Auch wenn § 12 Nr. 6 VOB/B identisch mit § 644 Abs. 1 Satz 1 BGB bestimmt, dass die Vergütungsgefahr erst mit der Abnahme vom Auftragnehmer auf den Auftraggeber übergeht, kann es in dem Umfang, wie die Abnahmeregeln der VOB/B an denen des BGB abweichen, zu einer Vorverlagerung des Gefahrübergangs kommen.[9] § 7 VOB/B

---

[1] Münchener Kommentar/*Soergel* BGB, § 644, Rdn. 2; *Staudinger/Peters* BGB § 644, Rdn. 1.

[2] BGH *„Schürmann/Hagedorn II"* BauR 1997, 1021.

[3] Vgl. hierzu OLG Celle, IBR 1999, 358; *Marbach* Jahrbuch BauR 1999, 92, 96.

[4] BGH NJW 1977, 1966, 1967; BGH *„Schürmann/Hagedorn II"* BauR 1997, 1021, 1023; *Nicklisch/Weick* VOB/B § 7, Rdn. 4; *Ingenstau/Korbion/Oppler* VOB/B § 7, Rdn. 8; Münchener Kommentar/*Soergel* BGB § 645, Rdn. 18; *Heiermann/Riedel/Rusam* VOB/B § 7, Rdn. 9.

[5] Das Schuldrechtsmodernisierungsgesetz hat bei der gesetzlichen Gefahrtragung keine Änderungen vorgenommen.

[6] *Nicklisch/Weick* VOB/B § 7 Rdn. 5.

[7] BGH *„Schürmann/Hagedorn II"* BauR 1997, 1021, 1023.

[8] BGH *„Schürmann/Hagedorn II"* BauR 1997, 1021, 1023; *Nicklisch/Weick* VOB/B § 7 Rdn. 7; *Ingenstau/Korbion/Oppler* VOB/B § 7 Rdn. 9.

[9] Vgl. *Nicklisch/Weick* VOB/B § 7 Rdn. 5.

erweitert die Vorverlagerung des Gefahrübergangs auf die Fälle (und nur die Fälle) in denen unabwendbare Umstände, auf die der Auftragnehmer keinerlei Einfluss hat, zur Beschädigung oder Zerstörung der ganz oder teilweise ausgeführten Leistung führen.

3. § 7 VOB/B und AGB-Problematik

Da der Auftragnehmer nach § 7 VOB/B in Fällen eine Teilvergütung erhält, in denen ihm das Gesetz in § 644 Abs. 1 Satz 1 BGB einen solchen Anspruch versagen würde, ist die VOB/B-Regelung unzweifelhaft auftragnehmerfreundlich. Ob hierin eine unangemessene Benachteiligung der gesetzlichen Rechtsposition des Auftraggebers mit der Folge ihrer Nichtigkeit bei isolierter Überprüfung anhand des AGB-Gesetzes bzw. jetzt § 305 ff. BGB n.F. liegt,[10] ist streitig.[11] Vor dem Hintergrund der sich durch das Gesetz zur Beschleunigung fälliger Zahlungen den Regelungen der VOB/B angenäherten Gesetzeslage einerseits und der restriktiven Auslegung von § 7 VOB/B durch den Bundesgerichtshof in den Schürmann-Fällen andererseits, wird man eine unangemessene Benachteiligung des Auftraggebers kaum bejahen können. Die Vorverlegung des Übergangs der Vergütungsgefahr in § 7 VOB/B ist deshalb unter AGB-rechtlichen Gesichtspunkten wirksam. 8

4. Gefahrverteilung nach dem Gesetz

a) Leistungs- und Vergütungsgefahr folgen eigenen rechtlichen Regeln. Unabhängig von dem rechtlichen Schicksal des Vergütungsanspruchs des Werkunternehmers regelt die Leistungsgefahr die Frage, ob der Werkunternehmer weiterhin den werkvertraglichen Erfolg schuldet mit der Folge, dass er das zufällig untergegangene oder sich verschlechterte Werk neu herzustellen hat. 9

Leistungs- und Vergütungsgefahr teilen nicht zwingend das gleiche rechtliche Schicksal. Nach allgemeiner Meinung[12] fallen lediglich beim Auftraggeber beide Gefahren zusammen, da immer dann, wenn der Auftraggeber trotz des zufälligen Untergangs/Verschlechterung des Werkes die Vergütungsgefahr trägt, dieser auch mit der Leistungsgefahr belastet ist, weil in einem solchen Falle das werkvertragliche Verhältnis so behandelt wird, als habe der Unternehmer ordnungsgemäß erfüllt (§ 362 BGB). 10

Diese Aussage ist nicht ganz zweifelsfrei. Sie berücksichtigt nicht ausreichend den Umstand, dass der Auftragnehmer unter bestimmten Voraussetzungen, wenn auch gegen zusätzlichen Vergütungsanspruch, *verpflichtet* bleibt, die Leistung nochmals zu erbringen. So ist der Auftragnehmer beim VOB-Vertrag gemäß § 1 Nr. 4 VOB/B und beim BGB-Werkvertrag nach den Grundsätzen von Treu und Glauben verpflichtet, zusätzliche Leistungen zu erbringen, die auch in einer nochmaligen Werkerstellung bestehen können.[13] Würde der Unternehmer so behandelt werden, als ob er ordnungsgemäß erfüllt hätte nach § 362 BGB, so wäre die nochmalige Werkerstellung nicht als zusätzliche Leistung zu behandeln, sondern als ein neues Vertragsverhältnis, das einzugehen sich der Unternehmer auch weigern könnte.[14] 11

Beim Auftragnehmer fallen Vergütungs- und Leistungsgefahr immer dann zusammen, wenn ihm die Vergütung für die untergegangene oder verschlechterte Leistung entgeht, er aber gleichwohl verpflichtet bleibt, die Leistung erneut zu bringen. **Beispiel:** Teile einer Heizungsanlage 12

[10] *Ulmer/Brandner/Hensen* Anhang AGBG §§ 9–11 Rdn. 906; *Schmidt/Salzer* BB Beilage 1/73, 8.

[11] Für eine Wirksamkeit sprechen sich aus *Nicklisch/Weick* VOB/B § 7, Rdn. 6; *Ingenstau/Korbion/Oppler* VOB/B § 7 Rdn. 1; *Kaiser,* Festschrift *Korbion* 1986, 197, 205; *Wolf/Horn/Lindacher* AGBG § 23, Rdn. 253; *Frikell/Glatzel/Hofmann* Rdn.K. 7.4.

[12] Münchener Kommentar/*Soergel* BGB § 644 Rdn. 3; *Heiermann/Riedel/Rusam* VOB/B § 7 Rdn. 2; *Kleine-Möller/Merl/Oelmair* § 9 Rdn. 131.

[13] So die h.M. zum vorzeitigen Gefahrübergang gem. VOB/B § 7, dazu siehe unter Rdn. 74; kritisch ebenfalls *Kleine-Möller/Merl/Oelmaier* § 10 Rdn. 562; *Soergel/Teichmann* BGB § 644, Rdn. 12.

[14] Von Bedeutung ist diese Frage in dem bislang wenig beachteten, aber sehr praxisnahen Fall des vorzeitigen Gefahrübergangs durch Annahmeverzug bei noch nicht vollendetem Werk, vgl. dazu im Einzelnen unter Rdn. 32.

werden vor der Abnahme durch Unbekannte beschädigt. Nach OLG Düsseldorf[15] ist weder die Leistungs- noch die Vergütungsgefahr auf den Auftraggeber übergegangen. Dem Auftragnehmer steht für die verschlechterte Leistung kein Vergütungsanspruch zu. Der Auftragnehmer ist weiterhin verpflichtet, die Leistung (erneut) zu erbringen.

13 Führt der zufällige Untergang des Werkes allerdings zur objektiven Unmöglichkeit der Leistung nach § 275 Abs. 1 BGB n.F., dann trifft den Auftragnehmer nicht die Leistungsgefahr. Er wird von seiner Leistungsverpflichtung frei, verliert allerdings sogleich auch seinen Vergütungsanspruch (§ 275 Abs. 4 BGB n.F. i.V.m. § 326 Abs. 1 BGB n.F.).[16] **Beispiel:** Infolge starker Orkanböen in den Wintermonaten wird ein an der Küste gelegenes Baugrundstück ins Meer gespült. Die teilweise erbrachte Werkleistung ist vernichtet; eine Neuherstellung objektiv unmöglich, weil das Baugrundstück nicht mehr existiert.[17]

b) Grundsätzliche Verteilung der Gefahr im Bauvertrag

14 **aa) Leistungsgefahr.** „Periculo conductoris" war der das römische Recht prägende Gefahrtragungsgrundsatz im Baurecht: Das Werk sei bis zur Billigung durch den Besteller auf Gefahr des Unternehmers.[18] Diesen Grundsatz hat erst das Preußische Allgemeine Landrecht und anschließend das BGB übernommen, indem konsequent auf die Erfolgsbezogenheit eines werkvertraglichen Leistungsversprechens als Voraussetzung für die Beendigung der Vorleistungspflicht und die Fälligkeit des Gegenleistungsversprechens abgestellt wird. Die gesetzlichen Gefahrtragungsregeln sehen als Grundsatz vor, dass der Auftragnehmer vom Zeitpunkt des Vertragsschlusses an bis zur vollständigen Erfüllung im Sinne des § 362 Abs. 1 BGB, die im Werkvertragsrecht durch die Abnahme bewirkt wird, sowohl die Leistungs- wie auch die Vergütungsgefahr trägt.[19] Grundsätzlich schuldet damit der Auftragnehmer kraft seines werkvertraglichen Erfolgsversprechens bis zur Abnahme der Werkleistung deren Herstellung, auch wenn sich die ganz oder teilweise bereits hergestellte Werkleistung zufällig verschlechtert hat oder untergegangen ist (§§ 631 Abs. 1, 633 Abs. 1, §§ 640, 641 a BGB).[20]

15 **bb) Vergütungsgefahr.** Erst mit der **Abnahme** der Werkleistung wird das Stadium der Vorleistungspflicht des Auftragnehmers beendet und ist die versprochene Gegenleistung (Vergütung) zur Zahlung auch dann fällig, wenn sich die Werkleistung anschließend zufällig verschlechtert oder untergehen sollte (§ 644 Abs. 1 Satz 1 BGB, identisch hierzu die Regelung in § 12 Nr. 6 VOB/B). Damit wird in § 644 Abs. 1 Satz 1 BGB bereits eine Vorverlagerung des Übergangs der Vergütungsgefahr auf den Zeitpunkt der Abnahme geregelt, da nach allgemeinem Schuldrecht (§ 323 BGB a.F. bzw. § 326 Abs. 1, 3 und 4 BGB n.F.) dieser Zeitpunkt erst mit vollständiger Erfüllung (= mängelfreier Herstellung des Werkes) eintreten würde.

16 Ist die Werkleistung **nach Abnahme** untergegangen oder beschädigt und erst danach endgültig unmöglich geworden, so schuldet der Auftraggeber dem Auftragnehmer die volle Vergütung. Ihm ist es verwehrt sich auf § 323 Abs. 1 BGB a.F. bzw. § 326 Abs. 1 BGB n.F. zu berufen. Sollte die nochmalige Herstellung des Werkes möglich sein, so ist hierzu der Auftragnehmer nach Abnahme seiner Werkleistung nicht verpflichtet. Denn mit der Abnahme der Werkleistung trat Konkretisierung auf die erbrachte Werkleistung (§ 243 Abs. 2 BGB) und Erfüllung (§ 362 BGB) ein.[21] Damit ist auch der Rückgriff auf § 242 BGB zur Begründung eines Anspruchs auf Wiederholung des Werkes ausgeschlossen.[22]

[15] *BauR 1985*, 728 L.

[16] Zur Frage, ob dem Auftragnehmer wenigstens für die teilweise erbrachte Leistung ein Teilvergütungsanspruch über eine analoge Anwendung des § 645 Abs. 1 BGB zustehen könnte, vgl. unten unter Rdn. 50.

[17] Existiert das Baugrundstück noch und ist deshalb die Leistung nicht objektiv unmöglich geworden, so liegt nach OLG Bremen BauR 1997, 854 auch bei Windstärke 10 in der Küstenregion der Nordsee weder höhere Gewalt noch ein unabwendbarer Umstand im Sinne von § 7 Nr. 1 VOB/B vor.

[18] *Kaiser,* Festschrift *Korbion* 1986 197, m.w.N.

[19] Vgl. *Thode* ZfBR 1999, 116.

[20] *Kleine-Möller/Merl/Oelmaier* § 9, Rdn. 129.

[21] Vgl. *RGRK/Glanzmann* BGB § 644, Rdn. 11.

[22] Anderer Ansicht aber *Staudinger/Peters* BGB § 644, Rdn. 22.

Fraglich ist, ob und wie sich Mängel an der Werkleistung nach Abnahme und anschließend eingetretenem zufälligen Untergang auswirken. Peters[23] ist der Auffassung, dass dem Auftraggeber in diesem Fall nicht das Recht genommen wird, der Werkforderung Gewährleistungsrechte entgegenzusetzen. Zwar entfalle der Nachbesserungsanspruch und könne der Schadensersatzanspruch aus § 635 BGB a.F./§§ 634 Nr. 4, 636, 282 BGB n.F. nicht mehr an den Kosten der Mängelbeseitigung ausgerichtet werden, wohl aber sei der Schadensersatzanspruch entsprechend § 251 BGB a.F. (?) zu bemessen.

Diese Auffassung dürfte mit der Systematik des Gefahrübergangs nicht vereinbar sein. Genauso wenig, wie dem Auftragnehmer eine teilweise Vergütung bei teilweiser Werkvernichtung vor Abnahme zustehen soll[24], der Auftragnehmer also das volle Vergütungsrisiko vor der Abnahme trägt, muss er zum gerechten Ausgleich hierfür sich nach Abnahme ohne Einschränkung auf seine Rechte zur Mängelbeseitigung berufen können. Gewährleistungsansprüche kann der die Vergütungsgefahr tragende Auftraggeber gegen den Auftragnehmer damit nicht mehr geltend machen, wenn das mängelbehaftete Werk nach Abnahme und damit eingetretener Konkretisierung zufällig untergeht oder zufällig verschlechtert wird[25]; eine Ausnahme hiervon wird man selbstverständlich dann machen müssen, wenn zum Zeitpunkt der zufälligen Werkverschlechterung oder des Werkuntergangs der Auftragnehmer sein Recht zur Mängelbeseitigung infolge Verzuges mit den Mängelbeseitigungsarbeiten bereits verloren hat und/oder aus diesem Grunde Schadensersatzansprüche bereits entstanden sind.

Aus diesen Grundsätzen folgt, dass auch bei einer Beschädigung des Werkes **vor Abnahme** 17
durch einen Dritten am Bau Beteiligten oder sonstigen Dritten der Auftragnehmer weiterhin zur nochmaligen Leistungserbringung auf seine Kosten verpflichtet ist und der Auftraggeber bis dahin weder das Werk abnehmen muss noch zur Zahlung der vereinbarten Vergütung verpflichtet ist.[26] Von diesem Grundsatz geht die VOB/B in § 4 Nr. 5 Satz 1 VOB/B aus, wenn sie den Auftragnehmer verpflichtet, die von ihm ausgeführten Leistungen bis zur Abnahme vor Beschädigung und Diebstahl zu schützen. Mit eigenen Schadensersatzansprüchen des Auftragnehmers gegen den Schädiger ist es in diesen Fällen regelmäßig schlecht bestellt, wenn, wie im Regelfall, der Unternehmer kein Eigentum an seinem Werk mehr hat, weil dieses infolge Verbindung (§ 94 BGB) mit dem Grundstück auf den Auftraggeber übergegangen ist. Sofern auch Ansprüche wegen Besitzverletzung ausscheiden, hilft die Rechtsprechung mit dem Institut der **Drittschadensliquidation**. Der Auftraggeber, der den Schaden des Auftragnehmers liquidieren kann, ist verpflichtet, diesen Anspruch gemäß § 281 BGB a.F./§ 285 BGB n.F. oder aus nachvertraglichen Pflichten an den Auftragnehmer abzutreten, damit dieser erfolgreich Schadensersatz vom Schädiger verlangen kann.[27] Ist jedoch kein Drittschädiger feststellbar, was üblicherweise bei mutwilligen Beschädigungen des Werkes z.B. durch so genannte Sprayer der Fall ist, so bleibt es dabei, dass der Auftragnehmer seinen Anspruch auf die vereinbarte Vergütung erst erlangt, wenn er das Werk dem Auftraggeber abnahmereif zur Verfügung stellt, was die Beseitigung der Schäden auf Kosten des Antragnehmers voraussetzt[28].

In dem Fall der vor Abnahme eingetretenen zufälligen Unmöglichkeit der Leistungserbringung geht die Leistungsgefahr gemäß § 275 BGB vorzeitig über[29] und trifft bereits § 323 BGB a.F./§ 326 Abs. 1, 3 und 4 BGB n.F. die Grundsatzregelung, dass der Vorleistungspflichtige seinen Vergütungsanspruch verliert, er also die Vergütungsgefahr trägt.[30] Das hat zur Konsequenz, dass 18

[23] *Staudinger/Peters* BGB § 644, Rdn. 22.

[24] BGHZ 78, 352.

[25] Ebenso Münchener Kommentar/*Soergel* BGB § 644, Rdn. 6.

[26] So BGH NJW 1984, 2569 f.

[27] OLG Düsseldorf NJW-RR 1996, 591; nach BGH NJW 1970, 38, kann der Auftragnehmer die nochmalige Erbringung der Werkleistung davon abhängig machen, dass zuvor der Schadensersatzanspruch an ihn abgetreten wird.

[28] Anderer Ansicht *Köhler* BauR 2002, 27, der Graffitis als unabwendbares Ereignis ansieht, was schon deshalb nicht zutreffen kann, weil jedenfalls objektiv keine Unabwendbarkeit vorliegt.

[29] Siehe dazu die weiteren Ausführungen unter Rdn. 27.

[30] Vgl. BGH ZfBR 1982, 71; *Kaiser*, Festschrift *Korbion* 1986, 197, 201.

Abschlagszahlungen gemäß §632a Satz 1 BGB auf das teilweise erste hergestellte noch nicht abgenommene Werk aus Kondiktion (§812 Abs. 1 Satz 2 erste Alternative BGB) zurückgefordert werden können.[31] Dies hat seinen Grund darin, dass die vom Auftragnehmer bis zur Abnahme entfaltete Tätigkeitsherstellung des Werkes nur vorbereitenden Charakter hat, also keine Erfüllungswirkung hat.[32] Anteilige Vergütung kann dem Auftragnehmer lediglich gemäß §323 Abs. 1 2. Halbsatz BGB a.F./§326 Abs. 1 BGB n.F. zustehen, nämlich für den Fall, dass vor Abnahme das unausführbar gewordene Werk nur zum Teil untergegangen ist und der unversehrte Teil für den Auftraggeber verwertbar ist.[33]

19 Diese Grundsätze werden in einer Vielzahl von Fällen durch das BGB wie durch die Regelungen der VOB/B durchbrochen, was zu einem **vorzeitigen Gefahrübergang** führt.

c) Vorzeitiger Übergang der Leistungsgefahr

20 **aa) Objektive Unmöglichkeit der Herstellung, §§275, 279 BGB a.F./§§275 Nr. 1, 276 BGB n.F.** §275 Abs. 1 BGB a.F. bestimmte allgemein, also auch für die Fälle der Vereinbarung der VOB/B, dass der Schuldner (Auftragnehmer) von seiner Leistungsverpflichtung (Werkerstellung) befreit wird, so weit die Leistung nach Entstehung des Schuldverhältnisses (Vertragsschluss) objektiv unmöglich geworden ist, d.h. weder von dem Auftragnehmer noch von einem sonstigen Dritten erbracht werden kann. Im Bereich des Werkvertragsrechts kommen hier insbesondere Fälle der naturgesetzlichen Unmöglichkeit oder der rechtlichen Unmöglichkeit in Betracht. Naturgesetzlich unmöglich ist eine Werkleistung beispielsweise, wenn die Bauleistung nach dem Willen der Vertragsparteien auf einem bestimmten Baugrundstück (und nur dort) zu erbringen ist und dieses Baugrundstück nicht mehr existiert, weil es untergegangen ist (vgl. obigen Küstenfall). Denkbar sind aber auch andere Fälle, beispielsweise die Durchführung von Umbauarbeiten in einem bestehenden Gebäude, das nach Vertragsschluss infolge Einsturzes untergegangen ist. Keine objektive Unmöglichkeit liegt dagegen vor, wenn nur die ursprünglich vorgesehene Erfüllungsart infolge eines von dem Auftragnehmer nicht zu vertretenen Umstandes nach Vertragsschluss undurchführbar geworden ist, die Leistung aber vom Auftragnehmer auf andere Weise erbracht werden kann und diese Änderung des Vertrages beiden Parteien zumutbar ist.[34]

21 An diesen Grundsätzen hat sich durch das Schuldrechtsmodernisierungsgesetz nichts geändert. Lediglich die Unterscheidung zwischen anfänglicher und nachträglicher Unmöglichkeit ist in Wegfall geraten.

22 **bb) Rechtliche Unmöglichkeit.** Kann die Werkleistung aus Rechtsgründen nicht mehr erbracht werden, so wird der Auftragnehmer ebenfalls von seiner Leistung befreit. Hier ist im Bauvertragsrecht vor allen Dingen an Fälle der fehlenden Genehmigungsfähigkeit der Bauleistung zu denken.[35] Hierunter fallen grundsätzlich nur solche Fallgestaltungen, bei denen die Erbringung der Bauleistung aus rechtlichen Gründen **dauernd unmöglich** wird, beispielsweise durch eine Änderung eines Bebauungsplans, die Bauvorhaben der vorgesehenen Art auf Dauer unmöglich machen.

Beispiel: Der Auftragnehmer soll ein Hotel schlüsselfertig errichten. Durch eine nach Vertragsschluss erfolgte Bebauungsplanänderung ist jedoch nur noch eine Bebauung mit Einfamilienhäusern zulässig.

23 **cc) Zweckfortfall.** Unmöglichkeit liegt nach herrschender Meinung auch dann vor, wenn die Leistungs**handlung** zwar weiterhin möglich ist, der Leistungs**erfolg** aber nicht mehr herbeigeführt werden kann.[36] Beispiel: Das umzubauende Haus brennt ab. Es existiert zwar noch, der Zweck (Umbau) ist allerdings in Fortfall geraten, da das Haus nur noch neu aufgebaut und nicht mehr lediglich umgebaut werden kann.

[31] Vgl. *Staudinger/Peters* BGB §644, Rdn. 21.
[32] *Staudinger/Peters* BGB §644, Rdn. 2.
[33] Ebenso *RGRK/Glanzmann* BGB §644, Rdn. 6; *Kleine-Möller/Merl/Oelmaier* §10, Rdn. 297.
[34] BGHZ 38, 149.
[35] Vgl. OLG Frankfurt NJW-RR 1989, 982; OLG Köln VersR 1997, 580.
[36] *Palandt/Heinrichs* BGB §275, Rdn. 9.

Gefahrtragungsregeln im Bauvertragsrecht nach BGB und VOB/B

Leistungsgefahr	Vergütungsgefahr	
	AN	**AN**
Grundsatz Gefahrtragung **bis** Abnahme	Gemäß §§ 631 Abs. 1, 633, Abs. 1, 640, 641 a BGB	Gemäß §§ 644 Abs. 1, Satz 1, 646, 320 BGB = § 12 Nr. 6 VOB/B Gemäß § 323 BGB a.F./§ 326 Abs. 1, 3 und 4 BGB n.F.
	AG	**AG**
Vorzeitiger Gefahrübergang	Gemäß §§ 275, 279, BGB a.F./ §§ 275 Abs. 1, 276 BGB n.F. Gemäß §§ 293, 300 Abs. 1 u. 2, 243 Abs. 2 BGB Gemäß § 633 Abs. 2 Satz 2 BGB a.F. analog/§ 275 Abs. 2 BGB n.F.	Gemäß § 644 Abs. 1 Satz 2 BGB Gemäß § 324 Abs. 2 BGB a.F./§-326 Abs. 2 BGB n.F. Gemäß §§ 644 Abs. 2, 447 BGB Gemäß § 645 Abs. 1 Satz 1 BGB Gemäß §§ 7 Nr. 1, 6 Nr. 5 VOB/B
Abnahme		
	AG	**AG**
Grundsatz Gefahrtragung **nach** Abnahme	Gemäß §§ 631 Abs. 1, 633 Abs. 1, 640, 641 a BGB	Gemäß § 644 Abs. 1 Satz 1, 320 BGB = § 12 Nr. 6 VOB/B

24 **dd) Wirtschaftliche Unmöglichkeit.** Grundsätzlich gilt, dass der Auftragnehmer sich nicht darauf berufen kann, dass die Werkleistung nur mit außergewöhnlichen Schwierigkeiten/Kosten zu erbringen sei. § 633 Abs. 2 Satz 3 BGB a.F. wurde insoweit jedenfalls unmittelbar nicht angewand.[37]

25 Eine unter § 275 BGB a.F. fallende wirtschaftliche Unmöglichkeit nahm das Reichsgericht im Anschluss an die wirtschaftlich turbulenten Verhältnisse nach dem ersten Weltkrieg an, wenn die Leistung zwar an sich noch möglich war, ihr aber solche Schwierigkeiten entgegenstanden, dass sie dem Schuldner wegen Überschreitung der so genannten Opfergrenze nicht zumutbar war.[38]

26 Die BGH-Rechtsprechung wendete in diesen Fällen allerdings nicht die Regeln der Unmöglichkeit an, sondern die Grundsätze über den Wegfall **der Geschäftsgrundlage** (jetzt Störung der Geschäftsgrundlage, § 313 BGB n.F.), die einer Anpassung des Vertragsverhältnisses auf die geänderten wirtschaftlichen Verhältnisse nach den Grundsätzen von Treu und Glauben ermöglicht.[39] § 275 Abs. 2 BGB n.F. bestimmt nunmehr ausdrücklich, dass der Schuldner die Leistung verweigern kann, so weit diese einen Aufwand erfordert, der unter Beachtung des Inhalts des Schuldverhältnisses und der Gebote von Treu und Glauben in einem groben Missverhältnis zu den Leistungsinteressen des Gläubigers steht. Bei der Bestimmung der dem Schuldner zuzumutenden Anstrengungen ist zu berücksichtigen, ob der Schuldner das Leistungsinteresse zu vertreten hat.

Die VOB/B sieht i.ü. eine derartige Anpassungsmöglichkeit bei Pauschalpreisverträgen in § 2 Nr. 7 Abs. 1 Satz 2 VOB/B ausdrücklich vor.

27 **ee) Unvermögen (subjektive Unmöglichkeit), § 275 Abs. 2 BGB a.F./§ 275 Abs. 1 BGB n.F.** Gemäß § 275 Abs. 2 BGB a.F. stand die nachträgliche (objektive) Unmöglichkeit dem nachträglichen (subjektiven) Unvermögen gleich. § 275 Abs. 1 BGB n.F. regelt nunmehr, ohne zwischen Unmöglichkeit und Unvermögen zu unterscheiden einheitlich, dass der Anspruch auf Leistung ausgeschlossen ist, so weit diese für den Schuldner oder für jedermann unmöglich ist.

Diese Unterscheidung war und ist nur für die Fälle der **Gattungsschuld** erheblich, weil nach § 279 BGB a.F./§ 276 Abs. 1 BGB n.F. der Schuldner auch für subjektives Unvermögen einzustehen hat und damit von seiner Leistungsverpflichtung nicht befreit wird, wenn die Leistung aus der Gattung (objektiv) noch möglich ist.

28 Ein Bauvertrag enthält regelmäßig auch Elemente der Lieferung einer Gattungssache. Beispielhaft sei auf die Lieferung der Baumaterialien (Beton, Steine etc) verwiesen. Aber auch auf **Stückschulden** wurde § 279 BGB a.F. entsprechend angewandt, wenn der Schuldner die Verpflichtung übernommen hatte, den geschuldeten Gegenstand zu beschaffen (Beschaffungsschuld), was regelmäßig beim Bauvertrag der Fall ist.[40]

29 Aus § 279 BGB a.F./§ 276 Abs. 1 BGB n.F. folgt damit, dass sich der Auftragnehmer grundsätzlich nicht darauf berufen kann, es fehlen ihm die notwendigen finanziellen, personellen oder sonstigen Hilfsmittel, um die geschuldete Bauleistung zu erbringen. Insbesondere ist es ihm verwehrt, sich auf eine nicht rechtzeitige Eindeckung mit den Baumaterialien zu berufen.[41]

30 Aber auch diese Regel hat ihre Grenzen in der **Zumutbarkeit**. Nach den Grundsätzen über den Wegfall der Geschäftsgrundlage (§ 242 BGB) war bereits § 279 BGB a.F. jedenfalls dann nach Auffassung des Bundesgerichtshofes nicht anzuwenden, wenn infolge unvorhersehbarer Umstände so erhebliche Leistungshindernisse entstanden sind, dass dem Schuldner die Beschaffung des geschuldeten Gegenstandes nicht mehr zugemutet werden kann, beispielsweise in dem Fall, dass der Hersteller einer Gattungsschuld die Belieferung des Schuldners für diesen

[37] *Vgl. Staudinger/Peters* BGB § 644, Rdn. 5; zur analogen Anwendung von § 633 Abs. 2 Satz 3 BGB a.F. vgl. unten Rdn. 34.

[38] RGZ 102, 273.

[39] *Vgl. Palandt/Heinrichs* BGB § 275, Rdn. 12 m.w.N.

[40] *Vgl. Palandt/Heinrichs* BGB § 279, Rdn. 3.

[41] *Vgl. Palandt/Heinrichs* BGB § 279, Rdn. 6.

unvorhersehbar abgelehnt hat.[42] Dies entspricht der nunmehrigen gesetzlichen Regelung in § 275 Abs. 2 BGB n.F.

ff) Wegfall der Leistungspflicht gemäß § 275 Abs. 1 BGB n.F. – Was passiert mit der Gegenleistung? Grundsätzlich verliert der Auftragnehmer im Anschluss an seine Leistungsbefreiung seinen Vergütungsanspruch gemäß § 323 BGB a.F./§ 326 Abs. 1 BGB n.F. Hat der Auftraggeber indes die Unmöglichkeit oder den Zweckfortfall zu vertreten (§ 324 BGB a.F./§ 326 Abs. 2 BGB n.F.), so ist er dem Auftragnehmer zur Erbringung der Gegenleistung verpflichtet.[43] 31

Gleiches gilt, wenn die Unmöglichkeit der Leistungserbringung aus der **Sphäre** des Auftraggebers stammen. Zwar billigt hier die herrschende Meinung dem Auftragnehmer nicht den vollen Vergütungsanspruch zu, wohl aber in entsprechender Anwendung des § 645 BGB einen Teilvergütungsanspruch in Höhe der vom Auftragnehmer nachweisbar erbrachten Aufwendungen (siehe dazu Rdn. 50).[44]

gg) Annahmeverzug, §§ 293 ff. BGB. Grundsätzlich führt der Annahmeverzug zwar nicht zu einer Befreiung des Schuldners. Gemäß §§ 293, 300 Abs. 1 und 2 BGB geht die Leistungsgefahr jedoch vor Abnahme auf den Auftraggeber über, wenn die erfolglos angebotene Gattungssache während des Annahmeverzuges durch Zufall oder leichtes Verschulden untergeht bzw. verschlechtert wird. Da es sich bei Bauverträgen um Bringschulden handelt (der Auftragnehmer muss die Bauleistung dem Auftraggeber am Erfüllungsort in einer den Annahmeverzug begründenden Art und Weise tatsächlich angeboten haben), kommt man über § 243 Abs. 2 BGB in der Regel zu keinem anderen Ergebnis. 32

Voraussetzung für den Übergang der Leistungsgefahr ist in diesen Fällen allerdings, dass die angebotene Leistung dem Vertrag entspricht, der Auftraggeber also zur Abnahme bzw. Entgegennahme der Leistung verpflichtet wäre.[45] **Beispiel:** Der Auftragnehmer schuldet die Lieferung und den Einbau eines Heizkessels. Der Auftraggeber verweigert (zu Unrecht) nach Anlieferung den Einbau des Kessels, woraufhin der Auftragnehmer den Kessel auf Weisung des Auftraggebers von der Baustelle in sein Lager zurücktransportieren lässt. Bei dem Rücktransport wird der Kessel durch Zufall (unverschuldeter Unfall) zerstört. 33

Dadurch, dass der Auftraggeber die tatsächlich angebotene Leistung zurückgewiesen hat, ist er gemäß §§ 294, 295 BGB in Annahmeverzug gekommen, womit die Leistungsgefahr gemäß § 300 Abs. 2 BGB auf ihn übergegangen ist. Auch § 243 Abs. 2 BGB dürfte in diesem Fall erfüllt sein. Denn bei Bringschulden reicht es bereits aus, dass der Schuldner leistungsbereit, also mit allen für die Leistungserbringung notwendigen Mitteln ausgestattet, am Erfüllungsort erscheint. Mit der Frage, wie es sich in diesen Fällen des Annahmeverzuges mit der Gefahrtragung für die Vergütung verhält, beschäftigt sich § 644 Abs. 1 Satz 2 BGB, siehe hierzu unten Rdn. 35.

hh) § 633 Abs. 2 Satz 3 BGB a.F. analog/§ 275 Abs. 2 BGB n.F. Der ursprüngliche bis zur Abnahme bestehende Neuherstellungsanspruch des Auftraggebers kann nach allgemeiner Meinung vor Abnahme bei einem mängelbehafteten Werk bereits dann enden bzw. auf den Auftraggeber übergehen, wenn die Beseitigung der Mängel am hergestellten Werk nur durch Neuherstellung möglich ist und diese dem Unternehmer nicht zumutbar ist.[46] 34

Eine analoge Anwendung des Rechtsgedankens von § 633 Abs. 2 Satz 3 BGB a.F. nahm man jedoch nur dann in Betracht, wenn der Auftragnehmer das geschuldete Werk (wenn auch män-

---

[42] BGH NJW 1994, 515.

[43] *Vgl. Palandt/Heinrichs* BGB § 275, Rdn. 10.

[44] BGHZ 78, 354; BGHZ 83, 302; BGH, *„Schürmann/Hagedorn II"* *BauR* 1997, 1021, 1023.

[45] Dazu BGH NJW 1999, 2884: Keine Konkretisierung auf die angebotene Sache, wenn diese nicht dem Vertrag entspricht, auch dann nicht, wenn der Gläubiger die mangelhafte Sache in Unkenntnis des Mangels angenommen hat.

[46] *Vgl. Palandt/Sprau* BGB Vorbemerkung vor § 633; Rdn. 3; *Erman/Seiler* BGB § 633, Rdn. 31; *Staudinger/Peters* BGB § 633, Rdn. 191.

gelbefrachtet) erstmalig erstellt hat.[47] Hieran dürfte sich durch den im Zuge des Schuldrechtsmodernisierungsgesetzes neu eingefügten § 275 Abs. 2 BGB n.F. nichts geändert haben.

d) Vorzeitiger Übergang der Vergütungsgefahr

35 **aa) Annahmeverzug des Auftraggebers, § 644 Abs. 1 Satz 2 BGB, § 324 Abs. 2 BGB a.F./§ 326 Abs. 2 BGB n.F.** Die Vergütungsgefahr geht vorzeitig auf den Auftragnehmer über, wenn sich der Auftraggeber in Annahmeverzug befand. Annahmeverzug des Auftraggebers tritt gemäß § 294 BGB nur dann ein, wenn der Auftragnehmer die Leistung tatsächlich angeboten hat. Hierzu ist Voraussetzung, dass er das Werk mangelfrei erstellt und dem Auftraggeber ordnungsgemäß (zur rechten Zeit am rechten Ort) angeboten hat und dieser die Annahme grundlos verweigert.[48] Das wörtliche Angebot des Auftragnehmers reicht gemäß § 295 BGB aus, wenn der Auftraggeber eindeutig und bestimmt erklärt hat, er werde die Werkleistung nicht annehmen **oder** wenn zur Bewirkung der Leistung eine Handlung des Auftraggebers erforderlich ist, die dieser nicht erbringt (§ 642 BGB). Mit Annahmeverzug im Sinne des § 644 Abs. 1 Satz 2 BGB ist also nicht nur der Verzug mit der Annahme des vollendeten Werkes gemeint, sondern auch der während der Bauausführung eingetretene Annahmeverzug des Auftraggebers wegen unterlassener Mitwirkung nach § 642 BGB.[49]

36 Wird die Leistung nach Eintritt des Annahmeverzuges **unmöglich**, so endet zwar der Annahmeverzug, da sich Unmöglichkeit und Annahmeverzug prinzipiell ausschließen[50], was für den Auftragnehmer allerdings kein Rechtsnachteil ist, da in diesen Fällen § 324 Abs. 2 BGB a.F./§ 326 Abs. 2 BGB n.F. greift. Danach hat der Auftragnehmer Anspruch auf die volle Gegenleistung hat. Er muss sich lediglich die ersparten Kosten oder die anderweitige Verwendung seiner Arbeitskraft anrechnen lassen. Mit anderen Worten, er wird so gestellt, als wenn der Auftraggeber den Vertrag frei gekündigt hätte (§ 649 Satz 2 BGB).

In dem obigen Beispielsfall der Lieferung eines Heizkessels (Rdn. 33) wäre auf die Vergütungsgefahr § 324 Abs. 1 und 2 BGB a.F./§ 326 Abs. 2 BGB n.F. anzuwenden, da sich der Auftraggeber in Verzug der Annahme befand und die Leistung während des Verzugszeitraumes unmöglich wurde. Denn da sich die Leistung durch die Verbringung an den Erfüllungsort bereits konkretisiert hatte, trat Unmöglichkeit durch den Untergang ein, weil der Auftragnehmer nach Konkretisierung nicht verpflichtet ist, ein vergleichbares Produkt aus der Gattung zu liefern.

37 Der Anwendungsbereich von § 644 Abs. 1 Satz 2 BGB geht über den der Regelung des § 324 Abs. 2 BGB a.F./§ 326 Abs. 2 BGB n.F. insoweit hinaus, als er den Übergang bei der Vergütungsgefahr über den Bereich der Unmöglichkeit hinaus dahingehend erweitert, dass auch dann, wenn eine Neuherstellung möglich wäre, der Auftraggeber die Vergütungsgefahr während des Annahmeverzuges trägt.[51] Bei näherer Betrachtung stellen sich Zweifelsfragen nach dem eigenständigen Anwendungsbereich von § 644 Abs. 1 Satz 2 BGB. Dies insbesondere vor dem Hintergrund der unterschiedlichen Rechtsfolgen der Unmöglichkeitsregeln gegenüber den Gefahrtragungsregeln.

38 Der Übergang der Vergütungsgefahr hat zur Folge, dass der Auftraggeber trotz Ausbleibens der Leistung voll zahlen muss. Eine Anrechnung ersparter Leistungen oder anderweitigen Erwerbs, wie dies § 324 Abs. 1 Satz 2 BGB a.F./§ 326 Abs. 2 Satz 2 BGB n.F. vorsieht, kennt § 644 Abs. 1 BGB gerade nicht[52], was zu Unzuträglichkeiten führen kann. Dies sei an nachfolgenden **Beispielsfall** erläutert: Greifen wir den Fall der Lieferung des Heizkessels (Rdn. 33) auf. Unterstellen wir, dass der Auftragnehmer den bereits eingekauften Heizkessel gar nicht mehr auf die Baustelle lieferte, weil der Auftraggeber ihm vorab schon endgültig mitgeteilt hatte, dass er diese

---

[47] Zutreffend *Staudinger/Peters* BGB § 633, Rdn. 191.
[48] *Staudinger/Peters* BGB § 644, Rdn. 25.
[49] H.M., vgl. *RGRK/Glanzmann* BGB § 644, Rdn. 9; Münchener Kommentar/*Soergel* BGB § 644, Rdn. 7; *Kleine-Möller/Merl/Oelmaier* § 10, Rdn. 298; *Soergel/Teichmann* BGB § 644, Rdn. 7.
[50] RGZ 106, 276; *Erman/Battes* BGB vor § 293, Rdn. 3.
[51] *Erman/Seiler* BGB § 644, Rdn. 4; *Soergel/Teichmann* BGB § 644, Rdn. 12.
[52] Vgl. *Kleine-Möller/Merl/Oelmaier* § 10, Rdn. 296.

Leistung nicht annehmen werde und gehen wir weiter davon aus, dass anschließend im Werk des Auftragnehmers der Heizkessel durch Zufall untergeht. Hat der Auftragnehmer Anspruch auf die volle Vergütung für die Werkleistung, obgleich er für die Zwecke der Konkretisierung noch nicht alles Erforderliche getan hatte, denn immerhin stand noch die Lieferung und der Einbau des Kessels aus?

Kann der Auftragnehmer das seinerseits Erforderliche im Sinne des § 243 Abs. 2 BGB nicht tun, weil der Auftraggeber im Voraus seine Mitwirkung bzw. Annahme der Leistung bereits verweigert hat, tritt kein Gefahrübergang nach § 243 Abs. 2 BGB ein.[53] Allerdings dürfte in diesen Fällen die Leistungsgefahr infolge Annahmeverzuges (§ 295 BGB) auf den Auftraggeber gemäß § 300 Abs. 2 BGB übergehen. Ein Übergang der Vergütungsgefahr gemäß § 324 Abs. 2 BGB a.F./§ 326 Abs. 2 BGB n.F. scheidet aus, weil mangels Konkretisierung keine Unmöglichkeit der Leistungserbringung während des Verzuges eingetreten ist. Die Unmöglichkeit der Leistungserbringung während des Annahmeverzuges des Auftraggebers ist aber Anspruchsvoraussetzung für § 324 Abs. 2 BGB a.F./§ 326 Abs. 2 BGB n.F. i.V.m. § 275 Abs. 1 BGB n.F. und nicht lediglich der Übergang der Leistungsgefahr. Hier bedarf es also der Regelung des § 644 Abs. 1 Satz 2 BGB, damit es zum Übergang der Vergütungsgefahr kommen kann. § 644 Abs. 1 Satz 2 BGB hat also einen eigenständigen Anwendungsbereich, wenngleich dies im Ergebnis dazu führen müsste, dass nach Gefahrübergang der Auftragnehmer die volle Vergütung verlangen kann und etwaige ersparte Kosten bei ihm unberücksichtigt bleiben. Stellt man in Rechnung, dass der Auftragnehmer vor Übergang der Vergütungsgefahr bei zufälligem Untergang des teilweise bereits hergestellten Werkes keine (auch nicht teilweise) Vergütung schuldet, da der Auftragnehmer hinsichtlich des ganzen Werkes das Herstellungsrisiko trägt[54], scheint dies systemgerecht zu sein. Bedenken an der Richtigkeit der Lösung obiger Fallgestaltungen ergeben sich in zunehmendem Maße, je unvollendeter die Werkleistung ist, so in dem nachfolgenden **Beispiel**:

Der Auftraggeber (Generalunternehmer) konnte dem Auftragnehmer (Nachunternehmer) das Baugrundstück nicht stellen, weil sein Auftraggeber (Bauherr) dieses nicht erwarb. Geht in diesen Fällen die Vergütungsgefahr auf den Auftragnehmer über? Wenn ja, kann der Auftragnehmer volle Vergütung oder nur Vergütung unter Anrechnung ersparter Aufwendungen verlangen? Oder steht dem Auftragnehmer in diesen Fällen nur ein Aufwendungsersatzanspruch zu? **39**

Dieser Fall wird von Duffek[55] ausführlich diskutiert. Das OLG München[56] löste diesen Fall über analoge Anwendung des § 645 Abs. 1 Satz 1 BGB. Danach könne der Auftragnehmer die von ihm gemachten Aufwendungen in Form von Vorhalte-, Miet- und Transportkosten sowie einen Deckungsbeitrag für umsatzabhängige Gemeinkosten verlangen, nicht jedoch eine Teilvergütung. Dem widerspricht die herrschende Meinung in der Literatur[57] mit teilweise unterschiedlicher Begründung. Duffek[58] nimmt einen vollen Vergütungsanspruch des Auftragnehmers unter Anrechnung dessen, was der Auftragnehmer infolge der Nichtausführung der Arbeiten erspart oder durch anderweitige Verwendung seiner Arbeitskraft erworben oder zu werben böswillig unterlassen hat, an, indem er auf eine unmittelbare Anwendung des § 324 Abs. 1 BGB a.F. abstellt. Vertretenmüssen sei im Sinne des § 324 Abs. 1 Satz 1 BGB a.F. nicht als Verschulden des Auftraggebers zu verstehen. Es reiche aus, wenn das Hindernis bei der Leistungserbringung aus

---

[53] *Erman/Battes* BGB § 300, Rdn. 4.

[54] BGHZ 78, 352.

[55] BauR 1999, 979.

[56] BauR 1992, 74.

[57] *Staudinger/Peters* BGB § 644, Rdn. 26 und *RGRK/Glanzmann*, BGB § 644, Rdn. 9, gehen von einer Anwendung des § 324 Abs. 2 und 1 Satz 2 BGB a.F. aus. Ähnlich argumentieren *Nicklisch/Weick* VOB/B § 9, Rdn. 41, die von einer entsprechenden Anwendung des § 324 Abs. 2 BGB a.F. i. V. m. § 645 Abs. 1 Satz 2 und Abs. 2 BGB ausgehen und dem Auftragnehmer den vollen Vergütungsanspruch abzüglich ersparten Aufwendungen zusprechen. Von einer positiven Vertragsverletzung wegen Verletzung einer echten Mitwirkungsverpflichtung gehen Münchener Kommentar/*Soergel* BGB § 642, Rdn. 11 und im Ergebnis ebenso *Ingenstau/Korbion/Vygen* VOB/B § 9, Rdn. 59 sowie *Palandt/Sprau* BGB § 643, Rdn. 1 aus; vgl. auch *Kapellmann/Schiffers*, Bd. 1, Rdn. 1391.

[58] BauR 1999, 979, 987.

der Risikosphäre des Auftraggebers stamme. Unmöglichkeit trete ein, wenn der Auftraggeber die Bereitstellung des Baugrundstückes und den Abruf der Arbeiten endgültig ablehne.

40 Im Ergebnis ist Duffek zuzustimmen, wenngleich die Lösung über die alleinige Anwendung von § 324 Abs. 1 BGB a.F. die Differenzierung zwischen dem Unmöglichkeitsbegriff und dem Annahmeverzug nicht ausreichend berücksichtigt. Steht der Mitwirkungshandlung des Gläubigers (dem zur Verfügung stellen des Baugrundstückes) ein dauerndes Hindernis entgegen (weigert sich z.B. der Grundstückseigentümer das Grundstück an den Bauherrn zu veräußern), so liegt Unmöglichkeit/Unvermögen[59] vor. Lediglich Annahmeverzug liegt indes vor, wenn der Auftraggeber z.B. wegen Änderung seiner wirtschaftlichen Präferenzen nur nicht mehr bereit ist, das Baugrundstück zu erwerben; ein Verhalten, das sich der Generalunternehmer gegenüber dem Nachunternehmer, weil aus seiner Sphäre stammend, zurechnen lassen muss. Ist der Auftraggeber lediglich nicht mehr zur Annahme der ihm angebotenen Leistung bereit, liegt keine Unmöglichkeit (auch kein Unvermögen) vor, sondern schlichter Annahmeverzug. Unmöglich wird die Leistung im Rechtssinne erst dadurch, dass der Auftragnehmer gemäß §§ 642, 643 BGB vorgeht und das Vertragsverhältnis nach fruchtlosem Ablauf der Kündigungsandrohung als aufgehoben gilt. Nach diesem Zeitpunkt ist Erfüllung nicht mehr möglich, weil es das ursprüngliche Vertragsverhältnis infolge Aufhebung für die Zukunft nicht mehr gibt. Auf diese Weise erst käme man zur unmittelbaren Anwendung des § 324 Abs. 2 BGB a.F., der auf § 324 Abs. 1 Satz 2 BGB a.F. verweist. An dieser Rechtslage hat sich durch das Schuldrechtsmodernisierungsgesetz gemäß dem nunmehr anzuwendenden § 326 Abs. 2 BGB n.F. nichts geändert.

41 Der Weg über § 324 Abs. 1 Satz 2, Abs. 2 BGB bzw. § 326 Abs. 2 BGB n.F. ist nicht ganz zweifelsfrei, weil er den Gedanken der Sphärentheorie bemühen muss und sich dem Einwand des grundsätzlichen Vorrangs der Regeln der §§ 644, 645 BGB aussetzt. Eine Anwendung des § 644 Abs. 1 Satz 2 BGB scheint nicht sachgerecht zu sein[60], weil dieser dazu führen müsste, dass der Auftraggeber die volle Vergütung zahlt. Demgegenüber würde § 645 Abs. 1 Satz 2 BGB, der die Regelung des § 645 Abs. 1 Satz 1 BGB für die Fälle des § 643 BGB anordnet, dazu führen, dass in Fällen wie dem vorliegenden der Auftragnehmer wesentlich schlechter stehen würde, als bei einer Vergütungsberechnung nach den Grundsätzen des § 324 Abs. 1 BGB a.F./§ 326 Abs. 2 BGB n.F. bzw. § 649 Satz 2 BGB. Im Ergebnis darf es jedoch nicht zu Lasten des Auftragnehmers gehen, wenn die Vertragsdurchführung aus Gründen unterbleibt, die in den Verantwortungsbereich des Auftraggebers fallen. Peters[61] sieht die Gesetzessystematik als gestört an, wenn bei einer Unmöglichkeit der Leistung nach § 324 BGB a.F. abzurechnen wäre, was § 649 Satz 2 BGB entspricht, nicht aber bei einer aus Anlass des Annahmeverzuges ausgesprochenen Kündigung des Auftragnehmers. Der Bundesgerichtshof[62] hat kurzerhand entgegen dem klaren Wortlaut des § 645 Abs. 1 Satz 2 BGB entschieden, dass „das Gleiche", nämlich § 645 Abs. 1 Satz 1 BGB, bei einer Kündigung des Auftragnehmers nicht gilt, sondern die Grundsätze des § 649 Satz 2 BGB anzuwenden sind. Näher hätte es gelegen zu argumentieren, dass in den Fällen wie dem Vorliegenden die Regelungen aus dem allgemeinen Schuldrecht (§ 324 Abs. 2 BGB a.F. bzw. jetzt § 326 Abs. 2 BGB n.F.) nicht von § 645 BGB verdrängt werden. Dass die §§ 644, 645 BGB die allgemeinen Regelungen der §§ 323 BGB a.F. nicht generell verdrängen, ist vom Bundesgerichtshof bereits frühzeitig entschieden worden.[63] Die Unmöglichkeit beendet im übrigen den Annahmeverzug, so dass auch § 644 Abs. 1 Satz 2 BGB hinter der Grundsatzregelung des § 324

---

[59] Im Anschluss an *Beuthin* S. 230 ff. gehen Münchener Kommentar/*Emmerich* BGB, Rdn. 31 ff. vor § 275; Münchener Kommentar/*Thode* BGB, Rdn. 5 zu § 293; *Palandt/Heinrichs* BGB § 293, Rdn. 5; *Staudinger/Löwisch* BGB, Rdn. 4 vor §§ 293–304; *Erman/Battes* BGB Rdn. 4 vor § 293, davon aus, dass die Leistung auch dann unmöglich ist, wenn der Annahme oder der Mitwirkungshandlung des Gläubigers ein dauerndes Hindernis entgegensteht; der Annahmeverzug sei damit auf die Fälle beschränkt, in denen der Gläubiger zur Annahme nicht bereit oder nur vorübergehend an ihr gehindert ist.

[60] Vgl. *Soergel/Teichmann* BGB § 644, Rdn. 8; *Staudinger/Peters* BGB § 644, Rdn. 25.

[61] *Staudinger/Peters* BGB § 643 BGB, Rdn. 19.

[62] NJW 1999, 2036; ebenso BGH NJW 1990, 3008, 3009 und BGH NZ Bau 2001, 19 für die Fälle einer grundlosen endgültigen Leistungsverweigerung.

[63] BGHZ 60, 14, 18.

Abs. 2 BGB a.F. zurücktritt. Im Falle des Annahmeverzuges verlangt § 324 Abs. 2 BGB a.F. weiter nur, dass der die Unmöglichkeit auslösende Umstand nicht vom Auftragnehmer zu vertreten ist. Nicht erforderlich ist es also, dass der Auftraggeber den die Unmöglichkeit auslösenden Umstand zu vertreten hat; gleiches sieht § 326 Abs. 2 Satz 1 BGB n.F. vor. Man käme deshalb im Falle des Annahmeverzuges des Auftraggebers ohne weiteres zur Anwendung von § 324 Abs. 1 Satz 2 BGB a.F./§ 326 Abs. 2 Satz 1 und 2 BGB n.F., wenn der die Unmöglichkeit auslösende Umstand weder vom Auftragnehmer noch vom Auftraggeber zu vertreten ist.[64]

Ausgehend von diesen Grundsätzen muss auch der Fall einer Lösung zugeführt werden, in dem das teilweise fertig gestellte Werk während des durch Unterlassen notwendiger Mitwirkungshandlungen eingetretenen Annahmeverzuges zufällig untergeht oder beschädigt wird. Zu einem Übergang der Leistungsgefahr kommt es in diesen Fällen ab dem Annahmeverzug bis zu dessen Beendigung. Der Auftragnehmer ist weiterhin grundsätzlich zur Leistung verpflichtet und muss diese erbringen, wenn der Auftraggeber seinerseits durch die nachgeholte Mitwirkungshandlung den Annahmeverzug beseitigt hat.[65] Für die infolge Untergangs ganz oder teilweise nochmals zu erbringende Werkleistung gilt dies allerdings nur unter den gleichen Voraussetzungen, die für die Beauftragung zusätzlicher Leistungen gelten. Der Auftragnehmer erhält eine zusätzliche Vergütung, die dem Anteil des untergegangenen Teils der Leistung an der Gesamtleistung entspricht zzgl. etwaiger durch die Bauzeitenverlängerung bedingten Mehrkosten. Kündigt der Auftragnehmer vor Beendigung des Verzuges, so gilt i.E. § 324 Abs. 2 und Abs. 1 BGB a.F./§ 326 Abs. 2 Satz 1 und 2 BGB n.F. 42

bb) Versendung des Werkes, § 644 Abs. 2 BGB. Die Vergütungsgefahr geht vor der rechtsgeschäftlichen Abnahme auf den Auftraggeber über, wenn der Auftragnehmer das vertragsgemäß vollendete Werk auf Verlangen des Auftraggebers nach einem anderen Ort als den Erfüllungsort versendet (§ 644 Abs. 2 BGB). Diese gesetzliche Regelung hat bei Bauverträgen geringe praktische Bedeutung,[66] was daran liegt, dass nach dem gesetzlichen Wortlaut nicht die Fälle erfasst sind, in denen der Auftragnehmer von ihm für die Werkerstellung benötigte Bauteile zur Baustelle transportieren lässt und während des Transportes diese Bauteile beschädigt werden oder untergehen. 43

cc)Mangelhafter Stoff des Auftraggebers, Ausführungsanweisung des Auftraggebers, § 645 Abs. 1 Satz 1 BGB. Wegen der größeren Gefahrnähe des Auftraggebers ordnet § 645 Abs. 1 Satz 1 BGB einen vorzeitigen Übergang der Vergütungsgefahr für die Fälle an, in denen das Werk vor Abnahme untergeht, verschlechtert oder unausführbar wird, wenn hierfür ein Mangel des vom Auftraggeber gelieferten Stoffes oder eine Ausführungsanweisung des Auftraggebers die alleinige Ursache gesetzt hat. Die Vergütungsgefahr geht indes nicht voll über. Der Auftragnehmer kann nach dem Gesetzestext nur eine der geleisteten Arbeit entsprechende Teilvergütung sowie darüber hinaus Ersatz der in der Vergütung nicht inbegriffenden Auslagen verlagen.[67] 44

Der Bundesgerichtshof[68] bekräftigte in Abgrenzung des § 645 Abs. 1 Satz 1 BGB zu § 7 VOB/B jüngst, dass § 6 Nr. 5 VOB/B, auf den § 7 VOB/B wegen der Rechtsfolgen verweist, anders als § 645 Abs. 1 Satz 1 BGB nicht die Vergütungsgefahr regele. Diese Äußerung muss überraschen, wenn man, worauf der Bundesgerichtshof im gleichen Zusammenhang ebenfalls verweist, § 7 VOB/B als Änderung der gesetzlichen Regelung der Vergütungsgefahr in § 644 Abs. 1 Satz 1 BGB ansieht. Diese Auffassung des Bundesgerichtshofs wie überhaupt die Abgrenzung des § 645 Abs. 1 Satz 1 BGB zu § 7 VOB/B wird nur dann verständlich, wenn man die Rechtsfolgen betrachtet. Der wesentliche Unterschied zwischen den Regelungen in §§ 7, 6 Nr. 5 VOB/B und § 645 Abs. 1 45

[64] Der Annahmeverzug setzt i. ü. kein Verschulden des Gläubigers voraus, vgl. BGH NJW-RR 1994, 1470.

[65] *Kleine-Möller/Merl/Oelmaier* § 10, Rdn. 299; *RGRK/Glanzmann* BGB § 644, Rdn. 9.

[66] *Kleine-Möller/Merl/Oelmaier* § 10, Rdn. 301.

[67] Die Teilvergütung orientiert sich gemäß den zu § 649 Satz 2 BGB entwickelten Grundsätzen des BGH am Anteil der geleisteten Arbeit an der Gesamtvergütung, vgl. BGH NJW 1999, 2036; *Erman/Seiler* BGB § 645, Rdn. 6.

[68] BGH „*Schürmann/Hagedorn II*" BauR 1997, 1021, 1023.

Satz 1 BGB besteht darin, dass der Auftragnehmer nach dem BGB über die Teilvergütung für erbrachte Leistungen hinaus einen Anspruch auf Erstattung der in der Teilvergütung nicht inbegriffenen Auslagen verlangen kann. Hierunter fallen die Kosten, die dem Auftragnehmer für die Vorbereitung der von ihm geschuldeten Leistung entstanden und die nicht Teil der vereinbarten Vertragspreise sind, wozu beispielsweise die Kosten für beschaffte Materialien, Transporte sowie für die Beschaffung und Nutzung von Geräten und Maschinen gehören, so weit sie durch das konkrete Werk veranlasst worden sind.[69] Diese Vorbereitungskosten für die vertraglich geschuldete Leistung sind im Anschluss an die ältere BGH-Rechtsprechung aber gerade seit der 1992er Ausgabe der VOB/B durch § 7 Nr. 2 und 3 VOB/B ausgeschlossen. Bei Anwendung des § 7 VOB/B hätte sich der Auftragnehmer in den Schürmann-Bau-Fällen also denkbar schlechter gestanden, woraus die Bemühungen des Bundesgerichtshofes um eine strikte Trennung der Anwendungsbereiche beider Regelungsvorschriften ebenso verständlich werden wie der Hinweis darauf, dass § 645 Abs. 1 Satz 1 BGB neben § 7 VOB/B gilt. Nach der älteren Rechtsprechung des Bundesgerichtshofes[70] hätte es ungeachtet der Rechtsfolgen nahe gelegen, § 7 Nr. 1 VOB/B auch auf die Schürmann-Bau-Fälle anzuwenden, da das Ereignis, das die Werkleistung vernichtete, aus der Sicht des Auftragnehmers unabwendbar war.

46 Wirkt bei der Verschlechterung/Untergang der Werkleistung ein vom Auftragnehmer zu vertretender Umstand mit, so kommt § 645 BGB ebenso wenig zur Anwendung[71], wie eine schärfere Haftung des Auftraggebers bei Verschulden gerichtet auf die volle Vergütung über § 645 Abs. 2, § 324 Abs. 1 BGB a.F. bzw. § 326 Abs. 2 BGB n.F. bei Unmöglichkeit oder auf Schadensersatz bei positiver Forderungsverletzung in Betracht kommt.[72]

47 Bei vom Auftragnehmer zu vertretenen mitwirkenden Umständen entfällt der dem Auftragnehmer sonst nach § 645 Abs. 1 Satz 1 BGB zustehende Teilvergütungsanspruch in Gänze, so dass die Frage Bedeutung erlangt, ob das „zu Vertretenhaben" als Verschuldensvorwurf zu verstehen ist oder eine Zuweisung unter Sphärengesichtspunkten ausreichen soll.

Beispiel: Der Auftraggeber erteilt im Rahmen einer Stahlbetonbaumaßnahme konkrete Verlegeanweisungen über seinen Tragwerksplaner. Vor Abnahme der Werkleistung zeigen sich bereits Risse in den gegossenen Decken, die darauf zurückzuführen sind, dass die Verlegeanweisungen objektiv fehlerhaft waren. Die Verlegeanweisungen entsprachen den allgemeinen bis dahin als richtig angenommenen, tatsächlich aber bislang unerkannt falschen, DIN Normen, weshalb weder dem Auftraggeber noch dem Auftragnehmer ein Verschuldensvorwurf zu Last gelegt werden kann. Unterstellt der Auftragnehmer habe Optimierungsvorschläge zur Verlegung der Bewehrung gemacht, und damit Planungsverantwortung übernommen, die ins Werk umgesetzt wurden, so läge unter Sphärengesichtspunkten ein vom Auftragnehmer „zu vertretender" mitwirkender Umstand vor.[73] Da es sich bei § 645 BGB um eine Gefahrtragungsregel handelt, die grundsätzlich immer dann keine Anwendung findet, wenn einer der beiden Vertragsparteien den Untergang, die Verschlechterung oder die Unausführbarkeit des Werkes schuldhaft verursacht hat, versteht es sich von selbst, dass ein vorzeitiger Übergang der Vergütungsgefahr nicht stattfindet, wenn schuldhafte Pflichtverstöße des Auftragnehmers mitgewirkt haben. Den eigentlichen über vorerwähnte Selbstverständlichkeit hinausgehenden Anwendungsbereich hat die Ausschlussregelung in § 645 Abs. 1 Satz 1 BGB demzufolge da, wo der Auftragnehmer den Untergang oder die Unmöglichkeit des Werkes aus (auch) in seiner Sphäre liegenden Gründen zwar mitverursacht hat, ihm ein Verschuldensvorwurf aber nicht gemacht werden kann. Nach der Gesetzessystematik

[69] Vgl. BGH, *„Schürmann/Hagedorn II"* BauR 1997, 1021, 1024; *RGRK/Glanzmann* BGB § 645, Rdn. 11; *Erman/Seiler* BGB § 645, Rdn. 6.

[70] BGH VersR 1962, 159, 160.

[71] *Erman/Seiler* BGB § 645, Rdn. 5.

[72] *Staudinger/Peters* BGB § 645, Rdn. 44 f.

[73] § 645 BGB setzt nicht voraus, dass der Auftraggeber den Untergang, die Verschlechterung oder die Unausführbarkeit des Werkes seinerseits verschuldet hat. Ganz im Gegenteil, ist dem Auftraggeber ein Verschuldensvorwurf zu machen, greift nicht § 645 Abs. 1 Satz 1 BGB, sondern § 324 Abs. 1 BGB ein; vgl. *Staudinger/Peters* BGB § 645, Rdn. 20.

bleibt es dann bei der Grundsatzregelung in § 644 Abs. 1 Satz 1 BGB, wonach der Auftragnehmer zur Erlangung des Vergütungsanspruches auf seine Kosten in obigen Beispielsfall nachzubessern hätte[74], die Vergütungsgefahr aber nicht vorzeitig übergeht.

Unter „Stoff" fallen alle Gegenstände, die zur Erbringung der Werkleistung erforderlich sind 48
und vom Auftraggeber dem Auftragnehmer gestellt werden. Insbesondere gehört hierzu bei einem Neubauvorhaben der Baugrund und bei einer Umbaumaßnahme das umzubauende Gebäude.[75] Damit es zu einem vorzeitigen Gefahrübergang kommt, muss der vom Auftraggeber gelieferte Stoff mangelhaft sein. Geht der Stoff, z.B. das Baugrundstück, nicht infolge eines Mangels, sondern aus sonstigen Gründen zufällig unter (höhere Gewalt), so findet § 645 Abs. 1 Satz 1 BGB (anders als § 7 VOB/B) keine Anwendung.[76]

Unter „Anweisungen" sollen lediglich einseitige Anordnungen des Auftraggebers, für die 49
der Auftraggeber das Ausführungsrisiko übernimmt, fallen, so weit diese Anordnungen nach Vertragsschluss erteilt worden sind.[77] Der Bundesgerichtshof unterscheidet unter Aufgabe seiner früheren Rechtsprechung neuerdings zwischen speziellen und generellen Anordnungen: In dem Umfang, wie die Anordnung dem Auftragnehmer kein Wahlrecht einräumt, hat der Auftraggeber für die Eignung der Anweisung einzustehen.[78] Da der Auftragnehmer jedoch Anspruch auf die Überreichung fehlerfreier Planunterlagen/Anordnungen bei Vertragsschluss hat, ist es überzeugender, § 645 Abs. 1 Satz 1 BGB auch auf Anordnungen bzw. Ausführungsanweisungen des Auftraggebers anzuwenden, die bereits im Vertrag enthalten sind, so weit diese Anordnungen dem Auftragnehmer kein Wahlrecht einräumen. Die eigentliche rechtliche Problematik in Fällen fehlerhafter Anweisung des Auftraggebers im vertraglichen Leistungsverzeichnis ist bei der Frage anzusiedeln, ob der Auftragnehmer seiner vertraglich vereinbarten Prüfungs- und Informationspflicht (vgl. § 4 Nr. 3 VOB/B) nachgekommen ist. Ein Verstoß gegen die vertraglichen Prüfungspflichten stellt ein vom Auftragnehmer zu vertretender mitwirkender Umstand dar, der den vorzeitigen Übergang der Vergütungsgefahr ausschließt.[79]

dd) Analoge Anwendung des § 645 Abs. 1 Satz 1 BGB. Die analoge Anwendung des 50
§ 645 Abs. 1 Satz 1 BGB ist ein weitgehend von Billigkeitsgesichtspunkten beherrschtes Thema. Der Bundesgerichtshof befürwortet eine analoge Anwendung, wenn der Untergang oder die Unmöglichkeit der Werkerstellung auf risikoerhöhende Handlungen des Auftraggebers zurückgehen, auch wenn sich diese nicht auf die Ausführung des betreffenden Werkes, welches untergegangen oder unmöglich geworden ist, beziehen.[80] Gleiches gelte, wenn diese Umstände in der Person des Auftraggebers liegen. In derartigen Fällen stehe der Auftraggeber der sich aus diesen Umständen ergebenden Gefahr für das Werk näher als der Auftragnehmer. Der Hinweis des Bundesgerichtshofes[81], dass eine analoge Anwendung „auch" in Betracht kommt, wenn es insoweit an einem Verschulden des Auftraggebers fehle, ist missverständlich, da § 645 BGB die Fälle des vom Auftraggebers zu vertretenen Untergangs des Werkes gar nicht erfasst, sondern vielmehr § 324 Abs. 1 BGB a.F. bzw. jetzt § 326 Abs. 2 BGB n.F. einschlägig wäre, über dessen analoge Anwendung man im Falle des Verschuldens nachdenken müsste, wenn der Untergang des Werkes nicht gleichzeitig zur Unmöglichkeit der Werkleistung führt.[82]

Die dem Auftraggeber objektiv zurechenbare Herbeiführung einer den in § 645 Abs. 1 Satz 1 51
BGB geregelten Fällen vergleichbare Risikolage hat der Bundesgerichtshof in den Schürmann-

---

[74] Anderer Ansicht *Staudinger/Peters* BGB § 645, Rdn. 26, der in den Fällen der beiderseitigen schuldlosen Mitverursachung für eine Anwendung des § 645 Abs. 1 Satz 1 BGB plädiert, allerdings dem Auftragnehmer in entsprechender Anwendung des § 254 Abs. 1 BGB eine Kürzung seines Vergütungsanspruchs auferlegt.

[75] BGHZ 60, 20; *Staudinger/Peters* BGB § 645, Rdn. 12.

[76] *Erman/Seiler* BGB § 645, Rdn. 2.

[77] *Soergel/Teichmann* BGB § 645, Rdn. 9; *Erman/Seiler* BGB § 645, Rdn. 3.

[78] BGHZ 132, 189, 193.

[79] Vgl. *Erman/Seiler* BGB § 645, Rdn. 5.

[80] BGHZ 137, 35, 38; BGHZ 136, 303, 308; BGHZ 78, 352, 354.

[81] BGHZ 78, 352, 384.

[82] Siehe hierzu näher unter Rdn. 35 ff.

Bau-Fällen bejaht. Da der Auftraggeber den vorläufigen Hochwasserschutz während der Bauzeit übernommen hatte, der mit der Erstellung und Unterhaltung des Hochwasserschutzes nicht beauftragten Auftragnehmer dagegen keine Möglichkeit der Einwirkung auf die Ausführung dieses Schutzes hatte, stand der Auftraggeber der Gefahr, die sich aus der Beschaffenheit des Hochwasserschutzes ergab, näher als der Auftragnehmer, was der Bundesgerichtshof aus Billigkeitsgründen heraus ausreichen ließ, um zur entsprechenden Anwendung von § 645 Abs. 1 Satz 1 BGB zu kommen.[83]

52 Eine analoge Anwendung wird weiter bejaht in Fällen des Wegfalls des Leistungsobjektes vor Übergang in die Sphäre des Auftragnehmers, wozu als Schulbeispiele regelmäßig das in der Sturmflut auseinandergebrochene zu bergende Schiff oder die abgebrannte zu restaurierende Kirche herangezogen werden.[84] Weiter fallen hierunter die Fälle der zufälligen Zweckerreichung und der Gefährdung des Werkes durch eine nicht gebotene Handlung des Bestellers, z.B. durch das auftraggeberseitig veranlasste Durchführen feuergefährlicher Schweißarbeiten im Altbau.[85]

Eine allgemeine Verteilung der Risikobereiche nach Sphären wird indes von der herrschenden Meinung mit Hinweis auf die Gesetzesmotive zu Recht abgelehnt[86], weshalb in der Tatsache, dass der Auftraggeber in einem Leistungsbereich mehrere Unternehmer nacheinander Arbeiten ausführen lässt, grundsätzlich noch keine zum Übergang der Vergütungsgefahr hinreichende vom Auftraggeber zu vertretene Risikoerhöhung liegt.[87]

53 Die analoge Anwendung des § 645 Abs. 1 Satz 1 BGB ist von einer Einzelfallrechtsprechung geprägt und lässt viele Abgrenzungsfragen offen. So fragt man sich, warum eine analoge Anwendung ausscheiden soll in den Fällen, wo das Leistungsobjekt **nach** Übergang in die Sphäre des Unternehmers wegfällt. Es kann doch in dem oben unter Rdn. 13 aufgeführten Beispiel des ins Meer gespülten Baugrundstückes nicht entscheidend sein, ob der Auftragnehmer das Baugrundstück zu Zwecken der Erbringung der Bauleistung bereits in Besitz genommen hat, es also in seine Sphäre übergegangen ist oder (noch) nicht.

54 Richtig dürfte allerdings die Auffassung sein, dass zu den eine analoge Anwendung rechtfertigenden vom Auftraggeber zu tragenden Risiken höhere Gewalt nicht gehören soll. Vielmehr bleibe es in diesem Fall bei den Grundsatzregelungen der §§ 644, 323 BGB a.F./§ 326 BGB n.F.[88] Damit dürfte für die vorerwähnten Schulbeispiele (Sturm und Blitzschlag) aber gerade eine analoge Anwendung von § 645 Abs. 1 Satz 1 BGB ausscheiden und der Auftragnehmer nach der Gesetzesregelung leer ausgehen.

Zweiter Abschnitt. Voraussetzungen des vorzeitigen Übergangs der Vergütungsgefahr nach der VOB im einzelnen

1. § 7 Nr. 1 1. Halbs., Nr. 2 und 3 VOB/B – Definition und Umfang der „ganz oder teilweise ausgeführten Leistung“

55 Vom Bundesgerichtshof[89] wurde zur Definition dessen, was unter Leistungen im Sinne von § 7 VOB/B zu verstehen ist, bereits frühzeitig das entschieden, was mit der Fassung der VOB von 1992 in § 7 Nr. 2 und 3 VOB/B Eingang in den Text gefunden hat: „Leistungen“ nach § 7 VOB/B

[83] BGH *„Schürmann/Hagedorn I“* BauR 1997, 1019, 1021; BGH *„Schürmann/Hagedorn II“* BauR 1997, 1021, 1023.

[84] *Erman/Seiler* BGB § 645, Rdn. 2.

[85] Köln OLGZ 1975, 323.

[86] Vgl. *Staudinger/Peters* BGB § 645, Rdn. 29; *Soergel/Teichmann* BGB § 646, Rdn. 14 m.w.N.

[87] Zu weitgehend deshalb OLG Bremen, BauR 1997, 1045, wo das Gericht es für den Übergang der Vergütungsgefahr auf den Auftraggeber ausreichen ließ, dass Gerüste zur Weiterführung der Leistungen auf dem bereits verlegten Dachaufbau aufgestellt wurden, die das Dach beschädigten; im Ergebnis ebenso *Marbach*, Jahrbuch BauR 1999, 92, 102.

[88] So *Staudinger/Peters* BGB § 645, Rdn. 38; *Erman/Seiler* BGB § 645, Rdn. 10.

[89] BGHZ 61, 144; BGH BauR 1973, 110 = NJW 1973, 368.

sind in Abgrenzung zu den Bauhilfsmitteln und den Vorbereitungsleistungen nur die „mit dem Bauwerk unmittelbar verbundenen, in ihre Substanz eingegangenen Leistungen“[90].

56 Das unter „Leistungen“ nur Bauleistungen fallen, versteht sich aus der Gesamtsystematik der VOB von selbst. Wegen derjenigen Leistungen, die keine Bauleistungen sind, kann deshalb auch dann, wenn diese im Zusammenhang mit der Bauerrichtung zur vertraglich geschuldeten Leistung des Auftragnehmers gehört, kein vorzeitiger Gefahrübergang nach § 7 VOB/B stattfinden. Hauptanwendungsfall für diese Fallgruppe sind die von dem Auftragnehmer neben der Bauerrichtung, z.B. im Schlüsselfertigbau, übernommenen Planungsleistungen. Nicht hierunter fallen die in der VOB/C kraft dortiger ausdrücklicher Erwähnung als Bauleistungen zu qualifizierenden Planungsleistungen. Alle Leistungen, die Regelungsgegenstand der VOB/C sind, werden als Bauleistungen im Sinne von § 1 VOB/A qualifiziert[91].

57 § 7 Nr. 2 VOB/B regelt, in welchem **Umfang** ganz oder teilweise ausgeführte Bauleistungen von dem vorzeitigen Gefahrübergang nach § 7 VOB/B überhaupt erfasst sind:

> „Zu der ganz oder teilweise ausgeführten Leistung gehören alle mit der baulichen Anlage unmittelbar verbundenen, in ihre Substanz eingegangenen Leistungen, unabhängig von deren Fertigstellungsgrad.“

Durch § 7 Nr. 3 Satz 1 VOB/B ist seit der Textfassung der VOB von 1992 klargestellt, dass

> „zu der ganz oder teilweise ausgeführten Leistung nicht die noch nicht eingebauten Stoffe und Bauteile sowie die Baustelleneinrichtung und Absteckungen“ gehören.

Nicht mit der baulichen Anlage unmittelbar verbunden und in ihre Substanz eingegangen sind insbesondere die unter Abschnitt 2.2 der ATV-DIN Norm 18299 erwähnten Stoffe und Bauteile, die der Auftragnehmer **nur vorzuhalten** hat. Denn diese gehen bestimmungsgemäß nicht in das Bauwerk ein. Hierunter fällt die Gesamtheit der so genannten Bauhilfsmittel, wie z.B. die Schalung oder die Baugerüste. Aber auch Gleisanlagen, Fangdämme, provisorische Baustraßen etc. gehören hierzu, wenn sie die eigentliche nach dem Bauvertrag geschuldete Bauleistung erst ermöglichen sollen.

58 Dass es im Ergebnis für den Umfang der unter § 7 VOB/B fallenden Bauleistungen nicht entscheidend sein kann, ob die vorerwähnten Leistungen „als besondere Leistung oder selbstständig vergeben“ werden, ist ebenso selbstverständlich und seit der textlichen Fassung der VOB von 1992 nunmehr auch in § 7 Nr. 3 Satz 2 VOB/B festgeschrieben, wie es nicht der Abnahme- oder Teilabnahmefähigkeit der erbrachten Teilleistung bedarf.[92]

59 So weit sich die Baumaßnahme in der vorbeschriebenen Bauleistung allerdings erschöpft, weil beispielsweise der Damm oder die Straße das zu errichtende Bauwerk darstellen, findet § 7 VOB/B bestimmungsgemäß Anwendung, weil es sich in diesem Einzelfall nicht mehr lediglich um Bauhilfsmittel oder Baubehelfe handelt.

60 Auch Gerüste und Schalung, die ins Bauwerk eingehen (verlorene Schalung) sind von § 7 VOB/B erfasst.

61 Unter Bauhilfsmittel sollen gemäß einer nach den Grundsätzen von Treu und Glauben (§ 242 BGB) einschränkenden Auslegung auch solche baulichen Vorkehrungen **nicht** fallen, die vorrangig dem Interesse des Auftraggebers an einer ungehinderten Durchführung der Baumaßnahme dienen, wie z.B. Bauzäune auf Großbaustellen.[93]

a) § 7 Nr. 1 VOB/B – Objektiv unabwendbare vom Auftragnehmer nicht zu vertretende Umstände

62 **aa) Begriffsbestimmung.** § 7 Nr. 1 VOB/B führt zu den von dem vorzeitigen Übergang der Vergütungsgefahr allein erfassten Risiken aus, dass es sich um *„objektiv unabwendbare vom Auftrag-*

---

[90] BGH NJW 1973, 368, 369.
[91] Vgl. § 1 VOB/A, Rdn. 11.
[92] OLG Köln SFH § 7 VOB/B Nr. 2.
[93] So *Ingenstau/Korbion/Oppler* VOB/B § 7, Rdn. 10; *Rutkowsky* NJW 1988, 1761 f.

nehmer nicht zu vertretene Umstände" handeln muss, die für die Beschädigung oder Zerstörung der ganz oder teilweise ausgeführten Leistung ursächlich geworden sind.

Die im Text der VOB vorangestellten „höhere Gewalt, Krieg und Aufruhr" sind lediglich Beispiele für objektiv unabwendbare vom Auftragnehmer nicht zu vertretene Umstände. Mit der Fassung der VOB aus 2000 wurde das Wort „objektiv" vor unabwendbar eingefügt. Dies geht auf die Entscheidung des BGH im *Schürmann/Hagedorn I-Fall* zurück. Der Bundesgerichtshof[94] stellte zunächst folgendes klar:

> „Ereignisse im Sinne des § 7 Nr. 1 VOB/B (sind) unabwendbare, vom Auftragnehmer nicht zu vertretene Umstände, die nach menschlicher Einsicht und Erfahrung in dem Sinne unvorhersehbar sind, dass sie oder ihre Auswirkungen trotz Anwendung wirtschaftlich erträglicher Mittel durch die äußerste nach der Sachlage zu erwartende Sorgfalt nicht verhütet oder in ihren Wirkungen bis auf ein erträgliches Maß unschädlich gemacht werden können."

Dafür reicht es nach Auffassung des Bundesgerichtshofs allerdings nicht aus, wenn das Ereignis lediglich für den Auftragnehmer nach den vorgenannten Kriterien unabwendbar war.[95] Vielmehr seien die Voraussetzungen des § 7 Nr. 1 VOB/B nur dann erfüllt, wenn *„das Ereignis objektiv unabhängig von der konkreten Situation des betroffenen Auftragnehmers unvorhersehbar und unvermeidbar war."* Begründet wird dies damit, dass § 7 Nr. 1 VOB/B lediglich eine von den Grundsätzen des BGB abweichende Regelung des Übergangs der Vergütungsgefahr auf den Auftraggeber enthält, aber keine abweichende Regelung der Voraussetzungen der höheren Gewalt oder des unabwendbaren Ereignisses.

63 Ein Fall höherer Gewalt liege vor, wenn *„ein von außen einwirkendes und objektiv unabwendbares Ereignis eingetreten ist."*[96]

Im Unterschied zu dem Tatbestandsmerkmal der höheren Gewalt umfasst das unabwendbare Ereignis auch unvorhersehbare nicht betriebsfremde Ereignisse. Nach der Regelungsfunktion der Gefahrtragung vor Abnahme in Fällen unabwendbare Ereignisse ist § 7 Nr. 1 VOB/B danach nicht anwendbar, wenn die Schädigung auf den Auftraggeber zurückzuführen ist.[97] Es reicht also nicht aus, dass (lediglich) der Auftragnehmer das Ereignis nicht zu vertreten hat.

64 Selbstverständlich kann sich der Auftragnehmer, der ein mit der Realisierung des Bauvorhabens verbundenes Risiko **bewusst** in Kauf genommen respektive vertraglich übernommen hat, nicht auf § 7 VOB/B berufen, wenn sich gerade diese vertraglich übernommene Gefahr realisiert hat.[98]

65 Die Frage, ob ein unabwendbarer Umstand vorliegt, ist nach herrschender Meinung nur einer einheitlichen Beurteilung zugänglich. Damit scheidet eine Teilung eines einheitlichen Ereignisses in einen vorhersehbaren und einen unvorhersehbaren Teil aus.[99]

66 **bb) Höhere Gewalt, Krieg und Aufruhr.** Höhere Gewalt[100], Krieg und Aufruhr sind im Text von § 7 Nr. 1 Satz 1 VOB/B ausdrücklich benannte Anwendungsfälle des umfassenderen Begriffs „objektiv unabwendbarer Umstände".

Krieg wird allgemein definiert als militärische Auseinandersetzung zwischen Staaten oder innerhalb eines Staates zwischen der Regierung und militärisch organisierten Aufständischen. Umfassender ist demgegenüber der Begriff der **Aufruhr**, worunter man gemäß § 115 StGB eine öffentliche Zusammenrottung zahlenmäßig nicht unerheblicher Teile des Volkes fasst, die verbunden ist mit einer Störung der öffentlichen Ruhe und Ordnung. Werden in deren Verlauf Gewalttätigkeiten gegen Sachen und Personen verübt, so ist § 7 VOB/B anwendbar.[101]

---

[94] *„Schürmann/Hagedorn I"* BauR 1997, 1019, 1020.
[95] Anders noch BGH VersR 1962, 159, 160.
[96] BGH *„Schürmann/Hagedorn I"* BauR 1997, 1019, 1020.
[97] BGH *Schürmann/Hagedorn* I, BauR 1997, 1019, 1020.
[98] So zu Recht *Rutkowsky* NJW 1988, 1761 ff. für gewalttätige Demonstration und Sabotageakte gegen Großbaustellen; *Nicklisch/Weick* VOB/B § 7, Rdn. 12.
[99] BGHZ 61, 144.
[100] Zur Begriffsdefinition der höheren Gewalt allgem. vgl. oben unter Rdn. 63.
[101] Am Beispiel gewalttätige Demonstration bei Großbauprojekten *Rutkowsky* NJW 1988, 1761; vgl. auch Beck'scher VOB-Kommentar/*Rußmann* VOB/B § 7, Rdn. 9 ff.

cc) Witterungseinflüsse. Für die Frage, ob es sich bei Witterungseinflüssen um höhere Gewalt oder andere objektiv unabwendbare Umstände handelt ist auf die langjährigen meteorologischen Erkenntnisse des Ortes der zu erbringenden Bauleistung abzustellen: Nur dann, wenn ausgehend von den langjährigen meteorologischen Erfahrungen am Ort der zu erbringenden Bauleistung zu der betreffenden Jahreszeit auch im ungünstigsten Fall mit den Witterungseinflüssen nicht zu rechnen war oder aber die Sicherung der Bauleistung gegen derartige Witterungseinflüsse für den Auftragnehmer gänzlich unzumutbar gewesen wäre, können Witterungseinflüsse objektiv unabwendbar gewesen sein.[102] 67

Damit scheiden solche Witterungseinflüsse, mit denen der Auftragnehmer bei Abgabe des Angebotes normalerweise rechnen musste (§ 6 Nr. 2 Abs. 2 VOB/B), von vornherein als unabwendbare Umstände aus. 68

Beispiele für gewöhnliche und damit abwendbare Witterungseinflüsse: Novembersturm mit Windstärke 9 im Rheinland: Das OLG Köln[103] stellte insoweit fest, dass vorerwähnte Windstärke im Rheinland im November nichts Ungewöhnliches sei und es zu den Pflichten eines Dachdeckermeisters gehöre, durch geeignete Maßnahmen Schutzvorkehrungen zu treffen, damit die Dachhaut durch den Windsog nicht abgerissen wird.

Wind im Rheinland mit Windstärke 8, der in Böen auch Windstärke 12 erreichen kann: Hiermit müsse im Rheinland ebenso gerechnet werden,[104] wie man mit Orkanböen bis Windstärke 12 in der Nordsee-Küstenregion rechnen muss.[105]

Beispiele für objektiv unabwendbare Witterungseinflüsse: Wolkenbruchartige Regenfälle von 64 mm/m^2 an einem Septembertag.[106]

Langanhaltende Kälteperioden wie z.B. der Winter 1995/96 oder der Winter 1978/79 in Norddeutschland.[107]

dd) Streiks und Aussperrungen. Diese gehören nach § 6 Nr. 2 Abs. 1 b) VOB/B ausdrücklich nicht zu den unter § 6 Nr. 2 Abs. 1 c) VOB/B fallenden unabwendbaren Umständen. Streiks und Aussperrungen können damit zwar die Ausführungsfristen verlängern, führen allerdings nicht zum vorzeitigen Gefahrübergang nach § 7 VOB/B. Lediglich in Ausnahmefällen mag dies dann anders sein, wenn zu den Streiks oder Aussperrungen Ereignisse hinzutreten, die unvorhersehbar waren und von keiner Partei mit zumutbaren Mitteln verhindert werden konnten.[108] 69

ee) Diebstähle. Diebstähle von bereits eingebauten Bauteilen stellen eine Beschädigung des Bauwerks dar. Gleiches gilt nach Auffassung des Bundesgerichtshofs auch für zunächst eingebaute und anschließend vorübergehend zum Zwecke der Fortführung der Bauarbeiten vom Bauwerk wieder getrennte Teile.[109] Da § 7 VOB/B allerdings nicht zur Anwendung kommt, wenn eine der Vertragsparteien die Beschädigung oder Zerstörung zu vertreten hat, scheitert der vorzeitige Gefahrübergang nach § 7 VOB/B bei Diebstählen in der Regel daran, dass der Auftragnehmer seiner Verpflichtung nach § 4 Nr. 5 Satz 1 VOB/B, wonach er das Bauwerk gegen Diebstahl und mutwillige Beschädigung zu schützen hat, nicht in ausreichendem Maße nachgekommen ist.[110] 70

b) „Beschädigung oder Zerstörung" der ganz oder teilweise ausgeführten Leistung. 71
Eine Zerstörung oder Beschädigung der ganz oder teilweise bereits errichteten Bauleistung hat zur Voraussetzung, dass in die Substanz eingegriffen worden ist. Reine Vermögensschäden des Auftragnehmers ohne Schäden am Bauwerk oder dessen Teile fallen nicht unter § 7 VOB/B[111].

---

[102] Vgl. näher VOB/B § 6, Rdn. 26, 27; ähnlich *Ingenstau/Korbion/Oppler* VOB/B § 7, Rdn. 23.
[103] OLG Köln, VersR 1973, 43.
[104] OLG Düsseldorf, NJW-RR 1992, 1440.
[105] OLG Bremen, BauR 1997, 854.
[106] BGHZ 61, 144 ff.
[107] Beck'scher VOB-Kommentar/*Motzke* VOB/B § 6 Nr. 2, Rdn. 83.
[108] *Nicklisch/Weick* VOB/B § 7, Rdn. 14.
[109] BGH *SFH Z* 2.413 Blatt 34, betrifft den Fall des Diebstahls von Heizkörpern, die zum Anstreichen vorübergehend abgenommen und gegen Diebstahl nicht besonders gesichert wurden.
[110] Vgl. OLG Düsseldorf ZfBR 1986, 102 ebenfalls zum Diebstahl von Heizungsteilen.
[111] Vgl. *Nicklich/Weick* VOB/B § 7, Rdn. 17.

Beispiel: Der gewaltsame Besitzentzug des Bauwerkes durch Demonstranten. Die hierdurch ausgelösten Behinderungsschäden unterfallen nicht § 7 VOB/B. Wohl aber gehören begrifflich zur Zerstörung/Beschädigung Fälle des Diebstahls eingebauter Teile der Bauleistung.

2. § 7 Nr. 1 2. Halbs. VOB/B – Rechtsfolgen des Gefahrübergangs

72 **a) Vergütungsansprüche gemäß § 6 Nr. 5.** Liegen alle Voraussetzungen des § 7 VOB/B vor, so geht die Vergütungsgefahr auf den Auftraggeber über. Dass heißt zunächst, dass der Auftraggeber die Vergütung entrichten muss, ohne die adäquate Gegenleistung hierfür zu erhalten. Anders als nach den Gefahrtragungsregeln des BGB schuldet der Auftraggeber allerdings nicht die volle vereinbarte Vergütung. Vielmehr stehen dem Auftragnehmer kraft der Verweisung in § 7 Nr. 1 2. Halbsatz VOB/B auf die Ansprüche nach § 6 Nr. 5 VOB/B die Vergütungsansprüche nur eingeschränkt zu. Nach § 6 Nr. 5 VOB/B werden zunächst die ausgeführten Leistungen nach den Vertragspreisen abgerechnet. Daneben stehen dem Auftragnehmer die Kosten zu, die ihm bereits entstanden und in den Vertragspreisen des nicht ausgeführten Teils der Leistung enthalten sind. Zu Umfang und Grenzen der sich danach ergebenen Ansprüche des Auftragnehmers wird auf die Kommentierung zu § 6 Nr. 5 VOB/B verwiesen.

73 Da lediglich die Vergütungsgefahr nicht aber die Leistungsgefahr auf den Auftraggeber übergeht bleibt der Auftragnehmer richtigerweise weiterhin zur Leistung verpflichtet[112]. Für die nochmals zu erbringende untergegangene oder beschädigte Teilleistung erhält der Auftragnehmer allerdings eine zusätzliche Vergütung gemäß § 2 Nr. 6 VOB/B[113]. Der Zusatzvergütungsanspruch errechnet sich danach auf der Grundlage der kalkulierten Kosten gemäß Urkalkulation. Die besonderen Kosten der zusätzlich erforderlichen Leistung werden daneben aber berücksichtigt, so dass kostenerhöhende Maßnahmen, wie einer Verlängerung der Bauzeit, die Verschiebung in eine andere Jahreszeit (Winterbau) sowie die Erhöhung der Lohn- und Stoffkosten durch neue Tarifabschlüsse oder eine allgemeine Kostensteigerung dann Berücksichtigung finden können, wenn sie ohne Berücksichtigung der dem Gefahrübergang ausgelösten Umstände nicht entstanden wären[114].

74 **b) § 7 Nr. 1 letzter Halbs. VOB/B – Keine Ersatzpflicht für andere Schäden.** Da § 7 VOB/B nur eine Änderung des in § 644 Abs. 1 Satz 1 BGB nominierten Prinzips der Gefahrtragung regelt, § 645 Abs. 1 Satz 1 BGB folglich auch bei einem VOB-Vertrag anwendbar ist, wenn seine Voraussetzungen vorliegen, kann der letzte Halbsatz des § 7 Nr. 1 VOB/B nicht als eine die sonstigen gesetzlichen Gefahrtragungsregeln ausschließende Sonderregel ausgelegt werden[115]. Das bedeutet im Ergebnis, dass für diejenigen Kosten, derentwegen dem Auftragnehmer nach § 7 Nr. 1 VOB/B i.V.m. § 6 Nr. 5 VOB/B kein Erstattungsanspruch zusteht (beispielsweise für die Kosten der Baustellenräumung), ein Erstattungsanspruch bei Erfüllung der tatbestandlichen Voraussetzung des § 645 Abs. 1 Satz 1 BGB sehr wohl bestehen kann[116].

3. Beweislast

75 Der Auftragnehmer ist nach allgemeinen Rechtsgrundsätzen verpflichtet, seine anspruchsbegründenden Tatsachen darzulegen und zu beweisen. Dazu gehören im Anwendungsbereich des § 7 VOB/B die vorbesprochenen einzelnen Tatbestandsmerkmale ebenso wie die allgemeine An-

---

[112] Allgemeine Meinung vgl. BGHZ 61, 144 = NJW 1973, 1698 = BauR 1973, 317; *Nicklisch/Weick* VOB/B § 7, Rdn. 20; *Ingenstau/Korbion/Oppler* VOB/B § 7, Rdn. 28.

[113] BGHZ 61, 144, 146.

[114] Im Ergebnis ebenso *Nicklisch/Weick* VOB/B § 7, Rdn. 20.

[115] So ausdrücklich BGH *Schürmann/Hagedorn II* BauR 1997, 1021, 1023: „§ 645 Abs. 1 Satz 1 BGB ist, wenn seine Voraussetzungen vorliegen, auch in einem VOB/B-Vertrag anwendbar. Die VOB/B enthält keine abweichenden Sonderregeln."

[116] Anderer Ansicht wohl *Nicklisch/Weick* VOB/B § 7, Rdn. 21; wie hier *Ingenstau/Korbion/Oppler* VOB/B § 7, Rdn. 31.

spruchsvoraussetzung eines jeden Gefahrübergangs, wonach die den Gefahrübergang auslösenden Ereignisse weder vom Auftragnehmer noch vom Auftraggeber zu vertreten sein dürfen[117].

4. Bauleistungsversicherung

Die Bauleistungsversicherung ist keine Haftpflichtversicherung, sondern eine Sachversicherung und steht damit naturgemäß in einem engen Zusammenhang mit den Gefahrtragungsregeln des § 7 VOB/B. Entsprechend den allgemeinen Bedingungen für die Bauwesenversicherung wird unterschieden zwischen der Bauwesenversicherung von Unternehmensleistungen (ABU) und der Bauwesenversicherung von Gebäudeneubauten durch Auftraggeber (ABN). 76

Sinn und Zweck der Bauleistungsversicherung für den Bauunternehmer ist es, ihn davor zu schützen, bei unvorhergesehenen Schäden eine bereits ordnungsgemäß erbrachte Leistung oder Teilleistung auf seine Kosten noch einmal erbringen zu müssen, um Anspruch auf die Vergütung zu haben. Weiter soll ihm das Risiko eines aus dem Schaden hergeleiteten Regresses abgenommen werden[118]. 77

Nach den ABU wird das Auftragnehmerrisiko des Bauunternehmers (Hoch-, Ingenieur-, Tief-, Wasser- und Straßenbau) für die von ihm übernommenen Bauleistungen versichert. Hiervon nicht erfasst ist das Auftraggeberrisiko, weshalb sich sinnvollerweise Generalunternehmer bei der Herstellung schlüsselfertiger Gebäude Neu- oder Umbauten nach den ABN versichern lassen[119]. Gemäß § 3 Nr. 1 ABU wird Entschädigung nur für Schäden geleistet, die nach der VOB/B zu Lasten des Unternehmers gehen, es sei denn der Versicherungsnehmer hat mit der Versicherung etwas anderes vereinbart (§ 3 Nr. 5 ABU). Eine solche abweichende Vereinbarung sieht Klausel 64 (Einschluss der Auftraggeberschäden) vor[120]. 78

§ 2 Nr. 1 ABU definiert den versicherten Schaden als Beschädigung oder Zerstörung der versicherten Bauleistung oder sonstiger versicherter Sachen durch unvorhergesehen eingetretene Umstände. Entschädigung wird danach insbesondere **nicht geleistet für Mängel** der versicherten Bauleistung (§ 2 Nr. 2 a ABU), Verluste versicherter Sachen, die gestohlen worden oder aus sonstigen Gründen abhanden gekommen sind (§ 2 Nr. 2 b ABU). 79

Immer wieder problematisch ist die Abgrenzung versicherter Schäden zu Mängeln der Bauleistung. Die Kosten zur mängelfreien Herstellung der geschuldeten Sache sind nie gedeckte Versicherungsrisiken. Wohl aber ist die nachträgliche Substanzverschlechterung (auch wenn sie eine mangelhafte Leistung betrifft) versichert. Dies gilt auch für Teilleistungen[121], selbst wenn diese mangelhaft, aber nicht wertlos waren, sofern auf die Teilleistungen von außen her schädigend oder zerstörend eingewirkt wurde[122]. Ein Herstellungsmangel bleibt aber dann ungedeckt, wenn er sich innerhalb ein und derselben Teilleistung vergrößert. Führt der Mangel jedoch zu einem Schaden an anderen Teilen der Bauleistung oder an anderen versicherten Sachen, so sind Schäden gemäß § 9 Nr. 3 ABU mit Ausnahme der Kosten, die zusätzlich aufgebracht werden müssen, damit der Mangel nicht erneut entsteht, versichert. 80

In zeitlicher Hinsicht ist die Bauleistungsversicherung auf den Zeitraum von Baubeginn bis zur Abnahme der Bauleistungen (§ 8 Nr. 3 ABU) begrenzt, so dass Beschädigungen als Folge eines in die Versicherungszeit fallenden haftbar machenden Ereignisses dann nicht gedeckt sind, wenn der Schaden erst nach dem versicherten Zeitraum, regelmäßig also nach Abnahme eintritt. 81

---

[117] BGHZ 113, 315 = NJW 1991, 1812; OLG Frankfurt BauR 1996, 394.

[118] BGH VersR 1979, 853; *Prölss/Martin* Versicherungsvertragsgesetz, S. 2129 Rdn. 4.

[119] Vgl. *Platen* Rdn. 3.0.0.0., 4.0.0.1.

[120] Klausel 64 lautet: „1. Entschädigung nach den ABU wird für alle Schäden geleistet, die – auch abweichend von der VOB (1973) Teil B – zu Lasten des Versicherungsnehmers gehen oder für die der Auftraggeber die Gefahr trägt …"

[121] Teilleistung liegt nach Auffassung des BGH VersR 1979, 853, 855 erst dann vor, wenn die Arbeit einen aus technischer Sicht in sich abgeschlossenen Abschnitt der Gesamtbauleistung erreicht hat.

[122] BGH VersR 1979, 856, 858; vertiefend hierzu *Prölss/Martin* Versicherungsvertragsgesetz ABU § 2, Rdn. 5.

§ 8 Kündigung durch den Auftraggeber

1. (1) Der Auftraggeber kann bis zur Vollendung der Leistung jederzeit den Vertrag kündigen.
(2) Dem Auftragnehmer steht die vereinbarte Vergütung zu. Er muss sich jedoch anrechnen lassen, was er infolge der Aufhebung des Vertrags an Kosten erspart oder durch anderweitige Verwendung seiner Arbeitskraft und seines Betriebs erwirbt oder zu erwerben böswillig unterlässt (§ 649 BGB).

2. (1) Der Auftraggeber kann den Vertrag kündigen, wenn der Auftragnehmer seine Zahlungen einstellt, von ihm oder zulässigerweise vom Auftraggeber oder einem anderen Gläubiger das Insolvenzverfahren (§§ 14 und 15 InsO) beziehungsweise ein vergleichbares gesetzliches Verfahren beantragt ist, ein solches Verfahren eröffnet wird oder dessen Eröffnung mangels Masse abgelehnt wird.
(2) Die ausgeführten Leistungen sind nach § 6 Nr. 5 abzurechnen. Der Auftraggeber kann Schadensersatz wegen Nichterfüllung des Restes verlangen.

3. (1) Der Auftraggeber kann den Vertrag kündigen, wenn in den Fällen des § 4 Nr. 7 und 8 Abs. 1 und des § 5 Nr. 4 die gesetzte Frist fruchtlos abgelaufen ist (Entziehung des Auftrags). Die Entziehung des Auftrags kann auf einen in sich abgeschlossenen Teil der vertraglichen Leistung beschränkt werden.
(2) Nach der Entziehung des Auftrags ist der Auftraggeber berechtigt, den noch nicht vollendeten Teil der Leistung zu Lasten des Auftragnehmers durch einen Dritten ausführen zu lassen, doch bleiben seine Ansprüche auf Ersatz des etwa entstehenden weiteren Schadens bestehen. Er ist auch berechtigt, auf die weitere Ausführung zu verzichten und Schadensersatz wegen Nichterfüllung zu verlangen, wenn die Ausführung aus den Gründen, die zur Entziehung des Auftrags geführt haben, für ihn kein Interesse mehr hat.
(3) Für die Weiterführung der Arbeiten kann der Auftraggeber Geräte, Gerüste, auf der Baustelle vorhandene andere Einrichtungen und angelieferte Stoffe und Bauteile gegen angemessene Vergütung in Anspruch nehmen.
(4) Der Auftraggeber hat dem Auftragnehmer eine Aufstellung über die entstandenen Mehrkosten und über seine anderen Ansprüche spätestens binnen 12 Werktagen nach Abrechnung mit dem Dritten zuzusenden.

4. Der Auftraggeber kann den Auftrag entziehen, wenn der Auftragnehmer aus Anlass der Vergabe eine Abrede getroffen hatte, die eine unzulässige Wettbewerbsbeschränkung darstellt. Die Kündigung ist innerhalb von 12 Werktagen nach Bekanntwerden des Kündigungsgrundes auszusprechen. Nummer 3 gilt entsprechend.

5. Die Kündigung ist schriftlich zu erklären.

6. Der Auftragnehmer kann Aufmaß und Abnahme der von ihm ausgeführten Leistungen alsbald nach der Kündigung verlangen; er hat unverzüglich eine prüfbare Rechnung über die ausgeführten Leistungen vorzulegen.

7. Eine wegen Verzugs verwirkte, nach Zeit bemessene Vertragsstrafe kann nur für die Zeit bis zum Tag der Kündigung des Vertrags gefordert werden.

Schrifttum: *Beigel* Zum Anspruch des Architekten gemäß § 649 Satz 2 BGB nach Kündigung des Architektenvertrages durch den Bauherrn, BauR 1997, 782 – *Bosch* Finanztermingeschäfte in der Insolvenz – Zum „Netting" im Insolvenzverfahren Teil I – WM 1995, 365 – *Dauner-Lieb/Heidler/Lepa/Ring* Schuldrecht, Erläuterungen der Neuregelungen zum Verjährungsrecht, Schuldrecht, Schadensersatzrecht und Mietrecht, 2002 – *Dornbusch/Plum* Die „freie" Teil-Kündigung – noch Klärungsbedarf aus baubetrieblicher Sicht? Jahrbuch Baurecht 2000, S. 160 – *Gernhuber* Das Schuldverhältnis, 1989 – *Hahn* Die Ansprüche des Auftraggebers bei der Entziehung des Auftrages wegen wettbewerbswidrigen Verhaltens gemäß § 8 Nr. 4VOB/B, BauR 1989, 284 – *Häsemeyer*, Kölner Schrift zur Insolvenzordnung, S. 645 – *Heidland* Ist die Bestimmung in § 8 Nr. 2 VOB/B, nach welcher der Auftraggeber im Falle der Konkurseröffnung über das Vermögen des Auftragnehmers den Vertrag kündigen kann, unwirksam? BauR 1981, 21 – *Heidland* Welche Änderungen ergeben sich für den Bauvertrag durch die Insolvenzordnung im Verhältnis zur bisherigen Rechtslage? Wie ist der Wortlaut der VOB Teil A und B zu ändern? BauR 1998, 643 – *Kapellmann* Die Berechnung der Vergütung nach Kündigung des Bau- oder Architektenvertrages durch den Auftraggeber, Jahrbuch Baurecht 1998, S. 35 – *Kapellmann* In sich abgeschlossene Teile der Leistung gemäß VOB/B, Festschrift Thode 2005,

S. 29–41 – *Kniffka/Koeble* Kompendium des Baurechts, 2. Auflage 2004 – *Kniffka* Die neuere Rechtsprechung des Bundesgerichtshofs zur Abrechnung nach Kündigung des Bauvertrages, Jahrbuch Baurecht 2000, S. 1 – *Kniffka* Abnahme und Gewährleistung nach Kündigung des Werkvertrages, Festschrift *von Craushaar* 1997, S. 359 – *Kuhne/Mittschein* Bauwirtschaft 1988 Heft 12, S. 36 – *Markus* § 649 Satz 2 BGB: Die Anrechnung der tatsächlich ersparten Aufwendungen auf die kalkulierten Kosten, NZBau 2005, 417 – *Niestrate* Vergütung des Architekten nach Kündigung des Architektenvertrages durch den Auftraggeber, ZfBR 1997, 9 – *Quack* Einige Probleme der Vergütungsabrechnung nach § 649 S. 2 BGB, Festschrift *von Craushaar* 1997, S. 309 – *Peters*, Das Baurecht im modernisierten Schuldrecht, NZBau 2002, S. 113 – *Schwörer* Lösungsklauseln für den Insolvenzfall 2000 – *Timmermans* Kündigung des VOB-Vertrages bei Insolvenz des Auftragnehmers, BauR 2001, 321 – *Tintelnot* Schuldnerverzug und Konkurs Zugleich ein Beitrag zur Dogmatik des § 63 KO, ZIP 1989, 144 – *Werner/Siegburg* Der „entgangene Gewinn" des Architekten gemäß § 649 Satz 2 BGB im Blickwinkel der neuesten Rechtsprechung des Bundesgerichtshofes, BauR 1997, 181.

Übersicht

Erster Abschnitt. Allgemeine Vorfragen betreffend das Verhältnis der gesetzlichen Regelungen zur VOB-Kündigung

I. VOB-Kündigung und altes Schuldrecht

Angesichts der in der Regel mehrjährigen Abwicklungsdauer von Bauverträgen wird uns das alte Schuldrecht, das für Bauverträge gilt, die bis zum 31.12.2001 abgeschlossen wurden, noch viele Jahre beschäftigen. Nach ebenso allgemeiner wie herrschender Meinung stimmte man darin überein, dass die Kündigungsregelungen der VOB/B das Regelungssystem des gesetzlichen Vertragsrechts (Wandlung gemäß § 634 BGB a.F. oder Rücktritt gemäß §§ 636, 326 BGB a.F.) in ihrem Anwendungsbereich verdrängen. Das hieß, der Anspruch auf Wandlung wegen Mängeln bestand bei VOB-Bauverträgen wegen der Sonderregelung in § 4 Nr. 7 Satz 3 i.V.m. § 8 Nr. 3 VOB/B ebenso wenig,[1] wie im Falle der Leistungsverzögerung an die Stelle der §§ 636, 286, 326 BGB a.F. die Sonderregelungen des § 5 Nr. 4 i.V.m. § 8 Nr. 3 VOB/B traten.[2] Die Besonderheit bei der Abwicklung von Bauleistungen, die eine solche gesetzesabweichende Regelung rechtfertige, sah man in der vergleichbar einem Dauerschuldrechtsverhältnis auf längere Zeit angelegten Abwicklung eines Vertragsverhältnisses, das ein besonderes Vertrauensverhältnis zwischen den Vertragsparteien zur Voraussetzung habe sowie (das dürfte entscheidend sein) der im Falle des Vertragsrücktritts und dadurch bedingten Rückabwicklung des Vertrages einhergehenden Zerstörung wirtschaftlicher Werte.[3] So weit die VOB/B-Regeln allerdings keine Sonderregelung enthalten, konnten bei tatbestandlicher Erfüllung die gesetzlichen Regeln über Unmöglichkeit und Unvermögen, Schuldnerverzug, Vertragsrücktritt und Anfechtung von Willenserklärungen greifen und zu einer Beendigung des Vertrages führen.[4] Neben den Kündigungstatbeständen der VOB, die (auch heute noch) keinen abschließenden Charakter haben,[5] kamen auch Kündigungsmöglichkeiten aus positiver Vertragsverletzung[6] und selbstverständlich die Beendigungsgründe aus dem nicht dispositiven Gesetzesrecht (§ 648a BGB) in Betracht. Für § 326 BGB a.F. verblieb nur Raum, so weit es sich nicht um Leistungsstörungen für Bauvertragsleistungen, z.B. wie Planungsleistungen, handelte.[7] 1

II. VOB-Kündigung und modernisiertes Schuldrecht

Vor dem Hintergrund des seit dem 1.1.2002 geltenden modernisierten Schuldrechts stellt sich heutzutage natürlich die Frage, ob es bei dem vorbeschriebenen, den allgemeinen gesetzlichen Kündigungs- und Rücktrittsregeln vorgehenden, Sonderregelungsstatus der VOB/B verbleibt, oder ob gar die Neuregelung im BGB der VOB/B-Regelung zuwiderläuft. 2

Die §§ 281 Abs. 1 Satz 1 n.F. und § 323 Abs. 1 BGB n.F. regeln für den Fall der **nicht fristgerechten Erbringung** der geschuldeten Leistung das gesetzliche Rücktrittsrecht. Erbringt der Schuldner die Vertragsleistungen nicht so, wie sie zum Zeitpunkt der Fälligkeit nach dem Vertrag geschuldet sind, kann der Gläubiger eine angemessene Frist zur Leistungserbringung oder Nacherfüllung setzen. Nach erfolglosem Ablauf dieser Frist ist der Gläubiger dann berechtigt, statt der Leistung Schadensersatz zu verlangen oder vom Vertrag zurückzutreten. Verzug, mangelhafte Erfüllung oder Nichterfüllung begründen damit nach dem Gesetz ein Rücktrittsrecht.

---

[1] BGHZ 51, 275.

[2] BGH WM 1969, 399.

[3] BGH WM 1976, 508; *Nicklisch/Weick* VOB/B vor §§ 8, 9, Rdn. 6.

[4] BGHZ 65, 372; Beck'scher VOB-Kommentar/*Motzke* VOB/B vor § 8, Rdn. 77.

[5] Beck'scher VOB-Kommentar/*Motzke* VOB/B vor § 8, Rdn. 77.

[6] Insbesondere für sonstige wichtige von VOB/B § 8 Nr. 2, 3 nicht erfasste Kündigungsgründe, die der einen Vertragspartei ein Festhalten am Vertrag unzumutbar machten, z.B. die Beleidigungsfälle.

[7] BGH BauR 1996, 542.

Daneben existiert weiterhin das gesetzliche Kündigungsrecht bei Werkverträgen nach § 649 BGB, das nach längerer Diskussion in der Expertenkommission vom Gesetzgeber unangetastet blieb.

Bislang war zu § 649 BGB allgemeine Meinung, dass auch eine Kündigung aus wichtigem Grunde nach dem BGB möglich sein muss, insbesondere wenn der Werkunternehmer die wichtigen Gründe zu vertreten hat.[8] Wichtig war und ist diese Unterscheidung in Abgrenzung zur so genannten freien Kündigung, die § 649 BGB regelt, wegen der Rechtsfolgen: Zwar muss der Auftraggeber auch bei einer Kündigung aus wichtigem Grunde die schon erbrachten und bei ihm verbleibenden Teilleistungen grundsätzlich vergüten, aber auch nicht mehr. Ist das Werk gar wegen Unvollständigkeit für ihn wertlos, entfällt der Vergütungsanspruch des Unternehmers nach Treu und Glauben ganz.[9]

3 Die Frage, ob sich an dieser Regelung durch das neue Recht irgend etwas geändert hat, stieß wegen § 314 BGB n.F. auf Irritationen. Dort ist analog zu der vorbeschriebenen durch Richterrecht geprägten Rechtslage die Kündigung aus wichtigem Grunde geregelt worden, allerdings nur für Dauerschuldverhältnisse. Da der Werkvertrag kein Dauerschuldverhältnis im eigentlichen Sinne ist,[10] stellt sich die Frage, ob § 314 BGB n.F. gleichwohl für Werkverträge gilt oder ob sich inhaltlich an den durch Richterrecht entwickelten Rechtsfolgen der Kündigung von BGB-Werkverträgen aus wichtigem Grunde etwas geändert hat, was im Bejahensfalle Auswirkungen auf die Wirksamkeit der VOB-Kündigungsregeln bei Prüfung unter AGB-Gesichtspunkten haben könnte. Insbesondere die Regelung in § 323 BGB n.F., die die Möglichkeit des Rücktritts bei schweren Vertragsverstößen vorsieht, könnte auf einen Ersatz der fristlosen Kündigung durch den Rücktritt hindeuten, wobei sehr fraglich wäre, ob dies zu einem anderen Ergebnis führen würde, weil schon erbrachte Leistungen auch bei einem Rücktritt nach § 346 Abs. 2 BGB n.F. abzurechnen sind.[11]

Da die Kündigungsmöglichkeit bei Dauerschuldverhältnissen ihre Rechtfertigung nicht (nur) in der sie prägenden, sich über einen längeren Zeitraum erstreckenden, gleich bleibenden Leistung erfährt, sondern in dem Vertrauensverhältnis zwischen den Vertragsparteien, ohne dass eine vernünftige (auf Dauer angelegte) Vertragsabwicklung überhaupt nicht denkbar wäre, spricht viel dafür, dass § 314 BGB n.F. auch auf Werkverträge anzuwenden sein wird, jedenfalls dann, wenn es sich um Bauverträge handelt, deren Abwicklung grundsätzlich immer eine vertrauensvolle Zusammenarbeit zwischen den Vertragsparteien voraussetzt. Nicht zuletzt deshalb ist allgemein anerkannt, dass auch Werkverträge, die an sich kein Dauerschuldverhältnis darstellen, aufgrund vertraglicher Vereinbarungen als solches ausgestaltet werden können.[12]

4 Die Regelungen der VOB/B bestimmen in §§ 4 Nr. 7 Satz 3, 5 Nr. 4, 8 Nr. 3 für den Fall der mangelhaften oder nicht rechtzeitigen Leistungserbringung, dass der Auftraggeber nach fruchtloser Leistungsaufforderung mit Androhung der Auftragserziehung den Vertrag kündigen und Schadensersatz verlangen kann, wenn die Frist fruchtlos verstrichen ist. Gemäß der Neuregelung im BGB dürfte es selbst dann, wenn man nicht ohnehin die Kündigungsregelung des § 314 BGB n.F. anwendet, auch bei der Rücktrittsregelung wegen § 346 Abs. 2 BGB n.F. dazu kommen, dass die erbrachten Leistungen **nicht** zurückzuerstatten sind, sondern unter Verbleib der erbrachten Leistung beim Auftraggeber diese auf Basis der Vertragspreise abzurechnen sind. Die Kündigungsregelung der VOB/B befindet sich deshalb im Einklang mit dem wesentlichen Grundgedanken der gesetzlichen Neuregelung, so dass § 8 VOB/B einer Prüfung unter AGB-Gesichtspunkten gemäß § 9 Abs. 2 AGB-Gesetz a.F. = § 307 Abs. 2 BGB n.F. standhält.

---

[8] BGH NJW 1996, 1751; BGH NJW 1999, 3554; *Soergel/Teichmann* BGB § 649, Rdn. 5; *Staudinger/Peters* BGB § 649, Rdn. 1, 32 ff.

[9] BGHZ 136, 33, 39; BGH NJW 1993, 1972.

[10] Münchener Kommentar/*Kramer* BGB Einl. § 241, Rdn. 97; *Gernhuber* Das Schuldverhältnis, 382.

[11] Vgl. hierzu die kritischen Überlegungen von *Peters* NZ Bau 2002, 113, 117.

[12] *Dauner-Lieb/Heidler/Lepa/Ring* Schuldrecht, BGB § 314, Rdn. 4; Münchener Kommentar/*Kramer* BGB Einl. § 241, Rdn. 97; *Palandt/Heinrichs* BGB Einl. vor § 241, Rdn. 17, 20; *Gernhuber* Das Schuldverhältnis, S. 382.

Das gilt auch in Bezug auf die nach der Systematik der VOB/B erforderlichen Fristsetzung zur Vertragserfüllung mit Androhung der Auftragserziehung. Nach der Systematik der Rücktrittsregeln im BGB (§§ 281 Abs. 1 Satz 1 und 323 Abs. 1 BGB n.F.) sowie den Kündigungsregeln von Dauerschuldverhältnissen aus wichtigem Grund (§ 314 Abs. 2 BGB n.F.) bedarf es ebenfalls einer vorherigen Fristsetzung zur Leistungserbringung bzw. Abhilfeaufforderung. Lediglich eine Kündigungsandrohung ist nach der gesetzlichen Normierung nicht zwingend vorgeschrieben, kann sich allerdings nach den Grundsätzen von Treu und Glauben im Einzelfall ergeben. 5

Als **Fazit** können wir an dieser Stelle deshalb festhalten: Das modernisierte Schuldrecht widerspricht der VOB-Kündigungsregelung grundsätzlich nicht. Wie auch unter Geltung des alten Schuldrechts wird man davon ausgehen dürfen, dass die VOB-Kündigungsregeln in ihrem Anwendungsbereich die BGB-Regeln verdrängen. Da, wo die VOB-Regeln keine Sonderregelungen enthalten, greift selbstverständlich auch weiterhin das dispositive Gesetzesrecht ein. 6

Zweiter Abschnitt. Die freie Kündigung – § 8 Nr. 1 VOB/B

I. § 8 Nr. 1 Abs. 1 VOB/B – Das Kündigungsrecht des Auftraggebers

1. Freies Dispositionsrecht

Nach der Systematik der Regelung in § 8 Nr. 1 VOB/B, die inhaltlich gleich lautend mit der gesetzlichen Regelung in § 649 BGB ist, obliegt es der alleinigen und uneingeschränkten Disposition des Auftraggebers, sich jederzeit bis zur Vollendung der beauftragten Bauleistungen von seinem Vertragspartner durch eine für die Zukunft wirkende einseitige empfangsbedürftige Erklärung (Kündigung) zu trennen. Dem Auftraggeber steht es also frei, jederzeit ohne Fristsetzung und ohne Angaben von Gründen das Vertragsverhältnis mit dem Auftragnehmer zu beenden. Zeitliche Begrenzungen dieses Kündigungsrechts ergeben sich aus der Natur der Sache: frühestens kann der Vertrag ab Vertragsschluss,[13] spätestens bis zur (mängelfreien)[14] Vollendung des Werkes gekündigt werden. 7

Dem gegenüber sieht weder die VOB/B noch das BGB ein freies Kündigungsrecht des Auftragnehmers vor. Die innere Rechtfertigung für diese Systematik des Kündigungsrechts bei Werkverträgen findet sich in der zutreffenden Überlegung, dass dem Auftragnehmer regelmäßig nicht an der Herstellung des Werkes, sondern an der dafür vertraglich vereinbarten Vergütung gelegen ist. Demzufolge reicht es aus, wenn dem Auftragnehmer durch die freie Kündigung des Auftraggebers kein Nachteil gegenüber der Vertragserfüllung entsteht.[15] Ihm steht deshalb die volle Vergütung zu (§ 649 Satz 2 BGB = § 8 Nr. 1 Abs. 2 VOB/B). Er soll allerdings auch nicht besser dastehen, als wenn er die beauftragte Werkleistung erbracht hätte. Bei vertragsgemäßer Erfüllung des Vertrages hätte der Auftragnehmer Kosten gehabt (vornehmlich Lohn- und Materialkosten) die, so weit er sie tatsächlich erspart hat, von der vereinbarten Vergütung in Abzug zu bringen sind.[16] Dem Schadensersatzrecht entliehen ist die weitere Regelung, dass sich der Auftragnehmer im Wege der Vorteilsausgleichung auch diejenigen Beträge von der vertraglich vereinbarten Vergütung abziehen lassen muss, die er durch anderweitige Verwendung seiner Arbeitskraft oder seines Betriebes erwirbt oder zu erwerben böswillig unterlässt. 8

[13] Auch aufschiebend bedingte Verträge können gekündigt werden, vgl. OLG Brandenburg NJW-RR 1998, 1746.

[14] Kündigung ist auch noch bis zur Beseitigung behebbarer Mängel möglich, wenn wegen dieser Mängel zu Recht die Abnahme des Werkes verweigert worden ist, vgl. OLG Dresden NJW-RR 1998, 882.

[15] Ständige Rechtsprechung, z.B. BGH BauR 1999, 1292.

[16] Zu den Rechtsfolgen der Kündigung, insbesondere zu der Frage, ob die ersparten Aufwendungen nach kalkulierten Kosten oder nach tatsächlich ersparten Kosten zu berechnen sind, vgl. unten Rdn. 27.

Diese grundsätzlichen systematischen Überlegungen sind auch heranzuziehen für die Beurteilung der Wirksamkeit eines Ausschlusses des freien Kündigungsrechts in Vertragsbedingungen des Auftragnehmers.

2. Abweichende vertragliche Regelung des freien Kündigungsrechts

9 **a) Ausschluss des freien Kündigungsrechts.** Es kann sein, dass der Auftragnehmer ein eigenes Interesse daran hat, dass er die beauftragte Bauleistung auch tatsächlich erbringen kann. Da es sich bei § 649 BGB um dispositives Gesetzesrecht handelt, ist es den Vertragsparteien überlassen, in diesem Fall eine Vereinbarung zu treffen, wonach das freie Kündigungsrecht des Auftraggebers ausgeschlossen wird. Allerdings ist eine solche Regelung in Allgemeinen Geschäftsbedingungen des Auftragnehmers unwirksam wegen Verstoßes gegen § 307 Abs. 2 Nr. 1 BGB n.F. = § 9 Abs. 2 Nr. 1 AGB-Gesetz.[17] Als Individualvereinbarung ist eine solche Regelung selbstverständlich zulässig.[18]

10 **b) Änderung der Rechtsfolgen.** Das gleiche gilt für vertragliche Änderungen jedweder Art, durch die die gesetzlichen Vergütungsfolgen zum Nachteil des Vertragspartners des Verwenders der Allgemeinen Geschäftsbedingung eingeschränkt oder ganz ausgeschlossen werden sollen. Unwirksam sind danach insbesondere Allgemeine Geschäftsbedingungen des Auftraggebers, in denen der gesetzliche Vergütungsanspruch des Auftragnehmers auf Vergütungsansprüche für lediglich erbrachte Leistungen[19] oder aber lediglich auf die Vergütungsansprüche gemäß § 6 Nr. 5 VOB/B beschränkt werden. Auch eine Regelung in Allgemeinen Geschäftsbedingungen des Auftraggebers, wonach die gesetzlichen Vergütungsansprüche ganz oder teilweise für den Fall beschnitten werden, dass das Bauvorhaben keine Realisierung erfährt, ist unwirksam[20]. Zulässig muss es in diesen Fällen jedoch sein, den Vertrag unter die aufschiebende Bedingung zu stellen, dass der Auftraggeber das Bauvorhaben realisiert.

11 Pauschalpreisregelungen zur Höhe des Vergütungsanspruches für nicht erbrachte Leistungen sind in Allgemeinen Geschäftsbedingungen des Auftragnehmers dann unwirksam, wenn der vorgesehene Prozentsatz der Vergütung für die nicht erbrachten Leistungen in einem unangemessenen Verhältnis zur vereinbarten Vergütung steht[21]. In gleicher Weise unwirksam sind Allgemeine Geschäftsbedingungen des Auftraggebers, in denen der dem Auftragnehmer kraft Gesetzes zustehende Vergütungsanspruch eingeschränkt wird, indem auf einen Zahlungsplan zur Ermittlung der Vergütung für die nicht erbrachten Leistungen verwiesen wird, wenn und so weit dieser Zahlungsplan, was praktisch immer der Fall ist, dem Leistungsstand nicht exakt entspricht.[22]

3. Wirksamkeitsvoraussetzungen der Kündigung

12 **a) Schriftform.** § 8 Nr. 5 VOB/B sieht vor, dass die Kündigung schriftlich zu erklären ist. Ein gesetzliches Schriftformerfordernis existiert dagegen nicht. Auch mittelbar z.B. über die Schriftformregelung zur Abgabe von die Gemeinde verpflichtenden Erklärungen gemäß den Gemeinde- bzw. Kreisordnungen der Länder ergibt sich kein Schriftformerfordernis für Kündi-

[17] BGH BauR 1999, 1294.

[18] BGH, a.a.O., *Franke/Kemper/Zanner/Grünhagen* VOB/B § 8, Rdn. 95; *Nicklisch/Weick* VOB/B § 8, Rdn. 4.

[19] BGH, *Schäfer/Finnern* VOB/B (1973) § 8 Nr. 14; BGH BauR 1985, 77; OLG Düsseldorf BauR 1992, 77.

[20] OLG Frankfurt, IBR 2000, 386.

[21] Ein angemessenes Verhältnis wurde bei 5% bejaht in: BGH BauR 1983, 261; OLG Koblenz, BauR 2000, 419; ebenfalls bejaht bei 7,5% in: BGH BauR 2000, 1194. Ein angemessenes Verhältnis wurde verneint bei einer Pauschale über 25% in: BGH BauR 2000, 430; BGH BauR 1996, 412; BGH NJW 1986, 842; OLG Düsseldorf NJW-RR 1994, 149.

[22] BGH BauR 2000, 1182; eine gute Übersicht über diese und weitere Fälle gibt *Kniffka* Jahrbuch BauR 2000, S. 19f.

gungen von Bauverträgen.[23] Das Schriftformerfordernis aus den Gemeindeordnungen gilt nicht für solche Erklärungen, die zwar die Gemeinde belasten, aber keine neue Vergütung zur Folge haben, weshalb der Bundesgerichtshof für die Abnahme bei Werkverträgen eine Anwendung des Schriftformerfordernisses bei Gemeinden abgelehnt hat.[24] Nichts anderes kann für die Kündigung von Werkverträgen gelten.

Demzufolge sind nach der gesetzlichen Regelung Kündigungserklärungen auch konkludent möglich, wenn der Auftraggeber durch sein Verhalten gegenüber dem Auftragnehmer den eindeutigen Wunsch zur Vertragsbeendigung zum Ausdruck bringt, z.B. indem er die ausstehenden Leistungen selber ausführt.[25] Aber auch bei VOB-Verträgen geht die herrschende Meinung[26] ohne weiteres davon aus, dass Kündigungen stillschweigend und konkludent durch den Auftraggeber ausgesprochen werden können, etwa wenn betreffende Leistungen durch Fortschreibung der Ausführungsplanung nicht mehr erforderlich gewesen sind und deshalb vom Auftragnehmer nicht erbracht werden.[27] Auch handelt es sich um eine konkludente Teilkündigung des Auftraggebers, wenn dieser einen Dritten mit Arbeiten des Auftragnehmers beauftragt, ohne diesem vorher gekündigt zu haben.[28] Selbstverständlich kollidiert diese Meinung mit dem Schriftformerfordernis in § 8 Nr. 5 VOB/B, was die herrschende Meinung ebenso wie bei der einverständlichen (konkludenten) Vertragsaufhebung dann übergeht bzw. nicht als Problem ansieht, wenn der Auftragnehmer keinen Anspruch auf Erfüllung des Vertrages mehr erhebt.[29] 13

b) Richtiger Kündigungsadressat. Wegen § 130 BGB entfaltet die Kündigung erst Wirkung mit deren Zugang beim Auftragnehmer. Hierzu ist erforderlich, dass dem Auftragnehmer selber in Person oder dessen organschaftlichen Vertreter oder aber einem mit Empfangsvollmacht ausgestatteten Dritten die Kündigung zur Kenntnis gebracht wurde bzw. dieser die Möglichkeit der Kenntnisnahme hatte.[30] Die Übergabe eines Kündigungsschreibens an den Bauleiter des Auftragnehmers reicht hierfür grundsätzlich nicht, weil er für solche einseitigen rechtsgeschäftlichen Erklärungen nach dem Willen des Auftragnehmers grundsätzlich nicht Empfangsbote sein soll.[31] Erst mit Übergabe an den Auftragnehmer ist der Zugang der Kündigung erfolgt. 14

c) Inhaltliche Anforderungen an die Kündigungserklärung

aa) Klare und eindeutige Formulierung. Die Kündigung muss klar und eindeutig zum Ausdruck bringen, dass der Auftraggeber das Vertragsverhältnis für die Zukunft beendigen möchte. Zwar muss das Wort „Kündigung“ nicht zwingend benutzt werden, obgleich es sehr empfehlenswert ist, dieses zu verwenden. Auch die Worte „Annullierung“ oder „Stornierung“ lassen auf einen Kündigungswunsch schließen, währenddessen „Sistierung“ eher den Wunsch des Erklärenden zum Ausdruck bringt, den Vertrag vorübergehend „auszusetzen“.[32] 15

bb) Bedingungsfeindlichkeit/Umdeutung. Einseitig gestaltende empfangsbedürftige Willenserklärungen sind bedingungsfeindlich, weil der Erklärungsempfänger sofort Klarheit darüber erhalten soll, ob der Vertrag nun beendet ist oder nicht. Hängt die Erfüllung der Bedingung allerdings vom Willen des Erklärungsempfängers ab, kann dieser also den Eintritt der Bedingung selber beeinflussen, tangiert dies die Wirksamkeit der Kündigungserklärung nach allgemeiner 16

[23] Vgl. *Rehn-Cronange* Kommentar zur GO NRW (1999), GO § 64, S. 2, der zwar die Kündigung expressis verbis nicht erwähnt, dafür aber schuldrechtliche Verfügungen wie Forderungserlass, Aufrechnung, Stundung und Niederschlagung einer Forderung.

[24] Vgl. BGHZ 97, 224.

[25] BGH WM 1972, 1025.

[26] Siehe hierzu unter Rdn. 111.

[27] OLG Düsseldorf BauR 2001, 803.

[28] Vgl. hierzu auch die Kommentierung zu VOB/B § 2 Nr. 4, Rdn. 172.

[29] BGH BauR 1999, 1294; *Kniffka* Jahrbuch BauR 2000, 9; hierzu näher unter Rdn. 111.

[30] BGHZ 67, 271.

[31] *Heiermann/Riedl/Rusam* VOB/B § 8, Rdn. 47; Beck'scher VOB-Kommentar/*Motzke* VOB/B § 8 Nr. 1, Rdn. 15; vgl. § 5, Rdn. 132.

[32] *Nicklisch/Weick* VOB/B vor §§ 8, 9, Rdn. 26; vgl. auch § 5, Rdn. 139.

Meinung nicht.[33] Die Erklärung der Kündigung für den Fall, dass der Auftragnehmer in den Fällen des § 4 Nr. 7 Satz 3 oder § 5 Nr. 4 VOB/B die ihm gesetzte Frist fruchtlos verstreichen lässt, ist allerdings eine unzulässige Bedingung, da die notwendige Klarheit über die Wirksamkeit der Kündigung von einem Umstand abhängt, dessen Eintritt völlig unklar sein kann, was wiederum dem Erfordernis des Rechtsverkehrs nach klaren Verhältnissen zuwider liefe.[34]

Fraglich ist, ob eine Kündigung mit einer Rechtsbedingung so formuliert werden kann, dass sie nur als Kündigung aus wichtigem Grund gemäß § 8 Nr. 2 oder Nr. 3 VOB/B, nicht aber als freie Kündigung nach § 8 Nr. 1 VOB/B, gewollt ist. Sinnvoll sind derartige Formulierungen insbesondere deshalb, um einer möglichen *Umdeutung* einer als außerordentlich gewollten in eine freie Kündigung vorzubeugen. Richtigerweise wird man eine solche Bedingung bei der Kündigungserklärung zulassen müssen, weil sie ebenso wie bei den Kündigungsbedingungen unter Voraussetzung des Vorliegens gesetzlicher Kündigungsgründe lediglich eine zulässige Rechtsbedingung darstellt.[35]

17 Im Ergebnis bestätigt wird die Richtigkeit dieser Auffassung durch die Zurückhaltung der Rechtsprechung bei der Umdeutung einer (misslungenen) Kündigung aus wichtigem Grund in eine freie Kündigung nach § 8 Nr. 1 VOB/B. Dies soll regelmäßig nur dann möglich sein, wenn zweifelsfrei feststeht, dass der Kündigungserklärende den Vertrag auf jeden Fall beenden will.[36] In diesen Fällen ist es auch unschädlich, wenn sich der Auftraggeber bei der Kündigung nicht dahingehend erklärt, ob er und wenn ja aus welchem wichtigen Grund er kündigt, wenn nur klar genug zum Ausdruck kommt, dass er in jedem Fall eine Beendigung des Vertrages wünscht.[37] Lediglich dann, wenn sich auch nach Auslegung nicht klar erkennen lässt, ob ein eindeutiger Wille zur Beendigung des Vertrages auf Seiten des Auftraggebers nun bestand oder nicht, wäre die Kündigungserklärung unwirksam.

18 **d) Angabe, Wechsel und Nachschieben von Kündigungsgründen.** Der Bundesgerichtshof lässt den Wechsel und das Nachschieben von Kündigungsgründen grundsätzlich zu, wenn zum Zeitpunkt der Kündigungserklärung der wichtige Grund nachweislich bestanden hat[38], weshalb es sich von selbst versteht, dass er auch bei einer aus wichtigem Grunde ausgesprochenen bzw. gewollten Kündigungserklärung eine nachvollziehbare Darlegung des außerordentlichen Kündigungsgrundes nicht für erforderlich hält.[39]

19 Dem ist allerdings nur für den Fall zuzustimmen, dass der Kündigungserklärende zum Zeitpunkt der Kündigungserklärung noch keine Kenntnis von den weiteren Kündigungsgründen hatte. Waren diese dem Kündigungserklärenden bereits bekannt und hat er hierauf seine Kündigung nicht gestützt, so ist ihm ein Nachschieben verwehrt. Dies ergibt sich schon bereits aus der Notwendigkeit, dass der Kündigung aus wichtigem Grund grundsätzlich eine Kündigungsandrohung vorauszugehen hat. Diese verfolgt den Zweck, den Vertragspartner darüber zu informieren, wegen welcher Gründe der Auftraggeber beabsichtigt den Vertrag zu beenden, wenn keine Abhilfe geschaffen wird. Durch diese Androhung darf der Auftragnehmer davon ausgehen, dass die Kündigung nicht ausgesprochen wird, wenn er der Aufforderung des Auftraggebers Folge leistet. Kündigt der Auftraggeber, obgleich der Auftragnehmer für Abhilfe wegen der Punkte

[33] *Nicklisch/Weick* VOB/B vor §§ 8, 9, Rdn. 28; *Heiermann/Riedl/Rusam* VOB/B Einführung zu §§ 8, 9, Rdn. 17; Beck'scher VOB-Kommentar/*Motzke* VOB/B § 8, Rdn. 14; anderer Ansicht BGH NJW 1973, 1463.

[34] Ebenso *Nicklisch/Weick* VOB/B vor §§ 8, 9, Rdn. 28.

[35] Vgl. *Palandt/Heinrichs* Einf. BGB § 158, Rdn. 13; ebenso im Ergebnis *Kniffka/Koeble* Kompendium des Baurechts, 9. Teil Rdn. 3 f.

[36] OLG Karlsruhe BauR 1994, 116; OLG Schleswig BauR 1989, 730; Beck'scher VOB-Kommentar/*Motzke* VOB/B § 8 Nr. 1, Rdn. 23.

[37] *Kapellmann/Schiffers*, Band 2, Rdn. 1322; anderer Ansicht wohl: Beck'scher VOB-Kommentar/*Motzke* VOB/B § 8 Nr. 1, Rdn. 19; *Nicklisch/Weick* VOB/B vor §§ 8, 9, Rdn. 30; *Heiermann/Riedl/Rusam* Einführung VOB/B §§ 8, 9, Rdn. 18; nicht entschieden in: BGH *Schäfer/Finnern* Z 2.510 Bl. 25 ff.

[38] BGH IBR 2005, 465 f.

[39] BGH BauR 1993, 469; BGHZ 82, 100; Beck'scher VOB-Kommentar/*Motzke* VOB/B § 8, Rdn. 20; *Ingenstau/Korbion/Vygen* VOB/B § 8, Rdn. 5.

gesorgt hat, derentwegen die Kündigung angedroht wurde, kann es dem Auftraggeber zur „Rettung“ seiner außerordentlichen Kündigung nicht erlaubt sein, die Kündigung auf Gründe zu stützen, derentwegen er die Kündigung überhaupt nicht angedroht hatte.[40] Ein Nachschieben von Kündigungsgründen ist dem Auftraggeber nur wegen derjenigen Punkte zu erlauben, derentwegen er die Kündigung angedroht oder die er in der Kündigung selber, wenn auch noch nicht im einzelnen schlüssig dargelegt, genannt hat.

e) Teilkündigung. Nach herrschender Meinung kann der Auftraggeber die freie Kündigung 20
des Vertrages auf Teile der zu erbringenden Leistung beschränken.[41] Aus § 12 Nr. 2 VOB/B wird insoweit allerdings geschlussfolgert, dass nur in sich abgeschlossene Teile der Leistung gekündigt werden können sollen, was wie bei der Teilabnahme zur Voraussetzung habe, dass die betreffenden Teile funktional selbstständig sind.[42] Richtiger Ansicht nach sind freie Teilkündigungen in jeder beliebigen Form zulässig, so weit nicht unzumutbar ein einheitlicher technischer Produktionsablauf auseinander gerissen wird und dadurch untragbare Gewährleistungsvermischungen entstehen.[43] Anders könnte dies nur Kraft ausdrücklicher Regelung in § 8 Nr. 3 Abs. 1 Satz 2 VOB/B für die außerordentliche Teilkündigung zu sehen sein, die sich auf einen in sich abgeschlossenen Teil der vertraglichen Leistung bezieht.[44]

Fraglich ist, wie eine „misslungene Teilkündigung“ zu behandeln ist, wenn und weil sie sich 21
nicht auf funktional abgrenzbare selbstständige Teile der Gesamtleistung bzw. auf einen einheitlichen technischen Produktionsablauf bezieht.

Beispiel: Der Auftraggeber rügt diverse Mängel an der Dachabdichtung und kündigt schließlich die betreffenden Dacharbeiten, derentwegen Mängel gerügt worden sind. Strittig ist, ob das Dach als ganzes ein in sich abgeschlossener Teil der Gesamtleistung ist und damit Teilkündigungsfähigkeit nach herrschender Meinung besitzt. Jedenfalls ist dies nach den Teilabnahmekriterien wie auch nach den hier vertretenen Abgrenzungskriterien zu verneinen für Teile der Dacharbeiten, derentwegen der Auftraggeber Mängel gerügt hat. Ist eine solche misslungene Teilkündigung nun unwirksam oder erfasst sie auch diejenigen Leistungen, die zusammen mit den unmittelbar von der Teilkündigung betroffenen Arbeiten einen in sich abgeschlossenen Teil der Gesamtleistung ergeben?[45] Richtigerweise muss man hier dieselben Grundsätze anwenden, die man im Zusammenhang mit der Umdeutung einer fehlgeschlagenen Kündigung aus wichtigem Grunde in eine freie Kündigung entwickelt hat. Nur da, wo der Wille des Auftraggebers auf einen weiterreichenden Kündigungsumfang im Wege der Auslegung erstreckt werden kann, ist eine solche Umdeutung der unzulässigen Teilkündigung ist eine zulässige Teil- oder gar Gesamtkündigung des Vertrages zulässig.

Andernfalls kann der Auftragnehmer die unzulässige Teilkündigung zurückweisen und die Leistung weiter erbringen. Lässt der Auftraggeber die Arbeiten nicht mehr zu, hat er zwei Möglichkeiten:

Er kann einmal aus § 326 Abs. 2 BGB n.F. = § 324 BGB a.F. vorgehen oder aber nach entsprechender Androhung seinerseits aus wichtigem Grunde den Vertrag kündigen, weil der Auftraggeber seiner Mitwirkungsverpflichtung zur Entgegennahme der Werkleistung nicht nachkommt. Da allerdings niemand zu einer außerordentlichen Kündigung gezwungen werden soll, steht es

---

[40] *Ingenstau/Korbion/Vygen* VOB/B § 8, Rdn. 6; anderer Ansicht die wohl herrschende Meinung: BGH BauR 1993, 469; BGH BauR 1982, 79; Beck'scher VOB-Kommentar/*Motzke* VOB/B § 8 Nr. 1, Rdn. 20.

[41] *Heiermann/Riedl/Rusam* VOB/B Einführung zu §§ 8, 9, Rdn. 1 u. 1b; Beck'scher VOB-Kommentar/*Motzke* VOB/B § 8 Nr. 1, Rdn. 30; *Ingenstau/Korbion/Vygen* VOB/B § 8 Nr. 1, Rdn. 74 bis 76; *Franke/Kemper/Zanner/Grünhagen* VOB/B § 8, Rdn. 5.

[42] BGH BauR 1975, 423; OLG Düsseldorf *Schäfer/Finnern* VOB/B § 12 Nr. 14; *Ingenstau/Korbion/Vygen* VOB/B vor §§ 8, 9, Rdn. 7; *Franke/Kemper/Zanner/Grünhagen* VOB/B § 8, Rdn. 5; anderer Ansicht: *Heiermann/Riedl/Rusam* VOB/B § 8, Rdn. 2 c; Beck'scher VOB-Kommentar/*Motzke* VOB/B § 8 Nr. 1, Rdn. 30; dazu *Kapellmann/Schiffers* Band 2, Rdn. 1313; *Kapellmann*, Festschrift Thode, 29 ff.

[43] Vgl. die Kommentierung zu VOB/B § 2 Nr. 4, Rdn. 170.

[44] Siehe hierzu näher Rdn. 86.

[45] In diesem Sinne *Franke/Kemper/Zanner/Grünhagen* VOB/B § 8, Rdn. 5.

ihm aber auch frei, am Vertrag festzuhalten und Anspruch auf Erfüllung des Vertrages zu erheben. In diesem Fall entfällt die grundsätzlich bestehende Vorleistungspflicht und kann der Auftragnehmer bei bestehen bleibender Verpflichtung zur Erfüllung des Vertrages die volle (ungekürzte) vereinbarte Vergütung verlangen.[46]

22 **f) Die Behandlung von „Nullpositionen“.** Nicht selten ist es so, dass im Leistungsverzeichnis benannte Positionen nicht zur Ausführung kommen, weil sich deren Ausführung, ohne dass der Auftraggeber eine Änderungsanordnung ausspricht, erübrigen.

Beispiel: Das Leistungsverzeichnis enthält eine eigene Position für die Wasserhaltung. Wider Erwarten ist der Grundwasserspiegel so stark gesunken, dass sich jede Art von Wasserhaltung erübrigt.

Hier stellt sich die Frage, wie dieser Fall vergütungsrechtlich zu behandeln ist. Erhält der Auftragnehmer überhaupt keine Vergütung, weil er die beauftragte Teilleistung nicht ausgeführt hat oder erhält er eine Teilvergütung, wenn ja in welcher Höhe?

Richtiger Ansicht nach sind solche Fälle im Ergebnis als konkludente freie Kündigung des Auftraggebers zu behandeln, so dass sich die Vergütung des Auftragnehmers wie bei § 649 BGB ermittelt, also Vergütung minus ersparte Aufwendungen.[47] Diese Auffassung rechtfertigt sich zum einen aus der grundsätzlichen Überlegung, dass bei einer von einer Detailregelung abweichenden Bauausführung eine Bausoll-Bauist-Abweichung vorliegt, die, wenn sie zu höheren Kosten führt, einen Mehrvergütungsanspruch des Auftragnehmers nach sich zieht und deshalb sich der Auftragnehmer im umgekehrten Fall auch eine Reduzierung der Vergütung gefallen lassen muss, wenn er weniger als kalkuliert infolge dieser Bausoll-Bauist-Abweichung ausführen muss.[48] Haben die Parteien indes eine funktionale Leistungsbeschreibung zum Gegenstand des Vertrages gemacht und obliegt demzufolge dem Auftragnehmer das Planungsrisiko, bleibt der Vergütungsanspruch unverändert, da es hierfür egal ist, welche Art von Wasserhaltung der Auftragnehmer zur Erreichung des vereinbarten Ziels intern kalkuliert hatte. Hat der Auftragnehmer in diesen Fällen eine sich als notwendig erweisende Wasserhaltung nicht kalkuliert, so erhält er keine Mehrvergütung.[49] Umgekehrt muss er sich aber auch keine Reduzierung gefallen lassen. Zum anderen gehört dann, wenn der Auftraggeber das Bauvorhaben geplant hat, das Planungsrisiko zu seiner Risikosphäre. Gleiches gilt in Bezug auf das Baugrundrisiko, wenn die Parteien individuell nichts anderes wirksam vereinbart haben. Deshalb erscheint es billig und gerecht, dem Auftragnehmer mindestens die entfallenen Deckungsbeiträge der nicht ausgeführten Leistungsposition zukommen zu lassen, so weit er dafür nicht an anderer Stelle einen Ausgleich (z.B. durch Mehrmengen) erhält.[50]

4. Kein Abnahmeerfordernis

23 Für die Fälligkeit der Werklohnforderung und auch **für die Frage der rechtlichen Wirksamkeit** einer Kündigung ist eine Abnahme der infolge der Kündigung unvollendet gebliebenen Werkleistung nicht erforderlich.[51] Dies ist zu trennen von der Frage, ob der gekündigte Auftragnehmer von dem Auftraggeber Abnahme und Aufmaß der von ihm ausgeführten Leistung nach der Kündigung verlangen kann (dieses Recht gibt ihm § 8 Nr. 6 VOB/B[52]) und der weitergehenden Frage, ob bis zur Abnahme weiterhin § 4 Nr. 7 VOB/B oder einheitlich § 13 VOB/B gilt. § 4 Nr. 7 VOB/B hätte zur Folge, dass der Auftraggeber erneut wegen etwaiger Mängel an den

[46] BGHZ 50, 175.

[47] *Nicklisch/Weick* VOB/B § 2, Rdn. 80; *Kapellmann/Schiffers* Band 2, Rdn. 1416; anderer Ansicht: OLG Hamm NJW-RR 1998, 598.

[48] *Kapellmann/Schiffers* Band 2, Rdn. 1416.

[49] Vgl. BGH „Wasserhaltung I“, BauR 1992, 759.

[50] Ebenso OLG Oldenburg BauR 2000, 897; vgl. hierzu auch VOB/B § 9, Rdn. 52.

[51] BGH BauR 1993, 469; BGH *Schäfer/Finnern* Z 3.010 Bl. 20; OLG München ZfBR 1982, 167; *Franke/Kemper/Zanner/Grünhagen* VOB/B § 8, Rdn. 7; anderer Ansicht *Kniffka* Festschrift *von Craushaar*, 359.

[52] Siehe hierzu Rdn. 105.

erbrachten Teilleistungen eine Kündigungsandrohung mit nachfolgender Kündigungserklärung auszusprechen hätte. Diejenigen, die bis zur Abnahme der gekündigten Werkleistung § 4 Nr. 7 VOB/B anwenden wollen,[53] verkennen, dass mit der Kündigung des Vertrages das Vertragsverhältnis beendet ist. Ist der Auftrag bereits entzogen worden, ist es nicht logisch, eine nochmalige Auftragsentziehung eines nicht mehr bestehenden Vertragsverhältnisses auszusprechen. Deshalb ist es richtig, auf den gekündigten Werkvertrag wegen etwaiger Mängel an den erbrachten Teilleistungen direkt § 13 VOB/B anzuwenden.[54] Die Abnahme macht in solchen Fällen lediglich noch Sinn in Bezug auf den Beginn der Gewährleistungsfristen, wobei dieser mit der Beendigung des Vertrages einhergeht, wenn gerade wegen bestehender Mängel an den erbrachten Teilleistungen der Auftrag entzogen wurde.[55]

II. § 8 Nr. 1 Abs. 2 – Die Kündigungsfolgen

1. Einheitliche Abrechnung oder Trennung zwischen Vergütung für erbrachte und nicht erbrachte Leistungen?

24 Es gibt zwei unterschiedliche systematische Ansätze zur Abrechnung frei gekündigter Werkverträge. Die herrschende Meinung vertritt in den Fällen freier Kündigung die Auffassung, es müssten zwei getrennte Abrechnungen vorgenommen werden: Zunächst müsse für die ausgeführte Teilleistung eine Teilvergütung ermittelt werden, um von der dann verbleibenden Restvergütung die ersparten Kosten oder anderweitigen Erwerb in Abzug zu bringen, um schließlich ersteren Betrag mit und letzteren ohne Mehrwertsteuer in Rechnung stellen zu können.[56] Nach anderer Meinung erfolgt nur eine einheitliche Abrechnung, indem man von der vereinbarten Gesamtvergütung die ersparten Aufwendungen in Abzug bringt.[57] Für die Mindermeinung spricht, dass die gesetzliche Regelung des § 649 Satz 2 BGB von der Gesamtvergütung ausgeht und hiervon den Abzug der Ersparnis vorsieht, so dass der Auftragnehmer „von oben" rechnen kann.[58]

2. Mehrwertsteuerproblematik

25 Zwingend erforderlich ist die Abgrenzung der Vergütung für die erbrachten Leistungen von der für nicht erbrachte Leistungen, wenn man der ebenfalls streitigen Auffassung des Bundesgerichtshofs folgt, dass der Auftragnehmer nur für erstere Mehrwertsteuer auf die Vergütung verlangen kann.[59] Der Bundesgerichtshof hat zwischenzeitlich entschieden, dass der Gerichtshof der Europäischen Gemeinschaft zur Wahrung der Rechtseinheit in der Europäischen Union wegen der umstrittenen Rechtsprechung des Senates zur Mehrwertsteuerproblematik mit der Auslegung der maßgeblichen Regelungen der 6.Umsatzsteuer-Richtlinie zu befassen ist.[60] Solange diese Frage noch nicht abschließend beantwortet ist, muss der Auftragnehmer davon ausgehen, dass

[53] *Heiermann/Riedl/Rusam* VOB/B § 8, Rdn. 10; Beck'scher VOB-Kommentar/*Motzke* VOB/B § 8 Nr. 1, Rdn. 9.

[54] Wie hier *Franke/Kemper/Zanner/Grünhagen* VOB/B § 8, Rdn. 8.

[55] BGHZ 80, 252.

[56] BGH NZBau 2002, 508; BGH BauR 1996, 846 unter Hinweis auf BGH BauR 1994, 655 und BGHZ 101, 130; der herrschenden Meinung folgend *Ingenstau/Korbion/Vygen* VOB/B § 8, Rdn. 26; *Kniffka*, Jahrbuch BauR 2000, 5; *Franke/Kemper/Zanner/Grünhagen* VOB/B § 8, Rdn. 16.

[57] *Kapellmann/Schiffers* Band 2, Rdn. 1353; *Kapellmann* Jahrbuch BauR 1998, 50; Beck'scher VOB-Kommentar/*Motzke* VOB/B § 8 Nr. 1, Rdn. 47.

[58] So auch *Quack* Festschrift *von Craushaar*, 315; *Kniffka* BauR 2000, 13.

[59] BGH BauR 1996, 846; BGH BauR 1986, 577; anderer Ansicht *Kapellmann/Schiffers* Band 2, Rdn. 1356.

[60] BGH BauR 1999, 1294. Der Bundesgerichtshof hat nicht selber vorgelegt, weil zur weiteren Sachverhaltsaufklärung an die Berufungsinstanz zurückzuverweisen war. Die Vorlage an den Europäischen Gerichtshof erübrigte sich schließlich nach Zurückverweisung an das OLG Bamberg, weil die Klägerin die Berufung wegen des Vergütungsanteils für die infolge der Kündigung nicht erbrachten beauftragten Leistungen nicht weiter verfolgte. Das heißt, es ist in absehbarer Zeit nicht damit zu rechnen, dass der Gerichtshof der Europäischen Gemeinschaft die Mehrwertsteuerproblematik entscheiden wird.

die Finanzverwaltung ihn zur Mehrwertsteuer veranlagt.[61] Deshalb ist ihm anzuraten, dass er sowohl die anteilige Vergütung für die ausgeführte Leistung wie die um die Ersparnis gekürzte anteilige Vergütung für die nicht ausgeführte Leistung mehrwertsteuerbeauftragt abrechnet. Rechnet der Auftragnehmer entsprechend der herrschenden Meinung zweigeteilt ab, muss er mindestens bezüglich des nach Auffassung des Bundesgerichtshofs nicht mit Mehrwertsteuer zu beauflagenden Teils der Vergütung für die nicht erbrachten Leistungen im Falle einer gerichtlichen Auseinandersetzung einen Feststellungsantrag des Inhalts stellen, dass der Auftraggeber ihm die Mehrwertsteuer zu erstatten hat, falls der Auftragnehmer von seinem Finanzamt bestandskräftig zur Mehrwertsteuer insoweit veranlagt wird.

Abgesehen von diesem durch die Mehrwertsteuer verursachten Problem herrscht zwischenzeitlich weitgehend Einigung darüber, wie gekündigte Bauverträge abzurechnen sind. Dabei ist zu unterscheiden zwischen der Abrechnung gekündigter Einheitspreis- und Pauschalpreisverträge.

3. Abrechnung gekündigter Einheitspreisverträge

26 **a) Erbrachte Leistungen.** Die Abrechnung erbrachter Leistungen erfolgt durch Aufmaß (§ 8 Nr. 6 VOB/B), und zwar grundsätzlich auf der Basis der Maßeintragungen in den Ausführungsplänen, wie dies DIN 18299 Abschnitt 5 Satz 1 VOB/C vorsieht. Die aufgemessenen Mengen werden, wie bei jeder Abrechnung auf Einheitspreisbasis, den Positionen des Leistungsverzeichnisses zugeordnet und mit dem vereinbarten Einheitspreis multipliziert.[62] § 2 Nr. 3 Abs. 3 VOB/B ist in diesen Fällen nicht anwendbar. Dass heißt, der Auftragnehmer legt bei seiner Abrechnung für die erbrachten Leistungen immer den ungeminderten vereinbarten Einheitspreis zugrunde.[63] Auf die bis zur Kündigung erbrachten Leistungen ist der bei Vertragsschluss vereinbarte prozentuale Nachlass zu gewähren.[64] Der Auftragnehmer muss auf seine Kosten die Abrechnung erstellen, die der Auftraggeber zu prüfen hat.[65] Beim Einheitspreisvertrag handelt es sich insoweit um Kosten, die der Auftragnehmer ohnehin einzukalkulieren hatte.

27 Zu den erbrachten Leistungen gehören grundsätzlich nicht die angelieferten, aber noch nicht eingebauten Bauteile. Diese hat der Auftraggeber nur dann zu übernehmen und in diesem Fall zu vergüten, wenn deren Zurückweisung treuwidrig wäre.[66] Problematisch ist die Abrechnung bei unfertigen Teilleistungen einer aus mehreren Leistungen kalkulativ aufgebauten Einheitspreisposition.

Beispiel: Herstellen von Mauerwerken einschließlich Auf- und Abbau notwendiger Gerüste. Wie wirkt sich das auf den Einheitspreis aus, wenn die Gerüste zum Zeitpunkt der Kündigungserklärung noch nicht abgebaut waren? Daneben gibt es auch bei Einheitspreisverträgen regelmäßig Teilpauschalen, z.B. sei auf die pauschale Vergütung für die Baustelleneinrichtung hingewiesen.

In beiden Fällen muss man die betreffenden Positionen aufspalten in erbrachte und nicht erbrachte Leistungen und diese auf der Basis der Angebots- bzw. Auftragskalkulation bewerten. Von uns wird der einfachere Weg bevorzugt, nämlich vereinbarter Einheitspreis multipliziert mit der durch Aufmaß belegten Menge der ausgeführten Leistung abzüglich der ersparten Aufwendungen.

b) Nicht erbrachte Leistungen

28 **aa) Ermittlung der Ersparnis auf Basis kalkulierter oder tatsächlich ersparter Kosten?** Gemäß § 8 Nr. 1 Abs. 2 VOB/B hat der Auftragnehmer im Rahmen der Abrechnung der ver-

---

[61] *Kapellmann/Schiffers* Band 2, Rdn. 1356 unter Verweis auf BFH Urteil vom 28.2.1980, BStBl. II S. 535.

[62] BGH BauR 1996, 382; *Kapellmann/Schiffers* Band 2, Rdn. 1327; *Kniffka* Jahrbuch BauR 2000, 4.

[63] OLG Celle BauR 1995, 558; *Kniffka* Jahrbuch BauR 2000, 5; *Kapellmann/Schiffers* Band 1, Rdn. 512.

[64] OLG Celle BauR 1995, 137.

[65] *Kapellmann/Schiffers* Band 2, Rdn. 1329.

[66] BGH BauR 1995, 545; *Kniffka* Jahrbuch BauR 2000, 5.

einbarten Vergütung darzulegen, welche Kosten er erspart hat und ggf. welchen anderweitigen Erwerb er sich anrechnen lassen muss. Erspart sind die Aufwendungen, die der Unternehmer bei Ausführung des Vertrages hätte machen müssen und infolge der Kündigung nun nicht mehr zu machen hat.[67]

Streitig ist dabei, ob der Auftragnehmer die ersparten Kosten auf der Grundlage der dem Vertrag zugrunde liegenden Kalkulation zu ermitteln hat und nur hierauf zurückzugreifen ist oder daneben und vorrangig auf die tatsächliche Kostenentwicklung abzustellen ist, oder ob der Auftragnehmer insoweit ein Wahlrecht hat.

Der **Bundesgerichtshof** vertritt die Auffassung, auf die kalkulierten Kosten gemäß der Ursprungskalkulation könne der Auftragnehmer nur solange zurückgreifen, wie er noch keine Aussagen zur **konkreten Kostenentwicklung** abgeben kann, etwa weil kalkulierte Nachunternehmerleistungen zum Zeitpunkt der Kündigung noch nicht an Nachunternehmer vergeben worden sind.[68] Der Bundesgerichtshof sieht es lediglich als Erleichterung der Darlegungslast an, die er dem Auftragnehmer gewährt, indem er ihn auf die kalkulierten Kosten zurückgreifen lässt, wenn die tatsächliche Kostenentwicklung zum Zeitpunkt der Kündigungserklärung noch nicht bekannt ist.[69] 29

Nach anderer Meinung, der wir folgen, sind die gemäß **Kalkulation** entfallenden Kosten/Aufwendungen maßgebend.[70]

Aus systematischen Gründen kann es nicht richtig sein, bei den ersparten Aufwendungen auf die Ist-Kosten abzustellen. Die zu § 2 Nr. 3 f. VOB/B dargestellte und mittlerweile als selbstverständlich angesehene Methodik bei der Ermittlung der Vergütung für geänderte oder zusätzliche Leistungen stellt auf kalkulierte Kosten ab, weshalb zur Ermittlung auch und gerade in den Fällen vom Auftraggeber angeordneter Mindermengen auf die Ansätze der Kostenermittlung des Auftragsstadiums, also grundsätzlich auf die Angebots- bzw. der Auftragskalkulation, abzustellen ist.[71] Es gibt, systematisch gesehen, keinen Unterschied, ob sich eine Mengenminderung beim Einheitspreisvertrag durch die Verhältnisse ergibt oder durch eine Anordnung des Auftraggebers, geringere Mengen der betreffenden Leistung auszuführen. Es würde folglich einen nicht zu erklärenden **Systembruch** darstellen, wenn ein „durch die Verhältnisse bedingter" vollständiger Wegfall einer Leistung beim Einheitspreisvertrag anders behandelt würde als die infolge Teilkündigung vollständig in Wegfall geratende Leistung.[72] Auch bei der Ermittlung der geänderten Vergütung gemäß § 2 Nr. 5 VOB/B bzw. der Zusatzvergütung gemäß § 2 Nr. 6 VOB/B käme es zu unüberwindlichen **Wertungswidersprüchen**, wenn bei der Kündigung auf Ist-Kosten abgestellt würde, wie die in § 2 Nr. 5, 6 VOB/B angesprochene Beispiele belegen.[73] Das Einbringen von Pfählen durch Bohren gegenüber Rammen ist eine angeordnete Zusatzleistung, verbunden mit einer Teilkündigung der Leistungsposition „Bohren". Niemand käme auf die Idee in diesen Fällen bei der Ermittlung der anteiligen Vergütung für die herausgenommene Leistung „Bohren" auf die Ist-Kosten abzustellen und bei der angeordneten Zusatzleistung „Rammen" die Kalkulationsbasis des Auftragsstadiums zugrunde zu legen. Der Gedanke, bei Ermittlung der ersparten Kosten auf die Ist-Kosten abzustellen, entstammt letztlich dem Schadensersatzrecht und ist auch deshalb systematisch verfehlt, weil es bei der freien Kündigung gemäß § 8 Nr. 1 VOB/B bzw. § 649 BGB um Vergütung und nicht um Schadensersatz geht. Man ist sich im Ergebnis darin einig, dass dem Auftragnehmer der kalkulierte Gewinn erhalten bleiben soll bzw. er einen 30

[67] BGH BauR 1999, 635; BGH BauR 1997, 304; BGH BauR 1997, 156; BGH BauR 1996, 846; BGH BauR 1996, 382.

[68] BGH IBR 2005, 662; BGH BauR 1999, 1292; BGH BauR 1999, 1294.

[69] *BGH IBR 2005, 662; Kniffka* Jahrbuch BauR 2000, 10.

[70] So ursprünglich der BGH BauR 1996, 382; ebenso *Palandt/Sprau* BGB § 649 Rdn. 5; *Kapellmann/Schiffers* Band 2, Rdn. 1362.

[71] Vgl. hierzu VOB/B vor § 2 Nr. 2 – Nr. 8, Rdn. 137, 162, 170.

[72] *Kapellmann/Schiffers* Band 2, Rdn. 1360; zur Behandlung der „Nullmengen" im Rahmen von VOB/B § 2 Nr. 3 beim Einheitspreisvertrag vgl. VOB/B § 2 Nr. 3, Rdn. 153.

[73] Vgl. VOB/B § 2, Rdn. 184.

kalkulierten Verlust weiterzuführen hat.[74] Dies geht aber nur, wenn man auf die Kalkulationsbasis des Auftragstadiums abstellt und nicht auf die Ist-Kosten.

31 Offensichtlich scheint der Bundesgerichtshof[75] hier anderer Meinung zu sein, wenn er darauf abstellt, dass der Auftragnehmer zur konkreten Kostenentwicklung vortragen dürfe. So weit Nachunternehmerleistungen bereits erbracht seien, müsse der Auftraggeber gar deren Preise vortragen. Diese Argumentation ist wenig überzeugend, weil der Fall bereits erbrachter Nachunternehmerleistungen nichts mit der zu lösenden Frage der Ermittlung der ersparten Kosten zu tun hat. Sind die Nachunternehmerleistungen bereits ausgeführt, kann der Auftragnehmer nichts erspart haben und kommt es folglich auf die Ermittlung deren Kosten gar nicht an, weil diese nicht abzuziehen sind.[76] Man muss sich an dieser Stelle nochmals die Stellung des freien Kündigungsrechts in der Gesamtrechtsystematik vergegenwärtigen: Das freie Kündigungsrecht stellt eine Ausnahme von dem Rechtsgrundsatz dar, dass die Parteien an einmal geschlossene Verträge gebunden sind und sich hiervon nicht mehr frei, sondern nur unter bestimmten regelmäßig von einer Vertragspartei zu vertretenden Umständen lösen können. Das damit systembrechende Institut des freien Kündigungsrechts wird aufgefangen durch die als notwendig und gerecht angesehene, **dem Schutz des Auftragnehmers** dienende Verpflichtung des Auftraggebers, die vereinbarte Vergütung dem Auftragnehmer zu entrichten. Niemand wird gezwungen, einen einmal abgeschlossenen Vertrag zu kündigen. Wenn der Auftraggeber dies gleichwohl aus freien Stücken tut, so soll dem Auftragnehmer hieraus kein „Schaden" entstehen. Er braucht die Werkleistung nicht zu erbringen, bekommt aber gleichwohl die vereinbarte Vergütung. Selbstverständlich darf er durch die Kündigung des Auftraggebers aber auch nicht besser stehen, als wenn er den Vertrag erfüllt hätte.[77] Dies versteht sich von selbst, weil es insoweit des Schutzes des Auftragnehmers nicht bedarf. Der Auftraggeber hingegen ist durch das Gesetz bereits privilegiert. Derjenige, der dieses Privileg ausübt, bedarf nicht des Schutzes. Aus dieser Sicht betrachtet, also aus dem vom Gesetz bezweckten Schutz des Auftragnehmers rechtfertigt sich folgender Grundsatz:

32 Der Auftragnehmer darf bei freier Kündigung des Vertrages durch den Auftraggeber in keinem Fall schlechter stehen als bei Vertragsdurchführung. Er **darf** (muss aber nicht) deshalb nach tatsächlich ersparten Kosten abrechnen, wenn diese feststehen und diese Abrechnungsart für ihn günstig ist.[78] Daraus folgt weiter:

Haben sich die Ist-Kosten gegenüber den kalkulierten Soll-Kosten negativ entwickelt, beispielsweise weil der Materialpreis gestiegen ist, **darf** der Auftragnehmer seine ersparten Kosten gleichwohl nach den (ihm günstigeren) kalkulierten Soll-Kosten abrechnen.

33 Nach der Auffassung des Bundesgerichtshofes[79] bedarf es keiner Darlegung der Ist-Preise für Nachunternehmerleistungen solange, wie diese Leistungen an die Subunternehmer noch nicht vergeben sind. Richtigerweise muss der Auftragnehmer die Kosten, zu denen er die Nachunternehmer beauftragt hat, nie darlegen, er kann sie aber darlegen, wenn sie für ihn günstiger wären, als die Darlegung der von ihm zum Auftragstadium kalkulierten Kosten.

34 **bb) Gewinn/Verlust – nie erspart.** Erspart sein können nur Kosten. Da Gewinn nicht Kosten ist, kann er auch nicht erspart sein, so dass der Gewinn für die Berechnung der Vergütung gemäß § 649 Satz 2 BGB, § 8 Nr. 1 Abs. 1 VOB/B irrelevant ist.[80] Was von der Vergütung nach Abzug der ersparten Kosten übrig bleibt, kann der Auftragnehmer vom Auftraggeber beanspruchen; egal ist dabei, ob der verbleibende Betrag mit dem kalkulierten Gewinn identisch ist oder nicht, denn in der gesetzlichen wie in der VOB-Regelung heißt es gleich lautend, dass der Auftragnehmer die Vergütung abzüglich der ersparten Aufwendungen oder des Erwerbs durch anderweitige

[74] Vgl. *Kapellmann/Schiffers* Band 2, Rdn. 1362; *Ingenstau/Korbion/Vygen* VOB/B § 8 Nr. 1, Rdn. 37; *van Gelder* NJW 1975, 189.
[75] BGH NZBau 2000, 82; BGH BauR 1999, 1294.
[76] *Kapellmann/Schiffers* Band 2, Rdn. 1363.
[77] BGH BauR 1996, 382.
[78] *Kapellmann/Schiffers* Band 2, Rdn. 1363; i. E. ebenso *Markus* NZBau 2005, 417, 423 f.
[79] BGH BauR 1999, 1292.
[80] *Kapellmann/Schiffers* Band 2, Rdn. 1368.

Verwendung seiner Arbeitskraft beanspruchen kann und nicht, dass dem Auftragnehmer der entgangene Gewinn zusteht. In gleicher Weise ist im Prinzip mit dem kalkulierten Verlust umzugehen. Auch dieser interessiert grundsätzlich nicht. Ausgehend von dem Grundsatz, dass dem Auftragnehmer die vereinbarte Vergütung abzüglich der ersparten kalkulierten Kosten zusteht, kann der Vergütungsanspruch maximal gegen Null gerechnet werden. Denn mehr als die gesamte Vergütung braucht der Auftragnehmer nicht herzugeben. Eine Zuordnung des kalkulierten Verlustes zu einzelnen Positionen mit dem Ziel, einer kalkulatorischen Verschiebung zu Lasten des Auftraggebers infolge der Kündigung vorzubeugen, bedarf es hierzu nicht.[81]

Ausgangspunkt für die zu ermittelnden ersparten Kosten ist die auf die betreffende teilgekündigte Leistung entfallene ungekürzte Vergütung auf der Grundlage der von der Teilkündigung betroffenen Positionen des Leistungsverzeichnisses. Zugrunde zu legen sind dabei die Mengen, die bei vertragsgemäßer Erfüllung der Leistung für die ungekürzte Vergütung zugrunde zu legen gewesen wären[82]. Diese ergeben sich ausweislich der Abrechnungsregelung in Abschnitt 5 der DIN 18299 VOB/C grundsätzlich aus den Ausführungszeichnungen. Von dieser „Maximal-Vergütung", zu deren Ermittlung ggf. der Einheitspreis unter den Voraussetzungen des § 2 Nr. 3 VOB/B angepasst werden muss, ist dann zunächst eine mit dem ungekürzten Einheitspreis für etwaige erbrachte Teilleistungen ermittelte Teilvergütung in Abzug zu bringen. Von der auf diese Weise verbleibenden Restvergütung sind die auf die teilgekündigte Position entfallenden ersparten kalkulierten Soll-Kosten gemäß Angebots- bzw. Auftragskalkulation in Abzug zu bringen. Hierzu gehören die Kosten der Produktionsfaktoren für die teilgekündigte Leistung, sofern sie kurzfristig abbaubar sind. Wahlweise ist es dem Auftragnehmer gestattet, die ersparten Ist-Kosten abzuziehen. Für den Fall, dass die kalkulierten Kosten höher als die Maximal-Vergütung für die teilgekündigte Leistung sind, erhält der Auftragnehmer für die teilgekündigte Leistung keinerlei Vergütung. Im übrigen, also für den nicht gekündigten und vom Auftragnehmer ausgeführten Teil der beauftragten Werkleistung, erhält er jedoch die volle ungekürzte Vergütung. Es findet also kein „Verlust-Vortrag" aus dem Bereich der teilgekündigten Leistungen auf die Vergütung der nicht gekündigten Leistungen statt. In diesem Sinne ist sicherlich die Aussage von Kniffka[83] zutreffend, dass ungünstige und günstige Positionen beim Einheitspreisvertrag nicht untereinander verrechenbar sind. 35

cc) Wagnis/Skonto – nie erspart. Betriebswirtschaftlich ist Wagnis dem Gewinn gleichzustellen, da es sich bei dem Gewinn um die Belohnung für unternehmerisches Wagnis handelt.[84] Da Wagnisse keine Kosten darstellen, können sie folglich auch nicht erspart sein. Gleiches gilt für ein mit dem Auftraggeber vereinbartes Skonto.[85] 36

dd) Allgemeine Geschäftskosten – nie erspart. Auch die kalkulierten Allgemeinen Geschäftskosten gehören nicht zu den ersparten Aufwendungen, da der Auftragnehmer seine allgemeinen Betriebsmittel (Geschäftsmiete etc.) für den betreffenden Zeitraum endgültig zugeordnet hat, so dass sie nicht mehr erspart werden können.[86] 37

ee) Baustellengemeinkosten – möglicherweise erspart. Baustellengemeinkosten sind dann ersparte Aufwendungen, wenn und so weit sie infolge der Kündigung kurzfristig abbaubar sind. Regelmäßig wird sich diese Frage nur bei einer Vollkündigung stellen, weil in diesem Fall die unter die Baustellengemeinkosten fallende Anmietung von Baustellencontainern etc. reduziert 38

---

[81] So aber BGH BauR 1999, 642 und ihm folgend: *Ingenstau/Korbion/Vygen* VOB/B § 8 Nr. 1, Rdn. 60.

[82] Ebenso Langen/Schiffers, Rdn. 2258.

[83] *Kniffka* Jahrbuch BauR 2000, S. 12.

[84] *Dornbusch/Plum* Jahrbuch BauR 2000, 349; *Kuhne/Mitschein* Bauwirtschaft 1999, Heft 12, 36; *Kapellmann/Schiffers* Band 2, Rdn. 1372; anderer Ansicht BGH BauR 1998, 185 unter Berufung auf die gegenteilige Meinung in der Vorauflage von *Kapellmann/Schiffers* Band 2, 2. Auflage, Rdn. 1357

[85] BGH IBR 2005, 662.

[86] BGH BauR 2000, 430, 432; BGH BauR 2000, 126, 128; BGH BauR 1999, 642, 644; BGH WM 1975, 707; *Kapellmann/Schiffers* Band 2, Rdn. 1373; *Nicklisch/Weick* VOB/B § 8, Rdn. 8; *Kniffka/Koeble*, Kompendium des Baurechts, 9. Teil Rdn. 29.

bzw. abbaubar sind. Das gilt aber dann nicht, wenn eine vorzeitige Beendigung der vom Auftragnehmer speziell für die Baustelle angemieteten Baustellengeräte oder Einrichtung rechtlich nicht möglich ist. In diesem Fall sind die Baustellengemeinkosten nicht kurzfristig abbaubar und deshalb nicht erspart.[87]

39 **ff) Lohnkosten – grundsätzlich erspart.** Als ersparte Aufwendungen, die durch die Nichtausführung des konkreten Vertrages entfallen sind, gehören in erster Linie die kalkulierten Lohnkosten bzw., so weit dies für den Auftragnehmer günstiger ist, die tatsächlich ersparten Lohnkosten. Konkret sind erspart diejenigen Aufwendungen aus Lohn- bzw. Personalkosten die der Auftragnehmer ohne die Kündigung gehabt hätte und die infolge der Kündigung nunmehr entfallen sind.[88] Konkret führt dieser Grundsatz zu folgendem: Erspart sind diejenigen Lohn- bzw. Personalkosten beim Auftragnehmer, die er für das Projekt gehabt hätte, wenn der Auftrag nicht gekündigt worden wäre, allerdings nur dann, wenn diese Lohn- und Personalkosten infolge der Kündigung nun nicht mehr anfallen.[89]

40 Fix und damit nicht als Ersparnis zu berücksichtigen sind die Lohnkosten dann, wenn der Auftragnehmer sie nicht kurzfristig abbauen kann. Nicht kurzfristig abbaubare Lohnkosten sind solche Personalkosten, die dadurch entstehen, dass der Auftragnehmer sein fest eingestelltes Stammpersonal trotz rechtlicher Möglichkeit nicht kündigt.[90] Die gesetzliche Regelung in § 649 Satz 2 BGB und demzufolge auch die gleich lautende Regelung in der VOB/B stellt allein auf die **tatsächliche Ersparnis** ab. Daraus lässt sich keine Verpflichtung des Auftragnehmers herleiten, sein Personal nur deshalb zu reduzieren, weil der Auftraggeber den Vertrag gemäß § 649 Satz 1 BGB gekündigt hat.[91] Der Bundesgerichtshof hält deshalb jeglichen Vortrag des Auftragnehmers dazu, weshalb er von einer Kündigung des Personalbestandes nach Entziehung des Auftrages Abstand genommen hat, für entbehrlich.[92]

41 Liegt der Fall allerdings so, dass der Auftragnehmer für die Durchführung des gekündigten Auftrages beabsichtigte, weiteres Personal einzustellen und hat sich diese Personaleinstellung durch die Kündigung des Auftrages erledigt oder entschließt sich der Auftragnehmer (auch wenn er hierzu nicht verpflichtet ist) zur teilweisen Kündigung seines Stammpersonals, dann muss er sich diese Kosten als Ersparnis anrechnen lassen.[93] Ebenfalls zu Recht weist der Bundesgerichtshof in diesem Zusammenhang darauf hin, dass es keine Frage der ersparten Aufwendungen ist, sondern vielmehr eine Frage der Anrechnung anderweitigen Erwerbs, wenn das Personal vom Auftragnehmer für andere Aufträge eingesetzt werden kann.[94]

42 **gg) Stoffkosten – grundsätzlich erspart.** Auch die für die Erbringung der Werkleistung im einzelnen erforderlichen Kosten für Material (Beton, Stahl, Fenster etc.) gehören in der Regel zu den ersparten Kosten. Aber auch hier ist genauso wie bei den Lohnkosten im einzelnen zu untersuchen, ob die betreffenden kalkulierten Stoffkosten tatsächlich erspart werden konnten und wenn ja, in welchem Umfang. Kann der für das Bauvorhaben bestellte Beton anderweitig verwendet werden, so ist er erspart. Ist eine anderweitige Verwendung nicht möglich und muss der bestellte Beton beim Lieferanten storniert werden, so sind etwaige dem Auftragnehmer hieraus entstehende Nachteile, z.B. infolge Verlustes von Mengenrabatten etc., nicht erspart, so dass sich die Kürzung dieser Materialpreisposition entsprechend verringert.[95]

---

[87] *Heiermann/Riedl/Rusam* VOB/B § 8, Rdn. 5; *Kapellmann/Schiffers* Band 2, Rdn. 1374; *Kniffka/Koeble,* Kompendium des Baurechts, 9. Teil Rdn. 29.

[88] BGH NZBau 2000, 82; BGHZ 131, 362.

[89] BGH NZBau 2000, 82; *Kapellmann/Schiffers* Band 2, Rdn. 1376; *von Rintelen* BauR 1998, 603.

[90] BGH NZBau 2000, 82.

[91] BGH, a.a.O.; *Kniffka/Koeble* Kompendium des Baurechts, 9. Teil Rdn. 29; weitergehend nämlich für eine Kündigungsverpflichtung jedenfalls bei längeren Zeiträumen gemäß Treu und Glauben *Kapellmann/Schiffers* Band 2, Rdn. 1376.

[92] BGH, a.a.O.

[93] BGH, a.a.O.

[94] BGH, a.a.O.; ebenso *Niestrate* ZfBR 1997, 10; *Beigel* BauR 1997, 783; *Werner/Siegburg* BauR 1997, 185.

[95] *Kniffka/Koeble*, Kompendium des Baurechts, 9. Teil Rdn. 29.

Für auf die Baustelle bereits geliefertes Material kommt es darauf an, ob dieses für den Auftragnehmer weiter verwendbar ist, wobei etwaige in diesem Zusammenhang entstehende Kosten aus Abtransport des Materials von der einen Baustelle zur anderen Baustelle die anzurechnende Ersparnis wiederum reduzieren. In den Fällen, wo geliefertes Material speziell für die Zwecke der Baustelle hergestellt worden ist und nicht vom Auftragnehmer weiter verwendet werden kann, was insbesondere für Fassaden gelten dürfte, muss sich der Auftragnehmer diese Kosten von seiner Vergütung nicht als Ersparnis abziehen lassen.[96] Allerdings muss er dem Auftraggeber das Material auf Verlangen herausgeben.[97] 43

hh) Gerätekosten – grundsätzlich erspart. Mit Ausnahme der nicht zeitabhängigen Gerätekosten (hierzu gehört der An- und Abtransport der Geräte auf bzw. von der Baustelle, der Auf- und Abbau der Geräte) sind die zeitabhängigen Kosten in dem Umfang, wie sie tatsächlich reduziert werden konnten, erspart und müssen demzufolge von der Vergütung in Abzug gebracht werden. 44

ii) Nachunternehmerkosten – möglicherweise erspart. Bei folgenloser Kündigung der Nachunternehmer sind deren Kosten in voller Höhe erspart.[98] „Folgenlos" wird der Auftragnehmer dem Nachunternehmer allerdings regelmäßig nicht kündigen können, weil seine Kündigung gegenüber dem Nachunternehmer, selbst wenn ihm der Auftraggeber gegenüber aus wichtigem Grunde gekündigt hat, grundsätzlich eine freie Kündigung darstellt. Rechnet der Nachunternehmer seinen ihm gemäß § 649 Satz 2 BGB zustehenden Vergütungsanspruch nicht zeitig ab, so lässt es der Bundesgerichtshof zu, dass der Auftragnehmer die kalkulierten Nachunternehmerkosten voll als ersparte Aufwendungen in Abzug bringt bei seiner Schlussrechnung und gleichzeitig auf Feststellung klagt, dass der Auftraggeber verpflichtet ist, die sich aus der späteren Abrechnung des Nachunternehmers ergebene weitere Vergütung zu zahlen[99]. Zwingend ist dieser Weg allerdings nicht, weil § 14 Nr. 4 VOB/B ihm die Möglichkeit gibt, die Schlussrechnung gegenüber seinem Nachunternehmer selber aufzustellen. Hat der Hauptauftragnehmer gar mit dem Nachunternehmer vereinbart, dass dieser eine Urkalkulation zu hinterlegen hatte, so dürfte es ihm keine Schwierigkeiten bereiten, die Differenz zwischen der vereinbarten Vergütung und den ersparten Kosten zu ermitteln und in seine eigene Schlussrechnung zu übernehmen.[100] 45

jj) Anderweitiger Erwerb oder dessen böswilliges Unterlassen – grundsätzlich erspart. 46
Entsprechend dem Grundsatz, dass dem Auftragnehmer durch die Kündigung des Bauvertrages weder Vor- noch Nachteile erwachsen sollen, muss er sich dasjenige von der vereinbarten Vergütung in Abzug bringen lassen, was er wegen des Ausfalls des gekündigten Auftrages an Bauleistungen übernommen hat oder böswillig unterlassen hat zu übernehmen und zwar in dem Umfang, wie durch diese so genannten „Füllaufträge" die infolge der Kündigung zunächst ungedeckten Gemeinkosten wie auch die kalkulierten Gewinne gedeckt werden konnten.[101] Etwaige vom Auftragnehmer bei den Füllaufträgen gewährte Sondernachlässe sind dabei zu berücksichtigen, d.h. der Auftragnehmer muss sich eine Kürzung des Vergütungsanspruches nur in dem Umfange gefallen lassen, wie er tatsächlich Ersatz durch anderweitigen Erwerb erzielt oder böswillig zu erzielen unterlassen hat.[102]

Grundsätzlich muss zwischen der Kündigung und dem anderweitigen Erwerb ein **ursächlicher Zusammenhang** in dem Sinne bestehen, dass der Auftragnehmer durch die Vertragskündigung erst in die Lage versetzt worden sein darf, einen anderweitigen Auftrag auszuführen.[103] Eine anderweitige Auslastung der Kapazitäten wird demzufolge nicht als anderweitiger Erwerb berück- 47

[96] *Kapellmann/Schiffers* Band 2, Rdn. 1377.
[97] OLG Hamm BauR 1988, 728; OLG Frankfurt NJW-RR 1987, 979; *Nicklisch/Weick* VOB/B § 8, Rdn. 8.
[98] BGH BauR 1999, 516; *Kniffka/Koeble*, Kompendium des Baurechts, 9. Teil Rdn. 29.
[99] BGH BauR, a.a.O.
[100] *Kapellmann* Jahrbuch BauR 1998, 35.
[101] BGH BauR 1996, 382; *Kniffka/Koeble*, Kompendium des Baurechts, 9. Teil Rdn. 30.
[102] BGH, a.a.O.
[103] OLG Frankfurt BauR 1988, 599; *Ingenstau/Korbion/Vygen* VOB/B § 8 Nr. 1, Rdn. 67; *Kapellmann/Schiffers* Band 2, Rdn. 1384.

sichtigt. Hierfür lässt es der Bundesgerichtshof allerdings nicht ausreichen, dass die „Füllaufträge“ lediglich später liegen als die Ausführungszeit für den gekündigten Auftrag, wenn schon die Größenordnung des Jahresumsatzes des Auftragnehmers im Verhältnis zum gekündigten Auftrag zeigt, dass der Auftragnehmer mit diesem allein nicht ausgelastet war und deshalb jederzeit anderer Fertigungen vorziehen konnte und wegen der erforderlichen Akquisitionszeiten auch vorziehen musste.[104] Auch das Vorziehen von „Füllaufträgen“ die der Auftragnehmer ohnehin eingegangen wäre, spricht nicht gegen deren Berücksichtigung als anderweitigen Erwerb.[105] Der Bundesgerichtshof führt zu diesem Punkt wörtlich zu Recht aus: „Die Annahme des Berufungsgerichts, das die behaupteten „Füllaufträge“ erst im Anschluss an die voraussichtliche Produktionszeit des vorliegenden Auftrags anfielen, spricht daher nicht dagegen, die Einnahmen aus den „Füllaufträgen“ grundsätzlich als anderweitigen Erwerb anzusehen.“[106]

Entfallen durch die Anordnung geänderter Leistungen beauftragte Leistungselemente, so sind bei der Ermittlung der geänderten Vergütung die entfallenen Einzelkosten der Teilleistung nach den hier besprochenen Grundsätzen einer freien Kündigung vergütungsmindernd zu berücksichtigen.[107] Gleiches gilt für zusätzliche Leistungen, wenn sie eine beauftragte Leistung ersetzen, wozu erforderlich ist, dass der Wegfall der alten Leistung erst die Beauftragung mit der neuen zusätzlichen Leistung möglich gemacht hat.[108]

48 Von einem böswillig unterlassenen anderweitigen Erwerb, den sich der Auftragnehmer als Kürzung bei seiner Teilvergütung anrechnen lassen muss, ist auszugehen, wenn der Auftragnehmer eine nachgewiesene Ersatzmöglichkeit unter zumutbaren Konditionen treuwidrig und vorsätzlich nicht wahrnimmt.[109] Zumutbar ist dem Auftragnehmer ein Ersatzerwerb unter Umständen selbst dann, wenn der Ersatzauftrag mit Verlust kalkuliert werden müsste, bei Durchführung dieses Ersatzvortrages die ansonsten ungedeckten Gemeinkosten aber gleichwohl reduziert würden. Allerdings ist der Auftragnehmer zu einer solchen Vorgehensweise nur dann verpflichtet, wenn sich der Auftraggeber in diesem Fall vorab bereit erklärt, insoweit die Differenz gegenüber einem mit normalen Deckungsanteilen kalkulierten Auftrag zu übernehmen.[110] Je nach Lage des Einzelfalles wird der Auftraggeber daneben auch dazu verpflichtet sein, für den Ausfall eine Sicherheit dem Auftragnehmer zu stellen.[111]

4. Stundenlohnverträge

49 Stundenlohnverträge sind entsprechend der dargestellten Vorgehensweise bei Einheitspreisverträgen abzurechnen. Der Abrechnung zugrunde zu legen ist der bei Vertragsschluss veranschlagte Zeitbedarf, so weit der Auftragnehmer nicht nachweist, dass mehr als die dort ausgewiesenen Stunden zur Erbringung der Vertragsleistung erforderlich gewesen wären. Die erbrachten Stunden sind mit dem vereinbarten Stundensatz zu vergüten und von der Gesamtstundenvergütung in Abzug zu bringen. Von dem verbleibenden Rest sind die ersparten kalkulierten Kosten (Lohnkosten) in Abzug zu bringen. Das was danach übrig bleibt, steht dem Auftragnehmer als Vergütung für die nicht erbrachten Leistungen zu.[112]

5. Pauschalpreisverträge

50 **a) Darlegung des Verhältnisses der bewirkten Leistungen zur vereinbarten Gesamtleistung.** Auch beim Pauschalpreisvertrag gelten, was die Kündigungsfolgen anbelangt, die oben für

---

[104] BGH BauR 1996, 382.
[105] Anderer Ansicht: *Franke/Kemper/Zanner/Grünhagen* VOB/B § 8, Rdn. 28.
[106] BGH, a.a.O.
[107] Vgl. hierzu VOB/B § 2 Nr. 5, Rdn. 225.
[108] Näher hierzu *Kapellmann/Schiffers* Band 2, Rdn. 1385.
[109] BGH BauR 1992, 379; *Staudinger/Peters* BGB § 649, Rdn. 29; *Kapellmann/Schiffers* Band 2, Rdn. 1387.
[110] BGH BauR 1992, 379.
[111] *Kapellmann/Schiffers* Band 2, Rdn. 1387; *Quack*, Festschrift *von Craushaar*, 315.
[112] Ebenso Beck'scher VOB-Kommentar/*Motzke* VOB/B § 8 Nr. 1, Rdn. 50; *Ingenstau/Korbion/Vygen* VOB/B § 8 Nr. 1, Rdn. 65.

den Einheitspreisvertrag dargestellten Grundsätze. Allerdings fehlt es beim Pauschalpreisvertrag regelmäßig an einer Aufgliederung der Vergütung für die Gesamtleistung in einzelne Teilleistungsvergütungen. Diese Aufgliederung hat der Auftragnehmer nach herrschender Meinung nachträglich zum Zwecke einer prüfbaren Abrechnung in dem Umfange durchzuführen, wie diese erforderlich ist, um das Verhältnis des Wertes der erbrachten Teilleistung zum Wert der nach dem Pauschalpreisvertrag geschuldeten Gesamtleistung belegen zu können: „Der Unternehmer muss deshalb das Verhältnis der bewirkten Leistungen zur vereinbarten Gesamtleistung und des **Preisansatzes** für die Teilleistungen zum Pauschalpreis darlegen. So weit zur Bewertung der erbrachten Leistungen Anhaltspunkte aus der Zeit vor Vertragsschluss nicht vorhanden oder nicht ergiebig sind, muss der Unternehmer in Nachhinein im einzelnen darlegen, wie die erbrachten Leistungen unter Beibehaltung des Preisniveaus zu bewerten sind. Die Abgrenzung zwischen erbrachten und nicht erbrachten Leistungen und deren Bewertung muss den Besteller in die Lage versetzen, sich sachgerecht zu verteidigen."[113]

Dem ist grundsätzlich zuzustimmen, wenngleich für die Zwecke einer solchen Darstellung/ **51**
Abrechnung eine getrennte Abrechnung der Vergütung für die erbrachten und die nicht erbrachten Leistungen nicht unbedingt erforderlich ist.[114] Auch der Bundesgerichtshof hält die strikte Forderung nach getrennter Abrechnung erbrachter und nicht erbrachter Leistungen nicht konsequent durch und lässt begründete Ausnahmen zu.

So muss nach Auffassung des Bundesgerichtshofs die Abgrenzung zwischen erbrachten und nicht erbrachten Leistungen eines Pauschalvertrages nicht zwingend durch Aufmaße erfolgen. Sie kann sich auch aus den Umständen der Vertragsabwicklung ergeben.[115] Ebenso wenig könne schematisch die Bewertung der erbrachten Leistungen durch eine detaillierte Leistungsbeschreibung mit entsprechenden Preiszuordnungen nach Art eines Einheitspreisvertrages gefordert werden. Eine ausreichend aufgegliederte, gewerkebezogene Kalkulation könne dann genügen, wenn eine andere Kalkulation bei Übernahme des Vertrages nicht möglich war.[116] Hat der Auftragnehmer zum Zeitpunkt der Übernahme des Vertrages wegen eines fehlenden Aufmasses nur eine überschlägige Kalkulation durchgeführt, könne der Auftraggeber auch nach der Vertragskündigung von ihm keine ins einzelne aufgegliederte Kalkulation verlangen. Eine Grobkalkulation mit einer näheren Aufschlüsselung in weitere einzelne Positionen, denen ebenfalls wieder pauschale Preise zugeordnet werden und der Behauptung des Auftragnehmers, diese Preise entsprächen dem vereinbarten Gesamtpreis, reiche aus.[117]

Eine Aufgliederung der Gesamtleistung in Einzelleistungen und deren kalkulierte Vergütung könne weiter dann entfallen, wenn im Zeitpunkt der Kündigung nur noch geringfügige Leistungen zu erbringen waren, sofern kalkulatorische Verschiebungen zu Lasten des Auftraggebers nicht verdeckt werden können.[118] Letztlich hänge alles von den Umständen des Vertragsabschlusses, seiner Durchführung und Abwicklung und dem Informationsbedürfnis des Auftraggebers ab, welche Anforderungen an die Darlegung im Einzelfall zu stellen sind.[119] Lag zum Vertragsschluss keine detaillierte Kalkulation des Pauschalpreises vor, könne nach Kündigung auch keine detaillierte Kalkulation des Pauschalpreises mit detaillierter Berechnung aller nach dem Vertrag geschuldeten Einzelleistungen mit Einheitspreisen verlangt werden. Grundlage einer prüfbaren Abrechnung könne in diesem Fall nur die Grobkalkulation des letztlich vereinbarten Pauschalpreises sein.[120]

---

[113] Zitat aus BGH BauR 2000, 1186; Ständige Rechtsprechung BGH NZBau 2002, 508; BGH BauR 1999, 644; BGH BauR 1999, 631; BGH BauR 1998, 121; BGH BauR 1997, 304; BGH BauR 1995, 691; OLG Dresden BauR 2001, 419.

[114] Siehe oben unter Rdn. 24.

[115] BGH BauR 1999, 632.

[116] BGH, a.a.O.

[117] BGH, a.a.O.

[118] BGH BauR 2000, 1182.

[119] BGH NZBau 2002, 508.

[120] BGH BauR 2001, 419.

Diese ganzen Ausnahmen von der Regel **erübrigen sich**, wenn man nach der hier vertretenen Auffassung eine einheitliche Vergütungsabrechnung vornimmt, wie wir sie zu den Einheitspreisverträgen bereits ausführlich dargestellt haben.[121] Richtig ist allerdings die Auffassung des Bundesgerichtshofes, dass der Auftragnehmer wenigstens verpflichtet ist, eine Grobkalkulation des vereinbarten Pauschalpreises vorzulegen, die den Auftraggeber in die Lage versetzt, den in Rechnung gestellten Vergütungsanteil für die erbrachten Leistungen im Verhältnis zur vereinbarten Vergütung für die Gesamtleistung zu prüfen. Dazu kann es im Einzelfall auch erforderlich sein, dass der Auftragnehmer Angaben zu den kalkulierten Mengen macht.

52 Selbst die herrschende Meinung hält eine zweigegliederte Abrechnung bei einem **Detail-Pauschalvertrag** mit zugrunde liegendem Leistungsverzeichnis grundsätzlich nicht für erforderlich.

Hier reduziert sich der Pauschalpreis unmittelbar, indem von dem vereinbarten Pauschalpreis die kalkulierte Vergütung abzüglich kalkulierter Kosten für die nicht ausgeführte Leistung direkt in Abzug gebracht wird. Eine Relation zum Gesamtpreis muss in diesen Fällen nicht gebildet werden.[122] Ob die Kalkulation richtig oder falsch ist, berührt die Frage der Prüfbarkeit der Schlussrechnung nicht.[123]

53 Da, wie bereits bei den Einheitspreisverträgen aufgeführt, die Kalkulationsbasis der Vergütung zum Zeitpunkt der Auftragsvergabe maßgebend ist, versteht es sich von selbst, dass der Auftragnehmer eine zur Ermittlung der ihm nach freier Kündigung des Vertrages zustehenden Vergütung nicht auf eine „pauschale" ungefähre Ermittlungsgrundlage zurückgreifen darf. Zu Recht ist dem Auftragnehmer aus diesem Grunde eine Rückgriff auf den vereinbarten Zahlungsplan oder bereits erhaltene Abschlagszahlungen verwehrt, da diese grundsätzlich keine exakte, sondern nur eine ungefähre Zuordnung zwischen Leistungsstand und anteiliger Vergütung vornehmen.[124]

54 **b) Ermittlung der ersparten Aufwendungen.** Auch hier kann grundsätzlich auf die obigen Ausführungen zur Ermittlung der Ersparnis bei Einheitspreisverträgen verwiesen werden.[125] Bei Pauschalpreisverträgen insbesondere bei **Global-Pauschalverträgen**, wie sie im Schlüsselfertigbau üblich sind, stellt sich daneben noch die Frage, wie die entfallenden Kosten für nicht mehr ausgeführte **Planungs-Leistungen** zu ermitteln sind. Bei Global-Pauschalverträgen ist es so, dass der Auftragnehmer in mehr oder weniger starkem Maße Planungsleistungen vertraglich übernommen hat. Auch in diesen Fällen ist auf den wertmäßigen Anteil der entfallenen Planungsleistungen auf der Basis der Preiskalkulation zur Auftragsvergabe abzustellen. Ein Rückgriff auf die Mindestsätze der HOAI ist nur dann möglich, wenn der Auftragnehmer nachweisen kann, dass er mit diesen Honorarsätzen die Planungsleistungen hat Eingang finden lassen in die Gesamtkalkulation des Pauschalpreises. Dies wird in den wenigsten Fällen zutreffen, weil das verbindliche Preisrecht der HOAI für Werkunternehmer, die neben Bauleistungen auch Planungsleistungen erbringen, nicht gilt, diese in der Vereinbarung der Vergütung für Planungsleistungen mit dem Auftraggeber also frei sind.[126]

Unter Umständen hat der Auftragnehmer die Planungsleistungen gar mit Null bewertet. In diesen Fällen hat er sich selbstverständlich auch keine ersparten Aufwendungen anrechnen zu lassen.[127] Hat der Auftragnehmer seine Planungsleistungen an Nachunternehmer vergeben und hierauf seine Vergütung kalkulatorisch aufgebaut, so ist für die Ersparnis entscheidend, welche (berechtigte) Vergütung die Nachunternehmer, für die, wenn es sich um Architekten und Ingenieure handelt, das verbindliche Preisrecht der HOAI gilt, von dem Auftragnehmer verlangen können.[128]

---

[121] Siehe oben unter Rdn. 24, 26.
[122] BGH NZBau 2001, 85; OLG Düsseldorf BauR 2001, 803.
[123] BGH NZBau 2001, 85.
[124] BGH BauR 1996, 846; BGH BauR 1996, 125; BGH BauR 1999, 644.
[125] Vgl. Rdn. 33 ff.
[126] BGH BauR 1997, 677.
[127] Siehe oben unter Rdn. 28.
[128] *Kapellmann/Schiffers* Band 2, Rdn. 1383.

Im übrigen folgt die Berechnung der ersparten Aufwendungen der oben zum Einheitspreis dargestellten Methodik. Bei der Ermittlung der Ersparnis ist jeweils auf der Basis der Auftragskalkulation genau zu prüfen, welche Kosten wirklich erspart sind. Wegen derjenigen Kosten, die dem Auftragnehmer aus Anlass der Kündigung entstehen, die ihm allerdings bei vertragsgemäßer Ausführung des Auftrages nicht entstanden wären (dies betrifft z.B. die Kosten für ein lediglich wegen der Kündigung notwendig gewordenes Aufmaß) liegt keine Ersparnis vor. Rechnerisch wird man dies so berücksichtigen dürfen, dass von der ermittelten kalkulatorischen Ersparnis diese Positionen wieder in Abzug gebracht werden, so dass sich im Ergebnis eine um diese Kosten erhöhte Vergütung errechnet. 55

6. Darlegungs- und Beweislastgrundsätze

Der Bundesgerichtshof[129] vertritt zu Recht die Auffassung, dass der Anspruch des Auftragnehmers aus § 649 Satz 2 BGB „unmittelbar um die ersparten Aufwendungen verkürzt" mit der einseitigen Kündigung entstanden ist. Da in der Regel nur der Auftragnehmer in der Lage ist vorzutragen und zu beziffern, was er sich in diesem Sinne als Aufwendungen anrechnen lassen muss, hat er hierzu vorzutragen und die Aufwendungen bzw. den Erwerb durch anderweitige Verwendung der Arbeitskraft zu beziffern. Vom Gericht ist der Abzug für ersparte Aufwendungen oder des Erwerbs durch anderweitige Verwendung der Arbeitskraft von Amts wegen zu prüfen.[130] Das heißt für die forensische Praxis: Die Werklohnklage des Auftragnehmers ist schlüssig, wenn sie zu den ersparten Aufwendungen und/oder dem Erwerb durch anderweitige Verwendung der Arbeitskraft dem Grunde und der Höhe nach vorträgt.[131] Bestreitet der Auftraggeber die Richtigkeit des Vortrags, hat er im einzelnen darzulegen und zu beweisen, dass höhere Ersparnisse oder eine höhere Vergütung durch anderweitige Verwendung der Arbeitskraft erzielt worden ist, als der Auftragnehmer vorträgt. Das hat zur Folge, dass der Auftraggeber im Falle einer streitigen Auseinandersetzung über die Ersparnis oder den anderweitigen Erwerb für deren Art und Umfang die volle Beweislast trägt. Hierfür reicht es nicht aus, dass der Auftraggeber unsubstantiiert Ersparnisse oder anderweitigen Erwerb behauptet und hierfür dann Sachverständigenbeweis antritt[132]. Hat der Auftraggeber allerdings substantiiert den Vortrag des Auftragnehmers bestritten, so muss dieser seinen Vortrag näher substantiieren, um verbleibende Unklarheiten zu beseitigen.[133] Folglich ist die Rechnung eines Auftragnehmers prüffähig, eine Klage also nicht mangels Schlüssigkeit abzuweisen, wenn der Auftragnehmer bestimmte kalkulatorische Aufwendungen als erspart vorträgt und in Abzug bringt und zugleich behauptet, weitere Aufwendungen seien nicht erspart.[134] 56

Bedenklich ist die neuere Rechtsprechungsentwicklung, die in diesem Zusammenhang den Prüfungsmaßstab in dem Sinne subjektiviert, dass darauf abgestellt wird, ob der Auftraggeber den durch die Prüffähigkeit zu seinen Gunsten geschaffenen Schutz überhaupt in Anspruch nimmt. So soll es ohne Einfluss auf die Prüfbarkeit der Schlussrechnung sein, wenn (notwendige) Aufmaße nicht vorgelegt werden, die Mengen aber vom Auftraggeber auch nicht bestritten werden oder aber es an der Offenlegung der Kalkulation fehlt, wenn die Abrechnung nicht erbrachter Leistungen vom Auftraggeber unbestritten bleibt.[135] 57

Richtiger dürfte es sein, die Prüffähigkeit einer Rechnung nach objektiven Maßstäben zu beurteilen, so dass der Auftragnehmer dann, wenn er überhaupt ersparte Aufwendungen einräumt, diese auch substantiiert unter Vorlage der relevanten Kalkulationsunterlagen darzulegen hat.[136] Gleiches gilt im Ergebnis für die Darlegungslast in Bezug auf den anderweitigen Erwerb. Hier 58

---

[129] BGH BauR 1998, 185; BGH BauR 1997, 304; BGH BauR 1996, 382.

[130] BGH BauR 1996, 382; OLG Naumburg, OLGR 1995, 8; *Soergel/Siebert* BGB § 649, Rdn. 14; *Werner/Pastor*, Rdn. 1295; anderer Ansicht OLG Düsseldorf NJW-RR 1998, 670.

[131] *Kniffka/Koeble*, Kompendium des Baurechts, 9. Teil Rdn. 31.

[132] OLG Frankfurt NJW-RR 1987, 979.

[133] BGHZ 140, 263; *Kniffka* Jahrbuch BauR 2000, 11.

[134] *Kniffka* Jahrbuch BauR 2000, S. 11; ebenso *Staudinger/Peters* BGB § 649, Rdn. 23; kritisch: *Quack* Festschrift *von Craushaar*, 311.

[135] BGH BauR 1999, 635; *Kniffka* Jahrbuch BauR 2000, 12.

[136] *Kapellmann/Schiffers* Band 2, Rdn. 1391.

hat der Bundesgerichtshof[137] entschieden, dass der Auftragnehmer schlüssig darzulegen hat, welchen anderweitigen Erwerb er sich anrechnen lässt. Hierzu muss es allerdings ausreichen, wenn er vorträgt, überhaupt keinen neuen Auftrag für den relevanten Zeitraum hereingenommen zu haben oder aber wenn neue Aufträge hereingenommen wurden, dass und ob diese vom Auftragnehmer neben dem gekündigten Auftrag ausgeführt hätten werden können oder nicht. Bestreitet dies der Auftraggeber, muss der Auftragnehmer weiter konkretisieren, wann welche Aufträge im fraglichen Zeitraum von ihm hereingenommen worden sind und dies beweisen.[138]

7. Fälligkeit der Vergütung – Beginn der Verjährungsfrist

59 Der Bundesgerichtshof hat mittlerweile klargestellt, dass nach Vertragskündigung eine Schlussrechnung Fälligkeitsvoraussetzung ist und dass eine Schlussrechnung, die die Anforderungen an die Prüffähigkeit nicht erfüllt, keine Fälligkeit der Vergütung nach sich zieht.[139] Wird die Klage auf eine nicht prüffähige Abrechnung nach einer Kündigung gestützt, muss sie als zur Zeit und nicht als endgültig unbegründet abgewiesen werden, so dass der Auftragnehmer die Fälligkeit noch nachträglich herbeiführen und erneut klagen kann.[140] Dies ist zwischenzeitlich allgemeine Meinung bei VOB-Verträgen.[141] Ob dies ebenso bei BGB-Verträgen gilt, erscheint fraglich, da der Wortlaut des § 641 BGB keine Rechnung als Fälligkeitsvoraussetzung fordert. Die Abnahme der erbrachten Teilleistungen ist nach Kündigung des Vertragsverhältnisses nicht mehr Fälligkeitsvoraussetzung.

60 Einen Anspruch aus **Abschlagszahlungen** kann der Auftragnehmer nach Vertragskündigung nicht mehr geltend machen, weil er nach § 8 Nr. 6 VOB/B gehalten ist, seine Leistungen schlussabzurechnen, es sei denn, es handelt sich bei den Abschlagszahlungen um ein unbestrittenes Guthaben im Sinne des § 16 Nr. 3 Abs. 1 Satz 3 VOB/B.[142] Begründet wird diese Auffassung auch damit, dass die Regelungen über Abschlagszahlungen lediglich dazu dienen sollen, den vorleistungspflichtigen Auftragnehmer zu entlasten und die gerade bei Bauleistungen mit der Vorfinanzierung verbundenen wirtschaftlichen Nachteile auszugleichen. Ist der Vertrag durch eine Kündigung des Auftraggebers beendet worden, braucht der Auftragnehmer, von Mängelbeseitigungsarbeiten abgesehen, weitere Leistungen nicht mehr zu erbringen. Seine Vorleistungspflicht entfällt, so dass nach herrschender Meinung kein Grund mehr besteht, den von weiterer Leistungsverpflichtung frei gewordenen Auftragnehmer durch Zubilligung eines Anspruches auf Abschlagszahlung besonders zu schützen. Vielmehr hat der Auftragnehmer nunmehr die Möglichkeit, die Schlussrechnung zu stellen und seinen Zahlungsanspruch im Rahmen des Schlussabrechnungsverfahrens weiter zu verfolgen. Neben der vorerwähnten Ausnahme eines unbestrittenen Guthabens wird eine Ausnahme für anerkannte Abschlagszahlungen gemacht.[143]

61 Relevant ist die Frage der Fälligkeit auch und gerade für den Beginn der Verjährung der Vergütungsansprüche. Hier gelten die gleichen Grundsätze wie für die Verjährung beim nicht gekündigten Vertragsverhältnis. Dass heißt, die Verjährung beginnt bei VOB-Verträgen erst zu laufen, wenn der Auftragnehmer eine prüffähige Abrechnung seines Vergütungsanspruches vorgelegt hat oder aber der Auftraggeber nach § 14 Nr. 4 VOB/B eine prüfbare Abrechnung selber erstellt. Die Vergütung für die erbrachten wie für die nicht erbrachten Leistungen verjährt einheitlich.

---

137 BGH BauR 1997, 643.

138 Anderer Ansicht OLG Frankfurt BauR 1988, 599; *Staudinger/Peters* BGB § 649, Rdn. 22; kritisch: *Quack* Festschrift für *von Craushaar*, 312.

139 BGH BauR 2000, 1191; BGH BauR 1999, 635; BGH BauR 1987, 95.

140 BGH BauR 2000, 1191.

141 *Kapellmann/Schiffers* Band 2, Rdn. 1398, m.w.N.

142 BGH BauR 1987, 453; BGH BauR 1985, 456; OLG Naumburg, IBR 2003, 466; OLG Nürnberg NZBau 2000, 509; OLG Hamm, IBR 1996, 505; OLG Karlsruhe, IBR 1996, 405; OLG Düsseldorf ZIP 1996, 1749 wonach eine bereits vor Konkurseröffnung fällig gewordene Abschlagszahlung auch nach der Kündigung des Vertrages als unbestrittenes Guthaben im Sinne des § 16 Nr. 3 Abs. 1 Satz 3 VOB/B isoliert als Abschlagszahlung geltend gemacht werden kann; dem insoweit folgend der BGH in der Revisionsinstanz BauR 1998, 140; anderer Ansicht OLG Nürnberg, NZBau 2000, 505.

143 OLG Köln, NJW-RR 1992, 1438.

8. Bürgschaft gemäß § 648 a BGB nach Kündigung?

Die Frage, ob dem gekündigten Auftragnehmer das Recht zusteht, Sicherheit nach § 648 a BGB zu fordern, bevor er die Seitens des Auftraggebers gerügten Mängel beseitigt, ist mit der Entscheidung des Bundesgerichtshofes vom 22.1.2004 beantwortet worden.[144] Danach legt der Bundesgerichtshof § 648 a BGB extensiv dahingehend aus, dass diese Vorschrift dem gekündigten Auftragnehmer auch nach dessen Kündigung das Recht gibt, eine Sicherheit zu verlangen, wenn der Besteller der Werkleistung noch Erfüllung des Vertrages, respektive Mängelbeseitigung fordert. Der Auftragnehmer ist berechtigt, die Mängelbeseitigung zu verweigern, wenn der Besteller auf ein berechtigtes Sicherungsverlangen nach einer Kündigung die Sicherheit nicht leistet. Dem Bestellter der Werkleistung steht auch nach der Kündigung noch der Anspruch auf mängelfreie Erfüllung des Vertrages zu, soweit es um die bis zur Kündigung erbrachten Leistungen geht. Verlangt der Unternehmer vor der Mängelbeseitigung Sicherheit oder beharrt er auf einem vor der Kündigung bereits erklärten Sicherungsverlangen nach § 648 a BGB, entsteht der gleiche Schwebezustand wie einem Sicherungsverlangen ohne eine Kündigung. Er ist in gleicher Weise aufzulösen, wobei jedoch eine erneute Kündigung bzw. Vertragsaufhebung gemäß § 643 BGB nicht mehr in Betracht kommt. Der Bundesgerichtshof billigt dem Auftragnehmer in sinngemäßer Anwendung des § 648 a Absatz 5 BGB i.V.m. § 643 Satz 1 BGB das Recht zu, sich von seiner Mängelbeseitigungspflicht nach der Kündigung dadurch zu befreien, dass er dem Besteller der Werkleistung eine Nachfrist zur Sicherheitsleistung setzt, verbunden mit der Ankündigung, die Vertragserfüllung (Mängelbeseitigung) danach zu verweigern. Mit fruchtlosem Fristablauf ist der Auftragnehmer dann von seiner Pflicht, den Vertrag zu erfüllen, befreit. Der Auftragnehmer hat es auf diese Weise selber in der Hand, die endgültige Abrechnung herbeizuführen, auch soweit die Leistung mangelhaft ist. In weiterer sinngemäßer Anwendung des § 645 Absatz 1 Satz 1 BGB und des § 648 a Absatz 5 Satz 2 BGB steht dem Auftragnehmer nach fruchtlosem Fristablauf nicht die volle vertraglich vereinbarte Vergütung zu. Vielmehr hat er lediglich Anspruch auf Vergütung, soweit die Leistung erfüllt, das heißt mängelfrei erbracht ist, und Anspruch auf Ersatz des Vertrauensschadens nach Maßgabe des § 648 a Absatz 5 Satz 2 BGB. Das bedeutet im Ergebnis, dass der Vergütungsanspruch des Auftragnehmers um den in der Folge eines Mangels entstandenen Minderwert zu kürzen ist. Soweit die Mängelbeseitigung möglich ist und nicht wegen unverhältnismäßig hoher Kosten verweigert werden kann, ist die Vergütung in diesem Falle regelmäßig um die Kosten zu kürzen die notwendig sind, um den Mangel beseitigen zu lassen, sonst um den Minderwert des Bauwerkes. Will der Auftragnehmer diese Minderung nicht, sondern die volle Vergütung, muss er es hinnehmen, dass der Besteller das gesetzliche Leistungsverweigerungsrecht geltend macht, welches im Übrigen noch mit dem gesetzlich geregelten Druckzuschlag versehen werden kann. 62

Dritter Abschnitt. Die Kündigung aus wichtigem Grunde – § 8 Nr. 2 bis Nr. 4 VOB/B

A. § 8 Nr. 2 VOB/B – Die Kündigung wegen Zahlungseinstellung oder Insolvenz

I. § 8 Nr. 2 Abs. 1 VOB/B – Die Kündigungsgründe

1. Nichtigkeit wegen Verstoßes gegen § 119 InsO?

Ohne gesetzliches Pendant ist die sich aus § 8 Nr. 2 VOB/B ergebende außerordentliche Kündigungsmöglichkeit für den Auftraggeber, wenn der Auftragnehmer seine Zahlungen einstellt oder das Insolvenzverfahren bzw. ein vergleichbares gesetzliches Verfahren beantragt oder ein solches 63

[144] BGH NZBau 2004, 264 ff.

Verfahren eröffnet oder dessen Eröffnung mangels Masse abgelehnt wird. Die Besonderheit dieser Kündigungsmöglichkeit gegenüber dem freien Kündigungsrecht besteht in ihrer **Rechtsfolge**. Anders als bei § 8 Nr. 1 Abs. 2 VOB/B, die identisch mit der gesetzlichen Regelung in § 649 Satz 2 BGB ist, kann der Auftragnehmer hier nach Kündigung keine Vergütung für die noch nicht erbrachten Leistungen verlangen. Diesem reduzierten Vergütungsanspruch des Auftragnehmers steht gemäß § 8 Nr. 2 Abs. 2 Satz 2 VOB/B darüber hinaus ein Schadensersatzanspruch des Auftraggebers wegen Nichterfüllung des Restes gegenüber.

Wegen der gänzlich anderen Rechtsfolgen im Vergleich zu der freien Kündigung verwundert es nicht, dass die Rechtswirksamkeit dieser Regelung bereits unter Geltung der Konkursordnung wegen möglichen Verstoßes gegen das Wahlrecht des Konkursverwalters nach § 17 KO heftig diskutiert wurde.[145] Der Bundesgerichtshof ging stets von der Wirksamkeit der Regelung des § 8 Nr. 2 VOB/B aus.[146] Als entscheidendes Argument wurde insoweit angeführt, dass der Auftraggeber ohnehin jederzeit gemäß § 649 BGB bzw. § 8 Nr. 1 VOB/B den Vertrag kündigen könne.

Mit dem Inkrafttreten der Insolvenzordnung am 1.1.1999 ist die alte Diskussion erneut entbrannt. Diesmal entzündet sie sich an § 119 InsO, der bestimmt, dass Vereinbarungen, durch die im Voraus die Anwendung der §§ 103 bis 118 InsO ausgeschlossen oder beschränkt werden unwirksam sind. Problematisch ist wiederum das nun in § 103 InsO geregelte Erfüllungswahlrecht des Insolvenzverwalters, das der Sicherung des Haftungswertes des Vertrages zum Zwecke der Masseanreicherung dient.[147] Obgleich § 119 InsO alle Vereinbarungen, welche die Anwendbarkeit der §§ 103 ff. InsO ausschließen oder beschränken, für unwirksam erklärt und das Erfüllungswahlrecht des Verwalters wohl kaum stärker in seiner Anwendung beschränkt werden kann als durch das Erlöschen des Anspruchs, dessen Erfüllung gewollt werden könnte, geht die überwiegende Meinung auch weiterhin davon aus, dass § 8 Nr. 2 VOB/B nicht gegen § 119 InsO verstößt und damit uneingeschränkt wirksam ist.[148] Das Problem stellt sich überhaupt nur für den Fall, dass das Insolvenzverfahren eröffnet wird, weil nur für diesen Fall eine Kollision mit dem Erfüllungswahlrecht des Insolvenzverwalters in Betracht kommt.

64 Für den Zeitraum vor Antragstellung findet keine Beschlagwirkung statt, so dass die Masse gegen Vermögensminderungen durch den Zugriff einzelner Gläubiger grundsätzlich nicht geschützt ist.[149] Auch angesichts der strikten Antragsbindung des Insolvenzverfahrens können die Normen der Insolvenzordnung und damit auch § 119 InsO nicht vor der Antragstellung zur Anwendung kommen. Vor der Antragstellung ist eine insolvenzabhängige Vertragsauflösung daher grundsätzlich zulässig, so dass auch gegen § 8 Nr. 2 VOB/B insoweit keine Bedenken erhoben werden können, wenn vor Antragstellung der Auftraggeber aus Gründen materieller Insolvenz kündigt. Der erste in § 8 Nr. 2 Abs. 1 VOB/B angeführte außerordentliche Kündigungsgrund der Zahlungseinstellung ist deshalb bis zur Antragstellung insolvenzrechtlich nicht zu beanstanden.

Gleiches gilt in Bezug auf den letzten in § 8 Nr. 2 Abs. 1 VOB/B erwähnten außerordentlichen Kündigungsgrund „der Ablehnung der Verfahrenseröffnung mangels Masse." Nach Ablehnung der Verfahrenseröffnung oder nach Verfahrenseinstellung kommt die Insolvenzordnung nicht mehr zur Anwendung, so dass ein Schutz des Erfüllungswahlrechts des Insolvenzverwalters nicht mehr erforderlich ist.[150] Da die Verbotswirkung des § 119 InsO damit auf das Eröffnungs- und das eröffnete Insolvenzverfahren beschränkt ist, stellt sich die Nichtigkeitsfrage lediglich noch wegen der Kündigungsgründe „Beantragung und Eröffnung des Insolvenzverfahrens."

---

[145] Für seine Unwirksamkeit das LG Aachen BauR 1979, 150; dagegen: *Heidland* BauR 1981, 21.

[146] BGHZ 96, 34; BGH BauR 1977, 284.

[147] Vgl. *Schwörer*, Rdn. 195.

[148] *Timmermans* BauR 2001, 321; *Heidland* BauR 1998, 643; *Ingenstau/Korbion/Vygen* VOB/B § 8 Nr. 2, Rdn. 10 f.; *Franke/Kemper/Zanner/Grünhagen* VOB/B § 8, Rdn. 43; **anderer Ansicht**: *Schwörer*, Rdn. 515; Heidelberger Kommentar zur Insolvenzordnung/*Marotzke* InsO § 119, Rdn. 5; *Kübler/Prütting/Tintelnot* InsO § 119, Rdn. 10; zu unserer Auffassung siehe Rdn. 63 am Ende, 68 ff.

[149] *Schwörer*, Rdn. 439.

[150] *Schwörer*, Rdn. 441, 447, 451.

Timmermans[151] weist mit Hinweis auf die Entstehungsgeschichte der Insolvenzordnung zu Recht darauf hin, dass der Gesetzesgeber durch die Fassung des § 119 InsO die Frage nicht abschließend regeln wollte, ob die Rechtsfolgen einer Kündigung des Auftraggebers im Insolvenzfall abweichend von der Gesetzeslage wirksam geregelt werden könne. Die Entscheidung hierüber ist bewusst der Rechtsprechung überlassen worden. Deshalb kann auch aus der Tatsache, dass der Rechtsausschuss des Bundestages in seiner Beschlussempfehlung an das Plenum 1994 die Streichung des § 137 Abs. 2 RegE sowie des damit zusammenhängenden Abs. 3 vorgeschlagen hat, der der Bundestag schließlich gefolgt ist und aus dem der heutige § 119 InsO wurde, nicht im Umkehrschluss gefolgert werden, es gäbe eine ausdrückliche Entscheidung des Gesetzgebers für die Zulässigkeit insolvenzabhängiger Lösungsklauseln in gegenseitigen Verträgen.[152] Mit Hinblick auf die höchstrichterliche Rechtsprechung zu § 17 KO[153] sah der Rechtsausschuss den maßgeblichen Regelungsgehalt nicht in einem insolvenzbedingten Lösungsrecht, da Werkverträge ohnehin gemäß § 649 BGB frei kündbar sind, sondern in der Rechtsfolgenregelung einer Kündigung aus Anlass des Insolvenzfalles.[154] Die Frage, ob die Rechtsfolgenregelung in § 8 Nr. 2 Abs. 2 VOB/B wirksam ist oder gegen Sinn und Zweck des § 119 InsO verstößt, sollte durch das Gesetz nicht präjudiziert werden. Mit Hinblick auf die Rechtsfolgenregelung, durch die es infolge der Kündigung gemäß § 8 Nr. 2 VOB/B zu einer Masseschmälerung sowie einer Störung der Gleichbehandlung der Insolvenzgläubiger kommen kann, sind jedoch **ernsthafte Bedenken gegen die Wirksamkeit** von § 8 Nr. 2 VOB/B anzumelden.[155] Da die Bedenken aus der besonderen Abwicklungsvereinbarung des § 8 Nr. 2 Abs. 2 VOB/B resultieren, führen wir die Diskussion zur Wirksamkeit des in § 8 Nr. 2 VOB/B geregelten insolvenzabhängigen Sonderkündigungsrechts auch dort zu Ende.[156] 65

Als Zwischenergebnis kann an dieser Stelle festgehalten werden, dass sich die Frage der Unwirksamkeit von § 8 Nr. 1 VOB/B wegen Verstoßes gegen § 119 InsO nur für die Kündigungsgründe der Beantragung oder Eröffnung des Insolvenzverfahrens stellt, wobei Ansatzpunkt für die Unwirksamkeit nicht das insolvenzabhängige Kündigungsrecht sein kann, weil Werkverträge ohnehin gemäß § 649 Satz 1 BGB frei kündbar sind, sondern die Unwirksamkeit allein aus der insolvenzabhängigen Abwicklungsregelung hergeleitet werden kann. Letztere hängt aber wieder untrennbar mit dem auf Insolvenz sich gründenden Kündigungsrecht zusammen. Denn es wird nicht möglich sein, eine als außerordentliche Kündigung gemäß § 8 Nr. 2 VOB/B gerade wegen der günstigen Rechtsfolgen gewollte Kündigung in eine freie Kündigung nach § 8 Nr. 1 VOB/B/649 Satz 1 BGB umzudeuten. Kommt man zu dem Ergebnis, dass § 8 Nr. 2 Abs. 2 VOB/B den Schutzzweck von § 119 InsO verletzt und deshalb nichtig ist, so muss dies auch zur Unwirksamkeit der Kündigung schlechthin führen, wenn nach dem erkennbaren Willen des Kündigungserklärenden eine Umdeutung in eine freie Kündigung ausscheidet, so dass in diesen Fällen das Vertragsverhältnis ungekündigt fortbestehen würde und dem Insolvenzverwalter weiterhin sein Wahlrecht gemäß § 103 InsO zustände.[157]

2. Zahlungseinstellung

Die Einstellung der Zahlungen durch den Auftragnehmer stellt einen besonderen wichtigen Kündigungsgrund gemäß § 8 Nr. 2 Abs. 1 VOB/B dar. Aus § 17 Abs. 2 Satz 2 InsO ist die gesetzliche Vermutung zu entnehmen, dass Zahlungsunfähigkeit in der Regel anzunehmen ist, wenn 66

[151] BauR 2001, 321.

[152] So aber *Smid* Insolvenzordnung § 119, Rdn. 4; ebenso Bosch WM 1995, 365.

[153] BGHZ 96, 34.

[154] Siehe Begründung des Rechtsausschusses BT-Drucks. 12/2443, 152.

[155] *Schwörer*, Rdn. 507; Heidelberger Kommentar – *Marotzke* Insolvenzordnung § 119, Rdn. 5, der von einer groben Unbilligkeit und Insolvenzwidrigkeit ausgeht.

[156] Siehe Rdn. 70 ff.

[157] Dies wird von *Schwörer*, Rdn. 506 übersehen, wenn er zu dem Ergebnis kommt, dass das in VOB/B § 8 Nr. 2 Abs. 1 enthaltende insolvenzabhängige Kündigungsrecht ohne Rücksicht auf die Kündigungsfolgenregelung wirksam sein könne.

der Schuldner seine Zahlungen eingestellt hat. Die dort entwickelten Grundsätze dazu, wann von einer Zahlungseinstellung des Schuldners gesprochen werden kann, sind deshalb auch für die Auslegung von § 8 Nr. 2 VOB/B heranzuziehen.[158] Von Zahlungseinstellung als gesetzliche Regelvermutung der Zahlungsunfähigkeit ist danach dann auszugehen, wenn der Schuldner in einer offiziell erklärten und allen Gläubigern zugänglich gemachten Erklärung sein endgültiges Unvermögen, Zahlungen zu leisten, bekannt gibt.[159] Eine Zahlungseinstellung liegt auch dann vor, wenn es dem Schuldner objektiv unmöglich ist, Zahlungen auf fällige Forderungen zu leisten, was durch erfolglose Bemühungen des Gläubigers, vom Schuldner Zahlungen zu erhalten, manifestiert wird. Nicht erforderlich ist, dass der Schuldner auf Dauer zahlungsunfähig bleibt. Vielmehr reicht aus, dass er nicht in der Lage ist, die fälligen Ansprüche zum maßgeblichen Zeitpunkt der Kündigungserklärung bedienen zu können und sich dies nach außen manifestiert hat.[160] Allerdings reicht eine nur vorübergehende Zahlungsstockung nicht aus,[161] da der Gesetzgeber davon ausgegangen ist, dass „ganz geringfügige Liquiditätslücken außer Betracht bleiben müssen".[162] Da der Kündigungserklärende die Beweislast für das Vorliegen des Kündigungsgrundes trägt, ergeben sich zwangsläufig Darlegungs- und Beweisschwierigkeiten.

67 Die Zahlungsunfähigkeit nach § 17 Abs. 2 Satz 2 InsO kann durch Wiederaufnahme der Zahlungen für alle fälligen Verbindlichkeiten widerlegt werden.[163] Allerdings kann dies keine rückwirkende Kraft haben, wenn die Zahlungen nach Kündigungserklärung wieder aufgenommen werden und zum Zeitpunkt der Kündigungserklärung eine Zahlungseinstellung vorlag.[164] Umgekehrt kann eine Kündigung nicht auf den Kündigungsgrund der Zahlungseinstellung gestützt werden, wenn der Auftragnehmer seine Zahlungen zum Zeitpunkt des Zugangs der Kündigungserklärung wieder aufgenommen hatte.

3. Beantragung des Insolvenzverfahrens

68 Bislang galt: Orientiert man sich am strengen grammatikalischen Wortsinn des VOB-Textes, so ist lediglich die Beantragung des Insolvenzverfahrens durch den Auftragnehmer erfasst, da der Text im Aktiv und nicht im Passiv (beantragt *wird*) formuliert worden ist. Lediglich für die Eröffnung des Verfahrens oder dessen Ablehnung mangels Masse wurde das Passiv verwendet.

Es wäre auch inhaltlich bedenklich, wenn der Antrag des Gläubigers auf Eröffnung des Insolvenzverfahrens über das Vermögen des Schuldners ausreichen würde, um hierauf eine Kündigung anschließend stützen zu können. Rechtsmißbräuchlichen Insolvenzanträgen von Gläubigern ohne Vorliegen der tatsächlichen Voraussetzungen für eine Insolvenzeröffnung könnte auf diese Weise Tür und Tor geöffnet werden, nur um aus einem ungünstigen Vertrag herauszukommen. Vor diesem Hintergrund ist es verständlich und allein richtig, lediglich die Beantragung des Insolvenzverfahrens durch den Auftragnehmer als außerordentlichen Kündigungsgrund gemäß § 8 Nr. 2 Abs. 1 VOB/B zuzulassen. Dazu bedarf es allerdings keiner einschränkenden Auslegung des VOB-Textes.[165] Es reicht aus, dass man den VOB-Text nicht extensiv über seinen ausdrücklichen Wortlaut hinaus auslegt. Man wird sich allerdings fragen müssen, welchen Sinn der Kündigungsgrund der Insolvenzbeantragung bei Erfassung lediglich des Antrages des Schuldners haben soll, wo doch bereits die Zahlungseinstellung als eigenständiger Kündigungsgrund ausreicht, die objektiv wohl kaum eindeutiger belegt werden kann, als durch die Beantragung der Eröffnung des Insolvenzverfahrens seitens des Schuldners selber. Tatsächlich kommt diesem Kündigungsgrund aber sehr wohl eine eigenständige rechtliche Bedeutung zu, weil Eröffnungsgrund für das

[158] *Nicklisch/Weick* VOB/B § 8, Rdn. 13.
[159] Münchener Kommentar zur Insolvenzordnung/*Eilenberger* InsO § 17, Rdn. 27.
[160] BGH ZIP 2000, 1016.
[161] *Nicklisch/Weick* VOB/B § 8, Rdn. 13, kritisch hierzu: Münchener Kommentar zur Insolvenzordnung/*Eilenberger* InsO § 17, Rdn. 22.
[162] Begr. zu § 20 und § 21 RegE.
[163] Münchener Kommentar zur Insolvenzordnung/*Eilenberger* InsO § 17, Rdn. 28.
[164] BGH ZIP 2000, 1016.
[165] So aber *Franke/Kemper/Zanner/Grünhagen* VOB/B § 8, Rdn. 45.

Insolvenzverfahren bei Beantragung seitens des Schuldners nicht nur die bereits eingetretene Zahlungsunfähigkeit, sondern auch schon die **drohende** Zahlungsunfähigkeit (§ 18 InsO) ist. Der kündigungsbereite, das Insolvenzverfahren über das Vermögen des Auftragnehmers beantragende Auftraggeber war bislang, wenn der Auftragnehmer seine Zahlungen noch nicht eingestellt hat darauf angewiesen, zunächst zuzuwarten, ob das von ihm beantragte Insolvenzverfahren eröffnet oder mangels Masse die Eröffnung abgelehnt wird. Wurde das Insolvenzverfahren auf seinen Antrag hin eröffnet, dann konnte der Auftraggeber nach dem Wortlaut des VOB-Textes aus wichtigem Grunde kündigen, es sei denn, die Kündigungsregelung in § 8 Nr. 2 VOB/B ist gerade für diesen Fall wegen Verstoßes gegen § 119 InsO als nichtig anzusehen.[166] Wurde die Eröffnung des vom Auftraggeber beantragten Insolvenzverfahrens mangels Masse abgelehnt, so steht ihm unzweifelhaft das Kündigungsrecht aus § 8 Nr. 2 Abs. 1 VOB/B mit der in § 8 Nr. 2 Abs. 2 VOB/B geregelten ihm günstigen Rechtsfolge zu, da für diesen Fall § 119 InsO keine Anwendung mehr findet.[167]

Nunmehr gilt: 69

Der mit der VOB/B 2000 in die VOB/B aufgenommene Kündigungsgrund der Beantragung des Insolvenzverfahrens erfasste, wie oben ausgeführt, nur den Antrag des Auftragnehmers als Schuldner i.S.d. § 13 InsO. Der Antrag auf Eröffnung des Insolvenzverfahrens durch einen oder mehrere Gläubiger wurde von § 8 Nr. 2 Abs. 1 VOB/B in der Altfassung nicht erfasst. Dies ist durch die nunmehr geltende Neufassung geändert worden. Zur Begründung führt der Deutsche Vergabe- und Vertragsausschuss für Bauleistungen in seinem Beschluss vom 27.6.2006 aus, die Interessenlage bei der Beantragung des Insolvenzverfahrens durch den Auftragnehmer einerseits und die Beantragung der Eröffnung des Insolvenzverfahrens durch ein oder mehrere Gläubiger andererseits sei im Hinblick auf die Kontinuität der Ausführung der Leistung auf Seiten des Auftraggebers identisch, weshalb man eine entsprechenden Erweiterung des Kündigungsrechtes im Sinne der jetzigen Fassung vorgenommen habe. Den oben dargestellten Missbrauchsbefürchtungen wird hierdurch jedoch weiterhin nicht Rechnung getragen.

4. Eröffnung des Insolvenzverfahrens oder dessen Ablehnung mangels Masse

Der Kündigungsgrund der Eröffnung des Insolvenzverfahrens oder dessen Ablehnung mangels 70
Masse bedarf grundsätzlich keiner näheren Erläuterung. Ist das Insolvenzverfahren eröffnet worden, wobei gleichgültig ist, ob der Auftraggeber oder der Auftragnehmer die Insolvenzeröffnung beantragt hat, so kann der Auftraggeber nach dem eindeutigen Wortlaut des VOB-Textes die Kündigung des Vertrages aussprechen. Eine Kündigung ist zur Beendigung des Vertragsverhältnisses in diesem Falle notwendig, weil die Insolvenz selber nicht zu einer Aufhebung des Bauvertrages bzw. zur Erlöschung der gegenseitigen Ansprüche führt. Vielmehr bleibt der Bauvertrag in gemäß § 38 InsO im Verhältnis zur Masse umgewandelter Form[168] bestehen, allerdings mit der Maßgabe, dass dem Insolvenzverwalter aus § 103 InsO ein Wahlrecht des Inhalts zusteht, dass und ob er an der Erfüllung des Vertrages festhalten will oder nicht. Entgegen dem früheren § 17 KO ist ihm dieses Recht auch noch dadurch „versüßt" worden, dass er nunmehr bei Verträgen über teilbare Leistungen[169] sich auch dahingehend entscheiden kann, nur für die Zukunft Erfüllung zu wählen, ohne dadurch auch für die in der Vergangenheit vom Vertragspartner erbrachten Leistungen zur Erfüllung verpflichtet zu sein.

Mit diesem Wahlrecht kollidiert die in § 8 Nr. 2 VOB/B geregelte Lösungsmöglichkeit vom Vertrage für den Fall der Eröffnung des Insolvenzverfahrens. Dabei geht es um die bereits oben

---

[166] Siehe hierzu näher unter Rdn. 70.

[167] Siehe hierzu oben unter Rdn. 65.

[168] BGHZ 106, 236; BGH WM 1989, 229; jüngst hierzu BGH NZBau 2002, 439, 441: Die Eröffnung des Insolvenzverfahrens bewirkt kein Erlöschen der Erfüllungsansprüche aus gegenseitigen Verträgen.

[169] Zur Teilbarkeit von Bauleistungen siehe BGH NZBau 2002, 439, 441: Mit Eröffnung des Insolvenzverfahrens verlieren noch offene Ansprüche aus gegenseitigen Verträgen ihre Durchsetzbarkeit, soweit sie nicht auf die anteilige Gegenleistung für vor Verfahrenseröffnung erbrachte Leistungen gerichtet sind.

grundsätzlich erörterte Frage, ob durch die in der VOB/B geregelte Lösungsmöglichkeit das durch § 119 InsO geschützte Verwalterwahlrecht verletzt wird mit der Konsequenz der Nichtigkeit des § 8 Nr. 2 VOB/B. Nach unserer oben[170] bereits dargestellten Auffassung führt der Eintritt der Insolvenz zwar nicht zu einer Lösungsbeschränkung bei Werkverträgen, weil diese für den Auftraggeber gemäß §§ 649 BGB, 8 Nr. 1 VOB/ohnehin frei kündbar sind. Die Diskussion geht aber an der Sache vorbei, wenn sie auf der Ebene der Kündigungsgründe anstatt auf der Stufe der Kündigungsfolgenregelung geführt wird. Entscheidend und sogleich zu besprechen ist deshalb die Frage, ob die Rechtsfolgenregelung in § 8 Nr. 2 Abs. 2 VOB/B das durch §§ 103, 119 InsO gesicherte Erfüllungswahlrecht des Insolvenzverwalters unzulässig beschränkt und deshalb gemäß § 119 InsO unwirksam ist.

II. § 8 Nr. 2 Abs. 2 VOB/B – Die Kündigungsfolgen

1. Nichtigkeit des § 8 Nr. 2 Abs. 2 VOB/B wegen Beschränkung des durch §§ 103, 119 InsO gesicherten Erfüllungswahlrechts des Insolvenzverwalters

71 **a) Die Rechtsproblematik.** Wir haben bereits erläutert, dass die Kündigung des Vertrages aus Gründen der Insolvenz nicht das durch § 119 InsO geschützte Verwalterwahlrecht tangieren kann, weil es angesichts der kraft Gesetzes dem Auftraggeber zustehenden freien Kündigungsmöglichkeit an einer Insolvenzabhängigkeit fehlt. Damit ist allerdings noch nichts darüber ausgesagt, ob dies auch für insolvenzabhängige von der gesetzlichen Regelung des § 649 Satz 2 BGB abweichende Vergütungs- und Schadensersatzansprüche gilt. Ausgehend von dem gesetzlichen Leitbild des § 649 Satz 2 BGB ist der Auftragnehmer/Insolvenzverwalter selbstverständlich ungleich schlechter gestellt, weil er zum einen lediglich Vergütung für die erbrachten Leistungen beanspruchen kann, so dass ihm insbesondere der kalkulierte Gewinn entgeht und zum anderen er sich mit Schadensersatzansprüchen wegen Nichterfüllung konfrontiert sieht, die den Vergütungsanspruch der Masse beschränken und § 649 Satz 2 BGB in sein Gegenteil umkehren.[171]

72 Eine Reduzierung des dem Auftragnehmer/Insolvenzverwalter gemäß § 649 Satz 2 BGB zustehenden Vergütungsanspruchs und selbstverständlich erst recht ein dem Auftraggeber eingeräumter insolvenzabhängiger Schadensersatzanspruch tangiert den Schutzbereich des § 119 InsO.[172] Zum Schutzzweck des § 103 InsO gehört die Durchsetzung des Erfüllungsanspruches auch in seiner durch § 649 Satz 2 BGB veränderten Gestalt. § 103 InsO dient nicht dem Schutz des Vertragspartners davor, erfüllen zu müssen und hierfür lediglich eine anteilige Befriedigung in Geld zu erhalten. Dieser Schutz ist bereits durch § 320 BGB ausreichend sichergestellt. § 103 InsO ermächtigt den Verwalter, unter Verstoß gegen einen streng verstandenen Grundsatz der Gläubigergleichbehandlung einzelne Gläubiger (denn der Vertragspartner, demgegenüber der Verwalter Erfüllung des Vertrages verlangt, erhält volle Vergütung, währenddessen sich die übrigen Gläubiger auf ihre Quote verweisen lassen müssen) im Interesse aller zu bevorzugen und verfolgt deshalb den Zweck der Massenanreicherung.[173]

Für den vorliegend interessierenden Fall des insolventen Auftragnehmers wird der Verwalter immer dann Interesse an der Erfüllung zeigen, wenn er nach Prüfung der Auftragskalkulation feststellt, dass die tatsächlichen Kosten für die Erbringung der versprochenen Werkleistung weitaus niedriger sind, als die vom Auftraggeber hierfür versprochene Vergütung. Gleiches gilt für den Fall, dass die Werkleistung bereits weitestgehend fertig gestellt worden ist und der Vertragspartner seine Gegenleistung noch nicht erbracht hat. Nicht nur dass der Verwalter in diesem Fall bei Wahl

---

[170] Siehe unter Rdn. 63.

[171] Heidelberger Kommentar zur Insolvenzordnung/*Marotzke* InsO § 119, Rdn. 5.

[172] Heidelberger Kommentar zur Insolvenzordnung/*Marotzke* InsO § 119, Rdn. 5; Schwörer Rdn. 515; anderer Ansicht *Timmermans* BauR 2001, 321, der die Frage nach dem Schutzzweck der §§ 103, 119 InsO nicht stellt.

[173] Herrschende Meinung BGHZ 129, 336; BGHZ 116, 156; BGHZ 106, 236; BGHZ 103, 250; *Kübler/Prütting/Tintelnot* InsO § 103, Rdn. 2; *Schwörer*, Rdn. 195.

der Vertragserfüllung die volle Vergütung erhält, er verhindert in diesem Fall auch den Eintritt weiteren Schadens, etwa durch Verwirkung einer Vertragsstrafe.

Dieses Erfüllungswahlrecht des Verwalters würde ad absurdum geführt und völlig ins Leere laufen, wenn der Auftraggeber mit der Folge kündigen könnte, dass er nur die erbrachten Leistungen zu vergüten hat und ihm darüber hinaus noch ein Schadensersatzanspruch wegen Nichterfüllung zustände, mit dem er gegen die geschuldete Vergütung für die erbrachten Teilleistungen aufrechnen könnte. Denn § 95 Abs. 1 Satz 3 InsO schließt eine solche Aufrechnung nur aus, wenn die Forderung des solventen Vertragspartners später als die massezugehörige Forderung fällig wird. Vergütungs- und Schadensersatzanspruch gemäß § 8 Nr. 2 Abs. 2 VOB/B entstehen jedoch infolge der Kündigung gleichzeitig. Auch nach der Insolvenzordnung ist das Vertrauen auf im Entstehen betroffene Aufrechnungslagen nach wie vor geschützt.[174]

Als weiterer Schutzzweck des § 103 InsO ist schließlich die Betriebsfortführung zu nennen. Im Gesetzgebungsverfahren zur Insolvenzordnung stellte die Ermöglichung der Erhaltung der wirtschaftlichen Einheit des schuldnerischen Unternehmens eines der erklärten Regelungsziele dar.[175] Die Verfasser der Insolvenzordnung gingen davon aus, dass bei Unternehmenserhalt eine Verwertung desselben als funktionsfähige wirtschaftliche Einheit einen höheren Erlös erzielen dürfte und damit im Interesse der Gläubigergemeinschaft liege, als eine Einzelveräußerung der Produktionsmittel. Auch mit diesem Ziel wäre es unvereinbar, wenn der Auftraggeber im Falle der Insolvenz des Auftragnehmers ohne das Erfüllungswahlrecht des Verwalters abzuwarten außerordentlich kündigen könnte und mit seinen Rechtsfolgen aus dieser Kündigung die Masse belasten würde.

Wir kommen deshalb zu dem Ergebnis, dass § 8 Nr. 2 Abs. 1 und 2 VOB/B wegen Verstoßes gegen § 119 InsO **nichtig** ist, **so weit er ein außerordentliches Kündigungsrecht für den Fall der Beantragung oder Eröffnung eines Insolvenzverfahrens vorsieht**.[176]

Letztlich stellt eine insolvenzabhängige Regelung einer Vergütung für lediglich bereits erbrachte Teilleistungen gegenüber dem vollen Vergütungsanspruch abzüglich ersparter Aufwendungen gemäß § 649 Satz 2 BGB eine objektive Gläubigerbenachteiligung dar, die zu einer Anfechtung unter den Voraussetzungen des § 133 Abs. 1 Satz 1 InsO berechtigt.[177] Der Insolvenzverwalter könnte daher einem Schadensersatzanspruch des Auftraggebers die Einrede der anfechtbaren Schuldbegründung entgegenhalten und ein auf den Vertragspartner übergegangenes Recht zur Masse zurückfordern.[178] 73

b) Folgen der Nichtigkeit. Der Bundesgerichtshof hat bereits unter Geltung der Konkursordnung darauf hingewiesen,[179] dass der Auftraggeber aus anderem Grunde, z.B. wegen verzögerter Fertigstellung der Werkleistung kündigen kann, anstatt die Insolvenz als Kündigungsgrund zu bemühen. Die Zahlungsunfähigkeit des Auftragnehmers begründe für sich genommen objektiv zwar die Gefahr, dass die rechtzeitige Fertigstellung möglicherweise verzögert wird. Dieses allgemeine Risiko rechtfertige es jedoch nicht, den Insolvenzgläubigern einseitig schwer wiegende wirtschaftliche Nachteile unabhängig davon aufzuerlegen, ob im Einzelfall überhaupt eine Verzögerung eintritt. Der Bundesgerichtshof wörtlich: „Wirtschaftliche Nachteile drohten der Beklagten hingegen nicht. Sie hätte nur abwarten müssen, ob die Gemeinschuldnerin die Anlage fristgerecht herstellte, um verneinendenfalls den Vertrag aus diesem Grunde zu kündigen, ..."[180] 74

---

[174] BGH IBR 2005, 465 ff.; *Kölner Schrift* zur Insolvenzordnung/*Häsemeyer*, 645; Schwörer, Rdn. 514.

[175] Vgl. Rechtsausschuss zum Regierungsentwurf InsO, BT-Drucks. 12/7302, 170; Schwörer, Rdn. 109.

[176] Ebenso Heidelberger Kommentar zur Insolvenzordnung/*Marotzke* InsO § 119, Rdn. 5; *Kübler/Prütting/Tintelnot* InsO § 119, Rdn. 10, 14; *Schwörer*, Rdn. 516; anderer Ansicht BGHZ 96, 34 zur Konkursordnung; *Smid/Meyer* InsO § 119, Rdn. 4; *Timmermans* BauR 2001, 321; *Franke/Kemper/Zanner/Grünhagen* VOB/B § 8, Rdn. 43; *Ingenstau/Korbion/Vygen* VOB/B § 8 Nr. 2, Rdn. 11 f. für Alt. 2 von Nr. 2; *Heidland* BauR 1998, 653.

[177] *Schwörer*, Rdn. 523; eine Konkursanfechtung gemäß KO § 31 Nr. 1 bereits bejahend: BGHZ 124, 76.

[178] Schwörer, Rdn. 523.

[179] BGHZ 124, 76.

[180] BGHZ 124, 76, 81.

75 Damit zeigt der Bundesgerichtshof bereits den richtigen Lösungsweg auf, nämlich die Kündigung des Vertrages über § 5 Nr. 4, § 8 Nr. 3 VOB/B, falls dessen Voraussetzungen vorliegen. Wir haben bereits oben[181] ausgeführt, dass eine wegen Verstoßes gegen § 119 InsO nicht als Kündigung aus wichtigem Grunde wirkende Entziehung des Auftrages grundsätzlich nicht in eine freie Kündigung nach § 8 Nr. 1 VOB/B umgedeutet werden kann. Dies ist nur dann möglich, wenn der Auftraggeber erkennbar zum Ausdruck gebracht hat, dass er eine Beendigung des Vertrages ungeachtet des Vorliegens wichtiger Kündigungsgründe, also in jedem Falle, wünscht. Davon kann dann, wenn der Auftraggeber den Kündigungsgrund des § 8 Nr. 2 VOB/B bemüht regelmäßig aber gerade nicht ausgegangen werden, weil zu vermuten ist, dass seine Kündigung mit entscheidend dadurch beeinflusst ist, dass ihm § 8 Nr. 2 Abs. 2 VOB/B gegenüber der freien Kündigung weitaus günstigere Rechtsfolgen einräumt.

Scheidet eine Umdeutung in eine freie Kündigung aus, dann besteht das Vertragsverhältnis unvermindert fort und steht es dem Auftraggeber frei, den Verwalter gemäß § 103 Abs. 2 Satz 2 InsO aufzufordern, sein Erfüllungswahlrecht auszuüben. Erklärt sich der Verwalter auf diese Aufforderung nicht unverzüglich, ob er Erfüllung verlangt, so entfällt der Erfüllungsanspruch und kann der Auftraggeber seinerseits Schadensersatz wegen Nichterfüllung verlangen. Zwar sind diese Schadensersatzansprüche ausdrücklich als Insolvenzforderung im Gesetz bezeichnet. Dies hindert allerdings die Aufrechnungsbefugnis nicht, da der Schadensersatzanspruch wegen der Möglichkeit der insolvenzbedingten Beendigung von Verträgen mit der Verfahrenseröffnung aufschieben bedingt entstanden ist.[182]

76 Dem Schutzzweck des § 119 InsO steht eine Vertragsauflösung im Falle des Verzuges indes nicht entgegen, da es bei § 119 InsO allein darum geht zu verhindern, dass die Vertragspartner die Bestimmungen der Insolvenzordnung dadurch außer Kraft setzen, dass sie massebenachteiligende Vereinbarungen gerade im Hinblick auf ein künftiges Insolvenzverfahren treffen. Lösungsrechte, die an den Verzug anknüpfen, haben aber zwingend nicht etwas mit einer Insolvenz des Auftragnehmers zu tun. Mangels Insolvenzbezogenheit sind damit verzugsanknüpfende Lösungsklauseln durch § 119 InsO nicht verboten.[183] Da schließlich die Insolvenzordnung einem Verzugseintritt jedenfalls im Eröffnungsverfahren nicht entgegensteht,[184] steht dem Auftraggeber die Möglichkeit offen, unter den Voraussetzungen von § 5 Nr. 4 VOB/B die Verzugsvoraussetzung zu begründen und mit den Rechtsfolgen des § 8 Nr. 3 VOB/B im Falle des Verzugseintritts und vorausgegangener Kündigungsandrohung die Kündigung aus wichtigem Grunde auszusprechen.

2. § 8 Nr. 2 Abs. 2 Satz 1 VOB/B – Anspruch auf Vergütung für erbrachte Leistungen

77 Wegen des eindeutigen Wortlautes von § 8 Nr. 2 Abs. 2 Satz 2 VOB/B steht dem wegen Insolvenz gekündigten Auftragnehmer respektive dem Insolvenzverwalter lediglich die anteilige Vergütung für die ausgeführten Leistungen zu. Die in § 6 Nr. 5 VOB/B daneben geregelten Ersatzansprüche für Kosten, die dem Auftragnehmer bereits entstanden und in den Vertragspreisen des nicht ausgeführten Teils der Leistung enthalten sind, können gemäß § 8 Nr. 2 Abs. 2 VOB/B nicht verlangt werden.[185] Wegen der Kündigung ist eine Abnahme nicht mehr Fälligkeitsvoraussetzung für den Vergütungsanspruch und ist der Auftragnehmer/Insolvenzverwalter

---

[181] Siehe Rdn. 65.

[182] BGHZ 68, 379; Frankfurter Kommentar zur Insolvenzordnung/*Wegener* InsO § 103, Rdn. 74.

[183] Heidelberger Kommentar zur Insolvenzordnung/*Marotzke* InsO § 119, Rdn. 2; *Schwörer*, Rdn. 485.

[184] Die Regierungsentwurfsbegründung geht ausdrücklich von der Möglichkeit eines Verzugseintritts im Eröffnungsverfahren aus, vgl. Begründung zu RegE § 126 InsO und § 112 InsO BT-Drucks. 12/2443, 148; Heidelberger Kommentar zur Insolvenzordnung/*Marotzke* InsO § 112, Rdn. 9; *Tintelnot* ZIP 1989, 144; *Schwörer*, Rdn. 467 f.; nach Verfahrenseröffnung dürfte das Wahlrecht des Insolvenzverwalters, welches zum Verlust der einseitigen Durchsetzbarkeit des Erfüllungsanspruches führt, dem Verzugseintritt entgegenstehen.

[185] OLG Köln BauR 1996, 257; *Franke/Kemper/Zanner/Grünhagen* VOB/B § 8, Rdn. 48; anderer Ansicht *Ingenstau/Korbion/Vygen* VOB/B § 8 Nr. 2, Rdn. 22 ff.

verpflichtet, Schlussrechnung zu legen, da er nach Kündigung grundsätzlich keinen Anspruch mehr auf Abschlagsrechnungen hat.[186]

3. § 8 Nr. 2 Abs. 2 Satz 2 VOB/B – Schadensersatz wegen Nichterfüllung des Restes

Nach dem Text der VOB/B kann der Auftraggeber Schadensersatz wegen Nichterfüllung der 78
infolge der Kündigung nicht mehr zur Ausführung kommenden Restleistung verlangen. Dabei ist es ihm nach herrschender Meinung gestattet, mit diesem Schadensersatzanspruch gegenüber dem Vergütungsanspruch des Auftragnehmers aus § 8 Nr. 2 Abs. 2 Satz 1 VOB/B die Aufrechnung zu erklären.[187] Inhaltlich erstreckt sich der wegen § 276 Abs. 1 BGB n.F. = § 279 BGB a.F. verschuldensunabhängige[188] Schadensersatzanspruch des Auftraggebers darauf, so gestellt zu werden, als habe der Auftragnehmer die beauftragte Bauleistung wie geschuldet erbracht. Die Mehraufwendungen für die Fertigstellung des Bauwerkes durch Drittunternehmer sowie die Verzögerungsschäden aus entgangenen Mieteinnahmen gehören demgemäß zu den typischen vom Schadensersatzanspruch umfassten Schadensfolgen.[189]

Der Bundesgerichtshof[190] hat in einer neueren Entscheidung klargestellt, dass der Auftraggeber 79
gegenüber dem Werklohnanspruch des Auftragnehmers für erbrachte Leistungen mit dem Schadenersatzanspruch in Höhe der Mehrkosten der Fertigstellung auch im Gesamtvollstreckungsverfahren aufrechnen kann, wenn die Kündigung vor der Eröffnung des Verfahrens erfolgt ist. Zur Begründung wird in dieser Entscheidung auf § 7 Absatz 5 GesO verwiesen, wonach eine Aufrechnung im Gesamtvollstreckungsverfahren möglich ist, wenn die Aufrechnungslage im Zeitpunkt der Eröffnung des Verfahrens bestand. Dabei ist der Anspruch des Auftraggebers auf Ersatz des durch Fertigstellungsmehrkosten entstandenen Schadens bereits vor der Eröffnung des Verfahrens entstanden und fällig geworden, da der Schadenersatzanspruch in Höhe der Mehrkosten der Fertigstellung bereits im Zeitpunkt der außerordentlichen Kündigung fällig wird. Insoweit gelte nichts anderes als für einen Schadenersatzanspruch aus § 8 Nr. 2 Absatz 2 Satz 2 VOB/B. Die Entscheidung des Bundesgerichtshofs ist insgesamt zutreffend, da der Schaden aus den Fertigstellungsmehrkosten im Zeitpunkt der Kündigung eintritt und bereits zu diesem Zeitpunkt in Geld berechnet werden kann. Wie der Bundesgerichtshof selber in seiner Entscheidung richtig ausführt, besteht der Schaden darin, dass der Auftraggeber durch die Kündigung gezwungen ist, einen Drittunternehmer mit der Vollendung des Werkes zu beauftragen und dafür höhere Kosten aufzuwenden hat, als es bei ordnungsgemäßer Vertragserfüllung durch den Auftragnehmer der Fall gewesen wäre. Dabei ist es für die Fälligkeit unerheblich, dass dieser Schaden nach Fertigstellung durch einen Drittunternehmer nach dessen Kosten abgerechnet wird. Da im Übrigen eine Aufrechnungslage nicht voraussetzt, dass die Forderung, gegen die aufgerechnet wird, ihrerseits fällig ist, ist es rechtlich auch unerheblich, ob die Forderung des gekündigten Auftragnehmers bzw. des Verwalters im Gesamtvollstreckungsverfahren erst nach der Eröffnung des Insolvenzverfahrens fällig wird. Der Bundesgerichtshof weist in dieser Entscheidung ebenfalls zu Recht darauf hin, dass dieses Ergebnis mit den Regelungen der Konkursordnung bzw. der Insolvenzordnung im Einklang steht, da auch nach der Konkursordnung eine Aufrechnung nach § 54 KO nicht ausgeschlossen ist, wenn die Aufrechnungslage vor Eröffnung des Konkursverfahrens entstanden ist. Gleiches sieht § 94 InsO vor. § 95 Absatz 1 Satz 3 InsO, wonach eine Aufrechnung ausgeschlossen ist, wenn die Werklohnforderung, gegen die aufgerechnet werden soll, fällig wird, bevor die Schadenersatzforderung fällig wird, steht einer Aufrechnung regelmäßig in den hier relevanten Fällen ebenso wenig entgegen, da der Schadenersatzanspruch jedenfalls nicht nach dem Werklohnanspruch fällig wird.[191]

---

[186] BGH BauR 1987, 453; OLG Nürnberg NZ Bau 2000, 509; siehe hierzu näher oben unter Rdn. 58 Fußn. 131.

[187] BGH IBR 2005, 465 f.; BGH BauR 1998, 140, mit der die vorerwähnte insoweit anders lautende Entscheidung des OLG Düsseldorf ZIP 1996, 1749 aufgehoben wurde.

[188] BGHZ 83, 293.

[189] *Nicklisch/Weick* VOB/B § 8, Rdn. 17.

[190] BGH IBR 2005, 465 f.

[191] BGH IBR 2005, 465 f.

80 Der Schadenersatzanspruch nach § 8 Nr. 2 Absatz 2 Satz 2 VOB/B ist tatbestandlich an das Vorliegen der Voraussetzungen von § 8 Nr. 2 Absatz 1 VOB/B geknüpft. Soweit sich diese Kündigungsgründe nicht sicher nachweisen lassen, der Auftragnehmer die Arbeiten aber bereits endgültig eingestellt hatte, lässt sich eine zunächst auf den Kündigungsgrund von § 8 Nr. 2 Absatz 1 VOB/B gekündigte Kündigung auch nachträglich noch auf § 8 Nr. 3 Absatz 1 VOB/B i.V.m. § 5 Nr. 4 VOB/B stützen.[192] Eine Fristsetzung mit Kündigungsandrohung ist in diesen Fällen regelmäßig entbehrlich, wenn eine solche offenbar zwecklos gewesen wäre.[193]

B. § 8 Nr. 3 VOB/B – Die Kündigung wegen versäumter Fristen

I. § 8 Nr. 3 Abs. 1 Satz 1 VOB/B – Die Kündigungsgründe

1. Fruchtloser Ablauf in den Fällen des § 4 Nr. 7 und 8 Abs. 1 VOB/B und des § 5 Nr. 4 VOB/B gesetzter Fristen

81 Der Text der VOB regelt in § 8 Nr. 3 Abs. 1 Satz 1 VOB/B keine eigenen Kündigungsgründe, sondern verweist auf das in § 4 Nr. 7 Satz 3 VOB/B geregelte außerordentliche Kündigungsrecht für während der Bauausführung gerügte Mängel, die der Auftraggeber trotz angemessener Fristsetzung mit Kündigungsandrohung nicht beseitigt hat. Ob und unter welchen Voraussetzungen eine Kündigung gemäß § 4 Nr. 7 Satz 3 VOB/B zulässig ist, richtet sich also nach dieser Norm. § 8 Nr. 3 Abs. 1 Satz 1 VOB/B greift dieses Kündigungsrecht nur auf, ohne es neu zu regeln. Wir können deshalb zu den Kündigungsvoraussetzungen dieses außerordentlichen Kündigungsgrundes voll auf die Kommentierung zu § 4 Nr. 7 Satz 3 VOB/B verweisen. Dasselbe gilt in Bezug auf den Kündigungsgrund gemäß § 4 Nr. 8 Abs. 1 Satz 3 VOB/B bezüglich des nicht genehmigten Nachunternehmereinsatzes sowie den außerordentlichen Kündigungsgrund gemäß § 5 Nr. 4 VOB/B betreffend die nicht rechtzeitige Ausführung der beauftragten Bauleistung.

82 Regelungsinhalte des § 8 Nr. 3 VOB/B sind vornehmlich die Rechtsfolgen der außerordentlichen Kündigung wegen vorerwähnter Kündigungsgründe und die weitere Abwicklung des gekündigten Werkvertrages. Lediglich § 8 Nr. 3 Abs. 1 Satz 2 VOB/B enthält eine den Inhalt der Kündigungserklärung betreffende Regelung, indem er auch eine teilweise Entziehung des Auftrages für in sich abgeschlossen Teile der vertraglichen Leistung zulässt. In diesem Zusammenhang hervorzuheben ist weiter die Regelung der Schriftform der Kündigung in § 8 Nr. 5 VOB/B, die bei den vorerwähnten außerordentlichen Kündigungsgründen zu beachten ist, obgleich in §§ 4 Nr. 7 Satz 3, 8 Abs. 1 Satz 3 und 5 Nr. 4 VOB/B lediglich auf § 8 Nr. 3 VOB/B verwiesen wird.[194] Hiervon will der Bundesgerichtshof[195] lediglich dann eine Ausnahme machen, wenn der Auftragnehmer die Erbringung der beauftragten Bauleistung endgültig verweigert hat.

2. Sonstige außerordentliche Kündigungsgründe

83 Nach herrschender Meinung gelten auch beim VOB-Vertrag die allgemeinen zum BGB entwickelten Grundsätze der Kündigung eines Werkvertrages aus wichtigem vom Auftragnehmer zu vertretenen Grunde mit folgendem Inhalt: Der Auftraggeber eines Werkvertrages ist berechtigt, den Bauvertrag zu kündigen, wenn durch ein **schuldhaftes Verhalten** des Auftragnehmers der Vertragszweck so gefährdet ist, dass der vertragstreuen Partei die Fortsetzung des Vertragsverhältnisses **nicht mehr zugemutet** werden kann.[196] Eine vorherige Fristsetzung mit Kündi-

[192] BGH IBR 2005, 465 f.
[193] BGH IBR 2005, 465 f.
[194] BGH BauR 1997, 1027.
[195] BGH BauR 2000, 1479; anderer Ansicht *Ingenstau/Korbion/Vygen* VOB/B § 8 Nr. 3, Rdn. 37; *Franke/Kemper/Zanner/Grünhagen* VOB/B § 8, Rdn. 65.
[196] BGH BauR 2000, 409; BGH BauR 1996, 704; BGH BauR 1975, 281; BGH BauR 1974, 274; OLG Düsseldorf BauR 1995, 251.

gungsandrohung ist in den Fällen der schwer wiegenden Vertragsverletzung grundsätzlich nicht erforderlich.[197] Allerdings bedarf es einer solchen Fristsetzung mit Kündigungsandrohung dann, wenn der andere Teil durch nachdrücklichen Hinweis auf die Folgen seiner weiteren Nichterfüllung des Vertrages doch noch dazu gebracht werden kann, sich vertragsgemäß zu verhalten.[198] Liegt ein sonstiger nicht unter die § 8 Nr. 2–4 VOB/B fallender wichtiger Grund zur fristlosen auftraggeberseitigen Kündigung vor, so richten sich beim VOB-Vertrag die Rechtsfolgen nach § 8 Nr. 3 VOB/B.[199]

Ob eine schwer wiegende nachhaltige Vertragsverletzung seitens des Auftragnehmers vorliegt, ist immer anhand der Besonderheiten des Einzelfalles zu beurteilen. Bei der Prüfung dieser Frage im Einzelfall kommt dem **Kooperationsgebot** im Bauvertrag erhebliche Bedeutung zu. Nach der Rechtsprechung des Bundesgerichtshofs sind die Vertragsparteien eines VOB-Vertrages während der Vertragsdurchführung zur Kooperation verpflichtet.[200] Aus dem Kooperationsverhältnis ergeben sich Obliegenheiten und Pflichten zur Mitwirkung und gegenseitigen Information. Die Kooperationspflichten sollen gewährleisten, dass in Fällen, in denen nach der Vorstellung einer oder beider Parteien die vertraglich vorgesehene Vertragsdurchführung oder der Inhalt des Vertrages an die geänderten tatsächlichen Umstände angepasst werden muss, entstandene Meinungsverschiedenheiten oder Konflikte nach Möglichkeit einvernehmlich beigelegt werden. Verletzt eine Vertragspartei die ihr obliegende Pflicht zur Kooperation, indem sie in einer konkreten Konfliktlage ihre Bereitschaft, eine einvernehmliche Lösung herbeizuführen, nachhaltig und endgültig verweigert, so gibt sie der anderen Vertragspartei ihrerseits einen wichtigen Grund zur Kündigung des Vertrages. In der vorgenannten Kooperations-Entscheidung des Bundesgerichtshofs sah das Gericht diese Voraussetzungen auf Seiten des Auftragnehmers als erfüllt an, weil dieser die Arbeitsaufnahme von einer nicht näher begründeten Nachtragsforderung, deren Beauftragung der Auftragnehmer verlangte, abhängig machte. Dass dieses Kooperationsgebot in beide Richtungen der Vertragsparteien zielt, ist der Kooperations-Entscheidung ebenfalls zu entnehmen: Erst wenn der Versuch einer einvernehmlichen Lösung (durch den Auftragnehmer) daran gescheitert wäre, dass der Auftraggeber sich endgültig geweigert hätte, seine Kooperationspflicht zu erfüllen, wäre der Auftragnehmer berechtigt gewesen, den Vertrag aus wichtigem Grunde zu kündigen.[201]

Seine Pflicht zur Kooperation verletzt der Auftragnehmer selbstverständlich nicht, wenn er seinen ihm durch die VOB/B gerade aufgegebenen Pflichten nachkommt. So kann der Auftraggeber keinen wichtigen Grund zur Kündigung des Bauvertrages daraus herleiten, dass der Auftragnehmer seiner Verpflichtung zu Bedenkenhinweisen gemäß § 4 Nr. 3 VOB/B nachkommt.[202] Allerdings kann von einem den Vertragszweck grob gefährdenden Verhalten des Auftragnehmers dann ausgegangen werden, wenn er anlässlich der Zurückweisung seiner Bedenkenhinweise seitens des Auftraggebers seine vertraglich übernommene oder seine gesetzliche Gewährleistung für das Werk in ihrer Gesamtheit ablehnt, diese Ablehnung also nicht auf solche Mängel beschränkt, die sich in den engeren Bereich des von seinem Bedenkenhinweis betroffenen Ausführungsdetails realisieren können.[203] **84**

Stehen die Vertragsverletzungen des Auftragnehmers im Zusammenhang mit Mängeln der Bauleistung, nicht genehmigtem Nachunternehmereinsatz oder einer nicht fristgemäßen Durchführung der Bauleistung, bedarf es eines Rückgriffs auf eine analoge Anwendung von § 8 Nr. 3 VOB/B nicht. Eine analoge Anwendung des § 13 VOB/B scheidet in diesen Fällen schon deshalb aus, weil es sich bei der VOB/B nicht um eine Norm, sondern um allgemeine Geschäftsbedingungen handelt, deren einzelne Regelungen wegen § 5 AGB-Gesetz bzw. § 305 c BGB n.F. nicht **85**

[197] BGH BauR 1996, 705; BGH BauR 1975, 281.
[198] OLG Düsseldorf BauR 1995, 247.
[199] BGH BauR 1996, 704.
[200] BGH NZ Bau 2000, 130 = BauR 2000, 409.
[201] BGH BauR 2000, 409.
[202] OLG Düsseldorf BauR 1995, 247.
[203] OLG Düsseldorf BauR 1995, 247.

analog auf eindeutig geregelte Sachverhalte anwendbar sind.[204] In diesen Fällen stellt sich lediglich bei der Subsumtion unter § 4 Nr. 7, Nr. 8 VOB/B bzw. § 5 Nr. 4 VOB/B die Frage, ob der Auftraggeber wegen der Schwere des Pflichtverstoßes auf eine vorherige Mängelbeseitigungs- bzw. Abhilfe-Aufforderung mit Fristsetzung und Kündigungsandrohung verzichten kann.

3. Ausspruch der Kündigung in engem zeitlichen Zusammenhang zum Kündigungsanlass

86 Kündigungen aus wichtigem Grunde müssen grundsätzlich zur Wahrung ihrer dem Kündigenden positiven Rechtsfolgen gegenüber einer freien Kündigung in engem zeitlichen Zusammenhang zum Anlass des die Kündigung gebenden Grundes erklärt werden. Im Zusammenhang mit den Kündigungsgründen aus § 4 Nr. 7, Nr. 8 und § 5 Nr. 4 VOB/B bedeutet dies, dass die Kündigung unverzüglich nach Ablauf der gesetzten Frist zu erklären ist. Lässt sich der Auftraggeber nach Fristablauf auf Verhandlungen mit dem Auftragnehmer ein oder gestattet er die Fortsetzung der Bauarbeiten oder nimmt sie gar widerspruchlos hin, dann hat er sein Kündigungsrecht verwirkt. In diesen Fällen muss er dann erneut eine Nachfrist mit Kündigungsandrohung setzen.[205]

II. § 8 Nr. 3 Abs. 1 Satz 2 VOB/B – Die Teilkündigung

87 Für die Kündigung aus wichtigem Grund bestimmt § 8 Nr. 3 Abs. 2 VOB/B, dass die Auftragsentziehung sich auch auf einen abgeschlossenen Teil der vertraglichen Leistung beschränken kann. Nach ihrer klaren systematischen Einordnung gilt diese Regelung zwingend nur für die außerordentliche Kündigung. Wir haben bereits oben zu § 8 Nr. 1 VOB/B ausgeführt, warum und weshalb eine Erstreckung dieser Regelung auch auf die freie auftraggeberseitige Kündigung nicht angezeigt ist.[206]

Aus der textlichen Formulierung ergibt sich weiter bereits, dass die VOB von einer vollständigen Auftragsentziehung als Grundregel ausgeht, weil ansonsten die besondere Erwähnung der zulässigen teilweisen Auftragsentziehung entbehrlich wäre. § 8 Nr. 3 Abs. 1 Satz 2 VOB/B bezweckt folgendes: In § 4 Nr. 7, Nr. 8 Abs. 1 VOB/B und § 5 Nr. 4 VOB/B, ist im Zusammenhang mit den Fristsetzungen uneingeschränkt von einer Androhung der Auftragsentziehung die Rede. Die Androhung, nach Ablauf der gesetzten Frist, den Auftrag zu entziehen wird man nur so verstehen können, dass damit die Entziehung des gesamten Auftrages gemeint ist. Wenn § 8 Nr. 3 Abs. 1 Satz 2 VOB/B für diese Fälle auch die teilweise Auftragsentziehung für zulässig erklärt, so bedeutet dies lediglich, dass der Auftraggeber eine teilweise Auftragsentziehung im Vorhinein nicht zu deren Wirksamkeit ankündigen muss. Es reicht, wenn er uneingeschränkt die vollständige Entziehung des Auftrages angekündigt hat. Natürlich ist es auch zulässig, dass der Auftraggeber in den vorerwähnten außerordentlichen Kündigungsfällen nur die teilweise Auftragsentziehung androht. In diesen Fällen muss er sich allerdings schließlich bei der Auftragsentziehung auch an seine Androhung halten, d.h., es wird ihm bei lediglich teilweise angedrohte Auftragsentziehung der Weg versperrt, den Auftrag schließlich komplett zu kündigen.[207]

88 Fraglich ist, ob § 8 Nr. 3 Absatz 2 VOB/B einschränkend in dem Sinne verstanden werden muss, dass Teilkündigungen nur zulässig sind, wenn sie sich auf einen abgeschlossenen Teil der vertraglichen Leistung beziehen. Während einige Stimmen der Literatur die Kündigung nur beschränkt auf Fälle des § 12 Nr. 2 VOB/B zulassen[208] sind andere der Meinung, dass teilkündigungsfähige Teilleistungen vorliegen, wenn diese bei der Abwicklung im Verkehr als Teilpakete

[204] BGH BauR 1997, 1027.

[205] BGH BauR 1997, 1027; BGH BauR 1995, 369; OLG Düsseldorf NJW-RR 1994, 149; OLG Köln *Schäfer/Finnern* zu VOB/B § 8 Nr. 4; *Ingenstau/Korbion/Vygen* VOB/B § 8 Nr. 3, Rdn. 11 f.

[206] Siehe hierzu oben unter Rdn. 20.

[207] Ebenso *Franke/Kemper/Zanner/Grünhagen* VOB/B § 8, Rdn. 60.

[208] *Ingenstau/Korbion/Vygen* VOB/B § 8 Nr. 3, Rdn. 31.

auch vergeben werden, z.B. Gründung, Rohbau, Technische Gebäudeausrüstung, Außenanlagen.[209] Fraglich ist, ob nicht richtigerweise überhaupt jede gewerkeweise Teilkündigung ohne Einschränkung möglich sein muss.[210] Nicht mehr mit dem Text der VOB/B vereinbar dürfte die Ausdehnung des Teilkündigungsrechtes aus wichtigem Grunde auf lediglich den mangelhaften Teil einer Leistung sein. Es geht zu weit, jeden Mangel als eine in sich abgeschlossene Leistung anzusehen.[211] Es spricht allerdings nichts dagegen, dass die Parteien vertraglich abweichend von § 8 Nr. 3 Absatz 2 VOB/B das Teilkündigungsrecht aus wichtigem Grunde auch auf nicht abgeschlossene Teile der vertraglichen Leistung erstrecken.

III. § 8 Nr. 3 Abs. 2–4 VOB/B – Die Kündigungsfolgen

1. § 8 Nr. 3 Abs. 2 Satz 1 VOB/B – Fortführung des Auftrages zu Lasten des Auftragnehmers

a) Abrechnung erbrachter Leistungen. § 8 Nr. 3 Abs. 2 Satz 1 VOB/B regelt die Ansprüche 89
des Auftraggebers nach Entziehung des Auftrages. Unerwähnt bleibt, dass und welcher Vergütungsanspruch dem gekündigten Auftragnehmer zusteht. Lediglich § 8 Nr. 6 VOB/B ist zu entnehmen, dass der Auftragnehmer eine prüfbare Rechnung über die ausgeführten Leistungen unverzüglich vorzulegen hat. Hinter der Regelungssystematik der VOB steckt damit der allgemein für die Fälle außerordentlicher Kündigung anerkannte Grundsatz, dass dem Auftragnehmer der Vergütungsanspruch für die von ihm bis zur Vertragsbeendigung erbrachten Leistungen zusteht.[212] Hierfür gelten die gleichen Regeln, die zu § 8 Nr. 1 VOB/B im Zusammenhang mit der Abrechnung für erbrachte Leistungen dargestellt worden sind.[213] Dabei stehen sich der Werklohnanspruch des Auftragnehmers für die erbrachten Leistungen und ein möglicher Erstattungsanspruch in Höhe der Mehrkosten der Fertigstellung sowie sonstige Schadenersatzansprüche aufrechenbar und nicht lediglich als Verrechnungsposition gegenüber.[214]

b) § 8 Nr. 3 Abs. 2 Satz 1 1. Halbs. VOB/B – verschuldensunabhängiger Mehrkosten- 90
Erstattungsanspruch. Der Auftraggeber ist gemäß § 8 Nr. 3 Abs. 2 Satz 1 1. Halbsatz VOB/B berechtigt, nach der Entziehung des Auftrages den noch nicht vollendeten Teil der Leistung zu Lasten des Auftragnehmers durch einen Dritten ausführen zu lassen. Er hat in diesem Fall Anspruch auf Erstattung der durch die Ersatzvornahme entstandenen Mehrkosten der Fertigstellung, was § 8 Nr. 3 Abs. 2 1. Halbsatz VOB/B gleichsam als selbstverständlich voraussetzt und was auch in der Tat selbstverständlich ist. Denn Hintergrund der Regelung in § 8 Nr. 3 Abs. 2 Satz 1 VOB/B ist es, den Auftraggeber so zu stellen, als hätte der Auftragnehmer gemäß den Bedingungen des Vertrages das Werk ordnungsgemäß hergestellt.[215]

Der Erstattungsanspruch ermittelt sich in der Weise, dass von den Kosten der Ersatzvornahme 91
für die infolge der Kündigung nunmehr durch einen Dritten erbrachten Leistung die Vergütung in Abzug gebracht wird, die dem Auftragnehmer nach dem gekündigten Bauvertrag zugestanden hätte, wenn er diese Arbeiten erbracht hätte.[216] Dieser Anspruch besteht unabhängig davon, ob der Auftraggeber die Frist über die Zusendung der Mehrkostenaufstellung nach § 8 Nr. 3 Abs. 4 VOB/B eingehalten hat.[217]

---

[209] Kapellmann, Schlüsselfertiges Bauen, Rdn. 169.

[210] So jüngst Kapellmann, Festschrift Thode, 29, 39.

[211] Ebenso Kleine-Möller/Merl/Oelmaier, § 12 Rdn. 555; Kapellmann, Festschrift Thode, 29, 40.

[212] BGH BauR 1995, 545; BGH BauR 1987, 689; *Ingenstau/Korbion/Vygen* VOB/B § 8 Nr. 3, Rdn. 35; *Franke/Kemper/Zanner/Grünhagen* VOB/B § 8, Rdn. 68.

[213] Vgl. oben unter Rdn. 26.

[214] BGH IBR 2005, 465 f.

[215] BGH BauR 1974, 412; BGH BauR 2000, 571.

[216] BGH BauR 2000, 571.

[217] BGH, a.a.O.

Der Auftraggeber trägt die Darlegungs- und Beweislast für die als Ersatzvornahme erbrachten Leistungen, der dadurch entstandenen Kosten und der infolge der Kündigung nicht mehr an den Auftragnehmer zu zahlenden Vergütung sowie die Berechnung der sich daraus ergebenen Differenz.[218] Die Anforderungen, die an die Darlegung im Einzelfall zu stellen sind, hängen nach der Meinung des Bundesgerichtshofs von den Umständen der gesamten Vertragsabwicklung mit dem Auftragnehmer sowie der Ersatzvornahme selbst ab. Sie bestimmen sich danach, welche Angaben dem Auftraggeber möglich und zumutbar sind, und nach dem Kontroll- und Informationsinteresse des Auftragnehmers. Eine den Anforderungen des § 14 Nr. 1 VOB/B entsprechende Abrechnung könne nicht generell und unabhängig vom Einzelfall gefordert werden.[219] Dem ist nichts hinzuzufügen.

Die Anforderungen an die Darlegung des Mehrkostenerstattungsanspruchs im einzelnen sind unterschiedlich, je nachdem ob dem gekündigten Bauvertrag ein Einheitspreisvertrag oder ein Pauschalpreisvertrag zugrunde lag.

92 **aa) Einheitspreisverträge.** Liegt dem gekündigten Vertragsverhältnis ein Einheitspreisvertrag zugrunde, so kann man der geforderten Differenzberechnung zwischen den tatsächlich durch den Auftraggeber an den Drittunternehmer gezahlten Kosten und der für diese Arbeiten an den gekündigten Auftragnehmer zu entrichtenden Vergütung dadurch gerecht werden, dass man die Fertigstellungsarbeiten an den Drittunternehmer ebenfalls auf Einheitspreisbasis vergibt und das dem gekündigten Bauvertrag zugrunde liegende Leistungsverzeichnis vereinbart. Fehlt es an einem vertraglich vereinbarten Leistungsverzeichnis, ist es dem Auftraggeber gestattet, nachträglich zum Zwecke der Preiskontrolle ein Leistungsverzeichnis aufzustellen, um auf diese Weise in einer Art „Preisspiegel" die tatsächlichen Kosten aus der Fertigstellung der Vergütung aus dem gekündigten Vertragsverhältnis gegenüberzustellen.[220] Dass die Mengen durch Aufmaß zu belegen sind, versteht sich bei Einheitspreisverträgen von selbst.

Weiter gehört es zu einer schlüssigen Darlegung des Erstattungsanspruches, dass der Auftraggeber vorträgt (und ggf. beweist), die durch die Fertigstellung entstandenen Kosten dem Drittunternehmen auch tatsächlich gezahlt zu haben.

93 Eine Verpflichtung des Auftraggebers, die Arbeiten zur Fertigstellung des vom Auftragnehmer nicht zu Ende geführten Werkes im Wege des Einheitspreisvertrages zu vergeben, ist allerdings abzulehnen. Sollte dem Auftraggeber nach Lage des Einzelfalls eine Vergabe auf Einheitspreisbasis nicht möglich gewesen sein, weil kein Drittunternehmer auf dieser Basis bereit war, den Auftrag fortzuführen, so muss es ihm auch gestattet sein, die Restarbeiten auf Pauschalpreisbasis in Auftrag zu geben. Eine solche Pflicht ließe sich allenfalls aus der Schadensminderungspflicht gemäß § 254 Abs. 2 BGB herleiten. Um insoweit einen Verstoß annehmen zu können, müsste der Fall allerdings schon so liegen, dass auf diesem Wege nachweislich die Fertigstellungskosten tatsächlich vermindert worden wären, wofür der gekündigte Auftragnehmer die Darlegungs- und Beweislast trägt.[221]

94 **bb) Pauschalpreisvertrag.** Lag dem gekündigten Vertragsverhältnis ein Pauschalpreisvertrag zugrunde, so gilt der vorerwähnte Grundsatz, dass der Auftraggeber nicht verpflichtet ist, die Restfertigstellung im Wege des Einheitspreisvertrages zu vergeben natürlich erst recht. Es ist dem Auftraggeber aus Gründen der Schadensminderungspflicht nach § 254 Abs. 2 BGB allerdings anzuraten, mehrere Firmen zur Abgabe eines Angebotes für die Restfertigstellung aufzufordern und unter Berücksichtigung vergleichbarer Eignungs- und Leistungsfähigkeit dem Preisgünstigsten den Zuschlag zu erteilen.[222]

---

[218] BGH, a.a.O.

[219] BGH BauR 2000, 571; *Ingenstau/Korbion/Vygen* VOB/B § 8 Nr. 3, Rdn. 70; *Nicklisch/Weick* VOB/B § 8, Rdn. 37; anderer Ansicht: OLG Celle NJW-RR 1996, 34; Beck'scher VOB-Kommentar/*Motzke* VOB/B § 8 Nr. 3, Rdn. 52.

[220] BGH BauR 2000, 571.

[221] OLG Nürnberg BauR 2001, 415.

[222] OLG Nürnberg BauR 2001, 415.

Sind sowohl der gekündigte Bauvertrag als auch die Fertigstellungsarbeiten auf Pauschalpreisbasis beauftragt worden, so reicht es für eine schlüssige Abrechnung des Mehrkostenerstattungsanspruches aus, wenn der Auftraggeber wie folgt vorgeht: 95

Grundlage der Abrechnung ist die an die Drittfirma für die Fertigstellung zu leistende Pauschalpreisvergütung (x). Dieser sind die Zahlungen hinzuzusetzen, die der Auftraggeber an den Auftragnehmer auf der Basis des gekündigten Pauschalpreisvertrages bereits als Abschlag geleistet hat (y). Von der sich so ergebenen Summe ist die Pauschalpreisvergütung aus dem gekündigten Pauschalpreisvertrag (p) in Abzug zu bringen. Das sich ergebene Saldo ergibt den vom gekündigten Auftragnehmer an den Auftraggeber zu erstattenden Betrag (z). Die Rechnung würde also lauten: $x + y - p = z$.[223]

cc) Berücksichtigung von geänderten und zusätzlichen Leistungen. Wären von dem gekündigten Auftragnehmer zur Erbringung der Bauleistung auch geänderte und/oder zusätzliche Leistungen auszuführen gewesen, so stellt sich die Frage, ob der Auftraggeber vom gekündigten Auftragnehmer auch Erstattung der ihm insoweit entstehenden Mehrkosten verlangen kann. Der Bundesgerichtshof hat diese Frage zwischenzeitlich ausdrücklich bejaht für diejenigen Leistungen, die der Auftragnehmer gemäß § 1 Nr. 3 und Nr. 4 VOB/B hätte ausführen müssen.[224] 96

Für diese Leistungen muss als Vergleichspreis der nach § 2 Nr. 5 und Nr. 6 VOB/B zu bildende Preis herangezogen werden. Übersteigt die Kostenersatzvornahme hinsichtlich der geänderten und/oder zusätzlichen Leistungen diesen Preis, kann der Auftraggeber in Höhe der Differenz Erstattung verlangen. Dabei lässt es der Bundesgerichtshof dann, wenn dem Auftraggeber die Kalkulationsunterlagen des gekündigten Auftragnehmers nicht vorlagen, ausreichen, wenn er zur Ermittlung des Mehrkostenerstattungsanspruches den Prozentsatz, um den die Leistungen der Drittfirma durchschnittlich teurer waren, in Ansatz bringt.[225]

dd) Schadensminderungspflicht. Dem Auftraggeber obliegt zum Zwecke der Erfüllung seiner Schadensminderungspflicht gemäß § 254 Abs. 2 BGB die Verpflichtung, bei der Beauftragung eines Drittunternehmens den Schaden so gering wie möglich zu halten. Die Kosten, die zur fristgerechten Erbringung der Ersatzvornahmeleistungen erforderlich sind, gehören zu den erstattungsfähigen Kosten. Das betrifft nicht nur etwaige Beschleunigungszuschläge, sondern greift auch ein, wenn wie im vorerwähnten Fall des OLG Nürnberg[226] bereits erbrachte Teilleistungen des gekündigten Auftragnehmers zurückgebaut werden müssen, weil der Drittunternehmer nur so dazu bewegt werden kann, für die von ihm zu erbringenden Restarbeiten eine einheitliche Garantie zu übernehmen.[227] 97

ee) Vorschussanspruch. Ist dem Auftraggeber nach Einholung entsprechender Angebote oder auf andere Weise möglich, den voraussichtlichen Mehrkostenerstattungsanspruch zu ermitteln, so steht ihm ein Vorschussanspruch gegen den gekündigten Auftragnehmer zu.[228] Da sich diese Forderung auf Grundlage einer vorweggenommenen Saldierung unter Berücksichtigung etwaiger an den gekündigten Auftragnehmer geleistete Zahlungen ermittelt, kann er diesen Anspruch nach den Grundsätzen von Treu und Glauben auch einem weiteren Zahlungsbegehren des gekündigten Auftragnehmers für von ihm erbrachte Leistungen entgegensetzen. Einer Aufrechnungserklärung bedarf es in diesen Fällen hierzu nicht.[229] 98

---

223 Ebenso i.E. OLG Nürnberg BauR 2001, 415.

224 BGH BauR 2000, 571.

225 BGH BauR 2000, 571.

226 OLG Nürnberg BauR 2001, 415.

227 Konkret ging es in der Entscheidung OLG Nürnberg um die Lieferung und den Einbau von Aufzugsanlagen, bei denen die Lieferanten verständlicherweise darauf bestanden haben, dass bei der Gesamtanlage nur solche Teile Verwendung finden, die aus der Sicht des Drittunternehmers ein möglichst störungsfreies Funktionieren garantieren.

228 OLG Celle BauR 1984, 409; KG BauR 1984, 527.

229 Anderer Ansicht aber offenbar: KG BauR 1984, 527; OLG Celle BauR 1984, 409; *Franke/Kemper/Zanner/Grünhagen* VOB/B § 8, Rdn. 72.

99 **ff) Mehrwertsteuer.** Ist der Auftraggeber zum Vorsteuerabzug berechtigt, so belastet ihn die vom Drittunternehmer in Rechnung gestellte Mehrwertsteuer nicht. Ebenso wie beim Kostenerstattungsanspruch für Mängelbeseitigung gemäß § 13 Nr. 5 Abs. 2 VOB/B kann der Auftraggeber deshalb die Mehrwertsteuer vom gekündigten Auftragnehmer nicht ersetzt verlangen.[230]

100 **c) § 8 Nr. 3 Abs. 2 Satz 1 2. Halbs. VOB/B – Ersatz weiteren Schadens.** Mit der Regelung in § 8 Nr. 3 Abs. 2 Satz 1 2. Halbs. VOB/B wird lediglich deklaratorisch festgehalten, dass die dem Auftragnehmer neben dem Mehrkostenerstattungsanspruch zustehenden Ansprüche auf Ersatz eines weiteren Schadens unberührt bleiben. Die VOB-Regelung gibt dem Auftraggeber also keinen eigenen Schadensersatz insoweit, sondern setzt einen solchen Schadensersatzanspruch voraus und bestimmt, was an sich selbstverständlich ist, dass die neben dem Anspruch auf Mehrkostenerstattung tatbestandlich erfüllten Schadensersatzansprüche bestehen bleiben, mithin geltend gemacht werden können, so weit sie sich nicht mit dem Mehrkostenerstattungsanspruch decken. Hierzu dürften hauptsächlich die terminabhängigen Schäden zählen, die dem Auftraggeber aus Anlass der späteren Fertigstellung des Bauwerkes erwachsen sind. Dass für die Erfüllung dieser Schadensersatzansprüche, deren tatbestandliche Voraussetzungen erfüllt sein müssen, zu denen insbesondere das Verschulden gehört, versteht sich ebenfalls von selbst.

101 **d) § 8 Nr. 3 Abs. 2 Satz 2 VOB/B – Schadensersatz wegen Nichterfüllung.** Unter der Voraussetzung, dass der Auftragnehmer an der Ausführung der gekündigten Bauleistungen aus den Gründen, die zur Entziehung des Auftrages geführt haben, kein Interesse mehr hat, kann er auf die weitere Ausführung verzichten und insgesamt Schadensersatz wegen Nichterfüllung verlangen. Der Auftragnehmer hätte in diesem Fall etwaige erhaltende Abschlagszahlungen zurückzuerstatten und außerdem den durch die Nichterfüllung dem Auftraggeber entstandenen Schaden zu ersetzen. Der Schadensersatzanspruch geht auf Ersatz des positiven Interesses gemäß §§ 249 ff. BGB.[231]

Tatbestandlich ist die VOB-Regelung dem §§ 326 Abs. 2 BGB a.F. nachgebildet, wobei § 8 Nr. 3 Abs. 2 Satz 2 VOB/B weitergefasst ist, da die gesetzliche Regelung lediglich den Fall des Verzuges als Grund für den Interessenwegfall benennt, während die VOB allgemein von den Gründen spricht, die zur Erziehung des Auftrages geführt haben.

Der Interessenwegfall muss ursächlich auf die Gründe zurückzuführen sein, die zur Vertragskündigung geführt haben. Sowohl für den Interessenverlust wie für dessen Ursächlichkeit ist der Auftraggeber darlegungs- und beweispflichtig.

2. § 8 Nr. 3 Abs. 3 VOB/B – Das entgeltliche Nutzungsrecht des Auftraggebers an Geräten, Gerüsten etc.

102 **a) Neues Rechtsverhältnis zwischen Auftraggeber und Auftragnehmer.** Nach § 8 Nr. 3 Abs. 3 VOB/B kann der Auftraggeber Geräte, Gerüste, auf der Baustelle vorhandene andere Einrichtungen und angelieferte Stoffe und Bauteile gegen angemessene Vergütung in Anspruch nehmen. Mit der einseitigen Inanspruchnahme entsteht ein **eigenständiges vertragliches Nutzungsverhältnis**. Der Hauptvertrag ist durch außerordentliche Kündigung des Auftraggeber zwar beendet, doch leitet sich aus § 8 Nr. 3 Abs. 3 VOB/B eine nachvertragliche Verpflichtung ab, die Inanspruchnahme der Geräte etc. zu dulden. Der Auftraggeber ist im Gegenzug verpflichtet, hierfür eine angemessene Vergütung zu entrichten. Dieses Nutzungsverhältnis ist also ein gegenseitiger Vertrag.[232]

Das Recht des Auftraggebers, einseitig über die Inanspruchnahme der Geräte etc. zu bestimmen, dient dazu, einen zügigen Fortgang der Arbeiten zu ermöglichen und damit die Mehraufwendungen und ein durch Kündigung etwa entstehenden Schaden gering zu halten. Die hierfür vom Auftraggeber gemäß § 8 Nr. 3 Abs. 3 VOB/B zu entrichtende Vergütung ist eine

[230] OLG Düsseldorf NJW-RR 1996, 532.
[231] *Ingenstau/Korbion/Vygen* VOB/B § 8 Nr. 3, Rdn. 58.
[232] BGH NZBau 2001, 86.

selbständige Forderung, die unabhängig von den nach § 8 Nr. 3 Abs. 4 VOB/B abzurechnenden Gegenansprüchen geltend gemacht werden kann.[233] Das heißt, der Auftragnehmer kann die angemessene Vergütung für die Inanspruchnahme der Geräte etc. vom Auftraggeber ungeachtet dessen fordern, ob er für die von ihm erbrachten Leistungen bereits Schlussrechnung gelegt hat. Lediglich dann, wenn der Auftraggeber befürchten muss, auf die bis zur Kündigung erbrachten Leistungen bereits zu viel gezahlt zu haben, so dass er seinen Anspruch wegen der Überzahlung der Forderung aus § 8 Nr. 3 Abs. 3 VOB/B entgegenhalten könnte, steht ihm ein Zurückbehaltungsrecht gemäß § 273 BGB zu. Dieses Zurückbehaltungsrecht führt allerdings nicht zu einer Zug-um-Zug-Verurteilung, sondern zu einer Klageabweisung als zur Zeit nicht begründet, da mit der Erteilung der Schlussrechnung die uneingeschränkte Zahlungspflicht des Auftraggebers wegen des in § 16 Nr. 3 Abs. 1 VOB/B geregelten zweimonatigen Prüfungszeitraums noch nicht feststeht.[234] Aus dem Vorgesagten folgt letztlich, dass die Fälligkeit der Vergütung nach § 8 Nr. 3 Abs. 3 VOB/B nicht davon abhängt, dass der Auftraggeber in der Lage ist, seine infolge der Kündigung entstandenen Mehraufwendungen abzurechnen.[235]

Im Falle der Insolvenz ist der der Nutzung **nach** Insolvenzeröffnung entsprechende Vergütungsanteil einer Aufrechnung mit der Forderung wegen der kündigungsbedingten Mehrkosten nicht zugänglich. Der der Nutzung nach Insolvenzeröffnung entsprechende Vergütungsanteil muss der Masse zufließen.[236] Der der Nutzung **vor** Insolvenzeröffnung entsprechende Vergütungsanteil kann zwar mit dem kündigungsbedingten Mehrkostenerstattungsanspruch aufgerechnet werden. Diese Aufrechnung unterliegt jedoch der Insolvenzanfechtung nach § 130 Abs. 1 Nr. 1 InsO,[237] wenn der Auftraggeber die Geräte etc. in Kenntnis der Zahlungseinstellung des Auftragnehmers/Gemeinschuldners in Anspruch genommen hat.

b) Der Vergütungsanspruch des Auftragnehmers. Unklar ist, wie sich der Vergütungsanspruch des Auftragnehmers für die in Anspruch genommenen Geräte etc. ermittelt. Der Text der VOB spricht von einer angemessenen Vergütung und übernimmt damit die gesetzliche Formulierung in § 632 Abs. 2 BGB. Vor dem Hintergrund, dass das Recht der Inanspruchnahme der Geräte etc. der Schadensminderung dient, wird die Auffassung vertreten, dass es bei der Findung der angemessenen Vergütung um einen angemessenen Ausgleich der widerstreitende Interessen geht und keine der Vertragsparteien aus der Verwendung einen „Profit" erzielen darf.[238] Ausgehend davon, dass die VOB z.B. in § 2 Nr. 6 Abs. 2 VOB/B den Begriff der Preisermittlungsgrundlagen verwendet, dies aber in § 8 Nr. 3 Abs. 3 VOB/B nicht der Fall ist, wird von einigen Vertretern in der Kommentarliteratur geschlussfolgert, dass es bei der Anwendung von § 632 Abs. 2 BGB zur Ermittlung der Vergütungshöhe verbleibt.[239] Auch wir halten diese Auffassung für zutreffend. Sie findet ihre innere Rechtfertigung nicht nur in dem Text der VOB/B, sondern lässt sich mit der Entstehung eines neuen Vertragsverhältnisses durch die Inanspruchnahme der Geräte etc. dogmatisch sauber begründen. 103

Dabei ist natürlich zu sehen, dass diese Rechtsauffassung dem Auftragnehmer Vorteile gewähren kann, weil er auf diese Weise in Fällen der Unterdeckung nicht gezwungen ist, seine „schlechten Preise" fortzuschreiben. Da sich § 8 Nr. 3 Abs. 3 VOB/B nicht nur auf Geräte etc., sondern ausdrücklich auch auf angelieferte Stoffe und Bauteile erstreckt, könnte er bei Benutzung dieser Teile durch den Auftraggeber einen Vergütungsanspruch haben, der ihm auf der Basis kalkulierter Kosten nicht zustehen würde. Umgekehrt wäre der Auftragnehmer allerdings im Falle einer

[233] BGH, a.a.O.; anderer Ansicht noch die Vorinstanz OLG Dresden BauR 2000, 271; dem OLG Dresden vor Veröffentlichung der BGH-Entscheidung folgend: *Franke/Kemper/Zanner/Grünhagen* VOB/B § 8, Rdn. 77.

[234] BGH NZBau 2001, 87.

[235] BGH, a.a.O.

[236] BGH, a.a.O.; *Heiermann/Riedl/Rusam* VOB/B § 8, Rdn. 19.

[237] BGH, a.a.O. noch zur Konkursanfechtung gemäß § 30 Nr. 1 Alternative 2 KO.

[238] *Ingenstau/Korbion/Vygen* VOB/B § 8 Nr. 3, Rdn. 71; *Handschuhmacher* BauR 2001, 872.

[239] *Heiermann/Riedl/Rusam* VOB/B § 8, Rdn. 39 ff.; *Franke/Kemper/Zanner/Grünhagen* VOB/B § 8, Rdn. 78; anderer Ansicht: *Ingenstau/Korbion/Vygen* VOB/B § 8 Nr. 3, Rdn. 67 f.

außergewöhnlichen Gewinnkalkulation auch daran gehindert, den über die übliche Vergütung hinausgehenden Gewinnanteil geltend zu machen.

Ohnehin ist der Auftraggeber grundsätzlich nicht verpflichtet, Geräte etc. weiterzuverwenden. Lediglich aus Treu und Glauben § 242 BGB kann sich etwas anderes ergeben.[240]

3. § 8 Nr. 3 Abs. 4 VOB/B – Abrechnung des Mehrkostenerstattungsanspruches binnen 12 Werktagen nach Abrechnung mit dem Dritten

104 Sind die Ersatzvornahmeleistungen, mit denen der Auftraggeber einen Dritten beauftragt hatte, abgeschlossen und hat der Dritte über seine Leistungen schlussabgerechnet, so ist der Auftraggeber seinerseits verpflichtet, seine etwaig entstandenen Mehrkosten und seine etwaig entstandenen anderen Ansprüche spätestens binnen 12 Werktagen nach Abrechnung mit dem Dritten zu erstellen und dem Auftragnehmer zuzusenden. Dieser Anspruch ist gerichtlich einklagbar.[241]

Der VOB-Text stellt hinsichtlich des Beginns der 12 Werktage-Frist auf die tatsächliche Abrechnung mit dem Dritten ab und nicht darauf, wann der Dritte abrechnen könnte. Unter Umständen ist der Auftraggeber gleichwohl verpflichtet, eine solche Abrechnung selber vorzunehmen, wenn der Dritte diese Abrechnung nicht durchführt (§ 14 Nr. 4 VOB/B).

Entsprechend § 16 Nr. 3 Abs. 1 Satz 1 VOB/B beginnt die Abrechnungsfrist des § 8 Nr. 3 Abs. 4 VOB/B spätestens zwei Monate nach Zugang der Schlussrechnung des mit den Ersatzmaßnahmen beauftragten Dritten.

105 Da es sich bei der Abrechnungsverpflichtung des § 8 Nr. 3 Abs. 4 VOB/B lediglich um eine „Nebenpflicht" handelt, schließt deren Verletzung den Erstattungsanspruch aus § 8 Nr. 3 Abs. 2 VOB/B nicht aus.[242]

C. § 8 Nr. 4 VOB/B – Die Kündigung wegen wettbewerbswidriger Absprachen

I. § 8 Nr. 4 Satz 1 VOB/B – Der Kündigungsgrund

106 In § 8 Nr. 4 Satz 1 VOB/B wird dem Auftraggeber die Auftragsentziehung ermöglicht, wenn der Auftragnehmer aus Anlass der Vergabe eine Abrede getroffen hatte, die eine unzulässige Wettbewerbsbeschränkung darstellt. Damit wird praktisch wortgleich der Text von § 25 Nr. 1 Abs. 1 c VOB/A wiederholt, so dass für die Frage, wann eine Abrede eine unzulässige Wettbewerbsbeschränkung darstellt, auf die dortige Kommentierung verwiesen wird. Lediglich zusammenfassend ist an dieser Stelle festzuhalten, dass zu den wettbewerbsbeschränkenden Abreden nicht nur die so genannten Submissionsabsprachen gehören, sondern auch die Zahlung von Schmiergeldern oder das gemäß § 25 Abs. 1 GWB verbotene auf eine Wettbewerbsbeschränkung gerichtete aufeinander abgestimmte Verhalten.

107 Der Bauvertrag ist aus Anlass der wettbewerbsbeschränkenden Abrede nicht gemäß §§ 134, 138 BGB nichtig.[243] In zeitlicher Hinsicht erfasst § 8 Nr. 4 VOB/B das gesamte Vergabeverfahren vor Vertragsschluss.[244] Keine tatbestandliche Voraussetzung für den außerordentlichen Kündigungsgrund der Abrede unzulässiger Wettbewerbsbeschränkungen ist es, dass dem Auftraggeber hierdurch ein materieller Schaden entstanden ist.[245]

Der Auftraggeber trägt die Darlegungs- und Beweislast für alle Kündigungsvoraussetzungen. Das heißt, er muss das Vorliegen einer wettbewerbsbeschränkenden Abrede beweisen. Was das

[240] BGH BauR 1995, 545; *Franke/Kemper/Zanner/Grünhagen* VOB/B § 8, Rdn. 79.

[241] BGH NZBau 2002, 435: Es besteht jedoch kein Anspruch auf Rechnungslegung i.S. des § 259 BGB, so dass der Auftraggeber nicht zur Abgabe einer eidesstattlichen Versicherung verpflichtet ist.

[242] BGH BauR 2000, 571.

[243] *Ingenstau/Korbion/Vygen* VOB/B § 8 Nr. 4, Rdn. 1.

[244] *Nicklisch/Weick* VOB/B § 8, Rdn. 51.

[245] *Nicklisch/Weick* VOB/B § 8, Rdn. 52; *Ingenstau/Korbion/Vygen* VOB/B § 8 Nr. 4, Rdn. 7.

für die Kündigung des Bauvertrages erforderliche Verschulden des Auftragnehmers anbelangt, so muss sich dieser allerdings bei Vorliegen der objektiven Voraussetzungen einer unzulässigen Wettbewerbsbeschränkungsabrede vom Vorwurf des Verschuldens befreien.[246]

II. § 8 Nr. 4 Satz 2 VOB/B – Befristete Kündigungsbefugnis

Die Kündigung wegen unzulässiger Abrede von Wettbewerbsbeschränkungen kann nur innerhalb von 12 Werktagen nach bekannt werden des Kündigungsgrundes ausgesprochen werden. Eine nicht fristgerecht ausgesprochene Kündigung wäre unwirksam, es sei denn, die unwirksame außerordentliche Kündigung kann nach dem Willen des kündigenden Auftraggebers in eine freie Kündigung umgedeutet werden. 108

Die Kündigungsfrist beginnt mit Kenntniserlangung der tatsächlichen Umstände, die tatbestandlich die Voraussetzungen der unzulässigen Wettbewerbsbeschränkungsabrede erfüllen. Zur Kenntnis gelangt sein müssen diese Umstände dem rechtsgeschäftlichen Vertreter des Auftraggebers (Geschäftsführer), sofern er nicht einen Dritten (z.B. Architekten) auch für die Zwecke der Beendigung des Werkvertrages mit entsprechender Voll macht ausgestattet hatte.

III. § 8 Nr. 4 Satz 3 VOB/B – Die Kündigungsfolgen

Hinsichtlich der Kündigungsfolgen bestimmt der VOB-Text, dass Nr. 3 entsprechend gilt. 109
In der Kommentarliteratur umstritten ist, ob es sich um eine schlichte Rechtsfolgenverweisung handelt oder ob auch auf § 8 Nr. 3 Abs. 1 Satz 2 VOB/B verwiesen wird, unter dessen Voraussetzungen der Auftrag auch teilweise entzogen werden kann.[247] § 8 Nr. 3 Abs. 1 Satz 2 VOB/B hat den Sinn und Zweck, dem Auftraggeber wegen derjenigen Teile der Bauleistung, die mangelhaft oder nicht fristgerecht vom Auftragnehmer hergestellt werden, die teilweise Entziehung des Vertrages auszusprechen, wenn der Auftraggeber an der Fortsetzung des Vertragsverhältnisses im übrigen ein Interesse hat, weil der Auftragnehmer ansonsten mängelfrei bzw. fristgemäß arbeitet. Dieser Regelungszweck ist auf den vorliegenden Fall der unzulässigen Wettbewerbsbeschränkungsabrede nicht übertragbar. Liegt eine solche Abrede vor, kann sie das Vertrauensverhältnis zum Auftraggeber entweder nur insgesamt beseitigen oder aber dem Auftraggeber ist es egal, das dem Vertrag eine unzulässige Wettbewerbsbeschränkungsabrede vorausgegangen ist, etwa weil er durch diese Wettbewerbsbeschränkung keinen materiellen Schaden erlitten hat.

Demzufolge ist der Meinung zuzustimmen, die in § 8 Nr. 4 Satz 3 VOB/B lediglich eine Verweisung auf die Kündigungsfolgen in § 8 Nr. 3 Abs. 2–4 VOB/B sieht.

Wegen der Kündigungsfolgenregelung verweisen wir auf die dortige Kommentierung zu § 8 110
Nr. 3 Abs. 2 ff. VOB/B. An dieser Stelle ist lediglich die Besonderheit hervorzuheben, dass für die Ermittlung der Vergütung der vom Auftragnehmer bis zur Kündigung erbrachten Leistungen die Vertragspreise nur dann zugrunde gelegt werden können, wenn dem Auftraggeber etwa wegen der infolge der unzulässigen Wettbewerbsbeschränkungsabrede erhöhten Preise kein Schaden entsteht.[248] Dies folgt bereits aus Treu und Glauben § 242 BGB, da der Auftragnehmer das durch die Preisabsprache überhöht Gewährte im Wege des Schadensersatzes sogleich zurückzugeben hätte.

Dass dem Auftraggeber dann, wenn ihm durch die verbotene Preisabrede ein Schaden entstanden ist, ein Anspruch auf Schadensersatz zusteht, ist unbeschritten. Der Anspruch auf Schadensersatz ergibt sich aus § 8 Nr. 3 Abs. 2 Satz 1 VOB/B ggf. i.V.m. § 823 Abs. 2 BGB sowie § 35 Abs. 1 GWB.[249] 111

[246] *Ingenstau/Korbion/Vygen* VOB/B § 8 Nr. 4, Rdn. 1.

[247] Für die Möglichkeit einer Teilkündigung: *Nickisch/Weick* VOB/B § 8, Rdn. 54; dagegen: *Heiermann/Riedl/Rusam* VOB/B § 8, Rdn. 46; *Kleine-Möller/Merl/Oelmayer* VOB/B § 14, Rdn. 133.

[248] Ebenso *Ingenstau/Korbion/Vygen* VOB/B § 8 Nr. 4, Rdn. 13.

[249] *Hahn* BauR 1989, 284.

Vierter Abschnitt. Das Schriftformerfordernis – § 8 Nr. 5 VOB/B

112 § 8 Nr. 5 VOB/B bestimmt, dass die Kündigung schriftlich zu erklären ist. Das Schriftformerfordernis gilt für alle Auftragsentziehungen, die in § 8 Nr. 1 bis Nr. 4 VOB/B geregelt sind. Die Schriftformanforderungen ergeben sich aus §§ 126–127 BGB. Gemäß § 126 a BGB kann die Schriftform mittlerweile auch durch elektronische Form ersetzt werden. Gemäß § 127 Abs. 2 BGB ist die Schriftform auch bei Übermittlung per Telefax gewahrt, es sei denn, die Parteien haben etwas anderes vertraglich vereinbart. Derartige zusätzliche vertragliche Vereinbarungen sind in Bauverträgen nicht unüblich, so wird vielfach vereinbart, dass die Kündigung des Bauvertrages nur per eingeschriebenen Brief mit Rückschein zulässig sein soll. Eine solche Klausel wäre in Allgemeinen Geschäftsbedingungen des Auftragnehmers nur im kaufmännischen Geschäftsverkehr wirksam.[250]

113 Wird die Kündigung nur mündlich ausgesprochen, ist diese formnichtig nach § 125 Satz 2 BGB. Die Parteien haben allerdings nach Vertragsschluss die Möglichkeit, auf die Einhaltung der Schriftform gemeinsam zu verzichten, was auch konkludent möglich ist.[251] In diesen Fällen der **einverständlichen Vertragsaufhebung** greifen hinsichtlich der Rechtsfolgen diejenigen Regelungen ein, die bei Einhaltung der Schriftform unmittelbar zum Tragen gekommen wären.[252] Das Gleiche gilt, wenn eine freie Teilkündigung wegen Nichtwahrung der Schriftform zwar nichtig ist, der Auftraggeber allerdings gleichwohl die Teilleistung durch einen Dritten ausführen lässt und damit die Leistungserbringung durch den Auftragnehmer unmöglich macht.[253]

Von einer einverständlichen Vertragsaufhebung ist in diesem Sinne auch dann auszugehen, wenn der Auftraggeber den Auftragnehmer zur Mängelbeseitigung aufgefordert hat, dieser die Mängelbeseitigung nachhaltig und endgültig verweigerte und der Auftraggeber ohne vorab schriftlich gekündigt zu haben, einen Ersatzunternehmer beauftragte.[254] Hiervon wird man allerdings nur dann im Ergebnis ausgehen können, wenn sich beide Parteien übereinstimmend auf eine Vertragsbeendigung ausweislich ihres Verhaltens eingestellt haben. Der Auftraggeber wird dies regelmäßig durch die Beauftragung des Ersatzunternehmers dokumentieren, der Auftragnehmer dadurch, dass er seine Arbeiten eingestellt und die Baustelle geräumt hat.

Fünfter Abschnitt. Aufmaß, Abnahme, prüfbare Abrechnung über die ausgeführten Leistungen – § 8 Nr. 6 VOB/B

I. § 8 Nr. 6 1. Halbs. VOB/B – Aufmaß und Abnahme

114 Der Auftragnehmer kann Aufmaß und Abnahme der von ihm ausgeführten Leistungen alsbald nach Kündigung verlangen. Diese Regelung gilt für alle Kündigungen nach § 8 Nr. 1 bis 4 VOB/B, also nicht nur für die Kündigung aus wichtigem Grund.[255]

Das Aufmaß ist bei Einheitspreisverträgen zwingend Voraussetzung für eine prüfbare Abrechnung des Vergütungsanspruches für die bis zur Kündigung erbrachten Leistungen. Bei Pauschalpreisverträgen gilt dies nur dann, wenn der Auftragnehmer nicht auf andere Weise prüfbar seinen Vergütungsanspruch auch für die erbrachten Leistungen abrechnen kann.[256]

[250] Hoffmann/Glatzel/Frikell, 114.

[251] Ebenso *Kniffka/Koeble Kompendium des Baurechts, 9. Teil Rdn. 8.*

[252] BGH NZBau 2000, 467; BGH BauR 1999, 1021; BGH BauR 1973, 319; OLG Karlsruhe BauR 1994, 116; *Kapellmann/Schiffers* Band 2, Rdn. 1411; *Ingenstau/Korbion/Vygen* VOB/B § 8 Nr. 5, Rdn. 5; *Nicklisch/Weick* VOB/B vor §§ 8, 9, Rdn. 41.

[253] *Kapellmann/Schiffers* Band 2, Rdn. 1311.

[254] BGH NZBau 2000, 467; BGH BauR 1999, 1021.

[255] BGH BauR 1988, 82.

[256] Siehe hierzu oben unter Rdn. 48

Der Auftragnehmer hat grundsätzlich Anspruch auf ein gemeinsames Aufmaß, kann aber im Weigerungsfalle des Auftraggebers das Aufmaß auch einseitig nehmen.[257] Rechnet der Auftragnehmer die bis zur Kündigung erbrachten Leistungen ab, so muss er sämtliche ihm zustehenden Ansprüche, insbesondere auch solche aus Nachträgen oder Behinderung abrechnen.[258] Hiervon ist lediglich eine Ausnahme zu machen wegen der unter § 8 Nr. 3 Abs. 3 VOB/B angesprochenen angemessenen Vergütung für Geräte etc.[259] Was die Abnahme anbelangt, so ist diese zwar bei gekündigten Bauverträgen nicht mehr Fälligkeitsvoraussetzung für einen Vergütungsanspruch des Auftragnehmers.[260] Sie ist aber gleichwohl für den Auftragnehmer wie auch für den Auftraggeber sinnvoll und zweckmäßig. Durch die Abnahme wird geklärt, ob der Auftraggeber die erbrachten Teilleistungen überhaupt für abnahmefähig hält, falls ja, welche Mängel er rügt und wann die Verjährungsfrist für die Gewährleistungsrechte zu laufen beginnt. Weigert sich der Auftraggeber an einer Abnahme mitzuwirken, kann ihm der Auftragnehmer eine angemessene Frist zur Abnahme gemäß § 640 Abs. 1 Satz 3 BGB n.F. setzen, die der Abnahme im Falle des fruchtlosen Ablaufes gleichsteht, wenn die Werkleistung des Auftragnehmers keine wesentlichen Mängel aufweist.

II. § 8 Nr. 6 2. Halbs. VOB/B – Vorlage einer prüfbaren Rechnung über die ausgeführten Leistungen

Nach dem VOB-Text muss der Auftragnehmer eine prüfbare Abrechnung der von ihm ausgeführten Leistungen unverzüglich vorlegen. Der Auftragnehmer trägt die Beweislast für Art und Umfang der von ihm abgerechneten Teilleistungen sowie die Mängelfreiheit. Letztere geht nur dann auf den Auftraggeber über, wenn er die erbrachten Teilleistungen abgenommen hat oder ihm gemäß § 640 Abs. 1 Satz 3 BGB n.F. fruchtlos eine angemessene Frist zur Abnahme gesetzt hat. 115

Unverzüglichkeit setzt gemäß § 121 BGB Handeln ohne schuldhaftes Zögern voraus. Verletzt der Auftragnehmer diese nachvertragliche Verpflichtung, so stehen dem Auftraggeber Schadensersatzansprüche im Falle des schuldhaften Verletzens dieser Pflicht zu.[261] 116

Rechnet der Auftragnehmer die erbrachten Leistungen schneller ab, als der Auftraggeber hierzu bzgl. der aus der Fortführung des Bauvorhabens ihm entstehenden Mehrkosten in der Lage ist, so ist der Auftragnehmer zur Durchsetzung seiner Forderungen bis zur Vorlage der Abrechnung über etwaige Mehrkosten nicht in der Lage. Dem Auftraggeber steht insoweit ein Zurückbehaltungsrecht zu.[262]

Sechster Abschnitt. Die Vertragsstrafe – § 8 Nr. 7 VOB/B

§ 8 Nr. 7 VOB/B regelt, dass eine wegen Verzuges verwirkte, nach Zeit bemessene Vertragsstrafe nur für die Zeit bis zum Tag der Kündigung des Vertrages gefordert werden kann. Es handelt sich hierbei um eine den Auftragnehmer im Vergleich zur gesetzlichen Regelung begünstigende Bestimmung. Zwar ist die versprochene Vertragsstrafe von der sie sichernden Hauptverpflichtung zwingend abhängig, so dass keine Vertragsstrafenverwirkung eintritt, wenn die gesicherte schuldrechtliche Verpflichtung durch Kündigung des Vertrages in Wegfall geraten ist. Das heißt bezogen auf eine vertragsstrafenbewährte Gesamtfertigstellungsfrist, dass dann, wenn der Auf- 117

---

[257] *Ingenstau/Korbion/Vygen* VOB/B § 8 Nr. 6, Rdn. 8; *Franke/Kemper/Zanner/Grünhagen* VOB/B § 8, Rdn. 90.

[258] BGH BauR 1987, 95.

[259] Siehe hierzu oben unter Rdn. 95.

[260] BGH BauR 1987, 95; OLG Hamm BauR 1995, 397; *Heiermann/Riedl/Rusam* VOB/B § 8, Rdn. 48; *Ingenstau/Korbion/Vygen* VOB/B § 8 Nr. 6, Rdn. 15.

[261] *Ingenstau/Korbion/Vygen* VOB/B § 8 Nr. 6, Rdn. 22.

[262] BGH NZBau 2001, 86.

tragnehmer zum Zeitpunkt der Vertragskündigung mit der Gesamtfertigstellung noch nicht in Verzug war, er auch dann die vereinbarte Vertragsstrafe nicht verwirkt, wenn das Bauvorhaben infolge eines von ihm zu vertretenden Rückstands durch den beauftragten Drittunternehmer erst weit nach dem Gesamtfertigstellungstermin aus dem gekündigten Bauvertrag fertig gestellt werden kann.

War der Auftragnehmer zum Zeitpunkt der Vertragskündigung allerdings bereits in Verzug mit der vertragsstrafenbewährten Fertigstellungsverpflichtung, so ist nach dem Sinn und Zweck der versprochenen Vertragsstrafe dem Gläubiger den Schadensnachweis zu ersparen, davon auszugehen, dass eine vor der Kündigung verwirkte Vertragsstrafe sich in ihrem Umfang auch nach den Umständen richtet, die zeitlich nach der Beendigung des Vertrages liegen.[263]

Die VOB-Regelung führt zu einer Begrenzung des Umfangs der Vertragsstrafe, vorausgesetzt, dass die vereinbarte Vertragsstrafe bereits vor Vertragskündigung verwirkt wurde. Selbstverständlich kann die verwirkte Vertragsstrafe zeitlich begrenzt bis zur Vertragskündigung unabhängig davon geltend gemacht werden, aus welchem Grunde der Auftrag entzogen wurde.[264] Eine verwirkte Vertragsstrafe ist dann, wenn es zu einer Abnahme gemäß § 8 Nr. 6 VOB/B kommt, und nur dann, vorzubehalten.[265]

§ 9 Kündigung durch den Auftragnehmer

1. Der Auftragnehmer kann den Vertrag kündigen:
   a) wenn der Auftraggeber eine ihm obliegende Handlung unterlässt und dadurch den Auftragnehmer außerstande setzt, die Leistung auszuführen (Annahmeverzug nach §§ 293 ff. BGB),
   b) wenn der Auftraggeber eine fällige Zahlung nicht leistet oder sonst in Schuldnerverzug gerät.

2. Die Kündigung ist schriftlich zu erklären. Sie ist erst zulässig, wenn der Auftragnehmer dem Auftraggeber ohne Erfolg eine angemessene Frist zur Vertragserfüllung gesetzt und erklärt hat, dass er nach fruchtlosem Ablauf der Frist den Vertrag kündigen werde.

3. Die bisherigen Leistungen sind nach den Vertragspreisen abzurechnen. Außerdem hat der Auftragnehmer Anspruch auf angemessene Entschädigung nach § 642 BGB; etwaige weitergehende Ansprüche des Auftragnehmers bleiben unberührt.

Schrifttum: *Adler/Everts* Kündigungsrechte des Auftragnehmers trotz mangelhafter Werkleistung, BauR 2000, 1111 – *Bersch* Bestellerrechte bei Leistungsverzögerungen vor Fälligkeit der Werkleistung, 1992 – *Heinle* Ansprüche des Architekten bei Bauzeitverlängerung; zum Schattendasein des § 642 BGB, BauR 1992, 428 – *Böttcher* Die Kündigung eines Werkvertrages aus wichtigem Grund nach dem Schuldrechtsmodernisierungsgesetz, ZfBR 2002, 1776 – *Hofmann* Mitwirkungspflichten des Auftraggebers bei der Baudurchführung, Festschrift von Craushaar 1997, S 219 ff. – *Hüffer* Leistungsstörungen durch Gläubigerhandeln, 1976 – *Knacke* Anmerkung zu OLG Düsseldorf v. 25.4.1995 – 21 U 192/94 – in BauR 1996, 119 – *Kniffka* Das Gesetz zur Beschleunigung fälliger Zahlungen, ZfBR 2000, 227 – *Kniffka* Die Kooperationspflichten der Bauvertragspartner im Bauvertrag, Jahrbuch BauR 2001, 1 – *Kniffka* Die neuere Rechtsprechung des Bundesgerichtshofes zur Abrechnung nach Kündigung des Bauvertrages, Jahrbuch BauR 2000, 1 – *Kraus* Bauverzögerung durch Vorunternehmer, BauR 2000, 1105 – *Lachmann* Die Rechtsfolgen unterlassener Mitwirkungshandlungen des Werkbestellers, BauR 1990, 409 ff. – *Müller-Foell* Die Mitwirkung des Bestellers beim Bauvertrag, 1982 – *Nicklisch* Mitwirkungspflichten des Bestellers beim Werkvertrag, insbesondere beim Bau- und Industrieanlagenvertrag, BB 1979, 533 – *Raab* Anmerkung zu BGH v. 21.10.1999 – VII ZR 185/98 in JZ 2001, 251 ff. – *von Rintelen* Vergütungsanspruch des Architekten im Falle der so genannten freien Kündigung des Architektenvertrages – Zulässigkeit seiner Pauschalierung durch AGB, BauR 1998, 603 – *Schilder* Der Anspruch aus § 642 BGB – Grundlagen und Berechnung der zusätzlichen Vergütung,

[263] *Nicklisch/Weick* VOB/B § 8, Rdn. 63.

[264] Anderer Ansicht *Franke/Kemper/Zanner/Grünhagen* VOB/B § 8, Rdn. 93, die lediglich bei Wahl des Schadensersatzanspruches wegen Nichterfüllung nach VOB/B § 8 Nr. 3 Abs. 2 Satz 2 die Geltendmachung der Vertragsstrafe für zulässig erachten.

[265] BGH BauR 1981, 373; BGH BauR 2000, 1758.

2006 – *Schmitz* Kündigungsrecht des Auftragnehmers bei objektiv vorliegenden, vom Auftraggeber aber nicht zeitnah gerügten Mängeln? (Anmerkung zu OLG Celle, BauR 2000, 416) BauR 2000, 1126 – *Stickler/Fehrenbach* Die Kündigung von Bauverträgen, 2. Aufl. 2004 – *Voit* Die außerordentliche Kündigung des Werkvertrages durch den Besteller, BauR 2002, 1776 – *Vygen* Die Kündigung des Bauvertrages und deren Voraussetzungen, Jahrbuch BauR 1998, S. 1

Übersicht

A. Einführung

I. Allgemeines Kündigungsrecht aus wichtigem Grund

1 Während der Auftraggeber den Werkvertrag jederzeit kündigen kann (§ 649 BGB, § 8 Nr. 1 VOB/B) steht dem Auftragnehmer ein derartiges freies Kündigungsrecht nicht zu. Er kann den Vertrag nur aus wichtigem Grund kündigen. Zwei besonders wichtige Kündigungsgründe sind in § 9 Nr. 1 VOB/B positiv geregelt. Hierbei handelt es sich allerdings um **keine abschließende Aufzählung.**[1] Die beiden normierten Kündigungsgründe stehen neben dem allgemeinen Rechtsgrundsatz, dass Dauerschuldverhältnisse auch ohne ausdrückliche Regelung bei Vorliegen eines wichtigen Grundes, der eine vollständige Vertragsdurchführung unzumutbar macht, außerordentlich gekündigt werden können.[2] Das ist nunmehr in § 314 BGB kodifiziert. Dieser Rechtsgrundsatz ist auch bisher auf den Bauvertrag, auch wenn er kein Dauerschuldverhältnis im engeren Sinne ist, angewandt worden, weil dessen Ausführung längere Zeit in Anspruch nimmt und die Beendigung der Leistungspflicht ex nunc zu einer angemesseneren Regelung als z.B. ein Rücktritt führt, der zurück wirkt und grundsätzlich zur Rückgewähr der bereits erbrachten Leistung verpflichtet.[3] Seit der Schuldrechtsmodernisierung besteht zwar eine weitergehende Möglichkeit zum Teilrücktritt, vgl. § 323 Abs. 5 BGB. Dennoch bleibt das Kündigungsrecht die sachgerechte Lösung zur Vertragsbeendigung, allein schon im Hinblick auf die Mängelrechte für die erbrachten Leistungen.[4] Die Regelung über den Teilrücktritt in § 325 Abs. 5 BGB passt schon nicht für einen Rücktritt des Bestellers[5] und erst recht nicht auf den des Auftragnehmers, da sie nicht auf seinen Leistungsstand abstellt, sondern auf die Teilleistung des Auftraggebers. Ob das allgemeine Kündigungsrecht des § 314 BGB für Dauerschuldverhältnisse auf Werkverträge als Langzeitverträge generell Anwendung finden kann, hat der Gesetzgeber bewusst offen gelassen.[6] Dementsprechend ist der Fortbestand des vor der Schuldrechtsmodernisierung allgemein anerkannten außerordentlichen Kündigungsrecht für den BGB-Werkvertrag und seine dogmatische Verortung nunmehr umstritten.[7] Für den VOB-Vertrag ist der Fortbestand eindeutig zu bejahen, da Werkverträge jedenfalls durch vertragliche Vereinbarungen wie ein Dauerschuldverhältnis ausgestaltet werden können[8], was durch die Kündigungsregelung in § 8 und § 9 VOB/B geschehen wäre. Das vertragliche Kündigungsrecht verdrängt dann das gesetzliche Rücktrittsrecht.[9]

---

[1] Vgl. *Ingenstau/Korbion/Vygen* VOB/B § 9 Rdn. 14.

[2] BGHZ 41, 104 m.w.N.

[3] BGH NJW 1969, 233; *Nicklisch/Weick* VOB/B vor §§ 8, 9 Rdn. 8 ff.

[4] Vgl. näher *Voit* BauR 2002, 1776, 1780 ff.; *Ingenstau/Korbion-Vygen*, vor §§ 8, 9 Rdn. 99 ff.

[5] *Voit* BauR 2002, 1776, 1781 ff.

[6] RegBegr. zu § 323 Abs. 1 S. 1, abgedruckt bei *Canaris*, Schuldrechtsmodernisierung, S. 748.

[7] Dafür z.B. *Kniffka* in ibr-online-Kommentar § 649 BGB Rdn. 5 ff.; *Voit* BauR 2002, 1776 ff.; *Sienz* BauR 2002, 181, 194 f.; **anderer Ansicht** *Boldt* NZBau 2002, 655 ff.

[8] Münchener Kommentar/*Kramer* BGB Einl. v. § 241 Rdn. 97; *Dauner-Lieb/Heidel/Lepa/Ring* § 314 Rdn. 4; *Palandt/Heinrichs* BGB § 314 Rdn. 5; ebenso *Ingenstau/Korbion/Vygen*, § 9 Rdn. 9.

[9] Vgl. VOB/B § 6 Rdn. 143 ff.; so auch *Leinemann/Leinemann* VOB/B § 9 Rdn. 3; *Ingenstau/Korbion/Vygen*, § 9 Rdn. 9; *Böttcher*, ZfBR 2003, 218.

II. Normierte Kündigungstatbestände zur Erleichterung der Darlegungs- und Beweislast

Bei der außerordentlichen Kündigung muss der Kündigende grundsätzlich die besondere Schwere der Kündigungsgründe darlegen, die ihm eine weitere Fortsetzung des Vertragsverhältnisses nach Treu und Glauben nicht mehr zumutbar machen. Durch die ausdrückliche Regelung der beiden Kündigungsrechte in § 9 Nr. 1 VOB/B legen die Parteien vertraglich fest, dass die dort genannten Gründe regelmäßig eine außerordentliche Kündigung rechtfertigen. Dennoch könnte der Auftraggeber geltend machen, dass die vorgesehene schwer wiegende Beeinträchtigung des Vertragsverhältnisses im konkreten Einzelfall tatsächlich nicht vorliegt, z.B. weil der Zahlungsrückstand unbedeutend war.[10] Es ist deshalb nicht richtig, generell von Kündigungsgründen ohne weitere Wertungsnotwendigkeit zu sprechen, zu denen für die Vertragsauflösung nur noch die formellen Voraussetzungen des § 9 Nr. 2 VOB/B hinzu kommen müssten.[11] Eine vertragliche Festschreibung der Unzumutbarkeit ist jedenfalls bei § 9 Nr. 1 lit. b), 2. Alt. VOB/B, nicht erfolgt, da die Vorschrift den Verzug mit jeglicher Schuldnerpflicht erfasst. Hier muss die Zumutbarkeit der Vertragsfortsetzung im Einzelfall geprüft werden, wobei allerdings aufgrund der Regelungstechnik die Darlegungs- und Beweislast den Auftraggeber trifft. 2

§ 9 VOB/B erschöpft sich nicht in der Normierung der Kündigungstatbestände. Nr. 2 stellt formelle Kündigungsvoraussetzungen auf. Wie bei § 8 Nr. 3 VOB/B muss die Kündigung schriftlich erfolgen. Im Interesse eines möglichen Vertragserhaltes setzt die Kündigung eine vorausgegangene Androhung voraus. Hiermit wird gegenüber den allgemeinen Regelungen des BGB eine zusätzliche Anforderungen aufgestellt, die aber spiegelbildlich den Anforderungen der § 4 Nr. 7 und § 5 Nr. 4 VOB/B für die Kündigung durch den Auftraggeber entspricht. 3

In Nr. 3 werden die Rechtsfolgen der Kündigung behandelt. Diese Regelung erschöpft sich in einer Wiederholung bzw. Verweisung auf bereits gesetzlich bestehende Ansprüche. 3 a

III. Verhältnis zu anderen Vertragsbeendigungstatbeständen

Ein weiteres Kündigungsrecht des Auftragnehmers ist in der VOB/B in § 6 Nr. 7 VOB/B geregelt. Danach kann jede Vertragspartei bei einer Unterbrechung der Bauausführung, die länger als drei Monate dauert, den Bauvertrag mit den Folgen der § 6 Nr. 5 und 6 VOB/B kündigen. 4

Beim BGB-Werkvertrag ist der Auftragnehmer berechtigt, wenn der Besteller seine Mitwirkungsobliegenheiten verletzt, diesem eine Frist zur Nachholung der Mitwirkungshandlung zu setzen und die Fristsetzung mit der Erklärung zu verbinden, dass er den Vertrag kündige, wenn die Handlung nicht innerhalb der gesetzten Frist erfolgt, § 643 BGB. Dieses Kündigungsrecht wird durch § 9 Nr. 1 lit a VOB/B leicht modifiziert (vgl. Rdn. 6 f.) und damit verdrängt. 4 a

Kommt der Auftraggeber beim BGB-Werkvertrag mit einer Hauptverbindlichkeit, also vor allem mit der Zahlung des Werklohns, in Verzug, kann der Auftragnehmer nach § 323 BGB vom Vertrag zurücktreten. § 9 Nr. 1 lit. b VOB/B regelt für die Fälle des Zahlungsverzugs oder sonstigen Schuldnerverzugs ein Kündigungsrecht. Dieses Kündigungsrecht schließt als vorgehende vertragliche Sonderregelung einen Rücktritt nach § 323 BGB aus.[12] 5

Neben den Kündigungsrechten nach § 9 VOB/B steht das Recht zur Vertragsbeendigung nach §§ 648 a , 643 BGB, falls der Auftraggeber eine geforderte Sicherheit für den Werklohn nicht stellt. Dieser Fall wird von § 9 VOB/B nicht erfasst, zumal die Regelungen des § 648 a gemäß § 648 a Abs. 7 BGB halbzwingend sind. Diese Vertragsbeendigungsmöglichkeit bietet sich vor allem dann 5 a

[10] Vgl. OLG Düsseldorf BB 1978, 1339.

[11] So aber Beck'scher VOB-Kommentar/*Motzke* VOB/B § 9 Nr. 1 Rdn. 2, 6.

[12] *Heiermann/Riedl/Rusam* VOB/B Einf. zu § 8 u. 9 Rdn. 3; *Ingenstau/Korbion/Vygen* VOB/B § 9 Rdn. 9; *Leinemann/Leinemann*, § 9 VOB/B Rdn. 4. Vgl. zu § 314 BGB RegBegr. zu § 314, Vorbemerkung, bei *Canaris*, Schuldrechtsmodernisierung, S. 748.

an, wenn die Fälligkeit geforderter Abschlagszahlungen wegen zweifelhafter Prüffähigkeit der Abschlagsrechnungen oder möglicher Mängel (vgl. dazu Rdn. 31 ff.) fraglich ist.

B. § 9 Nr. 1 lit. a VOB/B – Kündigung wegen Gläubigerverzugs

I. Gesetzliche Ausgangslage

6 Kommt der Besteller mit einer Mitwirkungshandlung, die bei der Herstellung des Werkes erforderlich ist, durch Unterlassen in Annahmeverzug, so steht dem Auftragnehmer zunächst eine angemessene Entschädigung gemäß § 642 BGB zu. Erfasst werden die Mehraufwendungen (nur) während der verzugsbedingten Wartezeit.[13] Darüber hinaus kann der Auftragnehmer dem Auftraggeber zur Nachholung eine Frist mit der Erklärung bestimmen, dass er den Vertrag kündige, wenn die Handlung nicht bis zum Ablauf der Frist vorgenommen werde (§ 643 BGB). Diese Regelung übernimmt die VOB/B unter gewissen Modifikationen. Während nach dem Wortlaut der §§ 642, 643 BGB eine Kündigung schon beim Ausbleiben einer erforderlichen Mitwirkungshandlung möglich ist[14], setzt § 9 Nr. 1 lit. a VOB/B einschränkend voraus, dass der Auftragnehmer durch die ausstehende Mitwirkungshandlung „außer Stande gesetzt wird, die Leistung auszuführen". Geändert ist auch der formelle Ablauf. Bei § 643 BGB muss die Kündigung selbst schon (bedingt) bei der Nachfristsetzung ausgesprochen werden, die bloße Androhung einer Kündigung reicht nicht aus.[15] Beim VOB-Vertrag ist zunächst unter Kündigungsandrohung eine Nachfrist zu setzen, während die Kündigung selbst erst nach fruchtlosem Fristablauf auszusprechen ist, § 9 Nr. 2 Satz 2.[16]

7 **§ 9 VOB/B stärkt** damit **die Bestandsinteressen** des Auftraggebers gegenüber den Lösungsinteressen des Auftragnehmers.[17] § 9 Nr. 1 lit. a VOB/B enthält hinsichtlich der Kündigungsgründe eine sachlich gebotene Einschränkung des eher weit geratenen § 643 BGB.[18] Gleichzeitig wird die durch eine Zwangsläufigkeit geprägte Kündigungsregelung des § 643 BGB flexibler gestaltet und den sonstigen Kündigungsrechten angepasst. Beim VOB-Vertrag ist der Auftragnehmer in der Entscheidung frei, ob er nach fruchtlosem Fristablauf tatsächlich die Kündigung erklärt. Bei § 643 BGB löst sich der Vertrag automatisch mit Fristablauf aus; es ist sogar umstritten, ob der Auftragnehmer die Kündigung vor Fristablauf noch einseitig zurücknehmen kann.[19]

II. Gläubigerobliegenheiten

1. Die einzelnen Mitwirkungshandlungen des Auftraggebers

8 In § 9 Nr. 1 lit. a VOB/B ist nicht konkret geregelt, welche unterlassenen Mitwirkungshandlungen zur Kündigung berechtigen. Da die unterlassene Handlung den Auftragnehmer **außer Stande setzen** muss, die Leistung auszuführen, sind solche Mitwirkungshandlungen betroffen, von denen der Beginn oder die Durchführung der Arbeiten abhängig ist.[20] Diese Mitwirkungshandlungen ergeben sich neben dem Gesetz vor allem – auch konkludent – aus den vertraglichen

---

[13] BGB-RGRK/*Glanzmann* § 643 Rdn. 7; *Staudinger/Peters* BGB (2003) § 643 Rdn. 25; *Lachmann* BauR 1990, 409.

[14] Die Kündigungsmöglichkeit wird allerdings teilweise restriktiver interpretiert, vgl. OLG Celle OLGR 2001, 147 (bedenklich) und *Staudinger/Peters* BGB § 643 Rdn. 7. **Anders** aber z.B. *Soergel/Teichmann* BGB § 643 Rdn. 3 und wohl auch BGB-RGRK/*Glanzmann* § 643 Rdn. 6.

[15] *Staudinger/Peters* BGB (2003) § 643 Rdn. 12.

[16] Vgl. BGH NJW 1973, 1463.

[17] Beck'scher VOB-Kommentar/*Motzke* VOB/B vor § 9 Rdn. 7.

[18] Vgl. *Staudinger/Peters* BGB (2003) § 643 Rn 7.

[19] Dafür *Staudinger/Peters* BGB (2003) § 643 Rdn. 15; **anderer Ansicht** *Soergel/Teichmann* BGB § 643 Rdn. 5.

[20] *Staudinger/Peters* BGB (2003) § 643 Rdn. 7.

Vereinbarungen.[21] In der VOB/B, aber auch in der VOB/C sind zahlreiche Handlungen des Auftraggebers aufgezählt, die die wichtigsten Mitwirkungsfälle abdecken:

- Bereitstellung des Baugrundstücks bzw. der baulichen Anlagen[22] 9
- Rechtzeitige Übergabe der Ausführungsunterlagen, § 3 Nr. 1
- Absteckung der Hauptachsen, § 3 Nr. 2
- Zustandsfeststellung, § 3 Nr. 4
- Aufrechterhaltung der allgemeinen Ordnung auf der Gesamtbaustelle, § 4 Nr. 1
- Regelung des Zusammenwirkens mehrerer Unternehmer, § 4 Nr. 1 Abs. 1 Satz 1
- Herbeiführung der erforderlichen öffentlich-rechtlichen Genehmigungen und Erlaubnisse, § 4 Nr. 1 Abs. 1 Satz 2
- Unentgeltliche Überlassung von Lager- und Arbeitsplätzen sowie Anschlüssen, § 4 Nr. 4
- Treffen notwendiger Anordnungen, § 4 Nr. 1 Abs. 4, § 4 Nr. 3, § 6 Nr. 3
- Auskunft über den voraussichtlichen Beginn der Ausführung und zum Abruf der Leistungen, § 5 Nr. 2
- Gemeinsame Festlegungen mit dem Auftragnehmer bzw. Anordnungen nach der VOB/C[23]

2. Rechtsnatur der Mitwirkungshandlungen

Die Mitwirkungshandlungen des Bestellers im Werkvertragsrecht sind vom Gesetzgeber, 10 ausgehend von der Erwägung, dass die Werkherstellung allein im Interesse des Bestellers liegt (vgl. § 649 BGB), bewusst als so genannte **Obliegenheiten** ausgestaltet worden.[24] Es handelt sich danach nicht um eigentliche Rechtspflichten; sie sind weder einklagbar noch führt ihre Verletzung unmittelbar zu Schadenersatzsanktionen.[25]

Um ihre Erfüllung dennoch zu gewährleisten, knüpft das Gesetz an die Nichterfüllung von 11 Obliegenheiten sonstige nachteilige Rechtsfolgen, z.B. die Verwirkung von Rechten des Obliegenheitsbelasteten oder die Begründung von anderen Rechten beim Betroffenen.[26] Wie sich aus §§ 642, 643 BGB ergibt, führt die Verletzung von Mitwirkungshandlungen nur zum **Annahmeverzug** des Bestellers, zu Entschädigungs- und Kündigungsrechten, **nicht** aber zu **Erfüllungs- oder Schadenersatzansprüchen**. Grund ist, dass der Gesetzgeber sich beim Werkvertragsrecht an der handwerklichen Herstellung oder Bearbeitung orientierte, die mehr dem Typus des punktuellen Austauschvertrages entsprechen, weshalb er besondere Regelungen über das Zusammenwirken der Parteien während der Herstellungsphase als entbehrlich ansah.[27] Im Übrigen wurden die Parteien darauf verwiesen, so weit im konkreten Falle erforderlich, Mitwirkungspflichten des Bestellers vertraglich zu begründen.[28]

Es lässt sich heute nicht mehr bestreiten, dass jedenfalls für größere **Baumaßnahmen** die 12 Kooperation der Parteien eine zentrale Bedeutung erlangt hat und umfangreiche und gewichtige Mitwirkungshandlungen des Bestellers die gesamte Herstellungsphase durchziehen.[29] Eine wohl inzwischen überwiegende Auffassung in der Literatur nimmt deshalb an, dass beim Werkvertrag allgemein[30], jedenfalls beim Bauvertrag[31] und erst recht beim VOB-Vertrag[32], zumindest aber

---

21 *Ingenstau/Korbion/Vygen*, VOB/B § 9 Nr. 1 Rdn. 5.
22 Beck'scher VOB-Kommentar/*Hofmann* VOB/B vor § 3 Rdn. 5 m.w.N.
23 Vgl. z.B. DIN 18300, Ziff. 3.3.1, 3.5.3, 3.7.4., 3.7.7 oder DIN 18305, Ziff. 3.3.3 und 3.4.2.
24 Motive II S. 496 f.; *Hüffer* S. 33; *Staudinger/Peters* BGB (2003) § 642 Rdn. 17; *Kniffka* Jahrbuch BauR 2001, 1, 6.
25 Vgl. *Müller-Foell* S. 46 m.w.N.; *Schilder* S. 42 ff., 47 ff. m.w.N.
26 Vgl. *Müller-Foell* S. 47.
27 Vgl. Motive II, S. 470; *Nicklisch* BB 1979, 533.
28 Motive II, S. 469 f.; *Hüffer* S. 34.
29 *Nicklisch* BB 1979, S. 533, 537 ff. ; *Müller-Foell* S. 86 f.; *Kniffka* Jahrbuch BauR 1998, S. 1, 6 ff.
30 BGB-RGRK/*Glanzmann* §§ 631 Rdn. 46, 642 Rdn. 12; *Erman/Schwenker* BGB § 642 Rdn. 2.
31 *Ingenstau/Korbion/Vygen*, VOB/B § 9 Nr. 1 Rdn. 23.
32 Vgl. § 6 VOB/B Rdn. 47 f. m.w.N.

bei größeren Bauvorhaben, insbesondere des Anlagenbaus[33], die Mitwirkungshandlung als **echte Vertragspflichten** vereinbart werden, der Besteller also nicht nur in Gläubigerverzug, sondern auch in Schuldnerverzug geraten kann.[34]

Andere differenzieren nach Art der einzelnen Mitwirkungshandlungen.[35]

13 Demgegenüber gehen Rechtsprechung[36] und eine traditionelle Meinung im Schrifttum[37] davon aus, dass ohne besondere vertragliche Vereinbarung die Mitwirkungshandlungen des Auftraggebers nur **Obliegenheitscharakter** haben. An die konkludente vertragliche Vereinbarung von Schuldnerpflichten stellen sie strenge Anforderungen[38], die aus der besonderen Art des Werkes allein noch nicht abgeleitet werden. Dies ist in Anbetracht der Bedeutung jedenfalls einiger Mitwirkungshandlungen für den Werkerfolg und der sonstigen Großzügigkeit bei der Annahme stillschweigend begründeter Pflichten wenig stringent. Eine Mitwirkungshandlung des Auftraggebers wird nach dieser Auffassung nicht allein dadurch, dass für ihre Vornahme ein Termin festgelegt wurde, zur Schuldnerpflicht[39], auch nicht wenn für die hierauf aufbauende Leistung des Auftragnehmers ihrerseits eine Vertragsfrist vereinbart wurde.[40] Die Terminsfestsetzungen dienen der Koordination, ihre Vereinbarung führt zum Annahmeverzug auch ohne Mahnung; ohne zusätzliche Umstände führt die Terminsfestlegung allein nach der Rechtsprechung des BGH noch nicht zur Änderung der Rechtsnatur von Obliegenheiten[41].

14 Die rechtliche Einordnung der Mitwirkungshandlungen kann für die Frage der Kündigung nach § 9VOB/B offen bleiben.[42] Die Annahme echter Vertragspflichten würde neben § 9 Nr. 1 lit. a VOB/B nur zusätzlich den Kündigungstatbestand des § 9 Nr. 1 lit. b erfüllen, da der Auftraggeber dann bei Nichterfüllung „sonst in Schuldnerverzug gerät".[43]

15 Bedeutung kann der Rechtscharakter der Mitwirkungshandlung allerdings für die Frage des **Schadenersatzes** haben. Die Nichterfüllung von Vertragspflichten führt anders als die Nichtbeachtung von Gläubigerobliegenheiten unmittelbar zu Schadenersatzansprüchen nach § 280, 286 BGB.[44] Allerdings unterscheiden sich auch hier die beiden Rechtsauffassungen nicht wesentlich, da die Rechtsprechung in vielen Fällen die schuldhafte Verletzung von Obliegenheiten als (mittelbare) Vertragsverletzung ansieht. (vgl. Rdn. 96 ff.)

III. Materielle Kündigungsvoraussetzungen

1. Annahmeverzug des Auftraggebers

16 Der Auftraggeber muss sich durch das Unterlassen seiner Mitwirkung in Annahmeverzug befinden. Die Voraussetzungen hierfür sind:

17 **a) Fälligkeit bzw. Erfüllbarkeit.** Zunächst muss der Auftragnehmer bereits berechtigt sein, die Leistung zu erbringen, für die die Mitwirkungshandlung des Auftraggebers erforderlich ist.[45]

[33] *Nicklisch* BB 1979, 533, 540 f.; *Müller-Foell* S. 104; *Kniffka* Jahrbuch 2001, 1, 7 ff.; *Soergel/Teichmann* BGB § 642 Rdn. 7.

[34] Vgl. nur BGB-RGRK/*Glanzmann* § 642 Rdn. 13; differenzierend *Ingenstau/Korbion/Vygen* VOB/B § 9 Nr. 1 Rdn. 23 f., der einerseits Schadensersatzansprüche bejaht , andererseits Einklagbarkeit und Schuldnerverzug verneint.

[35] *Schilder* S. 69 ff.; *Kniffka* Jahrbuch BauR 2001, 1, 13 f.

[36] BGHZ 11, 80 = NJW 54, 229; BGHZ 50, 175 = NJW 86, 1873; BGH NJW 84, 1080.

[37] *Staudinger/Peters* BGB (2003) § 642, 17 m.w.N.; Münchener Kommentar/*Busche* BGB § 642 Rdn. 2 f. m.w.N.; *Palandt/Sprau* BGB § 642 Rdn. 21 b).

[38] Vgl. *Staudinger/Peters* BGB (2003) § 642 Rdn. 18, 20.

[39] So aber *Heiermann/Riedl/Rusam* VOB/B § 9 Rdn. 5.

[40] So aber *Ingenstau/Korbion/Vygen* VOB/B § 9 Nr. 1 Rdn. 38.

[41] BGH NZBau 2000, 187 = BauR 2000, 722; Beck'scher VOB-Kommentar/*Motzke* VOB/B § 9 Nr. 1 Rdn. 33.

[42] Beck'scher VOB-Kommentar/*Motzke* VOB/B § 9 Nr. 1 Rdn. 8.

[43] *Nicklisch/Weick* VOB/B § 9 Rdn. 6 f.

[44] Vgl. nur *Hofmann* Festschrift von Craushaar, S. 219, 222.

[45] *Ingenstau/Korbion/Vygen* VOB/B § 9 Nr. 1 Rdn. 32; *Nicklisch/Weick* VOB/B § 9 Rdn. 9.

Bietet der Auftragnehmer die Leistung verfrüht an, kann Annahmeverzug nicht eintreten. Relevant ist dies insbesondere bei Leistungen, für die keine konkrete Leistungszeit, z.B. in Vertragsterminsplänen, bestimmt ist. Hier kann der Auftraggeber nur in Annahmeverzug geraten, wenn der Auftragnehmer die Leistungserbringung in angemessener Zeit vorher ankündigt, § 299 BGB.[46] Es empfiehlt sich deshalb, in Bauverträgen entsprechende Abruffristen zu vereinbaren.[47]

b) Leistungsbereitschaft. Weitere Voraussetzung für den Annahmeverzug ist nach § 297 BGB **Leistungsvermögen** und **Leistungswille** des Schuldners.[48] Eine Leistungsaufforderung nur zum Schein, wie sie gelegentlich zur Konstruktion von Behinderungstatbeständen erfolgt, reicht nicht. Bei einer bereits angekündigten Mitwirkungsverweigerung des Auftraggebers genügt allerdings, dass der Auftragnehmer seine Leistungsbereitschaft kurzfristig herstellen kann.[49] 18

c) ordnungsgemäßes Angebot. Der Auftragnehmer muss seine Leistung **ordnungsgemäß anbieten**. Hierzu reicht nach § 295 BGB grundsätzlich ein **wörtliches Angebot** aus. Das wörtliche Angebot kann auch in der Aufforderung zur Mitwirkung[50] oder in Bereithaltung von Arbeitern auf der Baustelle in erkennbarer Leistungsbereitschaft liegen.[51] Wegen der bei Behinderungen bestehenden Hinweisverpflichtungen gehört zu einem ordnungsgemäßen Angebot, i.d.R. zusätzlich die Anzeige, wann und warum der Auftragnehmer wegen hindernder Umstände zur Leistungserbringung nicht in der Lage ist.[52] Erforderlich ist also eine den Anforderungen des § 6 Nr. 1VOB/B genügende **Behinderungsanzeige** (vgl. dazu § 6 Rdn. 6 ff.). Diese Anzeige ist, soweit nicht ausnahmsweise gem. § 6 Nr. 1 S. 2, 2. HS entbehrlich, selbst in den Fällen vereinbarter Termine oder Abruftermine notwendig, bei denen außerhalb der VOB/B gemäß § 296 BGB Annahmeverzug auch ohne wörtliches Angebot automatisch mit Fristablauf eintritt.[53] 19

Ist es zu einer **Leistungserschwerung der Mitwirkungshandlung** durch einen vom Auftragnehmer zu vertretenden Umstand gekommen, z.B. weil auf Grund dessen eigenen Verzuges die Integration seiner Arbeiten höheren Aufwand oder Zusatzmaßnahmen erfordert, muss das ordnungsgemäße Angebot auch die Beseitigung der Leistungserschwerungen umfassen.[54] 20

d) Verschulden nicht erforderlich. Liegen diese Voraussetzungen sämtlich vor, tritt bei unterlassener Mitwirkungshandlung ohne weiteres Annahmeverzug ein. Ob dem Auftraggeber hieran ein Verschulden trifft, ist für den Eintritt des Annahmeverzuges unbeachtlich.[55] Die äußerst umstrittene Frage, ob ein Vorunternehmer Erfüllungsgehilfe des Bauherrn ist, so dass ihm dessen Verschulden nach § 278 BGB zugerechnet werden kann (dazu § 6 Rdn. 61 ff.), hat deshalb für die Kündigungsmöglichkeit wegen fehlender oder mangelhafter Vorarbeiten keine Relevanz.[56] Es reicht aus, dass die erforderliche Mitwirkungshandlung tatsächlich nicht erbracht wurde. 21

2. Leistungshindernis für den Auftragnehmer

Die unterlassene Mitwirkungshandlung muss den Auftragnehmer **außer Stande setzen**, seine Leistung auszuführen, d.h. die Mitwirkungshandlung muss für die eigene Leistungserbringung notwendig sein.[57] Nicht erheblich ist, ob das Leistungshindernis auf einer vollständig unterlassenen Mitwirkungshandlung, einem teilweisen Unterlassen oder einer fehlerhaften und deshalb unbrauchbaren Mitwirkungshandlung beruht.[58] Betrifft die unterlassene Mitwirkungshandlung 22

---

[46] Vgl. *Staudinger/Peters* BGB (2003) § 642 Rdn. 23.
[47] Zustimmend *Ingenstau/Korbion/Vygen*, VOB/B § 9 Nr. 1 Rdn. 32.
[48] *Palandt/Heinrichs* BGB § 297 Rdn. 2.
[49] BGH LM § 651 BGB Rdn. 3; *Palandt/Heinrichs* BGB § 297 Rdn. 2.
[50] *Staudinger/Löwisch* BGB (2004) § 295 Rdn. 17,ff, 25.
[51] BGH NZBau 2003=BauR 2003, 531.
[52] BGH NZBau 2000, 187 = BauR 2000, 722; *Kniffka* Jahrbuch BauR 2001, 1, 19.
[53] BGH WM 1995, 439.
[54] BGH BauR 1986, 206 = NJW 86, 987; *Staudinger/Lowisch* BGB (2004) § 295 Rdn. 13.
[55] BGHZ 24, 96; *Palandt/Heinrichs* BGB § 293 Rdn. 10.
[56] *Staudinger/Peters* BGB (2003) § 642 Rdn. 23.
[57] Vgl. OLG Celle, BauR 2001. 1597.
[58] *Staudinger/Peters* BGB (2003) § 643 Rdn. 5; *Ingenstau/Korbion/Vygen* VOB/B § 9 Nr. 1 Rdn. 29.

demgegenüber lediglich einen Teil der Arbeiten, so muss der Auftragnehmer zunächst, so weit möglich, an anderer Stelle weiter arbeiten.[59] Denn der Auftragnehmer ist nach § 6 Nr. 3 VOB/B verpflichtet, alles zu tun, was ihm billiger Weise zugemutet werden kann, um die Weiterführung der Arbeiten zu ermöglichen. Nicht notwendig ist, dass die unterlassene Mitwirkungshandlung zur objektiven Unmöglichkeit oder zur völligen **Unzumutbarkeit** wegen Leistungserschwerung führt.[60] Wenn der Auftragnehmer wegen vertraglich vorausgesetzter Bauumstände oder Mitwirkungshandlungen für den Leistungserfolg nur einen bestimmten Leistungsumfang schuldet, setzt ihm die unterlassene Mitwirkungshandlung schon dann zur Leistung außer Stande, wenn er sie **nicht mehr mit den vertraglich geschuldeten Mittel erbringen kann**. Der Auftraggeber kann allerdings im Rahmen der § 1 Nr. 3, 4 VOB/B Zusatzleistungen mit der Folge zusätzlicher Vergütungsansprüche nach § 2 Nr. 5, 6 VOB/B anordnen.

22 a Solange keine Änderungsanordnung nach § 1 Nr. 4 VOB/B ergeht, ist der Auftragnehmer zu einer **Selbstvornahme** der unterlassenen Mitwirkungshandlung weder berechtigt noch verpflichtet.[61] Er ist nicht berechtigt, da er hinsichtlich bloßer Obliegenheiten gerade keinen Erfüllungsanspruch und damit auch keinen Ersatzvornahmeanspruch hat. Erst recht ist der Auftragnehmer nicht verpflichtet, das vom Auftraggeber verursachte Leistungshindernis auf eigene Kosten oder auf eigenes Risiko zu beseitigen.[62] Eine Kostenerstattung bei einer freiwilligen Selbstvornahme kommt aber in Betracht, soweit die Voraussetzungen einer Geschäftführung ohne Auftrag gemäß § 2 Nr. 8 Abs. 3 VOB/B i.V.m. §§ 677, 683, 670 BGB vorliegen.[63]

IV. Beispielsfälle

23 Das **Unterlassen des Abrufs der Leistungen** (§ 5 Nr. 2 VOB/B) berechtigt nach entsprechender Nachfristsetzung zur Kündigung.[64] Problematisch ist allerdings die Fälligkeit, wenn eine Abruffrist vertraglich nicht vereinbart ist.[65] Aus den Umständen kann sich dann eine längere Abruffrist ergeben.[66] Die Kündigungsmöglichkeit nach § 6 Nr. 7 VOB/B, die erst nach dreimonatiger Unterbrechung bzw. Verzögerung der Bauaufnahme besteht, schließt eine vorherige Kündigung unter Nachfristsetzung nicht aus.[67] Erst recht schließt eine länger als drei Monaten andauernde Unterbrechung nicht das Kündigungsrecht nach § 9 Nr. 1 lit. a VOB/B aus (vgl. § 6 Rdn. 100). Zu beachten bleibt aber, dass Verzögerungen eines Bauvorhabens nicht unüblich sind, so dass die Unzumutbarkeit der Vertragsfortsetzung im Einzelfall geprüft werden muss.[68]

24 Bringt der Auftragnehmer die **notwendigen Genehmigungen** entgegen § 4 Nr. 1 Abs. 1 VOB/B nicht bei, insbesondere nicht die erforderliche Baugenehmigung, berechtigt dies den Auftragnehmer im Verzugsfalle zur Kündigung.[69] Der Auftragnehmer braucht sich nicht darauf verweisen zu lassen, unter Freistellung durch den Bauherrn schon vor Vorliegen der Baugenehmigung mit den Arbeiten zu beginnen. Das öffentlich-rechtliche Bauverbot trifft nach den LBauO auch den Auftragnehmer.[70]

---

[59] Beck'scher VOB-Kommentar/*Motzke* VOB/B § 9 Nr. 1 Rdn. 26.

[60] Missverständlich aber Beck'scher VOB-Kommentar/*Motzke* VOB/B § 9 Nr. 1 Rdn. 26; *Nicklisch/Weick* VOB/B § 9 Rdn. 28.

[61] BGB-RGRK/*Glanzmann* § 642 Rdn. 14; *Erman/Schwenker* BGB § 642 Rdn. 8; *Nicklisch* BB 1979, 533, 542; weitergehend *Staudinger/Peters* BGB (2003) § 642 Rdn. 15.

[62] *Ingenstau/Korbion/Vygen* VOB/B § 9 Nr. 1 Rdn. 30; *Nicklisch/Weick* VOB/B § 9 Rdn. 8.

[63] *Staudinger/Peters* BGB (2003) § 642 Rdn. 15; *Kiffka* in ibr-online-Kommentar § 642 BGB Rdn. 24.

[64] OLG Düsseldorf BauR 1995, 706; *Knacke* BauR 1996, 119, 120; *Lachmann* BauR 1990, 409, 410; BGH NJW 1972, 99 bezeichnet den Abruf als vertraglich einklagbare Nebenpflicht.

[65] Vgl. dazu BGH NJW 1972, 99; OLG Celle, IBR 2003, 406; Beck'scher VOB-Kommentar/*Motzke* VOB/B § 5 Nr. 2 Rdn. 22.

[66] Vgl. OLG Celle IBR 2003, 406, wobei die dort genannte Frist von 2 Jahren falsch erscheint.

[67] OLG Düsseldorf BauR 1995, 706; OLG Köln NJW-RR 2000, 390; *Nicklisch/Weick* VOB/B § 6 Rdn. 73.

[68] Vgl. die großzügige Annahme des BGH in NJW 1972, 99.

[69] OLG München BauR 1980, 274; *Ingenstau/Korbion/Vygen* VOB/B § 9 Nr. 1 Rdn. 13; *Franke/Kemper/Zanner/Grünhagen* VOB/B § 9 Rdn. 4.

[70] Vgl. BGH BauR 1974, 178.

Verletzt der Auftraggeber seine Verpflichtung, dem Auftragnehmer die notwendigen **Ausführungspläne** in der geschuldeten Qualität zur Verfügung zu stellen, kommt er zumindest in Annahmeverzug.[71] Die herrschende Meinung[72] und der BGH in einigen Entscheidungen[73] ordnen die Zurverfügungsstellung der Planungsleistungen als Mitwirkungspflicht ein, wodurch sich zugleich der Schuldnerverzug begründet. 25

Der Auftragnehmer verletzt seine Pflicht oder Obliegenheit, das Baugrundstück für die Leistungen des Auftragnehmers aufnahmebereit zur Verfügung zu stellen, bei **mangelhaften Vorleistungen**. Ein Kündigungsrecht besteht für den Auftragnehmer jedoch erst, wenn es mit an Sicherheit grenzender Wahrscheinlichkeit zu Mängeln oder Schäden kommt und der Auftraggeber sich weigert, Abhilfe zu schaffen.[74] Denn im Übrigen ist der Auftragnehmer durch § 13 Nr. 3 VOB/B ausreichend geschützt. Auch gilt dabei, dass nicht jede Verzögerung eine außerordentliche Kündigung rechtfertigen kann.[75] 26

Der Auftraggeber ist verpflichtet, auf ihm nach § 4 Nr. 3 VOB/B **mitgeteilte Bedenken** zu reagieren und eine Entscheidung zu treffen. Verzögert er die Entscheidung und kann die Leistung deshalb nicht erbracht werden, kann dies zur Kündigung berechtigen.[76] 27

Ein Kündigungsgrund liegt auch vor, wenn der Auftraggeber vor Abnahme die zur Fertigstellung erforderlichen **Mängelbeseitigungsarbeiten ablehnt** und dadurch die abnahmereife Fertigstellung des Werks verhindert.[77] 28

C. § 9 Nr. 1 lit. b VOB/B – Kündigung wegen Schuldnerverzugs

Während § 9 Nr. 1 lit. a VOB/B die Kündigung beim Unterlassen von Obliegenheiten regelt, erfasst § 9 Nr. 1 lit. b VOB/B den Verzug des Auftraggebers mit ihn treffenden Leistungspflichten. Danach berechtigt einerseits der Zahlungsverzug, andererseits aber auch der Verzug mit sonstigen Leistungspflichten den Auftragnehmer zur Kündigung. 29

I. Zahlungsverzug des Auftraggebers

1. Erfasste Zahlungen

Praktisch wichtiger Kündigungsgrund für den Auftragnehmer ist der Verzug des Auftraggebers mit Zahlungen. Erfasst werden zunächst Zahlungen auf die vereinbarte Vergütung, sei es als Vorauszahlung (§ 16 Nr. 2 VOB/B), Abschlagszahlung[78] (§ 16 Nr. 1, § 15 Nr. 4 VOB/B) oder Teilschlusszahlung.[79] Da § 9 Nr. 1 lit. b VOB/B nur von „einer fälligen Zahlung" spricht, werden neben Vergütungszahlungen auch sonstige Zahlungspflichten[80] des Auftraggebers erfasst, z.B. Behinderungsschadenersatzansprüche oder Ausgleichsansprüche, z.B. nach § 10 Nr. 2 VOB/B.[81] Gekündigt werden kann jedoch, wie § 649 BGB und § 8 Nr. 1 VOB/B für die Auftraggeber- 30

[71] So *Franke/Kemper/Zanner/Grünhagen* VOB/B § 9 Rdn. 6.
[72] Vgl. oben VOB/B § 6.
[73] BGH NJW 1972, 447 = BauR 1972, 112; BGH BauR 1985, 561; **anders** BGH NJW 1974, 1080.
[74] OLG München SFH § 9 VOB/B (1973) Nr. 1; OLG Düsseldorf BauR 1988, 478; *Nicklisch/Weick* VOB/B § 9 Rdn. 9; *Ingenstau/Korbion/Vygen* VOB/B vor § 8, 9 Rdn. 15.
[75] BGH NJW 1972, 99.
[76] OLG Düsseldorf BauR 1988, 468 = NJW-RR 1988, 210; *Ingenstau/Korbion/Oppler* VOB/B § 4 Nr. 3 Rdn. 80.
[77] BGH NJW 2002, 1262; OLG Düsseldorf NJW-RR 2000, 466.
[78] BGH BauR 1975, 136.
[79] Beck'scher VOB-Kommentar/*Motzke* VOB/B § 9 Nr. 1 Rdn. 29; *Heiermann/Riedl/Rusam* VOB/B § 9 Rdn. 10.
[80] Naturalleistungen hierunter zu fassen (so z.B. *Heiermann/Riedl/Rusam* VOB/B § 9 Rdn. 10) entspricht weder dem Sprachgebrauch der VOB/B, vgl. § 16, oder des BGB, § 270, noch dem allgemeinen Sprachgebrauch und ist wegen des Tatbestandes des sonstigen Schuldnerverzuges auch nicht nötig.
[81] *Ingenstau/Korbion/Vygen* VOB/B § 9 Nr. 1 Rdn. 41; *Heiermann/Riedl/Rusam* VOB/B § 9 Rdn. 10.

Kündigungen zeigen[82], nur bis zur vollständigen Fertigstellung, so dass Verzug mit der Schlusszahlung oder anderen nach Fertigstellung fällig werdender Zahlungen als Kündigungsgründe ausscheiden.[83]

2. Fälligkeit

31 Verzug setzt Fälligkeit der jeweiligen Zahlung voraus, § 286 BGB. Die Leistungszeit der Vergütungsansprüche richtet sich nach den vertraglichen Vereinbarungen. So werden Abschlagszahlungen gemäß einem vereinbarten Zahlungsplan oder gemäß § 16 Nr. 1 VOB/B nach Baufortschritt fällig. Neben der vollständigen und vertragsgemäßen Erbringung der zu vergütenden Leistungsteile ist weitere Fälligkeitsvoraussetzung nach §§ 16, 14 VOB/B die **prüfbare Abrechnung**. Während die Erteilung einer Rechnung im allgemeinen Vertragsrecht[84] und im BGB-Werkvertragsrecht[85] grundsätzlich keine Fälligkeitsvoraussetzung ist, ihre Nichterstellung nur ein Leistungsverweigerungsrecht begründet, hat die VOB/B (§ 16 Nr. 1 Abs. 3, § 16 Nr. 3 Abs. 1) die prüfbare Abrechnung zur Fälligkeitsvoraussetzung erhoben. Leistet der Auftraggeber auf eine nicht ordnungsgemäße Abrechnung nicht, kann grundsätzlich mangels Fälligkeit auch kein Verzug eintreten. Das Prüfbarkeitserfordernis begründet für den Kündigenden – wie auch für den nur die Leistung einstellenden Auftragnehmer – damit ein ernsthaftes Risiko.[86] Geht ein Gericht später von einer mangelnden Prüfbarkeit und damit fehlender Fälligkeit aus, verliert der kündigende Auftragnehmer nicht nur seine Ansprüche hinsichtlich der nicht erbrachten Leistungen, sondern wird ggf. auch noch dem Auftraggeber gegenüber schadenersatzpflichtig. Offensichtlich ungerechtfertigt wäre dies Ergebnis aber in all den Fällen, in denen der Auftraggeber die Zahlung gar nicht mangels Prüffähigkeit nicht leistet, sondern mangels Leistungsfähigkeit oder wegen vermeintlicher, tatsächlich nicht bestehender Gegenansprüche.

32 Hierfür bieten sich mehrere Lösungsmöglichkeiten an. Dem Auftraggeber trifft die Verpflichtung zur Prüfung und Zahlung der Abschlagsrechnung innerhalb von 18 Werktagen (§ 16 Nr. 1 Abs. 3 VOB/B). Ist die Rechnung nicht prüfbar, so ist dies innerhalb der Frist zu beanstanden. Damit kann dem Auftraggeber nach Ablauf der Prüfungsfrist der formelle Einwand fehlender Prüffähigkeit[87] abgeschnitten werden.[88] Dagegen könnte man zwar einwenden, dass die Prüfbarkeit nicht als Einrede, sondern als objektive Fälligkeitsvoraussetzung konzipiert ist. Allerdings entspricht es neuerer BGH-Rechtsprechung, dass die Anforderungen an die Prüfbarkeit nicht absolut gelten, sondern von den konkreten Informations- und Kontrollinteressen des jeweiligen Auftraggebers bestimmt werden.[89] Will oder kann der Auftraggeber die Rechnung nicht bezahlen und beanstandet er sie deshalb nicht, so werden besondere Anforderungen an die Prüffähigkeit obsolet. Der Auftraggeber kann sich nicht nachträglich auf den Einwand fehlender Prüffähigkeit berufen.[90]

33 Das gleiche Ergebnis lässt sich auch schadenersatzrechtlich begründen. Auf Grund der Prüfungspflichten und dem allgemeinen Kooperationsgedanken ist der Auftraggeber verpflichtet, den Auftragnehmer auf die fehlende Prüffähigkeit hinzuweisen.[91] Verletzt er diese Pflicht, so

---

[82] „Bis zur Vollendung"; vgl. dazu *Staudinger/Peters* BGB (2003), § 649 Rdn. 9.

[83] Beck'scher VOB-Kommentar/*Motzke* VOB/B § 9 Nr. 2 Rdn. 25; *Ingenstau/Korbion/Vygen* VOB/B § 9 Nr. 1 Rdn. 43.

[84] BGHZ 103, 285.

[85] BGHZ 79, 176.

[86] Vgl. OLG Düsseldorf, NJW-RR 2003, 1324=BauR 2003, 1572.

[87] Ein Ausschluss materieller Einwendungen gegen die Forderung tritt nicht ein, vgl. BGH NZBau 2001, 314 = BauR 2001, 784.

[88] OLG Nürnberg BauR 1999, 1316; *Franke/Kemper/Zanner/Grünhagen* VOB/B § 16 Rdn. 69; auch BGH NZBau 2000, 139 = BauR 2000, 592 und OLG Düsseldorf BauR 1997, 1041 setzen die Beanstandung fehlender Prüffähigkeit voraus.

[89] NZBau 2001, 85 = BauR 2001, 251 m.w.N.

[90] Ebenso BGHZ 50, 175 zur Verweigerung von Mitwirkungshandlungen.

[91] *Ingenstau/Korbion/Locher* VOB/B § 14 Nr. 1 Rdn. 3; *Heiermann/Riedl/Rusam* VOB/B § 14 Rdn. 11; einschränkender Beck'scher VOB-Kommentar/*Cuypers* VOB/B § 14 Nr. 1 Rdn. 38.

muss er den Auftragnehmer schadenersatzrechtlich so stellen, als hätte er seine Prüfungs- und Hinweispflicht erfüllt. Auf Grund der Vermutung aufklärungsrichtigen Verhaltens hätte der Auftragnehmer dann eine prüfbare Rechnung gestellt und damit berechtigt gekündigt. Es bleibt aber die Frage des Mitverschuldens.[92] Schließlich kann die grundlose Zahlungsverweigerung auch als erhebliche Erschütterung des Vertrauensverhältnisses unmittelbar zu Kündigung wegen positiver Vertragsverletzung führen[93] (vgl. dazu Rdn. 44). So hat auch der BGH ein Kündigungsrecht im umgekehrten Fall angenommen, in dem der Auftragnehmer die mangels Vorliegen der Baugenehmigung objektiv nicht fälligen Arbeiten aus einem anderen, nicht gerechtfertigten Grund endgültig verweigert hat.[94]

3. Mängelbehaftete Leistung

Die Fälligkeit der Zahlung setzt grundsätzlich vollständige und vertragsgerechte Erbringung des jeweils zu vergütenden Leistungsteils voraus. Mängel der Werkleistung führen dazu, dass der Auftraggeber die hierauf entfallene Vergütung nicht leisten muss. Die Mangelhaftigkeit nimmt der Leistung jedoch nicht die Fälligkeit[95], sondern gibt dem Auftraggeber ein Leistungsverweigerungsrecht (§ 320 BGB).[96] Dieses hindert den Eintritt des Verzuges, und zwar ohne dass es einer Geltendmachung bedarf.[97] Gemäß § 320 Abs. 2 BGB erfasst das Leistungsverweigerungsrecht bei geringfügigen Mängeln allerdings nicht die gesamte Vergütung, sondern regelmäßig nur einen Teil in Höhe des 3-fachen der Mängelbeseitigungskosten[98] (vgl. auch § 641 Abs. 3 BGB). Der vom Leistungsverweigerungsrecht nicht betroffene Vergütungsteil bleibt durchsetzbar; mit ihm kann der Auftraggeber in Verzug geraten. Die sich hieraus möglicherweise ergebende Zuvielforderung des Auftragnehmers bei der Mahnung ist regelmäßig unschädlich, solange die fällige Forderung für den Auftraggeber weiter erkennbar bleibt.[99] Nur ganz weit übersetzte Zuvielforderungen führen zur Unwirksamkeit der Mahnung.[100] Bei ungeklärten oder streitigen Mängelbeseitigungskosten ergeben sich Risiken für den Auftragnehmer, wenn der Auftraggeber ohne Verschulden die Mängelbeseitigungskosten zu hoch einschätzt. Er kann ohne Verschulden nicht in Verzug geraten. Da der Auftragnehmer grundsätzlich dafür darlegungs- und beweisbelastet ist, dass das Leistungsverweigerungsrecht nicht die volle Vergütung erfasst[101], kann die Geltendmachung eines Leistungsverweigerungsrechts über den vollen Werklohn durch den Auftraggeber entschuldbar sein, wenn die tatsächlich geringeren Mängelbeseitigungskosten nicht vom Auftragnehmer substantiiert dargelegt werden.[102] Risiken für den Auftragnehmer ergeben sich weiter, wenn sich nach Kündigung erhebliche Mängel herausstellen, die einen Verzugseintritt des Auftraggebers objektiv verhindern. Die Kündigung ist dann nicht gemäß § 9 Nr. 1 lit. b VOB/B zu rechtfertigen, da schon das Bestehen der Einrede den Verzug ausschließt und dieser auch nur eintreten kann, wenn der Gläubiger seinerseits das Erforderliche getan hat.[103] In diesem Fall kann aber der Auftragnehmer wegen der **grundlosen Zahlungsverweigerung** unter dem Gesichtspunkt erheblicher Störungen des Vertrauensverhältnisses zur Kündigung berechtigt sein[104] (vgl. Rdn. 44). 34

[92] *Ingenstau/Korbion/Locher*, § 10 Nr. 1 Rdn. 3.
[93] So OLG Celle BauR 2000, 416 = NJW-RR 2000, 234; kritisch *Schmitz* BauR 2001, 1126, 1128.
[94] BGH NJW 1974, 1080.
[95] Nur die Fälligkeit i.S.d. § 291 BGB, vgl. BGHZ 55, 198.
[96] BGHZ 61, 92; *Ingenstau/Korbion/Vygen* VOB/B § 9 Nr. 1Rdn. 46; *Adler/Everts* BauR 2000, 1111, 1112.
[97] BGH BauR 2003, 1561; BGHZ 84, 42; *Staudinger/Löwisch* BGB (2004) § 286 Rdn. 24.
[98] Beck'scher VOB-Kommentar/*Motzke* VOB/B § 9 Nr. 1 Rdn. 31; **anderer Ansicht:** *Cypers* Werklohn, Rdn.C 94.
[99] *Staudinger/Löwisch* BGB (2004) § 286 Rdn. 36.
[100] BGH NJW 1991, 1286 (7-fach); BGH ZIP 1993, 421 (5-fach).
[101] BGH BauR 1997, 133.
[102] *Kniffka* ibr-online-Kommentar § 641 BGB Rdn. 76.
[103] BGHZ 84, 42; *Staudinger/Löwisch* BGB (2004) § 284 Rdn. 24 m.w.N.
[104] OLG Celle BauR 2000, 416 = NJW-RR 2000, 234; *Adler/Everts* BauR 2000, 1111, 1112; **anderer Ansicht** *Schmitz* BauR 2000, 1126, 1128.

4. Mahnung

35 Voraussetzung für den Verzug ist grundsätzlich eine Mahnung, § 286 Abs. 1 BGB. Einer Mahnung bedarf es nach § 286 Abs. 2 Nr. 1 BGB nicht, wenn die Leistungszeit kalendermäßig bestimmt ist. Erforderlich für einen Verzug ohne Mahnung ist **eine vertragliche kalendermäßige Bestimmung**; die einseitige Bestimmung durch den Auftragnehmer, z.B. durch Angabe eines Zahlungsziels auf Rechnungen, genügt den Anforderungen des § 286 Abs. 2 Nr. 1 BGB nicht.[105] Für eine kalendermäßige Bestimmung reichte es nach der Rechtslage vor der Schuldrechtsmodernisierung auch nicht aus, wenn im Vertrag die Fälligkeit nicht selbst bestimmt wird, sondern sich nur unter Anknüpfung an ein noch nicht feststehendes Ereignis berechnen lässt, insbesondere wenn im Vertrag die Fälligkeit vom Ablauf einer bestimmten Frist nach Zugang der Rechnung abhängig gemacht wird. Mit der Schuldrechtsmodernisierung ist mit § 286 Abs. 2 Nr. 2 BGB eine Erweiterung des Verzugs ohne Mahnung geschaffen worden; nach § 286 Nr. 2 Abs. 2 BGB genügt es, wenn die Leistungszeit so im Vertrag bestimmt wird, dass sie sich von einem Ereignis ab, das der Leistung vorauszugehen hat, berechnen lässt. Diese Regelung müsste dazu führen, dass der Auftraggeber bereits mit Ablauf der vertraglich vereinbarten Prüfungsfrist des § 16 Abs. 1 Nr. 3 VOB/B automatisch in Verzug gerät. Allerdings setzen nach der VOB/B sowohl die Kündigung wie auch die Geltendmachung von Verzugszinsen und Leistungsverweigerungsrechten gemäß § 16 Nr. 5 den Ablauf einer Nachfrist voraus. Diese vertraglichen Regelungen gehen vor.[106] Ein Verzugseintritt ohne Mahnung kann auch nicht gemäß § 286 Abs. 3 BGB eintreten. Diese Vorschrift, wonach Verzug spätestens 30 Tage nach Fälligkeit und Zugang der Rechnung automatisch eintritt, gilt nicht für die Vergütungsansprüche nach der VOB/B, da deren Fälligkeit nicht bereits mit Rechnungserstellung, sondern erst mit Ablauf der Prüfungsfrist eintritt.[107]

36 Wirksam gemahnt werden kann erst nach Fälligkeit. Eine vorher ausgesprochene Mahnung ist wirkungslos.[108] Die Mahnung kann jedoch wie bei der Geltendmachung von sonstigen Zahlungsansprüchen mit der fälligkeitsbegründenden Handlung verbunden werden.[109]

5. Verschulden

37 Verzug tritt nach § 286 Abs. 4 BGB nicht ein, wenn die Verzögerung auf einem vom Auftraggeber nicht zu vertretenden Umstand beruht. Da der Schuldner für seine Leistungsfähigkeit aber grundsätzlich einstehen muss und Rechtsirrtümer über die Leistungspflicht regelmäßig nicht unverschuldet sind[110], erlangt das Verschuldenserfordernis nur ausnahmsweise Bedeutung.

6. Weitere Rechtsfolgen des Zahlungsverzuges

38 Außer dem Kündigungsrecht steht dem Auftragnehmer gemäß § 16 Nr. 5 Abs. 4 u. 5 VOB/B – ebenfalls unter Nachfristsetzung – die Befugnis zu, die **Arbeit einzustellen** und **Verzugszinsen** zu fordern sowie ggf. auch **weitergehenden Schadenersatz**.

39 **Weitere Leistungsverweigerungsrechte** können sich aus § 321 BGB oder aus § 648 a BGB ergeben.[111] Die Forderung einer Sicherheit ist trotz der damit verbundenen Avalkosten immer dann zu empfehlen, wenn auch nur Zweifel an der Fälligkeit der Vergütungsansprüche bestehen. Denn der Anspruch auf die Sicherheit ist von der Fälligkeit der Ansprüche unabhängig und begründet deshalb in jedem Fall ein Leistungsverweigerungsrecht.

---

[105] Münchener Kommentar/*Ernst* BGB § 286 Rdn. 56 i.V.m. Fn. 209.
[106] *Leinemann/Leinemann* VOB/B § 9 Rdn. 25 m.w.N.
[107] *Leinemann/Leinemann* VOB/B § 9 Rdn. 25 m.w.N.
[108] Münchener Kommentar/*Ernst* BGB (2004) § 286 Rdn. 52 m.w.N.
[109] BGH WM 1970, 1141; Münchener Kommentar/*Ernst* BGB (2004) § 286 Rdn. 52.
[110] BGH-NJW 1994, 2755; Münchener Kommentar/*Ernst* BGB (2004) § 286 Rdn. 108 ff.
[111] *Leinemann/Leinemann* VOB/B § 9 Rdn. 26.

II. Sonstiger Schuldnerverzug des Auftraggebers

Neben den Vergütungs- und sonstigen Zahlungspflichten können den Auftraggeber weitere vertragliche Pflichten treffen. Praktisch bedeutsam im Zusammenhang mit dem Kündigungsrecht ist zunächst die Nichterfüllung einer Verpflichtung zur **Stellung von Zahlungssicherheiten**. Sie berechtigt den Auftragnehmer außerhalb des Anwendungsbereiches des § 648 a BGB ohne weiteres zur Kündigung.[112] 40

Vertragspflichten des Auftraggebers, und nicht nur Obliegenheiten, liegen auch vor, wenn der Auftraggeber die **Bereitstellung von Material** oder sonstige Leistungen (z.B. Gerüste) übernommen hat.[113] Auch die Verpflichtung zur **rechtsgeschäftlichen Teilabnahme** gemäß § 12 Nr. 2 VOB/B bzw. zur technischen Teilabnahme gemäß § 4 Nr. 10 VOB/B sind als Vertragspflichten ausgestaltet[114], so dass der Auftraggeber bei Unterlassung oder Verzögerung in Schuldnerverzug gerät. 41

§ 9 Nr. 1 lit. b VOB/B ist auch einschlägig, wenn die Mitwirkungshandlungen des Auftraggebers auf Grund (konkludenter) vertraglicher Vereinbarungen **zu Rechtspflichten ausgestaltet** worden sind[115] (vgl. Rdn. 13 f., 97). Dann steht dem Auftragnehmer neben dem Kündigungsrecht nach § 9 Nr. 1 lit. a auch die Kündigungsmöglichkeit nach § 9 Nr. 1 lit. b zu. Das setzt nicht voraus, dass der Auftragnehmer durch die Nichtleistung außer Stande gesetzt wird, seine Arbeit auszuführen. Vielmehr reicht nach dem Wortlaut schon die Fortdauer des Verzuges trotz Nachfristsetzung als Kündigungsgrund aus. Aus der Wertung der §§ 314, 324 BGB ergibt sich aber[116], dass nicht jede Vertragsverletzung zur Auflösung berechtigen soll. Das außerordentliche Kündigungsrecht setzt deshalb auch hier voraus, dass die Fortsetzung des Vertragsverhältnisses dem Auftragnehmer wegen einer nicht unerheblichen Pflichtverletzung nicht mehr zuzumuten ist. Das ist ungeschriebene Voraussetzung jedes außerordentlichen Kündigungsrechts. Zwar können die Parteien vertraglich vereinbaren, dass auch nicht wichtige Gründe zur außerordentlichen Kündigung berechtigen sollen. Entsprechendes ist durch den nicht eingeschränkten und damit konturlosen Tatbestand des § 9 Nr. 1 lit. b VOB/B allerdings nicht geschehen.[117] 42

D. Sonstige Kündigungsgründe

1. Allgemeine Voraussetzungen

Schwer wiegende zur außerordentlichen Kündigung berechtigende Vertragsverletzungen müssen nicht immer Fälle des Gläubiger- oder Schuldnerverzuges sein. Auch durch sonstige schwerere Vertragsverletzungen kann der Auftraggeber die Fortsetzung des Vertragsverhältnisses für den Auftragnehmer unzumutbar machen. In diesen Fällen kann der Auftragnehmer ebenfalls kündigen, entweder entsprechend § 314 oder § 643 BGB oder wegen positiver Vertragsverletzung. Eine positive Vertragsverletzung führt nicht nur zu Schadenersatzansprüchen, sondern kann auch Totalrechte in Form der vorzeitigen Vertragsbeendigung durch Kündigung begründen.[118] Die **Kündigungstatbestände** des § 9 Nr. 1 VOB/B sind insoweit **nicht abschließend**.[119] Wann eine 43

---

[112] So auch *Ingenstau/Korbion/Vygen*, VOB/B § 9 Nr. 1 Rdn. 53; Voraussetzung ist selbstverständlich, dass die Pflicht wirksam begründet ist, was bei AGB zweifelhaft sein kann, vgl. LG Hamburg, BauR 2003, 1235.

[113] *Kapellmann/Schiffers* Band 1, Rdn. 1285 f.; *Ingenstau/Korbion/Vygen* VOB/B § 9 Nr. 1 Rdn. 52.

[114] *Ingenstau/Korbion/Vygen* VOB/B § 9 Nr. 1 Rdn. 52; Beck'scher VOB-Kommentar/*Motzke* VOB/B § 9 Nr. 1 Rdn. 33.

[115] *Nicklisch/Weick* VOB/B § 9 Rdn. 7, 20.

[116] Vgl. auch RegBegr. zitiert nach *Canaris* Schuldrechtsmodernisierung S. 765.

[117] **Anders** Beck'scher VOB-Kommmentar/*Motzke* VOB/B § 9 Nr. 1 Rdn. 2 ff.

[118] *Bersch* S. 142 m w.N.

[119] *Staudinger/Peters* BGB (2003) § 643 Rdn. 20; *Nicklisch/Weick* VOB/B vor §§ 8, 9 Rdn. 11 ff.; *Kleine-Möller/Merl* Handbuch, § 15 Rdn. 80 ff.; BGH NJW 1974, 1080; NJW 1983, 2439, jeweils für AG-Kündigungen.

Vertragsverletzung das Vertrauensverhältnis so empfindlich stört, dass eine vorzeitige Beendigung des Vertrages verlangt werden kann, lässt sich, wie § 314 Abs. 1 BGB festhält, nur „unter Berücksichtigung aller Umstände des Einzelfalls und unter Abwägung der beiderseitigen Interessen" feststellen. Die nachfolgenden Beispielsfälle lassen sich deshalb nicht abstrahieren. Vielmehr müssen die konkreten Umstände des Falles unter Berücksichtigung auch des Verhaltens der anderen Vertragsparteien gewürdigt werden. Bei der Frage der Zumutbarkeit ist auch die beiderseitige Kooperationsverpflichtung und der Grundsatz der Kündigung als ultima ratio zu beachten. Die Parteien müssen bei Meinungsverschiedenheiten während der Vertragsdurchführung zunächst versuchen, diese im Wege von Verhandlungen zu klären.[120] Dies betrifft vor allem Streitigkeiten über den Umfang von Rechten und Pflichten. Demgegenüber lässt sich eine Zerstörung der Vertrauensgrundlage regelmäßig durch nachträgliche Verhandlungen nicht mehr beseitigen. Unter den Voraussetzungen des § 314 Abs. 2 Satz 2 i.V.m. § 323 Abs. 2 BGB ist eine sofortige Kündigung möglich. Im Übrigen bleibt abzuwarten, ob der Umstand, dass § 323 Abs. 1 BGB an die zum Rücktritt berechtigende Pflichtverletzung keine besondere Anforderung stellt[121], sich tendenziell kündigungserleichternd auswirken wird.

2. Beispielsfälle

44 – Der Auftraggeber **verweigert** unberechtigt ernsthaft und endgültig die **Erfüllung** seiner Verpflichtungen.[122]

45 – Die **unberechtigte außerordentliche Kündigung des Auftraggebers** berechtigt den Auftragnehmer seinerseits zur Kündigung aus wichtigem Grund.[123] Dieser allgemeine Rechtsgrundsatz gilt auch für den Bauvertrag.[124]

46 – Bei **Nachtragsstreitigkeiten** ist der Auftragnehmer zur Kündigung berechtigt, wenn seine Forderung berechtigt ist und der Auftraggeber die berechtigte Forderung eindeutig und endgültig ablehnt.[125] Bei unberechtigter oder überhöhter Nachtragsforderung kann demgegenüber sogar der Auftraggeber zur Kündigung berechtigt sein.[126] Ob die Kündigungsvoraussetzungen im Einzelfall vorliegen, lässt sich häufig – auch wegen der verbleibenden Wertungsspielräume – nicht sicher feststellen, wie schon die gegenteilige Urteile von OLG Frankfurt[127] und BGH[128] in der Kooperationsentscheidung belegen. Es ist deshalb besondere Vorsicht geboten.

47 – Der Auftraggeber **zieht zu Unrecht** eine **Vertragserfüllungsbürgschaft.**[129]

48 – Der Auftragnehmer ist nicht allein deshalb zur Kündigung berechtigt, weil der Auftraggeber auf einer **gegen die Regeln der Technik verstoßenden Ausführung** besteht, da sich der Auftragnehmer durch einen ordnungsgemäßen Hinweis entlastet (§ 13 Nr. 3 VOB/B)[130], ohne dass hierfür eine ausdrücklich Freistellungserklärung notwendig wäre.[131] Der Auftraggeber

[120] BGH NZBau 2000, 130 = BauR 2000, 409; dazu u.a. *Kniffka* Jahrbuch BauR 2000, 1 ff.; vgl. auch VOB/B § 8 Rdn. 77 ff.

[121] BT-Dr 14/6040, S. 93; *Hase* NJW 2002, 2278, 2282.

[122] *Kleine-Möller/Merl* Handbuch, § 15 Rdn. 85; BGH NJW 1974, 1080; BGH BauR 1980, 465 (jeweils für AG).

[123] BGH NJW 1994, 443 m.w.N.

[124] BGH „Kooperationspflicht" NZBau 2000, 130 = BauR 2000, 409; BGH BauR 2001, 1577; *Kniffka/Koeble* Kompendium, Teil 6 Rdn. 329.

[125] Vgl. näher VOB/B § 2 Rdn. 205 ff.; BGH NZBau 2000, 130 = BauR 2000, 409; BGH NJW 69, 233; *Knacke* BauR 1996, 119, 120; *Kapellmann/Schiffers* Bd. 1, Rdn. 973, 985.

[126] OLG Dresden NJW-RR 1998, 672; vgl. auch OLG Celle IBR 1995, 415.

[127] OLG Frankfurt OLGR 1999, 78.

[128] BGH „Kooperationspflicht" NZBau 2000, 130 = BauR 2000, 409.

[129] OLG Hamm vom 11.11.1996–17 U 162/95, zitiert nach *Kniffka/Koeble* Kompendium, Teil 6 S. 325.

[130] OLG Düsseldorf BauR 1988, 478; OLG Celle OLGR 2001, 147; *Franke/Kemper/Zanner/Grünhagen* VOB/B § 9 Rdn. 7; weitergehend möglicherweise OLG München SFH § 9 VOB/B (1973) Nr. 1.

[131] OLG Düsseldorf BauR 1988, 478; Beck'scher VOB-Kommentar/*Ganten* VOB/B § 13 Nr. 3 Rdn. 32 f.; *Kaiser*, Mängelhaftungsrecht, Rdn. 57 a.

muss sich aber mit dem Hinweis abfinden.[132] Ein Kündigungsrecht besteht auch dann, wenn die Ausführung gegen öffentliches Recht verstößt oder der Auftragnehmer gegenüber Dritten haften würde.[133] Ein Kündigungsrecht besteht weiter, wenn der Auftraggeber eine Freistellung von der Gewährleistung grundlos ablehnt; der Auftragnehmer muss sich nicht einen ernsthaft drohenden Gewährleistungsfall nicht absehbaren Ausmaßes aufzwingen lassen.[134]

- Der Auftraggeber zieht im nicht unerheblichen Umfang Arbeitnehmer des Auftragnehmers während der von diesem bezahlten Arbeit zur **Schwarzarbeit** heran.[135] 49
- Der Auftraggeber zeigt dem Auftragnehmer unberechtigt bei einer Behörde unter schwer wiegenden Vorwürfen wegen Betruges an.[136] 50
- Der Auftraggeber verstößt trotz Abmahnungen **nachhaltig gegen eine Vertragspflicht**, auf die der Auftragnehmer eindeutig Wert legt.[137] 51
- Der Auftraggeber **beleidigt** den Auftragnehmer schwer oder **stiehlt** Baumaterial/Baugeräte.[138] 52
- Der Auftraggeber **besticht** Mitarbeiter des Auftragnehmers, insbesondere im Zusammenhang mit Auftragserteilung oder Abrechnung.[139] 53
- Gerät der Auftraggeber in **Vermögensverfall** oder stellt er einen **Insolvenzantrag**, so ist der Auftragnehmer nach den Neuregelungen des § 321 BGB geschützt und kann sich auch vom Vertrag lösen, so dass ohne zusätzliche Umstände ein Recht zur außerordentlichen Kündigung nicht mehr bejaht werden kann.[140] 54
- Im Übrigen kann ausnahmsweise ein Kündigungsrecht beim **Wegfall der Geschäftsgrundlage** bestehen, wenn eine Anpassung des Vertrages nicht möglich oder dem anderen Teil nicht zumutbar ist (vgl. § 313 Abs. 3 BGB) oder sie vom Auftraggeber verweigert wird.[141] 55

(unbesetzt) 56–60

E. § 9 Nr. 2 VOB/B – formale Kündigungsaussetzungen

I. Anwendungsbereich

§ 9 Nr. 2 VOB/B macht die Kündigung von der Wahrung der Schriftform und einer vorausgegangenen Nachfristsetzung mit Kündigungsandrohung abhängig. Diese Voraussetzungen gelten naturgemäß für die beiden Kündigungstatbestände des § 9 Nr. 1 VOB/B. Man wird sie aber auch auf sonstige außerordentliche Kündigungen erstrecken, da der Wortlaut der Nr. 2 alle Kündigungen erfasst und für eine differenzierte Behandlung keine rechtfertigenden Gründe erkennbar sind. Das Schriftformgebot gilt deshalb uneingeschränkt auch für Kündigungen, die auf eine positive Vertragsverletzung/Nebenpflichtverletzung gestützt werden.[142] Das gilt im Grundsatz auch für das Nachfristsetzungserfordernis, zumal gemäß § 314 Abs. 2 BGB sowieso eine Abhilfefrist bzw. Abmahnung für eine außerordentliche Kündigung erforderlich ist. Allerdings wird bei schwer wiegenden Vertragsverletzungen, die den Vertrauensbereich berühren, eine Nachfristsetzung eher entbehrlich sein, vgl. § 314 Abs. 2 i.V.m. § 323 Abs. 2 Nr. 1 und 3 BGB. 61

---

132 Beck'scher VOB-Kommentar/*Ganten*, § 13 Nr. 3 Rdn. 32.

133 OLG Düsseldorf BauR 1988, 478; *Kniffka/Koeble*, Kompendium, Teil 6, Rdn. 325.

134 BGH BauR 1985, 77 = NJW 1985, 631 (zum Leistungsverweigerungsrecht).

135 OLG Köln BauR 1993, 80 = NJW 1993, 73; nach *Ingenstau/Korbion/Vygen* VOB/B § 9 Nr. 1 Rdn. 25 sogar unabhängig vom Umfang und auch außerhalb der Arbeitszeit.

136 *Ingenstau/Korbion/Vygen* VOB/B vor §§ 8, 9 Rdn. 21.

137 BGH SFH § 8 Nr. 3 VOB/B Nr. 8 = NJW-RR 1996, 1108 (für AG, wenn AN sich weigert, Boden vertragsgemäß zu transportieren).

138 BGB-RGRK/*Glanzmann*, § 643 Rdn. 12.

139 *Ingenstau/Korbion/Vygen* VOB/B vor §§ 8, 9 Rdn. 21; für AG vgl. auch VOB/B § 8 Nr. 4.

140 **Anders** noch OLG München BauR 1988, 605.

141 BGH NJW 1969, 233 (sehr weitgehend).

142 Beck'scher VOB-Kommentar/*Motzke* VOB/B § 9 Nr. 2 Rdn. 4 ff.; *Franke/Kemper/Zanner/Grünhagen* VOB/B § 9 Rdn. 20.

II. Nachfristsetzung mit Kündigungsandrohung

62 Das Nachfristsetzungserfordernis ist Ausdruck des Vertragserhaltungsziels der VOB/B. Nicht schon der Gläubiger- oder Schuldnerverzug allein berechtigt zur Kündigung. Vielmehr muss zusätzlich versucht werden, den Auftraggeber mittels einer Kündigungsandrohung unter Nachfristsetzung zum vertragsgerechten Verhalten zu veranlassen. Gefordert wird eine Erklärung, die dreierlei zum Ausdruck bringt:

1. Erforderlicher Inhalt

63 Die dem Auftraggeber nach dem Vertrag obliegende Handlung ist hinreichend genau zu bezeichnen.[143] Die bloß allgemein gehaltene Aufforderung zum vertragsgerechten Verhalten reicht nicht aus. Dem Auftraggeber muss klar sein, was von ihm verlangt wird. Das kann sich allerdings auch aus einer vorausgegangenen Aufforderung ergeben, die (konkludent) in Bezug genommen wird.[144] Erforderlich ist nur, dass die geforderte Leistung für den Auftraggeber tatsächlich erkennbar ist. Jeglicher Formalismus an den Inhalt der Erklärung ist abzulehnen. So müssen Rechnungsdaten bei offenen Zahlungen nur dann angegeben werden, wenn dies für den Auftraggeber zur Identifizierung auch tatsächlich erforderlich ist.[145]

2. Nachfristsetzung

64 Die Erklärung muss die Aufforderung an den Auftraggeber erhalten, die Handlung innerhalb der gesetzten Nachfrist zu erbringen. Dabei braucht die Frist nicht unbedingt nach festen Zeitabschnitten bemessen zu sein.[146] Die **Nachfrist muss angemessen** sein, d.h. sie muss es dem Auftraggeber **bei Anspannung aller Mittel und Kräfte** ermöglichen, die Leistung noch rechtzeitig abzuschließen.[147] Vorausgesetzt wird bei der angemessenen Fristbestimmung, dass die Leistung bereits begonnen oder anderweitig vorbereitet worden ist.[148] Die Rechtsprechung ist allerdings uneinheitlich. In einigen Entscheidungen ist die Angemessenheit einer Nachfrist (im Hinblick auf Mängelbeseitigungsarbeiten) nach dem Zeitaufwand bemessen worden, den ein Unternehmer unter normalen Geschäftsbedingungen zur Nacherbringung benötigt.[149] Geht der Auftraggeber selbst von einer Geringfügigkeit seiner ausstehenden Mitwirkungshandlung aus, muss der Auftragnehmer ihm keine längere Frist einräumen, als der Auftraggeber selbst für erforderlich hält.[150] Ist die Frist in anderen Fällen objektiv zu kurz gesetzt worden, verlängert sie sich automatisch auf die angemessene Zeitdauer[151], es sei denn, die Frist wurde nur zum Schein gesetzt[152] oder der Auftragnehmer gibt zu erkennen, dass er die Leistung keinesfalls, auch nicht innerhalb einer angemessenen Frist, mehr annehmen werde.[153] Der vertragstreue Auftragnehmer wird nicht mit dem Risiko einer Fehleinschätzung der Fristsetzung belastet, zumal er auch nur einen begrenzten Einblick in die Sphäre des Auftraggebers hat. An die einmal gesetzte Frist ist der Gläubiger grundsätzlich gebunden; er kann sie nicht einseitig verkürzen, wenn er sie nachträglich als zu lang ansieht.[154]

---

[143] Vgl. zu § 323 BGB *Staudinger/Otto* BGB (2004) § 323 Rdn. B55 f. und zu § 326 BGB a.F. *Staudinger/Otto* BGB (2001)§ 326 Rdn. 89 m.w.N.
[144] Strenger aber OLG Köln SFH § 8 VOB/B Nr. 4.
[145] Enger aber Beck'scher VOB-Kommentar/*Motzke* VOB/B § 9 Nr. 2 Rdn. 39.
[146] RGZ 75, 354; *Staudinger/Otto* BGB (2004) § 323 Rdn.B59 m.w.N.
[147] BGH v. 11.6.1964 – VII ZR 216/61, zitiert nach *Kniffka/Koeble* Teil 6 Rdn. 176; *Staudinger/Otto* BGB (2004) § 323 Rdn.B58.
[148] BGH NJW 1982, 1279; *Staudinger/Otto* BGB (2004) § 323 Rdn. B 63.
[149] BGH NJW-RR 1993, 309; OLG Hamm NJW-RR 1996, 272.
[150] BGH NJW-RR 1993, 309.
[151] BGH NJW 1982, 1279 m.w.N.; BGH NJW 85, 2640 = BauR 1985, 688.
[152] BGH NJW 1985, 2640 m.w.N.
[153] BGH NJW 1985, 2640; *Staudinger/Otto* BGB (2004) § 323 Rdn.B67.
[154] *Staudinger/Otto* BGB (2004) § 323 Rdn. B69; Münchener Kommentar/*Ernst* § 323 Rdn. 53 f.

Bei **Zahlungsfristen** ist zu berücksichtigen, dass der Auftraggeber für seine finanzielle Leistungsfähigkeit einzustehen hat, so dass es nicht auf einen möglichen Kreditbeschaffungszeitraum ankommt, sondern nur auf die für die Dauer der Zahlung selbst notwendige (kurze) Zeit.[155] 65

3. Kündigungsandrohung

Mit der Nachfristsetzung zu verbinden ist eine Kündigungsandrohung. Der Begriff der Kündigung braucht nicht verwandt zu werden, aber der **Wille zur einseitigen und vorzeitigen Vertragsbeendigung** – und nicht nur zur vorübergehenden Leistungsverweigerung – muss hinreichend deutlich zum Ausdruck kommen.[156] Die Mitteilung, für den Fall ausbleibender Zahlungen die Kündigung zu erwägen, erfüllt bereits die Warnfunktion.[157] Das Erfordernis der Kündigungsandrohung stellt ebenfalls eine Verschärfung gegenüber der allgemeinen Rechtslage dar. Denn zwar setzt § 323 BGB eine Nachfristsetzung bzw. § 314 Abs. 2 BGB eine Abhilfefrist bzw. Abmahnung voraus; diese müssen jedoch nicht mit einer (konkludenten) Kündigungsandrohung verbunden werden.[158] 66

Nachfristsetzung und Kündigungsandrohung können bereits **mit einer Mahnung verbunden** werden.[159] Sie können **formlos** erfolgen, da das Schriftformerfordernis des Satz 2 hierfür nicht gilt.[160] Um die Kündigungsvoraussetzung nachweisen zu können, ist die Wahrung der Schriftform allerdings ratsam. 67

Die Nachfristsetzung mit Kündigungsandrohung ist **entbehrlich**, wenn entweder bereits eine ernsthafte und endgültige Weigerung des Auftragnehmers vorliegt, seine Handlung, z.B. eine Zahlung, vorzunehmen (vgl. auch § 314 Abs. 2 i.V.m. § 323 Abs. 2 Nr. 1 BGB)[161] oder bereits jetzt feststeht, dass die Nachholung der Leistung innerhalb der angemessenen Frist dem Auftraggeber gar nicht mehr möglich ist bzw. er die Erfüllung endgültig erst für einen späteren Zeitpunkt ankündigt.[162] In diesen Fällen ist die Fristsetzung offensichtlich zwecklos und deshalb entbehrlich. 68

So klar der rechtliche Ausgangspunkt ist, so streitig kann im Einzelfall werden, ob das Verhalten eine ernsthafte und endgültige Weigerung zur Leistungsnachholung darstellt. Der BGH hebt hervor, dass an die Erfüllungsverweigerung strenge Anforderungen zu stellen sind[163] und lässt zu Recht bloße Meinungsverschiedenheiten[164] oder die Äußerung von Zweifeln[165] nicht genügen. Die Instanzrechtsprechungen neigt teilweise dazu, selbst klare Erklärungen nicht ausreichen zu lassen, falls es nicht völlig aussichtslos ist, dass die andere Vertragspartei sich noch durch eine Fristsetzung mit Kündigungsandrohung umstimmen lässt.[166] Das ist zu weitgehend. Eine Partei, die unmissverständlich die Leistung verweigert, kann sich später nicht darauf berufen, dass sie sich möglicherweise noch hätte umstimmen lassen. Soll der geäußerte Standpunkt nicht endgültig sein, muss die Verhandlungsbereitschaft auch für die andere Vertragsseite erkennbar sein. So ist nach der zutreffenden Auffassung des BGH eine Fristsetzung entbehrlich, wenn der Auftraggeber schriftlich gegen eine berechtigte Akontoforderung mit einen unbegründeten 69

---

[155] BGH NJW 1985, 2640 = BauR 1985, 688.
[156] Vgl. VOB/B § 8 Rdn. 15.
[157] OLG Jena BauR 2005, 896.
[158] Münchener Kommentar/*Gaier*, § 314 Rdn. 14.
[159] Beck'scher VOB-Kommentar/*Motzke* VOB/B § 9 Nr. 2 Rdn. 42.
[160] *Kleine-Möller/Merl* Handbuch, § 15 Rdn. 143.
[161] BGH NJW 1974, 1467 = BauR 1975, 136.
[162] BGH NJW 1984, 48; *Ingenstau/Korbion/Vygen* VOB/B § 9 Nr. 2 Rdn. 4.
[163] BGH NJW 1988, 1478; BGH NJW-RR 1993, 882.
[164] BGH NJW 1971, 798.
[165] BGH NJW 1971, 1560.
[166] Vgl. tendenziell OLG Hamm IBR 1996, 144; OLG Düsseldorf OLGR 1997, 121; OLG Düsseldorf BauR 2001, 1461, wonach die Ablehnung des Vorschlages „als nicht weiter diskutabel" nicht genügen soll.

Vertragsstrafeanspruch aufrechnet und den Auftragnehmer zur Zahlung des übersteigenden Betrages auffordert.[167]

III. Kündigungserklärung

70 § 9 Nr. 2 Satz 1 VOB/B ist **wortgleich mit § 8 Nr. 3 VOB/B**, auf dessen Kommentierung wegen weiterer Einzelheiten verwiesen wird.[168]

1. Schriftform

71 Erklärt werden kann die Kündigung erst nach fruchtlosem Fristablauf. Erst zu diesem Zeitpunkt entsteht das Kündigungsrecht.[169] Der Begriff der Kündigung braucht nicht verwandt zu werden, aber der **Wille zur einseitigen und vorzeitigen Vertragsbeendigung** – und nicht nur zur vorübergehenden Leistungsverweigerung – muss hinreichend deutlich zum Ausdruck kommen. Die Schriftform ist nach ganz herrschender Meinung **Wirksamkeitsvoraussetzung**.[170] Die Schriftform wird nunmehr gemäß § 127 Abs. 2 BGB grundsätzlich auch durch die Übermittlung per **Telefax** gewahrt. Eine mündlich ausgesprochene oder zwar schriftliche, aber nicht unterschriebene Kündigung ist demgegenüber nach § 125 Satz 2 BGB formnichtig, also wirkungslos.[171] Wird sie vom Auftraggeber dennoch hingenommen, wird in der Regel eine konkludente Vertragsaufhebung, die formlos möglich ist, anzunehmen sein.[172]

2. Angabe, Wechsel oder Nachschieben von Kündigungsgründen

72 Auch eine außerordentliche Kündigungserklärung bedarf nach allgemeinen Rechtsgrundsätzen keiner Begründung.[173] Die Kündigungsgründe werden sich im Übrigen für den Auftraggeber regelmäßig aus der vorgeschalteten Nachfristsetzung ergeben.[174] Für die Wirksamkeit der Kündigung ist allein entscheidend, dass die Kündigungsgründe im Zeitpunkt der Kündigung objektiv vorlagen; weitere Kündigungsgründe können deshalb grundsätzlich nachgeschoben bzw. Kündigungsgründe ausgetauscht werden.[175] So weit allerdings, wie im Regelfall bei den Kündigungsgründen des § 9 Nr. 1 VOB/B, weitere Voraussetzung einer Kündigung die Fristsetzung mit Kündigungsandrohung ist, scheidet ein bloßes Nachschieben aus.[176] Bedeutung erlangt das Nachschieben bei nachträglich bekannt gewordenen Gründen, die auch ohne Nachfristsetzung zur sofortigen Kündigung berechtigt hätten.

3. Teilkündigung

73 Nach allgemeinen Rechtsgrundsätzen erfasst eine Kündigung den gesamten Vertrag. Teilkündigungen sind bei einheitlichen Vertragsverhältnissen nur zulässig, wenn sie gesetzlich vorgesehen oder vertraglich vereinbart sind.[177] Allerdings wird die Rechtsprechung hier großzügiger[178] und

---

[167] BGH BauR 1975, 136; vgl. auch BGH BauR 1980, 465.

[168] VOB/B § 8 Rdn. 105 f.

[169] BGH NJW 1973, 1463 = BauR 1973, 319.

[170] BGH NJW 1973, 1463 = BauR 1973, 319; OLG Köln SFH § 8 VOB/B Nr. 4; Beck'scher VOB-Kommentar/*Motzke* VOB/B § 9 Nr. 2 Rdn. 8; *Ingenstau/Korbion/Vygen* VOB/B § 9 Nr. 2 Rdn. 8.

[171] OLG Köln, BauR 2003, 1578.

[172] Vgl. VOB/B § 8 Rdn. 106; OLG Köln, BauR 2003, 1578; zweifelhaft und falsch zitierend aber OLG Rostock OLGR 2005, 4.

[173] BGHZ 40, 13.

[174] Beck'scher VOB-Kommentar/*Motzke* VOB/B § 9 Nr. 2 Rdn. 14.

[175] BGH BauR 1976, 139; BGH BauR 1993, 469 = NJW 1993, 1972.

[176] Vgl. VOB/B § 8 Rdn. 19.

[177] BGH NJW 1993, 1320; *Palandt/Heinrichs* BGB Einf. v. § 346 Rdn. 12.

[178] Vgl. BGH NJW 1999, 2269 zur Teilkündigung eines Darlehens zum Zwecke der Teilrückführung.

lässt Teilkündigungen insbesondere bei Kündigungen aus wichtigem Grund zu[179], so weit dies sachlich geboten ist. Der Auftragnehmer kann deshalb in Fällen unterlassener Mitwirkungshandlung die Kündigung auf den betroffenen Leistungsteil beschränken.[180] Bei Kündigungen, die zu einer unzumutbaren Vertrauensbeeinträchtigung führen, scheidet demgegenüber eine Teilkündigung in aller Regel aus, da die Unzumutbarkeit der Vertragsfortsetzung gerade Kündigungsvoraussetzung ist.

4. Kündigungsberechtigter/Kündigungsempfänger

Zur Kündigung berechtigt ist – ebenso wie zur Kündigungsandrohung – nur der Auftragnehmer selbst oder seine Vertreter oder Bevollmächtigten. Allerdings kann der Auftragnehmer die Fristsetzung z.B. seines nicht bevollmächtigten Bauleiters nach §§ 180 Satz 2, 177, 184 BGB genehmigen, falls sie nicht vorher vom Auftraggeber nach § 174 BGB mangels Vollmachtsvorlage unverzüglich zurückgewiesen wurde.[181] Hat der Auftragnehmer seine Vergütungsansprüche abgetreten, so verbleibt ihm mangels besonderer Vereinbarung zwar das Kündigungsrecht selbst[182], das Recht zur Fristsetzung mit Ablehnungsandrohung soll demgegenüber grundsätzlich auf den Abtretungsempfänger übergehen[183]; bei einer Sicherungsabtretung bleibt der Auftragnehmer allerdings bis zum Eintritt des Sicherungsfalls zur Ausübung berechtigt.[184] **74**

5. Verwirkung des Kündigungsrechts

Für die zeitliche Ausübung des Kündigungsrechts gibt es keine konkrete Vorgabe. Die Zwei-Wochen-Ausschlussfrist des § 626 BGB ist auf andere Kündigungstatbestände nicht übertragbar.[185] Sie ist **innerhalb angemessener Frist** zu erklären, vgl. § 314 Abs. 3 BGB. Anderenfalls bringt der Auftragnehmer durch die Fortsetzung des Vertragsverhältnisses ohne Kündigung zum Ausdruck, dass die Vertragsverletzung für ihn eine Fortsetzung des Vertrages gerade nicht unzumutbar macht.[186] Die Dauer einer angemessenen Überlegungsfrist sollte zumindest zwei Wochen betragen, in der Regel dürfte eine Frist bis zu einem Monat noch angemessen sein.[187] **75**

Darüber hinaus kann der Auftragnehmer sein Kündigungsrecht wieder verlieren und ggf. zu einer erneuten Nachfristsetzung gehalten sein, wenn er nach fruchtlosem Ablauf der gesetzten Frist nicht kündigt, sondern durch sein Verhalten den Eindruck des Fallenlassens der Kündigungsdrohung erweckt.[188] Die bloße **vorläufige Weiterarbeit** oder Gesprächsbereitschaft während der angemessenen Überlegungsfrist reicht allerdings nicht aus, da ansonsten die Einräumung der Überlegungsfrist weitgehend leer liefe.[189] Die Grundsätze der Fristsetzung nach § 5 Nr. 4 VOB/B[190] lassen sich nicht übertragen. **76**

Das Kündigungsrecht kann auch dann entfallen, wenn der Auftraggeber die nachzuholende Handlung bis auf einen **unerheblichen Teil** fristgerecht erbracht hat.[191] **77**

---

[179] BGH NJW 1986, 925 = BauR 1986, 208.

[180] OLG Düsseldorf SFH § 5 VOB Nr. 6 zu § 6 Nr. 7; Beck'scher VOB-Kommentar/*Motzke* VOB/B § 9 Nr. 2 Rdn. 28; *Ingenstau/Korbion/Vygen* VOB/B § 9 Nr. 1 Rdn. 29; **anderer Ansicht:** OLG Celle OLGR 2001, 147.

[181] RGZ 66, 430.

[182] BGH NJW 1985, 2640 = BauR 1985, 688; streitig, zum Meinungsstand vgl. *Huber* Leistungsstörungen, Bd. 2 S. 288.

[183] BGH NJW 1985, 2640 = BauR 1985, 688; BGH NJW 1991, 2553.

[184] BGH NJW 2002, 1586; *Huber* Leistungsstörungen, Bd. 2, S. 427.

[185] BGH NJW 1951, 836; BGH WM 1967, 516.

[186] BGH NJW 1994, 722.

[187] Vgl. BGH NJW-RR 2001, 1492; BGH WM 1967, 516.

[188] OLG Köln SFH § 8 Nr. 3 VOB (1973) Nr. 4.

[189] Vgl. OLG Düsseldorf BauR 2001, 1459; **anderer Ansicht** *Franke/Kemper/Zanner/Grünhagen* VOB/B § 9 Rdn. 21; *Kniffka/Koeble* Kompendium, Teil 6 Rdn. 330.

[190] Vgl. OLG Düsseldorf NJW-RR 1994, 149.; enger aber OLG Düsseldorf BauR 2001, 1459

[191] OLG Düsseldorf BB 1978, 1339; *Ingenstau/Korbion/Vygen* VOB/B § 9 Nr. 2 Rdn. 6; **anders** wohl OLG Köln SFH § 8 VOB/B Nr. 7.

F. § 9 Nr. 3 VOB/B – Rechtsfolgen der Kündigung

I. Überblick

78 § 9 Nr. 3 VOB/B enthält eine eher rudimentäre Regelung hinsichtlich der sich nach der Kündigung für den Auftragnehmer ergebenen Ansprüche, die sich im wesentlichen in der Wiederholung bzw. Verweisung auf bereits bestehende Ansprüche erschöpft. Satz 1 bestimmt zunächst, dass die bisherigen Leistungen nach den Vertragspreisen abzurechnen sind. Das entspricht weitgehend den Rechtsfolgen, die § 645 BGB für eine Kündigung nach § 643 BGB anordnet. Satz 2 stellt im ersten Halbsatz klar, dass dem Auftragnehmer zusätzlich für den Zeitraum des Annahmeverzuges sein Anspruch auf angemessene Entschädigung gemäß § 642 BGB erhalten bleibt. Halbsatz 2 hält auch sonstige Ansprüche des Auftragnehmers, insbesondere auf Schadenersatz, aufrecht.

II. Vergütung der erbrachten Leistung

1. Umfang der erbrachten Leistungen

79 Gemäß Satz 1 sind die bisherigen Leistungen, d.h. die bis zum Wirksamwerden der Kündigung erbrachten Leistungen, nach den Vertragspreisen abzurechnen. Hinsichtlich des Umfangs der zu vergütenden Leistungen ist die Vorschrift allerdings unklar. Da der Begriff der Leistung im Werkvertragsrecht wie in der VOB/B nicht aufwands-, sondern erfolgsbezogen ist, erfasst der Wortlaut von Satz 1 zunächst nur die **ausgeführte Bauleistung** selbst. § 645 BGB wie auch §§ 6 Nr. 5, 6 Nr. 7 VOB/B sprechen dem Auftragnehmer daneben auch Ersatz für die Auslagen zu, die ihm bis zum Kündigungszeitpunkt entstanden, aber in der Vergütung der bereits erbrachten Leistung nicht enthalten sind.[192] Gemeint sind damit in erster Linie Vorbereitungskosten für die kündigungsbedingt nicht mehr zu erbringenden Leistungen, wie bereits angefallene Kosten für den Transport oder die Zwischenlagerung von Baumaterial[193], die Beschaffung und Nutzung von Baugerät[194], Lohnkosten für vorbereitende Arbeiten und auch wegen bereits erteilter Aufträge an Subunternehmer entstandene Kosten.[195] Erfasst werden auch zeitanteilig die Baustellengemeinkosten oder allgemeine Geschäftskosten[196], die bereits angefallen, aufgrund des Umlagemaßstabs der Kalkulation durch die erbrachten Leistungen aber noch nicht vergütet sind.[197] Hierzu gehören nach § 6 Nr. 7 VOB/B außerdem die gewöhnlich erst nach Kündigung entstehenden Kosten der **Baustellenräumung.** Voraussetzung ist immer, dass die Kosten durch die Vergütung der nicht erbrachten Leistungen bezahlt worden wären.[198] Die die Übernahme dieser Kosten konkret anordnenden Bestimmungen der §§ 6 Nr. 5 und 6 Nr. 7 VOB/B sind nach ganz herrschender Meinung auch ohne ausdrückliche Bezugnahme entsprechend heranzuziehen, da sie auch im Wesentlichen § 645 BGB entsprechen.[199]

80 Problematisch ist, inwieweit **angeliefertes Baumaterial,** das noch nicht eingebaut wurde, abgerechnet werden kann. Aus § 8 Nr. 3 Abs. 3 VOB/B und § 16 Nr. 1 Abs. 1 S. 3 sowie § 7 Nr. 3 ergibt sich, dass die angelieferten und noch nicht eingebauten Baumaterialien grundsätzlich von

[192] Vgl. BGH NJW 1998, 456 = BauR 1997, 1021.
[193] Vgl. OLG München, BauR 1992, 79 = NJW-RR 1992, 348.
[194] Vgl. BGB-RGRK/*Glanzmann* § 645 Rdn. 9 ff.
[195] OLG Düsseldorf, BauR 1990, 386. Hier ist allerdings § 254 BGB zu prüfen, wenn der AN sich gegenüber dem Sub weiter verpflichtet als ihm Rechte gegenüber dem AG zustehen.
[196] OLG München NJW-RR 1992, 328 = BauR 1992, 74 (sehr weitgehend); *Müller-Foell* S. 118.
[197] Vgl. dazu Beck'scher VOB-Kommentar/*Motzke* VOB/B § 6 Nr. 5 Rdn. 21; *Stickler/Fehrenbach* Kündigung Rdn. 563 f.
[198] Vgl. *Stickler/Fehrenbach* Kündigung Rdn. 570.
[199] OLG Düsseldorf, BauR 1990, 386; BGB-RGRK/*Glanzmann* § 645 Rdn. 16; *Ingenstau/Korbion/Vygen* VOB/B § 9 Rdn. 51; *Nicklisch/Weick* VOB/B § 9 Rdn. 27, Beck'scher VOB-Kommentar/*Motzke* VOB/B § 9 Nr. 3 Rdn. 10, *Franke/Kemper/Zanner/Grünhagen* VOB/B § 9 Rdn. 23.

der VOB nicht als erbrachte Leistungen angesehen werden.[200] Bei Baumaterial, das der Auftragnehmer anderweitig verwenden kann, kann er nur vergeblichen Transportaufwand u.ä. als Auslagen abrechnen. Demgegenüber sind bei den auf das Bauvorhaben zugeschnittenen **Sonderanfertigungen** die Beschaffungskosten zumindest als Auslagen zu erstatten.[201] Der Auftraggeber wird bei Mängelfreiheit in der Regel nach § 242 BGB zur Übernahme verpflichtet[202] und wegen der ihn sonst – anders als bei einer Kündigung nach § 8 Nr. 3 VOB/B – jedenfalls treffenden Kostenerstattung auch interessiert sein. Dann werden die Baumaterialien als erbrachte Leistungen, d.h. einschließlich des hierauf entfallenden Gewinns, abgerechnet.

Abrechnungsprobleme können entstehen, wenn die Kündigung nicht nach § 9 VOB/B erfolgt, sondern als **Abstandnahme** vom Vertrag nach einer nicht gestellten Sicherheit **nach § 648 a Abs. 5 BGB** unmittelbar nach § 645 BGB abzurechnen ist. Nach herrschender Meinung bemisst sich die Teilvergütung gemäß § 645 BGB nämlich nicht nach dem Wert der erbrachten Leistungen, sondern nach dem Verhältnis der bislang aufgewandten Arbeitszeit zu der für das Gesamtwerk veranschlagten Arbeitszeit.[203] Der BGH übergeht diesen Unterschied und ermittelt auch in diesem Fall die Vergütung nur nach dem Wertverhältnis der Leistungsanteile.[204] 81

2. Mängel der erbrachten Leistungen

Die Kündigung beendet den Vertrag mit Wirkung nur für die Zukunft. Für die in der Vergangenheit erbrachten Leistungen bleibt der Vertrag erhalten, d.h. der Auftragnehmer ist zur Gewährleistung grundsätzlich berechtigt aber auch verpflichtet.[205] Wegen Mängel kann der Auftraggeber also grundsätzlich Gewährleistungsrechte geltend machen bzw. einen Einbehalt in Höhe der dreifachen Mängelbeseitigungskosten vornehmen, vgl. § 641 Abs. 3 BGB. Bei der auftragnehmerseitigen Kündigung wird sich der Auftraggeber jedoch häufig auch wegen der Mängelbeseitigung in Annahmeverzug befinden, sei es, dass er nicht die erforderlichen Mitwirkungshandlungen erbringt, sei es, dass er zur Erbringung der dann fällig werdenden Gegenleistung nicht bereit ist. In diesen Fällen **entfällt** – trotz der Regelung des § 641 Abs. 3 BGB – **der Druckzuschlag**[206], d.h., dass nur die einfachen Mängelbeseitigungskosten von der Vergütung in Abzug gebracht werden.[207] Gleiches würde gelten, wenn dem Auftragnehmer selbst Nachbesserungsarbeiten aufgrund der Schwere der Kündigungsgründe unzumutbar wären. Da er sich hinsichtlich der Mängel jedoch selbst nicht vertragsgerecht verhalten hat, kommt dies nur in Ausnahmefällen in Betracht. 82

3. Fälligkeit und Abrechnung

Auch im Falle einer vorzeitigen Beendigung des Bauvertrages gelten die §§ 14, 16 VOB/B.[208] Der Auftragnehmer muss die erbrachten Leistungen durch **prüfbare Schlussrechnung** abrechnen. Hierfür gelten insbesondere beim Pauschalvertrag die gleichen Anforderungen wie bei einer Auftraggeber-Kündigung.[209] Deshalb kann auf die Ausführungen bei § 8 Rdn. 25 ff. VOB/B verwiesen werden. 83

Auch im Fall der eigenen Kündigung hat der Auftragnehmer gemäß dem insoweit entsprechend anzuwendenden § 8 Nr. 6 VOB/B[210] einen Anspruch auf gemeinsames Aufmaß.[211] Eine **Abnah-** 84

---

[200] BGH NJW 1995, 1837 = BauR 1995, 545.
[201] Insoweit unklar Beck'scher VOB-Kommentar/*Motzke* VOB/B § 9 Nr. 3 Rdn. 9; vgl. aber auch dort § 6 Nr. 5 Rdn. 19 f.
[202] Vgl. BGH NJW 1995, 1837 = BauR 1995, 545.
[203] Vgl. nur *Staudinger/Peters* BGB (2003) § 645 BGB Rdn. 22 m.w.N.
[204] BGH NJW 1999, 2036 = BauR 1999, 632.
[205] BGH BauR 1987, 689 = NJW 1988, 140, Beck'scher VOB-Kommentar/*Motzke* VOB/B § 9 Nr. 3 Rdn. 13.
[206] Vgl. *Kniffka*, ZfBR 2000, 227, 232; *Palandt/Sprau* BGB § 641 Rdn. 12.
[207] Vgl. BGH NJW-RR 2002, 1025; OLG Hamm, OLGR 1994, 194; OLG Köln, OLGR 1997, 303.
[208] BGH NJW 1987, 352 = BauR 1987, 95.
[209] Vgl. BGH NJW 1999, 2036 = BauR 1999, 632.
[210] Vgl. VOB/B § 8 Rdn. 108.
[211] *Ingenstau/Korbion/Vygen* VOB/B § 9 Rdn. 50; Beck'scher VOB-Kommentar/*Motzke* VOB/B § 9 Nr. 3 Rdn. 9.

me war nach der bisherigen Rechtsprechung des BGH nicht Fälligkeitsvoraussetzung[212], konnte aber entsprechend § 8 Nr. 6 verlangt werden. Hier hat der BGH einen Rechtsprechungswandel zunächst angekündigt und nun auch vollzogen 2002 hat der BGH zum Verjährungsbeginn der Mängelansprüche nach Kündigung festgestellt, dass das Erfüllungsstadium eines gekündigten Vertrages ebenso wie bei einem nicht gekündigten Vertrag erst mit der Abnahme endet, die auch beim gekündigten Vertrag dazu dient festzustellen, ob die auf Grund der Kündigung beschränkte Werkleistung des Auftragnehmers vertragsgemäß erbracht wurde.[213] Damit wurde angedeutet, dass zukünftig auch für den gekündigten Vertrag die Abnahme Fälligkeitsvoraussetzung ist[214] Das hat der BGH 2006 nun bestätigt.[215] Gegenstand der Abnahme sind die erbrachten Teilleistungen. **Fälligkeit** tritt **ohne Abnahme** nach allgemeinen Grundsätzen dann ein, wenn die Abnahme verweigert wird oder durch ein Minderungs- oder Schadensersatz des Auftraggeber das Erfüllungsverhältnis in ein Abrechnungsverhältnis übergegangen ist.

III. Entschädigung nach § 642 BGB

1. Art und Umfang des Anspruches

85 Neben dem Vergütungsanspruch für erbrachte Leistungen steht dem kündigenden Auftragnehmer auch ein Anspruch auf angemessene Entschädigung nach § 642 BGB zu. Dieser Entschädigungsanspruch begründet aber **keinen Ausgleich für die nicht erbrachten Leistungen.**[216] Es geht auch, was ebenfalls teilweise verkannt wird, nicht um einen Ausgleich für die vorzeitige Beendigung des Vertragsverhältnisses.[217] Es geht im Kündigungsfall ausschließlich um einen angemessenen Ausgleich der **Nachteile während des Annahmeverzuges**[218], z.B. durch die unnütze Bereitstellung von Kapital und Arbeitskraft sowie andere verzugsbedingte Zusatzaufwendungen.[219] Bei fortgesetzten Vertrag kann § 642 BGB auch Mehraufwendungen umfassen, die aufgrund des Annahmeverzuges, aber nach dessen Beendigung bei der verspäteten Leistungserbringung entstehen, insbesondere durch Lohn- und Materialpreissteigerungen aufgrund des verschobenen Leistungszeitraums. Denn der Anknüpfungspunkt „Dauer des Verzuges" in § 642 BGB bedeutet nicht, dass der Verzögerungsschaden unmittelbar während der Annahmeverzuges entstanden sein muss.[220] Der Anspruch umfasst aber keinesfalls den entgangenen Gewinn des gekündigten Leistungsteils, wie auch § 645 BGB zeigt.

86 Die Entschädigung beschränkt sich damit hier auf den Zeitraum bis zur Beendigung des Annahmeverzuges, i.d.R. also längstens bis zur Kündigung.[221] Damit deckt der Entschädigungsanspruch sich im großen Umfang mit Ansprüchen aus § 6 Nr. 6 VOB/B, nicht aber mit denen aus § 8 Nr. 1 Abs. 2 VOB/B bzw. § 649 S. 2 oder § 326 Abs. 2 BGB.

87 Während das als dogmatisch gesichert angesehen werden kann, sind weitere Fragen streitig. Der Rechtsnatur nach handelt es sich um einen gesetzlich begründeten **vergütungsgleichen**

---

[212] BGH NJW 87, 382= BauR 1987, 95; BGH NJW 1993, 1972 = BauR 1993, 469.

[213] BGH NZBau 2003, 265=BauR 2003, 689.

[214] *Kniffka* ibr-online-Kommentar § 649 BGB Rdn. 40; *Brügmann/Kenter* NJW 2003, 2121 ff.

[215] BGH IBR 2006, 432.

[216] **Unrichtig** deshalb OLG München BauR 1980, 274, OLG Celle BauR 2000, 416 und *Franke/Kemper/Zanner/Grünhagen* VOB/B § 9 Rdn. 24.

[217] **Anders** aber Beck'scher VOB-Kommentar/*Motzke* VOB/B § 9 Nr. 3 Rdn. 15 und *Heiermann/Riedl/Rusam* VOB/B § 9 Rdn. 21.

[218] OLG Köln SFH § 8 VOB/B Nr. 7; BGB-RGRK/*Glanzmann* § 642 Rdn. 6 f.; *Palandt/Sprau* BGB § 642 Rdn. 2; *Nicklisch/Weick* VOB/B § 9 Rdn. 29; *Kniffka/Koeble* Kompendium Teil 6 Rdn. 332; *Nicklisch* BB 1979, 533; *Lachmann* BauR 1990, 409.

[219] RGZ 100, 46; *Leinemann/Leinemann* VOB/B § 9 Rdn. 20.

[220] *Kniffka* ibr-online-Kommentar § 642 BGB Rdn. 53 f.; *Bamberger/Roth/Voit* § 642 Rdn. 14; *Schilder* S. 173 ff.; **anderer Auffassung** *Koller,* Die Risikozurechnung bei Vertragsstörungen in Austauschverträgen München 1979, S. 245.

[221] BGB-RGRK/*Glanzmann*, § 642 Rdn. 7; *Nicklisch* BB 1979, 553; *Raab* JZ 2001, 251, 254.

Anspruch[222] und nicht um einen besonderen Schadenersatzanspruch.[223] Er tritt neben den Vergütungsanspruch und ist **verschuldensunabhängig**.[224] Ob er auch bei einem fortbestehenden Vertrag geltend gemacht werden kann[225] oder durch § 6 Nr. 6 VOB/B verdrängt wird[226] ist streitig, braucht im Rahmen des § 9 Nr. 3 VOB/B aber nicht entschieden zu werden.

2. Bemessung des Anspruchs

Der Anspruch ist nicht nach den zu § 649 Satz 2 BGB entwickelten Grundsätze zu ermitteln, da es sich um einen völlig anderen Anspruchsinhalt handelt. Bei der Festlegung des Anspruchsinhalts hat der Gesetzgeber einerseits eine gemäß §§ 615 bzw. 649 Satz 2 BGB entsprechende Regelung als zu weitgehend abgelehnt, andererseits § 304 BGB als zu „dürftig" befunden.[227] Er hat sich statt dessen für eine angemessene Vergütung **für den Verzugszeitraum** entschieden. 88

Ausgangspunkt für die Bestimmung sollte die Höhe der vereinbarten Vergütung sein. Auszugleichen sind jedoch nicht – erbrachte oder nicht erbrachte – Vertragsleistungen, sondern Zeitverluste sowie das unnötige Bereithalten von Kapazitäten.[228] Die Höhe der verzugsbedingten Entschädigung soll sich an den Vertragspreisen orientieren. Voller Schadenersatz soll aber nicht gewährt werden, ebenso wenig Ausgleich des vollen Gewinns des Auftrages, da der Auftragnehmer diesen bei der nach § 642 BGB vorausgesetzten Nachholung noch verdienen sollte.[229] Als vergütungsgleicher Anspruch umfasst er lediglich einen angemessen Gewinnzuschlag für den verzögerungsbedingten Mehraufwand.[230] Verzugsbedingt entgangener Gewinn aus ohne die Verzögerung möglichen weiteren Aufträgen auf anderen Baustellen wird durch den verschuldensunabhängigen Anspruch aus § 642 BGB auch nicht erfasst.[231] 89

Im Ergebnis wird das bedeuten, dass die Anspruchshöhe sich zunächst an den **kalkulierten Kosten der Mehraufwendungen** orientiert[232], wobei mögliche Ersparnisse und Ersatzverdienst mindernd zu berücksichtigen sind. Hinsichtlich des Ersatzerwerbes gilt gegenüber § 649 Satz 2 BGB die Besonderheit, dass nicht nur böswillig unterlassener Erwerb mindernd anzurechnen ist, sondern aufgrund des weiteren Wortlauts jeder mögliche Ersatzerwerb[233], so dass eine verstärkte Verpflichtung zur Annahme auch von Füllaufträgen besteht.[234] 90

Wegen der Einzelheiten der Entschädigungsberechnung wird auf die Ausführungen bei § 6 Rdn. 90–92 sowie ergänzend auf die Arbeit von *Schilder*[235] verwiesen. 91

---

[222] § 575 des ersten Entwurfs zum BGB sprach noch von „angemessener Vergütung"; vgl. auch BGH BauR 1987, 95 = NJW 87, 382; ähnlich *Staudinger/Peters* BGB (2003) § 642 Rdn. 24; *Raab* JZ 2001, 251, 252; *Kapellmann/Schiffers* Bd. 1 Rdn. 1649; BGH SF Z 2.511, Bl. 8 spricht von „möglicherweise Erfüllungsansprüche".

[223] So aber *Soergel/Teichmann* BGB § 642 Rdn. 6; *Stickler/Fehrenbach*, Kündigung, Rdn. 619; Münchener Kommentar/*Busche* § 642 Rdn. 16; *Borgmann* BauR 1994, 707, 708.

[224] Vgl. nur RGZ 100, 46; *Staudinger/Peters* BGB (2003) § 642 Rdn. 23.

[225] So BGH NZBau 2000, 187 = BauR 2000, 722; BGH BauR 2000, 1481; *Nicklisch/Weick* VOB/B § 9 Rdn. 32, § 6 Rdn. 51; *Heiermann/Riedl/Rusam* VOB/B § 6 Rdn. 38; *Raab* JZ 2001, 251, 253; *Kraus* BauR 2000, 1105, 1107.

[226] Vgl. eingehend VOB/B § 6 Rdn. 46–49, 89 sowie OLG Düsseldorf BauR 1991, 774; OLG Celle BauR 1995, 552; *Kapellmann/Schiffers* Bd. 1 Rdn. 1400.

[227] Protokolle der 1. Kommission, Seite 2333, abgedruckt bei *Jakobs/Schubert* Recht der Schuldverhältnisse, Bd. 2, Seite 889.

[228] Hierzu gehört insbesondere die verzugsbedingte verlängerte Vorhaltung von Geräten, vgl. nur *Staudinger/Peters* BGB (2003) § 642 Rdn. 25; unklar aber BGH SF Z. 2.511 Bl. 8, wo möglicherweise eine eigenständige Anspruchsgrundlage angenommen wird.

[229] Vgl. auch *Kniffka* Jahrbuch BauR 2001, 1, 18; *Schilder* S. 184 f.; schlicht falsch sind deshalb OLG München BauR 1980, 274 und OLG Celle BauR 2000, 416, die entgangenen Gewinn für **nicht ausgeführte** Leistungen nach § 642 BGB zugesprochen haben.

[230] Vgl. VOB/B § 6 Rdn. 72 f.; eingehend *Schilder* S. 109 ff., 179 ff.

[231] *Kapellmann/Schiffers* Band 1, Rdn. 1650; *Ingenstau/Korbion-Vygen*, § 9 Nr. 3 Rdn. 13.

[232] Dazu *Kapellmann/Schiffers* Band 1, Rdn. 1650.

[233] *Erman/Schwenker* BGB § 642 Rdn. 5; BGB-RGRK/*Glanzmann* § 642 Rdn. 9.

[234] Vgl. dazu *Staudinger/Peters* BGB (2003) § 642 Rdn. 26.

[235] *Schilder* S. 163 ff.

92 Zur Verteilung der Darlegungs- und Beweislast können die zu § 649 Satz 2 BGB entwickelten Grundsätze entsprechend herangezogen werden.[236]

93 Der Anspruch unterliegt, da er gerade kein echter Schadenersatz, sondern eine – wenn auch gegebenenfalls nur teilweise – Gegenleistung für eine sonstige Leistung ist[237], der **Mehrwertsteuer**.[238] Insoweit unterscheidet sich der Anspruch aus § 642 BGB wesentlich von einem Anspruch aus § 649 Satz 2 BGB wegen nicht erbrachter Leistungen.[239] Wie in den Fällen des § 304 BGB[240] oder des § 615 BGB[241] geht es um eine erhöhte Vergütung für gesteigerte Leistung bzw. Leistungsbereitschaft.

94 Aufgrund der Vergütungsähnlichkeit setzt die Fälligkeit des Anspruchs eine **prüfbare Schlussabrechnung** voraus.[242] Die regelmäßige Verjährung des § 199 BGB beginnt damit ebenso wie bei sonstigen Vergütungsansprüchen erst nach Abrechnung und Ablauf der Prüfungsfrist. Auf die streitige Frage, wann der Anspruch aus § 642 BGB rechtlich entsteht[243], kommt es insoweit für den VOB/B-Vertrag nicht an. Abschlagzahlungen wären zwar grundsätzlich möglich, allerdings nicht mehr nach Kündigung und Eintritt der Schlussrechnungsreife.

94 a Streitig ist, ob eine Abnahme weitere Fälligkeitsvoraussetzungen für den Entschädigungsanspruch ist.[244] Da es sich um einen vergütungsgleichen Anspruch handelt, gelten hier die gleichen Anforderungen wie bei dem Anspruch auf Vergütung der erbrachten Vertragsleistungen. Selbst bei einer Kündigung wird nach neuer BGH-Rechtsprechung eine Abnahme erforderlich (vgl. Rdn. 84).

IV. Weitergehende Ansprüche des Auftragnehmers

95 § 9 Nr. 3 Satz 2, 2.Hs. VOB/B hält dem Auftragnehmer alle sonstigen bestehenden Ansprüche offen. Es handelt sich nicht um eine eigene Anspruchsgrundlage. Die Vorschrift verhindert nur, dass den vorausgehenden Regelungen Ausschließlichkeitscharakter unterstellt wird. In Betracht kommen vor allem folgende Anspruchsgrundlagen:

1. Schadensersatz wegen Pflichtverletzung, § 280 BGB

96 Sind die gesetzlichen Mitwirkungsobliegenheiten vertraglich zu Nebenpflichten ausgestaltet worden, steht dem Auftragnehmer nach § 280 BGB grundsätzlich Ersatz des durch eine Nicht- oder Schlechterfüllung entstehenden Schadens zu. § 280 BGB erfasst auch die Fälle der positiven Forderungsverletzung, vgl. § 280 Abs. 3.[245]

97 Nimmt man mit der herrschenden Lehre an, dass die vom Auftraggeber zu erbringenden Mitwirkungshandlungen echte Vertragspflichten sind[246], so steht dem Auftragnehmer neben dem Entschädigungsanspruch aus § 642 BGB auch ein – allerdings Verschulden voraussetzender – Schadensersatzanspruch zu. Im Übrigen sind **Nebenpflichten** und nicht nur Obliegenheiten jedenfalls insbesondere in den Fällen anzunehmen, in denen der Auftragnehmer an der Erfüllung

---

[236] *Kniffka/Koeble* Kompendium Teil 6 Rdn. 332; *Ingenstau/Korbion/Vygen* VOB/B § 9 Nr. 3 Rdn. 11.

[237] Vgl. dazu BFH BStBl III 106.

[238] *Kapellmann/Schiffers* Bd. 1, Rdn. 1650; zum vergleichbaren Fall des § 6 Nr. 6 siehe VOB/B § 6 Rdn. 76; *Ingenstau/Korbion-Vygen*, § 9 Nr. 3 Rdn. 15; *Schilder* S. 194 ff.

[239] **Anderer Ansicht** aber: OLG Koblenz; BauR 2002, 811; Beck'scher VOB-Kommentar/*Motzke* VOB/B § 9 Nr. 3 Rdn. 16; *Franke/Kemper/Zanner/Grünhagen* VOB/B § 9 Rdn. 26.

[240] Vgl, BFHE 105, S. 75, 78; BGHZ 65, S. 253, 263.

[241] BFH, BStBl 1971, II, S. 6.

[242] BGH NJW 1987, 382 = BauR 1987, 95.

[243] Für den Eintritt des erstens Schadens *Kapellmann* BauR 1985, 123, 127; für den Abschluss der Schadensentstehung *Heinle* BauR 1992, 428, 431.

[244] So *Ingenstau/Korbion/Döring* VOB/B § 6 Nr. 6 Rdn. 53; **anderer Ansicht** Kapellmann BauR 1985, 123, 129.

[245] Gesetzesbegründung, BT-Drucks 14/1640, Seite 92;*Staudinger/Otto* BGB (2004) § 280 Rdn. A2, C5.

[246] Vgl. dazu VOB/B § 6 Rdn. 47 f.

der Mitwirkungshandlungen durch den Auftraggeber über die Möglichkeit zu eigenen Leistungserbringungen ein weitergehendes eigenes Vermögensinteresse hat, z.B. bei Informations- und Hinweispflichten[247], deren Nichterfüllung zu Schäden des Auftragnehmers führen kann. Die Planlieferung durch den Auftraggeber wird von der Rechtsprechung teilweise als Vertragspflicht angesehen.[248]

Darüber hinaus gewährt die Rechtsprechung aber auch bei der **schuldhaften Verletzung bloßer Obliegenheiten** einen Schadenersatzanspruch. Die schuldhafte Nichterfüllung einer Obliegenheit sei zwar nicht selbst eine positive Forderungsverletzung; hierin könne aber zugleich eine schuldhafte Nicht- oder Schlechterfüllung der **allgemeinen vertraglichen Treuepflicht** liegen, wenn der Vertragszweck ernsthaft gefährdet sei.[249] Da im Falle der Kündigung regelmäßig die Voraussetzungen der Vertragsgefährdung vorliegen, hat nach der Rechtsprechung die schuldhafte Obliegenheitsverletzung im Ergebnis die gleiche Rechtsfolgen wie die Verletzung von Vertragspflichten selbst. 98

Der Schadensersatzanspruch hat zu Folge, dass der Auftragnehmer für den Verzugszeitraum gemäß §§ 280, 286 BGB den vollen entgangenen Gewinn geltend machen kann, sei es als Gewinn für den verzugsbedingten Mehraufwand, sei es als verzögerungsbedingt entgangener Gewinn aus anderen Aufträgen. Daneben kann er zusätzlich den Nichterfüllungsschaden wegen der kündigungsbedingt nicht mehr erbrachten Leistungen fordern.[250] Zu beachten ist aber, dass auf den Verzögerungsschaden die Haftungsbeschränkung des § 6 Nr. 6 VOB/B grundsätzlich Anwendung findet.[251] Dies gilt allerdings nicht für den weitergehenden Nichterfüllungsschaden.[252] 99

2. Anspruch auf (volle) Vergütung

Boykottiert der Auftraggeber durch Unterlassen von Mitwirkungsobliegenheiten die Vertragsdurchführung und kündigt der Auftragnehmer, so steht ihm grundsätzlich – neben dem Entschädigungsanspruch nach § 642 BGB für die Verzögerung – lediglich eine Teilvergütung für die erbrachten Leistungen einschließlich Auslagenersatz nach § 9 Nr. 3 VOB/B bzw. § 645 BGB zu. Weitergehende Ansprüche setzen entweder eine Kündigung des Auftraggebers (§ 649 BGB) oder als Schadensersatz die Verletzung einer Schuldnerpflicht (vgl. Rdn. 96 ff.) voraus. Dennoch gewährt die Rechtsprechung auch bei die Vertragsdurchführung vereitelnden Obliegenheitsverletzungen einen Anspruch auf die volle Vergütung. So hat der BGH in einem Fall dem Auftragnehmer, nachdem der Auftraggeber die Wirksamkeit des Vertrages bestritten und die Fertigstellung des Werks pflichtwidrig verhindert hatte, den vollen Werklohn zugesprochen, indem er dem Auftraggeber den Einwand fehlender Fälligkeit und die Einrede des nicht erfüllten Vertrages abgeschnitten hat.[253] Diese sehr umstrittene Rechtsprechung[254] setzt rechtlich einen fortbestehenden Vertrag voraus und ist auf Kündigungsfälle nicht übertragbar, da durch die Kündigung der Vertrag und damit auch die Werklohnansprüche für die Zukunft entfallen. Will der Auftragnehmer derartige Ansprüche geltend machen, darf er nicht kündigen. Nach der Lösung der Rechtsprechung wird sein Vergütungsanspruch in voller Höhe zwar sofort fällig, der Auftragnehmer bleibt aber seinerseits – nach Beseitigung des Leistungshindernisses – zur Gegenleistung verpflichtet. 100

In der Literatur werden zur Auflösung derartiger Fälle weitere Anspruchsmöglichkeiten vorgeschlagen, die dem Auftragnehmer einen Anspruch auf volle Vergütung abzüglich ersparter 101

---

[247] *Kniffka* Jahrbuch BauR 2001, 1, 8 ff.

[248] BGH NJW 1972, 447 = BauR 1972, 112; *Kniffka* Jahrbuch BauR 2001, 1, 12 ff.; **anders** BGH NJW 1974, 1080; vgl. zur uneinheitlichen Rechtsprechung auch *Müller-Foell* S. 43 f. m.w.N.

[249] BGH VersR 1960, 693; vgl. dazu *Hüffer* S. 49 ff.

[250] BGHZ 11, 80; *Nicklisch/Weick* VOB/B vor §§ 8, 9 Rdn. 37, § 9 Rdn. 37 ff.

[251] Siehe VOB/B § 6 Rdn. 93; *Nicklisch/Weick* VOB/B § 6 Rdn. 45 f.; § 9 Rdn. 39 a; Beck'scher VOB-Kommentar/*Motzke* VOB/B § 9 Nr. 3 Rdn. 21.

[252] Beck'scher VOB-Kommentar/*Motzke* VOB/B § 6 Nr. 6 Rdn. 2; unklar aber § 9 Nr. 3 Rdn. 21.

[253] BGHZ 50, 175; bestätigt BGH NJW-RR 1988, 1396; BGH NJW 1990, 3008.

[254] Ablehnend z.B. *Hüffer* S. 206 ff.; *Müller-Foell* S. 123; *Staudinger/Peters* BGB (2003) § 641 Rdn. 9.

Aufwendungen gewähren sollen, z.B. nach § 649 BGB, indem die Weigerung zur Mitwirkung einer freien Kündigung gleich gestellt wird[255], oder in Analogie zu § 324 BGB a.F.[256] bzw. § 326 BGB a.F.[257] oder durch erweiterte Auslegung der §§ 643, 645 BGB.[258] Die Annahme einer konkludenten Kündigung des Auftraggebers scheitert am Schriftformerfordernis des § 8 Nr. 5 VOB/B, für eine gesetzliche Beendigung des ungekündigten Vertrages fehlt eine tragfähige Rechtsgrundlage. Ohne Vertragsbeendigung fehlt die Basis für eine entsprechende Anwendung der Rechtsfolgen. Für die übrigen Analogien besteht nach der neuen Regelung des § 280 BGB kein Bedarf. § 280 BGB ist als Generalnorm tatbestandlich erfüllt, wenn man eine Schuldnerpflicht annimmt oder ihr Obliegenheiten über die Treuepflicht (§ 241 Abs. 2 BGB) gleichstellt.

3. Anspruch gemäß § 304 BGB

102 Da § 642 BGB wesentlich weiter reicht als § 304 BGB, der vergebliche Kosten für Angebot sowie Aufbewahrung und Erhaltung des Werks umfasst, läuft diese Vorschrift für den Werkvertrag im Wesentlichen leer.[259]

G. AGB-Kontrolle, abweichende vertragliche Vereinbarungen

102 a Unabhängig von der Frage, ob nach der Schuldrechtsmodernisierung für den BGB-Werkvertrag das außerordentliche Kündigungsrecht durch ein Rücktrittsrecht ersetzt sein sollte[260], wäre jedenfalls auch die formularvertragliche Vereinbarungen eines außerordentlichen Kündigungsrechtes zulässig.[261] Diese dogmatische Ausgestaltung der Vertragsbeendigung ist nicht unangemessen, vielmehr deutlich geeigneter.[262] Die in § 9 Nr. 1 VOB/B genannten Gründen rechtfertigen eine vorzeitige Vertragsbeendigung, weshalb die Regelung einer Klauselkontrolle standhält.[263]

103 § 9 Nr. 1 ist nicht nur eine angemessene Regelung. Vielmehr gehört das **Recht zur außerordentlichen Vertragsbeendigung** zu den grundlegenden Prinzipien in unserer Rechtsordnung und lässt sich seinerseits **durch AGB nicht ausschließen**.[264] Das gilt auch für die speziellen Kündigungsgründe nach § 9 Nr. 1 lit. a VOB/B[265] und § 9 Nr. 1 lit. b.[266] Ebenfalls unzulässig ist eine mittelbare Einschränkung der Kündigungsrechte durch Bestimmung einer längeren Kündigungsfrist, da der Kündigungsgrund gerade die Unzumutbarkeit der Vertragsfortsetzung voraussetzt.[267]

104 Auf der anderen Seite kann sich der Auftragnehmer formularmäßig weder ein freies Kündigungsrecht ausbedingen[268] noch die Verwirklichung seiner Leistungs- und Beschaffenheitsrisiken zu außerordentlichen Kündigungsrechten ausgestalten.[269] Die Normierung weiterer Kündigungsgründe bleibt möglich, soweit sie eine außerordentliche Kündigung rechtfertigen. Das Regelerfordernis der Nachfristsetzung vor Kündigung entspricht einem – auch unter Kaufleuten nicht abdingbaren – Rechtsgrundsatz, vgl. § 309 Nr. 4 BGB.[270] Demgegenüber kann nach herrschender Meinung der Auftraggeber gegenüber Unternehmen die Kündigung durch Einschreibebrief

[255] Vgl. *Staudinger/Peters* BGB (2003) § 643 Rdn. 18; *Lachmann* BauR 1990, 409, 411 f.
[256] Vgl. *Nicklisch* BB 1977, 533, 543; *Nicklisch/Weick* VOB/B § 9 Rdn. 41.
[257] Vgl. *Hüffer* S. 238 ff.
[258] Vgl. *Staudinger/Peters* BGB (2003) § 643 Rdn. 19, 21 ff.; *Erman/Schwenker* BGB § 643 Rdn. 6.
[259] Vgl. auch *Müller-Foell* S. 119.
[260] Vgl. dazu oben Rdn. 1 und *Ingenstau/Korbion/Vygen*, vor §§ 8, 9 Rdn. 10 ff.
[261] *Ingenstau/Korbion/Vygen*, vor §§ 8, 9 Rdn. 16.
[262] *Voit*, BauR 2002, 1776, 1779 ff.; *Ingenstau/Korbion/Vygen*, vor §§ 8, 9 Rdn. 9 ff.
[263] Vgl. nur *Ingenstau/Korbion/Vygen*, § 9 VOB/B Rdn. 8 ff.; *Franke/Kemper/Zanner/Grünhagen*, § 9 VOB/B Rdn. 48.
[264] *Korbion/Locher* Rdn.K 153, 155.
[265] *Franke/Kemper/Zanner/Grünhagen* VOB/B § 9 Rdn. 33.
[266] OLG München BB 1984, 1386; *Glatzel/Hofmann/Frickell* S. 236.
[267] BGH BauR 1990, 81 = NJW RR 1990, 156; OLG Stuttgart BauR 1988, 506.
[268] *Kleine-Möller/Merl* Handbuch, § 2 Rdn. 632.
[269] *Glatzel/Hofmann/Frickell* S. 238; *Korbion/Locher* Rdn.K 155; vgl. OLG Stuttgart ZIP 1981, 875.
[270] OLG Köln WM 1989, 526; OLG Düsseldorf BB 1982, 220.

vorschreiben.[271] Deshalb hält auch das über § 314 Abs. 2 BGB hinausgehende Erfordernis einer Kündigungsandrohung in § 9 Nr. 2 VOB/B einer isolierten Klauselkontrolle[272] stand.

Auch die **Kündigungsfolgen** lassen sich formularmäßig **nur beschränkt einschränken oder erweitern**. Der Auftraggeber kann Ansprüche auf Entschädigung gemäß § 642 BGB oder auf Schadenersatz wegen nicht erbrachter Leistungen weder ausschließen noch beschränken.[273] Pauschalierungen der Ansprüche des Auftragnehmers sind demgegenüber grundsätzlich zulässig.[274] Weder darf sich dabei der Auftragnehmer unangemessene Vorteile versprechen lassen, noch der Auftraggeber den Anspruch grundsätzlich einschränken. Prüfungsmaßstab ist das, was durchschnittlich ohne die Klausel geschuldet wäre.[275] Bei Bauaufträgen wird im Gegensatz zum Fertighausvertrag[276] eine angemessene Pauschalierung wegen der Unwägbarkeiten hinsichtlich ersparter Aufwendung und Ersatzverdienst allerdings schwierig, so weit sie über den Reingewinn hinausgeht.[277] 105

§ 10 Haftung der Vertragsparteien

1. Die Vertragsparteien haften einander für eigenes Verschulden sowie für das Verschulden ihrer gesetzlichen Vertreter und der Personen, deren sie sich zur Erfüllung ihrer Verbindlichkeiten bedienen (§§ 276, 278 BGB).

2. (1) Entsteht einem Dritten im Zusammenhang mit der Leistung ein Schaden, für den auf Grund gesetzlicher Haftpflichtbestimmungen beide Vertragsparteien haften, so gelten für den Ausgleich zwischen den Vertragsparteien die allgemeinen gesetzlichen Bestimmungen, so weit im Einzelfall nichts anderes vereinbart ist. So weit der Schaden des Dritten nur die Folge einer Maßnahme ist, die der Auftraggeber in dieser Form angeordnet hat, trägt er den Schaden allein, wenn ihn der Auftragnehmer auf die mit der angeordneten Ausführung verbundene Gefahr nach § 4 Nr. 3 hingewiesen hat.

(2) Der Auftragnehmer trägt den Schaden allein, so weit er ihn durch Versicherung seiner gesetzlichen Haftpflicht gedeckt hat oder durch eine solche zu tarifmäßigen, nicht auf außergewöhnliche Verhältnisse abgestellten Prämien und Prämienzuschlägen bei einem im Inland zum Geschäftsbetrieb zugelassenen Versicherer hätte decken können.

3. Ist der Auftragnehmer einem Dritten nach §§ 823 ff. BGB zu Schadensersatz verpflichtet wegen unbefugten Betretens oder Beschädigung angrenzender Grundstücke, wegen Entnahme oder Auflagerung von Boden oder anderen Gegenständen außerhalb der vom Auftraggeber dazu angewiesenen Flächen oder wegen der Folgen eigenmächtiger Versperrung von Wegen oder Wasserläufen, so trägt er im Verhältnis zum Auftraggeber den Schaden allein.

4. Für die Verletzung gewerblicher Schutzrechte haftet im Verhältnis der Vertragsparteien zueinander der Auftragnehmer allein, wenn er selbst das geschützte Verfahren oder die Verwendung geschützter Gegenstände angeboten oder wenn der Auftraggeber die Verwendung vorgeschrieben und auf das Schutzrecht hingewiesen hat.

5. Ist eine Vertragspartei gegenüber der anderen nach den Nummern 2, 3 oder 4 von der Ausgleichspflicht befreit, so gilt diese Befreiung auch zugunsten ihrer gesetzlichen Vertreter und Erfüllungsgehilfen, wenn sie nicht vorsätzlich oder grob fahrlässig gehandelt haben.

6. So weit eine Vertragspartei von dem Dritten für einen Schaden in Anspruch genommen wird, den nach den Nummern 2, 3 oder 4 die andere Vertragspartei zu tragen hat, kann sie verlangen, dass ihre Vertragspartei sie von der Verbindlichkeit gegenüber dem Dritten befreit. Sie darf den Anspruch des Dritten nicht anerkennen oder befriedigen, ohne der anderen Vertragspartei vorher Gelegenheit zur Äußerung gegeben zu haben.

---

[271] *Wolf/Horn/Lindacher* AGBG § 11 Nr. 16 Rn 16 m.w.N.
[272] Vgl. dazu Einl VOB/B, Rdn. 48 ff.
[273] BGH BauR 1990, 81; *Kniffka* Jahrbuch BauR 2000, 1, 18.
[274] *Von Rintelen*, BauR 1998, 603, 606 ff.; *Kniffka*, Jahrbuch BauR 2000, 1, 18.
[275] BGH NJW 1983, 1491 = BauR 1983, 266; *von Rintelen*, BauR 1998, 603, 609 m.w.N.
[276] Dazu BGH BauR 1995, 546.
[277] Zu den Pauschalierungsvoraussetzungen *von Rintelen*, BauR 1998, 603, 609, 612.

Schrifttum: *Baumbach/Hefermehl* Wettbewerbsrecht, 22. Aufl., 2001 – *Boisserée* Die Haftung der Baubeteiligten für Schäden an Nachbargebäuden, 2002 – *Bruck/Möller* Kommentar zum Versicherungsvertragsgesetz, Bd. 4 Allgemeine Haftpflichtversicherung, 8. Aufl., 1970 – *Hubmann/Götting* Gewerblicher Rechtsschutz, 7. Aufl., 2002 – *Kaiser* Die konkurrierende Haftung von Vor- und Nachunternehmer, BauR 2000, 177 – *Kamanabrou* Grenzen der Haftung für Schutzpflichtverletzungen Dritter, NJW 2001, 1187 – *Klein* Haftungsbeschränkungen zugunsten und zu Lasten Dritter und ihre Behandlung in der Schuldrechtsreform, JZ 1997, 390 – *Kniffka* Die Kooperationspflichten der Bauvertragspartner im Bauvertrag, Jahrbuch BauR 2001, 1 – *Kniffka* Anmerkung zu OLG Düsseldorf vom 29.6.1999–21 U 127/98 –, BauR 1999, 1312 – *Lorenz* Die Haftung für Erfüllungsgehilfen, Festschrift 50 Jahre BGH (2000), Bd. 1, 329 – *Littbarski* Haftungs- und Versicherungsrecht im Bauwesen, 1986 – *Prölss/Martin* Versicherungsvertragsgesetz, 26. Aufl., 1998 – *Rathjen* Probleme der Haftung für den Erfüllungsgehilfen, BauR 2000, 170 – *Reinhardt* Anmerkung zu BGH vom 24.6.1970 – VIII ZR 268/67 – in NJW 1970, 2288 – *Schmalzl* Die Auswirkung des § 278 BGB im Verhältnis des Bauherr zu den anderen Baubeteiligten, Festschrift Locher 1990, 225 – *von Rintelen* Lücken im Haftpflichtversicherungsschutz – Umfang und Grenzen des Versicherungschutzes im Baubereich, NZBau 2006, 401 – *Schmalzl/Krause-Allenstein* Die Berufshaftpflichtversicherung des Architekten und des Bauunternehmer, 2. Aufl. 2006 – *Siebel* Projekte und Projektfinanzierung, 2001 – *Siegburg* Haftung von Architekt und Bauherr für Bauunfälle, 1997 – *Späte* Haftpflichtversicherung, Kommentar zu den AHB, 1993 – *Vens-Cappell/Wolf* Zur haftungs- und versicherungsrechtlichen Problematik des § 10 Nr. 2 Abs. 2 VOB/B, BauR 1993, 275 – *Waas* Zum Anwendungsbereich des § 278 BGB im Verhältnis von Werkunternehmer und Besteller, VersR 1999, 1202 – *Wolf* Die Haftung des Werkunternehmers für Lieferantenverschulden, ZIP 1998, 1657 – *Wussow* Baumängelhaftung und Versicherung in der VOB, NJW 1967, 1552 – *Wussow* Haftung und Versicherung bei der Bauausführung, 3. Aufl., 1971.

Übersicht

A. Allgemeines

§ 10 Nr. 1 VOB/B befasst sich mit der Haftung im Verhältnis der Vertragsparteien zueinander und verweist auf die ohnehin geltenden §§ 276, 278 BGB. Hierin erschöpft sich schon der Regelungsgehalt. 1

§ 10 Nr. 2 bis 6 VOB/B betreffen demgegenüber das Innenverhältnis der Vertragsparteien, wenn sie im Außenverhältnis gemeinsam einem Dritten gegenüber haften. Wann im Außenverhältnis einem Dritten gegenüber eine Haftung eintritt, entzieht sich naturgemäß einer vertraglichen Regelung zwischen den Vertragsparteien und richtet sich ausschließlich nach den allgemeinen Haftungsbestimmungen. Für den Innenausgleich verweist Nr. 2 Abs. 1 zunächst auf die allgemeinen gesetzlichen Ausgleichsbestimmungen, während Nr. 2 Abs. 1 Satz 2, Nr. 2 Abs. 2, Nr. 3 und Nr. 4 für die dort genannten Tatbestände jeweils die interne Alleinverantwortlichkeit einer Partei bestimmen. Relevant ist dabei vor allem Nr. 2 Abs. 2, die die Alleinhaftung des Auftragnehmers in versicherbaren Schadensfällen statuiert und damit das Gros der Schadensfälle erfasst. 2

Nr. 5 erstreckt die interne Haftungsbefreiungen auch auf die gesetzlichen Vertreter und Erfüllungsgehilfen der begünstigten Vertragspartei. Um die Inanspruchnahme der intern haftungsbefreiten Partei im Außenverhältnis zu verhindern, stellt Nr. 6 klar, dass die andere Partei sie von der Verbindlichkeit befreien muss. 3

B. § 10 Nr. 1 VOB/B – Haftung der Vertragsparteien untereinander

I. Nr. 1 VOB/B als Verweisungsnorm

Nr. 1 wiederholt die rechtliche Selbstverständlichkeit, dass die Vertragsparteien für eigenes sowie für über § 278 BGB zurechenbares Fremdverschulden haften. Das betrifft, wie schon der Verweis auf § 278 BGB zeigt, nur die Vertragshaftung.[1] Nr. 1 regelt nicht, wann eine Partei haftet. Das richtet sich nach den jeweiligen Haftungstatbeständen der VOB/B (§ 4 Nr. 7 Satz 2, § 6 Nr. 6, § 8 Nr. 3 Abs. 2, § 13 Nr. 7), des sonstigen Vertrages oder der allgemeinen Gesetze (insbesondere §§ 280 ff., § 288 BGB). Nr. 1 regelt entgegen dem ersten Anschein nicht einmal den Haftungsmaßstab. Auch dieser bestimmt sich nach den jeweiligen Haftungstatbeständen. Zwar setzt die Vertragshaftung regelmäßig Verschulden in der Form von Vorsatz oder Fahrlässigkeit voraus; die einzelnen Haftungstatbestände können aber auch strengere oder mildernde Haftungsmaßstäbe bestimmen oder sogar eine verschuldensunabhängige Haftung anordnen. Hieran ändert § 10 Nr. 1 VOB/B nichts, wie schon der uneingeschränkte Klammerverweis auf § 276 BGB einerseits[2] sowie die Anordnung milderer Haftungsmaßstäbe in §§ 6 Nr. 6, 13 Nr. 7 für bestimmte Schäden zeigen. Einen weiteren mildernden Haftungsmaßstab bestimmt z.B. § 300 BGB für den Gläubigerverzug, während § 287 Satz 2 BGB umgekehrt für den Schuldnerverzug eine Haftungsverschärfung anordnet. Verschuldensunabhängig haften die Vertragsparteien für ihre finanzielle Leistungsfähigkeit, übernommene Beschaffungsrisiken oder Garantien (vgl. § 276 BGB).[3] Wegen der objektiven und subjektiven Haftungsvoraussetzungen muss vor allem auf die einschlägigen BGB-Kommentierungen verwiesen werden. 4

[1] Beck'scher VOB-Kommentar/*Ganten* VOB/B § 10 Nr. 1 Rdn. 1.
[2] Beck'scher VOB-Kommentar/*Ganten* VOB/B § 10 Nr. 1 Rdn. 3; *Nicklisch/Weick* VOB/B § 10 Rdn. 8.
[3] *Dauner-Lieb/Heidel/Lepa/Ring* § 276 Rdn. 22 ff., 29.

II. Haftung für fremdes Verschulden

5 Auch hinsichtlich der Haftung für fremdes Verschulden beschränkt sich Nr. 1 auf die inhaltsgleiche Wiederholung des § 278 BGB, der zudem auch noch in Bezug genommen wird. Während die Feststellung der gesetzlichen Vertreter der Parteien in der Regel unproblematisch sein wird[4], ist die Frage, wer über die eigenen Mitarbeiter der Vertragsparteien hinaus Erfüllungsgehilfe ist, im Einzelfall sehr umstritten.

1. Allgemeine Voraussetzungen der Erfüllungsgehilfenhaftung

6 Erfüllungsgehilfe ist, wer mit Willen des Schuldners **bei der Erfüllung dessen Verbindlichkeiten** für diesen tätig wird.[5] Der Begriff der Verbindlichkeit beschränkt sich dabei nicht nur auf **Haupt- oder Nebenleistungspflichten**, sondern umfasst auch Schutzpflichten im Sinne des § 241 Abs. 2 BGB.[6] Dies erweitert den Kreis der Erfüllungsgehilfen beachtlich. Denn der Schuldner muss sich bei Schädigungen seines Vertragspartners infolge von **Schutzpflichtverletzungen** nicht nur das Verhalten der Person zurechnen lassen, die er speziell in die Pflichterfüllung gegenüber diesem Vertragspartner eingebunden hat, sondern aller Gehilfen, deren Tätigkeit schädliche Auswirkungen auf den Vertragspartner haben können.[7] Verletzt der Architekt im Rahmen der Bauaufsicht den Auftragnehmer, wird diese Schutzpflichtverletzung dem Auftraggeber über § 278 BGB zugerechnet, auch wenn hinsichtlich der Bauaufsicht der Architekt gerade nicht Erfüllungsgehilfe ist (vgl. Rdn. 12).

7 Nach Sinn und Zweck ist § 278 BGB darüber hinaus nach zutreffender Auffassung auch auf **Obliegenheiten**[8] analog anzuwenden, so weit sie echten Verbindlichkeiten ähnlich sind.[9]

8 In diesem Pflichtenkreis von Leistungspflichten, Schutzpflichten oder Obliegenheiten muss der Gehilfe **mit Willen des Schuldners** tätig werden. Ob und welches Rechtsverhältnis zwischen Schuldner und Gehilfen besteht, ist unmaßgeblich. Entscheidend ist allein der tatsächliche Wille des Schuldners.[10] Personen, die ohne oder gegen den Willen des Schuldners tätig werden, sind nicht seine Erfüllungsgehilfen. Relevant werden kann dies insbesondere bei der unberechtigten Einschaltung weiterer Gehilfen durch den willentlich eingeschalteten Erfüllungsgehilfen (vgl. Rdn. 9). Die Eigenschaft als Erfüllungsgehilfe wird aber noch nicht dadurch infrage gestellt, dass die konkret haftungsbegründende Handlung gegen die Interessen oder sogar gegen die ausdrückliche Weisung des Schuldners erfolgte.[11] Denn Sinn und Zweck des § 278 BGB soll ja gerade die Zurechnung von Fehlverhalten sein, so weit es nicht aus dem allgemeinen Umkreis jener Aufgaben völlig herausfällt, die der Erfüllungsgehilfe für den Schuldner wahrzunehmen hat.[12] In diesem Rahmen hat der Schuldner selbst für strafbares Verhalten seiner Hilfsperson einzustehen.[13]

2. Erfüllungsgehilfen des Auftragnehmers

9 Der vom Auftragnehmer beim Herstellungsprozess eingeschaltete **Nachunternehmer** ist nach allgemeiner Meinung dessen Erfüllungsgehilfe.[14] Ob die Einschaltung im Verhältnis zum Auftrag-

---

[4] Vgl. dazu *Palandt/Heinrichs* BGB § 278 Rdn. 5.

[5] BGHZ 13, 111 = NJW 1954, 1193; *Staudinger/Löwisch* BGB § 278 Rdn. 17 m.w.N.

[6] *Staudinger/Löwisch* BGB § 278 Rdn. 44 m.w.N.

[7] BGH NJW-RR 1990, 308; Münchener Kommentar/*Grundmann* BGB § 278 Rdn. 25; einschränkend *Kamanabrou* NJW 2001, 1187.

[8] Vgl. dazu VOB/B § 6 Rdn. 47 f., 62; § 9 Rdn. 8 ff.

[9] Münchener Kommentar/*Grundmann* BGB § 278 Rdn. 24; *Lorenz* FS. 50 Jahre BGH I., 329, 343.

[10] *Staudinger/Löwisch* BGB § 278 Rdn. 19 m.w.N.

[11] BGH NJW 1967, 2255; BGH NJW-RR 1990, 484.

[12] BGHZ 31, 358 = NJW 1960, 699.

[13] BGH NJW 1991, 3208 m.w.N.

[14] BGH NJW 1976, 516; BGH NJW 1979, 324; Beck'scher VOB-Kommentar/*Ganten* VOB/B § 10 Nr. 1 Rdn. 52 m.w.N.

geber berechtigt war, ist hierfür nicht maßgeblich.[15] Denn § 278 BGB stellt allein darauf ab, dass der Auftragnehmer sich seiner „bedient" hat, die Einschaltung also seinem tatsächlichen Willen entsprach.[16] Hieraus ergibt sich aber, dass vom Nachunternehmer seinerseits **unberechtigterweise eingeschaltete Nach-Nachunternehmer** nicht ohne weiteres Erfüllungsgehilfen des Auftragnehmers sind, da diese gerade nicht mit seinem Willen bei der Erfüllung der Verpflichtung gegenüber dem Auftraggeber tätig werden.[17] Der Nachunternehmer als Erfüllungsgehilfe handelt dann zwar bei der unbefugten Einschaltung selbst schuldhaft[18], was sich der Auftragnehmer gegenüber seinem Auftraggeber auch zurechnen lassen müsste. Beruht der durch den Nach-Nachunternehmer verursachte Schaden aber nicht auf allgemeiner Unsorgfältigkeit, sondern auf einem so genannten Augenblicksversagen, braucht sich der Auftragnehmer dieses Verschulden nicht nach § 278 BGB zurechnen lassen.

Schwieriger zu beantworten ist die Frage, wann der **Zulieferer** oder **Lieferanten** des Auf- 10
tragnehmers dessen Erfüllungsgehilfen sind. Für die durch die fehlerhafte Lieferung verursachten Mängel muss der Auftragnehmer gewährleistungsrechtlich verschuldensunabhängig einstehen. Fraglich ist, ob er sich bei ausreichender Materialprüfung das Verschulden seiner Lieferanten im Rahmen weitergehender Schadenersatzansprüche zurechnen lassen muss. Nach einer Auffassung in der Literatur umfasst die vertraglich geschuldete Leistungshandlung bzw. der zuzurechnende Verantwortungsbereich den gesamten Herstellungsprozess einschließlich aller Vorbereitungshandlungen mit der Folge, dass der Auftragnehmer für alle Lieferanten nach § 278 BGB einstehen muss.[19] Das überspannt aber die vertraglichen Leistungspflichten des Auftragnehmers. Zwar umfasst die Pflicht zur Herstellung des Werks in der Regel auch die **Pflicht zur Beschaffung** des erforderlichen Materials. Im Wege der Vertragsauslegung ist jedoch im Einzelfall zu klären, ob sich der Auftragnehmer insoweit ebenfalls zur umfassenden Herstellung verpflichtet oder lediglich zur Beschaffung, wie ein Verkäufer auch.[20] Letzteres hat die Rechtsprechung angenommen bei dem Einbau fehlerhafter Heizungsventile[21], fehlerhafter Heizkörper[22], Verwendung mangelhaften Dichtungsmaterials[23] bzw. für die Lieferung von Estrich.[24] Wird der Lieferant jedoch **im Rahmen der Herstellungspflicht** tätig, ist er Erfüllungsgehilfe. Angenommen wurde dies für den Betonlieferanten[25], den Lieferanten einer spezifisch zusammengesetzten Estrichmischung[26] oder auch den Lieferanten maßhergestellter Außenrollläden.[27]

Die Abgrenzung kann im Einzelfall schwierig sein. Ausgangspunkt ist, dass der Auftragnehmer 11
grundsätzlich nicht zur vollständigen eigenhändigen Herstellung verpflichtet ist, sondern er Bestandteile auch hinzukaufen kann.[28] Eindeutig ist dies bei Grund- oder Rohstoffen, die selbst gar nicht mehr hergestellt werden, sondern zur Herstellung benötigt werden.[29] Problematisch ist die rechtliche Einordnung aber schon bei der Lieferung sonstiger Baumaterialien. Das OLG Karlsruhe[30] hat die Betonlieferung als Teil der Herstellungspflicht angesehen, das LG Berlin[31] Estrich nur als Baustofflieferung. Maßgebend für die Abgrenzung ist letztlich der sich aus dem

[15] Beck'scher VOB-Kommentar/*Ganten* VOB/B § 10 Nr. 1 Rdn. 55.
[16] *Lorenz* FS. 50 Jahre BGH I., 329, 372.
[17] BGH WM 1995, 1455; Münchener Kommentar/*Grundmann* BGB § 278 Rdn. 43 m.w.N.
[18] Münchener Kommentar/*Grundmann* BGB § 278 Rdn. 43.
[19] Münchener Kommentar/*Grundmann* BGB § 278 Rdn. 34; Wolf ZIP 1998, 1657, 1658; *Rathjen* BauR 2000, 170, 173.
[20] *Lorenz* FS. 50 Jahre BGH, I. 329, 349; *Wass*, VersR 1999, 1202.
[21] BGH NJW 1978, 1157 = BauR 1978, 304.
[22] BGH VersR 1962, 480.
[23] BGH NJW 2002, 1565 = BauR 2002, 945.
[24] LG Berlin NJW-RR 1997, 1176.
[25] OLG Karlsruhe, BauR 1997, 848.
[26] OLG Celle, BauR 1996, 263.
[27] BGH BauR 1979, 324.
[28] *Wass* VersR 1999, 1202, 1205.
[29] *Wass* VersR 1999, 1202, 1205.
[30] BauR 1997, 847.
[31] NJW-RR 1997, 1176.

Vertrag oder der allgemeinen Lebensanschauung ergebende **Umfang der Herstellungspflicht.**[32] Bei im Leistungsverzeichnis vorgegebenen Einbauteilen verpflichtet sich der Auftragnehmer nur zur Beschaffung und Prüfung, auch wenn diese Teile selbst Ergebnis eines aufwendigen Herstellungsprozesses sind. Der aufwendige Herstellungsprozess wird in vielen Fällen gerade gegen die eigene Herstellungspflicht des Auftragnehmers sprechen. So muss nach der Verkehrsanschauung weder der Estrichleger noch der Generalunternehmer selbst den Estrich herstellen, sondern schuldet insoweit nur die Beschaffung.[33] Demgegenüber war bei der Betonlieferung für die Auslegung des Leistungsumfanges die Lebensanschauung maßgebend, die auch dadurch geprägt ist, dass der Beton von Rohbauunternehmen selbst hergestellt wurde und auch hergestellt werden kann.[34] Die Auslagerung der Herstellung auf den Lieferanten soll nicht zu einer Haftungsreduzierung führen. Herstellungsgehilfe und nicht nur Zulieferer werden auch die Lieferanten eigens für das Bauvorhaben hergestellter Sachen sein.[35]

3. Erfüllungsgehilfen des Auftraggebers

12 Nach ganz herrschender Meinung sind die **Architekten** oder **Fachplaner** Erfüllungsgehilfen des Auftraggebers, so weit es um die Pflichten oder Obliegenheiten geht, die er gegenüber dem Auftragnehmer hat, vor allem dem Auftragnehmer ordnungsgemäße Pläne und sonstige Ausführungsunterlagen zur Verfügung zu stellen (§ 3 Nr. 1 VOB/B)[36] und die Leistungen der einzelnen Unternehmer während der Bauausführung abzustimmen, so genannte Koordinierungspflicht (§ 4 Nr. 1 VOB/B).[37] Demgegenüber ist der Auftraggeber dem Auftragnehmer gegenüber nicht verpflichtet, dessen Leistungen zu überwachen.[38] Die Objektüberwachung nimmt der Architekt/Fachplaner nur im eigenen Interesse des Auftragsgebers wahr und ist deshalb insoweit nicht Erfüllungsgehilfe.[39] Das gilt entsprechend im Verhältnis des Generalunternehmers zum Nachunternehmer sowie ggf. auch im Verhältnis von letzterem zu dessen Nachunternehmern. Ihnen gegenüber muss ihr jeweiliger Auftraggeber für Planungs- oder Koordinierungsfehler des (Bauherren-) Architekten nach § 278 BGB einstehen.[40] Auch hier muss aber nach der jeweiligen Pflicht differenziert werden. Bei der Erfüllung der Fürsorge- und Obhutpflichten des Auftraggebers gegenüber seinem Auftragnehmer[41] ist der Auftraggeber des Auftraggebers (z.B. Bauherr oder GU) nicht Erfüllungsgehilfe im Verhältnis zu seinem Auftragnehmer.[42]

13 Äußerst umstritten ist demgegenüber, ob der **Vorunternehmer** Erfüllungsgehilfe des Auftraggebers ist, so weit die Leistungen des Auftragnehmers fachlich oder terminlich auf dem Vorgewerk aufbauen. Nach in der Literatur herrschender Ansicht soll dem Auftraggeber die eigene Verpflichtung gegenüber dem Auftragnehmer treffen, dass Baugrundstück rechtzeitig und in einem für die Erbringung der Bauleistung geeigneten Zustand zur Verfügung zu stellen.[43] Demgegenüber vertritt der BGH in ständiger Rechtsprechung die Auffassung, dass der Auftrag-

---

[32] *Lorenz* FS. 50 Jahre BGH, I. 329, 350 f.; Beck'scher VOB-Kommentar/*Ganten* VOB/B § 10 Nr. 1 Rdn. 48.

[33] Etwas anderes gilt aber hinsichtlich der **Auswahl** des richtigen Produktes, die eine **eigene Pflicht** ist, so dass der Auftragnehmer für ein Beratungsverschulden des Produktherstellers nach § 278 BGB einstehen muss, vgl. OLG Celle BauR 1996, 263.

[34] OLG Karlsruhe BauR 1997, 847.

[35] BGH BauR 1979, 324.

[36] BGH BauR 1971, 265; BGH BauR 1987, 86, Beck'scher VOB-Kommentar/*Ganten* VOB/B § 10 Nr. 1 Rdn. 65 ff. m.w.N.

[37] BGH BauR 1972, 112; Beck'scher VOB-Kommentar/*Hofmann* VOB/B vor § 3 Rdn. 93; *Schmalzl* FS.*Locher* S. 225, 228.

[38] BGH NJW-RR 2002, 1175. Die Abgrenzung zwischen Koordinierung und Bauaufsicht kann im Einzelfall schwierig sein, vgl. Beck'scher VOB-Kommentar/*Ganten* BGB VOB/B § 10 Nr. 1 Rdn. 65 ff.

[39] BGH BauR 1974, 205; BauR 1982, 515; BauR 1989, 97.

[40] BGH BauR 1987, 86 = NJW 1987, 644; Beck'scher VOB-Kommentar/*Hofmann* VOB/B vor § 3 Rdn. 97.

[41] Dazu BGH VersR 1959, 948; BGH BauR 1975, 64.

[42] OLG Düsseldorf BauR 2001, 264; *Ingenstau/Korbion/Wirth*, § 10 Nr. 2 VOB/B Rdn. 67.

[43] Einzelheiten VOB/B § 6 Rdn. 61–63 m.w.N.

geber sich gegenüber dem Auftragnehmer regelmäßig nicht zur Erbringung dieser notwendigen Vorleistungen verpflichtet.[44] Maßgeblicher Grund sei, dass der Auftraggeber mangels ausreichender Einflussmöglichkeit auf den Vorunternehmer nur verspreche, für eine korrekte Auswahl des Vorunternehmers und die Koordinierung der Arbeiten zu sorgen.[45] Wegen der Einzelheiten der Gegenargumentation wird auf die Ausführungen bei VOB/B § 6 Rdn. 61–63 verwiesen. Die Praxis wird allerdings diese Rechtsprechung berücksichtigen müssen, zumal mit einer Änderung nicht zu rechnen ist. Denn die Reichweite der Erfüllungsgehilfenhaftung hängt von der Festlegung des vertraglichen Pflichtenumfangs ab, was nicht im Wege exakter Deduktion, sondern im Wege wertender Auslegung erfolgt. Da die Rechtsprechung eine Entschädigung für Bauverzögerungen auch verschuldensunabhängig gemäß § 642 BGB gewährt[46] und die Verantwortlichkeit des Auftraggebers für Mängel des Vorgewerks nicht von der Einordnung des Vorunternehmers als Erfüllungsgehilfen abhängt[47], ist die Streitfrage praktisch weitgehend entschärft.

C. § 10 Nr. 2 VOB/B – Schadensausgleich im Innenverhältnis

I. Allgemeines

Während § 10 Nr. 1 VOB/B die unmittelbare Haftung der Vertragsparteien bei Schädigung der anderen Vertragspartei betrifft, beginnen mit Nr. 2 Regelungen über die Schadenverteilung im Innenverhältnis zwischen den Vertragsparteien, falls beide wegen Auswirkungen der Baumaßnahme im Außenverhältnis Dritten gegenüber schadenersatzpflichtig geworden sind. Schädigungen Dritter während oder durch die Bauausführung sind keine Seltenheit. Nachbarn können durch Lärm, Staub oder Ruß, Erschütterungen, Risse nach Abgrabungen etc. geschädigt werden, Passanten durch die Verletzung der allgemeinen Verkehrssicherungspflicht, andere Baubeteiligte durch Bauunfälle aller Art, Versorgungsunternehmen durch die Beschädigung ihrer Leitungen u.a.m. Ist eine Schädigung Dritter allein durch den Auftraggeber oder allein durch den Auftragnehmer verursacht, kann auch nur dieser vom Dritten in Anspruch genommen werden. Ausgleichsfragen für das Innenverhältnis stellen sich nicht. In Anbetracht der Weite der Haftungstatbestände, insbesondere der Haftung auch bei mittelbarer Verursachung oder fortbestehenden Haftung bei der Delegation von Verkehrsicherungspflichten, werden Dritte aber häufig sowohl den Auftraggeber als auch den Auftragnehmer und ggf. weitere Personen, z.B. den Architekten, in Anspruch nehmen können. So trifft die Verkehrssicherungspflicht hinsichtlich der eigenen Bauleistung zunächst den Auftragnehmer, § 4 Nr. 2 VOB/B.[48] Daneben trifft den Auftraggeber die Verkehrssicherungspflicht des Grundstückseigentümers und Bauherrn (§ 4 Nr. 1 VOB/B)[49], die er nicht zu seiner vollständigen Entlastung auf die Bauunternehmer abwälzen kann.[50] Beruht nun die Schädigung eines Dritten auf mehreren Ursachen, auch in Form von Unterlassungen, die von verschiedenen Personen gesetzt worden sind, so haften diese grundsätzlich dem Geschädigten als Gesamtschuldner. Für die jeweilige volle Haftung im Außenverhältnis ist unmaßgeblich, ob einzelne Ursachen wesentlicher waren als andere.[51] Gleiches gilt auch dann, wenn eine Ursache allein den Schaden nicht herbeigeführt hat, sondern nur mehrere Ursachen kumulativ.[52] Der Geschädigte soll geschützt sein und jeden Schädiger nach seiner Wahl bis zur vollen Höhe in Anspruch nehmen können.[53] Die **Auseinandersetzung im Innenverhältnis** ist dann Sache der 14

[44] BGH „Vorunternehmer II" NZBau 2000, 187 = BauR 2000, 722.
[45] *Kniffka* Jahrbuch 2001, 1, 14.
[46] Vgl. VOB/B § 6 Rdn. 89 ff., § 9 Rdn. 85 ff.
[47] *Kaiser* BauR 2000, 177, 180 f.; *Kniffka* BauR 1999, 312 f.
[48] Vgl. VOB/B § 4 Rdn. 58.
[49] Vgl. VOB/B § 4 Rdn. 5 f.
[50] Vgl. *Littbarski* Haftung Rdn. 223 ff.
[51] BGH NJW 1990, 2882 m.w.N.
[52] BGH VersR 1970, 814.
[53] Münchener Kommentar/*Wagner* BGB § 840 Rdn. 1.

Schädiger und Gegenstand der Nr. 2. Nach der Ausgangsregel der Nr. 2 Abs. 1 Satz 1 gelten für den Innenausgleich die gesetzlichen Bestimmungen, insbesondere die §§ 840, 426 BGB, die im Ergebnis zu einer Haftungsaufteilung nach den Verursachungs- und Verschuldensanteilen führen. Der praktische Anwendungsbereich dieser Ausgangsregelung ist allerdings eher gering. Denn Nr. 2 Abs. 1 Satz 2 ordnet einerseits die Alleinhaftung des Auftraggebers an, falls die Schädigung Dritter auf seinen Anordnungen beruht. Andererseits bestimmt Nr. 2 Abs. 2, dass der Auftragnehmer in Fällen beiderseitiger Verursachung allein haftet, wenn die Schäden versicherbar sind. Da die üblichen Schäden regelmäßig in den Deckungsbereich einer Haftpflichtversicherung fallen, ist die Nr. 2 Abs. 2 der praktische Regelfall.

II. Generelle Voraussetzungen des Innenausgleichs

15 Die Nr. 2 VOB/B erfasst Fällen, in denen (1) beide Vertragsparteien (2) im Zusammenhang mit der Bauleistung (3) gegenüber einem Dritten (4) auf Grund gesetzlicher Haftungsbestimmungen haften.

1. Haftung beider Vertragsparteien

16 Beide Vertragsparteien müssen dem Dritten haften. Ob eine Haftung im Außenverhältnis gegenüber dem geschädigten Dritten besteht, richtet sich nicht nach Nr. 2, sondern nach den jeweiligen **allgemeinen Haftungstatbeständen**. Es kommen zahlreiche Anspruchsgrundlagen in Betracht, vor allem aus dem Recht der unerlaubten Handlungen (§ 823 Abs. 1; § 823 Abs. 2 i.V.m. §§ 907, 909, 1004, 836 ff. BGB), auf die hier nicht im Einzelnen eingegangen werden kann. Insoweit muss auf die jeweiligen Kommentierungen bzw. auf allgemeine Darstellungen zur Haftung im Bauwesen[54] verwiesen werden. Notwendig ist, dass **beide Parteien haften**. Dies ergibt sich in der Regel daraus, dass jede den Tatbestand einer Haftungsnorm vollständig erfüllt, d.h. eine selbstständige Ursache für den Schadenseintritt gesetzt hat, so genannte Nebentäter.[55] Mittäter sowie Anstifter und Gehilfen brauchen nicht den vollen Haftungstatbestand selbst zu erfüllen, da ihnen die Tatbeiträge anderer über § 830 BGB zugerechnet werden.

17 Haben beide Parteien an der Entstehung des Gesamtschadens mitgewirkt, so haften sie als **Gesamtschuldner auf das Ganze**. Ob eine Ursache wesentlicher war, ist unerheblich.[56] Ist eine Partei nur für einen unterscheidbaren Teil des Schadens mitverantwortlich, besteht nur insoweit eine Gesamtschuld. Haftet jeder nur für einen abgrenzbaren Schadensteil, liegt überhaupt keine Gesamtschuldnerschaft vor, sondern beide haften getrennt für den jeweiligen Teilschaden.[57] Nicht zwingend ist, dass beide den selben Haftungstatbestand erfüllt haben oder dass sie – was allerdings die Regel ist – in gleicher Höhe haften. Hier sind unterschiedlich Haftungsbegrenzungen oder der Ausschluss bestimmter Schäden, z.B. Schmerzensgeld, denkbar.[58]

18 Keine gemeinsame Haftung im Außenverhältnis besteht, wenn eine Vertragspartei ihre **Haftung** gegenüber dem Dritten **vertraglich ausgeschlossen** hat.[59] Der geschädigte Dritte kann dann nur noch die andere Partei in Anspruch nehmen. Es ist äußerst umstritten, ob diese Inanspruchnahme nur noch gekürzt um den Anteil erfolgen kann, der im Innenverhältnis auf die haftungsbefreite Partei entfallen wäre[60] oder mangels Drittwirkung der Haftungsfreistellung uneingeschränkt mit der Folge, dass der voll in Anspruch genommene im Wege des Innenausgleichs von der haftungs-

[54] Überblick bei *Ingenstau/Korbion/Wirth* VOB/B § 10 Nr. 2 Rdn. 4 ff.; Aus der Spezialliteratur vgl. insbesondere *Littbarski* Haftung S. 20 ff.; *Wussow*, Haftung S. 1 ff. (zum Teil veraltet); *Siegburg* Haftung, passim; *Boisserée* Haftung an Nachbargebäuden, passim.

[55] Münchener Kommentar/*Wagner* BGB § 840 Rdn. 2, 3.

[56] BGH NJW 1990, 2882 m.w.N.

[57] BGH NJW 1985, 1617 m.w.N.

[58] Vgl. Münchener Kommentar/*Wagner* BGB § 840 Rdn. 12.

[59] *Staudinger/Noack* BGB § 426 Rdn. 158.

[60] Vgl. Münchener Kommentar/*Bydlinski* BGB § 426 Rdn. 57 m.w.N.

privilegierten Partei dann wieder den auf sie entfallenden Anteil zurückfordern kann.[61] Nach dieser von der Rechtsprechung verfolgten Lösung kann es zum Innenausgleich nach Nr. 2 auch ohne Vorliegen einer gemeinsamen Haftung im Außenverhältnis kommen.

Eine **gesetzliche Haftungsfreistellung**, z.B. des § 104 SGB VII für den Arbeitgeber bei Arbeitsunfällen, führt demgegenüber auch nach der Rechtsprechung dazu, dass der geschädigte Bauarbeiter den den Unfall mitverantwortenden Auftraggeber nur hinsichtlich dessen Mitverursachungsteil in Anspruch nehmen kann.[62] Im Außenverhältnis besteht dann nur eine Teilschuld, keine Gesamtschuld, so dass es zu keinem Innenausgleich kommt.[63] 19

2. Zusammenhang mit der Bauleistung

Der notwendige Zusammenhang mit der Bauleistung wird sich in der Regel schon aus der gemeinsamen Haftung im Außenverhältnis ergeben, so weit diese nicht ausnahmsweise auf einen anderen Sachverhalt beruht, z.B. einer anderen Baustelle oder aus einem zufälligen Verkehrsunfall.[64] Im Übrigen wird man den Zusammenhang in Anlehnung an die Kriterien zum Ausschluss der Haftung für Erfüllungsgehilfen[65] nur verneinen können, wenn die Schädigung Dritter ohne sachlichen Zusammenhang nur bei Gelegenheit der Bauleistung erfolgte. 20

3. Haftung gegenüber Dritten

Dritter ist jeder, der nicht Vertragspartei selbst ist. Dritter ist damit auch der organschaftliche Vertreter einer Partei, falls er z.B. durch die Verkehrssicherungspflichtverletzung geschädigt wird. Erst Recht sind die Auftragnehmer oder Erfüllungsgehilfen der Parteien Dritte.[66] 21

4. Haftung auf Grund gesetzlicher Haftpflichtbestimmungen

Unter gesetzlichen Haftpflichtbestimmungen werden in der baurechtlichen Literatur gesetzliche Haftungstatbestände verstanden. Obwohl es dem Wortlaut angeblich nicht entsprechen soll, wird die Anwendung der Nr. 2 auch befürwortet, falls eine Partei dem Dritten zugleich **auf Grund gesetzlicher und vertraglicher Anspruchsgrundlagen** haftet.[67] Die herrschende Meinung legt den Begriff der gesetzlichen Haftungsbestimmungen zu eng aus. Nr. 2 gilt ohne weiteres, falls die Ansprüche des geschädigten Dritten gegen eine oder beide Parteien zusätzlich vertraglich begründet sind, z.B. weil der geschädigte Dritte mit einer Partei in vertraglichen oder vorvertraglichen Beziehungen stand, vgl. § 241 Abs. 2, § 311 Abs. 2 BGB.[68] Denn die primär in Bezug genommene Bestimmung des § 840 BGB erfasst unstreitig auch die Fälle der neben der gesetzlichen Haftung zusätzlich bestehenden Vertragshaftung.[69] 22

Darüber hinaus erfassen entgegen herrschender Meinung die Bestimmungen aber auch die Fälle, in denen eine oder beide Vertragsparteien **nur aus Vertrag haften.**[70] Beschädigt der Auftragnehmer bei Reparaturarbeiten Einrichtungen des Mieters, so haftet er aus § 823 BGB und auch aus Vertrag, da der Mieter in dem Schutzbereich des Werkes einbezogen wird.[71] Daneben haftet der Auftraggeber, wenn ihm selbst kein Vorwurf zu machen ist, als Vermieter nur vertraglich, da 23

[61] Vgl. BGHZ 12, 213; BGHZ 58, 216.
[62] BGHZ 110, 114; *Staudinger/Noack* BGB § 426 Rdn. 145 ff., 154 ff.
[63] Vgl. Münchener Kommentar/*Bydlinski* BGB § 426 Rdn. 62.
[64] *Daub/Piel/Soergel/Steffani* ErlZ B 10.183.
[65] Vgl. dazu BGH NJW 1997, 1360; *Staudinger/Löwisch* BGB § 278 Rdn. 48.
[66] *Nicklisch/Weick* VOB/B § 10 Rdn. 20.
[67] So Beck'scher VOB-Kommentar/*Ganten* VOB/B § 10 Nr. 2 Rdn. 2 ff.; *Nicklisch/Weick* VOB/B § 10 Rdn. 34; wohl auch *Leinemann/Hafkesbrink* VOB/B § 10 Rdn. 23 ff.
[68] Z.B. wenn ein Bahnkunde durch Bauarbeiten auf dem Bahngleis verletzt wird, vgl. inzident BGH VersR 1969, 1039.
[69] BGH (GS) NJW 1965, 1177 = BGHZ 43, 227; Münchener Kommentar/*Wagner* BGB § 840 Rdn. 9.
[70] BGHZ 6, 3, 25; Münchener Kommentar/*Wagner* BGB § 840 Rdn. 9; Münchener Kommentar/*Bydlinski* BGB § 421 Rdn. 49.
[71] OLG Köln VersR 1976, 1182; Münchener Kommentar/*Gottwald* BGB § 328 Rdn. 133.

er sich gegenüber dem Mieter das Verschulden des Auftragnehmers zurechnen lassen muss, § 278 BGB. Trotz der unterschiedlichen Haftungsgrundlagen besteht eine Gesamtschuld[72], auf die die gesetzlichen Ausgleichsbestimmung des § 840 BGB anzuwenden ist. Denn die Unterscheidung zwischen vertraglich und deliktischer Begründung der Schadenersatzpflicht ist für das Ergebnis, wie mehrere Ersatzpflichtige nebeneinander haften sollen, unwesentlich.[73]

24 Diese Ausdehnung der § 10 Nr. 2 VOB/B ist auch mit deren Wortlaut vereinbar.[74] Den **Begriff der gesetzlichen Haftpflichtbestimmungen** kennt das BGB nicht.[75] Er ist ersichtlich, wie auch die Bezugnahme zur Haftpflichtversicherung in Nr. 2 Abs. 2 zeigt, § 1 Abs. 1 AHB entnommen, der zum Deckungsumfang der Haftpflichtversicherung auf die Inanspruchnahme „auf Grund gesetzlicher Haftpflichtbestimmungen" abstellt. Hierunter fallen alle Rechtsgrundlagen – **gesetzlich oder vertraglich** –, die eine Haftung unabhängig vom Willen der Beteiligten an die Verwirklichung eines unter § 1 AHB fallenden Ereignisses abknüpfen[76], insbesondere Ansprüche aus positiver Vertragsverletzung, § 280 BGB[77], so weit sie nicht ausnahmsweise eine „an die Stelle der Erfüllungsleistung tretende Ersatzleistung" im Sinne des § 4 Ziff.I 6 Abs. 3 AHB darstellen.[78]

III. Grundregel (Nr. 2 Abs. 1 Satz 1): Ausgleichspflicht im Innenverhältnis

25 Besteht eine gesamtschuldnerische Haftung im Außenverhältnis gegenüber dem Dritten, so soll sich nach der Grundregel der Nr. 2 Abs. 1 der Ausgleich im Innenverhältnis nach den allgemeinen gesetzlichen Bestimmungen richten, so weit im Einzelfall nichts anderes vereinbart ist. Diese Bestimmung ist damit ohne eigenen Regelungsgehalt und erschöpft sich in einem Verweis auf die ohnedies geltenden Vorschriften bzw. individuellen Vereinbarungen. Eine vorgehende **individuelle Vereinbarung** liegt insbesondere dann vor, wenn eine Partei **vertraglich eine Versicherung** des Bauvorhabens unter Einschluss des Haftpflichtrisikos der anderen Seite oder sogar aller Baubeteiligten übernimmt, z.B. durch eine Allgefahrendeckung für das Bauprojekt.[79] Ein Innenausgleich scheidet dann im Umfang der Versicherung aus.

26 Die wichtigste in Bezug genommene Norm ist § 426 BGB.[80] Danach sind Gesamtschuldner im Innenverhältnis zu gleichen Anteilen, hier also hälftig, verpflichtet, so weit nichts anderes bestimmt ist. Der **Kopfteilregress** ist damit in Haftungsfällen nachrangig, vorrangig sind zunächst vertragliche (z.B. Nr. 2 Abs. 1 Satz 2, Abs. 2) oder spezielle gesetzliche Ausgleichsregelungen (z.B. § 840 Abs. 3 BGB). Hierzu zählt insbesondere der **Rechtsgedanke des § 254 BGB**, der bei Schadenersatzansprüchen auch auf das Innenverhältnis mehrerer Ersatzpflichtiger angewandt wird.[81] Die Haftungsverteilung richtet sich damit in erster Linie nach dem **Maß der Verursachung** sowie in zweiter Linie nach dem **Maß des jeweiligen Verschuldens**.[82] Zu berücksichtigen sind bei dieser Abwägung, wie immer, alle in Betracht kommenden Umstände des Einzelfalls. Ergebnis muss nicht notwendig eine quotale Aufteilung sein, vielmehr kann die Abwägung auch dazu führen, dass ein Gesamtschuldner im Innenverhältnis von der Haftung insgesamt frei wird.[83] So tritt die **Verletzung bloßer Aufsichtspflichten** durch den Auftraggeber in der Regel vollständig hinter dem Verursachungsbeitrag des unmittelbaren Täters

[72] BGHZ 6, 3, 25.
[73] Münchener Kommentar/*Bydlinski* BGB § 421 Rdn. 49; vgl. auch BGHZ 43, 227 = NJW 1965, 1177.
[74] So jetzt auch *Franke/Kemper/Zanner/Grünhagen* VOB/B § 10 Rdn. 29 ff.
[75] *Späte* AHB § 1 Rdn. 125.
[76] So schon RGZ 73, 173; BGH NJW 1971, 249; *Späte* AHB § 1 Rdn. 125 m.w.N.
[77] *Späte* AHB, § 1 Rdn. 128 ff., 134 m.w.N.
[78] Dazu *Littbarski* Haftung Rdn. 362 ff.
[79] Dazu *Siebel* Handbuch Projekte S. 548 ff.
[80] Vgl. BGH VersR 1969, 1039.
[81] BGHZ 51, 275 = NJW 1969, 653; *Staudinger/Noack* BGB § 426 Rdn. 97 m.w.N.
[82] *Palandt/Heinrichs* BGB § 426 Rdn. 10; *Staudinger/Noack* BGB § 426 Rdn. 99.
[83] BGHZ 51, 275 = NJW 1969, 653.

zurück.[84] Gleiches gilt, wenn der Auftraggeber nur als Geschäftsherr für den Auftragnehmer **als seinen Erfüllungsgehilfe** haftet,[85] z.B. in dem Beispielsfall der Schädigung eines Mieters (Rdn. 23). Ein bloß fahrlässiges Verschulden wird durch **vorsätzliches Handeln** regelmäßig vollständig aufgewogen.[86]

Eine spezielle gesetzliche Ausgleichsregelung ist § 840 Abs. 3 BGB.[87] Sie beruht auf dem Rechtsgedanken, dass die Haftung aus tatsächlichen Verschulden der aus vermuteten Verschulden vorgehen soll[88] und bestimmt, dass im Innenausgleich die Haftung aus §§ 833 bis 838 BGB hinter der Haftung aus § 823 BGB vollständig zurücktritt. Da der Auftragnehmer nicht Verrichtungsgehilfe des Auftraggebers ist, kann relevant nur die Gebäudehaftung nach § 836 ff. BGB werden. Haftet der Auftraggeber dem Dritten als Grundstücks- oder Gebäudebesitzer bzw. – Unterhaltspflichtiger, ist er im Innenverhältnis gegenüber dem deliktisch handelnden Auftragnehmer völlig frei. Die vollständige Enthaftung im Innenverhältnis nach § 840 Abs. 3 BGB greift aber nicht, wenn dem Auftraggeber selbst Verschulden nachgewiesen werden kann.[89] In aller Regel wird in beiden Fällen wegen der Versicherbarkeit aber § 10 Nr. 2 Abs. 2 VOB/B vorgehen. 27

IV. Nr. 2 Abs. 1 Satz 2 VOB/B – Alleinhaftung des Auftraggebers

Eine dem allgemeinen Innenausgleich vorgehende konkrete vertragliche Ausgleichsbestimmung enthält Abs. 1 Satz 2. Danach trägt der Auftraggeber im Innenverhältnis die Verantwortung allein, wenn die Haftung Folge einer seiner Anordnungen ist und der Auftragnehmer ihn auf die damit verbundenen Gefahren ordnungsgemäß hingewiesen hat. Diese Regelung entspricht dem für die Baumängelgewährleistung geltenden § 13 Nr. 3 VOB/B.[90] Wie dort[91] ist diese Folge schon als allgemeiner Ausfluss von Treu und Glauben zu betrachten, die auch ohne ausdrückliche vertragliche Vereinbarung gelten würde.[92] 28

Notwendig sind **verbindliche Anordnungen** des Auftraggebers, die der Auftragnehmer befolgen muss, z.B. gem. § 4 Nr. 1 Abs. 3 oder § 1 Nr. 3 und 4 VOB/B. Anregungen oder Vorschläge reichen nicht aus.[93] Sie wären nur im Rahmen des Abs. 1 Satz 1 i.V.m. §§ 426, 254 BGB zu berücksichtigen. Anordnungen, die gegen gesetzlich oder behördliche Bestimmungen verstoßen, braucht und darf der Auftragnehmer grundsätzlich nicht ausführen.[94] Sie sind deshalb nicht verbindlich im Rechtssinne. Dennoch wird auch in diesem Fall der Auftragnehmer – falls er seiner Hinweispflicht genügt – regelmäßig enthaftet, da der Auftraggeber, der zunächst die Befolgung verlangt, sich widersprüchlich und damit treuwidrig verhält, wenn er im Rahmen des Ausgleichs gelten machen würde, der Auftragnehmer hätte seine als verbindlich gewollte Anordnung nicht befolgen dürfen.[95] 29

Die Haftungsbefreiung im Innenverhältnis setzt weiter voraus, dass der Auftragnehmer entweder gemäß § 4 Nr. 3 VOB/B ordnungsgemäß auf die mit der Anordnung verbundenen Gefahren schriftlich hingewiesen hat (→ VOB/B § 4 Rdn. 91 ff.) oder er die Gefahr nicht erkennen und 30

---

[84] BGH NJW 1971, 752; BGH NJW 1980, 2348.
[85] BGHZ 6, 3 = NJW 1952, 1087; BGHZ 54, 251 = NJW 1970, 1740.
[86] BGH BauR 1973, 190; BGH BauR 1991, 79 (zur Mangelverantwortung); Münchener Kommentar/*Oetker* BGB § 254 Rdn. 112 m.w.N.
[87] Weitere Regelung z.B. §§ 17, 18 StVG, § 12 HaftPfG.
[88] Münchener Kommentar/*Wagner* BGB § 840 Rdn. 15, 17; *Erman/Schieman* BGB § 840 Rdn. 11.
[89] *Erman/Schiemann* BGB § 840 Rdn. 13; Münchener Kommentar/*Wagner* BGB § 840 Rdn. 17.
[90] Vgl. VOB/B § 13 Rdn. 58 ff.
[91] Vgl. VOB/B § 13 Rdn. 87 m.w.N.
[92] *Ingenstau/Korbion/Wirth* VOB/B § 10 Nr. 2 Rdn. 195; **anderer Ansicht**: *Leinemann/Hafkesbrink* VOB/B § 10 Rdn. 13 („vom gesetzlichen Grundsatz abweichend").
[93] Vgl. VOB/B § 13 Rdn. 62 f. und Beck'scher VOB-Kommentar/*Ganten* VOB/B VOB/B § 13 Nr. 3 Rdn. 23.
[94] Vgl. VOB/B § 4 Rdn. 39.
[95] Enger *Franke/Kemper/Zanner/Grünhagen* VOB/B § 10 Rdn. 37.

deshalb keine Bedenken mitteilen musste.[96] Dann wird es allerdings in der Regel schon an der Haftung im Außenverhältnis fehlen.

31 Schließlich greift die Haftungsbefreiung im Innenverhältnis nur so weit, wie die Schädigung des Dritten „nur“ auf die Anordnung des Auftraggebers zurückgeht. Beruht der Schaden **auf eigenen zusätzlichen Fehlern des Auftragnehmers**, gilt Abs. 1 Satz 1.[97] Ist ein vom Auftragnehmer verursachter Mehrschaden abgrenzbar, bleibt es hinsichtlich des durch die Anordnung verursachten Schadens („so weit“) bei der Alleinhaftung des Auftraggebers.

V. Nr. 2 Abs. 2 VOB/B – Alleinhaftung des Auftragnehmers

32 Nach § 10 Nr. 2 Abs. 2 VOB/B muss auf der anderen Seite der Auftragnehmer den Schaden allein tragen, so weit er durch seine Haftpflichtversicherung gedeckt ist oder durch eine Haftpflichtversicherung zu üblichen Bedingungen hätte gedeckt werden können. Die Alleinhaftung trifft nicht ein, wenn der Auftraggeber seinerseits vorsätzlich oder grob fahrlässig gehandelt hat. Insoweit ist die Einschränkung der Nr. 5 ergänzend in Nr. 2 Abs. 2 hineinzulesen.[98]

33 Die meisten Drittschäden werden unter die Haftpflichtdeckung einer üblichen Betriebshaftpflichtversicherung fallen. Denn da nach Nr. 2 die beiderseitige Haftung im Außenverhältnis auf „gesetzlichen Haftpflichtbestimmungen“ beruhen muss, ist zugleich der Deckungstatbestand der Ziff. 1.1 AHB 2004 erfüllt ist. Die wichtigste Einschränkung der Haftpflichtversicherung, nämlich die echten oder modifizierten Erfüllungsansprüche gemäß Ziff. 1.2 AHB 2004 (§ 4 Ziff. I 6 AHB a.F.)[99], hat im Verhältnis zum geschädigten Dritten keine praktische Relevanz. Nicht erfasst werden vom Versicherungsschutz nach herrschender Meinung allerdings die Ausgleichsansprüche des Grundstücksnachbarn nach § 906 Abs. 2 Satz 2 BGB.[100] Dieser Entschädigungsanspruch richtet sich aber grundsätzlich nur gegen den Auftraggeber, nicht gegen den Bauunternehmer[101], so dass keine Gesamtschuldnerschaft entsteht.

34 Relevant für den Umfang der Ausgleichsregelung der Nr. 2 Abs. 2 ist der Umfang des Haftpflichtversicherungsschutzes, der bestimmt wird einerseits durch die AHB, andererseits durch Besondere Bedingungen und Einzelklauseln, mit denen Deckungsausschlüsse der AHB wieder aufgehoben oder erweitert werden. Die AHB, die Allgemeine Geschäftsbedingungen sind, werden in aller Regel unverändert in der empfohlenen Fassung des Gesamtverbandes der Deutschen Versicherungswirtschaft den Verträgen zugrundegelegt. Bei den Besonderen Bedingungen und Einzelklauseln bestehen durchaus erhebliche Unterschiede zwischen den einzelnen Versicherungsgesellschaften. Für Nr. 2 Abs. 2 kommt es zunächst auf die dem jeweiligen Versicherungsvertrag **tatsächlich zugrunde liegenden Fassung** an („gedeckt hat“). Auf eine im Zeitpunkt des Bauvertrages angebotene Deckungsmöglichkeit („hätte decken können“) kommt es nur an, wenn bei Gesamtabwägung der Verbesserungen und Einschränkungen der üblichen Bedingungen ohne Prämienzuschlag der neu angebotene Versicherungsschutz besser ist (vgl. Rdn. 35). Maßgeblich ist eine Beurteilung a priori der Gesamtdeckung aus der Sicht eines vernünftigen Bauunternehmers. Die Alternativformulierung „gedeckt hat oder ... hätte decken können“ kann nicht so verstanden werden, dass im Wege einer Rosinentheorie ein hypothetisches Optimum an Deckung geschuldet wäre.

34 a Wegen der Einzelheiten des Versicherungsschutzes, insbesondere den **zahlreichen Deckungsausschlüssen**, muss auf die Spezialliteratur verwiesen werden.[102] Hier können nur stichwortartige Hinweise zur Einführung gegeben werden.

---

[96] Vgl. *Ingenstau/Korbion/Wirth* VOB/B § 13 Nr. 3 Rdn. 54; zur Prüfungspflicht vgl. VOB/B § 4 Rdn. 67 ff.
[97] *Nicklisch/Weick* VOB/B § 10 Rdn. 40.
[98] BGH BauR 1999, 414 = NJW 1999, 942; OLG Brandenburg BauR 2001, 1129.
[99] Dazu *von Rintelen* in *Beckmann* Versicherungsrechts-Handbuch § 26 Rdn. 34 ff.; *Littbarski* Haftung Rdn. 362 ff.
[100] Vgl. *Späte* AHB § 1 Rdn. 167 m.w.N.
[101] BGHZ 72, 289, 297.
[102] Vgl. dazu *Johannsen* in *Beckmann* Versicherungsrechts-Handbuch § 24 Rdn. 33 ff. und *von Rintelen* ebenda § 26 Rdn. 30 ff.

Die AHB enthielten in den Fassungen bis 2004, die heute noch den meisten Versicherungsverträgen zugrunde liegen, in § 4 Ziff. I 5 AHB a.F. einen Ausschluss für Sachschäden durch **allmähliche Einwirkungen** von z.B. Feuchtigkeit, Niederschlägen (Ruß, Staub) sowie durch **Abwässer**. Die Allmählichkeits- und Abwasserschäden sind zwar in durchaus in Betriebshaftpflichtversicherungen von Bauhandwerkern bzw. Bauunternehmungen wieder eingeschlossen worden, insbesondere wenn es sich um gewerketypische Risiken handelt, z.B. allmähliche Feuchtigkeitseinwirkungen bei Sanitätsinstallateurbetrieben.[103] Eine Deckung ist jedoch nur geschuldet, wenn dies ohne Prämienzuschlag angeboten wurde.

Kein Versicherungsschutz besteht für **gemietete**, gepachtete, geleaste oder in Verwahrung genommene **Sachen** (Ziff. 7.6 AHB).[104] Wird gemietetes Baugerät durch eine beiden Parteien zurechenbare Handlung beschädigt, greift die Alleinhaftung nicht ein. 34 b

Gerade im Baubereich von besonderer Bedeutung ist der **Deckungsausschluss von Tätigkeitsschäden,** hier in der Form von **Bearbeitungsschäden** nach Ziff. 7.7 AHB.[105] Dies Ausschlussklausel hat durch die Versicherungspraxis und die ältere Rechtsprechung eine nicht mehr mit dem Wortlaut und der Auslegung Allgemeiner Geschäftsbedingungen zu vereinbarende, den Versicherungsschutz weit aushöhlende Reichweite erhalten.[106] Die von der jüngeren Rechtsprechung[107] vorgenommenen Einschränkungen sind dann durch die Neufassung der Tätigkeitsklausel in 2002 für Neuverträge wieder rückgängig gemacht worden. Erfasst werden sollen vom Ausschluss nicht nur das reine Objekt einer unmittelbaren Bearbeitung, sondern auch alle sog. **Benutzungsschäden** und **Wirkungsbereichsschäden.**[108] 34 c

Im Fall der Beschädigung von Kabel oder Erdleitungen werden die verschiedenen **Kabelklauseln** relevant, die Ausschlüsse wie Erweiterungen gegenüber dem Deckungsschutz nach den AHB enthalten.[109] 34 d

Schäden durch Umwelteinwirkungen werden zwar zunächst insgesamt gemäß Ziff. 7.10 AHB vom Versicherungsschutz ausgenommen. Der Wiedereinschluss erfolgt nach dem Umwelthaftpflichtmodell im Baukastensystem. Erwartet werden kann nach Nr. 2 Abs. 2 eine Umwelthaftpflicht-Basisversicherung für das sog. allgemeine Umweltrisiko, die das Risiko umweltgefährdender Anlagen und Tätigkeiten allerdings nicht umfasst. [110] 34 e

Im Bereich der Deckungsausschlüsse besteht kein Versicherungsschutz, so dass auch keine Befreiung vom Innenausgleich nach Nr. 2 Abs. 2 eintritt.[111] Soweit keine Versicherungsdeckung besteht, richtet sich der Innenausgleich nach der Grundregel der Nr. 2 Abs. 1.[112] Ohne besondere Vereinbarung braucht der Auftragnehmer sich nur zu **üblichen Bedingungen** versichern. Abzustellen ist nicht allein auf die AHB, sondern auf die für entsprechende Betriebe übliche Erweiterungen durch Besondere Bedingungen und Klauseln.[113] Es besteht aber keine Verpflichtung zur Abbedingung von Deckungsausschlussklauseln gegen Prämienzuschläge.[114] Zu berücksichtigen ist weiter, dass die besonderen Bedingungen und Risikobeschreibungen (BBR) für die baugewerbliche Berufshaftpflichtversicherung nicht einheitlich sind. Das Wahlrecht der Versicherung hat grundsätzlich der Auftragnehmer; ist die von ihm abgeschlossene Versicherung noch üblich, bindet das den Auftraggeber (vgl. § 315 Abs. 3 BGB).[115] 35

---

[103] *Schmalzl/Krause-Allenstein* Berufshaftpflichtversicherung Rdn. 811.

[104] Näher *Johannsen* in *Beckmann* Versicherungsrechts-Handbuch § 24 Rdn. 53 ff.

[105] Dazu *von Rintelen* in *Beckmann* Versicherungsrechts-Handbuch § 26 Rdn. 54 ff.; *Littbarski* Haftung, Rdn. 465 ff.

[106] *Von Rintelen* in *Beckmann* Versicherungsrechts-Handbuch § 26 Rdn. 61 ff. und NZBau 2006, 401 ff.

[107] BGH VersR 2000, 963=NJW-RR 2000, 1189.

[108] *Von Rintelen* in *Beckmann* Versicherungsrechts-Handbuch § 26 Rdn. 67 ff.

[109] Dazu *von Rintelen* in *Beckmann* Versicherungsrechts-Handbuch § 26 Rdn. 110 ff.

[110] Dazu *Matusche-Beckmann* in *Beckmann* Versicherungsrechts-Handbuch § 27 Rdn. 8, 21, 26 ff.

[111] Vgl. BGH VersR 1981, 975 zu § 41 ADSp.

[112] *Ingenstau/Korbion/Wirth* VOB/B § 10 Nr. 2 Rdn. 200; *Leinemann/Hakfesbrink* VOB/B § 10 Rdn. 44.

[113] OLG Brandenburg BauR 2001, 1129.

[114] *Staudinger/Peters* BGB § 638, Rdn. 52; *Koch* Schadenersatz, S. 160.

[115] Vgl. *Littbarksi* Haftung, Rdn. 430, 432; *Nicklisch/Weick* VOB/B § 13 Rdn. 264.

35 a Entsprechendes gilt für die Begrenzung des Versicherungsschutzes durch die **Versicherungssumme**. Ist eine Versicherungssumme – obgleich empfehlenswert – nicht vertraglich festgelegt, so kommt es auf die für Bauunternehmen des jeweiligen Zuschnitts **übliche Versicherungssummen** an.[116] Überschreitet der Schaden die Versicherungssumme, verbleibt es hinsichtlich des übersteigenden Schadensbetrages bei der Grundregel der Nr. 2 Abs. 1.[117]

36 Hat der Auftragnehmer ausnahmsweise **keine Haftpflichtversicherung abgeschlossen**, so wird er so behandelt, wie wenn er eine Versicherung zu üblichen Bedingungen abgeschlossen hätte. Erforderlich ist dann eine „Als-Ob-Betrachtung".[118] Die üblichen Ausschlussklauseln etc. kommen den Auftragnehmer auch in diesem Falle zu Gute. Die Als-Ob-Betrachtung ist auch dann geboten, wenn der Auftragnehmer zwar grundsätzlich Versicherungsschutz genießt, der Versicherer jedoch **wegen Obliegenheitsverletzungen leistungsfrei** wird.[119] Bei **vorsätzlicher Schadenszufügung** besteht kein Versicherungsschutz (Ziff. 7.1 AHB) und auch keine Versicherungsschutzmöglichkeit. Eine analoge Anwendung der zweiten Alternative („hätte decken können") ist entbehrlich, da schon nach den allgemeinen Grundsätzen der Auftragnehmer bei Vorsatz alleine haftet (vgl. Rdn. 26).

D. §10 Nr. 3 VOB/B – Sonderfälle der Alleinhaftung des Auftragnehmers

I. Systematische Einordnung

37 § 10 Nr. 3 VOB/B betrifft wiederum eine Sonderregelung für den Innenausgleich. Erfasst werden relativ konkret benannten Tatbestände, nämlich das unbefugte Betreten oder die Beschädigung von Grundstücken, die unberechtigte Entnahme oder Auflagerung von Boden sowie die eigenmächtige Versperrung von Wegen und Wasserläufen. Entstehen hierdurch Schadenersatzansprüche Dritter aus unerlaubter Handlung, so trägt im Innenverhältnis der Auftragnehmer den Schaden allein.

38 **Das Verhältnis dieser Regelung zur Nr. 2 Abs. 2 ist klärungsbedürftig.** Die in der Nr. 3 vorausgesetzten Schadenersatzansprüche „nach §§ 823 ff. BGB" sind zugleich immer auch gesetzliche Haftpflichtbestimmungen.[120] Da Drittschäden i.d.R. keine Erfüllungssurrogate sind, besteht damit grundsätzlich Haftpflichtversicherungsschutz nach § 1 AHB. Einen eigenen Anwendungsbereich kann Nr. 3 damit nur in den Fällen erlangen, wo ausnahmsweise kein Versicherungsschutz besteht, entweder weil Deckungsausschlüsse eingreifen oder die Schäden die Versicherungssumme übersteigen. Dass im letzteren Fall auch bei beiderseitigen Verschulden der Auftragnehmer allein haften soll, will nicht einleuchten. Eine Auffangregelung für Deckungsausschlüsse kann ebenfalls nicht gewollt sein, da die meisten durch Nr. 3 erfassten Schäden unter keinen Deckungsausschluss fallen; bei einigen Fallgruppen, z.B. der Versperrung von Wegen und Wasserläufen, wäre eine Auffangfunktion kaum theoretisch konstruierbar. Das skurrile Verhältnis von Nr. 2 zu Nr. 3 ist nur historisch zu erklären. § 10 VOB/B 1926 enthielt – systematisch verfehlt[121] – als § 10 Nr. 2 die sich im Wesentlichen mit dem heutigen § 4 Nr. 5 deckende Verpflichtung zum Schutz der Leistung vor Abnahme. Eine allgemeine Ausgleichsregelung enthielt die VOB/B 1926 nicht. Vielmehr wurde in § 10 Nr. 3 VOB/B 1926 fast gleich lautend die Alleinverantwortlichkeit des Auftragnehmers für die dort aufgeführten Tatbestände geregelt. Diese nur Sonderfälle erfassende Bestimmung wurde als unzureichend zur Regelung des Innenverhältnisses kritisiert.[122] 1992

---

[116] *Staudinger/Peters,* BGB Anh. 1 zu § 635 Rdn. 63.

[117] *Ingenstau/Korbion/Wirth* VOB/B § 10 Nr. 2 Rdn. 202, wollen demgegenüber § 243 Abs. 1 BGB anwenden; sie übersehen dabei, dass die Versicherung primär Angelegenheit des AN ist, so weit der AG keine speziellen Vorgaben macht.

[118] Beck'scher VOB-Kommentar/*Kohler* VOB/B § 13 Nr. 7 Rdn. 191; *Nicklisch/Weick* VOB/B § 13 Rdn. 261.

[119] *Wussow* NJW 1967, 1552, 1553.

[120] Vgl. nur *Späte* AHB § 1 Rdn. 128 m.w.N.

[121] So schon *Eplinus* 2. Aufl. S. 94.

[122] *Eplinius* 2. Aufl., S. 95, 105.

wurde dann die generelle Ausgleichsregelung der Nr. 2 in die VOB/B aufgenommen, ohne dass man sich offensichtlich entschließen konnte, die damit **weitgehende leerlaufende Regelung der Nr. 3** entweder ganz zu streichen oder doch zumindest der neuen Systematik anzupassen.

Ergebnis dieser unzureichenden Regelungstechnik ist, dass Nr. 3 zum größten Teil wegen Nr. 2 Abs. 2 obsolet ist[123], in den darüber hinausgehenden Bereichen aber einer isolierten Inhaltskontrolle nicht Stand halten kann. Zwar wird in der Literatur versucht, Nr. 3 einschränkend auszulegen, indem die Alleinverantwortlichkeit nur dann den Auftragnehmer treffen soll, wenn seine Handlung nicht nur gegenüber dem Dritten unbefugt oder eigenmächtig war, sondern auch gegenüber dem Auftraggeber.[124] Damit könnte zwar ein Unwirksamkeitsverdikt vermieden werden, ein wirklich eigener Anwendungsbereich wird damit für die Nr. 3 nicht geschaffen. Denn bei einer Haftung des Auftraggebers im Außenverhältnis nur wegen unterlassener Beaufsichtigung des Auftragnehmers o.ä., wird er schon nach allgemeinen Grundsätzen im Innenverhältnis enthaftet sein[125] (vgl. Rdn. 26), wie schon § 840 Abs. 2 BGB zum Ausdruck bringt. Im Zuge einer wirklichen Überarbeitung der VOB/B – die bisherigen Anpassungen sind Stückwerk oder eher kosmetischer Art – sollte Nr. 3 deshalb vollständig gestrichen werden. 39

II. Die Fallgruppen des § 10 Nr. 3 VOB/B

1. Unbefugtes Betreten

Ein Dritter muss gegen den Auftragnehmer wegen unbefugten Betretens Schäden geltend machen. Führt das Betreten, z.B. in der Form des Befahrens, zu Schäden, wird zugleich der Tatbestand der Grundstücksbeschädigung erfüllt sein.[126] Kommt es im Zusammenhang mit dem Betreten zu Schäden an anderen Sachen des Dritten oder sogar zu Personenschäden, handelt es sich dem normalen Sprachgebrauch nach nicht um Schäden „wegen unbefugten Betreten“. In Betracht kommen deshalb in erster Linie Schäden wegen einer Besitzstörung, z.B. Mietausfälle des Nachbars. Derartige Schäden wären aber von der Haftpflichtversicherung gedeckt, so dass eine praktische Relevanz dieser Fallgruppen nicht zu erkennen ist. 40

2. Beschädigung angrenzender Grundstücke

Die Beschädigung angrenzender Grundstücke dürfte grundsätzlich jeden Schaden am Grundstück und Gebäude von Nachbarn erfassen. Nach Sinn und Zweck werden über die katastermäßigen Nachbargrundstücke hinaus alle im Einwirkungsbereich der Baumaßnahmen fallenden Grundstücke gemeint sein.[127] Praktisch wird dies insbesondere bei Schäden durch Sprengungen oder Erschütterungen infolge von Rammarbeiten. 41

Durch die alleinige Haftungszuweisung dieser Schäden an den Auftragnehmer erledigt sich – die Wirksamkeit der Nr. 3 unterstellt (vgl. dazu Rdn. 65) – für diese Fallgruppe die Frage nach dem üblichen Deckungsumfangeiner Betriebshaftpflichtversicherung. In diesem durchaus schadensträchtigen Bereich ist eine Sachversicherungsdeckung über eine Erweiterung der Bauleistungsversicherung nur begrenzt möglich; Rissschäden durch Rammarbeiten oder Setzungen sind auch bei der Mitversicherung von Altbauten ausgeschlossen.[128] Die Haftpflichtversicherungsbedingungen sehen für die üblichen Schadensursachen ebenfalls vielfach Ausschlüsse vor. Durch Ziff. 7.14 AHB werden Schäden durch **Senkungen und Erdrutschungen** ausgeschlossen.[129] Ein Wiedereinschluss in den Deckungsbereich baubetrieblicher Haftpflichtversicherungen 42

[123] Im Ergebnis ebenso *Franke/Kemper/Zanner/Grünhagen* VOB/B, § 10 Rdn. 51.
[124] Beck'scher VOB-Kommentar/*Cuypers* VOB/B § 10 Nr. 3 Rdn. 38, 58, 66, 78.
[125] BGH NJW 1971, 752; BGH NJW 1980, 2348.
[126] Beck'scher VOB-Kommentar/*Cuypers* BGB VOB/B § 10 Nr. 3 Rdn. 28.
[127] *Ingenstau/Korbion/Wirth* BGB VOB/B § 10 Nr. 3 Rdn. 6; Beck'scher VOB-Kommentar/*Cuypers* BGB VOB/B § 10 Nr. 3 Rdn. 27.
[128] *Von Rintelen* in *Beckmann* Versicherungsrechts-Handbuch § 32 Rdn. 90 ff.
[129] Dazu *Späte* § 4 AHB Rdn. 92 ff., 99 ff., 103.

erfolgt regelmäßig.[130] Nicht versichert bleiben aber Sachschäden an zu unterfangenden oder zu unterfahrenden Grundstücken, Gebäuden oder Gebäudeteilen.[131] Im Übrigen sind Schäden durch Abbrucharbeiten oder Sprengungen üblicherweise nur begrenzt versichert.[132] Auch wenn solche Deckungserweiterung fehlen, würde nach Nr. 3 der Auftragnehmer alleine haften, ohne dass die Frage der Üblichkeit des Versicherungsschutzes geprüft werden müsste.

43 (unbesetzt)

3. Entnahme und Auftragung von Boden

44 Die Alleinhaftung im Innenverhältnis besteht auch, wenn der Auftragnehmer außerhalb vom Auftraggeber zugewiesener Flächen Boden oder andere Gegenstände entnimmt bzw. auflagert und dadurch einen Dritten schädigt. Wenn hierdurch Nachbarn betroffen sind, dürfte zugleich eine Eigentumsverletzung und damit eine Grundstücksbeschädigung vorliegen. Verletzt der Auftragnehmer demgegenüber die Rechte von Mietern des Auftraggebers, können diese Besitzstörungen auch unmittelbar gegenüber dem Auftragnehmer geltend machen (§ 823 Abs. 2 i.V.m. § 1004 BGB). Eine gekürzte Miete kann der Auftraggeber allerdings nicht nach § 10 Nr. 3 VOB/B ersetzt verlangen, da nicht ein Dritter, sondern er selbst insoweit betroffen ist. Unabhängig davon dürfte in allen Fällen Deckungsschutz der Haftpflichtversicherung bestehen, ggf. unter Ausschluss des Wertes für den abgetragenen Boden selbst, falls er als Material verwandt wurde. Auch diese Fallgruppe läuft damit im Wesentlichen leer.

4. Versperrung von Wegen und Wässerläufen

45 Schadensersatzansprüche Dritter wegen der eigenmächtigen Versperrung von Wegen und Wasserläufen dürften selten praktisch werden, zumal die bloße Beschränkung der Fortbewegungsfreiheit keine Eigentumsverletzung i.S.v. § 823 Abs. 1 BGB wäre. Läge eine Eigentumsverletzung vor, wäre der Schaden auch grundsätzlich haftpflichtversichert, so dass bereits Nr. 2 Abs. 2 eingreifen würde. Im Übrigen spricht es nicht für die Gestaltungshöhe der VOB/B, dass für eine derartig fernliegende Schadensmöglichkeit („Versperrung von Wasserläufen") der Ausgleich im Innenverhältnis rechtlich überflüssig aber ausdrücklich normiert wird, die Beschädigung von Leitungen etc., die häufig als Scheinbestandteile nicht dem Grundstückeigentümer gehören, hingegen regelungstechnisch übergangen wird.

III. Einschränkung des Anwendungsbereiches

46 Die Bestimmung der Nr. 3 ist, so weit ihr ein Anwendungsbereich verbleibt, nicht unproblematisch. Zwar gilt die Regelung dem Wortsinn nach nur bei eigenen Handlungen des Auftragnehmers. Vielfach wird dann Grund für die Mithaftung des Auftraggebers im Außenverhältnis zum Dritten nur die Verletzung von Auswahl- oder Überwachungspflichten sein. In diesen Fällen entspricht die Alleinhaftung des Auftragnehmers tatsächlich der Billigkeit.[133] Sie ist in diesen Fällen aber zugleich überflüssig, da schon nach den allgemeinen Grundsätzen des Innenausgleichs die Vernachlässigung der Auswahl- oder Überwachungspflicht hinter der Verantwortlichkeit des unmittelbaren Schädigers voll zurücktritt (vgl. Rdn. 26).[134] Unbillig wird die Ausgleichsbestim-

---

[130] OLG Brandenburg, BauR 2001, 1129; *Littbarski,* Haftung Rdn. 627; *Schmalzl/Krause-Alleinstein* Berufshaftpflichtversicherung Rdn. 811; vgl. aber auch den Fall OLG Saarbrücken VersR 2005, 394. Ausgeschlossen bleiben jedoch Schäden für das Baugrundstück selbst, wozu bei baulicher Einbeziehung auch das Nachbargrundstück gehören kann, vgl. BGH VersR 1971, 457.

[131] Dazu *Schmalzl/Krause-Allenstein* Berufshaftpflichtversicherung Rdn. 815, 832 ff.

[132] *Schmalzl/Krause-Alleinstein* Berufshaftpflichtversicherung Rdn. 848 ff.

[133] So *Franke/Kemper/Zanner/Grünhagen* VOB/B § 10 Rdn. 48; vgl. auch *Heiermann/Riedl/Rusam* VOB/B § 10 Rdn. 21; *Nicklisch/Weick* VOB/B § 10 Rdn. 44.

[134] Münchener Kommentar/*Bydlinski* BGB § 426 Rdn. 21.

mung aber dann, wenn im Einzelfall den Auftraggeber ein erhebliches Verschulden trifft[135], z.B. weil er das Betreten des Nachbargrundstücks selbst angeregt hat. Läge sogar eine Anordnung des Auftraggebers vor, so würde Nr. 2 Abs. 1 Satz2 als vorrangige Spezialregelung im Innenverhältnis den Auftraggeber den Schaden alleine tragen lassen[136], so weit der Auftragnehmer seiner Hinweispflicht genügt hätte. Dass jede dahinter zurückbleibende Mitverursachung bei Nr. 3 vollkommen unberücksichtigt bleiben soll, ist nicht unbedenklich. Diesen Bedenken will man dadurch Rechnung tragen, dass der Auftragnehmer sich „im Einzelfall" auch auf ein Mitverschulden des Auftraggebers entsprechend § 254 BGB soll berufen können.[137] Abgesehen davon, dass nicht klar wird, wann der Einzelfall gegeben sein soll, wäre die Berücksichtigung des Mitverschuldens mit dem Wortlaut der Nr. 3 und der Systematik der Nr. 2 bis 5 ersichtlich unvereinbar. Eine Einschränkung kann nur – wie bereits bei Nr. 2 (vgl. Rdn. 32) – durch ein Hineinlesen der Nr. 5 erfolgen. Der Ausschluss des Innenausgleichs greift deshalb auch bei Nr. 3 nicht in Fällen des Vorsatzes oder groben Fahrlässigkeit des Auftraggebers oder seiner leitenden Angestellten. Aber auch unterhalb grober Fahrlässigkeit ist der vollständige Ausschluss des Innenausgleichs problematisch, da eine Versicherung zu üblichen Bedingungen in diesen Fällen gerade nicht besteht und möglicherweise erhebliche Schäden betroffen sind.[138] Zwar lassen sich die Fallgruppen der Nr. 3 weiter einengen, wenn die Begriffe „unbefugt" und „eigenmächtig" nicht auf das Verhältnis zwischen Auftraggeber und Dritten bezogen werden[139], sondern auf das Verhältnis zwischen Auftragnehmer und Auftraggeber.[140] Das widerspricht allerdings zum einen dem Wortsinn der Klausel, zum anderen enthält Nr. 3 für die praktisch allein relevanten Fälle der Beschädigung von Grundstücken und Gebäuden gerade keine entsprechende Einschränkung. Auf eine so weit reichende geltungserhaltene Reduktion der Nr. 3 durch den BGH sollte sich der DVA nicht verlassen, sondern die Bestimmung entweder sinnvoll novellieren oder wegen ihrer geringen praktischen Bedeutung ganz streichen.

E. § 10 Nr. 4 VOB/B – Verletzung gewerblicher Schutzrechte

§ 10 Nr. 4 VOB/B regelt zwei Fälle der Verantwortungszuweisung bei der Verletzung gewerblicher Schutzrechte durch die Bauleistung des Auftragnehmers. **47**

1. Gewerbliche Schutzrechte

Der Begriff „gewerbliche Schutzrechte" ist gesetzlich nicht definiert. Er ist offensichtlich an den Begriff des „gewerblichen Rechtsschutz" angelehnt, der ebenfalls nicht definiert ist. Nach herrschender Meinung umfasst er Patentrechte, Gebrauchsmusterrechte, Geschmacksmusterrechte, Markenrechte, aber auch Rechte wegen unlauteren Wettbewerbs.[141] Schutzrechte aus dem UWG könnten bei wettbewerbswidriger (sklavischer) Nachahmung sonst nicht geschützter Leistungspositionen betroffen sein.[142] **Kein gewerbliches Schutzrecht** ist – trotz gewisser Verwandtschaft – das **Urheberrecht.**[143] Es schützt zwar auch geistige Leistungen, jedoch zunächst nicht auf dem gewerblichen, sondern auf dem kulturellen Sektor.[144] Es ist deshalb Immaterialgüterrecht, nicht aber ein **gewerbliches** Schutzrecht. Es wird damit durch den **48**

---

[135] Beck'scher VOB-Kommentar/*Ganten* VOB/B vor § 10 Rdn. 8.

[136] *Daub/Piel/Soergel/Steffani* Erl.Z B 10.212; *Heiermann/Riedl/Rusam* VOB/B § 10 Rdn. 21; Beck'scher VOB-Kommentar/*Cuypers* VOB/B § 10 Nr. 3 Rdn. 37, 46.

[137] *Heiermann/Riedl/Rusam* VOB/B § 10 Rdn. 21; *Franke/Kemper/Zanner/Grünhagen* VOB/B § 10 Rdn. 50; *Leinemann/Hafkesbrink* VOB/B § 10 Rdn. 47; ähnlich Beck'scher VOB-Kommentar/*Cuypers* VOB/B § 10 Rdn. 36.

[138] Im Ergebnis ähnlich Beck'scher VOB-Kommentar/*Cuypers* VOB/B § 10 Nr. 3 Rdn. 35.

[139] So *Ingenstau/Korbion/Wirth* VOB/B § 10 Nr. 3 Rdn. 4; *Hereth/Ludwig/Naschold* § 10 Erl. 10.89.

[140] So Beck'scher VOB-Kommentar/*Cuypers* VOB/B § 10 Nr. 3 Rdn. 38, 58.

[141] *Hefermehl/Köhler/Bornkamm* UWG, § 5 Rdn. 4.179.

[142] Vgl. dazu *Hefermehl/Köhler/Bornkamm* UWG, § 4 Rdn. 9.4.

[143] *Hefermehl/Köhler/Bornkamm* UWG, § 4 Rdn. 9.6 f.; *Hubmann/Götting* Gewerblicher Rechtsschutz S. 3.

[144] *Hubmann/Götting* S. 3.

Wortlaut der Nr. 4 nicht erfasst.[145] Auch eine entsprechende Anwendung ist in Anbetracht der nicht passenden Konkretisierungen („geschütztes Verfahren, Verwendung geschützter Gegenstände") nicht möglich und im Übrigen wegen eines ausreichenden Schutzes des Auftraggebers auch nicht nötig.

2. Alleinhaftung des Auftragnehmers

49 Der Auftragnehmer haftet bei der Verletzung gewerblicher Schutzrechte allein, wenn er das geschützte Verfahren oder die Verwendung geschützter Gegenstände selbst angeboten oder alternativ der Auftraggeber die Verwendung zwar vorgegeben, gleichzeitig dem Auftragnehmer aber auf das Bestehen des Schutzrechtes hingewiesen hat. Den Auftragnehmer trifft allein die Verantwortung, weil in beiden Fällen die Abgeltung der Schutzrechte Dritter zu seinen vertraglichen Leistungen gehört. Besteht am Werk ein Schutzrecht Dritter, liegt ein Rechtsmangel vor[146], zu dessen Beseitigung der Auftragnehmer verpflichtet ist, wie sich nun auch aus § 633 Abs. 3 BGB ergibt.[147] Die Ansprüche des Auftraggebers auf Befreiung oder Abgeltung der Schutzrechte ergeben sich demnach bereits aus dem Gewährleistungsrecht, wobei aber für Schadensersatzansprüche Verschulden notwendig ist. Ergänzend hierzu gewährt Nr. 3 i.V.m. Nr. 6 VOB/B einen verschuldensunabhängigen Befreiungsanspruch.

50 Die Alleinhaftung des Auftragnehmers ist sachgerecht, da sie nur in den beiden Fällen eingreift, in denen die Abgrenzung der Schutzrechte Dritter sowieso Teil seiner geschuldeten Leistung ist. Ist demgegenüber in der Leistungsbeschreibung auf die Schutzrechte Dritter nicht hingewiesen worden, bleibt das Werk zwar mangelhaft, wenn der Auftraggeber nicht seinerseits die Rechte übernommen hat.[148] Der Innenausgleich richtet sich dann aber nach § 10 Nr. 2 Abs. 1 VOB/B[149] bzw. daneben möglicherweise bestehenden Schadenersatzansprüchen, z.B. wegen fehlerhafter Ausschreibung.

F. § 10 Nr. 5 VOB/B – Einbeziehung der gesetzlichen Vertreter und Erfüllungsgehilfen

I. Systematische Einordnung

51 Nach § 10 Nr. 5 VOB/B erstreckt sich die Befreiung von der Ausgleichspflicht nach den Nr. 2, 3 und 4 auch auf die gesetzlichen Vertreter und Erfüllungsgehilfen der begünstigen Vertragspartei. Sinn der Erstreckung ist die Sicherung der Haftungsfreistellung im Innenverhältnis. Denn die gegenüber Dritten zum Schadenersatz verpflichtenden Handlungen werden i.d.R. nicht von der jeweiligen Vertragspartei persönlich vorgenommen, so weit sie überhaupt eine natürliche Person ist, sondern von deren gesetzlichen Vertretern oder anderen Mitarbeitern. Würden diese Personen nicht ebenfalls in die internen Befreiungstatbestände einbezogen, könnte die andere Vertragspartei sie in Anspruch nehmen und damit letztlich die zu befreiende Partei treffen. Ist z.B. die Beschädigung des Nachbargrundstücks Folge einer gemeinsamen von dem angestellten Bauleiter des Auftraggebers und dem Polier des Auftragnehmers veranlassten Maßnahmen, so haften die beiden unmittelbar Handelnden dem Dritten gegenüber persönlich, da sie selbst den Haftungstatbestand erfüllt haben. Die jeweiligen Vertragsparteien haften deliktisch über § 831

[145] **Anderer Ansicht:** Beck'scher VOB-Kommentar/*Ganten* VOB/B § 10 Nr. 4 Rdn. 1; *Ingenstau/Korbion/Wirth* VOB/B § 10 Nr. 4 Rdn. 1; *Franke/Kemper/Zanner/Grünhagen* VOB/B § 10 Rdn. 54; *Nicklisch/Weick* VOB/B § 10 Rdn. 46; *Heiermann/Riedl/Rusam* VOB/B § 10 Rdn. 25; *Leinemann/Hafkesbrink* VOB/B § 10 Rdn. 49.

[146] *Dauner-Lieb/Heidel/Lepa/Ring* § 633 Rdn. 37, 40; BGH NJW 1973, 1546; BGHZ 110, 196, 200; OLG Hamm, NJW-RR 1992, 120.

[147] Zum bisherigen Recht BGB-RGRK/*Glanzmann* § 631 Rdn. 15.

[148] *Dauner-Lieb/Heidel/Lepa/Ring* § 633 Rdn. 25.

[149] *Nicklisch/Weick* VOB/B § 10 Rdn. 48; Beck'scher VOB-Kommentar/*Ganten* VOB/B § 10 Nr. 4 Rdn. 3.

BGB. Der Auftragnehmer könnte den angestellten Bauleiter als mithaftenden Gesamtschuldner nach §§ 840, 426 BGB entsprechend seines Verursachungsanteiles in Regress nehmen. Andererseits wäre der Auftraggeber arbeitsrechtlich verpflichtet, seinen Bauleiter gemäß den Grundsätzen der Beschränkung der Arbeitnehmerhaftung[150] seinerseits ganz oder teilweise zu befreien, wodurch seine Befreiung im Verhältnis zum Auftragnehmer im Ergebnis leer laufen würde. Nr. 5 bestimmt deshalb, dass die Haftungsbefreiung auch zu Gunsten der dort genannten Person gilt. Sie können deshalb vom Auftragnehmer nicht unmittelbar in Regress genommen werden.

Insoweit dient Nr. 5 nur der Klarstellung. Denn es ist heute allgemein anerkannt, dass sich die Arbeitnehmer des Begünstigten auf dessen vertragliche Haftungsbeschränkung berufen können, selbst wenn das nicht ausdrücklich in der Haftungsbeschränkung geregelt ist.[151] Diese Erweiterung des Schutzbereiches gilt auch für Haftungsbeschränkung und -freistellungen durch AGB.[152] Die Einbeziehung in den Schutzbereich führt nicht nur dazu, dass der Arbeitnehmer nicht mehr von der anderen Vertragspartei in Anspruch genommen werden kann, sondern er seinerseits einen Innenregressanspruch für den Fall seiner Inanspruchnahme im Außenverhältnis hat. Denn eine Haftungsbefreiung ist im Zweifel eine sonstige Vereinbarung zur Regelung des Innenverhältnisses i.S.d. § 426 BGB.[153] 52

II. Umfang des Schutzbereiches

Erweitert wird der sich ansonsten auch im Wege ergänzender Auslegung ergebene Schutzbereich der Haftungsbefreiung aber durch die Ausdehnung auf **alle Erfüllungsgehilfen**. Das erfasst neben den Arbeitnehmern auch alle selbstständigen Gehilfen wie Architekten, Ingenieure oder Projektsteuerer des Auftraggebers oder Nachunternehmer des Auftragnehmers (vgl. Rdn. 9 ff.). Der Begriff des Erfüllungsgehilfen nimmt Bezug auf die Pflichten im Verhältnis der Vertragsparteien untereinander. Begünstigt durch § 10 Nr. 5 VOB/B wird also jeder, der im **Verhältnis zwischen Auftragnehmer und Auftraggeber** als Erfüllungsgehilfe tätig wird und dabei einen Dritten schädigt. Da diese Bezugnahme aber nicht im sachlichen Zusammenhang mit dem die deliktische Haftung gegenüber Dritten auslösenden Tatbestand steht, kann es zu ungereimten Ergebnissen kommen: Der die Objektüberwachung führende Architekt ist nicht Erfüllungsgehilfe des Bauherrn und kann sich für Schäden im Rahmen dieser Tätigkeit, z.B. bei Bauunfällen, nicht auf die Haftungsbefreiung der Nr. 5 berufen. Ist die Schädigung des Dritten demgegenüber Folge eines erkennbaren Planungsfehlers, z.B. durch Einstürzen von Gebäudeteilen, kann der Architekt als Erfüllungsgehilfe des Auftraggebers die Vergünstigung der Nr. 2 Abs. 2 in Anspruch nehmen. Insoweit sollte der DVA überprüfen, ob die Erstreckung der Befreiung auf selbstständige Erfüllungsgehilfen sachlich geboten ist. Eine ohne ausdrückliche Vereinbarung von der Rechtsprechung gewährte konkludente Erweiterung der Reichweite einer Haftungsbefreiung auf selbstständige Erfüllungsgehilfen würde voraussetzen, dass deren Einbeziehung nach dem Vertragszweck oder der Interessenlage nahe liegt.[154] Eine solche Interessenlage ist insbesondere im Transportrecht für wirtschaftlich abhängige Unterfrachtführer angenommen worden.[155] Bei Architekten und Ingenieuren ist eine Erstreckung der Haftungsbefreiung nach Interessenlage oder Vertragszweck demgegenüber nicht geboten. 53

Die ausdrückliche vertragliche Erstreckung der Haftungsbefreiung auf diesen Personenkreis dürfte aber trotz der aufgezeigten Unstimmigkeiten einer isolierten Inhaltskontrolle standhalten. Denn der Auftragnehmer steht durch die Einschaltung eines selbstständigen Erfüllungsgehilfen hinsichtlich der Haftung nicht schlechter, als wenn der Auftraggeber oder sein Mitarbeiter selbst 54

[150] Dazu *Staudinger/Richardi* BGB § 611 Rdn. 491 ff.
[151] BGH NJW 1962, 388; *Staudinger/Jagmann* BGB § 328 Rdn. 117 ff. m.w.N.
[152] BGH NJW 1995, 2991 m.w.N.; *Staudinger/Jagmann* BGB § 328 Rdn. 118 m.w.N.
[153] Münchener Kommentar/*Bydlinski* BGB § 426 Rdn. 65.
[154] BGH VersR 1977, 717.
[155] BGH NJW 1995, 2991; *Staudinger/Jagmann* BGB § 328 Rdn. 119.

tätig geworden wäre.[156] Nur hieran knüpft die Haftungsbegrenzung an, nicht demgegenüber an die Verursachungsbeiträge im Verhältnis zum geschädigten Dritten. Hinzu kommt, dass Nr. 5 vorsätzlich und grob fahrlässiges Verhalten von der Privilegierung ausschließt.

G. § 10 Nr. 6 VOB/B – Befreiungsanspruch

55 Nr. 6 regelt die Rechte und Pflichten des nach den Nr. 2 bis 4 im Innenverhältnis nicht Haftenden – i.d.R. der Auftrageber, in den Fällen der Nr. 1 Abs. 1 Satz 2 der Auftragnehmer –, falls er im Außenverhältnis von dem geschädigten Dritten unmittelbar in Anspruch genommen wird. Nr. 6 betrifft nur das Verhältnis der Vertragsparteien zueinander. Befreiungsansprüche der nach Nr. 5 in den Schutzbereich Einbezogenen ergeben sich unmittelbar aus § 426 Abs. 1 Satz 1 BGB (vgl. Rdn. 52).

1. Inhalt des Befreiungsanspruchs

56 Satz 1 der Nr. 6 stellt klar, dass der Begünstigte von der anderen Vertragspartei verlangen kann, dass sie ihn von der Verbindlichkeit befreit. Damit wiederholt Nr. 6 Satz 1 nur das, was sich nach herrschender Meinung ohnehin schon aus § 426 Abs. 1 Satz 1 BGB ergibt. Dieser gewährt nicht nur einen Ausgleichsanspruch nach erfolgter Inanspruchnahme, sondern schon vorher einen Mitwirkungsanspruch gegenüber den anderen Gesamtschuldnern, ihren Anteilen entsprechend an der Befriedigung des Gläubigers mitzuwirken.[157] Für den im Innenverhältnis nicht Haftenden ergibt sich hieraus ein Anspruch auf vollständige Befreiung. Wie der Schuldner diese Befreiung erreicht, bleibt ihm überlassen[158], ob nun durch Zahlung, Aufrechnung, Erlass, befreiende Schuldübernahme etc.[159]

57 Einen allgemeinen Anspruch auf **Abwehr unberechtigter Ansprüche Dritter** besteht demgegenüber entgegen herrschender Meinung[160] **nicht**. Voraussetzung des Befreiungsanspruchs ist, dass überhaupt ein Anspruch des Dritten besteht, und zwar auch gerade gegenüber dem die Befreiung Fordernden. Dies ergibt sich für den Anspruch auf Befreiung gemäß § 426 Abs. 1 Satz 1 BGB schon daraus, dass ohne Verpflichtung im Außenverhältnis von vornherein keine Gesamtschuld bestehen kann und damit auch keine Pflicht zur Befreiung im Innenverhältnis.[161] Einen über den gesetzlichen Befreiungsanspruch in Bezug auf berechtigte Ansprüche hinausgehenden Anspruch verleiht auch § 10 Nr. 6 VOB/B nicht.[162] Denn auch der Befreiungsanspruch nach Nr. 6 setzt ein Gesamtschuldverhältnis nach den Nr. 2, 3 oder 4 voraus, das bei einer unberechtigten Inanspruchnahme aber schon tatsächlich nicht bestehen kann.

58 Die gegenteilige herrschende Meinung verweist zur Begründung lediglich auf eine Entscheidung des BGH, die aber nicht unmittelbar einschlägig ist.[163] Der BGH hat die Auffassung vertreten, zum Wesen eines **Freistellungs**anspruchs gehöre auch die Abwehr unbegründeter Ansprüche. Abgeleitet hat der BGH dies aus dem Deckungsumfang der Haftpflichtversicherung (vgl. § 3 Ziff. II 1, 1. Abs. AHB).[164] Im Versicherungsrecht wird die Verpflichtung des Versicherers zur Abwehr unbegründeter Ansprüche allerdings aus der Rechtsschutzfunktion

---

[156] *Klein* JZ 1997, 390, 391.
[157] BGH NJW 1958, 497; *Staudinger/Noack* BGB § 426 Rdn. 73 ff.
[158] BGH NJW 1965, 249.
[159] Vgl. Münchener Kommentar/*Keller* BGB § 257 Rdn. 6.
[160] *Ingenstau/Korbion/Wirth* VOB/B § 10 Nr. 6 Rdn. 3; *Nicklisch/Weick* VOB/B § 10 Rdn. 55; *Franke/Kemper/Zanner/Grünhagen* VOB/B § 10 Rdn. 64; *Heiermann/Riedl/Rusam* VOB/B § 10 Rdn. 28; *Leinemann/Hafkesbrink* VOB/B § 10 Rdn. 51; *Reinhard* NJW 1958, 2288.
[161] Vgl. BGH MDR 1985, 385; das übersieht *Leinemann/Hafkesbrink*, VOB/B § 10 Rdn. 51 f.
[162] **Anderer Ansicht:** *Franke/Kemper/Zanner/Grünhagen* VOB/B § 10 Rdn. 64.
[163] BGH NJW 1970, 1594; Der BGH hatte über § 11 II VOL/B (1932) zu entscheiden, sich aber maßgeblich auf eine nachträglich übernommene Verpflichtung gestützt.
[164] BGH NJW 1970, 1594; vgl. auch BGH WM 1983, 387.

der Haftpflichtversicherung abgeleitet.[165] Ob jemand vertraglich die Verpflichtung zur Abwehr unbegründeter Ansprüche übernimmt, wenn er gegenüber seinem Vertragspartner sich zur „Freistellung" von bestimmten Ansprüchen verpflichtet[166], ist im Wege der Vertragsauslegung zu ermitteln[167], kann hier aber dahingestellt bleiben. Aus Nr. 6 folgt ein solcher weitergehender vertraglicher Freistellungsanspruch nämlich nicht, da Nr. 6 lediglich die „Befreiung" von einer (tatsächlichen) Verbindlichkeit anordnet, nicht aber eine allgemeine Freistellung und sich damit in der Wiederholung der Gesetzeslage erschöpft. Falls der Auftragnehmer eine Rechtsschutzfunktion für den Auftraggeber oder umgekehrt hätte übernehmen sollen, hätte dies schon nach dem AGB-rechtlichen Transparenzgebot eindeutig geregelt werden müssen. Eine Übernahme einer Abwehrverpflichtung ergibt sich nur in den haftpflichtversicherten Fällen mittelbar daraus, dass die Haftpflichtversicherung z.B. des Auftragnehmers diesem gegenüber zur Freistellung verpflichtet ist. Diese versicherungsrechtliche Freistellungsverpflichtung wird sowohl ausgelöst, falls der Auftragnehmer vom Geschädigten unmittelbar in Anspruch genommen wird, als auch, falls er vom Auftraggeber auf Befreiung in Anspruch genommen wird. Denn auch der erhobene Befreiungsanspruch ist ein versicherter Haftpflichtanspruch.[168] In den Fällen, in denen kein Versicherungsschutz besteht, verbleibt es beim bloßen Befreiungsanspruch.

2. Verletzung der Befreiungsverpflichtung

Vertragsrechtlich missglückt ist Nr. 6 Satz 2. Danach darf der im Innenverhältnis zu Befreiende **59**
den Anspruch des Dritten nicht anerkennen oder befriedigen, ohne der anderen Vertragspartei vorher Gelegenheit zur Äußerung gegeben zu haben. Ein **Anerkenntnis** hat bei einer Gesamtschuld gemäß § 425 BGB **nur Einzelwirkung**[169], bindend also weder den anderen Gesamtschuldner im Innenverhältnis noch im Außenverhältnis zum Dritten. Eine **Zahlung** oder andere Befriedigung hat demgegenüber nach § 422 Abs. 1 BGB zwingend **Gesamtwirkung**[170], und würde, so weit die Forderung des Dritten berechtigt war, zum Ausgleichsanspruch führen, selbst falls der anderen Gesamtschuldner Aufrechnungsmöglichkeiten etc. gehabt hätte. Satz 2 besagt damit nur, dass der die Befreiung geltend Machende dem Befreiungsschuldner ausreichend Gelegenheit geben muss, seine Verpflichtung, wie auch immer, zu erfüllen. Ein Anerkenntnis, das die Regulierung des anderen erschweren würde, darf nicht abgegeben werden. Diese Verpflichtungen folgen ebenfalls schon aus dem Wesen des Befreiungsanspruchs.[171]

Aus Satz 2, der also nur eine Pflicht des zu Befreienden regelt, kann unter Berücksichtigung **60**
dieser Gesetzeslage nicht ein Recht des zu Befreienden herausgelesen werden, die Forderung zu Lasten des anderen verbindlich anzuerkennen oder zu befriedigen, falls dieser seine Verpflichtung auf Befreiung nicht erfüllt.[172] Der Befreiungsanspruch als besondere Art des Ausgleichsanspruchs hängt nach Inhalt und Umfang ausschließlich von der tatsächlichen Rechtslage ab.[173] Der Ausgleichsanspruch besteht also auch dann, wenn der zur Befreiung Verpflichtete gegenüber dem Dritten bereits eine rechtskräftige Klageabweisung erstritten hat.[174] Umgekehrt kann der zu Unrecht Verurteilte im Innenverhältnis keinen Regress nach § 426 BGB nehmen.[175]

---

[165] *Bruck/Möller/Johannsen* Haftpflichtversicherung Anm. B 35 m.w.N.
[166] So BGH NJW 1970, 1594; BGH WM 1983, 387; differenzierend BGH NJW 2002, 2382: danach umfasst die Freistellungsverpflichtung zwar nur begründete Ansprüche, die Darlegungs- und Beweislast für die Unbegründetheit trage jedoch der Freistellungsschuldner.
[167] *Armbrüster* Anm. zu LM § 241 BGB Nr. 17.
[168] BGH VersR 2003, 901; *Späte* AHB § 1 Rdn. 175.
[169] OLG Celle VersR 84, 895; *Staudinger/Noack* BGB § 425 Rdn. 97.
[170] Vgl. Münchener Kommentar/*Bydlinski* BGB § 422 Rdn. 2.
[171] Vgl. zum Freistellungsanspruch BGH WM 1983, 387.
[172] So aber wohl Beck'scher VOB-Kommentar/*Ganten* VOB/B § 10 Nr. 6 Rdn. 2.
[173] *Staudinger/Noack* BGB § 426 Rdn. 14 m.w.N.; § 425 Rdn. 72 ff.
[174] RGZ 69, 422; BGH VersR 1969, 1039.
[175] BGH NJW-RR 1993, 1266 m.w.N.

61 Kommt der Befreiungsverpflichtete trotz Aufforderung seiner Pflicht nicht nach, lässt sich die Situation besser und vor allem flexibler schadensersatzrechtlich lösen. Die berechtigte Befriedigung des Dritten führt zum Ausgleichsanspruch nach § 426 Abs. 1 Satz 1 BGB. Lässt sich der im Innenverhältnis nicht Verantwortliche verklagen, so erfasst zwar der Ausgleichsanspruch nach § 426 BGB grundsätzlich nicht die Prozesskosten, weil jeder Gesamtschuldner mit seiner Inanspruchnahme auf das Ganze rechnen muss.[176] Der im Innenverhältnis Alleinhaftende wird sich allerdings mit seiner Befreiungsverpflichtung regelmäßig in Verzug befinden und deshalb[177] oder zumindest wegen positiver Forderungsverletzung (§ 280 BGB)[178] zum Ersatz der Prozesskosten verpflichtet sein. Hält der zu Befreiende berechtigterweise den Anspruch des Dritten für begründet und lässt es deshalb nicht auf einen Prozess ankommen, sind dem Befreiungsverpflichteten im Regressprozess Einwendungen gegen die Höhe – auch unabhängig von einer Streitverkündung – weitgehend abgeschnitten. Denn neben dem nur auf die objektive Rechtslage abstellenden § 426 BGB entsteht dem im Innenverhältnis nicht Verantwortlichen einen **Schadenersatzanspruch wegen Verletzung der Befreiungspflicht**.[179] Anerkanntermaßen sind Schadenspositionen aber auch Aufwand, den man im Rahmen wirtschaftlicher Vernunft für **erforderlich halten durfte**.[180] Das gilt insbesondere auch hinsichtlich des Befreiungsanspruchs, da das Risiko der Abwicklung im Außenverhältnis gerade beim Verpflichteten liegen sollte.[181] Das ermöglicht, auch i.V.m. § 254 BGB, sachgerechte und ggf. gestufte Lösungen des Innenregresses. Selbst wenn der Verpflichtete die Befreiung endgültig verweigert, da er seine Einstandspflicht im Außenverhältnis nicht anerkennt[182], kann das nicht dazu führen, dass der zu Befreiende jeden auch nur behaupten Schaden auf Kosten der anderen Vertragspartei liquidieren kann.

62 Neben dem Ausgleichsanspruch nach § 426 Abs. 1 Satz 1 BGB nach erfolgter Inanspruchnahme und möglichen Schadenersatzansprüchen erlangt der zu Befreiende darüber hinaus kraft Gesetz die Forderung des geschädigten Dritten (§ 426 Abs. 2 BGB) und kann sie gegenüber der anderen Vertragspartei geltend machen.

H. AGB-Kontrolle, vertragliche Vereinbarungen

63 **§ 10 Nr. 2 Abs. 1 Satz 1 VOB/B** hält ohne Weiteres einer isolierten Klauselkontrolle Stand.[183] Satz 1 verweist nur auf die gesetzlichen Regelungen; Satz 2 stellt eine Ausprägung von Treu und Glauben dar.[184]

64 Bedenken sind gegen den Ausschluss des Innenausgleichs bei beiderseitigem Mitverschulden nach **Nr. 2 Abs. 2** geltend gemacht worden.[185] Der BGH hat mittels einschränkender Auslegung die AGB-rechtliche Zulässigkeit bestätigt.[186] Schon hinsichtlich Vertragsverletzungen zwischen den Parteien selbst ist im kaufmännischen Verkehr eine Freizeichnung für einfache Fahrlässigkeit zulässig, wenn der Abschluss einer entsprechenden Versicherung für die andere Seite üblich und zumutbar ist.[187] Gerade für Bauunternehmen sind Haftpflichtversicherungen absolut üblich.[188]

---

[176] BGH NJW 1971, 884 m.w.N.; BGH BauR 2003, 557.

[177] BGH NJW 1971, 884; OLG Neustadt NJW 1963, 494.

[178] BGH VersR 1969, 1039; BGH NJW-RR 2001, 170; BGH NZBau 2003, 557.

[179] BGH VersR 1969, 1039.

[180] Münchener Kommentar/*Oetker* BGB § 249 Rdn. 360 m.w.N.

[181] So zum Freistellungsanspruch BGH NJW 1970, 1594.

[182] Vgl. LG Wuppertal VersR 1983, 594.

[183] Vgl. zu Art und Umfang der AGB-Kontrolle Einl. VOB/B Rdn. 47 ff.

[184] *Daub/Piel/Soergel/Steffani* ErlZ. B 10.210; *Vens-Capell/Wolf* BauR 1993, 275, 277.

[185] Beck'scher VOB-Kommentar/*Ganten* VOB/B § 10 Nr. 2 Rdn. 21; *Vens-Capell/Wolf* BauR 1993, 275.

[186] BGH NJW 1999, 942 = BauR 1999, 414; vgl. auch die zust. Anm. von *Pfeiffer* WuB IV C § 9 AGBG 6.99.

[187] BGH NJW 1992, 1761 m.w.N.

[188] Nach BGH JZ 1993, 623 ist jedenfalls bei 90% eine allgemeine Üblichkeit anzunehmen. Tatsächlich sollen nahezu alle Bauunternehmungen und 90% der Bauhandwerker haftpflichtversichert sein, vgl. die bei *Littbarski* Haftung, Rdn. 347 zitierte Huk-Umfrage für 1979.

Dem Auftragnehmer ist die Versicherung auch zumutbar, da der laufende Versicherungsschutz für ihn günstiger ist als eine Einzelversicherung des jeweiligen Bauherrn[189]. Im Übrigen belastet der Verzicht auf den Innenausgleich nur die Versicherung des Auftragnehmers. Derartige Regressverzichte sind versicherungsrechtlich zulässig.[190] Die Versicherungswirtschaft hat die Klausel auch akzeptiert.[191] Letztlich ist das Ergebnis auch nicht anderes, als wenn der Auftragnehmer das Bauherrnhaftpflichtrisiko mitversichern müsste. Auch dann scheidet ein Regress aus.

Bedenken bestehen gegen den vollständigen Ausschluss des Innenausgleichs in den Fällen der 65
§ 10 Nr. 3 VOB/B. Die Regelung wird zwar häufig als sachgerecht[192] oder sogar als der Billigkeit entsprechend[193] angesehen. Das trifft aber nur für die Fälle zu, in denen dem Auftraggeber nur Fehler bei der Auswahl oder Beaufsichtigung unterlaufen sind. In Fällen erheblicher Mitverantwortung des Auftraggebers ist der Ausschluss des Innenausgleichs allerdings bedenklich[194] (vgl. Rdn. 46). Da eine ausreichende Einschränkung der Regelung gegen Wortlaut und Systematik nicht möglich ist, hält sie **einer isolierten Klauselkontrolle nicht Stand**.

Erst Recht **unzulässig** wären **formularmäßige Erweiterungen**, z.B. wenn allgemeine Ge- 66
schäftsbedingung des Auftraggebers den Auftragnehmer verpflichten, ihn von allen Ansprüchen Dritten wegen schädigender Auswirkungen (Schäden, Nachteile oder Belästigungen) freizustellen.[195] Diese Klausel verstößt schon gegen § 307 Abs. 1 Satz 2 BGB, weil sie hinsichtlich ihrer Reichweite nicht hinreichend klar ist. Daneben erfasst sie auch mit der Baumaßnahme unvermeidbar verbundene Nachteile für Dritte; die sich hieraus ergebenen Ansprüche, z.B. nach § 906 Abs. 2 Satz 2 BGB, treffen aber allein den Auftraggeber.[196] Eine Freistellungsverpflichtung bzw. ein Regressverzicht, der unabhängig vom Verschulden des Auftragnehmers gelten soll, ist nach § 307 Abs. 2 BGB ebenso unwirksam wie die fehlende Berücksichtigung des eigenen Mitverschuldens.[197]

Die Regelung des **§ 10 Nr. 4 VOB/B** ist eine nach § 426 Abs. 1 BGB ausdrücklich vorgesehene 67
vertragliche Regelung des Innenverhältnisses, die auch sachgerecht ist (vgl. Rdn. 50). Sie hält deshalb einer isolierten Inhaltskontrolle Stand.[198]

Das gilt im Ergebnis auch für **§ 10 Nr. 5 VOB/B** (vgl. Rdn. 52, 54). **§ 10 Nr. 6 VOB/B** er- 68
schöpft sich im Wesentlichen in einer Wiedergabe dessen, was ohne ausdrückliche Vereinbarung gelten würde. Nur ganz beschränkt wird es darüber hinaus formularmäßig zulässig sein, die andere Vertragspartei zu verpflichten, den Verwender auch vor einer unberechtigten Inanspruchnahmen Dritter freizustellen. Dies käme nur hinsichtlich der Nr. 4 in Betracht, da dies noch als Werkrisiko des Auftragnehmers verstanden werden kann, oder falls zumindest die andere Vertragspartei im Außenverhältnis haftet und deshalb die Inanspruchnahme erst veranlasst hat.[199] Im Übrigen hat jede Partei nach allgemeinen Rechtsgrundsätzen ihr allgemeines Lebensrisiko selbst zu tragen und kann es nicht auf den ebenfalls nicht verantwortlichen Vertragspartner formularmäßig abwälzen.

---

[189] Vgl. dazu *Wolf/Horn/Lindacher* AGBG § 11 Nr. 7 Rdn. 33, 52.

[190] BGHZ 33, 216; BGH VersR 1996, 320; *Prölss/Martin* VVG § 67 Rdn. 35 m.w.N.

[191] Das Bundesaufsichtsamt für das Versicherungswesen hat die Klausel gegenüber dem DVA als versicherungsrechtlich zulässig angesehen, vgl. das bei *Hereth/Ludwig/Naschold* § 10 Ez. 83 abgedruckte Schreiben des BAV vom 30.4.1952, das die Versicherer hingenommen haben.

[192] *Nicklisch/Weick* VOB/B § 10 Rdn. 44; *Heiermann/Riedl/Rusam* VOB/B § 10 Rdn. 21; *Leinemann/Hafkesbrink* VOB/B § 10 Rdn. 47.

[193] *Franke/Kemper/Zanner/Grünhagen* VOB/B § 10 Rdn. 48; *Eplinius* 3. Aufl. S. 156.

[194] Beck'scher VOB-Koemmtar/*Cuypers* VOB/B § 10 Nr. 3 Rdn. 35, der allerdings mittels einer einschränkenden Auslegung die Klausel für zulässig hält (Rdn. 84).

[195] Beck'scher VOB-Kommentar/*Cuypers* VOB/B § 10 Nr. 3 Rdn. 80; *Groß* IBR 2002, 16.

[196] BGH NJW 1972, 256; die dort vorgenommene Reduktion der Klausel scheitert heute an § 306 BGB; vgl. OLG Schleswig v. 11.11.1999 – 2 U 8/99 (iuris).

[197] LG Frankfurt BauR 2001, 635; **anderer Ansicht:** OLG Schleswig v. 11.11.1999 – 2 U 8/99 (iuris); *Franke/Kemper/Zanner/Grünhagen* VOB/B § 10 Rdn. 84; dagegen *Groß* IBR 2002, 16.

[198] Im Ergebnis ebenso *Franke/Kemper/Zanner/Grünhagen* VOB/B § 10 Rdn. 55.

[199] Vgl. auch BGH NJW 1970, 1594.

§ 11 Vertragsstrafe

1. Wenn Vertragsstrafen vereinbart sind, gelten die §§ 339 bis 345 BGB.
2. Ist die Vertragsstrafe für den Fall vereinbart, dass der Auftragnehmer nicht in der vorgesehenen Frist erfüllt, so wird sie fällig, wenn der Auftragnehmer in Verzug gerät.
3. Ist die Vertragstrafe nach Tagen bemessen, so zählen nur Werktage; ist sie nach Wochen bemessen, so wird jeder Werktag angefangener Wochen als 1/6 Woche gerechnet.
4. Hat der Auftraggeber die Leistung abgenommen, so kann er die Strafe nur verlangen, wenn er dies bei der Abnahme vorbehalten hat.

Schrifttum: *Börgers* Zur so genannten Hinfälligkeit von Vertragsstrafevereinbarungen, BauR 1997, 917 – *Bschorr/Zanner* Die Vertragsstrafe im Bauwesen 2003 – *Cuypers* Die Vertragsstrafe beim Bauen, ZfBR 1998, 272 – *v. Gehlen*, Angemessene Vertragsstrafe wegen Verzugs im Bau- und Industrieanlagenbauvertrag, NJW 2003, 2961 – *Greiner* Die „Auftragssumme" bei Vereinbarung einer Vertragsstrafe, ZfBR 1999, 62 – *Horschitz* Atypische Vertragsstrafen, NJW 1973, 1958 – *Kapellmann* Ansprüche des Auftraggebers auf Verzugsschadensersatz, Vertragsstrafe oder Kündigung aus wichtigem Grund bei Verletzung der eigenen Mitwirkungspflicht, aber unterlassener Behinderungsanzeige seitens des Auftraggebers, FS Vygen 1999, 194 – *Kapellmann/Langen* Bemessung von Vertragsstrafen für verzögerte Baufertigstellung in AGB, BB 1987, 560 – *Kemper* Die Vereinbarung von Vertragsstrafe bei Fristüberschreitung in Allgemeinen Geschäftsbedingungen, BauR 2001, 1015 – *Keßler* Der Vertragsstrafenanspruch nach § 11 VOB/B, WiB 1996, 886 – *Kirberger* Die „durchgereichte" Vertragsstrafe, FS Kraus 2003, 101 – *Kleine-Möller* Die Vertragsstrafe im Bauvertrag, BB 1976, 442 – *Knacke* Die Vertragsstrafe im Baurecht, Baurechtliche Schriften Band 14, 1988 – *Kreikenbohm* Nachträge und Vertragsstrafen, BauR 2003, 315 – *Langen* Die Pönalisierung von Einzelfristen im Bauvertrag, FS Schiffers, 2001, S. 143 – *Lau* Die Vertragsstrafenabrede in BGB-Werkverträgen und VOB-Bauverträgen. Ein stumpfes Schwert?, Jahrbuch BauR 2003, 53 – *Leinemann* Vertragsstrafe – Der einzig sichere Weg zum Gewinn am Bau?, BauR 2001, 1472 – *Minuth* Das Verhältnis von Tagessatz zu Obergrenze als neues Kriterium bei der AGB-Prüfung einer Vertragsstrafenklausel, NZBau 2000, 322 – *Minuth* Bürgschaft – Vertragsstrafe – AGB: 5 % als maximale Obergrenze in Bauverträgen, NZBau 2003, 315; *Motzke/Nettesheim* Ausgewählte höchstrichterliche und obergerichtliche Rechtsprechung im Praxisüberblick, BB 2000, 2581 – *Oberhauser* Vertragsstrafe – ihre Durchsetzung und Abwehr, 2003 – *Oberhauser* Vertragsstrafe und Regressmöglichkeiten gegenüber Dritten, BauR 2006, 210 – *Pauly* Zur Problematik der Vertrauensschutzgrenze bei alten Bauvertragsstrafklauseln, BauR 2005, 1229 – *Roquette/Laumann* AGB-Vertragsstrafen dürfen 5 % der Auftragssumme nicht überschreiten – Vertrauensschutz für Altfälle orientiert sich an der Auftragssumme, BauR 2003, 1271 – *Schlünder* Vertragsstrafenklauseln in Bauverträgen, ZfBR 1995, 281 – *Schmeel* Aktuelle Entwicklungen im privaten Bauvertragsrecht, MDR 2001, 424 – Sohn „Die durchgereichte Vertragsstrafe", FS Jagenburg, 2002, S. 855 – *Vogel* Die Vertragsstrafe im privaten Baurecht, ZfIR 2005, 373 – *Vygen* Rechtliche Beratungs- und Hinweispflichten des Architekten und Bauingenieurs beim Abschluss von Bauverträgen und bei der Vertragsabwicklung unter besonderer Berücksichtigung einer Vertragsstrafenvereinbarung beim Bauvertrag, BauR 1984, 245 – *von Westphalen* Die Entwicklung des AGB-Rechts im Jahr 2001, NJW 2002, 1688 – *Weyer* Verteidigungsmöglichkeiten des Unternehmers gegenüber einer unangemessen hohen Vertragsstrafe, BauR 1988, 28 – *Wolter* Neue Obergrenze für Vertragsstrafe in AGB, BauR 2003, 1274

Übersicht

I. Überblick über die Regelung des § 11 VOB/B

1. Verweis in § 11 Nr. 1 VOB/B auf §§ 339 bis 345 BGB

1 § 11 Nr. 1 VOB/B kommt eine doppelte Bedeutung zu. Zum einen stellt die Vorschrift klar, dass auch einem VOB-Bauvertrag eine Vertragsstrafe nicht automatisch zugrunde liegt, sondern

sie in jedem Einzelfall vereinbart werden muss. Zum anderen verweist § 11 Nr. 1 VOB/B uneingeschränkt auf die ergänzende Geltung der §§ 339 bis 345 BGB. Diese Vorschriften haben im Wesentlichen folgenden Inhalt:

Verspricht der Schuldner (Auftragnehmer) dem Gläubiger (Auftraggeber) für den Fall, dass er seine Verbindlichkeit entweder nicht oder aber nicht in gehöriger Weise erfüllt, die Zahlung einer Geldsumme als Strafe, so ist die Strafe verwirkt (also angefallen), wenn der Schuldner in Verzug kommt. Besteht die geschuldete Leistung in einem Unterlassen, so tritt die Verwirkung mit der Zuwiderhandlung ein, § 339 BGB.

Hat der Schuldner die Strafe für den Fall versprochen, dass er seine Verbindlichkeit **nicht erfüllt**, so kann der Gläubiger gemäß § 340 Abs. 1 BGB die verwirkte **Strafe anstatt** der **Erfüllung** verlangen. Verlangt der Gläubiger diese Strafe, so ist sein Erfüllungsanspruch ausgeschlossen. Wenn dem Gläubiger ein Schadensersatzanspruch wegen Nichterfüllung zusteht, so kann er in diesem Fall die verwirkte Strafe als Mindestbetrag des Schadens verlangen. Die Geltendmachung eines weiteren Schadens ist nicht ausgeschlossen, § 340 Abs. 2 BGB.

Hat der Schuldner die Strafe für den Fall versprochen, dass er seine Verbindlichkeit nicht in gehöriger Weise, insbesondere **nicht zu der bestimmten Zeit, erfüllt**, so kann der Gläubiger gemäß § 341 Abs. 1 BGB die verwirkte **Strafe neben** der **Erfüllung** verlangen. Gemäß § 341 Abs. 2 BGB gilt § 340 Abs. 2 BGB entsprechend, das heißt, wenn dem Gläubiger wegen der nicht gehörigen (insbesondere verspäteten) Erfüllung ein Schadensersatzanspruch zusteht, so kann er die Strafe als Mindestbetrag des Schadens geltend machen, aber auch einen darüber hinausgehenden weiteren Schaden. Von enormer praktischer Bedeutung ist auch § 341 Abs. 3 BGB: Nimmt der Gläubiger die Erfüllung an, so kann er die **Vertragsstrafe** nur verlangen, wenn er sich das Recht dazu bei der Annahme (bei Bauverträgen: Abnahme) **vorbehält**.

Gemäß § 342 BGB gelten die §§ 339 bis 341 BGB entsprechend, wenn als Strafe eine andere Leistung als die Zahlung einer Geldsumme versprochen wird. Der Anspruch auf Schadensersatz ist ausgeschlossen, wenn der Gläubiger die Strafe verlangt.

Gemäß § 343 BGB kann der Schuldner gerichtlich die **Herabsetzung der Strafe** auf einen angemessenen Betrag beantragen, wenn die verwirkte Strafe (also nicht die versprochene Strafe!) unverhältnismäßig hoch ist. Bei der Beurteilung der Angemessenheit ist dabei jedes berechtigte Interesse des Gläubigers, nicht lediglich dessen Vermögensinteresse, in Betracht zu ziehen. Nach der Entrichtung der Strafe ist die Herabsetzung ausgeschlossen, § 343 Abs. 1 BGB.

§ 344 BGB manifestiert die so genannte **Akzessorietät**, also die Abhängigkeit des Strafversprechens von der zugrunde liegenden Hauptverbindlichkeit. Hiernach ist das Strafversprechen unwirksam, wenn das Gesetz auch die zugrunde liegende Leistungsverpflichtung für unwirksam erklärt.

§ 345 BGB enthält schließlich eine **Beweislastbestimmung**. Bestreitet der Schuldner die Verwirkung der Strafe, weil er seine Verbindlichkeit erfüllt habe, so hat er die Erfüllung zu beweisen, wenn nicht die geschuldete Leistung in einem Unterlassen besteht.

2. Sonstiger Inhalt von § 11 Nr. 2 bis 4 VOB/B

2 § 11 Nr. 2 bis 4 VOB/B enthält Bestimmungen, die teilweise die gesetzlichen Vorschriften lediglich wiederholen, diese teilweise aber auch präzisieren.

§ 11 Nr. 2 VOB/B enthält eine klarstellende Wiederholung von § 339 Satz 1 BGB, wonach eine für die nicht fristgerechte Vertragserfüllung versprochene Vertragsstrafe fällig wird, wenn der Auftragnehmer in Verzug gerät.

Für die in der Praxis wichtigsten Strafversprechen, wonach Vertragsstrafen nach Tagen oder Wochen bemessen werden, enthält § 11 Nr. 3 VOB/B eine Berechnungsvorschrift. Ist die Vertragsstrafe nach Tagen bemessen, so zählen nur Werktage. Aus § 11 Nr. 3, 2. Halbsatz VOB/B wird dabei deutlich, dass Samstage als Werktage angesehen werden, während Sonn- und Feiertage „straffrei" bleiben. Ist die Vertragsstrafe nach Wochen bemessen, so wird jeder Werktag angefangener Wochen als 1/6 Woche gerechnet.

§ 11 Nr. 4 VOB/B schließlich enthält eine Wiederholung von § 341 Abs. 3 BGB, wonach die verwirkte Vertragsstrafe nur verlangt werden kann, wenn sich der Auftraggeber dies bei der Abnahme vorbehalten hat.

II. Grundsätzliches zur Vertragsstrafe

1. Wesen und Inhalt der Vertragsstrafe, Akzessorietät

Wie sich aus §§ 339, 342 BGB ergibt, liegt ein Strafversprechen dann vor, wenn der Schuldner sich gegenüber dem Gläubiger entweder zur Zahlung einer Geldsumme (§ 339 BGB) oder zu einer anderen Leistung für den Fall verpflichtet, dass er eine vertragliche Verpflichtung nicht oder nicht in gehöriger Form (insbesondere: verspätet) erbringt oder dass er gegen ein vertragliches Unterlassungsgebot verstößt. Daraus ergibt sich mehreres: 3

Es besteht eine Abhängigkeit zwischen dem Strafversprechen und einer Hauptverbindlichkeit, die durch das Strafversprechen sanktioniert wird. Das Strafversprechen ist damit **akzessorisch**, was durch § 344 BGB klargestellt wird. Besteht also keine wirksame Hauptleistungsverpflichtung, so hat auch das begleitende Strafversprechen keinen Bestand, selbst wenn die Parteien die Unwirksamkeit der Hauptverbindlichkeit gekannt haben.[1] Das gilt unabhängig davon, ob die zu sichernde Hauptverbindlichkeit von Anfang an nicht bestand oder nachträglich, z.B. durch Rücktritt, wieder entfallen ist.[2] Das Strafversprechen lässt sich damit nicht als selbstständige bzw. abstrakte Verbindlichkeit aufrechterhalten. Folglich kann der Vertragsstrafenanspruch **vor** seiner Verwirkung auch nicht als selbstständige Forderung abgetreten werden.[3] 4

Eine auf Geldzahlung oder sonstige Leistungserbringung gerichtete Vertragsstrafe dient nach dem Willen des Gesetzgebers[4] und der sich hieran anschließenden herrschenden Meinung in Rechtsprechung[5] und Literatur[6] einem **doppelten Zweck**: Sie soll einerseits Druck auf den Schuldner ausüben, die vereinbarte Verpflichtung überhaupt bzw. in der vereinbarten Art und Weise zu erfüllen (**Druckfunktion**). Hat der Schuldner seine vertragliche Verpflichtung durch Nichterfüllung oder nicht gehörige Erfüllung verletzt, so soll sie dem Gläubiger die Schadloshaltung erleichtern (**Ausgleichsfunktion**).[7] Diese Doppelfunktion der Vertragsstrafe unterscheidet sie von ähnlichen Institutionen einerseits (dazu Rdn. 6 ff.) und stellt andererseits das „gesetzliche Leitbild" im Sinne von § 307 Abs. 2 Nr. 1 BGB dar, an dem sich insbesondere formularmäßige, als AGB- Klauseln geltende Strafversprechen messen lassen müssen (dazu unten Rdn. 48 ff.). Im Gegensatz zur Schadenspauschale kann eine verwirkte Vertragsstrafe auch dann verlangt werden, wenn dem Gläubiger aus der pönalisierten Pflichtverletzung nachweislich kein Schaden entstanden ist (vgl. aber näher unten Rdn. 63 ff.). Es ist aber nicht Aufgabe einer Vertragsstrafe, dem Gläubiger losgelöst von einem abstrakt drohenden oder tatsächlich eingetretenen Schaden eine zusätzliche Einnahmequelle zu verschaffen.[8] 5

In der Praxis wird als Vertragsstrafe für den Fall der Nichterfüllung oder der nicht gehörigen, insbesondere verspäteten, Erfüllung meist die Zahlung eines bestimmten Geldbetrages vereinbart. Hierbei handelt es sich um eine Geldschuld im Sinne von § 288 Abs. 1 BGB, nicht jedoch um eine Entgeltforderung im Sinne von § 288 Abs. 2 BGB mit der Folge, dass der Schuldner (Auftragneh-

---

[1] Vgl. auch *Lau* Jahrbuch BauR 2003, S. 53 ff.
[2] BGHZ 109, 230, 232; OLG Naumburg IBR 2002, 283.
[3] *Heiermann/Riedl/Rusam* VOB/B § 11, Rdn. 13; *Leinemann-Hafkesbrink* VOB/B § 11, Rdn. 5.
[4] Motive II, S. 275.
[5] BGHZ 82, 398; 85, 305.
[6] Beck'scher VOB-Kommentar/*Bewersdorf* VOB/B Vor § 11, Rdn. 9 m.w.N.
[7] BGH BauR 2000, 1049; 2003, 870, 875 = NZBau 2003, 321; *Heiermann/Riedl/Rusam* VOB/B § 11, Rdn. 1.
[8] BGH BauR 1983, 80; OLG Hamm BauR 1997, 661, 662.

mer) bei Zahlungsverzug kraft Gesetzes Zinsen in Höhe von 5 %-Punkten (nicht 8 %-Punkten) über dem Basiszinssatz zu zahlen hat.[9]

2. Unterschied zu ähnlichen Instituten

Von der Vertragsstrafe im Sinne der §§ 339 ff. BGB bzw. § 11 VOB/B sind folgende Institute zu unterscheiden:

6 **a) Selbstständiges Strafversprechen.** Das in § 343 Abs. 2 BGB erwähnte selbstständige Strafversprechen unterscheidet sich von der Vertragsstrafe dadurch, dass bei ihm eine vom Gläubiger **erzwingbare Leistungsverpflichtung** des Schuldners **fehlt**, die durch ein Strafversprechen gesichert werden soll.[10] Der Schuldner verspricht die Strafe also allein abhängig davon, dass er (oder ein Dritter)[11] eine bestimmte Handlung vornimmt oder unterlässt. Das selbstständige Strafversprechen knüpft damit allein an die Vornahme oder Unterlassung einer Handlung an, unabhängig davon, ob die Handlung „schuldhaft“ vorgenommen oder unterlassen worden ist oder ob sie überhaupt geschuldet war.[12]

Das selbstständige Strafversprechen spielt bei Bauverträgen naturgemäß kaum eine Rolle. Ein selbstständiges Strafversprechen ist aber beispielsweise vom OLG Hamm in dem Fall angenommen worden, dass sich der Schuldner gegenüber dem Gläubiger zur Zahlung einer Strafe in Höhe von 500,00 DM pro Tag für den Fall verpflichtete, dass sich die von einem Dritten durchzuführende Erstellung eines Bauvorhabens verzögerte.[13] Wegen der Annahme eines selbstständigen Strafversprechens anstatt einer Vertragsstrafe führte das OLG Hamm aus, dass es auf Verschulden des Schuldners bzw. des zur Bauherstellung verpflichteten Dritten nicht ankomme und auch eine Obergrenze für das Strafversprechen nicht erforderlich sei. Das ist aber eine Ausnahmeentscheidung.

Durch die Erwähnung des selbstständigen Strafversprechens in § 343 Abs. 2 BGB ergibt sich, dass die verwirkte Strafe auf Antrag des Schuldners durch das Gericht auf ein angemessenes Maß herabgesetzt werden kann, was gemäß § 348 HGB allerdings nicht für eine Strafe gilt, die von einem Kaufmann im Betrieb seines Handelsgewerbes versprochen worden ist.

7 **b) Verfallklausel.** Während der Schuldner sich bei einer Vertragsstrafe für den Fall der Nichterfüllung oder der nicht gehörigen Erfüllung zur Erbringung einer bestimmten Leistung (meist Geldzahlung) positiv verpflichtet, wird die Nichterfüllung oder nicht gehörige Erfüllung bei einer Verfallklausel kraft Parteivereinbarung dahin sanktioniert, dass bestimmte Ansprüche des Schuldners „verfallen“ sollen.

Beispiel: Der Bauträger vereinbart mit dem Käufer, dass sich bei verzögerter Fertigstellung des schlüsselfertig zu errichtenden Bauvorhabens der vereinbarte Kaufpreis um 2.000,00 DM pro angefangenem Monat Verzögerung reduzieren solle.[14]

Es macht wirtschaftlich keinen Unterschied, ob als Sanktion für die Nichterfüllung oder für die nicht gehörige (z.B. verspätete) Erfüllung einer Verbindlichkeit der bestehende Anspruch des Schuldners (z.B. auf Zahlung des Kaufpreises oder des Werklohns) ganz oder teilweise verfallen soll oder ob dieser Anspruch zwar unverändert bestehen bleibt, jedoch durch einen Vertragsstrafenanspruch des Gläubigers entwertet wird, mit dem dieser gegen den Zahlungsanspruch

---

[9] So zutreffend OLG Hamburg – 5 U 83/03 – IBR 2004, 363.

[10] BGHZ 82, 398, 401; BauR 2003, 870, 875 = NZBau 2003, 321; *Palandt/Grüneberg* BGB Vor § 339, Rdn. 4; Beck'scher VOB-Kommentar/*Bewersdorf* VOB/B Vor § 11, Rdn. 14; *Nicklisch/Weick* § 11, Rdn. 8; *Heiermann/Riedl/Rusam* VOB/B § 11, Rdn. 2d; *Kleine-Möller/Merl* § 13, Rdn. 359.

[11] OLG Hamm BauR 1995, 548; *Palandt/Grüneberg* BGB Vor § 339, Rdn. 4.

[12] Die Doppelfunktion der Vertragsstrafe (Druck- und Ausgleichsfunktion) gilt auch für das selbstständige Strafversprechen, auch wenn damit nur mittelbar die Einhaltung einer Verbindlichkeit gesichert wird, BGH BauR 1988, 588, 589.

[13] OLG Hamm BauR 1995, 548 mit kritischer Anmerkung von *Rieble*.

[14] Beispiel nach BGH BauR 1983, 77.

aufrechnen kann. Auf eine Verfallklausel sind damit die §§ 339 ff. BGB und folglich auch § 11 VOB/B entsprechend anwendbar.[15]

c) Reugeld. Das in § 359 BGB geregelte Reugeld wird für den Fall versprochen, dass ein Vertragspartner von seinem im Vertrag vorbehaltenen Rücktrittsrecht Gebrauch macht und diese „Vertragsreue" durch das Reugeld vergütet. Der Unterschied zur Vertragsstrafe besteht also darin, dass die Vertragsstrafe die Erfüllung eines fortbestehenden Vertragsverhältnisses sichern soll, während das Reugeld die Folge eines aufgrund Rücktritts rückabzuwickelnden Vertrages darstellt.[16] 8

Das Reugeld spielt im Zusammenhang mit Bauverträgen keine Rolle.

d) Garantieversprechen. Das Garantieversprechen des Schuldners zeichnet sich dadurch aus, dass der Schuldner dem Gläubiger eine bestimmte Leistung (meist eine Geldzahlung) für den Fall verspricht, dass ein bestimmter Erfolg bzw. ein bestimmtes Ereignis eintritt bzw. nicht eintritt, und zwar unabhängig davon, ob der Eintritt bzw. Nichteintritt vom Schuldner verschuldet worden ist.[17] 9

Beispiel: Der Bieter verpflichtet sich gegenüber dem ausschreibenden Auftraggeber zur Zahlung einer „Vertragsstrafe" in Höhe von 3 % seiner Angebotssumme für den Fall, dass er eine wettbewerbsbeschränkende Absprache oder Abstimmung mit anderen Bietern vornimmt, und zwar unabhängig davon, ob der Auftrag an ihn oder an andere vergeben wird.[18]

Der BGH hat im vorliegenden Beispiel gegen den Wortlaut der Vereinbarung keine Vertragsstrafe, sondern ein Garantieversprechen des Bieters angenommen, weil insbesondere die von einer Vertragsstrafe ausgehende Druckfunktion, die Einhaltung einer Leistungsverpflichtung des Schuldners zu sichern, nicht erfüllt werden konnte. Denn entweder hatte der Bieter bei Abgabe des Angebots bereits gegen das Verbot der Wettbewerbsabsprachen verstoßen oder eben nicht. Auch der mit einer Vertragsstrafe typischerweise verfolgte Zweck einer erleichterten Schadloshaltung bei Verletzung der Vertragspflicht könne hier allenfalls mittelbar erreicht werden.[19] Auch als Garantieversprechen hielt der BGH das Strafversprechen des Schuldners im konkreten Fall allerdings wegen Verstoßes gegen § 9 AGB-Gesetz für unwirksam.[20]

Die Verschuldensunabhängigkeit eines Garantieversprechens als solche stellt aber noch keinen maßgebenden Unterschied zur Vertragsstrafe dar. Denn auch die Vertragsstrafe kann – jedenfalls als Individualvereinbarung – verschuldensunabhängig versprochen werden[21].

Die §§ 339 ff. BGB und § 11 VOB/B sind auf das Garantieversprechen nicht anwendbar.[22]

e) Schadenspauschale. Mit der Vereinbarung einer Schadenspauschale bezwecken die Parteien, einen zu erwartenden bzw. tatsächlich eingetretenen Schaden nicht detailliert, sondern pauschal abzurechnen. In dieser Ausgleichsfunktion[23] stimmen Schadenspauschale und Vertragsstrafe zwar überein,[24] unterscheiden sich jedoch dadurch, dass eine Schadenspauschale einen tatsächlich eingetretenen Schaden voraussetzt, während die Vertragsstrafe auch bei nachweislich nicht eingetretenem Schaden verlangt werden kann, wenn sie verwirkt ist.[25] 10

---

[15] BGHZ 95, 362, 371; BGH BauR 1983, 77 ff.; *Palandt/Grüneberg* BGB Vor § 339, Rdn. 5; Beck'scher VOB-Kommentar/*Bewersdorf* VOB/B Vor § 11, Rdn. 16; *Lau* Jahrbuch BauR 2003, 60; *Nicklisch/Weick* § 11, Rdn. 10; *Heiermann/Riedl/Rusam* VOB/B § 11, Rdn. 2 a.

[16] Vgl. *Palandt/Grüneberg* Vor § 339, Rdn. 6; Beck'scher VOB-Kommentar/*Bewersdorf* VOB/B Vor § 11, Rdn. 18; *Heiermann/Riedl/Rusam* VOB/B § 11, Rdn. 2e.

[17] Vgl. *Nicklisch/Weick* § 11, Rdn. 4; *Kleine-Möller/Merl* § 13, Rdn. 363.

[18] Beispiel nach BGH BauR 1988, 588; vgl. auch unten Rdn. 20.

[19] BGH BauR 1988, 588, 589 f.

[20] BGH a.a.O.

[21] Beck'scher VOB-Kommentar/*Bewersdorf* VOB/B Vor § 11, Rdn. 20 und § 11 Nr. 1, Rdn. 34 m.w.N; näher unten Rdn. 34 ff.

[22] Beck'scher VOB-Kommentar/*Bewersdorf* VOB/B Vor § 11, Rdn. 21 m.w.N.

[23] Dazu oben Rdn. 5.

[24] So auch *Nicklisch/Weick* § 11, Rdn. 9; *Kleine-Möller/Merl* § 13, Rdn. 360.

[25] Vgl. BGHZ 49, 84, 88; Beck'scher VOB-Kommentar/*Motzke* VOB/A § 12, Rdn. 24; *Lau* Jahrbuch

Ein weiterer Unterschied besteht darin, dass die von einer Vertragsstrafe bezweckte Druckfunktion bei der Vereinbarung einer Schadenspauschale allenfalls mittelbar vorliegt.

Die Rechtsordnung selbst unterscheidet deutlich zwischen der Schadenspauschale einerseits und der Vertragsstrafe andererseits.[26] Auch die Baupraxis differenziert in aller Regel zwischen einer Vertragsstrafenvereinbarung einerseits und der Vereinbarung einer Schadenspauschale andererseits.[27]

Die §§ 339 ff. BGB bzw. § 11 VOB/B gelten nicht für eine Schadenspauschale.[28]

III. § 11 Nr. 1 VOB/B – Generelle Voraussetzungen des Anspruchs auf Vertragsstrafe

1. Vereinbarung der Vertragsstrafe

11 Wie sich aus § 11 Nr. 1 VOB/B, im Übrigen aber auch aus §§ 339 ff. BGB selbst ergibt, kann der Gläubiger/Auftraggeber eine Vertragsstrafe auch beim VOB-Bauvertrag nur dann verlangen, wenn er sie mit dem Schuldner/Auftragnehmer **vereinbart** hat.[29] Diese Vereinbarung der Vertragsstrafe kann im Vertrag selbst erfolgen, auch im vom Auftragnehmer bestätigten Auftragsschreiben des Auftraggebers,[30] aber auch in den dem Vertrag zugrunde liegenden Vertragsbedingungen. Letzteres ist bei öffentlichen Auftraggebern, die gemäß § 10 Nr. 4 f. VOB/A eine Vertragsstrafe in den Zusätzlichen oder Besonderen Vertragsbedingungen vorsehen sollen, der Regelfall.

12 „Vereinbarung" einer Vertragsstrafe bedeutet, dass sich aus der Vereinbarung die Anwendungsvoraussetzungen der Vertragsstrafe in einer insbesondere für den Schuldner bestimmbaren Art und Weise ergeben müssen, unabhängig davon, ob die Vertragsstrafe für den Fall der Nichterfüllung oder der nicht gehörigen (insbesondere verspäteten) Erfüllung versprochen worden ist. Die Strafvereinbarung der Parteien kann nur in der Form durch ein Leistungsbestimmungsrecht des Gläubigers gemäß § 315 BGB ersetzt werden, dass der Gläubiger die Strafhöhe, nicht aber die Frage, **ob** eine Vertragsstrafe verwirkt wird, nach billigem Ermessen bestimmen kann. Anstatt des Gläubigers kann die Strafbemessung gemäß § 317 BGB auch einem Dritten – z.B. einem Schiedsgericht – übertragen werden. Die Strafhöhe muss dann nach billigem Ermessen festgesetzt werden und kann gemäß § 315 Abs. 3 Satz 2 BGB auf Antrag durch ein staatliches Gericht herabgesetzt werden. Diese gerichtliche Herabsetzungsmöglichkeit gemäß § 315 Abs. 3 Satz 2 BGB ersetzt die ansonsten bei Vertragsstrafen vorgesehene Herabsetzungsmöglichkeit gemäß § 343 BGB.[31] Das dem Gläubiger bzw. einem Dritten eingeräumte Leistungsbestimmungsrecht nach billigem Ermessen ist auch durch eine AGB-Vereinbarung möglich, wobei der Billigkeitsrahmen in diesem Fall allerdings dem zulässigen Rahmen einer AGB-Strafklausel entsprechen muss.[32]

BauR 2003, S. 59; *Nicklisch/Weick* § 11, Rdn. 9; Beck'scher VOB-Kommentar/*Bewersdorf* VOB/B Vor § 11, Rdn. 22; vgl. aber unten Rdn. 63 ff.

[26] So behandelt beispielsweise § 11 Nr. 4 VOB/A die Schadenspauschale, § 12 Nr. 1 VOB/A die Vertragsstrafe. Auch in § 309 Nr. 5 und 6 BGB wird zwischen der Schadenspauschale einerseits und der Vertragsstrafe andererseits AGB-rechtlich differenziert.

[27] Zutreffend Beck'scher VOB-Kommentar/*Motzke* VOB/A § 12, Rdn. 25.

[28] Beck'scher VOB-Kommentar/*Bewersdorf* VOB/B Vor § 11, Rdn. 23 m.w.N.; *Lau* Jahrbuch BauR 2003, 59; *Heiermann/Riedl/Rusam* VOB/B § 11, Rdn. 2 b.

[29] Vgl. *Lau* Jahrbuch BauR 2003, 61; *Kemper* BauR 2001, 1015; *Ingenstau/Korbion/Döring* VOB/B § 11, Rdn. 2. Nach Beck'scher VOB-Kommentar/*Bewersdorf* VOB/B § 11 Nr. 1, Rdn. 4 ist eine ausdrückliche Vereinbarung erforderlich, die allerdings auch durch schlüssiges Verhalten bzw. durch Schweigen einer Partei zustande kommen könne. Diese Aussage erscheint zum einen widersprüchlich, findet zum anderen aber auch weder eine Stütze in § 11 Nr. 1 VOB/B noch in §§ 339 ff. BGB.

[30] Vgl. *Nicklisch/Weick* § 11, Rdn. 11.

[31] BGH NJW 1994, 45.

[32] Beispiel: Der Auftragnehmer verpflichtet sich gegenüber dem Auftraggeber durch eine AGB-Klausel zur Zahlung einer Vertragsstrafe für den Fall des Verzuges mit der Fertigstellung des Bauvorhabens. Die

Leistungsbestimmungsrechte des Auftraggebers oder eines Dritten bei Vertragsstrafen sind in der Praxis allerdings nicht besonders bedeutsam.

2. Form der Vertragsstrafenvereinbarung

Die Vereinbarung der Vertragsstrafe als solche ist **formfrei** möglich,[33] wobei sich – wie auch 13 sonst – Schriftform zum einen aus Beweisgründen, zum anderen zur Klarstellung des Inhalts des Strafversprechens dringend empfiehlt.

Nach herrschender Auffassung gilt ein etwaiger Formzwang der Hauptverbindlichkeit gemäß § 344 BGB (Akzessorietät) auch für das Strafversprechen.[34] Die Gegenmeinung, die eine formfreie Vertragsstrafe auch bei gesetzlich vorgeschriebener Form der Hauptverbindlichkeit zulassen möchte,[35] ist nicht überzeugend.

3. Individualvereinbarung oder AGB-Klausel

Die Strafvereinbarung selbst kann entweder durch eine Individualvereinbarung oder aber 14 durch eine AGB-Klausel erfolgen. Da Vertragsstrafenvereinbarungen bei Bauverträgen an der Tagesordnung sind, sind AGB-Strafklauseln nicht als überraschende Klauseln im Sinne von § 305 c Abs. 1 BGB anzusehen.[36] Die Wirksamkeit einer AGB-Strafklausel unterliegt aber nach der langjährigen und gefestigten Rechtsprechung des BGH und der Oberlandesgerichte erheblich strengeren Kriterien als die einer Individualvereinbarung. Zum in der Praxis wichtigsten Fall einer Strafvereinbarung bei Terminverzug des Auftragnehmers sei auf die Erläuterungen in Rdn. 34 ff. (Individualvereinbarung) und in Rdn. 48 ff. (AGB-Vereinbarung) verwiesen.

4. Vertragsstrafe bei verzögerter Bauausführung des Auftragnehmers

In Bauverträgen verspricht der Auftragnehmer eine Vertragsstrafe zumeist für den Fall, 15 dass er die als Vertragsfristen vereinbarten Ausführungsfristen (schuldhaft) überschreitet bzw. mit der Einhaltung der Ausführungsfristen in Verzug gerät. Knüpft die Strafvereinbarung nach ihrem eindeutigen Wortlaut bzw. nach dem ergänzend zu erforschenden Willen der Parteien (§ 133 BGB) an die bloße (schuldhafte) Fristüberschreitung durch den Auftragnehmer an, dann hängt die Wirksamkeit einer solchen Strafvereinbarung maßgebend davon ab, ob es sich um eine Individualvereinbarung oder um eine AGB-Vereinbarung handelt (dazu nachfolgend Rdn. 34 ff.). Lässt sich der Strafvereinbarung hingegen entnehmen, dass zumindest ergänzend die Bestimmungen der VOB/B gelten sollen, so kommt der Vorschrift des § 11 Nr. 2 VOB/B entscheidendes Gewicht zu. § 11 Nr. 2 VOB/B bestimmt in Anknüpfung an § 341 Abs. 1 und § 339 BGB, dass die Vertragsstrafe nur bei **Verzug des Auftragnehmers** verwirkt wird, das heißt, die ergänzende Anwendung von § 11 Nr. 2 VOB/B bei VOB-Bauverträgen kann dazu führen, dass eine Vertragsstrafe über den Wortlaut der Vereinbarung hinaus nicht bereits bei bloßer Terminüberschreitung durch den Auftragnehmer verwirkt wird, sondern Verzug des Auftragnehmers vorliegen muss.[37]

Strafbemessung soll nach billigem Ermessen des Auftraggebers erfolgen, maximal jedoch bis zu 0,2 % der Auftragssumme je Werktag und insgesamt 8 % der Auftragssumme. In diesem Beispiel hält sich das Leistungsbestimmungsrecht innerhalb der von der Rechtsprechung für AGB-Strafklauseln anerkannten Größenordnung, vgl. dazu im Einzelnen Rdn. 68 ff.

[33] Beck'scher VOB-Kommentar/*Bewersdorf* VOB/B § 11 Nr. 1, Rdn. 6; *Kleine-Möller/Merl* § 13, Rdn. 365; *Lau* Jahrbuch BauR 2003, 61.

[34] BGH NJW 1970, 1916; 1980, 1622; *Palandt/Grüneberg* BGB § 344, Rdn. 2 m.w.N.; *Heiermann/Riedl/Rusam* VOB/B § 11, Rdn. 6; *Kleine-Möller/Merl* § 13, Rdn. 365.

[35] Beck'scher VOB-Kommentar/*Bewersdorf* VOB/B § 11 Nr. 1, Rdn. 6 m.w.N.

[36] BGH BauR 1983, 80; Beck'scher VOB-Kommentar/*Bewersdorf* VOB/B § 11 Nr. 1, Rdn. 7; *Lau* Jahrbuch BauR 2003, 64; *Nicklisch/Weick* § 11, Rdn. 12; näher dazu unten Rdn. 49.

[37] BGH NZBau 2002, 265 = BauR 2002, 782; näher dazu unten Rdn. 36 und 62.

16 Verzug setzt nach der gesetzlichen Definition des § 286 BGB voraus, dass der Auftragnehmer eine

- fällige Leistung
- trotz anschließender Mahnung
- schuldhaft

nicht erbringt,[38] wobei das Verschulden gemäß § 286 Abs. 4 BGB zulasten des Auftragnehmers vermutet wird. Die Mahnung nach Fälligkeit ist nur unter den Voraussetzungen des § 286 Abs. 2 BGB entbehrlich, was bei Ausführungsfristen in Bauverträgen insbesondere relevant ist, wenn die Ausführungsfristen kalendermäßig bestimmt oder bestimmbar vereinbart sind, § 286 Abs. 2 Nr. 1 und 2 BGB (→ § 5, Rdn. 43 ff.). Zu beachten ist dabei aber, dass bei **verschobenen Kalenderfristen** (z.B. gemäß § 6 Nr. 2 VOB/B) wiederum eine Mahnung erforderlich ist, um Verzug des Auftragnehmers herbeizuführen (→ § 5, Rdn. 18, 45).

17 Oftmals weichen Vertragsstrafenvereinbarungen der Parteien von den gesetzlichen Verzugsvoraussetzungen ab. Die Wirksamkeit hängt dann davon ab, ob es sich bei der Strafvereinbarung um eine Individualvereinbarung (dazu Rdn. 34 ff.) oder um eine AGB-Vereinbarung (dazu Rdn. 48 ff.) handelt.

5. Vertragsstrafe bei sonstiger nicht gehöriger Erfüllung des Auftragnehmers

18 Die verspätete Leistungserbringung des Auftragnehmers ist ein Unterfall der nicht gehörigen Erfüllung im Sinne von § 341 BGB. Weitere Fälle der nicht gehörigen Erfüllung sind die Schlechterfüllung und sonstige Vertragsverletzungen, so weit diese nicht als „Nichterfüllung“ im Sinne von § 340 BGB anzusehen sind. Bemerkenswert ist dabei, dass der Gesetzgeber in §§ 340, 341 BGB an der früheren Unterscheidung zwischen der „Nichterfüllung“ und der „nicht gehörigen“ Erfüllung festgehalten hat, während durch das Schuldrechtsmodernisierungsgesetz nun durch § 280 Abs. 1 BGB der einheitliche Anknüpfungstatbestand einer vertraglichen Pflichtverletzung geschaffen worden ist. Wegen der unterschiedlichen Rechtsfolgen einer Vertragsstrafe bei Nichterfüllung einerseits (§ 340 BGB) und bei Schlechterfüllung andererseits (§ 341 BGB) muss also trotz des Schuldrechtsmodernisierungsgesetzes im Rahmen von Strafvereinbarungen weiterhin zwischen der Nichterfüllung und der nicht gehörigen Erfüllung differenziert werden.

In der Bauvertragspraxis bedeutsame Fälle einer Strafvereinbarung bei sonstiger nicht gehöriger Erfüllung sind:

19 **a) Unzulässiger Nachunternehmereinsatz.** Will der Auftraggeber die Verpflichtung des Auftragnehmers aus § 4 Nr. 8 VOB/B, die übertragene Leistung im eigenen Betrieb zu erbringen, durch eine Vertragsstrafe sanktionieren, so ist dies grundsätzlich unproblematisch möglich. Im Fall einer AGB-Klausel hat das Kammergericht Berlin allerdings entschieden, dass eine Strafklausel, wonach der Auftragnehmer bei unzulässiger Weitergabe der Arbeiten an einen Nachunternehmer eine Vertragsstrafe in Höhe von 3 % des Auftragswertes zu zahlen habe, als AGB-Klausel sowohl gegen das Überraschungsverbot des § 305 c Abs. 1 BGB verstoße als auch als unangemessene Benachteiligung des Auftragnehmers im Sinne von § 307 BGB anzusehen sei.[39]

20 **b) Unzulässige Wettbewerbsabreden im Zuge der Ausschreibung.** Der BGH sieht in der Klausel in Bewerbungsbedingungen, wonach der Bieter bei einer unzulässigen Wettbewerbsabsprache mit einem Mitbieter eine Vertragsstrafe in Höhe eines bestimmten Prozentsatzes der Angebotssumme zu zahlen hat, keine Vertragsstrafenvereinbarung im Sinne von § 11 VOB/B bzw. §§ 339 ff. BGB, sondern ein **Garantieversprechen** bzw. garantieähnliches Versprechen,

---

[38] *Ingenstau/Korbion/Döring* VOB/B§ 11 Nr. 1, Rdn. 5.

[39] Kammergericht Berlin BauR 2001, 1101; dazu *Franke/Kemper/Zanner/Grünhagen* VOB/B § 11, Rdn. 14.

auf welches die §§ 339 ff. BGB nicht anwendbar seien (dazu oben Rdn. 9). Unabhängig davon unterliegt eine solche Verpflichtung der AGB-Kontrolle, wenn sie als AGB-Klausel im Sinne von § 305 BGB anzusehen ist. Die Verpflichtung zur Zahlung einer Vertragsstrafe in Höhe von ...% ist deshalb unwirksam, wenn sie auch von einem Bieter zu zahlen ist, der den Auftrag nicht erhalten hat[40] oder wenn sie auch dann gezahlt werden soll, wenn der Auftraggeber den Auftrag an niemanden vergibt.[41]

c) Verstoß gegen Tarifvertrag und Schwarzarbeitsverbot. Sanktioniert eine Strafvereinbarung eine vergaberechtswidrige Tariftreueerklärung, so führt die Unwirksamkeit der Hauptverbindlichkeit aufgrund der Akzessorietät der Vertragsstrafe auch zur Unwirksamkeit der Strafvereinbarung.[42] Dementsprechend zulässig ist eine Strafvereinbarung für den Fall, dass der Auftragnehmer illegale Arbeitnehmer beschäftigt.[43] 21

d) Verspätete Rechnungserteilung. Keine Bedenken gegen eine AGB-Klausel hat das OLG Jena erhoben, wonach als pönalisierter Terminverzug (0,2 % pro Kalendertag, maximal 10 % der Auftragssumme) auch die verspätete Vorlage der Schlussrechnung vereinbart wurde.[44] Da aus der verspäteten Rechnungserteilung – anders als bei verspäteter Bauausführung – typischerweise keine Schäden resultieren, ist der Entscheidung nur dann zuzustimmen, wenn ausnahmsweise eine zumindest abstrakte Schadensgefahr bestand (z.B. Rückzahlung von Fördermitteln durch den Auftraggeber bei verspäteter Rechnungsvorlage). 22

6. Vertragsstrafe bei Nichterfüllung des Auftragnehmers

Verpflichtet sich der Auftragnehmer zur Zahlung einer Vertragsstrafe für den Fall der Nichterfüllung seiner Leistungspflicht, so gilt § 340 BGB. In diesem Fall kann der Auftraggeber die wegen der Nichterfüllung verwirkte Strafe (nur) statt der Erfüllung und nicht neben der Erfüllung verlangen. Durch das Strafverlangen wird gemäß § 340 Abs. 1 Satz 2 BGB der Erfüllungsanspruch des Auftraggebers ausgeschlossen. 23

Eine für den Fall der Nichterfüllung der Leistung versprochene Vertragsstrafe ist in der Baupraxis höchst selten,[45] weil das Erfüllungsinteresse des Auftraggebers regelmäßig trotz einer ggf. verspäteten Leistung des Auftragnehmers fortbesteht. Verpflichtet sich also beispielsweise der Auftragnehmer zur Zahlung einer Vertragsstrafe an den Auftraggeber für den Fall, dass er seine Leistung nicht bis zu einem bestimmten Termin erbracht hat, so handelt es sich im Zweifel um ein Strafversprechen, das an die nicht gehörige/verspätete Erfüllung des Auftragnehmers anknüpft, sodass der Auftraggeber im Zweifel die Vertragsstrafe als Mindestbetrag des Schadens **neben** der Erfüllung verlangen kann, wenn der Auftragnehmer mit der rechtzeitigen Leistungserbringung in Verzug gerät, §§ 341 Abs. 1, 339 Satz 1 BGB. Knüpft die Vertragsstrafe hingegen an die Leistungserbringung gerade zu einem bestimmten Termin an (z.B. die Erstellung eines Messestandes anlässlich einer bestimmten Messe), so liegt (ausnahmsweise) eine für den Fall der Nichterfüllung versprochene Vertragsstrafe vor, die gemäß §§ 340 Abs. 1, 339 Satz 1 BGB verwirkt wird, wenn sich der Auftragnehmer zu dem vereinbarten Zeitpunkt mit der Erbringung einer abnahmereifen Leistung in Verzug befindet.

7. Verwirkung der Vertragsstrafe

Die vereinbarte Vertragsstrafe ist dann im Sinne von § 339 Satz 1 BGB verwirkt, wenn die Voraussetzungen eingetreten sind, die den Gläubiger/Auftraggeber berechtigen, die Vertragsstrafe 24

[40] OLG Frankfurt BauR 1987, 325.
[41] BGH BauR 1988, 588, 590; ergänzend *Franke/Kemper/Zanner/Grünhagen* VOB/B § 11, Rdn. 13; *Oberhauser* Rdn. 77 ff.
[42] Zutreffend *Franke/Kemper/Zanner/Grünhagen* VOB/B § 11, Rdn. 15.
[43] *Franke/Kemper/Zanner/Grünhagen* VOB/B a.a.O.
[44] OLG Jena OLGR 99, 193.
[45] *Ingenstau/Korbion/Döring* VOB/B § 11 Nr. 1, Rdn. 9.

vom Schuldner/Auftragnehmer zu fordern.[46] Im Einzelfall kommt es darauf an, ob der Auftragnehmer die Vertragsstrafe für den Fall der Nichterfüllung oder der nicht gehörigen Erfüllung versprochen hat.

Besondere Bedeutung in der Baupraxis haben Strafversprechen, die an die verzögerte Bauausführung des Auftragnehmers anknüpfen. In diesem Fall ist zunächst – ggf. durch Auslegung des Strafversprechens unter Berücksichtigung von § 11 Nr. 2 VOB/B – zu klären, ob die Vertragsstrafe die bloße Fristüberschreitung, eine vom Auftragnehmer zu vertretende Fristüberschreitung oder Terminverzug des Auftrages im Sinne von § 286 BGB voraussetzt (dazu oben Rdn. 15 ff.). Inhaltlich kommt es darauf an, ob die Vertragsstrafe

- an den verzögerten Ausführungsbeginn (→ § 5, Rdn. 56 ff.).
- an die Überschreitung verbindlicher Einzelfristen (→ § 5, Rdn. 77 ff.) oder
- an die verspätete Fertigstellung (→ § 5, Rdn. 95 ff.)

anknüpft.

Auch hier hängt es natürlich in erster Linie von der einzelvertraglichen Regelung der Parteien ab, unter welchen Voraussetzungen die Vertragsstrafe verwirkt sein soll. Hat der Auftragnehmer beispielsweise eine Vertragsstrafe für den Fall versprochen, dass er die **Bezugsfertigkeit des Gebäudes** nicht fristgerecht herstellt, so kommt es für die Verwirkung der Vertragsstrafe darauf an, ob dem Auftraggeber bzw. dessen Vertragspartner (Käufer/Mieter) zum vereinbarten Zeitpunkt ein Bezug des Objektes zumutbar ist; eine abnahmereife Fertigstellung muss zu diesem Zeitpunkt nicht vorliegen.[47] Knüpft die Vertragsstrafe hingegen an die **Fertigstellung** der Leistung an, so kommt es für die Verwirkung darauf an, ob zum vereinbarten Zeitpunkt **Abnahmereife** vorlag.[48] Ist also die Leistung zwar fristgerecht vorhanden, aber mit wesentlichen Mängeln im Sinne von § 12 Nr. 3 VOB/B behaftet, so ist die Leistung nicht abnahmereif und damit auch nicht fristgerecht hergestellt, sodass die Vertragsstrafe in diesem Fall verwirkt wird.[49]

Knüpft die Vertragsstrafe an die **mängelfreie Fertigstellung** der Leistung an, so wird die Vertragsstrafe auch dann verwirkt, wenn die Leistung zum vereinbarten Zeitpunkt zwar abnahmereif, jedoch nicht mängelfrei ist.[50] Im Hinblick auf die gesetzliche Wertung in § 640 Abs. 1 Satz 2 BGB (= § 12 Nr. 3 VOB/B) muss sich diese, nahezu zwangsläufig zur Verwirkung der Vertragsstrafe führende[51] Vereinbarung aber eindeutig aus dem Vertrag ergeben; eine AGB-Vereinbarung muss hinreichend transparent gemäß § 307 Abs. 1 Satz 2 BGB sein.[52] Im Zweifel schuldet der Auftragnehmer zum vereinbarten Zeitpunkt also nur die abnahmereife, nicht aber die vollständige und mängelfreie Herstellung der Leistung.

8. Vertragsstrafe bei Terminverschiebungen und Bauablaufstörungen

25 Die zwischen den Parteien vereinbarten Ausführungsfristen unterliegen naturgemäß unterschiedlichsten Störungseinflüssen, die entweder dem Risikobereich des Auftragnehmers oder demjenigen des Auftraggebers zuzuordnen sind. Soweit sie dem Risikobereich des Auftraggebers zuzurechnen sind, werden beim VOB-Bauvertrag Ausführungsfristen unter den Voraussetzungen von § 6 Nr. 2 VOB/B verlängert bzw. Termine entsprechend verschoben. Typische Beispiele sind vom Auftraggeber angeordnete geänderte und zusätzliche Leistungen, die mit einem zusätz-

[46] Beck'scher VOB-Kommentar/*Bewersdorf* VOB/B § 11 Nr. 1, Rdn. 28; *Kleine-Möller/Merl* § 13, Rdn. 382 ff.

[47] Zutreffend KG BauR 2003, 1568, 1570; *Kleine-Möller/Merl* § 13, Rdn. 404.

[48] BGH BauR 1999, 645, 648; OLG Dresden BauR 2001, 949; OLG Oldenburg BauR 2005, 887, 890; *Ingenstau/Korbion/Döring* VOB/B § 11 Nr. 2, Rdn. 3; *Heiermann/Riedl/Rusam* VOB/B § 11, Rdn. 24.

[49] Dazu näher *Ingenstau/Korbion/Döring* VOB/B § 11 Nr. 2, Rdn. 3; *Heiermann/Riedl/Rusam* VOB/B § 11, Rdn. 24.

[50] OLG Rostock BauR 2004, 92, 93.

[51] So zutreffend Kammergericht BauR 2003, 1568, 1570.

[52] So zutreffend *Vygen*, Urteilsanmerkung zu OLG Rostock BauR 2004, 92, 94.

lichen Zeitbedarf des Auftragnehmers verbunden sind,[53] fehlende Vorunternehmerleistungen, fehlende Ausführungsunterlagen im Sinne von § 3 Nr. 1 VOB/B usw. (näher dazu VOB/B § 6, Rdn. 18 ff.). Soweit solche, dem Risikobereich des Auftraggebers zuzurechnende Bauablaufstörungen zu einer Terminverschiebung bzw. Fristverlängerung führen, ist zu klären, ob trotz der Terminverschiebung bzw. Fristverlängerung eine an den ursprünglichen Termin bzw. die ursprüngliche Frist anknüpfende Vertragsstrafe verwirkt werden kann oder nicht. Knüpft das Strafversprechen des Auftragnehmers dabei entsprechend §§ 339 Satz 1 BGB, 11 Nr. 2 VOB/B an den **Terminverzug des Auftragnehmers** an, so müssen zwei Fragen voneinander getrennt werden: Zum Ersten die Frage, ob der Auftragnehmer sich unter Berücksichtigung der Terminverschiebung bzw. der Fristverlängerung bei der Ausführung seiner Leistung überhaupt in Verzug befunden hat und wenn ja, zum Zweiten die Frage, ob die Vertragsstrafe trotz Verzuges nicht verwirkt worden ist.

Die Beantwortung der ersten Frage (Verzug trotz Terminverschiebung bzw. Fristverlängerung) **26**
ergibt sich nach Maßgabe von § 6 Nr. 1, Nr. 2 und Nr. 4 VOB/B, sodass wegen näherer Einzelheiten auf die dortige Kommentierung zu verweisen ist (→ § 6, Rdn. 5 ff., 18 ff. und 36 ff.). An dieser Stelle zusammenfassend: Wenn und so weit eine terminrelevante Behinderung des Auftragnehmers im Sinne von § 6 Nr. 2 VOB/B vorliegt **und** der Auftragnehmer diese Behinderung entweder gemäß § 6 Nr. 1 Satz 1 VOB/B gegenüber dem Auftraggeber angezeigt hat **oder** für den Auftraggeber die Behinderung und deren hindernde Wirkungen offenkundig waren, so bewirkt die Terminverschiebung bzw. Fristverlängerung eine **Verschiebung der Fälligkeit** im Sinne von § 286 Abs. 1 BGB. Der Auftragnehmer gerät also bereits mangels Fälligkeit seiner Leistung nicht in Verzug, wenn er spätestens zu dem verschobenen Termin bzw. innerhalb der verlängerten Frist die entsprechende Leistung erbringt (→ § 5, Rdn. 50 ff.). Liegt eine entsprechende Behinderung des Auftragnehmers vor, hat er diese Behinderung aber weder angezeigt noch sind die Behinderung und deren Wirkungen für den Auftraggeber offenkundig, so gerät der Auftragnehmer nach Auffassung des BGH[54] dennoch nicht in Verzug, weil er die Fristüberschreitung jedenfalls nicht zu vertreten habe (→ näher § 6, Rdn. 15).

Befindet der Auftragnehmer sich trotz des behinderungsbedingt verschobenen Termins **27**
bzw. der verlängerten Frist in Verzug, so stellt sich die zweite Frage, ob das Strafversprechen nunmehr den verschobenen Termin bzw. die verlängerte Frist sanktioniert oder ob in solchen Fällen das Strafversprechen entfällt. Der **Grundsatz** lautet, dass die bloße Terminverschiebung bzw. Fristverlängerung an dem **Fortbestand des Strafversprechens** nichts ändert, das heißt, die Vertragsstrafe wird verwirkt, wenn der Auftragnehmer – zu einem späteren Zeitpunkt – in Verzug gerät.[55] Eine **Ausnahme** soll aber dann gelten, wenn die in die Risikosphäre des Auftraggebers fallenden Bauablaufstörungen eine **grundlegende Neuordnung der Terminplanung** erfordern.

Beispiel: Die Parteien haben eine Vertragsstrafe für den Fall vereinbart, dass der Auftragnehmer mit der Fertigstellung des Bauvorhabens in Verzug gerät. Der Ausführungsbeginn verzögert sich, weil die vom Auftraggeber vorzulegenden Ausführungsunterlagen (§ 3 Nr. 1 VOB/B) vier Wochen zu spät vorliegen, weshalb der Auftragnehmer Behinderung anmeldet. Während der Ausführung kommt es mehrfach zu Umplanungen des Auftraggebers, weshalb der Auftragnehmer jeweils Nachtragsforderungen und zusätzlichen Zeitbedarf anmeldet. Hinzu kommen Brandschutzauflagen des Bauordnungsamtes, vor deren Umsetzung der Auftragnehmer ebenfalls zusätzlichen Zeitbedarf und eine Zusatzvergütung anmeldet. Insgesamt verzögert sich die Fertigstellung um mehrere Monate.[56]

---

[53] Zur Auswirkung von Nachträgen auf Vertragsstrafenvereinbarungen vgl. *Kreikenbohm* BauR 2003, 315.

[54] BGH BauR 1999, 645, ebenso OLG Zweibrücken – 1 U 48/04 – IBR 2006, 246; anderer Auffassung OLG Rostock – 3 U 19/04 – IBR 2006, 15 – Nichtzulassungsbeschwerde vom BGH zurückgewiesen.

[55] OLG Düsseldorf BauR 1997, 1040; 2000, 1336 f.; OLG Dresden BauR 2000, 1881, 1882 f.; OLG Celle BauR 2005, 1780, 1781; ergänzend: *Franke/Kemper/Zanner/Grünhagen* VOB/B § 11, Rdn. 24; *Kleine-Möller/Merl* § 13, Rdn. 406.

[56] Beispiel nach BGH BauR 1993, 600.

28 Der BGH,[57] verschiedene Oberlandesgerichte[58] sowie zahlreiche Stimmen in der Literatur[59] vertreten in solchen und ähnlichen Fällen den Standpunkt, dass die erforderliche **durchgreifende Neuordnung der Terminplanung** zu einem **nachträglichen Entfall der Vertragsstrafe** führe, wofür der Auftragnehmer allerdings darlegungs- und beweispflichtig sei.[60]

29 Der von der herrschenden Meinung postulierte Entfall der Vertragsstrafe wegen durchgreifender Neuordnung der Terminplanung findet dogmatisch keine Stütze, worauf *Bewersdorf* und *Börgers* zutreffend hinweisen.[61] Denn grundsätzlich lässt sich **jede** auftragnehmer- und auch auftraggeberseitige Störung des Bauablaufs terminrechtlich dergestalt einordnen, dass auftragnehmerseitig zu verantwortende Störungen des Terminablaufs zu einem entsprechenden Terminrückstand und – bei Vorliegen der gesetzlichen Voraussetzungen – auch zu einem Terminverzug führen. So weit die Störungen hingegen dem Risikobereich des Auftraggebers zuzurechnen sind, kommt es entweder gemäß § 6 Nr. 1, Nr. 2 und Nr. 4 VOB/B zu einer entsprechenden Terminverschiebung bzw. Fristverlängerung oder jedenfalls zu einer vom Auftragnehmer nicht zu vertretenden Fristüberschreitung, sodass ein die Vertragsstrafe auslösender Verzug des Auftragnehmers nicht eintritt. Eine dogmatische Rechtfertigung, auftraggeberseitige Störungen des Bauablaufs einerseits durch Fristverlängerung bzw. Ausschluss des Terminverzuges, andererseits darüber hinaus durch einen „nachträglichen Entfall der Vertragsstrafe" zu sanktionieren, besteht nicht. Allerdings sind **zwei Ausnahmetatbestände** zuzulassen:

30 Der **erste Ausnahmetatbestand** liegt dann vor, wenn die Parteien verschiedenen Ablaufstörungen dadurch Rechnung tragen, dass der Vertragsterminplan einvernehmlich fortgeschrieben wird, inzwischen überholte oder nicht mehr einhaltbare **Vertragsfristen** also **einvernehmlich neu festgelegt werden.** In diesem Fall muss allerdings sorgfältig geprüft werden, ob eine an die ursprünglichen Vertragsfristen anknüpfende Vertragsstrafe auch für die neu vereinbarten, fortgeschriebenen Fristen gelten soll oder ob die Neuvereinbarung der Ausführungsfristen dahin zu verstehen ist, dass diese nicht mehr pönalisiert sein sollen.[62] Die Auslegung hängt vom Einzelfall ab; im Zweifel gilt die ursprüngliche Strafvereinbarung auch für neu vereinbarte Termine.[63] Vereinbaren die Parteien jedoch einen neuen Fertigstellungstermin, nachdem der ursprüngliche, strafbewehrte Fertigstellungstermin bereits überschritten ist, ohne im Rahmen der Neuvereinbarung klarzustellen, dass die Vertragsstrafe auch für den neuen Termin gelten soll, so ist davon auszugehen, dass der neue Fertigstellungstermin nicht mehr strafbewehrt sein soll.[64] Den Parteien ist also auf jeden Fall eine Klarstellung anlässlich der Terminfortschreibung zu empfehlen.

31 Der **zweite Ausnahmetatbestand** ist dann denkbar, wenn die **Vertragsstrafe** nicht an den Verzug des Auftragnehmers, sondern **an die bloße Fristüberschreitung anknüpft.**[65] Wird in diesem Fall die Vertragsstrafe aus Gründen verwirkt, die dem Risikobereich des Auftraggebers selbst zuzuordnen sind, so ist der Auftraggeber entweder wegen unzulässiger Rechtsausübung gemäß § 242 BGB oder aber zumindest aufgrund einer Störung der Geschäftsgrundlage gemäß § 313 BGB gehindert, die an sich verwirkte Vertragsstrafe geltend zu machen,[66] wenn die Aus-

[57] BGH NJW 1966, 971; BauR 1974, 206; 1993, 600; 1999, 645.

[58] OLG Hamm BauR 1996, 392; OLG Frankfurt IBR 1997, 448; OLG Köln BauR 2001, 1105; OLG Celle BauR 2005, 1780, 1781.

[59] *Heiermann/Riedl/Rusam* VOB/B § 11, Rdn. 25; *Ingenstau/Korbion/Döring* VOB/B § 11 Nr. 3, Rdn. 9; *Nicklisch/Weick* VOB/B § 11, Rdn. 15; *Franke/Kemper/Zanner/Grünhagen* VOB/B § 11, Rdn. 24; *Kleine-Möller/Merl* § 13, Rdn. 405 ff.; *Lau* Jahrbuch BauR 2003, 72 ff.; *Bschorr/Zanner*, S. 83 f.; *Leinemann-Hafkesbrink*, VOB/B § 11, Rdn. 32 ff.

[60] *Ingenstau/Korbion/Döring* VOB/B § 11 Nr. 3, Rdn. 9.

[61] Beck'scher VOB-Kommentar/*Bewersdorf* VOB/B § 11 Nr. 1, Rdn. 40 ff.; *Börgers* BauR 1997, 917, 921 f.

[62] Dazu OLG Düsseldorf BauR 2003, 259; *Kniffka/Koeble*, 7.Teil, Rdn. 88.

[63] So zutreffend BGH – VII ZR 44/05 – IBR 2006, 387; OLG Dresden BauR 2000, 1881 zum Parallelfall neu vereinbarter Fristen aufgrund angeordneter Nachträge; anderer Auffassung *Kreikenbohm* BauR 2003, 315, 319; differenzierend KG BauR 2003, 1568, 1570.

[64] So zutreffend OLG Celle BauR 2004, 1307, 1308.

[65] Dazu näher unten Rdn. 35.

[66] Dazu Beck'scher VOB-Kommentar/*Bewersdorf* VOB/B § 11 Nr. 1, Rdn. 34 ff.

legung der Strafvereinbarung nicht zweifelsfrei ergibt, dass die Vertragsstrafe selbst dann verwirkt sein sollte, wenn die Fristüberschreitung vom Auftraggeber verursacht worden ist. Auch in diesem Fall „entfällt" die Vertragsstrafe also nicht, sondern der Auftraggeber wird lediglich an der Geltendmachung der verwirkten Vertragsstrafe gehindert, weil er selbst die Verwirkung verursacht hat.

9. Vorbehalt der Vertragsstrafe

Gemäß § 11 Nr. 4 VOB/B und § 339 Abs. 3 BGB kann der Auftraggeber die Vertragsstrafe nur verlangen, wenn er sich die Vertragsstrafe bei der Abnahme vorbehält. Wegen der Einzelvoraussetzungen und der Möglichkeiten, hierzu abweichende Vereinbarungen zu treffen, sei zur Vermeidung von Wiederholungen auf die Kommentierung zu § 11 Nr. 4 VOB/B verwiesen (Rdn. 94 ff.). 32

IV. § 11 Nrn. 2 und 3 VOB/B – Vertragsstrafe bei Terminverzug des Auftragnehmers

§ 11 Nr. 2 VOB/B bestimmt, dass eine vom Auftragnehmer für die nicht fristgerechte Erfüllung versprochene Vertragsstrafe fällig wird, wenn der Auftragnehmer in Verzug gerät. Die Vorschrift enthält damit einerseits eine Wiederholung, andererseits eine Klarstellung zu § 339 Satz 1 BGB, wonach eine vom Schuldner für die Nichterfüllung oder für die nicht gehörige Erfüllung versprochene Vertragsstrafe verwirkt wird, wenn der Schuldner in Verzug gerät. § 11 Nr. 3 VOB/B regelt ergänzend, wie die Vertragsstrafe zu berechnen ist, wenn sie nach Tagen bemessen ist. Dann zählen nur Werktage. Ist die Vertragsstrafe nach Wochen bemessen, so wird jeder Werktag einer angefangenen Woche als 1/6 Woche gerechnet. 33

Die VOB/B trägt damit dem Umstand Rechnung, dass die Vertragsstrafe in der Baupraxis zumeist an die Nichteinhaltung von Ausführungsfristen, die als Vertragsfristen vereinbart sind, geknüpft wird, während Vertragsstrafen für die Nichterfüllung oder die sonstige nicht gehörige Erfüllung verhältnismäßig wenig Bedeutung haben. Für die rechtlich zulässige Ausgestaltung der Vertragsstrafenvereinbarung kommt es maßgeblich darauf an, ob das Strafversprechen als **Individualvereinbarung** (dazu nachstehend Rdn. 34 ff.) oder als **AGB-Vereinbarung** (dazu nachstehend Rdn. 48 ff.) anzusehen ist. Als typische standardisierte Vertragsregelungen unterliegen dabei in der Praxis die meisten Strafversprechen der AGB-Kontrolle nach §§ 307 ff. BGB.[67]

1. Strafversprechen als Individualvereinbarung

a) Verzugsabhängigkeit. Sowohl gemäß § 339 Satz 1 BGB als auch gemäß § 11 Nr. 2 VOB/B wird eine an die nicht fristgerechte Leistung des Auftragnehmers anknüpfende Vertragsstrafe fällig (verwirkt), wenn der Auftragnehmer in Verzug gerät. Zu den Voraussetzungen und dem Ausschluss des Verzuges wird auf die Erläuterungen in § 5, Rdn. 35 ff. verwiesen. 34

Inhaltlich kann das Strafversprechen des Auftragnehmers anknüpfen an den Verzug des Auftragnehmers

– mit dem Ausführungsbeginn,
– mit der Einhaltung von Einzelfristen, die als Vertragsfristen vereinbart sind und
– mit der Fertigstellung der Leistung.

Die Vertragsstrafe kann auch generell für den Fall vereinbart werden, dass sich der Auftragnehmer mit der Einhaltung *der* (also aller vereinbarten) Ausführungsfristen in Verzug befindet. In diesem Fall sind alle ursprünglich (also anlässlich des Vertragsabschlusses), aber auch die nachträglich vereinbarten Fristen, so weit es sich hierbei um Vertragsfristen im Sinne von § 5 Nr. 1

[67] Früher: §§ 9 ff. AGB-Gesetz.

Satz 1 VOB/B handelt, durch die Vertragsstrafe sanktioniert, wenn der Auftragnehmer mit der Einhaltung einer Frist oder auch mehrerer Fristen in Verzug gerät.

35 Die in § 339 Satz 1 BGB enthaltene Anknüpfung der Vertragsstrafe an den **Verzug** des Auftragnehmers (Schuldners) ist **dispositives Gesetzesrecht** und kann deshalb insbesondere durch eine Individualvereinbarung der Parteien abbedungen werden.[68] Die Parteien können also frei vereinbaren, ob die Vertragsstrafe (nur) bei Verzug des Auftragnehmers verwirkt sein soll, ob hierzu zumindest eine schuldhafte Fristüberschreitung seitens des Auftragnehmers vorliegen muss[69] oder ob die Vertragsstrafe auch bei unverschuldeter Fristüberschreitung durch den Auftragnehmer verwirkt sein soll. Letzterenfalls kommt die Strafe zumindest in die Nähe eines Garantieversprechens,[70] sodass ein solches **verschuldensunabhängiges Strafversprechen** nur dann anzunehmen ist, wenn sich aus der Vereinbarung der Parteien ohne Zweifel ergibt, dass der Auftragnehmer auch für den Fall der von ihm nicht verschuldeten Fristüberschreitung eine Vertragsstrafe an den Auftraggeber zahlen wollte. In diesem Fall ist aber zu prüfen, ob die Fristüberschreitung von keiner der Parteien zu verantworten ist[71] oder ob die Fristüberschreitung dem Auftraggeber vorzuwerfen ist bzw. zumindest in seinen Verantwortungsbereich fällt.[72] Letzterenfalls wird der Auftraggeber im Regelfall zumindest nach den Grundsätzen von Treu und Glauben gehindert sein, die an sich verwirkte Vertragsstrafe geltend zu machen,[73] wenn nicht die Auslegung der Vereinbarung ergibt, dass die Strafe auch bei auftraggeberseitig verantworteter bzw. verschuldeter Fristüberschreitung verwirkt sein soll.

36 Lässt sich der Vereinbarung der Parteien nicht mit hinreichender Deutlichkeit entnehmen, ob die Vertragsstrafe an Verzug oder an die bloße (schuldhafte) Fristüberschreitung anknüpft, so kann bei einem VOB-Bauvertrag der Bestimmung des § 11 Nr. 2 VOB/B Bedeutung zukommen. Liegen dem Vertrag nämlich ergänzend die Bestimmungen der VOB/B und damit auch § 11 Nr. 2 VOB/B zugrunde, so führt die Anwendung von § 11 Nr. 2 VOB/B dazu, dass mangels anderweitiger Vereinbarung die an die Fristüberschreitung anknüpfende Vertragsstrafe Verzug des Auftragnehmers voraussetzt.[74] Die Rechtsprechung des BGH ist zwar zu AGB-Strafvereinbarungen ergangen, gilt aber naturgemäß erst recht bei einer Individualvereinbarung, wenn diese im Unklaren lässt, ob die Strafe an die (schuldhafte) Fristüberschreitung oder an den Verzug des Auftragnehmers anknüpft.

37 **b) Gegenstand und Höhe der Vertragsstrafe.** Die Vertragsstrafe besteht typischerweise in der Zahlung einer bestimmten **Geldsumme**, zu der der Auftragnehmer sich unter den vereinbarten Voraussetzungen verpflichtet. **Sonstige Leistungsverpflichtungen**, z.B. die Lieferung bestimmter Materialien oder die Erbringung sonstiger Werkleistungen, sind in der Praxis äußerst selten und können deshalb vernachlässigt werden.

38 In welcher Höhe der Auftragnehmer sich zur Zahlung einer Vertragsstrafe an den Auftraggeber verpflichtet, steht im freien Belieben der Parteien. Prüfungsmaßstab ist hier neben § 134 BGB in erster Linie § 138 BGB,[75] also die Frage, ob die vom Auftragnehmer zu zahlende Strafe pro Zeiteinheit oder aber insgesamt gegen die guten Sitten verstößt. Letzteres ist gemäß § 138

[68] BGHZ 72, 178; 82, 402; NJW 1971, 883; NJW-RR 1997, 686, 688; Beck'scher VOB-Kommentar/*Bewersdorf* VOB/B § 11 Nr. 1, Rdn. 34; *Palandt/Grüneberg* BGB § 339, Rdn. 3.

[69] Schuldhafte Fristüberschreitung ist nicht identisch mit Verzug, da neben der Fälligkeit und dem Verschulden im Regelfall auch eine Mahnung des Auftraggebers nach Eintritt der Fälligkeit erforderlich ist, § 286 Abs. 1 BGB und näher → § 5, Rdn. 39 ff.

[70] Beck'scher VOB-Kommentar/*Bewersdorf* VOB/B § 11 Nr. 1, Rdn. 35 und näher oben Rdn. 9.

[71] Zum Beispiel in den Fällen von § 6 Nr. 2 Abs. 1 b und c VOB/B, also bei Fristüberschreitung aufgrund unerwarteter Witterungsverhältnisse oder bei Streik/Aussperrung.

[72] Fall des § 6 Nr. 2 Abs. 1 a VOB/B, in den Risikobereich des Auftraggebers fallende Behinderungstatbestände.

[73] Dazu Beck'scher VOB-Kommentar/*Bewersdorf* VOB/B § 11 Nr. 1, Rdn. 41 f. und oben Rdn. 31.

[74] BGH BauR 2002, 782 = NZBau 2002, 265; BauR 2003, 870, 874; 2004, 1611 = NZBau 2004, 613.

[75] Vgl. Beck'scher VOB-Kommentar/*Bewersdorf* VOB/B § 11 Nr. 1, Rdn. 47; *Kniffka/Koeble*, 7. Teil, Rdn. 70.

Abs. 2 BGB insbesondere der Fall, wenn der Auftraggeber unter Ausbeutung der Zwangslage, der Unerfahrenheit, des Mangels an Urteilsvermögen oder der erheblichen Willensschwäche des Auftragnehmers die Strafe mit dem Auftragnehmer vereinbart hat und das Strafversprechen in einem auffälligen Missverhältnis zu der Hauptverbindlichkeit steht, deren ordnungsgemäße Erfüllung durch sie abgesichert werden soll.

Beispiel: Der Auftragnehmer (Bauträger) verpflichtet sich zur Zahlung einer Vertragsstrafe in Höhe von 15 % der Vergütung für das Grundstück nebst schlüsselfertig zu errichtenden Wohnungen, wenn bis zu einem kalendermäßig bestimmten Endtermin das Objekt nicht mängelfrei fertig gestellt ist.

Das OLG Celle[76] hat in diesem Fall die Sittenwidrigkeit und damit Nichtigkeit des Strafversprechens mit der Begründung angenommen, dass nach der Ausgestaltung der individuellen Absprache die Strafe bereits dann verwirkt sein sollte, wenn zum vereinbarten Fertigstellungstermin auch nur *ein Mangel* vorhanden war. Damit verstoße das Strafversprechen insgesamt gegen die guten Sitten; die Herabsetzungsmöglichkeit gemäß § 343 BGB[77] sei in diesem Fall nicht ausreichend.[78]

c) Berechnung der Vertragsstrafe. Die Berechnung der vom Auftragnehmer verwirkten und damit zu zahlenden Vertragsstrafe richtet sich in erster Linie nach der Vereinbarung der Parteien. Wird durch die Vertragsstrafe die nicht fristgerechte Leistungserbringung durch den Auftragnehmer sanktioniert, so kann die Vertragsstrafe zwangsläufig nur so lange verwirkt werden, wie auch der entsprechende Erfüllungsanspruch besteht.[79] Es bietet sich in diesem Fall eine Berechnung nach Zeiteinheiten an, insbesondere nach Tagen, Wochen oder – bei länger andauernden Baumaßnahmen – auch nach Monaten. Dabei steht es auch hier im freien Belieben der Parteien, ob sich die pro Zeiteinheit verwirkte Vertragsstrafe nach vollendeten oder nach begonnenen Zeiteinheiten richtet, was sich insbesondere bei Wochen oder Monaten auswirkt. 39

Beispiel: Bei Überschreitung des vereinbarten Fertigstellungstermins verpflichtet der Auftragnehmer sich zur Zahlung einer Vertragsstrafe in Höhe von 1 % der Auftragssumme pro angefangener/vollendeter Woche an den Auftraggeber.

Die Sanktionierung angefangener Zeiteinheiten (insbesondere Woche oder Monat) mag zwar als unbillige Benachteiligung des Auftragnehmers verstanden werden, verstößt für sich allein betrachtet jedoch noch nicht gegen die guten Sitten im Sinne von § 138 BGB und ist damit bei einer Individualvereinbarung wirksam.

So weit die Strafvereinbarung der Parteien die Strafhöhe nicht abschließend regelt und dem Vertrag ergänzend die Bestimmungen der VOB/B zugrunde liegen, so gilt für die Strafhöhe zumindest ergänzend § 11 Nr. 3 VOB/B. Hiernach zählen nur **Werktage**, wenn die Vertragsstrafe nach Tagen bemessen ist. Es kommt also darauf an: Haben die Parteien im Vertrag ausdrücklich geregelt, dass pro „Tag" der Fristüberschreitung eine bestimmte Vertragsstrafe verwirkt sein soll, so ist unter „Tag" gemäß § 11 Nr. 3 VOB/B der Werktag zu verstehen, der wiederum die Arbeitstage einschließlich der Samstage umfasst.[80] Das Gleiche gilt selbstverständlich dann, wenn die Parteien im Vertrag von vornherein an Werktage anknüpfen. 40

Ist im Vertrag aber geregelt, dass eine bestimmte Strafe pro „Arbeitstag" oder „Kalendertag" verwirkt sein soll, um den die Frist überschritten wird, dann hat diese vertragliche Vereinbarung Vorrang vor der Regelung des § 11 Nr. 3 VOB/B. Dabei sind **Arbeitstage** nur die Tage von Montag bis Freitag (ausgenommen Feiertage), während **Kalendertage** von Montag bis Sonntag 41

---

[76] OLG Celle BauR 2001, 1108.

[77] Dazu unten Rdn. 46 f.

[78] Zum Verhältnis von § 138 BGB zu § 343 Abs. 1 BGB vgl. auch *Nicklisch/Weick* § 11, Rdn. 14 und *Bschorr/Zanner*, S. 62 f.

[79] Also z.B. bis zum Ablauf der mit Ablehnungsandrohung gesetzten Frist, OLG Düsseldorf BauR 2003, 259.

[80] Beck'scher VOB-Kommentar/*Bewersdorf* VOB/B § 11 Nr. 3, Rdn. 2; *Ingenstau/Korbion/Döring* VOB/B § 11 Nr. 3, Rdn. 2.

einschließlich der Feiertage gerechnet werden.[81] Für den Auftragnehmer ist die Anknüpfung an Arbeitstage also günstiger als diejenige an Werktage, letztere wiederum günstiger als die Anknüpfung an Kalendertage. Bei AGB-Strafklauseln kann die unterschiedliche Anknüpfung an Arbeits-, Werk- oder Kalendertage wirksamkeitsrelevant sein (näher Rdn. 68). Bei Individualvereinbarungen ist dies in aller Regel nicht der Fall, weil die Verwirkung von Vertragsstrafen insbesondere an Sonn- und Feiertagen noch nicht zur Sittenwidrigkeit im Sinne von § 138 BGB führt.

42 Ist die Vertragsstrafe an **Wochen** geknüpft und bestimmt der Vertrag nicht ausdrücklich, dass die angefangene Woche sanktioniert wird, so greift ergänzend § 11 Nr. 3, 2. Halbsatz VOB/B ein. Hiernach wird jeder Werktag angefangener Wochen als 1/6 Woche gerechnet. § 11 Nr. 3, 2. Halbsatz VOB/B enthält also eine Auslegungsregel dergestalt, dass bei einer Bemessung der Vertragsstrafe nach Wochen dennoch eine taggenaue Verwirkung erfolgt, und zwar 1/6 Woche pro Werktag, mit dem der Auftragnehmer in Rückstand bzw. Verzug ist. Dennoch steht es den Parteien frei, wie schon erwähnt, im Rahmen einer Individualvereinbarung auch eine angefangene Woche komplett mit einer Vertragsstrafe zu belegen, ohne dass die Strafvereinbarung allein deshalb als sittenwidrig und damit nichtig anzusehen ist.

43 Kommt es aus Gründen, die der Auftragnehmer nicht zu verantworten hat, zu einer **Fristverlängerung**, insbesondere gemäß § 6 Nr. 2 VOB/B, so hängt es von der Ausgestaltung der Vertragsstrafe ab, ob die Vertragsstrafe wegen ihrer garantieähnlichen Wirkung dennoch verwirkt sein soll[82] oder ob die Vertragsstrafe nunmehr den verschobenen Termin bzw. die verlängerte Frist sanktioniert.[83]

44 Kommt es nach (ganz oder teilweise) eingetretener Verwirkung der Vertragsstrafe zu einer **Kündigung** des Auftraggebers, so ist § 8 Nr. 7 VOB/B zu beachten. Hiernach kann eine wegen Verzugs verwirkte, nach Zeit bemessene Vertragsstrafe nur für die Zeit bis zum Tag der Kündigung des Vertrags gefordert werden. Diese Bestimmung gilt sowohl für eine ordentliche, ohne Grund erfolgende Kündigung des Auftraggebers gemäß § 8 Nr. 1 VOB/B als auch für eine außerordentliche Kündigung gemäß § 8 Nr. 3 VOB/B. Die Bestimmung trägt der Akzessorietät der Vertragsstrafe zur Hauptverbindlichkeit Rechnung. Kann wegen der Kündigung die Hauptverbindlichkeit nicht erfüllt werden, so kann die Vertragsstrafe ihre Druckfunktion zur Sicherung der Hauptverbindlichkeit nicht mehr erfüllen und wird mit der Kündigung beendet (→ § 8, Rdn. 110).

45 **d) Schadensabhängigkeit.** Wie bereits ausgeführt (Rdn. 5), kann der Auftraggeber die verwirkte Vertragsstrafe selbst dann verlangen, wenn ihm nachweislich kein oder ein geringerer Schaden als die verwirkte Vertragsstrafe entstanden ist. Eine Abhängigkeit zwischen verwirkter Vertragsstrafe und tatsächlichem Schaden besteht damit nicht.

Zum Sonderproblem, wenn ein öffentlicher Auftraggeber in Abweichung von § 12 Nr. 1 VOB/A eine Vertragsstrafe vereinbart, vgl. die Erläuterungen in Rdn. 63 ff.

46 **e) Herabsetzungsmöglichkeit.** Ist die verwirkte Strafe unverhältnismäßig hoch, so kann sie auf Antrag des Schuldners (Auftragnehmers) durch Urteil auf einen angemessenen Betrag herabgesetzt werden. Bei der Beurteilung der Angemessenheit ist jedes berechtigte Interesse des Gläubigers (Auftraggebers), nicht lediglich dessen Vermögensinteresse, in Betracht zu ziehen. Nach der Entrichtung der Strafe ist die Herabsetzung ausgeschlossen, § 343 Abs. 1 BGB. Die unangemessene Höhe einer verwirkten Vertragsstrafe ist nicht zu verwechseln mit der Frage, ob die versprochene Strafe als sittenwidrig und damit nichtig im Sinne von § 138 BGB anzusehen ist. Beim Strafversprechen kommt es auf die drohende Strafe an, während § 343 Abs. 1 BGB

[81] Beck'scher VOB-Kommentar/*Bewersdorf* VOB/B § 11 Nr. 3, Rdn. 2.
[82] Dazu oben Rdn. 25 ff.
[83] Dazu OLG Köln BauR 2001, 1105; ergänzend Beck'scher VOB-Kommentar/*Bewersdorf* VOB/B § 11 Nr. 3, Rdn. 3.

auf die konkret verwirkte Strafe abstellt und natürlich ein rechtswirksames Strafversprechen als solches voraussetzt.[84]

Die Herabsetzung kann vom Auftragnehmer entweder durch eine **Klage** gegen den Auftraggeber oder aber in einem bereits anhängigen Rechtsstreit per **Einrede** verlangt werden.[85] Die Herabsetzungsmöglichkeit einer unangemessen hoch verwirkten Vertragsstrafe gemäß § 343 Abs. 1 BGB spielt in der Baupraxis jedoch kaum eine Rolle. Denn gemäß § 348 HGB findet § 343 BGB auf Vertragsstrafen, die von einem Kaufmann im Betrieb seines Handelsgewerbes versprochen werden, keine Anwendung. Die Herabsetzungsmöglichkeit gemäß § 343 BGB besteht also nur bei denjenigen Auftragnehmern eines Bauvertrages, die abweichend von § 2 HGB nicht als Kaufleute im Handelsregister eingetragen sind. Nach zutreffender, wenngleich bestrittener Auffassung gilt § 348 HGB auch für VOB-Bauverträge, auch wenn in § 11 Nr. 1 VOB/B nur auf die §§ 339 bis 345 BGB, nicht aber auf § 348 HGB, verwiesen worden ist.[86] 47

2. Strafversprechen als AGB-Vereinbarung

a) Abgrenzung zur Individualvereinbarung. In der Baupraxis werden Vertragsstrafen üblicherweise nicht durch Individualvereinbarungen, sondern durch vom Auftraggeber gestellte AGBs Vertragsbestandteil.[87] Dies gilt insbesondere für öffentliche Auftraggeber, die die gesamten Vertragsbedingungen einschließlich etwaiger Strafversprechen[88] standardisiert schon der Ausschreibung zugrunde legen (müssen), aber auch für private Auftraggeber. Der BGH lässt in ständiger Rechtsprechung die Vereinbarung einer Vertragsstrafe in Allgemeinen Geschäftsbedingungen unproblematisch zu,[89] was auch der herrschenden Auffassung in der Literatur entspricht.[90] AGB-Strafklauseln sind in Bauverträgen üblich und verstoßen jedenfalls dann nicht gegen das Überraschungsverbot des § 305 c BGB, wenn sie im textlichen Zusammenhang mit der sanktionierten Pflicht, in der Regel also der Fristvereinbarung, geregelt werden.[91] 48

Da an die Wirksamkeit einer AGB-Strafvereinbarung wesentlich strengere Anforderungen gestellt werden als an die Wirksamkeit einer Individualvereinbarung, muss im Einzelfall geprüft werden, ob es sich bei der Strafvereinbarung um eine AGB-Klausel oder um eine Individualabsprache handelt. Zu den grundsätzlichen Voraussetzungen einer AGB-Vereinbarung wird auf die ausführlichen Erläuterungen in der Kommentierung zu § 2, Rdn. 50 ff. verwiesen. Nachfolgend fassen wir vertragsstrafenspezifisch die wichtigsten Ergebnisse zusammen: 49

Eine AGB-Vereinbarung liegt gemäß § 305 Abs. 1 Satz 1 BGB vor, wenn es sich um eine für eine Vielzahl von Verträgen vorformulierte Vertragsbedingung handelt, die eine Vertragspartei (Verwender) der anderen Vertragspartei bei Abschluss des Vertrages stellt. 50

Die den AGB-Vorschriften der §§ 305 ff. BGB unterliegenden **Vertragsbedingungen** können entweder im Bauvertrag selbst enthalten sein, typischerweise aber auch in vom Auftraggeber verwendeten und ausdrücklich so bezeichneten (Besonderen oder Zusätzlichen) Vertragsbedingungen, wie sie beispielsweise von öffentlichen Auftraggebern nach Maßgabe der Vergabehandbücher standardisiert verwendet werden. Auch in vorgedruckten Verhandlungsprotokollen finden sich häufig vorformulierte Vertragsbedingungen.[92] Die vertragliche Leistungsbeschreibung ist hingegen nach der Rechtsprechung des BGH zu § 8 AGB-Gesetz a.F. der AGB-Kontrolle entzo-

[84] Vgl. auch OLG Celle BauR 2001, 1108; ergänzend BGH BauR 1983, 80, 84.

[85] Beck'scher VOB-Kommentar/*Bewersdorf* VOB/B § 11 Nr. 1, Rdn. 58.

[86] Zum Meinungsstand vgl. Beck'scher VOB-Kommentar/*Bewersdorf* VOB/B § 11 Nr. 1, Rdn. 71 f.

[87] Vgl. *Kapellmann/Langen* BB 1987, 560, 562; Beck'scher VOB-Kommentar/*Bewersdorf* VOB/B § 11 Nr. 1, Rdn. 49.

[88] § 10 Nr. 4 f. VOB/A.

[89] Vgl. zuletzt BGH BauR 1998, 1094; 1999, 645 m.w.N.

[90] Beck'scher VOB-Kommentar/*Bewersdorf* VOB/B § 11 Nr. 1, Rdn. 49; *Franke/Kemper/Zanner/Grünhagen* VOB/B § 11, Rdn. 33.

[91] *Nicklisch/Weick* § 11, Rdn. 12; *Heiermann/Riedl/Rusam* VOB/B § 11, Rdn. 7; *Leinemann-Hafkesbrink*, VOB/B § 11, Rdn. 15.

[92] Vgl. dazu *Kleine-Möller/Merl* § 4, Rdn. 37.

gen, so weit sie unmittelbare Preis- und Leistungsvereinbarungen der Parteien enthält.[93] So weit der Auftraggeber in der Leistungsbeschreibung allerdings vorformulierte Regelungen außerhalb der eigentlichen Preis- und Leistungsvereinbarung „versteckt", wie z.B. eine oftmals in den so genannten Vorbemerkungen enthaltene Vertragsstrafenklausel, so unterliegt diese Klausel nicht nur dem Transparenzgebot, das gemäß § 307 Abs. 3 Satz 2 BGB nunmehr auch für Leistungsbeschreibungen gilt, sondern auch der sonstigen Inhaltskontrolle für AGB-Klauseln.

51 **Von einer Partei gestellt** im Sinne von § 305 Abs. 1 Satz 1 BGB ist eine Klausel dann, wenn sie von dieser Partei vorgeschlagen bzw. in den Vertrag eingeführt worden ist.[94] Bei Vertragsstrafen geschieht dies typischerweise durch den Auftraggeber, der zu seinen Gunsten ein Druckmittel zur Sanktionierung der vereinbarten Ausführungsfristen erhalten möchte. Bei Verträgen zwischen einem Unternehmer und einem **Verbraucher** gelten Allgemeine Geschäftsbedingungen allerdings gemäß § 310 Abs. 3 Nr. 1 BGB als vom Unternehmer gestellt, es sei denn, dass sie (ausnahmsweise) durch den Verbraucher in den Vertrag eingeführt worden sind. Die Beweislast dafür, dass die Klausel vom Verbraucher gestellt worden ist, liegt beim Unternehmer (Auftragnehmer).[95] Der Erfahrungssatz, dass Bauvertragsklauseln typischerweise vom Auftraggeber gestellt werden, auch wenn es sich hierbei um einen Verbraucher handelt, führt nur zu einer Beweiserleichterung, nicht aber zu einer Umkehr der gesetzlichen Beweislast.

52 Die gemäß § 305 Abs. 1 Satz 1 BGB erforderliche **Mehrfachverwendungsabsicht** ist in den meisten Fällen der Verwendung standardisierter Vertragsklauseln unproblematisch, kann im Einzelfall aber zu Schwierigkeiten führen. Einerseits kann die Mehrfachverwendungs**absicht** als solche schon beim ersten Anwendungsfall vorliegen, was insbesondere bei solchen Vertragsbedingungen unproblematisch ist, die zur standardisierten Anwendung geradezu angelegt sind.[96] Andererseits kann aus der Anzahl der tatsächlichen Anwendungsfälle auf die Mehrfachverwendungsabsicht rückgeschlossen werden, wenn der Verwender die Klausel **mindestens dreimal** tatsächlich angewendet hat.[97] In diesem Fall ist bereits der erste Anwendungsfall mit Mehrfachverwendungsabsicht erfolgt und unterliegt damit gleichsam rückwirkend den AGB-Regeln.[98] Umgekehrt bedeutet das, dass die lediglich zweimalige Verwendung ein und desselben Vertrages als solche noch nicht ausreicht, eine Mehrfachverwendungsabsicht anzunehmen.[99] Die Mehrfachverwendungsabsicht muss sich auch auf den Abschluss mehrerer Verträge beziehen, nicht lediglich auf die mehrfache Verwendung gegenüber verschiedenen Bietern in einer einzigen Ausschreibung.[100] Umgekehrt kann eine Mehrfachverwendungsabsicht für Vertragsklauseln auch bei ein und demselben Bauvorhaben bestehen, beispielsweise dann, wenn ein Generalunternehmer für ein bestimmtes Bauvorhaben einheitliche Nachunternehmerverträge für die verschiedenen Leistungsbereiche/Gewerke einsetzen will.[101] Nach Auffassung des BGH[102] kommt es im Übrigen **nicht** auf die **Mehrfachverwendungsabsicht des Verwenders** selbst an, sondern allein darauf, ob die Klausel selbst in Mehrfachverwendungsabsicht formuliert worden ist. Auch bei einer einmaligen Verwendungsabsicht können also AGB's vorliegen.

53 Für eine Vielzahl von Verträgen können auch solche Vertragsklauseln vorformuliert sein, die **ausfüllungsbedürftige Leerzeilen** enthalten, um darin beispielsweise die Höhe der Einzelstrafe pro Tag oder die Gesamthöhe der Strafe (oder beides) einzutragen.[103] In **Verbraucherverträ-**

---

[93] Vgl. zuletzt BGH NJW 2001, 751 und 2635; dazu *Graf von Westphalen* NJW 2002, 1688, 1691.

[94] *Kleine-Möller/Merl* § 4, Rdn. 43.

[95] Vgl. *Palandt/Heinrichs* BGB, § 310, Rdn. 13.

[96] Beispiele: Die in den Vergabehandbüchern abgedruckten Besonderen Vertragsbedingungen der öffentlichen Auftraggeber, die Bestimmungen der VOB/B, Standard-Nachunternehmervertragsbedingungen eines Generalunternehmers usw.

[97] BGH NJW 1998, 2286, 2287 m.w.N.; OLG Jena NJW-RR 2002, 1178.

[98] *Palandt/Heinrichs* BGB, § 305, Rdn. 9.

[99] BGH BauR 1997, 123; ähnlich OLG Köln BauR 2001, 1105.

[100] BGH a.a.O.

[101] Vgl. *Kleine-Möller/Merl* § 4, Rdn. 40.

[102] BGH BauR 2006, 106.

[103] BGH NJW 1993, 1651 f.; OLG Frankfurt BauR 1999, 51.

gen[104] gelten die zentralen Bestimmungen des AGB-Rechtes, insbesondere die §§ 307 bis 309 BGB, auch dann, wenn eine vorformulierte Vertragsbedingung nur zur einmaligen Verwendung bestimmt ist und so weit der Verbraucher aufgrund der Vorformulierung auf den Inhalt der Klausel keinen Einfluss nehmen konnte.

Eine AGB-Klausel liegt gemäß § 305 Abs. 1 Satz 3 BGB ausnahmsweise dann nicht vor, wenn die von einer Partei gestellte, mit Mehrfachverwendungsabsicht formulierte Klausel zwischen den Parteien im Einzelnen **ausgehandelt** worden ist. Aushandeln bedeutet nach ständiger Rechtsprechung des BGH mehr als bloßes Verhandeln.[105] Der Verwender muss vielmehr den **gesetzesfremden Kerngehalt** seiner AGBs inhaltlich ernsthaft zur Disposition stellen und dem anderen Teil Gestaltungsfreiheit zur Wahrung eigener Interessen einräumen. Der Vertragspartner muss also die tatsächliche Möglichkeit erhalten, den Inhalt der vorformulierten Vertragsbedingungen substanziell zu beeinflussen.[106] In aller Regel schlägt sich eine solche Bereitschaft in erkennbaren Änderungen des vorformulierten Textes nieder. Nur ausnahmsweise kann von einer ausgehandelten Bedingung auch dann gesprochen werden, wenn die Parteien es nach gründlicher Erörterung gleichwohl bei dem gestellten Entwurf belassen.[107] Das Aushandeln der gesetzesfremden Einzelheiten der vorformulierten Klausel ist entscheidend und gleichzeitig auch ausreichend, um die Klausel als Individualvereinbarung einzustufen.[108] 54

Ist zweifelhaft, ob eine Vertragsvereinbarung als Individualvereinbarung oder als AGB-Vereinbarung einzustufen ist, so gilt folgende **Beweislast**: Die gesetzliche Vermutung spricht zunächst für eine Individualvereinbarung. Wer sich also auf den AGB-Schutz der §§ 305 ff. BGB beruft, muss beweisen, dass eine vom Verwender gestellte, für eine Vielzahl von Anwendungsfällen vorformulierte Vertragsbedingung vorliegt.[109] Der Beweis des ersten Anscheins spricht jedoch für eine AGB-Klausel, wenn ein gedrucktes oder sonst standardisiertes Klauselwerk von einer Seite (meist Auftraggeber) angewendet worden ist.[110] Liegen die Voraussetzungen von § 305 Abs. 1 Satz 1 BGB hiernach vor (Stellung einer mit Mehrfachverwendungsabsicht vorformulierten Vertragsklausel), so muss der Verwender seinerseits beweisen, dass diese vorformulierte Klausel im Einzelnen ausgehandelt worden ist, § 305 Abs. 1 Satz 3 BGB.[111] Gerade wegen der Häufigkeit der Vereinbarung standardisierter Strafversprechen spricht in der Praxis also meist der Beweis des ersten Anscheins für eine vom Auftraggeber verwendete AGB-Klausel. 55

Häufig ist in Bauverträgen eine kombinierte Vereinbarung zwischen Ausführungsfristen einerseits und daran anknüpfenden Vertragsstrafen andererseits anzutreffen. Dabei sind folgende AGB-rechtlich relevanten Kombinationen denkbar: 56

– Die Qualifizierung vereinbarter Fristen (z.B. der vereinbarten Einzelfristen) als Vertragsfristen erfolgt durch eine AGB-Klausel des Vertrages, was zulässig ist.[112] Bestimmt der Vertrag nun an anderer Stelle, dass bei Überschreitung der Vertragsfristen eine Vertragsstrafe in bestimmter Höhe fällig werden soll, so indiziert der AGB-Charakter der Fristenklausel auch den AGB-Charakter der Vertragsstrafenregelung. Denn nach aller Erfahrung wird die Strafvereinbarung zwischen den Parteien nicht im Einzelnen ausgehandelt, wenn es sich bei der zugrunde liegenden Fristenregelung um eine AGB-Klausel handelt.
– Im Bauvertrag oder dem zugrunde liegenden Bauzeitenplan sind nur bestimmte Fristen, insbesondere Einzelfristen, als Vertragsfristen vereinbart. An deren Überschreitung wird eine

---

[104] BGH NJW 1991, 1679; ergänzend *Kniffka/Koeble*, 7.Teil, Rdn. 74.

[105] BGH NJW 1991, 1679; ergänzend *Kniffka/Koeble*, 7.Teil, Rdn. 74.

[106] BGHZ 85, 308; 104, 236; NJW 1992, 1107 und 2760; 2000, 1110; BauR 2003, 870, 874; OLG Köln IBR 2006, 247.

[107] BGZ 143, 104, 112; BauR 2003, 870, 874; OLG Oldenburg BauR 2005, 887, 889.

[108] BGH BauR 1998, 1094.

[109] BGHZ 118, 238; *Oberhauser* Rdn. 56 f. Zu beachten sind allerdings die Vermutungen zugunsten eines Verbrauchers gemäß § 310 Abs. 3 BGB.

[110] BGHZ 118, 238; OLG Frankfurt NJW-RR 1990, 282; OLG Düsseldorf WM 2001, 2294, 2297.

[111] BGHZ 83, 58; NJW 1998, 2600.

[112] BGH BauR 1999, 645, 646; Beck'scher VOB-Kommentar/*Motzke* VOB/A § 11 Nr. 2, Rdn. 101.

Vertragsstrafe geknüpft. Hier kann es sich bei der Vertragsstrafenvereinbarung sowohl um eine Individualvereinbarung, aber auch um eine AGB-Vereinbarung handeln. Es muss also im Einzelfall geprüft werden, ob die Voraussetzungen von § 305 Abs. 1 BGB erfüllt sind.[113]

– Die Parteien legen im Bauvertrag individuell sowohl verbindliche Ausführungsfristen als auch daran anknüpfende Vertragsstrafen fest.

57 **b) Transparenzgebot.** Um eine unangemessene Benachteiligung des Vertragspartners des Verwenders im Sinne von § 307 Abs. 1 Satz 2 BGB zu verhindern, muss eine AGB-Vertragsstrafe transparent gestaltet und formuliert sein. Der Vertragspartner des Verwenders muss also in der Lage sein, ohne rechtliche Beratung Inhalt und Tragweite der Strafklausel nachzuvollziehen.[114]

Dem Transparenzgebot wird Genüge getan, wenn die vertragsstrafebewehrten Ausführungsfristen aus dem Bauvertrag selbst oder aus dem zugrunde liegenden, aber schon vorhandenen Bauzeitenplan ablesbar sind, der Auftragnehmer also klar erkennen kann, welche Fristen (Beginn, Einzelfristen oder Fertigstellung) pönalisiert sind. Wird die Strafklausel hingegen als **Vorratsklausel** vereinbart, das heißt, soll sich die Vertragsstrafe auch auf Termine erstrecken, die zum Zeitpunkt des Vertragsabschlusses noch nicht vereinbart sind, sondern entweder während des Bauablaufs vereinbart[115] oder sogar vom Auftraggeber einseitig festgelegt werden,[116] so verstößt die im Vorhinein festgelegte Pönalisierung solcher nachträglicher oder einseitig festgelegter Termine gegen das Transparenzgebot[117]. Denn die nachträgliche Vereinbarung und erst recht die nachträgliche, einseitige Festlegung der Termine durch den Auftraggeber erfolgt in aller Regel losgelöst von der Vertragsstrafenvereinbarung, die anlässlich des oftmals Wochen und Monate zurückliegenden Vertragsabschlusses erfolgt ist. Die Erstreckung einer Vertragsstrafenklausel auf später vereinbarte oder einseitig vom Auftraggeber festgelegte Termine ist deshalb unwirksam. Ein Beispiel für eine solche (unwirksame) Vorratsklausel findet sich in der Entscheidung des OLG Hamm vom 10.2.2000.[118]

58 **c) Verzugsabhängigkeit.** Gemäß § 307 Abs. 2 Nr. 1 BGB ist im Zweifel eine unangemessene Benachteiligung des Vertragspartners des Verwenders anzunehmen, wenn eine AGB-Klausel mit wesentlichen Grundgedanken der gesetzlichen Regelung, von der abgewichen wird, nicht zu vereinbaren ist. Wesentlicher gesetzlicher Grundgedanke ist bei einer Vertragsstrafe gemäß § 339 Satz 1 BGB der Schuldnerverzug, bei Bauverträgen also der Terminverzug des Auftragnehmers. Nach herrschender Auffassung in der Rechtsprechung und Literatur sind deshalb Strafklauseln unwirksam, bei denen die Vertragsstrafe auch bei unverschuldeter Terminüberschreitung verwirkt sein soll.[119]

59 Entgegen einer häufig vertretenen Auffassung setzt die verzugsabhängige Ausgestaltung der Strafklausel nicht nur voraus, dass der Auftragnehmer die mit der Vertragsstrafe bewehrte Frist schuldhaft überschreitet.[120] Verzug setzt gemäß § 286 Abs. 1 BGB vielmehr

– Fälligkeit
– anschließende Mahnung und
– Verschulden

[113] Vgl. dazu OLG Köln BauR 2001, 1105: Individualvereinbarung, obwohl der Auftraggeber die Strafklausel später fast wortgleich erneut verwendet hat.

[114] BGHZ 106, 49; BGH NJW 2000, 651; *Kniffka/Koeble*, 7.Teil, Rdn. 76.

[115] Siehe dazu § 5, Rdn. 12.

[116] Siehe dazu die Kommentierung zu § 5, Rdn. 13.

[117] Im Ergebnis so auch *Franke/Kemper/Zanner/Grünhagen* VOB/B § 11, Rdn. 44; *Leinemann-Hafkesbrink*, VOB/B § 11, Rdn. 23.

[118] OLG Hamm BauR 2000, 1202; das OLG Hamm hat die Unwirksamkeit der dortigen Strafklausel allerdings auf andere Gründe gestützt, vgl. S. 1203, rechte Spalte.

[119] BGH BauR 1997, 123; OLG Düsseldorf BauR 1985, 327; OLG Hamm BauR 1997, 661 und 663; OLG Frankfurt BauR 1999, 51; *Franke/Kemper/Zanner/Grünhagen* VOB/B § 11, Rdn. 43; *Kemper* BauR 2001, 1015, 1016.

[120] So aber z.B. OLG Dresden BauR 2000, 1881 und auch BGH NZBau 2001, 257.

des Auftragnehmers voraus (dazu oben Rdn. 16 und ergänzend § 5, Rdn. 35 ff.). Nur ausnahmsweise ist gemäß § 286 Abs. 2 BGB eine Mahnung entbehrlich. Ist also z.B. die Fälligkeitsfrist im Bauvertrag kalendermäßig bestimmt oder bestimmbar, so ist zwar **im konkreten Einzelfall** eine Mahnung gemäß § 286 Abs. 2 Nr. 1 oder 2 BGB entbehrlich, das heißt, der Auftragnehmer kommt in diesem Fall bei Fälligkeit automatisch (ohne Mahnung) in Verzug, wenn er die Fristüberschreitung zu vertreten hat.

Eine AGB-Klausel unterliegt keiner Beurteilung dahin, ob unter Berücksichtigung der kon- 60
kreten Umstände gerade dieses Einzelfalles eine wesentliche Abweichung von den Grundgedanken der gesetzlichen Regelung vorliegt oder ob die konkret verwirkte Vertragsstrafe eine unangemessene Benachteiligung des Vertragspartners (Auftragnehmer) darstellt. Die Wirksamkeit einer AGB-Klausel richtet sich vielmehr nach einer **abstrakt generalisierenden Betrachtungsweise**.[121] Bei abstrakt generalisierender Betrachtungsweise weicht jedoch eine Strafklausel, die lediglich an die schuldhafte Überschreitung vereinbarter Fristen und Termine anknüpft, genauso vom gesetzlichen Leitbild der §§ 286 Abs. 1 und 4, 339 Satz 1 BGB ab wie eine verschuldensunabhängige Vertragsstrafe, selbst wenn im konkreten Fall eine Mahnung gemäß § 286 Abs. 2 BGB entbehrlich war. Bestätigt wird diese Sichtweise dadurch, dass auch kalendermäßig bestimmte bzw. bestimmbare Fristen, die gemäß § 286 Abs. 2 Nr. 1 und 2 BGB eine Mahnung entbehrlich machen, unter den Voraussetzungen von § 6 Nr. 2 VOB/B hinfällig werden können. Kommt es also beispielsweise aus Gründen im Risikobereich des Auftraggebers (§ 6 Nr. 2 Abs. 1 a VOB/B) oder aus nicht zu erwartenden Witterungsgründen (§ 6 Nr. 2 Abs. 1 c VOB/B) zu einer Terminverschiebung bzw. Fristverlängerung, so ist bezüglich des nunmehr verschobenen Termins bzw. der verlängerten Frist eine Mahnung erforderlich, um Verzug des Auftragnehmers zu begründen.[122] Bei abstrakt-generalisierender Betrachtungsweise macht es für die Bewertung einer lediglich an die schuldhafte Fristüberschreitung anknüpfenden Strafklausel aber keinen Unterschied, ob im konkreten Anwendungsfall von vornherein eine Mahnung erforderlich ist, um den Auftragnehmer in Verzug zu setzen[123] oder ob die pönalisierten Einzelfristen im konkreten Fall zwar kalendermäßig bestimmt oder bestimmbar sind, eine verzugsbegründende Mahnung im Einzelfall jedoch erforderlich werden kann, wenn sich die Vertragsfristen verlängern.

Die **Wirksamkeit** einer **AGB-Strafklausel** setzt damit voraus, dass sie (nur) bei **Verzug des** 61
Auftragnehmers mit der jeweils sanktionierten Frist verwirkt wird. Dies gilt sowohl für den Beginn, für Einzelfristen, die als Vertragsfristen vereinbart sind, als auch für die Fertigstellungsfrist. Die Anknüpfung der Strafklausel an die (lediglich) schuldhafte Fristüberschreitung ist hingegen ebenso unwirksam wie die verschuldensunabhängige Strafklausel.[124]

Stellt eine Strafklausel ihrem Wortlaut nach lediglich auf die (schuldhafte) Fristüberschreitung, 62
nicht jedoch auf den Verzug des Auftragnehmers, ab, so kann eine **Auslegung** der Strafklausel dennoch ergeben, dass die Vertragsstrafe **nur bei Verzug des Auftragnehmers** verwirkt sein soll.

Beispiel: Die Parteien vereinbaren in einer vom Auftraggeber vorformulierten Vertragsklausel, dass der Auftragnehmer bei Überschreitung des Fertigstellungstermins eine Vertragsstrafe in Höhe

---

[121] Zuletzt BGH BauR 2000, 1049, 1050 und OLG Jena NJW-RR 2002, 1178.

[122] BGH BauR 1999, 645, 648; OLG Düsseldorf BauR 2000, 1336; zu verschobenen Kalenderfristen näher oben § 5, Rdn. 18.

[123] Also bei der Vereinbarung „normaler", nicht kalendermäßig bestimmter oder bestimmbarer Vertragsfristen.

[124] Nach verschiedenen älteren Entscheidungen des BGH und einiger Oberlandesgerichte soll eine verschuldensunabhängige Vertragsstrafe auch durch AGBs möglich sein, wenn gewichtige Gründe für ihre Vereinbarung vorliegen, vgl. dazu die Zitate bei Beck'scher VOB-Kommentar/*Bewersdorf* VOB/B § 11 Nr. 1, Rdn. 36. Diese Rechtsprechung erscheint jedoch im Hinblick auf die ausdrückliche Klarstellung des Gesetzgebers in § 280 Abs. 2 BGB nicht mehr haltbar, wonach Schadensersatz wegen Verzögerung der Leistung vom Gläubiger nur unter den zusätzlichen Voraussetzungen des § 286 BGB verlangt werden kann. Die Vertragsstrafe stellt den Mindestbetrag des Schadens dar, den der Auftragnehmer zu erstatten hat, selbst wenn gar kein Schaden eingetreten ist. Eine verzugsunabhängige oder gar verschuldensunabhängige Vertragsstrafe verstößt damit gegen wesentliche Gedanken des neuen gesetzlichen Leitbildes.

von 0,1 % der Bruttoabrechnungssumme pro Arbeitstag, maximal 5 % der Bruttoabrechnungssumme zahlen soll. Dem Vertrag liegen ergänzend die Bestimmungen der VOB/B zugrunde.

Der BGH vertritt hierzu im Anschluss an eine frühere Entscheidung[125] in nunmehr ständiger Rechtsprechung die Auffassung, dass auch eine verschuldens- bzw. verzugsunabhängig formulierte Strafklausel gemäß **§ 11 Nr. 2 VOB/B** gleichwohl nur bei Verzug des Auftragnehmers verwirkt werde, wenn dem Vertrag ergänzend die Bestimmungen der VOB/B zugrunde liegen.[126] Diesen Auslegungsgrundsatz wendet der BGH nicht nur an, wenn die Strafklausel selbst auf die ergänzende Anwendung von § 11 VOB/B verweist,[127] sondern auch dann, wenn die Strafklausel keinerlei Hinweis auf die ergänzende Anwendbarkeit von § 11 VOB/B enthält, sondern die Bestimmungen der VOB/B dem Vertrag lediglich ergänzend zugrunde liegen.[128]

Die generalisierende Betrachtungsweise des BGH überzeugt nicht. Sie beachtet weder den der ständigen Rechtsprechung des BGH zugrunde liegenden Grundsatz kundenfeindlicher Auslegung von AGBs[129] noch die in aller Regel dem Bauvertrag zugrunde liegende und ergänzend § 1 Nr. 2 VOB/B selbst zu entnehmende Rangfolgeregelung, wonach die Bestimmungen der VOB/B – und damit auch § 11 Nr. 2 VOB/B – eben nur insoweit zur Anwendung kommen, als durch vorrangige Vertragsregelungen nichts anderes bestimmt ist. Ist die Strafklausel also – wie häufig – dahin formuliert, dass die Vertragsstrafe schon bei (schuldhafter) Fristüberschreitung in bestimmter Höhe verwirkt werden soll, dann sind Wortlaut und Inhalt der Strafklausel eindeutig und erfordern eben **nur** die (schuldhafte) Überschreitung des Termins, nicht aber ergänzend Verzug, also insbesondere keine Mahnung nach Fälligkeit der Leistung.[130] Andernfalls ließe sich die Verzugsabhängigkeit der Vertragsklausel qua Auslegung nicht nur durch die ergänzende Anwendung von § 11 Nr. 2 VOB/B, sondern gleichermaßen durch die ergänzende Anwendung von § 339 Satz 1 BGB begründen, da auch die gesetzlichen Vorschriften einem Vertrag zwangsläufig ergänzend zugrunde liegen – aber eben nur, soweit sie nicht durch vorrangige Regelungen zulässigerweise verdrängt werden.

Nur dann, wenn sich aus der verzugsunabhängig formulierten Strafklausel also die ergänzende Anwendung von § 11 Nr. 2 VOB/B (oder von § 339 Satz 1 BGB) unmittelbar ergibt,[131] erscheint es also zulässig, aus § 11 Nr. 2 VOB/B abzuleiten, dass die Vertragsstrafe nur bei Verzug des Auftragnehmers verwirkt werden soll. Ist die Strafklausel hingegen verzugsunabhängig formuliert und gelten die Bestimmungen der VOB/B nur nachrangig, wie zumeist, so verbleibt es bei der Unwirksamkeit der Strafklausel gemäß § 307 Abs. 2 Nr. 1 BGB.[132]

Da es dem Auftraggeber bei einer AGB-Strafklausel meist nicht auf die Feinheit ankommt, die Vertragsstrafe notfalls auch ohne das Vorliegen der Verzugsvoraussetzungen bzw. auch ohne Verschulden des Auftragnehmers geltend machen zu können und die verschuldensunabhängige Formulierung der Strafklausel in vielen Fällen schlichtweg auf Unsorgfältigkeit bei der Abfassung der AGBs beruht, sollte der Auftraggeber bei der Formulierung der Strafklausel klarstellen, dass die Vertragsstrafe nur bei Verzug des Auftragnehmers verwirkt werden soll.

---

[125] BGH BauR 1987, 92.

[126] BGH BauR 2002, 782 = NZBau 2002, 265; BauR 2003, 870, 874; BauR 2004, 1611, 1612 = NZBau 2004, 613; BGH – VII ZR 44/05 –, IBR 2006, 386.

[127] Wie z.B. Nr. 4 der KEVM (B) BVB im Vergabehandbuch (VHB 2002) für die Durchführung von Bauaufgaben des Bundes im Zuständigkeitsbereich der Finanzbauverwaltungen, vgl. dazu BGH BauR 2004, 1611, 1612 = NZBau 2004, 613.

[128] So in den Entscheidungen BGH BauR 2002, 782, 783, BauR 2003, 870, 874 und IBR 2006, 386; vgl. auch *Kniffka/Koeble*, 7. Teil Rdn. 81.

[129] Vgl. BGH NJW 1999, 276; 1992, 3158; allgemein dazu *Markus u.a.*, Rdn. 39.

[130] So zutreffend OLG Düsseldorf BauR 2005, 439 mit zustimmender Anmerkung von *Oberhauser* in IBR 2005, 8.

[131] Wie im bereits erwähnten Fall von Nr. 4 KEVM (B) BVB im Vergabehandbuch des Bundes.

[132] So auch OLG Düsseldorf, a.a.O.; ergänzend OLG Celle BauR 2003, 1413; OLG Brandenburg als Vorinstanz zu BGH BauR 2002, 782; OLG Oldenburg BauR 2001, 851; OLG Hamm BauR 1997, 663 f.; ergänzend *Franke/Kemper/Zanner/Grünhagen* VOB/B § 11, Rdn. 43; *Bschorr/Zanner* S. 101; *Leinemann-Hafkesbrink*, VOB/B § 11, Rdn. 29.

d) Schadensabhängigkeit. Aufgrund ihrer Doppelfunktion bezweckt die Vertragsstrafe einerseits, Druck auf den Auftragnehmer auszuüben, um die fristgerechte Erstellung der Leistung zu sichern. Wird die Strafe dennoch verwirkt, so soll sie dem Auftraggeber andererseits die Schadloshaltung erleichtern, indem in Höhe der verwirkten Vertragsstrafe der Mindestbetrag des Schadens fixiert wird, den der Auftraggeber vom Auftragnehmer verlangen kann. Selbst dann, wenn nachweislich kein, ein deutlich geringerer oder ein Schaden eingetreten ist, der normalerweise nicht zu ersetzen ist (z.B. entgangener Gewinn gemäß § 6 Nr. 6 VOB/B),[133] kann der Auftraggeber die verwirkte Vertragsstrafe als Mindestschaden beanspruchen. 63

Für den privaten Auftraggeber ist dies, soweit ersichtlich, unstreitig. Für den öffentlichen, an § 12 VOB/A gebundenen Auftraggeber hatte das OLG Jena[134] die Auffassung vertreten, der öffentliche Auftraggeber sei nach Treu und Glauben gehindert, sich auf eine Vertragsstrafenvereinbarung zu berufen, wenn ihm aus der Überschreitung der pönalisierten Vertragsfrist – entgegen der Vorgabe aus § 12 Nr. 1 VOB/A – keine erheblichen Nachteile entstanden seien.[135] Andere Oberlandesgerichte legten keine ex-post-, sondern eine ex-ante-Betrachtung an und stellen darauf ab, ob – entsprechend dem Wortlaut von § 12 Nr. 1 VOB/A – zum Zeitpunkt der Vereinbarung der Vertragsstrafe die – zumindest abstrakte – Gefahr bestanden hatte, dass die Überschreitung der pönalisierten Vertragsfristen erhebliche Nachteile verursachen konnte. War dies zu bejahen, dann sollte es nicht darauf ankommen, ob – ex post – solche erheblichen Nachteile tatsächlich eingetreten waren oder nicht.[136] 64

Durch Urteil vom 30.3.2006[137] hat der BGH nun klargestellt, dass es weder auf eine ex-post- noch auf eine ex-ante-Betrachtung ankomme. Der Verstoß des öffentlichen Auftraggebers gegenüber § 1 Nr. 1 Satz 1 VOB/A stehe der Geltendmachung der Vertragsstrafe nach den Grundsätzen von Treu und Glauben vielmehr nur entgegen, wenn der Auftragnehmer das Verhalten des Auftraggebers bei Abgabe des Angebots als widersprüchlich werten durfte und er in seinem schutzwürdigen Vertrauen darauf, dass der Auftraggeber sich an die Regelung des § 12 Nr. 1 Satz 1 VOB/A halten werde, enttäuscht worden sei. Allein der Umstand, dass eine Vertragsstrafe vereinbart worden sei, ohne dass die Voraussetzungen des § 12 Nr. 1 Satz 1 VOB/A (ex-ante-Betrachtung) objektiv vorlagen, rechtfertige es nicht, der vereinbarten Vertragsstrafe ihre Wirkung zu nehmen. Das – nur ausnahmsweise – vorliegende treuwidrige Verhalten des öffentlichen Auftraggebers bei der Geltendmachung der Vertragsstrafe sei vom Auftragnehmer darzulegen und zu beweisen und scheide schon dann aus, wenn (auch) der Auftragnehmer genau wusste, dass aus der Überschreitung der pönalisierten Vertragsfristen keine erheblichen Nachteile zu befürchten waren.[138] Der Entscheidung des BGH ist zuzustimmen, da sich die Treuwidrigkeit einer Rechtsausübung nach dem konkreten Inhalt des abgeschlossenen Vertrages richtet und nicht danach, was (vergaberechtlich) Inhalt des Vertrages hätte werden sollen. Ein vergaberechtlicher Verstoß des öffentlichen Auftraggebers gegen § 12 Nr. 1 Satz 1 VOB/A wirkt sich also vertragsrechtlich grundsätzlich nicht aus. 65

e) Angemessene Strafhöhe. Eine AGB-Strafvereinbarung kann darüber hinaus aufgrund ihrer Höhe zu einer unangemessenen Benachteiligung des Auftragnehmers führen und deshalb gemäß § 307 Abs. 1 BGB unwirksam sein. Die Unangemessenheit kann sich sowohl aus einem unangemessen hohen Tagessatz als auch aus einer unangemessen hohen Gesamtstrafe ergeben. 66

---

[133] Vgl. *Heiermann/Riedl/Rusam* VOB/B § 11, Rdn. 1.

[134] OLG Jena BauR 2001, 1446; ebenso LG Lüneburg IBR 2001, 106.

[135] Zustimmend wohl auch *Ingenstau/Korbion-Döring* § 12 VOB/A, Rdn. 15; *Franke/Kemper/Zanner/Grünhagen* § 12 VOB/A, Rdn. 5; auch *Leinemann* BauR 2001, 1472 f.

[136] Vgl. OLG Naumburg IBR 2002, 6; OLG Celle BauR 2003, 1413 = IBR 2002, 472; KG IBR 2003, 124; ebenso *Oberhauser* Vertragsstrafe, Rdn. 232 m.w.N.

[137] BGH-VII ZR 44/05 – Baurecht 2006, 1128.

[138] Der BGH-Entscheidung vom 30.3.2006 lag der Auftrag zur Herstellung von Straßen- und Gehwegen sowie der Errichtung von Trinkwasser- und Schmutzwasserleitungen zur Erschließung eines Wohngebiets zugrunde, aus deren verspäteter Ausführung nach eigenem Vorbringen des Auftragnehmers in der Revision keine erheblichen Nachteile zu befürchten waren.

Wird in einer Klausel sowohl die Überschreitung von Einzelfristen als auch die Überschreitung der Fertigstellungsfrist mit Strafe belegt, so ist die Klausel in aller Regel teilbar. Die Unwirksamkeit des einen Klauselteils (z.B. hinsichtlich der Einzelfristen) lässt die Wirksamkeit des übrigen Klauselinhalts (z.B. hinsichtlich der Fertigstellungsfrist) unberührt.[139]

67 **aa) Überblick über die aktuelle Rechtsprechung.** Seit dem Urteil des BGH vom 18.11.1982[140] haben sich sowohl der BGH als auch verschiedene Oberlandesgerichte oftmals mit AGB-Vertragsstrafen befasst und im Lauf der Zeit Grundsätze herausgearbeitet, die für die Kautelarpraxis verlässliche Anhaltspunkte über die angemessene Strafhöhe sowohl des Tagessatzes als auch der Obergrenze der Strafe insgesamt liefern. Die wichtigsten Urteile sind in der nachstehenden Tabelle zusammengestellt.[141]

Überblick über die obergerichtliche Rechtsprechung zu AGB-Vertragsstrafen

Entscheidung	Tagessatz pro KT, WT od. AT*	Obergrenze	Anknüpfung	Wirksamkeit
BGH BauR 1987, 92	0,1% WT	10%	alle Vertragsfristen	ja
BGH BauR 1988, 87	0,15% WT	–	Fertigstellung	nein
BGH BauR 2003, 870 = NZBau 2003, 321	0,15% WT	10%	Fertigstellung	nein
BGH BauR 2001, 791	0,2% KT	10%	alle Vertragsfristen	ja (bzgl. Fertigstellung)
BGH BauR 2001, 945	0,2% WT	10%	Fertigstellung	wohl ja
OLG DDF BauR 2001, 1737	0,2% KT	10%	alle Vertragsfristen	ja
OLG Jena NJw-RR 2002, 1178	0,2% KT	10%	alle Vertragsfristen	nein (bzgl. Einzelfristen)
Saarl. OLG BauR 2001, 1109	0,2%	12%	Fertigstellung (?)	nein
BGH BauR 2004, 1609 NZBau 2004, 609	0,2% AT	10%	alle Vertragsfristen	nein
BGH BauR 1999, 645	0,3% WT	10%	alle Vertragsfristen	ja (bzgl. Fertigstellung)
OLG Hamm BauR 2000, 1202	0,3% KT	10%	alle Vertragsfristen	nein (bzgl. Einzelfristen)
OLG Jena BauR 2001, 1446	0,3% WT	10%	Fertigstellung	ja (aber bei öff. AG unzulässig, wenn kein Schaden droht)
OLG Dresden BauR 2001, 949	0,3% KT	10%	alle Vertragsfristen	nein
OLG Oldenburg BauR 2005, 887	0,3% AT	10%	alle Vertragsfristen	nein
OLG Schleswig BauR 2005, 1641	0,3% WT	10%	Fertigstellung	nein
BGH BauR 1983, 80	0,5% KT	–	Fertigstellung	nein
BGH BauR 2000, 1049	0,5% AT	5%	alle Vertragsfristen	nein
BGH BauR 2002, 790	0,5% WT	10%	Fertigstellung	nein
OLG Dresden BauR 2000, 1881	0,5% WT	5%	Einzelfristen	ja (anders BGH BauR 2000, 1049)

[139] Vgl. BGH BauR 1999, 645; 2001, 791; KG – 24 U 9084/00 – IBR 2003, 183; *Bschorr/Zanner*, S. 58.
[140] BGH BauR 1983, 80.
[141] Vgl. auch die Zusammenstellung bei *Franke/Kemper/Zanner/Grünhagen* VOB/B § 11, Rdn. 35 ff. und *Schmeel* MDR 2001, 424, 428.

Entscheidung	Tagessatz pro KT, WT od. AT*	Obergrenze	Anknüpfung	Wirksamkeit
OLG Koblenz BauR 2000, 1338	0,5 % KT	10 %	alle Vertragsfristen	nein
OLG Brandenburg BauR 2003, 1404	0,5 % WT	?	Fertigstellung	nein
BGH NZBau 2002, 383	0,7 % WT	–	Fertigstellung	nein

* KT = Kalendertag
WT = Werktag
AT = Arbeitstag

bb) Angemessenheit des Tagessatzes. Vertragsstrafen werden in der Regel nach **Tagen** bemessen, wobei die Anknüpfung an Kalendertage,[142] Werktage[143] oder Arbeitstage[144] erfolgen kann. Ist im VOB- Bauvertrag nur von „Tagen" die Rede, dann sind hierunter gemäß § 11 Nr. 3 VOB/B Werktage zu verstehen.[145] 68

Allerdings begegnet die Anknüpfung der Vertragsstrafe an **Kalendertage** insofern Bedenken, als hierdurch nicht nur **Arbeits- und Werktage** pönalisiert werden, sondern auch Sonn- und Feiertage, an denen der Auftragnehmer ohne Sondererlaubnis normalerweise nicht arbeiten darf und deshalb seinen Terminverzug auch nicht reduzieren kann. Knüpft die Vertragsstrafe also an Kalendertage an und sanktioniert damit auch Sonn- und Feiertage, so muss die Strafe auf Werktage umgerechnet und sodann geprüft werden, ob sich unter Berücksichtigung der damit verbundenen Erhöhung noch eine angemessene Vertragsstrafe pro Werktag ergibt.[146] Soweit das OLG Schleswig in einem Urteil vom 21.4.2005[147] entschieden hat, auch die Anknüpfung der Vertragsstrafe an Werktage indiziere eine unangemessene Benachteiligung des Auftragnehmers, da er schon aus arbeitszeitrechtlichen Gründen nicht ohne weiteres an Samstagen arbeiten dürfe, ist dies weder zutreffend noch überzeugend. Gerade der Samstag wird auf terminrückständigen Baustellen häufig zu „Aufholarbeiten" genutzt. Die Anknüpfung der Vertragsstrafe an überschrittene Werktage ist deshalb nicht zu beanstanden.

Die Angemessenheit der Strafhöhe (im Sinne von § 307 Abs. 1 BGB) richtet sich maßgeblich nach ihrer Druck- und Ausgleichsfunktion.[148] Wie der BGH in der grundlegenden Entscheidung vom 23.1.2003[149] zur zulässigen Gesamthöhe einer Vertragsstrafe zutreffend ausgeführt hat, muss sich die Obergrenze der Vertragsstrafe bei abstrakt generalisierender Betrachtungsweise daran messen lassen, ob sie generell und typischerweise in Bauverträgen, für die sie vorformuliert ist, angemessen ist. Sie muss sich innerhalb der voraussichtlichen Schadensbeträge halten und damit die typischerweise zu erwartenden Nachteile, deren Abgeltung sie dient (Ausgleichsfunktion), kompensieren. Gleichzeitig muss sie sich in wirtschaftlich vernünftigen Grenzen halten.[150] Diese Erwägungen gelten nicht nur für die Gesamthöhe der Vertragsstrafe, sondern auch für die pro Zeiteinheit (z.B. pro Tag) verwirkte Vertragsstrafe. Ist die Vertragsstrafe – wie meist – nach einem bestimmten Prozentsatz der Auftrags- oder Abrechnungssumme bemessen, so kommt es mangels abweichender Vereinbarung grundsätzlich auf das **gesamte Auftrags- oder Abrechnungsvolumen** des Vertrages an, nicht auf den zum Zeitpunkt des Verzugseintritts rückständigen Teil der Leistung.[151] 69

[142] Jeder Kalendertag, also auch Sonn- und Feiertage.
[143] Kalendertage mit Ausnahme der Sonn- und Feiertage, also einschließlich der Samstage, § 11 Nr. 3 VOB/B.
[144] Kalendertage mit Ausnahme der Samstage, Sonn- und Feiertage.
[145] Zutreffend *Bschorr/Zanner*, S. 60.
[146] Vgl. BGH BauR 2001, 791, 793; OLG Koblenz BauR 2000, 1338; *Kemper* BauR 2001, 1015, 1017; allgemein dazu *Langen* in: FS Schiffers, 143 ff., 157.
[147] BauR 2005, 1641 mit Anmerkung von *Stammkötter* in BauR 2006, 119.
[148] Dazu oben Rdn. 5.
[149] BGH BauR 2003, 870 = NZBau 2003, 321; näher dazu unten Rdn. 83 ff.
[150] BGH BauR 2003, 870, 875 = NZBau 2003, 321.
[151] BGH, a.a.O.; ergänzend BGH BauR 2004, 1609 = NZBau 2004, 609; die gegenteilige Auffassung des

70 Wie sich aus der Tabelle in Rdn. 67 ergibt, ist eine Vertragsstrafe von bis zu 0,2 % pro Arbeits-, Werk- oder Kalendertag vom BGH und verschiedenen Oberlandesgerichten als AGB-rechtlich unbedenklich eingestuft worden. Auch eine Vertragsstrafe in Höhe von 0,3 % der Auftragssumme pro *Werktag*, insgesamt maximal 10 % der Abrechnungssumme, hielt der BGH – jedenfalls bezogen auf den Endtermin – für unbedenklich.[152] Werden allerdings 0,3 % pro Kalendertag vereinbart, so hat das OLG Dresden die Strafe als unangemessen hoch eingestuft, weil sich dann umgerechnet eine Strafe in Höhe von 0,42 % pro Arbeitstag ergebe und diese Strafe sehr nah an die vom BGH generell für unwirksam erachteten Strafe von 0,5 % pro Arbeitstag heran reiche.[153] Vertragsstrafen ab 0,5 % pro Arbeits- oder Werktag sind unabhängig von der Obergrenze schon deshalb unwirksam, weil die Belastung des Auftragnehmers schon nach wenigen Verzugstagen unangemessen hoch wird.[154]

71 Es ist also davon auszugehen, dass AGB-Vertragsstrafen in Höhe von mehr als 0,3 % der Auftrags- oder Abrechnungssumme[155] pro Werktag von der Judikatur als unangemessen und deshalb unwirksam eingestuft werden. Umgekehrt ist aber die Vereinbarung einer Vertragsstrafe in Höhe von 0,3 % der Auftrags- oder Abrechnungssumme pro Werktag nicht automatisch wirksam. Bei der erforderlichen **abstrakt-generalisierenden Betrachtungsweise** einer AGB-Klausel kommt es zwar für die Frage, ob der Auftragnehmer entgegen den Geboten von Treu und Glauben unangemessen benachteiligt wird (§ 307 Abs. 1 BGB), nicht auf die konkreten Umstände des Einzelfalles an, also beispielsweise darauf, ob den Auftragnehmer geringes oder grobes Verschulden bezüglich der Terminüberschreitung trifft, ob durch den Verzug des Auftragnehmers ein hoher oder ein geringer Schaden droht, ob der Auftragnehmer den Auftrag mit Gewinn oder Verlust kalkuliert hatte usw.[156]

72 Abstrakt-generalisierend sind bei der Angemessenheitsprüfung aber **typische Fallkonstellationen** und Geschehensabläufe zu berücksichtigen. Typischerweise macht es aber einen erheblichen Unterschied, ob ein Auftragnehmer mit dem Ausführungsbeginn bzw. der Einhaltung von Einzelfristen in Verzug gerät oder ob sich die Fertigstellung seiner Leistung verzögert. Während der verspätete Beginn bzw. die Nichteinhaltung von Einzelfristen typischerweise „nur" zu bauablaufbezogenen Schäden führt wie z.B. Behinderungskosten nachfolgender Auftragnehmer, erforderlichen Umdispositionen bezüglich der Einzelabfolge des Bauvorhabens, Beschleunigungsmaßnahmen usw., führt die Überschreitung des Fertigstellungstermins insbesondere bei den Leistungsbereichen, deren Vollendung Einfluss auf die Gesamtfertigstellung des Bauwerks und damit auf die Nutzungsmöglichkeit hat, in der Regel zu nutzungsbedingten Schäden wie Miet- oder Pachtausfall einerseits oder Umsatzausfall andererseits.

73 Dies gilt erst recht für den **Schlüsselfertigbau**. Beim Schlüsselfertigbau führt die Überschreitung des vereinbarten Beginntermins typischerweise nicht zu Vermögensnachteilen des Auftraggebers. Die Überschreitung von Einzelfristen muss nicht, kann aber zu Schäden des Auftraggebers führen.[157] Die Überschreitung der Fertigstellungsfrist führt beim Schlüsselfertigbau typischerweise zu den bereits erwähnten Nutzungsschäden des Auftraggebers, häufig auch zu Regressansprüchen seiner Vertragspartner (Käufer oder Mieter) wegen verspäteter Nutzungsmöglichkeit.

OLG Celle in BauR 2005, 1780, 1781 ist nicht überzeugend, da die Vertragsstrafe bei einer Anknüpfung an den Wert der terminrückständigen Leistungen ihrer Druck- und Ausgleichsfunktion nicht – hinreichend – nachkommt. Für Verzugsschäden (z.B. Mietausfall) spielt der Umfang der rückständigen Leistungen keine Rolle, sondern lediglich deren Dauer. Dem trägt aber die zeitliche Staffelung der Vertragsstrafe bereits Rechnung, vgl. auch *Bschorr/Zanner*, S. 61.

[152] BGH BauR 1999, 645; so auch OLG Jena BauR 2001, 1446; anderer Auffassung OLG Schleswig BauR 2005, 1641; vgl. aber unten Rdn. 83 ff.

[153] OLG Dresden BauR 2001, 949 anknüpfend an BGH BauR 2000, 1049.

[154] BGH BauR 2000, 1049; 2002, 790; NZBau 2002, 383.

[155] Dazu ausführlich *Greiner* ZfBR 1999, 62.

[156] Dazu *Leinemann* BauR 2001, 1472.

[157] Wenn der Auftraggeber im Gewerbebau beispielsweise mit den Mietern der Gewerbeeinheiten Übergabetermine vereinbart hat, zu denen die Mieter den ihnen obliegenden Shop-Ausbau vornehmen sollen und diese Shop-Übergabetermine als pönalisierte Einzelfristen mit dem SF-Unternehmer vereinbart sind.

Es erscheint deshalb gerechtfertigt, die typischerweise zu größeren Schäden führende **Fertigstellungsfrist** auch mit einer höheren Vertragsstrafe zu belegen als den Ausführungsbeginn bzw. Einzelfristen. Geht man mit dem BGH[158] von der Unbedenklichkeit einer Vertragsstrafe in Höhe von 0,3 % der Auftragssumme pro Werktag bei der verzögerten Fertigstellung aus, so erscheint es geboten, die Vertragsstrafe für die Überschreitung des **Ausführungsbeginns** bzw. einer **Einzelfrist** auf 0,15 % der Auftrags- oder Abrechnungssumme pro Werktag zu begrenzen.[159] Eine diesen Satz überschreitende Vertragsstrafe für den Ausführungsbeginn bzw. die Einhaltung von Einzelfristen muss als unangemessene Benachteiligung des Auftragnehmers eingestuft werden, weil die Überschreitung des Ausführungsbeginns oder von Einzelfristen typischerweise zu geringeren Schäden führt als die Einhaltung der Fertigstellungsfrist. Alternativ zu einem reduzierten Tagessatz, der an die gesamte Auftrags- oder Abrechnungssumme anknüpft, können die Parteien auch einen einheitlichen Tagessatz von z.B. 0,2 % der Auftrags- oder Abrechnungssumme vereinbaren, der sich auf die anteilige Summe des entsprechenden Bauabschnitts bezieht.[160] Beim Einheitspreisvertrag ist dieser anteilige Wert unproblematisch zu ermitteln[161] während beim Pauschalvertrag in diesem Fall Teilpauschalen als Berechnungsgrundlage der ggf. verwirkten Vertragsstrafe gebildet werden müssen. Eine unangemessen hohe Vertragsstrafe für den Ausführungsbeginn oder die Einhaltung von Einzelfristen wird auch nicht dadurch angemessen, dass die verwirkte Vertragsstrafe dann entfallen soll, wenn der Auftragnehmer die Fertigstellungsfrist einhält.[162] Diese Auffassung übersieht, dass die Sanktionierung von Einzelfristen nicht zwingend, aber häufig einem anderen Sicherungszweck dient als die Sanktionierung der Fertigstellungsfrist. Hinzu kommt, dass die durch eine entsprechende Klausel suggerierte Kompensationsmöglichkeit häufig tatsächlich für den Auftragnehmer nicht besteht, ohne kostenträchtige Beschleunigungsmaßnahmen zu ergreifen. Wird die für die Überschreitung von Einzelfristen verwirkte Vertragsstrafe also nur durch einen zusätzlichen Kostenaufwand des Auftragnehmers kompensiert, so wird ihm die verwirkte Vertragsstrafe in Wahrheit nicht erlassen, sondern der Erlass wird von ihm „erkauft". 74

Die angemessene Strafhöhe für die Überschreitung von Einzelfristen (einschließlich des Ausführungsbeginns) ist nicht zu verwechseln mit dem so genannten **Kumulationsverbot** (dazu nachfolgend Rdn. 77).

Knüpft die vereinbarte Vertragsstrafe nicht an Tage, sondern an **Wochen** an, so ist § 11 Nr. 3, 2. Halbsatz VOB/B zu beachten. Jeder Werktag einer angefangenen Woche wird als 1/6 Woche gerechnet, was bedeutet: In Fortschreibung der obergerichtlichen Rechtsprechung ist die Strafklausel der Höhe nach nur dann angemessen, wenn sie pro Woche maximal 1,8 % der Auftrags- oder Abrechnungssumme bei der Überschreitung der Fertigstellungsfrist beträgt. In diesem Fall führt die „Umrechnungsklausel" des § 11 Nr. 3, 2. Halbsatz VOB/B zu der von der Rechtsprechung als wirksam anerkannten Strafhöhe von 0,3 % der Auftrags- oder Abrechnungssumme pro Werktag. Knüpft die nach Wochen bemessene Vertragsstrafe an den Ausführungsbeginn oder die Einhaltung von Einzelfristen an, so beträgt die zulässige Höhe 0,9 %/Woche, also umgerechnet 0,15 % pro Werktag. 75

Knüpft die Strafklausel nicht an die Überschreitung „pro Woche" an, sondern **„pro angefangener Woche"**, dann scheitert die Anwendung von § 11 Nr. 3 2. Halbsatz VOB/B, weil durch den Wortlaut der Klausel klar wird, dass eben nicht jeder Werktag der angefangenen Woche mit 1/6 berechnet werden soll, sondern die gesamte Strafe bereits am ersten Tag der Woche verwirkt sein soll. Es versteht sich nahezu von selbst, dass eine solche Strafklausel den Auftragnehmer entgegen den Geboten von Treu und Glauben unangemessen benachteiligt und deshalb gemäß 76

---

[158] BGH BauR 1999, 645.

[159] Auch das OLG Jena geht in der Entscheidung BauR 2003, 1416, 1417 zutreffend davon aus, dass für die Überschreitung von Einzelfristen eine geringere Vertragsstrafe vereinbart werden muss als für die Überschreitung des Endtermins. Soweit das OLG jedoch an den Wert der rückständigen Leistung anknüpfen möchte, ist dies fehlerhaft, vgl. dazu oben Rdn. 70.

[160] Dazu auch BGH BauR 2003, 870, 875 = NZBau 2003, 321.

[161] So auch OLG Celle BauR 2005, 1780.

[162] Dazu unten Rdn. 82.

§ 307 Abs. 1 BGB unwirksam ist. Eine Ausnahme gilt dann, wenn die Strafe pro angefangener Woche so niedrig ist, dass sie auch einer Bewertung pro Werktag standhält.[163]

77 cc) **Kumulationsverbot bei Einzelfristen.** Knüpft die Vertragsstrafe nicht an die Fertigstellung der Leistung, sondern an die Einhaltung von Einzelfristen an, so muss die Strafklausel zusätzlichen Kriterien genügen, um nicht zu einer unangemessenen Benachteiligung des Auftragnehmers zu führen:

78 § 5 Nr. 1 VOB/B unterscheidet beim VOB-Vertrag zwischen Einzelfristen, die als Vertragsfristen und damit für den Auftragnehmer verbindliche Fristen vereinbart werden und solchen, denen insbesondere in einem vereinbarten Bauzeitenplan nur eine Kontrollfunktion zukommt, die für den Auftragnehmer also grundsätzlich unverbindlich sind (→ § 5, Rdn. 20 ff.). § 11 Nr. 2 VOB/A gebietet dem öffentlichen Auftraggeber, Einzelfristen als Vertragsfristen nur in den beiden dort genannten Fällen zu vereinbaren, und zwar als Einzelfristen für in sich abgeschlossene Teile der Leistung und als Einzelfristen für fortgangswichtige Teile der Leistung.[164] Über diese beiden Fälle hinaus besteht in der Praxis aber oftmals ein Bedürfnis, mit dem Auftragnehmer auch sonstige Einzelfristen als Vertragsfristen zu vereinbaren, was insbesondere für den Schlüsselfertigbau gilt, dessen besondere Belange durch § 11 Nr. 2 VOB/A nicht geregelt werden.[165] Dabei ist es auch durch Allgemeine Geschäftsbedingungen grundsätzlich zulässig, (sonstige) Einzelfristen als Vertragsfristen zu vereinbaren und deren Einhaltung durch Vertragsstrafen zu sanktionieren.[166] So weit eine AGB-Strafklausel auch die Einhaltung von Einzelfristen sanktionieren soll, sind also zunächst die vorstehend generell für Strafklauseln dargestellten Kriterien zu beachten, das heißt, eine solche Strafklausel muss insbesondere verzugsabhängig formuliert sein (also nicht nur an die Überschreitung von Einzelfristen anknüpfen, vgl. oben Rdn. 58 ff.) und sie muss auch dem Transparenzgebot entsprechen (vgl. oben Rdn. 57). Es versteht sich auch beinahe von selbst, dass nur solche Einzelfristen pönalisiert werden können, die auch als Vertragsfristen vereinbart werden, also nicht etwa unverbindliche Einzelfristen (Kontrollfristen).[167]

79 Eine Besonderheit bei der Pönalisierung von Einzelfristen stellt das so genannte **Kumulationsverbot** dar, das nach einer weithin unbeachteten Entscheidung des LG Bielefeld vom 25.5.1982[168] so weit ersichtlich erstmals vom OLG Bremen in einem Urteil vom 7.10.1986[169] ausgesprochen worden ist. Das OLG Bremen führte aus, dass die Pönalisierung von insgesamt 13 Einzelfristen auch bei einer verhältnismäßig geringen Vertragsstrafe von ca. 0,1 % pro Einzelfrist zu einer unangemessen hohe Vertragsstrafe führen könne, wenn verhältnismäßig früh eine Frist überschritten und dann in einer Art „Kettenreaktion" mangels Pufferzeiten nahezu automatisch auch die weiteren pönalisierten Einzelfristen überschritten würden. Hierdurch könne also eine „äußerst erhebliche" und im Einzelfall unangemessene Gesamtstrafe entstehen.

Ähnliche Erwägungen stellte der BGH im Urteil vom 14.1.1999[170] hinsichtlich einer Vertragsstrafe in Höhe von 0,3 % der Auftragssumme pro Werktag, insgesamt maximal 10 % der Abrechnungssumme an, wobei diese Vertragsstrafe auch für die Überschreitung von insgesamt 11 Einzelfristen vereinbart war. Die Vertragsstrafe für die Einzelfristen sei bedenklich, da die Gesamthöhe von 10 % schon nach wenigen Tagen des Verzugs verwirkt sein könne. Letztlich ließ der BGH die Wirksamkeit der Vertragsstrafe für die Einzelfristen dahingestellt, weil im konkreten Fall nur die Fertigstellungsfrist überschritten war und der BGH meinte, die **Vertragsstrafe für**

---

[163] Beispiel: Die für die Fertigstellung vereinbarte Vertragsstrafe beträgt 0,3 % der Auftragssumme pro angefangener Woche des Terminverzugs.

[164] Dazu ausführlich *Langen* in: FS Schiffers, S. 143 ff., 148 ff.

[165] Vgl. *Langen* in: FS Schiffers, 143 ff., 149 ff.

[166] BGH BauR 1999, 645; auch *Motzke/Nettesheim* BB 2000, 2581, 2589; *Kemper* BauR 2001, 1015, 1018.

[167] OLG Celle, BauR 2005, 1780; ergänzend *Langen* in: FS Schiffers, 143 ff., 151; vgl. auch *Kemper* BauR 2001, 1015, 1018.

[168] Abgedruckt bei *Bunte* Entscheidungssammlung zum AGB- Gesetz, Band III, § 9 Nr. 17.

[169] OLG Bremen NJW-RR 1987, 468.

[170] BGH BauR 1999, 645, 646; dazu auch *Kemper* BauR 2001, 1015, 1018.

die Fertigstellungsfrist sei optisch und inhaltlich von der Vertragsstrafe für die Einzelfristen getrennt, sodass es auf die Wirksamkeit der Strafklausel für die Einzelfristen hier nicht ankomme.[171] Das OLG Dresden[172] hielt eine Vertragsstrafe in Höhe von 0,5 % pro Werktag, insgesamt 5 %, die sich sowohl auf verschiedene Einzelfristen als auch auf die Fertigstellungsfrist bezog, für wirksam, und zwar mit der vom BGH verworfenen[173] Begründung, die Begrenzung der Gesamtstrafe auf 5 % sei angemessen. Die Problematik einer Vervielfachung der Vertragsstrafe bei der Überschreitung mehrerer Einzelfristen wurde vom OLG Dresden nicht erkannt bzw. behandelt. Das OLG Hamm[174] erklärte eine Strafklausel in Höhe von 0,3 % je Kalendertag, maximal 10 % der Auftragssumme, die auch bei der Überschreitung von Einzelfristen verwirkt werden sollte, wegen des Verstoßes gegen das Kumulationsverbot für unwirksam. Eine solche Klausel könne dazu führen, dass bei nur geringfügiger Überschreitung mehrerer Zwischentermine durch die Kumulierung der Einzelvertragsstrafen innerhalb weniger Tage die gesamte Vertragsstrafe verwirkt sein könne, unabhängig davon, ob der Endtermin eingehalten werde.[175] Das OLG Koblenz[176] erklärte eine auch für Zwischentermine geltende Strafklausel in Höhe von 0,5 % der Abrechnungssumme pro Kalendertag, maximal 20 Tage der Terminüberschreitung für unwirksam, da die Klausel nicht erkennen lasse, ob die Obergrenze von 10 % pro Termin oder insgesamt gelte. Das wegen der Pönalisierung mehrerer Zwischentermine bestehende Problem der Kumulation wurde vom Oberlandesgericht Koblenz nicht angesprochen. Schließlich befasste sich der BGH nochmals im Urteil vom 18.1.2001[177] mit einer Vertragsstrafe in Höhe von 0,2 % der Bruttoauftragssumme je Kalendertag, maximal 10 %, die auch mehrere im Vertrag festgelegte Zwischentermine pönalisierte. Die Pönalisierung dieser Zwischentermine erklärte der BGH erneut für bedenklich, insbesondere wenn bei an sich geringfügigen Überschreitungen von Einzelterminen die gesamte Vertragsstrafe unabhängig davon verwirklicht werde, ob der Endtermin eingehalten werde.[178] Auch hier ließ der BGH die Frage letztlich offen, da lediglich die Vertragsstrafe für die Überschreitung des Endtermins geltend gemacht wurde und vom BGH erneut[179] eine inhaltlich und optisch getrennte Regelung für Einzelfristen einerseits und die Fertigstellungsfrist andererseits angenommen wurde.

Die beiden von der Rechtsprechung aufgestellten Kriterien (Gefahr der Kumulation der verwirkten Einzelstrafen einerseits, kein Entfall der Vertragsstrafe bei Einhaltung des Endtermins andererseits), die in der Literatur weitgehend Zustimmung finden,[180] sind kritisch zu betrachten. Insbesondere kann der Erwägung, einmaliges Verschulden des Auftragnehmers bei der Überschreitung einer Einzelfrist dürfe die Vertragsstrafe bei mehreren, eng gestaffelten Einzelfristen nicht quasi automatisch mehrfach auslösen, bereits dadurch Rechnung getragen werden, dass für jede Einzelfrist **Verzug** des Auftragnehmers Voraussetzung für die Verwirkung der Vertragsstrafe ist. Verzug setzt aber neben der Fälligkeit und der grundsätzlich erforderlichen Mahnung auch **Verschulden** des Auftragnehmers hinsichtlich der Nichteinhaltung jeder Einzelfrist voraus. 80

[171] Bestätigt von BGH BauR 2003, 870, 875; zum grundsätzlichen Verbot der geltungserhaltenden Reduktion bei AGBs vgl. näher *Palandt/Heinrichs* Vor §§ 307–309, Rdn. 8. m.w.N.; zur Teilunwirksamkeit von Strafklauseln vgl. näher Rdn. 66.

[172] OLG Dresden BauR 2000, 1881.

[173] BGH BauR 2000, 1049.

[174] OLG Hamm BauR 2000, 1202.

[175] OLG Hamm, a.a.O., S. 1203/1204.

[176] OLG Koblenz BauR 2000, 1338.

[177] BGH = BauR 2001, 791.

[178] BGH = BauR 2001, 791, 792 unter Hinweis auf die bereits erwähnte Entscheidung des BGH BauR 1999, 645; so auch OLG Jena NJW-RR 2002, 1178, das es zusätzlich für kritisch hält, dass die Vertragsstrafe für Einzelfristen an die gesamte Rechnungssumme und nicht an den rückständigen Teil anknüpft. Dem ist aber nicht zuzustimmen, weil das gleiche Argument auch für den Endtermin pönalisierende Vertragsstrafen gelten würde und außerdem dem Transparenzgebot (wie hoch ist der pönalisierte „rückständige" Teil?) kaum genügt werden könnte; näher oben Rdn. 70.

[179] So schon in BGH BauR 1999, 645.

[180] Vgl. z.B. *Franke/Kemper/Zanner/Grünhagen* VOB/B § 11, Rdn. 40; *Lau* Jahrbuch BauR 2003, 68 f.

Befindet der Auftragnehmer sich also beispielsweise mit der Einhaltung der ersten Einzelfrist in Verzug, hält er aber anschließend – gleichsam verschoben – die vereinbarte Terminkette ein, so liegt bezüglich der weiteren – überschrittenen – Einzelfristen kein erneutes Verschulden des Auftragnehmers vor, sodass bezüglich der weiteren Einzelfristen kein (erneuter) Verzug des Auftragnehmers vorliegt und damit die Vertragsstrafe für die weiteren Einzelfristen nicht verwirkt wird. Eine „Vervielfachung" der Vertragsstrafe bei Einzelfristen kann also rechtsdogmatisch nur eintreten, wenn bezüglich der weiteren Einzelfristen (erneuter) Verzug mit insbesondere (erneutem) Verschulden des Auftragnehmers vorliegt und nicht die Fortsetzung des Verzugs aus der erstmaligen Überschreitung einer Einzelfrist.

Umgekehrt: Hat der Auftragnehmer die Baustelle bezüglich Personal, Material und Gerät unzulänglich besetzt, sodass sein Produktionsfortschritt jeweils hinter dem vereinbarten Fortschritt zurück bleibt, so liegt bezüglich jeder überschrittenen Einzelfrist neues Verschulden und damit erneuter Verzug des Auftragnehmers vor. In diesem Fall ist es auch gerechtfertigt, die an die Einhaltung der Einzelfristen anknüpfende Vertragsstrafe jeweils erneut als verwirkt anzusehen, vorausgesetzt, für die Einhaltung der Einzelfristen ist eine (isoliert betrachtet) angemessene Strafhöhe pro Bemessungseinheit von maximal 0,15 % der Auftrags- oder Abrechnungssumme pro Werktag vereinbart worden (dazu oben Rdn. 74).

81 Um dem **Transparenzgebot** Genüge zu tun, empfiehlt es sich, in der Strafklausel für Einzelfristen ausdrücklich darauf hinzuweisen, dass bei Verzug des Auftragnehmers mit der Einhaltung einer Einzelfrist die Vertragsstrafe für die Überschreitung weiterer Einzelfristen nur verwirkt wird, wenn bezüglich dieser weiteren Einzelfristen neuer bzw. zusätzlicher Verzug des Auftragnehmers vorliegt.[181]

> **Formulierungsvorschlag:** „Gerät der Auftragnehmer mit der Einhaltung verbindlicher Einzelfristen in Verzug, so hat er für jeden Werktag der Fristüberschreitung eine Vertragsstrafe in Höhe von 0,1 % der Auftragssumme, maximal aber für alle überschrittenen Einzelfristen 5 % der Auftragssumme zu zahlen. Soweit der Auftragnehmer bezüglich einer Einzelfrist bereits in Verzug geraten ist, wird die Vertragsstrafe bei der Überschreitung weiterer Fristen nur verwirkt, wenn insoweit zusätzlicher bzw. neuer Verzug des Auftragnehmers eingetreten ist."

82 Die Frage, ob die für die Überschreitung von Einzelfristen verwirkte **Vertragsstrafe** wieder **entfällt**, wenn die **Fertigstellungsfrist eingehalten** wird, ist unmaßgeblich. Ihr liegt die fehlerhafte Vorstellung zugrunde, dass es auch bei der Vereinbarung verbindlicher Einzelfristen letztlich auf die termingerechte Gesamtfertigstellung ankomme, was aber nicht der Fall ist. Wie schon ausgeführt, geht es bei der Pönalisierung der Fertigstellungsfrist in der Regel um das Nutzungsinteresse des Auftraggebers, während bei der Pönalisierung von Einzelfristen in der Regel die Vermeidung von Bauablaufstörungen im Vordergrund steht und nur mittelbar die Einhaltung der Fertigstellungsfrist.[182] Wenn also ein schutzwürdiges und durch eine Vertragsstrafe zu sicherndes Interesse des Auftraggebers an einem reibungslosen und Behinderungen anderer Auftragnehmer vermeidenden Bauablauf besteht, kann dieses schützenswerte Interesse des Auftraggebers nicht dadurch entfallen, dass trotz eingetretener Behinderung und damit möglicherweise verbundener Ansprüche anderer Auftragnehmer die Vertragsstrafe wieder entfällt, wenn der Auftragnehmer den Fertigstellungstermin einhält. Ist also die Vertragsstrafe für die Überschreitung von Einzelfristen in angemessener Höhe unter Berücksichtigung der vorstehenden Kriterien vereinbart, so kommt es für die Verwirkung dieser Vertragsstrafe nicht darauf an, ob der Auftragnehmer die Frist zur Fertigstellung einhält oder überschreitet.

83 **dd) Angemessene Begrenzung der Gesamthöhe.** Der BGH hat schon früh entschieden, dass eine Strafklausel, die die Gesamthöhe der verwirkbaren Vertragsstrafe nicht festlegt, den Auftragnehmer unangemessen benachteiligt und deshalb unwirksam ist.[183] Auch wenn die pro Zeiteinheit (z.B. pro Tag) verwirkte Vertragsstrafe sehr gering ist, also z.B. nur 0,1 % der Auftrags-

---

[181] Vgl. dazu näher *Langen* in: FS Schiffers, S. 143 ff., 161 f.
[182] Dazu *Langen* in: FS Schiffers, S. 143 ff., 162 f.; ähnlich *Kemper* BauR 2001, 1015, 1018 f.
[183] BGHZ 85, 305.

summe pro Werktag beträgt, ist eine Strafklausel schon deshalb unwirksam, wenn die Strafhöhe theoretisch unbegrenzt anwachsen kann.

Die Gesamthöhe (Obergrenze) der Vertragsstrafe muss dabei im Vertrag vereinbart sein; der bloße Gestaltungshinweis in der Fußnote eines Standardvertrages, die Vertragsstrafe dürfe einen bestimmten Prozentsatz der Abrechnungssumme (z.B. 10 %) nicht überschreiten, ersetzt die Vereinbarung einer solchen Obergrenze nicht.[184] Enthält das Vertragsmuster, das der **Architekt** dem Auftraggeber zur Verfügung gestellt hat, keine Begrenzung der Vertragsstrafe, so ist der Architekt dem Auftraggeber zum Schadensersatz verpflichtet, weil das Erfordernis einer Begrenzung von AGB-Vertragsstrafen zum notwendigen Grundlagenwissen eines Architekten gehört.[185]

Welche Gesamthöhe der Vertragsstrafe als angemessene Begrenzung im Sinne von § 307 Abs. 1 **84**
BGB anzusehen ist, schien durch die obergerichtliche Rechtsprechung weitgehend geklärt. Eine Obergrenze von bis zu 10 % der Auftrags- oder Abrechnungssumme wurde – bei Angemessenheit des Tagessatzes (dazu Rdn. 68 ff.) – insbesondere vom BGH als angemessen eingestuft und konnte insoweit als gesicherte Grundlage für die Kautelarpraxis angesehen → werden.[186] Strafklauseln mit einer darüber hinausgehenden Obergrenze wurden beispielsweise vom Saarländischen Oberlandesgericht (Obergrenze von 12 % bei einer an sich unbedenklichen Klausel von 0,2 % pro Tag)[187] oder vom OLG Zweibrücken (Obergrenze von 20 % der Bruttoauftragssumme)[188] schon aus diesem Grund für unwirksam erklärt.

Durch Urteil vom 23.1.2003,[189] bestätigt durch Urteil vom 8.7.2004,[190] hat der BGH seine **85**
langjährige Rechtsprechung zur Zulässigkeit einer Obergrenze von 10 % der Auftrags- oder Abrechnungssumme aufgegeben. Der BGH hat ausgeführt, die Angemessenheitskontrolle von Vertragsstrafenklauseln habe nach einer generalisierenden Betrachtungsweise zu erfolgen.[191] Die Obergrenze einer Vertragsstrafe müsse sich daran messen lassen, ob sie generell und typischerweise in Bauverträgen, für die sie vorformuliert sei, angemessen sei. Soweit sich aus der Klausel nichts anderes ergebe, sei dabei nicht zwischen Bauverträgen mit hohen oder niedrigen Auftragssummen wegen der damit verbundenen Abgrenzungsschwierigkeiten zu unterscheiden. Die Vertragsstrafe müsse sich innerhalb der voraussichtlichen Schadensbeträge halten, ohne dass es darauf ankomme, ob allgemein bei Verträgen der von den Parteien geschlossenen Art Nachteile zu erwarten seien, welche die Ausgestaltung der Vertragsstrafe angemessen erscheinen lasse. Fälle einer besonders ungünstigen Schadensentwicklung müssten unberücksichtigt bleiben. Der Auftraggeber sei hier dadurch hinreichend geschützt, dass er den Schadensersatzanspruch gesondert verfolgen könne.[192] Die Orientierung am Schaden biete ohne Berücksichtigung der Druckfunktion keinen verlässlichen Anhaltspunkt für die Obergrenze einer Vertragsstrafe. Sie rechtfertige jedenfalls allein nicht die in vielen Bauverträgen geregelte Obergrenze von 10 % der Auftragssumme. Entscheidende Bedeutung komme der **Druckfunktion** der Vertragsstrafe zu, die jedoch die Auswirkungen der Vertragsstrafe auf den Auftragnehmer berücksichtigen und sich deshalb in wirtschaftlich vernünftigen Grenzen halten müsse. Hiernach sei eine Vertragsstrafe von mehr als 5 % der Auftragssumme zu hoch. Der Auftragnehmer werde typischerweise durch den Verlust von mehr als 5 % seines Vergütungsanspruchs unangemessen belastet. In vielen Fällen verliere er dadurch nicht nur seinen Gewinn, sondern erleide einen spürbaren Verlust, der sich ganz erheblich auf die Liquidität des Auftragnehmers auswirken könne. Eine Vertragsstrafe mit einer

---

[184] BGH BauR 2005, 1015.

[185] OLG Hamm BauR 2005, 1350, 1352; OLG Brandenburg BauR 2003, 1751 = NZBau 2003, 684.

[186] BGH BauR 1987, 92; 1999, 645; 2001, 791 und 945; 2002, 790; daran anschließend OLG Düsseldorf BauR 2001, 1737 und OLG Jena BauR 2001, 1446, wobei das OLG Jena den Strafanspruch des Auftraggebers aber deshalb verneint hat, weil der Auftraggeber § 12 Nr. 1 VOB/A missachtet hatte, dazu Rdn. 64.

[187] So aber *Leinemann* BauR 2001, 1472 ff.

[188] Ähnlich *Minuth* NZBau 2000, 322.

[189] BGH BauR 2003, 870 = NZBau 2003, 321.

[190] BGH BauR 2004, 1609 = NZBau 2004, 609.

[191] BGH BauR 2003, 870, 875 mit Verweis auf BGH BauR 2000, 1049 = NZBau 2000, 327; dazu schon oben Rdn. 60.

[192] BGH, a.a.O.

Obergrenze in Höhe von 5 % der Auftragssumme werde der Druck- und Kompensationsfunktion hinreichend gerecht, zumal dem Senat bekannt sei, dass in vielen Bauverträgen, insbesondere bei höheren Auftragssummen auch schon zum Zeitpunkt der Entscheidung Vertragsstrafen mit einer Obergrenze in Höhe von 5 % der Auftragssumme vereinbart worden seien.[193] Sollte die Höchstgrenze von 5 % der Auftragssumme im Einzelfall nicht ausreichen, bleibe es den Parteien unbenommen, individuell eine höhere Obergrenze zu vereinbaren.

86 Wegen der überraschenden Aufgabe seiner langjährigen Rechtsprechung zur Zulässigkeit einer Obergrenze in Höhe von 10 % hat der BGH bei **Altverträgen Vertrauensschutz** gewährt, den er in der Entscheidung vom 23.1.2003[194] zunächst nur skizziert, im weiteren Urteil vom 8.7.2004[195] sodann wie folgt präzisiert hat: Vertrauensschutz (und damit AGB-Wirksamkeit) gelte für alle Altverträge, die bis zum 30.6.2003 abgeschlossen worden seien,[196] die ein „Abrechnungsvolumen" von maximal 15 Mio. DM aufweisen[197] und deren Obergrenze maximal 10 % des entsprechenden Abrechnungsvolumens betrage.[198]

87 Die geänderte BGH-Judikatur ist fortan naturgemäß Grundlage der Instanzrechtsprechung,[199] in der Literatur aber teilweise auf berechtigte Kritik gestoßen.[200]

Die Rechtsprechung des BGH ist unter zwei Aspekten zu hinterfragen: Ist es zum einen tatsächlich richtig, dass die Vertragsstrafe ihrer Druck- und Ausgleichsfunktion[201] durch eine Begrenzung auf 5 % der Auftragssumme hinreichend nachkommt, weil eine darüber hinausgehende Vertragsstrafe für den Auftragnehmer zu unvertretbaren Nachteilen führen könne, und zwar unabhängig von der Höhe der Auftragssumme? Ist es darüber hinaus dogmatisch vertretbar und mit der Lebenswirklichkeit zu vereinbaren, nur solchen Strafklauseln Vertrauensschutz zu gewähren, die mit einer Obergrenze von maximal 10 % bei einer Auftragssumme von maximal 15 Mio. bis spätestens zum 30.6.2003 vereinbart worden sind?

88 Die Erwägungen des BGH im Urteil vom 23.1.2003[202] zum Erfordernis, die Vertragsstrafe auf 5 % der Auftragssumme zu begrenzen, überzeugen nicht. Maßgebendes Kriterium für die summenmäßige Begrenzung einer AGB-Vertragsstrafe ist die voraussichtliche Schadensentstehung einerseits (Ausgleichsfunktion der Vertragsstrafe) und das erforderliche Druckpotenzial andererseits, den Auftragnehmer im Vorhinein zu einer termingerechten Ausführung anzuhalten (Druckfunktion).[203] Während das Druckpotenzial einer Vertragsstrafe sicherlich auch von der Höhe der Auftragssumme und damit der absoluten Höhe der drohenden Vertragsstrafe beeinflusst wird, lässt sich dies bezüglich der Ausgleichsfunktion, also der Kompensation eintretender Verzögerungsschäden, nicht sagen. Hohe Auftragsvolumina können trotz Verzugs zu vergleichsweise geringen Verspätungsschäden führen und umgekehrt.[204] Beim Schlüsselfertigbau führt die Verzögerung regelmäßig zu Nutzungsschäden (Mietausfall, Umsatzausfall),[205] während dies bei der konventionellen Baudurchführung[206] nur für die endterminrelevanten Gewerke gilt, die jedoch bei vergleichsweise niedrigen Auftragssummen zu gleichen Nutzungsschäden führen können wie hohe Auftragssummen beim Schlüsselfertigbau. Der Verzug eines Einzelgewerks bei der konventionellen Baudurchführung führt hingegen regelmäßig „nur" zu Bauablaufstörungen,

---

[193] BGH, a.a.O., S. 876.
[194] BGH BauR 2003, 870 = NZBau 2003, 321.
[195] BGH BauR 2004, 1609 = NZBau 2004, 609.
[196] = Kenntnis bzw. Kennenmüssen der neuen BGH-Rechtsprechung, BGH BauR 2004, 1609, 1611.
[197] BGH, a.a.O.
[198] BGH, a.a.O.
[199] OLG Oldenburg BauR 2005, 887; OLG Schleswig BauR 2005, 1641.
[200] Vgl. *Roquette/Laumann* BauR 2003, 1271; *Wolter* BauR 2003, 1274; *Pauly* BauR 2005, 1229; *Minuth* NZBau 2003, 315; *v. Gehlen* NJW 2003, 2961; *Schwenker* ZfIR 2003, 417; *Jagenburg* ZfIR 2004, 991.
[201] Dazu schon oben Rdn. 5.
[202] BauR 2003, 870 = NZBau 2003, 321.
[203] BGH BauR 2003, 870, 875 und näher dazu oben Rdn. 5.
[204] Zutreffend *Roquette/Laumann* BauR 2003, 1271, 1272.
[205] Dazu auch *Wolter* BauR 2003, 1274, 1276.
[206] Dazu näher *Langen/Schiffers*, Rdn. 136 ff.

nicht zwangsläufig zu Nutzungsschäden durch verspätete Gesamtfertigstellung.[207] Besonders ungünstige Schadensentwicklungen können durch vorformulierte AGB-Klauseln zwangsläufig nicht berücksichtigt werden, darin ist dem BGH zuzustimmen.

Bedenklich erscheint die Erwägung des BGH, hinsichtlich der Auswirkungen der Vertragsstrafe vornehmlich auf das wirtschaftliche Interesse des Auftragnehmers abzustellen. Wenn der BGH ausführt, bei einer Vertragsstrafe von über 5 % der Auftragssumme verliere der Auftragnehmer in vielen Fällen nicht nur seinen Gewinn, sondern erleide einen spürbaren Verlust, der sich ganz erheblich auf die Liquidität des Auftragnehmers auswirken könne, so mag dies generell einleuchten, auch wenn der BGH seine Ausführungen baubetrieblich in keiner Weise begründet.[208] Der BGH beschäftigt sich im Rahmen seiner Wertung jedoch nicht mit dem Aspekt, dass nach Maßgabe seiner Rechtsprechung der zulässige Tagesatz maximal 0,3 % pro Arbeits- oder Werktag beträgt, die zulässige Obergrenze von 5 % der Auftragssumme also einen Verzug von mindestens 17 Arbeits- oder Werktagen und damit knapp 1 Monat erfordert. Wer sich in einem solchen Ausmaß in Terminverzug befindet und dem Auftraggeber damit typischerweise – nur darauf kommt es an – nicht unerhebliche Schäden zufügt, hat diese im typischerweise zu erwartenden Umfang auch auszugleichen und darf nicht den Schutz der Rechtsordnung reklamieren, dass er maximal in Höhe des kalkulierten Gewinns bzw. eines geringfügig darüber hinausgehenden Betrages durch die Strafklausel pauschal in Anspruch genommen wird. Die Tatsache, dass dem Auftraggeber die Geltendmachung des realen Verzugsschadens unbenommen bleibt,[209] ist dabei kein Kriterium, weil es hierzu keiner gesonderten Vereinbarung der Parteien bedarf. Den Ersatz des nachweislichen Schadens schuldet der Auftragnehmer bereits gemäß §§ 280, 286 BGB, sodass dieser Aspekt keine Rolle bei der Angemessenheit der in der Rechtsordnung ja ebenfalls ausdrücklich vorgesehenen Strafvereinbarung (§§ 339 ff. BGB) spielen kann.

Die vom BGH herangezogene Begründung einer zulässigen Obergrenze von maximal 5 % der Auftragssumme erweist sich demnach vornehmlich als Billigkeitsentscheidung denn als dogmatisch überzeugende Begründung.

Gleiches gilt für den gewährten Vertrauensschutz bei Altverträgen. *Minuth*[210] hat zutreffend darauf hingewiesen, dass der BGH vergleichbare Konstellationen in der Vergangenheit mit Hilfe der **ergänzenden Vertragsauslegung** gelöst hat. In der Entscheidung vom 4.7.2002[211] hatte der BGH die Verpflichtung eines Auftragnehmers aufgrund AGBs des Bestellers, eine Erfüllungsbürgschaft auf erstes Anfordern zu stellen, für unwirksam gehalten und den dadurch lückenhaft gewordenen Vertrag ergänzend dahin ausgelegt, dass anstelle des Wegfalls jeglicher Sicherung der Auftragnehmer jedenfalls eine unbefristete, selbstschuldnerische Bürgschaft schuldete. Mit der gleichen Erwägung hätte der BGH – überzeugender – die durch die AGB-Unwirksamkeit der Strafklausel entstandene Vertragslücke dadurch schließen können, dass er in ergänzender Vertragsauslegung dem Auftraggeber einen Strafanspruch in Höhe der – nunmehr für richtig erachteten – Maximalhöhe von 5 % der Auftragssumme zugebilligt hätte, soweit die dem Vertrag zugrunde liegende Strafklausel eine höhere Obergrenze – bis zu maximal 10 % der Auftragssumme – vorsah. Im Rahmen dieser ergänzenden Vertragsauslegung hätte der BGH gleichermaßen die beinahe willkürliche Grenzziehung, Vertrauensschutz sei nur bei einem Auftragsvolumen von bis zu 15 Mio. DM zu gewähren, vermeiden können. Denn tatsächlich hatte sich die Kautelarpraxis aufgrund der ständigen BGH-Rechtsprechung darauf verlassen, dass unabhängig von der Auftragssumme eine Obergrenze in Höhe von 10 % „AGB-fest" sei.[212] Die Lösung des BGH, für bis zum 30.6.2005 abgeschlossenen Altverträge mit einem Auftragsvolumen von maximal 15 Mio. DM Vertrauensschutz bis zur Höhe von 10 % der Auftragssumme (= 1,5 Mio. DM!) zu gewähren, ist also inhaltlich zufällig und dogmatisch kritisch, für die Praxis aber hinzunehmen.

---

[207] Dazu schon oben Rdn. 72 ff.
[208] Vgl. die zutreffende Kritik von *Wolter* BauR 2003, 1274, 1276; ebenso *Pauly* BauR 2005, 1229, 1231.
[209] BGH BauR 2003, 870, 875.
[210] NZBau 2003, 315, 317; dazu auch *Pauly* BauR 2003, 1229, 1233.
[211] BGH NZBau 2002, 559, 560.
[212] Zu Recht kritisch *Roquette/Laumann* BauR 2003, 1271, 1273.

89 **Noch nicht geklärt** für die Praxis ist die Frage, ob sich die Obergrenze von 5 % auf die **Auftragssumme**[213] beziehen muss oder auch an die **Abrechnungssumme** anknüpfen darf[214] und ob bei einem vorsteuerabzugsberechtigten Auftragnehmer auf die **Nettosumme** des Auftrags bzw. der Abrechnung abzustellen ist, um eine Ungleichbehandlung mit nicht vorsteuerabzugsberechtigten Auftraggebern zu vermeiden, bei denen es auf die **Bruttosumme** ankommt. Richtig erscheint, dem Auftraggeber die Wahl zwischen Auftrags- oder Abrechnungssumme zu belassen, auch wenn diese erheblich divergieren können. Die Anknüpfung an die Abrechnungssumme ist für den Auftraggeber keineswegs immer von Vorteil, denkt man beispielsweise an die Mengenunterschreitung gemäß § 2 Nr. 3 VOB/B beim Einheitspreisvertrag, an die Selbstübernahme von Teilen der Leistung gemäß § 2 Nr. 4 VOB/B oder auch an die zahlreichen Fälle der Auftragskündigung, die naturgemäß auch zu einer reduzierten Abrechnungssumme und dementsprechend einer reduzierten Vertragsstrafe führen. Bei vorsteuerabzugsberechtigten Auftraggebern erscheint es allerdings sachgerecht, die Obergrenze auf 5 % der **Netto**auftrags- oder -abrechnungssumme festzulegen.[215] Das Gleiche gilt in den Fällen von § 13 b UStG.[216]

90 **f) Berechnung der Vertragsstrafe.** Ist die AGB-Strafklausel nach den vorstehenden Kriterien wirksam, so richtet sich die Berechnung der im Einzelfall verwirkten Vertragsstrafe nach der Vereinbarung der Parteien. Grundsätzlich kann hierzu auf die Ausführungen zur Berechnung der Vertragsstrafe bei einer Individualvereinbarung verwiesen werden (vgl. oben Rdn. 39 ff.). Zusammengefasst: Voraussetzung der Verwirkung ist bei einer AGB-Strafklausel in jedem Fall der **Terminverzug des Auftragnehmers**. Insbesondere bei Bauablaufstörungen, die gemäß § 6 Nr. 2 VOB/B zu einer Terminverschiebung bzw. Fristverlängerung führen und bei (sonstigen) Leistungsverweigerungsrechten des Auftragnehmers muss also im Einzelfall geprüft werden, wann die strafbewehrte Leistungspflicht des Auftragnehmers fällig geworden ist, ob der Auftraggeber nach eingetretener Fälligkeit gemahnt hat und ob das zulasten des Auftragnehmers vermutete Verschulden vorliegt. Insbesondere bei kalendermäßig bestimmten oder bestimmbaren Ausführungsfristen, die gemäß § 286 Abs. 2 Nr. 1 und 2 BGB eine Mahnung grundsätzlich entbehrlich machen, führt eine Terminverschiebung bzw. Fristverlängerung wieder zum Erfordernis der Mahnung nach (neu berechneter) Fälligkeit, die in der Praxis oftmals nicht oder zu früh (nämlich nach der fehlerhaften Fristberechnung des Auftraggebers) ausgesprochen wird. Befindet der Auftragnehmer sich hiernach nicht in Verzug, dann wird auch die hieran anknüpfende Vertragsstrafe nicht verwirkt.

91 Die Berechnung der Vertragsstrafe im Einzelfall hängt davon ab, ob

- der Ausführungsbeginn, die Einhaltung verbindlicher Einzelfristen oder die Fertigstellungsfrist mit Vertragsstrafe belegt sind;
- ob und in welchem Umfang der Auftragnehmer sich mit der Einhaltung der pönalisierten Fristen in Verzug befindet;
- ob die Vertragsstrafe nach Arbeits-, Werk- oder Kalendertagen bemessen wird und
- ob die vereinbarte Gesamthöhe der Vertragsstrafe erreicht bzw. überschritten wird.

So weit die Vertragsstrafe „pro Tag" verwirkt sein soll, gilt wieder die Auslegungsregel des § 11 Nr. 3 VOB/B, wonach als „Tage" nur Werktage zu verstehen und damit strafbewehrt sind. Knüpft die Vertragsstrafe (ausnahmsweise) an den Terminverzug „pro Woche" an, so gilt § 11 Nr. 3 2. Halbsatz VOB/B, wonach jeder Werktag der angefangenen Woche als 1/6 Woche gerechnet wird.

Bei einer verzugsbedingten **Kündigung** durch den Auftraggeber ist die Regelung des § 8 Nr. 7 VOB/B zu beachten, wonach eine bereits verwirkte Vertragsstrafe nur bis zur Kündigung berechnet werden darf (→ § 8, Rdn. 110).

---

[213] Zum Begriff der „Auftragssumme" ausführlich *Oberhauser*, Rdn. 205 ff. m. w. N.

[214] Dazu *Wolter* BauR 2003, 1274, 1275.

[215] So auch *Schmitz* in IBR 2004, 564; vgl. auch *Bschorr/Zanner*, S. 141 f.

[216] Vgl. dazu jetzt auch die Regelung in § 17 Nr. 6 Abs. 1 S. 2 VOB/B (2006).

g) Herabsetzungsmöglichkeit. So weit der Auftragnehmer eine AGB-Vertragsstrafe verwirkt hat, scheidet nach herrschender Auffassung die Herabsetzungsmöglichkeit gemäß § 343 BGB aus.[217] Diese Auffassung erscheint zwar dogmatisch nicht zwingend, da ein als angemessen im Sinne von § 307 Abs. 1 BGB eingestuftes AGB-Strafversprechen im Einzelfall durchaus zu einer unverhältnismäßig hohen Strafe im Sinne von § 343 Abs. 1 BGB führen kann, beispielsweise, wenn im konkreten Fall tatsächlich kein oder ein nachweislich deutlich geringerer Schaden entstanden ist. Auf der anderen Seite würde die Herabsetzungsmöglichkeit gemäß § 343 BGB auch bei AGB-Strafversprechen zu einem überzogenen Schuldner- bzw. Auftragnehmerschutz führen. Denn § 343 BGB und auch die bei Strafversprechen von Kaufleuten ausgeschlossene Herabsetzungsmöglichkeit gemäß § 348 HGB sind ersichtlich auf individuelle Strafversprechen zugeschnitten und stellen dort die einzige Möglichkeit einer Korrektur bei unverhältnismäßig hoch verwirkter Strafe dar. Diese Angemessenheitskontrolle findet bei AGB-Strafversprechen aber bereits als abstrakte Kontrolle bezüglich des Strafversprechens als solchem statt. Würde man darüber hinaus eine Herabsetzungsmöglichkeit bei unverhältnismäßig hoch verwirkter Strafe zulassen, so würde die bei AGB-Strafversprechen ohnehin schon kritische Druckfunktion der Vertragsstrafe wegen der nachträglichen Herabsetzungsmöglichkeit weiter eingeschränkt.[218] Ist das AGB-Strafversprechen also wirksam, so kann der Auftraggeber die verwirkte Vertragsstrafe in vollem Umfang gegen den Auftragnehmer geltend machen, ohne dass der (nicht kaufmännische) Auftragnehmer eine Herabsetzung der konkret verwirkten Vertragsstrafe beantragen könnte. 92

3. Vertragsstrafe im Verhältnis Bauherr – Generalunternehmer – Nachunternehmer

Von besonderer praktischer Bedeutung ist nachfolgende Konstellation: Der Nachunternehmer gerät gegenüber dem Generalunternehmer in Verzug. Dieser Verzug führt gleichermaßen zum Verzug des Generalunternehmers gegenüber dem Bauherrn. Sowohl im Generalunternehmervertrag als auch im Nachunternehmervertrag sind Vertragsstrafen vereinbart, die verzugsbedingt verwirkt werden. Unter welchen Voraussetzungen kann der Generalunternehmer die vom Bauherrn verlangte Vertragsstrafe an seinen Nachunternehmer „durchstellen"? 93

Während verschiedene Oberlandesgerichte[219] der Meinung waren, die im Generalunternehmervertrag verwirkte Vertragsstrafe sei dem Nachunternehmer nicht als Verzugsschaden zuzurechnen, hat der Bundesgerichtshof inzwischen in mehreren Urteilen und dogmatisch überzeugend festgehalten, dass die vom Generalunternehmer verwirkte Vertragsstrafe grundsätzlich als vom Nachunternehmer zu ersetzender Verzugsschaden anzusehen sein kann.[220] Dem haben sich inzwischen verschiedene Oberlandesgerichte angeschlossen.[221] Voraussetzung einer solchen „Durchstellung der Bauherrenvertragsstrafe" ist jedoch:

– Dem Generalunternehmervertrag muss ein wirksames Strafversprechen zugrunde liegen, weil dem Generalunternehmer nur dann ein Schaden im rechtlichen Sinne entstehen kann.[222] Nimmt der Bauherr gegenüber dem Generalunternehmer trotz einer unwirksamen Strafklausel gleichwohl einen Strafabzug vor, so muss der Generalunternehmer seinen Anspruch gegenüber dem Bauherrn verfolgen und kann nicht den tatsächlich erfolgten Abzug gegenüber seinem Nachunternehmer als Verzugsschaden geltend machen.[223] Häufig ist jedoch aus tatsächlichen oder rechtlichen Gründen zweifelhaft, ob die im Generalunternehmervertrag verankerte Strafvereinbarung wirksam bzw. die Vertragsstrafe verwirkt ist. Kommt es hier zwischen dem Bauherrn und dem Generalunternehmer zu einem **Vergleich**, so kommt es nach Auffassung

---

[217] BGH BauR 1981, 374; 83, 80; Beck'scher VOB-Kommentar/*Bewersdorf* VOB/B § 11 Nr. 1, Rdn. 50 m.w.N.
[218] So zutreffend BGH BauR 1983, 80, 84.
[219] OLG Frankfurt, OLGR 1997, 91 und OLG Dresden NJW-RR 1997, 83.
[220] BGH BauR 1998, 330, 331; 2000, 1051; 2002, 1086.
[221] OLG Jena BauR 2003, 1416; KG BauR 2004, 1162; OLG Düsseldorf IBR 2005, 8.
[222] Zutreffend *Kirberger* FS Kraus 101, 105; *Sohn* FS Jagenburg, 855, 864.
[223] Vgl. OLG Jena BauR 2003, 1416.

des BGH darauf an, ob für den Generalunternehmer – z.B. aufgrund eines gerichtlichen Hinweises – ein rechtfertigender Anlass zum Abschluss des Vergleichs vorhanden war. In diesem Fall kann der Generalunternehmer die gezahlte Vertragsstrafe in Höhe der Vergleichssumme ausnahmsweise als Verzugsschaden gegenüber dem Nachunternehmer geltend machen, auch wenn die Strafklausel möglicherweise unwirksam war.[224]

– Da die „Bauherrenvertragsstrafe" regelmäßig ein Mehrfaches der im Nachunternehmervertrag festgelegten Vertragsstrafe beträgt und oftmals sogar das Auftragsvolumen des Nachunternehmervertrages selbst übersteigt, droht dem Nachunternehmer bei der „Durchstellung der Bauherrenvertragsstrafe" ein immenser, oftmals sogar existentieller Schaden. Die Rechtsprechung begegnet dieser Problematik durch die Anwendung von § 254 Abs. 2 BGB, wonach der Generalunternehmer verpflichtet sei, den Nachunternehmer auf die Gefahr dieses ungewöhnlich hohen Schadens aufmerksam zu machen (Schutz- bzw. Warnhinweis).[225] In der Praxis erweist sich der Warnhinweis des Generalunternehmers regelmäßig als Förmelei, weil die meisten Nachunternehmer wissen, dass im Generalunternehmervertrag eine entsprechend hohe, an die dortige Auftragssumme anknüpfende Vertragsstrafe vereinbart ist[226] und die Kenntnis dieser Vertragsstrafe Grund und Umfang des Nachunternehmerverzuges in der Regel nicht beeinflusst. Unterlässt der Generalunternehmer also den Hinweis auf die drohende Bauherrenvertragsstrafe, so kann er die verwirkte Strafe gleichwohl als Schadensersatz gegenüber dem Nachunternehmer geltend machen, wenn er – wie meist – nachweisen kann, dass der Hinweis auf diese Vertragsstrafe den Verzug des Nachunternehmers nicht verhindert hätte.
– Von besonderer praktischer Bedeutung ist der Kausalzusammenhang zwischen dem Verzug des Nachunternehmers und der Verwirkung der Vertragsstrafe durch den Generalunternehmer. Der Generalunternehmer kann die an den Bauherrn gezahlte Vertragsstrafe nur und in dem Umfang als Verzugsschaden geltend machen, in dem die Vertragsstrafe tatsächlich adäquat kausale Folge des Nachunternehmerverzuges war. Ein durch Nachunternehmerverschulden verursachter „Anfangsverzug" einer Baustelle lässt sich beim Schlüsselfertigbau häufig durch Ablaufoptimierungen (Beschleunigungen) und die Ausschöpfung einkalkulierter Zeitreserven (Pufferzeiten) aufholen. Bei endterminrelevanten Gewerken (Fertigmontage Sanitär, Bodenbeläge, Malerarbeiten usw.) ist der Kausalzusammenhang zwischen dem Nachunternehmerverzug und dem Generalunternehmerverzug regelmäßig virulent. Aber auch hier können eigene Versäumnisse des Generalunternehmers (z.B. unzulängliche Terminsteuerung der Baustelle, verspätete Beauftragungen) zu einer Mitverantwortlichkeit des Generalunternehmers am entstandenen Verzug führen.
  Führt der gleichzeitige **Verzug mehrerer Nachunternehmer** zum Verzug des Generalunternehmers gegenüber dem Bauherrn, so haften die Nachunternehmer gesamtschuldnerisch auf Schadensersatz.[227] Der Innenregress der Nachunternehmer richtet sich dann nach ihrem jeweiligen Anteil am Verzug, nicht nach dem Verhältnis der Auftragssummen zueinander.
– Macht der Generalunternehmer aufgrund des Verzugs des Nachunternehmers sowohl die im Nachunternehmervertrag vereinbarte Vertragsstrafe als auch – als Verzugsschaden – die „Bauherrenvertragsstrafe" geltend, so muss er die Nachunternehmervertragsstrafe auf den geltend gemachten Verzugsschaden anrechnen, §§ 341 Abs. 2 i.V.m. § 340 Abs. 2 BGB.[228]

---

[224] BGH BauR 2002, 1086; kritisch dazu *Kirberger* FS Kraus 101, 107 ff. und *Oberhauser* BauR 2006, 210, 217 ff.

[225] BGH BauR 1998, 330, 332 und BauR 2002, 1086; dazu ausführlich *Kirberger* FS Kraus 101, 102 ff.; *Oberhauser* BauR 2006, 210, 214 ff.

[226] Zutreffend *Sohn* FS Jagenburg, 855, 864.

[227] Zutreffend Oberhauser BauR 2006, 210, 220; Kirberger FS Kraus 101, 106 f.; anderer Auffassung KG BauR 2004, 1162, 1164, wonach mehrere in Verzug befindliche Nachunternehmer nur im Verhältnis ihrer Verursachungsanteile haften. Das KG übersieht jedoch, dass eine Doppelkausalität – jeder Nachunternehmerverzug würde bereits die Bauherrenvertragsstrafe auslösen – Gesamtschuld und nicht Teilschuld auslöst, vgl. Oberhauser, a.a.O. m.w.N.

[228] Näher dazu unten Rdn. 126.

V. § 11 Nr. 4 VOB/B – Vorbehalt der Vertragsstrafe bei der Abnahme

1. Voraussetzungen und Wirkungen des Vorbehalts

Gemäß § 11 Nr. 4 VOB/B kann der Auftraggeber die Strafe nur verlangen, wenn er dies bei der Abnahme vorbehalten hat. Ohne den Vorbehalt bei der Abnahme erlischt also der Strafanspruch, wenn die Parteien nicht eine zulässige Abweichung von dem Erfordernis des Strafvorbehalts vereinbart haben.[229] § 11 Nr. 4 VOB/B entspricht damit der gesetzlichen Regelung des § 341 Abs. 3 BGB, wonach sich der Gläubiger die für eine „nicht gehörige Erfüllung", wozu insbesondere der Leistungsverzug des Auftragnehmers gehört (vgl. oben Rdn. 18), versprochene Vertragsstrafe „bei der Annahme" vorbehalten muss.[230] Im Einzelnen: 94

a) **Erklärender und Erklärungsempfänger.** Zur Erklärung des Vorbehalts ist neben dem Auftraggeber selbst auch jeder **Dritte** berechtigt, der vom Auftraggeber dazu **bevollmächtigt** worden ist.[231] Eine isolierte, lediglich zur Erklärung des Vertragstrafenvorbehaltes legitimierende Vollmacht wird in der Praxis kaum vorkommen. Bevollmächtigt der Auftrageber allerdings einen Dritten mit der Durchführung der rechtsgeschäftlichen Abnahme im Sinne von § 640 BGB bzw. § 12 VOB/B, so umfasst die Vollmacht zur Erklärung der Abnahme auch die Abgabe von Vorbehaltserklärungen (bezüglich der Vertragsstrafe, aber auch bezüglich bekannter Mängel gemäß § 640 Abs. 2 BGB), die anlässlich der Abnahme abgegeben werden.[232] Eine solche **Abnahmevollmacht**, die auch die Erklärung des Strafvorbehaltes umfasst, kann vom Auftraggeber auch **konkludent** dadurch erteilt werden, dass der Auftraggeber zum vom Auftragnehmer beantragten Abnahmetermin einen Dritten entsendet.[233] 95

Der **bauleitende Architekt** oder **Ingenieur** ist nach zutreffender Auffassung **nicht originär bevollmächtigt**, die rechtsgeschäftliche Abnahme zu erklären, da seine Pflicht zur Objektüberwachung im Sinne von § 15 Abs. 2 Nr. 8 und § 55 Abs. 2 Nr. 8 HOAI lediglich die technische Vorbereitung und Mitwirkung bei der Abnahme umfasst, nicht aber die Durchführung der rechtsgeschäftlichen Abnahme.[234] So weit der BGH[235] und ihm folgend die herrschende Meinung[236] allerdings die Auffassung vertreten, der selbst nicht zur Erklärung des Strafvorbehalts bevollmächtigte bauleitende Architekt (auch der bauleitende Ingenieur?) sei allerdings verpflichtet, den Auftraggeber anlässlich der Abnahme auf das Erfordernis des Strafvorbehaltes hinzuweisen, wenn er die Vereinbarung einer Vertragsstrafe kennt oder damit rechnen muss, so ist dem mit *Bewersdorf*[237] zu widersprechen. Der bauleitende Architekt oder Ingenieur ist nicht der rechtsgeschäftliche Vertreter des Auftraggebers und auch (erst recht) nicht dessen Rechtsberater. Unterlässt der Auftraggeber anlässlich der von ihm selbst durchgeführten Abnahme deshalb den Strafvorbehalt, so ist dies nicht als Pflichtverletzung des Architekten/Ingenieurs im Sinne von § 280 BGB einzustufen. Wenn der bauleitende Architekt oder Ingenieur allerdings mit der Durchführung der Abnahme beauftragt und bevollmächtigt ist, **muss** er zur Wahrung der Auftraggeberrechte den Strafvorbehalt erklären. 96

Hat ein vollmachtloser Vertreter des Auftraggebers (z.B. der nicht bevollmächtigte Architekt) den Vorbehalt der Vertragsstrafe erklärt, so ist der Vorbehalt gemäß § 180 Satz 1 BGB grundsätz- 97

[229] *Kleine-Möller/Merl* § 13, Rdn. 411.
[230] Beck'scher VOB-Kommentar/*Bewersdorf* VOB/B § 11 Nr. 4, Rdn. 2.
[231] BGH BauR 1987, 92, 94; Beck'scher VOB-Kommentar/*Bewersdorf* VOB/B § 11 Nr. 4, Rdn. 23.
[232] BGH a.a.O.; *Kleine-Möller/Merl* § 13, Rdn. 426.
[233] Vgl. OLG Saarbrücken BauR 2000, 1784 = NZBau 2000, 252.
[234] Vgl. Beck'scher VOB-Kommentar/*Bewersdorf* VOB/B § 11 Nr. 4, Rdn. 24; LG Leipzig NJW-RR 1999, 1183; *Nicklisch/Weick* § 11, Rdn. 23; *Kleine-Möller/Merl* § 13, Rdn. 426.
[235] BGH BauR 1979, 345; nach OLG Düsseldorf NZBau 2002, 457 entfällt die Beratungspflicht allerdings bei eigener Sachkunde des Auftraggebers bezüglich des Strafvorbehalts.
[236] Vgl. z.B. *Ingenstau/Korbion/Döring* VOB/B § 11 Nr. 4, Rdn. 14; *Löffelmann/Fleischmann* Rdn. 448 f.; *Nicklisch/Weick* § 11, Rdn. 23.
[237] Vgl. OLG Saarbrücken BauR 2000, 1784 = NZBau 2000, 252.

lich unwirksam. Eine nachträgliche Genehmigung durch den Auftraggeber gemäß § 177 BGB ist gemäß § 180 Satz 2 BGB nur möglich, wenn der Auftragnehmer die vom vollmachtlosen Vertreter behauptete Vertretungsmacht bei der Erklärung des Vorbehaltes nicht beanstandet hat oder damit einverstanden war, dass der Vertreter ohne Vertretungsmacht handelte.[238]

98 **Erklärungsempfänger** kann neben dem Auftragnehmer selbst jeder Dritte sein, der vom Auftragnehmer eine so genannte **Empfangsvollmacht** erhalten hat. So weit der Auftragnehmer die Abnahme mit dem Auftraggeber nicht selbst durchführt, sondern sich in diesem Termin von einem Dritten vertreten lässt, so ist der zur Durchführung der Abnahme bevollmächtigte Dritte auch bevollmächtigt, Vorbehaltserklärungen des Auftraggebers (oder des Auftraggebervertreters) bezüglich der Vertragsstrafe (oder bezüglich bekannter Mängel) entgegenzunehmen.[239] Auch aufseiten des Auftragnehmers erstreckt sich die Vollmacht zur Durchführung der Abnahme auf die Entgegennahme der damit üblicherweise verbundenen Erklärungen wie des Strafvorbehalts usw. Handelt der Vertreter des Auftragnehmers ohne Vollmacht, so geht der Strafvorbehalt gemäß § 180 Satz 1 in Verbindung mit Satz 3 BGB ins Leere. Eine nachträgliche Genehmigung durch den Auftragnehmer ist unter den gleichen Voraussetzungen wie die nachträgliche Genehmigung durch den Auftraggeber zulässig, allerdings mit dem entscheidenden Unterschied, dass der Auftragnehmer die vollmachtlose Entgegennahme des Strafvorbehaltes durch seinen Vertreter im Zweifel nicht genehmigen wird.

99 **b) Form.** Der Vorbehalt der Vertragsstrafe ist grundsätzlich formfrei wirksam, kann vom Auftraggeber also mündlich, schriftlich oder in jeder sonstigen Form erklärt werden.[240] So weit die Parteien für die Abnahme selbst allerdings **Schriftform** vereinbart haben, was insbesondere bei der **förmlichen Abnahme** im Sinne von § 12 Nr. 4 VOB/B der Fall ist, so gilt diese gewillkürte Schriftform (im Sinne von § 127 BGB) auch für den anlässlich der Abnahme zu erklärenden Vorbehalt der Vertragsstrafe. Im Fall der schriftlichen bzw. förmlichen Abnahme muss der Strafvorbehalt also in die Abnahmeniederschrift (Abnahmeprotokoll) aufgenommen werden, um wirksam zu sein.[241] Gemäß § 127 Abs. 2 BGB genügt dabei auch die telekommunikative Übermittlung der Erklärung der Schriftform, was im Baubereich insbesondere für die Telefax-Übermittlung von Bedeutung ist.[242]

100 Der Strafvorbehalt kann auch formularmäßig, also durch **Allgemeine Geschäftsbedingungen** wirksam ausgesprochen werden,[243] wobei es keinen Unterschied macht, ob der Strafvorbehalt in dem formularmäßig vorbereiteten Abnahmeprotokoll bereits unbedingt enthalten ist oder ob der Strafvorbehalt im vorgedruckten Text des Abnahmeprotokolls als Option vorgesehen ist, die durch das Ankreuzen eines Kästchens ausgeübt wird.

101 **c) Inhalt der Vorbehaltserklärung.** Nach der Entscheidung des Gesetzgebers in § 341 Abs. 3 BGB, der die VOB in § 11 Nr. 4 Teil B inhaltsgleich folgt, bedeutet die Verwirkung der Vertragsstrafe für den Fall der nicht gehörigen (insbesondere: verspäteten) Vertragserfüllung nicht automatisch, dass der Gläubiger die Vertragsstrafe auch verlangen kann. Er muss sich den Anspruch auf die Vertragsstrafe vielmehr bei der Annahme (bei Werkverträgen: Abnahme) vorbehalten. Ansonsten entfällt der Anspruch.[244] Durch die Notwendigkeit des Straf-

[238] Dazu auch *Franke/Kemper/Zanner/Grünhagen* VOB/B § 11, Rdn. 27; Beck'scher VOB-Kommentar/*Bewersdorf* VOB/B § 11 Nr. 4, Rdn. 27.

[239] BGH BauR 1987, 92, 94.

[240] *Ingenstau/Korbion/Döring* VOB/B § 11 Nr. 4, Rdn. 10; Beck'scher VOB-Kommentar/*Bewersdorf* VOB/B § 11 Nr. 4, Rdn. 6.

[241] BGH BauR 1973, 192; OLG Frankfurt/Main BauR 1986, 584, 585; *Ingenstau/Korbion/Döring* VOB/B § 11 Nr. 4, Rdn. 10; Beck'scher VOB-Kommentar/*Bewersdorf* VOB/B § 11 Nr. 4, Rdn. 6.

[242] Vgl. *Palandt/Heinrichs* BGB, § 127, Rdn. 2.

[243] BGH BauR 1987, 92, 94.

[244] Der Strafvorbehalt bei der Annahme/Abnahme ist damit eine auflösende Bedingung des Anspruchs im Sinne von § 158 Abs. 2 BGB, vgl. BGH BauR 1983, 77, 80; ebenso Beck'scher VOB-Kommentar/*Bewersdorf* VOB/B § 11 Nr. 4, Rdn. 4 m.w.N.

vorbehaltes bei der zwar nicht gehörigen/verspäteten, so aber doch immerhin eingetretenen Erfüllung (Annahme/Abnahme) soll der Schuldner also die Möglichkeit erhalten, „straffrei" zu bleiben.[245]

Der Strafvorbehalt im Sinne von § 11 Nr. 4 VOB/B (und sinngemäß auch im Sinne von § 341 Abs. 3 BGB) erfordert also lediglich eine klarstellende Äußerung des Auftraggebers zum Zeitpunkt der Abnahme, **ob** er das Recht aufrechterhalten will, die Vertragsstrafe vom Auftragnehmer zu fordern. Am einfachsten bedient der Auftraggeber sich hierzu des gesetzlichen Wortlauts bzw. desjenigen der VOB/B, wonach er sich den „Anspruch auf die Vertragsstrafe vorbehält". Aber auch jede sonstige Erklärung des Auftraggebers reicht aus, die den Willen des Auftraggebers erkennen lässt, den Anspruch auf die Vertragsstrafe nicht entfallen zu lassen („... *Der Anspruch auf die Vertragsstrafe bleibt aufrechterhalten*" oder „... *Der Auftraggeber ist berechtigt, die Vertragsstrafe zu fordern.*"). Der bloße Hinweis im Abnahmeprotokoll auf die Regelung der Vertragsstrafe im Bauvertrag reicht hingegen nicht aus, weil sich aus diesem Hinweis nicht der Wille des Auftraggebers entnehmen lässt, sich den Anspruch auf die Vertragsstrafe vorzubehalten.[246] 102

Als Gestaltungserklärung ist der Vorbehalt **bedingungsfeindlich**,[247] weshalb z.B. der Vorbehalt der Vertragsstrafe unter der Voraussetzung, dass die Leistung binnen einer bestimmten Frist immer noch nicht fertig gestellt sein sollte, unwirksam wäre. 103

d) Vorbehalt „bei der Abnahme"

aa) Grundsätzliches. Der Auftraggeber muss sich den Anspruch auf die Vertragsstrafe gemäß § 341 Abs. 3 BGB „bei der Annahme", bei Bauverträgen also „bei der Abnahme" vorbehalten, § 11 Nr. 4 VOB/B. Diese Voraussetzung ist zunächst wörtlich zu verstehen. **„Bei der Abnahme"** bedeutet also, dass der Auftraggeber **zusammen mit der Abnahmeerklärung** auch den Strafvorbehalt erklären muss. Ein früher oder später erklärter Strafvorbehalt ist grundsätzlich unwirksam (zu Ausnahmen vgl. Rdn. 112 ff.). 104

- Kommt es zu einer **konkludenten Abnahme** (→ § 12, Rdn. 15 ff.), so muss der Auftraggeber also im zeitlichen Zusammenhang mit den Umständen, aus denen seine schlüssige Abnahmeerklärung abgeleitet wird (z.B. Zahlung der Schlussrechnung, Bezug des Wohnobjektes usw.), den Strafvorbehalt erklären. 105
- Bei der **ausdrücklichen, aber formlosen Abnahme** gemäß § 12 Nr. 1 VOB/B (→ § 12, Rdn. 62 ff.) muss der Strafvorbehalt anlässlich der ausdrücklichen, wenngleich formlosen Abnahme erklärt werden. Auch wenn die Abnahme selbst formlos geschieht, ist dem Auftraggeber aus Beweisgründen natürlich zu empfehlen, den Strafvorbehalt auch in diesem Fall schriftlich zu erklären. 106
- Bei der **förmlichen Abnahme** gemäß § 12 Nr. 4 VOB/B (→ § 12, Rdn. 83 ff.) muss der Strafvorbehalt in die Abnahmeniederschrift bzw. das Abnahmeprotokoll aufgenommen werden (vgl. oben Rdn. 99). Wird das **Abnahmeprotokoll** (z.B. als Reinschrift) nicht am Tag der eigentlichen Abnahmebegehung und -erklärung, sondern **später erstellt**, so kommt es darauf an: Ist das Protokoll in **engem zeitlichen Zusammenhang** zu der Abnahmebegehung aufgestellt worden, so reicht die schriftliche Vorbehaltserklärung im Protokoll aus.[248] Hat der Auftragnehmer das Abnahmeprotokoll unterschrieben, so stellt diese Unterschrift ein deklaratorisches Anerkenntnis dar, dass die im Protokoll enthaltenen Erklärungen – und damit auch der Strafvorbehalt – am Tag der Abnahme erfolgt sind.[249] 107

---

[245] BGH BauR 1983, 77, 79.

[246] Beck'scher VOB-Kommentar/*Bewersdorf* VOB/B § 11 Nr. 4, Rdn. 5 m.w.N.

[247] Vgl. dazu *Palandt/Heinrichs* BGB, Einführung vor § 158, Rdn. 13.

[248] Ein solcher enger zeitlicher Zusammenhang wurde vom BGH bejaht bei einer Frist von einer Woche zwischen Abnahmebegehung und Aufstellung des Protokolls, BGH BauR 1987, 92, 93, verneint vom OLG Düsseldorf bei einer Frist von vier Wochen zwischen Abnahmebegehung und Aufstellung des Protokolls, OLG Düsseldorf BauR 1982, 582, 586; ebenso *Ingenstau/Korbion/Döring* VOB/B § 11 Nr. 4, Rdn. 2.

[249] OLG Düsseldorf BauR 1986, 457, 460, wo zwischen dem Tag der Abnahme und der Übersendung des

108 – Bei der **fiktiven Abnahme** gemäß § 12 Nr. 5 VOB/B (→ § 12, Rdn. 93 ff.) muss der Auftraggeber den Strafvorbehalt spätestens zu den Zeitpunkten erklären, zu denen § 12 Nr. 5 Abs. 1 und Abs. 2 VOB/B die Abnahmefiktion eintritt, § 12 Nr. 5 Abs. 3 VOB/B.[250]

109 – Bei der **Teilabnahme** im Sinne von § 12 Nr. 2 VOB/B (→ § 12 Rdn. 69 ff.) kommt es darauf an, ob für die nicht fristgerechte Erstellung der abgenommenen Teilleistung eine Vertragsstrafe vereinbart war und ggf. verwirkt worden ist. **Nur** in diesem Fall muss anlässlich der Teilabnahmeerklärung die Strafe für diese Teilleistung vorbehalten werden.[251]

110 – Bei einer **Kündigung** durch den Auftraggeber kommt es darauf an, ob trotz der Kündigung gemäß § 8 Nr. 6 VOB/B eine Abnahme der auftragnehmerseitigen Leistungen erfolgt, was insbesondere bei einer ordentlichen Kündigung regelmäßig, mitunter aber auch bei einer außerordentlichen Auftraggeberkündigung der Fall ist. In diesem Fall muss der Strafvorbehalt nicht bei der Abnahme gegenüber dem Drittunternehmer, sondern bei der Abnahme gegenüber dem gekündigten Auftragnehmer gemäß § 8 Nr. 6 VOB/B erklärt werden.[252]

111 – Bei einer (berechtigten oder unberechtigten) **Abnahmeverweigerung** ist nach herrschender Auffassung hingegen kein Strafvorbehalt erforderlich.[253]

112 **bb) Ausnahmen.** Entgegen einzelnen Stimmen in der Literatur[254] legen Rechtsprechung[255] und herrschende Lehre[256] das gesetzliche Erfordernis, die Vertragsstrafe „bei der Annahme" (bei Werkverträgen: Abnahme) vorzubehalten, eng aus. Hat also der Auftraggeber **vor der Abnahme** bereits den Vorbehalt erklärt (oder gar die Strafe ausdrücklich gegen den Auftragnehmer geltend gemacht), zum Zeitpunkt der Abnahme selbst den Vorbehalt jedoch nicht wiederholt, so reicht dies grundsätzlich nicht aus.[257] Auch die – wenngleich kurzfristig – **nach der Abnahme** erfolgte Geltendmachung des Vertragsstrafenanspruchs ändert an dem bereits eingetretenen Entfall der Vertragsstrafe nichts, wenn die Parteien nicht im Vertrag die Zulässigkeit der späteren Geltendmachung vereinbart haben (dazu Rdn. 118).

Eine **Ausnahme** vom Erfordernis des Strafvorbehalts lässt die Rechtsprechung nur dann zu, wenn zum Zeitpunkt der Abnahme keinerlei Zweifel daran bestehen können, ob der Auftraggeber sich das Recht auf die Vertragsstrafe vorbehält. Zu Einzelfällen:

113 – Hat der Auftraggeber den Strafanspruch zum Zeitpunkt der Abnahme bereits **gerichtlich geltend gemacht**, so bedarf es keines (nochmaligen) Vorbehaltes bei der Abnahme, weil ein Recht kaum deutlicher als durch eine Klage verfolgt werden kann.[258] Ein gerichtlicher Mahnbescheid dürfte allerdings nicht ausreichen, wenn das Verfahren nach dem Widerspruch des Schuldners, der noch vor der Abnahme erfolgt ist, ruht.

114 – Haben die Parteien zum Zeitpunkt der Abnahme bereits eine **Vereinbarung** über die Höhe der verwirkten Vertragsstrafe getroffen, so bedarf es ebenfalls keines (nochmaligen) Vorbehaltes der Strafe zum Zeitpunkt der Abnahme.[259]

---

den Strafvorbehalt enthaltenden Protokolls zwei Wochen lagen; vgl. auch *Franke/Kemper/Zanner/Grünhagen* VOB/B § 11, Rdn. 28.

[250] *Franke/Kemper/Zanner/Grünhagen* VOB/B § 11, Rdn. 28; Beck'scher VOB-Kommentar/*Bewersdorf* VOB/B § 11 Nr. 4, Rdn. 7.

[251] Beck'scher VOB-Kommentar/*Bewersdorf* VOB/B § 11 Nr. 4, Rdn. 8; *Nicklisch/Weick* § 11, Rdn. 24.

[252] BGH BauR 1981, 373; differenzierend: *Knacke* Seite 65 je nachdem, ob die Kündigung gemäß § 8 Nr. 1 oder Nr. 2 VOB/B (Strafvorbehalt erforderlich) oder gemäß § 8 Nr. 3 VOB/B (kein Strafvorbehalt erforderlich) erfolgt.

[253] BGH BauR 1997, 640 m.w.N.

[254] Vgl. z.B. *Nicklisch/Weick* VOB/B § 11, Rdn. 24.

[255] Beispielhaft BGH BauR 1975, 55; 1983, 77; 1983, 80 m.w.N.

[256] Vgl. z.B. Beck'scher VOB-Kommentar/*Bewersdorf* VOB/B § 11 Nr. 4, Rdn. 14 ff.

[257] BGH BauR 1983, 80, 81; anders: OLG Düsseldorf BauR 2001, 112, wenn der Auftraggeber zwei Tage vor der Abnahme schriftlich mitteilt, er bestehe auf der rechtlichen Klärung des Strafanspruchs. In diesem Fall bestehe zum Zeitpunkt der Abnahme keine Unklarheit, sodass es keines (nochmaligen) Vorbehaltes bedürfe.

[258] BGH BauR 1975, 55; 1983, 80, 81.

[259] BGH BauR 1983, 80, 81 im Anschluss an RGZ 72, 168, 170.

– Die vor der Abnahme erfolgte **Aufrechnung** des Auftraggebers mit der verwirkten Vertragsstrafe ist zwar zulässig, macht einen Vorbehalt der Vertragsstrafe zum Zeitpunkt der Abnahme aber nicht entbehrlich,[260] wenn nicht anlässlich der Aufrechnung oder jedenfalls danach (jedenfalls noch vor der Abnahme) eine Vereinbarung der Parteien zur Höhe der Vertragsstrafe und damit auch zum Erlöschen des Strafanspruchs durch Aufrechnung stattgefunden hat.[261] 115
– Hat der Auftragnehmer auf den vor der Abnahme geltend gemachten Strafanspruch eine **Zahlung geleistet**, kommt es darauf an, ob diese Zahlung als deklaratorisches Anerkenntnis anzusehen ist; in diesem Fall kommt der Geltendmachung des Anspruchs und der anschließenden Zahlung die gleiche Wirkung wie der vom BGH anerkannten abschließenden Einigung der Parteien über die Vertragsstrafe zu. Der Vorbehalt ist also entbehrlich.[262] Ebenfalls entbehrlich ist der Vorbehalt, wenn der Auftraggeber vor der Abnahme bereits einen **vollstreckbaren Titel** gegen den Auftragnehmer erwirkt hat und der Auftragnehmer nun – mit oder ohne Zwangsvollstreckung – zahlt.[263] Leistet der Auftragnehmer jedoch ohne Anerkennung einer Rechtsverpflichtung eine Zahlung, ohne dass ein Titel vorliegt, so ist zum Zeitpunkt der Abnahme ein ausdrücklicher Vorbehalt des Auftraggebers erforderlich, weil aus der bloßen Entgegennahme der Zahlung nicht hinreichend deutlich hervorgeht, ob der Auftraggeber den Anspruch bei der Abnahme tatsächlich geltend machen will.[264] 116

e) Wirkungen des Vorbehalts. Der Vorbehalt der Vertragsstrafe bei der Abnahme schützt den Strafanspruch lediglich vor dem Entfall[265], bedeutet also noch nicht, dass der Auftraggeber den vorbehaltenen Anspruch auch tatsächlich geltend macht oder dass ihm ein entsprechender Strafanspruch auch zusteht. Deshalb bedarf es auch keines Widerspruchs des Auftragnehmers gegen den Strafvorbehalt bei der Abnahme, auch wenn der Auftragnehmer der Auffassung ist, eine Vertragsstrafe sei gar nicht vereinbart oder sei mangels Verzugs des Auftragnehmers nicht verwirkt. Der „Vorbehalt" der Vertragsstrafe ist eine einseitige, empfangsbedürftige Erklärung des Auftraggebers, die keiner Zustimmung oder sonstigen Kommentierung des Auftragnehmers bedarf. 117

Entfällt der Strafanspruch mangels Vorbehalts, so bleiben (sonstige) Schadensersatzansprüche des Auftraggebers (z.B. wegen Verzugs gemäß §§ 5 Nr. 4, 6 Nr. 6 VOB/B) unberührt.[266]

2. Abweichende Parteivereinbarungen

a) Individualvereinbarung. § 341 Abs. 3 BGB ist **dispositiv** und kann deshalb durch eine Individualvereinbarung der Parteien vollständig abbedungen werden.[267] Das Gleiche gilt naturgemäß für die Abdingbarkeit der inhaltsgleichen Vorschrift des § 11 Nr. 4 VOB/B. 118

Wenn die Parteien das Erfordernis des Strafvorbehalts bei der Annahme/Abnahme gänzlich abbedingen können, können sie naturgemäß auch sonstige Abweichungen von §§ 341 Abs. 3 BGB, 11 Nr. 4 VOB/B vereinbaren, z.B. das Recht des Auftraggebers, die Vertragsstrafe bis zur Schlusszahlung geltend zu machen oder Ähnliches.[268] Kritisch zu prüfen ist allerdings im Einzelfall, ob tatsächlich eine Individualvereinbarung der Parteien vorliegt oder ob es sich nicht um eine in das äußere Gewand einer Individualvereinbarung gekleidete AGB-Klausel handelt (dazu oben Rdn. 48 ff.).

---

[260] BGH BauR 1983, 77, 79 und 1983, 80, 81; OLG Celle BauR 2000, 278; anderer Auffassung: Beck'scher VOB-Kommentar/*Bewersdorf* VOB/B § 11 Nr. 4, Rdn. 21 m.w.N.

[261] OLG Celle BauR 2000, 278.

[262] Ebenso Beck'scher VOB-Kommentar/*Bewersdorf* VOB/B § 11 Nr. 4, Rdn. 16.

[263] Differenzierend Beck'scher VOB-Kommentar/*Bewersdorf* VOB/B § 11 Nr. 4, Rdn. 19 f.: Bei Zwangsvollstreckung Vorbehalt entbehrlich, bei bloßer Zahlung nicht.

[264] Anders Beck'scher VOB-Kommentar/*Bewersdorf* VOB/B § 11 Nr. 4, Rdn. 16.

[265] Beck'scher VOB-Kommentar/*Bewersdorf* VOB/B § 11 Nr. 4, Rdn. 31.

[266] *Nicklisch/Weick* VOB/B § 11, Rdn. 26.

[267] BGH BauR 1971, 122 f.; 1983, 80, 82; Beck'scher VOB-Kommentar/*Bewersdorf* VOB/B § 11 Nr. 4, Rdn. 35.

[268] Zu entsprechenden AGB-Klauseln vgl. nachfolgend Rdn. 119 ff.

119 **b) AGB-Vereinbarung.** In der Baupraxis stellen die meisten Strafvereinbarungen Allgemeine Geschäftsbedingungen im Sinne der §§ 305 ff. BGB dar.[269] Dies gilt nicht nur für Grund und Höhe der Vertragsstrafenvereinbarung als solcher, sondern auch für flankierende Vereinbarungen wie die Abbedingung oder zumindest die Einschränkung des Strafvorbehaltes bei der Annahme/Abnahme gemäß §§ 341 Abs. 3 BGB, 11 Nr. 4 VOB/B. Dabei entspricht es ständiger Rechtsprechung des BGH,[270] der Oberlandesgerichte[271] und auch der herrschenden Lehre,[272] dass das Erfordernis des Strafvorbehalts bei der Abnahme zwar nicht vollständig abbedungen, aber **zeitlich** in angemessenem Rahmen **verschoben** werden darf. Eine sehr häufig in der Praxis verwendete Klausel lautet dabei (sinngemäß), dass der Vertragsstrafenanspruch nicht bei der Abnahme vorbehalten werden muss, sondern noch **bis zur Schlusszahlung** geltend gemacht werden kann. Nach gewichtigen Stimmen in der Rechtsprechung[273] und der Literatur[274] ist diese Klausel allerdings dahin zu interpretieren (und nur dann wirksam), dass unter „Schlusszahlung" die **Fälligkeit der Schlusszahlung** zu verstehen ist, da eine noch spätere Geltendmachung für den Schuldner (Auftragnehmer) zu einer unzumutbaren Ungewissheit führe. Demgegenüber hält der BGH daran fest, dass die Geltendmachung der Vertragsstrafe in diesem Fall bis zum tatsächlichen Zeitpunkt der Schlusszahlung hinausgeschoben werden kann.[275] Wird die Schlusszahlung vom Auftraggeber endgültig verweigert, so muss er sich die Vertragsstrafe spätestens zu diesem Zeitpunkt vorbehalten.[276]

120 Die gegen die Auffassung des BGH vorgetragenen Argumente überzeugen nicht. Zwar ist das Interesse des Auftragnehmers anzuerkennen, alsbald (nach der Abnahme) Klarheit zu erhalten, ob der Auftraggeber den Anspruch auf die Vertragsstrafe geltend macht. Zum einen geht es aber bei §§ 341 Abs. 3 BGB, 11 Nr. 4 VOB/B **nur** um den **Vorbehalt** der Vertragsstrafe. Hat der Auftraggeber den Strafanspruch (bei der Abnahme) vorbehalten, so kann er ihn beliebig bis zur Verjährung bzw. Verwirkung geltend machen, das heißt Klarheit, ob und in welcher Höhe der Auftraggeber einen Vertragsstrafenanspruch tatsächlich erhebt, erhält der Auftragnehmer auch nach der gesetzlichen Regelung bzw. derjenigen der VOB/B im Regelfall erst im Zusammenhang mit der Schlussabrechnung, ggf. noch später. Zum anderen ist auch das durch einschränkende Interpretation der Klausel herausgearbeitete Kriterium der Schlusszahlungsfälligkeit mit zahlreichen Unsicherheiten verbunden, denkt man insbesondere an die sehr häufig kritische und streitige Frage, ob die vom Auftragnehmer erstellte Schlussrechnung prüfbar ist und damit zur Fälligkeit des Schlusszahlungsanspruchs führt (→ § 14, Rdn. 5 ff.).

Eine AGB-Klausel, wonach der Auftraggeber den Strafanspruch noch bis zur **Schlusszahlung** geltend machen kann, ist daher als **wirksam** einzustufen.

121 **Unwirksam** sind hingegen Klauseln, wonach ein Strafvorbehalt bei der Abnahme nicht erforderlich und der Auftraggeber berechtigt ist, die Vertragsstrafe zu einem beliebigen Zeitpunkt (auch nach der Schlusszahlung) geltend zu machen. Unwirksam ist dabei insbesondere die Klausel, wonach die Vertragsstrafe „der Einfachheit halber von der Schlusszahlung abgezogen werden soll", weil diese Klausel die Geltendmachung der Vertragsstrafe auch nach der Schlusszahlung offen lässt.[277] Gleichermaßen unwirksam ist eine AGB-Klausel, wonach die Vertragsstrafe noch bis zum **Ablauf der Gewährleistungsfrist** geltend gemacht werden kann.[278]

---

[269] Dazu schon oben Rdn. 48 ff.

[270] BGH BauR 1979, 56; 1983, 80, 82; 1984, 643, 644; 2000, 1758 = NZBau 2000, 509; BauR 2003, 870, 874 = NZBau 2003, 321.

[271] OLG Hamm BauR 1987, 560, 561; Kammergericht BauR 2000, 575; OLG Koblenz BauR 2000, 1338.

[272] Beck'scher VOB-Kommentar/*Bewersdorf* VOB/B § 11 Nr. 4, Rdn. 36 ff.; *Franke/Kerper/Zanner/Grünhagen* VOB/B § 11, Rdn. 42; *Kemper* BauR 2001, 1015, 1020; *Lau* Jahrbuch BauR 2003, S. 82.

[273] Kammergericht BauR 2000, 575.

[274] Beck'scher VOB-Kommentar/*Bewersdorf* VOB/B § 11 Nr. 4, Rdn. 40; *Vygen/Schubert/Lang*, Rdn. 54; *Kemper* BauR 2001, 1015, 1020; *Ingenstau/Korbion/Döring* VOB/B § 11 Nr. 1, Rdn. 15; *Knacke* S. 70.

[275] BGH BauR 2000, 1758, 2003, 870, 874;; ebenso *Heiermann/Riedl/Rusam* VOB/B § 11, Rdn. 8.

[276] BGH BauR 2003, 800, 874.

[277] BGH BauR 1984, 643, 644.

[278] OLG Nürnberg MDR 1980, 398, 399; zustimmend: *Heiermann/Riedl/Rusam* VOB/B § 11, Rdn. 38;

VI. Verhältnis des Strafanspruchs zu anderen Ansprüchen des Auftraggebers

1. Erfüllungsanspruch

Das Verhältnis des Erfüllungsanspruchs zum Vertragsstrafenanspruch ist in §§ 340 Abs. 1, 341 Abs. 1 BGB geregelt und hängt davon ab, ob die Vertragsstrafe für den Fall der Nichterfüllung oder für den Fall der nicht gehörigen Erfüllung versprochen worden ist: 122

a) Vertragsstrafe bei Nichterfüllung des Auftragnehmers. Zu diesem in der Baupraxis seltenen Fall bestimmt die über § 11 Nr. 1 VOB/B unmittelbar anwendbare Vorschrift des § 340 Abs. 1 Satz 1 BGB, dass der Gläubiger/Auftraggeber die verwirkte Vertragsstrafe **anstatt** der Erfüllung verlangen kann. Diese so genannte **elektive Konkurrenz**[279] wird durch § 340 Abs. 1 Satz 2 BGB deutlich: Macht der Auftraggeber die für den Fall der Nichterfüllung versprochene Vertragsstrafe geltend, so ist sein Erfüllungsanspruch ausgeschlossen. Umgekehrt: Besteht der Auftraggeber trotz der bei Nichterfüllung verwirkten Vertragsstrafe auf der Erfüllung, so ist ihm dies unbenommen.[280] In diesem Fall richten sich seine Rechte nach §§ 280, 281 und 323 BGB. 123

b) Vertragsstrafe wegen nicht gehöriger, insbesondere verspäteter Erfüllung. Anders als bei Nichterfüllung kann der Auftraggeber die Vertragsstrafe, die für den Fall der nicht gehörigen/verspäteten Erfüllung versprochen worden ist, neben der Erfüllung verlangen, §§ 11 Nr. 1 VOB/B, 341 Abs. 1 BGB. Allerdings muss der Auftraggeber sich die bei nicht gehöriger bzw. verspäteter Erfüllung verwirkte Vertragsstrafe bei der Annahme/Abnahme vorbehalten, § 341 Abs. 3 BGB bzw. § 11 Nr. 4 VOB/B, wenn die Parteien nicht zulässigerweise eine hiervon abweichende Vereinbarung getroffen haben (dazu oben Rdn. 118 ff.). Eine vom Auftragnehmer gestellte Erfüllungsbürgschaft deckt im Zweifel auch den Anspruch auf Vertragsstrafe ab.[281] 124

2. Schadensersatzanspruch

a) Vertragsstrafe wegen Nichterfüllung. Macht der Auftraggeber einen Schadensersatzanspruch statt der Erfüllung geltend (§§ 280, 281 BGB), so kann er nach der Anrechnungsbestimmung des § 340 Abs. 2 Satz 1 BGB die für den Fall der Nichterfüllung versprochene Vertragsstrafe als **Mindestbetrag des Schadens** verlangen. Die Geltendmachung eines weiteren Schadens ist gemäß § 340 Abs. 2 Satz 2 BGB nicht ausgeschlossen. Es besteht also ein **Kumulationsverbot**, das den Auftraggeber daran hindert, neben der bei Nichterfüllung verwirkten Vertragsstrafe auch den Nichterfüllungsschaden in vollem Umfang geltend zu machen.[282] Eine hiervon abweichende Regelung ist nur individualvertraglich, nicht aber durch AGBs zulässig.[283] 125

b) Vertragsstrafe wegen nicht gehöriger, insbesondere verspäteter Erfüllung. So weit dem Auftraggeber wegen der nicht gehörigen/verspäteten Erfüllung ein Schadensersatzanspruch gegen den Auftragnehmer zusteht, so verweist § 341 Abs. 2 BGB auf die Anrechnungsbestimmung des § 340 Abs. 2 BGB. Der Auftraggeber muss sich also auf einen neben dem Erfüllungsanspruch geltend gemachten Schadensersatzanspruch die verwirkte Vertragsstrafe anrechnen lassen, kann aber gleichzeitig die verwirkte Vertragsstrafe als Mindestbetrag des Schadens fordern. AGB-Klauseln, wonach der Auftraggeber neben der Vertragsstrafe auch vollen Schadensersatz fordern kann, sind gemäß § 307 Abs. 2 Nr. 1 BGB unwirksam.[284] Nicht anrechnen lassen muss sich der 126

Beck'scher VOB-Kommentar/*Bewersdorf* VOB/B § 11 Nr. 4, Rdn. 41; *Ingenstau/Korbion/Döring* VOB/B § 11 Nr. 1, Rdn. 15.

[279] So auch *Ingenstau/Korbion/Döring* VOB/B § 11 Nr. 1, Rdn. 9.

[280] So auch *Ingenstau/Korbion/Döring* VOB/B § 11 Nr. 1, Rdn. 9.

[281] BGH BauR 82, 506.

[282] Vgl. Beck'scher VOB-Kommentar/*Bewersdorf* VOB/B § 11 Nr. 1, Rdn. 85.

[283] *Ingenstau/Korbion/Döring* VOB/B § 11 Nr. 1, Rdn. 12; *Nicklisch/Weick* § 11, Rdn. 12.

[284] BGH BauR 1989, 459; OLG Bremen NJW-RR 1987, 468; OLG Düsseldorf BauR 2003, 94; *Franke/Kemper/Zanner/Grünhagen* VOB/B § 11, Rdn. 43.

Auftraggeber jedoch eine Vertragsstrafe, die wegen verspäteter Leistung verwirkt worden ist, auf einenanschließenden Schadensersatzanspruch statt der Leistung.[285]

127 Besonders praxisrelevant ist die Anrechnung der Vertragsstrafe als Mindestschaden auf den tatsächlich höheren Verzugsschaden, wenn der Generalunternehmer (Hauptunternehmer) wegen des Verzuges des Nachunternehmers seinerseits gegenüber dem Bauherrn in Verzug geraten ist und in beiden Fällen Vertragsstrafe verwirkt wird. Hierzu sei auf die Erläuterung in Rdn. 93 verwiesen.

VII. Prozessuales

1. Darlegungs- und Beweislast

128 Im Hinblick auf die durch § 344 BGB geregelte **Akzessorietät** der Vertragsstrafe ist zu beachten, dass der Auftraggeber sowohl das Bestehen eines durch die Vertragsstrafe gesicherten Hauptanspruchs als auch die Voraussetzungen des geltend gemachten Vertragsstrafenanspruchs darlegen und beweisen muss. Hat der Auftraggeber mit dem Auftragnehmer eine Vertragsstrafe für den Fall des Leistungsverzugs des Auftragnehmers vereinbart, so muss der Auftraggeber insbesondere darlegen und beweisen

- das Bestehen eines entsprechenden Erfüllungsanspruchs (Planungs- oder Bauverpflichtung des Auftragnehmers);
- Terminverzug des Auftragnehmers (→ § 5, Rdn. 35 ff.);
- Grund und Höhe der Vertragsstrafenvereinbarung bei Leistungsverzug des Auftragnehmers;
- Vorbehalt der Vertragsstrafe bei der Abnahme (oder eine zulässige Abweichung vom Erfordernis des Strafvorbehalts).

129 Die Unwirksamkeit eines AGB-Strafversprechens gemäß § 307 BGB ist vom Gericht von Amts wegen zu berücksichtigen, wobei die tatsächlichen Umstände, die zur Unwirksamkeit führen (Voraussetzungen einer AGB-Klausel gemäß § 305 BGB, unangemessen hoher Tagessatz usw.) vom Auftragnehmer darzulegen sind. Bestreitet der Auftragnehmer die Verwirkung der Vertragsstrafe, weil er (rechtzeitig) erfüllt habe, so ist der Auftragnehmer gemäß § 345 BGB darlegungs- und beweispflichtig. Der Auftragnehmer muss dabei insbesondere die Umstände, die gemäß § 6 Nr. 2 VOB/B zu einer Fristverlängerung führen sowie die Umstände, die das zu seinen Lasten vermutete Verschulden gemäß § 286 Abs. 4 BGB widerlegen, darlegen und beweisen.[286]

2. Verjährung des Strafanspruchs

130 Hinsichtlich der bis zum 31.12.2001 gültigen Fassung des BGB war umstritten, ob der Strafanspruch mangels anderweitiger Regelung in der regelmäßigen Verjährungsfrist von 30 Jahren gemäß § 195 BGB[287] oder aufgrund der Akzessorietät zum Hauptanspruch entsprechend diesem Hauptanspruch verjährte.[288] Diese bereits bisher wenig praxisrelevante Diskussion dürfte durch die weitgehende Harmonisierung der Verjährungsvorschriften durch das Schuldrechtsmodernisierungsgesetz ab 1.1.2002 und die weitgehend einheitliche Geltung der regelmäßigen Verjährungsfrist von nur noch drei Jahren gemäß § 195 BGB n.F. nun entschärft sein.[289] Verjährt der pönalisierte Hauptanspruch ausnahmsweise nicht in der regelmäßigen Frist von drei Jahren, so erscheint es wegen der Akzessorietät allerdings richtig, eine einheitliche Verjährung des Hauptanspruchs und des ihn sichernden Anspruchs auf die Vertragsstrafe anzunehmen.[290]

[285] Zutreffend OLG Düsseldorf BauR 2003, 259.
[286] Vgl. auch *Franke/Kemper/Zanner/Grünhagen* VOB/B § 11, Rdn. 48.
[287] So z.B. Beck'scher VOB-Kommentar/*Bewersdorf* VOB/B § 11 Nr. 1, Rdn. 89 m.w.N.
[288] *Heiermann/Riedl/Rusam* VOB/B § 11, Rdn. 23; *Kleine-Möller/Merl* § 13, Rdn. 449; differenzierend: *Ingenstau/Korbion/Döring* VOB/B § 11, Rdn. 11 jeweils m.w.N.
[289] So auch *Lau* Jahrbuch BauR 2003, S. 83 f.
[290] Vgl. *Lau* a.a.O.; *Ingenstau/Korbion/Döring* VOB/B § 11, Rdn. 11 zum alten Verjährungsrecht.

§ 12 Abnahme

1. Verlangt der Auftragnehmer nach der Fertigstellung – gegebenenfalls auch vor Ablauf der vereinbarten Ausführungsfrist – die Abnahme der Leistung, so hat sie der Auftraggeber binnen 12 Werktagen durchzuführen; eine andere Frist kann vereinbart werden.
2. Auf Verlangen sind in sich abgeschlossene Teile der Leistung besonders abzunehmen.
3. Wegen wesentlicher Mängel kann die Abnahme bis zur Beseitigung verweigert werden.
4. (1) Eine förmliche Abnahme hat stattzufinden, wenn eine Vertragspartei es verlangt. Jede Partei kann auf ihre Kosten einen Sachverständigen zuziehen. Der Befund ist in gemeinsamer Verhandlung schriftlich niederzulegen. In die Niederschrift sind etwaige Vorbehalte wegen bekannter Mängel und wegen Vertragsstrafen aufzunehmen, ebenso etwaige Einwendungen des Auftragnehmers. Jede Partei erhält eine Ausfertigung.
(2) Die förmliche Abnahme kann in Abwesenheit des Auftragnehmers stattfinden, wenn der Termin vereinbart war oder der Auftraggeber mit genügender Frist dazu eingeladen hatte. Das Ergebnis der Abnahme ist dem Auftragnehmer alsbald mitzuteilen.
5. (1) Wird keine Abnahme verlangt, so gilt die Leistung als abgenommen mit Ablauf von 12 Werktagen nach schriftlicher Mitteilung über die Fertigstellung der Leistung.
(2) Wird keine Abnahme verlangt und hat der Auftraggeber die Leistung oder einen Teil der Leistung in Benutzung genommen, so gilt die Abnahme nach Ablauf von 6 Werktagen nach Beginn der Benutzung als erfolgt, wenn nichts anderes vereinbart ist. Die Benutzung von Teilen einer baulichen Anlage zur Weiterführung der Arbeiten gilt nicht als Abnahme.
(3) Vorbehalte wegen bekannter Mängel oder wegen Vertragsstrafen hat der Auftraggeber spätestens zu den in den Absätzen 1 und 2 bezeichneten Zeitpunkten geltend zu machen.
6. Mit der Abnahme geht die Gefahr auf den Auftraggeber über, soweit er sie nicht schon nach § 7 trägt.

Schrifttum: *Wendelin Acker und Sigrid Roskosny*, Die Abnahme beim gekündigten Bauvertrag und deren Auswirkungen auf die Verjährung, BauR 2003, 1279 ff. – *Klaus Brügmann und Carolin Kenter,* Abnahmeanspruch nach Kündigung von Bauverträgen, NJW 2003, 2121 ff. – *Götz v. Craushaar*, Fertigstellung statt Abnahme des Werkes – Kritische Anmerkungen zu dem von der Schuldrechtskommission vorgelegten Entwurf der Schuldrechtsreform, FS Heiermann 1995, 17 – *Manfred Cuypers*, Die Abnahme beim Bauvertrag – Versuch einer Typisierung, BauR 1991, 141 – *Horst Dähne*, Die „vergessene" förmliche Abnahme, BauR 1980, 223, ders. in: Die „vergessene" förmliche VOB-Abnahme – eine überflüssige Rechtskonstruktion?, FS Heiermann 1995, S. 23 ff. – *Hans Ganten*, Anmerkungen zu BGH, NJW 1974, 95, NJW 1974, 987 – *Heinrich Gross*, Die verweigerte Abnahme in: FS Locher 1990, S. 53 – *Erich Groß*, Beweislast bei in der Abnahme vorbehaltenen Mängeln, BauR 1995, 456 ff. – *Reiner Hochstein,* Die „vergessene" förmliche Abnahmevereinbarung und ihre Rechtsfolgen im Bauprozess, BauR 1975, 221 – *Walter Jagenburg,* Die Vollmacht des Architekten, BauR 1978, 180, Die Abnahme des Architektenwerkes und die Tätigkeitspflicht des Architekten bei Mängeln, BauR 1980, 406 – *Walter Jagenburg* und *Andreas Reichelt,* Die Entwicklung des privaten Bauvertragsrechts seit 1998: VOB/B, NJW 2000, 2629 – *Horst-Heinrich Jakobs,* Die Abnahme beim Werkvertrag, AcP 183, (1983), 145 – *Gisbert Kaiser,* Das Mängelhaftungsrecht in Baupraxis und Bauprozeß, 7. Aufl. Heidelberg 1992 ders. in: ZfBR 1980, 263 ff., Der Umfang der Architektenvollmacht – *Kapellmann, Klaus D.*, „In sich abgeschlossene Teile der Leistung gem. VOB/B" in FS R. Thode, 2005 – *Helmut Kiesel,* Das Gesetz zur Beschleunigung fälliger Zahlungen, NJW 2000, 1673 – *Rolf Kniffka,* Das Gesetz zur Beschleunigung fälliger Zahlungen – Neuregelung des Bauvertragsrechts und seine Folgen, ZfbR 2000, 227 – *ders.* Abnahme und Abnahmewirkungen nach Kündigung des Bauvertrages – zur Abwicklung des Bauvertrages nach Kündigung unter besonderer Berücksichtigung der Rechtsprechung des Bundesgerichtshofes –, ZfBR 1998, 113 ff. – *Rüdiger Kratzenberg,* Der Beschluss des DVA-Hauptausschusses zur Neuherausgabe der VOB 2002 (Teile A und B), NZBau 2002, 177 – *Horst Locher*, Das private Baurecht, Kurzlehrbuch, 7. Aufl. 2005, München – *Kurt Meissner,* Vertretung und Vollmacht in den Rechtsbeziehungen der am Bau Beteiligten, BauR 1987, 497 – *Gerd Motzke,* Abschlagszahlung, Abnahme und Gutachterverfahren nach dem Beschleunigungsgesetz, NZBau 2000, 489, *Christoph Motzko/Richard Schreiber*, Verweigerung der Bauabnahme bei einer Vielzahl kleiner Mängel – Möglichkeiten einer baubetrieblichen Bewertung, BauR 1995, 24 ff. – *Christian Niemöller,* Abnahme und Abnahmefiktionen nach dem Gesetz zur Beschleunigung fälliger Zahlungen, BauR 2001, 481

– *Frank Peters,* Das Gesetz zur Beschleunigung fälliger Zahlungen, NZBau 2000, 169, ders. in: NJW 1980, S. 750 Schadenersatz wegen Nichterfüllung bei vorbehaltloser Abnahme einer als mangelhaft erkannten Werkleistung – *Otto Tempel,* Ist die VOB/B noch zeitgemäß – Eine kritische Skizze zur Neufassung 2002 – Teil 1, NZBau 2002, 465 – *Reinhold Thode,* Werkleistung und Erfüllung im Bau- und Architektenvertrag, ZfBR 1999, 116, ders. Werkleistung und Erfüllung im Bau- und Architektenvertrag, ZfBR 1999, 116 ff. – *Klaus Vygen,* Vergabe- und Verdingungsordnung für Bauleistungen (VOB), Teil B, Allgemeine Vertragsbedingungen für die Ausführung von Bauleistungen (in der Fassung 2002), Sonderheft BauR 2002, VOB/B 2002, Seite 36–39.

Übersicht

A. Allgemeines

I. Bedeutung und systematische Stellung der Abnahme

1. Bedeutung der Abnahme

1 Vertragsrechtlich stellt die Abnahme eine Besonderheit dar.[1]

Diese Besonderheit ergibt sich zum einen aus dem Gesichtspunkt des sogenannten „**Dreh- und Angelpunktes**"[2] der Abnahme als Übergang vom Erfüllungsstadium zum Gewährleistungsstadium und den damit verbundenen Abnahmewirkungen (hierzu im Einzelnen unter Rdn. 36–60).

Zum anderen wird im Gegensatz zu anderen Vertragstypen des BGB durch die entsprechende Willensbekundung des Bestellers geklärt, ob das Werk vertragsgemäß hergestellt worden ist.[3] Während z.B. beim Kaufvertrag in der Übergabe der Kaufsache und der Annahme durch den Käufer ein ausreichendes äußerliches Zeichen für eine Erfüllungshandlung vorliegt (§ 433 Abs. 2 BGB), reicht dies für sich genommen beim Werkvertrag nicht aus. Hinzu treten muss vielmehr eine **Billigung des hergestellten Werkes** durch den Besteller in Form einer **einseitigen, nicht notwendigerweise empfangsbedürftigen Willenserklärung.**[4]

Weil der Besteller eines Werkes bei der Bestellung eines Bauwerkes noch nicht, oder aber nur anhand einer gegebenenfalls vorliegenden Planung weiß, wie der zukünftige Vertragsgegenstand aussehen soll, ist es erforderlich, einen erklärten „Soll-Ist-Abgleich" am Ende der Erfüllungsphase vorzunehmen. Weil dieser Akt nicht nur formal, sondern auch inhaltlich notwendig ist, reicht es nicht aus, in der Abnahme lediglich eine geschäftsähnliche Handlung[5] zu sehen. Erforderlich ist vielmehr eine Willenserklärung des Bestellers.

2. Das Verhältnis zu § 640 BGB und den sonstigen Vorschriften des Werkvertragsrechtes des BGB

2 **a) Grundsätzliches Verhältnis zu § 640 BGB.** § 12 VOB/B geht vom Abnahmebegriff des § 640 BGB aus,[6] d.h. die Vorschrift normiert keine eigene Begrifflichkeit, sondern gestaltet die für die Baupraxis in § 640 BGB nicht enthaltenen Regelungen näher aus. **Insoweit gehen die Vorschriften der VOB/B den Regeln des BGB vor.**[7]

3 Während § 640 Abs. 1 Satz 1 BGB nur bestimmt, dass der Besteller verpflichtet ist, das vertragsgemäß hergestellte Gewerk abzunehmen, regelt § 12 Nr. 1 VOB/B zusätzlich, dass diese Pflicht grundsätzlich **erst dann entsteht, wenn der Auftragnehmer dies vom Auftraggeber auch verlangt,** dann aber diese Pflicht binnen einer Frist von 12 Werktagen zu erfüllen ist.

---

[1] *Thode* ZfBR 1999, 116; Ingenstau/Korbion, B *Oppler* § 12 Rdn. 1.

[2] *Jagenburg* BauR 1980, 406; Beck'scher VOB-Kommentar VOB/B/*Jagenburg* vor § 12 Rdn. 1; *Vygen* Bauvertragsrecht, Rdn. 365.

[3] *Thode* ZfBR 1999, 116.

[4] RGZ 110, 404, 407; BGH, NJW 1974, 95; *Locher* Das private Baurecht Rdn. 81; *Ganten* NJW 1974, 987; *Nicklisch/Weick*, B § 12 Rdn. 34; *Kleine-Möller/Merl/Oelmaier* § 11 Rdn. 1; *Vygen* Bauvertragsrecht, Rdn. 367; Ingenstau/Korbion, B *Oppler* § 12 Rdn. 1; jetzt auch: Heiermann/Riedl/Rusam, B *Riedl* § 12 Rdn. 4, 5 a.

[5] So *Kaiser* Mängelhaftungsrecht, Rdn. 37.

[6] Beck'scher VOB-Kommentar VOB/B/*Jagenburg* vor § 12 Rdn. 5.

[7] Ingenstau/Korbion, B *Oppler* § 12 Rdn. 2; Beck'scher VOB-Kommentar VOB/B/*Jagenburg* vor § 12 Rdn. 5; *Tempel* NZBau 2002, 465 ff.

Weitergehend regelt § 12 Nr. 2 VOB/B unter welchen Voraussetzungen eine Teilabnahme mit welchen Wirkungen möglich ist, sodann regelt § 12 Nr. 3 VOB/B unter welchen Voraussetzungen eine Abnahme durch den Besteller verweigert werden kann; § 12 Nr. 4 VOB/B regelt die Frage, wann und wie eine förmliche Abnahme stattzufinden hat. Schließlich enthält § 12 Nr. 5 VOB/B eine ansonsten im Werkvertragsrecht des BGB nicht vorgesehene Abnahmefiktion für den Fall, dass der Auftragnehmer keine Abnahme verlangt. In § 12 Nr. 6 VOB/B wird letztlich in Bezug auf die Gefahrtragung § 644 BGB unter Einbeziehung von § 7 VOB/B ergänzt.

b) Weiter anzuwendende Vorschriften des BGB. Neben § 12 VOB/B gelten die ergänzenden Vorschriften des BGB. Dies betrifft z.B. **§ 638 Abs. 1 Satz 2 BGB,** wonach die Verjährung der Gewährleistung mit der Abnahme des Werkes beginnt oder **§ 640 Abs. 2 BGB,** wonach sich der Besteller, der einen Mangel kennt, seine Rechte in Bezug auf diesen Mangel vorbehalten muss, wenn er seine Rechte nach §§ 633, 634 BGB nicht verlieren will. Ebenso gilt **§ 641 Abs. 1 Satz 1 BGB**, wonach „die Vergütung“ bei der Abnahme zu entrichten ist sowie **§ 644 Abs. 1 BGB,** wonach der Unternehmer die Gefahr bis zur Abnahme des Werkes trägt. 4

c) Insbesondere § 640 Abs. 1 Satz 3 BGB und § 641 a BGB. Das Gesetz zur Beschleunigung fälliger Zahlungen vom 30.3.2000, in Kraft getreten seit dem 1.5.2000[8] hat zwei neue Abnahmefiktionen in Form des **§ 640 Abs. 1 Satz 3 BGB** und **§ 641 a BGB** geschaffen. Beide Fiktionen stellen den Eintritt der dort näher umschriebenen äußeren Ereignisse **einer Willenserklärung des Auftraggebers unabhängig vom tatsächlichen Willen gleich,** d.h. es treten vorbehaltlich der geregelten Ausnahmen sämtliche Abnahmewirkungen **gegebenenfalls auch gegen den Willen des Auftraggebers ein.**[9] 5

aa) Geltung des § 640 Abs. 1 Satz 3 BGB neben § 12 VOB/B. Streitig ist, ob die im BGB neu geschaffenen Abnahmefiktionen auch für den VOB-Vertrag gelten. Entgegen überwiegender Auffassung[10] sieht *Kiesel*[11] in den VOB-Vorschriften ein in sich geschlossenen Abnahmesystem, das die Anwendung der neuen BGB-Vorschriften ausschließe. 6

Dieses Argument trägt nicht. Richtigerweise ist davon auszugehen, dass die VOB-Vorschriften für die Baupraxis notwendige oder auch nur sinnvolle Ergänzungen des BGB vornehmen. Die Verzahnung der VOB/B auch im Bereich der Abnahme mit dem BGB bleibt grundsätzlich erhalten. Darüber hinaus regeln z.B. § 640 Abs. 1 Satz 3 BGB und § 12 Nr. 5 Abs. 1 und 2 VOB/B völlig unterschiedliche Sachverhalte. Während § 640 Abs. 1 Satz 3 BGB unter anderem ein Abnahmebegehren des Auftragnehmers voraussetzt, geht § 12 Nr. 5 Abs. 1 und 2 VOB/B davon aus, dass kein Abnahmebegehren vorliegt. Dementsprechend schließt der Wortlaut der VOB/B die Anwendung des § 640 Abs. 1 Satz 3 BGB nicht aus. Wollte man darüber hinaus im Wege einer Spezialisierung § 12 VOB/B eine Ausschließlichkeitswirkung zukommen lassen, würde dies dazu führen, dass dem Auftragnehmer, der die Abnahme zu Recht verlangt, weil die entsprechenden Voraussetzungen vorliegen, nicht die Fiktion nach § 12 Nr. 5 VOB/B oder des § 640 Abs. 1 Satz 3 BGB zur Verfügung stünde. Der Auftraggeber könnte dementsprechend durch eine unberechtigte Abnahmeverweigerung oder durch schlichte Untätigkeit zunächst den Eintritt der Abnahmewirkung verhindern. Selbst der Vorstand des Deutschen Vergabe- und Vertragsausschusses hat im Rahmen seiner Beschlüsse vom 2.5.2002 zu § 12 Nr. 5 VOB/B hervorgehoben, dass dies im Ergebnis durch § 640 Abs. 1 Satz 3 BGB gerade verhindert werden sollte.[12] § 640 Abs. 1 Satz 3 BGB ist also neben § 12 VOB/B anwendbar.

---

[8] BGBl. I, Seite 330.

[9] Vgl. hierzu ausführlich: Ingenstau/Korbion, B *Oppler* § 12 Rdn. 21 ff.; *Peters* NZBau 2000, 169, 171: *Motzke* NZBau 2000, 489, 494 f., zu § 640 Abs. 1 S. 3 BGB und der Frage des Urkundsprozesses ausführlich: *van den Hövel* NZBau 2006, 6.

[10] Ingenstau/Korbion, B *Oppler* § 12 Rdn. 23; *Kniffka* ZfBR 2000, 227 ff.; *Motzke* NZBau 2000, 489, 495; *Niemöller* Baurecht 2001, 481, Heiermann/Riedl/Rusam, B *Riedl* § 12 Rdn. 2.

[11] *Kiesel* NJW 2000, 1673; nicht eindeutig: *Tempel* NZBau 2002, 465 ff.

[12] *Kratzenberg* NZBau 2002, 177, 180 der die Beschlüsse des DVA zur Änderung der VOB/B in der Fassung vom 2.5.2002, Stand 3.5.2002, Seiten 11, 12 beschreibt.

7 **bb) Geltung des § 640 Abs. 1 Satz 3 BGB bei Vereinbarung einer förmlichen Abnahme gem. § 12 Nr. 4 VOB/B.** Nach einer im Schrifttum geäußerten Auffassung[13] soll die Vorschrift des § 640 Abs. 1 Satz 3 BGB nicht zur Anwendung kommen, wenn die Parteien ein bestimmtes Abnahmeverfahren, z.B. eine förmliche Abnahme gem. § 12 Nr. 4 VOB/B vereinbart haben.

Diese Vereinbarung ändere das insoweit dispositive Recht des BGB mit der Folge der Unanwendbarkeit ab. Damit hätte es der Auftraggeber in Entsprechung der Regelungssystematik des § 12 Nr. 4 VOB/B durch schlichtes Verlangen in der Hand, ob § 640 Abs. 1 Satz 3 BGB zur Anwendung kommt.

Diese Auffassung entbehrt der Grundlage. Wie bereits unter Rdn. 6 im Einzelnen dargelegt, vertritt selbst der DVA die Auffassung,[14] dass § 640 Abs. 1 Satz 3 BGB und § 12 VOB/B weder dem Wortlaut nach, noch systematisch oder gar teleologisch einen Überschneidungsbereich haben, der die Anwendbarkeit der jeweiligen Normen in Frage stellen könnte. Vor diesem Hintergrund ist es nicht verständlich, von einer **Vereinbarung** der Parteien mit dem Ziel des Ausschlusses des § 640 Abs. 1 Satz 3 BGB bei der Vereinbarung einer förmlichen Abnahme gem. § 12 Nr. 4 VOB/B auszugehen. Richtig ist, sowohl nach dem Wortlaut aber auch nach dem Sinn und Zweck des Gesetzes zur Beschleunigung fälliger Zahlungen[15], dass der Auftraggeber, der eine besondere Form der Abnahme gewählt hat, im Falle einer pflichtwidrigen Abnahmeverweigerung bzw. pflichtwidrigen Nichtabnahme nicht besser stehen darf, als derjenige Auftraggeber, der eine solche besondere Form nicht vereinbart hat. Würde man *Kiesel* folgen, wäre ohne jeden Anhalt im Wortlaut oder der Systematik der Sinn und Zweck des Gesetzes zur Beschleunigung fälliger Zahlungen in sein Gegenteil verkehrt, da – wie der Autor selbst konstatiert[16] – der weit überwiegende Teil aller Bauverträge auf der Basis der VOB/B abgeschlossen wird.

3. Abgrenzung zu sonstigen Abnahmebegriffen

8 Der Begriff der „Abnahme" wird vielfältig und nicht immer nur im Sinne des § 640 BGB bzw. § 12 VOB/B gebraucht. So spricht z.B. **§ 15 Abs. 2 Nr. 8 HOAI** von einer Aufgabe des Architekten, die „Abnahme der Bauleistungen unter Mitwirkung anderer an der Planung und Objektüberwachung fachlich Beteiligter unter Feststellung von Mängeln" vorzunehmen (ähnlich: **§ 55 Abs. 2 Nr. 8 HOAI**). Nach ganz überwiegender, zutreffender Auffassung handelt es sich dabei aber **nicht um eine rechtsgeschäftliche Abnahme** im Sinne des § 12 VOB/B bzw. § 640 BGB, **sondern um eine technische Abnahme**, d.h. um eine Feststellung des technischen Zustandes der Werkleistung im Sinne des § 4 Nr. 10 VOB/B,[17] mit dem Ziel der Vorbereitung der eigentlichen rechtsgeschäftlichen Abnahme.

9 Nicht mit der Abnahme im Sinne des § 640 BGB bzw. § 12 VOB/B zu verwechseln ist auch die sogenannte **„behördliche Abnahme"**. Durch die jeweiligen behördlichen Abnahmen (z.B. „Rohbauabnahme" gem. § 82 BauO NRW) werden „lediglich" die Umstände überprüft, die entweder dem Schutz der Allgemeinheit vor Gefahren vor der neuen Werkleistung dienen oder aber sonstigen, gesetzlich normierten Standards (z.B. Lärm- oder Wärmeschutz). Mit einer rechtsgeschäftlichen Abnahme im Sinne des § 640 BGB bzw. § 12 VOB/B hat dies nichts zu tun,[18] auch wenn eine fehlende öffentlich-rechtliche Abnahme gegebenenfalls einen wesentlichen Mangel (z.B. fehlende Gebrauchsfähigkeit) im Sinne des § 12 Nr. 2 VOB/B begründen kann, der den Auftraggeber zur Abnahmeverweigerung berechtigt. Hier ist allerdings je nach Einzelfall zu differenzieren, da die Verantwortlichkeit des jeweils betreffenden Unternehmers im Rahmen eines gegebenenfalls auch mehrere Gewerke umfassenden Bauwerkes geklärt werden muss, wenn nicht

---

[13] *Kiesel* NJW 2000, 1673, 1678.

[14] Vgl. Fn. 12.

[15] Vgl. Fn. 8.

[16] *Kiesel* NJW 2000, 1673, 1674.

[17] *Locher/Koeble/Frik* HOAI § 15 Rdn. 218; *Locher* Das Private Baurecht Rdn. 325; *Werner/Pastor* Der Bauprozess Rdn. 1076; ausführlich: Ingenstau/Korbion, B *Oppler* § 12 Rdn. 3 ff.; a.A.: *Cuypers* BauR 1991, 141.

[18] Beck'scher VOB-Kommentar VOB/B/*Jagenburg* vor § 12 Rdn. 9; Ingenstau/Korbion, B *Oppler* § 12 Rdn. 4; *Kapellmann/Langen* Einführung in die VOB/B Rdn. 154.

z.B. das Generalunternehmerverhältnis zwischen Bauherr und Generalunternehmer im Rahmen eines **Schlüsselfertigbauvertrages** betroffen ist.[19]

II. Begriff der Abnahme

Schon aus dem Wortlaut ergibt sich, dass die eine Vertragspartei (hier der Auftragnehmer) 10
etwas „abgibt" (die Werkleistung), während die andere Vertragspartei (hier der Auftraggeber) etwas „annimmt". Damit verbunden ist eine entweder ausdrücklich oder stillschweigend erklärte Billigungserklärung durch den Auftraggeber. Dementsprechend **definiert** sich die Abnahme als die **körperliche Entgegennahme** der fertig gestellten Leistung und ihre **Billigung** als der Hauptsache nach vertragsgemäße Leistungserfüllung[20] (sogenannter „zweigliedriger Abnahmebegriff"[21]).

1. Körperliche Entgegennahme der Leistung

Die erste Voraussetzung der Abnahme ist die körperliche Entgegennahme der Leistung. Dies 11
wiederum setzt voraus, dass sich der Auftragnehmer seines Besitzes an der Werkleistung, soweit er ihn hatte, zu Gunsten des Auftraggebers vollständig entäußert.[22] Dies gilt auch bei Bauwerken und Bauleistungen, bei denen der Eigentümer des Baugrundstückes als Auftraggeber Eigentum an der Bauleistung erwirbt (als wesentlicher Bestandteil des Grundstückes; § 93 BGB), da die Frage des Eigentumserwerbs von der des Besitzes zu differenzieren ist und der Auftraggeber den notwendigen unmittelbaren Besitz erst durch die Übergabe bzw. körperliche Entgegennahme erlangt.[23]

Dort, wo der Auftraggeber zum Zeitpunkt der Fertigstellung im unmittelbaren Besitz der Werkleistung ist (z.B. bei **Umbauten** oder der **Sanierung von Altbauten**), bedarf es allerdings keiner Übergabe mehr, da eine bereits erfüllte Voraussetzung nicht noch einmal erfüllt werden kann. Vielmehr kommt es in diesen Fällen dann alleine auf das zweite Element der Abnahme an, die Billigung der fertig gestellten Leistung.[24]

2. Billigung der Leistung

Bei dem zweiten Element der Abnahme, der Billigung der fertig gestellten Leistung, handelt 12
es sich um eine **einseitige, nicht notwendigerweise empfangsbedürftige Willenserklärung.**[25] Erforderlich ist dementsprechend, **eine als Billigung ansehbare Verhaltensweise des Auftraggebers, die nach Außen tritt und zur Kenntnisnahme des Auftragnehmers bestimmt ist, ohne dass es auf einen Zugang im Sinne des § 130 BGB ankommt.**[26] Daraus wiederum folgt, dass die „Erklärung" des Auftraggebers nicht ausdrücklich erfolgen muss. Vielmehr kann es ausreichend sein, aus dem tatsächlichen Verhalten des Auftraggebers objektiv eine Billigungserklä-

---

[19] Beck'scher VOB-Kommentar VOB/B/*Jagenburg* vor § 12 vor § 12 Rdn. 11.

[20] RGZ 107, 339, 343; 110, 404, 407; BGHZ 48, 257, 262; 50, 160; BGH NJW 1970, 421; BGH BauR 1996, 386; Leinemann, B *Sterner* § 12 Rdn. 3; Ingenstau/Korbion, B *Oppler* § 12 Rdn. 6; Beck'scher VOB-Kommentar VOB/B/*Jagenburg* vor § 12 Rdn. 13; *Kapellmann/Langen* Einführung in die VOB/B Rdn. 154; Heiermann/Riedl/Rusam, B *Riedl* § 12 Rdn. 4.

[21] *V. Craushaar* FS f. Heiermann 1995 S. 17; *Thode* ZfBR 1999, 116 f.; Beck'scher VOB-Kommentar VOB/B/*Jagenburg* vor § 12 Rdn. 13; Staudinger/*Peters* § 640 BGB Rdn. 18.

[22] *V. Craushaar* FS f. Heiermann 1995 S. 17, 21 f.; Ingenstau/Korbion, B *Oppler* § 12 Rdn. 7; Beck'scher VOB-Kommentar VOB/B/*Jagenburg* vor § 12 Rdn. 14; Staudinger/*Peters* § 640 BGB Rdn. 16, Heiermann/Riedl/Rusam, B *Riedl* § 12 Rdn. 4 a.

[23] BGH BauR 1983, 573; OLG Braunschweig BauR 2000, 105; Beck'scher VOB-Kommentar VOB/B/*Jagenburg* vor § 12 Rdn. 14; Ingenstau/Korbion, B *Oppler* § 12 Rdn. 8; Heiermann/Riedl/Rusam, B *Riedl* § 12 Rdn. 4 a.

[24] RGZ 110, 404, 407; BGH BauR 1985, 192, 195 f.; Ingenstau/Korbion, B *Oppler* § 12 Rdn. 8, Beck'scher VOB-Kommentar VOB/B/*Jagenburg* vor § 12 Rdn. 15; Heiermann/Riedl/Rusam, B *Riedl* § 12 Rdn. 4 a.

[25] Vgl. Fn. 4.

[26] Ingenstau/Korbion, B *Oppler* § 12 Rdn. 8; Beck'scher VOB-Kommentar VOB/B/*Jagenburg* vor § 12 Rdn. 16.

rung abzuleiten, wenn dies mit der notwendigen Sicherheit bestimmt werden kann.[27] (sogenannte konkludente oder auch stillschweigende Abnahme, hierzu ausführlich unter Rdn. 15–22).

13 a) **Keine Prüfungspflicht des Auftraggebers.** Grundsätzlich trifft den Auftraggeber bei der Abnahme, soweit nichts anderes vereinbart ist, **keine Prüfungspflicht.**[28] Andererseits ist dem Auftraggeber, sofern er eine Überprüfung der Werkleistung verlangt, hierzu die Möglichkeit einzuräumen.[29] Wie intensiv die Prüfung insbesondere in Ansehung der hierzu benötigten Zeit ausfallen darf, hängt vom Einzelfall ab. So wird man einem Auftraggeber sicherlich nicht zumuten können, eine Heizungsanlage im Sommer oder eine Kälteanlage im Winter abzunehmen, **wenn** deren Funktionsfähigkeit nicht getestet werden kann.[30] Andererseits wird ohne besondere Vereinbarung auch **kein mehrtägiger Probelauf bzw. Probebetrieb** verlangt werden können, da es den Auftraggeber zuzumuten ist, etwaig im Betrieb auftretende Mängel auch nach der Abnahme im Gewährleistungszeitraum zu rügen.[31]

14 b) **Ausdrückliche Billigung.** Möglich und im Falle der förmlichen Abnahme gem. § 12 Nr. 4 VOB/B auch die Regel ist, dass der Auftraggeber seine Billigungserklärung ausdrücklich abgibt. Gibt der Auftraggeber eine Billigungserklärung ab, stehen dieser Erklärung etwaige Mängel nicht entgegen. Dies gilt selbst dann, wenn die Schwere der Mängel eigentlich zur Verweigerung der Abnahme gem. § 12 Nr. 3 VOB/B berechtigen würde.[32] Nicht ausreichend als ausdrückliche Billigung ist dabei alleine ein Bestätigungsvermerk des Auftraggebers auf eine Abrechnung der geleisteten Stunden. Vielmehr bedarf es hier weiterer Anhaltspunkte, um zu einer Billigungserklärung des Auftraggebers zu gelangen.[33] Auch die Erteilung der Abnahme unter dem Vorbehalt der Beseitigung von Mängeln stellt gerade keine Abnahmeerklärung dar, solange der Vorbehalt (z.B. Beseitigung von Mängeln) vom Auftraggeber nicht ausdrücklich als erledigt bezeichnet wird.[34] Hiervon unabhängig zu bewerten ist die Frage, ob der Vorbehalt inhaltlich zu Recht erfolgt ist. Ist dies nicht der Fall, bleibt dem Auftragnehmer die Möglichkeit des Vorgehens nach § 640 Abs. 1 Satz 3 BGB (vgl. Rdn. 5–7).

15 c) **Stillschweigende bzw. konkludente Abnahme.** Es kann ausreichend sein, aus dem tatsächlichen Verhalten des Auftraggebers objektiv eine Billigungserklärung abzuleiten, wenn dies mit der notwendigen Sicherheit bestimmt werden kann.[35] Wann diese Bestimmung jeweils möglich ist, bleibt grundsätzlich der **Bewertung im Einzelfall** vorbehalten.[36] Gleichwohl können einzelne Fallgruppen systematisch getrennt werden (auch wenn mehrere Fallgruppen gleichzeitig erfüllt werden können).

16 aa) **Inbenutzungnahme der Werkleistung.** Eine Fallgruppe, die ein sicheres Indiz für eine konkludent abgegebene Willenserklärung darstellt, ist die **Inbenutzungnahme der Werkleis-**

---

[27] BGH NJW 1970, 421; OLG Hamm BauR 1993, 604; Ingenstau/Korbion, B *Oppler* § 12 Rdn. 9, 10; Beck'scher VOB-Kommentar VOB/B/*Jagenburg* vor § 12 Rdn. 16; Leinemann, B *Sterner* B § 12 Rdn. 4; Münch. Komm. – *Busche,* § 640 BGB Rdn. 15, 17 ff.

[28] BGH NJW 1970, 421; Beck'scher VOB-Kommentar VOB/B/*Jagenburg* vor § 12 Rdn. 18; Münch. Komm. – *Busche*, § 640 BGB Rdn. 15; wohl im Ergebnis auch: Ingenstau/Korbion, B *Oppler* § 12 Rdn. 12. Nach Ingenstau/Korbion, B *Oppler* § 12 Rdn. 12 und BGH NJW-RR 1992, 626 besteht eine Pflicht zur Prüfung nach § 377 HGB nicht, a.A. *Heidland*, BauR 1971, 18.

[29] Beck'scher VOB-Kommentar VOB/B/*Jagenburg* vor § 12 Rdn. 19; Heiermann/Riedel/Rusam, B *Oppler* § 12 Rdn. 4 c.

[30] Hierzu OLG Köln Schäfer/Finnern/Hochstein § 640 BGB, Rdn. 13, betreffend den Einbau einer Wärmepumpe im Sommer.

[31] So auch*: Beck'scher VOB-Kommentar/Jagenburg* vor § 12 Rdn. 21.

[32] BGH BauR 1973, 192; Ingenstau/Korbion, B *Oppler* § 12 Rdn. 11; Beck'scher VOB-Kommentar VOB/B/*Jagenburg* vor § 12 Rdn. 26.

[33] BGH NZBau 2004, 548 f.

[34] OLG Saarbrücken IBR 2005, 419.

[35] Vgl. Fn. 27.

[36] BGH BauR 1985, 200; Ingenstau/Korbion, B *Oppler* § 12 Rdn. 10 ff.; Leinemann, B *Sterner*, B § 12 Rdn. 5; Heiermann/Riedl/Rusam, B *Riedl* § 12 Rdn. 6 a; Münch. Komm. – *Busche*, § 640 BGB Rdn. 17 ff.

tung.[37] Dies kann z.B. durch den **Bezug des Hauses**[38], nach der Rechtsprechung teilweise auch schon durch die **Entgegennahme der Schlüssel**[39] erfolgen. Voraussetzung ist allerdings, dass es sich um eine **bestimmungsgemäße Ingebrauchnahme** handelt, d.h. **keine Druck- oder Zwangslage** vorherrscht, so z.B. wenn das bisher genutzte Wohngebäude wegen Kündigung geräumt werden muss.[40] Ob auch in der Nutzung der Leistung zum Zwecke der Weiterarbeit eine Billigungserklärung abgeleitet werden kann,[41] ist nach den vorstehenden Grundsätzen zu entscheiden. Erfolgt die Ingebrauchnahme bestimmungsgemäß, d.h. ohne eine Druck- oder Zwangslage (hier insbesondere Zeitdruck wegen weiter terminierter Gewerke) und liegt auch kein wesentlicher Mangel vor, spricht auch diese Form der Ingebrauchnahme für eine ausreichende Billigungserklärung.

Weitere Voraussetzungen für eine stillschweigende bzw. konkludente Abnahme durch Inbenutzungnahme ist, dass die Leistung **im wesentlichen fertig gestellt ist** und **keine schwerwiegenden Mängel** vorliegen, da andernfalls regelmäßig nicht von einem Abnahmewillen des Auftraggebers ausgegangen werden kann.[42] Ist z.B. der nach der Baubeschreibung geschuldete Aufzug nicht „rollstuhlgerecht" i.S.d DIN 13506 und DIN 18025, so liegt ein schwerwiegender Mangel vor, der zur Verweigerung der Abnahme berechtigt, auch wenn die Sache in Benutzung genommen wird.[43] Dies gilt erst recht, wenn der Auftraggeber vor der Inbenutzungnahme die Abnahme wegen schwerwiegender Mängel (zu recht) verweigert hat.[44] (Hier ist schon der systematische Ansatz des „Stillschweigens" bzw. der „konkludenten Handlung" nicht mehr gegeben.) Andererseits hindert die Rüge von Mängeln an sich eine stillschweigende oder konkludente Abnahme nicht, wenn die Mängel nicht schwerwiegend sind und übrige Indizien (z.B. Zahlung des Werklohnes unter bloßer Einbehaltung eines angemessenen Teilbetrages) für eine konkludente Billigungserklärung des Auftraggebers sprechen.[45] 17

Sofern Auftraggeber und Auftragnehmer ein **gemeinsames Aufmaß** nehmen, oder aber eine **Prüfung der Schlussrechnung** erfolgt, stellt dies noch **keine Ingebrauchnahme** dar, mit der

---

[37] BGH NJW 1985, 731; BGH NJW-RR 1992, 1078; Beck'scher VOB-Kommentar VOB/B/*Jagenburg* vor § 12 Rdn. 16; Leinemann, B *Sterner*, B § 12 Rdn. 4; Heiermann/Riedl/Rusam, B *Riedl* § 12 Rdn. 12 a; Münch. Komm. – *Busche* § 640 BGB Rdn. 18, 19; Staudinger/*Peters* § 640 BGB Rdn. 18; *Werner/Pastor*, Rdn. 1351.

[38] BGH NJW 1975, 1701; BGH BauR 1999, 1186, 1188; OLG Düsseldorf BauR 1993, 124 (7.) L; OLG Koblenz NJW-RR 1994, 786; OLG Hamm NJW-RR 1995, 1233; Beck'scher VOB-Kommentar VOB/B/*Jagenburg* vor § 12 Rdn. 64; Leinemann, B *Sterner*, B § 12 Rdn. 4; *Werner/Pastor* Rdn. 1354 m.w.N.

[39] OLG Hamm NJW-RR 1993, 340; zustimmend: *Werner/Pastor* Rdn. 1354; ablehnend: Beck'scher VOB-Kommentar VOB/B/*Jagenburg* vor § 12 Rdn. 64, weil in der Entgegennahme der Schlüssel noch keine Nutzung zu sehen sei; richtigerweise wird auf den Einzelfall abzustellen sein, da bei bestimmten Bauwerken auch schon der alleinige Besitz Nutzung darstellen kann (z.B. Schutzraum oder Sicherungsanlage).

[40] BGH NJW 1975, 1701; OLG Hamm OLGR 1997, 341; OLG Hamm BauR 2001, 1914, 1915; Beck'scher VOB-Kommentar VOB/B/*Jagenburg* vor § 12 Rdn. 67, Leinemann, B *Sterner*, B § 12 Rdn. 4; *Werner/Pastor* Rdn. 1356; Staudinger/*Peters* § 640 BGB, Rdn. 18.

[41] Für eine Billigung: *Werner/Pastor* Rdn. 1354, auch unter Anführung des Beispiels, dass in dem Abbau eines Gerüstes bezüglich der Putzer- und Malerarbeiten am Haus eingewilligt wird; eher ablehnend: Beck'scher VOB-Kommentar VOB/B/*Jagenburg* vor § 12 Rdn. 64.

[42] BGH BauR 1995, 91 f.; *OLG Hamm*, BauR 1993, 604; NJW-RR 1995, 1233 f.; *Werner/Pastor* Rdn. 1356; Heiermann/Riedl/Rusam, B *Riedl* § 12 Rdn. 6 a, 6 b; Beck'scher VOB-Kommentar VOB/B/*Jagenburg* vor § 12 Rdn. 66. Der BGH kommt auch nach einer mehrjährigen Nutzung eines Objektes bei einer berechtigten Abnahmeverweigerung nicht zu einer Abnahmewirkung durch Ingebrauchnahme mit dem zutreffenden Argument, dass es der Auftragnehmer durch eigene Leistung in der Hand habe, die Gründe für die berechtigte Abnahmeverweigerung (hier Beseitigung von Mängeln) zu beheben (BGH NZBau 2004, 210 f.).

[43] OLG Hamm IBR 2004, 415.

[44] BGH BauR 1999, 1186; Heiermann/Riedl/Rusam, B *Riedl* § 12 Rdn. 6 a; ähnlich der Fall, bei dem der Auftraggeber eine Ersatzvornahme durchführt (BGH NJW 1997, 942; *Werner/Pastor* Rdn. 1356). In Bezug auf eine Softwareleistung hat der BGH ausgeurteilt, dass bei einer nicht vollständig erbrachten Leistung eine Abnahme zwar nicht auszuschließen sei, wohl aber gewichtige Gründe über eine bloße Nutzung hinaus vorliegen müssen, um von einer Abnahme des Auftraggebers ausgehen zu können (BGH BauR 2004, 337 = IBR 2003, 596).

[45] OLG Düsseldorf BauR 1993, 124 (7.) L; OLG Koblenz NJW-RR 1994, 786; OLG Hamm NJW-RR 1995, 1233 f.; Beck'scher VOB-Kommentar VOB/B/*Jagenburg* vor § 12 Rdn. 25, 68; *Werner/Pastor* Rdn. 1350; Heiermann, Riedl/Rusam, B *Riedl* § 12 Rdn. 6 a.

Folge, dass hieraus auch aus diesem Grunde keine Abnahme bzw. Billigungserklärung hergeleitet werden kann.[46]

18 **Wann** bei einer stillschweigenden bzw. konkludenten Abnahme von der Kundgabe einer Billigungserklärung auszugehen ist, bestimmt sich ebenfalls nach den Umständen des Einzelfalls.[47] Dass nicht der erste Zeitpunkt der Inbenutzungnahme als Anknüpfungszeitpunkt in Betracht kommt, da dem Auftraggeber je nach Komplexität des oder der Gewerke eine mehr oder weniger intensive **angemessene Prüfungsfrist** zuzubilligen ist, liegt auf der Hand.[48] Dies kann nur dann entbehrlich sein, wenn vor der Inbenutzungnahme bereits eine intensive Überprüfung der Bauleistung erfolgt ist. In diesem Fall kann von der Kundgabe der Billigungserklärung auch schon zum Zeitpunkt der ersten Inbenutzungnahme ausgegangen werden.[49] Wann genau **ohne** besondere vorgezogene Prüfung von einer Billigungserklärung ausgegangen werden kann, hängt von den jeweiligen Umständen des Einzelfalls ab.[50] So hat das OLG Hamm z.B. bei Einzug in ein Haus eine Prüfphase von sechs Wochen als angemessen erachtet,[51] während das OLG Köln[52] bei Einbau einer Wärmepumpe im Sommer eine Prüfdauer von zwei Monaten als notwendig ansah. Das OLG München hat für umfangreiche Einzelarbeiten (Renovierungsarbeiten) den Zeitpunkt einer konkludenten Abnahme frühestens nach einem Monat angenommen.[53] Die Schwierigkeiten bei der Beurteilung des jeweiligen Einzelsachverhaltes rechtfertigen es aber nicht, so wie *v. Craushaar*[54] meint, von einer „völlig offenen" Prüffrist auszugehen.[55] Vielmehr ist von der Frist des § 12 Nr. 1 VOB/B (12 Werktage) ausgehend[56] der jeweilige Einzelfall zu beurteilen. Die Frist des § 12 Nr. 5 Abs. 2 VOB/B (sechs Werktage) erschließt sich schon aus systematischen Gründen nicht als Ausgangspunkt der Betrachtung, da bei dieser Vorschrift eine Form der fiktiven Abnahme geregelt ist[57] (vgl. Rdn. 100).

19 **bb) Zahlung der vereinbarten Vergütung.** Die Zahlung der vereinbarten Vergütung stellt ein besonders starkes Indiz für eine Billigungserklärung des Auftraggebers dar.[58] Dieses Indiz kann ausnahmsweise nur dann nicht zur Annahme einer Billigungserklärung des Auftraggebers führen, wenn besondere Umstände dies ausschließen.[59] Solche Umstände können z.B. darin liegen, dass sich Auftraggeber und Auftragnehmer über eine fehlende Abnahmereife oder den kompletten Austausch der Leistung einig waren.[60] Alleine ein Vorbehalt des Auftraggebers führt demgegen-

---

[46] BGH BauR 1974, 210; *Werner/Pastor* Rdn. 1356; Beck'scher VOB-Kommentar VOB/B/*Jagenburg*, vor § 12 Rdn. 16; Heiermann/Riedl/Rusam, B *Riedl* § 12 Rdn. 6 b.

[47] BGH NJW 1985, 731; BGH BauR 1985, 200; OLG Hamm OLGR 1997, 241; OLG Frankfurt ZfBR 1990, 118 (20.) L; *Werner/Pastor* Rdn. 1353 ff.; Leinemann, B *Sterner*, B § 12 Rdn. 4, 5.

[48] BGH NJW 1985, 731; BGH NJW-RR 1992, 1078; OLG Hamm BauR 1992, 414 (6.) L; OLG Hamm BauR 1993, 604; *Werner/Pastor* Rdn. 1355; Heiermann/Riedl/Rusam, B *Riedl* § 12 Rdn. 6 a; Beck'scher VOB-Kommentar VOB/B/*Jagenburg* vor § 12; Rdn. 22, 23; Münch. Komm. – *Busche* § 640 BGB Rdn. 21; Staudinger/*Peters* § 640 BGB Rdn. 18.

[49] OLG Düsseldorf *Schäfer/Finnern/Hochstein* § 640 BGB Rdn. 9.

[50] Vgl. Fn. 47.

[51] OLG Hamm NJW-RR 1995, 1233.

[52] *Schäfer/Finnern/Hochstein* § 640 BGB Rdn. 13.

[53] OLG München BauR 2005, 727.

[54] *V. Craushaar* FS f. Heiermann 1995 S. 17,18.

[55] So auch Beck'scher VOB-Kommentar VOB/B/*Jagenburg* vor § 12 Rdn. 23.

[56] Soweit Ingenstau/Korbion, B *Oppler* § 12 Rdn. 11 meint, dass „im Zweifel" die Frist des § 12 Nr. 1 VOB/B herangezogen werden könne, betont das nach hier vertretener Auffassung zu wenig die Notwendigkeit einer Einzelfallbetrachtung (so wohl auch Beck'scher VOB-Kommentar VOB/B/*Jagenburg* vor § 12 Rdn. 23).

[57] BGH NJW 1985, 731; Beck'scher VOB Kommentar VOB/B, *Jagenburg*, B vor § 12 Rdn. 23.

[58] BGH NJW 1970, 421; BGHZ 72, 257, 261, BGH NJW-RR 1991, 1367; OLG Köln BauR 1992, 514; Staudinger/*Peters* § 640 BGB, Rdn. 27; Münch. Komm. – *Soergel* § 640 BGB Rdn. 11; Beck'scher VOB-Kommentar VOB/B/*Jagenburg* vor § 12 Rdn. 69; *Werner/Pastor* Rdn. 1354; Leinemann, B *Sterner* B § 12 Rdn. 4; Heiermann/Riedl/Rusam, B *Riedl* § 12 Rdn. 6 b.

[59] OLG Köln BauR 1992, 514; OLG Hamm BauR 2003, 106; Staudinger/*Peters* § 640 BGB Rdn. 17; Heiermann/Riedl/Rusam, B *Riedl* § 12 VOB/B Rdn. 6 b; Beck'scher VOB-Kommentar VOB/B/*Jagenburg* vor § 12 Rdn. 69.

[60] BGH BauR 1999, 1186; Heiermann/Riedl/Rusam, B *Riedl* § 12 Rdn. 6 b.

über noch nicht zur Revision der Billigungswirkung der Zahlung der vereinbarten Vergütung. Vielmehr muss jeweils im Einzelfall geprüft werden, ob der Inhalt des Vorbehaltes so schwerwiegend ist, dass nicht mehr von einer stillschweigenden bzw. konkludenten Billigungswirkung des Auftraggebers ausgegangen werden kann.[61] So ist z.B. alleine die Rüge von Mängeln und ein damit einhergehender Einbehalt im Rahmen der Auszahlung des Werklohnes für sich genommen noch kein ausreichender Grund, die Billigungserklärung des Auftraggebers nicht anzunehmen. Dies wäre erst dann möglich, wenn die Schwere des gerügten Mangels oder die Höhe des Einbehaltes so gravierend ist, dass von einer Billigungserklärung des Auftraggebers nicht mehr ausgegangen werden kann.[62] Erst recht scheidet die Annahme einer Billigungserklärung aus, wenn der Auftraggeber ausdrücklich erklärt, dass mit seiner Zahlung keine Billigungserklärung im Rahmen einer Abnahmehandlung verbunden ist. Es verbietet sich schon aus systematischen Gründen aus einer ausdrücklich nicht erklärten Billigung eine konkludente bzw. stillschweigend abgegebene Billigungserklärung abzuleiten. Ob dessen ungeachtet die Abnahmewirkungen gleichwohl ganz oder teilweise eintreten, hängt davon ab, ob die Voraussetzungen des § 640 Abs. 1 S. 3 BGB vorliegen oder, bei wirksamem Ausschluss der Vorschrift, die Voraussetzungen des Annahmeverzuges (§§ 293 ff. BGB, insbesondere § 300 BGB). Nimmt also der Auftraggeber die Bauleistung nicht ab bzw. erklärt, dass seine Zahlung keine Billigungswirkung enthalte, treten die Wirkungen der Abnahme unter den Voraussetzungen des § 640 Abs. 1 S. 3 BGB gleichwohl ein. Bei wirksamem Ausschluss des § 640 Abs. 1 S. 3 BGB gelten ergänzend die Regeln des Annahmeverzuges. Mit einer stillschweigenden, konkludenten Annahmeerklärung bzw. Billigungswirkung hat dies dann allerdings nichts mehr zu tun.

Neben der Zahlung des Werklohnes kommt der Freigabe einer vereinbarten Sicherheit[63], oder aber der freiwilligen Eintragung einer Sicherungshypothek[64] eine vergleichbare Wirkung zu.

Hat der Auftraggeber bereits in mehrseitigen Listen Mängel gerügt und einigt sich dann mit dem Auftragnehmer über eine **finanzielle Kompensation** in der Weise, dass der Inhalt der noch zu erstellenden Schlussrechnung einvernehmlich verhandelt wird, stellt auch dies eine konkludente Abnahmeerklärung dar, da deutlich wird, dass statt einer Beseitigung der Mängel ein finanzieller Ausgleich erfolgen soll.[65] Auch in der **Rechnungsprüfung** kann eine stillschweigende Abnahme liegen.[66]

cc) Vereinbarte oder geforderte, aber nicht durchgeführte förmliche Abnahme. Bei einer vereinbarten oder geforderten, aber nicht durchgeführten förmlichen Abnahme gilt es, zwei Fallgruppen zu unterscheiden. 20

Bei einer geforderten, aber nicht durchgeführten Abnahme handelt es sich systematisch nicht um einen Fall der stillschweigenden bzw. konkludenten Abnahme, sondern um den Regelungssachverhalt der unter § 640 Abs. 1 S. 3 BGB bzw. den der §§ 293 ff. BGB fällt,[67] d.h. es muss jeweils geprüft werden, ob die entsprechenden Tatbestandsvoraussetzungen erfüllt sind, damit die Abnahmewirkungen ganz oder teilweise eintreten. Dies ergibt sich aus der Tatsache, dass durch die Forderung des Auftragnehmers die Pflicht des Auftraggebers zur Abnahmehandlung entsteht[68] und damit geprüft werden kann, ob eine etwaige Pflichtverletzung zu den vorstehend genannten Rechtsfolgen führt.

Bei einer vereinbarten, aber nicht durchgeführten Abnahme hingegen kann in der schlichten Untätigkeit, d.h. im Stillschweigen des Auftraggebers, im Einzelfall durchaus grundsätzlich eine

[61] Beck'scher VOB-Kommentar VOB/B/*Jagenburg* vor § 12 Rdn. 70.

[62] BGHZ 54, 352; Beck'scher VOB-Kommentar VOB/B/*Jagenburg* vor § 12 Rdn. 70, 71; *Werner/Pastor* Rdn. 1354; Heiermann/Riedel/Rusam, B *Riedel* § 12 Rdn. 6 b.

[63] BGH NJW 1963, 806; Beck'scher VOB-Kommentar VOB/B/*Jagenburg* vor § 12 Rdn. 69; Heiermann/Riedl/Rusam, B *Riedl* § 12 Rdn. 6 b; Münch. Komm. –*Busche* § 640 BGB Rdn. 17.

[64] KG OLG 24 (1912), 383; Heiermann/Riedl/Rusam, B *Riedl* § 12 Rdn. 6 b.

[65] OLG Dresden IBR 2003, 670.

[66] OLG Düsseldorf IBR 2004, 5.

[67] Anderer Auffassung: Beck'scher VOB-Kommentar VOB/B/*Jagenburg* vor § 12 Rdn. 60.

[68] Beck'scher VOB-Kommentar VOB/B/*Jagenburg* vor § 12 Rdn. 6.

konkludente Billigungserklärung gesehen werden.[69] Dies gilt insbesondere, wenn das Bauwerk vom Bauherrn bereits genutzt wird (vgl. Rdn. 16–18), oder aber der Werklohn vorbehaltlos gezahlt wird.[70] Problematisch dabei ist lediglich, dass die Parteien ursprünglich vereinbart haben, dass eine ausdrückliche Erklärung – und damit gerade keine konkludente Erklärung – die Abnahmewirkungen herbeiführen soll.

Nach einheitlicher Auffassung allerdings darf sich der Auftraggeber unter Beachtung der Grundsätze von Treu und Glauben auf die entgegenstehende Vereinbarung bzw. die fehlende förmliche Abnahme nicht berufen, wenn ansonsten die Voraussetzungen der Abnahme vorliegen und die Handlungen des Auftragebers auf eine Billigungserklärung schließen lassen.[71] Letztlich wird in diesen Fällen ein Verzicht der Parteien auf die ursprünglich vereinbarte förmliche Abnahme hergeleitet.[72] Dabei soll es auch nicht darauf ankommen, ob die Parteien einen Erklärungswillen in Bezug auf einen Verzicht haben oder aber die ursprünglich getroffene Vereinbarung schlicht vergessen.[73]

21 Bei der **Bestimmung des Zeitpunktes** des Eintrittes der Abnahmewirkungen wird die inhaltliche Unschärfe zwischen einem „sich nicht berufen dürfen“ nach den Grundsätzen von Treu und Glauben und einer konkludent angenommenen Verzichtserklärung relevant.

Einig ist man sich zunächst darin, dass bei einer „vergessenen“ förmlichen Abnahme je nach Einzelfall ein gewisser Zeitablauf erforderlich ist, der unabhängig von der konkludenten Handlung, die zur Annahme einer Billigungserklärung führt, vergehen muss, um von dem Eintritt der Abnahmewirkungen ausgehen zu können.[74]

Werner/Pastor[75] vertritt dabei die Auffassung, dass die Abnahmewirkungen erst zu dem Zeitpunkt eintreten, zu dem man den Verzicht der Parteien feststellen könne.

Diese Auffassung ist folgerichtig, wenn man von einem Verzicht der Parteien auf Einhaltung der getroffenen Vereinbarung, eine förmliche Abnahme vorzunehmen, ausgeht. Ob allerdings von einem Verzicht ausgegangen werden kann, erscheint fraglich.

Zunächst ist festzustellen, dass sich ein Verzicht und eine Berufung auf § 242 BGB ausschließen, da in dem ersten Fall die Vereinbarung als nicht mehr existent zu behandeln ist, während im zweiten Fall lediglich die Möglichkeit genommen wird, sich auf die noch bestehende Vereinbarung zu berufen. Geht man vom zweiten Fall aus, d.h. der fehlenden Möglichkeit, sich auf die Vereinbarung der förmlichen Abnahme zu berufen, treten die Wirkungen der Abnahme bereits zu dem Zeitpunkt ein, zu dem man aufgrund der konkludenten Handlung (z.B. Ingebrauchnahme oder Zahlung) von einer Billigungserklärung des Auftraggebers ausgehen kann und **nicht** erst zu dem Zeitpunkt, zu dem man davon ausgeht, dass sich der Auftraggeber aus Gründen von Treu und Glauben nicht mehr auf die Vereinbarung der förmlichen Abnahme berufen kann. Der weitergehende Zeitablauf wäre dann nur noch erforderlich, um die fehlende Berufungsmöglichkeit festzustellen, wird aber für den Eintritt der Abnahmewirkungen „nicht mitgezählt“.

Entscheidend für den Zeitpunkt des Eintrittes der Abnahmewirkungen ist dementsprechend, ob in dem weiteren Zeitablauf nach Vornahme der konkludenten Handlung, aufgrund derer eine Billigungserklärung abgeleitet wird, ein Verzicht der Parteien auf die Einhaltung der Vereinbarung

---

[69] BGH NJW 1990, 43 f.; OLG Hamm BauR 1993, 640 (3.) L; OLG Düsseldorf BauR 1992, 678 (11.) L; *Werner/Pastor* Rdn. 1387, 1388; Beck'scher VOB-Kommentar VOB/B/*Jagenburg* vor § 12 Rdn. 61; Staudinger/*Peters* § 640 BGB Rdn. 19.

[70] OLG Düsseldorf BauR 1992, 678 (11.) L.

[71] BGH NJW 1990, 43; OLG Düsseldorf NJW-RR 1999, 529; OLG Düsseldorf BauR 1992, 678 (6.) L; OLG Jena, IBR 2005, S. 527: Heiermann/Riedl/Rusam, B *Riedl* § 12 Rdn. 6 a; Beck'scher VOB-Kommentar VOB/B/*Jagenburg* vor § 12 Rdn. 61; *Jagenburg/Reichelt* NJW 2000, 2629, 2638.

[72] BGH BauR 1977, 344; BGHZ 72, 222; BGH NJW 1990, 43 f.; OLG Düsseldorf NJW-RR 1999, 529 f.; *Werner/Pastor* Rdn. 1358; Beck'scher VOB-Kommentar VOB/B/*Jagenburg* vor § 12 Rdn. 62.

[73] OLG Bamberg OLGR 1998, 41 f.; *Werner/Pastor* Rdn. 1387; Beck'scher VOB-Kommentar VOB/B/*Jagenburg* vor § 12 Rdn. 61, 62; *Hochstein* BauR 1975, 221; *Dähne* BauR 1980, 223.

[74] BGH BauR 1977, 344 (mehrmonatiges Schweigen); OLG Hamm NJW-RR 1995, 1233 (mehrere Wochen); *Werner/Pastor* Rdn. 1387; Beck'scher VOB-Kommentar VOB/B/*Jagenburg* vor § 12 Rdn. 62.

[75] *Werner/Pastor* Rdn. 1387, 1388.

der förmlichen Abnahme gesehen werden kann, oder aber dies lediglich dem Auftraggeber die Möglichkeit abschneidet, sich auf die entsprechende Vereinbarung zu berufen. Richtigerweise wird grundsätzlich betont, dass bei der Annahme eines konkludenten Verzichts durch schlichten Zeitablauf Zurückhaltung geboten ist.[76] Treten daher keine sonstigen Umstände neben dem reinen Zeitablauf hinzu, die auf eine auf Verzicht gerichtete Willenserklärung schließen lassen, ist zutreffenderweise auch nicht von einem Verzicht auszugehen. Vielmehr greifen „lediglich" die Grundsätze von Treu und Glauben mit der Maßgabe ein, dass sich der Auftraggeber nicht mehr auf die Vereinbarung der förmlichen Abnahme berufen kann. Dementsprechend treten dann auch die Wirkungen der Abnahme bereits dann ein, wenn anhand der konkludenten Handlungen (z.B. Ingebrauchnahme oder Zahlung) von einer Billigungserklärung des Auftraggeber ausgegangen werden kann. Dieses Ergebnis erscheint auch vor dem Hintergrund richtig, dass nur bedingt nachvollziehbar ist, warum der Auftraggeber, der seine Hauptpflicht „vergisst" besser gestellt sein soll als derjenige, der sich an getroffene Vereinbarungen hält. Dementsprechend ist auch nicht dem neueren Urteil des Kammergerichts (IBR 2006, S. 324) zu folgen, wonach bereits von einem stillschweigenden Verzicht auf die vereinbarte Abnahme auszugehen sei, wenn der Auftraggeber sich nur schon innerhalb der Frist des § 12 Nr. 5 Abs. 1 VOB/B (12 Werktage) nicht melde. Zum einen wird hier dem Umstand des Schweigens eine Bedeutung zugemessen, die schlicht weit überzogen ist, zum anderen verkennt das Urteil, dass nach herrschender Meinung die Vereinbarung der förmlichen Abnahme die fiktive Abnahme nach § 12 Nr. 5 VOB/B ausschließt (vgl. Rdn. 104).

dd) Verhältnis der stillschweigenden bzw. konkludenten Billigungserklärung zur fiktiven Abnahme. Bis zum Inkrafttreten des Gesetzes zur Beschleunigung fälliger Zahlungen[77] gab es nur im Rahmen der VOB/B zwei Fiktionstatbestände, nämlich § 12 Nr. 5 Abs. 1 VOB/B (Fiktion der Abnahme bei Fertigstellungsmitteilung ohne Abnahmebegehren) und § 12 Nr. 5 Abs. 2 VOB/B (Fiktion der Abnahme durch Inbenutzungnahme). Durch das Gesetz zur Beschleunigung fälliger Zahlungen sind zwei neue Fiktionstatbestände hinzugetreten, nämlich § 640 Abs. 1 S. 3 BGB und § 641 a BGB. Beide Abnahmefiktionen gelten richtigerweise auch im Rahmen des VOB-Vertrages.[78] 22

Da bei einer Fiktion der Abnahme die Wirkungen bei Vorliegen der entsprechenden Tatbestandsvoraussetzungen **unabhängig**, d.h. **gegebenenfalls auch gegen den Willen des Auftraggebers** eintreten,[79] ist diese Form der Abnahme systematisch strikt von einer konkludenten bzw. stillschweigenden Abnahme zu unterscheiden, da es bei der letzteren gerade auf den hergeleiteten Willen des Auftraggebers ankommt.[80]

III. Rechtsnatur der Abnahme

1. Abnahme als Hauptpflicht des Auftraggebers

In Entsprechung der Bedeutung der Abnahme (vgl. Rdn. 1–9) sowie den an die Abnahme gekoppelten Wirkungen (vgl. Rdn. 36–60) handelt es sich bei der Abnahme nicht um eine vertragliche Nebenpflicht sondern um eine **vertragliche Hauptpflicht des Auftraggebers**.[81] Bedeutung hat die Qualifizierung als vertragliche Hauptpflicht insbesondere insoweit, als grundsätzlich 23

[76] Beck'scher VOB-Kommentar VOB/B/*Jagenburg* vor § 12 Rdn. 62.

[77] Vgl. Fn. 8.

[78] Ingenstau/Korbion, B *Oppler* § 12 Rdn. 23; *Kniffka* ZfBR 2000, 227 ff.; *Motzke* NZBau 2000, 489, 495; *Niemöller* BauR 2001, 481; a.A.: *Kiesel* NJW 2000, 1673; vgl. hierzu auch ausführlich die Rdn. 5–7 mit weiteren Nachweisen.

[79] BGH NJW 1975, 1701; Beck'scher VOB-Kommentar VOB/B/*Jagenburg* vor § 12 Rdn. 17; Ingenstau/Korbion, B *Oppler* § 12 Rdn. 22; *Peters* NZBau 2000, 169; *Motzke* NZBau 2000, 489, 494 f.

[80] Hierzu ausführlich: Ingenstau/Korbion, B *Oppler* § 12 Rdn. 21, 22, 23.

[81] Ingenstau/Korbion, B *Oppler* § 12 Rdn. 18; Beck'scher VOB-Kommentar VOB/B/*Jagenburg* vor § 12 Rdn. 28; *Werner/Pastor* Rdn. 1339; Staudinger/*Peters* § 640 BGB Rdn. 36; Münch.-Komm. – *Busche* § 640 BGB Rdn. 26.

auch isoliert auf Abnahme geklagt werden kann,[82] auch wenn dies nur eine geringe praktische Relevanz hat, da die Klage auf Zahlung keine isolierte Geltendmachung eines Abnahmebegehrens voraussetzt, sondern vielmehr in einem geltend gemachten Zahlungsanspruch zugleich die Geltendmachung eines Anspruches auf Abnahme gesehen wird.[83]

Je nach dem, ob die Vornahme einer Handlung z.B. die Entgegennahme der Werkleistung, erforderlich ist oder aber lediglich die Ersetzung einer Willenserklärung, erfolgt die Vollstreckung über § 888 ZPO[84] bzw. § 894 ZPO.[85] *Sprau* [86] vertritt dabei die Auffassung, dass angesichts des neu eingefügten § 640 Abs. 1 S. 3 BGB zweifelhaft sei, ob isoliert auf Abnahme geklagt und anschließend vollstreckt werden könne.

Richtig an dieser Überlegung ist, dass es dem Interesse eines Auftragnehmers näher kommt, operativ die Tatbestandsvoraussetzungen des § 640 Abs. 1 S. 3 BGB zu realisieren und sodann auf Feststellung zu klagen, dass die Abnahmewirkungen bereits eingetreten sind. Der Auftragnehmer erhält so einen größeren und umfassenderen Rechtsschutz als bei einer Klage auf Abnahme, da im letzteren Fall die Wirkungen erst später, d.h. mit Rechtskraft des Urteils eintreten würden. Gleichwohl erscheint ein Antrag, gerichtet auf Abnahme, auch in Ansehung des § 640 Abs. 1 S. 3 BGB nicht unzulässig, da es durchaus die Situation geben kann, dass die Tatbestandsvoraussetzungen des § 640 Abs. 1 S. 3 BGB nur vermeintlich als gegeben erachtet werden, tatsächlich aber die Wirkungen der Abnahme noch nicht eingetreten sind. In diesen Fällen ist es sinnvoll und sachgerecht, dass der Auftragnehmer zumindest hilfsweise einen Antrag, gerichtet auf Abnahme, stellen und im Falle des Obsiegens auch vollstrecken kann.

Relevant wird die Qualifizierung der Abnahme als Hauptpflicht auch für die Anwendbarkeit der § 293 ff. BGB (Annahmeverzug). Diese Regeln schützen den Auftragnehmer bei einer unberechtigten Abnahmeverweigerung des Auftraggebers (insbesondere § 300 BGB). Zwar ist die Bedeutung nach Einführung des § 640 Abs. 1 S. 3 BGB gesunken, gleichwohl bieten die Regeln des Annahmeverzuges eine geeignete Rückfallebene für den Fall der Unanwendbarkeit des § 640 Abs. 1 S. 3 BGB.

Nach neuerer Rechtsprechung des BGH[87] hat der Auftragnehmer auch nach der Kündigung eines Vertrages durch den Auftraggeber einen **Anspruch auf Abnahme**. Wegen der weiteren Einzelheiten und Folgen wird auf den nachfolgenden Abschnitt VI. Ziffer 3. (Rdn. 54 ff.) verwiesen.

2. Abnahme als Willenserklärung des Auftraggebers

24 Bei der Abnahme handelt es sich um die körperliche Entgegennahme der fertig gestellten Leistung und ihre **Billigung** als der Hauptsache nach vertragsgemäße Leistung.[88] Bei der Billigung handelt es sich dabei um eine **einseitige, nicht notwendigerweise empfangsbedürftige Willenserklärung des Auftraggebers, die nach außen tritt und zur Kenntnisnahme des Auftragnehmers bestimmt ist,** ohne dass es auf einen Zugang im Sinne des § 130 BGB ankommt.[89] Die Annahme einer bloß geschäftsähnlichen Handlung[90] scheidet demgegenüber angesichts der Bedeutung der Abnahme aus.[91]

[82] BGH BauR 1996, 386; BGH NJW 1981, 1448; Beck'scher VOB-Kommentar VOB/B/*Jagenburg* vor § 12 Rdn. 29; Ingenstau/Korbion, B *Oppler* § 12 Rdn. 18; *Werner/Pastor* Rdn. 1339.

[83] BGH ZfBR 1996, 156, 157; *Werner/Pastor* Rdn. 1339; Beck'scher VOB-Kommentar VOB/B/*Jagenburg* vor § 12 Rdn. 29; nach OLG Hamm (BauR 1993, 741) bedarf es noch nicht einmal eines besonderen Sachvortrages, wenn der Gegner nicht bestreitet; Heiermann/Riedl/Rusam, B *Riedl* § 12 Rdn. 5.

[84] Ingenstau/Korbion, B *Oppler* § 12 Rdn. 18; Heiermann/Riedl/Rusam, B *Riedl* § 12 Rdn. 5.

[85] Heiermann/Riedel/Rusam, B *Riedel* § 12 Rdn. 5.

[86] Palandt/*Sprau* § 640 BGB Rdn. 8.

[87] BGH NZBau 2003, 265 ff. = NJW 2003, 1450 ff. = IBR 2003, 190, 191 = ZfBR 2003, 352 f. = BauR 2003, 689 ff.

[88] Vgl. Fn. 20.

[89] Vgl. Fn. 26.

[90] *Kaiser* Mängelhaftungsrecht Rdn. 37 a.

[91] Vgl. hierzu ausführlich: Rdn. 1 mit weiteren Nachweisen.

Soweit sich die Billigungserklärung lediglich schlüssig aus dem Verhalten des Auftraggebers ergibt, oder aber nur die Fiktion einer Abnahme vorliegt, liegt selbstredend **kein rechtsgeschäftliches Anerkenntnis** vor.[92]

Die Kritik von *Jagenburg*[93] in Bezug auf die fehlende Zugangsnotwendigkeit gem. § 130 BGB[94] greift im Ergebnis dabei nicht durch. Richtig ist, dass mit der Abnahme sonstige Willenserklärungen des Auftraggebers verbunden sein können (z.B. einschränkende Vorbehalte). Dies rechtfertigt jedoch nicht die hiermit lediglich im Zusammenhang stehende Abnahmeerklärung ebenfalls dem Zugangserfordernis des § 130 BGB zu unterwerfen, da es der Auftraggeber durch die Gestaltung seiner Erklärungen in der Hand hat, für den notwendigen Zugang im Sinne des § 130 BGB auch in Bezug auf etwaige Vorbehalte zu sorgen. In der Praxis dürfte dieses Problem im übrigen in Ansehung von § 12 Nr. 4 VOB/B nur geringe Relevanz haben.

Gerade in Bezug auf die Praxis erscheint der Hinweis wichtig, dass es sich bei der Abnahme um eine **einseitige Erklärung des Auftraggebers** handelt. Zwar sieht § 12 Nr. 4 VOB/B unter den entsprechenden Voraussetzungen eine Teilnahme des Auftragnehmers vor. Dies führt aber **nicht zu einer Mitwirkungsverpflichtung** des Auftragnehmers im Übrigen. Insbesondere ist der Auftragnehmer nicht verpflichtet, selbst Erklärungen abzugeben. Die Unterschrift unter das Abnahmeprotokoll stellt **keine Einigung** über den Inhalt dar, selbst wenn sich der Auftragnehmer zu den Erklärungen des Auftraggebers äußert. Erst recht bedeutet eine Unterschrift unter ein Abnahmeprotokoll **kein rechtsgeschäftliches Anerkenntnis.**[95] Bei der Formulierung von Abnahmeprotokollen ist daher aus Sicht des Auftragnehmers darauf zu achten, dass nicht – sofern dies nicht gewünscht ist – Wendungen aufgenommen werden, die im Zusammenhang mit einer gesonderten Unterschrift doch auf eine Willenserklärung des Auftragnehmers schließen lassen.

Aus der Einseitigkeit der Erklärung der Abnahme folgt auch, dass sie der Auftraggeber grundsätzlich selbst abzugeben hat.[96] Im Rahmen einer Vertretung bedarf es dementsprechend einer ausdrücklichen Vollmachtserklärung (**Sondervollmacht**).[97]

3. Vertretung bei der Abnahme

Grundsätzlich kann sich der Auftraggeber bei der Abgabe seiner Willenserklärung im Rahmen 25 der Abnahme vertreten lassen. Dabei gilt es in Bezug auf die verschiedenen Baubeteiligten bzw. Abnahmesituationen zu differenzieren.

a) Abnahme durch den Architekten. Selbst wenn der Architekt umfänglich und unter Einschluss des § 15 Nr. 8 HOAI (Objektüberwachung) beauftragt ist, ergibt sich alleine aus dieser Beauftragung **keine originäre Vollmacht** zur Vornahme der rechtsgeschäftlichen Abnahme.[98] Entgegen der Ansicht des Landgerichts Essen[99] bzw. *Kaiser*[100] enthält die Beauftragung gem. § 15 HOAI lediglich den Inhalt – und damit die Berechtigung – die Abnahme in technischer Hinsicht

[92] Beck'scher VOB-Kommentar VOB/B/*Jagenburg* vor § 12 Rdn. 30; Heiermann/Riedl/Rusam, B *Riedl* 12 Rdn. 5 a.

[93] Beck'scher VOB-Kommentar VOB/B/*Jagenburg* vor § 12 Rdn. 31.

[94] Ingenstau/Korbion, B *Oppler* § 12 Rdn. 8, Heiermann/Riedl/Rusam, B *Riedl* § 12 Rdn. 5 a.

[95] RGZ 110, 404, 406 f.; BGH NJW 1974, 95 f.; Beck'scher VOB-Kommentar VOB/B/*Jagenburg* vor § 12 Rdn. 33; Heiermann/Riedl/Rusam, B *Riedl* § 12 Rdn. 5 a.

[96] RGZ 110, 404, 406 f.; BGH NJW 1974, 95 f.; Beck'scher VOB-Kommentar VOB/B/*Jagenburg* vor § 12 Rdn. 33; Heiermann/Riedl/Rusam, B *Riedl* § 12 Rdn. 5 a.

[97] OLG Düsseldorf BauR 1997, 647, 648; Ingenstau/Korbion, B *Oppler* § 12 Rdn. 13; Beck'scher VOB-Kommentar VOB/B/*Jagenburg* vor § 12 Rdn. 33, 34; Heiermann/Riedl/Rusam, B *Riedl* § 12 Rdn. 5 b.

[98] BGHZ 68, 169, 174; OLG Düsseldorf BauR 1997, 647, 648; *Jagenburg* BauR 1978, 180 ff.; *Meissner* BauR 1987, 497 ff.; *Locher* Privates Baurecht, Rdn. 493; *Werner/Pastor* Rdn. 1077; Heiermann/Riedl/Rusam, B *Riedl* § 12 Rdn. 5 b; Ingenstau/Korbion, B *Oppler* § 12 Rdn. 13; Beck'scher VOB-Kommentar VOB/B/*Jagenburg* vor § 12 Rdn. 34, 35; Münch. Komm. – *Busche* § 640 BGB Rdn. 48.

[99] LG Essen NJW 1978, 108.

[100] *Kaiser* ZfBR 1980, 263, 266.

vorzubereiten.[101] Allerdings kann die so erforderliche **Sondervollmacht** auch **stillschweigend** oder **konkludent** erklärt werden, indem z.B. der Architekt zur gemeinsam anberaumten Abnahmeverhandlung des Auftraggebers erscheint,[102] da derjenige, der einen Dritten, hier einen Architekten, zu Besprechungen entsendeter bei denen ersichtlich auch rechtsgeschäftliches Handeln erforderlich ist zu erkennen gibt, dass die von ihm entsandte Person zu entsprechenden Handlung auch bevollmächtigt ist.[103]

Dies gilt allerdings dann nicht, wenn der entsandte Dritte, z.B. ein **Sachverständiger,** lediglich bestellt worden ist, um in **technischer Hinsicht** die Abnahmereife zu prüfen, da bei diesem Sachverhalt kein Wille des Auftraggebers herleitbar ist, eine Vollmacht zur Abgabe einer **rechtsgeschäftlichen Erklärung** zu erteilen.[104] Allenfalls kann in dem Schweigen auf eine etwaig positive Stellungnahme des Sachverständigen eine stillschweigende bzw. konkludente rechtsgeschäftliche Abnahme geschlossen werden, wenn seit der Übersendung der Stellungnahme mehr als ein Monat vergangen ist, ohne dass der Auftraggeber widersprochen hätte.[105]

Auch das Vorliegen einer **Anscheinsvollmacht** kommt grundsätzlich in Betracht. Soweit dabei *Oppler*[106] meint, dass diese angenommen werden könne, wenn der aufsichtsführende Architekt oder Ingenieur für den Auftraggeber die gesamte Vertragsabwicklung geführt und die gesamte bisherige Vertragsabwicklung in den Händen gehabt habe und Einschränkungen nicht ersichtlich seien, ist der Kritik *Jagenburgs*[107] zuzugeben, dass eine Anscheinsvollmacht aus diesen Umständen nur dann herleitbar ist, wenn sich die Handlungen des Architekten oder Ingenieurs auch tatsächlich auf rechtsgeschäftliche Erklärungen und nicht nur technische Bewertungen bezogen haben. Ansonsten würde aus einer nicht rechtsgeschäftlichen Handlung eine Vollmacht zur Abgabe einer rechtsgeschäftlichen Erklärung abgeleitet, was im Zusammenhang mit § 15 Nr. 8 HOAI zu Recht verneint wird.

26 **b) Abnahme durch öffentliche Auftraggeber.** Bei öffentlichen Auftraggebern, so z.B. Gemeinden, sind besondere Vertretungsregeln zu beachten. Nach der Hessischen Gemeindeordnung z.B. wird die Gemeinde durch den Gemeindevorstand vertreten (§ 71 Abs. 1 HessGO). Soll durch die Erklärung eine Verpflichtung herbeigeführt werden, die nicht Geschäft der laufenden Verwaltung ist, bedarf es der in § 71 Abs. 2 HessGO näher beschriebenen Erklärung des Bürgermeisters oder seines allgemeinen Vertreters. Entsprechende Regelungen gelten auch in anderen Gemeindeordnungen.

Die Abnahme stellt grundsätzlich kein Geschäft der laufenden Verwaltung, allerdings auch kein neues Verpflichtungsgeschäft dar,[108] da mit der Abnahme keine Verpflichtungen begründet werden, die nicht schon ohnehin Gegenstand des Bauvertrages sind. Dementsprechend kann die Abnahme beim öffentlichen Auftraggeber auch vom zuständigen Beamten des Bauamtes erklärt werden. Eine Erklärung des Bürgermeisters oder allgemeinen Stellvertreters ist nicht erforderlich.[109] Dies gilt auch für etwaig unterlassene Vorbehalte.[110]

---

[101] Ausführlich: Beck'scher VOB-Kommentar VOB/B/*Jagenburg* vor § 12 Rdn. 36.

[102] Ingenstau/Korbion B *Oppler* § 12 Rdn. 13; Heiermann/Riedl/Rusam, B *Riedl* § 12 Rdn. 5 b; Beck'scher VOB-Kommentar VOB/B/*Jagenburg* vor § 12 Rdn. 40.

[103] OLG Köln NJW-RR 1994, 1501; OLG Düsseldorf NJW-RR 1995, 592 für den von einem Architekten erklärten Schuldbeitritt; Beck'scher VOB-Kommentar VOB/B/*Jagenburg* vor § 12 Rdn. 40, Ingenstau/Korbion, B *Oppler* § 12 Rdn. 13.

[104] Ingenstau/Korbion, B *Oppler* § 12 Rdn. 13, 14; Beck'scher VOB-Kommentar VOB/B/*Jagenburg* vor § 12 Rdn. 41.

[105] BGH BauR 1992, 232; Beck'scher VOB-Kommentar VOB/B/*Jagenburg* vor § 12 Rdn. 41; Ingenstau/Korbion, B *Oppler* § 12 Rdn. 14.

[106] Ingenstau/Korbion, B *Oppler* § 12 Rdn. 14; dem folgend Heiermann/Riedl/Rusam, B *Riedl* § 12 Rdn. 5 b.

[107] Beck'scher VOB-Kommentar VOB/B/*Jagenburg* vor § 12 Rdn. 39.

[108] BGHZ 97, 224; Beck'scher VOB-Kommentar VOB/B/*Jagenburg* vor § 12 Rdn. 43; Ingenstau/Korbion, B *Oppler* § 12 Rdn. 15; Heiermann/Riedl/Rusam, B *Riedl* § 12 Rdn. 5 c.

[109] Heiermann/Riedl/Rusam, B *Riedl* § 12 Rdn. 5 c; Beck'scher VOB-Kommentar VOB/B/*Jagenburg* vor § 12 Rdn. 43; Ingenstau/Korbion, B *Oppler* § 12 Rdn. 15.

[110] BGHZ 97, 224, 227.

27 **c) Abnahme von Wohnungseigentum.** Bei der Abnahme von Wohnungseigentum ist zwischen Sondereigentum (§ 1 Abs. 2 WEG) und Gemeinschaftseigentum (§ 1 Abs. 5 WEG) zu differenzieren. In Bezug auf das Sondereigentum erklärt jeder Erwerber für sich die Abnahme, ohne dass dies Einfluss auf andere Eigentumsbestandteile hat.[111]

Insbesondere bedeutet weder die Abnahme des Sondereigentums[112] noch die Inbenutzungnahme des Gemeinschaftseigentums eine Abnahme des Gemeinschaftseigentums, soweit die Anlage insgesamt noch nicht fertig gestellt ist.[113]

Auch bei der Abnahme von Gemeinschaftseigentum gilt, dass jeder Erwerber getrennt die Abnahme vornimmt.[114] Problematisch wird dies, wenn der Veräußerer zunächst nicht alle Wohnungen verkauft sondern erst später die restlichen Wohneinheiten absetzen kann. Da die Abnahmeerklärungen nur für die jeweils erklärenden wirken und die späteren Erwerber zum Zeitpunkt der Erklärung noch nicht Mitglied der Eigentümergemeinschaft waren, wäre selbst eine durch einen Verwalter insgesamt erklärte Abnahme des Gemeinschaftseigentums für die späteren Erwerber nicht bindend. Vielmehr erwirbt der spätere Erwerber einen **eigenen Anspruch** auf mangelfreie Herstellung, der auch quotenmäßig nicht auf den Anteil des Erwerbers am Gemeinschaftseigentum beschränkt ist.[115] Wegen der damit verbundenen Gefahr für den Bauträger befürwortet *Jagenburg*[116] die Zulässigkeit des individualvertraglichen Ausschlusses der entsprechenden Ansprüche im Rahmen einer Abnahme– bzw. Abrechnungsvereinbarung.

4. Anfechtung der Abnahme

28 Da es sich bei der Abnahme um eine Willenserklärung handelt,[117] liegt es nahe, von der Anfechtbarkeit nach den §§ 142, 119, 123 BGB auszugehen, d.h. der **Anfechtung** wegen **Irrtum** oder **arglistiger Täuschung** bzw. **Drohung.** Richtigerweise ist davon auszugehen, dass die §§ 637, 638 Abs. 1 BGB bzw. § 13 VOB/B in Verbindung mit § 634 a Abs. 3 BGB eine Spezialisierung der allgemeinen Anfechtungsrechte mit der Folge vornehmen, dass die allgemeinen Regeln, d.h. die Anfechtung wegen Irrtums oder arglistiger Täuschung im Bereich der Gewährleistungsrechte ausgeschlossen sind, der Auftraggeber mithin hier **keine Anfechtung** mehr vornehmen kann.[118] Der Auftraggeber ist durch die nach wie vor vorhandenen Gewährleistungsrechte hinreichend geschützt,[119] die im Übrigen bei arglistiger Täuschung nach der Vorschrift des § 634 a Abs. 3 BGB verjähren.

Diese Wertung greift allerdings bei Sachverhalten außerhalb des Erfüllungs- bzw. Gewährleistungsbereiches nicht durch, d.h. bei Vorliegen einer widerrechtlichen Drohung gem. § 123 BGB bleibt die Anfechtung möglich.[120] Ob allerdings eine Drohung widerrechtlich ist, hängt

[111] Beck'scher VOB-Kommentar VOB/B/*Jagenburg* vor § 12 Rdn. 44; Heiermann/Riedl/Rusam, B *Riedl* § 12 Rdn. 5d; Ingenstau/Korbion, B *Oppler* § 12 Rdn. 17.

[112] OLG Stuttgart MDR 1980, 495; Beck'scher VOB-Kommentar VOB/B/*Jagenburg* vor § 12 Rdn. 44; Heiermann/Riedl/Rusam, B *Riedl* § 12 Rdn. 5 d.

[113] BGH BauR 1981, 467, 469; Beck'scher VOB-Kommentar VOB/B/*Jagenburg* vor § 12 Rdn. 44.

[114] BGH NJW 1985, 1551 ff.; Heiermann/Riedl/Rusam, B *Riedl* § 12 Rdn. 5 d; Beck'scher VOB-Kommentar VOB/B/*Jagenburg* vor § 12 Rdn. 44; *Ott* NZBau 2003, 233, 241.

[115] BGH NJW 1985, 1551 ff.; Heiermann/Riedl/Rusam, B *Riedl* § 12 Rdn. 5 d; Beck'scher VOB-Kommentar VOB/B/*Jagenburg* vor § 12 Rdn. 45 m.w.N.

[116] Beck'scher VOB-Kommentar VOB/B/*Jagenburg* vor § 12 Rdn. 46.

[117] Vgl. Fn. 4.

[118] Ingenstau/Korbion, B *Oppler* § 12 Rdn. 19, 20; *Locher* Das Private Baurecht, 82; Münch. Komm. – *Busche* § 640 BGB Rdn. 5; *Gross,* FS f. Locher 1990 S. 53, 64; *Werner/Pastor* Der Bauprozess Rdn. 1339; Heiermann/Riedl/Rusam, B *Riedl* § 12 Rdn. 5e; *Kaiser* Mängelhaftungsrecht Rdn. 39 g; Beck'scher VOB-Kommentar VOB/B/*Jagenburg* vor § 12 Rdn. 47, 48; soweit *Jakobs* (AcP 183, 145, 163 f.) die arglistig herbeigeführte Abnahme als nichtig ansieht, fehlt dem die innere Begründung.

[119] *Kaiser* Mängelhaftungsrecht Rdn. 39 g; Ingenstau/Korbion, B *Oppler* § 12 Rdn. 20; Beck'scher VOB-Kommentar VOB/B/*Jagenburg* vor § 12 Rdn. 48; Heiermann/Riedl/Rusam, B *Riedl* § 12 Rdn. 5 e.

[120] BGH BauR 1982, 2301; Ingenstau/Korbion, B *Oppler* § 12 Rdn. 21; *Kaiser* Mängelhaftungsrecht Rdn. 39 g, Beck'scher VOB-Kommentar VOB/B/*Jagenburg* vor § 12 Rdn. 49; Heiermann/Riedl/Rusam, B *Riedl* § 12 Rdn. 5 e; *Werner/Pastor* Der Bauprozess Rdn. 1339; Leinemann, B *Sterner* § 12 Rdn. 7.

vom Einzelfall ab. Fordert z.B. der Auftragnehmer vor der Übergabe des Hauses, dass der Auftraggeber alle restlichen Forderungen begleicht, auf jeden Vorbehalt in Bezug auf Mängel oder Vertragsstrafen bzw. Schadensersatz verzichtet und auch ansonsten alle Forderungen des Auftragnehmers anerkennt, liegt eine widerrechtliche Drohung mit der Folge der Anfechtbarkeit vor.[121] Wird demgegenüber die Übergabe des Hauses nur von einer Abnahme an sich, d.h. ohne sonstige Erklärungen abhängig gemacht und war dies nach dem Vertrag ohnehin vorgesehen, mangelt es an dem Merkmal der Widerrechtlichkeit, so dass eine Anfechtung ausscheidet.[122]

IV. Formen bzw. Arten der Abnahme

29 Bei der systematischen Gliederung der Abnahmeformen gilt es, zwei große Bereiche zu unterscheiden. Der erste Bereich besteht aus den Abnahmeformen, die von einer Willenserklärung des Auftraggebers ausgehen, so z.B. die **ausdrückliche** bzw. **förmliche Abnahme** sowie die **konkludente** bzw. **stillschweigende Abnahme.** Der andere Bereich wird gebildet aus den **fiktiven Abnahmetatbeständen,** bei denen die Abnahmewirkungen ohne oder gegebenenfalls auch gegen den Willen des Auftraggebers eintreten. Für beide Bereiche gilt zusätzlich, dass sich die Abnahme unter den Voraussetzungen des § 12 Nr. 2 VOB/B (vgl. Rdn. 77–83) oder aber den ansonsten vertraglich vereinbarten Voraussetzungen auch auf Teilbereiche der vertraglich geschuldeten Leistung beschränken kann (sog. **Teilabnahme**). Die von *Jagenburg*[123] noch vorgenommene Differenzierung zwischen BGB und VOB/B in Ansehung der fiktiven Abnahmetatbestände hat sich durch die Einführung des § 640 Abs. 1 S. 3 BGB bzw. §§ 641 a BGB erübrigt, da nun auch das BGB fiktive Abnahmetatbestände hat.[124]

1. Abnahmetatbestände, die auf einer Willenserklärung des Auftraggebers beruhen

30 Bei der Abnahme ist nach dem zweigliedrigen Abnahmebegriff[125] neben der körperlichen Entgegennahme eine Billigungserklärung als Willenserklärung[126] des Auftraggebers erforderlich. Diese Willenserklärung kann sowohl ausdrücklich als auch stillschweigend bzw. konkludent abgegeben werden.[127]

31 **a) Ausdrückliche bzw. förmliche Abnahme.** Empfehlenswert ist, dass sich der Auftraggeber ausdrücklich zur Leistung des Auftragnehmers äußert, da so die im Rahmen einer konkludenten Abnahme bestehenden Schwierigkeiten der Auslegung und Fristbestimmung[128] vermieden werden. Wie die Äußerung, d.h. in welcher **Form** sie abgegeben wird, mündlich oder schriftlich, ist unerheblich,[129] wenn nicht vertraglich etwas anderes vereinbart ist. Als Erklärung ist dabei auch schon ausreichend, dass der Auftraggeber sich dahingehend äußert, dass er mit der Leistung des Auftragnehmers „einverstanden" ist und diese „in Ordnung findet", bzw. äußert, dass die Leistung nunmehr in Gebrauch genommen werden könne.[130]

---

[121] BGH NJW 1982, 2301; Heiermann/Riedl/Rusam, B *Riedl* § 12 Rdn. 5e; Beck'scher VOB-Kommentar VOB/B/*Jagenburg* vor § 12 Rdn. 49.

[122] BGH BauR 1983, 77; Ingenstau/Korbion, B *Oppler* § 12 Rdn. 20, 21; Heiermann/Riedl/Rusam, B *Riedl* § 12 Rdn. 5 e; Beck'scher VOB-Kommentar VOB/B/*Jagenburg* vor § 12 Rdn. 49; Leinemann, B *Sterner* § 12 Rdn. 7.

[123] Beck'scher VOB-Kommentar VOB/B/*Jagenburg* vor § 12 Rdn. 50.

[124] Vgl. hierzu ausführlich Rdn. 22 und Rdn. 5–7.

[125] Vgl. Fn. 21.

[126] Vgl. Fn. 4.

[127] Vgl. Fn. 27.

[128] Vgl. hierzu ausführlich Rdn. 15–22.

[129] Leinemann, B *Sterner* § 12 Rdn. 12; Beck'scher VOB-Kommentar VOB/B/*Jagenburg* vor § 12 Rdn. 52; *Werner/Pastor* Rdn. 1347, 1348.

[130] *Werner/Pastor* Rdn. 1349, Beck'scher VOB-Kommentar VOB/B/*Jagenburg* vor § 12 Rdn. 52.

Zu empfehlen ist, dass die Parteien eine förmliche Abnahme unter Anfertigung eines entsprechenden Protokolls durchführen, damit Dokumentations- und damit auch Beweisschwierigkeiten vermieden werden. Dies gilt gleichermaßen für Auftraggeber und Auftragnehmer. So wird der Auftraggeber ein Interesse daran haben, etwaige **Mängelrügen** oder **Vorbehalte**, erst recht den **Vorbehalt der Geltendmachung der Vertragsstrafe** zu dokumentieren und damit beweisen zu können. Andererseits hat auch der Auftragnehmer im Hinblick auf die **Gefahrtragung** und die **Berechnung der Verjährungsfristen** ein Interesse daran, zu dokumentieren und damit beweisen zu können, **wann** die Abnahme stattgefunden hat. Zu Recht weist *Jagenburg*[131] darauf hin, dass auch der baubegleitende Architekt in Ansehung seiner Verpflichtungen nach § 15 Nr. 8 HOAI ein Interesse daran haben muss, seine Tätigkeit im Rahmen der Vorbereitung der rechtsgeschäftlichen Abnahme in technischer Hinsicht[132] durch ein Abnahmeprotokoll zu dokumentieren.

b) Stillschweigende bzw. konkludente Abnahme. Neben der ausdrücklichen bzw. förmlichen Abnahme besteht auch die Möglichkeit die Willenserklärung des Auftraggebers aus seinem sonstigen Verhalten abzuleiten (sog. stillschweigende bzw. konkludente Abnahme). Voraussetzung allerdings ist, dass aus dem Verhalten des Auftraggebers eine Willenserklärung mit der notwendigen Sicherheit abgeleitet werden kann.[133] Als Fallgruppen können dabei die **Ingebrauchnahme der Werkleistung,**[134] die **Zahlung der vereinbarten Vergütung**[135] sowie die **vereinbarte oder geforderte, aber nicht durchgeführte förmliche Abnahme**[136] unterschieden werden, wobei durchaus auch mehrere Fallgruppen gleichzeitig erfüllt sein können. Wegen der Einzelheiten wird auf die Rdn. 16–21 verwiesen. 32

2. Abnahmetatbestände, die nicht auf einer Willenserklärung des Auftragnehmers beruhen (fiktive Abnahme)

Treten die Wirkungen der Abnahme ohne oder gegebenenfalls auch gegen den Willen des Auftraggebers ein, spricht man von einer fiktiven Abnahme.[137] Durch das Gesetz zur Beschleunigung fälliger Zahlungen[138] wurden neben den schon bestehenden Fiktionstatbeständen des § 5 Nr. 1 Abs. 1 VOB/B (Fiktion der Abnahme bei **Fertigstellungsmitteilung** ohne Abnahmebegehren), vgl. Rdn. 109, und des § 5 Nr. 1 Abs. 2 VOB/B (Fiktion der Abnahme durch **Inbenutzungnahme**), vgl. Rdn. 110, **zwei neue Fiktionstatbestände** geschaffen, nämlich **§ 640 Abs. 1 S. 3 BGB** und **§ 641 a BGB**, so dass nunmehr insgesamt vier Fiktionstatbestände zur Verfügung stehen, wenn nicht ein entsprechender vertraglicher Ausschluss vorliegt. Wegen der Einzelheiten zu § 640 Abs. 1 Satz 3 wird auf die Rdn. 5–7 verwiesen.[139] 33

V. Voraussetzungen der Abnahme

Die Voraussetzungen der Abnahme ergeben sich im Wesentlichen bereits schon aus der Begrifflichkeit. Danach definiert sich die Abnahme als die körperliche Entgegennahme der fertig gestellten Leistungen und ihrer Billigung der Hauptsache nach, dass heißt im Wesentlichen, als vertragsgemäße Leistungserfüllung.[140] 34

---

131 Beck'scher VOB-Kommentar VOB/B/*Jagenburg* vor § 12 Rdn. 55, 56.
132 Vgl. hierzu ausführlich Rdn. 25.
133 Vgl. Fn. 27.
134 Vgl. hierzu ausführlich Rdn. 16–18.
135 Vgl. hierzu ausführlich Rdn. 19.
136 Vgl. hierzu ausführlich Rdn. 20–21.
137 Vgl. Fn. 79.
138 Vgl. Fn. 8.
139 Wegen der Darstellung zu § 641 a BGB wird auf die sehr ausführliche Kommentierung bei Ingenstau/Korbion, B *Oppler* § 12 Rdn. 30–43 verwiesen.
140 Vgl. Fn. 20.

Erste Voraussetzung ist dementsprechend, dass die vertragsgemäße Leistung **hergestellt** bzw. **fertig gestellt** ist.[141] Hierzu zählt selbstredend auch, dass die fertig gestellte Leistung zum Zeitpunkt der Abnahme noch fertig gestellt sein muss, dass heißt noch nicht untergegangen sein darf.[142] Hat allerdings der Auftraggeber den Untergang der Leistung objektiv vorhersehbar herbeigeführt, kann der Auftragnehmer gleichwohl den Teil der Vergütung verlangen, der seiner bisher geleistet Arbeit entspricht.[143] Wegen der Einzelheiten wird auf die Kommentierung zu § 7 VOB/B verwiesen.

Ebenfalls aus der Definition sowie der Vorschrift des § 12 Nr. 3 VOB/B ergibt sich, dass das Werk in der Hauptsache, dass heißt im wesentlichen vertragsgerecht fertig gestellt sein muss. Geringe Restleistungen oder Mängel behindern die Abnahmefähigkeit nicht.[144] Wann allerdings von „geringen Restleistungen" oder „unwesentlichen Mängeln" ausgegangen werden kann, hängt vom Einzelfall ab.[145] Bewertungsmaßstab ist dabei auch § 12 Nr. 3 VOB/B, wonach die Abnahme wegen wesentlicher Mängel verweigert werden darf. Wesentlich sind Mängel oder Restleistungen jedenfalls dann, wenn entweder der Mangel oder die noch ausstehende Restleistung die Nutzung der Leistung so beeinträchtigt, dass es dem Auftraggeber entweder nicht möglich oder aber nicht zumutbar ist, die Leistung zur Nutzung entgegenzunehmen. Die Leistung muss mit anderen Worten in dem Sinne **funktionsfähig** sein, als jedenfalls der **bestimmungsgemäße Gebrauch** möglich ist.[146] Dabei kommt es jedenfalls dann, wenn die Funktionsfähigkeit bzw. der gefahrlose Gebrauch der Sache nicht möglich ist, auch nicht auf die Höhe der Beseitigungskosten an.[147] So ist z.B. eine Tiefgarage ohne Tor nur bedingt funktionsgerecht. Der Auftraggeber kann die Abnahme unter Hinweis auf wesentliche Mängel verweigern.[148]

Die jeweilige Betrachtung entspricht dabei dem Umfang der Leistungsverpflichtung. Schuldet der Auftragnehmer nur ein Gewerk, kommt es nur darauf an, ob sein Gewerk im vorgenannten Sinne funktionsfähig ist.[149] Soweit *Oppler*[150] meint, dass dies ausnahmsweise dann nicht gelten könne, wenn der Auftraggeber die Mangelfreiheit seines Gewerkes erst prüfen könne, wenn eine weitere Leistung erbracht sei (als Beispiel wird eine Stahlamierung genannt), ist dem mit den von *Jagenburg* [151] genannten Gründen entgegenzutreten. Zwar ist dem Auftraggeber auf Verlangen eine Prüfungsmöglichkeit einzuräumen (vgl. hierzu Rdn. 13 mit weiteren Nachweisen). Dieses Recht beschränkt sich aber auf den Teil der Leistung, die der Auftragnehmer schuldet und führt nicht dazu, dass der Auftragnehmer die Risiken und Schwierigkeiten zu übernehmen hätte, die sich durch die Schnittstellenbildung ergeben, die der Auftraggeber vorgenommen hat.

Schuldet dagegen der Auftraggeber die schlüsselfertige Erstellung einer Gesamtleistung (z.B. ein Haus), kommt es darauf an, ob die Gesamtlösung funktionsfähig bzw. gebrauchfähig im vorstehenden Sinne ist. Geschuldet ist in diesem Falle eine uneingeschränkte und dauerhafte

---

[141] BGH BauR 1973, 192; BGHZ 50, 160, 162; Ingenstau/Korbion B *Oppler* § 12 Rdn. 48; Heiermann/Riedl/Rusam, B *Riedl* § 12; Rdn. 7 a; Beck'scher VOB-Kommentar VOB/B/*Jagenburg* vor § 12 Rdn. 78, 79; Staudinger/*Peters* § 640 BGB, Rdn. 33.

[142] Ingenstau/Korbion, B *Oppler* § 12 Rdn. 47; Beck'scher VOB-Kommentar VOB/B/*Jagenburg* vor § 12 Rdn. 77; Heiermann/Riedl/Rusam, B *Riedl* § 12 Rdn. 7.

[143] BGHZ 40, 71, 75; BGHZ 136, 303, 309 (Schürmann Bau I); BGHZ 137, 35, 38 (Schürmann Bau II); Ingenstau/Korbion, B *Oppler* § 12 Rdn. 47; Heiermann/Riedl/Rusam, B *Riedl* § 12 Rdn. 7, § 7 Rdn. 1.

[144] BGH WM 1971, 101; BGH VersR 1972, 640; Heiermann/Riedl/Rusam, B *Riedl* § 12 Rdn. 7 a; Beck'scher VOB-Kommentar VOB/B/*Jagenburg* vor § 12 Rdn. 79, 80.

[145] Beck'scher VOB-Kommentar VOB/B/*Jagenburg* vor § 12 Rdn. 83.

[146] Heiermann/Riedl/Rusam, B *Riedl* § 12 Rdn. 7 b; Beck'scher VOB-Kommentar VOB/B/*Jagenburg* § 12 Rdn. 83 m.w.N.

[147] OLG Hamm BauR 2005, 731 mit zustimmender Anmerkung von Kniffka.

[148] BGH IBR 2003, 1029.

[149] Beck'scher VOB-Kommentar VOB/B/*Jagenburg* vor § 12 Rdn. 83; Heiermann/Riedel/Rusam, B *Riedel* § 12 Rdn. 7 b.

[150] Ingenstau/Korbion, B *Oppler* § 12 Rdn. 48.

[151] Beck'scher VOB-Kommentar VOB/B/*Jagenburg* § 12 Rdn. 81, dem wohl folgend, Heiermann/Riedl/Rusam, B *Riedl* § 12 Rdn. 7 b.

Benutzungsfähigkeit nach der Maßgabe des abgeschlossenen Vertrages.[152] Sofern die Parteien die Frage der Abnahme abweichend von der VOB/B wirksam geregelt haben, geht dies grundsätzlich vor.[153] Soweit hier das OLG Koblenz weitergehend die Auffassung vertritt, dass in einem solchen Fall auch eine konkludente Abnahme ausgeschlossen sei, ist dem nicht zuzustimmen. Wie bereits unter den Rdn. 20–21 erörtert, kann auch bei einer vereinbarten formalisierten, tatsächlich aber nicht durchgeführten Abnahme eine Situation eintreten, bei der unter Berücksichtigung eines entsprechenden Zeitablaufs sehr wohl von einer Abnahme ausgegangen werden kann. Wegen der Einzelheiten wird auf Rdn. 20–21 verwiesen.

Liegen die Voraussetzungen der Abnahme noch nicht vor, kann der Auftraggeber gleich- 35
wohl die Abnahme erklären.[154] Eine entsprechende Abnahmeerklärung ist wirksam.[155] Dabei ist allerdings nach dem OLG Frankfurt[156] kritisch zu hinterfragen, ob bei einer tatsächlich nicht fertig gestellten Leistung der Auftraggeber eine Abnahmeerklärung abgeben wollte. Alleine die Teilnahme an einem Abnahmetermin reicht jedenfalls nach dem OLG Frankfurt nicht aus, um von einer Abnahmeerklärung des Auftraggebers in diesem Falle auszugehen. Andererseits kann sich der Auftraggeber nicht folgenlos widersprüchlich verhalten, wenn er dem Auftragnehmer einerseits die Abnahme „anbietet", dann aber die Abnahme tatsächlich nicht vornimmt, weil sonstige Forderungen, die mit der Abnahme verbunden werden, nicht erfüllt werden.[157] Ob auch gegebenenfalls **gegen den Willen des Auftragnehmers eine rechtsgeschäftliche Abnahme möglich ist**, wird streitig bewertet.[158]

Unabhängig davon, dass die hier beschriebene Situation in der Praxis gekünstelt erscheint, ist richtigerweise davon auszugehen, dass es dem Auftraggeber grundsätzlich freisteht, eine Abnahmeerklärung auch dann abzugeben, wenn er hierzu nicht verpflichtet ist. Wenn damit allerdings eine Verkürzung von Leistungserbringungsmöglichkeiten des Auftragnehmers verbunden sein sollte, kann gleichzeitig in der Abnahmeerklärung auch eine Kündigungserklärung z.B. nach § 8 Nr. 1 VOB/B mit den entsprechenden Rechtsfolgen gesehen werden. An der Billigungserklärung für die erbrachte Leistung ändert dies aber nichts und hat im übrigen auch nichts mit einem „Stempel der Mangelhaftigkeit"[159] zu tun, den sich der Auftragnehmer nicht aufdrücken lassen müsse, da aus der Billigungserklärung für die bereits erbrachte Leistung genau das Gegenteil deutlich wird. Nur hierauf kann sich wiederum die Abnahmeerklärung beziehen. Selbstverständlich muss dann die Erklärung des Auftraggebers in Bezug auf die Beendigung des Vertragsverhältnisses bzw. der Verkürzung der Leistungserbringungsmöglichkeiten entsprechend sicher herleitbar sein.

Soweit bei dieser Argumentation auf den BGH[160] zurückgegriffen wird,[161] ergibt sich aus dem in Bezug genommenen Urteil keine Stütze der gegenteiligen Auffassung, da der BGH dort lediglich den Fall entschieden hat, dass bei der getrennten Abnahme von Sonder- und Gemeinschaftseigentum von einer Abnahme nicht ausgegangen werden könne, wenn der Unternehmer

[152] OLG Hamm NJW-RR 1993, 594 ff.; Ingenstau/Korbion, B *Oppler* § 12 Rdn. 48; Heiermann/Riedl/Rusam, B *Riedl* § 12 Rdn. 7 c; Beck'scher VOB-Kommentar VOB/B/*Jagenburg* vor § 12 Rdn. 84 mit Beispielsfällen, z.B. fehlendes Geländer oder fehlende Strom- und Wasserversorgung.

[153] OLG Koblenz BauR 2003, 96.

[154] *Kaiser* Mängelhaftungsrecht, Rdn. 38; *Thode* ZfBR 1999, 116, 117; Beck'scher VOB-Kommentar VOB/B/*Jagenburg* vor § 12 Rdn. 82; Ingenstau/Korbion, B *Oppler* § 12 Rdn. 49.

[155] Vgl. hierzu Rdn. 14 in Bezug auf die erklärte Abnahme des Auftraggebers bei Mängeln, die an sich die Abnahme hindern würden.

[156] OLG Frankfurt BauR 2004, 1961.

[157] OLG Hamburg IBR 2003, 528.

[158] Für diese Möglichkeit: Beck'scher VOB-Kommentar VOB/B/*Jagenburg* vor § 12 Rdn. 82; Ingenstau/Korbion, B *Oppler* § 12 Rdn. 49; *Kaiser* Mängelhaftung Rdn. 38; gegen diese Möglichkeit: *Kleine-Möller/Merl/Oelmaier* Handbuch des privaten Baurechts § 11 Rdn. 7; Heiermann/Riedel/Rusam, B *Riedel* § 12 Rdn. 7d; Hildebrandt BauR 2005, 788 ff.

[159] *Kleine-Möller/Merl/Oelmaier* Handbuch des privaten Baurechts § 11 Rdn. 18.

[160] BGH BauR 1983, 573 ff.

[161] *Kleine-Möller/Merl/Oelmaier* Handbuch des privaten Baurechts § 11 Rdn. 18 Fn. 72 und Heiermann/Riedel/Rusam, B *Riedel* § 12 Rdn. 7d.

das Werk ganz oder in besonders abnahmefähigen Teilen noch nicht übergeben hat. Mit einer „aufgedrängten Abnahme" gegen den Willen des Auftragnehmers hat dies nichts zu tun.

VI. Wirkungen der Abnahme

36 Mit der Abnahme endet das Erfüllungsstadium.[162] Gleichzeitig beginnt die Gewährleistungsphase.[163] Wegen der Bedeutung der hiermit im Einzelnen verbundenen Rechtsfolgen wird die Abnahme zu Recht als der „Dreh- und Angelpunkt"[164] des Werkvertragsrechts bezeichnet. Systematisch gilt es, die Beendigung der Erfüllungsphase und den Beginn des Gewährleistungsstadiums zu differenzieren.

1. Beendigung des Erfüllungsstadiums

37 **a) Ende der Vorleistungspflicht des Auftragnehmers.** Die sowohl nach den §§ 631 ff. BGB als auch nach der VOB/B vorgesehene **Vorleistungspflicht** des Auftragnehmers endet mit der Abnahme.[165] Während der Auftragnehmer bis zur Abnahme zunächst leisten muss, um eine Gegenleistung erhalten zu können, z.B. in Form einer Abschlagszahlung (vgl. § 16 Nr. 1 VOB/B, oder jetzt auch § 632 a BGB n.F.) kann eine Zahlung nach der Abnahme nicht mehr von einer vorausgehenden Leistung des Auftragnehmers abhängig gemacht werden. Dies hat sehr praktische Konsequenzen im Rahmen der prozessualen Geltendmachung von Vergütungsansprüchen. **Bis zur Abnahme** ist eine Klage abweisungsreif, bei der der Auftraggeber die Abnahme zu Recht verweigert und ihm ein ausreichendes Leistungsverweigerungsrecht wegen Mängeln zusteht.[166] **Nach der Abnahme** hingegen führen berechtigte Ansprüche wegen Mängeln „nur" zu einem Zurückbehaltungsrecht, das zu einer Zug-um-Zug-Verurteilung des Auftraggebers führt, d.h. der Auftraggeber Zug-um-Zug gegen die Beseitigung der Mängel zur Zahlung verpflichtet ist.[167]

Die vorstehend genannte Abnahmewirkung tritt nach Abnahme im Übrigen auch dann ein, wenn das Werk noch mit Fehlern behaftet ist.[168] Dies gilt selbst dann, wenn sich später herausstellt, dass eine ordnungsgemäße Nachbesserung (ausnahmsweise) in der kompletten Neuherstellung der Leistung besteht.[169] Entscheidend ist alleine, ob von der Abnahme und damit von den entsprechenden Wirkungen ausgegangen werden kann.

38 **b) Konkretisierung der Ansprüche auf die erbrachte Leistung.** Mit der Abnahme und der damit verbundenen Beendigung der Erfüllungsphase konkretisieren sich die Ansprüche des Auftraggebers auf die tatsächlich erbrachte Leistung.[170] Dies trifft insbesondere für Ansprüche des Auftraggebers zu, die auf Mängelbeseitigung gerichtet sind, so z.B. Nachbesserungsansprüche, aber auch ein ausnahmsweise bestehender Anspruch auf Neuherstellung des Werkes.[171] In beiden Fällen

[162] Ingenstau/Korbion, B *Oppler* § 12 Rdn. 51; Beck'scher VOB-Kommentar VOB/B/*Jagenburg* vor § 12 Rdn. 85; Heiermann/Riedl/Rusam, B *Riedl* § 12 Rdn. 8; *Dähne* FS f. Heiermann 1995, 23; *Thode* ZfBR 1999, 116.

[163] Beck'scher VOB-Kommentar VOB/B/*Jagenburg* vor § 12 Rdn. 96; Ingenstau/Korbion, B *Oppler* § 12 Rdn. 49; Heiermann/Riedl/Rusam, B *Riedl* § 12 Rdn. 8.

[164] Vgl. Fn. 2.

[165] BGHZ 61, 42; Heiermann/Riedl/Rusam, B *Riedl* § 12 Rdn. 8 a; Beck'scher VOB-Kommentar VOB/B/*Jagenburg* vor § 12 Rdn. 87; Ingenstau/Korbion, B *Oppler* § 12 Rdn. 51.

[166] BGHZ 61, 42; Heiermann/Riedl/Rusam, B *Riedl* § 12 Rdn. 8 a; Beck'scher VOB-Kommentar VOB/B/*Jagenburg* vor § 12 Rdn. 89.

[167] BGHZ 73, 140; BGH BauR 1980, 357; Beck'scher VOB-Kommentar VOB/B/*Jagenburg* vor § 12 Rdn. 89; Heiermann/Riedl/Rusam, B *Riedl* § 12 Rdn. 8 a.

[168] BGH BauR 1984, 395, 398 f.; Ingenstau/Korbion, B *Oppler* § 12 Rdn. 51.

[169] BGHZ 96, 111, 116 ff.; OLG München NJW-RR 1987, 1234; Ingenstau/Korbion, B *Oppler* § 12 Rdn. 51 m.w.N.

[170] Ingenstau/Korbion, B *Oppler* § 12 Rdn. 54; Beck'scher VOB-Kommentar VOB/B/*Jagenburg* vor § 12 Rdn. 95; Heiermann/Riedl/Rusam, B *Riedl* § 12 Rdn. 9.

[171] BGHZ 96, 111, 116; OLG München NJW-RR 1987, 1234.

handelt es sich systematisch um Gewährleistungsansprüche nach § 13 VOB/B.[172] Unberührt von der Abnahme allerdings bleiben Schadensersatzansprüche des Auftraggebers nach § 4 Nr. 7 Satz 2 VOB/B, die sich systematisch nicht in Ansprüche nach § 13 Nr. 7 VOB/B umwandeln.[173]

Mit der Abnahme und der Konkretisierung der Ansprüche des Auftraggebers auf die tatsächlich erbrachte Leistung endet im übrigen auch das Anordnungsrecht des Auftraggebers nach § 1 Nr. 3 und § 1 Nr. 4 VOB/B.

c) Übergang der Leistungs- und Preisgefahr. Eine weitere Wirkung der Abnahme besteht darin, dass die Leistungs-[174] und Preisgefahr[175] auf den Auftraggeber übergeht. Dabei ist zwischen der Preis- und Leistungsgefahr zu differenzieren. 39

aa) Preisgefahr. Unter der sog. **Preis- bzw. Vergütungsgefahr** versteht man das Risiko des Auftraggebers, den vereinbarten Preis bzw. die vereinbarte Vergütung zahlen zu müssen, obgleich sich die dementsprechende Werkleistung verschlechtert hat oder sogar untergegangen ist.[176] Aus Sicht des Auftragnehmers besteht die Preis- bzw. Vergütungsgefahr darin, trotz Leistung keine Vergütung wegen Verschlechterung oder sogar Untergang des Werkes zu erhalten.[177] 40

Mit der Abnahme geht die Preis- bzw. Vergütungsgefahr auf den Auftraggeber über (§ 644 Abs. 1 S. 1 BGB; § 12 Nr. 6 VOB/B). Vor der Abnahme trägt diese Gefahr grundsätzlich der Auftragnehmer. Ausnahmen hiervon sind lediglich in § 645 BGB und § 7 VOB/B festgehalten. Während § 645 BGB einen Spezialfall der Mangelhaftigkeit des Werkes regelt, bei dem der Auftraggeber entweder mangelhafte Baustoffe liefert oder inhaltlich falsche Anweisungen gibt, die zur Verschlechterung oder zum Untergang des Werkes führen,[178] nimmt § 7 VOB/B, auf den § 12 Nr. 6 VOB/B ausdrücklich verweist, eine generelle Vorverlagerung des Preis- bzw. Vergütungsrisikos zu Lasten des Auftraggebers für die dort genannten Tatbestände vor. Danach geht die Vergütungsgefahr bereits dann auf den Auftraggeber über, wenn „die ganz oder teilweise ausgeführte Leistung vor der Abnahme durch höhere Gewalt, Krieg, Aufruhr oder andere objektiv unabwendbare, vom Auftragnehmer nicht zu vertretende Umstände beschädigt oder zerstört" wird.[179] Gleichzeitig bleibt aber der Auftragnehmer leistungsverpflichtet, so dass in diesem Fall Leistungs- und Vergütungsgefahr auseinanderfallen können.[180] Sind die Voraussetzungen des § 7 VOB/B allerdings nicht nachweisbar, können auch bis dahin gezahlte **Voraus- und Abschlagszahlungen** zurückverlangt werden.[181]

bb) Leistungsgefahr. Unter der **Leistungsgefahr** versteht man das Risiko des Auftragnehmers, dass durch Zufall oder höhere Gewalt beschädigte oder zerstörte Gewerk sanieren oder aber neu herstellen zu müssen, auch wenn den Auftragnehmer kein Verschulden trifft.[182] Von dieser aus der Erfüllungspflicht herrührenden Leistungsverpflichtung wird der Auftragnehmer nur in den 41

---

[172] BGH BauR 1982, 277; Ingenstau/Korbion, B *Oppler* § 12 Rdn. 54; Heiermann/Riedl/Rusam, *Riedl* § 12 Rdn. 9.

[173] BGH BauR 1978, 306; Heiermann/Riedl/Rusam, B *Riedl* § 12 Rdn. 9; *Kaiser* Mängelhaftungsrecht Rdn. 43.

[174] Ingenstau/Korbion, B *Oppler* § 12 Rdn. 55; Beck'scher VOB-Kommentar VOB/B/*Jagenburg* vor § 12 Rdn. 97; Heiermann/Riedl/Rusam, B *Riedl* § 12 Rdn. 13 a.

[175] Ingenstau/Korbion, B *Oppler* § 12 Rdn. 59; Beck'scher VOB-Kommentar VOB/B/*Jagenburg* vor § 12 Rdn. 90; Heiermann/Riedl/Rusam, B *Riedl* § 12 Rdn. 13 b.

[176] Beck'scher VOB-Kommentar VOB/B/*Jagenburg* vor § 12 Rdn. 90.

[177] Heiermann/Riedl/Rusam, B *Riedl* § 12 Rdn. 13 b.

[178] Vergleichbar mit § 13 Nr. 3 VOB/B, der allerdings von der Rechtsprechung dazu genutzt wird, die Gefahrtragung zu Lasten des Auftragnehmers nur dann anzunehmen, wenn es dem Auftragnehmer überhaupt möglich war, seine Leistung mit zumutbarem Aufwand zu schützen (*Werner/Pastor* Rdn. 1344 unter Hinweis auf LG Berlin BauR 1984, 180 f.).

[179] Vgl. hierzu die Kommentierung zu § 7 Nr. 1 VOB/B.

[180] Heiermann/Riedl/Rusam, B *Riedl* § 12 Rdn. 13 b; Beck'scher VOB-Kommentar VOB/B/*Jagenburg* vor § 12 Rdn. 98.

[181] OLG Düsseldorf IBR 2003, 65.

[182] Ingenstau/Korbion, B *Oppler* § 12 Rdn. 55; Beck'scher VOB-Kommentar VOB/B/*Jagenburg* vor § 12 Rdn. 97; Heiermann/Riedl/Rusam, B *Riedl* § 12 Rdn. 13 a.

Fällen objektiver Unmöglichkeit (§§ 275, 279 BGB a.F. bzw. §§ 275, 280 BGB n.F.) frei.[183] Dies gilt auch dann, wenn ausnahmsweise die Vergütungsgefahr gem. § 7 VOB/B zu einem früheren Zeitpunkt auf den Aufraggeber verlagert ist, d.h. der Auftragnehmer keine Vergütungsgefahr mehr trägt.[184] Mit der Abnahme geht die Leistungsgefahr auf den Auftraggeber über, d.h. der Auftragnehmer ist nicht mehr zur Leistung verpflichtet.[185]

42 **d) Umkehr der Beweislast.** Auch in Bezug auf die Beweislast bildet die Abnahme einen „Dreh- und Angelpunkt".[186] Während bis zur Abnahme der Auftragnehmer die Mangelfreiheit seines Werkes darzulegen und im Zweifel auch zu beweisen hat, kehrt sich dieses Verhältnis nach der Abnahme um, d.h. jetzt hat der Auftraggeber eine etwaige Mangelhaftigkeit des Werkes darzulegen und gegebenenfalls zu beweisen.[187]

Dies kann durchaus einschneidende Konsequenzen haben. Lässt sich z.B. eine Tatsache im Rahmen eines Zivilprozesses nicht beweisen (non liquet), verliert derjenige den Prozess in Bezug auf den hierauf entfallenden Anteil, der entsprechend beweisbelastet ist. Aber auch in Bezug auf etwaige Kostenvorschüsse im Rahmen von Beweisbeschlüssen kann je nach Umfang die Beweislast unabhängig von Liquiditätsfragen zu einem Nachteil führen, wenn der spätere Kostengegner im Laufe des Prozesses insolvent wird.

Streitig war, ob sich die Wirkung der Beweislastumkehr auch auf solche Mängel bezieht, deren Beseitigung sich der Auftraggeber ausdrücklich vorbehalten hat.[188] Nach einer klarstellenden Entscheidung des BGH[189] hierzu scheint der Streit allerdings zu Gunsten derjenigen entschieden zu sein, die davon ausgehen, dass es in Bezug auf Mängel, deren Beseitigung sich der Auftraggeber ausdrücklich vorbehalten hat, nicht zu einer Beweislastumkehr kommt.[190]

Diese Auffassung ist folgerichtig, da sich der Übergang der Beweislast aus § 363 BGB ergibt, wonach der Tatbestand der Annahme als Erfüllung gegeben sein muss. Wenn aber der Auftraggeber das Werk ausdrücklich in Bezug auf vorhandene Mängel nicht billigt, kann insoweit auch nicht von einer Annahme als Erfüllung ausgegangen werden, mit der Folge, dass es in Bezug auf die vorbehaltenen Mängel auch nicht zu einer Beweislastumkehr kommt. Dies gilt unabhängig davon, dass in Bezug auf das Gesamtwerk durchaus ein Maß an Billigung möglich bleibt, um von einer Abnahmewirkung und damit auch von einer Beweislastumkehr für die von einem Mangelvorbehalt nicht betroffenen Leistungsbestandteile ausgehen zu können. Entsteht die vom Auftragnehmer behauptete Mangelfreiheit nur dadurch, dass der Auftragnehmer vorträgt, das **vertragliche Bausoll** sei **geändert** worden, verbleibt es bei der Beweislast des Auftragnehmers in diesem Punkt, da die allgemeine Beweislastregel, wonach derjenige, der eine nachträgliche Vertragsänderung behauptet, diese auch beweisen muss, der Regel der Beweislastumkehr im Rahmen der Abnahme vorgeht.[191]

2. Beginn des Gewährleistungsstadiums

43 Mit der Abnahme beginnt das Gewährleistungsstadium.[192] Damit verbunden sind eine Reihe von Rechtsfolgen, z.B. der Beginn der Gewährleistungsfrist, der Beginn des Abrechnungsstadiums

---

[183] Vgl. Fn. 182.

[184] Beck'scher VOB-Kommentar VOB/B/*Jagenburg* vor § 12 Rdn. 98.

[185] Ingenstau/Korbion, B *Oppler* § 12 Rdn. 55; Beck'scher VOB-Kommentar VOB/B/*Jagenburg* vor § 12 Rdn. 97; Heiermann/Riedl/Rusam, B *Riedl* § 12 Rdn. 13 a; *Acker/Garcia-Scholz* BauR 2003, 1457 ff.

[186] Vgl. Fn. 2.

[187] BGH BauR 1997, 129; BGH BauR 2002, 85, 86; Ingenstau/Korbion, B *Oppler* § 12 Rdn. 52, Beck'scher VOB-Kommentar VOB/B/*Jagenburg* vor § 12 Rdn. 103; Heiermann/Riedl/Rusam, B *Riedl* § 12 Rdn. 15.

[188] Für eine Beweislastumkehr: Ingenstau/Korbion, B *Oppler* § 12 Rdn. 52; gegen eine Beweislastumkehr: Beck'scher VOB-Kommentar VOB/B/*Jagenburg* vor § 12 Rdn. 104.

[189] BGH BauR 1997, 129; anderer Ansicht: OLG Hamburg OLGR Hamburg 1998, 160.

[190] Jetzt auch: Ingenstau/Korbion, B *Oppler* § 12 Rdn. 52; Beck'scher VOB-Kommentar VOB/B/*Jagenburg* vor § 12 Rdn. 104: *E. J. Groß* BauR 1995, 456 ff.

[191] BGH ZfBR 2003, 681.

[192] Ingenstau/Korbion, B *Oppler* § 12 Rdn. 51; Leinemann, B, *Sterner* § 12 Rdn. 32; *Dähne* FS für Heiermann 1995, S. 23.

und die Frage, ob durch mangelnde Vorbehalte bei der Abnahme Gewährleistungs- und/oder Vertragsstrafenansprüche noch durchsetzbar sind. Im Einzelnen:

a) Beginn der Gewährleistungsfrist. Wie sich aus § 638 Abs. 1 BGB a.F. bzw. § 634 a Abs. 2 BGB n.F. und § 13 Nr. 4 Abs. 3 VOB/B ergibt, beginnt mit der Abnahme die Verjährungsfrist der Gewährleistungsansprüche zu laufen.[193] Wie lange die Verjährungsfrist läuft, richtet sich ohne besondere Vereinbarung nach § 13 Nr. 4 i.V.m. § 13 Nr. 5 VOB/B und dem jeweiligen Gegenstand der Werkleistung bzw. nach der gegebenenfalls getroffenen besonderen vertraglichen Abrede.[194] 44

Diese Grundsätze gelten auch für Teilabnahmen nach § 12 Nr. 2 VOB/B.[195]

Der Beginn der Verjährungsfrist wird nicht dadurch gehindert, dass Mängel möglicherweise nicht erkennbar sind[196] oder die Beseitigung bekannter Mängel vorbehalten wird,[197] da sich diese Mängelbeseitigungsansprüche nach § 4 Nr. 7 VOB/B in Gewährleistungsansprüche nach § 13 VOB/B umwandeln.[198] Auch Schadensersatzansprüche aus dem Gesichtspunkt des Verschuldens bei Vertragsabschluss (culpa in contrahendo) bzw. positiver Vertragsverletzung unterliegen den vorstehend genannten Verjährungsregeln, wenn diese zu einem Sachmangel führen.[199] Schadensersatzansprüche aus § 4 Nr. 7 VOB/B beginnen ebenfalls mit der Abnahme zu verjähren, wenn sie sich mit Ansprüchen nach § 13 Nr. 7 VOB/B decken.[200]

Im Falle einer nicht ausdrücklich erklärten Abnahme richtet sich die Rechtsfolge des Beginns der Verjährung von Gewährleistungsansprüchen danach, ob von der Abnahme ausgegangen werden kann oder nicht. Zu Recht weist deshalb *Jagenburg*[201] darauf hin, dass dies im Falle einer unberechtigten Abnahmeverweigerung durch den Auftraggeber angenommen werden kann, nicht aber im Falle einer berechtigten Abnahmeverweigerung. Verweigert der Auftraggeber zu Unrecht endgültig die Abnahme oder lässt er eine ihm zu Recht gesetzte Frist zur Abnahme fruchtlos verstreichen, regelt § 640 Abs. 1 S. 3 BGB, dass es einer Abnahme gleichsteht, wenn der Besteller das Werk nicht innerhalb einer ihm vom Unternehmer bestimmten angemessenen Frist abnimmt, obwohl er hierzu verpflichtet ist.

Kündigt der Auftraggeber den Vertrag, so ist zwischen einer sog. „freien" Kündigung nach § 8 Nr. 1 VOB/B und einer Kündigung mit Grund gem. § 8 Nr. 3 VOB/B, danach zu differenzieren, ob in der Kündigung selbst überhaupt eine endgültige Abnahmeverweigerung zu erblicken ist.[202] Kündigt der Auftraggeber nach § 8 Nr. 1 VOB/B, ergibt sich unter Beachtung des § 8 Nr. 6 VOB/B, wonach alsbald nach der Kündigung auch Aufmaß und Abnahme verlangt werden kann, dass alleine die Ausübung des Kündigungsrechtes noch keine endgültige Abnahmeverweigerung darstellt.[203] Erfolgt die Kündigung des Auftraggebers nach § 8 Nr. 3 VOB/B, ist davon auszuge-

---

193 Saarländisches OLG BauR 2004, 867, entgegen OLG Saarland OLG Report 1990, 1 und OLG Düsseldorf OLG Report 1992, 254.

194 Vgl. hierzu die Kommentierung zu § 13 Nr. 4 und § 13 Nr. 5 VOB/B.

195 Ingenstau/Korbion, B *Oppler* § 12 Rdn. 57; Leinemann Kommentar zur VOB/B *Sterner* § 12 Rdn. 47; Heiermann/Riedl/Rusam, B *Riedl* § 12 Rdn. 11 a; Beck'scher VOB-Kommentar VOB/B/*Jagenburg* vor § 12 Rdn. 100.

196 OLG Köln OLGZ 1978, 321 für den Kaufvertrag; Ingenstau/Korbion, B *Oppler* § 12 Rdn. 56; Leinemann, B *Sterner* § 12 Rdn. 47.

197 Heiermann/Riedl/Rusam, B *Riedl* § 12 Rdn. 11, Ingenstau/Korbion, B *Oppler* § 12 Rdn. 56; Beck'scher VOB-Kommentar VOB/B/*Jagenburg* vor § 12 Rdn. 99.

198 BGHZ 54, 352, 355 f.; BGH NJW 1982, 1524; Beck'scher VOB-Kommentar VOB/B/*Jagenburg* vor § 12 Rdn. 99; Heiermann/Riedl/Rusam, B *Riedl* § 12 Rdn. 11.

199 Heiermann/Riedl/Rusam, B *Riedl* § 12 Rdn. 11; Leinemann, B *Sterner* § 12 Rdn. 47 unter Hinweis auf die neue Kodifizierung in § 280 BGB n.F.

200 BGHZ 54, 352, 356; Leinemann, B *Sterner* § 12 Rdn. 47.

201 Beck'scher VOB-Kommentar VOB/B/*Jagenburg* vor § 12 Rdn. 101, 102 unter Hinweis auf die bei Ingenstau/Korbion, B *Oppler* § 12 Rdn. 28 (12. Aufl.) – jetzt Rdn. 58 – nicht vollzogene Differenzierung.

202 Ingenstau/Korbion, B *Oppler* § 12 Rdn. 58; Heiermann/Riedl/Rusam, B *Riedl* § 12 Rdn. 11 b; Beck'scher VOB-Kommentar VOB/B/*Jagenburg* vor § 12 Rdn. 102.

203 BGH BauR 1974, 412; OLG Düsseldorf BauR 1980, 276; Heiermann/Riedel/Rusam, B *Riedel* § 12 Rdn. 11 b; Ingenstau/Korbion, B *Oppler* § 12 Rdn. 58; Beck'scher VOB-Kommentar VOB/B/*Jagenburg* vor § 12 Rdn. 102.

hen, dass er sich die ihm zustehenden Schadensersatzansprüche vorbehalten will[204] mit der Folge, dass alleine in der Kündigung des Vertrages bzw. in der Beauftragung anderer Unternehmer zur Vervollständigung der Leistung keine endgültige Abnahmeverweigerung zu sehen ist.[205]

45 **b) Beginn des Abrechnungsstadiums.** Mit der Abnahme beginnt das **Abrechnungsstadium**, d.h. dass nunmehr die endgültige Abrechnung des Bauvorhabens erfolgen kann.[206] Dabei stellt die Abnahme auch im VOB-Vertrag **eine** Fälligkeitsvoraussetzung neben § 16 Nr. 3 VOB/B dar.[207] Dementsprechend bedarf es sowohl der Abnahme als auch der Schlussrechnung gem. § 14 VOB/B und der Prüfung durch den Auftraggeber bzw. dem Ablauf der Zweimonatsfrist als Spätestfrist gem. § 16 Nr. 3 VOB/B. Dabei ist beachtlich, dass nach Eintritt der Schlussrechnungsreife grundsätzlich keine Abschlagsrechnung mehr gestellt werden kann bzw. die Fälligkeitswirkung in Bezug auf Abschlagsrechnungen entfällt.[208] Soweit dabei *Vygen*[209] im Rahmen einer Anmerkung zum Urteil des OLG Frankfurts[210] sowie *Peters*[211] meinen, dass aus Gründen der Gerechtigkeit die Fälligkeit der Schlusszahlung unabhängig von der Abnahme sein soll, ist dem nicht zuzustimmen, da durch die wirksame Maßnahme des § 640 Abs. 1 S. 3 BGB der Auftragnehmer in die Lage versetzt wird, selbst die Voraussetzungen effektiv auch gegen den Willen des Auftraggebers herbeizuführen, um die Werklohnforderung durchsetzen zu können. Der Fiktionstatbestand des § 12 Nr. 5 VOB/B ist nach Einführung des § 640 Abs. 1 S. 3 BGB demgegenüber weit weniger bedeutsam. Vor diesem Hintergrund scheint es nicht gerechtfertigt auf das Merkmal der Abnahme zu verzichten, das sowohl dem Auftraggeber aber auch im Streifall dem Gericht die Möglichkeit eröffnet, die Qualität der Leistung in ein angemessenes Gesamtverhältnis zu dem Zahlungsbegehren des Auftragnehmers zu setzen. Es stellt sich die Frage, durch welches neue (bessere?) Kriterium diese Funktion erreicht werden soll.

Wegen des Beginns des Abrechnungsstadiums nach **Kündigung** wird auf die nachfolgende Ziffer 3 (Rdn. 54 ff.) verwiesen, da das Thema dort im Zusammenhang erläutert wird.

Entschieden ist der Fall, dass es im Falle eines Minderungsverlangens keiner Abnahme als Fälligkeitsvoraussetzung bedarf.[212] Auch im Falle der Geltendmachung von Ersatzvornahmekosten wird dies vertreten.[213]

Unabhängig davon, dass die Abnahme eine Fälligkeitsvoraussetzung auch im VOB-Vertrag darstellt, wird in der Praxis ein Klageantrag, gerichtet auf Feststellung des Eintrittes der Abnahmewirkungen oder auf Erklärung der Abnahme selbst nur äußerst selten gestellt, da es in aller Regel bei Klagen nach Erledigung der Leistungen eines Auftragnehmers um Restwerklohn geht und hier die Rechtsprechung die inzidente Feststellung der Abnahme als Anspruchsvoraussetzung zulässt, ohne dass es eines gesonderten Antrages bedürfte (vgl. hierzu ausführlich § 2 VOB/B, Rdn. 150).

Soweit darüber hinaus die Auffassung vertreten wird, dass nach Einführung des § 640 Abs. 1 S. 3 BGB durch das Gesetz zur Beschleunigung fälliger Zahlungen eine Klage auf Abnahme ohnehin nicht mehr möglich sei (vgl. auch hierzu Fn. 296 zu § 2 VOB/B, Rdn. 150 m.w.N.) kann dem nicht gefolgt werden, da nur bei Vorliegen der Tatbestandsvoraussetzungen des

---

[204] BGH NJW 1974, 1707; OLG Düsseldorf BauR 1980, 276; Beck'scher VOB-Kommentar VOB/B/*Jagenburg* vor § 12 Rdn. 102.

[205] BGH NJW 1994, 942; Ingenstau/Korbion, B *Oppler* § 12 Rdn. 58; Beck'scher VOB-Kommentar VOB/B/*Jagenburg* vor § 12 Rdn. 102; Heiermann/Riedl/Rusam, B *Riedl* § 12 Rdn. 11 b.

[206] Ingenstau/Korbion, B *Oppler* § 12 Rdn. 70; Beck'scher VOB-Kommentar VOB/B/*Jagenburg* vor § 12 Rdn. 92.

[207] BGHZ 79, 180; BGH NJW 1981, 1448; Beck'scher VOB-Kommentar VOB/B/*Jagenburg* vor § 12 Rdn. 93, 94; Leinemann, B *Sterner* § 12 Rdn. 34 32; Ingenstau/Korbion, B *Oppler* § 12 Rdn. 70; Heiermann/Riedl/Rusam, B *Riedl* § 12 Rdn. 10.

[208] BGH NZBau 2004, 386.

[209] *Vygen* BauR 2004, 1006.

[210] OLG Frankfurt BauR 2004, 1004 ff.

[211] *Peters* NZBau 2004, 1, 5.

[212] BGH BauR 2002, 1399; BGH ZfBR 2003, 140 f. = NZBau 2003, 35.

[213] OLG Brandenburg BauR 2005, 1218.

§ 640 Abs. 1 S. 3 BGB davon auszugehen ist, dass die Abnahmewirkungen eingetreten sind. Liegen die Tatbestandsvoraussetzungen vor, ist eine Klage auf Abnahme allerdings mangels Rechtsschutzbedürfnisses abzuweisen, vielmehr könnte nur noch auf Feststellung des Eintritts der Abnahmewirkungen geklagt werden. Liegen die Tatbestandsvoraussetzungen hingegen nicht vor, weil z.B. der Auftragnehmer keine entsprechende Frist gem. § 640 Abs. 1 Satz 3 BGB gesetzt hat, treten auch die Rechtsfolgen nicht ein, mit der Folge, dass zukünftig grundsätzlich auch noch auf Abnahme geklagt werden kann. Es ist dementsprechend je nach Sachverhalt zu differenzieren.

c) Verlust von Gewährleistungs- und Vertragsstrafenansprüchen bei fehlendem Vorbehalt bei der Abnahme. Wie sich aus § 640 Abs. 2 BGB bzw. § 12 Nr. 5 Abs. 3 VOB/B ergibt, verliert der Auftraggeber möglicherweise Gewährleistungs- und/oder Vertragsstrafenansprüche, wenn er sich deren Geltendmachung mit der Abnahme nicht vorbehält. Im Einzelnen: 46

aa) Verlust von Gewährleistungsansprüchen nach § 640 Abs. 2 BGB. Nach § 640 Abs. 2 BGB stehen dem Auftraggeber die in § 634 Nr. 1 bis 3 BGB n.F. genannten Rechte, d.h. das Recht auf Nacherfüllung gem. § 635 BGB n.F., das Recht auf Ersatzvornahme gem. § 637 BGB n.F. sowie das Recht nach den §§ 626, 323 und 326 Abs. 5 BGB n.F. vom Vertrag zurücktreten oder nach § 638 BGB n.F. die Vergütung zu mindern, nicht mehr zur Verfügung, wenn er sich diese Rechte nicht vorbehält, obgleich er den Mangel kennt. Ausdrücklich nicht genannt in § 640 Abs. 2 BGB n.F. ist § 634 Nr. 4 BGB n.F., der Schadensersatzrechte nach den §§ 636, 280, 281, 283 und 311 a BGB n.F. sowie Aufwendungsersatz nach § 284 BGB n.F. nennt. 47

Die Vorschrift des § 640 Abs. 2 BGB n.F. ist ohne Modifikationen auch auf den VOB-Vertrag anzuwenden.[214] Dies ergibt sich schon aus der Bezugnahme auf „Vorbehalte" im VOB-Text in § 12 Nr. 4 Abs. 1 S. 4 VOB/B bzw. § 12 Nr. 5 Abs. 3 VOB/B.

(1) Kenntnis des Mangels. Erste Tatbestandsvoraussetzung des § 640 Abs. 2 BGB ist, dass der Auftraggeber den Mangel kennt. Dies setzt voraus, dass der Auftraggeber positive Kenntnis vom Mangel hat, d.h. der Auftraggeber muss wissen, welcher Fehler vorliegt, der im Sinne des § 13 Nr. 1 VOB/B zu einer Qualifikation als Mangel führt.[215] Das bloße Kennenmüssen,[216] oder die schlichte Kenntnis eines äußeren Erscheinungsbildes ohne Kenntnis der Bedeutung dieses Erscheinungsbildes für die geschuldete Leistung[217] reicht nicht aus. Auch die Grundsätze des Mitverschuldens gem. § 254 BGB kommen nicht zur Anwendung.[218] 48

Die positive Kenntnis des Auftraggebers in vorstehend genanntem Umfang hat im Streitfall der Auftragnehmer zu beweisen.[219] Gerade bei einem sachkundigen Auftraggeber allerdings ist trotz der gebotenen Vorsicht und Zurückhaltung bei einem klar erkennbaren und auch gravierenden Mangel die Überlegung zulässig, dass der Auftraggeber diesen Mangel nicht übersehen haben kann. In diesen Fällen kann dem Auftragnehmer der Beweis des ersten Anscheins zugute kommen.[220]

---

[214] BGH NJW 1975, 1701; Beck'scher VOB-Kommentar VOB/B/*Jagenburg* vor § 12 Rdn. 106; Ingenstau/Korbion, B *Oppler* § 12 Rdn. 61; Heiermann/Riedl/Rusam, B *Riedl* § 12 Rdn. 14; Staudinger/*Peters* § 640 BGB Rdn. 63.

[215] RGZ 149, 401; BGH NJW 1970, 383, 385, OLG Düsseldorf NJW-RR 1996, 532; Ingenstau/Korbion, B *Oppler* § 12 Rdn. 66; Beck'scher VOB-Kommentar VOB/B/*Jagenburg* vor § 12 Rdn. 108; Heiermann/Riedl/Rusam, B *Riedl* § 12 Rdn. 14 b; Münch. Komm. – *Busche* § 640 BGB Rdn. 30; Staudinger/*Peters* § 640 BGB Rdn. 54.

[216] Staudinger/*Peters* § 640 BGB Rdn. 55; Münch. Komm. – *Busche* § 640 BGB Rdn. 30; Beck'scher VOB-Kommentar VOB/B/*Jagenburg* vor § 12 Rdn. 108; Heiermann/Riedl/Rusam, B *Riedl § 12* Rdn. 14 b; Ingenstau/Korbion, B *Oppler* § 12 Rdn. 66.

[217] BGH NJW 1970, 383, 385; Beck'scher VOB-Kommentar VOB/B/*Jagenburg* vor § 12 Rdn. 108; Staudinger/*Peters* § 640 BGB Rdn. 56 m.w.N.

[218] BGH NJW 1978, 2240 f. (zum Kaufrecht); Beck'scher VOB-Kommentar VOB/B/*Jagenburg* vor § 12 Rdn. 108; Ingenstau/Korbion, B *Oppler* § 12 Rdn. 66.

[219] Ingenstau/Korbion, B *Oppler* § 12 Rdn. 67; Beck'scher VOB-Kommentar VOB/B/*Jagenburg* vor § 12 Rdn. 109.

[220] Vgl. Fn. 219.

49 **(2) Vorbehalt des Mangels bei der Abnahme.** Zweite Tatbestandsvoraussetzung des § 640 Abs. 2 BGB ist, dass sich der Auftraggeber seine Rechte in Bezug auf den ihm bekannten Mangel vorbehalten hat.

50 **(a) Vorbehalt.** Bei dem Vorbehalt im Sinne des § 640 Abs. 2 BGB handelt es sich um eine **empfangsbedürftige Willenserklärung** des Auftraggebers. Dementsprechend hat dieser den Zugang (§ 130 BGB) im Streitfall zu beweisen.[221]

Um als Willenserklärung identifizierbar zu sein und dem Sinn und Zweck des § 640 Abs. 2 BGB zu entsprechen, muss der Vorbehalt entsprechend konkret sein. Ein schlichter Hinweis auf „die Mangelhaftigkeit" des Werkes oder gar ein abstrakter Generalvorbehalt reicht nicht aus, um die Rechtsfolgen des § 640 Abs. 2 BGB zu vermeiden.[222] Ausreichend ist allerdings, wenn der Auftraggeber den Mangel seinem Erscheinungsbild nach konkret beschreibt.[223] Eine Mangelursachenerforschung ist im Rahmen der Vorbehaltserklärung nicht erforderlich.[224]

Keines Vorbehaltes bedarf es trotz Kenntnis des Auftraggebers von dem Mangel, wenn wegen des streitgegenständlichen Mangels bereits zum Zeitpunkt der Abnahme ein Prozess anhängig ist, da nach dem Sinn und Zweck des § 640 Abs. 2 BGB dem Auftragnehmer durch die Streitbefangenheit im Rahmen des Prozesses hinreichend deutlich ist, dass der Auftraggeber bestrebt ist, aus dem Mangel Rechte herzuleiten.[225] Diese Überlegung ist auch übertragbar auf die Streitbefangenheit im Rahmen eines zum Zeitpunkt der Abnahme andauernden selbständigen Beweisverfahrens[226] bzw. eines Schiedsgutachterverfahrens oder eines nach außen hin erkennbaren Sachverständigenverfahrens.[227]

Ausdrücklich hat das OLG Brandenburg[228] noch einmal festgestellt, dass auch eine Abnahme unter Vorbehalt eine Abnahme darstellt. Lediglich die Besonderheiten der Vorbehalte sind zusätzlich zu berücksichtigen.

51 **(b) Vorbehalt bei Abnahme.** Der Vorbehalt nach § 640 Abs. 3 BGB ist **bei der Abnahme** zu erklären. Dies bedeutet, dass früher oder später erfolgte Vorbehalte in der Regel keine Wirksamkeit entfalten,[229] es sei denn, der Auftraggeber bezieht sich auf einen früher erklärten Vorbehalt und hält diesen ausdrücklich aufrecht.[230]

Im Rahmen einer förmlichen Abnahme (§ 12 Nr. 4 VOB/B) ist der Vorbehalt im Abnahmeprotokoll vor Unterzeichnung aufzunehmen.[231] Erfolgt die Abnahme stillschweigend, so ist der Vorbehalt spätestens zu dem Zeitpunkt zu erklären, zu dem von dem Eintritt der Rechtswirkungen der Abnahme ausgegangen werden kann. Gleiches gilt auch für die fiktive Abnahme. Für die fiktive Abnahme nach § 12 Nr. 5 VOB/B ergibt sich dies schon aus § 12 Nr. 5 Abs. 3 VOB/B.[232]

---

[221] Heiermann/Riedl/Rusam, B *Riedl* § 12 Rdn. 14 c; Beck'scher VOB-Kommentar VOB/B/*Jagenburg* vor § 12 Rdn. 110.

[222] Staudinger/*Peters* § 640 BGB Rdn. 57; Heiermann/Riedl/Rusam, B *Riedl* § 12 Rdn. 14 c; Beck'scher VOB-Kommentar VOB/B/*Jagenburg* vor § 12 Rdn. 110.

[223] BGH BauR 2000, 261, 262; Leinemann, B *Sterner* § 12 Rdn. 39.

[224] BGH BauR 1999, 899; OLG Hamburg BauR 2001, 1749; Heiermann/Riedl/Rusam, B *Riedl* § 12 Rdn. 14 c; Leinemann, B *Sterner* § 12 Rdn. 39.

[225] BGH BauR 1975, 55; Heiermann/Riedl/Rusam, B *Riedl* § 12 Rdn. 14i; Beck'scher VOB-Kommentar VOB/B/*Jagenburg* vor § 12 Rdn. 116; Ingenstau/Korbion, B *Oppler* § 12 Rdn. 63.

[226] OLG Köln BauR 1983, 463, 464; Heiermann/Riedl/Rusam, B *Riedl* § 12 Rdn. 14 i; Ingenstau/Korbion, B *Oppler* § 12 Rdn. 63; Beck'scher VOB-Kommentar VOB/B/*Jagenburg* vor § 12 Rdn. 115; Staudinger/*Peters* § 640 BGB, Rdn. 59.

[227] Beck'scher VOB-Kommentar VOB/B/*Jagenburg* vor § 12 Rdn. 115.

[228] OLG Brandenburg IBR 2003, 472.

[229] BGHZ 33, 236, 239; BGH BauR 1973, 192; Heiermann/Riedl/Rusam, B *Riedl* § 12 Rdn. 14 d; Beck'scher VOB-Kommentar VOB/B/*Jagenburg* vor § 12 Rdn. 114.

[230] BGH NJW 1974, 1324; BGH NJW 1975, 1701; Beck'scher VOB-Kommentar VOB/B/*Jagenburg* vor § 12 Rdn. 114; Heiermann/Riedl/Rusam, B *Riedl* § 12 Rdn. 14 d.

[231] BGH BauR 1973, 192; Heiermann/Riedl/Rusam, B *Riedl* § 12 Rdn. 14 h; Beck'scher VOB-Kommentar VOB/B/*Jagenburg* vor § 12 Rdn. 111.

[232] Beck'scher VOB-Kommentar VOB/B/*Jagenburg* vor § 12 Rdn. 112, 113; Leinemann, B *Sterner* § 12 Rdn. 42.

(c) Rechtsfolgen des § 640 Abs. 2 BGB. Die Rechtsfolgen des § 640 Abs. 2 BGB n.F. sind nach dem Wortlaut der Vorschrift eindeutig. Danach verliert der Auftraggeber die Rechte nach § 634 Nr. 1–3 BGB n.F. 52

Vor der Novellierung des § 640 Abs. 2 BGB bestand nur Einigkeit in Bezug auf den Verlust der Rechte auf Mangelbeseitigung (§ 633 Abs. 3 BGB a.F.), des Rechtes auf Ersatzvornahme und Kostenersatz (§ 633 Abs. 3 BGB a.F.) sowie des Rechtes auf Kostenvorschuss, Minderung und Wandlung (§ 634 BGB a.F.).[233] Streitig beurteilt hingegen wurde die Frage, ob Schadensersatzansprüche z.B. aus positiver Vertragsverletzung bzw. § 635 BGB, d.h. Ansprüche, denen ein Verschulden des Auftragnehmers zugrunde lagen, vom Rechtsverlust des § 640 Abs. 2 BGB umfasst sein sollten oder nicht.[234]

Nach der Novellierung des § 640 Abs. 2 BGB i.V.m. § 634 BGB n.F. dürfte diese Streitfrage allerdings zu Gunsten derjenigen entschieden sein, die von dem Fortbestand verschuldensabhängiger Ansprüche ausgehen, da sich der Gesetzgeber bewusst dazu entschieden hat, lediglich die Nr. 1–3 des § 634 BGB n.F. in § 640 Abs. 2 BGB n.F. aufzunehmen **und nicht** § 634 Nr. 4 BGB n.F., der verschuldensabhängige Schadensersatzansprüche nennt. Trotz durchaus beachtlicher rechtspolitischer Bedenken gegen eine solche Regelung[235] ist der klare Wortlaut des § 640 Abs. 2 BGB n.F. zu beachten, der durch seine Bezugnahme ausdrücklich verschuldensabhängige Schadensersatzansprüche gerade nicht vom Rechtsverlust mit umfasst wissen will.

Strittig ist auch, ob der Auftraggeber verpflichtet ist, nach Verlust seiner Rechte nach § 640 Abs. 2 BGB, statt des Schadensersatzes eine vom Auftragnehmer angebotene Nachbesserung anzunehmen.[236]

Richtigerweise ist davon auszugehen, dass § 640 Abs. 2 BGB hierzu keinerlei Aussage trifft, d.h. in Bezug auf die Frage eines möglicherweise bestehenden **Nachbesserungsrechtes des Auftragnehmers** schlicht unergiebig ist, da es dem Wortlaut nach ausschließlich um den Verlust von Rechten des Auftraggebers geht. Wollte man aus dem Verlust des Mangelbeseitigungsrechtes des Auftraggebers schließen, dem Auftragnehmer stünde nun kein Nachbesserungsrecht mehr zu, würde dies bedeuten, dass es sich um Rechte handelt, die miteinander stehen und fallen. Dies ist jedoch nicht anzunehmen, da durchaus Situationen denkbar sind, in denen der Auftraggeber zwar einen Mangel kennt und die Abnahme insoweit vorbehaltlos erklärt, aber noch keine Aufforderung zur Mängelbeseitigung gegenüber dem Auftragnehmer ausgesprochen wurde. Es steht dann im Belieben des Auftragnehmers, ob er den Mangel beseitigt oder aber Schadensersatz bezahlt. Ansonsten stünde der Auftraggeber besser da, als bei einem erklärten Vorbehalt, d.h. ohne Rechtsverlust. Beide Pflichten, d.h. die Pflicht zur Erklärung des Vorbehaltes gem. § 640 Abs. 2 BGB sowie die Pflicht, dem Auftragnehmer eine Nachbesserungsmöglichkeit zu gewähren (§ 13 Nr. 5 Abs. 2 VOB/B), sind voneinander zu trennen.

bb) Verlust von Vertragsstrafenansprüchen. Sowohl aus § 341 Abs. 3 BGB als auch aus § 11 Nr. 4 VOB/B ergibt sich, dass der Auftraggeber eine vereinbarte Vertragsstrafe nur verlangen kann, wenn er sich die Geltendmachung derselben bei der Abnahme vorbehalten hat. Zum Vorbehalt selbst sowie zu dem Zeitpunkt seiner Erklärung gilt das vorstehend zum Vorbehalt bei Mängeln unter den Rdn. 50 und 51 dargelegte sinnentsprechend, d.h. der Vorbehalt muss bei der Abnahme 53

[233] BGHZ 61, 369, 372; BGH NJW 1975, 1701, 1703; BGH BauR 1978, 306 f.; BGH NJW 1980, 1952; OLG Köln NJW-RR 1993, 211; OLG Düsseldorf BauR 1994, 147 (22.) L; Ingenstau/Korbion, B *Oppler* § 12 Rdn. 62 und speziell § 12 Rdn. 64 in 14. Aufl.; Heiermann/Riedl/Rusam, B *Riedl* § 12 Rdn. 14; Beck'scher VOB-Kommentar VOB/B/*Jagenburg* vor § 12 Rdn. 107.

[234] Für den Fortbestand verschuldensabhängiger Ansprüche: BGH NJW 1975, 1701, 1703; BGH BauR 1980, 460; Ingenstau/Korbion, B *Oppler* § 12 Rdn. 64 (14. Auflage); Heiermann/Riedl/Rusam, B *Riedl* § 12 Rdn. 14 a; gegen den Fortbestand verschuldensabhängiger Ansprüche: Beck'scher VOB-Kommentar VOB/B/*Jagenburg* vor § 12 Rdn. 118 ff.; *Kaiser* Mängelhaftungsrecht Rdn. 136 ff.; *Peters* NJW 1980, 750 f.

[235] Vgl. hierzu insbesondere Beck'scher VOB-Kommentar VOB/B/*Jagenburg* vor § 12 Rdn. 118 ff.

[236] Für eine solche Verpflichtung: Ingenstau/Korbion, B *Oppler* § 12 Rdn. 65; gegen eine Verpflichtung: Heiermann/Riedl/Rusam, B *Riedl* § 12 Rdn. 14 a; Beck'scher VOB-Kommentar VOB/B/*Jagenburg* vor § 12 Rdn. 122.

– und nicht später[237] – in der gehörigen Form erfolgen.[238] Bei stillschweigender Abnahme muss der Vorbehalt innerhalb der Prüfungsfrist vorgenommen werden.[239] Für die fiktive Abnahme nach § 12 Nr. 5 VOB/B ist § 12 Nr. 5 Abs. 3 VOB/B beachtlich.[240]

3. Abnahme nach Kündigung

54 Nach bisheriger Rechtsprechung[241] galt, dass es in Bezug auf die Fälligkeit des Werklohnes nach Kündigung des Vertrages keiner Abnahme bedarf. Auch in der Literatur wurde zunächst keine abweichende Auffassung vertreten.[242] Erste Kritik an dieser Auffassung haben dabei *Kniffka*[243] und *Thode*[244] geübt, die auf die Systemwidrigkeit dieser Annahme hinwiesen und die entsprechende Rechtsprechung des BGH als „Betriebsunfall"[245] bezeichneten. Seit dem Urteil des BGH vom 19.12.2002[246] findet eine breite, über die Fälligkeitsfrage hinausgehende Diskussion aller in diesem Zusammenhang stehenden Fragen statt, die es geboten erscheinen lässt, eine Gesamtbewertung vorzunehmen.

55 **a) Recht auf Abnahme nach Kündigung.** Dass dem Auftragnehmer das Recht auf Abnahme bei einer gekündigten Leistung zusteht, ist nicht unumstritten. Nach einer Auffassung[247] ist auf den Wortlaut des § 640 Abs. 1 BGB abzustellen, wonach die Abnahme erst nach Fertigstellung der vertragsgemäßen Leistung gefordert werden könne. Die Vertragsgemäßheit der Leistung setzt aber notwendigerweise eine vollständige Leistung voraus, was aber gerade bei einer durch Kündigung nur teilweise hergestellten Leistung nicht festgestellt werden könne.

Diese Auffassung übersieht zum einen, dass sich die Vertragsgemäßheit der Leistung durchaus auch auf die bis zur Kündigung erbrachten Leistungen beziehen kann. Zum anderen sieht § 8 Nr. 6 VOB/B ausdrücklich das Recht des Auftragnehmers vor, Aufmaß und Abnahme alsbald nach der Kündigung verlangen zu können, so dass im VOB/B-Vertrag ein Recht des Auftragnehmers auf Abnahme nach Kündigung auch aus diesem Grunde nicht ernsthaft bestritten werden kann. Folgerichtig spricht im Übrigen § 12 Nr. 1 VOB/B auch nicht von der vertragsgemäßen Leistung, sondern nur von „der Leistung".

Der BGH[248] und ihm nachfolgend auch Stimmen in der Literatur[249] vertreten nunmehr ausdrücklich die Auffassung, dass der Auftragnehmer auch nach einer Kündigung und einem nur teilweise hergestellten Werk einen **Anspruch auf Abnahme** hat. Selbstverständlich müssen dann auch für den hergestellten Teil der Leistung die Voraussetzungen der Abnahme gegeben sein, d.h. es darf insbesondere kein Abnahmeverweigerungsgrund i.S.d. § 12 Nr. 3 VOB/B vorliegen.

Dieser Auffassung ist zuzustimmen, da mit der Kündigung zwar die Leistungserbringung für die Zukunft ausgeschlossen, nicht aber die vereinbarten Regeln für die in der Vergangenheit liegenden Leistungen geändert werden. Im Übrigen entspricht diese Wertung schlicht der Rechtslage des § 8 Nr. 6 VOB/B.

---

[237] BGH NJW 1977, 897; BGH NJW 1983, 385; OLG Düsseldorf NJW-RR 1994, 408 f.

[238] BGH BauR 1973, 192; LG Mannheim BauR 1992, 233 f.

[239] Beck'scher VOB-Kommentar VOB/B/*Jagenburg* vor § 12 Rdn. 125.

[240] OLG Düsseldorf NJW-RR 1994, 408 f.

[241] BGH BauR 1996, 382, 383; BGH BauR 1987, 95, 96.

[242] Leinemann B *Sterner*, § 12 Rdn. 35; Heiermann/Riedl/Rusam, B, *Riedl* § 12 Rdn. 10 b mit dem Hinweis, dass dies auch für vergütungsgleiche Ansprüche gelte.

[243] ZfBR 1998, 113 ff.

[244] ZfBR 1999, 116, 121 ff.

[245] ZfBR 1998, 113, 116.

[246] BGH NZBau 2003, 265 ff. = NJW 2003, 1450 ff. = IBR 2003, 190, 191 = ZfBR 2003, 352 ff. = BauR 2003, 689 ff.

[247] OLG Hamm BauR 1986, 231; LG Münster BauR 1983, 582; *Soergel/Teichmann* BGB 12. Aufl. § 649 BGB Rdn. 14; *Locher/Koeble/Frick* Kommentar zur HOAI 7. Aufl. § 8 Rdn. 57.

[248] BGH NZBau 2003, 265 ff. = NJW 2003, 1450 ff. = IBR 2003, 190, 191 = ZfBR 2003, 352 ff. = BauR 2003, 689 ff.

[249] Ingenstau/Korbion, B *Oppler* § 12 Rdn. 46; *Brügmann/Kenter* NJW 2002, 2121 ff.; *Acker/Roskosny* BauR 2003, 1279 ff.

b) Konkludente/fiktive Abnahme nach Kündigung. Nimmt man, wie vorstehend unter Rdn. 55 dargelegt, ein Recht des Auftragnehmers auf Abnahme auch nach erfolgter Kündigung an, so stellt sich die Frage, ob neben einer ausdrücklichen/formalen Abnahme auch alle anderen Abnahmeformen in Betracht kommen. 56

Nach einhelliger Auffassung ist eine konkludente Abnahme auch nach einem gekündigten Vertragsverhältnis möglich, wobei dann in der Kündigung als vertragsbeendendem Ereignis selbst keine konkludente Billigungshandlung gesehen werden kann.[250] Vielmehr gelten die auch ansonsten anzuwendenden Grundsätze (vgl. Rdn. 32), allerdings mit der Maßgabe, dass für die Vergangenheit ggf. herabgesetzte Anforderungen zu stellen sind, da sich die Parteien in Entsprechung der Rechtsprechung zur Fälligkeit der Werklohnforderung[251] wegen der fehlenden Notwendigkeit der Abnahme häufig nicht um dieses Thema gekümmert haben.

Eine **fiktive Abnahme nach § 12 Nr. 5 VOB/B** scheidet bei einem gekündigten Vertrag aus, da die Billigungsfiktion an die Beurteilungsfähigkeit eines insgesamt hergestellten Werkes geknüpft ist, diese Voraussetzung aber gerade bei einem durch Kündigung unvollendeten Werk nicht gegeben ist.[252]

Die **fiktive Abnahme nach § 640 Abs. 1 S. 3 BGB** bleibt hingegen möglich, da es nicht darum geht, dem Auftraggeber ohne Abnahmeverlangen des Auftragnehmers eine Abnahmewirkung beizumessen, sondern dem berechtigten Abnahmeverlangen des Auftragnehmers Nachdruck zu verleihen und die Folgen einer unberechtigten Abnahmeverweigerung rechtssicher zu regeln.[253] Die Bedenken bei der Anwendbarkeit des § 12 Nr. 5 VOB/B sind demgegenüber inhaltlich völlig anderer Natur, da es dort darum geht, alleine durch die Fertigstellung des Werkes und der Überprüfungsmöglichkeit eine Abnahmewirkung unter den dort genannten Voraussetzungen herzuleiten. Bei Vorliegen der Voraussetzungen des § 640 Abs. 1 S. 3 BGB hingegen wird der Auftraggeber aufgefordert, das bisher erbrachte Werk zu prüfen und eine Abnahme auszusprechen. Nur wenn er dieser Pflicht trotz Vorliegen aller Voraussetzungen nicht nachkommt, greift die Fiktion des § 640 Abs. 1 S. 3 BGB ein. Ein Unterschied zwischen komplett fertig gestellter oder aber kündigungsbedingt teilweise hergestellter Leistung kann dabei nicht erkannt werden, wenn man dem Auftragnehmer überhaupt ein Recht auf Abnahme (richtigerweise) zugesteht.

c) Fälligkeit des Werklohnes nach Kündigung. Wie bereits in den Rdn. 54, 55 ausführlich erläutert, hat die Rechtsprechung bisher eine Abnahme der Leistung bei einem gekündigten Werkvertrag nicht als Fälligkeitsvoraussetzung angesehen.[254] Auch durch die neuere Rechtsprechung des BGH[255] hat sich hieran ausdrücklich nichts geändert, da die Frage der Fälligkeit in diesem Rechtsstreit nicht zu entscheiden war. 57

Geht man davon aus, dass die Kündigung nicht das Erfüllungsstadium für die bereits erbrachten Leistungen beendet, sondern lediglich die Leistungsverpflichtung/Leistungsmöglichkeit für die Zukunft beseitigt,[256] ist es folgerichtig, alleine die Kündigung nicht als ausreichend für die Fälligkeit des Werklohnes anzusehen. Vielmehr ist dann – wie auch im nicht gekündigten Vertrag – die Abnahme Fälligkeitsvoraussetzung.[257] Da die Kündigung, wie unter Rdn. 55 eingehend erläutert, nicht die Regelungen für die in der Vergangenheit erbrachten Leistungen ändert, sondern ausschließlich zukunftsgerichtet ist, die erbrachte Leistung selbst aber auch Gegenstand

[250] *Kniffka* ZfBR 1998, 113, 114; *Brügmann/Kenter* NJW 2003, 2121, 2122.

[251] BGH BauR 1996, 382, 383; BGH BauR 1987, 95, 96.

[252] BGH NZBau 2003, 265 ff. = NJW 2003, 1450 ff.; *Kniffka* ZfBR 1998, 113, 115; *Thode* ZfBR 1999, 116, 123; *Brügmann/Kenter* NJW 2003, 2121, 2122.

[253] *Brügmann/Kenter* NJW 2003, 2121, 2122.

[254] BGH BauR 1996, 382, 383; BGH BauR 1987, 95, 96.

[255] BGH NZBau 2003, 265 ff.= NJW 2003, 1450 ff.

[256] So ausdrücklich der BGH in der Entscheidung vom 19.12.2002, NZBau 2003, 265, 266 = NJW 2003, 1450, 1451.

[257] *Kniffka* ZfBR 1998, 113, 116; *Thode* ZfBR 1999, 116, 123; *Brügmann/Kenter* NJW 2003, 2121, 2122; *Acker/Roskosny* BauR 2003, 1279, 1281; *Werner/Pastor* Rdn. 1340; Ingenstau/Korbion, B § 12 – *Oppler* Rdn. 46.

einer Abnahme sein kann, ist richtigerweise davon auszugehen, dass die Kündigung zwar den „Vertrag" im Sinne einer zukünftigen Leistungsverpflichtung beendet, nicht aber das Erfüllungsstadium für die bis zu diesem Zeitpunkt erbrachten Leistungen. Dementsprechend ist auch bei einem gekündigten Vertrag die Abnahme Fälligkeitsvoraussetzung.

Dass die Rechtsprechung und Literatur dies bisher anders gesehen haben, mag auch damit zusammenhängen, dass es bis zur Einführung des § 640 Abs. 1 S. 3 BGB für den Auftragnehmer nur in sehr erschwerter Weise möglich war, eine Abnahmewirkung ggf. auch gegen den Willen des Auftraggebers herbeizuführen und dies gerade in einer Kündigungssituation beachtlich erschien.

Für die in der Vergangenheit liegenden Fälle wird dabei zusätzlich zu berücksichtigen sein, dass der Rechtsanwender berechtigterweise davon ausgehen durfte, sich um das Thema der Abnahme jedenfalls im Hinblick auf die erstrebte Vergütung nicht kümmern zu müssen. Es erscheint deshalb sachgerecht, bei der Annahme einer konkludenten Abnahme jedenfalls dann einen großzügigen Maßstab anzulegen, wenn nicht der Auftraggeber etwa die Abnahme wegen der Geltendmachung wesentlicher Mängel (§ 12 Nr. 3 VOB/B) verweigert hat. Gleiches gilt, wenn der Auftraggeber etwa ohne eine Abnahmeverweigerung nach § 12 Nr. 3 VOB/B das Bauvorhaben fortgesetzt hat und die Parteien heute zwar ggf. über die Kündigungsgründe streiten, beide Parteien aber – bisher – davon ausgegangen sind, dass für den erbrachten Teil der Leistung dem Auftragnehmer eine Vergütung zusteht. Jedenfalls ist dem Auftragnehmer, dem durch die vom Auftraggeber vorgenommene Überbauung seiner Leistung jede Nachweismöglichkeit genommen wurde, eine Beweiserleichterung in Form einer Umkehr der Beweislast zuzugestehen, wenn der Auftraggeber wesentliche Mängel zunächst nicht rügt, die Leistung überbaut und erst später im Zuge einer Auseinandersetzung über die Schlussrechnung behauptet, die Fälligkeit sei mangels Abnahme wegen wesentlicher Mängel nicht eingetreten.

Für die Zukunft kann jedem Auftragnehmer auch ohne konkretes BGH-Urteil nur empfohlen werden, die Abnahme zu verlangen und ggf. auch nach § 640 Abs. 1 S. 3 BGB – notfalls mit entsprechender Beweissicherung – vorzugehen, da in Fortentwicklung der aktuellen Rechtsprechung eine konkrete Änderung der Rechtsprechung des BGH nicht unwahrscheinlich ist. **Zuletzt** hat der BGH mit Urteil vom 22.9.2005[258] dargelegt, dass die bisherige Rechtsprechung zur Fälligkeit der Werklohnforderung des Auftragnehmers ohne Abnahme im Falle der Kündigung **der Überprüfung bedarf**. Dies ist als konkrete Ankündigung der zukünftigen Änderung der Rechtsprechung zu verstehen. Im zu beurteilenden Fall ist der BGH nur deshalb nicht zu einer Änderung der Rechtsprechung gekommen, weil der Auftraggeber nur noch Schadensersatz gefordert und damit deutlich gemacht hat, dass die Erfüllungsphase für ihn beendet ist.

Nachtrag: Mit Urteil vom 11.5.2006[259] hat der BGH nunmehr ausdrücklich entschieden, dass sich die bisherige Rechtsprechung ändert. Danach ist auch beim gekündigten Werkvertrag die Abnahme Fälligkeitsvoraussetzung für den Werklohnanspruch des Auftragnehmers. Ein Vertrauensschutz für „Altfälle" wurde nicht gewährt.

58 **d) Keine Umwandlung der Ansprüche nach §4 Nr. 7 VOB/B durch Kündigung.** Nach dem Urteil des BGH vom 19.12.2002[260] ist davon auszugehen, dass sich Erfüllungsansprüche nach §4 Nr. 7 VOB/B alleine durch eine Kündigung nicht in Gewährleistungsansprüche umwandeln.[261] Dem ist mit den Gründen in Entsprechung der vorstehenden Randnummern 55 und 57 zuzustimmen, wobei mit Kniffka[262] davon auszugehen ist, dass es einer erneuten Fristsetzung wegen eines Mangels nicht mehr bedarf, wenn der Mangel bereits Anlass zur Kündigung war. Von Bedeutung ist dies auch für Verjährungsfragen, da im Falle einer Kündigung ohne anschließende Abnahme bzw. Eintritt der Abnahmewirkungen auch § 13 Nr. 4 VOB/B nicht anwendbar ist. Erst mit Eintritt der Abnahmewirkung beginnt dann die Verjährung.[263]

---

[258] BGH IBR 2005, 663.
[259] BGH NZBau 2006, 569 ff. = NJW 2006, 2475 ff.
[260] BGH NZBau 2003, 265 ff. = NJW 2003, 1450 ff.
[261] So auch *Kniffka* ZfBR 1998, 113, 117; *Brügmann/Kenter* NJW 2003, 2121, 2122.
[262] *Kniffka* ZfBR 1998, 113, 117.
[263] BGH NZBau 2003, 265 ff. = NJW 2003, 1450, 1451.

e) Gefahrtragung/Schutzpflicht nach § 4 VOB/B. Die Themen der Gefahrtragung sowie der Pflicht des Auftragnehmers zum Schutz der eigenen Leistung nach § 4 Nr. 5 VOB/B nach einer Kündigung hängen in tatsächlicher Hinsicht eng miteinander zusammen. 59

Nach einer in der Literatur vertretenen Auffassung[264] soll der Auftragnehmer ohne Abnahme bzw. dem Eintritt der Abnahmewirkungen sowohl die Leistungs- und Vergütungsgefahr als auch die Pflicht zum Schutz der eigenen Leistung (§ 4 Nr. 5 VOB/B) tragen, da diese zur Erfüllung gehörenden Risiken bzw. Pflichten noch nicht beendet seien.

Dabei wird allerdings nicht berücksichtigt, dass dem Auftragnehmer nach der Kündigung des Vertrages regelmäßig schon die tatsächliche Möglichkeit der Erfüllung dieser Pflichten genommen wird, weil der Auftraggeber den Auftragnehmer auffordert, die Baustelle zu räumen.[265] Da es aber der Auftraggeber selbst ist, der dem Auftragnehmer objektiv die Möglichkeit zur Erfüllung dieses Teils der Leistung nimmt, kann er andererseits auch nicht mehr erfolgreich behaupten, die Erfüllung durch den Auftragnehmer sei bis zur Abnahme geschuldet. Da die Gefahrtragung bzw. die weitergehende Erfüllung der Schutzpflicht insoweit also auch zukunftsgerichtet ist, beendet die Kündigung die dementsprechende Pflicht zur Erfüllung durch den Auftragnehmer mit der Folge, dass die Leistungs- und Vergütungsgefahr mit der Kündigung auf den Auftraggeber übergeht und den Auftragnehmer auch keine Pflicht mehr zum Schutz der Leistung nach § 4 Nr. 5 VOB/B trifft. Dies gilt jedenfalls, sobald der Auftragnehmer die Baustelle geräumt hat und dementsprechend schon tatsächlich nicht mehr in der Lage ist, sein bisher erbrachtes Werk zu schützen bzw. Einfluss auf etwaig drohende Gefahren zu nehmen.

f) Beweislast nach Kündigung. In Bezug auf die Beweislast nach einer Kündigung verbleibt es bei der auch ohne Kündigung geltenden Regelung, dass der Auftragnehmer bis zur Abnahme bzw. dem Eintritt der Wirkungen einer Abnahme die Beweislast für die Vertragsgemäßheit seiner Leistungen hat.[266] Dies ist nur konsequent, wenn man richtigerweise davon ausgeht, dass das Erfüllungsstadium alleine durch die Kündigung nicht beendet wird, sondern lediglich die Leistungsverpflichtung/Leistungsmöglichkeit für die Zukunft nicht mehr besteht (vgl. Rdn. 55, 57). 60

VII. Abnahme und AGB-Klauseln

Durch das Gesetz zur Modernisierung des Schuldrechts wurde mit Wirkung zum 1.1.2002 das Gesetz zur Regelung des Rechts der Allgemeinen Geschäftsbedingungen (AGBG) außer Kraft gesetzt und inhaltlich weitgehend in das BGB überführt, wo es sich nunmehr unter den § 305 ff. BGB befindet.[267] Bei der hier vorzunehmenden AGB-rechtlichen Betrachtung in Bezug auf § 12 ist systematisch zwischen solchen AGB zu unterscheiden, die dem Auftraggeber Vorteile bringen und solchen, die dem Auftragnehmer nutzen sollen. 61

1. Allgemeine Geschäftsbedingungen, die dem Auftraggeber Vorteile bringen sollen

Bei den AGB, die dem Auftraggeber Vorteile bringen sollen, können verschiedene Fallgruppen gebildet werden. Die erste Fallgruppe betrifft die Bestimmung bestimmter Abnahmeformen, die zweite Fallgruppe die Änderung des Abnahmezeitpunktes, die dritte Fallgruppe das Abhängigmachen der Abnahme von Handlungen Dritter und schließlich die vierte Fallgruppe, die den Ausschluss der Wirkungen des § 240 Abs. 2 BGB bzw. des Verlustes von Vertragsstrafenansprüchen bewirken soll. Im Einzelnen: 62

a) Bestimmung bestimmter Abnahmeformen. Da der Auftraggeber ein Interesse daran hat, dass die Wirkungen der Abnahme nur durch seinen erklärten Willen erfolgen, gibt es eine Reihe von Allgemeinen Geschäftsbedingungen, die die Form der Abnahme zu bestimmen versuchen. 63

---

[264] *Brügmann/Kenter* NJW 2003, 2121, 2122.
[265] *Kniffka* ZfBR 1998, 113, 120.
[266] *Kniffka* ZfBR 1998, 113, 120; *Brügmann/Kenter* NJW 2003, 2121, 2123.
[267] Gesetz zur Modernisierung des Schuldrechts vom 26.11.2001 (BGBl. I, 3138).

Soweit dabei der Auftraggeber versucht, die fiktive Abnahme nach § 12 Nr. 5 VOB/B auszuschließen, ist dies zulässig,[268] führt aber dazu, dass die VOB/B nicht mehr als „Ganzes“ vereinbart ist, mit der Folge, dass nunmehr alle Vorschriften der VOB/B der Inhaltskontrolle durch das Recht der Allgemeinen Geschäftsbedingungen unterliegen.[269]

Unzulässig hingegen ist der Ausschluss der durch das Gesetz zur Beschleunigung fälliger Zahlungen eingeführten Abnahmefiktion des § 640 Abs. 1 S. 3 BGB, da durch diese Vorschrift eine bestehende Rechtsprechung mit dem Ziel kodifiziert wurde, eine gesetzliche „Gerechtigkeitslücke“ zu schließen. Wollte man den Ausschluss des § 640 Abs. 1 S. 3 BGB durch AGB zulassen, würde dies den Auftragnehmer unangemessen benachteiligen.[270] Auch der Ausschluss des § 641 a BGB durch Allgemeine Geschäftsbedingungen würde den Auftragnehmer unangemessen benachteiligen.[271]

Wirksam hingegen ist die Vereinbarung in Allgemeinen Geschäftsbedingungen, wonach eine förmliche Abnahme zu erfolgen hat, wenn dadurch nicht gleichzeitig eine stillschweigende Abnahme für den Fall ausgeschlossen wird, dass die förmliche Abnahme in Vergessenheit gerät.[272] Formulierungen, wie „Die Abnahme kann nur schriftlich erfolgen.“[273] oder „eine Abnahme durch Ingebrauchnahme ist ausgeschlossen“,[274] sind vor diesem Hintergrund ebenso unwirksam wie der direkte Ausschluss einer stillschweigenden Abnahme.[275]

64 **b) Änderung des Abnahmezeitpunktes.** Häufig hat der Auftraggeber z.B. als Generalunternehmer ein Interesse daran, den Zeitpunkt der Abnahme zeitlich nach „hinten“ zu verschieben, um den Gewährleistungsbeginn für alle Gewerke möglichst einheitlich zu gestalten oder um miteinander verbundene Leistungen beurteilen zu können. Dieses Interesse wird vom BGH grundsätzlich anerkannt, wenn der Zeitraum der Verschiebung in der Klausel konkret genannt ist und den Auftragnehmer nicht unangemessen benachteiligt, wobei der BGH eine Verschiebung um vier bis sechs Wochen als noch angemessen erachtet,[276] eine Verschiebung um zwei Monate hingegen nicht.[277]

Unzulässig hingegen sind allgemeine Geschäftsbedingungen, die den Abnahmezeitpunkt unbestimmt verlegen, so z.B. eine Klausel, wonach die Abnahme erst verlangt werden kann, wenn das Bauwerk insgesamt fertig gestellt ist, obwohl der Auftragnehmer seine Leistungen bereits komplett fertig gestellt hat,[278] oder eine Klausel, die die Wirkungen der Abnahme von einer zusätzlichen Erklärung des Auftraggebers unabhängig von der Dauer einer etwaigen Ingebrauchnahme abhängig machen soll.[279]

Eine weitere Möglichkeit, den Zeitpunkt hinauszuschieben, besteht darin, die Anforderungen an die Abnahme inhaltlich bzw. qualitativ heraufzusetzen. So ist z.B. denkbar, die Abnahme von der Vorlage aller Revisions- und Bestandspläne (soweit sie geschuldet sind) abhängig zu machen oder aber zu formulieren, dass auch unwesentliche Mängel den Auftraggeber berechtigen, die Abnahme zu verweigern. Im ersten Fall hat der BGH[280] bereits entschieden, dass eine solche Klausel gegen das Transparenzverbot verstößt und damit unwirksam ist. Im zweiten Fall entspricht die Klausel der Rechtslage vor dem 1.5.2000, da § 640 Abs. 1 S. 2 BGB n.F., der davon ausgeht,

---

[268] LG München BauR 1991, 386 (19.) L; *Glatzel/Hofmann/Frikell* Unwirksame Bauvertragsklauseln § 12 Ziffer 2.12.1.1 b; Beck'scher VOB-Kommentar VOB/B/*Jagenburg* vor § 12 Rdn. 133.

[269] BGH NJW 1990, 2384; *Glatzel/Hofmann/Frikell* Unwirksame Bauvertragsklauseln § 12 Ziffer 2.12.1.1 b.

[270] *Glatzel/Hofmann/Frikell* Unwirksame Bauvertragsklauseln § 12 Ziffer 2.12.1.1 c.

[271] *Glatzel/Hofmann/Frikell* Unwirksame Bauvertragsklauseln § 12 Ziffer 2.12.1.1 d.

[272] Beck'scher VOB-Kommentar VOB/B/*Jagenburg* vor § 12 Rdn. 131; Ingenstau/Korbion, B *Oppler* § 12 Rdn. 50, LG Itzehoe, IBR 2006, S. 1163 (nur online).

[273] *Glatzel/Hofmann/Frikell* Unwirksame Bauvertragsklauseln § 12 Ziffer 2.12.1.1 a m.w.N.

[274] BGH BB 1996, 763.

[275] Beck'scher VOB-Kommentar VOB/B/*Jagenburg* vor § 12 Rdn. 132.

[276] BGH BauR 1986, 202; BGH NJW 1989, 1602.

[277] BGH BauR 1989, 322, 324; BGH NJW 1996, 1346; jetzt auch OLG Rostock, IBR 2005, 670.

[278] BGH NJW 1989, 1602; BGH NJW 1995, 526; OLG Düsseldorf BauR 1984, 95 (1.) L.

[279] OLG Düsseldorf NJW-RR 1996, 146; OLG Düsseldorf BauR 2002, 482.

[280] BGH Nicht-Annahmebeschluss vom 5.6.1997, AZ: VII ZR 54/95, Baurechts Report 9/97.

dass die Abnahme wegen unwesentlicher Mängel nicht verweigert werden darf, erst durch das Gesetz zur Beschleunigung fälliger Zahlungen eingefügt wurde.[281] Gerade durch die Änderung der Rechtslage aber wird deutlich, dass die Herstellung der alten Rechtslage durch BGB den Auftragnehmer unangemessen benachteiligen würde mit der Folge, dass nach der Einfügung des § 640 Abs. 1 S. 2 BGB n.F. eine entsprechende Klausel unwirksam ist.[282]

c) Abhängigkeit der Abnahme von Handlungen Dritter. Macht der Auftraggeber die Abnahme in Allgemeinen Geschäftsbedingungen von Handlungen Dritter abhängig, auf die der Auftragnehmer keinen Einfluss hat, so ist dies unzulässig.[283] Dementsprechend sind Klauseln, die die Abnahme davon abhängig machen, dass die baubehördliche Abnahme erfolgt ist, unwirksam.[284] Gleiches gilt auch für eine Billigungserklärung eines Endabnehmers/Erwerbers.[285] Dabei ist es unerheblich, ob diese Billigungserklärung als Abnahme oder „Mängelfreiheitsbescheinigung" tituliert wird.[286] 65

d) Ausschluss der Wirkungen des § 640 Abs. 2 BGB bzw. des Vorbehaltes von Vertragsstrafenansprüchen. Soweit der Auftraggeber versucht, die Wirkungen des § 640 Abs. 2 BGB durch Allgemeine Geschäftsbedingungen zu vereiteln, d.h. trotz eines fehlenden Vorbehaltes keinen Rechtsverlust zu erleiden,[287] ist dies unwirksam.[288] 66

In Bezug auf einen fehlenden Vorbehalt der Geltendmachung von Vertragsstrafenansprüchen bei der Abnahme ist ein genereller Verzicht auf einen Vorbehalt im Rahmen von Allgemeinen Geschäftsbedingungen unzulässig,[289] eine Verlagerung des Zeitpunktes der Geltendmachung von Vertragsstrafenansprüchen bis zur Schlussrechnung hingegen zulässig.[290] Der seinerseits formularmäßig erklärte Vorbehalt z.B. in einem vorgedruckten Abnahmeprotokoll ist ausreichend.[291]

2. Allgemeine Geschäftsbedingungen, die dem Auftragnehmer Vorteile bringen sollen

Bei den Allgemeinen Geschäftsbedingungen, die dem Auftragnehmer Vorteile bringen sollen, stehen Klauseln im Vordergrund, die sich auf den Abnahmezeitpunkt beziehen und dabei gleichzeitig etwaige Mängelbeseitigungsrechte reduzieren sollen. Zunächst ist hier § 12 Nr. 5 VOB/B selbst als Allgemeine Geschäftsbedingung zu nennen, der sowohl Fristen verkürzt als auch eine Abnahmefiktion enthält, wonach die Wirkungen der Abnahme selbst dann eintreten, **wenn keine Abnahme verlangt** wird. Die Vorschrift des § 12 Nr. 5 VOB/B ist deshalb nur dann wirksam, wenn in die VOB/B nicht eingegriffen wurde, weil dann eine einzelfallbezogene Inhaltskontrolle nicht stattfindet. Bei isolierter Betrachtung hingegen ist § 12 Nr. 5 VOB/B wegen der darin enthaltenen Abnahmefiktion ohne Abnahmebegehren unwirksam.[292] Auch sonstige Klauseln, die eine Abnahme z.B. durch den Einzug des Käufers in eine Wohnung/ein 67

[281] Gesetz zur Beschleunigung fälliger Zahlungen vom 30.3.2000 (BGBl. I, Seite 330).

[282] *Glatzel/Hofmann/Frikell* Unwirksame Bauvertragsklauseln, § 12 Ziffer 2.12.1.1 j. So jetzt auch OLG Rostock IBR 2005, 670 (bestätigt durch Nichtannahmebeschluss des BGH vom 6.10.2005).

[283] Beck'scher VOB-Kommentar VOB/B/*Jagenburg* vor § 12 Rdn. 141; Ingenstau/Korbion, B *Oppler* § 12 Rdn. 50.

[284] BGH NJW 1989, 1602; Ingenstau/Korbion, B *Oppler* § 12 Rdn. 50; Beck'scher VOB-Kommentar VOB/B/*Jagenburg* vor § 12 Rdn. 142.

[285] BGH NJW 1995, 526; OLG Düsseldorf BauR 1984, 95 (1.) L; OLG Karlsruhe BB 1983, 725, 728 f.; Beck'scher VOB-Kommentar VOB/B/*Jagenburg* vor § 12 Rdn. 143; Ingenstau/Korbion, B *Oppler* § 12 Rdn. 50.

[286] BGH NJW 1995, 526; Beck'scher VOB-Kommentar VOB/B/*Jagenburg* vor § 12 Rdn. 144.

[287] Zu den Einzelheiten wird auf die Rdn. 46–52 verwiesen.

[288] BGH NJW-RR 1991, 1238; Beck'scher VOB-Kommentar VOB/B/*Jagenburg* vor § 12 Rdn. 145.

[289] BGH BauR 1984, 643; KG BauR 1988, 230 f.; OLG München BB 1984, 1386; *Glatzel/Hofmann/Frikell* Unwirksame Bauvertragsklauseln § 12 Ziffer 2.11.2 c.

[290] BGH NJW 1979, 212 f.; Beck'scher VOB-Kommentar VOB/B/*Jagenburg* vor § 12 Rdn. 149.

[291] BGH BauR 1984, 643; *Glatzel/Hofmann/Frikell* Unwirksame Bauvertragsklauseln § 12 Ziffer 2.11.2 a.

[292] OLG Hamm OLG Report Hamm, 1995, 74; Beck'scher VOB-Kommentar VOB/B/*Jagenburg* vor § 12 Rdn. 136; *Glatzel/Hofmann/Frikell* Unwirksame Bauvertragsklauseln § 12 Ziffer 2.12.2 b.

Haus **fingieren** sind unwirksam.[293] Eine unangemessene Benachteiligung mit der Folge der Unwirksamkeit der Klausel liegt auch dann vor, wenn der Auftraggeber verpflichtet sein soll, ein Haus/eine Wohnung abzunehmen, obgleich erhebliche Baumängel bestehen, weil er ansonsten Mängelbeseitigungsansprüche verliert.[294] Die Fiktion der Abnahme, ohne dass ein Abnahmewille des Auftraggebers überhaupt vorhanden sein kann, verkürzt im übrigen auch in unzulässiger Weise die Verjährungsfristen und ist auch aus diesem Grunde unwirksam.[295]

B. Einzeltatbestände des § 12 VOB/B

68 Wie bereits unter Rdn. 3 dargelegt, gestaltet § 12 VOB/B im Rahmen seiner Einzeltatbestände die für die Baupraxis in § 640 BGB nicht enthaltenen Regelungen näher aus, normiert aber selbst keine neue Abnahmebegrifflichkeit.[296] Als vertragliche Sonderregelungen gehen andererseits die Einzeltatbestände des § 12 VOB/B denen des § 640 BGB vor, soweit sie hiervon abweichen oder diese erweitern.[297]

I. Abnahme auf Verlangen

69 Nach § 12 Nr. 1 VOB/B hat der Auftraggeber die fertig gestellte Leistung auf Verlangen des Auftragnehmers binnen einer Frist von 12 Werktagen abzunehmen. Eine andere Frist kann vereinbart werden. Entscheidend dabei ist zunächst, dass die Pflicht des Auftraggebers zur Abnahme erst entsteht, wenn der Auftragnehmer einen entsprechenden **Antrag auf Abnahme,** d.h. ein **Abnahmeverlangen** stellt.

1. Abnahmeverlangen

70 Der vom Auftragnehmer zu stellende Antrag auf Abnahme, d.h. sein **Abnahmeverlangen,** ist eine **empfangsbedürftige Willenserklärung**.[298] Dementsprechend wird diese auch erst mit Zugang beim Auftraggeber wirksam (§ 130 BGB) und setzt erst zu diesem Zeitpunkt den Lauf der Frist von 12 Werktagen gem. § 12 Nr. 1 VOB/B in Gang.[299]

Wie jede Willenserklärung ist auch das Abnahmeverlangen der Auslegung zugänglich. Dementsprechend bedarf es nicht der wörtlichen Bezeichnung des Antrages als Abnahmeverlangen. Vielmehr reicht es aus, wenn der Auftragnehmer hinreichend deutlich zum Ausdruck bringt, dass von dem Auftraggeber die Entgegennahme der fertig gestellten Leistung und ihre Billigung verlangt wird.[300]

Ohne besondere Vereinbarung ist die Einhaltung einer besonderen **Form** nicht erforderlich. Obwohl dementsprechend grundsätzlich ein mündliches Abnahmeverlangen ausreichend wäre, ist es schon aus **Dokumentations- und Beweisgründen** ratsam, die **Schriftform** zu wählen.[301] Die Form des Abnahmeverlangens kann dabei grundsätzlich auch in den Allgemeinen

[293] OLG Hamm OLG Report Hamm 1994, 74 ff.; *Glatzel/Hofmann/Frikell* Unwirksame Bauvertragsklauseln § 12 Ziffer 2.12.2 d; Beck'scher VOB-Kommentar VOB/B/*Jagenburg* vor § 12 Rdn. 136.

[294] OLG Oldenburg OLG Report 96, 266; *Glatzel/Hofmann/Frikell* Unwirksame Bauvertragsklauseln § 12 Ziffer 2.12.2 e.

[295] Heiermann/Riedl/Rusam, B *Riedl* § 12 Rdn. 16 b; Beck'scher VOB-Kommentar VOB/B/*Jagenburg* vor § 12 Rdn. 137.

[296] Beck'scher VOB-Kommentar VOB/B/*Jagenburg* vor § 12 Rdn. 5.

[297] Ingenstau/Korbion, B *Oppler* § 12 Rdn. 2.

[298] Beck'scher VOB-Kommentar VOB/B/*Jagenburg* § 12 Nr. 1 Rdn. 4, Ingenstau/Korbion, B *Oppler* § 12 Nr. 1 Rdn. 4; Heiermann/Riedl/Rusam, B *Riedl* § 12 Rdn. 21.

[299] Beck'scher VOB-Kommentar VOB/B/*Jagenburg* § 12 Nr. 1 Rdn. 4; Heiermann/Riedl/Rusam, B *Riedl* § 12 Rdn. 21; Ingenstau/Korbion, B *Oppler* § 12 Nr. 1 Rdn. 8.

[300] Ingenstau/Korbion, B *Oppler* § 12 Nr. 1 Rdn. 4; Heiermann/Riedl/Rusam, B *Riedl* § 12 Rdn. 21; Beck'scher VOB-Kommentar VOB/B/*Jagenburg* § 12 Nr. 1 Rdn. 3; Leinemann, B *Sterner* § 12 Rdn. 55.

[301] Beck'scher VOB-Kommentar VOB/B/*Jagenburg* § 12 Nr. 1 Rdn. 5; Ingenstau/Korbion, B *Oppler* § 12 Nr. 1 Rdn. 4; Heiermann/Riedl/Rusam, B *Riedl* § 12 Rdn. 21 a; Leinemann, B *Sterner* § 12 Rdn. 55.

Geschäftsbedingungen geregelt werden.[302] So ist z.B. jedenfalls im kaufmännischen Verkehr die Vorschrift, wonach das Abnahmeverlangen mittels eingeschriebenem Brief zu versenden ist[303] ebenso wirksam, wie die Bestimmung, wonach ein schriftliches Abnahmeverlangen nur gegenüber der Hauptverwaltung des Auftraggebers gestellt werden kann.[304]

Als empfangsbedürftige Willenserklärung ist das Abnahmeverlangen stets an den Auftraggeber als Adressaten zu richten, es sei denn, es gibt einen entsprechend empfangsbevollmächtigten Dritten, z.B. einen entsprechend bevollmächtigten **Architekten**. Dieser muss dann aber über seine Beauftragung an sich hinausgehend gesondert empfangsbevollmächtigt sein, was der Auftragnehmer im Zweifel zu beweisen hat, so dass es sich empfiehlt, ohne besonderen Nachweis der Empfangsbevollmächtigung das Abnahmeverlangen direkt an den Auftraggeber zu richten.[305]

2. Voraussetzungen des Abnahmeverlangens

Wie sich aus § 12 Nr. 1 VOB/B ergibt, ist Voraussetzung für ein Abnahmeverlangen des Auftragnehmers, dass die Gesamtleistung fertig gestellt, d.h. abnahmereif ist.[306] Für Teilabnahmen gibt § 12 Nr. 2 VOB/B eine Sonderregelung. Wegen der Einzelheiten, wann eine Abnahme verlangt werden kann bzw. wann eine hinreichende Abnahmereife auch in Ansehung von § 12 Nr. 3 VOB/B gegeben ist, wird zur Vermeidung von Wiederholungen auf die Rdn. 34 und 35 verwiesen. 71

Zusätzlich ist § 12 Nr. 1 VOB/B zu entnehmen, dass es bezüglich des Zeitpunktes des Abnahmebegehrens nicht darauf ankommt, ob die vertraglich vereinbarte Bauzeit eingehalten wurde. Ausdrücklich bestimmt § 12 Nr. 1 VOB/B, dass die Abnahme bei Vorliegen der tatbestandlichen Voraussetzungen auch schon vor Ablauf der Ausführungsfrist verlangt werden kann. Umgekehrt führt auch eine verspätete Fertigstellung nicht dazu, dass der Auftragnehmer die Abnahme nicht verlangen könnte. Es ist in diesem Falle vielmehr Sache des Auftraggebers, sich Ansprüche wegen verspäteter Fertigstellung vorzubehalten und gegebenenfalls auch durchzusetzen. Mit dem Recht des Auftragnehmers, die Beendigung der Erfüllungsphase feststellen zu lassen und damit auch Ansprüche des Auftraggebers wegen gegebenenfalls verspäteter Fertigstellung zu begrenzen, hat dies nur insoweit etwas zu tun, als der Auftraggeber nicht durch sein eigenes Unterlassen einen gegebenenfalls vorhandenen Anspruch wegen Verzuges des Auftragnehmers vertiefen kann.[307]

3. Formen der Abnahme nach § 12 Nr. 1 VOB/B

Die Vorschrift des § 12 Nr. 1 VOB/B schreibt selbst keine bestimmte Abnahmeform vor.[308] 72
Dementsprechend kommen grundsätzlich alle Formen der Abnahme als Möglichkeit in Betracht, d.h. sowohl die ausdrückliche bzw. förmliche Abnahme (§ 12 Nr. 4 VOB/B)[309] als auch die stillschweigende/konkludente Abnahme.[310] Bei der stillschweigenden/konkludenten Abnahme ist dann allerdings zu beachten, dass von einer Abnahme erst nach Ablauf einer entsprechenden Prüfungsfrist ausgegangen werden kann.[311]

---

[302] BGH NJW-RR 1989, 626; Heiermann/Riedl/Rusam, B *Riedl* § 12 Rdn. 21 a.

[303] Beck'scher VOB-Kommentar VOB/B/*Jagenburg* § 12 Nr. 1 Rdn. 6; Ingenstau/Korbion, B *Oppler* § 12 Nr. 1 Rdn. 5.

[304] Ingenstau/Korbion, B *Oppler* § 12 Nr. 1 Rdn. 5, soweit dies Heiermann/Riedl/Rusam, B *Riedl* § 12 Rdn. 21 a und Beck'scher VOB-Kommentar VOB/B/*Jagenburg* § 12 Nr. 1 Rdn. 7 ablehnen, trifft dies nur den Fall des § 11 Nr. 16 AGBG, nicht aber den Fall des kaufmännischen Geschäftsverkehrs. Insoweit ist auch BGH NJW 1985, 2587 (Kündigung eines formularmäßigen Internatschulvertrages) nicht einschlägig.

[305] Heiermann/Riedl/Rusam, B *Riedl* § 12 Rdn. 21 b; Beck'scher VOB-Kommentar VOB/B/*Jagenburg* § 12 Nr. 1 Rdn. 8; Ingenstau/Korbion, B *Oppler* § 12 Nr. 1 Rdn. 8.

[306] Beck'scher VOB-Kommentar VOB/B/*Jagenburg* § 12 Nr. 1 Rdn. 9, 10; Heiermann/Riedl/Rusam, B *Riedl* § 12 Rdn. 21 b.

[307] Beck'scher VOB-Kommentar VOB/B/*Jagenburg* § 12 Nr. 1 Rdn. 12; Heiermann/Riedl/Rusam, B *Riedl* § 12 Rdn. 21 b; Ingenstau/Korbion, B *Oppler* § 12 Nr. 1 Rdn. 7.

[308] Beck'scher VOB-Kommentar VOB/B/*Jagenburg* § 12 Nr. 1 Rdn. 14.

[309] Vgl. hierzu Rdn. 31.

[310] Vgl. hierzu Rdn. 32 bzw. 15–22.

[311] Ingenstau/Korbion, B *Oppler* § 12 Nr. 1 Rdn. 13; Beck'scher VOB-Kommentar VOB/B/*Jagenburg* § 12 Nr. 1 Rdn. 17; vgl. hierzu Rdn. 18.

Bei einer fiktiven Abnahme ist zu beachten, dass § 12 Nr. 5 VOB/B nicht in Betracht kommt, da diese Vorschrift gerade voraussetzt, dass keine Abnahme verlangt wird. Beide Vorschriften schließen sich mithin aus.[312] Dies trifft auf die Abnahmefiktion des § 640 Abs. 1 S. 3 BGB nicht zu. Die Anwendung dieser Vorschrift bleibt vielmehr möglich. Der Auftragnehmer kann dem Auftraggeber eine angemessene Frist zur Abnahme setzen, mit der Folge, dass nach fruchtlosem Ablauf – die Abnahmefähigkeit des Werkes vorausgesetzt – die Wirkungen der Abnahme eintreten.[313]

4. Abnahmefrist

73 Mit Zugang des Abnahmeverlangens beginnt der Lauf der in § 12 Nr. 1 VOB/B genannten Frist von 12 Werktagen.[314] Die Fristberechnung erfolgt in Entsprechung der §§ 186 ff. BGB. Dabei sind die Samstage als Werktage (vgl. § 11 Nr. 3 VOB/B) mitzuzählen.[315] Die Dauer der Frist kann zwischen den Parteien auch abweichend vereinbart werden. Dies ergibt sich schon aus dem Wortlaut des § 12 Nr. 1 VOB/B. Soweit dies durch Allgemeine Geschäftsbedingungen erfolgt, hat der BGH eine Verlängerung um 12 Werktage als zulässig erachtet.[316]

5. Folgen der Missachtung der Frist

74 Beachtet der Auftraggeber die Frist des § 12 Nr. 1 VOB/B oder die zulässigerweise vereinbarte Frist nicht, gerät er zunächst in **Gläubiger- bzw. Annahmeverzug**, wenn ihm die Leistung ordnungsgemäß, d.h. abnahmefähig angeboten worden ist. Dies führt – unabhängig vom Verschulden des Auftraggebers – zur Anwendbarkeit der §§ 293 ff. BGB, insbesondere von § 300 Abs. 1 BGB (Haftung nur noch für Vorsatz und grobe Fahrlässigkeit) sowie § 644 Abs. 1 BGB (vorzeitiger Gefahrenübergang).[317]

Liegen zusätzlich die Voraussetzungen des **Schuldnerverzuges** (Mahnung und Verschulden) gem. § 286 ff. BGB vor, kann der Auftragnehmer gem. § 326 BGB vorgehen[318] bzw. Verzugsschaden geltend machen.[319]

Neben diesen Möglichkeiten ist § 640 Abs. 1 S. 3 BGB n.F. zu beachten. Dadurch kann der Auftragnehmer dem Auftraggeber eine angemessene Frist zur Abnahme setzen. Beachtet der Auftraggeber diese Frist nicht, obgleich er zur Abnahme verpflichtet ist, d.h. das Werk abnahmefähig ist, treten die Wirkungen der Abnahme gegebenenfalls auch gegen den Willen des Auftraggebers ein.[320]

Die beschriebenen Folgen der Missachtung der Frist setzen voraus, dass der Auftragnehmer einen Anspruch auf Abnahme hat, d.h. das Werk abnahmereif ist. Liegen diese Voraussetzungen nicht vor, d.h. **verweigert der Auftraggeber die Abnahme zu Recht,** treten die beschriebenen Rechtsfolgen selbstredend nicht ein.[321] Als Beurteilungszeitpunkt der Abnahmereife wird dabei auf den Zeitpunkt der verlangten Abnahme abgestellt.[322]

---

[312] Beck'scher VOB-Kommentar VOB/B/*Jagenburg* § 12 Nr. 1 Rdn. 18.

[313] Ingenstau/Korbion, B *Oppler* § 12 Nr. 1 Rdn. 21.

[314] Beck'scher VOB-Kommentar VOB/B/*Jagenburg* § 12 Nr. 1 Rdn. 21; Ingenstau/Korbion, B *Oppler* § 12 Nr. 1 Rdn. 8; Heiermann/Riedl/Rusam, B *Riedl* § 12 Rdn. 22 b.

[315] Beck'scher VOB-Kommentar VOB/B/*Jagenburg* § 12 Nr. 1 Rdn. 21; Ingenstau/Korbion, B *Oppler* § 12 Nr. 1 Rdn. 8; Heiermann/Riedl/Rusam, B *Riedl* § 12 Rdn. 22 b.

[316] BGH NJW 1983, 816, 818; BGH NJW 1989, 1602.

[317] Ingenstau/Korbion, B *Oppler* § 12 Nr. 1 Rdn. 18; Beck'scher VOB-Kommentar VOB/B/*Jagenburg* § 12 Nr. 1 Rdn. 27; Heiermann/Riedl/Rusam, B *Riedl* § 12 Rdn. 24.

[318] RGZ 171, 297, 301; BGH NJW 1972, 99 f.; Ingenstau/Korbion, B *Oppler* § 12 Nr. 1 Rdn. 19, 20; Heiermann/Riedl/Rusam, B *Riedl* § 12 Rdn. 24 a.

[319] Heiermann/Riedl/Rusam, B *Riedl* § 12 Rdn. 24 a; Beck'scher VOB-Kommentar VOB/B/*Jagenburg* § 12 Nr. 1 Rdn. 29.

[320] Ingenstau/Korbion, B *Oppler* § 12 Nr. 1 Rdn. 21; Leinemann, B *Sterner* § 12 Rdn. 61.

[321] Heiermann/Riedl/Rusam, B *Riedl* § 12 Rdn. 25.

[322] BGH BauR 1992, 627.

6. Kosten der Abnahme

75 Da die Erklärung der Abnahme zur Erfüllung einer Hauptpflicht des Auftraggebers gehört, hat er auch die Kosten derselben zu tragen.[323] Dies gilt allerdings dann nicht, wenn der Auftragnehmer die Abnahme nicht zu Recht verlangt, weil die Abnahmereife nicht vorliegt. In diesem Fall hat der Auftragnehmer die Kosten der Abnahme aus dem Gesichtspunkt der positiven Vertragsverletzung (bis zum 31.12.2001) bzw. der Pflichtverletzung gem. § 280 Abs. 1 BGB n.F. (ab dem 1.1.2002) zu tragen.[324]

II. Teilabnahme gem. § 12 Nr. 2 VOB/B

76 Nach § 12 Nr. 2 VOB/B sind auf Verlangen in sich abgeschlossene Teile der Leistung besonders abzunehmen. Mit dieser Vorschrift konkretisiert die VOB/B die Norm des § 641 Abs. 1 S. 2 BGB, der unter der Voraussetzung einer Teilabnahmenotwendigkeit die Vergütungsregelung trifft, dass die auf die jeweilige Teilleistung entfallende Teilvergütung gesondert zu zahlen ist.[325] Die Vorschrift hat mit der VOB 2000 insoweit eine Änderung erfahren, als die bis dahin unter § 12 Nr. 2 b) VOB/B geregelte sogenannte „unechte Teilabnahme" nunmehr systematisch zutreffend[326] unter § 4 Nr. 10 VOB/B geregelt ist.

Bei der hier normierten sogenannten „echten Teilabnahme" ist darauf zu achten, dass auch tatsächlich **ein Teil der Leistung** Gegenstand der Abnahme sein muss, um zur Anwendbarkeit der Norm zu gelangen. So ist z.B. die Abnahme einer Leistung nach erfolgter Kündigung des Restauftrages nach § 8 Nr. 6 VOB/B keine Teilabnahme nach § 12 Nr. 2 VOB/B, da sich die Abnahme zu diesem Zeitpunkt auf die vom Auftragnehmer bis zu diesem Zeitpunkt erbrachte (notwendigerweise beschränkte) Gesamtleistung bezieht.[327] Auch im Fall mehrerer Leistungen, die nicht Gegenstand desselben Vertrages sind, liegt keine Abnahme einer Teilleistung vor, sondern die Abnahme mehrerer Gesamtleistungen, bezogen auf jeden einzelnen Vertrag.[328]

Systematisch stellt § 12 Nr. 2 VOB/B eine **Ausnahme** zu dem in § 12 Nr. 1 VOB/B geregelten Grundsatz der **Gesamtabnahme** dar[329] und bedarf insoweit einer restriktiven Handhabung.[330] Ein Ausschluss der Möglichkeit der Teilabnahme in Allgemeinen Geschäftsbedingungen ist daher wirksam möglich, stellt aber einen Eingriff in den Kernbereich der VOB/B dar, mit der Folge, dass in diesem Fall alle Vorschriften der VOB/B der Inhaltskontrolle nach dem Recht der Allgemeinen Geschäftsbedingungen unterliegen.[331]

1. Voraussetzungen des § 12 Nr. 2 VOB/B

77 Voraussetzung für die Anwendbarkeit des § 12 Nr. 2 VOB/B ist zum einen ein Abnahmeverlangen, zum anderen ein in sich abgeschlossener Teil der Leistung. Im Einzelnen:

78 **a) Abnahmeverlangen.** Wie auch bei der Gesamtabnahme gem. § 12 Nr. 1 VOB/B entsteht die Pflicht zur Abnahme erst mit einem entsprechenden Abnahmeverlangen des Auftragneh-

[323] Ingenstau/Korbion, B *Oppler* § 12 Nr. 1 Rdn. 17; Heiermann/Riedl/Rusam, B *Riedl* § 12 Rdn. 23; Beck'scher VOB-Kommentar VOB/B/*Jagenburg* § 12 Nr. 1 Rdn. 30; Leinemann, B *Sterner* § 12 Rdn. 62.

[324] Vgl. Fn. 322.

[325] Beck'scher VOB-Kommentar VOB/B/*Jagenburg* § 12 Nr. 2 Rdn. 1; Ingenstau/Korbion, B *Oppler* § 12 Nr. 2 Rdn. 1; Heiermann/Riedl/Rusam, B *Riedl* § 12 Rdn. 26.

[326] Vgl. hierzu: Ingenstau/Korbion, B *Oppler* § 12 Nr. 2 Rdn. 2 m.w.N.

[327] Ingenstau/Korbion, B *Oppler* § 12 Nr. 2 Rdn. 10; Beck'scher VOB-Kommentar VOB/B/*Jagenburg* § 12 Nr. 2 Rdn. 2; Heiermann/Riedl/Rusam, B *Riedl* § 12 Rdn. 26.

[328] BGH BauR 1974, 63 f.; Beck'scher VOB-Kommentar VOB/B/*Jagenburg* § 12 Nr. 2 Rdn. 7; Ingenstau/Korbion, B *Oppler* § 12 Nr. 2 Rdn. 1; Heiermann/Riedl/Rusam, B *Riedl* § 12 Rdn. 26, 27 a.

[329] Beck'scher VOB-Kommentar VOB/B/*Jagenburg* § 12 Nr. 2 Rdn. 1; Ingenstau/Korbion, B *Oppler* § 12 Nr. 2 Rdn. 1.

[330] Ingenstau/Korbion, B *Oppler* § 12 Nr. 2 Rdn. 7; Heiermann/Riedl/Rusam, B *Riedl* § 12 Rdn. 28; Staudinger/*Peters* § 640 BGB Rdn. 70, 72.

[331] Ingenstau/Korbion, B *Oppler* § 12 Nr. 2 Rdn. 4; Leinemann, B *Sterner* § 12 Rdn. 68.

mers.[332] Wegen der Einzelheiten wird zur Vermeidung von Wiederholungen auf die Rdn. 70, 71 verwiesen.

Ebenso wie bei der Gesamtabnahme hat der Auftraggeber unabhängig von etwaigen Pflichten auch ohne Antrag das Recht, eine Teilabnahme zu erklären.[333] Ob damit gegebenenfalls gleichzeitig die Leistungserbringungsmöglichkeit des Auftragnehmers verkürzt wird, ist einer gesonderten Betrachtung nach den Regeln des § 8 VOB/B zugänglich.

79 **b) In sich abgeschlossener Teil der Leistung.** Wann ein Teil einer Gesamtleistung nach der Vorschrift des § 12 Nr. 2 VOB/B „in sich abgeschlossen ist", richtet sich nach der Verkehrsanschauung und ist nach der h.M. zu bejahen, wenn der betreffende Teil der Leistung von der Gesamtleistung **funktional trennbar** und dementsprechend **selbständig gebrauchsfähig** ist.[334]

In Abhängigkeit von der Verkehrsanschauung kommt es dabei auch auf die vorgesehene Nutzung an. So ist z.B. der vertraglich geschuldete Einbau einer Heizungs- und Sanitäranlage im gleichen Haus funktional und vom Gebrauch her trennbar und damit jeweils einer Teilabnahme zugänglich.[335] Übertragbar ist dies auch auf zwar zusammenhängende Gewerke, die aber in verschiedenen Wohnungen/Häusern zu erbringen sind. Die jeweilige Wohnung/das jeweilige Haus kann dann, wenn es sich um ein Vertragsverhältnis handelt, Gegenstand einer Teilabnahme sein.[336]

Auch Sondereigentum und Gemeinschaftseigentum im Rahmen einer Wohnungseigentumsanlage können getrennt abgenommen werden.[337]

Unter den vorgenannten Voraussetzungen erfüllen demgegenüber Decken- oder Stockwerke eines Rohbaus keine Teilabnahmefähigkeit, da sie für sich genommen weder funktions- noch gebrauchstauglich sind.[338] Auch bei einer Treppenanlage, bei der ein Geländer geschuldet ist, kann die Treppe ohne Geländer nicht als funktional trennbar angesehen werden, da die Gebrauchstauglichkeit ohne Geländer nicht hinreichend gegeben ist.[339] Zu Recht weist *Kapellmann* (vgl. Fußnote 334) darauf hin, dass die auch vorstehend zitierte Rechtsprechung zur Definition des Begriffs „in sich abgeschlossener Teil der Leistung" nur wenig außer Einzelfallentscheidungen beiträgt. In Ergänzung zur herrschenden Meinung ist auch auf die gewerbliche Verkehrssitte zurückzugreifen. Danach ist eine Leistung „in sich abgeschlossen", wenn sie sich von der Gesamtleistung abtrennen lässt und nach der Abtrennung sowohl die verbliebene Leistung als auch die abgetrennte Leistung eine sinnvolle Einheit darstellen. Indizien hierfür können sein, dass die Leistungen **nicht in einem zeitlichen Zusammenhang** erbracht werden, **keinen örtlichen Zusammenhang haben** oder **in keinem tatsächlichen produktionsbezogenen Zusammenhang stehen**.

80 Da sich die Frage der Teilleistung danach richtet, welche Gesamtleistung in Auftrag gegeben wurde, ist zwischen dem Rechtsverhältnis zwischen **General- und Nachunternehmer** einerseits und **Generalunternehmer und Auftraggeber** andererseits zu differenzieren. Während im Verhältnis General- und Nachunternehmer durchaus bei Fertigstellung, z.B. der in Auftrag gegebenen Sanitäranlage, die Gesamtabnahme der Nachunternehmerleistung möglich ist, müssen deshalb noch nicht die Voraussetzungen der Teilabnahme im Verhältnis zwischen Generalun-

---

[332] Beck'scher VOB-Kommentar VOB/B/*Jagenburg* § 12 Nr. 2, Rdn. 4; Ingenstau/Korbion, B *Oppler* § 12 Nr. 2 Rdn. 4; Heiermann/Riedl/Rusam, B *Riedl* § 12 Rdn. 27; Leinemann, B *Sterner* § 12 Rdn. 64.

[333] Ingenstau/Korbion, B *Oppler* § 12 Nr. 2 Rdn. 5; Heiermann/Riedl/Rusam, B *Riedl* § 12 Rdn. 27; Leinemann, B *Sterner* § 12 Rdn. 64; Beck'scher VOB-Kommentar VOB/B/*Jagenburg* § 12 Nr. 2 Rdn. 5, 6.

[334] Ingenstau/Korbion, B *Oppler* § 12 Nr. 2 Rdn. 6; Beck'scher VOB-Kommentar VOB/B/*Jagenburg* § 12 Nr. 2, Rdn. 12; Heiermann/Riedl/Rusam, B *Riedl* § 12 Rdn. 28; Leinemann, B *Sterner* § 12 Rdn. 65; a.A. Kapellmann, FS für Thode, S. 29 ff., 35.

[335] BGH BauR 1975, 423; BGH NJW 1979, 650 f.; Ingenstau/Korbion, B *Oppler* § 12 Nr. 2 Rdn. 6; Beck'scher VOB-Kommentar VOB/B/*Jagenburg* § 12 Nr. 2, Rdn. 12.

[336] Beck'scher VOB-Kommentar VOB/B/*Jagenburg* § 12 Nr. 2 Rdn. 13 m.w.N.

[337] BGH ZfBR 1983, 260; Ingenstau/Korbion, B *Oppler* § 12 Nr. 2 Rdn. 7.

[338] BGH NJW 1968, 1524; Ingenstau/Korbion, B *Oppler* § 12 Nr. 2 Rdn. 7; Leinemann, B *Sterner* § 12 Rdn. 65; Beck'scher VOB-Kommentar VOB/B/*Jagenburg* § 12 Nr. 2 Rdn. 14.

[339] BGH BauR 1985, 565 f.; Beck'scher VOB-Kommentar VOB/B/*Jagenburg* § 12 Nr. 2 Rdn. 14; Ingenstau/Korbion, B *Oppler* § 12 Nr. 2 Rdn. 7; Leinemann, B *Sterner* § 12 Rdn. 65.

ternehmer und Auftraggeber gegeben sein. Dies richtet sich vielmehr danach, ob die z.B. fertig gestellte Sanitäranlage, d.h. die fertig gestellte Teilleistung, für sich genommen funktions- und gebrauchsfähig ist und nach der beabsichtigten Nutzung für den Auftraggeber überhaupt einen selbständigen Gebrauchswert hat. Nur wenn dies bejaht werden kann – wobei hier jeweils der Einzelfall entscheidet – liegen im Verhältnis zwischen Generalunternehmer und Auftraggeber die Voraussetzungen der Teilabnahme gem. § 12 Nr. 2 VOB/B vor.[340]

Im Falle eines **Schlüsselfertigbauvertrages** ist der Maßstab dabei noch mehr in Richtung der Funktionsfähigkeit der Teilleistung in Abhängigkeit der beabsichtigten Nutzung verschoben. Nur wenn in Abhängigkeit von der beabsichtigten Nutzung ein in sich funktionsfähiger Teil der Leistung besteht, den der Auftraggeber auch bestimmungsgemäß nutzen kann, liegen insoweit die Voraussetzungen einer Teilabnahme vor, z.B. bei einzelnen bereits fertig gestellten Häusern/Wohnungen einer Gesamtanlage.[341]

2. Formen der Abnahme

Auch bei der Teilabnahme kommen grundsätzlich alle Formen der Abnahme in Betracht, d.h. 81
neben der ausdrücklichen Abnahme auch die stillschweigende bzw. konkludente Abnahme.[342] Anerkannt ist auch, dass die fiktive Abnahme nach § 12 Nr. 5 Abs. 2 VOB/B[343] sowie die fiktive Abnahme gem. § 640 Abs. 1 S. 3 BGB[344] möglich ist. Streitig beurteilt wird hingegen, ob auch die fiktive Abnahme gem. § 12 Nr. 5 Abs. 1 VOB/B im Rahmen einer Teilabnahme gem. § 12 Nr. 2 VOB/B zulässig ist. Während *Jagenburg*[345] dies bejaht, lehnen *Oppler*[346] und *Riedl*[347] dies unter Hinweis auf den unterschiedlichen Wortlaut der Absätze 1 und 2 des § 12 Nr. 5 VOB/B ab.

Richtigerweise ist davon auszugehen, dass eine fiktive Abnahme gem. § 12 Nr. 5 Abs. 1 VOB/B im Rahmen einer Teilabnahme gem. § 12 Nr. 2 VOB/B nicht möglich ist, da zum einen die Differenzierung des Wortlautes in den Absätzen 1 und 2 des § 12 Nr. 5 VOB/B dies nahe legt und zum anderen auch vor dem Hintergrund der Praxis ein rechtspolitisches Bedürfnis besteht, den Auftraggeber vor Rechtsfolgen zu schützen, die er bei Erhalt der tatbestandlichen Voraussetzungen (hier: schlichte Fertigstellungsanzeige der Teilleistung ohne Abnahmeverlangen) in der Regel nicht übersehen kann. Dies gilt sowohl für den Laien als auch für den erfahrenen Auftraggeber, der z.B. bei größeren Projekten nur schwer wird überblicken können, ob eine fertig gestellte Teilleistung tatsächlich nach der Verkehrsanschauung schon als ein in sich abgeschlossener Teil der Leistung im Sinne des § 12 Nr. 2 VOB/B angesehen werden kann. Dies gilt unabhängig davon, dass in der Praxis ohnehin § 12 Nr. 5 VOB/B in der Regel gerade auch wegen der vorstehend genannten Schwierigkeiten ausgeschlossen wird.

3. Rechtsfolgen

Die „echte" Teilabnahme gem. § 12 Nr. 2 VOB/B hat die gleichen Rechtsfolgen wie die 82
Gesamtabnahme, allerdings bezogen auf die jeweilig abgenommene Teilleistung.[348] Zur Vermeidung von Wiederholungen wird deshalb auf die Rdn. 36–53 verwiesen. Auch die Vorschrift

[340] Beck'scher VOB-Kommentar VOB/B/*Jagenburg* § 12 Nr. 2 Rdn. 16, 17; Ingenstau/Korbion, B *Oppler* § 12 Nr. 2 Rdn. 7; Heiermann/Riedl/Rusam, B *Riedl* § 12 Rdn. 28 a.

[341] Beck'scher VOB-Kommentar VOB/B/*Jagenburg* § 12 Nr. 2 Rdn. 18; Ingenstau/Korbion, B *Oppler* § 12 Nr. 2 Rdn. 8.

[342] Beck'scher VOB-Kommentar VOB/B/*Jagenburg* § 12 Nr. 2 Rdn. 10; Ingenstau/Korbion, B *Oppler* § 12 Nr. 2 Rdn. 4; Heiermann/Riedl/Rusam, B *Riedl* § 12 Rdn. 26.

[343] Vgl. Fn. 342.

[344] Ingenstau/Korbion, B *Oppler* § 12 Nr. 2 Rdn. 4.

[345] Beck'scher VOB-Kommentar VOB/B/*Jagenburg* § 12 Nr. 2 Rdn. 10.

[346] Ingenstau/Korbion, B *Oppler* § 12 Nr. 2 Rdn. 4.

[347] Heiermann/Riedl/Rusam, B *Riedl* § 12 Rdn. 26.

[348] BGH NJW 1968, 1524; Beck'scher VOB-Kommentar VOB/B/*Jagenburg* § 12 Nr. 2 Rdn. 9, 11; Ingenstau/Korbion, B *Oppler* § 12 Nr. 2 Rdn. 9; Heiermann/Riedl/Rusam, B *Riedl* § 12 Rdn. 28 b; Leinemann, B *Sterner* § 12 Rdn. 66.

des § 640 Abs. 2 BGB findet Anwendung, mit der Folge, dass sich der Auftraggeber seine Rechte bei der Teilabnahme vorbehalten muss, wenn er nicht den in § 640 Abs. 2 BGB beschriebenen Rechtsverlust erleiden will.[349] Gleiches gilt für eine etwaige Vertragsstrafe, wenn sie sich auf den abgenommenen Teil der Leistung bezieht.[350]

III. Abnahmeverweigerung gem. § 12 Nr. 3 VOB/B

83 Nach § 12 Nr. 3 VOB/B ist der Auftraggeber berechtigt, die Abnahme wegen wesentlicher Mängel bis zu deren Beseitigung zu verweigern.

Während vor dem Inkrafttreten des Gesetzes zur Beschleunigung fälliger Zahlungen[351] eine Diskussion geführt wurde, ob es einen wesentlichen Regelungsunterschied zum BGB gebe[352] hat sich mit der Einführung des § 640 Abs. 1 Satz 2 BGB durch das Gesetz zur Beschleunigung fälliger Zahlungen[353] diese Diskussion weitgehend erübrigt. Zwar ist der Wortlaut beider Vorschriften unterschiedlich, da § 640 Abs. 1 S. 2 BGB davon ausgeht, dass der Auftraggeber die Abnahme wegen unwesentlicher Mängel nicht verweigern darf, während § 12 Nr. 3 VOB/B formuliert, dass der Auftraggeber die Abnahme wegen wesentlicher Mängel verweigern darf. Man ist sich jedoch allgemein einig,[354] dass diese unterschiedliche Formulierung nicht zu einem wesentlich unterschiedlichem Regelungsgehalt führt, vielmehr die Formulierung des § 640 Abs. 1 S. 2 BGB auf der Sorge des Gesetzgebers beruhte, eine sachlich nicht gerechtfertigte Beweislastumkehr zu Lasten des Auftraggebers zu vermeiden.[355] Wegen des im Wesentlichen gleichen Regelungsinhaltes und der nicht von einander abweichenden Beweislastwertteilung beider Vorschriften hat sich der DVA im Übrigen entschlossen, die Vorschrift des § 12 Nr. 3 VOB/B auch in Ansehung der Einfügung des § 640 Abs. 1 S. 2 BGB im Rahmen der VOB/B 2002 nicht zu ändern.[356]

Ob der Auftraggeber von seinem Recht nach § 12 Nr. 3 VOB/B Gebrauch macht, sofern die Voraussetzungen erfüllt sind, bleibt ihm überlassen. Eine Pflicht besteht insoweit nicht. Der Auftraggeber kann vielmehr trotz eines wesentlichen Mangels gleichwohl die Abnahme erklären.[357]

1. Wesentlicher Mangel als Tatbestandsvoraussetzung des § 12 Nr. 3 VOB/B

84 Tatbestandsvoraussetzung des § 12 Nr. 3 VOB/B ist, dass ein **wesentlicher Mangel** vorliegt.

Da § 12 Nr. 3 VOB/B die Frage, wann ein wesentlicher Mangel vorliegt, nicht selbst beantwortet,[358] wird einerseits anhand systematischer und abstrakter Einordnungsversuche, letztlich aber vor allem im **Einzelfall** entschieden.[359]

85 **a) Abstrakter Begriff des wesentlichen Mangels.** Ein wesentlicher Mangel liegt vor, wenn ein Mangel nach seiner Art und seinem Umfang, vor allem aber nach seinen Auswirkungen so gravierend ist, dass es dem Auftraggeber unter Beachtung objektiver Gesichtspunkte im Verhältnis

---

[349] Ingenstau/Korbion, B *Oppler* § 12 Nr. 12 Rdn. 9; Heiermann/Riedl/Rusam, B *Riedl* § 12 Rdn. 28 b; Leinemann, B *Sterner* § 12 Rdn. 67.

[350] Vgl. Fn. 349.

[351] Gesetz vom 30.3.2000, BGBl. I, Seite 330.

[352] Vgl. hierzu den ausführlich dargestellten Meinungsstand in Ingenstau/Korbion, B *Oppler* § 12 Nr. 3 Rdn. 1.

[353] Vgl. Fn. 351.

[354] *Kniffka* ZfBR 2000, 227, 230; Ingenstau/Korbion, B *Oppler* § 12 Nr. 3 Rdn. 1; Heiermann/Riedl/Rusam, B *Riedl* § 12 Rdn. 30; differenzierter: *Motzke* NZBau 2000, 489, 494.

[355] Vgl. hierzu die entsprechende Beschlussempfehlung des Rechtsausschusses des Deutschen Bundestages, Bundestagsdrucksache 14/2752, Seite 17.

[356] Vgl. hierzu ausführlich: Sonderheft Baurecht VOB 2002, *Vygen* § 12 VOB/B, Ziffer 1, Seite 37.

[357] Vgl. hierzu Rdn. 35, insbesondere Fn. 154.

[358] Beck'scher VOB-Kommentar VOB/B/*Jagenburg* § 12 Nr. 3, Rdn. 5; Ingenstau/Korbion, B *Oppler* § 12 Nr. 3 Rdn. 2; Heiermann/Riedl/Rusam, B *Riedl* § 12 Rdn. 31; Leinemann, B *Sterner* § 12 Rdn. 69.

[359] Vgl. Fn. 358.

zu dem nach dem Vertragszweck vorausgesetzten Gebrauch und dem erreichten Erfolg nicht zugemutet werden kann, letztlich auf Gewährleistungsansprüche verwiesen zu sein.[360]

Dementsprechend kommt insbesondere der **Gebrauchsfähigkeit** eine besondere Bedeutung zu, wobei neben objektiven Kriterien auch subjektive Gesichtspunkte insoweit eine Rolle spielen, als eine nach außen erkennbar gewordene Gebrauchsabsicht Maßstab der Schwere des Mangels ist.[361] Erst recht gilt dies in Fällen des Fehlens einer **zugesicherten Eigenschaft,** weil hier der Auftraggeber durch die geforderte Zusicherung bereits zu erkennen gegeben hat, dass er besonderen Wert auf die entsprechende Eigenschaft gelegt hat.[362] Dabei ist *Zanner*[363] insoweit Recht zu geben, als keine neue Definition des wesentlichen Mangels durch die Heranziehung des Merkmales „zugesicherte Eigenschaft" erfolgen soll. Gleichwohl gibt das Merkmal der „zugesicherten Eigenschaft" Aufschluss über die Bedeutung, die der Auftraggeber dem Merkmal subjektiv beigemessen hat.

Letztlich kommt es darauf an, ob es dem Auftraggeber unter Abwägung der Interessen beider Vertragsparteien **zugemutet werden kann,** die angebotene Leistung als im Wesentlichen vertragsgemäße Erfüllung des Vertrages zu akzeptieren.[364] Dabei will § 12 Nr. 3 VOB/B einen angemessenen Interessenausgleich der Parteien bewirken.[365] Zu berücksichtigen ist dabei einerseits das Interesse des Auftraggebers, das bestellte Werk so vollständig und mangelfrei wie möglich vor Eintritt in die Gewährleistungsphase zu erhalten, andererseits aber auch das Interesse des Auftragnehmers, die Rechtswirkungen der Abnahme, d.h. insbesondere den Gefahrenübergang, die Fälligkeit der restlichen Vergütung sowie die Beweislastumkehr der nicht mangelbehafteten Leistung nicht von überzogenen Mangelbeseitigungsansprüchen abhängig zu machen.[366]

Anhaltspunkte für die Abwägung können sein Art und Umfang des Mangels, Maß der Gebrauchsbeeinträchtigung, Höhe der Mangelbeseitigungskosten,[367] Unverhältnismäßigkeit des Mangelbeseitigungsaufwandes sowie schließlich der Grad eines etwaigen Verschuldens des Auftragnehmers.[368] Beachtlich ist dabei, dass dem Auftraggeber ein etwaig vorhandenes Leistungsverweigerungsrecht nach § 320 BGB erhalten bleibt,[369] mit der Folge, dass er seine eigene Leistungspflicht bis zur Beseitigung des Mangels ohnehin insoweit zurückstellen kann.

Liegen **mehrere Mängel** vor, die jeweils für sich betrachtet nicht schwerwiegend sind, kann sich aus der Summe der Mängel gleichwohl ergeben, dass der Auftraggeber nicht mehr verpflichtet ist, die Leistung abzunehmen.[370] Letztlich verbleibt es aber auch hier bei einer Einzelfallbetrachtung.[371]

---

[360] BGH BauR 2000, 1482; Beck'scher VOB-Kommentar VOB/B/*Jagenburg* § 12 Nr. 3, Rdn. 9–15; Ingenstau/Korbion, B *Oppler* § 12 Nr. 3 Rdn. 2; Heiermann/Riedl/Rusam, B *Riedl* § 12 Rdn. 31; Leinemann, B *Sterner* § 12 Rdn. 70, 71.

[361] BGH NJW 1981, 1448; BGH NJW 1992, 2481; Ingenstau/Korbion, B *Oppler* § 12 Nr. 3 Rdn. 2; Beck'scher VOB-Kommentar VOB/B/*Jagenburg* § 12 Nr. 3 Rdn. 10, 11.

[362] Ingenstau/Korbion, B *Oppler* § 12 Rdn. 106 (14. Auflage).

[363] Franke/Kemper/Zanner/Grünhagen Kommentar zur VOB 2. Aufl. 2005 § 12 VOB/B-*Zanner* Rdn. 95.

[364] BGH NJW 1981, 1448; OLG Hamm NJW-RR 1990, 917; OLG Hamm BauR 1992, 240; Heiermann/Riedl/Rusam, B *Riedl* § 12 Rdn. 31; Ingenstau/Korbion, B *Oppler* § 12 Nr. 3 Rdn. 3; Beck'scher VOB-Kommentar VOB/B/*Jagenburg* § 12 Nr. 3 Rdn. 12.

[365] BGH BauR 1992, 627; Ingenstau/Korbion, B *Oppler* § 12 Nr. 3 Rdn. 3; Heiermann/Riedl/Rusam, B *Riedl* § 12 Rdn. 31.

[366] Beck'scher VOB-Kommentar VOB/B/*Jagenburg* § 12 Nr. 3 Rdn. 13 m.w.N.

[367] BGH BauR 1992, 627.

[368] Zu den Abwägungsgesichtspunkten im Einzelnen: *H. Gross* FS Locher 1990, Seite 53, 55, 59 ff.

[369] BGH NJW 1981, 1448; OLG Düsseldorf NJW-RR 1997, 1178; Ingenstau/Korbion, B *Oppler* § 12 Nr. 3 Rdn. 4; Beck'scher VOB-Kommentar VOB/B/*Jagenburg* § 12 Nr. 3 Rdn. 15; Heiermann/Riedl/Rusam, B *Riedl* § 12 Rdn. 31.

[370] KG BauR 1984, 527; Beck'scher VOB-Kommentar VOB/B/*Jagenburg* § 12 Nr. 3 Rdn. 20; Ingenstau/Korbion, B *Oppler* § 12 Nr. 3 Rdn. 4; Heiermann/Riedl/Rusam, B *Riedl* § 12 Rdn. 31; eingehend: *Motzko-Schreiber* BauR 1999, 24 ff.

[371] Verneint z.B. bei einer Auftragssumme von 260.000,00 € und Gesamtbeseitigungskosten von 1.100,00 € (BGH BauR 1996, 390) oder einer Auftragssumme von 4,8 Mio. € und Beseitigungskosten von 1.600,00 € (OLG Dresden BauR 2001, 949).

86 Ob im Rahmen der vorstehend genannten Wertung tatsächlich entscheidend auf § 13 Nr. 1 VOB/B zurückzugreifen ist[372] oder nicht,[373] scheint dabei nicht wesentlich zur Lösung des Problems beizutragen.[374] Richtig ist, dass § 13 Nr. 1 VOB/B bestimmt, wann ein Mangel vorliegt. Ob dieser Mangel aber wesentlich ist, richtet sich nach den vorstehend genannten Wertungsgesichtspunkten, bei denen allerdings die in § 13 Nr. 1 VOB/B genannte Gebrauchstauglichkeit ebenso eine wesentliche Rolle spielt, wie etwa eine zugesicherte Eigenschaft.[375]

87 **b) Einzelfälle.** Als wesentlicher Mangel wurde z.B. angesehen, wenn der Estrich nicht in der Höhe aufgebracht wurde, wie dies vereinbart wurde,[376] oder nicht ausreichend tief angebrachte Bewehrungsstähle zu Rissen in einer Attikaplatte geführt haben.[377] Als wesentlich wurde auch bewertet, wenn 16 % eines verlegten Fliesenmaterials eine unzulässige Farbabweichung aufweisen[378] oder eine Holzart verwandt wurde, die vertraglich nicht vereinbart war.[379] Jedenfalls als wesentlicher Mangel wurde eine um ca. 35 % reduzierte Lebensdauer einer Verschleißschicht angesehen[380] sowie die Schaffung eines erheblichen Gefahrenpotentials (fehlendes Geländer an der Rampe eines Supermarktes) trotz nur geringer Mängelbeseitigungskosten.[381]

Als unwesentlich hingegen wurde ein Mangel bewertet, der in einem unebenen Teppichboden bestand, wobei der Mangel mit geringem Zeit- und Kostenaufwand zu beseitigen war.[382] Auch das Abrutschen einzelner Dachziegel, ohne dass dies zur Undichtigkeit des Daches als solches führte, wurde als unwesentlicher Mangel bewertet.[383] Schließlich sollen geringfügige ausschließlich optische Beeinträchtigungen (Schönheitsfehler) nicht zu einem Abnahmeverweigerungsrecht führen.[384]

2. Abnahmeverweigerung als weitere Voraussetzung des § 12 Nr. 3 VOB/B

88 Um von den Wirkungen des § 12 Nr. 3 VOB/B ausgehen zu können, bedarf es neben dem wesentlichen Mangel auch einer entsprechenden **Abnahmeverweigerung** des Auftraggebers. Die Abnahmeverweigerung ist dabei eine **empfangsbedürftige Willenserklärung,** die an eine Form nicht gebunden ist und auch konkludent bzw. schlüssig geäußert werden kann, wenn nur hinreichend deutlich zum Ausdruck kommt, dass der Auftraggeber die Leistung nicht billigt und dementsprechend auch nicht abnehmen will.[385] Ohne besondere Umstände ist dabei alleine eine Mängelrüge noch nicht als Abnahmeverweigerung zu werten.[386] Ob ein etwaig vom Auftraggeber tatsächlich angegebener Grund zur Abnahmeverweigerung ausreichend ist, entscheidet sich im übrigen zum Zeitpunkt des begehrten Abnahmetermins.[387] Beweispflichtig für die Mangelfreiheit bzw. die Unwesentlichkeit eines Mangels ist dabei der Auftragnehmer.[388]

---

[372] So Ingenstau/Korbion 13. Auflage, B *Oppler* § 12 Rdn. 83/24; einschränkend: 14. Auflage, B, *Oppler* § 12 Rdn. 105, so auch in 15. Auflage § 12 Nr. 3 Rdn. 2.

[373] Beck'scher VOB-Kommentar VOB/B/*Jagenburg* § 12 Nr. 3, Rdn. 6–8.

[374] So auch: Heiermann/Riedl/Rusam, B *Riedl* § 12 Rdn. 31.

[375] Vgl. hierzu Rdn. 85.

[376] OLG Karlsruhe BauR 1995, 246.

[377] BGH BauR 1992, 627.

[378] LG Amberg NJW 1982, 1540.

[379] BGH NJW 1962, 1569.

[380] OLG Hamm IBR 2003, 8.

[381] OLG Hamm BauR 2005, 731, rechtskräftig durch Beschluss des BGH vom 26.8.2004.

[382] KG BauR 1984, 529.

[383] OLG Hamm NJW-RR 1990, 917.

[384] OLG Hamm IBR 2003, 1073 = BauR 2003, 1403.

[385] Ingenstau/Korbion, B *Oppler* § 12 Nr. 3 Rdn. 5; Beck'scher VOB-Kommentar VOB/B/*Jagenburg* § 12 Nr. 3, Rdn. 21, 23; Heiermann/Riedl/Rusam, B *Riedl* § 12 Rdn. 32.

[386] OLG Hamm MDR 1995, 902; Heiermann/Riedl/Rusam, B *Riedl* § 12 Rdn. 32.

[387] BGH NJW 1992, 2481; Beck'scher VOB-Kommentar VOB/B/*Jagenburg* § 12 Nr. 3 Rdn. 23; Ingenstau/Korbion, B *Oppler* § 12 Nr. 3 Rdn. 5.

[388] Vgl. Fn. 387.

3. Rechtsfolge des § 12 Nr. 3 VOB/B

Die Rechtsfolge des § 12 Nr. 3 VOB/B ergibt sich bereits aus dem Wortlaut. Danach ist der Auftraggeber berechtigt, die Abnahme **bis zur Beseitigung des wesentlichen Mangels** zu verweigern, mit der Folge, dass die Abnahmewirkungen nicht eintreten und auch eine fiktive Abnahme sowohl nach § 12 Nr. 5 VOB/B[389] als auch nach § 640 Abs. 1 S. 3 BGB[390] ausscheidet. 89

Verweigert der Auftraggeber die Abnahme zu Unrecht, weil in Wahrheit kein wesentlicher Mangel vorliegt, so treten im Falle einer endgültigen Abnahmeverweigerung die Wirkungen der Abnahme sofort ein,[391] weil in einem solchen Fall eine Fristsetzung nach § 640 Abs. 1 S. 3 BGB eine überflüssige Förmelei darstellen würde.[392] Im Falle einer vorläufigen Abnahmeverweigerung verbleibt es bei den Möglichkeiten des Gläubiger- bzw. Schuldnerverzuges sowie den Möglichkeiten der fiktiven Abnahme gem. § 640 Abs. 1 S. 3 BGB.[393]

IV. Die förmliche Abnahme gem. § 12 Nr. 4 VOB/B

Bei der in § 12 Nr. 4 VOB/B geregelten sogenannten **förmlichen Abnahme** handelt es sich um **eine besondere Form der ausdrücklichen Abnahme,**[394] die es im Werkvertragsrecht der §§ 640 ff. BGB nicht gibt,[395] die aber auch dort vereinbart werden kann.[396] Im Wesentlichen ergibt sich der Regelungsinhalt der Vorschrift bereits aus dem Wortlaut. Alleine die vertragliche Vereinbarung außerhalb der Geltung der VOB/B, wonach eine „schriftliche Abnahme" zu erfolgen habe, reicht dabei zur Annahme einer Vereinbarung einer förmlichen Abnahme im Sinne des § 12 Nr. 4 VOB/B nicht aus, da damit nur eine bestimmte Form der Abgabe der Abnahmeerklärung festgelegt wird, nicht aber der weitergehende Regelungsinhalt des § 12 Nr. 4 VOB/B.[397] 90

Die Vorschrift des § 12 Nr. 4 VOB/B hat dabei für die Baupraxis durchaus eine **grundlegende Bedeutung,**[398] weil mit ihr erreicht werden soll, dass spätere Streitigkeiten über den Ablauf und den Inhalt des Abnahmetermins vermieden werden. Dies gilt insbesondere für den Zeitpunkt der Abnahme selbst und damit für den Beginn (und damit auch für das Ende) der Gewährleistungsfrist, aber auch für die Frage, ob Vorbehalte gem. § 640 Abs. 2 BGB bzw. § 11 Nr. 4 VOB/B tatsächlich abgegeben worden sind und wenn ja, in welcher Qualität.[399] Diese Wirkung bleibt selbst dann erhalten, wenn sich die Parteien im Rahmen des Abnahmetermins über die Bewertung von Sachverhalten nicht einig werden, weil der Sachverhalt an sich dokumentiert und beweisgesichert wird.[400] Den Parteien ist deshalb **unbedingt zu empfehlen,** eine förmliche Abnahme gem. § 12 Nr. 4 VOB/B durchzuführen.[401] Wegen der **Voraussetzungen für die förmliche Abnahme**

---

389 BGH ZfBR 1992, 264; Beck'scher VOB-Kommentar VOB/B/*Jagenburg* § 12 Nr. 3, Rdn. 24; Ingenstau/Korbion, B *Oppler* § 12 Rdn. 110; Heiermann/Riedl/Rusam, B *Riedl* § 12 Rdn. 32 b.

390 Ingenstau/Korbion, B *Oppler* § 12 Nr. 3 Rdn. 6.

391 *Kaiser* Mängelhaftungsrecht Rdn. 41 e; *Locher* Das private Baurecht Rdn. 244; *Thode* ZfBR 1999, 116, 119; Ingenstau/Korbion, B *Oppler* § 12 Nr. 3 Rdn. 8 m.w.N.

392 OLG Brandenburg IBR 2003, 470.

393 Ingenstau/Korbion, B *Oppler* § 12 Nr. 3 Rdn. 8 m.w.Nw.; vgl. hierzu auch: Rdn. 67.

394 Beck'scher VOB-Kommentar VOB/B/*Jagenburg* § 12 Nr. 4 Rdn. 1; Heiermann/Riedl/Rusam, B *Riedl* § 12 Rdn. 34; vgl. hierzu auch: Rdn. 31.

395 Ingenstau/Korbion, B *Oppler* § 12 Nr. 4 Rdn. 2; Beck'scher VOB-Kommentar VOB/B/*Jagenburg* § 12 Nr. 4, Rdn. 1.

396 BGH BauR 1974, 63; Beck'scher VOB-Kommentar VOB/B/*Jagenburg* § 12 Nr. 4 Rdn. 2; Ingenstau/Korbion, B *Oppler* § 12 Nr. 4 Rdn. 1.

397 Vgl. Fn. 396.

398 Hierzu insbesondere: Ingenstau/Korbion, B *Oppler* § 12 Nr. 4 Rdn. 1.

399 Heiermann/Riedl/Rusam, B *Riedl* § 12 Rdn. 34; Ingenstau/Korbion, B *Oppler* § 12 Rdn. 113; Beck'scher VOB-Kommentar VOB/B/*Jagenburg* § 12 Nr. 4 Rdn. 4, 5; Leinemann, B *Sterner* § 12 Rdn. 74.

400 Beck'scher VOB-Kommentar VOB/B/*Jagenburg* § 12 Nr. 4 Rdn. 4.

401 Beck'scher VOB-Kommentar VOB/B/*Jagenburg* § 12 Nr. 4 Rdn. 5.

wird im übrigen auf die Rdn. 34, 35 verwiesen, da es sich bei der förmlichen Abnahme um eine besondere Form der ausdrücklichen Abnahme handelt.[402]

1. Förmliche Abnahme in Anwesenheit des Auftragnehmers gem. § 12 Nr. 4 Abs. 1 VOB/B

91 Wie sich aus § 12 Nr. 4 Abs. 1 S. 1 VOB/B ergibt, hat eine förmliche Abnahme gem. § 12 Nr. 4 VOB/B stattzufinden, wenn eine Vertragspartei dies verlangt. Ohne ein solches Verlangen, d.h. einer entsprechenden einseitigen **empfangsbedürftigen Willenserklärung,**[403] entsteht diese Pflicht grundsätzlich nicht.[404] Auch das Verlangen einer Vertragspartei ändert im übrigen nichts an der Hauptverpflichtung des Auftraggebers zur Erklärung der Abnahme an sich. Begründet werden durch § 12 Nr. 4 VOB/B lediglich die dort genannten Mitwirkungspflichten.[405]

92 **a) Verlangen einer Vertragspartei gem. § 12 Nr. 4 Abs. 1 S. 1 VOB/B.** Das Verlangen nach einer förmlichen Abnahme kann grundsätzlich in jeder Form gestellt werden. Gleichwohl ist aus Dokumentations- und Beweisgründen die **Schriftform** zu empfehlen,[406] zumal der Beweis für den Zugang derjenige trägt, der sich hierauf beruft.[407] Eines besonderen Verlangens bedarf es nicht mehr, wenn die förmliche Abnahme durch die entsprechenden vertraglichen Regelungen bereits durchzuführen ist. Dies schließt andere Abnahmeformen zunächst aus.[408]

Allerdings können die Parteien entweder **ausdrücklich** oder **konkludent** bzw. **stillschweigend** Abstand von einer bereits vereinbarten förmlichen Abnahme nehmen,[409] so z.B. durch das Übersenden der Schlussrechnung ohne Abnahmeverlangen und der mehrmonatigen kommentarlosen Hinnahme durch den Auftraggeber.[410] Gerade in den Fällen einer „vergessenen" förmlichen Abnahme spielt der Aspekt der ausdrücklichen oder stillschweigenden Abstandnahme von einer förmlichen Abnahme eine große Rolle, bei der im Ergebnis dann entweder eine stillschweigende/konkludente Abnahme oder ein Verzicht diskutiert wird.[411] Schließlich kann auch eine Berufung auf eine unterbliebene förmliche Abnahme gegen Treu und Glauben verstoßen (§ 242 BGB), wenn der Auftraggeber die Abnahme trotz Antrag des Auftragnehmers ohne hinreichenden Grund verzögert[412] oder aber nach einem entsprechenden Zeitablauf der Nutzung des Werkes nicht mehr damit gerechnet werden muss, dass der Auftraggeber nun doch noch eine förmliche Abnahme verlangt.[413]

Eine förmliche Abnahme gem. § 12 Nr. 4 VOB/B kann im Übrigen nicht mehr verlangt werden, wenn die Abnahmewirkungen bereits eingetreten sind, sei es ausdrücklich oder stillschweigend[414] oder durch fiktive Abnahme gem. § 12 Nr. 5 VOB/B.[415]

Ist eine Regelung für eine vorzunehmende förmliche Abnahme im Vertrag nicht vorhanden, reicht alleine § 12 Nr. 4 VOB/B aus, um auf ein entsprechendes Verlangen hin – vor dem Eintre-

[402] Vgl. Fn. 394.

[403] Beck'scher VOB-Kommentar VOB/B/*Jagenburg* § 12 Nr. 4, Rdn. 9; Ingenstau/Korbion, B *Oppler* § 12 Nr. 4 Rdn. 3; Leinemann, B *Sterner* § 12 Rdn. 75; Heiermann/Riedl/Rusam, B *Riedl* § 12 Rdn. 35 a.

[404] Leinemann, B *Sterner* § 12 Rdn. 75.

[405] Beck'scher VOB-Kommentar VOB/B/*Jagenburg* § 12 Nr. 4 Rdn. 7.

[406] Ingenstau/Korbion, B *Oppler* § 12 Nr. 4 Rdn. 7; Beck'scher VOB-Kommentar VOB/B/*Jagenburg* § 12 Nr. 4 Rdn. 9.

[407] Heiermann/Riedl/Rusam, B *Riedl* § 12 Rdn. 35 b.

[408] Beck'scher VOB-Kommentar VOB/B/*Jagenburg* § 12 Nr. 4 Rdn. 10; Heiermann/Riedl/Rusam, B *Riedl* § 12 Rdn. 35 b.

[409] Heiermann/Riedl/Rusam, B *Riedl* § 12 Rdn. 35 b.

[410] BGH NJW 1993, 1063; OLG Düsseldorf IBR 2003, 669; OLG Karlsruhe NZBau 2004, 331 f.; OLG Jena IBR 2005, 527.

[411] Vgl. hierzu die ausführlichen Ausführungen zu den Rdn. 20 und 21.

[412] BGH NJW 1990, 43; OLG Hamm BauR 1993, 640 (3.) L; Beck'scher VOB-Kommentar VOB/B/*Jagenburg* § 12 Nr. 4 Rdn. 14.

[413] *Dähne* FS für Heiermann 1995, S. 23, 31 f.; Heiermann/Riedl/Rusam, B *Riedl* § 12 Rdn. 35 c.

[414] OLG Düsseldorf BauR 1992, 678 (11.) L; Beck'scher VOB-Kommentar VOB/B/*Jagenburg* § 12 Nr. 4 Rdn. 16; Ingenstau/Korbion, B *Oppler* § 12 Nr. 4 Rdn. 5.

[415] Heiermann/Riedl/Rusam, B *Riedl* § 12 Rdn. 35 b; Ingenstau/Korbion, B *Oppler* § 12 Nr. 4 Rdn. 5.

ten der Abnahmewirkungen nach anderen Vorschriften – die Pflicht zur förmlichen Abnahme entstehen zu lassen.[416]

Will der Auftraggeber die förmliche Abnahme zu Recht verweigern, muss entweder die Leistung nicht fertig gestellt sein, oder aber die Voraussetzungen des § 12 Nr. 3 VOB/B vorliegen.[417]

b) Fristbestimmung des Abnahmetermins gem. § 12 Nr. 4 Abs. 2 S. 1 VOB/B. Den Sinn und Zweck der gemeinsamen förmlichen Abnahme entsprechend hat eine Bestimmung des Termins für die förmliche Abnahme stattzufinden. Dies ergibt sich auch im Umkehrschluss aus § 12 Nr. 4 Abs. 2 S. 1 VOB/B.[418] 93

Die Terminsbestimmung kann dabei entweder einvernehmlich durch die Parteien erfolgen oder aber durch Einladung durch den Auftraggeber. Die Einladung als **empfangsbedürftige Willenserklärung** hat dabei so konkret wie möglich Ort und Zeit der beabsichtigten Abnahme zu beinhalten, dass sich der Auftragnehmer hierauf einrichten kann. Dies gilt auch in zeitlicher Hinsicht mit der Folge, dass der Abnahmetermin nicht zu knapp nach der Einladung festgesetzt werden darf. Auch wenn die Dauer der Frist letztlich vom Einzelfall abhängt, dürfte die Regelfrist des § 12 Nr. 1 VOB/B von 12 Werktagen einen angemessenen Anhaltspunkt bieten.[419] Zum Abnahmetermin muss die Baustelle bzw. das Werk zugänglich sein.[420] Die bisher streitige Frage, ob auch der Auftragnehmer entgegen dem Wortlaut des § 12 Nr. 4 Abs. 2 S. 1 VOB/B zur Abnahme einladen darf, ist inzwischen zu Gunsten derjenigen entschieden, die dies verneint haben.[421] Im übrigen weist *Jagenburg*[422] zu Recht darauf hin, dass diesem Streit kaum praktische Bedeutung zukommt, da sich die Folgen der Nichteinhaltung eines Abnahmebegehrens (Gläubiger-/Schuldnerverzug und die Möglichkeit der fiktiven Abnahme gem. § 640 Abs. 1 S. 3 BGB) durch eine Verweigerungshaltung des Auftraggebers im Rahmen einer förmlichen Abnahme im Ergebnis nicht aufhalten lassen können.[423]

c) Hinzuziehung von Sachverständigen gem. § 12 Nr. 4 Abs. 1 S. 2 VOB/B. Beide Parteien können gem. § 12 Nr. 4 Abs. 1 S. 2 VOB/B jeweils oder gemeinsam einen Sachverständigen zur Abnahme hinzuziehen. Zwar sind die Feststellungen eines Sachverständigen in diesem Rahmen mangels Vollmacht nicht verbindlich, gleichwohl ist der Auftraggeber gehalten, auf eine positive Abnahmeaussage seines Sachverständigen in angemessener Zeit zu reagieren, wenn er sich nicht so behandelt lassen will, dass eine stillschweigende Abnahme eintritt. Ein insoweit erklärter Vorbehalt z.B. wegen Mängeln oder Vertragsstrafenansprüchen mehr als einen Monat nach Vorlage des Gutachtens entfaltet keine Wirksamkeit mehr.[424] 94

Die Kosten der Einschaltung eines oder mehrerer Sachverständiger im Rahmen des § 12 Nr. 4 Abs. 1 S. 2 VOB/B trägt jede Partei selbst. Dies ergibt sich bereits aus dem entsprechenden Wortlaut der Vorschrift. Wird der Sachverständige dagegen im Rahmen einer Mängelbegutachtung tätig und stellt sich heraus, dass Mängel bestehen, trägt der Auftragnehmer gem. § 4 Nr. 7 S. 2 VOB/B (vor der Abnahme) bzw. § 13 Nr. 5 oder Nr. 7 VOB/B (nach der Abnahme)

---

[416] Beck'scher VOB-Kommentar VOB/B/*Jagenburg* § 12 Nr. 4 Rdn. 15; Ingenstau/Korbion, B *Oppler* § 12 Nr. 4 Rdn. 4.

[417] Ingenstau/Korbion, B *Oppler* § 12 Nr. 4 Rdn. 8; vgl. hierzu auch die Rdn. 34, 35.

[418] Ingenstau/Korbion, B *Oppler* § 12 Nr. 4 Rdn. 9; Beck'scher VOB-Kommentar VOB/B/*Jagenburg* § 12 Nr. 4 Rdn. 17, 18; Heiermann/Riedl/Rusam, B *Riedl* § 12 Rdn. 37.

[419] Beck'scher VOB-Kommentar VOB/B/*Jagenburg* § 12 Nr. 4 Rdn. 22; Ingenstau/Korbion, B *Oppler* § 12 Nr. 4 Rdn. 10; Heiermann/Riedl/Rusam, B *Riedl* § 12 Rdn. 37 a.

[420] Beck'scher VOB-Kommentar VOB/B/*Jagenburg* § 12 Nr. 4 Rdn. 23; Ingenstau/Korbion, B *Oppler* § 12 Nr. 4 Rdn. 10, der wegen der Verpflichtung zur Herstellung der Zugänglichkeit zwischen den Bauwerk selbst (Auftragnehmer) und dem Weg dorthin (Auftraggeber) differenziert.

[421] Ingenstau/Korbion, B *Oppler* § 12 Nr. 4 Rdn. 10, jetzt auch: Heiermann/Riedl/Rusam, B *Riedl* § 12 Rdn. 37 b.

[422] Beck'scher VOB-Kommentar VOB/B/*Jagenburg* § 12 Nr. 4 Rdn. 24.

[423] Ingenstau/Korbion, B *Oppler* § 12 Nr. 4 Rdn. 10; Heiermann/Riedl/Rusam, B *Riedl* § 12 Rdn. 37 b; Beck'scher VOB-Kommentar VOB/B/*Jagenburg* § 12 Nr. 4 Rdn. 24, 25.

[424] BGH BauR 1992, 232; Ingenstau/Korbion, B *Oppler* § 12 Nr. 4 Rdn. 11; Beck'scher VOB-Kommentar VOB/B/*Jagenburg* § 12 Nr. 4 Rdn. 30; Heiermann/Riedl/Rusam, B *Riedl* § 12 Rdn. 38.

die entsprechenden Kosten als zugehörigen Schaden.[425] Dies gilt auch, wenn der Auftragnehmer die Abnahme zu Unrecht beantragt, weil die entsprechenden Voraussetzungen nicht vorliegen und der Gutachter unnütz zur Abnahme erscheint.[426]

Sofern weder der Auftraggeber noch sein Architekt in bestimmten Fällen eigene Sachkunde besitzen, ist die Hinzuziehung eines Sachverständigen zu empfehlen.[427] Dies gilt erst recht für den nicht durch einen Architekten vertretenen Auftraggeber.[428]

95 **d) Schriftliche Niederlegung des Abnahmebefundes gem. § 12 Nr. 4 Abs. 1 S. 3 VOB/B.** Der bei der Abnahme festgestellte Befund ist gem. § 12 Nr. 4 Abs. 1 S. 3 VOB/B schriftlich niederzulegen. Um dem Sinn und Zweck der förmlichen Abnahme zu entsprechen, ist dabei nicht einseitig die Ansicht einer Partei aufzunehmen. Vielmehr soll sich aus der Niederschrift ergeben, wo sich die Auffassungen der Parteien decken und wo nicht. Dies setzt voraus, dass beide Parteien gleichberechtigt „zu Wort" kommen.[429] Aus der Formulierung „in gemeinsamer Verhandlung" gem. § 12 Nr. 4 Abs. 1 S. 3 VOB/B ergibt sich, dass sowohl die Prüfung selbst als auch die Niederschrift in Anwesenheit sowohl des Auftraggebers als auch des Auftragnehmers stattzufinden hat. Eine detaillierte Niederschrift erübrigt sich dabei in aller Regel, wenn der Auftraggeber die Leistungen des Auftragnehmers für vertragsgemäß und mängelfrei hält.[430]

96 **e) Inhalt der Niederschrift gem. § 12 Nr. 4 Abs. 1 S. 4 VOB/B.** Wie sich aus dem Wortlaut des § 12 Nr. 4 Abs. 1 S. 4 VOB/B ergibt, sind in die Niederschrift etwaige Vorbehalte wegen bekannter Mängel und wegen Vertragsstrafen (§ 640 Abs. 2 BGB bzw. § 11 Nr. 4 VOB/B)[431] aufzunehmen, sowie etwaige Einwendungen des Auftragnehmers. Etwaige Vorbehalte sind dabei **vor der Unterzeichnung** in der Niederschrift zu vermerken.[432] Dabei treten die Wirkungen der Abnahme auch bei erklärten Vorbehalten ein, es sei denn, der Auftraggeber verweigert die Abnahme.[433] Soweit dabei der Auftragnehmer das Abnahmeprotokoll mit unterzeichnet, ist damit **kein Anerkenntnis** bezüglich der in dem Abnahmeprotokoll niedergelegten Vorstellungen und Vorbehalte des Auftraggebers verbunden.[434] Vielmehr erbringt das Protokoll alleine den Beweis für den Ablauf des Abnahmetermins.[435]

Streitig beurteilt wird, ob die **Unterschrift** beider Parteien, insbesondere die des Auftraggebers, **Wirksamkeitsvoraussetzung** der förmlichen Abnahme ist. Während dies von *Riedl*[436] bejaht wird, gehen *Oppler*[437] und *Jagenburg*[438] davon aus, dass die Unterschrift beider Parteien nicht Voraussetzung für die Wirksamkeit der förmlichen Abnahme ist.

Im Ergebnis ist *Oppler* und *Jagenburg* zuzustimmen, da bereits der Wortlaut des § 12 Nr. 4 Abs. 1 S. 3 VOB/B lediglich davon ausgeht, dass **der Befund** in der Niederschrift festzuhalten ist und die Billigungserklärung durchaus auch in sonstiger Weise zum Ausdruck kommen kann. Dies

---

[425] BGH NJW 1971, 99; Beck'scher VOB-Kommentar VOB/B/*Jagenburg* § 12 Nr. 4 Rdn. 28; Heiermann/Riedl/Rusam, B *Riedl* § 12 Rdn. 38; Ingenstau/Korbion, B *Oppler* § 12 Nr. 4 Rdn. 124.

[426] Beck'scher VOB-Kommentar VOB/B/*Jagenburg* § 12 Nr. 4 Rdn. 27; Ingenstau/Korbion, B *Oppler* § 12 Nr. 4 Rdn. 124; Heiermann/Riedl/Rusam, B *Riedl* § 12 Rdn. 38.

[427] Ingenstau/Korbion, B *Oppler* § 12 Nr. 4 Rdn. 11.

[428] Beck'scher VOB-Kommentar VOB/B/*Jagenburg* § 12 Nr. 4 Rdn. 29.

[429] Beck'scher VOB-Kommentar VOB/B/*Jagenburg* § 12 Nr. 4 Rdn. 31, 32; Heiermann/Riedl/Rusam, B *Riedl* § 12 Rdn. 38 a; Ingenstau/Korbion, B *Oppler* § 12 Nr. 4 Rdn. 13.

[430] Beck'scher VOB-Kommentar VOB/B/*Jagenburg* § 12 Nr. 4 Rdn. 32; Ingenstau/Korbion, B *Oppler* § 12 Nr. 4 Rdn. 14.

[431] Wegen der Einzelheiten hierzu vgl. Rdn. 50–53.

[432] Ingenstau/Korbion, B *Oppler* § 12 Nr. 4 Rdn. 16.

[433] OLG Brandenburg IBR 2003, 472.

[434] BGH BauR 1987, 92; Ingenstau/Korbion, B *Oppler* § 12 Nr. 4 Rdn. 16; Beck'scher VOB-Kommentar VOB/B/*Jagenburg* § 12 Nr. 4 Rdn. 40; Heiermann/Riedl/Rusam, B *Riedl* § 12 Rdn. 38 b.

[435] OLG Düsseldorf BauR 1986, 457, 460; Heiermann/Riedl/Rusam, B *Riedl* § 12 Rdn. 38 b.

[436] Heiermann/Riedl/Rusam, B *Riedl* § 12 Rdn. 38 b unter Hinweis auf BGH BauR 1974, 206, wonach die Unterschriftsleistung ein Teil der förmlichen Abnahme ist.

[437] Ingenstau/Korbion, B *Oppler* § 12 Nr. 4 Rdn. 18.

[438] Beck'scher VOB-Kommentar VOB/B/*Jagenburg* § 12 Nr. 4 Rdn. 38.

gesteht auch *Riedl* zu, wenn gleichzeitig ausgeführt wird, dass eine Abnahme trotz Verweigerung der Unterschrift durch den Auftraggeber in Betracht kommt, wenn die Abnahme selbst nicht in Frage gestellt wird.[439]

Haben die Parteien hingegen die Wirksamkeit der Abnahme von der Unterzeichnung der Niederschrift vertraglich abhängig gemacht – auch in Allgemeinen Geschäftsbedingungen – ist dies beachtlich.[440] Ein **Vorbehalt** des Auftraggebers kann im übrigen auch noch bis zur Unterschrift vorgenommen werden, wenn diese in einem engen zeitlichen Zusammenhang mit der Abnahmebegehung selbst erfolgt.[441]

f) Ausfertigung einer Niederschrift für jede Partei gem. § 12 Nr. 4 Abs. 1 S. 5 VOB/B. 97
Um jeder Partei eine etwaige Beweisführung anhand einer Urkunde zu ermöglichen und darüber hinaus die Möglichkeit der Kontrolle und gegebenenfalls auch Berichtigung zu ermöglichen,[442] bestimmt § 12 Nr. 4 Abs. 1 S. 5 VOB/B, dass jede Partei eine Ausfertigung der Abnahmeniederschrift erhält.

2. Förmliche Abnahme in Abwesenheit des Auftragnehmers gem. § 12 Nr. 4 Abs. 2 VOB/B

Nach § 12 Nr. 4 Abs. 2 VOB/B kann der Auftraggeber die förmliche Abnahme auch in Abwesenheit des Auftragnehmers durchführen, wenn der Termin vereinbart war oder der Auftraggeber mit genügender Frist hierzu geladen hatte. Dieses Recht entspricht der einseitig dem Auftraggeber obliegenden Hauptpflicht zur Abnahme.[443] Ist der Auftragnehmer allerdings **aus wichtigem Grund** an der Wahrnehmung des Abnahmetermins gehindert, kann der Auftraggeber von der Regelung des § 12 Nr. 4 Abs. 2 VOB/B keinen Gebrauch machen. Ein solcher wichtiger Grund kann z.B. eine Erkrankung des Auftragnehmers, besondere persönliche Umstände oder auch ein (wichtigerer) Geschäftstermin sein.[444] Der Auftragnehmer ist dann allerdings verpflichtet, den Auftraggeber unverzüglich, d.h. ohne schuldhaftes Zögern (§ 121 BGB) zu informieren.[445] Für den wichtigen Grund und den Zugang der Benachrichtigung ist der Auftragnehmer **beweispflichtig.**[446] 98

Streitig ist, ob ein trotz hinreichender Entschuldigung des Auftragnehmers durchgeführter Abnahmetermin zu einer wirksamen förmlichen Abnahme führt.[447]

Richtigerweise ist davon auszugehen, dass eine einmal erklärte Abnahme des Auftraggebers als **einseitige** empfangsbedürftige Willenserklärung wirksam bleibt, auch wenn vertraglich vereinbarte Verfahrensvorschriften verletzt worden sein sollten. Soweit die Verletzung vertraglich vereinbarter Verfahrensvorschriften dabei zu einem Schaden führt, hat diesen der Auftraggeber durch die von ihm zu vertretende Pflichtverletzung zu ersetzen.[448]

Das Ergebnis der Abnahme ist gem. § 12 Nr. 4 Abs. 2 S. 2 VOB/B dem Auftragnehmer durch den Auftraggeber **alsbald mitzuteilen.** Auch wenn diese Mitteilung keine Qualität als Niederschrift im Sinne des § 12 Nr. 4 Abs. 1 VOB/B zu erreichen braucht, muss der Auftraggeber 99

[439] Heiermann/Riedl/Rusam, B *Riedl* § 12 Rdn. 38 b.

[440] BGH BauR 1974, 206; Ingenstau/Korbion, B *Oppler* § 12 Nr. 4 Rdn. 18; Beck'scher VOB-Kommentar VOB/B/*Jagenburg* § 12 Nr. 4 Rdn. 39.

[441] BGH NJW 1987, 380; Beck'scher VOB-Kommentar VOB/B/*Jagenburg* § 12 Nr. 4 Rdn. 39.

[442] Vgl. hierzu Ingenstau/Korbion, B *Oppler* § 12 Nr. 4 Rdn. 19 und Beck'scher VOB-Kommentar VOB/B/*Jagenburg* § 12 Nr. 4 Rdn. 41, 42.

[443] Ingenstau/Korbion, B *Oppler* § 12 Nr. 4 Rdn. 20.

[444] Ingenstau/Korbion, B *Oppler* § 12 Nr. 4 Rdn. 21; Heiermann/Riedl/Rusam, B *Riedl* § 12 Rdn. 39; Beck'scher VOB-Kommentar VOB/B/*Jagenburg* § 12 Nr. 4 Rdn. 44; Leinemann, B *Sterner* § 12 Rdn. 79.

[445] Vgl. Fn. 444.

[446] Heiermann/Riedl/Rusam, B *Riedl* § 12 Rdn. 39.

[447] Für eine wirksame Abnahme: Ingenstau/Korbion, B *Oppler* § 12 Nr. 4 Rdn. 21; Beck'scher VOB-Kommentar VOB/B/*Jagenburg* § 12 Nr. 4 Rdn. 45; Gegen eine wirksame Abnahme: Heiermann/Riedl/Rusam, B *Riedl* § 12 Rdn. 39; *Kleine-Möller/Merl/Oelmaier* § 11 Rdn. 46.

[448] Ingenstau/Korbion, B *Oppler* § 12 Nr. 4 Rdn. 21; Beck'scher VOB-Kommentar VOB/B/*Jagenburg* § 12 Nr. 4 Rdn. 45.

gleichwohl etwaige Vorbehalte gem. § 640 Abs. 2 BGB bzw. § 11 Nr. 4 VOB/B[449] in der Mitteilung aufnehmen, wenn er keinen Rechtsverlust erleiden will.[450]

Da es sich bei der Mitteilung gem. § 12 Nr. 4 Abs. 2 S. 2 VOB/B um eine **empfangsbedürftige Willenserklärung** handelt, wird eine förmliche Abnahme auch erst mit deren Zugang wirksam.[451]

Die Pflicht zur alsbaldigen Mitteilung wird durch § 12 Nr. 1 VOB/B konkretisiert, so dass die Mitteilung spätestens innerhalb von 12 Werktagen zu erfolgen hat.[452] Verletzt der Auftraggeber diese Frist, macht er sich wegen der Verletzung der vertraglichen Pflicht schadensersatzpflichtig, wobei allerdings in der Regel ein Mitverschulden (§ 254 BGB) zu berücksichtigen sein wird, da Ausgangspunkt der Pflichtverletzung des Auftraggebers die Nichtwahrnehmung des Termins durch den Auftragnehmer war.[453] Für den Fall, dass der Auftraggeber den vereinbarten oder gehörig bestimmten Abnahmetermin nicht wahrnimmt, trifft § 12 Nr. 4 Abs. 2 VOB/B keine Regelung. Es verbleibt hier bei den Allgemeinen Regeln, d.h. der Möglichkeit des Annahme- bzw. Schuldnerverzuges[454] bzw. der Möglichkeit der fiktiven Abnahme gem. § 640 Abs. 1 S. 3 BGB.[455]

V. Fiktive Abnahme gem. § 12 Nr. 5 VOB/B

100 Bis zum Inkrafttreten des Gesetzes zur Beschleunigung fälliger Zahlungen[456] gab es nur im Rahmen der VOB/B zwei Fiktionstatbestände, nämlich § 12 Nr. 5 Abs. 1 VOB/B (Fiktion der Abnahme bei Fertigstellungsmitteilung ohne Abnahmebegehren) und § 12 Nr. 5 Abs. 2 VOB/B (Fiktion der Abnahme durch Inbenutzungnahme). Durch das Gesetz zur Beschleunigung fälliger Zahlungen sind zwei neue Fiktionstatbestände im BGB hinzugetreten, nämlich § 640 Abs. 1 S. 3 BGB und § 641 a BGB. Damit hat § 12 Nr. 5 VOB/B seine Exklusivität in Bezug auf Abnahmefiktionen verloren.[457]

1. Allgemeine Voraussetzungen der Anwendbarkeit des § 12 Nr. 5 VOB/B

101 Um zur Anwendbarkeit der beiden Abnahmefiktionstatbestände des § 12 Nr. 5 VOB/B zu gelangen, bedarf es neben der Erfüllung der beschriebenen Tatbestände allgemeiner Voraussetzungen. Im Einzelnen:

102 **a) Wirksame Vereinbarung des § 12 Nr. 5 VOB/B.** Erste Voraussetzung der Anwendbarkeit des § 12 Nr. 5 VOB/B ist, dass die Vorschrift mit ihren beiden Tatbeständen überhaupt wirksam vereinbart worden ist. Hieran bestehen deshalb Zweifel selbst bei Einbeziehung der Vorschrift in den Vertrag, weil die Vorschrift für sich betrachtet gegen § 10 Nr. 5 AGBG (bis zum 31.12.2001) bzw. § 308 Nr. 5 BGB n.F. (ab dem 1.1.2002) verstößt.[458] Unter der Geltung des AGBG bis zum 31.12.2001 bestand allerdings Einigkeit darin, dass bei der Vereinbarung der VOB „als Ganzes" die Privilegierung des § 23 Abs. 2 Nr. 5 AGBG dazu geführt hat, dass von der Wirksamkeit auch des § 12 Nr. 5 VOB/B auszugehen war.[459] Wurde hingegen, z.B. durch weitere Allgemeine Ge-

---

[449] Vgl. hierzu Rdn. 50–53.

[450] Ingenstau/Korbion, B *Oppler* § 12 Nr. 4 Rdn. 22; Heiermann/Riedl/Rusam, B *Riedl* § 12 Rdn. 39 a; Beck'scher VOB-Kommentar VOB/B/*Jagenburg* § 12 Nr. 4 Rdn. 46; Leinemann, B *Sterner* § 12 Rdn. 79.

[451] Beck'scher VOB-Kommentar VOB/B/*Jagenburg* § 12 Nr. 4 Rdn. 47; Ingenstau/Korbion, B *Oppler* § 12 Nr. 4 Rdn. 23.

[452] Beck'scher VOB-Kommentar VOB/B/*Jagenburg* § 12 Nr. 4 Rdn. 48; Ingenstau/Korbion, B *Oppler* § 12 Nr. 4 Rdn. 24; Heiermann/Riedl/Rusam, B *Riedl* § 12 Rdn. 39 a.

[453] Ingenstau/Korbion, B *Oppler* § 12 Nr. 4 Rdn. 24 136; Heiermann/Riedl/Rusam, B *Riedl* § 12 Rdn. 39 a.

[454] Beck'scher VOB-Kommentar VOB/B/*Jagenburg* § 12 Nr. 4 Rdn. 48; Ingenstau/Korbion, B *Oppler* § 12 Nr. 4 Rdn. 25; Heiermann/Riedl/Rusam, B *Riedl* § 12 Rdn. 39 b.

[455] Leinemann, B *Sterner* § 12 Rdn. 79.

[456] Vgl. Fn. 8.

[457] Vgl. hierzu im Einzelnen Rdn. 22 und 33.

[458] Beck'scher VOB-Kommentar VOB/B/*Jagenburg* § 12 Nr. 5, Rdn. 4; Heiermann/Riedl/Rusam, B *Riedl* § 12 Rdn. 40d; Ingenstau/Korbion, B *Oppler* § 12 Nr. 5 Rdn. 7.

[459] Seit BGH NJW 1983, 816 ständige Rechtsprechung, z.B. BGH NJW 1996, 1346 ff.; Ingenstau/Korbion, B *Oppler* § 12 Nr. 5 Rdn. 7; Beck'scher VOB-Kommentar VOB/B/*Jagenburg* § 12 Nr. 5 Rdn. 4, 5.

schäftsbedingungen, in die VOB/B mit der Folge eingegriffen, dass nicht mehr von einer Ausgewogenheit der Vorschriften insgesamt ausgegangen werden konnte, war § 12 Nr. 5 VOB/B nicht mehr von der Privilegierung des § 23 Abs. 2 Nr. 5 AGBG umfasst und damit unwirksam.[460]

An dieser Rechtslage hat sich auch durch die eingetretenen Änderungen zum 1.1.2002, d.h. durch die Überführung des Rechtes der Allgemeinen Geschäftsbedingungen in das BGB nichts geändert, da nunmehr § 308 Nr. 5 BGB ausdrücklich bestimmt, dass Fiktionsklauseln, die durch die VOB/B in den Vertrag einbezogen werden, wirksam sind, wenn die VOB/B insgesamt einbezogen wird.

Im Umkehrschluss zur Notwendigkeit der wirksamen Einbeziehung ergibt sich, dass § 12 Nr. 5 **103** VOB/B auch nicht **vertraglich ausgeschlossen** sein darf, wenn er Anwendung finden soll. Es entspricht dabei nahezu dem Regelfall in der Praxis, dass § 12 Nr. 5 VOB/B vertraglich ausgeschlossen wird.[461] Der Ausschluss des § 12 Nr. 5 VOB/B auch in Allgemeinen Geschäftsbedingungen ist zulässig.[462] Durch den Ausschluss der fiktiven Abnahme bleiben andere Abnahmeformen, so insbesondere auch die stillschweigende bzw. konkludente Abnahme, möglich.[463]

Der Ausschluss des § 12 Nr. 5 VOB/B kann auch konkludent erfolgen, so z.B. durch die Vereinbarung einer förmlichen Abnahme[464] oder die Bestimmung, dass die Abnahme durch die Bauleitung oder den Architekten erfolge[465] (auch wenn diese dadurch noch nicht als im Rechtssinne bevollmächtigt gelten).

b) Keine Abnahme in sonstiger Weise erfolgt. Weitere Voraussetzung der Anwendbarkeit **104** des § 12 Nr. 5 VOB/B ist, dass eine Abnahme bis zu diesem Zeitpunkt noch nicht erfolgt ist. Hierzu zählt auch eine etwaige **stillschweigende bzw. konkludente Abnahme.**[466] Dabei ist zu berücksichtigen, dass trotz gelegentlicher Verwechslung der Begriffe[467] die fiktive Abnahme gem. § 12 Nr. 5 VOB/B strikt von einer konkludenten/stillschweigenden Abnahme zu unterscheiden ist. Während bei der fiktiven Abnahme nach § 12 Nr. 5 VOB/B die Abnahmewirkungen **unabhängig von dem Willen des Auftraggebers eintreten,** kommt es bei der konkludenten/stillschweigenden Abnahme gerade auf den **herleitbaren Willen des Auftraggebers** an.[468]

Streitig ist in diesem Zusammenhang, ob bei einer sogenannten „vergessenen" förmlichen Abnahme nach entsprechendem Zeitablauf[469] eine fiktive Abnahme wieder möglich wird.[470] Da § 12 Nr. 5 VOB/B tatbestandlich ausdrücklich voraussetzt, dass **keine Abnahme** verlangt wird und darüber hinaus die Vereinbarung der förmlichen Abnahme die fiktive Abnahme ausschließt,[471] ist der Ansicht zu folgen, die davon ausgeht, dass auch bei entsprechendem Zeitablauf

---

[460] Beck'scher VOB-Kommentar VOB/B/*Jagenburg* § 12 Nr. 5 Rdn. 5; Heiermann/Riedl/Rusam, B *Riedl* § 12 Rdn. 40 d.

[461] So auch: Beck'scher VOB-Kommentar VOB/B/*Jagenburg* § 12 Nr. 5, Rdn. 44 unter Hinweis auf OLG Düsseldorf NJW-RR 1993, 1110.

[462] Beck'scher VOB-Kommentar VOB/B/*Jagenburg* § 12 Nr. 5 Rdn. 45; Heiermann/Riedl/Rusam, B *Riedl* § 12 Rdn. 40 e.

[463] Beck'scher VOB-Kommentar VOB/B/*Jagenburg* § 12 Nr. 5 Rdn. 46; Heiermann/Riedl/Rusam, B *Riedl* § 12 Rdn. 40 a; Ingenstau/Korbion, B *Oppler* § 12 Nr. 5 Rdn. 1 unter Hinweis auf OLG München SFH, § 16 Nr. 3 VOB/B Nr. 4 und OLG Düsseldorf SFH § 12 VOB/B Nr. 3.

[464] Heiermann/Riedl/Rusam, B *Riedl* § 12 Rdn. 42; Beck'scher VOB-Kommentar VOB/B/*Jagenburg* § 12 Nr. 5 Rdn. 10.

[465] BGH BauR 1974, 73; Beck'scher VOB-Kommentar VOB/B/*Jagenburg* § 12 Nr. 5 Rdn. 44; Heiermann/Riedl/Rusam, B *Riedl* § 12 Rdn. 40 e.

[466] Heiermann/Riedl/Rusam, B *Riedl* § 12 Rdn. 42 a; Beck'scher VOB-Kommentar VOB/B/*Jagenburg* § 12 Nr. 5 Rdn. 15.

[467] Vgl. hierzu Ingenstau/Korbion, B *Oppler* § 12 Nr. 5 Rdn. 1.

[468] Ingenstau/Korbion, B *Oppler* § 12 Nr. 5 Rdn. 1, Beck'scher VOB-Kommentar VOB/B/*Jagenburg* § 12 Nr. 5 Rdn. 6, 7, der zu Recht darauf hinweist, dass sich der Unterschied beider Abnahmeformen gerade bei dem Tatbestand der Ingebrauchnahme verdeutlicht; Heiermann/Riedl/Rusam, B *Riedl* § 12 Rdn. 40.

[469] Vgl. hierzu die Rdn. 20, 21.

[470] Für die Möglichkeit einer fiktiven Abnahme: Ingenstau/Korbion, B *Oppler* § 12 Nr. 5 Rdn. 4; Heiermann/Riedl/Rusam, B *Riedl* § 12 Rdn. 42; Gegen die Möglichkeit einer Fiktion: Beck'scher VOB-Kommentar VOB/B/*Jagenburg* § 12 Nr. 5 Rdn. 10.

[471] Vgl. Rdn. 103, insbesondere Fn. 464; OLG Schleswig IBR 2003, 1079.

keine fiktive Abnahme mehr möglich ist. Dies schließt selbstredend nicht aus, dass es im Rahmen anderer Abnahmeformen, z.B. der stillschweigenden/konkludenten Abnahme[472] zum Eintritt der Abnahmewirkungen kommt. Zwischen diesen Abnahmeformen und der fiktiven Abnahme ist jedoch aus den vorstehend genannten Gründen strikt zu differenzieren.

105 **c) Keine Abnahmeverweigerung gem. § 12 Nr. 3 VOB/B.** Die Abnahmewirkungen gem. § 12 Nr. 5 VOB/B sind ausgeschlossen, wenn der Auftraggeber die Abnahme gem. § 12 Nr. 3 VOB/B[473] verweigert.[474] Dies gilt insbesondere für den Fall der Ingebrauchnahme gem. § 12 Nr. 5 Abs. 2 VOB/B.[475] Soweit dabei *Vygen*[476] im Rahmen einer Anmerkung zum Urteil des OLG Frankfurts[477] sowie *Peters*[478] meinen, dass aus Gründen der Gerechtigkeit die Fälligkeit der Schlusszahlung unabhängig von der Abnahme sein soll, ist dem nicht zuzustimmen, da durch die wirksame Maßnahme des § 640 Abs. 1 S. 3 BGB der Auftragnehmer in die Lage versetzt wird, selbst die Voraussetzungen effektiv auch gegen den Willen des Auftraggebers herbeizuführen, um die Werklohnforderung durchsetzen zu können. Der Fiktionstatbestand des § 12 Nr. 5 VOB/B ist nach Einführung des § 640 Abs. 1 S. 3 BGB demgegenüber weit weniger bedeutsam. Vor diesem Hintergrund scheint es nicht gerechtfertigt, auf das Merkmal der Abnahme zu verzichten, das sowohl dem Auftraggeber aber auch im Streifalle dem Gericht die Möglichkeit eröffnet, die Qualität der Leistung in ein angemessenes Gesamtverhältnis zu dem Zahlungsbegehren des Auftragnehmers zu setzen. Es stellt sich die Frage, durch welches neue (bessere?) Kriterium diese Funktion erreicht werden soll.

106 **d) Fertigstellung der Leistung.** Da es sich auch bei der fiktiven Abnahme um eine Form der Abnahme handelt, vertreten *Riedl*[479] und *Oppler*[480] die Auffassung, dass die Fertigstellung der geschuldeten Leistung im Sinne der Abnahmefähigkeit gem. § 12 Nr. 3 VOB/B Voraussetzung für den Eintritt der Abnahmewirkungen auch nach § 12 Nr. 5 VOB/B ist. Dem gegenüber vertritt *Jagenburg*[481] die Auffassung, dass selbst bei einer unvollständigen oder mit wesentlichen Mängeln behafteten Leistung eine fiktive Abnahme in Betracht kommt, es sei denn, der Auftraggeber verweigert ausdrücklich die Abnahme gem. § 12 Nr. 3 VOB/B.

Letztgenannter Auffassung ist zuzustimmen, da systematisch die fiktive Abnahme, bei der es auf den Willen des Auftraggebers **nicht ankommt**, es sei denn, er äußert sich konkret, von der schlüssigen bzw. konkludenten Erklärung zu trennen ist, bei der es auf den herleitbaren Willen des Auftraggebers gerade ankommt.[482] Wollte man auch auf den mutmaßlichen Willen des Auftraggebers abstellen, z.B. bei der Ingebrauchnahme trotz vorhandenen wesentlichen Mängeln ohne Äußerung des Auftraggebers, würde der tatsächlich unterschiedliche Anwendungsbereich beider Abnahmeformen unzulässigerweise miteinander vermischt. Der Auftraggeber hat es in der Hand in diesen Fällen, so z.B. auch bei der nicht hinreichenden Fertigstellung, den Eintritt der Wirkungen der Abnahme durch eine Abnahmeverweigerung gem. § 12 Nr. 3 VOB/B oder dem Verlangen nach Abnahme gem. § 12 Nr. 1 VOB/B zu verhindern. Ein darüber hinausgehendes Schutzbedürfnis wird zu Gunsten des Auftraggebers nicht ersichtlich. Auszunehmen hiervon wären allenfalls, klar rechtsmissbräuchliche Abnahmeversuche nach § 12 Nr. 5 VOB/B, z.B. eine Fertigstellungsanzeige, die überhaupt keinen Wahrheitsgehalt hat, weil mit der Leistung gerade erst begonnen wurde. Der bei der Berücksichtigung des konkret gem. § 12 Nr. 3 VOB/B

---

[472] Vgl. hierzu die Rdn. 15–22.
[473] Zu den Einzelheiten vgl. Rdn. 83–89.
[474] KG BauR 1988, 230; OLG Celle BauR 1997, 1049; Ingenstau/Korbion, B *Oppler* § 12 Nr. 5 Rdn. 3; Heiermann/Riedl/Rusam, B *Riedl* § 12 Rdn. 42 b; Beck'scher VOB-Kommentar VOB/B/*Jagenburg* § 12 Nr. 5, Rdn. 16; OLG Frankfurt BauR 2004, 1004 = IBR 2004, 243.
[475] BGH NJW 1979, 549.
[476] *Vygen* BauR 2004, 1006.
[477] OLG Frankfurt BauR 2004, 1004.
[478] *Peters* NZBau 2004, 1, 5.
[479] Heiermann/Riedl/Rusam, B *Riedl* § 12 Rdn. 41 unter Hinweis auf BGH NJW 1979, 650 ff.
[480] Ingenstau/Korbion, B *Oppler* § 12 Nr. 5 Rdn. 6.
[481] Beck'scher VOB-Kommentar VOB/B/*Jagenburg* § 12 Nr. 5 Rdn. 7, 8, 9.
[482] Vgl. Rdn. 22 und Fn. 468.

geäußerten Willens des Auftraggebers scheinbar entstehende Widerspruch zu der ausdrücklichen Nichtbeachtung eines vermuteten Willens im Rahmen einer konkludenten Abnahmeverweigerung bei z.B. schwerwiegenden Mängeln, wird dadurch aufgelöst, dass der **Tatbestand** des § 12 Nr. 5 bereits davon ausgeht, dass es eines ungestörten Ablaufs der genannten Fristen bedarf. Wenn aber eine „Störung", z.B. auch eine Abnahmeverweigerung gem. § 12 Nr. 3 VOB/B erfolgt, ist bereits der äußere Fiktionstatbestand nicht erfüllt.

e) Keine vorzeitige Vertragsbeendigung. Einig ist man sich darin, dass eine vorzeitige Vertragsbeendigung unabhängig davon, ob diese nach § 6 Nr. 7, § 8 oder § 9 VOB/B ausgesprochen wurde, eine fiktive Abnahme gem. § 12 Nr. 5 VOB/B ausschließt, da insoweit § 8 Nr. 6 VOB/B bzw. § 12 Nr. 1 VOB/B vorrangig ist.[483] **107**

f) Fehlendes Abnahmeverlangen. Nach beiden Tatbeständen des § 12 Nr. 5 VOB/B ist Voraussetzung, dass **keine Abnahme** verlangt wird. Dies wurde durch die Änderung des § 12 Nr. 5 Abs. 2 VOB/B im Rahmen der VOB 2002 ausdrücklich klargestellt.[484] Unerheblich ist, welche Abnahmeform zum Zuge kommt. Entscheidend ist alleine, ob eine Abnahme entweder vereinbart und/oder verlangt worden ist. Ist dies der Fall, scheidet die Anwendung des § 12 Nr. 5 VOB/B in beiden Fällen aus.[485] Dies gilt nicht in Bezug auf eine technische Zustandsfeststellung gem. § 4 Nr. 10 VOB/B.[486] **108**

2. Fiktion der Abnahme durch Fertigstellungsmitteilung gem. § 12 Nr. 5 Abs. 1 VOB/B

Teilt der Auftragnehmer dem Auftraggeber schriftlich mit, dass die Leistung fertig gestellt ist, so gilt die Leistung nach Ablauf von 12 Werktagen als abgenommen, wenn keine Abnahme verlangt wird (§ 12 Nr. 5 Abs. 1 VOB/B). Die hiernach erforderliche **Fertigstellungsanzeige** bedarf der Schriftform, kann mithin **nicht mündlich** erfolgen.[487] Als **empfangsbedürftige Willenserklärung**[488] muss sie dem Auftraggeber zugehen (§ 130 BGB). Erst mit dem Zugang wird die in § 12 Nr. 5 Abs. 1 VOB/B genannte 12-Tagesfrist in Gang gesetzt, deren Berechnung sich nach den §§ 187 ff. BGB richtet.[489] Bei der Berechnung ist allerdings darauf zu achten, dass § 12 Nr. 5 Abs. 1 VOB/B von **Werktagen** spricht, so dass die Samstage mitzählen (vgl. § 11 Nr. 3 VOB/B). **109**

Läuft die Frist ab, ohne dass der Auftraggeber widerspricht oder Vorbehalte geltend macht[490] (vgl. § 12 Nr. 5 Abs. 3 VOB/B), treten die Wirkungen der Abnahme ein, bzw. verliert der Auftraggeber entsprechende Rechte in Entsprechung der §§ 640 Abs. 2 BGB, 11 Nr. 4 VOB/B.

Die nach § 12 Nr. 5 Abs. 1 VOB/B notwendige Fertigstellungsanzeige kann, muss aber nicht ausdrücklich als solche bezeichnet werden. Ausreichend ist, dass es sich bei der Mitteilung mit hinreichender Sicherheit ergibt, dass die Leistungen fertig gestellt sind.[491] Dies ist z.B. der Fall, wenn der Auftragnehmer die Schlussrechnung übersendet,[492] selbst wenn diese nicht als solche

---

[483] Heiermann/Riedl/Rusam, B *Riedl* § 12 Rdn. 41 a; Ingenstau/Korbion, B *Oppler* § 12 Nr. 5 Rdn. 6; Beck'scher VOB-Kommentar VOB/B/*Jagenburg* § 12 Nr. 5 Rdn. 17.

[484] Vgl. hierzu ausführlich: *Vygen* Sonderheft BauR 2002 § 12 Nr. 5 VOB/B S. 37 sowie zum Verhältnis des § 12 Nr. 5 zum § 640 Abs. 1 S. 3 BGB die Rdn. 6; Beck'scher VOB-Kommentar VOB/B/*Jagenburg* § 12 Nr. 5 Rdn. 12.

[485] Beck'scher VOB-Kommentar VOB/B/*Jagenburg* § 12 Nr. 5 Rdn. 13 m.w.N.

[486] OLG Düsseldorf BauR 1985, 327 zum damals gültigen § 12 Nr. 2 b VOB/B, jetzt § 4 Nr. 10 VOB/B, Beck'scher VOB-Kommentar VOB/B/*Jagenburg* § 12 Nr. 5 Rdn. 14.

[487] Heiermann/Riedl/Rusam, B *Riedl* § 12 Rdn. 43 a; Ingenstau/Korbion, B *Oppler* § 12 Nr. 5 Rdn. 9; Beck'scher VOB-Kommentar VOB/B/*Jagenburg* § 12 Nr. 5 Rdn. 20.

[488] Beck'scher VOB-Kommentar VOB/B/*Jagenburg* § 12 Nr. 5 Rdn. 24; Ingenstau/Korbion, B *Oppler* § 12 Nr. 5 Rdn. 9.

[489] Ingenstau/Korbion, B *Oppler* § 12 Nr. 5 Rdn. 10.

[490] Vgl. hierzu die Rdn. 46–53.

[491] Beck'scher VOB-Kommentar VOB/B/*Jagenburg* § 12 Nr. 5 Rdn. 22; Ingenstau/Korbion, B *Oppler* § 12 Nr. 5 Rdn. 11; Heiermann/Riedl/Rusam, B *Riedl* § 12 Rdn. 43 a.

[492] BGH NJW 1971, 838; BGH NJW 1977, 897; BGH BauR 1980, 357; BGH NJW-RR 1989, 979; Beck'scher VOB-Kommentar VOB/B/*Jagenburg* § 12 Nr. 5 Rdn. 23; Ingenstau/Korbion, B *Oppler* § 12 Nr. 5 Rdn. 11; Heiermann/Riedl/Rusam, B *Riedl* § 12 Rdn. 43 a.; Leinemann, B *Sterner* § 12 Rdn. 85.

bezeichnet ist, aber erkennen lässt, dass alle erbrachten Leistungen abgerechnet werden.[493] Ausreichend ist auch, dass der Auftragnehmer dem Auftraggeber mitteilt, dass er die Baustelle nach Fertigstellung der Leistung nunmehr räumt.[494]

Die Fertigstellungsanzeige muss dabei an den Auftraggeber selbst, oder an einen entsprechend empfangsbevollmächtigten Dritten versandt werden. Ohne ausdrückliche Bevollmächtigung ist dabei der **Architekt** nicht empfangsbevollmächtigt.[495]

3. Fiktion der Abnahme durch Ingebrauchnahme gem. § 12 Nr. 5 Abs. 2 VOB/B

110 Die Wirkungen der Abnahme treten gem. § 12 Nr. 5 Abs. 2 VOB/B auch dann ein, wenn der Auftraggeber ohne Abnahmeverlangen die Leistung oder einen Teil hiervon in Benutzung genommen hat und sechs Werktage ohne Widerspruch oder Abnahmeverlangen vergehen.[496]

Eine **Inbenutzungnahme** der Leistung liegt dabei z.B. bei der Freigabe einer Brücke zum Verkehr,[497] der Inbetriebnahme einer Leitung[498] oder typischerweise dem Einzug in ein neu errichtetes oder umgebautes Bauwerk vor.[499] Dabei muss die Inbenutzungnahme eine solche darstellen, die dem **beabsichtigten Endzweck** entspricht, weshalb eine bloße Erprobung, z.B. einer Heizungsanlage, nicht als Inbenutzungnahme im Sinne des § 12 Nr. 5 Abs. 3 VOB/B angesehen werden kann.[500]

Wird die Leistung eines **Nachunternehmers** in Gebrauch genommen, liegt eine Inbenutzungnahme im Sinne des § 12 Nr. 5 Abs. 2 VOB/B vor, wenn der **Generalunternehmer** diese Leistung dem Bauherrn überlässt und dieser dann auch die Leistung nutzt.[501]

Wie sich aus § 12 Nr. 5 Abs. 2 S. 2 VOB/B ergibt, liegt keine Inbenutzungnahme vor, wenn Teile einer baulichen Anlage lediglich **zur Weiterführung der Arbeiten** in Benutzung genommen werden, z.B. die Benutzung des Rohbaus zur Herbeiführung des Innenausbaus.[502] Zwar kann hier möglicherweise eine Teilabnahme gem. § 12 Nr. 2 VOB/B verlangt werden, die fiktive Abnahme gem. § 12 Nr. 5 Abs. 2 VOB/B hingegen ist ausgeschlossen.[503] Soweit eine fiktive Teilabnahme gem. § 12 Nr. 5 Abs. 2 S. 1 VOB/B unter Beachtung der vorstehenden Grundsätze in Betracht kommt, kommt es für die Teilabnahmefähigkeit auf die Voraussetzungen des § 12 Nr. 2 VOB/B an, d.h. der Teil der Leistung muss **funktional trennbar** und **gebrauchsfähig** sein.[504]

Schließlich muss die Benutzung gem. § 12 Nr. 5 Abs. 2 VOB/B **ununterbrochen** sein.[505] Dabei ist mit *Jagenburg*[506] davon auszugehen, dass es nicht darauf ankommt, warum eine Unterbrechung erfolgt (z.B. wegen eines Zusammenhanges mit schwerwiegenden Mängeln oder

---

[493] OLG Düsseldorf BauR 1997, 842; OLG Frankfurt BauR 1979, 326 betreffend den Rechnungsvermerk „ordnungsgemäß fertig gestellte Arbeiten"; Ingenstau/Korbion, B *Oppler* § 12 Nr. 5 Rdn. 11; Beck'scher VOB-Kommentar VOB/B/*Jagenburg* § 12 Nr. 5 Rdn. 23; Heiermann/Riedl/Rusam, B *Riedl* § 12 Rdn. 43 a.

[494] Ingenstau/Korbion, B *Oppler* § 12 Nr. 5 Rdn. 11; Beck'scher VOB-Kommentar VOB/B/*Jagenburg* § 12 Nr. 5 Rdn. 22; Heiermann/Riedl/Rusam, B *Riedl* § 12 Rdn. 43 a.

[495] Beck'scher VOB-Kommentar VOB/B/*Jagenburg* § 12 Nr. 5 Rdn. 25, 26; Heiermann/Riedl/Rusam, B *Riedl* § 12 Rdn. 43 a; Leinemann, B *Sterner* § 12 Rdn. 86.

[496] Ingenstau/Korbion, B *Oppler* § 12 Nr. 5 Rdn. 27.

[497] Ingenstau/Korbion, B *Oppler* § 12 Nr. 5 Rdn. 21.

[498] BGH BauR 1971, 128.

[499] Vgl. hierzu Rdn. 16, insbesondere Fn. 38.

[500] Ingenstau/Korbion, B *Oppler* § 12 Nr. 5 Rdn. 24; Heiermann/Riedl/Rusam, B *Riedl* § 12 Rdn. 44; Beck'scher VOB-Kommentar VOB/B/*Jagenburg* § 12 Nr. 5 Rdn. 33.

[501] KG BauR 1973, 244; Ingenstau/Korbion, B *Oppler* § 12 Nr. 5 Rdn. 21; Beck'scher VOB-Kommentar VOB/B/*Jagenburg* § 12 Nr. 5 Rdn. 31.

[502] Ingenstau/Korbion, B *Oppler* § 12 Nr. 5 Rdn. 23.

[503] Beck'scher VOB-Kommentar VOB/B/*Jagenburg* § 12 Nr. 5 Rdn. 36.

[504] Beck'scher VOB-Kommentar VOB/B/*Jagenburg* § 12 Nr. 5 Rdn. 34; Heiermann/Riedl/Rusam, B *Riedl* § 12 Rdn. 44 a; Ingenstau/Korbion, B *Oppler* § 12 Nr. 5 Rdn. 22.

[505] Ingenstau/Korbion, B *Oppler* § 12 Nr. 5 Rdn. 26; Heiermann/Riedl/Rusam, B *Riedl* § 12 Rdn. 44 d; Leinemann, B *Sterner* § 12 Rdn. 92.

[506] Beck'scher VOB-Kommentar VOB/B/*Jagenburg* § 12 Nr. 5 Rdn. 38; a.A: Ingenstau/Korbion, B *Oppler* § 12 Nr. 5 Rdn. 26; Heiermann/Riedl/Rusam, B *Riedl* § 12 Rdn. 44 d.

ohne diesen Zusammenhang), da es bei der fiktiven Abnahme gerade nicht auf den Willen des Auftraggebers ankommt, sondern alleine auf die Erfüllung der tatbestandlich beschriebenen Voraussetzungen.

4. Vorbehalte wegen Mängeln oder Vertragsstrafen gem. § 12 Nr. 5 Abs. 3 VOB/B

Nach § 12 Nr. 5 Abs. 3 VOB/B hat der Auftraggeber Vorbehalte wegen bekannter Mängel **111**
(§ 640 Abs. 2 BGB) oder wegen Vertragsstrafen (§ 11 Nr. 4 VOB/B) spätestens zu den in § 12 Nr. 5 Abs. 1 VOB/B und § 12 Nr. 5 Abs. 2 VOB/B bezeichneten Zeitpunkten geltend zu machen, da ansonsten ein entsprechender Rechtsverlust droht. Zur Vermeidung von Wiederholungen wird wegen der entsprechenden Vorbehalte und deren Äußerungen auf die Rdn. 46–53 verwiesen.

Bei § 12 Nr. 5 Abs. 3 VOB/B ist gegenüber dem ansonsten **bei der Abnahme** weiter zu erklärenden Vorbehalten beachtlich, dass jeweils Spätestfristen genannt sind. Diese Fristen treten wegen der Abhängigkeit zum Eintritt der Rechtsfolgen der Abnahme gem. Abs. 1 und 2 des § 12 Nr. 5 VOB/B an die Stelle des Zeitpunktes der ansonsten zu erklärenden Abnahme.[507] Vorbehalte, die der Auftraggeber früher oder später, d.h. vor Beginn oder nach Ablauf der jeweiligen Fristen erklärt, sind grundsätzlich unwirksam.[508] Um Wirksamkeit zu entfalten, muss daher ein Vorbehalt während des Laufes der jeweiligen Frist gem. § 12 Nr. 5 Abs. 1 und 2 VOB/B zugehen.[509]

Allenfalls kann ein vor Beginn der Frist geäußerter Vorbehalt noch wirksam bleiben, wenn der Auftraggeber kurz vorher einen Mangel gerügt und dabei zu erkennen gegeben hat, dass er diese Leistung nicht annehmen werde sowie zusätzlich eindeutig ist, dass sich an dieser Einstellung während des Fristlaufes nichts geändert hat.[510] Es handelt sich hier allerdings um eine eng auszulegende Ausnahme,[511] für die der Auftraggeber beweispflichtig ist.[512]

VI. Gefahrübergang gem. § 12 Nr. 6 VOB/B

Die Vorschrift des § 12 Nr. 6 VOB/B regelt zunächst den gleichen Inhalt wie § 644 Abs. 1 S. 1 **112**
BGB, wonach der Unternehmer bis zur Abnahme „die Gefahr" trägt, d.h. spiegelbildlich „die Gefahr" mit der Abnahme auf den Auftraggeber übergeht. Mit Gefahr ist dabei die Preis- und Leistungsgefahr[513] gemeint.[514]

Zusätzlicher Regelungsinhalt ist allerdings der Hinweis auf den nach § 7 VOB/B möglichen frühzeitigen Übergang der Preisgefahr, der notwendig ist, um deutlich zu machen, dass die Gefahr, die schon nach § 7 VOB/B (frühzeitiger als bei der Abnahme) auf den Auftraggeber übergegangen ist, nicht noch einmal übergehen kann.[515]

Vom Gefahrübergang nicht betroffen hingegen sind etwaige Schadensersatzansprüche des Auftraggebers wegen Pflichtverletzungen[516] oder Gewährleistungsansprüche.[517]

---

[507] BGH NJW 1961, 115; BGH NJW 1971, 838; Heiermann/Riedl/Rusam, B *Riedl* § 12 Rdn. 45; Beck'scher VOB-Kommentar VOB/B/*Jagenburg* § 12 Nr. 5 Rdn. 41.

[508] BGH NJW 1961, 115; Beck'scher VOB-Kommentar VOB/B/*Jagenburg* § 12 Nr. 5 Rdn. 42; Heiermann/Riedl/Rusam, B *Riedl* § 12 Rdn. 45; Ingenstau/Korbion, B *Oppler* § 12 Nr. 5 Rdn. 14.

[509] OLG Celle NJW 1974, 1386; Heiermann/Riedl/Rusam, B *Riedl* § 12 Rdn. 45; Ingenstau/Korbion, B *Oppler* § 12 Nr. 5 Rdn. 14.

[510] KG BauR 1973, 244; Ingenstau/Korbion, B *Oppler* § 12 Nr. 5 Rdn. 15 m.w.N.

[511] Ingenstau/Korbion, B *Oppler* § 12 Nr. 5 Rdn. 15; Beck'scher VOB-Kommentar VOB/B/*Jagenburg* § 12 Nr. 5 Rdn. 42.

[512] Ingenstau/Korbion, B *Oppler* § 12 Nr. 5 Rdn. 15.

[513] Vgl. hierzu die Rdn. 39–41.

[514] Ingenstau/Korbion, B *Oppler* § 12 Nr. 6 Rdn. 1; Heiermann/Riedl/Rusam, B *Riedl* § 12 Rdn. 48.

[515] Ingenstau/Korbion, B *Oppler* § 12 Nr. 6 Rdn. 1; Beck'scher VOB-Kommentar VOB/B/*Jagenburg* § 12 Nr. 6 Rdn. 2; Heiermann/Riedl/Rusam, B *Riedl* § 12 Rdn. 48.

[516] Ingenstau/Korbion, B *Oppler* § 12 Nr. 6 Rdn. 3; Heiermann/Riedl/Rusam, B *Riedl* § 12 Rdn. 48; Beck'scher VOB-Kommentar VOB/B/*Jagenburg* § 12 Nr. 6 Rdn. 3.

[517] Beck'scher VOB-Kommentar VOB/B/*Jagenburg* § 12 Nr. 6 Rdn. 3; Heiermann/Riedl/Rusam, B *Riedl* § 12 Rdn. 48.

§ 13 Mängelansprüche

1. Der Auftragnehmer hat dem Auftraggeber seine Leistung zum Zeitpunkt der Abnahme frei von Sachmängeln zu verschaffen. Die Leistung ist zur Zeit der Abnahme frei von Sachmängeln, wenn sie die vereinbarte Beschaffenheit hat und den anerkannten Regeln der Technik entspricht. Ist die Beschaffenheit nicht vereinbart, so ist die Leistung zur Zeit der Abnahme frei von Sachmängeln,
a) wenn sie sich für die nach dem Vertrag vorausgesetzte,
sonst
b) für die gewöhnliche Verwendung eignet und eine Beschaffenheit aufweist, die bei Werken der gleichen Art üblich ist und die der Auftraggeber nach der Art der Leistung erwarten kann.

2. Bei Leistungen nach Probe gelten die Eigenschaften der Probe als vereinbarte Beschaffenheit, soweit nicht Abweichungen nach der Verkehrssitte als bedeutungslos anzusehen sind. Dies gilt auch für Proben, die erst nach Vertragsabschluss als solche anerkannt sind.

3. Ist ein Mangel zurückzuführen auf die Leistungsbeschreibung oder auf Anordnungen des Auftraggebers, auf die von diesem gelieferten oder vorgeschriebenen Stoffe oder Bauteile oder die Beschaffenheit der Vorleistung eines anderen Unternehmers, haftet der Auftragnehmer, es sei denn, er hat die ihm nach § 4 Nr. 3 obliegende Mitteilung gemacht.

4. (1) Ist für Mängelansprüche keine Verjährungsfrist im Vertrag vereinbart, so beträgt sie für Bauwerke 4 Jahre, für andere Werke, deren Erfolg in der Herstellung, Wartung oder Veränderung einer Sache besteht, und für die vom Feuer berührten Teile von Feuerungsanlagen 2 Jahre. Abweichend von Satz 1 beträgt die Verjährungsfrist für feuerberührte und abgasdämmende Teile von industriellen Feuerungsanlagen 1 Jahr.
(2) Ist für Teile von maschinellen und elektrotechnischen/elektronischen Anlagen, bei denen die Wartung Einfluss auf Sicherheit und Funktionsfähigkeit hat, nichts anderes vereinbart, beträgt für diese Anlagenteile die Verjährungsfrist für Mängelansprüche abweichend von Abs. 1 zwei Jahre, wenn der Auftraggeber sich dafür entschieden hat, dem Auftragnehmer die Wartung für die Dauer der Verjährungsfrist nicht zu übertragen; dies gilt auch, wenn für weitere Leistungen eine andere Verjährungsfrist vereinbart ist.
(3) Die Frist beginnt mit der Abnahme der gesamten Leistung; nur für in sich abgeschlossene Teile der Leistung beginnt sie mit der Teilabnahme (§ 12 Nr. 2).

5. (1) Der Auftragnehmer ist verpflichtet, alle während der Verjährungsfrist hervortretenden Mängel, die auf vertragswidrige Leistung zurückzuführen sind, auf seine Kosten zu beseitigen, wenn es der Auftraggeber vor Ablauf der Frist schriftlich verlangt. Der Anspruch auf Beseitigung der gerügten Mängel verjährt in 2 Jahren, gerechnet vom Zugang des schriftlichen Verlangens an, jedoch nicht vor Ablauf der Regelfristen nach Nummer 4 oder der an ihrer Stelle vereinbarten Frist. Nach Abnahme der Mängelbeseitigungsleistung beginnt für diese Leistungen eine Verjährungsfrist von 2 Jahren neu, die jedoch nicht vor Ablauf der Regelfristen nach Nummer 4 oder der an ihrer Stelle vereinbarten Frist endet.
(2) Kommt der Auftragnehmer der Aufforderung zur Mängelbeseitigung in einer vom Auftraggeber gesetzten angemessenen Frist nicht nach, so kann der Auftraggeber die Mängel auf Kosten des Auftragnehmers beseitigen lassen.

6. Ist die Beseitigung des Mangels für den Auftraggeber unzumutbar oder ist sie unmöglich oder würde sie einen unverhältnismäßig hohen Aufwand erfordern und wird sie deshalb vom Auftragnehmer verweigert, so kann der Auftraggeber durch Erklärung gegenüber dem Auftragnehmer die Vergütung mindern (§ 638 BGB).

7. (1) Der Auftragnehmer haftet bei schuldhaft verursachten Mängeln für Schäden aus der Verletzung des Lebens, des Körpers oder der Gesundheit.
(2) Bei vorsätzlich oder grob fahrlässig verursachten Mängeln haftet er für alle Schäden.
(3) Im Übrigen ist dem Auftraggeber der Schaden an der baulichen Anlage zu ersetzen, zu deren Herstellung, Instandhaltung oder Änderung die Leistung dient, wenn ein wesentlicher Mangel vorliegt, der die Gebrauchsfähigkeit erheblich beeinträchtigt

und auf ein Verschulden des Auftragnehmers zurückzuführen ist. Einen darüber hinausgehenden Schaden hat der Auftragnehmer nur dann zu ersetzen,

a) wenn der Mangel auf einem Verstoß gegen die anerkannten Regeln der Technik beruht,

b) wenn der Mangel in dem Fehlen einer vertraglich vereinbarten Beschaffenheit besteht oder

c) soweit der Auftragnehmer den Schaden durch Versicherung seiner gesetzlichen Haftpflicht gedeckt hat oder durch eine solche zu tarifmäßigen, nicht auf außergewöhnliche Verhältnisse abgestellten Prämien und Prämienzuschlägen bei einem im Inland zum Geschäftsbetrieb zugelassenen Versicherer hätte decken können.

(4) Abweichend von Nummer 4 gelten die gesetzlichen Verjährungsfristen, soweit sich der Auftragnehmer nach Absatz 3 durch Versicherung geschützt hat oder hätte schützen können oder soweit ein besonderer Versicherungsschutz vereinbart ist.

(5) Eine Einschränkung oder Erweiterung der Haftung kann in begründeten Sonderfällen vereinbart werden.

Schrifttum: *Acker/Bechtold* Organisationsverschulden nach der Schuldrechtsreform, NZBau 2002, 529 – *Acker/Konopka* Schuldrechtsmodernisierung: Wandlung weicht Rücktritt im Werkvertragsrecht – Folgen für den Bauvertrag, BauR 2002, 1307 – *Anker/Adler* Die 30-jährige Gewährleistungshaftung des Werkunternehmers und ihre Bewältigung in der Praxis, ZfBR 1997, 110 – *Aurnhammer* Verfahren zur Bestimmung von Wertminderungen bei (Bau-)Mängeln und (Bau-)Schäden, BauR 1978, 356 – *Baumgärtel* Die Beweislastverteilung für die Haftung des Unternehmers und des Architekten, ZfBR 1982, 1 – *Biebelheimer* Die Darlegungs- und Beweislast bei Anwendung des § 641 III BGB, NZBau 2004, 124 – *Boisserée* Gebäudeschäden wegen mangelhaftem Baugrund, FS Jagenburg 2002, 45 – *Braun* Gesamtschuldnerausgleich im Baurecht bei Überwachungs- und Ausführungsverschulden, FS Motzke 2006, 23 – *Breyer/Bohn* § 641 Abs. 2 BGB – Durchgriffsfälligkeit oder Durchgriffszahlungspflicht?, BauR 2004, 1066 – *von Craushaar* Konkurrierende Gewährleistung von Vor- und Nachfolgeunternehmer?, Jahrbuch BauR 1999, 115 – *von Craushaar* Der Vorunternehmer als Erfüllungsgehilfe des Auftraggebers, FS Vygen 1999, 154 – *Danker/John* Dauer der Gewährleistung für Fahrbahnmarkierungen, BauR 2001, 718 – *Dauner-Lieb/Dötsch* § 326 II 2 BGB (analog) bei der Selbstvornahme?, NZBau 2004, 233 – *Derleder* Der Bauträgervertrag nach der Schuldrechtmodernisierung, Die Auswirkungen auf die Sachmängelgewährleistung, NZBau 2004, 237 – *Ebert* Verjährungshemmung durch Mahnverfahren, NJW 2003, 732 – *Englert* Die Ausschreibungsvorgaben zum Baugrund für den öffentlichen Auftraggeber nach § 9 VOB/A, FS Thode 2005, 3 – *Fischer* Verjährung der werkvertraglichen Mängelansprüche bei Gebäudearbeiten, BauR 2005, 1073 – *Frank* Zur Anwendbarkeit des § 648 a BGB nach erfolgter Abnahme, Jahrbuch BauR 2002, 143 – *Fuchs* Der Schürmannbau-Beschluss: Der Anfang vom Ende der Kooperationspflichten der Bauvertragsparteien?, NZBau 2004, 65 – *Ganten* Das Systemrisiko im Baurecht, BauR 2000, 643 – *Groß* Die Wirkungen des Kostenvorschussurteils im Abrechnungsrechtsstreit, FS Jagenburg 2002, 253 – *Handschumacher* Hemmung der Verjährung durch Verhandlungen, BauR 2002, 1440 – *Harms* Die „doppelte" Fristsetzung zur Mängelbeseitigung – wirksames Instrument oder rechtliches nullum?, BauR 2004, 745 – *Haß* Schadenersatz und Schmerzensgeld wegen Baumängeln, NZBau 2001, 122 – *Heiermann* Anordnungen des Auftraggebers und vorgeschriebene Stoffe oder Bauteile i.S.v. § 13 Nr. 3 VOB/B, FS Locher 1990, 65 – *Heinrichs* Die Entwicklung des Rechts der Allgemeinen Geschäftsbedingungen im Jahre 1996, NJW 1997, 1407 – *Heinrichs* Die Entwicklung des Rechts der Allgemeinen Geschäftsbedingungen im Jahre 1997, NJW 1998, 1447 – *Heinrichs* Die Entwicklung des Rechts der Allgemeinen Geschäftsbedingungen im Jahre 1998, NJW 1999, 1596 – *Hofmann/Joneleit* Veräußerung bebauter Grundstücke: Rückkehr zu dogmatischen Abgrenzungskriterien, NZBau 2003, 641 – *Holzberger/Puhle* Das Organisationsverschulden des Bauunternehmers in der Rechtsprechung der Instanzgerichte, BauR 1999, 106 – *Horsch/Eichberger* § 641 Abs. 3 BGB n.F.: Einladung zum Mißbrauch?, BauR 2001, 1024 – *Institut für Baurecht Freiburg i.Br. e.V.* Empfehlungen an den DVA zur Überarbeitung der VOB/B, BauR 1999, 699 – *Jacob* Kündigung des Werkvertrags gemäß §§ 643, 645 Abs. 1 und § 648 a Abs. 5 BGB nach Abnahme, BauR 2002, 386 – *Jagenburg* Anerkannte Regeln der Technik auf dem Prüfstand des Gewährleistungsrechts, Jahrbuch BauR 2000, 200 – *Jagenburg* Organisationsverschulden oder normale Gewährleistung? Versuch einer Abgrenzung, FS Mantscheff 2000, 107 – *Jansen* Die dreißigjährige Gewährleistung des Werkunternehmers wegen Organisationsverschuldens, OLG Report Kommentar 1999, K 5 – *Jansen* Das Recht des Auftragnehmers zur Mangelbeseitigung/Nacherfüllung, BauR 2005, 1089 – *Joussen* Die verkürzte Verjährung für maschinelle und elektrotechnische/elektronische Anlagen(teile), Jahrbuch BauR 1998, 111 – *Jousen/Schranner* VOB 2006 – Änderungen der VOB Teil B, BauR 2006, 1366 – *Kähler* Verjährungshemmung nur bei Klage des Berechtigten?, NJW 2006, 1769 – *Kainz* Verjährung von arglistigem

Verschweigen und Organisationsverschulden nach neuem Recht, FS Kraus 2003, 85 – *Kaiser* Verjährungsfristen und deren Hemmung sowie Unterbrechung bei Ansprüchen aus Planungs- und Ausführungsfehlern bei Bauwerken, BauR 1990, 123 – *Kaiser* Die konkurrierende Haftung von Vor- und Nachunternehmer, BauR 2000, 177 – *Kannowski* Mangelfolgeschäden vor und nach der Schuldrechtsreform. Das Beispiel außergerichtlicher Anwaltskosten bei Baumängeln, BauR 2003, 170 – *Kapellmann* Baugrundrisiko und „Systemrisiko" – Baugrundsystematik, Bausoll, Beschaffenheitssoll, Bauverfahrenssoll, Jahrbuch BauR 1999,1 – *Kapellmann* Der BGH und die „Konsoltraggerüste" – Bausollbestimmung durch die VOB/C oder die „konkreten Verhältnisse"?, NJW 2005, 182 – *Kemper* Neuregelung der Mängelansprüche in § 13 VOB/B-2002, BauR 2002, 1613 – *Kenter/Brügmann* Dominierendes Bestimmungsrecht des Auftraggebers, BauR 2004, 395 – *Kiesel* Die VOB 2002 – Änderungen, Würdigung, AGB-Problematik, NJW 2002, 2064 – *Klaft/Maxem* Die Gewährleistung des Unternehmers für die Tauglichkeit von ihm verwendeter Baustoffe oder Produkte bei Anordnung des Bestellers nach § 13 Nr. 3 VOB/B, BauR 1999, 1074 – *Klein* Mietminderung und Baumängel: Ein alltägliches Ärgernis, BauR 2004, 1069 – *Kniffka* Anmerkung zu OLG Düsseldorf, Urteil vom 29.6.1999, BauR 1999, 1312 – *Kniffka* Das Gesetz zur Beschleunigung fälliger Zahlungen, Neuregelung des Bauvertragsrechts und seine Folgen, ZfBR 2000, 227 – *Kniffka* Die Kooperationspflichten der Bauvertragspartner im Bauvertrag, Jahrbuch BauR 2001, 1 – *Kniffka* Der Ring im See oder die Varianten der Unverhältnismäßigkeit, FS Kraus 2003, 115 – *Kniffka* Gesamtschuldnerausgleich im Baurecht, BauR 2005, 274 – *Kniffka/Quack* Die VOB/B in der Rechtsprechung des Bundesgerichtshofs – Entwicklung und Tendenzen –, FS 50 Jahre BGH 2000, 17 – *Knütel* Zur „Selbstvornahme" nach § 637 Abs. 1 BGB n.F., BauR 2002, 689 – *Knütel* Wider die Ersatzfähigkeit „fiktiver" Mängelbeseitigungskosten, BauR 2004, 591 – *Koeble* Rückforderung des Vorschusses? Ein Märchen!, FS Jagenburg 2002, 371 – *Kohler* Kostenvorschuss und Aufrechnung oder Zurückbehaltungsrecht als Verteidigung gegen Werkvergütungsansprüche, BauR 1992, 22 – *Kohler* Zurückbehaltungsrecht bei mangelhafter Werkleistung, BauR 2003, 1804 – *Kohler* Verfassungswidrigkeit des § 640 Abs. 2 BGB? oder: Handwerk und Gerechtigkeit in der Gesetzgebung, JZ 2003, 1081 – *Koppmann* Verjährungsunterbrechung durch selbständiges Beweisverfahren trotz mangelfreier Leistung, BauR 2001, 1342 – *Kraus*, Die VOB/B – ein nachbesserungsbedürftiges Werk, BauR 1997, Beilage zu Heft 4 – *Kraus* Das Ende der AGB-rechtlichen Privilegierung der VOB/B?, NJW 1998, 1126 – *Kraus* Bauverzögerung durch Vorunternehmer, BauR 2000, 1105 – *Kraus/Sienz* Der Deutsche Verdingungsausschuss für Bauleistungen (DVA): Bremse der VOB/B?, BauR 2000, 631 – *Kratzenberg* Der Beschluss des DVA-Hauptausschuss zur Neuherausgabe der VOB 2002 (Teile A und B), NZBau 2002, 177 – *Kretschmann* Hindern Schuldrechtsreform und nachträgliche Änderungen der VOB/B deren Privilegierung?, Jahrbuch BauR 2005, 109 – *Kuffer* Baugrundrisiko und Systemrisiko, NZBau 2006, 1 – *Lang* Bauvertragsrecht im Wandel, NJW 1995, 2063 – *Langen* Die Gestaltung von Bauverträgen – Überlegungen und erste Erfahrungen zum neuen Recht, Jahrbuch BauR 2003, 161 – *Leenen* Die Neugestaltung des Verjährungsrechts durch das Schuldrechtsmodernisierungsgesetz, DStR 2002, 34 – *Leitzke* Keine Gewährleitung bei ungeklärter Mangelursache?, BauR 2002, 394 – *Lenkeit* Das modernisierte Verjährungsrecht, BauR 2002, 196 – *Locher* Das AGB-Gesetz und die Verdingungsordnung für Bauleistungen, NJW 1977, 1801 – *Locher* AGB-rechtliche Aspekte der Versicherbarkeit bei Bauverträgen, FS Soergel 1993, 181 – *Malotki* Die unberechtigte Mangelbeseitigungsaufforderung; Ansprüche des Unternehmers auf Vergütung, Schadens- oder Aufwendungsersatz, BauR 1998, 682 – *Mandelkow* Die Unverhältnismäßigkeit der Nachbesserung, BauR 1996, 656 – *Mansel* Die Neuregelung des Verjährungsrechts, NJW 2002, 89 – *Marbach/Wolter* Die Auswirkung bei der förmlichen Abnahme erklärter Mängelvorbehalte auf die Beweislast, BauR 1998, 36 – *Mauer* Zur Abrechnung des Vorschussanspruchs nach Werkvertragsrecht, FS Mantscheff 2000, 123 – *Medicus* Mängelhaftung trotz Beachtung der anerkannten Regeln der Technik beim Bauvertrag nach der VOB/B?, ZfBR 1984, 155 – *Merl* Folgen unzureichender und unzutreffender Mängelbeseitigungsverlangen, FS Soergel 1993, 217 – *Merl* Schuldrechtsmodernisierungsgesetz und werkvertragliche Gewährleistung, FS Jagenburg 2002, 597 – *Merl* Mangelbegriff und Hinweispflicht des Auftragnehmers, FS Motzke 2006, 261 – *Micklitz* Gutachten im Auftrag des Verbraucherzentrale Bundesverbandes e.V. von April 2004 – *Miernik* Die Durchsetzung von Haftpflichtansprüchen des Auftraggebers bei Insolvenz des Auftragnehmers, BauR 2003, 1465 – *Miernik* § 13 Nr. 5 Abs. 1 Satz 3 VOB/B, eine bedeutungslose Klausel?, BauR 2004, 14 – *Miernik* Vertragswidrige Leistung: Herabsetzung des Werklohns nach § 2 VOB/B und/oder Minderung nach § 13 VOB/B?, BauR 2005, 1698 – *Motzke* Nachbesserung – Auswirkung von Auftragsumfang, Abschnittsbildung und Kompetenzzuweisung auf Inhalt und Umfang der Mängelbeseitigung sowie Kostenvorschuss/-erstattung, Jahrbuch BauR 2000, 22 – *Motzke* Kostenvorschuss nach Laune des säumigen Unternehmers, FS Mantscheff 2000, 137 – *Motzke* Welche Auswirkungen hat die Schuldrechtsreform auf das private Baurecht?, IBR 2001, 652 – *Motzke* Abbaubedingte Setzungsrisiken einer Deponie; technische Risiken und ihre rechtliche Bewertung; ein Anwendungsfall des Baugrund- oder Systemrisikos?, Jahrbuch BauR 2005, 71 – *Muffler* Das Mängelbeseitigungsrecht des Werkunternehmers und die Doppelsinnigkeit der Nacherfüllung, BauR 2004, 1356 – *Mundt* Baumängel und der Mängelbegriff des BGB-Werkvertragsrechts nach dem Schuldrechtsmodernisierungsgesetz, NZBau 2003, 73 – *Mundt* Zur angemessenen Nachbesserungsfrist bei witterungsabhängigen Nachbesserungsarbeiten, BauR 2005, 1397 – *von Olshausen* Einrede- und Aufrechnungsbefugnisse bei verjährten Sachmängelansprüchen, JZ 2002, 385 – *Oppler* Fristsetzung zur Mangelbeseitigung, Selbstbeseitigungsrecht und Nachbesserungsbefugnis, FS Vygen 1999, 344 – *Oswald* Die Beurteilung von optischen Mängeln, Jahrbuch BauR 1998, 357 – *Peters* Das Baurecht im modernisierten Schuldrecht, NZBau 2002, 113 – *Peters* Die VOB/B bei öffentlichen Ausschreibungen, NZBau 2006, 273 – *Preussner* Das neue Werkvertragsrecht im BGB 2002, BauR 2002,231 –*Preussner* Die Auswirkungen des Schuldrechtsmodernisierungsgesetzes auf das Baurecht: eine kritische Analyse, FS Kraus 2003, 179 – *Preussner* Die Pflicht zur Kooperation – und ihre Grenzen, FS Thode 2005, 77 – *Putzier* Symptomrechtsprechung und die Frage nach der Ursache eines Mangels – die Dreistufigkeit der Anspruchsvoraussetzungen für den Mängelbeseitigungsanspruch, BauR 2004, 1060 – *Quack* Gilt die kurze VOB/B-Verjährung noch für Verbraucherverträge?, BauR 1997, 24 – *Quack* Vom Interesse des Bestellers an der Nachbesserung, FS Vygen 1999, 368 – *Quack* Erste Fragen zum neuen Werkvertragsrecht, IBR 2001, 705 – *Quadbeck* Vollstreckung in Bausachen – Durchsetzung von Nachbesserungsansprüchen, MDR 2000, 570 – *Rathjen* Abnahme und Sicherheitsleistung beim Bauvertrag, BauR 2002, 242 – *von Rintelen* Die Nachbesserungsbefugnis des Unternehmers nach Fristablauf gem. § 13 Nr. 5 Abs. 2 VOB/B, FS Vygen 1999, 374 – *von Rintelen* Lücken im Haftpflichtversicherungsschutz, Umfang und Grenzen des Versicherungsschutzes im Baubereich, NZBau 2006, 401 – *Saerbeck* Zur Hemmung der Verjährung durch Rechtsverfolgung, FS Thode 2005, 139 – *Schlünder* Die VOB in der heutigen Beratungs- und Prozesspraxis, BauR 1998, 1123 – *Scholtissek* Sind im selbständigen Beweisverfahren Fragen bezüglich erforderlicher Maßnahmen zur Beseitigung der festgestellten Mängel und hierfür aufzuwendende Kosten zulässig?, BauR 2000, 1118 – *Schudnagies* Das neue Werkvertragsrecht nach der Schuldrechtsreform, NJW 2002, 396 – *Schwenker/Heinze* Die VOB/B 2002, BauR 2002, 1143 – *Siegburg* Baumängel aufgrund fehlerhafter Vorgaben des Bauherrn, FS Korbion 1986, 411 – *Siegburg* Zug-um-Zug-Verurteilung und Hilfswiderklage wegen Baumängel bei der Werklohnklage, BauR 1992, 419 – *Siegburg* Vorunternehmer als Erfüllungsgehilfe des Auftraggebers?, BauR 2000, 182 – *Siegburg* Der Baumangel nach der geplanten VOB/B 2002, FS Jagenburg 2002, 839 – *Frank Siegburg* Unverhältnismäßigkeit der Nacherfüllung und Minderung nach der Schuldrechtsmodernisierung, FS Werner 2005, 289 – *Sienz* Die Neuregelungen im Werkvertragsrecht nach dem Schuldrechtsmodernisierungsgesetz, BauR 2002, 181 – *Sienz* Das Gewährleistungsrecht des Werkvertrags nach der Schuldrechtsreform, FS Kraus 2003, 237 – *Sienz* Anmerkungen zu einer richtlinienkonformen Auslegung der §§ 633 Abs. 2, 651 Satz 1 BGB n.F., FS Thode 2005, 627 – *Stamm* Die Frage nach der Eigenschaft des Vorunternehmers als Erfüllungsgehilfe des Bauherrn im Verhältnis zum Nachunternehmer: Ein Problem der Abgrenzung von Schuldner- und Annahmeverzug, BauR 2002, 1 – *Stamm* Die Gesamtschuld auf dem Vormarsch, NJW 2003, 2940 – *Steffen* Schallschutz nach DIN 4109 oder erhöhter Schallschutz: Was ist geschuldet?, BauR 2006, 873 – *Sterner/Hildebrandt* Hemmung und Unterbrechung der Verjährung von Mängelansprüchen nach neuem Recht und neuester Rechtsprechung, ZfIR 2006, 349 – *Tempel* Ist die VOB/B noch zeitgemäß?, NZBau 2002, 465 und 532 – *Thierau* Das Sicherungsverlangen nach Abnahme, NZBau 2004, 311 – *Thode* Die wichtigsten Änderungen im BGB-Werkvertragsrecht: Schuldrechtsmodernisierungsgesetz und erste Probleme – Teil 1, NZBau 2002, 297 – *Virneburg* Die Verlängerung der Verjährungsfrist für Werkmängelansprüche durch Auftraggeber-AGB – Die Rechtslage nach altem und neuem Recht, FS Thode 2005, 201 – *Voit* Die Änderungen des allgemeinen Teils des Schuldrechts durch das Schuldrechtsmodernisierungsgesetz und ihre Auswirkungen auf das Werkvertragsrecht, BauR 2002, 145 – *Vorwerk* Mängelhaftung des Werkunternehmers und Rechte des Bestellers nach neuem Recht, BauR 2003, 1 – *Weber* § 648 a BGB nach der Abnahme: Anspruch und Wirklichkeit, FS Jagenburg 2002, 1001 – *Werner* Das neue Verjährungsrecht aus dem Blickwinkel des Baurechts, FS Jagenburg 2002, 1027 – *Weyer* Umfang der Einrede des nichterfüllten Vertrags und Kostenentscheidung, BauR 1981, 426 – *Weyer* Selbständiges Beweisverfahren und Verjährung von Baumängelansprüchen nach künftigem Recht, BauR 2001, 1807 – *Weyer* § 639 Abs. 2 BGB a.F. durch § 203 BGB n.F. ersetzt, nicht ersatzlos weggefallen, NZBau 2002, 366 – *Weyer* Vermeintliche und wirkliche Kleinigkeiten bei der werkvertraglichen Gewährleistung, dargestellt am Beispiel zu geringer Wohnfläche, FS Jagenburg 2002, 1043 – *Weyer* § 13 VOB/B 2002: Viele Änderungen und was wirklich Neues?, BauR 2003, 613 – *Weyer* Werkvertragliche Mängelhaftung und Verjährung nach neuem Recht: Auswege aus der kurzen Verjährungsfrist des § 634 a Abs. 1 Nr. 2 BGB?, Jahrbuch BauR 2003, 209 – *Weyer* Hält § 13 VOB/B 2002 der isolierten Inhaltskontrolle stand?, NZBau 2003, 521 – *Weyer* Werkvertragliche Mängelhaftung nach neuem Recht: Probleme bei Minderung und Schadenersatz, Jahrbuch BauR 2004, 243 – *Weyer* Werkvertragliche Mängelhaftung nach neuem Recht: Weitere Probleme beim Schadenersatz, Jahrbuch BauR 2005, 1 – *Weyer* Intertemporales Verjährungsrecht – Haftungsrisiko für Rechtsanwälte, BauR 2005, 1361 – *Wussow* Baumängel und Versicherung in der VOB, NJW 1967, 1552 – *Zerr* Gesamtschuldverhältnisse im Bauwesen, NZBau 2002, 241 – *Zimmermann/Leenen/Mansel/Ernst* Finis Litium?, JZ 2001, 684 – *Zirkel* Sind Ausschlussfristen für erkennbare Mängel in AGB für werkvertragliche Leistungen passé?, NZBau 2006, 412.

Übersicht

A. Allgemeines

I. Änderung der Terminologie durch die VOB/B 2002

1 § 13 VOB/B in seiner seit der VOB/B 2002 geltenden Fassung hat den Begriff, der bisher die ganze Bestimmung beherrschte und ihr dem entsprechend auch vorangestellt war, geändert.

Dessen Überschrift lautet **statt „Gewährleistung"** jetzt nämlich **„Mängelansprüche"**. Das ist eine Konsequenz aus der Anpassung des § 13 Nr. 1 VOB/B an den Wortlaut des § 633 BGB in dessen neuer Fassung aufgrund des Schuldrechtsmodernisierungsgesetzes. Hierdurch ist der Begriff Gewährleistung entfallen. Denn der Auftragnehmer übernimmt nach § 13 Nr. 1 VOB/B nicht mehr die Gewähr, dass seine Leistung mängelfrei ist, sondern hat seine Leistung nunmehr dem Auftraggeber frei von Sachmängeln zu verschaffen. In Anpassung an die Diktion des BGB wurde es deshalb für zweckmäßig angesehen, die Überschrift des § 13 VOB/B in „Mängelansprüche" zu ändern.[1] Dabei wurde jedoch übersehen, dass § 634 BGB zutreffender mit „Rechte des Bestellers bei Mängeln" überschrieben ist, weil in seiner Nr. 3 ebenso wie jetzt in § 13 Nr. 6 VOB/B Gestaltungsrechte und keine Ansprüche geregelt sind.[2]

2 Zudem ist zu beachten, dass die Anpassung des § 13 VOB/B an das BGB im Jahre 2002 in zwei weiteren Punkten nur **eingeschränkt** erfolgte. Die Mängelrechte nach §§ 633 ff. BGB umfassen Sach- und Rechtsmängel (§ 633 Abs. 1 BGB), während § 13 VOB/B sich ausdrücklich auf **Sachmängel** beschränkt. Rechtsmängel spielen beim Werkvertrag lediglich eine geringe Rolle.[3] Sollte es im Rahmen eines VOB-Vertrags ausnahmsweise um **Rechtsmängel** gehen, muss insoweit auf das Mängelhaftungsrecht des BGB zurückgegriffen werden.[4] Ferner verzichtet § 13 Nr. 1 VOB/B anders als § 633 Abs. 2 Satz 2 BGB auf eine Regelung der Fälle, in denen der Auftragnehmer ein **anderes** als das bestellte Werk **oder** das Werk in **zu geringe Menge** herstellt.[5]

II. Änderungen durch die VOB/B 2006

3 Die VOB/B 2006 bringt **zwei** Änderungen:[6] In § 13 **Nr. 4 Abs. 1 Satz 1** VOB/B ersetzt sie zur Anpassung an § 634 a Abs. 1 Nr. 1 BGB die Worte „für Arbeiten an einem Grundstück" durch die Formulierung „für andere Werke, deren Erfolg in der Herstellung, Wartung oder Veränderung einer Sache besteht".[7] Außerdem fasst sie § 13 **Nr. 4 Abs. 2** VOB/B teilweise neu und ergänzt dessen Wortlaut, beides jedoch lediglich zur Klarstellung der bereits bislang dieser Bestimmung zu Grunde liegenden Intention des DAV.[8]

III. Sachmängelhaftung nach Abnahme

4 Nicht geändert hat sich der Zeitpunkt, mit dem § 13 VOB/B anwendbar wird. Wenn die Bauleistung abgenommen ist, richtet sich die Haftung des Auftragnehmers für Sachmängel nach § 13 VOB/B.[9] Auch nicht erledigte Mängelbeseitigungsansprüche gemäß § 4 Nr. 7 VOB/B setzen sich mit der Abnahme in Mängelrechten aus § 13 VOB/B fort.[10] Im Falle einer Kündigung des Bauvertrags gilt das ebenfalls erst, wenn die bis dahin erbrachte Leistung abgenommen worden ist.[11] Damit ist die **Abnahme** eine ebenso klare wie scharfe **Zäsur**. Diese folgt daraus, dass § 13 Nr. 1 VOB/B die Sachmängelhaftung des Auftragnehmers an den Stand seiner Leistung „zum

[1] So Beschluss des Vorstandes des Deutschen Vergabe- und Vertragsausschusses (DVA) vom 2.5.2002, Begründung II. 5. a.; *Kratzenberg* NZBau 2002, 177, 180.

[2] *Weyer* BauR 2003, 613.

[3] Vgl. Begründung des Entwurfs eines Gesetzes zur Modernisierung des Schuldrechts, BT-Drucks. 14/6040, S. 261, 1. Abs.; vgl. dazu auch *Peters* NZBau 2002, 113, 118; *Siegburg* FS Jagenburg 2002, 839, 849.

[4] Ebenso *Kemper* BauR 2002, 1613, 1614; *Langen* Jahrbuch BauR 2003, 161, 182; *Weyer* BauR 2003, 613, 614.

[5] *Weyer* BauR 2003, 613, 614. Näher dazu unten Rdn. 37.

[6] *Joussen/Schranner* BauR 2006, 1366, 1369–1371.

[7] Näher dazu unten Rdn. 113.

[8] Hauptausschuss Allgemeines (HAA) des DVA, Beschluss vom 17.5.2006, Nr. 12 Begründung, und Beschluss vom 27.6.2006, Nr. 8 Begründung. Vgl. auch unten Rdn. 127, 129.

[9] BGHZ 50, 160 = NJW 1968, 1524; BGHZ 55, 354 = NJW 1971, 838 = BauR 1971, 126.

[10] BGH NJW 1982, 1524 = BauR 1982, 277.

[11] BGHZ 153, 244 = NJW 2003, 1450 = NZBau 2003, 265 = BauR 2003, 689.

Zeitpunkt der Abnahme" knüpft. Dem entspricht zudem die Einordnung der Mängelrechte in § 13 VOB/B hinter der Regelung der Abnahme in § 12 VOB/B.

Durch den strikten Beginn der Sachmängelhaftung nach § 13 VOB/B mit der Abnahme 5 kommt letzterer eine Bedeutung zu, welche sie insoweit im Werkvertragsrecht des **BGB nicht** hat. Denn Nacherfüllungsansprüche aus §§ 634 Nr. 1, 635 BGB können schon vor der Abnahme bestehen, sobald die Werkleistung fällig ist.[12] Ebenso wie außerdem die Ansprüche aus §§ 634, 635 BGB a.F. bereits vor der Abnahme geltend gemacht werden konnten,[13] setzen die weiteren Rechte des Auftraggebers gemäß § 634 Nr. 2–4 BGB keine Abnahme, sondern – abgesehen von dem Schadenersatzanspruch nach §§ 634 Nr. 4, 280 BGB – einen fälligen Nacherfüllungsanspruch und in der Regel den erfolglosen Ablauf einer angemessenen Nacherfüllungsfrist voraus.

Ausnahmsweise ist allerdings im Rahmen des § 13 VOB/B eine Abnahme **entbehrlich**: Die 6 dort geregelten Rechte kommen schon dann in Betracht, wenn der Auftraggeber die Abnahme bestimmt und endgültig verweigert.[14] In der Praxis hat diese Ausnahme besondere Bedeutung für den Beginn der Verjährung der Mängelrechte nach § 13 Nr. 4 Abs. 3 VOB/B. Die endgültige Verweigerung der Abnahme wird hier der Abnahme gleichgestellt.[15]

IV. Rechtsnatur der Sachmängelhaftung

Im Zusammenhang mit der Frage, ob als Mängelbeseitigung, soweit Mängelfreiheit anders 7 nicht zu erreichen ist, auch nach Abnahme noch Neuherstellung des Werks verlangt werden kann, war ein heftiger Streit um die Rechtsnatur der Gewährleistung entbrannt.[16] Für die Praxis wurde die Einordnung zum Beispiel als Erfüllungsanspruch, modifizierter Erfüllungsanspruch oder echter Gewährleistungsanspruch[17] jedoch spätestens mit der Entscheidung des BGH vom 10.10.1985[18] weitgehend bedeutungslos[19]. Dort betonte der BGH, dass bisher zu sehr auf vermeintliche begriffliche Unterschiede zwischen Neuherstellung und Nachbesserung und nicht genügend auf den **Zweck** der im Werkvertragsrecht im Vordergrund stehenden **Mängelbeseitigung** abgehoben worden sei. Der BGH gelangte zu dem praxisgerechten Ergebnis: Mängelbeseitigung bedeutet bei natürlicher Betrachtungsweise nichts anderes, als mangelhafte Leistungen durch mangelfreie zu ersetzen, soweit das erforderlich ist, um insgesamt ein mangelfreies Werk entstehen zu lassen; Neuherstellung stellt daher nur eine Nachbesserung im größtmöglichen, aber notwendigen Umfang dar.

Das gilt nach wie vor, zumal § 635 Abs. 1 BGB die **Neuherstellung** nunmehr ausdrücklich als 8 eine **Alternative der Nacherfüllung** anführt.[20] Allerdings wurde davon abgesehen, auch § 13

[12] *Sienz* BauR 2002, 181, 184/185.

[13] BGH NJW 1999, 3710 = NZBau 2000, 23 = BauR 2000, 98; BGH NJW 2000, 133 = NZBau 2000, 22 = BauR 2000, 128.

[14] OLG Düsseldorf BauR 1980, 276.

Damit ist allerdings nicht gesagt, dass durch die endgültige Verweigerung der Abnahme die Mängelrechte aus § 13 VOB/B an die Stelle der nicht erledigten Erfüllungsansprüche aus §§ 4 Nr. 7, 8 Nr. 3 VOB/B und nicht etwa neben diese treten. Für letzteres spricht die zu einem BGB-Bauvertrag ergangene Entscheidung BGH NJW 1999, 2046 = BauR 1999, 760.

[15] BGH NJW 1970, 421 = BauR 1970, 48; BGHZ 79,180 = NJW 1981, 822 = BauR 1981, 201; BGH NJW 2000, 133 = NZBau 2000, 22 = BauR 2000, 128; *Ingenstau/Korbion/Wirth* VOB/B § 13 Nr. 4 Rdn. 175; *Nicklisch/Weick* § 13 Rdn. 89; mit Einschränkungen Beck'scher VOB-Kommentar/*Motzke* VOB/B § 13 Nr. 4 Rdn. 229; vgl. dazu auch unten Rdn. 144.

[16] Vgl. dazu *Nicklisch/Weick* Vor § 13 Rdn. 4–6 und § 13 Rdn. 11–14; Beck'scher VOB-Kommentar/*Ganten* VOB/B Vor § 13 Rdn. 2 und 3.

[17] Vgl. dazu die Nachweise bei *Nicklisch/Weick* § 13 Rdn. 11 und Beck'scher VOB-Kommentar/*Ganten* VOB/B Vor § 13 Rdn. 3.

[18] BGHZ 96, 111 = NJW 1986, 711 = BauR 1986, 93.

[19] Ähnlich Beck'scher VOB-Kommentar/*Kohler* VOB/B § 13 Nr. 5 Rdn. 14.

[20] Vgl. dazu näher unten Rdn. 219.

Nr. 5 Abs. 1 Satz 1 VOB/B entsprechend zu ändern, da dieser nach der Rechtsprechung schon bisher auch die Neuherstellung umfasste.[21]

V. Abweichungen gegenüber dem BGB

9 § 13 VOB/B enthält eine im wesentlichen[22] **abschließende Regelung** der Mängelrechte des Auftraggebers nach der Abnahme.[23] Sie stimmt in den Grundzügen mit der gesetzlichen Regelung in §§ 633 ff. BGB überein, weicht von ihr aber andererseits in einigen, zum Teil gewichtigen Einzelheiten ab, auf welche des näheren bei der Erörterung der Einzelregelungen in § 13 Nr. 1 bis 7 VOB/B einzugehen sein wird.

10 Zum ersten **Überblick** sind hier nur die **wichtigsten Abweichungen** zusammengestellt:

- § 13 Nr. 2 und 3 VOB/B regeln im gesetzlichen Werkvertragsrecht nicht behandelte Sondertatbestände.
- § 13 Nr. 4 Abs. 1 VOB/B verkürzt die Verjährungsfrist der Mängelansprüche bei Bauwerken von fünf Jahren (§ 634 a Abs. 1 Nr. 2 BGB) auf vier Jahre. Andererseits ermöglicht § 13 Nr. 5 Abs. 1 Satz 2 VOB/B, sofern die restliche Verjährungsfrist kürzer als zwei Jahre ist, diese durch schriftliches Mängelbeseitigungsverlangen auf zwei Jahre zu verlängern.
- § 13 Nr. 5 Abs. 1 Satz 1 VOB/B gewährt grundsätzlich nur einen Anspruch auf Mängelbeseitigung. Der Auftraggeber hat nicht die Möglichkeiten der §§ 634 Nr. 3, 323, 638 BGB, nach erfolglosem Ablauf einer gesetzten angemessenen Nacherfüllungsfrist zu Rücktritt oder Minderung überzugehen.
- § 13 Nr. 6 VOB/B lässt eine Minderung lediglich für drei eng begrenzte Fallgestaltungen zu.
- Ein Rücktritt wird in § 13 VOB/B, anders als in § 634 Nr. 3 BGB, nicht erwähnt.
- § 13 Nr. 7 VOB/B regelt Schadenersatzansprüche unterschiedlichen Umfangs unter spezielleren Voraussetzungen enger als § 634 Nr. 4 BGB.

VI. Isolierte Vereinbarung des § 13 VOB/B

11 Angesichts der in § 13 Nr. 4 Abs. 1 VOB/B gegenüber § 634 a Abs. 1 Nr. 2 BGB von fünf auf vier Jahre, bis einschließlich zur VOB/B 2000 sogar auf zwei Jahre verkürzten Verjährungsfrist lag und liegt für **Auftragnehmer** der Versuch nahe, sich diesen Vorteil durch eine Einbeziehung allein des § 13 VOB/B in den Bauvertrag zu sichern. Eine solche Vereinbarung war nach ständiger Rechtsprechung[24] gemäß § 11 Nr. 10 lit. f AGB-Gesetz und ist jetzt nach § 309 Nr. 8 lit. b ff BGB **unwirksam**, weil die VOB/B nicht insgesamt einbezogen ist. Sofern der Auftraggeber Unternehmer im Sinne des § 14 Abs. 1 BGB ist, folgte die Unwirksamkeit aus § 9 Abs. 1 AGB-Gesetz,[25] nunmehr trotz der Verdoppelung der Frist in § 13 Nr. 4 Abs. 1 VOB/B aus § 307 Abs. 1 BGB.[26] Das gilt nicht nur, wenn § 13 VOB/B in einem vom Auftragnehmer verwendeten Formularvertrag isoliert vereinbart wird. Eine unwirksame Einbeziehung liegt vielmehr auch dann vor, wenn in einem von dem Auftragnehmer abgefassten Individualvertrag auf § 13 VOB/B Bezug genommen wird. Denn in allen diesen Fällen werden Allgemeine Geschäftsbedingungen in den Vertrag einbezogen, ohne zwischen den Vertragsparteien ausgehandelt worden zu sein.[27]

---

[21] Beschluss des Vorstandes des DVA vom 2.5.2002, Begründung II. 9.; *Kratzenberg* NZBau 2002, 177, 182; vgl. auch unten Rdn. 193.

[22] Zu Ausnahmen vgl. *Daub/Piel/Soergel/Steffani* ErlZ B 13.4.

[23] Ähnlich Beck'scher VOB-Kommentar/*Ganten* VOB/B Vor § 13 Rdn. 37.

[24] BGHZ 96, 129 = NJW 1986, 315 = BauR 1986, 89; BGHZ 107, 75 = NJW 1989, 1602 = BauR 1989, 322; BGHZ 111, 388 = NJW 1990, 3197 = BauR 1990, 718. Vgl. auch unten Rdn. 188.

[25] BGHZ 90, 273 = NJW 1984, 1750 = BauR 1984, 390; OLG Düsseldorf BauR 1994, 762.

[26] Denn § 13 Nr. 4 Abs. 1 VOB/B verkürzt noch immer die gesetzliche Frist, worauf der BGH, a.a.O. (vorstehende Fußnote), entscheidend abstellt.

[27] BGHZ 107, 75 = NJW 1989, 1602 = BauR 1989, 322.

Der ausdrücklichen Erwähnung des § 13 VOB/B oder seines Wortlauts stehen Klauseln wie „Gewährleistung gemäß VOB“ oder mit ähnlicher Umschreibung gleich.[28]

Wirksam ist die isolierte Vereinbarung des § 13 VOB/B, wenn diese Bestimmung **durch** den **Auftraggeber** in den Vertrag eingeführt worden ist.[29] Denn dann ist der Auftraggeber Verwender dieser Klausel. Das Gesetz schützt jedoch nur den Vertragspartner des Verwenders vor unangemessenen Benachteiligungen (§ 307 Abs. 1 BGB). Für den Auftragnehmer ist die Verkürzung der Verjährungsfrist indessen vorteilhaft. Aus dem gleichen Grund ist die isolierte Einbeziehung des § 13 VOB/B durch den Auftragnehmer unter gleichzeitiger Verlängerung der Verjährungsfrist auf fünf Jahre wirksam.[30] In einem Vertrag über die Errichtung eines Wohnhauses stellt aber die Vereinbarung einer Verjährungsfrist von fünf Jahren lediglich für die „Arbeiten des Rohbaus bis einschließlich Dachstuhl“ keinen hinreichenden Ausgleich der Benachteiligung des Auftraggebers durch den ansonsten uneingeschränkt isoliert einbezogenen § 13 VOB/B dar.[31] 12

B. Voraussetzungen der Sachmängelhaftung: § 13 Nr. 1 bis 3 VOB/B

Die umfangreichen Bestimmungen des § 13 VOB/B lassen sich zur besseren Übersichtlichkeit in **zwei Regelungsbereiche** unterteilen. § 13 Nr. 1 bis 3 VOB/B ist zu entnehmen, unter welchen Voraussetzungen die Sachmängelhaftung eingreift.[32] § 13 Nr. 4 bis 7 VOB/B ordnet an, in welcher Weise der Auftragnehmer haftet.[33] 13

I. Grundtatbestand der Sachmängelhaftung: § 13 Nr. 1 VOB/B

Gegenüber seiner früheren Fassung, nach welcher der Auftragnehmer dafür einzustehen hatte, dass seine Leistung die vertraglich zugesicherten Eigenschaften aufwies, den anerkannten Regeln der Technik entsprach und nicht mit wert- oder gebrauchsbeeinträchtigenden Fehlern behaftet war, ist § 13 Nr. 1 durch die VOB/B **2002 insgesamt neu gefasst** worden. Seither wird in Satz 1 zunächst die Verpflichtung des Auftragnehmers, seine Leistung dem Auftraggeber zum Zeitpunkt der Abnahme frei von Sachmängeln zu verschaffen, herausgestellt. Anschließend umschreiben die Sätze 2 und 3, unter welchen Voraussetzungen die Leistung sachmängelfrei ist. Die hiermit vorgenommene Anpassung[34] des § 13 Nr. 1 VOB/B an § 633 Abs. 1 und 2 BGB in dessen seit dem 1.1.2002 geltenden Fassung erfolgte „aus Gründen der Parallelität und der daraus abzuleitenden Legitimation.“[35] 14

Zugesicherte Eigenschaften werden in § 13 Nr. 1 VOB/B ebenso wie in § 633 BGB **nicht** mehr **erwähnt**. In der Begründung des Gesetzentwurfs heißt es hierzu, für die Umschreibung des Sachmangels könne auf eine Unterscheidung zwischen Fehlern und dem Fehlen zugesicherter Eigenschaften verzichtet werden, wenn maßgeblich auf die Vereinbarung der Vertragspartner abgestellt werde.[36] Dem entsprechend wurde in § 13 Nr. 1 VOB/B von einer Regelung der 15

---

[28] BGHZ 96, 129 = NJW 1986, 315 = BauR 1986, 89; BGH NJW 1987, 2373 = BauR 1987, 438; OLG Düsseldorf BauR 1994, 762.

[29] BGHZ 99, 160 = NJW 1987, 837 = BauR 1987, 205; a.A. *Korbion/Locher* Rdn. I 180, weil dann in der Quasiunterbrechung nach § 13 Nr. 5 Abs. 1 S. 2 VOB/B ein Verstoß gegen § 9 AGB-Gesetz liege, was in BGHZ 107, 75 = NJW 1989, 1602 = BauR 1989, 322 jedoch ausdrücklich verneint wird.

[30] BGHZ 107, 75 = NJW 1989, 1602 = BauR 1989, 322.

[31] BGH NJW-RR 1989, 85 = BauR 1989, 77.

[32] So auch *Daub/Piel/Soergel/Steffani* ErlZ B 13.11 und 13.112.

[33] Ebenso *Daub/Piel/Soergel/Steffani* ErlZ B 13.12.

[34] Vgl. dazu schon oben Rdn. 1 und 2.

[35] Beschluss des Vorstandes des DVA vom 2.5.2002, Begründung II. 5. b.; *Kratzenberg* NZBau 2002, 177, 181.

[36] BT-Drucks. 14/6040, S. 212, zu § 434 Abs. 1 Satz 1, 4. Abs., und S. 261, zu § 633 Abs. 2 Satz 1, wo auf die Übereinstimmung mit der Definition des Sachmangels in § 434 BGB hingewiesen wird.

zugesicherten Eigenschaften abgesehen.[37] Folgerichtig ist in § 13 Nr. 2 und Nr. 7 Abs. 3 Satz 2 lit. b VOB/B jetzt von einer vereinbarten Beschaffenheit statt von zugesicherten Eigenschaften die Rede.

1. Pflicht zur Leistung frei von Sachmängeln

16 § 13 Nr. 1 Satz 1 VOB/B stellt wie § 633 Abs. 1 BGB die Pflicht des Auftragnehmers zur sachmängelfreien Leistung an die Spitze und unterstreicht damit ihre Bedeutung. Sie ist ein **wesentlicher Bestandteil** der **Hauptleistungspflicht** des Auftragnehmers, das versprochene Werk herzustellen (§ 631 Abs. 1 BGB). Denn auch ohne diesbezügliche ausdrückliche Erklärung verspricht der Auftragnehmer mit dem Abschluss des Bauvertrags, die geschuldete[38] Leistung sachmängelfrei zu erbringen.

2. Verschaffungspflicht

17 Der Auftragnehmer hat nach § 13 Nr. 1 Satz 1 VOB/B dem Auftraggeber seine sachmängelfreie Leistung **„zu verschaffen"**. Diese Formulierung seit der VOB/B 2002 ist hier ebenso neu wie in § 633 Abs. 1 BGB.[39] Nach § 633 Abs. 1 BGB a.F. war der Auftragnehmer verpflichtet, das Werk sachmängelfrei herzustellen. Zu verschaffen hatte gemäß § 433 Abs. 1 Satz 1 BGB a.F. der Verkäufer dem Käufer das Eigentum an der verkauften Sache. § 433 Abs. 1 Satz 2 BGB erstreckt die Verschaffungspflicht auf die Mängelfreiheit der Kaufsache. Die Übernahme des Begriffs „verschaffen" in das Werkvertragsrecht beruht auf dem Bestreben des Gesetzgebers, die Mängelhaftung des Auftragnehmers an die des Verkäufers anzupassen.[40] Einer gesonderten Verschaffung des Eigentums bedarf es bei Bauleistungen wegen §§ 946, 94 BGB jedoch – von den Fällen der Erwerberverträge[41] abgesehen – in der Regel nicht. Andererseits ist der Auftragnehmer aufgrund des Bauvertrags weiterhin verpflichtet, das vereinbarte Werk mangelfrei herzustellen.[42] Deshalb gibt es keine Anhaltspunkte, dass mit der jetzigen Formulierung eine Änderung der Rechtslage bewirkt werden sollte.[43] Verschaffen bedeutet mithin im Regelfall nicht mehr, als dass der Auftragnehmer dem Auftraggeber das abnahmereife Werk zur tatsächlichen Verfügung freizugeben hat.[44]

3. Zwei Voraussetzungen der Sachmängelfreiheit

18 Die Bauleistung ist nach § 13 Nr. 1 Satz 2 VOB/B nur dann sachmängelfrei, wenn sie zwei Voraussetzungen erfüllt: Sie muss die **vereinbarte Beschaffenheit** haben (a) und den **anerkannten Regeln der Technik** entsprechen (b). Satz 3 des § 13 Nr. 1 VOB/B enthält keine zusätzlichen Voraussetzungen, regelt vielmehr den in der Praxis nicht vorkommenden[45] Fall, dass eine Vereinbarung der Beschaffenheit der Bauleistung fehlt. Dann soll es an Stelle dieser Voraussetzung darauf ankommen, ob die Bauleistung sich für die nach dem Vertrag vorausgesetzte Verwendung eignet (c), weiter hilfsweise darauf, ob sie sich „für die gewöhnliche Verwendung eignet und eine

---

[37] Beschluss des Vorstandes des DVA vom 2.5.2002, Begründung II. 5. b.; ähnlich *Sienz* BauR 2002, 181, 182.

[38] Zur Mängelhaftung für gleichzeitig erbrachte nicht geschuldete Leistungen: OLG Schleswig IBR 2006, 134.

[39] Zur Verschaffungspflicht nach § 633 Abs. 1 BGB eingehend *Thode* NZBau 2002, 297, 301 f.; *Kniffka* ibr-online-Kommentar Bauvertragsrecht, Stand 10.4.2006, § 633 Rdn. 2; *Preussner* FS Kraus 2003, 179, 180/181; *Sienz* FS Kraus 2003, 237, 238–241.

[40] Vgl. dazu BT-Drucks. 14/6040, S. 260, zu Nr. 38 und zu § 633 Abs. 1.

[41] Dazu näher *Thode* NZBau 2002, 297, 302.

[42] BT-Drucks. 14/6040, S. 261, zu § 634 Nr. 1; *Sienz* BauR 2002, 181,182. *Siegburg* FS Jagenburg 2002 S. 839, 840 meint, die Abgrenzung der Verschaffungspflicht von der Herstellungspflicht bereite erhebliche Schwierigkeiten; wieso, sagt er jedoch ebenso wenig wie er angibt, warum es auf eine solche Abgrenzung ankommen soll.

[43] *Weyer* BauR 2003, 613, 615; so zu § 633 Abs. 1 BGB auch *Funke* Jahrbuch BauR 2002, 217, 221.

[44] So zu § 633 Abs. 1 BGB mit Recht *Mundt* NZBau 2003, 73, 78.

[45] Näher dazu *Weyer* BauR 2003, 613, 616/617 sowie unten Rdn. 34–36.

Beschaffenheit aufweist, die bei Werken der gleichen Art üblich ist und die der Auftraggeber nach der Art der Leistung erwarten kann" (d).

Wie neben ihr selbst, muss auch neben diesen Alternativen der ersten Voraussetzung jeweils die zweite Voraussetzung erfüllt sein.[46] **Jede** Voraussetzung ist **unabhängig** von der anderen zu beurteilen. Deshalb ist ein Werk mangelhaft, welches zwar die anerkannten Regeln der Technik einhält, aber von der vereinbarten Beschaffenheit oder ihren Alternativen abweicht.[47] Umgekehrt kann der Mangel allein wegen eines Verstoßes gegen die anerkannten Regeln der Technik zu bejahen sein.[48] Allerdings können die Bauvertragspartner mit der vereinbarten Beschaffenheit auch eine die anerkannten Regeln der Technik **unterschreitende** Ausführungsart **ausbedingen**. Das kommt jedoch nur in Betracht, wenn der Auftraggeber weiß, dass die vereinbarte Beschaffenheit – Beispiel: Errichtung einer einschaligen Trennwand zwischen Doppelhaushälften – nicht den anerkannten Regeln der Technik entspricht und im Beispielfall mit einem geringeren Schallschutz verbunden ist.[49] 19

a) Vereinbarte Beschaffenheit. Indem § 13 Nr. 1 VOB/B ebenso wie § 633 Abs. 2 Satz 1 BGB allein auf die vereinbarte Beschaffenheit[50] abstellt und nicht mehr zusätzlich eine Beeinträchtigung des Werts oder der Gebrauchstauglichkeit der Bauleistung fordert, nimmt er nicht nur eine terminologische Änderung vor.[51] Vielmehr **verschärft** er mit der Verringerung der Voraussetzungen eines Sachmangels die **Haftung** des Auftragnehmers.[52] Denn wie früher nur bei zugesicherten Eigenschaften führt allein das Fehlen der vereinbarten Beschaffenheit zur Mangelhaftigkeit.[53] In der Praxis sind also durchaus erhebliche Auswirkungen zu erwarten.[54] Für die vereinbarte Beschaffenheit hat der Auftragnehmer nämlich **seit** Geltung der **VOB/B 2002** auch dann einzustehen, wenn ihr Fehlen den Wert oder die Funktion der Bauleistung nicht berührt,[55] wobei aber **gegebenenfalls** eine **restriktive Interpretation** der Beschaffenheitsvereinbarung angebracht ist[56] und – wie stets – Treu und Glauben (§ 242 BGB) eine äußerste Grenze gegen Missbräuche markieren.[57] Deshalb bedarf es in dem Fall, dass statt des vertraglich vereinbarten Mineralputzes ein Kunstharzputz ausgeführt wird, nicht mehr eines Sachverständigen zu den Qualitätsunterschieden dieser Putze.[58] Etwas anderes gilt nur für einen Schadenersatzanspruch nach § 13 Nr. 7 Abs. 3 VOB/B, weil dort ein die Gebrauchsfähigkeit erheblich beeinträchtigender Mangel erforderlich ist.[59] Da es allein auf die vereinbarte Beschaffenheit ankommt, ist ein Bauwerk 20

---

[46] *Weyer* BauR 2003, 613, 617/618.

[47] Zur bisherigen Fassung des § 13 Nr. 1 VOB/B: BGHZ 91, 206 = NJW 1984, 2457 = BauR 1984, 510; BGH BauR 1985, 567; NJW-RR 1995, 472 = BauR 1995, 230; NZBau 2002, 611.

[48] OLG Köln NJW-RR 1994, 1431 = BauR 1995, 137 (nur Leitsatz).

[49] OLG München IBR 2006, 269.

[50] *Thode* NZBau 2002, 297, 303 f., hält diesen Begriff für unklar und auslegungsbedürftig.

[51] So jedoch *Motzke* IBR 2001, 652, 653, und wohl auch *Peters* NZBau 2002, 113, 118, beide zu § 633 BGB.

[52] So auch *Quack* IBR 2001, 705/706 und *Thode* NZBau 2002, 297, 303, jeweils zu § 633 Abs. 2 BGB; *Kemper* BauR 2002, 1613, 1615; während *Kniffka* ibr-online-Kommentar Bauvertragsrecht, Stand 10.4.2006, § 633 Rdn. 44/45 meint, das sei nicht dramatisch, weil es sich in der Regel um unerhebliche Mängel handele.

[53] *Weyer* BauR 2003, 613, 615. Ob, wie *Kniffka* ibr-online Kommentar Bauvertragsrecht, Stand 10.4.2006, § 633 Rdn. 44–47 und *Sienz* IBR 2004,194 meinen, Abweichungen von der vereinbarten Beschaffenheit, die den Wert oder die Gebrauchsfähigkeit nicht beeinträchtigen, in aller Regel unerhebliche Mängel sind und ob der Auftragnehmer eine Nacherfüllung regelmäßig wegen Unverhältnismäßigkeit verweigern kann, muss die künftige Baurechtspraxis zeigen. Die Entwicklung wird eher in die umgekehrte Richtung gehen.

[54] Entgegen *Schudnagies* NJW 2002, 396, 397, zu § 633 Abs. 2 BGB.

[55] Ähnlich, wenn auch zweifelnd, *Preussner* BauR 2002, 231, 233, zu § 633 Abs. 2 BGB.

Entgegen Teichmann ZfBR 2002, 13, 15 bedarf es insoweit also keiner besonderen Auslegungsbemühungen.

[56] *Kniffka* ibr-online-Kommentar Bauvertragsrecht, Stand 10.4.2006, § 633 Rdn. 42.

[57] Vgl. *Nicklisch/Weick* § 13 Rdn. 28, zum Fehlen einer zugesicherten Eigenschaft.

[58] Anders nach altem Recht: OLG Hamm BauR 2005, 1324; vgl. dazu den Praxishinweis von *Weyer* in IBR 2005, 250.

[59] Vgl. *Daub/Piel/Soergel/Steffani* ErlZ B 13.138; näher dazu unten Rdn. 347/348.

auch dann mangelhaft, wenn die Bauausführung wirtschaftlich und technisch besser ist als die vereinbarte.[60] Erst recht gilt das bei einer gleichwertigen, aber abweichenden Ausführung.[61]

21 **aa) Ausdrückliche Vereinbarung.** Die vereinbarte Beschaffenheit liegt eindeutig fest, soweit der Bauvertrag, das Leistungsverzeichnis oder sonstige Vertragsbestandteile,[62] gegebenenfalls auch eine als kaufmännisches Bestätigungsschreiben einzuordnende Auftragsbestätigung,[63] ausdrückliche Angaben enthalten. Das ist etwa der Fall, wenn ein Haus oder eine Wohnung mit einer **bestimmten Wohnfläche**[64] errichtet werden sollte. Ist die tatsächlich vorhandene Wohnfläche dann jedoch kleiner, so stellt auch eine geringe Abweichung einen Mangel dar.[65] Die gelegentliche Annahme, die Abweichung müsse von einer gewissen Erheblichkeit sein,[66] ist verfehlt, weil § 13 Nr. 1 VOB/B darauf anders als § 13 Nr. 7 Abs. 3 VOB/B, wo ein wesentlicher Mangel vorausgesetzt wird, gerade nicht abhebt.[67] **Weiterer Beispielfälle** sind Vereinbarungen, dass die außen liegende Wärmedämmung eines Hauses nach den Werkvorschriften des Herstellers ausgeführt werden soll,[68] Kellerwände in wasserundurchlässigem Beton herzustellen sind[69] oder ein Parkplatz DIN-gerecht zu pflastern ist.[70]

22 Auch **subjektive Vorstellungen**, etwa bezüglich Optik und Design, gehören, sofern sie Vertragsinhalt geworden sind, zur vereinbarten Beschaffenheit.[71] Zudem kann die vereinbarte Beschaffenheit außer den unmittelbaren physischen Eigenschaften der Bauleistung solche tatsächliche, wirtschaftliche, soziale und rechtliche **Beziehungen zur Umwelt** umfassen, die in der Beschaffenheit der Bauleistung ihren Grund haben.[72] Das gilt zum Beispiel für den nach öffentlichem Baurecht erforderlichen Nachweis der Tragfähigkeit von Dübeln[73] und allgemein für auf öffentlich-rechtlichen Vorschriften beruhende Bau- und Nutzungsbeschränkungen.[74] Bei einem Vertrag über den Erwerb einer einschließlich der Anschlüsse an die öffentlichen Versorgungsleitungen zu errichtenden Doppelhaushälfte umfasst die vereinbarte Beschaffenheit

---

[60] BGH NJW 2002, 3543 = NZBau 2002, 571 = BauR 2002, 1536 für eine um 1,15 m höhere Gründung eines Hauses als vereinbart; OLG Brandenburg BauR 2006, 1472; *Merl* FS Motzke 2006, 261, 265. Zu „vorteilhaften" Abweichungen vgl. auch *Sienz* FS Kraus 2003, 237, 242.

[61] *Weyer* BauR 2003, 613, 615.

[62] OLG Hamm NJW-RR 2002, 415; vgl. zum weiten Begriff der Leistungsbeschreibung unten Rdn. 65 sowie allgemein zur Festlegung des Bausolls durch sämtliche Vertragsbestandteile VOB/B § 2 Rdn. 26–28; *Kapellmann/Schiffers* Band 1, Rdn. 4, 104.

[63] OLG Dresden IBR 2003, 401.

[64] Diese gehört nach BGH NJW 2004, 2156 = NZBau 2004, 269 = BauR 2004, 847 „zu den zentralen Beschaffenheitsmerkmalen des vom Bauträger geschuldeten Objekts."

[65] BGH NJW-RR 1998, 1169: 3,23 %; auf diese Entscheidung wird in BGH NJW 1999, 1859 =BauR 1999, 648 Bezug genommen, obwohl dort eine Abweichung von 19 % vorlag; OLG Celle NJW-RR 1999, 816: 4,69 %; vgl. auch KG IBR 2001, 202; *Pause* NZBau 2006, 342, 348; zum Begriff „Wohnfläche" vgl. BGH NJW 2004, 2230 und *Kapellmann/Schiffers* Band 2, Rdn. 600–605.

[66] OLG Celle BauR 1999, 663; OLG Schleswig BauR 2000, 1220; ähnlich OLG Nürnberg NJW-RR 2001, 82 = NZBau 2001, 317 = BauR 2000, 1883; in der Tendenz auch OLG Hamm NJW-RR 2002, 415.

[67] Näher dazu *Weyer* FS Jagenburg 2002, 1043, 1045/1046, 1050–1052.

[68] OLG Schleswig BauR 2004, 1946, das – noch nach altem Recht – insoweit eine zugesicherte Eigenschaft annimmt; vgl. zu Hersteller-Verarbeitungsanweisungen für Dickbeschichtungen auch OLG Köln BauR 2005, 389. Zu Differenzen zwischen Herstellerempfehlungen und DIN-Normen vgl. BGH IBR 2005, 141.

[69] OLG Schleswig IBR 2006, 390.

[70] OLG Celle IBR 2006, 404.

[71] Zu Unrecht zweifelnd insoweit *Preussner* BauR 2002, 231, 233. Vgl. dazu *Vorwerk* BauR 2003, 1, 3, in Fußnote 31, sowie erneut *Preussner* FS Kraus 2003, 179, 182/183.

[72] So für § 459 Abs. 1 BGB a.F.: BGHZ 98, 100 = NJW 1986, 2824 = BauR 1986, 723; für § 633 Abs. 1 BGB a.F.: OLG Düsseldorf BauR 2000, 286; in BT-Drucks. 14/6040, S. 213, linke Spalte, 2. Abs., offen gelassen; zu eng deshalb *Mundt* NZBau 2003, 73, 75.

[73] BGH NJW 1981, 112 = BauR 1981, 69.

[74] BGHZ 67, 134 = NJW 1976, 1888; BGHZ 98, 100 = NJW 1986, 2824 = BauR 1986, 723; vgl. auch BGH NJW-RR 1989, 775 = BauR 1989, 219; IBR 2001, 92; NJW-RR 2001, 309 = NZBau 2001, 264 = BauR 2001, 258 – Kabelverteilerschrank; OLG Oldenburg NJW-RR 2000, 545 = NZBau 2000, 337 = BauR 2000, 731 – Löschwasserteich; OLG Düsseldorf NJW-RR 2001, 523 = NZBau 2001, 318 – Müllcontainerplatz.

Anschlüsse, die eine ungestörte Nutzung ermöglichen, und deshalb eine rechtliche Absicherung durch Grunddienstbarkeiten, falls die Leitungen über fremde Grundstücke verlaufen.[75]

bb) Konkludente Vereinbarung. § 13 Nr. 1 Satz 2 VOB/B fordert ebenso wenig wie § 633 Abs. 2 Satz 1 BGB[76] eine ausdrückliche Vereinbarung der Beschaffenheit.[77] Sie kann also, was durch Vertragsauslegung zu ermitteln ist, auch konkludent vereinbart sein.[78] Das kommt zum Beispiel bezüglich der geschuldeten Schalldämm-Maße in Betracht.[79] Ist eine Komfort-Wohnung zu errichten, kann damit zugleich ein erhöhter Schallschutz vereinbart sein.[80] Wenn Haustrennwände zweischalig[81] mit dazwischenliegenden Weichfaserplatten auszuführen sind, ist mit dieser vertragsgemäßen Konstruktion zugleich das hierdurch erreichbare Schalldämm-Maß geschuldet.[82] Falls jedoch in der Baubeschreibung eines Reihenhauses „zweischalige Trennwände aus Kalksandsteinen bzw. Haustrennwandsteinen" vorgesehen sind und der Auftragnehmer Haustrennwandsteine verwendet, ist nicht der höhere Schallschutz, der mit Kalksandsteinen erreichbar gewesen wäre, konkludent vereinbart.[83] 23

Weitere Beispiele aus der Rechtsprechung: Bei Übernahme der Erneuerung von Decken und Fußböden im Rahmen der Sanierung von Mietshäusern in Kenntnis dieser Eigenschaft der Häuser gehört zur stillschweigend vereinbarten Beschaffenheit, dass die für Mietshäuser geltenden Brand- und Schallschutzregeln eingehalten werden.[84] Wer sich verpflichtet, eine schlüsselfertige[85] Wohnanlage zu erstellen, muss ein insgesamt mängelfreies Gebäude errichten; er schuldet all das, was nach den örtlichen und sachlichen Gegebenheiten jeder Fachmann als notwendig erachtet hätte, mithin auch eine erforderliche Abdichtung gegen drückendes Wasser.[86] Ebenso ist ein ohne nähere Angaben ausgeschriebenes Schneefanggitter nach den örtlichen Verhältnissen, nämlich den nach der geographischen Lage zu erwartenden Schneemassen zu bemessen.[87] Bei Errichtung einer Produktions- und Lagerhalle muss das Dach dicht sein, und zwar auch bei stärkerem Regen mit Windeinfall.[88] Glasscheiben für eine Fassade müssen so beschaffen sein, dass sie in die dem Auftragnehmer bekannte Rahmenkonstruktion eingefügt werden können, selbst wenn die anerkannten Regeln der Technik größere Geradheitstoleranzen vorsehen.[89] Die Steigung der Treppenanlagen in einem Verwaltungsgebäude muss den Arbeitsstätten-Richtlinien entsprechen.[90] 24

Neue Rechtsprechungsbeispiele: Ein Bauträger schuldet eine Wohnung, die besondere Lüftungsmaßnahmen des Erwerbers und einen erhöhten Heizaufwand zur Vermeidung von Schimmel- 25

---

[75] OLG München NZBau 2006, 578.

[76] Vgl. dazu *Palandt/Sprau* § 633 Rdn. 6.

[77] Anders – allerdings ohne jede Begründung – *Schudnagies* NJW 2002, 396, 397.

[78] *Weyer* BauR 2003, 613, 616/617; *Siegburg* FS Jagenburg 2002, 839, 841.

[79] Vgl. dazu *Steffen* BauR 2006, 873–875; OLG München IBR 2006, 269.

[80] BGH NJW 1998, 2967 = BauR 1998, 783.

[81] Nach OLG Koblenz IBR 2006, 98 = BauR 2006, 843 soll das den „Regeln der Technik" entsprechen; vgl. dazu unten Rdn. 26.

[82] BGH NJW-RR 1997, 1106 = BauR 1997, 638; BGHZ 139, 16 = NJW 1998, 2814 = BauR 1998, 872; OLG Hamm BauR 1988, 340 = BauR 1987, 569; BauR 2001, 1262, 1757. Ähnlich OLG München IBR 2004, 197 und 198; OLG Düsseldorf IBR 2004, 571; OLG Hamm BauR 2005, 743. Zu Unrecht a.A. *Vorwerk* BauR 2003, 1, 5.

[83] OLG Frankfurt BauR 2005, 1327.

[84] BGHZ 139, 244 = NJW 1998, 3707 = BauR 1999, 37.

[85] Zum Problem der Schlüsselfertigkeit im einzelnen VOB/B § 2 Rdn. 261; BGH NJW 2001, 2167 = NZBau 2001, 446 = BauR 2001, 1254.

[86] BGHZ 90, 344 = NJW 1984, 1676 = BauR 1984, 395; vgl. auch BGHZ 147, 1 = NJW 2001, 1276 = NZBau 2001, 270 = BauR 2001, 823: Architekt muss notwendigen Schutz gegen drückendes Wasser vorsehen; OLG Frankfurt IBR 2003, 71: in „wasserdichtem Stahlbeton" zu errichtende Tiefgarage muss auf Dauer dicht sein.

[87] Vgl. dazu OLG Dresden NZBau 2000, 333 = BauR 2000, 1341, das insoweit fälschlich ein lückenhaftes Leistungsverzeichnis und ein dem Auftraggeber anzurechnendes Planungsverschulden des Architekten annimmt.

[88] BGH NJW-RR 2000, 465 = NZBau 2000, 74 und 198 = BauR 2000, 411.

[89] BGH NZBau 2002, 611.

[90] Brandenburgisches OLG BauR 2002, 1562.

pilzbildung nicht erfordert,[91] eine Tiefgarageneinfahrt, die für einen durchschnittlichen Autofahrer ohne Anstoßgefahr befahrbar ist[92] sowie eine den einseitigen Vorstellungen des Erwerbers entsprechende Wohnfläche einer Eigentumswohnung, wenn der Bauträger in eigener oder zurechenbarer Kenntnis des Willens des Erwerbers den Vertrag abschließt.[93] Sieht die Baubeschreibung einer voll unterkellerten Doppelhaushälfte für Kellerwände und Sohle eine Ausführung in wasserundurchlässigem Stahlbeton, also als sogenannte weiße Wanne vor, soll der Bauträger gleichwohl eine zusätzliche Abdichtung gegen aufsteigende Feuchtigkeit schulden,[94] was jedoch spätestens seit 2004 nicht den anerkannten Regeln der Technik entspricht.[95] Ein Dachstuhl muss frei von Pilzbefall sein, selbst wenn von letzterem keine Gesundheitsgefahren für die Bewohner des Hauses ausgehen.[96]

26 Sind andere Vereinbarungen zur Beschaffenheit der Bauleistung nicht feststellbar, so sind die zur Zeit der Abnahme anerkannten Regeln der Technik **vertraglicher Mindeststandard**[97] und damit vereinbarte Beschaffenheit. Denn der Auftraggeber kann redlicherweise erwarten, dass das Werk diejenigen Qualitäts- und Komfortstandards erfüllt, die vergleichbare zeitgleich fertiggestellte und abgenommene Bauwerke erfüllen, weshalb der Auftragnehmer die Einhaltung dieser Standards üblicherweise stillschweigend bei Vertragsschluss zusagt.[98] Die Vergleichbarkeit richtet sich nicht zuletzt nach dem, was ortsüblich ist.[99] Diesen Regeln entspricht ein Fertighaus, wenn die Formaldehydausgasungen aus den Materialien zu keiner höheren Konzentration als 0,1 ppm in der Raumluft führen.[100] Zwischen Doppelhaushälften soll als vertraglicher Mindeststandard erhöhter Schallschutz geschuldet und deshalb die Haustrennwand zweischalig so zu errichten sein, dass sie einen Schalldämmwert von über 62 dB aufweist.[101] Dem ist jedoch nur zu folgen, wenn feststellbar ist, dass diese Bauweise den anerkannten Regeln der Technik[102] und dem Standard vergleichbarer zeitgleicher Bauwerke entspricht.

27 **cc) Bedeutung einer „Garantie".** Wenn der Auftragnehmer sich im Bauvertrag verpflichtet, einen Erfolg zu garantieren, ist die rechtliche Bedeutung einer solchen Garantie durch Vertragsauslegung zu ermitteln; denn dieser Begriff ist mehrdeutig.[103] Nach ständiger Rechtsprechung[104] kommen drei Bedeutungen in Betracht: Erstens konnte die Garantie der gewöhnlichen Zusicherung einer Eigenschaft und kann folgerichtig jetzt einer **vereinbarten Beschaffenheit** der Werkleistung gemäß § 13 Nr. 1 VOB/B gleichkommen. Zweitens kann sie bedeuten, dass das Werk die zugesicherte Eigenschaft/vereinbarte Beschaffenheit unbedingt habe, so dass der Auftragnehmer, wenn sie fehlt, auch ohne Verschulden auf Schadenersatz haftet (= **unselbständige** Garantie, jetzt Garantie im Sinne des § 276 Abs. 1 Satz 1 BGB). Drittens kann sie die Übernahme der Haftung für einen über die Vertragsmäßigkeit hinausgehenden, noch von anderen Faktoren abhängigen wirtschaftlichen Erfolg darstellen (= **selbständige** Garantie).

---

[91] BGH NJW 2002, 2470 = NZBau 2002, 495 = BauR 2002, 1385.

[92] OLG Frankfurt IBR 2003, 410.

[93] BGH NZBau 2004, 269 = BauR 2004, 847.

[94] So LG Berlin IBR 2006, 21.

[95] *Zöller* IBR 2006, 7–9.

[96] BGH BauR 2006, 1468

[97] So ausdrücklich BGHZ 139, 16 = NJW 1998, 2814 = BauR 1998, 872, 2. Leitsatz; *Thode* NZBau 2002, 297, 305.

[98] BGHZ 139, 16 = NJW 1998, 2814 = BauR 1998, 872; BGH NJW-RR 2000, 309 = NZBau 2000, 73 = BauR 2000, 261.

[99] Deshalb ist in dem von *Sienz* FS Kraus 2003, 237, 243, gebildeten Fallbeispiel, dass statt ortsüblicher roter oder brauner Dachziegel blaue Dachziegel verlegt werden, ein Mangel zwanglos zu bejahen.

[100] OLG Bamberg NJW-RR 2000, 97 = NZBau 2000, 338 (nur LS), rechtskräftig durch Nichtannahmebeschluss des BGH vom 7.12.2000 NZBau 2001, 168, dazu *Haß* NZBau 2001, 122; vgl. auch OLG Düsseldorf NJW-RR 2000, 610 = NZBau 2000, 383 und andererseits OLG Nürnberg NJW-RR 1993, 1300.

[101] OLG Koblenz IBR 2006, 98 = BauR 2006, 843.

[102] Nach LG Stuttgart IBR 2006, 342 hat es bereits 1996 den anerkannten Regeln der Technik entsprochen, Doppelhaushälften zweischalig zu planen und zu errichten.

[103] BGH BauR 1970, 107.

[104] RGZ 165, 41; BGH BauR 1970, 107; BauR 1973, 191; WM 1973, 1322; BGHZ 65, 107 = NJW 1976, 43.

Letzteres ist der Fall, wenn der Auftragnehmer bei Errichtung eines Wohn- und Geschäftshauses die Garantie für einen bestimmten Mietertrag übernimmt.[105] Das wird nur selten geschehen. Auch eine unselbständige Garantie stellt eine **Ausnahme** dar, die lediglich unter Anlegung eines strengen Maßstabs angenommen werden kann,[106] weil der Auftragnehmer grundsätzlich nur bei verschuldeten Mängeln schadenersatzpflichtig ist. Für die Garantie der Dichtigkeit eines Öltanks hat der BGH die Annahme einer unselbständigen Garantie bestätigt.[107] Eine solche hat er aber verneint, als es um die Beschädigung eines Fahrzeugs in einer vollautomatischen Waschanlage ging.[108] Oft kann die Abgrenzung zwischen vereinbarter Beschaffenheit und unselbständiger Garantie offen bleiben, weil ein Verschulden des Auftragnehmers ohnehin anzunehmen ist.[109] 28

dd) Technische Unmöglichkeit. Zur früheren Fassung des § 13 Nr. 1 vor der VOB/B 2002 entsprach es ständiger Rechtsprechung, dass den Auftragnehmer, der eine Eigenschaft seines Werks zusichert, auch dann die Sachmängelhaftung trifft, wenn es technisch unmöglich ist, dem Vertragsgegenstand die zugesicherte Eigenschaft zu verleihen.[110] Insoweit wurden die Gewährleistungsvorschriften als Sonderregelung angesehen, welche die Anwendung des § 306 BGB a.F. ausschloss.[111] Denn der Auftragnehmer muss sich an seinem vertraglichen Versprechen festhalten lassen.[112] Das gilt nunmehr für eine vereinbarte Beschaffenheit ebenso,[113] wobei die Wirksamkeit des Vertrags jetzt aus der allgemeinen Regelung des § 311 a Abs. 1 BGB folgt.[114] 29

b) Anerkannte Regeln der Technik. Zweite Voraussetzung einer sachmängelfreien Bauleistung des Auftragnehmers ist, dass sie den anerkannten Regeln der Technik entspricht.[115] Damit knüpft § 13 Nr. 1 VOB/B folgerichtig an § 4 Nr. 2 Abs. 1 Satz 2 VOB/B an. Denn danach ist der Auftragnehmer verpflichtet, bei der Bauausführung die anerkannten Regeln der Technik zu beachten. Zum Begriff und zu den näheren Einzelheiten der anerkannten Regeln der Technik wird auf die Ausführungen bei § 4 Nr. 2 VOB/B[116] verwiesen. 30

aa) Mangel wegen Nichteinhaltung. Wenn die Bauleistung nicht den anerkannten Regeln der Technik entspricht, liegt regelmäßig ein Mangel vor, der den Auftragnehmer zur Sachmängelhaftung verpflichtet.[117] Für den Verstoß gegen die anerkannten Regeln der Technik hat er gemäß § 13 Nr. 1 VOB/B einzustehen, ohne dass das Bauwerk noch zusätzlich beeinträchtigt zu sein braucht.[118] Darin zeigt sich die Unabhängigkeit jeder der zwei Voraussetzungen eines sachmängelfreien Werks.[119] Der sachliche Grund liegt in dem Risiko, welches meist mit einer Abweichung von den anerkannten Regeln der Technik verbunden ist. Vor allem dann, wenn die gewählte Bauausführung das Risiko eines Schadens in sich birgt, stellt allein schon der Verstoß 31

---

105 BGH BauR 1973, 191.
106 BGH NJW 1975, 685.
107 BGH NJW 1986, 1927 = BauR 1986, 437.
108 BGH NJW 1975, 685.
109 So in BGH BauR 1970, 107 und WM 1973, 1322.
110 BGHZ 54, 236 = NJW 1970, 2021; BGHZ 96, 111 = NJW 1986, 711 = BauR 1986, 93; BGH BauR 1997, 1032.
111 BGHZ 54, 236 = NJW 1970, 2021; BGH BauR 1997, 1032; NJW 2001, 1642 = NZBau 2001, 261 = BauR 2001, 785.
112 OLG Frankfurt IBR 2003, 601, noch zum alten Recht.
113 BGH NJW 2006, 769 = NZBau 2006, 116 = BauR 2006, 524, zwar noch zu §§ 633 ff. BGB a.F., aber ausdrücklich auch zur vertraglich vereinbarten Beschaffenheit.
114 Zu den Auswirkungen des § 311 a BGB auf die Haftung des Auftragnehmers: *Voit* BauR 2002, 145, 148 ff.
115 *Weyer* BauR 2003, 613, 617/618.
116 Vgl. VOB/B § 4 Rdn. 54–56.
117 BGH BauR 1981, 577; teilweise a. A. *Jagenburg* Jahrbuch BauR 2000, 200 ff.
118 BGH BauR 1984, 401; OLG Köln NJW-RR 1994, 1431; ebenso OLG Celle IBR 2006, 404 für die nicht DIN-gerechte Ausführung einer Parkplatzpflasterung.
119 Vgl. dazu oben Rdn. 19.

gegen die anerkannten Regeln der Technik einen Mangel dar; keinesfalls muss der Auftraggeber warten, bis sich ein Schaden zeigt.[120] **Anders** sind **Herstellervorschriften** für die Verarbeitung von Bauprodukten zu beurteilen. Denn ein Verstoß gegen diese begründet allein keinen Mangel. Vielmehr ist ein Sachmangel nur insoweit zu bejahen, wie die Abweichung von den Herstellervorschriften zumindest das Risiko erhöht, dass der geschuldete Erfolg nicht erreicht wird.[121] Allerdings kann sich im Wege der Auslegung ergeben, dass die Einhaltung der Herstellervorschriften Teil der vereinbarten Beschaffenheit ist.[122]

32 Der **Streit**, ob die Bauleistung auch mangelhaft ist, sofern sie trotz der Verletzung der anerkannten Regeln der Technik keinerlei Gebrauchsnachteile oder Schäden aufweist,[123] war schon bisher weitgehend **theoretischer** Natur. Sicher ist die Einhaltung der anerkannten Regeln der Technik kein Selbstzweck.[124] Die Feststellung einer langfristig ungefährdeten Gebrauchstauglichkeit und eines ebensolchen Werts trotz Regelverstoßes ist in der Praxis jedoch schwerlich möglich. Eine regelwidrig erstellte Bauleistung wird vielmehr im allgemeinen als geringwertiger angesehen.[125] Zumindest hat sich der Streit erledigt, nachdem die anerkannten Regeln der Technik vertraglicher Mindeststandard und damit konkludent vereinbarte Beschaffenheit der Bauleistung sind.[126] Denn insoweit wird eine Wert- oder Gebrauchsbeeinträchtigung ebenfalls nicht mehr vorausgesetzt.[127]

33 **bb) Mangel trotz Einhaltung.** Aber selbst dann, wenn die anerkannten Regeln der Technik eingehalten sind, kann die Bauleistung gleichwohl mangelhaft sein, weil eine vereinbarte Beschaffenheit im Sinne des § 13 Nr. 1 VOB/B fehlt.[128] Hat die Bauleistung nicht die vereinbarte Beschaffenheit, so ist sie unabhängig davon mangelhaft, ob die anerkannten Regeln der Technik beachtet sind oder ob sich diese nachträglich als falsch herausstellen,[129] wobei sich letzteres auch aus neuen Fachregeln für das Dachdeckerhandwerk ergeben kann.[130] Denn der Auftraggeber hat Anspruch auf den angestrebten, vom Auftragnehmer geschuldeten Erfolg und deshalb zum Beispiel auf eine Brücke ohne Risse,[131] eine rissfreie Wärmeschutzfassade,[132] die Auswahl geeigneter Heizkörper,[133] eine dauerhaft rissfreie Fertighausfassade,[134] eine funktionstaugliche Heizungsanlage[135] und vertragsgemäßen Trittschallschutz einer Treppe.[136]

[120] BGH BauR 1981, 577; OLG Düsseldorf NJW-RR 1996, 146 = BauR 1995, 890 (nur LS); OLG Brandenburg IBR 2001, 129; OLG Schleswig IBR 2002, 406; BauR 2004, 1946.

[121] OLG Köln IBR 2005, 530.

[122] *Ganten* in Praxishinweis zu IBR 2005, 530; vgl. auch OLG Schleswig BauR 2004, 1946, das nach altem Recht eine zugesicherte Eigenschaft bejahte.

[123] Vgl. dazu Beck'scher VOB-Kommentar/*Ganten* VOB/B § 13 Nr. 1 Rdn. 96; *Leinemann/Schliemann* § 13 Rdn. 30.

[124] So Beck'scher VOB-Kommentar/*Ganten* VOB/B § 13 Nr. 1 Rdn. 97; *Heiermann/Riedl/Rusam* VOB/B § 13 Rdn. 21; OLG Nürnberg NZBau 2002, 673.

[125] So auch *Heiermann/Riedl/Rusam* VOB/B § 13 Rdn. 21.

[126] Vgl. dazu oben Rdn. 26.

[127] Vgl. dazu oben Rdn. 20.

[128] Vgl. schon oben Rdn. 19.

[129] BGHZ 91, 206 = NJW 1984, 2457 = BauR 1984, 510; BGH NJW-RR 1995, 472 = BauR 1995, 230; NZBau 2002, 611; NZBau 2006, 112 = BauR 2006, 375.

[130] OLG Nürnberg IBR 2005, 586.

[131] OLG Frankfurt NJW 1983, 456 = BauR 1983, 156 („Blasbachtalbrücke"); entgegen dieser Entscheidung hätte die Haftung des Auftragnehmers jedoch verneint werden müssen, weil der Mangel auf Planungsvorgaben des Auftraggebers zurückzuführen war, § 13 Nr. 3 VOB/B; vgl. dazu unten Rdn. 69. Irreführend ist die Darstellung von *Leinemann/Schliemann* § 13 Rdn. 34: Die anerkannten Regeln hatten sich nicht unbemerkt verändert, was bei „anerkannten" Regeln ohnehin schwerlich vorstellbar ist, vielmehr stellt das OLG Frankfurt, a.a.O., ausdrücklich fest, dass die Blasbachtalbrücke nach den im Zeitpunkt der Abnahme anerkannten Regeln der Baukunst errichtet worden war.

[132] BGHZ 91, 206 = NJW 1984, 2457 = BauR 1984, 510.

[133] BGH BauR 1985, 567.

[134] BGH NJW-RR 1987, 336 = BauR 1987, 207.

[135] BGH NJW-RR 1989, 849 = BauR 1989, 462.

[136] BGH NJW-RR 1995, 472 = BauR 1995, 230.

c) Hilfsweise: Eignung für vertragsgemäße Verwendung. Wenn die Bauvertragspartner weder ausdrücklich noch konkludent die Beschaffenheit der Bauleistung vereinbart haben, kommt es nach § 13 Nr. 1 Satz 3 lit. a VOB/B – wie in § 633 Abs. 2 Satz 2 Nr. 1 BGB – hilfsweise darauf an, ob die Bauleistung sich für die nach dem Vertrag vorausgesetzte Verwendung eignet. Die Übereinkunft bezüglich der Verwendung der Bauleistung stellt aber nicht nur häufig,[137] sondern stets zugleich eine Vereinbarung der Beschaffenheit dar.[138] So ergibt sich zum Beispiel bei Errichtung einer Produktions- und Lagerhalle aus dieser vorausgesetzten Verwendung als vereinbarte Beschaffenheit, dass das Dach dicht sein muss.[139] Ein Rückgriff auf Satz 3 lit. a wird deshalb nicht erforderlich werden.[140] Außerdem ist daher ein Widerspruch zwischen vereinbarter Beschaffenheit und vertraglich vorausgesetzter Verwendung[141] kaum vorstellbar. 34

d) Weiter hilfsweise: Eignung für gewöhnliche Verwendung. § 13 Nr. 1 Satz 3 lit. b VOB/B stellt weiter hilfsweise darauf ab, dass sich die Bauleistung für die gewöhnliche Verwendung eignet und eine Beschaffenheit aufweist, die bei Werken der gleichen Art üblich ist und die der Auftraggeber nach der Art der Bauleistung erwarten kann.[142] Diese Formulierung ist nahezu wörtlich aus § 633 Abs. 2 Satz 2 BGB übernommen worden. Der letzte Satzteil bezüglich der Beschaffenheit war dort nach dem Gesetzentwurf zunächst nicht vorgesehen.[143] Er entspricht § 434 Abs. 1 Satz 2 Nr. 2 BGB und soll zum Ausdruck bringen, dass der Sachmangelbegriff beim Werkvertrag keinen anderen Inhalt hat als im Kaufrecht.[144] 35

Soweit eingewandt wird, **Bauwerke** seien **Unikate**, es gebe üblicherweise keine Bauwerke gleicher Art,[145] mag das zwar oft zutreffen. Der bereits mehrfach erwähnte Produktions-/Lagerhallen-Fall[146] zeigt aber, dass **andere Fallgestaltungen** durchaus der Baupraxis entsprechen. Außerdem verdeutlichen diese und weitere BGH-Entscheidungen,[147] dass die vom Auftraggeber erwartete übliche Beschaffenheit bereits zur stillschweigenden Vereinbarung dieser Beschaffenheit führt,[148] so dass Satz 3 lit. b ebenfalls nur Auffangfunktion ohne jegliche praktische Bedeutung hat. 36

4. Aliud oder zu geringe Menge

Nach § 633 Abs. 2 Satz 3 BGB steht es einem Sachmangel gleich, wenn der Auftragnehmer ein anderes als das bestellte Werk oder das Werk in zu geringer Menge herstellt. Von einer entsprechenden Ergänzung des § 13 Nr. 1 durch die VOB/B 2002 ist mit der Begründung abgesehen worden, es sei fraglich, ob solche Fallgestaltungen im Bauvertragsrecht in der Praxis vorkom- 37

---

[137] So BT-Drucks. 14/6040, S. 213, zu dem gleichlautenden § 434 Abs. 1 Satz 2 BGB.

[138] *Weyer* BauR 2003, 613, 616/617. Das übersieht *Mundt* NZBau 2003, 73,76, obwohl er selbst betont, dass es sich bei der vereinbarten Beschaffenheit und der nach dem Vertrag vorausgesetzten Verwendung „gleichsam um zwei Seiten der gleichen Medaille" handelt. Vgl. auch *Sienz* FS Thode 2005, 627, 641; *Merl* FS Motzke 2006, 261, 267.

[139] Vgl. oben Rdn. 24 und die dort angeführte Entscheidung BGH NJW-RR 2000, 465 = NZBau 2000, 74 und 198 = BauR 2000, 411.

[140] Ähnlich – wenn auch etwas zurückhaltender – die Einschätzung in BT-Drucks. 14/6040, S. 213: „Für die eventuell verbleibenden Fallkonstellationen, in denen von einer vertraglich vereinbarten Beschaffenheit nicht ausgegangen werden kann, …"

[141] Wie ihn *Merl* FS Jagenburg 2002, 597, 601/602 erörtert. In FS Motzke 2006, 261, 265 stuft *Merl* den vereinbarten Verwendungszweck als Minimalstandard ein.

[142] Dazu, dass auch das bereits stillschweigend vereinbart wird, vgl. BGHZ 139, 16 = NJW 1998, 2814 = BauR 1998, 872; *Weyer* BauR 2003, 613, 617, sowie schon oben Rdn. 26.

[143] Vgl. BT-Drucks. 14/6040, S. 30.

[144] Synopse vom 17.9.2001, S. 174; Beschlussempfehlung und Bericht des Rechtsausschusses vom 25.9.2001, BT-Drucks. 14/7052, S. 204; *Preussner* BauR 2002, 231, 233; dazu näher *Thode* NZBau 2002, 297, 302 ff.

[145] *Funke* Jahrbuch BauR 2002, 217, 222; *Siegburg* FS Jagenburg 2002, 839, 848.

[146] Vgl. zuletzt oben Rdn. 34.

[147] Vgl. dazu oben Rdn. 26.

[148] *Siegburg* FS Jagenburg 2002 S. 839, 846 bezeichnet es als „selbstverständlich, dass beim Kriterium der ‚vereinbarten Beschaffenheit' zugleich der ‚gewöhnliche Verwendungszweck' geschuldet wird."

men.[149] Die Herstellung eines Aliud dürfte in der Tat ein seltener Ausnahmefall sein, während Fälle der zweiten Alternative in der Baupraxis wesentlich häufiger auftreten.[150] Da § 13 VOB/B für sie keine Regelung enthält, gilt auch bei VOB-Verträgen § 633 Abs. 2 Satz 3 BGB.[151]

5. Minimalgrenze

38 Dass auch geringfügige Abweichungen von der vereinbarten Beschaffenheit Sachmängel im Sinne des § 13 Nr. 1 VOB/B sind, verdeutlicht schon § 13 Nr. 7 Abs. 3 VOB/B.[152] Denn nur dort wird ein wesentlicher Mangel vorausgesetzt. Allerdings gibt es eine Minimalgrenze, die unwesentliche Mängel von Nichtmängeln trennt.[153] Zu letzteren rechnen ganz geringfügige und deshalb nach Treu und Glauben hinnehmbare Abweichungen,[154] wie zum Beispiel das optisch unauffällige, nur messtechnisch erfassbare ungleichmäßige Gefälle von Fenstersimsen.[155]

6. Verschleiß und Abnutzung

39 Es ist erwogen worden, dem § 13 Nr. 1 VOB/B einen Satz 4 anzufügen, „um klarzustellen, dass bei vertragsgemäßem Gebrauch der mangelfreien Leistung eintretender Verschleiß oder entsprechende Abnutzung **keinen Sachmangel** darstellen und auch keine Mängelansprüche begründen können."[156] Das ist jedoch eine Selbstverständlichkeit, die keiner besonderen Erwähnung bedarf. Allerdings ist zu beachten, dass Abnutzung oder Verschleiß auch mangelbedingt sein können, insbesondere wenn sie vorzeitig eintreten.[157]

7. Zur Zeit der Abnahme

40 Der Auftragnehmer haftet nach § 13 Nr. 1 VOB/B für die Mängelfreiheit der Bauleistung zur Zeit der Abnahme. Zu diesem Zeitpunkt muss die Leistung vertragsgerecht sein. Das ist sie weder, wenn sich schon bei der Abnahme Mängel zeigen, noch dann, wenn später Mängel sichtbar werden, welche auf dem Zustand des Werks im Zeitpunkt der Abnahme beruhen, wenn also der Mangel bei der Abnahme schon im Kern vorhanden war.[158] Denn dieser Ursachenzusammenhang offenbart, dass die Bauleistung bereits damals nicht mängelfrei war. Solche später hervortretende Mängel sind entsprechend der Formulierung in § 13 Nr. 5 Abs. 1 Satz 1 VOB/B auf vertragswidrige Leistung zurückzuführen.

41 Für die **anerkannten Regeln der Technik** gilt kein anderer Zeitpunkt; vielmehr kommt es auch auf den Stand dieser Regeln zur Zeit der Abnahme an.[159] Versuche in der Literatur, wegen der ständigen Weiterentwicklung der anerkannten Regeln der Technik auf einen anderen Zeitpunkt abzustellen,[160] sind mit dem eindeutigen Wortlaut des § 13 Nr. 1 VOB/B und mit

[149] Beschluss des Vorstandes des DVA vom 2.5.2002, Begründung II. 5. b.; anders die Einschätzung in BT-Drucks. 14/6040, S. 261, zu Abs. 2 Satz 3.

[150] Dazu näher *Sienz* BauR 2002, 181, 182/183; vgl. auch *Siegburg* FS Jagenburg 2002, 839, 849.

[151] *Weyer* BauR 2003, 613, 614. Anders *Merl* FS Jagenburg 2002, 597, 605: abschließende Regelung des Sachmangels in § 13 Nr. 1 VOB/B. Zum Vorrang des § 633 Abs. 2 Satz 3 BGB und dem entsprechend der Mängelrechte vor § 2 Nr. 8 VOB/B vgl. *Miernik* BauR 2005, 1698, 1701–1708.

[152] Vgl. dazu bereits ober Rdn. 20, 21.

[153] So zu Recht Beck'scher VOB-Kommentar/*Ganten* VOB/B § 13 Nr. 1 Rdn. 101; näher dazu *Weyer* FS Jagenburg 2002, 1043, 1046–1048.

[154] OLG Köln BauR 1992, 634.

[155] OLG Stuttgart BauR 1994, 519.

[156] Beschluss des Vorstandes des DVA vom 2.5.2002, Begründung II. 5. c.; *Kratzenberg* NZBau 2002, 177, 181.

[157] Vgl. dazu OLG Köln BauR 2002, 801.

[158] OLG Köln BauR 2002, 801.

[159] Ebenso *Heiermann/Riedl/Rusam* VOB/B § 13 Rdn. 21 b; *Nicklisch/Weick* § 13 Rdn. 31; *Vygen* Bauvertragsrecht Rdn. 438–440; *Leinemann/Schliemann* § 13 Rdn. 33–37.

[160] Vgl. dazu die Nachweise bei *Heiermann/Riedl/Rusam* VOB/B § 13 Rdn. 21 a; außerdem *Jagenburg* Jahrbuch BauR 2000, 200, 211–213.

der ständigen Rechtsprechung des BGH,[161] welcher ebenfalls auf den Zeitpunkt der Abnahme abhebt, unvereinbar. Das heißt jedoch nicht, dass der Auftragnehmer die (Mehr-)Kosten für die Herstellung der „neuen" Mangelfreiheit übernehmen muss.[162]

8. Beweislast

Die Beweislast für sämtliche Voraussetzungen des § 13 Nr. 1 VOB/B trägt der **Auftraggeber**[163]. Denn die Sachmängelhaftung nach § 13 VOB/B beginnt mit der Abnahme,[164] durch welche der Auftraggeber die Bauleistung als eine der Hauptsache nach vertragsgemäße Erfüllung entgegennimmt.[165] Damit ist die Abnahme gleichbedeutend mit der Annahme als Erfüllung.[166] Für diese bestimmt § 363 BGB, dass den Annehmenden die Beweislast trifft, wenn er die Leistung nicht als Erfüllung gelten lassen will, weil sie unvollständig gewesen sei. Die Beweislast des Auftraggebers erstreckt sich nach § 363 BGB folglich auch auf die Mangelhaftigkeit der Leistung.[167] Dazu gehört der Beweis, was in Auftrag gegeben war, also der Beweis der vereinbarten Beschaffenheit,[168] des vertraglichen Sollzustands.[169] Allerdings spricht der Beweis des ersten Anscheins für eine mangelhafte Leistung des Auftragnehmers, wenn dieser sein Werk nicht entsprechend den einschlägigen DIN-Normen auf Fehlerfreiheit überprüft hat und nach der Abnahme ein Schaden eintritt.[170] 42

Hat der Auftraggeber sich jedoch nach § 640 Abs. 2 BGB bei der Abnahme die Rechte wegen eines Mangels vorbehalten und trägt er diesen substantiiert vor, muss der **Auftragnehmer** die Mangelfreiheit beweisen.[171] Gleiches gilt, wenn feststeht, dass das Werk bei der Abnahme mangelhaft war, und der Auftragnehmer Nacherfüllungsversuche unternommen hat; dann ist er dafür beweispflichtig, dass diese zur Beseitigung des Mangels geführt haben.[172] 43

Für den Nachweis der **Ursächlichkeit** vertragswidrig verbauten Materials (Teerpappe statt Bitumenpappe zwischen Dämmung und Estrich) für eine Mangelerscheinung (Verfärbung von Eichenparkett) kann es genügen, dass die Verwendung des Materials mit dem Risiko der eingetretenen Mangelerscheinung verbunden ist, mag auch die Verursachung durch andere Umstände nicht mit letzter Sicherheit auszuschließen sein.[173] Der oft naheliegende Schluss von der Mangelerscheinung auf eine mangelhafte Leistung des Auftragnehmers scheidet aus, wenn Auftraggeber und Auftragnehmer arbeitsteilig zusammengearbeitet haben und unsicher bleibt, wessen Leistungsbeitrag Mangelursache ist; das geht zu Lasten des beweispflichtigen Auftraggebers.[174] Denn es muss beweisen, dass Ursache der Mangelerscheinung ein Sachmangel der Leistung des Auftragnehmers ist.[175] Dieser Nachweis kann zum Beispiel auch daran scheitern, dass für Block- 44

---

[161] BGHZ 139, 16 = NJW 1998, 2814 = BauR 1998, 872; BGH BauR 1986, 447; NJW-RR 1995, 472 = BauR 1995, 230; NJW-RR 2000, 309 = NZBau 2000, 73 = BauR 2000, 261.

[162] Vgl. dazu im einzelnen VOB/B § 2 Rdn. 30–32.

[163] BGH NJW-RR 1997, 339 = BauR 1997, 129 (zu § 633 BGB); BauR 1998, 172; NJW-RR 1998, 1268 (ebenfalls zu § 633 BGB); NJW 2002, 223 = NZBau 2002, 34 = BauR 2002, 85.

[164] Vgl. oben Rdn. 4.

[165] BGHZ 61, 42 = NJW 1973, 1792 = BauR 1973, 313; vgl. dazu näher VOB/B § 12 Rdn. 10 ff.

[166] BGHZ 33, 236 = NJW 1961, 115.

[167] BGH NJW 1985, 2328.

[168] OLG Saarbrücken NZBau 2001, 329; vgl. dazu den Praxishinweis von *Baden* zu IBR 2001, 176.

[169] BGH NZBau 2003, 433.

[170] OLG Jena IBR 2006, 388: Undichtigkeit verlegter Wasserrohre.

[171] BGH NJW-RR 1997, 339 = BauR 1997, 129; a.A. OLG Hamburg IBR 1998, 292 mit kritischem Praxishinweis von *Schilling*; *Marbach/Wolter* BauR 1998, 36.

[172] BGH NJW-RR 1998, 1268.

[173] BGH BauR 1973, 51; 1975, 346.

[174] OLG Koblenz IBR 2000, 118; NZBau 2004, 444; vgl. auch OLG Hamburg BauR 2001, 1749, mit Anm. von *Wirth* = IBR 2001, 180 mit kritischem Praxishinweis von *Putzier*, für einen anderen Fall der Unaufklärbarkeit der Mangelursache, und dazu *Leitzke* BauR 2002, 394 sowie *Putzier* BauR 2004, 1060–1065.

[175] Hans. OLG BauR 2005, 1339. *Putzier* BauR 2004, 1060–1065, verkennt, dass es hier gerade um die Zuordnung des Mangels geht.

abrisse verlegten Einzelstabparketts mit unregelmäßiger Fugenbildung mehrere Ursachen in Betracht kommen und eine dem Parkettleger zurechenbare Ursache nicht feststellbar ist.[176]

9. Abweichungen gegenüber dem BGB

45 Abgesehen von der bereits erwähnten eingeschränkten Anpassung[177] enthält § 13 Nr. 1 VOB/B jedenfalls seinem Wortlaut nach zwei Abweichungen von der gesetzlichen Regelung in § 633 Abs. 1 und 2 BGB.[178] Der Auftragnehmer haftet zusätzlich dafür, dass seine Leistung den anerkannten Regeln der Technik entspricht. Außerdem muss er für die Mangelfreiheit zur Zeit der Abnahme einstehen. Der Sache nach gilt jedoch im gesetzlichen Werkvertragsrecht nichts anderes. Denn mangels anderer Vereinbarung ist eine Bauleistung in der Regel auch nach § 633 Abs. 1 und 2 BGB mangelhaft, wenn sie nicht den zur Zeit der Abnahme anerkannten Regeln der Technik als vertraglichem Mindeststandard entspricht.[179] Obwohl bei der Neufassung des § 633 BGB davon abgesehen wurde, ihn ausdrücklich um diese Voraussetzung zu ergänzen, betont die Entwurfsbegründung:[180] „Dass, soweit nicht etwas anderes vereinbart ist, die anerkannten Regeln der Technik einzuhalten sind, ist nicht zweifelhaft." Für die Erfüllung der Verpflichtung, ein mängelfreies und damit vertragsgemäßes Werk zu erstellen, kommt es bei § 633 Abs. 1 und 2 BGB ebenfalls auf den Zeitpunkt der Abnahme an, weil der Auftraggeber nach § 640 Abs. 1 BGB das vertragsgemäß hergestellte Werk abzunehmen hat.[181]

10. AGB-rechtliche Probleme

46 Von § 13 Nr. 1 VOB/B abweichende Klauseln führen dazu, dass die VOB/B nicht als Ganzes vereinbart ist (a). Außerdem sind solche abweichenden Klauseln der Inhaltskontrolle zu unterziehen (b), bei der sich ihre Unwirksamkeit herausstellen kann.

47 **a) Vereinbarung der VOB/B als Ganzes.** Ob die mit Urteil vom 16.12.1982[182] eingeleitete Rechtsprechung zur Privilegierung der als Ganzes vereinbarten VOB/B auch auf Fälle anwendbar ist, die nach dem seit dem 1.1.2002 geltenden Recht zu beurteilen sind, hat der BGH[183] ausdrücklich offen gelassen. Unabhängig von dieser höchst streitigen Frage[184] dürfte die Privilegierung ohnehin jegliche praktische Bedeutung verloren haben, nachdem der BGH[185] nunmehr entschieden hat, dass jede vertragliche Abweichung von der VOB/B dazu führt, dass diese nicht als Ganzes vereinbart ist, und es nicht darauf ankommt, welches Gewicht der Eingriff hat. Denn Einbeziehungen der VOB/B ohne abweichende vertragliche Vereinbarungen kommen in der Praxis – jedenfalls bislang – nicht vor.[186]

48 **b) AGB-Kontrolle abweichender Klauseln.** Dieser Prüfung hält ein **völliger Ausschluss** der Sachmängelhaftung des Verwenders der AGB nicht stand. Denn wie früher nach § 11 Nr. 10 lit. a AGB-Gesetz ist jetzt nach § 309 Nr. 8 lit. b aa BGB eine Bestimmung unwirksam, durch die unter anderem Ansprüche gegen den Verwender wegen eines Mangels insgesamt ausgeschlossen werden.

---

176 Hans. OLG BauR 2005, 1339.

177 Vgl. oben Rdn. 1 und 2.

178 *Weyer* BauR 2003, 613, 614.

179 BGHZ 139, 16 = NJW 1998, 2814 = BauR 1998, 872; BGH BauR 1981, 577, insoweit in NJW 1981, 2801 nicht abgedruckt; OLG Düsseldorf NJW-RR 1996, 146 = BauR 1995, 890 (nur LS); OLG Schleswig IBR 2002, 406.

180 BT-Drucks. 14/6040, S. 261, rechte Spalte, 1. Abs.

181 Ähnlich *Ingenstau/Korbion/Wirth* VOB/B § 13 Rdn. 3; Heiermann/Riedl/Rusam VOB/B § 13 Rdn. 43.

182 BGHZ 86, 135 = NJW 1983, 816 = BauR 1983, 161.

183 BGHZ 157, 346 = NJW 2004, 1597 = NZBau 2004, 267 = BauR 2004, 668.

184 Vgl. zuletzt *Kretschmann* Jahrbuch BauR 2005, 109–147; grundsätzlich zur Frage der Privilegierung der VOB/B oben Einleitung zur VOB/B Rdn. 47–67.

185 BGHZ 157, 346 = NJW 2004, 1597 = NZBau 2004, 267 = BauR 2004, 668; BGH NZBau 2004, 385 = BauR 2004, 1142.

186 Das gilt auch für den Fall von OLG Celle BauR 2005, 1933, das sich zu Unrecht in Übereinstimmung mit der neuen BGH-Rechtsprechung wähnt.

Unwirksam ist deshalb folgende Klausel in AGB des Auftragnehmers: „Sollten nach Fertigstellung der Abdichtung Durchbrüche, Anbauten oder Bohrungen in dem geschlossenen System vorgenommen werden, gilt die Abdichtung als zerstört und es erlischt die komplette Garantiezusage."[187] Das gilt gemäß §§ 310 Abs. 1, 307 Abs. 1 und 2 BGB auch gegenüber **Unternehmern.**[188]

49 Nach § 11 Nr. 10 lit. a AGB-Gesetz konnte und nach § 309 Nr. 8 lit. b aa BGB kann der Auftragnehmer seine Sachmängelhaftung des weiteren nicht wirksam auf die Einräumung von **Ansprüchen gegen Dritte**, vor allem Nachunternehmer, beschränken oder von der vorherigen gerichtlichen Inanspruchnahme solcher Dritter abhängig machen. Deshalb ist eine Klausel in den AGB des Auftragnehmers unwirksam, nach welcher dieser für Mängel erst haften soll, wenn die abgetretenen Mängelansprüche gegen Nachunternehmer „nicht durchsetzbar" sind; denn diese sprachliche Fassung begründet die Gefahr, dass der Auftraggeber die Klausel dahin versteht, die gerichtliche Inanspruchnahme der Nachunternehmer sei Voraussetzung der subsidiären Haftung des Auftragnehmers.[189] Diesen Eindruck erwecken auch Formulierungen, welche die Sachmängelhaftung des Auftragnehmers davon abhängig machen, dass der Auftraggeber die abgetretenen Ansprüche wegen von ihm nicht zu vertretender Verjährung[190] oder wegen Insolvenz oder Geschäftsaufgabe des Dritten[191] nicht durchsetzen kann. Die Klausel, der Auftragnehmer hafte für die Güte der zu errichtenden Baulichkeiten nur, soweit er von Bauhandwerkern Erfüllung der Mängelansprüche verlangen kann, steht einer Verweisung auf Dritte gleich und ist deshalb wie diese unwirksam.[192]

50 Bei dieser Einschränkung der Verweisung auf Dritte durch § 309 Nr. 8 lit. b aa BGB ist der BGH jedoch nicht stehen geblieben, sondern erachtet nunmehr[193] die von einem **Bauträger** gestellte **Subsidiaritätsklausel**, die vorsieht, dass der Bauträger erst haftet, wenn der Erwerber sich erfolglos bemüht hat, die ihm abgetretenen[194] Mängelansprüche des Bauträgers gegen die anderen am Bau Beteiligten durchzusetzen, als gemäß § 9 Abs. 2 Nr. 2 AGB-Gesetz = § 307 Abs. 2 Nr. 2 BGB **unwirksam**. Das begründet er einleuchtend mit der zeitweiligen Vereitelung des Vertragszwecks, es nur mit einem Vertragspartner zu tun zu haben, mit den möglichen Schwierigkeiten zu klären, welchem Nachunternehmer Mängel zuzuordnen sind, sowie mit dem infolge Zeitablaufs erhöhten Beweis- und Insolvenzrisiko. Da § 307 BGB aber nur den Vertragspartner des Verwenders vor unangemessenen Benachteiligungen schützt, kann der Bauträger sich nicht auf die Unwirksamkeit berufen.[195] Vielmehr steht es dem Auftraggeber frei, ihn an der Subsidiaritätsklausel festzuhalten[196] und zunächst zu versuchen, sich aus den abgetretenen Mängelansprüchen gegen die anderen Baubeteiligten schadlos zu halten, etwa wenn er diese für zuverlässiger oder solventer als den Bauträger erachtet. Dann muss der Bauträger aufgrund der sich aus § 402 BGB ergebenden Unterstützungspflicht den Auftraggeber über den Inhalt der Verträge mit den Handwerkern, über den Zeitpunkt der Abnahme der Handwerkerleistungen und den damit verbundenen Lauf der Verjährung unterrichten sowie ihm die Werkverträge und Abnahmeprotokolle herausgeben und wegen zu erwartender Leistungsverweigerungen noch offene Restwerklohnforderungen der Handwerker offenbaren.[197] Anderweitig nicht realisierbare Kosten, die dem Auftraggeber bei dem Versuch, die abgetretenen Ansprüche durchzusetzen, entstanden sind, hat der Bauträger

---

[187] OLG Brandenburg IBR 2006, 89.

[188] *Wolf/Horn/Lindacher* § 11 Nr. 10 Rdn. 31; vgl. dazu auch BGH NJW-RR 1993, 560, wo bereits eine Beschränkung der Haftung im Rahmen der Mängelgewährleistung auf grobe Fahrlässigkeit für unwirksam erklärt worden ist.; OLG Brandenburg IBR 2006, 89: unmittelbar aus § 9 AGB-Gesetz, jetzt § 307 BGB.

[189] BGH NJW 1995, 1675 = BauR 1995, 542; NJW 1998, 904 = BauR 1998, 335.

[190] OLG Düsseldorf NJW 1997, 2123 (nur LS) = NJW-RR 1997, 659.

[191] BGH NJW 1995, 1675 = BauR 1995, 542.

[192] BGH NJW-RR 1987, 1035 = BauR 1987, 552.

[193] NJW 2002, 2470 = NZBau 2002, 495 = BauR 2002, 1385.

[194] Zur Mehrfachabtretung an die Erwerber von Eigentumswohnungen einer Wohnungseigentumsanlage vgl. LG Darmstadt IBR 2005, 210.

[195] BGH NJW-RR 1998, 594 = BauR 1998, 357.

[196] Offenbar ist die Verwendung solcher Klauseln in der Praxis nach wie vor üblich: *Grziwotz* FS Thode 2005, 243, 255.

[197] BGH NJW 1984, 2094 = BauR 1984, 392; NJW-RR 1989,467 = BauR 1989, 211.

zu ersetzen.[198] Folgerichtig kann der Auftraggeber den Bauträger vor allem an einer weiteren anerkannten Auswirkung der Subsidiaritätsklausel festhalten, dass nämlich die Verjährung der bis zum Fehlschlagen der Schadloshaltung aufschiebend bedingten Mängelansprüche gegen den Bauträger bis zum Eintritt der Bedingung nach § 205 BGB gehemmt ist.[199]

51 Die bisherige Rechtsprechung zu der Vorgängernorm des § 309 Nr. 8 lit. b aa BGB war auch gegenüber **Unternehmern** anwendbar, allerdings mit Einschränkungen; insbesondere wurde dort für unbedenklich erachtet, eine vorherige gerichtliche Inanspruchnahme des Dritten vorzusehen.[200] Da der BGH die Unwirksamkeit der Subsidiaritätsklausel jetzt unmittelbar aus der Vorgängernorm des § 307 Abs. 2 Nr. 2 BGB herleitet,[201] gilt diese neue Rechtsprechung für Unternehmer als Auftraggeber des Bauträgers uneingeschränkt.

52 Wie früher § 11 Nr. 10 AGB-Gesetz gilt § 309 Nr. 8 lit. b BGB „bei Verträgen über Lieferungen **neu hergestellter Sachen**". Dazu gehören insbesondere Häuser und Eigentumswohnungen, die vor ihrer Veräußerung nicht bereits einige Zeit genutzt worden sind.[202] Unschädlich für die Neuheit ist es, wenn der Veräußerer das Bauwerk für sich errichtet und einige Monate selbst bewohnt hat,[203] wenn das Gebäude als Musterhaus erstellt und als solches ein halbes Jahr genutzt worden ist[204] oder wenn das Haus kurzfristig vermietet[205] oder zwar ein Jahr und drei Monate vermietet, aber nur sechs Monate tatsächlich bezogen war.[206] Bei einem Leerstand zwischen Fertigstellung und Veräußerung kann eine Eigentumswohnung spätestens nach fünf Jahren nicht mehr als neu angesehen werden.[207] Jedenfalls zwei Jahre nach ihrer Errichtung veräußerte Eigentumswohnungen hat der BGH wiederholt[208] noch als neu behandelt.

53 Auch die **Umwandlung** eines **Altbaus** in **Eigentumswohnungen** erfüllt die Voraussetzung des § 309 Nr. 8 lit. b BGB, wenn mit dem „Verkauf" der Wohnungen eine Herstellungspflicht des Veräußerers verbunden ist, die nach Umfang und Bedeutung mit der Neuherstellungspflicht vergleichbar ist.[209] Das ist bei einem als „vollkommen modernisiert und umgebaut" und als „Neubau hinter historischer Fassade" bezeichneten Altbau der Fall.[210] Das gilt ebenso bei einem „vollständig, bis auf die Grundmauern sanierten Altbau", der aus zwei Doppelhaushälften besteht, selbst wenn die geschuldete Sanierung bei Abschluss des Vertrags bereits fertiggestellt war.[211]

54 **Änderungsvorbehalte** waren nach § 10 Nr. 4 AGB-Gesetz und sind jetzt nach § 308 Nr. 4 BGB unwirksam, „wenn nicht die Vereinbarung der Änderung oder Abweichung unter Berücksichtigung der Interessen des Verwenders für den anderen Vertragsteil zumutbar ist." Diese Voraussetzung ist nur erfüllt, wenn für die Änderung ein **triftiger Grund** vorliegt; und im Hinblick

---

[198] BGHZ 92, 123 = NJW 1984, 2573 = BauR 1984, 634.

[199] BGH NJW 1981, 2343 = BauR 1981, 469; BGHZ 92, 123 = NJW 1984, 2573 = BauR 1984, 634; OLG Düsseldorf NJW-RR 1992, 1108.

[200] *Palandt/Heinrichs* § 309 Rdn. 60; *Ulmer/Brandner/Hensen* § 11 Nr. 10 a Rdn. 27.

[201] BGH NJW 2002, 2470 = NZBau 2002, 495 = BauR 2002, 1385; vgl. dazu oben Rdn. 50.

[202] BGH NJW 1995, 1675 = BauR 1995, 542; vgl. dazu Gegenäußerung der Bundesregierung zu der Stellungnahme des Bundesrats, BT-Drucks. 14/6857, S. 59/60, zu Nr. 91, sowie *Thode* NZBau 2002, 297, 298–300; *Hofmann/Joneleit* NZBau 2003, 641–645; *Derleder* NZBau 2004, 237, 243/244.

[203] BGHZ 74, 204 = NJW 1979, 1406 = BauR 1979, 337; BGH BauR 1982, 58; NJW 1982, 2243 = BauR 1982, 493.

[204] BGH NJW 1982, 2243 = BauR 1982, 493.

[205] OLG München NJW 1981, 2472.

[206] OLG Düsseldorf OLGR 2001, 219.

[207] So *Klumpp* NJW 1993, 372.

[208] NJW 1985, 1551 = BauR 1985, 314; NZBau 2003, 213 = BauR 2003, 535; auch *Ulmer/Brandner/Hensen* § 11 Nr. 10 Rdn. 7 bezeichnen eine Frist von 2 Jahren als „gewiß nicht zu lang".

[209] BGHZ 108, 156 = NJW 1989, 2534 = BauR 1990, 221; weitergehend – auch bei Teilsanierungen –: Pause NZBau 2000, 234, 238; vgl. auch BT-Drucks. 14/6857, S. 60, linke Spalte, 3. Abs.

Nach BGH NJW 2006, 214 = NZBau 2006, 113 = BauR 2006, 99 haftet der Veräußerer, der eine Herstellungsverpflichtung übernommen hat, die insgesamt mit Neubauarbeiten nicht vergleichbar ist, wegen Mängeln des Objekts nach Werkvertragsrecht, soweit er seine Herstellungsverpflichtung verletzt hat; soweit das nicht der Fall ist, ist Kaufrecht anzuwenden.

[210] BGHZ 100, 391 = NJW 1988, 490 = BauR 1987, 439.

[211] BGH NJW 2005, 1115 = NZBau 2005, 216 = BauR 2005, 542.

auf die gebotene Klarheit und Verständlichkeit von AGB ist es unverzichtbar, dass die Klausel die triftigen Gründe für das einseitige Leistungsbestimmungsrecht nennt und die Interessen des Vertragspartners angemessen berücksichtigt.[212] Darum ist in einem Bauträgervertrag die Klausel: „Grundlage der Bauausführung ist diese Baubeschreibung. Änderungen der Bauausführung, der Material- bzw. Baustoffwahl, soweit die gleichwertig sind, bleiben vorbehalten," unwirksam.[213] Das gilt ebenso für folgende Klausel in einem formularmäßigen Kaufvertrag über neu herzustellendes Wohneigentum: „Von der Leistungsbeschreibung abweichende Ausführungen bleiben vorbehalten, sofern damit technische Verbesserungen verbunden und/oder der Gesamtwert des Objekts nicht wesentlich beeinträchtigt werden."[214]

II. Leistungen nach Probe: § 13 Nr. 2 VOB/B

Die in Nr. 2 des § 13 VOB/B geregelten Leistungen nach Probe sind ein **Spezialfall** der Haftung für die **vereinbarte Beschaffenheit** nach § 13 Nr. 1 VOB/B. Da dort nicht mehr auf zugesicherte Eigenschaften abgestellt wird,[215] gelten die Eigenschaften der Probe jetzt als vereinbarte Beschaffenheit.[216] Allerdings hat § 13 Nr. 2 VOB/B ersichtlich keine nennenswerte praktische Bedeutung,[217] wie daraus erhellt, dass es hierzu keine veröffentlichte Rechtsprechung gibt.[218] Die in der Literatur[219] mehrfach zitierten Entscheidungen[220] sind nicht zu dieser Norm, sondern zu § 494 BGB a.F., also zum Kaufrecht ergangen. 55

1. Vertragliche Vereinbarung

Leistungen nach Probe liegen nur vor, wenn die Bauvertragspartner sich darüber einig sind, dass die Beschaffenheit der Probe für die vertragsgerechte Leistung maßgebend sein soll.[221] Die erforderliche vertragliche Vereinbarung kann ausdrücklich erfolgen. Oft wird jedoch erst durch Auslegung zu ermitteln sein, ob die Vorlage der Probe nur das Interesse des Auftraggebers wecken und Informationszwecken dienen oder ob mit ihr die geschuldete Leistung festgelegt werden sollte.[222] Von letzterem ist auszugehen, wenn die Probe Bestandteil des Leistungsverzeichnisses oder des Angebots war.[223] Aber auch im übrigen spricht der Umstand, dass sich eine Vertragspartei die Mühe macht, die Probe vorzulegen, mangels anderer Anhaltspunkte für eine solche Einigung. Die Vereinbarung, die Bauleistung entsprechend einer Probe zu erbringen, kann nach § 13 Nr. 2 Satz 2 VOB/B noch nach Vertragsschluss getroffen werden. Damit wird der Baupraxis, Ausführungsdetails erst später zu regeln, Rechnung getragen.[224] 56

2. Vereinbarte Beschaffenheit

Nach der vertraglichen Vereinbarung und deren Auslegung richtet sich ebenfalls, welche Eigenschaften der Probe – nur einzelne oder alle – vereinbarte Beschaffenheit sind.[225] Im Zweifel 57

---

[212] BGH NZBau 2005, 511 = BauR 2005, 1473.

[213] BGH, a.a.O., vorstehende Fußnote.

[214] OLG Hamm BauR 2005, 1324 = IBR 2005, 250.

[215] Vgl. dazu oben Rdn. 15.

[216] Beschluss des Vorstandes des DVA vom 2.5.2002, Begründung II. 6.

[217] *Weyer* BauR 2003, 613, 618; *Siegburg* Gewährleistung Rdn. 847 und FS Jagenburg 2002, 839, 851.

[218] Woraus *Motzke* NJW 2003, 3396, 3397 dem gegenüber die Praxisbedeutung herleiten will, teilt er nicht mit.

[219] Vgl. etwa *Ingenstau/Korbion/Wirth* VOB/B § 13 Nr. 2 Rdn. 6 Fn. 2 und Rdn. 8 Fn. 3; Beck'scher VOB-Kommentar/*Ganten* VOB/B § 13 Nr. 2 Rdn. 1 Fn. 1.

[220] BGH Betr. 1957, 66 und Betr. 1966, 415; KG NJW 1974, 1954 (bei Beck'scher VOB-Kommentar/*Ganten* VOB/B § 13 Nr. 2 Rdn. 1 Fn. 1 fälschlich als BGH-Entscheidung bezeichnet).

[221] *Daub/Piel/Soergel/Steffani* ErlZ B 13.164; *Heiermann/Riedl/Rusam* VOB/B § 13 Rdn. 45.

[222] *Nicklisch/Weick* § 13 Rdn. 38; *Kleine-Möller/Merl* § 12 Rdn. 200; *Heiermann/Riedl/Rusam* VOB/B § 13 Rdn. 45.

[223] *Hereth/Ludwig/Naschold* B § 13 Ez.113; *Ingenstau/Korbion/Wirth* VOB/B § 13 Nr. 2 Rdn. 5.

[224] *Ingenstau/Korbion/Wirth* VOB/B § 13 Nr. 2 Rdn. 6.

[225] *Hereth/Ludwig/Naschold* B § 13 Ez.114; *Nicklisch/Weick* B § 13 Rdn. 39.

ist letzteres anzunehmen, wenn im Vertrag dazu nichts gesagt wird.[226] Dafür spricht entscheidend der Wortlaut des § 13 Nr. 2 Satz 1 VOB/B, weil er ohne jede Einschränkung die Eigenschaften der Probe als vereinbarte Beschaffenheit bezeichnet.

3. Abweichungen der Ausführung

58 Soweit die Ausführung der Bauleistung von der Probe abweicht, handelt es sich um Mängel, für welche der Auftragnehmer nach § 13 Nr. 1 VOB/B haftet. Anders als dort gilt das in den Fällen des § 13 Nr. 2 VOB/B allerdings nur, „soweit nicht Abweichungen nach der Verkehrssitte als bedeutungslos anzusehen sind". Wegen des Gewichts der Beschaffenheitsvereinbarung ist diese Einschränkung aber eng zu begrenzen.[227] Sie greift schon bei lediglich geringfügigen Wert- oder Nutzungsbeeinträchtigungen nicht ein.

4. Mängel der Probe

59 Wenn bereits die vom Auftragnehmer vorgelegte Probe mangelhaft war, haftet er für die darauf beruhenden Mängel der Bauleistung.[228] Ist der Mangel jedoch deutlich erkennbar und wird er von dem Auftraggeber deshalb erkannt oder nur infolge grober Fahrlässigkeit nicht erkannt, die Probe aber gleichwohl zum Vertragsinhalt gemacht, so scheidet insoweit eine Mängelhaftung aus.[229] Bloße Erkennbarkeit, etwa bei sorgfältiger Untersuchung der Probe, reicht nicht aus. Denn die als Beleg für die gegenteilige Ansicht[230] angeführte BGH-Entscheidung[231] stellt ausdrücklich auf § 460 BGB a.F., jetzt § 442 Abs. 1 BGB ab; und danach schließen nur Kenntnis und grobe Fahrlässigkeit die Mängelrechte aus. Bei Vorlage der Probe durch den Auftraggeber haftet der Auftragnehmer entsprechend § 13 Nr. 3 VOB/B lediglich, sofern er seiner Prüfungs- und Hinweispflicht nicht nachkommt.[232]

5. Beweislast

60 Beweispflichtig ist aus den bei § 13 Nr. 1 VOB/B genannten Gründen[233] auch hier der **Auftraggeber**. Der Beweis muss sich auf die Vereinbarung einer Leistung nach Probe, auf die Identität der als Beweismittel vorgelegten mit der vereinbarten Probe und auf die fehlende Übereinstimmung zwischen Probe und erbrachter Leistung erstrecken.[234] Die Beweislast **kehrt sich um**, wenn die dem Auftragnehmer übergebene Probe infolge seines Verschuldens abhanden kommt.[235]

6. Abweichungen gegenüber dem BGB

61 § 13 Nr. 2 VOB/B stellt eine Abweichung von dem gesetzlichen Werkvertragsrecht des BGB dar. Denn dieses regelt Leistungen nach Probe nicht.[236] Lediglich für den Kauf nach Probe oder Muster[237] bestimmte § 494 BGB a.F., dass die Eigenschaften der Probe oder des Musters als zugesichert anzusehen sind. Diese Bestimmung ist durch das Schuldrechtsmodernisierungsgesetz als entbehrlich[238] aufgehoben worden. Bei Vereinbarung von Leistungen nach Probe in einem

[226] *Kleine-Möller/Merl* § 12 Rdn. 201.
[227] *Ingenstau/Korbion/Wirth* VOB/B § 13 Nr. 2 Rdn. 7.
[228] Ähnlich OLG Frankfurt BauR 2005, 1937.
[229] *Ingenstau/Korbion/Wirth* VOB/B § 13 Nr. 2 Rdn. 8; *Kleine-Möller/Merl* § 12 Rdn. 203.
[230] *Heiermann/Riedl/Rusam* VOB/B § 13 Rdn. 47; *Vygen* Bauvertragsrecht Rdn. 437.
[231] BGH Betr. 1957, 66.
[232] *Ingenstau/Korbion/Wirth* VOB/B § 13 Nr. 2 Rdn. 8; *Kleine-Möller/Merl* § 12 Rdn. 203.
[233] Vgl. oben bei Rdn. 42.
[234] *Baumgärtel* Beweislast VOB/B § 13 Rdn. 5; *Ingenstau/Korbion/Wirth* VOB/B § 13 Nr. 2 Rdn. 9.
[235] BGH LM Nr. 1 zu § 494 BGB.
[236] Unzutreffend deshalb *Tempel* NZBau 2002, 532, 534, soweit er ausführt, die geänderte Fassung des § 13 Nr. 2 VOB/B sei überflüssig, da die gleiche Rechtsfolge auch nach dem Werkvertragsrecht des BGB eintrete.
[237] Vgl. dazu OLG Düsseldorf NJW-RR 2000, 1654 = BauR 2000, 1347.
[238] So BT-Drucks. 14/6040, S. 207; vgl. dazu auch *Schwenker/Heinze* BauR 2002, 1143, 1148.

BGB-Werkvertrag ist mithin anhand der Umstände des Einzelfalls durch Auslegung zu ermitteln, was die Bauvertragspartner damit erreichen wollten. In der Regel wird sich ergeben, dass die Vertragspartner auf die Eigenschaften der Probe besonderen Wert legten und deshalb eine entsprechende Beschaffenheitsvereinbarung getroffen haben.[239]

III. Einschränkungen der Sachmängelhaftung

Von der Sachmängelhaftung nach § 13 Nr. 1 und 2 VOB/B kann der Auftragnehmer unter den Voraussetzungen des **§ 13 Nr. 3 VOB/B frei** sein (1.). Aber auch dann, wenn nicht sämtliche Voraussetzungen der Nr. 3 erfüllt sind, vor allem wenn der Auftragnehmer seiner Prüfungs- und Hinweispflicht nach § 4 Nr. 3 VOB/B nicht hinreichend nachgekommen ist, kann wegen einer Mitverursachung des Mangels durch den Auftraggeber die Sachmängelhaftung gemäß **§ 254 BGB eingeschränkt** sein (2.). Mittelbar kann sich ferner eine Einschränkung der Sachmängelhaftung über einen **Gesamtschuldnerausgleich** zwischen dem Auftragnehmer und einem Vorunternehmer oder dem Architekten des Auftraggebers ergeben (3.). Schließlich kann sich die Sachmängelhaftung infolge vorbehaltloser Abnahme der mangelhaften Bauleistung nach **§ 640 Abs. 2 BGB** auf einen Schadenersatzanspruch aus § 13 Nr. 7 VOB/B reduzieren (4.). 62

1. § 13 Nr. 3 VOB/B

Entsprechend der Änderung des § 13 Nr. 1 VOB/B[240] ist § 13 Nr. 3 durch die VOB/B 2002 redaktionell angepasst worden.[241] Der Auftragnehmer wird nicht mehr von der Gewährleistung, sondern von der Mängelhaftung frei. Die Reichweite dieses Haftungsausschlusses wird anhand der **Regel** deutlich, zu der er die **Ausnahme**[242] bildet.[243] Das Werkvertragsrecht ist dadurch geprägt, dass grundsätzlich der Auftragnehmer für die vereinbarte Werkleistung und damit für den Erfolg seiner Tätigkeit einzustehen hat. Hierzu ist der Auftragnehmer regelmäßig selbst dann verpflichtet, wenn er nicht zu vertreten hat, dass der geschuldete Erfolg ausgeblieben ist.[244] Die grundsätzliche Erfolgshaftung des Auftragnehmers[245] soll durch § 13 Nr. 3 VOB/B nur in dem Maße eingeschränkt werden, in dem die einschneidende Rechtsfolge der Risikoverlagerung auf den Auftraggeber bei wertender Betrachtung gerechtfertigt ist. 63

Diese vom BGH[246] für einen Fall durch den Auftraggeber vorgeschriebener Baustoffe zutreffend herausgestellten Grundsätze sind bei der Anwendung aller **vier Fallalternativen** des § 13 Nr. 3 VOB/B zu beachten: bei Mängeln, die zurückzuführen sind auf die Leistungsbeschreibung des Auftraggebers (a), auf Anordnungen des Auftraggebers (b), auf vom Auftraggeber gelieferte oder vorgeschriebene Stoffe oder Bauteile (c) oder auf die Beschaffenheit der Vorleistung eines anderen Unternehmers (d). Die vier Tatbestände eines Haftungsausschlusses sind als Ausnahmen von der grundsätzlichen Haftung des Auftragnehmers für Mängel seines Werks **eng auszulegen**[247] und stellen eine **abschließende Regelung** dar.[248] Gleichwohl ist der Ausschluss in Zweifelsfällen 64

---

[239] So im Ergebnis auch *Kleine-Möller/Merl* § 12 Rdn. 198.

[240] Vgl. dazu oben Rdn. 1.

[241] Beschluss des Vorstandes des DVA vom 2.5.2002, Begründung II. 7.

[242] Dieser Ausnahmecharakter wird durch die sprachliche Umstellung des letzten Halbsatzes zur Verdeutlichung der Beweislastverteilung (so Beschluss des Vorstandes des DVA vom 2.5.2002, Begründung II. 7.) zusätzlich hervorgehoben: *Weyer* BauR 2003, 613, 618.

[243] BGHZ 132, 189 = NJW 1996, 2372 = BauR 1996, 702.

[244] BGH NZBau 2006, 112 = BauR 2006, 375.

[245] So auch *Nicklisch/Weick* § 13 Rdn. 44; *Heiermann/Riedl/Rusam* VOB/B § 13 Rdn. 49.

[246] BGHZ 132, 189 = NJW 1996, 2372 = BauR 1996, 702.

[247] BGH BauR 1975, 421; NJW 1977, 1966 = BauR 1977, 420; *Ingenstau/Korbion/Wirth* VOB/B § 13 Nr. 3 Rdn. 4; *Heiermann/Riedl/Rusam* VOB/B § 13 Rdn. 49; *Nicklisch/Weick* § 13 Rdn. 47; a.A. *Medicus* ZfBR 1984, 155, 158/159.

[248] *Klaft/Maxem* BauR 1999, 1074, 1075; *Ingenstau/Korbion/Wirth* VOB/B § 13 Nr. 3 Rdn. 7; *Heiermann/Riedl/Rusam* VOB/B § 13 Rdn. 50; *Vygen* Bauvertragsrecht Rdn. 450.

sorgfältig zu prüfen und darf nicht voreilig unter Hinweis auf den Ausnahmecharakter des § 13 Nr. 3 VOB/B verneint werden.[249]

65 **a) Leistungsbeschreibung des Auftraggebers.** Der Begriff der Leistungsbeschreibung in § 13 Nr. 3 VOB/B darf nicht auf die Umschreibung des § 9 Nr. 11 VOB/A 2006 – Baubeschreibung und Leistungsverzeichnis – verkürzt werden, ist vielmehr in einem **weiten Sinn** zu verstehen.[250] Denn die Leistungsbeschreibung definiert die Leistungspflicht des Auftragnehmers und damit das Bausoll. Diese wird jedoch zum Beispiel auch durch Pläne, Proben, statische Berechnungen, geotechnische Gutachten und Angaben in Zusätzlichen Technischen Vertragsbedingungen (§ 10 Nr. 3 Satz 2 VOB/A) bestimmt, die alle darum Bestandteile der Leistungsbeschreibung sein können.[251]

66 Eine Leistungsbeschreibung **des Auftraggebers** setzt voraus, dass sie von ihm, seinem Architekten oder seinem planenden Sonderfachmann aufgestellt und zum Gegenstand des Bauvertrags gemacht worden ist.[252] Daran fehlt es, wenn der Auftragnehmer die von ihm oder von einem Dritten, zum Beispiel seinem Lieferanten, formulierte Leistungsbeschreibung in sein Angebot übernimmt und daraufhin den Auftrag erhält. Das gilt selbst bei einer gezielten Erkundigung des Auftraggebers nach dem Verbundsystem eines bestimmten Herstellers für eine Wärmeschutzfassade und einem entsprechenden Angebot des Auftragnehmers mit anschließender Auftragserteilung; denn dann hat der Auftraggeber das System allenfalls vorgeschlagen, aber keine bindende Anweisung erteilt, wie es § 13 Nr. 3 VOB/B voraussetzt.[253] Dem genügt auch eine Leistungsbeschreibung nicht, die auf gemeinsamer Erörterung zwischen Auftraggeber und Auftragnehmer beruht.[254]

67 Erforderlich sind **verbindliche Vorgaben** des Auftraggebers.[255] Dazu zählen nicht etwa sämtliche Angaben der in § 9 VOB/A und in Abschnitt 0 der ATV DIN 18299 näher geregelten Leistungsbeschreibung, insbesondere nicht jede Angabe des Auftraggebers zu Baustoffen.[256] Die Benennung bestimmter Baustoffe im Leistungsverzeichnis des Auftraggebers ist jedoch nicht nur ein Einverständnis oder eine Anregung, sondern eine bindende Anweisung, wenn die Auslegung des Bauvertrags ergibt, dass dieses Material dem Auftragnehmer zwingend vorgeschrieben sein soll.[257] Das ist nicht der Fall, wenn die Bezeichnung eines bestimmten Erzeugnisses entsprechend § 9 Nr. 6 Abs. 1 Satz 2 VOB/A 2006 mit dem Zusatz „alternativ gleichwertiges Fabrikat nach Wahl des Bieters" versehen wird.[258] Das eingeräumte Wahlrecht besteht allerdings nur scheinbar, tatsächlich aber nicht, sofern dem Auftragnehmer ein nach seinen Materialeigenschaften genau definiertes Produkt vorgeschrieben und ihm lediglich freigestellt wird, ein gleichartiges Produkt eines anderen Herstellers zu verwenden, das betreffende Produkt indessen schon aufgrund seiner Materialeigenschaften zur Erstellung des geschuldeten Werks ungeeignet ist; der Auftragnehmer kann dann nämlich nur zwischen mehreren untauglichen Alternativen eine falsche Wahl treffen.[259]

---

[249] *Klaft/Maxem* BauR 1999, 1074, 1079.

[250] Vgl. dazu schon VOB/A § 9 Rdn. 56 sowie *Kapellmann* NJW 2005, 182.

[251] Näher VOB/A § 9 Rdn. 56. Vgl. auch OLG Naumburg IBR 2005, 659 mit zu Recht kritischem Praxishinweis von *Englert*.

[252] *Ingenstau/Korbion/Wirth* VOB/B § 13 Nr. 3 Rdn. 20; *Nicklisch/Weick* § 13 Rdn. 52; *Heiermann/Riedl/Rusam* VOB/B § 13 Rdn. 51.

[253] BGHZ 91, 206 = NJW 1984, 2457 = BauR 1984, 510.

[254] *Ingenstau/Korbion/Wirth* VOB/B § 13 Nr. 3 Rdn. 20; *Nicklisch/Weick* § 13 Rdn. 52; *Heiermann/Riedl/Rusam* VOB/B § 13 Rdn. 51.

[255] *Heiermann/Riedl/Rusam* VOB/B § 13 Rdn. 51; *Kleine-Möller/Merl* § 12 Rdn. 119.

[256] BGHZ 132, 189 = NJW 1996, 2372 = BauR 1996, 702.

[257] OLG Hamm BauR 1988, 481; zustimmend Beck'scher VOB-Komm./*Ganten* B § 13 Nr. 3 Rdn. 21 und 23.

[258] OLG Zweibrücken BauR 1992, 770. Zur Gleichwertigkeit vgl. BayObLG IBR 2002, 505.

[259] *Klaft/Maxem* BauR 1999, 1074, 1077, die allerdings fälschlich davon ausgehen, dass der Entscheidung des OLG Zweibrücken BauR 1992, 770 eine solche Fallgestaltung zugrunde liegt, was den mitgeteilten Gründen nicht zu entnehmen ist. Zur Methodenwahl durch den Auftraggeber statt durch den Auftragnehmer vgl. auch VOB/B § 2 Rdn. 37, 38.

b) Sonstige Anordnungen des Auftraggebers. Der Ausschluss der Sachmängelhaftung des Auftragnehmers bei Anordnungen des Auftraggebers ist die **Kehrseite des** Rechts des Auftraggebers, gemäß **§ 4 Nr. 1 Abs. 3 VOB/B** Anordnungen zu treffen, und der Pflicht des Auftragnehmers nach § 4 Nr. 1 Abs. 4 VOB/B, diese Anordnungen zu befolgen. Diese Fallalternative umfasst alle Anordnungen, die nicht bereits Teil der Leistungsbeschreibung[260] sind. Wie dort ist Voraussetzung einer Anordnung, dass der Auftraggeber eine **bindende Anweisung** erteilt, die dem Auftragnehmer keine Wahl lässt und absolute Befolgung erheischt.[261] Die Anordnung kann zum Beispiel darin bestehen, dass der Auftraggeber dem Auftragnehmer vorschreibt, einen bestimmten Nachunternehmer einzuschalten,[262] oder ihn anweist, bestimmte Arbeiten bei ungeeigneten Witterungsverhältnissen auszuführen.[263] Andererseits ist eine Anordnung zu verneinen, wenn eine vom Auftraggeber nicht zu vertretende zeitliche Verzögerung durch verspätet fertiggestellte Vorunternehmerleistungen eintritt.[264] Ebenfalls keine Anordnung trifft der Auftraggeber, der zwar weiß, dass der Auftrag alsbald nur mit bestimmtem Material ausgeführt werden kann, der dem Auftragnehmer insoweit aber freie Hand lässt.[265] 68

Anordnungen des Auftraggebers enthält insbesondere die **Planung**[266] der von ihm beauftragten **Architekten** und **Sonderfachleute**.[267] Solche Ausführungsunterlagen im Sinne des § 3 Nr. 1 VOB/B sind für den Auftragnehmer nach § 3 Nr. 3 VOB/B maßgebend.[268] Er hat sich deshalb an die Planvorgaben – soweit sie der vertraglich vereinbarten Planung entsprechen[269] – genau zu halten.[270] Mit dieser eindeutigen Rechtslage ist die Annahme, regelmäßig seien alle Planunterlagen, die nicht erkennbar unbedingt und nur so gewollt seien, keine zwingenden Anordnungen,[271] unvereinbar. Im Fall der Blasbachtalbrücke[272] hätte folglich wegen der bindenden Planvorgaben des Auftraggebers die Haftung des Auftragnehmers für den Mangel verneint werden müssen, zumal es einer besonderen Risikoübernahme durch den Auftraggeber nicht bedurfte.[273] 69

c) Vom Auftraggeber gelieferte/vorgeschriebene Baustoffe/-teile. Weitere spezielle Anordnungen des Auftraggebers regelt § 13 Nr. 3 VOB/B bezüglich der an dritter Stelle genannten von ihm gelieferten oder vorgeschriebenen Stoffe oder Bauteile. Soweit der Auftraggeber Baustoffe – dieser Begriff ist weit auszulegen,[274] so dass dazu an erster Stelle der Baugrund gehört[275] – oder Bauteile **liefert**, kann der Auftragnehmer grundsätzlich nicht für deren Qualität verantwortlich gemacht werden,[276] weil ihm die Möglichkeit einer selbständigen Auswahl genommen 70

---

[260] Vgl. dazu vorstehend Rdn. 65–67.

[261] BGH BauR 1975, 421; NJW 1977, 1966 = BauR 1977, 420; BGHZ 91, 206 = NJW 1984, 2457 = BauR 1984, 510.

[262] *Nicklisch/Weick* § 13 Rdn. 55; *Ingenstau/Korbion/Wirth* VOB/B § 13 Nr. 3 Rdn. 26; *Kleine-Möller/Merl* § 12 Rdn. 121.

[263] *Vygen* Bauvertragsrecht Rdn. 454; *Heiermann/Riedl/Rusam* VOB/B § 13 Rdn. 52.

[264] BGH NJW 1977, 1966 = BauR 1977, 420; nur im Ergebnis zustimmend *Nicklisch/Weick* § 13 Rdn. 54.

[265] BGH *Schäfer/Finnern* Z 2.414 Blatt 219.

[266] Soweit diese nicht bereits Bestandteil der Leistungsbeschreibung ist: vgl. dazu oben Rdn. 65.

[267] *Ingenstau/Korbion/Wirth* VOB/B § 13 Nr. 3 Rdn. 25.

[268] Vgl. dazu näher VOB/B § 3 Rdn. 32.

[269] BGHZ 153, 244 = NJW 2003, 1450 = NZBau 2003, 265 = BauR 2003, 689.

[270] BGH NJW 1982, 1702 = BauR 1982, 374.

[271] So jedoch Beck'scher VOB-Kommentar/*Ganten* VOB/B § 13 Nr. 3 Rdn. 36.

[272] OLG Frankfurt NJW 1983, 456 = BauR 1983, 156; vgl. schon oben Rdn. 33.

[273] Vgl. dazu unten Rdn. 77.

[274] *Kuffer* NZBau 2006, 1, 5, zu § 645 BGB; für § 13 Nr. 3 VOB/B gilt das ebenso.

[275] Zum Baugrund als vom Auftraggeber gelieferter Baustoff: *Kapellmann* Jahrbuch BauR 1999, 1 ff., insbesondere Rdn. 14; *Englert* FS Thode 2005, 3, 11–14; *Englert/Fuchs* BauR 2006, 1047, 1053/1054; OLG München NZBau 2004, 274 = BauR 2004, 680 stellt den Müllkörper einer Mülldeponie dem Baugrund gleich, wenn es infolge dessen biologischen Abbaus zu Setzungen und deshalb zu Mängeln an dem eingebrachten Entgasungssystem kommt; dazu näher *Motzke* Jahrbuch BauR 2005, 71 ff. Vgl. auch LG Hamburg NJW-RR 2001, 1670: gegen Pilzbefall zu bearbeitende Dachbalken als vom Auftraggeber gelieferter Stoff.

[276] *Nicklisch/Weick* § 13 Rdn. 56.

wird.[277] Das rechtfertigt die Risikoverlagerung auf den Auftraggeber. Daraus folgt umgekehrt, dass zu einer solchen Risikoverlagerung kein Anlaß besteht, wenn der Auftraggeber Baustoffe oder –teile einkauft und anliefern lässt, welche der Auftragnehmer zuvor vorgeschlagen oder ausgesucht hat.[278] Wählt hingegen der Auftraggeber von einem Baustoff eine bestimmte einzelne Partie selber aus, so steht dies einer Lieferung durch ihn gleich.[279]

71 Vom Auftraggeber **vorgeschriebene** Baustoffe oder –teile setzen eine entsprechende Anordnung voraus.[280] Deren Anforderungen stimmen mit den bei den ersten beiden Fallalternativen des § 13 Nr. 3 VOB/B erörterten[281] überein. Auch hier bedarf es einer bindenden Anweisung, die dem Auftragnehmer keine Wahl lässt.[282] Das ist zum Beispiel der Fall, wenn ihm von dem Auftraggeber die Verwendung vorgefertigter Installationswände eines bestimmten Herstellers[283] oder eine bestimmte Materialmarke oder Bezugsquelle ohne Ausweichmöglichkeit vorgeschrieben wird.[284] Davon abzugrenzen sind allgemeine Beschreibungen[285] und sonstige Vorschläge.[286] Ebenso macht das bloße Einverständnis des Auftraggebers mit einem bestimmten Baustoff diesen nicht zu einem vorgeschriebenen.[287] Nicht anders ist die Auswahl von Baustoffen – zum Beispiel Fliesen – durch den Auftraggeber nach seinem Geschmack bei einem von dem Auftragnehmer benannten Lieferanten[288] oder die Freigabe von Natursteinplatten durch den Auftraggeber bei einer Bemusterung[289] zu beurteilen. Auch wird ein Baustoff – Müllverbrennungsasche als Füllmaterial unter einer Bodenplatte – durch den Auftraggeber nicht vorgeschrieben, wenn seine Verwendung auf Drängen des Auftragnehmers vertraglich vereinbart wird.[290]

72 Wenn der Auftraggeber eine bindende Anweisung erteilt, ist die **Anordnungstiefe**[291] entscheidend. Denn der Auftraggeber soll nur für das, was er anordnet, einstehen.[292] Dabei kann die Auslegung ergeben, dass mit der Auswahl eines bestimmten Ziegels nur dessen Form und Farbe vorgeschrieben sein soll.[293] Der Auftraggeber, der die Verwendung von Sichtbetonsteinen eines genau bezeichneten Herstellers vorschreibt, übernimmt damit lediglich das Risiko, dass die Steine generell für den vorgesehenen Zweck geeignet sind; das Risiko im Einzelfall auftretender Fehler – **Ausreißer** – trägt weiterhin der Auftragnehmer.[294]

73 **d) Vorleistung eines anderen Unternehmers.** Schließlich weist § 13 Nr. 3 VOB/B die Beschaffenheit der Vorleistung eines anderen Unternehmers grundsätzlich dem Risikobereich des Auftraggebers zu. Unter Vorleistungen sind solche Leistungen zu verstehen, die Auswirkungen auf

---

277 *Heiermann/Riedl/Rusam* VOB/B § 13 Rdn. 53.

278 *Kleine-Möller/Merl* § 12 Rdn. 122; *Heiermann/Riedl/Rusam* VOB/B § 13 Rdn. 53.

279 BGHZ 132, 189 = NJW 1996, 2372 = BauR 1996, 702.

280 *Heiermann* FS Locher 1990, 65, 66.

281 Vgl. dazu oben Rdn. 67, 68.

282 BGH BauR 1975, 421; BGHZ 91, 206 = NJW 1984, 2457 = BauR 1984, 510; BGH NZBau 2005, 456 = BauR 2005, 1314; *Heiermann/Riedl/Rusam* VOB/B § 13 Rdn. 54; *Vygen* Bauvertragsrecht Rdn. 456.

283 BGH WM 1977, 224.

284 OLG Stuttgart BauR 1989, 475; OLG Hamm BauR 2003, 1570; *Ingenstau/Korbion/Wirth* VOB/B § 13 Nr. 3 Rdn. 40.

285 BGHZ 132, 189 = NJW 1996, 2372 = BauR 1996, 702; *Heiermann/Riedl/Rusam* VOB/B § 13 Rdn. 54.

286 BGHZ 91, 206 = NJW 1984, 2457 = BauR 1984, 510; OLG München BauR 1990, 362; *Nicklisch/Weick* § 13 Rdn. 56.

287 BGH BauR 1975, 421; NZBau 2005, 456 = BauR 2005, 1314; *Ingenstau/Korbion/Wirth* VOB/B § 13 Nr. 3 Rdn. 38.

288 OLG Stuttgart BauR 1989, 475.

289 OLG Nürnberg IBR 2006, 251.

290 BGH NZBau 2005, 456 = BauR 2005, 1314, der damit die Entscheidung OLG Düsseldorf IBR 2004, 196 aufhebt.

291 OLG München IBR 2000, 16.

292 BGHZ 132, 189 = NJW 1996, 2372 = BauR 1996, 702.

293 OLG München IBR 2000, 16.

294 BGHZ 132, 189 = NJW 1996, 2372 = BauR 1996, 702 unter ausdrücklicher Abweichung von BGH NJW 1973, 754 = BauR 1973, 188; kritisch dazu *Kleine-Möller/Merl* § 12 Rdn. 125; dem BGH zustimmend: *Ingenstau/Korbion/Wirth* VOB/B § 13 Nr. 3 Rdn. 43; *Siegburg* Gewährleistung Rdn. 1355–1359 und 1436–1438, allerdings mit teilweise anderer Begründung. Vgl. auch OLG Nürnberg IBR 2006, 251.

die Leistung des Auftragnehmers haben, weil sie diese nachteilig beeinflussen können.[295] Das ist der Fall, wenn der Auftragnehmer auf ihnen aufbaut, wenn jene die sachlich-technische Grundlage für seine Leistung bilden.[296] Den Vorleistungen anderer Unternehmer stehen **Eigenleistungen** des Auftraggebers **gleich**;[297] denn dieser trägt das Risiko der eigenen Vorleistung erst recht.

Vorleistungen sind zum **Beispiel** für den Hersteller von Wintergarten-Überdachungen die 74
vom Zimmermann angebrachten Dachsparren,[298] für den Parkettleger die vom Heizungsbauer installierte Fußbodenheizung und der vom Estrichleger eingebrachte Estrich,[299] für den mit der Plattierung von Balkonen beauftragten Fliesenleger die Arbeiten des Rohbauunternehmers und die Abdichtung durch den Dachdecker,[300] bei von ihm zu verlegenden Bodenfliesen auch die Estricharbeiten.[301]

e) Ursächlichkeit/Zurechnung. Des weiteren setzt der Ausschluss der Haftung des Auftrag- 75
nehmers für einen Mangel voraus, dass dieser auf einen der in den Risikobereich des Auftraggebers fallenden Umstände **zurückzuführen** ist. Die Maßnahmen des Auftraggebers – vorstehend a) bis c) – oder Vorleistungen eines anderen Unternehmers – vorstehend d) – müssen die **Ursache** des Mangels sein.[302] Er muss **adäquat-kausal** auf ihnen beruhen.[303] Das heißt, die Ursachen aus dem Risikobereich des Auftraggebers müssen im allgemeinen und nicht nur unter besonders eigenartigen, unwahrscheinlichen und nach dem gewöhnlichen Verlauf der Dinge außer Betracht zu lassenden Umständen geeignet sein, den Mangel herbeizuführen.[304] Ein solcher Ursachenzusammenhang wird in der Regel problemlos zu bejahen sein.[305]

In Ausnahmefällen kann sich trotz zweifelsfreier Kausalität die Frage der **Zurechnung**[306] 76
– neuerdings auch unter dem Stichwort „Systemrisiko" diskutiert[307] – stellen. Dann liegt es nahe, die im Schadenersatzrecht[308] entwickelte Begrenzung der Zurechnung aufgrund wertender Beurteilung anhand des Schutzzwecks der Norm[309] im Rahmen des § 13 Nr. 3 VOB/B ebenfalls nutzbar zu machen. Hier ist folglich auf den **Schutzzweck** dieser Regelung abzustellen.[310] Dem entsprechend hat der BGH in seinem Ausreißer-Urteil[311] entschieden, dass mit § 13 Nr. 3 VOB/B die Haftung des Auftragnehmers nur in dem Maße eingeschränkt werden soll, in dem es bei wertender Betrachtung gerechtfertigt ist: Der Auftraggeber soll lediglich für das, was er anordnet, einstehen; die Gefahr eines Ausreißers ist jedoch unabhängig davon, ob die Entscheidung für das an sich geeignete Material[312] vom Auftragnehmer oder vom Auftraggeber getroffen worden ist.

---

[295] BGH NJW 1974, 747 = BauR 1974, 202.

[296] OLG München NJW-RR 1987, 854; *Ingenstau/Korbion/Wirth* VOB/B § 13 Nr. 3 Rdn. 44; *Heiermann/Riedl/Rusam* VOB/B § 13 Rdn. 55.

[297] OLG München NJW-RR 1987, 854; *Kleine-Möller/Merl* § 12 Rdn. 126; *Ingenstau/Korbion/Wirth* VOB/B § 13 Nr. 3 Rdn. 44; *Nicklisch/Weick* § 13 Rdn. 57.

[298] OLG Düsseldorf NJW-RR 1993, 405.

[299] OLG Düsseldorf NJW-RR 1999, 1543 = BauR 1999, 1309; OLG Hamm NZBau 2001, 502 = BauR 2001, 1120.

[300] OLG Düsseldorf NZBau 2000, 331 = BauR 2000, 421.

[301] BGH NZBau 2001, 495 = BauR 2001, 1414.

[302] OLG München NJW-RR 1987, 854; *Hereth/Ludwig/Naschold* B § 13 Ez 127.

[303] *Nicklisch/Weick* § 13 Rdn. 48; *Heiermann/Riedl/Rusam* VOB/B § 13 Rdn. 49.

[304] Vgl. zur Umschreibung der adäquaten Kausalität *Palandt/Heinrichs* Vorb. vor § 249 Rdn. 59.

[305] Beck'scher VOB-Kommentar/*Ganten* VOB/B § 13 Nr. 3 Rdn. 39.

[306] *Nicklisch/Weick* § 13 Rdn. 48; Beck'scher VOB-Kommentar/*Ganten* VOB/B § 13 Nr. 3 Rdn. 41.

[307] Vgl. dazu *Ganten* BauR 2000, 643 ff.; *Grauvogl* NZBau 2002, 591 ff.; *Kuffer* NZBau 2006, 1 ff.; OLG München NZBau 2004, 274 = BauR 2004, 680 und dazu den Praxishinweis von *Schulze-Hagen* zu IBR 2004, 7 sowie *Motzke* Jahrbuch BauR 2005, 71 ff. Zur Entbehrlichkeit dieses Begriffs: *Kapellmann* Jahrbuch BauR 1999, 1, 10/11. Vgl. insbesondere auch VOB/B § 2 Rdn. 39, 40.

[308] Die Kritik von *Medicus* ZfBR 1984, 155, 159, der auf die Unterschiede zwischen Haftungsrecht und Gewährleistungsrecht verweist, wird von *Nicklisch/Weick* § 13 Rdn. 48 zu Recht als formalistisch bezeichnet.

[309] Vgl. dazu *Palandt/Heinrichs* Vorb. vor § 249 Rdn. 62/63.

[310] *Nicklisch/Weick* § 13 Rdn. 48.

[311] BGHZ 132, 189 = NJW 1996, 2372 = BauR 1996, 702.

[312] Eine solche grundsätzliche Geeignetheit gibt es beim Baugrund nicht: *Englert* FS Thode 2005, 3, 13.

77 **f) Rechtsgeschäftliche Risikoübernahme.** Der Streit, ob die Risikoverlagerung auf den Auftraggeber eine ausdrückliche oder stillschweigende rechtsgeschäftliche Risikoübernahme durch ihn erfordert[313] oder ob eine solche zusätzliche Voraussetzung mit der überwiegenden Meinung[314] abzulehnen ist, bedarf jedenfalls dann, wenn die VOB/B in den Bauvertrag einbezogen wurde, keiner Entscheidung. Denn in diesen Fällen ist eine vertragliche Vereinbarung über die dem Auftraggeber ausnahmsweise zugewiesenen Risiken gerade in § 13 Nr. 3 VOB/B enthalten[315] und damit über deren Voraussetzungen hinaus nicht zu prüfen. Abgesehen von den in § 13 Nr. 3 VOB/B geregelten Fallgestaltungen setzt die Übernahme des Risikos einer mangelhaften Leistung des Auftragnehmers durch den Auftraggeber hingegen eine rechtsgeschäftliche Vereinbarung voraus.[316]

78 **g) Erfüllung der Prüfungs- und Hinweispflicht.** Die Sachmängelhaftung des Auftragnehmers ist in allen Fallalternativen des § 13 Nr. 3 VOB/B nur ausgeschlossen, wenn er die ihm nach § 4 Nr. 3 VOB/B obliegende Mitteilung gemacht hat. Wichtige Voraussetzung und wesentliche Rechtfertigung der Risikoverlagerung auf den Auftraggeber ist also die Erfüllung der in § 4 Nr. 3 VOB/B geregelten Prüfungs-[317] und Hinweispflicht durch den Auftragnehmer. Wegen der näheren Einzelheiten dieser Pflichten und ihrer Erfüllung wird entsprechend der Bezugnahme in § 13 Nr. 3 VOB/B selbst auf die Kommentierung zu § 4 Nr. 3 VOB/B[318] verwiesen.

79 Die in diesem Zusammenhang genannte **Ausnahme**, dass die Sachmängelhaftung des Auftragnehmers trotz Verletzung seiner Prüfungs- und Hinweispflicht ausgeschlossen ist, wenn der Auftraggeber auch bei ordnungsgemäßer Erfüllung der Pflicht auf seinen Anordnungen bestanden hätte,[319] ist eher theoretischer Natur. Denn das Risiko des meist schwer zu führenden Beweises,[320] wie der Auftraggeber gehandelt hätte, wenn ihn der Auftragnehmer pflichtgemäß ins Bild gesetzt hätte, trifft letzteren,[321] weil „aufklärungsrichtiges" Verhalten vermutet wird.[322] Der Auftragnehmer sollte sich auch nicht auf die gelegentliche Bemerkung des BGH[323] verlassen, er sei von seiner Prüfungs- und Hinweispflicht frei, wenn er der größeren Fachkenntnis des ihn Anweisenden vertrauen dürfe. Gegenüber einem planungserfahrenen Bauträger[324] und der Architektenplanung[325] ist das jedenfalls nicht ohne weiteres der Fall.[326] Die Prüfungs- und Hinweispflicht entfällt auch nicht allein deshalb, weil der Auftraggeber selbst die Vorarbeiten fehlerhaft ausgeführt hat, die den späteren Schaden verursacht haben.[327] Ferner kann ein Architekt in aller Regel mangels Vollmacht nicht wirksam auf die Prüfung durch den Auftragnehmer verzichten.[328] Ist der Auftraggeber allerdings bereits anderweitig umfassend und lückenlos informiert, bedarf er keiner Bedenkenmitteilung.[329]

---

[313] OLG Frankfurt NJW 1983, 456 = BauR 1983, 156; *Nicklisch/Weick* § 13 Rdn. 46; *Donner* in *Franke/Kemper/Zanner/Grünhagen* B § 13 Rdn. 55; *Grauvogl* NZBau 2002, 591, 593.

[314] So z.B. OLG Köln BauR 1988, 126; *Ingenstau/Korbion/Wirth* VOB/B § 13 Nr. 3 Rdn. 7; *Vygen* Bauvertragsrecht Rdn. 452; *Heiermann/Riedl/Rusam* B § 13 Rdn. 50; *Siegburg* Gewährleistung Rdn. 1336–1340.

[315] *Nicklisch/Weick* § 13 Rdn. 47.

[316] BGH NZBau 2005, 456 = BauR 2005, 1314.

[317] Entgegen *Siegburg* FS Korbion 1986, 411, 425, ist die Prüfungspflicht als notwendige Voraussetzung der Hinweispflicht auch in § 13 Nr. 3 VOB/B mitumfasst: *Nicklisch/Weick* § 13 Rdn. 58; *Ingenstau/Korbion/Wirth* VOB/B § 13 Nr. 3 Rdn. 24.

[318] Vgl. VOB/B § 4 Rdn. 63–110.

[319] *Vygen* Bauvertragsrecht Rdn. 460; *Nicklisch/Weick* § 13 Rdn. 58; vgl. auch Beck'scher VOB-Kommentar/*Ganten* VOB/B § 13 Nr. 3 Rdn. 38.

[320] BGHZ 61, 118 = NJW 1973, 1688 = BauR 1973, 379.

[321] BGH BauR 1975, 420.

[322] BGHZ 124, 151 = NJW 1994, 512.

[323] NJW 1977, 1966 = BauR 1977, 420.

[324] BGH BauR 1975, 420.

[325] BGH BauR 1975, 421; NJW-RR 1989, 721 = BauR 1989, 467; KG OLGR 2001, 160.

[326] Vgl. dazu aber auch OLG Bamberg IBR 2001, 110 und 111; OLG Oldenburg IBR 2001, 418; LG Hamburg NJW-RR 2001, 1670; OLG Köln IBR 2002, 658; OLG Hamm BauR 2003, 1570.

[327] OLG Karlsruhe BauR 2006, 540 = IBR 2006, 88.

[328] Entgegen OLG Frankfurt BauR 2003, 1727 = IBR 2003, 532 mit kritischem Praxishinweis von *Weyer*. Vgl. dazu auch BGH BauR 2004, 78.

[329] OLG Düsseldorf BauR 2004, 99 = IBR 2003, 408.

2. Mitverursachung durch den Auftraggeber

Wenn die Sachmängelhaftung des Auftragnehmer nicht nach § 13 Nr. 3 VOB/B ausgeschlossen ist, kann seine Einstandspflicht für solche Mängel seines Werks, die zugleich auf einem dem Auftraggeber zuzurechnenden Mitverschulden beruhen, über **§ 254 BGB eingeschränkt** sein. Aber auch bei einer Risikoverlagerung auf den Auftraggeber, weil alle Voraussetzungen des § 13 Nr. 3 VOB/B erfüllt sind, kann der Mangel gleichwohl von dem Auftragnehmer mitverschuldet sein und es deshalb bei einer eingeschränkten Sachmängelhaftung verbleiben. 80

a) Nichtbeachtung unzureichender Hinweise. Der Auftragnehmer kommt seiner Hinweispflicht nach §§ 13 Nr. 3, 4 Nr. 3 VOB/B nur dann voll nach, wenn er seine Bedenken schriftlich mitteilt.[330] Denn diese sollen durch die Schriftform, welche also keineswegs lediglich Einfluss auf die Beweislage hat,[331] das erforderliche Gewicht erhalten.[332] In der **Nichtbefolgung** eines zuverlässigen **mündlichen Hinweises** an den richtigen Adressaten[333] kann jedoch ein mitwirkendes Verschulden des Auftraggebers im Sinne des § 254 BGB liegen.[334] Dieses führt zu einem Ausschluss der Sachmängelhaftung des Auftragnehmers, wenn feststellbar ist, dass dem Auftraggeber aus der Verletzung der Schriftform keine Nachteile entstanden sind.[335] Das wird aber die Ausnahme bleiben. Im Regelfall ergibt die Abwägung der beiderseitigen Verursachungsbeiträge eine Quotierung und eine entsprechende Einschränkung der Sachmängelhaftung. 81

Das gilt ebenso für **andere unzureichende Hinweise**, etwa wenn der Auftragnehmer zu befürchtende Mängel zwar nicht hinreichend konkret und detailliert mitteilt, der Auftraggeber aber gleichwohl Anlass hat, den geäußerten Befürchtungen nachzugehen.[336] 82

b) Sonstiges Mitverschulden/Erfüllungsgehilfen. Darüber hinaus kann jedes sonstige Mitverschulden des Auftraggebers[337] und seiner Erfüllungsgehilfen (§ 278 BGB) eine nur eingeschränkte Sachmängelhaftung bewirken. Insbesondere können **Mängel der Planung**[338] und der sonstigen Ausführungsunterlagen sowie die Verletzung von **Kooperations-** und **Koordinationspflichten**[339] ein Mitverschulden des Auftraggebers begründen, wobei dieser sich die Fehler seiner Architekten und Sonderfachleute[340] als die seiner Erfüllungsgehilfen zurechnen lassen muss.[341] Führt der Auftragnehmer jedoch einen fehlerhaften Plan des Architekten aus, obwohl er erkennt, dass der Planungsfehler mit Sicherheit zu einem Mangel des Bauwerks führen muss, und ohne den Auftraggeber selbst vorher darauf hingewiesen zu haben, so kann er sich nach Treu und Glauben gegenüber dem Auftraggeber nicht auf mitwirkendes Verschulden berufen.[342] Aus 83

---

330 BGH BauR 1985, 198.

331 So aber *Daub/Piel/Soergel/Steffani* ErlZ B 13.204; anders ErlZ B 13.205 und 13.206.

332 BGH NJW 1960, 1813; NJW 1975, 1217 = BauR 1975, 278.

333 BGH NJW 1973, 518 = BauR 1973, 190; BauR 1978, 54; 1985, 198; 1997, 301; NZBau 2004, 150 = BauR 2004, 78.

334 BGH NJW 1975, 1217 =BauR 1975, 278; BauR 1978, 139, insoweit in NJW 1978, 995 nicht abgedruckt; BauR 1985, 198; OLG Hamm NJW-RR 1996, 273 = BauR 1995, 852.

335 BGH LM Nr. 2 zu § 4 VOB Teil B; NJW 1969, 653, insoweit in BGHZ 51, 275 nicht abgedruckt; *Daub/Piel/Soergel/Steffani* ErlZ B 13.207 und 13.208; vgl. auch OLG Koblenz NZBau 2003, 681 = BauR 2003, 1728.

336 *Klaft/Maxem* BauR 1999, 1074, 1078.

337 BGH NZBau 2003, 495 = BauR 2003, 1213; OLG Hamm NZBau 2001, 502 = BauR 2001, 1120, mit Anm. von *Kieserling* NZBau 2001, 485; OLG Celle IBR 2002, 538; OLG Hamm BauR 2003, 101.

338 Nicht aber eine fehlende Planung: OLG Celle BauR 2005, 397. Auch kein Mitverschulden, wenn Regeldetails fehlen oder falsch geplant sind: OLG Köln IBR 2005, 476.

339 OLG Köln NJW-RR 2002, 15 (Schürmann-Bau) mit allerdings abweichender Begründung des Mitverschuldens im Nichtannahmebeschluss des BGH NZBau 2003, 433 = BauR 2003, 1382; vgl. dazu *Fuchs* NZBau 2004, 65 ff. und zu Kooperationspflichten insbesondere *Kniffka* Jahrbuch BauR 2001, 1 ff. sowie *Preussner* FS Thode 2005, 77–97.

340 Zum Verhältnis Sonderfachmann Architekt vgl. OLG Naumburg IBR 2001, 320.

341 BGH BauR 1970, 57; NJW-RR 1991, 276 = BauR 1991, 79; NZBau 2005, 400 = BauR 2005, 1016; OLG Düsseldorf NZBau 2001, 398.

342 BGH NJW 1973, 518 = BauR 1973, 190; NJW-RR 1991, 276 = BauR 1991, 79; vgl. auch KG IBR 2002, 247; OLG Bamberg BauR 2002, 1708.

dem gleichen Grund kann der Auftragnehmer, der in grober Weise gegen seine Pflichten aus § 4 Nr. 3 VOB/B verstößt, indem er keinerlei Überprüfung der Vorleistung vornimmt und deshalb auf einen leicht feststellbaren Mangel nicht hinweist, dem Auftraggeber nicht als Mitverschulden entgegenhalten, auch dieser habe die ordnungsgemäße Ausführung der Vorleistung nicht überprüft.[343] Hingegen verletzt ein Auftragnehmer, der einen Nachunternehmer einschaltet und auf dessen Gewerk aufbaut, indem er weitere Bauleistungen erbringt, die ihm in eigenen Angelegenheiten obliegende Sorgfaltspflicht, wenn er die Leistungen des Nachunternehmers ungeprüft übernimmt.[344]

84 Ein mitwirkendes Verschulden des Auftraggebers kommt überhaupt nur in Betracht, wenn der **Auftragnehmer** seine **Prüfungs-** und **Hinweispflicht** lediglich **fahrlässig verletzt** hat.[345] In diesen Fällen wird der Mangel jedoch in der Regel überwiegend durch den Auftraggeber verursacht worden sein.[346] Denn ihm ist das Verschulden der gerade mit der Planung beauftragten und dafür bezahlten Fachleute zuzurechnen. Den Auftragnehmer trifft im Rahmen der von ihm zu erwartenden fachlichen Kenntnisse – lediglich auch – die Prüfungs- und Hinweispflicht.[347] Das spricht dafür, den Verschuldensanteil des Auftraggebers im Regelfall höher als mit ½ zu bemessen.[348] Ein Haftungsanteil für das Planungsverschulden von 100 % und für die Verletzung der Hinweispflicht von 0 %[349] fällt jedoch völlig aus dem Rahmen. Wenn der Auftragnehmer allerdings aufgrund seiner speziellen Fachkenntnisse den Planungsfehler eher als der Planer hätte erkennen können, setzt er die eigentliche Ursache, die dann bei der Verschuldensabwägung entscheidend ins Gewicht fallen muss.[350] Das gilt auch, wenn der Auftragnehmer seine Bedenkenhinweise nur gegenüber dem Architekten äußert, der sich diesen aber verschließt und die Ausführung seiner Planung anordnet, wenn der Auftragnehmer also seiner Pflicht nicht nachkommt, in diesem Fall den Auftraggeber selbst zu informieren.[351]

85 **Erfüllungsgehilfe** des Auftraggebers ist der **Architekt** lediglich im Rahmen der Planung und Koordination, nicht jedoch bei der Objektüberwachung.[352] Denn der Auftraggeber ist zwar verpflichtet, dem Auftragnehmer einwandfreie Pläne und Unterlagen zur Verfügung zu stellen sowie die Leistungen der verschiedenen Unternehmer während der Bauausführung zu koordinieren; er schuldet ihm aber keine Aufsicht.[353] Niemand kann sich zu seiner Entlastung darauf

---

[343] OLG Düsseldorf NZBau 2000, 331 = BauR 2000, 421.

[344] BGH NZBau 2003, 495 = BauR 2003, 1213.

[345] BGH NJW-RR 1991, 276 = BauR 1991, 79; OLG Karlsruhe BauR 2005, 879. Falsch deshalb OLG Koblenz IBR 2005, 12, das ein Mitverschulden des Auftraggebers verneint, weil der Auftragnehmer den Planungsmangel hätte erkennen können.

[346] *Daub/Piel/Soergel/Steffani* ErlZ B 13.238.

[347] Zu Fällen mangelhafter Arbeit des Auftragnehmers vgl. unten Rdn. 88.

[348] Vgl. dazu OLG Dresden BauR 2001, 424; vgl. aber auch OLG Hamm NJW-RR 1990, 523: Verursachungsanteile je ½; a.A. BGH NJW-RR 1991, 276 = BauR 1991, 79: „Soweit ein Auftragnehmer mit der gebotenen Prüfung die Mängel hätte verhindern können, setzt er die eigentlichen Ursachen für die weiteren Schäden. Es ist deshalb in der Regel auch veranlasst, dem bei einer Verschuldensabwägung entscheidendes Gewicht zukommen zu lassen." Ähnlich BGH NZBau 2005, 400 = BauR 2005, 1016; OLG Karlsruhe IBR 2002, 540. Andererseits wiederum OLG Celle – Revision vom BGH nicht angenommen – IBR 2002, 538. OLG Naumburg NJW-RR 2003, 595 = IBR 2003, 206; OLG Celle BauR 2003, 730; OLG Naumburg IBR 2004, 519.

[349] So OLG Celle IBR 2004, 12 mit ablehnendem Praxishinweis von *Weyer*; OLG Celle BauR 2006, 137 – der BGH äußert in der ebenda abgedruckten kurzen Begründung des Beschlusses, mit dem er die Nichtzulassungsbeschwerde zurückweist, zu Recht Bedenken gegen die Entscheidung des OLG, vermisst aber einen Zulassungsgrund.

[350] Vgl. BGH NJW-RR 1991, 276 = BauR 1991, 79, der in dieser Entscheidung allerdings zu Unrecht annimmt, dass das „in der Regel" gilt; OLG Bamberg BauR 2002, 1708.

[351] Vgl. dazu *Kniffka* BauR 2005, 274, 277, der BGH BauR 1991, 79 in diesem Sinne als Korrektur von BGH NJW 1969, 653 einordnet.

[352] Falsch deshalb OLG Frankfurt IBR 2004, 518 mit zu Recht ablehnendem Praxishinweis von *Vogel*.

[353] BGH NJW 1972, 447 = BauR 1972, 112; NJW 1973, 518 = BauR 1973, 190; BGHZ 95, 128 = NJW 1985, 2475 = BauR 1985, 561; BGHZ 143, 32 = NJW 2000, 1336 = NZBau 2000, 187 = BauR 2000, 722; BGH NZBau 2002, 514.

berufen, nicht hinreichend überprüft worden zu sein.[354] Erfüllungsgehilfen des Auftraggebers sind deshalb der Statiker[355] und andere **Sonderfachleute**[356] auch nur, soweit sie planerisch tätig werden. Beauftragt der Auftraggeber in selbständigen Verträgen einen Architekten und einen Statiker mit Planungsleistungen, so ist der Statiker regelmäßig nicht Erfüllungsgehilfe des Auftraggebers in dessen Vertragsverhältnis mit dem Architekten.[357] Ebenso sind bei Beauftragung eines Architekten und eines Bodengutachters in selbständigen Verträgen diese regelmäßig nicht wechselseitig Erfüllungsgehilfen des Auftraggebers gegenüber dem jeweils anderen.[358] Ferner ist der planende Architekt nicht Erfüllungsgehilfe des Auftraggebers im Verhältnis zum bauleitenden Architekten[359] und umgekehrt auch letzterer nicht Erfüllungsgehilfe des Auftraggebers im Verhältnis zum planenden Architekten.[360]

Schaltet der Auftragnehmer einen **Nachunternehmer** ein, gilt in ihrem Verhältnis nichts 86 anderes: Er tritt gegenüber dem Nachunternehmer als Auftraggeber auf und muss sich das Planungsverschulden des Architekten und der Sonderfachleute seines Auftraggebers anrechnen lassen;[361] denn wie letzterer ihm eine richtige Bauplanung schuldet, schuldet er diese seinem Nachunternehmer.[362]

Nach der – unzutreffenden[363] – Rechtsprechung des BGH[364] ist jedoch der **Vorunternehmer** 87 des Auftragnehmers regelmäßig **nicht Erfüllungsgehilfe** des Auftraggebers.[365] Das ist in der Literatur auf zum Teil heftige Kritik gestoßen,[366] der sich der 21. Zivilsenat des OLG Düsseldorf[367] angeschlossen hat. Nachdem der BGH allerdings in seiner vorletzten Entscheidung[368] das finanziell gewichtigere Problem einer Haftung des Auftraggebers für Schäden infolge verspäteter Vorunternehmerleistungen einer jedenfalls praktische Bedürfnisse befriedigenden Lösung zugeführt, zugleich aber an der Verneinung einer Erfüllungsgehilfenschaft des Vorunternehmers festgehalten hat, muss die Praxis sich darauf einstellen.[369] Im Rahmen des **§ 13 Nr. 3** VOB/B führt diese BGH-Rechtsprechung zu durchaus sachgerechten Ergebnissen.[370]

c) Mitverursachung des Auftragnehmer trotz Risikoverlagerung. Wenn der Mangel so- 88 wohl auf in den Risikobereich des Auftraggebers fallenden Umständen als auch auf fehlerhafter Arbeit[371] des Auftragnehmers beruht, haftet dieser **trotz Erfüllung** seiner Pflichten aus **§ 4 Nr. 3**

[354] OLG Hamm NJW-RR 1999, 1545 = BauR 2000, 293.

[355] OLG Hamburg NJW-RR 2000, 1617 für das Verhältnis Bauherr zu Architekt; OLG Oldenburg IBR 2006, 90.

[356] Vgl. dazu *Werner/Pastor* Rdn. 2463–2465.

[357] BGH NZBau 2002, 616 = BauR 2002, 1719; KG IBR 2006, 509. Entsprechendes gilt für den Bauphysiker gegenüber dem Architekten: OLG Bamberg IBR 2004, 151. Zur Frage, unter welchen Voraussetzungen der Architekt Erfüllungsgehilfe des Auftraggebers gegenüber dem Statiker ist: OLG Karlsruhe BauR 2002, 1884.

[358] BGH NZBau 2003, 567 = BauR 2003, 1918.

[359] OLG Karlsruhe BauR 2003, 1921 = BauR 2004, 363 = IBR 2003, 612 mit kritischem Praxishinweis von *Hickl*; OLG Celle IBR 2004, 26.

[360] OLG Düsseldorf IBR 2004, 704.

[361] OLG Hamm BauR 2003, 1570.

[362] BGH NJW 1987, 644 = BauR 1987, 86.

[363] Vgl. VOB/B § 6 Rdn. 60/61.

[364] BGHZ 95, 128 = NJW 1985, 2475 = BauR 1985, 561; BGHZ 143, 32 = NJW 2000, 1336 = NZBau 2000, 187 = BauR 2000, 722; NZBau 2006, 110 = BauR 2006, 377.

[365] Das gilt auch für zeitgleich nebeneinander tätige Auftragnehmer: OLG Celle IBR 2001, 365.

[366] Nachweise bei VOB/B § 6 Rdn. 60; *von Craushaar* FS Vygen 1999, 154.

[367] NJW-RR 1999, 1543 = BauR 1999, 1309 mit Anm. *Kniffka* BauR 1999, 1312, sowie Besprechungen von *Kaiser* BauR 2000, 177 und *Siegburg* BauR 2000, 182.

[368] BGHZ 143, 32 = NJW 2000, 1336 = NZBau 2000, 187 = BauR 2000, 722.

[369] *Kraus* BauR 2000, 1105, 1109/1110. Zu den Konsequenzen VOB/B § 6 Rdn. 89–92.

[370] Vgl. dazu *Kniffka* BauR 1999, 1312 sowie Jahrbuch BauR 2001, 1, 14/15; *Stamm* BauR 2002, 1, 10 ff.; a.A. *Döring* FS Jagenburg 2002, 111, 118–120.

[371] Insoweit anders als in den oben Rdn. 84 behandelten Fällen einer Verletzung der Prüfungs- und Hinweispflicht.

VOB/B anteilig mit einer nach **§ 254 BGB** zu bestimmenden Quote.[372] Deshalb muss ein Fliesenleger, der Glasfliesen mit einem vom Auftraggeber vorgeschriebenen, für ihn nicht erkennbar ungeeigneten Kleber verlegt und hierbei nicht entsprechend der Verlegeanleitung arbeitet, zu 50 % für die mangelnde Haltbarkeit einstehen.[373]

3. Gesamtschuldnerausgleich

89 Soweit der Auftragnehmer für einen Mangel als Gesamtschuldner zusammen mit dem Vorunternehmer[374] oder mit dem Architekten des Auftraggebers[375] einzustehen hat, kann seine Sachmängelhaftung mittelbar, weil im Ergebnis, aufgrund eines Gesamtschuldnerausgleichs gemäß § 426 BGB eingeschränkt sein. Dem entsprechend haftete ein Fußbodenleger für Mängel des von ihm erstellten Fußbodenoberbelags nur zu ⅓, weil neben ihm den Rohbauunternehmer und den Architekt zu gleichen Teilen eine Sachmängelhaftung traf.[376] Und einem Rohbauer, der neben dem Putzer für Putzrisse einzustehen hatte, wurde ein Ausgleichsanspruch in Höhe von ¾ der Mängelbeseitigungskosten gegen den Putzer zuerkannt.[377]

4. Vorbehaltlose Abnahme

90 Wenn die Bauleistung mangelhaft ist, der Auftraggeber den Mangel kennt, er aber gleichwohl das Werk abnimmt, ohne sich seine Rechte wegen des Mangels bei der Abnahme vorzubehalten, sind nach **§ 640 Abs. 2 BGB** seine Mängelrechte bis auf den Schadenersatzanspruch aus § 13 Nr. 7 VOB/B ausgeschlossen.[378] Die Wirksamkeit des § 640 Abs. 2 BGB wird allerdings mit der Begründung in Zweifel gezogen, diese Bestimmung stelle nach der Aufhebung der parallelen Vorschrift des Kaufrechts (§ 464 BGB a.F.) und der weitgehenden Annäherung der Mängelhaftung bei Kauf- und Werkvertrag einen Verstoß gegen Art. 3 Abs. 1 GG dar.[379] Dem ist nicht zu folgen. Denn die kaufrechtliche Sachmängelhaftung hat sich keineswegs an die des Werkvertragsrechts „bis beinahe zur Identität angenähert".[380] Abgesehen davon, dass die Wahl zwischen Mangelbeseitigung und Neulieferung dem Käufer zusteht (§ 439 Abs. 1 BGB), die zwischen Mangelbeseitigung und Neuherstellung aber dem Auftragnehmer (§ 635 Abs. 1 BGB), ist dem Kaufrecht das wichtige Recht der Selbstvornahme nebst Aufwendungsersatz und Vorschussanspruch (§ 637 BGB, § 13 Nr. 5 Abs. 2 VOB/B[381]) nach wie vor unbekannt. Zudem sah sich der Gesetzgeber des Schuldrechtsmodernisierungsgesetzes wegen Art. 2 Abs. 3 der Verbrauchsgüterrichtlinie[382] gezwungen, § 464 BGB a.F. zu streichen.[383] Das sind Gründe, die jedenfalls eine objektive Willkür der gesetzgeberischen Entscheidung, an § 640 Abs. 2 BGB festzuhalten, ausschließen.

---

[372] OLG Hamm BauR 1988, 481; OLG Brandenburg NJW-RR 2000, 1620 = NZBau 2001, 322 = BauR 2001, 102; *Ingenstau/Korbion/Wirth* VOB/B § 13 Nr. 3 Rdn. 9; *Nicklisch/Weick* § 13 Rdn. 60; *Heiermann/Riedl/Rusam* VOB/B § 13 Rdn. 64.

[373] OLG Saarbrücken NJW 1970, 1192 = BauR 1970, 109.

[374] *Kniffka* BauR 1999, 1312, 1313; *Kleine-Möller/Merl* § 12 Rdn. 1001/1002; gegen deren gesamtschuldnerische Haftung *von Craushaar* Jahrbuch BauR 1999, 115 ff. Vor- und Nachunternehmer trifft vor allem dann eine gesamtschuldnerische Mängelhaftung, wenn ihre fehlerhaften Leistungen zu Mängeln geführt haben, die nur einheitlich beseitigt werden können: BGHZ 155, 265 = NJW 2003, 2980 = NZBau 2003, 557 = BauR 2003, 1379; OLG Stuttgart IBR 2005, 312; *Kniffka* BauR 2005, 274, 275. Näher dazu unten Rdn. 224.

[375] BGHZ 43, 227 = NJW 1965, 1175; BGHZ 51, 275 = NJW 1969,653; BGH NJW-RR 2001, 380 = NZBau 2001, 195 = BauR 2001, 630; NZBau 2006, 110 = BauR 2006, 377; OLG Oldenburg IBR 2002, 152; OLG Nürnberg IBR 2005, 313; OLG Stuttgart NZBau 2006, 446; *Kleine-Möller/Merl* § 12 Rdn. 1003–1005; *Zerr* NZBau 2002, 241 ff.; *Braun* FS Motzke 2006, 23 ff.

[376] OLG Düsseldorf NJW-RR 1995, 339.

[377] BGHZ 155, 265 = NJW 2003, 2980 = NZBau 2003, 557 = BauR 2003, 1379.

[378] Vgl. dazu unten Rdn. 355 und die dortigen Nachweise sowie *Muffler* BauR 2004, 1356, 1358.

[379] *Kohler* JZ 2003, 1081, 1086/1087.

[380] Wie *Kohler* JZ 2003, 1081, 1087 formuliert.

[381] Vgl. dazu unten Rdn. 253–289.

[382] Richtlinie 1999/44/EG vom 25.5.1999.

[383] Worauf *Kohler* JZ 2003, 1081, 1084 selbst hinweist.

5. Beweislast

Beweispflichtig für alle Voraussetzungen des § 13 Nr. 3 VOB/B ist der **Auftragnehmer,**[384] weil er sich damit auf eine Ausnahme von der grundsätzlichen Sachmängelhaftung nach § 13 Nr. 1 und 2 VOB/B beruft.[385] Diese Beweislastverteilung soll auch durch die sprachliche Umstellung des letzten Halbsatzes der Nr. 3 verdeutlicht werden.[386] Der Auftragnehmer muss deshalb insbesondere die Ursächlichkeit eines Umstands aus dem Risikobereich des Auftraggebers für den Mangel[387] sowie vor allem die Erfüllung seiner Hinweispflicht nach § 4 Nr. 3 VOB/B beweisen.[388] Wenn er sich auf einen mündlichen Hinweis beschränkt hat und geltend macht, dass der Auftraggeber sogar schriftlich mitgeteilten Hinweisen nicht gefolgt wäre, ist der Auftragnehmer auch hierfür beweispflichtig.[389] Denn wer eine vertragliche Aufklärungspflicht verletzt, den trifft die Beweislast dafür, dass der Mangel auch bei pflichtgemäßem Verhalten eingetreten wäre, weil sich der Auftraggeber über jeden Hinweis hinweggesetzt hätte.[390] 91

Für die tatsächlichen Voraussetzungen der vorrangigen Wertung, ob der Auftragnehmer überhaupt eine Prüfungs- und Hinweispflicht hatte, trägt allerdings der **Auftraggeber** die **Beweislast.**[391] Diese kann praktische Bedeutung erlangen, wenn bestimmte Unterlagen dem Auftragnehmer Anlass zur Prüfung und zu Hinweisen gegeben hätten, aber streitig ist, ob diese Unterlagen dem Auftragnehmer ausgehändigt worden sind. Ebenso ist der Auftraggeber beweispflichtig, wenn er sich gegenüber dem an sich nach § 13 Nr. 3 VOB/B freigestellten Auftragnehmer auf eine Mitverursachung durch diesen beruft.[392] 92

6. Abweichungen gegenüber dem BGB

Das Werkvertragsrecht des BGB enthält keine ausdrückliche Regelung, welche der des § 13 Nr. 3 VOB/B entspricht. Gleichwohl handelt es sich hierbei lediglich um eine äußerliche Abweichung. Denn es besteht Einigkeit darüber, dass die §§ 4 Nr. 3, 13 Nr. 3 VOB/B eine Konkretisierung des allgemeinen Grundsatzes von Treu und Glauben (§ 242 BGB) darstellen und deshalb über den Anwendungsbereich der VOB/B hinaus im wesentlichen auch für den BGB-Bauvertrag gelten.[393] Das Schriftformerfordernis des § 4 Nr. 3 VOB/B hat allerdings im gesetzlichen Werkvertragsrecht keine Gültigkeit.[394] Es ist aber dringend anzuraten, Hinweise schon zur Beweissicherung immer schriftlich zu erteilen.[395] 93

7. AGB-rechtliche Probleme

Eine Klausel in den AGB des Auftraggebers, durch welche der in § 13 Nr. 3 VOB/B geregelte Ausschluss der Sachmängelhaftung des Auftragnehmers ganz oder in wesentlichen Teilen ausge- 94

---

[384] *Nicklisch/Weick* § 13 Rdn. 61; *Ingenstau/Korbion/Wirth* VOB/B § 13 Nr. 3 Rdn. 5; *Vygen* Bauvertragsrecht Rdn. 450; *Baumgärtel* Beweislast VOB/B § 13 Rdn. 6.

[385] BGH BauR 1973, 313, insoweit in NJW 1973, 1792 nicht abgedruckt; BauR 1975, 241.

[386] Beschluss des Vorstandes des DVA vom 2.5.2002, Begründung II. 7.; *Schwenker/Heinze* BauR 2002, 1143, 1149; *Weyer* BauR 2003, 613, 618.

[387] OLG München NJW-RR 1987, 854. Zu den Besonderheiten der Beweisführung im Tiefbau: *Englert* FS Jagenburg 2002, 161 ff.

[388] BGH BauR 1973, 313.

[389] BGH BauR 1975, 420; 1985, 198.

[390] BGHZ 61, 118 = NJW 1973, 1688 = BauR 1973, 379.

[391] *Heiermann/Riedl/Rusam* VOB/B § 13 Rdn. 65; *Baumgärtel* ZfBR 1982, 1, 6; so auch Beschluss des Vorstandes des DVA vom 2.5.2002, Begründung II. 7.

[392] *Nicklisch/Weick* § 13 Rdn. 61; vgl. dazu auch oben bei Rdn. 88.

[393] BGH NJW 1987, 643 = BauR 1987, 79; BGHZ 132, 189 =NJW 1996, 2372 = BauR 1996, 702; OLG München NJW-RR 1987, 854; OLG Düsseldorf NJW-RR 1993, 405; OLG Köln *Schäfer/Finnern/Hochstein* Nr. 12 zu § 4 Nr. 3 VOB/B 1973; OLG Koblenz IBR 2005, 13; *Ingenstau/Korbion/Wirth* VOB/B § 13 Nr. 3 Rdn. 10/11; *Vygen* Bauvertragsrecht Rdn. 449; *Heiermann/Riedl/Rusam* VOB/B § 13 Rdn. 49; *Schwenker/Heinze* BauR 2002, 1143, 1149.

[394] *Ingenstau/Korbion/Oppler* VOB/B § 4 Nr. 3 Rdn. 3.

[395] *Kleine-Möller/Merl* § 12 Rdn. 142.

schlossen werden soll, hält der **ABG-Kontrolle** nach § 307 Abs. 1 BGB nicht stand.[396] Denn da § 13 Nr. 3 VOB/B – wie vorstehend unter 6. behandelt – eine Konkretisierung des das gesamte Recht beherrschenden § 242 BGB ist, benachteiligt ein solcher Ausschluss den Auftragnehmer entgegen den Geboten von Treu und Glauben unangemessen. Dem entsprechend ist eine Klausel, durch die eine Rückverlagerung der Haftung für Fehler des vom Auftraggeber vorgeschriebenen Materials auf den Auftragnehmer erfolgt, unwirksam.[397] Gleiches gilt für eine Klausel, nach der Bedenken gegen Pläne und Leistungsverzeichnisse vor Vertragsschluss mitgeteilt werden müssen und nach Vertragsschluss daraus hergeleitete Bedenken unbeachtlich sein sollen.[398]

95 Die früher[399] hier erörterte Frage, ob durch einen Ausschluss der Freistellung nach § 13 Nr. 3 VOB/B zugleich in den Kernbereich der VOB/B eingegriffen wird, hat sich spätestens durch die Rechtsprechung des BGH, dass jede vertragliche Abweichung von der VOB/B dazu führt, dass diese nicht mehr als Ganzes vereinbart ist,[400] erledigt.[401]

C. Dauer und Art der Sachmängelhaftung: § 13 Nr. 4–7 VOB/B

96 Mit den Verjährungsfristen in § 13 Nr. 4 VOB/B und den einzelnen Mängelrechten erst in § 13 Nr. 5–7 VOB/B wird die **zeitliche Reichweite** der Sachmängelhaftung vor ihrem **inhaltlichen Umfang** geregelt. Das entspricht ihrer Behandlung in der Praxis. Wenn eine Verjährung ernsthaft in Betracht kommt und der Auftragnehmer deshalb die Verjährungseinrede erhebt, macht nämlich eine etwaige Bejahung der Verjährung jegliche weiteren Überlegungen überflüssig.[402] Die Verjährungseinrede dient gerade auch dazu, behauptete, in Wirklichkeit aber nicht oder nicht mehr bestehende Forderungen abzuwehren.[403]

I. Verjährung: § 13 Nr. 4 VOB/B

97 Die zeitliche Reichweite der Sachmängelhaftung wird allerdings durch die Verjährung nicht strikt begrenzt. Die Verjährung führt **nicht** zum **Erlöschen** der Mängelrechte. Vielmehr ist der Auftragnehmer lediglich berechtigt, nach Ablauf der Verjährungsfrist gemäß § 214 Abs. 1 BGB die Leistung zu verweigern und gemäß §§ 634 a Abs. 5, 218 Abs. 1 BGB der Minderung die Wirkung zu nehmen, indem er sich auf die Verjährung beruft. Er kann den Mängelrechten also die **Verjährungseinrede** entgegen halten. Denn die Verjährung dient neben dem Rechtsfrieden vor allem dem Schutz des Schuldners,[404] hier mithin des Auftragnehmers. Er soll davor bewahrt werden, nach Ablauf der Verjährungsfrist noch mit nicht mehr erwarteten Mängelrechten überzogen zu werden. Infolge des Zeitablaufs ist nämlich nicht nur die Aufklärung des Sachverhalts erschwert, sondern der Auftragnehmer auch oft gehindert, die Haftung an seine Nachunternehmer weiterzuleiten. Da die verjährten Mängelansprüche nicht erlöschen, kann der Auftraggeber sie jedoch in Ausnahmefällen, insbesondere über § 634 a Abs. 4 Satz 2 und Abs. 5 BGB,[405] weiterhin durchsetzen.

---

[396] Soweit der BGH in NJW 1984, 1676 = BauR 1984, 395 ohne weiteres von der Wirksamkeit eines vertraglichen Ausschlusses des § 13 Nr. 3 VOB/B ausgeht, ist nicht ersichtlich, dass es sich dort um eine AGB oder formularvertragliche Klausel handelte.

[397] OLG Düsseldorf *Schäfer/Finnern/Hochstein* Nr. 5 zu § 4 Nr. 3 VOB/B 1973.

[398] OLG München BauR 1986, 579 zu einer etwas anderen, aber vergleichbaren Klausel. Entgegen Beck'scher VOB-Komm./*Ganten* B § 13 Nr. 3 Rdn. 72 hat sich das OLG Frankfurt in BauR 1986, 225 nicht zur Wirksamkeit einer von §§ 4 Nr. 3, 13 Nr. 3 VOB/B abweichenden Klausel geäußert.

[399] In der 1. Auflage, § 13 VOB/B Rdn. 89.

[400] BGHZ 157, 346 = NJW 2004, 1597 = NZBau 2004, 267 = BauR 2004, 668; NZBau 2004, 385 = BauR 2004, 1142.

[401] Vgl. schon oben Rdn. 47.

[402] Ähnlich BGHZ 153, 337 = NJW 2003, 1250 = BauR 2003, 697.

[403] BGHZ 122, 241 = NJW 1993, 2054; BGHZ 153, 337 = NJW 2003, 1250 = BauR 2003, 697.

[404] BGHZ 59, 72 = NJW 1972, 1460; BGHZ 128, 74 = NJW 1995, 252.

[405] Vgl. dazu unten Rdn. 180.

Ob er von seinem **dauernden Leistungsverweigerungsrecht**[406] Gebrauch machen will, ist eine freie Entscheidung des Auftragnehmers. Kulanz und die Pflege laufender oder erhoffter neuer Geschäftsverbindungen können ihn davon abhalten, sich auf Verjährung zu berufen. Andernfalls muss er die Verjährungseinrede gegenüber dem Auftraggeber erheben und sie **in** einem etwaigen **Rechtsstreit** geltend machen. Es genügt aber auch, wenn der Auftraggeber im Prozess vorträgt, der Auftragnehmer habe sich außergerichtlich auf Verjährung berufen.[407] Ist die Verjährungseinrede in erster Instanz erhoben, muss sie im Berufungsverfahren nicht wiederholt werden.[408] Sie kann dort auch noch nachgeholt werden,[409] sofern dieses neue Verteidigungsmittel nach § 531 Abs. 2 Satz 1 ZPO zuzulassen ist oder die zugrunde liegenden Tatsachen unstreitig sind,[410] nicht aber mehr in der Revisionsinstanz.[411] **98**

1. Anwendungsbereich

§ 13 Nr. 4 VOB/B regelt nach dem durch die VOB/B 2002 geänderten Wortlaut seines Abs. 1 Satz 1 die Verjährungsfrist „für Mängelansprüche".[412] Der damit angesprochene Anwendungsbereich der Nr. 4 ist jedoch keineswegs auf Ansprüche wegen solcher Mängel beschränkt, welche nach der Abnahme hervortreten, wie auf den ersten Blick aus § 13 Nr. 1 und Nr. 5 Abs. 1 Satz 1 VOB/B gefolgert werden könnte. Über diese Formulierungen hinaus gelten die Verjährungsfristen für alle nach der Abnahme bestehenden Mängelansprüche. **99**

a) Während der Ausführung gerügte Mängel. Schon vor der Abnahme während der Ausführung der Bauleistung nach § 4 Nr. 7 VOB/B gerügte Mängel fallen zwar zunächst nicht unter die Verjährungsfristen des § 13 Nr. 4 VOB/B.[413] So wie nicht erledigte Mängelbeseitigungsansprüche aus § 4 Nr. 7 VOB/B sich mit der Abnahme in Mängelrechten nach § 13 VOB/B fortsetzen,[414] verjähren aber nach der Abnahme die ursprünglich gemäß § 4 Nr. 7 VOB/B begründeten Ansprüche, soweit sie sich mit denen aus § 13 VOB/B inhaltlich decken, innerhalb der Fristen des § 13 Nr. 4 VOB/B.[415] Das gilt auch für Schadenersatzansprüche gemäß § 4 Nr. 7 Satz 2 VOB/B,[416] für Ansprüche auf Erstattung der Ersatzvornahmekosten aus §§ 4 Nr. 7, 8 Nr. 3 Abs. 2 VOB/B[417] und für Schadenersatzansprüche gemäß §§ 4 Nr. 7, 8 Nr. 3 Abs. 2 VOB/B.[418] Es ist ein oft zufälliger Umstand, ob ein Mangel schon vor der Abnahme erkannt wird.[419] Rechte wegen frühzeitig entdeckter Mängel innerhalb der Fristen des § 13 Nr. 4 VOB/B geltend zu machen, ist dem Auftraggeber noch viel eher möglich und zumutbar. **100**

b) Bei der Abnahme erkannte Mängel. Auf diese Mängel treffen die vorstehenden Überlegungen erst recht zu. Außerdem beginnt mit der Abnahme die Sachmängelhaftung gemäß § 13 VOB/B,[420] so dass die Mängelrechte sich damit zugleich nach dessen Nr. 4 richten. **101**

---

[406] *Palandt/Heinrichs* § 214 Rdn. 1/2; zu dem § 214 Abs. 1 BGB entsprechenden § 222 Abs. 1 BGB a.F.: *Vygen* Bauvertragsrecht Rdn. 591.
[407] OLG Düsseldorf NJW 1991, 2089.
[408] BGH NJW 1990, 326.
[409] *Ingenstau/Korbion/Wirth* VOB/B § 13 Nr. 4 Rdn. 54.
[410] BGHZ 161, 138 = NJW 2005, 291; OLG Naumburg IBR 2005, 650.
[411] BGH NJW-RR 1996, 700 = BauR 1996, 424.
[412] Vgl. dazu Beschluss des Vorstandes des DVA vom 2.5.2002, Begründung II. 8. b.: „Das Wort ‚Gewährleistung' wurde durch ‚Mängelansprüche' ersetzt, da § 13 Nr. 1 VOB/B mit der Anpassung an den Wortlaut des § 633 BGB eine Neufassung erhalten hat."
[413] Beck'scher VOB-Kommentar/*Motzke* VOB/B § 13 Nr. 4 Rdn. 11.
[414] BGH NJW 1982, 1524 = BauR 1982, 277; vgl. auch oben Rdn. 4.
[415] BGHZ 54, 352 = NJW 1971, 99 = BauR 1971, 51; BGH NJW 1982, 1524 = BauR 1982, 277; BGHZ 153, 244 = NJW 2003, 1450 = NZBau 2003, 265 = BauR 2003, 689.
[416] BGH BauR 1972, 172; BGHZ 153, 244 = NJW 2003, 1450 = NZBau 2003, 265 = BauR 2003, 689.
[417] BGH NJW 1974, 1707 =BauR 1974, 412; zur Abnahme insoweit vgl. Beck'scher VOB-Kommentar/*Motzke* VOB/B § 13 Nr. 4 Rdn. 13.
[418] *Korbion/Hochstein/Keldungs* Rdn. 675.
[419] BGHZ 54, 352 = NJW 1971, 99 = BauR 1971, 51; BGH NJW 1982, 1524 = BauR 1982, 277.
[420] Vgl. dazu oben Rdn. 4.

102 **c) Nach der Abnahme hervortretende Mängel.** Für solche Mängel gilt § 13 Nr. 4 VOB/B auch nach dem Wortlaut des § 13 Nr. 5 Abs. 1 Satz 1 VOB/B. In allen Fällen – vorstehend a) bis c) – erfasst § 13 Nr. 4 VOB/B sämtliche Mängelrechte aus § 13 Nr. 5–7 VOB/B, soweit nicht die Ausnahme der Nr. 7 Abs. 4 eingreift[421] oder die Ansprüche zu bloßen Rechnungsposten eines Schadenersatzanspruchs gemäß § 103 Abs. 2 Satz 1 InsO geworden sind.[422]

2. Vorrangige abweichend Vereinbarung

103 Die Fristen des § 13 Nr. 4 VOB/B sollen jedoch nur eingreifen, wenn „keine Verjährungsfrist im Vertrag vereinbart" ist. Aufgrund dieser ausdrücklichen Einschränkung hat **§ 13 Nr. 4 VOB/B** lediglich subsidiäre Bedeutung.[423] Er enthält eine **Auffangregelung** für den Fall, dass die Bauvertragspartner für die Sachmängelhaftung keine andere Verjährungsfrist abgesprochen haben.[424] Obwohl vereinbarte Fristen danach vorrangig sind, bezeichnet § 13 Nr. 5 Abs. 1 Sätze 2 und 3 VOB/B die Verjährungsfristen der Nr. 4 selbst als **Regelfristen**. Der Intention des § 13 VOB/B entspricht es somit nicht, wenn sie infolge abweichender Vereinbarungen zu Ausnahmefristen werden. Vielmehr sollten auch private Auftraggeber die sachbezogenen Erwägungen des § 13 VOB/A beachten.[425] Eine Verlängerung der Verjährungsfrist ist nämlich nutzlos, soweit sie über den Zeitraum hinaus ausgedehnt wird, in welchem Baumängel noch von Abnutzung und sonstigem Verschleiß unterscheidbar sind.[426]

104 **a) Individualvereinbarung.** Für eine von § 13 Nr. 4 VOB/B abweichende Bemessung der Verjährungsfristen durch Individualvereinbarung besteht weitgehende Gestaltungsfreiheit. Vereinbarungen über die Verjährung sind nämlich nach § 202 Abs. 2 BGB nur noch dahin eingeschränkt, dass die Verjährung durch Rechtsgeschäft nicht über eine Verjährungsfrist von 30 Jahren ab dem gesetzlichen Verjährungsbeginn hinaus erschwert werden kann. Eine **Verkürzung** der Fristen war schon bisher nach § 225 Satz 2 BGB a.F. zulässig. Eine Unwirksamkeit nach § 242 BGB[427] kommt grundsätzlich nicht in Betracht.[428] Da § 202 Abs. 2 BGB jetzt allgemein nur eine obere Grenze von 30 Jahren zieht, ist eine **Verlängerung** der Fristen des § 13 Nr. 4 VOB/B bis zu den gesetzlichen Fristen des § 634 a Abs. 1 BGB und, weil auch die Frist der dortigen Nr. 2 verhältnismäßig kurz ist,[429] darüber hinaus ebenfalls unbedenklich möglich. Es kann sich auch anbieten, unterschiedliche Fristen zu vereinbaren, zum Beispiel bei der Errichtung von Stahlbetonfertiggaragen für die Konstruktion 5 Jahre sowie für Anstrich, Dacheindeckung und Tore 2 Jahre.[430] Dass § 13 Nr. 4 Abs. 1 VOB/B von einer Vereinbarung **„im Vertrag"** spricht, steht einer späteren Abrede nicht entgegen.[431]

105 Ein völliger **Ausschluss** der Verjährung kann allerdings nach § 202 Abs. 2 BGB nicht wirksam vereinbart werden. Deshalb wäre die Übernahme der Gewährleistung für die gesamte, 30 Jahre überschreitende Lebensdauer einer Bauleistung als unwirksam anzusehen.[432]

106 **b) AGB und Formularverträge.** Sofern der **Auftragnehmer** deren Verwender ist, können darin die jetzt 4-jährige Verjährungsfrist des § 13 Nr. 4 VOB/B für Bauwerke und die dortigen 2-jährigen

---

[421] BGHZ 58, 332 = NJW 1972, 1280 = BauR 1972, 311 für Schadenersatzansprüche aus § 13 Nr. 7 VOB/B wegen entfernter Mangelfolgeschäden.

[422] BGHZ 96, 392 = NJW 1986, 1176 = BauR 1986, 339 zum entsprechenden früheren § 17 KO.

[423] BGH NJW-RR 1987, 851 = BauR 1987, 445; *Nicklisch/Weick* § 13 Rdn. 64; Kaiser BauR 1990, 123, 126.

[424] BGH NJW-RR 1991, 980 = BauR 1991, 458.

[425] Beck'scher VOB-Kommentar/*Motzke* VOB/B § 13 Nr. 4 Rdn. 45–47.

[426] Beck'scher VOB-Kommentar/*Motzke* VOB/B § 13 Nr. 4 Rdn. 47–49; vgl. auch *Danker/John* BauR 2001, 718, 722 ff.

[427] Eine solche hält Kaiser BauR 1990, 123, 126 für möglich.

[428] *Siegburg* Verjährung Rdn. 233.

[429] BGHZ 90, 273 = NJW 1984, 1750 = BauR 1984, 390; BGHZ 132, 383 = NJW 1996, 2155 = BauR 1996, 707.

[430] So die Fallgestaltung in OLG Düsseldorf NJW-RR 1999, 667 = BauR 1999, 410.

[431] *Hereth/Ludwig/Naschold* B § 13 Ez 132.

[432] Beck'scher VOB-Kommentar/*Motzke* VOB/B § 13 Nr. 4 Rdn. 71.

Verjährungsfristen für vom Feuer berührte Teile von Feuerungsanlagen und für wartungsbedürftige Teile von maschinellen und elektrotechnischen/elektronischen Anlagen **nicht** wirksam **verkürzt** werden. Das folgt aus §§ 307 Abs. 1 und 2 Nr. 1, 309 Nr. 8 lit. b ff BGB.[433] Denn da nach diesen Bestimmungen bereits eine Herabsetzung der 5-jährigen Frist des § 634 a Abs. 1 Nr. 2 BGB auf die 4- und 2-jährigen Fristen des § 13 Nr. 4 VOB/B unwirksam ist, wenn die VOB/B nicht insgesamt einbezogen wird,[434] ist eine weitere Verkürzung sogar dieser Fristen des § 13 Nr. 4 VOB/B erst recht unwirksam.[435] Die Unwirksamkeit kann auch aus § 307 Abs. 2 Nr. 2 BGB abgeleitet werden,[436] weil noch kürzere Verjährungsfristen die Erfolgshaftung des Auftragnehmers gefährden. Ausnahmen für bestimmte Bauleistungen, deren typische Mängel regelmäßig schon vor Ablauf der Regelfrist von 4 Jahren zutage treten,[437] sind abzulehnen,[438] und zwar aus den obigen Gründen und wegen der Beeinträchtigung der Rechtssicherheit infolge unvermeidlicher Abgrenzungsschwierigkeiten. Eine im Ergebnis zeitliche Verkürzung der Verjährungsfrist ist auch ein AGB-Klausel, nach welcher Mängelansprüche wegen erkennbarer Mängel ausgeschlossen sein sollen, wenn sie nicht binnen 2 Wochen nach Erkennbarkeit geltend gemacht werden; sie ist gegenüber einem Verbraucher nach § 309 Nr. 8 lit. b ee BGB unwirksam, aber gemäß § 307 BGB auch gegenüber einem Unternehmer.[439] Allerdings kann nach § 309 Nr. 8 lit. b ff BGB eine **Verkürzung** der 2-jährigen Frist des § 13 Nr. 4 Abs. 1 Satz 1 VOB/B für – nach dessen früherer Fassung – Arbeiten an einem Grundstück und nach dessen Änderung durch die VOB/B 2006 nunmehr für „andere Werke, deren Erfolg in der Herstellung, Wartung oder Veränderung einer Sache besteht", auf ein Jahr **wirksam** erfolgen.

In von dem **Auftraggeber** verwendeten AGB oder Formularverträgen ist eine **Verlängerung** 107
der Verjährungsfristen[440] des § 13 Nr. 4 VOB/B auf die gesetzliche Frist des § 634 a Abs. 1 Nr. 2 BGB unbedenklich **wirksam.**[441] Denn eine Klausel, welche der gesetzlichen Regelung entspricht, erfüllt keinesfalls die Voraussetzungen des § 307 BGB. Die Ausdehnung der Verjährung von 1–4 Jahren auf 5 Jahre ist auch keine überraschende Klausel im Sinne des § 305 c Abs. 1 BGB.[442] Da § 202 Abs. 2 BGB nunmehr eine Verlängerung bis zu 30 Jahren allgemein zulässt, bilden auch 5 Jahre grundsätzlich **keine Obergrenze**. Eine darüber hinausgehende Fristverlängerung nur unter engen Voraussetzungen zuzulassen,[443] ist nicht gerechtfertigt, zumal der Auftraggeber sich durch überlange Verjährungsfristen selbst in Schwierigkeiten bringt.[444] Der BGH hat wiederholt[445] die 5-jährige Frist als verhältnismäßig kurz bezeichnet.

Die Rechtsprechung sieht deshalb zu Recht **erheblich längere Fristen** als **zulässig** an. So 108
hat das OLG Düsseldorf[446] die in einem von dem Hauptunternehmer gegenüber dem Nachun-

---

[433] So Beck'scher VOB-Kommentar/*Motzke* VOB/B § 13 Nr. 4 Rdn. 80 und 101, zu den entsprechenden Bestimmungen des AGB-Gesetzes.

[434] So zur bisherigen 2-jährigen Frist des § 13 Nr. 4 Abs. 1 VOB/B: BGHZ 90,273 = NJW 1984, 1750 = BauR 1984, 390; BGHZ 96, 129 = NJW 1986, 315 = BauR 1986, 89; BGHZ 107, 75 = NJW 1989, 1602 = BauR 1989, 322; vgl. auch oben Rdn. 11.

[435] Vgl. BGH NJW 1999, 2434 = BauR 1999, 670: Verkürzung der Gewährleistungsfrist in einem Ingenieurvertrag über die Planung von Bauwerksleistungen auf 6 Monate auch im kaufmännischen Verkehr gemäß § 9 AGB-Gesetz unwirksam.

[436] So für die frühere 2-jährige Frist: Kaiser BauR 1990, 123, 126; zu den jetzigen Fristen des § 13 Nr. 4 VOB/B: *Heiermann/Riedl/Rusam* VOB/B § 13 Rdn. 69 b, 3. Spiegelstrich.

[437] Wie es *Siegburg* Verjährung Rdn. 235 sogar für die bisherige 2-jährige Frist für denkbar hält.

[438] Beck'scher VOB-Kommentar/*Motzke* VOB/B § 13 Nr. 4 Rdn. 101.

[439] BGH NZBau 2005, 149 = BauR 2005, 383; kritisch dazu *Zirkel* NZBau 2006, 412–416.

[440] Nach *Virneburg* FS Thode 2005, 201, 205/206, 213 soll eine in AGB des Auftraggebers vorgesehene Verlängerung der Verjährungsfrist für Mängelansprüche als Teil der Leistungsbeschreibung bereits nicht des AGB-Kontrolle unterliegen.

[441] BGHZ 107, 75 = NJW 1989, 1602 = BauR 1989, 322; BGH NJW-RR 1991, 980 = BauR 1991, 458.

[442] BGH NJW-RR 1987, 851 = BauR 1987, 445; Beck'scher VOB-Kommentar/*Motzke* VOB/B § 13 Nr. 4 Rdn. 85.

[443] *Korbion/Locher* Rdn. I 179; Kaiser BauR 1990, 123, 126; *Siegburg* Verjährung Rdn. 236.

[444] Beck'scher VOB-Kommentar/*Motzke* VOB/B § 13 Nr. 4 Rdn. 82/83 und 88/89.

[445] BGHZ 90, 273 = NJW 1984, 1750 = BauR 1984, 390; BGHZ 132, 383 = NJW 1996, 2155 = BauR 1996, 707.

[446] NJW-RR 1994, 1298 = BauR 1995, 111.

ternehmer verwendeten Formularvertrag ausbedungene Verlängerung der früheren 2-jährigen Frist des § 13 Nr. 4 VOB/B auf 5 Jahre und 4 Wochen gebilligt. Das OLG Köln[447] hat in der Vereinbarung einer 7-jährigen Verjährungsfrist für Dachabdichtungsarbeiten an Flachdächern keine unangemessene Benachteiligung des Dachdeckers erblickt. Der BGH[448] hat bei Flachdacharbeiten sogar die formularmäßige Vereinbarung einer Verjährungsfrist von 10 Jahren und einem Monat für wirksam erklärt. Einer Verlängerung der Verjährungsfrist für verdeckte Mängel auf 30 Jahre[449] kann angesichts des jetzigen § 202 Abs. 2 BGB ebenfalls nicht mehr die Wirksamkeit abgesprochen werden.[450]

109 **c) Garantiefristen.** Wenn im Rahmen einer unselbständigen Garantie[451] eine Garantie- oder Gewährfrist vereinbart ist, wird für das Kaufrecht die Auslegung befürwortet, dass jeder während der Dauer der Garantie auftretende Mangel Ansprüche auslösen kann[452] und die Verjährungsfrist dieser Ansprüche erst mit der Entdeckung des Mangels zu laufen beginnt.[453] Wegen der Besonderheiten der Sachmängelhaftung insbesondere für Bauleistungen ist diese Rechtsprechung aber auf das Werkvertragsrecht nicht übertragbar, eine Garantie- oder Gewährfrist von mehr als ein, 2 oder 4 Jahren vielmehr grundsätzlich lediglich als Verlängerung der Verjährungsfristen des § 13 Nr. 4 VOB/B zu verstehen.[454] Sollte die Garantie- oder Gewährfrist aufgrund besonderer Anhaltspunkte ausnahmsweise im Sinne der kaufrechtlichen Rechtsprechung auszulegen sein, wäre sie in AGB des Auftraggebers nach § 307 Abs. 1 und 2 Nr. 1 BGB unwirksam.[455] Etwas anderes gilt jedoch für eine durch Vertrag zugunsten Dritter an den Auftraggeber als Endabnehmer **weitergegebene** 5-jährige **Herstellergarantie**; ihr wird eine Wirkung entsprechend der Rechtsprechung zum Kaufrecht beigemessen.[456]

110 **d) Unklarheiten/Widersprüche.** Derartige Unstimmigkeiten zwischen verschiedenen AGB sind nach Möglichkeit zunächst durch Auslegung zu klären,[457] wobei die Rangfolgenregelung des § 1 Nr. 2 VOB/B behilflich sein kann. Verbleibende Zweifel gehen nach § 305 c Abs. 2 BGB zu Lasten des Verwenders,[458] weshalb die kürzeren Fristen des § 13 Nr. 4 VOB/B gelten, wenn in einem vom Auftraggeber gestellten Formularvertrag, dem generell die VOB/B zugrunde gelegt ist, „Garantieleistungen entsprechend VOB bzw. BGB“ vereinbart sind.[459] An die Stelle einer ähnlichen Klausel, die aber wegen des Zusatzes, dass „bei unterschiedlicher Auffassung ... jeweils die günstigere für den Bauherrn“ gilt, unwirksam ist, treten gemäß § 306 Abs. 2 BGB hingegen die gesetzlichen Vorschriften und damit die Verjährungsfrist des § 634 a Abs. 1 Nr. 2 BGB.[460] Bauvertragliche Individualabreden gehen nach § 305 b BGB widersprechenden AGB vor.[461]

[447] *Schäfer/Finnern/Hochstein* § 13 Nr. 4 VOB/B (1973) Nr. 17 = BauR 1989, 376, nur Leitsatz.

[448] BGHZ 132, 383 = NJW 1996, 2155 = BauR 1996, 707.

[449] LG Hanau NJW-RR 1987, 1104.

[450] So auch *Virneburg* FS Thode 2005, 201, 213/214. Anders nach altem Recht: Beck'scher VOB-Kommentar/*Motzke* VOB/B § 13 Nr. 4 Rdn. 88; vgl. auch *Korbion/Locher* Rdn. I 179, Fußnote 4.

[451] Vgl. dazu oben Rdn. 27 und 28.

[452] Vgl. dazu jetzt § 443 Abs. 2 BGB.

[453] BGH NJW 1979, 645 = BauR 1979, 427; NJW 1986, 1927 = BauR 1986, 437.

[454] OLG Frankfurt NJW-RR 1992, 280; Beck'scher VOB-Kommentar/*Motzke* VOB/B § 13 Nr. 4 Rdn. 74–78; *Ingenstau/Korbion/Wirth* VOB/B § 13 Rdn. 378; a.A. OLG Hamm BauR 2006, 1006 = IBR 2005, 531 mit kritischem Praxishinweis von *Schmidt*. Die Unterschiede zwischen Kauf- und Werkvertragsrecht lassen *Siegburg* Verjährung Rdn. 241 und *Heiermann/Riedl/Rusam* Einf. zu VOB/B § 13 Rdn. 24d außer Betracht.

[455] Vgl. dazu näher Beck'scher VOB-Kommentar/*Motzke* VOB/B § 13 Nr. 4 Rdn. 84.

[456] BGHZ 75, 75 = NJW 1979, 2036 = BauR 1979, 511.

[457] Vgl. dazu BGH NJW-RR 1991, 980 = BauR 1991, 458.

[458] BGHZ 111, 388 = NJW 1990, 3197 = BauR 1990, 718; OLG Hamm NJW-RR 1988, 467 = BauR 1988, 476 und 381 (dort nur Leitsatz).

[459] OLG Hamm NJW-RR 1988, 467 = BauR 1988, 476; *Nicklisch/Weick* § 13 Rdn. 67 b.

[460] BGH NJW 1986, 924 = BauR 1986, 200; vgl. dazu näher *Heiermann/Riedl/Rusam* VOB/B § 13 Rdn. 89, 5. Abs.

[461] Dazu und zur Auslegung von Individualabreden näher Beck'scher VOB-Kommentar/*Motzke* VOB/B § 13 Nr. 4 Rdn. 106/107.

3. Regelfristen je nach Leistungsgegenstand

§ 13 Nr. 4 Abs. 1 und 2 VOB/B bemisst die Regelfrist der Verjährung, die mangels abweichender Vereinbarung eingreift, nach dem jeweiligen Leistungsgegenstand und entspricht damit im Ansatz der Regelung des § 634 a Abs. 1 BGB. Diese Differenzierung beruht auf der Annahme, dass Mängel erfahrungsgemäß bei unterschiedlichen Bauleistungen auch innerhalb verschiedener Zeiträume hervortreten und von Verschleißerscheinungen abgrenzbar sind.[462] Für **Bauwerke** beträgt die Verjährungsfrist seit den Änderungen durch die VOB/B 2002 4 Jahre (§ 13 Nr. 4 Abs. 1 Satz 1 VOB/B). Auf Grund dieser Verlängerung der Fristen gilt für Arbeiten an einem Grundstück, an deren Stelle durch die VOB/B 2006 jetzt die Formulierung „für **andere Werke**, deren Erfolg in der Herstellung, Wartung oder Veränderung einer Sache besteht", getreten ist, und für die vom Feuer berührten Teile von **Feuerungsanlagen** eine Verjährungsfrist von 2 Jahre (§ 13 Nr. 4 Abs. 1 Satz 1 VOB/B). Lediglich für feuerberührte und abgasdämmende Teile von **industriellen Feuerungsanlagen** ist es bei der Verjährungsfrist von einem Jahr geblieben (§ 13 Nr. 4 Abs. 1 Satz 2 VOB/B). Ebenfalls 2 Jahre läuft die Verjährungsfrist mangels anderer Vereinbarung für wartungsbedürftige Teile von **maschinellen** und **elektrotechnischen/elektronischen Anlagen**, wenn der Auftraggeber dem Auftragnehmer keinen Wartungsauftrag für die Dauer der Verjährungsfrist erteilt hat (§ 13 Nr. 4 Abs. 2 VOB/B). 111

Mit dieser durch die VOB/B 2002 gegenüber der früheren Fassung des § 13 Nr. 4 VOB/B außer in Abs. 1 Satz 2 vorgenommenen **Verdoppelung** der **Verjährungsfristen** wurde auf die Kritik an den kurzen Fristen der VOB/B reagiert. „Allerdings wurde es auch für erforderlich gehalten, unter Ausnutzung der im neuen Recht in § 309 Nr. 8 lit. b ff BGB enthaltenen Privilegierung, die gesetzlichen Verjährungsfristen des BGB in den Regelungen des § 13 VOB/B zu unterschreiten, um den spezifischen baufachlichen Anforderungen gerecht zu werden und eine ausgewogene Regelung zu erreichen."[463] Dabei wurde andererseits berücksichtigt, dass durch § 438 Abs. 1 Nr. 2 lit. b BGB ein Grund der kurzen Fristen entfallen ist.[464] Die Weigerung des DVA, die fünfjährige Frist des § 634 a Abs. 1 Nr. 2 BGB zu übernehmen, überzeugt jedoch nicht.[465] 112

Schwierigkeiten bereitete bei der Bestimmung der Verjährungsfrist seit langem insbesondere die **Unterscheidung** zwischen Arbeiten für Bauwerke und denen an einem Grundstück.[466] Dabei stellen erstere nur eine Untergruppe der Arbeiten an einem Grundstück dar.[467] Letztere können auch als Auffangtatbestand[468] für alle Arbeiten bezeichnet werden, die nicht den Bauwerksarbeiten zurechenbar sind. Wegen der insoweit in der Praxis oft herrschenden Unklarheit, ob die Verjährungsfrist nach § 13 Nr. 4 Abs. 1 Satz 1 VOB/B 2 oder 4 Jahre beträgt, hat der DVA gemeint, eine Anpassung an das neue BGB sei überfällig, und zugleich festgestellt, dass die Arbeiten an einem Grundstück, die in § 638 Abs. 1 BGB a.F. geregelt waren, in § 634 a Abs. 1 Nr. 1 BGB aufgegangen sind.[469] Dem entsprechend ersetzt die VOB/B 2006 in § 13 Nr. 4 Abs. 1 Satz 1 die Worte „für Arbeiten an einem Grundstück" durch die an § 634 a Abs. 1 Nr. 1 BGB angepasste Formulierung „für andere Werke, deren Erfolg in der Herstellung, Wartung oder Veränderung einer Sache besteht". Diese Angleichung an das BGB ist zu begrüßen.[470] Die bisherigen Schwierigkeiten sind damit aber nicht beseitigt. Die vom DVA verkündete „Vereinfachung der Verjährungsregeln durch Streichung der besonderen Verjährung für ‚Arbeiten an einem Grundstück'"[471] 113

---

[462] *Ingenstau/Korbion/Wirth* VOB/B § 13 Nr. 4 Rdn. 80; *Heiermann/Riedl/Rusam* VOB/B § 13 Rdn. 68.
[463] So Beschluss des Vorstandes des DVA vom 2.5.2002, Begründung II. 8. a.
[464] A.a.O. (vorstehende Fußnote), Begründung II. 8. b.; *Kratzenberg* NZBau 2002, 177, 182.
[465] *Kemper* BauR 2002, 1613, 1617; *Tempel* NZBau 2002, 532, 536; *Weyer* BauR 2003, 613, 618/619; *Maas* FS Kraus 2003, 355. Vgl. dem gegenüber *Kern* BauR 2003, 793.
[466] *Daub/Piel/Soergel/Steffani* ErlZ B 13.283.
[467] BGH NJW 1970, 942 = BauR 1970, 106; *Daub/Piel/Soergel/Steffani* ErlZ B 13.284.
[468] So *Werner/Pastor* Rdn. 2378; die Bezeichnung als Unterfall passt insoweit allerdings nicht.
[469] HAA des DVA Beschluss vom 17.5.2006, Nr. 11 Begründung.
[470] So auch *Schwenker* in: Anregungen und Vorschläge des „Netzwerk Bauanwälte" zum Änderungsentwurf zur VOB/B (2006) vom 16.6.2006, VI. 3. a, ibr-online Materialien.
[471] So Mitteilung des DVA zum Beschluss des HAA vom 17.5.2006 unter www.bmvbs.de/Anlage/original_960541/Mitteilung-des-DVA-zur-VOB-B.pdf.

tritt nicht ein.[472] Denn durch die neue Formulierung sind die Abgrenzungsschwierigkeiten nicht ausgeräumt, bestehen vielmehr weiterhin,[473] nunmehr wegen der erforderlichen Unterscheidung zwischen **Bauwerken** und **anderen Werken**.

114 **a) Bauwerke.** Ein Bauwerk ist eine unbewegliche, durch Verwendung von Arbeit und Material in Verbindung mit dem Erdboden hergestellte Sache.[474] Der Begriff Bauwerk umfasst demnach auf und unter der Erdoberfläche errichtete Werke; er geht weiter als der des Gebäudes.[475] Zu den Bauwerken gehören deshalb zum Beispiel auch Eisen- und Straßenbahngleise, Brücken und Überführungen,[476] größere ortsfeste technische Anlagen[477] wie die Förderanlage in einem Grubenschacht und ein 47 m tiefer Rohrbrunnen[478] sowie Straßenbauwerke und Gasrohrleitungsnetze.[479]

115 **aa) Verbindung mit Grund und Boden.** Während der BGH unter Hinweis auf § 94 BGB zunächst[480] gefordert hatte, dass die Verbindung mit dem Grund und Boden eine „feste" sein müsse, hebt er nunmehr[481] zu Recht die unterschiedliche Zweckbestimmung der §§ 93 ff., 946 BGB und der Verjährung der Mängelansprüche hervor. Eine Grundstücksverbindung im Sinne des Sachenrechts ist zwar ein zuverlässiges Indiz für ein Bauwerk, es genügt aber grundsätzlich eine enge und auf längere Dauer angelegte Verbindung,[482] weshalb auch eine als Ladengeschäft genutzte Containerkombination ein Bauwerk sein kann.[483] Ein in das Erdreich eingebetteter und an die vorhandene Ölzufuhrleitung angeschlossener Öltank wäre nach dieser Rechtsprechung konsequent ebenfalls als Bauwerk einzuordnen.[484]

116 **bb) Herstellung einzelner Bauteile.** Bauwerksleistungen sind nicht lediglich die Ausführung des Baues als Ganzes, sondern sämtliche Arbeiten zur Herstellung eines neuen Bauwerks,[485] also auch die Herstellung einzelner Bauteile und Bauglieder, ohne dass es darauf ankommt, ob sie einen äußerlich hervortretenden, körperlich abgesetzten Teil des Baues darstellen.[486] Dazu gehören etwa eine abdichtende Beschichtung des Außenputzes,[487] der Einbau einer Ballenpresse zur Errichtung

---

[472] Das Vereinfachungsargument taucht auch in der Begründung zu Nr. 7 des Beschlusses des HAA des DVA vom 27.6.2006 nicht mehr auf.

[473] Wie ein Blick in die Kommentierungen zu § 634 a Abs. 1 BGB zeigt: vgl. nur *Palandt/Sprau* § 634 a Rdn. 10 und 15–19.

[474] BGHZ 57, 60 = NJW 1971, 2219 = BauR 1971, 259; BGHZ 68, 208 =NJW 1977, 1146 = BauR 1977, 203; BGH NJW 1983, 567 = BauR 1983, 64; NZBau 2003, 559 = BauR 2003, 1391.

[475] BGHZ 57, 60 = NJW 1971, 2219 = BauR 1971, 259; BGH NJW 1983, 567 = BauR 1983, 64.

[476] BGH BauR 1972, 172.

[477] BGH NJW 1999, 2434 = BauR 1999, 670; NJW-RR 2002, 664 = NZBau 2002, 387; NZBau 2003, 559 = BauR 2003, 1391; OLG Düsseldorf NJW-RR 2001, 1531 = BauR 2002, 103.

[478] BGHZ 57, 60 = NJW 1971, 2219 = BauR 1971, 259; anders bei einem einfachen, 7 m tiefen Gartenbrunnen: OLG Düsseldorf NJW-RR 1999, 1182 = BauR 2000, 734.

[479] BGHZ 121, 94 = NJW 1993, 723 = BauR 1993, 219; OLG Schleswig IBR 2002, 86: Erdgasleitung; vgl. zu Straßen und Hofbefestigungen auch BGH NJW-RR 1992, 849 = BauR 1992, 502; NJW-RR 1993, 592 = BauR 1993, 217; OLG Köln NJW-RR 1993, 593 = BauR 1993, 218; BauR 2002, 801; falsch OLG Brandenburg BauR 2004, 1313 = IBR 2004, 244, das bei Herstellung einer Straße die Verlegung des Straßenbelags als Arbeit an einem Grundstück einordnet; zur Schotterung von Waldwegen vgl. OLG Köln IBR 2001, 59.

[480] BGH NJW 1983, 567 = BauR 1983, 64.

[481] BGH NJW-RR 1990, 787 = BauR 1990, 351; NJW-RR 1991, 1367 = BauR 1991, 741; BGHZ 117, 121 = NJW 1992, 1445 = BauR 1992, 369.

[482] BGH NJW-RR 1999, 2434 = BauR 1999, 670; NJW-RR 2002, 664 = NZBau 2002, 387: 11 t schwere Müllpresse.

[483] BGHZ 117, 121 = NJW 1992, 1445 = BauR 1992, 369; NJW 1997, 1982 = BauR 1997, 640.

[484] Entgegen BGH NJW 1986, 1927 = BauR 1986, 437; vgl. dazu *Siegburg* Verjährung Rdn. 150; zu einem Öltank mit gemauertem Domschacht: OLG Hamm NJW-RR 1996, 919.

[485] BGH NZBau 2004, 434 = BauR 2004, 1798.

[486] BGHZ 19, 319 = NJW 1956, 1195; BGHZ 68, 208 = NJW 1977, 1146 = BauR 1977, 203; NZBau 2003, 559 = BauR 2003, 1391.

[487] BGH BauR 1970, 47.

einer Papierentsorgungsanlage in einem Verwaltungsneubau,[488] Fahrbahnmarkierungen bei Straßenneubauten[489] und die Gesamtentwässerung des Dach-, Straßen- und Dränagewassers von Gebäuden.[490] Auch die Ausschachtung der Baugrube ist Teil des Bauwerks,[491] weil seine Errichtung mit ihr beginnt. Ebenso rechnet die spätere Verfüllung der Arbeitsräume nach Fertigstellung des Rohbaus zu den Arbeiten an einem Bauwerk.[492] Um Bauwerksarbeiten handelte es sich darüber hinaus nach der bisherigen Rechtsprechung sogar dann, wenn ein Auftragnehmer Gegenstände, die für ein bestimmtes Bauwerk verwendet werden sollten, von einem Nachunternehmer bearbeiten[493] oder herstellen[494] ließ. Das galt selbst für den Fall, dass der Nachunternehmer diese Sachen durch einen weiteren Nachunternehmer bearbeiten ließ, sofern letzterer die Zweckbestimmung seiner Leistung kannte.[495] Die in den beiden vorhergehenden Sätzen genannten Fälle führen, wenn sie jetzt nach § 651 BGB dem Kaufrecht zugeordnet werden, über § 438 Abs. 1 Nr. 2 lit. b BGB zu einer 5-jährigen Verjährung. Der Beitrag zu dem Bauwerk braucht also nicht unmittelbar geleistet zu werden.[496]

cc) Instandsetzungs- und Änderungsarbeiten. Zu den Bauwerksarbeiten rechnen neben Arbeiten zur Herstellung eines neuen Gebäudes Instandsetzungs- und Änderungsarbeiten an bestehenden Gebäuden, die **für** deren **Erneuerung** oder **Bestand** von **wesentlicher Bedeutung** sind, sofern eine feste Verbindung mit dem Gebäude vorliegt.[497] Dazu reicht aus, dass das Werk mit dem Gebäude eng verbunden wird und auf Dauer damit verbunden bleiben soll.[498] Das ist zum Beispiel für einen neuen Fußbodenbelag aus verklebtem Teppichboden[499] und für den nachträglichen Einbau einer Einbauküche in die vom Eigentümer selbst genutzte Wohnung,[500] aber auch für einen solchen Einbau in eine Mietwohnung durch den Mieter[501] bejaht[502] worden. Für umfangreiche Erneuerungs- und Reinigungsarbeiten in einem brandgeschädigten Haus[503] gilt das ebenso. 117

Ob Instandsetzungs- oder Änderungsarbeiten als Bauwerksleistungen zu werten sind, kann 118 **nicht allgemein**, sondern nur **von Fall zu Fall** entschieden werden.[504] Nicht jede Reparatur eines Gebäudes, etwa die Ausbesserung einzelner Schäden, stellt bereits eine Bauwerksarbeit dar. Vielmehr müssen die Arbeiten nach Umfang und Bedeutung Neubauarbeiten vergleichbar sein.[505]

---

488 BGH NJW 1987, 837 = BauR 1987, 205, insoweit in BGHZ 99, 160 nicht abgedruckt; vgl. auch OLG Düsseldorf NJW-RR 2001, 1531 = BauR 2002, 103.

489 *Danker/John* BauR 2001, 718, 720/721; zu Unterhaltungsmaßnahmen vgl. unten Rdn. 124.

490 OLG Düsseldorf NJW-RR 2003, 14 = BauR 2003, 127.

491 BGHZ 68, 208 = NJW 1977, 1146 = BauR 1977, 203.

492 OLG Düsseldorf NJW-RR 1995, 214 = BauR 1995, 244.

493 BGHZ 72, 206 = NJW 1979, 158 = BauR 1979, 54.

494 BGH NJW 1980, 2081 = BauR 1980, 355; OLG Dresden BauR 2001, 424.

495 BGH NJW-RR 1990, 1108 = BauR 1990, 603; NJW 1999, 2434 = BauR 1999,670; NJW 2002, 2100 = NZBau 2002, 389 = BauR 2002, 1260; NZBau 2003, 559 = BauR 2003, 1391. In der letztgenannten Entscheidung sieht der BGH die Feststellung des OLG, dass „im Wesentlichen die Programmierung einer Software geschuldet" war, nicht als Hindernis an, die Fertigung der Steuerungsanlage für die Pelletieranlage einer Futtermühle als Bauwerksarbeit einzuordnen. Damit ist die Argumentation des OLG Düsseldorf NJW 2003, 3140 nicht vereinbar, das für die Erstellung eines Softwareprogramms zur Steuerung, Regelung und Überwachung von zwei Heizkesseln eine Bauwerksarbeit verneint; so im Ergebnis auch *Quack* im Praxishinweis zu IBR 2003, 673.

496 *Siegburg* Verjährung Rdn. 161.

497 BGHZ 53, 43 = NJW 1970, 419 = BauR 1970, 45; BGH NJW 1974, 136 = BauR 1974, 57; NJW-RR 1990, 787 = BauR 1990, 351; NJW 1993, 3195 = BauR 1994, 101. Kritik an dieser Rechtsprechung übt *Fischer* BauR 2005, 1073, 1079/1080.

498 BGH NJW 1970, 942 = BauR 1970, 106; NJW-RR 1990, 787 = BauR 1990, 351.

499 BGH NJW 1970, 942 = BauR 1970, 106; NJW 1991, 2486 = BauR 1991, 603.

500 BGH NJW-RR 1990, 787 = BauR 1990, 351; KG IBR 2006, 391.

501 KG NJW-RR 1996, 1010.

502 Verneint worden z.B. in OLG Düsseldorf NJW-RR 2001, 1530.

503 OLG Nürnberg NJW-RR 2003, 666.

504 BGH BauR 1971, 128; NJW 1974, 136 = BauR 1974, 57, NJW 1993, 3195 = BauR 1994, 101.

505 BGHZ 19, 319 = NJW 1956, 1195; BGH NJW 1984, 168 = BauR 1984, 64. Das ist bei einer Markiseninstandsetzung nicht der Fall: OLG Hamm NJW-RR 1992, 1272 = BauR 1992, 630.

Der Umfang beurteilt sich nach den eingesetzten Mitteln, die Bedeutung der Arbeiten nach ihrem Zweck, die uneingeschränkte Benutzbarkeit des Bauwerks, auch in einer modernen Wohnansprüchen genügenden Weise, wiederherzustellen.[506] Dabei kann ins Gewicht fallen, dass das Gebäude ohne die Arbeiten nicht mehr als fertiges Bauwerk anzusprechen ist.[507]

119 **Beispiele** für Bauwerksarbeiten bei Instandsetzungen und Änderungen sind deshalb die Neuisolierung der Außenwände nebst Verlegung einer Drainage zur Beseitigung von Kellernässe,[508] die Erneuerung der Dacheindeckung mit Schiefer auf einer größeren Teilfläche eines Kirchendachs[509] sowie umfangreiche Malerarbeiten bei Umbau und vollständiger Renovierung eines Hauses.[510] Auch der nachträgliche Einbau einer Einbauküche bei dem Umbau eines erworbenen Altbaus rechnet hierzu, zumal das Gebäude ohne sie nicht als vollständig fertig angesehen werden kann.[511] Das ist ebenso bei dem nachträglichen, aber von vornherein geplanten Einbau einer Klimaanlage in ein Druckereigebäude der Fall.[512]

120 **dd) Abgrenzungskriterien.** In Zweifelsfällen steht der Zweck der längeren Verjährungsfrist für Bauwerke und damit das spezifische Risiko der späten Erkennbarkeit von Baumängeln im Vordergrund.[513] Das gilt nicht nur für Konstruktionsmängel, sondern auch für Mängel des Materials.[514] Daneben ist der allgemeine Sprachgebrauch zu beachten,[515] nach welchem zum Beispiel die Ausschachtung der Baugrube zu den Rohbauarbeiten gehört.[516] In Grenzfällen kann auch der Zweck des Vertrags, etwa wegen der in ihm deutlich gewordenen Verwendungsabsicht,[517] bedeutsam sein, während der Einordnung als bauliche Anlage im Sinne des öffentlichen Baurechts nicht entscheidend ist.[518]

121 **ee) Beispielfälle der neueren Rechtsprechung.[519]** Bauwerksarbeiten sind bejaht worden: Bei der Verlegung der Rohre einer Fernwärmehausanschlussleitung,[520] der Anbringung einer großen Leuchtreklame an einem Ladengeschäft,[521] der Einbettung eines Öltanks mit gemauertem Domschacht,[522] dem Einbau einer nach Maß gefertigten Küchenzeile in eine Mietwohnung durch den Mieter,[523] dem Einbau einer Hängebahn aus Anlass der grundlegenden Erneuerung einer Werkhalle,[524] der Errichtung einer in ein Bauwerk integrierten und dessen Herstellung dienenden Abwasseraufbereitungs- und Kreislaufanlage,[525] der Erstellung einer Förderanlage für die Auto-

---

506 BGH NJW 1984, 168 = BauR 1984, 64; NJW-RR 1990, 787 = BauR 1990, 351; NJW 1993, 3195 = BauR 1994, 101.

507 BGHZ 19, 319 = NJW 1956, 1195.

508 BGH NJW 1984, 168 = BauR 1984, 64.

509 BGHZ 19, 319 = NJW 1956,1195.

510 BGH NJW 1993, 3195 = BauR 1994, 101; für den Fall der Verschönerung einer Fassade vgl. OLG Köln NJW-RR 1989, 1181.

511 BGH NJW-RR 1990, 787 = BauR 1990, 351; KG NJW-RR 1996, 1010.

512 BGH NJW 1974, 136 = BauR 1974, 57.

513 BGHZ 68, 208 = NJW 1977, 1146 = BauR 1977, 203; BGH NJW 1984, 168 = BauR 1984, 64; BGHZ 117, 121 = NJW 1992, 1445 = BauR 1992, 369; BGH NJW-RR 1999, 2434 = BauR 1999, 670; NJW-RR 2002, 664 = NZBau 2002, 387.

514 BGHZ 19, 319 = NJW 1956, 1195; BGH NJW-RR 1990,787 = BauR 1990, 351; NJW 1993, 3195 = BauR 1994, 101.

515 BGHZ 19, 319 = NJW 1956, 1195; OLG Düsseldorf NJW-RR 1999, 1182 = BauR 2000, 734.

516 BGHZ 68, 208 = NJW 1977, 1146 = BauR 1977, 203.

517 BGH NJW-RR 1990, 1108 = BauR 1990, 603.

518 BGHZ 117,121 = NJW 1992, 1445 = BauR 1992, 369.

519 Zur älteren Rechtsprechung vgl. die Auflistungen bei *Siegburg* Verjährung Rdn. 166; *Werner/Pastor* Rdn. 2379; *Heiermann/Riedl/Rusam* VOB/B § 13 Rdn. 75.

520 OLG Düsseldorf NJW-RR 1993, 477.

521 OLG Hamm NJW-RR 1995, 213 = BauR 1995, 240.

522 OLG Hamm NJW-RR 1996, 919.

523 KG NJW-RR 1996, 1010.

524 BGH NJW 1997, 1982 = BauR 1997, 640.

525 BGH NJW-RR 1998, 89 = BauR 1997, 1018.

mobilproduktion,[526] der Herstellung eines objektbezogenen Löschwasserteichs, dessen Vorhaltung die Baugenehmigung vorschreibt,[527] der bei Errichtung eines Einfamilienhauses aufgrund eines einheitlichen Vertrags übernommenen Pflasterung der Terrasse und der Garagenzufahrt nebst Zuwegen sowie der Anlage des Gartens,[528] der Einbringung eines Schutzrohres für eine Feuerlöschringleitung in die Erde,[529] der Lieferung und Montage zweier Spritzkabinen in dem Neubau einer Containerproduktionshalle,[530] dem ortsfesten Einbau einer 11 t schweren Müllpresse in das Gebäude einer Müllumschlagstation,[531] der Errichtung einer Tankanlage als Bestandteil eines Betriebshofs[532] sowie dem Bau von Härtekammern für eine Steinfertigungsanlage.[533]

b) Holzerkrankungen. In § 13 Nr. 4 VOB/B werden seit der VOB/B 2002 Holzerkrankungen nicht mehr besonders erwähnt. Diese Alternative hatte lediglich ausnahmsweise selbständige Bedeutung, weil Holzarbeiten in aller Regel zugleich Bauwerksarbeiten sind,[534] wie etwa bei Zimmermannsarbeiten zur Errichtung des Dachstuhls eines Hauses. Dem entsprechend lautet die Begründung der Streichung:[535] „Sind Bauwerke oder Teile davon aus Holz gefertigt und weist dieses Holz Erkrankungen auf, wird stets auch eine Abweichung von der vertraglich vereinbarten Beschaffenheit des Bauwerks vorliegen. Damit bedürfen Holzerkrankungen keiner besonderen Erwähnung.“ 122

c) Andere Werke/Arbeiten an einem Grundstück. Die 2-jährige Regelfrist greift – insoweit mit § 634 a Abs. 1 Nr. 1 BGB übereinstimmend – jetzt vor allem bei anderen Werken, deren Erfolg in der Herstellung, Wartung oder Veränderung einer Sache besteht, ein. Da in dieser neuen Formulierung durch die VOB/B 2006 wie in § 634 a Abs. 1 Nr. 1 BGB die Arbeiten an einem Grundstück aufgegangen sind,[536] zählen folgerichtig zu den anderen Werken insbesondere diese früher als Arbeiten an einem Grundstück eingeordneten Leistungen. Dazu gehören schon nach dem Wortsinn entsprechend dem Sprachgebrauch des Lebens reine **Erdarbeiten,**[537] welche allein eine Veränderung des natürlichen Zustandes des Grund und Bodens bezwecken.[538] Das ist zum Beispiel der Fall bei der Neugestaltung eines Gartens[539] und bei der Herstellung einer Drainage zur Entwässerung des Bodens.[540] Bloße Bagger- und Planierarbeiten rechnen ebenfalls hierzu,[541] während bei dem Aushub der Baugrube eines Gebäudes schon mit Bauwerksarbeiten begonnen wird.[542] Letzteres ist jedoch bei Abbrucharbeiten und der Beseitigung von Altlasten, die der Vermieter eines Grundstücks ausführen lässt, damit der Mieter eine Tankstelle errichten kann, noch nicht der Fall.[543] 123

Andere Werke im Sinne des § 13 Nr. 4 Abs. 1 Satz 1 VOB/B sind auch solche, welche früher Arbeiten an einem Grundstück waren, weil das Wort „Grundstück“ in § 13 Nr. 4 Abs. 1 Satz 1 124

---

526 BGH NJW 1999, 2434 = BauR 1999, 670.
527 OLG Oldenburg NJW-RR 2000, 545 = NZBau 2000, 337 = BauR 2000, 731.
528 OLG Düsseldorf NJW-RR 2000, 1336 = NZBau 2000, 573 = BauR 2001, 648.
529 BGH NJW-RR 2001, 519 = NZBau 2001, 201 = BauR 2001, 621.
530 OLG Düsseldorf NJW-RR 2001, 1531 = BauR 2002, 103.
531 BGH NJW-RR 2002, 664 = NZBau 2002, 387.
532 OLG Zweibrücken NZBau 2003, 439 = NJW-RR 2003, 1022.
533 OLG Hamm IBR 2004, 8.
534 *Nicklisch/Weick* § 13 Rdn. 73.
535 Beschluss des Vorstandes des DVA vom 2.5.2002, Begründung II.8.b.; *Kratzenberg* NZBau 2002, 177, 181; vgl. dazu auch *Schwenker/Heinze* BauR 2002, 1143, 1149.
536 Vgl. dazu oben Rdn. 113.
537 *Joussen/Schranner* BauR 2006, 1366, 1369, bei 6. b.
538 BGHZ 57, 60 = NJW 1971, 2219 = BauR 1971, 259; *Nicklisch/Weick* § 13 Rdn. 75; *Ingenstau/Korbion/Wirth* VOB/B § 13 Nr. 4 Rdn. 88.
539 OLG Düsseldorf NJW-RR 1999, 1182 = BauR 2000, 734.
540 BGHZ 57, 60 = NJW 1971, 2219 = BauR 1971, 259.
541 *Ingenstau/Korbion/Wirth* VOB/B § 13 Nr. 4 Rdn. 88.
542 BGHZ 68, 208 = NJW 1977, 1146 = BauR 1977, 203; vgl. dazu oben Rdn. 116.
543 BGH NZBau 2004, 434 = BauR 2004, 1798; kritisch dazu *Hildebrandt* BauR 2006, 2, 3: „zweifelhafte Wertung“.

VOB/B nicht nur im umgangssprachlichen Sinn, sondern auch als Rechtsbegriff verwendet wurde. Deshalb fallen außer Erdarbeiten hierunter **Arbeiten an** einem auf dem Grundstück **errichteten Gebäude**,[544] soweit sie von allenfalls unwesentlicher Bedeutung für Bestand oder Nutzbarkeit des Bauwerks sind und damit nicht der Untergruppe der Bauwerksarbeiten zugehören.[545] Arbeiten an einem Grundstück erfordern keinen Eingriff in das Grundstück oder das darauf stehende Gebäude; es genügt, wenn das Werk mit dem Gebäude eng verbunden wird und auf Dauer damit verbunden bleiben soll.[546] Dazu zählen Reparaturen[547] und Unterhaltungsmaßnahmen[548] an Bauwerken, zum Beispiel Bodenbelagsarbeiten,[549] Fahrbahnnachmarkierungsarbeiten an Straßen[550] und möglicherweise auch die nachträgliche Herstellung eines Dachgartens[551] oder einer Alarmanlage.[552]

125 **d) Vom Feuer berührte Teile von Feuerungsanlagen.** Für solche Teile ist die Verjährungsfrist seit der VOB/B 2002 in § 13 Nr. 4 Abs. 1 Satz 1 VOB/B auf 2 Jahre verkürzt. Um eine Verkürzung handelt es sich aber nur, wenn die Arbeiten an Feuerungsanlagen Bauwerksarbeiten sind. Denn andernfalls gilt für sie ohnehin die 2-jährige Verjährungsfrist des Abs. 1 Satz 1 für andere Werke. Die vom Feuer berührten Teile sind besonders verschleißanfällig, weshalb nach längerer Zeit nur noch schwer feststellbar ist, ob ein Schaden auf einer vertragswidrigen Leistung des Auftragnehmers oder auf Verschleiß beruht.[553] Das gilt aber nach dem eindeutigen Wortlaut des Abs. 1 Satz 1 lediglich für die vom Feuer unmittelbar erreichten Teile,[554] etwa die Ofenwände, -rohre und -roste,[555] nicht für die Feuerungsanlage insgesamt. Hitzeeinwirkung reicht nicht aus.[556]

126 **e) Sonderfall: industrielle Feuerungsanlagen.** Durch die VOB/B 2002 neu eingefügt ist Satz 2 des § 13 Nr. 4 Abs. 1 VOB/B und die dort festgelegte Regelfrist von einem Jahr für feuerberührte und abgasdämmende Teile von industriellen Feuerungsanlagen. Diese nunmehr kürzeste Verjährungsfrist wird mit deren Sonderstellung begründet:[557] „Von dieser Ausnahmeregelung in § 13 Nr. 4 Abs. 1 Satz 2 VOB/B sind Anlagen der Industriebereiche Stahl, Eisen, Nichteisenmetalle, Chemie, Petrochemie, Kohletechnologie, Kraftwerke, Umwelttechnologie, Zement, Kalk, Glas, Keramik, Gips, Magnesit, Holz, Biomassen und Nahrungsmittel sowie Krematorien betroffen. An den vom Feuer berührten Teilen werden feuerfeste Werkstoffe eingesetzt, die wegen der entstehenden Belastungen aus dem Gebrauch meist eine kürzere Lebensdauer als ein Jahr aufweisen. Zudem sind die in diesen Anlagen entstehenden Belastungen auf die feuerfeste Auskleidung entweder nicht bekannt oder nicht abschätzbar."

---

[544] BGH NJW 1970, 942 = BauR 1970, 106; NJW-RR 1991, 1367 = BauR 1991, 741; OLG Nürnberg NJW-RR 2003, 666.

[545] *Kleine-Möller/Merl* § 12 Rdn. 1131, 1119/1120; *Nicklisch/Weick* § 13 Rdn. 76; *Ingenstau/Korbion/Wirth* VOB/B § 13 Nr. 4 Rdn. 89.

[546] BGH NJW 1970, 942 = BauR 1970, 106; NJW-RR 1991, 1367 = BauR 1991, 741; zu den Anforderungen an die Verbindung vgl. oben Rdn. 115.

[547] BGHZ 19, 319 = NJW 1956, 1195; OLG Hamm BauR 1999, 766.

[548] BGHZ 121, 94 = NJW 1993, 723 = BauR 1993, 219; Beck'scher VOB-Kommentar/*Motzke* VOB/B § 13 Nr. 4 Rdn. 177.

[549] BGH NJW 1970, 942 = BauR 1970, 106; OLG Hamm BauR 1999, 766. Vgl. dazu aber auch oben Rdn. 117.

[550] OLG Dresden BauR 2001, 815; *Danker/John* BauR 2001, 718, 721/722; zu Straßenneubauten vgl. oben Rdn. 116.

[551] OLG München NJW-RR 1990, 917.

[552] BGH NJW-RR 1991, 1367 = BauR 1991, 741; OLG Düsseldorf NJW-RR 1999, 1212 = BauR 2000, 732.

[553] *Nicklisch/Weick* § 13 Rdn. 77; *Ingenstau/Korbion/Wirth* VOB/B § 13 Nr. 4 Rdn. 101; *Siegburg* Verjährung Rdn. 217.

[554] *Ingenstau/Korbion/Wirth* VOB/B § 13 Nr. 4 Rdn. 102; *Kleine-Möller/Merl* § 12 Rdn. 1134.

[555] *Heiermann/Riedl/Rusam* VOB/B § 13 Rdn. 78.

[556] Beck'scher VOB-Kommentar/*Motzke* VOB/B § 13 Nr. 4 Rdn. 185; anders *Leinemann/Schliemann* § 13 Rdn. 102, am Ende.

[557] Beschluss des Vorstandes des DVA vom 2.5.2002, Begründung II. 8. b.

127 **f) Teile von maschinellen und elektrotechnischen/elektronischen Anlagen.** Wenn Teile derartiger Anlagen wartungsbedürftig sind, weil die Wartung Einfluss auf deren Sicherheit und Funktionsfähigkeit[558] hat, der Auftraggeber sich aber dafür entscheidet, dem Auftragnehmer die Wartung für die Dauer der Verjährungsfrist nicht zu übertragen, beträgt für diese Anlagenteile die Verjährungsfrist für die Mängelansprüche nach § 13 Nr. 4 Abs. 2 VOB/B abweichend von dessen Abs. 1 seit der VOB/B 2002 2 Jahre, falls nichts anderes vereinbart ist.[559] Hierdurch soll ein Streit, ob ein aufgetretener Mangel oder Schaden auf vertragswidriger Leistung oder unzureichender Wartung beruht, möglichst vermieden werden.[560] Dies soll mangels Wartungsvertrags mit dem Auftragnehmer[561] durch eine **Verkürzung** der Verjährungsfrist erreicht werden. Deshalb greift § 13 Nr. 4 Abs. 2 VOB/B nur ein, wenn die Lieferung und Montage eine Bauwerksleistung ist,[562] weil nur dann die Verjährungsfrist nach Abs. 1 länger als 2 Jahre ist und verkürzt werden kann. Als solche Anlagen kommen in Betracht: Aufzugsanlagen, Rolltreppen und andere fördertechnische Anlagen, Mess-, Steuer- und Regeleinrichtungen,[563] Anlagen der Gebäudeleittechnik und Gefahrmeldeanlagen.[564] Durch entsprechende Ergänzung des § 13 Nr. 4 Abs. 2 stellt die VOB/B 2006 jedoch klar, dass die dortige „Regelung zur Verjährungsfrist auf solche **Teile** von maschinellen und elektrotechnischen Anlagen beschränkt ist, bei denen die Wartung Einfluss auf Sicherheit und Funktionsfähigkeit hat".[565]

128 **Voraussetzung** der Entscheidung des Auftraggebers, dem Auftragnehmer die Wartung für die Dauer der Verjährungsfrist nicht zu übertragen, ist ein **Angebot des Auftragnehmers**, die Wartung im erforderlichen Umfang zu üblichen Bedingungen bis zum Ende der Verjährungsfrist zu übernehmen.[566] Es genügt, wenn dieses Angebot so zeitig vorliegt, dass der Wartungsvertrag spätestens bei Abnahme der Leistung zustande kommen kann.[567] Da der Auftragnehmer in der Gestaltung seines Angebots nicht frei ist, kann der Auftraggeber dessen Inhalt vorhersehen und einkalkulieren.

129 Der Auftraggeber trifft die **Entscheidung**, die **Wartung nicht zu übertragen**, außer durch ausdrückliche Ablehnung des Angebots, indem er die Annahme an unangemessene Bedingungen knüpft oder sich überhaupt nicht erklärt.[568] Da § 13 Nr. 4 Abs. 2 VOB/B die Verjährungsfrist **„abweichend von Abs. 1"** und nicht abweichend von dessen Regelfristen verkürzt, tritt die 2-jährige Frist auch an die Stelle nach Abs. 1 vereinbarter längerer Verjährungsfristen.[569] Das stellt die VOB/B 2006 durch die Ergänzungen des Wortlauts um die Formulierungen „ist … nichts anderes vereinbart" und „dies gilt auch, wenn für weitere Leistungen eine andere Verjährungsfrist vereinbart ist" zusätzlich klar.[570] **Kündigt** der Auftraggeber den Wartungsvertrag vor Ablauf von

---

558 Vgl. zu diesen Begriffen *Kleine-Möller/Merl* § 12 Rdn. 1141/1142.

559 Die durch die VOB/B 2006 insoweit vorgenommene teilweise Neufassung und Ergänzung des Wortlauts soll nur das klarstellen, was bereits bei Einführung dieser Sonderregelung Intention des DVA war: so HAA des DVA Beschluss vom 17.5.2006, Nr. 12 Begründung, und Beschluss vom 27.6.2006, Nr. 8 Begründung.

560 Beck'scher VOB-Kommentar/*Motzke* VOB/B § 13 Nr. 4 Rdn. 192.

561 Zur Beauftragung Dritter mit der Wartung vgl. *Joussen* Jahrbuch BauR 1998, 111, 117–119.

562 Beck'scher VOB-Kommentar/*Motzke* VOB/B § 13 Nr. 4 Rdn. 194/195.

563 Vgl. dazu die Fallgestaltung von LG Leipzig NJW 1999, 2975 = BauR 1999, 1462.

564 Beck'scher VOB-Kommentar/*Motzke* VOB/B § 13 Nr. 4 Rdn. 197.

565 So wörtlich HAA des DVA Beschluss vom 27.6.2006, Abs. 3 der Begründung zu Nr. 8; vgl. auch *Joussen/Schranner* BauR 2006, 1366, 1370/1371.

566 *Kleine-Möller/Merl* § 12 Rdn. 1143–1145; Beck'scher VOB-Kommentar/*Motzke* VOB/B § 13 Nr. 4 Rdn. 199 und 203; anders *Joussen* Jahrbuch BauR 1998, 111, 120–123: Einseitige Beauftragung durch Auftraggeber gemäß § 1 Nr. 4 Satz 1 VOB/B.

567 *Ingenstau/Korbion/Wirth* VOB/B § 13 Nr. 4 Rdn. 107; Beck'scher VOB-Kommentar/*Motzke* VOB/B § 13 Nr. 4 Rdn. 203; anders *Kleine-Möller/Merl* § 12 Rdn. 1146: vor Abschluß des Bauvertrags; vgl. auch VOB/C ATV DIN 18299 Abschnitt 0.2.20.

568 *Kleine-Möller/Merl* § 12 Rdn. 1147/1148.

569 *Kleine-Möller/Merl* § 12 Rdn. 1149; anders Beck'scher VOB-Kommentar/*Motzke* VOB/B § 13 Nr. 4 Rdn. 204/205; LG Freiburg IBR 2001, 256.

570 Vgl. HAA des DVA, Beschluss vom 17.5.2006, Nr. 12 Begründung, und Beschluss vom 27.6.2006, Nr. 8 Begründung; *Joussen/Schranner* BauR 2006, 1366, 1370, bei 7. a.

2 Jahren aus Gründen, die nicht dem Auftragnehmer zuzurechnen sind,[571] gilt wieder die kurze Frist des § 13 Nr. 4 Abs. 2 VOB/B. Denn damit entscheidet der Auftraggeber sich ebenfalls gegen eine Übertragung der Wartung für die Dauer der Verjährungsfrist. Das ist auch der Fall, wenn der Auftraggeber nach einer Laufzeit der Wartung von mehr als 2 Jahren aber vor Ablauf der Verjährungsfrist kündigt, ohne dass der Auftragnehmer ihm einen wichtigen Grund hierfür gegeben hat. Dann verjähren etwaige Mängelansprüche mit dem Wirksamwerden der Kündigung.[572]

130 **g) Gemischte Leistungen.** Wenn in einem wirtschaftlich einheitlichen Vertrag verschiedene Arbeiten übernommen werden, die einem einheitlichen Zweck dienen und nach natürlicher Betrachtungsweise zusammengehören, gilt für diese sogenannten gemischten Leistungen[573] auch eine einheitliche Verjährungsfrist.[574] Mit Bauwerksarbeiten zusammen zu erbringende Leistungen, welche für sich betrachtet andere Werke/Arbeiten an einem Grundstück wären, unterliegen daher der längeren Verjährungsfrist für Bauwerksarbeiten.[575] Deshalb sind bei einheitlicher Vergabe umfangreicher Malerarbeiten, die im Rahmen eines grundlegenden Umbauvorhabens der vollständigen Renovierung eines Hauses dienen, nicht nur die die Substanz schützenden und erhaltenden Außenanstriche Bauwerksarbeiten, sondern – im Interesse einer gleichmäßigen Rechtsanwendung – ebenso die Innenarbeiten,[576] selbst wenn sie, allein in Auftrag gegeben, bloße Schönheitsreparaturen wären.

131 **Ausnahmen** von dieser einheitlichen Verjährung bei gemischten Leistungen ordnet § 13 Nr. 4 VOB/B mit den verkürzten Verjährungsfristen für vom Feuer berührte Teile von Feuerungsanlagen und für Teile von wartungsbedürftigen maschinellen und elektrotechnischen/elektronischen Anlagen an. Diese kurzen Fristen gelten auch dann, wenn gleichzeitig – andere – Bauwerksarbeiten beauftragt werden.[577]

4. Spezielle Verjährungsfristen

132 Neben den Regelfristen des § 13 Nr. 4 VOB/B enthält § 13 VOB/B selbst spezielle Verjährungsfristen, nämlich für versicherbare Schadenersatzansprüche in § 13 Nr. 7 Abs. 4 VOB/B.[578] Außerdem greifen in Sonderfällen der Sachmängelhaftung, welche § 13 VOB/B nicht regelt, die gesetzlichen Vorschriften des BGB ergänzend ein.

133 **a) Arglistig verschwiegene Mängel.** Eine wichtige Einschränkung auch des § 13 Abs. 4 VOB/B enthält die Anordnung des § 634 a Abs. 3 BGB, dass die kurzen Verjährungsfristen der Mängelansprüche nicht für arglistig verschwiegene Mängel gelten, diese vielmehr in der regelmäßigen Verjährungsfrist des § 195 BGB verjähren. Die regelmäßige Verjährungsfrist beträgt zwar auch nur 3 Jahre. Sie beginnt aber erst mit dem Schluss des Jahres, in dem der Anspruch entstanden ist und der Gläubiger von den Umständen, die den Anspruch begründen, – also insbesondere von dem Mangel – und der Person des Schuldners Kenntnis erlangt oder ohne grobe Fahrlässigkeit erlangen müsste (§ 199 Abs. 1 BGB). Ohne Rücksicht auf Kenntnis oder grob fahrlässige Unkenntnis verjähren die Ansprüche aufgrund arglistig verschwiegener Mängel in 10 Jahren nach ihrer Entstehung (§ 199 Abs. 3 Nr. 1 und Abs. 4 BGB). Sie entstehen bei der Ablieferung oder Abnahme der Bauleistung, weil sich dann das arglistige Verschweigen auswirkt.[579] Das gilt ebenfalls für nicht unter § 199 Abs. 2 BGB fallende Schadenersatzansprüche, weil die verschwiegenen

---

[571] Insoweit anders OLG Düsseldorf BauR 2004, 97 = IBR 2003, 599 mit zu Recht kritischem Praxishinweis von *Büchner*; dort ging es zudem nicht um § 13 Nr. 4 VOB/B, sondern um ergänzende Vertragsauslegung.

[572] *Kuß* VOB/B § 13 Rdn. 132, der allerdings fälschlich von einem Ende der Haftung für Mängelansprüche spricht.

[573] *Nicklisch/Weick* § 13 Rdn. 78; *Ingenstau/Korbion/Wirth* VOB/B § 13 Nr. 4 Rdn. 90; *Heiermann/Riedl/Rusam* VOB/B § 13 Rdn. 72.

[574] BGH BauR 1973, 246; *Kleine-Möller/Merl* § 12 Rdn. 1154.

[575] OLG Düsseldorf NJW-RR 2000, 1336 = NZBau 2000, 573 = BauR 2001, 648.

[576] BGH NJW 1993, 3195 = BauR 1994, 101.

[577] *Ingenstau/Korbion/Wirth* VOB/B § 13 Nr. 4 Rdn. 102; *Kleine-Möller/Merl* § 12 Rdn. 1155.

[578] Vgl. dazu unten Rdn. 389–391.

[579] Vgl. unten Rdn. 135.

Mängel bereits Schäden verursachen, selbst wenn diese sich noch weiter entwickeln, bis sie nach vielen Jahren sichtbar werden.[580] Der Auftraggeber kann somit auch wegen Bauwerksmängeln, die sich erst später als nach 5 Jahren zeigen, Mängelrechte ungehindert verfolgen. Gemäß § 634 a Abs. 3 Satz 2 BGB bleibt ihm bei früher Kenntnis in jedem Fall die 5-jährige Verjährungsfrist.[581] Weil § 639 BGB bei arglistig verschwiegenen Mängeln unter anderem jede Vereinbarung,[582] durch welche die Mängelrechte des Auftraggebers beschränkt werden, also nicht zuletzt eine Verkürzung der Verjährungsfrist für nichtig erklärt, ist diese Regelung zwingend. Sie schließt deshalb auch die kurzen Verjährungsfristen des § 13 Nr. 4 VOB/B aus.[583]

Der Auftragnehmer **verschweigt arglistig**, wenn er sich bewusst ist,[584] dass ein bestimmter Umstand für die Entschließung des Auftraggebers von Erheblichkeit ist, er nach Treu und Glauben verpflichtet ist, diesen Umstand mitzuteilen, und ihn trotzdem nicht offenbart.[585] Dem steht ein **arglistiges Vorspiegeln** gleich, etwa wenn der Auftragnehmer versichert, entsprechend der genehmigten Planung gebaut zu haben, obwohl er geplante Dehnungsfugen nicht angebracht hat,[586] oder wenn er vorgesehene, aber nicht ausgeführte Arbeiten in Rechnung stellt, obwohl er abweichend vom Bauplan ganz anders gearbeitet hat.[587] Arglistiges Verschweigen erfordert nicht, dass der Auftragnehmer bewusst die Folgen der vertragswidrigen Ausführung in Kauf genommen hat; es verlangt auch keine Schädigungsabsicht und keinen eigenen Vorteil.[588] Ein Auftragnehmer, der entgegen der Planung die Kellerwände nicht in Sperrbeton ausführt, weil er die Grundwassergefahr für gering hält und darauf vertraut, es werde kein Wasser eindringen, handelt gleichwohl arglistig, wenn er dem Auftraggeber die Planabweichung und das damit verbundene Risiko verschweigt.[589] Das gilt auch, wenn ein Bauunternehmer bewusst abweichend vom Vertrag einen nicht erprobten Baustoff verwendet sowie den Auftraggeber treuwidrig hierauf und auf das mit der Verwendung dieses Baustoffs verbundene Risiko nicht hinweist.[590] Ebenfalls arglistig sind unrichtige Erklärungen, die der Auftragnehmer ohne jegliche Überprüfung und entsprechende Kenntnis ins Blaue hinein zu Mängelerscheinungen[591] oder zur angeblichen Mängelfreiheit[592] abgibt. 134

---

[580] Das verkennt *Kainz* FS Kraus 2003, 85, 90–92. Vgl. dazu zudem die Ausführungen im Bericht des Rechtsausschusses, BT-Drucks. 14/7052, S. 180, linke Spalte, vorl. Abs., zum Grundsatz der Schadenseinheit.

[581] Fälschlich meint *Neuhaus* MDR 2002, 131, 133, bei arglistig verschwiegenen Mängeln greife „mit etwas umständlicher Formulierung nach § 634 a Abs. 3 S. 2 i.V.m. § 634 a Abs. 1 Nr. 2 BGB die für Bauwerke normale 5-Jahres-Frist". Dabei übersieht er, dass die regelmäßige Verjährungsfrist, die § 634 a Abs. 3 Satz 1 BGB für anwendbar erklärt, mit drei Jahren (§ 195 BGB) in der Regel nur scheinbar kürzer ist, wegen ihres gegenüber § 634 a Abs. 2 BGB späteren Beginns (§ 199 Abs. 1 BGB) meist jedoch wesentlich länger läuft.

[582] Auch einen nachträglich geschlossenen Vergleich über Mängelansprüche, sofern dem Auftraggeber die Mängel weiterhin unbekannt sind: OLG Oldenburg IBR 2006, 20.

[583] So zu § 637 BGB a.F.: BGH *Schäfer/Finnern* Z 2.400 Bl. 38, insoweit in NJW 1965, 534 nicht abgedruckt; NJW 1967, 340, insoweit in BGHZ 46, 238 nicht abgedruckt; BauR 1970, 244; BGHZ 66, 43 = NJW 1976, 516 = BauR 1976, 131; NJW 1981, 2741 = BauR 1981, 591; *Siegburg* Verjährung Rdn. 196.

[584] Vgl. dazu BGH NJW 2001, 2326 = NZBau 2001, 494, zu § 463 BGB a.F.; OLG Hamm BauR 2001, 1126; OLG München BauR 2005, 1493.

[585] BGHZ 62, 63 = NJW 1974, 553 = BauR 1974, 130; BGHZ 117, 318 = NJW 1992, 1754 = BauR 1992, 500; BGH NJW 2005, 893 = BauR 2005, 550; OLG Köln BauR 2001, 1271; OLG Koblenz IBR 2001, 480 = OLGR 2001, 336, bestätigt durch BGH NJW 2002, 2776 = NZBau 2002, 503 = BauR 2002, 1401 = IBR 2002, 468.

[586] BGH *Schäfer/Finnern* Z 2.400 Bl. 38, insoweit in NJW 1965, 534 nicht abgedruckt.

[587] BGH NJW 1967, 340, insoweit in BGHZ 46, 238 nicht abgedruckt.

[588] BGH BauR 1970, 244; NJW 1986, 980 = BauR 1986, 215; NJW 2002, 2776 = NZBau 2002, 503 = BauR 2002, 1401.

[589] BGH NJW 1986, 980 = BauR 1986, 215; zu einem ähnlichen Fall vgl. LG Ulm IBR 2001, 548.

[590] BGH NJW 2002, 2776 = NZBau 2002, 503 = BauR 2002, 1401. LG Hamburg IBR 2004, 309 lässt sogar die Verwendung anderer als der vereinbarten Baustoffe ausreichen, wenn nicht feststeht, dass die eingebauten mit den vereinbarten Materialien gleichwertig sind.

[591] OLG München NJW-RR 1998, 529 = BauR 1998, 129.

[592] BGH NJW 2001, 2326 = NZBau 2001, 494; *Siegburg* Verjährung Rdn. 174; vgl. auch OLG München NJW 1988, 3271, zu § 463 BGB.

135 Die Offenbarungspflicht ist **spätestens** bei der **Ablieferung oder Abnahme** der Bauleistung zu erfüllen.[593] Denn erst die Ablieferung des Werks ist der Zeitpunkt, in welchem sich das arglistige Verschweigen des Auftragnehmers endgültig verwirklicht.[594] Die Abnahme ist zudem für die Beurteilung, **ob** überhaupt eine **Offenbarungspflicht** besteht, von Bedeutung. Nicht jeder Baumangel ist nämlich offenbarungspflichtig.[595] Der Auftragnehmer muss einen ihm bekannten Mangel jedoch offenbaren, wenn damit zu rechnen ist, dass die Kenntnis des Mangels den Auftraggeber von einer Abnahme oder jedenfalls von einer rügelosen Abnahme abhalten würde, der Mangel also für die Entschließung des Auftraggebers wesentlich ist.[596] Andererseits fehlt ein bewusstes Verschweigen, wenn der Auftragnehmer sich an Empfehlungen des Materialherstellers hält und demnach davon ausgeht, dass sein Werk mängelfrei ist.[597]

136 Nach § 278 BGB muss der Auftragnehmer sich auch das arglistige Verhalten seiner **Erfüllungsgehilfen** zurechnen lassen. Das sind in der Regel nur solche Mitarbeiter, deren er sich bei der Erfüllung seiner Offenbarungspflicht gegenüber dem Auftraggeber bedient, indem er diese mit der Ablieferung des Werks an den Auftraggeber betraut oder dabei mitwirken lässt.[598] Entgegen einer in der Literatur vertretenen Mindermeinung[599] ist dem Auftragnehmer jedoch nicht das Wissen jeder bei der Herstellung des Werks eingesetzten Hilfsperson zuzurechnen, sondern lediglich ausnahmsweise die Kenntnis solcher Mitarbeiter, denen neben der Herstellung des Werks auch dessen Prüfung auf Mangelfreiheit obliegt, wenn allein ihr Wissen und ihre Mitteilung den Auftragnehmer in den Stand setzen, seine Offenbarungspflicht zu erfüllen.[600] Erfüllungsgehilfe ist deshalb in der Regel der örtliche Bauleiter des Auftragnehmers, ausnahmsweise sein Kolonnenführer.[601] Der Auftragnehmer hat darüber hinaus das arglistige Verschweigen eines Mangels durch seinen **Nachunternehmer** gemäß § 278 BGB zu vertreten, wenn er diesem die Werkleistung zur eigenverantwortlichen Ausführung überträgt, ohne sie selbst zu überwachen oder zu prüfen, zumal er seinerseits den Nachunternehmer wegen dessen arglistigen Verhaltens in Anspruch nehmen kann.[602]

137 **b) Organisationsverschulden.** Um zu verhindern, dass der Auftragnehmer sich bei der Ablieferung des fertigen Werks seiner vertraglichen Offenbarungspflicht zu entziehen sucht, indem er sich unwissend hält oder sich keiner Gehilfen bei der Pflicht, Mängel zu offenbaren, bedient, stellt der BGH [603] auf ein Organisationsverschulden[604] ab. Danach muss der Auftragnehmer, der ein Bauwerk **arbeitsteilig** herstellen lässt, die organisatorischen Voraussetzungen schaffen, um

---

[593] OLG München NJW-RR 1998, 529 = BauR 1998, 129; OLG Braunschweig BauR 2000, 109; zur Hinweispflicht des Auftragnehmers auf ihm nach der Abnahme bekannt gewordene Mängel vgl. *Kleine-Möller/Merl* § 12 Rdn. 1160; auf fehlende Sach- und Fachkunde muss der Auftragnehmer bereits bei Auftragserteilung hinweisen: OLG Köln BauR 2001, 1271.

[594] BGHZ 62, 63 = NJW 1974, 553 = BauR 1974, 130. Vgl. dazu schon oben Rdn. 133.

[595] *Siegburg* Verjährung Rdn. 177.

[596] OLG Braunschweig BauR 2000, 109; LG München I IBR 2001, 185.

[597] OLG Düsseldorf NJW-RR 1998, 1315 = BauR 1998, 1021.

[598] BGHZ 62, 63 = NJW 1974, 553 = BauR 1974,130; BGHZ 66, 43 = NJW 1976, 516 = BauR 1976, 131; BGHZ 117, 318 = NJW 1992, 1754 = BauR 1992, 500; BGH NJW 2005, 893 = BauR 2005, 550; OLG Köln OLGR 2001, 357 = BauR 2002, 136 (nur LS).

[599] Vgl. die Nachweise bei *Siegburg* Verjährung Rdn. 180, Fn. 221; dagegen auch *Nicklisch/Weick* § 13 Rdn. 83; *Ingenstau/Korbion/Wirth* VOB/B § 13 Nr. 4 Rdn. 126–129, mit weiteren Nachweisen.

[600] BGHZ 62, 63 = NJW 1974, 553 = BauR 1974, 130; BGHZ 66. 43 = NJW 1976, 516 = BauR 1976, 131; BGHZ 117, 318 = NJW 1992, 1754 = BauR 1992, 500; BGH NJW 2005, 893 = BauR 2005, 550; OLG Köln OLGR 2001, 357 = BauR 2002, 136 (nur LS).

[601] BGHZ 62, 63 = NJW 1974, 553 = BauR 1974, 130.

[602] BGHZ 66, 43 = NJW 1976, 516 = BauR 1976, 131; OLG Köln OLGR 2001, 357 = BauR 2002, 136 (nur LS).

[603] BGHZ 117, 318 = NJW 1992, 1754 = BauR 1992, 500; BGH NJW 2005, 893 = BauR 2005, 550.

[604] Zu dieser Rechtsfigur nach altem und neuem Recht im Einzelnen: *Weyer* Jahrbuch BauR 2003, 209, 218–224. Zu deren Anwendung auf Architekten OLG Düsseldorf NZBau 2004, 454 = BauR 2004, 1331 = IBR 2004, 331 mit zu Recht kritischem Praxishinweis von *Vogel*; vgl. dazu auch Praxishinweis zu IBR 2006, 155.

sachgerecht beurteilen zu können, ob das Bauwerk bei Ablieferung mangelfrei ist. Unterlässt er dies und wäre der Mangel bei richtiger Organisation entdeckt worden, so verjähren Mängelansprüche des Auftraggebers wie bei arglistigem Verschweigen eines Mangels.[605] Die **erforderliche Organisation** muss die angemessene Überwachung des Herstellungsprozesses und die Überprüfung des Werks vor der Abnahme umfassen. Dem entsprechend betont der BGH,[606] dass ein gravierender Mangel an besonders wichtigen Gewerken ebenso wie ein besonders augenfälliger Mangel an weniger wichtigen Bauteilen den Schluss auf eine mangelhafte Organisation von Überwachung und Überprüfung zulassen kann.[607]

Zwar mag die Verknüpfung des Organisationsverschuldens mit § 634 a Abs. 3 BGB **rechtssystematisch bedenklich** sein und eine Einordnung als positive Vertragsverletzung näher liegen.[608] Nach bisherigem Recht war die Verjährungsfrist – gemäß § 195 BGB a.F. 30 Jahre – jedoch bei beiden Sichtweisen dieselbe.[609] Das hat sich nach neuem Recht geändert. Alle Schadenersatzansprüche wegen eines Mangels werden jetzt von § 634 Nr. 4 BGB erfasst und verjähren demnach in den kurzen Fristen des § 634 a Abs. 1 BGB.[610] Deshalb kann nunmehr eine Haftung für Organisationsverschulden über diese Verjährungsfristen hinaus lediglich durch Gleichbehandlung mit einem arglistigen Verschweigen erreicht werden. Das neue Recht stellt die bisherige Rechtsprechung nicht in Frage.[611] Teilweise wird sogar mit einer Ausweitung gerechnet.[612] Es ist aber nicht Aufgabe der Rechtsprechung, die Entscheidung des Gesetzgebers insbesondere für die 5-jährige Frist des § 634 a Abs. 1 Nr. 2 BGB[613] zu umgehen.[614] In jedem Fall wird das Organisationsverschulden wegen der in aller Regel von 30 auf 10 Jahre[615] verkürzten Höchstfrist erheblich an Bedeutung verlieren. 138

Die **Rechtsprechung** ist bislang durchweg zu **praktisch brauchbaren Ergebnissen** gelangt. Ein Organisationsverschulden wird entsprechend der Vorgabe des BGH im wesentlichen bei schweren und/oder augenscheinlichen Mängeln angenommen.[616] Deren Indizwirkung darf aber nicht überspannt werden.[617] Bei einem kleinen Bauunternehmen mit nur ein oder zwei Baustellen, auf denen der Unternehmer mitarbeitet und die Arbeiten selbst überwacht, bedarf es keiner weiteren organisatorischen Vorkehrungen.[618] Solche sind auch entbehrlich, wenn der General- 139

---

[605] Vgl. dazu oben Rdn. 133; entgegen *Vogel* IBR 2002, 129 scheidet die 30-jährige Frist des § 199 Abs. 3 Satz 1 Nr. 2 BGB aus, weil der Anspruch mit der Ablieferung, nach *Leenen* DStR 2002, 34, 39 mit der Abnahme entsteht; anders kann es sich bei Mangelfolgeschäden verhalten: *Leenen* DStR 2002, 34, 39/40; *Weyer* Jahrbuch BauR 2003, 209, 223/224. Vgl. zu Nr. 2 auch BT-Drucks. 14/6040 S. 109.

[606] BGHZ 117, 318 = NJW 1992, 1754 = BauR 1992, 500; NJW 2005, 893 = BauR 2005, 550.

[607] Einschränkend dazu *Kniffka* ibr-online-Kommentar Bauvertragsrecht, Stand 10.4.2006, § 634 a Rdn. 68, 74/75.

[608] *Holzberger/Puhle* BauR 1999, 106, 110; *Siegburg* Verjährung Rdn. 182 und Gewährleistung Rdn. 1757; zumal es hier letztlich nur um fahrlässiges Fehlverhalten geht: OLG Köln IBR 2001, 184.

[609] *Siegburg* Verjährung Rdn. 182.

[610] BT-Drucks. 14/6040, S. 263, zu Nr. 3.

[611] *Kniffka* IBR 2002, 173; *Mansel* NJW 2002, 89, 96; *Funke* Jahrbuch BauR 2002, 217, 226; *Palandt/Sprau* § 634 a Rdn. 20; *Leenen* DStR 2002, 34, 39; *Acker/Bechtold* NZBau 2002, 529, 531; anders: *Schudnagies* NJW 2002, 396, 400; *Siegburg* Gewährleistung Rdn. 148 E; *Kainz* FS Kraus 2003, 85, 92/93.

[612] *Zimmermann/Leenen/Mansel/Ernst* JZ 2001, 684, 692; *Motzke* IBR 2001, 652, 655; *Vogel* IBR 2002, 153; *Preussner* BauR 2002, 231, 232, 238.

[613] Vgl. dazu BT-Drucks. 14/6040, S. 263/264, zu Nr. 1.

[614] *Kniffka* IBR 2002, 173.

[615] Näher dazu *Weyer* Jahrbuch BauR 2003, 209, 222–224. Vgl. auch *Sienz* BauR 2002, 181, 185; *Moufang* BauR 2002, 1560, 1561; *Kniffka* ibr-online-Kommentar Bauvertragsrecht, Stand 10.4.2006, § 634 a Rdn. 65.

[616] *Jansen* OLG*Report*Kommentar 1999, K 5, 7; *Holzberger/Puhle* BauR 1999, 106, 108–110; kritisch dazu *Anker/Adler* ZfBR 1997, 110; Beck'scher VOB-Kommentar/*Motzke* VOB/B § 13 Nr. 4 Rdn. 347–351; vgl. auch OLG Bamberg IBR 2000, 374; OLG Jena BauR 2001, 1124; OLG Naumburg BauR 2005, 1942.

[617] OLG Brandenburg BauR 1999, 1191; ähnlich *Kniffka* ibr-online-Kommentar Bauvertragsrecht, Stand 10.4.2006, § 634 a Rdn. 68.

[618] OLG Braunschweig BauR 2000, 109; vgl. zur Unterscheidung zwischen Kleinunternehmer und arbeitsteilig organisiertem Unternehmer auch den Praxishinweis von *Vogel* zu IBR 2002, 10.

unternehmer einen Fachmann, vor allem einen Architekten, mit der Bauaufsicht beauftragt.[619] Allgemein kann zur Bestimmung der erforderlichen Überwachung auf die Grundsätze zurückgegriffen werden, welche die Rechtsprechung zu den Pflichten des bauleitenden Architekten entwickelt hat.[620] Eine ausreichende Organisation der Überwachung und Prüfung des Werks, durch welche normalerweise Mängel nicht unentdeckt bleiben, ist ebenfalls die Einschaltung eines neutralen Prüfinstituts.[621] Dass der Mangel bei richtiger Organisation entdeckt worden wäre, muss als zweite Voraussetzung immer zusätzlich zu bejahen sein.[622] Oder anders formuliert: Fehler des Auftragnehmers, mit denen sich nicht die typischen Gefahren einer arbeitsteiligen Organisation verwirklichen, begründen keine Verlängerung der Verjährungsfrist.[623]

140 In folgenden **Beispielfällen** ist ein Organisationsverschulden **bejaht**[624] worden: Bei deutlich sichtbar nicht ausreichend aufliegenden Dachpfetten,[625] augenfällig nicht korrosionsgeschützter Verlegung der Stahleinlagen tragender Fensterstürze,[626] zahlreichen offenkundigen Mängeln eines Estrichs,[627] unzureichender Befestigung einer Hallendeckenverkleidung,[628] grob fehlerhafter Abdichtung einer Dachterrasse,[629] deutlicher Unterschreitung der Betongüte von Spannbetonhohlplatten,[630] groben Mängeln eines Hallendachs,[631] Fensterstürzen ohne die erforderliche Wölbung sowie mangelhafter Kellerabdichtung,[632] letzteres insbesondere im Hochwassergebiet der Elbe[633] und bei gravierenden Verstößen gegen Brandschutzbestimmungen.[634]

141 **c) Urteil, Vergleich und sonstige vollstreckbare Urkunden.** Erst in 30 Jahren verjähren in einem rechtskräftigen Urteil[635] und in einem gerichtlichen Vergleich festgestellte Mängelansprüche (§ 197 Abs. 1 Nr. 3 und 4 BGB). Gleiches gilt für einen Schiedsspruch (§ 1055 ZPO), einen für vollstreckbar erklärten Anwaltsvergleich (§§ 794 Abs. 1 Nr. 4 b, 796 b, 796c ZPO) und sonstige vollstreckbare Urkunden (§ 794 Abs. 1 Nr. 5 ZPO).[636] Dem gegenüber hat ein **außergerichtlicher Vergleich** über Mängelansprüche keinen Einfluss auf die Länge der Verjährungsfrist; denn er gestaltet in der Regel das ursprüngliche Schuldverhältnis nicht um, vielmehr besteht dieses mangels anderer Vereinbarung grundsätzlich unverändert fort und damit auch die kurze Verjährungsfrist nach § 13 Nr. 4 VOB/B.[637]

---

619 OLG Hamm BauR 1999, 767; OLG Celle NZBau 2000, 145; vgl. dazu auch *Anker/Adler* ZfBR 1997, 110, 111.

620 *Jansen* OLG*Report*Kommentar 1999, K 5, 6; *Anker/Adler* ZfBR 1997, 110,111; *Jagenburg* FS Mantscheff 2000, 107, 111.

621 OLG München NJW-RR 1998, 529 = BauR 1998, 129; *Holzberger/Puhle* BauR 1999, 106, 108, 110.

622 OLG Düsseldorf NJW-RR 1998, 1315 = BauR 1998, 1021.

623 *Kniffka* ibr-online-Kommentar Bauvertragsrecht, Stand 10.4.2006, § 634 a Rdn. 68.

624 Verneinende Entscheidungen sind zusammengestellt bei *Jagenburg* FS Mantscheff 2000, 107, 116–120. Aus neuerer Zeit: OLG Bamberg IBR 2000, 374; OLG Celle NZBau 2000, 145; OLG Düsseldorf IBR 2001, 305; OLG Jena BauR 2001, 1124; OLG München IBR 2002, 10; OLG Köln IBR 2002, 129; LG Frankfurt BauR 2002, 1558; OLG Düsseldorf IBR 2002, 603; OLG Hamm BauR 2002, 1706; OLG Düsseldorf BauR 2003, 913; OLG Schleswig NZBau 2004, 442.

625 BGHZ 117, 318 = NJW 1992, 1754 = BauR 1992, 500.

626 OLG Oldenburg BauR 1995, 105.

627 OLG Köln NJW-RR 1995, 180 = BauR 1995, 107.

628 OLG Celle NJW-RR 1995, 1486; kritisch dazu *Jagenburg* FS Mantscheff 2000, 107, 115.

629 OLG Frankfurt IBR 1997, 232.

630 OLG Stuttgart BauR 1997, 317.

631 OLG Frankfurt NJW-RR 1999, 24.

632 LG Aurich BauR 2003, 743.

633 OLG Naumburg IBR 2004, 563.

634 OLG Oldenburg IBR 2006, 20; in dem Beschluss vom 20.10.2005 – VII ZR 234/04, ibr-online, mit welchem der BGH die Nichtzulassungsbeschwerde zurückgewiesen hat, merkt dieser an: „Bedenken gegen die Auffassung des Berufungsgerichts, der Beklagten falle ein Organisationsverschulden zur Last, veranlassen die Zulassung nicht, da ein Zulassungsgrund nach § 543 Abs. 2 ZPO nicht gegeben ist.

635 Nach BGH NJW 2006, 1962 gilt das auf Grund der darin enthaltenen Kostengrundentscheidung auch für den prozessualen Kostenerstattungsanspruch.

636 *Palandt/Heinrichs* § 197 Rdn. 11/12.

637 BGH NJW-RR 1987, 1426 = BauR 1987, 692.

5. Beginn der Verjährungsfrist

Gemäß § 13 Nr. 4 Abs. 3 VOB/B beginnt die Verjährungsfrist – in Übereinstimmung mit § 634 a Abs. 2 BGB – mit der Abnahme der gesamten Leistung; lediglich für in sich abgeschlossene Teile der Leistung beginnt sie mit der Teilabnahme nach § 12 Nr. 2 VOB/B. 142

a) Rechtsgeschäftliche Abnahme. Aus der Bezugnahme allein auf § 12 Nr. 2 VOB/B, nicht aber auf § 4 Nr. 10 VOB/B folgt, dass ausschließlich die rechtsgeschäftliche Abnahme die Verjährungsfrist in Lauf setzt, nicht jedoch eine bloße technische Abnahme im Sinne des durch die VOB/B 2002 eingeführten § 4 Nr. 10 VOB/B.[638] Nach einer Kündigung des Bauvertrags gemäß §§ 8, 9 VOB/B oder nach einer einverständlichen Vertragsaufhebung hängt der Verjährungsbeginn der Sachmängelhaftung für die bis dahin erbrachte Leistung ebenfalls von einer rechtsgeschäftlichen Abnahme ab, sofern der Auftraggeber diese nicht endgültig verweigert.[639] 143

b) Abnahmeverweigerung. Allerdings beginnt auch mit der endgültigen Verweigerung der Abnahme die Verjährung der Mängelansprüche.[640] Die Abnahmeverweigerung ist jedoch noch nicht endgültig, wenn der Auftraggeber nur von seinem Recht aus § 12 Nr. 3 VOB/B Gebrauch macht und die Abnahme bis zur Beseitigung wesentlicher Mängel verweigert.[641] Allein in einer Kündigung des Auftraggebers kann ebenso noch keine endgültige Verweigerung der Abnahme erblickt werden,[642] weil der Bauvertrag durch sie lediglich für die Zukunft beendet wird und der Auftragnehmer bezüglich der bis zur Kündigung erbrachten Bauleistungen zur Mängelbeseitigung verpflichtet bleibt und dazu Gelegenheit erhalten muss.[643] Mit der Kündigung ist also noch nicht klar, dass die Leistung in dem Zustand verbleiben wird, in dem sie sich befindet.[644] Dem entsprechend ist auch im Falle einer Kündigung des Bauvertrags § 13 Nr. 4 VOB/B grundsätzlich erst anwendbar, wenn die bis dahin erbrachte Leistung abgenommen worden ist.[645] 144

c) Fehlgeschlagene Abtretung von Ansprüchen gegen andere Baubeteiligte. Falls der Auftragnehmer als Bauträger seine Sachmängelhaftung mit einer von ihm gestellten AGB-Klausel zu beschränken sucht, die vorsieht, dass der Bauträger erst haftet, wenn der Auftraggeber sich erfolglos bemüht hat, die ihm abgetretenen Mängelansprüche des Bauträgers gegen die anderen am Bau Beteiligten durchzusetzen, ist diese sogenannte **Subsidiaritätsklausel** zwar nach § 307 Abs. 2 Nr. 2 BGB **unwirksam.**[646] Wie bereits ausgeführt,[647] kann der Auftraggeber je nach dem, wie er die Realisierungschancen einschätzt, den Auftragnehmer aber an dessen eigenen AGB-Klausel festhalten und zunächst versuchen, die ihm abgetretenen Mängelansprüche gegen andere Baubeteiligte außergerichtlich durchzusetzen. Die eigene **Sachmängelhaftung** des Auftragnehmers ist dann durch das Fehlschlagen dieser Bemühungen des Auftraggebers um Schadloshaltung aus den abgetretenen Rechten **aufschiebend bedingt**. Die Bedingung tritt ein, wenn die Bemühungen fehlschlagen oder der Auftraggeber sie aufgibt. Die Verjährung des Anspruchs gegen den Bauträger 145

---

[638] Beck'scher VOB-Kommentar/*Motzke* VOB/B § 13 Nr. 4 Rdn. 211 zur alten Fassung des § 12 Nr. 2 lit. a und b VOB/B.

[639] BGHZ 153, 244 = NJW 2003, 1450 = NZBau 2003, 265 = BauR 2003, 689; vgl. auch Beck'scher VOB-Kommentar/*Motzke* VOB/B § 13 Nr. 4 Rdn. 220–228.

[640] Vgl. oben bei Rdn. 6 und die dortigen Nachweise. Teilweise anders *Kniffka* ibr-online-Kommentar Bauvertragsrecht, Stand 10.4.2006, § 634 a Rdn. 45–49.

[641] *Nicklisch/Weick* § 13 Rdn. 89; *Heiermann/Riedl/Rusam* VOB/B § 13 Rdn. 86.

[642] Dafür jedoch OLG Düsseldorf BauR 1980, 276; *Nicklisch/Weick* § 13 Rdn. 89; *Siegburg* Verjährung Rdn. 220.

[643] BGH NJW 1988, 140 = BauR 1987, 689; NJW-RR 1988, 208 = BauR 1988, 82; NJW 2000, 2988 = NZBau 2000, 375 = BauR 2000, 1182.

[644] Nur dann bejahen BGH JZ 1963, 596 = *Schäfer/Finnern* Z 3.01 Bl. 230 und *Daub/Piel/Soergel/Steffani* ErlZ B 13.308 eine endgültige Abnahmeverweigerung. Auf sie berufen sich deshalb *Nicklisch/Weick* § 13 Rdn. 89 ebenso zu Unrecht wie auf OLG Düsseldorf BauR 1985, 693, weil es dort um einen Spezialfall einer Erfüllungsverweigerung durch den Konkursverwalter nach § 17 KO ging.

[645] BGHZ 153, 244 = NJW 2003, 1450 = NZBau 2003, 265 = BauR 2003, 689.

[646] BGH NJW 2002, 2470 = NZBau 2002, 495 = BauR 2002, 1385; näher dazu oben Rdn. 50.

[647] Vgl. oben Rdn. 50.

ist gemäß § 205 BGB bis dahin gehemmt und beginnt erst mit diesem Zeitpunkt.[648] Der Bauträger haftete für alle Mängel, welche sich bis zum Ende der ab Bedingungseintritt laufenden – neuen – vollen Verjährungsfrist zeigen, auch wenn der Bauhandwerker kurz vor Ablauf seiner Verjährungsfrist zahlungsunfähig wurde.[649] Sofern der Bauhandwerker sich jedoch unter Hinweis auf Verjährung weigert, erst nach Ablauf der vollen 5-jährigen Verjährungsfrist aufgetretene Mängel zu beseitigen, leben die Mängelansprüche gegen den Bauträger nicht wieder auf.[650]

6. Ende der Verjährungsfrist

146 Das Ende der Verjährungsfrist ist mangels einer speziellen Regelung in der VOB/B nach §§ 186–188 BGB zu bestimmen. Die Frist beginnt gemäß § 187 Abs. 1 BGB am Tag nach der Abnahme oder ihrer endgültigen Verweigerung, der Beendigung des länger dauernden Abnahmevorgangs[651] oder dem Ablauf der 12 oder 6 Werktage des § 12 Nr. 5 Abs. 1 und 2 VOB/B.[652] Sie endet unabhängig davon, ob ein Mangel bekannt oder überhaupt schon erkennbar ist,[653] gemäß § 188 Abs. 2 BGB bei den Regelfristen des § 13 Nr. 4 VOB/B ein, 2 oder 4 Jahre später an dem Tag, der nach seiner Zahl dem Tag der Abnahme oder des gleichstehenden Ereignisses entspricht. Falls der letzte Tag der Verjährungsfrist auf einen Samstag, Sonntag oder Feiertag fällt, ist § 193 BGB zu beachten; denn dann endet die Verjährungsfrist erst am nächsten Werktag.[654]

7. Störungen des Laufs der Verjährungsfrist

147 Der Lauf der Verjährungsfrist kann in vielfacher Weise gestört werden. Ihr störungsfreier Ablauf ist in der Praxis eher die Ausnahme. Die Verjährung kann gehemmt sein oder neu beginnen.[655] Sie kann sowohl nacheinander mehrmals gehemmt werden oder neu beginnen als auch gleichzeitig gehemmt sein und neu beginnen.[656] Insoweit fehlen ebenfalls Spezialregelungen in der VOB/B. Die Vorschriften des BGB über die Hemmung und den Neubeginn der Verjährung sind jedoch auf den VOB-Vertrag anwendbar.[657] Da die Verjährungsfrist in der Regel nur für bestimmte gerügte Mängel gehemmt wird und/oder neu beginnt, läuft sie für etwaige andere Mängel ungestört weiter,[658] so dass unterschiedliche Verjährungsfristen zu überwachen sind. Die Hemmung und der Neubeginn gelten aber jeweils auch für Ansprüche, die aus dem selben Grund – dem Mangel – wahlweise neben dem Anspruch oder an seiner Stelle gegeben sind (§ 213 BGB).[659] Das ist nicht der Fall bei Ansprüchen auf Ersatz von Mangelfolgeschäden[660] oder des

---

[648] BGH NJW 1981, 2343 = BauR 1981, 469; BGHZ 92, 123 = NJW 1984, 2573 = BauR 1984, 634; OLG Düsseldorf NJW-RR 1992, 1108.

[649] OLG Düsseldorf NJW-RR 1992, 1108.

[650] OLG Düsseldorf BauR 1991, 362.

[651] *Daub/Piel/Soergel/Steffani* ErlZ B 13.312; *Hereth/Ludwig/Naschold* B § 13 Ez 155; im Falle des § 12 Nr. 4 Abs. 2 VOB/B ist der Zugang der Abnahmeniederschrift bei dem Auftragnehmer maßgebend: Beck'scher VOB-Kommentar/*Motzke* VOB/B § 13 Nr. 4 Rdn. 368; *Heiermann/Riedl/Rusam* VOB/B § 13 Rdn. 87.

[652] *Heiermann/Riedl/Rusam* VOB/B § 13 Rdn. 87.

[653] *Ingenstau/Korbion/Wirth* VOB/B § 13 Nr. 4 Rdn. 197/198.

[654] BGH WM 1978, 461; *Ingenstau/Korbion/Wirth* VOB/B § 13 Nr. 4 Rdn. 323.

[655] Statt des früheren Begriffs „Unterbrechung" benutzt das Gesetz jetzt – genauer – den Ausdruck „Neubeginn" der Verjährung: §§ 212, 213 BGB.

[656] BGHZ 109, 220 = NJW 1990, 826 = BauR 1990, 212; BGH NJW 1999, 2961; *Ingenstau/Korbion/Wirth* VOB/B § 13 Nr. 4 Rdn. 199.

[657] BGHZ 59, 202 = NJW 1972, 1753 = BauR 1972, 308; *Daub/Piel/Soergel/Steffani* ErlZ B 13.313 und 13.327; *Nicklisch/Weick* § 13 Rdn. 91 und 96; *Vygen* Bauvertragsrecht Rdn. 601.

[658] *Kleine-Möller/Merl* § 12 Rdn. 1177; *Ingenstau/Korbion/Wirth* VOB/B § 13 Nr. 4 Rdn. 200; *Vygen* Bauvertragsrecht Rdn. 601. Vgl. zur rechtlichen Selbständigkeit jeden Mangels und der sich daraus ergebenden Ansprüche einschließlich ihrer Verjährung auch BGHZ 120, 329 = NJW 1993, 851 = BauR 1993, 221 und *Kniffka* ibr-online-Kommentar Bauvertragsrecht, Stand 10.4.2006, § 634 a Rdn. 89.

[659] Vgl. dazu BT-Drucks. 14/6040, S. 121/122; *Lenkeit* BauR 2002, 196, 220. Zu den bisherigen §§ 639 Abs. 1, 477 Abs. 3 BGB a.F.: BGHZ 59, 202 = NJW 1972, 1753 = BauR 1972, 308.

[660] *Kniffka* ibr-online-Kommentar Bauvertragsrecht, Stand 10.4.2006, § 634 a Rdn. 92; *Lenkeit* BauR 2002, 196, 220; *Weyer* Praxishinweis zu IBR 2006, 389.

Verzugsschadens[661] und bei der Geltendmachung eines unberechtigten Schadenersatzanspruchs statt der Leistung.[662]

148 a) **Hemmung.** Eine Hemmung der Verjährung bewirkt nach § 209 BGB, dass der Zeitraum ihrer Dauer in die Verjährungsfrist nicht eingerechnet wird. Im Ergebnis verlängert sich dadurch die Verjährungsfrist um diesen Zeitraum.[663] Die **Hemmungstatbestände** sind seit dem 1.1.2002 **erheblich vermehrt** und ausgedehnt worden.[664] Die früheren Unterbrechungstatbestände sind jetzt mit Ausnahme des Anerkenntnisses und der Vollstreckungshandlung als Hemmungstatbestände ausgestaltet.[665] Zudem sind spezielle Hemmungsgründe verallgemeinert worden, insbesondere der in der Baupraxis sehr bedeutsame § 639 Abs. 2 BGB a.F.[666] Die einzelnen Hemmungstatbestände sind nunmehr in §§ 203–208 BGB geregelt. Allerdings ist auf die Hemmung aus familiären und ähnlichen Gründen (§ 207 BGB) ebenso wie auf die Ablaufhemmung nach §§ 210, 211 BGB mangels praktischer Relevanz in Bausachen[667] nicht weiter einzugehen.[668] Das gilt auch für den neuen Hemmungsgrund des § 208 BGB.

149 aa) **Verhandlungen.** Wenn zwischen Schuldner und Gläubiger Verhandlungen über den Anspruch oder die den Anspruch begründenden Umstände schweben, ist nach **§ 203 BGB** die Verjährung gehemmt, bis der eine oder der andere Teil die Fortsetzung der Verhandlungen verweigert. Diese Bestimmung baut die bisher nur in §§ 639 Abs. 2, 651 g Abs. 2 Satz 3 und 852 Abs. 2 BGB a.F. geregelte Hemmung durch Verhandlungen zu einem allgemeinen Rechtsinstitut aus.[669]

150 Der **Begriff** Verhandlung ist **weit auszulegen.**[670] Es genügt jeder Meinungsaustausch über den Anspruch oder die ihn begründenden Umstände zwischen dem Berechtigten und dem Verpflichteten, sofern nicht sofort und eindeutig jede Leistung abgelehnt wird.[671] Es reichen Erklärungen des Verpflichteten aus, die dem Berechtigten die Annahme gestatten, der Verpflichtete lasse sich jedenfalls auf Erörterungen über die Berechtigung des Anspruchs ein, und die deshalb geeignet sind, den Berechtigten zunächst von einer Klageerhebung abzuhalten.[672] Dieser weite Verhandlungsbegriff umfasst sowohl die Überprüfungsvereinbarung[673] als auch die Nachbesserungsvereinbarung[674] im Sinne des § 639 Abs. 2 BGB a.F. Die bloße Anmeldung von Ansprüchen

---

[661] BT-Drucks. 14/6040, S. 122, linke Spalte 1. Abs.; *Kniffka* a.a.O. (vorstehende Fußnote).

[662] Dazu näher *Vorwerk* BauR 2002, 165, 172/173, der jedoch eine entsprechende Anwendung des § 213 BGB befürwortet.

[663] So auch Beck'scher VOB-Kommentar/*Motzke* VOB/B § 13 Nr. 4 Rdn. 236.

[664] Zur Übergangsregelung vgl. Art. 229 § 6 Abs. 2 EGBGB und dazu OLG Düsseldorf IBR 2006, 130; BauR 2006, 996 mit kritischer Anmerkung von *Koch* BauR 2006, 999/1000. Vgl. auch LG Berlin BauR 2005, 886 nebst kritischer Anmerkung von *Weyer* BauR 2005, 1361–1363; OLG Braunschweig IBR 2006, 139; LG Potzdam BauR 2006, 721 und dazu *Weyer* BauR 2006, 1347, 1348/1349.

[665] BT-Drucks. 14/6040, S. 91, linke Spalte unten.

[666] BT-Drucks. 14/6040, S. 91, rechte Spalte, 2.Abs.; zu § 639 Abs. 2 BGB a.F. und seiner Ablösung durch § 203 BGB n.F. näher *Weyer* NZBau 2002, 366–370.

[667] So für die entsprechenden §§ 204, 206, 207 BGB a.F.: *Ingenstau/Korbion*, 13. Aufl., B § 13 Rdn. 318, letzter Abs., in spätere Auflagen nicht übernommen.

[668] Vgl. zu §§ 207, 211 BGB *Kleine-Möller/Merl* § 12 Rdn. 1201/1202.

[669] So ausdrücklich Begründung der Beschlussempfehlung des Rechtsausschusses des Deutschen Bundestages, BT-Drucks. 14/7052, S. 178, 180; zu den aus der Entstehungsgeschichte zu ziehenden Schlüssen näher *Weyer* NZBau 2002, 366, 368.

[670] BGH NJW 1983, 2075, zu § 852 Abs. 2 BGB a.F.; OLG Oldenburg BauR 2006, 1314; *Sterner/Hildebrandt* ZfIR 2006, 349, 350.

Entgegen Handschumacher BauR 2002, 1440, 1441/1442 besteht zu einer Einschränkung kein Anlass; jedenfalls kann aus BGH NZBau 2002, 42 = BauR 2002, 108 dergleichen nicht hergeleitet werden, vielmehr ist eine Besichtigung allein eben noch keine Verhandlung. Wie hier auch Kniffka ibr-online-Kommentar Bauvertragsrecht, Stand 10.4.2006, § 634 a Rdn. 96.

[671] OLG Düsseldorf IBR 2004, 200. Entsprechend der Rechtsprechung zu § 852 Abs. 2 BGB a.F.: BGH NJW 2001, 1723; NJW-RR 2001, 1168; NJW 2004,1654.

[672] BGH NJW 1997, 3447; NJW 2001, 1723; NJW-RR 2001, 1168; alle zu § 852 Abs. 2 BGB a.F.; OLG Oldenburg BauR 2006, 1314.

[673] BGH NJW-RR 1999, 1181 = BauR 1999, 1019.

[674] *Weyer* NZBau 2002, 366, 369.

reicht jedoch nicht aus, auch wenn der Verpflichtete mit einem Verjährungsverzicht reagiert.[675] Falls der Berechtigte hingegen aufgrund des erbetenen Verzichts annehmen darf, der Verpflichtete werde die Ansprüche prüfen und darüber verhandeln, beginnen die Verhandlungen schon mit der Verzichtserklärung.[676] Die Erklärung so zu verstehen, wird in der Regel nahe liegen. Ihre Befristung berührt die Hemmung nicht.[677] Auch durch den Abschluss eines Widerrufsvergleichs können die Vertragspartner in Verhandlungen eintreten.[678]

151 Die Verjährung ist nach § 203 BGB gehemmt, wenn Verhandlungen **schweben**. Die Dauer der Hemmung hängt also von Beginn und Ende der Verhandlungen ab. In den Fällen des § 639 Abs. 2 BGB a.F. begann wegen des dort vorausgesetzten Einverständnisses des Auftraggebers die Hemmung mit der Einigung der Bauvertragspartner über die vorzunehmende Prüfung oder durchzuführende Nachbesserung,[679] weil nur dies dem Zweck der Vorschrift entsprach.[680] Die Einigung kam oft stillschweigend zustande,[681] zum Beispiel indem der Auftragnehmer nach einer entsprechenden Aufforderung des Auftraggebers mit der Mängelprüfung oder -beseitigung begann oder indem der Auftraggeber eine solche Tätigkeit des Auftragnehmers widerspruchslos zur Kenntnis nahm.[682] Ließ sich der Zeitpunkt der Einigung nicht feststellen, war der mit stillschweigender Billigung des Auftraggebers erfolgte Beginn der Tätigkeit des Auftragnehmers maßgebend.[683] Erklärte der Auftraggeber sein Einverständnis erst, nachdem der Auftragnehmer bereits mit der Mängelprüfung begonnen hatte, so wirkte diese Einigung nicht zurück.[684] Die Mängelprüfung konnte auch durch Einschaltung eines Sachverständigen[685] oder dadurch erfolgen, dass der Auftragnehmer die Mängelanzeige des Auftraggebers seinem Haftpflichtversicherer zur weiteren Veranlassung zuleitete und dies dem Auftraggeber mitteilte.[686] Zu allen diesen Zeitpunkten **beginnt** zugleich ein Meinungsaustausch und damit schweben Verhandlungen im Sinne des § 203 BGB, weshalb die Rechtsprechung zu § 639 Abs. 2 BGB a.F. weiterhin gültig ist.[687] Die Überprüfung des Mangels durch den Haftpflichtversicherer führt nicht nur dann zur Hemmung der Verjährung, wenn der Auftragnehmer sie selbst in die Wege leitet, sondern auch dann, wenn der Haftpflichtversicherer sie auf Grund einer vertraglich eingeräumten Befugnis, etwa der ihm nach § 5 Nr. 7 AHB a.F., jetzt § 5.2 AHB 2004, erteilten Regulierungsvollmacht, ohne Einschaltung des Auftragnehmers vornimmt.[688]

Das verkennt Werner FS Jagenburg 2002, 1027, 1041, wenn er die Fälle des § 639 Abs. 2 BGB a.F. für nicht unter § 203 BGB subsumierbar hält. Der hiesigen Sicht zustimmend: Kniffka ibr-online-Kommentar Bauvertragsrecht, Stand 10.4.2006, § 634a Rdn. 95.

[675] OLG Düsseldorf IBR 2004, 200.

[676] BGH NJW 2004, 1634; BGHZ 162, 86 = NJW 2005, 1423 = NZBau 2005, 287 = BauR 2005, 705.

[677] BGH NJW 2004, 1634.

[678] BGH NJW 2005, 2004; vgl. dazu *Kniffka* ibr-online-Kommentar Bauvertragsrecht, Stand 10.4.2006, § 634 a Rdn. 96, der dort jedoch das Ende der Hemmung mit der Ablaufhemmung nach § 203 Satz 2 BGB verwechselt.

[679] BGHZ 72, 257 = NJW 1979, 214 = BauR 1979, 76; BGH NJW 1997, 727; NJW-RR 1999, 1181 = BauR 1999, 1019; anders OLG Düsseldorf NJW-RR 1994, 1362 = BauR 1994, 771; anders auch *Heiermann/Riedl/Rusam* VOB/B § 13 Rdn. 91.

[680] BGH NJW 1997, 727.

[681] BGH NJW 1983, 162 = BauR 1983, 87; BauR 1985, 202; NJW-RR 1989, 979 = BauR 1989, 603; die bloße Besichtigung des Mangels reichte dazu grundsätzlich nicht aus: BGH NZBau 2002, 42 = BauR 2002, 108.

[682] Ähnlich *Kleine-Möller/Merl* § 12 Rdn. 1204.

[683] OLG Düsseldorf NJW-RR 1995, 532 = BauR 1994, 146 (nur LS).

[684] BGH NJW 1983, 162 = BauR 1983, 87; *Nicklisch/Weick* § 13 Rdn. 94; *Heiermann/Riedl/Rusam* VOB/B § 13 Rdn. 91, viertletzter Abs.

[685] BGH NJW-RR 1999, 1181 = BauR 1999, 1019.

[686] BGH NJW 1983, 162 = BauR 1983, 87; BauR 1985, 202.

[687] Zur Mitteilung der Schadensmeldung an den Versicherer einschränkend *Kleine-Möller/Merl* § 12 Rdn. 1204 unter Berufung auf *Kniffka* ibr-online-Kommentar Bauvertragsrecht, der sich, Stand 10.4.2006, § 634 a Rdn. 98 nunmehr jedoch uneingeschränkt auf die in der vorstehenden Fußnote zitierte Rechtsprechung beruft.

[688] BGHZ 162, 86 = NJW 2005, 1423 = NZBau 2005, 287 = BauR 2005, 705.

Weiterhin gültig sind ebenso die Entscheidungen, in denen der BGH eine Hemmung nach § 639 Abs. 2 BGB a.F. bejaht hat, obwohl der Auftragnehmer ausdrücklich ohne Anerkennung einer Rechtspflicht allein **aus Gefälligkeit**[689] oder aufgrund einer Zug-um-Zug-Verurteilung[690] einen Nachbesserungsversuch unternahm. Denn auch für Verhandlungen gemäß § 203 BGB ist entsprechend der Rechtsprechung zu § 852 Abs. 2 BGB a.F. nicht erforderlich, dass der Verpflichtete „eine Vergleichsbereitschaft oder eine Bereitschaft zum Entgegenkommen signalisiert."[691] **152**

Allerdings tritt die Hemmung der Verjährung nur hinsichtlich der Mängel ein, die **Gegenstand der** Prüfungs- oder Nachbesserungs**vereinbarung** waren.[692] Da auch hier zwischen dem Mangel und den Mangelerscheinungen zu unterscheiden ist,[693] sind jedoch in vollem Umfang alle Ursachen der Mangelerscheinungen umfasst, welche die Bauvertragspartner bei der Vereinbarung allein im Auge hatten.[694] **153**

Nach § 203 BGB **endet** die **Hemmung**, wenn der eine oder der andere Teil die Fortsetzung der Verhandlungen verweigert. Gemäß § 639 Abs. 2 BGB a.F. dauerte die Hemmung an, bis der Auftragnehmer das Ergebnis der Prüfung dem Auftraggeber mitteilte oder ihm gegenüber den Mangel für beseitigt erklärte oder die Fortsetzung der Beseitigung verweigerte. Darin kann zugleich im Sinne des § 203 BGB eine Weigerung, die Verhandlungen fortzusetzen, gesehen werden.[695] Dann ist auch insoweit die Rechtsprechung zu § 639 Abs. 2 BGB a.F. weiterhin anwendbar. Muss damit gerechnet werden, dass die Nachbesserungsversuche sich im Ergebnis als erfolglos erweisen – wie typischerweise bei Putzrissen und Feuchtigkeitsmängeln –, so kann allein aus der tatsächlichen Beendigung der Mängelbeseitigungsarbeiten nicht ohne weiteres die Erklärung entnommen werden, der Mangel sei beseitigt oder die Fortsetzung seiner Beseitigung werde verweigert.[696] Die schriftliche Bitte des Auftragnehmers an den Auftraggeber um Bestätigung, dass die gerügten Mängel beseitigt sind, beendet jedoch die Hemmung.[697] Trotz der Erklärung des Auftragnehmers gegenüber dem Auftraggeber, der Mangel sei beseitigt, endet die Hemmung erst mit der Abnahme der Nachbesserungsleistung, wenn der Auftragnehmer die förmliche Abnahme ausdrücklich verlangt.[698] **154**

Der Abbruch der Verhandlungen muss grundsätzlich klar und eindeutig zum Ausdruck gebracht werden.[699] Es gibt aber Fälle, in denen die Verhandlungen **„im Sande verlaufen"**.[700] Dazu verweist die Entwurfsbegründung[701] auf die auch hier geltende Rechtsprechung zu § 852 Abs. 2 BGB a.F.: Schlafen die Verhandlungen ein, so endet die Hemmung in dem Zeitpunkt, in dem der nächste Schritt nach Treu und Glauben zu erwarten gewesen wäre.[702] **155**

Die **Ablaufhemmung** des § 203 Satz 2 BGB ist neu und gewährt dem Auftraggeber einen zusätzlichen Vorteil, indem die Verjährung nunmehr frühestens **3 Monate** nach dem Ende der **156**

---

[689] BGH BauR 1977, 348; NJW 1987, 837 = BauR 1987, 205, insoweit in BGHZ 99, 160 nicht abgedruckt; NZBau 2004, 385 = BauR 2004, 1142.

[690] BGHZ 110, 99 = NJW 1990, 1472 = BauR 1990, 356.

[691] BGH NJW 2001, 1723; NJW-RR 2001, 1168.

[692] BGH NJW 1997, 727.

[693] Vgl. dazu näher unten Rdn. 205–208.

[694] BGH NJW-RR 1989, 979 = BauR 1989, 603; BGHZ 110, 99 = NJW 1990, 1472 = BauR 1990, 356; Beck'scher VOB-Kommentar/*Motzke* VOB/B § 13 Nr. 4 Rdn. 274.

[695] Zur alleinigen Mitteilung des Ergebnisses der Prüfung insoweit anderer Ansicht *Kniffka* ibr-online-Kommentar Bauvertragsrecht, Stand 10.4.2006, § 634 a Rdn. 104.

[696] BGH BauR 1971, 54; NJW-RR 1989, 979 = BauR 1989, 603; OLG Düsseldorf NJW-RR 1995, 532 = BauR 1994, 146 (nur LS).

[697] OLG Düsseldorf NJW-RR 1994, 283.

[698] OLG Düsseldorf BauR 1993, 747; zustimmend *Kniffka* ibr-online-Kommentar Bauvertragsrecht, Stand 10.4.2006, § 634 a Rdn. 105; kritisch dazu Beck'scher VOB-Kommentar/*Motzke* VOB/B § 13 Nr. 4 Rdn. 264.

[699] BGH NJW 1998, 2819.

[700] So *Zimmermann/Leenen/Mansel/Ernst* JZ 2001, 684, 695.

[701] BT-Drucks. 14/6040, S. 112, zu Satz 1, 4. Abs.

[702] BGH NJW 1986, 1337, mit weiteren Nachweisen; näher dazu *Weyer* NZBau 2002, 366, 370; *Kniffka* ibr-online-Kommentar Bauvertragsrecht, Stand 10.4.2006, § 634 a Rdn. 106.

Hemmung eintritt. Sie soll dem Gläubiger genügend Zeit geben, bei unerwartetem Abbruch der Verhandlungen Rechtsverfolgungsmaßnahmen zu prüfen und einzuleiten.[703] Sie greift deshalb nur ein, wenn die nach Ende der Hemmung verbleibende Verjährungsfrist kürzer als 3 Monate ist.[704]

157 **bb) Rechtsverfolgung.** Wie in seiner amtlichen Überschrift angekündigt, fasst **§ 204 Abs. 1 BGB** in 14 Nummern zahlreiche, zum Teil neue Fallgestaltungen der „Hemmung der Verjährung durch Rechtsverfolgung" zusammen. Hier ist nur auf die Hemmungsgründe einzugehen, die in der Baurechtspraxis für die Sachmängelhaftung von Bedeutung sind.

158 **(1) Klageerhebung und Schiedsgerichtsverfahren.** Nach **Nr. 1** hemmt die Klage des Auftraggebers auf Befriedigung oder Feststellung[705] seiner Mängelansprüche deren Verjährung. Die selbe Wirkung hat nach **Nr. 11** die Geltendmachung der Ansprüche in einem vereinbarten schiedsrichterlichen Verfahren. Der Auftraggeber muss aktiv tätig werden, seine Verteidigung gegen eine negative Feststellungsklage des Auftragnehmers, dass Mängelrechte nicht bestehen, hemmt die Verjährung nicht.[706] Da der Berechtigte klagen muss, wie § 209 Abs. 1 BGB a.F. ausdrücklich bestimmte und woran durch § 204 BGB nichts geändert worden ist,[707] hat die Klage des Bauträgers, der seine Mängelansprüche abgetreten hat,[708] nur dann hemmende Wirkung, wenn ihm die Ansprüche vor Ablauf der Verjährung rückabgetreten werden.[709] Berechtigter ist allerdings nicht nur der Rechtsinhaber, sondern ebenso der materiellrechtlich wirksam zur Durchsetzung einer Forderung Ermächtigte, der den Anspruch in gewillkürter Prozessstandschaft einklagt.[710] Auch muss der richtige Schuldner verklagt sein, weil von einer Klage gegen einen falschen Schuldner keine den richtigen Schuldner warnende Wirkung ausgehen kann.[711] Ansonsten hemmt eine wirksame[712] Klage die Verjährung auch dann, wenn sie unzulässig oder unschlüssig ist.[713]

159 Die **Hemmung beginnt** mit der Erhebung der Klage, also nach § 253 Abs. 1 ZPO mit deren Zustellung und unter den Voraussetzungen des § 270 Abs. 3 ZPO a.F., jetzt § 167 ZPO bereits mit deren Einreichung.[714] Letzteres gilt allerdings nicht, wenn die Verjährung im Zeitpunkt der Zustellung der Klage noch nicht abgelaufen ist.[715] Im Falle eines schiedsrichterlichen Verfahrens ist dessen Beginn maßgebend.[716] Nach § 1044 Satz 1 ZPO beginnt das schiedsrichterliche Verfahren

---

[703] BT-Drucks. 14/7052, S. 180, zu § 203.

[704] Anders *Lenkeit* BauR 2002, 196, 219; dazu näher *Weyer* NZBau 2002, 366, 370; wie hier *Kniffka* ibr-online-Kommentar Bauvertragsrecht, Stand 10.4.2006, § 634 a Rdn. 108.

[705] Zu dem dafür erforderlichen Feststellungsinteresse vgl. OLG Düsseldorf NJW-RR 2000, 973 = NZ-Bau 2000, 384 = BauR 2000, 1074; zur genauen Mängelbezeichnung vgl. BGH NJW 2002, 681 = BauR 2002, 471.

[706] BGH NJW 1972, 157 und 1043; BGHZ 72, 23 = NJW 1978, 1975 = BauR 1978, 488.

[707] Vgl. dazu BT-Drucks. 14/6040, S. 113, zu Nr. 1, letzter Abs.; a.A. zu Unrecht *Kähler* NJW 2006, 1769–1774.

[708] Vgl. dazu oben Rdn. 49–51 und 145.

[709] BGH NJW 1995, 1675 = BauR 1995, 542; OLG Köln BauR 1995, 702.

Das gilt grundsätzlich trotz BGH NJW 2002, 2470 = NZBau 2002, 495 = BauR 2002, 1385, weil die hiernach unwirksame Subsidiaritätsklausel und die Abtretung der Mängelansprüche in der Regel teilbare Klauseln sind, so dass die Unwirksamkeit jener die Wirksamkeit der Abtretung unberührt lässt. Zu teilbaren Klauseln: Palandt/Heinrichs Vorb. vor §§ 307–309 Rdn. 11. Außerdem kann der Bauträger sich ohnehin nicht auf die Unwirksamkeit seiner eigenen AGB berufen. Vgl. auch *Graßnack* BauR 2006, 1394.

[710] BGHZ 78, 1 = NJW 1980, 2461; BGH NJW 1999,3707 = NZBau 2000, 24 = BauR 1999, 1489; NJW 2003, 3196 = NZBau 2003, 613 = BauR 2003, 1759.

[711] BGHZ 80, 222 = NJW 1981, 1953 = BauR 1981, 385; BGHZ 104, 268 = NJW 1988, 1964 = BauR 1988, 469; *Ingenstau/Korbion/Wirth* VOB/B § 13 Nr. 4 Rdn. 240; Beck'scher VOB-Kommentar/*Motzke* VOB/B § 13 Nr. 4 Rdn. 300.

[712] Vgl. dazu *Palandt/Heinrichs* § 204 Rdn. 4.

[713] BGHZ 78, 1 = NJW 1980, 2461; BGHZ 104, 268 = NJW 1988, 1964 = BauR 1988, 469; BGH NJW 1998, 3486.

[714] Vgl. dazu *Palandt/Heinrichs* § 204 Rdn. 6 und 7.

[715] OLG München BauR 2005, 727.

[716] Vgl. dazu Gegenäußerung der Bundesregierung zur Stellungnahme des Bundesrats, BT-Drucks. 14/6857, S. 44/45, zu Nr. 11; *Kniffka* ibr-online-Kommentar Bauvertragsrecht, Stand 10.4.2006, § 634 a Rdn. 140.

mit dem Tag, an dem der Beklagte den Antrag, die Streitigkeit einem Schiedsgericht vorzulegen, empfangen hat,[717] sofern die Parteien nichts anderes vereinbart haben.[718]

Die **Beendigung** der **Hemmung** richtet sich nach den allgemeinen Bestimmungen des § 204 Abs. 2 BGB. Spezialvorschriften für die Klage wie in §§ 211, 212 BGB a.F. gibt es nicht mehr.[719] Vielmehr vereinheitlicht und vereinfacht § 204 Abs. 2 BGB **für alle** in § 204 Abs. 1 Nr. 1–14 BGB genannten **Hemmungstatbestände** die Regelung des Endes der Hemmung. Es tritt 6 Monate nach der rechtskräftigen Entscheidung oder anderweitigen Beendigung des eingeleiteten Verfahrens ein, § 204 Abs. 2 Satz 1 BGB.[720] Außerdem regeln die Sätze 2 und 3 des § 204 Abs. 2 BGB entsprechend § 211 Abs. 2 BGB a.F. die Fälle, in denen das Verfahren dadurch in Stillstand gerät, dass die Parteien es nicht betreiben. Die Rechtsprechung zu § 211 Abs. 2 BGB a.F. bleibt insoweit anwendbar. Der Stillstand des Verfahrens beruht danach dann nicht auf einer Untätigkeit der Parteien, wenn die Verfahrensleitung ausschließlich beim Gericht liegt, das für den Fortgang des Prozesses zu sorgen hatte.[721] Die Verantwortung für das Betreiben des Prozesses geht aber vom Gericht wieder auf den Kläger über, wenn das Gericht mit dessen ausdrücklichem Einverständnis von einer Terminbestimmung auf unbestimmte Zeit absieht.[722] Auch ein konkludent erklärtes Einverständnis kann ausreichen, wenn sich aus den gesamten Umständen ergibt, dass der Rechtsstreit erst nach einer entsprechenden Erklärung des Klägers weiter betrieben werden soll.[723] § 204 Abs. 2 Satz 2 BGB ist allerdings nicht anwendbar, falls der Kläger einen triftigen Grund hatte, das Verfahren nicht weiter zu betreiben.[724] 160

Die Verjährung wird grundsätzlich nur in dem **Umfang** gehemmt, wie der Anspruch mit der Klage geltend gemacht worden ist.[725] Deshalb hemmt eine Teilklage die Verjährung nur in Höhe des eingeklagten Betrags.[726] Wenn hingegen mit einer Schadenersatzklage der gesamte Schaden geltend gemacht wird, wirkt die Hemmung der Verjährung auch für eine auf nachträglicher Baukostensteigerung beruhende Erhöhung des Klageanspruchs.[727] Vor allem aber ist die Wirkung einer Klage auf Zahlung eines Kostenvorschusses für die Mängelbeseitigung nicht auf den eingeklagten Betrag beschränkt; die Hemmungswirkung der Vorschussklage umfasst vielmehr auch spätere Erhöhungen, gleichviel worauf sie zurückzuführen sind, sofern sie nur den selben Mangel betreffen[728] und nicht etwa bewusst nur ein anteiliges Anspruch geltend gemacht worden ist.[729] Deshalb ist unerheblich, ob der Erhöhungsbetrag von vornherein in die Vorschussklage hätte einbezogen werden können oder ob sich zwischenzeitlich Kostensteigerungen ergeben haben oder neue 161

---

[717] So auch § 2 Abs. 2 SGOBau und § 14 Abs. 1 Satz 1 SOBau.

[718] Wie etwa bei Vereinbarung der DIS-Schiedsgerichtsordnung: vgl. dort § 6 Abs. 1.

[719] Vgl. BT-Drucks. 14/6040, S. 117/118.

[720] Entgegen *Lenkeit* BauR 2002, 196, 213/214 und *Heiermann/Riedl/Rusam* VOB/B § 13 Rdn. 93 handelt es sich dabei mithin nicht um eine Ablaufhemmung. Obwohl *Koeble* in *Kniffka/Koeble* Kompendium des Baurechts 13. Teil Rdn. 79 die Wirkung des § 204 Abs. 2 Satz 1 BGB richtig darstellt, spricht er anschließend in Rdn. 82 und 83 zu Unrecht von einer Ablaufhemmung und nimmt in Rdn. 82 fälschlich einen teilweisen Verbrauch der 6-Monats-Frist an; in seinem Beispielfall war die Hemmung jedoch noch nicht beendet, als das Verfahren durch verspätete Einzahlung des Vorschusses im Sinne des § 204 Abs. 2 Satz 3 BGB weiter betrieben wurde. Näher dazu *Weyer* BauR 2006, 1347, 1349/1350.

[721] BGH NJW 1983, 2496; 2000,132; BauR 2005, 868.

[722] BGH NJW 1983, 2496.

[723] BGH BauR 2005, 868.

[724] BGH NJW 1999, 3774; 2000, 132; 2001, 218; BauR 2005, 868; OLG Frankfurt NZBau 2004, 338.

[725] BGHZ 104, 268 = NJW 1988, 1964 = BauR 1988, 469; BGH NJW 1992, 1111 = BauR 1992, 229; NJW 1999, 2110; zu den sich daraus ergebenden Konsequenzen für die Kostenerstattungs- und die Schadenersatzklage vgl. Beck'scher VOB-Kommentar/*Motzke* VOB/B § 13 Nr. 4 Rdn. 298/299.

[726] BGHZ 66, 142 = NJW 1976, 960 = BauR 1976, 202; *Ingenstau/Korbion/Wirth* VOB/B § 13 Nr. 4 Rdn. 244.

[727] BGH NJW 1982, 1809 = BauR 1982, 398; allgemein zur „verdeckten Teilklage": BGH NJW 2002, 2167 mit Anm. von *Meyer* NJW 2002, 3067.

[728] BGHZ 66, 138 = NJW 1976, 956 = BauR 1976, 205; BGHZ 66, 142 – NJW 1976, 960 = BauR 1976, 202; BGH NJW-RR 1989, 208 = BauR 1989, 81; NZBau 2005, 514.

[729] BGH BauR 2004, 1148.

Erkenntnisse zu einem größeren Schadensumfang führen.[730] Dabei kommt es auch hier nicht auf die in der Klage bezeichneten Mangelerscheinungen, sondern auf den für sie ursächlichen Mangel selbst an.[731] Neben der Vorschussklage ist zur Hemmung der Verjährung bezüglich möglicher weiterer Nachbesserungskosten somit – falls nach dem Ende der Hemmung (§ 204 Abs. 2 BGB) noch ein erheblicher Teil der Verjährungsfrist zur Verfügung steht – zwar eine Feststellungsklage nicht erforderlich, aber gleichwohl zulässig.[732] Sie ist dringend anzuraten, wenn die Selbstvornahme voraussichtlich zeitaufwändig sein wird und die Gefahr besteht, dass sie vor dem Ende der restlichen Verjährungsfrist nicht abgeschlossen werden kann.[733]

162 (2) **Mahnbescheid.** Bei der Hemmung nach **Nr. 3** durch Zustellung des Mahnbescheids[734] ist darauf zu achten, dass die Forderung gemäß § 690 Abs. 1 Nr. 3 ZPO in dem Antrag hinreichend individualisiert wird: Der im Mahnbescheid bezeichnete Anspruch muss durch seine Kennzeichnung von anderen Ansprüchen so unterschieden und abgegrenzt werden können, dass er Grundlage eines Vollstreckungstitels sein und der Schuldner erkennen kann, welcher Anspruch gegen ihn geltend gemacht wird, damit er beurteilen kann, ob er sich gegen den Anspruch zur Wehr setzen will oder nicht.[735] Die Hemmung tritt auch ein, wenn zur Zeit der Zustellung des Mahnbescheids, von der Sachbefugnis abgesehen, noch nicht sämtliche Anspruchsvoraussetzungen vorliegen.[736] Antragsteller muss der Berechtigte sein.[737] Das ist nicht nur der Rechtsinhaber, vielmehr auch der materiellrechtlich wirksam zur Durchsetzung einer Forderung Ermächtigte, der den Anspruch in gewillkürter Prozessstandschaft geltend macht.[738] Es genügt, wenn aus dem Mahnbescheid ersichtlich ist, dass der Antragsteller aus abgetretenem Recht vorgeht, selbst wenn die sachliche Berechtigung nicht auf einer Abtretung, sondern auf einer Einziehungsermächtigung durch den Gläubiger beruht.[739] Ist Schuldner die öffentliche Hand, muss die Zustellung an die zuständige endvertretende Behörde erfolgen.[740]

163 Die frühere Spezialregelung des § 693 Abs. 2 ZPO für den Fall, dass die **Zustellung demnächst** erfolgt, ist aufgehoben und ab 1.7.2002 – ebenso wie § 270 Abs. 3 ZPO a.F. – durch die inhaltsgleiche allgemeine Bestimmung des § 167 ZPO[741] ersetzt worden.[742] Die Zustellung des Mahnbescheids ist als demnächst erfolgt anzusehen, wenn eine von dem Antragsteller verschuldete Verzögerung der Zustellung geringfügig ist. Während der BGH bislang solche Verzögerungen in der Regel nur bis zu einer Zeitspanne von 14 Tagen als unschädlich ansah,[743] nimmt er nunmehr in Anlehnung an die Monatsfrist des § 691 Abs. 2 ZPO an, dass ein Mahnbescheid, der auf Grund unzutreffender Postanschrift des Antragsgegners nicht zugestellt werden kann, demnächst zugestellt ist, wenn er nach Zugang der Mitteilung der Unzustellbarkeit beim Antragsteller innerhalb eines Monats zugestellt wird.[744] Bei konsequenter entsprechender Anwendung des § 691 Abs. 2 ZPO müsste es jedoch genügen, dass die richtige Anschrift innerhalb Monatsfrist mitgeteilt wird und die Zustellung demnächst erfolgt.[745]

---

[730] BGH NZBau 2005, 514.

[731] BGH NJW-RR 1989, 208 = BauR 1989, 81.

[732] BGH NJW-RR 1986, 1026 = BauR 1986, 345; NJW-RR 1989, 208 = BauR 1989, 81; NJW 1989, 2753 = BauR 1989, 606, insoweit in BGHZ 108, 65 nicht abgedruckt; NJW 2002, 681 = BauR 2002, 471.

[733] Vgl. dazu *Groß* FS Jagenburg 2002, 253, 256 und Praxishinweis zu IBR 2003, 242.

[734] Dazu eingehend *Siegburg* Gewährleistung Rdn. 1911–1932.

[735] BGH NJW 1992, 1111 = BauR 1992, 229; NJW 1993, 862 = BauR 1993, 225; NJW 1995, 2230 = BauR 1995, 694; NJW 2000, 1420; NJW 2001, 305; NJW 2002, 520 = NZBau 2002, 155 = BauR 2002, 469.

[736] So zu § 209 BGB a.F.: BGH BauR 2003, 1035; Gründe, dies jetzt bei § 204 Abs. 1 Nr. 3 BGB anders zu beurteilen, sind nicht ersichtlich.

[737] Vgl. dazu schon oben bei Rdn. 158; a.A. zu Unrecht *Kähler* NJW 2006, 1769–1774.

[738] BGHZ 78, 1 = NJW 1980, 2461; BGH NJW 1999, 3707 = NZBau 2000, 24 = BauR 1999, 1489.

[739] BGH BauR 2004, 1977.

[740] BGH NZBau 2004, 388 = BauR 2004, 1002.

[741] Zu deren Anwendungsbereich vgl. OLG München BauR 2005, 727 und schon oben Rdn. 159.

[742] Gesetz vom 25.6.2001, BGBl. I S. 1206.

[743] BGH NJW 1999, 3125 = BauR 1999, 1216; NJW 1999, 3717 = BauR 1999, 1491.

[744] BGH NJW 2002, 2794 = BauR 2002, 1430.

[745] *Weyer* im Praxishinweis zu IBR 2002, 527; *Ebert* NJW 2003, 732.

Die **Hemmung endet** auch insoweit gemäß § 204 Abs. 2 BGB[746] 6 Monate nach Beendigung des Verfahrens. Ein Stillstand des Mahnverfahrens durch Nichtbetreiben seitens der Parteien, bei dem nach § 204 Abs. 2 Satz 2 BGB an die Stelle der Beendigung des Verfahrens die letzte Verfahrenshandlung tritt, liegt vor, wenn die Klagepartei ihren Anspruch nicht begründet[747] oder erst nach vielen Monaten die Abgabe an das für das streitige Verfahren zuständige Gericht beantragt sowie erst danach den Anspruch begründet.[748] 164

(3) Aufrechnung im Prozess. Die in **Nr. 5** genannte Aufrechnung bedarf nicht der Zustellung eines sie enthaltenden Schriftsatzes.[749] Sie ist auch dann im Prozess geltend gemacht, wenn vorgetragen wird, sie schon vorprozessual erklärt zu haben. Die Hemmung tritt nur bei einer erfolglosen Aufrechnung ein,[750] zudem lediglich in Höhe der Klageforderung, weil der Schuldner sich mit der Aufrechnung auf die Verteidigung gegen die Klageforderung beschränkt und nur in dieser Höhe eine richterliche Entscheidung begehrt.[751] Das gilt, anders als bei einer Klage,[752] auch für die Prozessaufrechnung mit einem Vorschussanspruch.[753] 165

(4) Streitverkündung. Nunmehr knüpft **Nr. 6** schlicht an die Zustellung der Streitverkündung[754] an. Mit dieser neuen Formulierung soll zugleich die Rechtsprechung zur Zulässigkeit der Streitverkündung im selbständigen Beweisverfahren bestätigt werden.[755] Die Hemmung beginnt mit der Zustellung, gegebenenfalls gemäß § 270 Abs. 3 ZPO a.F., jetzt § 167 ZPO bereits mit der Einreichung des Schriftsatzes.[756] 166

(5) Selbständiges Beweisverfahren. Gemäß **Nr. 7** wird die Verjährung auch durch die Zustellung des Antrags auf Durchführung eines selbständigen Beweisverfahrens nach §§ 485 ff. ZPO gehemmt, gegebenenfalls auch wiederholt durch weitere Anträge.[757] Obwohl eine **Zustellung** des **Antrags** an sich nicht erforderlich ist,[758] ist diese nunmehr zu veranlassen, weil § 204 Abs. 1 Nr. 7 BGB die Hemmung davon abhängig macht.[759] Deren Wirkung begann nach § 270 Abs. 3 ZPO a.F. und beginnt jetzt nach § 167 ZPO gegebenenfalls schon mit der Einreichung des Antrags.[760] Soll die Verjährung der Mängelansprüche gehemmt werden, muss **Antragsteller** des Beweisverfahrens der Auftraggeber oder sein Rechtsnachfolger sein.[761] Er muss zudem **anspruchsberechtigt**, also Gläubiger der Mängelansprüche sein.[762] Oder der Gläubiger muss den 167

[746] Vgl. dazu schon oben Rdn. 160.

[747] OLG Oldenburg BauR 2006, 1314.

[748] OLG München BauR 2005, 727. Anders wohl *Saerbeck* FS Thode 2005, 139, 148/149: zeitweiliger Stillstand nicht ausreichend. Vgl. zu Verzögerungen bei der Abgabe an das Streitgericht und bei der Einreichung der Anspruchsbegründung näher *Ebert* NJW 2003, 732, 733.

[749] BT-Drucks. 14/6040, S. 114, zu Nr. 5; *Kniffka* ibr-online-Kommentar Bauvertragsrecht, Stand 10.4.2006, § 634 a Rdn. 124.

[750] BGHZ 80, 222 = NJW 1981, 1953 = BauR 1981, 385; BGH NJW-RR 1986, 1079 = BauR 1986, 576; vgl. dazu näher *Palandt/Heinrichs* § 204 Rdn. 20.

[751] BGH NJW 1990, 2680 = BauR 1990, 747; NJW-RR 1986, 1079 = BauR 1986, 576.

[752] Vgl. dazu oben Rdn. 161.

[753] BGH NJW-RR 1986, 1079 = BauR 1986, 576; *Nicklisch/Weick* § 13 Rdn. 99.

[754] Dazu eingehend *Siegburg* Gewährleistung Rdn. 1937–1947.

[755] BT-Drucks. 14/6040, S. 114, zu Nr. 6; *Weyer* BauR 2001, 1807, 1813.

„Rechtliche Probleme bei der Streitverkündung im selbständigen Beweisverfahren in Bausachen" behandelt Enaux FS Jagenburg 2002, 147–160.

[756] *Lenkeit* BauR 2002, 196, 215.

[757] BGH NJW-RR 1998, 1305 = BauR 1998, 390.

[758] OLG München IBR 2001, 186.

[759] LG Darmstadt IBR 2005, 678; *Weyer* BauR 2001, 1807, 1810; *Koeble* in *Kniffka/Koeble* Kompendium des Baurechts 13. Teil Rdn. 78; *Sterner/Hildebrandt* ZfIR 2006, 349, 350. A.A. LG Marburg IBR 2006, 372, das § 204 Abs. 1 Nr. 7 BGB über seinen Wortlaut hinaus auslegen will.

[760] *Weyer* BauR 2001, 1807, 1810; vgl. auch *Preussner* FS Kraus 2003, 179, 198; *Leinemann/Schliemann* § 13 VOB/B Rdn. 171 stellen fälschlich generell auf die Einreichung des Antrags ab.

[761] OLG Düsseldorf NJW-RR 1994, 1046 = BauR 1994, 769.

[762] BGH NJW 1993, 1916 = BauR 1993, 473; dies gilt auch nach neuem Recht: *Weyer* BauR 2001, 1807, 1810/1811; *Koeble* in *Kniffka/Koeble* Kompendium des Baurechts 13.Teil Rdn. 76; a.A. zu Unrecht *Kähler* NJW 2006, 1769, 1773.

Antragsteller wirksam ermächtigt haben, das selbständige Beweisverfahren in Prozessstandschaft für ihn durchzuführen.[763] Das ist der Bauträger, der seine Mängelansprüche an die Erwerber abgetreten hat, erst wieder nach einer Rückabtretung.[764] Wird der Antragsteller – zum Beispiel durch eine Abtretung – im Laufe des selbständigen Beweisverfahrens Berechtigter, so wird die Verjährung von diesem Zeitpunkt an gehemmt, ohne dass der Erwerb der Berechtigung offengelegt werden müsste.[765] Wenn der Auftraggeber das selbständige Beweisverfahren eingeleitet hat, bevor er die Mängelansprüche abtritt, wirkt die dadurch eingetretene Hemmung auch zugunsten des neuen Gläubigers.[766]

168 **Keine** verjährungshemmende **Wirkung** hat die Einleitung eines selbständigen Beweisverfahrens durch den **Auftragnehmer** mit dem Ziel, sich den mangelfreien Zustand seiner Bauleistung bestätigen zu lassen.[767] Ein vom Auftragnehmer gestellter Antrag genügt selbst dann nicht, wenn dieser auf einer Verabredung mit dem Auftraggeber beruht.[768] Vielmehr muss der berechtigte Auftraggeber die Feststellung oder Durchsetzung seiner Ansprüche aktiv betreiben.[769] Soweit *Kniffka*[770] auch einen Antrag des Auftragnehmers ausreichen lassen will, weil es nach dem Wortlaut der Regelung nicht darauf ankomme, wer das selbständige Beweisverfahren beantragt, und weil der Wille des Gesetzgebers, die frühere Rechtslage nach §§ 477 Abs. 2, 639 Abs. 1 BGB a.F. nicht zu ändern,[771] im Gesetz keinen Ausdruck gefunden habe, lässt er die amtliche Überschrift des § 204 BGB außer Betracht. Diese Überschrift, die Teil des Gesetzestextes ist und deshalb mit zu dessen Auslegung herangezogen werden muss, lautet: „Hemmung der Verjährung durch Rechtsverfolgung". Die Rechtsverfolgung kann nur der Gläubiger betreiben. Dem entsprechend heißt es in der Gesetzesbegründung:[772] „Der Gläubiger muss davor geschützt werden, dass sein Anspruch verjährt, nachdem er ein förmliches Verfahren mit dem Ziel der Durchsetzung des Anspruchs eingeleitet hat." Es ist auch nicht einzusehen, warum der Auftragnehmer durch seinen Antrag die ihm vorteilhafte Verjährung der Mängelansprüche verhindern soll.[773]

169 Durch die hinreichend **genaue Bezeichnung** der beanstandeten Mangelerscheinungen **im Antrag** werden in vollem Umfang alle Mängel des Werks, auf welche die Mangelerscheinungen zurückzuführen sind, ohne Beschränkung auf die Stellen, wo sie sich gezeigt haben, oder auf die vom Auftraggeber bezeichneten oder vermuteten Ursachen Gegenstand des Verfahrens und damit von der Hemmung umfasst.[774] Schon die Fragestellung, ob die Dacheindeckung ordnungsgemäß ausgeführt worden ist, hat der BGH[775] als hinreichend konkrete Bezeichnung eines Mangels der Dacheindeckung[776] angesehen, weshalb es ratsam ist, den Mangel nicht „allzu konkret" zu bezeichnen.[777] Auch ein an sich unzulässiger Antrag hemmt die Verjährung, wenn er nicht

---

[763] Zu §§ 639 Abs. 1, 477 Abs. 2 BGB a.F. für den Antrag eines EWG-Verwalters: BGH NJW 2003, 3196 = NZBau 2003, 613 = BauR 2003, 1759; vgl. dazu den Praxishinweis von *Weyer* zu IBR 2003, 544.

[764] OLG Köln BauR 1995, 702; vgl. dazu auch oben Rdn. 158.

[765] BGH NJW 1993, 1916 = BauR 1993, 473; OLG Düsseldorf NJW-RR 1994, 1046 = BauR 1994, 769.

[766] OLG Köln BauR 1999, 259.

[767] OLG Düsseldorf BauR 1992, 767.

[768] OLG Düsseldorf NJW-RR 1992, 1174; darin kann allerdings eine Prüfungsvereinbarung und damit eine Hemmung nach § 639 Abs. 2 BGB a.F., jetzt § 203 BGB liegen; vgl. dazu näher *Koppmann* BauR 2001, 1342, 1344.

[769] BGHZ 72, 23 = NJW 1978, 1975 = BauR 1978, 488; BGH NJW 1993, 1916 = BauR 1993, 473; *Saerbeck* FS Thode 2005, 139, 142/143.

[770] ibr-online-Kommentar Bauvertragsrecht, Stand 10.4.2006, § 634 a Rdn. 129.

[771] Vgl. dazu *Weyer* BauR 2001, 1807, 1811.

[772] BT-Drucks. 14/6040, S. 112, zu § 204 Vorbem.

[773] Vgl. die ähnliche Argumentation in BGHZ 72, 23 = NJW 1978, 1975 = BauR 1978, 488 zur negativen Feststellungsklage.

[774] BGH NJW-RR 1989, 148 = BauR 1989, 79; BGHZ 110, 99 = NJW 1990, 1472 = BauR 1990, 356; vgl. auch OLG München IBR 2001, 478.

[775] NJW-RR 1998, 1475 = BauR 1998, 826.

[776] Vgl. dazu auch OLG Düsseldorf NJW-RR 1997, 976.

[777] *Schulze-Hagen* im Praxishinweis zu IBR 1998, 379.

zurückgewiesen wird.[778] Ebenso kommt es nicht darauf an, ob der bestellte Sachverständige den Mangel bestätigt.[779]

Die **Hemmung endet** gemäß § 204 Abs. 2 Satz 1 BGB 6 Monate nach Beendigung des selbständigen Beweisverfahrens,[780] also nach der sachlichen Erledigung des Verfahrens, das heißt bei Erstattung eines schriftlichen Gutachtens nach dessen Übergabe an die Parteien,[781] bei mündlicher Erstattung oder Erläuterung des Gutachtens nach dem Verlesen des Protokolls oder dessen Vorlage zur Durchsicht.[782] Die mündliche Erläuterung des schriftlichen Gutachtens muss in einem angemessenen Zeitraum nach dessen Zugang beantragt werden.[783] Dies gilt nach §§ 492 Abs. 1, 411 Abs. 4 Satz 1 ZPO auch für Anträge auf Ergänzung des Gutachtens[784] sowie für Zusatzfragen nach mündlicher Anhörung des Sachverständigen zu seinem Gutachten.[785] Zudem kann die Beendigung des selbständigen Beweisverfahrens durch Ablauf einer Frist nach § 411 Abs. 4 Satz 2 ZPO eintreten; das setzt aber eine formgerechte Fristsetzung und deren Zustellung gemäß § 329 Abs. 2 Satz 2 ZPO voraus.[786] Werden wegen des selben Mangels mehrere Gutachten eingeholt, kommt es auf den Zugang des letzten an; sind hingegen mehrere selbständige Mängel eines Bauvorhabens Gegenstand mehrerer Gutachten, so endet die Hemmung für jeden dieser Mängel 6 Monate nach der Übermittlung des auf ihn bezogenen Gutachtens.[787] Wenn jedoch das vom Auftraggeber eingeleitete selbständige Beweisverfahren auf Gegenantrag des Auftragnehmers fortgeführt wird, kommt es auf die endgültige Verfahrensbeendigung an.[788] 170

cc) Vereinbartes Leistungsverweigerungsrecht. Die Verjährung ist nach **§ 205 BGB** gehemmt, solange der Schuldner auf Grund einer Vereinbarung mit dem Gläubiger vorübergehend ein Leistungsverweigerungsrecht hat. Eine solche Abrede, die als Stundung zugleich ein Anerkenntnis enthalten und nach § 212 Abs. 1 Nr. 1 BGB auch einen Neubeginn der Verjährung[789] bewirken kann,[790] liegt zum Beispiel in der nach Verjährungsbeginn getroffenen Vereinbarung, gerügte Mängel erst später zu beseitigen, was auf persönlichen oder sachlichen Gründen beruhen kann, etwa um eine günstigere Witterung abzuwarten oder um die Entwicklung des Mangels zu beobachten.[791] Die bloße Festlegung eines Termins für den Beginn der Mängelbeseitigungsarbeiten genügt jedoch nicht.[792] Ein vorübergehendes Leistungsverweigerungsrecht hat aber der Bauträger, der seine Ansprüche gegen andere Baubeteiligte abgetreten hat,[793] bis die Bemühungen des Auftraggebers, sich daraus schadlos zu halten, fehlgeschlagen sind[794] oder der Auftraggeber sie aufgibt, wozu er angesichts der Unwirksamkeit der Subsidiaritätsklausel[795] jederzeit berechtigt ist. 171

---

[778] BGH NJW 1983, 1901 = BauR 1983, 255; NJW 1993, 1916 = BauR 1993, 473; NJW 1998, 1305 = BauR 1998, 390; näher dazu *Weyer* BauR 2001, 1807, 1812/1813.

[779] BGH NJW-RR 1998, 1475 = BauR 1998, 826; vgl. dazu *Koppmann* BauR 2001, 1342.

[780] Vgl. schon oben Rdn. 160, insbesondere dazu, dass es sich entgegen *Lenkeit* BauR 2002, 196, 213/214, *Heiermann/Riedl/Rusam* VOB/B § 13 Rdn. 93 und *Koeble* in *Kniffka/Koeble* Kompendium des Baurechts 13. Teil Rdn. 82, 83 also nicht um eine Ablaufhemmung handelt; zu letzterem näher *Weyer* BauR 2006, 1347, 1349/1350.

[781] BGHZ 53, 43 = NJW 1970, 419 = BauR 1970, 45; BGHZ 120, 329 = NJW 1993, 851 = BauR 1993, 221; BGH NJW 2002, 1640 = BauR 2002, 1115.

[782] BGHZ 60, 212 = NJW 1973, 698; BGHZ 120, 329 = NJW 1993, 851 = BauR 1993, 221; OLG Hamm BauR 2005, 752.

[783] Vgl. dazu BGH NJW 2002, 1640 = BauR 2002, 1115; Brandenburgisches OLG BauR 2002, 1734; OLG Hamburg IBR 2003, 583; OLG Düsseldorf BauR 2004, 1978; OLG Bamberg BauR 2006, 560.

[784] Thüringer OLG BauR 2003, 581.

[785] OLG Hamm BauR 2005, 752.

[786] OLG Celle BauR 2005, 1961.

[787] BGHZ 120, 329 = NJW 1993, 851 = BauR 1993, 221; OLG Düsseldorf BauR 1985, 326.

[788] BGH NJW-RR 2001, 385 = NZBau 2001, 201 = BauR 2001, 674.

[789] Vgl. dazu unten Rdn. 176.

[790] BGH NJW 1978, 1914 = BauR 1978, 486; vgl. dazu auch BT-Drucks. 14/6040. S. 118, zu § 205.

[791] *Kleine-Möller/Merl* § 12 Rdn. 1197; Beck'scher VOB-Kommentar/*Motzke* VOB/B § 13 Nr. 4 Rdn. 238.

[792] Beck'scher VOB-Kommentar/*Motzke* VOB/B § 13 Nr. 4 Rdn. 240.

[793] Vgl. dazu oben Rdn. 145.

[794] BGH NJW 1981, 2343 = BauR 1981, 469; *Kleine-Möller/Merl* § 12 Rdn. 1198; *Nicklisch/Weick* § 13 Rdn. 92.

[795] BGH NJW 2002, 2470 = NZBau 2002, 495 = BauR 2002, 1385.

172 Hauptanwendungsfall des § 205 BGB – wie des § 202 BGB a.F. – ist das **Stillhalteabkommen.**[796] Ein solches kommt in der Regel zustande, wenn die Bauvertragspartner vereinbaren, ein Schiedsgutachten einzuholen[797] oder eine Schiedsstelle anzurufen.[798] Allein die Abrede, ein Sachverständigengutachten in Auftrag zu geben, reicht dafür hingegen nicht aus.[799] Auch durch Verhandlungen über den Abschluss einer Schiedsvereinbarung gehen die Beteiligten noch kein Stillhalteabkommen ein.[800] Die Vereinbarung, die Auseinandersetzung über Mängelansprüche bis zur Beendigung eines anderen Rechtsstreits zurückzustellen, kann jedoch ein Stillhalteabkommen enthalten.[801]

173 Wie § 202 Abs. 2 BGB a.F. ausdrücklich anordnete und wie sich jetzt daraus ergibt, dass § 205 BGB ein **vereinbartes** Leistungsverweigerungsrecht voraussetzt, wird die Verjährung **nicht** gehemmt, wenn dem Auftragnehmer unter anderem die Einreden des Zurückbehaltungsrechts (§ 273 BGB), des nicht erfüllten Vertrags (§ 320 BGB) oder der mangelnden Sicherheitsleistung zustehen. Diese Einreden beruhen auf einem eigenen Verhalten des Auftraggebers und können deshalb sinnvollerweise nicht zu einer Verlängerung der Verjährungsfrist führen.[802]

174 **dd) Höhere Gewalt.** Eine Hemmung gemäß **§ 206 BGB** greift nur ein, wenn der Auftraggeber innerhalb der letzten 6 Monate der Verjährungsfrist durch höhere Gewalt an der Verfolgung seiner Mängelrechte gehindert wird[803]. Das ist nur bei außergewöhnlichen und unabwendbaren Ereignissen der Fall,[804] etwa bei einer plötzlich auftretenden schweren Krankheit des Auftraggebers.[805] Die Verjährung ist nicht durch höhere Gewalt gehemmt, soweit die Rechtsprechung sich ändert und kürzere Verjährungsfristen als bisher annimmt, wie bezüglich der Gewährleistung des Architekten und seiner Honoraransprüche, zumal die Rechtslage dort nie unbestritten war.[806] Gleiches gilt, wenn ein OLG eine in den AGB eines Baubetreuers enthaltene Musterprozessvereinbarung für wirksam hält, der BGH diese aber später für unwirksam erklärt.[807]

175 **b) Neubeginn der Verjährung.** Im Falle des Neubeginns der Verjährung bleibt die bis dahin verstrichene Zeit unberücksichtigt. Wenn abweichend von § 13 Nr. 4 Abs. 1 VOB/B eine längere Verjährungsfrist als die Regelfrist ausbedungen ist, wird in den Fällen des Neubeginns nach gesetzlichen Bestimmungen diese vereinbarte Frist erneut in Gang gesetzt.[808] Falls die Verjährung zugleich gehemmt wird und neu beginnt,[809] läuft die neue Verjährungsfrist bei Fortdauer der Hemmung erst nach Wegfall des Hemmungsgrundes.[810]

176 **aa) Anerkenntnis.** Ein Neubeginn der Verjährung durch Anerkenntnis gemäß **§ 212 Abs. 1 Nr. 1 BGB** setzt ein tatsächliches Verhalten des Schuldners gegenüber dem Gläubiger voraus, aus dem sich klar und unzweideutig ergibt, dass dem Schuldner das Bestehen der Schuld – wenigstens

---

796 *Palandt/Heinrichs* § 205 Rdn. 2.

797 BGH NJW 1990, 1231 = BauR 1990, 86; NJW 1999, 1101; KG BauR 2005, 1782; *Ingenstau/Korbion/Wirth* VOB/B § 13 Nr. 4 Rdn. 37/38.

798 BGH NJW 2002, 1488 = NZBau 2002, 269 = BauR 2002, 979.

799 BGH NJW 1999, 1101; dann wird allerdings § 203 BGB eingreifen: vgl. oben Rdn. 151.

800 OLG Saarbrücken NZBau 2002, 452.

801 BGH NJW 1993, 1320.

802 BGH NJW 2001, 2711; *Kleine-Möller/Merl* § 12 Rdn. 1200.

803 Vgl. dazu BT-Drucks. 14/6040, S. 118/119, zu § 206.

804 *Ingenstau/Korbion/Wirth* VOB/B § 13 Nr. 4 Rdn. 208; *Nicklisch/Weick* § 13 Rdn. 93.

805 Kuß VOB/B § 13 Rdn. 230.

806 BGH NJW 1964, 1022; BGHZ 60, 98 = NJW 1973, 364 = BauR 1973, 125; NJW 1977, 375 = BauR 1977, 143.

807 BGH NJW 1988, 197 = BauR 1988, 97.

808 BGH NJW 1987, 381 = BauR 1987, 84; BGHZ 107, 75 = NJW 1989, 1602 = BauR 1989, 322; zu Unrecht a.A. OLG Celle BauR 2004, 1460: Anerkenntnis setzt nur Regelfrist des § 13 Nr. 4 VOB/B neu in Lauf; aufgehoben durch BGH NZBau 2005, 282 = BauR 2005, 710. Vgl. auch OLG Brandenburg IBR 2005, 194.

809 Wie zum Beispiel im Falle einer Nachbesserungsvereinbarung: vgl. dazu oben Rdn. 150 sowie gleich in Rdn. 176.

810 BGHZ 109, 220 = NJW 1990, 826 = BauR 1990, 212; Beck'scher VOB-Kommentar/*Motzke* VOB/B § 13 Nr. 4 Rdn. 323/324.

dem Grunde nach – bewusst ist, und das deswegen das Vertrauen des Gläubigers begründet, dass sich der Schuldner nicht nach Ablauf der Verjährungsfrist alsbald auf Verjährung berufen wird.[811] Als Anerkenntnishandlung kommt insbesondere die Vornahme von Nachbesserungsarbeiten in Betracht, soweit sie nicht nur aus Kulanz und zur gütlichen Beilegung des Streits erfolgen.[812] Von einer derartigen Einschränkung ist ohne entsprechenden Vorbehalt des Auftragnehmers nicht auszugehen, weshalb ein Anerkenntnis die Regel sein wird.[813] Aufwändige und keineswegs risikofreie Nachbesserungsversuche sprechen für ein Anerkenntnis.[814] Ein solches kann auch bereits in der Erklärung des Auftragnehmers liegen, seiner Nachbesserungspflicht nachkommen zu wollen.[815] Eine Zusage, die Mängelursache zu prüfen, genügt jedoch nicht.[816] Selbst eine solche Prüfung ist allein noch kein Anerkenntnis.[817] Ein Stundung[818] kann zugleich ein Anerkenntnis enthalten.[819] Erkennt der Auftragnehmer seine Verantwortung für bestimmte Mangelerscheinungen an, so wird dadurch grundsätzlich die Verjährung der Haftung für den Mangel unterbrochen, auf dem diese Mangelerscheinungen beruhen.[820]

bb) Vollstreckungshandlung. Wenn der Auftraggeber einen Titel über seinen Mängelanspruch erwirkt hat und dieser bis kurz vor Ende der dann laufenden 30-jährigen Frist[821] nicht erfüllt ist, bietet **§ 212 Abs. 1 Nr. 2 BGB** ihm einen einfachen Weg, durch einen Antrag auf eine Vollstreckungshandlung eine Verjährung zu verhindern[822] und eine neue Verjährungsfrist von 30 Jahren in Gang zu setzen. 177

c) „Quasiunterbrechung". Der Lauf der Verjährung der Mängelansprüche kann schließlich durch eine „Quasiunterbrechung" nach § 13 Nr. 5 Abs. 1 Satz 2 VOB/B oder durch die Regelung in dessen Satz 3 beeinflußt werden.[823] Es geht dabei um die durch das erste schriftliche Mangelbeseitigungsverlangen gegebenenfalls eintretende Verlängerung der Verjährungsfrist und die nach der Abnahme der Mangelbeseitigungsleistung beginnende neue Verjährungsfrist, die im Zusammenhang mit § 13 Nr. 5 VOB/B behandelt werden.[824] 178

8. Treuwidrige Verjährungseinrede

Das Recht des Auftragnehmers, nach Ablauf der Verjährungsfrist gegenüber den Mängelansprüchen des Auftraggebers die **Verjährungseinrede** zu erheben,[825] kann wie jedes andere Recht nur in den **Grenzen** von **Treu und Glauben** (§ 242 BGB) geltend gemacht werden. Der Zweck der Verjährung, Rechtsfrieden zu schaffen, gebietet es jedoch, strenge Maßstäbe anzulegen und den Einwand unzulässiger Rechtsausübung nur gegenüber einem wirklich groben Verstoß gegen Treu und Glauben durchgreifen zu lassen, etwa wenn der Auftragnehmer den Auftraggeber durch sein Verhalten von einer rechtzeitigen Klageerhebung abgehalten oder ihn nach objektiven Maßstäben 179

---

[811] BGH NJW 1988, 1259 = BauR 1988, 465; NJW-RR 1994, 373 = BauR 1994, 103; NJW 1997, 516; NJW 2002, 2872; NZBau 2005, 282 = BauR 2005, 710; OLG Düsseldorf NJW-RR 1995, 1232 = BauR 1996, 114.

[812] BGH NJW 1988, 254; NJW-RR 1994, 373 = BauR 1994, 103; NJW 1999, 2961; *Weyer* NZBau 2002, 366, 370; vgl. dazu auch *Werner/Pastor* Rdn. 2432; *Werner* FS Jagenburg 2002, 1027, 1041.

[813] Für das Kaufrecht anders: BGHZ 164, 196 = NJW 2006, 47, Rdn. 16.

[814] OLG Düsseldorf NJW-RR 1995, 1232 = BauR 1996, 114.

[815] BGH NJW 1988, 1259 = BauR 1988, 465.

[816] OLG Hamm BauR 1988, 476, insoweit in NJW-RR 1988, 467 nicht abgedruckt.

[817] Beck'scher VOB-Kommentar/*Motzke* VOB/B § 13 Nr. 4 Rdn. 294.

[818] Vgl. dazu oben Rdn. 171.

[819] BGH NJW 1978, 1914 = BauR 1978, 486; *Ingenstau/Korbion/Wirth* VOB/B § 13 Nr. 4 Rdn. 276.

[820] BGHZ 110, 99 = NJW 1990, 1472 = BauR 1990, 356; Beck'scher VOB-Kommentar/*Motzke* VOB/B § 13 Nr. 4 Rdn. 295.

[821] Vgl. dazu oben Rdn. 141.

[822] Vgl. BT-Drucks. 14/6040. S. 120/121, zu Nr. 2.

[823] Vgl. dazu eingehend *Ingenstau/Korbion/Wirth* VOB/B § 13 Nr. 4 Rdn. 290–322; *Kleine-Möller/Merl* § 12 Rdn. 1221–1230 und 1232–1236.

[824] Vgl. unten Rdn. 202 ff. und 212 ff.

[825] Vgl. dazu oben Rdn. 97, 98.

zu der Annahme veranlasst hat, auch ohne Rechtsstreit werde eine vollständige Befriedigung seines Anspruchs zu erzielen sein.[826] Wenn der Auftraggeber nicht mehr darauf vertrauen darf, der Auftragnehmer werde die Verjährungseinrede wegen eines früher ausgesprochenen Verzichts nicht geltend machen, muss er den Anspruch im Regelfall binnen eines Monats gerichtlich geltend machen, um sich den Einwand der unzulässigen Rechtsausübung zu erhalten.[827] Allein wegen der erstinstanzlichen Erklärung, sich nicht auf Verjährung berufen zu wollen, kann in der zweitinstanzlich erhobenen Verjährungseinrede noch kein Verstoß gegen Treu und Glauben gesehen werden.[828] Auch der Umstand, dass der Auftragnehmer noch unverjährte Ansprüche gegenüber seinem Nachunternehmer hat, reicht nicht aus, ihm nach Treu und Glauben zu verwehren, Mängelansprüchen des Auftraggebers Verjährung entgegen zu halten.[829]

9. Nach Verjährung realisierbare Rechte

180 Trotz berechtigter Verjährungseinrede verbleiben dem Auftraggeber realisierbare **Rechte**. Diese sind seit dem 1.1.2002 **erweitert**, weil die in §§ 639 Abs. 1, 478 Abs. 1 BGB a.F. normierte Voraussetzung einer Mängelanzeige oder anderer Maßnahmen vor Eintritt der Verjährung entfallen ist.[830] Nach § 643 a Abs. 4 und 5 BGB kann der Auftraggeber auch dann, wenn Rücktritt und Minderung auf Grund der Verjährungseinrede des Auftragnehmers gemäß § 218 BGB unwirksam sind, die Zahlung des Werklohns insoweit verweigern, wie der Rücktritt oder die Minderung ihn dazu berechtigen würden. Da § 634 a Abs. 4 BGB auf „die Vergütung" abstellt, kann der Auftraggeber diese Rechte wie bisher[831] nur gegenüber dem Werklohnanspruch aus demselben Werkvertrag geltend machen. Diese Beschränkung gilt nach § 215 BGB für die Aufrechnung mit einem Zahlungsanspruch auf Vorschuss, Kostenerstattung oder Schadenersatz nicht mehr.[832] Voraussetzung ist lediglich, dass die Aufrechnungslage bereits vor Verjährungseintritt bestand.[833] Hingegen setzt ein nach § 215 BGB fortbestehendes Zurückbehaltungsrecht schon gemäß § 273 Abs. 1 BGB einen Anspruch aus demselben rechtlichen Verhältnis voraus. Beruft der Auftraggeber sich gegenüber dem Werklohnanspruch auf einen bei Verjährungseintritt bestehenden und fälligen[834] Mängelbeseitigungsanspruch, so führt dies auch nach Ablauf der Verjährungsfrist zur Verurteilung zur Zahlung Zug um Zug gegen Mängelbeseitigung.

10. Beweislast

181 Wer die Beweislast dafür trägt, dass die **Regelfrist** des § 13 Nr. 4 VOB/B eingreift, ist umstritten. Einerseits wird die Ansicht vertreten, von § 13 Nr. 4 VOB/B abweichende Vereinbarungen habe derjenige zu beweisen, der sich hierauf berufe.[835] Dafür könnte sprechen, dass die Verjährungsfristen des § 13 Nr. 4 VOB/B in dessen Nr. 5 Abs. 1 als Regelfristen bezeichnet werden. Die einleitende Formulierung in § 13 Nr. 4 Abs. 1 Satz 1 VOB/B verdeutlicht jedoch, dass die VOB/B selbst die vertragliche Vereinbarung einer abweichenden Verjährungsfrist als Regelfall ansieht. Deshalb ist der Auffassung zuzustimmen, dass der **Auftragnehmer** beweisen muss, dass

---

[826] BGH NJW 1988, 265 und 2245; NJW 1990, 1231 = BauR 1990, 86; vgl. auch *Ingenstau/Korbion/Wirth* VOB/B § 13 Nr. 4 Rdn. 324; *Heiermann/Riedl/Rusam* VOB/B § 13 Rdn. 99 a.

[827] BGH NJW 1991, 974 = BauR 1991, 215; vgl. zu den Wirkungen eines Verzichts auf die Verjährungseinrede vor und nach Ablauf der Verjährungsfrist näher *Ingenstau/Korbion/Wirth* VOB/B § 13 Nr. 4 Rdn. 48–51.

[828] So jedoch OLG Koblenz NJW-RR 2000, 467.

[829] Entgegen KG IBR 2006, 328 mit zu Recht kritischem Praxishinweis von *Hebel*.

[830] *Sienz* BauR 2002, 181, 186; *Preussner* BauR 2002, 231, 240; *von Olshausen* JZ 2002, 385, 386; *Kohler* BauR 2003, 1804, 1806, Fußnote 8, und 1813; *Palandt/Sprau* § 634 a Rdn. 23.

[831] Zu §§ 639 Abs. 1, 478 BGB a.F.: BGH NJW 1981, 1156; NJW 1987, 3254 = BauR 1987, 565; OLG Düsseldorf NJW-RR 1998, 1553 = BauR 1998, 1263.

[832] *Von Olshausen* JZ 2002, 385, 388: entgegen der früheren Rechtslage nach §§ 639 Abs. 1, 479 BGB a.F.

[833] Vgl. dazu näher *Kniffka* ibr-online-Kommentar Bauvertragsrecht, Stand 10.4.2006, § 634 a Rdn. 164.

[834] *Kniffka* ibr-online-Kommentar Bauvertragsrecht, Stand 10.4.2006, § 634 a Rdn. 167. Anders jetzt BGH NJW 2006, 2773 = BauR 2006, 1464.

[835] *Hereth/Ludwig/Naschold* B § 13 Ez 133; *Werner/Pastor* Rdn. 2386, mit weiteren Nachweisen.

keine von Nr. 4 abweichende längere Frist vereinbart ist und darum die Regelfrist gilt.[836] Allein das entspricht der Einstufung des § 13 Nr. 4 VOB/B als „subsidiäre Verjährungsregelung", welche letztlich nur „Auffangfunktion" hat, durch den BGH.[837] Konsequenter Weise ist jedoch der **Auftraggeber** beweispflichtig dafür, dass nicht von § 13 Nr. 4 VOB/B abgewichen worden ist, wenn der Auftragnehmer die Vereinbarung einer kürzeren Frist als der Regelfrist behauptet.

Unstrittig ist die Beweislast des **Auftraggebers**, der sich auf die regelmäßige Verjährungsfrist beruft, weil der Auftragnehmer einen Werkmangel **arglistig verschwiegen** habe.[838] Diese Beweislastverteilung gilt im Ausgangspunkt auch für den Auftraggeber, welcher ein **Organisationsverschulden**[839] des Auftragnehmers geltend macht. Da jedoch dem Auftraggeber in der Regel die Organisation des Herstellungsprozesses nicht bekannt ist, stellt der BGH[840] schon an die Darlegung keine hohen Anforderungen. Er betont vielmehr, dass oft bereits die Behauptung genügt, der Auftragnehmer habe die Überwachung des Herstellungsprozesses nicht oder nicht richtig organisiert, so dass der Mangel nicht erkannt worden sei, und es substantiierter Darlegung nicht bedarf, insbesondere wenn schon die Art des Mangels ein überzeugendes Indiz für eine fehlende oder nicht richtige Organisation ist. Denn von einem gravierenden Mangel an besonders wichtigen Gewerken kann ebenso auf eine mangelhafte Organisation von Überwachung und Überprüfung geschlossen werden wie von einem besonders augenfälligen Mangel an weniger wichtigen Bauteilen. Dann ist es Sache des **Auftragnehmers**, im einzelnen vorzutragen und nachzuweisen, wie er seinen Betrieb im einzelnen organisiert hatte.[841] **182**

In der Praxis ist oft streitig, wann eine **Hemmung** der Verjährung begonnen und wie lange sie gedauert hat, vor allem im Falle des § 203 BGB. Einigkeit besteht aber darüber, dass der Auftraggeber für den ihm günstigen Eintritt der Hemmung beweispflichtig ist, während der Auftragnehmer das Ende der Verjährungshemmung zu beweisen hat,[842] weil dieses für ihn vorteilhaft ist. **183**

11. Abweichungen gegenüber dem BGB

Die **gewichtigste** Abweichung des § 13 Nr. 4 VOB/B gegenüber dem Werkvertragsrecht des BGB ist die **Verkürzung** der **Verjährungsfrist** der Sachmängelhaftung für Bauwerksleistungen von 5 Jahren auf 4 Jahre und in Sonderfällen – bestimmte Teile von Feuerungsanlagen sowie unter Abs. 2 fallende Anlagen – auf 2 Jahre oder sogar auf nur ein Jahr. Die praktische Bedeutung der zweiten Abweichung, nämlich des Beginns der Verjährungsfrist für in sich abgeschlossene Teilleistungen mit der Teilabnahme (§§ 13 Nr. 4 Abs. 3, 12 Nr. 2 VOB/B), tritt dem gegenüber weit zurück. Da § 13 VOB/B – abgesehen von Nr. 5 Abs. 1 Satz 2 und 3 – die Verjährung im übrigen nicht speziell regelt, richtet sich diese ansonsten und damit weitgehend nach den gesetzlichen Bestimmungen des BGB. **184**

12. AGB-rechtliche Probleme

Zu den AGB-rechtlichen Problemen, ob eine von § 13 Nr. 4 VOB/B abweichende AGB-Klausel dazu führt, dass die VOB/B nicht mehr als Ganzes vereinbart ist (b),[843] und ob eine solche Klausel **185**

---

[836] So *Ingenstau/Korbion/Wirth* VOB/B § 13 Nr. 4 Rdn. 75; *Heiermann/Riedl/Rusam* VOB/B § 13 Rdn. 89 a; *Baumgärtel* Beweislast VOB/B § 13 Rdn. 7.

[837] NJW-RR 1987, 851 = BauR 1987, 445; NJW-RR 1991, 980 =BauR 1991, 458; vgl. auch oben Rdn. 103.

[838] BGH BauR 1975, 419; BGHZ 117, 318 = NJW 1992, 1754 = BauR 1992, 500; *Ingenstau/Korbion/Wirth* VOB/B § 13 Nr. 4 Rdn. 155; Beck'scher VOB-Kommentar/*Motzke* VOB/B § 13 Nr. 4 Rdn. 341; *Kleine-Möller/Merl* § 12 Rdn. 1167/1168.

[839] Vgl. dazu oben Rdn. 137–140.

[840] BGHZ 117, 318 = NJW 1992, 1754 = BauR 1992, 500; ebenso OLG Jena BauR 2001, 1124; *Ingenstau/Korbion/Wirth* VOB/B § 13 Nr. 4 Rdn. 156–158; Beck'scher VOB-Kommentar/*Motzke* VOB/B § 13 Nr. 4 Rdn. 353; *Heiermann/Riedl/Rusam* VOB/B § 13 Rdn. 85; *Kleine-Möller/Merl* § 12 Rdn. 1167/1168.

[841] Vgl. dazu näher *Jansen* OLG*Report*Kommentar 1999, K 5, 6/7.

[842] BGH BauR 1977, 348; NJW-RR 1994, 373 = BauR 1994, 103; OLG Düsseldorf NJW-RR 1995, 532; NZBau 2001, 401 = BauR 2001, 638; *Kleine-Möller/Merl* § 12 Rdn. 1178; *Kniffka* ibr-online-Kommentar Bauvertragsrecht, Stand 10.4.2006, § 634 a Rdn. 179. Fälschlich a.A. zur Beendigung der Hemmung nur *Ingenstau/Korbion/Wirth* VOB/B § 13 Nr. 4 Rdn. 230.

[843] Vgl. dazu schon oben Rdn. 47.

der isolierten AGB-Kontrolle stand hält (c), kommt bei § 13 Nr. 4 VOB/B die spezielle Frage hinzu, ob und inwieweit dessen Regelungen noch wirksam sind (a).

186 **a) Teilweise Unwirksamkeit des § 13 Nr. 4 VOB/B?** Eine solche ist unter drei Gesichtspunkten geltend gemacht worden: Die Privilegierung der VOB/B durch § 23 Abs. 2 Nr. 5 AGB-Gesetz sollte auf § 13 Nr. 4 Abs. 2 VOB/B nicht anwendbar sein (aa).[844] § 13 Nr. 4 VOB/B sollte, wenn die VOB/B deshalb nicht als Ganzes vereinbart war, einer isolierten Inhaltskontrolle nicht stand halten (bb).[845] Schließlich werden Bedenken geäußert, ob die Verkürzung der Verjährungsfrist durch § 13 Nr. 4 VOB/B auf Verbraucherverträge anwendbar ist (cc).[846]

187 **aa) Wirksamkeit des Abs. 2.** Ob die Freistellung der VOB/B von dem Klauselverbot des § 11 Nr. 10 lit. f AGB-Gesetz durch § 23 Abs. 2 Nr. 5 AGB-Gesetz nicht für den erst 1996 eingefügten Abs. 2 des § 13 Nr. 4 VOB/B in seiner bisherigen Fassung galt,[847] mag dahinstehen. Jedenfalls die nunmehr verlängerten Regelfristen des § 13 Nr. 4 VOB/B entsprechen mit den mindestens 2 Jahren auch in Abs. 2 der Regelfrist für Bauwerksarbeiten, welche der Gesetzgeber im Jahre 1976 bei Erlass des AGB-Gesetzes in der VOB/B vorfand und billigte. Wenn die Bedenken gegen die frühere Fassung des § 13 Nr. 4 Abs. 2 VOB/B jemals berechtigt gewesen sein sollten, sind sie es zumindest jetzt nicht mehr.

188 **bb) Wirksamkeit des Abs. 1.** Da nach dem Vorstehenden die Vereinbarung der VOB/B als Ganzes nicht infolge einer Einbeziehung des § 13 Nr. 4 Abs. 2 VOB/B in dessen jetziger Fassung scheitert, ist zumindest aus diesem Grund auch für eine isolierte Inhaltskontrolle des § 13 Nr. 4 Abs. 1 VOB/B kein Raum. Wenn eine solche zu erfolgen hätte, wäre die Verkürzung der Verjährungsfrist durch § 13 Nr. 4 Abs. 1 VOB/B gegenüber dem Auftraggeber als Verwendungsgegner allerdings nach § 309 Nr. 8 lit. b ff BGB unwirksam,[848] und zwar auch gegenüber einem Unternehmer.[849]

189 **cc) Unanwendbarkeit auf Verbraucherverträge.** Für Verbraucherverträge im Sinne des § 310 Abs. 3 BGB, also für Bauverträge, die ein Unternehmer (§ 14 BGB) als Auftragnehmer mit einer natürlichen Person als Auftraggeber zu einem weder dessen gewerblicher noch dessen selbständiger beruflicher Tätigkeit zuzurechnenden Zweck (§ 13 BGB) schließt, ergeben sich aus dem EG-Gemeinschaftsrecht Bedenken gegen die Wirksamkeit des § 309 Nr. 8 lit. b ff. BGB. Denn es sprechen gute Gründe[850] dafür, dass die **Verkürzung** der Verjährungsfrist der Mängelansprüche bei Bauwerksleistungen durch § 13 Nr. 4 Abs. 1 VOB/B von 5 Jahren auf bisher 2 Jahre und jetzt 4 Jahre **mit Art. 3 Abs. 1** der **Richtlinie 93/13 EWG** vom 5.4.1993 über missbräuchliche Klauseln in Verbraucherverträgen[851] **unvereinbar** und § 309 Nr. 8 lit. b ff BGB deshalb insoweit unanwendbar ist, was jedoch letztlich der EuGH zu entscheiden haben wird.[852] Des weiter

---

[844] *Institut für Baurecht Freiburg i. Br. e. V.* BauR 1999, 699, 705/706.

[845] *Schlünder* BauR 1998, 1123, 1124, 1127.

[846] *Institut für Baurecht Freiburg i. Br. e. V.* BauR 1999, 699, 705.

[847] So *Kraus* BauR 1997, Beilage zu Heft 4, S. 12/13 und NJW 1998, 1126; *Schlünder* BauR 1998, 1123, 1124; *Institut für Baurecht Freiburg i. Br. e. V.* BauR 1999, 699, 705; *Kraus/Sienz* BauR 2000, 631, 635/636; a. A. *Joussen* Jahrbuch BauR 1998, 111, 129/130.

[848] BGHZ 96, 129 = NJW 1986, 315 = BauR 1986, 89; BGHZ 107, 75 = NJW 1989, 1602 = BauR 1989, 322; NJW 1994, 2547 = BauR 1994, 617; NJW 2003, 1321 = NZBau 2003, 150 = BauR 2003, 380; *Schlünder* BauR 1998, 1123, 1127; *Kiesel* NJW 2002, 2064, 2067/2068; *Weyer* BauR 2003, 613, 619 und NZBau 2003, 521/522. Vgl. dazu auch schon oben Rdn. 11.

[849] BGHZ 90, 273 = NJW 1984, 1750 = BauR 1984, 390; BGHZ 122, 241 = NJW 1993, 2054; OLG Düsseldorf BauR 1994, 762.

[850] So die Formulierung von *Heinrichs* NJW 1997, 1407, 1415.

[851] Abgedruckt in NJW 1993, 1838.

[852] *Quack* BauR 1997, 24–26; *Heinrichs* NJW 1997, 1407, 1414/1415; *Kraus* BauR 1997, Beilage zu Heft 4, S. 10; *Ulmer/Brandner/Hensen* § 23 Rdn. 60; *Heinrichs* NJW 1998, 1447, 1456; *Schlünder* BauR 1998, 1123, 1124; *Heinrichs* NJW 1999, 1596, 1604; *Wolf/Horn/Lindacher* § 23 Rdn. 248; *Kniffka/Quack* FS 50 Jahre BGH 2000, 17, 18/19, 23; *Lenkeit* BauR 2002, 196, 222/223; *Kiesel* NJW 2002, 2064, 2067; a. A. LG Tübingen NZBau 2003, 565; LG Berlin NZBau 2006, 182 = BauR 2006, 384; *Kratzenberg* NZBau 2002,

diskutierten Auswegs über § 307 BGB bei Verwendung der VOB/B gegenüber einem privaten Auftraggeber[853] bedarf es danach nicht mehr.

b) Vereinbarung der VOB/B als Ganzes. Strittig und bislang vom BGH nicht entschie- 190
den[854] ist, ob die VOB/B nicht mehr als Ganzes vereinbart ist, wenn der Auftraggeber die VOB/B verwendet und eine **Verlängerung** der **Regelfristen** des § 13 Nr. 4 VOB/B vereinbart wird.[855] Weil § 13 Nr. 4 Abs. 1 Satz 1 VOB/B nach seinem einleitenden Halbsatz selbst grundsätzlich von einer vorrangigen anderen Vereinbarung ausgeht und lediglich eine subsidiäre Regelung mit Auffangfunktion[856] darstellt, dürfte es sich jedoch im Sinne der neuen Rechtsprechung des BGH[857] gerade nicht um eine Abweichung von der VOB/B handeln.[858]

c) AGB-Kontrolle abweichender Klauseln. Zur AGB-Kontrolle von Klauseln, welche die 191
Verjährungsfrist verkürzen oder verlängern, wird auf die obigen Ausführungen[859] verwiesen. Eine durch den Generalunternehmer gestellte Klausel in einem Nachunternehmervertrag, nach der die Verjährung der Mängelansprüche erst mit der Abnahme der Gesamtbauleistung durch den Bauherrn beginnen soll, ist nach §§ 307, 308 Nr. 1 BGB unwirksam.[860] Ebenso ist eine AGB-Klausel des Auftraggebers, die den Verjährungsbeginn bei versteckten Mängeln auf den Zeitpunkt der Entdeckung und/oder der Mängelanzeige verschiebt, ohne angemessene Zeitgrenze nach § 307 BGB unwirksam, weil in ihr sonst ein Ausschluss der Verjährung liegen könnte, welcher nach § 202 Abs. 2 BGB unzulässig ist.[861] Auch die Klausel in einem vorformulierten Generalunternehmervertrag, dass die Verjährungsfrist erst beginnt, wenn alle Mängel ordnungsgemäß beseitigt sind, verstößt gegen § 307 BGB, da sie den Auftragnehmer unangemessen benachteiligt.[862] Gleichfalls nach § 307 BGB kann in AGB des Auftragnehmers die gemäß § 215 BGB zulässige Aufrechnung des Auftraggebers mit einem verjährten Mängelanspruch nicht wirksam ausgeschlossen werden.[863]

II. Mängelbeseitigung: § 13 Nr. 5 VOB/B

Der Mängelbeseitigungsanspruch in seinen unterschiedlichen Ausgestaltungen gemäß Abs. 1 192
und 2 des § 13 Nr. 5 VOB/B steht – insoweit mit § 634 Nr. 1 und 2 BGB übereinstimmend – mit Bedacht an erster Stelle vor den übrigen Mängelrechten in § 13 Nr. 6 und 7 VOB/B. Diese Positi-

---

177, 179 Fußnote 25; *Joussen* BauR 2002, 1759, 1770/1771; *Voppel* NZBau 2003, 6, 9; teilweise anders jetzt auch *Palandt/Heinrichs* § 309 Rdn. 76.

Allgemein zu Konsequenzen aus dieser Richtlinie: Tempel NZBau 2002, 465, 468–470, sowie insbesondere oben Einleitung zur VOB/B Rdn. 68–74.

Vgl. auch die Empfehlung 4 des Arbeitskreises V des 1. Deutschen Baugerichtstags BauR 2006, 1182, 1185.

[853] Lang NJW 1995, 2063, 2069.

[854] Vielmehr in BGHZ 107, 75 = NJW 1989, 1602 = BauR 1989, 323 ausdrücklich offengelassen.

[855] Das nehmen an: OLG Stuttgart BauR 1989, 756; OLG München NJW-RR 1995, 1301 = BauR 1994, 666 (nur LS); OLG Hamm OLGR 1995, 74 = IBR 1995, 293; OLG Frankfurt BauR 2005, 1939; OLG Naumburg IBR 2006, 550; LG Halle BauR 2006, 128; *Heiermann/Riedl/Rusam* VOB/B § 13 Rdn. 69 b, 2. Spiegelstrich; *Kraus/Sienz* BauR 2000, 631, 634/635; *Oberhauser* Jahrbuch BauR 2003, 1, 11/12.

Einen Eingriff in die VOB/B verneinen: OLG Hamm OLGR 1997, 62; Korbion/Locher S. 106, Rdn. 179, letzter Abs.; Ingenstau/Korbion/Wirth VOB/B § 13 Nr. 4 Rdn. 71/72; Beck'scher VOB-Kommentar/Motzke VOB/B § 13 Nr. 4 Rdn. 113/114.

[856] BGH NJW-RR 1987, 851 = BauR 1987, 445; NJW-RR 1991, 980 = BauR 1991, 458.

[857] BGHZ 157, 346 = NJW 2004, 1597 = NZBau 2004, 267 = BauR 2004, 668; NZBau 2004, 385 = BauR 2004, 1142.

[858] Das hatte der BGH nicht zu entscheiden: *Bormann/Graßnack/Kessen* BauR 2005, 463/464.

[859] Rdn. 106–108.

[860] BGHZ 132, 383 = NJW 1996, 2155 = BauR 1996, 707 unter Hinweis auf BGHZ 107, 75 = NJW 1989, 1602 = BauR 1989, 322; BGH NZBau 2001, 201 = BauR 2001, 621.

[861] Beck'scher VOB-Kommentar/*Motzke* VOB/B § 13 Nr. 4 Rdn. 215.

[862] OLG Celle BauR 2001, 259.

[863] OLG Hamm NJW-RR 1993, 1082 = BauR 1993, 605.

on unterstreicht die Bedeutung der **Mängelbeseitigung** als **primäres Recht** des Auftraggebers. Denn das Minderungsrecht (Nr. 6) und der Schadenersatzanspruch (Nr. 7) haben nur Hilfs- und Ergänzungsfunktion, wenn und soweit Mängelbeseitigung nicht erreichbar ist. In erster Linie soll mit der Mängelbeseitigung der eigentliche Vertragszweck, die vertragsgemäße Bauleistung, erzielt werden.[864] Dem vorrangigen Interesse des Auftraggebers an der Erstellung des vom Auftragnehmer geschuldeten mangelfreien Werks[865] wird damit konsequenter entsprochen als im BGB-Werkvertragsrecht, zumal der Auftraggeber die dortige Möglichkeit, durch Fristsetzung zur Nacherfüllung (§ 323 Abs. 1 BGB) alsbald zum Rücktritt oder zur Minderung (§ 634 Nr. 3 BGB) überzugehen, im Rahmen des § 13 VOB/B nicht hat.

193 Gemäß §§ 634 Nr. 1, 635 **BGB** kann der Auftraggeber, wenn das Werk mangelhaft ist, jetzt **Nacherfüllung** verlangen. Diesen Anspruch kann der Auftragnehmer nach seiner Wahl durch Mängelbeseitigung oder Neuherstellung erfüllen (§ 635 Abs. 1 BGB). Dem gegenüber gibt § 13 Nr. 5 **VOB/B** unverändert einen Anspruch auf **Mängelbeseitigung**. Da dieser nach der Rechtsprechung[866] schon bisher auch die Neuherstellung umfasste,[867] wurde davon abgesehen, die VOB/B insoweit zu ändern.[868]

1. Mängelbeseitigungspflicht und -gelegenheit

194 Obwohl § 13 Nr. 5 Abs. 1 Satz 1 VOB/B nur bestimmt, dass der Auftragnehmer zur Mängelbeseitigung verpflichtet ist, hat er zugleich ein berechtigtes Interesse, auftretende Mängel zu prüfen und die Möglichkeit zu erhalten, sie zu beseitigen.[869] Dem entsprechend macht § 13 Nr. 5 Abs. 2 VOB/B das Ersatzvornahmerecht – wie § 637 Abs. 1 BGB die Selbstvornahme – des Auftraggebers von einer vorherigen Fristsetzung abhängig. Daraus wurde bislang allgemein gefolgert, dass der Auftragnehmer auch ein Nachbesserungsrecht hat.[870] Wie ein Urteil des OLG Hamm[871] zeigt, kann dieser Begriff jedoch zu Missverständnissen führen. Bei näherer Betrachtung spricht nichts dafür, ein Recht oder sogar einen Anspruch des Auftragnehmers auf Nachbesserung anzunehmen.[872] Um die rechtliche Position des Auftragnehmers genauer zu umschreiben, sollte diese deshalb nur noch als **Gelegenheit** oder Möglichkeit **zur Nachbesserung** bezeichnet werden. Dass § 13 Nr. 5 VOB/B dem Auftraggeber zunächst lediglich einen Mängelbeseitigungsanspruch gewährt,[873] dient damit zugleich dem Schutz des Auftragnehmers, weil es für diesen regelmäßig finanziell günstiger ist, selbst nachzubessern.[874]

2. Voraussetzungen des Anspruchs

195 Die Voraussetzungen des Mängelbeseitigungsanspruchs ergeben sich aus **§ 13 Nr. 5 Abs. 1 Satz 1 VOB/B**. Danach ist der Auftragnehmer verpflichtet, alle während der Verjährungsfrist

---

[864] *Nicklisch/Weick* § 13 Rdn. 110; *Heiermann/Riedl/Rusam* VOB/B § 13 Rdn. 100; *Ingenstau/Korbion/Wirth* VOB/B § 13 Nr. 5 Rdn. 7.

[865] BGHZ 96, 111 = NJW 1986, 711 = BauR 1986, 93.

[866] BGHZ 96, 111 = NJW 1986, 711 = BauR 1986, 93; vgl. schon oben Rdn. 7 sowie unten Rdn. 219.

[867] So auch BT-Drucksache 14/6040, S. 264/265, zu § 635 Abs. 1; von einer mit § 635 BGB beabsichtigten Stärkung der Rechte des Auftraggebers – so *Kiesel* NJW 2002, 2064, 2068 – kann also keine Rede sein.

[868] Beschluss des Vorstandes des DVA vom 2.5.2002, Begründung II.9.; *Kratzenberg* NZBau 2002, 177, 182. Entgegen *Tempel* NZBau 2002, 532, 534/535 stellt die Nichterwähnung der Neuherstellung keinen Verstoß gegen das Transparenzgebot des § 307 Abs. 1 Satz 2 BGB dar: *Weyer* NZBau 2003, 521, 522.

[869] BGH NJW 1966, 39.

[870] BGHZ 90, 344 = NJW 1984, 1676 = BauR 1984, 395; BGH NJW 1986, 713 = BauR 1986, 98, insoweit in BGHZ 96, 146 nicht abgedruckt; BGHZ 96, 221 = NJW 1986, 922 = BauR 1986, 211; BGH NJW 2000, 3348 = NZBau 2000, 466 = BauR 2000, 1756; *Muffler* BauR 2004, 1356, 1357/1358; vgl. außerdem die Nachweise bei *Weyer* BauR 2006 Heft 10, Fn. 1 und 2.

[871] BauR 2005, 1190.

[872] *Jansen* BauR 2005, 1089–1093; *Thode* ibr-online: IBR Aufsatz „Hat der Auftragnehmer einen durchsetzbaren Anspruch auf Mängelbeseitigung oder Nacherfüllung gegen den Auftraggeber?"; *Weyer* BauR 2006 Heft 10.

[873] BGHZ 96, 221 = NJW 1986, 922 = BauR 1986, 211.

[874] *Nicklisch/Weick* § 13 Rdn. 110.

hervortretenden Mängel, die auf vertragswidrige Leistung zurückzuführen sind, auf seine Kosten zu beseitigen, wenn es der Auftraggeber vor Ablauf der Frist schriftlich verlangt.

a) Auf vertragswidrige Leistung zurückzuführender Mangel. Es muss zunächst ein **Mangel** vorliegen. Ein solcher ist zu bejahen, wenn die Bauleistung des Auftragnehmers nicht den Anforderungen des § 13 Nr. 1 und 2 VOB/B entspricht. Das ist der Fall, soweit die Leistung zur Zeit der Abnahme entweder nicht die vereinbarte Beschaffenheit aufweist und auch nicht die Alternativen des § 13 Nr. 1 Satz 3 VOB/B erfüllt oder nicht den anerkannten Regeln der Technik entspricht. Wegen der näheren Einzelheiten wird auf die obigen Ausführungen[875] verwiesen. 196

Allerdings genügt nicht jeder Mangel, vielmehr muss er auf **vertragswidrige Leistung** des Auftragnehmers zurückzuführen sein. Hierbei ist jedoch zu beachten, dass das Werkvertragsrecht von dem Grundsatz ausgeht, dass der Auftragnehmer unabhängig von einem Verschulden für die vereinbarte Werkleistung und damit für den Erfolg seiner Tätigkeit einzustehen hat.[876] Deshalb ist dem Auftragnehmer in der Regel jeder Mangel seines Werks **zuzurechnen**. Eine Ausnahme bilden die Fälle der Risikoverlagerung auf den Auftraggeber gemäß § 13 Nr. 3 VOB/B, wenn der Auftragnehmer von der Sachmängelhaftung frei ist, weil er seine Prüfungs- und Hinweispflicht erfüllt hat.[877] Die Zurechenbarkeit eines solchen Mangels wird zu Recht allgemein verneint.[878] 197

Schwierigkeiten bei der Feststellung, ob ein Mangel auf die Leistung des Auftragnehmers **zurückzuführen** ist, also ihrer **Ursächlichkeit** für den Mangel, können entstehen, falls an der Bauleistung außer ihm noch ein oder mehrere andere Unternehmer oder der Auftraggeber selbst mitgewirkt haben.[879] Es genügt jedoch, dass die Leistung des Auftragnehmers mitursächlich war.[880] Mitursächlichkeit scheidet aber aus, wenn der Mangel auf der Teilleistung eines anderen beteiligten Unternehmers beruht.[881] Haben indes mehrere Baubeteiligte Ursachen gesetzt, die erfahrungsgemäß jede für sich oder auch zusammen den Mangel herbeigeführt haben können, ohne dass feststellbar ist, worauf der Mangel letztlich beruht, ist das Zusammenwirken aller anzunehmen.[882] Dabei hat der einzelne Beteiligte gegebenenfalls nur in Höhe einer anteiligen Quote einzustehen.[883] 198

b) Während der Verjährungsfrist hervortretender Mangel. Die Formulierung in § 13 Nr. 5 Abs. 1 Satz 1 VOB/B, dass die Mängelbeseitigungspflicht sich auf „alle während der Verjährungsfrist hervortretenden Mängel" erstreckt, ist in mehrfacher Hinsicht **zu eng**. So ist anerkannt, dass nicht erledigte, vor der Abnahme gemäß § 4 Nr. 7 VOB/B geltend gemachte Mängelbeseitigungsansprüche sich mit der Abnahme in Mängelrechten aus § 13 VOB/B fortsetzen,[884] sich also weiterhin zunächst auf Mängelbeseitigung richten. Zudem folgt aus § 640 Abs. 2 BGB in Verbindung mit § 12 Nr. 4 Abs. 1 Satz 4 und Nr. 5 Abs. 3 VOB/B, dass der Auftraggeber auch wegen bei der Abnahme bekannter und vorbehaltener Mängel Nachbesserung verlangen kann.[885] 199

---

[875] Rdn. 18–36.

[876] BGH NZBau 2006, 112 = BauR 2006, 375; vgl. dazu schon oben Rdn. 63; vgl. außerdem OLG Hamburg BauR 2001, 1749 mit Anm. *Wirth* = IBR 2001, 180 mit kritischem Praxishinweis von *Putzier* und dazu *Leitzke* BauR 2002, 394 sowie VOB/B § 4 Rdn. 66.

[877] Vgl. zu § 13 Nr. 3 im einzelnen oben Rdn. 62–92.

[878] Beck'scher VOB-Kommentar/*Kohler* VOB/B § 13 Nr. 5 Rdn. 25; *Heiermann/Riedl/Rusam* VOB/B § 13 Rdn. 123; *Kleine-Möller/Merl* § 12 Rdn. 757; *Nicklisch/Weick* § 13 Rdn. 116.

[879] Vgl. dazu oben Rdn. 44 sowie OLG Hamburg IBR 2005, 585.

[880] BGH BauR 1975, 130; NJW-RR 1988, 1043 = BauR 1988, 474. Zur gesamtschuldnerischen Mängelhaftung von Vor- und Nachunternehmer vgl. oben Rdn. 89 und unten Rdn. 224.

[881] Beck'scher VOB-Kommentar/*Kohler* VOB/B § 13 Nr. 5 Rdn. 22; *Nicklisch/Weick* § 13 Rdn. 116.

[882] BGH WM 1971, 1056.

[883] Vgl. dazu OLG Stuttgart NJW-RR 1995, 892 = BauR 1995, 850; OLG Düsseldorf NJW-RR 1995, 339; OLG Frankfurt NJW-RR 1995, 1488.

[884] BGH NJW 1982, 1524 = BauR 1982, 277; *Nicklisch/Weick* § 4 Rdn. 115; Beck'scher VOB-Kommentar/*Kohler* VOB/B § 4 Nr. 7 Rdn. 4; *Ingenstau/Korbion/Oppler* VOB/B § 4 Nr. 7 Rdn. 25; vgl. auch oben VOB/B § 4 Rdn. 157, 169 sowie § 13 Rdn. 100; a.A: fälschlich *Donner* in *Franke/Kemper/Zanner/Grünhagen* § 13 VOB/B Rdn. 16.

[885] *Ingenstau/Korbion/Wirth* VOB/B § 13 Nr. 5 Rdn. 28; Beck'scher VOB-Kommentar/*Kohler* VOB/B § 13 Nr. 5 Rdn. 35; *Heiermann/Riedl/Rusam* VOB/B § 13 Rdn. 124; *Daub/Piel/Soergel/Steffani* ErlZ B 13.394.

Schließlich enthält § 13 Nr. 5 Abs. 1 Satz 1 VOB/B nicht etwa eine Ausschlussfrist; vielmehr erwirbt der Auftraggeber bei erst nach Ablauf der Verjährungsfrist hervortretenden Mängeln entsprechend der allgemeinen Wirkung der Verjährung zwar einen Mängelbeseitigungsanspruch, der Auftragnehmer kann diesem aber die Verjährungseinrede entgegenhalten.[886]

200 **c) Beseitigungsverlangen.** Der Anspruch auf Beseitigung des Mangels entsteht mit einem entsprechenden Beseitigungsverlangen des Auftraggebers.[887] Entgegen dem Wortlaut des § 13 Nr. 5 Abs. 1 Satz 1 VOB/B gilt das auch, wenn dieses Verlangen erst nach Ablauf der Verjährungsfrist gestellt wird, jedoch kann der Auftragnehmer sich dann sogleich auf Verjährung berufen. Das Beseitigungsverlangen muss inhaltlich so konkret[888] sein, dass der Auftragnehmer erkennen kann, welche Mängel gerügt und von ihm nachgebessert werden sollen.[889] Die damit angesprochene hinreichend genaue Bezeichnung der Mängel erlangt ihre eigentliche und entscheidende Bedeutung erst im Rahmen der „Quasiunterbrechung" nach § 13 Nr. 5 Abs. 1 Satz 2 VOB/B, weshalb sie dort[890] näher behandelt wird.

201 **d) Schriftform.** Obwohl nach dem Wortlaut des § 13 Nr. 5 Abs. 1 Satz 1 VOB/B ein schriftliches Beseitigungsverlangen erforderlich ist, hängt die Entstehung des Mängelbeseitigungsanspruchs nicht davon ab, dass er schriftlich geltend gemacht wird.[891] Die eigentliche Bedeutung der Schriftform besteht auch hier in der durch sie bewirkten „Quasiunterbrechung" der Verjährungsfrist.[892]

3. „Quasiunterbrechung"/Ablaufhemmung

202 Zu dieser „Quasiunterbrechung"[893] bestimmt **§ 13 Nr. 5 Abs. 1 Satz 2 VOB/B** seit seiner Änderung durch die VOB/B 2002,[894] dass der Anspruch auf Beseitigung der gerügten Mängel in 2 Jahren verjährt, gerechnet vom Zugang des schriftlichen Verlangens an, jedoch nicht vor Ablauf der Regelfristen nach Nr. 4 oder der an ihrer Stelle vereinbarten Frist. Sinn und Zweck dieser Regelung ist, dem Auftraggeber einen Ausgleich dafür zu gewähren, daß in § 13 Nr. 4 VOB/B für Bauwerksleistungen die gesetzliche Verjährungsfrist verkürzt worden ist.[895] Gleichwohl handelt es sich um eine typisierte Regelung, die nicht nur gilt, wenn im Einzelfall die kurze Frist des § 13 Nr. 4 VOB/B eingreift, sondern ebenso bei Vereinbarung einer längeren Verjährungsfrist,[896] wie auch im letzten Halbsatz der Bestimmung zum Ausdruck kommt.[897] Haben die Bauvertragspartner eine kürzere Verjährungsfrist als die Regelfrist durch Individualvereinbarung verabredet – eine entsprechende AGB-Klausel wäre nach § 309 Nr. 8 lit. b ff BGB unwirksam –, ist allerdings zu prüfen, ob damit nicht gleichzeitig die verjährungsverlängernde Wirkung des schriftlichen

[886] *Hereth/Ludwig/Naschold* B § 13 Ez 213; vgl. schon oben Rdn. 97.

[887] BGH NJW 1990, 901 = BauR 1990, 218.

[888] OLG Oldenburg IBR 2004, 199.

[889] Vgl. dazu näher Beck'scher VOB-Kommentar/*Kohler* VOB/B § 13 Nr. 5 Rdn. 37–40; *Vygen* Bauvertragsrecht Rdn. 518/519.

[890] Vgl. unten Rdn. 205–208.

[891] BGH NJW 1959, 142; BGHZ 58, 332 = NJW 1972, 1280 = BauR 1972, 311; *Hereth/Ludwig/Naschold* B § 13 Ez 209–211; *Ingenstau/Korbion/Wirth* VOB/B § 13 Nr. 5 Rdn. 89–91; Beck'scher VOB-Kommentar/*Kohler* VOB/B § 13 Nr. 5 Rdn. 42.

[892] BGH NJW 1959, 142; *Nicklisch/Weick* § 13 Rdn. 118; Beck'scher VOB-Kommentar/*Kohler* VOB/B § 13 Nr. 5 Rdn. 43; *Kaiser* Mängelhaftung Rdn. 72; *Ingenstau/Korbion/Wirth* VOB/B § 13 Nr. 5 Rdn. 92–95.

[893] Die Bezeichnung wechselt: vgl. zum Beispiel OLG Hamm NJW-RR 1993, 287 = BauR 1993, 207: „Quasi-Unterbrechung"; BGHZ 95, 375 = NJW 1986, 310: „erleichterte Unterbrechung"; BGH NJW 1987, 381 = BauR 1987, 84: „Verlängerung der Verjährungsfrist". Die Bezeichnung „Quasiunterbrechung" passt nicht mehr: *Weyer* BauR 2003, 613, 619 und NZBau 2003, 521, 523; dazu näher unten Rdn. 210.

[894] Vgl. zum Grund der Änderung Beschluss des Vorstandes des DVA vom 2.5.2002, Begründung II. 10.; *Kratzenberg* NZBau 2002, 177, 182; vgl. auch unten Rdn. 210.

[895] BGHZ 58, 7 = NJW 1972, 530 = BauR 1972, 172; BGH NJW 1978, 537 = BauR 1978, 143; *Nicklisch/Weick* § 13 Rdn. 127.

[896] BGHZ 58, 7 = NJW 1972, 530 = BauR 1972, 172; BGHZ 58, 332 = NJW 1972, 1280 = BauR 1972, 311; NZBau 2005, 282 = BauR 2005, 710.

[897] *Ingenstau/Korbion/Wirth* VOB/B § 13 Nr. 4 Rdn. 300.

Mängelbeseitigungsverlangens abbedungen sein sollte.[898] Ist ein fester Endtermin vereinbart, in welchem die Sachmängelhaftung „endgültig erlöschen" soll, so ist § 13 Nr. 5 Abs. 1 Satz 2 VOB/B nicht anwendbar.[899]

a) Schriftliches Mängelbeseitigungsverlangen. Die „Quasiunterbrechung" setzt voraus, 203
dass der Auftraggeber die Beseitigung der Mängel schriftlich verlangt. Hier ist die Schriftform[900] von entscheidender Bedeutung, weil sie Voraussetzung für die Durchsetzbarkeit des Nachbesserungsanspruchs über den Ablauf der ursprünglichen Verjährungsfrist hinaus ist[901] und insoweit als Wirksamkeitsvoraussetzung[902] bezeichnet werden kann. Zumindest ungenau ist es jedoch, dem schriftlichen Mängelbeseitigungsverlangen rechtsbegründende Wirkung zuzuschreiben.[903] Vielmehr entsteht der Anspruch bereits mit einem formlosen Verlangen.[904] Wenn ein solches, wie oft, vorausgegangen ist, hat eine spätere schriftliche Aufforderung nur rechtserhaltende Bedeutung. Stets muss das Verlangen auf Mängelbeseitigung gerichtet sein; die Erklärung der Minderung[905] oder die Forderung von Kostenvorschuss, Kostenerstattung oder Schadenersatz genügt nicht.[906]

b) Zugang innerhalb der Verjährungsfrist. Das schriftliche Mängelbeseitigungsverlangen 204
muss **nach** der **Abnahme** innerhalb der Verjährungsfrist – der vertraglich vereinbarten,[907] andernfalls der Regelfrist des § 13 Nr. 4 VOB/B – zugehen; eine vor der Abnahme zugegangene Aufforderung ist unbeachtlich.[908] Das Verlangen ist an den Auftragnehmer oder seinen bevollmächtigten Vertreter, nach der Eröffnung des Insolvenzverfahrens über das Vermögen des Auftragnehmers an den Insolvenzverwalter zu richten.[909] Soweit Riedl[910] und Kaiser[911] unter Bezugnahme auf dasselbe BGH-Urteil[912] für den Fall des (früheren) Konkurses des Auftragnehmers diesen weiterhin als richtigen Adressaten bezeichnen, verkennen sie die gegenteilige Entscheidung des BGH. Ein von dem Auftragnehmer mit der Wartung des Werkleistung beauftragter Unternehmer kann als sein Empfangsbote angesehen werden.[913] Allerdings wird auch die an einen Empfangsboten abgegebene Erklärung erst in dem Zeitpunkt wirksam, in dem – sofern nicht ein früherer Zugang feststeht – nach dem regelmäßigen Verlauf der Dinge die Übermittlung der Erklärung an den Adressaten – hier den Auftragnehmer – zu erwarten war,[914] was also ebenfalls noch vor Ablauf der Verjährungsfrist geschehen muss.

c) Anforderungen an die Bestimmtheit: Symptom-Rechtsprechung. Das Mängelbeseiti- 205
gungsverlangen muss hinreichend bestimmt sein, damit der Auftragnehmer erkennen kann, was

[898] BGH NJW 1981, 2741 = BauR 1981, 591; *Heiermann/Riedl/Rusam* VOB/B § 13 Rdn. 129 b; vgl. dazu auch *Ingenstau/Korbion/Wirth* VOB/B § 13 Nr. 4 Rdn. 304/305.

[899] BGH NJW 1981, 2741 = BauR 1981, 591; *Ingenstau/Korbion/Wirth* VOB/B § 13 Nr. 4 Rdn. 306.

[900] Vgl. dazu näher *Kleine-Möller/Merl* § 12 Rdn. 1225.

[901] BGH NJW 1959, 142; BGHZ 58, 332 = NJW 1972, 1280 = BauR 1972, 311; *Ingenstau/Korbion/Wirth* VOB/B § 13 Nr. 5 Rdn. 92–95.

[902] So *Heiermann/Riedl/Rusam* VOB/B § 13 Rdn. 128 b; *Kaiser* Mängelhaftung Rdn. 175.

[903] So jedoch OLG Hamm NZBau 2004, 332; *Ingenstau/Korbion/Wirth* VOB/B § 13 Nr. 4 Rdn. 297 und Nr. 5 Rdn. 95; *Heiermann/Riedl/Rusam* VOB/B § 13 Rdn. 128 und 129.

[904] Vgl. oben Rdn. 200/201.

[905] LG Wiesbaden NJW 1986, 329; *Nicklisch/Weick* § 13 Rdn. 132, am Ende.

[906] *Kleine-Möller/Merl* § 12 Rdn. 1223.

[907] Fälschlich a.A. OLG Koblenz NZBau 2005, 463 mit zu Recht ablehnender Anm. von *Schnapp* NZBau 2005, 464 = BauR 2005, 1644 mit ebenfalls ablehnender Anm. von *Moufang* BauR 2005, 1645 und von *Leupertz* im Praxishinweis zu IBR 2005, 317.

[908] BGH BauR 1977, 346; *Ingenstau/Korbion/Wirth* VOB/B § 13 Nr. 4 Rdn. 294; *Kleine-Möller/Merl* § 12 Rdn. 1226.

[909] BGHZ 95, 375 = NJW 1986, 310 für den Fall der Insolvenz nach altem Recht bezüglich des Konkursverwalters; *Kleine-Möller/Merl* § 12 Rdn. 1223, *Ingenstau/Korbion/Wirth* VOB/B § 13 Nr. 4 Rdn. 295;

[910] *Heiermann/Riedl/Rusam* VOB/B § 13 Rdn. 126.

[911] Mängelhaftung Rdn. 175 und BauR 1990, 123, 131/132.

[912] BGHZ 95, 375 = NJW 1986, 310.

[913] LG Leipzig NJW 1999, 2975 = BauR 1999, 1462.

[914] BGH NJW-RR 1989, 757; *Palandt/Heinrichs* § 130 Rdn. 9.

gerügt und von ihm nachgebessert werden soll. Darüber hinaus dient dieses Erfordernis auch insoweit dem Schutz des Auftragnehmers, als es verhindern soll, dass der Auftraggeber nach Ablauf der Verjährungsfrist bislang nicht gerügte Mängel nachschiebt. Im einzelnen ergeben sich die Anforderungen an die Bestimmtheit aus der sogenannten Symptom-Rechtsprechung des BGH.

206 Nach dieser ständigen BGH-Rechtsprechung ist **zwischen** der Abweichung der Werkleistung von der vertragsgemäßen Beschaffenheit, dem **Mangel** der Werkleistung, **und** den **Mangelerscheinungen**, an denen sich die Abweichung des Werks von der geschuldeten Leistung zeigt, **zu unterscheiden.**[915] Der Auftraggeber genügt den Anforderungen an ein hinreichend bestimmtes Mängelbeseitigungsverlangen, wenn er die Erscheinungen, die er auf vertragswidrige Abweichungen zurückführt, hinreichend deutlich beschreibt.[916] Er kann sich also **auf** die **Symptome beschränken**, aus denen er die Mangelhaftigkeit der Bauleistung herleitet.[917] Ausreichend ist der Sachvortrag, dass die Erscheinungen auf Mängel zurückzuführen sein können und dass die Mängel möglicherweise in den Verantwortungsbereich des Auftragnehmers fallen.[918] Der Auftraggeber braucht den Mangel selbst, die Ursachen der Symptome, nicht zu bezeichnen, weshalb es unschädlich ist, wenn er fälschlich andere als die später tatsächlich festgestellten Ursachen angibt.[919] Erst recht hat er keinen Anlass, irgendwelche außerhalb der Mängel liegende Ursachen auszuschließen.[920]

207 Der Auftraggeber macht mit der Bezeichnung der Mangelerscheinungen alle Ursachen der genannten Symptome und damit den **Mangel** selbst **in vollem Umfang** zum Gegenstand seines Mängelbeseitigungsverlangens.[921] Das gilt auch dann, wenn die angegebenen Symptome des Mangels nur an einigen Stellen aufgetreten sind, während ihre Ursache, also der Mangel des Werks, in Wahrheit das ganze Gebäude erfasst.[922] Die Benennung einer Stelle, an der Wasser in eine von mehreren Wohnungen eindringt, ist deshalb nicht als Begrenzung des Mängelbeseitigungsverlangens zu verstehen.[923] Ebenso erstreckt sich die Rüge von Feuchtigkeitsschäden an einigen von zahlreichen Balkonen eines Hauses, die auf konstruktiven Mängeln des Balkonaufbaus und der Wasserabführung beruhen, auf sämtliche Balkone, die diese Mängel aufweisen.[924]

208 **Beispiele** für eine hinreichend deutliche Bezeichnung der Mangelerscheinungen aus der neueren Rechtsprechung: Es genügt die Rüge, dass schlechte Bodenfliesen uneben und unsachgemäß verlegt sind,[925] Wasser in unter dem Dach liegenden Wohnungen auftritt,[926] Wohnungen wegen unzureichender Isolierung nicht ausreichend beheizbar sind,[927] der Heizungsinstallateur die Fußbodenheizung unsachgemäß sofort mit Höchsttemperaturen in Betrieb genommen hat, wodurch es zu Rissen und Verwerfungen im Estrich gekommen ist,[928] sich Durchfeuchtungen im Kellerbereich zeigen,[929] die Fußbodenheizungsanlage in unvertretbarem Maß Wasser verliert,

[915] BGHZ 110, 99 = NJW 1990, 1472 = BauR 1990, 356; BGH NJW-RR 1997, 1376 = BauR 1997, 1029; BauR 2003, 1247.

[916] BGH NJW-RR 2000, 309 = NZBau 2000, 73 = BauR 2000, 261; NJW-RR 2001, 380 = NZBau 2001, 195 = BauR 2001, 630; NZBau 2002, 335 = BauR 2002, 784; BauR 2003, 1247; NZBau 2005, 224 = BauR 2005, 590; NZBau 2005, 638 = BauR 2005, 1626.

[917] BGH NJW 1999, 1330 = BauR 1999, 391; BauR 1999, 899; BGHZ 150, 226 = NJW 2002, 2470 = NZBau 2002, 495 = BauR 2002, 1385.

[918] BGH BauR 1999, 631.

[919] BGH NJW-RR 1997, 1376 = BauR 1997, 1029; NJW 1999, 1330 = BauR 1999, 391; NZBau 2002, 335 = BauR 2002, 784.

[920] BGH BauR 1999, 899.

[921] BGH NJW-RR 1992, 913 = BauR 1992, 503; NJW-RR 1997, 1376 = BauR 1997, 1029; BauR 1998, 632.

[922] BGH NJW-RR 1989, 148 = BauR 1989, 79; NJW-RR 1997, 1376 = BauR 1997, 1029.

[923] BGH NJW-RR 1992, 913 = BauR 1992, 503.

[924] BGH NJW-RR 1989, 148 = BauR 1989, 79.

[925] BGHZ 110, 99 = NJW 1990, 1472 = BauR 1990, 356.

[926] BGH NJW-RR 1992, 913 = BauR 1992, 503.

[927] BGH NJW-RR 1997, 1376 = BauR 1997, 1029.

[928] BGH BauR 1998, 632.

[929] BGH NJW 1999, 1330 = BauR 1999, 391.

so dass diese mindestens zweimal pro Woche nachgefüllt werden muss, und bei Außentemperaturen unter 0° die notwendige Zimmertemperatur nicht erreichbar ist,[930] die Schallschutzwerte bezüglich des Trittschalls nicht eingehalten sind,[931] die Jalousien auf der Fensterbank auflaufen und nach außen vorstehen.[932]

d) Nur einmalige „Quasiunterbrechung". Die „Quasiunterbrechung" kann für denselben Mangel nur einmal durch das erste schriftliche Mängelbeseitigungsverlangen nach der Abnahme[933] bewirkt werden.[934] Sie schließt einen Neubeginn nach gesetzlichen Vorschriften nicht aus, wie umgekehrt zum Beispiel eine durch Anerkenntnis (§ 212 Abs. 1 Nr. 1 BGB) neu begonnene Verjährung durch eine „Quasiunterbrechung" verlängert werden kann.[935] Es entspricht jedoch nicht dem Sinn und Zweck des § 13 Nr. 5 Abs. 1 Satz 2 VOB/B, nach einer Fristverlängerung durch schriftliches Beseitigungsverlangen und anschließendem Neubeginn der Verjährung durch ein Anerkenntnis, welches erneut die vereinbarte Frist in Gang setzt,[936] dem Auftraggeber die Möglichkeit einer zweiten „Quasiunterbrechung" zu geben.[937] 209

e) Verlängerung auf 2 Jahre. Das erste schriftliche Beseitigungsverlangen verlängert[938] gemäß § 13 Nr. 5 Abs. 1 Satz 2 VOB/B ab Zugang die Verjährungsfrist für den gerügten Mangel auf jetzt 2 Jahre, sofern die Restfrist der Verjährung kürzer ist, während nach der bisherigen Fassung die Regelfristen der Nr. 4 galten. Mit dieser Begrenzung auf 2 Jahre soll ein Ausgleich gegenüber der auf 4 Jahre verlängerten Regelfrist für Bauwerksarbeiten in § 13 Nr. 4 VOB/B geschaffen werden.[939] Da § 13 Nr. 5 Abs. 1 Satz 2 VOB/B zugleich bestimmt, dass die Verjährung nicht vor Ablauf der Regelfristen nach Nr. 4 oder der an ihrer Stelle vereinbarten Frist eintritt, hat er **im Ergebnis** die **Wirkung** einer **Ablaufhemmung**.[940] Dem Auftraggeber sollen mindestens 2 Jahre zur Realisierung seiner Mängelansprüche zur Verfügung stehen. Geht das schriftliche Beseitigungsverlangen dem Auftragnehmer früher als 2 Jahre vor dem Ende der Regelfrist oder der vereinbarten Frist zu, bleibt es wirkungslos.[941] 210

f) Für alle Mängelansprüche. Das schriftliche Mängelbeseitigungsverlangen verlängert in **entsprechender Anwendung** des **§ 213 BGB** die Verjährung sämtlicher Ansprüche aus § 13 VOB/B wegen der gerügten Mängel, und zwar unabhängig davon, ob im Einzelfall überhaupt eine Mängelbeseitigung in Betracht kommt und zu welchem Erfolg sie führen kann.[942] Die 211

---

[930] BGH BauR 1999, 899.

[931] BGH NJW-RR 2000, 309 = NZBau 2000, 73 = BauR 2000, 261.

[932] OLG Hamm NZBau 2006, 580.

[933] Vgl. dazu oben Rdn. 204.

[934] BGHZ 66, 142 = NJW 1976, 960 = BauR 1976, 202; NJW-RR 1990, 1240 = BauR 1990, 723; NJW 1998, 1305 = BauR 1998, 390; OLG Düsseldorf NJW-RR 1998, 1028 = BauR 1998, 549; OLG Karlsruhe NZBau 2004, 331 = BauR 2004, 518.

[935] BGH NJW 1978, 537 = BauR 1978, 143.

[936] BGH NJW 1987, 381 = BauR 1987, 84; NZBau 2005, 282 = BauR 2005, 710; OLG Braunschweig IBR 2005, 194.

[937] BGH NJW 1978, 537 = BauR 1978, 143; NJW-RR 1990, 1240 = BauR 1990, 723.

[938] Vgl. BGH NJW 1987, 381 = BauR 1987, 84; NZBau 2005, 282 = BauR 2005, 710: Dort spricht der BGH ausdrücklich von der nach § 13 Nr. 5 Abs. 1 Satz 2 VOB/B verlängerten Verjährungsfrist, also nicht von einer neuen 2-jährigen Frist.

[939] So ausdrücklich Beschluss des Vorstandes des DVA vom 2.5.2002, Begründung II.10; *Kratzenberg* NZBau 2002, 177, 182; *Schwenker/Heinze* BauR 2002, 1143, 1151. Zu Unrecht sieht *Kiesel* NJW 2002, 2064, 2068 darin einen Verstoß gegen § 309 Nr. 8 lit. b ff. BGB, weil er verkennt, dass durch die „Quasiunterbrechung" die Verjährung nicht erleichtert, sondern zusätzlich über die gesetzlichen Möglichkeiten hinaus erschwert wird. Wie *Kiesel* auch *Tempel* NZBau 2002, 532, 536. Näher dazu *Weyer* NZBau 2003, 521, 522/523.

[940] *Weyer* BauR 2003, 613, 619 und NZBau 2003, 521, 523, weshalb auch die Bezeichnung „Quasiunterbrechung" nicht mehr passt; vgl. dazu schon oben Rdn. 202. Falsch ist die Einordnung als Hemmung durch *Peters* NZBau 2006, 273, 278.

[941] So im Fall des OLG Karlsruhe NZBau 2004, 331 = BauR 2004, 518.

[942] Zu §§ 639 Abs. 1, 477 Abs. 3 BGB a.F.: BGHZ 62, 293 = NJW 1974, 1188 = BauR 1974, 280; BGHZ 95, 375 = NJW 1986, 310.

„Quasiunterbrechung“ verhindert mithin über den Wortlaut des § 13 Nr. 5 Abs. 1 Satz 2 VOB/B hinaus auch die Verjährung des Kostenvorschuss- und des Kostenerstattungsanspruchs aus § 13 Nr. 5 Abs. 2 VOB/B sowie des Schadenersatzanspruchs aus § 13 Nr. 7 VOB/B und damit auch die Unwirksamkeit der Minderung gemäß §§ 634 a Abs. 5, 218 BGB.[943]

4. Verjährung der Mängelansprüche für Mängelbeseitigungsleistungen

212 Die in **§ 13 Nr. 5 Abs. 1 Satz 3 VOB/B** geregelte Verjährung der Mängelansprüche für Mängelbeseitigungsleistungen wird in der Literatur teilweise wie bei der schriftlichen Mängelrüge nach Satz 2 als Verlängerung der ursprünglich mit der Abnahme der Vertragsleistung beginnenden Verjährungsfrist angesehen,[944] teilweise wird ihr eine einem Neubeginn der Verjährung vergleichbare Wirkung beigemessen.[945] Darauf könnte auch die jetzige Formulierung in Satz 3, dass „eine Verjährungsfrist von 2 Jahren **neu**“ beginnt, und deren Begründung[946] hindeuten. Diese Einordnungen sind jedoch unvereinbar mit der selbständigen Tragweite des Satzes 3, durch den die Mängelbeseitigungsleistung verselbständigt und nach ihrer Abnahme einer eigenen Sachmängelhaftung mit neuer Verjährungsfrist unterworfen wird[947]. Für diese Sicht spricht bei genauer Betrachtung auch der Wortlaut des Satzes 3, weil dort bestimmt ist, dass nach der Abnahme der Mängelbeseitigungsleistung für diese Leistung eine – also nicht die (bisherige) – Verjährungsfrist neu beginnt. Nur bei diesem Verständnis ist zudem die Annahme haltbar, dass Satz 3 auch auf Mängelbeseitigungsleistungen anzuwenden ist, die der Auftragnehmer erbracht hat, obwohl die Mängelansprüche des Auftraggebers bereits verjährt waren.[948] Denn eine bereits abgelaufene Verjährungsfrist kann nicht mehr verlängert werden oder neu beginnen.[949]

213 Die Verjährungsfrist **beginnt** erst nach Beendigung und Abnahme aller zugesagten Mängelbeseitigungsleistungen.[950] Ihre **Dauer** beläuft sich nunmehr ebenfalls – wie in Satz 2 – auf 2 Jahre. Dass auch sie nicht vor Ablauf der Regelfristen nach Nr. 4 oder der an ihrer Stelle vereinbarten Frist endet, ist jetzt ausdrücklich bestimmt.[951] Die neue Frist des Satzes 3 wirkt sich also nur aus, wenn bei Bauwerksleistungen die Mängelbeseitigungsleistung später als 2 Jahre vor Ablauf der ursprünglichen Verjährungsfrist abgenommen wird. Die Bedeutung der Frist des Satzes 3 ist darüber hinaus auch deshalb allenfalls gering,[952] weil die ursprüngliche Verjährungsfrist, die neben ihr weiterläuft, ohnehin durch den Nachbesserungsversuch gemäß § 203 BGB gehemmt wird[953] und, falls die Mängelbeseitigung nicht nur aus Kulanz und zur gütlichen Beilegung des Streits erfolgt, zugleich nach § 212 Abs. 1 Nr. 1 BGB durch Anerkenntnis neu beginnt.[954] Deshalb wird die so verlängerte ursprüngliche Verjährungsfrist meist länger laufen als die Frist des Satzes 3. § 13 Nr. 5 Abs. 1 Satz 3 VOB/B enthält keine abschließende Vereinbarung über die Verjährung

[943] *Nicklisch/Weick* § 13 Rdn. 132, zu §§ 639 Abs. 1, 477 Abs. 3 BGB a.F.; *Ingenstau/Korbion/Wirth* VOB/B § 13 Nr. 4 Rdn. 293; *Heiermann/Riedl/Rusam* VOB/B § 13 Rdn. 129 c.

[944] *Kaiser* Mängelhaftung Rdn. 187.

[945] *Nicklisch/Weick* § 13 Rdn. 134; Beck'scher VOB-Kommentar/*Motzke* VOB/B § 13 Nr. 4 Rdn. 276.

[946] Beschluss des Vorstandes des DVA vom 2.5.2002, Begründung II.10.: „Das Wort ‚neu‘ im Satz 3 dient der Klarstellung und erfolgt in Anlehnung an die Terminologie des § 212 BGB.“

[947] BGHZ 108, 65 = NJW 1989, 2753 = BauR 1989, 606; *Weyer* BauR 2003, 613, 619/620. Diese Verselbständigung wird von *Miernik* BauR 2004, 14, 16 ff. zu Unrecht geleugnet.

[948] So BGHZ 108, 65 = NJW 1989, 2753 = BauR 1989, 606; zustimmend *Heiermann/Riedl/Rusam* VOB/B § 13 Rdn. 130; Beck'scher VOB-Kommentar/*Motzke* VOB/B § 13 Nr. 4 Rdn. 276; *Nicklisch/Weick* § 13 Rdn. 133; *Ingenstau/Korbion/Wirth* VOB/B § 13 Nr. 4 Rdn. 310; im Ergebnis so auch *Miernik* BauR 2004, 14, 17/18 unter Annahme eines Verzichts auf die Einrede der Verjährung; ablehnend nur *Kaiser* Mängelhaftung Rdn. 187 d und BauR 1990, 123, 128.

[949] *Palandt/Heinrichs* § 212 Rdn. 2.

[950] BGH NJW-RR 1986, 98.

[951] Zur bisherigen Fassung so bereits: BGH NJW-RR 1990, 1240 = BauR 1990, 723.

[952] Entgegen *Miernik* ist die von ihm in BauR 2004, 14, gestellte Frage: „§ 13 Nr. 5 Abs. 1 Satz 3 VOB/B, eine bedeutungslose Klausel?“ also eher zu bejahen.

[953] *Ingenstau/Korbion/Wirth* VOB/B § 13 Nr. 4 Rdn. 311. Vgl. dazu näher oben Rdn. 149–156.

[954] Vgl. dazu oben Rdn. 176 sowie zur Wirkung der Hemmung und des gleichzeitigen Neubeginns Rdn. 175.

nach einem Nachbesserungsversuch.[955] Denn die VOB/B regelt die Hemmung der Verjährung überhaupt nicht und deren Neubeginn oder besser Ablaufhemmung[956] nur lückenhaft.

Die Frist nach § 13 Nr. 5 Abs. 1 Satz 3 VOB/B kann aber, eben weil sie eine selbständige neue Verjährungsfrist ist, selbst dann nach § 13 Nr. 5 Abs. 1 Satz 2 VOB/B **verlängert** werden, wenn der Mängelbeseitigung bereits ein schriftliches Beseitigungsverlangen vorausgegangen war.[957] Außerdem kann sie nach den allgemeinen Vorschriften des BGB **neu beginnen** oder **gehemmt** werden.[958] Bei mehrfachen Versuchen, denselben Mangel zu beseitigen, beginnt mit der erneuten Abnahme jeweils eine neue Frist nach Satz 3.[959] **214**

Die neue Verjährungsfrist des § 13 Nr. 5 Abs. 1 Satz 3 VOB/B gilt zwar nur für die ausgeführte Mängelbeseitigungsleistung.[960] Der **Umfang** der von dieser neuen Verjährungsfrist erfassten Mängelansprüche des Auftraggebers ist aber nach den Grundsätzen der **Symptom-Rechtsprechung**[961] zu beurteilen. Wenn der Auftragnehmer eine unvollständige und fehlerhafte Nachbesserungsleistung erbringt, indem er lediglich einige Mangelerscheinungen beseitigt, beschränkt sich deshalb die neue Verjährungsfrist nicht auf die vom Auftraggeber gerügten und vom Auftragnehmer beseitigten Mangelerscheinungen, sondern erfasst alle Mängel, welche für diese Mangelerscheinungen ursächlich waren.[962] **215**

5. Inhalt des Mängelbeseitigungsanspruchs

Zum Inhalt des Mängelbeseitigungsanspruchs bestimmt § 13 Nr. 5 Abs. 1 Satz 1 VOB/B lediglich, dass der Auftragnehmer verpflichtet ist, die Mängel auf seine Kosten zu beseitigen. Diese Nachbesserungspflicht erstreckt sich grundsätzlich allein auf die Mängel seines eigenen Gewerks.[963] Denn der Auftragnehmer hat nach § 13 Nr. 1 VOB/B nur seine Leistung frei von Sachmängeln zu erbringen. Und eine Verletzung der Prüfungs- und Hinweispflicht gemäß § 4 Nr. 3 VOB/B verhindert ausschließlich, dass der Auftragnehmer nach § 13 Nr. 3 VOB/B von der Sachmängelhaftung frei wird, soll aber nach dem Sinn und Zweck dieser Bestimmung keine Erweiterung seiner Haftung bewirken.[964] **216**

a) Beseitigung des Mangels. Zur Beseitigung des Mangels muss der Auftragnehmer jedoch nicht nur die eigene mangelhafte Leistung nachträglich in einen vertragsgemäßen Zustand versetzen, sondern **auch** alle **Vorbereitungs-** und **Nebenarbeiten** durchführen sowie die **Nachbesserungsspuren beseitigen**; dazu gehört alles, was erforderlich ist, um die eigentliche Mängelbeseitigung vorzubereiten und nach erfolgter Nachbesserung den früheren Zustand wiederherzustellen.[965] Denn die Mängelbeseitigung darf nicht zu einer wirtschaftlichen Belastung des Auftraggebers führen und keine Spuren hinterlassen, die dessen Eigentum beeinträchtigen, weil der Auftragnehmer nach § 13 Nr. 5 Abs. 1 Satz 1 VOB/B auf seine eigenen Kosten nachzubessern **217**

---

955 A.A. *Miernik* BauR 2004, 14, 18/19.

956 Vgl. oben Rdn. 210.

957 BGH NJW-RR 1986, 98; BGHZ 108, 65 = NJW 1989, 2753 = BauR 1989, 606; OLG Hamm NJW-RR 1993, 287 = BauR 1993, 86; *Kleine-Möller/Merl* § 12 Rdn. 1236; *Ingenstau/Korbion/Wirth* VOB/B § 13 Nr. 4 Rdn. 322.

958 BGH NJW-RR 1987, 336 = BauR 1987, 207; BGHZ 108, 65 = NJW 1989, 2753 = BauR 1989, 606; *Heiermann/Riedl/Rusam* VOB/B § 13 Rdn. 130, am Ende; *Kaiser* Mängelhaftung Rdn. 187d; *Kleine-Möller/Merl* § 12 Rdn. 1236.

959 *Kaiser* Mängelhaftung Rdn. 187 c; *Kleine-Möller/Merl* § 12 Rdn. 1236; *Heiermann/Riedl/Rusam* VOB/B § 13 Rdn. 130, 1. Abs.; *Ingenstau/Korbion/Wirth* VOB/B § 13 Nr. 4 Rdn. 320/321.

960 KG IBR 2004, 314, zugleich zu den Konsequenzen für eine Gewährleistungssicherheit.

961 Vgl. dazu oben Rdn. 205–208.

962 BGHZ 108, 65 = NJW 1989, 2753 = BauR 1989, 606; *Kleine-Möller/Merl* § 12 Rdn. 1235; *Heiermann/Riedl/Rusam* VOB/B § 13 Rdn. 130.

963 BGH WM 1972, 800, insoweit in NJW 1972, 447 und BauR 1972, 112 nicht abgedruckt; BGHZ 96, 221 = NJW 1986, 922 = BauR 1986, 211; OLG München NJW-RR 1988, 20 = BauR 1988, 251 (nur LS); BauR 1996, 547; OLG Düsseldorf NZBau 2000, 331 = BauR 2000, 421.

964 Zu Ausnahmen vgl. unten Rdn. 224.

965 BGH NJW 1979, 2095 = BauR 1979, 333; BGHZ 96, 221 = NJW 1986, 922 = BauR 1986, 211.

hat.[966] Deshalb kann zum Beispiel die Beseitigung von Mängeln der Kellerabdichtung den Ausbau der Kellertüren, der Ölheizung, des Öltanks und der Kellertreppe, das Abmontieren und Wiederanbringen der Elektroanschlüsse sowie das Anpassen und den Wiedereinbau der ausgebauten Teile umfassen.[967] Alle diese Arbeiten sind zwangsläufig mit der Nachbesserung verbunden und darum notwendiger Bestandteil der Mängelbeseitigungspflicht, und zwar unabhängig davon, ob der Auftragnehmer den Mangel verschuldet hat und dem Auftraggeber daher ein Schadenersatzanspruch zusteht. Im Unterschied hierzu können Schäden an anderen Bauteilen und am sonstigen Eigentum des Auftraggebers, die lediglich auf Mängeln der Leistung des Auftragnehmers beruhen, nur Gegenstand eines verschuldensabhängigen Schadenersatzanspruchs sein.[968]

218 Der Mängelbeseitigungsanspruch gibt dem Auftraggeber in aller Regel nicht das Recht zu bestimmen, **auf welche Weise** die Mängel nachzubessern sind; das ist vielmehr Sache des Auftragnehmers.[969] Denn er trägt das Risiko seiner Arbeit, also auch des Fehlschlagens der Mängelbeseitigung und damit einer weiteren Nachbesserung; deshalb muss er gewöhnlich allein entscheiden können, wie er den Mangel beseitigen will.[970] Ausnahmsweise ist der Auftragnehmer jedoch zu einer bestimmten Nachbesserung verpflichtet, wenn lediglich durch sie der Mangel nachhaltig beseitigt und der vertraglich geschuldete Zustand erreicht werden kann.[971] Auch wenn der Auftragnehmer grundsätzlich die Art der Mängelbeseitigung bestimmen kann, ändert dies nichts daran, dass deren Ergebnis der geschuldeten Werkleistung entsprechen muss.[972] Allerdings können aufgrund einer nach Treu und Glauben gebotenen Interessenabwägung, wenn die Grundsubstanz des erbrachten Werks erhalten bleibt, als Mängelbeseitigung auch Maßnahmen zulässig sein, durch die auf einem anderen als dem vertraglich vorgesehenen Weg der vertragsgemäße Zustand erreicht wird oder deren Ergebnis ihm zumindest nahekommt,[973] gegebenenfalls auch durch Eingriffe in ein anderes Gewerk.[974] Zum Beispiel kann eine fehlerhafte Betondecke durch Unterzüge tragfähig gemacht und die nicht hinterlegten Fugen einer Fassadenverkleidung können von außen mit speziellen Kunststoffteilen abgedichtet werden.[975] Wenn eine Heizungsanlage durch Änderungen ihrer Sollbeschaffenheit nur nahekommt, sind verbleibende Abweichungen gegebenenfalls im Wege des Schadenersatzes auszugleichen.[976]

219 **b) Erforderlichenfalls Neuherstellung.** Da Mängelbeseitigung bei natürlicher Betrachtung nichts anderes bedeutet, als mangelhafte Leistungen durch mangelfreie zu ersetzen, soweit dies erforderlich ist, um insgesamt ein mangelfreies Werk entstehen zu lassen, kann der Auftragnehmer auch zur Neuherstellung verpflichtet sein.[977] Denn je weiter der Mangel reicht, desto größer ist der Umfang der Nachbesserung, die der Auftraggeber von ihm verlangen kann. Es liegt deshalb von

---

[966] *Daub/Piel/Soergel/Steffani* ErlZ B 13.403.

[967] BGH WM 1972, 800, insoweit in NJW 1972, 447 und BauR 1972, 112 nicht abgedruckt; vgl. außerdem die in BGHZ 96, 221 = NJW 1986, 922 = BauR 1986, 211 aufgeführten Beispielfälle.

[968] BGHZ 96, 221 = NJW 1986, 922 = BauR 1986, 211.

[969] BGH BauR 1973, 313, insoweit in BGHZ 61, 42 und NJW 1973, 1492 nicht abgedruckt; BGH NJW-RR 1988, 208 = BauR 1988, 82; NJW-RR 1997, 1106 = BauR 1997, 638; BGHZ 149, 289 = NJW 2002, 1262 = NZBau 2002, 266 = BauR 2002, 794.

[970] BGH BauR 1976, 430; OLG Karlsruhe IBR 1998, 297 = BauR 1998, 895 (nur LS); *Ingenstau/Korbion/Wirth* VOB/B § 13 Nr. 5 Rdn. 60; *Kaiser* Mängelhaftung Rdn. 76 a.

[971] BGH NJW-RR 1997, 1106 = BauR 1997, 638; BGHZ 149, 289 = NJW 2002, 1262 = NZBau 2002, 266 = BauR 2002, 794.

[972] OLG Hamm BauR 2006, 850.

[973] BGH NJW 1981, 1448 = BauR 1981, 284; NJW-RR 1989, 849 = BauR 1989, 462; KG BauR 1981, 380; *Kaiser* Mängelhaftung Rdn. 76 b.

[974] Ausführlich dazu *Motzke* Jahrbuch BauR 2000, 22 ff.

[975] BGH NJW 1981, 1448 = BauR 1981, 284.

[976] BGH NJW-RR 1989, 849 = BauR 1989, 462.

[977] BGHZ 96, 111 = NJW 1986, 711 = BauR 1986, 93; BGH BauR 1988, 123; OLG München NJW-RR 1987, 1234; OLG Köln NJW-RR 1993, 533 und NJW-RR 1994, 1430 = BauR 1995, 100; OLG München IBR 2000, 114; OLG Frankfurt IBR 2006, 198; zumindest im Ergebnis zustimmend: *Nicklisch/Weick* § 13 Rdn. 122 und vor § 13 Rdn. 4–9; *Ingenstau/Korbion/Wirth* VOB/B § 13 Nr. 5 Rdn. 65–72; *Heiermann/Riedl/Rusam* VOB/B § 13 Rdn. 140; Beck'scher VOB-Kommentar/*Ganten* VOB/B Vor § 13 Rdn. 23/24; Beck'scher

vornherein in der Natur einer umfassenden Mängelbeseitigung, dass sie letztlich zu einem vollständigen Ersatz der bisherigen mangelhaften durch eine neue mangelfreie Leistung führen kann, wenn anders der mit der Mängelbeseitigung verfolgte Zweck nicht erreichbar ist. Neuherstellung bedeutet im Ergebnis nicht mehr als Nachbesserung im größtmöglichen, aber zur nachhaltigen Mängelbeseitigung notwendigen Umfang.[978] Nach dieser praxisgerechten[979] Lösung handelt es sich um eine Frage der Quantität und nicht der rechtlichen Qualität der Nachbesserung, so dass vereinzelt angemeldete dogmatische Bedenken[980] nicht durchgreifen und die Formulierung, nach der Abnahme könne grundsätzlich nicht mehr Neuherstellung verlangt werden,[981] zumindest mißverständlich ist. Es ist letztlich eine Geschmacksfrage, ob die Neuherstellung wie hier als äußerster Fall einer Mängelbeseitigung angesehen oder wie jetzt in § 635 Abs. 1 BGB neben der Mängelbeseitigung dem Oberbegriff Nacherfüllung untergeordnet wird.[982]

Der auf Neuherstellung gerichtete Anspruch unterliegt allerdings wie jeder Mängelbeseitigungsanspruch der **Einschränkung** des § 13 Nr. 6 VOB/B, dass nämlich der Auftragnehmer die Beseitigung des Mangels verweigern darf, wenn sie einen unverhältnismäßig hohen Aufwand erfordern würde; dadurch wird eine unbillige Überforderung des Auftragnehmers verhindert.[983] Deshalb kann die Neuherstellung eines seit Jahren bestimmungsgemäß genutzten Hallenbodens mit kaum auffallenden optischen Beeinträchtigungen nicht verlangt werden.[984] **220**

Schon weil der **Auftragnehmer** grundsätzlich selbst zu bestimmen hat, wie er die Mängel beseitigen will,[985] ist er auch dann **berechtigt**, sich für eine Neuherstellung zu entscheiden, wenn eine solche zur Mängelbeseitigung nicht unbedingt erforderlich ist. Die Neuherstellung kann für den Auftragnehmer billiger sein als die Nachbesserung zahlreicher Mängel.[986] Zudem kann er aus anderen verständlichen Gründen[987] selbst an einer Neuherstellung interessiert sein. Dem entsprechend wird allgemein angenommen, dass der Auftragnehmer zur Neuherstellung berechtigt ist, sofern diese für den Auftraggeber nach den Umständen des Einzelfalls nicht unzumutbar ist.[988] Letzteres kann der Fall sein, wenn die Neuherstellung zu einer erheblichen Verzögerung der Fertigstellung führt[989] oder die Nutzung des Bauwerks durch sie empfindlich beeinträchtigt wird.[990] **221**

c) Auf Kosten des Auftragnehmers. Da der Auftragnehmer die Mängel nach § 13 Nr. 5 Abs. 1 Satz 1 VOB/B und dem **ergänzend** anwendbaren **§ 635 Abs. 2 BGB**[991] auf seine Kosten zu beseitigen hat, muss er die vollständige Mängelbeseitigung nebst allen Vor- und Nacharbei- **222**

VOB-Kommentar/*Kohler* VOB/B § 13 Nr. 5 Rdn. 51–53; *Kaiser* Mängelhaftung Rdn. 77; *Leinemann/Schliemann* § 13 Rdn. 271/272.

[978] BGHZ 96, 111 = NJW 1986, 711 = BauR 1986, 93; vgl. schon oben Rdn. 7.

[979] Beck'scher VOB-Kommentar/*Kohler* VOB/B § 13 Nr. 5 Rdn. 52.

[980] *Korbion/Hochstein/Keldungs* Rdn. 558; *Kaiser* Mängelhaftung Rdn. 77.

[981] OLG Köln NJW-RR 1994, 1430 = BauR 1995, 100; ähnlich *Vygen* Bauvertragsrecht Rdn. 530.

[982] Wodurch an der bisherigen Rechtslage nichts geändert werden sollte: BT-Drucks. 14/6040, S. 264/265, zu § 635 Abs. 1; zu Unrecht anders: *Kiesel* NJW 2002, 2064, 2068; vgl. auch schon oben Rdn. 193.

[983] BGHZ 96, 111 = NJW 1986, 711 = BauR 1986, 93; Beck'scher VOB-Kommentar/*Kohler* VOB/B § 13 Nr. 5 Rdn. 54; *Ingenstau/Korbion/Wirth* VOB/B § 13 Nr. 5 Rdn. 72.

[984] BGH BauR 1988, 123.

[985] Vgl. dazu oben Rdn. 218.

[986] BGHZ 96, 111 = NJW 1986, 711 = BauR 1986, 93.

[987] Vgl. dazu näher Beck'scher VOB-Kommentar/*Kohler* VOB/B § 13 Nr. 5 Rdn. 55.

[988] BGHZ 96, 111 = NJW 1986, 711 = BauR 1986, 93; *Ingenstau/Korbion/Wirth* VOB/B § 13 Nr. 5 Rdn. 68; *Nicklisch/Weick* § 13 Rdn. 123; *Heiermann/Riedl/Rusam* VOB/B § 13 Rdn. 140; *Kaiser* Mängelhaftung Rdn. 77.

Entgegen Kiesel NJW 2002, 2064, 2068 besteht insoweit kein Unterschied gegenüber der Regelung der §§ 634 Nr. 1, 635 BGB.

[989] Beck'scher VOB-Kommentar/*Kohler* VOB/B § 13 Nr. 5 Rdn. 55.

[990] *Daub/Piel/Soergel/Steffani* ErlZ B 13.406; *Kniffka* ibr-online-Kommentar Bauvertragsrecht, Stand 10.4.2006, § 635 Rdn. 20.

[991] Beck'scher VOB-Kommentar/*Kohler* VOB/B § 13 Nr. 5 Rdn. 57, zu den entsprechenden §§ 633 Abs. 2 Satz 2, 476 a BGB a.F.

ten[992] notfalls auch in Nachtarbeit[993] **selbst** oder **durch andere Unternehmer** ausführen.[994] Er ist grundsätzlich nicht verpflichtet, persönlich nachzubessern.[995] Außerdem schuldet er dem Auftraggeber den **Ersatz** von **Nebenkosten**, soweit diese zur Vorbereitung und Durchführung der Nachbesserung erforderlich waren, wie zum Beispiel aufgrund von Telefongesprächen mit anderen Handwerkern[996] zur Koordinierung der Mängelbeseitigungsmaßnahmen mit deren Arbeiten[997] oder infolge Hinzuziehung eines Architekten durch den Auftraggeber, sofern dieser dem Architekten dafür eine gesonderte Vergütung schuldet.[998] Letzteres ist nicht der Fall, wenn der Architekt mit den Leistungsphasen 8 und 9 des § 15 HOAI beauftragt ist und deshalb die Überwachung und Abnahme der Mängelbeseitigungsarbeiten ohnehin schuldet[999] oder wenn er dem Auftraggeber selbst für Sachmängel haftet und daher zur kostenlosen Leistung verpflichtet ist.[1000] Ebenfalls zu den Mängelbeseitigungskosten gehören dem Auftraggeber entstehende Gutachterkosten zur Mängelfeststellung oder zur Klärung der Mängelverantwortlichkeit[1001] und sind von dem Auftragnehmer zu ersetzen. Unter § 635 Abs. 2 BGB fallen auch Rechtsanwaltskosten, soweit diese zum Auffinden des zu beseitigenden Mangels notwendig sind.[1002]

223 Für sonstige **Rechtsverfolgungs**- oder -verteidigungs**kosten** des Auftraggebers hat der Auftragnehmer hingegen lediglich unter den Voraussetzungen eines Schadenersatzanspruchs nach § 13 Nr. 7 VOB/B einzustehen.[1003] Gleiches gilt für infolge der Mängelbeseitigung **entgangenen Gewinn,**[1004] insbesondere Nutzungsentgang,[1005] etwa weil der Betrieb einer Bowling-Bahn während der Mängelbeseitigung geschlossen werden muss.[1006]

224 Wenn der Mangel darauf beruht, dass der Auftragnehmer seine Prüfungs- und Hinweispflicht (§§ 4 Nr. 3, 13 Nr. 3 VOB/B) verletzt hat, muss er gleichwohl nur sein Werk nachbessern, nicht aber die Kosten der Mängelbeseitigung an der **Vorunternehmerleistung** tragen; insoweit fallen ihm lediglich die **Mehrkosten** einer zwischenzeitlichen Preissteigerung zur Last.[1007] Wenn allerdings die Mängelbeseitigungsarbeiten an seinem Werk zu Schäden an der Vorunternehmerleistung führen, hat der Auftragnehmer auch die Kosten deren Beseitigung zu tragen.[1008] Zudem müssen Vor- und Nachunternehmer, deren fehlerhafte Leistungen Mängel verursacht haben, die nur einheitlich beseitigt werden können, gemeinsam – als **Gesamtschuldner**[1009] – und deshalb jeder in vollem Umfang (§ 421 BGB) dem Auftraggeber für die von ihnen mitverursachten Mängel

---

[992] Vgl. dazu oben Rdn. 217.

[993] OLG Koblenz IBR 2005, 368.

[994] BGH NJW 1979, 2095 = BauR 1979, 333; *Werner/Pastor* Rdn. 1569; *Nicklisch/Weick* § 13 Rdn. 124.

[995] BGHZ 88, 240 = BauR 1984, 58, insoweit in NJW 1984, 230 nicht abgedruckt; BGH BauR 1985, 198.

[996] BGH NJW 1979, 2095 = BauR 1979, 333.

[997] *Kleine-Möller/Merl* § 12 Rdn. 768; *Heiermann/Riedl/Rusam* VOB/B § 13 Rdn. 132.

[998] *Nicklisch/Weick* § 13 Rdn. 125; Beck'scher VOB-Kommentar/*Kohler* VOB/B § 13 Nr. 5 Rdn. 60; *Ingenstau/Korbion/Wirth* VOB/B § 13 Nr. 5 Rdn. 79; *Kleine-Möller/Merl* § 12 Rdn. 768/769; *Kaiser* Mängelhaftung Rdn. 83 f.; unklar, weil in sich widersprüchlich *Heiermann/Riedl/Rusam* VOB/B § 13 Rdn. 132; a.A. *Werner/Pastor* Rdn. 1571.

[999] OLG Düsseldorf BauR 2000, 1383 (nur LS).

[1000] Beck'scher VOB-Kommentar/*Kohler* VOB/B § 13 Nr. 5 Rdn. 60; *Ingenstau/Korbion/Wirth* VOB/B § 13 Nr. 5 Rdn. 79.

[1001] BGHZ 113, 251 = NJW 1991, 1604; BGH NJW-RR 1999, 813; BayObLG IBR 2003, 81; *Kleine-Möller/Merl* § 12 Rdn. 769; *Kaiser* Mängelhaftung Rdn. 83 f.; für eine Einordnung dieser Kosten unter § 13 Nr. 7 VOB/B: *Ingenstau/Korbion/Wirth* VOB/B § 13 Nr. 5 Rdn. 81; *Werner/Pastor* Rdn. 1570.

[1002] BGH NJW-RR 1999, 813, zu §§ 633 Abs. 2 Satz 2, 476 a BGB a.F.; *Kannowski* BauR 2003, 170, 174, 180.

[1003] *Kleine-Möller/Merl* § 12 Rdn. 771; Beck'scher VOB-Kommentar/*Kohler* VOB/B § 13 Nr. 5 Rdn. 65.

[1004] BGHZ 72, 31 = NJW 1978, 1626 = BauR 1978, 402; BGH BauR 1979, 159; *Nicklisch/Weick* § 13 Rdn. 124.

[1005] Beck'scher VOB-Kommentar/*Kohler* VOB/B § 13 Nr. 5 Rdn. 64.

[1006] BGHZ 72, 31 = NJW 1978, 1626 = BauR 1978, 402.

[1007] BGH WM 1972, 800; OLG München NJW-RR 1988, 20 = BauR 1988, 251 (nur LS); OLG Düsseldorf NZBau 2000, 331 = BauR 2000, 421.

[1008] BGH BauR 2001, 1414.

[1009] Vgl. dazu oben Rdn. 89.

einstehen.[1010] Als Gesamtschuldner haften Vor- und Nachunternehmer auch sonst, soweit sich ihre Mängelhaftung inhaltlich überlagert.[1011]

d) Verzicht durch entgeltlichen Reparaturauftrag. Mitunter legen die Bauvertragspartner ihren Streit, ob Schäden an dem Bauwerk oder Funktionsstörungen unter die Mängelbeseitigungspflicht des Auftragnehmers fallen, dadurch bei, dass der Auftraggeber dem Auftragnehmer schließlich einen entgeltlichen Reparaturauftrag erteilt. Dadurch kommt ein – neuer – Werkvertrag über die Reparaturarbeiten zustande, in dem mangels Vorbehalts zugleich ein Verzicht des Auftraggebers auf etwaige Mängelrechte aus dem ursprünglichen Werkvertrag liegt.[1012] Dem gegenüber enthält eine Nachbesserungsvereinbarung in der Regel keinen Verzicht auf bestehende Mängelansprüche.[1013] Diese Ansprüche kann der Auftraggeber dem Werklohnanspruch aus einem Reparaturauftrag nur noch mit Erfolg entgegenhalten, wenn er bei Auftragserteilung einen entsprechenden Vorbehalt erklärt oder wenn der Auftragnehmer ihn durch unrichtige oder unvollständige Informationen zu dem entgeltlichen Auftrag veranlasst hat.[1014] Nach Ansicht des BGH[1015] kann der Auftragnehmer eine nach dem ursprünglichen Werkvertrag geschuldete Mängelbeseitigung auf Grund einer Nachtragsvereinbarung **nur** dann ein zweites Mal bezahlt verlangen, **wenn** der Auftraggeber mit dieser Vereinbarung eine gesonderte Vergütungspflicht **selbständig anerkannt** hat oder die Vertragsparteien sich gerade insoweit **verglichen** haben. Wenn der entgeltliche Reparaturauftrag erteilt wird, um den Streit über eine Mängelbeseitigungspflicht des Auftragnehmers beizulegen, liegt allerdings eine vergleichsweise Regelung nahe; dies bleibt aber eine Frage der Auslegung im Einzelfall. Ein entgeltlicher Reparaturauftrag schützt den Auftragnehmer jedoch nicht davor, von einem anderen Baubeteiligten gemäß § 426 BGB auf Gesamtschuldnerausgleich in Anspruch genommen zu werden.[1016] 225

e) Nachbesserungsvereinbarung unter Vorbehalt. Den beiderseitigen Interessen wird eher eine Abrede gerecht, dass der Auftragnehmer die gerügten Mängel des Werks nachbessert und nachträglich geklärt wird, wer für die Kosten aufkommen muss. Denn aufgrund einer solchen Nachbesserungsvereinbarung unter Vorbehalt hat der Auftragnehmer einen vertraglichen Anspruch gegen den Auftraggeber auf Erstattung der Kosten, welche der Auftraggeber nach der materiellen Rechtslage zu übernehmen oder mit denen er sich zu beteiligen hatte.[1017] Diese Vereinbarung kann auch konkludent getroffen werden.[1018] 226

f) Kosten einer unberechtigten Mängelrüge. Solche Kosten kann der Auftragnehmer in aller Regel nicht auf den Auftraggeber abwälzen.[1019] Denn die Aufforderung zur Mängelbeseitigung enthält keine stillschweigende Vergütungszusage für den Fall, dass das Beseitigungsverlangen objektiv zu Unrecht erfolgt.[1020] Ausnahmsweise kann etwas anderes gelten, falls 227

[1010] BGHZ 155, 265 = NJW 2003, 2980 = NZBau 2003, 557 = BauR 2003, 1379; OLG Stuttgart IBR 2005, 312; *Stamm* NJW 2003, 2940, 2941; *Kniffka* BauR 2005, 274, 275; ähnlich OLG Stuttgart IBR 2004, 11.

[1011] Vgl. dazu den von *Kniffka* BauR 2005, 274, 276, 1. Abs., gebildeten Fall.

[1012] OLG Düsseldorf NJW-RR 1995, 402 = BauR 1995, 254; NJW-RR 2000, 165 = BauR 2000, 942 (nur LS); *Ingenstau/Korbion/Wirth* VOB/B § 13 Nr. 5 Rdn. 35; *Korbion/Hochstein/Keldungs* Rdn. 556; zum Abschluss eines Reparaturvertrags vgl. auch *Malotki* BauR 1998, 682 ff.

[1013] BGH NJW 2002, 748 = NZBau 2002, 149 = BauR 2002, 472.

[1014] OLG Düsseldorf NJW-RR 2000, 165 = BauR 2000, 942 (nur LS); ähnlich KG BauR 2005, 723; weitergehend OLG Celle BauR 2005, 106, bestätigt durch BGH NZBau 2005, 453 = BauR 2005, 1317.

[1015] NZBau 2005, 453 = BauR 2005, 1317.

[1016] Vgl. dazu BGH NJW 1981, 1779 = BauR 1981, 383.

[1017] BGH NJW 1999, 416 = BauR 1999, 252; zum Bereicherungsausgleich bei nicht zustande gekommener Vereinbarung vgl. OLG Düsseldorf BauR 2001, 1608. Mangels exakter Feststellung des zugrunde liegenden Sachverhalts unklar: OLG Celle BauR 2003, 265.

[1018] OLG Karlsruhe BauR 2003, 1241 = IBR 2003, 353.

[1019] OLG Düsseldorf NJW-RR 1999, 746 = BauR 1999, 919; LG Konstanz NJW-RR 1997, 722; a.A. LG Hamburg NJW-RR 1992, 1301 = BauR 1992, 812 (nur LS).

[1020] *Kleine-Möller/Merl* § 12 Rdn. 1028; *Merl* FS Soergel 1993, 217, 227/228; vgl. auch *Malotki* BauR 1998, 682, 683/684.

aufgrund einer entsprechenden Erklärung des Auftragnehmers ein konkludenter Vertragsschluss zu bejahen ist.[1021] Auch eine zum Schadenersatz verpflichtende Vertragsverletzung kann allein in der Geltendmachung vermeintlicher Mängelrechte durch den Auftraggeber noch nicht gesehen werden.[1022] Ein Schadenersatzanspruch aus positiver Vertragsverletzung kommt vielmehr allenfalls bei willkürlicher Inanspruchnahme des Auftragnehmers[1023] oder bei sonstigen schweren Sorgfaltspflichtverletzungen des Auftraggebers[1024] in Betracht. Ein solcher Anspruch scheidet bei einer unzutreffenden Mängelbeschreibung durch den Auftraggeber grundsätzlich ebenfalls aus.[1025]

228 **g) Kostenbeteiligung des Auftraggebers.** Wie oben[1026] erörtert, kann die Sachmängelhaftung des Auftragnehmers infolge einer **Mitverursachung** der Mängel durch den Auftraggeber eingeschränkt sein. Dann bleibt der Auftragnehmer zwar weiterhin zur Mängelbeseitigung verpflichtet, der Auftraggeber muss sich aber an den Kosten der Nachbesserung beteiligen, soweit er oder seine Erfüllungsgehilfen für die Entstehung des Mangels mitverantwortlich sind.[1027] Der Auftragnehmer kann dann zunächst die Mängel beseitigen und danach, wenn die Höhe der Mängelbeseitigungskosten feststeht, von dem Auftraggeber den geschuldeten Kostenzuschuss in Höhe dessen Beteiligungsquote einfordern. Der Zahlungsanspruch ergibt sich aus der vertraglichen Verpflichtung des Auftraggebers zur Beteiligung an dem mitverursachten Nachbesserungsaufwand und beruht als **vertraglicher Nebenanspruch** letztlich auf Treu und Glauben, § 242 BGB.[1028] Zu einer derartigen uneingeschränkten Vorleistung ist der Auftragnehmer jedoch nach der Abnahme seines Werks nicht verpflichtet. Denn damit würde er das volle Vorleistungs- und Insolvenzrisiko tragen. Andererseits muss auch der Auftraggeber den von ihm geschuldeten Kostenzuschuss, der oft nach Grund und Höhe umstritten ist, nicht vorleisten, weshalb der Auftragnehmer nicht berechtigt ist, die Mängelbeseitigung von einer vorherigen Zahlung oder Zusage des Kostenzuschusses abhängig zu machen, also eine endgültige Festlegung zu verlangen.

229 Ein **angemessener Interessenausgleich** kann außerprozessual vielmehr lediglich dadurch erreicht werden, dass dem Auftragnehmer das Recht eingeräumt wird, von dem Auftraggeber vorab eine **Absicherung** des Anspruchs auf Kostenzuschuss zu fordern, und zwar durch Sicherheitsleistung in angemessener Höhe; dabei kann als Sicherheit außer den in § 232 Abs. 1 BGB genannten auch eine „vertrauenswürdige" Bürgschaft gestellt werden.[1029] Eine Bankbürgschaft im Sinne des § 17 Nr. 2 VOB/B ist hiernach ein geeignetes Sicherungsmittel.[1030] Wenn der Auftragnehmer die Mängelbeseitigung von einer solchen Sicherheitsleistung abhängig macht, muss er dem Auftraggeber den voraussichtlichen Instandsetzungsaufwand und die geltend gemachte Mitverschuldensquote im einzelnen darlegen und, sofern der Auftraggeber dies verlangt, mit einem Sachverständigengutachten untermauern.[1031]

230 Falls der Auftragnehmer sich nicht an die vorgenannten Einschränkungen des Anspruchs auf Kostenzuschuss hält, **verweigert** er die Nachbesserung **unberechtigt**, so dass der Auftraggeber ohne weitere Fristsetzung auf seine Kosten zur Fremdnachbesserung gemäß § 13 Nr. 5 Abs. 2

[1021] Eine solche Fallgestaltung bejaht das OLG Karlsruhe BauR 2003, 1241 = IBR 2003, 353. Vgl. dazu *Kleine-Möller/Merl* § 12 Rdn. 1028 und oben Rdn. 226.

[1022] BGHZ 20, 169 = NJW 1956, 787, OLG Düsseldorf NJW-RR 1999, 746 = BauR 1999, 919; LG Leipzig IBR 2006, 137; unvereinbar damit LG Hamburg NJW-RR 1992, 1301 = BauR 1992, 812 (nur LS), dem *Kleine-Möller/Merl* § 12 Rdn. 1026 grundsätzlich zustimmen, aber in Rdn. 1027 den Umfang der Sorgfaltspflicht erheblich einschränken; so auch *Merl* FS Soergel 1993, 217, 229–231; ähnlich *Malotki* BauR 1998, 682, 688/689.

[1023] OLG Düsseldorf NJW-RR 1999, 746 = BauR 1999, 919.

[1024] *Hunger* im Praxishinweis zu IBR 1999, 111.

[1025] Vgl. dazu näher *Kleine-Möller/Merl* § 12 Rdn. 1023–1025.

[1026] Rdn. 80–88.

[1027] BGH NJW 1999, 416 = BauR 1999, 252; *Kleine-Möller/Merl* § 12 Rdn. 772.

[1028] BGHZ 90, 344 = NJW 1984, 1676 = BauR 1984, 395.

[1029] BGHZ 90, 344 = NJW 1984, 1676 = BauR 1984, 395; OLG Hamm BauR 1991, 756.

[1030] *Kleine-Möller/Merl* § 12 Rdn. 775; *Heiermann/Riedl/Rusam* VOB/B § 13 Rdn. 116.

[1031] BGHZ 90, 344 = NJW 1984, 1676 = BauR 1984, 395.

VOB/B übergehen kann.[1032] Umgekehrt gerät der Auftraggeber in **Annahmeverzug**, wenn er das berechtigte Verlangen des Auftragnehmers nach Sicherheitsleistung für den Kostenzuschuss zu Unrecht ablehnt,[1033] und hat keinen Aufwendungsersatzanspruch nach § 13 Nr. 5 Abs. 2 VOB/B, wenn er die Mängel durch einen anderen Unternehmer beseitigen lässt.[1034]

h) Sowieso-Kosten. Eine Beteiligung des Auftraggebers an den Nachbesserungskosten kommt des weiteren in Betracht, soweit durch die Mängelbeseitigung sogenannte Sowieso-Kosten entstehen,[1035] welche mitunter auch als **Ohnehin-Kosten** bezeichnet werden.[1036] Dabei handelt es sich um diejenigen Mehrkosten, um die das Werk bei mangelfreier Ausführung von vornherein teurer gewesen wäre.[1037] Der Auftragnehmer darf nämlich nicht mit den Kosten solcher Maßnahmen belastet werden, die er nach dem Bauvertrag überhaupt nicht zu erbringen hatte. Wenn die Kalkulation des Auftragnehmers sich nicht allein nach seinen eigenen Vorstellungen,[1038] sondern nach einem Leistungsverzeichnis des Auftraggebers gerichtet hat oder die Bauvertragspartner eine bestimmte Ausführungsart zum Vertragsgegenstand gemacht haben, umfasst deshalb der ausbedungene Werklohn allein die vereinbarte Herstellungsart.[1039] Darum muss in jedem Einzelfall die geschuldete Leistung aufgrund der vertraglichen Abreden konkret ermittelt werden. 231

Folgerichtig bleibt der Auftragnehmer, der einen **bestimmten Erfolg** zu einem bestimmten Preis versprochen hat, an diese Zusage selbst dann gebunden, wenn sich nachträglich herausstellt, dass die beabsichtigte Ausführungsart unzureichend ist und aufwendigere Maßnahmen erforderlich sind; er kann diese Mehrkosten dem Auftraggeber **nicht** als **Sowieso-Kosten** der Mängelbeseitigung anlasten.[1040] Ob das auch bei der Verpflichtung des Auftragnehmers zur schlüsselfertigen Errichtung eines Bauwerks gilt, ist anderweitig[1041] behandelt. Jedenfalls muss ein schlüsselfertiges Fertighaus eine dauerhaft rissefreie Fassade haben, so dass der Auftragnehmer, falls diese mit der in der Baubeschreibung vorgesehenen Konstruktion nicht erreichbar ist, ohne Aufpreis die erforderlichen weiteren Maßnahmen zu treffen hat.[1042] Allerdings ist auch hier zu beachten, dass die konkrete Beschreibung der einzelnen Leistungen im Leistungsverzeichnis grundsätzlich Vorrang vor pauschalen Hinweisen zum Leistungsumfang hat.[1043] 232

Soweit der Auftraggeber sich in Höhe der Sowieso-Kosten an den Mängelbeseitigungskosten beteiligen muss, steht dem Auftragnehmer auch hier **vor** der **Nachbesserung** weder ein Anspruch auf Zahlung noch auf Zusage eines Kostenzuschusses, sondern außerprozessual lediglich auf **Sicherheitsleistung** in angemessener Höhe zu.[1044] Dabei bemisst sich die Höhe der Sowieso-Kosten nach dem **Preisstand** zu dem Zeitpunkt, in dem das Werk **seinerzeit** ordnungsgemäß hätte errichtet werden müssen.[1045] 233

[1032] BGHZ 90, 344 = NJW 1984, 1676 = BauR 1984, 395.

[1033] OLG Hamm NJW-RR 1996, 272; *Werner/Pastor* Rdn. 1564.

[1034] BGHZ 90, 344 = NJW 1984, 1676 = BauR 1984, 395.

[1035] BGH NJW 1999, 416 = BauR 1999, 252.

[1036] *Ingenstau/Korbion/Wirth* VOB/B § 13 Rdn. 355; OLG Düsseldorf BauR 2000, 1344.

[1037] BGHZ 90, 344 = NJW 1984, 1676 = BauR 1984, 395; BGHZ 91, 206 = NJW 1984, 2457 = BauR 1984, 510; BGHZ 139, 244 = NJW 1998, 3707 = BauR 1999, 37.

[1038] Anders, wenn Letzteres doch der Fall ist: OLG Hamm NZBau 2004, 446 = BauR 2004, 868,

[1039] BGHZ 91, 206 = NJW 1984, 2457 = BauR 1984, 510; BGHZ 139, 244 = NJW 1998, 3707 = BauR 1999, 37.

[1040] BGHZ 91, 206 = NJW 1984, 2457 = BauR 1984, 510; BGH NJW-RR 1987, 336 = BauR 1987, 207; NJW 1994, 2825 = BauR 1994, 776.

[1041] VOB/B § 2 Rdn. 267, 272.

[1042] BGH NJW-RR 1987, 336 = BauR 1987, 207.

[1043] Näher dazu VOB/B § 2 Rdn. 259.

[1044] BGHZ 90, 344 = NJW 1984, 1676 = BauR 1984, 395; OLG Hamm BauR 1991, 756; vgl. dazu näher die Ausführungen bei Rdn. 228–230, welche hier entsprechend gelten.

[1045] BGH NJW-RR 1994, 148 = BauR 1993, 722; OLG Nürnberg BauR 2001, 961; *Heiermann/Riedl/Rusam* VOB/B § 13 Rdn. 135 d; *Kaiser* Mängelhaftung Rdn. 205 d; *Ingenstau/Korbion/Wirth* VOB/B § 13 Rdn. 357.

234 Vom Auftraggeber zu tragende Sowieso-Kosten sind in der Rechtsprechung zum **Beispiel** bejaht worden bei im Vertrag nicht vorgesehenen Aufwendungen für eine nachträgliche Abdichtung gegen drückendes Wasser,[1046] für ein neues Isolierputzsystem anstelle des zunächst verwendeten untauglichen Systems,[1047] für die Herstellung[1048] oder eine umfassende Sanierung von Flachdächern,[1049] für Erweiterungen einer Heizungs-[1050] oder Wärmepumpenanlage,[1051] für die Beseitigung von Bauschutt aus zu verfüllenden Arbeitsräumen,[1052] für Maßnahmen zur Erfüllung der Schall- und Brandschutznormen in sanierten Mietshäusern[1053] und für Vorkehrungen zur Erzielung eines auch bei stärkerem Regen mit Windeinfall dichten Dachs einer Lager- und Produktionshalle.[1054]

235 **i) Vorteilsausgleich.** Schließlich kann eine Kostenbeteiligung des Auftraggebers erforderlich sein, um durch die Mängelbeseitigung ihm zuwachsende Vorteile auszugleichen.[1055] Eine solcher Vorteilsausgleich, dessen Grundsätze im Schadenersatzrecht entwickelt worden sind, folgt letztlich aus dem Grundsatz von Treu und Glauben, § 242 BGB; das darin verkörperte Gerechtigkeitsgebot ist auch auf Mängelrechte aus § 13 Nr. 5 VOB/B anwendbar.[1056] Dabei ist jedoch zu beachten, dass es hier um vertraglich begründete Ansprüche geht, deren Inhalt vor allem von den getroffenen Abreden abhängt.[1057]

236 In der Praxis stellt sich die Frage eines Vorteilsausgleichs insbesondere dann, wenn infolge einer erst nach vielen Jahren durchgeführten Mängelbeseitigung die **Lebensdauer** der Werkleistung sich deutlich **verlängert** und **Renovierungskosten erspart** werden. Insoweit scheidet ein Ausgleich aus, falls diese Vorteile – wie meist – ausschließlich auf der Verzögerung der Mängelbeseitigung durch den Auftragnehmer[1058] beruhen und der Auftraggeber sich jahrelang mit einem fehlerhaften Werk begnügen musste. Denn der Auftragnehmer darf sich nicht deshalb besser stehen, weil er seine Vertragspflicht, ein mängelfreies Werk zu erstellen, erst nach Jahren erfüllt. Sonst brauchte er um so weniger eigene Mittel einzusetzen, je länger er die Mängelbeseitigung hinauszögert, und könnte sich dadurch der mit seiner Sachmängelhaftung verbundenen Kostenbelastung teilweise oder im Extremfall ganz entziehen.[1059] Ein auszugleichender Vorteil der Auftraggeber, die jeweils mehr als 10 Jahre auf eine notwendige Fassadenerneuerung,[1060] eine rissefreie Gehweganlage[1061] oder eine taugliche Dachsanierung[1062] warten mussten, ist deshalb zu Recht verneint worden.

237 Ein **Vorteilsausgleich** ist hingegen ausnahmsweise **geboten**, falls trotz einer späten Mängelbeseitigung **keine Gebrauchsnachteile** eintreten, etwa weil sich die Mängel erst verhältnismäßig

---

[1046] BGHZ 90, 344 = NJW 1984, 1676 = BauR 1984, 395.
[1047] BGHZ 91, 206 = NJW 1984, 2457 = BauR 1984, 510.
[1048] OLG Frankfurt BauR 1987, 322.
[1049] OLG Hamm BauR 1991, 756.
[1050] OLG Celle BauR 1988, 613.
[1051] OLG Celle BauR 1988, 614.
[1052] OLG Düsseldorf NJW-RR 1995, 214 = BauR 1995, 244.
[1053] BGHZ 139, 244 = NJW 1998, 3707 = BauR 1999, 37.
[1054] BGH NJW-RR 2000, 465 = NZBau 2000, 74 = BauR 2000, 411.
[1055] BGH NJW 1999, 416 = BauR 1999, 252.
[1056] BGHZ 91, 206 = NJW 1984, 2457 = BauR 1984, 510; *Nicklisch/Weick* § 13 Rdn. 125 a; *Ingenstau/Korbion/Wirth* VOB/B § 13 Rdn. 348/349; *Kleine-Möller/Merl* § 12 Rdn. 780–783; *Werner/Pastor* Rdn. 2469; grundsätzlich ablehnend Beck'scher VOB-Kommentar/*Kohler* VOB/B § 13 Nr. 5 Rdn. 67 und VOB/B § 4 Nr. 7 Rdn. 87–90.
[1057] BGHZ 91, 206 = NJW 1984, 2457 = BauR 1984, 510.
[1058] Falls jedoch der Auftraggeber selbst die Mängelbeseitigung erst nach vielen Jahren ausführen lässt, kommt ein Abzug „neu für alt" durchaus in Betracht: BGH BauR 2004, 869.
[1059] BGHZ 91, 206 = NJW 1984, 2457 = BauR 1984, 510; BGH NJW 1989, 2753 = BauR 1989, 606, insoweit in BGHZ 108, 65 nicht abgedruckt; OLG Hamm NJW-RR 1996, 272; OLG Düsseldorf IBR 2003, 672; OLG Bamberg IBR 2006, 197.
[1060] BGHZ 91, 206 = NJW 1984, 2457 = BauR 1984, 510.
[1061] BGH NJW 1989, 2753 = BauR 1989, 606, insoweit in BGHZ 108, 65 nicht abgedruckt.
[1062] OLG Hamm NJW-RR 1996, 272; OLG Karlsruhe BauR 2002, 93.

spät auswirken[1063] oder weil der Auftraggeber den errichteten SB-Markt alsbald vermieten konnte, während die Lebensdauer des Flachdaches des Marktes infolge der erst nach 5 Jahren erfolgten Sanierung um ¼ verlängert wurde.[1064] Aufgrund seines Anspruchs auf Kostenzuschuss in Höhe des auszugleichenden Vorteils kann der Auftragnehmer vor der Mängelbeseitigung hier außerprozessual ebenfalls lediglich Sicherheitsleistung verlangen.[1065]

6. Durchsetzung des Mängelbeseitigungsanspruchs

Zur Durchsetzung des Mängelbeseitigungsanspruchs kann der Auftraggeber aktiv tätig werden, **238** indem er Klage auf Mängelbeseitigung erhebt. Sofern er den Werklohnanspruch des Auftragnehmers noch nicht voll erfüllt hat, kann er auch zunächst zuwarten und sich gegenüber dessen (Rest-) Werklohnklage auf sein Leistungsverweigerungsrecht bis zur Beseitigung der gerügten Mängel berufen. Davon, für welches Vorgehen der Auftraggeber sich entscheidet, hängt zugleich ab, wie der Auftragnehmer einen etwaigen Anspruch auf Kostenbeteiligung[1066] verwirklichen kann.

a) Klage auf Mängelbeseitigung. In einer derartigen Klage müssen die gerügten Mängel, **239** deren Beseitigung begehrt wird, konkret angegeben werden,[1067] und zwar bereits im Klageantrag. Nach den Grundsätzen der Symptom-Rechtsprechung[1068] genügt hierzu jedoch die hinreichend genaue Beschreibung der Mangelerscheinungen, mit welcher die Mängel selbst bezeichnet werden; denn diese Ursachen der Symptome braucht der Auftraggeber nicht zu benennen,[1069] zumal er diese oft nicht sicher beurteilen kann. Die Symptom-Rechtsprechung ist auch dann zu berücksichtigen, wenn nach Verurteilung zur Mängelbeseitigung im Rahmen einer Vollstreckungsgegenklage darüber gestritten wird, ob fachgerecht nachgebessert ist.[1070] Die Klage ist **nicht** auf eine **bestimmte Art** der Nachbesserung zu richten, weil es grundsätzlich Sache des Auftragnehmers ist, darüber zu befinden, wie er nachbessert.[1071] Wenn die Bauvertragspartner indessen darüber streiten, ob der Auftragnehmer zu einer bestimmten, weil allein erfolgversprechenden Art der Mängelbeseitigung verpflichtet ist, kann der Auftraggeber mit seiner Klage eine bestimmte Nachbesserungsmethode verlangen.[1072]

Beruft der Auftragnehmer sich gegenüber der Nachbesserungsklage auf seinen Kostenbeteili- **240** gungsanspruch, so ist er nur **Zug um Zug** gegen **Zuschusszahlung** zur Mängelbeseitigung zu verurteilen.[1073] Der Anspruch auf Zuschuss ist nicht von Amts wegen zu berücksichtigen, sondern muss vom Auftragnehmer im Prozess geltend gemacht werden.[1074] Da in dem gerichtlichen Verfahren der von dem Auftraggeber geschuldete Kostenzuschuss regelmäßig konkret ermittelt werden kann, ist die Nachbesserungspflicht nicht nur wie vorprozessual von einer Sicherheitsleistung, sondern von dem Zug um Zug zu erbringenden Zuschuss abhängig zu machen.[1075] Aufgrund eines solchen Titels kann der Auftraggeber die Zwangsvollstreckung gemäß § 887 ZPO[1076] betreiben,

---

[1063] BGHZ 91, 206 = NJW 1984, 2457 = BauR 1984, 510; BGH NJW 2002, 141 = NZBau 2002, 31 = BauR 2002, 86; OLG Düsseldorf BauR 2002, 802.

[1064] OLG Frankfurt BauR 1987, 322 und Nichtannahmebeschluss des BGH BauR 1987, 324.

[1065] *Kleine-Möller/Merl* § 12 Rdn. 783 und 775; vgl. dazu oben Rdn. 228–230.

[1066] Vgl. dazu oben Rdn. 228–237.

[1067] *Nicklisch/Weick* § 13 Rdn. 183.

[1068] Vgl. dazu oben Rdn. 205–208.

[1069] BGH NJW 1999, 1330 = BauR 1999, 391; NJW-RR 2000, 309 = NZBau 2000, 73 = BauR 2000, 261; *Quadbeck* MDR 2000, 570, 571.

[1070] OLG Hamm NJW 2003, 3568 = NZBau 2004, 393 = BauR 2004, 102: nicht erfüllt, wenn nach wie vor Wasser in den Keller eindringt.

[1071] Vgl. dazu oben Rdn. 218.

[1072] BGH NJW-RR 1997, 1106 = BauR 1997, 638; *Quadbeck* MDR 2000, 570, 571.

[1073] BGHZ 90, 344 = NJW 1984, 1676 = BauR 1984, 395; BGHZ 90, 354 = NJW 1984, 1679 = BauR 1984, 401.

[1074] OLG Hamm NJW-RR 1996, 272; *Kleine-Möller/Merl* § 12 Rdn. 778.

[1075] BGHZ 90, 354 = NJW 1984, 1679 = BauR 1984, 401.

[1076] Nur in seltenen Ausnahmefällen ist eine Vollstreckung nach § 888 ZPO denkbar: *Quadbeck* MDR 2000, 570, 572.

nachdem er dem Auftragnehmer den Zuschuss angeboten hat und dieser untätig geblieben ist; die Zuschusspflicht ist dann bei der Entscheidung über den nach § 887 Abs. 2 ZPO zu leistenden Kostenvorschusss zu berücksichtigen.[1077]

241 **b) Leistungsverweigerungsrecht.** Dem (Rest-)Werklohnanspruch des Auftragnehmers und einer darauf gestützten Zahlungsklage kann der Auftraggeber den Mängelbeseitigungsanspruch als Leistungsverweigerungsrecht gemäß **§ 320 BGB** entgegenhalten.[1078] Diese Norm ist, da die VOB/B keine abweichende Regelung enthält, auch auf einen VOB/B-Vertrag anwendbar.[1079] Unabhängig von dem Streit um die rechtliche Einordnung des Anspruchs aus § 13 Nr. 5 Abs. 1 VOB/B[1080] ist die Anknüpfung an § 320 BGB zutreffend,[1081] weil Mängelbeseitigung und Werklohnzahlung in dem für § 320 BGB erforderlichen Gegenseitigkeitsverhältnis stehen;[1082] denn die Nachbesserung soll den geschuldeten Erfolg herbeiführen, für den der Auftragnehmer den Werklohn beanspruchen kann. Daran, dass das Leistungsverweigerungsrecht aus § 320 BGB folgt, hat sich durch § 641 Abs. 3 BGB nichts geändert,[1083] weil dieser nur verdeutlichen soll, dass die Rechtsprechung zum Druckzuschlag unverändert fortgilt, und dessen Bemessung vereinheitlicht werden soll.[1084] Dass der Werklohnanspruch nur nach § 641 Abs. 2 BGB fällig ist, schließt ein auf Mängel gestütztes Leistungsverweigerungsrecht des Auftraggebers nicht aus;[1085] denn mehr als die Fälligkeit regelt diese Norm nicht.

242 **aa) Voraussetzungen/§ 648 a BGB.** Das Leistungsverweigerungsrechts setzt einen entstandenen[1086] und damit nach § 271 Abs. 1 BGB fälligen[1087] Mängelbeseitigungsanspruch voraus, den der Auftraggeber noch weiterverfolgt; der Auftraggeber darf also nicht bereits zur Ersatzvornahme nach § 13 Nr. 5 Abs. 2 VOB/B übergegangen sein.[1088] Auch darf die Nachbesserung weder unmöglich noch vom Auftragnehmer wegen unverhältnismäßig hohen Aufwands gemäß § 13 Nr. 6 VOB/B zu Recht verweigert worden sein.[1089] Eine Fristsetzung zur Mängelbeseitigung ist nicht Voraussetzung für die Ausübung des Leistungsverweigerungsrechts.[1090]

243 Falls der Auftraggeber auf ein nach der Abnahme[1091] erklärtes Sicherheitsverlangen des Auftragnehmers gemäß **§ 648 a BGB** innerhalb angemessener Frist keine Sicherheit erbringt, ist zwar der

---

[1077] BGHZ 90, 354 = NJW 1984, 1679 = BauR 1984, 401.

[1078] BGHZ 55, 354 = NJW 1971, 838 = BauR 1971, 126; BGHZ 61, 42 = NJW 1973, 1792 = BauR 1973, 313; BGH BauR 1980, 357; *Nicklisch/Weick* § 13 Rdn. 167; *Ingenstau/Korbion/Wirth* VOB/B § 13 Nr. 5 Rdn. 223; *Kaiser* Mängelhaftung Rdn. 189 a; *Kleine-Möller/Merl* § 12 Rdn. 994.

[1079] Beck'scher VOB-Kommentar/*Kohler* VOB/B § 13 Nr. 5 Rdn. 166; *Ingenstau/Korbion/Wirth* VOB/B § 13 Nr. 5 Rdn. 231.

[1080] Vgl. dazu BGHZ 55, 354 = NJW 1971, 838 = BauR 1971, 126 sowie oben Rdn. 7.

[1081] Grundsätzlich a.A. Beck'scher VOB-Kommentar/*Kohler* VOB/B § 13 Nr. 5 Rdn. 167–171 und zum neuen Recht *Kohler* BauR 2003, 1804–1816.

[1082] Das räumt auch *Kohler* BauR 2003, 1804, 1807/1808 ein.

[1083] Entgegen *Kohler* BauR 2003, 1804, 1806/1807.

[1084] So ausdrücklich Begründung des Entwurfs eines Gesetzes zur Beschleunigung fälliger Zahlungen, BT-Drucks. 14/1246, S. 7, zu 4 a; vgl. auch *Palandt/Sprau* § 641 Rdn. 10; *Biebelheimer* NZBau 2004, 124.

[1085] OLG Nürnberg NZBau 2004, 47 = BauR 2004, 516 m.w.N. zum Streitstand; *Breyer/Bohn* BauR 2004, 1066–1069; a.A. *Palandt/Sprau* § 641 Rdn. 8; *Kniffka* ZfBR 2000, 227, 231/232, welcher a.a.O., 232, rechte Spalte 1.Abs., zugleich als Ausweg vorschlägt, dass der Hauptunternehmer trotz der Mängel abnimmt und sich dadurch das Zurückbehaltungsrecht sichert, ein wenig einleuchtender Umweg zu dem oben befürworteten Ergebnis. Das gilt auch für die Bejahung lediglich eines Zurückbehaltungsrechts nach § 273 BGB durch *Kleine-Möller/Merl* § 12 Rdn. 994.

[1086] Vgl. dazu oben Rdn. 200.

[1087] Fälschlich nimmt OLG Celle NZBau 2005, 153 = BauR 2004, 1948 an, das Nachbesserungsrecht des Auftraggebers sei bei dessen Annahmeverzug nicht fällig, denn das ist mit der einschlägigen BGH-Rechtsprechung (vgl. dazu unten bei Rdn. 248) nicht vereinbar.

[1088] *Ingenstau/Korbion/Wirth* VOB/B § 13 Nr. 5 Rdn. 227, 229; *Nicklisch/Weick* § 13 Rdn. 169.

[1089] BGH NJW 2004, 502 = NZBau 2004, 146 = BauR 2004, 488; *Nicklisch/Weick* § 13 Rdn. 169; Beck'scher VOB-Kommentar/*Kohler* VOB/B § 13 Nr. 5 Rdn. 185.

[1090] BGH NZBau 2004, 611 = BauR 2004, 1616.

[1091] Die in BGHZ 146, 24 = NJW 2001, 822 = NZBau 2001, 129 = BauR 2001, 386 offen gelassene Streit-

Auftragnehmer berechtigt, die Mängelbeseitigung bis zur Sicherheitsleistung zu verweigern. Auch der Auftraggeber behält aber trotz nicht gestellter Sicherheit gegenüber dem Werklohnanspruch des Auftragnehmers das gesetzliche Leistungsverweigerungsrecht,[1092] jedoch entgegen § 641 Abs. 3 BGB[1093] lediglich in Höhe der erforderlichen Mängelbeseitigungskosten.[1094] Der Auftragnehmer hat allerdings die rechtliche Möglichkeit, sich von seiner Mängelbeseitigungspflicht und damit von dem Leistungsverweigerungsrecht des Auftraggebers zu befreien, indem er dem Auftraggeber in sinngemäßer Anwendung des § 648 a Abs. 5 Satz 1 BGB in Verbindung mit § 643 Satz 1 BGB eine Nachfrist zur Sicherheitsleistung mit der Erklärung setzt, dass er die Mängelbeseitigung ablehne, wenn die Sicherheit nicht fristgerecht geleistet werde.[1095] Nach erfolglosem Ablauf der Nachfrist hat der Auftragnehmer in sinngemäßer Anwendung des § 645 Abs. 1 Satz 1 BGB lediglich Anspruch auf Vergütung, soweit er den Leistungsanspruch erfüllt hat.[1096]

Verjährung der Mängelansprüche steht dem Leistungsverweigerungsrecht nicht entgegen, 244
wenn es bereits vor Verjährungseintritt bestand, § 215 BGB.[1097] Hat ein Bauträger die Mängelansprüche gegen seine Nachunternehmer an seine Auftraggeber, die Erwerber der errichteten Häuser, abgetreten,[1098] so kann er gegenüber den Werklohnansprüchen der Nachunternehmer wegen vorhandener Mängel gleichwohl die Einrede des nicht erfüllten Vertrages erheben.[1099] Denn andernfalls könnten die Nachunternehmer, deren Leistungen mangelhaft sind, von dem Bauträger uneingeschränkt die volle Bezahlung ihres Werklohns verlangen, ein „ungereimtes“[1100] Ergebnis. Ausnahmsweise kann das Leistungsverweigerungsrecht nach Treu und Glauben, **§ 242 BGB**, ausgeschlossen sein.[1101] Das gilt aber nicht schon dann, wenn die Aufklärung der Mängel schwierig und zeitraubend ist.[1102]

bb) Umfang. Zum Umfang des Leistungsverweigerungsrechts enthält § 320 BGB in seinem 245
Abs. 1 den Grundsatz und in seinem Abs. 2 die Ausnahme. Das Gesetz sieht danach grundsätzlich keine Beschränkung des Leistungsverweigerungsrechts vor, vielmehr richtet sich die Einrede des nicht erfüllten Vertrags gegen die gesamte (Rest-)Werklohnforderung.[1103] Allerdings unterliegt die Ausübung dieser Einrede wie jede Rechtsausübung den Geboten von Treu und Glauben, was § 320 Abs. 2 BGB für einen wichtigen Sonderfall lediglich besonders hervorhebt.[1104] Dem

---

frage, ob der Auftragnehmer nach der Abnahme noch aus § 648 a BGB vorgehen kann (vgl. zum damaligen Streitstand die Nachweise in der 1. Aufl. Fußnote 867 zu § 13 VOB/B) hat der BGH nunmehr zutreffend bejaht: BGHZ 157, 335 = NJW 2004, 1525 = NZBau 2004, 259 = BauR 2004, 826; BGH NZBau 2004, 261 = BauR 2004, 830; BauR 2004, 1453; NZBau 2005, 146 = BauR 2005, 555; NZBau 2005, 221 = BauR 2005, 548; NZBau 2005, 280 = BauR 2005, 749; NZBau 2006, 40 = BauR 2005, 1926.

[1092] BGHZ 157, 335 = NJW 2004, 1525 = NZBau 2004, 259 = BauR 2004, 826; BGH NZBau 2004, 261 = BauR 2004, 830; NZBau 2005, 280 = BauR 2005, 749; NZBau 2006, 40 = BauR 2005, 1926.

[1093] Zum Umfang des Leistungsverweigerungsrechts näher unten Rdn. 245.

[1094] *Otto* BauR 2004, 838, 839 befürwortet zu Recht eine teleologische Reduktion des § 641 Abs. 3 BGB mit dem einleuchtenden Argument, dass der Druckzuschlag angesichts des Rechts des Auftragnehmers, die Mängelbeseitigung zu verweigern, ungerechtfertigt ist. Vgl. dazu auch *Bormann/Graßnack/Kessen* BauR 2005, 636, 643.

[1095] Vgl. dazu im Einzelnen BGHZ 157, 335 = NJW 2004, 1525 = NZBau 2004, 259 = BauR 2004, 826. Kritisch zur Auflösung der „Patt-Situation“ durch diesen „Zwang zur zweiten Stufe“ *Thierau* NZBau 2004, 311, 312/313.

[1096] BGH BauR 2004, 1453; NZBau 2005, 146 = BauR 2005, 555; NZBau 2005, 221 = BauR 2005, 548; NZBau 2005, 280 = BauR 2005, 749.

[1097] Vgl. dazu schon oben Rdn. 180 und jetzt BGH NJW 2006, 2773 = BauR 2006, 1464, noch zum alten Recht..

[1098] Vgl. dazu oben Rdn. 49–52, 145 und 158.

[1099] BGHZ 55, 354 = NJW 1971, 838 = BauR 1971, 126; BGH BauR 1978, 398; Beck'scher VOB-Kommentar/*Kohler* VOB/B § 13 Nr. 5 Rdn. 192; *Werner/Pastor* Rdn. 2541.

[1100] So die Formulierung in BGHZ 55, 354 = NJW 1971, 838 = BauR 1971, 126.

[1101] OLG Naumburg BauR 2003, 896: weil der Auftraggeber in Vermögensverfall geraten ist.

[1102] BGH NZBau 2005, 391 = BauR 2005, 1012.

[1103] BGHZ 54, 244 = NJW 1970, 2019 = BauR 1970, 237; BGHZ 56, 312 = NJW 1971, 1800 = BauR 1971, 260; *Ingenstau/Korbion/Wirth* VOB/B § 13 Nr. 5 Rdn. 238, 240; *Weyer* BauR 1981, 426, 429/430.

[1104] *Weyer* BauR 1981, 426, 430.

entspricht die Verteilung der **Darlegungslast**: Der Auftraggeber, der wegen eines Baumangels die Zahlung des Werklohns verweigert, braucht nicht zur Höhe der Mängelbeseitigungskosten vorzutragen; vielmehr ist es Sache des Auftragnehmers darzutun, dass der einbehaltene Betrag auch unter Berücksichtigung des Durchsetzungsinteresses des Auftraggebers unverhältnismäßig und deshalb unbillig hoch ist.[1105] Maßgebend für die Bemessung des Leistungsverweigerungsrechts sind die Umstände des Einzelfalls, insbesondere die voraussichtlichen Mängelbeseitigungskosten zuzüglich eines sogenannten Druckzuschlags, um den Auftragnehmer zu veranlassen, die Mängel alsbald zu beseitigen.[1106] In der Praxis wurde früher meist das Zwei- bis Dreifache der zu erwartenden Nachbesserungskosten für angemessen erachtet.[1107] Nunmehr bestimmt **§ 641 Abs. 3 BGB** ausdrücklich, dass der Auftraggeber **mindestens** in Höhe des **Dreifachen** der erforderlichen Mängelbeseitigungskosten die Zahlung verweigern kann.[1108] Wenn der Auftraggeber sich in Annahmeverzug befindet, kann sein Leistungsverweigerungsrecht auf den einfachen Betrag der Mängelbeseitigungskosten beschränkt werden.[1109] Nach Beendigung des Annahmeverzugs erhöht sich das Leistungsverweigerungsrecht wieder auf den mindestens dreifachen Betrag.[1110]

246 Wenn der Auftraggeber aufgrund einer Mängelrüge die Leistung verweigert und der Auftragnehmer nur einen **Teilbetrag** seines Werklohnanspruchs geltend macht, trägt dieser damit der Einrede des nichterfüllten Vertrags bereits teilweise Rechnung.[1111] Das Leistungsverweigerungsrecht wirkt sich dann lediglich insoweit auf den geforderten Teilbetrag aus, wie die Mängelbeseitigungskosten zuzüglich Druckzuschlag – jetzt nach § 641 Abs. 3 BGB mindestens der dreifache Betrag – den nicht geltend gemachten Teil des Werklohns übersteigen.[1112]

247 Ein vertragsgemäßer **Sicherheitseinbehalt** bewirkt nicht, daß der Auftraggeber sich bei Mängeln, deren Beseitigungskosten den Sicherheitsbetrag nicht übersteigen, allein auf diesen verweisen lassen muss; er ist vielmehr berechtigt, die Zahlung fälligen Werklohns in Höhe eines weiteren erheblichen Betrags zu verweigern, welcher erforderlich erscheint, um den Auftragnehmer zur baldigen Mängelbeseitigung zu veranlassen.[1113] Der Sicherheitsbetrag ist nur ein bei der Bemessung des Leistungsverweigerungsrechts je nach den Umständen des Einzelfalls einzubeziehender Gesichtspunkt.[1114]

248 **cc) Erlöschen.** Das Leistungsverweigerungsrecht erlischt, sobald die Mängel beseitigt sind oder falls der Auftraggeber die Annahme der Nachbesserung endgültig ablehnt.[1115] Ob der Auf-

---

[1105] BGH BauR 1997, 133; NZBau 2004, 389; speziell zur Darlegungslast seit Geltung des § 641 Abs. 3 BGB: *Biebelheimer* NZBau 2004, 124, 125–127.

[1106] Beck'scher VOB-Kommentar/*Kohler* VOB/B § 13 Nr. 5 Rdn. 193–196; *Nicklisch/Weick* § 13 Rdn. 170.

[1107] BGH NJW 1981, 2801 = BauR 1981, 577; NJW 1984, 725 = BauR 1984, 166; NJW 1992, 1632 = BauR 1992, 401; Beck'scher VOB-Kommentar/*Kohler* VOB/B § 13 Nr. 5 Rdn. 195; *Weyer* BauR 1981, 426, 431/432.

[1108] Vgl. dazu BT-Drucks. 14/6857, S. 37/38, Nr. 135, und S. 68, zu Nr. 135, sowie *Horsch/Eichberger* BauR 2001, 1024 ff.

[1109] BGH NZBau 2002, 383 = BauR 2002, 1403; OLG Celle NZBau 2004, 328; BauR 2006, 1316 = IBR 2005, 143; dem stimmt *Biebelheimer* NZBau 2004, 124 im Ergebnis zu. A.A. OLG Düsseldorf IBR 2004, 307.

[1110] So – ohne Begründung – im Ergebnis BGH BauR 2004, 1616; a.A. OLG Celle NZBau 2004, 328; BauR 2006, 1316 = IBR 2005, 143.

[1111] BGHZ 56, 312 = NJW 1971, 1800 = BauR 1971, 260.

[1112] Beck'scher VOB-Kommentar/*Kohler* VOB/B § 13 Nr. 4 Rdn. 197; *Kleine-Möller/Merl* § 12 Rdn. 994; soweit *Ingenstau/Korbion/Wirth* VOB/B § 13 Nr. 5 Rdn. 239 und *Werner/Pastor* Rdn. 2528 allein auf die Mängelbeseitigungskosten abstellen und *Ingenstau/Korbion/Wirth* sich dazu auf BGH NJW 1967, 34 berufen, übersehen sie, dass der BGH bereits in NJW 1981, 2801 = BauR 1981, 577 und NJW 1982, 2494 = BauR 1982, 579 darauf hingewiesen hat, dass es in jener Entscheidung um eine endgültige Abrechnung nach Ablauf der Gewährleistungsfrist ging.

[1113] BGH NJW 1982, 2494 = BauR 1982, 579; *Kleine-Möller/Merl* § 12 Rdn. 996; Beck'scher VOB-Kommentar/*Kohler* VOB/B § 13 Nr. 5 Rdn. 198; *Ingenstau/Korbion/Wirth* VOB/B § 13 Nr. 5 Rdn. 247; *Werner/Pastor* Rdn. 2530.

[1114] BGH NJW 1984, 725 = BauR 1984, 166.

[1115] BGHZ 88, 240 = BauR 1984, 58, insoweit in NJW 1984, 230 nicht abgedruckt; *Kleine-Möller/Merl* § 12 Rdn. 999; *Ingenstau/Korbion/Wirth* VOB/B § 13 Nr. 5 Rdn. 252, 254; Beck'scher VOB-Kommentar/*Kohler* VOB/B § 13 Nr. 5 Rdn. 186; *Werner/Pastor* Rdn. 2531.

traggeber darüber hinaus sein Leistungsverweigerungsrecht bereits verliert, wenn er sich mit der Annahme der von dem Auftragnehmer angebotenen Mängelbeseitigung in Verzug befindet, ist streitig, aber mit dem BGH[1116] zu verneinen,[1117] weil dem schon die gesetzliche Regelung in § 274 Abs. 2 BGB, auf welche § 322 Abs. 3 BGB verweist, entgegensteht. Umgekehrt kann der Auftraggeber, der sich in Annahmeverzug befindet, diesen dadurch beenden, dass er sich auf sein Leistungsverweigerungsrecht beruft und damit zu erkennen gibt, dass er zum Zweck der Mängelbeseitigung das Betreten der Baustelle zulässt.[1118]

dd) Zug-um-Zug-Verurteilung. Die Einrede des nichterfüllten Vertrags wegen eines Mängelbeseitigungsanspruchs aus § 13 Nr. 5 VOB/B führt im Werklohnprozess gemäß § 322 Abs. 1 BGB zur Verurteilung des Auftraggebers zur Zahlung Zug um Zug gegen Beseitigung der gerügten Mängel. Voraussetzung einer solchen Einschränkung ist, dass der Auftraggeber die zu beseitigenden Mängel so präzisiert, dass die Zug-um-Zug-Leistung hinreichend bestimmt umschrieben werden kann; denn andernfalls ist der Auftraggeber uneingeschränkt zu verurteilen.[1119] Die pauschale Rüge, „dass die Mauern nicht lotrecht stehen", ist völlig unzureichend, und die daraufhin gleichwohl erfolgte Verurteilung zur Zahlung Zug um Zug gegen „Herstellung eines lotrechten Mauerwerks in dem Gebäude" ist nicht vollstreckbar.[1120] Bei solch unzureichendem Vortrag hilft auch eine an sich zulässige nachträgliche Klage auf Feststellung des Urteilsinhalts[1121] nicht weiter. Sofern der Auftraggeber sich mit der Annahme der Mängelbeseitigung in Verzug befindet, ist dem Auftragnehmer dringend anzuraten, neben dem Zahlungsantrag einen entsprechenden Feststellungsantrag zu stellen,[1122] um das Vollstreckungshindernis der §§ 756, 765 ZPO[1123] auszuräumen. 249

Aus **Kosten**gründen sollte der Auftraggeber, der sich im Prozess nur mit einem Leistungsverweigerungsrecht wegen Mängel verteidigt, nicht Klageabweisung, sondern Verurteilung Zug um Zug gegen Mängelbeseitigung beantragen, weil er sonst nach § 92 Abs. 1 ZPO einen Teil der Kosten zu tragen hat. Umgekehrt kann auch der Auftragnehmer in der Regel einer Kostenbeteiligung nur entgehen, wenn er seinen Klageantrag von Anfang an auf ein Zug-um-Zug-Verurteilung des Auftraggebers beschränkt.[1124] Im übrigen ist in allen Fällen einer Zug-um-Zug-Verurteilung gegen Mängelbeseitigung die Kostenverteilung nicht schematisch vorzunehmen, sondern es ist auf die wirtschaftliche Tragweite des jeweiligen Obsiegens und Unterliegens abzustellen.[1125] 250

ee) Doppelte Zug-um-Zug-Verurteilung. Macht der Auftraggeber im Werklohnprozess sein Leistungsverweigerungsrecht geltend, indem er einwendet, nur gegen Beseitigung von Mängeln zur Zahlung verpflichtet zu sein, und muss er sich andererseits an den Kosten der Mängelbeseitigung beteiligen,[1126] so hat in entsprechender Anwendung des § 274 BGB eine doppelte Zug-um-Zug-Verurteilung zu erfolgen.[1127] Nach dieser BGH-Entscheidung, die im Schrifttum 251

[1116] BGHZ 90, 354 = NJW 1984, 1679 = BauR 1984, 401; BGHZ 116, 244 = NJW 1992, 556; vgl. auch BGH NZBau 2002, 383 = BauR 2002, 1403. Damit ist OLG Celle NZBau 2005, 153 = BauR 2004, 1948, dem *Werner/Pastor* Rdn. 1546 (am Ende) zustimmen, nicht vereinbar.

[1117] OLG Düsseldorf NJW 1991, 3040 = BauR 1992, 72; NJW-RR 1993, 1206; IBR 2004, 307; OLG Hamm NJW-RR 1996, 86 = BauR 1996, 123; OLG Köln NJW-RR 1996, 499; OLG Celle NZBau 2004, 328; BauR 2006, 1316 = IBR 2005, 143; *Palandt/Heinrichs* § 320 Rdn. 6; *Palandt/Sprau* § 641 Rdn. 11; *Heiermann/Riedl/Rusam* VOB/B § 13 Rdn. 113, 114; a.A. OLG Hamm OLGR 1994, 194; *Siegburg* BauR 1992, 419; *Ingenstau/Korbion/Wirth* VOB/B § 13 Nr. 5 Rdn. 252; Beck'scher VOB-Kommentar/*Kohler* VOB/B § 13 Nr. 5 Rdn. 186; *Kleine-Möller/Merl* § 12 Rdn. 999.

[1118] BGH NZBau 2004, 611 = BauR 2004, 1616.

[1119] OLG Düsseldorf NJW-RR 1999, 793; *Siegburg* BauR 1992, 419, 421; Beck'scher VOB-Kommentar/*Kohler* VOB/B § 13 Nr. 5 Rdn. 202.

[1120] OLG Düsseldorf NJW-RR 1999, 793.

[1121] BGH NJW 1972, 2268; BauR 1978, 430.

[1122] *Palandt/Heinrichs* § 274 Rdn. 4.

[1123] Dazu, wie dieses ggf. zu überwinden ist, vgl. OLG Brandenburg BauR 2006, 1507.

[1124] *Siegburg* BauR 1992, 419, 421/422.

[1125] *Weyer* BauR 1981, 426, 432/433; OLG Düsseldorf NJW 1991, 3040 = BauR 1992, 72.

[1126] Vgl. dazu oben Rdn. 228–237.

[1127] BGHZ 90, 354 = NJW 1984, 1679 = BauR 1984, 401.

weitgehend Zustimmung gefunden hat,[1128] erhält der Auftragnehmer seinen (Rest-)Werklohn zwar nur Zug um Zug gegen Mängelbeseitigung, braucht aber seinerseits die Nachbesserung lediglich Zug um Zug gegen Zuschusszahlung durchzuführen.

252 Dabei ist **im einzelnen** wie folgt vorzugehen:[1129] Der Auftragnehmer hat zunächst den Auftraggeber entsprechend § 295 Satz 2 BGB zur Zuschusszahlung aufzufordern. Lehnt der Auftraggeber ab, kann der Auftragnehmer den Zahlungsanspruch vollstrecken. Der Auftraggeber muss vor der Nachbesserung allerdings den Kostenzuschuss nach §§ 294, 298 BGB nur tatsächlich anbieten, ihn aber noch nicht auszahlen. Damit der Auftragnehmer nach der Mängelbeseitigung ohne das Risiko späterer Zahlungsunfähigkeit des Auftraggebers auf den Zuschuss zugreifen und sich daraus befriedigen kann, muss dieser während der Nachbesserung bereitgestellt bleiben. Deshalb ist der Auftraggeber verpflichtet, den Betrag zugunsten des Auftragnehmers zu hinterlegen.[1130] Wenn der Auftragnehmer danach nicht nachbessert, ist der Auftraggeber nach Ablauf einer angemessenen Frist berechtigt, die Freigabe des bereitgestellten Zuschusses zu verlangen.

7. Ersatzvornahme

253 Die Möglichkeit des Auftragnehmers, Mängel seines Werks selbst nachzubessern,[1131] wird durch das Interesse des Auftraggebers, in angemessener Zeit eine vertragsgemäße und damit vor allem mängelfreie Werkleistung zu erhalten, begrenzt. Um den Auftragnehmer zu veranlassen, seiner gleichzeitig bestehenden Mängelbeseitigungspflicht alsbald nachzukommen, gewährt **§ 13 Nr. 5 Abs. 2 VOB/B** dem Auftraggeber ein **Ersatzvornahmerecht**: Wenn der Auftragnehmer der Aufforderung zur Mängelbeseitigung in einer vom Auftraggeber gesetzten angemessenen Frist nicht nachkommt, kann der Auftraggeber die Mängel auf Kosten des Auftragnehmers beseitigen lassen.[1132] Hierdurch ist es dem Auftraggeber möglich, den umständlichen Weg über eine Klage auf Mängelbeseitigung und die anschließende Vollstreckung eines entsprechenden Urteils nach § 887 ZPO, welche im Ergebnis ebenfalls auf eine Ersatzvornahme hinausläuft, zu vermeiden.

254 **a) Voraussetzungen.** Das Ersatzvornahmerecht des Auftraggebers, welches in **§ 637 BGB** jetzt als **Selbstvornahme** bezeichnet wird, setzt einen durchsetzbaren Nachbesserungsanspruch, eine Aufforderung zur Mängelbeseitigung innerhalb einer zu setzenden angemessenen Frist sowie den erfolglosen Ablauf dieser Frist voraus.

255 **aa) Fälliger und durchsetzbarer Anspruch.** Der Mängelbeseitigungsanspruch des Auftraggebers, der sich auch aus einer vergleichsweise getroffenen Nachbesserungsvereinbarung ergeben kann,[1133] muss fällig und durchsetzbar, insbesondere einredefrei sein.[1134] Der Anspruch entsteht mit dem Beseitigungsverlangen nach § 13 Nr. 5 Abs. 1 Satz 1 VOB/B[1135] und wird in der Regel gemäß § 271 Abs. 1 BGB sofort fällig. Ausnahmsweise kann seine Fälligkeit später eintreten, zum Beispiel wenn die Bauvertragspartner vereinbaren, zunächst ein Gutachten über die Mängel einzuholen.[1136] Der Durchsetzbarkeit darf nicht eine erhobene Verjährungseinrede, ein Leistungsverweigerungsrecht gemäß § 648 a BGB[1137] oder ein geltend gemachtes Zurück-

---

[1128] *Nicklisch/Weick* § 13 Rdn. 182; *Ingenstau/Korbion/Wirth* VOB/B § 13 Nr. 5 Rdn. 264–268; *Werner/Pastor* Rdn. 2744–2747; *Heiermann/Riedl/Rusam* VOB/B § 13 Rdn. 117; grundsätzlich anders Beck'scher VOB-Kommentar/*Kohler* VOB/B § 13 Nr. 5 Rdn. 209 und VOB/B § 4 Nr. 7 Rdn. 144–159.

[1129] Wegen der weiteren Einzelheiten vgl. BGHZ 90, 354 = NJW 1984, 1679 = BauR 1984, 401.

[1130] A.A. OLG Nürnberg NJW-RR 2000, 99 = BauR 2000, 273: nur Sicherheitsleistung; wieso das in besonderen Fällen – ein solcher wird zudem nicht aufgezeigt – dem Interessenausgleich (besser?) dienen soll, legt das OLG Nürnberg nicht dar.

[1131] Vgl. dazu oben Rdn. 194.

[1132] Eine Änderung oder Ergänzung aufgrund des neuen § 637 BGB wurde nicht für erforderlich gehalten: Beschluss des Vorstandes des DVA vom 2.5.2002, Begründung II.11.

[1133] OLG Düsseldorf NJW-RR 1999, 1249 = BauR 2000, 940 (nur LS).

[1134] BGHZ 90, 344 = NJW 1984, 1696 = BauR 1984, 395.

[1135] Vgl. oben Rdn. 200.

[1136] OLG Karlsruhe BauR 1972, 113.

[1137] OLG Düsseldorf BauR 2005, 572; vgl. dazu näher oben Rdn. 243.

behaltungsrecht, etwa wegen der vom Auftraggeber zu leistenden Sicherheit für einen von ihm geschuldeten Zuschuss zu den Mängelbeseitigungskosten,[1138] entgegenstehen.[1139] Zudem darf der Anspruch weder nach § 640 Abs. 2 BGB noch deshalb ausscheiden, weil die Voraussetzungen des § 13 Nr. 6 VOB/B vorliegen.[1140]

Schließlich darf der Auftraggeber sich gegenüber der Mängelbeseitigung durch den Auftragnehmer **nicht** in **Annahmeverzug** befinden,[1141] zum Beispiel weil er dem Auftragnehmer Hausverbot erteilt hat und trotz Aufforderung keinen Termin zur Durchführung der Nachbesserung benennt.[1142] Voraussetzung eines Annahmeverzugs ist, dass die Leistung ordnungsgemäß angeboten wird; das Angebot einer Mängelbeseitigung, die nicht den vertraglich geschuldeten Erfolg herbeiführt, ist nicht ordnungsgemäß; der Auftraggeber braucht eine solche Mängelbeseitigung grundsätzlich nicht zu akzeptieren.[1143] Allerdings kann der Auftraggeber seinen Annahmeverzug jederzeit dadurch beenden, dass er dem Auftragnehmer zu erkennen gibt, das Betreten der Baustelle zum Zwecke der Mängelbeseitigung zuzulassen, was auch dadurch geschehen kann, dass er sich im Prozess wegen der Mängel auf sein Leistungsverweigerungsrecht beruft.[1144] Zudem ist der Auftraggeber nach erfolglosem Ablauf der dem Auftragnehmer gesetzten Mängelbeseitigungsfrist nicht mehr verpflichtet, die angebotene Mängelbeseitigung anzunehmen.[1145] Solange der Auftraggeber erfolgversprechende Maßnahmen nicht zurückweist, kommt er nicht dadurch in Annahmeverzug, dass er von dem Auftragnehmer verlangt, zunächst einen Vorschlag zu machen, wie Mängelbeseitigungsarbeiten durchgeführt werden sollen, nachdem bis dahin vorgenommene Nachbesserungsversuche erfolglos waren.[1146] Auch kann der Nachunternehmer gegenüber dem Generalunternehmer nicht einwenden, dessen Auftraggeber, der Bauherr, habe die Nachbesserung verweigert; vielmehr muss der Nachunternehmer seinem Auftraggeber, dem Generalunternehmer, die Mängelbeseitigung in verzugsbegründender Weise anbieten und diesem damit Gelegenheit geben, den Bauherrn zur Entgegennahme der Nachbesserung anzuhalten.[1147] **256**

bb) Aufforderung zur Mängelbeseitigung. Die erforderliche Aufforderung zur Mängelbeseitigung ist ausreichend bestimmt, wenn sie den Anforderungen der Symptom-Rechtsprechung[1148] genügt und entsprechend ihrem Zweck, dem Auftragnehmer eine **zweite Chance** zur vertragsgemäßen Leistung zu geben, formuliert ist.[1149] Eine Zuvielforderung des Auftraggebers ist gleichwohl wirksam, wenn der Auftragnehmer sie als Aufforderung zur Bewirkung der tatsächlich geschuldeten Leistung und nicht als Zurückweisung des geschuldeten Maßes der Mängelbeseitigung verstehen muss.[1150] Die Aufforderung bedarf zwar keiner besonderen Form,[1151] aus Beweisgründen und, um die „Quasiunterbrechung" gemäß § 13 Nr. 5 Abs. 1 Satz 2 VOB/B herbeizuführen,[1152] ist aber ein schriftliches Mängelbeseitigungsverlangen rat- **257**

[1138] Vgl. dazu oben Rdn. 228–230, 233, 237.

[1139] Beck'scher VOB-Kommentar/*Kohler* VOB/B § 13 Nr. 5 Rdn. 82; *Heiermann/Riedl/Rusam* VOB/B § 13 Rdn. 144; *Nicklisch/Weick* § 13 Rdn. 139.

[1140] *Kleine-Möller/Merl* § 12 Rdn. 786; Beck'scher VOB-Kommentar/*Kohler* VOB/B § 13 Nr. 5 Rdn. 82.

[1141] BGHZ 90, 344 = NJW 1984, 1676 = BauR 1984, 395.

[1142] OLG Düsseldorf NJW-RR 2000, 466.

[1143] BGH BauR 2006, 1468.

[1144] BGH NZBau 2004, 611 = BauR 2004, 1616.

[1145] BGHZ 154, 119 = NJW 2003, 1526 = NZBau 2003, 267 = BauR 2003, 693; BGH NZBau 2004, 153, = BauR 2004, 501. Vgl. dazu näher unten Rdn. 263.

[1146] Vgl. die Fallgestaltung in OLG Düsseldorf BauR 2000, 1383, LS 3.

[1147] OLG Düsseldorf NJW-RR 1998, 1553 = BauR 1998, 1263.

[1148] BGHZ 154, 119 = NJW 2003, 1526 = NZBau 2003, 267 = BauR 2003, 693. Näher dazu oben Rdn. 205–208.

[1149] Zu Unrecht fordert OLG Köln IBR 2004, 131 mit ablehnendem Praxishinweis von *Schwenker*, der Gläubiger müsse „gegenüber dem Vertragspartner unmissverständlich zum Ausdruck bringen, dass jener mit der Aufforderung eine letzte Gelegenheit zur Erbringung der vertraglichen Leistung erhält." Vgl. dazu auch *Schwenker* IBR 2004, 117.

[1150] BGH NJW 2006, 769 = NZBau 2006, 116 = BauR 2006, 524.

[1151] OLG Celle BauR 1994, 250; *Nicklisch/Weick* § 13 Rdn. 140.

[1152] Vgl. dazu oben Rdn. 203.

sam.[1153] In aller Regel ist zur Vornahme der Mängelbeseitigung aufzufordern und nicht lediglich dazu, die Bereitschaft zur Nachbesserung zu erklären[1154] oder die Beseitigung der Mängel unverzüglich einzuleiten und dies durch Vorlage entsprechender Auftragserteilungen nachzuweisen.[1155] Ausnahmsweise hat der BGH in einem Fall, in dem umfangreiche und schwierige Dachreparaturarbeiten anstanden und der erforderliche Zeitaufwand nur schwer abschätzbar war sowie weitere gewichtige Umstände hinzukamen, die dafür sprachen, dass der Auftragnehmer sich seiner Pflicht zur Mängelbeseitigung entziehen werde, eine Fristsetzung für den Beginn der Nachbesserungsarbeiten ausreichen lassen.[1156] Verfehlt ist es, allgemein eine sogenannte „doppelte Fristsetzung“ zur Anerkennung der Sachmängelhaftung oder zum Beginn mit der Mängelbeseitigung innerhalb einer kurzen und zur Durchführung der Mängelbeseitigung innerhalb einer längeren Frist als in der Praxis bewährt zu befürworten.[1157] Denn der Auftragnehmer ist nicht verpflichtet, einen Mangel anzuerkennen und die Annahme eines besonderen Ausnahmefalls ist riskant.[1158] Eine „doppelte Fristsetzung“ ist allenfalls als taktischer Versuch, den Auftragnehmer zu eventuell gegen ihn verwendbaren Erklärungen zu provozieren, geeignet.[1159]

258 Eine Aufforderung zur Mängelbeseitigung nebst Fristsetzung ist **entbehrlich**, wenn sie nur eine nutzlose Förmlichkeit wäre, weil der Auftragnehmer die Erfüllung seiner Nachbesserungspflicht bereits ernsthaft und endgültig abgelehnt hat.[1160] Das ist jetzt in **§§ 637 Abs. 2 Satz 1, 323 Abs. 2 Nr. 1 BGB** ausdrücklich so geregelt. An die Bejahung dieser Ausnahme sind strenge Anforderungen zu stellen.[1161] Entscheidend ist, ob der Auftragnehmer nach den Umständen des Einzelfalls über das Bestreiten der Mängel hinaus bewusst und endgültig seiner Mängelbeseitigungspflicht nicht nachkommen will und eine Umstimmung insoweit ausgeschlossen erscheint.[1162] Ebenso bedarf es keines befristeten Mängelbeseitigungsverlangens, wenn der Auftragnehmer sich bei der Bauausführung als so unzuverlässig erwiesen hat, dass dem Auftraggeber die Mängelbeseitigung durch diesen Auftragnehmer nicht mehr zumutbar ist.[1163] Das sieht **§ 637 Abs. 2 Satz 2 BGB** nunmehr so vor. Ferner ist der Auftraggeber ausnahmsweise berechtigt, die Mängelbeseitigung sofort selbst vorzunehmen, wenn Gefahr im Verzug ist oder andere außergewöhnliche Umstände vorliegen, die Eile gebieten,[1164] zum Beispiel weil im Winter abends eine schadhafte Schweißstelle an einer Fernwärmehausanschlussleitung entdeckt wird.[1165] Dieser Fall kann jetzt unter **§§ 637 Abs. 2 Satz 1, 323 Abs. 2 Nr. 3 BGB** eingeordnet werden. Eine Fristsetzung kann – nunmehr

---

[1153] *Kleine-Möller/Merl* § 12 Rdn. 787; *Kaiser* Mängelhaftung Rdn. 80 b.

[1154] OLG Düsseldorf BauR 2002, 963; *Kniffka* ibr-online-Kommentar Bauvertragsrecht, Stand 10.4.2006, § 637 Rdn. 13, 18; so – zu § 634 Abs. 1 BGB a.F. – auch BGHZ 142, 278 = NJW 1999, 3710 = NZBau 2000, 23 = BauR 2000, 98; BGH NZBau 2004, 153 = BauR 2004, 501.

[1155] So – ebenfalls zu § 634 Abs. 1 BGB a.F. – BGH NJW 2006, 2254 = NZBau 2006, 371 = BauR 2006, 979.

[1156] BGH BauR 1982, 496. Auf diese Entscheidung weist der BGH auch in NJW 2006, 2254 = NZBau 2006, 371 = BauR 2006, 979 hin.

[1157] So jedoch *Werner/Pastor* Rdn. 1583; *Vygen* Bauvertragsrecht Rdn. 535; *Knütel* BauR 2002, 689, 690.

[1158] *Oppler* FS Vygen 1999, 344, 350/351.

[1159] Vgl. dazu *Harms* BauR 2004, 745–750; vgl. außerdem *Schulze-Hagen* im Praxishinweis zu IBR 2006, 322.

[1160] BGH BauR 1985, 198; OLG Düsseldorf NJW-RR 1997, 20 = BauR 1997, 312; für die gleich zu beurteilende Inverzugsetzung nach § 633 Abs. 3 BGB a.F.: BGH NJW-RR 1990, 786 = BauR 1990, 466; OLG Düsseldorf NJW-RR 1998, 1030 = BauR 1998, 1011.

[1161] OLG Düsseldorf NJW-RR 1998, 1030 = BauR 1998, 1011; Beck'scher VOB-Kommentar/*Kohler* VOB/B § 13 Nr. 5 Rdn. 87; *Nicklisch/Weick* § 13 Rdn. 143; *Korbion/Hochstein/Keldungs* Rdn. 569.

[1162] OLG Düsseldorf NJW-RR 1998, 1030 = BauR 1998, 1011; NJW-RR 1999, 1396 = BauR 1999, 1030, zu § 634 BGB; BauR 2002, 963; *Kniffka* ibr-online-Kommentar Bauvertragsrecht, Stand 10.4.2006, § 637 Rdn. 21, 22. Beispiel für Verneinung dieser Ausnahme: OLG Schleswig IBR 2005, 676.

[1163] BGHZ 46, 242 = NJW 1967, 388; BGHZ 92, 308 = NJW 1985, 381 = BauR 1985, 83; OLG Düsseldorf NJW-RR 1996, 401 = BauR 1996, 260; NJW-RR 1997, 20 = BauR 1997, 312; *Ingenstau/Korbion/Wirth* VOB/B § 13 Nr. 5 Rdn. 138/139.

[1164] OLG Düsseldorf NJW-RR 1993, 477; *Ingenstau/Korbion/Wirth* VOB/B § 13 Nr. 5 Rdn. 141; *Vygen* Bauvertragsrecht Rdn. 537; vgl. auch BGH NJW-RR 2002, 666 = NZBau 2002, 332 = BauR 2002, 940, zu § 634 Abs. 2 BGB a.F.

[1165] OLG Düsseldorf NJW-RR 1993, 477.

nach § 637 Abs. 2 Satz 2 BGB – schließlich überflüssig sein, wenn der zur Mängelbeseitigung aufgeforderte Auftragnehmer lediglich ungeeignete Maßnahmen anbietet.[1166]

Die Aufforderung zur Mängelbeseitigung nebst Fristsetzung ist hingegen **nicht** schon des- 259
halb **entbehrlich**, weil der Auftragnehmer seinen Betrieb aufgegeben hat,[1167] weil die bisherige Leistung des Auftragnehmers sich als unbrauchbar erwiesen hat[1168] oder weil über sein Vermögen das Insolvenzverfahren eröffnet worden ist.[1169] Denn der Auftragnehmer muss grundsätzlich nicht selbst nachbessern,[1170] so dass er oder der Insolvenzverwalter die Mängel auch durch einen anderen Unternehmer beseitigen lassen kann.

cc) Angemessene Frist. Die gesetzte Frist muss exakt benannt werden[1171] und angemessen 260
sein. Die Angemessenheit der Frist richtet sich nach Art, Umfang und Schwierigkeit der durchzuführenden Mängelbeseitigung unter Berücksichtigung notwendiger Vorbereitungsarbeiten und insbesondere des Interesses des Auftraggebers an einer alsbaldigen Nachbesserung, wobei letzteres auch eine verhältnismäßig kurze Frist rechtfertigen kann.[1172] Die Angemessenheit der Frist ist deshalb nicht allein danach zu beurteilen, welchen Zeitraum der Auftragnehmer für die Mängelbeseitigung normaler Weiser benötigt; angemessen ist vielmehr eine Frist, wenn während ihrer Dauer die Mängel unter größten Anstrengungen des Auftragnehmers beseitigt werden können; denn sie hat nicht den Zweck, den Auftragnehmer in die Lage zu versetzen, nun erst seine Leistung in die Wege zu leiten, sondern sie soll ihm nur noch eine letzte Gelegenheit geben, die Erfüllung zu vollenden.[1173] Schwierig kann die Mängelbeseitigung unter anderem deshalb sein, weil sie witterungsabhängig ist.[1174] Bei der Bemessung der Frist ist zudem zu beachten, dass der Auftragnehmer zunächst die Mängelursachen klären und danach diese beseitigen muss,[1175] weil der Auftraggeber sich auf die Rüge der Mangelerscheinungen beschränken kann.[1176] Eine zu kurz bemessene Frist ist nicht unwirksam, setzt vielmehr eine angemessen lange Frist in Lauf.[1177] Dass der Auftragnehmer eine solche Verlängerung verlangt,[1178] ist also nicht erforderlich.[1179] Eine Verlängerung scheidet jedoch aus, wenn der Auftraggeber für die Zeit nach Ablauf der zu kurzen Frist ein Baustellenverbot ausspricht.[1180]

dd) Erfolgloser Fristablauf. Ein solcher liegt nicht nur vor, wenn der Auftragnehmer ganz 261
untätig geblieben ist; vielmehr kommt er der Aufforderung zur Mängelbeseitigung auch dann

---

[1166] OLG Celle BauR 1994, 250; zu § 634 Abs. 2 BGB a.F. so auch BGH NZBau 2004, 153 = BauR 2004, 501. Zur fehlgeschlagenen Nachbesserung im übrigen eingehend *Kniffka* ibr-online-Kommentar Bauvertragsrecht, Stand 10.4.2006, § 637 Rdn. 27/28. Vgl. ferner OLG Rostock IBR 2005, 532: Selbst nach mehrfachen Mängelbeseitigungsversuchen erneute Mängelbeseitigungsaufforderung erforderlich.

[1167] BGH BauR 1985, 198; *Werner/Pastor* Rdn. 1657.

[1168] OLG Koblenz NJW-RR 2002, 669 = BauR 2002, 1110.

[1169] Für das frühere Konkursverfahren: OLG Hamm BauR 1984, 537; OLG Düsseldorf NJW-RR 1993, 1110 = BauR 1993, 507 (nur LS); OLG Celle BauR 1995, 856; für das Gesamtvollstreckungsverfahren: OLG Naumburg IBR 2002, 667.

[1170] Vgl. oben Rdn. 222.

[1171] OLG Düsseldorf BauR 2001, 645; *Kleine-Möller/Merl* § 12 Rdn. 791; *Ingenstau/Korbion/Wirth* VOB/B § 13 Nr. 5 Rdn. 110; Beck'scher VOB-Kommentar/*Kohler* VOB/B § 13 Nr. 5 Rdn. 85.

[1172] OLG Düsseldorf BauR 2001, 645; *Kleine-Möller/Merl* § 12 Rdn. 792; *Ingenstau/Korbion/Wirth* VOB/B § 13 Nr. 5 Rdn. 113/114; *Nicklisch/Weick* § 13 Rdn. 141; Beck'scher VOB-Kommentar/*Kohler* VOB/B § 13 Nr. 5 Rdn. 86 und VOB/B § 4 Nr. 7 Rdn. 208/209.

[1173] BGH NJW 2006, 2254 = NZBau 2006, 371 = BauR 2006, 979, zu § 634 Abs. 1 BGB a.F.; das gilt hier jedoch entsprechend.

[1174] Vgl. dazu *Mundt* BauR 2005, 1397 ff.

[1175] Darauf weist *Schulze-Hagen* im Praxishinweis zu IBR 2003, 185 zutreffend hin.

[1176] BGHZ 154, 119 = NJW 2003, 1526 = NZBau 2003, 267 = BauR 2003, 693: Symptom-Rechtsprechung. Vgl. dazu oben Rdn. 257.

[1177] BGH NJW 1986, 713 = BauR 1986, 98; NJW 1999, 1330 = BauR 1999, 391; OLG Celle BauR 1984, 409; OLG Düsseldorf NJW-RR 1998, 1552 = BauR 1998, 1263; *Kaiser* Mängelhaftung Rdn. 81; Beck'scher VOB-Kommentar/*Kohler* VOB/B § 13 Nr. 5 Rdn. 86.

[1178] So aber *Nicklisch/Weick* § 13 Rdn. 141, am Ende.

[1179] *Kleine-Möller/Merl* § 12 Rdn. 792.

[1180] BGH NJW 1986, 713 = BauR 1986, 98; OLG Hamm BauR 2000, 1346.

nicht – voll – nach, wenn sein Nachbesserungsversuch innerhalb der angemessenen Frist nicht zum geschuldeten Erfolg führt.[1181] Ausnahmsweise erwirbt der Auftraggeber die Rechte aus § 13 Nr. 5 Abs. 2 VOB/B bereits vor Fristablauf, nämlich sobald eindeutig feststeht, dass der Auftragnehmer keinesfalls mehr in der Lage sein wird, die Mängel fristgemäß zu beseitigen,[1182] oder dass er dazu nicht willens ist.[1183]

262 **b) Wahlrecht zwischen Ersatzvornahme und Mängelbeseitigung.** Mit der Erfüllung der Voraussetzungen des § 13 Nr. 5 Abs. 2 VOB/B erlangt der Auftraggeber das Ersatzvornahmerecht neben dem Anspruch auf Mängelbeseitigung, er kann also zwischen beiden Rechten frei wählen.[1184] Abs. 2 entspricht somit der gesetzlichen Regelung in §§ 634 Nr. 1 und 2, 635, 637 BGB. Eine Fristsetzung mit Ablehnungsandrohung wie in § 634 Abs. 1 BGB a.F., welche zum Ausschluss des Mängelbeseitigungsanspruchs führte, kennt weder die VOB/B noch seit dem 1.1.2002 das BGB.

263 **c) Einschränkung der Mängelbeseitigungsgelegenheit.** Andererseits führt der erfolglose Ablauf der gemäß § 13 Nr. 5 Abs. 2 VOB/B gesetzten Frist zu einer einschneidenden Einschränkung der Mängelbeseitigungsgelegenheit[1185] des Auftragnehmers. Denn die alte Streitfrage, ob die Nachbesserungsbefugnis des Auftragnehmers mit dem Fristablauf erlischt,[1186] hat der BGH[1187] nunmehr dahin entschieden, dass der Auftraggeber nach erfolglosem Fristablauf nicht mehr verpflichtet ist, die vom Auftragnehmer angebotene Mängelbeseitigung anzunehmen.[1188] Vielmehr ist der Auftraggeber von da ab berechtigt zu entscheiden, welche der ihm zustehenden Mängelrechte er geltend machen will. Der Auftragnehmer wird dadurch nicht unangemessen benachteiligt, weil er zweifach gegen seine Vertragspflichten verstoßen hat. Damit greift der BGH den bisher in anderem Zusammenhang[1189] herangezogenen Gesichtspunkt des doppelt vertragsuntreuen Auftragnehmers auf. Entscheidet sich der Auftraggeber allerdings dafür, auch nach erfolglosem Fristablauf weiterhin Nacherfüllung zu verlangen,[1190] muss er diese auch annehmen.[1191] Denn er verhält sich widersprüchlich, wenn er den Auftragnehmer trotz Fristablaufs wieder zur Nacherfüllung auffordert, dann aber dessen Angebot zur Durchführung objektiv zur Mängelbeseitigung geeigneter Maßnahmen ablehnt; das ist treuwidrig (§ 242 BGB), weshalb der Auftraggeber sich nicht auf ein Selbstvornahmerecht berufen kann.[1192] Folgerichtig steht ihm erst nach einer erneuten erfolglosen Fristsetzung gemäß § 13 Nr. 5 Abs. 2 VOB/B, sofern diese nicht ausnahmsweise entbehrlich ist,[1193] wieder die Wahl der Selbstvornahme offen.[1194] Eine

---

[1181] *Nicklisch/Weick* § 13 Rdn. 142; *Ingenstau/Korbion/Wirth* VOB/B § 13 Nr. 5 Rdn. 119/120; Beck'scher VOB-Kommentar/*Kohler* VOB/B § 13 Nr. 5 Rdn. 91; *Kleine-Möller/Merl* § 12 Rdn. 794.

[1182] Vgl. dazu BT-Drucks. 14/6857 S. 37 und 68, jeweils zu Nr. 134: Nacherfüllung dann „fehlgeschlagen", § 637 Abs. 2 Satz 2 BGB. Vgl. auch BGH NZBau 2002, 668 = BauR 2002, 1847; *Ingenstau/Korbion/Wirth* VOB/B § 13 Nr. 5 Rdn. 121.

[1183] *Kleine-Möller/Merl* § 12 Rdn. 795.

[1184] BGHZ 154, 119 = NJW 2003, 1526 = NZBau 2003, 267 = BauR 2003, 693; BGH NZBau 2004, 153 = BauR 2004, 501; *Daub/Piel/Soergel/Steffani* ErlZ B 13.434; Beck'scher VOB-Kommentar/*Kohler* VOB/B § 13 Nr. 5 Rdn. 71; *Nicklisch/Weick* § 13 Rdn. 142; *Sienz* FS Kraus 2003, 237, 246/247.

[1185] Vgl. dazu oben Rdn. 194.

[1186] Vgl. dazu die Darstellung in der 1. Aufl. bei § 13 VOB/B Rdn. 251 sowie *Enaux* FS Kraus 2003, 15, 17 ff.

[1187] BGHZ 154, 119 =NJW 2003, 1526 = NZBau 2003, 267 = BauR 2003, 693; BGH NZBau 2004, 153 = BauR 2004, 501 = NJW 2004, 1525 (nur LS). Vgl. dazu auch Anm. von *Kenter/Brügmann* BauR 2004, 395 ff. *Jansen* BauR 2005, 1089, 1091 will über §§ 133, 157 BGB im Regelfall dem BGH folgen.

[1188] Anders OLG Hamm BauR 2005, 1190.

[1189] Vgl. unten Rdn. 269.

[1190] Wozu er nach wie vor berechtigt ist: vgl. oben Rdn. 262.

[1191] So auch *Vorwerk* BauR 2003, 1, 12.

[1192] BGH NZBau 2004, 153 = BauR 2004, 501 = NJW 2004, 1525 (nur LS).

[1193] Vgl. dazu oben Rdn. 258.

[1194] A.A. *Vorwerk* BauR 2003, 1, 13 in Fußnote 110: „Übergang zum Sekundäranspruch aus den Gründen der §§ 636, 637 Abs. 2 Satz 2 BGB unmittelbar möglich." Dass deren Voraussetzungen erfüllt sind, kann jedoch nicht ohne weiteres angenommen werden.

solche neue Fristsetzung ist auch erforderlich, wenn der Auftraggeber mit dem Auftragnehmer nach erfolglosem Fristablauf eine Nacherfüllungsvereinbarung getroffen hat.[1195]

d) Keine Ansprüche bei unberechtigter Ersatzvornahme. Falls der Auftraggeber die Voraussetzungen des § 13 Nr. 5 Abs. 2 VOB/B nicht erfüllt und damit keinen Anspruch nach dieser Bestimmung hat, stehen ihm wegen der Kosten der unberechtigten Ersatzvornahme auch keine anderweitigen Ansprüche zu, weil es sich bei **§ 13 Nr. 5 Abs. 2 VOB/B** – ebenso wie bei §§ 634 Nr. 2, 637 BGB[1196] – um eine **abschließende Sonderregelung** handelt.[1197] Die befürchteten[1198] Gefahren aus dem Kaufrecht[1199] sind für die Praxis spätestens dadurch gebannt, dass der BGH[1200] auch die §§ 437 ff. BGB insoweit als abschließende Regelung eingestuft und einen Anspruch auf Herausgabe ersparter Aufwendungen in unmittelbarer oder analoger Anwendung des § 326 Abs. 2 Satz 2 BGB verneint hat. Die Zulassung anderer Ansprüche würde zu Schwierigkeiten führen, die § 13 Nr. 5 Abs. 2 VOB/B gerade ausschließen soll; denn da die Mängel schon beseitigt sind, würde eine zuverlässige Nachprüfung ihres Umfangs und der Angemessenheit der behaupteten Beseitigungskosten oft nicht mehr möglich sein.[1201] Darum hat der Auftraggeber keinen Bereicherungsanspruch,[1202] vielmehr ist die Regelung in § 13 Nr. 5 Abs. 2 VOB/B der Rechtsgrund für den Rechtsverlust des Auftraggebers.[1203] Ihm steht ebenfalls kein Anspruch aus Geschäftsführung ohne Auftrag zu, weil die voreilige Ersatzvornahme nicht dem Interesse und dem wirklichen oder mutmaßlichen Willen des Auftragnehmers entspricht.[1204] Auch als Schadenersatz gemäß § 13 Nr. 7 VOB/B oder aufgrund eines konkurrierenden Anspruchs aus unerlaubter Handlung kann der Auftraggeber die Mängelbeseitigungskosten nur geltend machen, wenn er dem Auftragnehmer zuvor eine Nachbesserungsfrist nach § 13 Nr. 5 Abs. 2 VOB/B gesetzt hat.[1205] An dem Ausschluss anderer Ansprüche ändert sich im Ergebnis nichts, wenn ein Bauträger, der seine Mängelansprüche an die Erwerber des Bauwerks abgetreten hat, voreilig die Ersatzvornahme durchführt.[1206] 264

Der **Ausschluss** anderer Ansprüche betrifft nur solche auf Ersatz der Mängelbeseitigungskosten, **nicht** jedoch Ansprüche auf Ersatz eines trotz ordnungsgemäßer Nachbesserung verbleibenden merkantilen **Minderwerts,**[1207] es sei denn, der Auftragnehmer hätte diesen durch eigene Mängelbeseitigung möglicherweise abwenden können,[1208] sowie auf Ersatz aller **sonstigen Schäden**, die infolge der Mangelhaftigkeit des Werks entstehen, aber durch eine Nachbesserung nicht verhindert werden können, weshalb der Anspruch auf Ersatz dieser Schäden von vornherein neben dem Mängelbeseitigungsanspruch besteht, wie zum Beispiel bei einem durch die Mängel 265

[1195] OLG Köln IBR 2005, 15.

[1196] Vgl. dazu *Dauner-Lieb/Dötsch* NZBau 2004, 233, 234/235.

[1197] *Nicklisch/Weick* § 13 Rdn. 146 und Vor § 13 Rdn. 13; *Ingenstau/Korbion/Wirth* VOB/B § 13 Nr. 5 Rdn. 126/127; *Heiermann/Riedl/Rusam* VOB/B § 13 Rdn. 146; Beck'scher VOB-Kommentar/*Kohler* VOB/B § 13 Nr. 5 Rdn. 79; *Kleine-Möller/Merl* § 12 Rdn. 830; *Korbion/Hochstein/Keldungs* Rdn. 571; Nicht unbestritten: vgl. dazu die Nachweise bei *Dauner-Lieb/Dötsch* NZBau 2004, 233, 235 in der dortigen Fußnote 26.

[1198] Von *Dauner-Lieb/Dötsch* NZBau 2004, 233, 236.

[1199] Vgl. dazu z.B. *Ebert* NJW 2004, 1761, 1762–1764; *Oechsler* NJW 2004, 1825, 1826.

[1200] BGHZ 162, 219 = NJW 2005, 1348 = BauR 2005, 1021 mit zustimmender Anmerkung von *Kniffka* BauR 2005, 1024/1025; BGH NJW 2005, 3211; NJW 2006, 988; kritisch: *Lorenz* NJW 2005, 1321–1324; *Herresthal/Riehm* NJW 2005, 1457–1461. In BGH NJW-RR 2005, 357 geht es entgegen der Darstellung in IBR 2005, 77 nicht um Mängel, sondern um die vom Auftraggeber unmöglich gemachte Fertigstellung des geschuldeten Anlage durch den Auftragnehmer.

[1201] BGH NJW 1966, 39; NJW 1968, 43.

[1202] BGH NJW 1966, 39; BGHZ 46, 242 = NJW 1967, 388; BGHZ 96, 221 = NJW 1986, 922 = BauR 1986, 211.

[1203] BGH NJW 1968, 43.

[1204] BGH NJW 1968, 43; BGHZ 92, 123 = NJW 1984, 2573 = BauR 1984, 634.

[1205] BGHZ 96, 221 = NJW 1986, 922 = BauR 1986, 211; *Nicklisch/Weick* § 13 Rdn. 148.

[1206] BGHZ 70, 389 = NJW 1978, 1375 = BauR 1978, 308. Zur Abtretung der Mängelansprüche vgl. oben Rdn. 49–52, 145 und 158.

[1207] BGH NJW 1986, 428 = BauR 1986, 103.

[1208] BGH NJW-RR 1988, 208 = BauR 1988, 82.

verursachten Verdienstausfall.[1209] Nicht ausgeschlossen sind ferner Ansprüche wegen Schäden an anderen Gewerken oder am sonstigen Eigentum des Auftraggebers, die durch Mängel der Leistung des Auftragnehmers entstanden sind.[1210] Auch verbleibt dem Auftraggeber nach einer erfolglosen unberechtigten Ersatzvornahme grundsätzlich der Mängelbeseitigungsanspruch und die Möglichkeit, nunmehr die Voraussetzungen des § 13 Nr. 5 Abs. 2 VOB/B zu erfüllen.[1211]

266 **e) Kostenerstattungsanspruch.** Dieser wird in § 13 Nr. 5 Abs. 2 VOB/B ohne Einschränkungen dahin umschrieben, dass der Auftraggeber die Mängel auf Kosten des Auftragnehmers beseitigen lassen kann. Dem gegenüber kann der Auftraggeber nach § 637 Abs. 1 BGB nur **Ersatz** der **erforderlichen Aufwendungen** verlangen. Diese Beschränkung auf die erforderlichen Aufwendungen gilt als allgemeiner Grundsatz der Sachmängelhaftung jedoch auch für § 13 Nr. 5 Abs. 2 VOB/B.[1212]

267 Bei der **Bewertung** der **Erforderlichkeit** ist auf den Aufwand und die damit verbundenen Kosten abzustellen, welche der Auftraggeber im Zeitpunkt der Mängelbeseitigung als vernünftiger, wirtschaftlich denkender Bauherr aufgrund sachkundiger Beratung oder Feststellung aufwenden konnte, weil es sich um eine vertretbare Nachbesserungsmaßnahme handelte.[1213] Von mehreren Methoden, die Mängel zu beseitigen, darf der Auftraggeber die sicherste wählen.[1214] Ebenso wie die Nachbesserungspflicht des Auftragnehmers nicht allein die Mängelbeseitigung, sondern auch sämtliche Vor- und Nacharbeiten umfasst,[1215] gehören die Kosten aller dieser Arbeiten zu den erforderlichen Aufwendungen der Ersatzvornahme. So rechnen bei der Nachbesserung einer fehlerhaften Schweißnaht an einer Fernwärmeleitung zu den erforderlichen Arbeiten außer dem Nachschweißen der undichten Stelle das für das Aufspüren der Schadstelle erforderliche Aufgraben des Erdreichs bis zur Rohrleitung, das Freilegen des Rohres durch Entfernen der Isolierung zur Lokalisierung der Schadstelle, das Wiederanbringen der Isolierung, das Verfüllen des Rohrgrabens, das Verdichten des Erdreichs und die Wiederherstellung der aufgerissenen Straßendecke.[1216]

268 **aa) Selbstbeseitigung.** Der Auftraggeber ist aufgrund seines Ersatzvornahmerechts befugt, die Mängel selbst zu beseitigen und den Wert seiner Arbeitsleistung dem Auftragnehmer als Aufwendungen in Rechnung zu stellen.[1217] Die Höhe der Vergütung kann anhand des Lohns, der einem in beruflich abhängiger Stellung Tätigen zu zahlen wäre, geschätzt werden.[1218] Das gilt aber nur für einen Auftraggeber, der selbst kein Unternehmer ist.[1219] Wenn er hingegen als gewerblicher Unternehmer die Nachbesserung selbst durchführt, kann er neben dem Lohn- und Materialaufwand auch anteilige Gemeinkosten verlangen, aber keinen Unternehmergewinn ansetzen.[1220]

[1209] BGHZ 92, 308 = NJW 1985, 381 = BauR 1985, 83 für einen Anspruch aus § 635 BGB a.F.; die dortigen Ausführungen zur Entbehrlichkeit der Fristsetzung treffen jedoch für § 13 Nr. 5 Abs. 2 VOB/B in gleicher Weise zu.

[1210] BGHZ 96, 221 = NJW 1986, 922 = BauR 1986, 211.

[1211] *Nicklisch/Weick* § 13 Rdn. 147; *Kleine-Möller/Merl* § 12 Rdn. 830; *Ingenstau/Korbion/Wirth* VOB/B § 13 Nr. 5 Rdn. 128.

[1212] BGH NJW-RR 1991, 789 = BauR 1991, 329; OLG Düsseldorf BauR 1989, 329; OLG Dresden NZBau 2000, 333, insoweit in BauR 2000, 1341 nicht abgedruckt; *Kaiser* Mängelhaftung Rdn. 83; *Vygen* Bauvertragsrecht Rdn. 540; *Nicklisch/Weick* § 13 Rdn. 150; *Ingenstau/Korbion/Wirth* VOB/B § 13 Nr. 5 Rdn. 154; Beck'scher VOB-Kommentar/*Kohler* VOB/B § 13 Nr. 5 Rdn. 100; *Heiermann/Riedl/Rusam* VOB/B § 13 Rdn. 150.

[1213] BGH NJW-RR 1989, 86 = BauR 1989, 97; NJW-RR 1991, 789 = BauR 1991, 329.

[1214] OLG Dresden NZBau 2000, 333, insoweit in BauR 2000, 1341 nicht abgedruckt.

[1215] Vgl. dazu oben Rdn. 217 und 222.

[1216] OLG Düsseldorf NJW-RR 1993, 477.

[1217] BGHZ 59, 328 = NJW 1973, 46 = BauR 1973, 52; *Daub/Piel/Soergel/Steffani* ErlZ B 13.460/13.461; *Nicklisch/Weick* § 13 Rdn. 152; *Ingenstau/Korbion/Wirth* VOB/B § 13 Nr. 5 Rdn. 171; Beck'scher VOB-Kommentar/*Kohler* VOB/B § 13 Nr. 5 Rdn. 98.

[1218] BGHZ 59, 328 = NJW 1973, 46 = BauR 1973, 52.

[1219] BGH BauR 1973, 197.

[1220] BGH NJW 1961, 729 für den vergleichbaren § 249 S. 2 BGB a.F., jetzt § 249 Abs. 2 S. 1 BGB n.F., weil dort auf den zur Herstellung erforderlichen Geldbetrag abgestellt wird; *Kleine-Möller/Merl* § 12 Rdn. 812.

bb) Beauftragung eines anderen Unternehmers. Wenn der Auftraggeber einen anderen Unternehmer mit der Mängelbeseitigung beauftragt, ist er nicht gehalten, im Interesse des „doppelt vertragsuntreuen Auftragnehmers"[1221] – er hat mangelhaft geleistet und ist seiner Mängelbeseitigungspflicht nicht nachgekommen – besondere Anstrengungen zu unternehmen, den preisgünstigsten Unternehmer zu finden.[1222] Der Auftraggeber hat zwar das Interesse des Auftragnehmers zu berücksichtigen, die Mängelbeseitigungskosten möglichst gering zu halten.[1223] Das Interesse des Auftraggebers an einer zuverlässigen und raschen Beseitigung der Mängel hat jedoch Vorrang.[1224] Deshalb ist es grundsätzlich nicht geboten, zunächst ein Ausschreibungsverfahren durchzuführen.[1225] Allerdings sind, wenn es sich nicht lediglich um kleinere Nachbesserungen handelt, in der Regel mehrere Angebote oder Kostenanschläge einzuholen.[1226] Der Auftraggeber muss nicht den billigsten Bieter beauftragen, sondern darf einen Unternehmer seines Vertrauens auswählen, selbst wenn dieser seinen Sitz in einiger Entfernung vom Ort der Bauleistung hat.[1227] Die Art der Nachbesserung darf er dem damit beauftragten Unternehmer überlassen.[1228] Der Auftragnehmer muss gegebenenfalls auch die Kosten einer wegen anderer Materialwahl um ein Drittel teureren Ersatzvornahme tragen.[1229] **269**

Die Ersatzpflicht des Auftragnehmers endet erst dort, wo nach den Umständen des Einzelfalls die **Grenze des Erforderlichen** infolge unangemessen hohen Kostenaufwands eindeutig überschritten wird, falls dies für den Auftraggeber erkennbar und vermeidbar war.[1230] Denn ein anderer Unternehmer wird ohnehin in der Regel nur gegen eine höhere Vergütung als im Rahmen der ursprünglichen Bauausführung zur Übernahme der Mängelbeseitigung bereit sein.[1231] **270**

Für die von dem Auftragnehmer **zu erstattenden Kosten** kommt es auf den Zeitpunkt der Mängelbeseitigung an,[1232] sofern der Auftraggeber die Ersatzvornahme nicht schuldhaft hinauszögert und dadurch Mehrkosten verursacht, welche er dann selbst zu tragen hat.[1233] Zu erstatten sind der Werklohn des mit der Nachbesserung betrauten anderen Unternehmers einschließlich **Mehrwertsteuer**,[1234] es sei denn, der Auftraggeber ist vorsteuerabzugsberechtigt,[1235] sowie **271**

[1221] *Ingenstau/Korbion/Wirth* VOB/B § 13 Nr. 5 Rdn. 157.

[1222] OLG Dresden NZBau 2000, 333, insoweit in BauR 2000, 1341 nicht abgedruckt; OLG Düsseldorf BauR 1996, 151 (nur LS); *Werner/Pastor* Rdn. 1584; allgemein zur Entscheidungskompetenz des Auftraggebers in diesem Stadium: *Motzke* Jahrbuch BauR 2000, 22, 45 ff.

[1223] OLG Köln *Schäfer/Finnern/Hochstein* § 633 BGB Nr. 27; *Vygen* Bauvertragsrecht Rdn. 542; *Korbion/Hochstein/Keldungs* Rdn. 575.

[1224] *Heiermann/Riedl/Rusam* VOB/B § 13 Rdn. 151; *Kleine-Möller/Merl* § 12 Rdn. 806.

[1225] OLG Köln *Schäfer/Finnern/Hochstein* § 633 BGB Nr. 27 und Nr. 34; OLG Dresden NZBau 2000, 333, insoweit in BauR 2000, 1341 nicht abgedruckt; *Werner/Pastor* Rdn. 1584; *Vygen* Bauvertragsrecht Rdn. 541; *Ingenstau/Korbion/Wirth* VOB/B § 13 Nr. 5 Rdn. 158.

[1226] Beck'scher VOB-Kommentar/*Kohler* VOB/B § 13 Nr. 5 Rdn. 104; ebenso *Ingenstau/Korbion/Wirth* VOB/B § 13 Nr. 5 Rdn. 159 für den Fall, daß eine niedrigere Kostenschätzung eines Sachverständigen in einem selbständigen Beweisverfahren vorliegt; a.A. OLG Dresden NZBau 2000, 333, insoweit in BauR 2000, 1341 nicht abgedruckt; *Heiermann/Riedl/Rusam* VOB/B § 13 Rdn. 151; *Werner/Pastor* Rdn. 1584.

[1227] OLG Köln *Schäfer/Finnern/Hochstein* § 633 Nr. 27 und Nr. 34; *Vygen* Bauvertragsrecht Rdn. 541; *Heiermann/Riedl/Rusam* VOB/B § 13 Rdn. 151.

[1228] OLG Dresden NZBau 2000, 333, insoweit in BauR 2000, 1341 nicht abgedruckt; OLG Celle IBR 2004, 129; *Werner/Pastor* Rdn. 1586; *Kleine-Möller/Merl* § 12 Rdn. 803.

[1229] OLG Frankfurt NJW-RR 1988, 918.

[1230] OLG Köln *Schäfer/Finnern/Hochstein* § 633 BGB Nr. 27; OLG Düsseldorf BauR 1989, 329; BauR 1996, 151 (nur LS), OLG Dresden NZBau 2000, 333, insoweit in BauR 2000, 1341 nicht abgedruckt; *Werner/Pastor* Rdn. 1486; *Kleine-Möller/Merl* § 12 Rdn. 807.

[1231] *Daub/Piel/Soergel/Steffani* ErlZ B 13.458; *Nicklisch/Weick* § 13 Rdn. 151.

[1232] BGH NJW-RR 1991, 789 = BauR 1991, 329; OLG Düsseldorf BauR 1989, 329; *Kaiser* Mängelhaftung Rdn. 83 b; anders fälschlich *Korbion/Hochstein/Keldungs* Rdn. 578 unter Berufung auf BGH NJW 1995, 1836 = BauR 1995, 540, wo es indessen um eine ganz andere Problematik der Minderung geht.

[1233] *Kleine-Möller/Merl* § 12 Rdn. 814.

[1234] *Werner/Pastor* Rdn. 1584.

[1235] OLG Düsseldorf NJW-RR 1996, 532 = BauR 1996, 396; OLG Hamm OLGR 1996, 207, *Werner/Pastor* Rdn. 1584; *Ingenstau/Korbion/Wirth* VOB/B § 13 Nr. 5 Rdn. 172; *Heiermann/Riedl/Rusam* VOB/B § 13 Rdn. 151; *Korbion/Hochstein/Keldungs* Rdn. 577.

die sonstigen Kosten der Ersatzvornahme, wie Gutachterkosten,[1236] Kosten eines selbständigen Beweisverfahrens[1237] und Architektenhonorar für Ausschreibung, Vergabe und Beaufsichtigung der Ersatzvornahme. Denn diese Tätigkeiten gehören anders als bei einer Nachbesserung durch den Auftragnehmer[1238] nicht zu den Aufgaben des Architekten im Rahmen der Leistungsphasen 8 und 9 des § 15 HOAI.[1239] Der Architekt ist allerdings auch hier zur kostenlosen Leistung verpflichtet, wenn er selbst dem Auftraggeber für Sachmängel haftet.[1240]

272 Das **Risiko** eines **Fehlschlags** der Ersatzvornahme trägt der Auftragnehmer, sofern der Auftraggeber den anderen Unternehmer mit der gebotenen Sorgfalt ausgewählt hat.[1241] Der Auftraggeber muss zwar zunächst von dem anderen Unternehmer Nachbesserung seiner Arbeiten verlangen; es ist ihm aber nicht zumutbar, den anderen Unternehmer zu verklagen, er kann vielmehr von dem Auftragnehmer unter Abtretung seiner Ansprüche gegen den anderen Unternehmer Kostenersatz für die erfolglose Ersatzvornahme verlangen.[1242] Wenn sich erst während der Ersatzvornahme herausstellt, dass die Mängelbeseitigung unmöglich ist, ist es ebenfalls unbillig, dem Auftraggeber das Prognoserisiko aufzubürden, weshalb er auch in diesem Fall den Auftragnehmer auf Kostenerstattung in Anspruch nehmen kann.[1243]

273 **cc) Kostenbeteiligung des Auftraggebers.** Soweit eine Kostenbeteiligungspflicht des Auftraggebers besteht,[1244] weil er oder seine Erfüllungsgehilfen für den Mangel mitverantwortlich waren,[1245] weil bei der Mängelbeseitigung Sowieso-Kosten entstanden[1246] oder weil Vorteile auszugleichen sind,[1247] ist der Kostenerstattungsanspruch des Auftraggebers von vornherein um den von ihm zu leistenden Zuschuss zu kürzen.[1248]

274 **dd) Fälligkeit und Verzug.** Die Fälligkeit des Anspruchs auf Erstattung der Ersatzvornahmekosten tritt mit deren Zahlung durch den Auftraggeber ein,[1249] und zwar auch schon bei Abschlagszahlungen.[1250] Vorher kann der Auftraggeber von dem Auftragnehmer gemäß § 257 BGB nur Freistellung von seinen Verbindlichkeiten gegenüber dem anderen Unternehmer verlangen.[1251]

[1236] OLG Düsseldorf BauR 1989, 329; Beck'scher VOB-Kommentar/*Kohler* VOB/B § 13 Nr. 5 Rdn. 106; *Ingenstau/Korbion/Wirth* VOB/B § 13 Nr. 5 Rdn. 163.

[1237] OLG Dresden BauR 2003, 761.

[1238] Vgl. dazu oben Rdn. 222.

[1239] *Vygen* Bauvertragsrecht Rdn. 541.

[1240] Beck'scher VOB-Kommentar/*Kohler* VOB/B § 13 Nr. 5 Rdn. 60; *Ingenstau/Korbion/Wirth* VOB/B § 13 Nr. 5 Rdn. 79.

[1241] OLG Hamm IBR 2002, 662; OLG Bamberg IBR 2005, 533; Kaiser Mängelhaftung Rdn. 83 b; Beck'scher VOB-Kommentar/*Kohler* VOB/B § 13 Nr. 5 Rdn. 108/109; *Ingenstau/Korbion/Wirth* VOB/B § 13 Nr. 5 Rdn. 175; *Heiermann/Riedl/Rusam* VOB/B § 13 Rdn. 152; *Nicklisch/Weick* § 13 Rdn. 150; *Donner* in *Franke/Kemper/Zanner/Grünhagen* § 13 VOB/B Rdn. 174/175; a.A. OLG Düsseldorf BauR 1998, 199 = IBR 1998, 253 mit zu Recht kritischem Praxishinweis von *Pasker*.

[1242] OLG Bamberg IBR 2005, 533; *Heiermann/Riedl/Rusam* VOB/B § 13 Rdn. 153; Beck'scher VOB-Kommentar/*Kohler* VOB/B § 13 Nr. 5 Rdn. 108/109; *Ingenstau/Korbion/Wirth* VOB/B § 13 Nr. 5 Rdn. 175; *Kleine-Möller/Merl* § 12 Rdn. 813; a.A. *Korbion/Hochstein/Keldungs* Rdn. 574.

[1243] Beck'scher VOB-Kommentar/*Kohler* VOB/B § 13 Nr. 5 Rdn. 110/111; *Heiermann/Riedl/Rusam* VOB/B § 13 Rdn. 152.

[1244] BGH NJW 1999, 416 = BauR 1999, 252.

[1245] Vgl. dazu oben Rdn. 228–230.

[1246] Vgl. dazu oben Rdn. 231–234.

[1247] Das ist nicht allein deshalb der Fall, weil durch die Nachbesserung des Gewerks des Vorunternehmers Mängel des Gewerks eines Nachfolgeunternehmers beseitigt werden: OLG Karlsruhe BauR 2005, 1485. Vgl. im übrigen zum Vorteilsausgleich oben Rdn. 235–237.

[1248] BGHZ 91, 206 = NJW 1984, 2457 = BauR 1984, 510; *Kaiser* Mängelhaftung Rdn. 79; Beck'scher VOB-Kommentar/*Kohler* VOB/B § 13 Nr. 5 Rdn. 113; *Heiermann/Riedl/Rusam* VOB/B § 13 Rdn. 151.

[1249] Beck'scher VOB-Kommentar/*Kohler* VOB/B § 13 Nr. 5 Rdn. 114; *Ingenstau/Korbion/Wirth* VOB/B § 13 Nr. 5 Rdn. 172; *Heiermann/Riedl/Rusam* VOB/B § 13 Rdn. 154; *Nicklisch/Weick* § 13 Rdn. 155/156.

[1250] BGHZ 47, 272 = NJW 1967, 1366.

[1251] BGHZ 47, 272 = NJW 1967, 1366; Beck'scher VOB-Kommentar/*Kohler* VOB/B § 13 Nr. 5 Rdn. 115; *Ingenstau/Korbion/Wirth* VOB/B § 13 Nr. 5 Rdn. 173; *Heiermann/Riedl/Rusam* VOB/B § 13 Rdn. 154 b; *Nicklisch/Weick* § 13 Rdn. 157.

Die Fälligkeit des Erstattungsanspruchs hängt nicht davon ab, dass eine den Anforderungen des § 14 VOB/B entsprechende Abrechnung der Mängelbeseitigungskosten vorgelegt wird.[1252] Eine Rechnungserteilung über die Ersatzvornahmekosten ist auch nicht mehr, wie nach § 284 Abs. 3 BGB a.F., erforderlich, um den Auftragnehmer in Verzug zu setzen und Verzugszinsen sowie Ersatz sonstiger Verzugsschäden verlangen zu können. Der Auftraggeber kann vielmehr gemäß § 286 Abs. 1 Satz 1 BGB Verzug insbesondere wieder durch Mahnung herbeiführen.

f) Kostenvorschuss. Der Auftraggeber ist jedoch nicht auf Erstattungs- und Freistellungs- 275
ansprüche beschränkt, er hat vielmehr bereits vor Durchführung der Ersatzvornahme einen Vorschussanspruch in Höhe der voraussichtlichen Kosten der Mängelbeseitigung. Das entsprach seit langem ständiger Rechtsprechung des BGH,[1253] fand nach anfänglicher Kritik[1254] auch im Schrifttum allgemeine Zustimmung[1255] und wurde bereits als Gewohnheitsrecht bezeichnet.[1256] Nunmehr ist der Vorschussanspruch in **§ 637 Abs. 3 BGB,** der mangels abweichender Regelung in § 13 Nr. 5 Abs. 2 VOB/B auch auf VOB/B-Verträge anwendbar ist,[1257] ausdrücklich vorgesehen. Da jedoch nähere Einzelheiten nicht geregelt wurden, muss insoweit auf die bisherige Rechtsprechung zurückgegriffen werden, an welche mit dieser neuen Bestimmung auch angeknüpft wird.[1258]

aa) Voraussetzungen. Der Vorschussanspruch erfordert zunächst, dass der Auftraggeber nach 276
§ 13 Nr. 5 Abs. 2 VOB/B zur Ersatzvornahme berechtigt ist.[1259] Darüber hinaus setzt der Anspruch auf Kostenvorschuss den Willen des Auftraggebers, die Mängel tatsächlich beseitigen zu lassen, voraus.[1260] Zudem ist erforderlich, dass die Mängelbeseitigungsarbeiten in überschaubarer Zeit ausführbar sind.[1261] Denn die zugrunde liegende Billigkeitsüberlegung, dass der Auftraggeber von der Last der Vorfinanzierung befreit werden soll, greift nur, wenn er die Ersatzvornahme durchführen will[1262] und kann. Durch diese zusätzliche Voraussetzung soll zudem verhindert werden, dass der Auftraggeber in Wirklichkeit eine Minderung des Werklohns oder Schadenersatz anstrebt, obwohl deren weitergehende Voraussetzungen nicht erfüllt sind.[1263] Von dem Willen zur Mängelbeseitigung ist jedoch mangels konkreter gegenteiliger Anhaltspunkte in der Regel auszugehen.[1264] Denn in dem Vortrag der Mangelerscheinungen und der Forderung nach einem Kostenvorschuss liegt die jedenfalls stillschweigende Erklärung des Auftraggebers, die Mängelbeseitigung zu beabsichtigen; dass er im Prozess vorrangig Minderung verlangt und nur hilfsweise mit einem Vorschussanspruch aufrechnet, spricht nicht gegen einen solchen Willen.[1265] Der Hauptunternehmer hat gegen seinen Nachunternehmer auch dann einen Vorschussanspruch,

---

[1252] BGH NJW-RR 2000, 19 = NZBau 2000, 24.

[1253] BGHZ 47, 272 = NJW 1967, 1366; BGHZ 68, 372 = NJW 1977, 1336 = BauR 1977, 271; BGH NJW 1984, 2456 = BauR 1984, 406; NJW 1992, 3297 = BauR 1993, 96; BauR 1998, 620.

[1254] *Wussow* NJW 1967, 1366, 1367.

[1255] *Ingenstau/Korbion/Wirth* VOB/B § 13 Nr. 5 Rdn. 179/180; *Nicklisch/Weick* § 13 Rdn. 158; *Heiermann/Riedl/Rusam* VOB/B § 13 Rdn. 155; Beck'scher VOB-Kommentar/*Kohler* VOB/B § 13 Nr. 5 Rdn. 118–120; *Kleine-Möller/Merl* § 12 Rdn. 815; *Werner/Pastor* Rdn. 1587.

[1256] Beck'scher VOB-Kommentar/*Kohler* VOB/B § 13 Nr. 5 Rdn. 118.

[1257] *Ingenstau/Korbion/Wirth* VOB/B § 13 Nr. 5 Rdn. 180. Im Ergebnis so auch *Enaux* FS Kraus 2003, 15, 24.

[1258] Vgl. BT-Drucks. 14/6040, S. 266, zu § 637 Abs. 3.

[1259] Vgl. dazu oben Rdn. 253–261.

[1260] BGHZ 47, 272, insoweit in NJW 1967, 1366 nicht abgedruckt; BGH NJW 1984, 2456 = BauR 1984, 406; NJW-RR 1999, 813 = BauR 1999, 631; OLG Düsseldorf BauR 1988, 607; *Nicklisch/Weick* § 13 Rdn. 160; *Vygen* Bauvertragsrecht Rdn. 546.

[1261] OLG Nürnberg NZBau 2003, 614 = IBR 2003, 529.

[1262] OLG Düsseldorf BauR 1988, 607; BauR 2004, 1630. Die an der letztgenannten Entscheidung von *Krause-Allenstein* im Praxishinweis zu IBR 2004, 686 geübte Kritik geht fehl, weil er die Unterschiede zwischen Kostenvorschuss und Schadenersatz verkennt.

[1263] BGHZ 47, 272, insoweit in NJW 1967, 1366 nicht abgedruckt; BGH NJW 1984, 2456 = BauR 1984, 406; Beck'scher VOB-Kommentar/*Kohler* VOB/B § 13 Nr. 5 Rdn. 127.

[1264] *Kleine-Möller/Merl* § 12 Rdn. 816; verneint wurde ein solcher Wille zum Beispiel von OLG Celle BauR 2001, 1753.

[1265] BGH NJW-RR 1999, 813 = BauR 1999, 631.

wenn er seinem Auftraggeber wegen der mangelhaften Bauleistung des Nachunternehmers einen entsprechenden Vorschuss bereits geleistet oder noch zu leisten hat.[1266]

277 **bb) Ausschlussgründe.** Der Kostenvorschussanspruch ist ausgeschlossen, wenn der Auftraggeber auf eine ausreichend[1267] geleistete oder einbehaltene Sicherheit nach § 17 VOB/B zurückgreifen[1268] oder offene Werklohnforderungen des Auftragnehmers einbehalten und dadurch die erforderlichen Mittel zur Mängelbeseitigung erlangen kann.[1269] Denn dann ist der Zweck des Kostenvorschusses, dem Auftraggeber die Aufwendung eigener Mittel zu ersparen, bereits anderweit erreicht. Allerdings gilt das bei einbehaltenem Werklohn nur so lange, wie der Auftragnehmer seinen Vergütungsanspruch nicht geltend macht. Wenn der Auftragnehmer den Werklohn einfordert, muss es dem Auftraggeber jedoch möglich bleiben, den für die beabsichtigte Ersatzvornahme benötigten Betrag nicht zu zahlen, was in dieser Situation nur durch Aufrechnung[1270] mit einem Vorschussanspruch praktikabel erreichbar ist.

278 Ein zunächst berechtigter Vorschussanspruch **entfällt**, sobald die Mängel beseitigt sind und der Kostenerstattungsanspruch aus § 13 Nr. 5 Abs. 2 VOB/B geltend gemacht werden kann.[1271] In einem bereits anhängigen Rechtsstreit auf Zahlung des Kostenvorschusses kann der Auftraggeber dann eine Klageabweisung lediglich dadurch verhindern, dass er die Hauptsache für erledigt erklärt[1272] oder seine Klage nach **§ 264 Nr. 3 ZPO** auf Kostenerstattung umstellt. Der im ersten Rechtszug erfolgreiche Auftraggeber kann auch noch in der Berufungsinstanz seinen Antrag dahin anpassen, dass er statt des ursprünglich geforderten Kostenvorschusses nunmehr Kostenerstattung geltend macht; dazu bedarf es jedenfalls dann keiner Anschlussberufung, wenn der geltend gemachte Kostenerstattungsanspruch den im angefochtenen Urteil zuerkannten Betrag nicht übersteigt.[1273] Der Hauptunternehmer behält aber den Vorschussanspruch gegen seinen Nachunternehmer, solange er mit seinem Auftraggeber die Kosten der von diesem veranlaßten Mängelbeseitigung noch nicht abgerechnet hat und ihm auch eine Abrechnung nicht möglich ist.[1274]

279 Der Vorschussanspruch ist **nicht ausgeschlossen**, falls auch die Voraussetzungen eines Schadenersatzanspruchs nach § 13 Nr. 7 VOB/B erfüllt sind; denn der Vorschussanspruch ist nicht subsidiär,[1275] vielmehr können beide Ansprüche nebeneinander bestehen.[1276] Wenn der Auftraggeber eine Zahlungsklage auf beide Ansprüche stützt, handelt es sich jedoch um **unterschiedliche Streitgegenstände**,[1277] so dass sie als Haupt- und Hilfsantrag geltend zu machen sind.[1278] Dem entsprechend ist der Übergang von dem einen zu dem anderen Anspruch eine Klageänderung.[1279]

280 **cc) Umfang.** Der Vorschussanspruch bemisst sich entsprechend dessen Natur als vorweggenommener Aufwendungsersatz[1280] nach den voraussichtlich zur Mängelbeseitigung erforderlichen

---

[1266] BGHZ 110, 205 = NJW 1990,1475 = BauR 1990, 358; OLG Düsseldorf IBR 2006, 436.

[1267] OLG Hamm NJW-RR 1996, 1046 und *Kleine-Möller/Merl* § 12 Rdn. 819 weisen zutreffend darauf hin, daß während noch laufender Verjährungsfrist das Sicherungsbedürfnis des Auftraggebers bezüglich künftig hervortretender Mängel vorrangig zu berücksichtigen ist.

[1268] BGHZ 47, 272 = NJW 1967, 1366; *Nicklisch/Weick* § 13 Rdn. 158.

[1269] OLG Oldenburg NJW-RR 1994, 529 = BauR 1994, 371; OLG Karlsruhe BauR 2006, 540; *Ingenstau/Korbion/Wirth* VOB/B § 13 Nr. 5 Rdn. 198; Beck'scher VOB-Kommentar/*Kohler* VOB/B § 13 Nr. 5 Rdn. 129.

[1270] Vgl. zu deren Zulässigkeit BGHZ 54, 244 = NJW 1970, 2019 = BauR 1970, 237; BGH NJW-RR 1989, 406 = BauR 1989, 199; NJW 1992, 3297 = BauR 1993, 96; vgl. dazu näher unten Rdn. 286.

[1271] BGH BauR 1982, 66; BGHZ 110, 205 = NJW 1990, 1475 = BauR 1990, 358; Beck'scher VOB-Kommentar/*Kohler* VOB/B § 13 Nr. 5 Rdn. 131.

[1272] Beck'scher VOB-Kommentar/*Kohler* VOB/B § 13 Nr. 5 Rdn. 132.

[1273] BGH BauR 2006, 717.

[1274] BGHZ 110, 205 = NJW 1990, 1475 = BauR 1990, 358; OLG Düsseldorf IBR 2006, 436.

[1275] So jedoch Beck'scher VOB-Kommentar/*Kohler* VOB/B § 13 Nr. 5 Rdn. 130.

[1276] BGHZ 105, 103 = NJW 1988, 2728 = BauR 1988, 592; BGH NJW-RR 1989, 405 = BauR 1989, 201.

[1277] BGH BauR 1998, 369; NZBau 2005, 151 = BauR 2005, 386; NZBau 2005, 684 = BauR 2005, 1624.

[1278] BGH NZBau 2005, 684 = BauR 2005, 1624.

[1279] BGH BauR 1998, 369.

[1280] BGHZ 94, 330 = NJW 1985, 2325 = BauR 1985, 569; BGH NJW-RR 1989, 405 = BauR 1989, 201.

Aufwendungen.[1281] Der Anspruch umfasst alle Kosten, die im Rahmen der erforderlichen Nachbesserung anfallen, einschließlich der notwendigen Vor- und Nacharbeiten, selbst wenn durch letztere zugleich die Mängel des Gewerks eines Nachfolgeunternehmers beseitigt werden.[1282] An die Darlegung, die etwa durch Vorlage entsprechender Unternehmerangebote erfolgen kann, werden von der Rechtsprechung regelmäßig keine hohen Anforderungen gestellt.[1283] Der Auftraggeber ist nicht verpflichtet, die Mängelbeseitigungskosten vorprozessual durch Sachverständigengutachten zu ermitteln; es genügt, wenn er diese schätzt und für den Fall, dass der Auftragnehmer sie bestreitet, als Beweis ein Sachverständigengutachten anbietet.[1284] Gleichwohl wird es zur Vermeidung des Kostenrisikos der teilweisen Abweisung einer zu hohen Vorschussklage oft zweckdienlich sein, vorab die Höhe der voraussichtlichen Mängelbeseitigungskosten in einem selbständigen Beweisverfahren[1285] zu ermitteln. Wird im Prozess ein Gutachten eingeholt, reicht eine überschlägige Ermittlung zur Höhe der erforderlichen Kosten durch den Sachverständigen aus,[1286] weil der Kostenvorschuss nichts Endgültiges ist, sondern späterer genauer Abrechnung[1287] bedarf. Für die **Mehrwertsteuer** gilt das beim Kostenerstattungsanspruch Gesagte.[1288]

Wenn die Mängel mit dem zunächst geforderten und gezahlten Vorschuss nicht zu beseitigen 281
sind, kann der Auftraggeber einen **weiteren Vorschuss** beanspruchen.[1289] Klagt er einen solchen jedoch mit der Behauptung ein, die voraussichtlichen Kosten beliefen sich auf das Zweieinhalbfache des ursprünglich von ihm selbst angesetzten Betrags, so muss er im Einzelnen darlegen, warum der im Vorprozess eingeklagte und zugesprochene Vorschuss nicht ausreicht.[1290]

Auf den Kostenvorschuss kann der Auftraggeber, sobald der Auftragnehmer mit dessen Zahlung 282
in Verzug kommt, **Verzugszinsen** (§ 288 Abs. 1[1291] BGB) und, auch wenn er nicht in Verzug ist, ab Zustellung der Vorschussklage gemäß § 291 BGB **Prozesszinsen** verlangen.[1292] Denn die Vorschusspflicht ist eine Geldschuld[1293] und für den Auftragnehmer soll kein Anreiz bestehen, den Vorschuss zurückzuhalten und aus der Verzögerung Vorteile zu ziehen.[1294] Die Voraussetzungen des Verzugs des Auftragnehmers ergeben sich aus § 286 Abs. 1, 2 und 4 BGB. **Mehrwertsteuer** auf die Zinsen kann nicht verlangt werden.[1295] Ein höherer Verzugsschaden nach §§ 280 Abs. 2, 286 BGB als die ohnehin jetzt deutlich erhöhten Zinsen gemäß §§ 288 Abs. 1 Satz 2,[1296] 247 BGB scheidet in der Regel[1297] aus, weil der Vorschuss zweckgebunden ist und nicht zur Tilgung sonstiger Verbindlichkeiten oder zur Geldanlage dient.[1298]

[1281] BGH NJW-RR 1997, 339 = BauR 1997, 129; zu den erforderlichen Aufwendungen vgl. näher oben Rdn. 266/267.

[1282] OLG Karlsruhe BauR 2005, 1485. Zur Gesamtschuld von Vor- und Nachunternehmer in derartigen Fällen: *Kniffka* BauR 2005, 274, 275/276.

[1283] OLG Düsseldorf NZBau 2000, 381; OLG Karlsruhe BauR 2005, 1485; *Vygen* Bauvertragsrecht Rdn. 547.

[1284] BGH NJW-RR 1999, 813 = BauR 1999, 631; NJW-RR 2001, 739 = NZBau 2001, 313 = BauR 2001, 789; NJW 2003, 1038 = NZBau 2003, 152 = BauR 2003, 385.

[1285] Vgl. zur Zulässigkeit eines solchen Antrags *Scholtissek* BauR 2000, 1118.

[1286] OLG Düsseldorf BauR 1993, 82; OLG Hamm NJW-RR 1996, 272.

[1287] Vgl. dazu unten Rdn. 287–289.

[1288] Vgl. oben Rdn. 271.

[1289] BGHZ 66, 142 = NJW 1976, 960 = BauR 1976, 202; OLG München NJW-RR 1994, 785 = BauR 1994, 516.

[1290] OLG Düsseldorf NZBau 2000, 381 = BauR 2000, 778 (nur LS).

[1291] Nicht jedoch nach § 288 Abs. 2 BGB, weil der Kostenvorschuss keine Entgeltforderung – kein Vergütungsanspruch – ist: so richtig IBR 2006, 135; allerdings steht das entgegen der dortigen Darstellung nicht in dem Urteil des OLG Karlsruhe, wie der Abdruck in BauR 2006, 540 zeigt.

[1292] BGHZ 77, 60 = NJW 1980, 1955 = BauR 1980, 359; BGH NJW 1983, 2191 = BauR 1983, 365; BGHZ 94, 330 = NJW 1985, 2325 = BauR 1985, 569.

[1293] BGHZ 77, 60 = NJW 1980, 1955 = BauR 1980, 359.

[1294] BGH NJW 1983, 2191 = BauR 1983, 365; BGHZ 94, 330 = NJW 1985, 2325 = BauR 1985, 569.

[1295] EuGH NJW 1983, 505; *Palandt/Heinrichs* § 288 Rdn. 14.

[1296] OLG Karlsruhe BauR 2005, 879.

[1297] Wegen möglicher Ausnahmen vgl. Beck'scher VOB-Kommentar/*Kohler* VOB/B § 13 Nr. 5 Rdn. 143.

[1298] OLG Köln BauR 1973, 248; OLG Karlsruhe BauR 2006, 540; *Kleine-Möller/Merl* § 12 Rdn. 828.

283 **dd) Kostenbeteiligung des Auftraggebers.** Eine Kostenbeteiligungspflicht des Auftraggebers führt hier ebenso wie bei dem Kostenerstattungsanspruch[1299] dazu, dass der Kostenvorschuss von vornherein um den von dem Auftraggeber zu leistenden Zuschuss gekürzt wird.[1300] Allerdings stellt allein der Umstand, dass durch die Nachbesserung des Gewerks des Vorunternehmers Mängel des Gewerks eines Nachfolgeunternehmers beseitigt werden, keinen auszugleichenden Vorteil des Auftraggebers dar.[1301]

284 **ee) Geltendmachung: Klage, Aufrechnung.** Den Vorschussanspruch geltend machen kann der **Anspruchsinhaber**. Das ist in der Regel der Auftraggeber. Nach einer Abtretung kann dies aber auch ein Dritter sein; denn der Vorschussanspruch ist abtretbar.[1302] Außerdem kann bereits der Mängelbeseitigungsanspruch abgetreten werden,[1303] so dass der Vorschussanspruch nach einer solchen Abtretung in der Person des Abtretungsempfängers entsteht,[1304] wenn dieser die Voraussetzungen des § 13 Nr. 5 Abs. 2 VOB/B herbeiführt.

285 Der Vorschussanspruch ist mit einer **Klage**[1305] gegen den nicht zahlungsbereiten Auftragnehmer durchsetzbar. Sie ist auf Zahlung eines bestimmten Geldbetrags zu richten. Die in diesem Zusammenhang erörterten Möglichkeiten, bei Schwierigkeiten, die zu erwartenden Kosten zu spezifizieren, eine unbezifferte Leistungsklage oder eine Feststellungsklage zu erheben,[1306] sind nicht praxisgerecht und schon deshalb nicht zu empfehlen. Denn angesichts der keineswegs hohen Anforderungen der Rechtsprechung an die Darlegung des Vorschussanspruchs[1307] und der in vielen Fällen ohnehin ratsamen vorherigen Ermittlung der voraussichtlichen Mängelbeseitigungskosten durch ein selbständiges Beweisverfahren stößt die Bezifferung der Vorschussklage in der Praxis nicht auf unüberwindliche Schwierigkeiten. Dass dem Auftraggeber schon ein Kostenvorschuss rechtskräftig zugesprochen worden ist, steht der Zulässigkeit einer neuen Klage auf weiteren Vorschuss nicht entgegen.[1308] Ein Vorschuss ist seinem Wesen nach nichts Endgültiges, weshalb auch damit gerechnet werden muss, dass er nicht ausreicht.[1309] Durch einstweilige Verfügung nach §§ 935, 940 ZPO kann ein Kostenvorschuss grundsätzlich nicht zugesprochen werden.[1310]

286 Der Auftraggeber kann seinen Vorschussanspruch ebenfalls durch **Aufrechnung**[1311] gegenüber dem Werklohnanspruch des Auftragnehmers durchsetzen. Das entspricht ständiger Rechtsprechung des BGH[1312] und der herrschenden Ansicht im Schrifttum.[1313] Der Gegenansicht, die grundsätzlich nur ein Leistungsverweigerungsrecht des Auftraggebers gegenüber der Werklohn-

---

[1299] Vgl. dazu oben Rdn. 273.

[1300] BGHZ 91, 206 = NJW 1984, 2457 = BauR 1984,510; OLG Düsseldorf MDR 1984, 756; OLG Karlsruhe NJW-RR 1999, 1694, im Leitsatz allerdings zu Unrecht mit Beschränkung auf den Einheitspreisvertrag; OLG Düsseldorf NZBau 2001, 401 = BauR 2001, 638; OLG Karlsruhe BauR 2006, 540; Beck'scher VOB-Kommentar/*Kohler* VOB/B § 13 Nr. 5 Rdn. 138; *Heiermann/Riedl/Rusam* VOB/B § 13 Rdn. 155 d; *Kleine-Möller/Merl* § 12 Rdn. 822.

[1301] OLG Karlsruhe BauR 2005, 1485.

[1302] BGHZ 95, 250 = NJW 1985, 2822 = BauR 1985, 686; BGHZ 96, 146 = NJW 1986, 713 = BauR 1986, 98; BGH NJW-RR 1989, 406 = BauR 1989, 199.

[1303] BGHZ 96, 146 = NJW 1986, 713 = BauR 1986, 98.

[1304] OLG Düsseldorf BauR 1988, 607; Beck'scher VOB-Kommentar/*Kohler* VOB/B § 13 Nr. 5 Rdn. 134.

[1305] Zur gleichzeitigen prozessualen Geltendmachung eines Schadenersatzanspruchs vgl. oben Rdn. 279.

[1306] Beck'scher VOB-Kommentar/*Kohler* VOB/B § 13 Nr. 5 Rdn. 146.

[1307] Vgl. dazu oben Rdn. 280.

[1308] OLG München NJW-RR 1994, 785 = BauR 1994, 516.

[1309] BGHZ 66, 142 = NJW 1976, 960 = BauR 1976, 202.

[1310] OLG Düsseldorf BauR 1972, 323; *Werner/Pastor* Rdn. 1590; Beck'scher VOB-Kommentar/*Kohler* VOB/B § 13 Nr. 5 Rdn. 145; *Heiermann/Riedl/Rusam* VOB/B § 13 Rdn. 158.

[1311] A.A. – Verrechnung – OLG München BauR 1987, 600; OLG Köln BauR 2003, 741. Überholt durch BGHZ 163, 274 = NJW 2005, 2771 = NZBau 2005, 582 = BauR 2005, 1477: Die Verrechnung ist kein gesetzlich vorgesehenes Rechtsinstitut in derartigen Fällen; BGH NJW 2006, 698 = NZBau 2006, 169 = BauR 2006, 411.

[1312] BGHZ 54, 244 = NJW 1970, 2019 = BauR 1970, 237; BGH NJW-RR 1989, 406 = BauR 1989, 199; NJW 1992, 3297 = BauR 1993, 96.

[1313] *Werner/Pastor* Rdn. 1590; *Heiermann/Riedl/Rusam* VOB/B § 13 Rdn. 159; *Kaiser* Mängelhaftung Rdn. 84 b; *Korbion/Hochstein/Keldungs* Rdn. 587; *Mauer* FS Mantscheff 2000 S. 123, 129.

forderung bejaht,[1314] beachtet nicht, dass der Auftraggeber nach Erfüllung der Voraussetzungen des § 13 Nr. 5 Abs. 2 VOB/B neben dem Mängelbeseitigungsanspruch ein Ersatzvornahmerecht hat.[1315] Er ist deshalb auch nicht auf eine Verteidigung mit dem Anspruch auf Mängelbeseitigung durch Erhebung der Einrede des nichterfüllten Vertrags beschränkt, sondern berechtigt, die Ersatzvornahme aktiv zu betreiben. Dafür hat er den Vorschussanspruch, den er auch durch Aufrechnung realisieren kann. Der Vorschussanspruch steht aber unter der auflösenden Bedingung der Nachbesserung durch den Auftragnehmer; bessert dieser nach, wird die Aufrechnung unwirksam und der Werklohnanspruch lebt wieder auf.[1316] Diese Fallgestaltung dürfte in der Praxis eher selten vorkommen, seit der BGH[1317] entschieden hat, dass der Auftraggeber nicht verpflichtet ist, nach erfolglosem Fristablauf die von dem Auftragnehmer angebotene Mängelbeseitigung noch anzunehmen.[1318]

ff) Abrechnung. Aus der Natur des Kostenvorschusses als vorweggenommenem Aufwendungsersatz ergibt sich umgekehrt nach durchgeführter Mängelbeseitigung die Pflicht des Auftraggebers zur Abrechnung des Vorschusses.[1319] So wie der Vorschussanspruch des Auftraggebers vor dessen Kodifizierung in § 637 Abs. 3 BGB nach Treu und Glauben aus dem Werkvertrag hergeleitet wurde, ist der Abrechnungsanspruch des Auftragnehmers als dessen Kehrseite ebenfalls ein **vertraglicher Anspruch**[1320] aus den Grundsätzen von Treu und Glauben.[1321] Nach diesen muss der Auftraggeber seine Aufwendungen für die Mängelbeseitigung nachweisen, über den erbrachten Vorschuss abrechnen und den für die Nachbesserung nicht benötigten Betrag zurückzahlen.[1322] Für den Nachweis der **entstandenen** Mängelbeseitigungskosten gelten keine geringeren Anforderungen als bei einem Kostenerstattungsanspruch nach § 13 Nr. 5 Abs. 2 VOB/B.[1323] Falls neben dessen Voraussetzungen auch die zusätzlichen Voraussetzungen eines Schadenersatzanspruchs aus § 13 Nr. 7 VOB/B in Höhe der notwendigen Nachbesserungskosten erfüllt sind, kann der Auftraggeber damit gegenüber dem Anspruch auf Rückzahlung des Vorschusses aufrechnen[1324] oder sich bei der Abrechnung des Vorschusses wegen dieses Schadenersatzanspruchs auf die Darlegung der **notwendigen** Mängelbeseitigungskosten beschränken.[1325] Daraus folgt aber nicht ohne weiteres, dass die Rückforderung des Vorschusses „ein Märchen" ist.[1326] 287

[1314] So *Kohler* BauR 1992, 22, 24–26 und Beck'scher VOB-Kommentar/*Kohler* VOB/B § 13 Nr. 5 Rdn. 154.

[1315] Vgl. dazu oben Rdn. 262.

[1316] OLG Nürnberg NJW-RR 2002, 1239 = NZBau 2002, 670; vgl. dazu auch den Praxishinweis von *Weyer* in IBR 2002, 471.

[1317] BGHZ 154, 119 = NJW 2003, 1526 = NZBau 2003, 267 = BauR 2003, 693; NZBau 2004, 153 = BauR 2004, 501.

[1318] Dazu näher oben Rdn. 263. Bessert der Auftragnehmer ohne Zustimmung des Auftraggebers gleichwohl nach, wohingegen der Auftraggeber den Erfolg dieser Arbeiten in Abrede stellt, so hat die Vollstreckungsklage des bereits zur Vorschusszahlung verurteilten Auftragnehmers nach OLG Nürnberg NZBau 2006, 514 = IBR 2006, 87 keinen Erfolg.

[1319] BGHZ 47, 272 = NJW 1967, 1366; BGHZ 94, 330 = NJW 1985, 2325 = BauR 1985, 569; BGH NJW-RR 1989, 405 = BauR 1989, 201.

[1320] OLG Schleswig NJW-RR 1988, 1105; *Mauer* FS Mantscheff 2000, 123, 124/125; *Werner/Pastor* Rdn. 1605; im Ergebnis ebenso *Heiermann/Riedl/Rusam* VOB/B § 13 Rdn. 156; *Ingenstau/Korbion/Wirth* VOB/B § 13 Nr. 5 Rdn. 185 und 215; Beck'scher VOB-Kommentar/*Kohler* VOB/B § 13 Nr. 5 Rdn. 157; a.A. *Nicklisch/Weick* § 13 Rdn. 159; *Kaiser* Mängelhaftung Rdn. 84 a; *Vygen* Bauvertragsrecht Rdn. 548: Anspruch aus ungerechtfertigter Bereicherung.

[1321] BGHZ 94, 330 = NJW 1985, 2325 = BauR 1985, 569.

[1322] BGHZ 94, 330 = NJW 1985, 2325 = BauR 1985, 569; BGHZ 105, 103 = NJW 1988, 2728 = BauR 1988, 592.

Zu den Wirkungen eines Kostenvorschussurteils im Abrechnungsrechtsstreit vgl. Groß FS Jagenburg 2002, 253 ff.

[1323] BGH NJW-RR 1989, 405 = BauR 1989, 201, der die Entscheidung OLG Schleswig NJW-RR 1988, 1105 nur im Ergebnis bestätigt.

[1324] BGHZ 105, 103 = NJW 1988, 2728 = BauR 1988, 592; *Mauer* FS Mantscheff 2000, 123, 129–131.

[1325] BGH NJW-RR 1989, 405 = BauR 1989, 201.

[1326] So jedoch *Koeble* FS Jagenburg 2002, 371 ff.; zustimmend *Ingenstau/Korbion/Wirth* VOB/B § 13 Nr. 5 Rdn. 186 sowie *Schulze-Hagen* im Praxishinweis zu IBR 2003, 529.

Denn es ist keineswegs gesagt, dass dem Auftraggeber – nicht zuletzt angesichts des Zeitablaufs – die Darlegung und der Beweis eines Schadenersatzanspruchs in Höhe des Vorschusses gelingt, zumal die Erleichterungen bei der Geltendmachung des Vorschusses[1327] für den Nachweis eines Schadens nicht gelten.

288 Der Auftragnehmer ist berechtigt, den gezahlten Vorschuss auch dann zurückzufordern, wenn der Auftraggeber die Mängelbeseitigung **nicht** innerhalb einer **angemessenen Frist** durchführt[1328] oder diese nicht mehr ernsthaft betreibt.[1329] Einen etwa aufgrund einer Gewährleistungsbürgschaft auf erstes Anfordern erlangten Vorschuss hat der Auftraggeber dann ebenfalls zurückzuzahlen.[1330] Bei der Annahme eines „Richtwerts" von einem halben oder einem Jahr[1331] ist zu beachten, dass es immer auf die Umstände des Einzelfalls ankommt.[1332] Deshalb kann die Frist selbst nach mehr als vier Jahren noch nicht abgelaufen sein.[1333] Gegebenenfalls ist der rechtskräftige Abschluss eines Rechtsstreits abzuwarten.[1334]

289 Auf den Kostenvorschuss an den Auftraggeber gezahlte Verzugs- oder Prozess**zinsen**[1335] sollen den durch die verspätete Zahlung entstandenen Nachteil ausgleichen und sind deshalb grundsätzlich nicht in die Abrechnung des Vorschusses einzubeziehen.[1336] Soweit der Vorschuss jedoch die Mängelbeseitigungskosten übersteigt und darum an den Auftragnehmer zurückzuzahlen ist, gilt dies auch für die auf diesen Teilbetrag gezahlten Zinsen.[1337]

8. Beweislast

290 Für die Grundvoraussetzung sämtlicher Ansprüche nach § 13 Nr. 5 VOB/B, nämlich für einen Mangel der Bauleistung des Auftragnehmers, ist aus den bei § 13 Nr. 1 und 2 VOB/B genannten Gründen[1338] der **Auftraggeber** beweispflichtig.[1339] Als Anspruchsteller hat er auch die sonstigen Voraussetzungen des Mängelbeseitigungs-, des Kostenerstattungs- oder des Vorschussanspruchs zu beweisen. Diese Beweislastverteilung gilt ebenfalls dann, wenn die Bauvertragspartner darüber streiten, wie die Mängelbeseitigung zu erfolgen hat, etwa durch Auswechslung statt durch Ausbesserung eines Bauteils[1340] oder durch Neuherstellung des Werks.[1341]

291 Andererseits trägt der **Auftragnehmer** die **Beweislast**, falls er die Zahlung eines Kostenvorschusses mit der Behauptung verweigert, der Auftraggeber beabsichtige nicht, die Nachbesserung vorzunehmen,[1342] oder falls er geltend macht, einer der Ausschlussgründe des § 13 Nr. 6 VOB/B liege vor.[1343] Außerdem muss der Auftragnehmer beweisen, inwieweit eine Kostenbeteiligung des Auftraggebers in Betracht kommt, zum Beispiel weil die Mängelbeseitigungskosten ganz oder zum

---

1327 Vgl. dazu oben Rdn. 280.

1328 *Kleine-Möller/Merl* § 12 Rdn. 824; *Nicklisch/Weick* § 13 Rdn. 158; Beck'scher VOB-Kommentar/*Kohler* VOB/B § 13 Nr. 5 Rdn. 162.

1329 BGH NJW 1984, 2456 = BauR 1984, 406.

1330 OLG Braunschweig IBR 2003, 539.

1331 OLG Köln BauR 1988, 483; OLG Celle IBR 2002, 308; OLG Nürnberg IBR 2003, 529; OLG Braunschweig IBR 2003, 539; *Ingenstau/Korbion/Wirth* VOB/B § 13 Nr. 5 Rdn. 192; *Mauer* FS Mantscheff 2000, 123, 125.

1332 *Werner/Pastor* Rdn. 1606; *Kleine-Möller/Merl* § 12 Rdn. 824/825.

1333 BGH NJW 1984, 2456 = BauR 1984, 406.

1334 OLG Celle BauR 1994, 250; OLG Düsseldorf IBR 2006, 436.

1335 Vgl. dazu oben Rdn. 282.

1336 BGHZ 94, 330 = NJW 1985, 2325 = BauR 1985, 569; BGH NJW 1988, 2728 = BauR 1988, 592, insoweit in BGHZ 105, 103 nicht abgedruckt; OLG Karlsruhe BauR 2006, 540.

1337 BGHZ 94, 330 = NJW 1985, 2325 = BauR 1985, 569.

1338 Vgl. oben Rdn. 42–44 und 60.

1339 So auch *Baumgärtel* Beweislast VOB/B § 13 Rdn. 10.

1340 *Ingenstau/Korbion/Wirth* VOB/B § 13 Nr. 5 Rdn. 61; *Vygen* Bauvertragsrecht Rdn. 529.

1341 *Kaiser* Mängelhaftung Rdn. 77; *Baumgärtel* Beweislast VOB/B § 13 Rdn. 10.

1342 *Baumgärtel* Beweislast VOB/B § 13 Rdn. 13.

1343 BGH BauR 2002, 613, zu § 633 Abs. 2 Satz 3 BGB a.F.; *Nicklisch/Weick* § 13 Rdn. 186; *Kaiser* Mängelhaftung Rdn. 88; *Kleine-Möller/Merl* § 12 Rdn. 843; *Baumgärtel* Beweislast VOB/B § 13 Rdn. 14; *Siegburg* Gewährleistung Rdn. 1124.

Teil sogenannte Sowieso-Kosten sind[1344] oder weil der Auftraggeber einen sonstigen auszugleichenden Vermögensvorteil erlangt hat.[1345] Führt der Auftraggeber die Ersatzvornahme nach § 13 Nr. 5 Abs. 2 VOB/B aus, indem er einen auf dem freien Markt ausgewählten Drittunternehmer beauftragt, so ist von der Erforderlichkeit der aufgewandten Kosten auszugehen, bis der Auftragnehmer darlegt und beweist, dass die Leistungen von anderen Anbietern um einen bestimmten Betrag billiger hätten erbracht werden können und der Auftraggeber auf diese Anbieter hätte zurückgreifen können und müssen.[1346] Im Rahmen des § 641 Abs. 3 BGB ist der Auftragnehmer für die Höhe der erforderlichen Mängelbeseitigungskosten beweispflichtig.[1347]

Wenn der **Auftraggeber** einen Vorschuss auf die voraussichtlichen Mängelbeseitigungskosten gefordert und erhalten hat, muss er im Rahmen der Abrechnung dieses Kostenvorschusses seine **Aufwendungen** für die Mängelbeseitigung **nachweisen**.[1348] Das stimmt mit der Beweislastverteilung überein, die allgemein für die Rückforderung von Voraus-, Abschlags- und Vorschusszahlungen gilt[1349] und auch Gültigkeit haben muss, soweit es um die Abrechnung des Kostenvorschusses geht. Dem entsprechend obliegt dem Hauptunternehmer, der von seinem Nachunternehmer einen Kostenvorschuss erhalten und seinerseits an den Bauherrn gezahlt hat, der Nachweis, weshalb ihm eine Abrechnung noch nicht möglich ist, obwohl der Bauherr die Mängelbeseitigung durchgeführt hat.[1350] 292

9. Abweichungen gegenüber dem BGB

Die **erste** Abweichung des § 13 Nr. 5 VOB/B gegenüber dem Werkvertragsrecht des BGB ist – zumindest dem Wortlaut nach – die in § 13 Nr. 5 **Abs. 1 Satz 1** VOB/B anders als in §§ 634 Nr. 1, 635 Abs. 1 BGB geforderte Schriftform des Mängelbeseitigungsverlangens. Da der Mängelbeseitigungsanspruch jedoch unabhängig davon entsteht, ob die Schriftform eingehalten wird,[1351] handelt es sich lediglich um einen scheinbaren Unterschied. Entscheidende Bedeutung hat das schriftliche Beseitigungsverlangen allerdings als Voraussetzung der **zweiten** und gewichtigsten Abweichung, nämlich der „Quasiunterbrechung" nach § 13 Nr. 5 **Abs. 1 Satz 2** VOB/B.[1352] Weil sie ein Ausgleich für die Verkürzung der Verjährungsfristen durch § 13 Nr. 4 VOB/B sein soll, ist sie der gesetzlichen Regelung naturgemäß unbekannt. 293

Zu der **dritten** Abweichung, der in § 13 Nr. 5 **Abs. 1 Satz 3** VOB/B geregelten gesonderten Verjährung der Mängelansprüche für Mängelbeseitigungsleistungen,[1353] vertritt Merl[1354] die Ansicht, nach allgemeinen Rechtsgrundsätzen beginne für den BGB-Vertrag nach Abnahme der Mängelbeseitigungsleistung erneut die volle vertragliche Verjährungsfrist. Dem gesetzlichen Werkvertragsrecht ist eine solche Regelung indessen fremd.[1355] Gleichwohl hat dieser Unterschied keine nennenswerte praktische Bedeutung, weil durch das in aller Regel in dem Nachbesserungsversuch liegende Anerkenntnis ohnehin die vertragliche Verjährungsfrist neu beginnt, weshalb sie meist länger laufen wird als die Frist des § 13 Nr. 5 Abs. 1 Satz 3 VOB/B.[1356] 294

[1344] BGH BauR 1989, 361, insoweit in NJW 1989, 717 nicht abgedruckt; BauR 2003, 1247.

[1345] BGH NJW-RR 1992, 1300 = BauR 1992, 758.

[1346] OLG Düsseldorf NJW-RR 1996, 532 = BauR 1996, 396; OLG Dresden NZBau 2000, 333 = BauR 2000, 1341; *Werner/Pastor* Rdn. 1584; Beck'scher VOB-Kommentar/*Kohler* VOB/B § 13 Nr. 5 Rdn. 105.

[1347] Entsprechend der Verteilung der Darlegungslast: vgl. dazu oben Rdn. 245 und die dortigen Nachweise.

[1348] BGHZ 94, 330 = NJW 1985, 2325 = BauR 1985, 569; BGHZ 105, 103 = NJW 1988, 2728 = BauR 1988, 592; BGHZ 110, 205 = NJW 1990, 1475 = BauR 1990, 358.

[1349] BGHZ 140, 365 = NJW 1999, 1867 = BauR 1999, 635; BGH IBR 2000, 317; NZBau 2002, 329 = BauR 2002, 938; OLG Düsseldorf BauR 1994, 272; OLG Brandenburg IBR 1998, 108; OLG Naumburg BauR 1999, 915.

[1350] BGHZ 110, 205 = NJW 1990, 1475 = BauR 1990, 358.

[1351] Vgl. dazu oben Rdn. 201.

[1352] Vgl. dazu oben Rdn. 202–211.

[1353] Vgl. dazu oben Rdn. 212–215.

[1354] *Kleine-Möller/Merl* § 12 Rdn. 1232.

[1355] *Ingenstau/Korbion/Wirth* VOB/B § 13 Nr. 4 Rdn. 307.

[1356] Vgl. dazu oben Rdn. 213.

295 Die frühere **vierte** Abweichung, welche sich aus der unterschiedlichen Fassung des § 13 Nr. 5 **Abs. 2** VOB/B gegenüber § 633 Abs. 3 BGB a.F. ergab, sich aber in der Praxis kaum auswirkte, ist entfallen. Denn § 637 Abs. 1 BGB setzt nicht mehr Verzug des Auftragnehmers mit der Mängelbeseitigung, sondern wie § 13 Nr. 5 Abs. 2 VOB/B nur noch den erfolglosen Ablauf einer von dem Auftraggeber zur Nacherfüllung gesetzten angemessenen Frist voraus.

10. AGB-rechtliche Probleme

296 Probleme, die sich früher im Zusammenhang mit der Frage ergaben, ob die VOB/B trotz abweichender Klauseln noch als Ganzes vereinbart ist, haben sich spätestens durch die Rechtsprechung des BGH, dass jede vertragliche Abweichung von der VOB/B dazu führt, dass diese nicht als Ganzes vereinbart ist,[1357] erledigt.[1358] Geblieben sind **zwei Problembereiche**: Das ist zum einen die Frage, ob § 13 Nr. 5 VOB/B selbst einer isolierten Inhaltskontrolle stand hält (a), was sehr weitgehend in Zweifel gezogen wird.[1359] Zum anderen ist zu prüfen, inwieweit von § 13 Nr. 5 VOB/B abweichende Klauseln sich bei einer AGB-Kontrolle als unwirksam erweisen (b).

297 **a) Isolierte Inhaltskontrolle.** Dieser Kontrolle hält § 13 Nr. 5 VOB/B uneingeschränkt stand.[1360] Dem gegenüber wird die Ansicht vertreten,[1361] **Abs. 1 Satz 1** verstoße gegen das Transparenzgebot des § 307 Abs. 1 Satz 2 BGB, weil er ein schriftliches Mängelbeseitigungsverlangen voraussetze, obwohl die Rechtsprechung seit über 30 Jahren eine mündliche Aufforderung ausreichen lasse; es bestehe die Besorgnis, dass ein Verbraucher, der nur mündlich Mängel gerügt habe, von der Verfolgung seines Rechtsanspruchs Abstand nehme, wenn er mit der Formulierung der Klausel konfrontiert werde. Das erscheint an den Haaren herbeigezogen. Denn wenn es nur darum geht, kann der Auftraggeber das Verlangen jederzeit noch schriftlich nachholen. Auch daraus, dass der **Einwand** des **unverhältnismäßigen Aufwands** erst unmittelbar anschließend in § 13 Nr. 6 VOB/B erwähnt wird, kann schwerlich ein Verstoß gegen das Transparenzgebot hergeleitet werden.[1362] Indem § 13 Nr. 6 VOB/B auf einen unverhältnismäßig hohen Aufwand abstellt, ist die Ausnahme des § 635 Abs. 3 BGB erfasst, während § 275 Abs. 2 BGB sich davon kaum unterscheidet[1363] und ohnehin nur in besonders gelagerten Ausnahmefällen in Betracht kommt[1364] sowie die Fallgestaltung des § 275 Abs. 3 BGB bei Bauverträgen kaum einschlägig ist.[1365] Da eine **Neuherstellung** nichts anderes als eine Nachbesserung im größtmöglichen, aber zur nachhaltigen Mängelbeseitigung notwendigen Umfang ist,[1366] gebietet das Transparenzgebot auch nicht deren ausdrückliche Erwähnung. Zudem ist § 635 BGB im Rahmen des § 13 Nr. 5 Abs. 1 Satz 1 VOB/B anwendbar.[1367] Die isolierte Inhaltskontrolle des § 13 Nr. 5 **Abs. 1 Satz 2** VOB/B führt nicht zu dessen Unwirksamkeit,[1368] weil er im Ergebnis lediglich die Wirkung einer Ablaufhemmung hat[1369] und schon deshalb nicht mit dem gesetzgeberischen Ziel kollidiert, die

---

[1357] BGHZ 157, 346 = NJW 2004, 1597 = NZBau 2004, 267 = BauR 2004, 668; NZBau 2004, 385 = BauR 2004, 1142.

[1358] Vgl. schon oben Rdn. 47.

[1359] *Kiesel* NJW 2002, 2064, 2068; *Tempel* NZBau 2002, 532, 534–536; *Micklitz* Gutachten für den Verbraucherzentrale Bundesverband e.V. von April 2004 S. 113–119.

[1360] *Weyer* NZBau 2003, 521, 522–524.

[1361] *Micklitz* Gutachten für den Verbraucherzentrale Bundesverband e.V. vom April 2004 S. 114/115.

[1362] *Weyer* NZBau 2003, 521, 522.

[1363] *Kniffka* in *Kniffka/Koeble* Kompendium des Baurechts 6. Teil Rdn. 55.

[1364] *Kniffka* ibr-online-Kommentar Bauvertragsrecht, Stand 10.4.2006, § 635 Rdn. 59.

[1365] *Kniffka* ibr-online-Kommentar Bauvertragsrecht, Stand 10.4.2006, § 635 Rdn. 60.

[1366] Vgl. dazu oben Rdn. 7, 193, 219.

[1367] *Kniffka* ibr-online-Kommentar Bauvertragsrecht, Stand 10.4.2006, § 635 Rdn. 68.

[1368] Anders *Lenkeit* BauR 2002, 196, 220; Bedenken gegen die Wirksamkeit – unter einem anderen rechtlichen Gesichtspunkt – äußern auch *Schwenker/Heinze* BauR 2002, 1143, 1151 und *Schwenker* ZfIR 2005, 464/465; vgl. dazu *Weyer* NZBau 2003, 521, 523; a.A. jetzt auch LG Halle BauR 2006, 128 mit zustimmender Anmerkung von *Valerius* BauR 2006, 132/133 und LG Halle Urteil vom 29.11.2005–12 O 49/05 in ibr-online, abgeändert durch OLG Naumburg IBR 2006, 550.

[1369] Vgl. dazu oben Rdn. 210.

Tatbestände des Neubeginns der Verjährung zu beschränken. Ebenso verstößt Abs. 1 Satz 2 durch die **Beschränkung** der **„Quasiunterbrechung"** auf zwei Jahre keinesfalls gegen § 309 Nr. 8 lit. b ff BGB.[1370] Denn durch die „Quasiunterbrechung" wird die Verjährung nicht erleichtert, sondern über die gesetzlichen Möglichkeiten hinaus zusätzlich erschwert.[1371] Das gilt auch für die neue Verjährungsfrist für Mängelbeseitigungsleistungen nach § 13 Nr. 5 **Abs. 1 Satz 3** VOB/B.[1372] Den **Vorschussanspruch** in § 13 Nr. 5 **Abs. 2** VOB/B so wie jetzt in § 637 Abs. 3 BGB ausdrücklich zu regeln, konnte als überflüssig angesehen werden,[1373] weil es sich insoweit bereits um Gewohnheitsrecht handelt und auch § 637 Abs. 3 BGB zu den näheren Einzelheiten nichts sagt.[1374]

b) AGB-Kontrolle abweichender Klauseln. Unwirksam sind Klauseln in vom Auftragnehmer gestellten AGB, durch welche dem Auftraggeber, auch wenn dieser Unternehmer ist, nicht wenigstens der Mängelbeseitigungsanspruch uneingeschränkt belassen wird.[1375] Außerdem ist eine Klausel, welche die Mängelrechte gegen den Verwender auf Nachbesserung beschränkt, nur wirksam, wenn sie dem Auftraggeber ausdrücklich das Recht vorbehält, bei Fehlschlagen der Nachbesserung Minderung zu verlangen (§ 309 Nr. 8 lit. b bb BGB); das gilt ebenfalls gegenüber einem Unternehmer.[1376] Nach § 309 Nr. 8 lit. b ee BGB ist eine Klausel in den AGB des Auftragnehmers unwirksam, durch die dessen Nachbesserungspflicht für versteckte Mängel davon abhängig gemacht wird, dass der Auftraggeber diese unverzüglich nach Sichtbarwerden rügt[1377] oder binnen einer Frist von zwei Wochen nach Erkennbarkeit vorbringt.[1378] 298

Dem **Auftraggeber müssen** wegen der vom Auftragnehmer geschuldeten vertragsgemäßen Herstellung der Bauleistung die sich aus dessen bauvertraglicher Erfolgshaftung ergebenden **Mindestrechte verbleiben.**[1379] Deshalb sind Klauseln in vom Auftragnehmer gestellten AGB unwirksam, welche das Leistungsverweigerungsrecht (§ 320 BGB) oder das Zurückbehaltungsrecht (§ 273 BGB) des Auftraggebers entgegen § 309 Nr. 2 lit. a und b BGB ausschließen oder einschränken.[1380] Gegenüber einem Unternehmer können die §§ 273, 320 BGB in AGB zwar grundsätzlich wirksam ausgeschlossen werden; das gilt aber nicht, soweit ihnen unbestrittene oder rechtskräftig festgestellte Gegenforderungen zugrunde liegen.[1381] 299

Die **„Quasiunterbrechung"** nach § 13 Nr. 5 Abs. 1 Satz 2 VOB/B kann in AGB des Auftraggebers **nicht** wirksam beliebig weit ausgedehnt werden. Eine Klausel, die vorsieht, dass eine neue Verjährung aufgrund des schriftlichen Mängelbeseitigungsverlangens erst nach Beseitigung der gerügten Mängel beginnt, würde eine Verlängerung der Verjährungsfrist für die beanstandeten Mängel **bis ins Unendliche** bewirken und ist deshalb gemäß §§ 202 Abs. 2, 134 BGB unwirksam.[1382] Aus dem gleichen Grund hält eine AGB-Klausel des Auftraggebers, durch welche abweichend von der nur einmal[1383] möglichen „Quasiunterbrechung" die ohnehin schon auf fünf Jahre und einen Monat verlängerte Verjährungsfrist immer wieder durch eine vor ihrem Ablauf erhobene Mängelrüge neu in Lauf gesetzt werden soll, der AGB-Kontrolle nicht Stand.[1384] 300

[1370] So jedoch *Kiesel* NJW 2002, 2064, 2068 und ihm folgend *Tempel* NZBau 2002, 532, 536.
[1371] *Weyer* NZBau 2003, 521, 522/523.
[1372] *Weyer* NZBau 2003, 521, 523/524.
[1373] Entgegen *Tempel* NZBau 2002, 532, 535; vgl. dazu *Weyer* NZBau 2003, 521, 524.
[1374] Vgl. oben Rdn. 275.
[1375] BGH NJW 1981, 1510 = BauR 1981, 378.
[1376] BGHZ 93, 29 = NJW 1985, 623; BGH NJW 1994, 1004.
[1377] BGH NJW 1985, 855 = BauR 1985, 192.
[1378] BGH NZBau 2005, 149 = BauR 2005, 383.
[1379] *Korbion/Locher* S. 104, Rdn. 177.
[1380] BGH NJW 1985, 852 = BauR 1985, 93; NJW 1985, 855 = BauR 1985, 192; BauR 1986, 455.
[1381] BGHZ 92, 312 = NJW 1985, 319; BGHZ 115, 324 = NJW 1992, 575; BGH NZBau 2005, 392 = BauR 2005, 1010.
[1382] BGH NJW-RR 1999, 1181 = BauR 1999, 1019.
[1383] Vgl. dazu oben Rdn. 209.
[1384] OLG Düsseldorf NJW-RR 1998, 1028 = BauR 1998, 549.

301 **Unvereinbar mit der Mängelbeseitigungsgelegenheit**[1385] des Auftragnehmers ist eine von dem Auftraggeber gestellte AGB-Klausel, nach der dieser ohne weitere Voraussetzungen berechtigt sein soll, die Kosten einer Mängelbeseitigung von dem Werklohn abzuziehen; denn sie benachteiligt den Auftragnehmer unangemessen (§ 307 Abs. 2 Nr. 1 BGB), weil damit der in § 13 Nr. 5 Abs. 2 VOB/B ebenso wie in § 637 Abs. 1 BGB zum Ausdruck kommende wesentliche Grundgedanke verletzt wird, dass der Auftragnehmer vor einer Ersatzvornahme grundsätzlich Gelegenheit erhalten muss, die Mängelbeseitigung selbst vorzunehmen.[1386] Diese Möglichkeit des Auftragnehmers wird auch durch eine AGB-Klausel des Auftraggebers beeinträchtigt, die bestimmt, dass für anteilige Baureinigung ein bestimmter Prozentsatz von der Schlussrechnung des Auftragnehmers in Abzug gebracht wird.[1387]

11. Konkurrenzen

302 Abgesehen von den oben bei § 13 Nr. 5 Abs. 2 VOB/B behandelten[1388] Konkurrenzen gilt insoweit das, was der BGH[1389] bereits 1964 ausgeführt hat: Für die Zeit nach der Abnahme regelt § 13 Nr. 5–7 VOB/B die Rechte, die dem Auftraggeber bei einer mangelhaften Leistung des Auftragnehmers zustehen. Daneben ist für eine unmittelbare oder entsprechende Anwendung der allgemeinen Bestimmungen des BGB zum Leistungsstörungsrecht kein Raum. Das ergibt sich schon daraus, dass § 13 Nr. 6 VOB/B ausdrücklich die Folgen behandelt, die eintreten, wenn die Mängelbeseitigung unmöglich ist.[1390] Allerdings ist zwischen den in § 13 VOB/B vorgesehenen Mängelrechten und deren Ausgestaltung zu unterscheiden. Soweit Einzelheiten der Mängelrechte in § 13 VOB/B nicht geregelt sind, bleibt also das gesetzliche Werkvertragsrecht ergänzend anwendbar.

III. Minderung: § 13 Nr. 6 VOB/B

303 Entsprechend der Bedeutung der Mängelbeseitigung als primäres Recht des Auftraggebers hat die Minderung – die wie nach § 638 Abs. 1 Satz 1 BGB jetzt durch Erklärung des Auftraggebers gegenüber dem Auftragnehmer erfolgt, also ein Gestaltungsrecht[1391] ist – lediglich **Hilfs-** und **Ergänzungsfunktion**.[1392] Die VOB/B räumt damit dem Interesse des Auftraggebers, eine mangelfreie Bauleistung zu erhalten, unbedingten Vorrang ein.[1393] Zugleich schützt sie hierdurch die Mängelbeseitigungsgelegenheit[1394] des Auftragnehmers.[1395] Diese Ziele sind jedoch nicht immer zu verwirklichen und sollen auch nicht um jeden Preis erreicht werden.[1396] Deshalb gibt § 13 Nr. 6 VOB/B dem Auftraggeber ein allerdings auf **drei Ausnahmefälle** beschränktes[1397]

[1385] Vgl. dazu oben Rdn. 194.

[1386] BGH NJW 2000, 2988 = NZBau 2000, 375 = BauR 2000, 1182, insoweit in BGHZ 144, 242 nicht abgedruckt; vgl. auch OLG Düsseldorf BauR 1985, 452.

[1387] BGH NJW 2000, 3348 = NZBau 2000, 466 = BauR 2000, 1756; vgl. auch AG Köln BauR 2002, 105, das ein Aushandeln der Klausel annimmt.

[1388] Vgl. Rdn. 264, 265.

[1389] NJW 1965, 152, insoweit in BGHZ 42, 232 nicht abgedruckt.

[1390] So auch *Hereth/Ludwig/Naschold* B § 13 Ez 53; *Ingenstau/Korbion/Wirth* VOB/B § 13 Nr. 5 Rdn. 5.

[1391] BT-Drucks. 14/6040, S. 266, zu § 638 Abs. 1 Satz 1; Beschluss des Vorstandes des DVA vom 2.5.2002, Begründung II.12.a.

[1392] Vgl. dazu schon oben Rdn. 192. Zum Vorrang der Mängelrechte vor § 2 Nr. 8 VOB/B bei Qualitätsabweichungen, um zu verhindern, dass die Regelung des § 13 Nr. 6 VOB/B unterlaufen wird, vgl. *Miernik* BauR 2005, 1698, 1701–1708.

[1393] *Ingenstau/Korbion/Wirth* VOB/B § 13 Nr. 6 Rdn. 9.

[1394] Vgl. dazu oben Rdn. 194.

[1395] Beck'scher VOB-Kommentar/*Ganten* VOB/B § 13 Nr. 6 Rdn. 1.

[1396] *Nicklisch/Weick* § 13 Rdn. 194.

[1397] *Siegburg* Gewährleistung Rdn. 1108; nach dem Beschluss des Vorstandes des DVA vom 2.5.2002, Begründung II.12.a., ist diese „Einschränkung aus den Besonderheiten des Bauvertrags zu erklären"; so auch *Kratzenberg* NZBau 2002, 177, 183.

Minderungsrecht. Dies ist eine abschließende Regelung, welche einen Rückgriff auf das viel weitergehende Minderungsrecht aus § 634 Nr. 3 BGB nicht zulässt.[1398]

1. Voraussetzungen

Die Voraussetzungen der Minderung stimmen zunächst mit denen der Mängelbeseitigung überein: Es muss ein Mangel im Sinne des § 13 Nr. 1 oder 2 VOB/B vorliegen, welchen der Auftragnehmer verursacht hat und der ihm zuzurechnen ist.[1399] Außerdem muss eine der drei Fallalternativen des § 13 Nr. 6 VOB/B erfüllt sein. Erforderlich ist danach, dass die Beseitigung des Mangels (a) für den Auftraggeber unzumutbar ist oder (b) unmöglich ist oder (c) einen unverhältnismäßig hohen Aufwand erfordern würde und deshalb vom Auftragnehmer verweigert wird. Eine Fristsetzung zur Mängelbeseitigung im Sinne des § 13 Nr. 5 Abs. 2 VOB/B setzt § 13 Nr. 6 VOB/B nicht voraus. Das ist die Konsequenz aus der Beschränkung der Minderung auf drei Fallgestaltungen, die auch nach §§ 638 Abs. 1 Satz 1, 636 BGB (Fall a), §§ 638 Abs. 1 Satz 1, 634 Nr. 3, 326 Abs. 5, 275 Abs. 1 BGB (Fall b) und §§ 638 Abs. 1 Satz 1, 636, 635 Abs. 3 BGB (Fall c) keine Fristsetzung erfordern. 304

a) Mängelbeseitigung unzumutbar für Auftraggeber. Wenn die Mängelbeseitigung für den Auftraggeber unzumutbar ist, kann dieser nach der **ersten Alternative** der Nr. 6, die früher in deren Satz 2 geregelt war und seit der VOB/B 2002 in den einzigen Satz der Nr. 6 eingearbeitet ist, die Vergütung mindern. Obwohl der frühere Zusatz „ausnahmsweise" aus Satz 2 nicht übernommen wurde, erfolgte die Umstellung nur „zur sprachlichen Vereinfachung",[1400] soll also sachlich nichts ändern. Es bleibt deshalb dabei, dass diese Alternative **eng auszulegen**[1401] ist. An die Unzumutbarkeit der Mängelbeseitigung sind strenge Anforderungen zu stellen.[1402] Sie ist allein nach der Interessenlage des Auftraggebers zu beurteilen[1403] und kann sich aus persönlichen wie aus wirtschaftlichen Gründen ergeben.[1404] So kann die Duldung der Nachbesserung dem Auftraggeber nach Treu und Glauben unzumutbar sein, wenn sie mit der vorübergehenden Stillegung eines Gewerbebetriebs[1405] oder mit der zeitweiligen Unbewohnbarkeit von Eigentumswohnungen[1406] verbunden ist. Auch Krankheit oder hohes Alter des Auftraggebers oder anderer Hausbewohner kann insoweit ausschlaggebend sein.[1407] Als weitere mögliche Gründe, welche eine Mängelbeseitigung unzumutbar machen, kommen in Betracht: Zahlreiche vergebliche Nachbesserungsversuche in der Vergangenheit,[1408] zweifelhafte Erfolgsaussichten der beabsichtigten Nachbesserung[1409] sowie der Umstand, dass der Auftraggeber das Werk sofort benötigt, um es an einen Abnehmer weiterzugeben.[1410] Dem Insolvenzverwalter des Generalunternehmers ist die Mängelbeseitigung durch den Nachunternehmer aus rechtlichen und wirtschaftlichen Gründen unzumutbar, wenn 305

[1398] Beck'scher VOB-Kommentar/*Ganten* VOB/B § 13 Nr. 6 Rdn. 6; *Heiermann/Riedl/Rusam* VOB/B § 13 Rdn. 161 b; *Nicklisch/Weick* § 13 Rdn. 213.

[1399] Vgl. dazu oben Rdn. 196–198.

[1400] So Beschluss des Vorstandes des DVA vom 2.5.2002, Begründung II.12.b.

[1401] So zu dem früheren Satz 2 *Nicklisch/Weick* § 13 Rdn. 203; *Siegburg* Gewährleistung Rdn. 1118. Zur jetzigen Fassung ebenso *Ingenstau/Korbion/Wirth* VOB/B § 13 Nr. 6 Rdn. 17; a.A. *Oberhauser* Jahrbuch BauR 2003, 1,16.

[1402] *Heiermann/Riedl/Rusam* VOB/B § 13 Rdn. 164; *Siegburg* Gewährleistung Rdn. 1118.

[1403] *Ingenstau/Korbion/Wirth* VOB/B § 13 Nr. 6 Rdn. 17.

[1404] *Nicklisch/Weick* § 13 Rdn. 204; *Ingenstau/Korbion/Wirth* VOB/B § 13 Nr. 6 Rdn. 18/19; *Kleine-Möller/Merl* § 12 Rdn. 873; *Werner/Pastor* Rdn. 1717.

[1405] LG Nürnberg-Fürth NJW-RR 1986, 1466.

[1406] LG München I *Schäfer/Finnern/Hochstein* § 13 Nr. 6 VOB/B Nr. 5.

[1407] *Kleine-Möller/Merl* § 12 Rdn. 873; *Siegburg* Gewährleistung Rdn. 1119; *Kaiser* Mängelhaftung Rdn. 89.

[1408] BGHZ 92, 308 = NJW 1985, 381 = BauR 1985, 83.

[1409] OLG Celle *Schäfer/Finnern* Z 2.414 Bl. 88; LG Nürnberg-Fürth NJW-RR 1986, 1466; *Kleine-Möller/Merl* § 12 Rdn. 873; *Nicklisch/Weick* § 13 Rdn. 204; *Ingenstau/Korbion/Wirth* VOB/B § 13 Nr. 6 Rdn. 20; vgl. auch OLG Dresden BauR 2003, 262 für den Fall, dass „die Mängelbeseitigung im Ergebnis keinen Sinn macht", wobei § 13 Nr. 6 VOB/B allerdings zu Unrecht „jedenfalls für entsprechend anwendbar" erklärt wird.

[1410] BGH NJW-RR 1993, 560; *Ingenstau/Korbion/Wirth* VOB/B § 13 Nr. 6 Rdn. 19.

der Bauherr die ihm aus dem Generalunternehmervertrag zustehenden Ansprüche auf Beseitigung der Mängel gegen den Insolvenzverwalter nicht mehr durchsetzen kann.[1411]

306 Ist Unzumutbarkeit zu bejahen, hat der Auftraggeber ein **Wahlrecht**, ob er die Minderung erklären oder die Rechte aus § 13 Nr. 5 VOB/B geltend machen will.[1412] Der Auftragnehmer kann ihn nicht auf Minderung verweisen.[1413] Wenn der Auftraggeber sich für die Minderung entscheidet, muss er den Einwand der Unzumutbarkeit vor Beginn der Mängelbeseitigungsarbeiten dem Auftragnehmer gegenüber geltend machen.[1414]

307 **b) Unmöglichkeit der Mängelbeseitigung.** Die für die **zweite Alternative** der Nr. 6 erforderliche Unmöglichkeit der Mängelbeseitigung muß objektiv gegeben sein; weder der Auftragnehmer noch irgend ein anderer nach § 13 Nr. 5 Abs. 2 VOB/B herangezogener Unternehmer darf den Mangel durch Nachbesserung, notfalls im Wege der Neuherstellung, beseitigen können.[1415] Dabei kann die Unmöglichkeit auf tatsächlichen/technischen oder rechtlichen Umständen beruhen.

308 **aa) Aus technischen Gründen.** Unmöglichkeit aus technischen Gründen liegt zum Beispiel vor, wenn der Auftragnehmer die Baugrube zu tief aushebt und er deshalb die auf gewachsenem Boden zu errichtenden Fundamente nicht mehr wie vereinbart herstellen kann,[1416] oder wenn eine mangelfreie Verlegung des vertraglich ausbedungenen Bodenbelags wegen der Beschaffenheit des Unterbodens nicht möglich ist.[1417] Dass im letztgenannten Fall eine mangelfreie Herstellung von Anfang an unmöglich war, führt nicht zur Nichtigkeit des Vertrags, § 311 a Abs. 1 BGB.[1418] Seitdem anerkannt ist, dass die Mängelbeseitigung notfalls auch eine Neuherstellung umfasst,[1419] greift die zweite Alternative des § 13 Nr. 6 VOB/B **nur noch selten** ein.[1420] Jedenfalls unterfallen ihr nicht mehr die in diesem Zusammenhang nach wie vor oft genannten[1421] Fälle einer zu geringen Wohn- oder Nutzfläche eines Hauses oder einer Wohnung. Das gilt ebenso für alle sonstigen nach Beseitigung oder Abbruch/Rückbau mängelfrei wiederholbaren Bauleistungen. Diese Fallgestaltungen gehören vielmehr, sofern die Neuherstellung einen unverhältnismäßig hohen Aufwand erfordert, zur dritten Alternative des § 13 Nr. 6 VOB/B.[1422]

309 Eine Mängelbeseitigung ist auch dann nicht unmöglich im Sinne der Nr. 6, wenn der vertragsgemäße Zustand durch Nachbesserungsarbeiten auf einem **anderen** als dem vereinbarten **Weg** erreichbar ist und die Grundsubstanz der Leistung erhalten bleibt,[1423] etwa indem Risse in einer Betonbodenplatte mit Epoxydharz vergossen und verpresst werden.[1424]

[1411] BGH, Urteil vom 10.8.2006 – IX ZR 28/05 –; vgl. dazu auch unten Rdn.310.

[1412] *Kleine-Möller/Merl* § 12 Rdn. 874.

[1413] *Heiermann/Riedl/Rusam* VOB/B § 13 Rdn. 164.

[1414] *Kleine-Möller/Merl* § 12 Rdn. 874; *Heiermann/Riedl/Rusam* VOB/B § 13 Rdn. 164.

[1415] OLG Köln *Schäfer/Finnern* Z 2.414.2 Bl. 1; *Kleine-Möller/Merl* § 12 Rdn. 857/858; *Heiermann/Riedl/Rusam* VOB/B § 13 Rdn. 162; *Ingenstau/Korbion/Wirth* VOB/B § 13 Nr. 6 Rdn. 23/24; *Nicklisch/Weick* § 13 Rdn. 196; unentschieden in BGHZ 42, 232 = NJW 1965, 152; anders – Unvermögen des Auftragnehmers ausreichend – Beck'scher VOB-Kommentar/*Ganten* VOB/B § 13 Nr. 6 Rdn. 31/32.

[1416] BGHZ 68, 208 = NJW 1977, 1146 = BauR 1977, 203.

[1417] OLG Düsseldorf NJW-RR 1996, 305 = BauR 1995, 848.

[1418] Vgl. dazu schon oben Rdn. 29.

[1419] BGHZ 96, 111 = NJW 1986, 711 = BauR 1986, 93; Beck'scher VOB-Kommentar/*Ganten* VOB/B § 13 Nr. 6 Rdn. 37; vgl. dazu näher oben Rdn. 219–221.

[1420] A.A., aber mit der jetzigen BGH-Rechtsprechung nicht vereinbar, *Ingenstau/Korbion/Wirth* VOB/B § 13 Nr. 6 Rdn. 25, der dem Auftraggeber ein Wahlrecht zwischen einer Neuherstellung nach § 13 Nr. 5 VOB/B und einer Minderung nach § 13 Nr. 6 VOB/B einräumen will. Vgl. dazu auch *Kaiser* Mängelhaftung Rdn. 87 a sowie *Kleine-Möller/Merl* § 12 Rdn. 858.

[1421] *Ingenstau/Korbion/Wirth* VOB/B § 13 Nr. 6 Rdn. 23; *Heiermann/Riedl/Rusam* VOB/B § 13 Rdn. 162 a; beide unter Hinweis auf OLG Düsseldorf NJW 1981, 1455 = BauR 1981, 475.

[1422] *Nicklisch/Weick* § 13 Rdn. 198.

[1423] OLG Düsseldorf BauR 1993, 82; *Nicklisch/Weick* § 13 Rdn. 197; *Heiermann/Riedl/Rusam* VOB/B § 13 Rdn. 162 a; *Kleine-Möller/Merl* § 12 Rdn. 859; *Siegburg* Gewährleistung Rdn. 1110, 1112; vgl. dazu schon oben Rdn. 218.

[1424] So die Fallgestaltung in OLG Düsseldorf BauR 1993, 82.

bb) Aus rechtlichen Gründen. Unmöglichkeit aus rechtlichen Gründen hat der BGH[1425] angenommen, nachdem die Bauvertragspartner eine Mängelbeseitigung einvernehmlich ausgeschlossen hatten. Vor allem aber kann die Nachbesserung aufgrund öffentlich-rechtlicher Vorschriften unmöglich sein, wenn danach der geplante Dachausbau,[1426] die Herrichtung von Wohnräumen im Keller[1427] oder sonstige mit einer Mängelbeseitigung verbundene Änderungen des Bauwerks nicht genehmigungsfähig sind.[1428] Ferner ist die Nachbesserung nach einer Veräußerung des Baugrundstücks ohne Abtretung der Gewährleistungsansprüche sowie insbesondere nach dessen Zwangsversteigerung unmöglich.[1429] Nicht rechtlich unmöglich wird jedoch die Mängelbeseitigung durch den Nachunternehmer wegen eines Gesamtvollstreckungs- oder Insolvenzverfahrens über das Vermögen des Generalunternehmers.[1430] Allerdings kann dann die erste Alternative des § 13 Nr. 6 VOB/B eingreifen.[1431] 310

cc) Teilweise Unmöglichkeit. Falls ein Mangel teilweise nachgebessert werden kann, ist die Beseitigung nur bezüglich des restlichen Mangels und damit teilweise unmöglich,[1432] so dass grundsätzlich lediglich insoweit gemindert werden kann. Erforderlich ist aber, dass hierdurch eine dem Auftraggeber zumutbare Teiltauglichkeit erreicht wird; denn andernfalls ist er berechtigt, wegen des gesamten Mangels zu mindern.[1433] 311

c) Verweigerung der Mängelbeseitigung wegen unverhältnismäßig hohen Aufwands. Ist die Mängelbeseitigung zwar möglich, würde sie aber einen unverhältnismäßigen Aufwand erfordern und wird sie deshalb vom Auftragnehmer verweigert, so ist der Auftraggeber nach der **dritten Alternative** der Nr. 6 berechtigt zu mindern. Es steht dem Auftragnehmer gleichwohl frei, sich für eine Nachbesserung zu entscheiden, diese also nicht zu verweigern. Der Auftraggeber muss sie zulassen. Lediglich wenn sie für ihn unzumutbar ist, darf der Auftraggeber sie zurückweisen[1434] und kann dann aufgrund der ersten Alternative der Nr. 6 mindern. 312

aa) Unverhältnismäßig hoher Aufwand. Die Mängelbeseitigung erfordert einen unverhältnismäßigen Aufwand, wenn der mit einer Nachbesserung erzielbare Erfolg einer ganzen oder teilweisen Mängelbeseitigung bei Abwägung aller Umstände des Einzelfalls in keinem vernünftigen Verhältnis zur Höhe des dafür erforderlichen Geldaufwands steht.[1435] Während nach dieser überkommenen Umschreibung der Erfolg und der Aufwand die wesentlichen und zudem gleichrangige Gewichte bei der zu treffenden Abwägung zu sein scheinen, rückt der BGH nunmehr[1436] zu Recht das **Interesse** des **Auftraggebers** an einer **ordnungsgemäßen Vertragserfüllung** sowie die vertragliche Risikoverteilung in den Vordergrund. Denn im Werkvertragsrecht trägt grundsätzlich der Auftragnehmer das Erfüllungsrisiko für die versprochene Leistung. Er kann 313

[1425] NJW 1982, 1524 = BauR 1982, 277.

[1426] OLG Düsseldorf NJW 1981, 1455 = BauR 1981, 475.

[1427] OLG Düsseldorf BauR 1984, 294; *Nicklisch/Weick* § 13 Rdn. 198.

[1428] *Kleine-Möller/Merl* § 12 Rdn. 860.

[1429] OLG Bremen NJW-RR 1990, 218; *Ingenstau/Korbion/Wirth* VOB/B § 13 Nr. 6 Rdn. 26; a.A. *Vygen* Bauvertragsrecht Rdn. 553, am Ende.

[1430] OLG Düsseldorf NZBau 2002, 671; BauR 2005, 1342. Zum früheren Konkursverfahren a.A. AG München BauR 1999, 175, dessen Begründung jedoch aus den in OLG Düsseldorf BauR 2005, 1342 genannten Gründen nicht stichhaltig ist.

[1431] BGH, Urteil vom 10.8.2006 – IX ZR 28/05 –, mit dem er OLG Düsseldorf BauR 2005, 1342 (vorstehende Fußnote) aufhebt. Vgl. dazu oben Rdn. 305.

[1432] OLG Köln *Schäfer/Finnern* Z 2.414.2 Bl. 1.

[1433] *Ingenstau/Korbion/Wirth* VOB/B § 13 Nr. 6 Rdn. 29; *Nicklisch/Weick* § 13 Rdn. 199; *Heiermann/Riedl/Rusam* VOB/B § 13 Rdn. 162d; *Vygen* Bauvertragsrecht Rdn. 550; Beck'scher VOB-Kommentar/*Ganten* VOB/B § 13 Nr. 6 Rdn. 36.

[1434] *Heiermann/Riedl/Rusam* VOB/B § 13 Rdn. 163.

[1435] BGHZ 59, 365 = NJW 1973, 138 = BauR 1973, 112; BGH NJW 1995, 1836 = BauR 1995, 540; NJW 1996, 3269 = BauR 1996, 858; NJW-RR 1997, 1106 = BauR 1997, 638.

[1436] NJW 1996, 3269 = BauR 1996, 858; NZBau 2002, 338 = BauR 2002, 613; NZBau 2006, 110 = BauR 2006, 377; NZBau 2006, 177 = BauR 2006, 382; vgl. dazu auch *Quack* FS Vygen 1999, 368, 370/371, 373.

sich nicht darauf berufen, der dafür erforderliche Aufwand sei unverhältnismäßig höher als der vereinbarte Preis, sondern ist grundsätzlich bis an die Grenze des Wegfalls der Geschäftsgrundlage zu jedem erforderlichen Aufwand verpflichtet. Der Einwand der Unverhältnismäßigkeit ist nur dann gerechtfertigt, wenn der Auftraggeber dadurch, dass er auf ordnungsgemäßer Vertragserfüllung besteht, unter Abwägung aller Umstände gegen Treu und Glauben verstößt.

314 Hieraus ergeben sich folgende **Grundsätze**: Unverhältnismäßigkeit ist in aller Regel nur anzunehmen, wenn einem objektiv geringen Interesse des Auftraggebers an einer völlig ordnungsgemäßen vertraglichen Leistung ein ganz erheblicher und deshalb vergleichsweise unangemessener Aufwand gegenübersteht. Hat der Auftraggeber hingegen objektiv ein berechtigtes Interesse an einer ordnungsgemäßen Erfüllung, etwa weil die Funktionsfähigkeit des Werks spürbar beeinträchtigt ist, kann ihm regelmäßig nicht wegen hoher Kosten die Nachbesserung verweigert werden.[1437] Etwas anderes kann gelten, wenn der Auftragnehmer nachweist, dass sich das Risiko einer Funktionsbeeinträchtigung aller Voraussicht nach nicht vor einem Zeitpunkt verwirklichen wird, der kurz vor dem Ende der üblichen Nutzungsdauer liegt.[1438]

315 Bei der **Abwägung** der **Umstände** des **Einzelfalls** ist die Schwere des Vertragsverstoßes und des Verschuldens des Auftragnehmers zu berücksichtigen.[1439] Hat er den Mangel grob fahrlässig verursacht, kann er sich grundsätzlich nicht auf Unverhältnismäßigkeit des Beseitigungsaufwands berufen.[1440] Der Auftraggeber muss sich auch nicht eine vertragswidrige Leistung nur deshalb aufdrängen lassen, weil sie preislich gleichwertig ist.[1441] Ein berechtigtes Erfüllungsinteresse hat der Auftraggeber bei mangelhafter Abdichtung eines Niedrigenergiehauses und bestehender Gefahr von Feuchtigkeitsschäden,[1442] bei Abdichtungsmängeln in Bädern[1443] und grundsätzlich bei Mängeln eines Straßenbelags, die zu dem Risiko einer nachhaltigen Funktionsbeeinträchtigung führen,[1444] sowie regelmäßig bei Schallschutzmängeln, weil der Schallschutz allgemein als wichtiges Kriterium für die Bewertung einer Wohnung gilt[1445] und insoweit bestehende Mängel wegen ihrer dauernden Lästigkeit schwer wiegen.[1446] Letzteres gilt auch bei für die Anwohner nachteiligen Körperschallemissionen von Straßenbahngleisen.[1447] Jedenfalls darf nicht hauptsächlich auf die Relation der Kosten mehrerer Nachbesserungsmöglichkeiten bei Schallschutzmängeln von Reihenhaustrennwänden – Vorsatzschale oder Durchsägen – abgestellt werden.[1448] Das Erfüllungsinteresse des Auftraggebers erstreckt sich nicht allein auf die aktuelle Gebrauchstauglichkeit, sondern auch auf weitere Verwendungsmöglichkeiten des Grundstücks bei vertragsgemäßer Beschaffenheit des Gebäudes.[1449] Die vorzunehmende Abwägung hat nichts mit dem Preis/Leistungsverhältnis des Vertrags zu tun.[1450] Die Höhe der Mängelbeseitigungskos-

---

[1437] BGH NJW-RR 1997, 1106 = BauR 1997, 638; NJW 1996, 3269 = BauR 1996, 858; NZBau 2002, 338 = BauR 2002, 613; NZBau 2006, 110 = BauR 2006, 377; NZBau 2006, 177 = BauR 2006, 382; OLG Nürnberg IBR 2001, 607; OLG Düsseldorf BauR 2001, 1922; OLG Schleswig IBR 2002, 406; OLG Köln IBR 2003, 242; OLG Frankfurt IBR 2003, 410; OLG Koblenz NZBau 2003, 681 = BauR 2003, 1728; OLG Düsseldorf NZBau 2005, 105; OLG Köln IBR 2005, 584; OLG Karlsruhe IBR 2006, 19; OLG Schleswig IBR 2006, 86. Vgl. dazu auch die trotz ihres eigentlich deprimierenden Ergebnisses erfrischend unernsten, gleichwohl durchaus ernsthaften Ausführungen von *Kniffka* FS Kraus 2003, 115, 120–127.

[1438] BGH NZBau 2006, 177 = BauR 2006, 382.

[1439] BGH NJW 1995, 1836 = BauR 1995, 540; NJW 1996, 3269 = BauR 1996, 858; NZBau 2002, 338 = BauR 2002, 613; NZBau 2006, 110 = BauR 2006, 377.

[1440] OLG Düsseldorf NJW-RR 1987, 1167 = BauR 1987, 572; BauR 1993, 82; BauR 2001, 1922.

[1441] OLG Köln BauR 1994, 119; vgl. auch OLG Celle IBR 2003, 352.

[1442] OLG Celle IBR 2005, 83.

[1443] BGH NZBau 2006, 110 = BauR 2006, 377.

[1444] BGH NZBau 2006, 177 = BauR 2006, 382.

[1445] OLG München BauR 1995, 453.

[1446] Ähnlich OLG Naumburg BauR 2000, 274; OLG Hamm BauR 2001, 1262 = 1757.

[1447] OLG Karlsruhe IBR 2006, 19.

[1448] BGH NJW-RR 1997, 1106 = BauR 1997, 638.

[1449] BGH NJW 1995, 1836 = BauR 1995, 540.

[1450] BGH NJW 1996, 3269 = BauR 1996, 858; NZBau 2002, 338 = BauR 2002, 613; NZBau 2006, 110 = BauR 2006, 377.

ten allein ist nicht entscheidend; ebenso nicht ihr Verhältnis zum Gesamtwerklohn.[1451] Weder für die mangelhafte Leistung aufgewandte Kosten, noch für ihre Beseitigung erforderlicher Aufwand, Mehrkosten für die nachträgliche Leistungserbringung und Kostensteigerungen infolge Zeitablaufs sind zu berücksichtigen, weil sie zum Erfüllungsrisiko des Auftragnehmers gehören.[1452]

Abgesehen von den Fällen einer an sich erforderlichen Neuherstellung[1453] wird Unverhältnis- 316
mäßigkeit des Mängelbeseitigungsaufwands wegen objektiv geringen Interesses des Auftraggebers an einer völlig ordnungsgemäßen Vertragserfüllung im wesentlichen nur bei **Schönheitsfehlern/optischen Mängeln** in Betracht kommen,[1454] soweit diese die Gebrauchstauglichkeit kaum beeinträchtigen, ihre Nachbesserung jedoch mit hohen Kosten verbunden wäre.[1455] **Beispiele** hierfür sind: Die erst bei gezielter Betrachtung eines Dachs erkennbare verkantete Verlegung einiger weniger Dachziegel,[1456] punktuelle Farbveränderungen und offene Nagelbefestigungen an 5–10 % der Platten einer Schieferfassade,[1457] nicht waagerecht eingebaute Fenstersimse,[1458] unterschiedliche Maserung und Farbabweichungen der Trittstufen und Podeste einer Marmortreppe,[1459] unterschiedliche Mängel, insbesondere Unebenheiten, von Putzfassaden,[1460] Farbabweichungen der Betonsteinpflasterung einer gewerblich genutzten Hoffläche,[1461] Ausblühungen am Giebelmauerwerk eines Neubaus[1462] sowie die Verlegung von Haustürpodesten in kleinen statt großen Platten.[1463]

Andererseits kann aber auch bei optischen Mängeln von entsprechendem Gewicht durch- 317
aus ein berechtigtes Interesse des Auftraggebers an vertragsgemäßer Erfüllung gegeben und **Unverhältnismäßigkeit** trotz hohen Nachbesserungsaufwands **zu verneinen** sein.[1464] Das ist zum Beispiel angenommen worden bei einer vornehmlich aus ästhetischen Gründen in Auftrag gegebenen Restaurierung einer alten Hausfassade,[1465] bei einem stark scheckigen Aussehen des Granitbelags einer Terrasse,[1466] bei unregelmäßig über die gesamte Fläche eines der Gestaltung und optischen Aufwertung eines Zimmers dienenden Fußbodens verteilten Verschmutzungen[1467] und bei Farbabweichungen und -schattierungen infolge punktueller Nachbesserung des Granitfußbodenbelags eine hochwertigen Immobilie mit gehobener Ausstattung.[1468] Gleiches kann bei auf den ersten Blick geringfügigen Mängeln gelten, etwa wenn eine Flurnische zwar nur 4 cm zu schmal ist, aber deshalb den vereinbarten Zweck, einen antiken Schrank aufzunehmen, nicht erfüllt.[1469] Kleinere Parkettmängel, welche durch ein erneutes Abschleifen zu beseitigen sind,

---

[1451] BGH NJW 1995, 1836 = BauR 1995, 540.
[1452] BGH NJW 1996, 3269 = BauR 1996, 858.
[1453] Vgl. dazu oben Rdn. 308; vgl. auch OLG Düsseldorf NJW-RR 2001, 522 = NZBau 2001, 328 = BauR 2001, 445.
[1454] So auch *Kamphausen* im Praxishinweis zu OLG Hamm IBR 2004, 21.
[1455] OLG Celle IBR 2006, 132; *Ingenstau/Korbion/Wirth* VOB/B § 13 Nr. 6 Rdn. 35, 42; *Heiermann/Riedl/Rusam* VOB/B § 13 Rdn. 163, letzter Abs.; *Kleine-Möller/Merl* § 12 Rdn. 872; vgl. auch *Oswald* Jahrbuch BauR 1998, 357 ff.
[1456] OLG Düsseldorf BauR 1993, 733.
[1457] OLG Düsseldorf NJW-RR 1994, 342.
[1458] OLG Stuttgart BauR 1994, 519.
[1459] OLG Celle BauR 1998, 401.
[1460] LG Konstanz IBR 1999, 58; OLG Düsseldorf BauR 1999, 404 und 498; vgl. zu Fassadenmängeln auch Mandelkow BauR 1996, 656, 657.
[1461] OLG Celle IBR 2003, 15.
[1462] OLG Celle BauR 2003, 915: „zum Teil noch", „nicht durchgängig"; vgl. dazu den kritischen Praxishinweis von *Quack* in IBR 2003, 411.
[1463] OLG Hamm NJW-RR 2003, 965 = BauR 2003, 1403.
[1464] Vgl. dazu *Mandelkow* BauR 1996, 656, 657.
[1465] OLG Köln NJW-RR 1993, 666.
[1466] OLG Düsseldorf BauR 1996, 712; vgl. auch OLG Köln BauR 2002, 801, zum Ausbleichen eines Betonsteinpflasters.
[1467] OLG Hamm IBR 1997, 449.
[1468] OLG Frankfurt IBR 2005, 366.
[1469] OLG Hamm OLGR 1994, 98 = BauR 1994, 802 (nur LS).

bilden wegen der damit verbundenen technischen Wertminderung von 30 % durch Reduzierung der ohnehin dünnen Nutzschicht zumindest einen Grenzfall.[1470]

318 **bb) Verweigerung durch Auftragnehmer.** Die dritte Alternative der Nr. 6 setzt zusätzlich voraus, daß der Auftragnehmer die Mängelbeseitigung wegen des unverhältnismäßigen Aufwands verweigert. Dazu ist eine eindeutige, auf die Unverhältnismäßigkeit gestützte und diese durch die Angabe entsprechender Tatsachen näher begründende Erklärung des Auftragnehmers erforderlich.[1471] Sie kann formlos, also auch mündlich erfolgen; aus Beweisgründen ist jedoch Schriftform ratsam.[1472] Beruft der Auftragnehmer sich erst nach Ablauf der ihm nach § 13 Nr. 5 Abs. 2 VOB/B gesetzten Frist und daraufhin durchgeführter Ersatzvornahme auf Unverhältnismäßigkeit des Mängelbeseitigungsaufwands, so ist er selbst dann, wenn dieser Einwand an sich berechtigt gewesen wäre, dem Auftraggeber zum Ersatz der durch seine verspätete Reaktion verursachten hohen Nachbesserungskosten verpflichtet.[1473] Für ein Mitverschulden des Auftraggebers[1474] ist hier kein Raum, weil diesem bis zur Verweigerung der Mängelbeseitigung durch den Auftragnehmer kein Minderungsrecht, sondern nur ein Nachbesserungs- und Ersatzvornahmeanspruch zusteht. Verweigert der Auftragnehmer die Mängelbeseitigung wegen unverhältnismäßigen Aufwands, obwohl ein solcher nicht gegeben ist, kann der Auftraggeber nach seiner Wahl entweder den Auftragnehmer an seiner Erklärung festhalten und die Minderung erklären oder seinen Nachbesserungsanspruch, gegebenenfalls im Wege der Ersatzvornahme, weiterverfolgen.[1475]

2. Durchführung der Minderung

319 In § 13 Nr. 6 VOB/B wird jetzt „sprachlich herausgestellt, dass die Minderung als Gestaltungsakt durch Erklärung erfolgt."[1476] Damit übernimmt § 13 Nr. 6 VOB/B die Ausformung der Minderung als **Gestaltungsrecht** durch § 638 BGB, auf den er auch im übrigen verweist.

320 **a) Unmittelbare Herabsetzung des Werklohns.** Indem der Auftraggeber gegenüber dem Auftragnehmer die Minderung erklärt, übt er sein Gestaltungsrecht aus und bewirkt damit unmittelbar die Herabsetzung des Werklohns. Zugleich macht er hierdurch von einem etwaigen Wahlrecht[1477] Gebrauch. In Höhe des Minderungsbetrags erlischt die (Rest-)Werklohnforderung des Auftragnehmers. Wenn der Auftraggeber schon mehr als den geminderten Werklohn gezahlt hat, steht ihm nach **§ 638 Abs. 4 BGB** ein Anspruch auf **Rückzahlung** des Mehrbetrags nebst Zinsen gemäß §§ 346 Abs. 1, 347 Abs. 1 BGB[1478] zu. Infolge der Herabsetzung des Werklohns durch die Minderung ergeben sich sowohl bei einer Teilwerklohnklage als auch bei einer teilweise abgetretenen Werklohnforderung rechtliche Besonderheiten.

321 Erhebt der Auftragnehmer eine **Teilwerklohnklage**, macht er seinen Werklohnanspruch also nur teilweise geltend, so erfasst die Minderung die gesamte Werklohnforderung, der Minderungsbetrag ist mithin von dem letztrangigen Teil der Forderung abzurechnen. Da die Forderung gemäß § 638 Abs. 3 BGB herabgesetzt wird, kommt es nur darauf an, ob nach der Minderung noch ein

---

[1470] Vgl. dazu OLG Karlsruhe IBR 1997, 65 mit kritischem Praxishinweis von *Weyer*, ablehnend auch *Werner/Pastor* Rdn. 1575 Fn. 128; OLG Düsseldorf NJW-RR 1997, 1450 = BauR 1997, 126.

[1471] OLG Düsseldorf NJW-RR 1987, 1167 = BauR 1987, 572; *Ingenstau/Korbion/Wirth* VOB/B § 13 Nr. 6 Rdn. 49 und 51; *Vygen* Bauvertragsrecht Rdn. 552; *Mandelkow* BauR 1996, 656, 657.

[1472] *Ingenstau/Korbion/Wirth* VOB/B § 13 Nr. 6 Rdn. 50; *Heiermann/Riedl/Rusam* VOB/B § 13 Rdn. 163 a.

[1473] *Heiermann/Riedl/Rusam* VOB/B § 13 Rdn. 163 a.

[1474] Ein solches wird für möglich gehalten von *Korbion/Hochstein/Keldungs* Rdn. 598 und *Heiermann/Riedl/Rusam* VOB/B § 13 Rdn. 163 a.

[1475] *Nicklisch/Weick* § 13 Rdn. 202; *Kleine-Möller/Merl* § 12 Rdn. 867; *Heiermann/Riedl/Rusam* VOB/B § 13 Rdn. 163 a.

[1476] So Beschluss des Vorstandes des DVA vom 2.5.2002, Begründung II.12.a. Vgl. dazu auch OLG Celle IBR 2002, 408 mit kritischem Praxishinweis von *Weyer*.

[1477] Vgl. dazu oben Rdn. 306.

[1478] Zu den Zinsen vgl. *Sienz* BauR 2002, 181, 190; *Kniffka* ibr-online-Kommentar Bauvertragsrecht, Stand 10.4.2006, § 638 Rdn. 21.

Betrag in Höhe der Klageforderung verbleibt, und zwar auch dann, wenn der Auftraggeber dem nicht eingeklagten Teil die Verjährungseinrede entgegenhalten kann.[1479]

Bei **teilweiser Abtretung** einer Werklohnforderung haben die dem Auftragnehmer verbleibende und die abgetretene Teilforderung grundsätzlich gleichen Rang. Anders ist es nur, wenn bei der Abtretung vereinbart wird, dass diese einen erstrangigen Teilbetrag umfassen, der abgetretene Teilbetrag der Restforderung also im Rang vorgehen soll. Fehlt eine solche Vereinbarung über das Rangverhältnis, kann der von einem Teilgläubiger auf Zahlung in Anspruch genommene Auftraggeber nicht diesem allein die volle Minderung entgegensetzen, sondern jede Teilforderung nur im Verhältnis ihrer Höhe mindern.[1480] Nach § 638 Abs. 2 BGB muss er sein Minderungsrecht gegenüber beiden Teilgläubigern ausüben. 322

b) Berechnung der Minderung. Zur Berechnung der Minderung verweist § 13 Nr. 6 VOB/B auf **§ 638 Abs. 3 BGB**, nach dessen Wortlaut die vereinbarte Vergütung in dem Verhältnis herabzusetzen ist, in welchem zur Zeit des **Vertragsschlusses** der Wert des Werks in mangelfreiem Zustand zu dem wirklichen Wert gestanden haben würde. Dem gegenüber entsprach es bislang nahezu allgemeiner Meinung, dass sich die Herabsetzung des vereinbarten Werklohns nach dem Verhältnis richtet, in welchem der Wert der mangelfreien Leistung zum Wert der mangelhaften bei der **Abnahme** steht.[1481] Allerdings stellte auch § 472 BGB a.F. auf den Zeitpunkt des Verkaufs und damit auf den des Vertragsschlusses ab. § 472 BGB a.F. war nach § 634 Abs. 4 BGB a.F. jedoch lediglich entsprechend anzuwenden, so dass die Besonderheiten der Sachmängelhaftung beim Werkvertrag zu berücksichtigen waren. Da der Auftragnehmer gemäß § 13 Nr. 1 VOB/B dafür einzustehen hat, dass seine Leistung zur Zeit der Abnahme keine Mängel aufweist, musste es für die Minderung folgerichtig ebenfalls auf die Werte bei der Abnahme ankommen. Fehlte die Abnahme, so war auf den Zeitpunkt abzustellen, zu dem die vertragsgemäße Erfüllung geschuldet war.[1482] 323

Auf Grund **berichtigender Auslegung** ist auch **§ 638 Abs. 3 BGB** in diesem Sinn zu verstehen, die Minderung also nach wie vor nach den Verhältnissen zur Zeit der **Abnahme** zu berechnen.[1483] Denn allein das entspricht dem wirklichen Willen des Gesetzgebers. So heißt es in der Begründung zu der zunächst vorgesehenen Fassung des Abs. 3, beim Werkvertrag könne es nicht auf den Zeitpunkt des Vertragsschlusses ankommen, weil das Werk bei Abschluss des Vertrags noch nicht bestehe; vielmehr sei es sachgerecht, mit der Rechtsprechung zum Bauvertrag auf die Fertigstellung oder die Abnahme abzustellen, da erst dann eine Wertbestimmung überhaupt möglich sei.[1484] Die jetzige Fassung des Abs. 3 wurde wie folgt begründet: „Deshalb soll es … bei der bisherigen Regelung des § 634 Abs. 4 in Verbindung mit § 472 Abs. 1 BGB bleiben. Allerdings soll der besseren Übersichtlichkeit wegen nicht auf das Kaufrecht verwiesen, sondern eine eigenständige inhaltsgleiche Regelung getroffen werden."[1485] § 638 Abs. 3 BGB sollte mithin die frühere Rechtslage nicht ändern.[1486] Es wurde lediglich übersehen, dass wegen der Regelung 324

[1479] BGHZ 56, 312 = NJW 1971, 1800 = BauR 1971, 260; *Nicklisch/Weick* § 13 Rdn. 207; *Heiermann/Riedl/Rusam* VOB/B § 13 Rdn. 166 h; *Ingenstau/Korbion/Wirth* VOB/B § 13 Nr. 6 Rdn. 69.

[1480] BGHZ 46, 242 = NJW 1967, 388; *Ingenstau/Korbion/Wirth* VOB/B § 13 Nr. 6 Rdn. 70; *Heiermann/Riedl/Rusam* VOB/B § 13 Rdn. 166 f.; a.A. Beck'scher VOB-Kommentar/*Ganten* VOB/B § 13 Nr. 6 Rdn. 18, m.w.N.

[1481] BGHZ 42, 232 = NJW 1965, 152; BGHZ 58, 181 = NJW 1972, 821 = BauR 1972, 242; BGH NJW 1996, 3001 = BauR 1996, 851; *Siegburg* Gewährleistung Rdn. 1090; *Ingenstau/Korbion/Wirth* VOB/B § 13 Nr. 6 Rdn. 56–59; *Nicklisch/Weick* § 13 Rdn. 208; *Palandt/Sprau*, 61. Aufl., § 634 Rdn. 8; *Weyer* Jahrbuch BauR 2004, 243, 246–248; vgl. aber auch *Werner/Pastor* Rdn. 1666, Fn. 106.

[1482] *Werner/Pastor* Rdn. 1666; *Heiermann/Riedl/Rusam* VOB/B § 13 Rdn. 166 b.

[1483] Näher dazu und zum Meinungsstand *Weyer* Jahrbuch BauR 2004, 243, 248–253. A.A. auch *Frank Siegburg* FS Werner 2005, 289, 298, 300. Im Ergebnis wie hier *Heiermann/Riedl/Rusam* VOB/B § 13 Rdn. 166 b.

[1484] BT-Drucks. 14/6040, S. 267, linke Spalte, 3. Abs.

[1485] Beschlussempfehlung und Bericht des Rechtsausschusses, BT-Drucks. 14/7052, S. 205, zu § 638 Abs. 3; so auch schon Synopse vom 17.9.2001, S. 180.

[1486] *Preussner* BauR 2002, 231, 236/237; vgl. auch *Funke* Jahrbuch BauR 2002, 217, 232/233; *Preussner* FS Kraus 2003, 179, 192. Anders *Kniffka* ibr-online-Kommentar Bauvertragsrecht, Stand 10.4.2006, § 638

in § 638 BGB selbst eine abweichende – entsprechende – Anwendung im Werkvertragsrecht dem Wortlaut nach ausscheidet. Eine sachwidrige Berechnung auf den Zeitpunkt des Vertragsschlusses war jedoch erklärtermaßen nicht gewollt.

325 Zur **Vereinfachung der** mit § 472 Abs. 1 BGB a.F. übereinstimmenden **Formel** des § 638 Abs. 3 BGB setzt die Rechtsprechung,[1487] welche weitgehend Zustimmung findet,[1488] den Wert der mangelfreien Bauleistung im Regelfall mit dem vereinbarten Werklohn gleich. Dann reduziert sich die Formel dahin, dass der geminderte Werklohn dem Wert der mangelhaften Bauleistung entspricht. Folgerichtig kann der Auftraggeber den vereinbarten Werklohn auf Null mindern, falls die Bauleistung wegen ihrer Mängel völlig unbrauchbar und damit gänzlich wertlos ist.[1489] Die erforderliche Bewertung der mangelhaften Bauleistung vereinfacht die Rechtsprechung[1490] weiter dadurch, dass sie den **Minderungsbetrag** schätzt – was § 638 Abs. 3 Satz 2 BGB jetzt ausdrücklich ermöglicht –, und zwar nach den erforderlichen **Mängelbeseitigungskosten**. Der geminderte Werklohn errechnet sich deshalb im Regelfall durch den Abzug der erforderlichen Mängelbeseitigungskosten von dem vereinbarten Werklohn. Darüber hinaus **erhöht** sich der Minderungsbetrag gegebenenfalls **um** den Betrag eines eventuellen technischen[1491] oder merkantilen[1492] **Minderwerts**, sofern ein solcher auch nach einer Mängelbeseitigung verbleiben würde.[1493]

326 **Besonderheiten** der Ermittlung des Minderungsbetrags ergeben sich bei der zweiten und dritten Alternative des § 13 Nr. 6 VOB/B. Denn wenn die **Mängelbeseitigung unmöglich** ist, können folgerichtig auch keine „erforderlichen Mängelbeseitigungskosten" ermittelt werden. Es kann aber auf die Kosten einer angemessenen Ersatzlösung abgestellt werden.[1494] Gibt es eine solche nicht, ist der Minderwert der mangelhaften Leistung im Vergleich zur mangelfreien zu schätzen,[1495] § 638 Abs. 3 Satz 2 BGB. Die Mängelbeseitigungskosten scheiden als Maßstab ebenfalls aus, wenn der Auftragnehmer die Mängelbeseitigung wegen **unverhältnismäßig hohen Aufwands** verweigert.[1496] Denn er soll in diesem Fall jene Kosten gerade nicht aufbringen müssen. Sein letztlich auf Treu und Glauben beruhendes Weigerungsrecht würde umgangen, wenn zur Bemessung des Minderungsbetrags gleichwohl auf die Mängelbeseitigungskosten abgestellt würde. Vielmehr ist der ohne Mängelbeseitigung verbleibende Minderwert zu schätzen.[1497] Wenn der Auftragnehmer im Vergleich zur geschuldeten Ausführung minderwertiges Material verwendet, zum Beispiel Beton B 25 statt B 35 für die Betondecke einer Tiefgarage, ist sein Werklohn zumin-

---

Rdn. 16: „Nach der neuen gesetzlichen Regelung ist nunmehr zwingend auf den Wert des Werks zur Zeit des Vertragsschlusses abzustellen." Entgegen *Frank Siegburg* FS Werner 2005, 289, 298, 300, widerspricht die hier vertretene Ansicht, wie die obigen Nachweise zur Entstehungsgeschichte zeigen, gerade nicht „dem ausdrücklich erklärten Willen des Gesetzgebers".

[1487] BGHZ 58, 181 = NJW 1972, 821 = BauR 1972, 242; BGH NJW 1996, 3001 = BauR 1996, 851.

[1488] *Siegburg* Gewährleistung Rdn. 1091/1092, m.w.N.

[1489] BGHZ 42, 232 = NJW 1965, 152; *Nicklisch/Weick* § 13 Rdn. 209; *Siegburg* Gewährleistung Rdn. 1097.

[1490] BGHZ 58,181 = BauR 1972, 242 = NJW 1971, 821; BGH NJW-RR 1997, 688 = BauR 1997, 700 (nur LS); BGHZ 153, 279 = NJW 2003, 1188 = NZBau 2003, 214 = BauR 2003, 533, Zur OLG-Rechtsprechung vgl. die Nachweise bei *Siegburg* Gewährleistung Rdn. 1092, Fn. 433. Dafür auch *Kniffka* ibr-online-Kommentar Bauvertragsrecht, Stand 10.4.2006, § 638 Rdn. 18.

[1491] Vgl. dazu *Kleine-Möller/Merl* § 12 Rdn. 882, 887.

[1492] Vgl. dazu *Kleine-Möller/Merl* § 12 Rdn. 883–886.

[1493] BGHZ 58, 181 = NJW 1972, 821 = BauR 1972, 242; OLG Braunschweig BauR 1981, 70; OLG Hamm BauR 1989, 735; *Werner/Pastor* Rdn. 1667; *Siegburg* Gewährleistung Rdn. 1093.

[1494] BGH BauR 1984, 401, insoweit in BGHZ 90, 354 und NJW 1984, 1679 nicht abgedruckt.

[1495] *Nicklisch/Weick* § 13 Rdn. 209; *Siegburg* Gewährleistung Rdn. 1096; *Kniffka* ibr-online-Kommentar Bauvertragsrecht, Stand 10.4.2006, § 638 Rdn. 18.

[1496] So für beide Fälle – Unmöglichkeit und Unverhältnismäßigkeit der Mängelbeseitigung – nunmehr auch BGHZ 153, 279 - NJW 2003, 1188 = NZBau 2003, 214 = BauR 2003, 533.

[1497] OLG Düsseldorf BauR 1993, 733; OLG Köln NJW-RR 1994, 1431; OLG Celle BauR 1998, 401; OLG Düsseldorf BauR 1999, 498.

Hier – wie bei unmöglicher Mängelbeseitigung – anderer Ansicht, aber kaum praktikabel: Beck'scher VOB-Kommentar/*Ganten* VOB/B § 13 Nr. 6 Rdn. 70–72; *Donner* in *Franke/Kemper/Zanner/Grünhagen* § 13 VOB/B Rdn. 202.

dest um den Vergütungsanteil zu mindern, welcher der Differenz zwischen der erbrachten und der geschuldeten Ausführung entspricht;[1498] zusätzlich kommt nach Ansicht des BGH[1499] eine Minderung wegen eines etwaigen technischen und/oder merkantilen Minderwerts in Betracht. Da der BGH die Minderwerte jedoch ebenfalls durch einen Vergleich der vertragswidrigen mit der geschuldeten Ausführung ermitteln will, führt der zusätzliche Ansatz der ersparten Materialkosten zu deren doppelter Berücksichtigung.[1500] Besteht der Mangel in einer negativen Abweichung der Wohn- oder Nutzfläche des errichteten Hauses von dem vertraglich Vereinbarten, bietet sich zur Bemessung der Minderung mangels anderer Anhaltspunkte der m^2-Preis an, der sich aus dem ausbedungenen Werklohn und der vereinbarten Wohn- oder Nutzfläche errechnet.[1501]

Bei der Bemessung der Minderung wegen **Schönheitsfehlern/optischen Mängeln** ist entsprechend deren Charakter auf die Beeinträchtigung des Geltungswerts abzustellen. Dabei ist zunächst zu bestimmen, welcher prozentuale Anteil des Werklohns auf den technischen Wert = Funktions- oder Gebrauchswert und welcher auf den optischen Wert = Geltungswert entfällt.[1502] Anschließend ist zu beurteilen, in welchem Ausmaß der Geltungswert beeinträchtigt ist. So wurde bei optischen Mängeln einer Schieferfassade der Geltungswert mit 40 % und dessen Herabsetzung um 50 %, also eine Minderung um 20 % angenommen.[1503] Der Geltungswert eines mit Carraramarmor belegten Treppenhauses wurde mit 80 % und dessen Beeinträchtigung durch Farb- und Maserungsunterschiede mit 30 % angesetzt,[1504] woraus sich eine Minderung um 24 % ergab. Bei einer mangelhaften Putzfassade betrug die Minderung 17,5 % aufgrund eines Anteils des Geltungswerts von 50 % und dessen Herabsetzung um 35 %.[1505] 327

c) Kostenbeteiligung des Auftraggebers. Wenn eine Kostenbeteiligungspflicht des Auftraggebers wegen einer ihn treffenden Mitverantwortung oder von ihm zu tragender Sowieso-Kosten oder eines vorzunehmenden Vorteilsausgleichs besteht,[1506] ist der Minderungsbetrag um den Anteil des Auftraggebers zu kürzen.[1507] Von einer gesetzlichen Regelung ist insoweit bewusst abgesehen worden.[1508] 328

3. Schadenersatz neben Minderung

Vor der umfangreichen Änderung des § 13 Nr. 7 VOB/B durch die VOB/B 2002 bestimmte dessen Abs. 1, unter welchen Voraussetzungen der Auftragnehmer „außerdem" schadenersatzpflichtig ist. Danach war nicht zweifelhaft, dass ein Schadenersatzanspruch neben der Minderung jedenfalls insoweit gegeben war, wie nach einer Minderung noch ein Schaden verblieb.[1509] Zum **BGB-Bauvertrag** ist umstritten, ob und gegebenenfalls in welchem Umfang der Auftraggeber nach Ausübung seines Minderungsrechts Schadenersatz verlangen kann, ob insoweit § 325 BGB unmittelbar oder entsprechend anwendbar ist oder ob § 280 BGB eingreift.[1510] Letzteres ist 329

[1498] Etwas anders OLG Stuttgart IBR 2005, 674: Minderung in Höhe der durch die mangelhafte Ausführung ersparten Kosten.

[1499] BGHZ 153, 279 = NJW 2003, 1188 = NZBau 2003, 214 = BauR 2003, 533.

[1500] Vgl. dazu näher *Weyer* Jahrbuch BauR 2004, 243, 265–267.

[1501] OLG Celle NJW-RR 1999, 816; OLG Hamm NJW-RR 2002, 415; vgl. auch KG IBR 2001, 202; LG Berlin BauR 2004, 1022; *Weyer* FS Jagenburg 2002, 1043, 1052/1053; *Kleine-Möller/Merl* § 12 Rdn. 889; *Ingenstau/Korbion/Wirth* VOB/B § 13 Nr. 6 Rdn. 63.

[1502] Vgl. zu diesen Begriffen und allgemein zum Bewertungsverfahren *Aurnhammer* BauR 1978, 356 ff.

[1503] OLG Düsseldorf NJW-RR 1994, 342.

[1504] OLG Celle BauR 1998, 401; allerdings werden die Prozentsätze dort fälschlich auf die Mängelbeseitigungskosten statt auf den Werklohn bezogen.

[1505] OLG Düsseldorf NJW-RR 1999, 529 = BauR 1999, 404.

[1506] Vgl. dazu oben Rdn. 273 und die dortigen Verweisungen.

[1507] *Kleine-Möller/Merl* § 12 Rdn. 890; *Nicklisch/Weick* § 13 Rdn. 211; *Siegburg* Gewährleistung Rdn. 1100.

[1508] BT-Drucks. 14/6040, S. 267, linke Spalte unten; Schwierigkeiten sind deswegen entgegen *Funke* Jahrbuch BauR 2002, 217, 233 nicht zu erwarten.

[1509] BGHZ 55, 198 = NJW 1971, 615 = BauR 1971, 124; *Nicklisch/Weick* § 13 Rdn. 216; vgl. auch unten Rdn. 352.

[1510] Vgl. dazu im Einzelnen *Weyer* Jahrbuch BauR 2004, 243, 253–262.

der Fall, weshalb der Auftragnehmer neben der Minderung für etwaige Mangelfolgeschäden – Gutachterkosten zur Ermittlung von Ursachen und Ausmaß der Mängel; außergerichtliche Anwaltskosten – gemäß §§ 634 Nr. 4, 280 Abs. 1 BGB Ersatz zu leisten hat,[1511] allerdings mit Ausnahme eines Nutzungsausfalls oder entgangenen Gewinns.[1512] Angesichts dieser Rechtslage beim BGB-Bauvertrag ist kein Grund ersichtlich, warum der Auftraggeber beim **VOB/B-Vertrag** nicht im selben Umfang weiterhin berechtigt sein sollte, neben der Minderung nach § 13 Nr. 7 VOB/B Schadenersatz für Mangelfolgeschäden zu verlangen.[1513]

4. Beweislast

330 Die Beweislast für einen Mangel der Bauleistung trägt wie bei § 13 Nr. 5 VOB/B[1514] der **Auftraggeber.**[1515] Für die besonderen Voraussetzungen des § 13 Nr. 6 VOB/B ist er, wenn er mindert und sich damit auf ein entsprechendes Recht beruft, ebenfalls beweispflichtig.[1516] Bei der dritten Alternative der Nr. 6 muss er nur beweisen, dass der Auftragnehmer die Mängelbeseitigung wegen unverhältnismäßig hohen Aufwands verweigert hat;[1517] denn darauf, ob sie tatsächlich einen solchen Aufwand erfordert, kommt es nicht an, weil der Auftraggeber ihn an seiner Erklärung festhalten kann.[1518] Lediglich dann, wenn der **Auftragnehmer** sich gegenüber einem Anspruch aus § 13 Nr. 5 VOB/B auf unverhältnismäßigen Aufwand beruft, trägt er insoweit die Beweislast.[1519]

5. Abweichungen gegenüber dem BGB

331 Eine wesentliche Abweichung des § 13 Nr. 6 VOB/B gegenüber dem BGB ist die **Beschränkung** des Minderungsrechts **auf** die dort genannten **drei Ausnahmefälle**, während gemäß §§ 634 Nr. 3, 638 BGB wegen jeden Mangels gemindert werden kann. Einen nur scheinbaren Unterschied stellt die nach §§ 323 Abs. 1, 638 Abs. 1 BGB grundsätzlich erforderliche Fristsetzung dar, welche der VOB/B unbekannt ist, aber gerade für die Fälle des § 13 Nr. 6 VOB/B in §§ 638 Abs. 1 Satz 1, 636 BGB (Mängelbeseitigung unzumutbar für Auftraggeber), §§ 638 Abs. 1 Satz 1, 634 Nr. 3, 326 Abs. 5, 275 Abs. 1 BGB (Mängelbeseitigung unmöglich) und §§ 638 Abs. 1 Satz 1 636, 635 Abs. 3 BGB (Verweigerung wegen unverhältnismäßigen Aufwands) ebenfalls für entbehrlich erklärt wird.[1520]

6. AGB-rechtliche Probleme

332 Die erhebliche Einschränkung des gesetzlichen Minderungsrechts durch § 13 Nr. 6 VOB/B **hält** nach ganz überwiegender Meinung[1521] einer **isolierten Inhaltskontrolle** nach § 307 BGB **stand**. Denn diese Einschränkung[1522] bedeutet gleichzeitig eine Erweiterung der Mängelbeseitigung; der Auftraggeber wird also nicht rechtlos gestellt, sondern ist lediglich gehalten, Mängel

---

[1511] Näher dazu *Weyer* Jahrbuch BauR 2004, 243, 258–260.
[1512] *Weyer* Jahrbuch BauR 2004, 243, 260–262; a.A. *Frank Siegburg* FS Werner 2005, 289, 296.
[1513] Im Ergebnis so auch *Heiermann/Riedl/Rusam* VOB/B § 13 Rdn. 168.
[1514] Vgl. dazu oben Rdn. 290 nebst Verweisungen.
[1515] *Nicklisch/Weick* § 13 Rdn. 212; *Siegburg* Gewährleistung Rdn. 1123.
[1516] *Werner/Pastor* Rdn. 1716, 1717; *Nicklisch/Weick* § 13 Rdn. 212; *Siegburg* Gewährleistung Rdn. 1124.
[1517] *Nicklisch/Weick* § 13 Rdn. 212; *Heiermann/Riedl/Rusam* VOB/B § 13 Rdn. 163b; zumindest unklar *Siegburg* Gewährleistung Rdn. 1124.
[1518] Vgl. oben Rdn. 318, am Ende; der von *Baumgärtel* Beweislast VOB/B § 13 Rdn. 14 erörterte Streit kann also bei § 13 Nr. 6 VOB/B gar nicht entstehen.
[1519] Vgl. dazu oben Rdn. 291.
[1520] Vgl. dazu ober Rdn. 304.
[1521] Beck'scher VOB-Kommentar/*Ganten* VOB/B § 13 Nr. 6 Rdn. 92; *Nicklisch/Weick* § 13 Rdn. 214; *Ingenstau/Korbion/Wirth* VOB/B § 13 Nr. 6 Rdn. 9; *Siegburg* Gewährleistung Rdn. 1108; *Weyer* NZBau 2003, 521, 525, m.w.N.; a.A. *Kiesel* NJW 2002, 2064, 2068; *Tempel* NZBau 2002, 532, 535; *Micklitz* Gutachten im Auftrag des Verbraucherzentrale Bundesverbandes e.V. von April 2004, 120/121.
[1522] Der Beschluss des Vorstandes des DVA vom 2.5.2002, Begründung II.12.a., erklärt sie unter Hinweis auf *Ingenstau/Korbion/Wirth* VOBB § 13 Nr. 6 Rdn. 9 aus den Besonderheiten des Bauvertrags.

im Wege der Nachbesserung auszugleichen.[1523] Allerdings kann in AGB des Auftragnehmers das Minderungsrecht des Auftraggebers nicht wirksam unter Beschränkung auf Nachbesserung völlig ausgeschlossen werden, weil eine solche Klausel gegen § 309 Nr. 8 lit. b bb BGB verstößt. Wenn zugleich Rücktritt und Schadenersatz abbedungen werden, ist der Ausschluss der Minderung auch gegenüber einem Unternehmer als Auftraggeber unwirksam.[1524]

7. Konkurrenzen

Da § 13 Nr. 6 VOB/B die Minderung abschließend regelt,[1525] hat der Auftraggeber neben dem infolge der kurzen Verjährung des § 13 Nr. 4 VOB/B eingeschränkten[1526] Minderungsrecht **keinen** zusätzlichen **Bereicherungsanspruch**, wenn der Auftragnehmer infolge der mangelhaften Bauausführung Kosten einspart.[1527] Vielmehr stellt diese Ersparnis den Mindestbetrag der Minderung dar.[1528] Zudem hat § 13 Nr. 6 VOB/B bei Qualitätsabweichungen Vorrang **vor § 2 Nr. 8 VOB/B**.[1529] Dagegen kann dem Auftraggeber ein mit dem Minderungsrecht **konkurrierender Schadenersatzanspruch** aus § 13 Nr. 7 VOB/B zustehen.[1530] Mit diesem kann der Auftraggeber die Minderung im Rahmen seines Gesamtschadens geltend machen.[1531] Er kann die Minderung nur noch im Wege des Schadenersatzes erreichen, wenn das Minderungsrecht erloschen ist, weil er die Bauleistung in Kenntnis des Mangels vorbehaltlos abgenommen hat (§ 640 Abs. 2 BGB).[1532] 333

IV. Kein Rücktrittsrecht

Schon bisher wurde die Wandlung – die Rückgängigmachung des Vertrags[1533] – in § 13 VOB/B anders als in § 634 BGB a.F. nicht erwähnt. Daraus folgerte die weit überwiegende Meinung[1534] zu Recht, dass die VOB/B die Mängelansprüche des Auftraggebers abschließend regelt und deshalb eine **Wandlung** des VOB-Bauvertrags **ausschied**. Gegen eine abschließende Regelung sprach nicht, dass bei der Novellierung der VOB/B im Jahre 1973 die Frage eines Ausschlusses der Wandlung offengelassen worden war.[1535] Denn maßgebend wäre allenfalls die Auffassung und die Regelungsabsicht der Verfasser der VOB/B bei deren ursprünglichem Erlass.[1536] Dies alles gilt jetzt **auch** für das **Rücktrittsrecht** nach § 634 Nr. 3 BGB.[1537] Es ist bewusst darauf verzichtet worden, dessen Ausschluss durch eine Änderung des § 13 Nr. 6 VOB/B ausdrücklich zu regeln, 334

[1523] *Nicklisch/Weick* § 13 Rdn. 213/214.

[1524] BGH NJW 1991, 2630.

[1525] Vgl. oben Rdn. 303.

[1526] Vgl. dazu oben Rdn. 97 und 180.

[1527] BGH NJW 1963, 806; *Nicklisch/Weick* § 13 Rdn. 215; *Heiermann/Riedl/Rusam* VOB/B § 13 Rdn. 167.

[1528] BGHZ 153, 279 = NJW 2003, 1188 = NZBau 2003, 214 = BauR 2003, 533, sowie dazu *Weyer* Jahrbuch BauR 2004, 243, 265–267; vgl. schon oben Rdn. 326.

[1529] *Miernik* BauR 2005, 1698, 1701–1708.

[1530] Vgl. dazu auch oben Rdn. 329.

[1531] BGH *Schäfer/Finnern* Z 2.414 Bl. 66; BGHZ 55, 198 = NJW 1971, 615 = BauR 1971, 124; *Nicklisch/Weick* § 13 Rdn. 216; *Heiermann/Riedl/Rusam* VOB/B § 13 Rdn. 168.

[1532] BGH NJW 1982, 1524 = BauR 1982, 277; *Nicklisch/Weick* § 13 Rdn. 216; *Heiermann/Riedl/Rusam* VOB/B § 13 Rdn. 168.

[1533] So die Legaldefinition in § 634 Abs. 1 S. 3 BGB a.F.

[1534] OLG Hamm IBR 2005, 196; *Heiermann/Riedl/Rusam* VOB/B § 13 Rdn. 170; *Werner/Pastor* Rdn. 1701; *Kaiser* Mängelhaftung Rdn. 93/94; *Siegburg* Gewährleistung Rdn. 1137–1140; *Vygen* Bauvertragsrecht Rdn. 558; *Korbion/Hochstein/Keldungs* Rdn. 460–462; grundsätzlich auch *Ingenstau/Korbion/Wirth* 14. Aufl VOB/B § 13 Rdn. 657–661, obwohl dort in Rdn. 659 für den Bauträgervertrag eine Ausnahme befürwortet wird; teilweise ablehnend: *Nicklisch/Weick* Vor § 13 Rdn. 16–18 und § 13 Rdn. 218 – Ausschluss nur im Regelfall –; Beck'scher VOB-Kommentar/*Ganten* VOB/B § 13 Nr. 6 Rdn. 82–91 – Wandlung nicht vollständig ausgeschlossen –.

[1535] Vgl. dazu *Nicklisch/Weick* Vor § 13 Rdn. 16; Beck'scher VOB-Kommentar/*Ganten* VOB/B § 13 Nr. 6 Rdn. 84; *Siegburg* Gewährleistung Rdn. 1138.

[1536] So wohl auch *Siegburg* Gewährleistung Rdn. 1138.

[1537] So auch *Kleine-Möller/Merl* § 12 Rdn. 898; *Leinemann/Schliemann* § 13 Rdn. 3 und 428; *Werner/Pastor* Rdn. 1701; a.A. *Donner* in *Franke/Kemper/Zanner/Grünhagen* § 13 Rdn. 9/10, 207.

weil davon ausgegangen wird, dass dieser Ausschluss ohnehin – wie zum früheren Wandlungsrecht – der geltenden Rechtslage entspricht.[1538]

335 Für einen Rücktritt vom VOB-Bauvertrag gibt es auch **kein praktisches Bedürfnis**. Ein Indiz dafür ist bereits der Umstand, dass der BGH die Frage eines Ausschlusses der Wandlung bislang nicht entscheiden musste, sie vielmehr in drei älteren Urteilen[1539] offen gelassen hat.[1540] Dem Auftraggeber ist viel besser mit dem weiterreichenden Schadenersatzanspruch aus § 13 Nr. 7 VOB/B gedient.[1541] Selbst wenn es dem Auftragnehmer einmal gelingen sollte, sich hinsichtlich seines Verschuldens zu entlasten, verbleibt dem Auftraggeber die rechtliche Möglichkeit, wegen einer völlig unbrauchbaren Bauleistung auf Null zu mindern[1542] und nach § 1004 BGB deren Beseitigung zu verlangen.[1543] Angesichts dieses lückenlosen Rechtsschutzes des Auftraggebers ist ein Rücktrittsrecht überflüssig.[1544] Auch kann von einer Verkürzung der Rechte des Auftraggebers[1545] keine Rede sein; zudem stellt der stillschweigende Ausschluss des Rücktrittsrechts keinen Verstoß gegen das Transparenzgebot dar.[1546] Wenn die Vertragspartner es für sinnvoll halten sollten, können sie allerdings bei Vertragsschluss oder auch nach – teilweiser – Durchführung[1547] des VOB/B-Vertrags ein Rücktrittsrecht vereinbaren.

V. Schadenersatz: § 13 Nr. 7 VOB/B

336 Die Haftung des Auftragnehmers für **Schäden** aufgrund **schuldhaft verursachter Mängel** ist durch die VOB/B 2002 erheblich geändert und § 13 Nr. 7 VOB/B deshalb neu strukturiert worden. Wesentliche Änderungen enthalten die den früheren Regelungen vorangestellten neuen Abs. 1 und 2. Der neu formulierte Abs. 3 fasst die früheren Abs. 1 und 2 zusammen. Darüber hinaus gibt es einige Folgeänderungen. So ist der frühere Abs. 2 lit. a entfallen und sind die bisherigen Abs. 3 und 4 zu Abs. 4 und 5 geworden.

1. Unbeschränkte Schadenersatzpflicht: Abs. 1 und 2

337 Mit seinen neuen Abs. 1 und 2 knüpft § 13 Nr. 7 VOB/B an die Klauselverbote des § 309 Nr. 7 BGB an.[1548] Die dem entsprechend nunmehr vorgesehene unbeschränkte Schadenersatzpflicht gilt bei Verletzung bestimmter höchstpersönlicher Rechtsgüter (a) und bei grobem Verschulden (b).

338 **a) Verletzung von Leben, Körper oder Gesundheit.** Nach § 13 Nr. 7 **Abs. 1** VOB/B haftet der Auftragnehmer bei schuldhaft verursachten Mängeln für – alle – Schäden aus der Verletzung des Lebens, des Körpers oder der Gesundheit. Wegen der besonderen Bedeutung dieser Rechtsgüter, die ebenso wie diese Begriffe in § 823 BGB zu verstehen sind,[1549] muss er insoweit

[1538] Beschluss des Vorstandes des DVA vom 2.5.2002, Begründung II.12.c.; *Kratzenberg* NZBau 2002, 177, 182/183.

[1539] BGH *Schäfer/Finnern* Z 2.414 Bl. 127; BGHZ 42, 232 = NJW 1965, 152; BGHZ 51, 275 = NJW 1969, 653. In BGHZ 107, 75 = NJW 1989, 1602 = BauR 1989, 322 heißt es unter Bezugnahme auf die beiden zuletzt genannten Entscheidungen: „ob eine Wandlung überhaupt in Betracht kommt, ist zumindest zweifelhaft."

[1540] Dazu heißt es bei *Kniffka* ibr-online-Kommentar Bauvertragsrecht, Stand 10.4.2006, § 636 Rdn. 95: „Dementsprechend offen ist auch die Frage, ob ein Rücktritt ausgeschlossen ist."

[1541] *Siegburg* Gewährleistung Rdn. 1140; *Kleine-Möller/Merl* § 12 Rdn. 899; *Kaiser* Mängelhaftung Rdn. 93.

[1542] Vgl. dazu oben Rdn. 325.

[1543] *Kaiser* Mängelhaftung Rdn. 92b; *Palandt/Sprau*, 61. Aufl., § 634 Rdn. 7; *Werner/Pastor* Rdn. 1663; a.A. *Acker/Konopka* BauR 2002, 1307, 1308/1309, zustimmend zitiert von *Kniffka* ibr-online-Kommentar Bauvertragsrecht, Stand 10.4.2006, § 636 Rdn. 31.

[1544] So zutreffend *Kaiser* Mängelhaftung Rdn. 94 zur bisherigen Wandlung.

[1545] Entgegen *Micklitz* Gutachten im Auftrag des Verbraucherzentrale Bundesverbandes e.V. von April 2004, 120–123.

[1546] *Weyer* NZBau 2003, 521, 525.

[1547] Einen solchen Fall behandelt OLG Frankfurt IBR 2005, 145.

[1548] Beschluss des Vorstandes des DVA vom 2.5.2002, Begründung II.13.b.

[1549] *Palandt/Heinrichs* § 309 Rdn. 42.

für jedes Verschulden einstehen. Zwar stellt § 309 Nr. 7 lit. a BGB nur auf fahrlässige Pflichtverletzungen ab. Für Vorsatz kann die Haftung aber schon nach § 276 Abs. 3 BGB nicht im Voraus ausgeschlossen werden. Die in § 13 Nr. 7 Abs. 1 VOB/B anders als in § 309 Nr. 7 lit. a BGB nicht ausdrücklich erwähnte Haftung des Auftragnehmers für seine Erfüllungsgehilfen folgt aus § 10 Abs. 1 VOB/B, § 278 BGB.

Die Haftung des Auftragnehmers gemäß Abs. 1 ist eine vertragliche Schadenersatzpflicht, **339**
welche grundsätzlich nur **gegenüber** dem **Auftraggeber** als seinem Vertragspartner bei dessen Verletzung besteht. Allerdings kommen auch Ansprüche verletzter Dritter in Betracht, soweit diese in den Schutzbereich des Vertrags einbezogen sind.[1550]

b) Grobes Verschulden. Für alle Schäden haftet der Auftragnehmer nach § 13 Nr. 7 **Abs. 2** **340**
VOB/B bei vorsätzlich oder grob fahrlässig verursachten Mängeln, also bei grobem Verschulden im Sinne des durch § 276 Abs. 3 BGB ergänzten § 309 Nr. 7 lit. b BGB. Auch hier hat er gemäß § 10 Abs. 1 VOB/B, § 278 BGB für entsprechendes Verschulden seiner Erfüllungsgehilfen einzustehen. Grobe Fahrlässigkeit ist zu bejahen, wenn die erforderliche Sorgfalt in ungewöhnlich hohem Maße verletzt wurde, weil dasjenige unbeachtet geblieben ist, was sich im gegebenen Fall jedem aufgedrängt hätte.[1551] Ein Baumangel ist deshalb grob fahrlässig verursacht, wenn bei der Ausführung die einleuchtendsten Vorsichtsmaßnahmen außer Acht gelassen wurden.[1552]

Der **Unterschied** des neuen Abs. 2 gegenüber der Haftung nach dem **früheren Abs. 2 lit. a** **341**
liegt trotz weitgehender Ähnlichkeit darin, dass für den Anspruch aus dem früheren Abs. 2 lit. a immer auch die Voraussetzungen des alten Abs. 1, des jetzigen Abs. 3 Satz 1, erfüllt sein mussten.[1553] Voraussetzung war mithin ein wesentlicher Mangel, der die Gebrauchsfähigkeit erheblich beeinträchtigt. Diese einschränkenden Voraussetzungen gelten für den jetzigen Abs. 2 nicht.

2. Eingeschränkte Schadenersatzpflicht: Abs. 3

Der neue Abs. 3 des § 13 Nr. 7 VOB/B begründet wegen seiner zusätzlichen Voraussetzungen **342**
nur eine eingeschränkte Schadenersatzpflicht. Er fasst die früheren Abs. 1 und 2 des § 13 Nr. 7 VOB/B zusammen und sprachlich neu, ohne sie inhaltlich zu ändern.[1554] Mit den einleitenden Worten „im übrigen" soll das Verhältnis zu den Haftungsnormen der jetzigen Abs. 1 und 2 klargestellt werden.[1555] § 13 Nr. 7 Abs. 3 VOB/B gilt also für alle von § 13 Nr. 7 Abs. 1 und 2 VOB/B nicht erfasste Fallgestaltungen.

§ 13 Nr. 7 Abs. 3 VOB/B unterscheidet wie bisher nach der Art des mangelbedingten Scha- **343**
dens zwei Schadenersatzansprüche: **Satz 1** umfasst lediglich „den Schaden an der baulichen Anlage" und wird deshalb als **kleiner Schadenersatzanspruch** bezeichnet. **Satz 2** erstreckt die Ersatzpflicht auf einen „darüber hinausgehenden Schaden" und verdient damit die Bezeichnung als **großer Schadenersatzanspruch**. Diese Begriffe werden in der Praxis üblicherweise verwendet.[1556] Die Gefahr einer Verwechslung mit den ähnlichen, bei § 635 BGB a.F. gebräuchlich gewesenen Begriffen des kleinen und des großen Schadenersatzes besteht nicht,[1557] wenn man sich der inhaltlichen Unterschiede bewusst ist.[1558] Dort wurde nämlich nach der Art des zu leistenden Schadenersatzes differenziert: Beim **kleinen Schadenersatz** behält der Auftraggeber das mangelhafte Bauwerk und verlangt Ausgleich der mangelbedingten Nachteile. Beim **großen**

[1550] *Palandt/Heinrichs* § 309 Rdn. 40; näher dazu *Palandt/Heinrichs* § 328 Rdn. 13 ff.

[1551] BGH NJW 1992, 3235.

[1552] OLG Zweibrücken IBR 2001, 181.

[1553] Vgl. dazu unten Rdn. 378.

[1554] Beschluss des Vorstandes des DVA vom 2.5.2002, Begründung II.13.c; *Weyer* BauR 2003, 613, 621.

[1555] Beschluss des Vorstandes des DVA vom 2.5.2002, Begründung II.13.c.

[1556] BGHZ 61, 203 = NJW 1973, 1752 = BauR 1973, 381; *Ingenstau/Korbion/Wirth* VOB/B § 13 Nr. 7 Rdn. 52; *Nicklisch/Weick* § 13 Rdn. 219; *Heiermann/Riedl/Rusam* VOB/B § 13 Rdn. 172, 186, 196; Beck'scher VOB-Kommentar/*Kohler* VOB/B § 13 Nr. 7 Rdn. 1.

[1557] Entgegen *Siegburg* Gewährleistung Rdn. 1285.

[1558] Beck'scher VOB-Kommentar/*Kohler* VOB/B § 13 Nr. 7 Rdn. 2.

Schadenersatz lehnt der Auftraggeber die Übernahme des mangelhaften Bauwerks ab und fordert Ersatz des durch die Nichterfüllung des ganzen Bauvertrags verursachten Schadens.

344 **a) Kleiner Schadenersatzanspruch: Abs. 3 Satz 1.** Der kleine Schadenersatzanspruch des § 13 Nr. 7 Abs. 3 Satz 1 VOB/B hat nach ständiger BGH-Rechtsprechung,[1559] welche weitgehend Zustimmung findet,[1560] im allgemeinen die gleiche Tragweite wie § 635 BGB a.F., weil der Schaden an der baulichen Anlage mit dem Mangel der einzelnen Bauleistung meist eng und unmittelbar zusammenhängen wird. Dem entsprechend fallen unter § 13 Nr. 7 Abs. 3 Satz 1 VOB/B der Mangelschaden und enge/nächste Mangelfolgeschäden, während die entfernten Mangelfolgeschäden zu § 13 Nr. 7 Abs. 3 Satz 2 VOB/B gehören.

345 **aa) Voraussetzungen.** Die Voraussetzungen des Anspruchs stimmen auch hier zunächst mit denen der übrigen Mängelansprüche überein: Ein Mangel im Sinne des § 13 Nr. 1 oder 2 VOB/B muss vom Auftragnehmer verursacht und ihm zuzurechnen sein.[1561] Zusätzlich müssen die besonderen Voraussetzungen des § 13 Nr. 7 Abs. 3 Satz 1 VOB/B hinzukommen: Ein wesentlicher Mangel (1), der die Gebrauchsfähigkeit erheblich beeinträchtigt (2) und auf ein Verschulden des Auftragnehmers oder seiner Erfüllungsgehilfen zurückzuführen ist (3).

346 **(1) Wesentlicher Mangel.** Ein solcher wird teilweise nur dann angenommen, wenn er „derart beachtlich ist, dass ein Ausgleich in Geld als gerechtfertigt erscheint".[1562] Das ist jedoch kein geeignetes Kriterium,[1563] nachdem anerkannt ist, dass als Schadenersatz nach Abs. 3 Satz 1 auch die Mängelbeseitigungskosten geltend gemacht werden können.[1564] Sinn und Zweck dieser Voraussetzung ist vielmehr, wegen geringfügiger und deshalb unwesentlicher Mängel eine Schadenersatzpflicht auszuschließen.[1565] Dem entsprechend hat der BGH bei farblichen Unterschieden der in einem Bad verlegten Platten mangels näheren Vortrags einen wesentlichen Mangel verneint.[1566] So wird deshalb bei bloßen Schönheitsfehlern/optischen Mängeln im Zweifel zu entscheiden sein.[1567] Andererseits stellt die Verwendung einer anderen Holzart für Fenster einen wesentlichen Mangel dar, es sei denn, die Abweichung spielt wegen nur unwesentlicher Unterschiede der Holzarten keine Rolle.[1568] Ob ein wesentlicher Mangel vorliegt, ist nicht allein nach der prozentualen Abweichung vom Leistungssoll, sondern vor allem nach deren Auswirkungen auf die vertraglich vorausgesetzte Nutzbarkeit zu beurteilen.[1569] Entscheidend sind unter Berücksichtigung der Umstände des Einzelfalls Art, Umfang und insbesondere Auswirkungen des Mangels.[1570] Gegebenenfalls ist dabei auch das spezielle Interesse des Auftraggebers an einem von

---

[1559] BGHZ 58, 332 = NJW 1972, 1280 = BauR 1972, 311; BGHZ 96, 124 = NJW 1986, 427 = BauR 1986, 105; BGHZ 99, 81 = NJW 1987, 645 = BauR 1987, 89; BGH NZBau 2004, 614 = BauR 2004, 1653.

[1560] *Nicklisch/Weick* § 13 Rdn. 219 und 238–240; *Kleine-Möller/Merl* § 12 Rdn. 905 und 929; *Heiermann/Riedl/Rusam* VOB/B § 13 Rdn. 173; *Ingenstau/Korbion/Wirth* VOB/B § 13 Nr. 7 Rdn. 86; *Vygen* Bauvertragsrecht Rdn. 569, anders Rdn. 563, am Ende; *Korbion/Hochstein/Keldungs* Rdn. 609/610; *Siegburg* Gewährleistung Rdn. 1305; nur im Ergebnis Beck'scher VOB-Kommentar/*Kohler* VOB/B § 13 Nr. 7 Rdn. 76–82; a.A. *Kaiser* Mängelhaftung Rdn. 107 und 111–113.

[1561] Vgl. oben Rdn. 304 und 196–198; vgl. dazu auch *Siegburg* Gewährleistung Rdn. 1288/1289; *Kleine-Möller/Merl* § 12 Rdn. 908/909.

[1562] *Kaiser* Mängelhaftung Rdn. 99; *Heiermann/Riedl/Rusam*, 9. Aufl., VOB/B § 13 Rdn. 187, in 10. Aufl. nicht übernommen; ähnlich OLG Stuttgart BauR 1979, 432: bloße Nachbesserung oder Minderung kein gerechter Ausgleich.

[1563] So im Ergebnis auch *Ingenstau/Korbion/Wirth* VOB/B § 13 Nr. 7 Rdn. 58.

[1564] Vgl. dazu unten Rdn. 353.

[1565] Ähnlich *Kleine-Möller/Merl* § 12 Rdn. 926: nicht nur unbedeutende Abweichung vom vertraglichen Leistungsziel; so auch *Ingenstau/Korbion/Wirth* VOB/B § 13 Nr. 7 Rdn. 58.

[1566] BGH BauR 1970, 237.

[1567] Vgl. aber auch OLG Köln IBR 2002, 539; OLG Celle IBR 2003, 15.

[1568] BGH NJW 1962, 1569.

[1569] BGH NJW-RR 1999, 381 = BauR 1999, 254; zumindest irreführend dargestellt von *Donner* in *Franke/Kemper/Zanner/Grünhagen* § 13 VOB/B Rdn. 213, wie sich auch aus den von ihm als Beleg angeführten Ausführungen bei *Heiermann/Riedl/Rusam* VOB/B § 13 Rdn. 187 a ergibt.

[1570] BGH NJW 1981, 1448 = BauR 1981, 284.

ihm verfolgten Nutzungs- oder Verwendungszweck zu beachten,[1571] wenn solche subjektiven Vorstellungen hinreichend zum Ausdruck gekommen sind.[1572]

(2) **Gebrauchsfähigkeit erheblich beeinträchtigt.** Die Gebrauchsfähigkeit ist in Anlehnung an den früheren Mangelbegriff des § 13 Nr. 1 VOB/B a.F. dann erheblich beeinträchtigt, wenn der Wert oder die Tauglichkeit zu dem gewöhnlichen oder dem nach dem Vertrag vorausgesetzten Gebrauch aufgehoben oder erheblich gemindert ist.[1573] Zur Gebrauchsfähigkeit gehört deshalb nicht nur die Möglichkeit der üblichen Nutzung im engeren Sinn, also zum Beispiel die Bewohnbarkeit eines Wohnhauses, sondern auch dessen Verkäuflichkeit.[1574] Ihre Beeinträchtigung kann darum außer einem technischen einen merkantilen Minderwert[1575] zur Folge haben. Der **technische Minderwert** einer Gewerbeimmobilie ist nicht nach der derzeitigen Nutzung, vielmehr nach der günstigsten aller Nutzungsmöglichkeiten zu beurteilen, die bei vertragsgemäßem Zustand des Gebäudes in Frage gekommen wären.[1576] Ein **merkantiler Minderwert**[1577] kann unabhängig davon bejaht werden, ob der Auftraggeber das Gebäude tatsächlich veräußert hat oder ob er dies überhaupt beabsichtigt.[1578] Wenn ein Bauträger das Grundstück mit einem noch zu errichtenden Haus an den Erwerber veräußert, richtet sich ein merkantiler Minderwert danach, wie sich für den Erwerber nach Errichtung des Baus eine mängelbedingte Minderung des Verkaufswerts des Hauses darstellt.[1579] 347

Für die erforderliche **erhebliche** Beeinträchtigung der Gebrauchsfähigkeit soll nach einer verbreitet vertretenen Ansicht[1580] entscheidend sein, ob die Abweichung von der vertraglichen Leistung als derart schwerwiegend angesehen werden muss, dass der Auftraggeber durch die bloße Nachbesserung oder auch die Minderung der Vergütung noch keinen gerechten Ausgleich erlangt. Wie die ähnliche Argumentation zur Begründung eines wesentlichen Mangels[1581] ist das mit der Rechtsprechung, dass die Mängelbeseitigungskosten als Schadenersatz gemäß § 13 Nr. 7 Abs. 3 Satz 1 VOB/B geltend gemacht werden können,[1582] nicht vereinbar. Näherliegend und praktikabler ist es, auch die Erheblichkeit **negativ abzugrenzen** und sie nur bei geringfügigen Mängelfolgen zu verneinen, zumal diese die gesetzlichen Rechte einschränkenden Voraussetzungen eng auszulegen sind.[1583] Das stimmt mit dem Rechtsgedanken des § 634 Abs. 3 BGB a.F. überein,[1584] der die Wandlung ausschloss, wenn der Mangel den Wert oder die Tauglichkeit des Werks nur unerheblich minderte, ebenso wie jetzt bei nicht vertragsgemäßer Leistung nach § 323 Abs. 5 Satz 2 BGB ein Rücktritt und nach § 281 Abs. 1 Satz 3 BGB Schadenersatz statt der ganzen Leistung ausscheiden, wenn die Pflichtverletzung unerheblich[1585] ist. Als unerheblich 348

[1571] OLG Stuttgart BauR 1979, 432.

[1572] BGH NJW 1981, 1448 = BauR 1981, 284; vgl. zur Maßgeblichkeit objektiver und subjektiver Merkmale auch *Ingenstau/Korbion/Wirth* VOB/B § 13 Nr. 7 Rdn. 58/59; Beck'scher VOB-Kommentar/*Kohler* VOB/B § 13 Nr. 7 Rdn. 51; *Kleine-Möller/Merl* § 12 Rdn. 926; *Nicklisch/Weick* § 13 Rdn. 233; *Heiermann/Riedl/Rusam* VOB/B § 13 Rdn. 187 a; *Siegburg* Gewährleistung Rdn. 1291.

[1573] BGHZ 55, 198 = NJW 1971, 615 = BauR 1971, 124; *Kleine-Möller/Merl* § 12 Rdn. 927; Beck'scher VOB-Kommentar/*Kohler* VOB/B § 13 Nr. 7 Rdn. 54; *Nicklisch/Weick* § 13 Rdn. 234; *Ingenstau/Korbion/Wirth* VOB/B § 13 Nr. 7. Rdn. 67; *Siegburg* Gewährleistung Rdn. 1295; *Heiermann/Riedl/Rusam* VOB/B § 13 Rdn. 188.

[1574] BGHZ 55, 198 = NJW 1971, 615 = BauR 1971, 124.

[1575] Vgl. zu diesen Begriffen Beck'scher VOB-Kommentar/*Kohler* VOB/B § 13 Nr. 7 Rdn. 54/55; *Heiermann/Riedl/Rusam* VOB/B § 13 Rdn. 188.

[1576] BGH BauR 1995, 388; BGHZ 153, 279 = NJW 2003, 1188 = NZBau 2003, 214 = BauR 2003, 533.

[1577] Vgl. dazu BGHZ 153, 279 = NJW 2003, 1188 = NZBau 2003, 214 = BauR 2003, 533.

[1578] BGH *Schäfer/Finnern* Z 2.510 Bl. 12 = BB 1961, 1216; NJW 1986, 428 = BauR 1986, 103.

[1579] BGH NJW 1986, 428 = BauR 1986, 103.

[1580] OLG Stuttgart BauR 1979, 432; *Ingenstau/Korbion/Wirth* VOB/B § 13 Nr. 7 Rdn. 67; *Heiermann/Riedl/Rusam* VOB/B § 13 Rdn. 188 a; *Siegburg* Gewährleistung Rdn. 1295; Beck'scher VOB-Kommentar/*Kohler* VOB/B § 13 Nr. 7 Rdn. 56; *Vygen* Bauvertragsrecht Rdn. 565.

[1581] Vgl. oben Rdn. 346.

[1582] Vgl. dazu unten Rdn. 353.

[1583] BGHZ 55, 198 = NJW 1971, 615 = BauR 1971, 124; *Siegburg* Gewährleistung Rdn. 1297.

[1584] *Siegburg* Gewährleistung Rdn. 1296; Beck'scher VOB-Kommentar/*Kohler* VOB/B § 13 Nr. 7 Rdn. 56.

[1585] Vgl. dazu BGH NJW 2006, 1960 sowie *Lorenz* NJW 2006, 1925/1926.

können zum Beispiel geringfügige vorübergehende Gebrauchseinschränkungen[1586] oder kleine Überschreitungen von Maßtoleranzen[1587] angesehen werden.

349 **(3) Verschulden.** Schließlich muss der Mangel nach § 13 Nr. 7 Abs. 3 Satz 1 VOB/B auf ein Verschulden des Auftragnehmers zurückzuführen sein. Der Auftragnehmer haftet nach §§ 276 Abs. 1, 278 BGB, auf welche § 10 Nr. 1 VOB/B ausdrücklich verweist, zwar für Vorsatz und jede Fahrlässigkeit, die ihm oder seinen Erfüllungsgehilfen anzulasten sind. Weil er nach § 13 Nr. 7 Abs. 2 VOB/B aber jetzt für Vorsatz und grobe Fahrlässigkeit unbeschränkt einzustehen hat,[1588] verbleiben für § 13 Nr. 7 Abs. 3 VOB/B nur die Fälle **leichter/einfacher Fahrlässigkeit**. Dass § 13 Nr. 7 Abs. 3 Satz 1 VOB/B anders als der bisherige Abs. 1 die Erfüllungsgehilfen nicht mehr nennt, ändert wegen § 10 Abs. 1 VOB/B an der Einstandspflicht des Auftragnehmers für sie nichts. Der Auftragnehmer wird in aller Regel als Fachmann beauftragt. Sein Verschulden richtet sich deshalb auch dann nach den für die von ihm übernommene Werkleistung erforderlichen Fachkenntnissen, wenn er kein Spezialist für diese Arbeiten ist.[1589] Er muss sich über die sein Arbeitsgebiet betreffenden Neuentwicklungen vergewissern.[1590]

350 **Erfüllungsgehilfen** des Auftragnehmers sind alle diejenigen, welche er zur Ausführung der Bauleistung einsetzt, sei es als unmittelbar Ausführende oder als Aufsichtspersonen. Auch Nachunternehmer und deren Hilfspersonen gehören dazu.[1591] Falls die nach § 4 Nr. 8 Abs. 1 VOB/B erforderliche Zustimmung des Auftraggebers fehlt, haftet der Auftragnehmer diesem zusätzlich aus eigenem Verschulden nach § 276 BGB.[1592] **Lieferanten** von Baumaterialien sind in der Regel **keine** Erfüllungsgehilfen des Auftragnehmers, weil sie – abgesehen von Ausnahmefällen[1593] – nicht in dessen werkvertraglichen Pflichtenkreis gegenüber dem Auftraggeber einbezogen sind.[1594] Das hat der BGH[1595] sogar für einen Fall angenommen, in welchem der Lieferant die von ihm gelieferten Teile durch seinen Monteur hatte einbauen lassen. Für ein etwaiges Verschulden des Monteurs bei der Montage hat der Auftragnehmer allerdings nach § 278 BGB einzustehen. Denn diese Montage schuldet er dem Auftraggeber.[1596]

351 **bb) Inhalt des kleinen Schadenersatzanspruchs.** Dazu bestimmt § 13 Nr. 7 Abs. 3 Satz 1 VOB/B, dass „dem Auftraggeber der Schaden an der baulichen Anlage zu ersetzen“ ist, „zu deren Herstellung, Instandsetzung oder Änderung die Leistung dient“.

352 **(1) Mängelbeseitigungskosten als Schadenersatz.** Die frühere Formulierung, dass der Auftragnehmer „außerdem“ schadenersatzpflichtig ist, sprach bei unbefangener Betrachtung des früheren § 13 Nr. 7 Abs. 1 VOB/B und seiner Stellung innerhalb des gesamten § 13 VOB/B dafür, dass dieser **Schadenersatzanspruch** ein **zusätzliches Recht** des Auftraggebers sein soll, das lediglich neben dem Mängelbeseitigungsanspruch (Nr. 5) oder dem Minderungsrecht (Nr. 6) besteht.[1597] Der Auftraggeber könnte danach beim VOB-Vertrag im Rahmen der Sachmängelhaftung nach § 13 VOB/B vom Auftragnehmer grundsätzlich nur insoweit Schadenersatz fordern,

---

[1586] *Kleine-Möller/Merl* § 12 Rdn. 928.

[1587] *Siegburg* Gewährleistung Rdn. 1296.

[1588] Vgl. oben Rdn. 340.

[1589] BGH BauR 1974, 125.

[1590] BGH BauR 1979, 159.

[1591] *Kleine-Möller/Merl* § 12 Rdn. 919; *Siegburg* Gewährleistung Rdn. 1159; *Heiermann/Riedl/Rusam* VOB/B § 10 Rdn. 14.

[1592] *Nicklisch/Weick* § 10 Rdn. 13; entgegen *Heiermann/Riedl/Rusam* VOB/B § 10 Rdn. 14 ändert eine fehlende Zustimmung des Auftraggebers nichts daran, dass die Nachunternehmer Erfüllungsgehilfen des Auftragnehmers sind. Näher dazu oben VOB/B § 10 Rdn. 9.

[1593] Vgl. dazu OLG Celle BauR 1996, 263; OLG Karlsruhe NJW-RR 1997, 1240 = BauR 1997, 847; OLG Nürnberg IBR 2003, 469 mit zu Recht kritischem Praxishinweis von *Moufang*.

[1594] BGH NJW 1978, 1157 = BauR 1978, 304; NJW 2002, 1565 = BauR 2002, 945; OLG Hamm BauR 1998, 1019.

[1595] BGH NJW 1978, 1157 = BauR 1978, 304.

[1596] Vgl. im einzelnen näher VOB/B § 10 Rdn. 10, 11.

[1597] Vgl. dazu schon oben Rdn. 329.

wie nach durchgeführter Nachbesserung oder Minderung noch ein Schaden verbleibt.[1598] Das dürfte auch ursprünglich die Intention der VOB/B gewesen sein.

Ebenso wie die Rechtsprechung seit langem bestrebt ist, praxisgerechte Regelungen der VOB/B 353 auch auf den BGB-Bauvertrag anzuwenden, hat sie jedoch die Angleichung von BGB-Bauvertragsrecht und VOB/B-Regelungen dadurch vorangetrieben, dass sie dem als lediglich ergänzendes, zusätzliches Recht konzipierten Schadenersatzanspruch aus § 13 Nr. 7 Abs. 3 Satz 1 VOB/B einen Inhalt gibt, welcher dem des Schadenersatzanspruchs aus § 635 BGB a.F. entspricht. Wie dieser statt Wandlung oder Minderung geltend gemacht werden konnte, kann der Auftraggeber nämlich nach ständiger Rechtsprechung die **Mängelbeseitigungskosten** nicht lediglich nach § 13 Nr. 5 Abs. 2 VOB/B, sondern statt dessen ebenfalls **mit** einem **Schadenersatzanspruch** aus § 13 Nr. 7 Abs. 3 Satz 1 VOB/B ersetzt verlangen.[1599] Dem stimmt das Schrifttum weit überwiegend zu.[1600] Zwischen den Ansprüchen aus § 13 Nr. 5, 6 und 7 VOB/B besteht also eine Anspruchskonkurrenz.[1601]

Zur Sicherung der Gelegenheit des Auftragnehmers, Mängel seines Werks selbst zu beseitigen[1602], muss ihm der Auftraggeber nach § 13 Nr. 5 VOB/B hierzu vorab Gelegenheit geben. Die Mängelbeseitigungskosten kann der Auftraggeber deshalb grundsätzlich auch als Schadenersatz gemäß § 13 Nr. 7 Abs. 3 Satz 1 VOB/B erst geltend machen, wenn der Auftragnehmer eine ihm nach **§ 13 Nr. 5 Abs. 2 VOB/B** gesetzte Frist **ungenutzt** hat verstreichen lassen.[1603] Eine solche Fristsetzung ist allerdings **entbehrlich**, wenn die Voraussetzungen des § 13 Nr. 6 VOB/B erfüllt sind[1604] oder es der Aufforderung zur Mängelbeseitigung ausnahmsweise nicht bedarf.[1605] Das gilt auch für Schäden, die durch eine Nachbesserung nicht beseitigt werden können, weshalb der Schadenersatzanspruch insoweit von vornherein neben dem Mängelbeseitigungsanspruch besteht.[1606] 354

Bei vorbehaltloser Abnahme der mangelhaften Bauleistung trotz Kenntnis des Mangels hat der 355 Auftraggeber gemäß **§ 640 Abs. 2 BGB**,[1607] der mangels abweichender Regelung in der VOB/B dort ebenfalls anwendbar ist, zwar keine Ansprüche nach § 13 Nr. 5 und 6 VOB/B; unberührt bleibt aber sein Schadenersatzanspruch aus § 13 Nr. 7 Abs. 3 Satz 1 VOB/B, auch soweit es um die Mängelbeseitigungskosten geht.[1608] Der Auftraggeber kann diese Kosten jedoch auch im Falle des § 640 Abs. 2 BGB nur dann nach § 13 Nr. 7 Abs. 3 Satz 1 VOB/B ersetzt verlangen, wenn er dem Auftragnehmer zunächst gemäß § 13 Nr. 5 Abs. 2 VOB/B **Gelegenheit zur Nachbesserung**

[1598] Ähnlich *Siegburg* Gewährleistung Rdn. 1306.

[1599] BGHZ 77, 134 = NJW 1980, 1952 = BauR 1980, 460; BGH NJW 1982, 1524 = BauR 1982, 277; BGHZ 99, 81 = NJW 1987, 645 = BauR 1987, 89; OLG Hamm BauR 1995, 109; OLG Celle BauR 1996, 263; OLG Düsseldorf NJW-RR 1997, 20 = BauR 1997, 312 und NJW-RR 1997, 976 = BauR 1997, 355 (nur LS).

[1600] *Kleine-Möller/Merl* § 12 Rdn. 931; *Ingenstau/Korbion/Wirth* VOB/B § 13 Nr. 5 Rdn. 218–220; *Heiermann/Riedl/Rusam* VOB/B § 13 Rdn. 179; *Siegburg* Gewährleistung Rdn. 1307/1308; *Kaiser* Mängelhaftung Rdn. 96 a und 118; *Vygen* Bauvertragsrecht Rdn. 568; differenzierend: Beck'scher VOB-Kommentar/*Kohler* VOB/B § 13 Nr. 7 Rdn. 23–35; zweifelnd: *Werner/Pastor* Rdn. 1721; ablehnend: *Nicklisch/Weick* § 13 Rdn. 225.

[1601] *Kaiser* Mängelhaftung Rdn. 118; *Heiermann/Riedl/Rusam* VOB/B § 13 Rdn. 179.

[1602] Vgl. dazu oben Rdn. 194.

[1603] BGH NJW 1982, 1524 = BauR 1982, 277; BGHZ 96, 221 = NJW 1986, 922 = BauR 1986, 211; OLG Düsseldorf NJW-RR 1997, 20 = BauR 1997, 312 und NJW-RR 1997, 976 = BauR 1997, 355 (nur LS); OLG München IBR 2004, 10; *Siegburg* Gewährleistung Rdn. 1307/1308; *Heiermann/Riedl/Rusam* VOB/B § 13 Rdn. 179 a; anders, aber wenig praktikabel Beck'scher VOB-Kommentar/*Kohler* VOB/B § 13 Nr. 7 Rdn. 33/34.

[1604] *Kleine-Möller/Merl* § 12 Rdn. 931; *Siegburg* Gewährleistung Rdn. 1312.

[1605] OLG Düsseldorf NJW-RR 1997, 20 = BauR 1997, 312; OLG Hamm NJW-RR 2004, 1386 = BauR 2004, 1958; näher dazu oben Rdn. 258.

[1606] BGHZ 72, 31 = NJW 1978, 1626 = BauR 1978, 402 (zum BGB-Bauvertrag); BGHZ 96, 221 = NJW 1986, 922 = BauR 1986, 211; BGH NJW 2000, 2020 = NZBau 2000, 329 = BauR 2000, 1190 (zum BGB-Bauvertrag); NJW-RR 2001, 383 = NZBau 2001, 211 = BauR 2001, 667 (zum BGB-Bauvertrag); NJW 2002, 141 = NZBau 2002, 31 = BauR 2002, 86. Vgl. auch *Weyer* Jahrbuch BauR 2005, 1, 12–21.

[1607] Zu dessen Wirksamkeit vgl. *Kohler* JZ 2003, 1081–1088 sowie dazu oben Rdn. 90.

[1608] BGHZ 77, 134 = NJW 1980, 1952 = BauR 1980, 460; BGH NJW 1982, 1524 = BauR 1982, 277.

gegeben hat,[1609] es sei denn, dies ist ausnahmsweise entbehrlich.[1610] Denn der Umstand, dass der Auftraggeber es versäumt hat, sich seine Rechte bei der Abnahme vorzubehalten, kann billigerweise nicht zum Verlust der Mängelbeseitigungsmöglichkeit des Auftragnehmers führen.[1611] Das gilt erst recht bei Berücksichtigung des Umstandes, dass für den Schadensersatzanspruch aus §§ 634 Nr. 4, 280, 281 BGB in § 281 Abs. 1 Satz 1 BGB ausdrücklich eine erfolglose Fristsetzung zur Nacherfüllung vorausgesetzt wird.

356 Wenn eine Mängelbeseitigung ausscheidet, weil eine der Alternativen des § 13 Nr. 6 VOB/B erfüllt ist, kann der Auftraggeber mindern oder statt dessen die Mängelbeseitigungskosten als Schadenersatz nach § 13 Nr. 7 Abs. 3 Satz 1 VOB/B geltend machen. Der Auftraggeber kann auch dann nicht auf den Ersatz der objektiven Minderung des Verkehrswerts des Werks verwiesen werden, wenn diese erheblich geringer ist als die Kosten der Mängelbeseitigung.[1612] Der Anspruch auf den zur Mängelbeseitigung notwendigen Betrag ist lediglich in entsprechender Anwendung des **§ 251 Abs. 2 Satz 1 BGB** dahin eingeschränkt, dass die Aufwendungen zur Mängelbeseitigung nicht unverhältnismäßig sein dürfen.[1613] Dabei sind an die Unverhältnismäßigkeit nicht weniger strenge Anforderungen als im Rahmen des § 13 Nr. 6 VOB/B[1614] zu stellen. Unverhältnismäßigkeit kommt nur in Ausnahmefällen in Betracht, wenn es für den Auftragnehmer unzumutbar ist, von dem Auftraggeber in nicht sinnvoller Weise gemachte Aufwendungen zu tragen.[1615] Darum sind Mängelbeseitigungskosten zum Beispiel nicht allein deshalb unverhältnismäßig, weil sie den Werklohn um mehr als das Doppelte übersteigen.[1616]

357 **(2) Schaden an der baulichen Anlage.** Der Umfang der Ersatzpflicht des Auftragnehmers nach § 13 Nr. 7 Abs. 3 Satz 1 VOB/B ist auf den Schaden an der baulichen Anlage beschränkt, zu deren Herstellung, Instandhaltung oder Änderung die Bauleistung dient. Der Begriff „bauliche Anlage" taucht erstmalig in der Definition der Bauleistungen in § 1 VOB/A auf. Er reicht weiter als der des Bauwerks und stammt aus dem öffentlichen Baurecht.[1617] Die dortige Umschreibung ist im Interesse einer wirksamen öffentlich-rechtlichen Bauaufsicht sehr weit gefasst. Im Rahmen der Mängelhaftung nach der VOB/B ist unter einer baulichen Anlage das **Gesamtbauwerk** zu verstehen, das sich aufgrund der äußeren Gestaltung und des funktionellen Zusammenhangs als Einheit darstellt.[1618] Andererseits geht der Begriff bauliche Anlage über die Umschreibung im öffentlichen Baurecht hinaus und umfasst alle Arbeiten an Grundstücken, auch soweit sie nicht der Errichtung, Instandhaltung oder Änderung von Bauwerken dienen.[1619]

358 Zum Schaden an der baulichen Anlage gehören deshalb neben **Mangelschäden**, welche infolge der mangelhaften Bauleistung des Auftragnehmers an dieser selbst entstehen, auch **enge/nächste**

[1609] *Kleine-Möller/Merl* § 12 Rdn. 931; *Heiermann/Riedl/Rusam* VOB/B § 13 Rdn. 180; *Nicklisch/Weick* § 13 Rdn. 225; *Vygen* Bauvertragsrecht Rdn. 568; in BGHZ 77, 134 = NJW 1980, 1952 = BauR 1980, 460 offen gelassen, was *Siegburg* Gewährleistung Rdn. 1310 verkennt; a.A. – Schadenersatz nur in Höhe der Kosten, die im Betrieb des Auftragnehmers bei dessen Eigennachbesserung entstanden wären – *Ingenstau/Korbion/Wirth* VOB/B § 13 Nr. 7 Rdn. 93; Beck'scher VOB-Kommentar/*Kohler* VOB/B § 13 Nr. 7 Rdn. 28; *Donner* in *Franke/Kemper/Zanner/Grünhagen* § 13 VOB/B Rdn. 208.

[1610] Vgl. dazu oben Rdn. 354.

[1611] Im Ergebnis ebenso *Muffler* BauR 2004, 1356, 1360/1361; vgl. außerdem oben § 12 VOB/B Rdn. 52, letzter Abs.

[1612] BGH NZBau 2005, 390 = BauR 2005, 1014.

[1613] BGHZ 59, 365 = NJW 1973, 138 = BauR 1973, 112; BGHZ 99, 81 = NJW 1987, 645 = BauR 1987, 89; BGH NZBau 2003, 433 = BauR 2003, 1209, zu § 635 BGB a.F.; OLG Karlsruhe BauR 2003, 98, zu § 635 BGB a.F.; *Siegburg* Gewährleistung Rdn. 1311/1312; Beck'scher VOB-Kommentar/*Kohler* VOB/B § 13 Nr. 7 Rdn. 29. Anders OLG Düsseldorf BauR 2002, 1860. Zur Berechnung in diesen Fällen anhand der Nutzwertanalyse: OLG Zweibrücken BauR 2006, 690.

[1614] Vgl. dazu oben Rdn. 313–317.

[1615] BGH NZBau 2003, 433 = BauR 2003, 1209; NZBau 2005, 390 = BauR 2005, 1014.

[1616] OLG Düsseldorf IBR 2003, 672.

[1617] Vgl. z.B. § 2 Abs. 1 BauO NW und § 2 Abs. 1 der Musterbauordnung 2002.

[1618] *Kleine-Möller/Merl* § 12 Rdn. 930; Beck'scher VOB-Kommentar/*Kohler* VOB/B § 13 Nr. 7 Rdn. 67; *Siegburg* Gewährleistung Rdn. 1305.

[1619] Vgl. dazu VOB/A § 1 Rdn. 7, 8 und 10.

Mangelfolgeschäden,[1620] die durch den Mangel an anderen Teilen des Gesamtbauwerks und damit am sonstigen Vermögen des Auftraggebers verursacht werden. Da sie an der selben baulichen Anlage auftreten, ist der erforderliche enge und unmittelbare Zusammenhang mit der mangelhaften Bauleistung gegeben. Denn mit seiner Leistung soll der Auftragnehmer gerade zum Gelingen des Gesamtbauwerks beitragen. Entfernte Mangelfolgeschäden fallen dem gegenüber unter § 13 Nr. 7 Abs. 3 Satz 2 VOB/B. Die Abgrenzung zwischen engen und entfernten Mangelfolgeschäden, die bei § 635 a.F. BGB oft zweifelhaft war[1621] und für den BGB-Bauvertrag durch die Verweisung auf § 280 BGB in § 634 Nr. 4 BGB entbehrlich geworden ist,[1622] ist auch hier in der Praxis weitgehend bedeutungslos.[1623] Die mangelhafte Bauleistung des Auftragnehmers beruht nämlich regelmäßig auf einem Verstoß gegen anerkannte Regeln der Technik, so dass neben dem Tatbestand des § 13 Nr. 7 Abs. 3 Satz 1 VOB/B zugleich der dessen Satzes 2 lit. a erfüllt ist.[1624] Selbst wenn das einmal nicht der Fall sein sollte, wird jetzt meist der neu gefasste Tatbestand des § 13 Nr. 7 Abs. 3 Satz 2 lit. b VOB/B gegeben sein.[1625]

(3) **Schadenersatz in Geld.** Als Schadenersatzanspruch richtet sich der Anspruch aus § 13 Nr. 7 Abs. 3 Satz 1 VOB/B zwar grundsätzlich nach den allgemeinen Bestimmungen der §§ 249 ff. BGB.[1626] Abweichend von § 249 BGB kann aber in aller Regel[1627] nicht Naturalrestitution durch Mängelbeseitigung, sondern grundsätzlich nur Schadenersatz in Geld verlangt werden,[1628] weil es sich um einen werkvertraglich begründeten Anspruch handelt.[1629] Die mit § 640 Abs. 2 BGB erstrebte Wirkung, den Mängelbeseitigungsanspruch auszuschließen, darf nicht mit dem Schadenersatzanspruch unterlaufen werden,[1630] was auch für § 13 Nr. 7 VOB/B gilt.[1631] 359

Von dem Grundsatz, dass Schadenersatz in Geld zu leisten ist, werden einige **Ausnahmen** gemacht: Schadensbeseitigung in Natur soll in Betracht kommen, soweit es um Folgeschäden geht[1632] oder der Auftraggeber die Beseitigung des völlig unbrauchbaren Werks verlangt.[1633] Dass der Auftraggeber von dem Auftragnehmer Schadenersatz in Natur begehrt, kommt jedoch in der Praxis nicht vor; es dürfte sich um ein eher theoretisches Problem handeln. Auch die vom BGH angedeutete Möglichkeit, es könne aufgrund der Schadensminderungspflicht nach § 254 Abs. 2 BGB ausnahmsweise geboten sein, dem Auftragnehmer eine Schadensbeseitigung in Natur einzuräumen,[1634] wird kaum praktisch werden, nachdem der Auftragnehmer die ihm nach 360

1620 Vgl. dazu oben Rdn. 344 und die dortigen Nachweise.

1621 Vgl. dazu nur BGH NJW 1982, 2244 = BauR 1982, 489; BGHZ 115, 32 = NJW 1991, 2418; BGH NJW 1993, 923; BauR 2004, 1776.

1622 BT-Drucks. 14/6040, S. 263, zu Nr. 3; *Palandt/Sprau* § 634 a Rdn. 5; *Weyer* Jahrbuch BauR 2003, 209, 231/232.

1623 Falsch jedoch *Heiermann/Riedl/Rusam* VOB/B § 13 Rdn. 216 g, am Ende, soweit dort die Ansicht vertreten wird, dass die neue Regelung des gesetzlichen Werkvertragsrechts auch für den Schadenersatzanspruch aus § 13 Nr. 7 Abs. 3 VOB/B gelte.

1624 *Korbion/Hochstein/Keldungs* Rdn. 610; *Siegburg* Gewährleistung Rdn. 1304; näher unten Rdn. 379.

1625 Vgl. dazu unten Rdn. 380.

1626 Beck'scher VOB-Kommentar/*Kohler* VOB/B § 13 Nr. 7 Rdn. 90; *Siegburg* Gewährleistung Rdn. 1300.

1627 In BGHZ 61, 28 = NJW 1973, 1457 = BauR 1973, 321 und BGHZ 61, 369 = NJW 1974, 143 = BauR 1974, 59 war als Ausnahmefall BGH NJW 1962, 390 genannt, zugleich aber betont worden, dass nicht entschieden zu werden brauche, ob an der dortigen Auffassung überhaupt festzuhalten sei. Letzteres ist dann in BGH NJW 1978, 1853 = BauR 1978, 498 ausdrücklich verneint worden. Zu möglichen Ausnahmen vgl. unten Rdn. 360.

1628 BGHZ 61, 28 = NJW 1973, 1457 = BauR 1973, 321; BGHZ 61, 369 = NJW 1974, 143 = BauR 1974, 59; BGHZ 99, 81 = NJW 1987, 645 = BauR 1987, 89; BGH NZBau 2003, 375 = BauR 2003, 1211; Beck'scher VOB-Kommentar/*Kohler* VOB/B § 13 Nr. 7 Rdn. 92; *Nicklisch/Weick* § 13 Rdn. 227, 251.

1629 BGHZ 99, 81 = NJW 1987, 645 = BauR 1987, 89; dazu näher *Weyer* Jahrbuch BauR 2005, 1, 8–10.

1630 BGHZ 61, 369 = NJW 1974, 143 = BauR 1974, 59.

1631 *Nicklisch/Weick* § 13 Rdn. 227/228.

1632 *Heiermann/Riedl/Rusam* VOB/B § 13 Rdn. 192 f.; *Nicklisch/Weick* § 13 Rdn. 228, 251; Beck'scher VOB-Kommentar/*Kohler* VOB/B § 13 Nr. 7 Rdn. 93.

1633 Beck'scher VOB-Kommentar/*Kohler* VOB/B § 13 Nr. 7 Rdn. 94; *Nicklisch/Weick* § 13 Rdn. 227, 251.

1634 BGH NJW 1978, 1853 = BauR 1978, 498; Beck'scher VOB-Kommentar/*Kohler* VOB/B § 13 Nr. 7 Rdn. 95; *Nicklisch/Weick* § 13 Rdn. 227.

§ 13 Nr. 5 Abs. 2 VOB/B gesetzte Frist[1635] erfolglos hat verstreichen lassen. Praxisnäher ist die Fallgestaltung, dass der Auftragnehmer über besondere, zur Schadensbeseitigung erforderliche Spezialkenntnisse verfügt und deshalb zum Schadenersatz in Natur verpflichtet ist.[1636] Allerdings kann der Auftraggeber dieses Ergebnis meist bereits mit dem neben § 13 Nr. 7 VOB/B fortbestehenden Anspruch aus § 13 Nr. 5 Abs. 1 VOB/B[1637] erreichen.

361 Der Auftraggeber kann als Schadenersatz den **für** die **Mängelbeseitigung** – und damit gegebenenfalls auch für die Neuherstellung[1638] – **erforderlichen Geldbetrag** verlangen,[1639] und zwar bereits vor Behebung des Mangels.[1640] Auch nach der Mängelbeseitigung ist er nicht verpflichtet, den tatsächlich entstandenen Aufwand zu belegen.[1641] Der erforderliche Geldbetrag steht ihm unabhängig davon zu, ob er die Mängel beseitigen lassen will;[1642] der Anspruch darauf erlischt auch nicht, wenn der Auftraggeber das Grundstück mit dem mangelhaften Bauwerk veräußert oder dieses zwangsversteigert wird, bevor er den zur Mängelbeseitigung erforderlichen Geldbetrag erhalten hat.[1643] Welcher Geldbetrag erforderlich ist, beurteilt sich nach den gleichen weiten Grundsätzen, die für die erforderlichen Aufwendungen im Rahmen der Ersatzvornahme gelten.[1644] Er umfasst also außer den Kosten der eigentlichen Mängelbeseitigung diejenigen sämtlicher Vor- und Nacharbeiten.[1645] Der Auftraggeber muss sich nicht auf eine mit geringeren Kosten verbundene Ersatzlösung und die Abgeltung eines wegen der nicht vertragsgemäßen Nachbesserung verbleibenden Minderwerts verweisen lassen; vielmehr gehören zu den zu ersetzenden notwendigen Aufwendungen für die Mängelbeseitigung diejenigen Kosten, die der Auftraggeber bei verständiger Würdigung für erforderlich halten darf.[1646] Es genügt, dass der Auftraggeber diese Kosten schätzt und im Prozess ein Sachverständigengutachten als Beweis anbietet.[1647] Hat der Auftraggeber einen Drittunternehmer mit der Mängelbeseitigung beauftragt, ohne dass ihm ein Auswahlverschulden zur Last fällt, muss der schadenersatzpflichtige Auftragnehmer die daraus entstandenen Kosten auch dann ersetzen, wenn der Drittunternehmer unnötige Arbeiten ausführt oder überhöhte Arbeitszeiten in Ansatz bringt.[1648] Lediglich für ein ungewöhnlich grobes Fehlverhalten des mit der Schadensbeseitigung beauftragten Drittunternehmers muss der schadenersatzpflichtige Auftragnehmer nicht einstehen.[1649] Wenn der Auftraggeber die Kosten einer Vollsanierung einklagt, das Gericht jedoch kostengünstigere Sanierungsmaßnahmen für ausreichend hält, muss das Gericht auch ohne entsprechenden Vortrag des Auftraggebers die Höhe dieser geringeren Kosten durch Beweisaufnahme ermitteln.[1650]

[1635] Vg. dazu oben Rdn. 354.

[1636] *Kleine-Möller/Merl* § 12 Rdn. 966; *Heiermann/Riedl/Rusam* VOB/B § 13 Rdn. 192 f.

[1637] Vgl. dazu oben Rdn. 353.

[1638] OLG Bamberg IBR 2006, 197; vgl. zur Neuherstellung näher oben Rdn. 219–221.

[1639] BGH NZBau 2003, 433 = BauR 2003, 1209; NZBau 2003, 375 = BauR 2003, 1211; BauR 2003, 1884.

[1640] BGHZ 61, 369 = NJW 1974, 143 = BauR 1974, 59; BGH NZBau 2003, 375 = BauR 2003, 1211.

[1641] OLG Hamm NZBau 2006, 324 = BauR 2006, 704.

[1642] BGH NZBau 2003, 375 = BauR 2003, 1211; BauR 2003, 1884; a.A. *Knütel* BauR 2004, 591, ohne tragfähige Begründung.

[1643] BGHZ 99, 81 = NJW 1987, 645 = BauR 1987, 89; BGH NZBau 2004, 610 = BauR 2004, 1617; OLG Hamm IBR 1996, 59; vgl. auch BGHZ 147, 320 = NJW 2001, 2250 = NZBau 2001, 493 = BauR 2001, 1437 unter teilweiser Aufgabe von BGHZ 81, 385 = NJW 1982, 98.

[1644] OLG Celle IBR 2004, 129; Beck'scher VOB-Kommentar/*Kohler* VOB/B § 13 Nr. 7 Rdn. 97; *Siegburg* Gewährleistung Rdn. 1313, 1184; vgl. dazu oben Rdn. 266–272. Zur Beschwer des Auftraggebers, wenn diesem statt des eingeklagten Schadenersatzanspruchs die Mängelbeseitigungskosten als Vorschuss zuerkannt werden: BGH NZBau 2005, 151 = BauR 2005, 386.

[1645] BGH NZBau 2003, 375 = BauR 2003, 1211.

[1646] BGH NZBau 2003, 433 = BauR 2003, 1209.

[1647] BGH NJW 2003, 1038 = NZBau 2003, 152 = BauR 2003, 385; BauR 2003, 1247; vgl. dazu auch *Weyer* Praxishinweis zu IBR 2003, 126 und zur Anwendung des § 287 ZPO im Prozess BGH NZBau 2003, 375 = BauR 2003, 1211; BauR 2004, 851 = NZBau 2004, 328 (nur LS).

[1648] OLG Karlsruhe BauR 2005, 879.

[1649] OLG Düsseldorf BauR 1993, 739; *Kleine-Möller/Merl* § 12 Rdn. 933.

[1650] BGH NZBau 2005, 638 = BauR 2005, 1626.

Die auf die erforderlichen Mängelbeseitigungskosten entfallende **Mehrwertsteuer** steht einem vorsteuerabzugsberechtigten Auftraggeber, ebenso wie im Rahmen des § 13 Nr. 5 Abs. 2 VOB/B,[1651] auch hier nicht zu, weil er sich die Möglichkeit des Vorsteuerabzugs nach § 15 UStG als Vorteil anrechnen lassen muss.[1652] Ist der Auftraggeber nicht vorsteuerabzugsberechtigt, kann er – entgegen der in der ersten Auflage hier vertretenen Ansicht – nach wie vor die erforderlichen Mängelbeseitigungskosten einschließlich Mehrwertsteuer verlangen.[1653] Die Einschränkung des **§ 249 Abs. 2 Satz 2 BGB** ist insoweit **nicht einschlägig**. Zwar bestimmt dieser für seit dem 1.8.2002[1654] eingetretene Schadensereignisse, dass bei Beschädigung einer Sache der zur Herstellung erforderliche Geldbetrag, der nach § 249 Abs. 2 Satz 1 BGB statt der Herstellung in Natur (§ 249 Abs. 1 BGB) gefordert werden kann, die Umsatzsteuer nur einschließt, wenn und soweit sie tatsächlich angefallen ist. Der Auftraggeber verlangt mit den erforderlichen Mängelbeseitigungskosten aber nicht den Ersatz eines Sachschadens, weil die mangelhafte Bauleistung als solche keine „Beschädigung einer Sache" ist.[1655] Er macht damit vielmehr den Mangelschaden[1656] geltend, auf den § 249 BGB nicht anwendbar ist.[1657] **Anders** zu beurteilen sind **enge Mangelfolgeschäden**. Wenn der Mangel Schäden an anderen Teilen der baulichen Anlage verursacht, unterfallen diese Sachschäden der Einschränkung des § 249 Abs. 2 Satz 2 BGB.[1658] Die angefallene Mehrwertsteuer kann dann erst nach erfolgter Reparatur beziffert und mit einer Leistungsklage eingefordert werden. 362

(4) Großer Schadenersatz. Aus § 13 Nr. 7 Abs. 3 Satz 1 VOB/B kann grundsätzlich **kein** großer Schadenersatz[1659] verlangt werden.[1660] Vielmehr muss der Auftraggeber das mangelhafte Werk behalten,[1661] kann es also nicht als Ganzes zurückweisen.[1662] Denn nach § 13 Nr. 7 Abs. 3 Satz 1 VOB/B ist der Schadenersatzanspruch auf den Schaden an der baulichen Anlage begrenzt, geht mithin nicht auf Ersatz des gesamten Schadens.[1663] 363

Ausnahmsweise kann jedoch auch der Schadenersatzanspruch aus § 13 Nr. 7 Abs. 3 Satz 1 VOB/B im Ergebnis praktisch auf einen großen Schadenersatz hinauslaufen. Das ist der Fall, wenn die Bauleistung infolge schwerwiegender Mängel völlig unbrauchbar ist. Sind diese Mängel nicht anders als durch **Abriss und Neuherstellung** zu beseitigen, kann der Auftraggeber den dafür erforderlichen Betrag als Mängelbeseitigungskosten gemäß § 13 Nr. 7 Abs. 3 Satz 1 VOB/B einfordern, was einem Schadenersatz wegen Nichterfüllung des gesamten Vertrags – jetzt Schadenersatz statt der ganzen Leistung, §§ 280 Abs. 3, 281 Abs. 1 Satz 3 BGB – gleichkommt.[1664] 364

(5) Kleiner Schadenersatz. Den ihm nach dem Vorstehenden in aller Regel nur zustehenden kleinen Schadenersatz[1665] kann er in **zwei Arten** geltend machen: Entweder als die mangelbedingte Wertminderung des Werks oder als den Betrag, der für die Beseitigung des Mangels erforderlich ist, gegebenenfalls zuzüglich eines nach Mängelbeseitigung verbleibenden merkan- 365

1651 Vgl. dazu oben Rdn. 271.

1652 BGH NJW 1972, 1460; OLG Celle IBR 2004, 564; *Palandt/Heinrichs* Vorb. vor § 249 Rdn. 144; vgl. auch *Siegburg* Gewährleistung Rdn. 1172.

1653 Vgl. auch OLG Brandenburg IBR 2006, 136: zum Schadenersatz statt der Leistung aus § 280 Abs. 3 BGB.

1654 Inkrafttreten des zweiten Gesetzes zur Änderung schadenersatzrechtlicher Vorschriften vom 19.7.2002, BGBl. I S. 2674, nebst Überleitungsvorschrift gemäß Art. 12 dieses Gesetzes in Art. 229 § 8 EGBGB.

1655 Vgl. dazu unten Rdn. 406.

1656 Vgl. oben Rdn. 344 und 358.

1657 Näher dazu *Weyer* Jahrbuch BauR 2005, 1, 8–10.

1658 *Weyer* Jahrbuch BauR 2005, 1, 11/12.

1659 Vgl. zu dessen Umfang oben Rdn. 343.

1660 *Siegburg* Gewährleistung Rdn. 1302.

1661 BGH *Schäfer/Finnern* Z 2.414 Bl. 127; *Nicklisch/Weick* § 13 Rdn. 252.

1662 *Kleine-Möller/Merl* § 12 Rdn. 967; *Heiermann/Riedl/Rusam* VOB/B § 13 Rdn. 192.

1663 *Kaiser* Mängelhaftung Rdn. 125.

1664 OLG München IBR 2000, 114; *Kleine-Möller/Merl* § 12 Rdn. 967; *Heiermann/Riedl/Rusam* VOB/B § 13 Rdn. 192; *Siegburg* Gewährleistung Rdn. 1302. Insoweit zu undifferenziert OLG Düsseldorf IBR 2006, 325.

1665 Vgl. zu dessen Umfang oben Rdn. 343.

tilen Minderwerts.[1666] Der Auftraggeber kann auch dann nicht auf den Ersatz der objektiven Minderung des Verkehrswerts des Werks verwiesen werden, wenn diese erheblich geringer ist als die Kosten der Mängelbeseitigung.[1667]

366 Wenn der Auftraggeber das mangelhafte Werk nicht sanieren, sondern es mit den Mängeln behalten oder veräußern will, kann er seinen Schadenersatzanspruch auf die **Wertminderung**, nämlich die Minderung des Verkehrswertes des Bauwerks beschränken, welche dieses durch die von dem Auftragnehmer zu vertretenden Baumängel erlitten hat. Eine solche Wertminderung kann der Auftraggeber jedoch auch dann als Schadenersatz verlangen, wenn er zwar eine Mängelbeseitigung beabsichtigt, aber die voraussichtlichen Mängelbeseitigungskosten noch nicht darlegen kann oder dies nicht will.[1668] In der Praxis wird er allerdings selten so vorgehen, schon weil für die Bemessung der Wertminderung meist greifbare Anhaltspunkte fehlen, so dass diese schwierig ist. Macht der Auftraggeber gleichwohl als Schadenersatz den Minderwert geltend, dann errechnet sich der Schaden aus der Differenz des Verkehrswertes des Gebäudes, den es bei mängelfreier Bauleistung hätte, und des Verkehrswertes, den es tatsächlich mängelbedingt hat.[1669] Es ist also ein fiktiver Wert mit einem realen Wert zu vergleichen. Die Schwierigkeiten, diese Differenz überzeugend darzulegen und zu beweisen, liegen auf der Hand.

367 Nicht zuletzt deshalb entscheiden sich Auftraggeber – wie die tägliche Praxis zeigt – nahezu ausschließlich dafür, als kleinen Schadenersatz die **erforderlichen Mängelbeseitigungskosten** zu verlangen, zumal der Auftraggeber in der Regel das Bauwerk behalten und in einen vertragsgemäßen Zustand versetzen will.[1670] Dass die Mängelbeseitigungskosten auch mit dem Schadenersatzanspruch aus § 13 Nr. 7 Abs. 3 Satz 1 VOB/B geltend gemacht werden können, wurde bereits[1671] ebenso erörtert wie die Anforderungen an die Erforderlichkeit des Mängelbeseitigungsaufwands.[1672] Der **eigene Zeitaufwand** bei der Abwicklung des Schadensfalls ist, soweit dabei der übliche Rahmen nicht überschritten wird, nicht zu ersetzen, und das gilt auch für Behörden.[1673] Nur ausnahmsweise kann Ersatz von Personalkosten verlangt werden, wenn zum Beispiel Mitarbeiter freigestellt oder zusätzlich eingestellt werden, um länger dauernde und schwierige Nachbesserungsarbeiten an Ort und Stelle zu beaufsichtigen.[1674]

368 **(6) Nutzungs-/Mietausfall.** Auch derartige Ausfälle sind nach § 13 Nr. 7 Abs. 3 Satz 1 VOB/B zu ersetzen.[1675] Denn diese Schäden hängen eng und unmittelbar mit dem geltend gemachten Baumangel zusammen,[1676] weshalb es sich um Schäden an der baulichen Anlage handelt.[1677] Das gilt auch für Prozesskosten aus Streitigkeiten um Mietausfälle.[1678] Von einem Teil der Literatur werden entgangene Nutzungen bereits dem Mangelschaden zugerechnet; diese begrifflichen Differenzen wirken sich jedoch auf das praktische Ergebnis nicht aus.[1679] Ob nun als enger Mangelfolgeschaden oder schon als Mangelschaden, entgangene Nutzungen fallen unter § 13 Nr. 7 Abs. 3 Satz 1 VOB/B. Dazu gehören und sind zu ersetzen, wenn tatsächlich entstanden oder

---

[1666] BGHZ 59, 365 = NJW 1973, 138 = BauR 1973, 112; BGH NJW-RR 1991, 1429 = BauR 1991, 744; NZBau 2005, 390 = BauR 2005, 1014.

[1667] BGH NZBau 2005, 390 = BauR 2005, 1014; vgl. dazu auch oben Rdn. 356.

[1668] *Siegburg* Gewährleistung Rdn. 1313, 1181.

[1669] BGH NJW-RR 1991, 1429 = BauR 1991, 744.

[1670] *Siegburg* Gewährleistung Rdn. 1313,1183.

[1671] Vgl. oben Rdn. 352–356.

[1672] Vgl. oben Rdn. 361.

[1673] BGH NJW 1969, 1109; BGHZ 66, 112 = NJW 1976, 1256; BGH NJW 1977, 35; BGHZ 75, 230 = NJW 1980, 119; OLG Düsseldorf NJW-RR 2001, 739 = NZBau 2002, 43 = BauR 2001, 1468.

[1674] BGH NJW 1977, 35; *Heiermann/Riedl/Rusam* VOB/B § 13 Rdn. 191, letzter Spiegelstrich.

[1675] Zum Schadenersatz wegen durch mangelhafte Leistung verursachter Verzögerungsschäden bei BGB-Werkverträgen vgl. *Weyer* Jahrbuch BauR 2005, 1, 12–17.

[1676] BGH NJW 2003, 3766 = NZBau 2003, 667 = BauR 2003, 1900.

[1677] BGH NJW 1970, 421 = BauR 1970, 48; NJW-RR 1992, 778 = BauR 1992, 504; NZBau 2004, 614 = BauR 2004, 1653.

[1678] BGH NJW 2003, 3766 = NZBau 2003, 667 = BauR 2003, 1900.

[1679] Vgl. dazu *Siegburg* Gewährleistung Rdn. 1313, 1202/1203.

sicher zu erwarten: Ein Mietausfall bis zur Mängelbeseitigung,[1680] Einnahmeverluste infolge Schließung einer Bowling-Bahn während der Nachbesserungsarbeiten,[1681] infolge wiederholten Ausfalls der mangelhaft installierten elektrischen Anlage in einem Operationsraum,[1682] infolge fehlender Nutzungsmöglichkeit einer Lagerhalle bis zur Nachbesserung des verlegten Estrichs[1683] oder infolge fehlerhafter Belichtung einer Tennishalle,[1684] Aufwendungen für die Anmietung einer Ersatzwohnung bis zur Nachbesserung eines selbst genutzten Hauses[1685] sowie entgangene Zinseinnahmen aufgrund zeitweiliger Unverkäuflichkeit des mangelhaften Bauwerks.[1686] Ist eine Hotelunterbringung notwendig, um die Mängel beseitigen zu können, so sind die entsprechenden Kosten unabhängig davon ersatzfähig, ob die Mängelbeseitigung durchgeführt wird.[1687]

Umstritten war, ob der abstrakt geltend gemachte entgangene Gebrauchsvorteil ohne Nachweis eines konkreten Vermögensschadens, also allein die **entgangene Nutzungsmöglichkeit** im Baurecht einen Vermögensschaden darstellt und deshalb unter anderem nach § 13 Nr. 7 Abs. 3 Satz 1 VOB/B zu ersetzen ist. Zwar hat der VII. Zivilsenat des BGH im Falle eines fehlerhaft geplanten privaten Schwimmbades, welches während der Mängelbeseitigung nicht benutzt werden konnte, einen Vermögensschaden verneint, weil es sich nach der Verkehrsauffassung um eine Liebhaberei handelt.[1688] Bei einem mit einem Haus erworbenen Kraftfahrzeugabstellplatz in einer Tiefgarage hat er aber wegen dessen längerer mängelbedingter Unbenutzbarkeit einen Vermögensschaden bejaht.[1689] Da der V. Zivilsenat des BGH dem nicht folgen wollte, hat er den Großen Senat des BGH angerufen.[1690] Dieser hat 1986 entschieden,[1691] dass es einen ersatzfähigen Vermögensschaden darstellen kann, wenn der Eigentümer eines von ihm selbst bewohnten Hauses infolge eines deliktischen Eingriffs in das Eigentum das Haus vorübergehend nicht benutzen kann, ohne dass ihm hierdurch zusätzliche Kosten entstehen oder Einnahmen entgehen. Denn auf die ständige Verfügbarkeit des bewohnten Hauses ist der Eigentümer für seine eigenwirtschaftliche Lebenshaltung angewiesen; sie ist typischerweise von zentraler Bedeutung für seine Lebenshaltung. Was der Große Senat ausdrücklich nur für deliktische Ansprüche ausgesprochen hat, gilt ebenso für vertragliche Schadenersatzansprüche und damit auch für den Anspruch aus § 13 Nr. 7 Abs. 3 Satz 1 VOB/B.[1692] 369

Dem entsprechend sind in der Folgezeit Schadenersatzansprüche wegen entgangener Nutzungsmöglichkeit zum **Beispiel** verneint worden, wenn eine infolge Feuchtigkeit unbenutzbare Einliegerwohnung einem erwachsenen Sohn lediglich als Zweitwohnung dient,[1693] wenn der Hobby- und der Kinderspielkeller eines Hauses infolge von Baumängeln nur eingeschränkt gebrauchsfähig sind,[1694] wenn die Zufahrt zur Garage zeitweise versperrt sowie Garten und Terrasse nicht zu nutzen sind[1695] oder wenn ein Hobby- und ein Abstellraum im Keller wegen 370

[1680] BGHZ 46, 238 = NJW 1967, 340; BGH NJW 2003, 3766 = NZBau 2003, 667 = BauR 2003, 1900. Zu überhöhten Mietminderungen: *Klein* BauR 2004, 1069 sowie OLG Hamm BauR 2006, 861.

[1681] BGHZ 72,31 = NJW 1978, 1626 = BauR 1978, 402.

[1682] BGHZ 92, 308 = NJW 1985, 381 = BauR 1985, 83, für § 635 BGB.

[1683] BGH NJW-RR 1991, 533 = BauR 1991, 212.

[1684] BGH NJW-RR 1992, 778 = BauR 1992, 504.

[1685] BGHZ 46, 238 = NJW 1967, 340.

[1686] *Kleine-Möller/Merl* § 12 Rdn. 943; vgl. zu Zinsverlusten im übrigen *Nicklisch/Weick* § 13 Rdn. 248; Beck'scher VOB-Kommentar/*Kohler* VOB/B § 13 Nr. 7 Rdn. 122.

[1687] BGH NZBau 2003, 375 = BauR 2003, 1211 unter Zurückweisung der Revision gegen OLG Celle IBR 2002, 405.

[1688] BGHZ 76, 179 = NJW 1980, 1386 = BauR 1980, 271.

[1689] BGHZ 96, 124 = NJW 1986, 427 = BauR 1986, 105.

[1690] BGH NJW 1986, 2037.

[1691] BGHZ 98, 212 = NJW 1987, 50 = BauR 1987, 312.

[1692] *Nicklisch/Weick* § 13 Rdn. 247; Beck'scher VOB-Kommentar/*Kohler* VOB/B § 13 Nr. 7 Rdn. 119; *Heiermann/Riedl/Rusam* VOB/B § 13 Rdn. 191, vorletzter Spiegelstrich; *Vygen* Bauvertragsrecht Rdn. 572.

[1693] BGHZ 117, 260 = NJW 1992, 1500.

[1694] OLG Düsseldorf BauR 1992, 96; vgl. für einen Hobbyraum auch LG München BauR 1993, 640 (nur LS) = IBR 1993, 329.

[1695] BGH NJW 1993, 1793; ähnlich OLG Hamm BauR 2006, 113.

wiederholter Überschwemmung längere Zeit nicht brauchbar sind.[1696] Denn in allen diesen Fällen ging es nicht um Nutzungen von zentraler Bedeutung für die Lebenshaltung. Dem gegenüber ist für erst nach Jahren beseitigte Schallschutzmängel einer Einzimmerwohnung[1697] und für lang anhaltende Geruchsbelästigungen nach Parkettversiegelung in Wohn- und Schlafzimmer[1698] eine Nutzungswertentschädigung bejaht worden.

371 Die **Höhe des Schadens** bemisst sich danach, was die Einsatzfähigkeit der Sache für den Eigengebrauch dem Verkehr an Geld wert ist. Das kann anhand der anteiligen Vorhaltekosten für den entzogenen Gebrauch – angemessene Verzinsung des eingesetzten Kapitals, weiterlaufende Aufwendungen, gebrauchsunabhängige Entwertung – erhöht um einen maßvollen Aufschlag beziffert werden.[1699] Bei der Schadensbemessung kann auch von der üblichen Miete gemindert um die Verdienstspanne des Vermieters und die im Falle privater Nutzung nicht anfallenden Kosten ausgegangen werden.[1700]

372 Der Ersatz von Nutzungs-/Mietausfall und entgangenen Nutzungsmöglichkeiten setzt **nicht** den fruchtlosen Ablauf einer nach § 13 Nr. 5 Abs. 2 VOB/B gesetzten **Mängelbeseitigungsfrist** voraus, weil diese Schäden ohnehin einer Nachbesserung nicht zugänglich sind.[1701] Die Frage, ob etwas anderes für solche Schäden gilt, die nach dem für die Mängelbeseitigung erforderlichen Zeitraum anfallen, weil der Auftragnehmer aufgrund einer Fristsetzung Gelegenheit haben sollte, diese weitergehenden Schäden durch Nachbesserung abzuwenden, ist entgegen der früher[1702] hier vertretenen Ansicht aus den gleichen Gründen zu verneinen, die im BGB-Werkvertragsrecht für die Unterscheidung zwischen durch mangelhafte Leistung verursachten Verzögerungsschäden und reinen Verzugsschäden sprechen.[1703] Falls der Auftraggeber die Mängelbeseitigung hinauszieht, greift allerdings gegebenenfalls § 254 Abs. 2 BGB ein.[1704]

373 **(7) Gutachterkosten.** Solche Kosten zur Ermittlung von Ursachen und Ausmaß aufgetretener Mängel sind deren zwangsläufige Folge, wenn der Auftraggeber ohne ein Gutachten die Mängel und seine Schadenersatzansprüche[1705] nicht richtig beurteilen kann;[1706] auch diese Kosten hängen deshalb eng und unmittelbar mit den Mängeln zusammen und fallen unter § 13 Nr. 7 Abs. 3 Satz 1 VOB/B.[1707] Allerdings gilt das nur, soweit der Sachverständige Schäden im Sinne des § 13 Nr. 7 Abs. 3 **Satz 1** VOB/B untersucht; betrifft sein Gutachten nach Satz 2 zu ersetzende entfernte Mangelfolgeschäden, ist der Auftragnehmer für dessen Kosten ebenfalls lediglich unter den zusätzlichen Voraussetzungen des Satz 2 schadenersatzpflichtig.[1708] Der Schadenersatzanspruch wegen Gut-

---

[1696] OLG Düsseldorf OLGR 2000, 6.

[1697] OLG Stuttgart NJW-RR 2000, 1617 = BauR 2001, 643.

[1698] OLG Köln IBR 2003, 241.

[1699] BGHZ 98, 212 = NJW 1987, 50 = BauR 1987, 312; Beck'scher VOB-Kommentar/*Kohler* VOB/B § 13 Nr. 7 Rdn. 121.

[1700] *Heiermann/Riedl/Rusam* VOB/B § 13 Rdn. 191, vorletzter Spiegelstrich.

[1701] BGH NJW 2000, 2020 = NZBau 2000, 329 = BauR 2000, 1190; vgl. auch *Weyer* Jahrbuch BauR 2005, 1, 12–17 sowie oben Rdn. 354.

[1702] In der 1. Aufl., § 13 VOB/B Rdn. 358. *Kniffka*, der in einer früheren Fassung seines ibr-online-Kommentars Bauvertragsrecht – Stand 25.11.2002 § 636 Rdn. 32 – dazu neigte, obige Frage zu bejahen, hat jene Ausführungen in spätere Fassungen nicht übernommen.

[1703] Vgl. zu letzterem *Weyer* Jahrbuch BauR 2005, 1, 12–17.

[1704] Vgl. dazu auch unten Rdn. 376.

[1705] OLG Nürnberg BauR 2006, 148; Zu Gutachterkosten im Rahmen der Ersatzvornahme vgl. oben Rdn. 271 und *Kleine-Möller/Merl* § 12 Rdn. 947.

[1706] Im Prozess setzt schlüssiger Parteivortrag allerdings nicht die Untermauerung durch ein Privatgutachten voraus; mangels eigener Sachkunde genügt dort vielmehr, zunächst nur vermutete Tatsachen vorzutragen: BGH NJW 2003, 1400.

[1707] BGHZ 54, 352 = NJW 1971, 99 = BauR 1971, 51; BGH NJW 2002, 141 = NZBau 2002, 31 = BauR 2002, 86; OLG Frankfurt BauR 1991, 777; OLG Düsseldorf NJW-RR 1996, 729 = BauR 1996, 129; IBR 2003, 672; OLG Zweibrücken IBR 2004, 416; *Nicklisch/Weick* § 13 Rdn. 249; *Heiermann/Riedl/Rusam* VOB/B § 13 Rdn. 191, 6. Spiegelstrich; *Siegburg* Gewährleistung Rdn. 1214; andere rechtliche Einordnung: Beck'scher VOB-Kommentar/*Kohler* VOB/B § 13 Nr. 7 Rdn. 129.

[1708] *Nicklisch/Weick* § 13 Rdn. 249.

achterkosten – und ebenso wegen **außergerichtlicher Anwaltskosten** – entsteht von vornherein neben dem Mängelbeseitigungsanspruch, so dass auch hier eine Fristsetzung nach § 13 Nr. 5 Abs. 2 VOB/B keine Anspruchsvoraussetzung ist.[1709] Wenn der Auftraggeber selbst hinreichend fachkundig ist, kann er durch die Einholung eines Gutachtens gegen seine Schadensminderungspflicht aus § 254 Abs. 2 BGB verstoßen.[1710] Ein solcher Verstoß kann aber nicht schon deshalb angenommen werden, weil der Sachverständige mit objektiv überflüssigen Untersuchungen überhöhte Kosten verursacht.[1711] An den Auftraggeber erstattete Gutachtenkosten kann der Auftragnehmer nicht nach § 13 Nr. 7 Abs. 3 Satz 1 VOB/B von seinem Nachunternehmer ersetzt verlangen; denn jene Kosten sind in deren Verhältnis ein entfernter Mangelfolgeschaden. Es kommt jedoch ein Schadenersatzanspruch des Auftragnehmers gegen seinen Nachunternehmer aus positiver Vertragsverletzung wegen zögerlicher Erfüllung der Sachmängelhaftung des Nachunternehmers in Betracht.[1712]

Soweit eingeholte Privatgutachten der Prozessvorbereitung oder der Unterstützung der Partei im Prozess dienen, können die dafür aufgewandten Beträge **Kosten des Rechtsstreits** i.S. des § 91 ZPO sein.[1713] Dann sind sie im Kostenfestsetzungsverfahren auszugleichen und für ihre Geltendmachung mit der Schadenersatzklage fehlt ein Rechtsschutzinteresse.[1714] 374

(8) Kein Vorschussanspruch. Der Auftraggeber hat aus § 13 Nr. 7 Abs. 3 Satz 1 VOB/B keinen Vorschussanspruch.[1715] Denn anders als bei § 13 Nr. 5 Abs. 2 VOB/B[1716] besteht hier für einen solchen Anspruch kein Bedürfnis, weil der Schadenersatzanspruch ohnehin auf Geld gerichtet ist[1717] und der zur Mängelbeseitigung erforderliche Geldbetrag als Schadenersatz bereits vor der Nachbesserung verlangt werden kann.[1718] Allerdings kann der Auftraggeber eine Klage auf Schadenersatz hilfsweise auf den Vorschussanspruch aus § 13 Nr. 5 Abs. 2 VOB/B, § 637 Abs. 3 BGB stützen.[1719] Das ist immer dann ratsam, wenn nicht sicher davon auszugehen ist, dass die Voraussetzungen des Schadenersatzanspruchs erfüllt sind. 375

(9) Kostenbeteiligung des Auftraggebers. Falls eine Kostenbeteiligungspflicht des Auftraggebers besteht,[1720] sind bei der Schadensberechnung Sowieso-Kosten abzuziehen und ein Vorteilsausgleich[1721] vorzunehmen. Ein etwaiges **Mitverschulden** ist gemäß § **254 Abs. 1 BGB** zu berücksichtigen.[1722] Ein solches trifft den Auftraggeber, der selbst auf dem Gewerk seines Auftragnehmers aufbaut, indem er weitere Bauleistungen erbringt, wenn er die Leistung seines Auftragnehmers ungeprüft übernimmt.[1723] Im Rahmen seines Schadenersatzbegehrens hat der Auftraggeber besonders seine **Schadensminderungspflicht** nach **§ 254 Abs. 2 BGB** zu beachten. Er muss sich um baldmögliche Mängelbeseitigung und die Vermietbarkeit bemühen, wenn er Mietausfall verlangen will.[1724] Allerdings dürfen insoweit keine zu strengen Maßstäbe angelegt werden.[1725] Inwieweit der Auftraggeber gegen seine Schadensminderungspflicht verstößt, wenn er die Mängelbeseitigung erst nach zehn Jahren mit inzwischen gestiegenen Baukosten ausführen 376

[1709] BGH NJW 2002, 141 = NZBau 2002, 31 = BauR 2002, 86; BGHZ 154, 119 = NJW 2003, 1526 = NZBau 2003, 267 = BauR 2003, 693.

[1710] *Kleine-Möller/Merl* § 12 Rdn. 947; Beck'scher VOB-Kommentar/*Kohler* VOB/B § 13 Nr. 7 Rdn. 128.

[1711] OLG Düsseldorf BauR 1985, 485 (nur LS) und BauR 1989, 329; *Ingenstau/Korbion/Wirth* VOB/B § 13 Nr. 7 Rdn. 105.

[1712] OLG Düsseldorf NJW-RR 1996, 729 = BauR 1996, 129.

[1713] BGHZ 153, 235 = NJW 2003, 1398; NJW 2006, 2415 = BauR 2006, 1505.

[1714] Vgl. dazu näher *Siegburg* Gewährleistung Rdn. 1215–1217.

[1715] BGHZ 61, 28 = NJW 1973, 1457 = BauR 1973, 321.

[1716] Vgl. dazu oben Rdn. 275.

[1717] Vgl. oben Rdn. 359.

[1718] Vgl. oben Rdn. 361.

[1719] Näher dazu oben Rdn. 279.

[1720] Vgl. dazu oben Rdn. 273.

[1721] Vgl. dazu BGH NZBau 2004, 336 = BauR 2004, 869.

[1722] OLG Hamburg NJW-RR 2001, 1534.

[1723] BGH NZBau 2003, 495 = BauR 2003, 1213.

[1724] BGH BauR 1974, 205.

[1725] BGH NJW-RR 1995, 1169 = BauR 1995, 692; vgl. dazu den Praxishinweis von *Weyer* in IBR 1995, 368.

lässt, hängt von den Umständen des Einzelfalls ab.[1726] Die in § 254 Abs. 2 Satz 1 BGB an erster Stelle geregelte **Warnobliegenheit** hat den Zweck, dem Vertragspartner geeignete Maßnahmen zur Verhinderung eines drohenden Schadens zu ermöglichen.[1727] Sie ist eine Ausprägung des Grundsatzes von Treu und Glauben.[1728] Sie ist nicht dazu bestimmt, den Auftragnehmer auch nur teilweise von den Folgen grob fachwidrigen Verhaltens zu entlasten.[1729]

377 **b) Großer Schadenersatzanspruch: Abs. 3 Satz 2.** Der in § 13 Nr. 7 Abs. 3 Satz 2 VOB/B geregelte große Schadenersatzanspruch umfasst einen „darüber hinausgehenden Schaden". Diese Formulierung bezieht sich auf § 13 Nr. 7 Abs. 3 Satz 1 VOB/B und den danach nur zu ersetzenden „Schaden an der baulichen Anlage". Da unter Satz 1 der Mangelschaden und enge/nächste Mangelfolgeschäden fallen, verbleiben für Satz 2 lediglich die entfernten Mangelfolgeschäden.[1730]

378 **aa) Voraussetzungen.** Der Tatbestand des § 13 Nr. 7 Abs. 3 Satz 2 VOB/B erfordert zunächst als **allgemeine** Anspruchsvoraussetzungen diejenigen des § 13 Nr. 7 Abs. 3 **Satz 1** VOB/B.[1731] Der Auftragnehmer hat mithin auch entfernte Mangelfolgeschäden nur zu ersetzen, wenn er einen ihm zuzurechnenden Mangel verursacht hat, welcher wesentlich ist und die Gebrauchsfähigkeit erheblich beeinträchtigt sowie von ihm verschuldet ist.[1732] Außerdem muss **eine** der **besonderen** Voraussetzungen des § 13 Nr. 7 Abs. 3 **Satz 2** lit. a bis c VOB/B hinzukommen, wie aus dem „oder" am Ende der Alternative b folgt.

379 **(1) Verstoß gegen anerkannte Regeln der Technik.** Die erste Alternative ist erfüllt, „wenn der Mangel auf einem Verstoß gegen die anerkannten Regeln der Technik beruht". Ein leicht fahrlässiger[1733] Verstoß gegen diese Regeln führt wegen deren besonderer Bedeutung zu der erweiterten Schadenersatzpflicht nach § 13 Nr. 7 Abs. 3 Satz 2 lit. a VOB/B. Schon gemäß §§ 4 Nr. 2 Abs. 1 Satz 2, 13 Nr. 1 Satz 2 Alt. 2 VOB/B hat der Auftragnehmer nämlich die anerkannten Regeln der Technik stets zu beachten. Erfahrungsgemäß beruhen wesentliche Mängel regelmäßig auf einer schuldhaften Verletzung dieser Regeln.[1734] Deshalb spricht bei einem objektiven Regelverstoß der Beweis des ersten Anscheins für ein schuldhaftes Verhalten des Auftragnehmers,[1735] so dass der Auftraggeber meist über § 13 Nr. 7 Abs. 3 Satz 2 lit. a VOB/B auch die entfernten Mangelfolgeschäden ersetzt verlangen kann.[1736]

380 **(2) Fehlen einer vertraglich vereinbarten Beschaffenheit.** Weil mit der Neufassung des § 13 Nr. 1 VOB/B durch die VOB/B 2002 der Begriff der zugesicherten Eigenschaft entfallen ist,[1737] stellt die zweite Alternative des § 13 Nr. 7 Abs. 3 Satz 2 VOB/B seither ebenfalls darauf ab, dass „der Mangel in dem Fehlen einer vertraglich vereinbarten Beschaffenheit besteht".[1738] Da die Beschaffenheit der Bauleistung auch konkludent vereinbart werden kann[1739] und stillschweigende Vereinbarungen der Beschaffenheit in der Bauvertragspraxis breiten Raum einneh-

---

[1726] BGH NZBau 2004, 336 = BauR 2004, 869.

[1727] BGH NJW-RR 2005, 1277; NJW 2006, 995 = NZBau 2006, 234 = BauR 2006, 522.

[1728] BGH NJW 1997, 2234.

[1729] BGH NJW 2006, 995 = NZBau 2006, 234 = BauR 2006, 522.

[1730] BGH NJW 1970, 421 = BauR 1970, 48; BGHZ 58, 332 = NJW 1972, 1280 = BauR 1972, 311; BGHZ 61, 203 = NJW 1973, 1752 = BauR 1973, 381; BGH NZBau 2004, 614 = BauR 2004, 1653; vgl. dazu schon oben Rdn. 344 und 358.

[1731] *Kleine-Möller/Merl* § 12 Rdn. 950; *Siegburg* Gewährleistung Rdn. 1318.

[1732] Vgl. dazu oben Rdn. 345–350.

[1733] Vgl. dazu oben Rdn. 378 und 349.

[1734] *Ingenstau/Korbion/Wirth* VOB/B § 13 Nr. 7 Rdn. 135; Beck'scher VOB-Kommentar/*Kohler* VOB/B § 13 Nr. 7 Rdn. 144; *Siegburg* Gewährleistung Rdn. 1321.

[1735] *Kleine-Möller/Merl* § 12 Rdn. 953; *Siegburg* Gewährleistung Rdn. 1321; Beck'scher VOB-Kommentar/*Kohler* VOB/B § 13 Nr. 7 Rdn. 144.

[1736] Vgl. dazu bereits oben Rdn. 358. Einen Beispielfall behandelt BGH BauR 2004, 1653: Die geschuldete Leistung, eine biegesteife Decke herzustellen, war nach den anerkannten Regeln der Technik durch Vorspannen zu bewirken.

[1737] Vgl. dazu oben Rdn. 14, 15.

[1738] Beschluss des Vorstandes des DVA vom 2.5.2002, Begründung II.13.c.

[1739] Vgl. oben Rdn. 23.

men,[1740] hat § 13 Nr. 7 Abs. 3 Satz 2 lit. b VOB/B jetzt einen viel weitreichenderen Anwendungsbereich als nach seiner früheren Fassung.[1741] Zwar müssen auch hier die Voraussetzungen des § 13 Nr. 7 Abs. 3 Satz 1 VOB/B und damit ein Verschulden hinzukommen.[1742] Wie vorstehend bei § 13 Nr. 7 Abs. 3 Satz 2 lit. a VOB/B wird aber das Verschulden in aller Regel festzustellen sein, so dass es kaum Fallgestaltungen geben wird, in denen § 13 Nr. 7 Abs. 3 Satz 2 lit. b VOB/B nicht erfüllt ist.

(3) Haftpflichtversicherter oder -versicherbarer Schaden. Die dritte Alternative greift 381
ein, „soweit der Auftragnehmer den Schaden durch Versicherung seiner gesetzlichen Haftpflicht gedeckt hat oder durch eine solche zu tarifmäßigen, nicht auf außergewöhnliche Verhältnisse abgestellten Prämien und Prämienzuschlägen bei einem im Inland zum Geschäftsbetrieb zugelassenen Versicherer hätte decken können". Die textliche Änderung durch die VOB/B 2002 gegenüber der früheren Fassung beruht darauf, dass Versicherungsbedingungen nicht mehr zu genehmigen sind.[1743] § 13 Nr. 7 Abs. 3 Satz 2 lit. c VOB/B soll verhindern, dass die im Verhältnis der Bauvertragspartner geltende Haftungsbeschränkung des § 13 Nr. 7 Abs. 3 Satz 1 VOB/B dem Haftpflichtversicherer zugute kommt, und dem Auftragnehmer das Risiko der erweiterten Haftung auferlegen, wenn dieser keine Vorsorge durch Abschluss einer üblichen Betriebshaftpflichtversicherung trifft.[1744]

Der **Umfang** der durch eine Betriebshaftpflichtversicherung **gedeckten Schäden** ergibt 382
sich im wesentlichen aus den Allgemeinen Versicherungsbedingungen für die Haftpflichtversicherung (AHB 2004)[1745]. Wichtig sind insoweit vor allem § 1 AHB mit der Umschreibung des Gegenstands der Versicherung[1746] und § 7 AHB mit seinen zahlreichen Ausschlussklauseln.[1747] Von diesen Risikoausschlüssen sind die in §§ 24–26 AHB geregelten Obliegenheitsverletzungen zu unterscheiden, die den Versicherer von seiner Deckungspflicht befreien. Obliegenheiten sind vom Versicherungsnehmer vor oder nach Eintritt des Versicherungsfall zu erfüllen. Wird dem Auftragnehmer der Deckungsschutz versagt, weil er vorsätzlich oder grob fahrlässig Obliegenheiten verletzt hat, bleibt es gleichwohl bei der Haftung aus § 13 Nr. 7 Abs. 3 Satz 2 lit. c VOB/B, weil sein Fehlverhalten nicht zu Lasten des Auftraggebers gehen darf.[1748]

Umstritten ist, ob § 13 Nr. 7 Abs. 3 Satz 2 lit. c VOB/B auch dann eingreift, wenn der Auf- 383
tragnehmer dem Auftraggeber den Abschluss einer **Versicherung**, die ein **außergewöhnliches Risiko** deckt, vertraglich als Besondere Leistung im Sinne von Abschnitt 4.2.6 der VOB/C DIN 18299 zugesagt, dies aber unterlassen hat. Zum Teil wird das bejaht.[1749] Andere nehmen an, dass der Auftraggeber in diesem Fall nur verlangen kann, im Wege des Schadenersatzes wegen positiver Vertragsverletzung so gestellt zu werden, als sei die Versicherung tatsächlich abgeschlossen worden.[1750] Beide Auffassungen setzen ein Verschulden des Auftragnehmers voraus und führen zum gleichen Ergebnis. Deshalb kann dahinstehen, welchem Ansatz der Vorzug zu geben ist.

bb) Inhalt des großen Schadenersatzanspruchs. Dazu bestimmt § 13 Nr. 7 Abs. 3 Satz 2 384
VOB/B lediglich, dass der Auftragnehmer dem Auftraggeber einen „darüber hinausgehenden Schaden" zu ersetzen hat.

[1740] Vgl. dazu oben Rdn. 24–26, 34, 36.

[1741] *Kniffka* ibr-online-Kommentar Bauvertragsrecht, Stand 10.4.2006, § 636 Rdn. 98: „drastisch erweitert". Vgl. auch *Heiermann/Riedl/Rusam* VOB/B § 13 Rdn. 216c.

[1742] BGH NJW 1962, 1569; vgl. auch oben Rdn. 378.

[1743] Beschluss des Vorstandes des DVA vom 2.5.2002, Begründung II.13.c.

[1744] *Ingenstau/Korbion/Wirth* VOB/B § 13 Nr. 7 Rdn. 142; *Heiermann/Riedl/Rusam* VOB/B § 13 Rdn. 198 d; Beck'scher VOB-Kommentar/*Kohler* VOB/B § 13 Nr. 7 Rdn. 146.

[1745] Näher dazu *von Rintelen* NZBau 2006, 401–408; *Ahlswede* NZBau 2006, 409.

[1746] Zur alten Fassung des § 1 AHB näher Beck'scher VOB-Kommentar/*Kohler* VOB/B § 13 Nr. 7 Rdn. 150–154; *Heiermann/Riedl/Rusam* VOB/B § 13 Rdn. 199/200.

[1747] Früher § 4 AHB, im einzelnen behandelt von Beck'scher VOB-Kommentar/*Kohler* VOB/B § 13 Nr. 7 Rdn. 155, 157–188; *Heiermann/Riedl/Rusam* VOB/B § 13 Rdn. 203–206.

[1748] Beck'scher VOB-Kommentar/*Kohler* VOB/B § 13 Nr. 7 Rdn. 156; *Nicklisch/Weick* § 13 Rdn. 262.

[1749] *Ingenstau/Korbion/Wirth*, 14. Aufl., VOB/B § 13 Rdn. 798, in 15. Aufl. nicht übernommen.

[1750] *Nicklisch/Weick* § 13 Rdn. 260; Beck'scher VOB-Kommentar/*Kohler* VOB/B § 13 Nr. 7 Rdn. 192.

385 **(1) Darüber hinausgehender Schaden.** Was § 13 Nr. 7 Abs. 3 Satz 2 VOB/B mit einem darüber hinausgehenden Schaden meint, folgt aus dessen Satz 1, nach welchem nur der Schaden an der baulichen Anlage zu ersetzen ist.[1751] Darüber hinaus gehen alle Schäden, die infolge des Baumangels außerhalb der baulichen Anlage an sonstigen Rechtsgütern des Auftraggebers entstehen,[1752] also die entfernten Mangelfolgeschäden. Dazu zählten früher auch durch Mängel verursachte Körper- und Gesundheitsschäden des Auftraggebers und der in den Schutzbereich des Bauvertrags einbezogenen Personen.[1753] Ersatzansprüche wegen solcher Schäden sind seit der VOB/B 2002 in § 13 Nr. 7 Abs. 1 VOB/B speziell geregelt.[1754] Unter § 13 Nr. 7 Abs. 3 Satz 2 VOB/B fallen reine Vermögensschäden,[1755] wie zum Beispiel die Kosten mängelbedingter Vorprozesse mit Abnehmern,[1756] Mietern[1757] oder anderen Auftragnehmern[1758] und Gutachterkosten, soweit das Gutachten entfernte Mangelfolgeschäden betrifft.[1759] Nach dieser Auflistung scheint die Bedeutung des § 13 Nr. 7 Abs. 3 Satz 2 VOB/B in auffälligem Gegensatz zu seinen eingehend geregelten differenzierten Voraussetzungen eher gering zu sein. Das ist jedoch dann nicht der Fall, wenn der Auftraggeber sich für den großen Schadenersatz entscheiden will, welchen er nicht aus § 13 Nr. 7 Abs. 3 Satz 1 VOB/B,[1760] sondern allein aus dessen Abs. 3 Satz 2[1761] geltend machen kann. Allerdings sollte der DVA ernsthaft erwägen, die Unterscheidung zwischen dem kleinen und großen Schadenersatzanspruch in § 13 Nr. 7 Abs. 3 Satz 1 und 2 VOB/B aufzugeben, nachdem schwerlich noch Fälle denkbar sind, in denen Satz 2 lit. a oder b nicht erfüllt ist.[1762]

386 **(2) Naturalrestitution oder Schadenersatz in Geld.** Der Schadenersatz nach § 13 Nr. 7 Abs. 3 Satz 2 VOB/B kann als Naturalrestitution oder in Geld verlangt werden. Weil unter § 13 Nr. 7 Abs. 3 Satz 2 VOB/B lediglich entfernte Mangelfolgeschäden fallen, bestehen anders als bei dessen Satz 1 die aus § 640 Abs. 2 BGB abgeleiteten Bedenken gegen eine Naturalrestitution durch Mängelbeseitigung[1763] hier nicht.[1764] Vielmehr ist der Anspruch gemäß § 249 Abs. 1 BGB in erster Linie auf Beseitigung des Schadens gerichtet.[1765] Schadenersatz in Geld kann nur unter den Voraussetzungen der §§ 249 Abs. 2, 250, 251 BGB geltend gemacht werden. Soweit es um durch Mängel verursachte Sachschäden am sonstigen Eigentum des Auftraggebers geht, ist die Einschränkung des Ersatzes von Mehrwertsteuer durch § 249 Abs. 2 Satz 2 BGB zu beachten.[1766] Bei anderen entfernten Mangelfolgeschäden wird allerdings in aller Regel eine Herstellung in Natur ohnehin ausscheiden und darum nach § 251 Abs. 1 BGB Ersatz in Geld zu leisten sein.

[1751] Vgl. bereits oben Rdn. 377.

[1752] *Nicklisch/Weick* § 13 Rdn. 265; *Kleine-Möller/Merl* § 12 Rdn. 961; *Heiermann/Riedl/Rusam* VOB/B § 13 Rdn. 208.

[1753] In BGHZ 58, 332 = NJW 1972, 1280 = BauR 1972, 311 offen gelassen, inzwischen aber allgemeine Meinung: Beck'scher VOB-Kommentar/*Kohler* VOB/B § 13 Nr. 7 Rdn. 197; *Kleine-Möller/Merl* § 12 Rdn. 961; *Ingenstau/Korbion/Wirth* VOB/B § 13 Nr. 7 Rdn. 129; *Nicklisch/Weick* § 13 Rdn. 266; *Heiermann/Riedl/Rusam* VOB/B § 13 Rdn. 208.

[1754] Vgl. dazu oben Rdn. 337–339.

[1755] Beck'scher VOB-Kommentar/*Kohler* VOB/B § 13 Nr. 7 Rdn. 195.

[1756] BGH BauR 1983, 573.

[1757] *Kleine-Möller/Merl* § 12 Rdn. 961, 962; *Heiermann/Riedl/Rusam* VOB/B § 13 Rdn. 208.

[1758] KG BauR 1988, 229.

[1759] Vgl. dazu schon oben Rdn. 373.

[1760] Vgl. oben Rdn. 363, 364.

[1761] Dazu näher unten Rdn. 387.

[1762] Ähnlich *Kniffka* ibr-online-Kommentar Bauvertragsrecht, Stand 10.4.2006, § 636 Rdn. 98, letzter Abs.; zustimmend auch *Ingenstau/Korbion/Wirth* VOB/B § 13 Nr. 7 Rdn. 138.

[1763] Vgl. dazu oben Rdn. 359.

[1764] Beck'scher VOB-Kommentar/*Kohler* VOB/B § 13 Nr. 7 Rdn. 198; *Nicklisch/Weick* § 13 Rdn. 267; *Heiermann/Riedl/Rusam* VOB/B § 13 Rdn. 209.

[1765] Beck'scher VOB-Kommentar/*Kohler* VOB/B § 13 Nr. 7 Rdn. 198.

[1766] Näher dazu *Weyer* Jahrbuch BauR 2005, 1, 4–12; vgl. auch oben Rdn. 362.

(3) Kleiner oder großer Schadenersatz. Der Auftraggeber hat aufgrund des Anspruchs aus § 13 Nr. 7 Abs. 3 Satz 2 VOB/B die Wahl zwischen dem kleinen oder dem großen Schadenersatz.[1767] Entscheidet er sich für den kleinen Schadenersatz, dann behält er die mangelhafte Bauleistung und liquidiert die mangelbedingten Nachteile, so wie im Falle des Anspruchs aus Satz 1.[1768] Er kann aber auch den großen Schadenersatz geltend machen, weil der Anspruch aus Satz 2, anders als der nach Satz 1, nicht auf den Schaden an der baulichen Anlage beschränkt ist, sondern den vollen Schaden umfasst. Trifft der Auftraggeber diese Wahl, so kann er die Rücknahme des mangelhaften Werks verlangen und die Zahlung jeglicher Vergütung verweigern, ohne nachweisen zu müssen, dass er kein Interesse daran hat, die mangelhafte Leistung zu behalten.[1769] Der genannte Ausnahmefall, dass der Auftraggeber mit der Geltendmachung des großen Schadenersatzes gegen Treu und Glauben verstoßen kann, wenn nur geringfügige Mängel vorliegen,[1770] kommt bei § 13 Nr. 7 Abs. 3 VOB/B nicht in Betracht, weil hier ein wesentlicher Mangel Anspruchsvoraussetzung ist.[1771] Etwa bereits gezahlten Werklohn kann der Auftraggeber im Rahmen des großen Schadenersatzes wegen Nichterfüllung zurückfordern.[1772] Der Erwerber einer Eigentumswohnung, der im Wege des großen Schadenersatzes Rückabwicklung des Vertrags durchsetzt, hat Anspruch auf Ersatz seiner Aufwendungen, vor allem des Erwerbspreises, muss sich darauf aber den Nutzungsvorteil[1773], dass er die Eigentumswohnung einige Jahre bewohnt hat, anrechnen lassen.[1774] Hat der Erwerber eines Bauwerks die Immobilie vermietet, so sind bei der Schadensberechnung im Rahmen des großen Schadenersatzes die tatsächlichen Mieteinnahmen abzüglich des Erhaltungsaufwands als Vorteil anzurechnen.[1775] 387

(4) Kostenbeteiligung des Auftraggeber. Zur Kostenbeteiligungspflicht des Auftraggebers wegen seiner Mitverantwortlichkeit für den Mangel, wegen etwaiger Sowieso-Kosten und wegen möglicherweise auszugleichender Vorteile gilt das zu § 13 Nr. 7 Abs. 3 Satz 1 VOB/B Gesagte.[1776] Wenn der Erwerber einer Eigentumswohnung diese mehrere Jahre selbst bewohnt hat und dann wegen erheblicher Schallschutzmängel großen Schadenersatz verlangt, ist sein Nutzungsvorteil zeitanteilig linear aus dem Erwerbspreis zu ermitteln;[1777] wegen der Mängel ist von dem so errechneten Nutzungsvorteil unter Berücksichtigung des Gewichts der Beeinträchtigung ein Abschlag vorzunehmen, der gemäß § 287 ZPO geschätzt werden kann.[1778] Im Extremfall kann ein Vorteilsausgleich ganz ausscheiden, wenn nämlich die Vorteile der Nutzung des mangelhaften Werks durch die mängelbedingte Minderung des Mietwerts mehr als aufgewogen werden.[1779] 388

1767 *Kleine-Möller/Merl* § 12 Rdn. 968; Beck'scher VOB-Kommentar/*Kohler* VOB/B § 13 Nr. 7 Rdn. 199; *Nicklisch/Weick* § 13 Rdn. 268.

1768 Vgl. dazu oben Rdn. 365–367.

1769 BGH *Schäfer/Finnern* Z 2.414 Bl. 127; BGHZ 27, 215 = NJW 1958, 1284; *Kleine-Möller/Merl* § 12 Rdn. 968; *Heiermann/Riedl/Rusam* VOB/B § 13 Rdn. 210 b; a.A. – Nachweis des Interessenfortfalls erforderlich – : Beck'scher VOB-Kommentar/*Kohler* VOB/B § 13 Nr. 7 Rdn. 201; *Nicklisch/Weick* § 13 Rdn. 268; *Ingenstau/Korbion/Wirth* VOB/B § 13 Nr. 7 Rdn. 148.

1770 BGHZ 27, 215 = NJW 1958, 1284, zu § 635 BGB; *Heiermann/Riedl/Rusam* VOB/B § 13 Rdn. 210; Beck'scher VOB-Kommentar/*Kohler* VOB/B § 13 Nr. 7 Rdn. 202.

1771 Vgl. oben Rdn. 378.

1772 BGHZ 29, 148 = NJW 1959, 620, zu § 463 BGB; *Kleine-Möller/Merl* § 12 Rdn. 969.

1773 Vgl. zu dessen Berechnung unten Rdn. 388.

1774 BGHZ 164, 235 = NJW 2006, 53 = BauR 2006, 103 = NZBau 2006, 42 (dort nur Leitsatz); NJW 2006, 1582 = BauR 2006, 983.

1775 BGH NZBau 2006, 312 = BauR 2006, 828.

1776 Vgl. oben Rdn. 376; vgl. dazu auch *Kleine-Möller/Merl* § 12 Rdn. 971–979.

1777 BGHZ 164, 235 = NJW 2006, 53 = BauR 2006, 103 = NZBau 2006, 42 (dort nur Leitsatz); OLG Karlsruhe IBR 2005, 686; a.A: BGH – V. Zivilsenat – NJW 2006, 1582 = BauR 2006, 983: nur zeitanteilige Wertminderung der auf dem Grundstück befindlichen Bauten maßgebend.

1778 BGHZ 164, 235 = NJW 2006, 53 = BauR 2006, 103 = NZBau 2006, 42 (dort nur Leitsatz). Zum Vorteilsausgleich bei einer vermieteten Immobilie vgl. oben Rdn. 387.

1779 OLG Hamm BauR 2003, 1733, zugleich zur Anrechnung der uneingeschränkten Nutzung des gezahlten Werklohns bis zu dessen Rückzahlung. Zu letzterem a.A. BGH NJW 2006, 1582 = BauR 2006, 983.

3. Ausnahmsweise gesetzliche Verjährungsfristen: Abs. 4

389 Nach § 13 Nr. 7 Abs. 4 VOB/B gelten abweichend von § 13 Nr. 4 VOB/B die gesetzlichen Verjährungsfristen, soweit sich der Auftragnehmer nach Abs. 3 durch Versicherung geschützt hat oder hätte schützen können oder soweit ein besonderer Versicherungsschutz vereinbart ist. Daraus folgt zunächst, dass grundsätzlich auch die Schadenersatzansprüche aus § 13 Nr. 7 Abs. 1 bis 3 VOB/B in den Fristen des § 13 Nr. 4 VOB/B verjähren, soweit nicht die **Ausnahme**vorschrift des § 13 Nr. 7 Abs. 4 VOB/B eingreift.[1780] Zugleich und vor allem regelt diese Bestimmung, dass die Reichweite der Ausnahme der des bestehenden, des nach Abs. 3 möglich gewesenen oder des vereinbarten besonderen Versicherungsschutzes[1781] entspricht. In diesem Umfang soll die Haftung des Auftragnehmers nicht nur durch Abs. 3 Satz 2 lit. c auf den vollen Schaden, sondern durch Abs. 4 auch mittels der längeren gesetzlichen Verjährungsfrist erweitert werden.

390 Wenn die Bauvertragspartner einen **besonderen**, also über § 13 Nr. 7 Abs. 3 Satz 2 lit. c VOB/B hinausgehenden Haftpflicht**versicherungsschutz** vereinbart haben, der Auftragnehmer es aber unterlassen hat, eine solche Versicherung abzuschließen – andernfalls würde nämlich bereits die erste Alternative des § 13 Nr. 7 Abs. 4 VOB/B eingreifen –, hängt die Geltung der gesetzlichen Verjährungsfristen davon ab, dass der Abschluss einer entsprechenden Versicherung möglich war. Denn nur wenn der Auftragnehmer den Nichtabschluss zu vertreten hat, ist es gerechtfertigt, diese Haftungserweiterung eintreten zu lassen.[1782]

391 Die **gesetzlichen Verjährungsfristen** für Mängelansprüche einschließlich solcher wegen entfernter Mangelfolgeschäden sind nunmehr ausschließlich in § 634 a BGB geregelt. Das Schuldrechtsmodernisierungsgesetz hat die Unterscheidung zwischen Mangelschäden und engen sowie entfernten Mangelfolgeschäden aufgegeben und für alle Schadenersatzansprüche wegen eines Mangels des Werks eine einheitliche Verjährungsfrist geschaffen.[1783]

4. Einschränkung oder Erweiterung der Haftung: Abs. 5

392 Gemäß § 13 Nr. 7 Abs. 5 VOB/B kann in begründeten Sonderfällen eine Einschränkung oder Erweiterung der Haftung vereinbart werden. Diese Bestimmung bezieht sich entgegen ihrer weiten Fassung ausschließlich auf die Schadenersatzansprüche aus § 13 Nr. 7 Abs. 1 bis 3 VOB/B, wie aus ihrer Einordnung in § 13 Nr. 7 VOB/B zu folgern ist.[1784] Ein begründeter Sonderfall liegt vor, wenn aufgrund der besonderen Umstände der zu erbringenden Bauleistung eine andere Risikoverteilung angemessen erscheint, um eine atypische Risikoverschiebung zu Ungunsten einer Bauvertragspartei zu vermeiden.[1785] Als Beispiele werden insoweit ungewöhnliche Gefahren durch Grundwasser, unklare Bodenverhältnisse, besondere Unwelteinflüsse und Nutzungsverhältnisse sowie Spezialbaumaßnahmen genannt.[1786] Die Beschränkung auf begründete Sonderfälle stellt letztlich jedoch nur eine Verhaltensaufforderung[1787] an die Beteiligten, vor allem an öffentliche Auftraggeber, dar. Denn innerhalb der allgemeinen Grenzen der Vertragsfreiheit können die Bauvertragspartner Abweichendes vereinbaren.

393 Die Vertragsfreiheit wird insbesondere bei **Haftungseinschränkungen** zu Gunsten des Auftragnehmers, auch wenn sie individualvertraglich erfolgen, durch zwingende gesetzliche Vor-

---

[1780] BGHZ 58, 332 = NJW 1972, 1280 = BauR 1972, 311.

[1781] Vgl. dazu oben Rdn. 381–383.

[1782] *Nicklisch/Weick* § 13 Rdn. 275; *Heiermann/Riedl/Rusam* VOB/B § 13 Rdn. 213; *Ingenstau/Korbion/Wirth* VOB/B § 13 Nr. 7 Rdn. 162; a.A. *Wussow* NJW 1967, 1552.

[1783] BT-Drucks. 14/6040, S. 263; *Palandt/Sprau* § 634 a Rdn. 5; *Weyer* Jahrbuch BauR 2003, 207, 232 und Jahrbuch BauR 2005, 1, 22–25; vgl. schon oben Rdn. 358.

[1784] *Nicklisch/Weick* § 13 Rdn. 277; *Ingenstau/Korbion/Wirth* VOB/B § 13 Nr. 7 Rdn. 167.

[1785] *Heiermann/Riedl/Rusam* VOB/B § 13 Rdn. 214; *Kaiser* Mängelhaftung Rdn. 138; *Vygen* Bauvertragsrecht Rdn. 465; *Nicklisch/Weick* § 13 Rdn. 278.

[1786] *Ingenstau/Korbion/Wirth* VOB/B § 13 Nr. 7 Rdn. 170; Beck'scher VOB-Kommentar/*Kohler* VOB/B § 13 Nr. 7 Rdn. 211; *Vygen* Bauvertragsrecht Rdn. 465.

[1787] So *Nicklisch/Weick* § 13 Rdn. 278.

schriften begrenzt.[1788] Nach § 639 BGB kann der Auftragnehmer sich auf eine Vereinbarung, durch welche die Mängelrechte des Auftraggebers ausgeschlossen oder beschränkt werden, nicht berufen, wenn er den Mangel arglistig verschwiegen oder eine Beschaffenheitsgarantie übernommen hat. Die Haftung für eigenen Vorsatz[1789] kann dem Auftragnehmer gemäß § 276 Abs. 3 BGB nicht im Voraus erlassen werden. Auch darf eine Haftungsbeschränkung nicht gegen ein gesetzliches Verbot (§ 134 BGB), die guten Sitten (§ 138 Abs. 1 BGB) oder Treu und Glauben (§ 242 BGB) verstoßen. Haftungsbeschränkungen in Allgemeinen Geschäftsbedingungen des Auftragnehmers müssen der Inhaltskontrolle nach §§ 307–309 BGB standhalten, insbesondere einer solchen nach § 309 Nr. 7 und 8 lit. b BGB. Wegen des in § 307 Abs. 2 Nr. 2 BGB normierten Verbots der Aushöhlung wesentlicher Vertragspflichten und -rechte kann der Auftragnehmer sich in seinen Allgemeinen Geschäftsbedingungen auch gegenüber einem Kaufmann nicht von Pflichten freizeichnen, deren Erfüllung die ordnungsgemäße Durchführung des Vertrags überhaupt erst ermöglicht und auf deren Erfüllung der Auftraggeber deshalb vertraut und vertrauen darf.[1790]

Haftungserweiterungen können durch Gewähr- oder Garantiezusagen des Auftragnehmers 394
erfolgen.[1791] Vor allem der Begriff „Garantie" ist jedoch mehrdeutig,[1792] weshalb seine rechtliche Bedeutung durch Vertragsauslegung zu ermitteln ist. Die vertragliche Vereinbarung einer Garantie kann lediglich eine Beschaffenheitsvereinbarung, aber auch eine unselbständige oder selbständige Garantie sein.[1793]

5. Beweislast

Die Beweislast für die Voraussetzungen des Schadenersatzanspruchs trägt als Anspruchsteller 395
wie bei den anderen Mängelrechten aus den dort genannten Gründen[1794] grundsätzlich der **Auftraggeber**.[1795] Er muss beweisen, dass das Werk des Auftragnehmers einen Mangel im Sinne des § 13 Nr. 7 Abs. 1 bis 3 VOB/B in Verbindung mit § 13 Nr. 1 und 2 VOB/B aufweist und dadurch ein Schaden des geltend gemachten Umfangs eingetreten ist. Ebenso obliegt ihm der Beweis der besonderen Voraussetzungen des § 13 Nr. 7 Abs. 2 und 3 Satz 2 VOB/B, mithin auch der **besonderen Verschuldensvoraussetzungen** des § 13 Nr. 7 Abs. 2 VOB/B.[1796] Für § 13 Nr. 7 Abs. 3 Satz 2 lit. c VOB/B genügt der Nachweis, dass ein entsprechender Versicherungsschutz möglich gewesen wäre.[1797] Bei § 13 Nr. 7 Abs. 4 VOB/B muss der Auftraggeber nur die Vereinbarung eines besonderen Versicherungsschutzes beweisen, weil es auf den tatsächlichen Abschluss der Versicherung nicht ankommt.[1798]

Bezüglich des in § 13 Nr. 7 Abs. 1 und 3 VOB/B vorausgesetzten **Verschuldens** muss der 396
Auftragnehmer beweisen, dass er den schadensursächlichen Mangel nicht zu vertreten hat. Das entsprach schon bisher ständiger Rechtsprechung[1799] und ergibt sich nunmehr unmittelbar aus §§ 634 Nr. 4, 280 Abs. 1 Satz 2 BGB.

1788 Beck'scher VOB-Kommentar/*Kohler* VOB/B § 13 Nr. 7 Rdn. 217; *Nicklisch/Weick* § 13 Rdn. 280; *Heiermann/Riedl/Rusam* VOB/B § 13 Rdn. 215.

1789 Anders für vorsätzliches Handeln seiner Erfüllungsgehilfen: § 278 Satz 2 BGB.

1790 BGH NJW 1985, 3016; BauR 1985, 317; NJW 1993, 335; NJW-RR 1993, 560.

1791 Vgl. dazu im einzelnen: Beck'scher VOB-Kommentar/*Kohler* VOB/B § 13 Nr. 7 Rdn. 225–234; *Ingenstau/Korbion/Wirth* VOB/B § 13 Rdn. 374–400.

1792 BGH BauR 1970, 107.

1793 Vgl. dazu näher oben Rdn. 27, 28.

1794 Vgl. oben Rdn. 330, 290, 60, 42–44.

1795 Beck'scher VOB-Kommentar/*Kohler* VOB/B § 13 Nr. 7 Rdn. 133–135, 209; *Heiermann/Riedl/Rusam* VOB/B § 13 Rdn. 185, 211; *Nicklisch/Weick* § 13 Rdn. 270; *Ingenstau/Korbion/Wirth* VOB/B § 13 Nr. 7 Rdn. 75–81.

1796 So zu dem früheren § 13 Nr. 7 Abs. 2 lit. a VOB/B: *Kaiser* Mängelhaftung Rdn. 106 a; das gilt auch für den jetzigen Abs. 2: *Ingenstau/Korbion/Wirth* VOB/B § 13 Nr. 7 Rdn. 46.

1797 *Heiermann/Riedl/Rusam* VOB/B § 13 Rdn. 185, 211; Beck'scher VOB-Kommentar/*Kohler* VOB/B § 13 Nr. 7 Rdn. 209; *Nicklisch/Weick* § 13 Rdn. 270; a.A. *Baumgärtel* Beweislast § 13 VOB/B Rdn. 15.

1798 Beck'scher VOB-Kommentar/*Kohler* VOB/B § 13 Nr. 7 Rdn. 209; vgl. dazu oben Rdn. 384.

1799 BGHZ 48, 310 = NJW 1968, 43, zu § 635 BGB; BGHZ 61, 203 = NJW 1973, 1752 = BauR 1973, 381; BauR 1982, 514; Beck'scher VOB-Kommentar/*Kohler* VOB/B § 13 Nr. 7 Rdn. 134; *Siegburg* Gewährleistung Rdn. 1330.

6. Abweichungen gegenüber dem BGB

397 Die nach altem Recht gewichtigste Abweichung des § 13 Nr. 7 VOB/B gegenüber dem BGB, dass nämlich Schadenersatzansprüche wegen entfernter Mangelfolgeschäden von § 13 Nr. 7 Abs. 3 Satz 2 VOB/B umfasst werden, dies aber nach § 635 BGB a.F. nicht der Fall war, sie vielmehr nach gesetzlichem Werkvertragsrecht als Ansprüche aus positiver Vertragsverletzung eingeordnet wurden und deshalb erst nach 30 Jahren verjährten, ist entfallen.[1800] Das neue Recht hat diese Unterscheidung aufgegeben.[1801] Schadenersatzansprüche wegen entfernter Mangelfolgeschäden verjähren jetzt ebenfalls in den kurzen Fristen des § 634 a BGB,[1802] so wie für sie beim VOB-Vertrag § 13 Nr. 4 VOB/B gilt. Die verbliebenen Unterschiede – die gegenüber § 634 Nr. 4 BGB engeren Voraussetzungen des § 13 Nr. 7 Abs. 3 Satz 1 VOB/B und die zusätzlichen Anforderungen des Abs. 3 Satz 2 – wirken sich im Ergebnis praktisch kaum aus.[1803]

7. AGB-rechtliche Probleme

398 Probleme bestehen bei § 13 Nr. 7 VOB/B insoweit, als insbesondere die Wirksamkeit dessen Abs. 3 Satz 2 lit. c in Zweifel gezogen wird (a) und die Abs. 1, 3–5 der isolierten Inhaltskontrolle nicht Stand halten sollen (b), wie auch bezüglich der Wirksamkeit abweichender Klauseln (c).

399 **a) Einbeziehung des Abs. 3 Satz 2 lit. c.** Für die Haftungserweiterung des § 13 Nr. 7 Abs. 3 Satz 2 lit. c VOB/B fehlt es bereits an der wirksamen Einbeziehung in den Bauvertrag.[1804] Ihre Reichweite wird nämlich erst durch die Versicherungsbedingungen deutlich, welche jedoch Bauverträgen in der Regel nicht beigefügt werden. Selbst wenn dies geschieht, sind diese Bedingungen so kompliziert – zum Beispiel die zahlreichen Risikoausschlüsse in dem sehr unübersichtlichen § 7 AHB –, dass schwerlich die Möglichkeit besteht, von ihrem Inhalt in zumutbarer Weise Kenntnis zu nehmen. Das ist aber nach § 305 Abs. 2 Nr. 2 BGB Voraussetzung einer wirksamen Einbeziehung. Und die Privilegierung der VOB/B, die ohnehin kaum noch in Betracht kommt,[1805] betrifft nur ihre inhaltliche Angemessenheit, nicht jedoch ihre Einbeziehung. Diese Problematik hat allerdings keine große praktische Bedeutung, weil der große Schadenersatzanspruch in den allermeisten Fällen schon auf § 13 Nr. 7 Abs. 3 Satz 2 lit. a oder b VOB/B[1806] gestützt werden kann.

400 **b) Isolierte Inhaltskontrolle.** Soweit die Wirksamkeit der **Abs. 1 und 3–5** des § 13 Nr. 7 VOB/B wegen angeblicher Verstöße gegen §§ 305 c Abs. 2, 307 oder 309 Nr. 7 lit. b BGB in Abrede gestellt wird,[1807] sind die geäußerten Bedenken teilweise kaum verständlich und im übrigen zumindest weit hergeholt.[1808] Näher liegt, § 13 Nr. 7 Abs. 3 Satz 2 lit. c, Abs. 4 VOB/B als intransparent im Sinne des § 307 Abs. 1 Satz 2 BGB einzustufen.[1809] Die auf § 11 Nr. 7 AGB-Gesetz = § 309 Nr. 7 lit. b BGB gestützte Ansicht, dass § 13 **Nr. 7 Abs. 1** VOB/B **a.F.**, wenn die VOB/B nicht als Ganzes vereinbart war, der isolierten Inhaltskontrolle nicht stand hielt,[1810] hat sich seit der VOB/B 2002 durch den neuen Abs. 2 des § 13 Nr. 7 VOB/B[1811] erledigt, weil danach die Haftung für vorsätzlich oder grob fahrlässig verursachte Mängel gerade nicht mehr eingeschränkt ist.[1812]

[1800] *Weyer* Jahrbuch BauR 2003, 207, 232/233.

[1801] BT-Drucks. 14/6040, S. 263; vgl. schon oben Rdn. 358 und 391.

[1802] *Palandt/Sprau* § 634 a Rdn. 5; *Weyer* Jahrbuch BauR 2005, 1, 22–25.

[1803] Vgl. dazu oben Rdn. 346, 348, 358, 379.

[1804] *Locher* FS Soergel 1993, 181, 187; *Donner* in *Franke/Kemper/Zanner/Grünhagen* VOB/B § 13 Rdn. 244 beruft sich auf Locher, verkennt aber dessen Ansatz.

[1805] Vgl. dazu oben Rdn. 47.

[1806] Vgl. dazu oben Rdn. 379, 380.

[1807] *Tempel* NZBau 2002, 532, 536/537.

[1808] Näher dazu *Weyer* NZBau 2003, 521, 526/527.

[1809] So *Peters* NZBau 2006, 273, 276.

[1810] OLG Nürnberg NJW-RR 1986, 1347; Beck'scher VOB-Kommentar/*Kohler* VOB/B § 13 Nr. 7 Rdn. 47; *Nicklisch/Weick* § 13 Rdn. 232; *Heiermann/Riedl/Rusam* VOB/B § 13 Rdn. 194.

[1811] Vgl. dazu oben Rdn. 337, 340/341.

[1812] Das verkennt *Tempel* NZBau 2002, 532, 537, wenn er einen Verstoß gegen § 309 Nr. 7 lit. b BGB konstatiert, obwohl er im nächsten Absatz selbst auf den neuen § 13 Nr. 7 Abs. 2 VOB/B verweist. Näher dazu *Weyer* NZBau 2003, 521, 526.

c) AGB-Kontrolle abweichender Klauseln. Die früher hier[1813] angestellten Überlegungen, ob ein Eingriff in den Kernbereich der VOB/B vorliegt, haben spätestens durch die Rechtsprechung des BGH, jede vertragliche Abweichung von der VOB/B führe dazu, dass diese nicht als Ganzes vereinbart sei,[1814] unter diesem rechtlichen Gesichtspunkt jegliche Bedeutung verloren. Für die insoweit erörterten Fallgestaltungen kann jedoch die AGB-Kontrolle die Unwirksamkeit entsprechender Klauseln aufzeigen. Denn wenn zum Beispiel dem Auftragnehmer nach seinen Allgemeinen Geschäftsbedingungen die Verwendung von Baustoffen und Bauteilen ohne besondere Zustimmung des Auftraggebers gestattet sein soll, für die weder DIN-Normen noch eine amtliche Zulassung bestehen, und ihm damit eine Abweichung von den anerkannten Regeln der Technik möglich sein soll, dann zeichnet er sich auch von der erweiterten Haftung nach § 13 Nr. 7 Abs. 3 Satz 2 lit. a VOB/B frei, was als schwerwiegender Eingriff in die Rechte des Auftraggebers gewertet wurde[1815] und zugleich eine unangemessene Benachteiligung des Auftraggebers im Sinne des § 307 Abs. 1 Satz 1 BGB darstellen dürfte. Das gilt ebenso für die Vereinbarung einer Einschränkung oder Erweiterung der Haftung nach § 13 Nr. 7 Abs. 5 VOB/B, ohne dass ein begründeter Sonderfall vorliegt.[1816] 401

8. Konkurrenzen

Mit den in § 13 Nr. 7 VOB/B geregelten Schadenersatzansprüchen konkurrierende Ansprüche scheiden ebenso wie bei Ansprüchen nach § 13 Nr. 5 und 6 VOB/B[1817] grundsätzlich aus. Dies gilt insbesondere für Ansprüche aus Verschulden bei Vertragsschluss und aus positiver Vertragsverletzung (a). In Betracht kommen allerdings Schadenersatzansprüche wegen Verzugs mit der Mängelbeseitigung (b) und unter engen Voraussetzungen Ansprüche aus unerlaubter Handlung (c). 402

a) Ansprüche aus Verschulden bei Vertragsschluss und aus positiver Vertragsverletzung. Soweit die Verletzung vorvertraglicher Aufklärungs-, Beratungs- oder sonstiger Pflichten zu einem Mangel des Bauwerks führt, scheitert ein Anspruch aus Verschulden bei Vertragsschluss (§§ 311 Abs. 2, 241 Abs. 2, 280 BGB) daran, dass § 13 VOB/B eine abschließende Regelung der Mängelrechte enthält.[1818] Mit derselben Begründung scheiden bei mangelbedingten Schäden mit Ansprüchen aus § 13 Nr. 7 Abs. 3 Satz 2 VOB/B konkurrierende Schadenersatzansprüche wegen positiver Vertragsverletzung (§§ 241 Abs. 2, 280 BGB) aus.[1819] 403

Aufgrund dieser Anspruchsgrundlagen kommen deshalb nur von § 13 Nr. 7 VOB/B nicht umfasste Ansprüche wegen **Schäden** in Betracht, die **nicht mangelbedingt** sind. So sind Ansprüche aus **Verschulden bei Vertragsschluss** zum Beispiel bejaht worden bei fehlender Aufklärung über die vor dem einzigen Fenster einer Eigentumswohnung vorgesehene Feuertreppe,[1820] über die nicht mögliche Befahrbarkeit einer zu begrünenden Tiefgaragendecke[1821] und über die unmittelbar bevorstehende Erhöhung der Deponiegebühren.[1822] Der Abbruch von Vertragsverhandlungen begründet hingegen grundsätzlich keine Schadenersatzpflicht.[1823] Schadenersatz wegen **positiver Vertragsverletzung** kann der Auftraggeber beanspruchen, wenn der Auftragnehmer 404

[1813] In der 1. Aufl., § 13 VOB/B Rdn. 386.

[1814] BGHZ 157, 346 = NJW 2004, 1597 = NZBau 2004, 267 = BauR 2004, 668; NZBau 2004, 385 = BauR 2004, 1142.

[1815] OLG Koblenz NJW-RR 1995, 787 = BauR 1995, 554.

[1816] *Kaiser* Mängelhaftung Rdn. 138.

[1817] Vgl. dazu oben Rdn. 302 und 333.

[1818] BGH NJW 1965, 152; NJW 1969, 1710, zu §§ 633 BGB a.F.; BauR 1976, 59; *Nicklisch/Weick* Vor § 13 Rdn. 31; *Heiermann/Riedl/Rusam* Einf. zu VOB/B § 13 Rdn. 7; vgl. auch *Ganten* FS Motzke 2006, 105–112.

[1819] Beck'scher VOB-Kommentar/*Kohler* VOB/B § 13 Nr. 7 Rdn. 36; *Nicklisch/Weick* Vor § 13 Rdn. 27; *Heiermann/Riedl/Rusam* Einf. zu VOB/B § 13 Rdn. 8.

[1820] BGH NJW 1989, 1793 = BauR 1989, 216.

[1821] OLG Düsseldorf NJW-RR 2001, 14 = NZBau 2001, 334 = BauR 2000, 1878.

[1822] OLG Stuttgart BauR 1997, 855.

[1823] BGH NJW-RR 2001, 381 = NZBau 2001, 198 = BauR 2001, 623.

vertragliche „Nebenpflichten“, insbesondere Obhuts- und Beratungspflichten[1824] verletzt, indem er in seinen Gewahrsam gelangtes oder seiner Einwirkung unmittelbar ausgesetztes Eigentum des Auftraggebers nicht pfleglich behandelt und vor Schaden bewahrt,[1825] indem er die Baustelle nicht ordnungsgemäß absichert, so dass der Auftraggeber hierdurch zu Schaden kommt,[1826] und indem er unzutreffende Empfehlungen zur Nachbehandlung oder Pflege des Werks gibt, welche zu Schäden führen.[1827] Wird zwischen Estrichleger und Auftraggeber vereinbart, Unebenheiten der Rohbetondecke durch eine wechselnde Estrichstärke auszugleichen, so muss der Estrichleger den Auftraggeber auf Konsequenzen der teilweise höheren Estrichstärke für die Austrocknungszeit hinweisen.[1828] Eine solche Hinweispflicht besteht auch, wenn das Trocknungsverhalten des Estrichs material- und/oder verarbeitungsbedingt signifikant von der Bauüblichkeit abweicht.[1829]

405 **b) Anspruch wegen Verzugs mit der Mängelbeseitigung.** Wenn der Auftragnehmer nach § 13 Nr. 5 Abs. 1 Satz 1 VOB/B mängelbeseitigungspflichtig ist, er jedoch mit der Mängelbeseitigung in Verzug gerät, hat er dem Auftraggeber wegen etwaiger Verzugsschäden gemäß §§ 280, 286 BGB Schadenersatz zu leisten.[1830] Ein solcher Verzugsschaden kann zum Beispiel die Prämienerhöhung sein, die der Leitungswasserversicherer infolge einer Vielzahl von korrosionsbedingten Wasserschäden verlangt,[1831] oder der Ausfall, den der Hauptunternehmer erleidet, weil sein Auftraggeber wegen des Verzugs des Nachunternehmers mit der Mängelbeseitigung die Schlusszahlung nicht leistet und anschließend zahlungsunfähig wird.[1832]

406 **c) Ansprüche aus unerlaubter Handlung.** Schadenersatzansprüche wegen unerlaubter Handlung[1833] scheiden oft bereits deshalb aus, weil der Tatbestand des § 823 Abs. 1 BGB nicht erfüllt ist. Denn bei Errichtung eines mangelhaften Bauwerks hat dieses nie in mangelfreiem Zustand im Eigentum des Auftraggebers gestanden; vielmehr erstreckt sich sein Eigentum mit dem Fortschreiten des Baus auf die jeweils hinzukommenden Gebäudeteile in deren mängelbedingtem Zustand; ihm wird ein mit Mängeln behaftetes Bauwerk zu Eigentum verschafft, es wird aber kein schon vorhandenes Eigentum verletzt.[1834] Eine Eigentumsverletzung liegt auch dann nicht vor, wenn ein mit nicht raumbeständiger Schlacke aufgefülltes Grundstück vom Erwerber bebaut wird und die Bauwerke durch die Ausdehnung der Schlacke beschädigt werden; denn die Gebäude existierten ebenfalls nie in mangelfreiem Zustand, sondern wurden bereits bei ihrer Errichtung von dem Mangel des Grundstücks erfasst.[1835] Des weiteren besteht kein Anspruch aus § 823 Abs. 1 BGB, wenn infolge einer vertraglichen Leistung des Auftragnehmers ein Schaden am Bauwerk entsteht, der sich mit dem Mangelunwert der vertraglichen Leistung deckt; muss der Auftragnehmer nach dem erteilten Bauauftrag in die Bausubstanz eingreifen, so ist eine damit zusammenhängende Schädigung der Bausubstanz also in der Regel keine Eigentumsverletzung.[1836]

407 Zudem besteht für konkurrierende Schadenersatzansprüche aus unerlaubter Handlung die Einschränkung, dass durch sie **vorrangige vertragliche Regelungen** nicht ausgehöhlt werden dürfen. Wird durch eine mangelhafte Leistung des Auftragnehmers sonstiges Eigentum des

---

[1824] Zum Umfang dieser Pflichten: BGH NJW 2000, 2102 = NZBau 2000, 328.

[1825] BGH NJW 1977, 376; NJW 1983, 113.

[1826] OLG Celle BauR 2006, 133; *Nicklisch/Weick* Vor § 13 Rdn. 28.

[1827] OLG Schleswig MDR 1983, 315; *Heiermann/Riedl/Rusam* Einf. zu VOB/B § 13 Rdn. 8; anders, wenn die empfohlene Nachbehandlung einen im Kern bereits vorhandenen Mangel zum Vorschein bringt: OLG Hamm NJW-RR 1992, 155.

[1828] OLG Bamberg NJW-RR 2006, 891; *Weise* NJW-Spezial 2006, 359/360.

[1829] OLG Nürnberg IBR 2005, 313.

[1830] *Preussner* BauR 2002, 231, 238.

[1831] OLG Karlsruhe IBR 2000, 599.

[1832] OLG München BauR 2001, 964.

[1833] Vgl. dazu des näheren *Weyer* Jahrbuch BauR 2003, 207, 224–231.

[1834] BGHZ 39, 366 = NJW 1963, 1827; BGHZ 96, 221 = NJW 1986, 922 = BauR 1986, 211.

[1835] BGHZ 146, 144 = NJW 2001, 1346 = NZBau 2001, 266 = BauR 2001, 800 und 1082; kritisch dazu *Boisserée* FS Jagenburg 2002, 45 ff.; vgl. auch LG Köln IBR 2003, 248.

[1836] BGHZ 162, 86 = NJW 2005, 1423 = NZBau 2005, 287 = BauR 2005, 705.

Auftraggebers verletzt und ist zur Schadensbeseitigung auch die Erneuerung der Leistung des Auftragnehmers erforderlich, muss dieser deshalb mit Rücksicht auf seine für ihn sehr bedeutsame Nachbesserungsmöglichkeit[1837] Gelegenheit erhalten, seine Arbeiten erneut und dieses Mal mängelfrei selbst auszuführen.[1838]

Ansonsten erfüllt eine mangelhafte Werkleistung **zugleich** den Tatbestand des **§ 823 Abs. 1 BGB**, wenn in schon vorhandenes und bisher unversehrtes Eigentum des Auftraggebers eingegriffen wird.[1839] Die miteinander konkurrierenden werkvertraglichen und deliktischen Schadenersatzansprüche sind nach ihren Voraussetzungen und Rechtsfolgen grundsätzlich selbständig zu beurteilen,[1840] insbesondere bezüglich ihrer Verjährung.[1841] Gerade daraus ergibt sich die praktische Bedeutung der deliktischen Schadenersatzansprüche. Denn deren Verjährung beginnt nicht wie die der werkvertraglichen Schadenersatzansprüche nach § 13 Nr. 4 Abs. 3 VOB/B schon mit der Abnahme, sondern gemäß § 199 Abs. 1 BGB erst mit dem Ende des Jahres, in dem der Auftraggeber Kenntnis von dem Schaden erlangt oder ohne grobe Fahrlässigkeit erlangen müsste. Ein weiterer wichtiger Vorteil deliktischer Schadenersatzansprüche zeigt sich in der **Insolvenz** der Auftragnehmers. Denn dem Auftraggeber verbleibt dann die Möglichkeit, diese Ansprüche gegenüber dem Haftpflichtversicherer des Auftragnehmers durchzusetzen.[1842] Der aus Delikt in Anspruch Genommene trägt die **Beweislast** für die **Einwilligung** in eine Eigentumsverletzung, die bei Ausführung eines Werkvertrags erfolgt, dessen Inhalt hinsichtlich Art und Umfang der geschuldeten Eingriffe streitig ist.[1843] 408

Eine **Eigentumsverletzung** ist in der Rechtsprechung zum Beispiel **bejaht** worden bei der Beschädigung von Fenstern durch aus Asbestzement-Fassadenplatten ausgeschwemmte Substanzen,[1844] bei durch eindringende Feuchtigkeit an den unteren Schichten des Dachaufbaus entstehenden Schäden, weil eine Dachabdeckfolie nach ihrer Anbringung infolge eines Produktfehlers ihre wasserabweisende Wirkung verliert[1845] und bei der Beschädigung einer Spundwand durch den mit deren Hinterfüllung beauftragten Unternehmer.[1846] Andererseits ist eine Eigentumsverletzung **verneint** worden bei Putzschäden infolge der Verwendung verunreinigten Sandes,[1847] bei Rissbildungen in der Dachhaut infolge zur Herstellung eines Flachdachs verwendeter fehlerhaft konstruierter Dämmelemente[1848] und bei Schäden an Gebäuden infolge nicht raumbeständiger Schlacke, mit welcher das Grundstück verfüllt worden war.[1849] 409

In extremen Fällen kann eine **Schadenersatzpflicht** sogar **wegen Betrugs** des Auftragnehmers auf § 823 Abs. 2 BGB, § 263 StGB gestützt werden. Das kommt in Betracht, wenn der Auftragnehmer dem Auftraggeber vortäuscht, bei einem tatsächlich bestehenden Mangel handele es sich um eine technische Notwendigkeit,[1850] wenn ein Generalübernehmer, um Kosten zu sparen, entgegen der Architektenplanung trotz der Gefahr drückenden Wassers bewusst die Kellerbodenplatte zu dünn und die Kelleraußenwände mit unzureichender Isolierung herstellen lässt[1851] oder wenn ein 410

[1837] Vgl. dazu oben Rdn. 194.
[1838] BGHZ 96, 221 = NJW 1986, 922 = BauR 1986, 211.
[1839] BGHZ 55, 392 = NJW 1971, 1131; BGHZ 96, 221 = NJW 1986, 922 = BauR 1986, 211.
[1840] BGHZ 61, 203 = NJW 1973, 1752 = BauR 1973, 381; BGHZ 96, 221 = NJW 1986, 922 = BauR 1986, 211; BGH BauR 2005, 96.
[1841] BGHZ 55, 392 = NJW 1971, 1131; BGH NJW 1998, 2282; BGHZ 162, 86 = NJW 2005, 1423 = NZBau 2005, 287 = BauR 2005, 705. *Lenkeit* BauR 2002, 196, 207 und 226.
[1842] Näher dazu *Miernik* BauR 2003, 1465, 1466/1467.
[1843] BGH BauR 2005, 96.
[1844] BGH NJW 1981, 2250.
[1845] BGH NJW 1985, 194 = BauR 1985, 102.
[1846] BGHZ 96, 221 = NJW 1986, 922 = BauR 1986, 211.
[1847] BGH NJW 1978, 1051 = BauR 1978, 239.
[1848] BGH NJW 1981, 2248 = BauR 1982, 175.
[1849] BGHZ 146, 144 = NJW 2001, 1346 = NZBau 2001, 266 = BauR 2001, 800 und 1082; vgl. auch OLG Düsseldorf NZBau 2000, 431 mit Nichtannahmebeschluss des BGH vom 28.3.2000 – VI ZR 227/99 in der Anm. der Schriftleitung S. 432; LG Köln IBR 2003, 248; OLG Düsseldorf NZBau 2005, 105.
[1850] OLG Köln BauR 1995, 100.
[1851] OLG Düsseldorf NJW-RR 2001, 885 = NZBau 2002, 45 = BauR 2001, 1780.

Bauträger, der weiß, dass eine Baugenehmigung für ein Gebäude zu reinen Wohnzwecken auf dem gesetzlich vorgeschriebenen Weg nicht erteilt wird, den Vertrag mit dem Erwerber ohne entsprechende Aufklärung schließt.[1852]

§ 14 Abrechnung

1. Der Auftragnehmer hat seine Leistungen prüfbar abzurechnen. Er hat die Rechnungen übersichtlich aufzustellen und dabei die Reihenfolge der Posten einzuhalten und die in den Vertragsbestandteilen enthaltenen Bezeichnungen zu verwenden. Die zum Nachweis von Art und Umfang der Leistung erforderlichen Mengenberechnungen, Zeichnungen und anderen Belege sind beizufügen. Änderungen und Ergänzungen des Vertrags sind in der Rechnung besonders kenntlich zu machen; sie sind auf Verlangen getrennt abzurechnen.

2. Die für die Abrechnung notwendigen Feststellungen sind dem Fortgang der Leistungen entsprechend möglichst gemeinsam vorzunehmen. Die Abrechnungsbestimmungen in den Technischen Vertragsbedingungen und den anderen Vertragsunterlagen sind zu beachten. Für Leistungen, die bei Weiterführung der Arbeiten nur schwer feststellbar sind, hat der Auftragnehmer rechtzeitig gemeinsame Feststellungen zu beantragen.

3. Die Schlussrechnung muss bei Leistungen mit einer vertraglichen Ausführungsfrist von höchstens 3 Monaten spätestens 12 Werktage nach Fertigstellung eingereicht werden, wenn nichts anderes vereinbart ist; diese Frist wird um je 6 Werktage für je weitere 3 Monate Ausführungsfrist verlängert.

4. Reicht der Auftragnehmer eine prüfbare Rechnung nicht ein, obwohl ihm der Auftraggeber dafür eine angemessene Frist gesetzt hat, so kann sie der Auftraggeber selbst auf Kosten des Auftragnehmers aufstellen.

Schrifttum: *Bergmann* Grundlagen der Vergütungsregelung nach BGB und § 16 VOB Teil B, ZfBR 1998, 59 – *Dähne* Die Schlussrechnung des Auftraggebers nach § 14 Nr. 4 VOB/B, BauR 1981, 233 – *Damerau von der Tauterat*, VOB im Bild, Regeln für Ermittlung und Abrechnung aller Bauleistungen nach den Bestimmungen der ATV (TeilC) der VOB, 8. Aufl., 1980 – *Duffek* Fälligkeit der Schlusszahlung nach VOB/B, BauR 1976, 164 – *Grimme* Rechnungserteilung und Fälligkeit der Werklohnforderung, NJW 1987, 468 – *Junker* Die Bindung an eine fehlerhafte Rechnung, ZIP 1982, 1158 – *Kapellmann* Die Berechnung der Vergütung nach Kündigung des Bau- oder Architektenvertrages durch den Auftraggeber, Jahrbuch Baurecht 1998, 35 – *Kniffka* Die neuere Rechtsprechung des Bundesgerichtshofs zur Abrechnung nach Kündigung des Bauvertrags, Jahrbuch 2000, 1 – *Kronenbitter* Der Skontoabzug in der Praxis der VOB/B, BB 1984, 2030 – *U. Locher* Die Rechnung im Werkvertragsrecht, 1990 – *Mantscheff* Prüfungsfähige Rechnungen, BauR 1972, 205 – *Reitz* Wirksamkeit von Gleit-, Bagatell- und Selbstbeteiligungsklauseln, BauR 2001, 1513 – *Schmidt* Abrechnung und Zahlung nach der VOB, MDR 1965, 621 – *Schmitz* Abnahme, Schlussrechnung und Schlusszahlung nach der VOB, DB 1980, 1019 – *Voit* Die Bedeutung der Bestätigung von Aufmaß und Stundenlohnzetteln, FS Motzke 2006, 421 – *Werner* Lohngleitklauseln am Bau – Eine unendliche Geschichte?, NZBau 2001, 521 – *Winkler* VOB-Abrechnung von Bauleistungen, 2Bände, 1975, 1976 – *Winkler/Hackmann* Die Bewertung der Rückstellung für die Verpflichtung zur Rechnungsstellung nach § 14 VOB/B, BB 1985, 1103.

Übersicht

[1852] OLG Stuttgart BauR 2006, 532.

I. Grundlagen

Die Abrechnung von Bauleistungen richtet sich bei VOB-Bauverträgen nach § 14 VOB/B. Ergänzend befasst sich § 15 VOB/B mit den Besonderheiten der Abrechnung von Stundenlohnarbeiten. Die Bezahlung der abgerechneten Bauleistungen ist Gegenstand des § 16 VOB/B. 1

Vergütungsansprüche aus Abschlags- und Schlussrechnungen können nur bei Einhaltung der Abrechnungsvoraussetzungen des § 14 VOB/B fällig werden[1]. Die Abrechnungs- und Zahlungsmodalitäten der §§ 14–16 stehen insofern in einem inneren sachlichen Zusammenhang. 2

Die Abrechnungsvoraussetzungen des § 14 VOB/B gelten grundsätzlich für alle VOB-Bauverträge[2]. Das **BGB-Werkvertragsrecht** kennt demgegenüber keine speziellen Abrechnungsvorschriften. § 641 Abs. 1 BGB besagt lediglich, dass die Vergütung bei Abnahme fällig wird. Auch die mit dem Gesetz zur Beschleunigung von Zahlungen eingeführte Vorschrift des § 632 a BGB zu Abschlagsforderungen sieht keine besonderen Abrechnungsformalien vor. Dies beruht auf dem Umstand, dass bei reinen Werkverträgen häufig die Vergütung von Anfang an vertraglich vereinbart ist, weshalb der Gesetzgeber auf weitere fälligkeitsbestimmende Kriterien meinte verzichten zu können[3]. Bei Bauverträgen besteht jedoch regelmäßig die Besonderheit, dass sich der Umfang der Vergütung zumeist erst nach Beendigung der Bauleistungen abschließend ermitteln lässt: Beim Einheitspreisvertrag werden die einzelnen Teilleistungen in den Verdingungsunterlagen lediglich nach Maß, Gewicht oder Stückzahl angegeben (§ 5 Nr. 1 a VOB/A), die Vergütung richtet sich in diesem Falle nach den zugrunde zulegenden vertraglichen Einheitspreisen und den tatsächlich ausgeführten, also den nach Beendigung der Bauleistungen zu ermittelnden Massen (§ 2 Nr. 2 3

[1] BGH BauR 1989, 87.
[2] *Franke/Kemper/Zanner/Grünhagen* VOB/B § 14 Rdn. 1 ff.
[3] Vgl. *Heiermann/Riedl/Rusam* VOB/B § 14 Rdn. 1.

VOB/B). Auch bei Abschluss eines Pauschalpreisvertrages (§ 5 Nr. 1 b VOB/A) lässt sich häufig erst nach Beendigung aller Arbeiten der Umfang der Leistungen abschließend bestimmen; erhebliche Mengenmehrungen und/oder Änderungen des Bauentwurfs, leistungsändernde Anordnungen des Auftraggebers oder aber die Forderung nach zusätzlichen Leistungen vermögen Einfluss auf den Umfang der ausgeführten Leistungen und damit die geschuldete Vergütung zu nehmen (§ 2 Nr. 7 Abs. 1 Satz 4; § 2 Nr. 5 und 6 VOB/B). Für den Bauvertrag ist es deshalb durchaus kennzeichnend, dass die ausgeführten Leistungen und damit zugleich die anhand dieser Leistungen und der zugrundeliegenden Angebotskalkulation geschuldete Vergütung regelmäßig erst nach Abschluss aller Arbeiten endgültig erfasst und abgerechnet werden kann. Zwischen VOB- und BGB-Bauverträgen bestehen insoweit keinerlei nennenswerte Unterschiede. Vor allem kann auch beim BGB-Bauvertrag der Besteller regelmäßig erst nach Beendigung der Arbeiten und nach Vorlage einer leistungsbezogenen Abrechnung den Umfang der von ihm geschuldeten Vergütung erkennen. Aus diesem Grunde ist die Erteilung einer prüffähigen Rechnung im Sinne des § 14 VOB/B auch bei BGB-Bauverträgen als allgemeine Fälligkeitsvoraussetzung anzusehen.

4 Die bislang vorherrschende Auffassung verneint zwar unter Anknüpfung an den engen Wortlaut des § 641 BGB das **Erfordernis einer prüffähigen Abrechnung als Fälligkeitsvoraussetzung**[4], zunehmend wird jedoch neuerdings auch in der Rechtsprechung betont, dass der Besteller die Höhe der von ihm geschuldeten Vergütung kennen muss und deshalb eine den Voraussetzungen des § 14 VOB/B entsprechende Abrechnung nach Beendigung der Bauleistungen durchaus erwarten kann[5]. Nach Auffassung des OLG Frankfurt entspricht nur eine derartige Vorgehensweise der allgemeinen Verkehrsauffassung und dem Gebot von Treu und Glauben bei der Abrechnung von Bauleistungen beim Vorliegen von BGB-Bauverträgen[6]. Das OLG Düsseldorf gelangt im Wege einer Auslegung des abgeschlossenen BGB-Bauvertrages letztlich zu dem gleichen Ergebnis[7]. Vor diesem Hintergrund versteht sich auch, dass der Unternehmer auch bei einem BGB-Bauvertrag grundsätzlich gehalten sein soll, seinen Rechnungen alle die Nachweise und Belege beizufügen, die erforderlich sind, um die zur Abrechnung gestellten Leistungen von Seiten des Bestellers nachvollziehen zu können[8].

II. Prüfbare Abrechnung (§ 14 Nr. 1 VOB/B)

5 Der maßgebende Abrechnungsgrundsatz ist in § 14 Nr. 1 Satz 1 VOB/B enthalten. Danach hat der Auftraggeber seine Leistungen prüfbar abzurechnen. Satz 2–4 des § 14 Nr. 1 VOB/B enthalten insoweit ergänzende Bestimmungen zur Umschreibung der Anforderungen an eine ordnungsgemäße und prüffähige Abrechnung des Auftragnehmers.

1. Rechnungen

6 Die Verpflichtung zur prüffähigen Abrechnung erstreckt sich auf alle **Arten von Abrechnungen**. Neben der ausdrücklich in § 14 Nr. 3 VOB/B aufgeführten Schlussrechnung zählen hierzu Abschlagsrechnungen, Teil- und Teilschlussrechnungen, Rechnungen über Vorauszahlungen, Rechnungen über Änderungs- und Zusatzleistungen, Stundenlohnrechnungen, Rechnungen nach einvernehmlicher Vertragsaufhebung oder auch nach Kündigung sowie sonstige zwischen den Parteien vereinbarte oder notwendige Abrechnungen[9]. Soweit der Auftraggeber seinerseits gegenüber dem Auftragnehmer abzurechnen hat, so etwa nach Auftragsentziehung

[4] BGHZ 79, 176, 178 f.; OLG Celle NJW 1986, 327.

[5] BGH NZBau 2002, 329; OLG Frankfurt BauR 1997, 856; OLG Düsseldorf BauR 1999, 655; vgl. auch *Grimme* NJW 1987, 468 ff.

[6] OLG Frankfurt BauR 1997, 856; kritisch hierzu *Franke/Kemper/Zanner/Grünhagen* VOB/B § 14 Rdn. 7.

[7] OLG Düsseldorf BauR 1999, 655; vgl. auch BGH BauR 1989, 90 für den Gerüstvertrag.

[8] OLG Köln NJW 1973, 2111.

[9] *Heiermann/Riedl/Rusam* VOB/B § 14 Rdn. 3; *Ingenstau/Korbion/Locher* VOB/B § 14 Nr. 1 Rdn. 10.

über entstandene Mehrkosten (§ 8 Nr. 3 Abs. 4 VOB/B), gelten für ihn gleichermaßen die sich aus § 14 Nr. 1 VOB/B ergebenden Abrechnungserfordernisse[10].

Von der Frage der Abrechnung zu unterscheiden ist die nach ihrer Form. Rechnungen sind grundsätzlich schriftlich zu erteilen[11]. Nur durch die **Wahrung der Schriftform** ist sichergestellt, dass der Abrechnungsvorgang eindeutig dargestellt ist und nachvollzogen werden kann. Allerdings ist es nicht erforderlich, eine vorgelegte Rechnung von Seiten des jeweiligen Ausstellers zu unterschreiben[12]. 7

2. Abrechnungspflicht

Der Auftragnehmer hat seine Leistungen prüfbar abzurechnen. Bei dieser Pflicht handelt es sich nicht um eine Haupt-, sondern lediglich um eine „Nebenpflicht" des Auftraggebers[13]. Verstößt der Auftragnehmer gegen die bestehende (Neben-) **Pflicht zur Abrechnung**, kann er sich gegenüber dem Auftraggeber schadensersatzpflichtig machen[14]. Der Auftraggeber kann bei unterbliebener Abrechnung entweder unter den Voraussetzungen des § 14 Nr. 4 VOB/B die Rechnung selbst aufstellen bzw. aufstellen lassen oder aber Klage auf Rechnungslegung bzw. Abrechnung gegen den Auftragnehmer erheben[15]. 8

Auch wenn die für die Abrechnung erforderlichen Feststellungen möglichst gemeinsam vorzunehmen sind (§ 14 Nr. 2 VOB/B), die Parteien somit im Rahmen der Abrechnung zusammenwirken sollen[16], verbleibt es gleichwohl dabei, dass es zuförderst Sache des Auftragnehmers ist, auf die Einhaltung der Abrechnungsvoraussetzungen des § 14 VOB/B zu achten, da anderenfalls die von ihm erhobenen Vergütungsansprüche nicht fällig werden. 9

3. Fälligkeit

Nur eine prüfbare Rechnung führt zur Fälligkeit der erhobenen Forderung[17]. Prüffähig ist dabei nur eine **schriftliche Abrechnung**, eine mündliche Abrechnung vermag keine Fälligkeit von Vergütungsansprüchen auszulösen[18]. Demgegenüber kommt es für die Frage der Fälligkeit der vorgelegten Rechnung nicht entscheidend darauf an, ob der Rechnungsinhalt insgesamt richtig bzw. ganz oder teilweise unrichtig ist[19]. Die Vorlage einer prüffähigen Rechnung ermöglicht erst in einem zweiten Schritt die materielle Richtigkeitskontrolle der zur Abrechnung gestellten Leistungen. 10

Eine **Ausnahme** vom Erfordernis der Vorlage einer in sich prüffähigen Rechnung besteht allerdings dann, wenn die sachliche und rechtliche Richtigkeit der Abrechnung zwischen den Parteien bereits vom Grundsatz her außer Streit steht. Sind die Parteien über den zur Abrechnung zu stellenden Forderungsbetrag in der Sache einig, so ist es dem Rechnungsempfänger verwehrt, ausschließlich formelle Abrechnungseinwendungen zu erheben[20]. Eine weitere Ausnahme von der Verpflichtung zur prüffähigen Abrechnung läßt der BGH zu, wenn wegen Insolvenz des Auftragnehmers und wegen Zeitablaufes die Erstellung einer prüffähigen Schlussrechnung praktisch nicht mehr möglich ist. In den häufig massearmen Insolvenzen sollen die Insolvenzgläubiger vor dem Ausfall ihrer ohnehin zumeist geringen Quotenaussicht bewahrt werden. Die Leistungen müssen aber zumindest so dargelegt werden, daß eine Schätzung nach § 287 ZPPO ermöglicht wird[21]. 11

---

[10] *Heiermann/Riedl/Rusam* VOB/B § 8 Rdn. 40.
[11] Siehe § 16 Rdn. 36.
[12] OLG Karlsruhe OLGR 1998, 17.
[13] *Nicklisch/Weick* VOB/B § 14 Rdn. 5.
[14] *Ingenstau/Korbion/Locher* VOB/B § 14 Nr. 1 Rdn. 2.
[15] OLG München NJW-RR 1987, 146; *Nicklisch/Weick* § 14 Rdn. 5.
[16] *Nicklisch/Weick* VOB/B § 14 Rdn. 4.
[17] BGH NJW 1989, 836; BGH NJW-RR 1990, 1170.
[18] *Nicklisch/Weick* VOB/B § 14 Rdn. 5.
[19] BGH BauR 1999, 635, 637.
[20] BGHZ 136, 342, 344 für die Architektenhonorarrechnung; vgl. auch *Nicklisch/Weick* VOB/B § 14 Rdn. 5.
[21] BGH NJW-RR 2005, 167 = BauR 2004, 1937.

4. Allgemeiner Prüfungsmaßstab

12 Die Prüffähigkeitserfordernisse der Abrechnung dienen dem Schutz des Auftraggebers[22]. Die Anforderungen an die Prüffähigkeit ergeben sich anhand der **Informations- und Kontrollinteressen** des jeweiligen Auftraggebers. Diese bestimmen und begrenzen Umfang und Differenzierung der für die Prüfung erforderlichen Angaben in der vorgelegten Rechnung[23]. In welchem Umfang die Rechnung im einzelnen aufzuschlüsseln ist, damit der Auftraggeber in die Lage versetzt wird, sie in der gebotenen Weise überprüfen zu können, ist eine Frage des jeweiligen Einzelfalles, die vor allem von den Besonderheiten der Vertragsgestaltung und -durchführung sowie von den Kenntnissen und Fähigkeiten des Auftraggebers und der von ihm beauftragten Hilfspersonen abhängt[24].

Ausschlaggebender Prüfungsmaßstab ist deshalb der **Empfänger- und Erkenntnishorizont des Auftraggebers**. Handelt es sich um einen fachkundigen Bauherrn, so ist dessen fachtechnisches (Abrechnungs-) Verständnis zugrunde zu legen[25]. Bedient sich der Auftraggeber eines versierten Fachmannes, etwa eines Architekten, kommt es mit Blick auf die Prüffähigkeitskriterien auf dessen, dem Auftraggeber zurechenbare Erkenntnismöglichkeiten an[26]. Kann der sachkundige Architekt die vorgelegte Rechnung überprüfen, so ist damit den Informations- und Kontrollinteressen des Auftraggebers ausreichend entsprochen[27]. Aus diesem Grunde ist es dem Auftraggeber auch verwehrt, pauschal den Einwand mangelnder Prüffähigkeit der Schlussrechnung zu erheben, wenn das von ihm beauftragte Planungsbüro die Schlussrechnung des Auftragnehmers über erbrachte Leistungen geprüft und den Leistungsnachweis selbst als prüfbar bezeichnet hat[28]. Der Prüfvermerk des Architekten auf der Rechnung des Auftragnehmers beinhaltet jedoch lediglich eine Wissenserklärung des Architekten gegenüber seinem Auftraggeber, dass die Rechnung fachlich und rechnerisch richtig ist. Der Prüfvermerk enthält in aller Regel keine darüber hinausreichende rechtsgeschäftliche Erklärung des Architekten namens seines Auftraggebers gegenüber Dritten, insbesondere gegenüber dem Auftragnehmer[29].

13 Der Auftragnehmer hat grundsätzlich genau gegenüber dem Auftraggeber abzurechnen. Vor allem ist er nicht als berechtigt anzusehen, lediglich **überschlägig aufgemachte Rechnungen** vorzulegen. Ungenaue bzw. unpräzise Abrechnungen kann der Auftraggeber zurückweisen. Auch bei Teilleistungen kann der Auftraggeber erwarten, dass diese ordnungsgemäß und prüffähig zur Abrechnung gestellt werden.

14 Eine Ausnahme gilt insoweit nur dann, wenn die Parteien von § 14 VOB/B **abweichende Abrechnungsmodalitäten** ausdrücklich vertraglich vereinbart haben. Nicht selten werden Absprachen zwischen den Parteien dahingehend getroffen, dass der Auftraggeber in bestimmten fest fixierten zeitlichen Abständen verpflichtet sein soll, Zahlungsraten auf die vom Auftragnehmer auszuführenden Bauleistungen zu erbringen. Derartige Abrechnungsabsprachen sind aus Sicht des Auftraggebers außerordentlich riskant, weil der tatsächlich erreichte Bautenstand nicht notwendigerweise mit dem nach Zeitablauf bemessenen Abrechnungsstand übereinstimmen muss. Vor diesem Hintergrund ist von entsprechenden atypischen Abrechnungs- und Fälligkeitsvereinbarungen grundsätzlich abzuraten.

5. Gerichtlicher Prüfungsmaßstab

15 Mit der Prüffähigkeit vorgelegter Rechnungen hat sich das Gericht im Rahmen eines Vergütungsrechtsstreits nur bei entsprechendem Bestreiten durch den Auftraggeber zu befassen. In den

[22] BGH NJW 1999, 1867, 1868; *Nicklisch/Weick* VOB/B § 14 Rdn. 5.
[23] BGH BauR 1999, 1185, 1186; BGH NZBau 2000, 508.
[24] BGH BauR 1999, 1185, 1186; BGH NZBau 2000, 508; BGH NZBau 2001, 85.
[25] OLG Karlsruhe BauR 1989, 208 für einen Bauunternehmer.
[26] *Ingenstau/Korbion/Locher* VOB/B § 14 Nr. 1 Rdn. 7; *Franke/Kemper/Zanner/Grünhagen* VOB/B § 14 Rdn. 29.
[27] *Ingenstau/Korbion/Locher* VOB/B § 14 Nr. 1 Rdn. 7.
[28] BGH NZBau 2002, 90, 91.
[29] BGH BauR 2002, 613, 614.

Rechtsstreit eingeführte Rechnungen sind nicht von Amts wegen auf ihre Prüffähigkeit hin zu kontrollieren[30]. Der Einwand mangelnder Prüffähigkeit ist gerichtlich nur (noch) zu berücksichtigen, wenn der Auftraggeber ihn innerhalb der zweimonatigen Prüffrist des § 16 Nr. 3 VOB/B gegenüber dem Auftragnehmer ausdrücklich erhoben hat. Bei Überschreiten der Prüffrist kann nur noch die sachliche Unrichtigkeit der Abrechnung geltend gemacht werden[31].

Ergeben sich aufgrund des Sachvortrages des Auftraggebers **Prüf- und Fälligkeitsbedenken** hinsichtlich der in den Rechtsstreit eingeführten Rechnungen, so hat das Gericht hierauf ausdrücklich hinzuweisen und dem Auftragnehmer die Möglichkeit zur Behebung bestehender Abrechnungsdefizite innerhalb des gerichtlichen Verfahrens zu geben, vgl. § 139 ZPO[32]. Der Auftragnehmer ist berechtigt, Nachweise und Belege zur Begründung und zum Nachweis der zur Abrechnung gestellten Leistungen im Rahmen des anhängigen Verfahrens nachzureichen oder aber zu Recht beanstandete Rechnungen durch prüffähige zu ersetzen[33]. Verbleiben dennoch durchgreifende Prüffähigkeitseinwände, so ist die Vergütungsklage durch das Gericht nicht insgesamt, sondern nur als derzeit unbegründet abzuweisen[34]. Dadurch wird dem Auftragnehmer ermöglicht, das gerichtlich beanstandete Rechenwerk durch ein neues zu ersetzen und die erhobene Forderung auf der Grundlage neuer (Schluss-) Rechnung weiter zu verfolgen.

Der **gerichtliche Prüfungsmaßstab** richtet sich bei der Beurteilung von vorgelegten Rechnungen nicht nach dem Kenntnisstand bzw. dem Erkenntnishorizont der mit dem Vergütungsrechtsstreit befassten Richter. Die Prüfung von Rechnungen über ausgeführte Bauleistungen ist im Falle von Prüf-, Fälligkeits- und Sacheinwendungen primär Angelegenheit von Fachleuten am Bau, mithin von Bausachverständigen. Das Gericht hat deshalb in Zweifelsfällen Bausachverständige als Gutachter mit der Überprüfung der vorgelegten Rechnung zu beauftragen, auch soweit die Prüffähigkeit der Rechnungen aufgrund fehlender, jedoch aus Sicht des Auftraggebers notwendiger Nachweise streitbefangen ist[35]. 16

6. Einzelne Prüffähigkeitskriterien

Die Erfordernisse prüfbarer Abrechnung werden durch eine Reihe von Prüfkriterien umschrieben, die sich aus § 14 Nr. 1 Satz 2–4 ergeben. Die Prüffähigkeit der Abrechnung und die einzelnen Prüffähigkeitskriterien haben nichts mit der sachlichen Richtigkeit der zur Abrechnung gestellten Leistungen zu tun[36]. Fehler der Abrechnung oder Ungenauigkeiten in der Kosten- bzw. Positionszuordnung berühren die Prüfbarkeit grundsätzlich nicht[37]. 17

a) Der Auftraggeber hat die **Rechnungen übersichtlich aufzustellen**. Anzugeben hat er dabei üblicherweise die Vertrags- bzw. Leistungsgrundlage, den Umfang der erbrachten Leistung, die sich hieraus ergebende Einzelberechnung sowie schließlich die von ihm vorgenommene Gesamtberechnung[38]. 18

b) Bei seinen Angaben hat der Auftragnehmer **„die Reihenfolge der Posten einzuhalten“** (Nr. 1 Satz 2). Mit dem Begriff der Posten verbinden sich dabei die Positionen des zugrundeliegenden Leistungsverzeichnisses[39]. Das dem Bauvertrag zugrunde gelegte Leistungsverzeichnis wird sich deshalb zumeist spiegelbildlich in den Abschlags- und Schlussrechnungen des Auf- 19

[30] BGH BauR 1997, 1065; OLG Bamberg BauR 2004, 1188; *Ingenstau/Korbion/Locher* VOB/B § 14 Nr. 1 Rdn. 8.

[31] BGH NZBau 2004, 216.

[32] BGH BauR 1999, 635, 638; OLG Bamberg BauR 2004, 1188; OLG Brandenburg BauR 2000, 583; *Heiermann/Riedl/Rusam* 9. Aufl. VOB/B § 14 Rdn. 25 b; *Ingenstau/Korbion/Locher* VOB/B § 14 Nr. 1 Rdn. 8.

[33] BGH BauR 1999, 635, 637; OLG Hamm BauR 1998, 819; *Ingenstau/Korbion/Locher* VOB/B § 14 Nr. 1 Rdn. 8.

[34] BGH BauR 1999, 635; BGH NZBau 2001, 19.

[35] OLG Stuttgart IBR 2005, 436; *Ingenstau/Korbion/Locher* VOB/B § 14 Nr. 1 Rdn. 8.

[36] OLG Brandenburg BauR 2005, 151.

[37] BGH IBR 2005, 412.

[38] *Heiermann/Riedl/Rusam* VOB/B § 14 Rdn. 25.

[39] *Heiermann/Riedl/Rusam* VOB/B § 14 Rdn. 25.

tragnehmers wieder finden lassen[40]. In der Reihenfolge des Leistungsverzeichnisses werden die dortigen Leistungspositionen zum Gegenstand der Abrechnung gemacht, um anhand eines Vergleiches zwischen Leistungsverzeichnis einerseits und Rechnung andererseits die Überprüfung der erbrachten Leistungen nach Qualität und Quantität vorzunehmen.

20 Weicht der Auftragnehmer ausnahmsweise von der **Reihenfolge der Positionen im Leistungsverzeichnis** in seiner Rechnung ab, so steht alleine dieser Umstand der Prüffähigkeit der Abrechnung allerdings nicht entgegen, jedenfalls dann, wenn dadurch die Abrechnung für den Auftraggeber nicht nennenswert erschwert wird[41]. Aus gleichen Erwägungen heraus bestehen auch keine Bedenken gegen Schlussrechnungen, die lediglich vorausgegangene prüffähige Abschlagsrechnungen aufnehmen und die aus ihnen zu ermittelnde Schlussrechnungssumme beziffern[42].

21 **c)** Die Angaben zu erbrachten Leistungen müssen vom Auftraggeber nachvollzogen werden können. Nach § 14 Nr. 1 Satz 2 VOB/B hat der Auftragnehmer die in den Vertragsbestandteilen enthaltenen **Bezeichnungen** bei seiner Abrechnung zu verwenden. Bau- und abrechnungstechnische Fachbegriffe darf der Auftragnehmer deshalb bei seiner Abrechnung gegenüber dem Auftraggeber verwenden, soweit diese in den Vertragsunterlagen enthalten oder aber am Bau allgemein anerkannt sind.

22 Bei der Angebotsabgabe auf der Grundlage einer **Kurzfassung des Leistungsverzeichnisses** (§ 21 Nr. 1 Abs. 3 VOB/A) genügt der Auftragnehmer den allgemeinen Abrechnungserfordernissen, wenn er seine Rechnungen in entsprechender Kurzfassung aufmacht[43]. Nicht als ausreichend wird es indes angesehen, wenn der Auftragnehmer bei seinen Rechnungen untypische Abkürzungen und Kürzel verwendet, die nicht ohne weiteres vom Auftraggeber nachvollzogen werden können[44].

23 **d)** Bei der Vorlage von Folgerechnungen bzw. bei Vorlage der Schlussrechnung sind vorausgegangene und abrechnungsmäßig zu berücksichtigende Rechnungen grundsätzlich mit anzugeben. Geleistete **Abschlags- und Vorauszahlungen** sind in nachfolgenden Rechnungen und vor allem in der Schlussrechnung jeweils namhaft zu machen[45]. Da die Prüffähigkeit jedoch auch insoweit keinen Selbstzweck darstellen soll[46], kann eine Rechnung freilich nicht alleine deshalb als nicht fällig beanstandet und zurückgewiesen werden, weil dem Umfange nach vollkommen unstrittige Zahlungen vom Auftragnehmer nicht mit angegeben wurden[47].

24 **e)** Die zum Nachweis von Art und Umfang der erbrachten Leistungen erforderlichen Mengenberechnungen, Zeichnungen und andere Belege hat der Auftragnehmer seinen Abrechnungen beizufügen. Zu den sog. anderen Belegen zählen dabei vor allem für die Abrechnung notwendige Aufmaßskizzen[48]. Sämtliche **Abrechnungsnachweise** sind gemäß § 14 Nr. 2 VOB/B dem Fortgang der Leistung entsprechend möglichst gemeinsam aufzunehmen und anschließend den Abschlagsrechnungen wie auch der Schlussrechnung zugrunde zulegen.

25 Beizufügen sind vom Auftragnehmer nur Unterlagen, die aus Sicht des Auftraggebers erforderlich sind, um ihm oder aber den von ihm beauftragten Fachleuten (Architekten/Ingenieuren) die Überprüfung der zur Abrechnung gestellten Leistungen zu ermöglichen. Soweit der Auftraggeber deshalb bereits über entsprechende **Nachweisunterlagen** verfügt, brauchen diese vom Auftragnehmer nicht (nochmals) den vorgelegten Abrechnungen beigefügt zu werden[49].

---

[40] *Ingenstau/Korbion/Locher* VOB/B § 14 Nr. 1 Rdn. 11.
[41] BGH BauR 1999, 1185; OLG Brandenburg NZBau 2000, 511.
[42] *Franke/Kemper/Zanner/Grünhagen* VOB/B § 14 Rdn. 17.
[43] *Nicklisch/Weick* VOB/B § 14 Rdn. 8.
[44] *Nicklisch/Weick* VOB/B § 14 Rdn. 8.
[45] BGH BauR 2004, 1940; BGH BauR 1997, 468; OLG Köln NJW-RR 1990, 1171.
[46] BGH NJW 1999, 1867, 1868.
[47] BGH BauR 2000, 430; BGH NJW 2000, 653, 655.
[48] *Nicklisch/Weick* VOB/B § 14 Rdn. 10.
[49] BGH BauR 1990, 605, 607; OLG München BauR 1993, 346; OLG Düsseldorf SFH § 14 VOB/B Nr. 3.

Der Auftragnehmer wird – entgegen vorherrschendem Verständnis[50] – nicht alleine deshalb von der **Vorlage der Nachweisunterlagen** befreit, weil der Auftraggeber selbst oder ein von ihm beauftragter Architekt Bauleitungsfunktionen übernommen hat. Die bloße Möglichkeit, die Abrechnungsangaben des Auftragnehmers an Ort und Stelle zu überprüfen, kann den Auftragnehmer nicht von der vertraglichen Verpflichtung entbinden, über die von ihm erbrachten Leistungen prüffähig gegenüber dem Auftraggeber abzurechen[51]. Den Auftraggeber kann nicht die Verpflichtung treffen, seine Bauleitung damit zu beschäftigen, fehlende oder oberflächliche Leistungsnachweise des Auftragnehmers im Rahmen der von ihm vorgelegten Abrechnungen durch eigene Tätigkeit – zumal innerhalb der kurzen Prüfungsfristen, die in der VOB vorgesehen sind (§ 16 Nr. 1 Abs. 3 VOB/B) – zu ersetzen. Etwas anderes kann nur dann gelten, wenn der Auftraggeber ausnahmsweise positive Kenntnis von bestimmten, für die Abrechnung maßgebenden Leistungen hat. 26

Die Verpflichtung zur **Vorlage von Nachweisen** ist beschränkt auf solche Unterlagen, die zur Rechnungsprüfung erforderlich sind. Bestands- und Revisionspläne dienen regelmäßig nicht dazu, den notwendigen Abrechnungsnachweis zu erbringen[52]. Ebenso wenig kann der Auftraggeber über § 14 Nr. 1 VOB/B die Übergabe von Vertrags- und Abrechnungsunterlagen aus dem Verhältnis des Auftragnehmers zu dessen Nachunternehmer beanspruchen. Da die Abrechnung grundsätzlich im jeweiligen Vertrags- und Leistungsverhältnis vorgenommen wird, kommt der Abrechnung des Auftragnehmers gegenüber seinem Nachunternehmer keine vertragsrechtlich relevante Bedeutung im Verhältnis zum Auftraggeber zu. Etwas anderes gilt nur dann, wenn sich der Auftragnehmer selbst zum Nachweis seiner Leistungen auf bestimmte Unterlagen aus einem bestehenden Nachunternehmerverhältnis bezieht. Rechnet der Auftragnehmer etwa in der Weise gegenüber dem Auftraggeber ab, dass er durch Rechnungen nachgewiesene Leistungen seiner Nachunternehmer jeweils mit bestimmten prozentualen Beträgen beaufschlagt, steht dem Auftraggeber die Befugnis zu, zur Überprüfung der ordnungsgemäßen Beaufschlagung auch die der Beaufschlagung zugrundeliegenden Nachunternehmerrechnungen (in Kopie) zu verlangen. 27

f) Änderungen und Ergänzungen des Vertrages hat der Auftragnehmer gemäß § 14 Nr. 1 Abs. 1 Satz 4 VOB/B in der Rechnung besonders kenntlich zu machen. Die Verpflichtung betrifft dabei nur echte Änderungen und Ergänzungen gegenüber den vom Auftraggeber beauftragten Leistungen[53]. Gemeint sind damit vorrangig Änderungs- und Zusatzleistungen gemäß § 2 Nr. 5 und 6 VOB/B, nicht jedoch Mengenänderungen, die sich im Rahmen des § 2 Nr. 3 VOB/B bewegen[54]. 28

Üblicherweise werden Änderungs- und Zusatzleistungen gesondert als **Nachtragspositionen** in der Rechnung kenntlich gemacht. Dabei wird so verfahren, dass entweder die Nachtragspositionen den entsprechenden oder geänderten Abschlagspositionen unmittelbar nachgestellt oder aber sämtliche Zusatzpositionen am Schluss der jeweiligen Rechnung gebündelt angegeben werden. 29

In diesem Zusammenhang ist § 14 Nr. 1 Satz 4 VOB/B zu beachten: Auf Verlangen des Auftraggebers sind danach die **Änderungen und Ergänzungen** getrennt abzurechnen. Bei einem entsprechenden Verlangen ist der Auftragnehmer daher gehalten, über die Änderungs- und Zusatzleistungen jeweils gesondert abzurechnen und damit auch gesonderte Rechnungen auszufertigen[55]. 30

g) Die Anforderungen an den **Nachweis von Leistungen** im Rahmen vorgelegter Rechnungen können von den Parteien abweichend gegenüber § 14 Nr. 1 VOB/B geregelt werden. 31

---

[50] OLG München BauR 1993, 346; OLG Frankfurt BauR 1980, 578, 579; LG Hanau SFH § 14 VOB/B Nr. 4; *Ingenstau/Korbion/Locher* VOB/B § 14 Nr. 1 Rdn. 13; *Franke/Kemper/Zanner/Grünhagen* VOB/B § 14 Rdn. 20.

[51] Vgl. *Heiermann/Riedl/Rusam* VOB/B § 14 Rdn. 29; *Nicklisch/Weick* § 14 Rdn. 10.

[52] *Heiermann/Riedl/Rusam VOB/B* § 14 Rdn. 30; *Ingenstau/*Korbion/*Locher* VOB/B § 14 Nr. 1 Rdn. 13.

[53] *Nicklisch/Weick* VOB/B § 14 Rdn. 11.

[54] BGH NJW 1967, 342, 343.

[55] *Nicklisch/Weick* VOB/B § 14 Rdn. 11.

Allerdings ist zu beachten, dass Aufmaßklauseln gegen § 9 AGBG a.F. bzw. §§ 305 ff. BGB verstoßen, wenn sie für die Bemessung der Vergütung auf Planungsunterlagen abheben, die sich nicht auf die tatsächlich ausgeführten Leistungen beziehen. Ebenso unwirksam sind Aufmaßklauseln, die darauf abzielen, nur einen Teil der ausgeführten Leistungen tatsächlich als aufmaß- und vergütungsfähig anzusehen[56].

7. Prüffähigkeitskriterien bei einzelnen Vertragstypen

32 Unabhängig von den allgemeinen Prüfkriterien gelten bei einzelnen Vertragstypen teilweise Besonderheiten zur Beurteilung der Prüffähigkeit und damit der Fälligkeit von vorgelegten Rechnungen:

33 a) Beim **Einheitspreisvertrag** sind die Voraussetzungen des § 14 Nr. 1 VOB/B strikt einzuhalten. Dies ergibt sich aus § 2 Nr. 2 VOB/B und insbesondere § 2 Nr. 3 VOB/B sowie den dort vorgesehenen Modalitäten beim Überschreiten bzw. Unterschreiten des Mengenansatzes aus dem Leistungsverzeichnis.

34 b) Beim **Pauschalpreisvertrag** ist § 14 Nr. 1 VOB/B ebenfalls zu beachten. Der Auftragnehmer hat auch bei Vorliegen einer Pauschalpreisabrede prüffähig abzurechnen[57]. Legt der Auftragnehmer zu einem Pauschalpreisvertrag entsprechend dem Bauverlauf Abschlagsrechnungen vor, so hat er den erreichten Bauten- und Abrechnungsstand jeweils prüffähig zu belegen[58]. Beansprucht der Auftragnehmer Mehrkosten nach § 2 Nr. 7 Abs. 1 Satz 2 VOB/B, hat er die erforderlichen Tatbestandsvoraussetzungen prüffähig zu belegen. Entsprechendes gilt auch, wenn er Vergütungsansprüche gemäß § 2 Nr. 5 und 6 VOB/B i.V.m. § 2 Nr. 7 Abs. 1 Satz 4 VOB/B beansprucht[59].

35 Bleibt der Pauschalpreis indes unverändert, so bedarf es in der Schlussrechnung keiner weiteren Aufgliederung zum Umfang der erbrachten Leistungen[60]. Der Auftragnehmer hat jedoch in der Schlussrechnung die auf die vorgelegten Abschlagsrechnungen bereits geleisteten Abschlagszahlungen aufzuführen, um hiervon ausgehend in prüffähiger Weise den Schlussrechnungsbetrag aus der vereinbarten Gesamtpauschale zu belegen[61].

36 c) Beim **Stundenlohnvertrag** sind die besonderen Prüf- und Abrechnungsregeln zu beachten, die sich aus § 15 VOB/B ergeben. Allerdings sind zusätzlich § 14 Nr. 1 und 4 VOB/B zu beachten[62].

37 d) Beim **Selbstkostenerstattungsvertrag** sind die Abrechnungsgrundsätze des § 14 Nr. 1 VOB/B entsprechend heranzuziehen. Nähere Einzelheiten ergeben sich aus § 5 Nr. 3 VOB/A bzw. den Preisermittlungsgrundlagen des abgeschlossenen Bauvertrages. Grundsätzlich hat der Auftragnehmer den ihm entstandenen Aufwand zur vertragsgemäßen Leistungserbringung prüffähig in der Abrechnung nachzuweisen, also Löhne, Stoffe, Gerätevorhaltung, allgemeine Geschäftskosten etc. im einzelnen anzugeben.

8. Prüffähigkeitskriterien bei Kündigung

38 Die Abrechnungsvorschrift des § 14 gilt auch in atypischen Abwicklungs- und Abrechnungsstadien des jeweiligen Bauvertrages, insbesondere im Falle der **vorzeitigen Kündigung**[63]. Bei Kündigung gelten folgende Besonderheiten:

---

56 *Korbion/Locher* AGBG und Bauerrichtungsverträge, S. 131; *Glatzel/Hofmann/Frikell* Unwirksame Bauvertragsklauseln, S. 305 ff.

57 BGH BauR 1989, 87.

58 *Heiermann/Riedl/Rusam* VOB/B § 14 Rdn. 46, 58.

59 BGH BauR 1999, 1018.

60 *Nicklisch/Weick* VOB/B § 14 Rdn. 13.

61 OLG Köln NJW-RR 1990, 1171.

62 *Nicklisch/Weick* VOB/B § 14 Rdn. 15.

63 Siehe im einzelnen § 8 Rdn. 24 ff., 83 ff. und 108 ff.

- Regelmäßig ist auf Verlangen Aufmaß im Rahmen einer gemeinsamen Aufmaßverhandlung nach § 8 Nr. 6 VOB/B zu nehmen[64].
- Vereitelt der Auftraggeber ein (gemeinsames) Aufmaß durch alsbaldige Fortführung der Arbeiten durch einen Drittunternehmer, braucht der Auftragnehmer die abrechnungsfähigen Leistungen nur in einem Umfange darzustellen, die eine Schätzung nach § 287 ZPO zulassen[65].
- Beim Pauschalpreisvertrag sind den ausgeführten und durch Aufmaß zu belegenden Teilleistungen grundsätzlich die nach dem Pauschalvertrag auszuführenden Gesamtleistungen gegenüberzustellen[66].
- Sind bei Kündigung des Pauschalvertrages nur wenige Leistungen ausgeführt worden, kann auf ein Aufmaß verzichtet und über den gesamten Pauschalpreis nach § 8 Abs. 2 VOB/B abgerechnet werden[67].
- Sind bei Kündigung des Pauschalvertrages fast alle Leistungen ausgeführt worden, kann auf ein Aufmaß zu den ausgeführten Arbeiten verzichtet und stattdessen für die nicht ausgeführten Teilleistungen ein zu belegender Abzug von der Pauschalsumme vorgenommen werden.

9. Fehler der Abrechnung

Die Abrechnung des Auftragnehmers entfaltet – gleich ob sachlich richtig oder sachlich unrichtig – **keine Bindungswirkung**[68]. Dem Auftragnehmer verbleibt deshalb die Möglichkeit, die vorgelegte Abrechnung nachträglich (noch) zu korrigieren. Eine nicht prüffähige Abrechnung kann durch eine prüffähige, eine prüffähige, aber fehlerhafte durch eine neue prüffähige, jedoch fehlerfreie Abrechnung ersetzt werden[69]. Grenzen ergeben sich lediglich in sachlicher Hinsicht aus § 16 Nr. 3 Abs. 2–6 VOB/B sowie in zeitlicher Hinsicht unter Berücksichtigung der verjährungsrechtlichen Vorschriften (§§ 194 ff. BGB). 39

Bei Vorliegen von **Abrechnungsfehlern** kommt eine Anfechtung der vorgelegten Rechnung nicht in Betracht[70]. Die Abrechnung wie die Rechnungserteilung enthalten keine Willenserklärung des Auftragnehmers. Die Korrektur von Abrechnungsfehlern erfolgt deshalb im Wege einer Neuberechnung bzw. eines Austausches des Rechenwerkes. 40

III. Notwendige Feststellungen für die Abrechnung (§ 14 Nr. 2 VOB/B)

Die Vorschrift des § 14 Nr. 2 VOB/B befasst sich mit den notwendigen Feststellungen, die Grundlage für eine ordnungsgemäße Abrechnung des Auftragnehmers darstellen. Die von den Parteien möglichst **gemeinsam aufzunehmenden Feststellungen** dienen ausschließlich der Abrechnung der vom Auftragnehmer ausgeführten Bauleistungen. Soweit die Parteien Feststellungen zu Mängeln oder zu Beschädigungen der Bauleistung treffen, fällt dies nicht in den Anwendungsbereich des § 14 VOB/B[71]. Die Regelungen in § 14 Nr. 2 VOB/B beziehen sich ausschließlich auf die nach dem Vertrage und für die Abrechnung notwendigen Feststellungen im Hinblick auf die vom Auftragnehmer vorzulegenden Rechnungen. 41

1. Abrechnungstechnische Feststellungen (§ 14 Nr. 2 Satz 1 VOB/B)

Die für die Abrechnung notwendigen Feststellungen werden üblicherweise in **Form eines Aufmaßes** der tatsächlich ausgeführten Leistungen niedergelegt. Das Aufmaß umfasst dabei 42

---

64 BGH NZBau 2003, 265; BGH NZBau 2003, 497.

65 BGH NZBau 2004, 503 = BauR 2004, 1443.

66 BGH NZBau 2004, 549; BGH BauR 2003, 1588 = NZBau 2002, 614; BGH BauR 2002, 1695 = NZBau 2002, 613.

67 BGH NJW-RR 2005, 325 = NZBau 2005, 147.

68 BGH NJW 1988, 910.

69 *Franke/Kemper/Zanner/Grünhagen* VOB/B § 14 Rdn. 30.

70 *Ingenstau/Korbion/Locher* VOB/B § 14 Nr. 1 Rdn. 17; *Franke/Kemper/Zanner/Grünhagen* VOB/B § 14 Rdn. 30.

71 Beck'scher VOB-Kommentar/*Cuypers* VOB/B § 14 Nr. 2 Rdn. 10.

nach Anzahl, Maß und/oder Gewicht die vom Auftragnehmer ausgeführten Bauleistungen[72]. Die Art und Weise des niederzulegenden Aufmaßes erschließt sich aus den ATV der VOB/C. Unter Zugrundelegung der in den unter Nr. 5 der jeweiligen ATV der VOB/C niedergelegten Abrechnungsregeln ist das Aufmaß aufzustellen. Mit dem nach Maßgabe der Technischen Abrechnungsregeln aufgenommenen Aufmaß werden die vom Auftragnehmer ausgeführten Leistungen zum Zwecke der Bemessung der Vergütung belegt[73].

43 **a)** Das Aufmaß braucht – wie sich aus dem Wortlaut des § 14 Nr. 2 Satz 1 VOB/B erschließt – nicht notwendigerweise gemeinsam von den Parteien aufgenommen zu werden. Grundsätzlich ist es ohnehin Angelegenheit des Auftragnehmers, über seine erbrachten Leistungen prüffähig gegenüber dem Auftraggeber abzurechnen (§ 14 Nr. 1 Satz 1 VOB/B). Aus diesem Grunde hat der Auftragnehmer im eigenen Interesse dafür Sorge zu tragen, dass ein für die Abrechnung erforderliches Aufmaß erstellt wird. Die Anfertigung des Aufmaßes ist deshalb primär Angelegenheit des Auftragnehmers. Immerhin trifft den Auftragnehmer vom Grundsatz her die Darlegungs- und Beweislast für die von ihm ausgeführten und zur Abrechnung gestellten Bauleistungen[74].

44 Vor diesem Hintergrund versteht sich auch, weshalb in § 14 Nr. 2 VOB/B keinesfalls zwingend ein **gemeinschaftliches Aufmaß** der Parteien vorgesehen ist. Den Parteien wird vielmehr lediglich nahe gelegt, die notwendigen Feststellungen „möglichst gemeinsam vorzunehmen", um dadurch von vornherein im Rahmen kooperativen Zusammenwirkens örtlich feststellbare Aufmaßdifferenzen einer Klärung zuzuführen. Häufig lassen sich im nachhinein – etwa im Bereich des Tiefbaus – unterschiedliche Auffassungen über Zahl und Maß der ausgeführten Leistungen nur noch schwer aufklären, wenn nicht von vornherein und im Zuge des Baufortschrittes die erforderlichen Feststellungen für das der Abrechnung zugrundezulegende Aufmaß gemeinsam genommen wurden. Dementsprechend liegt es zur Vermeidung von Aufmaßdifferenzen im wohlverstandenen Interesse beider Vertragsparteien, in gemeinsamer Aufmaßverhandlung die tatsächlich ausgeführten Bauleistungen örtlich aufzunehmen und durch ein Aufmaß zu dokumentieren.

45 Das dokumentierte und unterzeichnete Aufmaß wird nach vorherrschendem Verständnis als deklaratorisches bzw. bestätigendes Schuldanerkenntnis qualifiziert[75]. Die Bedeutung dieses Schuldanerkenntnisses liegt hinsichtlich der bereits begründeten Forderung aus dem Bauvertrag darin, dass bestimmte und der Aufmaßerklärung widersprechende Einwendungen des Auftraggebers gegen die Richtigkeit des Aufmaßes ausgeschlossen sind[76]. Abweichend hiervon gelangt Voit zu der Einschätzung, es handele sich bei dem abgezeichneten Aufmaß eher um eine quittungsähnliche Wissenserklärung dazu, in welchem Umfange der Auftragnehmer seine Leistungen erfüllt habe[77]. Bei der Quittung handelt es sich allerdings lediglich um ein einseitiges, schriftliches Empfangsbekenntnis des Gläubigers und nicht wie beim gemeinschaftlich angefertigten Aufmaß um übereinstimmende wechselseitige Erklärungen der Unterzeichner zu der ausgeführten Leistung. Das Aufmaß geht deshalb schon wegen der gemeinschaftlichen Dokumentation und der gemeinschaftlichen Unterzeichnung über eine bloße einseitige Wissenserklärung hinaus, weshalb eher der vorherrschenden Auffassung zu folgen ist, wonach es sich um ein wechselseitig abgegebenes, deklaratorisches Schuldanerkenntnis handelt.

In der Literatur besteht Uneinigkeit über die rechtliche Einordnung der sich aus § 14 Nr. 2 Satz 1 VOB/B ergebenden Folgen. Bereits aus dem Wortlaut der Bestimmung erschließt sich ohne weiteres, dass kein wechselseitiger Rechtsanspruch auf **Mitwirkung an der Erstellung**

---

[72] *Ingenstau/Korbion/Locher* VOB/B § 14 Nr. 2 Rdn. 7.

[73] BGH NJW 1992, 727.

[74] *Franke/Kemper/Zanner/Grünhagen* VOB/B § 14 Rdn. 32.

[75] BGH NJW 1958, 1535; OLG Hamm NJW-RR 1991, 1496, 1497; *Ingenstau/Korbion/Locher* VOB/B, § 14 Nr. 2 Rdn. 9; einschränkend jedoch Kleine-Möller/Merl, Handbuch des Privaten Baurechts, 3. Aufl., § 10 Rdn. 171, die von einem kausalen Feststellungsvertrag ausgehen.

[76] Vgl. eingehend zum Meinungsstand *Voit* Die Bedeutung der Bestätigung von Aufmaß und Stundenlohnzetteln FS Motzke 2006, 421, 423 f.

[77] *Voit* a.a.O., S. 421, 431.

eines gemeinsamen Aufmaßes besteht[78]. Der Vorschrift wird deshalb auch bloßer empfehlender Charakter beigemessen[79]. Nach teilweise anderer Auffassung soll die Teilnahme an dem gemeinsamen Aufmaß zumindest eine vertragliche „Nebenpflicht“ darstellen[80]. Im Ergebnis spricht eher einiges dafür, die Vorschrift über die möglichst gemeinsame Aufstellung des Aufmaßes als Ausprägung des für den Bauvertrag kennzeichnenden Kooperationsprinzips[81] anzusehen. Auch wenn es grundsätzlich Angelegenheit des Auftragnehmers bleibt, die für seine Abrechnung erforderlichen Voraussetzungen, insbesondere durch Vorlage prüffähiger Aufmaßunterlagen zu schaffen, betont die Vorschrift des § 14 Nr. 2 Satz 1 VOB/B das kooperative Zusammenwirken im Stadium der tatsächlichen Aufnahme der ausgeführten Bauleistungen. Unter Zugrundelegung des Kooperationsprinzips lassen sich die zu § 14 Nr. 2 Satz 1 VOB/B in der Literatur diskutierten Fragen einer sachgerechten Klärung zuführen[82]:

- Das **gemeinsam aufgenommene Aufmaß** enthält die für die Abrechnung notwendigen und sachlich unstrittigen gemeinschaftlichen Feststellungen. Das gemeinsam zwischen den Parteien aufgenommene und von den Parteien unterzeichnete Aufmaß ist für beide Parteien vom Grundsatz her bindend. Dies gilt jedenfalls für die im Aufmaß enthaltenen und der Abrechnung zugrundezulegenden Tatsachen (Zahl, Maß und Gewicht). Die Aufmaßfeststellung hat insoweit die **Wirkungen eines deklaratorischen Schuldanerkenntnisses**, da die Parteien innerhalb der bestehenden Vertragsbeziehung die gemeinsam aufgenommenen Tatsachen in Vorbereitung der Abrechnung des Auftragnehmers außer Streit stellen wollen[83]. Die Bindungswirkung an das gemeinsame Aufmaß gilt sowohl für den privaten[84] wie auch für den öffentlichen Auftraggeber[85]. Schon dem Wortlaut des § 14 Nr. 2 VOB/B kann entnommen werden, dass durch das deklaratorische Schuldanerkenntnis zu den Aufmaßtatsachen den Parteien nicht weitergehende Einwände hinsichtlich der zutreffenden Abrechnung nach Maßgabe des abgeschlossenen Bauvertrages und den Positionen des zugrundeliegenden Leistungsverzeichnisses abgeschnitten werden[86]. Unterlaufen den am Aufmaß Beteiligten Fehler bei den Mess- und Berechnungsvorgängen oder aber bei der Niederlegung des Mess- und Berechnungsergebnisses, so kommt eine Anfechtung der abgegebenen Aufmaßerklärung unter den Voraussetzungen der §§ 119, 123 BGB in Betracht[87]. 46
- **Fehlt es an einem gemeinsamen Aufmaß**, so hat der Auftragnehmer – wie üblich – uneingeschränkt darzulegen und zu beweisen, dass die von ihm behaupteten Leistungen tatsächlich ausgeführt wurden[88]. Zu diesem Zweck kann er – wie sich aus dem Wortlaut des § 14 Nr. 2 Satz 1 VOB/B erschließt – auf ein von ihm ohne Mitwirken des Auftraggebers angefertigtes Aufmaß abheben. Dies gilt selbst dann, wenn zwischen den Parteien vertraglich ein gemeinsames Aufmaß vorgesehen wurde[89]. Der Verstoß des Auftragnehmers gegen das Kooperationspostulat des § 14 Nr. 2 VOB/B wird in diesem Falle dadurch sanktioniert, dass der Auftragnehmer das Risiko des nur eingeschränkten Nachweises der erbrachten Leistungen 47

---

[78] Vgl. *Heiermann/Riedl/Rusam* VOB/B § 14 Rdn. 62.
[79] *Ingenstau/Korbion/Locher* VOB/B § 14 Nr. 2 Rdn. 4.
[80] *Nicklisch/Weick* VOB/B § 14 Rdn. 17.
[81] Vgl. BGHZ 143, 89 = BauR 2000, 409; *Kniffka* Jahrbuch Baurecht 2000, 1.
[82] Vgl. zur Problematik insbesondere *Nicklisch/Weick* VOB/B § 14 Rdn. 17.
[83] *Ingenstau/Korbion/Locher* VOB/B § 14 Nr. 2 Rdn. 9; Beck'scher VOB-Kommentar/*Cuypers* VOB/B § 14 Nr. 2 Rdn. 4; *Nicklisch/Weick* VOB/B § 14 Rdn. 20; zu weitgehend in Begründung eines Schuldanerkenntnisses im Sinne von § 782 BGB aber *Franke/Kemper/Zanner/Grünhagen* VOB/B § 14 Rdn. 33; *Heiermann/Riedl/Rusam* VOB/B § 14 Rdn. 75.
[84] BGH NJW 1974, 646 = BauR 1974, 210, 211.
[85] BGH BauR 1975, 211, 213.
[86] *Ingenstau/Korbion/Locher* VOB/B § 14 Nr. 2 Rdn. 10.
[87] BGH SFHZ 2.302 Bl 22 ff.; *Nicklisch/Weick* VOB/B § 14 Rdn. 23; *Ingenstau/Korbion/Locher* VOB/B § 14 Nr. 2 Rdn. 15; *Heiermann/Riedl/Rusam* VOB/B § 14 Rdn. 75; a.A. Beck'scher VOB-Kommentar/*Cuypers* VOB/B § 14 Nr. 2 Rdn. 9.
[88] Beck'scher VOB-Kommentar/*Cuypers* VOB/B § 14 Nr. 2 Rdn. 13.
[89] BGH BauR 1999, 1185.

und die sich hieraus ergebenden Beweiserschwernisse zu tragen hat. Der Auftraggeber kann sich darauf beschränken, die vom Auftragnehmer angesetzten Massen erheblich zu bestreiten[90].

48 – Weigert sich demgegenüber der Auftraggeber nachgewiesenermaßen, an der gemeinschaftlichen Aufnahme des Aufmaßes mitzuwirken, verstößt er seinerseits gegen den § 14 Nr. 2 Satz 1 VOB/B innewohnenden Kooperationsgedanken bei der Feststellung der für die Abrechnung maßgebenden Tatsachen. Insofern ist es angemessen, den **Kooperationsverstoß des Auftraggebers** dadurch zu sanktionieren, dass sich hinsichtlich des (notwendigerweise) einseitig vom Auftragnehmer genommenen Aufmaßes bei nachträglich auftretenden Aufmaßdifferenzen die Beweislast zu Lasten des Auftraggebers verschiebt[91]. Aus gleichen Erwägungen lässt sich auch ein Schadensersatzanspruch des Auftragnehmers begründen[92].
– Diese Grundsätze gelten auch dann, wenn der Auftraggeber die einseitig ermittelten Massen zunächst bestätigt, sie jedoch später bestreiten lässt, nachdem die Massenüberprüfung aufgrund fortgeschrittener Arbeitsausführung nicht mehr möglich ist[93].

49 **b)** Die Feststellungen sind gemeinschaftlich dem Baufortschritt entsprechend vorzunehmen. Dem Wortlaut des § 14 Nr. 2 Satz 1 VOB/B kann nicht eindeutig entnommen werden, unter welchen Voraussetzungen und in welchen zeitlichen Abständen das gemeinschaftliche Aufmaß verlangt werden kann. Im Ergebnis hängt dies von den Besonderheiten der jeweiligen Baumaßnahme ab[94]. Das Aufmaßverlangen setzt nicht die Fertigstellung der Bauleistungen oder auch nur die Fertigstellung einzelner Gewerke, Bauteile oder Bauabschnitte voraus. Während der Bauausführung kann der Auftragnehmer daher in regelmäßigen Abständen vom Auftraggeber die Mitwirkung an einer Aufmaßverhandlung verlangen, sofern seit dem letzten Aufmaßtermin ein zumindest nennenswerter Baufortschritt festzustellen ist[95]. Unter Berücksichtigung des § 14 Nr. 2 Satz 3 VOB/B, mithin bezogen auf Leistungen, die bei der Weiterführung der Arbeiten nicht mehr bzw. nur noch schwer feststellbar sind, kann es gerechtfertigt erscheinen, das Verlangen nach gemeinschaftlichen Feststellungen auch zeitlich engmaschiger geltend zu machen, so etwa bei der Ausführung von Arbeiten im Tiefbau, die durch nachfolgende Arbeitsschritte in kurzer zeitlicher Abfolge örtlich nicht mehr ohne weiteres nachvollzogen werden können.

50 Die gemeinschaftlichen Feststellungen bzw. das Aufmaß wird im Zweifel **an Ort und Stelle** zu nehmen sein[96]. Die Ermittlung des Bauten- und Abrechnungsstandes anhand von Plänen und Zeichnungen kann zwar vereinbart bzw. zweckmäßig sein, führt jedoch häufig zu Differenzen der Parteien, da in nicht seltenen Fällen die ausgeführte Bauleistung von den ursprünglichen bzw. zugrunde gelegten Plänen abweicht.

51 Nach einer Entscheidung des Oberlandesgerichts Braunschweig soll ein Aufmaß (bei Putzarbeiten) sogar bereits vor **Beginn der Arbeiten** vorgenommen werden können[97]. Die Entscheidung vermag freilich vor dem Hintergrund des § 14 Nr. 2 VOB/B nicht zu überzeugen. Die gemeinsamen Feststellungen bei Anfertigung des Aufmaßes sollen gerade nicht der Festlegung einer vorgesehenen, sondern der Bestätigung der ausgeführten Leistung dienen. Die Heranziehung des § 14 Nr. 2 VOB/B kann sich deshalb in entsprechenden Konstellationen, also vor bzw. noch während der Ausführung der aufzunehmenden Leistungen nur rechtfertigen, wenn man zugleich hiermit einhergehend eine im Zuge der Baumaßnahme zwischen den Parteien ausdrücklich oder zumindest konkludent zustande gekommene individuelle Vereinbarung zur Ermittlung der abrechnungsfähigen Massen annimmt.

---

[90] BGH NJW-RR 2004, 92 = NZBau 2004, 31.

[91] BGH NJW 2003, 2678 = NZBau 2003, 497; OLG Köln BauR 1994, 114, 115; *Nicklisch/Weick* VOB/B § 14 Rdn. 17; *Franke/Kemper/Zanner/Grünhagen* VOB/B § 14 Rdn. 33.

[92] *Ingenstau/Korbion/Locher* VOB/B § 14 Nr. 2 Rdn. 5; *Heiermann/Riedl/Rusam* VOB/B § 14 Rdn. 35; *Franke/Kemper/Zanner/Grünhagen* VOB/B § 14 Rdn. 33.

[93] BGH NJW 2003, 2678 = NZBau 2003, 497; BGH NJW-RR 2004, 92 = NZBau 2004, 31.

[94] Vgl. *Nicklisch/Weick* VOB/B § 14 Rdn. 24.

[95] Vgl. Beck'scher VOB-Kommentar/*Cuypers* VOB/B § 14 Nr. 2 Rdn. 15.

[96] *Ingenstau/Korbion/Locher* VOB/B § 14 Nr. 2 Rdn. 7.

[97] OLG Braunschweig BauR 2001, 412.

Bisweilen will der Auftragnehmer durch **Vorlage von Bescheinigungen** – Vermerken, Deponiebelegen etc. – den Nachweis ausgeführter Leistungen führen[98]. Dabei ist zu beachten, dass derartigen Unterlagen regelmäßig nur eingeschränkte Aussagekraft zukommen kann. So kann etwa mit Deponiebescheinigungen nicht ohne weiteres der Nachweis geführt werden, dass die der Deponie zugeführten Massen tatsächlich von einer bestimmten Baustelle herrühren[99]. 52

Mit der Frage, wie zu verfahren ist, wenn die Parteien während der Baumaßnahme an Ort und Stelle das Aufmaß gemeinsam genommen haben, ohne dass der Auftraggeber das ihm ausgehändigte einzige **Aufmaßexemplar** unterzeichnet an den Auftragnehmer zurückgegeben hat, hat sich das OLG Brandenburg befasst und hierzu festgestellt, der Auftragnehmer habe davon absehen können, sich jeweils Kopien anzufertigen, da er durchaus darauf vertrauen durfte, dass der Auftraggeber ihm die bestätigten Aufmaße zurückreichen würde. Soweit der Auftraggeber dieser Verpflichtung nicht nachkommt, wird der Auftragnehmer als berechtigt angesehen, nunmehr nach einem eigenen Aufmaß gegenüber dem Auftraggeber abzurechnen. Der Auftragnehmer ist danach befugt, seine früheren, internen Aufzeichnungen dem neuen Aufmaß zugrunde zulegen oder nochmals an Ort und Stelle ein neues Aufmaß anzufertigen[100].

c) Die Erstellung des Aufmaßes ist **Sache des Auftragnehmers**. Er hat rechtzeitig die Voraussetzungen zu schaffen, um die erforderlichen Feststellungen zu treffen. Dies gilt auch nach einer Kündigung des Bauvertrages im Rahmen des § 8 Nr. 6 VOB/B[101]. Vor allem kann der Auftragnehmer nach der Beendigung des Vertrages durch Kündigung nicht verlangen, dass der Auftraggeber die Arbeiten auf der Baustelle so lange unterbricht bzw. einstellt, bis der Auftragnehmer das Aufmaß zu den von ihm ausgeführten (Teil-) Leistungen genommen hat[102]. Allerdings ist der Auftraggeber seinerseits auch nach der Kündigung des Bauvertrages im Rahmen der Kooperationsverpflichtung gehalten, an der vom Auftragnehmer verlangten Aufmaßverhandlung teilzunehmen. Weigert sich der Auftraggeber, an einer Aufmaßverhandlung mitzuwirken, kann er sich schadensersatzpflichtig machen mit der Folge, dass er die Kosten eines später notwendigerweise zu erstellenden Aufmaßgutachtens zu übernehmen hat[103]. 53

d) Die Bestimmung des § 14 Nr. 2 Satz 1 VOB/B setzt voraus, dass das Aufmaß von den Vertragsparteien – also unter **Beteiligung von Auftraggeber und Auftragnehmer** – vorgenommen wird. Bei der Erstellung des Aufmaßes und der Unterzeichnung können sich sowohl der Auftraggeber wie auch der Auftragnehmer **vertreten lassen** (§§ 164 ff. BGB). Zur Vermeidung von Streitigkeiten über die Befugnis zur Teilnahme an der gemeinschaftlichen Aufmaßverhandlung sollte im Bauvertrag bzw. in den Projektorganisationsunterlagen festgelegt werden, wer insbesondere auf Auftraggeberseite zur Unterzeichnung des Aufmaßes befugt und bevollmächtigt ist. Vor allem gilt dies in Fällen, in denen der Auftraggeber durch externe Bauleiter vertreten ist. Beauftragt der Auftraggeber einen **Architekten oder Ingenieur** mit der Objektüberwachung im Sinne des § 15 Abs. 2 Nr. 8 HOAI, so wird allgemein angenommen, dass die dem Architekten zustehende originäre Vollmacht auch das Recht umfasst, für den Auftraggeber das Aufmaß zu nehmen und die Aufmaßunterlagen verbindlich zu unterzeichnen[104]. Die Vollmacht des beauftragten Architekten erstreckt sich dabei allerdings nur auf die Feststellung der tatsächlich ausgeführten Leistungen, nicht jedoch auf ein hiermit einhergehendes Anerkenntnis bestimmter Vergütungsansprüche des Auftragnehmers[105]. Infolgedessen ist auch die Prüfbestätigung des Architekten auf der Schlussrechnung des Auftragnehmers zu den abgerechneten Leistungen für den Auftraggeber 54

---

[98] BGH BauR 2001, 806.
[99] BGH BauR 2001, 806.
[100] OLG Brandenburg NZBau 2000, 511, 512.
[101] Vgl. BGH NZBau 2001, 19.
[102] OLG Düsseldorf IBR 2001, 535.
[103] BGH MDR 1999, 1133; *Ingenstau/Korbion/Locher* VOB/B § 14 Nr. 2 Rdn. 5.
[104] BGH NJW 1960, 859; OLG Hamm BauR 1992, 242; *Heiermann/Riedl/Rusam* VOB/B § 14 Rdn. 80; *Ingenstau/Korbion/Locher* VOB/B § 14 Nr. 2 Rdn. 16.
[105] BGH BauR 1974, 210, 211; *Jagenburg* BauR 1978, 180, 184; *Heiermann/Riedl/Rusam* VOB/B § 14 Rdn. 60.

nicht bindend[106]. Dessen ungeachtet kann sich der Architekt jedoch im Innenverhältnis gegenüber dem Auftraggeber schadensersatzpflichtig machen, wenn er auf Rechnungen den Prüfvermerk „fachtechnisch und rechnerisch geprüft" anbringt, obgleich die Voraussetzungen hierfür bezogen auf die zur Abrechnung gestellten Bauleistungen nicht vorgelegen haben[107].

2. Beachtung der Abrechnungsbestimmungen (§ 14 Nr. 2 Satz 2 VOB/B)

55 Bei der Anfertigung des Aufmaßes sind gemäß § 14 Nr. 2 Satz 2 VOB/B die Abrechnungsbestimmungen aus den Technischen Vertragsbedingungen und aus den anderen Vertragsunterlagen zu beachten. Für die am Bauvertrag beteiligten Parteien erzeugt dies eine wechselseitige Verpflichtung, die maßgebenden Abrechnungsgrundsätze einzuhalten[108]. Die **einschlägigen Abrechnungsregelungen** ergeben sich aus den hierzu im Vertrage getroffenen Vereinbarungen (§ 1 Nr. 1 und 2 VOB/B). Haben die Parteien individuelle Abrechnungsvereinbarungen getroffen, so haben diese Vorrang gegenüber den Abrechnungsgrundsätzen, die sich aus den Allgemeinen Technischen Vertragsbedingungen ergeben[109]. Soweit es an individuellen Regelungen zur Abrechnung der beauftragten Bauleistungen fehlt, richtet sich die Abrechnung nach den jeweiligen Abschnitten 5 der Allgemeinen Technischen Vertragsbedingungen für Bauleistungen, DIN18299 ff.[110]. Kommt es zwischen Abschluss des Bauvertrages und der Abrechnung der ausgeführten Leistungen zu Änderungen in Abschnitt 5 der einschlägigen DIN-Bestimmung, so ist regelmäßig die bei Vertragsabschluss maßgebende Abrechnungsregel anzuwenden, da sie der Preiskalkulation des Auftragnehmers zugrunde gelegt wurde[111].

56 DIN18299 Abschnitt 5 geht in Ermangelung anders lautender und damit vorrangiger Abrechnungsregeln davon aus, dass die ausgeführte **Leistung anhand von Zeichnungen** zu ermitteln ist. Dieser Grundsatz erfährt jedoch in zweierlei Hinsicht eine Einschränkung: Eine Abrechnung der Leistungen aus Zeichnungen kommt nicht in Betracht, wenn die ausgeführte Leistung nicht den der Baumaßnahme zugrunde gelegten Zeichnungen entspricht. In diesem Fall ist von vornherein örtlich aufzumessen. Entsprechendes gilt dann, wenn keine Zeichnungen vorhanden sind, so dass der Leistungsumfang ohnehin nur anhand der örtlichen Verhältnisse festgestellt werden kann (DIN18299 Abschnitt 5). Schließlich kommt es auch dann entscheidend auf das örtliche Aufmaß an, wenn das zeichnerische Aufmaß vom Auftraggeber nicht nachvollzogen werden kann; bei Unklarheiten und vor allem bei Abweichungen von vorgelegten Zeichnungen kann der Auftraggeber verlangen, dass ihm anhand der tatsächlichen Bauausführung der Umfang der ausgeführten Leistungen nachgewiesen wird[112]. Führt der Auftragnehmer deshalb die Bauleistungen tatsächlich anders als in den zugrunde gelegten Zeichnungen aus – verzichtet er etwa bei dem Aushub von Rohrgräben auf die nach DIN4124 erforderliche und zeichnerisch dargestellte Abböschung –, so kann er Vergütung nur für die tatsächlich nachgewiesenen und durch entsprechend konkretes Aufmaß belegten Leistungen beanspruchen[113].

57 Das Aufmaß nach Zeichnung bzw. ausgeführter Leistung hat genau zu erfolgen, d.h. **exakte Messungen** und mathematisch richtige Berechnungen können von den Parteien verlangt werden[114]. Allerdings ist zu beachten, dass sich in den einschlägigen DIN-Abrechnungsvorschriften eine Reihe von Regelungen finden, die gewisse Pauschalierungen zulassen. Bei derartigen Regelungen ist zu differenzieren:

---

106 BGH BauR 2002, 613, 614.

107 BGH BauR 2002, 814.

108 OLG Düsseldorf BauR 1991, 772; *Ingenstau/Korbion/Locher* VOB/B § 14 Nr. 2 Rdn. 17; *Franke/Kemper/Zanner/Grünhagen* VOB/B § 14 Rdn. 35.

109 VÜA Niedersachsen IBR 1996, 128; Beck'scher VOB-Kommentar/*Cuypers* § 14 Nr. 2 Rdn. 44 m.w.N.

110 Beck'scher VOB-Kommentar/*Cuypers* VOB/B § 14 Nr. 2 Rdn. 29.

111 OLG Köln BauR 1991, 348, 350; a.A. OLG Düsseldorf BauR 1990, 609, wonach auf die Abrechnungsbestimmungen zum Zeitpunkt der Abrechnung abgehoben werden soll.

112 *Ingenstau/Korbion/Locher* VOB/B § 14 Nr. 2 Rdn. 17.

113 OLG Düsseldorf BauR 1992, 521.

114 Beck'scher VOB-Kommentar/*Cuypers* VOB/B § 14 Nr. 2 Rdn. 32.

– Soweit zur Ermittlung von Mengen **übliche Näherungsverfahren** zugelassen sind, etwa bei der Mengenermittlung ausgeführter Erdarbeiten in Abschnitt 5.1.1 der DIN18300, ist zu beachten, dass es im Zweifel regelmäßig auf die tatsächlich mengenmäßig genau zu ermittelnden Leistungen ankommt[115]. 58
– Soweit demgegenüber in einzelnen Abrechnungsvorschriften bereits **Maß- und Flächenpauschalierungen** vorgesehen sind, etwa bei der Ausführung von Holzpflasterarbeiten in Abschnitt 5.1 und 5.2 der DIN18367, kann von den Parteien kein hiervon abweichendes, also „genaueres" Aufmaß – unter Vernachlässigung von Übermessungen bzw. Flächenpauschalierungen – verlangt werden[116]. 59

Eine hiervon abweichende Betrachtungsweise ergibt sich jedoch dann, wenn in Bauvertragsklauseln willkürlich von anerkannten Abrechnungsregeln abgewichen wird. **Abrechnungsklauseln**, die wesentlich von der gängigen Abrechnungspraxis abweichen, können **unwirksam** sein[117]: Das Aufmaß soll die Vergütungsbemessung anhand der tatsächlich vom Auftragnehmer erbrachten Leistungen vorbereiten. Vor diesem Hintergrund sind alle Aufmaßklauseln problematisch, die dem Auftragnehmer nicht die angemessene Vergütung für die tatsächlich ausgeführten Leistungen zugestehen, sondern eine fiktive Leistungsbemessung zu Ungunsten des Auftragnehmers vorsehen[118]. Unwirksam sind deshalb in AGB des Auftraggebers vor allem Klauseln, bei denen nur Teile der erbrachten Leistungen abrechnungsfähig sein sollen[119], Aufmaßbestimmungen zu anderen, letztlich unpassenden Gewerken herangezogen werden[120] oder aber Mengen anhand von Plänen zu ermitteln sind, die vom Auftraggeber als verbindlich einseitig vorgegeben werden[121]. Aus gleichen Erwägungen heraus sind Klauseln unwirksam, die dem Auftraggeber bei einem vergessenen oder aber nicht mehr feststellbaren Aufmaß ein einseitiges Aufmaß-Leistungsbestimmungsrecht einräumen[122]. Neuerdings kann sich auch im Einzelfall aus dem in § 307 Abs. 1 Satz 2 BGB kodifizierten Transparenzgebot für preisbildende Vertragsklauseln eine unangemessene Benachteiligung des Vertragspartners begründen, wenn und soweit sich die Preisbestimmung als nicht klar und verständlich erweist[123]. 60

3. Verdeckte Leistungen (§ 14 Nr. 2 Satz 3 VOB/B)

Für Leistungen, die bei der Weiterführung der Arbeiten nur (noch) schwer feststellbar sind, hat der Auftragnehmer gemäß § 14 Nr. 2 Satz 3 VOB/B rechtzeitig die gemeinsamen für die Abrechnung maßgeblichen Feststellungen zu beantragen. Auch diese Bestimmung ist Ausprägung des im Zuge der Abwicklung der Baumaßnahme geltenden Kooperationsprinzips. Werden die **ausgeführten Leistungen** im Zuge der Fortführung der Baumaßnahme **überdeckt**, ist die spätere Feststellung des Leistungsumfanges nicht mehr oder nur noch unter erheblichen technischen Erschwernissen möglich. Deshalb begründet § 14 Nr. 2 Satz 3 VOB/B eine vertragliche Nebenpflicht des Auftragnehmers, dem Auftraggeber rechtzeitig die Überprüfung der tatsächlich ausgeführten Leistungen zu ermöglichen[124]. Kommt der Auftragnehmer dieser Verpflichtung nicht bzw. nicht rechtzeitig nach, macht er sich hierdurch gegenüber dem Auftraggeber schadensersatzpflichtig[125]. Unabhängig hiervon trägt der Auftragnehmer das sich zwangsläufig aus 61

[115] *Ingenstau/Korbion/Locher* VOB/B § 14 Nr. 2 Rdn. 18.
[116] *Heiermann/Riedl/Rusam* VOB/B § 14 Rdn. 84.
[117] Vgl. OLG Düsseldorf NJW-RR 1992, 217 = BauR 1991, 772; Beck'scher VOB-Kommentar/*Cuypers* VOB/B § 14 Nr. 2 Rdn. 39.
[118] *Glatzel/Hofmann/Frikell* Unwirksame Bauvertragsklauseln, S. 274 m.w.N.
[119] OLG Karlsruhe NJW-RR 1989, 52; *Korbion/Locher* AGBG und Bauerrichtungsverträge S. 131.
[120] OLG Düsseldorf BauR 1992, 521.
[121] *Korbion/Locher* AGBG und Bauerrichtungsverträge S. 131.
[122] *Korbion/Locher* AGBG und Bauerrichtungsverträge. S. 132.
[123] BGH NJW 1980, 2518, 2519; BGH NJW 1986, 3134, 3135; *Palandt/Heinrichs* BGB § 307 Rdn. 23.
[124] *Ingenstau/Korbion/Locher* VOB/B § 14 Nr. 2 Rdn. 19; *Franke/Kemper/Zanner/Grünhagen* VOB/B § 14 Rdn. 36.
[125] *Franke/Kemper/Zanner/Grünhagen* VOB/B § 14 Rdn. 36.

verdeckten Leistungen ergebende erhöhte Beweislastrisiko hinsichtlich der von ihm zur Abrechnung gestellten Leistungen.

62 Im Falle eines rechtzeitigen Antrages des Auftragnehmers ist der Auftraggeber als verpflichtet anzusehen, an der Vornahme der notwendigen Feststellungen bzw. der anberaumten Aufmaßtermine teilzunehmen. Den Auftraggeber trifft insoweit eine **echte Mitwirkungspflicht**. Kommt der Auftraggeber dieser Verpflichtung nicht nach, so kann er sich seinerseits gegenüber dem Auftragnehmer schadensersatzpflichtig machen. Dem Auftragnehmer können insoweit Schadensersatzansprüche nach § 6 Nr. 6 VOB/B wegen Behinderung der Fortführung der Arbeiten oder aber auch nach § 280 Abs. 1 BGB (positive Vertragsverletzung) zustehen[126]. Darüber hinaus steht es dem Auftragnehmer bei rechtzeitiger Anmeldung frei, die erforderlichen Feststellungen alleine zu treffen; legt der Auftragnehmer anschließend ein von ihm einseitig aufgestelltes Aufmaß vor, so trifft den Auftraggeber die Darlegungs- und Beweispflicht, wenn und soweit er das Aufmaß ganz oder teilweise inhaltlich beanstandet[127].

IV. Frist zur Vorlage der Schlussrechnung (§ 14 Nr. 3 VOB/B)

63 Nach § 14 Nr. 3 VOB/B hat der Auftragnehmer bei Leistungen mit einer vertraglichen Ausführungsfrist von höchstens drei Monaten seine Schlussrechnung spätestens 12 Werktage nach Fertigstellung einzureichen, wenn zwischen den Parteien nicht ausdrücklich etwas Abweichendes vereinbart wurde. Die **Frist zur Vorlage der Schlussrechnung** soll sich dabei jeweils um 6 Werktage für je weitere drei Monate Ausführungsfrist verlängern. Die Anordnung zur Rechnungseinreichung innerhalb der vorgesehenen Fristen bezieht sich dabei ausschließlich auf die Vorlage der Schlussrechnung[128]. Die Vorschrift des § 14 Nr. 3 VOB/B ist weder unmittelbar noch analog auf sonstige Rechnungen anzuwenden, die von den Parteien im Zusammenhang mit der Baumaßnahme vorgelegt werden. Vor allem hat die Vorschrift keine Bedeutung für Abschlags- und Vorauszahlungsrechnungen. Soweit keine abweichenden vertraglichen Vereinbarungen getroffen wurden, steht es deshalb dem Auftragnehmer frei, wann er seine Abschlags- und Vorauszahlungsrechnungen vorlegt[129].

64 Beim **BGB-Bauvertrag** besteht keine gesetzlich begründete Verpflichtung des Auftragnehmers, nach Beendigung der Bauleistung gegenüber dem Auftraggeber abzurechnen. Sobald jedoch zwischen den Parteien Abschlags- oder aber Vorauszahlungen vereinbart sind, entnimmt der Bundesgerichtshof dem vorläufigen Charakter derartiger Zahlungen im Wege vertragsergänzender Auslegung die Verpflichtung des Auftragnehmers, unter Berücksichtigung sämtlicher Leistungen und Zahlungen auch eine Schlussrechnung aufzustellen[130]. Legt der Auftragnehmer die von ihm geschuldete Schlussrechnung nicht vor, kann der Auftraggeber Überzahlung geltend machen und einen von ihm nach seinem Kenntnisstand ermittelten Überschuss vom Auftragnehmer klageweise zurückfordern[131].

1. Schlussrechnung

65 Mit der Schlussrechnung bringt der Auftragnehmer rechnungsmäßig gegenüber dem Auftraggeber zum Ausdruck, welche Vergütung er endgültig und abschließend aus der zugrundeliegenden Baumaßnahme beansprucht[132]. Die Schlussrechnung stellt deshalb regelmäßig die **letzte Rechnung** des Auftragnehmers im Zuge der Abwicklung der Baumaßnahme dar. Sie umfasst

---

[126] Vgl. *Ingenstau/Korbion/Locher* VOB/B § 14 Nr. 2 Rdn. 19.
[127] OLG Köln BauR 1994, 114, 115.
[128] *Heiermann/Riedl/Rusam* VOB/B § 14 Rdn. 85.
[129] Vgl. hierzu auch § 16 Nr. 1 und 2 VOB/B.
[130] BGH IBR 2002, 235.
[131] BGH IBR 2002, 235.
[132] *Ingenstau/Korbion/Locher* VOB/B § 16 Nr. 3 Rdn. 29; Beck'scher VOB-Kommentar/*Cuypers* VOB/B § 14 Nr. 3 Rdn. 2.

die vom Auftragnehmer übernommenen und ausgeführten Arbeiten[133] sowie das Entgelt für alle zusätzlichen Leistungen und Nachtragsforderungen[134] wie auch alle etwaigen Schadensersatzansprüche, die der Auftragnehmer geltend zu machen beabsichtigt[135]. Da es sich um die abschließende und endgültige Berechnung aller Leistungen und Forderungen handelt[136], verwendet der Auftragnehmer regelmäßig selbst die Bezeichnung „Schlussrechnung"[137]. Die **Bezeichnung als Schlussrechnung** ist jedoch keineswegs zwingend; ausreichend ist vielmehr jede Abrechnung, der im Wege der Auslegung zu entnehmen ist, dass der Auftragnehmer beabsichtigt, abschließend und endgültig über die zur Ausführung gelangten Arbeiten abzurechnen[138]. Eine lediglich **vorläufige Berechnung** der Leistungen erfüllt diesen Tatbestand nicht, weil sich der Auftragnehmer damit erkennbar noch eine weitere, nämlich endgültige Abrechnung, mithin also die eigentliche Schlussrechnung ausdrücklich vorbehalten hat[139]. Aus gleichen Erwägungen handelt es sich auch nicht um eine Schlussrechnung, wenn der Auftragnehmer zwar wesentliche Teile seiner Leistungen abrechnet, dabei jedoch gleichzeitig zum Ausdruck bringt, dass er sich die zusätzliche Geltendmachung bestimmter weitergehender Forderungen noch ausdrücklich vorbehält[140]. Dessen ungeachtet steht es dem Auftragnehmer frei, **mehrere einzelne Rechnungen** zusammenfassend als Schlussabrechnung zu qualifizieren[141]. Schließlich steht es dem Auftragnehmer auch frei, im nachhinein eine früher von ihm eingereichte Abrechnung durch ausdrückliche Erklärung zur Schlussrechnung zu machen[142]. Sogar noch innerhalb eines Vergütungsrechtsstreites kann eine derartige Erklärung abgegeben oder auch schriftsätzlich neu und abschließend abgerechnet werden[143]. Die Vorlage einer neuen Schlußrechnung in der Berufungsinstanz ist allerdings nur unter den in § 531 Abs. 2 ZPO genannten Voraussetzungen zulässig[144].

2. Frist zur Einreichung der Schlussrechnung

Die Vorschrift des § 14 Nr. 3 VOB/B sieht enge **Fristen zur Einreichung** der Schlussrechnung vor: Bei einer vertraglichen Ausführungsfrist von maximal drei Monaten ist die Schlussrechnung spätestens 12 Werktage nach Fertigstellung der Bauleistungen einzureichen. Diese Frist wird um je 6 Werktage für je weitere drei Monate Ausführungsfrist verlängert. 66

Die **Bemessung der Fristen** richtet sich nach §§ 186 ff. BGB. Dabei beginnt die Frist mit der Fertigstellung der Bauleistungen zu laufen. Der Begriff der Fertigstellung ist weder in § 14 Nr. 3 noch in § 12 Nr. 1 VOB/B näher definiert. Maßgebend für den Zeitpunkt der Fertigstellung ist nicht die hierzu in dem zugrundeliegenden Bauvertrag getroffene Regelung über den (vorgesehenen) Fertigstellungszeitpunkt[145]. Für den Fertigstellungszeitpunkt kommt es vielmehr auf den tatsächlichen vom Auftragnehmer erreichten Stand der Abwicklung der Baumaßnahme an. Dass dabei der Zeitpunkt der Fertigstellung mit dem der Abnahme nicht identisch sein muss, ergibt sich bereits aus § 12 Nr. 1 VOB/B; die Fertigstellung der Bauleistungen kann vor oder aber im Einzelfall auch nach der Abnahme liegen[146]. Entscheidendes Kriterium für die **Fertigstellung der Bauleistungen** ist die Vollendung der Gesamtleistung, mithin der Abschluss der vertraglich 67

---

[133] BGH WM 1975, 833.
[134] OLG Düsseldorf BauR 1973, 386.
[135] *Heiermann/Riedl/Rusam* VOB/B § 16 Rdn. 77.
[136] BGH BauR 1978, 145, 146.
[137] OLG Frankfurt NJW-RR 1988, 600; LG Hamburg BauR 1995, 399.
[138] BGH WM 1975, 833.
[139] Vgl. LG Freiburg NJW-RR 1989, 1297.
[140] BGH BauR 1978, 145, 146; BGH BauR 1982, 282.
[141] BGH NJW 1987, 493 = BauR 1987, 96; vgl. auch OLG Hamm NJW-RR 1996, 593 für die Schlussabrechnung durch mehrere Abschlagsrechnungen.
[142] BGH BauR 1975, 282; BGH BauR 1975, 349.
[143] OLG Bamberg BauR 2004, 1188; OLG Zweibrücken NJW-RR 2003, 1023 = NZBau 2003, 440.
[144] OLG Brandenburg BauR 2005, 154.
[145] Vgl. *Franke/Kemper/Zanner/Grünhagen* VOB/B § 14 Rdn. 41.
[146] *Ingenstau/Korbion/Locher* VOB/B § 14 Nr. 3 Rdn. 7.

übernommenen Bautätigkeit und die Beräumung der Baustelle[147]. Übermittelt der Auftragnehmer eine Fertigstellungsanzeige, so wird es für den Fristbeginn auf diese Erklärung ankommen; unterlässt der Auftragnehmer eine entsprechende Anzeige, ist auf die tatsächlich festzustellenden Verhältnisse am Bau abzuheben[148]. Keine Bedeutung kommt in diesem Zusammenhang etwaigen Gewährleistungs- und Nacherfüllungshandlungen des Auftragnehmers zu, da diese grundsätzlich erst nach Beendigung der vertraglich übernommenen Erfüllungspflichten anfallen.

3. Fristüberschreitung

68 Aus § 14 Nr. 3 VOB/B ergeben sich nicht unmittelbar die **Folgen einer Fristüberschreitung**. Die Bestimmung beschränkt sich auf die Anordnung, wonach der Auftragnehmer die Schlussrechnung innerhalb der genannten Frist beim Auftraggeber einzureichen hat. Da es sich jedoch schon vom Wortlaut her um eine zwingende Pflicht des Auftragnehmers handelt, – „muss ... eingereicht werden" –, verstößt der Auftragnehmer gegen die ihm obliegenden Vertragspflichten, wenn er mit der Anfertigung und Vorlage der Schlussrechnung die vorgeschriebenen Fristen überschreitet. Ein derartiger Verstoß kann deshalb als Pflichtverletzung verzugsbedingte Schadensersatzansprüche gemäß § 286 BGB auslösen[149].

69 Unbeschadet dessen steht dem Auftraggeber nach Ablauf der vorgeschriebenen Fristen die Befugnis zur Ausübung der Rechte nach § 14 Nr. 4 VOB/B zu. Der Auftraggeber kann nach angemessener fruchtloser **Nachfristsetzung** die Schlussrechnung selbst auf Kosten des Auftragnehmers aufstellen bzw. aufstellen lassen. Ersatzweise kann der Auftraggeber klageweise den Anspruch auf Erteilung einer Schlussrechnung gegenüber dem Auftragnehmer geltend machen[150].

70 Ausgehend hiervon stellt sich die Frage, welche Konsequenzen sich ergeben, wenn der Auftragnehmer zwar eine „Schlussrechnung" vorlegt, diese aber tatsächlich und erkennbar nicht die Voraussetzungen einer Schlussabrechnung erfüllt oder aber in sich nicht prüffähig ist. Aus § 14 Nr. 1 Satz 1 VOB/B ergibt sich, dass der Auftragnehmer seine Leistungen prüfbar abzurechnen hat. Die **Prüffähigkeit** ist damit Voraussetzung ordnungsgemäßer Abrechnung und zwar in besonderer Weise bei Vorlage der Schlussrechnung[151]. Wird deshalb eine nicht prüffähige bzw. nicht abschließende „Schlussrechnung" vom Auftragnehmer vorgelegt, so ist dieser damit seiner Verpflichtung nach § 14 Nr. 3 i.V.m. § 14 Nr. 1 Satz 1 VOB/B nicht innerhalb der vorgesehenen Fristen nachgekommen. Dementsprechend stehen dem Auftraggeber die gleichen Rechte wie bei unterlassener Rechnungslegung gegenüber dem Auftragnehmer zu[152]; vor allem kann der Auftraggeber die Rechte aus § 14 Nr. 4 VOB/B ausüben.

V. Aufstellung der Rechnung durch den Auftraggeber (§ 14 Nr. 4 VOB/B)

71 Reicht der Auftragnehmer entgegen § 14 Nr. 3 VOB/B die von ihm anzufertigende prüfbare Schlussrechnung nicht bei dem Auftraggeber innerhalb der vorgegebenen Fristen ein und verbleibt auch eine ihm gesetzte, angemessene Nachfrist ergebnislos, so kann der Auftraggeber nach § 14 Nr. 4 VOB/B die Schlussrechnung selbst und zwar auf Kosten des Auftragnehmers aufstellen bzw. aufstellen lassen.

Der Auftraggeber kann auch durch von ihm gestellte Vertragsklauseln die Anordnungen des § 14 Nr. 4 VOB/B regelmäßig nicht zu seinen Gunsten vorteilhafter gestalten. Vor allem kann der Auftraggeber durch die von ihm aufgestellten AVB und ZVB zu Lasten des Auftragnehmers keine zwingenden (Ausschluss-) Fristen zur Einreichung der Schlussrechnung setzen[153]. Ebenso wenig

---

[147] Vgl. *Nicklisch/Weick* VOB/B § 14 Rdn. 30; *Ingenstau/Korbion/Locher* VOB/B § 14 Nr. 3 Rdn. 7.
[148] BGH BauR 1977, 280; *Vygen* Bauvertragsrecht, Rdn. 388.
[149] BGH ZfBR 1999, 330.
[150] OLG München NJW-RR 1987, 146; OLG München NJW 1988, 270.
[151] BGH NZBau 2000, 508; OLG Brandenburg NZBau 2000, 511.
[152] *Dähne* BauR 1981, 233, 234; Beck'scher VOB-Kommentar/*Cuypers* VOB/B § 14 Nr. 3 Rdn. 15.
[153] *Korbion/Locher* AGBG und Bauerrichtungsverträge S. 133.

kann sich der Auftraggeber bedingungsgemäß die Befugnis einräumen lassen, nach Verstreichen der Frist des § 14 Nr. 3 VOB/B die Schlussrechnung ohne gesonderte Nachfristsetzung im Sinne des § 14 Nr. 4 VOB/B selbst aufzustellen[154].

1. Vorgehen des Auftraggebers

Dem Auftraggeber wird durch § 14 Nr. 4 VOB/B die Befugnis verliehen, qua entsprechender VOB-Ermächtigung anstelle des Auftragnehmers die **Schlussrechnung** für die ausgeführten Bauleistungen **aufzustellen**[155]. Der Auftraggeber kann dabei von der Möglichkeit Gebrauch machen, die Schlussrechnung selbst anzufertigen; ersatzweise kann er auch einen Dritten damit beauftragen, die Aufstellung der Schlussrechnung vorzunehmen. Die dadurch bedingten, ihm bzw. dem beauftragten Dritten entstandenen Kosten kann der Auftraggeber – notfalls klageweise – von dem Auftragnehmer beanspruchen[156]. 72

Alternativ kann der Auftraggeber aber auch **zuwarten**. Der Auftraggeber ist nicht verpflichtet, anstelle des Auftragnehmers dessen Schlussabrechnung vorzunehmen. Regelmäßig wird der Auftraggeber solange abwarten, bis ihm der Auftragnehmer die von ihm angefertigte Schlussrechnung übermittelt. Da die Fälligkeit der Schlusszahlung erst zwei Monate nach Zugang der Schlussrechnung eintritt[157], schiebt sich damit zugleich die Verpflichtung zum Ausgleich der geschuldeten Vergütung aus der Schlussrechnung zeitlich hinaus. Nicht zuletzt aus diesem Grunde und insbesondere zur Ersparnis von Finanzierungsaufwendungen und -zinsen kann und wird der Auftraggeber deshalb eher zurückhaltend von den weitergehenden Möglichkeiten des § 14 Nr. 4 VOB/B Gebrauch machen. 73

Für den Fall, dass der Auftraggeber Wert auf baldige Abrechnung legt, die Schlussrechnung aber nicht selbst anfertigen kann und will, steht ihm ergänzend die Befugnis zu, den Auftragnehmer auf **Erstellung der Schlussrechnung** zu verklagen. Wie sich aus § 14 Nr. 1 und 3 VOB/B ergibt, ist der Auftragnehmer zur prüffähigen Schlussabrechnung verpflichtet. Dementsprechend kann der Auftraggeber diese vertragliche Nebenpflicht[158] auch im Klagewege gegenüber dem säumigen Auftragnehmer durchsetzen[159]. 74

Alternativ kann der Auftraggeber auch in der Weise vorgehen, dass er gegenüber dem Auftragnehmer den **Tatbestand der Überzahlung** geltend macht und einen von ihm nach seinem Kenntnisstand ermittelten Überschuss vom Auftragnehmer klageweise zurückfordert[160]. Auf diese Weise wird der Auftragnehmer im Rahmen des anhängigen Rückforderungsprozesses gezwungen, über die von ihm erbrachten Leistungen insgesamt abzurechnen. 75

Schließlich können dem Auftraggeber **Schadensersatzansprüche** aus verspäteter Anfertigung und Einreichung der Schlussrechnung erwachsen. Sobald sich der Auftragnehmer mit seiner Verpflichtung zur Einreichung einer prüffähigen Schlussrechnung im Verzuge befindet, kann der Auftraggeber Schadensersatz begehren[161]. 76

2. Unzulängliche Rechnung

Bereits vom Wortlaut her erschließt sich, dass dem Auftraggeber die Befugnisse aus § 14 Nr. 4 VOB/B zustehen, wenn der Auftragnehmer überhaupt keine Schlussrechnung einreicht oder aber eine im Ergebnis vollkommen unzulängliche, nämlich nicht prüfbare Rechnung vorlegt[162]. Sowohl das Fehlen einer „Schlussrechnung" wie auch die Prüffähigkeit derselben beurteilt sich nicht nach 77

---

[154] *Korbion/Locher* AGBG und Bauerrichtungsverträge S 132.
[155] Beck'scher VOB-Kommentar/*Cuypers*VOB/B § 14 Nr. 4 Rdn. 2.
[156] *Heiermann/Riedl/Rusam* VOB/B § 14 Rdn. 96.
[157] BGH NJW-RR 1990, 1170, 1171.
[158] OLG Dresden BauR 2000, 103.
[159] *Heiermann/Riedl/Rusam* VOB/B § 14 Rdn. 14.
[160] BGH IBR 2002, 235.
[161] BGH ZfBR 1999, 330.
[162] *Heiermann/Riedl/Rusam* VOB/B § 14 Rdn. 91.

dem subjektiven Verständnis des Auftragnehmers oder aber des Auftraggebers, ausschlaggebend ist vielmehr ein objektiver Prüfungsmaßstab, der sich anhand der Kriterien des § 14 Nr. 1 und 3 VOB/B ermittelt[163]. Kommt der Auftragnehmer zumindest der Verpflichtung zur Vorlage einer Schlussrechnung nach, so hat im Zweifel der Auftraggeber die Darlegungs- und Beweislast dafür, dass es sich bei Heranziehung objektiver Maßstäbe nicht um eine ordnungsgemäße bzw. prüffähige Schlussabrechnung handelt[164].

3. Nachfristsetzung

78 Kommt der Auftragnehmer der Verpflichtung zur Vorlage einer prüffähigen Schlussrechnung innerhalb der Fristen des § 14 Nr. 3 VOB/B nicht nach, so steht dem Auftraggeber das Recht zur Selbstanfertigung der Schlussrechnung nur zu, wenn er zuvor dem Auftragnehmer eine angemessene Nachfrist gesetzt hat und diese fruchtlos verstrichen ist. Erforderlich ist deshalb zweierlei: Einerseits hat der Auftraggeber ausdrücklich die Schlussabrechnung beim Auftragnehmer unmittelbar anzufordern, andererseits bedarf es zusätzlich einer bestimmten, angemessenen Erledigungsfrist. Beides setzt nicht notwendig die Einhaltung des Schriftformerfordernisses voraus. Gleichwohl ist es aus praktischen wie auch aus beweisrechtlichen Gründen angezeigt, sowohl die Anforderung wie auch die hiermit regelmäßig verbundene Fristsetzung schriftlich gegenüber dem Auftragnehmer vorzunehmen[165]. Dabei muss die dem Auftragnehmer gesetzte Frist angemessen sein und zwar unter Berücksichtigung der sich aus § 14 Nr. 3 VOB/B ergebenden Fristen. Allerdings bedeutet dies nicht, dass dem Auftragnehmer als Nachfrist nochmals die vollen, in § 14 Nr. 3 VOB/B angegebenen Fristen eingeräumt werden[166]. Bei der Bemessung der Frist ist dem Umfang der erbrachten Bauleistungen wie auch der Komplexität der vorzunehmenden Abrechnung angemessen Rechnung zu tragen[167].

4. Rechnungsaufstellung

79 Erst nach **Ablauf der gesetzten Nachfrist** ist der Auftraggeber berechtigt, die Schlussrechnung selbst oder durch einen von ihm beauftragten Dritten erstellen zu lassen. Da es sich insoweit um ein Recht des Auftraggebers, nicht indes um eine Verpflichtung handelt, kann der Auftraggeber selbstverständlich trotz vorangegangener Fristsetzung auch von der angekündigten Aufstellung der Schlussrechnung absehen[168]. Ebenso steht es dem Auftraggeber frei, den Auftragnehmer auch weiterhin – und vor allem auch gerichtlich – auf Erstellung der Schlussrechnung in Anspruch zu nehmen[169].

80 Entscheidet sich der Auftraggeber für die **Aufstellung der Schlussrechnung**, so hat er nun seinerseits prüffähig abzurechnen[170]. Der Auftraggeber darf sich also in Anwendung des § 14 Nr. 4 VOB/B nicht darauf beschränken, eine lediglich pauschale oder oberflächliche Abrechnung vorzunehmen. Wurde bereits ein gemeinsames Aufmaß erstellt, so hat der Auftraggeber die entsprechenden Aufmaßunterlagen bei der Aufstellung der Schlussrechnung zu verwenden[171]. Soweit es ganz oder teilweise an erforderlichen Aufmaßunterlagen fehlt, ist der Auftraggeber (nur) gehalten, die ihm zugänglichen Leistungen des Auftragnehmers zu erfassen und in die Schlussrechnung einzustellen[172]. Dies setzt voraus, dass der Auftraggeber erforderlichenfalls auch ein eigenes Aufmaß zu erstellen hat, um die Schlussrechnung nach Maßgabe des abge-

---

[163] *Ingenstau/Korbion/Locher* VOB/B § 14 Nr. 4 Rdn. 2; *Heiermann/Riedl/Rusam* VOB/B § 14 Rdn. 91.
[164] *Dähne* BauR 1981, 233, 235.
[165] *Nicklisch/Weick* VOB/B § 14 Rdn. 36.
[166] *Nicklisch/Weick* VOB/B § 14 Rdn. 36.
[167] Vgl. *Heiermann/Riedl/Rusam* VOB/B § 14 Rdn. 92.
[168] *Nicklisch/Weick* § 14 Rdn. 37.
[169] OLG München NJW-RR 1987, 146.
[170] *Ingenstau/Korbion/Locher* VOB/B § 14 Nr. 4 Rdn. 6.
[171] *Heiermann/Riedl/Rusam* VOB/B § 14 Rdn. 74.
[172] BGH NJW 1984, 1757, 1758.

schlossenen Bauvertrages aufmachen zu können[173]. Jedenfalls bei einem Einheitspreisvertrag ist der Auftraggeber zum Zwecke ordnungsgemäßer Preisermittlung darauf angewiesen, die den Einheitspreisen zugrunde zulegenden Mengen exakt anhand eines anzufertigenden Aufmaßes zu ermitteln. Nichts anderes gilt regelmäßig auch bei Pauschalpreisverträgen, sofern nur über ein genaues Aufmaß nachträgliche Leistungsmehrungen und -minderungen prüffähig erfasst werden können. Die Kosten für die Anfertigung der entsprechenden Aufmaße hat der Auftragnehmer unter den Voraussetzungen des § 14 Nr. 4 VOB/B zu tragen[174].

Die **prüffähig erstellte Schlussrechnung** hat der Auftraggeber anschließend dem Auftrag- 81
nehmer zur Verfügung zu stellen. Dabei hat er die für seine Rechnungsanfertigung maßgebenden Mengenberechnungen, Zeichnungen und anderen Belege beizufügen (§ 14 Nr. 1 Satz 2 VOB/B). Nach Zugang der aufgestellten Schlussrechnung obliegt es nunmehr dem Auftragnehmer, in eine Prüfung derselben einzutreten. Wenn und soweit sich dabei aus Sicht des Auftragnehmers Unrichtigkeiten oder sonstige Beanstandungen ergeben, hat der Auftragnehmer die Möglichkeit, auf eine Korrektur gegenüber dem Auftraggeber hinzuwirken[175]. Für die aus Sicht des Auftragnehmers unvollständig bzw. fehlerhaft abgerechneten Positionen trägt in einem etwaigen anschließenden Vergütungsrechtsstreit der Auftragnehmer die Darlegungs- und Beweislast[176].

Vom Auftraggeber **verwendete Vertragsklauseln**, die über die Anordnung des § 14 Nr. 4 82
VOB/B hinausgehen, sind rechtlich bedenklich: So wird der (fingierte) Verzicht des Auftragnehmers auf Einwendungen gegen die vom Auftraggeber augestellte Schlussrechnung als unvereinbar mit § 9 AGBG bzw. § 307 BGB angesehen[177]. Ausschlaggebend hierfür ist der Umstand, dass dem Auftragnehmer nach der Grundaussage des § 14 Nr. 4 VOB/B stets die Befugnis verbleiben soll, Einwendungen gegen die Abrechnung des Auftraggebers zu erheben und notfalls im Wege des Gegenbeweises die Unrichtigkeit der ersatzweise erstellten Rechnung durchzusetzen[178].

5. Kosten der Rechnungsanfertigung

Aus § 14 Nr. 4 VOB/B ergibt sich, dass die durch die Aufstellung der Schlussrechnung entste- 83
henden **Kosten vom Auftragnehmer** zu erstatten sind. Der Kostenerstattungsanspruch steht dem Auftraggeber sowohl bei Selbstanfertigung wie auch bei Anfertigung der Schlussrechnung durch einen beauftragten Fachmann, regelmäßig also einen Architekten zu[179]. Der Erstattungsanspruch des Auftraggebers beläuft sich auf alle Kosten, die erforderlich waren, um die Schlussrechnung ordnungsgemäß und prüffähig zu erstellen[180]. Für den Umfang und die Erforderlichkeit der aufgewendeten Kosten trägt der Auftraggeber die Darlegungs- und Beweislast[181]. Soweit der Auftraggeber durch die Aufstellung der Schlussrechnung partiell Kosten erspart, die ihm bei der Prüfung der vom Auftragnehmer vorgelegten Schlussrechnung ohnehin entstanden wären, ist der Kostenerstattungsanspruch gegenüber dem Auftragnehmer entsprechend anteilig zu kürzen[182].

6. Fälligkeit des Vergütungsanspruches

Die vom Auftraggeber angefertigte Schlussrechnung tritt an die Stelle der vom Auftragneh- 84
mer geschuldeten. Dies hat zur Konsequenz, dass ihr die gleichen Wirkungen wie bei einer vom Auftragnehmer vorgelegten Schlussrechnung zukommen[183]. Da der Auftraggeber jedoch zu der

[173] BGH IBR 2002, 63.
[174] BGH IBR 2002, 63.
[175] *Nicklisch/Weick* VOB/B § 14 Rdn. 37.
[176] BGH NJW 1984, 1757, 1758; *Nicklisch/Weick* VOB/B § 14 Rdn. 37.
[177] OLG Karlsruhe BB 1983, 725.
[178] *Korbion/Locher* AGBG und Bauerrichtungsverträge S. 132.
[179] *Heiermann/Riedl/Rusam* VOB/B § 14 Rdn. 96.
[180] *Ingenstau/Korbion/Locher* VOB/B § 14 Nr. 4 Rdn. 8; *Heiermann/Riedl/Rusam* VOB/B § 14 Rdn. 96 f.
[181] Beck'scher VOB-Kommentar/*Cuypers* VOB/B § 14 Nr. 4 Rdn. 19; *Heiermann/Riedl/Rusam* VOB/B § 14 Rdn. 96.
[182] OLG Düsseldorf BauR 1986, 612.
[183] OLG Düsseldorf BauR 1995, 258; *Ingenstau/Korbion/Locher* VOB/B § 14 Nr. 4 Rdn. 10.

von ihm selbst angefertigten Schlussrechnung nicht mehr der in § 16 Nr. 3 VOB/B vorgesehenen Prüfungsfrist bedarf, tritt abweichend von vorgenannter Bestimmung die Fälligkeit von in der Schlussrechnung ermittelter Vergütung mit dem Zeitpunkt der **Fertigstellung und der Übermittlung der Schlussrechnung** an den Auftragnehmer ein[184]. Die überwiegende Auffassung vertritt demgegenüber den Standpunkt, vom Eintritt der Fälligkeit sei schon auszugehen, sobald der Auftraggeber die Schlussrechnung aufgestellt und den Schlussrechnungsbetrag ermittelt habe[185]. Dabei wird jedoch übersehen, dass § 14 Nr. 4 VOB/B lediglich eine Ermächtigung zugunsten des Auftraggebers enthält, anstelle des Auftragnehmers dessen Schlussrechnung anzufertigen. Mithin handelt es sich – wie auch der Kostenerstattungsanspruch zeigt – rechtsdogmatisch im Ergebnis um die Schlussabrechnung des Auftragnehmers. Mithin muss davon ausgegangen werden, dass eine Schlussrechnungsforderung des Auftragnehmers erst und nur dann besteht und fällig wird, wenn dieser – wie im Regelfall – zumindest Kenntnis von der für ihn ersatzweise durch einen Dritten aufgestellten Schlussrechnung erlangt hat[186].

§ 15 Stundenlohnarbeiten

1. (1) Stundenlohnarbeiten werden nach den vertraglichen Vereinbarungen abgerechnet.
(2) Soweit für die Vergütung keine Vereinbarungen getroffen worden sind, gilt die ortsübliche Vergütung. Ist diese nicht zu ermitteln, so werden die Aufwendungen des Auftragnehmers für Lohn- und Gehaltskosten der Baustelle, Lohn- und Gehaltsnebenkosten der Baustelle, Stoffkosten der Baustelle, Kosten der Einrichtungen, Geräte, Maschinen und maschinellen Anlagen der Baustelle, Fracht-, Fuhr- und Ladekosten, Sozialkassenbeiträge und Sonderkosten, die bei wirtschaftlicher Betriebsführung entstehen, mit angemessenen Zuschlägen für Gemeinkosten und Gewinn (einschließlich allgemeinem Unternehmerwagnis) zuzüglich Umsatzsteuer vergütet.

2. Verlangt der Auftraggeber, dass die Stundenlohnarbeiten durch einen Polier oder eine andere Aufsichtsperson beaufsichtigt werden, oder ist die Aufsicht nach den einschlägigen Unfallverhütungsvorschriften notwendig, so gilt Nummer 1 entsprechend.

3. Dem Auftraggeber ist die Ausführung von Stundenlohnarbeiten vor Beginn anzuzeigen. Über die geleisteten Arbeitsstunden und den dabei erforderlichen, besonders zu vergütenden Aufwand für den Verbrauch von Stoffen, für Vorhaltung von Einrichtungen, Geräten, Maschinen und maschinellen Anlagen, für Frachten, Fuhr- und Ladeleistungen sowie etwaige Sonderkosten sind, wenn nichts anderes vereinbart ist, je nach der Verkehrssitte werktäglich oder wöchentlich Listen (Stundenlohnzettel) einzureichen. Der Auftraggeber hat die von ihm bescheinigten Stundenlohnzettel unverzüglich, spätestens jedoch innerhalb von 6 Werktagen nach Zugang, zurückzugeben. Dabei kann er Einwendungen auf den Stundenlohnzetteln oder gesondert schriftlich erheben. Nicht fristgemäß zurückgegebene Stundenlohnzettel gelten als anerkannt.

4. Stundenlohnrechnungen sind alsbald nach Abschluss der Stundenlohnarbeiten, längstens jedoch in Abständen von 4 Wochen, einzureichen. Für die Zahlung gilt § 16.

5. Wenn Stundenlohnarbeiten zwar vereinbart waren, über den Umfang der Stundenlohnleistungen aber mangels rechtzeitiger Vorlage der Stundenlohnzettel Zweifel bestehen, so kann der Auftraggeber verlangen, dass für die nachweisbar ausgeführten Leistungen eine Vergütung vereinbart wird, die nach Maßgabe von Nummer 1 Abs. 2 für einen wirtschaftlich vertretbaren Aufwand an Arbeitszeit und Verbrauch von Stoffen, für Vorhaltung von Einrichtungen, Geräten, Maschinen und maschinellen Anlagen, für Frachten, Fuhr- und Ladeleistungen sowie etwaige Sonderkosten ermittelt wird.

---

[184] Beck'scher VOB-Kommentar/*Cuypers* VOB/B § 14 Nr. 4 Rdn. 26.

[185] *Ingenstau/Korbion/Locher* VOB/B § 14 Nr. 4 Rdn. 11; *Nicklisch/Weick* VOB/B § 14 Rdn. 39 a; *Dähne* BauR 1981, 233, 236.

[186] So jetzt BGH BauR 2002, 313, 315.

Schrifttum: *Ebisch/Gottschalk* Preise und Preisprüfungen bei öffentlichen Aufträgen einschließlich Bauaufträge, 7. Aufl. 2001 – *Hereth/Crome* Baupreisrecht, Handausgabe mit Erläuterungen, 3. Aufl., 1973 – *Korbion* Stundenlohnarbeiten beim BGB-Bauvertrag, Festschrift Soergel 1993, 131 – *Losert* Die Bedeutung der Unterschrift unter einem Stundenlohnzettel, ZfBR 1993, 1 – *Michaelis/Rhösa/Pantke* Preisbildung bei öffentlichen Aufträgen einschließlich Beschaffungswesen, Loseblattsammlung 1955 ff. – *Mugler* Die Bindung der Vertragsparteien an ihre Vereinbarung über die Höhe der Vergütung bei Regiearbeiten am Bau, DB 1989, 859 – *Opitz* Selbstkostenermittlung für Bauarbeiten, 5. Aufl. 1963 – *Plümecke/Sachse* Die Abrechnung von Stundenlohnarbeiten, 4. Aufl. 1974 – *Voit* Die Bedeutung der Bestätigung von Aufmaß und Stundenlohnzetteln, FS Motzke 2006, 421.

Übersicht

I. Grundlagen

1 Die Regelung des § 15 der VOB/B befasst sich mit der Abrechnung von Stundenlohnarbeiten. Sie ergänzt damit die Vorschrift des § 14 VOB/B über die Abrechnung von Bauleistungen. Soweit es um die Bezahlung von Stundenlohnarbeiten geht, ist auf die nachfolgende Vorschrift des § 16 VOB/B zu verweisen.

1. Wesen der Stundenlohnarbeiten

2 Stundenlohnarbeiten fallen vor allem an, wenn Bauleistungen im Rahmen eines sog. Stundenlohnvertrages vergeben werden. Dies ist gemäß § 5 Nr. 2 VOB/A bei Bauleistungen geringeren Umfanges zulässig, soweit sie überwiegend Lohnkosten verursachen. Dies besagt jedoch nicht, dass anfallende Kosten für Material, Geräte, Baustelleneinrichtungen sowie Gemeinkosten unberücksichtigt bleiben[1]. Sie sollen lediglich im Rahmen von nach Stundenlohn zu vergebenden Arbeiten untergeordnete Bedeutung haben[2].

3 Bei Stundenlohnarbeiten wird danach unterschieden, ob sie Gegenstand eines eigenständigen Bauvertrages sind (**sog. selbständige Stundenlohnarbeiten**) oder aber lediglich als Nebenarbeiten bei der Ausführung eines (umfangreichen) Leistungsvertrages zur Ausführung gelangen (**sog. angehängte Stundenlohnarbeiten**)[3]. Selbständige Stundenlohnarbeiten werden regel-

[1] *Heiermann/Riedl/Rusam* VOB/A, § 5 Rdn. 24.
[2] Siehe VOB/A § 5 Rdn. 38.
[3] VOB/A § 5 Rdn. 37, 38; vgl. auch Nr. 2.2 VHB zu Teil A § 5 VOB.

mäßig bei Arbeiten im Bestand oder bei der Ausführung kleinerer Reparatur- und Instandsetzungsarbeiten (isoliert) beauftragt, wenn der Umfang der Arbeiten den Unternehmer nicht dazu veranlasst, ein Angebot mit Einheitspreisen oder zu Pauschalpreis abzugeben[4]. Bei größeren Bauleistungsaufträgen werden üblicherweise ergänzend Stundenlohnpositionen vorgesehen, um damit zusätzlich anfallende Nachtrags- und Restleistungen zu erfassen[5].

2. Verhältnis zu § 2 Nr. 10 VOB/B

Voraussetzung für die Vergütung von Stundenlohn ist, dass eine Vereinbarung über die Abrechnung auf Stundenlohnbasis getroffen wurde; § 2 Nr. 10 VOB/B[6]. Nach der genannten Bestimmung werden Stundenlohnarbeiten nur vergütet, wenn sie als solche vor ihrem Beginn ausdrücklich vereinbart worden sind. Diese Regel gilt sowohl für die selbständigen wie auch für die angehängten Stundenlohnarbeiten[7]. Vor der Ausführung von Stundenlohnarbeiten bedarf es deshalb zumindest einer Vereinbarung der Parteien darüber, dass bestimmte Arbeiten nach Stundenlohn ausgeführt werden sollen[8]. 4

In der Praxis wird häufig bei fehlender ausdrücklicher Stundenlohnabrede der Standpunkt eingenommen, aus der Unterzeichnung vorgelegter Stundenlohnzettel könne zugleich auf eine konkludente nachträgliche Stundenlohnabrede geschlossen werden. Der BGH hat hierzu klargestellt, dass der Unterzeichnung von Stundenzetteln durch beauftragte Bauleiter grundsätzlich keine auf den Abschluß einer Stundenlohnvereinbarung gerichtete, rechtsgeschäftlich maßgebende Willenserklärung entnommen werden könne. Aus der bloßen Ermächtigung der Bauleitung zur Abzeichnung von Stundenlohnzetteln ergebe sich keine ausreichende rechtsgeschäftliche Abschlußvollmacht. Etwas anderes soll nur dann gelten, wenn die Bauleitung (ausnahmsweise) bevollmächtigt wurde, Vergütungsvereinbarungen für den AG einzugehen[9].

3. Stundenlohnarbeiten beim BGB-Bauvertrag

Die Bestimmung des § 15 gilt für alle VOB-Bauverträge. Das BGB-Werkvertragsrecht kennt keine Vorschrift für die Abrechnung von Stundenlohnarbeiten. Sind beim BGB-Bauvertrag Stundenlohnarbeiten ihrem Umfange nach genau vereinbart, so ist der Besteller nach § 631 Abs. 1 BGB zur Entrichtung der mit dem Unternehmer vereinbarten Stundenlohnvergütung verpflichtet. Sobald es jedoch an einer exakten Bestimmung der Höhe der Vergütung fehlt, richtet sich diese gemäß § 632 Abs. 2 BGB nach den verkehrsüblichen Vergütungsmaßstäben[10]. Bei der Bemessung von Stundenlohnkosten liegt es nahe, auf die in § 15 VOB/B vorgezeichneten und in den Baukreisen regelmäßig herangezogenen Bemessungsregeln abzuheben[11]. Allerdings bedeutet dies nicht, dass auch die über die reine Vergütungsbemessung hinausreichenden Regelungen des § 15 VOB/B in BGB-Bauverträgen zwingend von den Parteien zu berücksichtigen sind; so ist es beispielsweise für die Abrechnungsfähigkeit eines vorgelegten Stundenlohnzettels bei einem BGB-Bauvertrag nicht erforderlich, dass er zuvor von der Bauleitung unterschrieben wurde[12]; entsprechendes gilt für alle formellen Voraussetzungen, die der Auftragnehmer im Falle der vertraglichen Zugrundelegung der VOB/B zu beachten hat, z.B. also für Verstöße gegen die Pflichten zur Behandlung von Stundenlohnnachweisen und -rechnungen im Sinne von § 15 Nr. 3 und 4 VOB/B. 5

---

[4] Siehe § 5 VOB/A Rdn. 38.
[5] *Heiermann/Riedl/Rusam* VOB/A, § 5 Rdn. 27.
[6] Siehe dazu § 2 VOB/B Rdn. 316 ff.
[7] VOB/B § 2 Rdn. 316.
[8] BGH BauR 1995, 237, 239; siehe § 2 VOB/B Rdn. 317.
[9] BGH NZBau 2004, 31 = BauR 2003, 1892.
[10] Vgl. BGH NJW 2000, 1107.
[11] OLG Düsseldorf NJW 2001, 762; Beck'scher VOB-Kommentar/*Cuypers* VOB/B, vor § 15 Rdn. 7; siehe auch § 2 VOB/B Rdn. 319.
[12] OLG Köln NJW-RR 1997, 150.

4. Ersatz von Personal- und Sachaufwand

6 Von seinem Wortlaut her bezieht sich § 15 VOB/B nur auf „Stundenlohnarbeiten". Wie sich aus § 15 Nr. 1 Abs. 2 Satz 2 VOB/B erschließt, gehören zu den Aufwendungen des Auftragnehmers im Rahmen von Stundenlohnarbeiten auch die Stoffkosten der Baustelle, die Kosten der Baustelleneinrichtungen, die Kosten von Geräten, Maschinen und maschinellen Anlagen der Baustelle sowie die Gemeinkosten. Streng genommen ist deshalb der Begriff von „Stundenlohnarbeiten" unter Berücksichtigung der Abrechnungsfähigkeit auszuführender Leistungen zu eng gegriffen. Richtigerweise müsste man von einem „Lohn- und Material-Kostenvertrag" sprechen. In der Baupraxis finden sich daher durchaus auch abweichende Bezeichnungen für auszuführende Stundenlohnarbeiten, etwa in Form einer Bezugnahme auf Regiearbeiten[13].

5. Struktur des § 15 VOB/B

7 Für die Bemessung derartiger Stundenlohn- und Regiearbeiten enthält § 15 VOB/B wesentliche Tatbestandsvoraussetzungen:

- Aus § 15 Nr. 1 VOB/B ergibt sich, dass Stundenlohnarbeiten nach den zugrundeliegenden vertraglichen Vereinbarungen abzurechnen sind. Soweit hinsichtlich der Höhe der Stundenlohnvergütung keine ausdrückliche Vereinbarung getroffen wurde, richtet sich deren Bemessung nach § 15 Nr. 1 Abs. 2 VOB/B.
- Aus § 15 Nr. 2 VOB/B erschließt sich, unter welchen Voraussetzungen Stundenlohnvergütung für Aufsichtspersonen beansprucht werden kann.
- Die von den Bauvertragsparteien zu beachtenden Pflichten bei der Ausführung, der Dokumentation und der Kontrolle von Stundenlohnvergütung sind in § 15 Nr. 3 VOB/B niedergelegt.
- Durch § 15 Nr. 4 VOB/B wird klargestellt, dass die Stundenlohnrechnungen zur Vorbereitung von Zahlungen nach § 16 VOB/B kurzfristig nach Beendigung der Stundenlohnarbeiten einzureichen sind.
- Schließlich befasst sich § 15 Nr. 5 VOB/B mit der Bemessung der Vergütung, wenn Zweifel hinsichtlich des dokumentierten Nachweises von Stundenlohnarbeiten bestehen.

8 In der Praxis ist festzustellen, dass der Vorschrift des § 15 VOB/B, insbesondere den dortigen Regelungen in Nr. 3 und 4, häufig nicht genügend Beachtung geschenkt wird. Hieraus ergeben sich vor allem für die Auftragnehmer häufig erhebliche Nachteile bei der Durchsetzung begründeter Vergütungsansprüche aus Stundenlohnarbeiten[14].

II. Vergütung von Stundenlohnarbeiten (§ 15 Nr. 1 VOB/B)

9 Während sich aus § 2 Nr. 10 VOB/B erschließt, ob vergütungsfähige Stundenlohnarbeiten vereinbart sind[15], ergibt sich die Abrechnung und damit vor allem die Höhe der Stundenlohnvergütung aus § 15 Nr. 1 VOB/B. Da § 15 Nr. 1 VOB/B mithin eine die Höhe der Stundenlohnvergütung betreffende Ergänzung zu § 2 Nr. 10 VOB/B darstellt[16], bezieht sich die in Abs. 1 und 2 angesprochene Differenzierung zwischen vertraglicher Vereinbarung bzw. fehlender vertraglicher Vereinbarung ausschließlich auf die Bemessung der Vergütung der Stundenlohnarbeiten, wie sich insbesondere dem Wortlaut des § 15 Nr. 1 Abs. 2 Satz 1 VOB/B entnehmen lässt. § 15 Nr. 1 VOB/B enthält deshalb (nur) nähere Angaben zu dem Abrechnungsverfahren vertraglich vereinbarter Stundenlohnarbeiten.

---

[13] *Nicklisch/Weick* VOB/B, § 15 Rdn. 1.
[14] Vgl. *Schumann* Das Abrechnungsbuch für Bauarbeiten jeder Art, S. 240 ff.
[15] Siehe hierzu näher oben § 2 Rdn. 316–318.
[16] *Franke/Kemper/Zanner/Grünhagen* VOB/B, § 15 Rdn. 2.

1. Vereinbarung zur Vergütungshöhe (§ 15 Nr. 1 Abs. 1 VOB/B)

Nach § 15 Nr. 1 Abs. 1 VOB/B werden Stundenlohnarbeiten nach den zugrundeliegenden vertraglichen Vereinbarungen abgerechnet. Voraussetzung für die Heranziehung dieser Bestimmung ist zweierlei: 10

a) Zunächst einmal müssen überhaupt Stundenlohnarbeiten dem Grunde nach gemäß § 2 Nr. 10 VOB/B vereinbart sein. Fehlt es an einer **Vereinbarung von Stundenlohnarbeiten im Sinne von § 2 Nr. 10 VOB/B**, so kommt eine Abrechnung entsprechender Arbeiten nach § 15 Nr. 1 VOB/B nicht in Betracht[17]. 11

Aufgrund der Vertragsautonomie der Parteien steht es diesen jedoch prinzipiell auch trotz des § 2 Nr. 10 VOB/B frei, auch nachträglich, also nach Beginn der Ausführung von Stundenlohnarbeiten oder aber nach deren Beendigung eine Vereinbarung zur Abrechnung derselben nach den Abrechnungsgrundsätzen des § 15 Nr. 1 VOB/B zu treffen[18]. Allerdings sind an derartige Vereinbarungen strenge Anforderungen zu stellen, insbesondere kommt nicht ohne weiteres eine nachträgliche stillschweigende bzw. konkludente Vereinbarung von Stundenlohnarbeiten in Betracht[19].

b) Wenn danach feststeht, dass vom Grundsatz her vergütungsfähige Stundenlohnarbeiten im Sinne von § 2 Nr. 10 VOB/B auszuführen sind, richtet sich die **Höhe der vom Auftraggeber geschuldeten Vergütung** nach § 15 Nr. 1 Abs. 1 VOB/B. Der Bestimmung ist der auch § 631 BGB immanente Grundsatz zu entnehmen, wonach die Vergütung sich vorrangig danach bemisst, was die Parteien zur Vergütung und ihrer Höhe selbst ausdrücklich gewollt und vertraglich vereinbart haben. 12

c) Der Auftragnehmer hat bei Heranziehung des § 15 Nr. 1 Abs. 1 VOB/B demgemäß nachzuweisen, dass vergütungsfähige Stundenlohnarbeiten beauftragt wurden und dass darüber hinaus zur Höhe der Vergütung ebenfalls eine ausdrückliche Vereinbarung erfolgt ist[20]. Soweit es sich um angehängte Stundenlohnarbeiten handelt, hat der Auftragnehmer darüber hinaus im Zweifel auch **darzulegen und zu beweisen**, dass die von ihm (zusätzlich) abgerechneten Stundenlohnarbeiten nicht bereits Bestandteil des ursprünglich abgeschlossenen Einheitspreis- bzw. Pauschalpreisvertrages waren[21]. 13

d) In der Praxis stützt der Auftragnehmer häufig Vergütungsansprüche aus Stundenlohnarbeiten auf Stundenlohnzettel, die vom Auftraggeber oder aber von seiner Bauleitung während der Ausführung der Bauleistungen unterzeichnet wurden. Aus der bloßen Unterzeichnung von Stundenlohnzetteln durch den Auftraggeber und seine Bauleiter kann nicht ohne weiteres auf den rechtsgeschäftlich maßgebenden Willen geschlossen werden, (im nachhinein) eine **Vereinbarung über die Ausführung von gesondert vergütungsfähigen Stundenlohnarbeiten** zu schließen[22]. 14

e) Was zur Höhe der Vergütung zwischen den Parteien gelten soll, ergibt sich aus den hierzu getroffenen vertraglichen Vereinbarungen. In aller Regel finden **zwei unterschiedliche Abrechnungsverfahren** – je nach Wille der Parteien – Verwendung: 15

– Bei der **Abrechnung nach Stundenlohnsätzen** wird zwischen den Parteien für die Anzahl der zu leistenden, vorab meist nur geschätzten Stunden ein bestimmter Stundensatz vereinbart. Bei diesem wird üblicherweise zwischen Stunden für Meister, Facharbeiter, Helfer, Auszubil-

---

[17] Zur Frage, wie dann abgerechnet wird, siehe § 2 VOB/B Rdn. 319.

[18] *Nicklisch/Weick* VOB/B, § 2 Rdn. 118; siehe im einzelnen § 2 VOB/B Rdn. 318.

[19] BGH BauR 1994, 760, 762; siehe im einzelnen § 2 VOB/B Rdn. 318.

[20] Vgl. *Ingenstau/Korbion/Keldungs* VOB/B, § 15 Nr. 1 Rdn. 2 a.E.

[21] BGH, Nichtannahmebeschluß vom 13.9.2001, VII ZR 186/00 zu OLG München, Urteil vom 1.2.2000, 13 U 3864/99; IBR 2002, 240.

[22] Siehe näher § 2 VOB/B Rdn. 317.

dende und ggf. Aufsichtspersonen differenziert. In den Stundenlohn werden üblicherweise die Lohn- und Gehaltskosten, die Lohnnebenkosten, die Zuschläge für die Gemeinkosten sowie der Gewinn einbezogen. Zusätzlich abgerechnet werden vor allem die Materialkosten sowie etwaige Kosten für Geräte- und Maschineneinsatz.

– Die zweite Methode zur Bestimmung des Stundenlohns liegt darin, die entstehenden Kosten mit **bestimmten prozentualen Aufschlägen** zu versehen. Die anfallenden Lohn- und Lohnnebenkosten sowie die Stoffkosten werden durchgängig mit bestimmten Prozentsätzen für Gemeinkosten und Gewinn beaufschlagt. Gesondert werden zusätzlich die Materialkosten und die Mehrwertsteuer ausgewiesen[23].

Beim Stundenlohnvertrag ist der Auftragnehmer verpflichtet, auf eine wirtschaftliche Betriebsführung zu achten, vgl. § 15 Nr. 3 VOB/B. Die Verletzung dieser vertraglichen (Neben-)Pflicht kann Schadensersatzansprüche des Auftraggebers auslösen[24]

16 Im Rahmen vorgenannter Varianten halten sich üblicherweise die Absprachen zur Höhe der Vergütung. Im Einzelfall können zusätzliche Kostenfaktoren berücksichtigt werden. Der Ersatz von Kosten für das Vorhalten von Spezialfahrzeugen kann ebenso vereinbart werden wie der Ersatz von Kosten für die An- und Abfahrt zur Baustelle[25].

17 Ist zwischen den Parteien keine Vereinbarung zur Höhe bzw. zur Bemessung der Vergütung getroffen, so richtet sich die Bemessung der Stundenlohnvergütung nach § 15 Nr. 1 Abs. 2 VOB/B. Entscheidendes Kriterium zur Abgrenzung beider Absätze voneinander stellt die Auslegbarkeit etwaiger zur Höhe der Vergütung getroffener Absprachen dar. Lässt sich zumindest im Wege der Auslegung gemäß §§ 133, 157 BGB ein gemeinschaftlicher Abrechnungswille feststellen, so besteht kein Raum für die Heranziehung des § 15 Nr. 1 Abs. 2 VOB/B. Allerdings steht es den Parteien jederzeit auch nach Auftreten von Abrechnungsdifferenzen oder aber innerhalb eines laufenden gerichtlichen Verfahrens frei, im Wege eines (Zwischen-)Vergleichs Einvernehmen zur Höhe der strittigen Stundenlohnvergütung zu erzielen.

2. Bestimmung der Vergütung bei fehlender Vereinbarung (§ 15 Nr. 1 Abs. 2 VOB/B)

18 a) Haben die Parteien zur **Bemessung der Höhe der Vergütung keine Vereinbarung** getroffen, so ist die ortsübliche Vergütung dem Auftraggeber zu entrichten (§ 15 Nr. 1 Abs. 2 Satz 1 VOB/B). Die Vorschrift lehnt sich an § 632 Abs. 2 BGB an, wonach bei Fehlen einer Taxe die übliche Vergütung als vereinbart anzusehen ist. Als üblich wird dabei die Vergütung angesehen, die nach Art, Güte, Umfang und besonderen Umständen nach allgemeiner Auffassung baubeteiligter Kreise für vergleichbare Leistungen gewährt wird[26]. Bei der Bemessung der Vergütung wird nach § 15 Nr. 1 Abs. 2 Satz 1 VOB/B nur auf am Ort des Bauvorhabens gezahlte, also ortsübliche Vergleichspreise abgehoben. Maßgebend sind deshalb die Sätze, die üblicherweise für entsprechende Bauleistungen am Ort des Bauvorhabens entrichtet werden[27].

19 Häufig lassen sich die vergleichbaren Sätze nicht eindeutig bestimmen. Die Vergütung bzw. die Vergütungsbestandteile bewegen sich meistens in einer auch unter Berücksichtigung der ortsüblichen Verhältnisse festzustellenden Bandbreite[28]. Die vom Auftraggeber zu entrichtende Vergütung hat sich regelmäßig innerhalb der Spanne ortsüblicher Vergleichspreise zu halten[29].

[23] Vgl. *Ingenstau/Korbion/Keldungs* VOB/B, § 15 Nr. 1 Rdn. 3; *Nicklisch/Weick* VOB/B, § 15 Rdn. 9.

[24] OLG Düsseldorf NJW-RR 2003, 455, 456; OLG Bamberg BauR 2004, 1623.

[25] Vgl. OLG Düsseldorf BauR 2000, 1334 f.

[26] BGH NJW 2001, 151.

[27] *Ingenstau/Korbion/Keldungs* VOB/B, § 15 Nr. 1 Rdn. 5; *Heiermann/Riedl/Rusam* VOB/B, § 15 Rdn. 11; *Nicklisch/Weick* VOB/B, § 15 Rdn. 12.

[28] Vgl. *Jebe* BauR 1978, 88, 93; *Heiermann/Riedl/Rusam* VOB/B, § 15 Rdn. 11.

[29] A.A. LG Berlin SFH Z 2.300 Bl 2, wonach auch ein um 15 % höherer als der ortsüblich ermittelte Kostenbetrag noch hinzunehmen sein soll.

Die ortsübliche Vergütung ist bezogen auf den **Zeitpunkt des Vertragsabschlusses** der Parteien zu ermitteln[30]. Werden im Zuge der Durchführung einer Baumaßnahme gesonderte, also angehängte Stundenlohnarbeiten zusätzlich beauftragt, so erscheint es angemessen, für die Höhe der zu entrichtenden Vergütung auf den Zeitpunkt abzuheben, in dem Einigkeit über die Ausführung vergütungsfähiger Stundenlohnarbeiten im Sinne des § 2 Nr. 10 VOB/B erzielt wurde. 20

Den Auftragnehmer trifft für seine Abrechnung nach ortsüblichen Vergleichspreisen die **Darlegungs- und Beweislast**[31]. Über die Ortsüblichkeit der Vergütung hat im Rahmen eines gerichtlichen Verfahrens das mit der Sache befasste Gericht zu entscheiden[32]. Der Tatrichter wird jedoch regelmäßig nicht umhin kommen, die Angemessenheit der zur Abrechnung gestellten Vergütung vor dem Hintergrund ortsüblicher Vergleichspreise durch einen Bausachverständigen überprüfen zu lassen[33]. Da sich regelmäßig die heranzuziehenden Vergleichspreise in einer gewissen Bandbreite bewegen, kommt es bei der Klärung durch den Sachverständigen nur darauf an, ob sich der von dem Auftragnehmer angegebene Stundenlohn noch innerhalb der Spanne des Vergleichspreises bewegt. Wird die Spanne der Vergleichspreise überschritten, so ist der zur Abrechnung gestellte Stundenlohn entsprechend zu reduzieren. 21

b) Lässt sich eine **ortsübliche Vergütung** für die ausgeführten Stundenlohnarbeiten **nicht ermitteln**, so ergeben sich die Abrechnungsgrundlagen für die Bemessung des Stundenlohns aus § 15 Nr. 1 Abs. 2 Satz 2 VOB/B. Dem Auftragnehmer werden dabei seine Aufwendungen für Lohn- und Gehaltskosten der Baustelle, Lohn- und Gehaltsnebenkosten der Baustelle, Stoffkosten der Baustelle, Kosten der Einrichtung, Geräte, Maschinen und maschinellen Anlagen der Baustelle, Fracht-, Fuhr- und Ladekosten, Sozialkassenbeiträge und Sonderkosten mit angemessenen Zuschlägen für Gemeinkosten und Gewinn (einschließlich allgemeinem Unternehmerwagnis) sowie die Umsatzsteuer vergütet. 22

Bei der Bemessung der Vergütung kommt es im Rahmen des § 15 Nr. 1 Abs. 2 Satz 2 VOB/B auf die dort namentlich aufgeführten **Aufwendungen** des Auftragnehmers an. Der Auftragnehmer hat dabei im Zweifel baustellenbezogen darzulegen, inwieweit ihm tatsächlich Personal- und Sachkosten entstanden sind[34]. Soweit dem Auftragnehmer weitere, namentlich in § 15 Nr. 1 Abs. 2 Satz 2 VOB/B nicht aufgeführte zusätzliche Aufwendungspositionen erwachsen sind, können auch diese bei der Ermittlung der Vergütung mit berücksichtigt werden, da der Auftragnehmer in jedem Falle – abgesehen von den Zuschlägen für Gemeinkosten, Unternehmerwagnis und Gewinn – seine tatsächlichen Aufwendungen ersetzt erhalten soll[35]. 23

Dem Auftragnehmer wird jedoch über § 15 Nr. 1 Abs. 2 Satz 2 VOB/B nicht jeder von ihm in bezug auf die ausgeführten Bauleistungen getätigte Aufwand vergütet. Der Vergütungsumfang wird durch den Gesichtspunkt eingeschränkt, dass nur solche Aufwendungen und Kosten zu ersetzen sein sollen, die dem Auftragnehmer bei **wirtschaftlicher Betriebsführung** entstehen. Unnötiger bzw. überzogener Personal- und Sachaufwand wird dem Auftragnehmer im Rahmen der Stundenlohnvergütung nicht erstattet. Der Auftragnehmer hat bei Ausführung von Stundenlohnarbeiten die Grundsätze rationellen Baubetriebes und sparsamer Wirtschaftsführung zu beachten[36]. Der Auftragnehmer kann deshalb nur den für die Bauaufgabe erforderlichen Personal- und Sachaufwand in seine Abrechnung einstellen[37]. 24

---

[30] BGH NJW 2001, 151; *Heiermann/Riedl/Rusam* VOB/B, § 15 Rdn. 10; a.A. *Nicklisch/Weick* VOB/B, § 15 Rdn. 12, der für die Vergütungsbemessung auf den Zeitpunkt abstellt, zu dem der betreffende Aufwand entstanden ist.

[31] *Ingenstau/Korbion/Keldungs* VOB/B, § 15 Nr. 1 Rdn. 5 a.E.

[32] BGH NJW 1970, 699; *Heiermann/Riedl/Rusam* VOB/B, § 15 Rdn. 11.

[33] BGH ZfBR 1985, 271, 273.

[34] *Ingenstau/Korbion/Keldungs* VOB/B, § 15 Nr. 1 Rdn. 7.

[35] *Heiermann/Riedl/Rusam* VOB/B, § 15 Rdn. 15; *Nicklisch/Weick* VOB/B, § 15 Rdn. 13.

[36] *Heiermann/Riedl/Rusam* VOB/B, § 15 Rdn. 16; Beck'scher VOB-Kommentar/*Cuypers* VOB/B, § 15 Nr. 1 Rdn. 23; *Nicklisch/Weick* VOB/B, § 15 Rdn. 14.

[37] BGH BauR 2000, 1196 zu dem Einwand, der Auftragnehmer habe zu langsam gearbeitet; vgl. auch *Ingenstau/Korbion/Keldungs* VOB/B, § 15 Nr. 1 Rdn. 12 f.

25 Die vom Auftragnehmer seinem Aufwand hinzuzurechnenden **Zuschläge für Gemeinkosten und Gewinn** (einschließlich allgemeinem Unternehmerwagnis) müssen nach § 15 Nr. 1 Abs. 2 Satz 2 VOB/B angemessen sein. Für die Beurteilung der Angemessenheit existieren keine festen Richt- und Erfahrungssätze. Die Beurteilung hat sich daran zu orientieren, was Auftragnehmer üblicherweise am Ort der Baumaßnahme für Zuschläge kalkulieren, um sich damit im Wettbewerb behaupten zu können[38]. Soweit in den Kommentierungen (noch) teilweise auf den in Nr. 46 Abs. 2 LSP-Bau für die Gewinnbemessung vorgesehenen Höchstzuschlag von 4 % abgehoben wird[39], ist zu berücksichtigen, dass die zugrundeliegende Baupreisverordnung ihrerseits durch Verordnung vom 16.6.1999 aufgehoben wurde und deshalb keine Wirkung mehr entfaltet[40].

26 Den unter Berücksichtigung wirtschaftlicher Betriebsführung zu ermittelnden Aufwendungen und den hierauf entfallenden, angemessenen Zuschlägen für Gemeinkosten und Gewinn ist die **Umsatzsteuer** gesondert zu beaufschlagen. Bei der Berechnung der Umsatzsteuer sind etwaige zwischenzeitlich eingetretene Mehrwertsteuererhöhungen zu berücksichtigen.

27 Zu den **Abrechnungsvorgaben** des § 15 Nr. 1 Abs. 2 Satz 2 VOB/B ist im einzelnen folgendes anzumerken:

- **Lohn- und Gehaltskosten der Baustelle:** Löhne und Gehälter der bei der Ausführung der Bauleistungen beschäftigten Mitarbeiter
- **Lohn- und Gehaltsnebenkosten der Baustelle:** Als Nebenkosten werden beispielsweise Wege- und Fahrgelder, Auslösungen (Trennungsgelder, Unterkunfts- und Übernachtungsgelder), Kosten der An- und Rückreisen und der Familienheimfahrten angesehen.
- **Stoffkosten der Baustelle:** Aufwendungen für Baustoffe, Baumaterial und Bauteile, Bauhilfsstoffe (Handwerkszeug, Kleingeräte und kleinere Gerüste und Arbeitsbühnen) sowie Betriebsstoffe
- **Kosten der Einrichtungen, Geräte, Maschinen und maschinellen Anlagen der Baustelle:** Aufwendungen für Baumaschinen und Baugeräte, Baubuden, Baucontainer und Bautoiletten, größere Gerüste mit einer Arbeitsbühne von mehr als 2 m Höhe (vgl. Nr. 45 LSP-Bau a.F.). Werden im Eigentum des Auftragnehmers stehende Maschinen und Einrichtungen verwandt, sind die Kosten für Abschreibung und Verzinsung sowie die Kosten für die Instandhaltung und Instandsetzung berücksichtigungsfähig[41]. Bei der Anmietung von Maschinen, Geräten und Gerüsten sind die dem Auftragnehmer entstehenden Mietkosten anzusetzen (vgl. Nr. 23 LSP-Bau a.F.).
- **Fracht-, Fuhr- und Ladekosten**: Aufwendungen für den An- und Abtransport von Maschinen, Geräten, Bauteilen und Baustoffen
- **Sozialkassenbeiträge:** Im Zusammenhang mit den vom Auftragnehmer zu entrichtenden Löhnen sind die hierauf entfallenden Beiträge an die Sozialkassen berücksichtigungsfähig.
- **Sonderkosten:** Aufwendungen für Leistungen von Subunternehmern, Prämien für die Bauwesenversicherung, Zuschläge für besondere Gewährleistungsverpflichtungen und besondere Wagnisse, besondere Entwicklungs- und Entwurfskosten, Lizenzgebühren und Einzelwagnisse (vgl. § 13 LSP-Bau a.F.).
- **Gemeinkosten:** Bei diesen handelt es sich um die Allgemeinkosten des Auftragnehmers, die ihm unabhängig von den konkreten Stundenlohnarbeiten bei der speziellen Baustelle entstehen, also die (anteiligen) Löhne für das kaufmännische und technische Personal des Auftragnehmers, (anteilige) Kosten für die Verwaltung und bei selbständiger Tätigkeit des Unternehmers ein angemessener kalkulatorischer, anteilig umzulegender Unternehmerlohn in der Höhe eines

---

[38] Vgl. *Heiermann/Riedl/Rusam* VOB/B, § 15 Rdn. 16, der für Wagnis und Gewinn auf die Bemessung nach allgemein anerkannter Übung abheben will; *Nicklisch/Weick* VOB/B, § 15 Rdn. 15, die auf den Gewinndurchschnitt für entsprechende Bauleistungen im Regionalbereich abheben; Beck'scher VOB-Kommentar/*Cuypers* VOB/B, § 15 Nr. 1 Rdn. 42 betont die allgemeine Übung im betreffenden Gewerbezweig.

[39] *Nicklisch/Weick* VOB/B, § 15 Rdn. 15; hierzu Beck'scher VOB-Kommentar/*Cuypers* VOB/B, § 15 Nr. 1 Rdn. 42.

[40] BGBl 1999 I, 1419; siehe § 2 VOB/B Rdn. 5.

[41] Beck'scher VOB-Kommentar/*Cuypers* VOB/B, § 15 Nr. 1 Rdn. 30.

durchschnittlichen Gehaltes eines entsprechend (hoch) qualifizierten Mitarbeiters des Unternehmens[42].

28 Die **Darlegungs- und Beweislast** für die anzusetzenden Aufwendungen, ihre Erforderlichkeit unter Berücksichtigung wirtschaftlicher Betriebsführung sowie die Angemessenheit von Zuschlägen für Gemeinkosten und Gewinn (einschließlich allgemeinem Unternehmerwagnis) trifft den Auftragnehmer[43]. Der Auftragnehmer ist jedoch nur dann gehalten, im Rahmen einer außergerichtlichen oder gerichtlichen Auseinandersetzung die getätigten Aufwendungen und die vorgenommenen Zuschläge im einzelnen zu begründen, wenn der Auftraggeber die von dem Auftragnehmer in Ansatz gebrachte Stundenlohnvergütung ihrem Umfange nach als überzogen bestreitet. In derartigen Fällen erstreckt sich die Darlegungs- und Beweispflicht des Auftragnehmers auch auf die wirtschaftlich erforderlichen Aufwendungen für Personal- und Sachkosten sowie die angemessenen Zuschläge für Gemeinkosten und Gewinn[44].

III. Stundenlohn für Aufsichtspersonal (§ 15 Nr. 2 VOB/B)

29 Verlangt der Auftraggeber vom Auftragnehmer, dass die Stundenlohnarbeiten durch einen Polier oder eine andere Aufsichtsperson beaufsichtigt werden, so ordnet § 15 Nr. 2 VOB/B für derartige Fälle an, dass auch die Aufsichtsleistungen entsprechend § 15 Nr. 1 VOB/B zusätzlich abgerechnet werden können (§ 15 Nr. 2 1. Alt VOB/B). Ebenfalls entsprechend abrechnungsfähig sind darüber hinaus auch Aufsichtsleistungen, die nach den einschlägigen Unfallverhütungsvorschriften notwendig sind und deshalb vom Auftragnehmer zusätzlich durchgeführt werden müssen (§ 15 Nr. 2 2.Alt VOB/B).

1. Aufsichtsvergütung nach § 15 Nr. 1 VOB/B

30 Führt der Auftragnehmer **Stundenlohnarbeiten** durch, ohne dass er Meister oder Poliere eigens zur Überwachung der Arbeiten einsetzt, steht ihm lediglich ein Vergütungsanspruch nach § 15 Nr. 1 VOB/B zu. Dies gilt insbesondere bei kleineren Reparatur- und Instandsetzungsmaßnahmen, die vom Auftragnehmer nach Stundenlohnvereinbarung ausgeführt werden. Üblicherweise werden derartige Arbeiten durch Gesellen und Helfer durchgeführt, deren Stundenlohnvergütung sich unmittelbar aus § 15 Nr. 1 VOB/B ermittelt. Soweit der Auftragnehmer Poliere und Vorarbeiter einsetzt und diese ebenfalls an der Ausführung der Arbeiten mitwirken, ergibt sich auch für sie die Vergütungspflichtigkeit unmittelbar aus § 15 Nr. 1 VOB/B[45].

31 Bei größeren bzw. **komplexen Stundenlohnarbeiten** wird der Auftragnehmer zur Überwachung des von ihm eingesetzten Baustellenpersonals häufig gehalten sein, Poliere und Vorarbeiter einzusetzen, um ganz oder teilweise eine Kontrolle des eingesetzten Personals wie der auszuführenden Bauleistungen vorzunehmen. Soweit der Einsatz derartigen Aufsichtspersonals für die auszuführenden Leistungen erforderlich ist und dem Gebot wirtschaftlich vernünftiger Betriebsführung entspricht, fallen die hierdurch bedingten Aufwendungen ebenfalls unmittelbar unter § 15 Nr. 1 VOB/B[46]. Bei komplexen Bauaufgaben hat der Auftragnehmer immerhin organisatorische Vorkehrungen dafür zu treffen, dass die eingesetzten Mitarbeiter ebenso wie die ausgeführten Bauleistungen von geeignetem Aufsichtspersonal kontrolliert und überwacht werden. Im Einzelfall kann sich allerdings eine Haftung des Auftragnehmers nach den Grundsätzen des sog. Organisationsverschuldens für übersehene Mängel ergeben[47].

---

[42] Beck'scher VOB-Kommentar/*Cuypers* VOB/B, § 15 Nr. 1 Rdn. 34 unter Hinweis auf Nr. 45 LSP-Bau a.F.

[43] *Heiermann/Riedl/Rusam* VOB/B, § 15 Rdn. 16 a.E.

[44] *Nicklisch/Weick* VOB/B, § 15 Rdn. 17; vgl. auch unten zu § 15 Nr. 3 VOB/B.

[45] Vgl. *Heiermann/Riedl/Rusam* VOB/B, § 15 Rdn. 17.

[46] *Franke/Kemper/Zanner/Grünhagen* VOB/B, § 15 Rdn. 8.

[47] Siehe § 13 VOB/B Rdn. 137 ff.; vgl. auch *Franke/Kemper/Zanner/Grünhagen* VOB/B, § 13 Rdn. 81 m.w.N.

2. Aufsichtsvergütung nach § 15 Nr. 2 VOB/B

32 Neben vorstehenden Grundsätzen, die zur unmittelbaren Heranziehung des § 15 Nr. 1 VOB/B Anlass geben, besteht Raum für die Anwendung des § 15 Nr. 2 VOB/B zunächst dann, wenn der Auftraggeber ausdrücklich vom Auftragnehmer den Einsatz zusätzlicher Aufsichtspersonen verlangt. Nur wenn der Auftragnehmer auf ausdrückliches Verlangen des Auftraggebers einen Polier oder eine andere Aufsichtsperson zur Beaufsichtigung der Stundenlohnarbeiten einsetzt, kann es aufgrund des Verlangens und des daraufhin getätigten Aufsichtseinsatzes zur Heranziehung des § 15 Nr. 2 VOB/B kommen[48]. Das **Verlangen des Auftraggebers** kann sich entweder aus dem Bauvertrag bzw. dem zugrundeliegenden Leistungsverzeichnis oder aber aus einer individuellen Anordnung des Auftraggebers ergeben[49]. Soweit die geforderte Aufsicht nicht ohnehin zur fachgerechten Bewältigung der Bauaufgabe erforderlich ist, also für sie unmittelbar aus § 15 Nr. 1 VOB/B Vergütung beansprucht werden kann, ist der Auftragnehmer in derartigen Fällen berechtigt, zusätzliche aufsichtsbezogene Vergütung über § 15 Nr. 2 VOB/B zu beanspruchen.

33 Stellt der Auftraggeber das **Aufsichtsverlangen während der Ausführung der Baumaßnahme**, so handelt es sich dabei um eine Ausführungsanordnung, die nicht unter § 1 Nr. 4 VOB/B fällt[50]. Gegenstand der Anordnung sind nicht zusätzliche Bauleistungen, sondern ausschließlich Aufsichtsmaßnahmen, die zu keiner Erweiterung des eigentlichen Leistungsgegenstandes führen. Aus diesem Grunde kommt es für die Geltendmachung von aufsichtsbezogener Vergütung auch nicht auf die § 1 Nr. 4 VOB/B korrespondierende Regelung in § 2 Nr. 6 Abs. 1 Satz 2 VOB/B an, wonach der Auftraggeber Anspruch auf besondere Vergütung für zusätzliche Leistungen vom Grundsatz her nur dann hat, wenn er den Vergütungsanspruch vor der Ausführung der Leistung dem Auftraggeber gegenüber ankündigt. Die Berechtigung zur Geltendmachung aufsichtsbezogener zusätzlicher Vergütungsansprüche erschließt sich vielmehr unmittelbar aus § 15 Nr. 2 VOB/B, da nach dieser Bestimmung das Verlangen des Auftraggebers – ohne vorherige Ankündigung zusätzlicher Vergütungsansprüche – ausreicht, um Vergütung für die eingesetzten Aufsichtspersonen zu beanspruchen[51].

34 Ferner kommt § 15 Nr. 2 VOB/B zur Anwendung, wenn eine Aufsicht nach den einschlägigen **Unfallverhütungsvorschriften** notwendig ist und der Auftragnehmer deshalb Aufsichtspersonal an der Baustelle einsetzt. Bei dieser 2.Alt des § 15 Nr. 2 VOB/B kommt es nicht darauf an, dass vom Auftraggeber ein entsprechendes, ausdrückliches Verlangen gestellt wurde, auch ohne ausdrückliches Verlangen des Auftraggebers kann in diesem Falle zusätzliche Vergütung entsprechend § 15 Nr. 1 VOB/B als Stundenlohn berechnet und verlangt werden[52].

35 Abweichend von der 1. Alt in § 15 Nr. 2 VOB/B – zusätzliches Aufsichtspersonal aufgrund Verlangens des Auftraggebers – kommt der vorliegenden 2. Alt lediglich klarstellende Bedeutung zu. Wenn die Aufsicht – wie § 15 Nr. 2 2. Alt VOB/B voraussetzt – nach den einschlägigen Unfallverhütungsvorschriften notwendig ist und deshalb durchgeführt werden muss, handelt es sich bei den zu diesem Zweck durchgeführten Stundenlohnarbeiten um solche, die unmittelbar unter § 15 Nr. 1 VOB/B fallen. Fehlt es insoweit an einer ausdrücklichen vertraglichen Vereinbarung im Sinne von § 15 Nr. 1 Abs. 1 VOB/B für die notwendigerweise auszuführenden Aufsichtsmaßnahmen, so kann Vergütung unmittelbar aus § 15 Nr. 1 Abs. 2 VOB/B beansprucht werden[53].

---

[48] *Heiermann/Riedl/Rusam* VOB/B, § 15 Rdn. 17; *Ingenstau/Korbion/Keldungs* VOB/B, § 15 Nr. 2 Rdn. 2.

[49] *Nicklisch/Weick* VOB/B, § 15 Rdn. 19.

[50] Beck'scher VOB-Kommentar/*Cuypers* VOB/B, § 15 Nr. 2 Rdn. 3.

[51] A.A. *Heiermann/Riedl/Rusam* VOB/B, § 15 Rdn. 17, der eine analoge Anwendung des § 2 Nr. 6 VOB/B befürwortet; Beck'scher VOB/Kommentar/*Cuypers* VOB/B, § 15 Rdn. 3 und 5, der einerseits die Anwendbarkeit des § 1 Nr. 4 VOB/B verneint, andererseits jedoch eine Ankündigung gemäß § 2 Nr. 6 VOB/B für erforderlich erachtet; wie hier *Franke/Kemper/Zanner/Grünhagen* VOB/B, § 15 Rdn. 8, der jedoch unrichtigerweise lediglich von einer klarstellenden Funktion des § 15 Nr. 2 VOB/B hinsichtlich von Aufsichtspersonal ausgeht.

[52] *Heiermann/Riedl/Rusam* VOB/B, § 15 Rdn. 20; Beck'scher VOB-Kommentar/*Cuypers* VOB/B, § 15 Nr. 2 Rdn. 7.

[53] Ähnlich *Heiermann/Riedl/Rusam* VOB/B, § 15 Rdn. 20 f.

Wenn nach den zugrundeliegenden Unfallverhütungsvorschriften, insbesondere solcher der Berufsgenossenschaften[54] besondere Aufsichtsmaßnahmen durch den Auftragnehmer ohnehin geboten sind, wird lediglich durch § 15 Nr. 2 2. Alt VOB/B klargestellt, dass auch derartige reine Aufsichtsmaßnahmen als Stundenlohnarbeiten vergütungsfähig sind. Diesem Umstand kommt vor allem deshalb besondere Bedeutung zu, weil in § 15 Nr. 1 VOB/B ausschließlich **Stundenlohnarbeiten**, nicht jedoch zugehörige (Stundenlohn-) **Aufsichtsmaßnahmen** angesprochen sind. Darüber hinaus hat die Klarstellung in Nr. 2 vor allem Bedeutung in Fällen, in denen Aufsichtsmaßnahmen sowohl für Stundenlohnarbeiten wie auch für sonstige auszuführende Bauleistungen durchgeführt werden; für derartige Fälle lässt sich Nr. 2 dahingehend verstehen, dass zusätzlicher Stundenlohn für Aufsichtsmaßnahmen nur insoweit gefordert werden kann, wie sich die Aufsichtsmaßnahmen ihrerseits auf Stundenlohnarbeiten erstrecken[55].

3. Darlegungs- und Beweislast

Die **Darlegungs- und Beweislast** für die zusätzlichen Voraussetzungen des § 15 Nr. 2 VOB/B wie auch für die ausgeführten **Aufsichtsleistungen** hat der Auftragnehmer. Dieser hat deshalb darzulegen und im Zweifel zu beweisen, dass (zusätzliche) Aufsichtsmaßnahmen erforderlich wurden und auch zur Ausführung gelangt sind. Diesem Erfordernis hat der Auftragnehmer dadurch Rechnung zu tragen, dass er die Aufsichtsarbeiten gesondert und dem Grunde wie dem Umfange nach nachvollziehbar belegt[56]. Dies gilt insbesondere in Fällen, in denen zwischen Bauaufsicht aus Leistungsvertrag und aus Stundenlohnvertrag zu differenzieren ist; gleichermaßen aber auch in Fällen, in denen Aufsichtspersonen zugleich teilweise am Bau mit der Ausführung von Stundenlohnarbeiten befasst sind[57]. Auch insoweit ist bei der Abrechnung den Beschränkungen des § 15 Nr. 1 Abs. 2 VOB/B Rechnung zu tragen, wie die Aufwendungen für Aufsichtsmaßnahmen wirtschaftlicher Betriebsführung entsprechen und die Zuschläge für Gemeinkosten und Gewinn angemessen sein müssen. 36

IV. Pflichten von Auftraggeber und Auftragnehmer bei der Ausführung von Stundenlohnarbeiten (§ 15 Nr. 3 VOB/B)

Die Bestimmung des § 15 Nr. 3 VOB/B befasst sich mit den wechselseitigen Pflichten von Auftragnehmer und Auftraggeber bei der Ausführung von Stundenlohnarbeiten. Die **Einhaltung der wechselseitigen Pflichten** dient unter Beachtung des den Bauvertrag kennzeichnenden Kooperationsverhältnisses dazu, bereits frühzeitig, nämlich vor, während und unmittelbar nach der Ausführung von Stundenlohnarbeiten möglichst gemeinsam eine Dokumentation der geleisteten Stundenlohnarbeiten vorzunehmen, um aufbauend hierauf anschließend die Stundenlohnrechnung gemäß § 15 Nr. 4 VOB/B anfertigen zu können. Um Klarheit über die Ausführung von Stundenlohnarbeiten zu erzielen, sind diese dem Auftraggeber vor Beginn durch den Auftragnehmer anzuzeigen (§ 15 Nr. 3 Satz 1 VOB/B). Die (anschließend) ausgeführten Stundenlohnarbeiten sind in Form der Anfertigung von Stundenlohnzetteln durch den Auftragnehmer zu dokumentieren (§ 15 Nr. 3 Satz 2 VOB/B). Die Stundenlohnzettel sind nach der ortsüblichen Verkehrssitte werktäglich oder wöchentlich dem Auftraggeber zum Zwecke der Überprüfung einzureichen (§ 15 Nr. 3 Satz 2 VOB/B). Der Auftraggeber hat die Stundenlohnzettel anschließend unverzüglich zu überprüfen und sie unter Berücksichtigung seines Prüfungsergebnisses spätestens innerhalb von 6 Werktagen nach Zugang an den Auftragnehmer zurückzugeben (§ 15 Nr. 3 Satz 3 VOB/B). Die kurze Rückgabefrist dient dabei einer möglichst baldigen Klärung und Geltendmachung von Einwendungen des Auftraggebers, die auf den Stundenlohnzetteln oder 37

[54] Vgl. die Nachweise bei Beck'scher VOB-Kommentar/*Cuypers* VOB/B, § 15 Nr. 2 Rdn. 8.
[55] Ähnlich *Heiermann/Riedl/Rusam* VOB/B, § 15 Rdn. 22.
[56] *Heiermann/Riedl/Rusam* VOB/B, § 15 Rdn. 20.
[57] Vgl. hierzu auch Beck'scher VOB-Kommentar/*Cuypers* VOB/B, § 15 Nr. 2 Rdn. 11.

aber gesondert gegenüber dem Auftragnehmer erhoben werden sollen (§ 15 Nr. 3 Satz 4 VOB/B). Um den Auftraggeber anzuhalten, die Prüfung der Stundenlohnzettel kurzfristig vorzunehmen, ist als Sanktion nicht fristgemäß zurückgegebener Stundenlohnzettel ausdrücklich angeordnet, dass diese alsdann – gleich ob inhaltlich zutreffend oder nicht – als anerkannt gelten (§ 15 Nr. 3 Satz 5 VOB/B). Auf diese Weise sollen Auftraggeber wie Auftragnehmer in den Stand versetzt werden, unmittelbar im Zusammenhang mit der Ausführung der Stundenlohnarbeiten zumindest die Art und den Umfang der ausgeführten Arbeiten zu kontrollieren[58].

1. Anzeige von Stundenlohnarbeiten (§ 15 Nr. 3 Satz 1 VOB/B)

38 **a)** Diesem Zweck dient zunächst die Anzeigepflicht in § 15 Nr. 3 Satz 1 VOB/B. Dem Auftraggeber ist danach die Ausführung von Stundenlohnarbeiten vor Beginn durch den Auftragnehmer anzuzeigen. Diese Anzeige darf nicht mit der **Vereinbarung der Stundenlohnarbeiten** verwechselt werden (§ 2 Nr. 10 VOB/B). Sie dient lediglich dem Interesse des Auftraggebers daran, nach entsprechender rechtsgeschäftlicher Vereinbarung zu auszuführenden Stundenlohnarbeiten darüber unterrichtet zu werden, dass bestimmte, nunmehr am Bauvorhaben auszuführende Leistungen als Stundenlohnarbeiten ausgeführt werden und als solche zu vergüten sind. Die aus § 15 Nr. 3 Satz 1 VOB/B folgende „Nebenpflicht" des Auftragnehmers dient vor allem dazu, dem Auftraggeber zeitnah eine Überprüfung daraufhin zu ermöglichen, in welchem Umfange tatsächlich am Bauvorhaben Stundenlohnarbeiten zur Ausführung gelangen[59].

39 **b)** Die Anzeige der Stundenlohnarbeiten ist an **keine besondere Form** gebunden. Sie kann deshalb schriftlich, mündlich oder telefonisch erfolgen[60]. Aus Beweisgründen empfiehlt sich jedoch regelmäßig für den Auftragnehmer, die Anzeige schriftlich gegenüber dem Auftraggeber abzugeben. Dabei ist im Zweifel sicherzustellen, dass der Zugang der Anzeige beim Auftraggeber durch den Auftragnehmer nachzuweisen ist[61].

40 **c)** Einer gesonderten Anzeige bedarf es nicht, wenn die Parteien ausdrücklich unmittelbar vor **Ausführung der Stundenlohnarbeiten** hierüber einig werden. Ebenso wenig ist die Anzeige erforderlich, wenn der Auftraggeber selbst zu Beginn der Ausführung von Stundenlohnarbeiten am Bauvorhaben persönlich zugegen ist[62]. Eine Ausnahme gilt jedoch dann, wenn es sich um angehängte Stundenlohnarbeiten handelt und der Auftraggeber deshalb – auch bei persönlicher Anwesenheit an der Baustelle – nicht übersehen kann, ob nach Leistungsvertrag oder aber nach Stundenlohnvereinbarung gearbeitet wird.

41 **d)** Die Anzeige nach § 15 Nr. 3 VOB/B ist grundsätzlich **gegenüber dem jeweiligen** Auftraggeber abzugeben. Bedient sich der Auftraggeber eines Bevollmächtigten oder aber einer von ihm beauftragten örtlichen Bauleitung, so genügt es, wenn die Anzeige den mit der Betreuung der Baumaßnahme befassten Dritten zugeht. Die sog. originäre Vollmacht des Architekten bzw. beauftragten Bauleiters umfasst nach allgemeinem Verständnis die Entgegennahme von Anzeigen im Sinne des § 15 Nr. 3 Satz 1 VOB/B[63].

42 **e)** Der Anzeige muss inhaltlich eindeutig und klar zu entnehmen sein, dass mit der **Ausführung bestimmten Stundenlohnarbeiten** von dem Auftragnehmer begonnen werden soll. Der Auftragnehmer hat deshalb sowohl den Tag des Arbeitsbeginns wie auch die anstehenden Arbeiten selbst zu bezeichnen[64]. Werden die Arbeiten von dem Auftragnehmer unterbrochen,

---

[58] *Heiermann/Riedl/Rusam* VOB/B, § 15 Rdn. 24.

[59] Vgl. OLG Düsseldorf, BauR 1997, 660; *Franke/Kemper/Zanner/Grünhagen* VOB/B, § 15 Rdn. 9.

[60] *Heiermann/Riedl/Rusam* VOB/B, § 15 Rdn. 25.

[61] Beck'scher VOB-Kommentar/*Cuypers* VOB/B, § 15 Nr. 3 Rdn. 12.

[62] Beck'scher VOB-Kommentar/*Cuypers* VOB/B, § 15 Nr. 3 Rdn. 11.

[63] *Heiermann/Riedl/Rusam* VOB/B, § 15 Rdn. 25; *Ingenstau/Korbion/Keldungs* VOB/B, § 15 Nr. 3 Rdn. 2; kritisch Beck'scher VOB-Kommentar/*Cuypers* VOB/B, § 15 Nr. 3 Rdn. 16.

[64] *Heiermann/Riedl/Rusam* VOB/B, § 15 Rdn. 25.

hat er auch dies bzw. den Zeitpunkt der Weiterführung der Stundenlohnarbeiten mitzuteilen[65]. Der Auftragnehmer ist allerdings nicht gehalten, im einzelnen genau den von ihm vorgesehenen Umfang des einzusetzenden Personals sowie der Materialien und Geräte namhaft zu machen[66]. Hierzu wird der Auftragnehmer häufig, zumal bei komplexen Baumaßnahmen und einem nicht genau vorhersehbaren Fortgang der Stundenlohnarbeiten, nicht im Stande sein. Allerdings kann es sich im Einzelfall für den Auftragnehmer gleichwohl zur Vermeidung späterer Differenzen über den Umfang der geleisteten Stundenlohnarbeiten empfehlen, besonders umfangreiche oder aber geräteintensive Arbeiten zur Sicherstellung kontinuierlicher Kontrolle durch den Auftraggeber mit anzuzeigen.

f) Die Anzeigepflicht wird in der Praxis häufig vernachlässigt[67]. Es stellt sich deshalb die Frage, welche Konsequenzen die **unterlassene Anzeige** für die Parteien hat. Grundsätzlich handelt es sich bei der in § 15 Nr. 3 Satz 1 VOB/B vorgesehenen Anzeige um eine „Nebenpflicht" des Auftragnehmers[68]. Die Verletzung der durch § 15 Nr. 3 Satz 1 VOB/B begründeten „Nebenpflicht" führt jedoch nicht zu einem Verlust der Vergütung des Auftragnehmers für die ausgeführten Stundenlohnarbeiten. Die in § 15 Nr. 3 VOB/B zum Verfahren bei der Ausführung von Stundenlohnarbeiten vorgesehenen Regelungen enthalten keine entsprechende Sanktion. Auch die Folgen eines Verstoßes gegen die begründete „Nebenpflicht" bestehen gemäß § 280 BGB nicht im Erlöschen von Ansprüchen aus erbrachten Stundenlohnarbeiten; aus einer Pflichtverletzung können sich vielmehr nur Schadensersatzansprüche ergeben, die jedoch wiederum nur dann negative Auswirkung für den Auftragnehmer haben können, wenn durch sein schuldhaftes Verhalten der Nachweis der ausgeführten Stundenlohnarbeiten vereitelt wird[69]. 43

2. Anfertigung und Einreichen von Stundenlohnzetteln (§ 15 Nr. 3 Satz 2 VOB/B)

a) Der Auftragnehmer hat über die geleisteten Arbeitsstunden sowie den darüber hinaus besonders zu vergütenden Aufwand nach § 15 Nr. 3 Satz 2 VOB/B Stundenlohnzettel anzufertigen und diese je nach Verkehrssitte werktäglich oder wöchentlich beim Auftraggeber einzureichen. Aus § 15 Nr. 3 Satz 2 VOB/B ergibt sich deshalb einerseits die Verpflichtung zur hinreichenden **Dokumentation der Stundenlohnarbeiten** vermittels der Anfertigung von Stundenlohnzetteln und andererseits die weitere Verpflichtung, die Stundenlohnzettel – in Ermangelung anders lautender und insoweit vorrangiger Vereinbarung[70] – werktäglich oder wöchentlich dem Auftraggeber zur Verfügung zu stellen. Beide Pflichten dienen der zeitnahen Kontrolle des Umfanges der ausgeführten Stundenlohnarbeiten. 44

Unterlässt es der Auftragnehmer, Stundenzettel anzufertigen und vorzulegen, so verliert er nicht alleine aufgrund des Verstosses gegen § 15 Nr. 2 Satz 2 VOB/B die Möglichkeit zur Geltendmachung und Durchsetzung vertraglich zugelassener Stundenlohnvergütung, vgl. § 15 Nr. 5 VOB/B. Dem Auftragnehmer obliegt es in derartigen Fällen, die ausgeführten Leistungen außergerichtlich und/oder gerichtlich nach den Maßstäben des § 15 Nr. 2 Satz 2 VOB/B im einzelnen darzulegen und zu beweisen[71].

b) Die Dokumentation der Stundenlohnarbeiten hat durch **Stundenlohnzettel** zu erfolgen. Der in § 15 Nr. 3 Satz 2 VOB/B verwendete Begriff der Stundenlohnzettel ist jedoch streng 45

[65] *Heiermann/Riedl/Rusam* VOB/B, § 15 Rdn. 25.

[66] A.A. *Heiermann/Riedl/Rusam* VOB/B, § 15 Rdn. 25.

[67] Vgl. *Schumann* Abrechnungsbuch für Bauarbeiten jeder Art, S. 240 ff.; *Ingenstau/Korbion/Keldungs* VOB/B, § 15 Nr. 3 Rdn. 3.

[68] *Ingenstau/Korbion/Keldungs* VOB/B, § 15 Nr. 3 Rdn. 3; *Nicklisch/Weick* VOB/B, § 15 Rdn. 24.

[69] Ähnlich Beck'scher VOB-Kommentar/*Cuypers* VOB/B, § 15 Nr. 3 Rdn. 14; *Franke/Kemper/Zanner/Grünhagen* VOB/B, § 15 Rdn. 11; *Ingenstau/Korbion/Keldungs* VOB/B, § 15 Nr. 3 Rdn. 4; a.A. *Nicklisch/Weick* VOB/B, § 15 Rdn. 24, die § 15 Nr. 5 VOB/B hinter einer weitergehenden Schadensersatzverpflichtung zurücktreten lassen wollen.

[70] *Ingenstau/Korbion/Keldungs* VOB/B, § 15 Nr. 3 Rdn. 6.

[71] OLG Hamm NJW-RR 2005, 893 = BauR 2005, 1330.

genommen inhaltlich unrichtig. Zu dokumentieren sind nämlich nicht nur die im Stundenlohn ausgeführten Arbeiten, sondern darüber hinaus auch der Einsatz von Baustoffen, Baugeräten, Baugerüsten etc. Aus diesem Grunde wird in der Baupraxis auch vielfach von Rapportzetteln, Tagelohnzetteln oder Regieberichten gesprochen[72]. Die Verwendung des von § 15 Nr. 3 Satz 2 VOB/B verwendeten Begriffes Stundenlohnzettel ist deshalb (auch) nicht erforderlich.

46 Maßgebend ist vielmehr, dass die nach § 15 VOB/B für die Vergütungsbemessung notwendigen Angaben in den vorgelegten **Nachweisunterlagen** hinreichend ausgewiesen sind. Hierzu zählen vor allem folgende Angaben[73]:

- Anzahl und Gegenstand der geleisteten Arbeits- bzw. Aufsichtsstunden
- Umfang des getätigten Materialaufwandes
- Aufwand für Geräte, Maschinen und Gerüste
- angefallene Fracht- und Transportkosten sowie
- zusätzlich entstandene Sonderkosten.

47 Die **Angaben in den Stundenlohnzetteln** sind dabei genau vorzunehmen. Im Zusammenhang mit den geleisteten Arbeitsstunden ist es erforderlich, die arbeitsausführenden Mitarbeiter namentlich und in bezug auf ihre Qualifikation exakt zu bezeichnen[74]. Die von ihnen ausgeführten Arbeiten sind darüber hinaus so genau zu bezeichnen, dass sie hinsichtlich der Ausführungsart, dem Ausführungsumfang und der Ausführungsstelle am Bauvorhaben nachvollzogen werden können[75]. In sich unstimmige und inhaltlich nicht eindeutige Stundenlohnzettel sind deshalb ungeeignet, um den aus Sicht des Auftragnehmers erforderlichen Stundenaufwand ausreichend zu begründen[76]. Ebenso ungeeignet sind hierfür einfache Zeiterfassungsbögen, aus denen sich lediglich entnehmen lässt, welcher Mitarbeiter an welchem Tag wieviele Stunden auf welchem Bauvorhaben geleistet haben soll[77]. Erforderlich und zweckmäßig ist deshalb in jedem Fall eine detaillierte Beschreibung der ausgeführten Leistungen nach Leistung, Zeit und Personen[78]. Fehlt es an einer ausreichenden Umschreibung der ausgeführten Leistungen, kann Stundenlohnzetteln trotz Unterzeichnung die Anerkenntniswirkung versagt bleiben[79].

48 **c)** Die Stundenlohnzettel sind Grundlage der Abrechnung entsprechender Leistungen nach § 15 Nr. 4 VOB/B. Für die Stundenlohnabrechnung gelten dabei die gleichen **Prüffähigkeitskriterien** wie bei Abrechnungen im Sinne des § 14 VOB/B[80]. Ebenso wie bei § 14 Nr. 1 VOB/B richtet sich auch bei Stundenlohnvereinbarungen die Prüffähigkeit der vom Auftragnehmer erstellten Rechnung nach den besonderen Informations- und Kontrollinteressen des jeweiligen Auftraggebers[81]. Dies hat im Ergebnis zur Konsequenz, dass der Auftragnehmer bei Anfertigung der Stundenlohnzettel wie auch bei der anschließenden Abrechnung auf der Grundlage der Stundenlohnzettel die Stundenlohnarbeiten so darzulegen hat, dass sie von dem Auftraggeber nach seinem Erkenntnishorizont inhaltlich nachvollzogen werden können[82]. Zur Nachprüfbarkeit einer Stundenlohnabrechnung gehört eine detaillierte Beschreibung der ausgeführten Arbeiten, die eine Überprüfung des angesetzten Zeitaufwandes durch Sachverständige ermöglicht[83].

49 **d)** Die Stundenlohnzettel sind nach § 15 Nr. 3 Satz 2 VOB/B einzureichen. Auch wenn sich aus der vorgenannten Vorschrift nicht ergibt, bei wem die Stundenlohnzettel einzureichen sind,

---

[72] *Franke/Kemper/Zanner/Grünhagen* VOB/B, § 15 Rdn. 12.
[73] Nach *Heiermann/Riedl/Rusam* VOB/B, § 15 Rdn. 28.
[74] *Ingenstau/Korbion/Keldungs* VOB/B, § 15 Nr. 3 Rdn. 8.
[75] KG Berlin IBR 2001, 351.
[76] OLG Düsseldorf NJW 2001, 762.
[77] KG Berlin IBR 2001, 351.
[78] OLG Frankfurt NJW-RR 2000, 1470.
[79] OLG Oldenburg IBR 2005, 415.
[80] OLG Frankfurt BauR 1999, 1460.
[81] OLG Frankfurt BauR 1999, 1460.
[82] Vgl. OLG Frankfurt BauR 1999, 1460.
[83] OLG Frankfurt NZBau 2001, 27, 28.

lässt sich aus dem nachfolgenden Satz, also § 15 Nr. 3 Satz 3 VOB/B, entnehmen, dass als Empfänger **der Stundenlohnzettel** der Auftraggeber anzusehen ist. Die Stundenlohnzettel sind als Leistungsnachweise Grundlage der gegenüber dem Auftraggeber vorzunehmenden Abrechnung, weshalb es sich von selbst versteht, dass die Stundenlohnzettel in Vorbereitung der Abrechnung dem Auftraggeber zu überlassen sind[84]. Abweichendes gilt nur dann, wenn die Parteien ausdrücklich im Rahmen der Stundenlohnvereinbarung einen anderen Empfänger festgelegt haben. Als solcher kommt vor allem der vom Auftraggeber mit der Bauüberwachung beauftragte bauleitende Architekt in Betracht. Die Stundenlohnzettel sind darüber hinaus auch dann bei dem bauleitenden Architekten einzureichen, wenn dies ausdrücklich so von dem Auftraggeber – etwa im Rahmen des Projekthandbuches oder aber individueller Anordnung während der Bauausführung – vorgegeben wird[85]. Grundsätzlich kann der Auftraggeber seinen Bauleiter bzw. bauleitenden Architekten dazu ermächtigen, die Stundenlohnzettel entgegenzunehmen[86]. Nach vorherrschendem Verständnis umfasst die sog. originäre Vollmacht des Architekten auch die Berechtigung zur Entgegennahme von Stundenlohnzetteln[87]. Soll der vom Auftraggeber mit der Bauleitung beauftragte Architekt im Einzelfall nicht berechtigt sein, Stundenlohnzettel entgegenzunehmen, hat der Auftraggeber dies (vorsorglich) gegenüber den bauausführenden Unternehmen klar zu stellen[88]. Die entsprechende Klarstellung kann im Bauvertrag, im Projekthandbuch oder aber auch individuell im Rahmen der Durchführung der Baumaßnahme erfolgen[89].

e) Aus § 15 Nr. 3 Satz 2 VOB/B erschließt sich nicht zwingend, in welchen **zeitlichen Abständen** die Stundenlohnzettel bei dem Auftraggeber einzureichen sind. Entsprechend der ortsüblichen Verkehrssitte sollen die Stundenzettel werktäglich oder aber (auch nur) wöchentlich vom Auftragnehmer vorgelegt werden. Die Parteien haben es deshalb vorrangig selbst in der Hand, durch individuelle Vereinbarung im Bauvertrag oder aber individuelle Absprache im Zuge der Projektdurchführung festzulegen, in welchen regelmäßigen zeitlichen Abschnitten der Auftragnehmer seiner Vorlagepflicht nachzukommen hat[90]. Soweit die Parteien keine ausdrückliche Regelung zu den zeitlichen Abschnitten, innerhalb derer die Stundenlohnzettel vorzulegen sind, (einvernehmlich) getroffen haben, ist der Anordnung in § 15 Nr. 3 Satz 2 VOB/B zu entnehmen, dass es vorrangig für die Vorlageverpflichtung auf die ortsübliche Verkehrssitte ankommt. Durch Auskünfte bei den zuständigen Industrie- und Handelskammern bzw. Handwerkskammern oder bauwirtschaftlichen Verbänden kann die ortsüblich geltende Verkehrssitte abgefragt werden[91]. In diesem Zusammenhang geht § 15 Nr. 3 Satz 2 VOB/B davon aus, dass die Stundenlohnzettel entweder werktäglich oder aber gebündelt über mehrere Werktage oder aber gebündelt schließlich über maximal eine Woche vorzulegen sind. In der Praxis wird zumeist auf die sich einspielenden Verhältnisse auf der jeweiligen Baustelle abgehoben[92]. Bei nicht feststellbarer ortsüblicher Verkehrssitte und fehlender eingespielter Verhältnisse an der Baustelle kann der Auftraggeber aufgrund des Umstandes, dass die Stundenlohnzettel seinem Kontrollinteresse Rechnung tragen sollen, vom Auftragnehmer verlangen, dass dieser seine Stundenlohnzettel werktäglich fertigt und auch einreicht[93]. Dies hat zur Konsequenz, dass der Auftragnehmer (im Zweifel) nach Beendigung eines jeden Werktages die Stundenlohnarbeiten zu erfassen und die Stundenlohnzettel spätestens am darauf folgenden Werktag dem Auftraggeber vorzulegen hat[94]. 50

---

[84] Vgl. *Heiermann/Riedl/Rusam* VOB/B, § 15 Rdn. 31.
[85] Vgl. BGH IBR 1999, 516.
[86] BGH BauR 1994, 760.
[87] *Meissner* BauR 1987, 497, 506; *Heiermann/Riedl/Rusam* VOB/B, § 15 Rdn. 31.
[88] Beck'scher VOB-Kommentar/*Cuypers* VOB/B, § 15 Nr. 3 Rdn. 29.
[89] Beck'scher VOB-Kommentar/*Cuypers* VOB/B, § 15 Nr. 3 Rdn. 29.
[90] *Heiermann/Riedl/Rusam* VOB/B, § 15 Rdn. 30; *Nicklisch/Weick* VOB/B, § 15 Rdn. 27.
[91] *Heiermann/Riedl/Rusam* VOB/B, § 15 Rdn. 30; kritisch hierzu *Franke/Kemper/Zanner/Grünhagen* VOB/B, § 15 Rdn. 14.
[92] Vgl. Beck'scher VOB-Kommentar/*Cuypers* VOB/B, § 15 Nr. 3 Rdn. 25.
[93] *Franke/Kemper/Zanner/Grünhagen* VOB/B, § 15 Rdn. 14.
[94] Vgl. Beck'scher VOB-Kommentar/*Cuypers* VOB/B, § 15 Nr. 3 Rdn. 26.

51 Wurde eine ausdrückliche **Frist zur Einreichung der Stundenlohnzettel** vertraglich vereinbart oder aber hat sich eine der ortsüblichen Verkehrssitte entsprechende Praxis herausgebildet, besteht auf Seiten des Auftragnehmers die Pflicht, die Stundenlohnzettel fristgerecht zu fertigen und vorzulegen. Allerdings führt der (schuldhafte) Verstoß gegen diese Pflicht nicht zum Untergang begründeter Vergütungsansprüche[95]. Erwachsen zwischen den Parteien aus verspäteter Vorlage von Stundenlohnzetteln Differenzen über den Umfang der ausgeführten Stundenlohnarbeiten, so ergeben sich die Folgen derartiger Verstöße unmittelbar aus § 15 Nr. 5 VOB/B. Die Bestimmung befasst sich ausdrücklich mit der nicht rechtzeitigen bzw. verspäteten Vorlage von Stundenlohnzetteln und sieht für derartige Fälle vor, dass der Auftraggeber eine Neuberechnung der Vergütung nach Maßgabe der sich aus § 15 Nr. 5 VOB/B ergebenden Abrechnungsgrundsätze beanspruchen kann. Vor diesem Hintergrund versteht sich auch, weshalb Bauvertragsklauseln des Auftraggebers, die ausdrücklich vorsehen, dass Vergütungsansprüche aus Stundenlohnarbeiten erlöschen, wenn die zugrundeliegenden Stundennachweise nicht spätestens innerhalb einer Woche vorgelegt werden, nach § 9 AGBG bzw. § 307 BGB unwirksam sind[96].

3. Bescheinigung und Rückgabe der Stundenlohnzettel (§ 15 Nr. 3 Satz 3 VOB/B)

52 Der Auftraggeber hat die ihm eingereichten Stundenlohnzettel zu bescheinigen und unverzüglich, spätestens jedoch innerhalb von 6 Werktagen nach Zugang zurückzugeben (§ 15 Nr. 3 Satz 3 VOB/B). Die Verpflichtung zur **Unterzeichnung und Rückgabe der Stundenlohnzettel** setzt zunächst voraus, dass diese dem Auftraggeber überhaupt zur Verfügung gestellt wurden (§ 15 Nr. 3 Satz 2 VOB/B). Werden dem Auftraggeber keine Stundenlohnzettel eingereicht, trifft ihn auch nicht die Verpflichtung, die Stundenlohnarbeiten selbst zu erfassen und deren Umfang gegenüber dem Auftragnehmer zu bescheinigen.

53 **a)** Der Auftraggeber wird üblicherweise die ihm vorgelegten Stundenlohnzettel **inhaltlich überprüfen**. Von dieser Überprüfung wird er es abhängig machen, ob er die Stundenlohnzettel – mit oder ohne Einwendungen – unterzeichnet bzw. abzeichnet. Ausweislich § 15 Nr. 3 Satz 3 VOB/B ist der Auftraggeber jedoch zur inhaltlichen Überprüfung der ihm vorgelegten Stundenlohnzettel nicht verpflichtet. Der Auftraggeber kann deshalb von jeder Überprüfung dem Grunde wie dem Umfange nach absehen und die ihm vorgelegten Stundenlohnzettel unterzeichnen. In der Praxis sind derartige Fälle nicht selten und führen häufig zu nachfolgenden Auseinandersetzungen über den Umfange der „irrtümlich vom Auftraggeber" gegengezeichneten Stundenlohnzettel. Vermeiden lässt sich dies nur, wenn der Auftraggeber die von ihm mit der Entgegennahme und Unterzeichnung der Stundenlohnzettel beauftragten Mitarbeiter ausdrücklich dazu anhält, eine Unterzeichnung/Abzeichnung erst nach eingehender inhaltlicher Überprüfung vorzunehmen.

54 **b)** Im Rahmen der vorzunehmenden Prüfung ergeben sich für den Auftraggeber folgende **Verhaltensvarianten**:

- Der Auftraggeber gelangt nach Überprüfung zu der Erkenntnis, dass die Angaben in den ihm vorgelegten **Stundenlohnzetteln zutreffend** sind. In diesem Falle hat er dem Auftragnehmer die Stundenlohnzettel zu bescheinigen, d.h. durch seine (vorbehaltlose) Unterzeichnung als richtig zu bestätigen[97].
- Ergibt sich für den Auftraggeber bei der Vornahme seiner Überprüfung, dass die Stundenlohnzettel **inhaltlich nicht nachvollzogen** werden können (unklare Angabe von Daten, fehlende Angaben zum Personal- und Sachaufwand, unzulängliche oder fehlende Beschreibung der ausgeführten Leistungen), so kann der Auftraggeber derartige Stundenlohnzettel als nicht prüffähig zurückweisen. Stundenlohnzettel bilden die Grundlage für die nachfolgenden Stun-

[95] OLG Frankfurt BauR 1999, 1416, 1461; KG Berlin KGR 2000, 224, 225; OLG Brandenburg BauR 2005, 151.
[96] OLG Düsseldorf BauR 1997, 660.
[97] *Nicklisch/Weick* VOB/B, § 15 Rdn. 29.

denlohnrechnungen (§ 15 Nr. 4 VOB/B). Stundenlohnrechnungen sind jedoch nur prüffähig, wenn die Stundenlohnarbeiten ihrerseits nachvollziehbar in Stundenlohnzetteln aufgeschlüsselt sind[98]. Wenn nicht prüffähige Rechnungen vom Auftraggeber zurückgewiesen werden können, so muss Entsprechendes erst recht für die vorausgehenden und der Rechnung zugrunde zulegenden Stundenlohnzettel gelten.

– Der Auftraggeber kann nach Überprüfung der – für ihn inhaltlich nachvollziehbaren – Stundenlohnzettel zu der Einschätzung gelangen, dass die Angaben des Auftragnehmers **ganz oder teilweise unrichtig** sind. In diesem Falle kann der Auftragnehmer auf den Stundenlohnzetteln oder aber auch gesondert schriftliche Einwendungen gegen den Inhalt der Auftragnehmerangaben erheben (§ 15 Nr. 3 Satz 4 VOB/B).
– Der Auftraggeber kann zu der Einschätzung gelangen, die Anzahl der geleisteten Stunden sei im Verhältnis zu den ausgeführten Leistungen übersetzt. Die Unterzeichnung der Stundenlohnzettel sollte dann mit dem Vorbehalt **mangelnder Erforderlichkeit** der geleisteten Stunden für die übernommenen und ausgeführten Arbeiten verbunden werden[99].
– Der **Auftraggeber bleibt untätig** oder aber stellt die Überprüfung der Stundenlohnarbeiten zurück. Dadurch versäumt er die sich aus § 15 Nr. 3 Satz 3 VOB/B ergebende Frist zur unverzüglichen Rückgabe der Stundenlohnzettel. Dies hat nach § 15 Nr. 3 Satz 5 VOB/B zur Folge, dass derartige nicht fristgemäß zurückgegebene Stundenlohnzettel gegenüber dem Auftragnehmer als anerkannt gelten.

Der Auftraggeber verhält sich ordnungsgemäß, wenn er die Stundenlohnzettel **sachlich-inhaltlich überprüft** und unverzüglich, spätestens jedoch innerhalb von 6 Werktagen nach ihrem Zugang – mit oder ohne Einwendungen – unterzeichnet zurückgibt[100]. **55**

c) Der Auftraggeber hat die Stundenlohnzettel – im Falle seines Einverständnisses – zu bescheinigen. Mit dem **Begriff der Bescheinigung** verbindet sich eine Billigungserklärung des Auftraggebers. Die Billigung kann durch ausdrückliche schriftliche Einverständniserklärung auf den Stundenlohnzetteln zum Ausdruck gebracht werden. In der Praxis gebräuchlich ist aber auch eine bloße Unterzeichnung bzw. Abzeichnung durch den Auftraggeber. Diese wird nach der Verkehrssitte so verstanden, dass – auch bei fehlenden weiteren Zusätzen – der Auftraggeber die Angaben in den Stundenlohnzetteln billigt[101]. **56**

Die **Billigungserklärung** kann durch den Auftraggeber selbst, seine mit der Bauleitung beauftragten Mitarbeiter oder aber durch den vom Auftraggeber eingeschalteten bauleitenden Architekten erfolgen[102]. Nach vorherrschendem Verständnis ergibt sich deshalb auch aus der sog. originären Architektenvollmacht die Berechtigung, Stundenlohnzettel für den Auftraggeber abzuzeichnen und damit zu billigen[103]. **57**

d) Der Auftraggeber bzw. sein Repräsentant haben grundsätzlich die Bescheinigung des Inhaltes der Stundenlohnzettel **schriftlich** vorzunehmen. Dies ergibt sich bereits aus dem Wortlaut des § 15 Nr. 3 Satz 3 VOB/B, wonach die Stundenlohnzettel zu bescheinigen sind. Einwendungen gegen den Inhalt der Stundenlohnzettel sind deshalb ebenfalls – wie sich aus § 15 Nr. 3 Satz 4 VOB/B ergibt – schriftlich zu erheben und zwar entweder unmittelbar auf den Stundenlohnzetteln oder aber durch gesonderte Erklärung. Ebenso wird man es als genügend ansehen können, wenn der Auftraggeber oder sein Repräsentant die Stundenlohnzettel zurückreicht und gesondert – etwa in einem Anschreiben – schriftlich zum Ausdruck bringt, dass die Stundenlohnzettel (ganz oder teilweise) inhaltlich gebilligt sind. **58**

---

[98] Vgl. nur OLG Frankfurt BauR 1999, 1460; OLG Frankfurt NJW-RR 2000, 1470.
[99] Vgl. OLG Frankfurt NZBau 2001, 27, 28.
[100] *Franke/Kemper/Zanner/Grünhagen* VOB/B, § 15 Rdn. 18.
[101] *Heiermann/Riedl/Rusam* VOB/B, § 15 Rdn. 33; Beck'scher VOB/Kommentar/*Cuypers* VOB/B, § 15 Nr. 3 Rdn. 30.
[102] Vgl. BGH IBR 1999, 516; BGH IBR 2002, 214; BGH BauR 1994, 716.
[103] Vgl. *Schumann* Abrechnungsbuch für Bauarbeiten jeder Art, S. 240.

59 Soweit abweichend von der durch § 15 Nr. 3 Satz 3 VOB/B vorgesehenen Schriftform verfahren wird, etwa durch **mündliche Erklärungen** des Auftraggebers oder aber seines beauftragten Bauleiters, sind derartige Erklärungen nicht wirkungslos. Dies ergibt sich bereits daraus, dass bei BGB-Bauverträgen das Schriftformerfordernis im Zusammenhang mit der Bescheinigung erbrachter Stundenlohnarbeiten nicht als zwingend angesehen wird[104]. In derartigen Fällen hat jedoch der Auftragnehmer darzulegen und zu beweisen, dass sich mit der bloßen Rückgabe der Stundenlohnzettel im Rahmen des § 15 Nr. 3 Satz 3 VOB/B die Abgabe einer ausdrücklichen oder zumindest konkludenten Billigungserklärung seitens des Auftraggebers verbunden hat. Regelmäßig wird dem Auftragnehmer dieser Nachweis jedoch im nachhinein kaum gelingen, da die Rückgabe von Stundenlohnzetteln ohne entsprechende Bescheinigung nach der Intention des § 15 Nr. 3 Satz 3 VOB/B nicht als Billigung verstanden werden soll.

60 e) Mit der **Rückgabe der vom Auftraggeber unterzeichneten Stundenlohnzettel** kommt es nach allgemeiner, richtiger Auffassung zum Abschluss eines Vertrages über ein deklaratorisches, also bestätigendes Schuldanerkenntnis[105]. Durch ein deklaratorisches Schuldanerkenntnis wird zwischen den Parteien kein neues Schuldverhältnis begründet, sondern lediglich eine bereits entstandene schuldrechtliche Verpflichtung bestätigt[106]. Der Sinn eines derartigen Schuldanerkenntnisses liegt darin, dass die Parteien mit der Abgabe entsprechender Erklärungen regelmäßig beabsichtigen, Ungewissheiten bzw. Differenzen aus bestehenden Schuldverhältnissen auszuräumen[107]. Dies hat zur Konsequenz, dass jeweils anhand der Besonderheiten der zugrundeliegenden Vertragskonstellation darüber zu befinden ist, in welchem Umfange einem deklaratorischen Schuldanerkenntnis Wirkung beizumessen ist. Nach vorherrschendem Verständnis erstreckt sich das deklaratorische Schuldanerkenntnis aus der Rückgabe bescheinigter Stundenlohnzettel darauf, dass dem Auftraggeber alle ihm zum Zeitpunkt der Abgabe der Billigungserklärung bekannten tatsächlichen Einwendungen gegen den Inhalt der Stundenlohnzettel abgeschnitten werden[108]. Mit der Unterzeichnung der Stundenlohnzettel erkennt der Auftraggeber deshalb regelmäßig sowohl Art wie Umfang der erbrachten, in den Stundenlohnzetteln dokumentierten Leistungen an[109]. Nur ausnahmsweise soll der Auftraggeber an die abgezeichneten Leistungen nicht gebunden sein, nämlich dann, wenn der abgezeichnete Aufwand in einem erkennbar grobem Missverhältnis zu den tatsächlich erbrachten Leistungen steht und der Auftraggeber dies bei Unterzeichnung der Stundenzettel nicht wusste bzw. nicht wissen konnte[110].

61 Der Auftraggeber kann sich den **Wirkungen der Rückgabe** unterzeichneter Stundenlohnzettel auch nicht durch Vertragsklauseln entziehen, die darauf abzielen, die Anerkenntniswirkungen entfallen zu lassen. Vertragsklauseln des Auftraggebers, wonach der Unterzeichnung von Stundenlohnzetteln keine Anerkenntniswirkung zukommen soll, verstoßen gegen § 9 AGBG a.F. bzw. § 307 Abs. 1 BGB, da sie dem Sinn und Zweck des in § 15 Nr. 3 Satz 3 VOB/B vorgesehenen deklaratorischen Schuldanerkenntnisses zuwiderlaufen[111].

62 f) Mit der **Unterzeichnung der Stundenlohnzettel** kann sich im Einzelfall nicht nur der Nachweis der Stundenzahl, sondern auch die Vereinbarung einer Vergütung auf Stundenlohnbasis verbinden[112], allerdings nur, wenn der Unterzeichner vom Auftraggeber hinreichend rechtsgeschäftlich zum Abschluss von Vergütungsvereinbarungen bevollmächtigt wurde[113].

---

[104] OLG Köln NJW-RR 1997, 150.

[105] BGH BauR 1994, 760, 761 f.; BGH BauR 1970, 239, 240; OLG Oldenburg IBR 2005, 415; OLG Bamberg BauR 2004, 1623; OLG Celle NJW-RR 2003, 1243, 1244 m.w.N.; *Nicklisch/Weick* VOB/B, § 15 Rdn. 29; *Heiermann/Riedl/Rusam* VOB/B, § 15 Rdn. 35; *Franke/Kemper/Zanner/Grünhagen* VOB/B, § 15 Rdn. 17.

[106] BGH NJW 1976, 1259.

[107] BGH NJW 1995, 960.

[108] *Nicklisch/Weick* VOB/B, § 15 Rdn. 29.

[109] BGH BauR 1994, 716; *Ingenstau/Korbion/Keldungs* VOB/B, § 15 Nr. 3 Rdn. 20.

[110] OLG Celle IBR 2003, 524.

[111] Vgl. *Korbion/Locher* AGB-Gesetz und Bauerrichtungsverträge, Teil I Rdn. 218.

[112] Siehe § 2 VOB/B Rdn. 317 m.w.N.

[113] BGH NZBau 2004, 31 = BauR 2003, 1894; vgl. hierzu auch § 15 Rdn. 4.

g) Bei Vorliegen einer Stundenlohnvereinbarung und abgezeichneten Stundenlohnzetteln ist es dem Auftragnehmer aber nicht generell verwehrt, **nachträglich noch Einwendungen** gegen den bescheinigten Personal- und Sachaufwand zu erheben. Für den Auftraggeber ergeben sich trotz vorangegangener Abgabe einer Billigungserklärung dabei folgende Möglichkeiten: 63

- Bei **Fehlen einer Stundenlohnvereinbarung** kommt der Unterzeichnung von Stundenlohnzetteln regelmäßig keine verpflichtende Bedeutung im Rahmen des § 15 VOB/B zu.
- Nichts anderes gilt dann, wenn sich die unterzeichneten **Stundenlohnzettel** als **nicht prüffähig** hinsichtlich des dokumentierten Personal- und Sachaufwandes erweisen[114].
- Dem Auftraggeber verbleibt grundsätzlich der Einwand, die von ihm bescheinigten einzelnen Personal- und Sachaufwendungen seien zur Erbringung der vertraglich geschuldeten Leistungen nicht erforderlich[115]. Auch bei einem Stundenlohnvertrag hat der Auftragnehmer über den bloßen zeitlichen und sachlichen Aufwand hinaus die Angemessenheit und die **Ortsüblichkeit der Vergütung** darzulegen und zu beweisen. Bestreitet der Auftraggeber deshalb im nachhinein die Angemessenheit und Erforderlichkeit des getätigten Personal- und Sachaufwandes, so verbleibt es insoweit uneingeschränkt bei der dem Auftragnehmer obliegenden Darlegungs- und Beweislast; vor allem kommt es aufgrund der Unterzeichnung der Stundenlohnzettel hinsichtlich des Tatbestandsmerkmales der Angemessenheit und Erforderlichkeit nicht zu einer Beweislastumkehr[116]. Aus der Abzeichnung von Stundenlohnzetteln kann nicht entnommen werden, dass der Auftraggeber damit zugleich auch die Erforderlichkeit der in den Stundenlohnzetteln angegebenen Stunden bestätigen wollte[117].
- Ferner kann der Auftraggeber den **Inhalt** der von ihm unterzeichneten Stundenlohnzettel im nachhinein **beanstanden**, wenn er nachzuweisen vermag, dass die angegebenen Personal- und Sachaufwendungen unzutreffend sind und er dies – etwa aufgrund missverständlicher oder unklarer Aufmachung der Stundenlohnzettel – nicht hat ohne weiteres erkennen können[118].
- Schließlich steht dem Auftraggeber im nachinein auch der Einwand offen, die in den unterzeichneten Stundenlohnzetteln ausgeführten **Leistungen** seien überhaupt **nicht ausgeführt** worden[119]. In derartigen Fällen wäre es unangemessen, dem Auftragnehmer einen Vergütungsanspruch zuzubilligen, obgleich tatsächlich die in den Stundenlohnzetteln enthaltenen Arbeiten nicht zur Ausführung gelangt sind. Der insoweit doppelt unredlich handelnde Auftragnehmer – einerseits führt er die Arbeiten nicht aus, andererseits dokumentiert er sie zusätzlich unrichtig – erscheint nicht schutzwürdig.

Prozessual hat dies zur Konsequenz, dass eine Klage auf Vergütung von Stundenlohnarbeiten unschlüssig ist, wenn vom Auftragnehmer nur vorgetragen wird, welche Arbeiter auf welcher Baustelle an welchen Tagen wieviele Stunden gearbeitet haben, nicht jedoch, welche Arbeiten sie im einzelnen ausgeführt haben[120]. Dieselben Grundsätze gelten auch bei einer Klage auf Vergütung von Maschinenleistungen, sofern nicht mit angegeben wird, welche Arbeiten durch die Maschinen konkret ausgeführt wurden[121].

h) In der Praxis wird sich die Situation regelmäßig so darstellen, dass der Auftragnehmer Vergütung aus Rechnungen beansprucht, denen er die bescheinigten Stundenlohnzettel zugrunde legt (§ 15 Nr. 4 VOB/B). Mit der Vorlage der Rechnung sowie der unterzeichneten Stundenlohnzettel genügt der Auftragnehmer vom Grundsatz her **seiner Darlegungs- und Beweislast** zu dem dokumentierten Personal- und Sachaufwand[122]. Will der Auftragnehmer gegen die vorgelegten 64

---

[114] OLG Karlsruhe BauR 1995, 114, 115.
[115] BGH BauR 2002, 319, 320.
[116] BGH BauR 2002, 320, 321.
[117] OLG Frankfurt NZBau 2001, 27, 28.
[118] BGH NJW 1959, 1535; *Nicklisch/Weick* VOB/B, § 15 Rdn. 29.
[119] Vgl. OLG Düsseldorf BauR 1994, 803; *Heiermann/Riedl/Rusam* VOB/B, § 15 Rdn. 35.
[120] KG Berlin NZBau 2001, 26, 27.
[121] KG Berlin NZBau 2001, 26, 27.
[122] KG Berlin IBR 2001, 351; *Ingenstau/Korbion/Keldungs* VOB/B, § 15 Nr. 3 Rdn. 21.

Stundenlohnzettel Einwendungen erheben, so trifft ihn insoweit die Darlegungs- und Beweispflicht[123]. Zweckmäßigerweise wird der Auftraggeber vermittels eines von ihm veranlassten Aufmaßes oder aber eines Sachverständigengutachtens die erhobenen Einwendungen belegen[124]. Von einer entsprechenden Beweislastumkehr ist jedoch – wie ausgeführt – dann nicht auszugehen, wenn vom Auftraggeber die Angemessenheit und Erforderlichkeit des getätigten Aufwandes bestritten wird. In diesem Falle verbleibt es dabei, dass der Auftragnehmer auch bei einem Stundenlohnvertrag grundsätzlich darzulegen und zu beweisen hat, dass die von ihm aufgewandten und berechneten Stunden zur Erbringung der vertraglich geschuldeten Leistung erforderlich waren und eine angemessene Vergütung für den erbrachten Leistungserfolg darstellen[125].

65 **i)** Die bescheinigten **Stundenlohnzettel** sind gemäß § 15 Nr. 3 Satz 3 VOB/B unverzüglich, spätestens jedoch innerhalb von 6 Werktagen nach Zugang an den Auftragnehmer **zurückzugeben**. Den Auftraggeber trifft danach die Verpflichtung, die Stundenlohnzettel unverzüglich, d.h. ohne schuldhaftes Zögern zu prüfen, zu bescheinigen und wieder zurückzureichen (vgl. § 121 BGB). Für die Bemessung der in § 15 Nr. 3 Satz 3 VOB/B vorgesehenen **Höchstfrist von 6 Werktagen** kommt es auf §§ 186 BGB an. Die Frist beginnt ausweislich § 15 Nr. 3 Satz 3 VOB/B mit dem Zugang der Stundenlohnzettel. Soweit die Stundenlohnzettel bei dem bauleitenden Architekten eingereicht werden, kommt es für den Beginn der Frist auf den dortigen Zugang an[126]. Bei der Berechnung der Frist ist zu berücksichtigen, dass diese erst mit dem auf den Eingang der Stundenlohnzettel folgenden Tage beginnt (§ 187 Abs. 1 BGB). Die vorgesehene Höchstfrist beträgt ab diesem Zeitpunkt 6Werktage. Bei der Bemessung der Frist sind entsprechend den Bauusancen die Samstage als Werktage mitzurechnen[127]. Endet die Frist danach jedoch mit einem Samstag (oder aber Sonntag), so verlängert sich die vorgegebene Höchstfrist auf den nächsten Werktag, also auf den darauf folgenden Montag (§ 193 BGB).

66 Die Stundenlohnzettel müssen bei **Fristende** an den Auftragnehmer zurückgegeben sein. Für die Rückgabe kommt es deshalb nicht auf den Zeitpunkt der Bescheinigung oder aber der Absendung, sondern auf den des Zuganges bei dem Auftragnehmer an. Zugegangen sind Willenserklärungen nach § 130 Abs. 1 Satz 1 BGB, wenn sie so in den Bereich des Empfängers gelangt sind, dass dieser unter normalen Verhältnissen die Möglichkeit hat, vom Inhalt der Erklärung Kenntnis zu nehmen[128]. Bei Ausschöpfung der Höchstfrist von 6 Werktagen müssen deshalb die Stundenlohnzettel während der üblichen Geschäftszeit des letzten Werktages bei dem Auftragnehmer eingegangen sein[129].

67 **j)** Die **unterlassene bzw. nicht fristgerechte Rückgabe** der Stundenlohnzettel hat zur Konsequenz, dass die vom Auftragnehmer überlassenen Stundenlohnzettel gemäß § 15 Nr. 3 Satz 5 VOB/B als anerkannt gelten. Auf die Kommentierung zu § 15 Nr. 3 Satz 5 VOB/B wird in diesem Zusammenhang verwiesen.

4. Einwendungen zu Stundenlohnzetteln (§ 15 Nr. 3 Satz 4 VOB/B)

68 Bei der Rückgabe der bescheinigten Stundenlohnzettel kann der Auftraggeber Einwendungen gegen den Personal- und Sachaufwand erheben, den der Auftragnehmer durch die Stundenlohnzettel belegen will. Dies kann durch Einwendungen auf den Stundenlohnzetteln selbst oder aber durch gesonderte schriftliche Erklärung erfolgen.

69 **a)** Umstritten ist die Frage, ob die Einwendungen zwingend schriftlich vom Auftraggeber zu erheben sind. Die Bezugnahme auf § 15 Nr. 3 Satz 3 VOB/B wie der ausdrückliche Hinweis

---

[123] *Heiermann/Riedl/Rusam*VOB/B, § 15 Rdn. 35.
[124] BGH BauR 1970, 239; BGH NJW 1958, 1535; *Heiermann/Riedl/Rusam* VOB/B, § 15 Rdn. 35.
[125] BGH BauR 2002, 319, 320.
[126] Vgl. *Nicklisch/Weick* VOB/B, § 15 Rdn. 30.
[127] *Ingenstau/Korbion/Keldungs* VOB/B, § 15 Nr. 3 Rdn. 18.
[128] BGH NJW 1980, 990; BGH NJW 1983, 929.
[129] Vgl. RGZ 142, 407; *Palandt/Heinrichs* BGB, § 130 Rdn. 6.

auf die Möglichkeit gesondert **schriftlicher Einwendungen** führt dazu, dass es nach überwiegendem Verständnis erforderlich sein soll, dem Schriftformerfordernis Rechnung zu tragen[130]. Die Einhaltung der Schriftform ist in der Tat schon aus Beweisgründen für den Auftraggeber angeraten. Zwingend erscheint es jedoch nicht, Einwendungen nur deshalb unberücksichtigt zu lassen, weil sie zwar nachweisbar vorgetragen wurden, die Wahrung der Schriftform jedoch nicht eingehalten wurde. Eine zuverlässige und die beanstandeten Punkte umfassende mündliche Erklärung ist vom Grundsatz her in gleichem Maße geeignet, um dem Auftragnehmer sowohl den Grund wie auch den Umfang auftraggeberseitiger Einwendungen zu verdeutlichen[131]. Ohnehin hätten es die Parteien in der Hand, zum Zeitpunkt der Rückgabe der Stundenlohnzettel durch mündliche übereinstimmende Erklärungen Änderungen hinsichtlich des dokumentierten Personal- und Sachaufwandes vorzunehmen. Maßgebend ist einzig und allein der Umstand, dass der Auftraggeber in Zweifelsfällen im Stande ist, im nachhinein darzulegen und zu beweisen, dass er Einwendungen gegen die Stundenlohnzettel zum Zeitpunkt ihrer Rückgabe erhoben hat. Wenn der Auftraggeber hierzu in der Lage ist, steht dem gegenüber die Einhaltung eines strikten, von der vorherrschenden Auffassung geforderten Schriftformerfordernisses zurück[132].

Die Einwendungen werden aber – nicht zuletzt aus Beweisgründen – vorsorglich schriftlich **70**
zu erheben sein. Der Auftraggeber kann zu diesem Zweck **Streichungen und Korrektureintragungen** in den Stundenlohnzetteln vornehmen. Bei der Vornahme derartiger Streichungen bzw. Änderungen empfiehlt es sich, durch Paraphen an den betroffenen Passagen kenntlich zu machen, dass es sich um vom Auftraggeber veranlasste Abänderungen handelt.

b) Der Auftraggeber kann die Stundenlohnzettel auch mit gesonderten **schriftlichen Er-** **71**
läuterungen zu den von ihm zu erhebenden Einwendungen zurückreichen. Die Erläuterungen können sich dabei auf bestimmte Streichungen in den beigefügten Stundenlohnzetteln beziehen. Sie können auch vollständig separat – etwa in einem zugehörigen Anschreiben – niedergelegt werden, ohne dass die Stundenzettel selbst inhaltlicher Abänderung unterzogen werden. Gleich wie der Auftraggeber verfährt, er hat jedenfalls unter Berücksichtigung des Kooperationsgedankens die von ihm vorgenommenen Streichungen bzw. Änderungen klar erkennbar vorzunehmen und darüber hinaus sachlich zu begründen.

c) Vor diesem Hintergrund ist es dem Auftraggeber auch verwehrt, Stundenlohnzettel un- **72**
begründet zurückzuweisen. Allerdings kann der Auftraggeber nicht verpflichtet sein, Stundenlohnzettel entgegenzunehmen, zu überprüfen und zu bescheinigen, soweit sich diese letztlich aufgrund erkennbar offensichtlicher Lückenhaftigkeit, Widersprüchlichkeit und/oder Unklarheit **nicht** als **prüffähig** erweisen[133]. Der Auftraggeber ist in derartigen Fällen nur gehalten, den Auftragnehmer ausdrücklich und (zweckmäßigerweise) schriftlich auf die mangelnde Prüffähigkeit der ihm vorgelegten Stundenlohnzettel hinzuweisen. Gleichzeitig kann er bei entsprechender Begründung die Stundenlohnzettel ansonsten weiter unkommentiert an den Auftragnehmer mit der Maßgabe zurückreichen, dass dieser verpflichtet ist, kurzfristig die Stundenzettel neu und prüffähig aufzumachen und erneut zu übergeben.

d) Einwendungen können nach § 15 Nr. 3 Satz 4 VOB/B nur innerhalb der **Höchstfrist von** **73**
6 Tagen durch den Auftraggeber vorgebracht werden. Er soll dadurch angehalten werden, im Rahmen kooperativen Zusammenwirkens mit dem Auftragnehmer kurzfristig nicht nur die Überprüfung der Stundenlohnzettel vorzunehmen, sondern sich hinsichtlich etwaiger, von ihm zu erhebender Einwendungen auch ebenso kurzfristig festzulegen. Die Frist von maximal 6 Werktagen hat der Auftraggeber deshalb hinsichtlich der Erhebung von Einwendungen ebenso einzuhalten wie bei der Rückgabe der Stundenlohnzettel (§ 15 Nr. 3 Satz 3 VOB/B).

[130] *Heiermann/Riedl/Rusam* VOB/B, § 15 Rdn. 34; *Nicklisch/Weick* VOB/B, § 15 Rdn. 31.
[131] Vgl. *Ingenstau/Korbion/Keldungs* VOB/B, § 15 Nr. 3 Rdn. 19.
[132] A.A. *Heiermann/Riedl/Rusam* VOB/B, § 15 Rdn. 34; *Nicklisch/Weick* VOB/B, § 15 Rdn. 31; *Franke/Kemper/Zanner/Grünhagen* VOB/B, § 15 Rdn. 19.
[133] A.A. offenbar *Heiermann/Riedl/Rusam* VOB/B, § 15 Rdn. 34.

74 Die Einhaltung der 6-Tage-Frist kann vom Auftraggeber auch nicht dadurch aufgeweicht werden, dass er den Auftragnehmer bei Rückgabe der Stundenlohnzettel auf später **nachfolgende Einwendungen** verweist. Ebenso ist es dem Auftraggeber verwehrt, die Rückgabe selbst oder aber die erhobenen Einwendungen ganz oder teilweise unter einen Vorbehalt zu stellen. Diese und vergleichbare Verhaltensweisen und Erklärungen sollen ersichtlich dazu dienen, die in § 15 Nr. 3 Satz 4 VOB/B vorgesehene (Höchst-) Frist zu verlängern. Dies verstößt gegen den § 15 Nr. 3 VOB/B innewohnenden Grundsatz, wonach unverzüglich, d.h. ohne schuldhaftes Zögern zwischen den Parteien Klarheit hinsichtlich der Angaben in den Stundenlohnzetteln herbeigeführt werden soll.

75 **e)** Hiervon zu unterscheiden sind Fälle, in denen der Auftraggeber (ausnahmsweise) berechtigt sein soll, noch **nachträglich** bestimmte **Einwendungen** zu erheben. Dem Auftraggeber verbleibt grundsätzlich der Einwand, die von ihm bescheinigten einzelnen Personal- und Sachaufwendungen seien zur Erbringung der vertraglich geschuldeten Leistungen nicht erforderlich gewesen[134]. Dies beruht auf dem Umstand, dass der Auftragnehmer auch bei der Ausführung von Stundenlohnarbeiten an das Gebot wirtschaftlicher Betriebsführung gebunden ist[135]. Mit der Unterzeichnung der Stundenlohnzettel verbindet sich daher kein Anerkenntnis zur objektiven Erforderlichkeit des dokumentierten Stundenaufwandes[136]. Allerdings folgt aus der Bestätigung des Stundenaufwandes eine Beweislastumkehr mit der Folge, dass der Auftraggeber darzulegen und zu beweisen hat, dass der bestätigte Aufwand tatsächlich nicht erforderlich war[137]. Entsprechendes gilt in Fällen, in denen sich im nachhinein erweist, dass die durch Stundenlohnzettel dokumentierten Leistungen überhaupt nicht zur Ausführung gelangt sind[138].

76 **f)** Hinsichtlich der **Darlegungs- und Beweislast** gilt folgendes: Der Auftraggeber trägt grundsätzlich die Darlegungs- und Beweislast dafür, dass und in welchem Umfange er Einwendungen gegen die Stundenlohnzettel erhoben hat. Sobald feststeht, dass entsprechende Einwendungen erhoben wurden, ist es an dem Auftragnehmer, den Umfang des in den Stundenlohnzetteln ausgewiesenen Personal- und Sachaufwandes darzulegen und zu beweisen[139].

5. Anerkenntnis nicht fristgemäß zurückgegebener Stundenlohnzettel (§ 15 Nr. 3 Satz 5 VOB/B)

77 **a)** Welche Folgen sich aus der **unterlassenen bzw. verspäteten Rückgabe** von Stundenlohnzetteln ergeben, ist in § 15 Nr. 3 Satz 5 VOB/B geregelt. Danach gelten nicht fristgemäß zurückgegebene Stundenlohnzettel grundsätzlich als vom Auftraggeber anerkannt. Belanglos ist dabei, ob die Stundenlohnzettel nach Ablauf der Höchstfrist von 6 Werktagen oder aber überhaupt nicht zurückgegeben werden[140]. Entsprechendes gilt auch in Fällen, in denen die Stundenlohnzettel unvollständig an den Auftragnehmer zurückgereicht werden[141]. Auf die Frage, ob der Auftraggeber bei der nicht fristgemäßen Rückgabe der Stundenlohnzettel schuldhaft handelt, kommt es schon nach dem Wortlaut des § 15 Nr. 3 Satz 5 VOB/B nicht an.

Die Bedeutung des § 15 Nr. 3 Satz 5 VOB/B geht jedoch deutlich über den eigentlichen Wortlaut hinaus. Die Vorschrift befasst sich – zumindest vom Wortlaut her – nur mit der **Anerkenntniswirkung nicht fristgemäß zurückgegebener Stundenlohnzettel**. Wenn jedoch

---

134 BGH BauR 2002, 319, 320; siehe bereits oben § 15 Rdn. 63.

135 OLG Düsseldorf NJW-RR 2003, 455, 456; OLG Bamberg BauR 2004, 1623.

136 OLG Düsseldorf OLGR 1994, 215, 216; OLG Celle NZBau 2004, 41 = BauR 2003, 261; Kniffka/Koeble, Kompendium des Baurechts, 6. Teil Rdn. 160.

137 BGH NJW 1970, 2295 = BauR 1970, 239, 240; a.A. OLG Frankfurt NJW-RR 2002, 1470, 1471; OLG Celle NZBau 2004, 41 = BauR 2003, 1224.

138 Vgl. OLG Düsseldorf BauR 1994, 803; *Heiermann/Riedl/Rusam* VOB/B, § 15 Rdn. 35; siehe bereits oben § 15 Rdn. 63.

139 BGH BauR 2000,1196; BGH BauR 2002, 319, 320.

140 *Ingenstau/Korbion/Keldungs* VOB/B, § 15 Nr. 3 Rdn. 20; *Heiermann/Riedl/Rusam* VOB/B, § 15 Rdn. 35.

141 Vgl. *Franke/Kemper/Zanner/Grünhagen*VOB/B, § 15 Rdn. 20.

Stundenlohnzettel nach Ablauf der Höchstfrist von 6 Werktagen inhaltlich vom Grundsatz her als anerkannt gelten, kann sich nichts anderes für Fälle ergeben, in denen die Stundenlohnzettel innerhalb der vorgegebenen Frist bescheinigt und damit inhaltlich gebilligt werden. Auch (unbeanstandete) fristgemäß zurückgegebene Stundenlohnzettel müssen daher rechtssystematisch als anerkannt gelten[142]. Dem Anerkennntis soll allerdings nur deklaratorische Bedeutung mit der Folge zukommen, dass sich hiermit eine Umkehr der Beweislast verbinde; der Auftraggeber sei gehalten, die Unrichtigkeit der dokumentierten Leistungen nachzuweisen[143].

b) Reichweite der Anerkenntniswirkung. Im Zusammenhang mit der Anerkenntniswirkung von Stundenlohnzetteln lässt sich deshalb aus § 15 Nr. 3 Satz 5 VOB/B folgendes herauslesen: 78

- Werden Stundenlohnzettel **nicht fristgemäß** zurückgegeben, gelten sie als anerkannt.
- Werden Stundenlohnzettel **fristgemäß ohne Streichungen** oder Einwendungen zurückgegeben, so gelten sie ebenfalls als anerkannt.
- Werden Stundenlohnzettel innerhalb der vorgegebenen Frist zurückgegeben und Einwendungen erst nach Ablauf der 6-Tages-Frist erklärt, gilt der Inhalt der Stundenlohnzettel ebenfalls als anerkannt, da Einwendungen nur innerhalb der **Höchstfrist** von 6 Werktagen vorgebracht werden können.
- Werden Stundenlohnzettel **nach Ablauf der Frist ohne Einwendungen** zurückgegeben, gelten sie ebenfalls als erst recht anerkannt, da das zunächst fingierte Anerkenntnis durch eine ausdrückliche Anerkenntniserklärung des Auftraggebers ersetzt wird[144].

Zur **Bedeutung der Anerkenntniswirkung** und zu den Möglichkeiten nachträglich zu erhebenden Einwendungen wird auf die Ausführungen zu § 15 Nr. 3 Satz 3 und 4 VOB/B verwiesen[145].

V. Stundenlohnrechnungen (§ 15 Nr. 4 VOB/B)

Durch § 15 Nr. 4 VOB/B wird angeordnet, dass der Auftragnehmer alsbald nach Abschluss der Stundenlohnarbeiten gehalten sein soll, entsprechende Stundenlohnrechnungen vorzulegen (§ 15 Nr. 4 Satz 1 VOB/B). Ergänzend wird hierzu klargestellt, dass dies längstens in Abständen von 4 Wochen zu geschehen hat (§ 15 Nr. 4 Satz 1 VOB/B). Hinsichtlich des Ausgleiches der Stundenlohnrechnungen, also für die Bezahlung derselben wird auf die für Zahlungen maßgebende Regelung des § 16 VOB/B verwiesen (§ 15 Nr. 4 Satz 2 VOB/B). 79

1. Frist zur Vorlage der Stundenlohnrechnungen (§ 15 Nr. 4 Satz 1 VOB/B)

a) Die Stundenlohnzettel bereiten die Abrechnung des Auftragnehmers vor. Aus § 15 Nr. 3 ergibt sich die Verpflichtung des Auftragnehmers, die Stundenlohnzettel jeweils zeitnah zu den ausgeführten Leistungen vorzulegen, um dem Auftraggeber die Möglichkeit zeitnaher Überprüfung der ausgeführten Arbeiten zu geben. Diese Regelung findet in § 15 Nr. 4 VOB/B insoweit ihre Fortsetzung, wie der Auftragnehmer (zusätzlich) verpflichtet wird, alsbald über die ausgeführten Stundenlohnarbeiten auf der Grundlage der bescheinigten Stundenlohnzettel abzurechnen[146]. Der Auftragnehmer braucht danach die **Stundenlohnrechnungen** nicht unverzüglich, sondern lediglich **beschleunigt anzufertigen und einzureichen**[147]. Die in diesem Zusammenhang angegebene Frist von vier Wochen stellt dabei die Höchstfrist dar, innerhalb 80

[142] *Mugler* BB 1989, 859, 860; *Ingenstau/Korbion/Keldungs* VOB/B, § 15 Nr. 3 Rdn. 20.
[143] OLG Oldenburg mit Nichtannahmebeschluss des BGH IBR 2005, 415; vgl. auch *Voit* Die Bedeutung von Aufmaß und Stundenlohnzetteln, FS Motzke 2006, 421, 425 ff.
[144] *Ingenstau/Korbion/Keldungs* VOB/B, § 15 Nr. 3 Rdn. 20.
[145] Siehe bereits oben § 15 Rdn. 52 ff. und 68 ff.
[146] Vgl. *Nicklisch/Weick* VOB/B, § 15 Rdn. 35.
[147] *Ingenstau/Korbion/Keldungs* VOB/B, § 15 Nr. 4 Rdn. 2; *Nicklisch/Weick* VOB/B, § 15 Rdn. 35.

derer die Stundenlohnrechnungen in jedem Fall eingereicht sein müssen[148]. Regelmäßig soll der Auftragnehmer diese Höchstfrist aber nicht ausschöpfen, da der Auftraggeber die alsbaldige und damit vom Auftragnehmer beschleunigte Vorlage der Stundenlohnrechnungen erwarten kann.

81 **b)** Der Bestimmung des § 15 Nr. 4 Satz 1 VOB/B kommt sowohl Bedeutung bei der Beauftragung einmaliger bzw. gesonderter wie auch bei der Ausführung sog. angehängter Stundenlohnarbeiten Bedeutung zu. Soweit über die Dauer einer längerfristigen Baumaßnahme hinweg angehängte Stundenlohnarbeiten zur Ausführung gelangen, ist über diese jeweils **zeitabschnittsbezogen abzurechnen**, wobei die Abstände zwischen den einzelnen, vom Auftragnehmer vorzulegenden Stundenlohnrechnungen nicht mehr als maximal vier Wochen betragen dürfen[149]. Bei umfangreichen, kontinuierlich ausgeführten Stundenlohnarbeiten sollte diese Frist von vier Wochen aber von der Intention der zugrundeliegenden Bestimmung eher unterschritten, keinesfalls aber überschritten werden. Werden nur einmal bzw. gesondert Stundenlohnarbeiten beauftragt und diese innerhalb kürzerer Zeitspanne ausgeführt, lässt sich § 15 Nr. 4 Satz 1 VOB/B entnehmen, dass auch in diesem Falle die Verpflichtung des Auftragnehmers besteht, über die Stundenlohnarbeiten längstens innerhalb von vier Wochen abzurechnen[150]. In diesem Falle handelt es sich bei der Vorlage der Stundenlohnrechnung des Auftragnehmers zugleich um seine Schlussrechnung mit der Konsequenz, dass sich die Vorlagefrist nicht nach § 14 Nr. 3, sondern ausschließlich nach § 15 Nr. 4 VOB/B richtet.

82 **c)** Die **Frist zur Vorlage der Stundenlohnrechnung** beginnt grundsätzlich nach Abschluss der Stundenlohnarbeiten. Bei Stundenlohnarbeiten, die innerhalb weniger Tage ausgeführt werden, ist der Auftragnehmer deshalb befugt, erst alsbald nach Beendigung aller Arbeiten abzurechnen. Abweichendes gilt jedoch dann, wenn der Auftragnehmer mit der Ausführung längerfristiger bzw. angehängter Stundenlohnarbeiten bei einer sich über geraume Zeit erstreckenden Baumaßnahme beauftragt ist. In diesem Fall periodisch wiederkehrender Verpflichtung zur Abrechnung in zeitlichen Abständen von maximal vier Wochen ist der Auftragnehmer gehalten, spätestens vier bis maximal fünf Wochen nach Beginn der Stundenlohnarbeiten die erste Stundenlohnrechnung vorzulegen. Für die Bemessung der ersten (Maximal-) Frist von vier Wochen kommt es jedoch entgegen vorherrschendem Verständnis[151] nicht auf den Beginn der beauftragten Stundenlohnarbeiten, sondern auf den Abschluss der ersten, vom Auftragnehmer nach § 15 Nr. 3 Satz 2 VOB/B zu dokumentierenden Stundenlohnarbeiten an. Je nach der Verkehrssitte hat der Auftragnehmer werktäglich und wöchentlich seine Stundenlohnzettel über bis zu diesem Zeitpunkt ausgeführte, also insoweit beendete Stundenlohnarbeiten einzureichen (§ 15 Nr. 3 Satz 2 VOB/B). Stellt man demgegenüber unter Verstoß gegen den Wortlaut des § 15 Nr. 4 Satz 1 VOB/B auf den Beginn (und nicht den Abschluss) der (ersten) Stundenlohnarbeiten für die Bemessung der 4-Wochenfrist ab[152], so ist der Auftragnehmer bereits bezogen auf den Ausführungsbeginn als verpflichtet anzusehen, in beschleunigter Weise über noch nicht ausgeführte Arbeiten abzurechnen; weder rechtstheoretisch noch praxisbezogen vermag dieser Lösungsansatz zu überzeugen.

83 Die Parteien können hiervon **abweichende Fristenregelungen** treffen[153]. Unter Beachtung des § 14 Nr. 3 VOB/B erscheint eine Abkürzung der Abrechnungsfrist auf 12 Werktage vertretbar. Auch eine begrenzte Verlängerung der Frist kann bei größeren und länger andauernden Baumaßnahmen angemessen sein. Rechtlich unzulässig sind in dem genannten Zusammenhang allerdings Vertragsbedingungen des Auftraggebers, die darauf abzielen, dem Auftragnehmer nach

---

[148] *Heiermann/Riedl/Rusam* VOB/B, § 15 Rdn. 39.

[149] *Ingenstau/Korbion/Keldungs* VOB/B, § 15 Nr. 4 Rdn. 3; *Nicklisch/Weick* VOB/B, § 15 Rdn. 35.

[150] *Ingenstau/Korbion/Keldungs* VOB/B, § 15 Nr. 4 Rdn. 3; *Nicklisch/Weick* VOB/B, § 15 Rdn. 35.

[151] *Ingenstau/Korbion/Keldungs* VOB/B, § 15 Nr. 4 Rdn. 3; Beck'scher VOB-Kommentar/*Cuypers* VOB/B, § 15 Nr. 4 Rdn. 5.

[152] So *Ingenstau/Korbion/Keldungs* VOB/B, § 15 Nr. 4 Rdn. 3; Beck'scher VOB-Kommentar/*Cuypers* VOB/B, § 15 Nr. 4 Rdn. 5.

[153] Vgl. § 10 Nr. 4 Abs. 1 i VOB/A.

Überschreiten bestimmter Abrechnungsfristen die Abrechnungsfähigkeit erbrachter Stundenlohnarbeiten gänzlich zu versagen[154].

d) Der Auftragnehmer ist grundsätzlich als verpflichtet anzusehen, seine Stundenlohnrechnungen innerhalb der in § 15 Nr. 4 Satz 1 VOB/B vorgeschriebenen Fristen einzureichen. Ob es sich dabei um eine vertragliche Nebenpflicht[155] oder aber lediglich um einen Appell ohne eigentlichen Pflichtencharakter handelt[156], ist rechtsdogmatisch streitig. Dabei steht jedoch außer Frage, dass dem Auftragnehmer aus dem Überschreiten der vorgeschriebenen Fristen kein Verlust begründeter Stundenlohnansprüche erwachsen kann[157]. Die Konsequenzen verspäteter Rechnungslegung bestehen im wesentlichen in folgendem: 84

- Aus § 16 Nr. 1 und 3 VOB/B erschließt sich für Abschlags- wie für Schlussrechnungsforderungen, dass diese erst und nur dann fällig werden können, wenn vom Auftragnehmer eine **prüffähige Rechnung** vorgelegt wurde. Entsprechendes gilt gleichermaßen auch für Stundenlohnrechnungen. Sieht der Auftragnehmer von der Vorlage der Stundenlohnrechnungen innerhalb der vorgegebenen Fristen ab, so steht dies der Fälligkeit seiner Stundenlohnansprüche entgegen[158]. 85
- Der Auftraggeber kann bei **ausbleibender Vorlage von Stundenlohnrechnungen** seinerseits nach § 14 Nr. 4 VOB/B vorgehen. Die Bestimmung des § 14 Nr. 4 VOB/B erstreckt sich vom Grundsatz her auch auf Stundenlohnrechnungen[159]. Soweit von dem Auftragnehmer Stundenlohnzettel vorgelegt wurden (§ 15 Nr. 3 Satz 2 VOB/B) und eine alle Kostenbestandteile umfassende Stundenlohnvereinbarung abgeschlossen wurde (§ 2 Nr. 10 VOB/B), bestehen für den Auftragnehmer regelmäßig keine Schwierigkeiten, nach vorangegangener fruchtloser Fristsetzung die Stundenlohnarbeiten selbst abzurechnen[160]. Fehlt es an den vorgenannten Voraussetzungen, so kommt eine Aufstellung der Schlussrechnung durch den Auftraggeber unter Berücksichtigung des § 15 Nr. 5 VOB/B in Betracht. 86
- Hat der Auftraggeber Vorauszahlungen oder aber sonstige Anzahlungen geleistet, kann er den Auftragnehmer über § 812 Abs. 1 BGB auf **Rückzahlung** in Anspruch nehmen und diesen damit zwingen, über die ausgeführten Stundenlohnarbeiten abzurechnen. 87

Insoweit gelten die gleichen Grundsätze wie bei § 14 Nr. 4 VOB/B[161].

2. Inhalt der Stundenlohnrechnungen (§ 15 Nr. 4 i.V.m. § 14 Nr. 1 VOB/B)

a) Aus § 15 Nr. 4 Satz 1 VOB/B ergibt sich nicht unmittelbar, wie Stundenlohnrechnungen im einzelnen aufzumachen sind. Insoweit ist ergänzend auf § 14 Nr. 1 VOB/B zurückzugreifen. Auch für Stundenlohnrechnungen gilt die **allgemeine Abrechnungsvorschrift des § 14 VOB/B**[162]. Der Auftraggeber hat deshalb auch über Stundenlohnarbeiten grundsätzlich prüfbar abzurechnen (§ 14 Nr. 1 Satz 1 VOB/B). Vor allem hat er die Stundenlohnrechnungen übersichtlich aufzustellen (§ 14 Nr. 1 Satz 2 VOB/B). Die zum Nachweis von Art und Umfang der Stundenlohnleistungen 88

---

[154] Vgl. OLG Düsseldorf BauR 1997, 660 zu der Parallelproblematik eng befristeter Verpflichtung zur Vorlage von Stundenlohnzetteln.

[155] So *Nicklisch/Weick* VOB/B, § 15 Rdn. 35; *Kleine-Möller/Merl/Oelmaier* § 10 Rdn. 152.

[156] So Beck'scher VOB-Kommentar/*Cuypers* VOB/B, § 15 Nr. 4 Rdn. 1 und Rdn. 11.

[157] *Ingenstau/Korbion/Keldungs* VOB/B, § 15 Nr. 4 Rdn. 4; *Heiermann/Riedl/Rusam* VOB/B, § 15 Rdn. 39; Beck'scher VOB-Kommentar/*Cuypers* VOB/B, § 15 Nr. 4 Rdn. 11; *Franke/Kemper/Zanner/Grünhagen* VOB/B, § 15 Rdn. 25.

[158] *Franke/Kemper/Zanner/Grünhagen* VOB/B, § 15 Rdn. 25; *Heiermann/Riedl/Rusam* VOB/B, § 15 Rdn. 39.

[159] *Ingenstau/Korbion/Keldungs* VOB/B, § 15 Nr. 4 Rdn. 4; *Kleine-Möller/Merl/Oelmaier* § 10 Rdn. 152; kritisch in bezug auf die Heranziehung des § 14 Nr. 4 VOB/B allerdings Beck'scher VOB-Kommentar/*Cuypers* VOB/B, § 15 Nr. 4 Rdn. 12.

[160] A.A. Beck'scher VOB-Kommentar/*Cuypers* VOB/B, § 15 Nr. 4 Rdn. 12.

[161] Siehe § 14 VOB/B Rdn. 71 ff.

[162] Vgl. *Heiermann/Riedl/Rusam* VOB/B, § 15 Rdn. 41.

erforderlichen Stundenlohnzettel hat der Auftragnehmer seinen Abrechnungen beizufügen (§ 14 Nr. 1 Satz 3 VOB/B)[163].

89 **b)** Die Art und Weise der vom Auftragnehmer vorzunehmenden **Abrechnung der Stundenlohnleistungen** kann sich aus dem zugrundeliegenden Bauvertrag und seinen Vertragsbedingungen ergeben[164]. Soweit keine ausdrücklichen vertraglichen Abrechnungsregelungen getroffen wurden, sind die Stundenlohnabrechnungen unter Zugrundelegung der zuvor erstellten und bescheinigten Stundenlohnzettel aufzumachen[165]. Die in den Stundenlohnzetteln dokumentierten Arbeiten sind nachvollziehbar in die Stundenlohnabrechnungen zu übernehmen[166]. Die in Bezug genommenen Stundenlohnzettel sind zum Nachweis des Personal- und Sachaufwandes beizufügen[167].

90 **c)** Die Stundenlohnabrechnung muss zusammen mit den zugrundeliegenden Stundenlohnzetteln in sich prüffähig sein[168]. Die **Prüffähigkeit** setzt voraus, dass die ausgeführten Stundenlohnarbeiten, also der getätigte Personal- wie Sachaufwand vom Auftraggeber nachvollzogen werden kann. Die Arbeiten sind so detailliert nach Art, Umfang und Ausführungszeitraum zu beschreiben, dass sie vom Auftraggeber unter Berücksichtigung der übergebenen Stundenlohnzettel eindeutig und klar zugeordnet und beurteilt werden können[169]. Das für die einzelnen Stundenlohnarbeiten benötigte und abzurechnende Material ist den einzelnen Arbeitsleistungen zuzuordnen[170]. Die Bezugnahme auf Angaben in den Stundenlohnzetteln ist zulässig, soweit diese inhaltlich prüffähig sind und deshalb ihrerseits vom Auftraggeber nachvollzogen werden können[171]. Nicht ausreichend sind bloße allgemeine Umschreibungen bestimmter Tätigkeiten am Bau – z.B. „Reinigungsarbeiten", „Bohrarbeiten", „Schließen von Schlitzen", „Arbeiten nach Angabe"[172] – oder aber die Auflistung bestimmter Mitarbeiter, die bei der Baumaßnahme tätig wurden[173]. Praktisch ist es danach notwendig, die ausgeführten Leistungen einerseits so exakt als möglich nach Art, Umfang und Ausführungsort zu beschreiben und andererseits den personellen und zeitlichen Aufwand zu belegen[174].

91 Die Prüffähigkeitskriterien dürfen gleichwohl nicht überspannt werden. Die Angaben zu den ausgeführten Leistungen und dem getätigten Personal- und Sachaufwand sind lediglich in der Weise vorzunehmen, dass sie **von dem Empfänger nachvollzogen** werden können. Der baukundige Auftraggeber ist dabei regelmäßig nicht in gleichem Umfange schutzwürdig wie ein bauunerfahrener Auftraggeber, es sei denn, dieser lässt die Abwicklung der Stundenlohnarbeiten wie auch deren Abrechnung durch einen versierten Architekten oder Bauleiter vornehmen. Maßgebend ist demnach letztlich der vom Auftragnehmer redlicherweise zu erwartende Empfängerhorizont auf Seiten seines Auftraggebers.

92 **d)** Im Zusammenhang mit der Abrechnung von Stundenlohnarbeiten kommt darüber hinaus typischerweise zusätzlichen **Vertragsbedingungen** zum Umfang der abrechnungsfähigen Leistungen nicht unerhebliche Bedeutung zu. Zur Wirksamkeit typischer derartiger Vertragsklauseln gilt folgendes:

---

[163] Siehe zu den Prüffähigkeitskriterien des § 14 Nr. 1 im einzelnen oben § 14 VOB/B Rdn. 5 ff. und 17 ff.

[164] *Heiermann/Riedl/Rusam* VOB/B, § 15 Rdn. 41.

[165] Vgl. Beck'scher VOB-Kommentar/*Cuypers* VOB/B, § 15 Nr. 4 Rdn. 9.

[166] Beck'scher VOB-Kommentar/*Cuypers* VOB/B, § 15 Nr. 4 Rdn. 9.

[167] KG Berlin IBR 1991, 322; *Nicklisch/Weick* VOB/B, § 15 Rdn. 35.

[168] *Heiermann/Riedl/Rusam* VOB/B, § 15 Rdn. 41; *Nicklisch/Weick* VOB/B, § 15 Rdn. 35.

[169] OLG Frankfurt BauR 1999, 1460, 1461; Beck'scher VOB-Kommentar/*Cuypers* VOB/B, § 15 Nr. 4 Rdn. 9.

[170] OLG Brandenburg BauR 2005, 151.

[171] *Franke/Kemper/Zanner/Grünhagen*VOB/B, § 15 Rdn. 24.

[172] OLG Karlsruhe BauR 1995, 114; *Heiermann/Riedl/Rusam* VOB/B, § 15 Rdn. 41.

[173] *Heiermann/Riedl/Rusam* VOB/B, § 15 Rdn. 41.

[174] Vgl. Beck'scher VOB/B-Kommentar/*Cuypers* VOB/B, § 15 Nr. 4 Rdn. 8.

- Rechtlich unzulässig sind **Preisgestaltungsklauseln**, bei denen eine pauschale Abrechnung zusätzlicher Geräte- und Gerätewagenkosten vorgesehen ist, obgleich diese nicht notwendigerweise zum Einsatz gelangen[175].
- Demgegenüber können pauschale **Kostenregelungen** für den tatsächlich erfolgten Einsatz von Kraftfahrzeugen und Gerätewagen rechtlich durchaus zulässig sein, da Preisabreden für Nebenleistungen gemäß § 8 AGBG a.F. bzw. § 307 Abs. 3 Satz 1 BGB vom Grundsatz her nicht der Inhaltskontrolle unterliegen[176].
- Sobald jedoch **Preisnebenabreden** unter § 9 AGBG a.F. bzw. § 307 Abs. 1 BGB fallen, kann sich aus einer unangemessenen Bestimmung von Stundenlohnarbeiten die Unwirksamkeit entsprechender Klauseln ergeben[177]. Vor diesem Hintergrund ist beispielsweise eine Vertragsklausel unwirksam, bei der vom Auftragnehmer vorgesehen ist, dass Fahrtzeiten uneingeschränkt wie Arbeitszeiten abgerechnet werden können[178].
- Dass **angefangene Stunden** wie volle Arbeitsstunden abgerechnet werden, soll demgegenüber nicht zur Unwirksamkeit gemäß § 9 AGBG a.F. bzw. § 307 Abs. 1 BGB führen[179].
- Klauseln, bei denen die **vereinbarten Stundenlohnsätze** unabhängig von der Anzahl der zu leistenden Stunden gelten sollen, sind ebenso unzulässig wie der Ausschluss des § 2 Nr. 3 VOB/B bei Stundenlohnarbeiten[180].
- Aus ähnlichen Erwägungen heraus werden auch solche Bedingungen für unwirksam erachtet, bei denen **Zuschläge** für Nachtschichten, Überstunden und Feiertagszuschläge grundsätzlich und unabhängig vom tatsächlichen Bauverlauf von vornherein seitens des Auftraggebers ausgeschlossen werden[181].
- Die sog. **Bagatell- und Selbstbeteiligungsklauseln**, wonach geringfügige Mehr- und Minderbeträge bei der Abrechnung unberücksichtigt bleiben sollen, sind auch im Rahmen des § 15 VOB/B nach der neueren Rechtsprechung des Bundesgerichtshofs gemäß § 9 AGBG a.F. bzw. § 307 Abs. 1 BGB wirksam, jedenfalls dann, wenn nicht mehr als 0,5 v.H. der Abrechnungssumme überschritten werden[182].
- Unwirksam sind demgegenüber wiederum Vertragsklauseln, mit denen der Stundenlohn für **Aufsichtstätigkeit** im Sinne des § 15 Nr. 2 VOB/B auch dann ausgeschlossen wird, wenn der Auftraggeber ausdrücklich zusätzliche Aufsichtsarbeiten verlangt[183].

Die Grenzziehung zwischen wirksamen und unwirksamen Klauseln ist häufig nur schwer vor- 93
zunehmen. Dies beruht vor allem darauf, dass Preisklauseln, die unmittelbar Art und Umfang der geschuldeten Vergütung regeln, vom Grundsatz her **nicht der Inhaltskontrolle** unterliegen[184].

3. Fälligkeit der Stundenlohnrechnung (§ 15 Nr. 4 Satz 2 VOB/B)

Für die Fälligkeit der Stundenlohnforderungen verweist die Bestimmung des § 15 Nr. 4 Satz 2 94
VOB/B auf die für alle Zahlungen maßgebenden, in § 16 VOB/B niedergelegten Regelungen. Dies hat zur Konsequenz, dass auch bei Stundenlohnarbeiten die in § 16 VOB/B vorgesehenen Abschlags- und Teilschlussrechnungen ebenso wie die dort vorgesehene Schlussrechnung gestellt werden können[185]. Mit der Vorlage von **Stundenlohn-Abschlagsrechnungen** bringt der Auf-

---

175 *Glatzel/Hofmann/Frikell* Unwirksame Bauvertragsklauseln, 9. Aufl. S. 320.
176 BGH BB 1992, 228; *Palandt/Heinrichs* BGB, § 307 Rdn. 54, 61.
177 *Palandt/Heinrichs* BGB, § 307 Rdn. 60.
178 *Korbion/Locher* AGB-Gesetz und Bauerrichtungsverträge, Teil I Rdn. 219.
179 Vgl. OLG Frankfurt DB 1983, 1482.
180 OLG Köln OLGR 2000, 481; *Glatzel/Hofmann/Frikell* Unwirksame Bauvertragsklauseln, S. 317 m.w.N.
181 *Glatzel/Hofmann/Frikell* Unwirksame Bauvertragsklauseln, S. 317 m.w.N.
182 BGH IBR 2002, 126.
183 *Korbion/Locher* AGB-Gesetz und Bauerrichtungsverträge, Teil I Rdn. 217.
184 Siehe zu den Einzelheiten § 2 VOB/B Rdn. 56–58.
185 *Heiermann/Riedl/Rusam* VOB/B, § 15 Rdn. 38; *Nicklisch/Weick* VOB/B, § 15 Rdn. 36; kritisch Beck'scher VOB-Kommentar/*Cuypers* VOB/B, § 15 Nr. 4 Rdn. 3 und 13.

tragnehmer zum Ausdruck, dass noch nicht endgültig und abschließend über alle beauftragten Stundenlohnarbeiten abgerechnet ist. Sobald alle Stundenlohnarbeiten beendet und abzurechnen sind, legt der Auftragnehmer für die entsprechenden Arbeiten eine Schlussrechnung vor. Entsprechendes gilt erst recht, wenn die Stundenlohnarbeiten lediglich abrechnungstechnisch der Vorlage von Leistungsrechnungen angehängt sind.

95 Der Verweisung in § 15 Nr. 4 Satz 2 VOB/B kommt darüber hinaus Bedeutung im Zusammenhang mit der Fälligkeit der vorgelegten Rechnungen zu. Für die **Fälligkeit** gelten durchgängig die Zahlungsregelungen, die Gegenstand des § 16 VOB/B sind[186].

VI. Stundenlohnabrechnung bei Zweifeln über den Umfang der Stundenlohnarbeiten (§ 15 Nr. 5 VOB/B)

96 Die Vorschrift des § 15 Nr. 5 VOB/B befasst sich mit der Abrechnung von Stundenlohnarbeiten, die zwar vom Auftraggeber beauftragt wurden, zu denen es jedoch in der Folgezeit zu Zweifeln hinsichtlich ihres Umfanges gekommen ist. Diese Zweifel müssen laut Wortlaut der Bestimmung darauf zurückzuführen sein, dass der Auftragnehmer die für die Abrechnung der Stundenlohnarbeiten erforderlichen Stundenlohnzettel nicht oder zumindest nicht rechtzeitig vorgelegt hat. In diesem Falle soll auf Verlangen des Auftraggebers für die nachweisbar ausgeführten Leistungen in wirtschaftlich vertretbarem Umfange eine neue Vergütung ermittelt werden.

1. Verhältnis zu § 2 Nr. 10 VOB/B

97 Bei der Regelung des § 15 Nr. 5 VOB/B wird davon ausgegangen, dass (zumindest) zwischen den Parteien eine **Stundenlohnvereinbarung** im Sinne des § 2 Nr. 10 VOB/B zustande gekommen ist. Keine Anwendung findet die Bestimmung deshalb in Fällen, in denen es die Parteien von vornherein unterlassen haben, eine Vereinbarung über die Ausführung von Stundenlohnarbeiten zu treffen. § 15 Nr. 5 VOB/B ersetzt nicht die erforderliche Stundenlohnvereinbarung, der Bestimmung kommt lediglich ergänzende Bedeutung zu, wenn der Umfang der vereinbarten Stundenlohnarbeiten zwischen den Parteien streitig ist[187]. **Fehlt es bereits an der zugrundeliegenden Vereinbarung** über die Ausführung von Stundenlohnarbeiten, so kann der Auftragnehmer keine Abrechnung nach Stundenlohn verlangen, es sei denn, es wird (ausdrücklich) im nachhinein noch vereinbart, dass bestimmte in der Vergangenheit ausgeführte Bauleistungen nach Stundenlohn vergütet werden sollen[188].

2. Vergleich bei Vergütungszweifeln

98 Haben die Parteien eine Vereinbarung über die Ausführung von Stundenlohnarbeiten getroffen (§ 2 Nr. 10 VOB/B), entstehen anschließend – gleich aus welchem Grunde – **Zweifel über den zur Abrechnung gestellten Personal- und Sachaufwand**, so steht es den Parteien ebenfalls frei, die zwischen ihnen strittigen Differenzen durch eine vergleichsweise vertragliche Bestimmung des Umfanges der erbrachten Stundenlohnarbeiten auszuräumen. Mit einer derartigen Vereinbarung wird die Regelung des § 15 Nr. 5 VOB/B abbedungen bzw. hinfällig. Die Parteien können zu dem entstandenen Personal- und Sachaufwand eine konkrete Stundenlohnabrede der Höhe nach treffen; ersatzweise können sie die erbrachten Stundenlohnarbeiten aber auch individuell ihrem Leistungsumfang nach bewerten und einvernehmlich festlegen. Bei dieser Festlegung sind die Parteien nicht an die Wertungen des § 15 Nr. 5 VOB/B gebunden.

---

[186] *Heiermann/Riedl/Rusam* VOB/B, § 15 Rdn. 42; *Ingenstau/Korbion/Keldungs* VOB/B, § 15 Nr. 4 Rdn. 5; *Nicklisch/Weick* VOB/B, § 15 Rdn. 36.

[187] *Nicklisch/Weick* VOB/B, § 15 Rdn. 37.

[188] Vgl. BGH BauR 1994, 760, 762; *Heiermann/Riedl/Rusam* VOB/B, § 15 Rdn. 5; Beck'scher VOB-Kommentar/*Cuypers* VOB/B, § 15 Nr. 1 Rdn. 11.

3. Neuvereinbarung bei Vergütungszweifeln

Kommt es zwischen den Parteien nicht zu einer entsprechenden Vereinbarung, so besagt § 15 Nr. 5 VOB/B zunächst, dass weder dem Auftraggeber noch dem Auftragnehmer ein einseitiges Leistungsbestimmungsrecht zusteht. Vor allem kann der Auftragnehmer nicht einseitig den von ihm errechneten Umfang der Stundenlohnvergütung durchsetzen. Die Regelung des § 15 Nr. 5 VOB/B geht vielmehr von einer Neuvereinbarung der Parteien zur Höhe der Vergütung aus. 99

a) Anlass hierzu besteht dann, wenn der Umfang der Stundenlohnleistungen unklar bzw. zweifelhaft ist, weil der Auftragnehmer die Stundenlohnzettel nicht oder aber verspätet vorgelegt hat. Wann von einer **verspäteten Vorlage** auszugehen ist, erschließt sich aus § 15 Nr. 3 Satz 2 VOB/B und der ortsüblichen Verkehrssitte[189]. Der Auftraggeber kann sich deshalb auch in den Fällen, in denen die Stundenlohnzettel vom Auftragnehmer nach Fristablauf nachgereicht werden, auf ein Verlangen zur Neuvereinbarung der Vergütung stützen. Ausschlaggebend hierfür ist der Umstand, dass durch jede verspätete Vorlage von Stundenlohnzetteln dem Auftraggeber die Möglichkeit beschnitten wird, zeitnah die Angaben in den Stundenlohnzetteln mit den tatsächlich an Ort und Stelle ausgeführten Stundenlohnarbeiten anhand des aktuellen Baufortschrittes nachzuvollziehen[190]. Aus Sicht des Auftraggebers ist es deshalb für die maßgebende Frage nach der zeitnahen Überprüfbarkeit der dokumentierten Stundenlohnarbeiten unerheblich, ob die Stundenlohnzettel nicht oder nur verspätet vorgelegt werden. Ebenso unerheblich ist es, ob die Ursache für die verspätete Vorlage von dem Auftragnehmer verschuldet wurde oder aber schuldlos erfolgt ist[191]. 100

b) Ausgehend hiervon muss sich die unterbliebene bzw. verspätete Vorlage von Stundenlohnzetteln für die Zweifel des Auftraggebers am Umfang der ausgeführten Stundenlohnarbeiten als **ursächlich** erweisen[192]. Der Auftraggeber muss sich daher außergerichtlich und ggf. im Rahmen eines anhängigen Rechtsstreits darauf berufen können, bei ihm seien aus Gründen unterbliebener bzw. verspäteter Vorlage von Stundenlohnzetteln Zweifel hinsichtlich des Umfanges der zur Abrechnung gestellten Leistungen entstanden[193]. Teilweise wird verlangt, dass es sich um **berechtigte Zweifel über den Umfang der vom Auftragnehmer behaupteten Stundenlohnarbeiten** handeln muss[194]. Weitergehend wird sogar vertreten, dass der Auftraggeber den Beweis darüber zu führen hat, weshalb bei ihm Zweifel über Art und Umfang der Stundenlohnarbeiten entstanden sind[195]. Derartig strenge Darlegungs- und Beweispflichten stehen jedoch nicht im Einklang mit dem Sinn und Zweck der in § 15 Nr. 5 VOB/B vorgesehenen Regelung. Für den Auftraggeber wird es häufig überhaupt nicht möglich sein, im einzelnen begründet darzutun oder gar zu beweisen, weshalb bei ihm berechtigte Zweifel an Art und Umfang der zur Abrechnung gestellten Stundenlohnarbeiten erwachsen sind[196]. Maßgebend für die Heranziehung des Tatbestandes des § 15 Nr. 5 VOB/B ist vom Ausgangspunkt her ein Versäumnis des Auftragnehmers, nämlich dessen unterbliebene bzw. verspätete Vorlage von Stundenlohnzetteln, mithin ein Verstoß gegen § 15 Nr. 3 Satz 2 VOB/B. Wenn es nach der vorgenannten Bestimmung und unter Beachtung der Ortsüblichkeit vom Auftragnehmer geschuldet ist, die Stundenlohnzettel innerhalb kurzer Frist vorzulegen, dürften sich regelmäßig aus der Überschreitung dieser Fristen ohne weiteres Abrechnungszweifel ergeben. Man wird es deshalb genügen lassen müssen, wenn sich der Auftraggeber nach unterbliebener bzw. verspäteter Vorlage von Stundenlohnzetteln auf 101

---

[189] Siehe im einzelnen § 15 Rdn. 44 ff.

[190] *Nicklisch/Weick* VOB/B, § 15 Rdn. 39.

[191] *Ingenstau/Korbion/Keldungs* VOB/B, § 15 Nr. 5 Rdn. 3.

[192] *Ingenstau/Korbion/Keldungs* VOB/B, § 15 Nr. 5 Rdn. 4; *Nicklisch/Weick* VOB/B, § 15 Rdn. 38; *Franke/Kemper/Zanner/Grünhagen* VOB/B, § 15 Rdn. 28; kritisch Beck'scher VOB-Kommentar/*Cuypers* VOB/B, § 15 Nr. 5 Rdn. 10.

[193] *Franke/Kemper/Zanner/Grünhagen*VOB/B, § 15 Rdn. 28.

[194] *Ingenstau/Korbion/Keldungs* VOB/B, § 15 Nr. 5 Rdn. 4.

[195] *Heiermann/Riedl/Rusam* VOB/B, § 15 Rdn. 44.

[196] Beck'scher VOB-Kommentar/*Cuypers* VOB/B, § 15 Nr. 5 Rdn. 10.

subjektiv bei ihm entstandene Zweifel beruft und deshalb eine Neuvereinbarung der Vergütung beansprucht[197]. In diesem Falle ist es an dem Auftragnehmer, anschließend darzulegen und zu beweisen, dass die vom Auftraggeber erhobenen Zweifel unberechtigt sind und deshalb die zur Abrechnung gestellte Stundenlohnabrechnung dem Umfange nach zutreffend ist[198].

102 Macht der Auftraggeber unter Berücksichtigung des vorher Gesagten **Zweifel zum Umfang der abgerechneten Stundenlohnvergütung** geltend, so trifft den Auftragnehmer auch die Verpflichtung, den Umfang der von ihm ausgeführten und abgerechneten Stundenlohnarbeiten darzulegen und zu beweisen. Durch § 15 Nr. 5 VOB/B wird deshalb die Darlegungs- und Beweislast nicht geändert; sie verbleibt uneingeschränkt bei dem Auftragnehmer[199]. Insoweit gilt nichts anderes, als wenn der Auftraggeber vom Grundsatz her keine Einwendungen gegen die zur Abrechnung gestellten Stundenlohnarbeiten erhebt, jedoch einzelne Positionen von ihrem Umfang her inhaltlich beanstandet.

103 **c)** Die Regelung des § 15 Nr. 5 VOB/B kommt nur zum Tragen, wenn der Auftraggeber ausdrücklich ein entsprechendes Verlangen stellt[200]. Macht der Auftraggeber das entsprechende **Verlangen** nach § 15 Nr. 5 VOB/B nicht geltend, so verbleibt es dem Umfange nach bei den vom Auftragnehmer zur Abrechnung gestellten Stundenlohnrechnungen. Es stellt sich deshalb die Frage, innerhalb welcher Zeitspanne nach Vorlage der Stundenlohnrechnung der Auftraggeber das Verlangen auf Neuberechnung geltend machen muss. Überwiegend wird hierzu der Standpunkt eingenommen, der Auftraggeber sei gehalten, ein entsprechendes Verlangen spätestens bis zum Eintritt der Fälligkeit der jeweiligen Stundenlohnschlussrechnung bzw. -teilschlussrechnung zu stellen[201]. Bei dieser Auffassung wird jedoch übersehen, dass § 15 Nr. 5 VOB/B für das Neuabrechnungsverlangen des Auftraggebers gerade keine bestimmte, kurz bemessene Frist vorsieht. Die ordnungsgemäße Abrechnung ist Sache des Auftragnehmers, der sich nicht gegenüber dem Auftraggeber darauf berufen kann, dieser sei **verpflichtet**, eine abschließende Rechnungsprüfung innerhalb der in § 16 Nr. 3 Abs. 1 VOB/B vorgesehenen Frist von zwei Monaten vorzunehmen[202]. Es ist deshalb nicht erkennbar, weshalb der Auftraggeber das Recht zur Neuvereinbarung der Vergütung alleine deshalb verwirkt haben sollte, weil er die Rechnungsprüfung nicht innerhalb kurzer Zeit abgeschlossen hat.

104 Richtigerweise wird man auf den **Zeitpunkt der Rechnungsprüfung** abzustellen haben: Sobald der Auftraggeber die Rechnungsprüfung abgeschlossen und das Ergebnis dem Auftragnehmer mitgeteilt hat, bringt er damit zugleich zum Ausdruck, in welchem Umfange er mit der Abrechnung des Auftragnehmers einverstanden ist. Soweit der Auftraggeber die Stundenlohnarbeiten im Rahmen der Rechnungsprüfung ihrem Umfange nach bestätigt, liegt hierin eine Billigung, die es ihm regelmäßig nach Treu und Glauben verwehrt, zu einem späteren Zeitpunkt das Rechnungsprüfungsergebnis in bezug auf die abgerechneten und belegten Stundenlohnleistungen in Frage zu stellen. Für den Fall, dass allerdings die Rechnungsprüfung unterbleibt bzw. dem Auftragnehmer kein geprüftes Schlussrechnungsexemplar zur Verfügung gestellt wird, hat es der Auftragnehmer in der Hand, nach Eintritt der Fälligkeit seine Vergütungsansprüche gerichtlich durchzusetzen. Dem Auftragnehmer verbleibt die Befugnis, im Rahmen der gerichtlichen Auseinandersetzung noch Einwendungen zur Höhe der Stundenlohnforderung zu erheben.

105 **d)** Sobald der Auftraggeber ein berechtigtes Verlangen zur Neuberechnung gegenüber dem Auftragnehmer stellt, ist dieser grundsätzlich verpflichtet, dem Verlangen des Auftraggebers

[197] So auch Beck'scher VOB-Kommentar/*Cuypers* VOB/B, § 15 Rdn. 15.

[198] Vgl. *Nicklisch/Weick* VOB/B, § 15 Rdn. 39, die den Tatbestand des § 15 Nr. 5 VOB/B nur entfallen lassen, wenn die erhobenen Zweifel offensichtlich ungerechtfertigt erscheinen.

[199] *Ingenstau/Korbion/Keldungs* VOB/B, § 15 Nr. 5 Rdn. 67.

[200] *Franke/Kemper/Zanner/Grünhagen* VOB/B, § 15 Rdn. 28; *Ingenstau/Korbion/Keldungs* VOB/B, § 15 Nr. 5 Rdn. 8.

[201] *Mugler* BB 1989, 859, 860 f.; *Heiermann/Riedl/Rusam* VOB/B, § 15 Rdn. 45; *Ingenstau/Korbion/Keldungs* VOB/B, § 15 Nr. 5 Rdn. 8.

[202] Siehe hierzu im einzelnen § 16 Rdn. 184 ff. und die dortigen Nachweise.

zu entsprechen[203]. Der Auftragnehmer ist deshalb gehalten, in die **Neuberechnung** nach § 15 Nr. 5 VOB/B einzuwilligen[204]. Nach der Intention des § 15 Nr. 5 VOB/B ist der Auftragnehmer verpflichtet, unter Berücksichtigung der angegebenen Bemessungsmaßstäbe eine Neuberechnung vorzunehmen, die anschließend Grundlage einer entsprechenden (Zwischen-) Vergütungsvereinbarung der Parteien sein soll[205].

Kommt der Auftragnehmer dem gestellten Verlangen nicht nach und/oder kommt keine Neuvereinbarung zustande, so wird es regelmäßig in einem anschließenden **Rechtsstreit** darauf hinauslaufen, dass bei Bestätigung der Zweifel zum Umfang der Stundenlohnleistungen eine Neuberechnung durch das erkennende Gericht, letztlich vermittels der Einschaltung eines Bausachverständigen vorgenommen wird. Die Bemessung der Vergütung richtet sich dann nach den objektiven Maßstäben des § 15 Nr. 5 VOB/B[206]. Voraussetzung hierfür ist jedoch, dass der Auftragnehmer die von ihm ausgeführten Stundenlohnarbeiten substantiiert vorträgt und zwar nach den Maßstäben, die sich für inhaltlich ausreichend nachvollziehbare Stundenlohnzettel ergeben[207]. 106

4. Selbstaufstellung der Stundenlohnrechnung

Alternativ verbleibt dem Auftraggeber die Befugnis, die Stundenlohnrechnung selbst neu aufzustellen (vgl. § 14 Nr. 4 VOB/B)[208]. Wenn der Auftraggeber von dieser Befugnis Gebrauch macht, steht ihm dabei kein einseitiges Bestimmungsrecht nach § 315 BGB zu[209]. Die Neuberechnung hat der Auftraggeber vielmehr nach den für ihn erkennbaren Umständen unter Zugrundelegung der objektiven Berechnungsmaßstäbe des § 15 Nr. 5 VOB/B vorzunehmen[210]. Der Auftraggeber kann dieses aus seiner Sicht möglicherweise umständliche Verfahren nicht dadurch vermeiden, dass er in seinen Vertragsbedingungen vorsieht, dass sich der Auftragnehmer zur Höhe der Stundenlohnvergütung seiner Entscheidung zu unterwerfen hat, wenn er durch seine Abrechnungsweise Zweifel hinsichtlich der Höhe der Vergütung auslöst. Eine derartige Regelung widerspricht sowohl dem § 15 Nr. 1 und 5 VOB/B wie auch der Grundaussage des § 632 BGB und führt deshalb zu einem Verstoß gegen § 9 AGBG a.F. bzw. § 307 BGB[211]. 107

5. Bemessung der neu zu vereinbarenden Vergütung

Zur Bemessung der Höhe der neu zu vereinbarenden Vergütung räumt § 15 Nr. 5 VOB/B dem Auftraggeber ein Wahlrecht ein[212]: 108

a) Die **Vergütung ist als Stundenlohn** für einen wirtschaftlich vertretbaren Aufwand an Arbeitszeit und Verbrauch von Stoffen, für Vorhaltung von Einrichtungen, Geräten, Maschinen und maschinellen Anlagen, für Frachten, Fuhr- und Ladeleistungen sowie etwaige Sonderkosten neu zu ermitteln[213]. Durch die Verweisung auf § 15 Nr. 1 Abs. 2 VOB/B wird klargestellt, dass es vorrangig auf die **Ermittlung der ortsüblichen Vergütung**, hilfsweise auf die Bemes- 109

---

203 *Ingenstau/Korbion/Keldungs* VOB/B, § 15 Nr. 5 Rdn. 9.

204 *Heiermann/Riedl/Rusam* VOB/B, § 15 Rdn. 46.

205 Vgl. *Nicklisch/Weick* VOB/B, § 15 Rdn. 40.

206 *Nicklisch/Weick* VOB/B, § 15 Rdn. 42; *Ingenstau/Korbion/Keldungs* VOB/B, § 15 Nr. 5 Rdn. 10.

207 OLG Hamm NJW-RR 2005, 893 = BauR 2005, 1330.

208 *Ingenstau/Korbion/Keldungs* VOB/B, § 15 Nr. 5 Rdn. 9.

209 *Ingenstau/Korbion/Keldungs* VOB/B, § 15 Nr. 5 Rdn. 9; *Nicklisch/Weick* VOB/B, § 15 Rdn. 42; a.A. LG Mannheim BauR 1982, 71.

210 Siehe zu den weiteren Voraussetzungen des Vorgehens nach § 14 Nr. 4 VOB/B im einzelnen § 14 Rdn. 71 ff.

211 Vgl. zu einer ähnlichen Konstellation Korbion/Locher, AGB-Gesetz und Bauerrichtungsverträge, Teil I Rdn. 216 a.E.

212 *Ingenstau/Korbion/Keldungs* VOB/B, § 15 Nr. 5 Rdn. 2; *Nicklisch/Weick* VOB/B, § 15 Rdn. 41

213 *Franke/Kemper/Zanner/Grünhagen* VOB/B, § 15 Rdn. 29; *Ingenstau/Korbion/Keldungs* VOB/B, § 15 Nr. 5 Rdn. 10.

sungsfaktoren ankommt, die sich aus § 15 Nr. 1 Abs. 2 Satz 2 VOB/B ergeben[214]. Der auf diese Weise ermittelte Stundenlohn wird auf den für die Ausführung der Bauleistung wirtschaftlich vertretbaren Aufwand vergütet. Es kommt mithin nicht (mehr) auf den Umfang der vom Auftragnehmer angegebenen Stunden, sondern ausschließlich auf den für die Bauleistung wirtschaftlich vertretbaren Aufwand an Arbeitszeit und Verbrauch von Stoffen, Geräten und Materialien etc. an[215]. Oder besser gesagt: Hinsichtlich des **Wert**ansatzes (z.B. Vergütung je Arbeitsstunde) ist § 15 Nr. 1 Abs. 2 VOB/B maßgebend, hinsichtlich des **Mengen**ansatzes (z.B. Aufwand an Arbeitszeit) ist auf den wirtschaftlich vertretbaren Aufwand abzustellen[216].

110 Was als wirtschaftlich vertretbarer Aufwand zu verstehen ist, lässt sich § 15 Nr. 5 VOB/B nicht ausdrücklich entnehmen. Allerdings liegt der Sinn der Regelung des § 15 Nr. 5 VOB/B ebenso wie der des § 15 Nr. 1 Abs. 2 Satz 2 VOB/B darin, dem Auftragnehmer eine bei wirtschaftlicher Betriebsführung angemessene Vergütung zuzugestehen. Für die **Bemessung dieser Vergütung** gelten deshalb die gleichen Voraussetzungen wie bei § 15 Nr. 1 Abs. 2 Satz 2 VOB/B[217]. Auch wenn in § 15 Nr. 5 VOB/B die Zuschläge für Gemeinkosten und Gewinn (einschließlich allgemeinem Unternehmerwagnis) sowie die Umsatzsteuer nicht Erwähnung gefunden haben, sind sie gleichwohl bei der Neuberechnung zu berücksichtigen, da sich die Berechnung „nach Maßgabe von Nr. 1 Abs. 2" richtet und dort sowohl bei der ortsüblichen Vergütung (§ 15 Nr. 1 Abs. 2 Satz 1 VOB/B) wie auch bei der nach Aufwand zu ermittelnden Vergütung (§ 15 Nr. 1 Abs. 2 Satz 2 VOB/B) „mit angemessenen Zuschlägen für Gemeinkosten und Gewinn (einschließlich allgemeinem Unternehmerwagnis)" sowie „zuzüglich Umsatzsteuer" gerechnet wird[218].

111 **b)** Alternativ kann der Auftraggeber aber auch im Rahmen des ihm eingeräumten Wahlrechts eine Vergütung nach **Einheits- bzw. Pauschalpreis** verlangen[219]. Aus dem Wortlaut der Bestimmung des § 15 Nr. 5 VOB/B erschließt sich dies nicht unmittelbar. Allerdings sah die Vorläuferbestimmung des § 15 Nr. 7 VOB/B (1952) für entsprechende Fälle eine Abrechnung nach Einheitspreisen oder aber nach Pauschalpreis vor[220]. Nach überwiegendem Verständnis sollte die Neufassung des § 15 Nr. 5 VOB/B nichts an der Möglichkeit zur Abrechnung nach Einheitspreisen bzw. Pauschalpreisen ändern, soweit sich die von dem Auftragnehmer ausgeführte Leistung nachvollziehen und anhand der sonstigen im Vertrag enthaltenen Preisbestandteile berechnen lässt[221].

6. Schadensersatz zugunsten des Auftraggebers

112 Über den Wortlaut des § 15 Nr. 5 VOB/B hinaus kann der Auftraggeber weiterhin Schadensersatz beanspruchen, wenn er wegen eines schuldhaften Verstoßes des Auftragnehmers gegen die Pflicht zur zeitnahen Einreichung der Stundenlohnzettel (§ 15 Nr. 3 Satz 2 VOB/B) gehalten ist, von den ihm nach § 15 Nr. 5 VOB/B zustehenden Befugnissen Gebrauch zu machen[222]. Der Schadensersatz wegen entsprechender Pflichtverletzung geht gemäß § 280 Abs. 1 BGB auf die Kosten, die dem Auftraggeber aus der unterbliebenen bzw. verspäteten Vorlage der Stundenlohnzettel erwachsen. Dies gilt vor allem für zusätzlichen Prüfungsaufwand durch die Bauleitung und ggf. Sachverständige. Soweit darüber hinaus die Stundenlohnrechnung vom Auftraggeber neu gemäß

---

[214] *Ingenstau/Korbion/Keldungs* VOB/B, § 15 Nr. 5 Rdn. 10.

[215] *Franke/Kemper/Zanner/Grünhagen* VOB/B, § 15 Rdn. 29; *Ingenstau/Korbion/Keldungs VOB/B,* § 15 Nr. 5 Rdn. 11.

[216] So ausdrücklich *Nicklisch/Weick* VOB/B, § 15 Rdn. 40.

[217] *Ingenstau/Korbion/Keldungs* VOB/B, § 15 Nr. 5 Rdn. 10; *Heiermann/Riedl/Rusam* VOB/B, § 15 Rdn. 43; *Nicklisch/Weick* VOB/B, § 15 Rdn. 40.

[218] A.A. Beck'scher VOB-Kommentar/*Cuypers* VOB/B, § 15 Nr. 5 Rdn. 22 f.

[219] *Ingenstau/Korbion/Keldungs* VOB/B, § 15 Nr. 5 Rdn. 2; *Nicklisch/Weick* VOB/B, § 15 Rdn. 41.

[220] *Nicklisch/Weick* VOB/B, § 15 Rdn. 41.

[221] *Ingenstau/Korbion/Keldungs* VOB/B, § 15 Nr. 5 Rdn. 2; *Nicklisch/Weick* VOB/B, § 15 Rdn. 41; unklar insoweit Beck'scher VOB-Kommentar/*Cuypers* VOB/B, § 15 Rdn. 21.

[222] Vgl. *Nicklisch/Weick* VOB/B, § 15 Rdn. 42.

§ 14 Nr. 4 VOB/B aufgestellt wird, erwächst ihm hieraus ein gesonderter Kostenerstattungsanspruch gegen den Auftragnehmer[223].

Schadensersatzansprüche können dem Auftraggeber darüber hinaus zustehen, wenn der Auftragnehmer im Zusammenhang mit der Abrechnung von Stundenlohnarbeiten gegen den Grundsatz der Wirtschaftlichkeit seiner Betriebsführung verstößt[224]. **113**

§ 16 Zahlung

1. (1) **Abschlagszahlungen sind auf Antrag in möglichst kurzen Zeitabständen oder zu den vereinbarten Zeitpunkten zu gewähren, und zwar in Höhe des Wertes der jeweils nachgewiesenen vertragsgemäßen Leistungen einschließlich des ausgewiesenen, darauf entfallenden Umsatzsteuerbetrages. Die Leistungen sind durch eine prüfbare Aufstellung nachzuweisen, die eine rasche und sichere Beurteilung der Leistungen ermöglichen muss. Als Leistungen gelten hierbei auch die für die geforderte Leistung eigens angefertigten und bereit gestellten Bauteile sowie die auf der Baustelle angelieferten Stoffe und Bauteile, wenn dem Auftraggeber nach seiner Wahl das Eigentum an ihnen übertragen ist oder entsprechende Sicherheit gegeben wird.**

(2) **Gegenforderungen können einbehalten werden. Andere Einbehalte sind nur in den im Vertrag und in den gesetzlichen Bestimmungen vorgesehenen Fällen zulässig.**

(3) **Ansprüche auf Abschlagszahlungen werden binnen 18 Werktagen nach Zugang der Aufstellung fällig.**

(4) **Die Abschlagszahlungen sind ohne Einfluss auf die Haftung des Auftragnehmers; sie gelten nicht als Abnahme von Teilen der Leistung.**

2. (1) **Vorauszahlungen können auch nach Vertragsabschluss vereinbart werden; hierfür ist auf Verlangen des Auftraggebers ausreichende Sicherheit zu leisten. Diese Vorauszahlungen sind, sofern nichts anderes vereinbart wird, mit 3 v.H. über dem Basiszinssatz des § 247 BGB zu verzinsen.**

(2) **Vorauszahlungen sind auf die nächstfälligen Zahlungen anzurechnen, so weit damit Leistungen abzugelten sind, für welche die Vorauszahlungen gewährt worden sind.**

3. (1) **Der Anspruch auf die Schlusszahlung wird alsbald nach Prüfung und Feststellung der vom Auftragnehmer vorgelegten Schlussrechnung fällig, spätestens innerhalb von 2 Monaten nach Zugang. Werden Einwendungen gegen die Prüfbarkeit unter Angabe der Gründe hierfür nicht spätestens innerhalb von 2 Monaten nach Zugang der Schlussrechnung erhoben, so kann der Auftraggeber sich nicht mehr auf die fehlende Prüfbarkeit berufen. Die Prüfung der Schlussrechnung ist nach Möglichkeit zu beschleunigen. Verzögert sie sich, so ist das unbestrittene Guthaben als Abschlagszahlung sofort zu zahlen.**

(2) **Die vorbehaltlose Annahme der Schlusszahlung schließt Nachforderungen aus, wenn der Auftragnehmer über die Schlusszahlung schriftlich unterrichtet und auf die Ausschlusswirkung hingewiesen wurde.**

(3) **Einer Schlusszahlung steht es gleich, wenn der Auftraggeber unter Hinweis auf geleistete Zahlungen weitere Zahlungen endgültig und schriftlich ablehnt.**

(4) **Auch früher gestellte, aber unerledigte Forderungen werden ausgeschlossen, wenn sie nicht nochmals vorbehalten werden.**

(5) **Ein Vorbehalt ist innerhalb von 24 Werktagen nach Zugang der Mitteilung nach Absätzen 2 und 3 über die Schlusszahlung zu erklären. Er wird hinfällig, wenn nicht innerhalb von weiteren 24 Werktagen – beginnend am Tag nach Ablauf der in Satz 1 genannten 24 Werktage – eine prüfbare Rechnung über die vorbehaltenen Forderungen eingereicht oder, wenn das nicht möglich ist, der Vorbehalt eingehend begründet wird.**

(6) **Die Ausschlussfristen gelten nicht für ein Verlangen nach Richtigstellung der Schlussrechnung und -zahlung wegen Aufmaß-, Rechen- und Übertragungsfehlern.**

4. In sich abgeschlossene Teile der Leistung können nach Teilabnahme ohne Rücksicht auf die Vollendung der übrigen Leistungen endgültig festgestellt und bezahlt werden.

5. (1) **Alle Zahlungen sind aufs äußerste zu beschleunigen.**

---

[223] Vgl. *Ingenstau/Korbion/Locher* VOB/B, § 14 Nr. 4 Rdn. 8; *Heiermann/Riedl/Rusam* VOB/B, § 14 Rdn. 55.

[224] OLG Düsseldorf NJW-RR 2003, 455, 456; OLG Bamberg BauR 2004, 1623.

(2) Nicht vereinbarte Skontoabzüge sind unzulässig.
(3) Zahlt der Auftraggeber bei Fälligkeit nicht, so kann ihm der Auftragnehmer eine angemessene Nachfrist setzen. Zahlt er auch innerhalb der Nachfrist nicht, so hat der Auftragnehmer vom Ende der Nachfrist an Anspruch auf Zinsen in Höhe der in § 288 BGB angegebenen Zinssätze, wenn er nicht einen höheren Verzugsschaden nachweist.
(4) Zahlt der Auftraggeber das fällige unbestrittene Guthaben nicht innerhalb von zwei Monaten nach Zugang der Schlussrechnung, so hat der Auftragnehmer für dieses Guthaben abweichend von Absatz 3 (ohne Nachfristsetzung) ab diesem Zeitpunkt Anspruch auf Zinsen in Höhe der in § 288 BGB angegebenen Zinssätze, wenn er nicht einen höheren Verzugsschaden nachweist.
(5) Der Auftragnehmer darf in den Fällen der Absätze 3 und 4 die Arbeiten bis zur Zahlung einstellen, sofern die dem Auftraggeber zuvor gesetzte angemessene Nachfrist erfolglos verstrichen ist.

6. **Der Auftraggeber ist berechtigt, zur Erfüllung seiner Verpflichtungen aus den Nummern 1 bis 5 Zahlungen an Gläubiger des Auftragnehmers zu leisten, soweit sie an der Ausführung der vertraglichen Leistung des Auftragnehmers aufgrund eines mit diesem abgeschlossenen Dienst- oder Werkvertrags beteiligt sind, wegen Zahlungsverzugs des Auftragnehmers die Fortsetzung ihrer Leistung zu Recht verweigern und die Direktzahlung die Fortsetzung der Leistung sicherstellen soll. Der Auftragnehmer ist verpflichtet, sich auf Verlangen des Auftraggebers innerhalb einer von diesem gesetzten Frist darüber zu erklären, ob und inwieweit er die Forderungen seiner Gläubiger anerkennt; wird diese Erklärung nicht rechtzeitig abgegeben, so gelten die Voraussetzungen für die Direktzahlung als anerkannt.**

Schrifttum: *Ahrens* Übergang der Steuerschuldnerschaft auf den Leistungsempfänger bei bestimmten Bauleistungen, USTB 2004, 331 – *Berger* Die Vorauszahlungssicherheit, BauRB 2005, 178 – *Bergmann* Grundlagen der Vergütungsregelung nach BGB und § 16 VOB/B, ZfBR 1998, 59 – *Böckermann* Und wieder – Anspruch aus einer Abschlagsrechnung trotz Abnahme, BauRB 2004, 83 – *Böhme* Einige Überlegungen zum neuen § 632 a BGB – Hat man das wirklich gewollt?, BauR 2001, 525 – *von Craushaar* Die Regelung des Gesetzes zur Beschleunigung fälliger Zahlungen im Überblick, BauR 2001, 471 – *Dähne* Die Verwirkung von Rückzahlungsforderungen im Bauauftrag der öffentlichen Hand, BauR 1974, 163 – *ders.* Zur Problematik des § 16 Nr. 6 VOB/B: Zahlungen an Dritte, BauR 1976, 29 – *ders.* Der Rückforderungsanspruch des öffentlichen Bauherren, Festschrift Korbion 1986, 39 – *Diebold* Die Anrechnung des Bausteuerabzugs – Entstehung, Fälligkeit und Durchführung DStZ 2002, 471 – *Diehr* Kein Ausschluß der kaufmännischen Fälligkeitszinsen durch die VOB/B, BauR 2004, 1040 – *Ebling* Der Steuerabzug bei Bauleistungen, DStR2001, Beihefter zu Heft 51/52, 1 ff. – *Eisolt* Umkehr der Umsatzsteuerschuldnerschaft bei Bauleistungen, NWB Nr. 9 vom 28.2.2005, Fach 7 S. 6505 – *Fischer* Werklohnklage und Nachbesserungsanspruch beim Bauvertrag, BauR1973, 210 – *Fischer/Kröner/Oehme* Nochmals: § 284 Abs. 3 BGB – Eine neue Regelung zum Schuldnerverzug, ZfBR 2001, 7 – *Frerick* § 14 Abs. 1 a Umsatzsteuergesetz – Ein Beitrag des Gesetzgebers zur Verzögerung fälliger Zahlungen in der Bauwirtschaft?, ZfBR 2002, 745 – *Freundlieb* Steuerschuldnerschaft des Leistungsempfängers in der Bauwirtschaft, DB 2004, 273 – *Frommhold/Moehren* Einwendungen gegen den Werklohnanspruch des Bauunternehmers, BauRB 2004, 244 – *Glöckner* Leitbild mit Verfalldatum? – Zur vorübergehenden Anwendung von § 284 Abs. 3 BGB, BauR 2001, 535 – *Greiffenhagen*, Billigkeit von vorformulierten Verzinsungsregelungen bei öffentlichen Aufträgen, NJW 1994, 710 – *Grimme* Rechnungserteilung und Fälligkeit der Werklohnforderung, NJW 1987, 486 – *Groß* Vorbehaltsbegründung bei Schlusszahlungen, BauR 2000, 342 – *Groß* Werklohnzahlung an Subunternehmer des Insolvenzverwalters mit befreiender Wirkung bei Masseunzulänglichkeit, BauR 2004, 353 – *Hahn* Verwirkung von Rückzahlungsansprüchen der öffentlichen Hand, ZfBR 1983, 139 – *ders.* Verzinsung von Rückforderungsansprüchen, BauR 1987, 269 – *ders.* Die Verzinsung von Rückforderungsansprüchen, BauR 1989, 143 – *Hammacher* Zahlungsverzug und Werkvertragsrecht, BauR 2001, 1257 – *Heiermann* Die vorbehaltlose Annahme der Schlusszahlung im VOB-Bauvertrag, NJW 1984, 2489 – *Heiland* Die Bauabzugssteuer gemäß §§ 48 EStG im Bauprozeß, NZBau 2002, 413 – *Heinze* Praxisvorschläge zur Bewältigung des Gesetzes zur Beschleunigung fälliger Zahlungen, NZBau 2001, 233 und 289 – *Hense* Nochmals: Auf Verzugszinsen entfallende Mehrwertsteuer, NJW 1974, 1492 – *Hochstein* Zahlungsklage aus Zwischenrechnungen gemäß § 16 Ziffer 1 VOB/B?, BauR 1971, 7 – *ders.* Der Prüfvermerk des Architekten auf der Schlussrechnung – Rechtswirkungen, Bedeutung im Urkundenprozess, BauR 1973, 333 – *ders.* Die Abnahme als Fälligkeitsvoraussetzung des

Vergütungsanspruchs beim VOB-Bauvertrag, BauR 1976, 168 – *Hök* Das Gesetz über die Bauabzugssteuer und die Auswirkungen auf die Durchsetzung von Werklohnansprüchen, ZfBR 2002, 113 – *Hövel* Die Bauklage im Urkundenprozess, NZBau 2006, 6 – *Horsch/Eichberger* § 641 Abs. 3 BGB n.F.: Einladung zum Missbrauch?, BauR 2001, 1024 – *Hundertmark* Der Eingang der Schlusszahlung nach § 16 Nr. 3 Abs. 2 Satz 4 VOB/B, DB 1984, 2444 – *Jagenburg* Die Bindung an die einmal erteilte Schlussrechnung, BauR 1976, 319 – *Kaiser* Bedeutung und Wirkung der vorbehaltlosen Annahme der Schlusszahlung des Bauherrn durch den Bauunternehmer, NJW 1973, 884 – *ders.* Rechtsfragen der vorbehaltlosen Annahme der Schlusszahlung (§ 16 Nr. 3 Abs. 2 VOB/B), BauR 1976, 232 – *ders.* Fälligkeit und Vergütungsanspruch des Bauunternehmers nach BGB und VOB/B, ZfBR 1982, 231 – *ders.* Zur Wertung von Skontoangeboten bei öffentlichen Aufträgen, BauR 1998, 219 – *Karczewski/Vogel* Abschlagszahlungspläne im Generalübernehmer- und Bauträgervertrag – Einige Auswirkungen des Gesetzes zur Beschleunigung fälliger Zahlungen, BauR 2001, 859 – *dies.* Abschlagszahlungspläne im Generalübernehmer- und Bauträgervertrag, BauR 2001, 859 – *Kern* Der Bereicherungsanspruch bei skontierten Überzahlungen von Abschlagszahlungen nach der VOB/B, BB 1985, 1494 – *Kienmoser* Gesetz zur Beschleunigung fälliger Zahlungen: Neue Verzugszinsregelungen und altes Werkvertragsrecht, BauR 2001, 542 – *Kiesel* Das Gesetz zur Beschleunigung fälliger Zahlungen, NJW 2000, 1673 – *Kirberger* Die Beschleunigungsregelungen unter rechtsdogmatischem und praxisbezogenem Blickwinkel, BauR 2001, 492 – *Kronenbitter* Der Skontoabzug in der Praxis der VOB/B, BB 1984, 2030 – *Knacke* Ist der Auftraggeber nach Ablauf der Zwei-Monatsfrist des § 16 Nr. 3 Abs. 1 VOB/B mit Einwendungen gegen die Schlussrechnung des Auftragnehmers ausgeschlossen?, Festschrift Vygen 1999, 214 – *Kniffka* Das Gesetz zur Beschleunigung fälliger Zahlungen – Neuregelung des Bauvertragsrechts und seine Folgen, ZfBR 2000, 227 – *Kratzenberg* Der Beschluss des DVA-Hauptausschusses zur Neuherausgabe der VOB 2002, NZBau 2002, 177 – *Kraus* Auszug aus dem Referat VOB/B 2000 – Versäumte Anpassung der VOB/B an das Gesetz zur Beschleunigung fälliger Zahlungen, BauR 2001, 513 – *Landsrath* Zweifelsfragen bei der Bauabzugssteuer in bezug auf die öffentliche Hand, NWB 2001, 4062 – *Langen* Verstößt § 16 Nr. 3 Abs. 2–6 gegen das AGB-Gesetz?, BauR 1991, 151 – *Leineweber* Die Grenzen der Ausschlusswirkung des § 16 Nr. 3 Abs. 2 VOB/B im Hinblick auf das Bestimmtheitserfordernis der Schlusszahlung und des Vorbehaltes, BauR 1980, 303 – *Lenzen* Die vorbehaltlose Erteilung der Schlussrechnung im Baurecht, BauR 1982, 23 – *Lieber* Die neue Steuerabzugspflicht für Leistungen am Bau, DStR 2001, 1470 – *Locher* Der Skontoabzug an Vergütungen für Bauleistungen, BauR 1980, 30 – *Losert* Der Adressat der Schlusszahlungserklärung nach § 16 Nr. 3 VOB/B bei einer abgetretenen Werklohnforderung, ZfBR 1988, 65 – *Markus* Verzug als Finanzierungsgeschäft? Zinsfreie Zeiträume zugunsten des Auftraggebers im Vergütungssystem der VOB/B vermeiden, BrBp 2005, 192 – *Mayer* Auf Verzugszinsen entfallende Mehrwertsteuer, NJW 1974, 839 – *Meierkord* Umsatzsteuer für Bauleistungen, die in Folge Besteller-Konkurses nicht ausgeführt werden können, DB 1978, 858 – *Merkens*, Das Gesetz zur Beschleunigung fälliger Zahlungen: Praktische Möglichkeiten und Notwendigkeiten zur Realisierung von Forderungen aus Bauverträgen?, BauR 2001, 515 – *Moufang/Bischofberger, Die rechtliche Bedeutung von Prüfvermerken von Bauherren oder Architekten auf Abschlags- und/oder Schlußrechnungen des Bauunternehmers, BauRB 2005, 276* – *Moufang* Das Forderungssicherungsgesetz, BauRB 2004, 147 – *Moufang* Zur rechtlichen Bedeutung der in § 16 Nr. 3 Abs 1 VOB/B geregelten Zwei-Monats-Frist, BauRB 2005, 55 – *Nettesheim* Skonto bei nur teilweiser Bezahlung innerhalb der Skontofrist?, BB 1991, 1224 – *Niemöller* Abnahme und Abnahmefiktionen nach dem Gesetz zur Beschleunigung fälliger Zahlungen, BauR 2001, 481 – *Niemöller/Kraus* Das Gesetz zur Beschleunigung fälliger Zahlungen und die VOB/B 2002 – Zwei nicht abnahmefähige Werke, Jahrbuch Baurecht 2001, 225 – *Ortlieb*, Vergaberechtliche Relevanz der sog. Bauabzugssteuer?, NZBau 2002, 416 – *Otto* Zur Frage der Verjährung von Abschlagsforderungen des Architekten und des Werkunternehmers, BauR 2000, 350 – *Peters* Die vorbehaltlose Annahme der Schlusszahlung und das AGB-Gesetz, BauR 1983, 798 – *ders.* Die Fälligkeit der Werklohnforderung, Festschrift Korbion 1986, 337 – *ders.* Das Gesetz zur Beschleunigung fälliger Zahlungen, NZBau 2000, 169 – *Peters* Kritische Würdigung des Entwurfes eines Forderungssicherungsgesetzes, ZRP 2006, 142 – *Quack* Gesetz zur Beschleunigung fälliger Zahlungen, Gesamtwürdigung, BauR 2001, 507 – *Reck* Klage auf Erteilung der VOB-Schlussrechnung, ZfBR 2003, 640 – *Reitz* Wirksamkeit von Gleit-, Bagatell- und Selbstbeteiligungsklauseln, BauR 2001, 1513 – *Rodemann* Verzugszinsen – in welcher Höhe können sie beansprucht werden?, BauRB 2005, 89 – *Schaefer* Vorbehaltsurteil gemäss § 302 ZPO – Dornröschenschlaf beendet?, NZBau 2006, 206 – *Schelle* Bindung an die Schlussrechnung auch beim VOB-Vertrag?, BauR 1987, 272 – *Saerbeck* Verjährungsproblem im Baurecht zum Jahreswechsel 2004/2005, ZfIR 2004, 885 – *Schinköth/Stellmann* Schlussrechnung und Schlusszahlung nach der VOB/B, ZfBR 2005, 3 – *von Rintelen* Abschlagszahlung und Werklohn, Jahrbuch Baurecht 2001, 25 – *Schmalzl* Zur Verjährung des Vergütungsanspruchs der Bauhandwerker nach der VOB/B, NJW 1971, 2015 – *Schmeel* Die Zinsfalle, BauRB 2005, 249 – *Schmidt* Abrechnung und Zahlung nach der VOB, MDR 1965, 621 – *Schmidt*, Zum Beginn der Verjährungsfrist für die Schlusszahlung, MDR 1970, 469 – *Schmidt*, Die Vergütung für Bauleistungen, 1969 – *Schmitz* Zur Direktzahlung des Bauherrn an den

Nachunternehmer in der Krise des Generalunternehmers, EWiR 2004, 35 – *Scholtissek*, Abschlagszahlungen beim BGB- und VOB/B-Vertrag, MDR 1994, 534 – *Schroen* Einzelfragen zur neuen Bauabzugssteuer, NWB 2001, 3891 – *Schultz* Verjährung und Fälligkeit, JZ 1973, 718 – *Schwenker* Fälligkeit auch einer nicht geprüften VOB-Schlussrechnung bei Nichterhebung von Einwendungen innerhalb von zwei Monaten, ZfIR 2005, 25 – *Siebeck* Zur Problematik der Zahlung an Dritte nach § 16 Nr. 6 VOB/B, BauR 1976, 238 – *Sonntag* Teilurteil bei Ansprüchen aus werkvertraglichen Schlußrechnungen, NZBau 2006, 91 – *Storr* Zum Erlöschen des Anspruchs auf Abschlagszahlung beim VOB-Vertrag, EWiR 2004, 995 – *Tempel* Ist die VOB/B noch zeitgemäß? – Teil 1, NZBau 2002, 465 – *ders.* Ist die VOB/B noch zeitgemäß? – Teil 2, NZBau 2002, 532 – *Thode* Werkleistung und Erfüllung im Bau- und Architektenvertrag, ZfBR 1999, 116 – *Trapp* Die Aufrechnung mit ausgeschlossenen Gegenforderungen nach vorbehaltloser Annahme der Schlusszahlung (§ 390 Satz 2 BGB), BauR 1979, 271 – *Unterluggauer*, Zur Frage der Schlusszahlungs- und Vorbehaltserklärung im Falle einer abgetretenen Baulohnforderung, BauR 1990, 412 – *Usinger* Schlusszahlung gemäß § 16 Nr. 3 Abs. 2 VOB/B im Bauträgervertrag, NJW 1985, 32 – *Voppel* Abschlagszahlungen im Baurecht und § 632 a BGB, BauR 2001, 1165 – *Voppel* Die Rechnungsprüfung des Planers – Pflichten und Haftung, BrBp 2005, 267 – *Weise* Eine Leistung – zwei Rechnungen: Abschlags- und Schlussrechnung, NJW-Spezial 2005, 309 – *Weise* Nicht prüfbar und dennoch fällig, NJW-Spezial 2005, 69 – *Welte* Einwendungen gegen die Schlussrechnung nach Ablauf der Prüfungszeit von zwei Monaten oder beweisrechtliche Konsequenzen?, BauR 1998, 284 – *Werner* Lohngleitklauseln am Bau – Eine unendliche Geschichte?, NZBau 2001, 521 – *Weyand*, Die Skontovereinbarung an einem der VOB unterliegenden Bauvertrag unter besonderer Berücksichtigung der VOB/A, BauR 1988, 58 – *Weyer* Die gefährdete Einrede aus § 16 Nr. 3 Abs. 2 Satz 1 VOB/B, BauR 1984, 553 – *Wietersheim* Der Auftraggeber zahlt nicht – Handlungsmöglichkeiten des Auftragnehmers, BauRB 2004, 309 – *Zanner/Schulze* Zur Verwirkung von Einwendungen des Auftraggebers bei Überschreitung der Prüfungsfrist aus § 16 Nr. 3 Abs. 1 Satz 1 VOB/B, BauR 2001, 1186.

Übersicht

I. Grundlagen

In § 16 VOB/B ist die Bezahlung der Bauleistungen im einzelnen geregelt. Die Bestimmung steht in engem Zusammenhang mit § 14 VOB/B und den dort vorgeschriebenen Einzelheiten zur Abrechnung der erbrachten Bauleistungen. Soweit Stundenlohnarbeiten ausgeführt wurden, finden sich die Abrechnungsgrundsätze in § 15 VOB/B. Unter Zugrundelegung dieser Abrechnungsvorgaben können die vom Auftragnehmer geltend zu machenden Zahlungsansprüche im Rahmen des § 16 VOB/B erhoben werden. 1

1. Zahlungen nach den Regelungen des § 16 VOB/B

2 Aus § 16 VOB/B ergeben sich die Rechnungs- und Zahlungsarten, die Fälligkeit der abgerechneten Vergütungsansprüche, der Zahlungsverzug und seine Verzinsungsfolgen sowie die Möglichkeiten des Auftraggebers, zur Erfüllung seiner Zahlungspflichten Leistungen an Gläubiger des Auftragnehmers zu erbringen.

3 **a)** Im einzelnen sind in § 16 VOB/B folgende **Zahlungsarten** geregelt:

- Abschlagszahlungen (§ 16 Nr. 1 VOB/B)
- Vorauszahlungen (§ 16 Nr. 2 VOB/B)
- Schlusszahlung (§ 16 Nr. 3 VOB/B)
- Teilschlusszahlung (§ 16 Nr. 4 VOB/B)

Die vorgesehenen Zahlungsarten sind nicht abschließend. Die Parteien können **abweichende Zahlungsmodalitäten** regeln. Vor allem können sie im Rahmen vertraglicher Vereinbarungen auch anderweitige Arten von Teilzahlungen vorsehen[1].

4 **b)** Die in § 16 Nr. 1–4 VOB/B vorgesehenen Zahlungsarten werden ergänzt durch zusätzliche Regelungen, die für die **Erfüllung aller Zahlungen** gelten:

- Grundsatz der Zahlungsbeschleunigung (§ 16 Nr. 5 Abs. 1 VOB/B)
- Abzug von Skonti (§ 16 Nr. 5 Abs. 2 VOB/B)
- Verzug und Verzugszinssatz (§ 16 Nr. 5 Abs. 3 und 4 VOB/B)
- Zurückweisungsrecht bei Zahlungsverzug (§ 16 Nr. 5 Abs. 5 VOB/B)
- Zahlung an Dritte (§ 16 Nr. 6 VOB/B)

5 **c)** Die speziellen Regelungen des § 16 VOB/B zur Zahlung und Zahlungsabwicklung werden durch die allgemeinen Vergütungsvorschriften des BGB ergänzt. Allerdings kommen § 641 BGB und die dort vorgesehenen gesetzlichen Anordnungen zur Vergütung und zur Fälligkeit nur zur Anwendung, wenn die VOB/B nicht vertraglich vereinbart wurde oder die Parteien eine von § 16 VOB/B abweichende Zahlungsregelung getroffen haben[2]. In allen anderen Fällen verdrängen die Zahlungsarten und -regelungen des § 16 VOB/B das insoweit dispositive Recht zur Abrechnung und Fälligkeit der bestehenden Vergütungsansprüche nach §§ 631 BGB.

6 **d)** Das noch im Gesetzgebungsgang befindliche Gesetz zur Sicherung von Werkunternehmeransprüchen und zur verbesserten Durchsetzung von Forderungen, das sog. **Forderungssicherungsgesetz (FoSiG)**, soll der Verbesserung der Zahlungsmoral auf dem Bausektor dienen und sieht deshalb Regelungen vor, die zur Beschleunigung des Zahlungsverkehrs am Bau dienen sollen[3]. Um dieses Ziel zu erreichen, sind u.a. sowohl Änderungen im Rahmen der vergütungsrechtlichen BGB-Bestimmungen wie auch im Prozessrecht vorgesehen. Im Zusammenhang mit der Bezahlung von Bauleistungen sind folgende Regelungen von Bedeutung:

7 – Die bisherige Regelung des § 632 a BGB über Abschlagszahlungen kommt in der Praxis häufig deshalb nicht zum Tragen, weil ein „in sich abgeschlossener Teil des Werks" nicht gegeben ist oder Unklarheit darüber herrscht, wie diese Anspruchsvoraussetzung im einzelnen zu qualifizieren ist. Aus diesem Grunde soll der bisherige § 632 a BGB an die derzeit geltende Parallelbestimmung des § 16 Nr. 1 VOB/B angeglichen werden. Dies soll zu einer Ausweitung des Anspruchs aus Abschlagszahlungen führen, soweit sich diese nicht nach § 16 Nr. 1 VOB/B, sondern nach § 632 a BGB beurteilen. So sollen Abschlagszahlungen auch bei Heranziehung der BGB-Zahlungsbestimmungen nicht nur – wie bisher – bei der Lieferung von Material gefordert werden können, sondern auch dann, wenn eine selbständig abrechenbare Leistung

[1] BGH SFH Z 2.330.1 Bl 7; *Nicklisch/Weick* VOB/B, § 16 Rdn. 6.
[2] Zur grundsätzlichen Zulässigkeit BGH SFH Z 2.331 Bl 78 f.
[3] BT DrS 16/511 vom 2.2.2006; vgl. zum Gesetzesgang und kritisch zum Inhalt *Peters* ZRP 2006, 142.

erbracht worden ist. In Abweichung vom Wortlaut des § 16 Nr. 1 VOB/B soll in der Neufassung des § 632 a BGB jedoch darauf verzichtet werden, ausdrücklich den Umsatzsteuerbetrag zu erwähnen. Nach den Vorschriften des Umsatzsteuergesetzes ist in der nachzuweisenden Höhe des Wertes der vertragsgemäßen Leistungen die darauf entfallende Umsatzsteuer enthalten. Deshalb ist es nach den Vorstellungen des Gesetzgebers nicht erforderlich, dies gesondert gesetzlich auszusprechen.

– Die bisherige Vorschrift des § 641 Abs. 2 BGB sieht die **Fälligkeit des Werklohnanspruchs des Subunternehmers gegenüber dem Generalunternehmer** dann vor, wenn der Bauherr an den Generalunternehmer Zahlung geleistet hat. Diese Vorschrift geht für den Subunternehmer insoweit (häufig) ins Leere, als er keine Kenntnis davon erlangen kann, ob entsprechende Zahlungen erfolgt sind. Zur Verbesserung der sog. Durchgriffsfälligkeit sind Ergänzungen in § 641 Abs. 2 und 3 BGB vorgesehen, wonach die Vergütung des Auftragnehmers spätestens fällig werden soll, sobald der Auftraggeber vom Bauherrn für das versprochene Werk seine Vergütung bzw. Teile dieser Vergütung erhalten hat, das Werk des Auftraggebers von dem Bauherrn abgenommen wurde oder als abgenommen gilt oder aber der Auftragnehmer dem Auftraggeber erfolglos eine angemessene Frist zur Auskunft über erfolgte Zahlungen bzw. eine erfolgte Abnahme gestellt hat. Ob die derart erweiterten Regelungen in § 641 Abs. 2 BGB n.F. allerdings zur Zahlungsbeschleunigung gegenüber dem Auftragnehmer beitragen werden, erscheint schon allein deshalb problematisch, weil auch künftig die Gefahr besteht, dass – vor dem Hintergrund von Differenzen zwischen dem Bauherrn und dem Auftraggeber – unrichtige bzw. unvollständige Erklärungen gegenüber dem Subunternehmer abgegeben werden. 8

– Zur Beschleunigung von Zahlungen soll auch eine Änderung des § 641 Abs. 3 BGB beitragen. Die bisherige Vorschrift sieht unter Übernahme der von der Rechtsprechung entwickelten Möglichkeit der Durchsetzung des Nacherfüllungsanspruches vor, dass dem Auftraggeber zugestanden wird, als **Mängeleinbehalt** mindestens das Dreifache der zu erwartenden Mängelbeseitigungskosten gegenüber dem Auftragnehmer vorzunehmen. Die Festlegung dieses sog. Druckzuschlages in dem genannten Umfange hat sich in der Praxis zum Nachteil der Auftragnehmer ausgewirkt, da häufig auch ein Betrag in Höhe lediglich des Zweifachen der Mangelbeseitigungskosten ausreichend sein dürfte. Aus diesem Grunde soll nunmehr lediglich das Doppelte der Mangelbeseitigungskosten als Regelfall für die Bemessung des Druckzuschlages gesetzlich vorgesehen werden. Da es sich insoweit jedoch um einen bloßen Regelsatz handeln soll, kann im Einzelfall künftig auch ein höherer Druckzuschlag vom Auftraggeber geltend gemacht werden. Wenn der Auftraggeber von dieser Möglichkeit Gebrauch macht, bleibt naturgemäß wiederum die Frage offen, ob durch die vorgesehene Änderung tatsächlich die intendierte Zahlungsbeschleunigung erreicht werden kann. 9

Parallel zu den vorgenannten werkvertraglichen Beschleunigungsregelungen sieht das Forderungssicherungsgesetz verschiedene prozessuale Mechanismen vor, um dadurch anhängige, gerichtliche Vergütungsverfahren zu beschleunigen:

– Im Mittelpunkt der neuen Regelungen steht die sog. **vorläufige Zahlungsanordnung nach § 302 a ZPO n.F.** Eine derartige vorläufige Zahlungsanordnung soll das Gericht auf Antrag des Klägers einer Geldforderung, also des um seine Vergütung streitenden Auftragnehmers erlassen, soweit die erhobene (Vergütungs-) Klage nach dem erreichten Sach- und Streitstand hohe Aussicht auf Erfolg hat und die Anordnung nach Abwägung der beiderseitigen Interessen der Parteien zur Abwendung besonderer Nachteile für den Kläger gerechtfertigt erscheint (§ 302 a Abs. 1 ZPO n.F.). Die vorläufige Zahlungsanordnung kann dabei nur aufgrund einer mündlichen Verhandlung erlassen werden (§ 302 a Abs 2 ZPO n.F.) und steht dann einem für vorläufig vollstreckbar erklärten Endurteil gleich (§ 302 a Abs. 3 ZPO n.F.). Die Entscheidung über die vorläufige Zahlungsanordnung ergeht dabei durch einen nur kurz zu begründenden gerichtlichen Beschluß, der nicht anfechtbar sein soll (§ 302 a Abs. 7 ZPO n.F.). Allerdings kann während der weiteren Verfahrensdauer die vorläufige Zahlungsanordnung auf Antrag 10 des Schuldners wieder aufgehoben oder abgeändert werden (§ 302 a Abs. 4 ZPO n.F.). Anderenfalls tritt die vorläufige Zahlungsanordnung außer Kraft, sobald ein Endurteil ergeht, die Klage zurückgenommen oder eine anderweitige Regelung der Parteien wirksam wird (§ 302 a Abs. 6 ZPO n.F.). Für den Fall, dass sich die vom Kläger zu beantragende vorläufige Zahlungsanordnung nicht nach Maßgabe des Endurteils ihrem Umfange nach bestätigt, ist der Kläger verpflichtet, dem Beklagten dann jedoch den Schaden zu ersetzen, den dieser durch die Vollstreckung der vorläufigen Zahlungsanordnung oder aber durch eine Abwendung der Vollstreckung erlitten hat (§ 302 a Abs. 8 ZPO n.F.). Gerade in letztgenannter Regelung liegt ein nicht unerhebliches Risiko für den Kläger, der zur Durchsetzung seiner Vergütungsansprüche ausdrücklich den Erlass einer vorläufigen Zahlungsanordnung begehrt. Darüber hinaus erscheint es fraglich, ob der intendierte Beschleunigungseffekt eintritt, wenn – zumal bei komplexen baurechtlichen Verfahren – auf der Grundlage einer mündlichen Verhandlung zu entscheiden ist und in diesem auch die von Beklagtenseite eingeführten Einwendungen behandelt werden. Vor allem fehlt es an einer gesetzlichen Anordnung, wonach über den Antrag auf Erlass einer vorläufigen Zahlungsanordnung innerhalb bestimmter Fristen durch das Gericht zu entscheiden ist. Die Gerichte werden deshalb eher dazu tendieren, erst in der ohnehin anstehenden mündlichen Verhandlung zur Sache selbst auch über den Antrag des Klägers auf beschleunigte Vorabbefriedigung zu befinden. In einer derartigen Verfahrenssituation könnte jedoch zur effektiven Beschleunigung eher eine Gesetzesregelung beitragen, die unter erleichterten Voraussetzungen ein Teil- bzw. Vorbehaltsurteil vorsieht.

11 – Neben die Regelung zum Erlass einer vorläufigen Zahlungsanordnung soll mit der Ergänzung des § 301 ZPO n.F. auch eine Regelung zum erleichterten Erlass eines Teilurteils treten. Der **Entscheidung durch Teilurteil** soll in der Praxis nach den Vorstellungen des Gesetzgebers größere Bedeutung verschafft werden. Vom Erlass eines beantragten Teilurteils soll nach der Neufassung des § 301 Abs. 2 ZPO nur noch abgesehen werden, wenn der entscheidungsreife Teil des Rechtsstreits im Verhältnis zum übrigen Gegenstand des Verfahrens geringfügig ist oder wenn abzusehen ist, dass auch dieser alsbald entscheidungsreif sein wird (§ 301 Abs. 2 ZPO n.F.). Den Gerichten soll auf diesem Wege die Möglichkeit beschnitten werden, vom Erlass eines Teilurteils in Fällen abzusehen, in denen vor oder nach einer Beweisaufnahme noch nicht alle streitentscheidenden (Teil-) Forderungen entscheidungsreif geklärt sind. Diesem verfahrensfördernden Gesichtspunkt entspricht es auch, dass künftig nach Erlass eines Teilurteils trotz Einlegung eines Rechtsmittels dem noch nicht entschiedenen Verfahrensteil durch das Gericht I. Instanz Fortgang gegeben werden soll (§ 301 Abs. 4 ZPO n.F.). Auch wenn der Gesetzgeber damit die praktische Bedeutung des Teilurteils stärken will, bleibt abzuwarten, inwieweit die Gerichte tatsächlich bereit sind, ggf. auch in mehreren Etappen über Vergütungsansprüche zu befinden. Dabei ist natürlich auch zu berücksichtigen, dass ein Teilurteil naturgemäß nur dort in Betracht kommen kann, wo auch tatsächlich unter Berücksichtigung von Einwendungen und Einreden sichergestellt ist, dass jedenfalls zugunsten des Klägers ein diesem unter Vernachlässigung des weiteren Streitgegenstandes des Verfahrens positiver Zahlbetrag zuzuerkennen ist.

12 – Zur Beschleunigung beitragen soll ferner die geänderte gesetzliche Fassung zum **Erlass eines Vorbehaltsurteils**. Ebenso wie beim Teilurteil soll der Erlass eines Vorbehaltsurteils bei Vorliegen der gesetzlichen Voraussetzungen zum Regelfall werden und nur noch in bestimmten, im Gesetz ausdrücklich genannten Fällen unterbleiben können (§ 302 Abs. 1 ZPO n.F.). Dies ist vor allem dann der Fall, wenn abzusehen ist, dass über eine vom Beklagten erhobene Aufrechnung alsbald eine gerichtliche Entscheidung getroffen werden kann (§ 302 Abs. 1 Satz 2 ZPO n.F.). Hieraus ist die gesetzgeberische Intention zu entnehmen, dass in Fällen der Aufrechnung der Erlass eines Vorbehaltsurteils zum Regelfall werden soll. Die Neufassung der Bestimmung über den Erlass von Vorbehaltsurteilen steht nicht im Einklang mit der neueren höchstrichterlichen Rechtsprechung, wonach (unter Abkehr von dem Institut sog. Verrechnung) ein Vorbehaltsurteil grundsätzlich dann ausgeschlossen ist, wenn der Auftraggeber gegenüber dem Vergütungsanspruch mit einem Anspruch aus dem selben Vertragsverhältnis auf Ersatz

der Kosten der Mängelbeseitigung oder aber der Fertigstellung aufrechnet[4]. Der Bundesgerichtshof hat ausdrücklich im Zusammenhang mit der seit dem 1.5.2000 geltenden Neufassung des § 302 Abs. 1 ZPO[5] zum Ausdruck gebracht, dass die Wirkungen einer materiell-rechtlich begründeten Aufrechnung nicht durch ein Vorbehaltsurteil vorübergehend ausgesetzt werden können[6], insbesondere dann, wenn es um Mängelbeseitigungskosten[7] oder aber die Forderung auf Zahlung von Fertigstellungsmehrkosten geht[8]. Aus der synallagmatischen Verknüpfung der Werklohnforderung mit der Forderung auf mangelfreie Erfüllung leitet der Bundesgerichtshof materiell-rechtlich eine Beschränkung zum Erlass von Vorbehaltsurteilen her, die gleichermaßen auch im Zusammenhang mit der vom Gesetzgeber intendierten Neufassung des § 302 ZPO gelten muß.

Der Entwurf des Forderungssicherungsgesetzes trägt sowohl in materiell-rechtlicher wie auch in prozessualer Hinsicht dem Versuch einer Beschleunigung von Zahlungsansprüchen am Bau durchaus tendenziell Rechnung. Im Ergebnis muß jedoch zu den vorgesehenen Regelungsänderungen und -ergänzungen unter Berücksichtigung der bisherigen außergerichtlichen und gerichtlichen Handhabung bezweifelt werden, daß durch das Forderungssicherungsgesetz tatsächlich Zahlungen in weitaus höherem Maße als derzeit beschleunigt geleistet werden.

e) Die **VOB 2002** hat zu einer Reihe von Änderungen einzelner Sätze in § 16 VOB/B geführt. 13
Zurückzuführen sind diese – wie auch die übrigen – Änderungen auf das Gesetz zur Beschleunigung fälliger Zahlungen vom 30.3.2000[9] sowie das Gesetz zur Modernisierung des Schuldrechts vom 26.11.2001[10]. Beide Gesetze haben zu tief greifenden Veränderungen im Bereich des allgemeinen und besonderen Schuldrechts geführt[11]. Im einzelnen hat § 16 VOB/B deshalb folgende Änderungen erfahren:

- In § 16 Nr. 1 Abs. 3 VOB/B wurde nunmehr klargestellt, dass Ansprüche auf **Abschlagszahlungen** binnen 18 Werktagen nach Zugang der prüfbaren Aufstellung im Sinne von § 16 Nr. 1 Abs. 1 Satz 2 VOB/B fällig werden. Im Hinblick auf § 286 Abs. 3 Satz 2 BGB hat es der DVA für sachgerecht erachtet, deutlicher herauszustellen, dass der Zugang der prüfbaren Aufstellung für die Abschlagszahlungen sowie die Prüfung der Abschlagsrechnung oder aber der Ablauf der Prüfungsfrist Fälligkeitsvoraussetzungen sind.
- In § 16 Nr. 1 Abs. 4 VOB/B wurde auf den dort ursprünglich verwendeten zusätzlichen Begriff der **„Gewährleistung“** verzichtet. Dies beruht darauf, dass nach der Schuldrechtsmodernisierung im BGB der Begriff der Gewährleistung nicht mehr verwendet wird. Aus diesem Grunde konnte der Begriff auch aus § 16 Nr. 1 Abs. 4 VOB/B gestrichen werden. Der ehemals vorhandene Hinweis auf die Gewährleistung bzw. die heutige sog. Nacherfüllung ist nunmehr in dem in weiterem Sinne zu verstehenden Begriff der Haftung aufgegangen.
- In § 16 Nr. 2 Abs. 1 VOB/B wurde der **Zinssatz bei den Vorauszahlungen** geändert. Der gesetzliche Zinssatz im BGB stellt nunmehr auf den Basiszinssatz der Deutschen Bundesbank ab. Bislang war in § 16 Nr. 2 Abs. 1 VOB/B vorgesehen, dass Vorauszahlungen mit 1 v.H. über

---

[4] BGH NZBau 2006, 169, 170.

[5] BGBl. I, 330.

[6] Vgl. zur Aussetzungswirkung Kessen BauR 2005, 1691, 1696.

[7] BGH NJW 2005, 2771 = NZBau 2005, 582 = BauR 2005, 1477; BGH NZBau 2002, 499 = BauR 2002, 1390.

[8] BGH NJW 2005, 2771 = NZBau 2005, 582 = BauR 2005, 1477; BGHZ 151, 147 = NJW 2002, 2563 = NZBau 2002, 497.

[9] BGBl. I 2000, 330.

[10] BGBl. I 2001, 3138.

[11] *Von Craushaar* BauR 2001, 471; *Fischer/Kröner/Oehme* ZfBR 2001, 7; *Glöckner* BauR 2001, 535; *Heinze* NZBau 2001, 233 und 301; *Karczewski/Vogel* BauR 2001, 859; *Kienmoser* BauR 2001, 542; *Kiesel* NJW 2000, 1673; *Kirberger* BauR 2001, 492; *Kniffka* ZfBR 2000, 227; *Kraus* BauR 2001, 513; *Niemöller/Kraus* Jahrbuch Baurecht 2001, 225; *Peters* NZBau 2000, 169; *Quack* BauR 2001, 507; *Voppel* BauR 2001, 1165.

dem Zinssatz der Spitzenrefinanzierungsfazilität der Europäischen Zentralbank zu verzinsen sind. Um die Verwendung unterschiedlicher Bezugsgrößen im Schuldrecht und in der VOB/B zu vermeiden, wurde nunmehr auf den Basiszinssatz des § 247 BGB abgehoben und eine Verzinsung von 3 v.H. über dem Basiszinssatz vorgesehen.

- Wie § 16 Nr. 1 Abs. 3 VOB/B in bezug auf Abschlagszahlungen wurde auch § 16 Nr. 3 Abs. 1 Satz 1 VOB/B hinsichtlich der Verzugsregelung des § 286 Abs. 3 Satz 1 BGB dahingehend geändert, dass nunmehr der **Anspruch auf die Schlusszahlung** alsbald nach Prüfung und Feststellung der vom Auftragnehmer vorgelegten Schlussrechnung fällig wird, spätestens jedoch innerhalb von zwei Monaten nach Zugang der Schlussrechnung. Der Zugang der Schlussrechnung sowie der Ablauf der Prüfungsfrist sind nach der Klarstellung als Fälligkeitsvoraussetzung für die Vergütungsansprüche des Auftragnehmers anzusehen.
- In § 16 Nr. 5 Abs. 3 VOB/B wurde der dort vorgesehene **Zinssatz** von 5 v.H. über dem der Spitzenrefinanzierungsfazilität der Europäischen Zentralbank abgeändert und zwar auf die in § 288 BGB angegebenen Zinssätze, die bei Rechtsgeschäften, an denen kein Verbraucher beteiligt ist, bei 8 v.H. über dem Basiszinssatz liegen.
- Die Vorschrift des § 16 Nr. 5 wurde um einen neuen Abs. 4 ergänzt, in dem zusätzlich angeordnet ist, dass der Auftragnehmer nach Ablauf von zwei Monaten – gerechnet ab Zugang der Schlussrechnung – und damit nach Fälligkeit für sein Guthaben aus der Schlussrechnung ohne gesonderte Nachfristsetzung Anspruch auf Zinsen in Höhe der in § 288 BGB angegebenen Zinssätze hat, also bei Rechtsgeschäften, an denen kein Verbraucher beteiligt ist, in Höhe von 8 v.H. über dem Basiszinssatz, allerdings nur soweit der Auftragnehmer im Einzelfall nicht in der Lage ist, einen höheren Verzugsschaden nachzuweisen.
- Das vormals in § 16 Nr. 5 Abs. 3 Satz 2 VOB/B ausgewiesene **Zurückbehaltungsrecht** des Auftragnehmers wurde nunmehr in den neu eingefügten Abs. 5 des § 16 Nr. 5 VOB/B eingestellt. Danach darf der Auftragnehmer in den Fällen der Zahlungssäumigkeit des Auftraggebers nach Fälligkeit die Arbeiten bis zur Bezahlung durch den Auftraggeber einstellen, sofern zuvor eine dem Auftraggeber gesetzte angemessene Nachfrist erfolglos verstrichen ist.
- Schließlich wurde § 16 Nr. 6 VOB/B inhaltlich hinsichtlich der dort geregelten **Zahlung an Dritte** partiell neu gefasst. Ursprünglich war vorgesehen, dass der Auftraggeber berechtigt ist, zur Erfüllung seiner Zahlungsverpflichtung an Gläubiger des Auftragnehmers zu zahlen, soweit diese an der Ausführung der vertraglichen Leistungen des Auftragnehmers beteiligt waren und der Auftragnehmer seinerseits ihnen gegenüber in Zahlungsverzug gekommen war. Nach der Rechtsprechung des BGH hielt § 16 Nr. 6 Satz 1 VOB/B der isolierten Inhaltskontrolle vor dem Hintergrund der §§ 362 Abs. 2, 185 BGB nicht stand[12]. Um die Bedenken des BGH auszuräumen, wurde § 16 Nr. 6 Satz 1 VOB/B inhaltlich beschränkt und zwar auf Fälle, in denen die Gläubiger des Auftragnehmers wegen ausstehender Zahlungen die Fortsetzung ihrer Leistung zu Recht verweigern und die von dem Auftraggeber vorgenommene Direktzahlung gerade dazu dient, die Fortsetzung der Leistung durch den Gläubiger des Auftragnehmers sicherzustellen. Diese Voraussetzungen für die Direktzahlung sollen nach ergänzender Klarstellung vom Auftragnehmer als anerkannt gelten, wenn er sich auf Verlangen des Auftraggebers innerhalb einer von diesem gesetzten Frist ausdrücklich zustimmend erklärt oder aber keinerlei Erklärung abgibt.

14 Die **Änderungen** innerhalb des § 16 VOB/B sind insgesamt **überschaubar**. Die Anpassung an die Verzinsung nach §§ 288, 247 BGB war darüber hinaus geboten, da es anderenfalls zu einer erheblichen Zinsdiskrepanz zwischen Vergütungsansprüchen aus BGB- und VOB-Bauverträge gekommen wäre. Inwieweit sich die neu gefasste Regelung in § 16 Nr. 6 VOB/B bewährt, muss in der Praxis abgewartet werden. Der Anwendungsrahmen der Bestimmung ist deutlich eingeschränkt worden, so dass zu erwarten steht, dass die Bedeutung der Vorschrift in der Baupraxis eher zurückgehen dürfte.

---

[12] BGH NJW 1990, 2384, 2385.

f) Die **VOB 2006** hat im Rahmen des § 16 VOB/B lediglich zu einigen wenigen Klarstellungen bzw. Anpassungen geführt: 15

- In § 16 Nr. 1 Abs. 1 Satz 1 VOB/B wurde nunmehr ergänzend klargestellt, dass Abschlagszahlungen nicht nur auf Antrag in möglichst kurzen Zeitabständen, sondern (selbstverständlich) auch zu den zwischen den Parteien eigens vereinbarten Zeitpunkten zu gewähren sind und zwar in beiden Fällen in Höhe des Wertes der jeweils nachgewiesenen vertragsgemäßen Leistungen. Durch die neue Formulierung soll die einvernehmliche Vereinbarung von festen Zahlungszeitpunkten anhand von den in der bauvertraglichen Praxis üblichen Zahlungsplänen ermöglicht werden. Gleichzeitig soll aber klargestellt sein, dass eine Abschlagszahlung auch bei Vereinbarung fester Zahlungszeitpunkte nur zu erbringen ist, wenn zu diesem Zeitpunkt eine entsprechende vertragsgemäße Leistung durch den Auftragnehmer nachgewiesen werden kann.
- Die Bestimmung des § 16 Nr. 3 Abs. 1 VOB/B wurde um einen neuen Satz 2 ergänzt, wonach Einwendungen gegen die Prüfbarkeit unter Angabe der Gründe spätestens innerhalb von 2 Monaten nach Zugang der Schlussrechnung erhoben werden müssen, damit sich der Auftraggeber noch auf die fehlende Prüfbarkeit der ihm vorgelegten Schlussrechnung berufen kann. Damit hat die VOB/B die neue Rechtsprechung des Bundesgerichtshofs nachvollzogen, wonach der Auftraggeber nach Treu und Glauben mit Einwendungen gegen die Prüffähigkeit einer Schlussrechnung ausgeschlossen sein soll, wenn er seine Prüfbarkeitseinwendungen nicht spätestens innerhalb einer Frist von zwei Monaten nach Zugang der Rechnung vorgebracht hat[13].
- In § 16 Nr. 3 Abs. 5 Satz 2 VOB/B wurde der Beginn der Frist für die Begründung des Vorbehaltes aus Gründen der Transparenz dahingehend klargestellt, dass die vorgesehene 24-Werktagsfrist erst nach Ablauf der in Satz 1 geregelten 24-Werktagsfrist beginnt.
- Schließlich wurde in § 16 Nr. 5 Abs. 5 VOB/B klargestellt, dass es keiner weiteren als der in Abs. 3 bereits erwähnten Nachfrist bedarf. Der Auftragnehmer darf nun in den Fällen der Abs. 3 und 4 die Arbeiten bis zur Zahlung einstellen, sofern die dem Auftraggeber zuvor gesetzte angemessene Nachfrist erfolglos verstrichen ist. Mit der in Nr. 5 Abs. 5 genannten Frist ist die Nachfrist in Abs. 3 gemeint. Diesbezüglich war eine Irritation entstanden, weil bei der VOB/B 2000 die jetzige Nr. 5 Abs. 5 aus der Nr. 3 herausgelöst und gesondert geregelt wurde.

Auch die Änderungen, die mit der VOB/B 2006 vorgenommen wurden, ändern an der grundsätzlichen Konzeption des § 16 VOB/B nichts. Von nennenswerter Bedeutung ist nur die Ergänzung in § 16 Nr. 3 Abs. 1 Satz 2 n.F., die letztlich das Ergebnis der neuen höchstrichterlichen Rechtsprechung zu der auf 2 Monate begrenzten Prüfungsfrist wiedergibt.

2. Zahlungen nach den Regelungen des BGB

Die gesetzlichen Grundlagen der Vergütung finden sich in § 641 BGB. Aus Abs. 1 Satz 1 ergibt 16
sich, dass dem Unternehmer die Vergütung grundsätzlich bei Abnahme des Werkes zu entrichten ist. Das BGB-Vergütungsrecht geht nach wie vor vom Grundsatz her von der **Vorleistungspflicht des Unternehmers** aus[14]. Aus dem abgeschlossenen Werkvertrag ergibt sich für den Besteller gemäß § 631 Abs. 1 BGB die Verpflichtung zur Entrichtung der mit dem Unternehmer vereinbarten Vergütung. Sobald der Unternehmer das ihm beauftragte Werk vertragsgemäß erstellt und der Besteller dieses gemäß § 640 Abs. 1 Satz 1 BGB abgenommen hat, wird der Vergütungsanspruch gemäß § 641 Abs. 1 Satz 1 BGB fällig[15].

Bis zum Inkrafttreten des Gesetzes zur Beschleunigung fälliger Zahlungen mit Wirkung zum 17
1.5.2000[16] war in den §§ 631 BGB keine Regelung für Abschlagszahlungen vorgesehen. Diese

[13] Siehe unten Rdn. 188.
[14] *Palandt/Sprau* BGB, § 641 Rdn. 2.
[15] *Palandt/Sprau* BGB, § 641 Rdn. 2.
[16] Gesetz zur Beschleunigung fälliger Zahlungen vom 30.3.2000, BGBl. I 330.

aus Sicht der Baupraxis unpraktikable Ausgestaltung des BGB-Werkvertragsrechts wurde durch das **Gesetz zur Beschleunigung fälliger Zahlungen** geändert, indem nunmehr in folgenden Fällen unabhängig von dem Zeitpunkt der Abnahme der Werk- bzw. Bauleistungen Zahlungen beansprucht werden können:

18 – Der Unternehmer kann nunmehr von dem Besteller für in sich abgeschlossene Teile der Bauleistung **Abschlagszahlung** für die erbrachten vertragsmäßigen Bauleistungen beanspruchen (§ 632 a Satz 1 BGB). Derartige Abschlagszahlungen können auch für Baustoffe oder Bauteile verlangt werden, die eigens vom Unternehmer angefertigt oder aber angeliefert werden (§ 632 a Satz 2 BGB). Allerdings soll der Anspruch auf entsprechende Abschlagszahlungen nur dann bestehen, wenn zugleich dem Besteller Eigentum an den Teilen der Bauleistung, an den Baustoffen bzw. Bauteilen übertragen oder aber hierfür Sicherheit geleistet wird (§ 632 a Satz 3 BGB). Die Bestimmung des § 632 a BGB ist von ihrem Anwendungsrahmen weitaus enger gefasst als die sich aus § 16 VOB/B ergebenden Zahlungsmodalitäten[17]. Vor allem können Abschlagszahlungen nur **für in sich abgeschlossene Teile der Bauleistung** gefordert werden, wobei ungeklärt ist, wann und unter welchen Voraussetzungen von der „Abgeschlossenheit" partiell ausgeführter Bauleistungen überhaupt gesprochen werden kann[18]. Abgesehen hiervon wird der Fälligkeit von Abschlagsforderungen in der Baupraxis häufig der Umstand entgegenstehen, dass es an der Eigentumsübertragung der Bauleistungen, -stoffe oder -teile – etwa im Verhältnis zwischen Nachunternehmer und Hauptunternehmer – fehlt, so dass zusätzliche Sicherheit geleistet werden muss, um die Abschlagsforderung fälligzustellen[19].

19 – Die Vergütung des Unternehmers für ein Werk, dessen Herstellung der Besteller einem Dritten versprochen hat, wird nach § 641 Abs. 2 BGB spätestens fällig, wenn und so weit der Besteller von dem Dritten für das versprochene Werk wegen dessen Herstellung seine Vergütung oder Teile davon erhalten hat. Durch diese Neuregelung wird eine sog. **Durchgriffsfälligkeit zugunsten von Nachunternehmern** begründet[20]. Allerdings hat die Vorschrift des § 641 Abs. 2 BGB in der Praxis bislang keine besondere Bedeutung erlangt, weil der Nachunternehmer regelmäßig nicht über ausreichende Informationen zu der Vertragsbeziehung des Hauptunternehmers zu dessen Besteller verfügt[21]. Auch wenn dem Nachunternehmer aus Treu und Glauben gemäß § 242 BGB ein ergänzender Auskunftsanspruch gegen den Hauptunternehmer zugestanden wird[22], ist der gesetzlichen Beschleunigungsintention nur ansatzweise Rechnung getragen[23].

20 – Aus § 641 Abs. 4 BGB ergibt sich, dass der Besteller die geschuldete Vergütung grundsätzlich von der Abnahme der Bauleistung an zu verzinsen hat. Da es für den **Beginn des Verzinsungszeitraums** auf die erfolgte Abnahme ankommt, bezieht sich die Regelung des § 641 Abs. 4 BGB nicht auf Abschlags- oder Teilzahlungen, sondern ausschließlich auf die nach der Abnahme der Bauleistung geschuldete Schlusszahlung[24].

3. Fälligkeit und Verzug bei BGB-Zahlungsansprüchen

21 **a)** Die Fälligkeit von Werklohnansprüchen richtet sich beim BGB-Bauvertrag nach § 641 Abs. 1 Satz 1 BGB. Die Vergütung ist danach bei der **Abnahme des Werkes** zu entrichten. Mit der (rechtsgeschäftlichen) Abnahme der Werkleistung tritt die Fälligkeit der vom Auftraggeber geschuldeten Vergütung ein[25].

[17] *Heinze* NZBau 2001, 233, 236.
[18] *Kniffka* ZfBR 2000, 227, 229; *Thode* ZfBR 1999, 116, 118.
[19] Vgl. im einzelnen zu § 632 a BGB *Böhme* BauR 2001, 525; *Karczewski/Vogel* BauR 2001, 859; *Kiesel* NJW 2000, 1673; *Kniffka* ZfBR 2000, 227; *Motzke* NZBau 2000, 489; *Stapenhorst* DB 2000, 909.
[20] *Kiesel* NJW 2000, 1673, 1678; *Heinze* NZBau 2001, 301.
[21] *Heinze* NZBau 2001, 301, 302.
[22] *Kiesel* NJW 2000, 1673, 1678; *Peters* NZBau 2000, 169, 172.
[23] Vgl. *Kniffka* ZfBR 2000, 227, 231 f.; *Heinze* NZBau 2001, 301, 302.
[24] *Palandt/Sprau* BGB, § 641 Rdn. 15.
[25] *Palandt/Sprau* BGB, § 641 Rdn. 2.

22 Für den Eintritt der Fälligkeit kommt es nicht auf die Erstellung und Übergabe einer **(Schluss-) Rechnung** an[26]. Bedenklich ist diese gesetzliche Regelung deshalb, weil der Auftraggeber bei komplexen Baumaßnahmen auch bei Abschluss eines BGB-Bauvertrages den Umfang der von ihm geschuldeten Vergütung regelmäßig nicht ohne weiteres erkennen bzw. selbst bestimmen kann. Es ist deshalb beim Abschluss von BGB-Bauverträgen empfehlenswert, eine vertragliche Vereinbarung dahingehend zu treffen, dass die Vergütungsansprüche erst nach Vorlage einer prüffähigen Schlussrechnung fällig werden[27]. Eine derartige vertragliche Vereinbarung kann im Einzelfall auch stillschweigend getroffen oder aber der Praxis der konkreten Vertragsabwicklung zu entnehmen sein[28].

23 Kommt es zu einer **vorzeitigen Beendigung des Vertrages** durch Vertragsaufhebung oder Vertragskündigung, so tritt die Fälligkeit der Werklohnforderung mit dem Zeitpunkt der vertragsbeendigenden Erklärung ein[29]. Einer gesonderten Abnahme bedarf es in diesem Falle nicht[30]. Im Falle der Abnahmeverweigerung durch den Besteller ist zu differenzieren: Verweigert der Besteller die Abnahme zu Recht, so kann die Fälligkeit des Werklohnanspruchs nicht eintreten[31]. Liegt eine unberechtigte Abnahmeverweigerung vor, muss zwischen dem früheren und dem heutigen Recht differenziert werden. Bis zum Inkrafttreten des Gesetzes über die Beschleunigung fälliger Zahlungen am 1.5.2000 konnte der Auftragnehmer bei unberechtigter Abnahmeverweigerung sogleich seine Vergütungsansprüche als fällige Forderung gegenüber dem Besteller geltend machen[32]. Mit Wirkung zum 1.5.2000 wurde dem Unternehmer durch die neu in das Gesetz eingefügte Bestimmung des § 640 Abs. 1 Satz 3 BGB die Möglichkeit gegeben, den Besteller des Werkes innerhalb angemessener Frist zur Abnahme aufzufordern. Für den Fall fruchtlosen Verstreichens der gesetzten Frist fingiert § 640 Abs. 1 Satz 3 BGB die Abnahmevoraussetzungen. Gleiches gilt für den Fall, dass der Besteller innerhalb der ihm gesetzten Abnahmefrist ausdrücklich die Abnahmeerklärung verweigert. In beiden Fällen wird die Abnahme und damit zugleich auch die Fälligkeit des Werklohnanspruches fingiert bzw. ausgelöst[33].

24 Die **Fälligkeit von Abschlagszahlungen** ergibt sich aus § 632 a BGB. Der Unternehmer kann danach von dem Besteller für in sich abgeschlossene Teile des Werkes Abschlagszahlungen für die erbrachten vertragsmäßigen Leistungen verlangen. Für die Fälligkeit von Abschlagszahlungen kommt es weder auf die Abnahme der (Teil-) Bauleistungen noch auf die Vorlage einer Rechnung an[34]. Bei Vorliegen der weiteren Voraussetzungen des § 632 a BGB[35] soll vielmehr ein bloßes Verlangen des Unternehmers ausreichen, um die Fälligkeit der Abschlagsforderung herbeizuführen[36]. Allerdings ist der Begriff des vom Unternehmer zu stellenden Verlangens inhaltsleer. Es bedarf deshalb zumindest einer **Konkretisierung des Verlangens** und zwar sowohl hinsichtlich der abrechnungsfähigen Teilleistung wie auch der Höhe der hierfür erwarteten Vergütung[37]. Insofern wird es in der Praxis letztlich für die Fälligkeit darauf ankommen, dass ein zumindest dem Grunde wie dem Umfange nach hinreichend bestimmtes Verlangen in Abrechnungsform – wenn auch nicht notwendigerweise prüffähig – erhoben sein muss.

---

[26] BGHZ 79, 176, 179; *Vygen* Bauvertragsrecht nach VOB und BGB, Rdn. 415.

[27] Vgl. *Palandt/Sprau* BGB, § 641 Rdn. 9 a.

[28] OLG Frankfurt NJW-RR 2005, 169 = BauR 2004, 1831.

[29] BGH BauR 1987, 95; OLG Düsseldorf BauR 1978, 404; OLG Düsseldorf BauR 1980, 276; *Thode* ZfBR 1999, 116, 121; *Vygen* Bauvertragsrecht nach VOB und BGB, Rdn. 416.

[30] BGH BauR 1987, 689; BGH BauR 1995, 691; *Thode* ZfBR 1999, 116, 121.

[31] *Thode* ZfBR 1999, 116, 118; *Palandt/Sprau* BGB, § 641 Rdn. 5.

[32] BGH NJW 1996, 1280, 1281; *Thode* ZfBR 1999, 116, 118; *Korbion/Hochstein* VOB-Vertrag, Rdn. 322.

[33] *Palandt/Sprau* BGB, § 641 Rdn. 5; vgl. auch *Peters* NZBau 2000, 169, 171.

[34] *Kniffka* ZfBR 2000, 227, 229; *von Craushaar* BauR 2001, 471, 473; a.A. *Kiesel* NJW 2000, 1673, 1675.

[35] Vgl. zu diesen *Kiesel* NJW 2000, 1673; *Kniffka* ZFBR 2000, 227; *Motzke* NZBau 2000, 489; *von Craushaar* BauR 2001, 471.

[36] *Palandt/Sprau* BGB, § 632 a Rdn. 8.

[37] Vgl. in dieser Richtung auch *von Craushaar* BauR 2001, 471, 473; *Merkens* BauR 2001, 515, 516, der zu Recht die Frage aufwirft, wie die Höhe der geforderten Vergütung für den Besteller erkennbar sein soll.

25 **b)** Von der Frage der Fälligkeit zu unterscheiden ist die nach dem **Eintritt des Zahlungsverzuges.** Dieser ist durch das Gesetz zur Modernisierung des Schuldrechts (erneut) mit Wirkung zum 1.1.2002 modifiziert worden. Nach § 286 Abs. 1 BGB bedarf es vom Grundsatz her nach Eintritt der Fälligkeit des erhobenen Werklohnanspruches einer zusätzlichen Mahnung, um den Zahlungsverzug herbeizuführen. Unterbleibt die Mahnung, sieht § 286 Abs. 3 BGB als Auffangtatbestand nunmehr den Eintritt des Verzuges als gegeben an, wenn der Besteller nicht innerhalb von 30 Tagen nach Fälligkeit und Zugang einer Rechnung (oder aber gleichwertigen Zahlungsaufstellung) die geschuldete Vergütung bezahlt. Will sich der Unternehmer deshalb auf den Verzugstatbestand des § 286 Abs. 3 BGB beziehen, muss er nicht nur die Fälligkeitsvoraussetzungen herbeiführen, sondern darüber hinaus auch dafür Sorge tragen, dass dem Besteller eine Rechnung (oder aber gleichwertige Zahlungsaufstellung) zukommt. Insoweit ist der Unternehmer jedenfalls bei Heranziehung des § 286 Abs. 3 BGB auf gesetzlicher Grundlage gehalten, eine Rechnung auszustellen und zu übermitteln[38].

26 Weshalb im Rahmen des § 286 Abs. 1 und 3 BGB hinsichtlich des **Erfordernisses der Rechnungsstellung** unterschieden wird, ist rechtsdogmatisch nicht nachzuvollziehen. Auch ist die Verzugsbestimmung des § 286 Abs. 3 BGB nicht hinreichend mit der Fälligkeitsregelung des § 641 Abs. 1 BGB harmonisiert. Weitgehend dürfte es sich dabei aber um eine eher rechtstheoretische Fragestellung handeln, da üblicherweise im Baubereich – außer bei der Durchführung von Schwarzarbeiten – nicht auf eine Rechnungsstellung seitens des Unternehmers verzichtet wird[39]. Es erschiene deshalb konsequent, entsprechend §§ 14, 16 VOB/B auch beim BGB-Bauvertrag prinzipiell die Rechnungsstellung als Voraussetzung für die Fälligkeit des Werklohnanspruches gesetzlich vorzusehen. Neben der Abnahme als Fälligkeitsvoraussetzung im Sinne des § 641 BGB kommt vor allem der Vorlage einer Rechnung ausschlaggebende Bedeutung zu, weil regelmäßig sowohl bei kleineren wie erst recht bei größeren Baumaßnahmen der Besteller auf eine geordnete und prüffähige Rechnungsaufstellung angewiesen ist, um die Berechtigung der erhobenen Forderung sowie etwaige ihm zustehende Einwendungen prüfen zu können[40].

4. Fälligkeit und Verzug bei VOB-Zahlungsansprüchen

27 **a)** Die VOB/B regelt den Eintritt der Fälligkeit abweichend von § 641 BGB. Der Anspruch auf die Schlusszahlung wird alsbald nach Prüfung und Feststellung der vom Auftragnehmer vorgelegten Schlussrechnung fällig, spätestens innerhalb von zwei Monaten nach Zugang (§ 16 Nr. 3 Abs. 1 Satz 1 VOB/B). Zu Abschlagszahlungen wurde nunmehr in § 16 Nr. 1 Abs. 3 VOB/B ausdrücklich klarstellend bestimmt, dass Ansprüche auf Abschlagszahlungen binnen 18 Werktagen nach Zugang der prüfbaren Aufstellung im Sinne von § 16 Nr. 1 Abs. 1 Satz 2 VOB/B fällig werden. Der Zugang der prüfbaren Aufstellung für die Abschlagszahlungen sowie die Prüfung der Abschlagsrechnungen oder aber der Ablauf der Prüfungsfrist sind alternativ fälligkeitsauslösend (§ 16 Nr. 1 Abs. 3 VOB/B). Sowohl bei der Schlusszahlung wie auch bei der Abschlagszahlung ist deshalb der Fälligkeitszeitpunkt gegenüber der BGB-Regelung zeitlich herausgeschoben[41]. Zurückzuführen ist der verschobene Eintritt der Fälligkeit auf die nach der VOB/B unabdingbare **Vorlage einer Rechnung.** Die Rechnung selbst ist in der Baupraxis regelmäßig als unverzichtbar anzusehen[42]. Wenn es von der VOB/B zu Recht als praxisgerecht angesehen wird, den Auftragnehmer zur prüffähigen Abrechnung seiner Bauleistungen zu verpflichten (vgl. §§ 14 Nr. 5, 16 Nr. 1 und 3 VOB/B), muss dem Auftraggeber seinerseits eine angemessene Frist zur Prüfung der ihm vorgelegten Rechnung zugebilligt werden[43]. Es wird deshalb allgemein als sachgerecht angesehen,

[38] Vgl. hierzu *Peters* NZBau 2002, 305, 306.
[39] Vgl. *Peters* NZBau 2002, 305, 306.
[40] Vgl. zur Rechnungsproblematik *Locher* Die Rechnung im Werkvertragsrechts, 44, unter Bezugnahme auf *Peters* NJW 1977, 552 und *Nicklisch* JZ 1984, 757.
[41] Vgl. hierzu *Peters* NZBau 2002, 305, 307.
[42] Vgl. *Locher* Die Rechnung im Werkvertragsrecht, 44; *Peters* NJW 1977, 552; *Nicklisch* JZ 1984, 757.
[43] Vgl. *Locher* Die Rechnung im Werkvertragsrecht, 52f.

den Zeitpunkt der Fälligkeit auf den Ablauf der (jeweiligen) Prüfungsfrist herauszuschieben[44]. Aus gleichen Erwägungen heraus ergeben sich auch keine Bedenken vor dem Hintergrund der §§ 307 BGB, da das Vorliegen einer prüffähigen Rechnung als (weitere) Fälligkeitsvoraussetzung im Rahmen des § 641 BGB anzuerkennen ist[45]. Beim VOB-Bauvertrag kann die Fälligkeit der Schlussrechnungsforderung aber in AGB nicht an die absolute Mängelfreiheit des Bauvorhabens gebunden werden[46].

Im Falle des Verzuges schuldet der Auftraggeber **Verzugszinsen nach § 288 BGB**. Diese Vorschrift differenziert danach, ob an dem abgeschlossenen Bauvertrag ein Verbraucher oder aber ein Unternehmer als Schuldner beteiligt ist. Der Verbraucher schuldet verzugsbedingt Zinsen in Höhe von 5 % p.a. über dem jeweiligen Basiszinssatz (§ 247 BGB). Bei Bauverträgen, an denen kein Verbraucher beteiligt ist, beträgt der Zinssatz demgegenüber für Vergütungsansprüche 8 % p.a. über dem Basiszinssatz. Durch diesen relativ hoch bemessenen Zinssatz soll der Auftraggeber angehalten werden, seinen Zahlungspflichten beschleunigt und pünktlich nachzukommen. Vor allem soll dadurch verhindert werden, dass der Auftraggeber längere Zeit zahlungssäumig bleibt, um auf diesem Wege „Kredit" bei dem Auftragnehmer aufzunehmen[47]. 28

Dem Auftragnehmer bleibt es gemäß § 288 Abs. 3 und 4 BGB vorbehalten, ggf. einen weitergehenden, ihm entstehenden Schaden geltend zu machen. Wie auch in der Vergangenheit besteht deshalb für den Auftragnehmer auch künftig die Möglichkeit, als **Verzugsschaden** den Kreditzins zu beanspruchen, den der Auftragnehmer seinem Kreditinstitut zu entrichten hat[48]. Die Voraussetzungen für das Vorliegen eines höheren als des gesetzlich begründeten Zinssatzes hat jedoch der Auftragnehmer im einzelnen darzulegen und zu beweisen. 29

b) Die VOB/B regelt in § 16 Nr. 5 Abs. 3 und 4 auch die **Voraussetzungen und die Folgen des Zahlungsverzuges**. Die Verzugsregelungen wurden im Rahmen der VOB 2000 inhaltlich überarbeitet und der neuen gesetzlichen Bestimmung des § 286 BGB angenähert[49]. 30

Die Regelung in § 16 Nr. 5 Abs. 3 VOB/B lässt den Verzug des Auftraggebers eintreten, sobald ihm vom Auftragnehmer nach Fälligkeit eine angemessene Nachfrist gesetzt wurde und diese verstrichen ist, ohne dass der Auftraggeber Zahlungen geleistet hat. Vor dem Hintergrund des § 286 BGB orientiert sich die Neufassung des § 16 Nr. 5 Abs. 3 VOB/B für alle Zahlungen primär an der Bestimmung des § 286 Abs. 1 BGB[50]. Vor allem hat die Neuregelung zum Zahlungsverzug bei VOB-Bauverträgen nicht die Vorschrift des § 286 Abs. 3 BGB aufgegriffen, wonach bei sämtlichen Zahlungsansprüchen 30 Tage nach Fälligkeit und Zugang einer Rechnung die Verzugsvoraussetzungen eintreten. 31

Allerdings gilt eine Ausnahme für den **Verzugseintritt nach Vorlage der Schlussrechnung**. In § 16 Nr. 5 Abs. 4 VOB/B ist nunmehr (neu) vorgesehen, dass der Auftraggeber ausnahmsweise – wie bei § 286 Abs. 3 BGB – ohne Nachfristsetzung in Verzug geraten kann, wenn er unbestrittene Guthaben aus der Schlussrechnung nicht bei Fälligkeit, nämlich nicht innerhalb von zwei Monaten nach Zugang der Schlussrechnung an den Auftragnehmer auszahlt. In diesem Falle wird die Verzinsungspflicht des Auftraggebers hinsichtlich der unbestrittenen Schlussrechnungsforderung auf den Zeitpunkt des Fälligkeitseintrittes vorverlagert. Damit wird dem Umstand Rechnung getragen, dass die **Prüfungsfrist bei der Schlussrechnung** ohnehin mit zwei Monaten relativ lang bemessen ist und daher sichergestellt sein soll, dass der Auftraggeber jedenfalls nach Ablauf dieser Frist ohne weitere Mahnung oder Nachfristsetzung Verzugszinsen soll beanspruchen können. Insoweit wird den von Peters geäußerten Bedenken[51] hinsichtlich der 32

---

[44] Vgl. *Locher* Die Rechnung im Werkvertragsrecht, 35 m.w.N.
[45] Vgl. zur Parallelregelung des § 8 Abs. 1 HOAI etwa BGHZ 139, 111; BGH NJW 2000, 808.
[46] Vgl. § 641 Abs. 3 BGB; vgl. BGHZ 157, 102 = NJW 2004, 502 = NZBau 2004, 146.
[47] *Palandt/Heinrichs* BGB, § 288 Rdn. 2.
[48] *Palandt/Heinrichs* BGB, § 288 Rdn. 11 und 12.
[49] Siehe oben § 16 Rdn. 21 ff.
[50] Vgl. *Peters* NZBau 2002, 305, 307.
[51] *Peters* NZBau 2002, 305, 307 f.

bisherigen Fassung des § 16 Nr. 5 Abs. 3 VOB/B durch die Neufassung der Absätze3 und 4 des § 16 Nr. 5 VOB/B Rechnung getragen.

33 Durch die Neufassung des § 16 Nr. 5 Abs. 3 und 4 VOB/B ist im übrigen sichergestellt, dass ab Eintritt des Verzuges mindestens Zinsen in Höhe der in § 288 BGB angegebenen **Zinssätze** vom Auftraggeber zu entrichten sind. Der in § 16 Nr. 5 Abs. 3 Satz 2 VOB/B a.F. geregelte Zinssatz in Höhe von 5 % über dem Spitzenrefinanzierungssatz liegt betragsmäßig unterhalb des durch § 288 BGB vorgeschriebenen Verzugszinses. Insofern wird mit der Neuregelung in der VOB 2002 eine zweckmäßige Synchronisierung zwischen dem gesetzlich begründeten sowie dem für Zahlungen nach der VOB/B geschuldeten Verzugszinssatz herbeigeführt.

34 Unabhängig hiervon bleibt im Rahmen des § 16 Nr. 5 Abs. 3 und 4 VOB/B dem Auftragnehmer die Möglichkeit vorbehalten, einen **höheren Schaden** als den gesetzlich begründeten Zinssatz nach § 288 BGB geltend zu machen. Ein derartiger höherer Schaden, der auch im Rahmen des § 288 BGB nach dem dortigen Absatz 4 erhoben werden kann, wird regelmäßig in Hochzinsphasen in Betracht kommen, sofern nämlich der Auftragnehmer höhere Darlehens- und Kreditzinsen entrichtet[52].

5. Ausstellung von Rechnungen (einschließlich Umsatzsteuer)

35 Der Auftraggeber hat seine Leistungen prüfbar abzurechnen (§ 14 Nr. 1 Satz 1 VOB/B). Zu diesem Zweck hat er seine Rechnungen übersichtlich aufzustellen und dabei die Reihenfolge der Positionen aus dem Leistungsverzeichnis einzuhalten sowie die in den Vertragsbestandteilen enthaltenen Bezeichnungen zu verwenden (§ 14 Nr. 1 Satz 2 VOB/B). § 16 VOB/B bezieht sich damit auf die abrechnungstechnischen Voraussetzungen zur ordnungsgemäßen Rechnungslegung für erbrachte Bauleistungen nach § 14 VOB/B[53].

36 a) Zu den weiteren formalen **Kriterien der Rechnungsstellung** besagen weder die VOB/B noch das BGB Näheres[54]. Im BGB gab es – zumindest bislang – keine gesetzliche Definition der Rechnung[55]. Mit dem Gesetz zur Beschleunigung fälliger Zahlungen[56] ist erstmals in § 284 Abs. 3 BGB a.F. der Begriff der Rechnung in das BGB eingeführt worden[57]. Hieran anschließend hat der Rechnungsbegriff seit dem 1.1.2002 Eingang in die Verzugsregelung des § 286 Abs. 3 BGB gefunden. Eine weitergehende Definition enthält aber auch diese Bestimmung nicht. Unter einer Rechnung lässt sich – wie bereits nach früherem Verständnis – eine **gegliederte Aufstellung über eine Geldforderung** als Entgelt für eine anderweitig erbrachte Leistung verstehen[58]. Die Rechnungslegung hat aus Transparenzgründen schriftlich zu erfolgen[59].

37 Häufig werden Rechnungen vom Empfänger unter Hinweis darauf zurückgewiesen, dass sie nicht vom Aussteller unterzeichnet wurden. Einer **Unterzeichnung** von Schriftstücken bedarf es jedoch nur dann, wenn die gesetzliche Schriftform nach § 126 BGB vorgesehen ist. Dem gesetzlich verwendeten wie auch dem traditionell gebräuchlichen Rechnungsbegriff kann jedoch ein gesetzliches Schriftformerfordernis nicht entnommen werden[60]. Aus diesem Grunde sind Rechnungen grundsätzlich auch dann „wirksam", wenn sie nicht von ihrem Aussteller eigens zusätzlich unterzeichnet wurden.

38 Weitergehende Anforderungen an eine ordnungsgemäß aufgemachte Rechnung ergeben sich – sieht man von den Besonderheiten der §§ 14, 16 VOB/B ab – aus § 14 Abs. 1 UStG. Soweit

---

[52] *Palandt/Heinrichs* BGB, § 288 Rdn. 12.

[53] Siehe näher § 14 Rdn. 5 ff.

[54] Vgl. zu den baurechtlichen Besonderheiten auch *Locher* Die Rechnung im Werkvertragsrecht, 1 ff.

[55] Vgl. zum bisherigen Recht insbesondere *Mayer/Mayer* DB 1994, 81.

[56] BGBl. I 2000, 330.

[57] Vgl. zu dem Rechnungsbegriff nach dem Gesetz zur Beschleunigung fälliger Zahlungen insbesondere *Pick* ZfIR 2000, 333, 335.

[58] *Palandt/Heinrichs* BGB, § 286 Rdn. 29.

[59] *Schimmel/Buhlmann* MDR 2000, 737, 739; *Palandt/Heinrichs* BGB, § 286 Rdn. 29; a.A. Münchener Kommentar/*Thode* BGB, § 284 a.F. Rdn. 72.

[60] *Schimmel/Buhlmann* MDR 2000, 737, 729.

umsatzsteuerpflichtige Lieferungen oder Leistungen erbracht werden, ist der Unternehmer (auf Verlangen) verpflichtet, hierüber eine Rechnung auszustellen, die folgende Angaben enthalten muss:

– Den vollständigen Namen und die vollständige Anschrift des leistenden Unternehmens
– den vollständigen Namen und die vollständige Anschrift des Leistungsempfängers
– die dem leistenden Unternehmer vom Finanzamt erteilte Steuernummer oder die ihm vom Bundesamt für Finanzen erteilte Umsatzsteuer-Identifikationsnummer
– das Ausstellungsdatum der Rechnung
– die Rechnungsnummer, d.h. eine fortlaufende Nummer mit einer oder mehreren Zahlenreihen, die zur Identifizierung der Rechnung vom Rechnungsaussteller einmalig übergeben wird
– die Menge und Art der gelieferten Gegenstände oder den Umfang und die Art der sonstigen Leistung
– den Zeitpunkt der Lieferung bzw. Leistung
– das nach Steuersätzen und einzelnen Steuerbefreiungen aufgeschlüsselte Entgelt für die Lieferung bzw. Leistung, vgl. § 10 UStG
– den anzuwendenden Steuersatz sowie den auf das Entgelt entfallenden Steuerbetrag, ersatzweise einen Hinweis darauf, dass für die Lieferung bzw. Leistung ein Tatbestand der Steuerbefreiung eintritt und
– ein Hinweis auf die Aufbewahrungspflicht des Leistungsempfängers, wenn der Leistungsempfänger nicht Unternehmer ist oder die Leistung für einen nicht unternehmerischen Bereich verwendet wird, vgl. § 14 b Abs. 1 Satz 5 UStG[61].

Mittelbar ergeben sich damit aus § 14 Abs. 1 UStG die (weiteren) formalen Voraussetzungen, die an eine ordnungsgemäße Rechnungsstellung durch den Auftragnehmer zu stellen sind. Elektronische Rechnungen erfüllen nach wie vor in der Regel nicht die Voraussetzungen des § 14 UStG: § 14 Abs. 3 UStG schreibt ausdrücklich vor, dass eine elektronische Rechnung nur dann zum Vorsteuerabzug anerkannt wird, wenn sie über eine qualifizierte elektronische Signatur verfügt, was regelmäßig zum gegenwärtigen Zeitpunkt im Telekommunikationsverkehr noch nicht der Fall ist.

39 Der Auftraggeber hat grundsätzlich einen **zivilrechtlichen Anspruch auf ordnungsgemäße Rechnungserteilung** unter Berücksichtigung der Voraussetzungen des § 14 UStG[62]. Notfalls kann der Anspruch auf eine § 14 UStG standhaltende Rechnung (unter Einschluss der Mehrwertsteuer) auch im Klagewege gegenüber dem Auftragnehmer durchgesetzt werden[63]. Der Anspruch auf Rechnungserteilung verjährt nach § 195 BGB n.F. regelmässig in der dort vorgesehenen kurzen Frist von lediglich drei Jahren[64].

40 Die Rechnung muss grundsätzlich dem Auftraggeber zugehen. Dies ergibt sich unmittelbar aus § 286 Abs. 3 BGB, da anderenfalls die dort vorgesehene Frist von 30 Tagen nicht nachgewiesen werden kann. Der Auftragnehmer ist deshalb gehalten, im Zweifel den **Nachweis des Rechnungszuganges** führen zu können[65].

41 **b)** In den Rechnungen ist die **Mehrwertsteuer auf die Lieferungen und Leistungen** jeweils gesondert auszuweisen (§ 14 Abs. 1 Satz 1 UStG). Dies gilt nicht nur für Schlussrechnungen, sondern gleichermaßen auch für Rechnungen über Abschlagszahlungen und Vorauszahlungen[66]. Zwischen 1980 und 1994 bestand nach § 14 Abs. 1 Satz 6 UStG a.F. eine Bagatellregelung dahingehend, dass die Umsatzsteuerpflicht sowie die Pflicht zur entsprechenden Rechnungsstellung

---

[61] Vgl. hierzu im einzelnen *Bunjes/Geist/Zeuner* UStG, § 14 Rdn. 36 ff.
[62] BGH NJW 1988, 2042, 2043; BGH NJW 1989, 302; *Bunjes/Geist/Zeuner* UStG, § 14 Rdn. 68.
[63] *Bunjes/Geist/Zeuner* UStG, § 14 Rdn. 68.
[64] Bunjes/Geist/Zeuner UStG, § 14 Rdn. 73.
[65] Vgl. *Schimmel/Buhlmann* MDR 2000, 737, 738; *Mayer/Mayer* DB 1994, 81, insbesondere auch zur bewussten oder fehlerhaften Rechnungsstellung an einen Dritten.
[66] *Hartmann/Metzenmacher* UStG, § 14 Rdn. 151.

nur dann bestand, wenn das jeweils einzelne steuerpflichtige Entgelt mindestens 10.000,00 DM betrug. Zum 1.1.1994 wurde Satz 6 in § 14 Abs. 1 UStG gestrichen, so dass seither auch auf Abschlags- und Vorauszahlungen von weniger als 10.000,00 DM die Umsatzsteuer zu beaufschlagen und eine die Umsatzsteuer ausweisende Rechnung auszufertigen ist[67]. Eine Ausnahme gilt jedoch für Fälle, in denen die Steuerschuldnerschaft bei bestimmten Grundstücksgeschäften und vor allem Bauleistungen vom Leistenden auf den Leistungsempfänger übertragen wurde (§ 13 b UStG)[68].

42 Von der Aufstellung und Übergabe einer Rechnung zu unterscheiden ist die in § 368 BGB enthaltene Regelung, wonach der Gläubiger gegen Empfang der Leistung auf Verlangen des Schuldners eine **Quittung** in Form eines schriftlichen Empfangsbekenntnisses zu erteilen hat. Mit der Erteilung der Quittung bringt der Gläubiger zum Ausdruck, dass er die geforderte Leistung vom Schuldner erhalten hat[69]. Der Gläubiger hat auf Verlangen des Schuldners die Quittung schriftlich zu erteilen und diese eigenhändig zu unterzeichnen[70]. Kann der Auftraggeber eine vom Auftragnehmer unterzeichnete Zahlungsquittung vorlegen, so spricht dies im Rahmen der Beweiswürdigung für die Erfüllung der Zahlungsverpflichtung durch den Auftraggeber[71].

6. Ausgleich und Bezahlung von Rechnungen

43 Die Verpflichtung zur Bezahlung von Bauleistungen erlischt gemäß § 362 Abs. 1 BGB, wenn die geschuldete Zahlung an den Gläubiger bewirkt wird. Das Bewirken der Zahlung umfasst einerseits die Vornahme der erforderlichen Leistungshandlung und andererseits den Eintritt des dem Gläubiger geschuldeten Leistungserfolges[72]. Bei Geldschulden tritt **Erfüllung mit der Zahlung** des geschuldeten Geldbetrages ein[73]. Für die Berechnung des Zahlungsziels soll es dabei nicht auf die Bestimmung des § 193 BGB, sondern auf den bloßen rechnerischen Ablauf der vereinbarten Zahlungsfrist ankommen, so dass ein Zahlungsziel auch auf einem Samstag, Sonntag oder aber einem Feiertag liegen kann[74].

44 a) Der Rechnungsausgleich kann durch **Barzahlung** erfolgen. Wenn die Parteien nichts Abweichendes vereinbart haben, kann der Auftraggeber deshalb die Bezahlung vorgelegter Rechnungen in bar vornehmen[75]. Erfolgt eine postalische Zahlungsanweisung, handelt es sich wegen der Auszahlung des angewiesenen Betrages an den Auftragnehmer ebenfalls um eine Barzahlung[76]. Der Auftraggeber hat bei derartigen postalischen Anweisungen lediglich für die rechtzeitige Absendung des von ihm geschuldeten Betrages zu sorgen[77]. Das Verspätungsrisiko liegt bei rechtzeitiger Absendung des Geldbetrages bei dem Empfänger, also dem Auftragnehmer[78].

45 b) Die Bezahlung von Rechnungen erfolgt im Baubereich regelmäßig durch **Überweisung im sog. bargeldlosen Zahlungsverkehr**. Im Ergebnis kann es dahinstehen, ob derartige Zahlungen als Erfüllung im Sinne des § 362 Abs. 1 BGB oder aber lediglich als Leistung an Erfüllungsstatt gemäß §§ 363 BGB anzusehen sind[79]. Mit der Angabe bestimmter Kontenverbindungen auf Rech-

---

[67] Vgl. Art. 20 Nr. 13 des Missbrauchsbekämpfungs- und Steuerbereinigungsgesetzes vom 21.12.1993, BStBl I 1994, 50; *Arzberger/Püschner* DB 1994, 296; *Plückebaum/Malitzky/Widmann* UStG, § 14 Rdn. 6/3.

[68] Vgl. hierzu im einzelnen unten § 16 Rdn. 60.

[69] *Palandt/Grüneberg* BGB, § 368 Rdn. 2.

[70] BGH NJW-RR 1988, 881; vgl. aber § 126 Abs. 3 BGB i.V.m. § 126 a BGB zu der dort vorgesehenen Möglichkeit elektronischer Formwahrung.

[71] BGH NJW-RR 1988, 881; OLG Frankfurt NJW-RR 1991, 172.

[72] BGHZ 1, 4, 6; BGHZ 12, 267, 268; *Staudinger/Olzen* BGB, § 362 Rdn. 11.

[73] *Staudinger/Olzen* BGB, Vorbem §§ 362 ff. Rdn. 18 m.w.N.

[74] LG Bonn mit Anm. *Merkens* BrBp 2005, 334 f.

[75] Münchener Kommentar/*Wenzel* BGB, § 362 Rdn. 19; *Staudinger/Olzen* BGB, Vorbem §§ 362 ff. Rdn. 19.

[76] RGRK/*Weber* BGB, § 362 Rdn. 19; Münchener Kommentar/Wenzel BGB, § 362 Rdn. 19.

[77] RGZ 78, 137, 140; Münchener Kommentar/*Krüger* BGB, § 270 Rdn. 19.

[78] Münchener Kommentar/*Krüger* BGB, § 270 Rdn. 19.

[79] Vgl. zur rechtsdogmatischen Problematik im einzelnen *Staudinger/Olzen* BGB, Vorbem zu §§ 362 ff. Rdn. 34 f.

nungen bringt der Auftragnehmer sein Einverständnis mit einer bargeldlosen Zahlungsabwicklung zum Ausdruck[80]. Darüber hinaus entspricht es im Handelsverkehr zwischen Vollkaufleuten allgemeinem Handelsbrauch, Zahlungen unbar in Form von Überweisungen vorzunehmen[81]. Gibt der Auftragnehmer verschiedene Kontenverbindungen an, so steht es dem Auftraggeber frei, auf welches der angegebenen Konten die Zahlung bewirkt wird; sobald der Auftragnehmer jedoch ausdrücklich ein bestimmtes Konto zur Vornahme des Rechnungsausgleiches angibt, kommt vom Grundsatz her – sieht man einmal von der Heranziehung des § 242 BGB ab – nur der Überweisung auf dieses Konto die erforderliche Erfüllungs- und Tilgungswirkung zu[82]. Die Wirkung der Schuldbefreiung tritt bei erfolgter Überweisung erst mit dem Zeitpunkt ein, in dem der gezahlte Betrag dem **Konto des Auftragnehmers gutgeschrieben** ist[83]. Für die Rechtzeitigkeit der Zahlung kommt es allerdings nicht darauf an, wann das Kreditinstitut dem Auftragnehmer die Gutschrift auf dem Auftragnehmerkonto mitteilt[84]. Soweit der überwiesene Betrag dem Konto eines Dritten gutgeschrieben wird, tritt Erfüllungswirkung nur ein, wenn der Auftragnehmer das entsprechende Konto zur Zahlung dem Auftraggeber ausdrücklich benannt hat[85].

c) Häufig erfolgt der Zahlungsausgleich auf vorgelegte Rechnungen durch **Übergabe von Schecks oder Wechseln**. Die Übergabe eines Schecks oder Wechsels erfolgt lediglich erfüllungshalber im Sinne der §§ 363 BGB[86]. Die Erfüllungswirkung tritt in diesem Fall erst ein, wenn der im Scheck bzw. Wechsel ausgewiesene Betrag dem Auftragnehmer bar ausgezahlt oder aber seinem Konto endgültig gutgeschrieben ist[87]. Kommt der dem Auftragnehmer zum Zwecke der Zahlungserfüllung überlassene Scheck abhanden, so ist dieser aber zumindest verpflichtet, das sog. Aufgebotsverfahren durchzuführen[88]. 46

In der Baupraxis versuchen Auftraggeber nicht selten, dem Auftragnehmer einen **betragsmäßig untersetzten Scheck zum Ausgleich der erhobenen Forderungen** unter Hinweis darauf zu übersenden, dass der Auftragnehmer die vom Auftraggeber vorgenommene Abrechnung bzw. Kürzung durch Einlösung des Schecks vollen Umfanges akzeptiert. Grundsätzlich wird eine Teilzahlung nicht als Verzicht auf Zahlungsansprüche hinsichtlich der vom Auftraggeber nicht anerkannten Forderungsteile angesehen. Aus der Einlösung der Schecks lässt sich regelmäßig kein eindeutiger Annahmewille des Auftragnehmers zum Abschluss eines uneingeschränkten Abfindungsvertrages entnehmen[89]. 47

d) Im Rahmen des sog. **Lastschriftverfahrens** wird zwischen dem Abbuchungs- und dem Einziehungsermächtigungs-Verfahren unterschieden[90]. Während beim Abbuchungsverfahren das Kreditinstitut des Auftraggebers angewiesen wird, Lastschriften des Auftragnehmers einzulösen, erteilt der Auftraggeber beim Einziehungsermächtigungs-Verfahren dem Auftragnehmer die Ermächtigung, bei seinem Kreditinstitut Zahlung aus der Rechnung zu beanspruchen. Im Rahmen beider Verfahren tritt Erfüllungswirkung erst ein, wenn die Gutschrift des Rechnungsbetrages erfolgt, das Konto des Auftraggebers wirksam belastet und darüber hinaus der geschuldete Betrag auch dem Kreditinstitut des Auftragnehmers gutgeschrieben wurde[91]. 48

---

[80] BGH NJW 1986, 2428, 2429; Münchener Kommentar/*Wenzel* BGB, § 362 Rdn. 21.

[81] Münchener Kommentar/*Wenzel* BGB, § 362 Rdn. 21.

[82] BGHZ 98, 24, 30; BGH NJW 1991, 3208, 3209.

[83] BGHZ 6, 121, 123; BGHZ 58, 108, 109; RGRK/*Weber* BGB, § 362 Rdn. 22; Münchener Kommentar/*Wenzel* BGB, § 362 Rdn. 23.

[84] BGHZ 103, 143, 147; Münchener Kommentar/*Wenzel* BGB, § 362 Rdn. 23.

[85] BGH WM 1971, 1500; OLG Köln NJW 1990, 2261, 2262; Münchener Kommentar/*Wenzel* BGB, § 362 Rdn. 23.

[86] Münchener Kommentar/*Wenzel* BGB, § 364 Rdn. 7.

[87] Vgl. BGHZ 53, 199, 204; Münchener Kommentar/*Wenzel* BGB, § 362 Rdn. 20.

[88] AG Köln NJW-RR 1992, 755.

[89] KG Berlin BauR 2001, 108.

[90] *Staudinger/Olzen* BGB, Vorbem zu §§ 362 ff., Rdn. 58 ff.

[91] LG Regensburg NJW-RR 1992, 717, 718; *Palandt/Grüneberg* BGB, § 362 Rdn. 9 b.

49 **e)** In der Baupraxis werden Zahlungen – gleich auf welche Weise sie bewirkt werden – nicht selten mit **„Vorbehalten" des Auftraggebers** verbunden. Bei derartigen Vorbehalten und Bedingungen ist es regelmäßig eine Frage der Auslegung, ob es durch die Vornahme der Zahlung zum Eintritt der Erfüllungswirkungen des § 362 BGB kommt[92]. Sofern sich der Auftraggeber lediglich mit seinem Vorbehalt die Möglichkeit offenhalten will, bereicherungsrechtliche Rückforderungsansprüche aus § 812 BGB – ohne den Einwand des § 814 BGB – geltend zu machen, wenn er selbst nachweist, dass die zugrundeliegende Forderung des Auftragnehmers nicht besteht, tritt Erfüllungswirkung im Sinne des § 362 BGB ein, da der Auftragnehmer nur ein Recht auf Bezahlung, nicht jedoch auf Anerkennung seiner Vergütungsansprüche hat[93]. Keine Erfüllungswirkung tritt demgegenüber bei solchen Vorbehalten ein, die darauf abzielen, die vorgenommene Bezahlung davon abhängig zu machen, dass der Auftragnehmer auch künftig verpflichtet bleibt, die der Zahlung zugrundeliegende Forderung zu begründen und zu beweisen[94]. Unter letztgenannten Voraussetzungen kann der Auftragnehmer die ihm gegenüber unter Vorbehalt angediente Zahlung zurückweisen und selbige auch weiterhin vorbehaltlos verlangen[95].

50 **f)** Auftragnehmer können ihre Forderungen – nicht jedoch einzelne Abrechnungsposten – gegen den Auftraggeber grundsätzlich abtreten[96]. Der Ausgleich ist dann gegenüber dem Neugläubiger vorzunehmen[97]. Abtretungsverbote und -beschränkungen verhindern nach § 354 a HGB nicht die Wirksamkeit von Abtretungsvereinbarungen, wenn der Bauvertrag für beide Parteien ein Handelsgeschäft beinhaltet oder der Schuldner eine juristische Person des öffentlichen Rechts ist[98].

Kommt es nach abtretungsbedingten Zahlungen des Auftraggebers bei dem Neugläubiger zu einer Überzahlung, steht dem Auftragnehmer kein unmittelbarer, bereicherungsrechtlicher Rückzahlungsanspruch gegen den Neugläubiger zu. Der Anspruch auf Rückzahlung des überzahlten Betrages ist vielmehr ein vertraglicher Anspruch, der dem Auftraggeber ausschließlich gegen den mit ihm vertraglich verbundenen Auftragnehmer zusteht[99].

7. Berücksichtigung der Bauabzugssteuer

51 Mit dem Gesetz zur Eindämmung der illegalen Beschäftigung im Baugewerbe vom 30.8.2001[100] wurde zur Sicherung von Steueransprüchen bei Bauleistungen ein neuer Steuerabzug bei vorzunehmenden Zahlungen für im Inland erbrachte Bauleistungen eingeführt. Die Bauabzugsverpflichtungen ergeben sich im einzelnen aus §§ 48–48d EStG. Die gesetzlichen Bestimmungen sollen dazu dienen, illegale Beschäftigung am Bau und Dumpinglöhne im Baugewerbe einzuschränken[101].

Mit **Wirkung ab dem 1.1.2002** haben unternehmerisch tätige Auftraggeber von Bauleistungen (Leistungsempfänger) im Inland einen Steuerabzug von 15 v.H. der Gegenleistung für Rechnung des die Bauleistung erbringenden Unternehmens (Leistender) vorzunehmen, wenn nicht eine gültige, vom zuständigen Finanzamt des Leistenden ausgestellte Freistellungsbescheinigung vorliegt oder aber bestimmte Freigrenzen nicht überschritten werden[102].

52 Der **Empfänger einer Bauleistung** (Auftraggeber) hat, wenn er Unternehmer oder aber juristische Person des öffentlichen Rechts ist, von der mit dem Bauunternehmer (Auftragnehmer)

---

92 *Staudinger/Olzen* BGB, § 362 Rdn. 24 ff.
93 BGH NJW 1982, 2301, 2302; Münchener Kommentar/*Wenzel* BGB, § 362 Rdn. 4.
94 Münchener Kommentar/*Wenzel* BGB, § 362 Rdn. 4.
95 BGHZ 86, 267, 269; Münchener Kommentar/*Wenzel* BGB, § 362 Rdn. 4.
96 OLG Brandenburg NJW-RR 2003, 1525 = NZBau 2004, 99 = BauR 2004, 87.
97 OLG Brandenburg BauR 2003, 357.
98 OLG Oldenburg BauR 2004, 884.
99 OLG Jena IBR 2005, 1136 – Online.
100 BGBl. I 2001, 2267.
101 Kirchhof-Gosch, EStG, 6. Aufl., § 48 Rdn. 1.
102 Vgl. im einzelnen Schreiben des Bundesministeriums für Finanzen vom 1.11.2001 (IV A 5-S 1900–292/01), abgedruckt DStR 2001, 2202; ferner *Ebling* DStR, Beihefter zu Heft 51/52/2001, 1; *Lieber* DStR 2001, 1470; *Schroen* NWB Fach 3, 11781.

vereinbarten Bruttovergütung den vorgesehenen Abzugsbetrag in Höhe von 15 v.H. vorzunehmen und diesen einzubehalten. Bei gestaffelten Vertragsverhältnissen im Baubereich – Bauherr/Generalunternehmer/Nachunternehmer – ist der Abzug jeweils gesondert in jedem der einzelnen Vertragsverhältnisse vorzunehmen[103].

Der Steuerabzug entfällt nur dann, wenn der Auftragnehmer eine gültige **Freistellungsbescheinigung** des zuständigen Finanzamtes vorlegt. Eine derartige Freistellungsbescheinigung erteilt das für den Auftragnehmer zuständige Finanzamt, wenn aus seiner Sicht der zu sichernde Steueranspruch nicht gefährdet erscheint und – bei ausländischen Bauunternehmen – ein inländischer Empfangsbevollmächtigter bestellt ist (§ 48 b Abs. 1 EStG). Entscheidend kommt es darauf an, dass der Auftragnehmer in der Lage ist, zum Zeitpunkt der von ihm erbrachten Bauleistungen seinem Auftraggeber eine gültige Freistellungsbescheinigung vorzulegen[104]. Bis zur Vorlage einer gültigen Freistellungsbescheinigung ist der Auftraggeber bei bestehender Abzugspflicht nach §§ 48 EStG berechtigt, die Zahlung der geschuldeten Vergütung zu verweigern[105]. Das Finanzamt kann die Erteilung der Freistellungsbescheinigung zeitlich – etwa auf eine Dauer von drei Jahren – beschränken[106]. Ebenso kommt die Ausstellung der Freistellungsbescheinigung ohne Befristung, jedoch unter dem Vorbehalt des Widerrufes in Betracht (vgl. § 131 AO). Inwieweit eine Freistellungsbescheinigung jeweils aktualisierungsbedürftig ist, richtet sich nach den zugrunde liegenden vertraglichen Vereinbarungen[107]. Da der Auftraggeber den einbehaltenen Betrag an das zuständige Finanzamt abzuführen hat, kann der Auftragnehmer dem Einbehalt nicht durch Stellung einer Sicherheitsleistung im Sinne des § 273 Abs. 3 BGB begegnen[108]. 53

Unabhängig hiervon entfällt der Steuerabzug auch dann, wenn die zur Abrechnung gestellte Leistung nicht die **Bagatellgrenze von 5.000,00 EUR** überschreitet. Für die Bemessung der Bagatellgrenze kommt es nicht auf die einzelne Rechnung im Verhältnis der Parteien untereinander, sondern auf die Addition aller Forderungen innerhalb des jeweiligen Kalenderjahres an[109]. 54

Der **Steuerabzug beläuft sich auf 15 v.H.** der jeweiligen geschuldeten Bruttovergütung. Dies hat zur Konsequenz, dass der Auftraggeber grundsätzlich – sieht man von den vorgenannten Ausnahmen ab – nur berechtigt ist, 85 v.H. der vertraglich vereinbarten Vergütung an den Auftragnehmer unmittelbar auszuzahlen[110]. Mit der Zahlung von 85 % der Vergütung erfüllt der Auftraggeber damit genau genommen den 100 %-igen Erfüllungsanspruch des Auftragnehmers. 55

Den **einbehaltenen Steuerbetrag** hat der Auftraggeber innerhalb von 10 Tagen nach Ablauf des Monats, in dem die Gegenleistung – etwa in Form der Abschlagszahlung – erbracht wurde, an das für den Auftragnehmer zuständige Finanzamt abzuführen (§ 48 a Abs. 1 EStG). Praktisch muss der Auftraggeber in diesem Falle das jeweils zuständige Finanzamt ausfindig machen und dort eine Steueranmeldung auf amtlich vorgeschriebenen Vordrucken einreichen[111]. Aus § 48 a Abs. 2 EStG ergibt sich ferner die Verpflichtung des Auftraggebers, über den Steuerabzug gegenüber dem Auftragnehmer abzurechnen[112]. 56

Besondere Probleme ergeben sich, wenn sich **nachträglich der Wert der Gegenleistung (Bauleistung) erhöht oder aber vermindert**. Dies betrifft Fälle, in denen die Abrechnung der Bauleistung nachträglich in der einen oder anderen Richtung korrigiert wird. Im Falle einer nachträglichen Erhöhung der Gegenleistung ist der Auftraggeber verpflichtet, den Differenzbetrag zu der vorherigen Anmeldung in dem Anmeldezeitraum, in dem der erhöhte Betrag 57

---

103 *Lieber* DStR 2001, 1470, 1471.
104 *Lieber* DStR 2001, 1470, 1471.
105 *Heiland* NZBau 2002, 413, 416.
106 Kirchhof-Gosch, EStG, 6. Aufl., § 48 b Rdn. 8.
107 OLG Hamburg IBR 2004, 192.
108 A.A. *Heiland* NZBau 2002, 413, 416.
109 *Lieber* DStR 2001, 1470, 1471.
110 *Lieber* DStR 2001, 1470, 1472.
111 Schreiben des Bundesministeriums für Finanzen vom 1.11.2001 (IV A 5-S1900–292/01), abgedruckt DStR 2001, 2202, 2205; *Lieber* DStR 2001, 1470, 1472.
112 Vgl. zur Berechnung/Abrechnung der Bauabzugssteuer insbesondere *Schroen* NWB Fach 3, 11781, 11783 ff.

erbracht wurde, (zusätzlich) anzumelden (§ 48 a Abs. 1 EStG)[113]. Kommt es jedoch nicht zu einer Erhöhung, sondern zu einer Minderung der Gegenleistung (Bauleistung), ist keine Berichtigung der Anmeldung vorzunehmen, d.h. diese Minderungen bleiben im Rahmen des Steuerabzuges unberücksichtigt, so dass sich der Steuerabzug im Einzelfall auf mehr als 15v.H. des (geminderten) Wertes der Bauleistung stellen kann. In diesem Zusammenhang ist zu berücksichtigen, dass **Skontoabzüge** nicht als nachträgliche Minderung gelten, da sie bereits im Rahmen der zu berücksichtigenden Gegenleistung jeweils wertmäßig zu beachten sind[114].

58 Der Steuerabzug für erbrachte Bauleistungen bezieht sich auf alle Leistungen, die der Herstellung, Instandsetzung oder Instandhaltung, Änderung oder Beseitigung von Bauwerken dienen (§ 48 Abs. 1 Satz 2 EStG). Aufgrund des **weit gezogenen Bauleistungsbegriffes** zählen auch Baustoffe und Bauteile, Fenster und Türen, Bodenbeläge und Heizungsanlagen, aber auch Einrichtungsgegenstände zu Bauleistungen, sofern sie mit dem Gebäude fest verbunden sind (Ladeneinbauten, Schaufensteranlagen etc.)[115]. Unter den Bauleistungsbegriff fallen ferner auch Arbeiten zur Herstellung von Straßen, Leitungen, Siel- und Brunnenanlagen, da es sich auch insoweit um bauliche Maßnahmen handelt, die aus Baustoffen bzw. Bauteilen mit baulichen Geräten hergestellt werden[116].

Nicht zu den Bauleistungen und damit nicht steuerabzugsunterworfen sind die Leistungen von Architekten und Ingenieuren, Reinigungs- und Wartungsarbeiten sowie reine Materiallieferungen durch Baustoffhändler und/oder Baumärkte. Auch Arbeiten an Betriebsvorrichtungen – Maschinen, Antennenanlagen etc. – zählen nicht zu den eigentlichen Bauleistungen[117]. Allerdings ist zu beachten, dass auch derartige Leistungen im Einzelfall von der Bauabzugssteuer erfasst werden können, nämlich dann, wenn sie innerhalb eines Vertragsverhältnisses zusammen mit anderweitigen Bauleistungen ausgeführt werden und diese der Vertragsbeziehung das maßgebende und vorrangige Gepräge geben[118].

59 **Prozessual** kann der Auftragnehmer bei fehlender Vorlage der Freistellungsbescheinigung Klage auf 85 % der zur Abrechnung gestellten Vergütung erheben. Soweit der Auftraggeber seiner Verpflichtung zur Abführung des einbehaltenen 15 %-igen Steuerbetrages an das zuständige Finanzamt entsprochen hat, ist damit Erfüllungswirkung im Verhältnis zum Auftragnehmer eingetreten[119]. Der von der Abzugspflicht betroffene Teil der Vergütung ist insoweit als auf den Steuerfiskus übergeleitet anzusehen, so dass dem Auftragnehmer keine weitere Forderungsberechtigung mehr zustehen kann[120].

8. Berücksichtigung der Umsatzsteuerschuldnerschaft

60 Durch das Haushaltsbegleitgesetz 2004 wurde die Steuerschuldnerschaft bei bestimmten Grundstücksgeschäften und vor allem Bauleistungen vom inländischen Leistenden auf den Leistungsempfänger übertragen (§ 13 b UStG). Für leistende ausländische Unternehmer gilt weiterhin die Regelung des § 13 b Abs. 1 Satz 1 Nr. 1 UStG, die vorrangig ist (§ 13 Abs. 1 Satz 1 Nr. 4 S. 2 UStG). Diese Ausdehnung des auch als **Reverse Charge** bezeichneten Verfahrens dient der Ein-

---

[113] Vgl. Ziffer 46 des Schreibens des Bundesministeriums der Finanzen vom 1.11.2001 (IVA5-S 1900–292/01), abgedruckt DStR 2001, 2202, 2205.

[114] *Schroen* NWB Fach 3, 11781, 11786.

[115] Schreiben des Bundesministeriums der Finanzen vom 1.11.2001 (IVA5-S1900–292/01), abgedruckt DStR 2001, 2202, 2203.

[116] Kirchhof-Gosch EStG, 6. Aufl., § 48 Rdn. 9.

[117] Kirchhof-Gosch EStG, 6. Aufl., § 48 Rdn. 9.

[118] Schreiben des Bundesministeriums der Finanzen vom 1.11.2001 (IVA5-S1900–292/01), abgedruckt DStR 2001, 2202, 2203.

[119] BGH WM 2005, 1381; OLG München BauR 2005, 1188.

[120] Vgl. BGH NZBau 2001, 625 zum entsprechenden Steuerabzugsverfahren nach § 18 UStG; a.A. *Heiland* NZBau 2002, 413, 416, der eine Klage auf vollen Werklohn Zug um Zug gegen Vorlage der Freistellungsbescheinigung für zulässig erachtet, wobei jedoch übersehen wird, dass zum Zeitpunkt der Klageerhebung die Zahlung der Bauabzugssteuer an das Finanzamt bereits erfolgt und damit die Forderung des Auftragnehmers erloschen ist.

dämmung des Vorsteuerbetrugs[121]. Sie betrifft „Werklieferungen und sonstige Leistungen, die der Herstellung, Instandsetzung, Instandhaltung, Änderung oder Beseitigung von Bauwerken dienen, mit Ausnahme von Planungs- und Überwachungsleistungen" (§ 13 b Abs. 1 Satz 1 Nr. 4 UStG). Nachdem eine bis zum 30.6.2004 befristete Übergangsregelung[122] entfallen ist, ergeben sich die maßgebenden Regelungen heute in Ergänzung zu § 13 b Abs. 1 UStG aus dem BMF-Schreiben vom 2.12.2004 und aus Abschn. 182 a UStR[123].

Der Begriff der Bauleistungen ist wie bei der Bauabzugssteuer nach § 48 EStG[124] weit auszulegen. Sie können sich auf Bauwerke, insbesondere Gebäude, Anlagen und Versorgungsleitungen sowie auf Verkehrseinrichtungen, Gebäudeausrüstung und maschinelle Anlagen beziehen. Ausgenommen sind u.a. Zuliefergegenstände, Reparatur- und Wartungsarbeiten bis zu einer Bagatellgrenze von netto 500,00 EUR sowie die vorübergehende Bereitstellung von Maschinen und Geräten etc.[125]

Bei den danach unter § 13 b UStG fallenden Bauleistungen wird anstelle des Leistenden nunmehr der Leistungsempfänger zum Schuldner der Umsatzsteuer, wenn und soweit er selbst nachhaltig Bauleistungen erbringt. Diese Voraussetzungen liegen vor, wenn sich mindestens 10 % seiner gesamten umsatzsteuerbaren Umsätze auf Bauwerke bzw. Bauleistungen beziehen. Dies gilt insbesondere auch für Bau-Arbeitsgemeinschaften (ARGE), wenn diese eine Gesamtleistung erbringen oder aber ihre Gesellschafter Bauleistungen für die ARGE ausführen. Ausgenommen von der Steuerschuldnerschaft sind jedoch Personen- und Kapitalgesellschaften, die lediglich Bauleistungen für den privaten Bereich eines Gesellschafters erbringen, ebenso wie Wohnungseigentümergemeinschaften, soweit diese Bauleistungen als steuerfreie Leistungen an die einzelnen Eigentümer weitergeben[126].

Liegen die Voraussetzungen der Umkehr der Steuerschuldnerschaft vor, so hat der Leistende für nach dem 31.3.2004 ausgeführte Bauleistungen eine Rechnung auszustellen, in der neben dem Nettoentgelt ein Hinweis auf die Steuerschuldnerschaft des Leistungsempfängers enthalten sein muss.

Wurden bereits vor dem 1.4.2004 durch den Leistenden Abschlagszahlungen mit Mehrwertsteuerausweis gestellt, muss der Leistende die jeweilige Rechnung berichtigen, wenn auch über den 31.3.2004 hinaus Bauleistungen von ihm erbracht wurden[127].

9. Verjährung der Zahlungsansprüche

Die VOB/B enthält keine speziellen Regelungen zur Verjährung von Zahlungsansprüchen. 61
Die Verjährung richtet sich deshalb nach den allgemeinen verjährungsrechtlichen Vorschriften des BGB.

a) Das bisherige und **bis zum 31.12.2001 geltende Recht** sah in § 196 Abs. 1 Nr. 1 BGB für 62
den Zahlungsanspruch des Auftragnehmers aus dem abgeschlossenen Bauvertrag eine Verjährungsfrist von zwei Jahren vor. Soweit die Bauleistung für den Gewerbebetrieb des Auftraggebers ausgeführt wurde, galt nach § 196 Abs. 2 BGB eine auf vier Jahre verlängerte Verjährungsfrist. Diese Voraussetzungen lagen vor, wenn von dem Auftraggeber eine gewerbliche Tätigkeit ausgeübt wurde, die auf die Erzielung von dauernden Einnahmen gerichtet war und einen berufsmäßigen Geschäftsbetrieb erforderte[128]. Aktiengesellschaften, GmbHs und Genossenschaften fielen aufgrund ihrer Eigenschaft als Formkaufleute stets unter den Anwendungsrahmen des § 196 Abs. 2

[121] Eisolt NWB Nr. 9 vom 28.2.2005, Fach 7 S. 6405.
[122] BMF-Schreiben vom 31.3.2004 – S 7279, BStBl 2004 I, 453.
[123] BMF-Schreiben vom 2.12.2004 – S 7279, BStBl 2004 I, 1129, hierzu eingehend Eisolt NWB Nr. 9 vom 28.2.2005 Fach 7 S. 6405.
[124] Vgl. hierzu BMF-Schreiben vom 27.12.2002 – S 2272, BStBl 2002 I, 1399.
[125] Eisolt a.a.O., S. 6406.
[126] Eisolt a.a.O., S. 6405.
[127] Eisolt a.a.O., S. 6406; Freundlieb DB 2004, 273, 274.
[128] BGHZ 83, 382, 386; BGHZ 74, 273, 274.

BGB[129]. Demgegenüber unterfielen Betriebe und Einrichtungen der öffentlichen Hand nur dann dem § 196 Abs. 2 BGB, wenn sie sich erwerbswirtschaftlich betätigten[130]; nicht indes, wenn sie lediglich Aufgaben der Daseinsvorsorge wahrgenommen haben[131].

63 Die zwei- bzw. vierjährige Verjährungsfrist begann nach § 201 BGB a.F. (erst) mit dem Schluss des Jahres zu laufen, in dem die **Vergütungsansprüche fällig** wurden. Insoweit war einerseits zwischen der Vergütung nach BGB und VOB/B und andererseits nach den unterschiedlichen Zahlungsarten zu differenzieren:

64 – Der Vergütungsanspruch **aus § 641 Abs. 1 Satz 1 BGB** wird mit dem Zeitpunkt der Abnahme der Bauleistungen fällig[132]. Dabei ist zu beachten, dass es für die Fälligkeit von BGB-Vergütungsansprüchen nicht darauf ankommt, dass eine (prüffähige) Schlussrechnung vom Unternehmer übergeben wird[133].

65 – Anders verhält es sich **bei Zugrundelegung der VOB/B**: Nach § 16 Nr. 3 Abs. 1 Satz 1 VOB/B wird der Anspruch auf die Schlusszahlung alsbald nach Prüfung und Feststellung der vom Auftragnehmer vorgelegten Schlussrechnung fällig, spätestens jedoch innerhalb von zwei Monaten nach Zugang. Damit ist zweierlei gesagt: Einerseits bedarf es zur Herbeiführung der Fälligkeit und damit dem Beginn der Verjährungsfrist der Vorlage einer Schlussrechnung durch den Auftragnehmer, andererseits tritt die Fälligkeit nicht bei Übergabe der Schlussrechnung, sondern erst bei Ablauf der Prüffrist, also (spätestens) nach Ablauf von zwei Monaten ein[134]. Erforderlich ist ferner, dass die vom Auftragnehmer vorgelegte Schlussrechnung sich als prüffähig im Sinne von § 14 VOB/B erweist[135]. Versäumt der Auftraggeber jedoch Einwendungen gegen die Prüffähigkeit der Schlussrechnung innerhalb von zwei Monaten zu erheben, so treten nach Ablauf vorgenannter Frist die Wirkungen der Fälligkeit ein[136].

66 Die Verjährungsfrist konnte durch ein **Anerkenntnis des Auftraggebers** (§ 208 BGB a.F.) oder aber durch gerichtliche Geltendmachung (§ 209 BGB a.F.) unterbrochen werden (Klageerhebung, Zustellung eines Mahnbescheides, Aufrechnung im Prozess, Streitverkündung). Die **Wirkung der Unterbrechung** der laufenden Verjährungsfrist bestand darin, dass die bis zum Unterbrechungszeitraum verstrichene Verjährungsfrist unberücksichtigt blieb und nach Beendigung des Unterbrechungstatbestandes die ursprüngliche Verjährungsfrist von zwei bzw. vier Jahren nochmals begann zu laufen (§ 217 BGB a.F.).

67 **b)** Durch das Gesetz zur Modernisierung des Schuldrechts vom 26.11.2001[137] ist **mit Wirkung zum 1.1.2002 das Verjährungsrecht grundlegend novelliert** worden[138]. Die regelmäßige Verjährungsfrist wurde von 30 Jahren auf nunmehr nur noch drei Jahre zurückgenommen (§ 195 BGB). Die neue Regel-Verjährungsfrist erfasst bei Fehlen anderweitiger spezieller oder aber vertraglicher Regelungen sämtliche Primärleistungsansprüche und damit auch die Zahlungsansprüche aus Bauverträgen[139]. Die **Verjährungsfrist von (lediglich) 3 Jahren** beginnt mit dem Schluss des Jahres, in dem der (Zahlungs-) Anspruch entstanden ist (§ 199 Abs. 1 Nr. 1 BGB). Gemeint ist damit das Jahr, in dem der zugrundeliegende Vergütungsanspruch fällig geworden ist[140]. Bei Heranziehung der §§ 640, 641 Abs. 1 BGB wird für den Beginn der Verjährungsfrist – wie nach altem Recht – auf den Zeitpunkt der Abnahme der Bauleistungen abgestellt[141]. Nicht entscheidend

[129] BGHZ 66, 48, 50.
[130] BGHZ 49, 258, 260.
[131] BGHZ 49, 258, 260; BGHZ 53, 222, 223; BGHZ 83, 382, 387.
[132] *Palandt/Sprau* BGB, § 641 Rdn. 3.
[133] BGHZ 79, 176; OLG Frankfurt NJW-RR 2000, 755.
[134] Vgl. BGH NJW 1977, 2075; *Heiermann/Riedl/Rusam* VOB/B, § 2 Rdn. 83.
[135] BGH BauR 1990, 605.
[136] Vgl. unten § 16 Rdn. 188.
[137] BGBl. I 2001, 3138.
[138] Vgl. zum neuen Recht *Heinrichs* BB 2001, 1417; *Mansel* NJW 2002, 89.
[139] *Palandt/Heinrichs* BGB, § 195 Rdn. 2.
[140] BGH ZIP 2001, 611, 613.
[141] *Palandt/Sprau* BGB, § 641 Rdn. 3.

kommt es nach wie vor darauf an, ob der Besteller zum Fälligkeitszeitpunkt eine (prüffähige) Rechnung erstellt und übergeben hat[142]. Etwas anderes gilt nur dann, wenn die **Übergabe einer (prüffähigen) Rechnung** ausdrücklich zur Fälligkeitsvoraussetzung gemacht wurde, so wie sich dies aus § 16 Nr. 3 Abs. 1 Satz 1 VOB/B erschließt[143]. Bei Vereinbarung der VOB/B kommt es deshalb auf den Zeitpunkt der Rechnungsstellung und -übergabe sowie den Ablauf der Prüfungsfrist des § 16 Nr. 3 Abs. 1 Satz 1 VOB/B für den Beginn der Verjährungsfrist an.

Der nach früherem Recht erforderlichen Differenzierung zwischen Vergütungsansprüchen 68 gegenüber **Kaufleuten und Nicht-Kaufleuten** bedarf es nach neuem Recht nicht mehr. Im Rahmen der Regel-Verjährungsfrist wird bei Werklohn- und Vergütungsansprüchen nicht mehr zwischen unterschiedlichen Eigenschaften des Bestellers/Auftraggebers unterschieden. Gegenüber Kaufleuten, Nicht-Kaufleuten, Einrichtungen der öffentlichen Hand und Privatpersonen bzw. Verbrauchern gilt deshalb nur (noch) die in § 195 BGB vorgesehene dreijährige Regel-Verjährungsfrist.

Im Zusammenhang mit der recht kurz bemessenen Verjährungsfrist kommt den **Möglichkeiten zu ihrer Verlängerung** besondere Bedeutung zu. Das neue Recht kennt nicht mehr den 69 bisherigen Tatbestand der Verjährungsunterbrechung. An seine Stelle tritt – in wenigen Einzelfällen – der sog. „Neubeginn der Verjährung". § 212 BGB lässt die Verjährungsfrist erneut beginnen, wenn eine gerichtliche oder behördliche Vollstreckungshandlung vorgenommen bzw. beantragt wird oder aber der Besteller dem Unternehmer gegenüber den Anspruch auf Vergütung durch Abschlagszahlung, Zinszahlung, Sicherheitsleistung oder aber in anderer Weise anerkannt hat. Während die Abgabe eines ausdrücklichen Anerkenntnisses durch den Besteller sicherlich geeignet erscheint, um die Verjährungsfrist erneut beginnen zu lassen, ist dies bei Vornahme von Abschlagszahlungen mehr als zweifelhaft. **Abschlagszahlungen** haben grundsätzlich den Charakter nur vorläufiger Zahlungen im Hinblick auf die endgültige, noch ausstehende Schlussabrechnung und Schlusszahlung[144]. Aus diesem Grunde sollen Abschlagszahlungen auch hinsichtlich der späteren Schlussrechnung keinerlei Bindungs- und Präklusionswirkung entfalten[145]. Damit verbietet es sich bereits vom Ansatz her, Abschlagszahlungen Anerkenntnisbedeutung beizumessen: Weder bezogen auf die Abschlags- noch die Schlussrechnungsforderung kann einer Abschlagszahlung Anerkenntniswirkung beigemessen werden. Die Bestimmung des § 212 Abs. 1 Nr. 1 BGB ist deshalb zumindest insoweit als unpassend anzusehen.

Über den engen Anwendungsrahmen des § 212 BGB und den dort vorgesehenen Neubeginn 70 der Verjährung hinaus hat sich der Gesetzgeber durchgängig zu den bisherigen Unterbrechungstatbeständen veranlasst gesehen, diese jeweils durch **neu gefasste Hemmungstatbestände** zu ersetzen (§§ 203 BGB). Die Verjährung von Vergütungsansprüchen wird nach neuem Recht im Falle der Klageerhebung, der Zustellung eines Mahnbescheides, der Aufrechnung im Prozess, der Zustellung einer Streitverkündung, dem Beginn eines schiedsrichterlichen Verfahrens etc. nur noch gehemmt (§ 204 BGB). Die Wirkung der Hemmung besteht darin, dass sich die Verjährungsfrist lediglich um den begrenzten Zeitraum verlängert, innerhalb dessen die Verjährung – etwa wegen eines laufenden Rechtsstreits – andauern soll (§ 209 BGB). Damit dem Unternehmer/Auftragnehmer nach Beendigung des Hemmungszeitraumes noch genügend Zeit verbleibt, um seine Rechte weiterzuverfolgen, endet die Hemmung in Fällen gerichtlicher bzw. schiedsgerichtlicher Geltendmachung erst 6 Monate nach der rechtskräftigen Entscheidung oder aber anderweitigen Beendigung des eingeleiteten (gerichtlichen) Verfahrens (§ 204 Abs. 2 Satz 1 BGB). Dies soll gleichermaßen auch dann gelten, wenn das (gerichtliche) Verfahren in Stillstand gerät, weil es von den Parteien nicht weiter betrieben wird (§ 204 Abs. 2 Satz 2 BGB)[146].

Eine Hemmung der Verjährung kann auch durch ein **Stillhalteabkommen der Parteien** – sog. pactum de non petendo – eintreten. Für den Abschluss eines solchen Stillhalteabkommens

---

[142] *Palandt/Heinrichs* BGB, § 199 Rdn. 5.
[143] Vgl. BGHZ 53, 222, 225; BGHZ 105, 290, 293.
[144] Siehe im einzelnen § 16 Rdn. 91 ff.
[145] *Nicklisch/Weick* VOB/B, § 16 Rdn. 26.
[146] Vgl. hierzu im einzelnen *Palandt/Heinrichs* BGB, § 204 Rdn. 46 m.w.N.

bedarf es jedoch einer Absprache zwischen den Parteien dahingehend, dass Zahlungsansprüche einstweilen nicht geltend gemacht werden. Blosse Verhandlungen zwischen den Parteien genügen regelmässig nicht, um hieraus den Schluss auf einen vorübergehenden Ausschluss der Klagbarkeit der zugrunde liegenden Forderung zu ziehen[147]. Auch der Einleitung eines Beweissicherungsverfahrens zur Feststellung mängelbedingter Einwendungen zieht regelmässig kein die Verjährung auslösendes Stillhalteabkommen nach sich[148].

10. Rückzahlungsansprüche des Auftraggebers

71 Bei der Abrechnung von Bauleistungen kann es zu Überzahlungen kommen. Die VOB/B sieht für derartige Überzahlungen keine spezielle Rückzahlungsregelung vor. Rückzahlungsansprüche werden deshalb nach allgemeinem Vertrags- und Bereicherungsrecht beurteilt[149]. Dabei gelten für die einzelnen Zahlungsarten des § 16 VOB/B jeweils ebenso Besonderheiten wie für Überzahlungen, die vom öffentlichen Auftraggeber geltend gemacht werden.

72 a) Zwischen den Parteien können ausdrückliche **Rückzahlungsvereinbarungen für den Fall der Überzahlung** getroffen werden. Derartige Vereinbarungen sind aber eher selten, da sich aus dem Bauvertrag ohnehin die Verpflichtung zur ordnungsgemäßen Abrechnung ergibt und sich darüber hinaus aus bereicherungsrechtlichen Grundsätzen die Verpflichtung des Auftragnehmers ergibt, vom Auftraggeber geleistete Überzahlungen zurückzugewähren. Soweit sich vereinzelt in den Bauverträgen bzw. den zusätzlichen Vertragsbedingungen, insbesondere solchen mit der öffentlichen Hand Abreden über Rückzahlungen finden, nehmen diese typischerweise Bezug auf die bereicherungsrechtlichen Rückabwicklungsmöglichkeiten der §§ 812 ff. BGB[150].

73 b) Von ausdrücklichen vertraglichen Rückzahlungsabreden zu unterscheiden ist die bereits erwähnte **Verpflichtung des Auftragnehmers**, über die erbrachten Bauleistungen **ordnungsgemäß abzurechnen**. Die Bestimmungen der §§ 14 VOB/B dienen gerade dazu, den Auftragnehmer anzuhalten, seine Abrechnung ordnungsgemäß aufzumachen. Diese Verpflichtung endet vom Grundsatz her mit der Vorlage der Schlussrechnung durch den Auftragnehmer (§ 14 Nr. 3 VOB/B)[151]. Aufgrund ihres nur vorläufigen Charakters gehen die vom Auftraggeber geleisteten **Abschlagszahlungen** in der Schlussrechnungsforderung des Auftragnehmers auf. Mit der Vorlage der Schlussrechnung wird über die erbrachten Gesamtleistungen abschließend und verbindlich abgerechnet[152]. Mit dieser Verpflichtung korrespondiert ein vertraglicher Anspruch des Auftraggebers auf ordnungsgemäße Abrechnung unter Berücksichtigung der von ihm geleisteten Abschlagszahlungen[153]. Soweit im Rahmen der Schlussrechnung die geleisteten Abschlagszahlungen wertmäßig die errechnete Gesamtvergütung übersteigen, steht dem Auftraggeber ein **vertraglicher Rückzahlungsanspruch** zu[154]. Da sich der Rückzahlungsanspruch unmittelbar aus dem abgeschlossenen Bauvertrag und der Verpflichtung zur ordnungsgemäßen Schlussabrechnung ergibt, bedarf es bei Überzahlungen, die im Rahmen der Schlussabrechnung festgestellt werden, nicht des Rückgriffes auf das lediglich subsidiär heranzuziehende **Bereicherungsrecht**[155]. Infolgedessen kann sich der Auftragnehmer auch nicht auf § 818 Abs. 3 BGB berufen und seine

---

[147] OLG Saarbrücken BauR 2004, 1198.

[148] OLG Saarbrücken, BauR 2004, 1198.

[149] *Nicklisch/Weick* VOB/B, § 16 Rdn. 69; *Ingenstau/Korbion/U. Locher* VOB/B, § 16 Nr. 3 Rdn. 39.

[150] Vgl. Ziffer 21 EVM (B) ZVB/E; Beck'scher VOB-Kommentar/*Motzke* VOB/B, vor § 16 Rdn. 69.

[151] Vgl. aber auch OLG Karlsruhe BauR 2002, 1704, wonach das Verlangen nach einer prüfbaren Abrechnung treuwidrig ist, wenn bereits viele Jahre seit Beendigung der Arbeiten verstrichen sind und der Auftraggeber über die erforderlichen Abrechnungsinformationen verfügt.

[152] *Franke/Kemper/Zanner/Grünhagen* VOB/B, § 16 Rdn. 41.

[153] BGHZ 140, 365 = BGH BauR 1999, 635.

[154] BGH NJW-RR 2005, 129 = BauR 2004, 1940; BGHZ 140, 365 = BGH BauR 1999, 635; *Heiermann/Riedl/Rusam* VOB/B, § 16 Rdn. 100; a.A. Beck'scher VOB-Kommentar/*Motzke* VOB/B, vor § 16 Rdn. 74 f.

[155] BGHZ 140, 365 = BGH BauR 1999, 635; a.A. Beck'scher VOB-Kommentar/*Motzke* VOB/B, vor § 16 Rdn. 75.

Rückzahlungsverpflichtung auf noch vorhandene Teilbeträge aus zugeflossenen Abschlagszahlungen beschränken.

Beruft sich der Auftraggeber auf den Tatbestand vorliegender Überzahlung, so braucht er diesen nur nach seinem Kenntnishorizont, also ggf. nur überschlägig geltend zu machen[156]. Den Auftragnehmer trifft in diesem Falle die volle **Darlegungs- und Beweislast** dafür, dass die von ihm erhobene Schlussrechnungsforderung besteht und wertmäßig die geleisteten Abschlagszahlungen übersteigt[157]. Hieran ändert sich selbst dann nichts, wenn der Auftraggeber von sich aus substantiiert eine Überzahlung des Auftragnehmers behauptet und den von ihm errechneten Überschuss zurückfordert[158]. Grundsätzlich hat ohnehin der Auftragnehmer die volle Darlegungs- und Beweislast für die Berechtigung der von ihm vorgelegten Schlussrechnung und der sich aus ihr ergebenden Vergütungsansprüche[159]. 74

Nichts anderes gilt im übrigen auch für die Abrechnung von **Vorauszahlungen**[160] sowie für sonstige **Teilzahlungen**. Abschlags-, Voraus- und sonstige Teilzahlungen erfolgen mit der Maßgabe nachfolgender, endgültiger Schlussabrechnung. 75

c) Auf die Einhaltung der Verpflichtung zur ordnungsgemäßen Schlussabrechnung kann nicht mehr abgehoben werden, wenn der Auftraggeber **geraume Zeit nach Vornahme der Schlusszahlung Rückforderungsansprüche** aus erfolgter Überzahlung geltend macht. Dem Auftraggeber stehen in derartigen Konstellationen keine vertraglichen, sondern nur noch bereicherungsrechtliche Rückzahlungsansprüche zu. Eine nach den Grundsätzen der Leistungskondiktion gemäß § 812 Abs. 1 Satz 1 BGB zu beurteilende Rückzahlungsverpflichtung besteht dann, wenn dem Auftragnehmer als Empfänger ohne rechtlichen Grund Zahlungen zugewendet wurden, die nach den zugrundeliegenden bauvertraglichen Vereinbarungen nicht geschuldet sind[161]. Übersteigen die von dem Auftraggeber aus der Schlussrechnung geleisteten Zahlungen den Umfang der berechtigterweise von dem Auftragnehmer zu beanspruchenden Vergütung, so steht dem Auftraggeber in Höhe des zu errechnenden Überschussbetrages ein Rückzahlungsanspruch aus Leistungskondiktion zu[162]. Gegenüber diesem Anspruch des Auftraggebers kann der Auftragnehmer den sog. Einwand der – partiellen oder vollständigen – Entreicherung erheben (§ 818 Abs. 3 BGB). Eine Ausnahme gilt nur dann, wenn der Auftragnehmer den für den bereicherungsrechtlichen Rückforderungsanspruch maßgebenden Mangel des rechtlichen Grundes kannte, da er dann dem rückforderungsberechtigten Auftraggeber gegenüber nicht als hinreichend schutzwürdig angesehen wird (§ 819 Abs. 1 BGB). 76

Begehrt der Auftraggeber Rückzahlung nach § 812 Abs. 1 Satz 1 BGB, so hat er seine Anspruchsberechtigung gegenüber dem Auftragnehmer darzulegen und zu beweisen. Bei der Geltendmachung von **Ansprüchen aus Leistungskondiktion** hat der Auftraggeber darzulegen und zu beweisen, dass er Zahlungen in einem bestimmten Umfange auf eine ihm vorgelegte Schlussrechnung erbracht hat und dass die der Schlussabrechnung zugrundeliegende vertragliche Zahlungspflicht nicht bestanden hat[163]. Der Auftraggeber muss daher im Zweifel beweisen, dass die Schlussrechnung inhaltlich fehlerhaft war, das zugrundeliegende Aufmaß unrichtig genommen wurde, in überhöhtem Umfange Stundenlohn- und Regiearbeiten in die Abrechnung eingestellt 77

---

[156] BGH BauR 1999, 635, 639.

[157] BGH NJW 1989, 161, 162; *Heiermann/Riedl/Rusam* VOB/B, § 16 Rdn. 101; vgl. auch OLG Karlsruhe BauR 2002, 1704, wonach sich zumindest die Darlegungslast auf den Auftraggeber verschiebt, wenn dieser Jahre nach Fertigstellung der Bauleistungen über sämtliche Informationen verfügt, um einen Rückforderungsanspruch schlüssig darzulegen.

[158] BGH NJW-RR 2005, 129 = BauR 2004, 1940.

[159] BGH NJW 1989, 161; Beck'scher VOB-Kommentar/*Motzke* VOB/B, vor § 16 Rdn. 93.

[160] BGH BauR 1999, 635, 639; *Heiermann/Riedl/Rusam* VOB/B, § 16 Rdn. 101.

[161] Vgl. *Palandt/Sprau* BGB, § 812 Rdn. 70 ff.

[162] *Nicklisch/Weick* VOB/B, § 16 Rdn. 69; *Heiermann/Riedl/Rusam* VOB/B, § 16 Rdn. 128; Beck'scher VOB-Kommentar/*Motzke* VOB/B, vor § 16 Rdn. 74 ff.

[163] BGH NJW-RR 1992, 1214, 1216; BGH BauR 1991, 223, 224; Beck'scher VOB-Kommentar/*Motzke* VOB/B, vor § 16 Rdn. 93.

wurden, Zusatz- und Nachtragsleistungen zu Unrecht vergütet wurden etc.[164] Nach Vornahme der Schlusszahlung obliegt die Darlegungs- und Beweislast für erfolgte Überzahlungen bzw. Rückforderungsansprüche uneingeschränkt dem Auftraggeber.

78 **d)** Das **Rückzahlungsverlangen** des Auftraggebers ist vom Grundsatz her an **keine Frist** gebunden. Bislang kam deshalb der Frage Bedeutung zu, ab wann dem Rückzahlungsverlangen mit dem aus Treu und Glauben abgeleiteten **Rechtsinstitut der Verwirkung** seitens des Auftragnehmers mit Erfolg entgegengetreten werden konnte[165]. Nach gängiger Definition ist ein Recht verwirkt, wenn der Berechtigte es längere Zeit hindurch nicht geltend gemacht hat und der Verpflichtete sich nach dem gesamten Verhalten des Berechtigten darauf einrichten durfte und auch eingerichtet hat, dass der Berechtigte das ihm an sich zustehende Recht auch in Zukunft nicht geltend machen werde[166]. Die Rechtsprechung zu der vorgenannten Verwirkungsformel ist von dem Grundprinzip getragen, wonach jeder Auftragnehmer auch noch etliche Jahre nach erfolgter Schlusszahlung mit einer Überprüfung der von ihm vorgelegten Schlussrechnung zu rechnen hat[167]. Bei Rückforderungen der öffentlichen Hand hat der BGH deshalb auch nach einem Zeitraum von mehr als 6 Jahren den Verwirkungseinwand des Auftragnehmers zurückgewiesen[168]. Während der öffentlichen Hand aufgrund der zumeist erst Jahre später erfolgenden Rechnungsprüfung längere Verwirkungszeiträume zugebilligt werden, fehlt es bei privaten Auftraggebern an diesem besonderen Umstandsmoment, so dass Rückzahlungsansprüche bereits innerhalb deutlich kürzerer Zeitspanne verwirkt sein können.

79 Dem Verwirkungstatbestand kam nach bisherigem Recht vor allem deshalb besondere Bedeutung zu, weil die zugrundeliegenden bereicherungsrechtlichen Rückzahlungsansprüche erst innerhalb der Regelfrist von 30 Jahren verjähren konnten (§ 195 BGB a.F.)[169]. Um dieser lang andauernden Frist zur Geltendmachung von Rückzahlungsansprüchen entgegenzuwirken, lag es nahe, auf das Rechtsinstitut der Verwirkung abzustellen. Mit dem Gesetz zur Modernisierung des Schuldrechts[170] ist **mit Wirkung ab dem 1.1.2002 die Regelverjährungsfrist des § 195 BGB auf drei Jahre zurückgenommen** worden. Diese (neue) verkürzte Verjährungsfrist von lediglich drei Jahren gilt auch für Ansprüche aus Leistungskondiktion[171]. Dabei ist allerdings zu berücksichtigen, dass die regelmäßige Verjährungsfrist (erst) mit dem Schluss des Jahres beginnt, in dem der (Rückzahlungs-) Anspruch entstanden ist und der Auftraggeber von den anspruchsbegründenden Umständen Kenntnis erlangt hat oder ohne grobe Fahrlässigkeit erlangen musste (§ 199 Abs. 1 BGB). Da die Verjährungsfrist jedoch auf maximal 10 Jahre befristet ist (§ 199 Abs. 4 BGB), wird sich künftig in besonderem Maße die Frage stellen, ab welchem Zeitpunkt innerhalb vorgenannter Grenzen der Auftraggeber um die für die Rückzahlung maßgebenden Umstände wusste oder sie ohne grobe Fahrlässigkeit zumindest hätte wissen müssen. Im Einzelfall wird es entscheidend darauf ankommen, zu welchem Zeitpunkt der Auftraggeber im Stande war, sich in zumutbarer Weise ohne besondere Mühe und Kosten die Informationen zu verschaffen, die sich als erforderlich erwiesen haben, um die Fehler der Schlussrechnung und der daraufhin geleisteten Schlusszahlung zu erkennen[172]. Beim öffentlichen Auftraggeber wird man insoweit nicht auf das Ergebnis der häufig zeitversetzten Rechnungsprüfung, sondern auf die Kenntnisse

[164] Vgl. *Heiermann/Riedl/Rusam* VOB/B, 9. Aufl., § 16 Rdn. 128; zur Frage, ob dies auch gilt, wenn die Parteien sich über einen Nachtrag geeinigt haben, siehe oben § 2 Rdn. 203 ff.

[165] Vgl. *Ingenstau/Korbion/U. Locher* VOB/B, § 16 Nr. 3 Rdn. 51; Beck'scher VOB-Kommentar/*Motzke* VOB/B, vor § 16 Rdn. 82 ff.

[166] BGHZ 43, 289, 292; BGHZ 84, 280, 281; *Palandt/Heinrichs* BGB, § 242 Rdn. 87.

[167] BGH NJW 1980, 880, 881; *Nicklisch/Weick* VOB/B, § 16 Rdn. 71; kritisch *Hahn* ZfBR 1982, 139, 143 ff.

[168] BGH BauR 1975, 424, 427; BGH NJW 1980, 880; vgl. aber auch OLG Köln BauR 1979, 252, das jedenfalls einen Zeitraum von 7 Jahren als unangemessen lang angesehen und deshalb dem Verwirkungseinwand des Auftragnehmers stattgegeben hat.

[169] *Palandt/Heinrichs* BGB, § 195 a.F. Rdn. 7.

[170] BGBl. I 2001, 3138.

[171] *Palandt/Heinrichs* BGB, § 195 Rdn. 5.

[172] Vgl. *Palandt/Heinrichs* BGB, § 199 Rdn. 37.

bzw. Erkenntnismöglichkeiten der fachkundigen Vergabestelle, also des Auftraggebers selbst abzustellen haben.

e) Die **Geltendmachung von Rückzahlungsansprüchen** kann im Einzelfall **ausgeschlossen** sein. Als Ausschlussgründe kommen im einzelnen in Betracht: 80

- Haben die Parteien des Bauvertrages über die zwischen ihnen nach Vorlage der Schlussrechnung strittige Restvergütung einen außergerichtlichen oder aber gerichtlichen **Vergleich abgeschlossen**, so steht dieser grundsätzlich der Geltendmachung von Rückzahlungsansprüchen entgegen. Die Wirkung eines Vergleichs besteht gemäß § 779 BGB gerade darin, dass für die zwischen den Parteien strittigen (Vergütungs-) Pflichten eine neue und insoweit abschließende Rechtsgrundlage gefunden wird. Diese neue Rechtsgrundlage in Form des abgeschlossenen Zahlungsvergleiches steht im Ergebnis einem späteren Zurückgreifen auf den ursprünglich abgeschlossenen (Bau-) Vertrag und dessen Abrechnungsregelungen entgegen[173]. Eine Ausnahme hiervon kommt nur in den engen Grenzen in Betracht, die durch § 779 BGB hinsichtlich der Unwirksamkeit vergleichsweiser Vereinbarungen gezogen werden[174].
- Im Ergebnis verhält es sich ähnlich, wenn die Parteien im Rahmen eines festgelegten Abrechnungsverfahrens zu der vom Auftragnehmer vorgelegten Schlussrechnung darüber einig geworden sind, dass ein bestimmtes und **abschließendes Rechnungsergebnis** zwischen ihnen bindend festgestellt wird. Soweit diese Feststellungen in eine entsprechende, abschließende Vereinbarung eingegangen sind, wird hierin regelmäßig ein Schuldversprechen oder aber Schuldanerkenntnis im Sinne der §§ 780, 781 BGB liegen[175]. Derartige Vereinbarungen zur Abrechnung schließen grundsätzlich die Geltendmachung nachfolgender Rückzahlungsansprüche wegen des verbindlichen Charakters des nach §§ 780, 781 BGB zustande gekommenen Vertrages aus[176]. Vor diesem Hintergrund ist den Auftragnehmern zu empfehlen, im Rahmen von Abrechnungsverfahren möglichst verbindliche und abschließende Zahlungsvereinbarungen zu den vorgelegten Schlussrechnungen zustande zu bringen.
- Gleichermaßen steht Rückforderungsansprüchen des Auftraggebers ein zuvor zustande gekommener **Verzichts- oder Erlassvertrag** entgegen (§ 397 BGB). Ein einseitiger Verzicht oder eine einseitige Erlasserklärung genügt dabei nicht; § 397 BGB erfordert vielmehr einen entsprechenden Vertrag zwischen Auftraggeber und Auftragnehmer[177]. Der Verzicht setzt dabei den rechtsgeschäftlichen Willen voraus, auf Rückforderungsansprüche seitens des Auftraggebers zu verzichten. Auch wenn derartige Verzichtsvereinbarungen formfrei abgeschlossen werden können, stellt die Rechtsprechung seit jeher strenge Anforderungen an den Nachweis, dass der Rückforderungsberechtigte tatsächlich den erkennbaren Willen hatte, auf weitergehende (Zahlungs-) Ansprüche zu verzichten[178]. In der Praxis wird der Auftragnehmer daher nur selten den Nachweis einer zuvor mit ihm abgeschlossenen Verzichts- bzw. Erlassvereinbarung führen können.
- Alleine der Umstand, dass der Auftraggeber die ihm vorgelegte Schlussrechnung selbst oder durch einen von ihm beauftragten fachkundigen Architekten hat prüfen lassen, steht späteren Rückforderungsansprüchen nicht entgegen. Der **Vorgang der Rechnungsprüfung** stellt ebenso wenig einen rechtsgeschäftlichen Vorgang dar wie die Rückgabe der geprüften Schlussrechnung nebst zugehörigem Prüfvermerk[179]. Wird aufgrund des Prüfergebnisses von dem Auftraggeber eine Schlusszahlung geleistet, so liegt hierin regelmäßig nicht der Verzicht auf

[173] Vgl. BGH WM 1979, 205, 206; *Palandt/Sprau* BGB, § 779 Rdn. 11.

[174] Vgl. zu diesen *Palandt/Sprau* BGB, § 779 Rdn. 13; zur Frage, wie zu verfahren ist, wenn sich die Parteien über einen Nachtrag geeinigt haben, siehe oben § 2 Rdn. 203 ff.

[175] *Heiermann/Riedl/Rusam* VOB/B, 9. Aufl., § 16 Rdn. 129; eher zurückhaltend hingegen Beck'scher VOB-Kommentar/*Motzke* VOB/B, vor § 16 Rdn. 86 f.

[176] Vgl. BGH NJW 1988, 910, 911.

[177] *Palandt/Grüneberg* BGB, § 397 Rdn. 1.

[178] BGH NJW 1984, 1346, 1347; BGH NJW-RR 1996, 237; BGH NJW-RR 2000, 130.

[179] Beck'scher VOB-Kommentar/*Motzke* VOB/B, vor § 16 Rdn. 87.

etwaig bestehende Rückzahlungsansprüche[180]. Der Auftraggeber sollte im Zuge der Rechnungsprüfung aber in jedem Falle die Abgabe einer ausdrücklichen Anerkenntniserklärung hinsichtlich des Prüfergebnisses vermeiden, da derartigen Erklärungen durchaus ein abschließender und unbedingter Zahlungswille des Auftraggebers entnommen werden kann[181].
- Der Auftraggeber kann keine Rückforderungsansprüche aus Bereicherung erheben, wenn sich im Zuge der Nacherfüllungsfrist herausstellt, dass die von dem Auftragnehmer ausgeführten **Bauleistungen unvollständig oder aber mangelbehaftet** sind. Dem Auftraggeber stehen in derartigen Fällen die in § 634 BGB bzw. § 13 VOB/B vorgesehenen Mängelansprüche zu und zwar nicht nur hinsichtlich von Sachmängeln, sondern auch bezüglich festzustellender unvollständig erbrachter Leistungen (§ 633 Abs. 1, Abs. 2 Satz 2 BGB; § 13 Nr. 5 VOB/B). Grundsätzlich kommt den mangelbedingten Nacherfüllungstatbeständen gegenüber bereicherungsrechtlichen Rückzahlungsansprüchen verdrängende Wirkung zu[182].

Unabhängig hiervon können die Rückforderungsansprüche – wie oben ausgeführt[183] – verjährt oder verwirkt sein. In allen genannten Fällen ist es dem Auftraggeber im nachhinein verwehrt, Rückzahlungsansprüche nach Vorlage der Schlussrechnung und Ausgleich derselben gegenüber dem Auftraggeber geltend zu machen.

11. Rechnungsprüfung des Architekten

81 Die Rechnungsprüfung ist regelmässig bei vertraglicher Bezugnahme auf die Leistungsbilder der HOAI eine Hauptpflicht des beauftragten Architekten aus dem zugrunde liegenden Planungsvertrag[184]. Die Verpflichtung zur Rechnungsprüfung bezieht sich dabei auf alle vom Bauunternehmer vorgelegten Rechnungen, d.h. Schlussrechnungen, Teilschlussrechnungen und auch Abschlagsrechnungen[185]. Den Architekten trifft dabei die Pflicht zur rechnerischen Prüfung ebenso wie zur sachlichen Prüfung der vorgelegten (Schluss-) Rechnung. Die sachliche Prüfung erstreckt sich vor allem auf die zur Abrechnung gestellten Massen und die vertraglich vereinbarten Preise[186]. Die Rechnungsprüfung hat der Architekt so rechtzeitig vorzunehmen, daß die in § 16 Nr. 1 Abs. 3 bzw. § 16 Nr. 3 Abs. 1 VOB/B vorgegebenen Prüffristen eingehalten werden[187]. Nach Abschluss der Rechnungsprüfung hat der Architekt den Auftraggeber über das Prüfergebnis zu unterrichten und eine konkrete Zahlungsempfehlung auszusprechen[188]. Die fehlerhafte Rechnungsprüfung stellt eine Pflichtverletzung im Rahmen der §§ 634 ff. BGB dar. Für nicht mehr behebbare Rechnungsfehler macht sich der Architekt gegenüber seinem Auftraggeber schadensersatzpflichtig. Soweit es aufgrund von fehlerhafter Rechnungsprüfung zu Überzahlungen des Auftragnehmers kommt, kann sich hieraus neben dem vertraglichen Rückzahlungsanspruch[189] ein Schadensersatzanspruch gegen den Architekten ergeben[190].

12. Prozessuales zu Zahlungs- und Vergütungsansprüchen

82 Im Zusammenhang mit werkvertraglichen Vergütungs- und Zahlungsansprüchen gelten die allgemeinen prozessualen Grundsätze für die Durchsetzung von Forderungen. Auf spezielle Gesichtspunkte aus und im Zusammenhang mit Vergütungs- und Zahlungsansprüchen, die nach § 16 VOB/B zu behandeln sind, wird jeweils bei der Behandlung der materiell-rechtlichen

[180] Beck'scher VOB-Kommentar/*Motzke* VOB/B, vor § 16 Rdn. 87.
[181] Vgl. OLG Düsseldorf IBR 1997, 404; LG Bochum IBR 2002, 67; LG Schwerin IBR 2002, 67.
[182] BGH NJW 1963, 806; Beck'scher VOB-Kommentar/*Motzke* VOB/B, vor § 16 Rdn. 77; *Ingenstau/Korbion/U. Locher* VOB/B, § 16 Nr. 3 Rdn. 39.
[183] Siehe oben § 16 Rdn. 78.
[184] OLG Köln BauR 1997, 343, 345; Voppel BrBp 2005, 267.
[185] Werner/Pastor, Bauprozess, Rdn. 1509; Voppel BrBp 2005, 267.
[186] Werner Pastor, Bauprozess, Rdn. 1509; Voppel BrBp 2005, 267, 268.
[187] Voppel BrBp 2005, 267, 269.
[188] OLG Köln BauR 1997, 343, 345.
[189] Siehe oben § 16 Rdn. 73.
[190] Vgl. hierzu Voppel BrBp 2005, 267, 271 m.w.N.

Tatbestandsvoraussetzungen eingegangen. Im folgenden werden daher nur verschiedene immer wieder bei gerichtlich anhängigen Vergütungs- und Zahlungsverfahren auftretende Probleme gesondert und zusammenfassend dargestellt:

a) Auf Vergütung gerichtete Zahlungsklagen werden üblicherweise als **Leistungsklage** erhoben[191]. Voraussetzung für die Durchsetzung von Vergütungsansprüchen sind Ausführungen des Auftragnehmers zu dem zugrunde liegenden Bauvertrag einschliesslich der in Bezug genommenen Vertragsbedingungen und der Anwendbarkeit der VOB/B. Bei Abschlagszahlungen nach § 16 Nr. 1 VOB/B ist zum Umfang der vertragsgemässen Leistungen, zur Abschlagsrechnung und zu deren Fälligkeit ergänzender Vortrag notwendig (§ 16 Nr. 1 VOB/B). Im Falle der Durchsetzung von Vergütungsansprüchen aus vorgelegter Schlußrechnung ist zusätzlich zur Abnahme bzw. zur Entbehrlichkeit der selben sowie zur Schlussrechnung und ihrer besonderen Fälligkeitsvoraussetzung schriftsätzlicher Vortrag des Auftragnehmers erforderlich (§ 16 Nr. 3 VOB/B). 83

b) Vergütungsansprüche können im Einzelfall auch im **Urkundenprozess** verfolgt werden. 84
Der Auftragnehmer hat dabei seine Vergütungsansprüche nach § 592 Satz 1 ZPO i.V.m. § 595 Abs. 3 ZPO vermittels von Urkunden zu begründen und zu beweisen[192]. In urkundlicher Form können zur Begründung der Forderung der schriftlich abgeschlossene Bauvertrag (einschließlich Verhandlungsprotokoll, Vertragsbedingungen, VOB/B), das schriftliche Abnahmeprotokoll (alternativ auch eine Fertigstellungsbescheinigung nach § 641 a BGB) sowie die prüffähigen Abrechnungsunterlagen nach § 14 VOB/B (Rechnung, Aufmasse, Stundennachweise etc.) vorgelegt werden[193]. Der vom Auftragnehmer angefertigten Abschlags- bzw. Schlussrechnung kann jedoch nur eingeschränkte urkundliche Beweis- und Nachweisqualität beigemessen werden, da es sich insoweit um eine vom Auftragnehmer selbst angefertigte, einseitige (Rechnungs-) Erklärung handelt. Der Auftraggeber kann daher den vermittels Rechnungsvorlage belegten Forderungen im Urkundenprozess mit einer Urkunde begegnen, aus der sich das Rechnungsprüfungsergebnis unter Vornahme von Kürzungen, Abzügen und Gegenansprüchen ergibt. In derartigen Fällen wird der Auftragnehmer im Urkundenprozess lediglich gestützt auf Urkunden den Teilbetrag durchsetzen können, der sich nach Rechnungsprüfung aus Sicht des Auftraggebers als sachlich und rechnerisch zutreffend darstellt. Die schriftliche Ankündigung des Auftraggebers, nach Abschluss der Rechnungsprüfung erfolge eine Schlusszahlung in bestimmtem Umfange, stellt nach dem LG Bochum ein urkundlich abgegebenes deklaratorisches Schuldanerkenntnis dar[194]. Bringt der Auftraggeber demgegenüber im Rechnungsprüfungsbericht zum Ausdruck, daß zwar ein bestimmter Anteil der Vergütung rechnerisch besteht, dieser jedoch durch Gegenforderungen im Wege der Aufrechnung erloschen ist, läßt sich hieraus entgegen dem OLG Oldenburg[195] nicht der Schluss ziehen, daß insoweit ein urkundliches Anerkenntnis vorliege, das dem Auftragnehmer die urkundliche Durchsetzung des lediglich rechnerisch unstrittigen Rechnungsteilbetrages ermöglicht.

Bei begründeter Klage im Urkundenprozess ergeht ein Vorbehaltsurteil nach § 599 Abs. 1 ZPO. Das Vorbehaltsurteil ist ohne Sicherheitsleistung vorläufig vollstreckbar gem. § 708 Nr. 4 ZPO, jedoch mit der Besonderheit der sog. doppelten Abwendungsbefugnis gem. § 711 ZPO[196]. Nicht urkundlich belegte Einwendungen und Einreden – auch die einer Ausführung mangelhafter Leistungen – vermag der Auftraggeber (nur) noch im Nachverfahren gegenüber dem Auftragnehmer weiter zu verfolgen.

c) Auch außerhalb von Urkundenprozessen lässt sich eine Verfahrensbeschleunigung erreichen, 85
wenn von der Möglichkeit eines **Vorbehaltsurteils** nach § 302 ZPO Gebrauch gemacht wird[197].

[191] Van den Hövel NZBau 2006, 6.
[192] Vgl. zu den Einzelheiten van den Hövel NZBau 2006, 6.
[193] Van den Hövel NZBau 2006, 6.
[194] LG Bochum BauR 2004, 344.
[195] OLG Oldenburg NZBau 2000, 522 = BauR 2001, 831.
[196] Vgl. im einzelnen van den Hövel NZBau 2006, 6, 11.
[197] Vgl. im einzelnen Schaefer NZBau 2006. 206.

§ 302 ZPO ermöglicht den Erlass eines Vorbehaltsurteils in Fällen, in denen mit Gegenforderungen aufgerechnet wird. Der Erlass des Vorbehaltsurteils steht nach geltender Gesetzesfassung in einem nur in beschränkten Umfange nachprüfbaren Ermessen des Gerichts[198]. Nachdem seit dem 1.5.2000 der Erlass eines Vorbehaltsurteils auch bei konnexen Gegenforderungen aus ein und dem selben Bauvertrag in Betracht kommt[199], sind die Obergerichte in ihrer Entscheidungspraxis dazu übergegangen, in der erklärten Aufrechnung lediglich eine Verrechnung von unselbständigen Rechnungsposten eines einheitlich zu entscheidenden, wechselseitigen Anspruches zu sehen[200]. Der BGH hat dem von den Obergerichten in Ansehung insbesondere des § 302 ZPO entwickelten „Verrechnungsinstitutes" mit einer Entscheidung vom 23.6.2005 eine Absage erteilt und darauf verwiesen, dass eine Verrechnung vom Gesetzgeber nicht vorgesehen sei, so dass auch bei konnexen wechselseitigen Forderungen aus ein und dem selben Bauverhältnis mit Forderungen gegen geltend gemachte Vergütungsansprüche lediglich die Aufrechnung erklärt werden könne[201].

Durch die damit verbundene **Aufgabe des „Verrechnungsinstitutes"** verbindet sich jedoch nach dem BGH nicht notwendig in Aufrechnungssituationen nunmehr der Erlass eines Vorbehaltsurteils nach § 302 ZPO. Mit Urteil vom 24.11.2005 hat der BGH vielmehr klargestellt, dass auch im Falle der Aufrechnung die synallagmatische Verknüpfung der Werklohnforderung des Auftragnehmers mit der Forderung auf mangelfreie Erfüllung des Vertrages seitens des Auftraggebers zu berücksichtigen sei[202]. Das entsprechende Äquivalenzverhältnis von Leistung und Gegenleistung darf nicht durch den Erlass eines Vorbehaltsurteils unterlaufen werden. Aus diesem Grunde stellt es eine Überschreitung der Grenzen richterlichen Ermessens dar, wenn ein Vorbehaltsurteil nach Aufrechnung mit Ansprüchen auf Ersatz von Mängelbeseitigungskosten und Fertigstellungsmehrkosten aus ein und derselben Baumaßnahme erlassen wird[203].

d) Das noch im Gesetzgebungsgang befindliche sog. **Forderungssicherungsgesetz**[204] sieht im Zusammenhang mit den Regelungen zur Beschleunigung des Zahlungsverkehrs am Bau auch prozessuale Regelungen vor, die verfahrensbeschleunigende Wirkung entfalten sollen[205].

86 **e)** Besondere Bedeutung bei der Durchsetzung von Vergütungsansprüchen kommt der Frage zu, in welchem Umfange **Teilforderungen** aus vorgelegten Rechnungen geltend gemacht und im Wege von **Teilklagen** verfolgt werden können[206]. Die Zulässigkeit von Teilklagen und Teilurteilen aus Schlussrechnungen ist im Zusammenhang mit dem Wesen der vom Auftragnehmer vorzulegenden Schlussrechnung zu beurteilen. Nach vorherrschendem Verständnis beinhalten die in die Schlussrechnung eingestellten einzelnen Forderungsbeträge lediglich unselbständige Rechnungsposten der Schlussrechnung in ihrer Gesamtheit. Derartige unselbständige Rechnungsposten können deshalb auch nicht isoliert Gegenstand von Teilklagen bzw. Teilurteilen sein[207].

II. Abschlagszahlungen (§ 16 Nr. 1 VOB/B)

87 Während sich die Einzelheiten zu der an sich vorrangig zu behandelnden Schlusszahlung (erst) aus § 16 Nr. 3 VOB/B ergeben, befasst sich § 16 Nr. 1 VOB/B mit den auf die Schlusszahlung zu leistenden Anzahlungen, die als Abschlagszahlungen bezeichnet werden.

---

[198] OLG Oldenburg NJOZ 2005, 897; Musielak/Musielak, ZPO, 4. Aufl., 2004, § 302 Rdn. 7.

[199] Vgl. zur Historie des § 302 Abs. 1 ZPO insbesondere Schaefer NZBau 2006, 206.

[200] Vgl. OLG Koblenz NZBau 2002, 453 = BauR 2002, 1124; OLG Oldenburg NZBau 2003, 439 = BauR 2003, 1079; OLG Hamm BauR 2002, 1591, 1593; OLG Celle NZBau 2005, 698.

[201] BGH NJW 2005, 2771 = NZBau 2005, 582.

[202] BGH NZBau 2006, 169, 170.

[203] BGH NZBau 2006, 169, 170; vgl. auch BGH NJW 2005, 2771 = NZBau 2005, 582; BGH NJW 2002, 2563 = NZBau 2002, 497.

[204] BTDrS 16/511 vom 2.2.2006.

[205] Vgl. hierzu oben § 16 Rdn. 6.

[206] Vgl. hierzu Sonntag NZBau 2006, 91.

[207] Vgl. hierzu im einzelnen § 16 Rdn. 208 f.

1. Rechtsnatur der Abschlagszahlungen (§ 16 Nr. 1 Abs. 1 Satz 1 VOB/B)

Auf Antrag des Auftragnehmers sind in Höhe des Wertes der jeweils nachgewiesenen vertragsgemäßen Leistungen während der Ausführungsphase in möglichst kurzen Zeitabständen oder zu den vereinbarten Zeitpunkten vom Auftraggeber Abschlagszahlungen zu leisten. 88

a) Unter **Abschlagszahlungen** werden allgemein anteilige Zahlungen auf bereits erbrachte Gegenleistungen verstanden[208]. Die Anzahlung bemisst sich dabei üblicherweise am Umfang der ausgeführten Teilleistungen[209]. Die Zahlung der Abschläge erfolgt in Anrechnung auf die vom Auftragnehmer nach Abschluss aller Leistungen zu beanspruchende Gesamtvergütung[210]. 89

b) Das **Verhältnis zwischen Abschlags- und Schlusszahlung** wird rechtsdogmatisch nicht einheitlich beurteilt[211]. Aufgrund des nur vorläufigen Charakters von Abschlagszahlungen[212] wird teilweise die Auffassung vertreten, mit der Einstellung in die Schlussrechnung trete hinsichtlich der Abschlagsforderung eine Novation ein[213]; nach anderer Auffassung sollen Abschlagsforderungen lediglich den Charakter zusätzlicher Sicherheitsleistungen aufweisen[214]. Beide Auffassungen tragen nicht dem rechtsdogmatisch maßgebenden Umstand Rechnung, dass Abschlagsforderungen nach dem Willen der Parteien eigenständige Forderungen aus dem Bauvertrag sind[215], die jedoch nur einen vorläufigen Zahlungsanspruch unter dem Vorbehalt erforderlicher Schlussabrechnung zu begründen vermögen[216]. 90

c) Abschlagsforderungen haben nach dem BGH (nur) vorläufigen Charakter[217]. Der Auftragnehmer kann deshalb **Fehler aus seinen Abschlagsrechnungen** später im Rahmen der Schlussabrechnung noch zu seinen Gunsten korrigieren[218]. Umgekehrt steht es dem Auftraggeber frei, die mit erbrachten Abschlagszahlungen berechneten Leistungen im Rahmen der Schlussabrechnung wieder in Frage zu stellen[219]. 91

Mit Zahlungen auf vorgelegte Abschlagsrechnungen verbindet sich regelmäßig **kein Anerkenntnis des Auftraggebers** zu den berechneten Teilleistungen[220]. Selbst wenn der Architekt des Auftraggebers die vom Auftragnehmer vorgelegte Abschlagsrechnung im einzelnen geprüft und keine Beanstandungen erhoben hat, liegt in der Zahlung des Auftraggebers auf die Abschlagsrechnung weder ein ausdrückliches Anerkenntnis noch vermag sich dadurch im Rahmen der Schlussabrechnung die Beweislast zu Lasten des Auftraggebers zu verändern[221]. 92

Trotz des vorläufigen Charakters von Abschlagszahlungen handelt es sich bei ihnen um **eigenständige Forderungen** im Sinne des § 241 Abs. 1 Satz 1 BGB[222]. Abschlagsforderungen können deshalb isoliert klageweise geltend gemacht werden[223]. Abschlagsforderungen können abgetreten, verpfändet und durch Sicherungshypothek gesichert werden[224]. Sie unterliegen darüber hinaus 93

---

[208] BGH BauR 1984, 166, 168.
[209] BGH BauR 1986, 361, 365; Beck'scher VOB-Kommentar/*Motzke* VOB/B, § 16 Nr. 1 Rdn. 3.
[210] BGH BauR 1986, 361; *Nicklisch/Weick* VOB/B, § 16 Rdn. 8.
[211] Vgl. zum ganzen *von Rintelen* Jahrbuch Baurecht 2001, 25.
[212] BGH BauR 1997, 468.
[213] *Otto* BauR 2000, 350, 353.
[214] *Cuypers* Der Werklohn des Bauunternehmers, Rdn.C 82.
[215] BGH BauR 1999, 267, 268.
[216] So zu Recht *von Rintelen* Jahrbuch Baurecht 2001, 25, 35; *Thode* ZfBR 1999, 116, 124.
[217] BGH BauR 1997, 468; *Thode* ZfBR 1999, 116, 124.
[218] BGH NJW 1995, 3311, 3312.
[219] BGH BauR 1997, 468.
[220] OLG Düsseldorf BauR 2001, 806; KG Berlin, SFH Z 2.410 Bl 64.
[221] OLG Düsseldorf BauR 2001, 806 – Revision zum BGH wurde mit Beschluss vom 7.12.2000, VII ZR 112/00 verworfen; a.A. LG Berlin IBR 1999, 518; vgl. auch Beck'scher VOB-Kommentar/*Motzke* VOB/B, § 2 Nr. 8 Rdn. 58; *Kapellmann/Schiffers* Band 1, Rdn. 1170.
[222] BGH BauR 1999, 267, 268; *Thode* ZfBR 1999, 116, 124.
[223] Vgl. nur *Franke/Kemper/Zanner/Grünhagen* VOB/B, § 16 Rdn. 209.
[224] Vgl. *von Rintelen* Jahrbuch Baurecht 2001, 25, 29 m.w.N.

selbständiger Verjährung[225], jedoch mit der Besonderheit, dass die verjährte Abschlagsforderung als Rechnungsposten wieder in die Schlussrechnung eingestellt werden kann, da diese nach Auffassung das BGH eine neue eigenständige Forderung mit gesonderter neuer Verjährungsfrist zum Gegenstand hat[226].

94 Aus dem **vorläufigen Charakter von Abschlagszahlungen** ergibt sich für den Auftraggeber das Recht, aus seiner Sicht überhöht geleistete Abschlagszahlungen mit nachfolgenden Abschlagsforderungen zu verrechnen. Anlass hierzu besteht für den Auftraggeber immer dann, wenn er auf vorausgegangene Abschlagsforderungen irrtümlicherweise überhöhte Zahlungen geleistet hat, wenn er also feststellt, dass die vorausgegangenen Abschlagsforderungen ganz oder teilweise nicht berechtigt waren oder aber dann, wenn ihm Zurückbehaltungsrechte zustehen[227].

95 **d)** Der Auftraggeber kann ferner nach Abschluss der erbrachten Bauleistungen von dem Auftragnehmer erwarten, dass dieser seiner Pflicht zur **Vorlage der Schlussrechnung** gemäß § 14 Nr. 3 VOB/B nachkommt[228]. Aus vereinbarten Abschlagszahlungen entnimmt der BGH auch beim Abschluss von BGB-Bauverträgen die vertragliche Verpflichtung des Unternehmers, über die von ihm erbrachten Leistungen anschließend insgesamt abzurechnen[229]. Nichts anderes gilt aufgrund des nur vorläufigen Charakters auch bei Zugrundelegung der VOB/B, da sich nur aus der (prüffähigen) Schlussrechnung entnehmen lässt, wie sich die Abschlagszahlungen zu der geschuldeten Gesamtvergütung verhalten[230].

96 Im Zusammenhang mit der Gesamtabrechnung ist zu berücksichtigen, dass sich diese nicht an den einzelnen – ggf. zur Schlussrechnung zusammengestellten – Abschlagsrechnungen, sondern grundsätzlich nur an der **Forderungsberechtigung aus der vorgelegten Schlussrechnung** orientiert. Mit der Vorlage der Schlussrechnung verliert die Einzelbeurteilung jeder Abschlagszahlung ihre Bedeutung zugunsten einer Gesamtbeurteilung aus der vorgelegten Schlussrechnung[231]. Infolgedessen ergibt sich der Umfang der zu viel oder aber zu wenig geleisteten Zahlungen des Auftraggebers nunmehr nur noch aus dem nach der Schlussrechnung berechtigterweise erbrachten und abrechnungsfähigen Leistungsumfang[232]. Dementsprechend besteht ein **vertraglicher Verrechnungs- und auch Zahlungsanspruch** einerseits hinsichtlich etwaig ausstehender Restvergütung, andererseits hinsichtlich etwaig erfolgter Überzahlungen[233].

97 **e)** Aus dem nur vorläufigen Charakter von Abschlagsforderungen ergibt sich ferner, dass diese vom Grundsatz her nicht mehr geltend gemacht und gerichtlich durchgesetzt werden können, wenn der Auftragnehmer seine Schlussrechnung vorgelegt hat[234]. Der BGH hat darüber hinaus durch Nichtannahme der Revision gegen ein vorausgegangenes Urteil des OLG Nürnberg klargestellt, dass bereits zum **Zeitpunkt der Schlussrechnungsreife** kein Raum mehr für die Geltendmachung bzw. **Weiterverfolgung von Abschlagsforderungen** besteht[235]. Sobald der Auftragnehmer gemäß § 14 Nr. 3 VOB/B im Stande ist, seine Schlussrechnung anzufertigen und vorzulegen, können Forderungen aus Abschlagsrechnungen nicht mehr erhoben bzw. nicht mehr länger – innerhalb oder außerhalb eines gerichtlichen Verfahrens – weiter durchgesetzt werden[236].

---

[225] BGH BauR 1999, 267, 268.
[226] BGH BauR 1999, 267, 268; vgl. hierzu *von Rintelen* Jahrbuch Baurecht 2001, 25, 35 ff.
[227] *Thode* ZfBR 1999, 116, 118.
[228] Siehe im einzelnen § 14 Rdn. 63 ff.
[229] BGH IBR 2002, 235.
[230] Vgl. BGH BauR 1997, 468.
[231] Beck'scher VOB-Kommentar/*Motzke* VOB/B, § 16 Nr. 1 Rdn. 6.
[232] Beck'scher VOB-Kommentar/*Motzke* VOB/B, § 16 Nr. 1 Rdn. 6.
[233] Vgl. BGH BauR 1997, 468.
[234] BGH NJW 1985, 1840; *Thode* ZfBR 1999, 116, 124.
[235] OLG Nürnberg, Nichtannahmebeschluss des BGH, NZBau 2000, 509.
[236] Vgl. insoweit bereits früher zu Ausnahmen von diesem Grundsatz BGH BauR 1985, 456, 457; BGH BauR 1987, 453; BGH BauR 1991, 81, 82; Beck'scher VOB-Kommentar/*Motzke* VOB/B, § 16 Nr. 1 Rdn. 4.

Eine Ausnahme lässt das OLG Oldenburg zu, wenn Gegenstand der Abschlagsrechnung ein unbestrittenes Guthaben des Auftragnehmers ist[237].

98 Hat der Auftragnehmer zum Zeitpunkt der Schlussrechnungsreife bereits Klage aus einer Abschlagsrechnung erhoben, so muss er diese aufgrund der unterschiedlichen Streitgegenstände zwischen Abschlagsforderung und Schlussforderung im Wege einer **Klageänderung gemäß § 263 ZPO** auf eine Forderung aus Schlussrechnung umstellen[238]. Nach anderer (bislang) vorherrschender Auffassung bedurfte es keiner Klageänderung, sondern lediglich der Umstellung von der Klage auf Abschlagszahlung auf die Weiterführung der Klage nunmehr aus Schlusszahlung (§ 264 Nr. 1 und 2 ZPO)[239]. Eine derartige Klageänderung setzt jedoch voraus, dass der Auftragnehmer zur Begründung seines Zahlungsverlangens die Schlussrechnung vorlegt, die Schlussrechnung in den Rechtsstreit einführt und den offen stehenden Vergütungsanspruch nach Maßgabe der Schlussrechnung (und nicht mehr nach der überholten Abschlagsrechnung) begründet. Dem Gebot der Abrechnungsklarheit entspricht es, dass die Forderung nur noch anhand der genauen Schlussrechnung und nicht mehr der nur vorläufigen Abschlagsrechnung begründet wird[240]. Da **Teilforderungen aus Schlussrechnungen** im Hinblick auf die Unzulässigkeit der Geltendmachung einzelner Rechnungsposten regelmäßig nicht geltend gemacht werden können[241], ist der aus der vormaligen Abschlagsrechnung offen stehende Vergütungsbetrag häufig nicht mehr isoliert nach erfolgter Klageänderung aus der Schlussrechnung zu begründen und gerichtlich weiter geltend zu machen[242].

Für den Fall, dass vom Auftraggeber Einwendungen gegen das Vorliegen der Schlussrechnungsreife – etwa das Vorliegen der Abnahmevoraussetzungen – erhoben werden, kann es nach dem BGH zulässig sein, nach entsprechender Klageumstellung auf die Schlussrechnung zumindest weiter den vormals begründeten **Anspruch auf Abschlagszahlungen** für den Fall **hilfsweise geltend zu machen**, dass der Auftragnehmer nicht im Stande ist, die Abnahme der Bauleistungen bzw. die unberechtigte Abnahmeverweigerung nachzuweisen[243]. Vor dem Hintergrund der vom BGH bejahten unterschiedlichen Streitgegenstände zwischen Schluss- und Abschlagsrechnung ist die gerichtliche Entscheidung konsequent, da der Anspruch aus Abschlagsrechnung grundsätzlich fällig geworden und nicht durch Schlussrechnungsreife überholt bzw. durch eine fällige Schlussrechnung ersetzt wurde[244].

99 **f)** Die Grundsätze über das Verhältnis zwischen Abschlags- und Schlussrechnung sind auch auf Fälle heranzuziehen, in denen das Vertragsverhältnis vorzeitig, etwa aufgrund **Kündigung bzw. Auftragsentziehung** beendet wurde. Nach erfolgter Kündigung kann der Auftragnehmer – wie sich aus § 8 Nr. 6 VOB/B entnehmen lässt – kurzfristig Aufmaß und Abnahme der von ihm ausgeführten Leistungen verlangen, um anschließend unverzüglich über die ausgeführten Leistungen im Rahmen einer Schlussrechnung abzurechnen. Der BGH lässt deshalb bereits ab dem Zeitpunkt der vorzeitigen Vertragsbeendigung keine Abschlagsforderungen mehr zu[245]. Eine Ausnahme läßt das OLG Oldenburg jedoch zu, wenn Gegenstand der Abschlagsrechnung ein unbestrittenes Guthaben des Auftragnehmers ist[246]. Im Falle von Teilkündigungen ergibt sich hieraus jedoch nicht die Berechtigung, isoliert über die teilgekündigte Leistung eine Schluss-

[237] OLG Naumburg BauR 2004, 522.
[238] BGH BauR 1999, 267; kritisch hierzu *von Rintelen* Jahrbuch Baurecht 2001, 25, 40.
[239] BGH BauR 1985, 456, 458; OLG Köln OLGR 1994, 79; Beck'scher VOB-Kommentar/*Motzke* VOB/B, § 16 Nr. 1 Rdn. 13.
[240] Beck'scher VOB-Kommentar/*Motzke* VOB/B, § 16 Nr. 1 Rdn. 12.
[241] *Thode* ZfBR 1999, 116, 124.
[242] A.A. Beck'scher VOB-Kommentar/*Motzke* VOB/B, § 16 Nr. 1 Rdn. 13.
[243] BGH BauR 2000, 1482.
[244] Zu Unrecht kritisch deshalb *Franke/Kemper/Zanner/Grünhagen* VOB/B, § 16 Rdn. 213.
[245] BGH BauR 1991, 81, 82; BGH BauR 1987, 453; OLG Hamm NZBau 2004, 439 = BauR 2004, 1304; vgl. hierzu auch Beck'scher VOB-Kommentar/*Motzke* VOB/B, § 16 Nr. 1 Rdn. 14; *Thode* ZfBR 1999, 116, 121.
[246] OLG Naumburg BauR 2004, 522.

rechnung vorzulegen. Bei Vorliegen der Voraussetzungen kommt allenfalls die Vorlage einer Teilschlussrechnung gemäß § 16 Nr. 4 VOB/B in Betracht. Dessen ungeachtet hat das OLG Braunschweig nach vorzeitiger Beendigung des Bauvertrages ausnahmsweise dem Auftragnehmer die Möglichkeit zugebilligt, anschließend noch aus einer für Abschlagsbeträge ausgereichten Bürgschaft auf erste Anforderung vorzugehen, da die Geltendmachung von Abschlägen nach Kündigung nicht als rechtsmißbräuchlich anzusehen sei[247].

2. Antrag auf Abschlagszahlungen (§ 16 Nr. 1 Abs. 1 Satz 1 VOB/B)

100 Abschlagszahlungen sind nur auf Antrag zu leisten. Der Auftraggeber ist deshalb nicht von sich aus verpflichtet, Abschlagszahlungen vorzunehmen, selbst wenn diese vertraglich vereinbart und auch im Vertrag bereits ihrem Umfange nach festgelegt wurden. Der Antrag selbst stellt eine einseitige und empfangsbedürftige Willenserklärung des Auftragnehmers dar[248]. Der Antrag ist nicht formgebunden, d.h. er braucht nicht schriftlich gegenüber dem Auftraggeber gestellt zu werden; die Einhaltung der Schriftform ist aber – nicht zuletzt aus Beweisgründen – zweckmäßig[249]. Die Vorlage einer Abschlagsrechnung beinhaltet zugleich auch den Antrag des Auftragnehmers auf Vornahme einer Abschlagszahlung[250]. Üblicherweise übersendet der Auftragnehmer seine Abschlagsrechnung mit einem Anschreiben, in dem er zugleich den Auftraggeber zur Zahlung aus der beigefügten Rechnung auffordert.

3. Abschlagszahlung in Höhe des jeweiligen Wertes der nachgewiesenen Leistungen (§ 16 Nr. 1 Abs. 1 Satz 1 und 2 VOB/B)

101 **a)** Auf den Antrag des Auftragnehmers hin sind Abschlagszahlungen in Höhe des Wertes der jeweils nachgewiesenen (vertragsmäßigen) Leistungen durch den Auftraggeber vorzunehmen. Wenn die Parteien keine abweichende ausdrückliche Regelung getroffen haben, etwa die Vornahme von Abschlagszahlungen innerhalb bestimmter **festgelegter zeitlicher Intervalle** ohne zusätzliche Leistungsnachweise[251], schuldet der Auftraggeber nur dann und in dem Umfange Vergütung aus einer ihm vorgelegten Abschlagsrechnung, wie der Auftragnehmer ihm in ausreichendem Umfange die ausgeführten Leistungen und den Wert dieser Leistungen nachweist. Auch wenn die Parteien entsprechend bauvertraglicher Praxis Zahlungspläne mit bestimmten Zahlungszeitpunkten vereinbart haben, kann der Neufassung des § 16 Nr. 1 Abs. 1 Satz 1 VOB/B 2006 entnommen werden, dass Abschlagszahlungen nur geschuldet sind, wenn zu dem jeweiligen, vertraglich vereinbarten Zeitpunkt auch tatsächlich eine entsprechende vertragsgemäße Leistung durch den Auftragnehmer nachgewiesen wird.

Welche Anforderungen an diesen Nachweis zu stellen sind, ergibt sich aus § 16 Nr. 1 Abs. 1 Satz 2 VOB/B, wo ausdrücklich vorgesehen ist, dass der **Leistungsnachweis durch eine prüfbare Aufstellung** zu erfolgen hat, die eine rasche und sichere Beurteilung des Leistungsverlangens des Auftragnehmers ermöglicht. Durch diese Regelung werden die strengen Prüffähigkeitskriterien des § 14 VOB/B für den Leistungsnachweis bei der Vorlage von Abschlagsrechnungen herabgesetzt[252]. Auch bei Herabsetzung der Prüffähigkeitskriterien des § 14 VOB/B muss die vom Auftragnehmer vorgelegte Schlussrechnung aber inhaltlich so aufgemacht werden, dass sie rasch und sicher vom Auftraggeber nachvollzogen werden kann[253]. Diesen Anforderungen

---

[247] OLG Braunschweig BauR 2004, 1638.

[248] *Ingenstau/Korbion/U. Locher* VOB/B, § 16 Nr. 1 Rdn. 11.

[249] *Franke/Kemper/Zanner/Grünhagen* VOB/B, § 16 Rdn. 17; Beck'scher VOB-Kommentar/*Motzke* VOB/B, § 16 Nr. 1 Rdn. 22 f.

[250] *Franke/Kemper/Zanner/Grünhagen* VOB/B, § 16 Rdn. 17; *Heiermann/Riedl/Rusam* VOB/B, § 16 Rdn. 40; *Nicklisch/Weick* VOB/B, § 16 Rdn. 13.

[251] Siehe hierzu unten § 16 Rdn. 111.

[252] BGH NZBau 2002, 390, 391; BGH BauR 1997, 468; OLG Düsseldorf BauR 1997, 1041; *Ingenstau/Korbion/U. Locher* VOB/B, § 16 Nr. 1 Rdn. 14; a.A. Beck'scher VOB-Kommentar/*Cuypers* VOB/B, § 14 Nr. 1 Rdn. 27, der zu Unrecht keinen Bezug zur vereinbarten Vergütung herstellen will.

[253] *Ingenstau/Korbion/U. Locher* VOB/B, § 16 Nr. 1 Rdn. 15.

entsprechen nur Abschlagsrechnungen, die es (zumindest) dem vom Auftraggeber eingesetzten bauleitenden Architekten ermöglichen, den zum Gegenstand der Abschlagsrechnung gemachten Leistungsstand sowie die hierauf entfallende anteilige (weitere) Vergütung nachzuvollziehen[254]. Soweit in der Abschlagsrechnung auf bestimmte Leistungsnachweise Bezug genommen wird, sind diese beizufügen[255]. Bei Bauleistungen, die nach **Einheitspreisen** ausgeführt werden, sind zumindest überschlägige Mengenaufstellungen zu übergeben[256]. Können Leistungen nur anhand eines **konkreten Aufmaßes** nachvollzogen werden, ist es notwendig, dieses dem Fortgang der Baumaßnahme entsprechend zu erstellen und der Abschlagsrechnung zugrunde zu legen[257].

Anders als bei Schlussrechnungen besteht keine zwingende Frist, innerhalb derer der Auftraggeber Prüffähigkeitsbedenken gegen die vorgelegte Abschlagsrechnung zu erheben hat[258]. Werden vom Auftraggeber Einwendungen gegen die Prüffähigkeit des Leistungsnachweises erhoben, kann der Auftragnehmer neue und seine Abrechnung stützende Nachweise nachschieben. Ausschlaggebend ist prozessual lediglich, dass von ausreichender Prüffähigkeit zum Zeitpunkt der letzten mündlichen Verhandlung auszugehen ist[259].

Die jeweilige Abschlagsrechnung braucht sich nur auf die seit der vorhergegangenen Rechnung 102
neu bzw. **zusätzlich ausgeführten Leistungen** zu erstrecken[260]. Nicht erforderlich ist deshalb jeweils eine neu aufgemachte Gesamtzusammenstellung aller ausgeführter Leistungen. Anderenfalls wäre die vorausgesetzte rasche und sichere Beurteilung einzelner Abschlagsforderungen durch überhöhte Anforderungen an den Nachweisumfang eher eingeschränkt.

b) Die Leistungsnachweise haben sich **nach den vertraglichen Vorgaben** zu richten. Dies 103
gilt zunächst für die inhaltlich eindeutige Bezugnahme auf das dem Vertrage zugrundegelegte Leistungsverzeichnis. Die prüfbare Aufstellung nach § 16 Nr. 1 Abs. 1 Satz 1 und 2 VOB/B hat sich an den Positionen der Leistungsbeschreibung zu orientieren[261]. Die Abschlagsrechnung muss aber nicht notwendig spiegelbildlich zum Leistungsverzeichnis aufgemacht werden[262]. Jede unnötige Abweichung von den Positionen des Leistungsverzeichnisses kann aber einer sicheren und raschen Prüfung der Abschlagsrechnung im Einzelfall entgegenstehen.

Darüber hinaus ist zu beachten, dass auch sonstige vertragliche Vorgaben vom Auftragneh- 104
mer bei Vorlage seiner Abschlagsrechnung einzuhalten sind. Dieses Erfordernis hat vor allem Bedeutung im Zusammenhang mit der vorausgesetzten **Berechenbarkeit der Vergütung** nach dem abgeschlossenen Bauvertrag[263]. Leistungen, für die keine gesonderte Vergütung beansprucht werden kann, sind – soweit in dem Leistungsnachweis enthalten – gesondert kenntlich zu machen. Ebenso bedarf es einer besonderen Kenntlichmachung dann, wenn Nachtrags- und Zusatzleistungen gefordert und durch die vorgelegte Aufstellung nachgewiesen werden sollen.

c) Werden Abschlagsrechnungen in engen zeitlichen Abständen vom Auftragnehmer vorgelegt, 105
so ist es sowohl beim Einheitspreis- wie auch beim Pauschalpreisvertrag sinnvoll, dem Auftraggeber jeweils mit anzugeben, in welchem Umfange auf die bis zuletzt vorgelegten Abschlagsrechnungen bereits **Zahlungen erbracht wurden**[264]. Aus der Differenz zwischen den nach allen vorgelegten Abschlagsrechnungen noch rechnerisch offen stehenden Vergütungsansprüchen bemisst sich die jeweils aktuelle (Abschlags-) Forderung. Sie kann deshalb deutlich über die Forderung hinausgehen, die sich rechnerisch aus der zuletzt vorgelegten Abschlagsrechnung ergibt, z.B.

---

254 BGH NJW 1967, 342; BGH BauR 1998, 869, 870.
255 *Nicklisch/Weick* VOB/B, § 16 Rdn. 12.
256 Vgl. *Heiermann/Riedl/Rusam* VOB/B, 9. Aufl., § 16 Rdn. 26.
257 Beck'scher VOB-Kommentar/*Motzke* VOB/B, § 16 Nr. 1 Rdn. 19; a.A. *Nicklisch/Weick* VOB/B, § 16 Rdn. 12.
258 Vgl. zu der Zwei-Monatsfrist bei Schlussrechnungen unten § 16 Rdn. 188.
259 OLG Bremen OLGR 2003, 427.
260 *Nicklisch/Weick* VOB/B, § 16 Rdn. 12.
261 Vgl. *Ingenstau/Korbion/U. Locher* VOB/B, § 16 Nr. 1 Rdn. 15.
262 Vgl. OLG Brandenburg NZBau 2000, 511 (zur Schlussrechnung).
263 Beck'scher VOB-Kommentar/*Motzke* VOB/B, § 16 Nr. 1 Rdn. 26.
264 Vgl. *Heiermann/Riedl/Rusam* VOB/B, 9. Aufl., § 16 Rdn. 27.

wenn der Auftraggeber über längere Zeit seinen Zahlungsverpflichtungen aus vorangegangenen Abschlagsrechnungen nicht nachgekommen ist.

4. Abschlagszahlung auf vertragsgemäße Leistung (§16 Nr. 1 Abs. 1 Satz 1 VOB/B)

106 Nach §16 Nr. 1 Abs. 1 Satz 1 VOB/B kann der Auftragnehmer Abschlagszahlungen für die nachgewiesenen Leistungen nur beanspruchen, wenn diese ihrem Leistungsumfang wie ihrer Abrechnung nach vertragsgemäß sind. Die Bauleistungen haben sich dabei regelmäßig in dem zu errichtenden Bauwerk unmittelbar zu verkörpern[265]. Bereits hergestellte, aber noch nicht an die Baustelle gelieferte Bauteile werden nicht als vertragsgemäß erbrachte Bauleistungen angesehen[266].

107 **a)** Der Auftragnehmer kann nur für solche Leistungen Abschlagszahlungen beanspruchen, die er nach dem zugrundeliegenden Bauvertrag ausgeführt hat[267]. **Vergütungsansprüche aus dem Bauvertrag** können dem Auftragnehmer nicht nur nach §2 Nr. 1, sondern gleichermaßen auch nach §2 Nr. 3, 5, 6 und 8 VOB/B zustehen[268]. Bei Vorliegen von zusätzlichen Vergütungsansprüchen aus dem abgeschlossenen Bauvertrag können auch insoweit (gesonderte) Abschlagsrechnungen vorgelegt werden, selbst wenn noch keine Vereinbarung über die Vergütung zusätzlicher bzw. geänderter Leistungen zwischen den Parteien zustande gekommen ist[269]. Auch für **vertragsbezogene Schadensersatzansprüche**, etwa solche aus Behinderung gemäß §6 Nr. 6 VOB/B kann im Ergebnis zumindest in entsprechender Anwendung des §16 Nr. 1 Abs. 1 VOB/B nichts anderes gelten, da es sich um Forderungen handelt, die unmittelbar auf den abgeschlossenen Bauvertrag gestützt werden[270].

108 **b)** Für die in die Abschlagsrechnung eingestellten **Leistungen** ist es weiterhin erforderlich, dass sie **vertragsgemäß ausgeführt** wurden, d.h. die Leistungen selbst mangelfrei sind und den Qualitätsanforderungen genügen, die sich aus dem abgeschlossenen Bauvertrag ergeben[271]. Für mangelhaft und/oder vertragswidrig ausgeführte Leistungen kann der Auftragnehmer vom Grundsatz her keine Vergütung beanspruchen. Soweit die in der Abschlagsrechnung nachgewiesenen Bauleistungen teilweise mangelbehaftet sind, steht dem Auftraggeber in angemessenem Umfang ein **Zurückbehaltungsrecht** hinsichtlich der geforderten Abschlagszahlung zu[272]. Den Umfang des Zurückbehaltungsrechts wird man nicht am Minderwert der ausgeführten Leistung, sondern an dem Druckzuschlag orientieren, der sich aus §641 Abs. 3 BGB ergibt. Wenn der Auftraggeber nach dieser Bestimmung berechtigt ist, nach der Abnahme bei Vorliegen von Mängeln einen Einbehalt in Höhe von mindestens des Dreifachen des für die Beseitigung des Mangels erforderlichen Aufwandes vorzunehmen, so ergibt sich hieraus ein **Zurückbehaltungsmaßstab**, der auch vor der Abnahme angemessen erscheint. Wird der Einwand mangelbehafteter Leistung in einem Klageverfahren aus Abschlagsrechnung erhoben, so hat dies die Wirkung, dass der Auftraggeber nur Zug um Zug gegen Beseitigung der festgestellten Mängel zur Abschlagszahlung verurteilt wird (§322 Abs. 1 BGB)[273].

109 **c)** Von der vertragsgemäßen Qualität zu unterscheiden ist die sonstige **Einhaltung der vertraglichen Leistungs- und Abrechnungsvorgaben**. Ist die Auszahlung von Abschlagszahlungen im zugrundeliegenden Bauvertrag an bestimmte Voraussetzungen – etwa die Übergabe

---

[265] BGH NJW-RR 2003, 738 = NZBau 2003, 327 = BauR 2003, 877.

[266] BGH NJW 1995, 1837, 1838; BGH NJW-RR 2003, 738 = NZBau 2003, 327 = BauR 2003, 877.

[267] BGH BauR 1979, 159, 160; *Ingenstau/Korbion/U. Locher* VOB/B, §16 Nr. 1 Rdn. 4.

[268] Zu eng bezogen auf §2 Nr. 1 VOB/B demgegenüber Beck'scher VOB-Kommentar/*Motzke* VOB/B, §16 Nr. 1 Rdn. 25; ebenso *Nicklisch/Weick* VOB/B, §16 Rdn. 11.

[269] Siehe im einzelnen §2 VOB/B Rdnrn. 169, 229.

[270] OLG Hamm NZBau 2004, 439 = BauR 2004, 1304; siehe im einzelnen §6 VOB/B Rdn. 87.

[271] *Ingenstau/Korbion/U. Locher* VOB/B, §16 Nr. 1 Rdn. 8; *Nicklisch/Weick* VOB/B, §16 Rdn. 11.

[272] *Nicklisch/Weick* VOB/B, §16 Rdn. 11; *Ingenstau/Korbion/U. Locher* VOB/B, §16 Nr. 1 Rdn. 8; Beck'scher VOB-Kommentar/*Motzke* VOB/B, §16 Nr. 1 Rdn. 28.

[273] BGH NJW 1979, 650, 651; BGH BauR 1991, 81, 82; *Nicklisch/Weick* VOB/B, §16 Rdn. 11.

von Nachweisen und Unterlagen – gebunden, so hat der Auftragnehmer auch die Erfüllung dieser zusätzlichen Verpflichtungen bei Anforderung der jeweiligen Abschlagszahlungen nachzuweisen, also die entsprechenden Informationen zu erteilen bzw. Unterlagen zu übergeben. So kann die Anforderung von Abschlägen davon abhängig gemacht werden, dass die Ausführung der entsprechenden Leistungen durch Sachverständige bzw. Gutachten bescheinigt wird. Vertraglich ausbedungene Qualitätsproben oder -nachweise hat der Auftragnehmer gleichermaßen zu dokumentieren und nachzuweisen. Wurde die mit dem Auftraggeber vertraglich vereinbarte Sicherheit nicht gestellt, so fehlt es an dem Nachweis vertragsgemäßer (Teil-) Erfüllung mit der Folge, dass der Auftraggeber die Abschlagszahlung zurückhalten kann[274].

5. Höhe der Abschlagszahlung (§ 16 Nr. 1 Abs. 1 Satz 1 VOB/B)

Die Höhe der Abschlagszahlung richtet sich nach den hierzu zwischen den Parteien getrof- 110
fenen Vereinbarungen. Die Parteien haben es in der Hand, durch Abschlagsregelungen und durch Zahlungspläne festzulegen, wann und in welchem Umfange Abschlagszahlungen zu entrichten sind. Zulässig sind dabei durchaus Regelungen, die einen bestimmten Prozentsatz der Vergütung nach Erreichen eines bestimmten Bautenstandes – etwa nach Fertigstellung des Rohbaus – fällig stellen oder aber eine Abschlagszahlung in bestimmten Zeitabständen – etwa monatlich – jeweils in Höhe des erreichten Bautenstandes vorsehen.

a) Gelegentlich wird zwischen den Parteien vereinbart, dass **Abschlagszahlungen ohne** 111
weitere Nachweise zu festgelegten Zeitpunkten in bestimmter Höhe zu leisten sind. Derartige Abschlagsregelungen sind für den Auftraggeber riskant, weil der Auftragnehmer nicht gehalten ist, zu den festgelegten Zahlungszeitpunkten auch einen entsprechend adäquaten, ausgeführten Leistungsumfang nachzuweisen. Es besteht deshalb das Risiko, dass der Auftraggeber in weitaus höherem Umfange Zahlungen leistet, als dies nach dem tatsächlich ausgeführten Bautenstand angemessen ist. Entsprechende Regelungen ohne Korrektiv des konkreten Leistungsnachweises sind deshalb aus Sicht des Auftraggebers zu vermeiden.

b) Nach § 16 Nr. 1 Abs. 1 Satz 1 VOB/B richtet sich die **Höhe** der aufgrund Abschlagsrechnung 112
geschuldeten Vergütung **nach dem Wert der nachgewiesenen vertragsgemäßen Leistung**[275]. Hat der Auftragnehmer die durch Abschlagsrechnung belegten Leistungen vollen Umfanges ausgeführt, so steht ihm vom Grundsatz her hierfür auch die volle, vereinbarte Gegenleistung zu[276]. Haben die Parteien keine abweichenden Regelungen getroffen, kann der Auftraggeber deshalb die mit der Abschlagsrechnung angeforderte Vergütung nicht einseitig kürzen, etwa unter Hinweis auf das Vorliegen bloßer Abschläge oder aber der Ungewissheit späterer Schlussabrechnung[277]. Der Auftraggeber ist zu Kürzungen nur berechtigt, wenn und soweit er die Abschlagsforderungen zu Recht dem Umfange nach zu beanstanden vermag oder aber Gegenrechte im Sinne des § 16 Nr. 1 Abs. 2 VOB/B geltend machen kann.

Der Auftraggeber ist verpflichtet, den Auftragnehmer über die von ihm **vorgenommenen** 113
Kürzungen zu unterrichten. Diese Unterrichtung muss inhaltlich klar und zeitnah gegenüber dem Auftragnehmer erfolgen[278]. Unterlässt der Auftraggeber die ebenso zeitnah wie inhaltlich bestimmte Unterrichtung des Auftragnehmers, können sich hieraus für ihn negative Folgen ergeben, etwa dadurch, dass ihm später ein anderenfalls berechtigter Skontoabzug nicht mehr zugebilligt wird[279].

---

[274] *Heiermann/Riedl/Rusam* VOB/B, 9. Aufl., § 16 Rdn. 11.

[275] Beck'scher VOB-Kommentar/*Motzke* VOB/B, § 16 Nr. 1 Rdn. 40.

[276] *Ingenstau/Korbion/U. Locher* VOB/B, § 16 Nr. 1 Rdn. 7; Beck'scher VOB-Kommentar/*Motzke* VOB/B, § 16 Nr. 1 Rdn. 40.

[277] BGH BauR 1987, 694, 696; BGH BauR 1990, 207, 208; BGH BauR 1990, 727; *Ingenstau/Korbion/U. Locher* VOB/B, § 16 Nr. 1 Rdn. 6; Beck'scher VOB-Kommentar/*Motzke* VOB/B, § 16 Nr. 1 Rdn. 40.

[278] OLG Köln IBR 1999, 125.

[279] OLG Köln IBR 1999, 125.

114 **c)** Häufig finden sich in den vertraglichen Vereinbarungen der Parteien Klauseln, die dazu dienen sollen, die **Abschlagszahlung** auch im Falle voll umfänglich erbrachter Leistung **anteilig zu reduzieren**. Typisch sind etwa Klauseln, in denen dem Auftraggeber die Befugnis eingeräumt wird, lediglich 90 oder 95 % der aus der Abschlagsrechnung geschuldeten Vergütung zu bezahlen[280]. Derartige Klauseln stellten bereits nach bisherigem Recht einen Kerneingriff in die VOB/B dar[281]. Der mit dem Gesetz zur Beschleunigung fälliger Zahlungen zum 1.5.2000 eingeführten Abschlagsbestimmung des § 632 a BGB kommt nunmehr in engen Grenzen Leitbildfunktion mit der Folge zu, dass sich die Unwirksamkeit derartiger Klauseln aus § 307 Abs. 1 BGB (ehemals § 9 AGBG) ergeben kann[282], da die gesetzliche Abschlagsbestimmung (ebenfalls) unter den genannten Voraussetzungen von der Verpflichtung zur 100 %-igen Erfüllung begründeter Abschlagsforderungen ausgeht[283]. Aus diesem Grunde erscheint es entgegen Heiermann unangemessen, dem Hauptunternehmer zu gestatten, die Abschlagsforderungen seiner Nachunternehmer auf 90 %, 80 % oder gar 70 % zu beschränken, um damit sein Liquiditätsrisiko bei verspäteter Zahlung durch den Bauherrn zu kompensieren[284].

115 Hiervon zu unterscheiden sind Vertragsklauseln, die dem Auftraggeber lediglich die Befugnis einräumen, **anteilige Sicherheit** zu verlangen[285]. Voraussetzung derartiger Klauseln ist aber, dass zwischen den Parteien ausdrücklich die Befugnis des Auftraggebers vorgesehen ist, Sicherheit in Teilbeträgen von seinen Zahlungen einzubehalten. Nach § 17 Nr. 6 Abs. 1 VOB/B darf der Auftraggeber in derartigen Fällen jeweils Zahlungen um höchstens 10 v.H. kürzen, wobei er vom Grundsatz her die Einzahlung auf einem Sperrkonto zu veranlassen hat[286]. Ein Sicherheitseinbehalt von 5 % bzw. maximal 10 % ist unter den genannten Voraussetzungen im Rahmen von Abschlagszahlungen zulässig[287]. Allerdings ist es nicht zulässig, die in Allgemeinen Vertragsbedingungen enthaltene Regelung, wonach nur 90 oder 95 % der Abschlagsforderung zur Auszahlung gebracht werden, in eine wirksame Klausel über die Stellung einer entsprechenden Sicherheit umzudeuten, da es nach § 17 Nr. 1 und § 17 Nr. 6 VOB/B einer ausdrücklichen Vereinbarung zur Sicherheitsleistung zwischen den Parteien bedarf[288]. Ebenso unwirksam sind Klauseln, bei denen der vertraglich zulässige Sicherheitseinbehalt mit weiteren prozentualen Abschlägen aus der Abschlagsforderung kumuliert wird[289].

6. Mehrwertsteuer auf Abschlagsforderung (§ 16 Nr. 1 Abs. 1 Satz 1 VOB/B)

116 In § 16 Nr. 1 Abs. 1 Satz 1 VOB/B ist ausdrücklich klargestellt worden, dass der Auftragnehmer vom Grundsatz her berechtigt und auch verpflichtet ist, auf Abschlagszahlungen über die vertragsgemäßen Leistungen die auf sie entfallende Umsatzsteuer zu beaufschlagen. Der Mehrwertsteueranteil ist zu diesem Zweck gesondert in den Abschlagsrechnungen des Auftragnehmers auszuweisen. Eine Ausnahme gilt lediglich für Abschlagszahlungen, die unter 10.000,00 EUR liegen. Bei Beträgen in dieser Größenordnung steht es dem Auftragnehmer frei, ob er die Mehrwertsteuer gesondert auch in Abschlagsrechnungen ausweist[290].

---

[280] *Heiermann/Riedl/Rusam* VOB/B, § 16 Rdn. 42; *Franke/Kemper/Zanner/Grünhagen* VOB/B, § 16 Rdn. 165.

[281] Beck'scher VOB-Kommentar/*Motzke* VOB/B, § 16 Nr. 1 Rdn. 41.

[282] *Palandt/Sprau* BGB, § 632 a Rdn. 3.

[283] Vgl. *Glatzel/Hofmann/Frikell* Unwirksame Bauvertragsklauseln, 10. Aufl., S. 290.

[284] *Heiermann/Riedl/Rusam* VOB/B, 9. Aufl., § 16 Rdn. 28 unter Missachtung des Grundgedankens, wonach berechtigte Abschlagszahlungen grundsätzlich vollen Umfanges auszugleichen sind, vgl. hierzu BGH NJW 1988, 55; LG München I BauR 1992, 270.

[285] Vgl. hierzu Beck'scher VOB-Kommentar/*Motzke* VOB/B, § 16 Nr. 1 Rdn. 42.

[286] Siehe im einzelnen § 17 VOB/B Rdn. 210 ff.

[287] *Heiermann/Riedl/Rusam* VOB/B, § 16 Rdn. 41; Beck'scher VOB-Kommentar/*Motzke* VOB/B, § 16 Nr. 1 Rdn. 42.

[288] Vgl. BGH NJW-RR 1988, 851; Beck'scher VOB-Kommentar/*Motzke* VOB/B, § 16 Nr. 1 Rdn. 43.

[289] BGH BauR 1987, 694.

[290] *Franke/Kemper/Zanner/Grünhagen* VOB/B, § 16 Rdn. 18.

7. Abschlagszahlung in möglichst kurzen Abständen (§ 16 Nr. 1 Abs. 1 Satz 1 VOB/B)

Abschlagszahlungen sind dem Auftragnehmer in möglichst kurzen Zeitabständen zu gewähren. Was hierunter zu verstehen ist, ergibt sich jedoch im einzelnen nicht aus § 16 Nr. 1 Abs. 1 Satz 1 VOB/B. Maßgebend ist deshalb zunächst, was die Parteien **zu den Zeitabständen** vertraglich vereinbaren, innerhalb derer jeweils Abschlagszahlungen verlangt werden können. Die Parteien haben es in der Hand, die zeitlichen Abstände insbesondere durch Zahlungspläne festzuschreiben[291]. Da § 632 a BGB die Vornahme von Abschlagszahlungen unter bestimmten Voraussetzungen, letztlich jedoch in engen Grenzen und ohne Berücksichtigung bestimmter zeitlicher Vorgaben regelt, besteht bei den Parteien hinsichtlich der vertraglichen Bestimmung von zu leistenden Abschlagszahlungen weitgehender Ermessensspielraum[292]. 117

Sofern die Parteien keine individuelle Vereinbarung zu den zeitlichen Abständen, in denen Abschlagsrechnungen vorgelegt werden können, getroffen haben, kommt es entscheidend auf Art und Umfang der ausgeführten Bauleistungen, die Höhe der jeweiligen Abschlagsforderungen sowie die Besonderheiten der jeweiligen Baustelle an, um die **Angemessenheit der zeitlichen Abstände** zu beurteilen[293]. Feste Richtgrößen von zwei oder vier Wochen lassen sich schon wegen der Unterschiedlichkeit der auszuführenden Bauleistungen und der jeweiligen zeitlichen Bauabläufe nicht begründen[294]. Werden innerhalb kurzer Zeit besonders werthaltige Bauleistungen vom Auftragnehmer ausgeführt, kann er unter Umständen bereits nach Ablauf von einigen Tagen berechtigt sein, eine weitere Abschlagsrechnung zu stellen; zieht sich die Ausführung der Arbeiten in die Länge oder werden wertmäßig nur sukzessive geringwertige Arbeiten ausgeführt, kommen längere Abstände in Betracht, die durchaus auch vier oder sechs Wochen überschreiten können. **Zu kurz bemessene Abstände** können im Einzelfall unangemessen sein, da die rasche Aufeinanderfolge von Abschlagsrechnungen erhöhten Überprüfungs- und Kontrollaufwand bei dem Auftraggeber auslöst[295]. 118

8. Abschlagszahlungen auf Baustoffe und Bauteile (§ 16 Nr. 1 Abs. 1 Satz 3 VOB/B)

Abschlagszahlungen können vom Auftragnehmer für die jeweils nachgewiesenen vertragsgemäßen Leistungen gefordert werden (§ 16 Nr. 1 Abs. 1 Satz 1 VOB/B). Zu diesen Leistungen sollen nach § 16 Nr. 1 Abs. 1 Satz 3 VOB/B auch die für die geforderte Bauleistung **eigens angefertigten und bereit gestellten Bauteile** sowie die auf der Baustelle angelieferten Stoffe und Bauteile gehören. Allerdings wird die Befugnis zur Geltendmachung von Abschlagsforderungen bei derartigen Baustoffen und Bauteilen davon abhängig gemacht, dass dem Auftraggeber nach seiner Wahl das **Eigentum** an ihnen übertragen **oder aber** ihm **entsprechende Sicherheit** gewährt wird. Dem Auftragnehmer wird auf diese Weise die Möglichkeit gegeben, über von ihm beschaffte oder angefertigte Baustoffe und Bauteile bereits vor ihrem Einbau am Bauvorhaben des Auftraggebers eine Abschlagsrechnung vorzulegen. Da angelieferte Baustoffe und vorproduzierte Bauteile gemäß § 946 i.V.m. § 94 BGB erst zu wesentlichen Bestandteilen des Grundstückes und Gebäudes werden, wenn sie vom Auftragnehmer am Bauvorhaben eingebaut und damit fest mit dem Grundstück bzw. Gebäude verbunden werden[296], ist der Auftraggeber bei Baustoffen und Bauteilen, die noch nicht zum Einbau gelangt sind, an der wirtschaftlichen Absicherung der von ihm erbrachten Abschlagszahlungen naturgemäß interessiert. Aus gleichen Erwägungen sieht § 632 a BGB für die (nunmehr) gesetzlich begründeten Abschlagszahlungen (ebenfalls) aus- 119

[291] *Heiermann/Riedl/Rusam* VOB/B, § 16 Rdn. 46.
[292] A.A. *Leinemann* VOB/B, § 16 Rdn. 23, der zu Unrecht eine wesentliche Abweichung von § 632 a BGB bei zeitlichen Abständen von 6 Wochen annimmt.
[293] *Heiermann/Riedl/Rusam* VOB/B, § 16 Rdn. 46.
[294] A.A. *Heiermann/Riedl/Rusam* VOB/B, § 16 Rdn. 46, der von 4-Wochen-Fristen ausgeht; ebenso *Franke/Kemper/Zanner/Grünhagen* VOB/B, § 16 Rdn. 30; *Leinemann* VOB/B, § 16 Rdn. 23 mit einer 14-tägigen Abrechnungsweise.
[295] Vgl. *Heiermann/Riedl/Rusam* VOB/B, § 16 Rdn. 46; *Leinemann* VOB/B, § 16 Rdn. 23.
[296] Vgl. *Palandt/Heinrichs* BGB, § 94 Rdn. 2 ff.

drücklich vor, dass der Auftragnehmer zwar für erforderliche Baustoffe und Bauteile Abschläge beanspruchen kann, dass ihm dieser Anspruch jedoch nur dann zustehen soll, wenn er (zugleich) dem Besteller Eigentum an den Baustoffen bzw. Bauteilen überträgt oder aber entsprechende Sicherheit leistet[297].

120 **a)** Die Vorschrift des § 16 Nr. 1 Abs. 1 Satz 3 VOB/B bezieht sich zunächst auf die vom Auftragnehmer **eigens angefertigten und bereit gestellten Bauteile**, die für die geschuldete Bauleistung des Auftragnehmers erforderlich sind. Bauteile sind bewegliche Sachen, die – hergestellt aus einzelnen bzw. verschiedenen Baustoffen – nach ihrem Einbau eine selbständige Einzelfunktion am Bauwerk haben. Dabei kann es sich um individuell oder aber auch in Serie hergestellte, spätere Bestandteile des Baukörpers handeln (Rohrleitungen, Fenster, Türen etc.). Darüber hinaus gehören auch individuell für die Baumaßnahme hergestellte bzw. vorgefertigte Elemente zu den Bauteilen (Fassadenteile, Einbautreppen, Trennwände)[298].

121 Um Abschlagszahlungen für derartige Bauteile beanspruchen zu können, müssen sie eigens für die Baustelle des Auftraggebers angefertigt und bereitgestellt worden sein[299]. Ob es sich bei ihnen um **Sonder- oder aber Serienanfertigung** handelt, ist ohne Bedeutung[300]. Unerheblich ist, ob der Auftragnehmer die Bauteile selbst produziert oder aber von Dritten hat anfertigen lassen[301]. Die Bauteile brauchen nicht (bereits) auf der Baustelle angeliefert zu sein, es genügt vielmehr, dass sie für das Bauvorhaben des Auftraggebers fertig gestellt und – an welcher Stelle auch immer – zum vorgesehenen Einbau bereitgestellt wurden[302]. Dies setzt aber voraus, dass die Bauteile an ihrem jeweiligen Aufbewahrungsort als solche eindeutig gekennzeichnet und ausgesondert sind[303]. Bei Sonderanfertigungen wird sich dies regelmäßig einfacher vom Auftragnehmer darlegen und beweisen lassen als bei üblichen Serienprodukten, zu denen eine eindeutige Konkretisierung unabdingbar ist[304]. Bei Serienprodukten wird der Auftragnehmer daher neben der Aussonderung besonderen Wert auf eine eindeutige Beschriftung legen, der zu entnehmen ist, für welchen Auftraggeber und für welches Bauvorhaben die gefertigten Bauteile bestimmt sind[305].

122 **b)** Unabhängig hiervon kann der Auftragnehmer für die auf die Baustelle gelieferten Baustoffe und Bauteile Abschläge beanspruchen. Während die vorgenannte erste Alternative des § 16 Nr. 1 Abs. 1 Satz 3 VOB/B ausschließlich auf das Anfertigen und Bereitstellen der für die Baustelle gefertigten Bauteile abhebt, kommt es für die zweite Alternative entscheidend darauf an, dass sowohl Baustoffe wie auch Bauteile bereits **auf die Baustelle geliefert** wurden und dort befindlich sind[306]. Mit dem Begriff der Baustoffe verbindet sich das zur Be- und Verarbeitung bei der Ausführung der Bauleistungen erforderliche Material (Bausteine, Bretter, Kleber, Nägel etc.)[307]. Sowohl die Baustoffe wie die Bauteile müssen vom Auftragnehmer oder auf dessen Veranlassung auf die Baustelle verbracht worden sein[308]. Die angelieferten Bauteile und Baustoffe müssen für die Baumaßnahme des Auftraggebers bestimmt sein.

123 **c)** Sobald die angefertigten und angelieferten Baustoffe und Bauteile bei dem Bauvorhaben des Auftraggebers **zum Einbau gelangt sind**, richtet sich das Abschlagsverlangen des Auftragnehmers nach § 16 Nr. 1 Abs. 1 Satz 1 VOB/B. Mit dem Einbau der Baustoffe und Bauteile in das Bau-

---

[297] Vgl. hierzu *Kniffka* ZfBR 2000, 227, 229; *Motzke* NZBau 2000, 489, 492.
[298] Vgl. *Ingenstau/Korbion* VOB/A, § 1 Rdn. 60; *Leinemann* VOB/B, § 16 Rdn. 26.
[299] BGH NJW 1986, 1681, 1682; *Heiermann/Riedl/Rusam* VOB/B, § 16 Rdn. 34.
[300] *Leinemann* VOB/B, § 16 Rdn. 27.
[301] *Heiermann/Riedl/Rusam* VOB/B, § 16 Rdn. 34.
[302] *Franke/Kemper/Zanner/Grünhagen* VOB/B, § 16 Rdn. 22.
[303] *Ingenstau/Korbion/U. Locher* VOB/B, § 16 Nr. 1 Rdn. 19.
[304] *Heiermann/Riedl/Rusam* VOB/B, 9. Aufl., § 16 Rdn. 15.
[305] *Ingenstau/Korbion/U. Locher* VOB/B, § 16 Nr. 1 Rdn. 18; *Franke/Kemper/Zanner/Grünhagen* VOB/B, § 16 Rdn. 22.
[306] *Franke/Kemper/Zanner/Grünhagen* VOB/B, § 16 Rdn. 23; *Nicklisch/Weick* VOB/B, § 16 Rdn. 15; *Ingenstau/Korbion/U. Locher* VOB/B, § 16 Nr. 1 Rdn. 20.
[307] Vgl. *Ingenstau/Korbion* VOB/A, § 1 Rdn. 59.
[308] *Nicklisch/Weick* VOB/B, § 16 Rdn. 15; *Ingenstau/Korbion/U. Locher* VOB/B, § 16 Nr. 1 Rdn. 20.

vorhaben kommt es zum gesetzlichen Eigentumserwerb des jeweiligen Grundstückseigentümers (§ 946 BGB). Durch den Eigentumsübergang bzw. durch die feste Verbindung mit dem Bauwerk ist für eine hinreichend individualisierte Zuordnung zu den zugunsten des Auftragnehmers zu vergütenden Bauleistungen Sorge getragen (vgl. § 946 BGB).

d) Raum für die Heranziehung des § 16 Nr. 1 Abs. 1 Satz 3 VOB/B ist nur dort und solange, wie es sich bei den Baustoffen und Bauteilen (noch) um **bewegliche Gegenstände** handelt. Weder die Anfertigung „zugunsten des Auftraggebers" noch die Anlieferung der beweglichen Bauteile und Baustoffe führt zu einem Übergang des Eigentums auf den Auftraggeber[309]. Wirtschaftlich bleiben die Baustoffe und Bauteile nach bloßer Bereitstellung und/oder Anlieferung dem Auftragnehmer zugeordnet. Dieser kann deshalb vom Grundsatz her (noch) keine Vergütung vom Auftraggeber beanspruchen, da die von ihm geschuldeten Leistungen noch nicht abgeschlossen und dem Auftraggeber wirtschaftlich zugewendet sind. 124

Vor diesem Hintergrund versteht es sich, dass für derartige Baustoffe und Bauteile Vergütung nur beansprucht werden kann, wenn dem Auftraggeber entweder das Eigentum übertragen oder aber ihm hinreichende Sicherheit gestellt ist. Dem Auftraggeber steht dabei das **Auswahlrecht** zwischen Eigentumsübertragung oder aber anderweitiger Sicherheitsleistung zu[310]. Auf Verlangen des Auftragnehmers hat der Auftraggeber von dem Wahlrecht Gebrauch zu machen. Dem Auftragnehmer steht ein Anspruch auf Vornahme der Auswahl durch den Auftraggeber zu[311]. Kommt der Auftraggeber trotz fristgebundener Aufforderung des Auftragnehmers der Verpflichtung zur Auswahl nicht nach, so verstößt er damit gegen ihm obliegende Mitwirkungspflichten[312]. In derartigen Fällen erscheint es angemessen, das Wahlrecht in entsprechender Anwendung des § 642 BGB dem Auftragnehmer zu überlassen. 125

e) Entscheidet sich der Auftraggeber für die **Übertragung des Eigentums**, so richtet sich diese nach §§ 929 ff. BGB[313]. Sind die Baustoffe und Bauteile bereits auf der Baustelle angeliefert und dort vorhanden, beurteilt sich der Eigentumsübergang nach § 929 BGB[314]. Zur Übertragung des Eigentums ist es erforderlich, dass die Baustoffe und Bauteile dem Auftraggeber übergeben werden und beide darüber einig sind, dass damit der Eigentumsübergang verbunden sein soll (§ 929 Satz 1 BGB). Die Vereinbarung kann ausdrücklich oder ausnahmsweise im Einzelfall auch durch schlüssige Erklärungen der Parteien erfolgen[315]. Sofern sich die vorgefertigten und bereit gestellten Bauteile (noch) nicht auf der Baustelle befinden, bedarf es der Begründung eines Besitzkonstitutes im Sinne von § 930 BGB bzw. der Abtretung des dinglichen Herausgabeanspruches gegen einen dritten Besitzer, etwa den Hersteller oder aber Verwahrer der Bauteile[316]. Allerdings ist zu beachten, dass üblicherweise Baustoffe und Bauteile, die von Dritten hergestellt bzw. geliefert werden, regelmäßig unter Vereinbarung des Eigentumsvorbehaltes veräußert werden[317]. Der gutgläubige Erwerb unter Eigentumsvorbehalt stehender Baustoffe und Bauteile ist gemäß § 932 BGB nur eingeschränkt möglich[318]. 126

f) Der Auftraggeber kann alternativ **Sicherheit beanspruchen**. Die Formen der Sicherheitsleistung ergeben sich aus §§ 232–240 BGB[319]. Dies ergibt sich nicht zuletzt aus § 17 Nr. 1 Abs. 1 VOB/B. Beansprucht der Auftraggeber entsprechende Sicherheit, steht das Recht zur 127

---

309 BGH NJW 1986, 1681, 1683.
310 *Leinemann* VOB/B, § 16 Rdn. 29.
311 *Heiermann/Riedl/Rusam* VOB/B, 9. Aufl., § 16 Rdn. 17; *Leinemann* VOB/B, § 16 Rdn. 29.
312 Beck'scher VOB-Kommentar/*Motzke* VOB/B, § 16 Nr. 1 Rdn. 36.
313 *Nicklisch/Weick* VOB/B, § 16 Rdn. 17; *Heiermann/Riedl/Rusam* VOB/B, § 16 Rdn. 35.
314 Beck'scher VOB-Kommentar/*Motzke* VOB/B, § 16 Nr. 1 Rdn. 33; *Heiermann/Riedl/Rusam* VOB/B, § 16 Rdn. 35.
315 BGH MDR 1970, 410; *Nicklisch/Weick* VOB/B, § 16 Rdn. 17
316 Beck'scher VOB-Kommentar/*Motzke* VOB/B, § 16 Nr. 1 Rdn. 34.
317 *Palandt/Bassenge* BGB, § 932 Rdn. 12 m.w.N.
318 Beck'scher VOB-Kommentar/*Motzke* VOB/B, § 16 Nr. 1 Rdn. 34.
319 Beck'scher VOB-Kommentar/*Motzke* VOB/B, § 16 Nr. 1 Rdn. 35.

Wahl unter den verschiedenen Arten der Sicherheit gemäß § 17 Nr. 3 VOB/B dem Auftragnehmer (und nicht dem Auftraggeber) zu[320]. Üblicherweise verständigen sich die Parteien auf die Übergabe einer selbstschuldnerischen Bürgschaft eines Kreditinstitutes zur Erfüllung des Sicherheitenverlangens[321]. Der Zweck der Sicherheitsleistung entfällt, sobald die Baustoffe und Bauteile in das Bauwerk eingefügt wurden[322]. Mit dem Einbau der Baustoffe und Bauteile wandelt sich der Anspruch auf Abschlagszahlung gemäß § 16 Nr. 1 Abs. 1 Satz 3 VOB/B in einen solchen nach § 16 Nr. 1 Abs. 1 Satz 1 VOB/B mit der Folge um, dass diese ohne Stellung einer Sicherheitsleistung zu erfüllen ist. Dementsprechend ist der Auftraggeber verpflichtet, die Sicherheitsleistung an den Auftragnehmer zurückzugewähren, sobald dieser ihm gegenüber den Einbau der gesicherten Baustoffe und Bauteile nachgewiesen hat[323]. Aufgrund der Akzessorietät der Abschlagssicherungsbürgschaft erlischt diese mit dem Einbau der gesicherten Baustoffe und Bauteile automatisch[324].

128 **g)** Die **Höhe der Abschlagszahlung für Baustoffe und Bauteile** richtet sich nicht nach dem Verkehrs- und Handelswert der jeweiligen Gegenstände[325]. Abschlagszahlungen werden ausschließlich nach Maßgabe der im Bauvertrag ausgewiesenen Leistungen sowie nach Maßgabe des Preis-Leistungs-Gefüges des abgeschlossenen Vertrages geschuldet[326]. Dementsprechend muss für Baustoffe und Bauteile deren jeweiliger (anteiliger) Vertragswert ermittelt und zum Gegenstand der Abschlagsforderung gemacht werden. Da der Auftraggeber grundsätzlich verpflichtet ist, den vollen Wert tatsächlich erbrachter Leistungen bei der Bemessung der Abschlagsforderung zu berücksichtigen, stellt es einen Verstoß gegen die VOB/B als Ganzes dar, wenn vertragliche Abschlagsklauseln darauf abzielen, dem Auftragnehmer für gefertigte Bauteile lediglich 70 % ihres Wertes zu vergüten[327].

9. Einbehalt von Gegenforderungen (§ 16 Nr. 1 Abs. 2 Satz 1 VOB/B)

129 **a)** Dem Auftraggeber wird durch § 16 Nr. 1 Abs. 2 Satz 1 VOB/B gestattet, bei bestehenden Gegenforderungen Einbehalte gegenüber (fälligen) Abschlagsforderungen des Auftragnehmers vorzunehmen. Durch diese eher deklaratorische Regelung wird klargestellt, dass dem Auftraggeber trotz (fälliger) Abschlagsforderung alle ihm vertraglich und außervertraglich zustehenden Gegenforderungen uneingeschränkt verbleiben[328]. Die **Gegenforderungen können aus dem gleichen oder aber auch aus einem anderen Bauvertrage** herrühren[329]. Erforderlich ist aber, dass es sich um Geldforderungen handelt, die dem Auftraggeber aufrechnungsfähig zustehen[330]. Hierzu zählen Rückzahlungsansprüche aus festgestellter Überzahlung[331], begründete Schadensersatzansprüche sowie Ansprüche aus bereits verwirkter Vertragsstrafe[332]. Die bestehenden Gegenforderungen brauchen jedoch wegen des vorläufigen Charakters von Abschlagszahlungen nicht notwendigerweise zur Aufrechnung gestellt zu werden[333]. Es genügt vielmehr, wie § 16

[320] Vgl. Beck'scher VOB-Kommentar/*Motzke* VOB/B, § 16 Nr. 1 Rdn. 35; *Heiermann/Riedl/Rusam* VOB/B, § 16 Rdn. 37; *Leinemann* VOB/B, § 16 Rdn. 31.

[321] *Nicklisch/Weick* VOB/B, § 16 Rdn. 18.

[322] *Leinemann* VOB/B, § 16 Rdn. 31.

[323] Beck'scher VOB-Kommentar/*Motzke* VOB/B, § 16 Nr. 1 Rdn. 39.

[324] Vgl. BGH BauR 1992, 632, 633; Beck'scher VOB-Kommentar/*Motzke* VOB/B, § 16 Nr. 1 Rdn. 39.

[325] *Leinemann* VOB/B, § 16 Rdn. 32.

[326] Siehe oben § 16 Rdn. 112.

[327] BGH BauR 1991, 331, 334; *Leinemann* VOB/B, § 16 Rdn. 32.

[328] Vgl. *Heiermann/Riedl/Rusam* VOB/B, § 16 Rdn. 43.

[329] *Ingenstau/Korbion/U. Locher* VOB/B, § 16 Nr. 1 Rdn. 30; *Nicklisch/Weick* VOB/B, § 16 Rdn. 22; a.A. *Heiermann/Riedl/Rusam* VOB/B, 9. Aufl., § 16 Rdn. 32, der betont, dass sich Gegenforderungen nur aus dem konkreten Bauvorhaben ergeben können.

[330] *Nicklisch/Weick* VOB/B, § 16 Rdn. 22; *Ingenstau/Korbion/U. Locher* VOB/B, § 16 Nr. 1 Rdn. 30.

[331] BGH BauR 1977, 351, 352.

[332] Beck'scher VOB-Kommentar/*Motzke* VOB/B, § 16 Nr. 1 Rdn. 49.

[333] *Kleine-Möller/Merl*, § 10 Rdn. 82; *Heiermann/Riedl/Rusam* VOB/B, § 16 Rdn. 43; *Ingenstau/Korbion/U. Locher* VOB/B, § 16 Nr. 1 Rdn. 30; unklar insoweit Beck'scher VOB-Kommentar/*Motzke* VOB/B, § 16 Nr. 1

Nr. 1 Abs. 2 VOB/B ausdrücklich besagt, dass bestehende Gegenforderungen (vorläufig) vom Auftraggeber einbehalten werden. Der vom Auftraggeber geltend gemachte Einbehalt hat deshalb zur Folge, dass der Gegenforderungsbetrag von der beanspruchten Abschlagssumme wertmäßig abgezogen wird. Wurde ein derartiger Abzug von dem Auftraggeber vorgenommen, ist es ihm verwehrt, die entsprechende Gegenforderung nochmals anderweitig abzusetzen oder aber zur Aufrechnung zu bringen[334].

b) **Vertragsklauseln,** die darauf abzielen, dem Auftraggeber das Recht zum Einbehalt abzuschneiden, sind AGB-rechtlich zumeist bedenklich[335]. Dies gilt vor allem für nachfolgende Vertragsklauseln: 130

- Unwirksam sind Klauseln, durch die das Leistungsverweigerungsrecht ausgeschlossen oder eingeschränkt wird (§ 309 Nr. 2 a BGB).
- Klauseln, durch die ein dem Auftraggeber zustehendes Zurückbehaltungsrecht, das auf dem selben Vertragsverhältnis beruht, ausgeschlossen oder eingeschränkt wird (§ 309 Nr. 2 b BGB).
- Klauseln, durch die dem Auftraggeber die Befugnis genommen wird, mit einer unbestrittenen oder rechtskräftig festgestellten Forderung aufzurechnen (§ 309 Nr. 3 BGB).
- Klauseln, die den Auftraggeber trotz vorliegender Mängel der erbrachten Bauleistungen zu uneingeschränkten Zahlungen verpflichten sollen[336].
- Klauseln, die den Auftraggeber trotz vorliegender Mängel zur Abgabe einer Zahlungsgarantie oder aber Hinterlegung der Vergütung verpflichten[337].
- Klauseln, die darauf abzielen, eine zulässige Aufrechnung mit einer verjährten Forderung auszuschließen (§ 307 BGB)[338].

Zu den Gegenforderungen bzw. Einbehalten zählen auch alle berechtigten Skontoabzüge. Zu beachten ist, dass Skontoabzüge grundsätzlich nur zulässig sind, wenn sie zwischen den Parteien ausdrücklich vereinbart wurden (§ 16 Nr. 5 Abs. 2 VOB/B)[339]. 131

10. Andere Einbehalte des Auftraggebers (§ 16 Nr. 1 Abs. 2 Satz 2 VOB/B)

Andere als die in § 16 Nr. 1 Abs. 2 Satz 1 VOB/B angesprochenen Gegenforderungen sind nur zulässig, wenn sie vertraglich vereinbart oder aber gesetzlich begründet sind. Üblicherweise finden sich hierzu Vereinbarungen der Parteien in den Besonderen oder Zusätzlichen Vertragsbedingungen zum Bauvertrag[340]. 132

a) Unter § 16 Nr. 2 Satz 2 VOB/B fällt der **Einbehalt vereinbarter Sicherheitsleistung**. Der Auftraggeber ist nach § 17 Nr. 6 Abs. 1 VOB/B befugt, die Sicherheitsleistung in Teilbeträgen von seinen zu entrichtenden Abschlagszahlungen einzubehalten. Dabei darf er die jeweiligen Abschlagszahlungen solange um höchstens 10 v.H. kürzen, bis die vereinbarte Sicherheitssumme erreicht ist. Der jeweils anteilig einbehaltene Betrag ist dem Auftragnehmer mitzuteilen und – jedenfalls bei größeren Aufträgen – auf das vorgesehene Sperrkonto einzuzahlen (§ 17 Nr. 6 Abs. 1 und 2 VOB/B)[341]. 133

b) Ein weiteres Recht zum Einbehalt ergibt sich für den Auftraggeber dann, wenn die von dem Auftragnehmer **ausgeführten Bauleistungen mangelhaft** sind. Die dem Auftraggeber in 134

Rdn. 49, der davon ausgeht, dass über die Bestandskraft von abgegebenen Aufrechnungserklärungen erst endgültig mit der Schlussrechnung befunden werden soll.

[334] Vgl. *Leinemann* VOB/B, § 16 Rdn. 35.

[335] Vgl. *Heiermann/Riedl/Rusam* VOB/B, 9. Aufl., § 16 Rdn. 33; *Franke/Kemper/Zanner/Grünhagen* VOB/B, § 16 Rdn. 180 ff.

[336] BGH NJW 1986, 3199, 3200.

[337] BGH NJW 1993, 3264.

[338] Vgl. OLG Hamm NJW-RR 1993, 1082.

[339] Siehe § 16 Rdn. 289.

[340] *Heiermann/Riedl/Rusam* VOB/B, 9. Aufl., § 16 Rdn. 35.

[341] Siehe unten § 17 Rdn. 210 ff.

diesem Falle zustehenden Rechte ergeben sich aus § 4 Nr. 7 VOB/B[342]. Um den Auftragnehmer zur Mängelbeseitigung anzuhalten, steht dem Auftraggeber darüber hinaus an den (fälligen) Abschlagsforderungen ein Zurückbehaltungsrecht zu (§ 320 BGB). Kann der Auftraggeber die Beseitigung eines Mangels vom Auftragnehmer verlangen, so steht ihm nach § 641 Abs. 3 BGB auch vor Abnahme das Recht zu, die Auszahlung eines angemessenen Teils der (fälligen) Abschlagsforderung zu verweigern[343]. Der Gesetzgeber hat es in § 641 Abs. 3 BGB für angemessen erachtet, den (sicherungshalber) einzubehaltenden **Druckzuschlag mindestens auf das Dreifache** der für die Beseitigung des Mangels erforderlichen Kosten festzulegen. Der Auftraggeber kann deshalb das Dreifache des zu erwartenden Mängelbeseitigungsaufwandes als Einbehalt von der (fälligen) Abschlagszahlung zum Abzug bringen[344]. Macht der Auftraggeber von dem Recht zum Einbehalt Gebrauch, so trifft den Auftragnehmer im Zweifel die Darlegungs- und Beweislast dafür, dass der mitgeteilte Einbehalt unter Berücksichtigung der festzustellenden Mängel unangemessen hoch ist[345]. Entschieden wird hierüber ggf. im Rahmen einer auf die Abschlagsrechnung gestützten Leistungsklage. Im Falle vorliegender Mängel ist der Auftraggeber (nur) Zug um Zug gegen Beseitigung der Mängel zur Zahlung des Abschlagsbetrages zu verurteilen[346].

135 c) Besonderheiten gelten bei der **Kumulation aus Sicherheits- und Mängeleinbehalt**. Der vereinbarte und dem Auftraggeber zur Verfügung stehende Sicherheitseinbehalt ändert vom Grundsatz her nichts an der Befugnis, bei Auftreten von Baumängeln in der Ausführungsphase einen zusätzlichen mängelbedingten Einbehalt geltend zu machen[347]. Ausschlaggebend hierfür ist der Umstand, dass die vereinbarte Sicherheitsleistung regelmäßig dem Auftraggeber ungeschmälert bis zur vertragsgemäßen Erfüllung aller übernommener Bauleistungen zur Verfügung stehen soll. Der Auftraggeber braucht sich deshalb hinsichtlich von Mängelbeseitigungskosten nicht auf die einbehaltene Sicherheit verweisen zu lassen[348]. Nur ausnahmsweise kann es gegen das Gebot von Treu und Glauben verstoßen, wenn der Auftraggeber trotz vom Umfang her beträchtlicher Sicherheitsleistung zusätzliche Einbehalte wegen geringfügiger Mängel vornimmt und durch einen berücksichtigten Druckzuschlag in Höhe des Dreifachen des Mängelbeseitigungsaufwandes den Auftragnehmer unangemessen benachteiligt.

11. Frist zur Vornahme der Abschlagszahlung (§ 16 Nr. 1 Abs. 3 VOB/B)

136 a) Nach § 16 Nr. 1 Abs. 3 VOB/B werden Ansprüche auf Abschlagszahlungen binnen 18 Werktagen nach Zugang der Aufstellung fällig. Mit der VOB 2002 ist die Bestimmung neu gefasst worden. Bis zum Inkrafttreten der VOB 2002 lautete § 16 Nr. 1 Abs. 3 VOB/B

„Abschlagszahlungen sind binnen 18 Werktagen nach Zugang der Aufstellung zu leisten."

Die inhaltliche Abänderung steht im Zusammenhang mit der neuen Vorschrift des § 286 Abs. 3 BGB. Nach § 286 Abs. 3 Satz 1 BGB gerät der Schuldner einer Geldforderung (spätestens) in Verzug, wenn er nicht innerhalb von 30 Tagen nach Fälligkeit und Zugang einer Rechnung oder einer gleichwertigen Forderungsaufstellung die geschuldete Zahlung vornimmt. Ist nun aber der Zeitpunkt des Zuganges der Rechnung oder Zahlungsaufstellung unsicher bzw. unklar, kommt der gewerbliche Schuldner nach § 286 Abs. 3 Satz 2 BGB spätestens 30 Tage „nach Fälligkeit und

---

[342] Siehe § 4 Rdn. 148 ff.

[343] BGHZ 73, 140; *Palandt/Sprau* BGB, § 641 Rdn. 11.

[344] A.A. *Leinemann* VOB/B, § 16 Rdn. 41, der § 641 Abs. 3 BGB vor Abnahme auch bei Abschlagsrechnungen für unanwendbar erachtet, obgleich der Auftraggeber vor Abnahme bei Vorliegen von Mängeln mindestens in gleichem Umfange schutzwürdig ist wie nach erfolgter Abnahme.

[345] BGH BauR 1997, 133; *Leinemann* VOB/B, § 16 Rdn. 41.

[346] BGH BauR 1991, 81, 82; Beck'scher VOB-Kommentar/*Motzke* VOB/B, § 16 Nr. 1 Rdn. 53.

[347] BGH BauR 1981, 577, 580.

[348] BGH BauR 1981, 577, 579; Beck'scher VOB-Kommentar/*Motzke* VOB/B, § 16 Nr. 1 Rdn. 54; *Ingenstau/Korbion/U. Locher* VOB/B, § 16 Nr. 1 Rdn. 34, der aber offenbar eine partielle Verweisung auf die Sicherheitsleistung für zulässig erachtet; a.A. *Trapp* BauR 1983, 318, der einen Mängeleinbehalt nur nach Ausschöpfung der zur Verfügung stehenden Sicherheitsleistung für zulässig erachtet.

Empfang der Gegenleistung“ in Verzug. Die Vorschrift ist inhaltlich misslungen, da auf diese Weise die Fälligkeit vor dem Rechnungszugang eintreten kann[349]. Auch wenn die Erteilung einer Rechnung gesetzlich oder vertraglich zur Fälligkeitsvoraussetzung erhoben wurde, soll es vom Grundsatz her bei diesem Auslegungsverständnis des § 286 Abs. 3 BGB verbleiben[350]. Durch die Neufassung des § 16 Nr. 1 Abs. 3 VOB/B wird nun für Abschlagszahlungen klargestellt, dass es für die Fälligkeit nicht auf die erbrachte Gegenleistung, sondern entscheidend auf den Zugang der Rechnung oder Zahlungsaufstellung im Sinne von § 286 Abs. 3 Satz 2 BGB ankommt. Unter Berücksichtigung der zusätzlich – wie bisher – vorgesehenen Prüffrist von 18 Werktagen tritt deshalb die Fälligkeit von Abschlagszahlungen erst 18 Werktage nach Zugang der Aufstellung bzw. der Abschlagsrechnung ein.

Mit Ausnahme der **Fälligkeitskonkretisierung** ändert sich an dem bisherigen Auslegungsverständnis des § 16 Nr. 1 Abs. 3 VOB/B nichts. Die Vorschrift bezieht sich nur auf Abschlagszahlungen und nicht auf sonstige Zahlungen nach dem abgeschlossenen Bauvertrag, es sei denn, die Parteien haben ihnen die Qualität von Abschlagszahlungen zugemessen. Aus diesem Grunde kommt bei Abschlagszahlungen im Sinne von § 16 Nr. 1 VOB/B auch der Frage der Abnahme oder Teilabnahme von Bauleistungen keine Bedeutung zu[351]. 137

b) Die **Frist zur Vornahme der Abschlagszahlung** beginnt mit dem Zugang der prüfbaren Aufstellung im Sinne des § 16 Nr. 1 Abs. 1 VOB/B[352]. Die Berechnung der Frist von 18 Werktagen erfolgt nach §§ 186 BGB. Dabei ist zu beachten, dass Samstage grundsätzlich als Werktage zählen[353]. Sofern die Frist von 18 Werktagen an einem Samstag oder Sonntag endet, verlängert sie sich gemäß § 193 BGB auf den nächstfolgenden Werktag. 138

c) Die **Aufstellung muss** grundsätzlich dem Auftraggeber als Zahlungspflichtigem **zugehen**. Eine Ausnahme gilt nur dann, wenn der Auftraggeber ausdrücklich einen Dritten als Empfänger der Aufstellung bezeichnet, etwa seinen mit der Rechnungsprüfung beauftragten bauleitenden Architekten[354]. Allein aus der Einschaltung eines mit der Leistungsphase 8 des § 15 Abs. 2 Nr. 8 HOAI betrauten Architekten kann jedoch nicht darauf geschlossen werden, dass dieser (zwingend) als Empfänger der Aufstellung anzusehen ist[355]. Es muss nämlich dem Auftraggeber überlassen bleiben, ob er den von ihm beauftragten Architekten im Einzelfall mit der Prüfung von Abschlagsrechnungen befasst. 139

d) Die **Prüfungsfrist von 18 Werktagen** ist durch den Auftraggeber einzuhalten. Sie gilt auch dann, wenn der Auftraggeber die ihm zugegangene Aufstellung zunächst an seinen bauleitenden Architekten zur internen Überprüfung weiterleitet. Bei Beteiligung externer wie interner Prüfstellen hat der Auftraggeber den Überprüfungsablauf so zu organisieren, dass die relativ knapp bemessene Frist von 18 Werktagen in jedem Falle gewahrt wird[356]. Diese Grundsätze gelten auch für den öffentlichen Auftraggeber, selbst wenn dieser üblicherweise erhöhten internen Überprüfungsaufwand zu tätigen hat[357]. 140

Die Frist des § 16 Nr. 1 Abs. 3 VOB/B kann durch individuelle Vereinbarung der Parteien – insbesondere während des Bauablaufes – verlängert werden[358]. Demgegenüber kommt eine **Ver-** 141

[349] *Heinrichs* BB 2001, 157, 159.
[350] Vgl. *Kratzenberg* NZBau 2002, 177, 183.
[351] BGH ZfBR 1979, 66, 67; *Franke/Kemper/Zanner/Grünhagen* VOB/B, § 16 Rdn. 37.
[352] Beck'scher VOB-Kommentar/*Motzke* VOB/B, § 16 Nr. 1 Rdn. 56; *Franke/Kemper/Zanner/Grünhagen* VOB/B, § 16 Rdn. 36.
[353] BGH BauR 1978, 485.
[354] *Heiermann/Riedl/Rusam* VOB/B, 9. Aufl., § 16 Rdn. 40.
[355] A.A. offenbar Beck'scher VOB-Kommentar/*Motzke* VOB/B, § 16 Nr. 1 Rdn. 56.
[356] *Ingenstau/Korbion/U. Locher* VOB/B, § 16 Nr. 1 Rdn. 39; *Heiermann/Riedl/Rusam* VOB/B, 9. Aufl., § 16 Rdn. 39.
[357] *Franke/Kemper/Zanner/Grünhagen* VOB/B, § 16 Rdn. 35.
[358] A.A. wohl *Heiermann/Riedl/Rusam* VOB/B, § 16 Rdn. 47, die einer Verlängerung der Zahlungsfrist kritisch gegenüberstehen.

längerung der Prüfungsfrist in Besonderen oder Zusätzlichen Vertragsbedingungen regelmäßig nicht in Betracht[359]. Im Lichte des § 9 AGBG a.F. wurde eine in Besonderen oder Zusätzlichen Vertragsbedingungen vorgesehene Verlängerung der Prüfungsfrist von allenfalls 6 Werktagen für zulässig erachtet[360]. Nach der Einführung des § 284 Abs. 3 BGB a.F. bzw. § 286 Abs. 3 BGB erscheint es indes vor dem Hintergrund des § 307 Abs. 1 BGB durchaus nicht unangemessen, wenn die Prüfungs- und damit die Zahlungsfrist auf insgesamt 30 Werktage verlängert wird.

142 e) Über das **Ergebnis der Überprüfung** ist der Auftragnehmer zu unterrichten. Eine entsprechende Verpflichtung ergibt sich zwar nicht unmittelbar aus § 16 Nr. 1 VOB/B, folgt jedoch aus dem allgemeinen für die Abwicklung des Bauvertrages prägenden Kooperationsgedanken. Ohne eine Unterrichtung über das Ergebnis der Aufstellungsprüfung kann der Auftragnehmer nachfolgende Zahlungen des Auftraggebers nicht ohne weiteres zuordnen, wenn diese ihrem Umfange nach von der Abschlagsforderung abweichen.

143 f) Für die **Rechtzeitigkeit der Zahlung** kommt es auf die Einhaltung der Frist von 18 Werktagen an. Dies besagt freilich nicht, dass dem Auftragnehmer innerhalb vorgenannter Frist die auf die Abschlagsforderung geleistete Zahlung auch zugegangen bzw. gutgeschrieben sein muss. Da es sich bei einer Geldschuld regelmäßig um eine Schickschuld handelt, kommt es lediglich darauf an, dass der Auftraggeber innerhalb der Zahlungsfrist alles Erforderliche veranlasst hat, um die Übermittlung des Abschlagsbetrages sicherzustellen[361]. Dies gilt sowohl für den Zahlungsausgleich per Überweisung wie auch bei Überlassung von Verrechnungsschecks[362].

144 g) **Unterbleibt die fristgerechte Prüfung bzw. die fristgerechte Zahlung** des Abschlagsbetrages, so stehen dem Auftragnehmerfolgende Möglichkeiten offen:

- Zahlt der Auftraggeber bei Fälligkeit der Abschlagsforderung nicht, so kann ihm der Auftragnehmer eine angemessene Nachfrist setzen. Zahlt er auch innerhalb dieser Nachfrist nicht, so hat der Auftragnehmer vom Ende der Nachfrist an Anspruch auf Zinsen in Höhe der in § 288 BGB angegebenen Zinssätze, sofern er nicht einen höheren Verzugsschaden nachzuweisen im Stande ist (§ 16 Nr. 5 Abs. 3 VOB/B).
- Hat der Auftragnehmer eine angemessene Nachfrist gesetzt und ist diese erfolglos verstrichen, darf er die Arbeiten bis zur Bezahlung der Abschlagsrechnung einstellen (§ 16 Nr. 5 Abs. 5 VOB/B).
- Wenn der Auftraggeber seiner Verpflichtung zur Begleichung der Abschlagsrechnung nicht nachkommt, kann der Auftragnehmer ferner von der Möglichkeit Gebrauch machen, den Bauvertrag zu kündigen, wenn er zuvor dem Auftraggeber ohne Erfolg eine angemessene Frist zur Vertragserfüllung gesetzt und ihm dabei erklärt hat, dass er nach fruchtlosem Ablauf der gesetzten Frist das Vertragsverhältnis kündigen werde (§ 9 Nr. 1 b VOB/B).
- Der Auftragnehmer kann weiterhin Zahlungsklage gestützt auf die vorgelegte Abschlagsrechnung gegen den Auftraggeber erheben[363]. Hieran ändert auch der Umstand nichts, dass Abschlagszahlungen lediglich vorläufigen Charakter haben[364].

145 Der Auftragnehmer wird die von ihm **auszuwählende Vorgehensweise** bei ausbleibenden Abschlagszahlungen jeweils eingehend zu überdenken haben. Dies gilt vor allem dann, wenn von dem Auftraggeber Einbehalte vorgenommen oder sonstige Einwendungen erhoben werden. Entscheidet sich der Auftragnehmer in derartigen Fällen für die Einstellung der Arbeiten oder gar eine Kündigung des Bauvertrages, so können hieraus letztlich wirtschaftlich beträchtliche Folgen erwachsen, die sorgfältiger Risikoanalyse zu unterziehen sind.

---

[359] *Ingenstau/Korbion/U. Locher* VOB/B, § 16 Nr. 1 Rdn. 39; *Franke/Kemper/Zanner/Grünhagen* VOB/B, § 16 Rdn. 35, 73.
[360] *Ingenstau/Korbion/U. Locher* VOB/B, § 16 Nr. 1 Rdn. 39.
[361] Siehe im einzelnen § 16 Rdn. 43 ff.
[362] Siehe im einzelnen § 16 Rdn. 45 ff.
[363] *Ingenstau/Korbion/U. Locher* VOB/B, § 16 Nr. 1 Rdn. 41.
[364] Siehe im einzelnen § 16 Rdn. 91.

12. Weitere Rechtsfolgen von Abschlagszahlungen (§ 16 Nr. 1 Abs. 4 VOB/B)

Mit weiteren Folgen geleisteter Abschlagszahlungen befasst sich § 16 Nr. 1 Abs. 4 VOB/B, wenn dort zum Ausdruck gebracht wird, dass derartige Abschlagszahlungen ohne Einfluss auf die Haftung des Auftragnehmers sind (1. Halbsatz) und Abschlagszahlungen darüber hinaus nicht als Abnahme von Teilen der erbrachten Bauleistung anzusehen sind (2.Halbsatz). 146

a) Die Vorschrift wurde redaktionell im 1. Halbsatz mit der VOB 2002 überarbeitet. In der Fassung bis einschließlich der VOB 2000 war vorgesehen, dass Abschlagszahlungen grundsätzlich ohne Einfluss auf die **Haftung und Gewährleistung** des Auftragnehmers sein sollen. Der seit Jahrzehnten eingeführte Begriff der Gewährleistung wurde im Zuge der Schuldrechtsmodernisierung aufgegeben (vgl. §§ 633 ff. BGB). Auch wenn der Gewährleistungsbegriff in der Baupraxis aller Erwartung nach auch künftig Verwendung finden wird, ist es aus Gründen rechtsdogmatischer Klarheit angezeigt, ihn nicht mehr im Rahmen des § 16 Nr. 1 Abs. 4 VOB/B zu verwenden. Mit der dort vorgenommenen Beschränkung alleine auf den Begriff der Haftung verbindet sich künftig sowohl die Haftung aus Sach- und Rechtsmängeln wie auch die Haftung aus sonstigen Gründen[365]. 147

Nach überwiegendem Verständnis hat § 16 Nr. 1 Abs. 4 VOB/B lediglich klarstellende Wirkung[366]. Da es sich bei Abschlagszahlungen lediglich um vorläufige Zahlungen des Auftraggebers im Vorgriff auf die später noch vom Auftragnehmer vorzulegende Schlussrechnung handelt (§ 14 Nr. 3 VOB/B), versteht es sich ohnehin von selbst, dass aus derartigen Zahlungen kein weitergehender Erklärungswille des Auftraggebers abgeleitet werden kann. Zweckmäßigerweise hätte deshalb in § 16 Nr. 1 Abs. 4 VOB/B eher der vorläufige Zahlungscharakter als die sich aus ihm ergebenden Folgen niedergelegt werden sollen. 148

b) Aufgrund des vorläufigen Charakters von Abschlagszahlungen sollen diese nicht als **Abnahme von Teilen der Bauleistung** angesehen werden. Bereits vom Ausgangspunkt her liegt dies schon deshalb nahe, weil Abschlagszahlungen nach § 16 Nr. 1 Abs. 1 VOB/B – anders als in § 632 a BGB – auch und gerade für ausgeführte Bauleistungen gefordert werden können, die nicht als in sich abgeschlossene Teile der Gesamtleistung im Sinne des § 12 Nr. 2 VOB/B anzusehen sind. Weder ausdrücklich noch konkludent kann deshalb in dem Ausgleich von Abschlagsforderungen eine Abnahme- bzw. Teil-Abnahmeerklärung liegen[367]. 149

c) Mit der Vornahme von Abschlagszahlungen ändert sich auch an der **uneingeschränkten Haftung des Auftragnehmers** aus dem abgeschlossenen Bauvertrag oder sonstiger gesetzlicher Verpflichtungen nichts. Der Begriff der Haftung ist dabei weit zu ziehen. Er umfasst sowohl die Verantwortlichkeit des Auftragnehmers für Sachmängel wie auch für jedwede weitergehende Haftung aus sonstigen Rechtsgründen[368]. Mit der Vornahme von Abschlagszahlungen verbindet sich deshalb kein Verzicht des Auftraggebers auf Mängelbeseitigung, Auftragsentziehung nach § 8 Nr. 3 VOB/B sowie Schadensersatzansprüchen, die im Zusammenhang mit der Baumaßnahme vom Auftraggeber gegenüber dem Auftragnehmer erhoben werden können[369]. 150

d) Der Vornahme von Abschlagszahlungen kommt darüber hinaus auch **keine weitergehende Bindungs- oder Präklusionswirkung** zu[370]. Vor allem wird mit der Zahlung nicht ausdrücklich oder konkludent die Forderungsberechtigung des Auftragnehmers anerkannt[371]. Die Prüfung der (vorläufigen) Abschlagsrechnung kann durchaus insgesamt oder aber in Teilen anders ausfallen 151

[365] *Kratzenberg* NZBau 2002, 177, 183.
[366] *Nicklisch/Weick* VOB/B, § 16 Rdn. 26.
[367] *Ingenstau/Korbion/U. Locher* VOB/B, § 16 Nr. 1 Rdn. 43; Beck'scher VOB-Kommentar/*Motzke* VOB/B, § 16 Nr. 1 Rdn. 62.
[368] *Kratzenberg* NZBau 2002, 177, 183.
[369] *Ingenstau/Korbion/U. Locher* VOB/B, § 16 Nr. 1 Rdn. 43.
[370] *Nicklisch/Weick* VOB/B, § 16 Rdn. 26.
[371] Beck'scher VOB-Kommentar/*Motzke* VOB/B, § 16 Nr. 1 Rdn. 62.

als die Prüfung der (verbindlichen) Schlussrechnung[372]. Der Auftragnehmer kann deshalb aus der **einwendungslosen Bezahlung der Abschlagsrechnung** oder aber bestimmter Positionen aus der Abschlagsrechnung nicht den Schluss ziehen, der Auftraggeber sei mit der geforderten Vergütung dem Grunde und/oder dem Umfange nach einverstanden. Allenfalls lässt sich der Standpunkt einnehmen, dass bei wiederholter unbeanstandeter Bezahlung einzelner – später streitiger – Abrechnungspositionen die Vermutung der Forderungsberechtigung des Auftragnehmers dann besteht, wenn die Abschlagsrechnung ersichtlich eingehend vom Auftragnehmer (oder seinen beauftragten Architekten bzw. Ingenieuren) geprüft wurde und die – später vorgetragenen – Einwendungen erkennbar auf der Hand lagen[373]. Im Einzelfall kann der Auftraggeber deshalb ausnahmsweise spätere Einwendungen nach Maßgabe des § 242 BGB verwirkt haben. Sieht man von entsprechenden Ausnahmefällen ab, verbleibt es auch trotz erfolgter Abschlagszahlung grundsätzlich bei einer umfassenden Darlegungs- und Beweispflicht für den Auftragnehmer, wenn der Auftraggeber zu einem späteren Zeitpunkt, etwa im Rahmen der Schlussabrechnung früher getätigte Zahlungen in Zweifel zieht[374].

III. Vorauszahlungen (§ 16 Nr. 2 VOB/B)

152 Die Bestimmung des § 16 Nr. 2 VOB/B befasst sich mit Vorauszahlungen, die zwischen den Parteien vereinbart sind. Sie dürfen als spezielle Formen einer Anzahlung nicht mit Abschlagszahlungen oder sonstigen Teilzahlungen verwechselt werden. Spätestens im Rahmen der Schlussabrechnung sind die geleisteten Vorauszahlungen abrechnungspflichtig.

1. Begriff der Vorauszahlungen (§ 16 Nr. 2 Abs. 1 Satz 1 VOB/B)

153 **a)** Während Abschlagszahlungen vom Auftraggeber für partiell ausgeführte Bauleistungen erbracht werden, dienen **Vorauszahlungen** an den Auftragnehmer regelmäßig eher der Vorbereitung und Durchführung der anstehenden Baumaßnahme. Bei Vorauszahlungen handelt es sich im eigentlichen Sinne um Anzahlungen auf noch zu erbringende und zu vergütende Bauleistungen[375]. Die Besonderheit der Vorauszahlungen besteht darin, dass ihnen kein wirtschaftliches Äquivalent in Form bereits ausgeführter Bauleistungen gegenübersteht[376].

154 **b)** Aufgrund ihres besonderen Anzahlungscharakters besteht weder nach §§ 631 ff. BGB noch nach §§ 2, 16 VOB/B ein eigenständiger **Anspruch des Auftragnehmers** auf die Vornahme von Vorauszahlungen durch den auftragserteilenden Auftraggeber[377]. Die Gewährung von Vorauszahlungen ist deshalb von einer individuellen vertraglichen Vereinbarung der Parteien abhängig[378]. Ohne eine derartige ausdrückliche Vereinbarung der Parteien können Vorauszahlungen vom Auftragnehmer nicht beansprucht werden. Der sich aus § 641 BGB ergebenden Vorleistungspflicht des Auftragnehmers[379] entspricht es, dass der Auftragnehmer nur dann seinerseits eine Vorleistung des Auftraggebers in Form von Vorauszahlungen verlangen kann, wenn hierzu individualvertragliche Absprachen getroffen wurden.

155 **c)** Die **erforderliche Vorauszahlungsvereinbarung** kann bereits – wie sich aus § 16 Nr. 2 Abs. 1 Satz 1 VOB/B im Umkehrschluss entnehmen lässt – in dem zwischen den Parteien ab-

---

[372] *Leinemann* VOB/B, § 16 Rdn. 58.
[373] A.A. *Heiermann/Riedl/Rusam* VOB/B, 9. Aufl., § 16 Rdn. 44.
[374] BGH NJW 1989, 161, 162; BGH NJW 1989, 1606, 1607; *Heiermann/Riedl/Rusam* VOB/B, § 16 Rdn. 101.
[375] Vgl. *Leinemann* VOB/B, § 16 Rdn. 66.
[376] BGH BauR 1986, 361, 364; *Leinemann* VOB/B, § 16 Rdn. 66.
[377] *Nicklisch/Weick* VOB/B, § 16 Rdn. 27.
[378] Beck'scher VOB-Kommentar/*Motzke* VOB/B, § 16 Nr. 2 Rdn. 2.
[379] *Palandt/Sprau* BGB, § 641 Rdn. 2.

geschlossenen Bauvertrag enthalten sein[380]. Treffen die Parteien eine ausdrückliche Vereinbarung über die Vornahme von Vorauszahlungen, ist diese in der Praxis regelmäßig Bestandteil des zwischen den Parteien abgeschlossenen Bauvertrages. Wie derartige zwischen den Parteien vorgesehene Vorauszahlungen inhaltlich auszugestalten sind, ergibt sich nicht im einzelnen aus § 16 Nr. 2 VOB/B[381]. Im Rahmen der Vertragsfreiheit werden die Parteien den Umfang der Vorauszahlungen, den Zeitpunkt der Zahlungsvornahme, die Absicherung der Vorauszahlung, die Verrechnung der geleisteten Vorauszahlung sowie deren Verzinsung zu regeln haben. Die besonderen Gegebenheiten der jeweiligen Baumaßnahme setzen dabei voraus, dass vertragsbezogen individuelle Lösungen zustande gebracht werden. So kann es sich bei Konzernbürgschaften auf erste Anforderung im Wege der Umdeutung tatsächlich um Vorauszahlungsversprechen handeln[382].

d) Wegen der grundlegenden Veränderung des bauvertragsrechtlichen Vorleistungsprinzips können Vorauszahlungen nicht wirksam in **Allgemeinen oder Besonderen Vertragsbedingungen** des Auftragnehmers enthalten sein[383]. Vorauszahlungen in Allgemeinen Geschäftsbedingungen stellen eine unangemessene Benachteiligung des Auftraggebers im Sinne des § 307 Abs. 2 Nr. 1 BGB dar, weil mit ihnen vom wesentlichen Grundgedanken der Vorleistungspflicht des Auftragnehmers in § 641 BGB abgewichen wird[384]. So weit jedoch eine Individualvereinbarung zu Vorauszahlungen des Auftraggebers zwischen den Parteien getroffen wurde, steht es den Parteien frei, ergänzende Modalitäten zu der Behandlung der Vorauszahlungen in die Besonderen und Zusätzlichen Vertragsbedingungen einzustellen[385]. Durch die in § 16 Nr. 2 Abs. 1 VOB/B getroffene Regelung ist es den Parteien auch nach Abschluss des Bauvertrages aufgrund ihrer vertraglichen Gestaltungsfreiheit gestattet, zusätzliche Vereinbarungen zu Vorauszahlungen zu treffen. Auch so weit der Vertragsabschluss unter Berücksichtigung der VOB/A zustande gekommen ist, besteht über § 16 Nr. 1 Abs. 1 VOB/B die Möglichkeit, noch **nachträglich gesonderte Vorauszahlungsabsprachen** zu treffen[386]. Im Falle nachträglicher Vereinbarung können die Parteien im Rahmen der bestehenden Vertragsfreiheit – unter Wahrung ihrer jeweiligen Partei- und Sicherungsinteressen – darüber befinden, in welcher Weise Vorauszahlungen geleistet, gesichert und später verrechnet werden sollen. Da es sich insoweit um dispositives Recht handelt, ist nicht erkennbar, weshalb die Parteien nach Abschluss des Bauvertrages gehalten sein sollten, sich zu Vorauszahlungen anderweitig zu vereinbaren als bereits zum Zeitpunkt des Vertragsabschlusses[387]. 156

2. Sicherheitsverlangen des Auftraggebers (§ 16 Nr. 2 Abs. 1 Satz 1 VOB/B)

a) Vom Wortlaut her befasst sich § 16 Nr. 2 Abs. 1 Satz 1 VOB/B mit den Vereinbarungen, die zu **Vorauszahlungen nach Abschluss des Bauvertrages** getroffen werden. Für derartige Vereinbarungen nach Vertragsabschluss bestimmt § 16 Nr. 2 Abs. 1 Satz 1 VOB/B ausdrücklich, dass der Auftraggeber im Gegenzuge für die gewährten Vorauszahlungen ausreichende Sicherheit verlangen kann. Da es den Parteien aufgrund ihrer privatautonomen Gestaltungsfreiheit freisteht, Vorauszahlungen auch bei Abschluss des Bauvertrages zu vereinbaren, stellt sich die Frage, ob auch in diesem Falle vom Auftragnehmer ausreichende Sicherheit beansprucht werden kann. Nach überwiegendem Verständnis beschränkt sich der Anwendungsbereich des 157

---

380 Beck'scher VOB-Kommentar/*Motzke* VOB/B, § 16 Nr. 2 Rdn. 4.

381 *Nicklisch/Weick* VOB/B, § 16 Rdn. 28.

382 OLG Düsseldorf BauR 2003, 1582.

383 Korbion/*Locher* AGB-Gesetz und Bauerrichtungsverträge, Rdn. 63; vgl. auch Staudinger/*Peters* BGB, § 641 Rdn. 55.

384 Vgl. *Staudinger/Peters* BGB, § 641 Rdn. 55; Beck'scher VOB-Kommentar/*Motzke* VOB/B, § 16 Nr. 2 Rdn. 23.

385 *Leinemann* VOB/B, § 16 Rdn. 68.

386 Beck'scher VOB-Kommentar/*Motzke* VOB/B, § 16 Nr. 2 Rdn. 7; *Nicklisch/Weick* VOB/B, § 16 Rdn. 29.

387 A.A. *Nicklisch/Weick* VOB/B, § 16 Rdn. 27; *Ingenstau/Korbion/U. Locher* VOB/B, § 16 Nr. 2 Rdn. 5.

vorgesehenen Sicherheitsverlangens ausschließlich auf Vorauszahlungsvereinbarungen, die dem Abschluss des Bauvertrages folgen[388]. Allerdings ist es wenig überzeugend, wenn die Begründung hierfür in dem Umstand gesucht wird, nach Vertragsabschluss bestünde regelmäßig bei der Vornahme von Vorauszahlungen ein gesteigertes Sicherungsinteresse des Auftraggebers[389]. Das **Sicherungsinteresse** richtet sich typischerweise nach den jeweiligen Besonderheiten der vorgesehenen Bauaufgabe und der wirtschaftlichen Stärke des Auftragnehmers. Bei Vertragsabschluss wird sich dies regelmäßig kaum anders darstellen als einige Zeit nach Zustandekommen des Bauvertrages, sieht man einmal von den Fällen ab, in denen der Auftragnehmer nach Abschluss des Vertrages zur Wahrung ausreichender Liquidität und zur Erfüllung der Bauaufgabe unbedingt auf Vorauszahlungen des Auftraggebers angewiesen ist. Mit Ausnahme dieser besonderen Konstellation, die ohnehin die Vornahme von Vorauszahlungen aus Sicht des Auftraggebers in Frage stellen muss, dürfte der Grund für die vorzunehmende Differenzierung eher in der vom Vergabe- und Vertragsausschuss vorgegebenen Ausgestaltung des § 16 Nr. 1 Satz 1 VOB/B liegen[390]. Sinnvoller erschiene es, grundsätzlich für jede Form der Vorauszahlungen dem Auftraggeber die Möglichkeit einzuräumen, vom Auftragnehmer ausreichende Sicherheit zu beanspruchen.

158 In der Praxis ergeben sich jedoch keine wesentlichen Unterschiede. Dies beruht vor allem darauf, dass die Parteien letztlich in ihrer Entschließung darüber frei sind, ob Vorauszahlungen vereinbart und gewährt werden. **Gegen den Willen des Auftraggebers** kann der Auftragnehmer weder bei noch nach Abschluss des Bauvertrages Vorauszahlungen durchsetzen. Verständigen sich die Parteien bei oder nach Abschluss des Bauvertrages auf Vorauszahlungen, kann der Auftraggeber in jedem Falle die Vornahme solcher Zahlungen davon abhängig machen, dass ihm ausreichende Sicherheit geleistet wird. Verzichtet der Auftraggeber jedoch bei Abschluss des Bauvertrages (ausnahmsweise) auf Sicherheiten für zu gewährende Vorauszahlungen, so gibt ihm § 16 Nr. 2 Abs. 1 Satz 1 VOB/B keinen Anspruch auf nachträgliche Sicherheitenergänzung[391]. In diesem Falle kann aber unter Umständen – so weit die Vorauszahlungen noch nicht erfolgt sind – zumindest eine Sicherheit unter den in § 321 Abs. 1 und 2 BGB niedergelegten Voraussetzungen erlangt werden.

159 **b)** Vom Grundsatz her hat der Auftraggeber bei allen Vorauszahlungen sein besonderes Sicherungsinteresse zu berücksichtigen. Anders als bei Abschlagszahlungen steht nämlich der zu leistenden Vorauszahlung kein wirtschaftlich bereits zugunsten des Auftraggebers erbrachtes Leistungsäquivalent gegenüber. Vor diesem Hintergrund versteht sich auch, dass der Auftraggeber berechtigt ist, **Sicherheit in ausreichendem Umfange** zu beanspruchen. Regelmäßig wird die Sicherheitsleistung sich von ihrem Umfang her an den Vorauszahlungen selbst zu orientieren haben. Anfallende Kosten und Zinsen können der Vorauszahlungssicherheit hinzugeschlagen werden[392]. Dabei ist zu berücksichtigen, dass Vorauszahlungen – sofern nichts anderes vereinbart ist – mit 3 v.H. über dem Basiszinssatz des § 247 BGB zu verzinsen sind (§ 16 Nr. 2 Abs. 1 Satz 2 VOB/B), weshalb Zinsen in diesem Umfange auch in das Sicherungsverlangen mit eingeschlossen werden können.

160 Die Parteien können von der Bemessung der Sicherheit in vorgenanntem Umfang jedoch aufgrund ihrer **individuell zu treffenden Absprachen** abweichen. Der Umfang ausreichender Sicherheit beurteilt sich letztlich an den besonderen Umständen des jeweiligen Einzelfalles. Im Rahmen ihrer Verhandlungen über den Umfang von Vorausleistungen können die Parteien

---

[388] *Ingenstau/Korbion/U. Locher* VOB/B, § 16 Nr. 2 Rdn. 5; *Nicklisch/Weick* VOB/B, § 16 Rdn. 27; *Heiermann/Riedl/Rusam* VOB/B, § 16 Rdn. 68; a.A. Beck'scher VOB-Kommentar/*Motzke* VOB/B, § 16 Nr. 2 Rdn. 2.

[389] *Ingenstau/Korbion/U. Locher* VOB/B, § 16 Nr. 2 Rdn. 5.

[390] Vgl. Erläuterungen des Zentralverbandes des deutschen Baugewerbes ZDB-Schriften Nr. 18 S. 136 zur VOB/97 betreffend § 16 Nr. 2 Abs. 1 VOB/B.

[391] A.A. offenbar Beck'scher VOB-Kommentar/*Motzke* VOB/B, § 16 Nr. 2 Rdn. 3 ff.

[392] *Heiermann/Riedl/Rusam* VOB/B, § 16 Rdn. 70; *Ingenstau/Korbion/U. Locher* VOB/B, § 16 Nr. 2 Rdn. 7; *Franke/Kemper/Zanner/Grünhagen* VOB/B, § 16 Rdn. 49.

einvernehmlich die Sicherheitsleistung – in den Grenzen des § 138 BGB – nach oben oder unten abweichend von der jeweiligen Vorauszahlung festlegen[393].

c) Sicherheit für Vorauszahlungen ist nur **auf Verlangen des Auftraggebers** zu leisten. Die Parteien können deshalb Vorauszahlungen auch ohne entsprechende Sicherheitsleistung vorsehen. Nach Vertragsabschluss kann der Auftraggeber aber (jederzeit) ein Sicherungsverlangen stellen oder für bereits erbrachte Vorauszahlungen geltend machen. Vor Abschluss des Bauvertrages hat er es ohnehin in der Hand, die Vornahme von Vorauszahlungen von der Stellung einer Sicherheit abhängig zu machen oder aber auf das Verlangen nach Sicherheit – etwa wegen besonderer Bonität des Auftraggebers – zu verzichten. 161

d) Die **Arten der Sicherheitsleistung** ergeben sich aus § 232 BGB. Üblicherweise wird die Sicherheit durch Übergabe einer Vorauszahlungsbürgschaft im Sinne des § 17 Nr. 4 VOB/B erbracht. Nach der mit der VOB 2002 vorgenommenen Neufassung des § 17 Nr. 4 VOB/B kann der Auftraggeber (nunmehr) als Sicherheit allerdings keine Bürgschaft mehr fordern, die den Bürgen zur Zahlung auf erstes Anfordern verpflichtet (§ 17 Nr. 4 Satz 3 VOB/B). Zur Begründung wird darauf hingewiesen, die Bürgschaft auf erste Anforderung stelle grundsätzlich eine zusätzliche Belastung des Auftragnehmers dar und schneide ihm bzw. der Bürgin bei Inanspruchnahme sämtliche Einwendungen ab[394]. Diese Begründung vermag bei Vorauszahlungsbürgschaften auf erste Anforderung nicht zu überzeugen, da den Vorauszahlungen keine entsprechende Gegenleistung in Form von Bauleistungen gegenübersteht und der Auftraggeber gerade deshalb besonders schutzwürdig ist, wenn die mit den Vorauszahlungen intendierten Bauleistungen ausbleiben[395]. Vorauszahlungsbürgschaften sollten deshalb aufgrund ihres besonderen Sicherungszweckes vom Verbot der Bürgschaften auf erste Anforderung im VOB-Baubereich ausgenommen werden[396]. 162

3. Verzinsung von Vorauszahlungen (§ 16 Nr. 2 Abs. 1 Satz 2 VOB/B)

Vorauszahlungen sind – sofern nichts anderes zwischen den Parteien vereinbart wird – seit Einführung der VOB 2002 mit 3 v.H. über dem Basiszinssatz des § 247 BGB zu verzinsen. Bislang war eine Verzinsung von 1 v.H. über dem Zinssatz der Spitzenrefinanzierungsfazilität der Europäischen Zentralbank vorgesehen. Dies hat nach den Erkenntnissen des Verdingungsausschusses in der Praxis zu Umrechnungsschwierigkeiten geführt[397]. Aus diesem Grunde hat man sich dazu entschlossen, nunmehr die Verzinsung einheitlich an den **Basiszinssatz des § 247 BGB** anzulehnen. Aufgrund des bislang niedrigeren Basiszinssatzes gegenüber dem Spitzenrefinanzierungssatz hat man sich dazu entschlossen, den Zinszuschlag auf 3 % über dem jeweiligen Basiszinssatz festzuschreiben[398]. 163

Die **Höhe der Verzinsung ist aber dispositiv** und kann von den Parteien abweichend vertraglich geregelt werden[399]. Macht der Auftraggeber bei nachträglich vereinbarten Vorauszahlungen einen Verzinsungsanspruch geltend, so kann er grundsätzlich den nach § 16 Nr. 2 Abs. 1 Satz 2 VOB/B als angemessen ausgewiesenen Zinssatz von 3v.H. über dem Basiszinssatz beanspruchen. 164

Zum **Verzinsungszeitraum** enthält § 16 Nr. 2 Abs. 1 VOB/B keine ausdrückliche Regelung. Allerdings versteht es sich von selbst, dass die Verzinsung der Vorauszahlungen mit dem Zeit- 165

---

[393] *Nicklisch/Weick* VOB/B, § 16 Rdn. 28.
[394] *Kratzenberg* NZBau 2002, 177, 184.
[395] *Leinemann* VOB/B, § 16 Rdn. 66.
[396] Siehe hierzu aber BGH NZBau 2002, 559, wonach die Verpflichtung des Auftragnehmers in Allgemeinen Geschäftsbedingungen des Auftraggebers, zur Sicherung von Vertragserfüllungsansprüchen eine Bürgschaft auf erstes Anfordern zu stellen, unwirksam ist; hierzu bereits auch BGH NZBau 2002, 494; siehe im einzelnen § 17 Rdn. 142 ff.
[397] *Kratzenberg* NZBau 2002, 177, 183.
[398] *Kratzenberg* NZBau 2002, 177, 183.
[399] *Ingenstau/Korbion/U. Locher* VOB/B, § 16 Nr. 2 Rdn. 8; *Nicklisch/Weick* VOB/B, § 16 Rdn. 28.

punkt ihrer Auszahlung zu laufen beginnt[400]. Die Verzinsungspflicht endet mit dem Zeitpunkt, zu dem es zur Anrechnung der Vorauszahlungen auf die nächstfälligen Zahlungen kommt[401]. Dabei muss es sich um die Zahlungen handeln, die für Leistungen erbracht werden, die von der Vorauszahlungsvereinbarung umfasst waren[402]. Entscheidend kommt es dabei auf den Zeitpunkt an, in dem die ersetzenden Zahlungen fällig werden[403]. Bei Abschlagszahlungen tritt Fälligkeit nach § 16 Nr. 1 Abs. 3 VOB/B 18Tage nach Zugang der Abrechnungsaufstellung ein, so dass zu diesem Zeitpunkt die Verzinsungspflicht geleisteter Vorauszahlungen erlischt.

4. Anrechnungspflicht der Vorauszahlungen (§ 16 Nr. 2 Abs. 2 VOB/B)

166 **a)** Vorauszahlungen sind nach § 16 Nr. 2 Abs. 2 VOB/B **auf die nächstfälligen Zahlungen anzurechnen**, so weit damit Leistungen abzugelten sind, für welche die Vorauszahlungen gewährt worden sind. Die Parteien können hiervon abweichende Regelungen treffen, also durch entsprechende Vereinbarung die geleisteten Vorauszahlungen auch jeweils auf weitergehende, künftige Leistungsabschnitte erstrecken. In derartigen Fällen kann durchaus vorgesehen sein, die endgültige Anrechnung erst auf die Schlussrechnungsforderung vorzunehmen. Fehlt es an solchen speziellen Vereinbarungen, so bedarf es lediglich der Überprüfung daraufhin, ob die nächstfälligen Zahlungen tatsächlich auch die Leistungen abdecken, für die vom Auftraggeber Vorauszahlungen erbracht wurden. Hat der Auftraggeber beispielsweise Vorauszahlungen für bestimmte anzufertigende Bauteile (z.B. Fassadenkonstruktionen) geleistet, so kann die entsprechende Vorauszahlung aufgrund der getroffenen Sicherungsabrede nicht mit anderweitigen Abschlagsforderungen bei Fälligkeit verrechnet werden[404].

167 Die nächstanstehenden **Zahlungen müssen** nach § 16 Nr. 2 Abs. 2 VOB/B **fällig sein**. Die bloße Ausführung von Leistungen und/oder die nicht prüffähige Abrechnung derselben begründet mangels Fälligkeitseintrittes nicht die Anrechnungspflicht, die sich aus § 16 Nr. 2 Abs. 2 VOB/B ausschließlich für fällige Zahlungen ergibt[405].

168 Sobald der **Sicherungszweck** für die Vorauszahlungssicherheit aufgrund erfolgter Anrechnung auf die nächstfälligen Zahlungen **entfallen** ist, besteht die Verpflichtung des Auftraggebers, die ihm überlassene Sicherheitsleistung zurückzugewähren[406]. Wegen der Akzessorietät einer gestellten Vorauszahlungsbürgschaft erlischt diese mit dem Zeitpunkt der Anrechnung und ist an den Auftragnehmer zurückzureichen[407]. Im Zweifel hat der Bürge darzulegen und zu beweisen, dass die Vorauszahlungsbürgschaft erloschen und die Bürgschaftsverpflichtung damit beendet ist[408].

169 **b)** Besonderheiten bestehen, wenn sich die Vorauszahlungen wertmäßig über **mehrere aufeinander folgende Abschlagsforderungen** erstrecken. In diesem Falle kommt es nur sukzessive über einen längeren Zeitraum zur jeweils partiellen Anrechnung auf die nacheinander fällig werdenden Abschlagsforderungen. Um dem sukzessiven Entfallen des Sicherungszweckes Rechnung zu tragen, ist es zweckmäßig, Vereinbarungen dahingehend zu treffen, dass die Sicherheiten jeweils zu den Fälligkeitszeitpunkten teilweise vom Auftraggeber freigegeben werden. Nach gleichen Gesichtspunkten reduziert sich wertmäßig die als Sicherheit übergebene Vorauszahlungsbürgschaft[409].

---

[400] *Ingenstau/Korbion/U. Locher* VOB/B, § 16 Nr. 2 Rdn. 8; *Heiermann/Riedl/Rusam* VOB/B, § 16 Rdn. 70.

[401] Beck'scher VOB-Kommentar/*Motzke* VOB/B, § 16 Nr. 2 Rdn. 22.

[402] OLG Karlsruhe BauR 1986, 227; *Heiermann/Riedl/Rusam* VOB/B, § 16 Rdn. 70; *Franke/Kemper/Zanner/Grünhagen* VOB/B, § 16 Rdn. 51.

[403] *Ingenstau/Korbion/U. Locher* VOB/B, § 16 Nr. 2 Rdn. 8.

[404] *Ingenstau/Korbion/U. Locher* VOB/B, § 16 Nr. 2 Rdn. 10; *Heiermann/Riedl/Rusam* VOB/B, § 16 Rdn. 73; *Franke/Kemper/Zanner/Grünhagen* VOB/B, § 16 Rdn. 52.

[405] *Heiermann/Riedl/Rusam* VOB/B, § 16 Rdn. 73.

[406] *Weise* Sicherheiten im Baurecht, Rdn. 449.

[407] Vgl. *Weise* Sicherheiten im Baurecht, Rdn. 449.

[408] OLG Karlsruhe BauR 2005, 909.

[409] Vgl. hierzu *Weise* Sicherheiten im Baurecht, Rdn. 450.

170 **c)** In diesem Zusammenhang stellt sich die Frage nach der **Sicherungs-Reichweite einer gestellten Vorauszahlungsbürgschaft**. Die Vorauszahlungsbürgschaft erstreckt sich vom Grundsatz her – wie die übrigen Vorauszahlungssicherheiten – primär auf (reine) Rückforderungsansprüche aus erfolgter Überzahlung[410]. Es ist jedoch zu beachten, dass in der Rechtsprechung der Tendenz nach der Sicherungszweck von Vorauszahlungsbürgschaften erweiternd ausgelegt wird. Vorauszahlungsbürgschaften können sich deshalb ihrem Sicherungszweck nach auch auf Mängelansprüche erstrecken[411] und nähern sich damit Vertragserfüllungs- bzw. Gewährleistungsbürgschaften an[412]. Die Vorauszahlungsbürgschaft kann im Einzelfall mangels abweichender Vereinbarung den Auftraggeber auch für den Fall absichern, dass der Wert der vom Auftragnehmer erbrachten Leistungen hinter dem Vorauszahlungsbetrag zurückbleibt[413]. Sofern die Vorauszahlungsbürgschaft deshalb strikt auf den Tatbestand von Überzahlungen beschränkt sein soll, ist es empfehlenswert, insoweit vorsorglich ausdrückliche, klarstellende vertragliche Vereinbarungen zu treffen.

IV. Schlusszahlung (§ 16 Nr. 3 VOB/B)

171 Die Bestimmung des § 16 Nr. 3 VOB/B befasst sich mit der vom Auftraggeber zu leistenden Schlusszahlung. Fälligkeitsvoraussetzung dieser Schlusszahlung ist die Vorlage der Schlussrechnung durch den Auftragnehmer. Die Verpflichtung zur Erteilung der Schlussrechnung nach Fertigstellung der Bauleistung ergibt sich aus § 14 Nr. 3 VOB/B[414]. Die dortige Regelung wird in § 16 Nr. 3 VOB/B ergänzt um die Vornahme und die Wirkung der Schlusszahlung nach Einreichung der (prüffähigen) Schlussrechnung.

1. Schlussrechnung (§ 16 Nr. 3 Abs. 1 Satz 1 VOB/B)

172 Aus § 14 Nr. 3 VOB/B ergibt sich, dass die Schlussrechnung vom Auftragnehmer nach Fertigstellung seiner Leistungen aufzustellen und einzureichen ist[415]. Mit der Schlussrechnung bringt der Auftragnehmer gegenüber dem Auftraggeber seinen Willen zur endgültigen und abschließenden Berechnung aller abrechnungsfähiger Ansprüche aus und im Zusammenhang mit dem zugrundeliegenden Bauvertrag zum Ausdruck[416].

173 **a)** Üblicherweise wird die abschließende Berechnung des Auftraggebers unter der **Bezeichnung „Schlussrechnung"** vorgenommen[417]. Die Verwendung des Begriffes Schlussrechnung ist jedoch keinesfalls zwingend[418]. Der vorgelegten Rechnung muss lediglich für den Auftraggeber zu entnehmen sein, dass mit ihr die letzte und abschließende Berechnung aus dem Bauvertrag vorgenommen werden soll[419]. Auch eine als „Abschlagsrechnung" bezeichnete Rechnung kann deshalb (ausnahmsweise) als Schlussrechnung verstanden werden, wenn mit ihr alle nach dem Vertrag geschuldeten Leistungen endgültig berechnet werden[420]. Ebenso ist es möglich, dass sich die Schlussrechnung aus mehreren einzelnen Rechnungen zusammensetzt, die in ihrer Gesamtheit die Schlussabrechnung des Auftragnehmers darstellen sollen[421]. Aus gleichen Gesichtspunkten

[410] *Weise* Sicherheiten im Baurecht, Rdn. 94.
[411] BGH IBR 2000, 72; BGH IBR 2001, 545.
[412] Vgl. BGH IBR 1999, 163; OLG Brandenburg IBR 2002, 309.
[413] OLG Karlsruhe BauR 2005, 909.
[414] Siehe § 14 Rdn. 63 ff.
[415] Siehe im einzelnen § 14 Rdn. 63 ff.
[416] Vgl. BGHZ 68, 38, 39; BGH BauR 1979, 527, 528; *Ingenstau/Korbion/U. Locher* VOB/B, § 16 Nr. 3 Rdn. 4; *Heiermann/Riedl/Rusam* VOB/B, § 16 Rdn. 77.
[417] OLG Frankfurt NJW-RR 1988, 600; *Ingenstau/Korbion/U. Locher* VOB/B, § 16 Nr. 3 Rdn. 4.
[418] BGH BauR 1979, 527, 528; *Leinemann* VOB/B, § 16 Rdn. 86.
[419] *Ingenstau/Korbion/U. Locher* VOB/B, § 16 Nr. 3 Rdn. 4; *Franke/Kemper/Zanner/Grünhagen* VOB/B, § 16 Rdn. 56.
[420] OLG Köln IBR 2001, 264 zur fehlerhaften Bezeichnung einer Abschlagsrechnung im Architektenhonorarrecht.
[421] BGH BauR 1987, 96, 97.

kann sich auch einer Zusammenstellung verschiedener aufeinander folgender Abschlagsrechnungen in einer abschließenden Zahlungsübersicht eine atypische Schlussrechnung entnehmen lassen[422]. Entscheidend kommt es alleine darauf an, dass der Abrechnungserklärung aus Sicht des Auftraggebers der Wille zur letzten und abschließenden Abrechnung nach dem zugrundeliegenden Bauvertrag entnommen werden kann.

174 **b)** Bisweilen werden nach Fertigstellung der Bauleistung **verschiedene Rechnungen vom Auftragnehmer** vorgelegt: So weit sie nach ihrem jeweiligen Abrechnungsgegenstand kumulativ nebeneinander stehen (z.B. Abrechnung erbrachter Bauleistungen, daneben gesonderte Abrechnung von Behinderungsschäden), muss sich aus einer wertenden Gesamtschau entnehmen lassen, dass damit (zusammen) alle aus der Baumaßnahme resultierenden Abrechnungsforderungen des Auftragnehmers erfasst sind. Legt der Auftragnehmer sukzessive, also nacheinander unterschiedliche Rechnungen vor, so kann es sich bei ersterer auch nach Fertigstellung der Bauleistung noch um eine Abschlagsrechnung, bei letzterer dann um die (endgültige) Schlussrechnung handeln[423]. In Betracht kommt aber auch die Vorlage einer Schlussrechnung, die geraume Zeit später – etwa aufgrund von Abrechnungsfehlern bzw. Abrechnungskorrekturen – abgeändert und durch eine neue Schlussrechnung ersetzt wird. So weit die Ersetzungswirkung vom Auftragnehmer hinreichend deutlich zum Ausdruck gebracht wird, muss geprüft werden, ob die zunächst vorgelegte Schlussrechnung nunmehr (rückwirkend) die Qualität einer (bloßen) Abschlagsrechnung erlangt oder ob die erste Schlussrechnung insgesamt in der zweiten vom Abrechnungsgegenstand her aufgeht. Auch während eines anhängigen Vergütungsrechtsstreites kann der Auftragnehmer eine neue Schlussrechnung nachschieben[424]. Geänderter Sachvortrag kann im Einzelfall ebenfalls als neue Schlussabrechnung des Auftragnehmers qualifiziert werden, so dass neuerlich die Prüffrist des § 16 Nr. 3 Abs. 1 Satz 1 zu wahren ist[425]. Ausnahmsweise kann sogar im Berufungsrechtszug noch die Schlussabrechnung neu vorgenommen werden, ohne dass sich damit wegen der Identität des Streitgegenstandes eine Klageänderung verbindet[426].

175 **c)** Die vorgenannten Möglichkeiten ergeben sich vor allem daraus, dass – anders als im Architektenrecht – der **Auftragnehmer nicht an die von ihm vorgelegte Schlussrechnung gebunden** ist[427]. Der Auftragnehmer ist jedenfalls in den Grenzen von Treu und Glauben befugt, in seiner Schlussrechnung nicht enthaltene Vergütungsansprüche nachträglich noch gegenüber dem Auftraggeber geltend zu machen[428]. Erst die vorbehaltlose Annahme der Schlusszahlung aus einer vorgelegten Schlussrechnung schließt unter den in § 16 Nr. 3 Abs. 2 VOB/B genannten Voraussetzungen weitere Nachforderungen des Auftragnehmers aus[429]. Entsprechendes gilt auch dann, wenn sich die Parteien nach Einreichung einer Schlussrechnung über die zu leistende Schlusszahlung im Vergleichswege einvernehmlich verständigt haben. Ein Abrechnungsvergleich schließt regelmäßig weitergehende Forderungen des Auftragnehmers und damit zugleich auch die Vorlage einer neuen, inhaltlich geänderten Schlussrechnung aus.

176 **d)** Aus § 14 Nr. 3 VOB/B erschließt sich, dass die Schlussrechnung in den genannten zeitlichen Grenzen relativ kurzfristig **nach Fertigstellung der Bauleistung dem Auftraggeber einzureichen** ist. Die Fristen des § 14 Nr. 3 VOB/B haben jedoch nicht den Charakter von Ausschlussfristen[430]. Aus diesem Grunde verliert der Auftragnehmer sein Recht zur Vorlage einer Schlussrechnung auch dann nicht, wenn sie erst längere Zeit nach der Beendigung der

[422] Vgl. OLG Hamm OLGR 1995, 208; *Ingenstau/Korbion/U. Locher* VOB/B, § 16 Nr. 3 Rdn. 5; *Franke/Kemper/Zanner/Grünhagen* VOB/B, § 16 Rdn. 57.
[423] BGH BauR 1982, 282; *Franke/Kemper/Zanner/Grünhagen* VOB/B, § 16 Rdn. 57.
[424] BGH NZBau 2004, 272.
[425] Vgl. OLG Bamberg NZBau 2004, 272 = BauR 2004, 1188.
[426] BGH NJW-RR 2004, 526 = BauR 2004, 695.
[427] BGHZ 102, 392, 394; *Nicklisch/Weick* VOB/B, § 16 Rdn. 32; *Heiermann/Riedl/Rusam* VOB/B, § 16 Rdn. 77.
[428] OLG Zweibrücken NJW-RR 2003, 1023 = NZBau 2003, 440.
[429] Vgl. BGHZ 86, 135, 140.
[430] Siehe § 14 Rdn. 66 ff.

Bauleistungen aufgestellt wird[431]. In vergleichbaren Fällen hat es der Auftraggeber selbst in der Hand, den Auftragnehmer durch Geltendmachung eines Rückzahlungsanspruches aus geleisteten Abschlagszahlungen zur Aufstellung der Schlussrechnung anzuhalten oder aber unter den Voraussetzungen des § 14 Nr. 4 VOB/B die Schlussrechnung selbst auf Kosten des Auftragnehmers aufzustellen[432]. Partiell wird auch eine unmittelbare Klage auf Erteilung einer prüffähigen VOB-Schlussrechnung bejaht[433]. Vor diesem Hintergrund wird man bei einer verspäteten Vorlage der Schlussrechnung mit dem Verwirkungseinwand zurückhaltend umzugehen haben, wenngleich der Verwirkungstatbestand durchaus unter Berücksichtigung der Einzelfallgegebenheiten nach wenigen Jahren einzutreten vermag, wenn der Auftraggeber aufgrund des Zeitablaufes und der ihm vorliegenden Abschlagsrechnungen zu der Einschätzung gelangen durfte, mit diesen habe aus Sicht des Auftragnehmers die Baumaßnahme endgültig abgerechnet werden sollen.

e) Die vom Auftragnehmer vorgelegte **Schlussrechnung muss prüffähig sein**. Nur aus einer **177**
prüffähigen Rechnung können dem Auftragnehmer fällige Zahlungsansprüche erwachsen[434]. Die Prüffähigkeit der Schlussrechnung richtet sich nach den in §§ 14 und 15 VOB/B enthaltenen Prüffähigkeitskriterien[435]. Wird vom Auftragnehmer eine nicht prüffähige Schlussrechnung eingereicht, so kann diese vom Auftraggeber zurückgewiesen werden. Sofern sich bei der Überprüfung der Schlussrechnung herausstellt, dass sie sich nur teilweise als prüffähig erweist, kann auch dies vom Auftraggeber beanstandet werden, da die Schlussrechnung grundsätzlich in ihrer Gesamtheit vom Auftraggeber zu prüfen sein muss[436].

Eine **Ausnahme** von der unbedingten Verpflichtung zur Vorlage einer prüffähigen Schlussrechnung besteht dann, wenn dem Auftragnehmer die Erstellung einer derartigen Rechnung nicht mehr möglich ist. Hiervon kann im Einzelfall ausgegangen werden, wenn über das Vermögen des Auftragnehmers das Insolvenzverfahren eröffnet wurde und es deshalb dem Insolvenzverwalter – insbesondere nach längerem Zeitablauf – nicht mehr möglich ist, prüffähig über die ausgeführten Leistungen abzurechnen[437]. Der Insolvenzverwalter hat in derartigen Fällen schlüssig so vorzutragen, dass dadurch zumindest eine ausreichende Grundlage für eine gerichtliche Schätzung nach § 287 ZPO besteht[438].

Eine weitere Ausnahme von dem Erfordernis prüffähiger Abrechnung besteht dann, wenn die Parteien eine hiervon abweichende Vereinbarung miteinander getroffen haben. Eine derartige Vereinbarung kann ausdrücklich oder auch stillschweigend dahingehend zustande kommen, von der Prüffähigkeit der gesamten Rechnung oder aber Teilen der selben abzusehen[439].

Die lediglich **partielle Prüffähigkeit** einer vorgelegten Schlussrechnung steht nicht notwendigerweise der hierauf gestützten Durchsetzung von Vergütungsansprüchen entgegen. Der Auftragnehmer kann gestützt auf eine lediglich partiell prüffähige Schlussrechnung die Zahlung eines ihm zustehenden Guthabens beanspruchen, soweit dieses unter Berücksichtigung eventueller Voraus- und Abschlagszahlungen vom Auftraggeber geschuldet ist[440].

f) Die Anforderungen an die Vorlage der Schlussrechnung können in sachlicher und zeitlicher **178**
Hinsicht nur bedingt **in Allgemeinen Geschäftsbedingungen des Auftraggebers** eingeschränkt

[431] Vgl. aber OLG Karlsruhe BauR 2002, 1704, wonach die Forderung des Auftraggebers nach einer prüfbaren Rechnung des Auftragnehmers dann treuwidrig sein soll, wenn bereits viele Jahre seit Beendigung der Arbeiten verstrichen sind, der Bau in andere Hände übergegangen und der Auftragnehmer wegen des Zeitablaufs nicht mehr in der Lage ist, eine prüfbare Rechnung aufzustellen.

[432] Siehe § 14 Rdn. 71 ff.

[433] LG Aachen BauR 2001, 107; a.A. Reck ZfBR 2003, 640, 641.

[434] BGH BauR 1990, 516; BGH BauR 1990, 605; *Heiermann/Riedl/Rusam* VOB/B, § 14 Rdn. 78.

[435] Siehe § 14 Rdn. 17 ff.

[436] Vgl. Leinemann VOB/B, § 16 Rdn. 88 und 93.

[437] BGH NJW-RR 2005, 167 = NZBau 2005, 40.

[438] BGH NJW-RR 2005, 167 = NZBau 2005, 40.

[439] OLG Frankfurt NJW-RR 2005, 169 = BauR 2004, 1831.

[440] BGH NJW-RR 2004, 445 = BauR 2004, 316 für das entsprechend zu beurteilende Architekten-Honorarrecht.

werden. So kann der Auftraggeber im Lichte des § 9 AGBG a.F. bzw. des § 307 Abs. 1 BGB nicht dem Auftragnehmer vorschreiben, dass dieser mit der Vorlage der Schlussrechnung auf sämtliche weitergehenden Forderungen – etwa aus sonstigen Nachträgen oder Rechnungskorrekturen – verzichtet[441]. Ebenso unwirksam sind auftraggeberseitige Klauseln, mit denen die Fristen zur Vorlage der Schlussrechnung eingeschränkt und dem Auftragnehmer weitere Zahlungsansprüche versagt werden, wenn er seine Schlussrechnung nicht längstens innerhalb eines Jahres nach Fertigstellung der Baumaßnahme vorlegt[442].

2. Prüfung der Schlussrechnung (§ 16 Nr. 3 Abs. 1 Satz 1–3 VOB/B)

179 Die Bestimmung des § 16 Nr. 3 Abs. 1 Satz 1 VOB/B besagt, dass der Vorlage der Schlussrechnung die Prüfung und Feststellung durch den Auftraggeber folgt. Die neu eingefügte Bestimmung des § 16 Nr. 3 Abs. 1 Satz 2 verpflichtet den Auftraggeber, Einwendungen gegen die Prüfbarkeit der vorgelegten Schlussrechnung unter Angabe der hierfür maßgebenden Gründe spätestens innerhalb von 2 Monaten zu erheben. Versäumt der Auftraggeber diese Frist von 2 Monaten, so kann er sich nicht mehr auf die fehlende Prüfbarkeit der Schlussrechnung gegenüber dem Auftragnehmer berufen. Ergänzend ist in § 16 Nr. 3 Abs. 1 Satz 3 VOB/B vorgesehen, dass die Prüfung durch den Auftraggeber nach Möglichkeit zu beschleunigen ist.

180 **a)** Der Auftraggeber hat die vom Auftragnehmer **eingereichte Schlussrechnung** zu prüfen. Diese Verpflichtung besteht erst nach Zugang der Schlussrechnung. Sofern die Schlussrechnung unvollständig, ungeordnet oder ansonsten nicht nachvollziehbar aufgemacht, also nicht prüffähig ist, kann sie vom Auftraggeber unter Hinweis hierauf an den Auftragnehmer zurückgereicht werden.

181 Die Prüffähigkeit der Schlussrechnung ist **Voraussetzung für die Fälligkeit des Schlusszahlungsanspruches**[443]. Bei der Frage, ob sich eine Schlussrechnung als prüffähig erweist, kommt es auf den jeweiligen Einzelfall an[444]; maßgebend sind die Informations- und Kontrollinteressen des Auftraggebers, die ihrerseits Umfang und Differenzierung der für die Prüfung erforderlichen Angaben bestimmen und begrenzen[445]. Den Einwand fehlender Prüffähigkeit hat der Auftraggeber im übrigen zeitnah zu erheben und vor allem kurzfristig nach Eingang der Schlussrechnung eine Vorprüfung dahingehend vorzunehmen, inwieweit die dem Auftraggeber vorgelegten Nachweise ausreichend sind, um die Schlussrechnungsprüfung vornehmen zu können[446]. Dem Auftraggeber ist es regelmäßig zumutbar, diese Vorprüfung innerhalb der zweimonatigen Prüfungsfrist vorzunehmen und dem Auftragnehmer etwaig bestehende Prüffähigkeitseinwände ebenfalls innerhalb dieser Frist mitzuteilen. Anderenfalls ist der Auftraggeber mit der Geltendmachung von Prüfbarkeitseinwendungen gegenüber dem Auftragnehmer ausgeschlossen.

182 Die Prüfung der Schlussrechnung umfasst das inhaltliche und rechnerische **Nachvollziehen der Abrechnung des Auftragnehmers** unter Berücksichtigung der vorgelegten Abrechnungsnachweise, der vertraglich getroffenen (Abrechnungs-) Vereinbarungen, der vorzunehmenden Abzüge sowie der geleisteten Zahlungen[447]. Die Prüfung wird regelmäßig durch den Auftraggeber oder aber den von ihm hiermit beauftragten (bauleitenden) Architekten durchgeführt. Sie endet mit der sog. Feststellung der Schlussrechnung in Form eines Prüf- bzw. Anerkennungsvermerks des Auftraggebers oder aber seines hiermit beauftragten Architekten[448].

183 **b)** Die mit der Korrektureintragung und dem Prüfvermerk versehene Schlussrechnung wird üblicherweise in einfacher Kopie dem Auftragnehmer zur Kenntnis gebracht. Der **Übersendung**

---

441 BGH ZfBR 1982, 202; *Glatzel/Hofmann/Frikell* Unwirksame Bauvertragsklauseln, S. 308.
442 *Glatzel/Hofmann/Frikell* Unwirksame Bauvertragsklauseln, S. 308 m.w.N.; *Franke/Kemper/Zanner/Grünhagen* VOB/B, § 16 Rdn. 192.
443 OLG Celle BauR 1996, 264; OLG Frankfurt BauR 1997, 856.
444 BGHZ 140, 365, 369 f.
445 BGH BauR 2001, 251.
446 Vgl. OLG Nürnberg BauR 1999, 1316; *Franke/Kemper/Zanner/Grünhagen* VOB/B, § 16 Rdn. 56.
447 Vgl. im einzelnen *Leinemann* VOB/B, § 16 Rdn. 97.
448 *Nicklisch/Weick* VOB/B, § 16 Rdn. 35; Beck'scher VOB-Kommentar/*Motzke* VOB/B, § 16 Nr. 3 Rdn. 37.

der korrigierten Schlussrechnung kommt dabei grundsätzlich keine rechtsgeschäftliche Qualität zu[449]. Vor diesem Hintergrund muss auch der auf der korrigierten Schlussrechnung angebrachte Prüf- bzw. Anerkennungsvermerk „sachlich und rechnerisch richtig. Festgestellt auf ...EUR" beurteilt werden: Grundsätzlich hat der Prüfvermerk nur interne Wirkung im Verhältnis zwischen dem Prüfer und dem Auftraggeber, ohne dass dadurch unmittelbar für den Auftragnehmer selbst Rechte begründet werden sollen, etwa in Form eines sich aus dem Prüfvermerk ergebenden Zahlungsanerkenntnisses des Auftraggebers[450]. Die Übersendung der korrigierten Schlussrechnung mit dem Prüfvermerk beinhaltet im Ergebnis nichts anderes, als eine Information des Auftragnehmers über das von dem Auftraggeber bzw. seinem Architekten erzielte Prüfergebnis[451]. Der Auftraggeber kann deshalb das Ergebnis seiner Rechnungsprüfung, auch wenn er es in Form eines Prüfvermerks oder Prüfberichts bereits dem Auftragnehmer mitgeteilt hat, im nachhinein noch – etwa aufgrund von Rechnungs- und Prüfungsfehlern – korrigieren, ohne dass es hierzu der Abgabe einer Anfechtungserklärung bedarf.

c) Die Prüfung der Schlussrechnung ist – wie § 16 Nr. 3 Abs. 1 Satz 3 VOB/B zum Ausdruck **184**
bringt – nach Möglichkeit zu beschleunigen. Der Auftragnehmer soll regelmäßig zügig vom Auftraggeber darüber Nachricht erhalten, welches Ergebnis die Überprüfung der Schlussrechnung erbracht hat. Die **Prüfungsfrist** beträgt dabei vom Grundsatz her – wie sich mittelbar § 16 Nr. 3 Abs. 1 Satz 1 VOB/B entnehmen lässt – zwei Monate[452]. Der Auftraggeber kann diese Frist ausschöpfen, soll dies aber nicht unbedingt, wie sich der Beschleunigungsvorgabe entnehmen lässt[453]. Wird die Prüfung und Feststellung innerhalb einer kürzeren als der angegebenen Zwei-Monats-Frist vorgenommen, tritt die Fälligkeit der Vergütungsansprüche aus der Schlussrechnung bereits mit dem Zeitpunkt der abgeschlossenen und festgestellten Rechnungsprüfung und nicht erst mit Ablauf der angegebenen Zwei-Monats-Frist ein[454].

Gerade bei größeren Baumaßnahmen nimmt die Prüfung und Feststellung der Schlussrech- **185**
nung häufig längere Zeit in Anspruch, so dass auch die vorgegebene Frist von 2 Monaten häufig deutlich überschritten wird. Das OLG Düsseldorf hat hierzu den Standpunkt eingenommen, der Auftraggeber verwirke die ihm zustehenden Einwendungen gegen die Schlussrechnung, wenn er die Prüffrist von zwei Monaten nicht wahrt[455]. Dieser Auffassung ist der Bundesgerichtshof entgegengetreten und hat klargestellt, dass der vorgesehenen Prüffrist von zwei Monaten **keine materiell-rechtliche Ausschlussbedeutung** beizumessen sei[456]. Nach dem BGH vermag alleine der Ablauf der zweimonatigen Prüfungsfrist des § 16 Nr. 3 Abs. 1 VOB/B nicht die Verwirkung der Einwände des Auftraggebers gegen die Schlussrechnung zu begründen[457]. Da die VOB/B als Rechtsfolge der Überschreitung der Prüfungsfrist den Verlust von Einwendungen nicht geregelt habe und die allgemeinen, in der Rechtsprechung anerkannten Verwirkungsvoraussetzungen nicht gegeben seien, könne der Prüfungsfrist von lediglich zwei Monaten keine materielle Ausschlusswirkung zu Lasten des Auftragnehmers zukommen[458].

---

[449] *Hochstein* BauR 1973, 333, 336; a.A. Beck'scher VOB-Kommentar/*Motzke* VOB/B, § 16 Nr. 3 Rdn. 38, der darauf hinweist, dass die Mitteilung des festgestellten Rechnungsprüfungsergebnisses eine schlusszahlungsgleiche Erklärung zum Gegenstand haben kann.

[450] BGH BauR 2002, 465, 466; *Leinemann* VOB/B, § 16 Rdn. 98; *Nicklisch/Weick* VOB/B, § 16 Rdn. 35.

[451] OLG Frankfurt NJW-RR 1997, 526; *Jagenburg* NJW 1998, 2640, 2645.

[452] Beck'scher VOB-Kommentar/*Motzke* VOB/B, § 16 Nr. 3 Rdn. 42; *Ingenstau/Korbion/U. Locher* VOB/B, § 16 Nr. 3 Rdn. 17.

[453] *Ingenstau/Korbion/U. Locher* VOB/B, § 16 Nr. 3 Rdn. 17; *Franke/Kemper/Zanner/Grünhagen* VOB/B, § 16 Rdn. 64.

[454] *Heiermann/Riedl/Rusam* VOB/B, § 16 Rdn. 83.

[455] OLG Düsseldorf BauR 1997, 1052; vgl. auch OLG Düsseldorf BauR 1990, 609; OLG Nürnberg BauR 1999, 1316.

[456] BGH BauR 2001, 784; *Zanner/Schulze* BauR 2001, 1186; *Heiermann/Riedl/Rusam* VOB/B, § 16 Rdn. 85; *Ingenstau/Korbion/U. Locher* VOB/B, § 16 Rdn. 100.

[457] BGH BauR 2001, 784.

[458] BGH BauR 2001, 784, 785; vgl. auch *Zanner/Schulze* BauR 2001, 1186, 1191.

186 Im Ergebnis ist dem BGH – zumal vor der Neufassung des § 16 Nr. 3 Abs. 1 Satz 1 VOB/B – zuzustimmen. Dem Wortlaut der zugrunde liegenden Regelung kann keinerlei Hinweis auf die vom OLG Düsseldorf angenommenen Ausschluss- und Verwirkungsfolgen bei Überschreiten der vorgesehenen Prüfungsfrist entnommen werden. Mit der Neufassung des § 16 Nr. 3 Abs. 1 Satz 1 VOB/B ist vielmehr – deutlicher als in der Vergangenheit – (nochmals) betont worden, dass es sich lediglich um **eine Fälligkeits- und nicht aber um eine Verwirkungsanordnung** handelt. An Ausschluss- und Verwirkungstatbestände sind grundsätzlich strenge Anforderungen zu stellen[459]. Rechtsdogmatisch lässt sich darüber hinaus nicht begründen, weshalb der Zeitpunkt der Fälligkeit mit dem der Einwendungsverwirkung sollte zusammenfallen können. Außerdem erscheint es vor dem Hintergrund der regelmäßigen Verjährungsfrist von drei Jahren (§ 195 BGB) unangemessen, dem Auftraggeber – ohne ausdrückliche vertragliche Regelung – Einwendungen innerhalb einer deutlich kürzeren, nämlich nur zwei Monate währenden Frist abzuschneiden[460]. Jedenfalls unter Berücksichtigung der Neufassung des § 16 Nr. 3 Abs. 1 Satz 1 VOB/B können dem Auftraggeber berechtigte Einwendungen gegen die vorgelegte Schlussrechnung nicht alleine deshalb abgeschnitten sein, weil die zweimonatige Prüfungsfrist abgelaufen ist.

187 Versäumt der Auftraggeber die Erhebung von Einwendungen innerhalb der zweimonatigen Prüfungsfrist, hat dies entgegen Welte[461] auch **keine Auswirkungen auf die Beweislastverteilung** im Rahmen eines anschließenden Vergütungsrechtsstreites. Es ist nämlich nicht erkennbar, weshalb das Vorbringen von Einwendungen nach Ablauf der zweimonatigen Prüfungsfrist die Beweisführung des Auftragnehmers hinsichtlich der von ihm erhobenen Vergütungsansprüche erschweren soll[462]. Abweichendes gilt nur dann, wenn der Auftraggeber seine Einwendungen erst viele Monate nach Ablauf der Prüfungsfrist vorträgt und zwar zu einem Zeitpunkt, zu dem der Auftragnehmer tatsächlich in Nachweisschwierigkeiten gelangt, etwa wegen nunmehr fehlender Zeugen oder sonstiger Beweismittel[463]. Solange der Auftraggeber die Prüfung der Schlussrechnung nicht abgeschlossen hat, wird sich der Auftragnehmer jedoch regelmäßig darauf einzurichten haben, die für die Anspruchsbegründung erforderlichen Beweismittel zusammenzuhalten. Infolgedessen wird es nur in seltenen Ausnahmefällen zur Veränderung der Beweislastverteilung aufgrund „verspätet" vorgebrachter Rechnungseinwendungen kommen können.

188 **d)** Nach neuerer höchstrichterlicher Rechtsprechung hat der Ablauf der Zwei-Monats-Frist jedoch unmittelbare Auswirkungen auf **Einwendungen, die sich auf die Prüffähigkeit der Schlussrechnung beziehen**. Der BGH hat zunächst in seinem Urteil vom 27.11.2003 zum Architektenhonorarrecht entschieden, dass ein Auftraggeber gegen das Gebot von Treu und Glauben verstösst, wenn er Einwendungen gegen die Prüffähigkeit der Honorarschlussrechnung später als zwei Monate nach Zugang der Rechnung erhebt[464]. Unter Bezugnahme hierauf hat der BGH in einer anschliessenden Entscheidung vom 23.9.2004 unter Hinweis auf das besondere § 16 Nr. 3 Abs. 1 VOB/B innewohnende Vereinfachungs- und Beschleunigungsinteresse klargestellt, dass Einwendungen zur Prüffähigkeit vorgelegter bauvertraglicher Schlussrechnungen ebenfalls binnen einer Frist von (maximal) zwei Monaten nach Zugang der Schlussrechnung vorzubringen sind[465]. Die Zwei-Monatsfrist des § 16 Nr. 3 VOB/B hat damit materielle Präklusionsbedeutung hinsichtlich des Einwandes fehlender Prüffähigkeit der zugrunde liegenden Schlussrechnung erlangt[466]. Aufgrund dieser höchstrichterlichen Rechtsprechung ist es mit der VOB/B 2006 zur Einführung des § 16 Nr. 3 Abs. 1 Satz 2 n.F. gekommen, wonach Einwendungen gegen die

[459] *Zanner/Schulze* BauR 2001, 1186.
[460] Vgl. ähnlich zum alten Recht auch *Zanner/Schulze* BauR 2001, 1186, 1191.
[461] *Welte* BauR 1998, 384.
[462] A.A. *Welte* BauR 1998, 384, 386.
[463] Vgl. BGH NJW-RR 1992, 1240.
[464] BGH NZBau 2004, 216 = BauR 2004, 316, 319.
[465] BGH NJW-RR 2005, 167 = NZBau 2005, 40.
[466] Vgl. hierzu Weise NJW-Spezial 2005, 69.

Prüfbarkeit unter Angabe der Gründe hierfür spätestens innerhalb von 2 Monaten nach Zugang der Schlussrechnung erhoben werden müssen. Versäumt der Auftraggeber diese vom BGH vorgezeichnete und nunmehr in die VOB/B übernommene Frist von 2 Monaten, so kann er sich gegenüber dem Auftragnehmer nicht mehr auf die fehlende Prüfbarkeit der ihm vorgelegten Schlussrechnung beziehen.

Versäumt der Auftraggeber, innerhalb vorgenannter Frist prüffähigkeitsbezogene Einwendungen gegenüber dem Auftragnehmer zu erheben, verbleibt ihm jedoch die Möglichkeit, **weitere materiell-rechtliche Einwendungen** gegen die vorgelegte Schlussrechnung und die dort ausgewiesenen Abrechnungspositionen zu erheben[467]. Im Rahmen der Sachprüfung verbleibt dem Auftraggeber zugleich auch die Möglichkeit, solche Einwendungen vorzubringen, die er gegen die Prüfbarkeit der Rechnung hätte vortragen können[468]. Die gegen die Prüffähigkeit der Schlussrechnung zu richtenden Einwendungen können deshalb auch künftig Bedeutung im Zusammenhang mit der sachlichen Rechnungsprüfung behalten.

Die vorgenannte neuere Entscheidungspraxis des BGH steht im Einklang mit der schon bislang vor allem in der Literatur vorherrschenden Auffassung. Danach soll es dem Auftraggeber verwehrt sein, nach Ablauf der Prüffrist noch Einwendungen zur Prüffähigkeit der Schlussrechnung zu erheben[469]. Allerdings bleibt offen, woraus sich die Differenzierung zwischen Einwendungen zur Abrechnung selbst und solchen zur Prüffähigkeit der Abrechnung aus § 16 Nr. 3 Abs. 1 VOB/B ergeben soll. Hieran ändert auch der Umstand nichts, dass die Fälligkeit der Vergütungsansprüche nach Ablauf von zwei Monaten eintreten soll. Denn die Fälligkeit selbst setzt wiederum voraus, dass überhaupt eine in sich prüffähige Schlussrechnung vom Auftragnehmer vorgelegt wird. Darüber hinaus lässt sich bei umfangreichen Schlussrechnungen bei größeren Baumaßnahmen häufig erst im Zuge der detaillierten Rechnungsprüfung feststellen, inwieweit sämtliche Teile der vorgelegten Schlussrechnung tatsächlich in sich prüffähig sind, insbesondere über die erforderlichen Aufmaße, Nachweise und Belege verfügen. Infolgedessen erscheint es jedenfalls bei Großbaumaßnahmen angemessen, in der angegebenen Frist von zwei Monaten hinsichtlich von Prüffähigkeitseinwendungen keinen Ausschlusstatbestand zu sehen[470].

e) Die Prüfungsfrist von zwei Monaten beginnt mit dem **Zugang der Schlussrechnung** zu 189
laufen. Entscheidend kommt es dabei auf den Zugang beim Auftraggeber an. Etwas anderes gilt nur dann, wenn der Auftraggeber ausdrücklich seine (bauleitenden) Architekten oder aber einen Sachverständigen damit beauftragt und bevollmächtigt hat, die Schlussrechnung entgegenzunehmen und für ihn zu prüfen. Alleine aus der bauleitenden Tätigkeit des Architekten für den Auftraggeber kann nicht darauf geschlossen werden, dass er über die erforderliche (Empfangs-) Vollmacht verfügt, um die Schlussrechnung entgegenzunehmen[471]. Für die Fristbemessung gelten die §§ 186 ff. BGB.

Die Prüfungsfrist beginnt auch dann zu laufen, wenn der Auftraggeber treuwidrig die Entgegen- 190
nahme der – in sich prüffähigen – Schlussrechnung gegenüber dem Auftragnehmer verweigert[472]. Mit der ungeprüften Rückgabe der Schlussrechnung bringt der Auftraggeber hinreichend zum Ausdruck, daß er die Schlussrechnung nicht gegen sich gelten lassen will[473]. Bei einer **unberechtigten Annahmeverweigerung** ist davon auszugehen, dass die Schlussrechnung mit dem Zeitpunkt als zugegangen gilt, in dem sie dem Auftraggeber ausdrücklich zur Aushändigung angeboten wurde[474]. Nicht ausgelöst wird demgegenüber die Prüfungsfrist nach vorgenannten Grundsätzen, wenn sich

---

467 BGH NJW-RR 2005, 167 = NZBau 2005, 40; BGH BauR 2006, 517.

468 BGH NZBau 2004, 216 = BauR 2004, 316, 319; BGH NJW-RR 2005, 167 = NZBau 2005, 40; BGH BauR 2006, 517, 519.

469 OLG Nürnberg BauR 1999, 1316; *Leinemann* VOB/B, § 16 Rdn. 95.

470 *Leinemann* VOB/B, § 16 Rdn. 100.

471 Vgl. zur Prüfungsvollmacht des Architekten *Ingenstau/Korbion/U. Locher* VOB/B, § 16 Nr. 3 Rdn. 14.

472 RGZ 110, 34, 36; *Nicklisch/Weick* VOB/B, § 16 Rdn. 37.

473 OLG Dresden BauR 2004, 1832.

474 Vgl. BGH NJW 1983, 929; BGH NJW 1998, 976; *Nicklisch/Weick* VOB/B, § 16 Rdn. 37.

die Schlussrechnung als nicht prüffähig erweist, da sie in diesem Falle jederzeit vom Auftraggeber zum Zwecke der Neuaufstellung bzw. Korrektur an den Auftragnehmer zurückgereicht werden darf[475]. Die Rückgabe darf jedoch nur bei entsprechender Begründung innerhalb von zwei Monaten erfolgen[476]. Nach berechtigter Rückgabe der Schlussrechnung mangels Prüffähigkeit ist der Auftragnehmer gehalten, die Schlussrechnung neu und prüffähig aufzumachen und einzureichen. Verlangt der Auftragnehmer statt dessen eine Abschlagszahlung, so kann ihm der Auftraggeber nach Abnahme der Bauleistungen den Einwand der Schlussrechnungsreife entgegenhalten[477].

3. Fälligkeit der Schlusszahlung (§ 16 Nr. 3 Abs. 1 Satz 1 VOB/B)

191 **a)** Bis zur VOB 2002 war die Schlusszahlung alsbald nach Prüfung und Feststellung der vom Auftragnehmer vorgelegten Schlussrechnung, spätestens jedoch innerhalb von zwei Monaten nach Zugang der Schlussrechnung zu leisten. Mit Blick auf die **Neuregelung zum Zahlungsverzug** in § 286 BGB wurde § 16 Nr. 3 Abs. 1 Satz 1 VOB/B dahingehend neu gefasst, dass eine Klarstellung erfolgte, wonach der Anspruch auf die Schlusszahlung nunmehr unter den bisherigen Voraussetzungen, also nach Prüfung und Feststellung der vom Auftragnehmer vorgelegten Schlussrechnung, spätestens jedoch innerhalb von zwei Monaten nach Zugang der Schlussrechnung fällig wird. Damit wurde § 16 Nr. 3 Abs. 1 Satz 1 VOB/B der Vorschrift des § 286 Abs. 3 Satz 1 BGB angepasst, da dort seit dem 1.1.2002 vorgesehen ist, dass der Schuldner einer Geldforderung spätestens in Verzug gerät, wenn er nicht innerhalb von 30 Tagen nach Fälligkeit und Zugang einer Rechnung (oder einer gleichwertigen Forderungsaufstellung) seine Leistung erbringt. Vor diesem Hintergrund wird es als sinnvoll erachtet, mit der Änderung des § 16 Nr. 3 Abs. 1 Satz 1 VOB/B herauszustellen, dass der Zugang der Schlussrechnung sowie der Ablauf der Prüffrist Fälligkeitsvoraussetzung sein sollen[478].

Auch die Neufassung des § 16 Nr. 3 Abs. 1 Satz 1 VOB/B ist nur dann AGB-rechtlich unbenklich, wenn die VOB/B als Ganzes zwischen den Parteien vereinbart ist. Sobald – wie in der Praxis üblich – im Bauvertrag der Parteien weitere Vertragsbedingungen neben der VOB/B vereinbart sind, unterliegt das gesamte, verwendete Klauselwerk und damit auch § 16 Nr. 3 VOB/B der **Inhaltskontrolle nach dem AGBG a.F. bzw. §§ 305 ff. BGB**[479]. Bei isolierter Inhaltskontrolle benachteiligt die Regelung des § 16 Nr. 3 Abs. 1 VOB/B den Auftraggeber unangemessen gem. § 9 Abs. 1 AGBGB a.F. bzw. § 307 Abs. 1 BGB, da der Auftragnehmer durch den Zeitpunkt der Schlussrechnungsvorlage abweichend von § 641 Abs. 1 BGB den Zeitpunkt der Fälligkeit des erhobenen Vergütungsanspruches ebenso wie damit auch den Verjährungsbeginn einseitig hinauszuschieben vermag[480]. Dem Auftragnehmer ist daher zu empfehlen, seine Schlussrechnung kurzfristig nach Abnahmereife vorzulegen und – unabhängig hiervon – für die Berechnung des Verjährungseintrittes abweichend von § 16 Nr. 3 Abs. 1 Satz 1 VOB/B auf den Abnahmezeitpunkt für die Fälligkeit abzustellen.

Gleichermaßen unwirksam sind Vertragsbedingungen, mit denen die in § 16 Nr. 3 Abs. 1 VOB/B enthaltene Fälligkeits- und Zahlungsfrist weiter herausgeschoben wird. Eine in den Vertragsbedingungen des Auftraggebers enthaltene Fälligkeitsbestimmung, wonach alle Zahlungen innerhalb von 90 Tagen zu erfolgen haben, hält einer Inhaltskontrolle nach § 307 Abs. 1 BGB nicht stand und ist unwirksam[481].

192 **b)** Voraussetzung der **Fälligkeit der Schlusszahlung** ist – obwohl in § 16 Nr. 3 VOB/B nicht erwähnt – neben der Vorlage der Schlussrechnung zusätzlich noch die **Abnahme der Bauleistungen**. Für den BGB-Bauvertrag ergibt sich die entsprechende Fälligkeitsvoraussetzung unmittelbar

[475] BGH NJW 1975, 1833; *Nicklisch/Weick* VOB/B, § 16 Rdn. 37.
[476] Vgl. BGH NJW-RR 2005, 167 = NZBau 2005, 40.
[477] A.A. OLG Dresden BauR 2004, 1832.
[478] *Kratzenberg* NZBau 2002, 177, 183.
[479] BGH BauR 2002, 775, 777; BGH BauR 2004, 668.
[480] OLG Naumburg BauR 2006, 849, 850; vgl. auch OLG München BauR 1995, 138; OLG Düsseldorf IBR 2006, 192.
[481] OLG Köln IBR 2006, 244.

aus § 641 Abs. 1 Satz 1 BGB. Danach ist die Vergütung – abgesehen von Abschlagszahlungen – grundsätzlich erst bei der Abnahme der Bauleistung zu entrichten. Da die Regelung des § 641 Abs. 1 Satz 1 BGB der speziellen Fälligkeitsregelung in § 16 Nr. 3 Abs. 1 VOB/B zugrundeliegt, entspricht es allgemeiner Auffassung, dass die Schlusszahlung nur fällig werden kann, wenn die Bauleistungen (zuvor) von dem Auftraggeber abgenommen wurden[482]. Dabei ist es unerheblich, ob eine ausdrückliche Abnahme gemäß § 12 Nr. 1 oder aber eine förmliche Abnahme gemäß § 12 Nr. 4 VOB/B vorausgegangen sind. Nicht ausreichend ist jedoch eine bloße technische Abnahme im Sinne des § 4 Nr. 10 VOB/B, da diese lediglich der Feststellung des Leistungsstandes dient, ohne indes die Rechtswirkungen einer echten Abnahme aufzuweisen[483]. Im Falle vorzeitiger Beendigung des Bauvertrages – etwa aufgrund einer ausgesprochenen Kündigung – kommt es nicht notwendig zu einer Abnahme im Sinne des § 12 VOB/B[484], weshalb die Schlusszahlung ohne gesonderte rechtsgeschäftliche Abnahme fällig werden kann[485]. **Verweigert der Auftraggeber die Abnahme** zu Unrecht oder aber verweigert er sie endgültig gegenüber dem Auftragnehmer, kann sich der Auftraggeber nach Vorlage der Schlussrechnung nicht auf mangelnde Fälligkeit wegen des Fehlens der rechtsgeschäftlichen Abnahme berufen[486]. Die Fälligkeit der Schlussrechnung hängt deshalb in derartigen Fällen häufig davon ab, inwieweit in einem sich anschließenden Rechtsstreit vom Auftragnehmer nachgewiesen werden kann, dass die Abnahmeverweigerung von Seiten des Auftraggebers zu Unrecht erfolgt ist. Der Auftragnehmer kann jedoch in einer derartigen Situation im Rahmen des gerichtlichen Verfahrens den Anspruch auf eine Abschlagszahlung für den Fall (weiter) hilfsweise geltend machen, dass er nicht im Stande ist, die Abnahme oder aber deren unberechtigte Verweigerung durch den Auftraggeber mit Erfolg nachzuweisen[487].

Ausnahmsweise kann sich die **Fälligkeit der Schlussrechnung** im Rahmen des § 16 Nr. 3 Abs. 1 Satz 1 VOB/B auch **ohne Abnahme** der (vollständigen) Bauleistungen ergeben. Dies ist in folgenden Konstellationen der Fall:

- Eine Teilabnahme löst sämtliche Abnahmewirkungen für die abgenommenen Teilleistungen aus, so dass dadurch die Fälligkeit für den der Teilleistung entsprechenden Vergütungsanteil eintritt[488].
- Die Parteien haben die (förmliche) Abnahme vergessen[489].
- Die Parteien verzichten einvernehmlich auf die Durchführung einer Abnahme als Fälligkeitsvoraussetzung[490].
- Das Vertragsverhältnis ist erkennbar in ein Abrechnungsverhältnis übergegangen[491].
- Das Vertragsverhältnis ist als zwischen den Parteien beendet anzusehen, etwa durch endgültige Einstellung der Arbeiten seitens Auftragnehmers[492].
- Auch fehlende bzw. vergessene geringfügige Restarbeiten stehen längere Zeit nach Beendigung der übrigen Arbeiten der Schlussrechnungsreife nicht entgegen[493].
- Trotz fehlender Abnahme wird die Schlussrechnung fällig, wenn der Auftraggeber nicht mehr auf weiterer Vertragserfüllung, sondern auf Zahlung von Schadensersatz besteht[494].

---

[482] BGHZ 79, 180, 182; BGHZ 73, 140, 144; OLG Hamburg BauR 2003, 1590; *Nicklisch/Weick* VOB/B, § 12 Rdn. 22; *Leinemann* Die Bezahlung der Bauleistung, Rdn. 153.

[483] *Nicklisch/Weick* VOB/B, § 4 Rdn. 128.

[484] Vgl. hierzu *Thode* ZfBR 1999, 116, 120f.

[485] BGH BauR 1987, 95; Beck'scher VOB-Kommentar/*Motzke* VOB/B, § 16 Nr. 3 Rdn. 41.

[486] BGH BauR 1996, 390, 391; Beck'scher VOB-Kommentar/*Motzke* VOB/B, § 16 Nr. 3 Rdn. 41; *Leinemann* Die Bezahlung der Bauleistung, Rdn. 153; vgl. hierzu auch *Thode* ZfBR 1999, 116, 119.

[487] BGH BB 2000, 1756.

[488] OLG Brandenburg BauR 2005, 152.

[489] OLG Karlsruhe NJW-RR 2004, 746; OLG Düsseldorf NJW-RR 1999, 529 = BauR 1999, 404.

[490] OLG Brandenburg BauR 2005, 1218.

[491] OLG Brandenburg BauR 2005, 1218.

[492] BGH BauR 1991, 81, 82; OLG Brandenburg BauR 2005, 153.

[493] OLG Düsseldorf NJW-RR 2000, 231 f.; OLG Brandenburg BauR 2005, 153.

[494] BGH NJW 2002, 3019 = BauR 2002, 1399; BGH MDR 1979, 304; OLG Koblenz NZBau 2003, 681 = BauR 2003, 1728.

– Entsprechendes gilt auch dann, wenn der Auftraggeber einer vorgelegten Schlussrechnung nur mit einem Minderungsverlangen entgegentritt[495].

Wenn und soweit danach zweifelhaft erscheint, ob die Fälligkeitsvoraussetzungen zur Schlusszahlung vorliegen, lässt sich den Einwendungen des beklagten Auftraggebers dadurch seitens des Auftragnehmers begegnen, dass dieser zumindest hilfsweise an der Geltendmachung von Abschlagsforderungen festhält[496].

193 **c)** Während die Fälligkeit der Vergütungsansprüche beim BGB-Bauvertrag mit der Abnahme der Bauleistung eintritt (§ 641 Abs. 1 Satz 1 BGB), verschiebt sich der Fälligkeitszeitpunkt beim VOB-Bauvertrag durch das Erfordernis der **Vorlage einer (prüffähigen) Schlussrechnung** sowie der sich anschließenden zweimonatigen Prüfungsfrist (§ 16 Nr. 3 Abs. 1 Satz 1 VOB/B). Die Fälligkeit der Schlusszahlung tritt deshalb vom Grundsatz her erst zwei Monate nach Zugang der Schlussrechnung beim Auftraggeber ein[497]. Eine kürzere als die Zwei-Monats-Frist führt nur dann zur Fälligkeit, wenn der Auftraggeber bereits vor Ablauf der Frist dem Auftragnehmer sein Prüfergebnis mitteilt und damit quasi vorzeitig die Fälligkeit der Schlussrechnung auslöst[498]. Der Auftragnehmer kann gegenüber dem Auftraggeber keinen vorverlagerten Fälligkeitszeitpunkt mit der Begründung geltend machen, dem Auftraggeber sei es zumutbar, die Prüfung der vorgelegten Schlussrechnung vorzuziehen[499].

Wenn der Auftraggeber **nacheinander verschiedene Rechnungen** vorlegt oder aber seine früher vorgelegte Schlussrechnung um weitere abrechnungsfähige Vergütungsansprüche ergänzt[500], stellt sich die Frage, ob eine nachgeschobene bzw. neu aufgemachte Schlussrechnung erneut den Fälligkeitszeitpunkt zu begründen bzw. herauszuschieben vermag. Das OLG Bamberg hat hierzu den Standpunkt eingenommen, es müsse nach dem Grundsatz der einheitlichen Fälligkeit auch für die weiteren Forderungen, die in der zunächst vorgelegten Schlussrechnung nicht aufgenommen waren, von der fälligkeitsauslösenden Wirkung der ersten Auftragnehmerabrechnung ausgegangen werden[501]. Der vergesslich bzw. unvollständig abrechnende Auftragnehmer vermag daher keine Vorteile hinsichtlich Fälligkeit und Verjährung aufgrund nachgeschobener Forderungen zu erlangen[502]. Anders wird man jedoch dann zu entscheiden haben, wenn der Auftragnehmer zu einem späteren Zeitpunkt Forderungen nachschiebt, die er im Zusammenhang mit der Schlussabrechnung noch nicht in der Lage war zu berücksichtigen.

194 Die **Prüfungsfrist von zwei Monaten entfällt** im übrigen dann, wenn der Auftraggeber selbst die Schlussrechnung nach § 14 Nr. 4 VOB/B aufstellt. In diesem Fall benötigt der Auftraggeber naturgemäß keine weitere Prüfungsfrist für die von ihm selbst erstellte und vorgelegte Schlussrechnung[503].

195 Die Prüfungsfrist von zwei Monaten verlängert sich, wenn die Parteien hierzu eine entsprechende **Vereinbarung** getroffen haben. Vertragsklauseln, die darauf abzielen, **die Prüfungsfrist deutlich zu verlängern**, sind im Lichte des § 9 AGBG a.F. bzw. § 307 Abs. 1 BGB rechtlich bedenklich, da bereits die Prüfungsfrist von zwei Monaten in nicht unerheblichem Umfange von der gesetzlichen Fälligkeitsbestimmung in § 641 Abs. 1 Satz 1 BGB zu Ungunsten des Auftragnehmers abweicht und jede weitere, zumal deutliche Verlängerung zu einer unangemessenen Herausschiebung des Fälligkeitszeitpunktes führen kann[504]. Unwirksam sind deshalb regelmäßig

[495] BGH NJW 2002, 3019 = BauR 2002, 1399; BGH MDR 1979, 304; OLG Koblenz NZBau 2003, 681 = BauR 2003, 1728.

[496] Vgl. OLG Frankfurt BauR 2004, 1004; Kniffka BauR 2005, 732.

[497] BGH NJW-RR 1990, 1170, 1171.

[498] BGHZ 83, 382, 384; OLG Brandenburg BauR 2003, 1229; *Nicklisch/Weick* VOB/B, § 16 Rdn. 36.

[499] Vgl. Beck'scher VOB-Kommentar/*Motzke* VOB/B, § 16 Nr. 3 Rdn. 43; a.A. *Hochstein* in Anmerkung zu BGH SFH Nr. 21 zu § 16 Nr. 3 VOB/B.

[500] Vgl. hierzu oben § 16 Rdn. 172 ff.

[501] OLG Bamberg OLGR 2003, 267 = MDR 2003, 1350.

[502] Vgl. insoweit auch BGHZ 53, 222.

[503] BGH NZBau 2002, 91.

[504] *Ingenstau/Korbion/U. Locher* VOB/B, § 16 Nr. 3 Rdn. 10; *Leinemann* VOB/B, § 16 Rdn. 99.

Klauseln des Auftraggebers, mit denen die Prüfungsfrist auf drei Monate verlängert und/oder von der Vorlage von Prüfungsunterlagen abhängig gemacht wird, die nicht aus der Sphäre des Auftragnehmers herrühren[505]. Eine Ausnahme von diesen Grundsätzen wird man jedoch bei Großbaumaßnahmen zulassen können, da dort häufig die Prüfung der Schlussrechnung schon aufgrund ihres Umfanges und ihrer Komplexität nicht innerhalb von zwei Monaten vorgenommen werden kann[506]. Soweit hiergegen vorgebracht wird, der Auftraggeber müsse bei besonders hohem Bauvolumen zumindest das unbestrittene Guthaben nach § 16 Nr. 3 Abs. 1 Satz 3 VOB/B zur Auszahlung bringen[507], vermag diese Auffassung deshalb nicht zu überzeugen, weil sich regelmäßig bei Großbaumaßnahmen erst nach abschließender Prüfung der vorgelegten Schlussrechnung feststellen lässt, inwieweit überhaupt die Voraussetzungen vorliegen, unter denen noch Zahlungen an den Auftragnehmer zu leisten sind.

d) **Verweigert der Auftraggeber die Entgegennahme** der (prüffähigen) Schlussrechnung (und liegen die Abnahmevoraussetzungen vor), so verbleibt es bei der zweimonatigen Fälligkeitsfrist, auch dann, wenn der Auftraggeber aufgrund seines vertragswidrigen Verhaltens nicht über die Schlussrechnung verfügt und diese deshalb nicht prüfen kann[508]. Die Verjährungsfrist beginnt auch in diesem Fall zwei Monate nach Verweigerung der Annahme der Schlussrechnung zu laufen[509]. 196

e) Von der Fälligkeit der Schlussrechnungsforderung zu unterscheiden ist der **Eintritt des Zahlungsverzuges**[510]. Insoweit ist auf die Neuformulierung der Abs. 3–5 des § 16 Nr. 3 VOB/B zu verweisen. Grundsätzlich bleibt es danach bei der bisherigen Regelung, wonach es für einen Zahlungsverzug des Auftraggebers (zusätzlich) einer angemessenen Nachfristsetzung durch den Auftragnehmer bedarf (§ 16 Nr. 5 Abs. 3 VOB/B). Eine Ausnahme hiervon gilt jedoch für das unbestrittene Guthaben aus der (geprüften) Schlussrechnung. Zahlt der Auftraggeber das fällige unbestrittene Guthaben nicht innerhalb von zwei Monaten nach Zugang der Schlussrechnung an den Auftragnehmer aus, so hat dieser ohne gesonderte Nachfristsetzung ab Fälligkeit Anspruch auf (verzugsbedingte) Zinsen (§ 16 Nr. 5 Abs. 4 VOB/B). Die Zinsen bemessen sich in beiden Fällen nach § 288 BGB. 197

f) Die **Verjährung der Forderung** aus der Schlussrechnung beginnt mit dem Zeitpunkt der Fälligkeit zu laufen[511]. Beim VOB-Bauvertrag setzt der Eintritt der Verjährung deshalb die Abnahme, die Vorlage der Schlussrechnung sowie den Ablauf der Prüfungsfrist voraus[512]. Bei der Bemessung der Verjährungsfrist ist zwischen den bis zum 31.12.2001 und den danach aufgrund des Gesetzes über die Modernisierung des Schuldrechts geltenden Fristen zu unterscheiden[513]. 198

4. Schlusszahlung (§ 16 Nr. 3 Abs. 1 Satz 1 und Satz 4 VOB/B)

Zum Fälligkeitszeitpunkt hat der Auftraggeber die Schlusszahlung im Sinne des § 16 Nr. 3 Abs. 1 Satz 1 VOB/B zu leisten. Bei der Schlusszahlung handelt es sich um die **endgültige und abschließende Zahlung des Auftraggebers** aus dem mit dem Auftragnehmer abgeschlossenen Bauvertrag[514]. 199

---

505 OLG München BauR 1990, 471; *Ingenstau/Korbion/U. Locher* VOB/B, § 16 Nr. 3 Rdn. 10; *Leinemann* VOB/B, § 16 Rdn. 99.
506 Vgl. *Tempel* NZBau 2002, 532, 533; *Heiermann/Riedl/Rusam* VOB/B, § 16 Rdn. 88; a.A. *Leinemann* VOB/B, § 16 Rdn. 99.
507 *Leinemann* VOB/B, § 16 Rdn. 99.
508 RGZ 110, 34; *Heiermann/Riedl/Rusam* VOB/B, 9. Aufl., § 16 Rdn. 67.
509 A.A. *Heiermann/Riedl/Rusam* VOB/B, 9. Aufl., § 16 Rdn. 67.
510 Siehe im einzelnen § 16 Rdn. 30 ff.
511 BGH NJW 1968, 1962; BGH NJW 1970, 938, 939; *Nicklisch/Weick* VOB/B, § 16 Rdn. 39.
512 BGH BauR 1984, 182, 183; *Leinemann* VOB/B, § 16 Rdn. 111.
513 Siehe im einzelnen § 16 Rdn. 61 ff.
514 BGH BauR 1979, 342; *Franke/Kemper/Zanner/Grünhagen* VOB/B, § 16 Rdn. 58.

200 Die Schlusszahlung bezieht sich dabei regelmäßig auf die vom Auftragnehmer vorgelegte Schlussrechnung. Die Schlussrechnung umfasst üblicherweise **sämtliche vertraglichen und außervertraglichen Forderungen des Auftragnehmers** aus der zugrundeliegenden Maßnahme[515]. Dementsprechend umfasst auch die Schlusszahlung sämtliche Forderungen aus und im Zusammenhang mit der Baumaßnahme, d.h. nicht nur die vertraglichen Vergütungsansprüche einschließlich Zusatz- und Nachtragsforderungen, sondern darüber hinaus auch alle weiteren Zahlungen, wie etwa Behinderungskosten, Schadensersatz, Zinsen etc.[516]

201 Der vom Auftraggeber geleisteten Zahlung muss zu entnehmen sein, dass es sich nicht lediglich um einen weiteren Abschlag oder aber eine Teilzahlung, sondern um die **letzte und abschließende Zahlung** aus der zugrundeliegenden Baumaßnahme handelt[517]. Maßgebend ist insoweit nicht, ob es sich nach objektiven Beurteilungsmaßstäben um die in der Tat letzte, vom Auftraggeber geschuldete Zahlung handelt; entscheidend ist lediglich die subjektive Sicht des Auftraggebers, der mit der Vornahme der Zahlung hinreichend klar zum Ausdruck bringen muss, dass damit die aus seiner Sicht – nämlich unter Berücksichtigung des Ergebnisses der durchgeführten Schlussrechnungsprüfung – geschuldete Restleistung aus der Baumaßnahme erbracht wird[518].

202 Wie diese letzte Zahlung durch den Auftraggeber bezeichnet bzw. kenntlich gemacht wird, ist belanglos, soweit ihr jedenfalls aus Sicht des Auftraggebers Schlusszahlungscharakter beizumessen ist. Üblicherweise wird der Begriff **Schlusszahlung**[519] **oder aber Restzahlung**[520] verwandt; zwingend sind diese Bezeichnungen jedoch nicht[521].

203 Voraussetzung für die Schlusszahlung ist die **Vorlage einer Schlussrechnung**[522]. Ohne eine Schlussrechnung kann (hierauf) auch nicht die Schlusszahlung geleistet werden. Erst aus der Schlussrechnung ergibt sich nämlich, in welchem Umfang der Auftraggeber Vergütung beansprucht; aus der Prüfung derselben entnimmt der Auftraggeber, in welchem Umfange er meint, zu Zahlungen verpflichtet zu sein.

204 Von einer Schlusszahlung wird auch dann gesprochen, wenn ihr keine Vorauszahlungen, Abschlagszahlungen oder sonstige Teilzahlungen vorausgegangen sind[523]. Mit dem Begriff der Schlusszahlung verbindet sich die abschließende Zahlung zu dem zugrundeliegenden Bauvertrag und zwar unabhängig davon, inwieweit bereits zuvor Zahlungen vom Auftraggeber erbracht wurden.

205 Der Schlusszahlungsbegriff des § 16 Nr. 3 Abs. 1 VOB/B darf nicht uneingeschränkt mit dem der nachfolgenden Absätze 2–6 verwechselt werden: Gegenstand der nachfolgenden Absätze ist im wesentlichen der Ausschluss weitergehender Forderungen des Auftragnehmers aus der Baumaßnahme und zwar unter der Voraussetzung der vorbehaltlosen Annahme der Schlusszahlung[524]. Mithin werden dem Auftragnehmer im Rahmen der Absätze 2–6 des § 16 Nr. 3 VOB/B die Geltendmachung von Ansprüchen abgeschnitten, wohingegen die Schlusszahlung im Sinne des Abs. 1 des § 16 Nr. 3 VOB/B zunächst nur die aus Sicht des Auftraggebers letzte und abschließende Zahlung zum Gegenstand hat.

5. Auszahlung des unbestrittenen Guthabens (§ 16 Nr. 3 Abs. 1 Satz 4 VOB/B)

206 **a)** Verzögert sich die Prüfung der Schlussrechnung über die Prüffrist von zwei Monaten hinaus (§ 16 Nr. 3 Abs. 1 Satz 1 und 2 VOB/B), so ist (zumindest) das **unbestrittene Guthaben** als

---

[515] Siehe im einzelnen § 16 Rdn. 172 ff.

[516] OLG Düsseldorf BauR 1973, 386; *Heiermann/Riedl/Rusam* VOB/B, 9. Aufl., § 16 Rdn. 60.

[517] BGH BauR 1979, 342; *Heiermann/Riedl/Rusam* VOB/B, § 16 Rdn. 75.

[518] *Ingenstau/Korbion/U. Locher* VOB/B, § 16 Nr. 3 Rdn. 2; *Nicklisch/Weick* VOB/B, § 16 Rdn. 32.

[519] *Heiermann/Riedl/Rusam* VOB/B, § 16 Rdn. 75.

[520] *Ingenstau/Korbion/U. Locher* VOB/B, § 16 Nr. 3 Rdn. 2.

[521] BGH BauR 1979, 527, 528; *Heiermann/Riedl/Rusam* VOB/B, § 16 Rdn. 75; *Leinemann* VOB/B, § 16 Rdn. 86.

[522] BGH BauR 1979, 342; *Franke/Kemper/Zanner/Grünhagen* VOB/B, § 16 Rdn. 62.

[523] Beck'scher VOB-Kommentar/*Motzke* VOB/B, § 16 Nr. 3 Rdn. 55.

[524] Vgl. *Leinemann* VOB/B, § 16 Rdn. 87.

(weitere) Abschlagszahlung sofort an den Auftragnehmer auszuzahlen (§ 16 Nr. 3 Abs. 1 Satz 4 VOB/B). Steht nach der Prüfung der Schlussrechnung fest, dass dem Auftragnehmer ein bestimmtes (unbestrittenes) Guthaben zusteht, so ergibt sich aus § 16 Nr. 3 Abs. 1 Satz 4 VOB/B die Verpflichtung, dieses Guthaben – unabhängig von der vorzunehmenden Schlusszahlung – sofort an den Auftragnehmer zur Auszahlung zu bringen. Da es sich bei dieser Auszahlung gerade nicht um die Schlusszahlung handelt, erbringt der Auftraggeber mit der Vornahme der Zahlung letztlich eine **weitere Abschlagszahlung** an den Auftragnehmer. Diese Abschlagszahlung mindert naturgemäß den Anspruch des Auftragnehmers aus der Schlussrechnung[525].

In der Praxis kommt der Regelung des § 16 Nr. 3 Abs. 1 Satz 4 VOB/B keine besondere Bedeutung zu, weil der Auftraggeber nach der Prüfung der Schlussrechnung ohnehin verpflichtet ist, die Schlusszahlung zu leisten. Regelmäßig kommt es deshalb nicht zu einer Abschlagszahlung in Höhe des unbestrittenen Guthabens und einer sich anschließenden Schlusszahlung. Etwas anderes gilt nur dann, wenn ein bestimmtes anteiliges Guthaben aus der Schlussrechnung ausgezahlt werden kann, eine weitere Teilzahlung bzw. die Schlusszahlung noch nicht geleistet werden kann, weil noch ungeklärte Gegenrechte bestehen. So kann der Auftraggeber beispielsweise ein Zurückbehaltungsrecht wegen vorliegender Mängel geltend machen (§ 641 Abs. 3 BGB) und die Auszahlung des verbleibenden Teilbetrages aus der Schlussrechnung davon abhängig machen, dass zunächst die Beseitigung der Mängel erfolgt. 207

b) Bei Großbaumaßnahmen wird gelegentlich von den Auftragnehmern der Standpunkt eingenommen, bestimmte **Teilbeträge aus der streitbefangenen Schlussrechnungssumme** könnten als isolierte Forderungen in Form unbestrittenen Guthabens gesondert gerichtlich geltend gemacht werden[526]. Dabei wird jedoch übersehen, dass einzelne Forderungspositionen mit der Einstellung in die Schlussrechnung ihren Charakter als Teilrechnung verlieren. Einzelne in die Schlussrechnung eingestellte Forderungsbeträge sind lediglich Rechnungsposten der Schlussrechnung in ihrer Gesamtheit. Die einzelnen Rechnungsposten sowie die vertraglich vereinbarten Zu- und Abschläge sowie die hierauf zu verrechnenden Abschlagszahlungen führen im Ergebnis zu einem Rechnungssaldo, das nur als solches als Schlussrechnungsforderung beansprucht werden kann[527]. Die in die Schlussrechnung eingestellten einzelnen Rechnungsposten können daher nicht isoliert klageweise geltend gemacht werden[528]. So weit **Teilzahlung aus der vorgelegten Schlussrechnung** begehrt wird, kann sich diese nicht auf einzelne dieser Rechnungsposten ohne Berücksichtigung des saldierten Rechnungsergebnisses beziehen. Anderenfalls könnte der Auftragnehmer – nach der „Rosinentheorie" vorgehend – nur die für ihn günstigen Rechnungsposten abschließender und gerichtlicher Klärung zuführen, ohne dabei alle weiteren zum Abzug bzw. zur Verrechnung stehenden Positionen aus der Schlussrechnung zu berücksichtigen. Unter Berücksichtigung vorstehender Grundsätze kann allenfalls dann ausnahmsweise eine positionsbezogene Teilforderung aus der vorgelegten Schlussrechnung isoliert geltend gemacht werden, wenn sich aus allen anderen zur Abrechnung und Verrechnung anstehenden Restpositionen keinerlei Schmälerung des mit dem Teilanspruch verfolgten Mindestsaldos zugunsten des Auftragnehmers verbinden kann[529]. 208

c) Vor diesem Hintergrund beurteilen sich auch **Teilklagen aus einer vorgelegten Schlussrechnung**: Befassen sich die Teilklagen mit einzelnen Rechnungsposten, sind sie nicht statthaft, da auf diesem Wege das durch die Saldierung geprägte Wesen der Schlussrechnung beeinträchtigt wird[530]. Macht der Auftragnehmer demgegenüber mit seiner Teilklage lediglich einen Teil aus 209

---

525 *Heiermann/Riedl/Rusam* VOB/B, § 16 Rdn. 89; *Franke/Kemper/Zanner/Grünhagen* VOB/B, § 16 Rdn. 82.

526 Ebenso Sonntag NZBau 2006, 91, 93.

527 BGH NJW 1997, 1444; BGH NJW 1999, 417, 418; BGH NZBau 2003, 376; *Heiermann/Riedl/Rusam* VOB/B, § 16 Rdn. 90.

528 BGH NJW 1997, 1444.

529 Vgl. hierzu Sonntag NZBau 2006, 91, 92 f. m.w.N.

530 BGH NJW 1992, 2080; OLG Brandenburg BauR 2003, 716; Kniffka, in: Kniffka/Koeble, Kompendium des Baurechts, 2. Aufl., 2004, S. 984.

dem Gesamtsaldo – beispielsweise in der Reihenfolge der Abrechnungspositionen bis zu einem bestimmten Teil-Höchstbetrag – geltend, so ist eine derartige Teilklage nicht zu beanstanden, da es dem Auftragnehmer freistehen muss, sich mit Teilzahlungen aus einer Gesamtforderung zufrieden zu stellen. Darüber hinaus können einzelne Teilforderungen ausnahmsweise dann gesondert klagefähig sein, wenn das Gericht im Zusammenhang mit derartigen positionsbezogenen Teilforderungen zu der sicheren Überzeugung zu gelangen vermag, dem Auftragnehmer stehe in jedem Fall aus einzelnen Positionen der Schlussrechnung – auch unter Berücksichtigung von Kürzungen, Verrechnungen und Gegenforderungen – zumindest ein bestimmter (Mindest-) Saldo zu[531]. Auf diese Weise können im Einzelfall z.B. unterschiedliche Bauabschnitte, bestimmte gesonderte Nachträge oder aber auch zusätzliche Schadensersatzansprüche aus § 6 Nr. 6 VOB/B Gegenstand einer isolierten Teilklage aus Schlussrechnung sein.

6. Vorbehaltlose Annahme der Schlusszahlung (§ 16 Nr. 3 Abs. 2 VOB/B)

210 Die vorbehaltlose Annahme der Schlusszahlung schließt nach § 16 Nr. 3 Abs. 2 VOB/B Nachforderungen aus, wenn der Auftragnehmer über die zu seinen Gunsten geleistete Schlusszahlung schriftlich unterrichtet und dabei auf die Ausschlusswirkung der geleisteten Zahlung ausdrücklich hingewiesen wurde. Nicht der Schlusszahlung des Auftraggebers, sondern nur der vorbehaltlosen Annahme eben dieser Schlusszahlung durch den Auftragnehmer kommt die in § 16 Nr. 3 Abs. 2–6 VOB/B näher geregelte Ausschlusswirkung zu[532]. Wegen der einschneidenden Bedeutung der vorgesehenen Ausschlusswirkung ist es seit der Neufassung der VOB/B im Jahre 1990 erforderlich, den Auftragnehmer schriftlich sowohl über die Vornahme der Schlusszahlung wie auch über deren Ausschlusswirkung ausdrücklich zu belehren[533]. Der Sinn und Zweck des § 16 Nr. 3 Abs. 2 VOB/B wird darin gesehen, möglichst rasch zwischen den Parteien Klarheit darüber zu gewinnen, ob noch weitere Forderungen aus und im Zusammenhang mit dem abgeschlossenen Bauvertrag unerledigt geblieben sind[534]. Der Auftraggeber soll nach der vorbehaltlosen Annahme der von ihm vorgenommenen Schlusszahlung darauf vertrauen dürfen, aus dem Bauvertrag nicht mehr mit weiteren Zahlungsansprüchen konfrontiert zu werden[535].

211 Wegen der Ausschlusswirkung des § 16 Nr. 3 Abs. 2 VOB/B wird das Vertrauen des Auftraggebers aber nur dann als schutzwürdig anerkannt, wenn er bei Vornahme seiner Zahlung hinreichend auf den Schlusszahlungs- und Ausschlusscharakter hingewiesen hat. An die Voraussetzungen des § 16 Nr. 3 Abs. 2 VOB/B werden im Hinblick auf den Ausschlusscharakter strenge Anforderungen gestellt. Sie ergeben sich sowohl aus § 16 Nr. 3 Abs. 2 VOB/B wie auch aus den nachfolgenden Absätzen.

212 Die Regelung des § 16 Nr. 3 Abs. 2–5 VOB/B über den Ausschluss von Nachforderungen bei vorbehaltloser Annahme einer Schlussrechnung oder einer ihr gleichstehenden Schlusszahlungserklärung verstößt bei isolierter Betrachtung gegen § 9 AGBG a.F. bzw. § 307 BGB. Dies hat der BGH ausdrücklich für die aufgrund Neufassung vom 19.7.1990 geltende Fassung der bisherigen VOB/B entschieden[536]. Zur Begründung hat der BGH darauf abgestellt, dass die Ausschlussregelung erheblich von dem Grundgedanken des dispositiven Rechts abweicht, wonach ein Vergütungsanspruch (nur) durch Leistung zu tilgen ist, soweit die Geltendmachung nicht ausnahmsweise verjährt oder aber verwirkt ist[537]. Gleichwohl ist die AGB-rechtlich beanstandete Ausschlussklausel auch bei der Neufassung der VOB 2002 unverändert geblieben, so dass bei isolierter Betrachtung die gleichen Wirksamkeitsbedenken verbleiben[538].

---

[531] Vgl. hierzu Sonntag NZBau 2006, 91, 92.

[532] Beck'scher VOB-Kommentar/*Motzke* VOB/B, § 16 Nr. 3 Rdn. 63.

[533] Vgl. zu der früheren Fassung des § 16 Nr. 3 die Kommentierung zur VOB 1952 bei *Ingenstau/Korbion* VOB/B, 11. Aufl., Rdn. 158 ff.

[534] BGHZ 86, 135, 140; *Nicklisch/Weick* VOB/B, § 16 Rdn. 41.

[535] BGHZ 86, 135, 140; *Nicklisch/Weick* VOB/B, § 16 Rdn. 41.

[536] BGHZ 138, 176 = NJW 1998, 2053.

[537] BGH NJW 1998, 2053, 2054.

[538] *Tempel* NZBau 2002, 532, 533; vgl. auch Beck'scher VOB-Kommentar/*Motzke* VOB/B, § 16 Nr. 3 Rdn. 8; *Langen* BauR 1991, 151, 156; *Losert* ZfBR 1991, 7, 8.

a) Eine Schlusszahlung kann nur auf eine Schlussrechnung des Auftragnehmers geleistet werden[539]. Der Auftraggeber kann deshalb nicht ohne eine vorgelegte Schlussrechnung die Ausschlusswirkung des § 16 Nr. 3 Abs. 2 VOB/B einseitig herbeiführen[540]. Legt der Auftragnehmer die Schlussrechnung nicht vor, so kann der Auftraggeber jedoch diese selbst gemäß § 14 Nr. 4 VOB/B aufstellen und mit ihrer Übersendung dieVoraussetzungen für eine Schlusszahlung schaffen[541]. 213

Inwieweit sich eine vom Auftragnehmer vorgelegte **Schlussrechnung** als **inhaltlich prüffähig** darstellt, ist für die Vornahme einer Schlusszahlung im Sinne des § 16 Nr. 3 Abs. 2 VOB/B unerheblich, da es nach der Schutzintention prüffähiger Abrechnung dem Auftraggeber überlassen bleiben muss, ob er sich im Stande sieht, auf die ihm vorgelegte, jedoch nicht hinlänglich prüffähige Rechnung eine Schlusszahlung zu leisten[542]. Ebenso wenig kommt es darauf an, ob die Schlussrechnungsforderung zum Zeitpunkt der Abgabe der Schlusszahlungserklärung bereits fällig geworden ist[543]. 214

b) Auf die vorgelegte Schlussrechnung muss der Auftraggeber die **Schlusszahlung** leisten[544]. Ergibt sich nach der Prüfung der Schlussrechnung, dass keine weiteren Zahlungen mehr zu leisten sind, so hat der Auftraggeber eine **schlusszahlungsgleiche Erklärung** gegenüber dem Auftragnehmer abzugeben[545]. Nach § 16 Nr. 3 Abs. 3 VOB/B steht es einer zu leistenden Schlusszahlung (naturgemäß) gleich, wenn der Auftraggeber unter Hinweis auf bereits geleistete Zahlungen weitere Zahlungen endgültig und schriftlich ablehnt. Sowohl diese schlusszahlungsgleiche Erklärung wie eine vom Auftraggeber vorgenommene Schlusszahlung müssen als solche eindeutig und klar zu erkennen sein[546]. Allerdings ist es nicht notwendig, dabei die Bezeichnung „Schlusszahlung" oder aber „Restzahlung" zu verwenden[547]. 215

c) Der Auftraggeber muss aber in geeigneter Weise über die von ihm mit der Vornahme der Zahlung intendierte Schlusszahlung schriftlich unterrichten. Die **Einhaltung der Schriftform** ist nach dem Bundesgerichtshof unabdingbare Wirksamkeitsvoraussetzung[548]. Regelmäßig wird der Auftraggeber in einem gesonderten Anschreiben auf die von ihm beabsichtigte oder aber bereits getätigte Schlusszahlung hinweisen[549]. Dieser Schlusszahlungserklärung kommt nur Bedeutung zu, wenn sie dem Auftragnehmer (nachweislich) zugegangen ist[550]. Die schriftliche Erklärung zu der Schlusszahlung des Auftraggebers bedarf keiner näheren Begründung[551]. Vor allem ist es nicht notwendig, dass dem Auftragnehmer parallel zu der Schlusszahlungserklärung auch die geprüfte Schlussrechnung zurückgesandt wird. Allerdings muss der Erklärung des Auftraggebers jedenfalls aus Sicht des Auftragnehmers eindeutig nachvollziehbar zu entnehmen sein, auf welche Bauleistungen und welchen Bauvertrag der Auftraggeber beabsichtigt, die letzte Zahlung zu leisten. Den **Betrag der zu leistenden Schlusszahlung** braucht der Auftraggeber aus gleichen Erwägungen heraus nicht mit anzugeben, solange für den Auftragnehmer ohne weiteres der Zusammenhang zwischen der Schlusszahlungserklärung einerseits 216

[539] BGH BauR 1987, 329, 331; *Heiermann/Riedl/Rusam* VOB/B,§ 16 Rdn. 77; *Franke/Kemper/Zanner/Grünhagen* VOB/B, § 16 Rdn. 89.

[540] BGH BauR 1975, 349, 350; *Heiermann/Riedl/Rusam* VOB/B, § 16 Rdn. 103.

[541] Siehe im einzelnen § 14 Rdn. 71 ff.

[542] BGH BauR 1987, 329, 331; OLG Frankfurt BauR 1988, 615, 616; *Franke/Kemper/Zanner/Grünhagen* VOB/B, § 16 Rdn. 90; *Leinemann* VOB/B, § 16 Rdn. 116; a.A. *Heiermann/Riedl/Rusam* VOB/B, 9. Aufl., § 16 Rdn. 77.

[543] OLG Düsseldorf BauR 1982, 383 383 f.; *Leinemann* VOB/B, § 16 Rdn. 116.

[544] Siehe im einzelnen § 16 Rdn. 171 ff.

[545] *Heiermann/Riedl/Rusam* VOB/B, § 16 Rdn. 108.

[546] Beck'scher VOB-Kommentar/*Motzke* VOB/B, § 16 Nr. 3 Rdn. 56; *Ingenstau/Korbion/U. Locher* VOB/B, § 16 Nr. 3 Rdn. 93; *Franke/Kemper/Zanner/Grünhagen* VOB/B, § 16 Rdn. 91.

[547] *Heiermann/Riedl/Rusam* VOB/B, § 16 Rdn. 108; *Leinemann* VOB/B, § 16 Rdn. 128.

[548] BGH NJW 1999, 944; *Franke/Kemper/Zanner/Grünhagen* VOB/B, § 16 Rdn. 95; *Nicklisch/Weick* VOB/B, § 16 Rdn. 47.

[549] *Nicklisch/Weick* VOB/B, § 16 Rdn. 47.

[550] *Nicklisch/Weick* VOB/B, § 16 Rdn. 47.

[551] *Heiermann/Riedl/Rusam* VOB/B, 9. Aufl., § 16 Rdn. 18.

und der Vornahme einer bestimmten Zahlung als solcher andererseits eindeutig nachvollziehbar ist. Dies ist nicht der Fall, wenn sich aufgrund parallel ausgeführter vertraglicher Bauleistungen die Vornahme bestimmter Zahlungen in sachlicher oder zeitlicher Hinsicht nicht (mehr) eindeutig zuordnen lassen.

217 **d)** Der Auftraggeber hat nach § 16 Nr. 3 Abs. 2 VOB/B sowohl über die Schlusszahlung selbst schriftlich zu unterrichten wie darüber hinaus auf ihre Ausschlusswirkung hinzuweisen. Dem **Hinweis auf die Ausschlusswirkung** muss unmissverständlich zu entnehmen sein, dass der Auftragnehmer bei vorbehaltloser Annahme der Schlusszahlung keinerlei weitere Nachforderungen mehr aus dem zugrundeliegenden Bauvertrag stellen kann[552]. Hiermit einhergehend hat der Auftraggeber über die Möglichkeit bzw. Notwendigkeit des Vorbehaltes im Sinne des § 16 Nr. 3 Abs. 5 VOB/B zu unterrichten[553]. Der bloße schriftliche Verweis auf § 16 Nr. 3 Abs. 2 VOB/B genügt dabei ebenso wenig wie der Hinweis auf die Vorbehaltsregelung des § 16 Nr. 3 Abs. 5 VOB/B[554]. Erforderlich ist vielmehr eine in jeder Hinsicht eindeutige Rechtsfolgenbelehrung in enger textlicher Anlehnung an § 16 Nr. 3, dort insbesondere § 16 Nr. 3 Abs. 2 und Abs. 5 VOB/B[555]. Zu Recht wird es als notwendig angesehen, den Hinweis auf die Ausschlusswirkungen auch auf die Angabe der Fristen zu erstrecken, innerhalb derer der Vorbehalt vom Auftragnehmer zu erklären ist[556].

218 Der Hinweis auf die Ausschlusswirkung des § 16 Nr. 3 Abs. 2 VOB/B hat ebenso wie die Mitteilung über die Schlusszahlung schriftlich zu erfolgen[557]. Nur bei **Wahrung der Schriftform** werden dem Auftragnehmer hinreichend klar und eindeutig die einschneidenden Folgen vorbehaltloser Annahme der Schlusszahlung vor Augen geführt. An dem Erfordernis schriftlicher Belehrung ändert sich auch dann nichts, wenn der Auftragnehmer ausreichend fachkundig ist[558]. Die Einhaltung der Schriftform wie auch der erforderlichen Belehrungen ist deshalb auch notwendig, wenn es sich bei dem Auftragnehmer um ein größeres Bauunternehmen handelt[559].

219 Die Erklärung über die Schlusszahlung sowie die Belehrung über die Ausschlusswirkungen vorbehaltloser Annahme stehen in einem sachlichen und zeitlichen Kontext. Nur kumulativ entfalten sich die nach § 16 Nr. 3 Abs. 2 VOB/B für notwendig erachteten Warnfunktionen. Aus diesem Grunde sollen regelmäßig beide belehrenden **Hinweise in einem einheitlichen Schreiben** gegenüber dem Auftragnehmer enthalten sein[560].

220 Die Hinweise des Auftraggebers dürfen aber nicht unmittelbar mit der Schlusszahlung selbst verbunden werden[561]. Vor allem genügt es nicht, lediglich auf dem **Überweisungsträger** einen Vermerk über die Vornahme der Schlusszahlung und ihre Ausschlusswirkungen anzubringen[562]. Maßgebend hierfür ist insbesondere der Umstand, dass es sich bei Vermerken auf Überweisungsträgern regelmäßig um rein buchungstechnische Angaben handelt, so dass Ihnen üblicherweise keine weitere vertragsrelevante Bedeutung beigemessen wird.

---

552 *Franke/Kemper/Zanner/Grünhagen* VOB/B, § 16 Rdn. 95.
553 *Heiermann/Riedl/Rusam* VOB/B, § 16 Rdn. 111.
554 KG Berlin BauR 2000, 575, 576; *Leinemann* VOB/B, § 16 Rdn. 137.
555 KG Berlin BauR 2000, 575, 576; *Leinemann* VOB/B, § 16 Rdn. 137.
556 OLG Dresden BauR 2000, 279; KG Berlin BauR 2000, 575, 576.
557 BGH NJW 1999, 944.
558 BGH NJW 1999, 944, 945.
559 BGH NJW 1999, 944; *Franke/Kemper/Zanner/Grünhagen* VOB/B, § 16 Rdn. 95.
560 BGH BauR 1999, 396, 397; OLG Dresden BauR 2000, 279; *Heiermann/Riedl/Rusam* VOB/B, § 16 Rdn. 111; *Leinemann* VOB/B, § 16 Rdn. 138; *Franke/Kemper/Zanner/Grünhagen* VOB/B, § 16 Rdn. 95; a.A. OLG Köln BauR 1994, 634, 635; das zu den beiden Erklärungen jeweils gesonderte Schreiben für erforderlich erachtet; *Nicklisch/Weick* VOB/B, § 16 Rdn. 48, die getrennte Schreiben für zulässig erachten; *Ingenstau/Korbion/U. Locher* VOB/B, § 16 Nr. 3 Rdn. 94, die eine zeitliche Trennung beider Erklärungen für zulässig erachten.
561 OLG Köln NJW-RR 1994, 1501, 1502; *Ingenstau/Korbion/U. Locher* VOB/B, § 16 Nr. 3 Rdn. 95; *Heiermann/Riedl/Rusam* VOB/B, § 16 Rdn. 110.
562 Vgl. OLG Köln NJW-RR 1994, 1501, 1502; *Nicklisch/Weick* VOB/B, § 16 Rdn. 48.

e) Die Ausschlusswirkung des § 16 Nr. 3 Abs. 2 VOB/B kommt nur zustande, wenn der Auftragnehmer die ihm geleistete **Schlusszahlung vorbehaltlos annimmt**. Was unter dem nach § 16 Nr. 3 Abs. 2 VOB/B erforderlichen Vorbehalt verstanden wird, ergibt sich mittelbar aus § 16 Nr. 3 Abs. 5 VOB/B. Danach hat der Auftragnehmer innerhalb der dort vorgesehenen Fristen gegenüber dem Auftraggeber einen Vorbehalt zu erklären und diesen anschließend eingehend zu begründen[563]. Mit dem Vorbehalt bringt der Auftragnehmer zum Ausdruck, dass er mit der Ausschlusswirkung der ihm gegenüber geleisteten Schlusszahlung nicht einverstanden ist[564]. **221**

f) Durch die vorbehaltlose Annahme der Schlusszahlung werden weitere Nachforderungen aus dem zugrundeliegenden Bauvertrag ausgeschlossen. Die **Ausschlusswirkung** ist eine umfassende und erstreckt sich auf alle abrechnungsfähigen Ansprüche, die Gegenstand der Schlussrechnung hätten sein können[565]. Hierzu gehören neben allen Vergütungsansprüchen aus dem Hauptauftrag auch zusätzliche Forderungen aus § 2 Nr. 3, 4, 5, 6 und 8 Abs. 2, 9 und 10 sowie aus § 4 Nr. 1 Abs. 4 und § 8 Nr. 1 Abs. 2 VOB/B[566]. Ausgeschlossen sind ebenfalls Schadensersatz- und Entschädigungsansprüche sowie Ansprüche aus Verzug und Behinderung[567]. Die Ausschlusswirkung bezieht sich jedoch nicht auf die Stellung eines vertraglich vereinbarten Sicherheitseinbehaltes[568]. Ohne Bedeutung ist die vorbehaltlose Annahme der Schlusszahlung auch für ein späteres Verlangen nach Richtigstellung der Schlussrechnung und -zahlung wegen Aufmaß-, Rechen- und Übertragungsfehlern, wie sich unmittelbar aus § 16 Nr. 3 Abs. 6 VOB/B erschließt[569]. **222**

Die vorbehaltlose Annahme der Schlusszahlung erstreckt sich nicht nur auf die Forderungen aus der eigentlichen Schlussrechnung, sondern darüber hinaus auch auf alle früher gestellten, jedoch zum Zeitpunkt der Annahme der Schlusszahlung **noch unerledigten Forderungen**, sofern diese nicht vom Auftragnehmer nochmals ausdrücklich vorbehalten werden (§ 16 Nr. 3 Abs. 4 VOB/B)[570]. **223**

g) Die Ausschlusswirkung des § 16 Nr. 3 Abs. 2 VOB/B besteht nicht darin, dass mit der vorbehaltlosen Annahme der Schlusszahlung weitergehende Zahlungsansprüche und Forderungen des Auftragnehmers erlöschen[571]. Ähnlich wie beim Eintritt der Verjährung hängt die Durchsetzbarkeit weitergehender Forderungen vielmehr entscheidend davon ab, ob der Auftraggeber die **Einrede des § 16 Nr. 3 Abs. 2 VOB/B** erhebt und damit der Ausschlusswirkung (erst) Geltung verschafft[572]. Die Einrede kann vorgerichtlich wie auch innerhalb eines laufenden gerichtlichen Verfahrens vom Auftraggeber erhoben werden[573]. Erhebt der Auftraggeber die Einrede aus § 16 Nr. 3 Abs. 2 VOB/B, so ist er für die zugrundeliegenden Tatbestandsvoraussetzungen darlegungs- und beweispflichtig[574]. **224**

Wenn der Auftraggeber die Einrede des § 16 Nr. 3 Abs. 2 VOB/B erhebt, verbleibt dem Auftragnehmer noch die Möglichkeit, aus seiner Sicht unerledigte, jedoch von der Ausschlusswirkung erfasste Forderungen gegenüber (sonstigen) Zahlungsansprüchen des Auftraggebers zur Aufrechnung zu bringen; dies gilt jedenfalls dann, wenn sich die beiden Forderungen früher einredefrei wechselseitig analog § 390 Satz 2 BGB gegenüber gestanden haben[575]. **225**

---

563 Siehe im einzelnen § 16 Rdn. 256 ff.

564 *Franke/Kemper/Zanner/Grünhagen* VOB/B, § 16 Rdn. 97.

565 Vgl. *Ingenstau/Korbion/U. Locher* VOB/B, § 16 Nr. 3 Rdn. 79.

566 OLG Düsseldorf BauR 1973, 386; *Ingenstau/Korbion/U. Locher* VOB/B, § 16 Nr. 3 Rdn. 80; *Leinemann* VOB/B, § 16 Rdn. 153.

567 Vgl. *Ingenstau/Korbion/U. Locher* VOB/B, § 16 Nr. 3 Rdn. 82.

568 OLG Düsseldorf ZIP 1983, 342.

569 Siehe im einzelnen § 16 Rdn. 268 ff.

570 Siehe im einzelnen § 16 Rdn. 238.

571 *Franke/Kemper/Zanner/Grünhagen* VOB/B, § 16 Rdn. 103.

572 BGHZ 62, 15; *Heiermann/Riedl/Rusam* VOB/B, § 16 Rdn. 104; *Ingenstau/Korbion/U. Locher* VOB/B, § 16 Nr. 3 Rdn. 67.

573 BGH BauR 1981, 374, 375; Beck'scher VOB-Kommentar/*Motzke* VOB/B, § 16 Nr. 3 Rdn. 61.

574 Beck'scher VOB-Kommentar/*Motzke* VOB/B, § 16 Nr. 3 Rdn. 69.

575 BGH BauR 1982, 499, 501; Beck'scher VOB-Kommentar/*Motzke* VOB/B, § 16 Nr. 3 Rdn. 71.

226 **h)** Wegen der ohnehin einschneidenden Wirkung des § 16 Nr. 3 Abs. 2 VOB/B ist es dem Auftraggeber regelmäßig verwehrt, in allgemeinen Vertragsbedingungen die Voraussetzungen für die Herbeiführung der Ausschlusswirkungen noch enger zu ziehen. Gegen § 9 AGBG a.F. bzw. § 307 Abs. 1 BGB verstoßen Klauseln, die darauf abzielen, (Nach-) Forderungen auszuschließen, sofern sie nicht in der Schlussrechnung selbst enthalten sind[576]. Unwirksam sind aus gleichen Erwägungen heraus auch Vertragsklausen, mit denen die in § 16 Nr. 3 Abs. 5 VOB/B vorgesehenen Fristen zur Abgabe der Vorbehaltserklärung deutlich verkürzt werden[577].

7. Zahlungsgleiche Erklärung (§ 16 Nr. 3 Abs. 3 VOB/B)

227 Der Schlusszahlung steht es nach § 16 Nr. 3 Abs. 3 VOB/B gleich, wenn der Auftraggeber unter Hinweis auf geleistete Zahlungen **weitere Zahlungen endgültig und schriftlich ablehnt**. Während in § 16 Nr. 3 Abs. 2 VOB/B von der Vornahme einer Schlusszahlung ausgegangen wird, befasst sich der nachfolgende Absatz mit Fällen, in denen – insbesondere wegen erfolgter Überzahlung – keine weitere Schlusszahlung mehr in Betracht kommt. In diesem Fall muss es der Auftraggeber gleichermaßen wie bei der Vornahme einer Schlusszahlung in der Hand haben, die Ausschlusswirkungen herbeizuführen, um weitergehende Forderungen des Auftragnehmers auszuschließen[578].

228 Die **schlusszahlungsgleiche Erklärung** ersetzt lediglich die Schlusszahlung selbst und nicht die übrigen Voraussetzungen, die sich aus § 16 Nr. 3 Abs. 2 VOB/B ergeben[579]. Es müssen deshalb im einzelnen folgende Tatbestandsmerkmale des § 16 Nr. 3 Abs. 2 VOB/B eingehalten sein, um durch eine schlusszahlungsgleiche Erklärung die Ausschlusswirkung herbeizuführen:

229 **a)** Da eine Schlusszahlung nur auf eine Schlussrechnung des Auftragnehmers geleistet werden kann[580], kann eine schlusszahlungsgleiche Erklärung von dem Auftraggeber erst und nur dann abgegeben werden, wenn der Auftragnehmer seine **Schlussrechnung** vorgelegt[581] oder aber der Auftraggeber ersatzweise die Schlussrechnung gemäß § 14 Nr. 4 VOB/B (ausnahmsweise) selbst aufgestellt hat[582]. Die bloße Erklärung des Auftraggebers vor oder nach Beendigung der Baumaßnahme, jedoch vor Eingang der Schlussrechnung, von seiner Seite würden keine weiteren Zahlungen mehr an den Auftragnehmer geleistet, genügt nicht, um der abgegebenen Erklärung schlusszahlungsgleichen Charakter beizumessen[583].

230 **b)** Der Auftraggeber ist verpflichtet, den Auftragnehmer über die von ihm veranlasste **Schlusszahlung schriftlich zu unterrichten**[584]. Nichts anderes gilt deshalb auch für die Abgabe der schlusszahlungsgleichen Erklärung, die ebenfalls notwendigerweise dem Schriftformerfordernis unterliegt[585]. Nur eine schriftliche Erklärung, die ohnehin aus Beweisgründen für den Auftraggeber zweckmäßig erscheint, erfüllt die Warnfunktion, die durch die strengen Voraussetzungen des § 16 Nr. 3 Abs. 2 VOB/B vorgegeben ist.

---

[576] BGH ZfBR 1982, 202; OLG Hamburg ZfBR 1998, 35, 36 f.

[577] OLG München NJW-RR 1990, 1358.

[578] BGH BauR 1972, 56, 57; BGH BauR 1977, 282, 283; BGH BauR 1979, 342; BGH BauR 1980, 174, 175; BGH BauR 1983, 476; *Ingenstau/Korbion/U.* Locher § 16 Nr. 3 Rdn. 100.

[579] Beck'scher VOB-Kommentar/*Motzke* VOB/B, § 16 Nr. 3 Rdn. 75; *Ingenstau/Korbion/U. Locher* VOB/B, § 16 Nr. 3 Rdn. 106.

[580] BGH BauR 1987, 329, 331; *Heiermann/Riedl/Rusam* VOB/B, § 16 Rdn. 77; *Franke/Kemper/Zanner/Grünhagen* VOB/B, § 16 Rdn. 89.

[581] BGH BauR 1979, 342; BGH BauR 1984, 182, 184.

[582] *Ingenstau/Korbion/U. Locher* VOB/B, § 16 Nr. 3 Rdn. 102; Beck'scher VOB-Kommentar/*Motzke* VOB/B, § 16 Nr. 3 Rdn. 83.

[583] BGH BauR 1979, 342; BGH BauR 1984, 182, 184; *Ingenstau/Korbion/U. Locher* VOB/B, § 16 Nr. 3 Rdn. 102.

[584] BGH NJW 1999, 944; *Franke/Kemper/Zanner/Grünhagen* VOB/B, § 16 Rdn. 95; *Nicklisch/Weick* VOB/B, § 16 Rdn. 47.

[585] Beck'scher VOB-Kommentar/*Motzke* VOB/B, § 16 Nr. 3 Rdn. 76.

c) Mit der schlusszahlungsgleichen Erklärung muss der Auftraggeber eindeutig und klar gegenüber dem Auftragnehmer zum Ausdruck bringen, dass er endgültig nicht mehr bereit ist, weitere Zahlungen aus dem zugrundeliegenden Bauvertrag zu leisten[586]. Der **Charakter endgültiger Zahlungsablehnung** muss schriftlich und aus der Sicht des Auftragnehmers unmissverständlich zum Ausdruck gebracht sein[587]. Diesen strengen Anforderungen genügen Erklärungen des Auftraggebers nicht, mit denen lediglich vorübergehend oder vorläufig Zahlungen zurückgehalten werden[588]. Die **Ausübung eines Zurückbehaltungsrechts** stellt in diesem Sinne keine endgültige Zahlungsverweigerung dar[589]. Entsprechendes gilt auch für sonstige zahlungsverweigernde Erklärungen des Auftraggebers, die jedoch mit dem Vorbehalt nochmaliger Überprüfung oder weiterer Verhandlungsmöglichkeiten verbunden werden[590]. Demgegenüber handelt es sich um eine endgültige Zahlungsverweigerung des Auftraggebers, wenn dieser unter Bezugnahme auf bestimmte Gegenforderungen eine **Aufrechnungserklärung** abgibt, da diese gemäß § 389 BGB zum Erlöschen der Forderung aus der Schlussrechnung zu führen vermag[591]. Der Abgabe einer Aufrechnungserklärung stehen **Verrechnungs- und Hinterlegungserklärungen** gleich[592]. Für die Abgabe der schlusszahlungsgleichen Erklärung ist es dabei irrelevant, ob die vom Auftraggeber zur Aufrechnung, Verrechnung oder aber Hinterlegung in bezug genommene Forderung tatsächlich besteht oder nicht[593]. Ausschlaggebend ist lediglich, dass aus Sicht des Auftragnehmers jedenfalls eine eindeutige Zahlungsverweigerung zum Ausdruck gebracht wird. Aus diesem Grund kann auch in dem Bestreiten in der Klageerwiderung eines anhängigen Vergütungsrechtsstreits im Einzelfall eine schlusszahlungsgleiche Erklärung gesehen werden[594]. 231

d) Die schlusszahlungsgleiche Erklärung muss **vom Auftraggeber abgegeben** werden. Nur wenn der Auftraggeber selbst die Erklärung zu der vorgelegten Schlussrechnung gegenüber dem Auftragnehmer abgibt, ist es für den Auftragnehmer eindeutig zu erkennen, dass sein Vertragspartner endgültig nicht mehr bereit ist, weitere Zahlungen zu leisten. Infolge dessen kommt den Erklärungen Dritter zu der vorgelegten Schlussrechnung vom Grundsatz her keinerlei Bedeutung zu, es sei denn, diese Dritten seien zur Abgabe von schlusszahlungsgleichen Erklärungen – wie etwa entsprechend beauftragte Architekten und Rechtsanwälte – bevollmächtigt[595]. 232

e) Die schlusszahlungsgleiche Erklärung ist **gegenüber dem Auftragnehmer** als Vertragspartner des Auftraggebers abzugeben. Dem Auftragnehmer muss die schlusszahlungsgleiche Erklärung zugehen[596]. Eine Ausnahme gilt lediglich dann, wenn der Auftragnehmer die aus der von ihm vorgelegten Schlussrechnung erhobenen Vergütungsansprüche an einen Dritten, etwa sein Kreditinstitut, abgetreten hat. In diesem Fall ist die schlusszahlungsgleiche Erklärung gegenüber dem forderungsberechtigten **Zessionar** abzugeben[597]. Dies gilt jedenfalls dann, wenn der Auftraggeber um die erfolgte Abtretung der Vergütungsansprüche weiß (§ 409 BGB). Sobald der Auftraggeber keine Kenntnis von der erfolgten Abtretung hat, steht es ihm frei, die schlusszahlungsgleiche Erklärung gegenüber seinem Vertragspartner, dem Auftragnehmer, abzugeben (vgl. § 407 Abs. 1 BGB). Allerdings ist zu beachten, dass bei erfolgter Abtretung die Ausschlusswirkungen zur abgegebenen schlusszahlungsgleichen Erklärung nur dann eintreten, wenn – wie bei § 16 Nr. 3 233

---

586 *Nicklisch/Weick* VOB/B, § 16 Rdn. 46.
587 BGH NJW 1999, 944, 945; OLG Köln NJW-RR 1997, 213; *Nicklisch/Weick* VOB/B, § 16 Rdn. 46.
588 BGH BauR 1991, 84; *Ingenstau/Korbion/U. Locher* VOB/B, § 16 Nr. 3 Rdn. 101.
589 BGH BauR 1991, 84; *Ingenstau/Korbion/U. Locher* VOB/B, § 16 Nr. 3 Rdn. 101.
590 BGH ZfBR 1983, 234; OLG Köln NJW-RR 1997, 213; *Nicklisch/Weick* VOB/B, § 16 Rdn. 46.
591 Beck'scher VOB-Kommentar/*Motzke* VOB/B, § 16 Nr. 3 Rdn. 80; *Ingenstau/Korbion/U. Locher* VOB/B, § 16 Nr. 3 Rdn. 103.
592 *Ingenstau/Korbion/U. Locher* VOB/B, § 16 Nr. 3 Rdn. 103.
593 BGH BauR 1980, 278, 279; Beck'scher VOB-Kommentar/*Motzke* VOB/B, § 16 Nr. 3 Rdn. 80.
594 Vgl. OLG Düsseldorf NJW 1978, 1387; *Nicklisch/Weick* VOB/B, § 16 Rdn. 46.
595 Vgl. Beck'scher VOB/B/*Motzke* VOB/B, § 16 Nr. 3 Rdn. 78 zur Erklärung durch Architekten.
596 Beck'scher VOB-Kommentar/*Motzke* VOB/B, § 16 Nr. 3 Rdn. 77.
597 OLG Frankfurt BauR 1994, 251, 253; *Ingenstau/Korbion/U. Locher* VOB/B, § 16 Nr. 3 Rdn. 108; Beck'scher VOB-Kommentar/*Motzke* VOB/B, § 16 Nr. 3 Rdn. 79.

Abs. 2 VOB/B – der Auftragnehmer als Vertragspartner ausdrücklich auf die mit der schlusszahlungsgleichen Erklärung intendierte Ausschlusswirkung – einschließlich ihrer Rechtsfolgen – hingewiesen wurde[598]. Dies führt zu der zwangsläufigen Notwendigkeit, zweckmäßigerweise sowohl den Auftragnehmer wie auch den Zessionar über die schlusszahlungsgleiche Erklärung und die sich hieraus ergebenden Folgen ausdrücklich in Kenntnis zu setzen.

234 **f)** Die schlusszahlungsgleiche Erklärung ersetzt lediglich die Schlusszahlung selbst und nicht die weiterhin erforderliche **schriftliche Unterrichtung** über die intendierte Ausschlusswirkung. Da die Schlusszahlung (mit ihrem aus Sicht des Auftragnehmers untersetzten Betrag) ausbleibt, ist es im Rahmen des § 16 Nr. 3 Abs. 3 VOB/B mindestens in gleichem Umfang, wenn nicht noch in stärkerem Maße notwendig, den Auftragnehmer eindeutig und unmissverständlich darüber zu unterrichten, dass mit weiteren Zahlungen endgültig nicht zu rechnen ist und die Ausschlusswirkung des § 16 Nr. 3 Abs. 3 VOB/B herbeigeführt werden soll[599]. Auf die intendierte Ausschlusswirkung muss deshalb ausdrücklich und schriftlich von dem Auftraggeber hingewiesen werden[600]. Beide danach kumulativ erforderlichen Erklärungen können zusammen in einem Schreiben oder aber auch in zwei Schreiben gesondert abgegeben werden. Wegen des notwendigerweise zu betonenden Zusammenhangs beider Erklärungen besteht jedoch im Falle der Übersendung getrennter Schreiben die Gefahr der Verwässerung, weshalb es aus Sicht des Auftraggebers angeraten erscheint, beide Erklärungen zusammen in einem Schreiben gegenüber dem Auftragnehmer abzugeben.

235 **g)** Neben beiden vorgenannten Erklärungen bedarf es darüber hinaus **keiner weiteren inhaltlichen bzw. sachlichen Begründung** für die Zahlungsverweigerung. Es muss lediglich deutlich werden, dass die Zahlungsverweigerung auf eine erfolgte Überzahlung zurückzuführen ist[601]. Eine weitergehende detaillierte Begründung zu etwaigen Rechnungskürzungen oder zu den zur Aufrechnung gestellten Gegenforderungen ist nicht erforderlich[602]. Für den Auftragnehmer muss lediglich erkennbar sein, zu welchem Bauvertrag und welcher Schlussrechnung die Zahlungsverweigerung gestützt auf bestimmte bezifferte überzahlte bzw. aufgerechnete Beträge erfolgt.

236 **h)** Durch **allgemeine Vertragsbedingungen** des Auftraggebers kann die Regelung zu der schlusszahlungsgleichen Erklärung im Sinne des § 16 Nr. 3 Abs. 3 VOB/B nicht verschärft werden. Insoweit gelten die gleichen Beurteilungsmaßstäbe wie bei § 16 Nr. 3 Abs. 2 VOB/B. Auch Abs. 3 des § 16 Nr. 3 VOB/B hält der isolierten Inhaltskontrolle nicht stand[603].

8. Ausschlusswirkung bei vorbehaltloser Schlussrückzahlung

237 Die Vorschrift des § 16 Nr. 3 Abs. 2 VOB/B befasst sich mit einer vom Auftraggeber zu leistenden (restlichen) Schlusszahlung. Gegenstand des § 16 Nr. 3 Abs. 3 VOB/B ist eine schlusszahlungsgleiche Erklärung, mit der weitere Zahlungen von Seiten des Auftraggebers ausdrücklich verweigert werden. Beide vorgenannten Bestimmungen regeln nicht den **Tatbestand von Rückzahlungen**, die vom Auftragnehmer nach erfolgter Abrechnung geleistet werden. Auch in diesem Fall muss es jedoch (erst recht) möglich sein, die Ausschlusswirkungen des § 16 Nr. 3 VOB/B herbeizuführen. Es besteht deshalb Einigkeit darüber, dass auch eine Schlussrückzahlung des Auftragnehmers entsprechend nach den Maßstäben der § 16 Nr. 3 Abs. 2 und 3 VOB/B zu

[598] Beck'scher VOB-Kommentar/*Motzke* VOB/B, § 16 Nr. 3 Rdn. 79.

[599] Vgl. *Langen* BauR 1991, 151, 154; Beck'scher VOB-Kommentar/*Motzke* VOB/B, § 16 Nr. 3 Rdn. 84.

[600] Beck'scher VOB-Kommentar/*Motzke* VOB/B, § 16 Nr. 3 Rdn. 84.

[601] Beck'scher VOB-Kommentar/*Motzke* VOB/B, § 16 Nr. 3 Rdn. 80; *Nicklisch/Weick* VOB/B, § 16 Rdn. 46.

[602] Beck'scher VOB-Kommentar/*Motzke* VOB/B, § 16 Nr. 3 Rdn. 82; *Ingenstau/Korbion/U. Locher* VOB/B, § 16 Nr. 3 Rdn. 104.

[603] Beck'scher VOB-Kommentar/*Motzke* VOB/B, § 16 Nr. 3 Rdn. 75.

beurteilen sein muss[604]. Erforderlich ist aber auch in diesem Fall, dass der Auftraggeber zu der vom Auftragnehmer geleisteten Schlussrückzahlung ausdrücklich erklärt, damit sei die Schlusszahlung (in dem zutreffenden Umfang) geleistet und hiermit einhergehend solle die Ausschlusswirkung des § 16 Nr. 3 Abs. 3 VOB/B herbeigeführt werden.

9. Ausschluss bei unerledigten Forderungen (§ 16 Nr. 3 Abs. 4 VOB/B)

In Ergänzung zu § 16 Nr. 3 Abs. 2 und 3 VOB/B stellt Abs. 4 klar, dass sich die Ausschlusswirkung der Schlusszahlung auch auf früher gestellte, aber **unerledigte Forderungen des Auftragnehmers** erstrecken soll, sofern diese Forderungen nicht ausdrücklich nochmals von Seiten des Auftragnehmers vorbehalten werden. Die Einrede, die sich aus vorbehaltloser Schlusszahlung im Sinne des § 16 Nr. 3 Abs. 2 VOB/B ergibt[605], bezieht sich damit nicht nur auf alle Forderungen des Auftragnehmers, die sich aus der Schlussrechnung selbst ergeben, sondern darüber hinaus auch auf solche Forderungen, die der Auftragnehmer nicht in die Schlussrechnung eingestellt hat, die jedoch zuvor bereits von ihm erhoben wurden. Dabei kann es sich um Vergütungs-, Schadenersatz- oder sonstige jedwede Forderungen aus und im Zusammenhang mit dem zugrundeliegenden Bauvertrag handeln[606]. 238

Durch § 16 Nr. 3 Abs. 4 VOB/B soll die **Ausschlusswirkung** über die Forderungen hinaus erstreckt werden, die sich unmittelbar aus der Schlussrechnung selbst ergeben. Es ist deshalb belanglos, ob die früher gestellte, jedoch unerledigte Forderung in die Schlussrechnung eingestellt wurde, ob sie in der Schlussrechnung selbst lediglich Erwähnung gefunden hat oder ob sie – gewollt oder versehentlich – bei der Aufstellung der Schlussrechnung vom Auftragnehmer nicht mitberücksichtigt wurde[607]. Unerheblich ist auch, ob für die früher erhobene Forderung bereits eine (Abschlags-) Rechnung vorlag oder ob die Forderung ohne (prüffähige) Rechnung gegenüber dem Auftraggeber auf andere Weise geltend gemacht wurde[608]. 239

Im Zusammenhang mit den unerledigten Forderungen kommt es nicht darauf an, inwieweit bereits früher ein **Vorbehalt vom Auftragnehmer** erklärt wurde. Hat der Auftragnehmer bereits früher zusätzlich erhobene Forderungen des Auftragnehmers zurückgewiesen und hat der Auftragnehmer dieser Zurückweisung widersprochen, verbleibt es gleichwohl dabei, dass er nach Vornahme der Schlusszahlung bzw. Abgabe der schlusszahlungsgleichen Erklärung den Vorbehalt „nochmals" auszusprechen, also ihn letztlich ausdrücklich zu wiederholen hat, um die Ausschlusswirkungen des § 16 Nr. 3 Abs. 2 VOB/B zu vermeiden[609]. 240

Die Regelung des § 16 Nr. 3 Abs. 4 VOB/B ist insofern missverständlich, als vom Wortlaut her der Eindruck erweckt werden könnte, dass die Ausschlusswirkungen der vorbehaltlosen Annahme der Schlusszahlung sich nur auf früher ausdrücklich gestellte, nicht jedoch auf sonstige, nämlich **früher übersehene oder vergessene Forderungen** erstreckt. Es darf jedoch nicht übersehen werden, dass der Vorschrift des § 16 Nr. 3 Abs. 4 VOB/B lediglich klarstellende und damit ergänzende Bedeutung im Verhältnis zu § 16 Nr. 3 Abs. 2 VOB/B zukommt. Die in § 16 Nr. 3 Abs. 2 VOB/B geregelte vorbehaltlose Annahme der Schlusszahlung erstreckt sich grundsätzlich auf sämtliche Nachforderungen aus dem zugrundeliegenden Bauvertrag, damit auch auf solche, die früher noch nicht gestellt und in der Schlussrechnung – aus welchem Grund auch immer – übersehen oder vergessen wurden[610]. 241

---

[604] Vgl. BGH BauR 1977, 287; *Nicklisch/Weick* VOB/B, § 16 Rdn. 52; *Ingenstau/Korbion/U. Locher* VOB/B, § 16 Nr. 3 Rdn. 110.

[605] Siehe im einzelnen § 16 Rdn. 210 ff.

[606] *Ingenstau/Korbion/U. Locher* VOB/B, § 16 Nr. 3 Rdn. 112.

[607] Beck'scher VOB-Kommentar/*Motzke* VOB/B, § 16 Nr. 3 Rdn. 86.

[608] *Ingenstau/Korbion/U. Locher* VOB/B, § 16 Nr. 3 Rdn. 112; Beck'scher VOB-Kommentar/*Motzke* VOB/B, § 16 Nr. 3 Rdn. 86.

[609] Vgl. *Ingenstau/Korbion/U. Locher* VOB/B, § 16 Nr. 3 Rdn. 112; Beck'scher VOB-Kommentar/*Motzke* VOB/B, § 16 Nr. 3 Rdn. 86.

[610] Vgl. nur *Ingenstau/Korbion/U. Locher* VOB/B, § 16 Nr. 3 Rdn. 78.

10. Vorbehaltserklärung (§16 Nr. 3 Abs. 5 Satz 1 VOB/B)

242 Unter den in § 16 Nr. 3 Abs. 2 VOB/B genannten Voraussetzungen – nämlich der Unterrichtung über die Schlusszahlung und ihre Ausschlusswirkung – sind nach vorbehaltloser Annahme der Schlusszahlung weitere Nachforderungen aus dem zugrundeliegenden Bauvertrag ausgeschlossen. Wie diese „vorbehaltlose Annahme" vom Auftragnehmer durch Abgabe entsprechender Vorbehaltserklärungen vermieden werden kann, erschließt sich aus § 16 Nr. 3 Abs. 5 VOB/B. Danach hat der Auftragnehmer einen Vorbehalt gegenüber dem Auftraggeber zu erklären und zwar innerhalb von 24 Werktagen nach Zugang der Mitteilung nach Abs. 2 und 3 über die Schlusszahlung.

243 **a)** Der Auftragnehmer hat einen **Vorbehalt** zu erklären. Was als Vorbehalt im Sinne des § 16 Nr. 3 Abs. 5 VOB/B verstanden wird, ist nicht näher definiert. Mit dem Begriff verbindet sich **eine einspruchsartige Erklärung des Auftragnehmers**, mit der dieser gegenüber dem Auftraggeber unmissverständlich zum Ausdruck bringt, dass er an der weiteren Geltendmachung von Forderungen aus dem Bauvertrag (in Ansehung der geleisteten Schlusszahlung) festhält[611]. Aus Sicht des Auftraggebers als Empfänger des Vorbehalts muss die abgegebene Erklärung ausreichend bestimmt und inhaltlich klar sein[612]. Vom Auftragnehmer braucht **nicht der Begriff „Vorbehalt"** verwendet zu werden[613]. Der Auftragnehmer kann auch „Einspruch" gegen die (gekürzte) Schlusszahlung einlegen[614], kann die zugrundeliegende (gekürzte) Schlussrechnungsanforderung ausdrücklich gegenüber dem Auftraggeber anmahnen[615] oder aber seinen Vorbehalt durch Einleitung eines Mahn- bzw. Klageverfahrens zum Ausdruck bringen[616]. Nicht ausreichend sind jedoch solche Erklärungen, denen auch im Wege der Auslegung kein eindeutiger Vorbehaltswille entnommen werden kann, etwa die bloße Übersendung eines Empfangsnachweises oder aber die Bitte um weitere Überprüfung der geleisteten Schlusszahlung[617]. Ausreichend ist es aber, wenn der Auftragnehmer ausdrücklich erklärt, er halte vorbehaltlich einer näheren Prüfung an seiner Forderung fest[618].

244 Der Vorbehalt selbst bedarf **keiner näheren Begründung**[619]. Dies ergibt sich ohne weiteres aus der nachfolgenden Bestimmung des § 16 Nr. 3 Abs. 5 Satz 2 VOB/B, wonach der Vorbehalt hinfällig wird, wenn er nicht innerhalb weiterer Frist von 24 Werktagen ergänzende Begründung erfährt. Selbstverständlich bestehen keine Bedenken dagegen, den Vorbehalt sogleich mit einer ersten oder aber auch eingehenden weiteren Begründung zu versehen. Dies bietet sich an, wenn die Parteien ohnehin bereits früher über bestimmte Positionen und ihre Abrechnungsfähigkeit gestritten haben, so dass sich dem Auftragnehmer schon unmittelbar ohne weitere detaillierte Prüfung erschließt, aus welchem Grunde eine reduzierte Schlusszahlung geleistet wurde.

245 Der Vorbehalt braucht vom Auftragnehmer nur **einmal gegenüber dem Auftraggeber erklärt** zu werden[620]. Der vom Auftragnehmer erklärte Vorbehalt wird nicht dadurch hinfällig, dass sich der Auftraggeber dazu entschließt, noch weitere Teilzahlungen zu leisten. Mit der erstmaligen Vorbehaltserklärung hat der Auftragnehmer hinreichend gegenüber dem Auftraggeber zum Ausdruck gebracht, dass er mit der (reduzierten) Schlusszahlung nicht einverstanden ist.

---

[611] BGH BauR 1974, 349; OLG Köln BauR 1975, 351, 353; OLG Hamm MDR 1985, 845.

[612] OLG Köln BauR 1975, 351; OLG Hamburg BauR 1983, 371; *Ingenstau/Korbion/U. Locher* VOB/B, § 16 Nr. 3 Rdn. 123.

[613] BGH BauR 1980, 178, 179; *Leinemann* VOB/B, § 16 Rdn. 141.

[614] OLG Hamm MDR 1985, 845.

[615] Vgl. OLG Frankfurt NJW-RR 1988, 600, 601; *Ingenstau/Korbion/U. Locher* VOB/B, § 16 Nr. 3 Rdn. 123.

[616] BGH BauR 1980, 174; BGH NJW 1987, 2582, 2585; *Kleine-Möller/Merl/Oelmaier* § 10 Rdn. 277; Beck'scher VOB-Kommentar/*Motzke* VOB/B, § 16 Nr. 3 Rdn. 90.

[617] OLG Düsseldorf BauR 1975, 429, 430; OLG Hamburg BauR 1983, 371, 371 f.; *Ingenstau/Korbion/U. Locher* VOB/B, § 16 Nr. 3 Rdn. 123.

[618] BGH NZBau 2002, 435.

[619] *Leinemann* VOB/B, § 16 Rdn. 141.

[620] BGH BauR 1982, 282; *Ingenstau/Korbion/U. Locher* VOB/B, § 16 Nr. 3 Rdn. 126.

246 Der Vorbehalt ist an **keine besondere Form** gebunden. Vor allem braucht die Vorbehaltserklärung nicht schriftlich gegenüber dem Auftraggeber abgegeben zu werden. Auch eine mündliche Vorbehaltserklärung genügt den Anforderungen des § 16 Nr. 3 Abs. 5 VOB/B[621]. Im Einzelfall soll sogar einem schlüssigen Verhalten ausreichender Vorbehaltswille zu entnehmen sein[622]. Allerdings ist dem Auftragnehmer zu empfehlen, die Vorbehaltserklärung in jedem Falle schriftlich abzusetzen, da der Auftragnehmer im Zweifel für die Vorbehaltserklärung wie auch deren Inhalt beweispflichtig ist[623].

247 Bei dem Vorbehalt handelt es sich um eine **einseitige und empfangsbedürftige Willenserklärung** des Auftragnehmers[624]. Für den Zugang der Vorbehaltserklärung ist der Auftragnehmer darlegungs- und beweisspflichtig[625]. Die Vorbehaltserklärung muss dem Auftraggeber als Vertragspartner zugehen. Eine Ausnahme gilt nur dann, wenn der Auftraggeber ausdrücklich Dritte beauftragt und bevollmächtigt hat, den maßgebenden Schriftwechsel zur Schlussrechnung mit dem Auftragnehmer zu führen[626]. Hat der Auftraggeber zur Abrechnung der Baumaßnahme einen Architekten eingeschaltet, so kann dieser nur dann als empfangsbevollmächtigt angesehen werden, wenn er nicht nur die Rechnungsprüfung vorbereitend vornimmt, sondern darüber hinaus vom Auftraggeber eigenverantwortlich mit dem gesamten Abrechnungsvorgang einschließlich der Abrechnungskorrespondenz betraut wurde[627]. Entscheidend kommt es darauf an, ob dem Architekten aus Sicht des Auftragnehmers eine Stellung im Abrechnungsvorgang eingeräumt wurde, die auf eigenverantwortliche Behandlung und Entscheidung zur Schlussabrechnung schließen lässt. Zur Vermeidung von Streitigkeiten über die Empfangszuständigkeit und -vollmacht des Architekten ist es dem Auftragnehmer regelmäßig zu empfehlen, die Vorbehaltserklärung – zumindest vorsorglich zusätzlich – gegenüber dem Auftraggeber abzugeben.

248 b) Auf die **Abgabe der Vorbehaltserklärung** kann unter Beachtung des Grundsatzes von Treu und Glauben **ausnahmsweise dann verzichtet** werden, wenn der Auftragnehmer bereits anderweitig in unmittelbarem zeitlichen Zusammenhang mit der Schlusszahlung gegenüber dem Auftraggeber zum Ausdruck gebracht hat, dass er an der von ihm erhobenen Forderung festhalten will[628]. So kann von einer gesonderten Vorbehaltserklärung abgesehen werden, wenn der Auftragnehmer bereits zum Zeitpunkt der Schlusszahlung Klage aus der Schlussrechnung gegenüber dem Auftraggeber erhoben hat. Mit der anhängigen Klage hat der Auftragnehmer hinreichend deutlich und andauernd zum Ausdruck gebracht, dass er an seiner weitergehenden Forderung aus der Schlussrechnung festzuhalten gedenkt[629].

249 Derselbe Gedanke kann herangezogen werden, wenn lediglich vom Auftragnehmer ein **Mahnverfahren** eingeleitet wurde[630]. Da es beim Mahnverfahren jedoch entscheidend darauf ankommt, ob und wann der Auftragnehmer dieses Verfahren weiterführt und ggf. ins streitige Hauptsacheverfahren überleitet, kommt dem Mahnverfahren eine vorbehaltsersetzende Wirkung allerdings nur dann zu, wenn ein enger zeitlicher Zusammenhang mit der Schlusszahlung erkennbar ist[631].

250 Ferner kann ein **Vorbehalt ausnahmsweise im Einzelfall nach Treu und Glauben entbehrlich** sein, wenn der Auftragnehmer bereits in unmittelbarem zeitlichen Zusammenhang

---

621 *Heiermann/Riedl/Rusam* VOB/B, § 16 Rdn. 116.

622 BGH NJW 1977, 1634; *Heiermann/Riedl/Rusam* VOB/B, § 16 Rdn. 116.

623 Beck'scher VOB-Kommentar/*Motzke* VOB/B, § 16 Nr. 3 Rdn. 94.

624 BGH NJW 1978, 1631; *Nicklisch/Weick* VOB/B, § 16 Rdn. 54.

625 Vgl. Beck'scher VOB-Kommentar/*Motzke* VOB/B, § 16 Nr. 3 Rdn. 94.

626 *Nicklisch/Weick* VOB/B, § 16 Rdn. 54 a; *Ingenstau/Korbion/U. Locher* VOB/B, § 16 Nr. 3 Rdn. 127.

627 Vgl. BGH BauR 1978, 314; BGH NJW 1977, 1634; *Ingenstau/Korbion/U. Locher* VOB/B, § 16 Nr. 3 Rdn. 127.

628 OLG Düsseldorf NJW 1981, 1455; OLG Frankfurt BauR 1988, 615, 617; *Ingenstau/Korbion/U. Locher* VOB/B, § 16 Nr. 3 Rdn. 115; *Heiermann/Riedl/Rusam* VOB/B, § 16 Rdn. 122.

629 BGH ZfBR 1987, 146; *Nicklisch/Weick* VOB/B, § 16 Rdn. 59.

630 Vgl. BGHZ 68, 38, 41; *Nicklisch/Weick* VOB/B, § 16 Rdn. 56/59.

631 OLG Frankfurt BauR 1983, 372; 373; *Nicklisch/Weick* VOB/B, § 16 Rdn. 59.

mit der Schlusszahlung anderweitig hinreichend klar zum Ausdruck gebracht hat, an seinen erhobenen Forderungen weiterhin festzuhalten[632]. Dies ist ausnahmsweise dann der Fall, wenn die Parteien bereits unmittelbar vor der geleisteten Schlusszahlung über bestimmte Positionen sachlich gestritten und der Auftragnehmer dabei ausdrücklich bekundet hat, an der bestrittenen Forderung auch weiterhin festhalten zu wollen[633].

251 Keines gesonderten Vorbehaltes bedarf es auch dann, wenn sich die Parteien zu dem Abrechnungsvorgang bereits vergleichsweise geeinigt haben[634]. In diesem Falle verstößt der Auftraggeber mit einer gegenüber dem **abgeschlossenen Vergleich** verringerten Schlusszahlung gegen die zustande gekommene Vergleichsvereinbarung, so dass es vertragsrechtlich keines Vorbehaltes (mehr) bedarf, wenn der Auftragnehmer später weitergehende Zahlungsansprüche aus der zwischen den Parteien getroffenen Vergleichsvereinbarung beansprucht[635].

252 c) Der **Vorbehalt ist innerhalb von 24 Werktagen** nach Zugang der Mitteilung nach § 16 Nr. 3 Abs. 2 und 3 VOB/B über die Schlusszahlung zu erklären.

253 Maßgebend für den Fristbeginn ist entsprechend dem Wortlaut nicht die Schlusszahlung selbst, sondern der **Zugang der Schlusszahlungserklärung** (§ 16 Nr. 3 Abs. 2 VOB/B) bzw. der schlusszahlungsgleichen Erklärung (§ 16 Nr. 3 Abs. 3 VOB/B). Da ein Vorbehalt nur notwendig ist, wenn die in Abs. 2 und 3 enthaltene Mitteilung zugegangen ist, kommt es bei getrennten Schreiben über die Schlusszahlung und die Unterrichtung über die Ausschlusswirkung für den Fristbeginn auf den Zugang des zweiten Schreibens an[636].

254 Die **Frist von 24 Werktagen** bemisst sich nach §§ 187 ff. BGB. Fällt der letzte Tag der Frist auf einen Sonnabend, einen Sonntag oder aber einen Feiertag, so endet die Frist erst mit dem nächstfolgenden Werktag (§ 193 BGB).

255 Die Vorbehaltserklärung muss am letzten Tage der auf vorstehende Weise zu ermittelnden Frist nicht nur abgegeben, sondern beim Auftraggeber (oder seinem Empfangsbevollmächtigten) zugegangen sein[637]. Es kommt deshalb für die Rechtzeitigkeit des Vorbehaltes nicht – wie der Wortlaut vermuten lässt – auf die Erklärung selbst, sondern entscheidend auf den **Zugang** eben dieser Erklärung beim Auftraggeber an. Dies gilt für jedwede Form der Abgabe der Vorbehaltserklärung. Eine Ausnahme ist naturgemäß nur dann zu machen, wenn ausnahmsweise – aus Treu und Glauben – auf eine gesonderte zusätzliche Vorbehaltserklärung verzichtet werden konnte. Sobald die Vorbehaltserklärung durch einen Mahnbescheid bzw. eine Klage ersetzt werden soll, sind § 270 Abs. 3 a.F., § 693 Abs. 2 ZPO anwendbar[638].

11. Vorbehaltsbegründung (§ 16 Nr. 3 Abs. 5 Satz 2 VOB/B)

256 a) Der fristgerecht erklärte Vorbehalt des Auftragnehmers wird nach § 16 Nr. 3 Abs. 5 Satz 2 VOB/B (wieder) hinfällig, wenn der Auftragnehmer nicht innerhalb von **weiteren 24 Werktagen eine prüfbare Rechnung** über die vorbehaltenen Forderungen einreicht oder – wenn das nicht möglich ist – der Vorbehalt von ihm eingehend begründet wird. Die Vorschrift des § 16 Nr. 3 Abs. 5 Satz 2 VOB/B sieht damit zwei alternative Möglichkeiten der Vorbehaltsbegründung vor, einerseits – und insoweit vorrangig – die Vorlage einer prüffähigen Rechnung über die vorbehaltenen Forderungen und andererseits – insoweit nachrangig – eine anderweitige eingehende Begründung des zuvor erklärten Vorbehaltes:

257 – Hat der Auftragnehmer **bereits früher eine prüffähige Schlussrechnung** vorgelegt, bedarf es nicht nochmals zur Vorbehaltsbegründung der wiederholten Vorlage dieser Schlussrech-

[632] OLG Düsseldorf NJW 1981, 1455; OLG Frankfurt BauR 1988, 615, 617; *Ingenstau/Korbion/U. Locher* VOB/B, § 16 Nr. 3 Rdn. 114.
[633] OLG München BauR 1975, 284; *Heiermann/Riedl/Rusam* VOB/B, § 16 Rdn. 122.
[634] *Heiermann/Riedl/Rusam* VOB/B, 9. Aufl., § 16 Rdn. 104.
[635] Vgl. BGH NJW 1981, 1040; *Nicklisch/Weick* VOB/B, § 16 Rdn. 59.
[636] Beck'scher VOB-Kommentar/*Motzke* VOB/B, § 16 Nr. 3 Rdn. 96.
[637] Beck'scher VOB-Kommentar/*Motzke* VOB/B, § 16 Nr. 3 Rdn. 96.
[638] Beck'scher VOB-Kommentar/*Motzke* VOB/B, § 16 Nr. 3 Rdn. 96.

nung[639]. Voraussetzung hierfür ist aber, dass der Auftragnehmer in jedem Falle früher bereits eine prüffähige Schlussrechnung im Sinne des § 14 VOB/B aufgestellt und übergeben hat. In diesem Falle bedarf es auch keiner sonstigen ergänzenden Begründung der prüffähig in der Schlussrechnung ausgewiesenen und vom Auftraggeber bestrittenen Abrechnungspositionen[640].

– Hat der Auftragnehmer demgegenüber **bislang keine prüffähige Schlussrechnung** vorgelegt, 258
ist er verpflichtet, innerhalb von 24 Werktagen seinen Vorbehalt durch eine entsprechend prüffähige Schlussrechnung zu unterlegen. Die zur Vorbehaltsbegründung vorzulegende Schlussrechnung muss prüffähig im Sinne des § 14 VOB/B sein[641]. Die zum Nachweis seiner Abrechnung erforderlichen Nachweise hat der Auftragnehmer (nunmehr) zur Vorbehaltsbegründung mit vorzulegen[642]. Die Schlussrechnung muss vom Auftragnehmer so aufgemacht werden, dass der Auftraggeber den einzelnen Rechnungsposten die Begründung der weitergehenden Forderung des Auftragnehmers entnehmen kann.

– Hat der Auftragnehmer **keine prüffähige Schlussrechnung** vorgelegt und ist er innerhalb 259
der relativ kurzen Frist von 24 Werktagen hierzu auch nicht im Stande, so verbleibt ihm im Rahmen der zweiten Alternative die Möglichkeit, seinen Vorbehalt anderweitig zu begründen. Der Auftragnehmer hat dann unter Berücksichtigung der Informations- und Kontrollinteressen des Auftraggebers im einzelnen hinreichend klar die vorbehaltenen Forderungen bzw. Rechnungsposten zu begründen[643]. Der Auftraggeber muss durch die abgegebene **Vorbehaltsbegründung** unter Berücksichtigung seiner Erkenntnismöglichkeiten in die Lage versetzt werden, die Berechtigung der erhobenen Ansprüche im einzelnen näher prüfen zu können[644]. Nach vorherrschendem Verständnis dürfen an die Vorbehaltsbegründung insgesamt keine übertriebenen Anforderungen gestellt werden[645].

– Hat der **Auftraggeber die Schlussrechnung selbst** gemäß § 14 Nr. 4 VOB/B **aufgestellt,** 260
ist der Auftragnehmer unter Berücksichtigung des Kooperationsgedankens verpflichtet, den von ihm ausgesprochenen Vorbehalt im einzelnen näher zu begründen[646]. Ohne entsprechend eingehende Begründung des Vorbehaltes wird der Auftraggeber regelmäßig nicht die aus Sicht des Auftragnehmers bestehenden Fehler der von Auftraggeberseite gefertigten Schlussrechnung erkennen können.

– Hat der Auftraggeber die von ihm betragsmäßig verkürzte Schlusszahlung mit **aufzurech-** 261
nenden bzw. zu verrechnenden Gegenforderungen begründet, bedarf es keiner weitergehenden Vorbehaltsbegründung seitens des Auftragnehmers, da sich der Auftraggeber über die von ihm erhobenen Forderungen hinreichend selbst im Bilde befindet[647].

– Hat der Auftraggeber eine erkennbar willkürliche oder aber inhaltlich **nicht nachvollzieh-** 262
bare Kürzung der Schlussrechnungsforderung vorgenommen, ist der Auftragnehmer zwar gehalten, hiergegen den Vorbehalt nach § 16 Nr. 3 Abs. 5 Satz 1 VOB/B zu erklären, er braucht diesen aber nicht näher zu begründen, soweit sich dem Auftragnehmer nach seinem Informationsstand die Kürzungen inhaltlich nicht erschließen[648].

---

[639] BGH NJW 1986, 2049, 2050; BGH NJW 1987, 2582; *Heiermann/Riedl/Rusam* VOB/B, 9. Aufl., § 16 Rdn. 106.

[640] BGH NJW 1986, 2049, 2050; BGH NJW 1987, 2582; *Heiermann/Riedl/Rusam* VOB/B, 9. Aufl., § 16 Rdn. 106.

[641] *Nicklisch/Weick* VOB/B, § 16 Rdn. 60; Beck'scher VOB-Kommentar/*Motzke* VOB/B, § 16 Nr. 3 Rdn. 98.

[642] *Nicklisch/Weick* VOB/B, § 16 Rdn. 60.

[643] BGH NJW 1965, 536, 537; BGH BauR 1977, 135, 137; BGH BauR 1980, 178; *Ingenstau/Korbion/U. Locher* VOB/B, § 16 Nr. 3 Rdn. 137.

[644] *Nicklisch/Weick* VOB/B, § 16 Rdn. 60.

[645] BGH BauR 1980, 178; *Heiermann/Riedl/Rusam* VOB/B, 9. Aufl., § 16 Rdn. 106; *Ingenstau/Korbion/U. Locher* VOB/B, § 16 Nr. 3 Rdn. 137.

[646] OLG Oldenburg BauR 1992, 83, 84; *Heiermann/Riedl/Rusam* VOB/B, 9. Aufl., § 16 Rdn. 106.

[647] OLG Karlsruhe BauR 1989, 208; *Heiermann/Riedl/Rusam* VOB/B, 9. Aufl., § 16 Rdn. 106.

[648] Vgl. Beck'scher VOB-Kommentar/*Motzke* VOB/B, § 16 Nr. 3 Rdn. 102.

263 **b)** Die Vorbehaltsbegründung muss vom Auftragnehmer schriftlich vorgenommen werden. Auch wenn § 16 Nr. 3 Abs. 5 Satz 2 VOB/B vom Wortlaut her nicht ausdrücklich die **Wahrung der Schriftform** vorsieht, ergibt sich dies zumindest mittelbar aus dem Erfordernis der Vorlage einer prüfbaren Rechnung, die ihrerseits Schriftlichkeit voraussetzt[649]. Die Vorbehaltsbegründung ist gegenüber dem Auftraggeber bzw. dem von ihm bevollmächtigten Architekten abzugeben. Insoweit gelten die gleichen Grundsätze wie bei § 16 Nr. 3 Abs. 5 Satz 1 VOB/B und die dort geregelte Vorbehaltserklärung[650].

264 **c)** Die Vorbehaltsbegründung ist „innerhalb von weiteren 24 Werktagen" vom Auftragnehmer vorzunehmen. Die **24-Tages-Frist** schließt damit an die vorangegangene Frist von ebenfalls 24 Werktagen zur Vorbehaltserklärung an[651]. Die Gegenauffassung, wonach die Frist zur Vorbehaltsbegründung mit dem Tag beginnt, der auf den Eingang des Vorbehaltes folgt[652], vermag nicht zu überzeugen, da der Wortlaut der Bestimmung eindeutig und darüber hinaus nicht erkennbar ist, weshalb sich die Fristen unterschiedlich darstellen sollten, je nachdem, ob der Auftragnehmer den Vorbehalt kurzfristig oder aber unter Ausschöpfung der ihm eingeräumten Frist von 24 Werktagen erklärt[653]. Aus diesem Grunde ist es folgerichtig, dass mit der VOB/B 2006 in § 16 Nr. 3 Abs. 5 Satz 2 ausdrücklich klargestellt wurde, dass die 24-Werktagsfrist erst nach Ablauf der in Satz 1 geregelten, ebenfalls 24 Werktage andauernden Frist zu laufen beginnt.

265 Für die **Bemessung der Frist** gelten – wie bei § 16 Nr. 3 Abs. 5 Satz 1 VOB/B – die in §§ 187 ff. BGB enthaltenen Fristbestimmungen. Endet die Frist zur Begründung des Vorbehaltes an einem Sonnabend, Sonntag oder aber an einem Feiertag, so tritt an die Stelle dieses Tages der nächst maßgebende Werktag (§ 193 BGB).

266 **d)** Unterbleibt die nach vorstehenden Grundsätzen erforderliche fristgerechte Vorbehaltsbegründung, so ist damit der vom Auftragnehmer zuvor erklärte **Vorbehalt hinfällig**. Fehlt es bereits an dem entsprechenden Vorbehalt, so kommt es ohnehin auf die nachfolgende Vorbehaltsbegründung nicht (mehr) an. Ist jedoch der Vorbehalt selbst fristgerecht erklärt, so erlischt im nachhinein seine Wirkung, wenn die Vorbehaltsbegründung nicht fristgerecht vom Auftragnehmer beigebracht wird[654].

267 **e)** Aufgrund der einschneidenden Wirkung des § 16 Nr. 3 VOB/B ist es dem Auftraggeber grundsätzlich verwehrt, die Anforderungen an die Vorbehaltserklärung und -begründung in Allgemeinen Geschäftsbedingungen zu verschärfen[655]. Vor allem verstößt es gegen § 9 AGBG a.F. bzw. § 307 BGB, wenn die Vorbehaltsfristen von 24 Werktagen auf jeweils 12 Werktage abgekürzt werden[656].

12. Aufmaß-, Rechen- und Übertragungsfehler (§ 16 Nr. 3 Abs. 6 VOB/B)

268 Nach § 16 Nr. 3 Abs. 6 VOB/B gelten die vorgesehenen Ausschlussfristen nicht für ein Verlangen nach Richtigstellung der Schlussrechnung und -zahlung wegen Aufmaß-, Rechen- und Übertragungsfehlern. Da bei derartigen (reinen) Berechnungsfehlern vom Grundsatz her keine Differenzen zur Vergütungsfähigkeit der erbrachten Leistungen bestehen, wird es als angemessen angesehen, den Auftragnehmer von den durch § 16 Nr. 3 Abs. 2 VOB/B herbeigeführten

---

[649] Siehe § 14 Rdn. 7.

[650] Siehe § 16 Rdn. 224 ff.

[651] *Kaiser* ZfBR 1982, 231, 234; *Nicklisch/Weick* VOB/B, § 16 Rdn. 61; *Heiermann/Riedl/Rusam* VOB/B, § 16 Rdn. 120; *Franke/Kemper/Zanner/Grünhagen* VOB/B, § 16 Rdn. 121.

[652] *Ingenstau/Korbion/U. Locher* VOB/B, § 16 Nr. 3 Rdn. 135; Beck'scher VOB-Kommentar/*Motzke* VOB/B, § 16 Nr. 3 Rdn. 99 f.

[653] Vgl. hierzu jetzt auch die prozessualen Rechtsmittelfristen in §§ 517, 520 ZPO, die ebenfalls von einer Kumulation der vorgesehenen Monatsfristen für die Einlegung der Berufung und ihrer anschließenden Begründung ausgehen.

[654] Vgl. *Leinemann* VOB/B, § 16 Rdn. 145; *Ingenstau/Korbion/U. Locher* VOB/B, § 16 Nr. 3 Rdn. 134.

[655] *Ingenstau/Korbion/U. Locher* VOB/B, § 16 Nr. 3 Rdn. 142.

[656] Beck'scher VOB-Kommentar/*Motzke* VOB/B, § 16 Nr. 3 Rdn. 103.

Ausschlusswirkungen (ausnahmsweise) freizustellen[657]. Dabei wird es als unerheblich angesehen, ob sich der **Berechnungsfehler** aus der Schlussrechnung des Auftragnehmers oder aber aus der Prüfung der Schlussrechnung durch den Auftraggeber ergeben hat[658]. Aus gleichen Erwägungen heraus kommt es auch nicht darauf an, ob der Auftragnehmer oder aber der Auftraggeber den Berechnungsfehler letztlich verursacht hat[659]. Wegen der Ausnahmewirkung des § 16 Nr. 3 Abs. 6 VOB/B ist die Vorschrift jedoch nicht erweiterungsfähig, sondern ausschließlich auf die drei genannten Fallgruppen von Berechnungsfehlern anwendbar[660].

a) Trotz der Ausschlusswirkung des § 16 Nr. 3 Abs. 2 VOB/B können **Aufmaßfehler nachträglich noch korrigiert** werden. Aufmaßfehler ergeben sich dann, wenn die nach den Abrechnungsvorschriften der einschlägigen DIN-Bestimmungen vorgesehenen Aufmaßregeln nicht oder fehlerhaft angewandt werden[661]. Abgesehen von derartigen Regelverstößen gegen die Aufmaßbestimmungen kann aber auch ein bloßes Vermessen oder Verzählen bei Mengen oder Längen als Aufmaßfehler in Betracht kommen[662]. Von den reinen Aufmaßfehlern zu unterscheiden sind **leistungsbezogene Beurteilungsfehler** der Parteien[663]. Derartige Fehler liegen vor, wenn die Abrechnungsfähigkeit bestimmter Leistungen falsch eingeschätzt wird[664]. Verzichtet der Auftragnehmer auf die gesonderte Abrechnung von geänderten oder zusätzlichen Bauleistungen, so handelt es sich dabei um einen typischen Beurteilungs- und nicht etwa um einen bloßen Aufmaßfehler[665]. Im Einzelfall kann die Unterscheidung zwischen einem Beurteilungs- und einem Aufmaßfehler schwierig sein. Regelmäßig wird es darauf ankommen, ob überhaupt ein Aufmaß genommen wurde (dann können dessen Fehler und Lücken berichtigt werden) oder aber bewusst auf die Durchführung eines Aufmaßes für eine bestimmte erbrachte Leistung verzichtet wurde (dann liegt ein Beurteilungsfehler hinsichtlich der grundsätzlichen Abrechnungsfähigkeit der Leistung vor). 269

b) Auch bei Vorliegen von **Rechenfehlern** greifen die Ausschlussfristen des § 16 Nr. 3 Abs. 5 VOB/B nicht ein. Derartige Rechenfehler können bei der Anfertigung des Aufmaßes, bei der Aufstellung der Schlussrechnung, bei der Prüfung der Schlussrechnung oder auch bei der Vornahme der Schlusszahlung einer der beiden Parteien unterlaufen[666]. Sie können ihre Ursache in rein mathematischen Fehlern bei den verschiedenen Rechenarten haben[667]. Auch Fehler bei der Prozentrechnung oder der Ermittlung der prozentualen Umsatzsteuer fallen unter § 16 Nr. 3 Abs. 6 VOB/B[668]. Die Fehler können den Parteien bei einzelnen Leistungspositionen, bei der Multiplikation der Vordersätze mit den Einheitspreisen, bei der Addition der Preise, bei der Berücksichtigung von Abschlagszahlungen[669] oder aber bei der Berechnung der Umsatzsteuer sowie der Vornahme vereinbarter Abschläge unterlaufen. Immer muss es sich aber dabei um reine Berechnungsfehler handeln. So weit den Parteien im Zuge des Abrechnungsvorganges Beurteilungsfehler unterlaufen, sind diese – ebenso wie bei der Fallgruppe der Aufmaßfehler – nicht berücksichtigungsfähig. Um Beurteilungsfehler handelt es sich etwa dann, wenn der Auftragnehmer bewusst bestimmte vertraglich vorgesehene Vergütungsregelungen nicht her- 270

---

[657] *Ingenstau/Korbion/U. Locher* VOB/B, § 16 Nr. 3 Rdn. 143; *Leinemann* VOB/B, § 16 Rdn. 155.

[658] *Leinemann* VOB/B, § 16 Rdn. 155.

[659] Beck'scher VOB-Kommentar/*Motzke* VOB/B, § 16 Nr. 3 Rdn. 104.

[660] *Ingenstau/Korbion/U. Locher* VOB/B, § 16 Nr. 3 Rdn. 143; Beck'scher VOB-Kommentar/*Motzke* VOB/B, § 16 Nr. 3 Rdn. 104.

[661] Beck'scher VOB-Kommentar/*Motzke* VOB/B, § 16 Nr. 3 Rdn. 105.

[662] *Ingenstau/Korbion/U. Locher* VOB/B, § 16 Nr. 3 Rdn. 144.

[663] *Leinemann* VOB/B, § 16 Rdn. 157.

[664] Kleine-Möller/Merl/Oelmaier, § 10 Rdn. 289, 295; *Leinemann* VOB/B, § 16 Rdn. 157.

[665] *Ingenstau/Korbion/U. Locher* VOB/B, § 16 Nr. 3 Rdn. 144; Beck'scher VOB-Kommentar/*Motzke* VOB/B, § 16 Nr. 3 Rdn. 105; a.A. *Heiermann/Riedl/Rusam* VOB/B, 9. Aufl., § 16 Rdn. 90, der hierin einen Aufmaßfehler erblicken will.

[666] Vgl. *Ingenstau/Korbion/U. Locher* VOB/B, § 16 Nr. 3 Rdn. 145.

[667] *Leinemann* VOB/B, § 16 Rdn. 158.

[668] Vgl. *Leinemann* VOB/B, § 16 Rdn. 158.

[669] Vgl. BGH NJW 1986, 2049, 2050.

anzieht. Dies ist etwa der Fall, wenn der Auftragnehmer im Zuge seiner Abrechnung auf die Möglichkeit zur Anwendung einer vertraglich vereinbarten Lohn- bzw. Materialpreisgleitklausel verzichtet[670].

271 **c)** Schließlich erstreckt sich die Ausnahmebestimmung des § 16 Nr. 3 Abs. 6 VOB/B auch auf **Übertragungsfehler**. Derartige Übertragungsfehler können den Parteien bei Anfertigung des Aufmaßes, bei Aufstellen der Schlussrechnung oder aber bei der Prüfung der Schlussrechnung unterlaufen. Das Merkmal solcher Fehler liegt darin, dass sich versehentlich Änderungen bei der Übernahme von einem Aufzeichnungsmedium in ein anderes ergeben. Die Angaben aus dem handschriftlich aufgenommenen Aufmaß werden versehentlich fehlerhaft in die Abrechnung übernommen, Einheitspreise und Mengen werden bei der Übertragung versehentlich fehlerhaft zugeordnet, Originalunterlagen werden fehlerhaft kopiert[671].

272 **d)** Voraussetzung für die Heranziehung des § 16 Nr. 3 Abs. 6 VOB/B ist ein entsprechendes **Verlangen nach Richtigstellung** entstandener Aufmaß-, Rechen- und Übertragungsfehler. Ohne ein Verlangen des Auftraggebers oder aber des Auftragnehmers erfolgt keine Korrektur zu festzustellenden Berechnungsfehlern. Das Verlangen muss sich auf die Richtigstellung der Schlussrechnung und -zahlung erstrecken. Aufgrund des den Bauvertrag beherrschenden Kooperationsgedankens kommt es auf ein solches Verlangen aber nur an, wenn es begründet geltend gemacht wird, wenn also nachvollziehbar angegeben wird, in welcher Weise die Richtigstellung der Berechnungsfehler zu erfolgen hat.

273 **e)** Üblicherweise wird das Verlangen vom Auftragnehmer geltend gemacht, sobald dieser über kurz oder lang einen Berechnungsfehler feststellt. Die **Darlegungs- und Beweislast** für das Vorliegen eines Aufmaß-, Rechen- und/oder Übertragungsfehlers liegt dann beim Auftragnehmer[672]. Der Auftragnehmer genügt seiner Darlegungslast aber nicht alleine dadurch, dass er sich auf ermittelte Berechnungsfehler bezieht. Vor allem bei behaupteten Aufmaßfehlern wird man regelmäßig vom Auftragnehmer im Hinblick auf das im gemeinsamen Aufmaß liegende deklaratorische Schuldanerkenntnis[673] verlangen müssen, dass die vorgetragenen Fehler plausibel und nachvollziehbar begründet werden. In komplexen Fällen ist dem Auftragnehmer zu raten, die von ihm behaupteten wesentlichen Aufmaßfehler durch ein von ihm eingeholtes Sachverständigengutachten zu belegen[674].

V. Teilschlussrechnung (§ 16 Nr. 4 VOB/B)

274 Nach § 16 Nr. 4 VOB/B können in sich abgeschlossene Teile der (Gesamt-) Leistung nach erfolgter Teilabnahme ohne Rücksicht auf die Vollendung der übrigen Bauleistungen endgültig festgestellt und bezahlt werden. Der Auftragnehmer ist im Rahmen des § 16 Nr. 4 VOB/B berechtigt, eine **Teilschlussrechnung** vorzulegen und von dem Auftraggeber hieraus eine **Teilschlusszahlung** zu beanspruchen. Mit der Teilschlussrechnung wird der erfasste Anteil der Gesamtbauleistung endgültig abgerechnet. Der Teilschlussrechnung kommt deshalb für die betreffenden, abgerechneten Bauleistungen die Wirkung der Schlussabrechnung und einer Zahlung die Wirkung der Schlusszahlung im Sinne des § 16 Nr. 3 VOB/B zu[675].

---

[670] Beck'scher VOB-Kommentar/*Motzke* VOB/B, § 16 Nr. 3 Rdn. 106; a.A. *Ingenstau/Korbion/U. Locher* VOB/B, § 16 Nr. 3 Rdn. 145.

[671] Vgl. *Ingenstau/Korbion/U. Locher* VOB/B, § 16 Nr. 3 Rdn. 145; *Leinemann* VOB/B, § 16 Rdn. 159; Beck'scher VOB-Kommentar/*Motzke* VOB/B, § 16 Nr. 3 Rdn. 107.

[672] Beck'scher VOB-Kommentar/*Motzke* VOB/B, § 16 Nr. 3 Rdn. 108.

[673] Siehe im einzelnen § 14 Rdn. 46.

[674] Vgl. Beck'scher VOB-Kommentar/*Motzke* VOB/B, § 16 Nr. 3 Rdn. 108.

[675] Beck'scher VOB-Kommentar/*Motzke* VOB/B, § 16 Nr. 4 Rdn. 16; *Heiermann/Riedl/Rusam* VOB/B, § 16 Rdn. 124; *Ingenstau/Korbion/U. Locher* VOB/B, § 16 Nr. 4 Rdn. 5 f.

1. In sich abgeschlossene Teile der Leistung mit Teil-Abnahme

Die Vorlage einer Teilschlussrechnung ist nur zulässig, wenn sich die Abrechnung auf **in sich abgeschlossene Teile der Leistung** bezieht und diese Leistungen zuvor gemäß § 12 Nr. 2 VOB/B im Rahmen einer Teil-Abnahme abgenommen wurden. Nur funktionell in sich selbständig beurteilbare Bauleistungen erfüllen die Voraussetzungen, unter denen eine Teilabnahme nach § 12 Nr. 2 VOB/B erfolgen kann[676]. Für die teilabnahmefähigen Leistungen muss weiterhin eine Teil-Abnahme durchgeführt worden sein[677]. Die gemeinschaftliche Feststellung erbrachter Teilleistungen nach § 4 Nr. 10 VOB/B erfüllt nicht die Voraussetzungen einer Teil-Abnahme, so dass für die festgestellten Teil-Leistungen auch keine Teil-Schlussrechnung vorgelegt werden kann[678]. Im Falle einer Teilkündigung des Bauvertrages kann eine Teil-Schlussrechnung vorgelegt werden, soweit sich die Kündigung auf einen in sich abgeschlossenen Teil der vertraglichen Leistungen bezieht (vgl. § 8 Nr. 3 Abs. 1 Satz 2 VOB/B)[679]. 275

2. Feststellung der Leistungen und Vorlage einer Teil-Schlussrechnung

Unter der Voraussetzung vorliegender Teilabnahme können die vom Auftragnehmer ausgeführten Teilleistungen endgültig festgestellt und bezahlt werden. Der Auftragnehmer hat deshalb **prüffähig über die erbrachten Teilleistungen abzurechnen** und eine den Maßstäben des § 14 Nr. 1 und 2 VOB/B entsprechende Teil-Schlussrechnung vorzulegen[680]. Für die Aufstellung und die Prüffähigkeit der Teil-Schlussrechnung gelten die in § 14 VOB/B behandelten Grundsätze[681]. Notfalls kann der Auftraggeber auch von § 14 Nr. 4 VOB/B Gebrauch machen und die Teil-Schlussrechnung selbst aufstellen[682]. 276

Wurde für die abgerechnete Teilleistung eine **konkrete Preisvereinbarung** zwischen den Parteien getroffen, ist diese der Abrechnung des Auftragnehmers im Rahmen der von ihm vorgelegten Teil-Schlussrechnung zugrunde zulegen[683]. Bei der Abrechnung von Teilleistungen aus einem Einheitspreisvertrag kommt es auf die prüffähige Zusammenstellung anhand der aufgemessenen Teilleistungen an. Der Abrechnung von Teilleistungen aus einem Pauschalvertrag ist eine in sich prüffähige Preiskalkulation beizufügen, der die Aufschlüsselung des Pauschalpreises auf die einzelnen, in sich abgeschlossenen Bauleistungen entnommen werden kann[684]. Im Falle der Abrechnung teilgekündigter Leistungen (§ 8 Nr. 3 Abs. 1 Satz 2 VOB/B) hat der Auftragnehmer eine prüffähige Rechnung über die von ihm ausgeführten Leistungen vorzulegen (§ 8 Nr. 6 VOB/B)[685]. 277

Werden **mehrere Baumaßnahmen nebeneinander** von dem Auftragnehmer auf der Basis unterschiedlicher Bauverträge für den Auftraggeber abgewickelt, so kann der Auftragnehmer nicht für die einzelnen Bauleistungen jeweils vertragsbezogen eine Teil-Schlussrechnung vorlegen. Der Auftragnehmer hat vielmehr bezogen auf einen jeden der abgeschlossenen Bauverträge eine gesonderte Schlussrechnung einzureichen. Wie sich aus § 14 Nr. 1 Satz 4 VOB/B erschließt, kommt es nämlich für die Vorlage der Schlussrechnung entscheidend auf den einzelnen, abgeschlossenen Bauvertrag an[686]. 278

Hat der Auftragnehmer für sämtliche Bauabschnitte jeweils eine Teil-Schlussrechnung vorgelegt, so kann er – notfalls auch noch im Rahmen eines anhängigen Vergütungsrechtsstreits – eine 279

---

[676] Siehe im einzelnen § 12 Rdn. 79.

[677] Siehe im einzelnen § 12 Rdn. 81 ff.

[678] *Zielemann* Vergütung, Zahlung und Sicherheitsleistung nach VOB, Rdn. 528; Beck'scher VOB-Kommentar/*Motzke* VOB/B, § 16 Nr. 4 Rdn. 10.

[679] Siehe im einzelnen § 8 Rdn. 87 ff.

[680] *Heiermann/Riedl/Rusam* VOB/B, § 16 Rdn. 127; *Ingenstau/Korbion/U. Locher* VOB/B, § 16 Nr. 4 Rdn. 4.

[681] Siehe § 14 Rdn. 5, 41 ff.

[682] *Ingenstau/Korbion/U. Locher* VOB/B, § 16 Nr. 4 Rdn. 4; *Leinemann* VOB/B, § 16 Rdn. 162.

[683] *Leinemann* VOB/B, § 16 Rdn. 162.

[684] *Leinemann* VOB/B, § 16 Rdn. 162.

[685] Siehe im einzelnen § 8 Rdn. 115 f.

[686] BGH NZBau 2000, 508.

Erklärung dahingehend abgeben, dass der von ihm (klageweise) geforderte Betrag – etwa der aus der letzten Teil-Schlussrechnung – die **Schlussvergütung aus der Baumaßnahme** beinhalten soll. Mit einer derartigen Erklärung verbindet sich die Schlussrechnung des Auftragnehmers für die Gesamtbaumaßnahme[687].

3. Verlangen der Schlusszahlung

280 Unter Berücksichtigung vorgenannter Gesichtspunkte ist der Auftragnehmer berechtigt, eine **Teil-Schlussrechnung** vorzulegen. Die Berechtigung hierzu kann sich bereits aus einer ausdrücklichen Vereinbarung der Parteien im Bauvertrag ergeben. Unabhängig hiervon kann das Einverständnis des Auftraggebers mit einer Teil-Schlussrechnung auch konkludent dadurch zum Ausdruck gebracht werden, dass dieser eine als Teil-Schlussrechnung gekennzeichnete Rechnung unwidersprochen entgegennimmt und nach Prüfung hierauf eine Teil-Schlusszahlung leistet[688]. Verweigert der Auftraggeber in derartigen Fällen die Vornahme einer Teil-Schlusszahlung, so stellt sich notwendigerweise die Frage, ob er hierzu befugt ist, wenn die Parteien nichts Weiteres zu der Möglichkeit der Vorlage von Teil-Schlussrechnungen miteinander vereinbart haben. Nach überwiegendem Verständnis ist der Auftragnehmer als berechtigt anzusehen, **zu abgenommenen Teilleistungen** auch jeweils eine Teil-Schlussrechnung vorzulegen[689]. Demgegenüber zieht Nicklisch/Weick aus dem Wortlaut des § 16 Nr. 4 VOB/B, wonach es sich um eine Kann-Bestimmung handelt, den Schluss, das Verlangen nach einer Teil-Schlussrechnung sei nicht zwingend und bedürfe daher stets einer zugrundeliegenden einvernehmlichen Absprache der Vertragsparteien[690]. Jedenfalls nach der Neufassung des § 641 Abs. 1 Satz 2 BGB und der dort nunmehr ausdrücklich vorgesehenen Befugnis zur Vorlage von Teil-Schlussrechnungen kann man dieser Auffassung jedoch nicht mehr folgen, zumal der Wortlaut des § 16 Nr. 3 VOB/B eher dahingehend zu verstehen ist, dass es dem Auftragnehmer vorbehalten bleiben soll, ob er bei Vorliegen der übrigen Voraussetzungen von der Möglichkeit der Vorlage einer Teil-Schlussrechnung Gebrauch macht. Immerhin kann der Auftragnehmer durchaus auf die Vorlage einer Teil-Schlussrechnung verzichten und auch weiterhin Abschlagszahlungen beanspruchen. Die Kann-Bestimmung des § 16 Nr. 4 VOB/B begründet deshalb das **Recht des Auftragnehmers zur Vorlage einer Teil-Schlussrechnung**, verpflichtet indes hierzu nicht zwingend. Auf der anderen Seite kann der Auftraggeber jedoch zumindest bei ausdrücklicher Vereinbarung unter Heranziehung des § 14 Nr. 4 VOB/B quasi den Auftragnehmer dazu anhalten, eine Teil-Schlussrechnung vorzulegen[691].

4. Folgen der Teil-Schlussrechnung

281 Legen die Voraussetzungen vor, unter denen eine Teil-Schlussrechnung vorgelegt werden kann, so gelten für die Schlussrechnung wie auch für die darauf geleistete Teil-Schlusszahlung dieselben Beurteilungsgrundsätze wie bei § 16 Nr. 3 VOB/B[692]. Die Teil-Schlussrechnung wird zwei Monate nach Zugang beim Auftraggeber fällig (§ 16 Nr. 3 Abs. 1 VOB/B). Auf die vorgelegte **Teil-Schlussrechnung** hat der Auftraggeber eine **Teil-Schlusszahlung** zu leisten. Ergibt sich nach der Prüfung der Teil-Schlussrechnung, dass keine weiteren Zahlungen zu leisten sind, so hat der Auftraggeber eine schlusszahlungsgleiche Erklärung gegenüber dem Auftragnehmer auch in bezug auf die Teil-Schlussrechnung abzugeben. Nach § 16 Nr. 3 Abs. 3 VOB/B steht es

[687] Vgl. OLG Koblenz NZBau 2000, 512; OLG Köln NJW-RR 1992, 1375; Beck'scher VOB-Kommentar/*Motzke* VOB/B, § 16 Nr. 3 Rdn. 33 f.

[688] Vgl. hierzu BGH BauR 1999, 1300, 1301, der allerdings offengelassen hat, ob ein kausales Schuldanerkenntnis eine Anspruchsgrundlage für eine Teil-Schlussforderung sein kann.

[689] Vgl. BGH NJW 1988, 55, 57; *Ingenstau/Korbion/U. Locher* VOB/B, § 16 Nr. 4 Rdn. 7; *Heiermann/Riedl/Rusam* VOB/B, § 16 Rdn. 130; Beck'scher VOB-Kommentar/*Motzke* VOB/B, § 16 Nr. 4 Rdn. 14; *Leinemann* VOB/B, § 16 Rdn. 161.

[690] *Nicklisch/Weick* VOB/B, § 16 Rdn. 72.

[691] Vgl. zu den Voraussetzungen im einzelnen § 14 Rdn. 71 ff.

[692] Beck'scher VOB-Kommentar/*Motzke* VOB/B, § 16 Nr. 4 Rdn. 16; *Leinemann* VOB/B, § 16 Rdn. 163.

einer zu leistenden Teil-Schlusszahlung gleich, wenn der Auftraggeber unter Hinweis auf bereits geleistete Zahlungen zu den mit der Teil-Schlussrechnung abgerechneten Leistungen weitere Zahlungen endgültig und schriftlich ablehnt (§ 16 Nr. 3 Abs. 2 und 3 VOB/B). Die Wirkungen entsprechender Zahlungen bzw. Erklärungen erstrecken sich aber dabei ausschließlich auf die vorgelegte Teil-Schlussrechnung und nicht auf weitergehende Forderungen aus dem gleichen Bauvertrag[693].

5. Verjährung der Teil-Schlussrechnungsforderung

Macht der Auftragnehmer von der Möglichkeit Gebrauch, eine Teil-Schlussrechnung vorzulegen, so handelt es sich dabei um die endgültige Feststellung der vergütungspflichtigen Leistung sowie die endgültige Bezahlung eben dieser Teil-Werklohnforderung. Aufgrund dessen steht es außer Frage, dass die Forderung aus der Teil-Schlussrechnung **selbständiger Verjährung** unterliegt[694]. Während es sich bei Abschlagsforderungen um vorläufige Abrechnungsforderungen handelt[695], handelt es sich bei Teil-Schlussrechnungen um eine in jeder Hinsicht endgültige Abrechnung[696]. Dies hat zur Konsequenz, dass die Verjährungsfrist für jede Teil-Schlussrechnung gesondert zu ermitteln ist[697]. Die verjährte Forderung aus einer Teil-Schlussrechnung kann daher – anders als die verjährte Forderung aus einer Abschlagsrechnung[698] – nicht mehr durch Aufnahme in die zu dem Bauvertrag vorzulegende Schlussrechnung wieder aufleben[699]. Soweit ein Teil-Schlussrechnungsbetrag in der anschließend vorgelegten Schlussrechnung ausgewiesen ist, handelt es sich insoweit lediglich um einen (erinnernden) Merkposten, nicht um einen für Abschlagszahlungen charakteristischen Rechnungsposten[700]. Der Auftragnehmer muss deshalb bei der Vorlage verschiedener Teil-Schlussrechnungen jeweils deren separate Verjährungsfristen berücksichtigen. 282

6. Prozessuale Folgen

Die Forderungen aus Teil-Schlussrechnungen können **separat klageweise** durch den Auftragnehmer geltend gemacht werden[701]. Der Auftragnehmer kann mit einer Klage auch Forderungen aus mehreren Teil-Schlussrechnungen erheben. Die Forderungen aus Teil-Schlussrechnung können auch dann weiter vom Auftragnehmer gerichtlich verfolgt werden, wenn mittlerweile Schlussrechnungsreife eingetreten ist. Dies beruht darauf, dass die Gesamtforderung aus dem Bauvertrag bei Vorlage von Teil-Schlussrechnungen aufgespalten wird mit der Folge, dass die Teil-Schlussrechnungsforderungen jeweils separat durchgesetzt werden können[702]. Die Darlegungs- und Beweislast für das Vorliegen einer berechtigten Forderung aus vorgelegter Teil-Schlussrechnung trägt grundsätzlich der Auftragnehmer[703]. 283

7. Vertragsklauseln

Durch Allgemeine Geschäftsbedingungen kann die Berechtigung zur Vorlage von Teil-Schlussrechnungen durch den Auftraggeber abbedungen werden. Auch wenn § 641 Abs. 1 Satz 2 BGB 284

[693] Beck'scher VOB-Kommentar/*Motzke* VOB/B, § 16 Nr. 4 Rdn. 16; *Ingenstau/Korbion/U. Locher* VOB/B, § 16 Nr. 4 Rdn. 6; *Leinemann* VOB/B, § 16 Rdn. 163.

[694] *Heiermann/Riedl/Rusam* VOB/B, § 16 Rdn. 131; Beck'scher VOB-Kommentar/*Motzke* VOB/B, § 16 Nr. 4 Rdn. 15; *Leinemann* VOB/B, § 16 Rdn. 163.

[695] Vgl. *von Rintelen* Jahrbuch Baurecht 2001, 25, 26 ff.

[696] Vgl. Beck'scher VOB-Kommentar/*Motzke* VOB/B, § 16 Nr. 4 Rdn. 15.

[697] *Leinemann* VOB/B, § 16 Rdn. 163.

[698] Siehe im einzelnen § 16 Rdn. 93.

[699] Vgl. Beck'scher VOB-Kommentar/*Motzke* VOB/B, § 16 Nr. 4 Rdn. 15.

[700] Siehe im einzelnen § 16 Rdn. 90 ff.

[701] Vgl. BGH BauR 1999, 1300, 1301; OLG Hamm BauR 1997, 472.

[702] Vgl. zu dem Charakter selbständiger Forderungen insbesondere Beck'scher VOB-Kommentar/*Motzke* VOB/B, § 16 Nr. 4 Rdn. 15.

[703] Vgl. *Palandt/Sprau* BGB, § 641 Rdn. 6.

in der Neufassung seit dem 1.5.2000 von der Grundkonzeption her Teil-Schlussrechnungen vorsieht, stellt der Ausschluss keinen Verstoß gegen § 9 AGBG a.F. bzw. § 307 BGB dar, weil § 640 BGB nach wie vor Teilabnahmen nur bei entsprechender Vereinbarung für zulässig und notwendig erachtet[704]. Da dem Auftragnehmer in derartigen Fällen die Möglichkeit verbleibt, Vergütung über von ihm vorgelegte Abschlagsrechnungen ebenfalls zeitnah zu erreichen, kann in dem klauselbedingten Ausschluss von Teil-Schlussrechnungen weder ein Verstoß gegen § 9 AGBG a.F. bzw. § 307 BGB noch ein schwer wiegender Eingriff in die VOB/B erblickt werden[705].

VI. Besondere Zahlungsmodalitäten (§ 16 Nr. 5 VOB/B)

285 Die Bestimmung des § 16 Nr. 5 VOB/B befasst sich mit **besonderen Zahlungsmodalitäten**. Die Vorschrift erstreckt sich auf sämtliche Zahlungen, die nach § 16 VOB/B durch den Auftraggeber zu leisten sind[706]. Schlusszahlungen, Teil-Schlusszahlungen, Abschlagszahlungen und auch Vorauszahlungen fallen unter den Anwendungsbereich des § 16 Nr. 5 VOB/B[707]. Nichts anderes gilt auch für sonstige, zwischen den Parteien vereinbarte Zahlungen, soweit diese vom Auftraggeber zu leisten sind[708]. Keine Anwendung finden die genannten Zahlungsmodalitäten jedoch für Rückzahlungsverpflichtungen des Auftragnehmers, etwa solche aus erfolgter Überzahlung[709].

286 Von den besonderen Zahlungsmodalitäten zu unterscheiden sind die **allgemeinen Zahlungsgrundsätze**, wie sie im Zahlungs- und Verrechnungsverkehr Geltung besitzen. Hierzu gehören die allgemeinen Fälligkeitsvoraussetzungen[710], die allgemeinen Anforderungen an die Ausstellung von Rechnungen einschließlich des Ausweises der Umsatzsteuer[711], die allgemeinen Regelungen über die Zahlung, Verrechnung und Überweisung fälliger Geldschulden[712], die Berücksichtigung der Bauabzugssteuer[713] sowie die für die Vergütung maßgebenden allgemeinen Verjährungsgrundsätze[714].

1. Zahlungsbeschleunigung (§ 16 Nr. 5 Abs. 1 VOB/B)

287 Aus § 16 Nr. 5 Abs. 1 VOB/B ergibt sich, dass alle Zahlungen aufs Äußerste zu beschleunigen sind. Da sich die Bestimmung des § 16 Nr. 5 VOB/B nur auf Zahlungen des Auftraggebers erstreckt, richtet sich die Aufforderung zur Zahlungsbeschleunigung unmittelbar an ihn. Der Auftraggeber wird vertraglich verpflichtet, dass aus seiner Sicht Mögliche zu tun, um die an den Auftragnehmer **zu leistenden Zahlungen** so weit eben möglich, **beschleunigt vorzunehmen**[715]. Die Vorschrift ist Ausprägung des allgemeinen, das Bauvertragsrecht beherrschenden Kooperationsgedankens, wonach den Auftraggeber – insbesondere nach bereits erbrachter (Voraus-) Leistung des Auftragnehmers – die Verpflichtung treffen soll, seinerseits das Erdenkliche zur zeitnahen wirtschaftlichen Kompensation zu veranlassen. Allerdings bleibt der Verstoß gegen die begründete vertragliche Verpflichtung (zunächst) sanktionslos. Vor allem steht dem Auftragnehmer kein entsprechender klagbarer Anspruch gegen den Auftraggeber zu[716]. Praktisch

---

[704] Vgl. BGHZ 125, 111; *Thode* ZfBR 1999, 116, 117.
[705] Vgl. Beck'scher VOB-Kommentar/*Motzke* VOB/B, § 16 Nr. 4 Rdn. 17, insoweit jedoch zur früheren Fassung der §§ 640, 641 BGB.
[706] *Nicklisch/Weick* VOB/B, § 16 Rdn. 75; Beck'scher VOB-Kommentar/*Motzke* VOB/B, § 16 Nr. 5 Rdn. 5.
[707] *Ingenstau/Korbion/U. Locher* VOB/B, § 16 Nr. 5 Rdn. 1.
[708] *Nicklisch/Weick* VOB/B, § 16 Rdn. 75.
[709] *Nicklisch/Weick* VOB/B, § 16 Rdn. 75; Beck'scher VOB-Kommentar/*Motzke* VOB/B, § 16 Nr. 5 Rdn. 5.
[710] Siehe im einzelnen § 16 Rdn. 21 ff.
[711] Siehe im einzelnen § 16 Rdn. 35 ff.
[712] Siehe im einzelnen § 16 Rdn. 43 ff.
[713] Siehe im einzelnen § 16 Rdn. 51 ff.
[714] Siehe im einzelnen § 16 Rdn. 61 ff.
[715] *Ingenstau/Korbion/U. Locher* VOB/B, § 16 Nr. 5 Rdn. 2.
[716] *Heiermann/Riedl/Rusam* VOB/B, § 16 Rdn. 133; *Nicklisch/Weick* VOB/B, § 16 Rdn. 76; *Leinemann* VOB/B, § 16 Rdn. 164.

handelt es sich deshalb lediglich um eine Art von Programmsatz mit Appellwirkung gegenüber dem Auftraggeber[717].

Der Vorschrift des § 16 Nr. 5 Abs. 1 VOB/B kommt nur Bedeutung im Zusammenhang mit der Vornahme der Zahlungen selbst zu. Sie bezieht sich nicht auf den Zeitraum, innerhalb derer Rechnungen vorgelegt werden können (§ 16 Nr. 1 Abs. 1 VOB/B). Ebenso wenig hat die Vorschrift unmittelbare Auswirkung auf die Prüfungsfristen (vgl. § 16 Nr. 3 Abs. 1 Satz 1 VOB/B). Auch die Frage der Fälligkeit von Rechnungen wird nicht unmittelbar durch § 16 Nr. 5 Abs. 1 VOB/B geregelt (vgl. § 16 Nr. 5 Abs. 3 VOB/B). Gleichwohl ist nicht zu übersehen, dass die vorgenannten Teilregelungen sämtlich unmittelbaren Bezug zu den an den Auftragnehmer zu leistenden Zahlungen haben. Dementsprechend kann zumindest im Wege der ergänzenden Auslegung in Zweifelsfällen auch über den engeren Anwendungsbereich des § 16 Nr. 5 Abs. 1 VOB/B hinaus der dort niedergelegte Grundsatz Beachtung finden, wonach den Auftraggeber die Verpflichtung trifft, das aus seiner Sicht Erforderliche zur beschleunigten Erfüllung von Zahlungsansprüchen des Auftragnehmers beizutragen. 288

2. Skontoabzüge (§ 16 Nr. 5 Abs. 2 VOB/B)

Aus den Bestimmungen der VOB/B ergibt sich nicht die Berechtigung des Auftraggebers zur Vornahme von Skontoabzügen. Durch § 16 Nr. 5 Abs. 2 VOB/B wird vielmehr klargestellt, dass es hierzu **gesonderter Vereinbarungen** der Parteien bedarf. Liegen derartige Vereinbarungen vor, so muss ihnen zu entnehmen sein, in welchem Umfange Skonto eingeräumt wird. Fehlt es an entsprechenden Vereinbarungen, so ist – wie § 16 Nr. 5 Abs. 2 VOB/B klarstellt – von vornherein die Vornahme von Skontoabzügen unzulässig[718]. Unabhängig hiervon ist auch nicht festzustellen, dass es im Baubereich eine Verkehrssitte oder einen Handelsbrauch gibt, wonach üblicherweise ein Skontoabzug vorgenommen werden kann[719]. 289

a) Unter dem **Begriff Skonto** wird ein prozentualer Abzug vom Rechnungsbetrag verstanden, der vom Auftraggeber bei sofortiger Bezahlung oder bei einer Zahlung innerhalb einer bestimmten festgelegten Zeitspanne nach Eingang der zugrundeliegenden Rechnung vorgenommen werden kann. Regelmäßig wird der Nachlass als Gegenleistung dafür eingeräumt, dass die Zahlung durch den Auftraggeber bereits vor Fälligkeit des Vergütungsanspruches vorgenommen wird[720]. Werden die in der Skontovereinbarung getroffenen Zahlungsmodalitäten nicht eingehalten, so **entfällt der vereinbarte Nachlass**, da es sich vertragsdogmatisch bei der zugrundeliegenden Abrede um einen aufschiebend bedingten Teilerlass ausschließlich für den Fall fristgerechter Zahlung handelt[721]. 290

Hierdurch unterscheidet sich der vereinbarte Skontoabzug von sonstigen zwischen den Parteien vorgesehenen **Preisnachlässen**[722]. Derartige vereinbarte Preisnachlässe, etwa in Form von **Rabatt oder Abgebot**[723], werden unabhängig von der fristgerechten Zahlung zwischen den Parteien vereinbart, etwa für den Fall, dass eine kurzfristige Beauftragung oder aber die Beauftragung mit mehreren Losen erfolgt[724]. Da es sich insoweit um einen Preisnachlass und nicht lediglich um einen – unter bestimmten Voraussetzungen zu gewährenden – Zahlungsnachlass 291

---

[717] Beck'scher VOB-Kommentar/*Motzke* VOB/B, § 16 Nr. 5 Rdn. 6; *Leinemann* VOB/B, § 16 Rdn. 164; a.A. *Ingenstau/Korbion/U. Locher* VOB/B, § 16 Nr. 5 Rdn. 2.

[718] Vgl. OLG Düsseldorf BauR 1981, 75; OLG Düsseldorf BauR 1992, 783; *Ingenstau/Korbion/U. Locher* VOB/B, § 16 Nr. 5 Rdn. 3.

[719] *Heiermann/Riedl/Rusam* VOB/B, § 16 Rdn. 134; *Ingenstau/Korbion/U. Locher* VOB/B, § 16 Nr. 5 Rdn. 4; Beck'scher VOB-Kommentar/*Motzke* VOB/B, § 16 Nr. 5 Rdn. 8.

[720] Vgl. *Locher* BauR 1980, 30, 31; Beck'scher VOB-Kommentar/*Motzke* VOB/B, § 16 Nr. 5 Rdn. 9; *Kainz* Skonto und Preisnachlaß beim Bauvertrag, S. 19.

[721] *Heiermann/Riedl/Rusam* VOB/B, § 16 Rdn. 135.

[722] Vgl. Beck'scher VOB-Kommentar/*Motzke* VOB/B, § 16 Nr. 5 Rdn. 10.

[723] *Kainz* BauR 1998, 219, 226.

[724] Vgl. VOB-Stelle Sachsen-Anhalt IBR 2001, 158; OLG Hamm IBR 1995, 162.

handelt, scheidet die Umdeutung einer unklaren oder unvollständigen Skontovereinbarung in einen Preisnachlass aus[725].

292 **b)** Der Auftraggeber kann einen Skontoabzug nur vornehmen, wenn er hierüber mit dem Auftragnehmer **eine ausdrückliche Vereinbarung** getroffen hat[726]. Die Vereinbarung kann bei Abschluss des zugrundeliegenden Bauvertrages, aber auch noch später im Zuge der Durchführung der Baumaßnahme zwischen den Parteien getroffen werden[727]. Vom Grundsatz her bestehen keine Bedenken gegen Skontovereinbarungen, die in **Allgemeinen Geschäftsbedingungen**, etwa in Zusätzlichen oder Besonderen Vertragsbedingungen des Auftraggebers enthalten sind[728]. Die Skontovereinbarung muss jedoch inhaltlich hinreichend klar sein und die Bedingungen für die Vornahme von Skontoabzügen im einzelnen und vor allem vollständig umfassen[729]. Zumindest im Wege der Auslegung nach §§ 133, 157 BGB muss sich der zugrundeliegenden Skontoregelungen hinreichend klar entnehmen lassen, unter welchen Voraussetzungen und in welchem Umfang Skonto zum Abzug gebracht werden kann[730]. Vor diesem Hintergrund sind nur Skontoklauseln wirksam, denen ausreichend klar der Beginn der Skontofrist, der Zeitraum der Skontogewährung und die Höhe des Skontos selbst entnommen werden kann[731].

293 **c)** In der Praxis erweisen sich eine Vielzahl verwendeter **Skontoabzugsklauseln** als nicht hinreichend klar und damit als unwirksam, da ihnen die Bedingungen für den Skontoabzug nicht eindeutig entnommen werden können[732]:

294 – Der zugrundeliegenden Skontovereinbarung muss eine **bestimmte Skontohöhe** zu entnehmen sein[733]. Üblicherweise wird der Umfang des Skontos an der Rechnungs- oder aber auch an der Auftragssumme bemessen[734]. Wirksam ist deshalb eine Klausel, wonach ein Nachlass von 3,5 % bei Zahlung nach § 16 VOB/B gewährt wird[735]. Keine Bedenken bestehen gegen die Vereinbarung der Höhe nach gestaffelter Skontobeträge zu unterschiedlichen, vertraglich vorgesehenen Zahlungsfristen[736].

295 – Neben der Skontohöhe kommt besondere Bedeutung der **Zeitspanne** zu, innerhalb derer Skonto gewährt werden soll[737]. Üblicherweise wird die Frist nach Tagen oder aber Wochen bemessen[738]. Zulässig ist es aber auch, für die Skontogewähr auf die Zahlungsvornahme innerhalb der Fristen des § 16 VOB/B abzustellen[739]. Erfolgt keine genaue Festlegung der Skontofrist, so liegt alleine deshalb keine wirksame Skontovereinbarung vor[740]. Vor allem steht dem Auftraggeber in derartigen Fällen kein einseitiges Bestimmungsrecht dahingehend zu, wann er die um den Skontoabzug verminderte Zahlung an den Auftragnehmer leistet[741].

---

[725] OLG Düsseldorf BauR 1985, 333; Beck'scher VOB-Kommentar/*Motzke* VOB/B, § 16 Nr. 5 Rdn. 10.
[726] OLG Düsseldorf BauR 1981, 75; *Heiermann/Riedl/Rusam* VOB/B, § 16 Rdn. 134.
[727] *Nicklisch/Weick* VOB/B, § 16 Rdn. 77.
[728] *Heiermann/Riedl/Rusam* VOB/B, § 16 Rdn. 136; *Leinemann* VOB/B, § 16 Rdn. 168.
[729] OLG Düsseldorf BauR 1981, 75; OLG Düsseldorf BauR 1992, 783, 739; *Nicklisch/Weick* VOB/B, § 16 Rdn. 77.
[730] BGH BauR 1998, 398, 399; OLG Stuttgart BauR 1998, 798, 799; *Ingenstau/Korbion/U. Locher* VOB/B, § 16 Nr. 5 Rdn. 8.
[731] OLG Stuttgart BauR 1998, 798, 799; *Leinemann* VOB/B, § 16 Rdn. 169.
[732] Vgl. hierzu *Glatzel/Hofmann/Frikell* Unwirksame Bauvertragsklauseln, S. 298 ff.
[733] OLG Karlsruhe NJW-RR 1999, 1033; OLG Stuttgart BauR 1998, 798.
[734] OLG München NJW-RR 1992, 790; OLG Stuttgart BauR 1998, 798.
[735] OLG Karlsruhe BauR 1999, 1028.
[736] Vgl. OLG Hamm ZfBR 1987, 120; OLG Hamm ZfBR 1986, 284.
[737] Vgl. OLG Stuttgart BauR 1998, 798, 799; *Leinemann* VOB/B, § 16 Rdn. 169.
[738] Vgl. OLG Stuttgart BauR 1998, 798.
[739] Vgl. OLG Karlsruhe NJW-RR 1999, 1033.
[740] OLG Stuttgart OLGR 1998, 59; *Leinemann* VOB/B, § 16 Rdn. 169.
[741] *Nicklisch/Weick* VOB/B, § 16 Rdn. 77; a.A. *Kronenbitter* BB 1984, 2030, 2032; vgl. auch OLG Stuttgart OLGR 1998, 59.

– Neben der Skontofrist muss zusätzlich der zugrundeliegenden Vereinbarung hinreichend klar entnommen werden können, wann die Frist zu laufen beginnt[742]. Üblicherweise wird für den **Beginn der Skontofrist** auf den Zugang der (prüffähigen) Rechnung beim Auftraggeber abgehoben[743]. Es bedarf dabei nicht der ausdrücklichen, wörtlichen Bezugnahme auf den Rechnungszugang, ausreichend ist es vielmehr auch, wenn lediglich auf § 16 VOB/B hingewiesen wird, da die Prüfungs- bzw. Zahlungsfristen dort mit dem Zugang der (prüffähigen) Rechnung zu laufen beginnen[744]. Unwirksam gemäß § 9 AGBG a.F. bzw. § 307 Abs. 1 BGB sind Vertragsklauseln, bei denen es dem Auftraggeber oder aber seinem Architekten überlassen bleiben soll, wann die Skontofrist zu laufen beginnt[745]. Überhaupt kann der Beginn der Skontofrist nicht von Handlungen Dritter abhängig gemacht werden, etwa dem Zeitpunkt der Prüfung der Rechnung durch den Architekten[746], der Vornahme von Zahlungen durch den Bauherrn an den Auftraggeber[747] oder aber von sonstigen Mitwirkungshandlungen[748]. 296

– Besonderheiten gelten dann, wenn der Auftragnehmer **keine prüffähige Schlussrechnung** vorlegt. In diesem Fall beginnt vom Grundsatz her die Skontofrist nicht zu laufen[749]. Dem Auftraggeber verbleibt deshalb die Befugnis, nach späterer Vorlage einer prüffähigen Rechnung von der Möglichkeit des Skontoabzugs Gebrauch zu machen. Voraussetzung hierfür ist aber einerseits, dass der Auftraggeber nicht selbst den Mangel der Prüfbarkeit der ihm übersandten Rechnung herbeigeführt hat[750] und zum anderen, dass er den Auftragnehmer innerhalb der vereinbarten Skontofrist auf die mangelnde Prüfbarkeit der ihm ausgehändigten Rechnung (ausdrücklich) hingewiesen hat[751]. Unterlässt der Auftraggeber diesen ausdrücklichen Hinweis, so kann er auch bei Zahlungen auf eine an sich nicht prüffähige Rechnung, soweit sie nach Ablauf der Skontofrist geleistet werden, keinen Skontoabzug vornehmen[752]. 297

– Die Vereinbarung zur Gewährung von Skonto kann sich auf Schlusszahlungen, Abschlagszahlungen und Vorauszahlungen erstrecken[753]. Soweit in der Skontovereinbarung auf die **nach dem Vertrage zu leistenden Zahlungen** abgehoben wird, ist der Auftraggeber als berechtigt anzusehen, Skontoabzüge auch von Abschlagszahlungen vorzunehmen[754]. Nichts anderes gilt auch dann, wenn die Parteien Skonto für jede einzelne Rate eines Zahlungsplanes zu der durchzuführenden Baumaßnahme vereinbaren[755]. Für die Berechtigung zur Vornahme des Skontoabzuges kommt es in derartigen Fällen nicht darauf an, ob sämtliche nach dem Bauvertrag zu leistende Zahlungen fristgerecht vorgenommen wurden. Wenn einzelne Zahlungsraten bzw. Abschläge nicht fristgerecht erbracht wurden, ändert dies nichts an der Befugnis, für andere, 298

---

[742] OLG Stuttgart BauR 1998, 798, 799; *Ingenstau/Korbion/U. Locher* VOB/B, § 16 Nr. 5 Rdn. 8.

[743] *Heiermann/Riedl/Rusam* VOB/B, § 16 Rdn. 138; *Franke/Kemper/Zanner/Grünhagen* VOB/B, § 16 Rdn. 139.

[744] Vgl. OLG Karlsruhe BauR 1999, 1028, 1029; zweifelnd hinsichtlich entsprechender Vertragsklauseln jedoch *Leinemann* VOB/B, § 16 Rdn. 168.

[745] OLG Frankfurt NJW-RR 1988, 1485; LG Berlin BauR 1986, 700; *Nicklisch/Weick* VOB/B, § 16 Rdn. 77.

[746] OLG Frankfurt NJW-RR 1988, 1485.

[747] *Glatzel/Hofmann/Frikell* Unwirksame Bauvertragsklauseln, S. 298.

[748] Vgl. LG Berlin BauR 1986, 700.

[749] *Heiermann/Riedl/Rusam* VOB/B, § 16 Rdn. 138; *Franke/Kemper/Zanner/Grünhagen* VOB/B, § 16 Rdn. 139.

[750] LG München I NJW-RR 1989, 852.

[751] *Heiermann/Riedl/Rusam* VOB/B, § 16 Rdn. 138.

[752] OLG Düsseldorf NJW 2000, 820; *Heiermann/Riedl/Rusam* VOB/B, § 16 Rdn. 138; *Franke/Kemper/Zanner/Grünhagen* VOB/B, § 16 Rdn. 139.

[753] Vgl. OLG Hamm BauR 1994, 774; OLG Hamm NJW-RR 1995, 856; *Ingenstau/Korbion/U. Locher* VOB/B, § 16 Nr. 5 Rdn. 6.

[754] OLG Köln NJW-RR 1990, 525; OLG Hamm BauR 1994, 774; Beck'scher VOB-Kommentar/*Motzke* VOB/B, § 16 Nr. 5 Rdn. 19; *Ingenstau/Korbion/U. Locher* VOB/B, § 16 Nr. 5 Rdn. 6; a.A. OLG Düsseldorf BauR 1981, 75.

[755] BGH BauR 2000, 1754.

fristgerecht geleistete Zahlungen den hierauf entfallenden Skontoabzug vorzunehmen[756]. Wird die Skontogewährung ausdrücklich an die Vornahme mehrerer Zahlungen gebunden, etwa Abschlagszahlungen und Schlusszahlung, müssen alle Zahlungen fristgerecht geleistet sein, um den vereinbarten Abzug vornehmen zu können[757]. Hiermit verwechselt werden darf nicht die Vornahme bloßer Teilzahlungen auf vorgelegte Rechnungen. Kürzt der Auftraggeber im Zuge der Rechnungsprüfung den geforderten Rechnungsbetrag ohne hierfür auch zu einem späteren Zeitpunkt eine nachvollziehbare Begründung angeben zu können, so ist er nicht berechtigt, auf den gekürzten Betrag einen Skontoabzug vorzunehmen[758]. Die Vornahme des Skontoabzuges setzt nämlich grundsätzlich die vollständige Bezahlung des zu Recht vom Auftragnehmer geforderten Rechnungsbetrages voraus[759].

299 – Für den Fall, dass es an einer ausdrücklichen Vereinbarung darüber fehlt, auf welche Rechnungsbeträge vom Auftraggeber Skonto eingeräumt wurde, wird überwiegend davon ausgegangen, dass der Skontoabzug dann nur im **Rahmen der Schlussrechnung** vorgenommen werden darf[760]. Voraussetzung für den Skontoabzug bei der Schlusszahlung ist allerdings nicht die fristgerechte Bezahlung sämtlicher Abschlagsrechnungen, da für jede der Zahlungsraten nach dem Bauvertrag jeweils gesondert die Fristgemäßheit der Zahlung und damit die Skontierfähigkeit zu prüfen ist[761]. Sobald der Auftraggeber jedoch die Abschlagszahlungen nicht fristgerecht vorgenommen hat, ist er lediglich als berechtigt anzusehen, nach Vorlage der Schlussrechnung Skonto auf den Schlusszahlungsbetrag (und nicht auf sämtliche geleistete und in der Schlussrechnung erfasste Zahlungen) vorzunehmen[762].

300 Erweisen sich die zwischen den Parteien zum Skonto getroffenen Vereinbarungen – trotz Auslegung gemäß §§ 133, 157 BGB – als unklar oder aber nach Maßgabe des § 9 AGBG a.F. bzw. § 307 Abs. 1 BGB als unwirksam, so ist der Auftraggeber zur Vornahme von Skontoabzügen nicht berechtigt[763]. Dem Auftraggeber steht in derartigen Fällen vor allem **kein einseitiges Bestimmungsrecht** zur Substituierung der festzustellenden Regelungslücke zu, da ein entsprechender vertragsrelevanter rechtsgeschäftlicher Wille der Vertragsparteien regelmäßig nicht festzustellen sein wird[764].

301 **d)** Der Skontoabzug kann vom Auftraggeber nur vorgenommen werden, wenn er seiner **Zahlungsverpflichtung innerhalb der vereinbarten Skontofrist** nachkommt[765]. Bei Barzahlung muss der zu zahlende Betrag bei Ablauf der Skontofrist dem Auftragnehmer übergeben sein. Erfolgt die Zahlung unbar im Überweisungsverkehr, so muss der Auftraggeber bis zum Ablauf der Skontofrist den Überweisungsauftrag seinem Kreditinstitut zur Ausführung vorgelegt haben[766]. Wird für den zu zahlenden Betrag ein Verrechnungsscheck zur Verfügung gestellt, muss dieser bei Ablauf der Skontofrist zumindest der Post zur Beförderung übergeben worden

---

[756] BGH BauR 2000, 1754; *Leinemann* VOB/B, § 16 Rdn. 171; a.A. *Franke/Kemper/Zanner/Grünhagen* VOB/B, § 16 Rdn. 201 unter Hinweis auf BGH BauR 1996, 378.

[757] OLG Celle BauR 2004, 860; OLG Bremen, BauR 2004, 862.

[758] OLG Düsseldorf BauR 2001, 1268.

[759] *Ingenstau/Korbion/U. Locher* VOB/B, § 16 Nr. 5 Rdn. 6; *Franke/Kemper/Zanner/Grünhagen* VOB/B, § 16 Rdn. 140; *Heiermann/Riedl/Rusam* VOB/B, § 16 Rdn. 138; *Kronenbitter* BB 1984, 2030, 2032 f.

[760] OLG München NJW-RR 1992, 790; OLG Düsseldorf BauR 1992, 783, 784; *Ingenstau/Korbion/U. Locher* VOB/B, § 16 Nr. 5 Rdn. 6.

[761] Vgl. BGH BauR 2000, 1754; *Leinemann* VOB/B, § 16 Rdn. 171; a.A. OLG Düsseldorf BauR 2000, 729; OLG München NJW-RR 1992, 790; *Heiermann/Riedl/Rusam* VOB/B, § 16 Rdn. 141; *Ingenstau/Korbion/U. Locher* VOB/B, § 16 Nr. 5 Rdn. 6; *Nicklisch/Weick* VOB/B, § 16 Rdn. 77.

[762] *Leinemann* VOB/B, § 16 Rdn. 171.

[763] OLG Stuttgart BauR 1998, 798, 799; *Heiermann/Riedl/Rusam* VOB/B, § 16 Rdn. 136; *Leinemann* VOB/B, § 16 Rdn. 169.

[764] Beck'scher VOB-Kommentar/*Motzke* VOB/B, § 16 Nr. 5 Rdn. 15; *Weyand* BauR 1988, 58; a.A. *Kronenbitter* BB 1984, 2030, 2031.

[765] Siehe zur Zahlungsvornahme im einzelnen § 16 Rdn. 43 ff.

[766] OLG Düsseldorf BauR 2000, 729; OLG Saarbrücken NJW-RR 1998, 1664; *Ingenstau/Korbion/U. Locher* VOB/B, § 16 Nr. 5 Rdn. 8; *Heiermann/Riedl/Rusam* VOB/B, § 16 Rdn. 140.

sein[767]. Die bloße Überlassung eines Wechsels bei Ablauf der Skontofrist genügt nicht, da der verbriefte Betrag – anders als bei den vorgenannten Zahlungsmitteln – dem Auftragnehmer nicht unmittelbar liquide zur Verfügung steht[768].

Die **Zahlung des Rechnungsbetrages** muss sich auf den vollständigen, vom Auftragnehmer berechtigterweise zu fordernden Betrag erstrecken[769]. Auch geringfügige Zahlungsdifferenzen führen zum Verlust der Skontoberechtigung[770]. Die Vornahme von Teilzahlungen berechtigt deshalb den Auftraggeber auch nicht dazu, zumindest einen anteiligen Skontoabzug vorzunehmen[771]. Anders verhält es sich dann, wenn dem Auftragnehmer nach Rechnungsprüfung lediglich ein Teilbetrag aus der von ihm vorgelegten Rechnung zusteht und der Auftraggeber diesen Betrag innerhalb der Skontofrist erbringt. 302

e) Der Auftraggeber kann auch dann Skontoabzug vornehmen, wenn er berechtigterweise gegen die vom Auftragnehmer erhobenen Zahlungsansprüche die **Aufrechnung mit begründeten Gegenansprüchen** erklärt[772]. Kann die Aufrechnung nach den zugrundeliegenden Vertragsbedingungen nur mit einer unbestrittenen oder rechtskräftig festgestellten Forderung vorgenommen werden, so hat der Auftraggeber das Vorliegen dieser Voraussetzungen einzuhalten und nachzuweisen[773]. Die Aufrechnungserklärung muss – ebenso wie die Vornahme einer Zahlung – innerhalb der vereinbarten Skontofrist gegenüber dem Auftragnehmer erklärt sein[774]. Dem Auftraggeber verbleibt die Skontoabzugsberechtigung auch dann, wenn er den vom Auftragnehmer geforderten Rechnungsbeträgen mit einem **begründeten Zurückbehaltungsrecht** begegnen kann. Aus § 16 Nr. 1 Abs. 2 VOB/B erschließt sich, dass der Auftraggeber bei Abschlagsforderungen zum Einbehalt von Gegenforderungen berechtigt ist[775]. Mängeleinbehalte sind darüber hinaus in den Grenzen des § 641 Abs. 3 BGB – also mindestens in Höhe des Dreifachen der für die Beseitigung des Mangels erforderlichen Kosten – zulässig[776]. Wie bei der Aufrechnung ist es jedoch erforderlich, dass der Auftraggeber das Zurückbehaltungsrecht innerhalb der Skontofrist gegenüber dem Auftragnehmer geltend macht (§ 130 BGB). 303

f) In **prozessualer Hinsicht** ist zu beachten, dass es grundsätzlich dem Auftraggeber obliegt, den Nachweis dafür zu führen, dass der von ihm vorgenommene Skontoabzug zu Recht erfolgt ist[777]. Der Auftraggeber trägt deshalb die volle Darlegungs- und Beweislast für die (wirksame) Skontovereinbarung, den Beginn der Skontofrist sowie die Rechtzeitigkeit der von ihm vorgenommenen Zahlungshandlung[778]. Die widerspruchslose Hinnahme von Skontoabzügen unter gleichzeitiger Fortführung des Vertrages über längere Dauer kann aber den objektiven Erklärungswert haben, dass der Gläubiger mit den vorgenommenen Abzügen einverstanden war[779]. 304

---

[767] BGH BauR 1998, 398, 399; OLG Düsseldorf BauR 2000, 729; *Ingenstau/Korbion/U. Locher* VOB/B, § 16 Nr. 5 Rdn. 8; *Leinemann* VOB/B, § 16 Rdn. 174.
[768] *Heiermann/Riedl/Rusam* VOB/B, § 16 Rdn. 140.
[769] OLG Düsseldorf BauR 2000, 729; OLG Düsseldorf BauR 1985, 333; *Ingenstau/Korbion/U. Locher* VOB/B, § 16 Nr. 5 Rdn. 6; a.A. OLG Karlsruhe MDR 1980, 933; OLG Hamm BauR 1994, 774.
[770] KG Berlin BauR 2005, 764.
[771] OLG Düsseldorf BauR 2000, 729.
[772] *Heiermann/Riedl/Rusam* VOB/B, 9. Aufl., § 16 Rdn. 115.
[773] *Kleine-Möller/Merl/Oelmaier* § 2 Rdn. 507; Beck'scher VOB-Kommentar/*Motzke* VOB/B, § 16 Nr. 5 Rdn. 26.
[774] Beck'scher VOB-Kommentar/*Motzke* VOB/B, § 16 Nr. 5 Rdn. 26; *Heiermann/Riedl/Rusam* VOB/B, 9. Aufl., § 16 Rdn. 115.
[775] Siehe im einzelnen § 16 Rdn. 129.
[776] Vgl. zum alten Recht Beck'scher VOB-Kommentar/*Motzke* VOB/B, § 16 Nr. 5 Rdn. 24.
[777] BGH BauR 1998, 398; OLG Düsseldorf NJW-RR 2000, 1691; *Franke/Kemper/Zanner/Grünhagen* VOB/B, § 16 Rdn. 214.
[778] OLG Düsseldorf BauR 2001, 1268.
[779] OLG Köln IBR 2004, 189.

3. Fälligkeit und Nachfristsetzung (§ 16 Nr. 5 Abs. 3 VOB/B)

305 **a)** Die Vorschrift des § 16 Nr. 5 Abs. 3 VOB/B ist mit der VOB 2002 neu gefasst worden. Zahlt der Auftraggeber bei Fälligkeit die von ihm geschuldete Vergütung nicht, so kann ihm der Auftragnehmer eine angemessene Nachfrist setzen. Zahlt der Auftraggeber auch innerhalb dieser ihm gesetzten Nachfrist nicht, so kann der Auftragnehmer vom Ende der Nachfrist an Zinsen in Höhe der Zinssätze beanspruchen, die sich aus § 288 BGB ergeben, sofern er nicht darüber hinaus im Stande ist, einen höheren Verzugsschaden nachzuweisen.

306 **Bis zur Einführung der VOB 2002** stand dem Auftragnehmer nach Ablauf der gesetzten Nachfrist ein Anspruch auf Zinsen in Höhe von 5v.H. über dem **Zinssatz der Spitzenrefinanzierungsfazilität** der Europäischen Zentralbank zu. Wie in § 16 Nr. 2 Abs. 1 VOB/B wird jetzt bei Zahlungsverzug auch in der VOB/B auf den **Basiszinssatz** abgehoben[780]. Der Verzugszinssatz beträgt nach § 288 Abs. 1 BGB jährlich 5 % p.a. über dem Basiszinssatz (§ 247 BGB). Verzugszinsen in diesem Umfange müssen bei Rechtsgeschäften entrichtet werden, an denen zumindest ein Verbraucher beteiligt ist (vgl. § 13 BGB). Sobald sowohl der Auftraggeber wie auch der Auftragnehmer über Unternehmereigenschaft verfügen (§ 14 BGB), gilt der in § 288 Abs. 2 BGB festgesetzte Verzugszins, der bei 8 % p.a. über dem Basiszinssatz liegt.

307 Die genaue **Bemessung der Verzugszinsen** erschließt sich aus dem jeweiligen, in § 247 BGB festgelegten Basiszinssatz, der um 1 % p.a. unter dem Hauptrefinanzierungssatz der EZB liegt[781]. Er verändert sich jeweils zum 1. Januar und 1. Juli eines jeden Kalenderjahres um die Prozentpunkte, um welche die sog. Bezugsgröße seit der letzten Veränderung des Basiszinssatzes gestiegen oder gefallen ist (§ 247 Abs. 1 Satz 2 BGB). Bezugsgröße ist der Zinssatz für die jüngste Hauptrefinanzierungsoperation der Europäischen Zentralbank vor dem ersten Kalendertag des betreffenden Halbjahres (§ 247 Abs. 1 Satz 3 BGB). Der **jeweils geltende Basiszinssatz** wird von der Deutschen Bundesbank kurzfristig nach den vorgenannten Zeitpunkten im Bundesanzeiger bekanntgegeben (§ 247 Abs. 2 BGB). Insofern ist es erforderlich, bei der Bemessung der Verzugszinsen auf der Grundlage des Basiszinssatzes auf den jeweils für ein jedes Kalenderhalbjahr individuell bestimmten Basiszinssatz abzuheben. Vom Auftragnehmer kann daher bei Vorliegen der Verzugsvoraussetzungen nach § 16 Nr. 5 Abs. 3 VOB/B der Vergütungsbetrag nebst Zinsen in Höhe von 5 bzw. 8 % p.a. über dem jeweiligen Basiszinssatz beansprucht werden und zwar ab dem Zeitpunkt, zu dem die vom Auftragnehmer gesetzte Nachfrist endet[782].

308 Der Zinsanspruch des Auftragnehmers erschließt sich vorrangig aus § 16 Nr. 5 Abs. 3 VOB/B. Hinter diese Bestimmung treten die Verzugsregelungen der §§ 286, 288 BGB zurück[783]. Allerdings ist zu beachten, dass der neue § 16 Nr. 5 Abs. 4 VOB/B eine weitere und ebenfalls gegenüber §§ 286, 288 BGB **speziellere verzugsbedingte Verzinsungsregelung** vorsieht. Diese gilt jedoch nur für fällige Vergütungsansprüche aus der vom Auftragnehmer vorgelegten Schlussrechnung[784]. Demgegenüber fallen unter § 16 Nr. 5 Abs. 3 VOB/B alle sonstigen Zahlungsansprüche aus abgeschlossenen VOB-Bauverträgen, also Abschlagszahlungen, Vorauszahlungen und sonstige Teilzahlungen[785].

309 **b)** Voraussetzung für die Verzinsungspflicht nach § 16 Nr. 5 Abs. 3 VOB/B ist der **Eintritt der Fälligkeit** zu den erhobenen Zahlungsansprüchen. Der Anspruch auf die Schlusszahlung wird alsbald nach Prüfung und Feststellung der vom Auftragnehmer vorgelegten Schlussrechnung fällig, spätestens innerhalb von zwei Monaten nach Zugang (§ 16 Nr. 3 Abs. 1 Satz 1 VOB/B). Zu Abschlagszahlungen wurde nunmehr in § 16 Nr. 1 Abs. 3 VOB/B ausdrücklich klarstellend bestimmt, dass Ansprüche auf Abschlagszahlungen binnen 18 Werktagen nach Zugang der prüf-

---

[780] *Kratzenberg* NZBau 2002, 177, 183.

[781] *Palandt/Heinrichs* BGB, § 288 Rdn. 10.

[782] *Reichenbach* MDR 2001, 13; *Palandt/Heinrichs* BGB, § 288 Rdn. 7.

[783] Vgl. zum bisherigen Recht *Kniffka* ZfBR 2000, 227; *Heiermann/Riedl/Rusam* VOB/B, § 16 Rdn. 144.; *Franke/Kemper/Zanner/Grünhagen* VOB/B, § 16 Rdn. 143.

[784] *Kratzenberg* NZBau 2002, 177, 184.

[785] Vgl. *Kratzenberg* NZBau 2002, 177, 184.

baren Aufstellung im Sinne von § 16 Nr. 1 Abs. 1 Satz 2 VOB/B fällig werden. Der Zugang der prüfbaren Aufstellung für die Abschlagszahlungen sowie die Prüfung der Abschlagsrechnungen oder aber der Ablauf der Prüfungsfrist sind alternativ fälligkeitsauslösend (§ 16 Nr. 1 Abs. 3 VOB/B). Sowohl bei der Schlusszahlung wie auch bei der Abschlagszahlung ist damit der Fälligkeitszeitpunkt gegenüber der BGB-Regelung in § 641 BGB zeitlich herausgeschoben[786].

Eine **Verzinsungslücke** kann sich für den Auftragnehmer ergeben, wenn sich verzinsliche Abschlagsforderungen bei Schlussrechnungsreife bzw. durch Vorlage einer Schlussrechnung erledigen und bedingt durch die in § 16 Nr. 3 Abs. 1 Satz 1 VOB/B enthaltene Prüffrist eine Zinspause von zwei Monaten eintritt[787]. Das Vergütungssystem der VOB/B soll es nach dem BGH in Kauf nehmen, dass für den Zeitraum von zwei Monaten ein Verzugstatbestand nicht zu begründen sei[788]. Die vom BGH angestellten dogmatischen Überlegungen vermögen nicht zu überzeugen, da der Anspruch auf Abschlagszahlungen lediglich eine modifizierte Form des (einheitlichen) Anspruches auf Vergütung beinhaltet[789], so dass sich hieraus ohne weiteres begründen lässt, dass die durch Schlussrechnungsreife bzw. Schlussrechnungsvorlage hinfällige Abschlagsrechnung nicht notwendigerweise auch die sich zur Schlussrechnungsforderung fortsetzenden Verzugsfolgen beendet[790]. In Höhe der in die Schlussrechnungsforderung übergeleiteten Abschlagsforderung verbleibt es danach auch für den Zeitraum bis zum Ablauf der Prüffrist bei einem zusätzlichen Zinsanspruch aus zugrunde liegenden und bereits verzugsbedingt verzinslichen Abschlagsforderungen, so dass die vom BGH angenommene Zinspause nicht begründet erscheint.

c) Für die Verpflichtung des Auftraggebers zur Entrichtung von Verzugszinsen kommt es weiterhin darauf an, dass ihm nach § 16 Nr. 5 Abs. 3 Satz 1 VOB/B zunächst (noch) eine **angemessene Nachfrist** gesetzt wird. Angemessen erscheint dabei eine Nachfrist, die den Auftraggeber nach objektiver Beurteilung unter regelmäßigen Umständen in die Lage versetzt, die erforderlichen Maßnahmen zur Vornahme der Zahlung zu treffen[791]. Auf die persönliche Situation des Schuldners zur Beschaffung liquider Geldmittel kommt es für die Bemessung der ihm einzuräumenden Nachfrist nicht entscheidend an[792]. Die Dauer der Frist kann sich für Abschlagszahlungen an § 16 Nr. 1 Abs. 3 und für Schlusszahlungen an § 16 Nr. 3 Abs. 1 VOB/B orientieren[793]. Bei Abschlagszahlungen wird die Nachfrist mindestens eine Woche, bei Schlusszahlungen regelmäßig mindestens zwei Wochen zu betragen haben[794]. Eine Nachfrist von lediglich zwei Tagen ist unter Berücksichtigung üblicher Bearbeitungs- und Anweisungsdauer unangemessen kurz[795]. 310

Eine **zu kurz bemessene Nachfrist** ist nicht wirkungslos, sie löst vielmehr eine nach allgemeinen Maßstäben zu beurteilende angemessene Nachfrist aus[796]. Bei Abschlagszahlungen wird regelmäßig eine angemessene Nachfrist von einer Woche und bei Schlusszahlungen von zwei Wochen ausgelöst werden. 311

Im Einzelfall kann eine **Nachfristsetzung auch entbehrlich** sein[797]. Dies ist vor allem dann der Fall, wenn der Auftraggeber nach Vorlage der zugrundeliegenden Rechnung unmissverständlich gegenüber dem Auftragnehmer zum Ausdruck gebracht hat, er werde keine weitere Zahlung 312

---

786 Vgl. *Peters* NZBau 2002, 305, 307; siehe im einzelnen auch § 16 Rdn. 27 ff.

787 BGH NZBau 2004, 386 = BauR 2004, 1146.

788 BGH NZBau 2004, 386 = BauR 2004, 1146, 1147.

789 BGH NZBau 2005, 158 = BauR 2005, 400, 404; a.A. noch BGH BauR 1999, 267.

790 Vgl. hierzu Markus BrBp 2005, 192; Kapellmann/Langen, Einführung in die VOB/B, 14. Aufl., Entscheidung Nr. 7.

791 OLG Frankfurt NJW-RR 1987, 979, 980; *Nicklisch/Weick* VOB/B, § 16 Rdn. 80; *Ingenstau/Korbion/U. Locher* VOB/B, § 16 Nr. 5 Rdn. 17.

792 OLG Frankfurt NJW-RR 1987, 979, 980; *Nicklisch/Weick* VOB/B, § 16 Rdn. 80.

793 A.A. *Leinemann* VOB/B, § 16 Rdn. 178.

794 *Ingenstau/Korbion/U. Locher* VOB/B, § 16 Nr. 5 Rdn. 17.

795 A.A. OLG Frankfurt NJW-RR 1987, 979, 980; kritisch hierzu *Heiermann/Riedl/Rusam* VOB/B, § 16 Rdn. 148; vgl. auch *Leinemann* VOB/B, § 16 Rdn. 178, der eine Nachfrist von 2–4 Werktagen für ausreichend erachten will.

796 BGH BauR 1985, 688, 689.

797 *Heiermann/Riedl/Rusam* VOB/B, § 16 Rdn. 146.

mehr leisten[798]. Aus § 286 Abs. 2 Nr. 3 VOB/B erschließt sich, dass der Auftraggeber die von ihm geschuldete Zahlung ernsthaft und endgültig gegenüber dem Auftragnehmer verweigert haben muss, wobei an das Vorliegen dieser Voraussetzungen regelmäßig strenge Anforderungen gestellt werden[799]. Auch mit einer Aufrechnung bringt der Auftraggeber hinreichend zum Ausdruck, dass er nicht zahlungsbereit und -willig ist[800].

313 Die Nachfristsetzung ist **grundsätzlich nicht formbedürftig**[801]. Aus diesem Grunde kann die Nachfristsetzung durchaus auch mündlich oder fernmündlich erfolgen. Da der Auftragnehmer die Nachfristsetzung jedoch im Zweifel darzulegen und zu beweisen hat, ist zu empfehlen, dass er die Schriftform bei der Erklärung wahrt[802].

314 Es bedarf regelmäßig einer **konkreten Nachfristsetzung**. Eine bloße Mahnung genügt nicht[803]. Weitergehend ist vielmehr dem Auftraggeber eine bestimmte Frist zum Bewirken der geschuldeten Zahlung zu setzen. Dabei empfiehlt es sich, das Ende der Nachfrist datenmäßig zu fixieren[804]. Mit der Fristangabe bzw. der -bemessung müssen keine weiteren ausdrücklichen Hinweise zur Rechtslage bei weiterer Zahlungssäumigkeit verbunden werden[805]. Der Auftraggeber muss jedoch zumindest in bestimmter und unbedingter Form zur Vornahme der von ihm geschuldeten Zahlung binnen angegebener Frist aufgefordert werden[806].

315 Die Nachfristsetzung hat **unmittelbar gegenüber dem Auftraggeber** zu erfolgen. Auch wenn der Auftraggeber einen Architekten oder Ingenieur mit der Rechnungsprüfung beauftragt hat, kann diesem gegenüber die Nachfristsetzung nicht wirksam erfolgen[807]. Maßgebend für den Beginn der gesetzten Frist ist der Zugang des nachfristsetzenden Schreibens bei dem Auftraggeber (§ 130 BGB).

316 Der Auftragnehmer kann **auf die Nachfristsetzung verzichten**. Macht er von der Möglichkeit der Nachfristsetzung keinen Gebrauch, so stehen ihm die in § 16 Nr. 5 Abs. 3 VOB/B durch Verweisung auf § 288 BGB vorgesehenen Verzugszinsen nicht zu. Eine Ausnahme gilt lediglich in bezug auf Schlussrechnungsforderungen unter Zugrundelegung des § 16 Nr. 5 Abs. 4 VOB/B.

317 **d)** Der Auftraggeber gerät nach Ablauf der ihm gesetzten Nachfrist mit den von ihm geschuldeten Zahlungen **in Verzug**. Entsprechendes gilt auch dann, wenn der Auftraggeber bereits vor Nachfristsetzung oder aber vor Ablauf der ihm gesetzten Nachfrist ausdrücklich und endgültig die Vornahme weiterer Zahlungen verweigert. Beginnend ab den entsprechenden Zeitpunkten steht dem Auftragnehmer der Zinsanspruch des § 16 Nr. 5 Abs. 3 Satz 2 VOB/B i.V.m. § 288 BGB zu. Allerdings bleibt es dem Auftragnehmer vorbehalten, einen höheren, ihm nach Eintritt des Verzuges entstandenen Schaden nachzuweisen und gegenüber dem Auftraggeber geltend zu machen (§ 16 Nr. 5 Abs. 3 Satz 2 VOB/B). Diese Regelung entspricht der Vorschrift des § 288 Abs. 4 BGB. Dem Auftragnehmer steht es insbesondere frei, verzugsbedingt auch höhere als die in § 288 BGB pauschalierte Zinsen zu fordern, sofern er selbst entsprechende Aufwendungen für Kreditzinsen nachzuweisen im Stande ist[808].

---

[798] Vgl. BGH NJW 1984, 1460; OLG Düsseldorf BauR 2003, 1579; OLG Düsseldorf BauR 1982, 593; OLG Köln NJW-RR 1992, 1047, 1048; *Heiermann/Riedl/Rusam* VOB/B, § 16 Rdn. 146; *Leinemann* VOB/B, § 16 Rdn. 180.

[799] *Palandt/Heinrichs* BGB, § 286 Rdn. 24.

[800] OLG Düsseldorf BauR 2003, 1579.

[801] *Heiermann/Riedl/Rusam* VOB/B, § 16 Rdn. 149; *Ingenstau/Korbion/U. Locher* VOB/B, § 16 Nr. 5 Rdn. 18.

[802] *Heiermann/Riedl/Rusam* VOB/B, § 16 Rdn. 149; *Ingenstau/Korbion/U. Locher* VOB/B, § 16 Nr. 5 Rdn. 18; *Leinemann* VOB/B, § 16 Rdn. 180.

[803] BGH NJW 1961, 1968; OLG Düsseldorf BauR 1982, 593; *Heiermann/Riedl/Rusam* VOB/B, 9. Aufl., § 16 Rdn. 118.

[804] *Heiermann/Riedl/Rusam* VOB/B, 9. Aufl., § 16 Rdn. 118.

[805] Vgl. OLG Hamburg MDR 1978, 577; *Heiermann/Riedl/Rusam* VOB/B, 9. Aufl., § 16 Rdn. 118; *Ingenstau/Korbion/U. Locher* VOB/B, § 16 Nr. 5 Rdn. 15.

[806] *Ingenstau/Korbion/U. Locher* VOB/B, § 16 Nr. 5 Rdn. 15.

[807] Beck'scher VOB-Kommentar/*Motzke* VOB/B, § 16 Nr. 5 Rdn. 30.

[808] Vgl. *Palandt/Heinrichs* BGB, § 288 Rdn. 12.

e) Aufgrund des Anliegens des Gesetzgebers, die am Bau zu leistenden Zahlungen zu beschleunigen, wurde über die vergangenen Jahre die **Höhe der Verzugszinsen** mit Tendenz nach oben weiterentwickelt: 318

- Die VOB **in der Fassung der Ausgabe Juni 1996** sah für den Fall des fruchtlosen Ablaufes der gesetzten Nachfrist nach § 16 Nr. 5 Abs. 3 Satz 2 VOB/B a.F. einen Anspruch auf Zinsen in Höhe von 1 % über dem Lombardsatz der Deutschen Bundesbank vor[809]. Der Lombardsatz wurde allerdings nach der Lombardsatz-Überleitungsverordnung vom 18.12.1998[810] durch den sog. Zinssatz der Spitzenrefinanzierungsfazilität der Europäischen Zentralbank ersetzt[811]. 319
- In der **VOB/B in der** Fassung **des Jahres 2000** wurde der Zinsanspruch deutlich erhöht und zwar auf 5 % über dem Zinssatz der Spitzenrefinanzierungsfazilität der Europäischen Zentralbank (§ 16 Nr. 5 Abs. 3 Satz 2 VOB/B a.F.)[812]. 320
- Mit der **VOB/B in der Fassung des Jahres 2002** wurde der Verzugszinssatz – zumindest für Unternehmen – noch einmal erhöht, indem nunmehr auf den basiszinssatz-orientierten Verzugszins in § 288 Abs. 1 und 2 BGB abgehoben wird[813]. 321

Die Höhe der geschuldeten Verzugszinsen richtet sich entscheidend danach, welche Fassung der VOB/B dem jeweiligen Bauvertrag zugrunde gelegt wurde[814]. 322

f) Die Zinsregelungen halten sämtlich auch einer **isolierten Inhaltskontrolle** nach dem AGBG a.F. bzw. §§ 307 BGB stand[815]. Dies beruht vor allem darauf, dass der Gesetzgeber mit dem Gesetz zur Beschleunigung fälliger Zahlungen zum Ausdruck gebracht hat, dass verzugsbedingte Zinsen heute deutlich höher ausfallen sollen als dies in der Vergangenheit der Fall war[816]. Auch für die Neufassung der VOB 2002 gelten keine hiervon abweichenden Gesichtspunkte, da die Verzugszinsen ihrem Umfange nach an die gesetzliche Bestimmung des § 288 Abs. 1 und 2 BGB gekoppelt wurden. 323

g) Der Auftragnehmer hat die **Darlegungs- und Beweislast** für die von ihm geforderten Verzugszinsen. Vor allem hat der Auftragnehmer den Tatbestand der Fälligkeit, die erfolgte Nachfristsetzung sowie den Fristablauf nachzuweisen. Hierfür wird es regelmäßig notwendig sein, dass die Nachfristsetzung schriftlich erfolgt und vom Auftragnehmer darüber hinaus der Zugang des nachfristsetzenden Schreibens hinreichend belegt werden kann. 324

4. Verzugszinsen nach Fälligkeit der Schlussrechnung (§ 16 Nr. 5 Abs. 4 VOB/B)

Während sich die Bestimmung des § 16 Nr. 5 Abs. 3 VOB/B auf sämtliche Zahlungen des Auftraggebers erstreckt, ist der Anwendungsrahmen des § 16 Nr. 5 Abs. 4 VOB/B auf fällige Forderungen aus vorgelegten Schlussrechnungen beschränkt. Zahlt der Auftraggeber das von ihm geschuldete, fällige Guthaben nicht innerhalb von zwei Monaten nach Zugang der Schlussrechnung, so steht dem Auftragnehmer für den ihm geschuldeten Schlussrechnungsbetrag ohne gesonderte Nachfristsetzung ein Anspruch auf Zinsen in Höhe der in § 288 BGB angegebenen Zinssätze zu[817]. Auch in diesem Falle bleibt es dem Auftragnehmer jedoch vorbehalten, einen 325

[809] Vgl. hierzu und zur Zinsentwicklung im Zeitraum zwischen dem 1.2.1985 und dem 20.4.1996 Beck'scher VOB-Kommentar/*Motzke* VOB/B, § 16 Nr. 5 Rdn. 34 ff.
[810] BGBl 1998 I 3819.
[811] Vgl. *Leinemann* VOB/B, § 16 Rdn. 184.
[812] Vgl. hierzu im einzelnen *Ingenstau/Korbion/U. Locher* VOB/B, § 16 Nr. 5 Rdn. 21 ff.
[813] *Kratzenberg* NZBau 2002, 177, 183.
[814] Vgl. *Leinemann* VOB/B, § 16 Rdn. 185.
[815] Vgl. zum früheren Recht *Ingenstau/Korbion/U. Locher* VOB/B, 14. Aufl., § 16 Rdn. 288; *Leinemann* VOB/B, § 16 Rdn. 187.
[816] Vgl. *Leinemann* VOB/B, § 16 Rdn. 187
[817] Siehe im einzelnen zu den Zinssätzen § 16 Rdn. 28.

ihm ggf. entstandenen höheren Verzugsschaden nachzuweisen und diesen vom Auftraggeber zu beanspruchen[818].

326 Durch die spezielle, auf Schlussrechnungsforderungen beschränkte Regelung des § 16 Nr. 5 Abs. 4 VOB/B soll ein (weiterer) Beitrag zur Beschleunigung fälliger Zahlungen geleistet werden[819]. Für die Verpflichtung zur Entrichtung von Verzugszinsen nach § 288 BGB kommt es nur noch darauf an, dass dem Auftragnehmer ein fälliges und unbestrittenes Guthaben zwei Monate nach Zugang der Schlussrechnung zusteht. Vor allem bedarf es zur **Auslösung der Zinspflicht keiner weiteren Mahnung oder Nachfristsetzung** durch den Auftragnehmer[820].

327 Die Bestimmung des § 16 Nr. 5 Abs. 4 VOB/B lehnt sich an die neu gefasste Bestimmung des § 286 Abs. 3 BGB an. Nach dieser Bestimmung kommt der Schuldner (spätestens) dann mit seinen geschuldeten Zahlungen in Verzug, wenn er nicht innerhalb von 30 Tagen nach Fälligkeit und Zugang einer Rechnung oder aber einer gleichwertigen Zahlungsaufstellung die von ihm zu bewirkende Zahlung leistet (§ 286 Abs. 3 Satz 1 BGB). Da § 16 Nr. 3 Abs. 1 VOB/B dem Auftraggeber eine Prüfungsfrist von zwei Monaten einräumt, war es erforderlich, die in § 286 Abs. 3 BGB vorgesehene Frist von 30 Tagen entsprechend anzupassen und zu verlängern. Dies besagt zugleich, dass die in § 16 Nr. 5 Abs. 4 VOB/B niedergelegte Zinsregelung der des § 286 Abs. 3 BGB vorgeht[821]. Unter Berücksichtigung der Prüfungsfrist von zwei Monaten bestehen auch keine Bedenken gegen die isolierte Inhaltskontrolle des § 16 Nr. 5 Abs. 4 VOB/B, da eine Verlängerung der in § 286 Abs. 3 BGB vorgesehenen Frist um einen weiteren Monat noch als angemessen betrachtet werden kann.

5. Arbeitseinstellung des Auftragnehmers (§ 16 Nr. 5 Abs. 5 VOB/B)

328 Der Auftragnehmer ist nach der neu gefassten Vorschrift des § 16 Nr. 5 Abs. 5 VOB/B berechtigt, die von ihm auszuführenden Arbeiten bis zur Bezahlung fälliger Forderungen aus dem zugrundeliegenden Bauvertrag einzustellen, jedoch nur unter der Voraussetzung, dass er zuvor dem Auftraggeber eine angemessene Nachfrist gesetzt hat und diese fruchtlos verstrichen ist. Wenn nunmehr auf die vor Arbeitseinstellung gesetzte angemessene Nachfrist abgestellt wird, handelt es sich dabei um eine unmittelbare Bezugnahme auf § 16 Nr. 5 Abs. 3 VOB/B. Vor allem ist nun zweifelsfrei klargestellt, dass es keiner weiteren als der in Abs. 3 erwähnten Nachfrist bedarf. Vor der Einstellung der Arbeiten ist deshalb nur eine Fristsetzung und damit jedenfalls keine doppelte Fristsetzung – so wie dies verschiedentlich in der Praxis angenommen wurde – erforderlich.

Durch die Verweisung auf § 16 Nr. 5 Abs. 3 VOB/B werden (fällige) Abschlagszahlungen und durch die Verweisung auf § 16 Nr. 5 Abs. 4 VOB/B fällige Teilschlusszahlungen erfasst. Bei Vorliegen einer Schlussrechnungsforderung im Sinne des § 16 Nr. 5 Abs. 4 VOB/B scheidet die **Ausübung des Leistungsverweigerungsrechts** schon deshalb aus, weil der Auftragnehmer seine Leistungen beendet haben muss, bevor er für diese seine Schlussrechnung vorlegen kann. Die Bezugnahme auf die Absätze 3 und 4 macht zugleich deutlich, dass nicht nur die gleichen Ausgangsvoraussetzungen bei der Ausübung des Leistungsverweigerungsrechts vorliegen müssen, sondern darüber hinaus beide Rechte auch kumulativ nebeneinander geltend gemacht werden können[822].

329 a) Das **Leistungsverweigerungsrecht des Auftragnehmers** geht auf § 320 BGB und die dort geregelte Einrede des nicht erfüllten Vertrages zurück[823]. § 320 BGB gewährt jeder Partei des Bauvertrages vom Grundsatz her das Recht, die ihr obliegende Leistung bis zur Bewirkung der Gegenleistung zu verweigern[824]. Hat der Auftragnehmer seiner Verpflichtung zur Vorleistung

---

[818] Siehe im einzelnen § 16 Rdn. 29.
[819] *Kratzenberg* NZBau 2002, 177, 184.
[820] *Kratzenberg* NZBau 2002, 177, 184.
[821] Vgl. *Peters* NZBau 2002, 305, 307 f.
[822] Vgl. *Leinemann* VOB/B, § 16 Rdn. 192.
[823] Beck'scher VOB-Kommentar/*Motzke* VOB/B, § 16 Nr. 5 Rdn. 40.
[824] Vgl. *Palandt/Grüneberg* BGB, § 320 Rdn. 1.

mit Teilen der von ihm geschuldeten Bauleistung entsprochen, so kann er über die Ausübung des speziellen, in § 16 Nr. 5 Abs. 5 VOB/B geregelten Leistungsverweigerungsrechts sicherstellen, dass der Auftraggeber seiner (fälligen) Zahlungsverpflichtung entspricht, bevor wiederum, sozusagen abschnittsweise weitere bauliche Vorausleistungen vom Auftragnehmer erbracht werden. Die Ausübung des Leistungsverweigerungsrechts ist allerdings einerseits von der Fälligkeit der zu beanspruchenden Vergütung und andererseits davon abhängig, dass der Auftragnehmer zunächst eine Nachfrist setzt, die fruchtlos verstrichen ist[825]. Der Auftragnehmer muss deshalb seine geschuldete Leistung erbracht haben, die von ihm vorgelegte Rechnung fällig sein und darüber hinaus die gesetzte Nachfrist fruchtlos verblieben sein.

b) Die dem Auftragnehmer unter den genannten Voraussetzungen eingeräumte Möglichkeit zur Ausübung eines Leistungsverweigerungsrechts kollidiert in gewissem Sinne mit der **Bestimmung des § 18 Nr. 4 VOB/B**, wonach Streitigkeiten vom Grundsatz her den Auftragnehmer nicht dazu berechtigen, die von ihm geschuldeten Arbeiten einzustellen[826]. Bei § 18 Nr. 4 VOB/B handelt es sich jedoch lediglich um eine allgemeine Auffangbestimmung, der Spezialregelungen, wie die in § 16 Nr. 5 Abs. 5 VOB/B vorgehen[827]. Aus dem Verhältnis beider Bestimmungen zueinander lässt sich jedoch entnehmen, dass dem übergeordneten Kooperationsgedanken angemessen vom Auftragnehmer Rechnung getragen werden muss[828]. Hieraus lässt sich unmittelbar der Schluss ziehen, dass der Auftragnehmer nur im Falle nennenswerter Zahlungsrückstände berechtigt sein kann, seine Leistungen einstweilen einzustellen[829]. Unerhebliche Zahlungsrückstände berechtigen den Auftragnehmer nicht, die Weiterführung der Bauleistungen einzustellen[830]. Sind die von dem Auftragnehmer ausgeführten und zur Abrechnung gestellten Leistungen mangelbehaftet, ist es ihm grundsätzlich verwehrt, die Weiterführung der Arbeiten einzustellen, da dem Auftraggeber in diesem Fall seinerseits ein begründetes Leistungsverweigerungsrecht im Rahmen des § 641 Abs. 3 BGB zusteht[831]. Sofern dem Auftraggeber seinerseits ein Zurückbehaltungsrecht zusteht, gelangt er mit seinen Zahlungen gegenüber dem Auftragnehmer nicht in Verzug, so dass die Einstellung der Arbeiten unzulässig ist[832]. Ebenso ist es dem Auftragnehmer verwehrt, die Ausführung weiterer Leistungen einzustellen, wenn der Auftraggeber im Stande ist, mit berechtigten Gegenforderungen aufzurechnen. 330

Besondere Bedeutung kommt der Frage zu, inwieweit der Auftragnehmer von einem **Leistungsverweigerungsrecht im Falle von verweigerten Nachtragsverhandlungen** über unterbreitete Nachtragsangebote Gebrauch machen kann[833]. Die Rechtsprechung der Obergerichte tendiert überwiegend dahin, dem Auftragnehmer nur dann ein Leistungsverweigerungsrecht zuzubilligen, wenn der Auftraggeber Nachtragsleistungen fordert und zugleich keine Bereitschaft zu weiteren Zahlungen bzw. Zahlungsverhandlungen zeigt[834]. Sobald der Auftraggeber in Ansehung verlangter bzw. gestellter Nachträge zumindest erkennbare Bereitschaft zu weiteren vergütungsbezogenen Nachtragsverhandlungen bekundet, erscheint es nicht zuletzt vor dem Hintergrund des § 1 Nr. 3 und 4 VOB/B unangemessen, weitere bzw. zusätzlich geforderte Bau-

---

[825] *Nicklisch/Weick* VOB/B, § 16 Rdn. 85; Beck'scher VOB-Kommentar/*Motzke* VOB/B, § 16 Nr. 5 Rdn. 40.

[826] Siehe hierzu im einzelnen § 18 Rdn. 39 ff.

[827] *Nicklisch/Weick* VOB/B, § 18 Rdn. 24; Beck'scher VOB-Kommentar/*Motzke* VOB/B, § 16 Nr. 5 Rdn. 40.

[828] Vgl. BGH BauR 2000, 409, 410; *Leinemann* VOB/B, § 16 Rdn. 192.

[829] *Ingenstau/Korbion/U. Locher* VOB/B, § 16 Nr. 5 Rdn. 35; *Nicklisch/Weick* VOB/B, § 16 Rdn. 85.

[830] Beck'scher VOB-Kommentar/*Motzke* VOB/B, § 16 Nr. 5 Rdn. 41; *Leinemann* VOB/B, § 16 Rdn. 192.

[831] Vgl. *Ingenstau/Korbion/U. Locher* VOB/B, § 16 Nr. 5 Rdn. 34; *Heiermann/Riedl/Rusam* VOB/B, § 16 Rdn. 152.

[832] BGH BauR 1999, 1025, 1026; BGH BauR 1993, 600, 601; *Heiermann/Riedl/Rusam* VOB/B, § 16 Rdn. 152; *Leinemann* VOB/B, § 16 Rdn. 197.

[833] Kuffer ZfBR 2004, 110.

[834] OLG Düsseldorf BauR 1995, 251; OLG Celle BauR 1999, 262; OLG Celle BauR 2003, 890; OLG Dresden BauR 1998, 565.

leistungen so lange zurückzuhalten, wie über deren Vergütungsumfang noch kein abschließendes Einvernehmen erzielt ist[835].

331 **c)** Sofern der Auftragnehmer zur Ausübung des Leistungsverweigerungsrechts berechtigt ist, hat er zuvor dem Auftraggeber eine angemessene Nachfrist zur Zahlungsvornahme zu setzen. Hinsichtlich der Angemessenheit der Dauer dieser Frist gelten keine anderen als die zu § 16 Nr. 5 Abs. 3 VOB/B behandelten Fristen. Unter Berücksichtigung des Kooperationsgedankens wird man gerade für den Fall der vom Auftragnehmer vorgesehenen Einstellung der Arbeiten mindestens eine Nachfrist von einwöchiger Dauer zu setzen haben[836]. Eine Nachfrist von lediglich zwei Tagen ist insbesondere bei beabsichtigter Einstellung der Arbeiten im Rahmen des § 16 Nr. 5 Abs. 5 VOB/B unangemessen kurz[837].

332 Im Zusammenhang mit der Nachfristsetzung wird die Frage kontrovers behandelt, ob der Auftragnehmer verpflichtet ist, dem Auftraggeber die **Einstellung der Arbeiten vorher (mit-) anzudrohen**[838]. Die Arbeitseinstellung stellt einen schwer wiegenden Eingriff in die Abwicklung der Baumaßnahme dar, weshalb – zumal unter Berücksichtigung des den Bauvertrag überlagernden Kooperationsprinzips – dem Auftraggeber mit der Nachfristsetzung zugleich hinreichend klar und deutlich die beabsichtigte Ausübung des Leistungsverweigerungsrechts mitzuteilen ist. Abgesehen hiervon ist die Mitteilung auch aus taktischen Gründen zweckmäßig, weil sie dem Auftraggeber die Folgen weiterer Zahlungssäumigkeit greifbar vor Augen führt[839]. Allerdings besagt die Ankündigung der Ausübung des Leistungsverweigerungsrechts nicht, dass der Auftragnehmer anschließend nach fruchtlosem Verstreichen der von ihm gesetzten Frist auch tatsächlich gehalten ist, die Arbeiten einzustellen. § 16 Nr. 5 Abs. 5 VOB/B gewährt das Recht zur Arbeitseinstellung, verpflichtet den Auftragnehmer hierzu jedoch – auch bei entsprechender ausdrücklicher Ankündigung – in keinster Weise.

333 **d)** Nach Ablauf der gesetzten Nachfrist steht es dem Auftragnehmer frei, ob er die Arbeiten einstellt oder weiterführt. In Betracht kommt auch die partielle Arbeitseinstellung oder die Zurückhaltung bestimmter Teilleistungen. Für den Auftraggeber ergibt sich die Arbeitseinstellung aus seinen auf der Baustelle erlangten Kenntnissen oder aber einer entsprechenden Erklärung des Auftragnehmers. In der Praxis ist dem Auftragnehmer anzuraten, nach Fristablauf ausdrücklich und zwar schriftlich gegenüber dem Auftraggeber die **Ausübung des Zurückbehaltungsrechts** bekanntzugeben. Insoweit gelten die gleichen Grundsätze wie bei § 6 Nr. 1 VOB/B: Auch wenn die Arbeitseinstellung vom Grundsatz her offenkundig ist (§ 6 Nr. 1 Satz 2 VOB/B), ist eine ausdrückliche schriftliche (Behinderungs-) Anzeige nicht zuletzt aus Beweisgründen zweckmäßig (§ 6 Nr. 1 Satz 1 VOB/B)[840]. Für eine derartige Anzeige spricht im übrigen auch deren Zweck, nämlich dem Auftraggeber nochmals eindringlich die von ihm auszuräumenden Behinderungsumstände vor Augen zu führen.

334 **e)** Die **Folgen der Arbeitseinstellung** bestehen in folgendem:

- Der Auftragnehmer ist vorübergehend nicht mehr verpflichtet, weitere Leistungen auszuführen. Hieran ändert auch die dem Auftragnehmer obliegende Vorleistungspflicht nichts, da sich

[835] Kuffer ZfBR 2004, 110 m.w.N.

[836] Vgl. *Ingenstau/Korbion/U. Locher* VOB/B, § 16 Nr. 5 Rdn. 17.

[837] A.A. OLG Frankfurt NJW-RR 1987, 979, 980; kritisch hierzu *Heiermann/Riedl/Rusam* VOB/B, § 16 Rdn. 148; vgl. auch *Leinemann* VOB/B, § 16 Rdn. 178, der eine Nachfrist von 2–4 Werktagen für ausreichend erachten will.

[838] Für eine Androhung OLG Düsseldorf BauR 1975, 428; OLG Frankfurt BauR 1988, 599, 600; *Ingenstau/Korbion/U. Locher* VOB/B, § 16 Nr. 5 Rdn. 36; a.A. *Heiermann/Riedl/Rusam* VOB/B, § 16 Rdn. 154; für eine Ankündigung im Einzelfall aus Treuepflicht Beck'scher VOB-Kommentar/*Motzke* VOB/B, § 16 Nr. 5 Rdn. 41; ähnlich *Leinemann* VOB/B, § 16 Rdn. 193; gegen eine Ankündigung *Nicklisch/Weick* VOB/B, § 16 Rdn. 85.

[839] Vgl. *Leinemann* VOB/B, § 16 Rdn. 193.

[840] Siehe hierzu im einzelnen § 6 Rdn. 5 ff.

für ihn das **Leistungsverweigerungsrecht** aus früheren, rechnerisch unerledigten Leistungsabschnitten ergibt. Die Arbeiten können vom Auftragnehmer ganz oder auch nur teilweise eingestellt werden. Im Zuge dessen ist der Auftragnehmer auch berechtigt, die Baustelle zu räumen. Eine Ausnahme gilt nur dann, wenn der Auftragnehmer (nunmehr) die Zahlung vornimmt oder aber nachweist, dass die Zahlungsvornahme selbst von ihm unwiderruflich veranlasst wurde.

– Der Auftragnehmer kann die ihm zustehenden **Zahlungsansprüche** außergerichtlich und gerichtlich weiterverfolgen. Ihm steht darüber hinaus der Zinsanspruch nach § 16 Nr. 5 Abs. 3 VOB/B kumulativ zu.
– Der Auftragnehmer ist unter den weiteren Voraussetzungen des § 9 Nr. 1 b VOB/B zur **Kündigung des Bauvertrages** berechtigt[841].
– Der Auftragnehmer ist ferner aufgrund der Zahlungssäumigkeit des Auftraggebers in der **Ausführung seiner Leistungen behindert**. Dementsprechend kann der Auftragnehmer nach § 6 Nr. 2 Abs. 1 VOB/B verlangen, dass die Ausführungsfristen nach Beendigung der behindernden Umstände, also der Bezahlung seiner Leistungen verlängert werden. Einzelheiten zur Fristverlängerung ergeben sich aus § 6 Nr. 4 VOB/B[842]. Außerdem steht dem Auftragnehmer Schadensersatz nach Maßgabe des § 6 Nr. 6 VOB/B oder wahlweise Entschädigung gemäß § 642 BGB zu[843].
– Nach § 648 a BGB kann der Auftragnehmer **Sicherheit** von dem Auftraggeber bis zur Höhe des voraussichtlichen Vergütungsanspruches verlangen (§ 648 Abs. 1 Satz 2 BGB).

Umgekehrt steht dem Auftraggeber bei berechtigter Arbeitseinstellung nicht das Recht zur Auftragsentziehung gemäß § 8 Nr. 3 VOB/B zu[844]. Bei einer gleichwohl vom Auftraggeber ausgesprochenen Kündigung handelt es sich um eine solche nach § 8 Nr. 1 VOB/B. 335

f) Der Auftraggeber kann durch seine **Allgemeinen Geschäftsbedingungen** dem Auftragnehmer nicht die Befugnis nehmen, im Falle der Zahlungssäumigkeit die Arbeiten einzustellen. Dem stehen § 11 Nr. 2 a, § 9 Abs. 2 Nr. 1 AGBG a.F. bzw. § 309 Nr. 2, § 307 Abs. 1 BGB entgegen. Danach sind in Allgemeinen Geschäftsbedingungen Bestimmungen unwirksam, mit denen das dem Auftragnehmer nach § 320 BGB bzw. § 16 Nr. 5 Abs. 5 VOB/B zustehende Leistungsverweigerungsrecht ausgeschlossen oder eingeschränkt wird[845]. Eine Ausnahme soll nach dem BGH jedoch für **Bauverträge** gelten, die **zwischen Bauunternehmen** geschlossen werden, da die formularmäßige Abbedingung der §§ 273, 320 BGB im Geschäftsverkehr zwischen Unternehmen zulässig sein soll[846]. Der Auffassung des BGH kann im Ergebnis nicht gefolgt werden. Wird dem bauausführenden Unternehmen formularmäßig die Befugnis zur Ausübung eines Leistungsverweigerungsrechts genommen, verstößt dies – auch im kaufmännischen Geschäftsverkehr – gegen den Grundgedanken des (neu eingeführten) § 632 a BGB, wonach dem Unternehmer unter den dort genannten Voraussetzungen trotz bestehender Vorleistungspflicht Abschlagszahlungen zu gewähren sind. Das gesetzlich begründete Recht des Unternehmers auf Abschlagszahlungen wird unterlaufen, wenn ihm durch Allgemeine Geschäftsbedingungen des Bestellers die Befugnis genommen wird, durch die Ausübung eines Leistungsverweigerungsrechts dem gesetzlich begründeten Verlangen nach Abschlagszahlungen Geltung zu verleihen. 336

---

[841] Siehe im einzelnen § 9 Rdn. 29 ff.
[842] Siehe im einzelnen § 6 Rdn. 36 ff.
[843] Ingenstau/Korbion/U. *Locher* VOB/B, § 16 Nr. 5 Rdn. 33; Beck'scher VOB-Kommentar/*Motzke* VOB/B, § 16 Nr. 5 Rdn. 40; *Franke/Kemper/Zanner/Grünhagen* VOB/B, § 16 Rdn. 150; *Leinemann* VOB/B, § 16 Rdn. 194.
[844] OLG Düsseldorf BauR 1992, 541; *Franke/Kemper/Zanner/Grünhagen* VOB/B, § 16 Rdn. 151.
[845] Vgl. Beck'scher VOB-Kommentar/*Motzke* VOB/B, § 16 Nr. 5 Rdn. 43 zum bisherigen Recht; *Palandt/Heinrichs* BGB, § 309 Rdn. 15 zum geltenden Recht.
[846] BGHZ 115, 324, 327; *Palandt/Heinrichs* BGB, § 309 Rdn. 16.

VII. Zahlung an Dritte (§ 16 Nr. 6 VOB/B)

337 **a)** Durch die VOB 2002 ist § 16 Nr. 6 VOB/B partiell neu gefasst worden. Die Änderung geht zurück auf die Rechtsprechung des BGH, wonach § 16 Nr. 6 Satz 1 VOB/B in der bisherigen Fassung jedenfalls der isolierten Inhaltskontrolle nach AGB-Recht nicht standhielt[847]. Nach dem gesetzlichen Leitbild der §§ 362 ff. BGB kann eine Zahlung an einen Dritten den Auftraggeber nur von seiner eigenen Zahlungspflicht an den Auftragnehmer befreien, wenn der Auftragnehmer zuvor den Dritten zur Inempfangnahme der Zahlung ermächtigt hat[848]. Die **bisherige Fassung des § 16 Nr. 6 VOB/B** sah vor, dass die Zahlung an den Nachunternehmer des Auftragnehmers schon dann erfolgen konnte, wenn der Auftragnehmer sich mit eigenen Zahlungen gegenüber dem Nachunternehmer im Verzuge befunden hat. Ein nachhaltiges Interesse des Auftraggebers, selbst anstelle des Auftragnehmers die Empfangszuständigkeit für die Leistung zu bestimmen, kann jedoch erst dann angenommen werden, wenn der Nachunternehmer wegen des Zahlungsverzuges des Auftragnehmers die Fortsetzung seiner Arbeiten am Bauvorhaben verweigert und deshalb nur durch eine Direktzahlung die Weiterführung der Gesamtbaumaßnahme sichergestellt werden kann[849]. Ausgehend hiervon ist nunmehr – anders als in der bisherigen Fassung des § 16 Nr. 6 VOB/B – ausdrücklich vorgesehen, dass die Zahlung an einen Nachunternehmer erst und nur dann in Betracht kommt, wenn sich der Auftragnehmer einerseits mit seinen Zahlungen im Verzuge befindet, wenn andererseits der Nachunternehmer die Fortsetzung seiner Leistungen (deshalb) zu Recht verweigert und schließlich die Direktzahlung des Auftraggebers dazu dient, die Fortsetzung der Leistung durch den Nachunternehmer am Bauvorhaben sicherzustellen[850].

338 **b)** Die Vorschrift des § 16 Nr. 6 VOB/B ist auf das **Verhältnis zwischen Hauptunternehmer und Nachunternehmer** zugeschnitten. Der Auftraggeber steht vom Grundsatz her lediglich mit dem Hauptunternehmer in vertraglicher Beziehung. Zahlungsverpflichtungen hat er deshalb ausschließlich im Verhältnis zu seinem Auftragnehmer, also dem Hauptunternehmer zu erfüllen. Dieser ist wiederum aufgrund gesonderter vertraglicher Vereinbarung gegenüber seinem Nachunternehmer zahlungspflichtig. Kommt der Hauptunternehmer dieser Zahlungsverpflichtung nicht nach, so hat dies vertragsrechtlich zunächst keinerlei Auswirkungen auf das Vertrags- und Zahlungsverhältnis zwischen dem Auftraggeber und dem Auftragnehmer/Hauptunternehmer. Allerdings kommt rein praktisch die Baumaßnahme regelmäßig wegen eines vom Nachunternehmer ausgeübten Leistungsverweigerungsrechts zum Erliegen (§ 16 Nr. 5 Abs. 5 VOB/B). Der Auftraggeber hat deshalb in derartigen Fällen ein nachhaltiges Interesse daran, dass der Nachunternehmer die von ihm zugesagten Bauleistungen weiterführt, nicht im unmittelbaren vertraglichen Erfüllungsinteresse gegenüber dem Hauptunternehmer, sondern im Interesse der Realisierung der arbeitsteilig ausgeführten Bauaufgaben[851]. In dieser Situation soll dem Auftraggeber die Möglichkeit an die Hand gegeben werden, durch Zahlung an den Nachunternehmer als Dritten seine Schulden gegenüber dem Auftragnehmer zu erfüllen[852]. Macht der Auftraggeber von dieser Möglichkeit Gebrauch, hat er jedoch zu beachten, dass nur die strikte Wahrung der zwingenden Tatbestandsvoraussetzungen des § 16 Nr. 6 VOB/B zu einer begründeten Zahlungsbefreiung im Verhältnis zum Auftragnehmer führt[853]. Die praktische Anwendung des § 16 Nr. 6 VOB/B zieht in aller Regel nicht unerhebliche finanzielle Risiken für den Auftraggeber nach sich, vor allem im Zusammenhang mit Einschränkungen, die sich aus den insolvenzrechtlichen Vorschriften

---

[847] BGH NJW 1990, 2384.

[848] BGH NJW 1990, 2384; *Ingenstau/Korbion/U. Locher* VOB/B, § 16 Nr. 6 Rdn. 2.

[849] *Ingenstau/Korbion/U. Locher* VOB/B, 14. Aufl., § 16 Rdn. 315; *Heiermann/Riedl/Rusam* VOB/B, § 16 Rdn. 163.

[850] Vgl. zur Neufassung *Tempel* NZBau 2002, 532, 533.

[851] Vgl. *Nicklisch/Weick* VOB/B, § 16 Rdn. 91.

[852] *Ingenstau/Korbion/U. Locher* VOB/B, § 16 Nr. 6 Rdn. 2; Beck'scher VOB-Kommentar/*Motzke* VOB/B, § 16 Nr. 6 Rdn. 8.

[853] *Heiermann/Riedl/Rusam* VOB/B, § 16 Rdn. 162.

ergeben[854]. Der Auftraggeber kann im Falle der Insolvenz des Auftragnehmers unter Beachtung des § 82 InsO keine Zahlung mehr mit schuldbefreiender Wirkung an einen Dritten leisten. Infolgedessen wird der Auftraggeber in Zweifelsfällen von Direktzahlungen Abstand nehmen[855].

c) Der **Auftraggeber hat ein Wahlrecht**, ob er von der Möglichkeit des § 16 Nr. 6 VOB/B Gebrauch machen will[856]. Dem Auftraggeber steht deshalb das Recht zu, Zahlung an den Auftragnehmer (Hauptunternehmer) oder aber an den Dritten (Nachunternehmer) zu erbringen. Weder ist der Auftraggeber hierzu verpflichtet noch kann der Auftragnehmer mangels Fehlens einer unmittelbaren Vertragsbeziehung gestützt auf § 16 Nr. 6 VOB/B Zahlungsansprüche direkt gegenüber dem Auftraggeber geltend machen[857]. Der Auftraggeber kann deshalb ohne weiteres ein Zahlungsverlangen des Dritten zurückweisen, ohne sich diesem gegenüber pflichtwidrig zu verhalten[858]. **339**

Etwas anderes gilt aber dann, wenn der Auftraggeber aufgrund der Zahlungssäumigkeit seines Auftragnehmers in eine unmittelbare vertragliche Beziehung mit dessen Nachunternehmer eintritt. So kann zwischen Auftraggeber und Nachunternehmer vereinbart werden, dass letzterer gegen bestimmte, ihm zu gewährende Vergütung die vom Auftragnehmer geschuldeten Bauleistungen „an dessen Stelle" ausführt. Im Falle derartiger Vereinbarungen ergeben sich Zahlungsansprüche des Nachunternehmers nicht über § 16 Nr. 6 VOB/B, sondern alleine aus den **mit dem Auftragnehmer getroffenen bauvertragsrechtlichen Vereinbarungen**[859]. Derartige Vereinbarungen werden häufig getroffen, wenn der Auftragnehmer seine Leistungen eingestellt hat oder aber das Vertragsverhältnis mit ihm gekündigt wurde, so dass dem Auftraggeber daran gelegen ist, die noch ausstehende Bauleistung mit dem Nachunternehmer weiterzuführen. **340**

Unabhängig von derartigen ausdrücklichen bauvertraglichen Vereinbarungen kann alleine aus der **Bereitschaft des Auftraggebers zur Vornahme von Direktzahlungen** noch nicht auf das Vorliegen eines eigenständigen Garantieversprechens oder aber einer Schuldübernahme geschlossen werden[860]. Verspricht der Auftraggeber einem Nachunternehmer, der sich wegen Zahlungsverzuges des Hauptauftragnehmers an ihn gewandt hat, er werde von seinen Rechten gemäß § 16 Nr. 6 VOB/B Gebrauch machen, so übernimmt der Auftraggeber dadurch gegenüber dem Nachunternehmer auch keine Bürgschaft[861]. **341**

d) Im einzelnen sind folgende Voraussetzungen im Rahmen des § 16 Nr. 6 VOB/B zu wahren: **342**

- Der Auftraggeber **muss** seinerseits **zu Zahlungen an den Auftragnehmer verpflichtet sein**. Die Zahlungsverpflichtungen müssen sich dabei aus § 16 Nr. 1–5 VOB/B ergeben. Bestehen derartige Zahlungspflichten nicht, können naturgemäß Zahlungen an den Nachunternehmer keine schuldbefreiende Wirkung im Verhältnis zum Auftragnehmer (Hauptunternehmer) haben. Dies gilt insbesondere für Zahlungen, die „im voraus" bzw. vor Fälligkeit der Forderung des Auftragnehmers an dessen Nachunternehmer geleistet werden[862]. **343**
- Direktzahlungen kommen nur **an Gläubiger des Auftragnehmers** in Betracht, die an der Ausführung der vertraglichen Leistung des Auftragnehmers aufgrund eines mit diesem abgeschlossenen Dienst- oder Werkvertrages beteiligt sind. Als Begünstigte kommen deshalb regelmäßig – wie dargelegt – Nachunternehmer des Auftragnehmers (Hauptunternehmers) in Betracht[863]. Ferner kann eine Direktzahlung auch an vom Auftragnehmer beauftragte Archi- **344**

---

[854] *Dähne* BauR 1976, 29; *Heiermann/Riedl/Rusam* VOB/B, § 16 Rdn. 168.
[855] Vgl. *Tempel* NZBau 2002, 532, 533 f.
[856] Vgl. BGH BauR 1986, 454; BGH BauR 1990, 727; BGH BauR 1999, 1189; *Ingenstau/Korbion/U. Locher* VOB/B, § 16 Nr. 6 Rdn. 3; *Franke/Kemper/Zanner/Grünhagen* VOB/B, § 16 Rdn. 152.
[857] BGH NZBau 2001, 448; BGH NJW 1986, 2761; *Nicklisch/Weick* VOB/B, § 16 Rdn. 92.
[858] *Ingenstau/Korbion/U. Locher* VOB/B, § 16 Nr. 6 Rdn. 3.
[859] *Franke/Kemper/Zanner/Grünhagen* VOB/B, § 16 Rdn. 153.
[860] OLG München IBR 2000, 363; *Franke/Kemper/Zanner/Grünhagen* VOB/B, § 16 Rdn. 153.
[861] BGH NZBau 2001, 448.
[862] Beck'scher VOB-Kommentar/*Motzke* VOB/B, § 16 Nr. 6 Rdn. 25.
[863] *Nicklisch/Weick* VOB/B, § 16 Rdn. 90.

tekten und Ingenieure erfolgen[864]. Da Direktzahlungen auch bei abgeschlossenen Dienstverträgen zulässig sein sollen, ist der Auftraggeber auch gegenüber Angestellten und Arbeitern des Auftragnehmers zahlungsberechtigt[865]. Unter den Anwendungsrahmen des § 16 Nr. 6 VOB/B fallen jedoch nicht Zulieferer und Lieferanten des Auftragnehmers, soweit diese ihre Leistungen auf der Grundlage abgeschlossener Kaufverträge erbringen[866].

345 – Der **Auftragnehmer** muss sich mit seinen Zahlungen gegenüber dem Dritten **im Verzuge** befinden. Die Forderungen der Dritten müssen fällig sein. Die Dritten haben darüber hinaus das Vorliegen der Verzugsvoraussetzungen darzutun[867]. Aus Sicht des Auftraggebers bestehen gerade bei der Beurteilung der Fälligkeit der von Dritten gestellten Forderungen nicht unerhebliche Risiken. Vor allem vermag der Auftraggeber häufig nicht hinreichend zu übersehen, ob der Auftragnehmer seinerseits zu leistungs- und/oder abrechnungsbezogenen Einwendungen gegenüber dem Nachunternehmer berechtigt ist.

346 – Die zu vergütenden Leistungen des Dritten müssen in unmittelbarer **Beziehung zu dem Bauvorhaben** des Auftraggebers stehen. Die Vorschrift des § 16 Nr. 6 VOB/B sanktioniert nicht Direktzahlungen, die an Gläubiger des Auftragnehmers vorgenommen werden, ohne dass sie im Zusammenhang mit von den Dritten für die Baumaßnahme ausgeführten Leistungen stehen. Die Dritten müssen insbesondere an der Erfüllung der vom Auftragnehmer bei der Baumaßnahme des Auftraggebers geschuldeten Leistungen mitgewirkt haben[868].

347 – Voraussetzung ist ferner, dass die Dritten wegen Zahlungsverzuges des Auftragnehmers die Fortsetzung ihrer Leistungen bei der Baumaßnahme des Auftraggebers zu Recht verweigern. Gemeint sind damit Fälle, in denen die Dritten wegen ausstehender Zahlungen von einem ihnen zustehenden **Leistungsverweigerungsrecht** nach § 320 BGB oder aber nach § 16 Nr. 5 Abs. 5 VOB/B Gebrauch machen. Ausreichend ist deshalb nicht mehr nur der bloße Zahlungsverzug des Auftragnehmers, sondern darüber hinaus auch die berechtigte Weigerung der Dritten, weitere Leistungen am und im Zusammenhang mit der Baumaßnahme des Auftraggebers auszuführen.

348 – Hiermit korrespondiert das weitere Erfordernis, wonach die Direktzahlung des Auftraggebers gerade dem Zweck dienen muss, die **Fortsetzung der Leistungen sicherzustellen**. Zahlungen, die lediglich dazu dienen, Dritte als Gläubiger des Auftragnehmers in bevorzugter Weise zu befriedigen, vermögen nach der Neufassung des § 16 Nr. 6 VOB/B keine schuldbefreiende Wirkung mehr auszulösen. Vor allem ist der Auftraggeber nach Beendigung der Leistungen der Dritten – etwa eines Nachunternehmers – nicht mehr befugt, diesen über § 16 Nr. 6 VOB/B im Wege der Direktzahlung Vergütung zukommen zu lassen. Nach Abschluss aller Arbeiten kann es naturgemäß nicht mehr dem Zweck der Direktzahlung entsprechen, den betreffenden Nachunternehmer zur Fortsetzung seiner Leistung im Interesse der Realisierung der Baumaßnahme des Auftraggebers anzuhalten.

349 – Wenn der Auftraggeber unter vorgenannten Voraussetzungen über die Vornahme von Direktzahlungen entscheiden will, ist er berechtigt, jedoch nicht zwingend verpflichtet, den Auftragnehmer innerhalb einer ihm zu setzenden Frist dazu aufzufordern, sich darüber zu erklären, ob und inwieweit dieser die Forderungen der Dritten anerkennt (§ 16 Nr. 6 Satz 2 VOB/B). Da der Auftraggeber regelmäßig nicht über alle Informationen aus dem Vertragsverhältnis zwischen dem Auftragnehmer und dem Dritten verfügt, ist es zum Zwecke der Risikobegrenzung anzuraten, von dem **eingeräumten Erkundigungsrecht** Gebrauch zu machen[869]. Dem

---

[864] *Dähne* BauR 1976, 29, 30; *Ingenstau/Korbion/U. Locher* VOB/B, § 16 Nr. 6 Rdn. 12.

[865] *Ingenstau/Korbion/U. Locher* VOB/B, § 16 Nr. 6 Rdn. 12.

[866] Beck'scher VOB-Kommentar/*Motzke* VOB/B, § 16 Nr. 6 Rdn. 27; *Ingenstau/Korbion/U. Locher* VOB/B, § 16 Nr. 6 Rdn. 12.

[867] Beck'scher VOB-Kommentar/*Motzke* VOB/B, § 16 Nr. 6 Rdn. 28; *Heiermann/Riedl/Rusam* VOB/B, § 16 Rdn. 160; *Nicklisch/Weick* VOB/B, § 16 Rdn. 91; *Franke/Kemper/Zanner/Grünhagen* VOB/B, § 16 Rdn. 157.

[868] *Ingenstau/Korbion/U. Locher* VOB/B, § 16 Nr. 6 Rdn. 13; *Franke/Kemper/Zanner/Grünhagen* VOB/B, § 16 Rdn. 157.

[869] Vgl. Beck'scher VOB-Kommentar/*Motzke* VOB/B, § 16 Nr. 6 Rdn. 30, wobei dort jedoch entgegen

Auftraggeber steht es jedoch gleichermaßen frei, auf weitere Erkundigungen zu verzichten. Das dadurch bedingte Risiko einseitiger und/oder unvollständiger Unterrichtung durch den Dritten trifft in diesem Fall aber uneingeschränkt den Auftraggeber, da er unter Umständen nicht mit schuldbefreiender Wirkung Zahlung an den Dritten zu leisten vermag.

- Macht der Auftraggeber von dem ihm eingeräumten Erkundigungsrecht Gebrauch, so hat er dem Auftragnehmer eine **angemessene Erklärungsfrist** zu setzen. Da diese Frist dazu dienen soll, dem Auftragnehmer zu ermöglichen, intern zu klären, ob und inwieweit die Forderungen Dritter anerkannt werden, darf die Frist nicht unangemessen kurz sein. Das Interesse des Auftraggebers an der Fortführung der Leistungen durch die Dritten kann nicht dazu führen, dass dem Auftragnehmer lediglich eine Erklärungsfrist von nur wenigen Tagen oder gar Stunden gesetzt wird. 350
- Auf ein entsprechendes Verlangen hat sich der Auftragnehmer innerhalb der ihm gesetzten Frist darüber zu erklären, ob und in wieweit er die Forderung der Dritten anerkennt. Wird diese **Erklärung vom Auftragnehmer** nicht bzw. nicht rechtzeitig abgegeben, so gelten damit qua Fiktion die Voraussetzungen für die vom Auftraggeber zu bewirkende Direktzahlung als anerkannt (§ 16 Nr. 6 Satz 2 VOB/B). Bestreitet der Auftragnehmer innerhalb der ihm gesetzten Frist die Forderungen der Dritten oder aber deren Fälligkeit, so steht es dem Auftraggeber gleichwohl frei, aufgrund seiner ihm anderweitig zugänglichen Informationen mit schuldbefreiender Wirkung an den Dritten zu leisten. Lagen dabei jedoch nicht die von § 16 Nr. 6 Satz 1 VOB/B geforderten Voraussetzungen vor, hat die Zahlung des Auftraggebers keine schuldbefreiende Wirkung. Praktisch führt dies zu der Verpflichtung des Auftraggebers, trotz der an den Dritten geleisteten Zahlung nochmals seiner schuldrechtlichen Zahlungsverpflichtung gegenüber dem Auftragnehmer nachzukommen[870]. 351

Die vorgenannten, engen Tatbestandsvoraussetzungen des § 16 Nr. 6 VOB/B führen in der Praxis zu nicht unerheblichen **Risiken für den Auftraggeber**. Vor allem trägt er letztlich das Risiko, dass die von ihm an einen Dritten – ohne rechtliche Verpflichtung – geleisteten Zahlungen nicht als schuldbefreiend im Verhältnis zu seinem Auftragnehmer angesehen werden. Vor diesem Hintergrund ist bei der Heranziehung des § 16 Nr. 6 VOB/B grundsätzlich aus Sicht des Auftraggebers Zurückhaltung angezeigt. 352

e) In folgenden Fällen ist die **Heranziehung des § 16 Nr. 6 VOB/B ausgeschlossen**: 353

- Hat der Auftragnehmer seinen Vergütungsanspruch gegen den Auftraggeber an den Dritten **abgetreten**, so erfolgt die Zahlung des Auftraggebers nicht nach § 16 Nr. 6 VOB/B, sondern aufgrund der erfolgten Zession (§ 398 BGB)[871]. Wurde ein Abtretungsverbot ausbedungen, so kann die Erklärung des Auftraggebers, die Abtretung werde auf der Basis des § 16 Nr. 6 VOB/B anerkannt, als Abtretungsgenehmigung verstanden werden[872]. 354
- Entsprechendes gilt auch bei der **Verpfändung bzw. Pfändung** der Forderung des Auftragnehmers gegen den Auftraggeber[873]. Auch in diesem Fall kann die Zahlung des Auftraggebers – gleich ob an den Auftragnehmer oder aber an einen Dritten – keine schuldbefreiende Wirkung mehr haben. 355
- Nichts anderes gilt auch nach **Eröffnung des Insolvenzverfahrens**, da der Auftraggeber ab diesem Zeitpunkt keine Zahlungen mit schuldbefreiender Wirkung mehr an Dritte vor- 356

---

dem Wortlaut der Bestimmung von einer „Erkundigungspflicht" des Auftraggebers gesprochen wird; weitergehend für eine Erkundigungspflicht als „Nebenpflicht" aus dem Bauvertrag *Ingenstau/Korbion/U. Locher* VOB/B, § 16 Nr. 6 Rdn. 18; gegen eine entsprechende Verpflichtung allerdings *Dähne* BauR 1976, 29, 31; *Nicklisch/Weick* VOB/B, § 16 Rdn. 96.

[870] *Dähne* BauR 1976, 29, 32; *Nicklisch/Weick* VOB/B, § 16 Rdn. 96.

[871] *Dähne* BauR 1976, 29, 33; *Heiermann/Riedl/Rusam* VOB/B, § 16 Rdn. 166; *Ingenstau/Korbion/U. Locher* VOB/B, § 16 Nr. 6 Rdn. 8.

[872] BGH ZfBR 1999, 59; *Heiermann/Riedl/Rusam* VOB/B, 9. Aufl., § 16 Rdn. 126.

[873] *Dähne* BauR 1976, 29, 33; *Heiermann/Riedl/Rusam* VOB/B, 9. Aufl., § 16 Rdn. 127; a.A. *Bartsch* BB 1989, 510.

nehmen kann (vgl. §§ 81, 82 InsO)[874]. Die Anzeige der Masseunzulänglichkeit seitens des Insolvenzverwalters steht insoweit den Wirkungen der Eröffnung des Insolvenzverfahrens im Zusammenhang mit § 16 Nr. 6 VOB/B gleich (§ 208 InsO).

357 – Vor Eröffnung des Insolvenzverfahrens ist es dem Auftraggeber gleichermaßen verwehrt, an Dritte als Gläubiger des Auftragnehmers Zahlungen zu leisten, wenn nach einem Antrag auf Durchführung des Insolvenzverfahrens ein allgemeines **Verfügungs- und Veräußerungsverbot** erlassen wird (§ 21 Abs. 2 Nr. 2 InsO)[875].

Insolvenzrechtlich ist ferner von Bedeutung, daß der Auftragnehmer nicht unmittelbar gestützt auf § 16 Nr. 6 VOB/B eine Direktzahlung von dem Hauptauftraggeber „zu beanspruchen" hat. Für die Anfechtbarkeit derartiger Zahlungen ergibt sich hieraus nach überwiegendem Verständnis eine inkongruente Deckung, die nach § 181 Abs. 1 InsO als anfechtbare Rechtshandlung betrachtet wird[876].

358 Besondere Probleme ergaben sich in der Vergangenheit daraus, dass die isolierte Vereinbarung des § 16 Nr. 6 VOB/B als unwirksam angesehen wurde[877]. Dies hatte zur Konsequenz, dass bei fehlender wirksamer Vereinbarung der VOB/B als Ganzes keine schuldbefreiende Wirkung nach § 16 Nr. 6 VOB/B eintreten konnte[878]. Diesem Risiko konnte früher lediglich durch eine individuelle vertragliche Vereinbarung vorgebeugt werden[879]. Nach der mit der VOB 2002 vorgenommenen Änderung des § 16 Nr. 6 VOB/B wurde den Bedenken des BGH Rechnung getragen und damit sichergestellt, dass die Bestimmung nicht mehr gegen AGB-rechtliche Vorschriften verstößt[880].

§ 17 Sicherheitsleistung

1. (1) Wenn Sicherheitsleistung vereinbart ist, gelten die §§ 232 bis 240 BGB, so weit sich aus den nachstehenden Bestimmungen nichts anderes ergibt.
(2) Die Sicherheit dient dazu, die vertragsgemäße Ausführung der Leistung und die Mängelansprüche sicherzustellen.

2. Wenn im Vertrag nichts anderes vereinbart ist, kann Sicherheit durch Einbehalt oder Hinterlegung von Geld oder durch Bürgschaft eines Kreditinstituts oder Kreditversicherers geleistet werden, sofern das Kreditinstitut oder der Kreditversicherer
– in der Europäischen Gemeinschaft oder
– in einem Staat der Vertragsparteien des Abkommens über den Europäischen Wirtschaftsraum oder
– in einem Staat der Vertragsparteien des WTO-Übereinkommens über das öffentliche Beschaffungswesen
zugelassen ist.

3. Der Auftragnehmer hat die Wahl unter den verschiedenen Arten der Sicherheit; er kann eine Sicherheit durch eine andere ersetzen.

4. Bei Sicherheitsleistung durch Bürgschaft ist Voraussetzung, dass der Auftraggeber den Bürgen als tauglich anerkannt hat. Die Bürgschaftserklärung ist schriftlich unter Verzicht auf die Einrede der Vorausklage abzugeben (§ 771 BGB); sie darf nicht auf bestimmte Zeit begrenzt und muss nach Vorschrift des Auftraggebers ausgestellt sein. Der Auftraggeber kann als Sicherheit keine Bürgschaft fordern, die den Bürgen zur Zahlung auf erstes Anfordern verpflichtet.

---

[874] Vgl. BGH BauR 1986, 454; *Heiermann/Riedl/Rusam* VOB/B, § 16 Rdn. 168; *Ingenstau/Korbion/U. Locher* VOB/B, § 16 Nr. 6 Rdn. 20.

[875] BGH BauR 1999, 1189; *Ingenstau/Korbion/U. Locher* VOB/B, § 16 Nr. 6 Rdn. 20.

[876] OLG Dresden ZIP 1999, 2161, 2165 ff.; Schmitz, Die Bauinsolvenz, Rdn. 410; kritisch hierzu Brauns BauR 2003, 301.

[877] BGH NJW 1990, 2384.

[878] *Bergmann* ZfBR 1998, 59, 64; *Leinemann* VOB/B, § 16 Rdn. 224.

[879] *Leinemann* VOB/B, § 16 Rdn. 224.

[880] Vgl. *Leinemann* VOB/B, § 16 Rdn. 224; a.A. *Tempel* NZBau 2002, 532, 533, der nach wie vor bei isolierter Betrachtung einen Verstoß gegen § 308 Nr. 5 BGB bejaht.

5. Wird Sicherheit durch Hinterlegung von Geld geleistet, so hat der Auftragnehmer den Betrag bei einem zu vereinbarenden Geldinstitut auf ein Sperrkonto einzuzahlen, über das beide nur gemeinsam verfügen können („Und-Konto"). Etwaige Zinsen stehen dem Auftragnehmer zu.

6. (1) Soll der Auftraggeber vereinbarungsgemäß die Sicherheit in Teilbeträgen von seinen Zahlungen einbehalten, so darf er jeweils die Zahlung um höchstens 10 v.H. kürzen, bis die vereinbarte Sicherheitssumme erreicht ist. Sofern Rechnungen ohne Umsatzsteuer gemäß § 13 b UStG gestellt werden, bleibt die Umsatzsteuer bei der Berechnung des Sicherheitseinbehalts unberücksichtigt. Den jeweils einbehaltenen Betrag hat er dem Auftragnehmer mitzuteilen und binnen 18 Werktagen nach dieser Mitteilung auf ein Sperrkonto bei dem vereinbarten Geldinstitut einzuzahlen. Gleichzeitig muss er veranlassen, dass dieses Geldinstitut den Auftragnehmer von der Einzahlung des Sicherheitsbetrags benachrichtigt. Nummer 5 gilt entsprechend.

(2) Bei kleineren oder kurzfristigen Aufträgen ist es zulässig, dass der Auftraggeber den einbehaltenen Sicherheitsbetrag erst bei der Schlusszahlung auf ein Sperrkonto einzahlt.

(3) Zahlt der Auftraggeber den einbehaltenen Betrag nicht rechtzeitig ein, so kann ihm der Auftragnehmer hierfür eine angemessene Nachfrist setzen. Lässt der Auftraggeber auch diese verstreichen, so kann der Auftragnehmer die sofortige Auszahlung des einbehaltenen Betrags verlangen und braucht dann keine Sicherheit mehr zu leisten.

(4) Öffentliche Auftraggeber sind berechtigt, den als Sicherheit einbehaltenen Betrag auf eigenes Verwahrgeldkonto zu nehmen; der Betrag wird nicht verzinst.

7. Der Auftragnehmer hat die Sicherheit binnen 18 Werktagen nach Vertragsabschluss zu leisten, wenn nichts anderes vereinbart ist. So weit er diese Verpflichtung nicht erfüllt hat, ist der Auftraggeber berechtigt, vom Guthaben des Auftragnehmers einen Betrag in Höhe der vereinbarten Sicherheit einzubehalten. Im Übrigen gelten die Nummern 5 und 6 außer Abs. 1 Satz 1 entsprechend.

8. (1) Der Auftraggeber hat eine nicht verwertete Sicherheit für die Vertragserfüllung zum vereinbarten Zeitpunkt, spätestens nach Abnahme und Stellung der Sicherheit für Mängelansprüche, zurückzugeben, es sei denn, dass Ansprüche des Auftraggebers, die nicht von der gestellten Sicherheit für Mängelansprüche umfasst sind, noch nicht erfüllt sind. Dann darf er für diese Vertragserfüllungsansprüche einen entsprechenden Teil der Sicherheit zurückhalten.

(2) Der Auftraggeber hat eine nicht verwertete Sicherheit für Mängelansprüche nach Ablauf von zwei Jahren zurückzugeben, sofern kein anderer Rückgabezeitpunkt vereinbart worden ist. Soweit jedoch zu diesem Zeitpunkt seine geltend gemachten Ansprüche noch nicht erfüllt sind, darf er einen entsprechenden Teil der Sicherheit zurückhalten.

Schrifttum: *Amelung* Der Sicherheitseinbehalt gemäß § 17 Nr. 6 VOB/B in der Insolvenz des Auftraggebers, BauR 1999, 801 – *Bach* Gewährleistungsbürgschaften der Kautionsversicherer – Zu den Versuchen, den Umfang der Bürgschaftsverpflichtung zu beschränken, IBR 2005, 592 – *Belz*, Gewährleistungsbürgschaft auf erstes Anfordern – und noch kein Ende, ZfBR 1998, 1 – *Berger* Die Vertragserfüllungssicherheit, BauRB 2005, 86 ff. – *Bergström/Schultsz/Käser* Garantieverträge im Handelsverkehr, 1972 – *Beyer/Zuber* Die Gewährleistungsbürgschaft auf erstes Anfordern im Bauvertragsrecht, MDR 1999, 1298 – *Biebelheimer* Der Anspruch auf Herausgabe einer als Austauschsicherheit gewährten Bürgschaft, NZBau 2002, 122 – *Blank* Bürgschaft im Bauträgervertrag; ZfIR 2001, 785 – *Blau* Blockierung der Auszahlung einer Bankgarantie auf erstes Anfordern durch Arrest und Hinterlegung?, WM 1988, 1474 – *Bomhard* Die Gewährleistungsbürgschaft auf erstes Anfordern auf dem Prüfstand des Bundesgerichtshofs, BauR 1998, 179 – *Brauns*, Die Bürgschaft auf erstes Anfordern als Sicherungsmittel gemäß § 17 VOB/B, BauR 2002, 704 – *ders.* Die jüngere Entwicklung der Rechtsprechung zum Ersetzungsrecht nach § 17 Nr. 3 VOB/B, BauR 2002, 1465 – *Bormann/Graßnack/Kessen* Die Rechtsprechung des VII. Zivilsenats zum Bauvertrags- und Architektenrecht im Jahr 2005, BauR 2006, 286 ff. – *Breyer* Nochmals: Zur Frage der Wirksamkeit der Vereinbarung einer Bürgschaft auf erstes Anfordern in Allgemeinen Geschäftsbedingungen auf Basis einer Gesamtbetrachtung der betroffenen Rechtsverhältnisse, BauR 2001, 1192 – *Bschorr/Putterer* Zur Frage der Anwendbarkeit des § 648 a BGB nach der Abnahme oder Kündigung BauR 2001, 1497 – *Buscher* Recht auf Sicherheit gemäß § 648 a BGB gegenüber treuhänderischem Sanierungs- bzw. Entwicklungsträger im Sinne der §§ 157, 167 BauGB, BauR 2002, 1288

– *Bydlinski* Die Bürgschaft auf erstes Anfordern: Darlegungs- und Beweislast bei Rückforderung durch den Bürgen, WM 1990, 1401 – *Clemm* Die Stellung des Gewährleistungsbürgen, insbesondere bei der Bürgschaft auf erstes Anfordern, BauR 1987, 123 – *Cordes* Telefax und Übereilungsschutz, NJW 1993, 2427 – *Daub* Nochmals: Sicherheitsleistung durch Einbehalt, BauR 1977, 24 (Stellungnahme zu *Heiermann* BauR 1976, 73 und *Kahle* BauR 1976, 329) – *Diehr* Wirksamkeit von AGB über Vertragserfüllungssicherheiten zugunsten des Auftraggebers gemessen an § 632 a BGB und unter Berücksichtigung von § 648 a BGB, ZfBR 2001, 435 – *Döhler* Sicherheitseinbehalt und Umsatzsteuer, BauR 2006, 14 ff. – *Eichner* Überlegungen zur Bedeutung von § 17 Nr. 6 Abs. 4 VOB/B für öffentlich-rechtliche Kreditinstitute, BauR 2001, 1665 – *Erdmann* Formularmäßig versprochene Vertragserfüllungsbürgschaften auf erstes Anfordern in der Insolvenz des Auftragnehmers, ZfIR 2003, 361 ff. – *Fischer* Aktuelle Rechtsprechung des Bundesgerichtshofs zur Bürgschaft und zum Schuldbeitritt, WM 1998, 1705 ff., 1749 ff. – *Fischer* Schutz vor missbräuchlicher Nutzung der Bürgschaft auf erstes Anfordern, WM 2005, 529 ff. – *Gay* Der Beginn der Verjährungsfrist bei Bürgschaftsforderungen, NJW 2005, 2585 – *Gehle* Die Sicherheitsbürgschaft des Subunternehmers, BauR 1982, 338 – *Greeve/Müller* Die strafrechtliche Relevanz der Nichteinzahlung des Sicherheitseinbehaltes auf ein Sperrkonto gem. § 17 VOB/B, NZBau 2000, 239 – *Groß* Die Ablösung eines Garantierückbehalts durch Bankbürgschaft, BIGBW 1970, 191 – *ders.* Die Umkehrsteuer des § 13 b UStG und der Sicherheitseinbehalt nach § 17 VOB/B, BauR 2005, 1084 ff. – *Hahn* Die Bürgschaft auf erstes Anfordern, MDR 1999, 839 – *Harbrecht* Die Auswirkungen der Einführung des § 1 a Arbeitnehmer-Entsendegesetzes, BauR 1999, 1376 – *Hartung* Gewährleistungseinbehalte und Ablösungsbefugnisse in Bauverträgen, NZBau 2000, 371 – *Heidland* Welche Änderungen ergeben sich für den Bauvertrag durch die Insolvenzordnung im Verhältnis zur bisherigen Rechtslage?, BauR 1998, 643 – *Heiermann* Die Bürgschaft auf erstes Anfordern, Festschrift Soergel 1993, S. 73 ff. – *ders.* Die Sicherheitsleistung durch Bürgschaft nach der Verdingungsordnung für Bauleistungen, BB 1977, 1575 – *ders.* Die Sicherheitsleistung durch Einbehalt nach § 17 Nr. 6 VOB/B, BauR 1976, 73, dazu *Kahle*, BauR 1976, 329 – *ders.* BauR 1976, 73 – *Hickl* Die Bürgschaft auf „erstes Anfordern" zur Ablösung eines Gewährleistungseinbehaltes, BauR 1979, 463 – *Hildebrandt* Folgen einer unwirksamen Sicherungsabrede im Bauvertrag, ZfIR 2002, 872 – *ders.* Dogmatische Einordnung der Auszahlung eines Sicherheitseinbehalts bei unwirksamer Sicherungsabrede, ZfIR 2003, 221 ff. – *ders.* Keine ergänzende Vertragsauslegung einer formularmäßig unwirksam vereinbarten Gewährleistungsbürgschaft auf erstes Anfordern, ZfIR 2005, 105 f. – *Hök* Zur Absicherung der Verpflichtungen aus einem FIDIC-Bauvertrag durch Bankgarantien und Bürgschaften in der internationalen Praxis, ZfBR 2003, 527 ff. – *Hogrefe* Zur Unwirksamkeit formularmäßiger Verpflichtungen zur Stellung von Vertragserfüllungs- und Mängelgewährleistungsbürgschaften „auf erstes Anfordern" in Bau-, Werk- und Werklieferungsverträgen und die sich daraus ergebenden Rechtsfolgen, BauR 1999, 111 – *ders.* Nochmals zur Unwirksamkeit formularmäßiger Verpflichtungen zur Stellung von Vertragserfüllungs- und Mängelgewährleistungsbürgschaften „auf erstes Anfordern" in Bau-, Werk- und Werklieferungsverträgen und die sich daraus ergebenden Rechtsfolgen, BauR 2003, 17 ff. – *Hormann* Die Gewährleistungsbürgschaft BauRB 2004, 278 ff. – *Horn* Bürgschaften und Garantien zur Zahlung auf erstes Anfordern, NJW 1980, 2153 – *ders.* Bürgschaften und Garantien, RWS-Skript 94, 8. Auflage 2001; Internationale Handelskammer (Hg.), Einheitliche Richtlinien für auf Anfordern zahlbare Garantien Publ. Nr. 458 (1992) – *Jedzig* Aktuelle Rechtsfragen der Bankgarantie auf erstes Anfordern, WM 1988, 1469 – *Joussen* Der öffentliche Auftraggeber im Sinne des § 17 Nr. 6 Abs. 4 VOB/B, BauR 2002, 371 ff. – *ders.* Zukunft der Vertragserfüllungsbürgschaft auf erstes Anfordern, BauR 2003, 13 ff. – *ders.* Die Bürgschaft auf erstes Anfordern in AGB der öffentlichen Hand, BauR 2004, 582 ff. – *ders.* Die Anforderungen an ein Sperrkonto nach § 17 Nr. 5 und Nr. 6 Abs. 1 VOB/B, BauR 2004, 1677 ff. – *Kahle* Zur Frage der Sicherheitsleistung durch Einbehalt nach § 17 Nr. 6 VOB/B, BauR 1976, 329 (Stellungnahme zu Heiermann BauR 1976, 73) – *Kainz* Zur Unwirksamkeit von Vertragserfüllungs- und Gewährleistungsbürgschaften auf erstes Anfordern in der deutschen Bauwirtschaft und die sich daraus ergebenden Rechtsfolgen, BauR 1995, 616 – *Kern* Die neue Regelung der Mängelansprüche und Sicherheitsleistung in den §§ 13 und 17 VOB/B 2002, BauR 2003, 793 ff. – *Kiesel* Die VOB 2002 – Änderungen, Würdigung, AGB-Problematik, NJW 2002, 2064 – *Kleefisch/Herchen* Berücksichtigung des Sicherungseinbehalts nach § 17 Nr. 6 VOB/B bei §§ 648 a, 648 BGB oder doppelte Absicherung des Unternehmers?, NZBau 2006, 201 ff. – *Kleine-Moeller* Die Sicherung bauvertraglicher Ansprüche durch Bankbürgschaft und Bankgarantie, NZBau 2002, 585 – *Kohte* Die Stellung des Schuldbeitritts zwischen Bürgschaft und Schuldübernahme, JZ 1990, 997 – *Koppmann* Verträge am Bau: Verjährung von Bürgschaftsforderungen, IBR 2005, 489 – *Korbion* Besondere Sicherheitsleistungen im bauvertraglichen Bereich, *Heiermann* 1995, 217 – *Korbion, Claus-Jürgen* Leitsätze neue Entscheidungen zum öffentlichen und privaten Baurecht sowie verwandter Rechtsgebiete, BauR 2001, 1296 – *Krakowsky* Formularmäßige Bürgschaftsklauseln auf erstes Anfordern – „Freibrief" für Auftraggeber?, BauR 2002, 1620 – *Kratzenberg* Der Beschluss des DVA-Hauptausschusses zur Neuherausgabe der VOB 2002, NZBau 2002, 177 – *Kreikenbohm* Der Verlust von Gewährleistungseinbehalten gemäß § 17 Nr. 6 VOB/B, BauR 2001, 1667

– *Krüger-Doyé* Neue Entwicklungen im Baurecht, DRiZ 2002, 383 ff. – *Kuffer* Sicherungsvereinbarungen im Bauvertrag, BauR 2003, 155 ff. – *Graf Lambsdorff/Skora* Handbuch des Bürgschaftsrechts, 1994 – *Latinovic/Moufang* Die unwirksame Bürgschaft auf erstes Anfordern, BauRB 2005, 114 ff. – *Lauer* Wem ist die Bürgschaftsurkunde zurückzugeben?, NZBau 2003, 318 ff. – *Leinemann* Sicherheitsleistung im Bauvertrag: Abschied vom Austauschrecht nach § 17 Nr. 3 VOB/B?, NJW 1999, 262 – *Leineweber* Die Rechte des Bauunternehmers im Konkurs des Auftraggebers, BauR 1980, 510 – *Lubojanski* Bürgschaftsanspruch kann vor Hauptanspruch verjähren, IBR 2004, 420 – *Maas* Auszahlung des Gewährleistungseinbehaltes nach Bürgschaftsstellung?, Festschrift Vygen (1999), S. 327 – *Masloff/Langer* Richtungswechsel bei der Vertragserfüllungsbürgschaft in der Insolvenz des Bauunternehmers, ZfIR 2003, 269 ff. – *v. Minckwitz/Hahn* Die „Kombi-Sicherheit" – Sicherung von Mängelansprüchen durch Vertragserfüllungsbürgschaft, BrBp 2003, 94 ff. – *Moufang/Kopjetz* Zum formularvertraglichen Verzicht des Bürgen auf die Einreden aus § 768 BGB in bauvertraglichen Sicherungsabreden, BauR 2002, 1314 – *Moufang/Bischofberger* AGB-Klauseln über Gewährleistungssicherheiten im Bauvertrag, BauRB 2005, 341 ff. – *Nielsen* Rechtsmissbrauch bei der Inanspruchnahme von Bankgarantien als typisches Problem der Liquiditätsfunktion abstrakter Zahlungsversprechen, ZIP 1982, 253 – *Oberhauser* Das Ende des Sperrkontos nach § 17 Nr. 6 VOB/B?, BrBP 2004, 136 ff. – *Otto* Zur Ablösung des Bareinbehaltes durch Gewährleistungsbürgschaft beim VOB-Vertrag, BauR 1999, 322 – *Pasker* Der Rückforderungsanspruch bei der Bürgschaft auf erstes Anfordern, NZBau 2000, 279 – *Pause* Bauträgervertrag: Gesetzliche Defizite bei der Abnahme und der Mängelhaftung?, ZfIR 2006, 356 ff. – *Pleyer* Die Bankgarantie im zwischenstaatlichen Handel, WM, Sonderbeilage Nr. 2/1973 – *Preussner* Die baurechtliche Gewährleistungsbürgschaft und allgemeine Geschäftsbedingungen, BGH Report 2004, 288 – *Quack* Der Eintritt des Sicherungsfalles bei den Bausicherheiten nach § 17 VOB/B und ähnlichen Gestaltungen, BauR 1997, 754 – *ders.* Die Bauhandwerkersicherung – Ketzerisches zu einem immer noch ungelösten Problem, BauR 1995, 319 – *Rathjen* Abnahme und Sicherheitsleistung beim Bauvertrag, BauR 2002, 242 – *Retemeyer* Sicherheitsleistung durch Bankbürgschaft, 1995 – *Ripke* Eine kritische Diskussion der Rechtsprechung des BGH aus dem Jahre 1993 zu § 17 Nr. 8 VOB/B, IBR 2006, 2 – *Rixecker* Die Sicherheitshypothek des zur Sicherheitsleistung verpflichteten Bauunternehmers, MDR 1982, 718 – *Rodemann* Sicherheitseinbehalt und Klage auf künftige Leistung, BauR 2002, 1477 – *ders.* Ablösung eines Sicherheitseinbehalts, BauR 2004, 1539 ff. – *Roquette/Giesen* Vertragserfüllungsbürgschaft auf erstes Anfordern in Allgemeinen Geschäftsbedingungen, NZBau 2002, 547 – *ders.* Die Zulässigkeit aufschiebend bedingter Bürgschaftserklärungen, NZBau 2003, 297 ff. – *Schmeel* Bürgschaften und Bauvertrag, MDR 2000, 7 – *ders.* „Neues" Bürgschaftsrecht, BauRB 2005, 23 ff. – *ders.* AGB-Klauseln mit Verfalldatum – mehr Rechtssicherheit?, BauRB 2005, 217 ff. – *Schmidt* Die Vertragserfüllungsbürgschaft auf erstes Anfordern in Allgemeinen Geschäftsbedingungen, BauR 2002, 21 – *ders.* Sind öffentlich-rechtliche Kreditinstitute öffentliche Auftraggeber gemäß § 17 Nr. 6 Abs. 4 VOB/B?, BauR 2002, 385 – *ders.* Die Rechtsprechung des Bundesgerichtshofs zum Bau-, Architekten- und Statikerrecht, WM Sonderbeilage Nr. 3/2003 – *ders.* Sind öffentlich-rechtliche Kreditinstitute öffentliche Auftraggeber gemäß § 17 Nr. 6 Abs. 4 VOB/B?, BauR 2002, 385 f. – *Schmidt/Winzen* Handbuch der Sicherheiten am Bau 2000 – *Schmitz/Vogel* Die Sicherung von bauvertraglichen Ansprüchen durch Bürgschaft nach der Schuldrechtsreform, ZfIR 2002, 509 – *Schmitz* Sicherheiten für die Bauvertragsparteien, IBR-Reihe (www.ibr-online.de), Stand 14.7.2006 – *ders.* Handlungsmöglichkeiten von Auftragnehmer und Auftraggeber in der wirtschaftlichen Krise des Vertragspartners, BauR 2005, 169 ff. – *Schulze-Hagen* Übermäßige AGB-Klauseln: Kassation oder Reduktion, BauR 2003, 785 ff. – *Schwärzel/Peters* Die Bürgschaft im Bauvertrag, Baurechtliche Schriften, Band 22, 1992 – *Schwenker* Die VOB/B 2002, 1143 – *Schwenker/Heinze* Die VOB/B 2002, BauR 2002, 1143 – *Seibel* Die Vertragserfüllungsbürgschaft auf erstes Anfordern in allgemeinen Geschäftsbedingungen eines Bauvertrags, BrBp 2005, 398 ff. – *Siegburg* Die Bürgschaft auf erstes Anfordern im Bauvertrag, ZfIR 2002, 709 – *ders.* Zur formularmäßigen Vereinbarung eines Sicherheitseinbehalts im Bauvertrag, ZfIR 2004, 89 ff. – *Sienz* Vereinbarungen von Bürgschaften auf erstes Anfordern in AGB – ein Auslaufmodell?, BauR 2000, 1249 – *Sohn* Die Rechtsprechung des Bundesgerichtshofs in Bausachen zum Problemkreis der Bürgschaft auf erstes Anfordern und die sich daraus ergebenden Konsequenzen für die beteiligten Verkehrskreise, ZfBR 2003, 110 ff. – *Stammkötter* Das Sperrkonto – ein bequemer Weg zum Sicherheitseinbehalt?, BauR 2003, 1287 ff. – *Steckhan* AGB öffentlicher Auftraggeber: Sicherung von Vertragserfüllungsansprüchen durch Bürgschaften auf erstes Anfordern, BrBp 2004, 384 – *Steinbach* Ablösung des Sicherheitseinbehaltes durch Gewährleistungsbürgschaft nach Vorausabtretung der Gewährleistungsansprüche, WM 1988, 809 – *Tempel* Ist die VOB/B noch zeitgemäß? – Eine kritische Skizze zur Neufassung 2002, NZBau 2002, 465 und 532 – *Theurer* Behandlung von Sicherheitseinbehalten in den Fällen der Umkehr der Umsatzsteuerschuldnerschaft nach § 13 b Abs. 1 Satz 1 Nr. 4 UStG, BauR 2006, 7 ff. – *Thierau* Sicherheiten beim Bauvertrag – Aktuelle Fragen, Jahrbuch Baurecht 2000, 66 ff. – *ders.* § 648 a BGB nach Abnahme – „Rückschlagsicherung" gegen Mängeleinreden?, NZBau 2000, 14 – *Thode* Aktuelle höchstrichterliche Rechtsprechung zur Sicherungsabrede in Bauverträgen, ZfBR 2002, 1 – *ders.* Erfüllungs-

und Gewährleistungssicherheiten in innerstaatlichen und grenzüberschreitenden Bauverträgen, ZfIR 2000, 165 – *ders.* Werkleistung und Erfüllung im Bau- und Architektenvertrag, ZfBR 1999, 116 – *ders.* Aktuelle höchstrichterliche Rechtsprechung zur Sicherungsabrede in Bauverträgen, ZfBR 2002, 4 ff. – *Tiedtke*, Der Umfang des Schriftlichkeitserfordernisses bei der Bürgschaft, WM 1989, 737 – *ders.* Rechtsprechung des BGH auf dem Gebiet des Bürgschaftsrechts seit 1997, NJW 2001, 1015 – *ders.* Die Rechtsprechung des BGH auf dem Gebiet des Bürgschaftsrechts seit 2003, NJW 2005, 2498 ff. – *Timme* Aktuelle Entwicklungen zur Zulässigkeit der Bürgschaft auf erstes Anfordern, MDR 2003, 1094 ff. – *Vogel* Rückforderungsprozess aus Bürgschaft auf erstes Anfordern im Urkundsverfahren, BauR 2002, 131 – *ders.* Bürgschaften in der Insolvenz, BauR 2005, 218 ff. – *Voit* Neue Entwicklungen im Recht der Erfüllungsbürgschaft auf erstes Anfordern, ZfIR 2004, 709 ff. – *ders.* Einzahlung statt Auszahlung des Sicherheitseinbehalts nach Stellen einer Bürgschaft?, ZfIR 2006, 407 ff. – *Vosberg* Die Kautionsversicherung in der Insolvenz des Unternehmers, ZIP 2002, 968 ff. – *Vygen/Döring/Wirth/Locher/Joussen* Kommentierung der mit der Fassung 2002 geänderten Vorschriften der VOB/B – Sonderausgabe Zeitschrift BauR zur VOB/B 2002, Heft 11 a November 2002 (zitiert: Bearbeiter BauR 2002, Heft 11 a, Seite) – *Walther* Der Verzicht des Bürgen auf die Einrede der Verjährung des Anspruchs gegen den Hauptschuldner, NJW 1994, 2337 – *Weimer* Die Entwicklung des privaten Baurechts im Jahr 2004, DWW 2005, 143 ff. – *Weise* Bürgschaftslösungen zu §1a AEntG, NZBau 2000, 229 – *ders.* Die Bedeutung der Mangelerscheinung im Gewährleistungsrecht, BauR 1991, 19 – *ders.* Sicherheiten im Baurecht 1999 – *ders.* Verjährung von Bürgschaftsforderungen zum 31.12.2004, NJW-spezial 2004, 357 ff. – *ders.* Vorkasse gegen Bürgschaft, NJW-spezial 2004, 69 ff. – *v. Westphalen* Die Bankgarantie im internationalen Zahlungsverkehr, 2. Aufl. 1990 – *Weth* Bürgschaft und Garantie auf erstes Anfordern, AcP 1989, 303 – *v. Wietersheim* Vorsicht bei Gewährleistungseinbehalten, MDR 1998, 630 – *Zeller* Probleme bei der Abtretung einer Garantie „auf erstes Anfordern", BB 1990, 363.

Übersicht

I. Grundlagen

Der **Begriff** der „Sicherheitsleistung“ ist gesetzlich nicht definiert. In den jeweils einschlägigen Bestimmungen des BGB und der VOB wird er jeweils vorausgesetzt. Sicherheitsleistung ist ein Mittel zur Abwendung der Gefahr zukünftiger Rechtsverletzungen und sonstiger Nachteile 1 für den Gläubiger[1]. Die Sicherheiten dienen nicht unmittelbar der Erfüllung des Bauvertrags, sondern versuchen nur wirtschaftlich das Risiko auszugleichen, wenn eine Vertragspartei ihrer Verpflichtung nicht nachkommt. In der Regel sollen Sicherheiten dazu dienen, die Nichterfüllung der Vertragspflichten im Fall der Insolvenz auszugleichen. Sicherheiten haben daher eine **Hilfsfunktion**[2]; sie sind von anderen Absicherungsinstrumentarien (z.B. Leistungsverweigerungsrechten, Vertragsstrafenvereinbarungen[3]) abzugrenzen.

2 Eine weitere **Abgrenzung** sollte zu dem sprachlich unscharfen Begriff der **Sicherstellung** erfolgen. Hat z.B. im Rahmen eines Bauvertrags der Auftraggeber die Verpflichtung übernommen, die Sicherstellung der Werklohnforderung des Auftragnehmers innerhalb einer bestimmten Frist nach Abschluss des Werkvertrags „in geeigneter Form“ schriftlich nachzuweisen, bedeutet dies nicht, dass der Auftraggeber eine Sicherheitsleistung in Form einer Bürgschaft oder einer sonstigen Zahlungszusage eines Bankinstituts gegenüber dem Auftragnehmer schuldet[4].

1. Sicherheit nur für den Auftraggeber

3 Wie sich aus dem klaren Wortlaut von § 17 Nr. 1 Abs. 2 („gesichert werden die vertragsgemäße Ausführung und die Mängelansprüche“/vormals: Gewährleistung) ergibt, befasst sich § 17 VOB/B **nur** mit der Sicherheitsleistung **für den AG.** Eine Sicherheitsleistung zugunsten des AN ist in § 17 VOB/B nicht geregelt. Grund hierfür ist, dass die VOB/B ursprünglich nur für öffentliche Auftraggeber vorgesehen war, bei denen eine Zahlungsunfähigkeit ausgeschlossen ist[5]. Ein Anspruch des Auftragnehmers auf Sicherheit gegen den Auftraggeber ergibt sich entweder aufgrund einer Vereinbarung im Bauvertrag (etwa durch eine Sicherungsabrede zur Stellung einer Zahlungsbürgschaft oder zur Sicherungsabtretung von Vergütungsforderungen des Generalunternehmers gegen den Bauherrn) oder aufgrund der gesetzlichen Bestimmungen in §§ 648 und 648 a BGB, die ebenfalls voraussetzen, dass der Auftragnehmer aktiv die Absicherung seiner Vergütungsforderungen betreibt[6].

2. Notwendigkeit vertraglicher Vereinbarungen

4 Allein durch die Einbeziehung der VOB/B – oder der isolierten Vereinbarung von § 17 VOB/B[7] – wird die Pflicht zur Stellung einer Sicherheitsleistung nicht vereinbart. Es gibt ebenso **kein Gewohnheitsrecht oder Handelsbrauch**, aus dem der Auftraggeber bei einem Bauvertrag einen Anspruch auf Sicherheitsleistung herleiten könnte[8].

5 Auch durch die Vereinbarung von Abschlagszahlungen in Höhe von 95 % wird eine Sicherungsleistung **für die Gewährleistungsphase** nicht vereinbart[9]. Wenn nur die Absprache zwischen den Bauvertragsparteien besteht, dass von **Abschlagsrechnungen** ein Abschlag von 5 % einbehalten wird, ist die nach Abnahme gestellte **Schlussrechnung** ohne Abzug insgesamt fällig, also ohne dass ein Sicherheitseinbehalt vorgenommen werden kann[10].

---

[1] *Nicklisch/Weick* VOB/B § 17 Rdn. 1; *Ingenstau/Korbion/Joussen* VOB/B § 17 Rdn. 1.

[2] *Weise* Sicherheiten im Baurecht, Rdn. 1.

[3] Vgl. hierzu nachfolgend I. 3.

[4] OLG Karlsruhe, BauR 1998, 791,792 (Revision durch Beschluss des BGH vom 18.12.1997 – VIIZR 382/96 – nicht angenommen).

[5] *Leinemann* VOB/B § 17 Rdn. 12 m.w.N.

[6] Vgl. hierzu nachfolgend I. 5.

[7] Nach h.M. unproblematisch: OLG Karlsruhe BauR 1989, 203, 203 ff.; Beck'scher VOB-Kommentar/*Inge Jagenburg* VOB/B vor § 17 Rdn. 9; *Ingenstau/Korbion/Joussen* VOB/B § 17 Rdn. 6; *Leinemann* VOB/B § 17 Rdn. 3; OLG Stuttgart BauR 1976, 435; a.A. jedoch *Weise* Sicherheiten im Baurecht, Rdn. 26.

[8] *Leinemann* VOB/B § 17 Rdn. 15 m.w.N.; Beck'scher VOB-Kommentar/*Inge Jagenburg* VOB/B vor § 17 Rdn. 12 m.w.N.

[9] BGH NJW-RR 1988, 851; *Leinemann* VOB/B § 17 Rdn. 16 m.w.N.

[10] BGH NJW-RR 1988, 851.

6 Zurecht weist Leinemann[11] unter Verweis auf das Urteil des Bundesgerichtshofs[12] und das Urteil des Kammergerichts vom 15.4.1999[13] auf die bisweilen spitzfindige **Unterscheidung zwischen einem Sicherheitseinbehalt und einer Zahlungsmodalität** hin. Hintergrund für diese notwendige Abgrenzung ist folgende Situation: Der VOB-erfahrene Auftraggeber vereinbart im Bauvertrag, dass Abschlagszahlungen in Höhe von 95 % ausgezahlt werden; er vermeidet jedoch die Formulierung, dass von den Abschlagszahlungen „ein Einbehalt" in Höhe von 5 % vorgenommen wird. Dies erfolgt in Kenntnis der für den Auftraggeber ungünstigen Regelung in § 17 Nr. 6 VOB/B (ggfs. Verlust des Sicherungsrechts[14]) und häufig unter Berufung auf § 16 Nr. 1 VOB/B[15]. **Voraussetzung** für einen möglicherweise nach fruchtloser Nachfristsetzung für den Auftraggeber ungünstigen Verlust des Sicherungsrechts ist die vertragliche **Vereinbarung eines Sicherheitseinbehalts**, die jedoch nach der vom Auftraggeber vorgegebenen Formulierung (Auszahlung in Höhe von 95 %) zumindest zweifelhaft ist. Der Auftraggeber wird sich in diesen Fällen darauf berufen, dass es sich bei dieser Regelung lediglich um eine **Zahlungsmodalität** und nicht um die Vereinbarung eines Sicherheitseinbehalts handelt, so dass es dem Auftragnehmer abgeschnitten ist, die Einzahlung des nicht ausgezahlten Betrags auf ein Sperrkonto mit den Konsequenzen des § 17 Nr. 6 VOB/B zu verlangen.

7 Diese Fälle werden wie folgt zu lösen sein: Unter Anwendung von §§ 133, 157 BGB wird sich mangels anderweitiger Anhaltspunkte die Vereinbarung, Abschlagszahlungen nur in Höhe von 95 % auszuzahlen, **bei fehlender (ausdrücklicher) Festlegung dieser Regelung als Zahlungsmodalität** dahingehend auslegen lassen, dass es sich hierbei – der täglichen Praxis entsprechend – **um die Vereinbarung eines Sicherheitseinbehalts handelt**. Konsequenz ist die Anwendbarkeit von § 17 Nr. 6 VOB/B. Als Indiz für den tatsächlichen Willen der Vertragsparteien kann auch das nachvertragliche Handeln des Auftraggebers bzw. des von ihm mit der Rechnungsprüfung beauftragten Planungsbüros angesehen werden. Üblicherweise wird der Auftragnehmer seine Abschlagsrechnungen auf den vollen Teil-Leistungsbetrag, also ohne vertraglich vereinbarte Abzüge (z.B. für Bauleistungsversicherung, Umlagen usw.) ausstellen. Es ist sodann Sache des Planungsbüros des Auftraggebers, im Rahmen der Feststellung der Höhe der Abschlagszahlung auch die vertraglich vereinbarten Abzüge sowie eventuelle Einbehalte für Mängel zu ermitteln[16]. Einer alten Praxis folgend wird der Vertreter des Bauherrn häufig auch bei der getroffenen Vereinbarung „Abschlagszahlung in Höhe von 95 %" die von ihm festgestellte berechtigte Abschlagszahlung um 5 % kürzen und hierbei das übliche Kürzel „SEB" (Sicherheitseinbehalt) verwenden. Liegen derartige – ggfs. in mehreren Rechnungsprüfungen wiederholte – Anhaltspunkte vor, kann auch hieraus auf den tatsächlichen Willen der Parteien geschlossen werden, dass durch die – ungenaue – Formulierung im Vertragstext die Vereinbarung eines Sicherheitseinbehalts gewollt war.

8 Von der Annahme einer **Zahlungsmodalität** wird daher nur dann ausgegangen werden können, wenn dies **ausdrücklich** im Vertrag vereinbart wurde und die Parteien sich während der weiteren Vertragsabwicklung, insbesondere bei der Prüfung der Abschlagsrechnungen, konsequent hieran gehalten haben. Nur dann ist anzunehmen, dass es sich um eine Zahlungsmodalität handelt, durch die der gemäß § 16 Nr. 1 Abs. 1 Satz 1 VOB/B maßgebliche Prozentsatz für Abschlagszahlungen (100 %) vertraglich auf 95 % abgesenkt wurde[17].

9 Hierbei ist jedoch zu unterscheiden, für welche Leistungsphasen (bis zur Abnahme einerseits, nach der Abnahme andererseits) die Vereinbarung (Abschlagszahlung in Höhe von 95 %) im Zweifelsfall (vgl. vorstehend) als Sicherheitenvereinbarung anzusehen ist: Findet sich im Vertrag keine weitere Regelung als diese Formulierung, gilt die Sicherheitsvereinbarung nur für die Phase

---

[11] *Leinemann* VOB/B § 17 Rdn. 16.
[12] NJW-RR 1988, 851.
[13] IBR 2000, 601 (Revision vom BGH mit Beschluss vom 7.9.2000 nicht angenommen – VIIZR 138/99).
[14] Vgl. nachfolgend VII.
[15] Vgl. hierzu § 16 Nr. 1 Abs. 2 Satz 2 VOB/B.
[16] Vgl. hierzu BGH NZBau 2002, 229 = ZfIR 2002, 446.
[17] A.A. KG IBR 2000, 601.

der Vertragserfüllung (mit der Konsequenz der Anwendbarkeit von § 17 Nr. 6 VOB/B für **diese** Phase), da Abschlagszahlungen ausschließlich **vor Abnahme** geleistet werden. Für die Gewährleistungsphase ist dann – in Übereinstimmung mit der Entscheidung des Bundesgerichtshofs vom 24.3.1988[18] **keine Vereinbarung** über eine Sicherheitsleistung getroffen worden.

10 **Voraussetzung** für die Anwendbarkeit von § 17 VOB/B ist somit eine **klare vertragliche Absprache** (die z.B. auch in besonderen oder zusätzlichen Vertragsbedingungen getroffen werden kann), dass der Auftragnehmer verpflichtet ist, dem Auftraggeber Sicherheit zu leisten. Hierfür trägt der Auftraggeber die Darlegungs- und Beweislast[19].

11 Hieraus folgt, dass aus dem Inhalt der Sicherheitenabrede im Bauvertrag auch hinreichend klar erkennbar wird, wofür Sicherheit geleistet werden soll. **Sicherungszweck und Voraussetzungen des Sicherungsfalls** sind in die Vereinbarung aufzunehmen[20]. Fehlt im Vertrag die Vereinbarung der Sicherheitsleistung, so kann eine Vereinbarung auch noch **nachträglich** getroffen werden. Nimmt z.B. der Auftraggeber – ohne Vereinbarung einer Sicherheit im Bauvertrag – im Rahmen der Prüfung der Abschlagsrechnungen des Auftragnehmers **unwidersprochen** mehrfach die Kürzung der Abschlagszahlungen um einen als solchen bezeichneten Sicherheitseinbehalt vor, wird man hierin die nachträgliche **konkludente Vereinbarung einer Sicherheitsleistung** zumindest für die Vertragserfüllungsphase sehen können.

3. Abgrenzung zu Leistungsverweigerungsrechten

12 Das (gesetzliche) Leistungsverweigerungsrecht knüpft daran an, dass Leistungen von Gegenleistungen abhängig sind, die wertmäßig in dem vertraglich vereinbarten Verhältnis zueinander stehen müssen[21]. Der Schuldner ist daher nur insoweit zur Gegenleistung verpflichtet, als die Leistung vertragsgemäß ist. Demgegenüber hat die Sicherheitsleistung den Zweck, einen noch nicht fälligen oder zur Zeit noch nicht entstandenen Anspruch zu sichern[22]. Die Sicherheitsleistung kann nur in Höhe des vereinbarten Betrags beansprucht werden, ein Leistungsverweigerungsrecht kann auch den Einbehalt der gesamten noch geschuldeten Leistung rechtfertigen[23].

13 Eine **Verbindung** zwischen (vereinbarter) Sicherheit und einem Leistungsverweigerungsrecht besteht jedoch bei der Festlegung der **Höhe eines Zurückbehaltungsrechts**, bei der eine etwa geleistete Sicherheit im Einzelfall anzurechnen ist[24]. Obwohl grundsätzlich[25] dem Auftraggeber – solange ein Nachbesserungsanspruch besteht – ein Leistungsverweigerungsrecht wegen Werkmängeln grundsätzlich **neben dem Sicherheitseinbehalt** zusteht, darf hierdurch insgesamt **keine Übersicherung** eintreten[26].

14 Die **grundsätzliche Unabhängigkeit von Leistungsverweigerungsrechten** infolge von Mängelansprüchen des Auftraggebers von einem vereinbarten Sicherheitseinbehalt zeigt sich auch darin, dass der Auftraggeber gemäß § 17 Nr. 6 Abs. 3 VOB/B[27] sein Zurückbehaltungsrecht aus dem Sicherheitseinbehalt bei Vorliegen der dortigen Voraussetzungen (Verzug mit der Einzahlung auf Sperrkonto) verliert, nicht aber sein Zurückbehaltungsrecht aus Gewährleistung für behauptete bereits erkannte Mängel[28].

---

[18] BGH NJW-RR 1988, 851.
[19] *Ingenstau/Korbion/Joussen* VOB/B § 17 Rdn. 2.
[20] *Franke/Kemper/Zanner/Grünhagen* VOB/B § 17 Rdn. 3; *Thode* ZfIR 2000, 165, 166.
[21] *Palandt/Heinrichs* BGB § 273 Rdn. 1, § 320 BGB Rdn. 1, jew. m.w.N.
[22] *Nicklisch/Weick* VOB/B § 17 Rdn. 6.
[23] BGH NJW 1970, 2019, 2021; vgl. jedoch zur Höhe des Einbehalts bei § 17 Nr. 8 nachfolgend IX 1 c und 2 b.
[24] BGH BauR 1982, 579, 580; OLG Düsseldorf BauR 1975, 348; *Ingenstau/Korbion/Joussen* VOB/B § 17 Rdn. 3 m.w.N.; *Leinemann* VOB/B § 17 Rdn. 7 m.w.N.
[25] Vgl. BGH NJW 1982, 2494.
[26] BGH NJW 1982, 2494; OLG Köln Sch-F-H Nr. 1 zu § 17 VOB/B; *Nicklisch/Weick* VOB/B § 17 Rdn. 7 m.w.N.; *Leinemann* VOB/B § 17 Rdn. 7 m.w.N.
[27] Vgl. hierzu nachfolgend VIII. 3.
[28] OLG Dresden BauR 2001, 1918, 1920.

4. Verhältnis zu § 14 VOB/A

§ 14 VOB/A[29] enthält keine unmittelbaren vertraglichen Pflichten der Bauvertragsparteien. 15
Er regelt lediglich Soll-Vorschriften für die Gestaltung der Vertragsbedingungen bzw. Ausschreibungsbedingungen der öffentlichen Auftraggeber. Teilweise wird empfohlen[30], die in § 14 Nr. 2 VOB/A enthaltenen Vorgaben zur Höhe für die im Werkvertrag zu regelnde Sicherheitsleistung nicht nur bei öffentlichen Aufträgen als Maßstab heranzuziehen, sondern auch bei Bauverträgen zwischen privaten Baubeteiligten. Dies geht an der Praxis weit vorbei. Üblich (und auch formularmäßig zulässig[31]) sind Sicherheitsleistungen für die Vertragserfüllung in Höhe von bis zu 10 % und für die Gewährleistung in Höhe von bis zu 5 % der Auftrags- bzw. Abrechnungssumme. Zur Höhe der jeweiligen Sicherheiten vergleiche auch nachfolgend II. 3.

5. Sicherheitsleistung für den Auftragnehmer

Die Möglichkeiten des Auftragnehmers, seine Ansprüche aus dem Bauvertrag gegen den Auf- 16
traggeber durch vertragliche Vereinbarung oder aufgrund gesetzlicher Bestimmungen abzusichern, sind nicht Gegenstand der Regelungen in § 17 VOB/B.

II. Vereinbarung und Zweck der Sicherheitsleistung (§ 17 Nr. 1 VOB/B)

1. Vereinbarung der Sicherheitsleistung (§ 17 Nr. 1 Abs. 1 VOB/B)

a) Eindeutige Vereinbarung notwendig. Die Regelungen des § 17 VOB/B gelten nur dann, 17
wenn eine Sicherheitsleistung vertraglich vereinbart worden ist. Die **Einbeziehung der VOB/B** als Vertragsbestandsteil in den Werkvertrag allein **genügt nicht**. Es gibt **kein Gewohnheitsrecht oder einen Handelsbrauch**, aus dem der Auftraggeber einen Anspruch auf Sicherheitsleistung herleiten kann[32]. Auch die Vereinbarung im Vertrag, nach der Abschlagszahlungen in Höhe von 95 % geleistet werden bzw. nur in Höhe von 95 % ausgezahlt werden, genügt als Sicherheitsvereinbarung **für die Gewährleistungsphase** nicht[33].

Zur Vereinbarung der Sicherheitsleistung ist es ferner notwendig, dass sowohl ein klarer 18
Bezug zu dem konkreten Bauvertrag (Gegenstand der Sicherheitsleistung) geschaffen, als auch der Zweck der Sicherheit bezeichnet wird[34]. Der **Zeitpunkt der Sicherheitsvereinbarung** unterliegt der Disposition der Vertragsparteien. Wenn die Parteien im Rahmen eines Bauvertrags eine Sicherheitsleistung vereinbart haben und der Auftragnehmer den Sicherheitseinbehalt durch Übergabe einer **Konzernbürgschaft** ablöst, obwohl im Vertrag lediglich die Ablösung durch eine Gewährleistungsbürgschaft vereinbart ist, die auch (zunächst) vom Auftraggeber akzeptiert wird, hat der Auftragnehmer bei Insolvenz seiner Muttergesellschaft dem Auftraggeber auch vier Jahre später noch eine neue Bürgschaft zu stellen[35]. Üblich und zweckmäßig ist die Vereinbarung der Sicherungsabrede im Bauvertrag. Möglich ist eine derartige Vereinbarung auch in den dem Vertrag zugrundeliegenden besonderen oder zusätzlichen Vertragsbedingungen, Ausschreibungsbedingungen oder Allgemeinen Vertragsbedingungen[36]. Erfolgt die Vereinbarung der

---

[29] Vgl. dortige Kommentierung.

[30] Vgl. *Ingenstau/Korbion/Joussen* VOB/B § 17 Rdn. 5; *Nicklisch/Weick* VOB/B § 17 Rdn. 13; *Leinemann* VOB/B § 17 Rdn. 10; vgl. jetzt auch VHB 2002 zu § 14 VOB/A Ziff. 5, Seite 63 (bis zu 10 % bzw. bis zu 5 % der Auftragssumme).

[31] Vgl. BGH BauR 1999, 659; OLG Brandenburg BauR 2001, 1450; *Leinemann* VOB/B § 17 Rdn. 11 m.w.N.

[32] *Leinemann* VOB/B § 17 Rdn. 15.

[33] Vgl. zur Abgrenzung zur **Zahlungsmodalität** oben I. 2.

[34] BGH BauR 1993, 339; *Thode* ZfIR 2000, 165 ff.; *Franke/Kemper/Zanner/Grünhagen* VOB/B § 17 Rdn. 3.

[35] LG Berlin BauR 2004, 1637 f. = NZBau 2004, 679 f.

[36] Beck'scher VOB-Kommentar/*Inge Jagenburg* VOB/B § 17 Nr. 1 Rdn. 1; OLG Frankfurt BauR 1993, 375.

Sicherheitsleistung formularmäßig, sind die Bestimmungen der §§ 305 ff. BGB und die hierzu bestehende umfangreiche Rechtsprechung[37] zu beachten. Auch eine **Sicherheitsvereinbarung nach Vertragsabschluss** ist möglich[38].

19 Die Sicherheitsvereinbarung gilt auch im **Insolvenzfall** fort[39]. Der Insolvenzverwalter ist nach Abnahme damit gehindert, gemäß § 103 Abs. 2 InsO die weitere Vertragserfüllung abzulehnen und einen vereinbarten Bareinbehalt ohne Gestellung einer vertraglich vorgesehenen Gewährleistungsbürgschaft abzulösen, da mit der Abnahme die Erfüllung im Sinne von § 103 Abs. 1 InsO eingetreten ist[40].

20 **Keine Vereinbarung** über eine Sicherheitsleistung ist notwendig bei den besonderen **Sicherheitsleistungen des § 16 Nr. 2 Abs. 1 Satz 1 VOB/B und § 16 Nr. 1 Abs. 1 Satz 3 VOB/B**[41]. Liegen die dort genannten Voraussetzungen (Vorauszahlungsvereinbarung bzw. Vereinbarung über die Lieferung von Baustoffen) vor, besteht auch ohne besondere Vereinbarung die Pflicht des Auftragnehmers, entsprechende Sicherheit zu leisten. Die in § 16 VOB/B erwähnten Sicherheitsleistungen können sich mit einer Sicherheitsleistung nach § 17 VOB/B decken, müssen es aber nicht[42].

21 Für die **Vereinbarung einer Sicherheitsleistung durch den öffentlichen Auftraggeber** ist in **§ 14 VOB/A**[43] vorgesehen, dass der öffentliche Auftraggeber auf Sicherheitsleistung ganz oder teilweise verzichten soll, wenn Mängel der Leistung voraussichtlich nicht eintreten oder wenn der Auftragnehmer hinreichend bekannt ist und genügende Gewähr für die vertragsgemäße Leistung und Beseitigung etwa auftretender Mängel bietet. Bei beschränkter Ausschreibung sowie bei freihändiger Vergabe sollen Sicherheitsleistungen in der Regel nicht verlangt werden. Hintergrund dieser einschränkenden Regelung ist die Tatsache, dass Sicherheitsleistungen mit Kosten verbunden sind und der Kreditrahmen der ausführenden Auftragnehmer nicht über Gebühr eingeschränkt werden soll.

22 Die Bestimmungen in § 14 VOB/A sind kaum praxisrelevant[44]: Die Formularverträge der öffentlichen Antragsgegner im Vergabehandbuch (VHB) sehen bereits standardmäßig die Stellung von Sicherheitsleistungen vor; private Auftraggeber werden kaum jemals auf die Stellung einer Sicherheit – zumindest für Mängelansprüche – verzichten.

23 **b) Vertragliche Vereinbarung und §§ 305 ff. BGB.** Falls die Bauvertragsparteien von den Bestimmungen in § 17 VOB/B oder von den gesetzlichen Regelungen in den §§ 232 ff. BGB **abweichen** wollen, sind derartigen Vereinbarungen Grenzen gesetzt. Erfolgt die Vereinbarung **individualvertraglich**, dürfen derartige Vereinbarungen nicht gegen die guten Sitten (§ 138 BGB) oder gegen gesetzliche Verbote (§ 134 BGB) verstoßen. So ist die **Globalzession** aller Werklohnansprüche eines Auftragnehmers ohne Vereinbarung einer Deckungsgrenze schon allein deshalb wegen Sittenwidrigkeit **nichtig**, weil sie nicht die gebotenen Vorkehrungen zur Verhinderung einer Übersicherung trifft[45]. Enthält ein Vertrag über eine Globalzession nur die schuldrechtliche Verpflichtung, mindestens für eine entsprechende Überdeckung zu sorgen, nicht aber eine Grenze für eine durch die Globalzession als solche eintretende Übersicherung, ist er wegen Sittenwidrigkeit nichtig[46].

24 Wird die Vereinbarung der Sicherheitsleistung **formularmäßig** vom Auftraggeber vorgegeben, sind derartige Vereinbarungen nur dann wirksam, wenn sie den Auftragnehmer nicht gemäß **§ 307 BGB (vormals: § 9 AGBG)** unangemessen benachteiligen. Eine unangemessene Benachteiligung

---

[37] Vgl. hierzu nachfolgend II. 1 b) und V. 7 (Bürgschaft auf erstes Anfordern).
[38] *Ingenstau/Korbion/Joussen* VOB/B § 17 Rdn. 2; *Heiermann/Riedl/Rusam* VOB/B § 17 Rdn. 8.
[39] BGH BauR 1999, 392, 393.
[40] *Thode* ZfIR 2000, 165, 178 ff.; *Franke/Kemper/Zanner/Grünhagen* VOB/B § 17 Rdn. 5.
[41] Vgl. Anmerkungen dort.
[42] Vgl. hierzu *Ingenstau/Korbion/Joussen* VOB/B § 17 Nr. 1 Rdn. 4 m.w.N.
[43] Vgl. Anmerkungen zu § 14 VOB/A.
[44] Vgl. Kommentierung zu § 14 VOB/A.
[45] BGH BauR 1991, 222, 223.
[46] BGH BauR 1990, 478, 478 f.

wird insbesondere bei einer hierdurch bezweckten **Übersicherung** durch Vereinbarung einer insgesamt zu hohen Sicherheit oder durch Vereinbarung einer Bürgschaft auf erstes Anfordern[47] der Fall sein. Die – mittlerweile durch die Rechtsprechung des Bundesgerichtshofs im wesentlichen geklärte[48] – Frage, ob und inwieweit und mit welchen Konsequenzen formularmäßig wirksam eine Sicherheitenabrede getroffen werden kann, nach der der Auftragnehmer verpflichtet sein soll, dem Auftraggeber als Sicherheit (sei es für Vertragserfüllungs- oder Gewährleistungsansprüche) eine **Bürgschaft auf erstes Anfordern** zu stellen, wird ausführlich unter den Anmerkungen zu § 17 Nr. 4 Satz 3 VOB/B[49] behandelt.

Aus der nicht einheitlichen Rechtsprechung und Literatur zur **Wirksamkeit/Unwirksamkeit formularmäßiger Sicherungsabreden in Bauverträgen** außerhalb dieser Streitfrage ergibt sich folgendes: 25

- Der Auftraggeber benachteiligt den Auftragnehmer **unangemessen** (§ 9 AGB-Gesetz = § 307 BGB), wenn er einen Einbehalt zur Sicherung seiner Gewährleistungsrechte beansprucht, dem Auftragnehmer aber nur die Möglichkeit gibt, diesen Einbehalt durch Stellung einer Bürgschaft zu überwinden. Es kommt nicht darauf an, ob die verlangte Bürgschaft eine solche auf erstes Anfordern ist[50]. 26
- Die formularmäßige Erweiterung des Bürgschaftszwecks in einer als Gewährleistungsbürgschaft überschriebenen Bürgschaft auf Regressansprüche nach § 1 a AEntG ist **sachfremd** und verstößt zusätzlich **gegen das Transparenzgebot**. Intransparent sind Klauseln in einer Vertragserfüllungsbürgschaft, welche in einer längeren Aufzählung der abgesicherten Ansprüche u.a. die Regressansprüche des Auftraggebers nach § 1 a AEntG enthalten[51]. 27
- Die in Allgemeinen Geschäftsbedingungen eines Bauvertrags enthaltene Verpflichtung, unmittelbar bei Vertragsunterschrift eine Vertragserfüllungsbürgschaft auszuhändigen, benachteiligt den AN **nicht unangemessen** und **ist mit § 9 Abs. 1 AGB-Gesetz vereinbar**[52]. 28
- Eine Allgemeine Geschäftsbedingung eines Auftraggebers ist **unwirksam**, wonach der Auftraggeber 5 % der Auftragssumme bis zum Ablauf der Garantiezeit als Sicherheit für die Gewährleistung einbehält, die Einzahlung auf ein gemeinsames Sperrkonto ausgeschlossen wird und wegen der Ablösung des Einbehalts auf eine Bürgschaft nach dem **Muster des Auftraggebers** verwiesen wird[53]. 29
- Eine Klausel in Allgemeinen Geschäftsbedingungen eines Bauvertrags, die den Auftragnehmer verpflichtet, zur Sicherung der Gewährleistungsansprüche des Auftraggebers ausschließlich eine unbefristete, unwiderrufliche, selbstschuldnerische Bürgschaft zu stellen, ist **nicht nach § 9 AGB-Gesetz unwirksam.** Wird der Auftragnehmer ist einer solchen Klausel verpflichtet, die Bürgschaft gemäß **„Muster des Auftraggebers“** zu stellen, ist damit in Anlehnung an § 17 Nr. 4 Satz 2 VOB/B zum Ausdruck gebracht, dass die Bürgschaft nach Vorschrift des Auftraggebers auszustellen ist. Der Auftraggeber wird **nicht berechtigt,** die Sicherungsabrede durch das Muster zu ändern[54].
- **Der Tauglichkeit** einer gemäß § 17 Nr. 4 VOB/B nach Vorschrift des Auftraggebers auszustellenden Bürgschaft **steht nicht entgegen**, dass die Bürgschaft folgende Vertragsbestimmung enthält: „Die Bürgschaft wird insoweit wirksam, als zur Sicherheit vom AG einbehaltene Geldbeträge eingegangen sind auf das bei uns bestehende Konto, lautend auf den Auftragnehmer.“[55] 30
- Wenn in AGB des Auftraggebers ein 10 %iger Sicherheitseinbehalt von den Abschlagsrechnungen vereinbart wird, auf den bei Vorlage einer Vertragserfüllungsbürgschaft verzichtet 31

---

[47] Vgl. hierzu ausführlich nachfolgend V. 7.
[48] Vgl. unten V. 7.
[49] Vgl. unten V. 7.
[50] OLG Dresden BauR 2002, 807 = NZBau 2002, 226.
[51] OLG Stuttgart IBR 2002, 194.
[52] BGH NZBau 2000, 424 – BauR 2000, 1498.
[53] BGH NZBau 2000, 285 = BauR 2000, 1052.
[54] BGH BauR 2004, 841 = IBR 2004, 245.
[55] OLG Celle OLGR 99, 114 = IBR 1999, 316.

werden kann und gleichzeitig der Auftragnehmer sich zur Stellung einer Vertragserfüllungsbürgschaft verpflichtet, **bedeutet dies nicht, dass in unzulässiger Weise** Sicherheiten zugunsten des Auftraggebers kumuliert werden[56].

32 – Eine Klausel in einem vom Auftraggeber gestellten VOB-Formularvertrag, wonach die Ablösung eines Sicherheitseinbehalts nur durch Bankbürgschaft möglich ist, verstößt gegen § 9 AGB-Gesetz und ist **unwirksam**. Der Auftragnehmer kann sofort Auszahlung des Sicherheitseinbehalts verlangen[57].

33 – Folgende Klausel ist **unwirksam**: „Der Auftraggeber ist zu einem Sicherheitseinbehalt in Höhe von 10 % der Bruttoauftragssumme berechtigt. **Einzahlung auf Sperrkonto kann nicht verlangt werden.** Der Sicherheitseinbehalt ist nach Ablauf der vereinbarten Gewährleistungsfrist zur Rückzahlung fällig und auszubezahlen, so weit dem Auftraggeber keine Ansprüche, auch aus sonstigen Rechtsgründen, gegen den Auftragnehmer mehr zustehen."[58]

34 – In den Allgemeinen Geschäftsbedingungen ist eine Regelung, wonach der Sicherheitseinbehalt in Abweichung von § 17 Nr. 5 VOB/B als zinsloser Einbehalt beim Auftraggeber stehen bleibt, gemäß § 9 AGB-Gesetz **unwirksam**[59].

35 – In Allgemeinen Vergabebedingungen (AVB) **kann vereinbart werden**, dass der Auftraggeber 10 % des Rechnungsbetrags für die Dauer der Gewährleistungsfrist als Sicherheit einbehalten darf[60].

36 – Die Klausel, dass der Auftraggeber als Sicherheit für die Gewährleistung 5 % der Nettoabrechnungssumme **zinslos** einbehalten darf, ist **nicht** nach § 9 AGB-Gesetz **unwirksam**, wenn dem Auftragnehmer zugleich das Recht eingeräumt wird, die Sicherheit durch eine Gewährleistungsbürgschaft abzulösen[61].

37 – Die formularmäßige Vereinbarung eines Sicherheitseinbehalts von 5 % für die Dauer der 5jährigen Gewährleistungsfrist ist **unwirksam**[62].

38 – Eine **Ausführungsbürgschaft von 25 % ist unbillig**, weil sie den Auftragnehmer mit enormen zusätzlichen Kosten belastet, deren Notwendigkeit nicht erkennbar ist. Die Klausel verstößt gegen § 9 AGBG und ist – auch unter Kaufleuten – **unwirksam**[63].

39 – Nach § 9 AGBG **unwirksam** ist die Klausel: „Der Nachunternehmer stellt nach Vertragsschluss unbefristet Bürgschaft über 10 % der Bruttoauftragssumme. Außerdem behält der Hauptunternehmer 10 % aller anerkannten Rechnungsbeträge zinslos ein."[64]

40 – Eine Formularklausel ist **unwirksam**, so weit sie vorsieht, dass sich die Bürgschaft auch dann auf Zinsen, Provisionen und Kosten erstreckt, die im Zusammenhang mit den gesicherten Forderungen stehen, wenn dadurch der vereinbarte Haftungshöchstbetrag überschritten wird[65].

41 – Auch bei einer Höchstbetragsbürgschaft ist eine formularmäßige Erstreckung der Bürgenhaftung über diejenigen Forderungen hinaus, die Anlass zur Verbürgung gaben, auf zukünftige Ansprüche des Gläubigers **unwirksam**[66].

– Kann nach den Allgemeinen Vertragsbedingungen des Auftraggebers der Auftragnehmer einen unverzinslichen Sicherheitseinbehalt nur durch eine Bürgschaft auf erstes Anfordern ablösen, so ist diese Klausel insgesamt unwirksam. Der Auftragnehmer braucht keine Sicherheit für die Gewährleistung zu stellen. Eine ergänzende Vertragsauslegung dahin, dass der Einbehalt durch selbstschuldnerische „einfache" Bürgschaft abzulösen ist, findet nicht statt[67].

---

[56] KG KGR 97, 87 = IBR 1997, 235.
[57] OLG Hamburg OLGR 96, 18 = IBR 1996, 363.
[58] OLG München NJW-RR 1996, 534 = IBR 1996, 322.
[59] OLG Braunschweig OLGR 1994, 180 = IBR 1995, 108.
[60] OLG Frankfurt IBR 1993, 150.
[61] OLG Düsseldorf OLGR 92, 185 = IBR 1992, 315.
[62] OLG München NJW-RR 1992, 218 = BauR 1992, 234 (umstr.).
[63] *Heiermann/Riedl/Rusam* VOB/B § 17 Rdn. 25 m.w.N.
[64] *Heiermann/Riedl/Rusam* VOB/B § 17 Rdn. 25 m.w.N.
[65] BGHZ 151, 374, 380 ff.
[66] BGHZ 151, 374 = IBR 2002, 607.
[67] OLG München BauR 2004, 1466 = IBR 2004, 135; BGH BauR 2005, 539 = IBR 2005, 147.

- Die Klausel in Allgemeinen Geschäftsbedingungen eines Bauvertrags, die vorsieht, dass ein Sicherheitseinbehalt von 5 % der Bausumme nur durch eine Bürgschaft auf erstes Anfordern abgelöst werden kann, ist auch in Allgemeinen Geschäftsbedingungen eines **öffentlichen Auftraggebers** unwirksam[68].
- Eine von einem **öffentlichen Auftraggeber** gestellte Klausel in einem Bauvertrag, in der eine **Vertragserfüllungs- und eine Gewährleistungssicherheit** mit teilweise **identischer Zweckbestimmung** gefordert werden, ist **wirksam**[69].
- Die Klausel der Allgemeinen Geschäftsbedingungen eines Bauvertrags „Zahlungen auf Schlussrechnungen werden bis zu 95 % des Nettowerts geleistet, der Rest ist durch eine kostenlose und befristete Gewährleistungsbürgschaft (Vorgabe der Befristung durch den Auftraggeber) ablösbar", ist gemäß § 9 Abs. 1 AGB-Gesetz **unwirksam**[70].
- Eine AGB-Klausel, nach der ein Austausch der Sicherheiten nur dann zulässig ist, wenn **„keine wesentlichen Mängel"** mehr vorliegen, ist **insgesamt unwirksam**[71].

Die **nicht einheitliche Rechtsprechung** und Literatur[72] leitet eine Unangemessenheit und damit **Unwirksamkeit** von Sicherheitenklauseln im Bauvertrag zum einen aus einer unangemessenen **Höhe** (Übermaß an Sicherheitsleistung), zum anderen aus einer **unangemessen einengenden Art** der Sicherheitsleistung, darüber hinaus aus einem **Abschneiden von Zinsansprüchen** her. 42

Zusammenfassend ist hiernach davon auszugehen, dass eine **formularmäßig vereinbarte** Sicherheitsleistung, die von den gesetzlichen Bestimmungen oder von den Regelungen in § 17 VOB/B abweicht, unter folgenden Gesichtspunkten **unwirksam** ist: 43

- **Höhe:** Die vom Auftragnehmer geschuldete Sicherheit für die **Vertragserfüllung** überschreitet einen Betrag von **10 %** der Auftragssumme. Das Überschreiten dieses Betrags kann sich auch daraus ergeben, dass der Auftraggeber formularmäßig mit dem Auftragnehmer vereinbart, dass von den Abschlagszahlungen des Auftragnehmers zusätzliche Einbehalte (z.B. in Höhe von 5 %) vorgenommen werden; der Auftragnehmer jedoch gleichzeitig bei Vertragsabschluss bereits eine Vertragserfüllungsbürgschaft zur Sicherung sämtlicher Ansprüche des Auftraggebers in Höhe von 10 % der Auftragssumme zu stellen hat. Dieser Beispielsfall führt dazu, dass bei Abnahme dem Auftraggeber folgende Sicherheiten zur Verfügung stehen: 44
  - 10 % der Auftragssumme (ggfs. während der Vertragslaufzeit durch Nachtragsvereinbarungen entsprechend erhöht),
  - 5 % Einbehalt aus laufenden Abschlagszahlungen
  - sowie weiterer „faktischer" Einbehalt dadurch, dass die zwischen der letzten Abschlagszahlung und der Schlussrechnung erbrachten Leistungen noch nicht vergütet worden sind.

  Im praktischen Anwendungsfall kann dies dazu führen, dass dem Auftraggeber im Zeitpunkt der Abnahme ohne weiteres Einbehalte und **Sicherheiten kumulativ in Höhe von 20 % oder mehr** der ursprünglichen Auftragssumme zur Verfügung stehen. Eine derartige – formularmäßig vereinbarte – Sicherheitenabrede führt aufgrund der **Möglichkeit der Kumulation** von Einbehalt und Sicherheit zur **Unwirksamkeit** der Sicherheitsabrede hinsichtlich der Stellung einer Vertragserfüllungsbürgschaft. 45

  Die formularmäßige Vereinbarung einer **Gewährleistungssicherheit**, die **5 %** der Abrechnungssumme übersteigt, ist unangemessen und damit **unwirksam**. Zum einen liefert für die Feststellung der Angemessenheit der Höhe einer Gewährleistungssicherheit § 14 VOB/A[73] 46

---

[68] BGH BauR 2005, 539 = IBR 2005, 148.

[69] BGH BauR 2004, 1143 = NZBau 2004, 322 = IBR 2004, 311.

[70] BGH BauR 2003, 1385 = NZBau 2003, 495 = IBR 2003, 476.

[71] BGH BauR 2004, 325 = IBR 2004, 68.

[72] Vgl. Beck'scher VOB-Kommentar/*Inge Jagenburg* VOB/B § 17 Nr. 1 Rdn. 5 ff.; *Leinemann* VOB/B § 17 Rdn. 20; *Heiermann/Riedl/Rusam* VOB/B § 17 Rdn. 25 m.w.N.; *Weise* Sicherheiten im Baurecht, Rdn. 29 ff.; *Ingenstau/Korbion/Joussen* VOB/B § 17 Nr. 1 Rdn. 39 ff.; *Kniffka/Koeble* Kompendium des Baurechts 10. Teil Rdn. 94 ff. m.w.N.

[73] Vgl. dort; siehe jedoch jetzt VHB 2002 zu § 14 VOB/A Seiten 62 f. m.w.N.

mit der „empfohlenen“ Obergrenze von 3 % eine Richtschnur. Zum anderen kann davon ausgegangen werden, dass private Auftraggeber die allgemein übliche Grenze von 5 % für die Höhe der Gewährleistungssicherheit durchweg beachten. Hinzu kommt, dass dem Auftraggeber unabhängig von dem Anspruch auf Sicherheitsleistung für die Gewährleistungszeit nach Abnahme hinsichtlich der bei der Abnahme festgestellten Mängel die gesetzlichen Einbehalte gemäß § 641 Abs. 3 BGB grundsätzlich unabhängig hiervon verbleiben, so dass er berechtigt ist, neben dem vereinbarten Einbehalt für die Gewährleistung bis zur Höhe des gesetzlichen Druckzuschlags eine Zahlung auf die Schlussrechnung zu verweigern[74]. Da der Auftraggeber nach Abnahme die Bauleistung als im wesentlichen vertragsgerecht akzeptiert hat, ist sein Sicherungsbedürfnis als Maßstab für die formularmäßig vereinbarte Höhe der Gewährleistungssicherheit deutlich geringer anzusetzen als vor Abnahme. Seine Ansprüche konzentrieren sich nunmehr auf das von ihm akzeptierte Bauwerk. Das vor Abnahme abzusichernde wesentliche Risiko der Insolvenz des Auftragnehmers zum Zeitpunkt der noch nicht erfolgten Fertigstellung der Bauleistung ist ungleich höher als das Risiko des Auftraggebers, am fertig gestellten (und genutzten) Bauvorhaben Mängel ggfs. mit eigenen Mitteln im Falle des Leistungsausfalls des Auftragnehmers selbst nachbessern zu müssen. Zwar ist für den Auftraggeber in dieser Situation nach Abnahme nicht immer erkennbar, ob auch das Risiko weitergehender Schäden mit der Konsequenz des Entstehens von nicht unerheblichen Schadenersatzansprüchen droht, die rechnerisch schnell einen 5 %igen Sicherheitseinbehalt aufzehren können. Diesem Risiko kann der Auftraggeber jedoch durch sorgfältige Prüfung der Bauleistung während der Abnahme, gründliche Auswahl eines zuverlässigen Auftragnehmers oder durch **individualrechtliche** – und damit wirksame – Vereinbarung einer höheren Sicherheitsleistung für die Gewährleistungszeit entgegenwirken.

47 – **Art der Sicherheitsleistung:** Formularmäßige Regelungen in Sicherheitenabreden, die das dem Auftragnehmer nach § 17 Nr. 3 VOB/B grundsätzlich zustehende Austauschrecht im Übermaß beschränken[75], den Auftragnehmer zwingen, eine auf erstes Anfordern zahlbare Vertragserfüllungssicherheit zu stellen oder einen vereinbarten Gewährleistungseinbehalt ausschließlich durch eine selbstschuldnerische unbefristete Bürgschaft auf erstes Anfordern abzulösen[76], eine Bürgschaft zu stellen, die einem bei Vertragsabschluss noch nicht vorliegenden **Muster des Auftraggebers** entspricht oder eine Bürgschaft zu stellen, durch die der Bürge auf die Rechte aus § 768 BGB verzichtet, oder durch die der Auftragnehmer dem Auftraggeber für die Dauer der Gewährleistung ein Recht zum **zinslosen** Sicherheitseinbehalt einräumt, sind **in der Regel unwirksam.** Im einzelnen:

48 Die Unwirksamkeit der formularmäßigen Verpflichtung im Bauvertrag, dem Auftraggeber eine **Bürgschaft auf erstes Anfordern** zu stellen, wird behandelt unter den Anmerkungen zu § 17 Nr. 4 VOB/B. Hiernach kann davon ausgegangen werden, dass sowohl die Verpflichtung zur Stellung einer Vertragserfüllungsbürgschaft, die auf erstes Anfordern lauten soll, als auch die Verpflichtung, einen vereinbarten Gewährleistungseinbehalt ausschließlich durch eine Bürgschaft auf erstes Anfordern abzulösen, **in der Regel unwirksam** ist[77]. Ausnahmen – je nach konkreter Vertragsgestaltung – sind möglich.

49 Ein genereller **Ausschluss der Einreden aus § 768 BGB** kann formularmäßig **nicht wirksam** vereinbart werden[78]. Dies gilt auch dann, wenn ein solcher Ausschluss in einer Bürgschaft auf erstes Anfordern vorgesehen ist. Hat jedoch **der Bürge** – individualrechtlich – in bewusster Abweichung von einer Sicherungsabrede zwischen Hauptschuldner und Gläubiger, die nur die Verpflichtung vorsah, eine gewöhnliche Bürgschaft beizubringen, eine Bürgschaft auf erstes Anfordern **erteilt** (und damit eine von § 768 Abs. 1 Satz 1 BGB abweichende Vereinbarung getroffen), **kann er sich dem Gläubiger gegenüber nicht darauf berufen,**

[74] Vgl. zu eventuellen Einschränkungen vorstehend II. 3.
[75] Vgl. *Ingenstau/Korbion/Joussen* VOB/B § 17 Rdn. 40.
[76] Vgl. hierzu nachfolgend V. 7.
[77] Vgl. nachfolgend V. 7.
[78] BGH BauR 2001, 1093, 1094 f. = NZBau 2001, 311.

der Hauptschuldner sei nicht verpflichtet gewesen, eine Bürgschaft auf erstes Anfordern zu stellen[79].

50 Eine Allgemeine Geschäftsbedingung eines Auftraggebers ist unwirksam, wonach der Auftraggeber 5 % der Auftragssumme bis zum Ablauf der Garantiezeit als Sicherheit für die Gewährleistung einbehält, die Einzahlung auf ein gemeinsames Sperrkonto ausgeschlossen wird und wegen der Ablösung des Einbehalts auf eine Bürgschaft **nach dem Muster des Auftraggebers** verwiesen wird[80]. Der Bundesgerichtshof hat diese Sicherheitsklausel des Auftraggebers auch deshalb für unwirksam gehalten, weil mit dem Verweis auf eine **„Bürgschaft nach dem Muster des Auftraggebers"** unklar (vgl. vormals § 5 AGB-Gesetz) bleibe, mit welcher Art der Bürgschaft der Gewährleistungseinbehalt vom Auftragnehmer ersetzt werden könne. Damit sei nämlich noch nicht festgelegt, ob eine Bürgschaft mit der Einrede der Vorausklage gemeint sei, eine selbstschuldnerische Bürgschaft unter Verzicht auf die Einrede der Vorausklage oder – wie im konkreten Fall verlangt – eine Bürgschaft auf erstes Anfordern. Die Vertragsklausel sei daher **intransparent,** da der Auftragnehmer ihr nicht entnehmen könne, mit welcher Bürgschaft er den Einbehalt ablösen kann (unangemessene Benachteiligung und Unwirksamkeit wegen Verstoßes gegen das Transparenzgebot in § 307 Abs. 1 Satz 2 BGB[81]).

51 – **Sonstiger Inhalt der Sicherheitsvereinbarung:** Eine formularmäßige Vereinbarung, nach der der Auftragnehmer dem Auftraggeber für die Dauer der Gewährleistung ein Recht zum **zinslosen** Sicherheitseinbehalt einräumt, ist unangemessen und nach § 307 BGB (§ 9 AGB-Gesetz) unwirksam[82]. Durch diese Regelung wird dem Auftragnehmer die Möglichkeit abgeschnitten, vom Auftraggeber die Einbezahlung des Einbehalts auf ein Sperrkonto gemäß § 17 Nr. 5 und 6 VOB/B verlangen zu können. Das Interesse des Auftragnehmers, den ihm von seiner Bank eingeräumten Kreditrahmen nicht durch (weitere) Bürgschaftsverpflichtungen zu belasten, wird unangemessen beeinträchtigt. Wenn der Kreditrahmen des Auftragnehmers bei seiner Bank bereits ausgeschöpft ist, wäre er nicht in der Lage, den Einbehalt durch Bürgschaft abzulösen und müsste daher über einen mehrjährigen Zeitraum das Insolvenzrisiko des Auftraggebers tragen. Eine derartige Klauselausgestaltung ist daher unwirksam[83]. Nach Auffassung des OLG Braunschweig[84] soll die Unwirksamkeit dieser Klausel nicht dazu führen, dass der Auftragnehmer nunmehr überhaupt keine Sicherheit leisten muss. Es **verbleibe vielmehr bei der Regelung gemäß § 17 Nr. 5 und Nr. 6 VOB/B** (Einzahlung auf Sperrkonto oder Auszahlung des Sicherheitseinbehalts nach fruchtloser Nachfristsetzung). Auch das OLG Düsseldorf[85] hält die isolierte formularmäßige Vereinbarung eines **zinslosen Bareinbehalts** für unwirksam, will jedoch eine derartige Klausel **insgesamt als wirksam** ansehen, wenn der Auftragnehmer nach dem weiteren Wortlaut der Klausel den Bareinbehalt durch eine (nicht auf erstes Anfordern zahlbare) Gewährleistungsbürgschaft ablösen kann. Diese Entscheidung berücksichtigt jedoch nicht die zutreffenden Erwägungen zur unangemessenen Einschränkung des Kreditrahmens des Auftragnehmers, die bei der vorstehenden Entscheidung des OLG Braunschweig für die Unwirksamkeit dieser Klausel ausschlaggebend waren.

52 Als **„Leitgedanke" für die Prüfung der Unangemessenheit** derartiger „Zinslos-Klauseln" ist von der gesetzlichen Regelung in § 641 Abs. 1 Satz 1 BGB auszugehen: Nach 100 % Leistung hat auch 100 % Zahlung als Gegenleistung zu erfolgen. So weit es zulässig ist, dem Auftraggeber ein berechtigtes Sicherungsinteresse für die Gewährleistungszeit einzuräumen, muss eine derartige Sicherheitsabrede für die Gewährleistung jedoch sicherstellen, dass dem Auftragnehmer weder das Insolvenzrisiko des Auftraggebers aufgebürdet wird noch ihm die

[79] BGH BauR 2000, 887.
[80] BGH BauR 2000, 1052 = NZBau 2000, 285.
[81] Vgl. hierzu *Palandt/Heinrichs* BGB § 307 Rdn. 16 m.w.N.; BGHZ 104, 82, 92 f.; BGHZ 106, 42, 49.
[82] OLG Braunschweig IBR 1995, 108
[83] Vgl. OLG Karlsruhe BauR 1989, 203, 203 f.
[84] IBR 1995, 108.
[85] OLGR 92, 185 = IBR 1992, 315.

„Früchte seiner Arbeit" in Form von Zinsen aus dem zu 100% verdienten Werklohn abgeschnitten werden. Verletzt eine Formular-Regelung dieses gesetzliche Leitbild, an dem sich auch § 17 Nr. 5 und 6 VOB/B orientieren, ist eine derartige Regelung wegen des Abweichens von wesentlichen Grundgedanken der gesetzlichen Regelung (vgl. § 307 Abs. 2 Ziff. 1 BGB) unangemessen und damit unwirksam. Überraschend hat der Bundesgerichtshof jedoch eine formularmäßige Klausel für **wirksam** gehalten, durch die die Anlegungs- und Verzinsungspflicht nach § 17 Nr. 6 VOB/B abbedungen wurde[86]. Prüfungsmaßstab des Bundesgerichtshofs war wiederum, ob dem Auftragnehmer ein **angemessener Ausgleich** dafür zugestanden wird, dass er dem Auftraggeber einen Sicherheitseinbehalt für die Dauer der Gewährleistungsfrist zugesteht. In diesem Fall sollte der Auftragnehmer keine Bürgschaft auf erstes Anfordern zur Ablösung des Sicherheitseinbehalts zur Verfügung stellen, sondern eine „normale" selbstschuldnerische unbefristete Bürgschaft. Nach Auffassung des Bundesgerichtshofs stellt eine derartige Klausel den Auftragnehmer vor die Alternative, entweder für fünf Jahre auf restlichen Werklohn zu verzichten, entsprechende Zinsverluste hinzunehmen und das Insolvenzrisiko des Auftraggebers zu tragen, oder mit Avalzinsen belastet zu werden und seine Kreditlinie durch Beibringung einer Bankbürgschaft zu schmälern. Unter Berücksichtigung des Sicherungsinteresses des Auftraggebers seien diese Nachteile jedoch nicht so schwerwiegend, dass deswegen die Unwirksamkeit der Klausel angenommen werden müsste, durch die die Regelung in § 17 Nr. 6 VOB/B abbedungen wurde. Mit dieser Entscheidung verlässt der Bundesgerichtshof seine bisherige Linie, Klauseln für bedenklich zu halten, die von den Regelungen in § 17 VOB/B wesentlich abweichen. Der nach Auffassung des Bundesgerichtshofs **wirksame formularmäßige Ausschluss von § 17 Nr. 6 VOB/B** muss jedoch **inhaltlich eindeutig** vereinbart werden, weil die vorrangig vor der VOB/B geltende Vertragsklausel in AGB des Auftraggebers, die vorsieht, dass von der Schlussrechnung ein Gewährleistungseinbehalt in Abzug gebracht wird, der durch eine nicht auf erstes Anfordern zahlbare Bankbürgschaft abgelöst werden kann, dahingehend auszulegen ist, dass die Verpflichtung des Auftraggebers zur Einzahlung auf ein Sperrkonto nach § 17 Nr. 6 VOB/B **nicht** ausgeschlossen ist[87].

53 Die **Konsequenzen der Unwirksamkeit** einer formularmäßigen Sicherungsklausel wegen Verstoßes gegen §§ 307 ff. BGB sind in § 306 BGB geregelt. So weit danach eine Klausel zur Sicherheitsleistung nach den Bestimmungen der §§ 307 ff. BGB unwirksam ist, entfällt der Anspruch des Auftraggebers auf Sicherheitsleistung. Ist jedoch eine **Klausel teilbar,** kann ein klar abtrennbarer und aus sich heraus verständlicher (wirksamer) Klauselteil bestehen bleiben und zwar auch dann, wenn ein anderer Klauselteil unwirksam ist[88]. Der **Grundsatz des Verbots der geltungserhaltenden Reduktion**[89] greift somit dann nicht ein, wenn die zu beurteilende Klausel inhaltlich teilbar ist[90]. Voraussetzung hierfür ist, dass die unwirksame Bestimmung weggestrichen werden kann, ohne dass die übrige, im Zusammenhang befindliche Regelung zu einem Torso wird, der keine für sich verständliche und sinnvolle Regelung mehr enthält[91], so dass inhaltlich unbedenkliche Bestimmungen bestehen bleiben können. So sind Klauseln, die die Haftung des Bürgen oder Sicherungsgebers auf alle gegenwärtigen und künftigen Verbindlichkeiten des Hauptschuldners ausdehnen, unwirksam gemäß §§ 305 c Abs. 1 und 307 BGB[92]. Das Sicherungsrecht wird bei diesen Klauseln aber hinsichtlich der Verbindlichkeit aufrecht erhalten, die Anlass zur Übernahme der Haftung waren. Dies soll sogar dann gelten, wenn eine sprachliche Abtrennung dieses Regelungsteils nicht möglich ist[93].

---

[86] BGH BauR 2004, 325 = IBR 2004, 67.
[87] BGH BauR 2006, 379 = IBR 2006, 24.
[88] Vgl. BGH NJW 1985, 623, 624 f.; BGHZ 132, 383, 389; OLG Düsseldorf BauR 1995, 111, 111 f.
[89] BGH NJW 2000, 1110, 1114; *Palandt/Heinrichs* BGB Vorb. §§ 307 Rdn. 8 m.w.N.
[90] *Palandt/Heinrichs* BGB vor §§ 307 bis 309 Rdn. 11 m.w.N.; BGH NJW 1993, 1133, 1135; BGH NJW 1998, 2284, 2285 f. m.w.N.
[91] BGH NJW 1995, 2553, 2556; *Leinemann* VOB/B § 17 Rdn. 38 m.w.N.
[92] BGHZ 137, 153; *Palandt/Heinrichs* BGB vor §§ 307 bis 309 Rdn. 10.
[93] BGHZ 137, 153; *Palandt/Heinrichs* BGB vor §§ 307 bis 309 Rdn. 10.

Der Bundesgerichtshof löst diese Fälle in ständiger Rechtsprechung[94] im Wege der **ergänzenden Vertragsauslegung:** An die Stelle der Klausel tritt die Regelung, die die Parteien bei sachgerechter Abwägung der beiderseitigen Interessen gewählt hätten, wenn ihnen die Unwirksamkeit der formularmäßigen Regelung bewusst gewesen wäre. Es ist nicht Sinn und Zweck des § 306 BGB und des Verbots geltungserhaltender Reduktion, dem Kunden durch den ersatzlosen Wegfall von Klauseln Vorteile zu verschaffen, die das Vertragsgefüge völlig einseitig zu seinen Gunsten verschieben[95]. Diesen Grundsatz hat der Bundesgerichtshof im Rahmen einer seiner Grundsatzentscheidungen zur Wirksamkeit der Verpflichtung zur Stellung einer Bürgschaft auf erstes Anfordern[96] angewendet. Auch in diesem Urteil geht er – in Anknüpfung an das Urteil vom 18.4.2002[97] – von der Unwirksamkeit einer formularmäßigen Klausel aus, durch die der Auftragnehmer verpflichtet wird, dem Auftraggeber eine **Vertragserfüllungsbürgschaft** zu stellen, die auf erstes Anfordern lautet. Er **verneint jedoch die Unwirksamkeit der Sicherungsklausel insgesamt.** Der Vertrag sei vielmehr dahin auszulegen, dass die Auftragnehmerin verpflichtet sei, eine unbefristete, selbstschuldnerische Bürgschaft ohne den Zusatz der Zahlung auf erstes Anfordern zu stellen. Es könne offenbleiben, ob die Klausel durch Streichung des Satzteils, wonach der Bürge sich verpflichte, auf erste schriftliche Anforderung an den Auftraggeber Zahlung zu leisten, teilbar ist; denn ein ersatzloser Wegfall der Bürgschaftsverpflichtung komme bereits aus anderen Gründen nicht in Betracht. Die Lücke, die bei einem vollständigen Wegfall der unwirksamen Klausel bestehe, lasse sich durch dispositives Werkvertragsrecht nicht füllen. Im Wege der ergänzenden Vertragsauslegung ergebe sich jedoch, dass der Auftragnehmer in diesen Fällen eine unbefristete selbstschuldnerische Bürgschaft zu stellen habe, weil der ersatzlose Wegfall der Bürgschaftsverpflichtung zu einem den Interessen der Parteien nicht mehr gerecht werdenden Ergebnis führe. Es entspreche dem anerkennenswerten Interesse des Auftraggebers, den Auftragnehmer auch in Allgemeinen Geschäftsbedingungen zur Stellung einer Vertragserfüllungsbürgschaft zu verpflichten, da ohne eine solche Sicherung der Auftraggeber möglicherweise nicht ausreichend geschützt sei[98]. Diesem Sicherungsinteresse hätten die Parteien durch die Sicherungsabrede Rechnung tragen wollen. Würde die Sicherungsabrede ersatzlos entfallen, sei dies mit dem durch die Sicherungsabrede zum Ausdruck gebrachten Willen der Parteien nicht zu vereinbaren. 54

Im Wege der ergänzenden Vertragsauslegung kommt daher der BGH in diesem Fall zu dem Ergebnis, dass die Parteien bei sachgerechter Abwägung ihrer beiderseitigen Interessen eine „normale" (unbefristete, selbstschuldnerische) Bürgschaft vereinbart hätten, wenn ihnen die Unwirksamkeit der Verpflichtung des Auftragnehmers, eine **Vertragserfüllungsbürgschaft** auf erstes Anfordern stellen zu müssen, bekannt gewesen wäre. Eine derartige Auslegung sei auch nicht willkürlich, da die Bürgschaft auf erstes Anfordern kein Sicherungsmittel „eigener Art" darstelle, sondern lediglich eine infolge des weitgehenden Einwendungsausschlusses den Gläubiger besonders privilegierende Form der Bürgschaftsverpflichtung[99]. **Anders** entscheidet der Bundesgerichtshofs bei der Vereinbarung einer **Gewährleistungsbürgschaft auf erstes Anfordern**: Eine vom Besteller gegenüber dem Bauunternehmer verwendete Klausel, nach der ein Bareinbehalt von 5% der Schlussrechnungssumme auf die Dauer der Gewährleistungsfrist einbehalten wird, der allein durch eine Bürgschaft auf erstes Anfordern abgelöst werden kann, ist **unwirksam.** Eine **ergänzende Vertragsauslegung** dahin, dass die Ablösung durch eine 55

---

[94] BGHZ 90, 69, 73 f.; BGHZ 117, 92, 98 f.; BGHZ 137, 153, 156 f.; BGH NJW 2000, 1110, 1114; vgl. auch BGH BauR 2002, 1533, 1535 = NZBau 2002, 547, 547 ff. = ZfIR 2002, 717, 718 f. („Bürgschaft auf erstes Anfordern bleibt als „normale" Bürgschaft bestehen") sowie die berechtigte Kritik von Siegburg ZfIR 2002, 709, 713 f.; im einzelnen nachfolgend V. 7.

[95] BGHZ 137, 153, 157; *Palandt/Heinrichs* Ergänzungsband BGB § 306 Rdn. 7.

[96] Vgl. Fn. 94 und nachfolgend V. 7.

[97] BGH BauR 2002, 935 = ZfIR 2002, 538, 538 f.

[98] Vgl. auch BGH BauR 2000, 1498, 1499 f.

[99] Zu den weitergehenden Konsequenzen dieses Urteils vgl. bei den Anmerkungen zur „Bürgschaft auf erstes Anfordern" nachfolgend V. 7.

unbefristete selbstschuldnerische Bürgschaft erfolgt, **kommt** bei der gebotenen objektiv-generalisierenden Betrachtungsweise **nicht in Betracht**[100].

56 Die **Teilbarkeit einer Sicherheitsklausel abgelehnt** hat der Bundesgerichtshof in der Entscheidung vom 22.11.2001[101]. Nach dieser Entscheidung kommt die Teilung einer Sicherheitsklausel in einen wirksamen und einen unwirksamen Teil und damit die teilweise Aufrechterhaltung im Wege der ergänzenden Vertragsauslegung dann nicht in Betracht, wenn eine **Sicherheitsklausel eine in sich geschlossene Konzeption** enthält, wie nach dem Willen der Parteien das Recht des Auftraggebers auf den Sicherheitseinbehalt kompensiert werden soll. Die dort streitige Klausel sah vor, dass der Auftragnehmer **nur** berechtigt war, den in Höhe von 5 % der Auftragssumme vereinbarten Sicherheitseinbehalt durch eine **Bürgschaft auf erstes Anfordern** abzulösen; die anderen in § 17 VOB/B genannten Sicherheiten waren **ausgeschlossen** worden, so dass dem Auftragnehmer ein angemessenes Austauschrecht nicht mehr zustand und zwar auch dann nicht, wenn man den unwirksamen Teil (zahlbar auf erstes Anfordern) gestrichen hätte. Der vom Auftraggeber bewusst vorgesehene Ausschluss der Regelungen in § 17 VOB/B schließt eine Rückkehr zu dieser Bestimmung durch ergänzende Vertragsauslegung aus. Diese „Gesamtkonzeption" der Sicherheitenregelung lässt damit eine Teilung nicht zu und führt zu einer **insgesamt** unwirksamen Sicherheitenabrede.

57 **c) Anwendung der §§ 232 bis 240 BGB.** Die Bestimmungen in § 17 VOB/B stellen keine abschließende Regelung dar. Daneben gelten die gesetzlichen Vorschriften ergänzend. Dies gilt z.B. für die Ergänzungspflicht in § 240 BGB und für das Pfandrecht an hinterlegtem Geld in § 233 BGB, auch wenn diese Bestimmungen für die Praxis des Bauvertrags kaum Bedeutung haben. Systematisch ergibt sich der Inhalt der Sicherungsvereinbarung zwischen den Parteien daher in folgender Reihenfolge:

– **Vorrangig** gilt die zwischen den Bauvertragsparteien **ausdrücklich vertraglich** vereinbarte Regelung.
– Sodann gelten die Bestimmungen des § 17 VOB/B.
– Ergänzend greifen die gesetzlichen Regelungen der §§ 232 bis 240 BGB ein.

2. Zweck der Sicherheitsleistung (§ 17 Nr. 1 Abs. 2 VOB/B)

Der Sicherungsumfang einer Vertragserfüllungs- und einer Gewährleistungsbürgschaft und die **Abgrenzung der beiden Bürgschaften** sind durch Auslegung der jeweiligen Bürgschaftserklärung zu ermitteln[102]. Hierbei verbleibende Unklarheiten gehen zu Lasten des Gläubigers[103]. Nimmt der Bauvertrag auf eine Bürgschaftsurkunde Bezug, ist der gesicherte Anspruch anhand des Bauvertrags zu ermitteln[104].

58 **a) Sicherheit für die Vertragserfüllung.** Sofern die Parteien des Bauvertrags keine vorrangigen spezielleren Vereinbarungen zum Zweck der Vertragserfüllungssicherheit getroffen haben[105], umfasst die Sicherheit **„für die vertragsgemäße Ausführung der Leistungen"** im Sinne von § 17 Nr. 1 Abs. 2 VOB/B folgende Ansprüche des Auftraggebers:

59 – Der Begriff der „vertragsgemäßen Ausführung" umfasst alle Leistungen des Auftragnehmers, die zur Verwirklichung des vertraglich vereinbarten Bauvorhabens notwendig sind[106].

---

[100] BGH BauR 2005, 1154 = IBR 2005, 423; BGH BauR 2005, 539 = IBR 2005, 147; BGH IBR 2002, 73; BGH IBR 1997, 366.

[101] BGH BauR 2002, 463, 464 = NZBau 2002, 151.

[102] OLG Karlsruhe BauRB 2004, 33.

[103] BGH BrBP 2004, 172 = IBR 2003, 674.

[104] OLG Koblenz BauRB 2003, 228; vgl. auch OLG Düsseldorf BauR 2004, 382 f.

[105] Zu Risiken einer ungenauen Sicherungszweckerklärung vgl. *Thierau* Jahrbuch Baurecht 2000, 66 ff. (dort auch Formulierungsvorschläge); vertiefend zur Vertragserfüllungssicherheit *Berger* BauRB 2005, 86 ff.

[106] Beck'scher VOB-Kommentar/*Inge Jagenburg* VOB/B § 17 Nr. 1 Rdn. 16 m.w.N.; *Leinemann* VOB/B § 17 Rdn. 21 m.w.N.

– Vorrangig werden gesichert die Ansprüche des Auftraggebers auf fristgerechte Vertragserfüllung. Ist daher im Bauvertrag für den Fall der schuldhaften Nichteinhaltung einer Vertragsfrist (wirksam)[107] eine Vertragsstrafe vereinbart worden, erfasst eine Sicherheitsleistung nach § 17 VOB/B auch die Zahlung der Vertragsstrafe[108]. **60**

– Durch die Vertragserfüllungssicherheit werden ferner die Mängelansprüche des Auftraggebers bis zur Abnahme (§ 4 Nr. 7 VOB/B) gesichert[109]. **61**

– Die Vertragserfüllungssicherheit deckt ferner die dem Auftraggeber zustehenden Schadenersatzansprüche wegen Nichterfüllung gegen den Auftragnehmer[110]. **62**

– **Umstritten** ist die Frage, ob auch Rückzahlungsansprüche des Auftraggebers wegen **Überzahlung** durch eine (nicht näher konkretisierte) Vertragserfüllungssicherheit abgesichert. Nach älterer Rechtsprechung des Bundesgerichtshofs[111] sowie einiger Literaturstimmen[112] sowie nach Auffassung des OLG Celle[113] sind Ansprüche des Auftraggebers **wegen Überzahlung nicht** durch eine Vertragserfüllungsbürgschaft, die dies nicht ausdrücklich im Text vorsieht, gesichert. Nach neuerer Rechtsprechung des Bundesgerichtshofs[114], die sich mit der Rückzahlung von Vorauszahlungen befasst und nach einer im Vordringen befindlichen Literaturauffassung[115] sowie nach Auffassung OLG Hamm[116] sind Rückforderungsansprüche des Auftraggebers wegen Überzahlung von der Vertragserfüllungsbürgschaft abgedeckt[117]. **63**

– **Umstritten** ist ferner die Frage, ob durch die Vertragserfüllungssicherheit auch Ansprüche auf die Durchführung von **geänderten oder zusätzlichen Leistungen gemäß §§ 1 Nr. 3 und Nr. 4 VOB/B** gesichert werden. Durch diese Möglichkeit der einseitigen Leistungserweiterung durch den Auftraggeber wird die Hauptschuld erweitert. Dies könnte in Kollision stehen mit dem Wortlaut in § 767 Abs. 1 Satz 3 BGB, wonach die Verpflichtung des Bürgen nicht durch ein Rechtsgeschäft erweitert wird, das der Hauptschuldner nach der Übernahme der Bürgschaft vornimmt. Am Wortlaut orientiert vertritt daher Heiermann[118] die Auffassung, dass die Bürgschaft rechtsgeschäftliche Leistungsänderungen bzw. Leistungserweiterungen im Sinne von § 2 Nr. 5 und 6 VOB/B nicht erfasst. Dem ist nur für den (eher seltenen) Fall zuzustimmen, dass in den vertraglichen Bestimmungen (vgl. z.B. die besonderen Vertragsbedingungen EVM (b) BVB der öffentlichen Auftraggeber) ausdrücklich vorgesehen wurde, dass für eine Nachtragsvereinbarung eine **zusätzliche** Sicherheit für den Nachtrag vom Auftragnehmer zu stellen ist[119]. In diesem Fall ist nämlich offensichtlich, dass sich die ursprünglich geleistete Vertragserfüllungssicherheit nicht auf zusätzlich zu vergütende Nachtragsaufträge erstreckt[120]. **64**

Im übrigen bleiben nach dieser Auffassung jedoch die Besonderheiten des VOB/B-Bauvertrags und die Tatsache unberücksichtigt, dass summenmäßig die Haftung des Bürgen nicht erweitert wird. Zum einen wird durch die spezielle Regelung in § 1 Nr. 3 VOB/B dem Auftraggeber **65**

---

[107] Vgl. die Kommentierung zu § 11 VOB/B.

[108] BGH BauR 1982, 506; BGH NJW-RR 1990, 811.

[109] OLG Düsseldorf BauR 1998, 553, 554; Werner/Pastor, Rdn. 1252 ff.; *Weise* Sicherheiten im Baurecht, Rdn. 62.

[110] BGH BauR 1988, 220.

[111] BGH BauR 1980, 574; BGHZ 76, 187, 190.

[112] *Ingenstau/Korbion/Joussen* VOB/B § 17 Nr. 1 Rdn. 18 m.w.N. unter Berufung auf die ältere BGH-Rechtsprechung.

[113] BauR 1997, 1057.

[114] BGH BauR 1988, 220, 222.

[115] *Werner/Pastor* Rdn. 1253 m.w.N.; *Nicklisch/Weick* VOB/B § 17 Rdn. 16; *Staudinger/Horn* BGB § 765 Rdn. 62 m.w.N.

[116] OLGR 1998, 37.

[117] Vgl. zum Meinungsstreit: *Thierau* Jahrbuch Baurecht 2000, 66, 72 ff.

[118] *Heiermann/Riedl/Rusam* VOB/B § 17 Nr. 4 Rdn. 27 (9. Auflage); a.A. jetzt 10. Auflage § 17 Rdn. 53.

[119] OLG Frankfurt IBR 2002, 478.

[120] Nach Auffassung OLG Hamm IBR 2000, 378, soll die Vereinbarung der Verlängerung der Ausführungsfristen eine wesentliche Änderung der Hauptschuld darstellen, für die der Erfüllungsbürge nicht haftet.

eine einseitige Änderungsbefugnis eingeräumt, deren Sinn und Zweck es ist, „dem Auftraggeber die für die Durchführung des Bauvorhabens erforderliche planerische und gestalterische Freiheit zu erhalten. Insbesondere bei größeren Bauobjekten lassen sich die durchzuführenden Werke nicht in allen Einzelheiten verbindlich vorausplanen. Es ist deshalb unumgänglich, die Bauausführung veränderten Gegebenheiten anzupassen, die sich – nur beispielhaft – durch vorher nicht erkannte technische Probleme oder Änderungswünsche des Bauherrn oder – bei Mietobjekten – der späteren Mieter ergeben; es entspricht dem wohlverstandenen Interesse des Auftraggebers, sich gegenüber seinem Auftragnehmer die Handlungsfreiheit für derartige Änderungen in der Bauausführung vorzubehalten."[121] Entsprechendes gilt bei dem einseitigen Recht des Auftraggebers, gemäß § 1 Nr. 4 VOB/B nachträglich den Leistungsumfang im Rahmen des bestehenden Bauvertrags zu erweitern. Es besteht also auch insoweit – vertraglich vereinbart – **Kontrahierungszwang** (im Rahmen der Erforderlichkeit) für die Ausführung der zusätzlich verlangten vertraglichen Leistungen.

66 Diese Besonderheiten des VOB-Bauvertrags sind nicht nur den Bauvertragsparteien, sondern auch den jeweiligen Bürgen, die sich für die vertragsgemäße Ausführung der Leistung durch den Auftragnehmer verpflichten, allgemein bekannt. Kein Bauvertrag wird ohne Leistungsänderungen oder zusätzliche Leistungen abgewickelt. So weit daher der durch § 1 Nr. 3 bzw. durch § 1 Nr. 4 VOB/B vorgegebene Rahmen der einseitigen Leistungserweiterungen eingehalten wird, **decken Vertragserfüllungssicherheiten** (auch ohne nähere textliche Ausgestaltung) **den Anspruch des Auftraggebers auf vertragsgerechte Erbringung auch der geänderten und zusätzlichen Leistungen ab**[122]. Verstärkt wird diese Argumentation dadurch, dass die Vertragserfüllungsbürgschaft sich der Höhe nach an einem festen Prozentsatz der **Auftragssumme** (also nicht der Abrechnungssumme) orientiert und diese Bürgschaft der Höhe nach während der Vertragsabwicklung trotz geänderter oder zusätzlicher Leistungen keine Veränderung erfährt. Der Höhe nach wird damit die Bürgenhaftung nicht erweitert, da sie auf den Höchstbetrag der Bürgschaftsurkunde beschränkt bleibt.

67 – **„Unechte"** Zusatzleistungen („Extra-Arbeiten"), die „anlässlich" eines bestehenden Bauvertrags in Auftrag gegeben werden[123], sind **nicht** durch eine Vertragserfüllungssicherheit gedeckt, die im Rahmen des ursprünglichen Bauvertrags gegeben wurde.

– Eine Vertragserfüllungsbürgschaft sichert nicht den „Druckzuschlag", der dem Auftraggeber wegen eines Zurückbehaltungsrechts zusteht[124].

68 – Die Vertragserfüllungssicherheit sichert auch Vorauszahlungen[125].

69 – Auch **Rückgriffsrechte** des Auftraggebers gegen den Auftragnehmer **nach § 1 a AEntG** sollen von der Vertragserfüllungsbürgschaft gedeckt sein[126]. Nach dieser Auffassung schließt eine Vertragserfüllungsbürgschaft des Auftragnehmers eine Absicherung von etwaigen Rückgriffsansprüchen des Auftraggebers gegen den Auftragnehmer nach einer erfolgten Inanspruchnahme von Arbeitnehmern nachgeordneter Subunternehmer ein. Dagegen ist das OLG Stuttgart[127] der Auffassung, dass die Klausel in einer Vertragserfüllungsbürgschaft, welche in einer längeren Aufzählung der abgesicherten Ansprüche u.a. die Regressansprüche des Auftraggebers nach § 1 a AEntG enthalten, intransparent und damit unwirksam ist. Hieraus wird der Schluss gezogen werden können, dass nach dieser Auffassung Regressansprüche nach § 1 a AEntG **nicht durch eine Vertragserfüllungssicherheit** (ohne nähere eindeutige textliche Ausgestaltung) **abgesichert** sind, da hierzu nach Auffassung des OLG Stuttgart im Rahmen der Vertragserfüllungssicherheit eine inhaltlich klare und optisch hervorgehobene Aufzählung

---

[121] Vgl. OLG Düsseldorf BauR 1988, 485, 486 = NJW-RR 1988, 278.
[122] *Weise* Sicherheiten im Baurecht Rdn. 73; *Thierau* Jahrbuch Baurecht 2000, 66, 75.
[123] Vgl. z.B. OLG Düsseldorf BauR 1996, 875; BGH BauR 2002, 618, 619 = NZBau 2002, 215.
[124] OLG Koblenz BauR 2004, 349 = IBR 2003, 1119 – online.
[125] BGH BauR 1988, 220; *Franke/Kemper/Zanner/Grünhagen* VOB/B § 17 Rdn. 29.
[126] *Ingenstau/Korbion/Joussen* VOB/B § 17 Nr. 1 Rdn. 20; a.A. OLG Stuttgart IBR 2002, 194; vgl. auch zu Fn. 50 vorstehend.
[127] IBR 2002, 194.

der abzusichernden Ansprüche im Bauvertrag und in dem Bürgschaftsmuster zur wirksamen Vereinbarung des (erweiterten) Sicherungszwecks notwendig sein soll.

b) Sicherheit für Mängelansprüche (Gewährleistungssicherheit). Die Neufassung der VOB/B im Jahre 2002 in § 17 Nr. 1 Abs. 2 (Mängelansprüche) hat den Wortlaut dieser Bestimmung an die veränderte Terminologie des BGB angepasst. Statt von „Gewährleistung" wird nunmehr auch hier der Begriff der „Mängelansprüche" verwendet. 70

Eine **inhaltliche Änderung ist hierdurch nicht erfolgt**. Es bleibt abzuwarten, ob sich die neue Bezeichnung („Sicherheit für Mängelansprüche" – vgl. auch § 17 Nr. 8 VOB/B) in der täglichen Praxis durchsetzt. So müsste eine die nach Abnahme bestehenden Nacherfüllungsansprüche absichernde Bürgschaft korrekt nun mit **„Bürgschaft für Mängelansprüche"** oder **„Mängelbürgschaft"** bezeichnet werden, nachdem der Begriff der „Gewährleistung" im BGB und auch in der VOB entfallen ist. Da es sich lediglich um eine **redaktionelle Änderung**[128] handelt, ist die herkömmliche Bezeichnung als „Gewährleistungssicherheit" bzw. „Gewährleistungsbürgschaft" unschädlich. Sie soll daher auch hier zunächst weiter verwendet werden. 71

Sofern die Parteien des Bauvertrags keine vorrangigen spezielleren Vereinbarungen zum Zweck der Gewährleistungssicherheit (Sicherheit für Mängelansprüche) getroffen haben[129], umfasst die **„Sicherheit für Mängelansprüche"** im Sinne von § 17 Nr. 1 Abs. 2 VOB/B folgende Ansprüche des Auftraggebers: 72

- Die Gewährleistungssicherheit deckt die Haftung des Auftragnehmers für alle während der Gewährleistungsfrist auftretenden Mängel ab, gleichgültig ob sie vor oder bei der Abnahme erkannt worden sind[130]. 73
- Abgedeckt wird somit auch der Anspruch des Auftraggebers auf **Vorschuss** für die voraussichtlichen Mängelbeseitigungskosten[131]. 74
- Dies gilt auch im Falle der vorzeitigen Beendigung des Bauvertrags nach einer fristlosen Kündigung gemäß § 8 Nr. 3 VOB/B[132]. 75
- Ferner werden von der Gewährleistungssicherheit Ansprüche des Auftraggebers auf Restfertigstellung der Leistungen abgedeckt, da es sich insoweit um Ansprüche des Auftraggebers **nach der Abnahme** handelt[133]. 76
- Ansprüche aus **positiver Vertragsverletzung** (vgl. auch § 241 Abs. 2 BGB) sind – sofern eine ausdrückliche Regelung bei der Vereinbarung des Sicherungszwecks fehlt – **nicht von der Gewährleistungssicherheit umfasst**, weil sie nicht vorhersehbar sind und damit ein für den Bürgen nicht kalkulierbares Risiko darstellen[134]. 77
- **Nicht umfasst** sind die Mängelbeseitigungsansprüche des Auftraggebers aus § 4 Nr. 7 VOB/B, die **vor Abnahme** entstanden sind[135]. 78
- Auch **verjährte Gewährleistungsansprüche** des Auftraggebers[136] gegen den Auftragnehmer können noch **gesichert** sein: Ist die Gewährleistungssicherheit gemäß § 17 Nr. 1 VOB/B 79

---

[128] Vgl. Beschluss des Vorstands des Deutschen Vergabe- und Vertragsausschusses vom 2.5.2002; vgl. die neue Bezeichnung im VHB 2002 EFB-Sich 2/323.2 „Mängelansprüchebürgschaft".

[129] Zu Risiken einer ungenauen Sicherungszweckerklärung vgl. *Thierau* Jahrbuch Baurecht 2000, 66 ff. (dort auch Formulierungsvorschläge); vertiefend zur Gewährleistungsbürgschaft auch *Hormann* BauRB 2004, 278 ff.; vgl. zur „Kombi-Sicherheit" *v. Minckwitz/Hahn* BrBp 2003, 94 ff.

[130] BGH BauR 1998, 332, 334.

[131] BGH BauR 1984, 406; BGH BauR 1992, 373, 374.

[132] *Ingenstau/Korbion/Joussen* VOB/B § 17 Nr. 1 Rdn. 23; *Thierau* Jahrbuch Baurecht 2000, 66, 87.

[133] OLG Hamm NJW-RR 1987, 686; BGH BauR 1998, 332, 334; OLG Köln BauR 1998, 555, 557.

[134] Saarländisches OLG, BauR 2001, 266, 268 f.; ebenso OLG Koblenz IBR 2003, 676 = BauRB 2003, 71, hiernach umfasst eine Gewährleistungsbürgschaft zur Sicherung eines Schadensersatzanspruchs wegen Folgeschäden gemäß § 13 Nr. 7 Abs. 1 VOB/B nur den nächsten Mangelfolgeschaden, wohingegen entferntere Folgeschäden, die dem Anspruchsbereich der positiven Vertragsverletzung zuzuordnen sind, von einer Gewährleistungsbürgschaft **nicht** erfasst werden.

[135] BGH BauR 1998, 332, 334; vgl. jedoch: OLG Frankfurt, BauR 1987, 101; zu positiver Vertragsverletzung: *Thode* ZfIR 2000, 165.

[136] Vgl. zur Verwertung der Sicherheit nachfolgend V. 8 und 9.

anstelle eines Sicherungseinbehalts gestellt und sind die Gewährleistungsansprüche verjährt, sind die Mängel aber rechtzeitig vor dem Eintritt der Verjährung gerügt worden, so dass der Auftraggeber nach § 17 Nr. 8 Satz 2 VOB/B ein Recht zur fortgesetzten Einbehaltung eines entsprechenden Teils der Sicherheit hätte, dann dient die Gewährleistungsbürgschaft auch zur Sicherung dieser verjährten Gewährleistungsansprüche[137]; der Bürge kann sich nicht auf die Einrede der Verjährung berufen, die dem Auftragnehmer als dem Hauptschuldner zusteht und der Auftraggeber braucht die Bürgschaftsurkunde nicht herauszugeben[138] und ist berechtigt, sie zu verwerten[139].

80 – **Vertragsstrafenansprüche** des Auftraggebers werden durch die Gewährleistungssicherheit **nicht gesichert.**[140]

81 – **Nebenpflichtverletzungen** werden **nicht** durch die Gewährleistungssicherheit abgedeckt[141]. Wird z.B. eine zusätzlich notwendige Prüfstatik aufgrund eines Änderungsvorschlags des Auftragnehmers nicht beigebracht, handelt es sich hierbei nicht um einen Mangel des Bauwerks, sondern um eine sonstige Vertragsverletzung, für die der Auftragnehmer nicht nach den Gewährleistungsvorschriften, sondern „aus anderem Rechtsgrund" einzustehen hat[142]. Anders kann dies sein, wenn es sich um Verletzungen von Nebenpflichten handelt, die **in engem Zusammenhang mit Mängeln** stehen (z.B. Aufklärungspflichten)[143].

82 – Auch **Gewährleistungsansprüche aus Nachtragsleistungen** sind durch die Gewährleistungssicherheit – auch ohne textliche besonderen Hinweis – abgesichert. Zumindest beim VOB-Vertrag, der ausdrücklich die einseitigen Leistungsänderungsrechte in § 1 Nr. 3 und Nr. 4 VOB/B vorsieht, sind Gewährleistungsansprüche hinsichtlich dieser geänderten oder zusätzlichen Leistungen auch durch die Gewährleistungsbürgschaft abgesichert. Die Gewährleistungsbürgschaft wird zu einem Zeitpunkt (nach Abnahme und Schlussrechnungsprüfung) zur Verfügung gestellt, in dem der exakte **Gesamt-Leistungsumfang** des Auftragnehmers feststeht. Die Höhe der zu stellenden Gewährleistungsbürgschaft orientiert sich damit an der Gesamt-Abrechnungssumme, die als Vergütung auch für die geänderten und zusätzlichen Leistungen vom Auftraggeber zu zahlen ist[144].

– Bei **Abbrucharbeiten** ist ein vereinbarter Sicherheitseinbehalt bereits mit der Schlusszahlung – also vor Ablauf der Gewährleistungszeit – auszuzahlen, wenn feststeht, dass Mängel nicht mehr auftreten können. Eine Gewährleistungssicherheit kommt nicht in Betracht, weil bei Abbrucharbeiten ein Gewährleistungsfall nach Fertigstellung der Bauleistungen nicht denkbar ist[145].

– Nimmt der Auftraggeber die Bürgin aus einer Gewährleistungsbürgschaft **wegen Vorschusses für Mängelbeseitigung** in Anspruch, hat er die Nachbesserung innerhalb **angemessener Zeit** durchzuführen. Anderenfalls steht dem Auftragnehmer, der der Bürgin deren Aufwendungen ersetzt hat, ein Rückgewährsanspruch aus § 812 Abs. 1 Satz 2 BGB zu[146].

– Wird einem Zedenten eine Gewährleistungsbürgschaft zu einem Zeitpunkt erteilt, in dem die zu sichernden Gewährleistungsansprüche bereits an den Zessionar abgetreten sind, so ist dieser ungeachtet des Erfordernisses der Gläubigeridentität aus der Bürgschaft be-

---

[137] Vgl. *Staudinger/Horn* BGB § 765 Rdn. 64 m.w.N. zur alten Fassung von § 17 Nr. 8 VOB/B; vgl. zur Neufassung, durch deren Klarstellung („geltend gemachte Ansprüche") diese Rechtslage unverändert fortgilt, nachfolgend IX. 2.

[138] BGH NJW 1993, 1131, 1131 f.

[139] OLG Düsseldorf IBR 2002, 477 (Revision nicht angenommen, BGH Beschluss vom 2.5.2002 – VII ZR 86/01); vgl. auch *Thierau* Jahrbuch Baurecht 2000, 66, 76.

[140] *Kleine-Möller/Merl/Oelmeier* Handbuch des privaten Baurechts, § 12 Rdn. 1327 m.w.N.; *Weise* Sicherheiten im Baurecht Rdn. 58.

[141] BGH NJW 1977, 714; BGH BauR 1989, 216.

[142] BGH, vgl. vorstehend.

[143] *Weise* Sicherheiten im Baurecht, Rdn. 53.

[144] Vgl. hierzu *Thierau* Jahrbuch Baurecht 2000, 66, 80.

[145] LG Hamburg IBR 2004, 248, bestätigt durch OLG Hamburg, Beschluss vom 13.2.2004 – 8 U 165/03.

[146] OLG Braunschweig BauR 2003, 1234 f. = IBR 2003, 539.

rechtigt, wenn in der Abtretungsvereinbarung der Übergang **künftiger Sicherheiten** vorgesehen war[147].

c) Andere vereinbarte Sicherungszwecke. Als Sicherungen **für den Auftraggeber** können **weitere Sicherungszwecke vereinbart** werden, die über die Zweckbestimmungen des § 17 Nr. 1 Abs. 2 VOB/B hinausgehen oder danebentreten[148]. 83

Besonderer Erörterung bedarf die Sicherheit für Vorauszahlungen des Auftraggebers, die in Form einer **Vorauszahlungsbürgschaft** vom Auftragnehmer zu stellen ist[149]. Die Vorauszahlungsbürgschaft sichert das Risiko des Auftraggebers, dass der Auftragnehmer nicht oder nicht vollständig Leistungen erbringt, die dem Wert der geleisteten Vorauszahlung entsprechen[150]. Von Bedeutung ist die Vorauszahlungsbürgschaft insbesondere im Falle der vorzeitigen Beendigung des Bauvertrags durch eine Kündigung, da in diesem Fall eine Gesamtabrechnung durchzuführen ist. Ergibt sich bei einer nach Kündigung des Bauvertrags vorzunehmenden Gesamtabrechnung keine Überzahlung, besteht aus einer Bürgschaft für eine einzelne Vorauszahlung keine Haftung[151]. Hat der Auftragnehmer dem Auftraggeber eine Vorauszahlungsbürgschaft zu stellen, übergibt die Bürgin jedoch sodann eine als „Vertragserfüllungsbürgschaft" bezeichnete Bürgschaft, so muss der Bürge auch mängelbedingte Minderungsansprüche des Auftraggebers ausgleichen[152].

Umstritten ist die Frage, ob die Verpflichtung zur Stellung einer **Vorauszahlungsbürgschaft auf erstes Anfordern wirksam formularmäßig vereinbart werden kann**[153]. Nach Auffassung des OLG Zweibrücken[154] ist eine formularmäßig erklärte Auftragnehmerbürgschaft „auf erstes Anfordern" (hier: Vorauszahlungsbürgschaft) nicht gänzlich unwirksam, sondern nach § 306 Abs. 2 BGB als einfache Bürgschaft zu behandeln. Sie soll jedoch nach § 307 Abs. 3 BGB insgesamt unwirksam sein, wenn sie den Auftragnehmer unzumutbar belastet. Eine Entscheidung des Bundesgerichtshofs zur Wirksamkeit der formularmäßigen Verpflichtung zur Stellung einer Vorauszahlungsbürgschaft liegt noch nicht vor[155]. 84

3. Höhe der Sicherheitsleistung

Für alle Arten der Sicherheitsleistung gilt der **Grundsatz,** dass die Vereinbarung der Höhe der Sicherheitsleistung **klar und eindeutig** erfolgen muss. Jede Unklarheit oder Unbestimmtheit bei der Vereinbarung der Höhe der Sicherheitsleistung geht zu Lasten des Auftraggebers[156]. Eine mehrdeutige, unklare Vereinbarung zur Höhe der Sicherheitsleistung führt nach diesseitiger Auffassung dazu, dass die Sicherungsabrede **insgesamt unwirksam** ist und damit der Auftragnehmer keine Sicherheit leisten muss. Nach anderer Auffassung[157] soll jedoch die Vereinbarung einer Sicherheitsleistung auch **ohne Höhenangabe** wirksam sein, weil sich diese bei fehlender Festlegung im Vertrag nach dem Wert des zu sichernden Rechts richte und infolge dessen gemäß den §§ 315, 316 BGB nach billigem Ermessen vom Auftraggeber – ersatzweise vom Gericht 85

---

[147] BGH BauR 2002, 1849 ff. = IBR 2003, 130.

[148] Vgl. zur (unwirksamen) formularmäßigen Zweckerweiterung einer Gewährleistungsbürgschaft auf Regressansprüche nach dem Arbeitnehmerentsendegesetz OLG Stuttgart BauR 2002, 1093, 1093 ff. sowie OLG Celle IBR 2002, 544 (Versicherungsbeiträge).

[149] Vgl. hierzu auch die Anmerkungen zu § 16 Nr. 2 Abs. 1 Satz 1 VOB/B.

[150] *Franke/Kemper/Zanner/Grünhagen* VOB/B § 17 Rdn. 33 m.w.N.

[151] BGH BauR 2000, 413, 414 f. = NZBau 2000, 76.

[152] OLG Brandenburg, NZBau 2002, 219; vgl. zum Sicherungszweck der Vorauszahlungsbürgschaft insoweit auch BGH BauR 2000, 413, 414; BGH BauR 2001, 1727 zur Bürgschaft gemäß § 7 MaBV.

[153] Vgl. hierzu KG KGR 2001, 8 = IBR 2001, 114; *Sienz* BauR 2000, 1249, 1250; nachfolgend auch V. 7.

[154] NJW-RR 2005, 1652 = IBR 2005, 1305 – online.

[155] Vgl. zur Gewährleistungsbürgschaft auf erstes Anfordern und zur Vertragserfüllungsbürgschaft V. 7.

[156] OLG Düsseldorf, BauR 1998, 553, 554; OLG Celle, BauR 1997, 1057; *Leinemann* VOB/B § 17 Rdn. 18 m.w.N.

[157] *Nicklisch/Weick* VOB/B § 17 Rdn. 18; *Ingenstau/Korbion/Joussen* VOB/B § 17 Nr. 1 Rdn. 32; Beck'scher VOB-Kommentar/*Inge Jagenburg* VOB/B § 17 Rdn. 27.

– festzulegen sei. Teilweise[158] wird auch auf die Regelung in § 14 Nr. 2 VOB/A zur Bestimmung der Höhe der jeweiligen Sicherheit abgestellt.

86 Diese Auffassung ist **abzulehnen.** Angesichts des möglichen Spektrums in der Praxis üblicher Höhenvereinbarungen zur Vertragserfüllungs- und Gewährleistungssicherheit **darf** aus Gründen der Rechtssicherheit **kein Zweifel beim Auftragnehmer** darüber entstehen, in welcher Höhe er mit (zum Teil sehr erheblichen) Einbehalten rechnen und kalkulieren muss. Wenn ein Auftraggeber Wert auf die Stellung einer Sicherheit legt, muss er sich der (sehr geringen) Mühe unterziehen, diese auch der Höhe nach eindeutig zu vereinbaren. Dies gilt nicht nur für den Fall, dass die Höhenbestimmung durch unklare formularmäßige Regelungen (z.B. in BVB) erfolgt, sondern auch für den Fall, dass (ausnahmsweise) eine derartige Regelung individualvertraglich – jedoch unklar und mehrdeutig – getroffen wird. Jedem Auftraggeber muss klar sein, dass insbesondere im Insolvenzfall des Auftragnehmers die Sicherheit für ihn „die letzte Rettung" sein kann. Wer sich als Auftraggeber daher nicht um eine klare und eindeutige Regelung dieses wichtigen Punkts bemüht, ist **nicht schutzbedürftig**[159]. Vor diesem Hintergrund sind z.B. Regelungen wie „Gewährleistungseinbehalt von 5 %" **unwirksam,** weil unbestimmt, da die Bemessungsgrundlage (Bezugsgröße) nicht klar ist[160]. Auftraggeber werden in derartigen Fällen, in denen sie selbst nicht die notwendige Aufmerksamkeit auf eine eindeutige Regelung der Höhe der Sicherheit gelegt haben, häufig auf eine „übliche" oder „angemessene" Höhe der Sicherheit abstellen. Dieser Verweis insbesondere auf die „Üblichkeit" zur Höhe einer Sicherheitsleistung ist jedoch bereits deshalb nicht möglich, weil ein ständiger Handelsbrauch oder eine durchgängig einheitliche Praxis zur Bemessungshöhe der Sicherheit nicht festzustellen ist[161].

87 Die Höhe der jeweiligen Sicherheitsleistung wird in der Regel durch einen Prozentsatz einer **Bezugsgröße** bzw. **Bemessungsgrundlage** festgelegt. Diese Bezugsgröße muss **eindeutig** feststehen. Für die **Vertragserfüllungssicherheit,** die bei Vertragsschluss bzw. während der Vertragsabwicklung vor Abnahme (z.B. durch Einbehalte) zu stellen ist, kommt in diesen Fällen ausschließlich die **Auftragssumme** in Betracht, da diese zu diesem Zeitpunkt bereits feststeht. Zutreffende Bemessungsgrundlage für die **Gewährleistungssicherheit** ist die **Abrechnungssumme**, die damit (automatisch) auch geänderte und zusätzliche Leistungen umfasst. Haben die Parteien hinsichtlich der **Mehrwertsteuer** keine Regelung getroffen, ist von der **Bruttosumme** (einschließlich Mehrwertsteuer) auszugehen[162]. Dies deckt sich mit der täglichen Praxis. Zwar „rechnen" Baukaufleute bei Auftragssumme, Nachträgen usw. in der Regel „netto" (also ohne Umsatzsteuer); werden jedoch in der Abschlags- oder in der Schlussrechnung Zahlungen des Auftraggebers berücksichtigt oder Sicherheiten in Abzug gebracht, erfolgt diese Berechnung stets auf „Brutto-Basis"[163].

88 Wird die Höhe der **Vertragserfüllungssicherheit individualvertraglich** vereinbart, sind lediglich die Schranken der §§ 134, 138 BGB zu beachten. Insbesondere darf die Vereinbarung nicht zu einer **Übersicherung** des Auftraggebers führen[164].

89 Wird die **Höhe der Vertragserfüllungssicherheit formularmäßig** vereinbart, sind die Grenzen von § 307 BGB, insbesondere auch das **Transparenzgebot,** zu beachten. Beispiele:

90 – Formularmäßige Regelungen, nach denen sich zusätzlich zum prozentualen Satz die Sicherheitsleistung auch auf Zinsen und Kosten erstrecken soll, sind **überraschend**[165].

---

[158] *Ingenstau/Korbion/Joussen* VOB/B § 17 Nr. 1 Rdn. 32.

[159] Im Ergebnis ebenso *Staudinger/Peters* § 641 BGB Rdn. 41; *Weise* Sicherheiten im Baurecht, Rdn. 109.

[160] *Heiermann/Riedl/Rusam* VOB/B § 17 Rdn. 13.

[161] Zur Unwirksamkeit von Vereinbarungen zur Höhe der Sicherheitsleistung in Allgemeinen Geschäftsbedingungen vgl. die Nachweise nachfolgend zur Vertragserfüllungssicherheit einerseits und zur Gewährleistungssicherheit andererseits.

[162] *Ingenstau/Korbion/Joussen* VOB/B § 17 Nr. 1 Rdn. 34; Beck'scher VOB-Kommentar/*Inge Jagenburg* VOB/B vor § 17 Rdn. 30 m.w.N.

[163] Zu § 13 b UStG vgl. Rdn. 203 sowie die Kommentierung zu § 16 VOB/B Rdn. 60 m.w.N.

[164] Vgl. vorstehend II. 3 am Anfang.

[165] OLG Nürnberg WM 1991, 985; OLG Karlsruhe WM 1993, 787.

– Eine Regelung, nach der der Auftragnehmer nach Vertragsabschluss eine unbefristete Bürgschaft über 10 % der Bruttoauftragssumme stellen muss und **zusätzlich** einen Abzug in Höhe von 10 % von allen anerkannten Abschlagsrechnungen hinnehmen muss, ist unwirksam[166]. 91

Wird die Höhe der **Gewährleistungssicherheit individualvertraglich** vereinbart, bestehen ebenfalls nur die Grenzen gemäß §§ 134, 138 BGB, insbesondere ist das **Verbot der Übersicherung** zu beachten. 92

Wird die **Höhe der Gewährleistungssicherheit formularmäßig** vereinbart, kann die Vereinbarung wegen Verstoß gegen § 307 BGB unwirksam sein. Beispiele: 93

– Die formularmäßige Vereinbarung einer Sicherheitsleistung von 10 % der Bruttoauftragssumme für eine Gewährleistungszeit von fünf Jahren und einem Monat ist **unwirksam**[167]. 94
– Die Vereinbarung eines Gewährleistungseinbehalts von 5 % für fünf Jahre ist **unwirksam**, wenn der Einbehalt unverzinslich und nicht die Möglichkeit der Einzahlung auf ein Sperrkonto vorgesehen ist[168]. 95
– Die formularmäßige Vereinbarung eines Sicherheitseinbehalts für die Gewährleistungszeit in Höhe von 10 % der Bruttoauftragssumme ist **unwirksam**, wenn gleichzeitig die Möglichkeit der Einzahlung auf ein Sperrkonto ausgeschlossen wird[169]. 96
– Die formularmäßige Vereinbarung eines Bareinbehalts als Sicherheit für Gewährleistungsmängel in Höhe von 5 % „bis zur Behebung aller Mängel" ist **unwirksam**[170]. 97

III. Art der Sicherheitsleistung (§ 17 Nr. 2 VOB/B)

1. Keine andere Vereinbarung im Vertrag

Vorrangig können die Vertragsparteien durch **Vereinbarung** die Form der Sicherheitsleistung bestimmen. Die Parteien sind bei ihrer Wahl nicht an die in § 17 Nr. 2 VOB/B genannten und auch nicht an die in § 232 BGB aufgezählten Sicherungsmittel gebunden. Die Regelungen der VOB/B und die gesetzlichen Bestimmungen haben insoweit also nur ergänzend Bedeutung[171]. Durch ausdrückliche – eindeutige – Regelungen können auch andere Sicherheiten vereinbart werden. 98

Treten Zweifel auf, welche konkrete Art eines Sicherungsmittels im Bauvertrag vereinbart wurde, ist dies durch **Auslegung** der Sicherungsabrede auch unter Berücksichtigung der Begleitumstände zu ermitteln[172]. Die vorrangig vor der VOB/B geltende Vertragsklausel in Allgemeinen Geschäftsbedingungen des Auftraggebers, die vorsieht, dass von der Schlussrechnung ein Gewährleistungseinbehalt in Abzug gebracht werden kann, der durch eine Bürgschaft auf erstes Anfordern abgelöst werden kann, ist **dahin auszulegen**, dass sowohl das Wahlrecht aus § 17 Nr. 3 VOB/B als auch die Verpflichtung des Auftraggebers zur Einzahlung auf ein Sperrkonto nach § 17 Nr. 6 VOB/B ausgeschlossen sind[173].

2. Einbehalt von Geld

Die in § 17 Nr. 2 VOB/B vorgesehenen Arten der Sicherheiten stehen gleichwertig und wahlweise nebeneinander[174]. Ist ein **Sicherheitseinbehalt** (in der Praxis oft abgekürzt mit: SEB) vereinbart, zahlt der Auftraggeber von den fälligen Ansprüchen des Auftragnehmers aus gestellten 99

[166] Beck'scher VOB-Kommentar/*Inge Jagenburg* VOB/B § 17 Nr. 1 Rdn. 6 m.w.N.; **weitere Nachweise** vgl. vorstehend bei Fn. 66.
[167] OLG München BauR 1995, 859; a.A. OLG Frankfurt BauR 1993, 375.
[168] OLG Hamm NJW-RR 1988, 726; OLG Hamm ZfBR 1991, 71.
[169] OLG München, BauR 1995, 859, 859 f.
[170] LG München, IBR 1991, 378.
[171] *Nicklisch/Weick* VOB/B, § 17 Rdn. 19; allgemeine Meinung.
[172] Vgl. zum Beispiel OLG Brandenburg NZBau 2002, 219 ff. zu der Frage, ob eine einfache oder eine Bürgschaft auf erstes Anfordern geschuldet ist.
[173] BGH BauR 2002, 1392, 1392 f. = NZBau 2002, 493 (im Ergebnis unwirksam; vgl. V. 7).
[174] BGH BauR 1985, 461, 462; *Ingenstau/Korbion/Joussen* VOB/B, § 17 Nr. 1 Rdn. 43 m.w.N.

Abschlags- oder Schlussrechnungen nicht den (geprüften und festgestellten) vollen Betrag, sondern behält in Höhe des vereinbarten prozentualen Anteils hiervon einen Restbetrag als Sicherheit ein. Nähere Regelungen zum Sicherheitseinbehalt finden sich in **§ 17 Nr. 6 VOB/B**[175].

3. Hinterlegung von Geld

100 Nach den gesetzlichen Bestimmungen der §§ 372 ff. BGB und der Hinterlegungsordnung hat die Hinterlegung von Geld bei den Amtsgerichten als öffentlichen Hinterlegungsstellen zu erfolgen. Abweichend hiervon ist in der VOB/B unter **§ 17 Nr. 5 VOB/B** eine praktikablere und konkretere Ausgestaltung dieser Sicherungsmöglichkeit vorgesehen[176].

4. Bürgschaft

101 Im Rahmen der „allgemeinen" Regelung über die Arten der Sicherheitsleistung in § 17 Nr. 2 VOB/B wird nur näher konkretisiert, wer als **tauglicher Bürge** bei einem VOB/B-Bauvertrag in Betracht kommt (so weit nicht auch hierüber eine andere vertraglich vorrangige Vereinbarung getroffen wurde). Die Tauglichkeit des Bürgen (vgl. §§ 232 Abs. 2 und 239 Abs. 1 BGB) wird auch nach der VOB/B vorausgesetzt (vgl. § 17 Nr. 1 Satz 1 VOB/B). Es kommt hiernach – sofern nicht anders vereinbart – nur eine Bürgschaft eines Kreditinstitutes oder Kreditversicherers in Betracht, wenn dieser Bürge in der Europäischen Gemeinschaft (richtig: Europäischen Union) oder in einem Staat der Vertragsparteien des Abkommens über den europäischen Wirtschaftsraum (vgl. BGBl 1993 II 266) oder in einem Staat der Vertragsparteien des WTO-Übereinkommens für das öffentliche Beschaffungswesen (vgl. ABl EG Nr.L336 vom 13.12.1994 S. 273 ff.) zugelassen ist[177]. Nach Auffassung des OLG Dresden[178] soll eine in den Allgemeinen Geschäftsbedingungen des Auftraggebers enthaltene Klausel, dass der Gewährleistungseinbehalt nur durch die Bürgschaft einer **inländischen Bank oder Versicherungsgesellschaft** abgelöst werden kann, **wirksam** sein, weil es in Deutschland eine Vielzahl von Banken und Versicherungsgesellschaften gibt, die gewerbsmäßig als Bürgen auftreten. Der Auftragnehmer werde nach Auffassung des OLG Dresden durch diese **„Inlandsklausel"** in seiner Kapitalverkehrsfreiheit nicht unangemessen eingeschränkt[179].

102 Die **Bürgschaft** (gemeint ist die Bürgschaft im Sinne von §§ 765 ff. BGB in der näheren Ausgestaltung gemäß § 17 Nr. 4 VOB/B) ist in der Praxis die ganz **vorrangige Form der Sicherheitsleistung neben dem Sicherheitseinbehalt**. Auch die Bürgschaft dient dazu (vgl. § 17 Nr. 1 Abs. 2 in Verbindung mit § 17 Nr. 8 VOB/B), die vertragsgemäße Ausführung der Leistungen (Vertragserfüllungs- oder Ausführungsbürgschaft) und die Mängelansprüche (Gewährleistungsbürgschaft) sicherzustellen. Andere Bürgschaftsarten sind in § 17 VOB/B nicht angesprochen. Unter diese Bestimmungen fallen somit **nicht Bietungsbürgschaften**[180] sowie **Abschlags- und Vorauszahlungsbürgschaften**, die vom Auftragnehmer zum einen für angefertigte und bereit gestellte Bauteile oder bereits angelieferte, aber noch nicht eingebaute Stoffe zu stellen sind, wenn er hierfür bereits Abschlagszahlungen nach § 16 Nr. 1 VOB/B verlangt oder zum anderen Vorauszahlungen zwischen den Bauvertragsparteien vereinbart worden sind, die der Auftragnehmer auf Verlangen des Auftraggebers gemäß § 16 Nr. 2 Abs. 1 VOB/B durch ausreichende Sicherheit abzudecken hat[181]. Weitere Einzelheiten zur Bürgschaft – vgl. dort auch zur Unzulässigkeit der Bürgschaft auf erstes Anfordern – sind in **§ 17 Nr. 4 VOB/B** geregelt[182].

---

[175] Vgl. die nachfolgende Kommentierung zu § 17 Nr. 6 VOB/B.

[176] Vgl. die nachfolgende Kommentierung zu § 17 Nr. 5 VOB/B.

[177] Vgl. auch die Liste der in der Bundesrepublik Deutschland zugelassenen Kreditversicherer im VHB 2002 zu § 14 VOB/A. Ziff. 7 Seite 63.

[178] OLG Dresden BauR 2004, 1992 = IBR 2004, 690.

[179] A.A. *Weise* Sicherheiten im Baurecht Rdn. 198; wie OLG Dresden: *Ingenstau/Korbion/Joussen* VOB/B § 17 Nr. 4 Rdn. 11.

[180] Vgl. hierzu Beck'scher VOB-Kommentar/*Inge Jagenburg* VOB/B, § 17 Nr. 2 Rdn. 7.

[181] Zur Abschlagszahlungsbürgschaft vgl. BGH BauR 1986, 361, 363 ff.; BauR 1992, 632, 633 f.; zur Vorauszahlungsbürgschaft vgl. OLG Brandenburg, IBR 2002, 309; BGH DB 99, 1444 = IBR 1999, 369.

[182] Vgl. die nachfolgende Kommentierung zu § 17 Nr. 4 VOB/B in V.

IV. Wahl- und Austauschrecht des Auftragnehmers (§ 17 Nr. 3 VOB/B)

Durch § 17 Nr. 3 VOB/B, der unmittelbar auf § 17 Nr. 2 VOB/B Bezug nimmt, hat der Auftragnehmer **zwei Wahlrechte**: Zum einen kann er unter den (zuvor dargestellten) Arten der Sicherheit **wählen**, zum anderen kann er eine einmal gewählte Sicherheit auch nachträglich durch eine andere **ersetzen**. Auch diese Regelung gilt nur, wenn die Parteien im Bauvertrag nichts anderes vereinbart haben. Dies ist ggf. durch Auslegung zu ermitteln. So kann zum Beispiel durch die im Vertrag vorgesehene Beschränkung auf eine bestimmte Art der Sicherheitsleistung[183] das Wahlrecht des Auftragnehmers beschränkt sein, während das Austauschrecht hierdurch nicht tangiert wird. Die vorrangig vor der VOB/B geltende Vertragsklausel in Allgemeinen Geschäftsbedingungen des Auftraggebers, die vorsieht, dass von der Schlussrechnung ein Gewährleistungseinbehalt in Abzug gebracht wird, der durch eine Bürgschaft auf erstes Anfordern abgelöst werden kann, ist dahin auszulegen, dass sowohl das Wahlrecht aus § 17 Nr. 3 VOB/B als auch die Verpflichtung des Auftraggebers zur Einzahlung auf ein Sperrkonto nach § 17 Nr. 6 VOB/B ausgeschlossen sind[184]. Das gilt auch dann, wenn nachrangig die VOB/B als Vertragsbestandteil vereinbart wird. 103

1. Wahlrecht des Auftragnehmers (§ 17 Nr. 3 1. Halbsatz VOB/B)

Das Wahlrecht (nur) des Auftragnehmers (der Auftraggeber eines VOB/B-Bauvertrages hat weder ein Wahl- noch ein Austauschrecht ohne gesonderte Vereinbarung) beschränkt sich auf die verschiedenen Arten der Sicherheit, die in § 17 Nr. 2 VOB/B abschließend aufgezählt sind[185]. Das dem Auftragnehmer zustehende Wahlrecht hat er gemäß § 17 Nr. 7 VOB/B innerhalb von 18 Tagen nach Vertragsabschluss auszuüben und die – gewählte – Sicherheit zu stellen. Erst nach Ablauf dieser Frist regeln sich die Rechte des Auftraggebers nach § 17 Nr. 7 Satz 2 i.V.m. Satz 3 VOB/B[186]. 104

2. Austauschrecht des Auftragnehmers (§ 17 Nr. 3 2. Halbsatz VOB/B)

a) Ersetzungsrecht als Besonderheit der VOB/B. Neben dem Wahlrecht steht dem Auftragnehmer auch die Befugnis zu, eine bereits geleistete Sicherheit durch eine andere Sicherheit ersetzen zu können[187]. Hierbei handelt es sich um ein **vertragliches Gestaltungsrecht**[188], durch das der Auftragnehmer in die Lage versetzt wird, auch während des Bauvorhabens eine Sicherheit – ggf. auch mehrfach – durch eine andere Sicherheit gemäß § 17 Nr. 2 VOB/B ersetzen zu können. Dem Auftraggeber ist es untersagt, eine vom Auftragnehmer ordnungsgemäß ersetzte Sicherheit weiterhin zu behalten[189]. Das Umtausch- bzw. Ersetzungsrecht stellt sich damit als Fortsetzung des Wahlrechts dar[190]. 105

Das Umtausch- und Ersetzungsrecht ist eine Besonderheit der VOB/B. Gesetzlich ist ein Austauschrecht nur in § 235 BGB – im Einzelfall ggf. gemäß § 242 BGB – geregelt. Hiernach kann der Schuldner eines BGB-Werkvertrages zum Austausch einer gestellten Bürgschaft durch eine andere (gleichartige) Bürgschaft eines anderen (tauglichen) Bürgen berechtigt sein, wenn ihm dies schutzwürdige Vorteile und dem Gläubiger im Einzelfall keine messbaren Nachteile 106

---

183 Vgl. zum Beispiel OLG München, BauR 1984, 188; LG Stuttgart, BauR 1983, 481, 482.

184 BGH BauR 2002, 1392 = NZBau 2002, 493.

185 Zum **Ausschluß des Wahlrechts** in einem Sonderfall vgl. OLG Frankfurt Urteil vom 13.7.2006 – 3 U 70/05.

186 Zu den Auswirkungen einer **Beschränkung** des Wahlrechts vgl. *Leinemann* VOB/B § 17 Rdn. 29 m.w.N.

187 Vgl. BGH BauR 2001, 1893, 1894 f.; BGH BauR 1985, 461, 462.

188 BGH BauR 2001, 1893, 1894 f.; BGH BauR 2000, 1501, 1503; BGH BauR 1997, 1026.

189 BGH BauR 2000, 1501, 1502.

190 *Nicklisch/Weick* VOB/B, § 17 Rdn. 29.

bringt[191]. Das Ersetzungsrecht in der VOB/B ist damit wesentlich umfassender als die gesetzlichen Bestimmungen.

107 **b) Vertragliche Beschränkungen des Austauschrechts.** Grundsätzlich ist eine **Einschränkung** oder ein **Ausschluss** des Austauschrechts durch vertragliche Regelungen möglich[192]. In der vertragsrechtlichen Praxis erfolgt ein Ausschluss bzw. eine Beschränkung des Austauschrechtes in der Regel dadurch, dass ein vereinbarter Sicherheitseinbehalt nach Abnahme und Schlussrechnungsprüfung nur gegen Übergabe einer Gewährleistungsbürgschaft abgelöst werden darf, für die wiederum bestimmte vertragliche Anforderungen gestellt werden[193]. Wurde eine derartige Beschränkungs- oder Ausschlussvereinbarung **individuell** zwischen den Parteien getroffen, bestehen aus dem Gesichtspunkt der Vertragsfreiheit heraus hiergegen keine Bedenken. Grenzen werden – wie immer – allenfalls durch §§ 138, 242 BGB gezogen.

108 Erfolgt jedoch die **Beschränkung** oder der **Ausschluss** des Austauschrechts **formularmäßig** – dies dürfte in der Praxis der Regelfall sein –, hängt die Zulässigkeit dieser Regelung (Ausschluss des Austauschrechts) davon ab, ob der Auftragnehmer durch die formularmäßige Regelung den Auftragnehmer **unangemessen benachteiligt**, indem ihm zum Beispiel **kein angemessener Ausgleich** für die langfristige Vorenthaltung eines Vergütungsanteils (Sicherheitseinbehalt) gewährt wird[194]. Es geht damit also weniger um die Frage, ob die Beschränkung oder der Ausschluss des Austauschrechtes an sich wirksam oder unwirksam ist, sondern vielmehr um die Frage, ob die **formularmäßige** Sicherheitenvereinbarung, die dem Auftragnehmer als Ablösung für eine vereinbarte Sicherheitsleistung (insbesondere: Sicherheitseinbehalt) **nur** die Wahlmöglichkeit eines **vertraglich genau bestimmten** Austauschmittels (insbesondere: Gewährleistungsbürgschaft) einräumt, ihn insgesamt – abweichend von dem gesetzlichen Leitbild – deshalb unangemessen benachteiligt, weil der wirtschaftliche Verzicht auf Auszahlung des vollen Werklohns ohne für den Auftragnehmer angemessenen Ausgleich vereinbart wurde. **Beispiele**:

109 – Die Klausel in Allgemeinen Geschäftsbedingungen eines Bauvertrags, die vorsieht, dass ein Sicherheitseinbehalt von 5 % nur durch eine Bürgschaft auf erstes Anfordern abgelöst werden kann, ist auch in Allgemeinen Geschäftsbedingungen eines **öffentlichen Auftraggebers unwirksam.** Eine derartige Klausel kann nicht in der Weise aufrecht erhalten werden, dass der Auftragnehmer berechtigt ist, den Sicherheitseinbehalt durch eine selbstschuldnerische, unbefristete Bürgschaft abzulösen[195].

– Der völlige Ausschluss des Austauschrechtes bei einem ferner vereinbarten **zinslosen** Vergütungseinbehalt während der Gewährleistungszeit ist **unwirksam**, weil der Auftraggeber hierdurch gegen den Grundgedanken des § 641 BGB, wonach bei Abnahme die volle Vergütung zu zahlen ist (und nicht eine nur um den Sicherheitseinbehalt gekürzte) verstößt[196].

110 – Eine Beschränkung des Austauschrechts dahingehend, dass der Auftragnehmer einen Sicherheitseinbehalt **nur** durch eine Bürgschaft auf erstes Anfordern ablösen darf, ist **unwirksam** (kein angemessener Ausgleich)[197].

– Eine Klausel in Allgemeinen Geschäftsbedingungen eines Bauvertrags, die vorsieht, dass ein Sicherheitseinbehalt von 5 % der Bausumme nur durch eine Bürgschaft auf erstes Anfordern

---

[191] BGH NJW 1994, 1351; *Ingenstau/Korbion/Joussen* VOB/B, § 17 Nr. 3 Rdn. 10.

[192] Vgl. BGH NJW 1985, 1694; OLG Stuttgart, BauR 1977, 64; *Clemm* BauR 1987, 123; *Ingenstau/Korbion/Joussen* VOB/B, § 17 Nr. 3 Rdn. 11 m.w.N.; Beck'scher VOB-Kommentar/*Inge Jagenburg* VOB/B, § 17 Nr. 3 Rdn. 4 m.w.N.

[193] Vgl. z.B. OLG Stuttgart, BauR 1977, 65.

[194] BGH BauR 1997, 829, 830; ausführlich hierzu *Ingenstau/Korbion/Joussen* VOB/B, § 17 Nr. 3 Rdn. 13; *Leinemann* VOB/B, § 17 Rdn. 34 ff.; *Nicklisch/Weick* VOB/B, § 17 Rdn. 29 a m.w.N.

[195] BGH BauR 2005, 539 ff. = NZBau 2005, 219 ff. = IBR 2005, 147, 148; vgl. hierzu *Hildebrandt* ZfIR 2005, 143 ff. sowie *Schwenker* BGH-Report 2005, 413 ff.; vertiefend *Moufang/Latinovic* BauRB 2005, 114 ff.

[196] OLG München BauR 2002, 1109 f.; OLG Karlsruhe BauR 1989, 203 f.; *Ingenstau/Korbion/Joussen* VOB/B § 17 Nr. 3 Rdn. 13 m.w.N.

[197] BGH NZBau 2000, 423, 424; vgl. auch nachfolgend V. 7.

abgelöst werden kann, ist in Allgemeinen Geschäftsbedingungen eines **öffentlichen Auftraggebers** auch dann **unwirksam,** wenn der Sicherheitseinbehalt auf ein Verwahrgeldkonto zu nehmen ist[198].

- Eine Regelung, nach der ein Sicherheitseinbehalt **ausschließlich** durch eine Bürgschaft **„nach dem Muster des Auftraggebers"** ablösbar ist, ist **intransparent** und damit **unwirksam**, da hierdurch auch die Möglichkeit eröffnet wird, dass der Auftraggeber eine (unzulässige) Bürgschaft auf erstes Anfordern fordern kann[199]. **111**
- Eine Klausel, nach der ein Sicherheitseinbehalt **erst 5 Monate nach Abnahme** durch eine Bankbürgschaft abgelöst werden kann, ist **unwirksam**, weil hierdurch faktisch eine Stundung des entsprechenden Werklohnanteiles mit gleichzeitiger Abwälzung des Insolvenzrisikos auf den Auftragnehmer vorliegt[200]. **112**
- Eine Allgemeine Geschäftsbedingung in der Bürgschaftsurkunde, nach der die Gewährleistungsbürgschaft nur wirksam wird, sofern der Sicherheitseinbehalt auf ein bestimmt bezeichnetes Konto des Bürgen eingeht, ist **wirksam**[201].
- Der Auftraggeber benachteiligt den Auftragnehmer **unangemessen**, wenn er einen Einbehalt zur Sicherung seiner Gewährleistungsrechte beansprucht, dem Auftragnehmer aber **nur** die Möglichkeit gibt, diesen Einbehalt durch Stellung einer Bürgschaft zu überwinden. **Es kommt nicht darauf an, ob die verlangte Bürgschaft eine solche auf erstes Anfordern ist**[202]. **113**
- Der **Ausschluss** des Rechts, die **Einzahlung** des Bareinbehaltes **auf ein Sperrkonto** verlangen zu können, ist **unwirksam**[203]. Überraschend folgt der Bundesgerichtshof dieser Auffassung nicht[204]. **114**
- Eine vertragliche Regelung, bei der im VOB/B-Bauvertrag § 17 VOB/B abbedungen ist und dem Auftragnehmer lediglich eingeräumt wird, den Sicherheitseinbehalt sechs Monate nach Abnahme durch Stellung einer Bankbürgschaft abzulösen, verstößt gegen § 9 AGB-Gesetz[205].
- Dass dem Auftragnehmer nach § 17 Nr. 3 VOB/B zustehende Austauschrecht unter verschiedenen Arten der Ausführungs- und Gewährleistungssicherheiten können die Parteien eines VOB-Vertrags ausschließen, indem sie eine bestimmte Art der Sicherheitsleistung vereinbaren[206].
- Sehen die formularmäßigen Regelungen des Auftraggebers vor, dass der Sicherheitseinbehalt in bar entgegen § 17 Nr. 6 Abs. 1 VOB/B **nicht auf ein Sperrkonto** eingezahlt werden soll, sondern im Vermögen des Auftraggebers verbleibt, ist dies eine **unangemessene Benachteiligung** im Hinblick auf das Insolvenzrisiko des Auftraggebers[207]. Falls eine formularmäßige Regelung hinsichtlich der Gewährleistungssicherheit und der Vertragserfüllungssicherheit teilbar ist, so führt die Unwirksamkeit einer Regelung hinsichtlich der Gewährleistungssicherheit **nicht** notwendig dazu, dass auch die Klausel für Vertragserfüllungsbürgschaften unwirksam wird[208]. **115**
- Sehen die Allgemeinen Geschäftsbedingungen eines Auftraggebers einen Gewährleistungseinbehalt in Höhe von 5 % der Bruttoabrechnungssumme für die Gewährleistungszeit vor, der verzinst auf ein **eigenes Verwahrgeldkonto** des Auftraggebers zu nehmen ist, ist diese Regelung **wirksam,** wenn sie dem Auftragnehmer nicht sämtliche Möglichkeiten der Ersatz-

---

[198] BGH BauR 2006, 374 = IBR 2006, 92.
[199] BGH BauR 2000, 1052, 1053.
[200] OLG Zweibrücken, BauR 1994, 509, 512; *Ingenstau/Korbion/Joussen* VOB/B, § 17 Nr. 3 Rdn. 13.
[201] OLG Naumburg ZfBR 2004, 791 = BauRB 2004, 322 = IBR 2004, 498.
[202] OLG Dresden, BauR 2002, 807 = NZBau 2002, 226.
[203] OLG Hamburg, BauR 1996, 904; LG Hamburg, BauR 2001, 119.
[204] BGH BauR 2004, 325 = IBR 2004, 67; vgl. auch vorstehend Rdn. 52; sowie *Siegburg* ZfIR 2004, 89 ff.
[205] OLG Schleswig IBR 2005, 1186 – nur online (Urteil vom 2.6.2005 – 11 U 90/04).
[206] OLG Brandenburg NJW-RR 2004, 1164 = BauR 2004, 1831.
[207] KG BauR 1989, 207; *Franke/Kemper/Zanner/Grünhagen*, VOB/B, § 17 Rdn. 81.
[208] BGH BauR 2000, 1498, 1500.

sicherheit verwehrt. Es genügt insofern, dass der Auftragnehmer den Einbehalt durch eine Bürgschaft auf erstes Anfordern ablösen kann[209].

116 – Grundsätzlich zur möglichen Unwirksamkeit von Sicherungsklauseln, die den Auftragnehmer zur Stellung von Bürgschaften **auf erstes Anfordern** verpflichten, vgl. nachfolgend V.7.[210]

117 **c) Durchführung des Austauschs, insbesondere: Auszahlung Bareinbehalt gegen Bürgschaft.** Problematisch ist insbesondere die folgende Situation: Der Auftragnehmer will den vereinbarten Sicherheitseinbehalt ablösen. Er übergibt zu diesem Zweck dem Auftraggeber eine (vertragsgerechte) Gewährleistungsbürgschaft. Der Auftraggeber nimmt die Bürgschaft entgegen, zahlt aber den Bar-Sicherheitseinbehalt nicht aus, sondern rechnet gegen den Einbehalt mit (streitigen) Gegenforderungen auf. Nachdem diese Fallkonstellation lange Zeit sehr umstritten war[211] und auch der Bundesgerichtshof über einen längeren Zeitraum keine einheitliche Linie hat erkennen lassen[212], dürfte nunmehr durch eine weitere Entscheidung des Bundesgerichtshofes[213] in wesentlichen Punkten Einigkeit über folgende Grundsätze bestehen:

118 – Der Auftraggeber kann die Herausgabe zumindest einer der beiden Sicherheiten nicht verweigern, und zwar auch dann nicht, wenn Mängel tatsächlich bestehen sollten[214]. Dies gilt auch dann, wenn Mängel bereits vor Abnahme zutage getreten sind[215].

119 – Mit Stellung der (Austausch-) Bürgschaft erlangt der Auftragnehmer gegen den Auftraggeber einen Anspruch auf Auszahlung des Sicherheitseinbehaltes[216].

120 – Nur in **Ausnahmefällen** besteht nach Stellung der Ersatzsicherheit (Bürgschaft) ein Auszahlungsanspruch hinsichtlich des Bar-Sicherheitseinbehaltes nicht[217]: Eine Auszahlungspflicht soll hiernach dann nicht bestehen, wenn die zum Austausch gestellte Bürgschaft zu einem Zeitpunkt angeboten wird, in dem der Sicherheitseinbehalt bereits verwertet ist. In diesem Fall muss die Bürgschaft vom Auftraggeber zurückgewiesen werden. Weiterhin ist eine Auszahlungspflicht zu verneinen, wenn zum Zeitpunkt der Stellung der Austauschbürgschaft der Sicherungsfall noch nicht eingetreten ist, eine zur Mängelbeseitigung gesetzte Frist jedoch kurz nach Eingang der zum Austausch übermittelten Bürgschaft abläuft. Letztlich ist eine Auszahlungspflicht hinsichtlich des Bareinbehaltes zu verneinen, wenn ein Sicherungsfall bei

---

[209] OLG Frankfurt BauR 2004, 1787 ff. = IBR 2004, 249.

[210] Vgl. hierzu auch *Leinemann* VOB/B, § 17 Rdn. 35 f. m.w.N.; *Ingenstau/Korbion/Joussen* VOB/B, § 17 Nr. 3 Rdn. 14 m.w.N., Nr. 4 Rdn. 33 ff.; Beck'scher VOB-Kommentar/*Inge Jagenburg* VOB/B, § 17 Nr. 3 Rdnrn. 4 ff. m.w.N.

[211] Vgl. *Leinemann* VOB/B, § 17 Rdnrn. 40 ff. m.w.N.; *Ingenstau/Korbion/Joussen* VOB/B, § 17 Nr. 3 Rdnrn. 20 ff. m.w.N.; *Thierau* Jahrbuch Baurecht 2000, 66, 93 ff.

[212] BGH BauR 1998, 544: Der AN kann nur die zum Austausch hingegebene Bürgschaft zurückverlangen, nicht aber den herausbegehrten Bareinbehalt; BGH BauR 1997, 1026: Die Übergabe der Austauschsicherheit steht unter einer auflösenden Bedingung; Kritik hierzu insbesondere von *Leinemann* NJW 1999, 262, 263; *Otto* BauR 1999, 322, 324; *Tiedtke* NJW 2001, 1015, 1025; *Biebelheimer* NZBau 2002, 122 ff.

[213] BGH BauR 2001, 1893; vgl. auch OLG Schleswig, OLGR 2001, 2 ff.; OLG Bamberg, IBR 2002, 131; OLG Schleswig BauR 2005, 1066 = IBR 2005, 256; OLG Hamm IBR 2006, 330; BGH BauR 2002, 1543 = IBR 2002, 476; OLG Frankfurt IBR 2005, 582; OLG Schleswig IBR 2005, 256; vgl. auch *Biebelheimer* NZBau 2002, 122 ff.; *Brauns* BauR 2002, 1465 ff.; *Rodemann* BauR 2004, 1539 ff.

[214] BGH BauR 2000, 1501, 1502 f.; *Ingenstau/Korbion/Joussen* VOB/B, § 17 Nr. 3 Rdn. 26; *Leinemann* VOB/B, § 17 Rdn. 42; *Franke/Kemper/Zanner/Grünhagen* VOB/B, § 17 Rdn. 66 m.w.N.; *Thierau* Jahrbuch Baurecht 2000, 66, 93 ff. m.w.N.

[215] OLG Hamm NJW-RR 2006, 671; vgl. auch *Voit* ZfIR 2006, 407.

[216] BGH BauR 2001, 1893, 1894 f.; BGH IBR 2002, 476; OLG Schleswig, OLGR 2001, 2 ff.; OLG Köln BauR 1997, 524; OLG Brandenburg, BauR 1998, 1267; LG Hamburg BauR 2004, 1634 f.; LG Berlin ZfIR 2003, 837; *Leinemann* VOB/B, § 17 Rdn. 44 m.w.N.; *Ingenstau/Korbion/Joussen* VOB/B, § 17 Nr. 3 Rdn. 26 (jedoch mit der Einschränkung, dass im Falle einer Aufrechnung mit Gewährleistungsansprüchen durch den Auftraggeber gemäß der mittlerweile überholten Rechtsprechung des Bundesgerichtshofes die auflösende Bedingung eintrete, unter der die Austauschsicherheit gestellt wurde); *Weise* Sicherheiten im Baurecht, Rdn. 155; *Thierau* Jahrbuch Baurecht 2000, 66, 93, 98.

[217] BGH BauR 2001, 1893, 1894; OLG Schleswig, OLGR 2001, 2 ff.; *Leinemann* VOB/B, § 17 Rdn. 44 m.w.N.

Stellung der Austauschbürgschaft vorliegt. In diesem Fall kann der Auftraggeber entscheiden, ob er die Bürgschaft als Austauschsicherheit annimmt oder den Bareinbehalt verwertet. Dem Auftraggeber ist in dieser Situation damit eine Aufrechnung gegen den Sicherheitseinbehalt möglich, die Austauschbürgschaft darf jedoch nicht (zusätzlich) entgegengenommen werden. Geschieht dies dennoch, muss der Auftraggeber den Bareinbehalt auszahlen[218].

– Besteht wegen Mängeln zum Zeitpunkt der Übergabe der Austauschbürgschaft (nur) ein Zurückbehaltungsrecht, jedoch noch keine Aufrechnungslage, weil der Auftraggeber (noch) keine **(Geld-) Ansprüche** aus Minderung, Ersatzvornahmekosten oder Schadensersatz geltend macht, ist der Auftraggeber zur Auszahlung des Bareinbehaltes nach Erhalt der Austauschbürgschaft verpflichtet[219]. **121**

Im Ergebnis kommt es damit darauf an, ob **zum Zeitpunkt der Stellung der Ersatzbürgschaft** hinsichtlich von Mängelansprüchen eine **Aufrechnungslage** besteht. Ist dies der Fall und hat der Auftraggeber die **Aufrechnung erklärt** und damit den Bar-Sicherheitseinbehalt „verwertet", **muss die Austauschsicherheit zurückgegeben werden**. Besteht die Aufrechnungslage zum Zeitpunkt der Stellung der Ersatzbürgschaft nicht, muss der Bareinbehalt ausbezahlt werden. Gibt der Auftraggeber eine zur Ablösung eines Sicherheitseinbehalts ordnungsgemäß bestellte Gewährleistungsbürgschaft des Auftragnehmers erst zwei Monate nach Zugang der Bürgschaft unter Hinweis auf Baumängel zurück, kann der Auftragnehmer die Auszahlung des Einbehalts gegen neuerliche Übergabe der Bürgschaft verlangen[220]. Der Auftraggeber ist damit verpflichtet, **unverzüglich** einen bereits eingetretenen oder unmittelbar bevorstehenden Sicherungsfall geltend zu machen. Die Erhebung von Mängeleinwendungen erst zwei Monate nach Übergabe der zur Ablösung des Sicherheitseinbehalts bestimmten Gewährleistungsbürgschaft ist nicht unverzüglich[221]. **122**

V. Sicherheitsleistung durch Bürgschaft (§ 17 Nr. 4 VOB/B)

1. Bürgschaft und gesetzliche Bestimmungen

In §§ 765–778 BGB sind die allgemeinen Bestimmungen über die Bürgschaft enthalten. Wesentliches Merkmal der Bürgschaft ist ihre Akzessorietät, das heißt die Abhängigkeit des Bestandes und Umfanges der Verpflichtung des Bürgen von der Hauptschuld. Dieser, in **§ 768 BGB** verankerte **Akzessorietätsgrundsatz** ist kennzeichnend für die bürgschaftsrechtliche Verpflichtung. Formularmäßige Klauseln, die einen Ausschluss der Einreden aus § 768 BGB in der Bürgschaft verlangen, verändern die Rechtsnatur des Vertragsverhältnisses und sind daher mit wesentlichen Grundgedanken der gesetzlichen Regelung nicht zu vereinbaren, da sie die Rechte des Bürgen in unangemessener Weise einschränken. Sie sind deshalb unwirksam (§ 9 AGBG = § 307 BGB n.F.)[222]. **123**

---

[218] Vgl. BGH BauR 2001, 1893, 1894 f.; *Leinemann* VOB/B, § 17 Rdn. 44 m.w.N.; im Ergebnis ebenso *Ingenstau/Korbion/Joussen* VOB/B, § 17 Nr. 3 Rdn. 26 m.w.N.; *Thode* ZfIR 2000, 165, 170.

[219] BGH BauR 2001, 1893, 1894 f.; OLG Hamburg, ZIP 2001, 847; *Leinemann* VOB/B, § 17 Rdn. 49 m.w.N.; anderer Auffassung wohl *Ingenstau/Korbion/Joussen* VOB/B, § 17 Nr. 3 Rdn. 26, der die Aufrechnungsmöglichkeit und das Zurückbehaltungsrecht des Auftraggebers gleich behandelt und in diesen Fällen aufgrund der Konstruktion über die „auflösende Bedingung" (nur) zu einer Rückgabeverpflichtung hinsichtlich der Ersatzbürgschaft gelangt; im Ergebnis ebenso *Kniffka* EWiR 1997, 1005, 1006; *Siegburg* EWiR 1998, 669, 670 (Aufrechnungslage vor Übergabe der Austauschsicherheit).

[220] BGH BauR 2002, 1543 f. = IBR 2002, 476.

[221] *Schmitz* IBR 2002, 476, ist der Auffassung, dass im Regelfall die Obergrenze bei zwei Wochen liege.

[222] BGH BauR 2001, 1093, 1094, 1095; vgl. auch OLG Düsseldorf, IBR 2001, 615 für den Fall, dass der Bürge in der von ihm selbst formulierten Bürgschaftserklärung auf sämtliche Einwendungen und Einreden des Hauptschuldners verzichtet hat. Überraschend kommt das LG Frankfurt – IBR 2004, 502 – zu dem Ergebnis, dass zwar grundsätzlich der formularmäßige Ausschluss der Rechte aus § 768 BGB zur Unwirksamkeit der Bürgschaftsverpflichtung führe, die Bürgschaft jedoch als „einfache Bürgschaft" wirksam bestehen bleibe. Die Bürgschaft bleibe damit ohne den „Verzicht auf die Rechte aus § 768 BGB" bestehen.

124 Nach § 232 Abs. 2 BGB ist die Bürgschaft nur subsidiär zulässig, nämlich dann, wenn die Sicherheit nicht in einer der in § 232 Abs. 1 BGB vorgesehenen Arten geleistet werden kann. Nach den Regelungen in § 17 VOB/B steht die Bürgschaft dagegen **gleichrangig** neben den anderen Sicherungsarten Einbehalt und Hinterlegung von Geld. Sie ist zudem in der Praxis das ganz überwiegende Sicherungsmittel.

125 Wesensmerkmal der Bürgschaft ist es ferner, dass der **Gläubiger der Hauptforderung und der Gläubiger der Bürgschaft identisch** ist[223]. In der Baupraxis wird dies bisweilen missachtet: So finden sich Regelungen in Generalunternehmerverträgen, in denen sich der Generalunternehmer gegenüber dem Bauherrn verpflichtet, diesem als Ersatz für die Stellung einer „eigenen" Gewährleistungsbürgschaft die „Bürgschaften der Nachunternehmer abzutreten". Dies ist begrifflich nicht möglich, da die Sicherheit immer an der für sie bestellten Forderung haftet. Die **Abtretung der Rechte aus der Bürgschaft ohne die Abtretung der Hauptforderung ist damit unwirksam**. Richtig ist es daher, bei der vorstehend dargestellten Generalunternehmerkonstellation entweder dem Bauherrn die gegen die Nachunternehmer gerichteten Gewährleistungsansprüche mit den dafür bestellten Sicherheiten abzutreten (vgl. auch § 401 BGB) oder aber dem Bauherrn vertraglich die Stellung eines Gesamtgläubigers im Sinne von § 428 BGB einzuräumen und gleichzeitig eine klarstellende Regelung im Sinne von § 401 BGB zu treffen. **Wird** für den Fall der Abtretung der Hauptforderung (hier: Gewährleistungsansprüche) **der Übergang der** hierfür bestellten **Sicherungsrechte** (Bürgschaft) **ausgeschlossen, erlöschen die Sicherungsrechte**[224]. Formularmäßige Regelungen eines Bürgen, die im Falle der Übertragung der Hauptforderung den Übergang der Rechte aus der Bürgschaft ausschließen (Konsequenz: Bei Abtretung der Hauptforderung erlischt die Bürgschaft), sind wegen Verstoßes gegen § 307 BGB n.F. (§ 9 AGB-Gesetz) **unwirksam**[225]. Eine Erklärung der Bank, die dem Wortlaut nach lediglich besagt, sie nehme die **Abtretung des** gegen sie gerichteten **Bürgschaftsanspruchs** an einen Dritten zur Kenntnis, kann grundsätzlich nicht als Erteilung einer Bürgschaft gegenüber dem Zessionar gedeutet werden.[226] Wird einem Zedenten eine Gewährleistungsbürgschaft zu einem Zeitpunkt erteilt, in dem die zu sichernden **Gewährleistungsansprüche** bereits **an den Zessionar abgetreten sind,** so ist dieser ungeachtet des Erfordernisses der Gläubigeridentität aus der Bürgschaft berechtigt, wenn in der Abtretungsvereinbarung der Übergang künftiger Sicherheiten vorgesehen war[227].

126 Nach § 767 Abs. 1 Satz 3 BGB wird die Verpflichtung des Bürgen **nicht durch ein Rechtsgeschäft erweitert**, das der Hauptschuldner nach der Übernahme der Bürgschaft vornimmt. Die **Identität zwischen Hauptschuld und verbürgter Schuld** muss gewahrt bleiben. Rechtsgeschäfte des Hauptschuldners, die die Hauptschuld ändern, können die Verpflichtung des Bürgen nicht erweitern. Seine Stellung darf hierdurch nicht verschlechtert werden. So sind folgende Rechtsgeschäfte des Hauptschuldners im Verhältnis zum Bürgen **unwirksam**:

- Schuldanerkenntnis durch den Hauptschuldner[228];
- Vergleich, so weit er die Hauptschuld erweitert;
- Änderung der Fälligkeit[229];
- bei Erfüllungsbürgschaft eine wesentliche nachteilige Änderung der zu erfüllenden Pflichten oder der Ausführungsfristen[230];
- bei Gewährleistungsbürgschaft eine nachteilige Veränderung der Abnahmemodalitäten im Werkvertrag[231];

---

[223] Dies gilt auch bei einer Bürgschaft auf erstes Anfordern – BGH BauR 2003, 1036, 1038; vgl. auch BGHZ 115, 177, 182f.

[224] *Palandt/Heinrichs* BGB, § 401 Rdn. 3.

[225] BGH MDR 1991, 1035.

[226] BGH IBR 2002, 709.

[227] BGH NJW 2002, 3461, 3462f.

[228] OLG Düsseldorf, MDR 1975, 1019.

[229] BGH NJW 2000, 2580, 2581.

[230] OLG Hamm, NZBau 2000, 471ff.

[231] OLG Hamburg, WM 1992, 349; weitere Beispiele *Palandt/Sprau* BGB, § 767 Rdn. 3.

- Der Bürge haftet nicht für nachträgliche einvernehmliche Abänderungen der gesicherten Hauptschuld, die sein Haftungsrisiko verschärfen und denen er nicht zugestimmt hat[232];
- Die Vertragspartner eines Bauvertrags eines Bauvertrags können durch eine Abänderung der Sicherungsabrede den Inhalt der Bürgschaftserklärung der Bank ohne deren Beteiligung nicht abändern[233];
- Eine nach Stellung der Gewährleistungsbürgschaft vereinbarte **Verlängerung der Gewährleistungsfrist** kann die Verpflichtung des Bürgen ohne dessen Zustimmung nicht erweitern[234];
- Die Inanspruchnahme einer Bürgschaft ist treuwidrig, wenn dem Bürgen vor Stellung der Bürgschaft eine Zusatzabrede zwischen Sicherungsgeber und Sicherungsnehmer nicht mitgeteilt wird, die eine **zeitliche Ausdehnung der Bürgschaft** bewirkt und sich das Bürgenrisiko gerade wegen dieser zeitlichen Ausdehnung verwirklicht[235].

Nach richtiger Auffassung sind durch eine Vertragserfüllungsbürgschaft bei einem Bauvertrag Ansprüche auf die Durchführung von geänderten oder zusätzlichen Leistungen gemäß **§§ 1 Nr. 3, Nr. 4 VOB/B bzw. § 2 Nr. 5 und 6 VOB/B** vom Sicherungsumfang einer Vertragserfüllungsbürgschaft umfasst und stellen **keine Verschlechterung der Bürgenposition** gemäß § 767 Abs. 1 Satz 3 BGB dar[236]. Dies entspricht den Besonderheiten des VOB/B-Bauvertrages, die auch den jeweiligen Bürgen bekannt sind. Der Bürge, der eine **Höchstbetragsbürgschaft** erteilt hat, haftet in der Regel auch dann nicht über den vereinbarten Betrag hinaus, wenn sich die Hauptverbindlichkeit durch Verschulden oder Verzug des Hauptschuldners erhöht hat[237]. Eine Formularklausel ist **unwirksam**, so weit sie vorsieht, dass sich die Bürgschaft auch dann auf Zinsen, Provisionen und Kosten erstreckt, die im Zusammenhang mit den gesicherten Forderungen entstanden sind, wenn dadurch der vereinbarte Haftungshöchstbetrag überschritten wird[238]. Die Vereinbarung eines Höchstbetrages schränkt die im Gesetz vorgesehene Haftung des Bürgen abweichend von § 767 Abs. 1 Satz 2 BGB dem Umfang nach ein[239]. Einigkeit dürfte darüber bestehen, dass **„unechte" Zusatzleistungen**, die „anlässlich" eines bestehenden Bauvertrages in Auftrag gegeben werden[240], **nicht** durch eine Vertragserfüllungsbürgschaft im Rahmen des ursprünglichen Bauvertrages **abgesichert** sind und daher der Bürge hierfür nicht einzustehen hat. Schließen die Parteien eines Rohbauvertrages während der Bauarbeiten eine Zusatzvereinbarung über die Aufstockung des Gebäudes um ein Dachgeschoss, so handelt es sich nicht mehr um eine Nachtragsvereinbarung zu dem ursprünglichen Bauvertrag. Es liegen dann vielmehr zwei selbständige Verträge vor[241]. Grundsätzlich kann zur Abgrenzung der gesicherten und die Bürgenstellung damit nicht verschlechternden Zusatzaufträge von den nicht gesicherten, weil die Bürgenstellung verschlechternden Zusatzleistungen auf die Regelung in § 1 Nr. 4 VOB/B abgestellt werden: Handelt es sich um eine Zusatzleistung im Sinne von § 1 Nr. 4 Satz 1 VOB/B (mit der Konsequenz der Anwendbarkeit von § 2 Nr. 6 VOB/B), wird hierdurch nach diesseitiger Auffassung die Bürgenstellung nicht verschlechtert, da der Bürge bei einem VOB/B-Bauvertrag stets mit derartigen Zusatzleistungen rechnen muss. Handelt es sich jedoch um einen „Extra-Auftrag" im Sinne von § 1 Nr. 4 Satz 2 VOB/B, den der Auftragnehmer nur aufgrund besonderer Vereinbarung zu erfüllen hat, unterliegt diese Leistung nicht mehr dem Sicherungszweck der Bürgschaft, weil dadurch nachträglich der Umfang der Bürgenhaftung entgegen § 767 Abs. 1 Satz 3 BGB erweitert würde.

---

[232] BGH BauR 2006, 158 = NJW 2006, 228 = IBR 2006, 22.
[233] BGH BauR 2005, 873 = IBR 2005, 370.
[234] LG Berlin IBR 2003, 132.
[235] BGH BauRB 2004, 259.
[236] Vgl. oben zu Fn. 107; OLG Düsseldorf, BauR 1988, 485; *Weise* Sicherheiten beim Bauvertrag, Rdn. 73; *Ingenstau/Korbion/Joussen* VOB/B § 17 Nr. 1 Rdn. 29.
[237] BGH IBR 2002, 607.
[238] BGH IBR 2002, 607; anders noch BGHZ 77, 256, 257 ff.
[239] Zu weiteren Einschränkungen durch Beschränkungen in der Bürgschaftsformulierung selbst vgl. OLG Frankfurt, IBR 2002, 478.
[240] Vgl. OLG Düsseldorf, BauR 1996, 875; BauR 1996, 757 f. („zusätzliche Musterfassade").
[241] Vgl. BGH BauR 2002, 618, 619 = NZBau 2002, 215.

127 In (teilweiser) Abweichung und Ergänzung der gesetzlichen Regelungen muss die Bürgschaft im Sinne von § 17 VOB/B mehrere Voraussetzungen erfüllen:

– Person des Bürgen gemäß § 17 Nr. 2 VOB/B
– Anerkennung des Bürgen als tauglich (§ 17 Nr. 4 Satz 1 VOB/B)
– Schriftlichkeit der Bürgschaftserklärung (§ 17 Nr. 4 Satz 2 VOB/B)
– Verzicht auf die Einrede der Vorausklage (§ 17 Nr. 4 Satz 2 VOB/B i.V.m. § 771 BGB)
– keine zeitliche Begrenzung (§ 17 Nr. 4 Satz 2 2. Halbsatz VOB/B)
– Ausstellung nach Vorschrift des Auftraggebers (§ 17 Nr. 4 Satz 2 2. Halbsatz VOB/B)
– keine Bürgschaft auf erstes Anfordern (§ 17 Nr. 4 Satz 3 VOB/B).

2. Tauglicher Bürge (§ 17 Nr. 4 Satz 1 VOB/B)

128 Die Anforderungen an die **Tauglichkeit des Bürgen** sind in § 239 BGB geregelt. Der Bürge muss ein der Höhe der zu leistenden Sicherheit angemessenes Vermögen besitzen und seinen allgemeinen Gerichtsstand im Inland haben[242]. Nach § 17 Nr. 4 Satz 1 VOB/B muss hinzukommen, dass der Auftraggeber den Bürgen als tauglich **anerkannt** hat. Wird die Sicherheit durch einen Bürgen gestellt, der in § 17 Nr. 2 VOB/B näher bezeichnet wird, ist der Auftraggeber **verpflichtet**, diesen als tauglichen Bürgen **anzuerkennen**. Anderenfalls verwirkt der Auftraggeber das Recht auf Sicherheitsleistung[243]. Kommen mehrere Kreditinstitute oder Kreditversicherer im Sinne von § 17 Nr. 2 VOB/B in Betracht, hat der Auftragnehmer das Recht, über den Bürgen frei zu entscheiden. Schließlich übernimmt er auch die Kosten der Bürgschaft.

129 Die in der Praxis häufigen **Konzernbürgschaften** sind **keine tauglichen Sicherungsmittel im Sinne von § 17 VOB/B**. Sie kommen nur in Betracht, wenn hierüber eine ausdrückliche **Vereinbarung** im Vertrag getroffen wurde. In der Praxis kommen teilweise abenteuerliche Konstruktionen bei der Stellung von Konzernbürgschaften vor: Eine Aktiengesellschaft stellt eine Konzernbürgschaft für die Verbindlichkeiten ihrer Zweigniederlassung gegenüber dem Auftraggeber. Ein solcher Vertrag ist als Bürgschaftsvertrag im Sinne von § 765 BGB **nicht wirksam**, da eine Zweigniederlassung keine von ihrem Inhaber selbständige juristische Person und damit selbst nicht rechtsfähig ist[244]. Die Aktiengesellschaft als Inhaberin des Unternehmens ist damit keine von der Hauptschuldnerin (Zweigniederlassung), für deren Verbindlichkeit sie sich „verbürgt hat", verschiedene Person. Als Bürgschaftsvertrag ist der Vertrag daher nichtig[245]. Denkbar kann jedoch die Umdeutung dieser Erklärung in ein Garantieversprechen sein[246].

Nach Auffassung des LG Berlin[247] hat der Auftraggeber einen Anspruch auf eine **neue Bürgschaft,** wenn die ihm übergebene **Konzernbürgschaft** aufgrund der Insolvenz des Mutterkonzerns unwirksam wird. Eine Konzern-Vorauszahlungsbürgschaft auf erstes Anfordern kommt nicht wirksam zustande, wenn der bürgende Konzern nicht rechtlich selbständig, sondern mit dem Auftraggeber identisch ist. Die „Bürgschaft" ist dahin umzudeuten, dass der Auftraggeber eine „Vorauszahlung auf erstes Anfordern" zu leisten hat. Der Auftraggeber braucht diese „Vorauszahlung auf erstes Anfordern" nicht mehr zu leisten, wenn der Auftragnehmer insolvent wird und Massearmut angezeigt ist[248].

---

[242] Ein Sitz in einem der von § 17 Nr. 2 VOB/B erfassten Vertragsstaaten dürfte auch bei der gesetzlichen Regelung ausreichend sein, vgl. OLG Hamburg, NJW 1995, 2859, 2860; *Palandt/Heinrichs* BGB § 239 Rdn. 1 m.w.N.; vgl. auch OLG Düsseldorf ZIP 1995, 1667 = IBR 1996, 104 zu einer ausländischen Großbank, die ihren Sitz in einem der EU-Mitgliedsstaaten hat (tauglicher Bürge i.S.v. § 239 Abs. 1 BGB).

[243] Ebenso *Ingenstau/Korbion/Joussen* VOB/B, § 17 Nr. 4 Rdn. 13.

[244] *Baumbach/Hopt* HGB, § 13 Rdn. 4.

[245] OLG Celle, BauR 2002, 1711.

[246] OLG Celle, BauR 2002, 1711.

[247] BauR 2004, 1637 = NZBau 2004, 679 = IBR 2004, 316.

[248] OLG Düsseldorf IBR 2003, 414.

3. Schriftform (§ 17 Nr. 4 Satz 1 1. Halbsatz VOB/B)

Die Notwendigkeit der Schriftform hat **Warnfunktion** zugunsten des Bürgen. **Sie umfasst** damit die wesentlichen Teile der Bürgschaftserklärung: 130

- Erklärung, für eine fremde Schuld einzustehen
- Bezeichnung des Gläubigers
- Bezeichnung des Hauptschuldners
- Bezeichnung der verbürgten Forderung
- Angabe des Sicherungszwecks[249].

Der **gesamte Urkundentext** muss vom Bürgen **unterschrieben** werden, der gesamte Urkundentext muss von der Unterschrift räumlich abgeschlossen werden[250]. In Einzelfällen kann es ausreichen, dass der Bürge eine Blankounterschrift leistet und der Gläubiger das leere Blatt später mit dem Text einer Bürgschaftserklärung versieht, deren Inhalt mit dem Bürgen vor Unterschrift abgestimmt wurde[251]. Der Bundesgerichtshof hat die **Anforderungen an eine formgerechte Bürgschaftserklärung** deutlich verschärft[252]. Hiernach kann eine formbedürftige Bürgschaft nicht in der Weise wirksam erteilt werden, dass der Bürge eine Blankounterschrift leistet und einen Anderen mündlich ermächtigt, die Urkunde zu ergänzen. Eine unvollständige Ergänzung eines Formular-Bürgschaftsvertrags lässt den Bürgschaftsvertrag jedoch nicht formunwirksam werden, wenn sich die Zweifel im Wege der Auslegung beheben lassen, sofern ein hinreichender Anhaltspunkt in der Urkunde selbst für die Auslegung besteht[253]. Eine Bürgschaftserklärung muss neben dem Verbürgungswillen sowie den Personen des Gläubigers und des Schuldners auch die zu sichernde Hauptforderung **hinreichend deutlich** (schriftlich) bezeichnen[254]. 131

Das **Schriftformerfordernis gilt nur im Verhältnis zwischen den Bauvertragsparteien**. Es gilt nicht für das Bürgschaftsverhältnis, also das Verhältnis des Gläubigers (Auftraggebers) zu dem am Bauvertrag nicht beteiligten Bürgen. Insoweit ist die qualifizierte Schriftform des § 127 BGB nicht erforderlich; es gelten damit in diesem Verhältnis die gesetzlichen Formvorschriften, also auch **§ 350 HGB**[255], nach dem die **Bürgschaftserklärung eines Vollkaufmannes keiner Form bedarf**, also auch mündlich gültig ist. Da die in § 17 Nr. 2 genannten Bürgen typischerweise stets Vollkaufmann sind, ist deren Bürgschaftserklärung formlos gültig und bedarf nur im Hinblick auf § 17 Nr. 4 VOB/B der Schriftform gemäß § 127 Abs. 2 BGB, so dass eine Übermittlung per Telefax oder Telegramm bei diesen Bürgen für die Wirksamkeit der Bürgschaftsverpflichtung ausreichend ist[256]. 132

4. Verzicht auf Einrede der Vorausklage (§ 17 Nr. 4 Satz 2 1. Halbsatz VOB/B)

Die Bürgschaft ist unter Verzicht auf die Einrede der Vorausklage (§ 771 BGB) abzugeben. Diese **selbstschuldnerische Bürgschaft** (vgl. § 773 Abs. 1 Nr. 1 BGB, § 349 HGB) steht in Übereinstimmung mit den gesetzlichen Anforderungen einer Bürgschaft als Sicherheitsleistung gemäß § 239 Abs. 2 BGB. 133

Der Verzicht muss in die schriftliche Bürgschaftserklärung aufgenommen werden. Der Bürge hat das Recht, sich durch **Hinterlegung des Bürgschaftsbetrags** von seiner Verbindlichkeit 134

---

[249] Vgl. BGH NJW 1996, 1467, 1468 f.; *Ingenstau/Korbion/Joussen* § 17 Nr. 4 Rdn. 20 m.w.N.; *Leinemann* VOB/B, § 17 Rdn. 58 m.w.N.

[250] BGHZ 113, 48, 51.

[251] OLG Düsseldorf, MDR 1977, 754; *Ingenstau/Korbion/Joussen* § 17 Nr. 4 Rdn. 17 m.w.N.

[252] BGHZ 132, 119 = NJW 1996, 1467 = IBR 1996, 357.

[253] BGH NJW 2000, 1569 = IBR 2000, 325.

[254] BGH IBR 2003, 674.

[255] BGH BauR 1986, 361, 363; OLG Celle, BauR 2000, 1351; BGH BauR 1993, 340, 342.

[256] Beck'scher VOB-Kommentar/*Inge Jagenburg* VOB/B, § 17 Nr. 4 Rdn. 9 m.w.N.; *Leinemann* VOB/B, § 17 Rdn. 56 m.w.N.; *Ingenstau/Korbion/Joussen* VOB/B, § 17 Nr. 4 Rdn. 18 m.w.N.; *Nicklisch/Weick* VOB/B, § 17 Rdn. 33 m.w.N.

zu befreien[257]. Üblicherweise wird diese Möglichkeit in der Sicherheitenabrede und dann gleich lautend auch in der Bürgschaftsurkunde in der Praxis ausgeschlossen.

135 Der Verzicht auf die Einrede der Vorausklage bedeutet, dass der Gläubiger den Bürgen unmittelbar in Anspruch nehmen kann. Dem Bürgen bleiben jedoch alle dem Hauptschuldner zustehenden Einwendungen erhalten (vgl. § 768 BGB). Dies betrifft insbesondere die Einreden der Anfechtbarkeit und Aufrechenbarkeit (§ 770 BGB). Diese **Einreden** werden in der Praxis sowohl in der Sicherheitenabrede im Bauvertrag als auch in der Bürgschaftsurkunde gleichlautend ausgeschlossen.

Der **formularmäßige Ausschluss** der **Einrede der Aufrechenbarkeit** ist **unwirksam**[258]. Mit dieser Entscheidung hat der Bundesgerichtshof seine frühere, anders lautende Rechtsprechung aufgegeben. Der Bundesgerichtshof ist der Auffassung, der formularmäßige Ausschluss der Einrede der Aufrechenbarkeit benachteilige den Bürgen unangemessen und sei mit wesentlichen Grundgedanken des Bürgschaftsrechts nicht vereinbar[259]. Selbst wenn ein Bürge in der Bürgschaftsurkunde auf die Rechte nach § 770 Abs. 2 BGB verzichtet hat, kann der Bürge sich somit darauf berufen, dass die Hauptschuld infolge einer vom Hauptschuldner bereits erklärten Aufrechnung erloschen ist[260]. Zu den dem Hauptschuldner zustehenden Einreden, die auch der Bürge gemäß § 768 Abs. 1 Satz 1 BGB geltend machen kann, gehört auch die Einrede des nicht erfüllten Vertrags. Dies gilt selbst für den Fall, dass die Gewährleistungs- und Nachbesserungsrechte auf einen Dritten zur Ausübung übertragen worden sind[261].

136 Der Bürge kann gegenüber dem Gläubiger die **Einrede der Verjährung** der Hauptschuld erheben[262]. Insoweit ist insbesondere bei masseloser Insolvenz – gerade in diesen Fällen ist die Bürgschaft von wesentlicher Bedeutung für den Gläubiger – **Vorsicht geboten**.

137 **Abzugrenzen** ist die selbstschuldnerische Bürgschaft vom **Schuldbeitritt** und von der (selbständigen) **Zahlungsgarantie.** Der **Schuldbeitritt** zeichnet sich dadurch aus, dass ein Dritter nicht – wie bei der Bürgschaft – für eine fremde Schuld einstehen will, sondern eine **eigene direkte Verbindlichkeit** (als Gesamtschuldner) neben dem Schuldner übernimmt[263]. Bei der **Zahlungsgarantie fehlt die Akzessorietät zur Hauptschuld**. Der Garant steht vielmehr dafür ein, dass unabhängig von einer Hauptschuld ein bestimmter tatsächlicher oder rechtlicher Erfolg eintritt oder die Gefahr eines zukünftigen Schadens nicht eintritt[264]. Eine Garantie ist **nur dann geschuldet, wenn dies ausdrücklich zwischen den Parteien vereinbart** wird. Sie ist insbesondere im Auslandsgeschäft und im Anlagenbau ein übliches Sicherungsmittel.

138 Zurecht weist Leinemann[265] darauf hin, dass **Kreditinstitute** als Bürgen **grundsätzlich verpflichtet sind, den Hauptschuldner von der Inanspruchnahme der Bürgschaft zu unterrichten** und ihm Gelegenheit zur Stellungnahme zu geben[266]. Dies folgt unmittelbar aus dem zwischen dem Schuldner und dem Bürgen geschlossenen Kreditvertrag über die Bürgschaftsstellung. **Warn- oder Hinweispflichten des Bürgen gegenüber dem Gläubiger** werden überwiegend **verneint**[267]. Ebenso treffen den Gläubiger keine Pflichten zur Wahrung der Interessen des Bürgen. Dem Bürgen soll nicht generell der Weg offenstehen, durch Gegenansprüche aus positiver Vertragsverletzung den Anspruch des Gläubigers abzuwehren und damit die Bürgschaft als Sicherheit zu entwerten[268].

---

[257] BGH BauR 1985, 462, 464 f.

[258] BGHZ 153, 293 = NZBau 2003, 377 = IBR 2003, 244.

[259] Im Ergebnis ebenso KG Beschluss vom 9.1.2006 – 8 U 86/05.

[260] BGH IBR 2002, 415; ebenso BGH IBR 2006, 441.

[261] BGH IBR 2006, 441.

[262] Vgl. hierzu nachfolgend V.9 – Verjährung.

[263] Zur Abgrenzung zwischen selbstschuldnerischer Bürgschaft und (nicht formbedürfigem) Schuldbeitritt vgl. BGH BauR 1986, 101, 102; BGH MDR 1968, 2332; ausführlich *Ingenstau/Korbion/Joussen* VOB/B § 17 Nr. 4 Rdn. 26 ff. m.w.N.

[264] *Ingenstau/Korbion/Joussen* VOB/B § 17 Nr. 4 Rdn. 29 m.w.N.

[265] *Leinemann* VOB/B § 17 Rdn. 61 m.w.N.

[266] Vgl. auch BGB NJW 1986, 310, 313; OLG Celle OLGR 2001, 17; **a.A.** KG NJW 1987, 1774.

[267] BGH WM 1987, 618; *Graf Lambsdorff/Skora* Handbuch des Bürgschaftsrechts, Rdn. 274.

[268] Vgl. BGH MDR 1975, 135 f.; BGH WM 1987, 1481; *Staudinger/Horn* BGB, § 765 Rdn. 119, 128;

5. Keine Zeitbegrenzung (§ 17 Nr. 4 Satz 2 2. Halbsatz VOB/B)

Nach den gesetzlichen Bestimmungen (§ 777 BGB) ist eine zeitliche Begrenzung der Bürgschaft grundsätzlich zulässig. In § 17 Nr. 4 VOB/B wird jedoch eine Bürgschaft nur dann als geeignete Sicherheit anerkannt, wenn sie **unbefristet** ist. In der Bürgschaft darf daher keine Regelung enthalten sein, dass der Bürge erst von einem bestimmten Zeitpunkt ab oder nur bis zu einem bestimmten Zeitpunkt in Anspruch genommen werden darf. Unzulässig sind ferner Bestimmungen, dass sich die Bürgschaft nur auf Verpflichtungen des Schuldners beziehen soll, die innerhalb eines bestimmten Zeitraums entstanden sind. Damit verbietet es sich, dass z.B. für eine Gewährleistungsbürgschaft eine Befristung auf die Regelfrist des § 13 Nr. 4 oder auf die vertraglich vereinbarte Gewährleistungsdauer aufgenommen wird. Damit soll sichergestellt werden, dass die eventuelle durch Hemmungstatbestände oder Neubeginn der Verjährung (Unterbrechung) verlängerte bzw. neu zu laufen beginnende Gewährleistungsfrist voll abgedeckt wird. Die Bürgschaft soll damit in vollem Umfang vom Bestand der zu sichernden Forderung abhängig sein. Für die Bürgschaftsverpflichtung ist die Akzessorietät zur Hauptschuld des Auftragnehmers maßgeblich. Hieraus folgt, dass **aufschiebende oder auflösende Bedingungen** in den nach § 17 vorgesehenen Bürgschaften grundsätzlich unzulässig sind[269]. 139

Werden **in Abweichung hiervon** zeitliche Begrenzungen **vereinbart, ist zu unterscheiden**: einerseits kann dies bedeuten, dass nach Ablauf der Befristung die Verpflichtung des Bürgen insgesamt erloschen sein soll. Andererseits kann hierin auch die Vereinbarung liegen, dass sich der Bürge lediglich für Verbindlichkeiten, die vor Ablauf der Befristung entstanden sind, verpflichten wollte, für diese dann aber unbefristet[270]. Bei dem letzten Fall, also der **gegenständlichen Beschränkung der Bürgschaft** auf Forderungen, die innerhalb einer bestimmten Zeitspanne entstanden sind[271], handelt es sich nicht um einen Fall des § 777 BGB[272]. Insbesondere bei Gewährleistungsbürgschaften[273] dürfte eine zeitliche Bestimmung in der Regel diese (weniger einschränkende) Bedeutung haben[274]. Handelt es sich jedoch um eine **„echte" Befristung im Sinne von § 777 BGB**, muss der Gläubiger den Bürgen innerhalb der vereinbarten Frist in Anspruch nehmen, ansonsten wird der Bürge von der Haftung frei. Die Anzeige des Gläubigers an den Bürgen auf Inanspruchnahme muss in diesen Fällen unverzüglich nach Zeitablauf, kann aber auch schon vorher erfolgen[275]. Um Zweifelsfälle, die durch die Notwendigkeit der Auslegung des Inhalts einer befristeten Bürgschaft entstehen können, von vorne herein zu vermeiden (es droht Rechtsverlust), sollte entweder – VOB/B-gemäß – nur eine unbefristete Bürgschaft vereinbart oder auf die Formulierung zur Befristung („echte" Zeitbürgschaft nach § 777 BGB oder durch Befristung gegenständlich beschränkte Bürgschaft) besondere Sorgfalt gelegt werden. Insbesondere die in der Praxis anzutreffende kurze – aber problematische – Formulierung: „Bürgschaft erlischt am …" lässt ohne Berücksichtigung der bei ihrer Hingabe/Vereinbarung vorliegenden Umstände und Beweggründe der Parteien nicht ohne weiteres erkennen, was die Parteien bei Abschluss der Vereinbarung tatsächlich gewollt haben (§§ 133, 157 BGB). Streiten der Gläubiger und der Bürge darüber, ob eine vereinbarte Befristung als **Zeitbürgschaft** oder nur als **gegenständliche Beschränkung der Haftung** zu verstehen ist, trägt der Gläubiger die Beweislast für den von ihm behaupteten Inhalt der Bürgschaft[276]. 140

Horn, Bürgschaften und Garantien, 2001, Rdn. 290 ff. mit zahlreichen Nachweisen der Rechtsprechung des Bundesgerichtshofs zu Hinweis- und Aufklärungspflichten.

[269] *Leinemann* VOB/B § 17 Rdn. 62 m.w.N.

[270] Vgl. zur Problematik BGH NJW 1988, 908 m.w.N.; ausführlich BGH NJW 2004, 2232 = IBR 2004, 247; *Franke/Kemper/Zanner/Grünhagen* VOB/B § 17 Rdn. 35 f.; zur „Bedingung der förmlichen und mängelfreien Abnahme" vgl. OLG Hamburg BauR 2002, 645, 646.

[271] Vgl. hierzu auch OLG Zweibrücken WM 1994, 788 ff.

[272] *Palandt/Sprau* BGB § 777 Rdn. 2 m.w.N.

[273] Vgl. OLG Köln NJW-RR 1986, 510 ff.

[274] OLG Dresden IBR 2001, 666.

[275] BGH IBR 2002, 415; BGHZ 76, 81; BGH NJW 1999, 55, 56 f.; OLG Karlsruhe IBR 2002, 132.

[276] BGH NJW 2004, 2232 = IBR 2004, 247.

6. Ausstellung nach Vorschrift des Auftraggebers (§ 17 Nr. 4 Satz 2 2.Halbsatz VOB/B)

141 Die in § 17 Nr. 4 VOB/B niedergelegte Verpflichtung, die Bürgschaft **nach Vorschrift des Auftraggebers auszustellen,** kann Anlass zu Missverständnissen geben. Dies **bedeutet nicht, dass der Auftraggeber einseitig berechtigt sein soll**, über die Regelungen in § 17 Nr. 4 VOB/B hinaus verschärfende Bedingungen, z.B. eine unangemessene Höhe der Sicherheit[277] oder eine Bürgschaft auf erstes Anfordern zu verlangen, was jetzt durch die Neufassung der VOB/B 2002 in § 17 Nr. 4 Satz 3 VOB/B ausdrücklich klargestellt wird[278]. Der Auftraggeber muss sich bei seinen „Vorschriften" vielmehr an den vertraglichen Rahmen halten, der durch die Regelungen in § 17 Nr. 4 VOB/B mangels anderweitiger Regelungen vorgegeben wird. Ein Auftraggeber ist nicht berechtigt, die Sicherungsabrede z.B. durch ein Muster zu ändern[279]. Neben den Anforderungen aus § 17 Nr. 1 Abs. 2 VOB/B ist der Auftraggeber bei seinen „Vorschriften" an den Grundsatz von Treu und Glauben gemäß § 242 BGB gebunden. So darf der Auftraggeber eine Bürgschaftserklärung nicht zurückweisen, die nur Einschränkungen enthält, die den Sicherungszweck nicht beeinträchtigen, wie dies z.B. bei der Möglichkeit der Hinterlegung des Bürgschaftsbetrags im Falle der Gewährleistungssicherheit der Fall ist[280].

7. Bürgschaft auf erstes Anfordern (§ 17 Nr. 4 Satz 3 VOB/B)

142 **a) Allgemein.** § 17 Nr. 4 Satz 3 VOB/B ist auf der Basis des Beschlusses des Deutschen Vergabe- und Vertragsausschusses vom 2.5.2002 in die VOB/B aufgenommen worden[281]. Aus der Begründung des DVA: „Nach § 17 Nr. 2 VOB/B kann Sicherheit durch Einbehalt, Hinterlegung von Geld oder durch Bürgschaft eines Kreditinstituts/Kreditversicherers zugelassen werden, wenn nichts anderes vereinbart ist. Wird Sicherheit durch Bürgschaft geleistet, kann nach § 17 Nr. 4 VOB/B eine schriftliche Bürgschaftserklärung verlangt werden, in der der Bürge auf die Einrede der Vorausklage verzichtet. Im Falle eines Mangels kann der Auftraggeber z.B. zur Realisierung der Selbstvornahmekosten unmittelbar den Bürgen in Anspruch nehmen. Der Bürge kann nicht einwenden, der Auftraggeber solle zunächst gegen den Auftragnehmer (Hauptschuldner) klagen und vollstrecken (§ 771 BGB). Die Vereinbarung des Erfordernisses einer selbstschuldnerischen Bürgschaft (ohne Recht zum ersten Anfordern) in AGB eines Bauwerkvertrags wird in der Rechtsprechung nicht beanstandet[282]. Eine **Bürgschaft auf erstes Anfordern ist gesetzlich nicht geregelt**. Inhalt einer solchen Bürgschaft ist es, dass der Bürge bereits auf eine (meist formalisierte) Zahlungsaufforderung zu zahlen hat. Anders als nach dem gesetzlich geregeltem Bürgschaftsrecht können Einwendungen gegen die Hauptschuld (z.B. Mangel wird bestritten) nicht geltend gemacht werden. Erst in einem Rückforderungsprozess können solche Einwendungen vorgetragen werden. Die Vereinbarung des Erfordernisses einer Gewährleistungsbürgschaft auf erstes Anfordern in AGB wird von der Rechtsprechung in einigen Fallgestaltungen als unzulässig angesehen[283]. Bürgschaften auf erstes Anfordern schränken den Kreditrahmen der Auftragnehmer ein. Um dies zu berücksichtigen, soll vorgesehen werden, dass die Vereinbarung einer Vertragserfüllungsbürgschaft auf erstes Anfordern nicht möglich ist. Daher soll in § 17 Nr. 4 VOB/B ein neuer Satz 3 aufgenommen werden, dass eine Bürgschaft auf erstes Anfordern nicht verlangt werden kann."[284]

143 Auffallend an der Begründung zum Änderungsbeschluss des DVA vom 2.5.2002 ist, dass in der Begründung zur Einführung der neuen Regelung in § 17 Nr. 4 Satz 3 VOB/B (vorletzter Satz)

---

[277] Vgl. hierzu auch OLG Köln BauR 1994, 114; *Ingenstau/Korbion/Joussen* VOB/B § 17 Nr. 4 Rdn. 83.

[278] Vgl. zur Bürgschaft auf erstes Anfordern auch nachfolgend V. 7.

[279] BGH BauR 2004, 841 = NZBau 2004, 323 = IBR 2004, 245.

[280] OLG Köln BauR 1994, 114, 115 f.

[281] Vgl. Bundesanzeiger vom 29.10.2002 Nr. 202 Beilage a; vgl. auch Erlass BMVBW vom 6.8.2002 zur Sicherheitsleistung durch Bürgschaft auf erstes Anfordern und VHB 2002 EFB-Sich 1–3.

[282] BGHZ 136, 27, 30 ff.

[283] BGHZ 136, 27, 32 f.; *Thode* ZfBR 2002, 4 ff.

[284] Begründung des Beschlusses des DVA vom 2.5.2002.

nur angesprochen wird, dass die Vereinbarung einer **Vertragserfüllungs**bürgschaft auf erstes Anfordern nicht mehr möglich sein soll. In § 17 Nr. 4 Satz 3 VOB/B wird jedoch geregelt, dass eine Bürgschaft auf erstes Anfordern **grundsätzlich** nicht mehr verlangt werden kann; nach dem eindeutigen Wortlaut sind daher **Vertragserfüllungs- und Gewährleistungsbürgschaften** betroffen. Über die Gründe dieser Divergenz kann nur spekuliert werden. Da sich dieselbe Formulierung bereits in dem Protokoll der Sitzungen des Hauptausschusses Allgemeines des Deutschen Vergabe- und Vertragsausschusses vom 2.10.2001 und vom 4.2.2002 findet, und zu diesem Zeitpunkt die insbesondere richtungsweisenden neuen Entscheidungen des Bundesgerichtshofs vom 18.4.2002[285] und vom 4.7.2002[286] noch nicht vorlagen (diese Urteile befassen sich mit der Unwirksamkeit formularmäßiger Regelungen des Auftraggebers zur Stellung einer **Vertragserfüllungs**bürgschaft auf erstes Anfordern), der Bundesgerichtshof jedoch bereits mehrfach zu unwirksamen Vertragskonstellationen hinsichtlich der **Gewährleistungs**bürgschaft Stellung genommen hatte, sah man wohl insbesondere **vorrangig** Veranlassung, den Bereich der Vertragserfüllungsbürgschaft zu regeln und gleichzeitig auf der Basis der Rechtsprechung des Bundesgerichtshofs eine Klarstellung zum Bereich der Gewährleistungsbürgschaften auf erstes Anfordern zu treffen. Nach dem eindeutigen Wortlaut muss davon ausgegangen werden, dass **beide** Bereiche einer klarstellenden Regelung zugeführt werden sollten.

Durch die bereits angesprochenen Entscheidungen des Bundesgerichtshofs, die durch weitere **144** Entscheidungen zur Unwirksamkeit der formularmäßigen Vereinbarung einer Gewährleistungsbürgschaft auf erstes Anfordern ergänzt werden, haben sich langjährige Auseinandersetzungen über die Frage der Wirksamkeit formularmäßiger Vereinbarungen zur Stellung von Bürgschaften auf erstes Anfordern für zahlreiche – **nicht für alle** – Fälle erledigt. Nach einer Darstellung der grundsätzlichen Bedeutung einer **Bürgschaft auf erstes Anfordern** (nachfolgend b)) wird die auf der Basis der Rechtsprechung des Bundesgerichtshofs (einigermaßen) gesicherte Rechtslage sowohl für den Bereich der Vertragserfüllungs- als auch für den Bereich der Gewährleistungsbürgschaften unter knapper Darstellung des bisherigen Meinungsstands nachfolgend unter c) dargestellt. Hierbei zeigt sich, dass **offene Regelungsbereiche** für den Fall **verbleiben**, dass abweichend von § 17 Nr. 4 Satz 3 VOB/B von den Parteien Regelungen über die Stellung von Bürgschaften auf erstes Anfordern getroffen werden. Problematisch sind hierbei die – in der Praxis regelmäßig vorliegenden – Fälle, in denen die Sicherungsabrede **formularmäßig** erfolgt. Haben die Parteien – ausnahmsweise – eine **individuelle** Sicherheitenabrede getroffen (hierzu nachfolgend d)), ist dies in der Regel unproblematisch.

Streng genommen ist die **(neue) Regelung in § 17 Nr. 4 Satz 3 überflüssig**: Der Auftrag- **145** geber hatte gemäß § 17 Nr. 2 i.V.m. Nr. 4 VOB/B ohnehin nur Anspruch auf eine „normale", also den gesetzlichen Bestimmungen entsprechende, durch § 17 VOB/B nur geringfügig modifizierte Bürgschaft. Ein Anspruch auf eine Bürgschaft auf erstes Anfordern, die im Gesetz nicht geregelt ist, hatte der Auftraggeber auch bei der ursprünglichen Fassung der VOB/B nicht bzw. nur dann, wenn dies unter Abänderung der Regelungen in § 17 VOB/B ausdrücklich zwischen den Parteien vereinbart wurde. Die Neuregelung in Satz 3 ist daher – streng rechtlich betrachtet – schlichtweg überflüssig. Es wird nur wiederholt, was auch vorher ohnehin schon Gültigkeit hatte. Die neuen Muster-Sicherungsformulare des VHB[287] berücksichtigen insoweit die aktuelle Rechtsprechung des Bundesgerichtshofs.

b) Bedeutung der Bürgschaft auf erstes Anfordern im Verhältnis Gläubiger – Bürge. **146** Wird im Bürgschaftsexemplar die **Zahlung auf erstes Anfordern** durch den Bürgen festgelegt, **muss der Bürge sofort nach schriftlicher Aufforderung durch den Gläubiger (Auftraggeber) Zahlung leisten**. Es ist ausreichend, dass der Gläubiger der Bürgschaft für die Inanspruchnahme der Bürgschaft erklärt, dass der Sicherungsfall eingetreten ist. Die einfache Erklärung des Gläubi-

[285] ZfIR 2002, 538 f. = NJW 2002, 2388 f. = NZBau 2002, 494 f. = ZIP 2002, 1198 ff. (vgl. hierzu nachfolgend).
[286] BauR 2002, 1533 ff. = NZBau 2002, 559 f. (vgl. hierzu nachfolgend).
[287] Ausgabe 2002 – Stand 1.2.2006.

gers, die Voraussetzung für eine Zahlung aus der Bürgschaft liege vor, reicht aus, um die Fälligkeit der Forderung zu bewirken[288]. Die für eine Bürgschaft begrifflich notwendige Akzessorietät[289] ist damit – zumindest vorübergehend bis zur Rückforderung der ausgezahlten Bürgschaftssumme im Falle der ungerechtfertigten Anforderung – eingeschränkt. Einwendungen und Einreden aus dem Hauptschuldverhältnis (§ 768 BGB) treten zunächst in den Hintergrund und können erst nach der Zahlung des Bürgen in einem Rückforderungsprozess geltend gemacht werden[290].

147 Die Bürgschaft auf erstes Anfordern ist daher **für den Auftragnehmer gefährlich.** Wenn der Auftraggeber den Bürgen auf Zahlung auf erstes Anfordern in Anspruch nimmt, wird in der Regel Streit zwischen den Bauvertragsparteien über den vom Auftraggeber behaupteten zugrundeliegenden Anspruch aus dem Bauvertrag bestehen. Über die in diesem Fall vom Auftragnehmer erhobenen Einreden und Einwendungen kann sich der Auftraggeber durch Inanspruchnahme der Bürgschaft auf erstes Anfordern hinwegsetzen, indem er durch Anforderung des Bürgschaftsbetrags zunächst einmal Fakten schafft und dadurch dem Auftragnehmer gleichzeitig das Insolvenzrisiko für die streitige Forderung bis zur Entscheidung im Rückforderungsprozess überbürdet[291].

148 Die **Verteidigungsmöglichkeiten des Bürgen gegen die Inanspruchnahme sind beschränkt.** Dem Bürgen stehen im Falle der Inanspruchnahme der Bürgschaft auf erstes Anfordern folgende **Einwendungen** zur Verfügung:

149 – Der Bürge kann geltend machen, dass die dem Zahlungsbegehren des Gläubigers zugrundeliegende Hauptforderung nach der Vertragsurkunde nicht Gegenstand des Bürgschaftsvertrags ist[292].

150 – Der Bürge kann ferner geltend machen, dass der Gläubiger **unter klar erkennbarer Ausnutzung einer nur formalen Rechtsstellung missbräuchlich handelt.** Dies ist dann der Fall, wenn sich die Einwände des Bürgen aus dem unstreitigen Sachverhalt oder aus dem Inhalt der Vertragsurkunde ohne weiteres ergeben[293]. In solchen Fällen verlangt der Gläubiger etwas, was er im Rückforderungsprozess sofort erstatten müsste. Das begründet für den Bürgen den Arglisteinwand aus § 242 BGB[294].

151 – Wenn die Sicherheitenabrede im Bauvertrag die Stellung einer Bürgschaft auf erstes Anfordern vom Auftragnehmer verlangt und diese Sicherheitenabrede **formularmäßig** vom Auftraggeber gestellt wurde, **kann die Sicherheitenabrede gemäß § 307 BGB unwirksam sein[295].** Liegt ein Fall der Unwirksamkeit vor **und** fehlt die materielle Berechtigung des Auftraggebers **offensichtlich**[296] oder kann der Bürge im Prozess zwischen ihm und dem Auftraggeber mit **liquiden** Mitteln **beweisen,** dass trotz der Vorliegen der formellen Voraussetzungen der Bürgschaftsfall im Verhältnis zwischen Auftraggeber und Auftragnehmer nicht eingetreten ist[297], kann der Bürge gemäß § 242 BGB in **diesen sehr beschränkten Ausnahmefällen** die Zahlung verweigern. Denkbar sind auch Fälle des eindeutigen Verjährungseintritts[298] oder die offenkundige doppelte Inanspruchnahme eines Sicherheitseinbehalts und einer zum Austausch

---

[288] BGH NJW 1994, 380 381; BGH BauR 1998, 634, 637; BGH BauR 1997, 134 f.; allgemeine Meinung.

[289] Vgl. oben.

[290] Ständige Rechtsprechung, vgl. BGH NZBau 2001, 311 f.; Überblick bei *Kleine-Möller* NZBau 2002, 585, 587.

[291] *Krakowsky* BauR 2002, 1620 stellt berechtigt die Frage, ob es sich hierbei um einen „Freibrief" für Auftraggeber handelt.

[292] BGH NJW 1997, 255; *Kleine-Möller* NZBau 2002, 585, 587; *Joussen* BauR 2002, Heft 11 a Seite 69.

[293] BGH NZBau 2001, 311; BGH NJW 2000, 1563, 1564; BGH NZBau 2002, 270 f. = IBR 2002, 248; OLG Düsseldorf ZMR 2005, 784 ff. = IBR 2005, 200.

[294] BGH NZBau 2001, 311; BGH NJW 1971, 1750, 1751; BGH NJW 1979, 2150, 2152; *Kleine-Möller* NZBau 2002, 585, 587 m.w.N.

[295] Vgl. hierzu ausführlich nachfolgend unter c).

[296] Vgl. OLG Brandenburg IBR 2002, 75 – vom BGH nicht zur Revision angenommen gemäß Beschluss vom 18.9.2001 – IX ZR 150/99.

[297] Vgl. BGH NJW 1994, 380, 381; BGH BauR 1997, 134, 136.

[298] Vgl. KG WM 1987, 129.

übersandten Bürgschaft auf erstes Anfordern[299]. Ferner kann ein Mißbrauchsfall mit der Konsequenz der berechtigten Zahlungsverweigerung durch den Bürgen vorliegen, wenn ein Generalunternehmer trotz ausdrücklicher Erklärung seines Auftraggebers zur Mangelfreiheit der Subunternehmerleistung eine vom Subunternehmer gestellte Gewährleistungsbürgschaft auf erstes Anfordern wegen angeblicher Mängel in Anspruch nimmt[300].

- Der aus einer Bürgschaft auf erstes Anfordern verpflichtete Bürge kann seiner Inanspruchnahme aus der Bürgschaft Einwendungen aus dem Verhältnis des Gläubigers zum Hauptschuldner nur entgegensetzen, wenn der Gläubiger seine **formale Rechtsstellung offensichtlich missbraucht**. Dass ist nur der Fall, wenn es offen auf der Hand liegt oder zumindest **liquide beweisbar** ist, dass der materielle Bürgschaftsfall nicht eingetreten ist. Alle Streitfragen, deren Beantwortung sich nicht ohne weiteres ergibt, sind bei einer Bürgschaft auf erstes Anfordern nicht im Erstprozess, sondern im Rückforderungsprozess auszutragen; damit ist im Urkundenprozess nicht das Nachverfahren des § 600 ZPO gemeint, sondern der auf Rückzahlung der Bürgschaftssumme gerichtete Prozess nach Zahlung durch den Bürgen. Diese Grundsätze gelten auch für die Einwendungen des Bürgen, die Verpflichtung des Hauptschuldners zur Stellung einer Bürgschaft auf erstes Anfordern sei deshalb unwirksam, weil sie in Allgemeinen Geschäftsbedingungen enthalten sei[301].
- Der aus einer Bürgschaft auf erstes Anfordern Verpflichtete kann seiner Inanspruchnahme aus der Bürgschaft Einwendungen aus dem Verhältnis des Gläubigers zum Hauptschuldner nur entgegensetzen, wenn der Gläubiger seine formale Rechtsstellung offensichtlich missbraucht[302].
- Auch der Bürge auf erstes Anfordern kann gegenüber der Inanspruchnahme einwenden, die geltend gemachte Hauptforderung werde durch die Bürgschaft auf erstes Anfordern gar nicht gesichert. Diesem Recht entspricht die Pflicht des Bürgen auf erstes Anfordern gegenüber dem Rückgriffsschuldner, ihn vor einer etwaigen Auszahlung anzuhören und von ihm vorgebrachte liquide Einwendungen zu berücksichtigen[303].
- Erfolgt die Durchbrechung des Akzessorietätsprinzips gemäß **§ 768 BGB formularmäßig** 152
  durch eine entsprechende **Ausschlussregelung** in der Sicherheitenabrede im Bauvertrag und damit gleichlautend in der Bürgschaftsurkunde, ist dies unwirksam[304], mit der Konsequenz, dass dem Bürgen auch bei einer Bürgschaft auf erstes Anfordern die Einreden aus § 768 BGB erhalten bleiben. Der Bürge kann somit auch in diesen Fällen die Einrede der Verjährung der Hauptschuld erheben[305].

Weitere Einwendungen kann der Bürge erst in einem **Rückforderungsprozess** geltend ma- 153
chen, nicht jedoch in einem Nachverfahren nach einem vorangegangenem Urkundenprozess[306]. Erst in diesem Verfahren werden dann die streitigen Ansprüche, Einreden hiergegen und auch grundsätzlich die Wirksamkeit der Bürgschaftsvereinbarung im Bauvertrag (Sicherheitenabrede) geprüft[307].

Zur **Person des Bürgen** bei der Bürgschaft auf erstes Anfordern besteht ganz überwiegend 154
Einigkeit, dass als tauglicher Bürge hierfür Kreditinstitute, Kreditversicherer oder sonstige, in

[299] *Joussen* BauR 2002 Heft 11 a Seite 71 m.w.N.

[300] OLG Düsseldorf BauR 1997, 358; *Joussen* BauR 2002 Heft 11 a Seite 71.

[301] OLG Düsseldorf BauR 2004, 1992 = IBR 2004, 694.

[302] OLG Koblenz IBR 2004, 619.

[303] OLG Düsseldorf ZMR 2005, 784 = IBR 2005, 200.

[304] BGH BauR 2001, 1093, 1095 = NZBau 2001, 311.

[305] *Joussen* BauR 2002 Heft 11 a Seite 70; *Moufang/Kupjetz* BauR 2002, 1315, 1317 f. vertreten insoweit die Auffassung, dass nicht nur der formularmäßige Ausschluss der Einwendungen aus § 768 BGB unwirksam ist und die Klausel der Sicherungsabrede im übrigen (Teilnichtigkeit) mit einem (wirksamen) Inhalt einer „normalen" Bürgschaft aufrechterhalten werden kann, sondern dass eine derartige Sicherungsklausel **insgesamt nichtig** ist. (Arg: keine geltungserhaltende Reduktion).

[306] BGH NJW 1994, 380, 382.

[307] BGH BauR 1988, 594, 595; BGH BauR 1989, 618, 619 f.

vergleichbarem Umfang wie Kreditinstitute am Wirtschaftsverkehr tätige Wirtschaftsunternehmen in Betracht kommen, wenn die Übernahme einer Bürgschaft auf erstes Anfordern **formularmäßig** vereinbart wurde[308]. Liegt eine Individualvereinbarung vor, soll auch eine Privatperson eine Bürgschaft auf erstes Anfordern übernehmen können[309].

155 Hat ein Bürge in bewusster Abweichung von einer Sicherheitenabrede im Bauvertrag, die die Stellung einer „normalen" Bürgschaft vorsah, eine Bürgschaft auf erstes Anfordern ausgestellt, kann der Bürge nicht einwenden, der Hauptschuldner (Auftragnehmer) habe eine solche Bürgschaft gar nicht stellen müssen. In diesem besonderen Fall kann der Hauptschuldner dem Aufwendungsersatzanspruch der Bank alle diejenigen Einwendungen entgegenhalten, die ihm gegen die Hauptforderung zustehen[310].

156 Es ist **selbstverständliche Pflicht des Bürgen, den Hauptschuldner** (Auftragnehmer) unverzüglich über eine drohende oder angekündigte Inanspruchnahme der Bürgschaft auf erstes Anfordern **zu unterrichten**, damit der Auftragnehmer in der Lage ist, eventuell bestehende Einreden mitzuteilen bzw. selbst geltend zu machen[311]. Dem Schuldner soll in dieser Situation **Gelegenheit** gegeben werden, ggfs. durch eine einstweilige Verfügung[312] **eine unberechtigte Inanspruchnahme der Bürgschaft zu verhindern.** Praktisch wird dies insbesondere in den Fällen relevant werden, in denen im einstweiligen Verfügungsverfahren durch liquide Beweismittel belegt werden kann, dass die der Hingabe der Bürgschaft auf erstes Anfordern zugrundeliegende Sicherheitenabrede im Bauvertrag z.B. aufgrund unwirksamer vorformulierter Klauseln gestellt wurde[313]. Hierbei kann der Auftragnehmer als Hauptschuldner im einstweiligen Verfügungsverfahren zu seinen Gunsten auch die Grundsätze des Anscheinsbeweises zum Beleg der Mehrfachverwendung der Sicherheitenklausel in Anspruch nehmen[314]. Es reicht insoweit die Vorlage eines Vertrags aus, dessen äußere Form auf Vorformulierung und standardisierte Verwendung schließen lässt und der vom anderen Teil gestellt wurde[315].

157 **c) Formularmäßige Sicherheitenabrede zur Stellung einer Bürgschaft auf erstes Anfordern (Verhältnis Gläubiger (AG) – Schuldner (AN)).** Von dem Verhältnis zwischen Bürgen und Gläubiger (Auftraggeber), also dem eigentlichen Bürgschaftsverhältnis, ist zu trennen das Verhältnis zwischen Auftraggeber und Auftragnehmer aus dem zugrundeliegenden Bauvertrag, in dem die Verpflichtung des Auftragnehmers geregelt wird, dass er eine Bürgschaft auf erstes Anfordern als Sicherheit zu stellen hat. In der Praxis wird diese **Sicherheitenabrede** z.B. durch BVB oder ZVB oder durch sonstige mehrfach verwendete Einzelklauseln **formularmäßig** vom Auftraggeber gestellt. Es stellt sich dann die Frage der **Wirksamkeit derartiger formularmäßiger Sicherheitenabreden** gemäß §§ 305 ff. BGB. Nachdem jahrelang hierüber sowohl für den Bereich der Vertragserfüllungs- als auch für den Bereich der Gewährleistungsbürgschaft heftiger Streit bestand, sind zahlreiche Fragestellungen mittlerweile einer höchstrichterlichen Klärung zugeführt worden. Der BGH hatte mehrfach Gelegenheit, zur **Wirksamkeit formularmäßiger Sicherheitenabreden**, die eine Verpflichtung zur Stellung einer Bürgschaft auf erstes Anfordern vorsahen, Stellung zu nehmen. Im einzelnen:

158 **aa) Vertragserfüllungsbürgschaft auf erstes Anfordern.** Nach sehr intensiver kontroverser Diskussion[316] hat der Bundesgerichtshof durch mehrere Entscheidungen **nachfolgende formularmäßige Sicherheitenabreden als unwirksam angesehen**:

---

308 BGH BauR 2001, 1093, 1095.

309 BGH BauR 1998, 634, 636; einschränkend und kritisch *Ingenstau/Korbion/Joussen* VOB/B § 17 Nr. 4 Rdn. 56 m.w.N.

310 BGH BauR 2000, 887, 890.

311 BGH NJW 1986, 310, 313 f.; OLG Köln ZfIR 2004, 833.

312 Zu den dann möglichen Einwendungen vgl. vorstehend.

313 BGH BauR 2001, 1093, 1094.

314 BGH BauR 2001, 1093; *Leinemann* VOB/B § 17 Rdn. 72 m.w.N.

315 BGH BauR 1992, 622, 625 f.; *Leinemann* VOB/B § 17 Rdn. 72.

316 Sicherheitenabrede für Vertragserfüllungsbürgschaft auf erstes Anfordern **wirksam**: OLG Stuttgart NJW-RR 2000, 546; OLG Jena BauR 2001, 654; OLG München BauR 2001, 1618, 1620 f.; Sicherhei-

– Die Verpflichtung eines Bauunternehmers in Allgemeinen Geschäftsbedingungen des Bestellers, zur Sicherung von Vertragserfüllungsansprüchen eine Bürgschaft auf erstes Anfordern zu stellen, ist unwirksam[317]. Dies gilt auch, wenn die Verpflichtung zur Sicherung von Vertragserfüllungsansprüchen durch eine Bürgschaft auf erstes Anfordern in Allgemeinen Geschäftsbedingungen eines **öffentlichen Auftraggebers** verlangt wird.[318] Entscheidend für die Annahme der Unwirksamkeit war für den Bundesgerichtshof die **unangemessene Ausdehnung der Sicherungsrechte** des Bestellers durch die Verpflichtung des Bürgen, auf erstes Anfordern zu zahlen. Hier **stehe nicht die Funktion einer Sicherung im Vordergrund, sondern der Gläubiger werde in die Lage versetzt, sich sofort liquide Mittel** zu verschaffen, ohne dass berücksichtigt wird, ob der Sicherungsfall eingetreten ist oder nicht. Das **Liquiditätsrisiko** werde durch die vorformulierte Sicherheitenabrede **einseitig zu lasten des Unternehmers** geregelt. Zudem werde dem Unternehmer das **Risiko einer Insolvenz des Bestellers** während des Rückforderungsprozesses auferlegt. Es bestehe darüber hinaus die **Gefahr des Missbrauchs** der Bürgschaft auf erstes Anfordern. 159

– Die Verpflichtung eines Bauunternehmers in Allgemeinen Geschäftsbedingungen des Bestellers, zur Sicherung von Vertragserfüllungsansprüchen eine Bürgschaft auf erstes Anfordern zu stellen, ist unwirksam[319]. Der Bundesgerichtshof bestätigt ausdrücklich die vorzitierte Entscheidung[320], nimmt jedoch überraschend darüber hinaus über den Weg der ergänzenden Vertragsauslegung eine Unterscheidung in „Altfälle" (bis zu seiner „gesetzgebungsähnlichen" Entscheidung vom 4.7.2002) und „Neufälle" für zukünftige Vertragsabschlüsse vor[321]. 160

Zusammenfassend ist für die Praxis damit davon auszugehen, dass formularmäßige Sicherheitenabreden, die die Verpflichtung des Auftragnehmers enthalten, eine Vertragserfüllungsbürgschaft auf erstes Anfordern als Sicherheit zu stellen, **in der Regel unwirksam** sind[322]. 161

Nur in engen Ausnahmefällen kann eine formularmäßige Sicherheitenabrede mit der Verpflichtung zur Stellung einer Vertragserfüllungsbürgschaft auf erstes Anfordern **wirksam** sein: 162

– Eine **unangemessene Benachteiligung des Auftragnehmers liegt im Ausnahmefall dann nicht vor**, wenn im Rahmen eines Generalunternehmervertrags der Auftraggeber gegen Vorlage der (formularmäßig vereinbarten) Vertragserfüllungsbürgschaft auf erstes Anfordern bei Vertragsabschluss – somit unabhängig vom konkreten Leistungsstand – knapp 50 % des vereinbarten Pauschalhonorars erhält und zudem die Restvergütung in festen, kalendermäßig 163

---

tenabrede zur Vertragserfüllungsbürgschaft auf erstes Anfordern **unwirksam**: OLG Dresden BauR 2001, 1447, 1449 f.; OLG Köln BauR 2000, 1228; *Sienz* BauR 2000, 1249; *Hogrefe* BauR 1999, 111, 113; *Kainz* BauR 1995, 616, 623 ff.

[317] BGH BauR 2002, 1239, 1240 f. = NZBau 2002, 494; BGH BauR 2004, 500 = IBR 2004, 69; a.A. OLG Koblenz BauR 2003, 1239 = IBR 2003, 245 für den Fall, dass die Klausel durch einen öffentlichen Auftraggeber gestellt wird, weil in einem solchen Fall kein Insolvenzrisiko bestehe, ausdrücklich anders BGH BauR 2004, 312; auch anders für den Fall der formularmäßigen Vorgabe einer Gewährleistungsbürgschaft auf erstes Anfordern durch einen öffentlichen Auftraggeber: BGH BauR 2006, 106 – vgl. Rdn. 173; anders auch KG für den Fall einer Vertragserfüllungsbürgschaft bei einem öffentlichen Auftraggeber BauR 2004, 510 = IBR 2003, 416.

[318] BGH BauR 2004, 1143 = IBR 2004, 312; vgl. hierzu *Joussen* BauR 2004, 582 ff.

[319] BGH NZBau 2002, 559 = ZfIR 2002, 717 = BauR 2002, 1533, 1535 f.; vgl. auch hierzu *Siegburg* ZfIR 2002, 709; *Schulze-Hagen* IBR 2002, 543; *Roquette/Giesen* NZBau 2002, 547, 551.

[320] NZBau 2002, 494.

[321] Zu den Rechtsfolgen einer unwirksamen Verpflichtung zur Stellung einer Bürgschaft auf erstes Anfordern vgl. nachfolgend Rdn. 165 ff.

[322] BGH NZBau 2002, 559 = BauR 2002, 1533; BGH BauR 2002, 1239, 1240 = NZBau 2002, 494; zustimmend *Sienz* BauR 2002, 1241, 1244 (Urteilsanmerkung); *Schmitz/Vogel* ZIP 2002, 1998, 1200; *Schmitz/Vogel* ZfIR 2002, 509, 515; *Joussen* BauR 2002, Heft 11 a, Seite 76 m.w.N. auch zu Ausnahmen von dieser „Regel"; *Krakowsky* BauR 2002, 1620, 1625; *Siegburg* ZfIR 2002, 709, 712; *Roquette/Giesen* NZBau 2002, 547, 551; OLG Düsseldorf BauRB 2004, 224 hält eine Klausel für unwirksam, nach der alle nach dem Vertrag zu leistenden Vorauszahlungs-, Erfüllungs- und Gewährleistungssicherheiten als Bürgschaften auf erstes Anfordern zu leisten sind.

bestimmten Raten ohne direkte Bindung an den Baufortschritt zu erfolgen hat[323]. Der Bundesgerichtshof sieht bei dieser besonderen Konstellation die Stellung einer Vertragserfüllungsbürgschaft auf erstes Anfordern nur als **Kompensation des** vom Auftraggeber eingegangenen – grundsätzlich systemwidrigen – **Vorleistungsrisikos** an.

164 – Unter Berücksichtigung der Erwägungen des Bundesgerichtshofs aus seinem Grundsatzurteil zur Unwirksamkeit einer formularmäßigen Sicherheitenabrede zur Stellung einer **Gewährleistungs**bürgschaft auf erstes Anfordern (Nichtigkeit, weil jedes andere Sicherungsmittel als angemessener Ausgleich ausgeschlossen war)[324], wird man **im Einzelfall** von einer **Wirksamkeit** auch einer formularmäßigen Sicherheitenabrede zur Stellung einer **Vertragserfüllungsbürgschaft** auf erstes Anfordern ausgehen können, **wenn durch die Klausel gewährleistet wird, dass der Auftragnehmer vom Risiko der Insolvenz des Auftraggebers befreit wird und das Austauschrecht gemäß § 17 Nr. 3 VOB/B insbesondere mit der Möglichkeit, vom Auftraggeber die Einzahlung eines alternativ gestellten Sicherheitseinbehalts auf ein (insolvenzfestes) Sperrkonto einzuzahlen, erhalten bleibt**, so dass dem Auftragnehmer letztlich auch eine angemessene Verzinsung der zu sichernden Forderungen gesichert ist[325]. Im Ergebnis bedeutet dies **für die Praxis:** Nur wenn ein **besonderer Ausnahmefall** vorliegt, also z.B. dem Auftragnehmer **ausdrücklich** die Möglichkeit zur Stellung einer anderweitigen Sicherheit als Alternative zur Vertragserfüllungsbürgschaft auf erstes Anfordern verbleibt oder ein erhebliches durch andere vertragliche Regelungen entstandenes zusätzliches Absicherungsinteresse des Auftraggebers besteht (nicht unerhebliche Vorauszahlungen unabhängig vom Leistungsstand), kann eine formularmäßige Sicherheitenabrede über die Stellung einer Vertragserfüllungsbürgschaft auf erstes Anfordern **wirksam** sein. In den **Regelfällen** (also insbesondere dann, wenn die Vertragserfüllungsbürgschaft als **einziges und ausschließliches** Sicherungsmittel formularmäßig vorgeschrieben wird) ist die Sicherheitenabrede **unwirksam.**

165 **bb) Rechtsfolgen einer unwirksamen Verpflichtung zur Stellung einer Vertragserfüllungsbürgschaft auf erstes Anfordern.** Die **Rechtsfolgen einer Unwirksamkeit von Formularklauseln** sind in § 306 BGB geregelt. Nach Abs. 2 dieser Bestimmung richtet sich der Inhalt des Vertrags dann nach den gesetzlichen Vorschriften. Dies führt **in der Regel dazu, dass die Klausel ersatzlos entfällt** (im Gesetz ist die Verpflichtung zur Stellung einer Vertragserfüllungssicherheit nicht geregelt)[326]. Für den Fall einer (unwirksamen) formularmäßigen Vereinbarung einer **Gewährleistungs**bürgschaft auf erstes Anfordern hat der Bundesgerichtshof diese Konsequenz in mehreren Fällen ausdrücklich bestätigt[327]. In dem Urteil vom 18.4.2002[328], in dem der Bundesgerichtshof erstmals zur Unwirksamkeit einer Sicherheitenabrede hinsichtlich der Stellung einer **Vertragserfüllungs**bürgschaft auf erstes Anfordern Stellung genommen hat, gelangte er ebenfalls zu diesem Ergebnis: Die wegen Unwirksamkeit der Sicherungsabreden ohne Rechtsgrund erlangten Vertragserfüllungsbürgschaften auf erstes Anfordern sind herauszugeben.

166 **Überraschend**[329] kommt der VII. Zivilsenat des Bundesgerichtshofs in der Entscheidung vom 4.7.2002[330] zu einem anderen Ergebnis: Er bestätigt zunächst ausdrücklich die Unwirksamkeit der Sicherungsklausel zur Stellung einer Vertragserfüllungsbürgschaft auf erstes Anfordern. Diese Unwirksamkeit führt jedoch nicht zur Anwendung der gesetzlichen Bestimmungen (mit dem Ergebnis, dass **keine** Sicherheit geschuldet ist), sondern im Wege der vom Bundesgerichtshof vorgenommenen **ergänzenden Vertragsauslegung** dazu, **dass der Auftragnehmer eine**

---

[323] BGH BauR 2002, 123, 125.

[324] BGH BauR 1997, 829, 830.

[325] *Siegburg* ZfIR 2002, 709, 716; *Joussen* BauR 2002 Heft 11 a, Seiten 76, 77; *Krakowsky* BauR 2002, 1620, 1626.

[326] Zum Grundsatz: BGH NJW 1985, 852 f.; NJW 1996, 1407, 1408.

[327] BGH BauR 2002, 463, 464 ff.; BGH BauR 2002, 1392 f.; BGH NJW 1997, 2598, 2599.

[328] BGH BauR 2002, 1239 = NZBau 2002, 494 f.

[329] So wörtlich *Siegburg* ZfIR 2002, 709, 712; vgl. auch *Hildebrandt* ZfIR 2002, 872 ff.

[330] BGH NZBau 2002, 559 = BGH BauR 2002, 1533.

unbefristete selbstschuldnerische Bürgschaft – zumindest für die „Altfälle“[331] – schuldet. Diese vom BGH angenommene Rechtsfolge hat erhebliche **Kritik**[332] ausgelöst. Insbesondere vor dem Hintergrund der Entscheidung desselben Senats vom 22.11.2001[333], in der der Bundesgerichtshof **es ausdrücklich abgelehnt hatte, die wegen der Vereinbarung der Bürgschaft auf erstes Anfordern als einzige Austauschsicherheit unwirksame Sicherungsklausel im Wege inhaltlicher Änderung aufrecht zu erhalten** (eine ergänzende Vertragsauslegung hat der VII.Senat in dieser Entscheidung ausdrücklich mit dem Argument abgelehnt, der Auftraggeber sei bewusst von § 17 VOB/B abgewichen, was eine Rückkehr zu § 17 VOB/B durch ergänzende Vertragsauslegung ausschließe), erstaunt das hiervon abweichende Ergebnis im Urteil vom 4.7.2002. Auch in dem der Entscheidung vom 4.7.2002 zugrundeliegenden Sachverhalt war der Auftraggeber durch die von ihm verwendeten formularmäßigen Regelungen zur Sicherungsabrede bewusst von den Bestimmungen in § 17 VOB/B abgewichen, indem er sowohl hinsichtlich der Vertragserfüllungsbürgschaft als auch hinsichtlich der ebenfalls geregelten Gewährleistungsbürgschaft die Verpflichtung zur Stellung einer Bürgschaft auf erstes Anfordern verlangt hatte. Der Weg zu einer gegen das Verbot der geltungserhaltenden Reduktion im Widerspruch stehenden ergänzenden Vertragsauslegung, die die Klausel mit einem (vom VII.Senat angenommenen) reduzierten Inhalt aufrechterhält, war damit auch in der Entscheidung vom 4.7.2002 verstellt. Der Bundesgerichtshof begründet die von ihm in der Entscheidung vom 4.7.2002 vorgenommene ergänzende Vertragsauslegung[334] mit folgenden Erwägungen: Lässt sich die mit dem Wegfall einer nach § 9 Abs. 1 AGB-Gesetz (§ 307 BGB) unwirksamen Klausel entstehende Lücke nicht durch dispositives Gesetzesrecht füllen und führt dies zu einem Ergebnis, das den beiderseitigen Interessen nicht in vertretbarer Weise Rechnung trägt, so bedient sich die Rechtsprechung der ergänzenden Vertragsauslegung; denn es wäre unbillig und widerspräche der Zielsetzung des AGB-Gesetzes, dem Vertragspartner des Verwenders einen Vorteil zu belassen, der das Vertragsgefüge einseitig zu seinen Gunsten verschiebt[335]. Dies ist jedoch gerade nicht der Fall, wenn die unwirksame Klausel über die Stellung einer Vertragserfüllungsbürgschaft auf erstes Anfordern ersatzlos entfällt: Durch den ersatzlosen Entfall der unwirksamen Regelung wird die gesetzliche Lage hergestellt, nach der ein Auftragnehmer gerade nicht verpflichtet ist, eine Vertragserfüllungsbürgschaft zu stellen. **Durch den Entfall der unwirksamen Klausel wird damit also in Wirklichkeit nicht ein Vorteil des Auftragnehmers geschaffen, sondern vielmehr ein ihn gravierend treffender Nachteil beseitigt**, so dass dem Schutzzweck des AGBG (§§ 305 ff. BGB) hierdurch Rechnung getragen wird. Hinzu kommt, dass **jeder Auftraggeber** bereits seit Jahren durch die außerordentlich kontroverse Diskussion über die Unwirksamkeit formularmäßiger Sicherungsabreden zur Stellung einer Bürgschaft auf erstes Anfordern **ausreichend gewarnt war**. Die Erwägungen, die der VII. Senat am Ende seiner Entscheidung für sog. „Neufälle“ anstellt (**zukünftig** sollen nach Auffassung des VII. Senats bei unwirksamen Sicherungsabreden über Vertragserfüllungsbürgschaften auf erstes Anfordern derartige Regelungen **ersatzlos nichtig** sein), hätten Konsequenterweise daher auch bereits in dem am 4.7.2002 entschiedenen Fall greifen müssen. Wer als Auftraggeber in Kenntnis eines Risikos (Unwirksamkeit einer Sicherungsabrede) dennoch – unter Abweichung von den gesetzlichen Bürgschaftsregelungen und im Widerspruch zu § 17 VOB/B – den Auftragnehmer als Vertragspartner durch einseitig den Verwender begünstigende Regelungen benachteiligt, darf nicht dadurch „belohnt“ werden, dass ihm im Wege der ergänzenden Vertragsauslegung immer noch ein nicht unerheblicher Vorteil aus seiner unwirksamen Benachteiligungsklausel verbleibt.

Die – recht knappe – **Begründung der Entscheidung vom 4.7.2002 überzeugt daher nicht**, so weit die Rechtsfolgen der zurecht festgestellten Unwirksamkeit der Sicherheitenabre- 167

[331] „Stichtag“ ist der 31.12.2002 – vgl. BGH BauR 2004, 1143 = IBR 2004, 312.
[332] Insbesondere und ausführlich *Siegburg* ZfIR 2002, 709, 713 f.; *Roquette/Giesen* NZBau 2002, 547, 551 f.; *Schulze-Hagen* IBR 2002, 543.
[333] BGH BauR 2002, 463.
[334] Vgl. hierzu *Palandt/Heinrichs* BGB, § 306 Rdn. 7 ff.
[335] Vgl. auch BGHZ 137, 153, 157.

de in Frage stehen. Für eine ergänzende Vertragsauslegung der „Altfälle" war auch bei der dort betroffenen unwirksamen Klausel kein Raum. Konsequent wäre es gewesen, wenn der VII.Senat – wie bei seiner Entscheidung zu den Konsequenzen der Unwirksamkeit einer formularmäßigen Sicherungsabrede über eine Gewährleistungsbürgschaft[336] und auch bei der vorangegangenen Entscheidung zur Vertragserfüllungsbürgschaft[337] – die nach § 6 Abs. 2 AGBG (= § 306 Abs. 2 BGB n.F.) geforderte Konsequenz auch hier gezogen hätte, wie der Senat es in „quasi-gesetzgebungsähnlicher Kompetenz" für zukünftige „Neufälle" am Ende der Urteilsbegründung ankündigt[338]. In diesem Zusammenhang betont der VII.Senat, dass das von ihm im Wege der ergänzenden Vertragsauslegung gefundene Ergebnis (Reduktion der Bürgschaft auf erstes Anfordern auf eine „normale" Vertragserfüllungsbürgschaft) maßgeblich durch die Erwägung beeinflusst worden ist, die nach § 9 Abs. 1 AGBG (§ 307 BGB n.F.) unwirksame Klausel führe zu einer **planwidrigen, von den Vertragsparteien nicht bedachten Unvollständigkeit** des Vertrags. Gerade dies ist aber in den Fällen, in denen ein Auftraggeber eine von den gesetzlichen Bestimmungen abweichende und den Regelungen in § 17 VOB/B ausdrücklich widersprechende Regelung einseitig zu seinem Vorteil verwendet, gerade nicht der Fall. Ein Auftraggeber, der **ausdrücklich** in den von ihm gestellten Vertragsbedingungen eine für den Vertragspartner gefährliche, ihn einseitig belastende und benachteiligende Regelung als „Standard" aufnimmt, hat sich bei Abfassung seiner Allgemeinen Geschäftsbedingungen bewusst über diese einseitige Rechtsverstärkung zu seinen Gunsten Gedanken gemacht. Es entspricht also gerade seinem „Plan", den Vertragspartner hierdurch zu benachteiligen. Er will seinen Vertragspartner „bewusst abschließend" zur Stellung einer Bürgschaft auf erstes Anfordern festlegen, was sich ohne weiteres daraus ergibt, dass er dem Auftragnehmer nicht die Möglichkeit eines Wahlrechts und damit die Möglichkeit lässt, andere, weniger einschneidende Sicherungsmittel zur Verfügung zu stellen. Die vom VII. Senat für seine Argumentation als „maßgeblich" bezeichnete Erwägung trägt daher nicht[339].

168 **cc) Gewährleistungsbürgschaft auf erstes Anfordern.** Nachdem auch die Frage der Wirksamkeit von Sicherungsabreden zur Stellung einer Gewährleistungsbürgschaft auf erstes Anfordern zur Ablösung eines vereinbarten Sicherungseinbehalts umstritten war[340], kann nach mehreren Urteilen des Bundesgerichtshofs zur Unwirksamkeit einer Sicherungsabrede über die Stellung einer Gewährleistungsbürgschaft auf erstes Anfordern von einer **(fast) gesicherten Rechtslage** ausgegangen werden. Hiernach sind **formularmäßige Sicherungsabreden über die Stellung von Gewährleistungsbürgschaften auf erstes Anfordern** in folgenden Fallkonstellationen **unwirksam**:

169 – Unangemessenheit einer formularmäßigen Bürgschaftsklausel zur Gestellung einer Gewährleistungsbürgschaft auf erstes Anfordern ist anzunehmen, wenn **gleichzeitig** ein Gewährleistungseinbehalt von 5% vorgesehen **und** dieser nicht auf ein Sperrkonto einzuzahlen ist **und** eine Ablösung nur durch die Bürgschaft auf erstes Anfordern erfolgen kann[341]. Eine derartige Konstellation geht über das legitime Sicherungsinteresse des Auftraggebers hinaus, da dem Gläubiger sofort liquide Mittel zugeführt werden und der Auftragnehmer das volle Bonitätsrisiko des Auftraggebers trägt. Hierfür besteht nach Auffassung des Bundesgerichtshofs keine Berechtigung, da die Bürgschaft nur das Sicherungsinteresse des Auftraggebers befriedigen soll, nicht aber zur Liquiditätssteigerung und Verlagerung des Sicherungsinteresses führen darf[342].

---

[336] BGH BauR 2002, 463, 464f.

[337] BGH BauR 2002, 1239, 1240f. = NZBau 202, 494f.

[338] Diese „Ankündigung" wurde umgesetzt: BGH BauR 2004, 500 = IBR 2004, 69; vgl. zur **Unwirksamkeit einer Sicherungsabrede, die die Verpflichtung zur Stellung einer Vertragserfüllungsbürgschaft auf erstes Anfordern vorsieht ferner:** BGH BauR 2004, 1143 = NZBau 2004, 322 = IBR 2004, 312; KG BauR 2004, 510 = IBR 2003, 416.

[339] Zu weiteren erheblichen Kritikpunkten an dieser Entscheidung vgl. *Siegburg* ZfIR 2002, 709ff.

[340] Vgl. die Darstellung bei Beck'scher VOB-Kommentar/*Inge Jagenburg* VOB/B § 17 Nr. 1 Rdn. 10f.; *Thierau* Jahrbuch Baurecht 2000, 66, 83ff. m.w.N.

[341] BGH BauR 1997, 829, 830 = IBR 1997, 366.

[342] BGH BauR 1997, 829, 830; vgl. auch OLG Jena NZBau 2000, 571.

- Die vorrangig vor der VOB/B geltende Vertragsklausel in Allgemeinen Geschäftsbedingungen des Auftraggebers, die vorsieht, dass von der Schlussrechnung ein Gewährleistungseinbehalt in Abzug gebracht wird, der durch eine Bürgschaft auf erstes Anfordern abgelöst werden kann, ist dahin auszulegen, dass sowohl das Wahlrecht aus § 17 Nr. 3 VOB/B als auch die Verpflichtung des Auftraggebers zur Einzahlung auf ein Sperrkonto nach § 17 Nr. 6 VOB/B ausgeschlossen sind. Eine derartige Klausel ist **unwirksam**[343]. **170**
- Wird dem Besteller formularmäßig das Recht eingeräumt, 5 % der Auftragssumme bis zum Ablauf der Gewährleistungsfrist einzubehalten und darf der Auftragnehmer den Einbehalt allein durch eine Bürgschaft auf erstes Anfordern ablösen, so ist diese Abrede **unwirksam**[344]. **171**
- Eine Klausel, nach der der Auftraggeber sich das Recht vorbehält, 5 % der Gesamtsumme des Auftrags bis zum Ablauf der Garantiezeit als Sicherheit für die Gewährleistung einzubehalten, ist **unwirksam**, wenn die Bestimmungen des § 17 Nr. 6 Abs. 1 Satz 2 und 3 und Abs. 3 ausdrücklich ausgeschlossen werden und der Gewährleistungseinbehalt durch eine Bürgschaft **nach dem Muster des Auftraggebers** ablösbar sein soll[345]. **172**
- Eine Klausel über einen Bareinbehalt zur Sicherung von Gewährleistungsansprüchen, der **ausschließlich** durch eine Bürgschaft auf erstes Anfordern abgelöst werden kann, ist **unwirksam**, und zwar grundsätzlich unabhängig von Höhe und Dauer des Beweiseinbehalts[346]. **173**
- Die Klausel in Allgemeinen Geschäftsbedingungen eines Bauvertrags, die vorsieht, dass ein Sicherheitseinbehalt von 5 % der Bausumme nur durch eine Bürgschaft auf erstes Anfordern abgelöst werden kann, ist in Allgemeinen Geschäftsbedingungen eines **öffentlichen Auftraggebers** auch dann **unwirksam,** wenn der Sicherheitseinbehalt auf ein Verwahrgeldkonto zu nehmen ist[347].
- Eine Sicherungsabrede, nach der der Auftraggeber von der gemäß Schlussrechnung geschuldeten Vergütung einen Einbehalt von 5 % zur Absicherung von Gewährleistungsansprüchen für die Dauer von fünf Jahren vornehmen darf, den der Auftragnehmer durch eine Bürgschaft auf erstes Anfordern ablösen darf, ist dahin **auszulegen**, dass sowohl das **Wahlrecht** aus § 17 Nr. 3 VOB/B als auch die Verpflichtung des Auftraggebers zur Einzahlung auf ein Sperrkonto **ausgeschlossen** sind. Eine derartige vom Auftraggeber formularmäßig gestellte Abrede ist **unwirksam**[348].
- Eine vom Besteller gegenüber dem Bauunternehmer verwendete Klausel, nach der ein Bareinbehalt von 5 % der Schlussrechnungssumme auf die Dauer der Gewährleistungsfrist einbehalten wird, der **allein** durch eine Bürgschaft auf erstes Anfordern angelöst werden kann, ist **unwirksam**[349].
- Eine Klausel in Allgemeinen Geschäftsbedingungen eines Bauvertrags, die vorsieht, dass ein Sicherheitseinbehalt nur durch eine Bürgschaft auf erstes Anfordern abgelöst werden kann, ist auch in Allgemeinen Geschäftsbedingungen eines **öffentlichen Auftraggebers unwirksam**[350].
- Hiernach **kann als gesichert davon ausgegangen** werden, dass eine formularmäßige Klausel über die Stellung einer Gewährleistungsbürgschaft auf erstes Anfordern **dann unwirksam ist, wenn** **174**
  - ein Sicherheitseinbehalt **nur** durch eine Bürgschaft auf erstes Anfordern abgelöst werden darf
  - also dem Auftragnehmer andere Arten der Sicherheitsleistung (Hinterlegung, Einzahlung auf Sperrkonto) abgeschnitten sind, wobei sich insbesondere nach der Entscheidung des

---

343 BGH NZBau 2002, 493 = BauR 2002, 1392.
344 BGH NZBau 2001, 311 = BauR 2001, 1093, 1095.
345 BGH NZBau 2000, 285 = BauR 2000, 1052, 1053.
346 BGH IBR 2002, 663.
347 BGH BauR 2006, 374 = IBR 2006, 92.
348 BGH BauR 2006, 106 = IBR 2005, 479.
349 BGH BauR 2005, 1154 = IBR 2005, 423.
350 BGH BauR 2005, 539 = IBR 2005, 148; OLG Hamm BauR 2003, 1720 = IBR 2003, 536; OLG Karlsruhe BauR 2004, 1165 ff. = IBR 2004, 313; OLG Düsseldorf BauR 2003, 1585 f.

Bundesgerichtshofs vom 16.5.2002[351] auch dann von einem konkludenten Ausschluss des Wahl- und Austauschrechts bzw. der Möglichkeit zur Einzahlung des Sicherheitseinbehalts auf ein Sperrkonto auszugehen ist, wenn nicht **ausdrücklich** die alternativen Sicherungsarten im Vertrag selbst im Zusammenhang mit der Sicherungsklausel aufgeführt werden. Dies hat der Bundesgerichtshof auch im Beschluss vom 17.1.2002[352] unter Verweis auf seine ständige Rechtsprechung nochmals bestätigt[353].

175 Aus der mittlerweile gefestigten Rechtsprechung des Bundesgerichtshofs kann im **Umkehrschluss** entnommen werden, dass eine formularmäßige Sicherheitenabrede über die Stellung einer Gewährleistungsbürgschaft auf erstes Anfordern dann **wirksam** ist, wenn dem Auftragnehmer **daneben alternative Sicherungsmöglichkeiten**, insbesondere also die in § 17 Nr. 6 Abs. 1 VOB/B letzter Satz i.V.m. § 17 Nr. 5 VOB/B geregelte Möglichkeit zur Einzahlung des Barsicherheits-Einbehalts auf ein gemeinsames Sperrkonto **verbleiben**[354], wenn also durch die Sicherheitenabrede sichergestellt wird, dass dem Auftragnehmer nach seiner Wahl zusätzlich ein Sicherungsmittel eingeräumt wird, dass ihn vom Insolvenzrisiko des Auftraggebers entlastet und eine angemessene Verzinsung gewährleistet („Angemessener Ausgleich")[355].

176 **dd) Rechtsfolgen einer unwirksamen Verpflichtung zur Stellung einer Gewährleistungsbürgschaft auf erstes Anfordern.** Als Konsequenz der Unwirksamkeit der Sicherungsabrede nach dem AGB-Gesetz (§§ 305 ff. BGB n.F.) tritt **Unwirksamkeit der gesamten Sicherungsabrede** ein[356]. Eine **Umdeutung** der Bürgschaft auf erstes Anfordern im Wege der ergänzenden Vertragsauslegung in eine selbstschuldnerische oder einfache Bürgschaft ist **nicht möglich**, sie würde gegen das Verbot der geltungserhaltenden Reduktion verstoßen[357]. Der Auftraggeber kann dann eine Sicherheit **nicht** mehr verlangen. Der Auftragnehmer kann vom Auftraggeber verlangen, dass dieser die Verwertung der Bürgschaft unterlässt und die Urkunde herausgibt. Gleichzeitig hat der Auftraggeber aufgrund der unwirksamen Sicherungsabrede die einbehaltene Barsicherheit auszuzahlen[358]. Obwohl infolge der Unwirksamkeit der Sicherungsabrede der Anspruch auf Auszahlung der Barsicherheit gleichzeitig mit der Schlusszahlung fällig wird, muss sich der Auftraggeber gleichwohl an dem Verjährungsbeginn ab Ende der Gewährleistungsfrist festhalten lassen[359].

Der Bundesgerichtshof hat es bereits in seiner Entscheidung vom 22.11.2001[360] ausdrücklich abgelehnt, die wegen der Vereinbarung der Bürgschaft auf erstes Anfordern als einzige Austauschsicherheit unwirksame formularmäßige Sicherheitenabrede über den Sicherheitseinbehalt im Wege inhaltlicher Änderung aufrecht zu erhalten. Eine ergänzende Vertragsauslegung (mit dem Ergebnis der teilweisen Aufrechterhaltung der Klausel – „normale" Gewährleistungsbürgschaft) wurde vom

---

351 BGH NZBau 2002, 493 = BauR 2002, 1392.

352 BGH IBR 2002, 663.

353 A.A. (stets nichtig): *Brauns* BauR 2002, 704, 708; einschränkend die BGH-Rechtsprechung ablehnend auch *Schmitz/Vogel* ZfIR 2002, 509, 514 m.w.N.; *Hogrefe* BauR 1999, 111, 112; *Belz* ZfBR 1998, 1; einschränkend auch OLG München ZfIR 2001, 465 für den Bereich der „baugewerblich erfahrenen Beteiligten".

354 BGH BauR 2001, 1093, 1095; KG BauR 2004, 1016 = IBR 2004, 136; a.A. *Krakowsky* BauR 2002, 1620, 1622.

355 *Thode* ZfBR 2002, 4, 7, *Bomhard* BauR 1998, 179, 182; *Joussen* BauR 2002, Heft 11 a, Seite 75; vgl. auch OLG München BauR 2002, 1109 (Kombination eins „zinslosen" Einbehalts mit Ablösungsmöglichkeit durch Bürgschaft auf erstes Anfordern ist unwirksam).

356 BGH BauR 1997, 829, bisher ständige BGH-Rechtsprechung; vgl. auch BGH IBR 2005, 479; BGH IBR 2004, 68; BGH IBR 2005, 148; *Thode* ZfBR 2002, 4, 7 m.w.N.; *Thode* ZfIR 2000, 165, 168.

357 BGH BauR 2005, 1154 = NZBau 2005, 460 = IBR 2005, 423; BGH BauR 2005, 539 = NZBau 2005, 219 = IBR 2005, 147; OLG Celle NZBau 2004, 214; OLG München BauR 2004, 1466 = IBR 2004, 135; *Thode* ZfBR 2002, 7 m.w.N.; *Bomhard* BauR 1998, 179, 183; *Joussen* BauR 2002 Heft 11 a, Seite 78, 79.

358 *Thode* ZfIR 2000, 165, 168.

359 OLG Jena IBR 2006, 392 – BGH Beschluss vom 23.2.2006 – VII ZR 107/05 (Nichtzulassungsbeschwerde zurückgewiesen); zur Anspruchsgrundlage für die Auszahlung des **Sicherheitseinbehalts** bei unwirksamer Sicherungsabrede vgl. *Hildebrandt* ZfIR 2003, 221 ff.

360 BGH BauR 2002, 463 ff.

Bundesgerichtshof ausdrücklich mit dem Argument abgelehnt, der Auftraggeber sei bewusst von § 17 VOB/B abgewichen, was eine Rückkehr zu § 17 VOB/B durch ergänzende Vertragsauslegung ausschließe. Zudem könne man nicht erkennen, welche andere Regelung die Bauvertragsparteien getroffen hätten, wenn ihnen die Unwirksamkeit der Klausel bekannt gewesen wäre. So wäre z.B. auch eine Verringerung des Einbehalts, eine Verkürzung der Einbehaltsfrist oder die Wahl einer anderen der in § 17 VOB/B genannten Sicherungsformen in Betracht gekommen[361].

Diese mehrfach bestätigte[362] Entscheidung ist zutreffend. Sie gibt Rechtssicherheit, die nach diesseitiger Auffassung nicht im Einklang steht mit der vorstehend[363] kritisierten Entscheidung des VII. Senats zu den Konsequenzen der Unwirksamkeit einer formularmäßigen Sicherungsklausel über eine **Vertragserfüllungs**bürgschaft auf erstes Anfordern, in der vom Bundesgerichtshof die Klausel im Wege der ergänzenden Vertragsauslegung in die Verpflichtung zur Hingabe einer „einfachen" Bürgschaft ungedeutet worden ist[364]. **Gegen eine entsprechende Umdeutung im Wege der ergänzenden Vertragsauslegung für den Bereich der Gewährleistungsbürgschaft auf erstes Anfordern** spricht neben den vorstehend bereits dargestellten Argumenten[365], dass das **Sicherungsbedürfnis des Auftraggebers** im Hinblick auf ein **sofort liquides Sicherungsmittel** im Bereich der Mängelansprüche nach Abnahme geringer ist als im Bereich der Erfüllungsansprüche vor Abnahme. Treten Leistungsstörungen vor Abnahme auf, die zu einer Kündigung des Vertrags führen, entstehen in der Regel dem Auftraggeber erheblich drängendere Ansprüche (z.B. auf Deckung der Liquidität für notwendige Ersatzvornahmekosten für die noch ausstehende Fertigstellung des Bauvorhabens) als zu einem Zeitpunkt, an dem das Bauvorhaben bereits fertig gestellt und in Nutzung befindlich ist. Das „anerkennenswerte Interesse" des Auftraggebers an einer Sicherheit vor Abnahme ist damit grundsätzlich höher als an einer Sicherheit nach Abnahme, weil zu dem späteren Zeitpunkt der Auftraggeber die fertig gestellte Bauleistung als im wesentlichen mangelfrei bereits abgenommen und der von ihm bestimmten Nutzung zugeführt hat. Dem Auftraggeber ist es in dieser Situation also noch eher „zuzumuten", sich mit einer einfachen, den Regelungen in § 17 Nr. 4 VOB/B entsprechenden Sicherheit zu begnügen als in der oftmals sehr kritischen Phase vor Fertigstellung der Baumaßnahme. Weichen Auftragnehmer in Kenntnis dieser Situation aufgrund ihrer derzeit bestehenden faktischen Marktmacht dann zu Lasten der Auftragnehmer dennoch davon ab, sich mit einer insolvenzfesten „normalen" Sicherheit für die Gewährleistungsphase einverstanden zu erklären, **müssen sie völlig zurecht** im Falle der Unwirksamkeit dieser einseitig den Vertragspartner belastenden Regelung **damit rechnen, vollständig ohne Sicherheit zu sein.** 177

d) Vereinbarung einer Bürgschaft auf erstes Anfordern durch individuelle Sicherheitenabrede. Gegen eine **individuell ausverhandelte Sicherheitenabrede**[366], nach der vom Auftragnehmer als Sicherheit für die Vertragserfüllung oder für die Gewährleistungsverpflichtung eine Bürgschaft auf erstes Anfordern zu stellen ist, bestehen **keine Bedenken**[367]. **Einschränkungen** hiervon können dann in Betracht kommen, wenn ein Auftragnehmer im Einzelfall mit den Rechtsfolgen einer Bürgschaft auf erstes Anfordern nicht vertraut ist; in einem solchen Fall soll dann nur ein gewöhnlicher Bürgschaftsvertrag zustande kommen[368]. Bei „bauerfahrenen" Auftragnehmern wird eine solche Ausnahmesituation regelmäßig jedoch nicht vorliegen[369]. 178

---

361 BGH ZfIR 2002, 195, 196.

362 Vgl. Fn. 356/357.

363 Vgl. Fn. 324.

364 Vgl. ausführlich die berechtigte Kritik von *Siegburg* ZfIR 2002, 709, 712 ff. m.w.N.

365 Vgl. oben Rdn. 166 ff.

366 An das „individuelle Ausverhandeln" werden **sehr hohe Anforderungen** gestellt: BGH BauR 2005, 1154 = NZBau 2005, 460 = IBR 2005, 460; BGH NZBau 2005, 463 = IBR 2005, 519; BGH WM 2006, 247 = IBR 2006, 78; KG BauR 2005, 1067 = IBR 2005, 319; OLG Oldenburg BauR 2005, 887 = IBR 2005, 305; OLG Celle BauR 2004, 134 = IBR 2004, 1; vgl. auch *Palandt/Heinrichs* BGB § 305 Rdnrn. 18 ff. m.w.N.

367 BGH BauR 1998, 634, 636; LG Rostock IBR 2003, 1090 – nur online; *Ingenstau/Korbion/Joussen* VOB/B § 17 Nr. 4 Rdn. 56 m.w.N.

368 BGH BauR 1988, 594.

369 Vgl. hierzu auch BGH BauR 1988, 634; LG Frankfurt NZBau 2004, 44 f. = IBR 2003, 603.

179 **e) Weitere Einzelheiten zur Bürgschaft auf erstes Anfordern.**

180 – Zur **Verwertung einer (wirksam vereinbarten) Bürgschaft auf erstes Anfordern vgl. nachfolgend 8.**

181 – Bei einer Bürgschaft auf erstes Anfordern ist das **Urkundenverfahren für den Rückforderungsprozess** in der Regel **unstatthaft**[370].

– Bei einer Bürgschaft auf erstes Anfordern hat im Rückforderungsprozess der Auftraggeber das Bestehen und die Höhe der durch Bürgschaft gesicherten Forderung **darzulegen und zu beweisen**[371].

– Für eine formal ordnungsgemäße Inanspruchnahme des Bürgen aus einer Bürgschaft auf erstes Anfordern muss die **Bürgschaftsurkunde nicht** (Zug-um-Zug) **angeboten** werden[372].

– Der Gewährleistungsbürge auf erstes Anfordern kann die von ihm aus der Bürgschaft geleistete Zahlung vom Bürgschaftsgläubiger zurückfordern, wenn die Sicherungsabrede zwischen Bürgschaftsgläubiger und Hauptschuldner unwirksam ist; eine Prüfung, ob der Bürgschaftsgläubiger tatsächlich Mängelansprüche gegen den Hauptschuldner hat, erfolgt dann nicht[373].

– Die **öffentliche Hand** ist nicht berechtigt, durch Allgemeine Geschäftsbedingungen in einem Bauvertrag die Sicherheitsleistung auf eine Gewährleistungsbürgschaft auf erstes Anfordern zu beschränken, wenn sie sich durch ein **privatrechtlich organisiertes Unternehmen** am Wohnungsbau beteiligt[374].

– Dem Auftragnehmer steht ein Anspruch aus einer **Bürgschaft auf erstes Anfordern** wegen fälliger **Abschlagszahlungen** auch dann noch zu, wenn der Bauvertrag bereits vorzeitig beendet worden ist[375].

– Nimmt der Auftraggeber als Begünstigter eine Bürgschaft auf erstes Anfordern zu unrecht in Anspruch, kann er gegen den dadurch resultierenden Rückforderungsanspruch des vom Bürgen in Rückgriff genommenen Auftragnehmers **nicht mit Ansprüchen aufrechnen**, die nicht vom Sicherungszweck der Bürgschaft erfasst sind[376].

182 – Hat **der Bürge in bewusster Abweichung von einer Sicherungsabrede** zwischen Hauptschuldner und Gläubiger, die nur die Verpflichtung vorsah, eine gewöhnliche Bürgschaft beizubringen, **eine Bürgschaft auf erstes Anfordern erteilt**, kann er sich **dem Gläubiger gegenüber** nicht darauf berufen, der Hauptschuldner sei nicht verpflichtet gewesen, eine Bürgschaft auf erstes Anfordern zu stellen[377].

– Hat der Bürge dem Gläubiger eine Bürgschaft auf erstes Anfordern gestellt, obwohl der Gläubiger aufgrund der Sicherungsvereinbarung nur einen Anspruch auf eine selbstschuldnerische Bürgschaft hat, ist der Gläubiger nicht verpflichtet, die Bürgschaft an den Sicherungsgeber herauszugeben. Er muss sich jedoch gegenüber dem Sicherungsgeber und dem Bürgen schriftlich verpflichten, die Bürgschaft nicht auf erstes Anfordern, sondern nur als selbstschuldnerische Bürgschaft geltend zu machen[378].

183 – Der Geschäftsführer einer im Baugewerbe tätigen GmbH muss den Begriff der Bürgschaft auf erstes Anfordern im üblichen Sinn verstehen[379].

184 – Die anlässlich eines speziellen Gewährleistungsproblems **individuell vereinbarte** Bürgschaft auf erstes Anfordern betreffend die „Erfüllung sämtlicher Gewährleistungsverpflichtungen

[370] BGH ZIP 2001, 1871 = IBR 2001, 613.
[371] OLG Jena BauR 2004, 1991 = IBR 2004, 620.
[372] OLG Düsseldorf BauR 2004, 1992 = IBR 2004, 693, 694.
[373] LG Halle IBR 2005, 1152 – nur online.
[374] KG NZBau 2004, 678 = BauR 2005, 116 = IBR 2004, 499; vgl. hierzu auch *Joussen* BauR 2004, 582; *Steckhan* BrBp 2004, 384.
[375] OLG Braunschweig BauR 2004, 1638 ff. = IBR 2004, 417 = BauRB 2004, 195.
[376] OLG Celle BauRB 2004, 100 ff. = IBR 2004, 138.
[377] BGH BB 2000, 684 = IBR 2000, 231.
[378] BGH BauR 2003, 1385 = BauRB 2003, 161 f. = IBR 2003, 413.
[379] OLG Bamberg IBR 2002, 609.

des Auftragnehmers“ erfasst ausnahmsweise auch **entferntere Mangelfolgeschäden,** wenn sich dies aus den Anlagen zur Bürgschaftsurkunde ergibt[380].

– Wird eine AGB-Klausel über die Stellung einer Erfüllungsbürgschaft auf erstes Anfordern unverändert übernommen, kann ein **Aushandeln nur ausnahmsweise** angenommen werden[381]. 185

– Formularmäßige Vereinbarungen über die Stellung von Bürgschaften auf erstes Anfordern, in denen ein **Verzicht auf die Rechte aus § 768 BGB** vorgesehen ist, sind **unwirksam** (Missachtung des Akzessorietätsprinzips)[382]. 186

– **Vorauszahlungsbürgschaften,** die aufgrund formularmäßiger Vereinbarung zur Zahlung auf erstes Anfordern lauten, sind **nicht unwirksam** vereinbart, da sie dem gesetzlichen Leitbild des Vorleistungsprinzips entsprechen[383]. 187

8. Verwertung der Bürgschaft

Der Auftraggeber ist berechtigt, die Bürgschaft zu verwerten, **wenn der Sicherungsfall eingetreten,** die Bürgschaft also fällig ist[384]. Wenn der Eintritt des Sicherungsfalls nicht mehr möglich ist, kann die Bürgschaft nicht mehr verwendet werden[385]. Im Fall der Verwertung der Sicherheit wird der (selbstschuldnerisch verpflichtete) Bürge unmittelbar durch den Gläubiger in Anspruch genommen. Der Gläubiger verlangt somit **Zahlung** aus der Bürgschaft. Voraussetzung ist ferner, dass dem Gläubiger ein fälliger **Geldzahlungsanspruch** gegen den Schuldner zusteht[386]. Bei einem (gesicherten) Gewährleistungsanspruch müssen daher die Voraussetzungen für einen **auf Geldzahlung** gerichteten Anspruch (z.B. nach § 634 Nr. 2 bis 4 oder § 637 Abs. 3 BGB) vorliegen. Der Sicherungsfall tritt damit im Falle eines Gewährleistungsanspruchs nicht ein, solange der Auftragnehmer noch zur Nachbesserung berechtigt ist[387]. 188

Der Bürge kann gegenüber der Inanspruchnahme die **Einwendungen** erheben, die dem Schuldner (Auftragnehmer) zustehen. Hierbei ist bereits begrifflich die Einrede der Vorausklage (§ 771 BGB) bei der selbstschuldnerischen Bürgschaft ausgeschlossen. Der vorrangige Einwand des Bürgen kann darin bestehen, dass die gesicherte Forderung gegen den Auftragnehmer nicht oder nicht mehr besteht bzw. hierüber rechtskräftig abweisend entschieden wurde. Falls dem Sicherungszweck grundsätzlich unterfallend, kann der Bürge ferner einwenden, die Vertragsstrafe sei vom Gläubiger nicht rechtzeitig vorbehalten worden. Ferner stehen ihm Einwendungen gegen die erhobenen Mängelrügen zu[388]. Die **Rückgabe der Bürgschaftsurkunde** durch einen Dritten führt nur dann zum Erlöschen der Bürgschaft, wenn der Dritte ermächtigt ist, mit Wirkung für den Bürgschaftsgläubiger einen Erlassvertrag abzuschließen oder den Besitz an der Bürgschaftsurkunde „willentlich zu übertragen“[389]. 189

Die **Verwertung der Ansprüche aus einer Bürgschaft auf erstes Anfordern** (sofern wirksam vereinbart) erfolgt in der Regel im Urkundenprozess durch Vorlage der Bürgschaftsurkunde und Zahlungsaufforderung. Die Anforderungen an die Erklärung, welche die vorläufige Zahlungspflicht auslöst, sind streng formalisiert, d.h. sie beschränken sich auf das, was in der Ver- 190

---

[380] OLG Frankfurt, ZIP 2002, 659 = IBR 2002, 364, dort auch weitere Hinweise auf sog. „Effektivklausel“, wonach der Bürge Zahlung zu leisten hat gegen Vorlage einer schriftlichen Erklärung des Auftraggebers, dass der Auftragnehmer seinen vertraglichen Gewährleistungspflichten nicht oder nicht vollständig nachgekommen ist.

[381] OLG Dresden BB 2001, 1495, 1496 = IBR 2001, 482.

[382] BGH BauR 2001, 1093; anders dann, wenn der Bürge selbst auf die Einreden verzichtet hat, vgl. OLG Düsseldorf IBR 2001, 615.

[383] BGH BauR 1988, 594, 595; BGH BauR 2002, 123, 125; OLG Düsseldorf IBR 2004, 369; *Joussen* BauR 2002 Heft 11 a, Seite 77.

[384] BGH BauR 1984, 406, 407; BGH BauR 1993, 335.

[385] BGH NJW 1999, 55 = ZfBR 1999, 88.

[386] Vgl. BGH NZBau 2001, 136.

[387] Vgl. ausführlich *Thode* ZfIR 2000, 165, 172.

[388] Zu weiteren Einwendungen und Einreden vgl. ausführlich *Ingenstau/Korbion/Joussen* VOB/B § 17 Nr. 4 Rdnrn. 89 ff.; zur Einrede der Verjährung der Hauptschuld vgl. nachfolgend Ziff. 9.

[389] BGH IBR 2003, 80.

pflichtungserklärung als Voraussetzung der Zahlung genannt und für jeden ersichtlich ist. Wer aufgrund einer Bürgschaft auf erstes Anfordern Zahlung verlangt, braucht nicht einmal schlüssig darzulegen, dass die Hauptforderung besteht und fällig ist[390]. **Einwendungen insoweit** sind **nur sehr eingeschränkt möglich**[391]. Der aus einer Bürgschaft auf erstes Anfordern in Anspruch genommene Bürge kann Einwendungen aus dem Verhältnis des Gläubigers zum Hauptschuldner nur geltend machen, wenn der Gläubiger seine **formale Rechtsstellung offensichtlich missbraucht**. Das gilt nicht nur für Einwendungen gegen die Hauptforderung, sondern auch für solche, die die Sicherungsabrede zwischen dem Gläubiger und dem Hauptschuldner betreffen. Dem Gläubiger steht aus einer Bürgschaft auf erstes Anfordern kein Anspruch zu, wenn die gesicherte Forderung **unstreitig nicht fällig** ist, der materielle Bürgschaftsfall also noch nicht eingetreten sein kann[392].

Ein **offensichtlicher Rechtsmissbrauch** liegt nur vor, wenn der Sachverhalt **klar auf der Hand liegt oder zumindest liquide beweisbar** ist. Daran fehlt es auch dann, wenn eine vom Gläubiger zu beweisende Tatsache nicht sofort geklärt werden kann[393]. Alle Streitfragen, deren Beantwortung sich nicht ohne weiteres ergibt, sind jedoch nicht im Erstprozess, sondern erst im Rückforderungsprozess auszutragen[394]. Dies gilt nicht nur für Einwendungen gegen die Hauptforderung, sondern auch dann, wenn der Bürge geltend macht, der Gläubiger sei im Verhältnis zum Hauptschuldner verpflichtet, von der Bürgschaft keinen Gebrauch zu machen[395]. Damit kann der Bürge bereits im Erstprozess einwenden, der Gläubiger dürfe ihn aus der Bürgschaft auf erstes Anfordern nicht in Anspruch nehmen, wenn sich die Nichtigkeit der Sicherungsabrede (formularmäßige Verpflichtung zur Stellung einer Bürgschaft auf erstes Anfordern) bereits in diesem Prozess liquide beweisen lässt, sich also die Berechtigung des Einwands aus dem unstreitigen Sachverhalt oder dem Inhalt der Vertragsurkunden ohne weiteres ergibt[396]. Nach Auffassung des OLG Düsseldorf[397] sollen die Grundsätze des Anscheinsbeweises im Erstprozess weder dem Bürgen noch dem Hauptschuldner zugute kommen; dies soll jedoch im Rückforderungsprozess des Hauptschuldners gegen den Gläubiger auch im Hinblick auf die Anwendungsvoraussetzungen des AGB-Gesetzes sowie im Verfahren auf Erlass einer einstweiligen Verfügung möglich sein[398]. Die Möglichkeit, dass es sich um eine Individualvereinbarung unter Benutzung üblicher Muster handelt, führt in einstweiligen Verfügungsverfahren dazu, dass das Vorliegen einer Allgemeinen Geschäftsbedingung nicht bewiesen ist[399]. Zu dieser Darlegungs- und Beweislastsituation im Erstprozess weist *Fischer*[400] zutreffend auf folgendes hin: Hat der die Bürgschaft in Anspruch nehmende Gläubiger unstreitig den Vertragstext gestellt, sollte es dem Bürgen vielfach möglich sein, bereits im Erstprozess die Behauptung, es handele sich um einen Formularvertrag, liquide zu belegen. Nach der Rechtsprechung des VII. Zivilsenats kann sich aus Inhalt und Gestaltung der im Bauvertrag verwendeten Bedingungen ein vom Verwender zu widerlegenden **Anschein** dafür ergeben, dass sie zur **Mehrfachverwendung vorformuliert** sind[401]. Enthält das Vorbringen des

---

390 *Fischer* WM 2005, 529, 529.

391 Vgl. oben V. 7 b; s.a. OLG Celle BauR 2002, 1596, 1597.

392 BGH IBR 2002, 664; OLG Brandenburg IBR 2002, 75 (rechtskräftig, vgl. BGH, Beschl. v. 18.9.2001 – IX ZR 150/99.

393 BGH NZBau 2002, 270 = NJW 2002, 1493; OLG Jena NZBau 2001, 687.

394 BGH NZBau 2001, 311 = NJW 2001, 1857; das Urkundenverfahren für den Rückforderungsprozess ist in der Regel unstatthaft, vgl. BGH ZIP 2001, 1871; BGH WM 1996, 193; BGH WM 2002, 2192, 2193; ausführlich zu dem Schutz vor missbräuchlicher Nutzung der Bürgschaft auf erstes Anfordern *Fischer* WM 2005, 529 ff.

395 BGH NZBau 2001, 311; BGH NZBau 2002, 216, 217.

396 BGH NZBau 2001, 311 = NJW 2001, 1857; OLG Hamm, BauR 2000, 1350; OLG Hamburg, BauR 2000, 445; OLG Düsseldorf, NZBau 2002, 223, 224 f.; vgl. auch OLG Rostock IBR 2002, 665; ausführlich *Fischer* WM 2005, 529, 536.

397 NZBau 2002, 223.

398 OLG Düsseldorf, NZBau 2002, 223.

399 OLG Köln, OLGR 2002, 267 = IBR 2002, 710.

400 WM 2005, 529, 536.

401 BGH WM 1992, 1989; BGH WM 2004, 290.

Gläubigers nichts, was geeignet sein kann, einen zweifelsfrei gegebenen Anschein zu widerlegen, dann ist die daraus folgende rechtliche Konsequenz **schon im Erstprozess zu beachten** – ebenso wie bei Einwendungen des Bürgen, die allein aus Rechtsgründen nach der Urkundenlage oder dem unstreitigen Sachverhalt durchgreifen[402].

Auch bei **Insolvenz des Hauptschuldners** muss der Bürge ohne Vorlage einer in der Bürgschaft auf erstes Anfordern vorausgesetzten schriftlichen Bestätigung des Hauptschuldners über ihm erbrachte Leistungen **nicht leisten**, wenn der Hauptschuldner – eine GmbH – inzwischen wegen Vermögenslosigkeit im Handelsregister gelöscht worden ist[403]. Nach Auffassung des LG Berlin[404] hat der Auftraggeber jedoch einen Anspruch auf eine neue Gewährleistungsbürgschaft, wenn die ihm übergebene **Konzernbürgschaft** aufgrund der Insolvenz des Mutterkonzerns unwirksam wird. Schließt der Gläubiger im **Insolvenzverfahren über das Vermögen des Hauptschuldners** mit dem Verwalter einen außergerichtlichen Vergleich, der vorsieht, dass die durch Bürgschaft gesicherte Forderung nach Erfüllung bestimmter Voraussetzungen erlischt, kann er grundsätzlich nicht mehr den Bürgen in Höhe des erlittenen Ausfalls in Anspruch nehmen[405]. Ist bei einer Bürgschaft auf erstes Anfordern **über das Vermögen des Gläubigers das Insolvenzverfahren eröffnet** bzw. der Antrag mangels Masse abgelehnt worden, so kann sich der Bürge im Prozess auch mit Einwendungen verteidigen, die den Bestand der Hauptforderung betreffen[406]. Bei einer Bürgschaft auf erstes Anfordern entfällt das Recht, Zahlung auf erstes Anfordern zu verlangen, wenn sich **der Gläubiger in masseloser Insolvenz befindet** oder der Insolvenzverwalter Masseunzulänglichkeit angezeigt hat. Dies gilt auch, wenn diese Voraussetzungen allein beim anfordernden Zessionar gegeben sind. Dem Gläubiger, der infolge seiner Insolvenz nicht mehr Zahlung auf erstes Anfordern verlangen kann, stehen die Rechte aus einer gewöhnlichen Bürgschaft zu[407]. 191

9. Verjährung

Vorsicht ist bei der **Inanspruchnahme des Bürgen** geboten[408]: Der Auftraggeber hat gegen den Auftragnehmer einen fälligen Geldzahlungsanspruch wegen eines Gewährleistungsfalls. Der Auftragnehmer ist jedoch vermögenslos, ein Insolvenzverfahren wird mangels Masse nicht eröffnet. Der Auftragnehmer (eine GmbH) wird im Handelsregister gelöscht. Der Auftraggeber geht deshalb gegen den Bürgen gerichtlich vor und erreicht nach langen Jahren ein rechtskräftiges Urteil, durch das der Bürge zur Zahlung z.B. von Ersatzvornahmekosten bzw. von Schadenersatz verurteilt wird. Gegen den (insolventen) Auftragnehmer hat der Auftraggeber in der Zwischenzeit nichts unternommen, da „bei ihm ohnehin nichts zu holen ist“. Nach rechtskräftiger Verurteilung des Bürgen wird dieser zur Zahlung aufgefordert. Nunmehr erhebt der Bürge Zwangsvollstreckungsgegenklage und beruft sich auf die Einrede der (zwischenzeitlich eingetretenen) **Verjährung der Hauptschuld**. 192

Nach Auffassung des Bundesgerichtshofs[409] soll sich in diesen Konstellationen der Bürge auf die dem Auftragnehmer zustehende Einrede der Verjährung (und zwar auch im Wege der Zwangsvollstreckungsgegenklage) berufen können und zwar selbst dann, wenn der Bürge selbst bereits rechtskräftig verurteilt wurde, aber noch keine Zahlung geleistet hat[410]. Wenig hilft in diesen Fällen (Insolvenzverfahren über das Vermögen des Auftragnehmers mangels Masse 193

[402] *Fischer* WM 2005, 529, 536; vgl. auch OLG Rostock BauR 2003, 582 f. = IBR 2002, 865; OLG Köln BauR 2002, 1445; OLG Celle BauR 2002, 243 = IBR 2002, 310.
[403] BGH NZBau 2001, 680 = ZfIR 2002, 197.
[404] LG Berlin BauR 2004, 1637 = NZBau 2004, 679 = IBR 2004, 316.
[405] BGH NJW 2003, 59, 60 f.
[406] OLG Brandenburg WM 2002, 2160 f. = MDR 2002, 960.
[407] BGH NZBau 2002, 609.
[408] Vgl. hierzu *Thierau* Jahrbuch Baurecht 2000, 66, 90 ff.
[409] BGH NJW 1998, 2972, 2973 f.; BGH ZIP 1999, 19, 21; BGH NJW 1980, 1460; BGH NJW 1990, 2754; BGH ZIP 1998, 1478 ff.
[410] Heftige Kritik bei Aden, EwiR 1999, 155; vgl. auch *Schmitz* Die Bauinsolvenz 2004, Rdn. 739 ff.;

nicht eröffnet) die Rechtsprechung des Bundesgerichtshofs[411], wonach dem Auftraggeber die Rechte aus einer gestellten Gewährleistungsbürgschaft auch im Verhältnis zum Bürgen erhalten bleiben, wenn er in unverjährter Zeit gegenüber dem Auftragnehmer als Hauptschuldner einen Mangel angezeigt hat. Denn die Zustellung dieses, seine Rechte wahrenden Schreibens an den (zwischenzeitlich im Handelsregister gelöschten) Auftragnehmer wird ebenso problematisch sein wie eine Klagezustellung an den Auftragnehmer[412]. Praxisgerecht ist jedoch die Auffassung des Amtsgerichts Frankfurt[413]: Hiernach ist dem Bürgen die Erhebung der Einrede der Verjährung der Hauptschuld in diesen Fällen dann abgeschnitten, wenn die Hauptschuldnerin nicht mehr verklagt werden kann. Die theoretisch in Frage kommenden Möglichkeiten (Notvertretung der juristischen Person beim Amtsgericht, Anwendung des Rechtsgedankens von § 50 Abs. 2 ZPO oder Übertragung der Rechtsprechung, wonach eine GmbH zu Liquidationszwecken auch dann bestehen bleibt, wenn sonstiger nicht vermögensrechtlicher Abwicklungsbedarf besteht[414]) sind für den Gläubiger **nicht zumutbar,** um eine Hemmung oder Unterbrechung der Verjährungsfrist herbeizuführen, weil wirtschaftlich in diesen Fällen feststeht, dass die Hauptforderung gegenüber der Hauptschuldnerin nicht mehr eingebracht werden kann, sondern lediglich noch die Möglichkeit besteht, die Bürgschaftssumme zu erlangen[415].

Diese missliche Situation wurde zwischenzeitlich auch vom Bundesgerichtshof erkannt und neu beurteilt. In einer neueren Entscheidung[416] wird zunächst bestätigt, dass der Bürge sich auch dann gemäß § 768 Abs. 1 Satz 1 BGB mit Erfolg auf die **Verjährung der Hauptschuld** berufen kann, wenn die Hauptschuldnerin nach der Übernahme der Bürgschaft wegen Vermögenslosigkeit und/oder **Löschung im Handelsregister** als Rechtsperson untergegangen ist und aus diesem Grund die gegen sie gerichteten Forderungen weggefallen sind. Nach Auffassung des Bundesgerichtshofs ist der Bürge schutzwürdig, da er die Bürgschaft für eine bestimmte Forderung übernimmt und daran interessiert ist, dass sich seine Haftung nicht in einer Weise erweitert, mit der er nicht zu rechnen braucht. Übernimmt ein Bürge die Haftung für eine in kurzer Zeit verjährende Forderung, kann er sich darauf einrichten, dass diese Forderung innerhalb dieses Zeitraums gegenüber dem **Hauptschuldner** geltend gemacht werden muss. Er darf darauf vertrauen, dass er nach Verjährungseintritt nicht mehr erfolgreich in Anspruch genommen werden kann. Dieses Vertrauen ist schutzwürdig, denn die Verjährung dient dem Interesse des Schuldners – und erst recht des Bürgen –, nicht bei einer späteren Geltendmachung einer Forderung in Beweisnot zu kommen[417]. Auf der anderen Seite **kann der Gläubiger die Verjährung rechtzeitig unterbrechen**: Bis zur Vollbeendigung der Rechtsperson des Schuldners kann er Maßnahmen gegen diesen ergreifen. Mit Wegfall des Schuldners und Verselbständigung der Bürgschaft genügen bereits **Unterbrechungsmaßnahmen direkt gegen den Bürgen**[418].

Davon zu unterscheiden ist die **Verjährung der Bürgenschuld**. Nach altem Recht stellten sich insoweit in der Regel keine Probleme, da die Verjährungsfrist im Verhältnis zum Bürgen 30 Jahre betrug. Nach neuem Recht verjährt die Bürgenschuld gemäß §§ 195, 199 Abs. 1 BGB, so dass die Verjährung gegenüber dem Bürgen – insbesondere bei langer Gewährleistungsfrist – schneller eintreten kann als gegenüber dem Hauptschuldner, weil mit Kenntnis vom fälligen (Geldzahlungs-)Anspruch gegen den Hauptschuldner der Bürgschaftsgläubiger auch Kenntnis

---

Schmitz IBR 1999, 123; anderer Auffassung auch AG Frankfurt BauR 1988, 491; OLG Celle OLGR 2001, 87 = IBR 2001, 368; KG NJW-RR 1999, 1206, 1207.

[411] BGH BauR 1993, 337, 338.

[412] Vgl. zu den Verjährungsfragen ausführlich *Schmitz/Vogel* ZfIR 2002, 509, 521 mit einem Vergleich der alten und neuen Rechtslage; *Thierau* Jahrbuch Baurecht 2000, 66, 92 m.w.N.

[413] Vgl. AG Frankfurt BauR 1988, 491.

[414] Vgl. hierzu *Schmitz* Der Baukonkurs 1999, Rdn. 332 n.w.N.

[415] Vgl. AG Frankfurt BauR 1988, 491.

[416] BGH ZIP 2003, 524 = BauR 2003, 697 = IBR 2003, 193.

[417] *Schmitz* IBR 2003, 193 – Rezension zu BGH a.a.O.

[418] LG Würzburg WM 1989, 405, 406; nach Auffassung des OLG Dresden – BauR 2003, 1265 – kann der Bürge auf die Einrede der Verjährung der Hauptschuld auch dadurch verzichten, dass er den Gewährleistungsgläubiger auffordert, ein Beweisverfahren einzuleiten.

Eine **gesonderte Aufforderung** durch den Auftragnehmer ist nicht erforderlich[447]. Erfolgt ein Schreiben des Auftragnehmers, durch das der Auftraggeber aufgefordert wird, dieser (bereits vereinbarten) Verpflichtung nachzukommen, so handelt es sich hierbei um eine **Nachfristsetzung i.S.v. § 17 Nr. 6 Abs. 3 VOB/B**[448].

Unklar ist der exakte Zeitpunkt, zu dem der Auftraggeber den einbehaltenen Betrag auf das Sperrkonto bei dem vereinbarten Geldinstitut einzuzahlen hat. Die Frist von 18 Werktagen beginnt „mit der Mitteilung an den Auftragnehmer". Wann die Mitteilung zu erfolgen hat, ist nicht geregelt, so dass sie im Zweifel „unverzüglich" zu erfolgen hat. Eine Verlängerung der Frist kann der Auftraggeber nicht dadurch erreichen, dass er seiner Pflicht zur Mitteilung des Einbehalts nicht nachkommt. Da der Sicherheitseinbehalt von den jeweiligen Abschlagszahlungen auf der Basis der vom Auftraggeber geprüften Abschlagsrechnungen zu erfolgen hat, kommt der Auftraggeber der **„unverzüglichen" Mitteilungspflicht** nur nach, wenn er **gleichzeitig** mit Ablauf der Rechnungsprüfungsfrist nach § 16 Nr. 1 Abs. 3 auch die entsprechende Mitteilung an den Auftragnehmer gibt[449]. 205

e) Benachrichtigung des Auftragnehmers (§ 17 Nr. 6 Abs. 1 Satz 4 VOB/B). Der Auftraggeber muss ferner veranlassen, dass **das Geldinstitut den Auftragnehmer** von der Einzahlung des Sicherheitsbetrags **benachrichtigt**. Dies erfolgt zweckmäßigerweise durch die Übersendung eines entsprechenden Kontoauszugs durch die Bank an den Auftragnehmer. Eine bloße Benachrichtigung des Auftraggebers selbst genügt nicht[450]. 206

f) Entsprechende Anwendung von § 17 Nr. 5 VOB/B (§ 17 Nr. 6 Abs. 1 Satz 5 VOB/B). Hierdurch wird klargestellt, dass für den Sicherheitseinbehalt gemäß § 17 Nr. 6 Abs. 1 VOB/B die Regelungen über das zu vereinbarende Geldinstitut, das Sperrkonto, die gemeinsame Verfügungsberechtigung und die dem Auftragnehmer etwaig zustehenden Zinsen entsprechend gelten[451]. 207

2. Ausnahme bei Kleinaufträgen (§ 17 Nr. 6 Abs. 2 VOB/B)

Die Regelung in § 17 Nr. 6 Abs. 1 VOB/B soll bei kleineren oder kurzfristigen Aufträgen dahingehend modifiziert werden, dass der Sicherheitsbetrag nur **einmalig** bei der Schlusszahlung durch den Auftraggeber auf das Sperrkonto eingezahlt wird. 208

Kleinere Aufträge sind solche, die hinsichtlich der Vergütung so gering sind, dass es, vor allem im Hinblick auf den Kostenaufwand, nicht lohnt, den sich daraus ergebenden Sicherheitsbetrag bereits im Rahmen von der Schlusszahlung vorausgehenden Zahlungen auf ein Sperrkonto einzuzahlen[452]. **Kurzfristige Aufträge** finden in aller Regel durch **eine** Schlusszahlung, der allenfalls eine Abschlagszahlung vorausgeht, ihre Erledigung[453]. 209

3. Rechtsfolge bei Pflichtverstoß: Verlust der Sicherheit (§ 17 Nr. 6 Abs. 3 VOB/B)

Bei dieser Regelung handelt es sich um eine Bestimmung, gegen die häufig in der Praxis verstoßen wird[454]. Nur selten ist einem Auftraggeber bewusst, welches Risiko er eingeht, wenn ihm vom Auftragnehmer eine Frist zur Einzahlung des (vereinbarten) Sicherheitseinbehalts auf ein Sperrkonto gesetzt wird. Bei diesem Schreiben handelt es sich um die in § 17 Nr. 6 Abs. 3 210

---

447 Vgl. OLG Dresden, IBR 1999, 580, Revision vom BGH nicht angenommen, Beschluss vom 2.9.1999 VII ZR 341/98.

448 Vgl. hierzu nachfolgend Ziff. 3.

449 Ebenso *Leinemann* VOB/B § 17 Rdn. 104.

450 *Ingenstau/Korbion/Joussen* VOB/B § 17 Nr. 6 Rdn. 15; *Franke/Kemper/Zanner/Grünhagen* VOB/B § 17 Rdn. 56.

451 Vgl. vorstehend Kommentierung zu § 17 Nr. 5 VOB/B.

452 *Ingenstau/Korbion/Joussen* VOB/B § 17 Nr. 6 Rdn. 23.

453 *Ingenstau/Korbion/Joussen* VOB/B § 17 Nr. 6 Rdn. 24.

454 Vgl. oben Rdn. 214.

VOB/B vorgesehene **Nachfristsetzung.** Kommt der Auftraggeber dieser Aufforderung nicht nach, verliert er nach diesen Bestimmungen sein (zuvor vereinbartes) Recht auf Einbehaltung einer Sicherheit. Die Nachfristsetzung durch den Auftragnehmer kann sogar **mündlich** erfolgen, da eine Schriftform in § 17 Nr. 6 Abs. 3 nicht vorgeschrieben ist (jedoch aus Beweisgründen eingehalten werden sollte).

211 **a) Nachfristsetzung durch Auftragnehmer (§ 17 Nr. 6 Abs. 3 Satz 1 VOB/B).** Die Nachfrist muss angemessen sein, acht bis zehn Werktage sind ausreichend[455]. Hat der Auftraggeber die Frist versäumt, kann er sich nicht auf eine fehlende Mitwirkung des Auftragnehmers durch Abzeichnung der entsprechenden Bankformulare zur Einrichtung des gemeinsamen Sperrkontos berufen[456].

212 **b) Sofortige Auszahlung des Einbehalts (§ 17 Nr. 6 Abs. 3 Satz 2 VOB/B).** Ist die Nachfrist verstrichen, also der Sicherheitseinbehalt nicht rechtzeitig vom Auftraggeber eingezahlt worden[457], kann der Auftragnehmer die **sofortige** Auszahlung des einbehaltenen Betrags verlangen **(erste Sanktion).** Dies bezieht sich auf **alle Einbehalte, die der Auftraggeber pflichtwidrig nicht auf ein Sperrkonto einbezahlt hat**[458]. Einbehalte, die der Auftraggeber zuvor bereits ordnungsgemäß auf ein Sperrkonto eingezahlt hatte, sind hiervon nicht betroffen. Zahlt der Auftraggeber, der eine Gewährleistungssicherheit bar einbehält und eine vom Auftragnehmer gestellte Bürgschaft aus Austauschsicherheit entgegennimmt, den Sicherheitseinbehalt entgegen einer vom Auftragnehmer gesetzten Nachfrist nicht auf ein Sperrkonto ein, muss er nicht nur den Sicherheitseinbehalt auszahlen, sondern auch die Bürgschaft herausgeben[459].

213 **Umstritten** ist die Frage, ob der Auftraggeber bei einem fälligen Anspruch des Auftragnehmers auf Auszahlung des nicht auf das Sperrkonto eingezahlten Sicherungsbetrags mit **streitigen Gegenforderungen aufrechnen** kann[460]. **Eine Aufrechnung mit streitigen Gegenforderungen ist ausgeschlossen.** Der Wortlaut von § 17 Nr. 6 Abs. 3 Satz 2 VOB/B verlangt uneingeschränkt die **sofortige** Auszahlung des einbehaltenen Betrags. Sinn und Zweck der Regelung ist die insolvenzfeste Sicherstellung des vom Auftragnehmer bereits durch seine Leistung verdienten, jedoch nur aufgrund Vereinbarung einbehaltenen Teil-Vergütungsanspruchs. Würde man dem Auftraggeber in dieser Situation die Möglichkeit zur Aufrechnung mit streitigen Gegenforderungen geben, würde man auch insofern dem Auftragnehmer das Insolvenzrisiko gegen die Intention dieser Bestimmung auferlegen. Hätte sich der Auftraggeber vertragsgemäß verhalten, hätte ihm die Sicherheit (dann auf dem Sperrkonto) für die von ihm behaupteten Gegenansprüche zur Verfügung gestanden. Würde man ihm jetzt ein Aufrechnungsrecht in dieser Situation zugestehen, stünde der sich vertragswidrig verhaltende Auftraggeber besser als der Auftraggeber, der sich vertragsgemäß und VOB/B-gemäß an die Regelung in § 17 Nr. 6 VOB/B gehalten hätte. Auch ein **Zurückbehaltungsrecht** ist ausgeschlossen[461].

---

[455] Beck'scher VOB-Kommentar/*Inge Jagenburg* VOB/B § 17 Nr. 6 Rdn. 32 m.w.N.; *Leinemann* VOB/B § 17 Rdn. 112 m.w.N.; vgl. auch KG NJOZ 2002, 2333; OLG Dresden IBR 1999, 580.

[456] OLG Dresden IBR 1999, 529; *Leinemann* VOB/B § 17 Rdn. 114 m.w.N.; *Ingenstau/Korbion/Joussen* VOB/B § 17 Nr. 6 Rdn. 25.

[457] Auf die nicht fristgerechte Mitteilung kommt es nicht an, vgl. *Ingenstau/Korbion/Joussen* VOB/B § 17 Nr. 6 Rdn. 29; *Leinemann* VOB/B § 17 Fn. 285.

[458] BGH BauR 2003, 1559 = NZBau 2003, 560 = IBR 2003, 534; BGH BauR 2006, 379 = IBR 2006, 23; *Ingenstau/Korbion/Joussen* VOB/B § 17 Nr. 6 Rdn. 27; *Leinemann* VOB/B § 17 Rdn. 115; Beck'scher VOB-Kommentar/*Inge Jagenburg* VOB/B § 17 Nr. 6 Rdn. 37; denselben Anspruch hat auch ein Insolvenzverwalter für den Unternehmer nach Erfüllungswahl: LG Stuttgart BauR 2003, 1409 f.

[459] BGH BauR 2006, 379 = IBR 2006, 23; KG BauR 2003, 345 f. = IBR 2003, 73.

[460] Bejahend OLG Celle BauR 2003, 906 = IBR 2003, 196; OLG Frankfurt IBR 2005, 591; *Ingenstau/Korbion/Joussen* VOB/B § 17 Nr. 6 Rdn. 31; verneinend LG Dresden BauR 1998, 640; *Leinemann* VOB/B § 17 Rdn. 117; vgl. auch (verneinend) OLG Dresden, IBR 2002, 252 zur Aufrechnung mit Mängelbeseitigungskostenvorschussansprüchen aus einem anderen Bauvorhaben; vgl. auch KG BauR 2003, 727 = IBR 2003, 73; differenzierend OLG Dresden BauR 2001, 1918 = IBR 2002, 74.

[461] LG Berlin BauR 2002, 969, 971; a.A. KG BauR 2003, 728 = IBR 2003, 131.

c) Kein Anspruch auf künftige Sicherheit. Als **zweite Sanktion** verliert der Auftraggeber nach Fristablauf auch den Anspruch auf künftige Sicherheit. Es entfällt damit die Verpflichtung zur Sicherheitsleistung[462]. Dies gilt nicht nur für die ursprünglich vereinbarte Regelung über den Einbehalt von (weiteren) Sicherungs-Teilbeträgen bis zum Erreichen der Sicherungssumme, sondern grundsätzlich **für alle zukünftig noch zu stellenden Sicherheiten**, also auch für eine eventuell vom Auftragnehmer zu stellende Gewährleistungsbürgschaft, so weit der Auftraggeber vertragswidrig eine Einbezahlung von Sicherheitsbeträgen nicht vorgenommen hat[463]. 214

Die Verpflichtung des Auftraggebers, den Sicherheitseinbehalt auf ein Sperrkonto einzuzahlen, stellt bei Vereinbarung der VOB/B eine **qualifizierte Vermögensbetreuungspflicht** gegenüber dem Auftragnehmer dar. Unterlässt der Auftraggeber die Einzahlung auf ein Sperrkonto und kann er den Restwerklohn (Sicherheitseinbehalt) infolge eigener Insolvenz nicht mehr auszahlen, so kann dies **Untreue** nach dem Treuebruchtatbestand sein[464].

4. Keine Verzinsung beim öffentlichen Auftraggeber (§ 17 Nr. 6 Abs. 4 VOB/B)

Der Sicherungseinbehalt durch öffentliche Auftraggeber unterliegt besonderen Regelungen. Diese sind berechtigt, den Sicherheitseinbehalt auf eigenes Verwahrgeldkonto zu nehmen[465]. Hintergrund dieser Sonderregelung ist, dass bei öffentlichen Auftraggebern **kein Insolvenzrisiko** besteht. Der Betrag muss dort nicht verzinst werden. Teilweise wird angenommen[466], die in diesem Sonderfall vorgesehene Nicht-Verzinsung des Sicherheitseinbehalts werde dadurch kompensiert, dass der öffentliche Auftraggeber für den Auftragnehmer ein „verlässlicher Vertragspartner" ist, dessen Zahlungsfähigkeit in jedem Fall sichergestellt ist. Nach anderer Auffassung ist der Hintergrund für den Ausschluss der Verzinsung im öffentlichen Haushaltsrecht angelegt, da es der öffentlichen Hand nach § 8 der Bundeshaushaltsordnung untersagt ist, Gelder mit einer Verzinsung für einen anderen anzulegen. Zinsgewinne aus z.B. als Sparanlage angelegten Sicherheitsbeträgen wären als Einnahmen i.S.d. Art. 110 Abs. 1 GG anzusehen.[467] Zudem verbleibt dem Auftragnehmer – falls insoweit keine anderweitige, unter Umständen unwirksame[468] abweichende Vereinbarung getroffen wurde, das Ersetzungsrecht nach § 17 Nr. 3 VOB/B, so dass er gegen Stellung einer Bürgschaft Auszahlung des Sicherheitseinbehalts verlangen und somit auch in den Genuss der Zinsen kommen kann. 215

Die Eigenschaft eines **öffentlichen Auftraggebers** i.S.v. § 17 Nr. 6 Abs. 4 VOB/B ist bisweilen unklar: Nach der Auffassung des LG Schwerin[469] ist ein **kommunales Wohnungsbauunternehmen,** das zwar als juristische Person des Privatrechts organisiert ist, jedoch im Eigentum der öffentlichen Hand steht, öffentlicher Auftraggeber i.S.v. § 17 Nr. 6 Abs. 4 VOB/B. Nach Auffassung des OLG Naumburg[470] ist entscheidend für die Abgrenzung, ob ein **„öffentlicher Auftraggeber"** gegeben ist, die Frage seiner **Insolvenzfähigkeit.** Dies wurde bei einem Zweckverband verneint. Nach Auffassung des AG Erfurt[471] sind unter dem Begriff **„öffentliche Auftraggeber"** i.S.v. § 17 Nr. 6 Abs. 4 VOB/B **allein Behörden und juristische Personen des öffentlichen Rechts** zu verstehen; juristische Personen des Privatrechts, an denen die öffentliche Hand beteiligt ist, können den Sicherheitseinbehalt nicht auf ein eigenes Verwahrkonto nehmen.

---

462 OLG München BauR 1984, 188.
463 *Ingenstau/Korbion/Joussen* VOB/B § 17 Nr. 6 Rdn. 27 m.w.N.
464 OLG München IBR 2006, 394; a.A. *Greeve/Müller* NZBau 2000, 239; LG Bonn BauR 2004, 1471 f.
465 OLG Naumburg IBR 2003, 19.
466 Beck'scher VOB-Kommentar/*Inge Jagenburg* VOB/B § 17 Nr. 6 Rdn. 42.
467 Vgl. *Joussen* BauR 2002, Heft 11 a, Seite 79 m.w.N.; *Piduch* Bundeshaushaltsrecht 1996, Art. 110 GG Rdn. 41.
468 Vgl. Beck'scher VOB-Kommentar/*Inge Jagenburg* VOB/B § 17 Nr. 6 Rdn. 43 m.w.N.
469 LG Schwerin BauR 2005, 1201 = IBR 2005, 322.
470 OLG Naumburg BauR 2003, 907 = IBR 2003, 19.
471 BauR 2001, 271 = IBR 2001, 192.

VIII. Frist zur Sicherheitsleistung (§ 17 Nr. 7 VOB/B)

1. Anwendungsbereich (§ 17 Nr. 7 Satz 1 VOB/B)

216 Bei der in § 17 Nr. 7 angesprochenen Sicherheit kann es sich **nur um eine Sicherheit für die Vertragserfüllung** handeln, da die Sicherheit „nach Vertragsabschluss" zu leisten ist. Für eine **Gewährleistungssicherheit** gilt diese Regelung daher **nicht**[472]. Zurecht wird darauf hingewiesen, dass dieser Streit in der Praxis keine große Bedeutung haben wird[473], da die Bauvertragsparteien in der Regel Sicherheitsleistung durch Einbehalt nach § 17 Nr. 6 VOB/B vereinbaren oder eine andere Regelung auch für den Zeitpunkt der Stellung der Gewährleistungssicherheit festlegen.

2. Vereinbarung der Frist (§ 17 Nr. 7 Satz 1 VOB/B)

217 Aus § 17 Nr. 1 Satz 1 2.Halbsatz VOB/B ergibt sich, dass die Parteien (vorrangig) eine andere Vereinbarung treffen können. Dies kann auch in ZVB oder BVB erfolgen. Es ist **zulässig**, wenn in formularmäßigen Regelungen des Auftraggebers **die Erteilung des Zuschlags von der vorherigen Stellung einer Vertragserfüllungsbürgschaft abhängig gemacht** wird[474]. Dasselbe gilt, wenn der Vertrag unter der aufschiebenden Bedingung bis zur Stellung der Sicherheit geschlossen wird[475].

3. Folgen nicht fristgerechter Sicherheitsleistung (§ 17 Nr. 7 Satz 2 VOB/B)

218 Bei **Versäumung der** (vereinbarten oder der in § 17 Nr. 7 Satz 1 VOB/B vorgesehenen) **18-Werktage-Frist** steht dem Auftraggeber ein besonderer Rechtsbehelf zur Verfügung. Es ist dann berechtigt, in Höhe der **gesamten vereinbarten Sicherheitssumme** einen Betrag vom Guthaben des Auftragnehmers einzubehalten. Dieses Einbehaltungsrecht gilt grundsätzlich bei Nichterfüllung aller Sicherheitsarten, die nach § 17 VOB/B zulässig bzw. zwischen den Parteien vereinbart sind, daher auch im Fall der Vereinbarung einer Bürgschaft als Sicherheitsleistung[476]. Der Anspruch auf Stellung der Sicherheit ist auch gesondert einklagbar[477].

4. Entsprechende Anwendung von § 17 Nr. 5 und Nr. 6 VOB/B (§ 17 Nr. 7 Satz 3 VOB/B)

219 Aus der Verweisung auf Nr. 5 und 6, letztere jedoch mit Ausnahme des Abs. 1 Satz 1, ergibt sich, dass der Auftraggeber berechtigt ist, die **volle** Sicherheitsleistung bei nicht fristgerechter Sicherheitsleistung einzubehalten. Damit ist klargestellt, dass eine Begrenzung auf die Höhe von 10 % der jeweiligen Zahlung nicht zu erfolgen hat.

IX. Rückgabe der Sicherheit (§ 17 Nr. 8 VOB/B)

220 Die Regelung in § 17 Nr. 8 VOB/B ist im Rahmen der Novellierung der VOB 2002 grundlegend neu gefasst worden. Während in der Altfassung die Sicherheiten grundsätzlich **für die Dauer der Gewährleistung** aufrechtzuerhalten waren, ist in der Neufassung vorgesehen worden, dass die parallel im Rahmen der Novellierung vorgenommene Verdopplung der Gewährleistungsfristen in § 13 Nr. 4 VOB/B nicht automatisch auch zu einer Verdopplung der Fristen

---

[472] Ebenso *Nicklisch/Weick* VOB/B § 17 Rdn. 49; a.A. *Ingenstau/Korbion/Joussen* VOB/B § 17 Nr. 7 Rdn. 2; teilweise wird die Auffassung vertreten, für eine Gewährleistungssicherheit laufe die 18-Tage-Frist **ab Abnahme**, vgl. Beck'scher VOB-Kommentar/*Inge Jagenburg* VOB/B § 17 Nr. 7 Rdn. 5.

[473] Vgl. *Ingenstau/Korbion/Joussen* VOB/B § 17 Nr. 7 Rdn. 2.

[474] BGH NZBau 2000, 424.

[475] *Ingenstau/Korbion/Joussen* VOB/B § 17 Nr. 7 Rdn. 3.

[476] KG SFH § 17 VOB/B Nr. 2; *Ingenstau/Korbion/Joussen* VOB/B § 17 Nr. 7 Rdn. 6.

[477] OLG Düsseldorf BauR 1982, 92; OLG Nürnberg NJW-RR 1989, 1296; *Leinemann* VOB/B § 17 Rdn. 127 m.w.N.

zur Stellung der Gewährleistungssicherheit führen soll. Vor diesem Hintergrund wird jetzt die Vertragserfüllungssicherheit (Abs. 1) und die Gewährleistungssicherheit (Abs. 2) einer separaten Regelung zugeführt[478].

1. Vertragserfüllungssicherheit (§ 17 Nr. 8 Abs. 1 VOB/B)

Voraussetzung ist zunächst, dass die Parteien **für die Vertragserfüllung** eine Sicherheit **vereinbart haben.** Die Vertragserfüllungssicherheit deckt Ansprüche des Auftraggebers ab, die im Rahmen des Ausführungsstadiums bis zur Abnahme entstehen. Es werden also auch Mängelansprüche abgedeckt, die vor Abnahme (vgl. § 4 Nr. 7 VOB/B) entstanden sind[479]. **Durch die Abnahme des Bauwerks erlöschen die Rechte des Auftraggebers aus einer Vertragserfüllungsbürgschaft nicht. Bis zum Abnahmezeitpunkt fällige Mängelbeseitigungsansprüche werden von der Vertragserfüllungsbürgschaft noch gesichert**[480]. Vom Sicherungsumfang der Vertragserfüllungsansprüche ist auch die **fristgerechte** Erfüllung der Leistungen des Auftragnehmers umfasst. Hierzu zählen Ansprüche des Auftraggebers aus Verzug, insbesondere aus § 6 Nr. 6 VOB/B bzw. aus § 5 Nr. 4 i.V.m. § 8 Nr. 3 VOB/B. Ebenso werden die Ansprüche des Auftraggebers auf Zahlung einer Vertragsstrafe durch die Vertragserfüllungsbürgschaft gesichert, wenn der Auftragnehmer diese bei (schuldhafter) Nichteinhaltung von vereinbarten Vertragsfristen versprochen hat[481]. 221

a) Zeitpunkt der Rückgabe (§ 17 Nr. 8 Abs. 1 Satz 1 1. und 2. Halbsatz VOB/B). Vorrangig regelt sich die Rückgabeverpflichtung hinsichtlich der Vertragserfüllungsbürgschaft nach der **vertraglichen Vereinbarung**, die zwischen den Parteien insoweit getroffen wurde. Als **Spätestfrist** ist in § 17 Nr. 8 Abs. 1 Satz 1 der Zeitpunkt der **Abnahme und Stellung der Sicherheit für Mängelansprüche** (Gewährleistungsansprüche) – so weit vereinbart – festgelegt. Wurde eine Sicherheit für Mängelansprüche (Gewährleistungsansprüche) im Einzelfall nicht vereinbart, ist die Vertragserfüllungssicherheit **nach Abnahme zurückzugeben**. Hinsichtlich der Stellung der Gewährleistungssicherheit ist der Auftragnehmer damit **vorleistungspflichtig**[482]. Nach Wegfall des Sicherungszwecks einer Vertragserfüllungsbürgschaft kann der Auftragnehmer vom Auftraggeber **nur die Herausgabe** der Bürgschaftsurkunde **an den Bürgen verlangen**[483]. 222

b) Zurückbehaltungsrecht bei nicht erfüllten Vertragserfüllungsansprüchen (§ 17 Nr. 8 Abs. 1 Satz 1 3. Halbsatz VOB/B). Eine **Rückgabepflicht für die Vertragserfüllungsbürgschaft besteht jedoch nicht**, wenn (und soweit) Ansprüche des Auftraggebers, die nicht von der gestellten Sicherheit für Mängelansprüche umfasst sind, noch nicht erfüllt sind. Dem Auftraggeber verbleiben also seine Ansprüche auf Erbringung der Restleistungen, Mangelbeseitigung oder Verzug (Vertragsstrafe), die von der (vereinbarten) Vertragserfüllungssicherheit abgedeckt werden[484]. Falls die Höhe einer Vertragserfüllungsbürgschaft aus dem „Gesamt-Auftragswert“ eines VOB/B-Einheitspreisvertrags abgeleitet worden ist, kann dies ggfs. dazu führen, dass der Auftragnehmer im Falle einer etwa hälftigen **Reduzierung der auszuführenden Leistung ei-** 223

---

[478] Der Hauptschuldner hat lediglich einen Anspruch auf Herausgabe der Bürgschaftsurkunde an den Bürgen, nicht jedoch an sich selbst, vgl. OLG Düsseldorf IBR 2002, 479.

[479] OLG Düsseldorf BauR 1998, 553, 554; OLG Karlsruhe NJW-RR 1998, 533; *Thierau* Jahrbuch Baurecht 2000, 66, 69 ff. m.w.N.

[480] BGH NJW 1999, 55, 56 f.; BGH NZBau 2002, 559 (dort B I 2. b: „Die Abnahme allein lässt die durch die Vertragserfüllungsbürgschaft gesicherten Ansprüche nicht entfallen.“).

[481] BGH BauR 1982, 506, 507 f. = NJW 1982, 230; BGH NJW-RR 1990, 811; *Thierau* Jahrbuch Baurecht 2000, 66, 71 m.w.N.; zu den weiteren Sicherungszwecken der Vertragserfüllungsbürgschaft vgl. auch vorstehend Rdn. 58 ff. sowie *Thierau* a.a.O., Seiten 71 ff. m.w.N.

[482] *Joussen* BauR 2002, Heft 11 a, Seite 81.

[483] OLG Naumburg Urteil vom 7.12.2005 – 6 U 105/05 – BGH Beschluss vom 27.4.2006 – VII ZR 4/06 – Nichtzulassungsbeschwerde zurückgenommen; ebenso OLG Oldenburg BauR 2004, 1464 = IBR 2004, 199; OLG Düsseldorf BauR 2002, 1714 = IBR 2002, 479; vgl. auch *Lauer* NZBau 2003, 318; sowie KG IBR 2006, 26 (Herausgabeanspruch an Bürgen **und** Auftragnehmer).

[484] Einschränkend OLG Frankfurt IBR 2005, 482.

nen Anspruch auf entsprechende Reduzierung der Sicherheit hat[485]. Diesem berechtigten Interesse des Auftragnehmers kann auch dadurch gedient werden, dass entsprechende **Abschmelzungsklauseln** in der Sicherungsabrede vereinbart werden.

224 Abs. 1 Satz 1 letzter Halbsatz der Vorschrift dient der Klarstellung, dass die Sicherheit trotz Abnahme und Stellung der Sicherheit für Mängelansprüche (Gewährleistungsansprüche) **nicht zurückgegeben werden muss,** wenn noch Ansprüche des Auftraggebers, etwa aus Verzug, bestehen. Mit Abs. 1 Satz 2 wird klargestellt, dass der Auftraggeber dann einen entsprechenden Teil der Sicherheit zurückhalten darf. Im Gegensatz zu Abs. 2 kommt es bei Abs. 1 nicht auf die Geltendmachung der Ansprüche an, da es sich hierbei um die primären Erfüllungsansprüche des Auftraggebers handelt[486].

225 Es ist nicht zulässig, die Vertragserfüllungssicherheit wegen **anderer** Ansprüche bzw. Zurückbehaltungsrechte des Auftraggebers einzubehalten. Entscheidend ist der (vereinbarte) Sicherungszweck der Vertragserfüllungssicherheit. Aus Inhalt und Zweck der im Zusammenhang mit der Vertragserfüllungsbürgschaft getroffenen **Sicherungsabrede** folgt die Verpflichtung des Gläubigers/des Auftraggebers, die Sicherung zurückzugewähren, sobald feststeht, dass der Sicherungsfall nicht mehr eintreten kann[487]. Umstritten ist die Frage, ob Rückzahlungsansprüche des Auftraggebers wegen **Überzahlung** durch eine Vertragserfüllungsbürgschaft abgesichert werden. Nach älterer Rechtsprechung des Bundesgerichtshofs[488] sowie einiger Literaturstimmen[489] sind Ansprüche des Auftraggebers wegen **Überzahlung nicht** durch eine Vertragserfüllungsbürgschaft, die dies nicht ausdrücklich im Text vorsieht, gesichert. Nach neuerer Rechtsprechung des Bundesgerichtshofs[490] und nach einer im Vorbringen befindlichen Literaturauffassung, die sich zur Begründung im wesentlichen auf die vorstehende neuere BGH-Rechtsprechung bezieht[491], sind Rückforderungsansprüche des Auftraggebers wegen Überzahlung von der Vertragserfüllungsbürgschaft abgedeckt.

226 **c) Umfang des Zurückbehaltungsrechts (§ 17 Nr. 8 Abs. 1 Satz 2 VOB/B).** Durch Abs. 1 Satz 2 wird geregelt, in welchem **Umfang** dem Auftraggeber hinsichtlich der noch nicht erledigten Erfüllungsansprüche ein Zurückbehaltungsrecht an der Vertragserfüllungssicherheit zusteht. Der Auftraggeber darf dann **„einen entsprechenden Teil"** der Sicherheit zurückhalten. Eine Übersicherung soll also vermieden werden. Es lässt sich hieraus („entsprechenden Teil") jedoch nicht entnehmen, in welcher Höhe tatsächlich die Vertragserfüllungssicherheit einbehalten werden darf. Joussen[492] differenziert im Hinblick auf §§ 320, 641 Abs. 3 BGB danach, ob es bei der Herausgabe der Vertragserfüllungssicherheit um einen Bareinbehalt i.S.v. § 17 Nr. 6 VOB/B geht – dann **volle Berücksichtigung des Druckzuschlags** – oder um die Herausgabe einer Vertragserfüllungs**bürgschaft** geht, dann nur Berücksichtigung der Mängelbeseitigungskosten in einfacher Höhe[493]. Als Begründung für diese differenzierte Betrachtungsweise wird darauf abgestellt, dass eine Bürgschaft nicht einen um den Druckzuschlag erhöhten Vergütungseinbehalt, sondern allein die potentiellen Folgekosten bei auftretenden Mängeln absichere[494].

227 Eine derartige Differenzierung ist jedoch bei einem Bauvertrag unter Einbeziehung der VOB/B nicht gerechtfertigt. Aus § 17 Nr. 1 Satz 2 VOB/B ergibt sich, dass die Sicherheit **„die vertragsgemäße Ausführung der Leistung sicherstellen"** muss. Diese in § 17 Nr. 1 Abs. 2

[485] OLG Frankfurt Urteil vom 11.1.2006 – 1 U 114/05.

[486] Vgl. Begründung DVA zur Neufassung VOB/B, Beschluss vom 2.5.2002.

[487] OLG Naumburg Urteil vom 7.12.2005 – 6 U 105/05, BGH Beschluss vom 27.4.2006 – VII ZR 4/06.

[488] BGH BauR 1980, 574, 575; BGHZ 76, 187, 190.

[489] *Joussen* BauR 2002, Heft 11 a, Seite 81; vgl. auch OLG Celle BauR 1997, 1057.

[490] BGH BauR 1988, 220, 221 f. (Vorauszahlungen).

[491] *Nicklisch/Weick* VOB/B § 17 Rdn. 16; *Staudinger/Horn* BGB § 765 Rdn. 62 m.w.N.; vgl. hierzu auch *Thierau* Jahrbuch Baurecht 2000, 72 m.w.N.

[492] BauR 2002, Heft 11 a, Seite 81 f.

[493] So auch OLG Oldenburg BauR 2002, 328, 329.

[494] *Joussen* BauR 2002, Heft 11 a, Seite 82.

VOB/B niedergelegte **Intention** gilt uneingeschränkt sowohl für einen Bareinbehalt wie für eine Vertragserfüllungsbürgschaft. Letztendlich soll damit auch das Zurückbehaltungsrecht an einer Vertragserfüllungsbürgschaft **Druck** auf den Auftragnehmer ausüben, die noch nicht erfüllten Ansprüche des Auftraggebers zu erfüllen (also die Ausführung der Leistung im weiteren Sinne „sicherstellen"). Daher kann bei der Bemessung der Höhe der zurückzubehaltenden Vertragserfüllungsbürgschaft – wie beim Bareinbehalt – der Druckzuschlag gemäß § 641 Abs. 3 BGB entsprechend berücksichtigt, also die zugrundeliegenden Mängelbeseitigungskosten in dreifacher Höhe in Ansatz gebracht werden, um die Höhe der verbleibenden Bürgschaft zu ermitteln.

Soweit eine Erfüllungssicherheit eine **teilbare Leistung** sichert, kann bei Abarbeitung eines Teils der Leistung eine Freigabe des entsprechenden Teils der Sicherheit geschuldet sein. Den Interessen des Auftraggebers ist hierbei ggfs. durch Gewährung eines Zuschlags auf den verbleibenden Teil der Sicherheit Rechnung zu tragen[495].

2. Sicherheit für Mängelansprüche (Gewährleistungssicherheit) (§ 17 Nr. 8 Abs. 2 VOB/B)

Die Fassung von 2002 ist inhaltlich mit der alten Fassung von Nr. 8 vergleichbar. In Abs. 2 ist nunmehr eine gesonderte Regelung zur Rückgabe der nicht verwerteten Sicherheit für Mängelansprüche (Gewährleistungsansprüche) enthalten[496]. Die ursprünglich parallel laufenden „Regelfristen" für die Gewährleistungsfrist einerseits und die Frist zur Rückgabe der Gewährleistungssicherheit andererseits, sind nunmehr einer differenzierten Regelung zugeführt worden. Darüber hinaus wurde unter Berücksichtigung der Rechtsprechung des Bundesgerichtshofs zur alten Fassung bei **verjährten** Gewährleistungsansprüchen eine Klarstellung vorgenommen. 228

a) Rückgabefrist: zwei Jahre/Vereinbarter Zeitpunkt (§ 17 Nr. 8 Abs. 2 Satz 1 VOB/B). 229
Nach der alten Fassung von Nr. 8 war eine Sicherheit zum vereinbarten Zeitpunkt, spätestens jedoch nach Ablauf der Verjährungsfrist für die Gewährleistung zurückzugeben. Gewährleistungsfrist und Rückgabefrist liefen also parallel. Durch die Neufassung der VOB 2002 in § 13 Nr. 4 VOB/B ist die Regelverjährungsfrist auf vier Jahre verdoppelt worden. Entsprechendes gilt für die weiteren in § 13 Nr. 4 VOB/B genannten Verjährungsfristen für spezielle Gewerke. In der Neufassung ist nach Abs. 2 nunmehr die Sicherheit **in der Regel nach Ablauf von zwei Jahren zurückzugeben, sofern kein anderer Rückgabezeitpunkt vereinbart worden ist**. Bei dieser Regelung stand die Erwägung im Hintergrund, dass es meist eine starke Belastung für den Auftragnehmer darstellt, wenn er für die gesamte 4-jährige Regelverjährungsfrist für Mängelansprüche die Sicherheit vorhalten muss[497].

Anderweitige **Vereinbarungen** der Parteien sind **zulässig.** Es ist davon auszugehen, dass die Praxis umfassend von dieser Möglichkeit anderweitiger Vereinbarungen Gebrauch machen wird. **Formularmäßige** Vereinbarungen, durch die die Verjährungs-Regelfrist nach § 13 Nr. 4 VOB/B auf die **gesetzliche 5-jährige Regelgewährleistung** verlängert wird, sind nach ständiger Rechtsprechung unter AGB-Gesichtspunkten **wirksam und unbedenklich**[498]. Damit ging – automatisch – einher, dass die für die Gewährleistungszeit bestellte Sicherheit ebenfalls erst „nach Ablauf der Verjährungsfrist für die Gewährleistung zurückzugeben" war (vgl. § 17 Nr. 8 a.F. VOB/B). Vor diesem Hintergrund bestehen auch **gegen formularmäßige Vereinbarungen**, in Abweichung von der Neufassung in § 17 Nr. 8 Abs. 2 Satz 1 VOB/B, den Rückgabezeitpunkt für die Gewährleistungssicherheit mit der neuen Regelfrist des § 13 Nr. 4 VOB/B oder mit der gesetzlichen 5-jährigen Regelgewährleistungsfrist „gleichzuschalten", **keine Bedenken**. 230

---

[495] OLG Jena OLG-NL 2004, 169 f.

[496] In Einzelfällen kann sich der Auftraggeber **treuwidrig** verhalten, wenn er die Auszahlung des Sicherheitseinbehalts dadurch verhindert, dass er grundlos die für den Lauf der zweijährigen Sicherungsfrist erforderliche behördliche Schlussabnahme nicht durchführen lässt – vgl. OLG Brandenburg Urteil vom 10.5.2006 – 4 U 207/05.

[497] Vgl. Begründung zum Beschluss des DVA vom 2.5.2002.

[498] Vgl. zum alten Recht BGH BauR 1989, 322, 325 ff.; BGH BauR 1991, 458, 459; *Joussen* BauR 2002, Heft 11 a, Seite 83 m.w.N.

231 **b) Zurückbehaltungsrecht bei nicht erfüllten Mängelansprüchen (§ 17 Nr. 8 Abs. 2 Satz 2 VOB/B).** So weit zum Rückgabezeitpunkt die vom Auftraggeber geltend gemachten Ansprüche noch nicht erfüllt sind, darf er einen **entsprechenden Teil** der Sicherheit zurückhalten. Insoweit gelten die vorstehenden Erläuterungen zu Nr. 8 Abs. 1 entsprechend. **Ein Druckzuschlag ist** bei der Höhe des Zurückbehalts **zu berücksichtigen**[499]. Sofern für Teilleistungen nach Mängelbeseitigungsarbeiten des Auftragnehmers neue Verjährungsfristen laufen und für diese Mängelbeseitigungsarbeiten die Gewährleistungsfrist (nach Ablauf der „regulären" Verjährungsfrist) noch nicht abgelaufen ist, hat die Vorausgabe der ursprünglichen Bürgschaftsurkunde Zug-um-Zug gegen eine Austauschbürgschaft zu erfolgen, deren Höhe nach dem Wert der Mängelbeseitigungsmaßnahmen und der vereinbarten Sicherungshöhe zu berechnen ist[500].

232 Die neu eingefügten Worte **„geltend gemachten"** im Abs. 2 Satz 2 dienen der ausdrücklichen Klarstellung, dass der Auftraggeber Sicherheiten nur zurückhalten darf für Mängelansprüche, die er vor Ablauf der zwei Jahre bzw. vor dem vereinbarten Rückgabezeitpunkt **tatsächlich geltend gemacht hat.** Bereits nach der alten Fassung der Nr. 8 (hier war die Einschränkung nicht enthalten) konnte der Auftraggeber eine Sicherheit nach dem vereinbarten Rückgabetermin noch verwerten, obwohl die zugrundeliegenden Gewährleistungsansprüche bereits verjährt waren, wenn er die ihm zustehenden Ansprüche **in noch unverjährter Zeit angezeigt hatte**[501]. Dies gilt aber dann nicht, wenn Auftraggeber und Auftragnehmer ohne Mitwirkung des Bürgen die Gewährleistungsfrist nachträglich verlängern und die Mängel erst in der verlängerten Frist gerügt werden[502]. Auch nach Ablauf der Gewährleistungsfrist hat der Auftraggeber Anspruch auf Stellung einer vertraglich vereinbarten Gewährleistungssicherheit hinsichtlich der Mängelansprüche, die vor Ablauf der Verjährungsfrist geltend gemacht worden sind[503]. Der Einbehalt einer Sicherheit gemäß § 17 Nr. 8 VOB/B setzt nach Eintritt des vereinbarten Rückgabezeitpunkts voraus, dass zuvor ein **konkretes Beseitigungsverlangen** erhoben worden ist. Eine **Streitverkündung** ersetzt ein solches **nicht**[504].

Die jetzt vorgenommene Klarstellung war notwendig, da die Rechtsprechung dieses Erfordernis früher aus einer Analogie zu § 478 BGB ableitete, indem sie die Sicherheiten dem Zurückbehaltungsrecht am Kaufpreis gleichstellte. Nach Wegfall des § 478 BGB bestehen Zweifel, ob diese Rechtsprechung aufrechterhalten wird. Es sollte durch die Neufassung daher vermieden werden, dass der Auftraggeber eine Sicherheit länger als vereinbart bzw. länger als zwei Jahre behält und für nach diesem Zeitpunkt auftretende Mängel verwertet. Der Auftraggeber, der die Sicherheit länger als vereinbart behält, soll aus diesem vertragswidrigen Verhalten keinen Vorteil ziehen können, wenn später noch Mängel auftreten[505].

§ 18 Streitigkeiten

1. **Liegen die Voraussetzungen für eine Gerichtsstandsvereinbarung nach § 38 Zivilprozessordnung vor, richtet sich der Gerichtsstand für Streitigkeiten aus dem Vertrag nach dem Sitz der für die Prozessvertretung des Auftraggebers zuständigen Stelle, wenn nichts anderes vereinbart ist. Sie ist dem Auftragnehmer auf Verlangen mitzuteilen.**
2. **(1) Entstehen bei Verträgen mit Behörden Meinungsverschiedenheiten, so soll der Auftragnehmer zunächst die der auftraggebenden Stelle unmittelbar vorgesetzte Stelle**

[499] A.A. OLG Oldenburg BauR 2002, 328.
[500] KG BauR 2004, 1463 = IBR 2004, 314.
[501] BGH BauR 1993, 335, 336; BGH BauR 1993, 337 f.; OLG Düsseldorf IBR 2002, 477 (rechtskräftig, Revision vom BGH nicht angenommen, Beschluss vom 2.5.2002 VII ZR 86/01); OLG Naumburg ZfBR 2003, 369 = BauRB 2003, 80 f.; OLG Dresden BauR 2003, 111 ff.; *Ripke* – IBR 2006, 2 – ist der Auffassung, § 17 Nr. 8 VOB/B halte einer isolierten Inhaltskontrolle nicht stand und sei daher unwirksam; LG Halle IBR 2006, 393.
[502] OLG Köln BauR 2005, 1368 = IBR 2005, 371.
[503] OLG Nürnberg IBR 2005, 535.
[504] OLG Oldenburg BauR 2004, 1464 = IBR 2004, 199.
[505] Vgl. Beschluss des DVA vom 2.5.2002 zur Änderung und Einführung der VOB/B 2002.

anrufen. Diese soll dem Auftragnehmer Gelegenheit zur mündlichen Aussprache geben und ihn möglichst innerhalb von 2 Monaten nach der Anrufung schriftlich bescheiden und dabei auf die Rechtsfolgen des Satzes 3 hinweisen. Die Entscheidung gilt als anerkannt, wenn der Auftragnehmer nicht innerhalb von 3 Monaten nach Eingang des Bescheides schriftlich Einspruch beim Auftraggeber erhebt und dieser ihn auf die Ausschlussfrist hingewiesen hat.

(2) Mit dem Eingang des schriftlichen Antrages auf Durchführung eines Verfahrens nach Absatz 1 wird die Verjährung des in diesem Antrag geltend gemachten Anspruchs gehemmt. Wollen Auftraggeber oder Auftragnehmer das Verfahren nicht weiter betreiben, teilen sie dies dem jeweils anderen Teil schriftlich mit. Die Hemmung endet 3 Monate nach Zugang des schriftlichen Bescheides oder der Mitteilung nach Satz 2.

3. Daneben kann ein Verfahren zur Streitbeilegung vereinbart werden. Die Vereinbarung sollte mit Vertragsabschluss erfolgen.

4. Bei Meinungsverschiedenheiten über die Eigenschaft von Stoffen und Bauteilen, für die allgemein gültige Prüfungsverfahren bestehen, und über die Zulässigkeit oder Zuverlässigkeit der bei der Prüfung verwendeten Maschinen oder angewendeten Prüfungsverfahren kann jede Vertragspartei nach vorheriger Benachrichtigung der anderen Vertragspartei die materialtechnische Untersuchung durch eine staatliche oder staatlich anerkannte Materialprüfungsstelle vornehmen lassen; deren Feststellungen sind verbindlich. Die Kosten trägt der unterliegende Teil.

5. Streitfälle berechtigen den Auftragnehmer nicht, die Arbeiten einzustellen.

Schrifttum: *Englert* Die Zuständigkeits-Falle des § 18 Nr. 1 VOB Teil B, BauR 1995, 774 – *Englert* Wahlgerichtsstand Erfüllungsort, Justizentlastung und Verwaltungspraxis in Bausachen: DVA und Gesetzgeber gefordert, NZBau 2004, 360 – *Englert/Rutsatz* Gerichtsstandsregelung des § 18 Nr. 1 VOB/B auch für private Auftraggeber?, NZBau 2002, 22 – *Grams/Stassen* Zur Kooperationspflicht des Auftragnehmers gemäß § 2 Nr. 5 VOB/B 2002 bei Mehrkosten, BauR 2003, 943 Institut für Baurecht Freiburg i.Br. e.V. Empfehlungen an den DVA zur Überarbeitung der VOB/B, BauR 1999, 699 – *Kohlhammer* Die grundsätzliche Verpflichtung des Auftragnehmers, seine Leistung auch dann auszuführen, wenn Streit über die Vergütung herrscht, kann nicht dadurch umgangen werden, dass über § 648 a BGB eine Arbeitseinstellung konstruiert wird, BauR 2003, 1263 – *Liepe* Nachbeauftragung lediglich dem Grunde nach?, BauR 2003, 320 – *Rutsatz* Örtliche Zuständigkeit nach § 18 1 VOB/B BauR 1998, 692 – *Vygen* Leistungsverweigerungsrecht des Auftragnehmers bei Änderungen des Bauentwurfs gemäß § 1 Nr. 3 VOB/B oder Anordnung von zusätzlichen Leistungen gemäß § 1 Nr. 4 VOB/B?, BauR 2005, 431.

Übersicht

A. Überblick

1 Gegenüber der vor der VOB/B 2000 gültigen Fassung ist § 18 VOB/B trotz kritischer Empfehlungen an den Verdingungsausschuss[1] weitgehend unverändert geblieben. In Hinsicht auf die Novelle des BGB durch das Gesetz zur Modernisierung des Schuldrechts hat der Vorstand des Deutschen Vergabe- und Vertragsausschusses am 2.5.2002 in § 18 Nr. 2 VOB/B die **Hemmung der Verjährung** für die Dauer des Verfahrens nach § 18 Nr. 2 VOB/B geregelt. § 18 VOB/B enthält formale und inhaltliche Regelungen zu „Streitigkeiten" (im Text als „Meinungsverschiedenheiten" bezeichnet) zwischen Auftraggeber und Auftragnehmer. § 18 Nr. 1 VOB/B enthält eine Gerichtsstandsvereinbarung (örtliche Zuständigkeit), deren Geltungsbereich umstritten ist. § 18 Nr. 2 VOB/B regelt die Berechtigung des Auftragnehmers, bei Meinungsverschiedenheiten aus Verträgen zu Behörden die unmittelbar vorgesetzte Stelle anzurufen, die nach einem formalen Verfahren einen Bescheid erteilen, der Rechtswirkungen entfalten, Meinungsverschiedenheiten also endgültig ausräumen soll. Mit dem Eingang des Antrages auf Durchführung des Verfahrens wird die Verjährung der in dem Antrag geltend gemachten Ansprüche gehemmt. Neu eingefügt wurde auf Beschluss des Verdingungsausschusses vom 27.6.2004 § 18 Nr. 3 VOB/B mit der **Empfehlung**, mit Vertragsabschluss ein Verfahren zur Streitbeilegung zu vereinbaren. Bei Meinungsverschiedenheiten über die Eigenschaft von Stoffen und Bauteilen sieht § 18 Nr. 4 VOB/B ein Schiedsverfahren mit verbindlichem Ergebnis vor. § 18 Nr. 5 VOB/B regelt grundsätzlich die fehlende Berechtigung des Auftragnehmers, bei „Streitfällen" die Arbeiten einzustellen.

B. Erörterung

I. Gerichtsstandsvereinbarung

1. Geltungsbereich

2 Wenn die Voraussetzungen für eine Gerichtsstandvereinbarung nach § 38 ZPO vorliegen, richtet sich der Gerichtsstand für Streitigkeiten aus dem Vertrag nach dem Sitz der für die **Prozessvertretung des Auftraggebers zuständigen Stelle** (vgl. Rdn. 7), wenn nichts anderes vereinbart ist. Umstritten ist, ob diese Gerichtsstandsvereinbarung auch für **private Auftraggeber** gilt. Hier wird vertreten, dass es für private Auftraggeber keine für die Prozessvertretung „zuständige Stelle" geben soll[2]. Dem ist entgegen zu halten, dass § 38 ZPO in Nr. 1 **umfassend** in Bezug genommen wird, bei Vorliegen dieser Voraussetzungen die Gerichtsstandsvereinbarung also gelten soll. Bei anderer Betrachtungsweise hätte in § 18 Nr. 1 VOB/B der Zusatz aufgenommen werden müssen, dass die Gerichtsstandsvereinbarung nur bei öffentlichen Arbeitgebern gilt. Hinzu kommt, dass § 18 VOB/B selbst differenziert und das Verfahren nach § 18 Nr. 2 VOB/B ausdrücklich nur bei

[1] Institut für Baurecht Freiburg i.Br. e.V. BauR 1999, 699.
[2] *Heiermann/Riedl/Rusam* VOB/B § 18 Rdn. 1; *Englert* BauR 1995, 774, *Rutsatz/Englert* NZBau 2002, 22.

Meinungsverschiedenheiten bei Verträgen mit Behörden (also öffentlichen Auftraggebern) eröffnet ist und dort **die vorgesetzte Stelle** der auftraggebenden Stelle angerufen werden kann. Der Hinweis darauf, dass es bei privaten Auftraggebern eine „zuständige Stelle“ nicht geben soll, trägt auch nicht dem Umstand Rechnung, dass gerade bei größeren Auftraggebern die Unternehmensverwaltung dezentralisiert wird, indem **Zweigniederlassungen** oder **Außenstellen** unterhalten werden, an denen die rechtlichen Angelegenheiten des Unternehmens bereichsweise oder für den gesamten Unternehmensbereich bearbeitet werden. Rechtsangelegenheiten werden auch auf Tochter- oder Schwesterunternehmen oder sonstige mit einer Unternehmensgruppe verbundene Unternehmen übertragen[3]. Schließlich wird zu Recht darauf hingewiesen, dass **jeder private Auftraggeber** im Rahmen des § 38 ZPO **Gerichtsstandsvereinbarungen treffen kann**[4], was auch für die formularmäßige Vereinbarung des Sitzes des Auftraggebers als Gerichtsstand gilt[5]. Da also – anders als in § 18 Nr. 2 VOB/B – eine Beschränkung auf öffentliche Auftraggeber nicht vorliegt, für eine einschränkende Auslegung auch kein Bedürfnis besteht, **gilt § 18 Nr. 1 VOB/B auch bei privaten Auftraggebern**[6].

2. Einbeziehung in den Vertrag

3 Da beim Bauvertrag die formularmäßige Vereinbarung des Sitzes des Auftraggebers als Gerichtsstand zulässig ist[7], hält die Gerichtsstandsklausel der Inhaltskontrolle nach § 307 BGB stand, und zwar ungeachtet der Frage, ob die VOB/B „als Ganzes“ vereinbart wird[8], wobei diese Differenzierung in Anbetracht dessen, dass die Einbeziehung der VOB/B „als Ganzes“ ohnehin nicht privilegiert ist[9], also auch für diesen Fall der vollen Inhaltskontrolle anhand der §§ 305 ff. BGB unterliegt, nicht von Bedeutung ist.

Auch bei Vereinbarung der VOB/B können die Parteien eine **andere Gerichtsstandsvereinbarung** treffen, etwa – individuell – in dem Bauvertrag selbst, oder über die Einbeziehung anderer **Allgemeiner Geschäftsbedingungen**. Grenze dessen ist die Unklarheitenregel des §§ 305 c BGB (früher § 5 AGBG). Voraussetzung dafür ist die **Prorogationsfähigkeit** der Vertragsparteien (§ 38 ZPO). Unzulässig sind Gerichtstandsvereinbarungen, in denen ohne jeden Bezug zu einer der Vertragsparteien bzw. dem Bauvorhaben andere Gerichtsstände vorgesehen werden oder in denen bei Vorliegen eines gemeinsamen gesetzlichen Gerichtsstands, ein davon abweichender Gerichtsstand festgelegt wird. Diese Klauseln sind überraschend und werden nicht Vertragsbestandteil, § 305 c Abs. 1 BGB[10]. Eine andere Vereinbarung im Sinne von § 18 Nr. 1 VOB/B sind schließlich die in der Baupraxis immer mehr an Bedeutung gewinnenden Schiedsgerichtsvereinbarungen, durch die Streitigkeiten der Zuständigkeit der staatlichen Gerichte entzogen werden können, vgl. auch § 10 VOB/A.

3. Voraussetzungen

4 Die Gerichtsstandvereinbarung nach § 18 Nr. 1 VOB/B ist nur dann wirksam, wenn die **Voraussetzungen von § 38 ZPO** vorliegen. Aus § 38 ZPO ergibt sich das grundsätzliche Verbot von Gerichtsstandsvereinbarungen, die nur in beschränktem Umfang zulässig sein sollen[11]. Diese allgemeine Verweisung auf § 38 ZPO ist missglückt. So regelt § 38 Abs. 3 Nr. 1 ZPO die Zulässigkeit einer Gerichtsstandsvereinbarung, die **nach** dem Entstehen der Streitigkeit ausdrücklich

---

[3] LG Köln BauR 2000, 143.
[4] OLG Frankfurt NJW RR 1999, 604.
[5] OLG Stuttgart BauR 1999, 683.
[6] LG Stralsund BauR 2000, 1532; LG Magdeburg BauR 2000, 925; LG Rostock BauR 1997, 696; *Nicklisch/Weick* VOB/B § 18 Rdn. 8; a.a.OLG Brandenburg NJW RR 1997, 1518; *Leinemann/Schirmer* VOB/B § 18 Rdn. 24, *Rutsatz/Englert* NZBau 2002, 22.
[7] OLG Stuttgart BauR 1999, 683.
[8] OLG Oldenburg NJW RR 1996, 1486 (zu § 9 AGBG).
[9] Näher dazu VOB/B Einleitung Rdn. 75.
[10] KG Berlin BauR 2000, 1092; OLG Köln ZIP 1989, 1068.
[11] *Thomas/Putzo* ZPO § 38 Rdn. 1.

und schriftlich getroffen wird. Sollte § 18 Nr. 1 VOB/B daneben wirksam vereinbart sein, käme diesem Gerichtsstand aufgrund des dann vorliegenden Vorrangs der Individualabrede keine eigenständige Bedeutung mehr zu, § 305 b BGB (früher § 4 AGBG). Entsprechendes gilt für § 38 Abs. 3 Nr. 2 ZPO, der den Fall regelt, dass die im Klageweg in Anspruch zu nehmende Partei nach Vertragsschluss ihren Wohnsitz oder gewöhnlichen Aufenthaltsort aus dem Geltungsbereich der ZPO verlegt oder der Wohnsitz bzw. gewöhnliche Aufenthaltsort im Zeitpunkt der Klageerhebung nicht bekannt ist. § 38 Abs. 2 ZPO regelt die Gerichtsstandsvereinbarung für den Fall, dass mindestens eine der Vertragsparteien keinen allgemeinen Gerichtsstand im Inland hat. Die Vereinbarung muss **schriftlich** abgeschlossen oder zumindest **schriftlich bestätigt** werden. Wenn diese Voraussetzungen vorliegen, greift wiederum der Vorrang der Individualabrede gemäß § 305 b BGB (früher § 5 AGBG) ein.

5 Die Verweisung kann damit **nur § 38 Abs. 1 ZPO** zum Gegenstand haben, in dem geregelt ist, **welche Parteien** grundsätzlich eine Gerichtsstandvereinbarung ausdrücklich oder stillschweigend treffen können. Nach der seit dem 1.7.1998 geltenden Fassung sind dies Kaufleute, juristische Personen des öffentlichen Rechts oder öffentlich-rechtliche Sondervermögen. Seit der Aufhebung von § 4 HGB („Minderkaufmann") und der Neufassung von § 1 HGB[12] ist Kaufmann, wer ein **Handelsgewerbe** betreibt. **Handelsgewerbe** ist **jeder Gewerbebetrieb**, es sei denn, dass das Unternehmen nach Art und Umfang einen in kaufmännischer Weise eingerichteten Geschäftsbetrieb nicht erfordert. Für die älteren Verträge ist zu beachten, dass in der bis dahin geltenden Fassung die unter § 4 HGB a.F. bezeichneten Gewerbetreibenden keine Gerichtsstandsvereinbarung treffen konnten. Von Bedeutung ist dies bei kleineren/mittelständischen Handwerksunternehmen, die keine Grundhandelsgewerbe im Sinne des § 1 HGB a.F. betrieben und auch nicht kraft Rechtsform Kaufmann waren. In diesen „Altfällen" greift wegen Nichtvorliegens der Voraussetzungen des § 38 Abs. 1 ZPO a.F. auch die Gerichtsstandsvereinbarung nach § 18 Nr. 1 VOB/B nicht ein.

6 Beim Bauvertrag werden die Voraussetzungen von § 38 Abs. 1 ZPO in der seit dem 1.7.1998 geltenden Fassung regelmäßig vorliegen, weil seitdem auch **Bauunternehmen kraft Gesetzes** und nicht erst kraft Eintragung in das Handelsregister oder kraft Rechtsform (§§ 5, 6 HGB) **Kaufleute** sind, da diese einen Gewerbebetrieb und damit ein Handelsgewerbe im Sinne von § 1 HGB betreiben. Da damit beim Bauvertrag in aller Regel Kaufleute, juristische Personen des öffentlichen Rechts oder öffentlich rechtliche Sondervermögen beteiligt sind, wird sich in den meisten Fällen die **Zuständigkeit für Streitigkeiten aus dem Vertrag nach § 18 Nr. 1** richten, wenn nichts anderes vereinbart ist.

4. Rechtswirkungen

7 Liegen die Voraussetzungen vor, bestimmt § 18 Nr. 1 VOB/B als Gerichtsstand für Streitigkeiten aus dem Vertrag die **für den Auftraggeber zuständige Stelle**.

a) Gerichtsstandsvereinbarung über örtliche Zuständigkeit. Der Sitz von **öffentlichen Auftraggebern** ist im Einzelfall festzustellen. Er wird in der Regel mit dem Sitz der Stelle übereinstimmen, die im Rahmen der Vertragsverhandlungen aufgetreten, den Zuschlag oder den Auftrag erteilt hat. In Zweifelsfällen **hat der Auftraggeber** auf Befragen **die zuständige Stelle** dem Auftragnehmer **mitzuteilen**, § 18 Nr. 1 Satz 2 VOB/B. Kommt der Auftraggeber dieser Verpflichtung nicht nach, wäre der Auftragnehmer grundsätzlich darauf zu verweisen, zur Vorbereitung des Klageverfahrens vor dem zuständigen Gericht den Auftraggeber zunächst auf Auskunft gerichtlich in Anspruch zu nehmen. Hier steht der Auftragnehmer vor dem Problem, dass auch die Geltendmachung des Auskunftsanspruchs eine Streitigkeit aus dem Vertrag im Sinne von § 18 Nr. 1 Satz 1 VOB/B ist, also auch für die Auskunftserteilung die zuständige Stelle in Anspruch genommen werden muss. Der Auftragnehmer hat aber dann, wenn der Auftraggeber trotz Fristsetzung seiner Verpflichtung zur Mitteilung nicht nachkommt, einen **Schadensersatzanspruch** (§ 280 Abs. 1 Satz 1 BGB), damit Anspruch auf Ersatz der Kosten, die ihm entstehen,

[12] Art. 3 HRefG vom 22.6.1998 (BGBl. I. S: 1474).

um die zuständige Stelle selber zu ermitteln. In der Praxis ist dem Auftragnehmer zu raten, nach sachgerechter Prüfung des Sitzes der zuständigen Stelle an diesem Sitz die Klage einzureichen. Sollte unter Berufung auf § 18 Nr. 1 VOB/B der Auftraggeber die Unzuständigkeit zu Recht rügen und im Zuge dessen die zuständige Stelle (und damit das an sich zuständige Gericht) benennen, schuldet der Auftraggeber Schadensersatz gem. § 280 Abs. 1 Satz 1 BGB, hier also die zusätzlichen Kosten des Auftragnehmers für die Anrufung des unzuständigen Gerichts[13].

Auch bei **privaten Auftraggebern** kann es eine für den Vertrag „zuständige Stelle" geben **8**
(Rdn. 2). Für die Mitteilungspflicht gilt entsprechendes wie für öffentliche Auftraggeber.

Zweifelhaft ist, ob bei weiteren gesetzlichen Gerichtsständen § 18 Nr. 1 VOB/B nur einen **9**
zusätzlichen Gerichtsstand mit entsprechender **Wahlmöglichkeit** für die Vertragsparteien vorsieht. Welchen Umfang eine Gerichtsstandsvereinbarung haben soll, ist im Einzelfall durch Auslegung zu ermitteln[14]. Im Ergebnis erfasst § 18 Nr. 1 VOB/B **alle** Aktiv- und Passivprozesse, so dass **andere Zuständigkeiten** staatlicher Gerichte **ausscheiden**. Bei öffentlichen Auftraggebern ist dies mit der besonderen Interessenlage begründet, weil bei öffentlichen Auftraggebern sowohl die Aktivprozesse des Auftraggebers als auch die Passivprozesse gegen ihn bei dem für seinen Sitz, bzw. den Sitz der ihn im Prozess vertretenen Stelle zuständigen Gericht konzentriert werden sollen. Im Interesse eines reibungslosen Verwaltungsablaufs bei öffentlichen Auftraggebern ist dies von dem Auftragnehmer hinzunehmen[15]. Diese Grundsätze sind für private Auftraggeber entsprechend anzuwenden, so dass durch § 18 Nr. 1 VOB/B andere Gerichtsstände, auch der Gerichtsstand des Erfüllungsortes, der in der Regel am Ort des Bauwerks liegt, **ausgeschlossen** werden[16]. Für private Auftraggeber wird auch die Auffassung vertreten, § 18 Nr. 1 VOB/B sei als **Derogationsvereinbarung** mit der Folge auszulegen, dass der Gerichtsstand des Erfüllungsortes (= Ort des Bauwerks) ausgeschlossen wird[17]. § 18 Nr. 1 VOB/B unterscheidet nicht zwischen privaten und öffentlichen Auftraggebern. Allein deshalb ist für diese differenzierte Bewertung kein Raum, zumal im Ergebnis andere Gerichtsstände auch nach der differenzierten Auslegung nicht gegeben sind[18].

Die Gerichtsstandsvereinbarung in § 18 Nr. 1 VOB/B betrifft „Streitigkeiten aus dem Vertrag". **10**
Erfasst sind damit zunächst Streitigkeiten über die wechselseitigen Rechte und Pflichten, die **unmittelbar aus dem Vertrag** resultieren, etwa der Anspruch des Auftraggebers auf Erbringung der Bauleistung durch den Auftragnehmer und der Vergütungsanspruch des Auftragnehmers. Dabei ist eine **weite Auslegung** geboten, die die typischen Streitigkeiten in Zusammenhang mit Bauverträgen erfasst. Genannt seien hier nur Ansprüche des Auftragnehmers auf gesonderte Vergütung, Nachträge, Behinderungsfolgen etc., sowie Ansprüche des Auftraggebers in Zusammenhang mit einer vorzeitigen Beendigung des Bauvertrages. Ausreichend ist, dass die Streitigkeit **in Zusammenhang** mit dem Bauvertrag steht[19]. Dazu gehören auch außervertragliche Ansprüche (Geschäftsführung ohne Auftrag, ungerechtfertigte Bereicherung)[20].

Zu beachten ist, dass § 18 Nr. 1 VOB/B nicht für das **Mahnverfahren** gilt. Für den Erlass des **11**
Mahnbescheids ist **ausschließlich** das Amtsgericht zuständig, bei dem der Antragsteller seinen allgemeinen Gerichtsstand hat, § 699 Abs. 2 Satz 1 ZPO. Gemäß § 40 Abs.Satz 1 ZPO unterliegen ausschließliche Gerichtsstände nicht einer Gerichtsstandsvereinbarung.

Geregelt ist nur die **örtliche Zuständigkeit**. Während die Vorschriften der ZPO über die **12**
örtliche Zuständigkeit zugleich die internationale Zuständigkeit regeln, gilt dies für § 18 Nr. 1

---

[13] *Nicklisch/Weick* VOB/B § 18 Rdn. 9; *Ingenstau/Korbion/Joussen* VOB/B § 18 Rdn. 37; *Leinemann/Schirmer* VOB/B § 18 Rdn. 25.

[14] *Zöller/Vollkommer* ZPO § 38 Rdn. 2.

[15] BGH NJW 1985, 2090.

[16] OLG Frankfurt NJW-RR 1999, 604; OLG Stuttgart BauR 1999, 683.

[17] Vgl. *Rutsatz* BauR 1998, 692.

[10] *Rutsatz* BauR 1998, 692.

[19] Beck'scher VOB-Kommentar/*Bewersdorf* VOB/B § 18 Nr. 1 Rdn. 21; *Ingenstau/Korbion/Joussen* VOB/B § 18 Rdn. 35.

[20] OLG Stuttgart BauR 1996, 149; *Ingenstau/Korbion/Joussen* VOB/B § 18 Rdn. 35.

VOB/B nicht[21]. Die VOB/B soll nicht einen Vertragsteil privilegieren, sondern die wechselseitigen Rechte/Pflichten aus dem Bauvertrag ausgewogen regeln. Würde § 18 Nr. 1 VOB/B auch als Regelung für die internationale Zuständigkeit verstanden, müsste der Auftragnehmer bei einem Auftraggeber, der seinen Sitz im Ausland hat, Streitigkeiten aus dem Vertrag vor die ausländischen Gerichte bringen. Es würde ausländisches Prozessrecht gelten. Der Auftragnehmer müsste einen ausländischen Prozessbevollmächtigten mit entsprechenden Kosten beauftragen. Dies ist einem inländischen Auftragnehmer nicht zumutbar[22].

13 Wenn die Voraussetzungen des § 38 ZPO nicht vorliegen, gilt § 18 Nr. 1 VOB/B nicht. In diesen Fällen verbleibt es bei den allgemeinen Regeln. Sowohl der Auftraggeber als auch der Auftragnehmer können Ansprüche dann bei dem allgemeinen Gerichtsstand des Vertragspartners geltend machen (§ 13 ff. ZPO). Daneben ist in der Regel der Ort des Bauwerks maßgeblich, weil beim Bauwerkvertrag Erfüllungsort für die wechselseitigen Rechte und Pflichten beider Seiten der Ort des Bauwerks ist[23]. Auch dann wird nur die **örtliche Zuständigkeit** geregelt. Bei einem ausländischen Vertragspartner begründet der Ort des Bauwerks also nicht auch eine internationale Zuständigkeit[24]. Schließlich ist daran zu denken, dass es den Vertragspartnern in den Grenzen des § 38 ZPO freisteht, andere Gerichtsstandsvereinbarungen zu treffen.

14 **b) Abweichende Vereinbarungen.** Vor allem bei größeren Bauvorhaben und bei internationalem Bezug setzt sich zunehmend durch, anstelle der Zuständigkeit der staatlichen Gerichte **Schiedsverfahren** zu vereinbaren (§ 1025 ff. ZPO). Für diese Streitigkeiten, die grundsätzlich nicht vor den staatlichen Gerichten auszutragen wären, gilt § 18 Nr. 1 VOB/B nicht[25]. Immer ist zu beachten, dass für **Arrest- und einstweilige Verfügungsverfahren** besondere Regelungen gelten. Durch diese Verfahren wird dem Anspruchsteller **vorläufiger Rechtschutz** gewährt. Zwar finden grundsätzlich auch dann die für das ordentliche Erkenntnisverfahren geltenden Vorschriften Anwendung, jedoch unterliegen die Gerichtsstände der §§ 919, 937 Abs. 1 ZPO **nicht der Prorogation**, weil es sich um ausschließliche Gerichtsstände handelt, § 802 ZPO. Damit gilt für ein sich anschließendes oder parallel geführtes Hauptsacheverfahren zwar nach wie vor § 18 Nr. 1 VOB/B, jedoch besteht die Möglichkeit, etwa über § 919 ZPO (Belegenheit der Sache) im einstweiligen Verfügungsverfahren die örtliche Zuständigkeit an einem anderen Gericht zu begründen, wobei dieses Gericht dann bei Anhängigkeit der Hauptsache auch zum Gericht der Hauptsache im Sinne der §§ 919, 937 Abs. 1 ZPO werden würde[26].

Eine Schiedsvereinbarung schließt nicht aus, dass ein staatliches Gericht vor oder nach Beginn des schiedsrichterlichen Verfahrens auf Antrag einer Partei **einstweiligen Rechtsschutz** gewährt, § 1033 ZPO. Eine Schiedsgerichtsvereinbarung hindert einen Anspruchsteller auch nicht, seine Ansprüche im Wechselprozess (§ 602 ff. ZPO) oder im Urkundenprozess (§ 592 ff. ZPO) geltend zu machen, weil Kaufleute im Zweifel die Möglichkeit zur vereinfachten und beschleunigten Durchsetzung ihrer Ansprüche vor den staatlichen Gerichten behalten wollen und deshalb Schiedsgerichtsvereinbarung insoweit einschränkend auszulegen sind[27].

5. Mitteilungsverpflichtung des Auftraggebers

15 Auch wenn für den Fall, dass der Auftraggeber seiner Verpflichtung zur Mitteilung der auftraggebenden Stelle nicht nachkommt, ein Schadensersatzanspruch des Auftragnehmers besteht (Rdn. 7, 8), empfiehlt es sich, zur Vermeidung von Verzögerungen, die für die Prozessvertretung zuständige Stelle des Auftraggebers in den schriftlichen Bauvertrag aufzunehmen.

---

[21] BGH BauR 1985, 475 = BGH NJW 1985, 2090.

[22] BGH BauR 1985, 475 = BGH NJW 1985, 2090; *Nicklisch/Weick* VOB/B § 18 Rdn. 3.

[23] BGH NJW 2001, 1936; OLG Dresden BauR 2004, 1670 = IBR 2004, 606 a.A. *Englert* NZBau 2004, 360.

[24] BGH MDR 1996, 904; BGH BauR 1986, 241; *Werner/Pastor* Rdn. 42; *Ingenstau/Korbion/Joussen* VOB/B § 18 Rdn. 4.

[25] Beck'scher VOB-Kommentar/*Bewersdorf* VOB/B § 18 Nr. 1 Rdn. 42.

[26] Beck'scher VOB-Kommentar/*Bewersdorf* VOB/B § 18 Nr. 1 Rdn. 28.

[27] BGH NJW 1994, 136; OLG Düsseldorf WM 1995, 1488.

II. Meinungsverschiedenheiten mit Behörden

§ 18 Nr. 2 VOB/B bezweckt, das Anrufen eines Gerichts zu vermeiden und gibt dazu einen besonderen Weg zur Klärung von Meinungsverschiedenheiten. Dieser Weg ist eröffnet bei Verträgen **mit Behörden**, womit Verträge mit öffentlich-rechtlichen Körperschaften, z.B. mit Bund, Ländern und Gemeinden gemeint sind[28]. Dem Auftragnehmer wird ein behördeninternes Verfahren nahe gelegt, wobei, es handelt sich um eine **Soll**vorschrift, das Nichtbeschreiten dieses Weges den Auftragnehmer nicht hindert, sogleich die staatlichen Gerichte anzurufen. Auch wenn in der Literatur angeraten wird, dieses Verfahren zu veranlassen[29], ist die Bedeutung dieses Verfahrens in der Praxis gering. Dies erklärt sich daraus, dass die mit dem Verfahren verbundenen Nachteile offensichtlich sind: Der Auftragnehmer wird schon grundsätzlich bezweifeln, ob eine vorgesetzte Stelle nicht dazu tendiert, die Auffassung der nachgeordneten Stelle zu teilen. Das Verfahren als solches ist nur allgemein geregelt. So fehlt es an einer zwingenden Regelung hinsichtlich der Dauer des Verfahrens, so dass durchaus nicht sicher ist, dass das Verfahren kürzer und kostengünstiger ist, als die sofortige Anrufung der staatlichen Gerichte. Anders als noch in den zuvor geltenden Fassungen der VOB/B[30] besteht jetzt nicht mehr der Nachteil, dass das Verfahren keinen Einfluss auf den Lauf von **Verjährungsfristen** hat. Mit dem Eingang des schriftlichen Antrages wird die Verjährung gehemmt. 16

1. Geltungsbereich

§ 18 Nr. 2 Satz 1 VOB/B sieht vor, dass bei **Meinungsverschiedenheiten** in Zusammenhang mit Verträgen mit Behörden der Auftragnehmer zunächst die der **auftraggebenden** Stelle (nicht: die für die Prozessvertretung des Auftraggebers zuständige Stelle) unmittelbar vorgesetzte Stelle anruft. Was unter **Meinungsverschiedenheiten** zu verstehen ist, ist nicht geregelt. Es fragt sich deshalb, ob eine weite Auslegung dieses Merkmals geboten ist. Aufgrund des Zwecks dieses Verfahrens (s. Rdn. 16) ist das zu bejahen. Damit kann der Auftragnehmer die vorgesetzte Stelle immer dann anrufen, wenn unterschiedliche Rechtsauffassungen oder tatsächliche Differenzen bei dem Vertrag entstanden sind/entstehen[31]. Allerdings müssen die Meinungsverschiedenheiten **in Zusammenhang** mit dem geschlossenen Vertrag stehen. Damit sind Meinungsverschiedenheiten, die schon vor Vertragsschluss aufgetreten sind, ausgeschlossen. Für diese ist bei öffentlichen Auftraggebern die Zuständigkeit der Nachprüfungsstelle, der Vergabeprüfstelle bzw. der Vergabekammer begründet, vgl. § 31 VOB/A, § 103 f. GWB. Demgegenüber erscheint es sachgerecht, auch für außervertragliche Anspruchsgrundlagen, so weit diese **nach** Vertragsschluss begründet wurden, das Verfahren zu eröffnen. 17

2. Verfahren

a) Anrufung der vorgesetzten Stelle. Der Auftragnehmer soll zunächst die der auftraggebenden Stelle unmittelbar vorgesetzte Stelle **anrufen**. Dies setzt voraus, dass es eine unmittelbar vorgesetzte Stelle überhaupt gibt. Ob dies der Fall ist, bzw. welche Behörde vorgesetzt ist, hängt von dem jeweiligen Verwaltungsaufbau beim Auftraggeber ab. Dieser wird dem Auftragnehmer – so weit nicht im Vertrag festgehalten – häufig nicht bekannt sein, so dass auch hier der Auftragnehmer zunächst Auskünfte bei der auftraggebenden Stelle einholen muss. Die auftraggebende Stelle, die selbst die VOB/B zum Vertragsinhalt gemacht hat, ist verpflichtet (§ 241 Abs. 2 BGB), diese Auskunft zu erteilen, um den Zweck von § 18 Nr. 2 VOB/B nicht zu gefährden. Eine Verletzung dieser Auskunftspflicht löst auch hier nach allgemeinen Regeln (§ 280 Abs. 1 BGB) eine Schadensersatzverpflichtung aus, die im Ergebnis in der Praxis nicht von Relevanz sein wird, weil 18

[28] *Nicklisch/Weick* VOB/B § 18 Rdn. 13; *Leinemann/Schirmer* VOB/B § 18 Rdn. 34.
[29] *Franke/Kemper/Zanner/Grünhagen* VOB/B § 18 Rdn. 28.
[30] OLG Köln IBR 2000, 529; Beck'scher VOB-Kommentar/*Bewersdorf* VOB/B § 18 Rdn. 14.
[31] Beck'scher VOB-Kommentar/*Bewersdorf* VOB/B § 18 Nr. 2 Rdn. 6.

dann, wenn die Auskünfte nicht erteilt werden, der Auftragnehmer sogleich die staatlichen Gerichte anrufen wird. Ohnehin steht es dem Auftragnehmer frei, das Verfahren einzuleiten, in dem er die Eingabe zur Weitergabe an die vorgesetzte Stelle bei der auftraggebenden Stelle einreicht[32].

19 Diese Befugnis des Auftragnehmers ist an keine weiteren Voraussetzungen geknüpft. Seine Eingabe bedarf keiner besonderen **Form**, kann also auch mündlich erfolgen, was aus Beweisgründen unterlassen werden sollte. Auch ist das Verfahren an keine Fristen gebunden. Daraus ist zu schließen, dass die Anrufung solange erfolgen kann, wie der Bauvertrag die Parteien wechselseitig berechtigt und verpflichtet, also auch noch im Rahmen des Gewährleistungsstadiums[33]. Mit Ausnahme der Verjährungsfrist (§ 18 Nr. 2 Abs. 2 VOB/B) werden andere **Fristen nicht gehemmt**. Dies gilt z.B. für etwaig notwendige Vorbehalte aus Meinungsverschiedenheiten (vgl. § 16 Nr. Absatz 5 VOB/B), die ausgebracht werden müssen[34].

20 **b) Mündliche Aussprache und Bescheidung.** Nach § 18 Satz 2 Nr. 2 VOB/B soll die der auftraggebenden Stelle unmittelbar vorgesetzte Stelle dem Auftragnehmer Gelegenheit zur **mündlichen Aussprache** geben und ihn möglichst innerhalb von zwei Monaten nach der Anrufung **schriftlich bescheiden.** Auch hier handelt es sich um eine **Soll**regelung, die keine Verpflichtung der vorgesetzten Stelle vorsieht, die mündliche Aussprache abzuhalten. Ebenso gibt es keine Verpflichtung des Auftragnehmers, zu einem Aussprachetermin zu erscheinen, um dort seinen Standpunkt rechtlich wie tatsächlich noch einmal zu erläutern. Erfolgt die mündliche Aussprache nicht oder nehmen nicht alle Berechtigten teil (dies sind nur der Auftraggeber und der Auftragnehmer), hat dies auf die weiteren Rechtswirkungen des Verfahrens keinen Einfluss.

21 In einem dritten Schritt soll der Auftragnehmer **schriftlich** beschieden werden, und zwar **möglichst** innerhalb von zwei Monaten nach der Anrufung (nicht: der mündlichen Aussprache). Daraus abzuleiten, dass in der Regel innerhalb von zwei Monaten nach Anrufung der vorgesetzten Stelle ein schriftlicher Bescheid ergeht, wäre mit der Praxis nicht in Einklang zu bringen, was sich schon daraus ergibt, dass es sich insgesamt um **Soll**bestimmungen handelt, auf deren Einhaltung (auch was die Zweimonatsfrist angeht) **kein Rechtsanspruch** besteht. Es gibt auch keine Verpflichtung der vorgesetzten Stelle, den Bescheid **schriftlich** abzusetzen[35]. Es ist auch möglich, unmittelbar im Anschluss an die Aussprache den Bescheid mündlich mitzuteilen, wobei in diesen Fällen die Rechtswirkungen des Bescheides (s. Rdn. 23) nicht eintreten.

22 **c) Verjährung.** Gemäß § 18 Nr. 2 Abs. 2 VOB/B wird die **Verjährung** des in dem Antrag geltend gemachten Anspruchs mit dem Eingang des schriftlichen Antrages auf Durchführung des Verfahrens nach § 18 Nr. 2 VOB/B Absatz 1 **gehemmt**. Für die Bauverträge, denen die VOB/B in älteren Fassungen zugrunde liegt, gilt dies nicht[36]. Die Umstände des Einzelfalls können aber ergeben, dass beide Vertragsparteien streitige Positionen einvernehmlich bis zum Abschluss von Verhandlungen oder eines Schlichtungsverfahrens einer gerichtlichen Auseinandersetzung entziehen wollen. In diesen Fällen kann ein Stillhalteabkommen vorliegen, das auch zur Hemmung der Verjährung führt[37]. Der Beginn der Hemmung der Verjährung knüpft an den Eingang des **schriftlichen Antrages** an. Die Hemmung endet **drei Monate nach Zugang** des schriftlichen Bescheides oder drei Monate ab Mitteilung des Auftraggebers und/oder des Auftragnehmers, das Verfahren nicht weiter betreiben zu wollen. Damit gilt entsprechendes, wie bei der in § 203 BGB vorgesehenen Hemmung bei laufenden Verhandlungen.

---

[32] Beck'scher VOB-Kommentar/*Bewersdorf* VOB/B § 18 Nr. 2 Rdn. 13; *Heiermann/Riedl/Rusam* VOB/B § 18 Rdn. 8.

[33] *Ingenstau/Korbion/Joussen* VOB/B § 18 Rdn. 54; *Franke/Kemper/Zanner/Grünhagen* VOB/B § 18 Rdn. 31.

[34] Beck'scher VOB-Kommentar/*Bewersdorf* VOB/B § 18 Nr. 2 Rdn. 14.

[35] Beck'scher VOB-Kommentar/*Bewersdorf* VOB/B § 18 Nr. 2 Rdn. 17; *Leinemann/Schirmer* § 18 VOB/B Rdn. 38.

[36] OLG Köln IBR 2000, 529; Beck'scher VOB-Kommentar/*Bewersdorf* VOB/B § 18 Nr. 2 Rdn. 14; a.A. *Ingenstau/Korbion/Joussen* VOB/B § 18 Rn 71.

[37] BGH BauR 2002, 979 = BGH NJW 2002, 1488 = BGH NZBau 2002, 269.

3. Rechtswirkungen

Vertragsrechtlich ist der Bescheid ein für die auftraggebende Stelle (= Auftraggeber) verbindliches **rechtsgeschäftliches Angebot** (s. Rdn. 27), das zugangsbedürftig ist, so dass in jedem Fall der Zugang Wirksamkeitsvoraussetzung des Bescheids ist. Dies gilt unabhängig davon, ob der Bescheid innerhalb der Dreimonatsfrist abgesetzt wird bzw. dem Auftragnehmer zugeht[38]. Die Entscheidung (= der Bescheid) gilt als **anerkannt**, wenn der Auftragnehmer nicht innerhalb von drei Monaten nach Eingang schriftlich **Einspruch** beim Auftraggeber oder bei der auftraggebenden Stelle erhebt. Diese Rechtswirkungen treten nur dann ein, wenn der Auftragnehmer in dem Bescheid auf diese Rechtsfolge („Anerkenntnis") hingewiesen wurde, § 18 Nr. 2 Satz 2 VOB/B, woraus abzuleiten ist, dass die Wirkungen auch nur dann eintreten, wenn der Auftragnehmer den Bescheid **schriftlich** erhalten hat. 23

Hinsichtlich der vor dem 1.8.2001 geschlossenen Verträge ist zweifelhaft, ob unter Schriftform in diesem Sinne die strenge Schriftform des § 126 BGB a.F. gemeint ist. Dies ist zu verneinen, weil die VOB/B Allgemeine Geschäftsbedingungen sind, die vorgesehene Schriftform damit nur gewillkürt ist. Für die nach dem 1.8.2001 geschlossenen Verträge stellt § 127 Abs. 2 BGB klar, dass zur Wahrung der durch Rechtsgeschäft bestimmten schriftlichen Form im Zweifel auch die Übermittlung durch Telekommunikation (also auch Telefax) ausreicht. Von Bedeutung wird werden, dass die strenge Schriftform des § 126 BGB durch die elektronische Form (§ 126 a BGB) ersetzt werden kann. 24

Der Inhalt des Bescheids ist für die auftraggebende Stelle ohne weiteres **verbindlich**, weil § 18 Nr. 2 VOB/B ein Einspruchsrecht **nur dem Auftragnehmer** einräumt. Ist der Auftragnehmer mit dem Bescheid nicht einverstanden, muss er innerhalb einer Frist von drei Monaten nach Eingang des Bescheids schriftlich Einspruch einlegen, und zwar – nach dem Wortlaut – bei dem Auftraggeber, obwohl dieser den Bescheid nicht erlassen hat. Der Auffassung[39], wonach der Einspruch auch bei der der auftraggebenden Stelle vorgesetzten Stelle eingelegt werden kann, ist zu folgen, da diese als Empfangsberechtigte der Auftraggeberseite anzusehen ist. Da diese Rechtsauffassung nicht gesichert ist, empfiehlt sich aber die Einlegung des Einspruchs entsprechend dem Wortlaut von § 18 Nr. 2 VOB/B bei dem Auftraggeber. Für die Einhaltung der Frist sind die § 186 ff. BGB maßgeblich. Für die Verträge die vor dem 1.8.2001 geschlossen wurden, empfiehlt sich aufgrund der nicht abschließend geklärten Rechtslage die Einhaltung der strengen Schriftform gemäß § 126 Abs. 1 BGB (s. Rdn. 24). Der Auftragnehmer ist darüber hinaus gut beraten, den rechtzeitigen Zugang/Eingang des Einspruchs bei dem Auftraggeber nachweisbar festzuhalten (Zustellung durch Boten gegen Empfangsbekenntnis). Der Auftragnehmer muss den Einspruch nicht als solchen wörtlich bezeichnen. Ausreichend, aber auch erforderlich ist, dass er seinen Willen deutlich macht, die getroffene Entscheidung nicht zu akzeptieren. Es ist auch nicht erforderlich, den Einspruch zu begründen. 25

Nicht entschieden ist, ob der Auftragnehmer die Möglichkeit hat, bei mehreren streitigen Positionen den Einspruch auf einzelne Positionen zu beschränken. Für den Fall, dass **einzelne Positionen** deutlich abgrenzbar sind, ist das möglich, da der Zweck von § 18 Nr. 2 VOB/B so auszulegen ist, auch Teilaspekte einer Streitigkeit unter Entlastung der staatlichen Gerichte zu erledigen. Die Rechtsprechung hat sich mit dieser Frage noch nicht befasst. In der Praxis empfiehlt es sich, in dem Einspruch deutlich zu machen, ob sich der Einspruch gegen den Bescheid insgesamt oder nur gegen einzelne Positionen richtet. 26

Wird nicht fristgerecht Einspruch eingelegt, gilt die Entscheidung der vorgesetzten Stelle **als anerkannt**. Die dogmatische Einordnung dieser Rechtswirkung ist umstritten[40]. Die Bescheidung durch die vorgesetzte Stelle ist ein für den Auftraggeber verbindliches rechtsgeschäftliches und empfangsbedürftiges Angebot im Sinne der §§ 130, 145 ff. BGB[41]. Zum Teil wird darauf abgestellt, dass dem nicht rechtzeitig widersprochenen Bescheid die Bedeutung einer Vereinbarung beizumes- 27

---

[38] LG Bonn BauR 1996, 150; a.A. *Ingenstau/Korbion/Joussen* VOB/B § 18 Rdn. 60.

[39] *Ingenstau/Korbion/Joussen* VOB/B § 18 Rdn. 63.

[40] Zum Meinungsstand eingehend Beck'scher VOB-Kommentar/*Bewersdorf* VOB/B § 18 Nr. 2 Rdn. 27 ff.

[41] *Kaiser* BB 1978, 1548; *Ingenstau/Korbion/Joussen* VOB/B § 18 Rdn. 67.

sen bzw. diese als Vereinbarung „zu gelten" habe[42]. Es wird auch vertreten, das Schweigen bzw. die Untätigkeit des Auftragnehmers als Annahme eines Vertragsangebots der auftraggebenden Stelle durch den Bescheid zu werten. Über die Vereinbarung von § 18 Nr. 2 VOB/B sei auch vereinbart, dass dieses Angebot ohne Annahmeerklärung gegenüber dem Auftraggeber angenommen werden könne, § 151 BGB[43]. Daneben wird in Anlehnung an den Wortlaut vertreten, der Auftragnehmer gebe durch die nicht rechtzeitige Einlegung ein „Anerkenntnis" ab. Dieser Auffassung stellt sich die weitere Frage, ob in Anbetracht der grundsätzlich geltenden strengen Schriftform eines Schuldanerkenntnisses (§ 781 BGB) § 18 Nr. 2 VOB/B noch in Einklang mit den Regelungen über die Gestaltung rechtsgeschäftlicher Schuldverhältnisse durch Allgemeine Geschäftsbedingungen (§§ 305 ff. BGB) steht. Heiermann[44] bejaht dies unter Hinweis darauf, dass dem Auftragnehmer eine angemessene Frist zur Abgabe des Einspruchs eingeräumt ist, schränkt dies allerdings ein, in dem die VOB/B als **ganzes** vereinbart sein muss. Schließlich wird die Auffassung vertreten, aus der nicht rechtzeitigen Einlegung des Einspruchs ergebe sich zunächst eine unwiderlegliche Vermutung des Vorliegens einer Einverständniserklärung[45]. Es sei deshalb in jedem Einzelfall zu prüfen, welche rechtlichen Konsequenzen aus dieser Vermutung zu ziehen seien.

Ausgangspunkt der richtigen dogmatischen Einordnung der Wirkung des nicht rechtzeitig widersprochenen Bescheides muss sein, dass die Vertragsparteien über die Einbeziehung von § 18 VOB/B die **Möglichkeit des Verfahrens** nach § 18 Nr. 2 VOB/B. **vereinbart** haben. Es ist deshalb richtig, dass für die auftraggebende Stelle der Bescheid der unmittelbar vorgesetzten Stelle als rechtsgeschäftliches Angebot im Sinne des § 145 BGB anzusehen ist. Danach kann **allein der Auftragnehmer** darüber entscheiden, ob er den Inhalt des Bescheides akzeptiert. Für diesen Fall kann es sich nicht um eine Annahmeerklärung gemäß § 151 BGB handeln, da eine nach außen hervortretende eindeutige Bestätigung des Annahmewillens Voraussetzung dafür ist[46]. Die Rechtswirkung nach § 18 Nr. 2 Abs. 1 Satz 3 VOB/B tritt aber nicht nur bei (erklärtem) Einverständnis des Auftragnehmers, sondern auch dann ein, wenn der Auftragnehmer – aus welchen Gründen auch immer – den Einspruch nicht rechtzeitig erhoben hat, auch wenn der Auftragnehmer mit dem Inhalt des Bescheids **nicht einverstanden** ist. Die Rechtswirkungen knüpfen also nicht (allein) an das Einverständnis des Auftragnehmers, sondern nur daran an, ob der Einspruch rechtzeitig erhoben wird. Erfolgt dies nicht, treten die Rechtswirkungen **kraft vertraglicher Vereinbarung** zwischen den Parteien über die Einbeziehung des Verfahrens nach § 18 Nr. 2 VOB/B ein.

III. Vereinbarung eines Verfahrens zur Streitbeilegung

28 § 18 Nr. 3 VOB/B wurde durch Beschluss des Verdingungsausschusses vom 27.6.2006 neu eingeführt. Die Neuregelung wurde damit begründet, dass sich das Verfahren nach § 18 Nr. 2 VOB/B für eine Vielzahl von öffentlichen Bauaufträgen als zur Streitbeilegung bewährt herausgestellt habe, sich entsprechendes insbesondere für komplexe Bauvorhaben auch bei anderen Streitverhältnisses anbiete. Mit der Einfügung werde die Möglichkeit eines außergerichtlichen Verfahrens zur Streitbeilegung anerkannte Regel der Technik und soll auch die Gerichte entlasten. Die Vereinbarung soll möglichst vor bzw. mit Vertragsschluss für ein baubegleitendes Verfahren getroffen werden. Eine spätere Vereinbarung ist möglich.

IV. Schiedsgutachten bei Meinungsverschiedenheiten über die Eigenschaft von Stoffen und Bauteilen

29 § 18 Nr. 4 VOB/B räumt die Möglichkeit für beide Vertragspartner ein, auch andere Meinungsverschiedenheiten durch Dritte verbindlich klären zu lassen. Der Zweck von § 18 Nr. 4 VOB/B

[42] *Daub/Piel/Soergel/Steffani* VOB/B § 18 Rdn. 18.25.
[43] *Nicklisch/Weick* VOB/B § 18 Rdn. 17.
[44] *Heiermann/Riedl/Rusam* VOB/B § 18 Rdn. 11.
[45] Beck'scher VOB-Kommentar/*Bewersdorf* VOB/B § 18 Nr. 2 Rdn. 33 ff.
[46] BGH NJW 1999, 2179; *Palandt/Heinrichs* BGB § 151 Rdn. 2.

entspricht dem von § 18 Nr. 2 VOB/B (Rdn. 16). Die Parteien sollen die Möglichkeit haben, ohne Anrufung der staatlichen Gerichte (Rechtsstreit, selbständiges Beweisverfahren) die dort näher bezeichneten Meinungsverschiedenheiten durch eine staatliche oder staatlich anerkannte Materialprüfstelle verbindlich beizulegen.

1. Geltungsbereich

30 Anders als § 18 Nr. 2 VOB/B gilt § 18 Nr. 4 VOB/B **nicht nur bei öffentlichen Auftraggebern**. Ob für das Verfahren auch dann noch Raum ist, wenn bereits ein selbständiges Beweisverfahren (§ 485 ff. ZPO) oder ein Rechtsstreit anhängig ist, ist zweifelhaft[47], aber zu verneinen. Wenn über die streitigen Fragen bereits ein gerichtliches Verfahren veranlasst ist, kann der Zweck von § 18 Nr. 4 VOB/B, gerade dies zu vermeiden, nicht mehr erreicht werden. Hinzu kommt, dass bei anderer Betrachtungsweise Feststellungen nach § 18 Nr. 4 VOB/B, da sie verbindlich sind, auch eine Bindungswirkung für **gerichtliche** Verfahren hätten.

31 Der Anwendungsbereich von § 18 Nr. 4 VOB/B ist begrenzt. Die Überprüfung/Entscheidung durch eine staatliche oder staatlich anerkannte Materialprüfungsanstalt ist danach nur in den dort behandelten Fallgruppen möglich.

Die erste Fallgruppe betrifft Meinungsverschiedenheiten über die **Eigenschaft von Stoffen oder Bauteilen**. Hier geht es um Meinungsverschiedenheiten über Eigenschaften der Stoffe/Bauteile, die für die vertragsgemäße Leistung erforderlich sind. Es kann sich nur um Sacheigenschaften in bezug auf Qualitätsmerkmale wie allgemeine Beschaffenheit, Größe, besondere Qualitätsanforderungen etc. handeln. Stoffe sind Baustoffe, Bauhilfsstoffe und Betriebsstoffe. Unter Bauteilen versteht man Sachen, die bereits einen höheren Fertigungsgrad erreicht haben bzw. schon in das Bauwerk eingebaut sind, wozu auch Fertigteile gehören.

32 Weitere Voraussetzung ist, dass für die Stoffe/Bauteile **allgemein gültige** Prüfungsverfahren bestehen. Dies ist vorrangig zu klären, gegebenenfalls durch Einholung von Auskünften bei den anerkannten Materialprüfungsstellen, so weit Prüfverfahren nicht schon in einschlägigen DIN- oder EN-Normen beschrieben werden.

Die zweite Fallgruppe betrifft Meinungsverschiedenheiten, die sich auf die Zulässigkeit/Zuverlässigkeit der bei der **Prüfung verwendeten Maschinen** oder angewendeten **Prüfungsverfahren** beziehen. Hier hat also bereits eine Prüfung stattgefunden, die über dieses Verfahren nochmals geprüft werden soll.

2. Einbeziehung in den Vertrag

33 Da auch § 18 Nr. 4 VOB/B die Vertragspartner nicht verpflichtet, vor Anrufung der staatlichen Gerichte dieses Verfahren zu veranlassen, hält § 18 Nr. 4 VOB/B einer Überprüfung nach den §§ 305 ff. BGB stand. Es reicht, wenn § 18 Nr. 4 VOB/B nach den allgemeinen Regeln über die (teilweise) Geltung der VOB/B in den Bauvertrag einbezogen wird.

3. Verfahren

34 Ist § 18 Nr. 4 VOB/B anwendbar, kann jeder Vertragsteil nach **vorheriger** Benachrichtigung des anderen Teils die Untersuchungen vornehmen lassen. Die Pflicht zur Benachrichtigung des anderen Teils soll gewährleisten, dass auch dieser die Möglichkeit hat, gegenüber der prüfenden Stelle Erklärungen abzugeben bzw. Unterlagen vorzulegen. Auch soll der andere Teil Gelegenheit haben, bei örtlichen Feststellungen (etwa Probeentnahmen) zugegen zu sein. Dies folgt aus dem Anspruch auf rechtliches Gehör, da die Feststellungen der Prüfstelle **verbindliche Wirkung** haben und auch eine **Kostenregelung** vorgesehen ist. Besondere Form- und Fristanforderungen an die Benachrichtigung sind nicht vorgesehen. Unter Hinweis darauf wird im Schrifttum vertreten, dass die Regelung in Anbetracht von § 307 BGB bedenklich erscheine, da lediglich eine Mitteilungspflicht bestehe, ohne dem anderen Vertragsteil auch Gelegenheit zur **Anhörung**

[47] Beck'scher VOB-Kommentar/*Bewersdorf* VOB/B § 18 Nr. 3 Rdn. 3.

zu geben. Dies sei in Anbetracht des Anspruchs auf rechtliches Gehör, einem fundamentalen Grundsatz der deutschen Rechtsordnung, bedenklich[48]. Diese Bedenken greifen nicht. Nach vorheriger Mitteilung hat der andere Vertragsteil die Möglichkeit, sich aktiv an der Begutachtung zu beteiligen. Die Mitteilungspflicht ist ohnehin so zu verstehen, dass der andere Teil in die Lage versetzt werden soll, seine Auffassung/Unterlagen in das Verfahren einzubringen. Dass darüber hinaus auch die Prüfstelle gehalten sein soll, den anderen Teil anzuhören, ist nicht erforderlich. Zum einen handelt es sich um staatliche oder staatlich anerkannte Materialprüfungsstellen, zum anderen dürfen nur allgemein gültige Prüfungsverfahren zur Anwendung kommen. Die prüfende Stelle soll sich auf diese **allgemein verbindlichen** Verfahren beschränken. Zudem erschöpft sich die Wirkung der Feststellungen auf exakt das, was von der Prüfstelle konkret geprüft und festgestellt wurde, so dass der andere Teil Einwendungen, die nicht die Durchführung des Prüfungsverfahrens selbst betreffen, vorbringen kann.

35 **Welche** Materialprüfungsstelle auszuwählen ist, regelt § 18 Nr. 4 VOB/B nicht. Es empfiehlt sich, vorab Auskünfte bei den Industrie- und Handelskammern oder den Handwerkskammern einzuholen. Auskünfte können auch bei dem Verband der Materialprüfungsämtern e.V. angefordert werden[49]. Das weitere Verfahren ist in § 18 Nr. 4 VOB/B nicht geregelt. Da eine vorherige Benachrichtigung der anderen Vertragspartei erforderlich, aber auch ausreichend ist, kann das Verfahren auch gegen/ohne den Willen der anderen Vertragspartei veranlasst werden. Das bedeutet, dass einseitig eine Materialprüfungsstelle ausgewählt und **beauftragt** werden kann. In diesem Fall erfolgt die Beauftragung der Materialprüfungsstelle nur durch einen Vertragsteil, der aufgrund dieses zivilrechtliche Vertrages der Materialprüfungsstelle die Kosten der Begutachtung schuldet. Andererseits liegt der Vorteil für den beauftragenden Vertragsteil darin, dass er durch Formulierung der zu begutachtenden Frage die Eckdaten für die nachfolgende Prüfung vorgeben kann, wobei er stets gut beraten ist, Einwendungen/Gegenargumente des anderen Vertragsteils der Materialprüfungsstelle sogleich mitzuteilen, da § 18 Nr. 4 VOB/B ausdrücklich für **Meinungsverschiedenheiten** gilt und die Rechtswirkungen voraussetzen, dass zum einen die Voraussetzungen von § 18 Nr. 4 VOB/B insgesamt vorliegen und zum anderen eine der dort vorgesehenen Prüfstellen tätig geworden ist.

4. Rechtswirkungen

36 Die **Feststellungen** der staatlichen/staatlich anerkannten Materialprüfungsstellen sind für beide Vertragspartner **verbindlich**. Die Kosten trägt gemäß § 18 Nr. 4 Satz 2 VOB/B „der unterliegende Teil".

37 **a) Umfang der Verbindlichkeit der Feststellungen.** Nach einhelliger Auffassung entspricht § 18 Nr. 4 VOB/B einer Schiedsgutachtenabrede[50]. Daraus ergibt sich, dass allgemein verfahrensrechtliche Mindestgarantien einzuhalten sind. Dazu gehören die Unabhängigkeit der prüfenden Stelle ebenso, wie die Möglichkeit der Mitwirkung des anderen Vertragsteils, die dadurch sicherzustellen ist, dass der andere Teil **vorher** zu benachrichtigen ist. Ohne diese vorherige Benachrichtigung ist das Prüfungsergebnis nicht verbindlich[51]. Da es sich nur um ein **Schiedsgutachten**, nicht um eine schiedsgerichtliche Entscheidung handelt, umfasst die verbindliche Feststellung lediglich eine solche von **Tatsachen**, an die ein allerdings gegebenenfalls später zu befassendes staatliches Gericht gebunden ist[52]. Ausnahmen davon gelten nur nach Maßgabe der §§ 317 ff. BGB, also bei offenbarer Unbilligkeit (§ 319 Abs. 1 Satz 1 BGB), wozu auch der Fall zählt, dass die Feststellungen offenbar unrichtig sind, etwa dann, wenn sich die Unrichtigkeit einem sachkundigen und unbefangenem Beobachter aufdrängt bzw. wenn die Ausführungen so lückenhaft sind, dass das

---

[48] *Ingenstau/Korbion/Joussen* VOB/B § 18 Nr. 3 Rdn. 81.
[49] www.vmpa.de
[50] *Ingenstau/Korbion/Joussen* VOB/B § 18 Nr. Rdn. 86; *Nicklisch/Weick* VOB/B § 18 Rdn. 21.
[51] BGH BauR 1983, 188.
[52] *Baumbach/Lauterbach/Albers/Hartmann* ZPO vor § 1025 Rdn. 17.

Ergebnis nicht überprüft werden kann[53]. Da nur die von der Materialprüfungsstelle festgestellten Tatsachen verbindlich sind, steht es dem anderen Vertragsteil frei, darzulegen, dass die Materialprüfungsstelle bei Kenntnis weiterer Umstände aus dem Vertrag oder aus zugrunde liegenden Tatsachen andere Feststellungen getroffen hätte. Auch wenn über die vorherige Benachrichtigung die Möglichkeit des anderen Vertragsteils besteht, seine Auffassung in das Verfahren gegenüber der Materialprüfungsstelle einzubringen, ist eine entsprechende Verpflichtung in § 18 Nr. 4 VOB/B nicht vorgesehen. Ebenso wenig sieht § 18 Nr. 4 VOB/B dem anderen Vertragsteil nachteilige Rechtsfolgen für den Fall vor, dass für die Entscheidung maßgebliche Unterlagen/Argumente nicht vor den Feststellungen der Materialprüfungsstelle vorgelegt werden („Präklusion"). Hier zeigt sich eine Schwäche des Verfahrens, wenn dieses einseitig durchgeführt wird. Ganz grundsätzlich empfiehlt es sich daher, auf eine einvernehmliche Beauftragung der Materialprüfungsstelle zu drängen, anderenfalls die Meinungsverschiedenheiten sogleich im Rahmen eines selbständigen Beweisverfahrens nach den §§ 485 ff. ZPO einer Klärung zuzuführen. Dabei ist zum einen zu beachten, dass durch die Veranlassung dieses Verfahren Fristen (etwa § 16 Nr. 3 Abs. 5 VOB/B) nicht gehemmt werden (Rdn. 19). Die Auffassung, Verjährungsfristen seien „während der Erstellung des Gutachtens gehemmt"[54], ist schon deshalb bedenklich, weil die Verjährungshemmung nach § 204 Abs. 1 Nr. 8 BGB den Beginn eines vereinbarten Begutachtungsverfahrens voraussetzt. Der andere Teil könnte je nach den Umständen des Einzelfalls einwenden, dass einseitig veranlasste Verfahren sei nicht das vereinbarte in diesem Sinne. Abgesehen davon gilt grundsätzlich, dass durch das Verfahren nach § 18 Nr. 4 VOB/B keine Hemmung der Verjährung bewirkt wird, was sich im Umkehrschluss daraus ergibt, dass die Verjährungshemmung nur für das Verfahren nach § 18 Nr. 2 Satz 1 VOB/B ausdrücklich geregelt ist.

b) Kosten. Die Kosten trägt der „unterliegende Teil". Im Verhältnis zu der tätigen Mate- 38
rialprüfungsanstalt ergibt sich die Vergütungsverpflichtung auf der Grundlage des erteilten Auftrags. Bei **gemeinsamer Beauftragung** haften beide Vertragsteile der Materialprüfungsanstalt gesamtschuldnerisch auf die Kosten. Bei **einseitiger Beauftragung** muss der veranlassende Teil gegenüber der Materialprüfungsanstalt die Kosten übernehmen. Einwendungen gegen diese Kostentragungspflicht sind weitgehend ausgeschlossen, weil bei dem vorliegenden Schiedsgutachtervertrag die Haftung der Materialprüfungsstellen für die Richtigkeit der Feststellungen eingeschränkt ist. Die Materialprüfungsstellen haften nur bei groben Verstößen gegen anerkannte Regeln der Technik oder dann, wenn die Feststellungen gemäß § 319 Abs. 1 BGB offenbar unrichtig/unvollständig, damit für den/die Auftraggeber wertlos sind[55]. § 18 Nr. 4 Satz 2 VOB/B regelt demgegenüber das Verhältnis zwischen den Parteien des Bauvertrages. Die Formulierung ist an § 91 ZPO angelehnt. Unterliegender Teil ist diejenige Vertragspartei, deren Behauptungen sich nach den Feststellungen der Materialprüfstelle als unrichtig bestätigt haben. Für den Fall, dass auf dieser Grundlage ein Teilunterliegen/Teilobsiegen anzunehmen ist, sind die Kosten analog § 92 ZPO zu verteilen[56]. Da über die Kosten nicht die Materialprüfstelle entscheidet, muss darüber für den Fall der Nichteinigung eine gerichtliche Entscheidung herbeigeführt werden, wobei sich immer die Problematik stellt, wie Behauptungen eines Vertragsteil, die sich als unrichtig erwiesen haben, auf eine zu bildende Kostenquote Einfluss nehmen sollen. Der Anspruchsteller muss bei Geltendmachung dieses Kostenerstattungsanspruchs substantiiert vortragen, in welchem Umfang die Kosten von dem anderen Vertragsteil geschuldet sind.

V. Arbeitseinstellung

Nach § 18 Nr. 5 VOB/B ist der Auftragnehmer bei „Streitfällen" nicht berechtigt, die Arbeiten 39
einzustellen.

---

53 BGH NJW-RR 1991, 228; BGH NJW 1991, 2698.
54 OLG Celle BauR 1995, 558; *Heiermann/Riedl/Rusam* VOB/B § 18 Rdn. 24.
55 BGH NJW 1965, 1523.
56 Beck'scher VOB-Kommentar/*Bewersdorf* VOB/B § 18 Nr. 3 Rdn. 28; *Nicklisch/Weick* VOB/B § 18 Rdn. 23.

1. Geltungsbereich

Während in § 18 Nr. 1 VOB/B von „Streitigkeiten aus dem Vertrag“, in den § 18 Nrn. 2 und 4 VOB/B von „Meinungsverschiedenheiten“ die Rede ist, betrifft § 18 Nr. 5 VOB/B **„Streitfälle“**. Aus dieser Formulierung ist zu schließen, dass § 18 Nr. 5 VOB/B nicht nur die in den § 18 Nrn. 1 bis 4 VOB/B geregelten Streitigkeiten/Meinungsverschiedenheiten regelt, sondern für **alle Fälle** gilt, in denen zwischen Auftraggeber und Auftragnehmer Streit (auch: Rechtsstreit) besteht[57]. Allerdings hat § 18 Nr. 5 VOB/B nur insoweit **klarstellende Funktion**, als das sichergestellt werden soll, dass Meinungsverschiedenheiten der Vertragsparteien über Vertragsinhalt und Bauausführung das Bauvorhaben selbst nicht gefährden/verzögern, sondern einer internen oder gerichtlichen Auseinandersetzung vorbehalten bleiben. Die dem Auftragnehmer zustehenden **Leistungsverweigerungsrechte** nach der VOB/B (§ 16 Nr. 5 Abs. 3 Satz 3 VOB/B) oder nach gesetzlichen Vorschriften werden dadurch **nicht berührt**[58].

40 Umstritten ist die Frage, ob der Auftragnehmer bei Anordnungen des Auftraggebers nach geänderten oder zusätzlichen Leistungen gemäß § 1 Nr. 4 oder 5 VOB/B die Ausführung verweigern darf, wenn der Auftraggeber sich weigert, eine Vergütungsvereinbarung gemäß § 2 Nr. 5 oder 6 VOB/B zu treffen oder diese hinauszögert. Bei der Beantwortung dieser Frage ist eine einzelfallorientierte, differenzierte Betrachtungsweise geboten. Wegen der wechselseitigen Kooperationspflichten darf es zunächst nicht zu „Erpressungssituationen“ kommen. Vergütungsvereinbarungen bei Anordnungen gemäß § 1 Nr. 3 oder 4 VOB/B **sollen möglichst** vor der Ausführung getroffen werden. Damit ist schon gesagt, dass grundsätzlich die Möglichkeit besteht, die Vereinbarungen während oder nach der Ausführung zu treffen, woraus sich zugleich ergibt, dass der Auftraggeber nicht verpflichtet ist, vor Beginn der Ausführung einer Vergütung zuzustimmen. Lehnt der Auftraggeber aber definitiv zusätzliche Zahlungsansprüche ab, ist der Auftragnehmer berechtigt, die Arbeiten zur Ausführung der geänderten oder zusätzlichen Leistung einzustellen, wobei er die nach dem ursprünglichen Vertrag geschuldeten Leistungen allerdings fortsetzen muss[59]. Entsprechendes gilt in den Fällen, in denen der Auftragnehmer zu eigener Kündigung (§ 9 VOB/B) berechtigt wäre. In diesen Fällen muss dem Auftragnehmer zugestanden werden, als zur Kündigung weniger einschneidendes Mittel das Recht zur Arbeitseinstellung wahrzunehmen[60].

2. Einbeziehung in den Vertrag

41 Mit diesen Einschränkungen unterliegt § 18 Nr. 5 VOB/B keinen Inhaltsbedenken nach den §§ 305 ff. BGB. Eine unangemessene Benachteiligung des Auftragnehmers scheidet schon deshalb aus, weil die § 18 Nrn. 1 bis 4 VOB/B im Interesse beider Parteien raschere und kostengünstigere Lösungen von „Meinungsverschiedenheiten“ vorsehen und gesetzliche sowie aus der VOB/B erwachsende Leistungsverweigerungsrechte dadurch nicht berührt werden.

3. Rechtswirkungen

42 Stellt der Auftragnehmer die Arbeiten zu Unrecht ein, richten sich die Rechte des Arbeitgebers nach den §§ 5 Nr. 4, 8 Nr. 3 VOB/B. Der Auftragnehmer macht sich schadensersatzpflichtig. Der Auftraggeber hat die Möglichkeit, nach angemessener Fristsetzung den Auftrag zu entziehen. Schließlich kann dem Auftraggeber in diesem Fall seinerseits ein Zurückbehaltungsrecht wegen an sich fälliger Zahlungsansprüche des Auftragnehmers (Abschlagszahlungen) aus § 320 BGB zustehen.

---

[57] *Ingenstau/Korbion/Joussen* VOB/B § 18 Nr. 4 Rdn. 98.

[58] BGH BauR 1996, 378; *Kapellmann/Schiffers* Band 1, Rdn. 981; *Nicklisch/Weick* VOB/B § 18 Rdn 24.

[59] BGH BauR 2004, 1613, OLG Düsseldorf BauR 1996, 115; *Kapellmann/Schiffers* Band 1, Rdn. 978; Beck'scher VOB-Kommentar/*Bewersdorf* VOB/B § 18 Nr. 4 Rdn. 3; *Vygen* BauR 2005, 431.

[60] OLG Düsseldorf BauR 1996, 115; *Kapellmann/Schiffers* Band 1, Rdn. 978; *Leinemann/Schirmer* VOB/B § 18 Rdn. 56.

Baubeteiligte und Unternehmereinsatzformen

Übersicht

Baubeteiligte und Unternehmereinsatzformen

1 Die Errichtung von Bauvorhaben stellt sich regelmäßig als komplexes Zusammenspiel zwischen verschiedenen Baubeteiligten dar. Vom Grundsatz her lassen sich diese in drei Grundkategorien einteilen: Der Bauherr als Besteller bzw. Auftraggeber einer Baumaßnahme, der Architekt und die Sonderingenieure als Planer und Sonderfachleute sowie den Bauunternehmer, dem die Ausführung der Bauleistungen obliegt. Im Rahmen der Bauausführung haben sich in der Praxis **unterschiedliche Unternehmereinsatzformen** herausgebildet (Alleinunternehmer, Generalunternehmer, Nachunternehmer). Darüber hinaus haben sich bei der Realisierung von Baumaßnahmen **Misch- und Sonderformen** ergeben (Generalübernehmer, GMP-Unternehmer). Abgerundet wird das vielfältige Spektrum durch **Kombinationsmodelle** (Bauträger) und verschiedene Modelle der Baubeteuung (Baubetreuer, Bautreuhänder). Schließlich sind eine Reihe von bauergänzenden Leistungsträgern zu berücksichtigen (Baustoffhändler, Geräteüberlassungsunternehmer etc.). Die nachfolgende Zusammenstellung gibt einen kursorischen Überblick über die verschiedenen Baubeteiligten und die typischen Unternehmereinsatzformen sowie die sich hieraus ergebenden Problemstellungen.

I. Bauherr (Besteller/Auftraggeber)

2 Da das allgemeine Bauvertragsrecht bislang keiner gesetzlichen Kodifikation zugeführt wurde, fehlt es sowohl in den Bestimmungen des allgemeinen Werkvertragsrechts wie auch in der VOB bislang an einer Definition des Bauherrnbegriffes. § 631 BGB spricht lediglich allgemein von dem Besteller einer Werkleistung, in der VOB/B wird für den Zeitraum nach dem Vertragsabschluss vom Auftraggeber gesprochen. Häufig, keineswegs aber notwendigerweise ist

der Besteller/Auftraggeber auch zugleich der **Bauherr des Vorhabens**. Bei ihm handelt es sich ausgehend von den Bestimmungen des öffentlichen Baurechts um diejenige Person, die auf ihre eigene Verantwortung eine bauliche Anlage vorbereitet oder ausführt. Für den Bauherrn ist es daher kennzeichnend, dass er das **Realisierungs-, Verwendungs- und Finanzierungsrisiko des Vorhabens** trägt[1]. Hiermit korrespondiert es, dass der Bauherr über das gesamte Baugeschehen entscheidet und das Bauvorhaben entweder selbst oder durch Dritte im eigenen Namen für eigene oder fremde Rechnung durchführt[2]. Der Bauherr ist regelmäßig zugleich auch **Eigentümer des zu bebauenden Grundstückes**[3]. Soweit sich das Eigentum in der Hand eines Dritten befindet, kommt es entscheidend für die Stellung als Bauherr darauf an, ob das Realisierungs-, Verwendungs- und Finanzierungsrisiko für das Vorhaben von ihm übernommen ist. Ist dies nicht der Fall und werden lediglich Werk- und Bauleistungen von sonstigen am Bau Beteiligten erteilt, so wie dies etwa für das Verhältnis zwischen General- und Nachunternehmer kennzeichnend ist, kann nicht mehr vom Bauherrn, sondern nur noch entsprechend der üblichen bauvertragsrechtlichen Terminologie vom **Besteller bzw. Auftraggeber** gesprochen werden[4].

Bei enger Bezugnahme auf die am Bauvertrag beteiligten Parteien erweist sich der Begriff des Bauherrn als irrelevant. Vertragsbezogen ist auf den **Besteller einer BGB-Bauleistung** und auf den **Auftraggeber einer VOB-Bauleistung** abzustellen. Dabei ist es unerheblich, ob der Besteller/Auftraggeber zugleich Bauherrenfunktionen wahrnimmt oder lediglich als Haupt- oder Generalunternehmer tätig ist und in dieser Funktion wiederum den von ihm beauftragten Nachunternehmern gegenübertritt. 3

Abgesehen von den Bezügen zum öffentlichen Planungsrecht und zur näheren Kennzeichnung der das Bauherrenrisiko tragenden Partei kommt dem Begriff des Bauherrn noch im Zusammenhang mit der 1998 eingeführten Baustellenverordnung Bedeutung zu. Nach § 3 BaustellV obliegt es dem Bauherrn des Vorhabens, einen **Sicherheits- und Gesundheitsschutzkoordinator** zu bestellen. 4

II. Architekten, Ingenieure und Fachplaner

Bei den mit Architekten, Ingenieuren und sonstigen Fachplanern abgeschlossenen Verträgen handelt es sich regelmäßig um Werkverträge im Sinne der §§ 631 ff. BGB[5]. Mit Ausnahme gewisser Teilleistungen gilt dies für praktisch sämtliche Planungsleistungen wie auch die Leistungen der Objektüberwachung[6]. Das von dem Architekten und den Fachplanern geschuldete Werk umfasst unterschiedlichste technische und wirtschaftliche Teilleistungen, die dem **Ziel fehlerfreier Planung und/oder Bau- bzw. Objektüberwachung** dienen. Da die Planer im genannten Zusammenhang nicht die Durchführung von Bauleistungen und auch nicht die Errichtung des Bauvorhabens selbst schulden, zählen die mit dem Architekten und den Fachplanern abgeschlossenen Verträge nicht zu den eigentlichen Bauverträgen[7]. Insofern können auf Architekten- wie auch auf sonstige Planer-/Fachplanerverträge die Bestimmungen der VOB nicht angewandt werden. 5

Die für die Ausführung der Bauleistung maßgebenden Unterlagen in Form der **Genehmigungs- bzw. Ausführungsplanung** des Architekten oder aber die der Fachplaner hat der Bauherr bzw. Auftraggeber im Rahmen seiner Mitwirkungspflicht dem Auftragnehmer nach § 3 Nr. 1 VOB/B zur Verfügung zu stellen[8]. Die Planungsunterlagen der Architekten und Fachplaner 6

---

[1] Vgl. *Vygen*, Bauvertragsrecht nach VOB und BGB, 3. Aufl., Rdn. 9.

[2] BGH NJW 1978, 1054.

[3] Vgl. *Vygen*, a.a.O., Rdn. 9.

[4] A.A. *Ingenstau/Korbion/Schranner* VOB/A, vor § 2 Rdn. 3, der darauf abheben will, dass jeder, der die Ausführung einer Bauleistung in seinem Namen und für seine Rechnung in Auftrag gibt und damit Schuldner der dafür zu entrichtenden Vergütung ist, als Bauherr zu bezeichnen ist.

[5] BGHZ 31, 224 = NJW 1960, 431; BGH NJW 1974, 898 = BauR 1974, 211.

[6] *Locher/Koeble/Frik*, HOAI, Einleitung Rdn. 18 f.

[7] Vgl. *Locher/Koeble/Frik*, HOAI, Einleitung Rdn. 20.

[8] Siehe im einzelnen § 3 Rdn. 16 ff.

enthalten damit die Anordnungen des Auftraggebers zur Realisierung der Bauaufgabe und sind für ihn maßgebend, wie sich aus § 3 Nr. 3 und § 13 Nr. 3 VOB/B erschließt[9].

III. Unternehmereinsatzformen

7 Die Formen des Unternehmereinsatzes sind vielfältig. Zurückzuführen ist dies vornehmlich auf die unterschiedlichen Bedürfnisse des Marktes. Teilweise wird die Ausführung nur einzelner spezieller Leistungen, teilweise die Übernahme gebündelter Bau- und Planungsleistungen gefordert. Dies hat über die Jahre hinweg zu speziellen Ausprägungen des Unternehmereinsatzes geführt.

1. Totalunternehmer

8 Das Interesse des Bauherrn geht häufig dahin, die Realisierung des Bauvorhabens aus einer Hand sicherzustellen. So liegt es etwa für renditeorientierte Investoren auf der Hand, den gesamten Planungs- und Bauerrichtungsprozess einem bestimmten Unternehmer zu übertragen. Da dieser Unternehmer **die kompletten Planungs- und Bauerrichtungsleistungen** übernimmt, wird er gemeinhin als Totalunternehmer bezeichnet[10]. Bisweilen wird statt dessen auch vom sog. Totalübernehmer gesprochen[11]. Kennzeichnend für die Tätigkeit des Totalunternehmers bzw. -übernehmers ist – je nach den vertraglich übernommenen Pflichten – die schlüsselfertige **Errichtung des Vorhabens**. Die Vertragspflichten des Totalunternehmers können – wiederum je nach Reichweite der zugrunde liegenden Absprachen – sogar über die Planungs- und Errichtungsphase einschließlich Abnahme hinausreichen und zusätzlich noch die funktionsgerechte Ausstattung und Einrichtung für den vorgesehenen Nutzungszweck – etwa zum Betrieb eines Hotels – umfassen[12]. Hieraus ergibt sich zugleich auch, dass es sich bei dem Totalunternehmervertrag typischerweise nicht um einen reinen Bauvertrag, sondern um **einen typengemischten Vertrag** handelt, dem neben bau- und werkvertraglichen Elementen auch solche des Kaufrechts anhaften. Dies führt notwendigerweise zu der Konsequenz, dass auf den Totalunternehmervertrag in seiner Gesamtheit die VOB/B nicht anwendbar ist, da ihre Regelungen nicht für die planungs- und kaufrechtlichen Elemente passend sind[13].

2. Generalübernehmer

9 Der Generalübernehmer unterscheidet sich von dem Totalunternehmer dadurch, dass er zwar auf vertraglicher Grundlage dem Bauherrn die Planung und zumeist schlüsselfertige Errichtung des Bauvorhabens schuldet, die zu diesem Zweck erforderliche Bauausführung jedoch an dritte Unternehmen weiter beauftragt. Herkömmlicherweise befasst sich der Generalübernehmer lediglich mit den für die Vorhabenrealisierung notwendigen **Koordinierungs- und Managementleistungen**, bisweilen darüber hinaus auch mit der vollständigen oder zumindest partiellen **Planung des Bauvorhabens**, keinesfalls jedoch mit der Durchführung der Bauleistungen selbst. Diese überträgt der Generalübernehmer zumeist wiederum an einen Generalunternehmer, der ihm die kompletten Bauerrichtungsleistungen nach Maßgabe eines zu schließenden Generalunternehmervertrages schuldet. Der Generalübernehmer ist deshalb einerseits im Verhältnis zum Bauherrn dessen umfassend mit der Planung und schlüsselfertigen Errichtung des Bauvorhabens betrauter Auftragnehmer, andererseits im Verhältnis zu dem Generalunternehmer und sonstigen zu beteiligenden Unternehmern und Planern deren Auftraggeber, ohne jedoch zugleich diesen

---

[9] Siehe § 3 Rdn. 31 ff. und § 13 Rdn. 69.

[10] *Ingenstau/Korbion*, Anhang I, Rdn. 134.

[11] *Passarge/Warner*, in Freiberger Handbuch zum Baurecht, S. 24; vgl. auch *Schulze-Hagen*, Festschrift von Craushaar, S. 169 ff.

[12] *Passarge/Warner*, a.a.O., S. 24.

[13] *Ingenstau/Korbion*, AnhangI, Rdn. 134; *Ulmer/Brandtner/Hensen* AGBG Anhang §§ 9–11 Rdn. 191.

gegenüber die Funktion des Bauherrn zu übernehmen[14]. Der mit dem Bauherrn abgeschlossene Vertrag richtet sich nach werkvertraglichen Grundsätzen, wobei diese um **geschäftsbesorgertypische Pflichten** im Sinne des § 675 BGB ergänzt sind. Das im Zusammenhang mit der Realisierung des Vorhabens für den Bauherrn übernommene Pflichtenbündel – Planung, Projektmanagement und -steuerung, Bauausführung – lassen eine Anwendung der VOB/B als Ganzes auf den Generalübernehmervertrag nicht zu[15]. Anders stellt sich dies in bezug auf den zwischen dem Generalübernehmer und dem Generalunternehmer abgeschlossenen Vertrag dar: Da der Generalunternehmer die Ausführung (umfassender) Bauleistungen schuldet, bestehen insoweit keinerlei Bedenken gegen die **Einbeziehung der VOB/B** in den abzuschließenden Vertrag.

3. Generalunternehmer

Der Generalunternehmer erbringt sämtliche zu einem Bauvorhaben gehörigen Leistungen – in der Regel auch Planungsleistungen im Rahmen der Immobilienprojektentwicklung –, er verpflichtet sich somit zur **schlüsselfertigen** Errichtung des Bauvorhabens. Hierbei führt er in der Regel einen Teil der Leistungen selbst aus, alle anderen Leistungen werden im Rahmen separater Bauverträge an Nachunternehmer (Subunternehmer) von ihm beauftragt. 10

Der Generalunternehmer ist damit im Verhältnis zum Bauherrn Alleinunternehmer. Zur Erfüllung seiner umfassenden Bauverpflichtung bedient er sich – mit ausdrücklicher Gestattung des Auftraggebers – anderer Unternehmer zur Ausführung der Nachunternehmergewerke. Die vom Generalunternehmer eingesetzten Nachunternehmer sind im Verhältnis zum Bauherrn damit **Erfüllungsgehilfen** des Generalunternehmers. Generalunternehmer und Nachunternehmer sind daher **nicht Gesamtschuldner** des Auftraggebers[16]. Auch eine unmittelbare Haftung des Nachunternehmers gegenüber dem Bauherrn aus dem Gesichtspunkt eines **Vertrags mit Schutzwirkung zugunsten Dritter kommt nicht in Betracht**[17]. 11

Durch seine besondere Stellung zwischen Bauherrn und Nachunternehmer kommt dem Generalunternehmer eine **Obhuts- und Vermittleraufgabe** zu[18]. Der Generalunternehmer ist gegenüber dem Auftraggeber gehalten, ihm gegenüber nur solche Forderungen seiner Nachunternehmer geltend zu machen, die er selbst nach sorgfältiger Prüfung für begründet hält. 12

Generalunternehmerverträge werden in der Praxis auf der Basis von vorformulierten Standardverträgen erarbeitet, die den Besonderheiten des jeweiligen Bauvorhabens angepasst werden[19]. Werden vorformulierte Regelungen mehrfach verwendet, greifen die Bestimmungen der §§ 305 ff. BGB ein. Durch vorformulierte Vertragsbedingungen besteht nur eingeschränkt die Möglichkeit, dass der Verwender für ihn einseitig günstige Vertragsbestimmungen rechtswirksam in den Vertrag einbezieht. Problematisch sind in der Praxis insbesondere die folgenden Punkte: 13

- Vertragsstrafenregelung
- Gewährleistungsverlängerung
- Sicherheitenvereinbarung (Bürgschaft auf erstes Anfordern)[20]
- Erweiterung oder Begrenzung der Haftung.

Problematisch beim Generalunternehmervertrag ist in der Regel die **Bausoll-Definition**, die in der Praxis oftmals auf der Basis einer funktionalen (globalen), somit zielgerichteten und erfolgsorientierten Leistungsbeschreibung erfolgt[21]. Übernimmt der Generalunternehmer die 14

[14] BGH NJW 1978, 1054; *Ingenstau/Korbion*, Anhang I, Rdn. 129.
[15] BGH NJW 1988, 142 = BauR 1987, 702.
[16] BGH BauR 1981, 383.
[17] *Ingenstau/Korbion/Korbion*, Anhang I Rdn. 117 m.w.N.
[18] Vgl. BGH VersR 1964, 298; *Ingenstau/Korbion/Korbion*, Anhang I Rdn. 125.
[19] Ein Auftraggeber-freundliches Muster mit ausführlicher Erläuterung findet sich bei *Putzier*, Der Pauschalpreisvertrag, 2000, Rdn. 641 ff.
[20] Vgl. hierzu die Kommentierung zu § 17 VOB/B.
[21] Vgl. hierzu die Kommentierung zu § 2 VOB/B.

Leistungsverpflichtung im Rahmen des Generalunternehmervertrags auf der Basis einer globalen oder komplexen Leistungsbeschreibung (erfolgsorientiertes Leistungsprogramm), so übernimmt er damit in der Regel nicht nur das Mengen-, Massen- und Mengenermittlungsrisiko, sondern – insbesondere bei der gleichzeitigen Übernahme der noch ausstehenden Planungsleistungen – auch das Vollständigkeits- und Leistungsermittlungsrisiko. Dies wird im Generalunternehmervertrag typischerweise durch sog. **Komplettheits- oder Schlüsselfertigkeitsklauseln** hervorgehoben, die jedoch nur dann (deklaratorische) Bedeutung erlangen, wenn das Bausoll (erkennbar lückenhaft) erfolgsorientiert definiert wird[22].

15 Das **Durchstellen von Vertragsbedingungen** aus dem Generalunternehmervertrag in die jeweiligen Nachunternehmerverträge, um insoweit eine Kongruenz der Vertragsbedingungen in der Vertragskette herzustellen, ist **problematisch.** Generalunternehmervertrag und Nachunternehmerverträge sind **rechtlich selbständig.** Für den Generalunternehmer (negative) Überraschungen gibt es dann, wenn der Generalunternehmervertrag in wesentlichen Vertragspassagen individuell ausverhandelt wurde (vgl. insbesondere die vorstehend dargestellten „Problembereiche“) und es dem Generalunternehmer nicht gelingt, in den zahlreichen von ihm abzuschließenden Nachunternehmerverträgen diese Bedingungen auch jeweils individuell auszuverhandeln, so dass sie sich zwangsläufig als mehrfach verwendete vorformulierte Klauseln innerhalb der Nachunternehmerverträge darstellen. Während die individuell im Rahmen des Generalunternehmervertrags ausgehandelten Regelungen dann wirksam sind, können diese Bestimmungen im Rahmen der jeweiligen Nachunternehmerverträge unter dem Gesichtspunkt der §§ 305 ff. BGB unwirksam sein.

16 Da der Generalunternehmer typischerweise Auftraggeber mehrerer an derselben Baustelle tätiger Nachunternehmer ist, stellt sich für ihn die Frage der sog. **Vorunternehmerhaftung.** Stellt z.B. der vom Generalunternehmer beauftragte Erdbauunternehmer die Baugrube mangelhaft bzw. verspätet zur Verfügung, ist der Folgeunternehmer (z.B. Rohbau) nicht in der Lage, zum mit ihm vereinbarten Beginntermin die Fundamentarbeiten aufzunehmen. Der Bundesgerichtshof hat es für diese Konstellationen in ständiger Rechtsprechung abgelehnt, dem Nachfolgeunternehmer Schadenersatzansprüche nach § 6 Nr. 6 gegen seinen Auftraggeber (Generalunternehmer) auf der Basis verspäteter oder mangelhafter Vorunternehmerleistungen zuzusprechen[23]. Eine deutliche Entspannung dieser in der Fachliteratur kritisierten Rechtsprechung des Bundesgerichtshofs ist dadurch erfolgt, dass der Bundesgerichtshof seit Oktober 1999[24] § 642 BGB als anwendbare Anspruchsgrundlage für diese Konstellationen annimmt. Hiernach besteht nunmehr eine weitgehend **verschuldensunabhängige Verantwortung des Auftraggebers** (Generalunternehmers) dafür, dass er dem Auftragnehmer (nachfolgenden Nachunternehmer) eine ordnungsgemäße Vorleistung zeitgerecht (Terminplan) zur Verfügung stellt. Voraussetzung für den dann vom Bundesgerichtshof angenommenen **Annahmeverzug** des Auftraggebers (Generalunternehmers) ist ferner, dass der Auftragnehmer (Nachunternehmer) zum entscheidenden Zeitpunkt seinerseits leistungsbereit und leistungsfähig ist und dem Auftraggeber (Generalunternehmer) seine Leistung **konkret anbietet** bzw. **ausdrücklich Behinderung anmeldet** und hierbei auf eine fehlende oder mangelhafte Vorleistung hinweist[25].

4. Nachunternehmer

17 Grundsätzlich handelt es sich bei dem Nachunternehmervertrag um einen „normalen“ Bauvertrag zwischen einem Auftraggeber und einem Auftragnehmer. Die **Besonderheit** liegt darin, dass der Auftraggeber selbst nicht „Bauherr“ im eigentlichen Sinn ist, sondern in seiner Funktion als Generalunternehmer im Verhältnis zum Bauherrn selbst Auftragnehmer ist. Vergaben an Nachunternehmer müssen nach § 4 Nr. 8 VOB/B vom Bauherrn genehmigt worden sein. Mit

[22] Einzelheiten hierzu vgl. bei der Kommentierung zu § 2 VOB/B.
[23] BGH BauR 1985, 561; BGH BauR 2000, 722.
[24] BGH BauR 2000, 722, 725.
[25] Vgl. Einzelheiten in der Kommentierung zu § 6 VOB/B.

der Fassung der VOB/B 2000 wurde § 4 Nr. 8 Abs. 1 Satz 3 VOB/B eingefügt. Eine **unbefugte Weitergabe** von Bauleistungen an Nachunternehmer kann damit zu einem **Kündigungsrecht** des Auftraggebers führen.

Auf die **Obhuts- und Vermittleraufgabe** des Generalunternehmers wurde bereits hingewiesen[26]. Weitere Probleme **im Verhältnis zu den Nachunternehmern** resultieren für den Generalunternehmer aus seiner **Zwitterstellung** zwischen Bauherr und Nachunternehmer. So wird es vorrangig im Interesse des Generalunternehmers liegen, die von ihm im Verhältnis zum Bauherrn zu tragenden Risiken in den jeweiligen Nachunternehmerverträgen zumindest teilweise auf die Nachunternehmer abzuwälzen. Dies wird in der Regel **formularmäßig unter dem Gesichtspunkt der § 305 ff. BGB nicht rechtswirksam möglich sein. Problematisch** sind insbesondere die folgenden Konstellationen: 18

- Eine **„Durchstellung" des Abnahmezeitpunkts** aus dem Generalunternehmervertrag in vorformulierten Vertragsbedingungen auf den Nachunternehmervertrag ist unwirksam[27]. Der Generalunternehmer ist grundsätzlich zur Abnahme der Nachunternehmerleistung verpflichtet, sobald diese fertig gestellt ist. 19
- Unwirksam sind Klauseln, in denen der Nachunternehmer auf **Einwendungen wegen Irrtums oder mangelnder Kenntnis** der zur Beurteilung der Leistung erforderlichen Umstände **verzichtet**[28]. 20
- Gewährleistungsverlängerungen durch vorformulierte Vertragsbedingungen des Generalunternehmers sind **bedenklich.** Für **Flachdacharbeiten** hält der Bundesgerichtshof auch eine vorformulierte Verlängerung der Gewährleistungsfrist auf 10 Jahre für unproblematisch[29], eine auf 10 Jahre verlängerte Gewährleistungsfrist für Innenausbauarbeiten oder Gewerke des technischen Gebäudeausbaus durch vorformulierte Vertragsbedingungen des Generalunternehmers dürfte unwirksam sein. 21
- Der formularmäßige **Ausschluss eines Vergütungsanspruchs** bei einer Kündigung **nach § 8 Nr. 1 VOB/B** ist regelmäßig unwirksam[30]. Dies ist insbesondere dann für den Generalunternehmer problematisch, wenn er individualvertraglich mit dem Bauherrn die Möglichkeit vereinbart hat, dass z.B. wegen der Zurückstellung von Büro-Ausbauarbeiten der Bauherr die Möglichkeit haben soll, auch während der Vertragsabwicklung diese Arbeiten ganz oder teilweise ohne Vergütungskonsequenz gemäß § 8 Nr. 1 VOB/B aus dem Leistungsumfang herausnehmen zu können. 22

Besonders problematisch wird die **Position des Generalunternehmers** in seinem Verhältnis zu den jeweiligen Nachunternehmern dadurch, dass Bauherrn, insbesondere erfahrene Projektentwickler, in ihren Generalunternehmer-Musterverträgen einseitig gravierend den Bauherrn (Projektentwickler = Generalübernehmer) begünstigende Regelungen verwenden, die deutlich von den gesetzlichen Werkvertragsbestimmungen und den Wertungen der VOB/B abweichen und es dem Generalunternehmer damit zusätzlich erschweren, die hieraus resultierenden Risiken in vernünftigem Umfang an Nachunternehmer weiterzugeben. Ein Paradebeispiel für **gravierend unwirksame Standardregelungen eines professionellen Immobilienprojektentwicklers** ist eine Entscheidung des Oberlandesgerichts Hamburg[31]. Fast alle wesentlichen Klauseln dieses Generalunternehmer-Mustervertrags sind vom Oberlandesgericht Hamburg und vom Bundesgerichtshof wegen **Verstoßes gegen das Transparenzgebot für unwirksam** erklärt worden. Die **Unwirksamkeit** betrifft insbesondere folgende Regelungen: 23

---

[26] Vgl. vorstehend „Generalunternehmer".
[27] BGH BauR 1981, 284; BGH BauR 1995, 234.
[28] BGH BauR 1983, 368.
[29] Vgl. BGH BauR 1996, 707.
[30] OLG Karlsruhe IBR 1995, 379 (Revision vom BGH nicht angenommen, Beschluss vom 7.11.1994 – VII ZR 231/93).
[31] BauR 1997, 1036 (Revision vom BGH nicht angenommen, Beschluss vom 5.6.1997 – VII ZR 54/96).

24 – „Die vereinbarten Festpreise schließen Nachforderungen jeglicher Art aus."

25 – „Der Auftragnehmer hat keinen Anspruch auf Vergütung oder entgangenen Gewinn für Leistungen, die z.B. aufgrund einer Kündigung seitens des Bauherrn nicht zur Ausführung gelangen, aus dem Auftrag genommen oder anderweitig vergeben werden."

26 – „Verlangt der Auftraggeber von dem Auftragnehmer über die vertragliche Leistung hinausgehende Leistungen oder führen sonstige von dem Auftragnehmer nicht zu vertretende Umstände zu Behinderungen, Unterbrechungen oder einem verspäteten Beginn der Arbeiten, führt dies – unter Ausschluss weitergehender Ansprüche – nur zu einer angemessenen Fristverlängerung, wenn der Auftragnehmer nicht in der Lage ist, vereinbarte Fristen durch verstärkten Personal- und/oder Geräteeinsatz einzuhalten und der Auftragnehmer den Anspruch auf Fristverlängerung dem Auftraggeber schriftlich ankündigt, bevor er mit der Ausführung der zusätzlichen Leistungen beginnt."

27 – „Der Auftragnehmer kann im Falle der Behinderung oder Unterbrechung der Leistungen etwaige Ansprüche nur geltend machen, wenn eine von dem Auftraggeber zu vertretende Zeit der Unterbrechungen der von dem Auftragnehmer auf der Baustelle zu erbringenden Leistung von mehr als 30 % der vereinbarten Gesamtfrist eintritt."

28 – „Ein Vorbehalt des Auftraggeber, vom Auftragnehmer die Zahlung der Vertragsstrafe zu fordern, ist weder bei Abnahme noch sonst erforderlich."

29 – „Der Auftragnehmer ist verpflichtet, aufgrund von Prüfungen gemachte Auflagen zu beachten und zu erfüllen. Hieraus resultierende Terminsverschiebungen oder Mehrkosten gegen zu seinen Lasten."

30 – „Der Einwand der Unverhältnismäßigkeit des Aufwands ist ausgeschlossen (im Rahmen der Gewährleistungsverpflichtung des Auftragnehmers)."

31 – „Stehen vertragliche Regelungen im Widerspruch zu einander, ist die für den Auftraggeber günstigste anzuwenden."

32 – „Ergänzungen, Änderungen sowie die Aufhebung des Vertrags – oder der Schriftformklausel sind nur wirksam, wenn der Auftraggeber sie schriftlich bestätigt."

33 – „Nach Angebotsabgabe kann sich der Bieter auf Unklarheiten in den Angebotsunterlagen oder über Inhalt und Umfang der zu erbringenden Leistungen nicht berufen. Bei oder nach Auftragserteilung sind Nachforderungen mit Hinweis auf derartige Unklarheiten ausgeschlossen."

34 – „Der Auftraggeber hat das Recht, während der Bauzeit Auflagen über die Anzahl der am Bau beschäftigten Arbeitskräfte zu machen, die innerhalb von 24 Stunden zu erfüllen sind."

35 – „Der Auftragnehmer hat zunächst die vom Auftraggeber zur Verfügung gestellten Unterlagen eingehend zu prüfen und muss dann ausschließlich alle weiterführenden Ausführungsunterlagen selbst erstellen."

36 – „Der Auftraggeber kann verlangen, dass Besprechungen auch außerhalb des Orts der Baustelle, jedoch innerhalb von Deutschland durchgeführt werden. Ein Anspruch auf Kostenerstattung entsteht hierdurch nicht."

37 – „Nachforderungen nach Einreichung der Schlussrechnung werden – gleichgültig aus welchem Grund – nicht mehr anerkannt. Mit der Einreichung der Schlussrechnung durch den Auftragnehmer sind seine sämtlichen Forderungen geltend gemacht. Versäumt der Auftragnehmer die Berechnung erbrachter Lieferungen und Leistungen, so ist der Auftraggeber auch ohne weitere Mitteilung an den Auftragnehmer von jeglicher Verpflichtung zur Bezahlung von eventuellen späteren Forderungen des Auftragnehmers befreit."

38 – „Der Auftragnehmer hat die Beweislast für die vertragsgemäße Ausführung seiner Leistung und das Fehlen eines Verschuldens, und zwar auch im Rahmen der Gewährleistungsverpflichtung."

39 – „Der Auftragnehmer trägt die Kosten bzw. Gebühren für vorgeschriebene bzw. für vom Auftraggeber gewünschte Leistungsmessungen und/oder Abnahmen, die durch den TÜV, den VDS oder ähnliche Institutionen durchgeführt werden."

40 – „Mit der Abgabe des Angebots übernimmt der Bieter die Gewähr dafür, dass das Angebot alles enthält, was zur Erstellung des Werks gehört."

– „Voraussetzungen für die Abnahme sind, dass der Auftragnehmer sämtliche hierfür erforderliche Unterlagen, wie z.B. Revisions- und Bestandspläne, behördliche Bescheinigungen usw. dem Auftraggeber übergeben hat.“ 41

5. GMP-Modelle

Bei einem GMP-Bauvertrag (**g**arantierter **M**aximal**p**reis) handelt es sich um einen Bauvertrag mit zusätzlichen Vereinbarungen zur Vergütungsbestimmung. Diese zusätzliche Vereinbarung zur Vergütungsbestimmung sieht in der Regel vor, dass diejenigen Gewerke, die nicht vom Auftragnehmer, sondern von Nachunternehmern ausgeführt werden, auf Marktpreisbasis vom AN (GMP-Partner) an den Bauherrn berechnet werden, während diejenigen Gewerke und Leistungen, die der Auftragnehmer selbst erbringt, in der Regel pauschal vergütet werden. Zusätzlich garantiert der Auftragnehmer für das Gesamtprojekt einen Höchstpreis. Durch gemeinsam zu optimierende Planung und Ausführung soll in kooperativer Form dieser garantierte Maximalpreis unterschritten werden. Die eingesparten Kosten werden nach vorher verhandelten Prozentsätzen auf den Bauherrn und seinen GMP-Partner verteilt. 42

a) Kooperationsmodell. Prägendes Element eines GMP-Bauvertrags im Vergleich zu einem „normalen“ (in der Regel polarisierenden) GU-Vertrag ist die bereits konzeptionell vorgegebene **enge Kooperationsverpflichtung** der Vertragsparteien in Form einer partnerschaftlichen Zusammenarbeit mit wechselseitigen Anreizmechanismen. Der Generalunternehmer, der nach herkömmlicher Auffassung dem Auftraggeber eher als „Vertragsgegner“ denn als Vertragspartner gegenübersteht, soll durch die im Rahmen des GMP-Bauvertrags vereinbarte Kooperationsverpflichtung „in das Lager des Auftraggebers hinübergezogen werden“. Auftraggeber und Generalunternehmer sollen eng und vertrauensvoll zum beiderseitigen Vorteil zusammenarbeiten („Win-Win“) und stehen – zumindest teilweise – insoweit den ausführenden Nachunternehmern gemeinsam als Partner gegenüber[32]. 43

b) Einstufiges und zweistufiges Modell. Beim GMP-Bauvertrag wird zwischen dem einstufigen und dem zweistufigen Modell unterschieden. Beim **einstufigen Modell** handelt es sich im Prinzip um einen GU-Vertrag mit Pauschalfestpreisabrede, der mit zusätzlichen Regelungen zur Vergütungsfindung („Anreizmechanismen“) und einer klar definierten Kooperationsverpflichtung im Hinblick auf Optimierung, Nachunternehmervergabe und gemeinsame Problemlösung z.B. bei Nachtragsstreitigkeiten „angereichert“ wird. Beim **zweistufigen GMP-Modell** berät der GMP-Partner den AG bereits bei der Grundlagenermittlung bis hin zur Genehmigungsphase. Erst auf der Basis des hiernach gemeinsam gefundenen Planungs- und Projektergebnisses erfolgt – nach Ausschreibung – die Vergabe an den endgültigen GMP-Vertragspartner, der nicht zwingend identisch sein muss mit dem in der Vorphase tätigen „GMP-Berater“. Der endgültige GMP-Vertrag wird damit auf der Basis einer gemeinsam ausgearbeiteten Planung von Auftraggeber und (ursprünglichem) GMP-Partner abgeschlossen und entspricht im wesentlichen sodann dem einstufigen GMP-Bauvertrag. Aus der Zweistufigkeit, insbesondere aus der Tatsache, dass in der zweiten „endgültigen“ GMP-Bauvertragsphase unter Umständen ein anderer GMP-Partner als Generalunternehmer tätig wird, ergibt sich **Regelungsbedarf für die erste Vertragsphase** insbesondere hinsichtlich folgender Punkte: 44

– Absichtserklärung zum späteren Vertragsschluss ohne Abschlussverpflichtung für den AG
– Definition der Vertragsgrundlagen (Bausoll) für die erste Vertragsphase

[32] Literatur zum GMP-Bauvertrag: *Thierau*, Das Bausoll beim GMP-Vertrag, Festschrift Jagenburg 2002, 895 ff. m.w.N.; *Gralla*, Garantierter Maximalpreis-GMP-Partnering-Modelle 2001 m.w.N.; *Gralla*, IBR 2000, 149; *Oberhauser*, BauR 2000, 1397 ff.; *Grünhoff*, NZBau 2000, 313 ff.; *Blecken*, IBR 1999, 142; *Blecken/Gralla* in Jahrbuch Baurecht 1998, 251; *Moeser*, ZfBR 1997, 113; *Bibelheimer/Wazlawik*, BauR 2001, 1639 ff.; *Diederichs/Bork*, NZBau 2001, 618; vgl. auch ergänzend *Kapellmann*, NZBau 2001, 592 ff.; *Eschenbruch*, NZBau 2001, 585 ff.; *Schlapka*, BauR 2001, 1646; Acker, FAZ vom 12.5.2000, Seite 54; *Del Mestre*, FAZ vom 1.11.1999, Seite 29.

- Definition der Leistungen des GMP-Partner in der ersten Vertragsphase
- Termin- und Fristenregelung
- Zeitpunkt, zu dem der GMP-Vertragspartner den garantierten Maximalpreis („nach unten offener" Pauschalfestpreis) benennt.
- Vereinbarung einer Vergütung für die Vorprojektierungs- und Planungsphase mit Zahlungsbedingungen
- Regelungen über das Urheber-, Verwertungs- und Nutzungsrecht des GMP-Partners hinsichtlich der von ihm erstellten urheberrechtsfähigen Planung
- Gewährleistung, Haftung, Versicherung
- Sicherheiten

45 c) **Probleme der Vertragsgestaltung und -abwicklung.** Aus der konzeptionellen Vorgabe der (beabsichtigten) Integration des Generalunternehmers in den Interessenkreis des Auftraggebers folgen gleichzeitig **die typischen Probleme bei Gestaltung und Abwicklung eines GMP-Bauvertrags:**

46 **aa) Besondere Interessenlage.** Die grundsätzliche Kooperations-Interessenlage steht in **diametralem Widerspruch zu der rechtlichen Grundsituation.** Einerseits soll nach der grundsätzlichen GMP-Vertrags-Intention der Generalunternehmer gemeinsam mit dem Auftraggeber zum beiderseitigen Vorteil „in einem Boot sitzen", andererseits besteht kein Zweifel daran, dass der Generalunternehmer auch bei einem GMP-Bauvertrag derjenige ist, der im Rahmen eines zweiseitigen Vertrags zum einen Verpflichtungen gegenüber dem Auftraggeber und zum anderen Verpflichtungen gegenüber den Nachunternehmern zu erfüllen hat (Kollision zu den bereits beschriebenen Obhuts- und Sorgfaltspflichten).

47 **bb) Optimierung des Bauvorhabens.** Die von Auftraggeber und Generalunternehmer im Rahmen eines GMP-Bauvertrags vereinbarte wechselseitige Kooperationsverpflichtung wird zur „Optimierung" des Bauvorhabens verwendet. Hieraus folgt zum einen die Problematik, dass ein Streit zwischen Auftraggeber und Generalunternehmer über die Abgrenzung einer „Optimierung" von einer Leistungsänderung (Qualitätsminderung), vorprogrammiert ist. Zum anderen folgt hieraus, dass die „gemeinsamen Optimierungsbemühungen" von Auftraggeber und Generalunternehmer auf dem Rücken der Nachunternehmer ausgetragen werden, was einer derartigen vertraglichen Regelung von vorne herein den Beigeschmack der Mittelstandsfeindlichkeit gibt. Es stellt sich damit insbesondere die **Frage, wie eine Optimierung beim GMP-Bauvertrag von einer Leistungsminderung abzugrenzen ist**[33].

48 Zum **BAUSOLL des Auftragnehmers** zählt typischerweise (der Auftraggeber will sich frühzeitig dessen Know-how bereits im Rahmen der Entwurfs-/Genehmigungsplanung zu eigen machen) die „Optimierung" der Planung und damit die Optimierung des BAUSOLLS. Probleme bereitet die Optimierung unter zwei Gesichtspunkten: Zum einen ist der Begriff der „Optimierung" konturlos. Dies soll nachfolgend an einigen Beispielen erläutert werden. Zum anderen haben die Parteien hinsichtlich einer Optimierung einerseits und einer (nachträglichen) Leistungsminderung andererseits unterschiedliche finanzielle Konsequenzen beim GMP-Vertrag vereinbart: Optimierungen sollen die Höhe des garantierten Maximumpreises nicht verändern, während reduzierte Leistungen („echte" negative Eingriffe in das BAUSOLL gemäß § 2 Nr. 5 VOB/B) unmittelbar zu einer Änderung des GMP (vgl. vorstehend II 1) und damit letztendlich zu einer anderen Endabrechnung (zu Lasten des Auftragnehmers) führen. Kurz: Optimierungen lassen den GMP unberührt, lösen jedoch durch Reduzierung der Endabrechnungskosten (Abrechnung der effektiven Dritt-Kosten nach gläsernen Taschen) die vereinbarte Gewinnverteilungsregelung aus, während „echte" Leistungsminderungen finanziell durch eine „automatische" Reduzierung des GMP nur zu einem finanziellen Vorteil des Auftraggebers führen.

49 In dieser Problematik liegt ein weiterer erheblicher Unterschied des GMP-Vertrags zu einem „normalen" GU-Vertrag (unabhängig wie bei diesem das BAUSOLL definiert ist). Bei einem GU-

[33] Vgl. hierzu ausführlich *Thierau*, Festschrift Jagenburg, 2002, 895, 906 ff.

Vertrag herkömmlicher Art reduziert eine vereinbarte Leistungsminderung auf der BAUSOLL-Seite stets automatisch die hierfür vereinbarte Vergütung. Beim GMP-Vertrag soll dies nach dem Willen der Vertragsparteien bei einer Optimierung jedoch gerade nicht erfolgen, sondern nur dazu führen, dass (bei unverändertem GMP) die Erfolgsbeteiligungsregelung zum Zuge kommt.

Abgrenzungsfälle aus **der Praxis:** Es ist sehr leicht vorstellbar, dass zwischen Auftraggeber und Auftragnehmer – zumal das BAUSOLL noch unvollständig definiert ist – aus finanziellen Erwägungen Streit über die Frage entstehen kann, ob eine Optimierung im Sinne des GMP-Vertrags oder eine „echte" Leistungsminderung, somit eine Veränderung des BAUSOLLS mit der Konsequenz der Reduzierung des GMP vorliegt. Folgende Beispiele mögen dies verdeutlichen: 50

- Der (mitplanende) GMP-Partner/Auftragnehmer schlägt dem Auftraggeber eine **geänderte Ausführungsart** hinsichtlich des Tragwerks (keine „Angsteisen") mit deutlicher Kostenreduzierung im Bereich des Bewehrungsstahls vor. Alternative: Der Auftragnehmer schlägt eine andere Betonrezeptur vor, die ebenfalls zu Kosteneinsparungen führt. An der Kubatur des Gebäudes wird im übrigen nichts geändert. 51
- Im Rahmen der Genehmigungsplanung sind **Auflagen der Brandschutzbehörde** berücksichtigt worden, nach denen ein Einkaufszentrum flächendeckend mit einer Sprinkleranlage auszustatten ist. Der (mitplanende) GMP-Partner/Auftragnehmer erreicht in Verhandlungen mit der Feuerwehr, dass durch Einziehung zusätzlicher Brandschutzwände und Einbau entsprechender Brandschutztüren die Brandabschnitte verändert werden, so dass die Sprinkleranlage in Teilbereichen entfallen kann. Dies führt im Ergebnis zu einer erheblichen Kostenreduzierung. 52
- Der Auftraggeber (Projektentwickler) hat ein Gebäude geplant, das der Hochhausverordnung unterfällt. Hiernach werden zusätzliche Brandschutzmaßnahmen, insbesondere ein zusätzliches Fluchttreppenhaus notwendig. Der (beratende und mitplanende) GMP-Partner/Auftragnehmer unterbreitet dem Auftraggeber den Vorschlag, aus dem Anwendungsbereich der Hochhausverordnung dadurch zu gelangen, dass im Obergeschoss statt eines Voll- ein Staffelgeschoß errichtet und die dort entfallende Mietfläche zum großen Teil durch eine **Änderung der Erdgeschossplanung** wiedergewonnen wird. Die dann nicht mehr bestehende Anwendbarkeit der Hochhausverordnung führt dazu, dass das zusätzliche Treppenhaus und die erhöhten Brandschutzauflagen entfallen und hierdurch erhebliche Kostenreduzierungen verursacht werden. Per Saldo erzielt der Auftraggeber (Projektentwickler) bei der Weiterveräußerung der schlüsselfertig errichteten Immobilie einen erhöhten Gewinn, da der nur unwesentlich reduzierten Mietfläche als Hauptfaktor für die Kaufpreisberechnung deutlich verringerte Herstellungskosten gegenüberstehen. 53
- Der den Auftraggeber beratende GMP-Partner/Auftragnehmer schlägt dem Auftraggeber vor, statt der ursprünglich im BAUSOLL **vorgesehenen Fassade** aus rosafarbenem Granit eine „wunderschöne, haltbare und solide" Putzfassade zu errichten, die in derselben Farbe gestrichen werden soll. 54

Bei einem „normalen" GU-Vertrag dürfte die Lösung dieser Beispiele nicht schwierig sein: Es handelt sich in allen Fällen um eine Änderung des ursprünglichen BAUSOLLS, so dass „automatisch" auch eine Änderung der Gegenleistung, somit der Vergütung, zu erfolgen hat. 55

Anders beim GMP-Vertrag: Würden hier die vom GMP-Partner vorgeschlagenen Änderungen ebenso wie beim normalen GU-Vertrag als Leistungsänderung behandelt, würde die vereinbarte „Optimierung" leerlaufen. Für sie gäbe es keinen Anwendungsbereich mehr. Man wird also nicht umhinkommen, beim GMP-Vertrag mit anderen Maßstäben an Änderungsvorschläge des Auftragnehmers heranzugehen als bei einem sonstigen Bauvertrag, bei dem BAUSOLL und Gegenleistung stets exakt miteinander korrespondieren. 56

Abgrenzung „Optimierung" – **Leistungsminderung beim GMP-Vertrag:** Es wird damit notwendig sein, Kriterien zu entwickeln, die unter Berücksichtigung des Willens der Vertragsparteien bei Vertragsabschluss eines GMP-Vertrags (Kooperation, vertrauensvolle Zusammenarbeit, gemeinsame Arbeit an einem noch offenen BAUSOLL, Fortentwicklung des BAUSOLLS zum 57

gemeinsamen Vorteil) eine Abgrenzung zwischen Optimierung einerseits und Leistungsminderung andererseits ermöglichen.

58 Da es **den** GMP-Vertrag nicht gibt, sondern vielmehr unterschiedliche Interessenlagen auf Seiten des Auftraggebers für einen GMP-Vertragsabschluss sprechen können (Beispiel: Der Auftraggeber ist nicht an der Architektur, sondern vielmehr nur an der funktionsgerechten Nutzung interessiert; weiteres Beispiel: Der Auftraggeber legt ausschließlich Wert darauf, im Rahmen einer konkreten Budgetvorgabe eine bestimmte Mietfläche zu erzielen.), werden diese unterschiedlichen Interessenlagen bei der Auslegung und Konkretisierung des Begriffs der Optimierung eine nicht unwesentliche Rolle spielen. Ein Auftraggeber, dem es ausschließlich auf die Mietfläche im Rahmen eines bestimmten Budgets ankommt, wird viel eher geneigt sein, eine Leistungsminderung als „Optimierung" zu behandeln als ein Auftraggeber, der auf die architektonische Gestaltung des Gebäudes großen Wert legt. Diese Interessenlage ist daher vorrangig zu erkunden, ggfs. durch Auslegung zu ermitteln. Eine wertvolle Hilfe kann insoweit eine ausführliche **Präambel des GMP-Vertrags** liefern. Zusätzlich muss bei der Abgrenzung berücksichtigt werden, dass der Auftraggeber dem Auftragnehmer durch die bewusst unvollständige Definition des BAUSOLLS gerade dazu anhalten wollte, ihm Optimierungsvorschläge im Sinne einer Kostenreduzierung (nur so macht eine Gewinnverteilungsregelung Sinn) zu liefern, zumal ein weiteres prägendes Element des GMP-Vertrags darin liegt, dass dem Auftraggeber – in Abgrenzung zu den anderen Typen der BAUSOLL-Definitionen – der Planer „als Sachwalter" und Berater nur noch sehr eingeschränkt und zeitlich befristet zur Verfügung steht. Auch wenn – verständlicherweise – dies bei Architekten, die sich ihrer prägenden Rolle zunehmend beraubt sehen, auf wenig Gegenliebe und Verständnis stößt, hat sich der Auftraggeber bewusst dafür entschieden, die beim BAUSOLL des GMP-Vertrags naturgemäß bestehenden „Lücken" mit Hilfe und Unterstützung des GMP-Partners zu schließen. Auf der anderen Seite wird kein Auftraggeber bereit sein, eine drastische **Einschränkung der Funktionalität oder Qualität seines Planungskonzepts** hinzunehmen und dem Auftragnehmer hierfür über den Weg der Optimierungsleistung und Gewinnverteilungsregelung auch noch einen Bonus zu zahlen.

59 Diese Überlegungen kann man (hier notwendigerweise gedrängt) wie folgt zusammenfassen: **Eine Optimierung im Sinne eines GMP-Vertrags liegt vor**, wenn aufgrund eines Vorschlags des Auftragnehmers bei **im wesentlichen gleich bleibender Funktionalität und Qualität** Kosten eingespart werden können und/oder die ursprünglich kalkulierte Bauzeit reduziert werden kann.

60 Wendet man diese „Faustregel" zur Abgrenzung einer Optimierung von einer „echten" Leistungsminderung auf die vorstehenden Beispiele an, so ergibt sich folgendes:

61 – Sowohl die geänderte Tragwerksplanung als auch die geänderte Betonrezeptur stellen sich zweifelsfrei als Optimierung im Sinne eines GMP-Vertrags dar. Weder Funktionalität noch Qualität des Gebäudes werden beeinträchtigt. Der Maximalpreis bleibt also unverändert.

62 – Problematisch ist es bei der Änderung Sprinkleranlage/neue Brandabschnitte: Stellt sich hierbei heraus, dass die Funktionalität des Einkaufszentrums insgesamt durch die zusätzlichen Brandabschnitte nicht beeinträchtigt wird, kann allenfalls noch das Merkmal einer Qualitätseinschränkung ausschlaggebend für die Annahme einer (zumindest teilweisen) „echten" Leistungsminderung sein. Meint man es jedoch mit dem Sinn und Zweck eines GMP-Vertrags ernst, ist hier von einer Optimierung und nicht von einer Leistungsminderung mit der entsprechenden finanziellen Konsequenz (Beteiligung am Endabrechnungsgewinn) auszugehen. Eventuelle „Härten", die sich aus einer derartigen Lösung für den Auftraggeber bei Zweifelsfällen ergeben könnten, werden üblicherweise durch flexible und variable, nach Optimierungstatbeständen differenzierende Gewinnbeteiligungsregelungen gelöst, zumindest aber – im Sinne des kooperativen Grundgedankens – gemindert.

63 – Das Beispiel „Hochhausverordnung" ist ebenfalls problematisch: Es besteht kein Zweifel daran, dass durch die umfassende Änderung der Kubatur des Gebäudes eine Änderung des BAUSOLLS erfolgt. Auf der anderen Seite handelt es sich bei dem Vorschlag des Auftragnehmers um einen

außerordentlich klugen, weil erhebliche Kosten einsparenden Vorschlag. Jeder Auftraggeber, der einen derartigen „mitdenkenden" GMP-Partner an seiner Seite hat, kann sich freuen, wenn er im Gesamtergebnis durch derartige Vorschläge einen erhöhten Gewinn erzielt. Im Ergebnis wird man also auch hier von einer Optimierung im Sinne des GMP-Vertrags und nicht von einer „echten" Leistungsminderung ausgehen können. Kommt es dem Projektentwickler als Auftraggeber ganz vorrangig auf den Kaufpreis (Jahresmiete x Faktor) abzüglich Herstellungskosten an, und erzielt er im Ergebnis einen höheren Überschuss, fällt es schwer, von einer „Leistungsminderung" zu sprechen. (Ich räume ein, dass man sich hierüber streiten kann.) Eventuelle „Härtefälle" können wie vorstehend bei bb) am Ende gelöst werden.

- Unproblematisch ist der „Fassadenfall" zu lösen: Hier liegt zweifelsfrei eine deutliche Qualitätsminderung vor, die zu einer entsprechenden („automatischen") Reduzierung der vereinbarten Vergütung führen muss. 64
- Die Optimierungsfrage beim GMP-Vertrag entspringt unmittelbar aus der besonderen Natur dieses Vertragstyps. Man wird nur dann zu einer die Vertragsinteressen der Parteien entsprechenden und damit „richtigen" Lösung kommen, wenn man auf der einen Seite den (zusätzlichen) Vertragsinhalt des BAUSOLLS (gewünscht ist eine Optimierung) berücksichtigt und andererseits die speziellen Vorgaben des jeweiligen Vertragsschlusses (Interessenlage des Auftraggebers) bei der Auslegung und Abgrenzung berücksichtigt. 65

d) Garantierter Maximalpreis. Beim GMP-Bauvertrag stellt sich ferner die Frage, ob die Bezeichnung garantierter Maximalpreis eine **zusätzliche** Bedeutung hat. 66

Die „Garantie" beim Bauvertrag: Garantien werden im Zusammenhang mit Bauverträgen in vielfältigen Erscheinungsformen erörtert.[34] Einigkeit besteht darüber, dass ihre Bedeutung im Einzelfall durch Auslegung zu ermitteln ist. Falls es sich – im Extremfall – um eine selbständige Garantie handelt, so ist sie dadurch gekennzeichnet, dass der Garant für den Eintritt eines bestimmten Erfolgs einzustehen hat oder (beim Gewähr-Garantie-Vertrag) die Gefahr eines künftigen Schadens übernimmt, wobei er auch für alle nicht typischen Zufälle haftet.[35] Der garantierte Erfolg kann auch (z.B. bei der „Garantie" eines Dritten) vom Garanten geschuldet werden, muss aber weitergehen als die bloße Vertragsleistung.[36] 67

Der VII. Senat des Bundesgerichtshofs hat sich mit der Bedeutung der Übernahme einer „Festpreisgarantie" im Rahmen eines Baubetreuungsvertrags[37] und im Rahmen eines „Pauschalfestpreisvertrags"[38], in dem für Teile der Gesamtleistungen die Vergütung als „Garantiebetrag" bezeichnet war, befasst. In beiden Fällen hat der VII.Zivilsenat wegen der verwendeten Begriffe „Kostengarantie" bzw. „Garantiesumme" einen selbständigen Garantievertrag bejaht und dem Auftragnehmer/Baubetreuer bereits aus diesem Gesichtspunkt die eingetretene Überschreitung der veranschlagten Bau- und Baunebenkosten sowie der Architekten- und Statikerhonorare angelastet.[39] 68

Die „Garantie" beim GMP-Vertrag: So ist es nicht verwunderlich, dass auch beim GMP-Vertrag, der die „Garantie" standardmäßig im Namen trägt, die Frage – streitig – erörtert wird, welche Konsequenzen hieraus für das BAUSOLL des GMP-Vertrags folgen.[40] 69

---

[34] Vgl. nur *Palandt/Sprau* BGB vor § 765 Rdn. 16 ff. m.w.N.; *ders.* ebenda vor § 633 Rdn. 6 ff. n.w.N.

[35] BGH NJW 1996, 2569 m.w.N.

[36] BGH NJW 1999, 1542.

[37] BGH BauR 1987, 105 ff.

[38] BGH BauR 1974, 347 f.

[39] Vgl. insbesondere BGH BauR 1987, 105 ff.

[40] Vgl. *Kapellmann*, NZBau 2001, 592, 595 („Die garantielose Garantie"); *ders.* IBR-Kongreß 24.10.2000 Mannheim, S. 6 ff. („Die Wunderlösung?"); *Oberhauser*, BauR 2000, 1397 ff. (keine Garantie); *Grünhoff*, NZ-Bau 2000, 313, 316 (keine Garantie); *Moeser*, ZfBR 1997, 113, 117 (keine Garantie); *Biebelheimer/Wazlawik*, BauR 2001, 1639, 1645 (keine Garantie); *Heiermann/von Gehlen*, Handelsblatt vom 3.7.2000 (keine Garantie); *Acker*, FAZ 12.5.2000 S. 54 (keine Garantie); *von Wietersheim*, BG 2001 Heft 10 S. 40 f.; *Moeser* in *Blecken/Schriek*, Leitfaden GMP-Wettbewerbs- und Vertragsmodell Vincentz 1999, S. 17; *Cissewski* Doktorandenseminar *Prof. Dr. Schröder* HU Berlin 5.5.2001 Skript S. 17; *Schmidt*, IBR-Kongreß GMP-Vertrag 24.10.2000 Mannheim, Skript S. 17; *Robrecht*, IB2001/1 S. 1 ff.; *Cadez*, Risikoprofile bei komplexen Global-Pauschal-

70 Zum einen wird unter Hinweis auf die vorstehend zitierten Entscheidungen des VII. Zivilsenats insbesondere von Kapellmann darauf hingewiesen, dass ein „garantierter" Höchstpreis für den Auftragnehmer „hochgradig gefährlich" sei, da begrifflich unter einer derartigen Preisgarantie zu verstehen sei, dass der Auftragnehmer diesen Preis unabhängig davon halten müsse, woraus unerwartete Kosten und eigentlich preiserhöhende Umstände resultieren (Beispiel Kapellmann: Würde sich nach Fixierung des garantierten Maximumpreises eine Brandschutzauflage ändern, würde dies immer (sic!) den Preis unberührt lassen, der AN müsste also die Kosten tragen.)

71 Auf der anderen Seite[41] – Kapellmann meint, diese Autoren hätten das Problem „mildtätig übergangen" bzw. „mit zu viel Nonchalance gelöst" – wird betont, dass sich auch eine „Garantie" nur auf die Leistung/das BAUSOLL beziehe, das bei Vertragsabschluss (mehr oder weniger präzise) zwischen den Bauvertragsparteien definiert wurde.

72 **Die „deklaratorische" Garantie beim GMP-Vertrag:** Die Bedeutung der „Garantie" des Maximumpreises beim GMP-Vertrag wird über die Auslegungsregel des § 133 BGB zu finden sein: Es ist nicht an dem buchstäblichen Sinn des Ausdrucks zu haften, sondern der wirkliche Wille zu erforschen. Besteht insbesondere ein übereinstimmender Wille der Parteien, so ist dieser rechtlich auch dann allein maßgeblich, wenn er im Inhalt der Erklärung keinen oder nur einen unvollkommenen Ausdruck gefunden hat.[42]

73 Die Anwendung dieser Auslegungsregel auf die Vereinbarung eines **garantierten** Maximumpreises ergibt folgendes:

74 – Die Parteien schließen auch beim GMP-Vertrag einen Bauvertrag – hieran dürften (auch wenn das Leistungsspektrum im Hinblick auf die gleichzeitige Erbringung von Planungs-, Beratungs-, Koordinierungs- und Optimierungsleistungen erweitert ist) keine ernsthaften Zweifel bestehen, da vorrangig typische Bauleistungen dem Vertrag sein Gepräge geben. Für den Bauvertrag gilt die allgemeine Regel, dass die vereinbarte Vergütung **für** die Erbringung der vertraglich geschuldeten, also der im BAUSOLL definierten Leistung gezahlt wird. Damit sind von vorne herein alle diejenigen Leistungen, die aufgrund einer späteren neuen Willensentschließung des AG (Anordnung) dieses BAUSOLL nachträglich ändern, begrifflich nicht vom (beim Vertragsschluss vereinbarten) garantierten Maximalpreis erfasst. Eine andere Betrachtungsweise – auch unter „Garantie"-Gesichtspunkten – würde sich als willkürlich (weil für den Auftragnehmer weder bestimmbar noch kalkulierbar) und damit unwirksam darstellen.

75 – Die „Garantie" des Maximalpreises bezieht sich auch nicht auf „zufällige", von den Parteien nicht beeinflussbare nachträgliche Änderungen des BAUSOLLS wie z.B. eine unerwartete nachträgliche Änderung der Brandschutzauflagen, die eine aufwändigere Ausführung und damit eine Änderung des BAUSOLLS bewirken.

76 – Dieses Ergebnis lässt sich aus der Art und Weise, wie die Parteien das BAUSOLL des GMP-Vertrags (korrespondierend mit der Vergütungsregelung) vereinbart haben, ermitteln: Beim GMP-Vertrag wird das BAUSOLL in der Regel in mindestens drei Elemente aufgeteilt: (1) Pauschalanteil für Eigenleistungen („normaler" GU-Pauschalpreis), (2) kalkulierte NU- und Planerkosten, (3) Risikomarge resultierend aus „Unbekannten" infolge der noch unvollständigen Planung.[43] Die Parteien stellen **bewusst** der Vergütung ein BAUSOLL gegenüber, das wegen der (allseits bekannten) Unvollständigkeit teilweise noch „offen" oder unbestimmt ist. Der garantierte Maximalpreis steht als Gegenleistung damit (automatisch) auch für „Risikoleistungen", also für Umstände, die für das BAUSOLL relevant sind, aber gerade nicht bei Vertragsschluss abschließend erfasst werden können. Hieraus folgt, dass die angesprochenen

---

verträgen/CM- und GMP-Verträge www.bautreff.de/BW/S. 6; *ders.* amerikanische CM-Musterverträge und ihre Anpassung an deutsche Marktverhältnisse www.bautreff.de/BW m.w.N.; *Wodicka*, www.der-syndikus.de/briefings/immobilienrecht S. 3.

[41] Vgl. Fn. 18 (keine Garantie).

[42] BGHZ 20, 110; *Palandt/Heinrichs* BGB § 133 Rdn. 8 m.w.N.

[43] Vgl. hierzu die Beispiele bei *Gralla*, Garantierter Maximalpreis, S. 120 ff.

Fälle der unerwarteten nachträglichen BAUSOLL-Änderungen systematisch ohne weiteres ebenfalls allein auf der BAUSOLL-Seite des Vertrags gelöst werden können, ohne die „Garantie" auf der Vergütungsseite zu bemühen: Handelt es sich bei einer späteren unerwarteten Änderungsnotwendigkeit um ein Problem, das nach dem Willen der Vertragsparteien (notfalls: typischerweise) in den „Risikoblock" der BAUSOLL-Definition des GMP-Vertrags fällt – also nur um ein Risiko, das gerade aus der unvollständigen Planungssituation resultiert, nicht um ein Risiko, das unabhängig hiervon der Risikosphäre einer Vertragspartei zugeordnet werden kann –, so erfolgt gerade keine BAUSOLL-Änderung, woraus zwangsweise folgt, dass sich die vereinbarte Vergütung auch nicht ändert.

– Der Begriff der „Garantie" im garantierten Maximumpreis hat damit lediglich deklaratorischen Charakter, da er (nur) klarstellt, dass das BAUSOLL aus der Natur des Vertrags heraus (unvollständige, noch gemeinsam zu optimierende Baubeschreibung) risikobehaftete Leistungselemente umfasst. Auch für diese Elemente „garantiert" der Auftragnehmer den Maximalpreis. Bei dem Streit um das Garantieelement handelt es sich damit in Wirklichkeit nur um ein Problem der Ermittlung des „richtigen" BAUSOLLS. 77

Eine Auslegung des Garantieelements im garantierten Maximalpreis des GMP-Vertrags ergibt somit, dass die Parteien in der Bewussten Erkenntnis, dass vom Auftragnehmer riskante, offene und damit noch unbekannte Elemente im BAUSOLL übernommen werden, durch die Vereinbarung eins „garantierten" Maximalpreises lediglich verdeutlichen wollen, dass auch diese Risikoelemente des BAUSOLLS (wie bei einer Garantie typisch) mit dem vereinbarten Maximalpreis abgegolten sind. Ein weitergehender Regelungsgehalt kommt diesem Begriff nicht zu. Insbesondere erweitert er die Vertragspflichten des Auftragnehmers über das ohnehin geschuldete (riskante) Maß hinaus nicht. 78

e) Planungsverantwortung. Ein weiteres Problem beim GMP-Bauvertrag besteht darin, dass die Grenzen zwischen der Planungsverantwortlichkeit des Objektplaners des Auftraggebers und dem Generalunternehmer weit über das Maß dessen hinausverschoben werden, was in der Praxis bei einer Generalunternehmerabwicklung mit Pauschalfestpreis und Übertragung der Ausführungsplanung auf den Generalunternehmer bereits gegeben ist. So ist jeder Planer (ohnehin) vertraglich verpflichtet, wirtschaftlich und rationell zu planen. Ein Architekt macht sich schadenersatzpflichtig, wenn er diejenigen Maßnahmen bautechnischer, organisatorischer und kaufmännischer Art außer Acht lässt, die geeignet sind, die Bau- und Nutzungskosten gering zu halten. Beim Abschluss eines GMP-Bauvertrags stellt sich daher die Frage, welche Planungsaufgaben und Planungsverantwortlichkeiten beim Objektplaner des Auftraggebers verbleiben, wenn der GMP-Partner Generalunternehmer gleichzeitig gegenüber dem Auftraggeber die Verpflichtung zur Optimierung der Planung und des wirtschaftlichen Ergebnisses übernimmt. Diese Leistungsabgrenzung bedarf einer sorgfältigen Regelung im jeweiligen GMP-Bauvertrag. 79

f) Nachunternehmerauswahl. Rechtliche Probleme stellen sich auch bei der **gemeinsamen Nachunternehmer-Auswahl**. Steht bei dieser Auswahl dem Auftraggeber nicht nur ein Mitsprache-, sondern auch ein Letzt-Bestimmungsrecht zu, liegt das hieraus resultierende vertragsrechtliche Problem offen auf der Hand: nach rechtlicher Betrachtung ist der Nachunternehmer Erfüllungsgehilfe des Generalunternehmers in seinem Vertragsverhältnis gegenüber dem Auftraggeber. Ohne entsprechende vertragliche Vereinbarung würde dies bedeuten, dass der Generalunternehmer z.B. für einen Bauverzug rechtlich gegenüber dem Auftraggeber verantwortlich ist, der dadurch verursacht wurde, dass der vom Auftraggeber dem Generalunternehmer im Rahmen des Letzt-Bestimungsrechts aufgezwungene Nachunternehmer insolvent geworden ist. Es wird angemessen sein, im Rahmen eines GMP-Bauvertrags für derartige Fälle entweder den Generalunternehmer grundsätzlich haftungsfrei zu stellen oder die finanziellen Auswirkungen einer Insolvenz des vom Auftraggeber bestimmten Nachunternehmers zumindest im Rahmen der Gewinnverteilungsregelung bei Unterschreitung des garantierten Maximalpreises als „gemeinsames Risiko" zwischen Auftraggeber und Generalunternehmer zu verteilen. 80

81 **g) Notwendige Vertragsregelungen.** Zusammenfassend sollten insbesondere die nachfolgenden Punkte im Rahmen eines GMP-Bauvertrags einer besonderen Regelung zugeführt werden:

- Präambel (ausführliche Darstellung der Besonderheiten dieses Vertragstyps)
- Kooperationsverpflichtung – Mitwirkung des (sachkundigen) Auftraggebers
- Abgrenzung Optimierung – Leistungsminderung/Qualitätsminderung
- Gemeinsame Nachunternehmervergabe und „Risikohaftung"
- Aufteilungsverhältnis des „Optimierungsgewinns"
- Baubegleitende Schlichtungsregelung (Kooperationsverpflichtung der Parteien).

82 **h) Ausgewogenheit der Vertragsregelungen.** Die Abwicklung eines GMP-Bauvertrags setzt auf beiden Seiten den unbedingten **Willen zur Kooperation** und ein enges, auf gemeinsamen Projekten beruhendes **Vertrauensverhältnis** voraus. Dieser Kooperationszwangs geht weit über das hinaus, was an Kooperationsverpflichtung von der Rechtsprechung für den VOB-Bauvertrag ohnehin verlangt wird. Der Abschluss eines GMP-Bauvertrags empfiehlt sich nur in den Fällen, in denen auch zwischen den handelnden, leitenden Personen eine gute Chemie besteht. Wechselnde Verhandlungspartner, die naturgemäß darauf bedacht sind, für eventuelle Fehler ihrer Vorgänger nicht verantwortlich gemacht zu werden, führen in aller Regel zu einem Scheitern dieses Modells. Ein Auftraggeber, der im Rahmen eines GMP-Bauvertrags darauf besteht, dass die von ihm üblicherweise verwendeten, stark einseitigen Vertragsbedingungen eines „normalen" Generalunternehmervertrags auch für dieses Modell verwendet werden, ist ein ungeeigneter Partner für einen GMP-Bauvertrag. Das Modell kann nur dann erfolgreich durchgeführt werden, wenn ein speziell auf die Interessen **beider** GMP-Vertragspartner angepasster Vertrag verhandelt und geschlossen wird, der **fair, ausgewogen und auf wechselseitiges Vertrauen** ausgerichtet ist. Wenn der Bauherr auf der einen Seite durch den Abschluss eines GMP-Bauvertrags den GU gedanklich „in sein Lager zieht", also die ansonsten bestehende Polarisation durch Integration in Planung und Optimierung überwinden will, kann er sich andererseits nicht so verhalten, als ob ein „normaler" (in der Regel: polarisierender) Generalunternehmervertrag vorläge, bei dem der Generalunternehmer alle Risiken aus dem Nachunternehmerbereich grundsätzlich allein zu tragen hat.

83 Darüber hinaus sollte einem solchen GMP-Bauvertragsmodell nur nähergetreten werden, wenn für beide Vertragspartner auch faktisch noch die **Möglichkeit einer Optimierung** der Planung besteht, also die Planung noch nicht den Stand erreicht hat, der üblicherweise bei Abschluss eines Generalunternehmervertrags vorliegt (Genehmigungsplanung). Die Besonderheit des GMP-Bauvertrags im Hinblick auf das Bausoll besteht nämlich gerade darin, dass **beiden Vertragspartnern bewusst ist,** dass das Bausoll zum Zeitpunkt des Abschlusses des GMP-Bauvertrags noch nicht abschließend definiert ist, sondern gemeinsam von beiden Parteien zum beiderseitigen Vorteil einer Konkretisierung zuzuführen ist.

6. Bauträger

84 Bauträger ist ein Gewerbetreibender, der sich zur Übereignung eines Grundstücks oder Grundstücksanteils verbunden mit der schlüsselfertigen Herstellung eines Bauobjektes (Haus oder Wohnung, Geschäftslokal oder sonstiges Gewerbeobjekt) verpflichtet.

85 **a) Vertragstyp.** Der Bauträgervertrag wird als Vertragstyp eigener Art angesehen[44]. Nach vorherrschender Auffassung handelt es sich bei dem Bauträgervertrag um einen einheitlichen Vertrag, der neben werk- und werklieferungsvertraglichen auch – so weit der Grundstückserwerb in Rede steht – kaufvertragliche Elemente sowie – je nach den Umständen des Einzelfalles – Bestandteile aus dem Auftrags- und Geschäftsbesorgungsrecht enthält[45]. Auf den Grundstückserwerb

[44] BGH DNotZ 1986, 280, 281.
[45] BGH NJW 1984, 2573; BGH NJW 1986, 925, 926.

sind vorrangig kaufvertragliche und auf die auszuführenden Bauleistungen werkvertragliche Regelungen anzuwenden[46].

b) Form des Vertrages. Der Bauträgervertrag bedarf nach § 311 b Abs. 1 BGB notarieller Beurkundung[47]. Angebot und Annahme des Bauverträgervertrages werden in der Praxis aus unterschiedlichen Gründen häufig getrennt beurkundet[48]. Mit einer vorgegebenen **längeren Bindungsfrist** versuchen Bauträger nicht selten sicherzustellen, dass für sie durch Angebotsannahme eine vertragliche Bindung erst entsteht, sobald die von ihnen kalkulierte erforderliche Anzahl an Erwerberangeboten vorliegt[49]. Unangemessen lange, in den Geschäftsbedingungen von Bauträgern enthaltene Bindefristen halten jedoch einer Inhaltskontrolle nach § 10 Nr. 1 AGBG bzw. § 306 Nr. 1 BGB n.F. nicht stand[50]. Eine unangemessen lange Bindungsfrist wird in derartigen Fällen gemäß § 6 Abs. 2 AGBG bzw. § 306 Abs. 2 BGB n.F. durch die gesetzlichen Regelungen der §§ 147 Abs. 2, 150 Abs. 1 BGB ersetzt[51]. Für den Erwerber kann die unwirksame Vertragsabschlussklausel desaströse wirtschaftliche Konsequenzen haben, wenn er im Vertrauen auf die Wirksamkeit des Erwerbsvertrages Zahlungen an den Bauträger leistet, die er lediglich nach bereicherungsrechtlichen Grundsätzen zurückfordern kann[52]. Deshalb wird von Cremer/ Wagner im Wege ergänzender Vertragsauslegung vorgeschlagen, das Angebot des Erwerbers auch nach Ablauf der Frist des § 147 Abs. 2 BGB weiter aufrecht zu erhalten und ihm lediglich ein Recht zum Angebotswiderruf einzuräumen[53]. Da die für den Vertragsabschluss maßgebenden Regelungen der §§ 147 ff. BGB für alle Vertragstypen gleichermaßen gelten und deshalb keine Gesetzeslücke zu der vorgeschlagenen ergänzenden Vertragsauslegung besteht, hat Thode zu Recht auf die verbleibenden Einigungsrisiken hingewiesen, denen nur durch ein freies vertragliches Rücktritts- bzw. Lösungsrisiko des Erwerbers nach erfolgtem Vertragsabschluss begegnet werden kann[54]. 86

Die notarielle Beurkundung hat sich grundsätzlich auf den Bauträgervertrag in seiner Gesamtheit zu erstrecken. Beurkundungspflichtig sind (auch) alle Vertragsbestandteile, die sich auf die auszuführenden Bauleistungen beziehen. Baubeschreibungen und Baupläne, die eine Leistungspflicht des Bauträgers begründen, müssen nach dem BGH vollständig beurkundet werden[55]. Die Beurkundungspflicht kann sich dabei auch auf weitere Gutachten und Unterlagen erstrecken, die – wie etwa ein Bodengutachten – laut Baubeschreibung Auswirkung auf die auszuführende Bauleistung haben können[56]. Dem (notariellen) Bauträgervertrag sind die Baubeschreibungen und die Baupläne als Anlage beizufügen (§ 9 Abs. 1 BeurkG). Abweichend hiervon kann eine Verweisung (ausnahmsweise) ausreichen, wenn die Baubeschreibung und die Baupläne in einer gesonderten notariellen Urkunde zusammengefasst wurden (§ 13 a BeurkG). Wird die notarielle Form nicht gewahrt, ist der Bauträgervertrag seinem gesamten Inhalt nach nichtig[57].

Die notarielle Beurkundung zur **Bauerrichtungsverpflichtung** besteht nicht nur vor und während der Realisierung des Bauträgerobjektes, sondern auch in bezug auf Bauträgerverträge

---

[46] BGH NJW 1979, 1406; BGH NJW 1985, 1551.

[47] BGHZ 101, 393.

[48] Vgl. Basty, Bauträgervertrag, 4. Aufl. Rdn. 117; Blank, Bauträgervertrag, 2. Aufl., Rdn. 1081 ff.

[49] Thode, Schriftenreihe Partner im Gespräch, Band 71 (2005); Riemenschneider in: Grziwotz/Koeble, Handbuch Bauträgerrecht, 3. Teil Rdn. 200.

[50] OLG Dresden NotZB 2004, 356.

[51] Vgl. MK-Basedow, BGB, 4. Aufl., § 10 Nr. 1 AGBG Rdn. 10; Bamberger/Roth/Becker, BGB, § 308 Nr. 1 Rdn. 14.

[52] Thode, a.a.O., Band 71 (2005).

[53] Cremer/Wagner, NotZB 2004, 331, 336 f.

[54] Thode Band 71 (2005).

[55] BGH NJW-RR 2001, 953 = BauR 2001, 790.

[56] BGH NJW-RR 2004, 284 = BauR 2004, 331; a.A. BGH NZBau 2003, 434 = BauR 2003, 1032.

[57] Vgl. BGH NJW-RR 2001, 953 = BauR 2001, 790; BGH NJW-RR 2000, 1658 zur Haftung des amtierenden Notars.

zu bereits fertiggestellten bzw. fertig sanierten Objekten[58]. Auch und gerade bei fertiggestellten bzw. sanierten Objekten kann der Erwerber üblicherweise nur anhand einer detaillierten und in die Vertragsbeurkundung mit einzubeziehende Baubeschreibung erkennen, in welchem Umfange ihm im Rahmen der Nacherfüllung aus und im Zusammenhang mit der Bauerrichtung und Durchführung noch werkvertragliche Gewährleistungsansprüche gegen den Bauträger zustehen können[59]. Die bislang gängige Praxis einer bloßen Bezugnahme auf den bei Vertragsabschlussvorgefundenen Zustand des Objektes berücksichtigt nicht in ausreichendem Umfange das Erfordernis hinreichender vertraglicher Beschaffenheitsvereinbarung im Werkvertragsrecht, da sich aus dem bei Vertragsabschluss vorgefundenen Objektzustand keine hinlänglichen Kriterien für die Bestimmung des Leistungssolls im Bauträgervertrag ergeben[60].

87 Um der Formstrenge des § 311 b Abs. 1 BGB zu entsprechen, sind auch ergänzende Absprachen zu vorstehenden bzw. bestehenden Bauträgerverträgen grundsätzlich beurkundungspflichtig:

88 – Eine auf den Abschluss eines Bauträgervertrages gerichtete **Reservierungsvereinbarung** ist beurkundungsbedürftig[61].

89 – Ebenso beurkundungsbedürftig ist auch der Abschluss eines **Vorvertrages** zu einem vorgesehenen Bauträgervertrag[62].

90 – Beurkundungspflichtig sind vom Grundsatz her auch nachträgliche **Änderungen und Ergänzungen** des abgeschlossenen Bauträgervertrages[63]. Eine Ausnahme gilt nur dann, wenn die Vereinbarungen dazu dienen, unvorhergesehen aufgetretene Schwierigkeiten bei der Vertragsabwicklung zu beseitigen und die zu diesem Zweck getroffene Vereinbarung die beiderseitigen Verpflichtungen aus dem beurkundeten Vertrag nicht wesentlich verändert[64]. Ebenso sind vertragsändernde Absprachen ohne notarielle (Nach-)Beurkundung zulässig, wenn die Auflassung erklärt wurde, da mit ihr die Übereignungs- und Erwerbspflicht erlischt[65]. Fehlt es danach an erforderlicher notarieller Beurkundung einer nachträglichen Änderungsvereinbarung, so beschränkt sich die Nichtigkeit nach § 311 b Abs. 1 BGB auf den Inhalt der zwischen den Parteien formlos getroffenen Änderungsvereinbarung[66].

91 – Beurkundungsbedürftig ist schließlich auch die **Aufhebung des Bauträgervertrages** mit einer hiermit einhergehenden Begründung einer Rückübereignungsverpflichtung[67].

92 Von der Beurkundungspflicht werden (im Zweifel) auch jedwede **Umgehungsgeschäfte** der Parteien erfasst. Formbedürftig sind grundsätzlich alle Vereinbarungen, aus denen sich nach dem Willen der Parteien das schuldrechtliche Veräußerungsgeschäft in seiner Gesamtheit zusammensetzt[68]. Bei gemischten bzw. zusammengesetzten Verträgen erstreckt sich der Formzwang deshalb auf den gesamten Vertrag, sofern dieser nach dem Willen der Parteien rechtlich eine Einheit bilden soll[69]. Aus diesem Grunde kann der von den Parteien als einheitliches Rechtsgeschäft gewollte Bauträgervertrag nicht in einen formbedürftigen Grundstückskaufvertrag und einen formfrei abzuschließenden Bauvertrag aufgespalten werden. Verkauf und Bebauung einer Grundstückes bilden immer dann eine Einheit im Sinne des § 311 b Abs. 1 BGB, wenn der Grundstückskauf und die Bebauung als Einheit angeboten und gewollt sind[70].

---

[58] BGH BauR 2005, 542 = ZfIR 2005, 134; BGH IBR 2005, 207, 208 – Schwenker; a.A. Schmidt, ZfIR 2004, 405, 407; Reithmann/Albrecht, Handbuch der notariellen Vertragsgestaltung, 8. Aufl., Rdn. 446; Basty, Bauträgervertrag, 4. Aufl., Rdn. 96; Blank, Bauträgervertrag, 2. Aufl., Rdn. 450.

[59] Vgl. auch Schmidt, ZfIR 2004, 405, 407.

[60] Thode, a.a.O., Band 71 (2005).

[61] BGH WM 1988, 830, 832.

[62] BGH NJW 1986, 1983.

[63] *Pause*, NZBau 2001, 603, 605.

[64] BGH NZBau 2001, 390 = BauR 2001, 1099; *Pause* NZBau 2001, 603, 605.

[65] BGH NJW 1985, 266; *Palandt/Grüneberg* BGB, § 311 b Rdn. 44.

[66] RGZ 65, 390, 392; *Palandt/Grüneberg* BGB, § 311 b Rdn. 41.

[67] *Pause*, Bauträgerkauf und Baumodelle, Rdn. 132.

[68] BGH NJW 1984, 974.

[69] BGHZ 76, 43, 48.

[70] BGHZ 78, 346, 348.

Bei **unrichtiger bzw. unvollständiger Beurkundung** unter Verstoß gegen § 311 b Abs. 1 BGB gilt folgendes: Haben die Parteien Unrichtiges beurkunden lassen, ist der beurkundete Vertrag als Scheingeschäft im Sinne des § 117 BGB und der wirklich gewollte Vertrag wegen Formmangels gemäß § 125 BGB nichtig[71]. Aus dem nichtigen Bauträgervertrag können keinerlei Vertragserfüllungsansprüche hergeleitet werden (Zahlungsansprüche, Übertragungsansprüche, Bauausführungs- und Nacherfüllungsansprüche). Eine aufgrund nichtigen Bauträgervertrages eingetragene Vormerkung entfaltet mangels Wirksamkeit des Vertrages zugunsten des Erwerbers keine Wirkung[72]. 93

Ein ohne Beachtung notarieller Form geschlossener Bauträgervertrag wird nach § 311 b Abs. 1 Satz 2 BGB geheilt und damit seinem gesamten Inhalt nach gültig, wenn die Auflassung und die Eintragung in das Grundbuch erfolgen. Die bloße Eintragung einer Auflassungsvormerkung reicht hierfür nicht[73]. Vor dem **Eintritt der Heilungswirkung** kann der Bauträgervertrag nur wirksam werden, wenn die notarielle Beurkundung nachgeholt, d.h. eine formgerechte Neuvornahme des beurkundungspflichtigen Geschäftes erfolgt (§ 141 Abs. 1 BGB). 94

c) Makler- und Bauträgerverordnung. Die Makler- und Bauträgerverordnung (MaBV) ist ergänzend zu beachten, wenn das Bauvorhaben unter Verwendung von Vermögenswerten des Erwerbers durchgeführt wird. Nach § 3 MaBV ist es dem Bauträger untersagt, Zahlungen des Erwerbers entgegenzunehmen, bevor bestimmte Fälligkeitsvoraussetzungen erfüllt sind. Die in § 3 Abs. 2 MaBV vorgesehenen Raten müssen jedoch im Zusammenhang mit der Neuregelung zu Abschlagszahlungen in § 632 a BGB gesehen werden. Der BGH hat hierzu in einem Urteil vom 22.12.2000[74] den Standpunkt eingenommen, die MaBV enthalte lediglich öffentlich-rechtliche, an den Bauträger gerichtete Ge- und Verbote und könne deshalb zivilrechtlich bindende gesetzliche Bestimmungen nicht verändern[75]. Da danach streitig geworden war, ob die Raten des § 3 Abs. 2 MaBV den Kriterien des § 632 a Satz 1 BGB entsprechen[76], hat das Bundesministerium der Justiz gestützt auf § 27 a AGBGB a.F. (nunmehr Art. 244 EGBGB) am 23.5.2001 eine Verordnung erlassen, wonach in Bauträgerverträgen die Ratenzahlungen im Sinne des § 3 Abs. 2 MaBV zulässig sind[77]. Die Verordnung gilt auch für solche Bauträgerverträge, die vor ihrem Inkrafttreten, also zwischen dem 1.5.2000 und dem 29.5.2001 abgeschlossen wurden (vgl. § 2 der Verordnung)[78]. 95

d) Zahlungen des Erwerbers. Im Zusammenhang mit den vom Erwerber vorzunehmenden Zahlungen ist zu berücksichtigen, dass der Bauträger (nur) berechtigt ist, seine offenstehenden Vergütungsansprüche gegenüber jedem einzelnen der mit ihm vertraglich verbundenen Erwerber (außergerichtlich bzw. gerichtlich) geltend zu machen. Der BGH hat zwar mit einem Beschluss vom 2.6.2005 die **Teilrechtsfähigkeit der Wohnungseigentümergemeinschaft** grundsätzlich anerkannt[79], diese Teilrechtsfähigkeit erstreckt sich jedoch nur auf Rechtsgeschäfte, die im Rahmen der Verwaltung des Gemeinschaftseigentums von dem Verwalter eingegangen werden. Hiervon zu unterscheiden bleiben auch weiterhin individualbezogene Forderungen des Bauträgers, die sich auch künftig nur gegen den jeweiligen Erwerber als Vertragspartner richten[80]. 96

---

[71] BGHZ 54, 56, 62; BGHZ 89, 41, 43.

[72] BGH BauR 2002, 1088, 1090.

[73] BGH LM § 313 Nr. 19.

[74] BGH NJW 2001, 818 = NZBau 2001, 132.

[75] Vgl. hierzu auch *Pause* NZBau 2001, 181; *Pause* NZBau 2001, 603, 606.

[76] Dagegen: *Pause* NZBau 2001, 181; *Schmid* BauR 2001, 866; *Karczewski/Vogel* BauR 2001, 859, 862; dafür *Basty* MittBayNot 2001, 64; *Voppel* BauR 2001, 1165, 1167; auch *Schmidt/Räntsch* NZBau 2001, 356, 357.

[77] Verordnung über Abschlagszahlungen bei Bauträgerverträgen vom 23.5.2001, BGBl. I 2001, 981.

[78] Vgl. hierzu BGH NJW 2001, 818 zur Rechtslage vor Inkrafttreten der Verordnung über Abschlagszahlungen bei Bauträgerverträgen sowie *Schmidt-Räntsch* NZBau 2001, 356; aber auch *Thode* ZfIR 2001, 345; *Wagner* BauR 2001, 1313, insbesondere auch zur Rückwirkungsproblematik der Verordnung.

[79] BGH NJW 2005, 2061; vgl. dazu Bub, NJW 2005, 2590; Pause, BTR 2005, 205.

[80] Pause, BTR 2005, 205, 206.

97 **aa) Zahlungsraten.** Mit der 3.Verordnung zur Änderung der MaBV vom 14.2.1997[81] eröffnet sich für die mit Wirkung ab dem 1.6.1997 abgeschlossenen Bauträgerverträge eine im Gegensatz zur früheren Rechtslage flexiblere Gestaltung der einzelnen,vom Erwerber zu leistenden Zahlungsraten. Diese ergeben sich aus § 3 Abs. 2 MaBV und sehen im einzelnen zu folgenden Bauabschnitten die jeweils angegebenen Prozentsätze zum vereinbarten Kaufpreis vor:

- 30,0 % nach Beginn der Erdarbeiten
- 28,0 % nach Rohbaufertigstellung einschließlich Zimmererarbeiten
- 5,6 % für die Herstellung der Dachflächen und Dachrinnen
- 2,1 % für die Rohinstallation der Heizungsanlagen
- 2,1 % für die Rohinstallation der Sanitäranlagen
- 2,1 % für die Rohinstallation der Elektroanlagen
- 7,0 % für den Fenstereinbau einschließlich der Verglasung
- 4,2 % für den Innenputz, ausgenommen Beiputzarbeiten
- 2,1 % für den Estrich
- 2,8 % für die Fliesenarbeiten im Sanitärbereich
- 8,4 % nach Bezugsfertigkeit und Zug um Zug gegen Besitzübergabe
- 2,1 % für die Fassadenarbeiten
- 3,5 % nach vollständiger Fertigstellung.

98 Bei den vorgenannten Raten handelt es sich jeweils um Höchstsätze, die von dem Bauträger nicht überschritten werden dürfen, selbst wenn seine (interne) Baukalkulation andere prozentuale Ansätze für die angegebenen Gewerke rechtfertigt. Ein von den Vorgaben des § 3 Abs. 2 MaBV abweichender und deshalb nichtiger Zahlungsplan führt nach dem BGH dazu, dass an die Stelle des Vereinbarten nicht ersatzweise die Regelung aus § 3 Abs. 2 MaBV, sondern die gesetzliche Regelung mit der Folge tritt, dass der Bauträger seine Vergütung erst bei Abnahme der erbrachten Bauleistung beanspruchen kann[82]. Dies gilt jedoch nicht, wenn der Bauträger zugunsten des Erwerbers von den in § 3 Abs. 2 MaBV vorgesehenen Raten abweicht; in diesem Falle verbleibt es bei den im Bauträgervertrag ausgewiesenen Raten[83].

99 **bb) Fälligkeitsvoraussetzungen.** Zu beachten ist, dass der Kaufpreis gemäß § 3 Abs. 1 MaBV erst fällig wird, wenn der Bauträgervertrag wirksam ist, der Eigentumserwerb sichergestellt wurde (Auflassungsvormerkung), die Lastenfreistellung gesichert ist (Freistellungserklärung des Kreditinstitutes des Bauträgers) sowie nach Vorliegen der Baugenehmigung. Die Sicherung der Lastenfreistellung nach § 3 Abs. 1 Satz 1 Nr. 3 MaBV erfolgt regelmäßig durch Übergabe einer Freistellungserklärung der den Bauträger finanzierenden und durch Global-Grundpfandrechte gesicherten Bank. An den Inhalt der Freistellungserklärung werden wegen ihrer wirtschaftlichen Bedeutung für den Erwerber hohe Anforderungen gestellt[84]. Die **Freistellungserklärung** entfaltet jedoch nur Wirkung, wenn der Bauträgervertrag formwirksam zwischen Erwerber und Bauträger abgeschlossen wurde[85]. Allerdings lässt der BGH hiervon eine Ausnahme zu, wenn der Erwerber den Kaufpreis an die Globalbank des Bauträgers gezahlt hat, die einerseits gegenüber dem Erwerber die Freistellungserklärung abgegeben und andererseits der Bauträger den Kaufpreisanspruch abgetreten hat, da in einer derartigen Konstellation der Erwerber mit seiner Zahlung aus der Sicht der Bank einen eigenen Leistungszweck erfüllt[86].

100 Eine Ausnahme von der Wahrung vorgenannter Fälligkeitsvoraussetzungen besteht nur dann, wenn der Bauträger gemäß § 7 Abs. 1 MaBV **Sicherheit für alle etwaigen Ansprüche des Erwerbers** auf Rückgewähr oder Auszahlung seiner Vermögenswerte geleistet hat. Diese Sicherheit

[81] BGBl. I 1997, 272.

[82] BGH NZBau 2001, 132; vgl. auch *Blomeyer* NJW 1999, 472.

[83] OLG Saarbrücken NZBau 2000, 429.

[84] BGH NJW 2001, 2249; BGH WM 2004, 2386 = ZfIR 2004, 983 mit Anmerkung Grziwotz, ZNotP 2005, 33; *Pause* NZBau 2001, 603, 606.

[85] BGH IBR 2005, 207, 208 – Schwenker.

[86] A.A. die Vorinstanz OLG Frankfurt, NJW-RR 2004, 544.

kann nur durch Übergabe einer entsprechenden Bürgschaft eines Kreditinstitutes an den Erwerber erbracht werden[87]. Durch die vom Bauträger zu stellende Bankbürgschaft soll der Erwerber einen angemessenen Ausgleich für die von ihm eingegangene Verpflichtung erhalten, die Vergütung für das herzustellende Werk sofort zu entrichten und nicht erst – entsprechend der gesetzlichen Regelung in § 641 Abs. 1 Satz 1 BGB – bei Abnahme oder – wie es § 3 Abs. 2 MaBV gestattet – in Raten entsprechend dem Bauablauf nach Bauabschnitten[88]. Um diesem Ziel ausreichend Rechnung zu tragen, muss nach dem BGH eine Bürgschaft nach § 7 Abs. 1 MaBV neben den Ansprüchen auf Rückgewähr der Vorauszahlung auch Ansprüche auf Ersatz von Aufwendungen für Mängelbeseitigung und Schadensersatz aus (teilweiser) Nichterfüllung absichern[89].

Wiederholt hat sich der BGH in letzter Zeit mit der **Reichweite von Bürgschaften nach § 7 Abs. 1 MaBV** befaßt und hierzu folgendes entschieden:

- Die Bürgschaft sichert grundsätzlich die Rückgewähr der vom Erwerber getätigten Vorauszahlung[90].
- Die Bürgschaft sichert Ansprüche des Erwerbers auf Ersatz von Aufwendungen für erforderliche Mängelbeseitigung[91].
- Die Bürgschaft sichert Ansprüche des Erwerbers aus Wandelung, Minderung oder aus Schadensersatz wegen Nichterfüllung[92].
- Die Bürgschaft sichert keine dem Erwerber aus Bauzeitüberschreitung entstandenen Verzugsschäden[93].
- Die Bürgschaft sichert keine Mietausfallschäden des Erwerbers, die aufgrund verspäteter Fertigstellung eines Wohn- und Gewerbeobjektes entstanden sind[94].
- Die Bürgschaft sichert nicht zusätzliche mündliche Abreden der Parteien, die dem bürgenden Kreditinstitut unbekannt sein mußten[95].
- Die Bürgschaft sichert den Rückgewähranspruch des Erwerbers aus einer Aufhebungsvereinbarung zum Bauträgervertrag, wenn und soweit zum Zeitpunkt der Vereinbarung die Voraussetzungen zur Geltendmachung eines Schadensersatzanspruches wegen Nichterfüllung vorlagen[96].
- Die Bürgschaft sichert auch den Rückzahlungsanspruch des Erwerbers gegen den Bauträger nach § 812 Abs. 1 BGB[97].

Bestehen im Einzelfall Zweifel zu der Bürgschaftsbegebung, ob dieser (noch) eine ausreichende vertragliche Sicherungsvereinbarung zugrundeliegt, kann dem Herausgabeverlangen des Bauträgers und des bürgenden Kreditinstitutes unter Umständen der Einwand widersprüchlichen Verhaltens entgegenstehen, wenn und soweit der Bauträger vermittels der ausgereichten Bürgschaften bei dem Erwerber den Eindruck erzeugt hat, etwaige ihm zustehende Rückforderungsansprüche seien in ausreichendem Umfange besichert[98].

cc) Rate bei Bezugsfertigkeit. Besondere Bedeutung kommt regelmäßig der Rate „nach 101
Bezugsfertigkeit und Zug um Zug gegen Besitzübergabe" zu (§ 3 Abs. 2 MaBV). Das errichtete Objekt ist bezugsfertig, wenn dem Erwerber der Bezug nach der Verkehrsanschauung zumutbar ist; Wohn- und Geschäftsräume müssen unter Berücksichtigung üblicher Nutzungsverhältnisse

[87] Vgl. im einzelnen *Marcks* Makler- und Bauträgerverordnung, § 7 Rdn. 8 ff.
[88] BGH BauR 2002, 1547, 1548 f.
[89] BGH BauR 2002, 1547.
[90] BGH BauR 2002, 1547; BGH BauR 2003, 700 = ZfIR 2003, 234.
[91] BGH BauR 2003, 700 = ZfIR 2003, 234.
[92] BGH BauR 1999, 659; BGH NZBau 2002, 497 = BauR 2002, 1547; BGH BauR 2003, 243 = ZfIR 2003, 58.
[93] BGH BauR 2003, 700 = ZfIR 2003, 234.
[94] BGH NJW-RR 2003, 959 = BauR 2003, 1220.
[95] BGH NZBau 2004, 270 = BauR 2004, 1159.
[96] BGH NZBau 2002, 754 = BauR 2002, 1390; vgl. hierzu Basty, DNotZ 2005, 94.
[97] Fischer, ZNotP 2003, 122, 126; Pause, Bauträgerkauf und Baumodelle, 4. Aufl., Rdn. 355.
[98] BGH WM 2004, 2386 = ZfIR 2004, 983 mit Anmerkung Grziwotz, ZNotP 2005, 33.

ohne Gefahr für die Sicherheit und die Gesundheit der Nutzer dauerhaft verwendungsfähig sein. Mängel stehen der Bezugsfertigkeit des Objekts nur dann entgegen, wenn sie die Funktionsfähigkeit der Wohn- und Geschäftsräume nennenswert einschränken[99].

102 **dd) Rate bei Fertigstellung.** Eine Rate in Höhe von 3,5 % des Kaufpreises wird bei „vollständiger Fertigstellung" des Bauvorhabens fällig (§ 3 Abs. 2 MaBV). Von einer vollständigen Fertigstellung des Objektes kann erst gesprochen werden, wenn alle vertraglich geschuldeten Leistungen für das Bauvorhaben erbracht sind. Vor allem müssen auch Nebenanlagen, Garagen und Außenanlagen funktionsgerecht vom Bauträger erstellt sein[100].

103 Uneinheitlich beurteilt wird die Frage, ob von einer vollständigen Fertigstellung auch dann gesprochen werden kann, wenn noch Mängel zu beseitigen sind, die im Abnahme-/Übergabeprotokoll vorbehalten wurden: Nach vorherrschender Auffassung in der Rechtsprechung tritt die Fälligkeit der letzten Rate erst ein, wenn nicht nur alle Arbeiten erbracht, sondern auch sämtliche Mängel behoben worden sind[101]. Auch verhältnismäßig geringfügige Mängel sollen deshalb die Fälligkeit der Fertigstellungsrate hindern, es sei denn, die Mängel sind nach ihrer Art, ihrem Umfang und ihren Auswirkungen derart unbedeutend, dass das Interesse des Erwerbers an der Mängelbeseitigung nicht schützenswert erscheint[102].

104 **ee) Recht zum Einbehalt.** Dem Erwerber steht es – unabhängig von dem vereinbarten Zahlungsplan – frei, bei Vorliegen von Mängeln der Bauträgerleistung auch vor Abnahme fällige Raten ganz oder teilweise einzubehalten[103]. Der einzubehaltende Betrag kann sich dabei auf das dreifache des zur Nachbesserung erforderlichen Aufwandes erstrecken (§ 641 Abs. 3 BGB). Das Leistungsverweigerungsrecht des § 320 BGB kann in formularmäßigen Bauträgerverträgen nicht ausgeschlossen oder eingeschränkt werden (vgl. § 309 Nr. 2 BGB).

105 **ff) Zwangsvollstreckung.** Bauträgerverträge enthalten häufig Zwangsvollstreckungs-Unterwerfungsklauseln, wonach der Notar berechtigt sein soll, die Zwangsvollstreckungsklausel auf Antrag des Bauträgers zu erteilen. Der BGH hat hierzu festgestellt, dass durch die Aufnahme einer Zwangsvollstreckungs-Unterwerfungsklausel ohne besonderen Nachweis des jeweils erreichten Bautenstandes gegen die Verpflichtungen aus §§ 3, 12 MaBV verstoßen wird, so dass derartige Vollstreckungs-Unterwerfungsklauseln insgesamt als unwirksam verworfen wurden (§ 134 BGB)[104]. Aus entsprechenden Erwägungen heraus wurden obergerichtlich auch Klauseln verworfen, in denen für den Fall einer gerichtlichen Auseinandersetzung die Beweislast unberührt bleiben soll[105] oder aber der Bautenstandsnachweis von einem im Lager des Bauträgers stehenden Architekten abhängig gemacht wurde[106]. Bei Vorliegen unwirksamer Vollstreckungs-Unterwerfungsklauseln kann Klauselerinnerung nach § 732 ZPO[107], Gestaltungsklage analog § 767 ZPO[108] und – bei Vorliegen auch materiell-rechtlicher Einwendungen – die Vollstreckungsabwehrklage nach § 767 ZPO[109] ergriffen werden[110].

106 **e) Sonderwünsche des Erwerbers.** Bei Sonderwünschen des Erwerbers ist zu differenzieren: Werden Sonderwünsche unmittelbar bestimmten Handwerkern – regelmäßig den vom Bauträger beauftragten Fachunternehmern – beauftragt, so richtet sich die Vergütung und die Fälligkeit

---

[99] Vgl. *Basty* Der Bauträgervertrag, Rdn. 468.
[100] *Pause* Bauträgerkauf und Baumodelle, Rdn. 334 ff.
[101] OLG Hamm OLGR 1994, 63; a.A. *Schulze-Hagen* BauR 1992, 320, 324 m.w.N.
[102] OLG Hamm BauR 2002, 641.
[103] BGH NJW 1992, 2160, 2163 = BauR 1992, 622, 626.
[104] BGH BauR 1999, 53; vgl. hierzu auch *Blomeyer* NJW 1999, 472; *Pause* NJW 2000, 769; *Reithmann* WuB 1999, 737.
[105] OLG Frankfurt BauR 2000, 739; OLG Hamm BauR 2000, 1509.
[106] OLG Jena OLGR 1999, 400.
[107] *Pause* NZBau 2001, 603, 609.
[108] BGH NJW 1992, 2160, 2162.
[109] BGH NJW 1992, 2160, 2162.
[110] Vgl. zu den Rechtsbehelfen im einzelnen *Pause* NJW 2000, 769, 770; *Pause* NZBau 2001, 603, 609.

der Leistungen nach den mit den jeweiligen Handwerkern getroffenen Vereinbarungen[111]. Soweit der Bauträger die Sonderwünsche auf Verlangen des Erwerbers selbst übernimmt, erhöht sich dadurch die Vertragssumme mit der Folge, dass eine Umrechnung bzw. Aufteilung auf die einzelnen Zahlungsraten bei Anwendung der MaBV vorzunehmen ist.

Bei entsprechender Beauftragung des Bauträgers mit Sonderwünschen steht dieser für deren **107** ordnungsgemäße und mangelfreie Ausführung ein. Hat der Erwerber jedoch einen Dritten mit der Vornahme von Sonderwünschen beauftragt, kann es notwendigerweise zu Überschneidungen im Mängelhaftungsbereich kommen. Bezieht sich der Sonderwunsch des Erwerbers lediglich auf die Auswahl alternativen Materials, so soll nach einer Entscheidung des OLG Celle der Bauträger weiter für die Ausführung der entsprechenden Bauleistungen (nach-) erfüllungspflichtig sein[112]. Aus entsprechenden Überlegungen heraus wird teilweise im Zusammenhang mit drittbeauftragten Handwerksleistungen bei Bauträgerverträgen der Standpunkt eingenommen, es verbleibe auch insoweit bei der ausschließlichen Mängelverantwortung des Bauträgers[113]. Dieser Auffassung kann nicht zugestimmt werden, da sich die Erfüllungs- und Nacherfüllungsansprüche, mithin auch die Ansprüche auf mangelfreie Leistung nach den jeweils vom Erwerber getroffenen werkvertraglichen Abreden richten[114].

f) Erfüllungs- und Nichterfüllungsansprüche. Der Bauträger ist gegenüber dem Erwerber **108** zur Eigentums- und Besitzverschaffung an dem geschuldeten Objekt verpflichtet. Das Bauvorhaben ist dabei nach Maßgabe des abgeschlossenen Bauträgervertrages sowie den zugrunde liegenden Baubeschreibungen und Plänen schlüsselfertig vom Bauträger zu errichten[115]. Zu **Änderungen im Rahmen der vereinbarten Bauausführung** ist der Bauträger nur berechtigt, wenn der Bauträgervertrag einen entsprechenden Änderungsvorbehalt umfasst und die Änderungen lediglich geringfügig und gleichwertig sind[116].

Der Bauträger ist verpflichtet, das Objekt zum vereinbarten **Fertigstellungszeitpunkt** her- **109** zustellen und zu übergeben. Der Fertigstellungszeitpunkt ergibt sich regelmäßig aus den hierzu im Bauträgervertrag getroffenen Absprachen. Fehlt es an einem konkreten, im Bauträgervertrag vorgesehenen Fertigstellungszeitpunkt, so ist der Bauträger verpflichtet, das Objekt in angemessener Zeit zu errichten und fertig zu stellen[117]. Bei Verstoß gegen diese Verpflichtung kann der Erwerber nach dem BGH gemäß § 326 BGB a.F. bzw. §§ 323, 325 BGB n.F. vorgehen[118]. Das KG Berlin hält darüber hinaus eine Teilkündigung des Bauträgervertrages für zulässig, um dem Erwerber die Möglichkeit einzuräumen, nach Übereignung des Grundstückes die Baumaßnahme selbst weiter zu realisieren[119].

In wirtschaftlicher Hinsicht riskant kann die vom Erwerber veranlaßte **Rückabwicklung des Bauträgervertrages** sein, da sich aufgrund der vom Erwerber ausgeübten Gestaltungsrechte der Bauträgervertrag in ein Rückabwicklungsverhältnis umwandelt und damit der Eigentumsverschaffungsanspruch ebenso wie die ihn absichernde Auflassungsvormerkung erlöschen[120]. Im Falle der Zahlungsunfähigkeit oder gar Insolvenz des Bauträgers verliert der Erwerber damit die Möglichkeit zur Erlangung des Eigentums und zugleich auch die Durchsetzung seiner berechtigten Rückzahlungs- und Schadensersatzansprüche[121]. Ungeachtet dessen bleibt der Erwerber gegenüber seinem baufinanzierenden Kreditinstitut verpflichtet, die für den Erwerb des Objektes

---

[111] *Pause* in Festschrift für Nordemann, 1999, 155.
[112] OLG Celle BauR 1998, 802.
[113] *Vogelheim* BauR 1999, 117, 119.
[114] Kritisch deshalb zu Recht auch *Baden* BauR 1999, 712.
[115] Vgl. BGH NZBau 2001, 446; OLG Celle BauR 1998, 801.
[116] Vgl. OLG Frankfurt BauR 2000, 1204.
[117] BGH NZBau 2001, 389.
[118] Vgl. BGH NZBau 2001, 389.
[119] KG Berlin BauR 2000, 114.
[120] Bamberger/Roth/Voit, BGB, § 636 Rdn. 32; Erman-Schwenker, BGB, § 636 Rdn. 18; Thode, ZNotP 2004, 212.
[121] Thode, ZNotP 2004, 212.

aufgenommenen Darlehen weiter zu bedienen[122]. Vor diesem Hintergrund wird sich der Erwerber regelmäßig in der Praxis auf anderweitige (Nach-) Erfüllungsansprüche beschränken müssen.

110 **g) Abnahme des Sonder- und Gemeinschaftseigentums.** Bei der Abnahme ist zwischen dem Sonder- und Gemeinschaftseigentum zu differenzieren. Das Sondereigentum ist dem Erwerber zu übergeben und von diesem abzunehmen. Bei der Abnahme des Gemeinschaftseigentums konkurrieren individuelle und gemeinschaftsbezogene Interessen. Bei der Abnahme des Gemeinschaftseigentums wird deshalb – entsprechend den im Bauträgervertrag getroffenen Regelungen – häufig in der Weise verfahren, dass der Verwalter damit beauftragt wird, namens der Erwerber die Abnahme des Gemeinschaftseigentums vorzunehmen[123]. Ebenso kommt auch die Beauftragung eines unabhängigen Dritten, etwa eines Bausachverständigen mit der Durchführung der Abnahme des Gemeinschaftseigentums durch die Erwerber in Betracht. Fehlt es jedoch an einer derartigen vertraglichen Regelung im Bauträgervertrag, verbleibt es grundsätzlich bei dem Recht eines jeden Erwerbers, auch das Gemeinschaftseigentum (mit-) abzunehmen[124]. Ohne ausdrücklichen Beschluss der Erwerber handelt es sich bei der Abnahme des Gemeinschaftseigentums nicht um eine originär vom Verwalter wahrzunehmende Aufgabe[125].

111 **h) Mängelansprüche.** Bei Bauträgerverträgen richten sich die Mängelansprüche für das Grundstück nach Kaufrecht und für die ausgeführten Bauleistungen nach Werkvertragsrecht[126]. Dies gilt nicht nur bei Neubauten, sondern auch für die Veräußerung bereits fertig gestellter Objekte, soweit die Fertigstellung selbst nicht mehrere Jahre zurückliegt[127]. Entsprechendes gilt auch für tief greifende Sanierungsmaßnahmen an vorhandenem Baubestand[128]. Dies soll nach einer neueren Entscheidung des BGH jedenfalls dann gelten, wenn die vom Bauträger ausgeführten Leistungen nach ihrem Umfang und ihrer Bedeutung ein solches Gewicht haben, dass der Erwerber nach seinem Empfängerhorizont von einer derart umfassenden Sanierungstätigkeit des Bauträgers ausgehen konnte, dass diese einer Neuherstellung des Gebäudes gleichgekommen ist[129]. Übernimmt der Bauträger danach Bauleistungen, die insgesamt nach Umfang und Bedeutung Neubauarbeiten vergleichbar sind, soll er nicht nur für die ausgeführten Umbauarbeiten, sondern auch für die vorhandene Altbausubstanz nach den Gewährleistungsbestimmungen des Werkvertragsrechts einzustehen haben[130]. Diese Grundsätze sollen sowohl für vorgesehene, in Durchführung begriffene wie auch abgeschlossene Sanierungsvorhaben gelten[131]. Mit der Anwendung werkvertraglicher Gewährleistungsbestimmungen verbindet sich aber nicht automatisch die Verpflichtung des Bauträgers, den gesamten durchzuführenden Sanierungsarbeiten die derzeit anerkannten Regeln der Technik zugrunde zu legen, da nach Auffassung des BGH nach den jeweiligen Gegebenheiten des Bauwerks und den zu berücksichtigenden Vertragsumständen für die auszuführenden Sanierungsleistungen im einzelnen zu klären bleibt, welche berechtigten Erwartungen der Erwerber an den Grad und den Umfang von Sanierungsmaßnahmen haben kann. – Soweit lediglich eine Teilsanierung vorhandenen Baubestandes durchgeführt wird, findet das werkvertragliche Mängelrecht nur auf die von der Sanierungsverpflichtung erfassten Bau- und Gebäudeteile Anwendung; im übrigen verbleibt es hinsichtlich der erworbenen und nicht sanierten Altbausubstanz bei den nach Kaufrecht maßgebenden Mängelansprüchen[132].

---

[122] Thode, ZNotP 2004, 212.

[123] Vgl. BayObLG NZM 2001, 539; *Pause* NZBau 2001, 603, 610.

[124] BayObLG NJW-RR 2000, 13, 15; BayObLG NJW-RR 2000, 379, 380.

[125] BayObLG NJW-RR 2000, 13, 15; BayObLG NJW-RR 2000, 379, 380; *Pause* NZBau 2001, 603, 610.

[126] Vgl. im einzelnen *Pause* NZBau 2001, 603, 611 ff.

[127] BGH NJW 1989, 2748.

[128] OLG Frankfurt BauR 1985, 323.

[129] BGH BauR 2005, 542 = ZfIR 2005, 134; vgl. hierzu auch Basty, Bauträgervertrag, 4. Aufl., Rdn. 708; Pause, NZBau 2000, 234; Bischoff/Mauch, DNotZ 2004, 324.

[130] BGH BauR 2005, 542 = ZfIR 2005, 134.

[131] BGH BauR 2005, 542 = ZfIR 2005, 134.

[132] Vgl. hierzu auch *Pause* NZBau 2000, 234; *Pause* NZBau 2001, 603, 611 m.w.N.

Die **VOB/B** kann in einem Bauträgervertrag nicht „als Ganzes" vereinbart werden. Die Regelungen der Verdingungsordnung für Bauleistungen sind in bezug auf wesentliche Teile abgeschlossener Bauträgerverträge von vornherein unpassend[133]. Allerdings verbleibt die Möglichkeit, einzelne Regelungen aus der VOB/B in bezug auf die auszuführenden Bauleistungen bei der Erstellung des Bauträgervertrages zu berücksichtigen. Unzulässig ist in jedem Fall aber die isolierte Vereinbarung einer durch § 13 Nr. 4 VOB/B gegenüber der gesetzlichen Regelung verkürzten Verjährungsfrist für Mängelansprüche[134]. 112

Unwirksam ist nach dem BGH auch der **formularmäßige Ausschluss der Wandelung** in Bauträgerverträgen gemäß § 11 Nr. 10 b AGBG[135]. Der BGH hält – anders als bei reinen Bauleistungen – die Wandelung in Bauträgerverträgen deshalb für angemessen, weil nach erklärter Wandelung keine Zerstörung wirtschaftlicher Werte in Form erbrachter Bauleistungen droht, da diese auf dem Grundstück des Bauträgers verbleiben[136]. Nichts anderes hat unter Berücksichtigung der vom BGH angestellten Überlegungen auch für den formularmäßigen **Ausschluss des Rücktrittes in Bauträgerverträgen** zu gelten, da dem Bauträger – wie nach Vollzug der Wandelung – in Ansehung des § 323 BGB das Eigentum am Grundstück und den (teilweise) ausgeführten Bauleistungen verbleibt (vgl. § 309 Nr. 8 b BGB n.F.). 113

aa) Mängel am Sondereigentum. Mängel am Sondereigentum kann jeder Erwerber selbst nach den vertraglichen bzw. werkvertragsrechtlichen Bestimmungen gegenüber dem Bauträger geltend machen. Die zum Sondereigentum begründeten Mängelansprüche stehen ausschließlich dem jeweiligen Erwerber zu. 114

Mit **unzureichenden Wohnflächenangaben** in Erwerberverträgen hat sich der BGH in den vergangenen Jahren wiederholt befaßt[137]. Die Vereinbarung über die Wohnfläche ist nach dem BGH grundsätzlich erforderlich, weil die Wohnflächen und deren Berechnungsgrundlage aus Sicht des Erwerbers zu den zentralen Beschaffenheitsmerkmalen einer Wohnung gehören[138]. Aus diesem Grunde ist es in notariellen Bauträgerverträgen unzulässig, auf konkrete Wohnflächenangaben zu verzichten[139]. Ebenso ist es unzulässig, lediglich unklare Angaben zur Größe der geschuldeten Wohnfläche in den Bauträgervertrag aufzunehmen[140]. Auf die Angabe einer konkreten Wohnfläche kann auch dann nicht verzichtet werden, wenn das Objekt bereits zum Zeitpunkt des Vertragsabschlusses fertiggestellt ist, da anderenfalls keine konkrete Beschaffenheitsvereinbarung existiert, anhand derer das Vertragssoll überprüft werden kann[141].

bb) Mängel am Gemeinschaftseigentum. Bei Mängeln am Gemeinschaftseigentum ist zu differenzieren: Nachbesserungsansprüche kann jeder Sondereigentümer aufgrund seiner gemeinschaftlichen Mitberechtigung in bezug auf das gesamte Gemeinschaftseigentum geltend machen[142]. Eine Ausnahme gilt lediglich dann, wenn die Gemeinschaft ihrerseits durch Beschlussfassung die Geltendmachung von gemeinschaftsbezogenen Mängeln an sich zieht[143]. Schadensersatz- und Minderungsansprüche in bezug auf Mängel am Gemeinschaftseigentum sollen demgegenüber regelmäßig nur von der Wohnungseigentümergemeinschaft in ihrer Gesamtheit geltend gemacht werden können[144]. Ausnahmen können sich aber dort ergeben, wo nur 115

[133] Vgl. *Pause* Bauträgerkauf und Baumodelle, Rdn. 163.

[134] Vgl. BGH BauR 1986, 89.

[135] BGH NZBau 2002, 89; so auch OLG Hamm NJW-RR 1998, 1031, 1032; so auch OLG Koblenz NJW-RR 1995, 1104.

[136] BGH NZBau 2002, 89, 90.

[137] BGH BauR 1999, 648 = ZfIR 1999, 347; BGH BauR 2001, 253 = ZfIR 2001, 33; BGH BauR 2001, 391 = NZBau 2001, 132; vgl. hierzu auch Thode, ZNotP 2004, 131; Wagner, WM 2001, 718; Wagner, ZfBR 2001, 363; Blank, ZfIR 2001, 85.

[138] BGH BauR 2001, 253 = ZfIR 2001, 33.

[139] BGH NZBau 2004, 269 = BauR 2004, 847; vgl. auch Basty/Vogel, ZfIR 2004, 327.

[140] Vgl. auch Thode, ZNotP 2004, 131; Schwenker, EWiR 2004, 539, 540.

[141] Thode, ZNotP 2004, 131.

[142] BGH NZBau 2001, 265; BGH NJW 1984, 725.

[143] BayObLG NJW-RR 2000, 379.

[144] BGH NJW 1979, 2207; *Pause* Bauträgerkauf und Baumodelle, Rdn. 913 ff.

bestimmte Sondereigentümer (ausnahmsweise) von den Mängeln am Gemeinschaftseigentum (unmittelbar) betroffen sind[145]. Der Wohnungseigentümergemeinschaft steht es darüber hinaus frei, den einzelnen Erwerbern die Geltendmachung gemeinschaftsbezogener Minderungs- und Schadensersatzansprüche zur individuellen Verfolgung zu übertragen[146].

Der BGH hat mit einem Beschluß vom 2.6.2005 die **Teilrechtsfähigkeit einer Wohnungseigentümergemeinschaft** anerkannt[147]. Die Wohnungseigentümergemeinschaft ist danach ähnlich der Gesellschaft bürgerlichen Rechts[148] unabhängig von ihrem jeweiligen Mitgliederbestand aus Rechtsgeschäften, die im Rahmen der Verwaltung des Gemeinschaftseigentums eingegangen werden, selbst und unmittelbar als eigenständiges Rechtssubjekt berechtigt und verpflichtet[149]. Auch wenn die Wohnungseigentümergemeinschaft darüber hinaus berechtigt ist, Mängelrechte am Gemeinschaftseigentum zu verfolgen[150], gelten die vorgenannten Grundsätze zur Teilrechtsfähigkeit der Wohnungseigentümergemeinschaft bei einem gemeinschaftsbezogenen Vorgehen gegenüber dem Bauträger nicht[151]. Bei den zugrundeliegenden gewährleistungsbedingten Ansprüchen handelt es sich nicht um solche aus gemeinschafts- und verwaltungsbezogenen Rechtsgeschäften der Wohnungseigentümergemeinschaft, sondern um die gemeinschaftsbezogene Wahrnehmung individuell durch den Bauträgervertrag begründeter (Gewährleistungs-) Ansprüche der Gesamtheit der in der Wohnungseigentümergemeinschaft verbundenen Erwerber[152]. Wie nach bisherigem Recht sind deshalb jeweils bei Klagen der Wohnungseigentümergemeinschaft aus Gewährleistung bzw. Nacherfüllung die Mitglieder der Wohnungseigentümergemeinschaft im Rubrum einer Klage mit aufzunehmen.

116 **i) Abtretung von Mängelansprüchen.** Der Bauträger kann sich durch Abtretung von Mängelansprüchen seiner Mängelbeseitigungsverpflichtung nur in eingeschränktem Umfange entziehen: Aus Sicht der Erwerber ist die **Abtretung von Mängelansprüchen**, die dem Bauträger gegenüber den von ihm beauftragten bauausführenden Unternehmen zustehen, vom Grundsatz her zur Verminderung des Ausfallrisikos in der Insolvenz durchaus sinnvoll. Auf der anderen Seite kann es nicht Aufgabe des Erwerbers sein, sich bei Vorliegen verschiedener oder aber komplexer Mängel mit einzelnen oder aber mehreren vom Bauträger beauftragten bauausführenden Unternehmen über die Mängelverantwortlichkeit zu streiten. Aus diesem Grunde ist es seit jeher anerkannt, dass auch im Falle der Abtretung von Mängelansprüchen jedenfalls eine subsidiäre Mängelbeseitigungsverpflichtung des abtretenden Bauträgers bestehen bleiben muss[153].

117 Nach der bisherigen Rechtsprechung des BGH konnte deshalb eine **Subsidiaritätsklausel** in einem Bauträgervertrag nur wirksam sein, wenn sie von dem Erwerber nicht die gerichtliche Verfolgung der abgetretenen Ansprüche verlangte, bevor der Bauträger (subsidiär) zur weiteren Mängelhaftung herangezogen werden konnte[154]. Diese Rechtsprechung hat der BGH mit Urteil vom 21.3.2002 aufgegeben[155] und es nunmehr als unangemessen angesehen, wenn sich der Erwerber nach der zugrunde liegenden Subsidiaritätsklausel überhaupt im einzelnen mit der Prüfung und Durchsetzung häufig komplexer Mängelansprüche gegenüber dem bauausführenden Unternehmen zu befassen hat[156]. Mit dieser Begründung hat der BGH auch in Bauträgerverträgen enthaltene Klauseln verworfen, wonach der Bauträger (subsidiär) erst dann haften soll, wenn der

[145] BGH NJW 1990, 1663.

[146] BGH NJW-RR 2000, 304; *Pause* Bauträgerkauf und Baumodelle, Rdn. 922; mit Tendenz auf das Recht zur Geltendmachung ohne eine derartige Beschlussfassung aber BGH NJW 1999, 1705; OLG Dresden BauR 2001, 1276.

[147] BGH NJW 2005, 2061; vgl. dazu Bub, NJW 2005, 2590; Pause, BTR 2005, 205.

[148] BGH NJW 2001, 1056.

[149] BGH NJW 2005, 2061, 2063.

[150] BGH NJW 1979, 2207; BGH NJW 1983, 453.

[151] Pause, BTR 2005, 205, 206.

[152] Pause, BTR 2005, 205, 206.

[153] BGH NJW 1974, 1135; *vgl. Pause* Bauträgerkauf und Baumodelle, Rdn. 843.

[154] BGH NJW 1995, 1675 = BauR 1995, 542; BGH NJW 1998, 904 = BauR 1998, 335.

[155] BGH NZBau 2002, 495.

[156] BGH NZBau 2002, 495, 496.

Erwerber sich erfolglos bemüht hat, die ihm abgetretenen Mängelansprüche gegen die weiteren am Bau Beteiligten durchzusetzen. Eine derartige Regelung verstößt nach dem BGH gegen § 9 Abs. 2 Nr. 2 ABGB[157] bzw. nunmehr gegen § 307 Abs. 2 Nr. 2 BGB.

IV. Bau-ARGE

Bei der sog. ARGE handelt es sich um eine besondere Unternehmereinsatzform, bei der sich im Baubereich mehrere bauausführende Unternehmen zur gemeinsamen Auftragserfüllung auf vertraglicher Grundlage zusammenschließen und gegenüber dem Auftraggeber als einheitlicher Vertragspartner auftreten[158]. In der Praxis kommt der Bau-ARGE erhebliche Bedeutung vor allem bei Großbaumaßnahmen zu, die häufig aufgrund ihres tatsächlichen und wirtschaftlichen Umfanges nicht mehr von einzelnen Bauunternehmen realisiert werden können. Der Vorteil der Beauftragung einer ARGE besteht bei dem Auftraggeber darin, dass er regelmäßig gebündelte Leistungen unterschiedlicher, fachkundiger Unternehmen erhält, die zusammen als Auftragnehmer auftreten, wobei deren Gesellschafter ergänzend dem Auftraggeber gesamtschuldnerisch für die Erfüllung der vollständigen, von der ARGE übernommenen Leistungen einzustehen haben. Mit der ständig steigenden Zahl von Bauinsolvenzen ergeben sich hieraus aber wiederum für die gesellschaftsrechtlich verbundenen ARGE-Gesellschaften nicht unerhebliche zusätzliche Haftungsrisiken, wenn sie aufgrund gesamtschuldnerischer Mithaftung für insolvent werdende ARGE-Gesellschafter voll umfänglich im Außenverhältnis einzustehen haben[159]. Bei Eingehung einer ARGE wird deshalb jeder der Beteiligten ARGE-Gesellschafter vorab sorgfältig zu überlegen haben, ob er neben der Erbringung der eigenen Bauleistungen auch bereit und in der Lage ist, ggf. für andere insolvenzbedingt ausscheidende ARGE-Gesellschafter im Außenverhältnis einzustehen. **118**

1. Rechtsnatur der Bau-ARGE

Bislang wurden die in der Baubranche begründeten ARGEN als Gesellschaften bürgerlichen Rechts i.S.d. §§ 705 BGB angesehen[160]. Die Einordnung als Gesellschaft bürgerlichen Rechts erfolgte vor allem, weil es sich bei den ARGE-Verträgen in aller Regel aus Zweckmäßigkeitsgründen nur um kurzlebige vertragliche Verbindungen handelte, bei denen sich die Baubeteiligten im Einzelfall versprechen, gemeinschaftlich übernommene Bauaufgaben innerhalb einer bestimmten vorgesehenen Bauzeit gemeinschaftlich zu erfüllen[161]. Damit lagen – zumindest nach herkömmlichem Verständnis – die vier Grundkriterien einer Gesellschaft bürgerlichen Rechts – Personenvereinigung, rechtsgeschäftliche Grundlage, Verfolgung eines bestimmten gemeinschaftlichen Zweckes sowie Beitragsleistung eines jeden Gesellschafters – vor. **119**

Andere Rechtsformen wie z.B. die oHG oder KG schieden nach bisherigem Verständnis im allgemeinen für die Begründung einer ARGE aus, da diese Gesellschaftsformen ein vollkaufmännisches Grundhandelsgewerbe vorausgesetzt hätten: **120**

- **Fehlende Gewerbeeigenschaft**: Das Vorliegen eines Gewerbes im Sinne des Handelsrechtes, also einer selbständigen Tätigkeit, die planmäßig, offen, erlaubt und mit Gewinnerzielungsabsicht vorgenommen wird (wobei Freiberufler ausgenommen werden), war bei der ARGE grundsätzlich nicht gegeben. Gerade das Merkmal der „Planmäßigkeit", das eine auf gewisse Dauer angelegte Zusammenarbeit voraussetzte bzw. berufsmäßig angelegt sein musste, wurde bei der ARGE regelmäßig deshalb verneint, weil die ARGE grundsätzlich nur auf ein einziges gemeinschaftliches Bauprojekt zugeschnitten ist. Da die Bau-ARGE (damit) in der Regel über- **121**

---

157 BGH NZBau 2002, 495, 496.
158 *Ingenstau/Korbion* VOB, Anhang 3 Rdn. 7; *Werner/Pastor* Der Bauprozeß, Rdn. 1061 m.w.N.
159 Zerhusen, Forderungsausfälle und Bauinsolvenz, VDI Jahrbuch, 2005, 313.
160 Vgl. BGH NJW 1997, 2754.
161 Vgl. *Heiermann/Riedl/Rusam* VOB/A, Einf zu § 8 Rdn. 16 ff.,m.w.N.

haupt kein Gewerbe betreibt, mithin nicht über die Eigenschaften eines Kaufmanns verfügt, schied für sie die Rechtsformen der oHG und KG nach herkömmlichem Verständnis aus[162].

122 – **Fehlendes Grundhandelsgewerbe**: Neben der fehlenden Gewerbeeigenschaft mangelt es für die Einordnung als oHG zusätzlich an der Ausübung eines „vollkaufmännischen" Grundhandelsgewerbes. Danach hätte ein Grundhandelsgewerbe in einer bestimmten Größe („vollkaufmännisch") betrieben werden müssen, so dass es notwendig eines in kaufmännischer Weise eingerichteten Geschäftsbetriebes bedurft hätte (§ 4 Abs. 1 HGB a.F.).

123 Unter Zugrundelegung vorgenannter Beurteilungskriterien konnte nur ausnahmsweise bei der Tätigkeit einer ARGE ein Gewerbe angenommen werden. Dies war etwa der Fall, wenn die ARGE (zusätzlich) den geschäftsmäßigen Verkauf von Fertigbeton oder Betonfertigteilen an Dritte betrieben hat, weil die von ihr vorgehaltenen Kapazitäten einer installierten Betonmischanlage bzw. einer Feldfabrik für Baufertigteile größer war als der Bedarf der Baustelle der ARGE (**sog. Nebenerwerbs-ARGE**)[163]. Ein weiterer Ausnahmefall lag auch bei einer sog. Dauer-ARGE vor, deren Zweck nicht nur die Realisierung eines Bauvorhabens, sondern mehrerer Projekte war, weshalb sie aufgrund ihrer auf Dauer angelegten Tätigkeit eines in kaufmännischer Weise eingerichteten Geschäftsbetriebes bedurfte.

124 Dieses herkömmliche Verständnis zur Rechtsnatur der Bau-ARGE hat sich im Zuge der **Handelsrechtsreform mit Wirkung ab dem 1.7.1998** geändert[164]. Zwar gilt auch nach der Handelsrechtsreform der Grundsatz, dass eine Handelsgesellschaft nur dann vorliegt, wenn sie auf die Ausübung eines Handelsgewerbes ausgerichtet ist (§ 105 Abs. 1 HGB). Die Definition des Handelsgewerbes hat sich jedoch durch die Neufassung der §§ 1 HGB geändert. Als Handelsgewerbe wird nunmehr jeder Gewerbebetrieb verstanden, es sei denn, das betriebene Unternehmen erfordert nach Art oder Umfang (ausnahmsweise) keinen in kaufmännischer Weise eingerichteten Geschäftsbetrieb (§ 1 Abs. 2 HGB n.F.). Teilweise wird deshalb angenommen, dass es sich bei einer ARGE, die aufgrund ihrer Größe ein Handelsgewerbe im Sinne des § 1 Abs. 2 HGB n.F. betreibt, von ihrer Rechtsnatur her – unbeschadet entgegenstehender Vereinbarungen im ARGE-Vertrag – um eine oHG handelt[165]. Das OLG Dresden geht deshalb davon aus, dass eine zum Zwecke der Errichtung eines Großbauvorhabens errichtete Dach-ARGE gewerblich im Sinne des § 1 Abs. 1 HGB tätig ist, so dass die gesellschaftsrechtliche Verbindung als oHG zu qualifizieren sein soll[166]. Dessen ungeachtet entspricht es nach wie vor traditionellem und in der Praxis überwiegendem Verständnis, dass die Bau-ARGE auch nach der Handelsrechtsreform kein Handelsgewerbe betreibt, da es sowohl an den Voraussetzungen der Gewerbeeigenschaft wie auch am Vorliegen eines Grundhandelsgewerbes bei der typischen Bau-ARGE fehlt[167]. Eine Ausnahme von der Einordnung als Gesellschaft bürgerlichen Rechts wird nur bei **Vorliegen einer Dauer-ARGE** angenommen, da diese auf unbestimmte Zeit für eine unbestimmte Anzahl von Bauvorhaben abgeschlossen wird und deshalb einen in kaufmännischer Weise eingerichteten Geschäftsbetrieb benötigt.

Die Bau-ARGE ist nach zutreffendem nicht nur traditionell begründetem Verständnis als **BGB-Gesellschaft** zu qualifizieren. Jedenfalls bei der typischen Bau-ARGE liegen nicht die Voraussetzungen der Ausübung eines Gewerbes und der Unterhaltung eines in kaufmännischer Weise eingerichteten Geschäftsbetriebes vor[168]. Die Bau-ARGE tritt schon nicht gewerbsmä-

---

[162] *Burchardt/Pfülb* ARGE-Kommentar, 4. Aufl., 2006, Präambel, Rdn. 4 *Kornblum*, ZfBR 1992, 9, 10.

[163] Vgl. *Joussen* BauR 1999, 1063, 1064.

[164] Vgl. *Joussen* BauR 1999, 1063.

[165] KG Berlin BauR 2001, 1790; LG Berlin BauR 2003, 136; LG Bonn BauR 2004, 1170; *Joussen* BauR 1999, 1063, 1073.

[166] OLG Dresden BauR 2002, 1414.

[167] *K. Schmidt* – DB 2003, 703, 704; MK-Ulmer, BGB, vor § 705 Rdn. 43; *Burchardt/*Pfülb – a.a.O., Präambel Rdn. 4; *Ingenstau/Korbion,* VOB, 15. Aufl. 2003, Anhang 3 Rdn. 18; *Burchardt,* in: Freiburger Handbuch zum Baurecht, 2. Aufl., § 13 Rdn. 11 ff.; zu den Regelungen im ARGE-Vertrag 2005: *Zerhusen/Nieberding,* BauR 2006, 296, 297.

[168] Vgl. hierzu *Mantler,* in Münchener Handbuch des Gesellschaftsrechts, Band 1, § 26 Rdn. 16.

ßig als Anbieter von Leistungen am Markt in Erscheinung, sondern wickelt üblicherweise nur einen Bauauftrag gegenüber einem Auftraggeber ab[169]. Soweit die Bau-ARGE zur Erfüllung ihres übernommenen Bauauftrages einzelne oder mehrere Beschaffungs-, Dienstleistungs- und Versorgungsgeschäfte eingeht, handelt es sich insoweit lediglich um Nebenfolgen des von ihr auszuführenden Auftrages, die damit keine eigenständige Bedeutung für das werbliche Auftreten der ARGE am Markt haben können[170]. Ebenso fehlt es ganz regelmässig und typischerweise bei einer Bau-ARGE an einem in kaufmännischer Weise eingerichteten Geschäftsbetrieb, da die erforderlichen Geschäftsführungsaufgaben gerade nicht unmittelbar von der Bau-ARGE, sondern von deren Gesellschaftern in deren Betrieben und Unternehmungen (mit-)erbracht werden[171]. Die Bau-ARGE in ihrer typischen Ausprägung nach Maßgabe des Standard-ARGE-Vertrages (2005) ist deshalb nach wie vor als BGB-Gesellschaft und nicht als oHG zu qualifizieren.

Im Ergebnis kommt es in Ansehung des **Grundsatzurteils des BGH vom 29.1.2001**[172] heute 125
nicht mehr entscheidend auf die Einordnung der ARGE als Gesellschaft bürgerlichen Rechts oder aber als Personengesellschaft des Handelsrechts an[173]. Die Rechtsverhältnisse einer (Außen-)Gesellschaft bürgerlichen Rechts, ihrer Gesellschafter und ihrer Gläubiger haben sich weitgehend denen der oHG und KG angeglichen[174]. Die (Außen-)Gesellschaft bürgerlichen Rechts besitzt nunmehr – soweit sie durch Teilnahme am Rechtsverkehr eigene Rechte und Pflichten begründet – wie die oHG und KG eigene Rechtsfähigkeit[175]. Das Verhältnis insbesondere zwischen den Verbindlichkeiten der Gesellschaft und der (Mit-)Haftung ihrer Gesellschafter entspricht nach neuem höchstrichterlichen Verständnis des BGH letztlich derjenigen bei der oHG[176].

2. Begründung der Bau-ARGE

Eine Bau-ARGE entsteht durch **Zusammenschluss von zwei oder mehreren selbständigen** 126
Bauunternehmen, die sich wechselseitig verpflichten, ein Bauvorhaben gemeinsam auszuführen und die zur Erreichung dieses gemeinsamen Zwecks vereinbarten Beiträge und Leistungen in der vertraglich bestimmten Qualität und Quantität termingerecht zu erbringen[177]. Dabei ist es unerheblich, ob sich die Mitglieder der ARGE bereits in der Ausschreibungsphase zu einer Bietergemeinschaft zusammengeschlossen haben oder ob die ARGE zwischen den baubeteiligten Unternehmen (erst) anlässlich der Auftragserteilung gebildet wird[178].

a) Häufig schließen sich Bauunternehmer bereits in der Ausschreibungsphase zusammen, um 127
ein gemeinschaftliches Angebot abzugeben. In diesem Fall wird zwischen den Bauunternehmen eine **Bietergemeinschaft** begründet[179]. In der Baupraxis gebräuchlich ist der Bietergemeinschaftsvertrag des Hauptverbandes der Deutschen Bauindustrie (derzeit in der Fassung 2003). Dieser Bietergemeinschaftsvertrag regelt die Rechtsbeziehungen der Mitglieder der Bietergemeinschaft untereinander für die Dauer des Angebots-/Ausschreibungsverfahrens. Der Vertrag ist darüber hinaus so angelegt, dass bei Auftrags-/Zuschlagserteilung an die Bietergemeinschaft die dann erforderliche Gründung der ARGE automatisch erfolgt. Um dies zu erreichen, schließen sich die Gesellschafter der Bietergemeinschaft schon mit Abschluss des Bietergemeinschaftsvertrages auf-

---

[169] Vgl. *K. Schmidt,* DB 2003, 703, 704; *Röhricht*, HGB, § 1 Rdn. 27, 33.

[170] *K. Schmidt*, DB 2003, 703, 705; *Burchardt/Pfülb*, a.a.O., Präambel Rdn. 5; a.A. *Joussen*, BauR 1999, 1063, 1067.

[171] *Burchardt/Pfülb*, a.a.O., Präambel Rdn. 5; vgl. auch Ziffer 2.4 des ARGE-Vertrages 2005, wonach die ARGE keinen nach § 1 Abs. 2 HGB eingerichteten eigenen Geschäftsbetrieb unterhält; hierzu kritisch jedoch *Zerhusen*, BauR 2006, 296, 297.

[172] BGH BauR 2001, 775.

[173] Vgl. *Ulmer* ZIP 2001, 585 ff.

[174] *Ulmer* ZIP 2001, 585.

[175] BGH BauR 2001, 775.

[176] BGH BauR 2001, 775.

[177] Vgl. *Kornblum* ZfBR 1992, 9.

[178] Vgl. *Langen* Jahrbuch Baurecht 1999, 64, 68.

[179] *Kornblum* ZfBR 1992, 9.

schiebend bedingt durch die Auftrags-/Zuschlagserteilung zu einer ARGE zusammen (Ziffer 4.1 Bietergemeinschaftsvertrag). Wird der Bietergemeinschaft der erstrebte Bauauftrag erteilt, wechselt diese in eine Arbeitsgemeinschaft (ARGE) über[180]. Sofern die Auftrags-/Zuschlagerteilung nicht an die Bietergemeinschaft erfolgt, löst sich diese wegen Zweckfortfalls wieder auf (Ziffer 3.1 Bietergemeinschaftsvertrag).

128 **b)** Der Zusammenschluss von ARGEN erfolgt im Bauindustrie- und Baugewerbebereich nahezu ausnahmslos auf der Grundlage des vom Hauptverband der Deutschen Bauindustrie sowie dem Zentralverband des Deutschen Baugewerbes herausgegebenen ARGE-Vertrages[181]. Anhand dieses **sog. ARGE-Mustervertrages** hat sich in langjähriger Übung eine Typisierung der Bau-ARGE als Gesellschaft bürgerlichen Rechts in partieller Abwandlung der §§ 705 BGB herausgebildet. Nach der Präambel des ARGE-Mustervertrages gelten für die Rechtsbeziehungen der Gesellschafter untereinander und bei der Vertretung der ARGE Dritten gegenüber in erster Linie die Bestimmungen des ARGE-Vertrages und nur hilfsweise die der §§ 705 BGB, die weitgehend abdingbar sind. Sowohl in der Präambel wie auch in Ziffer 2.4 ist ausdrücklich klargestellt, dass die Gesellschafter den Abschluss einer BGB-Gesellschaft und nicht einer offenen Handelsgesellschaft intendieren[182]. Von zwingenden gesetzlichen Regelungen können die ARGE-Gesellschafter im ARGE-Vertrag allerdings nicht abweichen. So kann einem ARGE-Gesellschafter nach § 716 Abs. 1 und 2 BGB nicht das Kontrollrecht über die Angelegenheiten der Gesellschaft genommen werden. Ebenso wenig kann dem Gesellschafter über § 723 BGB hinaus das Recht zur Kündigung des ARGE-Vertrages abgeschnitten werden (§ 723 Abs. 3 BGB). Unabhängig hiervon greifen die §§ 705 BGB immer dann ein, wenn der ARGE-Vertrag keine wirksame abweichende Abstimmung enthält und auch nach ergänzender Vertragsauslegung gemäß § 26 des ARGE-Mustervertrages noch regelungsbedürftige Vertragslücken verbleiben.

Der Zeitpunkt des Abschlusses des ARGE-Vertrages ist von dem des **Beginns der ARGE** zu unterscheiden. Ungeachtet des Zeitpunkt des Vertragsabschlusses ist die ARGE nämlich erst dann (wirksam) in Vollzug gesetzt, wenn die gemeinsame Geschäftstätigkeit tatsächlich aufgenommen wird, etwa durch die Eröffnung eines gemeinsamen ARGE-Baukontos. Spätestens beginnt der ARGE-Vertrag aber mit dem Zustandekommen des mit dem Auftraggeber abzuschließenden Bauvertrages (vgl. § 22 ARGE-Mustervertrag).

129 **c)** Der Abschluss des ARGE-Vertrages erfolgt – auch bei Verwendung des ARGE-Mustervertrages – grundsätzlich **formfrei**[183]. Der Bau-ARGE-Vertrag enthält grundsätzlich keine Verpflichtungen, die der notariellen Beurkundung im Sinne des § 311 b Abs. 1 BGB bedürfen. Gegenstand ist regelmäßig die Ausführung von Bauleistungen auf dem Grundstück eines Dritten (Bauherrn) und nicht der Erwerb eines Grundstücks oder aber Grundstücksteils. Kommt auch der künftige Erwerb von Grundstücken oder Grundstücksteilen in Betracht, ist zu differenzieren: Bestehen insoweit bei Abschluss des ARGE-Mustervertrages noch keine weiteren, konkreten Festlegungen in bezug auf bestimmte Immobilien, so bedarf der Gesellschaftsvertrag keiner notariellen Beurkundung[184], wohingegen ein bereits konkret beabsichtigtes Grundstücksgeschäft im Zusammenhang mit der Begründung des Gesellschaftsverhältnisses die notarielle Beurkundung erfordert[185]. Die Wahrung notarieller Form ist auch dann erforderlich, wenn sich ausnahmsweise einer der ARGE-Gesellschafter bei der Gründung der ARGE gegenüber der Gesellschaft und seinen

[180] *Kornblum* ZfBR 1992, 9.

[181] ARGE-Mustervertrag in der Fassung 2005; Dach-Arbeitsgemeinschaftsvertrag in der Fassung 2005, jeweils herausgegeben vom Hauptverband der Deutschen Bauindustrie e.V., Berlin, vgl. zur Neufassung der Musterverträge 2005: *Zerhusen/*Nieberding, BauR 2006, 296 ff.; zur Historie und zu den Verläuferverträgen: *Burchardt/Pfülb,* a.a.O., Einführung Rdn. 16.

[182] Hierzu kritisch *Mantler*, in: Münchener Handbuch des Gesellschaftsrechts, Band 1, § 26 Rdn. 25; *Zerhusen/Nieberding*, BauR 2006, 296, 297.

[183] *Burchardt/Pfülb* a.a.O., Einführung Rdn. 20.

[184] BGH NJW 1998, 376; BGH WM 1996, 537.

[185] *Schwanecke*, NJW 1984, 1588.

Mitgesellschaftern zur Einbringung eines Grundstückes verpflichtet[186]. Kein Formerfordernis besteht demgegenüber dann, wenn ein Grundstück nur zur weiteren gemeinsamen Nutzung in das Gesellschaftsvermögen eingebracht wird[187].

Der ARGE-Vertrag wird regelmäßig unter **Verwendung der Schriftform** abgeschlossen. Allerdings ändert dies nichts daran, dass im Einzelfall auch ein konkludenter oder stillschweigender Abschluss in Betracht kommen kann[188]. Hieraus ergeben sich aber naturgemäß beweisrechtliche Probleme, so dass in jedem Fall der schriftliche Abschluss des ARGE-Vertrages angezeigt erscheint.

Der ARGE-Mustervertrag ist schriftlich abzuschließen. Dies ergibt sich mittelbar aus § 8.47, wonach es der kaufmännischen Geschäftsführung obliegt, den ARGE-Vertrag auszufertigen. Das Ergebnis dieser Ausfertigung soll darin bestehen, dass jeder Gesellschafter eine von sämtlichen Gesellschaftern unterzeichnete schriftliche Vertragsfassung erhält, die den Inhalt des rechtsverbindlichen Vertragsabschlusses vollständig und richtig dokumentiert. Dies soll selbst dann gelten, wenn ansonsten elektronische Vertragsfassungen vorab ausgetauscht wurden, um auf diese Weise anhand der äußeren Gestalt des vorliegenden Dokumentes sicherzustellen, dass sich in den verwendeten Vertragsfassungen einheitliche Vertragsbedingungen befinden[189]. Dementsprechend sollen auch alle zusätzlichen und ergänzenden Vereinbarungen gesondert zu § 25 des Muster-ARGE-Vertrages ausgewiesen werden. Auch zu Veränderungen oder Ergänzungen zum ARGE-Vertrag bedarf es grundsätzlich einer schriftlichen Zustimmung aller Gesellschafter (§ 6.8). Darüber hinaus ist auch die Aufhebung des vertraglich nach § 399 BGB vorgesehenen Abtretungsverbotes nur unter Wahrung der Schriftform bei vorheriger schriftlicher Zustimmung aller übrigen Gesellschafter zulässig (§ 20.2).

d) Bei **Vorliegen von Abschlussmängeln** (§§ 104 ff., 199 ff., 125, 134, 138, 155, 181 BGB) **130**
werden eintretende Unwirksamkeitsfolgen aus Gründen des Bestands- und Verkehrsschutzes durch die Lehre von der sog. fehlerhaften Gesellschaft eingeschränkt[190]. Regelmäßig können nach Invollzugsetzung der Gesellschaft festgestellte Mängel nicht rückwirkend, sondern nur ex nunc geltend gemacht werden[191]. Die fehlerhaft begründete Gesellschaft kann deshalb zwar gekündigt werden, eine rückwirkende Abwicklung der Gesellschaft scheidet jedoch regelmäßig aus[192]. Ausnahmen von diesem Grundsatz bestehen nur dann, wenn dem (fehlerhaften) Bestand der Gesellschaft gewichtige Individual- bzw. Allgemeininteressen entgegenstehen[193]. Bei einer Bau-ARGE kann dies der Fall sein, wenn gegen ein gesetzliches Zusammenschlussverbot verstoßen wird[194] oder aber ausnahmsweise der Tatbestand besonders grober Sittenwidrigkeit gegeben ist[195]. In derartigen Ausnahmefällen ist die Gesellschaft ex tunc rückabzuwickeln.

3. Erscheinungsformen der Bau-ARGE

Bei der Bau-ARGE sind **unterschiedliche Ausprägungen** zu verzeichnen. Behandelt werden **131**
nachfolgend die üblicherweise unter Berücksichtigung der ARGE-Musterverträge typischen Gestaltungsformen. Weiterhin und in Abgrenzung von diesen finden am Bau aber auch ähnliche gesellschaftsrechtliche Kooperationsformen Anwendung. Dabei lassen sich folgende unterscheiden:

– Eine **Beihilfegemeinschaft** liegt vor, wenn ein Auftragnehmer einzelne ihm übertragene Bauleistungen durch einen Dritten aufgrund gesellschaftlicher Kooperationsvereinbarung mit

[186] BGH BB 1995, 203; OLG Koblenz NJW-RR 1992, 614.
[187] BGH WM 1967, 952; OLG Hamburg NJW-RR 1996, 803.
[188] *Burchardt/Pfülb*, a.a.O., Einführung Rdn. 20.
[189] Vgl. *Zerhusen/Nieberding*, BauR 2006, 296, 298.
[190] Vgl. *Gehrlein*, WM 2005, 1489; *Maultzsch*, JuS 2003, 544.
[191] BGH NJW 2000, 3558.
[192] *MK-Ulmer*, BGB, § 705 Rdn. 347 ff.
[193] BGH NJW 2003, 1252.
[194] BGHZ 97, 243.
[195] BGH NJW 2005, 1784.

ausführen lässt, ohne dass der Dritte als Nachunternehmer beauftragt wird. Es handelt sich insoweit um eine zwischen den Bauleistenden abgeschlossene BGB-Innengesellschaft[196].

- Ein **Beihilfevertrag** kommt zustande, wenn sich im Rahmen einer Innengesellschaft ein weiteres Unternehmen still an der begründeten ARGE beteiligt, ohne dass diese mit dem Dritten einen Nachunternehmervertrag abschließt[197].
- Ein **Konsortialverhältnis** – wie es im Anlagenbau gebräuchlich ist – stellt eine atypische Ausprägung der BGB-Gesellschaft in der Form dar, dass die zum Konsortium zusammengeschlossenen Gesellschafter ohne Bildung von Gesamthands- und Gesellschaftsvermögen jeweils eigenständige Teilleistungen der vom Konsortium auszuführenden Bauleistungen in alleiniger Verantwortung übernehmen. Mit Ausnahme der Vergütung für den federführenden Konsortialpartner trägt jeder beteiligte Konsorte das alleinige Risiko im Zusammenhang mit den von ihm beizubringenden Bauleistungen. Aufgrund der gesellschaftsrechtlichen Verbundenheit haften die Konsorten im Außenverhältnis jedoch als Gesamtschuldner[198].

Unabhängig hiervon unterscheidet man folgende typischen Ausprägungsformen bei der Bau-ARGE:

132 **a) Horizontal gegliederte ARGE.** Bei dieser Erscheinungsform handelt es sich um die klassische Form der ARGE. Sie wird begründet, wenn sich mehrere Firmen zur einheitlichen Ausführung eines bestimmten Bau-Leistungsbereiches zusammenschließen[199]. Die Gesellschafter der ARGE können dabei unterschiedliche Leistungsschwerpunkte übernehmen und in die ARGE einbringen[200]. Nach § 4.1 des ARGE-Mustervertrages sind die Gesellschafter zu diesem Zweck verpflichtet, im Verhältnis ihrer Beteiligung (§ 3) Beiträge und Leistungen an die ARGE zu erbringen. Die Gesellschafter haben je nach individueller Vereinbarung vertraglich vorgesehene Beistellungen zu leisten, um mit diesen (z.B. Geldmittel, Geräte, Stoffe, Personal, Bürgschaften etc.) die ARGE so auszustatten, dass diese, ggf. unter zusätzlichem Erwerb von Drittleistungen, imstande ist, die übernommenen Bauaufgaben zu erfüllen[201]. Dabei gelten folgende Besonderheiten:

- Die technische und kaufmännische Geschäftsführung wird regelmäßig einem der Gesellschafter übertragen (§§ 7, 8). Die Übernahme dieser Leistungen wird als gesondert vergütungsfähig angesehen (§ 10).
- Die erforderlichen Geldmittel sind von den Gesellschaftern entsprechend ihrem Beteiligungsverhältnis und unter Berücksichtigung der jeweiligen Kontenstände der Gesellschafter nach Anforderung der kaufmännischen Geschäftsführung zur Verfügung zu stellen (§ 11.1). Die Aufnahme von zusätzlichen Bankkrediten zur Finanzierung der Aufgaben der ARGE ist nur mit schriftlicher Zustimmung aller Gesellschafter möglich (§ 11.8).
- Das für die Durchführung der Arbeiten benötigte Personal ist von den Gesellschaftern entsprechend ihrem Beteiligungsverhältnis nach Maßgabe der Beschlüsse der Aufsichtsstellen zur Verfügung zu stellen (§ 12.1).
- Die für die Ausführung der Leistungen benötigten Verbrauchsstoffe (Baustoffe, Baubetriebsstoffe, Bauhilfsstoffe) sowie die Gebrauchsstoffe (nach der Baustellenausstattungs- und Werkzeugliste BAL) werden – anders als in der vorausgehenden Fassung des ARGE-Mustervertrages – nicht mehr von den Gesellschaftern beigestellt, sondern grundsätzlich von der ARGE selbst durch Kauf von Dritten oder durch Kauf von den Gesellschaftern im Wettbewerb beschafft[202]. Die Beschaffung durch Kauf erfolgt dabei nach Massgabe der Beschlüsse der Aufsichtsstelle, wobei die Aufsichtsstelle die kaufmännische Geschäftsführung ermächtigen kann, notwendige Käufe eigenverantwortlich selbst oder vermittels der Bauleitung durchzuführen (§ 13.221). Die Käufe sind unter Ausschöpfung von Wettbewerb nach dem Gebot der Wirtschaftlichkeit und ohne Bevorzugung einseitiger Gesellschafterinteressen durchzuführen (§ 13.222). Überzählige bzw. freigewordene Stoffe werden

[196] *Burchardt/Pfülb*, a.a.O., Einführung Rdn. 11.
[197] *Burchardt/Pfülb*, a.a.O., Einführung Rdn. 12.
[198] *Burchardt/Pfülb*, a.a.O., Einführung Rdn. 14.
[199] *Kleine-Möller/Merl* Handbuch des privaten Baurechts, 2. Aufl., § 3 Rdn. 80.
[200] *Palandt/Sprau* BGB, § 705 Rdn. 37.
[201] *Burchardt/Pfülb*, a.a.O., § 4 Rdn. 3, 10.
[202] Vgl. hierzu *Zerhusen/Nieberding*, BauR 2006, 296, 301.

gleichermaßen durch die ARGE wiederum im Wettbewerb an die Gesellschafter oder aber an Dritte veräussert (§ 13.3).

- Die für die Bauausführung notwendigen Geräte, die ihrer Art nach in der Baugeräteliste mit monatlichen Abschreibungs- und Verzinsungsbeträgen enthalten sind, haben die Gesellschafter entsprechend ihrem Beteiligungsverhältnis für die erforderliche Zeit beizustellen (§ 14.1 und 14.2). Dabei haben die Gesellschafter auch das für die beigestellten Geräte erforderliche geeignete Bedienpersonal, insbesondere für Groß- und Spezialgeräte abzustellen (§ 14.21). Je nach Ablauf der Baumassnahme sind die beizustellenden Baugeräte bei den Gesellschaftern durch die ARGE abzurufen (§ 14.22). Die Beistellung selbst erfolgt – sofern Abweichendes nicht schriftlich vereinbart ist – im Rahmen eines Mietverhältnisses zwischen der ARGE und dem jeweils beistellenden Gesellschafter (§ 14.31). Die Berechnung des Mietzinses erfolgt regelmäßig unter Berücksichtigung der monatlichen Beträge für Abschreibung, Verzinsung und Reparatur nach der Baugeräteliste (§ 14.32). Ausnahmsweise kann die ARGE – hiervon abweichend – auch eine Fremdanmietung von Geräten vornehmen (§ 14.21)[203].
- Für Verpackungs-, Be- und Entladekosten, sowie für Transportkosten gelten bestimmte – teilweise in dem ARGE-Mustervertrag 2005 geänderte – Abwicklungsregelungen im Verhältnis zwischen der ARGE und ihren Gesellschaftern (§ 15.1, 15.2, 15.3).
- Die Gesellschafter haben die erforderlichen Bürgschaften entsprechend ihren Beteiligungsverhältnissen jeweils der ARGE zur Verfügung zu stellen (§ 20.1)[204].

Die für den Abschluss von Versicherungen, die Entrichtung von Steuern sowie der Übernahme von Beiträgen und Umlagen maßgebenden Einzelheiten ergeben sich aus §§ 16 ff. des Muster-ARGE-Vertrages.

b) Vertikal gegliederte ARGE (Dach-ARGE). Eine Dach-ARGE liegt vor, wenn sich Unternehmen verschiedener Fachrichtungen zur gemeinsamen Ausführung von Bauleistungen verpflichten und den an die ARGE erteilten Auftrag in einzelne Leistungsbereiche bzw. Lose aufteilen. Die einzelnen Lose werden von der Dach-ARGE an die eigenen ARGE-Gesellschafter im Rahmen selbständiger Nachunternehmerverträge weiter beauftragt. Die Bauleistung stellt sich deshalb nicht mehr als Produkt gemeinschaftlicher Bauausführung der in der ARGE verbundenen Gesellschafter dar, sie ist vielmehr Ergebnis wiederum der Beauftragung einzelner Bauleistungen von der Dach-ARGE an Nachunternehmer, die zugleich Gesellschafter der ARGE sind[205]. 133

Schließen sich wiederum mehrere Mitglieder der ARGE zur Erbringung eines Leistungsbereiches bzw. eines oder mehrerer Lose zusammen, so spricht man von einer **Los-ARGE** oder auch einer **Unter-ARGE** im Verhältnis zur Ober-ARGE, der Dach-ARGE[206]. Die Los-ARGE ihrerseits wird regelmäßig wiederum als horizontal gegliederte ARGE organisiert. Dabei ist der einzelne Nachunternehmer zum einen allein verantwortlich gegenüber der Dach-ARGE für das eigene Los, zum anderen gegenüber dem Auftraggeber für den Gesamtauftrag gesamtschuldnerisch verpflichtet.

Im Regelfall erbringt die **Dach-ARGE** selbst keinerlei Leistungen, da diese eigenverantwortlich durch die ARGE-Partner (alleine oder im Rahmen von Los-ARGEN/Unter-ARGEN) erbracht werden. Die Dach-ARGE kann sich aber bestimmte einzelne Leistungen vorbehalten, etwa solche der Planung und Koordination, während sämtliche Bauleistungen an die ARGE-Partner weitervergeben werden. 134

Der **Abschluss des Dach-ARGE-Vertrages** erfolgt ebenso wie der ARGE-Vertrag üblicherweise auf der Grundlage des vom Hauptverband der Deutschen Bau-Industrie herausgegebenen Muster-Vertrages[207]. In diesem Vertrag ist sowohl der Zusammenschluss der ARGE als auch der Abschluss der jeweiligen Nachunternehmerverträge integriert. Während bei der normalen ARGE die Beitragspflichten der Gesellschaft auf die Beistellung von Geldmitteln, Personal, Geräten, Stoffen und sonstigen Leistungen gerichtet sind, erfüllen die Gesellschafter der Dach-ARGE ihre gesellschaftsrechtliche Beitragspflicht durch ihre selbständige und eigenverantwortliche 135

[203] Vgl. hierzu *Zerhusen/Nieberding*, BauR 2006, 296, 302.
[204] Siehe hierzu unten Rdn. 168 ff.
[205] *Burchardt/Pfülb*, a.a.O., § 25 Rdn. 1.
[206] *Langen* Jahrbuch Baurecht 1999, 64, 70.
[207] Dach-Arbeitsgemeinschaftsvertrag der Deutschen Bauindustrie in der Fassung 2005.

Bauleistung für das jeweilige Los- bzw. Einzellos. Dies geschieht durch **Abschluss eigenständiger Nachunternehmerverträge** zwischen der Dach-ARGE und ihren Gesellschaftern zu deren Einzellosen (§ 25.1). Soweit nicht Abweichendes vereinbart wird, bestimmen sich die fachlichen, terminlichen, vergütungsmässigen und rechtlichen Ausführungsfestlegungen für das jeweilige Einzellos nach dem entsprechenden Inhalt des von der Dach-ARGE mit dem Auftraggeber abgeschlossenen Bauvertrages (§ 25.135). Damit wird vertragsrechtlich sichergestellt, dass die im Außenverhältnis mit dem Auftraggeber getroffenen Leistungs- und Vergütungsregelungen unmittelbar anteilig und entsprechend auf den zum Einzellos abgeschlossenen Nachunternehmervertrag durchgestellt werden. Nach Ausführung von Teilleistungen stellen die Einzellose auf der Grundlage der Vergütungsregelungen des Hauptauftrages (§ 25.135) ihre jeweiligen Nachunternehmerrechnungen an die Dach-ARGE, die diese im Rahmen der Abrechnung der Dach-ARGE zusammenstellt und an den Auftraggeber weiterleitet (§ 25.214). Nichts anderes soll auch für Nachtragsforderungen gelten, die von Einzellosen erhoben werden (§ 25.214). Soweit der Auftraggeber Kürzungen oder Änderungen zu den vorgelegten Rechnungen vornimmt, sind hierüber die Einzellose zu unterrichten; ohne deren Zustimmung kann die Dach-ARGE die Kürzungen bzw. Änderungen nicht mit dem Auftraggeber des Hauptauftrages verhandeln und regeln (§ 25.216). Die vom Auftraggeber geleisteten Zahlungen hat die Dach-ARGE jeweils umgehend an die jeweiligen Einzellose weiterzugeben (§ 25.219), festgestellte Fehlbeträge sind bei entsprechender Zuordnungsmöglichkeit dem jeweils betroffenen Einzellos zu belasten; scheidet eine solche Zuordnungsmöglichkeit aus, kommt eine verhältnismäßige Auszahlung nach Maßgabe des Beteiligungsverhältnisses an der Dach-ARGE in Betracht (§ 25.220).

Bei der **Abnahme der durch die Dach-ARGE zu erbringenden Leistungen** ist zu differenzieren: Die Abnahme der Bauleistungen im Verhältnis zum Auftraggeber richtet sich nach § 12 VOB/B. Die Gesamtabnahme mit dem Auftraggeber umschließt auch die Abnahme der Bauleistungen zu den jeweiligen Einzellosen (§ 25.217 Abs. 2). Scheitert die Gesamtabnahme der Vertragsleistung der Dach-ARGE aufgrund von wesentlichen Mängeln, die dem Einzellos anhaften, löst dies eine Schadensersatzverpflichtung des verantwortlichen Einzelloses nach § 276 BGB aus (§ 25.217). Die Schadensersatzverpflichtung ist wie bei jedem anderen Nachunternehmer eine unbeschränkte, da die gesellschaftsinterne Haftungsbeschränkung sich nicht auf das Nachunternehmerverhältnis erstreckt (§ 25.132).

Von der Abnahme gegenüber dem Auftraggeber zu unterscheiden ist die **Abnahmen im Innen- bzw. Nachunternehmerverhältnis**. Das Einzellos kann die Abnahme seiner Teilleistung im Verhältnis zur Dach-ARGE erst dann verlangen, wenn auch in bezug auf das Verhältnis zwischen der Dach-ARGE und dem Auftraggeber Abnahmereife vorliegt (§ 25.217). Das Herausschieben der Abnahme im Innenverhältnis ist rechtlich unbedenklich, da das Nachunternehmerverhältnis von gesellschaftsrechtlichen Verpflichtungen überlagert ist, so dass AGB- und bauvertragsrechtliche Bedenken gegen die Verlagerung des Abnahmezeitpunktes nicht einzugreifen vermögen[208]. Aus diesem Grunde besteht eine zeitliche und inhaltliche Identität der Abnahmen aus dem Hauptauftrag und dem losbezogenen Nachunternehmervertrag[209].

136 Die Begründung einer Dach-ARGE löst gegenüber der typischen ARGE bei ihren Gesellschaftern **erhöhte Haftungsrisiken** aus. Die Gesellschafter der Dach-ARGE haften im Außenverhältnis gegenüber dem Auftraggeber im Rahmen des abgeschlossenen Auftrages bzw. auf gesetzlicher Grundlage als Gesamtschuldner uneingeschränkt (§ 25.225). Durch den gesellschaftsinternen Abschluss eines losbezogenen Nachunternehmervertrages kommt es im Außenverhältnis gegenüber dem Auftraggeber zu keinerlei Beschränkung der für das BGB-Gesellschaftsrecht kennzeichnenden gesamtschuldnerischen (Außen-)Haftung. Macht der Auftraggeber aus dem Vertrag oder ein Dritter auf gesetzlicher Grundlage Ansprüche gegenüber der Dach-ARGE geltend, so ist jedoch der intern verantwortliche Gesellschafter verpflichtet, die übrigen von der gesamtschuldnerischen Mithaftung freizustellen (§ 25.225 Abs. 3).

---

[208] Vgl. zu den ansonsten bestehenden AGB-rechtlichen Bedenken § 12 Rdn. 54 ff.
[209] *Burchardt/Pfülb*, a.a.O., § 25 Rdn. 203.

Diese **Freistellungsverpflichtung** geht darauf zurück, dass im Innenverhältnis aufgrund der übernommenen Nachunternehmerverpflichtung jeder Gesellschafter das sich aus seinem Leistungs- und Lieferumfang ergebende wirtschaftliche und technische Risiko alleine zu tragen hat. Dementsprechend haftet im Innenverhältnis auch jedes Einzellos für vertragsgerechte Erfüllung, für die Gefahr des zufälligen Unterganges der erbrachten Leistung, für die Einhaltung von Fristen und Terminen sowie für die Erfüllung der Gewährleistungsansprüche (§ 25.225 Abs. 2). Soweit keine anderslautende Vereinbarung getroffen ist, findet auch die interne Haftung der Gesellschafter die ansonsten für die ARGE typische Haftungsprivilegierung – nämlich Haftung nur bei Vorsatz und grober Fahrlässigkeit – keine Anwendung, da das mit dem Gesellschafter abgeschlossene Nachunternehmerverhältnis nicht anders als Nachunternehmerverträge mit Dritten keinerlei Haftungsprivilegierung erfahren sollen (§ 25.132).

c) Fortgesetzte ARGE. Die Dauer der ARGE ergibt sich regelmäßig aus dem Zeitbedarf **137**
für die Fertigstellung der übernommenen Bauaufgabe. Sie dauert deshalb regelmäßig von dem Abschluss des Bauvertrages bis zum Ablauf der Nacherfüllungsfrist[210]. Hiervon abzugrenzen ist die sog. fortgesetzte ARGE, die ebenso wie die normale ARGE und die Dach-ARGE zeitlich begrenzt ist, innerhalb derer aber nach dem ersten Auftrag anschließend weitere Neuverträge zur Ausführung von Bauleistungen abgeschlossen werden[211]. Da die fortgesetzte ARGE auf werbende Tätigkeit im Markt zur Erlangung weiterer Aufträge angelegt ist und deshalb hierfür auch einen auf derartige Tätigkeit ausgerichteten Geschäftsbetrieb haben wird, können die Voraussetzungen vorliegen, unter denen die ARGE als offene Handelsgesellschaft zu qualifizieren ist[212].

4. Organe der ARGE

Die maßgebenden Organe der Bau-ARGE sind die Aufsichtsstelle, die kaufmännische und **138**
technische Geschäftsführung sowie die Bauleitung.

a) Aufsichtsstelle (Gesellschafterversammlung). Bei der Aufsichtsstelle handelt es sich **139**
um die Gesellschafterversammlung der ARGE-Partner. Aufgabe des obersten Organs der ARGE ist es dabei, die Geschäftstätigkeit der ARGE im allgemeinen zu überwachen. Sie entscheidet über alle **Fragen von grundsätzlicher Bedeutung**, die ihr entweder von den Gesellschaftern unterbreitet werden oder über die sie nach dem ARGE-Vertrag zu befinden hat[213]. Die Fragen grundsätzlicher Bedeutung sind regelmäßig solche, die mit der Zweckerreichung der ARGE unmittelbar im Zusammenhang stehen (§§ 5.1, 6 ARGE-Mustervertrag). Da die Aufsichtsstelle reines Beschlussgremium ist, werden die von ihr getroffenen Entscheidungen nicht selbst durchgeführt, sondern durch die Geschäftsführung bzw. die Bauleitung umgesetzt[214].

Sitzungen der Aufsichtsstelle finden nach Bedarf oder aber auf Antrag eines Gesellschafters **140**
statt. Wird eine Aufsichtsstellensitzung beantragt, so hat sie in der Regel innerhalb von 14 Kalendertagen nach Antragstellung stattzufinden. Dabei ist zu beachten, dass die Technische Geschäftsführung regelmäßig die Sitzungen der Aufsichtsstelle einberuft und dabei die Tagesordnung und den Tagesort festsetzt (§ 6.5 ARGE-Mustervertrag).

Die Beschlüsse der Aufsichtsstelle bedürfen der Einstimmigkeit der anwesenden Gesellschaf- **141**
ter, soweit der ARGE-Vertrag nicht ausnahmsweise Abweichendes bestimmt (§§ 6.6 und 6.42 des ARGE-Mustervertrages). Nur ausnahmsweise darf abweichend hiervon mit der einfachen Stimmenmehrheit der anwesenden Gesellschafter entschieden werden (§ 6.6 des ARGE-Mustervertrages).

Die technische Geschäftsführung der ARGE hat über die Aufsichtsstellensitzungen jeweils **Niederschriften** anzufertigen. Diese Niederschriften sind den Gesellschaftern innerhalb von

[210] *Palandt/Sprau* BGB, § 705 Rdn. 37.
[211] *Burchardt/Pfülb* a.a.O., Einführung Rdn. 39.
[212] Vgl. zur Abgrenzung oben Anhang Rdn. 120 ff.
[213] *Ingenstau/Korbion* VOB, Anhang 3 Rdn. 26.
[214] *Burchardt/Pfülb* a.a.O., § 5 Rdn. 6.

10 Kalendertagen nach der Aufsichtsstellensitzung zuzusenden. Nach Eingang sind die Gesellschafter gehalten, den Inhalt der Niederschriften umgehend inhaltlich zu überprüfen. Sofern das Ergebnis der Aufsichtsstellensitzung in den Niederschriften nach Auffassung der Gesellschafter unrichtig protokolliert ist, besteht die Verpflichtung, hiergegen einen schriftlichen Widerspruch zu erheben. Der Widerspruch ist bei der technischen Geschäftsführung einzulegen und zwar längstens innerhalb von 14 Kalendertagen. Wird innerhalb vorgenannter Frist nach Empfang der Niederschrift kein schriftlicher Widerspruch erhoben, so gilt die Niederschrift als inhaltlich genehmigt (§ 6.7 ARGE-Mustervertrag).

Auch wenn die Aufsichtsstelle als oberstes Organ der ARGE dafür berufen ist, alle Fragen von grundsätzlicher Bedeutung zu erfassen, besteht ergänzend die Notwendigkeit, eine schriftliche Zustimmung aller Gesellschafter einzuholen und zwar dann, wenn es um Änderungen und Ergänzungen des ARGE-Vertrages, das Betreiben gerichtlicher Verfahren sowie die Aufnahme von Bankkrediten, die Ausstellung und Annahme von Wechseln sowie die Abtretung von Forderungen der ARGE gegen Dritte sowie von Forderungen der ARGE gegen einen Gesellschafter geht (§ 6.8 ARGE-Mustervertrag). Dieses besondere Schriftformerfordernis wird dadurch (noch einmal) betont, dass auch unterschriebene Niederschriften nicht genügen, um das Erfordernis schriftlicher Zustimmungen der einzelnen Gesellschafter zu ersetzen (§ 6.8). Es bedarf deshalb bei entsprechender Beschlussfassung stets noch ergänzender schriftlicher Zustimmungserklärungen, die der ARGE-Geschäftsführung von den Gesellschaftern zur Verfügung zu stellen sind.

142 **b) Kaufmännische und technische Geschäftsführung.** Die kaufmännische und technische Geschäftsführung ist Ausführungsorgan aller Beschlüsse der Aufsichtsstelle. Sie hat darüber hinaus alle Geschäfte wahrzunehmen, die nicht von der Aufsichtsstelle entschieden bzw. erledigt werden (§§ 5.2, 5.3, 7, 8 ARGE-Mustervertrag).

Die **technische Geschäftsführung** vertritt die ARGE (in kaufmännischen Angelegenheiten im Einverständnis mit der kaufmännischen Geschäftsführung) gegenüber dem Auftraggeber (§ 7.2 ARGE-Mustervertrag). Deshalb obliegt es auch (primär) der technischen Geschäftsführung, Verhandlungen mit dem Auftraggeber über die Abwicklung des Bauvertrages, die Bauausführung, Änderungen und Erweiterungen des Bauvertrages wie auch über Nachträge zu führen (§ 7.46). Bei Abschluss von Nachunternehmerverträgen ist jedoch das Einverständnis der kaufmännischen Geschäftsführung und der Aufsichtsstelle einzuholen; Aufträge an Gesellschafter oder mit diesen verbundene Unternehmen können nur gemeinschaftlich mit der kaufmännischen Geschäftsführung eingegangen werden (§ 7.45 ARGE-Mustervertrag). Abgesehen hiervon obliegt der technischen Geschäftsführung die verantwortliche Überwachung der Bauarbeiten sowie der eingesetzten Bauleitung (§ 7.41 ARGE-Mustervertrag). Über alle wesentlichen Geschäftsvorfälle hat die technische Geschäftsführung die übrigen Gesellschafter jeweils zeitnah zu unterrichten (§ 7.6).

Die **kaufmännische Geschäftsführung** vertritt die ARGE gegenüber Dritten in kaufmännischen Belangen (§ 8.2 ARGE-Mustervertrag). Dabei bezieht sich diese Tätigkeit auf die verantwortliche Überwachung aller kaufmännischen Arbeiten auf der Baustelle und für die Baustelle (§ 8.4.1), die Buchhaltung (§ 8.5), die Bearbeitung der Steuerangelegenheiten der ARGE (§ 8.48), die Aufstellung von Ergebnisübersichten (§ 8.6) sowie die jeweils unverzügliche Unterrichtung der übrigen Gesellschafter über alle wesentlichen kaufmännischen Geschäftsvorfälle (§ 8.8). Der Rechnungs- und Zahlungsverkehr wird über die kaufmännische Geschäftsführung abgewickelt (§ 8.8 und 8.9).

Bei schuldhafter **Verletzung von Geschäftsführungspflichten** macht sich die technische bzw. kaufmännische Geschäftsführung gegenüber den übrigen ARGE-Gesellschaftern schadensersatzpflichtig. Diese Schadensersatzverpflichtung ist jedoch auf vorsätzliches bzw. grob fahrlässiges Fehlverhalten beschränkt. Aus der Präambel zum Muster-ARGE-Vertrag ergibt sich, dass für die Rechtsbeziehungen der Gesellschafter untereinander die Haftungsregelung des § 276 BGB, jedoch unter Ausschluss der leichten Fahrlässigkeit, gilt. Da üblicherweise im Rahmen der geschäftsführenden Tätigkeit Pflichtenverstöße nur leicht fahrlässig erfolgen, hat die vorgesehene

Haftungsprivilegierung zur Konsequenz, dass regelmäßig gesellschaftsintern nicht für Versäumnisse im Rahmen der Geschäftsführertätigkeit gehaftet wird[215].

Bei wiederholten Pflichtenverstößen kann die Aufsichtsstelle jedoch durch einstimmigen Beschluss der übrigen Gesellschafter der technischen oder kaufmännischen Geschäftsführung die ihnen zustehenden Befugnisse aus wichtigem Grunde entziehen (§ 6.8). Aus § 712 Abs. 1 BGB ergibt sich, dass ein wichtiger Grund zur **Entziehung der Geschäftsführung** vorliegt, wenn dem Geschäftsführer grobe Pflichtverletzungen vorzuwerfen sind oder er sich als unfähig zur ordnungsgemäßen Geschäftsführung erwiesen hat. Dies ist vor allem immer dann der Fall, wenn es den übrigen Gesellschaftern unzumutbar ist, die geschäftsführende Tätigkeit durch den technischen bzw. kaufmännischen Geschäftsführer weiter wahrnehmen zu lassen[216]. Die Entziehung der Geschäftsführungsbefugnis erfolgt durch Beschlussfassung. Der Beschluss kann nur auf die Geschäftsführungstätigkeit in ihrer Gesamtheit und nicht auf einzelne Aufgabenbereiche begrenzt werden[217]. Andererseits verbleibt der Aufsichtsstelle die Möglichkeit, einzelne Fragen von grundsätzlicher Bedeutung an sich zu ziehen und hierüber zu entscheiden (§ 6.41 ARGE-Mustervertrag).

c) Bauleitung. Der Bauleitung obliegt als Hilfsorgan der Geschäftsführung die Durchführung **143**
des Bauauftrags auf der Baustelle. Sie leitet ihre Rechte und Pflichten von der Aufsichtsstelle der ARGE ab. Darüber hinaus ist sie an die Weisungen der kaufmännischen und technischen Geschäftsführung gebunden (§§ 5.4, 9 ARGE-Mustervertrag)[218].

Die Bauleitung besteht regelmäßig aus einem technischen und einem kaufmännischen Bauleiter (§ 9.2). Der berufenen Bauleitung obliegt die Durchführung des Bauauftrages nach Weisung der technischen und der kaufmännischen Geschäftsführung (§ 9.11). Sie handeln insoweit als Organ der ARGE, jedoch mit eingeschränktem Aufgabenrahmen. Dementsprechend verfügen sie auch nur über eine eingeschränkte Vollmacht, mit den örtlichen Organen des Auftraggebers über Fragen örtlichen Charakters zu verhandeln. Verhandlungen über Änderungen oder wesentliche Erweiterungen des Bauvertrages sind ihr nur bei vorheriger Ermächtigung der Aufsichtsstelle gestattet (§ 9.11). Der technische und kaufmännische Bauleiter verfügen insoweit im übrigen nur über Gesamtvertretungsberechtigung (§ 9.3). Soweit die Bauleitung die ihr eingeräumte Vertretungsmacht überschreitet, liegt ein Handeln als Vertreter ohne Vertretungsmacht im Sinne der §§ 177 ff. BGB vor[219].

5. Haftung der ARGE und ihrer Gesellschafter

Bei der Haftung der ARGE und ihrer Gesellschafter muss zwischen dem Innenverhältnis **144**
der Gesellschafter untereinander und dem Außenverhältnis zu dem Auftraggeber und Dritten unterschieden werden.

a) Haftung im Innenverhältnis. Bei der Beteiligung der ARGE-Gesellschafter geht das Ge- **145**
setz im Zweifel von einer solchen nach gleichen Anteilen aus (§§ 716 Abs. 1, 722 BGB). Dieser **Prozentsatz der Beteiligung** gilt grundsätzlich auch für die vertragliche Haftung der ARGE-Gesellschafter untereinander im Innenverhältnis[220]. Soweit eine derartige Haftungsverteilung zwischen den Gesellschaftern nicht gewollt ist, kann hierzu grundsätzlich eine anderweitige Regelung im ARGE-Vertrag getroffen werden (vgl. § 3 ARGE-Mustervertrag).

In diesem Zusammenhang ist § 708 BGB zu berücksichtigen. Ein ARGE-Gesellschafter hat **146**
danach bei der **Erfüllung der ihm obliegenden Gesellschafter-Verpflichtungen** nur für diejenige Sorgfalt einzustehen, welche er in eigenen Angelegenheiten anzuwenden pflegt. Unabhängig

[215] Vgl. hierzu *Burchardt/Pfülb*, a.a.O., Vorbemerkungen zu §§ 7 und 8 Rdn. 33.
[216] *Palandt-Sprau*, BGB, § 723 Rdn. 4.
[217] *Burchardt/Pfülb*, a.a.O., Vorbemerkungen zu §§ 7 und 8 Rdn. 40.
[218] *Burchardt/Pfülb* a.a.O., § 9 Rdn. 1.
[219] *Burchardt/Pfülb*, a.a.O., § 9 Rdn. 54.
[220] *Ingenstau/Korbion* VOB, Anhang 3 Rdn. 50.

hiervon steht es den ARGE-Gesellschaftern frei, die Haftung unter Berücksichtigung des § 276 BGB auf vorsätzliches bzw. grob fahrlässiges Fehlverhalten zu beschränken (vgl. Präambel des ARGE-Mustervertrages). Hieran hat auch die Neufassung des § 276 BGB nichts geändert, da das Schuldrechtsmodernisierungsgesetz die Vorschrift des § 276 BGB zwar sachlich und redaktionell verbessert, im Kern aber unverändert belassen hat[221].

147 Im **außervertraglichen Haftungsbereich** beurteilt sich die Haftung der ARGE-Gesellschafter im Innenverhältnis nach dem Recht der unerlaubten Handlung. Auch hier kann das Haftungsprivileg des § 708 BGB eingreifen[222]. Eine Haftung der ARGE-Gesellschafter im Innenverhältnis kann deshalb bei Vorliegen leichter Fahrlässigkeit ausgeschlossen sein (vgl. Präambel des ARGE-Mustervertrages).

148 **b) Haftung im Außenverhältnis.** Im Zusammenhang mit der vertraglichen Haftung im Außenverhältnis wird seit jeher die Frage diskutiert, unter welchen Voraussetzungen und inwieweit die ARGE-Gesellschafter selbst, insbesondere mit ihrem Privatvermögen für Verbindlichkeiten der ARGE in Anspruch genommen werden können[223]. Im Ergebnis bestand seit jeher Einvernehmen darüber, dass die ARGE-Gesellschafter grundsätzlich umfassend, d.h. sowohl mit dem Gesellschafts- wie auch mit ihrem Privatvermögen für eingegangene vertragliche Verbindlichkeiten gegenüber Dritten zu haften haben[224]. Rechtsdogmatisch wurde dies allerdings in der Vergangenheit vor dem Hintergrund des differenziert beurteilten **Wesens der Gesellschaft bürgerlichen Rechts** unterschiedlich begründet:

149 – Nach früher vertretener Auffassung umfasste die Gesellschaft bürgerlichen Rechts die ARGE-Gesellschafter in ihrer gesamthänderischen Verbundenheit. Der ARGE wurde keine eigene Rechtspersönlichkeit oder Rechtsfähigkeit beigemessen. Die umfassende Haftung der ARGE-Gesellschafter mit dem Gesellschafts- und Privatvermögen wurde damit begründet, dass das Handeln der Vertreter der ARGE sowohl dieser wie auch den ARGE-Gesellschaftern zuzurechnen war (**sog. einheitliche Verpflichtung mit Doppelwirkung**)[225].

150 – Demgegenüber unterschieden die Vertreter der **sog. Doppelverpflichtungstheorie** zwischen Verbindlichkeiten der ARGE als Gesamthand und solchen der ARGE-Gesellschafter persönlich[226]. Sie sahen in der Gesellschaft bürgerlichen Rechts ein besonderes Zuordnungsobjekt mit Teil-Rechtsfähigkeit und bezogen daher die im Rahmen der gesellschaftsrechtlichen Tätigkeit entstehenden Verpflichtungen unmittelbar auf die ARGE und deren Gesellschaftsvermögen. Die hinzutretende persönliche Haftung der ARGE-Gesellschafter wurde ergänzend damit begründet, dass die Geschäftsführer der ARGE nicht nur für Gesellschaftsvermögen, sondern vertretungshalber auch für die anderen ARGE-Gesellschafter handelten[227]. Dieser sog. Doppelverpflichtungstheorie hatte sich auch der BGH mit seiner früheren Rechtsprechung angeschlossen[228].

151 – Nach der **sog. Akzessorietätstheorie** sollten auch bei der ARGE als Gesellschaft bürgerlichen Rechts die zur Haftung von oHG-Gesellschaftern entwickelten Grundsätze entsprechend angewandt werden (§§ 128, 129 HGB). Dies hatte zur Konsequenz, dass die persönliche Haftung der ARGE-Gesellschafter nicht von der Vertretungsmacht der Geschäftsführer abhing, sondern dass sie alle Verbindlichkeiten der Gesamthand akzessorisch unmittelbar erfasste[229].

152 Mit dem **Grundsatzurteil des BGH vom 29.1.2001**[230] hat sich der Streit über die unterschiedlichen Begründungsmodelle der Haftung der ARGE und ihrer Gesellschafter im wesentlichen

[221] *Palandt/Heinrichs* BGB, § 276 Rdn. 1.
[222] *Palandt/Sprau* BGB, § 708 Rdn. 2.
[223] *Palandt/Sprau* BGB, § 714 Rdn. 11.
[224] *Palandt/Sprau* BGB, § 714 Rdn. 11.
[225] Vgl. *Hueck/Windbichler* Gesellschaftsrecht, § 8 II.
[226] Vgl. *Burchardt/Pfülb* ARGE-Kommentar, Einführung Rdn. 39.
[227] Vgl. *Kindl* NZG 1999, 517; *Huep* NZG 2000, 285.
[228] BGHZ 74, 240, 242; BGH WM 1990, 1035, 1037.
[229] Münchener Kommentar/*Ulmer* BGB, § 714 Rdn. 3; vgl. auch *K. Schmidt* Gesellschaftsrecht, § 60 III 2.
[230] BGH BauR 2001, 775.

erledigt: Der BGH hat der Gesellschaft bürgerlichen Rechts die Fähigkeit zuerkannt, unmittelbar Träger von Rechten und Pflichten zu sein. Mit dieser Anerkennung der Rechtssubjektivität der Gesellschaft bürgerlichen Rechts im Verhältnis zu Dritten verbindet sich die unmittelbare Haftung der ARGE durch rechtsgeschäftliches Handeln ihrer Gesellschafter[231]. Die Gesellschafterhaftung ergibt sich nunmehr aus der analogen Anwendung der §§ 128, 129 HGB auf die Gesellschaft bürgerlichen Rechts[232]. Weitergehender, vor allem der früher diskutierten Begründungen zur Haftungsfrage bedarf es danach im Zusammenhang rechtsgeschäftlichen Handelns namens der ARGE nicht mehr[233].

Im vertraglichen Haftungsbereich kommt vor diesem Hintergrund besondere Bedeutung der 153 Frage zu, inwieweit die **Haftung der Gesellschafter** gegenüber dem Auftraggeber der ARGE **eingeschränkt bzw. ausgeschlossen** werden kann. Grundsätzlich kann dieser Frage nur im Rahmen einer vertraglichen Vereinbarung mit dem jeweiligen Vertragspartner der ARGE geregelt werden. Da die Haftung des oHG-Gesellschafters für Verbindlichkeiten der Gesellschaft durch entsprechende Vereinbarung ausgeschlossen werden kann[234], ist es nach vorherrschendem Verständnis auch durch Vereinbarung zwischen dem Gesellschafter der ARGE und dem ARGE-Gläubiger sowie durch eine zugunsten des ARGE-Gesellschafters durch die ARGE selbst getroffene Vereinbarung möglich, die Gesellschafterhaftung zu beschränken bzw. auszuschließen[235].

Außervertraglich haften die ARGE-Gesellschafter gesamtschuldnerisch, wenn sie den Haf- 154 tungstatbestand gemeinsam verwirklicht haben (§§ 823, 830, 840 BGB) oder wenn die schadensstiftende Handlung eines einzelnen ARGE-Gesellschafters der ARGE in ihrer Gesamtheit zugerechnet wird[236]. Nach Anerkennung der Rechtsfähigkeit der Gesellschaft bürgerlichen Rechts wird nunmehr angenommen, dass der Gesellschaft – nicht anders als bei der oHG oder KG – ein jedes Verschulden ihrer Organe zugerechnet wird. Für die dadurch begründete Gesellschaftsschuld haben die Gesellschafter aufgrund der nunmehr bejahten akzessorischen Gesellschafterhaftung persönlich einzustehen[237].

c) Haftung für Altverbindlichkeiten. Für das Recht der oHG sieht § 130 HGB die Haf- 155 tung des eintretenden Gesellschafters für Altverbindlichkeiten der bestehenden Gesellschaft vor. Die Bestimmungen der §§ 705 BGB enthalten für die Gesellschaft bürgerlichen Rechts keine entsprechende gesetzliche Regelung. Auf der Grundlage der früher herrschenden Doppelverpflichtungstheorie wurde eine persönliche Haftung des Eintretenden für bestehende Altverbindlichkeiten verneint[238]. Unter Berücksichtigung der geänderten Rechtsprechung des BGH[239] und der nunmehr vorherrschenden Akzessorietätstheorie wird heute partiell eine Haftung für bestehende Altverbindlichkeiten der Gesellschaft in Anlehnung an § 130 HGB bejaht[240]. Da der BGH die §§ 128, 129 HGB entsprechend auf die Gesellschaft bürgerlichen Rechts anwendet, spricht vor allem der systematische Zusammenhang zwischen vorgenannten Vorschriften und § 130 HGB für die akzessorische Haftung des neu eintretenden Gesellschafters auch für bestehende Altverbindlichkeiten[241]. Der BGH hat in seiner Entscheidung vom 7.4.2003 ausdrücklich eine entsprechende Anwendung des § 130 HGB bejaht, so dass der einer ARGE nachträglich beitretende Gesellschafter entsprechend §§ 128, 130 HGB für bereits begründete Altverbindlichkeiten der Gesellschaft uneingeschränkt als Gesamtschuldner mit haftet[242].

---

231 BGH BauR 2001, 775, 778.
232 *K. Schmidt,* NJW 2003, 1897, 1898; *Ulmer* ZIP 2001, 585, 587.
233 *Ulmer* ZIP 2001, 585, 587.
234 Vgl. nur *Staub/Habersack* HGB, § 128 Rdn. 15.
235 BGHZ 142, 315 = BB 1999, 2152; *Habersack* BB 2001, 477, 481.
236 *Burchardt/Pfülb* a.a.O., Einführung Rdn. 49.
237 Vgl. *Habersack* BB 2001, 477, 479.
238 Münchener Kommentar/*Ulmer* BGB, 3 Aufl., § 714 Rdn. 64 ff. m.w.N.
239 BGH BauR 2001, 775.
240 OLG München NZG 2000, 477, 478; OLG Düsseldorf NZG 2002, 284.
241 Vgl. auch *Habersack* BB 2001, 477, 482; *Baumann/Rößler* NZG 2002, 793.
242 BGH NJW 2003, 1803.

156 **d) Haftung bei Ausscheiden aus der Gesellschaft.** Aus § 736 Abs. 2 BGB ergibt sich, dass die für die Personenhandelsgesellschaften – also oHG und KG – geltenden Regelungen über die Begrenzung der Nachhaftung sinngemäß auch für die Gesellschaft bürgerlichen Rechts Berücksichtigung zu finden haben. Nach § 160 HGB erlischt die **sog. Nachhaftung** des ausgeschiedenen Gesellschafters vom Grundsatz her nach Ablauf von 5 Jahren[243]. Innerhalb vorgenannter zeitlicher Begrenzung haftet der Gesellschafter auch nach seinem Ausscheiden für sämtliche im Zusammenhang mit dem Gesellschaftsverhältnis begründeten Verbindlichkeiten persönlich weiter[244].

6. Parteifähigkeit der ARGE

157 Bis zur Grundsatzentscheidung des BGH vom 29.1.2001[245] wurde in Rechtsprechung und Schrifttum die Auffassung vertreten, die ARGE besitze keine eigene Rechtspersönlichkeit[246]; demgemäß sollte ihr auch die Parteifähigkeit gemäß § 50 ZPO fehlen, so dass die ARGE als Gesellschaft bürgerlichen Rechts im Zivilprozess weder aktiv noch passiv parteifähig war. Partei waren danach im Prozess jeweils die in gesamthänderischer Verbundenheit als ARGE handelnden Gesellschafter.

158 Von dieser Einschätzung ist der BGH mit seinem Urteil vom 29.1.2001[247] abgerückt und hat die Gesellschaft bürgerlichen Rechts als rechtsfähig anerkannt, soweit sie durch Teilnahme am Rechtsverkehr eigene Rechte und Pflichten begründet. Ausgehend hiervon wird sie nunmehr im Zivilprozess als **aktiv und passiv parteifähig** angesehen[248]. Dies hat zur Konsequenz, dass nunmehr die Gesellschaft bürgerlichen Rechts bzw. die Bau-ARGE als Partei an einem Rechtsstreit beteiligt sein kann. Insoweit ist zwischen Aktiv- und Passivprozess zu unterscheiden:

Aktivprozesse führt nunmehr die ARGE als Partei. Da die Rechtsfähigkeit der ARGE (nunmehr) von den sie bildenden Gesellschaftern rechtlich abgeschichtet ist, kommt es auf den Gesellschafterbestand und einen etwaigen Gesellschafterwechsel während des gerichtlichen Verfahrens nicht (mehr) an[249]. Insbesondere kommt es durch einen Gesellschafterwechsel innerhalb der ARGE während des anhängigen Verfahrens nicht (mehr) zu einem prozessual beachtlichen Parteiwechsel[250]. Aufgrund bestehender Aktivlegitimation der ARGE wird die Befugnis der Gesellschafter, zugunsten der ARGE Forderungen im Wege der actio pro socio geltend zu machen, verneint[251].

Die ARGE ist auch im **Passivprozess** (nunmehr) parteifähig. Gewährleistungs- und Schadensersatzklagen können deshalb gegen die ARGE unmittelbar geführt werden. Da die ARGE zumeist nicht über gesamthänderisch gebundenes Vermögen verfügt, wird der Auftraggeber regelmässig seine Klage zur Erreichung der Mithaftung der ARGE-Gesellschafter nicht nur gegen die ARGE, sondern darüber hinaus auch gegen ihre Gesellschafter zu richten haben (§§ 128, 129 HGB)[252]. Anlass hierzu besteht vor allem auch deshalb, weil der Auftraggeber nicht imstande ist, einen gegen die ARGE erstrittenen Zahlungstitel zum Zwecke der Zwangsvollstreckung auf die ARGE-Gesellschafter umschreiben zu lassen[253]. Soweit eine Klage gegen die Gesellschafter in ihrer gesamthänderischen Verbundenheit anhängig ist, kann diese ohne hiermit einhergehende Klageänderung auf die parteifähige ARGE umgestellt werden[254].

---

[243] Vgl. hierzu im einzelnen *Seibert* DB 1994, 461.
[244] *Palandt/Sprau* BGB, § 736 Rdn. 10.
[245] BGH BauR 2001, 775.
[246] BGHZ 23, 307, 313; BGH NJW 2000, 291; *Müther* MDR 1998, 625; partiell abweichende Auffassung aber *Prütting* ZIP 1997, 1725, 1733.
[247] BGH BauR 2001, 775.
[248] BGH BauR 2001, 775, 778.
[249] Vgl. *Wertenbruch*, NJW 2002, 234.
[250] *Zöller*, ZPO, § 50 Rdn. 18.
[251] OLG Brandenburg IBR 2006, 203 – Schmitz.
[252] BGH NJW 2001, 1056, 1060; *Wertenbruch*, NJW 2002, 234.
[253] *Wertenbruch*, NJW 2002, 234.
[254] BGH IBR 2006, 261 – Schmitz.

Im Zusammenhang mit der Umqualifizierung der Gesellschaft bürgerlichen Rechts stellt sich hinsichtlich der am Verfahren beteiligten Gesellschafter die Frage, ob diese als **notwendige oder lediglich einfache Streitgenossen** zu behandeln sind[255]. Mit der Anerkennung der Parteifähigkeit der Gesellschaft bürgerlichen Rechts wurde die bisher vertretene notwendige Streitgenossenschaft der ARGE-Gesellschafter[256] zugunsten des Modells der Rechts- und Parteifähigkeit der (Außen-)ARGE aufgegeben. Dies hat zur Konsequenz, dass die ARGE-Gesellschafter – vergleichbar den oHG-Gesellschaftern – im Aktiv- und Passivprozess keine notwendigen, sondern nunmehr lediglich noch einfache Streitgenossen sind[257]. Im Falle eingetretener Insolvenz eines ARGE-Gesellschafters hat dies während eines Aktiv- bzw. Passivprozesses zur Folge, dass es lediglich hinsichtlich des insolventen ARGE-Gesellschafters zu einer Verfahrensunterbrechung gemäß § 240 Satz 1 ZPO kommt. **159**

7. Zwangsvollstreckung gegen die ARGE und ihre Gesellschafter

Bis zum Grundsatzurteil des BGH vom 29.1.2001[258] war zur Vollstreckung in das Gesellschaftsvermögen der ARGE gemäß § 736 ZPO ein gegen alle ARGE-Gesellschafter ergangenes Urteil erforderlich, da die ARGE nach vorherrschendem Verständnis nicht parteifähig war und deshalb nur in das gesamthänderisch gebundene Vermögen der Gesellschafter vollstreckt werden konnte[259]. **160**

Da der ARGE nunmehr Rechts- und Parteifähigkeit zugesprochen wurde, kann nun mit einem Titel gegen die ARGE **unmittelbar in das Gesellschaftsvermögen** vollstreckt werden. Weder der Wortlaut noch der Zweck des § 736 ZPO sollen einer derartigen Vollstreckung entgegenstehen[260]. Ungeachtet dessen kann die Zwangsvollstreckung in das Gesellschaftsvermögen aber auch noch mit einem Titel bewirkt werden, der gegen alle ARGE-Gesellschafter in gesamthänderischer Verbundenheit erstritten wurde. **161**

Von der Vollstreckung in das Gesellschaftsvermögen ist die in das **Privatvermögen der Gesellschafter** zu unterscheiden. Hat der Gläubiger lediglich einen Titel gegen die ARGE, aber nicht gegen die ARGE-Gesellschafter erwirkt, kann er mit diesem Titel zwar in das Gesellschafts-, nicht aber in das Privatvermögen der ARGE-Gesellschafter vollstrecken[261]. Für die oHG und KG ergibt sich das Verbot der direkten Vollstreckung in das Privatvermögen unmittelbar aus § 129 Abs. 4 HGB. Diese Regelung trägt dem Umstand Rechnung, dass Gesellschaft und Gesellschafter verschiedene Rechtssubjekte sind und jeweils nur den Vollstreckungszugriff ihrer eigenen Gläubiger zu dulden haben. Für das Recht der Gesellschaft bürgerlichen Rechts bzw. der ARGE fehlt es zwar an einer § 129 Abs. 4 HGB entsprechenden Bestimmung. Die gleichermaßen auch im BGB-Gesellschaftsrecht gebotene Vermögensseparierung ergibt sich jedoch zwangsläufig aus der Anerkennung der Rechts- und Parteifähigkeit der ARGE und ihrer Eigenständigkeit gegenüber ihren Gesellschaftern[262]. Die genannte Vermögensseparierung zwingt unter vollstreckungsrechtlichen Vorzeichen den Gläubiger der ARGE deshalb dazu, neben der ARGE deren Gesellschafter entweder parallel oder aber nachfolgend klageweise in Anspruch zu nehmen. **162**

8. Dauer und Auflösung der ARGE

Die Dauer der ARGE ergibt sich regelmäßig aus dem Zeitbedarf für die Durchführung der übernommenen Bauaufgabe. Die ARGE beginnt dabei mit der **Aufnahme der gemeinsamen Geschäftstätigkeit** bzw. mit der Erteilung des Bauauftrages, also dem Abschluss des Bauvertrages **163**

---

[255] Vgl. zum früheren Recht BGH WM 1963, 728, 729; *Stein/Jonas/Bork* ZPO, § 62 Rdn. 19 a, 20.
[256] Vgl. BGH WM 1963, 728, 729; *Stein/Jonas/Bork* ZPO, § 62 Rdn. 19 a, 20.
[257] OLG Jena IBR 2002, 530.
[258] BGH BauR 2001, 775.
[259] Vgl. *Burchardt/Pfülb* a.a.O., Einführung Rdn. 40.
[260] BGH NJW 2001, 1056; *Thomas/Putzo* ZPO, § 736 Rdn. 4.
[261] *Wertenbruch* NJW 2002, 324, 329.
[262] *Habersack* BB 2001, 477, 480.

und endet mit dem **Ablauf der Nacherfüllung** zu dem durchgeführten Bauvertrag[263]. Die Beendigung der ARGE tritt deshalb erst nach Ablauf der – ggf. auch verlängerten – Gewährleistungsfrist ein (vgl. § 22 Satz 1 ARGE-Mustervertrag). Kommt es zu gerichtlichen oder schiedsgerichtlichen Auseinandersetzungen über Vergütungs- oder Gewährleistungsansprüche, so kann die Beendigung der Gesellschaft erst nach rechtskräftigem Abschluss des anhängigen Verfahrens eintreten.

164 Unabhängig hiervon gilt folgendes für die **vorzeitige Beendigung** bzw. Auflösung der Bau-ARGE:

- Regelmäßig wird zur Sicherstellung der Durchführung der übernommenen Bauleistungen die **Möglichkeit der ordentlichen Kündigung** im ARGE-Vertrag ausgeschlossen[264]. Da die ARGE nach dem ARGE-Mustervertrag zweckgebunden für die Dauer des gemeinschaftlich zu realisierenden Bauvorhabens gegründet ist, sieht der ARGE-Mustervertrag keine vorzeitige, freie Kündigungsbefugnis zugunsten der Gesellschafter vor (vgl. § 723 Abs. 1 BGB).
- Die Gesellschafter können durch **gesonderte Beschlussfassung** die vorzeitige Beendigung bzw. Auflösung der Gesellschaft erreichen (§ 22 Satz 2 ARGE-Mustervertrag). Die vorzeitige Auflösung der ARGE lässt jedoch die gesamtschuldnerische Haftung der Gesellschafter im Außenverhältnis unberührt. Im Innenverhältnis soll es im Zuge der Abwicklung bei der fortdauernden anteiligen Haftung der Gesellschafter verbleiben (§ 22 Satz 2 ARGE-Mustervertrag).
- Aus den in § 723 Abs. 1 BGB genannten Gründen kann eine vorzeitige **Kündigung der Gesellschaft aus wichtigem Grunde** durch die Gesellschafter ausgesprochen werden (vgl. § 23.1 ARGE-Mustervertrag). Ein wichtiger Grund liegt danach vor, wenn ein anderer Gesellschafter eine ihm nach dem Gesellschaftsvertrag obliegende wesentliche Verpflichtung vorsätzlich oder aus grober Fahrlässigkeit verletzt hat. Insoweit handelt es sich jedoch lediglich um ein nicht abschließendes Regelbeispiel. Auch andere, schwerwiegende Umstände können im Einzelfall dem Gesellschafter ein Recht zur Kündigung aus wichtigem Grund verleihen[265]. Bei Gesamtwürdigung aller Umstände muss es danach aber dem kündigenden Gesellschafter unzumutbar sein, das Gesellschaftsverhältnis mit den übrigen Gesellschaftern fortzusetzen[266]. Die wiederholte und endgültige Verweigerung von Vertragsverpflichtungen kann Anlass zur Kündigung aus wichtigem Grunde geben[267]. Gleichermaßen kann ein Recht zur Kündigung aus wichtigem Grund gegeben sein, wenn die für die Erfüllung des Gesellschaftszweckes innerhalb der ARGE erforderliche vertrauensvolle Zusammenarbeit der Gesellschafter nicht mehr möglich und erreichbar ist[268]. Auch schwerwiegende grobe Pflichtverletzungen oder aber eine irreparable Zerstörung des Vertrauensverhältnisses zwischen den Gesellschaftern lässt die Kündigung aus wichtigem Grund zu[269].
- Gläubiger können die **Kündigung der Gesellschaft** gemäß § 725 BGB betreiben, sofern die Gesellschafter nicht von dem ihnen zustehenden Ablösungsrecht Gebrauch machen oder aber die Fortsetzung der Gesellschaft unter den verbleibenden Gesellschaftern vertraglich vereinbart ist[270]. Der ARGE-Mustervertrag sieht für den Fall der Kündigung des Gläubigers nach § 725 BGB vor, dass der betreffende Gesellschafter damit zwangsläufig aus der Gesellschaft ausscheidet (§ 23.51).
- Nach § 727 Abs. 1 BGB wird die ARGE durch den **Tod eines Gesellschafters** aufgelöst, sofern im Gesellschaftsvertrag keine anderweitige Regelung zur Fortsetzung der Gesellschaft vereinbart wurde[271].

---

263 *Palandt/Sprau* BGB, § 705 Rdn. 37.
264 *Palandt/Sprau* BGB, § 705 Rdn. 37.
265 *Palandt-Sprau*, BGB, § 723 Rdn. 4.
266 BGH NJW 1996, 2573.
267 BGH NZG 2005, 467, 470.
268 BGH NJW 1998, 3771; OLG Frankfurt NZG 1999, 492.
269 BGH NJW 2000, 3491; OLG Hamm NJW-RR 2000, 482.
270 Vgl. BGHZ 30, 195; Münchener Kommentar/*Ulmer* BGB, § 725 Rdn. 21; *Palandt/Sprau* BGB, § 725 Rdn. 4.
271 Vgl. BGHZ 68, 225; 229; BGH NJW 1978, 264.

– Die ARGE wird ferner gemäß § 728 Abs. 1 BGB durch die **Eröffnung des Insolvenzverfahrens** über das Vermögen der Gesellschaft aufgelöst, sofern nicht die Fortsetzung der ARGE unter den übrigen Gesellschaftern nach § 736 BGB vereinbart ist. Der ARGE-Mustervertrag sieht das zwangsläufige Ausscheiden eines Gesellschafters für den Fall vor, dass über sein Vermögen das Insolvenzverfahren eröffnet oder aber die Eröffnung mangels Masse abgelehnt wird (§ 23.52).

Durch entsprechende vertragliche Vereinbarung ist zugunsten des Auftraggebers und auch zugunsten der Mitgesellschafter der ARGE darauf zu achten, dass die Gesellschaft auch im Falle unvorhergesehener tatsächlicher und wirtschaftlicher **Veränderungen bei den Gesellschaftern** erhalten bleibt. Vor allem für den Fall der Insolvenz eines ARGE-Gesellschafters ist es daher erforderlich, gemäß § 736 BGB die Fortsetzung der ARGE unter den übrigen Gesellschaftern vertraglich zu vereinbaren, so dass nur der betroffene ARGE-Gesellschafter aus der Gesellschaft ausscheidet und dessen Gesellschaftsanteil den übrigen Gesellschaftern anwächst (§ 24.1 Abs. 1 ARGE-Mustervertrag). Gleiches gilt für den Fall der Ablehnung der Eröffnung eines Insolvenzverfahrens mangels Masse.

9. Insolvenz der ARGE und ARGE-Gesellschafter

a) Die **ARGE als eigenständiges Rechtssubjekt** ist insolvenzfähig. Die Gesellschaft wird 165
durch die Eröffnung des Insolvenzverfahrens über ihr Vermögen aufgelöst (§ 728 Abs. 1 Satz 1 BGB)[272]. Der Antrag auf Eröffnung des Insolvenzverfahrens kann bei der ARGE von jedem Gläubiger und jedem Gesellschafter der ARGE gestellt werden (§ 15 Abs. 1 InsO). Der Beschluss über die Eröffnung des Insolvenzverfahrens führt zur Auflösung der Gesellschaft (§ 27 InsO). Wird die Eröffnung des Insolvenzverfahrens mangels vorhandener Masse abgelehnt, führt dies nicht zur Auflösung im Sinne des § 728 Abs. 1 BGB (§ 26 InsO)[273].

b) Die Gesellschaft bürgerlichen Rechts wird vom Grundsatz her auch durch die Eröffnung 166
des Insolvenzverfahrens über das Vermögen eines ihrer Gesellschafter aufgelöst (§ 728 Abs. 2 Satz 1 BGB). Nur mit Zustimmung des Insolvenzverwalters kann die Gesellschaft fortgesetzt werden[274]. Abweichend hiervon kann vertraglich eine **Fortsetzung der Gesellschaft** unter den verbleibenden Gesellschaftern laut Gesellschaftsvertrag vereinbart werden[275]. In Anknüpfung hieran sieht der ARGE-Mustervertrag vor, dass ein Gesellschafter aus der ARGE ausscheidet, wenn über sein Vermögen das Insolvenzverfahren eröffnet oder die Eröffnung mangels Masse abgelehnt wird (§ 23.52). Mit dem Tag der Eröffnung bzw. Ablehnung des Insolvenzverfahrens scheidet der Gesellschafter aus der ARGE aus (§ 23.66). Im Falle seines insolvenzbedingten Ausscheidens wird die ARGE von den übrigen, verbleibenden Gesellschaftern fortgesetzt. Die Beteiligungsquoten der übrigen Gesellschafter werden neu bestimmt, indem die Quote des ausscheidenden Gesellschafters den verbleibenden Gesellschaftern im Verhältnis ihrer Beteiligung anwächst (§ 24.1). Verbleibt nach dem insolvenzbedingten Ausscheiden nur noch ein Gesellschafter, so übernimmt dieser ohne besonderen Übertragungsakt mit dinglicher Wirkung die Anteile des ausscheidenden Gesellschafters. Der (einzig) verbleibende Gesellschafter führt in diesem Falle die Geschäfte der ARGE mit allen Rechten und Pflichten als Geschäftsbestandteil seines eigenen Unternehmens zu Ende (§ 24.1). Durch die vorgenannten Regelungen ist sichergestellt, dass bei Zugrundelegung des ARGE-Mustervertrages die Tätigkeit der ARGE fortgeführt werden kann (vgl. auch § 140 Abs. 1 Satz 3 HGB).

c) Prozessual hat der Eintritt der Insolvenz folgende Konsequenz: Mit der **Eröffnung des** 167
Insolvenzverfahrens über das Vermögen der ARGE kommt es zur Unterbrechung des Rechts-

---

[272] *K. Schmidt*, ZGR 1998, 633 ff.; *Prütting*, ZIP 1997, 1725 ff.
[273] BGHZ 75, 178.
[274] *Palandt-Sprau*, BGB, § 728 Rdn. 2.
[275] Vgl. OLG Hamm BauR 1986, 462.

streits gemäß § 240 Satz 1 ZPO. Im Falle der Insolvenz eines ARGE-Gesellschafters kann dies im Aktiv- wie Passivprozess der rechtlich verselbständigten ARGE keinerlei prozessuale Bedeutung haben und deshalb auch nicht zur Unterbrechung des Rechtsstreits nach § 240 Satz 1 ZPO führen[276]. Bei einer Klage (auch) gegen Gesellschafter der ARGE führt die Insolvenz eines der Gesellschafter nur zur Unterbrechung des Rechtsstreits gemäß § 240 Satz 1 ZPO hinsichtlich seines Verfahrensanteils als Streitgenosse[277]. Führen die Gesellschafter der ARGE für diese einen Aktivprozess, handeln sie insoweit als notwendige Streitgenossen mit der Folge, dass der Rechtsstreit unterbrochen wird, wenn einer der Gesellschafter insolvent wird[278]. Diese Fallgestaltung dürfte künftig jedoch nur noch selten auftreten, da die ARGE ihrerseits nunmehr rechts- und parteifähig ist, so dass sie im eigenen Namen klagen kann; in diesem Fall wird der Fortgang des Aktivprozesses durch die Insolvenz eines der Gesellschafter nicht berührt[279].

Von dem Außenverhältnis zu unterscheiden ist das Innenverhältnis zwischen dem Insolvenzverwalter des ausgeschiedenen Gesellschafters und der Rest-ARGE. Die Auseinandersetzung erfolgt regelmäßig über § 738 BGB, wobei zur Ermittlung des Auseinandersetzungsguthabens bzw. des Verlustanteils des ausgeschiedenen Gesellschafters bezogen auf den Stichtag seines Ausscheidens eine Auseinandersetzungsbilanz aufzustellen ist. Die zugunsten der Masse des insolventen ARGE-Gesellschafters festzustellenden Forderungen sind dabei lediglich unselbständige Rechnungsposten in der Auseinandersetzungsbilanz und können deshalb nicht isoliert und eigenständig vom Insolvenzverwalter gegenüber der Rest-ARGE geltend gemacht werden[280]. Dies gilt auch für solche Leistungen, die aufgrund gesellschaftsrechtlicher Verbundenheit von dem insolventen Gesellschafter im Zeitraum zwischen der Beantragung und der Eröffnung des Insolvenzverfahrens erbracht wurden[281]. Soweit jedoch noch nach Ausscheiden weitere Leistungen von dem insolventen Unternehmen erbracht wurden, unterliegen diese nicht der sich aus § 738 BGB ergebenden Durchsetzungssperre und können daher isoliert vom Insolvenzverwalter gegenüber der Rest-ARGE geltend gemacht werden[282].

10. Bürgschaften im ARGE-Verhältnis

168 **a)** Die ARGE hat als Auftragnehmer im Einzelfall **Sicherheit gemäß § 17 VOB/B** zu leisten. Die Sicherheitsleistung kann dabei in Form von Bürgschaften erbracht werden. Vertragserfüllungs-, Gewährleistungs-, Vorauszahlungsbürgschaften etc. sind von der kaufmännischen Geschäftsführung der ARGE zum rechten Zeitpunkt dem Auftraggeber zur Verfügung zu stellen. Es obliegt dabei der kaufmännischen Geschäftsführung auch die Überprüfung der Voraussetzungen der Beibringung wie auch des Inhalts der Bürgschaftsurkunden[283].

169 **b)** Da die ARGE Vertragspartner des Auftraggebers ist, kann der Auftraggeber grundsätzlich die Stellung einer einheitlichen Bürgschaft durch die ARGE erwarten. In diesem Falle wird für die ARGE eine **einheitliche Gesamtbürgschaft** über den vollen zu verbürgenden Betrag ausgereicht. Dies ist der ARGE jedoch nur dann möglich, wenn sie für alle Gesellschafter ein einheitliches Konto führt (was selten der Fall sein dürfte) oder aber wenn die einzelnen Gesellschafter in bezug auf ihre jeweiligen Beteiligungsanteile sog. Rückbürgschaften stellen[284]. Ersatzweise kann die ARGE versuchen, dem Auftraggeber Teil-Bürgschaften ihrer Gesellschafter anstelle einer einheitlichen Gesamtbürgschaft anzudienen. Der Auftraggeber wird die Stellung derartiger Teil-Bürgschaften häufig schon deshalb nicht akzeptieren, weil es ihm um eine einheitliche Ab-

---

[276] *Schmitz*, Die Bauinsolvenz, 3. Auflage Rdn. 881; *Burchardt/Pfülb*, a.a.O., Einführung Rdn. 38.
[277] *Schmitz*, a.a.O., Rdn. 882.
[278] BGH IBR 2003, 580.
[279] *Schmitz*, a.a.O., Rdn. 881.
[280] BGH NJW-RR 2000, 1295 = NZBau 2000, 288; OLG Köln NZBau 2006, 378.
[281] OLG Frankfurt NZBau 2006, 376.
[282] BGH NJW-RR 2000, 1295 = NZBau 2000, 288; OLG Köln NZBau 2006, 378.
[283] *Burchardt/Pfülb*, a.a.O., § 8 Rdn. 39.
[284] *Burchardt/Pfülb*, a.a.O., § 8 Rdn. 36.

sicherung seiner Gesamtforderungen gegenüber der ARGE und nicht um die Absicherung von Teilforderungen bei einzelnen ARGE-Gesellschaftern geht[285].

c) Nach § 4.1 des ARGE-Mustervertrages gehört es zu den Verpflichtungen der Gesellschafter, die zur Erreichung des Gesellschaftszweckes erforderlichen Beiträge zu erbringen. Hierzu gehört auch die **Stellung erforderlicher Bürgschaften**. Diese sind entsprechend dem jeweiligen Beteiligungsverhältnis von den Gesellschaftern zur Verfügung zu stellen, wie sich aus § 20.1 des ARGE-Mustervertrages ergibt. Zu den danach beizubringenden Bürgschaften zählen einerseits die vertraglich mit dem Auftraggeber vorgesehenen und andererseits diejenigen, die im Zuge der Bauabwicklung notwendig werden, um den Vertragszweck – Erfüllung des abgeschlossenen Bauvertrages – zu erreichen. Die für die Bürgschaften anfallenden Avalkosten gehen je nach Wahl der Gesellschafter zu ihren Lasten oder aber zu Lasten der ARGE (§ 20.11 und 12 ARGE-Mustervertrag). **170**

d) Im Falle der **Inanspruchnahme einer Gesamtbürgschaft** durch den Auftraggeber erfolgt die quotale Beteiligung der jeweiligen Gesellschafter der ARGE über die für sie ausgereichten Teil-Rückbürgschaften. Dem Auftraggeber verbleibt alternativ aber auch die Möglichkeit, die ARGE und ihre Gesellschafter unmittelbar in Anspruch zu nehmen. Probleme in derartigen Konstellationen treten vor allem dann auf, wenn sich der Auftraggeber dazu entschließt, lediglich einen der ARGE-Gesellschafter unmittelbar in Anspruch zu nehmen. Da die Gesellschafter der ARGE untereinander als Gesamtschuldner haften[286], richtet sich der Rückgriff des betroffenen Gesellschafters nach § 426 BGB. Der auf den jeweiligen Anteil beschränkte Ausgleichsanspruch kann gegenüber den übrigen Gesellschaftern geltend gemacht werden. Es stellt sich dann die Frage, inwieweit die zur Sicherheit ausgereichte Gesamtbürgschaft über § 401 BGB das Ausfall- und Insolvenzrisiko der übrigen Gesellschafter gegenüber dem rückgriffsberechtigten Gesellschafter absichert. Da § 401 Abs. 1 BGB ausdrücklich den Übergang der Bürgschaft auf den Neugläubiger anordnet, erscheint es angemessen, dem ausgleichsberechtigten Gesellschafter auch die anteiligen Rechte an der Gesamtbürgschaft zuzuordnen. **171**

V. Hersteller und Lieferanten

Im Baubereich kommt den Herstellern und Lieferanten von kompletten Gebäuden und Gebäudeteilen sowie von Baustoffen nicht unerhebliche Bedeutung zu. Bei der Einordnung der entsprechenden vertraglichen Beziehungen zu den Abnehmern geht es unter Berücksichtigung der Schuldrechtsnovellierung vor allem um die Differenzierung zwischen Werkvertragsrecht einerseits und Kaufrecht andererseits. **172**

1. Fertighaushersteller

Der Fertighaushersteller verpflichtet sich auf der Grundlage des mit dem Kunden abgeschlossenen Fertighausvertrages üblicherweise zur Anfertigung und Errichtung eines Fertighauses. Der Fertighausvertrag wird deshalb traditionell als Werkvertrag im Sinne der §§ 631 BGB angesehen[287]. Erstreckt sich die Verpflichtung des Fertighausherstellers jedoch ausschließlich auf die Lieferung von Bau- und Fertigteilen und bleibt es danach dem Erwerber überlassen, aus den gelieferten Teilen das Fertighaus selbst zu errichten, so wurde nach bisherigen Recht der Abschluss eines Kaufvertrages angenommen[288]. An dieser Differenzierung hat sich auch nach der Schuldrechtsnovellierung nichts geändert: Auch unter Berücksichtigung des § 651 BGB n.F. zählen Verträge, **173**

---

[285] *Burchardt/Pfülb*, a.a.O., § 8 Rdn. 37.

[286] BGHZ 146, 341, 358.

[287] BGH NZBau 2006, 435; BGHZ 87, 112 = NJW 1983, 1491 = BauR 1983, 261; BGH NJW 1983, 1489 = BauR 1983, 266; *Ingenstau/Korbion* VOB/A, § 1 Rdn. 41; Beck'scher VOB-Kommentar/*Messerschmidt* VOB/A, § 1 Rdn. 26.

[288] BGHZ 87, 112 = NJW 1983, 1491 = BauR 1983, 261; BGH NJW 1983, 1489 = BauR 1983, 266.

die auf die **Errichtung eines Gebäudes** i.S.des § 94 Abs. 1 BGB ausgerichtet sind, zu den Werkverträgen[289]. Soweit der Fertighaushersteller zugleich auch die Errichtung des Fertighauses auf dem Grundstück des Bestellers vornimmt und diesem auf diese Weise gemäß § 94 Abs. 1 BGB das Eigentum verschafft, beurteilt sich der zugrunde liegende Vertrag nach werkvertragsrechtlichen Grundsätzen. Übernimmt der Fertighaushersteller jedoch ausschließlich die **Lieferung der für die Errichtung erforderlichen Teile**, so verbleibt es über § 651 BGB bei der Heranziehung kaufrechtlicher Bestimmungen[290]. Bei Vorliegen von Mängeln stehen dem Erwerber im Kaufrecht die in § 437 BGB bezeichneten Rechte zu. Soweit der Fertighaushersteller demgegenüber die Lieferung und die Errichtung schuldet, handelt es sich insoweit um die Ausführung von Bauleistungen, so dass der Heranziehung der VOB/B keine Bedenken entgegenstehen[291]. Für den Fall einer freien Kündigung durch den Besteller hält der BGH eine Klausel über die Vereinbarung einer pauschalen Vergütung bzw. eines pauschalierten Schadensersatzes in Höhe von 10 % des zur Zeit der Kündigung vereinbarten Gesamtpreises vor dem Hintergrund der §§ 308 Nr. 7 a, 649 BGB für zulässig, soweit der Unternehmer nicht daneben noch weitere Ansprüche gegenüber dem Besteller geltend macht[292].

2. Bausatzlieferant

174 Im Unterschied zum Fertighausvertrag mit der ihm vom Grundsatz her eigenen Errichtungsverpflichtung durch den Fertighaushersteller beschränkt sich der **sog. Bausatzvertrag** darauf, dass der Bausatzhersteller lediglich bestimmte Bauteile und Bauelemente nebst zugehöriger Einbaupläne in Form von Bausätzen liefert[293]. Die eigentlichen Errichtungsleistungen führt der Besteller nach Maßgabe der ihm vorgelegten Planungsunterlagen selbst aus. Aus diesem Grunde wird der Bausatzvertrag bereits herkömmlicherweise und auch nach neuem Recht nicht als Werkvertrag, sondern als Kaufvertrag eingeordnet[294]. Die Rechte des Erwerbers beim Vorliegen von Mängeln richten sich nunmehr nach § 437 BGB. Besondere Bedeutung kommt bei Bausatzhäusern und -teilen der Neuregelung des § 434 Abs. 2 Satz 2 BGB zu. Nach der genannten Vorschrift liegt ein Fehler des Kaufgegenstandes auch dann vor, wenn lediglich die **Montageanleitung** selbst mangelhaft ist und deshalb die gelieferten Teile nicht fehlerfrei durch den Erwerber montiert werden können[295]. Erweist sich die Montage deshalb als nicht machbar oder schlägt sie fehl, weil die Montageanleitung ungeeignet, fehlerhaft oder unvollständig ist, so begründet (auch) dieser Umstand das Vorliegen eines kaufrechtlich maßgeblichen Sachmangels[296].

3. Hersteller und Lieferant

175 Das Kaufrecht spielt nach der Schuldrechtsnovellierung am Bau eine deutlich größere Rolle als in der Vergangenheit. In stärkerem Maße als zuvor wird in bezug auf die Herstellung von Baustoffen und Bauteilen das novellierte Kaufrecht in Bezug genommen.

176 **a) § 651 BGB n.F.** Dies beruht vor allem auf der Neufassung des § 651 BGB, der besagt, dass nunmehr vom Grundsatz her auf Verträge, die die Lieferung herzustellender oder zu erzeugender

---

[289] Vgl. *Thode* NZBau 2002, 360, 361.

[290] *Palandt/Sprau* BGB, § 651 Rdn. 5; zum bisherigen Recht im übrigen OLG Frankfurt BauR 2000, 423; OLG Düsseldorf BauR 2002, 100.

[291] OLG Hamm MDR 1987, 407; *Ingenstau/Korbion* VOB/A, § 1 Rdn. 41; Beck'scher VOB-Kommentar/*Messerschmidt* VOB/A, § 1 Rdn. 26.

[292] BGH NZBau 2006, 435, 436; vgl. auch BGH NJW-RR 1995, 749 = BauR 1995, 546; BGH NJW 1995, 632 = BauR 1985, 79, 82.

[293] Beck'scher VOB-Kommentar/*W. Jagenburg* VOB/B, vor § 1 Rdn. 69.

[294] Zum bisherigen Recht: BGHZ 78, 375 = NJW 1981, 453 = BauR 1981, 190; OLG Düsseldorf BauR 2002, 100; kritisch *Becher* BauR 1980, 493; *Duffek* BauR 1996, 465; zum neuen Recht *Palandt/Sprau* BGB, § 651 Rdn. 5; *Thode* NZBau 2002, 360, 361 f.

[295] Vgl. *Westermann* NJW 2002, 241, 244.

[296] *Palandt/Putzo*BGB, § 434 Rdn. 48.

beweglicher Sachen zum Gegenstand haben, grundsätzlich die Vorschriften über den Kauf Anwendung finden[297]. Verträge über ergänzende Leistungen für ein Bauwerk, die regelmäßig die Herstellung von beweglichen Sachen im Sinne des § 90 BGB zum Gegenstand haben, unterliegen dem Kauf- und nicht mehr dem Werkvertragsrecht[298]. Der Vertrag über die Herstellung und Lieferung beweglicher Gegenstände (z.B. Fenster, Türen, Schränke) beurteilt sich nach Kauf- und nicht mehr nach Werkvertragsrecht.

Besteht der geschuldete Erfolg jedoch in erster Linie nicht nur in der Herstellung und Liefe- **177**
rung einer beweglichen Sache, sondern darüber hinaus in deren Einpassung in ein Gesamtwerk und vor allem den Einbau in ein Grundstück (z.B. Herstellung und Einbau einer Treppe in ein fest errichtetes Gebäude), ist nicht Kauf-, sondern Werkvertragsrecht anzuwenden. Bei der Herstellung beweglicher Sachen kommt es für die Heranziehung des Bau- und Werkvertragsrechts deshalb nach den Vorstellungen des Gesetzgebers künftig entscheidend darauf an, ob sie der Errichtung eines Bauwerks dienen und fest mit einem Grundstück verbunden werden[299]. Bei dem beauftragten Einbau von Baustoffen und vorgearbeiteten Bauteilen in ein Gebäude wird danach regelmäßig auf werkvertragsrechtliche Bestimmungen abzuheben sein. Auf derartige Verträge kann auch künftig die VOB/B Anwendung finden[300].

b) Komplexe bewegliche Sachen. Schwierigkeiten ergeben sich bei der Bestellung von **178**
komplexen Geräten und Maschinen, soweit sie nicht zum festen Einbau bestimmt sind und deshalb nicht wesentlicher Grundstücksbestandteil werden: Nach dem Wortlaut des § 651 BGB – Herstellung und Lieferung von Sachen – fallen sie eher unter den Anwendungsrahmen des Kaufrechts. Allerdings kann sich die Planung und die Herstellung neuer komplexer Maschinen als Gesamtleistung darstellen (z.B. aus Planungs- und Managementleistungen, Anpassung an die Bedürfnisse des Auftraggebers etc.), so dass entgegen dem strengen Wortlaut der §§ 651, 433 BGB in derartigen Fällen zumindest nach der Literatur auch künftig die Heranziehung werkvertragsrechtlicher Regelungen zu bejahen ist[301].

c) Beschaffenheitsvereinbarung im Kaufrecht. Bei der Heranziehung kaufrechtlicher **179**
Bestimmungen auf die Lieferung von hergestellten Baustoffen und Bauteilen ist zu beachten, dass durch die Schuldrechtsnovellierung auch die Sachmängelhaftung im Kaufrecht inhaltlich verändert wurde. Nach § 433 Abs. 1 Satz 2 BGB hat der Verkäufer dem Käufer die Sache frei von Sach- und Rechtsmängeln zu verschaffen. Der **Begriff der Sachmängelfreiheit** erschließt sich im einzelnen aus § 434 BGB. Danach ist die Sache frei von Sachmängeln, wenn sie bei Gefahrübergang die vereinbarte Beschaffenheit hat. Die Neuregelung legt den subjektiven Fehlerbegriff zugrunde, indem in erster Linie darauf abgestellt wird, dass der verkaufte Gegenstand die zwischen den Parteien **vereinbarte Beschaffenheit** haben muss[302]. Maßgebend ist deshalb vorrangig der Inhalt der von den Parteien zum Kaufgegenstand getroffenen Beschaffenheitsabrede. Sie geht künftig grundsätzlich den weiteren allgemeinen Beschaffenheitsanforderungen und allgemeinen Qualitätsstandards vor[303]. Die Beschaffenheitsvereinbarung kann ausdrücklich oder aber konkludent bzw. stillschweigend zwischen den Parteien des Kaufvertrages zustande kommen[304]; im

[297] Vgl. hierzu *Thode* NZBau 2002, 360 ff.; *Sienz* BauR 2002, 181, 190 ff.; *Preussner* BauR 2002, 231, 240 f.; *Voit* BauR 2002, 145 ff.; *Vorwerk* BauR 2002, 165 ff.; *Ott* MDR 2002, 361 ff.; *Schudnagies* NJW 2002, 396; *Mankowski* MDR 2003, 854 ff.

[298] *Thode* NZBau 2002, 360, 361.

[299] Zu Recht kritisch zu diesen Voraussetzungen und den Differenzierungen zwischen Kauf- und Werkvertragsrecht *Thode* NZBau 2002, 360, 361 f.; *Mankowski* MDR 2003, 854, 856 f.; vgl. auch *Röthel* NJW 2005, 625 ff.

[300] Vgl. zu den Folgen der Fehleinschätzung der Vertragsbeziehung unter Zugrundelegung der VOB/B *Thode* NZBau 2002, 360, 362.

[301] *Palandt/Sprau* BGB, § 651 Rdn. 4.

[302] *Wenzel* Besonderes Schuldrecht I, Rdn. 175 ff.

[303] *Westermann* NJW 2002, 241; vgl. zur Abgrenzung zwischen Beschaffenheitsvereinbarung, Zusicherung von Eigenschaften und Beschaffenheitsgarantie: *Emmert* NJW 2006, 1765, 1766 f.

[304] *Palandt/Putzo* BGB, § 434 Rdn. 13 ff.

Einzelfall kann sie sich im Verkehr zwischen Kaufleuten auch aus bestehender Verkehrsübung bzw. nachweisbarem Handelsbrauch erschließen[305].

180 Nur wenn die Parteien **keine konkrete Beschaffenheitsvereinbarung** getroffen haben, kommt es bei Baustoffen und Bauteilen auf die insoweit nachrangigen Regelungen in § 434 Abs. 1 Satz 2 BGB an. Danach ist – soweit die Beschaffenheit nicht vereinbart wurde – die Sache frei von Sachmängeln, wenn sie sich für die nach dem Vertrag vorausgesetzte Verwendung eignet, sonst, wenn sie sich für die gewöhnliche Verwendung eignet und eine Beschaffenheit aufweist, die bei Sachen der gleichen Art üblich ist und die der Käufer nach der Art der Sache erwarten kann. Bei der erstgenannten Alternative fehlt es an einer konkreten Beschaffenheitsvereinbarung, es lässt sich jedoch dem Vertrage selbst entnehmen, welche von den Parteien **vorausgesetzte Verwendung** die Kaufsache erfahren soll. Dabei wird regelmäßig auf den allgemeinen, für entsprechende Kaufgegenstände üblichen Verwendungszweck abzustellen sein (z.B. Türen und Fenster bestimmter Größe für den Einbau in Gebäude). In diesem Fall ist der gelieferte Gegenstand nur dann sachmängelfrei, wenn er sich tatsächlich für die vorgesehene Verwendung uneingeschränkt eignet.

181 Die zweitgenannte Alternative ist nur nachrangig heranzuziehen[306]. Fehlt es an einer konkreten Beschaffenheitsvereinbarung und einer vertraglich vorausgesetzten Verwendung des Kaufgegenstandes, soll es für die Sachmängelfreiheit auf die **Eignung zu gewöhnlichem Verwendungszweck** und die für entsprechende Sachen üblichen Beschaffenheitsmerkmale ankommen. Als Vergleichsmaßstab dienen dabei regelmäßig Sachen gleicher Art, die einen entsprechenden Qualitätsstandard aufweisen[307].

182 **d) Werbende Warenbeschreibungen.** In diesem Zusammenhang ist die neue Vorschrift des § 434 Abs. 1 Satz 3 BGB von besonderer Bedeutung: Zu den üblichen Beschaffenheitsmerkmalen zählen danach (nunmehr) auch Eigenschaften, die der Käufer nach den öffentlichen Äußerungen des Verkäufers, des Herstellers oder seines Gehilfen insbesondere in der Werbung oder bei der Kennzeichnung über bestimmte Eigenschaften der Sache erwarten kann. Die Soll-Beschaffenheit der Eignung zur gewöhnlichen Verwendung wird damit künftig auch und gerade aus öffentlichen Äußerungen abgeleitet werden, die **Gegenstand der Werbung**, der Anpreisung oder sonstiger Warenbeschreibungen sind. Werbende Aussagen des Verkäufers zu den von ihm angepriesenen Kaufgegenständen können auf diese Weise zu Beschaffenheitsvorgaben werden, soweit sie sich auf konkrete Eigenschaften der Kaufsache beziehen und die Kaufentscheidung mit beeinflusst haben[308]. Eine Ausnahme gilt nur dann, wenn der (jeweilige) Verkäufer die (Beschaffenheits-) Äußerung nicht kannte und auch nicht kennen musste oder sie selbst die Kaufentscheidung überhaupt nicht beeinflussen konnte (§ 434 Abs. 1 Satz 3 BGB).

183 **e) Mängel der Montage.** Eine weitere Neuerung betrifft die sog. Montagemängel. Derartige Montagemängel werden über § 434 Abs. 2 BGB dem Kauf-Sachmangel gleich gestellt. Ein Sachmangel soll deshalb auch vorliegen, wenn die **vereinbarte Montage** durch den Verkäufer oder dessen Erfüllungsgehilfen **unsachgemäß durchgeführt** worden ist (§ 434 Abs. 2 Satz 1 BGB). Bei Montageleistungen ist deshalb künftig zwischen solchen nach Werk- und nach Kaufvertragsrecht zu differenzieren. Unter den kaufrechtlichen Montagemangel fallen alle vom Verkäufer, seinem Personal oder einem Dritten als Erfüllungsgehilfen durchgeführten, zum vorausgesetzten Gebrauch der Kaufsache notwendigen Handlungen, insbesondere beim Zusammenbau von Einzelteilen, dem Anschluss von Geräten, der Aufstellung des Kaufgegenstandes oder aber ihres Einbaus am vereinbarten Ort[309].

184 **f) Mängel der Montageanleitung.** Im Kontext der Montage hat sich der Gesetzgeber dazu entschlossen, auch dann von einem Sachmangel auszugehen, wenn nicht die Montage selbst,

[305] Vgl. BGH NJW 1996, 836 zum bisherigen Recht.
[306] *Wenzel* Besonderes Schuldrecht I, Rdn. 191 ff.
[307] *Palandt/Putzo* BGB, § 434 Rdn. 29.
[308] Vgl. *Schmidt-Räntsch* Das neue Schuldrecht, Rdn. 720.
[309] *Palandt/Putzo* BGB, § 434 Rdn. 41 ff.

sondern lediglich die Montageanleitung mangelhaft ist und deshalb die Sache nicht fehlerfrei montiert wurde (§ 434 Abs. 2 Satz 2 BGB). Die **Voraussetzungen eines solchen Sachmangels** können vorliegen, wenn der Käufer selbst oder aber auch der Verkäufer in Person oder mit eigenem Personal die Montage nach Maßgabe der Montageanleitung versucht durchzuführen[310]. Voraussetzung ist lediglich, dass die Kaufsache selbst nach ihrem Verwendungszweck zur Montage bestimmt ist. Dies ist der Fall, wenn es für den bestimmungsgemäßen Gebrauch der Kaufsache – etwa bestimmter Bauteile und Geräte – erforderlich ist, diese zusammenzubauen, sie aufzustellen, sie einzubauen oder aber sie anzuschließen[311].

g) Falschlieferung und Mengenfehler. Schließlich stellt § 434 Abs. 3 BGB klar, dass es einem 185
Sachmangel im Rechtssinne gleichsteht, wenn der Verkäufer eine andere Sache oder eine zu geringe Menge der bestellten Sache liefert. Erfolgte Falschlieferungen werden damit ebenso wie feststellbare Mengenfehler künftig **wie Sachmängel** behandelt. Ob eine Falschlieferung vorliegt, richtet sich nach der zugrunde liegenden Vereinbarung der Parteien über den eigentlichen Kaufgegenstand. Für das Vorliegen eines Mengenfehlers kommt es entscheidend darauf an, ob unter Berücksichtigung von Stückzahl und Gewicht eine – regelmäßig zu geringe – Menge geliefert wurde[312].

h) Sachmängelhaftung. Erweist sich die gekaufte Sache als nach den vorstehenden Grund- 186
sätzen mangelhaft, ist der Käufer berechtigt,

- nach § 439 BGB Nacherfüllung zu verlangen,
- nach den §§ 440, 323 BGB und 326 Abs. 5 BGB vom Vertrag zurückzutreten,
- nach § 441 BGB den Kaufpreis zu mindern,
- nach den §§ 440, 280, 281, 283 und 311 a BGB Schadensersatz zu verlangen oder aber
- nach § 284 BGB Ersatz vergeblich getätigter Aufwendungen zu beanspruchen.

Die vorgenannten, sich aus § 437 BGB ergebenden Rechte des Käufers stehen grundsätzlich sämt- 187
lich nebeneinander. Will der Käufer jedoch den Rücktritt erklären oder aber Minderung verlangen, so hat er zunächst den – insoweit vorrangigen – Nacherfüllungsanspruch nach § 439 BGB gegenüber dem Verkäufer geltend zu machen. Beseitigt der Käufer den Mangel an dem Kaufgegenstand selbst, ohne dem Verkäufer zuvor eine erforderliche und angemessene Frist zur Nacherfüllung zu setzen, kann er weder Minderung, Schadensersatz oder aber Kostenerstattung für die Mängelbeseitigungsarbeiten vom Verkäufer beanspruchen[313]. Ebenso wenig kann der Käufer nach § 326 Abs. 2 und 4 BGB (analog) die Anrechnung der vom Verkäufer ersparten Aufwendungen für die Mängelbeseitigung auf den Kaufpreis verlangen oder insoweit den bereits gezahlten Kaufpreis in vorgenanntem Umfange zurückfordern[314]. Es besteht deshalb aus Sicht des BGH ein genereller Vorrang der Nacherfüllung zugunsten des Verkäufers, dem damit ein „Recht zur zweiten Andienung" eingeräumt wird, um die Geltendmachung weitergehender Käuferrechte abwenden zu können[315].

Bereits aus § 433 Abs. 1 Satz 2 BGB ergibt sich, dass der Verkäufer verpflichtet ist, die Sache 188
frei von Sach- und Rechtsmängeln zu verschaffen. Verletzt der Verkäufer diese Pflicht, so steht dem Käufer ein Anspruch auf Rest- bzw. Nacherfüllung unmittelbar gegenüber dem Verkäufer zu. Dies hat zur Konsequenz, dass der Käufer entweder die **Nachbesserung** am gelieferten Kaufgegenstand oder aber eine **Neulieferung** anstelle des erworbenen Gegenstandes beanspruchen kann[316]. In § 439 Abs. 1 BGB heißt es daher, dass der Käufer als Nacherfüllung nach seiner Wahl

---

[310] *Westermann* NJW 2002, 241, 244.
[311] *Palandt/Putzo* BGB, § 434 Rdn. 47.
[312] *Schmidt-Räntsch* Das neue Schuldrecht, Rdn. 734 ff.
[313] BGH NJW 2006, 1195 ff.
[314] BGH NJW 2005, 1348 ff.
[315] BGH NJW 2005, 1348, 1350; *Bamberger/Roth/Faust* BGB, § 439 Rdn. 2; Münchener Kommentar-*Westermann* BGB, § 437 Rdn. 2 m.w.N.; kritisch hierzu *Lorenz* NJW 2005, 1321 ff.; *Herresthal/Riehm* NJW 2005, 1457 ff.; *Lorenz* NJW 2006, 1175 ff.
[316] *Schmidt-Räntsch* Das neue Schuldrecht, Rdn. 759, *Bamberger/Roth/Faust* BGB, § 439 Rdn. 8 ff.; vgl. zu den bei Nacherfüllung bestehenden Untersuchungs- und Rügeobliegenheiten: *Mankowski* NJW 2006, 865 ff.; vgl. zu den Einzelheiten der Ausübung des Wahlrechts: *Schroeter* NJW 2006, 1761 ff.

die Beseitigung des Mangels oder aber die Lieferung einer mangelfreien Sache verlangen kann. Der Verkäufer hat die zum Zwecke der Nacherfüllung erforderlichen Aufwendungen, insbesondere die Transport-, Wege-, Arbeits- und Materialkosten selbst zu tragen (§ 439 Abs. 2 BGB)[317]. Verweigern kann der Verkäufer die vom Käufer gewählte Art der Nacherfüllung regelmäßig nur, wenn diese mit unverhältnismäßig hohen Kosten verbunden ist (§ 439 Abs. 3 Satz 1 BGB). Entscheidet sich der Verkäufer danach zur Nacherfüllung und liefert er zu diesem Zweck eine neue und mangelfreie Sache, so kann er im Gegenzug vom Käufer die Rückgewähr der zuvor gelieferten, mangelhaften Sache beanspruchen (§ 439 Abs. 4 i.V.m. §§ 346–348 BGB).

Durch die Angleichung des Mängelrechts an das allgemeine Leistungsstörungsrecht ergibt sich für den Verkäufer – anders als nach dem früheren Recht – eine umfassendere Schadensersatzhaftung für lediglich fahrlässiges Fehlverhalten. Infolgedessen gewinnt die Frage an Bedeutung, inwieweit der Verkäufer gehalten ist, den Kaufgegenstand vor der (Weiter-)Veräußerung zu untersuchen[318]. Während den Verkäufer von industriell hergestellten Massenartikeln ebenso wie den Zwischenhändler keine spezielle Untersuchungspflicht treffen soll[319], kann sich aber durchaus im Einzelfall eine weitergehende Untersuchungspflicht aus Verkehrssitte, besonderen Umständen des Kaufgeschäfts oder aber einer besonderen Sachkunde des Verkäufers ergeben[320]. Offenbarungspflichten bestehen jedenfalls in bezug auf erhebliche und für die Kaufentscheidung des Erwerbers relevante Mängel.

Vereinbarungen mit dem Ziel, die Rechte des Käufers wegen eines Mangels auszuschließen oder zu beschränken, sind nur in den Grenzen des § 454 BGB möglich. Soweit derartige Vereinbarungen zwischen den Parteien vorliegen, entfalten sie keine Wirkung, wenn der Verkäufer den Mangel des Kaufgegenstandes arglistig gegenüber dem Käufer verschwiegen oder aber eine Garantie für die Beschaffenheit des Kaufgegenstandes übernommen ha[321]. Liegen diese einschränkenden Voraussetzungen nicht vor, sind Vereinbarungen zum Haftungsausschluss bzw. zur Haftungsbeschränkung vom Grundsatz her zulässig[322].

189 **i) Verjährung.** Die Verjährung der Mängelansprüche ist auch im Kaufrecht neu in § 438 BGB geregelt worden. Die Verjährung von Mängelansprüchen beträgt nunmehr **regelmäßig zwei Jahre** (§ 438 Abs. 1 Nr. 3 BGB). Bei Bauwerken und bei einer Sache, die entsprechend ihrer üblichen Verwendungsweise für ein Bauwerk verwendet worden ist und dessen Mangelhaftigkeit verursacht hat, beträgt die Verjährungsfrist 5 Jahre (§ 438 Abs. 1 Nr. 3 BGB). Längere Verjährungsfristen können unter Umständen dann gegeben sein, wenn auf konkurrierende Ansprüche aus der Verletzung von Beratungspflichten, Untersuchungspflichten, vorvertraglichen Aufklärungspflichten o.ä. zurückgegriffen werden kann (§§ 195 ff. BGB)[323]. Die Verjährungsfrist beginnt im Kaufrecht regelmäßig mit der Ablieferung des Kaufgegenstandes zu laufen (§ 438 Abs. 2 BGB).

190 Von **Bedeutung im Baubereich** ist vor allem, dass für Baustoffe und Bauteile, die üblicherweise bei der Herstellung von Bauwerken Verwendung finden, die Verjährungsfrist von ehemals 6 Monaten auf nunmehr 5 Jahre verlängert wurde (z.B. für Beton, Zement, Bauholz, Fenster, Dachplatten etc.). Damit ist nunmehr sichergestellt, dass der aus Werkvertrag zur Nacherfüllung verpflichtete Unternehmer seinerseits noch innerhalb der bei Bauwerken üblichen Verjährungsfrist von 5 Jahren Sachmängel-Rückgriffsansprüche bei dem Hersteller bzw. Lieferanten geltend machen kann.

191 **j) Garantie des Verkäufers.** Ungeachtet der vorstehenden gesetzlichen Regelungen der §§ 433 BGB ist zu beachten, dass der Verkäufer zusätzlich aus einer übernommenen Beschaf-

---

317 Vgl. OLG Karlsruhe BauR 2005, 109 ff.

318 *Gröschler* NJW 2005, 1601 ff.

319 *Staudinger/Matusche-Beckmann* BGB, § 433 Rdn. 103 ff.; *Palandt/Putzo* BGB, § 433 Rdn. 31; Münchener Kommentar-*Westermann* BGB, § 433 Rdn. 70.

320 *Gröschler* NJW 2005, 1601.

321 Vgl. zum Haftungsausschluss bei vereinbarter Beschaffenheit: *Emmert* NJW 2006, 1765 ff.

322 *Palandt/Putzo* BGB, § 444 Rdn. 3; *Gronstedt/Jörgens* ZIP 2002, 52 ff.

323 *Lorenz* NJW 2005, 1889.

fenheits- und Haltbarkeitsgarantie gegenüber dem Käufer verpflichtet sein kann. Eine derartige **Beschaffenheits- und Haltbarkeitsgarantie** hat der Gesetzgeber in § 443 BGB neu geschaffen. Übernimmt der Verkäufer oder ein Dritter eine Garantie für die Beschaffenheit der Sache oder aber dafür, dass die Sache für eine bestimmte Dauer eine bestimmte Beschaffenheit behält (Haltbarkeitsgarantie), so stehen dem Käufer im Garantiefall unbeschadet der gesetzlichen Ansprüche die Rechte aus der Garantie zu den in der Garantieerklärung und der einschlägigen Werbung angegebenen Bedingungen gegenüber demjenigen zu, der die Garantie eingeräumt hat.

Garantiegeber können dabei gegenüber dem Käufer der **Verkäufer, der Hersteller oder** 192
aber auch ein Dritter sein. Soweit eine Herstellergarantie übernommen wird, kommt es nicht entscheidend darauf an, dass der Verkäufer seinerseits unmittelbar den Kaufgegenstand vom Hersteller bezogen hat[324]. Dritte sind als Garantiegeber anzusehen, wenn sie am Vertrieb der Sache beteiligt sind, etwa als Großhändler, Importeure, Vertriebsunternehmer etc.

Die Garantiegeber können eine **ausdrückliche Garantieerklärung** abgeben. Dabei braucht 193
freilich der Begriff „Garantie“ nicht verwendet zu werden. Es muss lediglich zum Ausdruck gebracht werden, dass der Erklärende für bestimmte Beschaffenheits- und Haltbarkeitsangaben uneingeschränkt einstehen will. Dabei kann sich dieses Einstehen auf den Kaufgegenstand in seiner Gesamtheit oder aber auch auf Teile desselben erstrecken[325].

Garantieerklärungen können sich nicht nur aus entsprechenden Zusagen des Garantiegebers, 194
sondern darüber hinaus **auch aus der Werbung** für bestimmte Produkte ergeben. Allerdings setzt dies voraus, dass der Werbung selbst ein garantieentsprechender Gehalt beizumessen sein muss. Aus der bloßen Beschreibung von Beschaffenheitsmerkmalen oder aber bestimmten anpreisenden Produktbeschreibungen kann nicht auf das Vorliegen von werbungsbedingten Garantieerklärungen geschlossen werden[326].

Die Rechte aus der Garantie stehen dem Käufer **unbeschadet der gesetzlichen Sachmän-** 195
gelhaftung zu. Durch eine Beschaffenheits- und Haltbarkeitsgarantie im Sinne des § 443 BGB ändert sich deshalb nichts an den Nacherfüllungsansprüchen, die sich aus § 437 BGB ergeben. Es besteht insoweit Anspruchskonkurrenz.

Der **Umfang der Garantie** erschließt sich primär aus den Garantiezusagen bzw. Garantie- 196
erklärungen. Regelmäßig ist die Garantiezusage auf die Ersatzlieferung, Nachbesserung oder aber auf die Gewährung von Schadensersatz ausgerichtet. Im Einzelfall kommt es deshalb darauf an, ob der Käufer besser steht, wenn er aus der Garantie oder aber aus den sonstigen Sachmängelansprüchen gegenüber dem Verkäufer vorgeht.

VI. Baugeräteüberlassung

Der Auftragnehmer benötigt regelmäßig zur Ausführung der ihm beauftragten Bauleistungen 197
unterschiedliche Baugeräte. Hierzu zählen neben Kleingeräten vor allem stationäre oder mobile Krananlagen, Förderbänder und Aufzüge, Rammen und Bohrer. Der Auftragnehmer kann selbst Inhaber der erforderlichen Baugeräte sein. In diesem Falle bringt der Auftragnehmer die Baugeräte im Rahmen des mit dem Auftraggeber abgeschlossenen Bauvertrages zum Einsatz.

Von der Verwendung der Baugeräte im Rahmen des abgeschlossenen Bauvertrages zu un- 198
terscheiden sind vertragliche Absprachen, die auf die Überlassung von Baugeräten abzielen. Bei derartigen **Baugeräteüberlassungsverträgen** geht es regelmäßig darum, dass von einem Dritten Baugeräte mit oder ohne Bedienpersonal zum Zwecke der Ausführung oder aber der Unterstützung von Bauleistungen zur Verfügung gestellt werden. Im Baugeschehen treten dabei ganz unterschiedliche Fallkonstellationen auf:

– Bei der **unentgeltlichen Überlassung von Baugeräten** während des Bauablaufes – etwa bei 199
der zeitweiligen Überlassung einer Krananlage eines Nachunternehmers an einen weiteren

[324] *Palandt/Putzo* BGB, § 443 Rdn. 8.
[325] *Palandt/Putzo* BGB, § 443 Rdn. 11.
[326] *Palandt/Putzo* BGB, § 443 Rdn. 19.

Nachunternehmer – wird es sich in aller Regel um den stillschweigenden Abschluss eines Leihvertrages im Sinne des § 598 BGB handeln. Dies gilt jedenfalls dann, wenn der Entleiher aufgrund der getroffenen Absprache im Stande ist, die Krananlage zeitweilig als unmittelbarer Besitzer zu nutzen. Kommt es zu keiner zeitweiligen Besitzüberlassung, kann ein bloßes Gefälligkeitsverhältnis ohne weitergehende vertragliche Bindung vorliegen.

200 – Hiervon zu unterscheiden sind Fälle der **Überlassung von Baugeräten gemäß § 8 Nr. 3 Abs. 3 VOB/B**. Mit der Inanspruchnahme durch den Auftraggeber entsteht ein eigenständiges vertragliches Nutzungsverhältnis[327].

201 – Die entgeltliche Überlassung von Baugeräten an den Auftragnehmer – etwa die Bereitstellung von Krananlagen oder Betonpumpen – erfolgt regelmäßig im Rahmen eines gesondert abgeschlossenen Mietvertrages[328]. Die **sog. Gerätemiete** erstreckt sich ausschließlich auf die entgeltliche Überlassung von Baugeräten ohne hiermit einhergehende Beistellung von Bedienpersonal[329]. Der Baugerätevermieter ist deshalb lediglich verpflichtet, die vom Auftragnehmer benötigten Baugeräte und Baumaschinen für den vereinbarten Zeitraum in funktionstüchtigem Zustand zur Verfügung zu stellen. Der zweckgerechte Einsatz der Geräte ist ausschließlich Sache des bauausführenden Unternehmens als Mieter[330].

202 – Überlässt der Baugerätevermieter dem bauausführenden Unternehmen **zum Zwecke der Bedienung der Geräte (eigenes) Personal**, so ist der Vermieter verpflichtet, neben der Bereitstellung der vertraglich vereinbarten Baugeräte und Maschinen auch fachkundiges und geschultes Bedienpersonal zur Verfügung zu stellen[331]. Dies stellt die rechtliche Folge aus der vertraglich gewollten Verbindung zwischen dem abgeschlossenen Mietvertrag (Baugeräte) und dem hiermit nach dem Willen der Parteien verbundenen Dienstverschaffungsvertrag (Personal) dar[332]. Auch in diesem Falle ist der Einsatz der Baugeräte wie auch der Einsatz des Bedienpersonals während der Ausführung der Bauleistungen zuförderst Sache des bauausführenden Unternehmens. Für einen fehlerhaften Einsatz der Baugeräte im Rahmen der Ausführung der Bauleistungen bleibt deshalb der Mieter verantwortlich, auch wenn verursachte Schäden auf Fehler zurückzuführen sind, die von dem zur Verfügung gestellten Bedienpersonal verursacht wurden[333]. Sogar bei Beschädigung der überlassenen Baugeräte aufgrund von Bedienfehlern des überlassenen Personals soll der Mieter hierfür schadensersatzpflichtig sein können[334].

203 – Die vorherrschende Auffassung, wonach den Mieter eine weitgehende Schadensverantwortlichkeit treffen soll, vermag freilich nicht zu überzeugen. Bei dem **Einsatz von Baumaschinen mit gestelltem Bedienpersonal** legt das bauausführende Unternehmen als Mieter erkennbar besonderen Wert darauf, dass der Einsatz der angemieteten Maschinen fehlerfrei erfolgt. Vor diesem Hintergrund erscheint es sachgerechter, für die Abgrenzung der Verantwortungssphären darauf abzuheben, ob der Schaden auf einen reinen Bedienungsfehler zurückgeht oder aber durch eine Weisung bzw. die baulichen Gegebenheiten an dem Bauvorhaben bedingt ist; in erstgenanntem Fall wird die Verantwortung ausschließlich bei dem Vermieter liegen, nur in den verbleibenden Fallkonstellationen kann sich das bauausführende Unternehmen als Mieter schadensersatzpflichtig machen[335]. Um zu entsprechenden, angemessenen Ergebnissen zu gelangen, bedient sich die Rechtsprechung herkömmlicherweise der Bezugnahme auf im Einzelfall betonte dienstvertragliche Pflichtverletzungen. Bedienungsfehler bei der mietweisen

[327] Siehe im einzelnen § 8 Rdn. 102.
[328] Beck'scher VOB-Kommentar/*W. Jagenburg* VOB/B, vor § 1 Rdn. 75.
[329] Beck'scher VOB-Kommentar/*W. Jagenburg* VOB/B, vor § 1 Rdn. 75.
[330] KG Berlin NJW 1965, 976; OLG Düsseldorf BauR 1996, 136.
[331] *Ingenstau/Korbion* VOB/A, § 1 Rdn. 48.
[332] OLG Düsseldorf NJW-RR 1995, 160; vgl. *Saller* BauR 1995, 50, 52 ff.
[333] BGH BB 1968, 809; BGH BauR 1982, 90.
[334] OLG Düsseldorf BB 1992, 171 = BauR 1992, 270.
[335] Vgl. auch BGH VersR 1971, 324; OLG Hamm VersR 1978, 548; OLG Düsseldorf VersR 1979, 674.

Bereitstellung eines Spezialkranes sollen deshalb (ausnahmsweise) dem Vermieter zurechenbar sein[336].

– Im Einzelfall kann sich der Einsatz von Baugeräten auch nach werkvertragsrechtlichen Grundsätzen richten. Sobald mit dem Einsatz ein bestimmter, eigenständiger Leistungserfolg intendiert ist, beurteilt sich das Vertragsverhältnis nach den §§ 631 BGB. Zu denken ist etwa an Fälle, bei denen der **Auftrag zur Montage bzw. Demontage einer Krananlage** vermittels des Einsatzes eines mobilen Autokranes übernommen wird[337]. 204

Die unterschiedlichen Gestaltungen des Baugeräteüberlassungsvertrages sind danach vielfältig. Es empfiehlt sich regelmäßig, zur Vermeidung von vertraglichen Zuordnungsproblemen individuelle Vereinbarungen – vor allem auch zur Verantwortlichkeit und Haftung – zu treffen. Auf die VOB/B kann dabei nicht Bezug genommen werden, da die Geräteüberlassung im eigentlichen Sinne keine Bauleistungen zum Gegenstand hat. 205

Von den vertraglichen Vereinbarungen und den sich hieraus ergebenden Verpflichtungen zu unterscheiden sind die allgemeinen Verkehrssicherungspflichten, die auch für den Einsatz von Baugeräten gelten. Der auf einer Baustelle tätige Unternehmer hat selbständig zu kontrollieren, ob ein von ihm benutztes Gerät den maßgebenden Unfallverhütungsvorschriften entspricht[338]. Diese Verpflichtung kann vor allem auch den Generalunternehmer treffen, der alle organisatorischen Maßnahmen vorzusehen hat, um auf der Baustelle die Beachtung der Sorgfalts- und Verkehrssicherungspflichten sicherzustellen[339]. 206

Schadensersatzpflichten gegenüber Dritten können sich neben §§ 823 ff. BGB auch aus den Bestimmungen des Haftpflichtversicherungsgesetzes ergeben (HPflG). So ist der Inhaber einer Betonpumpe und der weiteren zum Betontransport benutzten Rohrleitungen nach § 2 Abs. 1 HPflG schadensersatzpflichtig, wenn aus der Rohrleitungskonstruktion flüssiger Beton austritt und Schäden an fremden Gegenständen verursacht[340].

---

[336] OLG Hamm VersR 1966, 641; vgl. auch OLG Karlsruhe MDR 1972, 325; *Ingenstau/Korbion* VOB/A, § 1 Rdn. 49; Beck'scher VOB-Kommentar/*W. Jagenburg* VOB/B, vor § 1 Rdn. 77; *Saller* BauR 1995, 762, 766.

[337] OLG Hamm BauR 1992, 271.

[338] Vgl. OLG Bremen BauR 2005, 391, 392 für die vergleichbare Problematik des Gerüsteinsatzes.

[339] Vgl. OLG Bremen BauR 2005, 391, 392 f.

[340] KG Berlin NZBau 2006, 440, 441.

Stichwortverzeichnis

(Der fett gesetzte Buchstabe bezeichnet den Teil der VOB, die fette Ziffer den Paragraphen, die magere die Randnummer)

Stichwortverzeichnis

Stichwortverzeichnis

Stichwortverzeichnis

Stichwortverzeichnis

Stichwortverzeichnis

Stichwortverzeichnis

Stichwortverzeichnis